D1225335

THE OXFORD ENGLISH–HEBREW DICTIONARY

THE OXFORD ENGLISH–HEBREW DICTIONARY

In Collaboration with

The Oxford Centre for Hebrew and Jewish Studies

Oxford New York
OXFORD UNIVERSITY PRESS
1998

Oxford University Press, Great Clarendon Street, Oxford OX2 6DP
Oxford New York
Athens Auckland Bangkok Bogota Bombay
Buenos Aires Calcutta Cape Town Dar es Salaam
Delhi Florence Hong Kong Istanbul Karachi
Kuala Lumpur Madras Madrid Melbourne
Mexico City Nairobi Paris Singapore
Taipei Tokyo Toronto Warsaw
and associated companies in
Berlin Ibadan

Oxford is a trade mark of Oxford University Press

First published 1996
First published in paperback 1998

British Library Cataloguing in Publication Data
Data available

Library of Congress Cataloging in Publication Data
Data available

ISBN 0–19–860016–X c-t-b
ISBN 0–19–860172–7 p/b

1 3 5 7 9 10 8 6 4 2

Typeset by Keterpress Enterprises, Jerusalem, Israel
Printed in Hong Kong

EDITORS

N. S. Doniach, O.B.E.
Professor A. Kahane

SENIOR ENGLISH CONSULTANT

D. Silver

LEXICOGRAPHERS

Dr. A. Clayton P. Gilliver
C. Hope J. Swannell

ENGLISH TEXT

C. Bates N. Ostler
A. Bryer K. M. Rees
L. Colvin A. Ross
Dr K. Lesnik-Oberstein J. Schoenfeld
J. Speake

HEBREW TEXT

Y. Bronowski Dr R. Sappan
Dr H. Dahan Dr H. Shay
A. Dykman Dr T. Siloni
Y. Kenaz Dr G. Telpaz
M. Krasin B. Tammuz

PHONETICS

L. Lyons J. Johnson

HEBREW POINTING

Keter, Inc. Y. Ben-Atar

FURTHER HEBREW ASSISTANCE

Y. Hason

AND ALSO

R. Lael I. Ben-Ezer
M. Sheffi

The Dictionary Project was developed under the guidance of
Professor David Patterson
Founding President (1972–1992),
Oxford Centre for Hebrew and Jewish Studies

Special Thanks to
Professor Philip Alexander, President (1993–1995)
Oxford Centre for Hebrew and Jewish Studies

The Editors wish to thank the following for their generous support:

Ralli Brothers Foundation
Harry Racanati
Lord Rayne and the Rayne Foundation
Harry Djanogly
The John S. Cohen Foundation
and an Anonymous Benefactor

Nakdimon Shabbethay Doniach M.A., O.B.E. was the founder of the Oxford English–Hebrew Dictionary. As Editor he formulated the Dictionary's basic principles of current usage. Naki, as he was known to his friends, guided the Dictionary project to his last days. He died 16 April 1994.

This Dictionary is Dedicated to the Memory of
SIMON DJANOGLY

CONTENTS

A PRACTICAL PRONUNCIATION GUIDE

The Hebrew Alphabet (Including characters used to represent non-Hebrew sounds of loan words):

Name	*Symbol*	*Approximate Phonetic Value*
Aleph	א	smooth breathing with vowel sound according to vowel points; not pronounced when without vowel points.*
Beth	בּ, ב	b (בּ); v (ב).
Gimmel	ג, ג׳	g (go, ג); j (job, ג׳).
Daleth	ד	d (door).
He	ה	h; not pronounced when without vowel points.*
Waw	ו, וו	v (ו); w (reduplicated, וו); also as vowel sound o (go, וֹ); oo (hoot, וּ).
Zayin	ז, ז׳	z (zoo, ז); dj (genre, ז׳).
Het	ח	ch (loch); ach (and not "cha", when pointed חַ at the end of a word).
Teth	ט	t (table).
Yod, Yud	י	y; also as vowel sound ee (deer).
Kaf, Chaf	כּ, כ, ך	k (כּ); ch (loch, כ); ך (ch) when final letter.
Lamed	ל	l.
Mem	מ, ם	m; ם when final letter.
Nun	נ, ן	n; ן when final letter.
Samech	ס	s (say).
Ayin	ע	like א, aleph, but more guttural.
Pei	פּ, פ, ף	p (פּ); f (פ); ף (f) when final letter.
Zadi(k)	צ, צ׳, ץ, ץ׳	ts (tsunami, צ); ch (chop, צ׳); ץ (ts), ץ׳ (ch) when final letter.
Kof, Kuf	ק	k.
Resh	ר	r (rolling, as e.g. in Scottish).
Shin, Sin	שׁ, שׂ	sh (shoot, שׁ); s (sap, שׂ).
Taf, Tav	ת, ת׳	t (table, ת); th (think, ת׳).

* this latter rule appplies only in the case of pointed Hebrew texts (as in this dictionary).

POINTING (VOWEL SOUNDS)

Name	*Symbol*	*Approximate Phonetic value*
Kamatz	ָ◻	*a* as in *aha!*.
Chataf Kamats	ֳ◻	*o* as in *corn*.
Patach	ַ◻	*a* as in *aha!*; when under a final ח or ע, a smooth breathing is pronounced before the consonant (-ach, a).
Chataf Patach	ֲ◻	*a as in aha!*, or a little like a shewa.
Tseire	ֵ◻	*e* as in *bed*.
Segol	ֶ◻	*e* as in *bed*.
Chataf Segol	ֱ◻	*e* as in *bed*.
Chirik	ִ◻	*ee* as in *tee*
Cholam	ֹ◻	*o* as in *corn*.
Cholam Male	וֹ	*o* as in *corn*.
Kamats Katan	ָ◻	*o* as in *corn*.
Shuruk	וּ	*u as in put*.
Kubuts	ֻ◻	*u* as in *put*.
Shva	ְ◻	shewa, a kind of grace sound, where a consonant has no vowel force.
Dagesh	ּ◻	stress mark. Changes some consonants (see above, בּ, כּ, פּ).

ENGLISH PRONUNCIATION SYMBOLS

Consonants

b	*b*ut	n	*n*o	ʃ	*sh*e
d	*d*og	p	*p*en	ʒ	vi*s*ion
f	*f*ew	r	*r*ed	θ	*th*in
g	*g*et	s	*s*it	ð	*th*is
h	*h*e	t	*t*op	ŋ	ri*ng*
j	*y*es	v	*v*oice	x	lo*ch*
k	*c*at	w	*w*e	tʃ	*ch*ip
l	*l*eg	z	*z*oo	dʒ	*j*ar
m	*m*an				

Vowels

æ	c*a*t	ʌ	r*u*n	əʊ	n*o*
ɑː	*ar*m	ʊ	p*u*t	eə	h*air*
e	b*e*d	uː	t*oo*	ɪə	n*ear*
ɜː	h*er*	ə	*a*go	ɔɪ	b*oy*

ɪ	s*i*t	aɪ	m*y*	ʊə	p*oor*
iː	*see*	ɑʊ	h*ow*	aɪə	*fire*
ɒ	h*o*t	eɪ	d*ay*	aʊə	s*our*
ɔː	s*aw*				

ABBREVIATIONS AND LABELS

abbrev.	abbreviation
adj.	adjective
adv.	adverb
Aeron.	Aeronautics
Anat.	Anatomy
arch.	archaic
Archit.	Architecture
Astron.	Astronomy
attrib.	attributive
attrib. adj.	attributive adjective
Austral.	Australian
aux.	auxilliary
Bibl.	Biblical
Biol.	Biology
Bot.	Botany
Brit.	British
Canad.	Canadian
Chem.	Chemistry
colloq.	colloquial
Comm.	Commerce
Comput.	Computing
conj.	conjunction
derog.	derogatory
Econ.	Economics
Electr.	Electricity
esp.	especially
euphem.	euphemism
fem.	feminine
fig.	figurative
formal	
Geog.	Geography
Geol.	Geology
Geom.	Geometry
Gram.	Grammar
Hist.	with historical reference
i.	intransitive
imper.	imperative
impers.	impersonal
indecl.	indeclinable
indef.	indefinite
infin.	infinitive
int.	interjection
interrog. adj.	interrogative adjective
interrog. pron.	interrogative pronoun
irreg.	irregular
joc.	jocular
masc.	masculine
Math.	Mathematics
Mech.	Mechanics
Med.	Medicine
Meteorol.	Meteorolgy
Mil.	Military
Mus.	Music
n.	noun
Naut.	Nautical
neg.	negative
neut.	neuter
NZ	New Zealand
pass.	passive
past ppl.	past participle
Phonet.	Phonetics
Photog.	Photography
Phys.	Physics
Physiol.	Physiology
pl.	plural
poet.	poetical
Polit.	Politics
ppl.	participle
poss.	possessive
pred.	predicative
pred. adj.	predicative adjective
pref.	prefix

prep.	preposition	Scot.	Scottish
pres.	present	sing.	singular
pres. ppl.	present participle	sl.	slang
Prop.	Proprietary	t.	transitive
Prov.	Proverb	Theatr.	Theatre
Psychol.	Psychology	vulg.	vulgar
redupl.	reduplicated	US	United States, American
refl.	reflexive		
rel.	relative	usu.	usually
rel. adj.	relative adjective	v.	verb
Relig.	Religion	v.i.	verb intransitive
rel. pron.	relative pronoun	v.t.	verb transitive
S. Afr.	South African		

Note: a small number of labels appear in the text unabbreviated, e.g. Cricket, Tennis, etc.

INTRODUCTION

1. The *Oxford English–Hebrew Dictionary* is an attempt to describe language as it is actually used, rather than to prescribe how it ought to be in an ideal world. This approach is widely accepted in modern lexicography, and in English-language dictionaries in particular. However, the case of Modern Hebrew presents some special difficulties.

The Hebrew language was for many centuries a language in hibernation. Its modern revival began only about a hundred years ago, as linguists and lexicographers strove to adapt it for everyday use. They did so by assigning new senses to ancient words (e.g. חשמל, 'electricity'), and also by inventing new words for a wide variety of items and senses (e.g. מגבת 'towel') not covered by the biblical lexicon. In order to preserve the nature of the newly re-born language new words were almost always coined from ancient roots, and loan words, although in use, were officially 'rejected'. The process was by nature artificial and prescriptive.

However, as soon as a society of Hebrew speakers emerged, it did what comes naturally and began to develop its own independent language habits. Being socially, ethnically, culturally, and linguistically diverse, this society collected its words wherever it could find them. Many words were obtained not from biblical sources, but from such languages as Arabic, French, Russian, German, and particularly in the last three or four decades, English (at first British, later American). Thus the real-life Hebrew language of the speech community in Israel was somewhat more 'lumpy' than the language envisaged by the founding fathers. Herein lay the paradox: successful revival was working against its own original principles. Some lexicographers fought to keep the purity of Modern Hebrew, and were occasionally at odds with both the Hebrew speaking public and with descriptive lexicographic principles, which stressed the functions of **language in use** and the authority of the **actual users** in determining 'right' or 'wrong'.

It is against this background that the *Oxford English–Hebrew Dictionary* has adopted a descriptive policy. It attempts to cover a wide range of levels of language, as they are attested in usage, from the formal and poetic to colloquial language and slang. *OEHD*'s translations often reflect the 'impurities' of real-life language.

Perhaps the most important aspect of descriptive principles is the choice of words in the Dictionary. Purist attitudes may lead to the inclusion of newly coined words which are based on 'legitimate' Hebrew roots, but which have not taken hold in actual usage. Purist attitudes may also lead to the inclusion of Hebrew words attested in earlier sources, but not in use in present-day discourse, or to the rejection of non-Semitic loan-words commonly used by current native Hebrew-speakers. *OEHD* accepts loan words as legitimate entries, provided that they are attested in usage, and rejects words not currently attested in usage. For example:

• The entry 'job' can be translated by a variety of Hebrew words, but in colloquial contexts it is often simply ג'וב (a loan-word, of course). This is reflected in the translations of the relevant sub-senses of 'job' in *OEHD* and also in the translation of examples pertaining to other entries, e.g. 'land', in 'he landed a top job' הוא תפס ג'וב בכיר.

• The Hebrew translation for 'walkman' (a personal cassette player) is ווקמן (*OEHD*) and no other. There is ample evidence, both oral and written, for this translation. Attempts to introduce a Hebrew-root based word (for example שמעון, attested in lexicographic literature, but nowhere else) have so far been rejected by native users, and are not represented in *OEHD*.

OEHD does not, however, have a policy of rejecting the official neologisms of the Israeli Academy of the Hebrew Language as such. The entry 'answerphone', for example, is most commonly translated in Hebrew as מזכירה אלקטרונית (now facing some opposition because of alleged sexist content). But a more recent invention משיבון (derived from the Hebrew verb השיב 'answer') is indeed gaining acceptance by users, and is therefore included in *OEHD*.

Another important aspect of descriptive principles has to do with syntax. Various instances of non-biblical constructions can be found in Modern Hebrew. Where appropriate, *OEHD* includes such constructions. For example:

• The entry 'buzz off!' may in principle be translated by an imperative הסתלק. This is grammatically correct. However, 'buzz off!' is an informal expression. Informal Modern Hebrew frequently employs the future tense for the imperative (see, for example, in L. Glinert, *The Grammar of Modern Hebrew* [Cambridge 1989] section 28.3, p. 285). The more appropriate translation is hence תסתלק, or even תעוף לי מן העיניים, a strained construction in terms of formal grammar, but no less the correct, colloquial idiomatic Modern Hebrew phrase. Even clearer is the example of the phrase ... יש לי, 'I have' (sense no. 2, 'possess'; 'own'): many native Hebrew speakers use the construction ...יש לי את ה, which is a solecism, but also the most common form in spoken Hebrew (see, for example, L. Glinert, *A Grammar of Modern Hebrew*, section 16.10, pp. 179–80). Where appropriate *OEHD* gives this construction. The 'more correct' ...יש לי ה is often regarded by native Hebrew speakers as pompous and anachronistic (this is the case even, for example, among academic users).

The Dictionary's partial loss of 'purity' may seem a sad thing to some, but it also offers the consolation of knowing that the Hebrew language now displays the state of flux common to all *living* languages. Modern Hebrew, we might say, is proving its vitality.

2. The emphasis on usage in this dictionary is also a reflection of the widely acknowledged perception among linguists today that words do not simply exist in the abstract, but rather, that every word is an element in an act of communication which involves a speaker, an addressee, a particular situation, social relationships, various 'unspoken' premises, intentions, emotional messages, implications, omissions, etc. For example, the entry 'brain-dead' can be used in some situations to describe in non-technical language the clinical condition of a person whose vital organs are still functioning, but who has suffered irreversible brain damage, and is no longer capable of higher mental functions such as thought and feeling. A speaker who uses the expression 'brain-dead' in this sense wishes to make a more or less objective statement about someone's medical state. However, a speaker may also use the words 'brain-dead' in a non-medical context and applied to someone whose brain is working perfectly normally, but whom the speaker wishes to describe as very stupid. Here the speaker's intention is quite the opposite of making an objective assertion. Rather it is to express a personal, subjective attitude, with the further possible intention of insulting. The different senses of 'brain-dead' and their use in the appropriate contexts may seem obvious to the native speaker of English, but not necessarily so to a non-native speaker. Furthermore, the appropriate expressions in Hebrew for each of the senses of 'brain-dead' may be unfamiliar to the native English speaker. In both cases an isolated translation which does not provide the appropriate context for each use may actually confuse dictionary users, rather than help them. What is needed is more information about how a word is used, and it is this information that the *Oxford English–Hebrew Dictionary* seeks to provide. The full complexity of language cannot be described in a dictionary, but *OEHD* does incorporate remarks and hints about context and usage.

On the English side there is a carefully selected list of headwords, phrases, and examples. The objective was not to include as many words and phrases as possible, but, within a volume of specified size, to include those words that are most common, and that are likely to be the most needed by an average user. The Dictionary provides a guide to the pronunciation of these entries, and many are followed by labels indicating their level-of-usage (e.g. *colloq., formal, slang, poet.*), by labels indicating their sematic-field (e.g. *Comput.[ing]*, *Zool.[ogy]*, *Cricket*), by specific national dialects (e.g. *US*, *Brit.*), and by grammar labels (e.g. *v.t.*, *adj.*, *pron.*). Headwords are often broken down into several numbered subsenses, each with its own explanatory description. Where there are common phrases containing a headword, these are listed and translated, and many entries are also followed by example sentences that provide further information on context and usage.

On the Hebrew side *OEHD* also provides a range of supplementary information. The Hebrew is pointed to provide a guide to pronunciation; the translations are often accompanied by usage notes in brackets and by grammatical hints following verbs (e.g. **ניצח על, ניצח ב...**). The translations themselves are specifically designed to illustrate particular points about the usage and meaning of individual entries, with further details being given by the translations of set-phrases and by full-sentence examples.

A.K.

GUIDE TO THE DICTIONARY

1. HEADWORD

This is where the entry normally appears if it is a single word.

flamenco /flə'meŋkəʊ/ n. פְלָמֶנְקוֹ (רִקּוּד סְפָרַדִּי)

If the entry is part of an idiom or phrase, and it is not listed in one place, it may be listed under another word from that phrase. For example, 'old flame' is listed under 'flame', not under 'old'.

flame /fleɪm/ n. שַׁלְהֶבֶת, לֶהָבָה;
old flame אָהוּב/אֲהוּבָה לְשֶׁעָבַר

Many omissions from the Dictionary are significant. If the word does not appear anywhere in the Dictionary, it is probably rare, or a more-specialized word.

If there is something special about the form of a word, additional information may be provided, e.g. about the differences between American and British spelling, or about an unusual feature of grammar.

anesthesia etc. (*US)* see anaesthesia etc.

analyse /'ænəlaɪz/ v.t. (*US* analyze)
1 (examine, dissect; determine constituents of) נִתַּח (בְּעָיָה וְכַד'), עָרַךְ אֲנָלִיזָה שֶׁל/לְ...
(psychoanalyze) עָשָׂה פְּסִיכוֹאֲנָלִיזָה לְ..
2 (*Gram.*) נִתַּח (מִשְׁפָּט)

If different words have the same spelling they are both listed as headwords, but each is given a number.

flock[1] /flɒk/ n. עֵדֶר (צֹאן); לַהֲקָה (שֶׁל צִפֳּרִים); (בְּהַשְׁאָלָה) קְהִלָּה (דָּתִית נוֹצְרִית); הָמוֹן
□ *visitors came in flocks* מְבַקְּרִים בָּאוּ בַּהֲמוֹנֵיהֶם
–v.i. הִתְאַסֵּף, הִתְקַהֵל, הִתְקַבֵּץ, נָהַר
flock[2] /flɒk/ n. אֲנִיץ־צֶמֶר/כֻּתְנָה (לְמִלּוּי מִזְרָנִים וְכַד')

If there is no Hebrew translation oposite the headword, this means that a) the headword can only be used in specific phrases, which are given, with a translation, below the main entry, or b) that the headword has several meanings, which are listed further below.

fob[1] /fɒb/ v.t.
fob off נִפְנֵף הַצִּדָּה (הַאֲשָׁמוֹת וְכַד')

float /fləʊt/ v.
1 (rest on liquid) צָף
2 (of currency) נִיֵּד (אֶת שַׁעַר הַמַּטְבֵּעַ שֶׁל מְדִינָה)
3 (drift) צָף, שָׁט; הִסְתּוֹבֵב בְּבַטָּלָה

2. SET PHRASES

If a word is used frequently as part of a set phrase, that phrase is given independently.

nuclear /ˈnjuːklɪə(r)/ adj. גַּרְעִינִי, שֶׁל הַגַּרְעִין
nuclear bomb פִּצְצַת גַּרְעִין, פְּצָצָה גַּרְעִינִית
nuclear disarmament פֵּרוּק־נֶשֶׁק גַּרְעִינִי
nuclear energy אֶנֶרְגִּיָּה גַּרְעִינִית

3. EXAMPLE SENTENCES

Example sentences are designed to give further hints on usage, construction, context, etc.

nag[2] /næg/ v.t. & i. (*derog.*) הִטְרִיד, הֵצִיק, "נִדְנֵד"
□ *he nagged* (at) *her all day long* הוּא נִדְנֵד לָהּ כָּל הַיּוֹם

4. NESTED PHRASES

Many collocations are nested under the headword or sub-sense. But more important collocations are given as headwords in their own right.

nail-biting /ˈneɪl-ˌbɪtɪŋ/ adj. מוֹתֵחַ
nail-brush /ˈneɪl-brʌʃ/ n. מִבְרֶשֶׁת צִפָּרְנַיִם

5. PHONETIC TRANSCRIPTION

The phonetic transcription is a guide to the pronunciation of the word. A key to the IPA phonetic alphabet used in this dictionary can be found on pp. ix–x. The phonetic transcription follows the 'standard' British pronunciation, but note that there are American, Australian, Scottish, West-Indian, and many other ways of pronouncing the same word which are not recorded in this dictionary.

non-sequitur /ˌnɒn-ˈsekwɪtə(r)/ n. (*formal*) מַסְקָנָה שֶׁאֵינָהּ נוֹבַעַת מֵהַהֲנָחוֹת, מַסְקָנָה לֹא הֶגְיוֹנִית

Where another pronunciation is also given, it is marked separately.

Phonetic transcription can, help the user distinguish between different parts of speech.

accent /ˈæksənt/ n.
1 (way of pronouncing) מִבְטָא, הִגּוּי
□ *he speaks with a foreign accent* הוּא מְדַבֵּר בְּמִבְטָא זָר
2 (emphasis; mark showing this) טַעַם, הַטְעָמָה, דָּגֵשׁ; סִימַן הַטְעָמָה
3 (special prominence) דָּגֵשׁ
□ *this year the accent is on sports models* הַשָּׁנָה הַדָּגֵשׁ הוּא עַל דְּגָמִים שֶׁל מְכוֹנִיּוֹת־סְפּוֹרְט
4 (*Mus.*) הַטְעָמָה מוּסִיקָלִית
—v.i. /ækˈsent/ הִטְעִים, הִדְגִּישׁ

6. PART-OF-SPEECH LABEL

These labels indicate whether a word, or a particular sense of a word, is, e.g. a noun (n.), an adjective (adj.), a verb. (v.t., etc.). The abbreviations for the parts of speech are explained in the list of abbreviations on pp.xi–xii.

Norwegian /nɔːˈwiːdʒən/ n. & adj. אָדָם יְלִיד/תּוֹשַׁב נוֹרְבֶגְיָה; הַשָּׂפָה הַנּוֹרְבֶגִית; נוֹרְבֶגִי, מִנּוֹרְבֶגְיָה

Where the same entry is given two or more part-of-speech labels the Hebrew translation may give separate translations of each. These will be separated by a semicolon.

abate /əˈbeɪt/ v.i. & t. (*formal*) שָׁכַךְ; שִׁכֵּךְ, הִפְחִית
abate a nuisance בִּטֵּל מִטְרָד (בַּהֲלִיךְ מִשְׁפָּטִי)
□ *his wrath abated* זַעֲמוֹ שָׁכַךְ

If the entry is followed by two or more part-of-speech labels, but the Hebrew translation is not separated by semicolons, this means that the same translation(s) can normally be used for both parts of speech.

non-stop /ˌnɒn-ˈstɒp/ adj. & adv. לְלֹא הֶפְסֵק, "נוֹן־סְטוֹפּ"

7. LEVEL-OF-USAGE/NATIONAL-DIALECT/SEMANTIC-FIELD LABEL

Level-of-usage labels help the user distinguish between, e.g. colloquial and formal speech. THERE ARE NO LEVEL-OF-USAGE LABELS IN THE TRANSLATION, BUT THE HEBREW ATTEMPTS TO REFLECT THE SAME LEVEL OF USAGE AS THE ENGLISH SOURCE (WORD, PHRASE, ETC.). National-dialect labels tell the user if a word is specific to American English, British English, etc. Semantic-field labels tell the user if a word is a special term used in medical, religious, grammatical language, etc.

The headword is **colloquial**:

kiddy /ˈkɪdɪ/ n. (also **kiddie**) (*colloq.*) יֶלֶד, יַלְדּוֹן

The headword is **formal**:

jurist /ˈdʒʊərɪst/ n. (*formal*) מִשְׁפְּטָן, יוּרִיסְט

The headword is **American English:**

kinfolk /ˈkɪnfəʊk/ n. (*US*) קְרוֹבֵי־מִשְׁפָּחָה

The headword is a **legal** term:

jointure /ˈdʒɔɪntʃə(r)/ n. (*Law*) נַחֲלַת הָאַלְמָנָה (הַמֻּקְצֵית לָהּ עוֹד בְּחַיֵּי בַּעְלָהּ)

The meaning of the phrase is not literal, but figurative:

king's ransom (*fig.*) הוֹן תּוֹעָפוֹת; אוֹצָר בָּלוּם

If there is no level-of-usage label, this means the word is part of a wide band of 'normal' usage, but not specifically slang, colloquial, formal, etc. In such cases the Hebrew translation also avoids being formal, colloquial, or slang:

juryman /ˈdʒʊərɪm(ə)n/ n. מֻשְׁבָּע, חָבֵר בְּחֶבֶר הַמֻּשְׁבָּעִים

8. SUB-SENSE NUMBERING

If the same entry has several distinct senses, these may be separated.

just /dʒʌst/ adj.
1 (fair, reasonable) הוֹגֵן
2 (deserved) צוֹדֵק, רָאוּי
just deserts הַמַּגִּיעַ לוֹ

If there is no translation opposite a numbered sub-sense, this means (just as it does in the case of headwords) that the sub-sense is only used in phrases, etc., which are given below the sub-sense, along with their translations.

9. SUB-SENSE GLOSS

A brief explanation (not a definition) of the sub-sense is given in brackets to help the user identify the sub-sense.

key /ˈkiː/ n.
1 (instrument for opening lock, winding clock, etc.) מַפְתֵּחַ

If a semicolon (;) separates two or more explanations within the brackets, this means that the sub-sense itself is further divided into meanings.

air /eə(r)/ n.
1 (gas forming the atmosphere; substance we breathe) אֲוִיר

10. MORPHOLOGICAL COMMENTS

If the word has special forms (for example, if it is a strong verb), these may be given in brackets.

feed /fiːd/ (past & past ppl. **fed** /fed/) v.t. הֶאֱכִיל, הֵזִין, סִפֵּק מָזוֹן לְ..., כִּלְכֵּל

11. TRANSLATION

Opposite each headword, phrase, example sentence, etc., is the Hebrew translation. The translation of a headword may be further explained in an example sentence, or the sentences may provide an alternative translation.

fulminate /ˈfʌlmɪneɪt/ v.i. (*formal*) מָחָה בְּקוֹל, זָעַק חָמָס
fully /fʊlɪ/ adv. לְגַמְרֵי, לַחֲלוּטִין; כְּבָר, לְפָחוֹת
fully-fashioned (שָׂרִיג) מֻתְאָם לְמִבְנֵה הַגּוּף
fully-fledged (בַּעַל כָּנָף) שֶׁנּוֹצוֹתָיו צָמְחוּ; (בְּהַשְׁאָלָה) מָלֵא, שֶׁל מַמָּשׁ, בְּכָל הַמּוּבָנִים
□ *the journey will take fully two hours* הַמַּסָּע יֶאֱרַךְ לְכָל הַפָּחוֹת שְׁעָתַיִם

If there is no translation opposite a word, this means (as noted above) that there is no suitable translation for the word on its own, and that it is either further defined, or else given as part of a set phrase, which is given further below, along with the corresponding translation.

kibosh /ˈkaɪbɒʃ/ n. (*arch. sl.*)
put the kibosh on שָׂם קֵץ לְ...(תִּקְוָה), חִסֵּל אֶת (הַמִּפְעָל), דָּפַק אֶת הַסִּכּוּיִים שֶׁל

If the translation, or part of it appears in inverted commas ("), this means that the Hebrew is in some way unusual, either because it has another, more common meaning, or because it is a specifically spoken (as opposed to written) usage. Sometimes a more detailed example of usage is given further below.

jam[2] /dʒæm/ n. — דֹּחַק, צְפִיפוּת; הָמוֹן מִצְטוֹפֵף; "צָרוֹת"
jam session — "גֶ'ם סֶשְׁן" (נְגִינָה מְאֻלְתֶּרֶת בְּבִצּוּעַ לַהֲקַת נַגָּנֵי גַ'אז)

If a slash (/) separates two Hebrew words, they are both *alternatives* and may be used interchangeably with the rest of the translation.

jamb /dʒæm/ n. — קוֹרָה אֲנָכִית בְּמִסְגֶּרֶת שֶׁל דֶּלֶת/חַלּוֹן

12. COMMA

A comma in the Hebrew separates words, translations, etc., that are very similar.

jag[1] /dʒæg/ n. — בְּלִיטָה חַדָּה בְּסֶלַע, שֵׁן־סֶלַע

13. SEMICOLON

A semicolon separates words, translations, etc., that are slightly different in sense:

flap /flæp/ v.t. & i. — נִפְנֵף; הִתְנַפְנֵף; קִפֵּץ בְּהִתְרַגְּשׁוּת
□ *don't flap!* (*colloq.*) — אַל תִּתְרַגֵּשׁ

14. USAGE COMMENTS IN HEBREW, IN BRACKETS

These comments provide more information on how the Hebrew translation is to be used.

2 jack in (*sl.*) — "אָמַר שָׁלוֹם" (כְּלוֹמַר הִסְתַּלֵּק)
□ *jack it in!* — חֲלַס!
kebab /kɪˈbæb/ n. — שִׁפּוּדִים (כּוֹלֵל קַבָּב, שִׁישְׁלִיק וְכַד'); (בִּבְרִיטַנְיָה לְעִתִּים גַּם) שָׁוַרְמָה

15. GRAMMATICAL CONSTRUCTION HINTS IN THE TRANSLATION

Many Hebrew translations of verbs also provide hints on grammatical construction. Prepositions are given as they are, prepositional prefixes are followed by three dots (...). Example sentences often give further hints on grammatical construction, or else they provide other possible grammatical constructions.

flash /flæʃ/ v.t. & i. הִבְזִיק בְּ..., אוֹתֵת בְּאוֹר שֶׁל; הֶרְאָה
בַּחֲטָף; הִבְזִיק, נִצְנֵץ

nuzzle /ˈnʌz(ə)l/ v.t. & i. חִכֵּךְ אֶת הָאַף (בְּמִישֶׁהוּ אוֹ
מַשֶּׁהוּ) בְּחִבָּה, הִתְרַפֵּק עַל, הִתְחַכֵּךְ בְּ...

16. POINTING

The Hebrew text is pointed throughout. Pointing follows the traditional rules, but where the current pronunciation of a word is different from that which derives from traditional pointing, the modern pronunciation is given precedence.

A a

A, a[1] /eɪ n. (*pl.* **A's, a's** /etz/)
1 (letter) "אֵי", (הָאוֹת הָרִאשׁוֹנָה בָּאָלֶפְבֵּית הָאַנְגְּלִי)
□ *he knows it from A to Z* הוּא יוֹדֵעַ אֶת זֶה מֵאָלֶף עַד תָּו
□ *what is the quickest way from A to B?* מַה הִיא הַדֶּרֶךְ הַקְּצָרָה בְּיוֹתֵר בֵּין נְקֻדָּה א' לִנְקֻדָּה ב'?
2 (top grade) סוּג א'
A1 (ships) דַּרְגַּת בְּטִיחוּת מְעֻלָּה (בִּסְפִינוֹת)
(health) אָלֶף־אָלֶף, בְּרִיאוּת מְצֻיֶּנֶת

a[2] /ə, eɪ/ indefinite article (an /ən, æn/ before a vowel, except *u*-)
1 (indicating one)
□ *a million pounds* מִלְיוֹן לִישְׁ"ט
□ *not a sound was heard* לֹא נִשְׁמַע קוֹל, קוֹל לֹא נִשְׁמַע
2 (before some words of quantity)
a few כַּמָּה, מְעַט, מִסְפָּר
a great many מִסְפָּר רַב שֶׁל, רַבִּים
3 (indicating each, every, any) לְ...
□ *I get paid £100 a week* מְשַׁלְּמִים לִי 100 לִישְׁ"ט לְשָׁבוּעַ
□ *30 km an hour* 30 ק"מ לְשָׁעָה
□ *an elephant has no wings* לְפִיל אֵין כְּנָפַיִם
4 (indicating type)
□ *bananas are a fruit* בַּנָּנוֹת הֵן פְּרִי
□ *he's a young Einstein* הוּא אַיְנְשְׁטַיְין קָטָן
□ *this painting is a Vermeer* הַצִּיּוּר הַזֶּה הוּא (שֶׁל) וֶרְמֶר
5 (indicating container of)
□ *two coffees and a hot chocolate, please* שְׁנֵי קָפֶה, וְשׁוֹקוֹ חַם בְּבַקָּשָׁה!
6 (indicating verbal action)
□ *the sledge moved with a jingling and a tinkling of bells* מִגְלֶשֶׁת הַשֶּׁלֶג נָעָה תּוֹךְ צִלְצוּל פַּעֲמוֹנִים וְדִנְדּוּן עִנְבָּלִים
7 (indicating one thing in particular)
□ *there's never been a drier summer* מֵעוֹלָם לֹא הָיָה קַיִץ שֶׁיָּרַד בּוֹ פָּחוֹת גֶּשֶׁם
8 (before name, indicating person unknown to speaker)
□ *a Mrs Green telephoned* מִישֶׁהִי בְּשֵׁם גב' גְּרִין צִלְצְלָה

a- pref.
1 /eɪ, æ/ (not, without) א־, (תְּחִלִּית שֶׁפֵּרוּשָׁהּ) לֹא, לְלֹא
2/ə/ (indicating state or action)
□ *the house was ablaze* הַבַּיִת הָיָה אָחוּז לֶהָבוֹת
□ *daddy's gone a-hunting* (*poet.*) אַבָּא יָצָא לָצוּד צַיִד

aback /əˈbəæk/ adv.
taken aback נִדְהָם, מֻכֶּה בְּתַדְהֵמָה

abacus /ˈæbəkəs/ n. (*pl.* **abacuses** /ˈæbəkəsɪz) חֶשְׁבּוֹנִיָּה

abandon /əˈbændən/ v.t.
1 (forsake) נָטַשׁ, זָנַח, הִפְקִיר
abandon ship! (הַפְקָדָה) לִנְטֹשׁ אֶת הַסְּפִינָה!
2 (give up) וִתֵּר עַל, הִפְסִיק
□ *the match was abandoned* הַמִּשְׂחָק הֻפְסַק (לִפְנֵי סוֹפוֹ, וְלֹא חֻדַּשׁ)
—v. refl. (*formal*) נִכְנַע לְ..., הִתְמַסֵּר לְ...
□ *he abandoned himself to despair* הוּא נוֹאַשׁ, הוּא שָׁקַע בְּיֵאוּשׁ, הוּא הִתְמַכֵּר לְיֵאוּשׁוֹ
—n. הֶפְקֵרוּת, מֻפְקָרוּת, הַתָּרַת־רֶסֶן

abandoned /əˈbændənd/ adj.
1 (deserted, left alone) נָטוּשׁ, זָנוּחַ
2 (unrestrained) מֻפְקָר

abase /əˈbeis/ v. refl. (*formal*) הִשְׁפִּיל (אֶת עַצְמוֹ), בִּזָּה (אֶת עַצְמוֹ)

abash /əˈbæʃ/ v.t. (usu. in *pass.*) הִכְלִים, בִּיֵּשׁ
□ *he was abashed at the thought of what he had done* הוּא בּוֹשׁ וְנִכְלַם מֵעֶצֶם הַמַּחֲשָׁבָה עַל מַה שֶּׁעָשָׂה

abate /əˈbeɪt/ v.i.&t. (*formal*) שָׁכַךְ, שִׁכֵּךְ, הִפְחִית
abate a nuisance בִּטֵּל מִטְרָד (בְּהָלִיךְ מִשְׁפָּטִי)
□ *his wrath abated* זַעֲמוֹ שָׁכַךְ

abatement /əˈbəɪtmənt/ n. (*formal*) שְׁכִיכָה, הֲקַלָּה, הַפְחָתָה, הֲפוּגָה; בִּטּוּל (שֶׁל מִטְרָד)

abattoir /ˈæbətwɑː(r)/ n. בֵּית־מִטְבָּחַיִם, מִשְׁחָטָה

abbess /ˈæbes/ n. אֵם־מִנְזָר, רֹאשׁ מִנְזָר־נָשִׁים

abbey/ ˈæbɪ/ n. מִנְזָר; כְּנֵסִיָּה אוֹ בַּיִת־שֶׁשִּׁמֵּשׁ בֶּעָבָר כְּמִנְזָר

abbot /ˈæbət/ n. אַב־מִנְזָר, רֹאשׁ־מִנְזָר

abbreviate /əˈbriːvɪeɪt/ v.t. קִצֵּר (מִלָּה, נֹסַח, וְכַד'), עָרַךְ תַּקְצִיר (שֶׁל סֵפֶר)

abbreviation /əˌbrːvɪˈeɪʃ(ə)n/ n. קִצּוּר, תַּקְצִיר; קִצּוּר־מִלָּה, רָאשֵׁי־תֵּבוֹת

ABC /ˌeɪbiːˈsiː/ n. א"ב, אָלֶפְבֵּית; יְסוֹדוֹת (שֶׁל נוֹשֵׂא, מִקְצוֹעַ וְכַד')

abdicate /ˈæbdɪkeɪt/ v.t.&i. וִתֵּר עַל (מְלוּכָה, מִשְׂרָה רָמָה, אַחֲרָיוּת וְכַד'), הִסְתַּלֵּק מִ..., וִתֵּר עַל כֵּס הַמַּלְכוּת

abdication /ˌæbdɪˈkeɪʃ(ə)n/ n. וִתּוּר עַל כֵּס הַמַּלְכוּת; הִתְפַּטְּרוּת (מִמִּשְׂרָה רָמָה)

abdomen /ˈæbdəmən/ n. (*Med.*) בֶּטֶן

abdominal /æbˈdɒmɪn(ə)l/ adj. (*Med.*) שֶׁל הַבֶּטֶן, שֶׁל חֲלַל הַבֶּטֶן, בִּטְנִי

abduct /əbˈdʌkt/ v.t. חָטַף (בְּעִקָּר אִשָּׁה אוֹ יֶלֶד)

abduction /əbˈdʌkʃ(ə)n/ n. חֲטִיפָה (גַּם כְּמֻנָּח מִשְׁפָּטִי)

abductor /əbˈdʌktə(r)/ n. חוֹטֵף (גַּם כְּמֻנָּח מִשְׁפָּטִי)

abed /əˈbed/ adv. (*arch.*) בַּמִּטָּה, נָח עַל יְצוּעוֹ

aberrant /æˈberənt/ adj. (esp. *Biol.*) סוֹטֶה (מִן הַמְקֻבָּל אוֹ מִן הַמְצֻפֶּה), חָרִיג

aberration /ˌæbəˈreɪʃ(ə)n/ n.
1 (departure from what is right or normal) סְטִיָּה, חֲרִיגָה
2 (*Biol.*) חֲרִיגָה

abet /əˈbet/ v.t. (*formal*) סִיֵּעַ לִדְבַר עֲבֵרָה, שִׁדֵּל לְפֶשַׁע
aiding and abetting (*Law*) סִיּוּעַ לִדְבַר עֲבֵרָה, שִׁדּוּל לְפֶשַׁע

abeyance /əˈbeɪəns/ n.
in abeyance (*formal*) תָּלוּי וְעוֹמֵד (בְּמַצָּב שֶׁל אִי־הַפְעָלָה זְמַנִּית שֶׁל חֹק); שֶׁלֹּא בְּשִׁמּוּשׁ

abhor /əbˈhɔː(r)/ v.t. (*formal*) תִּעֵב, שִׁקֵּץ, מָאַס בְּ... בָּחַל בְּ...

abhorrence /əbˈhɒrəns/ n. (*formal*) תִּעוּב, שִׁקּוּץ, מֵאוּס, בְּחִילָה

abhorrent /əbˈhɒrənt/ adj. (*formal*) מָאוּס, מְתֹעָב, מְעוֹרֵר שְׁאָט־נֶפֶשׁ

abide /əˈvaɪd/ v.i. (*past* **abided** /əˈbaɪdɪd/ or **abode** /əˈbəʊd/) הָיָה נֶאֱמָן לְ... קַיָּם, מִלֵּא (הַבְטָחָה, הַחְלָטָה); נִשְׁאַר; הִתְגּוֹרֵר
□ *I shall abide by what I said* אֲנִי אֶעֱמֹד בְּדִבּוּרִי
□ *he abided by the rules* הוּא נָהַג עַל־פִּי הַכְּלָלִים, הוּא שָׁמַר עַל הַכְּלָלִים
—v.t. סָבַל אֶת
□ *I can't abide him* אֵינֶנִּי יָכוֹל לָשֵׂאת אוֹתוֹ! אֲנִי לֹא יָכוֹל לִסְבֹּל אוֹתוֹ!

abiding /ɑˈbaɪdɪŋ/ adj. קַיָּם, מַתְמִיד, עוֹמֵד לְעוֹלָם
□ *she has an abiding taste for fish* יֵשׁ לָהּ הַעֲדָפָה תְּמִידִית לְדָגִים

ability /əˈbɪlɪtɪ/ n.
1 (power, capacity) כֹּשֶׁר, יְכֹלֶת
□ *I'm trying to the best of my ability* אֲנִי עוֹשֶׂה כְּמֵיטַב יְכָלְתִּי
2 (talent) כִּשְׁרוֹן
□ *her abilities are not being used to the full* כִּשְׁרוֹנוֹתֶיהָ אֵינָם מְנֻצָּלִים בִּמְלוֹאָם

-ability /əˈbɪlɪtɪ/ suff. (סוֹפִית שֶׁפֵּרוּשָׁהּ) כֹּשֶׁר שֶׁל, יְכֹלֶת שֶׁל

abject /ˈæbdʒekt/ adj. (*formal*) מִסְכֵּן, עָלוּב, בָּזוּי
□ *they were living in abject poverty* הֵם חָיוּ בְּדַלּוּת מְשַׁוַּעַת

abjure /əbˈdʒθə(r)/ v.t. (*formal*) נִשְׁבַּע לַחֲזֹר בּוֹ מִ... כָּפַר בְּ... (בִּשְׁבוּעָה), הִתְכַּחֵשׁ לְ...
□ *I have abjured whisky* הִפְנֵיתִי אֶת גַּבִּי לְוִיסְקִי

ablative /ˈæblətɪv/ n. & adj. (*Gram.*) אַבְּלָטִיב, יַחֲסַת אַבְּלָטִיב; אַבְּלָטִיבִי

ablaze /əˈbleɪz/ pred. adj. אָחוּז־לֶהָבוֹת, בּוֹעֵר; מוּצָף בְּאוֹר
□ *the garden was ablaze with colour* הַגַּן הָיָה מוּצָף בְּשֶׁלֶל צְבָעִים

able /ˈeɪbl(ə)/ adj.
1 (having the power, means, opportunity) מְסֻגָּל, יָכוֹל
□ *are you able to walk?* הַאִם אַתָּה מְסֻגָּל לָלֶכֶת?
□ *will you be able to come?* הַאִם תּוּכַל לָבוֹא?
2 (clever, talented; fit) מֻכְשָׁר, מְיֻמָּן; כָּשִׁיר

-able /-əb(ə)l/ suff. (סוֹפִית שֶׁפֵּרוּשָׁהּ) נִתָּן לְ...

able-bodied /ˌeɪb(ə)l-ˈbɒdɪd/ adj. בַּעַל כֹּשֶׁר גּוּפָנִי, כָּשִׁיר

ablution /əˈbluːʃ(ə)n/ n. (*formal*) רְחִיצָה טִקְסִית (בְּעִקָּר לְצָרְכֵי דָּת)
□ *I performed my ablutions* (*colloq.*) הִתְרַחַצְתִּי

ably /ˈeɪblɪ/ adv. בְּכִשְׁרוֹן

abnegate /ˈæbnɪgeɪt/ v.t. (*formal*) וִתֵּר עַל, מָנַע מֵעַצְמוֹ, הִזִּיר עַצְמוֹ מִן

abnegation /ˌæbnɪgeɪʃ(ə)n/ n. (*formal*) וִתּוּר עַל, הִנָּזְרוּת מִן

abnormal /æbˈnɔːm(ə), adj. בִּלְתִּי־נוֹרְמָלִי, לֹא נוֹרְמָלִי, סוֹטֶה, לֹא־תַּקִּין, חָרִיג

abnormality /ˌæbnɔːmælɪtɪ/ n. סְטִיָּה מִן הָרָגִיל, חֲרִיגָה; מוּם (גּוּפָנִי)

abnormally /æbˈnɔːməlɪ/ adv. בְּאֹפֶן חָרִיג

aboard /əˈbɔːd/ adv. & prep. בְּ... עַל גַּבֵּי, עַל (אֳנִיָּה, מָטוֹס, רַכֶּבֶת, אוֹטוֹבּוּס)
all aboard! כָּל הַנּוֹסְעִים לַעֲלוֹת! כֻּלָּם לַעֲלוֹת! (לִסְפִינָה, לְרַכֶּבֶת)

abode[1] /əˈbəʊd/ see ABIDE

abode[2] /əˈbəʊd/ n. (*formal*) מִשְׁכָּן, מְגוּרִים, מָעוֹן
of no fixed abode (*Law*) לְלֹא מְגוּרִים קְבוּעִים
□ *welcome to my humble abode* (*joc.*) בְּרוּכִים הַבָּאִים לִמְעוֹנִי הַדַּל

abolish /əˈbɒlɪʃ/ v.t. בִּטֵּל, שָׂם קֵץ לְ..., חִסֵּל

abolition /ˌæbəˈlɪʃ(ə)n/ n. בִּטּוּל, חִסּוּל (שֶׁל עַבְדוּת, עֹנֶשׁ־מָוֶת וְכַד')

abolitionist /ˌæbəˈlɪʃənɪst/ n. תּוֹבֵעַ בִּטּוּלוֹ שֶׁל נֹהַג (עַבְדוּת, עֹנֶשׁ־מָוֶת וְכַד')

A-bomb /ˈeɪ-bɒm/ n. פְּצָצַת־אָטוֹם

abominable /əˈbɒmɪnəb(ə)l/ adj. מְתֹעָב, נִתְעָב, מַגְעִיל, מָאוּס, מַפְלַצְתִּי
The Abominable Snowman אִישׁ הַשֶּׁלֶג (מֵהָרֵי הַהִימָלַיָה), יֶטִי

□ *your handwriting is abominable* יֵשׁ לְךָ כְּתַב־יָד אָיֹם וְנוֹרָא

abominably /əˈbɒmɪnəblɪ/ adv. בְּצוּרָה נִתְעֶבֶת, בְּאֹפֶן מִפְלַצְתִּי

abominate /əˈbɒmɪneɪt/ v.t. (*formal*) תִּעֵב, שָׂנָא, שִׁקֵּץ

abomination /əˌbɒmɪˈneɪʃ(ə)n/ n. (*formal*)

1 (hatred) שִׂנְאָה, תִּעוּב, מָאוּס

2 (object of disgust) דְּבַר־תּוֹעֵבָה, שִׁקּוּץ; מַעֲשֵׂה תּוֹעֵבָה

aboriginal /æbəˈrɪdʒɪn(ə)l/ adj. & n. (דָּבָר, תּוֹשָׁב) קַדְמוֹן, קַדְמוֹנִי; בֶּן הַשְּׁבָטִים הָאוֹסְטְרָלִיִּים (שֶׁחָיוּ בַּיַּבָּשָׁה מִן הַתְּקוּפָה הַקַּדְמוֹנִית), "אָבּוֹרִיגִ'ינִי"

aborigine /æbəˈrɪdʒɪnɪ/ n. תּוֹשָׁב אָבּוֹרִיגִ'ינִי, בֶּן שִׁבְטֵי אוֹסְטְרַלְיָה הַקַּדְמוֹנִים

abort /əˈbɔːt/ v.t. & i. הִפִּילָה (עֻבָּר); בִּטֵּל, הִפְסִיק אֶת...

בְּאֶמְצַע; לֹא הִגִּיעַ לִידֵי גְּמָר, נִכְשַׁל

□ *the mission had to be aborted* הָיָה צָרִיךְ לְהַפְסִיק אֶת הַמִּבְצָע (לְרֹב טִיסָה בֶּחָלָל)

abortion /əˈbɔːʃ(ə)n/ n. הַפָּלָה, הַפְסָקַת הֵרָיוֹן

□ *the party was an abortion* (*colloq.*) הַמְּסִבָּה הָיְתָה "נֵפֶל" מֻחְלָט

□ *she had an abortion* הִיא עָשְׂתָה הַפָּלָה (מְלָאכוּתִית)

abortionist /əˈbɔːʃənɪst/ n. מְבַצֵּעַ הַפָּלוֹת (לְרֹב לֹא־חֻקִּיּוֹת)

abortive /əˈbɔːtɪv/ adj. שֶׁל נִסָּיוֹן־נֵפֶל, כּוֹשֵׁל

□ *the firm made an abortive takeover bid* הַחֶבְרָה הִגִּישָׁה הַצָּעַת הִשְׁתַּלְּטוּת שֶׁנִּכְשְׁלָה

abound /əˈbaʊnd/ v.i. נִמְצָא בְּשֶׁפַע, נִמְצָא לָרֹב; הָיָה מְשֻׁפָּע בְּ..., הָיָה עָשִׁיר בְּ..., הָיָה עָמוּס בְּ...

□ *the soil abounds* (or *is abounding*) *with nutrients* הַקַּרְקַע שׁוֹפַעַת חָמְרֵי מָזוֹן

□ *good wine abounds in this area* יַיִן טוֹב מָצוּי בְּשֶׁפַע בְּאֵזוֹר זֶה

about /əˈbaʊt/ prep.

1 (on the subject of, concerning) עַל, עַל אוֹדוֹת, בְּקֶשֶׁר לְ...

□ *we must do something about his drinking* עָלֵינוּ לַעֲשׂוֹת מַשֶּׁהוּ בְּקֶשֶׁר לַשְּׁתִיָּה שֶׁלּוֹ

□ *how would you go* (or *set*) *about solving the problem?* אֵיךְ אַתָּה מִתְכַּוֵּן לָגֶשֶׁת לְפִתְרוֹן הַבְּעָיָה?

□ *how about some breakfast?* מַה דַּעְתְּךָ עַל אֲרוּחַת בֹּקֶר?

□ *how about that!* (*colloq.*) מָה אַתָּה אוֹמֵר! מִי הָיָה מַאֲמִין?

□ *she can act, but what about her voice?* הִיא שַׂחְקָנִית טוֹבָה, אֲבָל מַה בְּקֶשֶׁר לַקּוֹל שֶׁלָּהּ?

□ *I don't know what you're talking about* אֲנִי לֹא יוֹדֵעַ עַל מָה אַתָּה מְדַבֵּר

2 (busy with)

□ *I was just going about my business as usual* הָיִיתִי עָסוּק בְּעִנְיָנַי כָּרָגִיל

□ *you might as well mix the salad while you're about it* אִם אַתָּה כְּבָר עוֹשֶׂה אֶת זֶה, אָז כְּדַאי גַּם שֶׁתְּעַרְבֵּב אֶת הַסָּלָט

3 (around; somewhere near) בַּסְּבִיבָה, בְּעֵרֶךְ

□ *have you a lighter about you?* יֵשׁ לְךָ מַצִּית עָלֶיךָ/אִתְּךָ?

□ *she fastened a belt about her waist* הִיא חָגְרָה חֲגוֹרָה לְמָתְנֶיהָ

□ *we'll arrive* (*around*) *about noon* אֲנַחְנוּ נַגִּיעַ בְּעֵרֶךְ בַּצָּהֳרַיִם

4 about to עָמַד לְ...

□ *she was about to leave when he rang* הִיא עָמְדָה לָצֵאת כְּשֶׁהוּא הִתְקַשֵּׁר

—adv.

1 (approximately) בְּעֵרֶךְ

□ *it's about time you told us the truth* הִגִּיעַ הַזְּמַן שֶׁתְּסַפֵּר לָנוּ אֶת הָאֱמֶת

2 (nearby, here and there) בַּסְּבִיבָה

□ *don't leave your shoes lying about* אַל תַּשְׁאִיר אֶת הַנַּעֲלַיִם שֶׁלְּךָ זְרוּקוֹת בְּכָל פִּנָּה

3 (on the move)

out and about מִסְתּוֹבֵב

□ *word of the murder soon got about* הַיְדִיעוֹת עַל הָרֶצַח הִתְפַּשְּׁטוּ בִּמְהִירוּת

□ *I need a stick to get about* אֲנִי נֶאֱלָץ לְהִסְתַּיֵּעַ בְּמַקֵּל לַהֲלִיכָה

4 (in the opposite direction)

put about (*Naut.*) פָּנָה לְאָחוֹר

about face (*US*) אֲחוֹרָה פְּנֵה!

about turn (*UK*) אֲחוֹרָה פְּנֵה!

above /əˈbʌv/ prep. גָּבוֹהַּ מִ... מֵעַל לְ...

1 (higher than)

above ground מֵעַל הַקַּרְקַע

□ *the loan kept my head above water* הַהַלְוָאָה אִפְשְׁרָה לִי לְהַחֲזִיק אֶת הָרֹאשׁ מֵעַל הַמַּיִם

□ *the debate was all above my head* לֹא הִצְלַחְתִּי לְהָבִין שׁוּם דָּבָר בַּדִּיּוּן, הַדִּיּוּן הָיָה מְסֻבָּךְ מִדַּי בִּשְׁבִילִי

2 (beyond; more important than) מֵעַל (לְ...), מֵעַל וּמֵעֵבֶר לְ...

above all מֵעַל לַכֹּל, יוֹתֵר מִכָּל דָּבָר אַחֵר, וּבְעִקָּר

□ *he's not above asking for help when he needs it* הוּא מוּכָן לִמְחֹל עַל כְּבוֹדוֹ וּלְבַקֵּשׁ עֶזְרָה בִּשְׁעַת הַצֹּרֶךְ

□ *she's getting above herself* הִיא "מַחֲזִיקָה מֵעַצְמָהּ" יוֹתֵר וְיוֹתֵר

□ *even I am not above suspicion* אֲפִלּוּ אֲנִי לֹא נָקִי מֵחָשָׁד, אֲפִלּוּ אֲנִי לֹא מֵעַל לְכָל חָשָׁד

—adv. מִלְמַעְלָה, שֶׁמֵּעַל

heavens above! אֵלִי שֶׁבַּשָּׁמַיִם!

□ *for a full discussion see above* לְדִיּוּן מַקִּיף רְאֵה בְּהֶקְדֵּם (הַהַפְנָיָה בַּסֵּפֶר)

—adj. (*formal*) הַנַּ"ל

□ *the above citizens wish to apply* הָאֶזְרָחִים הַנַּ"ל רוֹצִים לְהַגִּישׁ בַּקָּשָׁה

above-board /əˈbʌv-ˌbɔːd/ adj. "כָּשֵׁר" (גָּלוּי וְיָשָׁר)

abracadabra /ˌæbrəkəˈdæbrə/ int. "אַבְּרָקַדַבְּרָה", לַחַשׁ־נָחָשׁ (הַשְׁבָּעַת קְסָמִים)

abrade /əˈbreɪd/ v.t. גֵּרֵד, שִׁיֵּף, שִׁפְשֵׁף, קִרְצֵף

abrasion /əˈbreɪʒ(ə)n/ n. שִׁפְשׁוּף, קִרְצוּף, גֵּרוּד

abrasive /əˈbreɪsɪv/ adj. & n. (אָדָם) מְחֻסְפָּס; (חֹמֶר) מְשַׁפְשֵׁף; חֹמֶר לְקִרְצוּף/לְשִׁפְשׁוּף

abreast /əˈbrest/ adv. זֶה בְּצַד זֶה

□ *they are marching two abreast* הֵם צוֹעֲדִים בְּזוּגוֹת

□ *I read the papers to keep abreast of the news* אֲנִי קוֹרֵא עִתּוֹנִים כְּדֵי לְהִתְעַדְכֵּן בַּמִּתְרַחֵשׁ

abridge /əˈbrɪdʒ/ v.t. קִצֵּר (סֵפֶר אוֹ חֹמֶר סִפְרוּתִי), עָשָׂה קִצּוּר שֶׁל...

abridgement /əˈbrɪdʒmənt/ n. קִצּוּר (שֶׁל סֵפֶר וְכַד'), תַּקְצִיר

abroad /əˈbrɔːd/ adv.

1 (in or to a foreign land) בְּחוּץ־לָאָרֶץ, בְּחוּ"ל; לְחוּץ־לָאָרֶץ, לְחוּ"ל

2 (in general circulation, *formal*) בַּתְּפוּצָה; בַּמֶּרְחָב, בַּשֶּׁטַח

□ *there are some nasty rumours abroad* מִסְתּוֹבְבוֹת שְׁמוּעוֹת לֹא־נְעִימוֹת

abrogate /ˈæbrəgeɪt/ v.t. (*formal*) בִּטֵּל, חִסֵּל (בְּתֹקֶף סַמְכוּת)

abrogation /ˌæbrəˈgeɪʃ(ə)n/ n. (*formal*) בִּטּוּל, חִסּוּל (כַּנַּ"ל)

abrupt /əˈbrʌpt/ adj.

1 (sudden) פִּתְאוֹמִי, חָטוּף

2 (curt) (הִתְנַהֲגוּת, דִּבּוּר, סִגְנוֹן כְּתִיבָה) קָצָר וּמְקֻטָּע, מְחֻסְפָּס, בּוֹטֶה

3 (steep) תָּלוּל

abruptly /əˈbrʌptlɪ/ adv. בְּפִתְאוֹמִיּוּת, בְּחֶטֶף

abscess /æbses/ n. אַבְּסֶצֶס, מוּרְסָה, כִּיב

abscond /əbˈskond/ v.i. (*formal*) הִסְתַּלֵּק (לְפֶתַע וּבַחֲשַׁאי), נֶעְלַם, הִתְחַמֵּק (כְּדֵי שֶׁלֹּא לְהֵעָנֵשׁ עַל מַעֲשֶׂה אָסוּר)

abseil /ˈæbseɪl/ v.i. & n. עָשָׂה "סְנֶפְּלִינְק"/"סְנֶפְּלִינְג" (יְרִידָה מִצּוּק בְּאֶמְצָעוּת חֶבֶל); "סְנֶפְּלִינְק"

absence /ˈæbsəns/ n. הֵעָדְרוּת

absence of mind הֶסַּח־הַדַּעַת, פִּזּוּר־נֶפֶשׁ

leave of absence הֶתֵּר־הֵעָדְרוּת (מֵעֲבוֹדָה וְכַד'), חֻפְשָׁה (קְצָרָה)

□ *I took charge in the absence of the commander* לָקַחְתִּי אֶת הַפִּקּוּד בְּהֵעָדְרוֹ שֶׁל הַמְפַקֵּד

absent adj. /ˈæbsənt/

1 (not present) נֶעְדָּר, נִפְקָד, חָסֵר, לֹא נוֹכֵחַ

absent without leave (mil) נִפְקָד, נֶעְדָּר לְלֹא רְשׁוּת (מֵהַצָּבָא)

2 (inattentive) מְפֻזָּר, בְּמַצָּב שֶׁל הֶסַּח הַדַּעַת

—v. refl. /əbˈsent/ (*formal*) עָזַב

absentee /ˌæbsənˈtiː/ n. נִפְקָד, נֶעְדָּר

absenteeism /ˌæbsənˈtiːɪzəm/ n. נֶעְדָּרוּת, הֵעָדְרוּת תְּכוּפָה (מֵעֲבוֹדָה, וְכַד', לְלֹא סִבָּה מַסְפֶּקֶת)

absent-minded /ˌæbsənt-ˈmaɪndɪd/ adj. פְּזוּר־נֶפֶשׁ, מְפֻזָּר

absinth /ˈæbsɪnθ/ n. אַבְּסִינְט (לִיקֶר צָרְפָתִי יָרֹק וְחָרִיף)

absolute /ˈæbsəluːt/ adj.

1 (complete, utter, unlimited) מֻשְׁלָם, מֻחְלָט, אַבְּסוֹלוּטִי

□ *what absolute nonsense!* שְׁטוּת גְּמוּרָה! אֵיזֶה קִשְׁקוּשׁ אֱוִילִי! אֵיזוֹ שְׁטוּת!

2 (unrestricted; despotic) אַבְּסוֹלוּטִי

absolute ruler שַׁלִּיט יָחִיד, שַׁלִּיט אַבְּסוֹלוּטִי

3 (not relative) מֻחְלָט, אַבְּסוֹלוּטִי

absolute pitch (*Mus.*) שְׁמִיעָה אַבְּסוֹלוּטִית

absolute zero הָאֶפֶס הַמֻּחְלָט (מִינוּס 273 מַעֲלוֹת צֶלְסְיוּס)

—n. (*Philos.*) אֱמֶת בִּלְתִּי־מִשְׁתַּנָּה, עֵרֶךְ מֻחְלָט

absolutely /ˈæbsəˌluːtlɪ/ adv.

1 (completely) בְּהֶחְלֵט, לַחֲלוּטִין, לְגַמְרֵי

2 (independently, in an absolute sense) בְּאֹפֶן בִּלְתִּי־מִשְׁתַּנֶּה

—int. (*colloq.*) בֶּטַח! וְעוֹד אֵיךְ! בְּהֶחְלֵט!

absolution /ˌæbsəˈluːʃ(ə)n/ n. (*Relig.*) כַּפָּרָה, מְחִילַת־חֲטָאִים, הַתָּרַת־נֶדֶר (בַּכְּנֵסִיָּה הַנּוֹצְרִית)

absolutism /ˈæbsəluːˌtɪzəm/ n. אַבְּסוֹלוּטִיזְם, שִׁלְטוֹן אַבְּסוֹלוּטִי

absolve /əbˈzolv/ v.t. הֶעֱנִיק מְחִילָה (עַל חֵטְא), מָחַל; שִׁחְרֵר, פָּטַר מֵעֹנֶשׁ, הִתִּיר (נֶדֶר)

□ *your donation will not absolve you from criticism* הַתְּרוּמָה שֶׁלְּךָ לֹא תְּשַׁחְרֵר אוֹתְךָ מִבִּקֹּרֶת

absorb /ˌəbˈzɔːb/ v.t.

1 (suck in, take in) סָפַג, קָלַט

2 (reduce effect of; take up) סָפַג, בָּלַם

shock absorber בּוֹלֵם־זַעֲזוּעִים, מַנְחֵת־זַעֲזוּעִים

□ *the rest can be absorbed in the budget for stationery* אֶפְשָׁר לְשַׁלֵּב אֶת הַשְּׁאָר בְּתַקְצִיב חָמְרֵי־הַכְּתִיבָה

absorbed /əbˈsɔːbd/ adj. שָׁקוּעַ, נָתוּן

□ *she was absorbed in her book* הִיא הָיְתָה שְׁקוּעָה בַּסֵּפֶר שֶׁלָּהּ

absorbent /əbˈsɔːbənt/ adj. סוֹפֵג, בַּעַל כֹּשֶׁר־סְפִיגָה

absorbing /əbˈsɔːbɪŋ/ adj. מְצוֹדֵד, מְרַתֵּק, מוֹשֵׁךְ־לֵב

absorption /əbˈsɔːpʃ(ə)n/ n. סְפִיגָה, קְלִיטָה; הִתְרַכְּזוּת

abstain /əbˈsteɪn/ v.i.

1 (refrain) נִמְנַע מִ...

□ *I'm abstaining from sugar* אֲנִי נִמְנָע מִלֶּאֱכֹל סֻכָּר

2 (avoid alcohol) הִתְנַזֵּר (מִמַּשְׁקָאוֹת חֲרִיפִים)

3 (decline to vote) נִמְנַע (בַּהַצְבָּעָה)

abstainer /əbˈsteɪnə(r)/ n. מִתְנַזֵּר מִמַּשְׁקָאוֹת חֲרִיפִים

abstemious /əbˈstiːmɪəs/ adj. מִסְתַּפֵּק בְּמוּעָט (בְּעִקָּר לְגַבֵּי מַאֲכָל וּמַשְׁקֶה)

abstention /əbˈstenʃ(ə)n/ n.
1 (refraining) הִמָּנְעוּת, הִתְאַפְּקוּת
2 (not voting) הִמָּנְעוּת מֵהַצְבָּעָה
□ *there were six abstentions* בַּהַצְבָּעָה הָיוּ שִׁשָּׁה נִמְנָעִים

abstinence /ˈæbstɪnəns/ n. הִתְנַזְּרוּת

abstract /ˈæbstrækt/ adj. מֻפְשָׁט, אַבְּסְטְרַקְטִי
abstract art אָמָּנוּת מֻפְשֶׁטֶת, אָמָּנוּת אַבְּסְטְרַקְטִית
abstract noun (*Gram.*) שֵׁם עֶצֶם מֻפְשָׁט
—n. /ˈæbstrækt/
1 (theoretical form) מֻפְשָׁט; רַעְיוֹן מֻפְשָׁט
in the abstract בְּאֹפֶן מֻפְשָׁט, בְּצוּרָה מֻפְשֶׁטֶת, בְּאֹפֶן כְּלָלִי
2 (summary) אַבְּסְטְרַקְט, תַּקְצִיר
3 (piece of abstract art) צִיּוּר מֻפְשָׁט, אַבְּסְטְרַקְט
—v.t. /əbˈstrækt/
1 (detach; summarize) מִצָּה, תִּמְצֵת, עָרַךְ תַּקְצִיר שֶׁל
2 (steal, *euphem.*) "קָנָה בִּמְשִׁיכָה"

abstracted /əbˈstræktɪd/ adj. שָׁקוּעַ בְּמַחֲשָׁבוֹת; מֻסָּח בְּדַעְתּוֹ

abstraction /əbˈstrækʃ(ə)n/ n.
1 (abstract concept) הַפְשָׁטָה, מֻנָּח אַבְּסְטְרַקְטִי, אַבְּסְטְרַקְצְיָה
2 (absent-mindedness) פִּזּוּר־נֶפֶשׁ, הֶסַּח־הַדַּעַת
3 (stealing, *euphem.*) "קְנִיָּה בִּמְשִׁיכָה"

abstruse /əbˈstruːs/ adj. (*formal*) סָתוּם, סָבוּךְ (רַעְיוֹן)

absurd /əbˈsɜːd/ adj. אַבְּסוּרְדִּי, מֻפְרָךְ, מְגֻחָךְ

absurdity /əbˈsɜːdɪtɪ/ n. אַבְּסוּרְדִּיּוּת, אַבְּסוּרְד, אִוֶּלֶת

abundance /əˈbʌndəns/ n. שֶׁפַע, עֹשֶׁר, רִבּוּי
□ *he received an abundance of gifts* (or *gifts in abundance*) הוּא קִבֵּל שֶׁפַע שֶׁל מַתָּנוֹת

abundant /əˈbʌndənt/ adj. שׁוֹפֵעַ, מָצוּי בְּשֶׁפַע; מַשְׁפִּיעַ בְּ...

abundantly /əˈbʌndəntlɪ/ adv. בְּשֶׁפַע, לְמַכְבִּיר
□ *it is abundantly clear that you are guilty* בָּרוּר כַּשֶּׁמֶשׁ שֶׁאַתָּה אָשֵׁם

abuse n. /əˈbjuːs/
1 (misuse) שִׁמּוּשׁ לְרָעָה
abuse of privilege שִׁמּוּשׁ לְרָעָה בִּזְכֻיּוֹת, נִצּוּל לֹא־חֻקִּי שֶׁל זְכֻיּוֹת
drug abuse שִׁמּוּשׁ בְּסַמִּים
2 (insulting language) חֵרוּף, גִּדּוּף
3 (maltreatment) הִתְאַכְזְרוּת (בְּעִקָּר לִילָדִים); נִצּוּל מִינִי (שֶׁל יְלָדִים)
child abuse הִתְאַכְזְרוּת לִילָדִים; נִצּוּל מִינִי שֶׁל יְלָדִים
—v.t. /əˈbjuːz/
1 (misuse) עָשָׂה שִׁמּוּשׁ לְרָעָה בְּ...
2 (insult) חֵרֵף, גִּדֵּף
3 (maltreat) הִתְאַכְזֵר (לְיֶלֶד); נִצֵּל (נִצּוּל מִינִי)

abusive /əˈbjuːsɪv/ adj. מְחָרֵף, מַעֲלִיב בְּמִתְכַּוֵּן, רָצוּף־גִּדּוּפִים, פּוֹגֵעַ

abut /əˈbʌt/ v.i. (*formal*) גָּבַל בְּ...
□ *the shed abutted on the side of the house* הַצְּרִיף נָגַע בְּצִדּוֹ שֶׁל הַבַּיִת

abutment /əˈbʌtmənt/ n. יַרְכָה (מִבְנֶה שֶׁנִּשְׁעָן עָלָיו גֶּשֶׁר)

abysmal /əˈbɪzməl/ adj.
1 (extremely bad, *colloq.*) מְזַוִּיעַ
2 (profound, utter) תְּהוֹמִי

abysmally /əˈbɪzməlɪ/ adv. בְּצוּרָה מַחֲרִידָה
□ *his work is abysmally bad* עֲבוֹדָתוֹ גְּרוּעָה לְהַחֲרִיד

abyss /əˈbɪs/ n. תְּהוֹם

acacia /əˈkeɪsɪə/ n. (עֵץ) שִׁטָּה

academia /ækəˈdiːmɪə/ n. (*formal*) הָעוֹלָם הָאֲקָדֵמִי

academic /ˌækəˈdèmɪk/ adj.
1 (of learning; relating to a scholarly institution) עִיּוּנִי, מַדָּעִי; אֲקָדֵמִי
academic year שְׁנַת הַלִּמּוּדִים הָאֲקָדֵמִית
2 (of no practical importance) לְלֹא מַשְׁמָעוּת מַעֲשִׂית, תֵּאוֹרֶטִי
□ *the reason why we lost is purely academic* הַסִּבָּה לְהֶפְסֵד שֶׁלָּנוּ חַסְרַת כָּל מַשְׁמָעוּת מַעֲשִׂית
—n. אֲקָדֵמַאי

academician /əˌkædəˈmɪʃ(ə)n/ n. חֲבֵר אֲקָדֶמְיָה

academy /əˈkædəmɪ/ n.
1 (place of study) אֲקָדֶמְיָה (לָרֹב לִלְמוּד נוֹשֵׂא מְסֻיָּם: לְמוּסִיקָה, לְמָחוֹל, בֵּית־סֵפֶר צְבָאִי וְכַד')
2 (society) אֲקָדֶמְיָה
British Academy הָאֲקָדֶמְיָה הַבְּרִיטִית
Royal Academy הָאֲקָדֶמְיָה הַמַּלְכוּתִית (לְאָמָּנוּת)
3 (secondary school, *Sc.*) בֵּית־סֵפֶר תִּיכוֹן (בְּסְקוֹטְלַנְד)

a cappella /ækəˈpelə/ adj. & adv. (*Mus.*) "אַ־קַפֶּלָּה" (לְתֵאוּר יְצִירָה קוֹלִית לְלֹא לִוּוּי כֵּלִי)

accede /əkˈsiːd/ v.i. (*formal*)
1 (take office) נִכְנַס לְתַפְקִיד
□ *she acceded to the monarchy* הִיא עָלְתָה לְכֵס הַמְּלוּכָה
2 (agree) נַעֲנָה, נָתַן אֶת הַסְכָּמָתוֹ לְ...
□ *they acceded to the proposal* הֵם נַעֲנוּ לַהַצָּעָה

accelerate /əkˈseləreɪt/ v.i. & t. קִבֵּל תְּאוּצָה, הֵאִיץ; הֶחִישׁ, הֵאִיץ

acceleration /əkˌseləˈreɪʃ(ə)n/ n. תְּאוּצָה, הֲאָצָה
□ *the car has good acceleration* לַמְּכוֹנִית יֵשׁ תְּאוּצָה טוֹבָה

accelerator /əkˈseləreɪtə(r)/ n.
1 (part of vehicle or engine) דַּוְשַׁת־הַגָּז, דַּוְשַׁת־הַדֶּלֶק
2 (*Phys.*) מָאִיץ־חֲלִקִיקִים

accent /ˈæksənt/ n.
1 (way of pronouncing) מִבְטָא, הִגּוּי
□ *he speaks with a foreign accent* הוּא מְדַבֵּר בְּמִבְטָא זָר
2 (emphasis; mark showing this) טַעַם, הַטְעָמָה, דָּגֵשׁ; סִימַן הַטְעָמָה
3 (special prominence) דָּגֵשׁ
□ *this year the accent is on sports models* הַשָּׁנָה הַדָּגֵשׁ הוּא עַל דְּגָמִים שֶׁל מְכוֹנִיּוֹת־סְפּוֹרְט
4 (*Mus.*) הַטְעָמָה מוּסִיקָלִית
—v.t. /ækˈsent/ הִטְעִים, הִדְגִּישׁ
accentuate /əkˈsentʃʊeɪ)t/ v.t. הִטְעִים, הִדְגִּישׁ, הִפְנָה תְּשׂוּמַת־לֵב אֶל...
accentuation /əkˌsentʃʊˈeɪʃ(ə)n/ n. הַטְעָמָה, הַדְגָּשָׁה, הַפְנָיַת תְּשׂוּמַת־הַלֵּב אֶל...
accept /əkˈsept/ v.t.
1 (agree to receive; say yes to) הִסְכִּים, קִבֵּל (בְּרָצוֹן)
□ *we accepted delivery* (*Comm.*) קִבַּלְנוּ אֶת הַמִּשְׁלוֹחַ, קִבַּלְנוּ לְיָדֵינוּ אֶת הַמִּשְׁלוֹחַ
□ *she accepted his invitation to dinner* הִיא קִבְּלָה אֶת הַזְמָנָתוֹ לַאֲרוּחַת־עֶרֶב
2 (recognize, consider reasonable) הִכִּיר בְּ... (עֻבְדָּה), קִבֵּל (שֶׁ...)
□ *do you accept payment in cash?* הַאִם אַתֶּם מְקַבְּלִים תַּשְׁלוּם בִּמְזֻמָּנִים?
□ *I accept responsibility for the accident* אֲנִי מְקַבֵּל עָלַי אַחֲרָיוּת לַתְּאוּנָה
□ *I don't accept that explanation* אֲנִי לֹא מְקַבֵּל אֶת הַהֶסְבֵּר הַזֶּה
3 (put up with) הִשְׁלִים עִם
□ *he accepted his fate* הוּא הִשְׁלִים עִם גּוֹרָלוֹ
—v.i. הִבִּיעַ אֶת הַסְכָּמָתוֹ, הִסְכִּים
acceptable /əkˈseptəb(ə)l/ adj. סָבִיר, שֶׁאֶפְשָׁר לְקַבְּלוֹ; רָצוּי; קָבִיל
acceptance /əkˈseptəns/ n.
1 (consent to receive; positive answer) הַסְכָּמָה, הַעֲנוּת, תְּשׁוּבָה חִיּוּבִית
□ *she nodded acceptance* הִיא הֵנִיעָה בְּרֹאשָׁהּ לְאוֹת הַסְכָּמָה
2 (recognition) הַכָּרָה
□ *his theory gained acceptance* הַתֵּאוֹרְיָה שֶׁלּוֹ זָכְתָה לְהַכָּרָה
accepted /əkˈseptɪd/ adj. מְקֻבָּל, מֻסְכָּם
accepted opinion הַדֵּעָה הַמְקֻבֶּלֶת
access /ˈækses/ n.
1 (approach, means of approach) גִּישָׁה, אֹפֶן־גִּישָׁה, דַּרְכֵי גִּישָׁה
access road כְּבִישׁ־גִּישָׁה, דֶּרֶךְ־גִּישָׁה
ease of access (אֲתָר, בִּנְיָן בַּעַל) גִּישָׁה נוֹחָה (לָאֲתָר, לַבִּנְיָן וְכַד')
□ *the spy gained access to all the defence files* הַמְרַגֵּל הִשִּׂיג גִּישָׁה לְכָל תִּיקֵי הַבִּטָּחוֹן
2 (outburst, attack, *formal*) הֶתְקֵף, הִתְפָּרְצוּת
—vt. (*Comput.*) "נִכְנַס" (לְמַאֲגַר מֵידָע, לְתָכְנִית), הִשִּׂיג גִּישָׁה לְמֵידָע (בַּמַּחְשֵׁב)
accessible /əkˈsesɪb(ə)l/ adj.
1 (easy to reach or contact) (מָקוֹם) שֶׁאֶפְשָׁר לְהַגִּיעַ אֵלָיו; נִתָּן לְהַשָּׂגָה, בְּהֶשֵּׂג יָד; (אָדָם) פָּתוּחַ
2 (easy to understand) (סֵפֶר וְכַד') קָרִיא, נִתָּן לַהֲבָנָה
accession /əkˈseʃ(ə)n/ n.
1 (attaining office; achieving a condition) הַגָּעָה (לְמִשְׂרָה רָמָה); עֲלִיָּה לְכֵס־הַמַּלְכוּת, עֲלִיָּה לַמְּלוּכָה
2 (addition; thing added) תּוֹסֶפֶת, הַגְדָּלָה, רְכִישׁוֹת חֲדָשׁוֹת לָאֹסֶף
□ *the book was stamped on accession to the library* הַסֵּפֶר הֻחְתַּם עִם צֵרוּפוֹ לְאֹסֶף הַסִּפְרִיָּה
3 (agreement, *formal*) הַעֲנוּת, הַסְכָּמָה
accessory /əkˈsesərɪ/ adj. מִשְׁנִי, טָפֵל
—n.
1 (extra item, usu. in *pl.*) אַבְזָר
2 (helper in crime) סַיְעָן, מְסַיֵּעַ לִדְבַר עֲבֵרָה
accessory after the fact (*Law*) מְסַיֵּעַ לְאַחַר בִּצּוּעַ הַפֶּשַׁע
accidence /ˈæksɪdəns/ n. (*Gram.*) כְּלָלֵי הַנְּטִיָּה (יַחֲסוֹת, זְמַנִּים, מִין, מִסְפָּר, וְכַד')
accident /ˈæksɪdənt/ n.
1 (mishap) תְּאוּנָה, "אֶקְסִידֶנְט"
□ *accidents will happen* (*Prov.*) תְּאוּנוֹת קוֹרוֹת לִפְעָמִים
2 (chance; chance event) מִקְרֶה
by accident of birth בִּזְכוּת מוֹצָאוֹ, בִּזְכוּת אֲבוֹתָיו
by accident בְּמִקְרֶה; בְּטָעוּת
accidental /ˌæksɪˈdent(ə)l/ adj. מִקְרִי, לֹא־צָפוּי; בִּתְאוּנָה
□ *the jury returned a verdict of accidental death* חֶבֶר הַמֻּשְׁבָּעִים פָּסַק כִּי זֶה הָיָה מָוֶת בִּשְׁגָגָה/בִּתְאוּנָה
—n. (*Mus.*) סִימָנִית עֲרָאִי, חָרִיג (דִּיאֶז אוֹ בֶּמוֹל שֶׁלֹּא עַל־פִּי דְּרִישׁוֹת הַסֻּלָּם הַמּוּסִיקָלִי)
accidentally /ˌæksɪˈdentəlɪ/ adv. בְּטָעוּת, שֶׁלֹּא בְּכַוָּנָה, בִּשְׁגָגָה
accident-prone /ˈæksɪdənt-ˌprəʊn/ adj. מוּעָד לִתְאוּנוֹת, מוּעָד לְפֻרְעָנוּת
acclaim /əˈkleɪm/ v.t.
1 (praise, applaud) שִׁבַּח, הִלֵּל, הֵרִיעַ לְ...
2 (proclaim) הִכְרִיז עַל... כְּ...; הִכְתִּיר אֶת... לְ...
□ *he was acclaimed (as) the winner* הוּא הֻכְרַז כִּמְנַצֵּחַ
—n. תְּשׁוּאוֹת, תְּשׁוּאוֹת חֵן־חֵן
□ *the play received great critical acclaim* הַהַצָּגָה זָכְתָה לְשִׁבְחֵי הַבִּקֹּרֶת
acclamation /ˌækləˈmeɪʃ(ə)n/ n. (*formal*) תְּשׁוּאוֹת הַסְכָּמָה, מְחִיאוֹת־כַּפַּיִם
by acclamation (*US*) (הַצְבָּעָה) שֶׁהֻכְרְעָה עַל־פִּי תְּשׁוּאוֹת

acclimatization /əˌklaɪmətaɪˈzeɪʃ(ə)n/ n. סִגּוּל, אִקְלוּם; הִסְתַּגְּלוּת, הִתְאַקְלְמוּת

acclimatize /əˈklaɪmətaɪz/ v.t. & i. סִגֵּל לִתְנָאִים חֲדָשִׁים, אִקְלֵם; הִתְאַקְלֵם

accolade /ˈækəleɪd/ n.

1 (praise, approval) שְׁבָחִים

2 (bestowal of knighthood) (טֶקֶס) הַעֲנָקַת תֹּאַר אַבִּירוּת

accommodate /əˈkomədeɪt/ v.t.

1 (find room or lodging for) אִכְסֵן, הֵלִין, אֵרַח

2 (adapt) הִתְאִים, סִגֵּל

□ *I'll accommodate my plans to yours* אַתְאִים אֶת תָּכְנִיּוֹתַי לְתָכְנִיּוֹתֶיךָ

3 (oblige; supply) סִפֵּק

□ *the bank will accommodate him with a loan* הַבַּנְק יַעֲנִיק לוֹ הַלְוָאָה

accommodating /əˈkoməˌdeɪtɪŋ/ adj. שָׂמֵחַ לְהַגִּישׁ עֶזְרָה, מְסַיֵּעַ בְּחֵפֶץ לֵב שָׂמֵחַ

accommodation /əˌkoməˈdeɪʃ(ə)n/ n.

1 (lodging; *pl.* in *US*) מְגוּרִים, דִּיּוּר, אִכְסוּן

accommodation address כְּתֹבֶת לְמִכְתָּבִים בִּלְבַד

2 (compromise, adjustment) פְּשָׁרָה

accompaniment /əˈkʌmpənɪmənt/ n. לִוּוּי מוּסִיקָלִי; הַשְׁלָמָה, תּוֹסֶפֶת

□ *mustard is a good accompaniment to beef* חַרְדָּל הוּא תּוֹסֶפֶת מְצֻיֶּנֶת לִבְשַׂר־בָּקָר

accompanist /əˈkʌmpənɪst/ n. מְלַוֶּה מוּסִיקָלִי

accompany /əˈkʌmpənɪ/ v.t.

1 (go with) לִוָּה

□ *will you accompany me to the manager's office?* הַאִם תְּלַוֶּה אוֹתִי לְמִשְׂרַד הַמְנַהֵל?

□ *her speech was accompanied with gestures* הַנְּאוּם שֶׁלָּהּ הָיָה מְלֻוֶּה בִּתְנוּעוֹת יָדַיִם

2 (*Mus.*) לִוָּה לִוּוּי מוּסִיקָלִי

accomplice /əˈkʌmplɪs/ n. שֻׁתָּף לְפֶשַׁע, שֻׁתָּף לִדְבַר־עֲבֵרָה

accomplish /əˈkʌmplɪʃ/ v.t. בִּצַּע, הִגְשִׁים, הִשְׁלִים (בְּהַצְלָחָה), הִשִּׂיג

accomplished /əˈkʌmplɪʃt/ adj.

1 (clever, skilled) רַב־יְכֹלֶת, רַב־כִּשְׁרוֹן, בַּעַל כִּשְׁרוֹן רַב

2 (carried out) מֻגְמָר, מֻשְׁלָם

accomplishment /əˈkʌmplɪʃmənt/ n.

1 (achievement) הֶשֵּׂג, בִּצּוּעַ מַעְלָה, הַשְׁלָמָה (בְּהַצְלָחָה)

2 (skill) כִּשְׁרוֹן

accord /əˈkɔːd/ (*formal*)

—v.i. הִסְכִּים עִם..., הִתְאִים לְ..., תָּאַם לְ...

—v.t. הֶעֱנִיק

—n. תֵּאוּם, הַתְאָמָה, הַסְכָּמָה, הֶסְכֵּם

□ *we are in full accord with you* אָנוּ מַסְכִּימִים אִתְּךָ הַסְכָּמָה מְלֵאָה

□ *with one accord they rose* הֵם קָמוּ כְּאִישׁ אֶחָד

□ *they gave this money of their own accord* הֵם נָתְנוּ אֶת הַכֶּסֶף הַזֶּה מֵרְצוֹנָם הַחָפְשִׁי

accordance /əˈkɔːdəns/ n. תֵּאוּם, הַתְאָמָה

in accordance with בְּהֶתְאֵם לְ... עַל־פִּי

according /əˈkɔːdɪŋ/ adv.

1 (in agreement with) לְפִי, בְּהֶתְאֵם לְ...

□ *books are placed on the shelves according to author* הַסְּפָרִים מְסֻדָּרִים עַל הַמַּדָּפִים לְפִי (שְׁמוֹת) הַמְחַבְּרִים

□ *add sugar according to taste* הוֹסֵף סֻכָּר לְפִי הַטַּעַם

2 (on the authority of) לְפִי, עַל־פִּי, בְּהִסְתַּמֵּךְ עַל...

□ *according to his wife, he's very extravagant* עַל־פִּי הַטְּעָנוֹת שֶׁל אִשְׁתּוֹ, הוּא חַי חַיִּים רַאַוְתָנִיִּים מְאֹד

accordingly /əˈkɔːdɪŋlɪ/ adv.

1 (correspondingly) בְּהֶתְאֵם לְכָךְ

2 (therefore) עַל־כֵּן, אִי־לָכָךְ, לְפִיכָךְ

accordion /əˈkɔːdɪən/ n. אַקּוֹרְדְּיוֹן

accordionist /əˈkɔːdɪənɪst/ n. אַקּוֹרְדְּיוֹנִיסְט, נַגַּן אַקּוֹרְדְּיוֹן

accost /əˈkost/ v.t. פָּנָה בִּדְבָרִים אֶל (זָר בְּמָקוֹם צִבּוּרִי); שִׁדֵּל (פְּרוּצָה הַפּוֹנָה לְלָקוֹחַ, קַבְּצָן הַפּוֹנֶה לְעוֹבֵר־וָשָׁב)

account /əˈkaʊnt/ n.

1 (financial arrangement) חֶשְׁבּוֹן

□ *I closed an account with my bank and opened another with yours* סָגַרְתִּי חֶשְׁבּוֹן בַּבַּנְק שֶׁלִּי וּפָתַחְתִּי חֶשְׁבּוֹן חָדָשׁ בַּבַּנְק שֶׁלָּכֶם

□ *I got these groceries on account* קָנִיתִי בַּמַּכֹּלֶת בְּהַקָּפָה

2 (reckoning, record) חֶשְׁבּוֹן, דִּין וְחֶשְׁבּוֹן

□ *the farmer's wife does the accounts* אֵשֶׁת הָאִכָּר מְנַהֶלֶת אֶת הַחֶשְׁבּוֹנוֹת

□ *he keeps an account of every penny they spend* הוּא רוֹשֵׁם כָּל פְּרוּטָה שֶׁהֵם מוֹצִיאִים

□ *he settled his account with his suppliers* הוּא שִׁלֵּם אֶת הַמַּגִּיעַ, הוּא סִלֵּק אֶת חוֹבוֹ לַסַּפָּקִים שֶׁלּוֹ

3 (narration, description; representation) תֵּאוּר, דִּוּוּחַ

call to account חִיֵּב (אֶת פְּלוֹנִי) לָתֵת אֶת הַדִּין; דָּרַשׁ דִּין וְחֶשְׁבּוֹן מִ...

□ *she gave a good account of herself in the exam* הִיא עָמְדָה יָפֶה בַּמִּבְחָן

□ *by all accounts, he was lucky to escape alive* לְכָל הַדֵּעוֹת, חַיָּיו נִצְּלוּ בְּנֵס

4 (reason) הֶסְבֵּר, נִמּוּק

on account of מִפְּנֵי..., בִּגְלַל..., מֵחֲמַת...

□ *on no account are you to enter that room* בְּשׁוּם פָּנִים וָאֹפֶן אַל תִּכָּנֵס לַחֶדֶר הַהוּא

5 (significance; consideration) עֵרֶךְ, חֲשִׁיבוּת

take account of (or **take into account**) הֵבִיא בְּחֶשְׁבּוֹן

□ *that's of no account* אֵין לָזֶה חֲשִׁיבוּת

□ *he turned his army experience to good account in the police* הוּא נִצֵּל הֵיטֵב אֶת נִסְיוֹנוֹ הַצְּבָאִי בְּשֵׁרוּתוֹ בַּמִּשְׁטָרָה

—v.t. (*formal*) חָשַׁב אֶת (פְּלוֹנִי) לְ..., הֶעֱרִיךְ

—v.i. **account for** נָתַן הֶסְבֵּר לְ..., הִבְהִיר

□ *there's no accounting for taste* עַל טַעַם וָרֵיחַ אֵין לְהִתְוַכֵּחַ

accountability /əˌkaʊntəˈbɪlɪtɪ/ n. אַחֲרָיוּת (לְמַעֲשֶׂה וְכַד')

accountable /əˈkaʊntəb(ə)l/ adj.

1 (liable) אַחֲרַאי לְ...

2 (that can be explained) נִתָּן לְבֵאוּר, שֶׁאֶפְשָׁר לְהַסְבִּירוֹ

accountancy /əˈkaʊntənsɪ/ n. הַנְהָלַת־חֶשְׁבּוֹנוֹת, חֶשְׁבּוֹנָאוּת, פִּנְקְסָנוּת

accountant /əˈkaʊntənt/ n. מְנַהֵל־חֶשְׁבּוֹנוֹת, רוֹאֵה חֶשְׁבּוֹן, פִּנְקְסָן, חַשָּׁב

chartered accountant רוֹאֵה־חֶשְׁבּוֹן מֻסְמָךְ

accoutrements /əˈkuːtrəmənts/ n. pl. (*formal*) צִיּוּד אִישִׁי (שֶׁל חַיָּל, פְּרָט לִבְגָדָיו וּלְנִשְׁקוֹ)

accredit /əˈkredɪt/ v.t.

1 (attribute) יִחֵס, שִׁיֵּךְ

□ *she is accredited with supernatural powers* מְיַחֲסִים לָהּ כֹּחוֹת עַל טִבְעִיִּים

2 (send out with credentials) יִפָּה כֹּחוֹ שֶׁל (נָצִיג רִשְׁמִי וְכַד'); נָתַן אִשּׁוּר רִשְׁמִי לְ...

accredited /əˈkredɪtɪd/ adj. מֻכָּר רִשְׁמִית, מְאֻמָּן; מְאֻשָּׁר רִשְׁמִית

accretion /əˈkriːʃ(ə)n/ n. (*formal*) גְּדִילָה, גִּדּוּל (אוֹרְגָנִי); הִתְלַכְּדוּת (שֶׁל שְׁכָבוֹת חִיצוֹנִיּוֹת)

accrue /əˈkruː/ v.i. (*formal*) גָּדַל, צָמַח; הִתְרַבָּה; הִצְטַבֵּר

accumulate /əˈkjuːmjʊleɪt/ v.t. & i. צָבַר, אָגַר; הִצְטַבֵּר, נֶאֱגַר

accumulation /əˌkjuːmjʊˈleɪʃ(ə)n/ n. צְבִירָה אֲגִירָה; הִצְטַבְּרוּת

accumulative /əˈkjuːmjʊlətɪv/ adj. (*formal*) מִצְטַבֵּר

accumulator /əˈkjuːmjʊleɪtə(r)/ n.

1 (electric cell, *UK*) מַצְבֵּר

2 (bet) הִמּוּר מִצְטַבֵּר (בְּמֵרוֹצֵי סוּסִים)

accuracy /ˈækjərəsɪ/ n. דִּיּוּק; דַּיְקָנוּת

accurate /ˈækjərət/ adj. מְדֻיָּק, דַּיְקָנִי; נָכוֹן

accurately /ˈækjərətlɪ/ adv. בְּדַיְקָנוּת, בְּדִיּוּק

accursed əˈkɜːsɪd/ adj. (*poet.*) אָרוּר, מְקֻלָּל

accusation /ˌækjʊˈzeɪʃ(ə)n/ n. הַאֲשָׁמָה, אִשּׁוּם

accusative /əˈkjuːzətɪv/ adj. & n. (*Gram.*) בְּאַקּוּזָטִיב; אַקּוּזָטִיב, יַחֲסַת הַפָּעוּל, יַחֲסַת הַמֻּשָּׂא־הַיָּשִׁיר

accuse /əˈkjuːz/ v.t. הֶאֱשִׁים

the accused (*Law.*) הַנֶּאֱשָׁם

□ *she was accused of fraud* הִיא נֶאֶשְׁמָה בְּמִרְמָה

accusing /əˈkjuːzɪŋ/ adj. מַאֲשִׁים

accustom /əˈkʌstəm/ v.t. & refl. הִרְגִּיל, סִגֵּל; הִתְרַגֵּל, הִסְתַּגֵּל

accustomed /əˈkʌstəmd/ adj.

1 (used to) רָגִיל לְ..., מֻרְגָּל בְּ...

□ *I've grown accustomed to the new format* הִתְרַגַּלְתִּי לַמִּתְכֹּנֶת הַחֲדָשָׁה

2 (usual) רָגִיל, נָהוּג, מְקֻבָּל

ace /eɪs/ n.

1 (on cards, dice) אַס (סִימָנוֹ 1 בִּקְלָפִים, קֻבִּיּוֹת וְכַד')

□ *he came within an ace of being killed* (*colloq.*) כִּמְעַט הָיָה בֵּינוֹ לְבֵין הַמָּוֶת

□ *he always has an ace up his sleeve* (*fig.*) הוּא תָּמִיד מַפְתִּיעַ בְּתַכְסִיסָיו; תָּמִיד יֵשׁ לוֹ אַס בַּשַּׁרְווּל

2 (champion, *colloq.*) אַלּוּף, "צֶ'מְפְּיוֹן"

□ *she is an ace at skiing* הִיא אַלּוּפָה בְּסְקִי

3 (tennis) אַס

□ *she served six aces* הִיא הִכְּתָה שֵׁשׁ חֲבָטוֹת־פְּתִיחָה שֶׁאִי־אֶפְשָׁר הָיָה לַעֲנוֹת עָלֵיהֶן

—adj. (*sl.*) "עֶשֶׂר", "מַשֶּׁהוּ מַשֶּׁהוּ"

acerbic /əˈsɜːbɪk/ adj. מָרִיר, עוֹקְצָנִי (דִּבּוּר; אָדָם וְכַד')

acerbity /əsɜːbɪtɪ/ n. חֲרִיפוּת, מְרִירוּת (בְּדִבּוּר, בְּהִתְנַהֲגוּת); חֲרִיפוּת, מְרִירוּת (טַעַם)

acetic acid /əˌsiːtɪkˈæsɪd/ n. חֻמְצָה אֲצֵטִית (מְצוּיָה בְּחֹמֶץ)

acetone /ˈæsɪtəʊn/ n. אֲצֵטוֹן

acetylene /əˈsetɪliːn/ n. אֲצֵטִילֶן (גַּז דָּלִיק, לְמַבְעֵר בְּהִתּוּךְ וְכַד')

ache /eɪk/ v.i.

1 (be painful; be in pain) כָּאַב; סָבַל כְּאֵב

2 (yearn) כָּמַהּ לְ..., הִתְגַּעְגֵּעַ לְ...

—n. כְּאֵב, מַכְאוֹב

achieve /əˈtʃiːv/ v.t. הִשִּׂיג, הִגְשִׁים, הִצְלִיחַ לְהַגִּיעַ לְ...

achievement /əˈtʃiːvmənt/ n. הֶשֵּׂג; הַגְשָׁמָה

Achilles' heel /əˌkɪliːz ˈhiːl/ n. "עֲקֵב אֲכִילֶס", נְקֻדַּת הַתֻּרְפָּה

Achilles' tendon /əˌkɪliːz ˈtendən/ n. גִּיד אֲכִילֶס (בַּעֲקֵב הָרֶגֶל)

acid /ˈæsɪd/ n.

1 (*Chem.*) חֻמְצָה

2 (sour substance) חֹמֶר חָמוּץ

acid drop (*UK*) סֻכָּרִיָּה חֲמוּצָה

3 (LSD, *sl.*) "אָסִיד", "ל.ס.ד."

acid head מָכוּר לְ"ל.ס.ד."

4 **acid house** "אָסִיד הָאוּז" (סוּג שֶׁל מוּזִיקַת קֶצֶב רוֹעֶשֶׁת)

—adj. חֻמְצִי

acid rain גֶּשֶׁם חֻמְצִי (כְּתוֹצָאָה מִפְּלִיטַת פְּסֹלֶת תַּעֲשִׂיָּתִית וְכַד' לָאַטְמוֹסְפֵירָה)

acid test (*fig.*) "הַמִּבְחָן הָאֲמִתִּי"

acidic /əˈsɪdɪk/ adj. חֻמְצִי

acidify /əˈsɪdɪˌfaɪ/ vt. & i. הָפַךְ לְחֻמְצִי; נֶהְפַּךְ לְחֻמְצִי

acidity /əˈsɪdɪtɪ/ n. חֻמְצִיּוּת; חֲמִיצוּת

acknowledge /əkˈnolɪdʒ/ v.t.

1 (recognize) הִכִּיר בְּ...

2 (report receipt of) אִשֵּׁר (קַבָּלַת מִכְתָּב וְכַד')

3 (signify noticing) נָתַן סִימָן לְכָךְ שֶׁהִבְחִין בְּ...

acknowledgement /əkˈnolɪdʒmənt/ n. הוֹדָאָה, הַכָּרָה (בְּדָבָר מָה); הוֹקָרָה; אִשּׁוּר קַבָּלָה

□ *I was listed in the acknowledgements* שְׁמִי הוֹפִיעַ בִּרְשִׁימַת מְקַבְּלֵי הַתּוֹדָה

acme /ˈækmɪ/ n. (*formal*) שִׂיא, פִּסְגָּה

acne /ˈæknɪ/ n. פִּצְעֵי־בַּגְרוּת, אַקְנֶה

acolyte /ˈækəlaɪt/ n. עוֹזֵר־הַכֹּמֶר; (בְּהַשְׁאָלָה) חָסִיד מָסוּר

acorn /ˈeɪkɔːn/ n. בַּלּוּט (פְּרִי עֵץ הָאַלּוֹן)

acoustic /əˈkuːstɪk/ adj. אֲקוּסְטִי, שֶׁל חוּשׁ הַשֵּׁמַע, שֶׁל צְלִיל; (כְּלֵי־נְגִינָה וְכַד') לֹא חַשְׁמַלִּי

acoustic guitar גִּיטָרָה אֲקוּסְטִית

acoustic mine מוֹקֵשׁ אֲקוּסְטִי (יַמִּי)

acoustics /əˈkuːstɪks/ n.pl. אֲקוּסְטִיקָה; תּוֹרַת־הַקּוֹל, תּוֹרַת־הַשֵּׁמַע

acquaint /əˈkweɪnt/ v.t. & refl., (*formal*) הִצִּיג אֶת, הִכִּיר לְ... אֶת, עָשָׂה הֶכֵּרוּת בֵּין; הִתְוַדַּע לְ..., הִכִּיר אֶת

□ *she acquainted herself with her client's case* הִיא לָמְדָה אֶת פְּרָטֵי הַתִּיק שֶׁל מַרְשָׁהּ

□ *we are not acquainted* אֵינֶנּוּ מַכִּירִים זֶה אֶת זֶה

acquaintance /əˈkweɪntəns/ n.

1 (knowledge, familiarity) הֶכֵּרוּת, יְדִיעָה

□ *I made the acquaintance of his wife last week* הִכַּרְתִּי אֶת אִשְׁתּוֹ בַּשָּׁבוּעַ שֶׁעָבַר

□ *he improves on acquaintance* הוּא לֹא כָּל־כָּךְ נוֹרָא כְּשֶׁלּוֹמְדִים לְהַכִּיר אוֹתוֹ

2 (person one knows slightly) מַכָּר, מוֹדָע

acquiesce /ˌækwɪˈes/ v.i. (*formal*) הִסְכִּים לְ..., קִבֵּל בִּשְׁתִיקָה (לְלֹא מְחָאָה, אַךְ לְלֹא רָצוֹן)

acquiescence /ˌækwɪˈes(ə)ns/ n. (*formal*) הַסְכָּמָה בִּשְׁתִיקָה

acquiescent /ˌækwɪˈes(ə)nt/ adj. נוֹחַ לְהַסְכִּים

acquire /əˈkwaɪə(r)/ v.t. רָכַשׁ, הִשִּׂיג, קָנָה; סִגֵּל לְעַצְמוֹ

acquired characteristic (*Biol.*) תְּכוּנָה נִרְכֶּשֶׁת

acquired immune deficiency syndrome (*Med.*) תִּסְמֹנֶת חֹסֶר חִסּוּנִי נִרְכָּשׁ (מַחֲלַת הָאֵיְדְס)

□ *oysters are an acquired taste* אוֹיְסְטֶרִים זֶה טַעַם נִרְכָּשׁ (שֶׁמִּתְרַגְּלִים אֵלָיו בְּמֶשֶׁךְ הַזְּמַן)

acquisition /ˌækwɪˈzɪʃ(ə)n/ n.

1 (acquiring) רְכִישָׁה, קְנִיָּה

2 (thing or person acquired) (חֵפֶץ אוֹ אָדָם) רְכִישָׁה, קְנִיָּה

□ *he is a valuable acquisition to the firm* הוּא "רְכִישָׁה" רַבַּת־עֵרֶךְ לַחֶבְרָה

acquisitive /əˈkwɪzɪtɪv/ adj. לָהוּט אַחַר רְכוּשׁ, לָהוּט אַחַר נְכָסִים

acquisitiveness /əˈkwɪzɪtɪvnɪs/ n. לְהִיטוּת אַחַר רְכוּשׁ, תַּאֲוַת נְכָסִים

acquit /əˈkwɪt/ v.t. זִכָּה, נִקָּה מֵאַשְׁמָה, הוֹצִיא זַכַּאי

□ *he was acquitted* הוּא זֻכָּה (מֵאַשְׁמָה), הוּא יָצָא זַכַּאי (בְּדִינוֹ)

—v.refl. הוֹכִיחַ אֶת עַצְמוֹ, הִתְנַהֵג (כַּהֲלָכָה)

□ *she acquitted herself well in the interview* הִיא עָמְדָה יָפֶה בָּרֵאָיוֹן

acquittal /əˈkwɪt(ə)l/ n. זִכּוּי, פְּסַק־דִּין לִזְכוּת

acre /ˈeɪkə(r) אַקֶר (מִדַּת־שֶׁטַח, כְּ־4,000 מֶטְרִים רְבוּעִים)

□ *we walked round the rolling acres of the estate* שׁוֹטַטְנוּ בִּשְׂדוֹת הָאֲחֻזָּה הָרְחָבִים

acreage /ˈeɪkərɪdʒ/ n. גֹּדֶל הַשֶּׁטַח (בְּאַקְרִים)

acrid /ˈækrɪd/ adj. (רֵיחַ, טַעַם) חָרִיף, צוֹרֵב (בְּהַשְׁאָלָה) צוֹרֵב עוֹקְצָנִי, מְמַרְמֵר

acrimonious /ˌækrɪˈməʊnɪəs/ adj. מַר, מָרִיר (וִכּוּחַ, דִּבּוּר, תְּלוּנָה), צוֹרֵב, פּוֹגֵעַ

acrimony /ˈækrɪmənɪ/ n. מְרִירוּת (מֶזֶג, לָשׁוֹן, הִתְנַהֲגוּת), מְרִירוּת נֶפֶשׁ

acrobat /ˈækrəbæt/ n. אַקְרוֹבָּט, לוּלְיָן

acrobatic /ˌækrəˈbætɪk/ adj. אַקְרוֹבָּטִי, לוּלְיָנִי

acrobatics /ˌækrəˈbætɪks/ n.pl. אַקְרוֹבָּטִיקָה, לוּלְיָנוּת

□ *after some rapid mental acrobatics she told me the answer* הִיא עָשְׂתָה כַּמָּה תַּרְגִּילִים מַבְרִיקִים (בְּמַחֲשָׁבָה) וְנָתְנָה לִי אֶת הַתְּשׁוּבָה

acronym /ˈækrənɪm/ n. רָאשֵׁי תֵּבוֹת (שֶׁל שֵׁם וְכַד')

across /əˈkros/ prep.

1 (on the other side of) מֵעֵבֶר לְ..., מוּל, מִנֶּגֶד

□ *he lives across the road* הוּא גָּר מֵעֵבֶר לַכְּבִישׁ

2 (from one side to the other) מִקָּצֶה אֶל קָצֶה

□ *the union demanded an across-the-board wage increase* הָאִגּוּד הַמִּקְצוֹעִי תָּבַע הַעֲלָאַת שָׂכָר כְּלָלִית

□ *she came across his name* הִיא נִתְקְלָה בִּשְׁמוֹ בְּמִקְרֶה

—adv.

1 (to or on the other side)

□ *the lecturer failed to get (or put) his idea across* הַמַּרְצֶה לֹא הִצְלִיחַ לְהַעֲבִיר אֶת הָרַעְיוֹן שֶׁלּוֹ

2 (from one side to the other) מִקָּצֶה אֶל קָצֶה, מִצַּד אֶל צַד

□ *the river is 40 m across* רֹחַב הַנָּהָר 40 מֶטֶר

3 (Crosswords) "מְאֻזָּן", "לָרֹחַב" (בְּתַשְׁבֵּץ)

acrostic /əˈkrostɪk/ n. אַקְרוֹסְטִיכוֹן, צְרוּפָה (שִׁיר שֶׁהָאוֹתִיּוֹת בְּרָאשֵׁי־שׁוּרוֹתָיו יוֹצְרוֹת מִלָּה, שֵׁם אוֹ סֵדֶר אַלְפְבֵּיתִי)

acrylic /əˈkrɪlɪk/ n. אַקְרִילִיק (חֹמֶר פְּלַסְטִי הַמְשַׁמֵּשׁ לְהַפָּקַת סִיבִים, צְבָעִים וְכַד')

act /ækt/ n.

1 (thing done, doing a thing) מַעֲשֶׂה; עֲשִׂיָּה, פְּעֻלָּה

act of God אֶצְבַּע אֱלֹהִים, פֻּרְעָנוּת מִידֵי שָׁמַיִם, פֻּרְעָנוּת בִּלְתִּי־נִמְנַעַת

Acts (of the Apostles) מַעֲשֵׂי הַשְּׁלִיחִים (הַסֵּפֶר הַחֲמִישִׁי בַּבְּרִית הַחֲדָשָׁה)

□ *the murderer was caught in the act* הָרוֹצֵחַ נִתְפַּס בִּשְׁעַת מַעֲשֶׂה

2 (short show or performance) מוֹפָע

get in on the act (*sl.*) קָפַץ עַל הָעֲגָלָה, נִכְנַס לַתְּמוּנָה

□ *he's putting on an act* (*colloq.*) הוּא מְשַׂחֵק, הוּא עוֹשֶׂה הַצָּגוֹת, הוּא מַעֲמִיד פָּנִים

□ *she can't get her act together at all* (*colloq.*) הִיא לֹא מְאֻפֶּסֶת, הִיא לֹא מַצְלִיחָה לְהִתְאַפֵּס

3 (division of play or opera) מַעֲרָכָה (בְּמַחֲזֶה)

4 (decree) חֹק

Act of Parliament חֹק שֶׁנִּתְקַבֵּל בַּפַּרְלָמֶנְט

—v.t. שִׂחֵק (תַּפְקִיד)

□ *the neighbours were unaware of the tragedy being acted out in their midst* הַשְּׁכֵנִים לֹא הִבְחִינוּ בַּטְּרָגֶדְיָה הַמִּתְחוֹלֶלֶת בִּמְחִיצָתָם

—v.i.

1 (do, perform) פָּעַל, בִּצַּע, נָהַג

□ *I was acting on* (or *upon*) *instructions* פָּעַלְתִּי לְפִי הוֹרָאוֹת

□ *he acted according to his principles* הוּא נָהַג עַל־פִּי עֶקְרוֹנוֹתָיו

2 (play a part; pretend) שִׁמֵּשׁ כְּ...; בִּצַּע תַּפְקִיד שֶׁל; הֶעֱמִיד פָּנִים שֶׁל

3 (behave) נָהַג, הִתְנַהֵג (כְּ...)

□ *just act normally* פָּשׁוּט תִּתְנַהֵג בְּטִבְעִיּוּת

□ *my leg has been acting up all week* (*colloq.*) הָרֶגֶל עָשְׂתָה לִי צָרוֹת כָּל הַשָּׁבוּעַ

acting /ˈæktɪŋ/ n. מִשְׂחָק (בְּהַצָּגָה, בְּסֶרֶט וְכַד׳)

—adj. (רֹאשׁ־עִיר וְכַד׳) בְּפֹעַל, מְמַלֵּא־מָקוֹם

□ *my wife took over as acting manager* אִשְׁתִּי קִבְּלָה לְיָדֶיהָ אֶת תַּפְקִיד הַמְּנַהֵל בְּפֹעַל

action /ˈækʃ(ə)n/ n.

1 (deed, doing) פְּעֻלָּה, מַעֲשֶׂה, צַעַד

action committee וַעֲדַת פְּעֻלָּה

□ *actions speak louder than words* (*Prov.*) גָּדוֹל כֹּחוֹ שֶׁל מַעֲשֶׂה, מִכֹּחוֹ שֶׁל דִּבּוּר, אֱמֹר מְעַט וַעֲשֵׂה הַרְבֵּה

□ *he's a man of action* הוּא אִישׁ הַמַּעֲשֶׂה

□ *the government took action* הַמֶּמְשָׁלָה נָקְטָה צְעָדִים

2 (portrayal of events) עֲלִילָה, רֶצֶף אֵרוּעִים (בְּמַחֲזֶה וְכַד׳)

action re-play הִלּוּךְ חוֹזֵר (שֶׁל קֶטַע מִמִּשְׂחָק כַּדּוּרֶגֶל וְכַד׳)

□ *the action takes place in a garden* הָעֲלִילָה (שֶׁל הַמַּחֲזֶה וְכַד׳) מִתְרַחֶשֶׁת בְּגַן

3 (working state) פְּעֻלָּה, פְּעִילוּת

out of action יָצָא מִכְּלַל פְּעֻלָּה

4 (exertion of energy, influence; how something works) פְּעִילוּת, פְּעֻלָּה

□ *this washing powder has a biological action* זוֹ אַבְקַת כְּבִיסָה עִם פְּעֻלָּה בִּיּוֹלוֹגִית

5 (legal process) תְּבִיעָה, הָלִיךְ מִשְׁפָּטִי

□ *she brought an action against the newspaper* הִיא הִגִּישָׁה תְּבִיעָה נֶגֶד הָעִתּוֹן

6 (fighting, *Mil.*) פְּעִילוּת קְרָבִית, קְרָב

action stations! (פְּקֻדָּה) אֶל עֶמְדוֹת הַקְּרָב! (גַּם בְּהַשְׁאָלָה)

□ *he wanted a piece of the action* (*colloq.*) גַּם הוּא רָצָה לִהְיוֹת בָּעִנְיָנִים

actionable /ˈækʃənəb(ə)l/ adj. עָלוּל לִגְרֹם לִתְבִיעָה מִשְׁפָּטִית, נוֹתֵן סִבָּה מַסְפֶּקֶת לִתְבִיעָה

activate /ˈæktɪveɪt/ v.t. הִפְעִיל; הָפַךְ לְפָעִיל

activation /ˌæktɪˈveɪʃ(ə)n/ n. הַפְעָלָה

active /ˈæktɪv/ adj.

1 (energetic, diligent) זָרִיז, תּוֹסֵס, נִמְרָץ

□ *your suggestion is under active consideration* הַצָּעָתְךָ זוֹכָה לְעִיּוּן נִמְרָץ

□ *she has an active mind* יֵשׁ לָהּ מֹחַ עֵרָנִי

2 (working, operative) פָּעִיל

□ *they were on active service* הֵם הָיוּ בְּשֵׁרוּת פָּעִיל

□ *is the volcano active, dormant or extinct?* הַר־הַגַּעַשׁ פָּעִיל, רָדוּם אוֹ כָּבוּי?

3 (*Gram.*, also *n.*) פָּעִיל (לְהַבְדִּיל מִסָּבִיל), אַקְטִיבִי

activism /ˈæktɪvɪzəm/ n. אַקְטִיבִיזְם (הֱיוֹת פָּעִיל פּוֹלִיטִי)

activist /ˈæktɪvɪst/ n. אַקְטִיבִיסְט, פָּעִיל (שֶׁל תְּנוּעָה פּוֹלִיטִית)

activity /ækˈtɪvɪtɪ/ n.

1 (condition of being active) פְּעִילוּת; פַּעַלְתָּנוּת, מֶרֶץ, תְּסִיסָה

2 (occupation, pastime) פְּעִילוּת, הִתְעַסְּקוּת, עִסּוּק

□ *there are activities for children on Monday* יֶשְׁנָן פְּעִילֻיּוֹת עֲבוּר יְלָדִים בְּיוֹם שֵׁנִי

actor /ˈæktə(r)/ n. שַׂחְקָן (תֵּאַטְרוֹן, קוֹלְנוֹעַ וְכַד׳)

actress /ˈæktrɪs/ n. שַׂחְקָנִית (כַּנַּ״ל)

actual /ˈæktʃʊəl/ adj. מַמָּשִׁי, קַיָּם לְמַעֲשֶׂה, אֲמִתִּי

□ *the actual cost was half of what we expected* הַמְּחִיר הָאֲמִתִּי הָיָה חֲצִי מִכְּפִי שֶׁצִּפִּינוּ

actuality /ˌæktʃʊˈælɪtɪ/ n. (*formal*) מַמָּשׁוּת; מְצִיאוּת

actually/ˈæktʃʊəlɪ/ adv. לְמַעֲשֶׂה, לַאֲמִתּוֹ שֶׁל דָּבָר, בְּעֶצֶם; מַמָּשׁ

□ *she actually kissed me* הִיא מַמָּשׁ נִשְּׁקָה אוֹתִי

actuary /ˈæktʃʊərɪ/ n. אַקְטוּאָר, מֻמְחֶה לְחִשּׁוּבֵי־בִּטּוּחַ (לְהַבְדִּיל מִשַּׁמַּאי)

actuate /ˈæktʃʊeɪt/ v.t. (*formal*) הֵנִיעַ, הִפְעִיל

acuity /əˈkjuːɪtɪ/ n. (*formal*) חַדּוּת, חֲרִיפוּת (שֶׁל הֲבָנָה וְכַד׳)

acumen /ˈækjʊm(ə)n/ n. (*formal*) טְבִיעוּת־עַיִן, חֲרִיפוּת־שֵׂכֶל, מְהִירוּת־תְּפִיסָה

business acumen חוּשׁ לְמִסְחָר

acupuncture /ˈækjʊpʌŋktʃə(r)/ n. דִּקּוּר בְּמְחָטִים, אֲקוּפּוּנְטוּרָה (שִׁיטַת רִפּוּי סִינִית)

acute /əˈkjuːt/ adj.

1 (keen, perceptive) חַד, חָרִיף, נוֹקֵב, חָמוּר

2 (sharp, pointed) חַד

acute accent תָּג חַד, "אָקוּט" (לְמָשָׁל café)

acute angle זָוִית חַדָּה

3 (*Med.*) חָרִיף, חָמוּר

acute rheumatism שִׁגָּרוֹן/רֵאוּמָטִיזְם חָרִיף

acutely /əˈkjuːtlɪ/ adv. קָשׁוֹת, בְּצוּרָה קָשָׁה, בְּצוּרָה חֲרִיפָה; בַּחֲרִיפוּת (שֶׁל הַמַּחֲשָׁבָה)

□ *I was acutely embarrassed* הָיִיתִי בִּמְבוּכָה קָשָׁה

AD abbrev. לסה"נ, לִסְפִירַת הַנּוֹצְרִים

ad /æd/ n. (*colloq.*) מוֹדָעַת־פִּרְסֹמֶת

small ads. לוּחַ מוֹדָעוֹת (מְסֻוָּגוֹת, בָּעִתּוֹן)

□ *I placed an ad in the paper* שַׂמְתִּי מוֹדָעָה בָּעִתּוֹן

adage /ˈædɪdʒ/ n. פִּתְגָּם, מֵימְרָה

adagio /əˈdɑːdʒɪəʊ/ adv. (*Mus.*) אֲדַאגְ'וֹ, לְאַט

Adam /ˈædəm/ n. אָדָם הָרִאשׁוֹן

Adam's apple פִּקַּת הַגַּרְגֶּרֶת

□ *I don't know him from Adam* (*colloq.*) אֵין לִי מֻשָּׂג מִי הוּא (זָכָר בִּלְבַד)

adamant /ˈædəmənt/ adj. נָחוּשׁ בְּדַעְתּוֹ, מִתְעַקֵּשׁ, עַקְשָׁנִי, נֻקְשֶׁה

adapt /əˈdæpt/ v.t. & i. סִגֵּל, הִתְאִים, עִבֵּד; הִסְתַּגֵּל

□ *I find it hard to adapt* (or *adapt myself*) *to London* קָשֶׁה לִי לְהִסְתַּגֵּל לְלוֹנְדוֹן

□ *the play was adapted from the French* הַמַּחֲזֶה עֻבַּד מִן הַצָּרְפָתִית

adaptability /əˌdæptəˈbɪlɪtɪ/ n. כֹּשֶׁר־הִסְתַּגְּלוּת, כֹּשֶׁר־הַתְאָמָה

adaptable /əˈdæptəb(ə)l/ adj. מִסְתַּגֵּל; נִתָּן־לְשִׁנּוּי, נִתָּן לְהַתְאָמָה

adaptation /ˌædæpˈteɪʃ(ə)n/ n. הִסְתַּגְּלוּת, הַתְאָמָה, עִבּוּד; עִבּוּד (יְצִירָה מְעֻבֶּדֶת)

adaptor /əˈdæptə(r)/ n. (also **adapter**) "מַעֲבִיר", מַתְאֵם (אַבְזָר לְתֵאוּם בֵּין שְׁנֵי מַכְשִׁירִים אוֹ בֵּין תְּקָעִים חַשְׁמַלִּיִּים

add /æd/ vt. & i.

1 (supply something more) הוֹסִיף, צֵרֵף, כָּלַל

□ *my husband was arrested too, I might add* וְהָיִיתִי מוֹסִיפָה שֶׁגַּם אֶת בַּעְלִי עָצְרוּ

□ *to add to my worries, my dog went missing* וְאִם לֹא הָיָה דַּי בְּכָל הַצָּרוֹת, הַכֶּלֶב שֶׁלִּי הָלַךְ לְאִבּוּד

□ *they add* (or *added on*) *another coach at Oxford* צֵרְפוּ עוֹד קָרוֹן לָרַכֶּבֶת בְּאוֹקְסְפוֹרְד

2 (calculate sum of) חִבֵּר, סִכֵּם

add up חִבֵּר, סִכֵּם; הִסְתַּכֵּם (בְּ...)

□ *this adds up to a formidable list of qualifications* בְּסַךְ הַכֹּל זוֹ רְשִׁימָה מְאֹד מְכֻבֶּדֶת שֶׁל כִּשּׁוּרִים

□ *it doesn't add up* (*colloq.*) זֶה לֹא מִתְקַבֵּל עַל הַדַּעַת, זֶה לֹא הֶגְיוֹנִי

addendum /əˈdendəm/ n. (*pl.* **addenda**) נִסְפָּח, תּוֹסָפוֹת, מִלּוּאִים (בְּסוֹף סֵפֶר וְכַד')

adder /ˈædə(r)/ n. אֶפְעֶה (מִין נָחָשׁ), פֶּתֶן

addict n. /ˈædɪkt/ מִתְמַכֵּר, מְשֻׁעְבָּד

drug addict מָכוּר לְסַמִּים

□ *she's a tennis addict* הִיא מְכוּרָה לְטֶנִיס

—v.t. /əˈdɪkt/ (סַם) שִׁעְבֵּד; גָּרַם לְ... (פְּלוֹנִי) לְשִׁעְבּוּד

addicted /əˈdɪktɪd/ adj. מָכוּר, מְשֻׁעְבָּד

□ *I'm addicted to Mozart* אֲנִי מָכוּר לְמוֹצַרְט

addiction /əˈdɪkʃ(ə)n/ n. הִתְמַכְּרוּת, שִׁעְבּוּד (לְסַמִּים מְשַׁכְּרִים וְכַד')

addictive /əˈdɪktɪv/ adj. מְמַכֵּר, מְשַׁעְבֵּד, גּוֹרֵם הִתְמַכְּרוּת

addition /əˈdɪʃ(ə)n/ n.

1 (adding) תּוֹסֶפֶת, הוֹסָפָה

in addition בְּנוֹסָף (עַל־כָּךְ)

2 (*Math.*) חִבּוּר

3 (thing or person added) תּוֹסֶפֶת

additional /əˈdɪʃən(ə)l/ adj. נוֹסָף

additive /ˈædɪtɪv/ n. תּוֹסֶפֶת (שֶׁל חֹמֶר לְחֹמֶר לְשִׁנּוּי תְּכוּנוֹתָיו)

food additive תּוֹסֶפֶת מָזוֹן (לָרֹב חֹמֶר כִּימִי מְלָאכוּתִי, לְמָשָׁל צֶבַע, חֹמֶר מְשַׁמֵּר)

addle /ˈæd(ə)l/ v.t. & i. בִּלְבֵּל, גָּרַם בִּלְבּוּל לְ...; הִתְקַלְקְלָה (בֵּיצָה בִּלְבַד)

□ *his brain had addled in the heat* דַּעְתּוֹ נִשְׁתַּבְּשָׁה בַּחֹם

□ *these eggs are addled* הַבֵּיצִים הָאֵלֶּה סְרוּחוֹת

address /əˈdres/ n.

1 (place where person lives; details of this) כְּתֹבֶת, מַעַן

2 (speech) נְאוּם, פְּנִיָּה

public address system מַעֲרֶכֶת הַגְבָּרָה (מַעֲרֶכֶת מִקְרוֹפוֹנִים, רַמְקוֹלִים וְכַד')

□ *the opening address was given by the head teacher* הַמְנַהֵל נָשָׂא אֶת נְאוּם הַפְּתִיחָה

—v.t.

1 (write directions for delivery) כָּתַב כְּתֹבֶת עַל (מִכְתָּב וְכַד'), מִעֵן

2 (speak to) פָּנָה בִּדְבָרִים אֶל...

3 (direct remarks) הִפְנָה אֶת דְּבָרָיו אֶל...

—v.refl. הִפְנָה אֶת מִרְצוֹ לְ..., הִתְמַסֵּר לְ...

addressee /ˌædreˈsiː/ n. נִמְעָן

adduce /əˈdjuːs/ v.t. (*formal*) הֵבִיא (דְּבַר מָה) כִּרְאָיָה

adenoids /ˈædɪnɔɪdz/ n.pl. פּוֹלִיפִּים (בַּלּוּטוֹת בַּחֲלַל הָאַף, לְעִתִּים לוֹקוֹת בְּדַלֶּקֶת), "שְׁקֵדִים"

adept /ˈædept/ adj. מְכֻשָּׁר, בָּקִי, מְיֻמָּן, מֻמְחֶה

adequacy /ˈædɪkwəsɪ/ n. (מִדַּת) הַתְאָמָה, מִדַּת הֱיוֹת נָאוֹת, אֲדֶקְוָטִיּוּת

adequate /ˈædɪkwət/ adj. מַסְפִּיק, מְסַפֵּק (עוֹנֶה עַל צְרָכִים); נָאוֹת, הוֹלֵם, מַתְאִים

□ *the plumbing was barely adequate* הַבִּיּוּב רַק בְּקשִׁי עָנָה עַל הַדְּרִישׁוֹת

adhere /ədˈhɪə(r)/ v.i.

1 (stick, become stuck) נִדְבַּק, נִצְמַד

2 adhere to (support, follow carefully) תָּמַךְ בְּ..., דָּבַק בְּ...

adherence /ədˈhɪərəns/ n. תְּמִיכָה, נֶאֱמָנוּת, דְּבֵקוּת

adherent /ədˈhɪərənt/ n. חָסִיד (שֶׁל...), תּוֹמֵךְ

adhesion /ədˈhiːʒ(ə)n/ n. הִדַּבְּקוּת; דְּבֵקוּת; סִירְכָה (הִדַּבְּקוּת רְקָמוֹת בַּגּוּף לְאַחַר נִתּוּחַ וְכַד׳)

adhesive /ədˈhiːsɪv/ n. & adj. דֶּבֶק; דָּבוּק, נִצְמָד, מְדַבֵּק

ad hoc /ædˈhok/ adj. & adv. אַד־הוֹק, לְעִנְיָן מְסֻיָּם

adieu /əˈdjuː/ n. & int. (*poet.*) בִּרְכַּת־פְּרֵדָה; הֱיֵה שָׁלוֹם

ad infinitum /ˌædˌɪnfɪˈnaɪtəm/ adv. עַד אֵין־סוֹף; עַד אֵין־קֵץ

adipose /ˈædɪpəʊs/ adj. (*Med.*) שׁוּמָנִי, חֶלְבִּי

adjacent /əˈdʒeɪs(ə)nt/ adj. (*formal*) סָמוּךְ (לְ...), גּוֹבֵל (בְּ...)

adjectival /ˌædʒekˈtaɪv(ə)l/ adj. (*Gram.*) תְּאָרִי, שֶׁל תֹּאַר, הַמְשַׁמֵּשׁ כְּתֹאַר אַדְיֶקְטִיבָלִי

adjective /ˈædʒɪktɪv/ n. שֵׁם־תֹּאַר, תֹּאַר הַשֵּׁם

adjoin /əˈdʒɔɪn/ v.t. & i. גָּבַל בְּ..., נָגַע בְּ...

□ *they are waiting in the adjoining room* הֵם מַמְתִּינִים בַּחֶדֶר הַסָּמוּךְ (לָרוֹב כְּשֶׁדֶּלֶת מְחַבֶּרֶת בֵּין שְׁנֵי הַחֲדָרִים)

adjourn /əˈdʒɜːn/ v.t. & i. פִּזֵּר; יָצָא לְהַפְסָקָה (יְשִׁיבָה, בֵּית־דִּין וְכַד׳, עַד לְמוֹעֵד מְסֻיָּם)

□ *after dinner they adjourned to the sitting-room* (*formal*) לְאַחַר הָאֲרוּחָה הֵם עָבְרוּ לַחֲדַר־הָאוֹרְחִים

adjournment /əˈdʒɜːnmənt/ n. יְצִיאָה לְהַפְסָקָה

□ *he moved the adjournment of the hearing* הוּא הִצִּיעַ לִדְחוֹת אֶת יְשִׁיבַת בֵּית הַדִּין

adjudge /əˈdʒʌdʒ/ v.t. (*formal*) פָּסַק (לְפִי הַחֹק), קָבַע (בְּמִשְׁפָּט)

□ *it was adjudged necessary* נִפְסַק שֶׁהַדָּבָר הֶכְרֵחִי

adjudicate /əˈdʒuːdɪkeɪt/ v.t. & i. (*formal*) פָּסַק; יָשַׁב בַּדִּין; שָׁפַט בְּתַחֲרוּת

adjudication /əˌdʒuːdɪˈkeɪʃ(ə)n/ n. (*formal*) קְבִיעַת שׁוֹפֵט (לְגַבֵּי תְּבִיעָה); יְשִׁיבָה בְּדִין וּפְסִיקָה; שִׁפּוּט (בְּתַחֲרוּת)

adjudicator /əˈdʒuːdɪkeɪtə(r)/ n. (*formal*) שׁוֹפֵט, יוֹשֵׁב בְּחֶבֶר־שׁוֹפְטִים (בְּתַחֲרוּת מוּזִיקָלִית וְכַד׳)

adjunct /ˈædʒʌŋkt/ n.

1 (subordinate person or thing) תּוֹסֶפֶת, נִסְפָּח

2 (*Gram.*) תֵּאוּר

adjure /əˈdʒʊə(r)/ v.t. (*formal*) הִשְׁבִּיעַ, הִפְצִיר בְּ... אֲנִי מַפְצִיר בְּךָ שֶׁלֹּא לָצֵאת מִן הַבַּיִת

adjust /əˈdʒʌst/ v.t.

1 (regulate) כִּוֵּן, כּוֹנֵן, קִזֵּז, וִסֵּת

2 (adapt) הִתְאִים, סִגֵּל

well-adjusted (אָדָם) שֶׁמָּצָא אֶת מְקוֹמוֹ בְּקֶרֶב הַסְּבִיבָה (הָאֱנוֹשִׁית) שֶׁלּוֹ

—v.i. הִסְתַּגֵּל, הִתְרַגֵּל

□ *he adjusted to the new reality* הוּא הִסְתַּגֵּל לַמְּצִיאוּת הַחֲדָשָׁה

adjustable /əˈdʒʌstəb(ə)l/ adj. מִתְכַּוְנֵן, נִתָּן לְהַתְאָמָה

adjustment /əˈdʒʌstmənt/ n. כִּוּוּן; הַתְאָמָה, הִסְתַּגְּלוּת

□ *I made a slight adjustment* עָרַכְתִּי שִׁנּוּי קַל לְצֹרֶךְ הַתְאָמָה

adjutant /ˈædʒʊtənt/ n. (*Mil.*) שָׁלִישׁ

ad lib /ædˈlɪb/ v.t. (*colloq.*) אִלְתֵּר (מִלִּים, עַל בָּמָה)

—adj., adv. & n. מְאֻלְתָּר (כַּנ״ל); כְּאַוַּת נַפְשׁוֹ, בִּמְאֻלְתָּר; אִלְתּוּר

adman /ˈæd-mæn/ n. (*colloq.*) פִּרְסוּמַאי, אִישׁ־פִּרְסֹמֶת

admin /ˈædmɪn/ n. (*colloq.*) מִנְהָלָה; עֲבוֹדָה מִנְהָלִית

administer /ədˈmɪnɪstə(r)/ v.t.

1 (manage) נִהֵל

2 (apply, provide, give, *formal*) סִפֵּק, נָתַן (תְּרוּפָה וְכַד׳)

□ *he administered the oath to the witness* הוּא הִשְׁבִּיעַ אֶת הָעֵד (בְּבֵית הַמִּשְׁפָּט)

administration / ədministˈreɪʃ(ə)n / n.

1 (management; government) נִהוּל, אַדְמִינִיסְטְרַצְיָה

2 (people in power) מִנְהָל, אַדְמִינִיסְטְרַצְיָה

3 (period of presidency, *US*) מִמְשָׁל

4 (act of giving, *formal*) נְתִינָה (שֶׁל עֹנֶשׁ וְכַד׳), בִּצּוּעַ (שֶׁל טֶקֶס לְגוֹסֵס), טִפּוּל בִּתְרוּפוֹת

administrative /ədˈmɪnɪstrətɪv/ adj. מִנְהָלִי, אַדְמִינִיסְטְרָטִיבִי

administrator /ədˈmɪnɪstreɪtə(r)/ n. אִישׁ מִנְהָלָה, אֲמַרְכָּל, אַדְמִינִיסְטְרָטוֹר

admirable /ˈædmɪrəb(ə)l/ adj. רָאוּי לְהַעֲרָכָה, מְעוֹרֵר הַעֲרָצָה, נֶהְדָּר

admiral /ˈædmər(ə)l/ n. אַדְמִירָל (מְפַקֵּד בָּכִיר בַּצִּי; מְפַקֵּד שַׁיֶּטֶת)

red admiral אַדְמִירָל־אָדֹם (פַּרְפַּר אֵירוֹפִּי אָדֹם־שָׁחוֹר)

Admiralty /ˈædmərəltɪ/ n. (*UK Hist.*) מִינִיסְטֶרְיוֹן הַצִּי, מִשְׂרַד הַצִּי, אַדְמִירַלִיּוּת

admiration /ˌædməˈreɪʃ(ə)n/ n. הַעֲרָצָה, הִתְפַּעֲלוּת

admire /ədˈmaɪə(r)/ v.t. הֶעֱרִיץ, הִתְפַּעֵל מִ... הִבִּיעַ הַעֲרָצָה לְ...

□ *I admire your courage* אֲנִי מַעֲרִיץ אֶת אֹמֶץ לִבְּךָ (כְּלוֹמַר: ״אַתָּה אַמִּיץ מְאֹד״)

□ *we went to admire the view* יָצָאנוּ לְהִתְבּוֹנֵן בַּנּוֹף

admirer /ədˈmaɪərə(r)/ n.
1 (woman's suitor) מַעֲרִיץ, מְחַזֵּר
2 (person who admires) מַעֲרִיץ

admiring /ədˈmaɪərɪŋ/ adj. מַעֲרִיץ, מִתְפַּעֵל
□ *she gave him an admiring glance* הִיא נָתְנָה בּוֹ מַבָּט שֶׁל הַעֲרָצָה

admissible /ədˈmɪsɪb(ə)l/ adj. (עֵדוּת מִשְׁפָּטִית) קְבִילָה; מִתְקַבֵּל, רָאוּי לְהִתְקַבֵּל

admission /ədˈmɪʃ(ə)n/ n.
1 (acknowledgement) הוֹדָאָה (בְּמַעֲשֶׂה וְכַד׳)
2 (allowing in; entrance charge) כְּנִיסָה; רְשׁוּת־כְּנִיסָה; דְּמֵי כְּנִיסָה
3 (person brought into hospital) חוֹלֶה (שֶׁהוּבָא לַחֲדַר מִיּוּן וְכַד׳)

admit /ədˈmɪt/ v.t.
1 (acknowledge, confess) הוֹדָה בְּ...‚ הִכִּיר בְּ...
2 (allow entrance to, accommodate) הִכְנִיס, הִרְשָׁה לְ... לְהִכָּנֵס; קִבֵּל (אֶת פְּלוֹנִי לְאִרְגּוּן וְכַד׳)
□ *the entrance will admit two people at once* הַכְּנִיסָה מְאַפְשֶׁרֶת לִשְׁנֵי אֲנָשִׁים לְהִכָּנֵס בְּיַחַד

—v.i.
1 (accept responsibility for) הוֹדָה בְּ...
□ *I must admit to feeling ashamed of my conduct* עָלַי לְהוֹדוֹת שֶׁאֲנִי בּוֹשׁ בְּהִתְנַהֲגוּתִי
2 **admit of** (*formal*) אִפְשֵׁר, הִתִּיר
□ *your words admit of no other interpretation* דְּבָרֶיךָ אֵינָם מוֹתִירִים כָּל פֵּרוּשׁ אַחֵר, דְּבָרֶיךָ אֵינָם מִשְׁתַּמְּעִים לִשְׁתֵּי פָּנִים

admittance /ədˈmɪt(ə)ns/ n. (*formal*) רְשׁוּת־כְּנִיסָה, זְכוּת כְּנִיסָה; הִתְקַבְּלוּת

admittedly /ədˈmɪtɪdlɪ/ adv. אֵין לְהַכְחִישׁ (שֶׁ...), יֵשׁ לְהוֹדוֹת (שֶׁ...)

admixture /ædˈmɪkstʃə(r)/ n. (*formal*) תּוֹסֶפֶת (חֹמֶר שֶׁמּוֹסִיפִים בְּעִרְבּוּב)

admonish /ədˈmonɪʃ/ v.t. (*formal*) הִזְהִיר, הִתְרָה בְּ...‚ הוֹכִיחַ (אֶת פְּלוֹנִי)

admonition /ˌædməˈnɪʃ(ə)n/ n. (*formal*) אַתְרָעָה, תּוֹכָחָה

admonitory /ədˈmonɪt(ə)rɪ/ adj. (*formal*) (נְאוּם, מִשְׁפָּט וְכַד׳) מַתְרֶה, מוֹכִיחַ

ad nauseam /æd ˈnɔːsɪæm/ adv. לְזָרָא, עַד לְגֹעַל

ado /əˈduː/ n. הַמֻּלָּה, רַעַשׁ וּמְהוּמָה
without more (or **further**) **ado** לְלֹא שְׁהִיּוֹת נוֹסָפוֹת, לְלֹא כָּל שְׁהִיּוֹת
□ *much ado about nothing* רֹב מְהוּמָה עַל לֹא מְאוּמָה

adobe /əˈdəʊbɪ/ n. טִיט וָקַשׁ; לְבֵנַת טִיט וָקַשׁ

adolescence /ˌædəˈles(ə)ns/ n. גִּיל־הַהִתְבַּגְּרוּת, גִּיל הַנְּעוּרִים

adolescent /ædəˈles(ə)nt/ adj. (אָדָם) בְּגִיל הַהִתְבַּגְּרוּת, מִתְבַּגֵּר; (הִתְנַהֲגוּת, הוּמוֹר וְכַד׳) יַלְדוּתִי
—n אָדָם בְּגִיל הַהִתְבַּגְּרוּת, מִתְבַּגֵּר

adopt /əˈdopt/ v.t.
1 (take charge of child) אִמֵּץ (יֶלֶד)
2 (take up suggestion or plan) קִבֵּל (דֵּעָה), אִמֵּץ (הַצָּעָה, דֵּעָה)
3 (begin to have) אִמֵּץ לְעַצְמוֹ (גִּישָׁה, עֶמְדָּה וְכַד׳)

adoption /əˈdopʃ(ə)n/ n. אִמּוּץ

adoptive /əˈdoptɪv/ adj. (*formal*) (הוֹרֶה) מְאַמֵּץ

adorable /əˈdɔːrəb(ə)l/ adj. נֶחְמָד, חָמוּד, "מָתוֹק" (אָדָם, חַיַּת שַׁעֲשׁוּעִים וְכַד׳)
□ *isn't the puppy adorable!* (*colloq.*) אֵיזֶה כְּלַבְלָב חָמוּד!

adoration /ˌædəˈreɪʃ(ə)n/ n. הַעֲרָצָה, הוֹקָרָה; סְגִידָה

adore /əˈdɔː(r)/ v.t. הֶעֱרִיץ, אָהַב אַהֲבַת נֶפֶשׁ; עָבַד (אֵל), סָגַד לְ...
□ *I adore roast potatoes* (*colloq.*) אֲנִי מְשֻׁגָּע עַל תַּפּוּחֵי אֲדָמָה צְלוּיִים

adoring /əˈdɔːrɪŋ/ adj. מַעֲרִיץ, שֶׁל הַעֲרָצָה

adorn /əˈdɔːn/ v.t. (*formal*) יִפָּה, קִשֵּׁט, עִטֵּר (גַּם בְּהַשְׁאָלָה)

adornment /əˈdɔːnmənt/ n. קִשּׁוּט, יִפּוּי; עִטּוּר תַּכְשִׁיט

adrenal gland /əˈdriːn(ə)l ˈglænd/ n. (*Anat.*) בַּלּוּטַת אַדְרֶנָלִין

adrenalin /əˈdrenəlɪn/ n. אַדְרֶנָלִין (הוֹרְמוֹן הַמַּכְשִׁיר אֶת הַגּוּף לְמַאֲמָץ)

adrift əˈdrɪft/ adv. נִסְחָף בַּזֶּרֶם; נְטוּל כִּוּוּן מֻגְדָּר
□ *our plans have gone adrift somewhere* הַתָּכְנִיּוֹת שֶׁלָּנוּ אִבְּדוּ כִּוּוּן בְּשָׁלָב זֶה אוֹ אַחֵר
□ *she has cut herself adrift from her family* הִיא נִתְּקָה עַצְמָהּ לַחֲלוּטִין מִמִּשְׁפַּחְתָּהּ

adroit /əˈdrɔɪt/ adj. מְיֻמָּן, נָבוֹן, זָרִיז, בַּעַל־תּוּשִׁיָּה

adulation /ˌædjʊˈleɪʃ(ə)n/ n. הַעֲרָצָה עִוֶּרֶת

adult /ˈædʌlt/ adj. מְבֻגָּר, בּוֹגֵר
adult education חִנּוּךְ לִמְבֻגָּרִים
adult film (*euphem.*) סֶרֶט לִמְבֻגָּרִים, סֶרֶט פּוֹרְנוֹגְרָפִי
—n. מְבֻגָּר, בּוֹגֵר

adulterate /əˈdʌltəreɪt/ v.t. מָהַל (לְמָשָׁל יַיִן, ע״י הוֹסָפַת מַיִם)

adulteration /əˌdʌltəˈreɪʃ(ə)n/ n. מְהִילָה (כַּנַּ״ל)

adulterer /əˈdʌltərə(r)/ n. נוֹאֵף

adulteress /əˈdʌltərɪs/ n. נוֹאֶפֶת

adulterous /əˈdʌltərəs/ adj. חוֹטֵא בְּנִאוּף, נוֹאֵף, מְנָאֵף

adultery /əˈdʌltərɪ/ n. נִאוּף
commit adultery נָאַף

adulthood /ˈædʌlthʊd/ n. בַּגְרוּת

adumbrate /ˈædʌmbreɪt/ v.t. (*formal*) בִּשֵּׂר בְּמֻעְרְפָּל; שִׂרְטֵט/תֵּאֵר בְּקַוִּים כְּלָלִיִּים

advance /ədˈvɑːns/ v.t.
1 (move forward) קִדֵּם

□ *such behaviour will not advance your interests* הִתְנַהֲגוּת כָּזוֹ לֹא תְּקַדֵּם אֶת עִנְיָנֶיךָ

2 (make earlier) הִקְדִּים

□ *the meeting was advanced (by) a week* הַפְּגִישָׁה הֻקְדְּמָה בְּשָׁבוּעַ

3 (pay early; lend) נָתַן מִקְדָּמָה (שֶׁל סְכוּם מְסֻיָּם, לִפְלוֹנִי)

□ *they advanced me a month's salary* הֵם נָתְנוּ לִי מִקְדָּמָה שֶׁל מַשְׂכֹּרֶת-חֹדֶשׁ

4 (propose) הֶעֱלָה (הַשְׁעָרָה וְכַד')

□ *he advanced the theory that the universe is infinite* הוּא הֶעֱלָה אֶת הַהַשְׁעָרָה שֶׁהַיְקוּם אֵינְסוֹפִי

—v.i. הִתְקַדֵּם

□ *we advanced on the enemy* הִתְקַדַּמְנוּ לְעֵבֶר הָאוֹיֵב

□ *my shares have advanced* מְנָיוֹתַי עָלוּ

□ *advancing years have taken their toll* הַשָּׁנִים הַחוֹלְפוֹת גָּבוּ אֶת מְחִירָן

—n.

1 (forward movement) הִתְקַדְּמוּת

2 (progress) הִתְקַדְּמוּת, קִדְמָה

□ *any advance on £20?* מִישֶׁהוּ מַצִּיעַ יוֹתֵר מֵעֶשְׂרִים לִירוֹת?

3 (state of being early) קְדִימָה, קְדִימוּת (בִּזְמַן)

advance booking הַזְמָנָה מֵרֹאשׁ, הַזְמָנָה מֻקְדֶּמֶת (שֶׁל כַּרְטִיסֵי-תֵּיאַטְרוֹן, אִכְסוּן בְּמָלוֹן וְכַד')

□ *Galileo's ideas were in advance of his time* רַעְיוֹנוֹתָיו שֶׁל גָּלִילֵיאוֹ הִקְדִּימוּ אֶת זְמַנּוֹ

□ *they sent out an advance party* הֵם שָׁלְחוּ חֵיל-חָלוּץ

4 (money paid early; loan) מִקְדָּמָה, מִפְרָעָה

5 (in *pl.*, friendly or amorous approach) נִסְיוֹנוֹת הִתְקָרְבוּת, "גִּשּׁוּשִׁים"

□ *he made advances to her* הוּא נִסָּה "לְהַתְחִיל" אִתָּהּ

advanced /ədˈvɑːnst/ adj. מִתְקַדֵּם

□ *he is a man advanced in years (formal)* הוּא אָדָם בְּגִיל מִתְקַדֵּם, הוּא אָדָם בָּא בַּיָּמִים

□ *our plans are at an advanced stage* תָּכְנִיּוֹתֵינוּ מְצוּיוֹת בְּשָׁלָב מִתְקַדֵּם

□ *she has advanced ideas on child care* יֵשׁ לָהּ דֵּעוֹת מִתְקַדְּמוֹת בְּנוֹשֵׂא הַטִּפּוּל בִּילָדִים

□ *this book is too advanced for me* הַסֵּפֶר הַזֶּה הוּא בְּרָמָה גְּבוֹהָה מִדַּי בִּשְׁבִילִי

advancement /ədˈvɑːnsmənt/ n. (*formal*) קִדּוּם (שֶׁל נוֹשֵׂא וְכַד'); הַעֲלָאָה בְּדַרְגָּה, קִדּוּם

advantage /ədˈvɑːntɪdʒ/ n. יִתְרוֹן; תּוֹעֶלֶת

□ *he took advantage of every opportunity* הוּא נִצֵּל כָּל הִזְדַּמְּנוּת

□ *he took advantage of her naïvety* הוּא נִצֵּל אֶת תְּמִימוּתָהּ

□ *this painting is seen to (the) best advantage in daylight* עָדִיף לְהִתְבּוֹנֵן בְּצִיּוּר זֶה בְּאוֹר-יוֹם

□ *he turned every situation to his advantage* הוּא נִצֵּל כָּל מַצָּב לְטוֹבָתוֹ

□ *advantage Miss Navratilova!* יִתְרוֹן לְנַבְרָטִילוֹבָה (בְּטֶנִיס, נְקֻדַּת יִתְרוֹן לְאַחַר שִׁוְיוֹן)

advantageous /ˌædvənˈteɪdʒəs/ adj. מוֹעִיל, מֵבִיא יִתְרוֹן

Advent /ˈædvənt/ n. (בַּנַּצְרוּת) יְמֵי הַבְּשׂוֹרָה (אַרְבַּעַת הַשָּׁבוּעוֹת לִפְנֵי חַג הַמּוֹלָד);

Advent calendar (*UK*) לוּחַ-שָׁנָה לִימֵי הַבְּשׂוֹרָה (צִבְעוֹנִי, לָרֹב לִילָדִים)

advent /ˈædvənt/ n. (*formal*) הוֹפָעָה, הַגָּעָה, בּוֹא

adventitious /ˌædvenˈtɪʃəs/ adj. (*formal*) אַרְעִי, לֹא צָפוּי

adventure /ədˈventʃə(r)/ n. הַרְפַּתְקָה

adventure playground גַּן-הַרְפַּתְקָאוֹת (מִגְרַשׁ-מִשְׂחָקִים וּבוֹ מִתְקָנִים מְגֻוָּנִים)

adventurer /ədˈventʃərə(r)/ n. הַרְפַּתְקָן (אָדָם הַיּוֹצֵא לְמַסָּעוֹת מְסֻכָּנִים); "מְהַמֵּר", הַרְפַּתְקָן

adventuress /ədˈventʃərɪs/ n. הַרְפַּתְקָנִית; "מְהַמֶּרֶת"

adventurous /ədˈventʃərəs/ adj. הַרְפַּתְקָנִי, נוֹעָז; שֶׁיֵּשׁ בּוֹ סִכּוּן, כָּרוּךְ בְּהֶעָזָה

adverb /ˈædvɜːb/ n. תֹּאַר הַפֹּעַל

adverbial /ædˈvɜːbɪəl/ adj. שֶׁל תֹּאַר-הַפֹּעַל, אַדְוֶרְבִּיאָלִי

adversary /ˈædvəsərɪ/ n. (*formal*) יָרִיב, מִתְחָרֶה, מִתְנַגֵּד, אוֹיֵב

adverse /ˈædvɜːs/ adj. (*formal*) שְׁלִילִי, עוֹיֵן; (מֶזֶג אֲוִיר) קָשֶׁה

adversity /ədˈvɜːsɪtɪ/ n. (*formal*) צָרָה, מְצוּקָה

advert /ˈædvɜːt/ n. (*UK colloq.*) פִּרְסֹמֶת, מוֹדָעַת פִּרְסֹמֶת

advertise /ˈædvətaɪz/ v.t. & i. פִּרְסֵם, הוֹדִיעַ, הִכְרִיז

□ *the new restaurant was advertised on TV* פִּרְסְמוּ אֶת הַמִּסְעָדָה הַחֲדָשָׁה בַּטֶּלֶוִיזְיָה

□ *she may be old, but I wouldn't advertise the fact* הִיא לֹא צְעִירָה, אֲבָל לֹא הָיִיתִי מַכְרִיז עַל כָּךְ בָּרַבִּים

□ *he's advertising for an assistant* הוּא פִּרְסֵם מוֹדָעָה שֶׁדָּרוּשׁ לוֹ עוֹזֵר

advertisement /ədˈvɜːtɪsmənt/ n. פִּרְסֹמֶת, מוֹדָעָה, מוֹדָעַת-פִּרְסֹמֶת

□ *you're a poor advertisement for your school* אַתָּה עוֹשֶׂה פִּרְסֹמֶת גְּרוּעָה לְבֵית-הַסֵּפֶר שֶׁלְּךָ

advertiser /ˈædvətaɪzə(r)/ n. מְפַרְסֵם

advice /ədˈvaɪs/ n. עֵצָה, חַוַּת-דַּעַת; הוֹדָעָה, מִסְחָרִית

advice note כְּתַב-הוֹדָעָה עַל מִשְׁלוֹחַ סְחוֹרָה

take advice הִתְיַעֵץ; קִבֵּל עֵצָה

□ *it was on your advice that I resigned* הִתְפַּטַּרְתִּי עַל-סְמַךְ עֲצָתְךָ

advisability /ədˌvaɪzəˈbɪlɪtɪ/ n. כְּדָאִיּוּת (שֶׁל מַעֲשֶׂה בְּהִתְחַשֵּׁב בַּתּוֹצָאוֹת)

advisable /ədˈvaɪzəb(ə)l/ adj. רָצוּי, כְּדַאי

advise /ədˈvaɪz/ v.t.
1 (give advice to, recommend) יָעַץ לְ...; הִמְלִיץ עַל
2 (act as adviser to) שִׁמֵּשׁ כְּיוֹעֵץ לְ...
3 (inform, esp. *Comm.*) הוֹדִיעַ לְ...
—v.i. שִׁמֵּשׁ כְּיוֹעֵץ

advised /ədˈvaɪzd/ adj.
□ *you would be ill-advised to intervene* לֹא תַּעֲשֶׂה בִּתְבוּנָה אִם תִּתְעָרֵב בָּעִנְיָן, לֹא מֻמְלָץ שֶׁתִּתְעָרֵב בָּעִנְיָן

advisedly /ədˈvaɪzɪdlɪ/ adv. בְּכַוָּנָה, בְּמִתְכַּוֵּן, בְּכַוָּנָה מְפֹרֶשֶׁת

adviser /ədˈvaɪzə(r)/ n. יוֹעֵץ

advisory /ədˈvaɪzərɪ/ adj. מְיָעֵץ, בְּמַעֲמַד יוֹעֵץ, שֶׁל יִעוּץ
advisory body גּוּף מְיָעֵץ (לְמוֹסָד וְכַד׳)

advocacy /ˈædvəkəsɪ/ n. תְּמִיכָה (בְּרַעְיוֹן, בִּתְנוּעָה וְכַד׳); מִקְצוֹעַ הַסַּנֵּגוֹרְיָה

advocate v.t. /ˈædvəkeit/ תָּמַךְ בְּ...; הִמְלִיץ עַל
—n. /ˈædvəkət/
1 (person who supports or speaks in favour) תּוֹמֵךְ (בְּרַעְיוֹן, בִּתְנוּעָה וְכַד׳)
□ *I'm an advocate of freedom of speech* אֲנִי בְּעַד חֹפֶשׁ־דִּבּוּר
□ *he played the devil's advocate* הוּא טָעַן "אִיפְּכָא מִסְתַּבְּרָא" בְּמִתְכַּוֵּן
2 (*Law*) סַנֵּגוֹר, עוֹרֵךְ־דִּין (מְטַעַם הַנֶּאֱשָׁם)

adze /ædz/ n. (*US* **adz**) קַרְדֹּם לַעֲבוֹדוֹת־עֵץ

aegis /ˈiːdʒɪs/ n. (*formal*) חָסוּת
under the aegis of בְּחָסוּתוֹ שֶׁל, תַּחַת חָסוּת שֶׁל

aeon /ˈiːən/ n. עִדָּן; עִדָּן וְעִדָּנִים (תְּקוּפַת־זְמַן אֲרֻכָּה לְאֵין־עֲרוֹךְ)

aerate /ˈeəreɪt/ v.t. הֶחְדִּיר אֲוִיר לְ..., חָשַׂף לָאֲוִיר

aeration /eəˈreɪʃ(ə)n/ n. הַחְדָּרַת אֲוִיר לְ..., חֲשִׂיפָה לָאֲוִיר

aerial /ˈeərɪəl/ n. (*UK*) אַנְטֶנָּה
—adj. אֲוִירִי
aerial photograph תַּצְלוּם אֲוִירִי

aero- /ˈeərəʊ/ pref. אֵירוֹ־, אֲוִירוֹ־

aerobatics /ˌeərəˈbætɪks/ n.pl. אֲוִירוֹבָּטִיקָה

aerobic /eəˈrəʊbɪk/ adj. אֵירוֹבִּי

aerobics /eəˈrəʊbɪks/ n.pl. הִתְעַמְּלוּת אֵירוֹבִּית, מָחוֹל אֵירוֹבִּי

aerodrome /ˈeərədrəʊm/ n. (*UK*) שְׂדֵה־תְּעוּפָה

aerodynamic /ˌeərəʊdaɪˈnæmɪk/ adj. אֵירוֹדִינָמִי, אֲוִירוֹדִינָמִי (בָּנוּי לְהַפְחָתַת הַהִתְנַגְּדוּת לִתְנוּעָה בָּאֲוִיר)

aerodynamics /ˌeərəʊdaɪˈnæmɪks/ n.pl. אֵירוֹדִינָמִיקָה, אֲוִירוֹדִינָמִיקָה (חֵקֶר הַתְּנוּעָה בָּאֲוִיר)

aerogramme /ˈeərəʊgræm/ n. אִגֶּרֶת־אֲוִיר

aeronautical /ˌeərəˈnɔːtɪk(ə)l/ adj. אֲוִירוֹנָאוּטִי

aeronautics /ˌeərəˈnɔːtɪks/ n.pl. אֲוִירוֹנָאוּטִיקָה (תּוֹרַת הַטַּיִס, תּוֹרַת הַתְּעוּפָה)

aeroplane /ˈeərəpleɪn/ n. (*UK*) מָטוֹס, אֲוִירוֹן

aerosol /ˈeərəsol/ n. (מְכַל) תַּרְסִיס; תַּרְסִיס (חֹמֶר־בִּמְכַל כַּגַּ"ל)

aerospace /ˈeərəʊspeɪs/ n. הָאַטְמוֹסְפֵירָה שֶׁל כַּדּוּר הָאָרֶץ וְהַמֶּרְחָב שֶׁמֵּעֵבֶר לָהּ; הַטֶּכְנוֹלוֹגְיָה הַקְּשׁוּרָה בְּטַיִס בְּמֶרְחָב זֶה
□ *there has been a growth in aerospace industries* חָלָה צְמִיחָה בְּתַעֲשִׂיּוֹת חָלָל וּתְעוּפָה

aesthete /ˈiːsθiːt/ n. אֶסְתֶּטִיקָן, אִיסְתֶּנִיס

aesthetic /iːsˈθetɪk/ adj. אֶסְתֶּטִי, נָאֶה
—n.pl.
1 (philosophy of beauty) אֶסְתֶּטִיקָה
2 (set of principles of taste) אֶסְתֶּטִיקָה

aetiology /ˌiːtɪˈɒlədʒɪ/ n. אֶיטִיּוֹלוֹגְיָה, חֵקֶר הַסִּבָּתִיּוּת; (חֵקֶר) גּוֹרְמֵי מַחֲלָה

afar /əˈfɑː(r)/ adv. (*poet.*) הַרְחֵק, בְּרָחוֹק

affable /ˈæfəb(ə)l/ adj. מַסְבִּיר־פָּנִים, נְעִים־הֲלִיכוֹת

affair /əˈfeə(r)/ n.
1 (matter, concern) עִנְיָן, דָּבָר
2 (in *pl.*, business) עֲסָקִים, עִנְיָנִים
affairs of state עִסְקֵי מְדִינָה
current affairs עִנְיָנִים שׁוֹטְפִים, עִנְיְנֵי דְּיוֹמָא
foreign affairs עִנְיְנֵי חוּץ, קִשְׁרֵי חוּץ
3 (thing, event) "עֵסֶק", "עִנְיָן"
□ *let's forget the whole affair* בּוֹא נִשְׁכַּח אֶת כָּל הָעֵסֶק
4 (love relationship) רוֹמָן, "סִפּוּר", פָּרָשַׁת אֲהָבִים
□ *she had an affair with her doctor* הָיָה לָהּ רוֹמָן עִם הָרוֹפֵא שֶׁלָּהּ

affect /əˈfekt/ v.t.
1 (produce an effect on; move emotionally) הִשְׁפִּיעַ עַל
□ *this new tax won't affect me* הַמַּס הֶחָדָשׁ הַזֶּה לֹא יַשְׁפִּיעַ עָלַי
□ *we were much affected by the news* לַיְדִיעוֹת הָיְתָה הַשְׁפָּעָה (רִגְשִׁית) חֲזָקָה עָלֵינוּ
2 (assume artificially or falsely, *formal*) הֶעֱמִיד פָּנִים שֶׁל, עָשָׂה עַצְמוֹ כְּ...
□ *she affected to be fond of* (or *affected fondness for*) *me* הִיא הֶעֱמִידָה פְּנֵי חֲבִיבוּת כְּלַפַּי
3 (show liking for, *formal*) הָיָה בַּעַל נְטִיָּה לְהִשְׁתַּמֵּשׁ בְּ... (לְצֹרֶךְ עֲשִׂיַּת רֹשֶׁם)

affectation /ˌæfekˈteɪʃ(ə)n/ n. (*derog.*) הִתְנַהֲגוּת מְזֻיֶּפֶת, הַעֲמָדַת פָּנִים (לְצֹרֶךְ עֲשִׂיַּת רֹשֶׁם)

affected /əˈfektɪd/ adj.
1 (influenced) מֻשְׁפָּע
2 (artificial, *derog.*) מְעֻשֶּׂה, מְלָאכוּתִי, מְזֻיָּף (רֶגֶשׁ וְכַד׳)

affection /əˈfekʃ(ə)n/ n. חִבָּה, יְדִידוּת, חֹם

affectionate /əˈfekʃənət/ adj. רוֹחֵשׁ חִבָּה, הוֹגֶה חִבָּה/חַם

affidavit /ˌæfɪˈdeɪvɪt/ n. (*Law*) הַצְהָרָה בִּשְׁבוּעָה, תַּצְהִיר

affiliate /əˈfɪlɪeɪt/ v.t. שִׁיֵּךְ, קִשֵּׁר (לָרֹב אִרְגּוּן אֶחָד לְאִרְגּוּן שֵׁנִי)

□ *our club is affiliated with* (or *to*) *yours* הַמּוֹעֲדוֹן שֶׁלָּנוּ קָשׁוּר לַמּוֹעֲדוֹן שֶׁלָּכֶם

—n. אִרְגּוּן הַקָּשׁוּר לְאִרְגּוּן אַחֵר

affiliation /əˌfɪlɪˈeɪʃ(ə)n/ n. הִשְׁתַּיְּכוּת (שֶׁל אִרְגּוּן אֶחָד לְשֵׁנִי וְכַד׳)

affiliation order (*UK*) צַו מִשְׁפָּטִי הַקּוֹבֵעַ אַבְהוּת וּמֵטִיל עַל הָאָב חוֹבַת תְּמִיכָה בְּיַלְדּוֹ

affinity /əˈfɪnɪtɪ/ n.

1 (spontaneous liking) חִבָּה, קִרְבָה נַפְשִׁית, זִקָּה

2 (close resemblance) דִּמְיוֹן, זִקָּה, קִרְבָה (בֵּין לְשׁוֹנוֹת וְכַד׳)

affirm /əˈfɜːm/ v.t. & i. (*formal*) אִשֵּׁר; הִצְהִיר בְּהֵן־צֶדֶק

affirmation /ˌæfəˈmeɪʃ(ə)n/ n. (*formal*) אִשּׁוּר; הַצְהָרָה בְּהֵן־צֶדֶק

affirmative /əˈfɜːmətɪv/ adj. & n. חִיּוּבִי (מַעֲנֶה וְכַד׳); תְּשׁוּבָה חִיּוּבִית

affirmative action (esp. *US*) אַפְלָיָה לְחִיּוּב

□ *he replied in the affirmative* הוּא הֵשִׁיב בְּחִיּוּב/בְּהֵן

affix v.t. /əˈfɪks/ (*formal*) קָבַע, הִדְבִּיק, הוֹסִיף, טָבַע (חוֹתָם)

□ *please affix a stamp to the envelope* נָא לְהַדְבִּיק בּוּל עַל הַמַּעֲטָפָה

—n. /ˈæfɪks/ (*Gram.*) מוּסֶפֶת (תְּחִלִּית אוֹ סוֹפִית הַמְּחֻבֶּרֶת לַמִּלָּה)

afflict /əˈflɪkt/ v.t. פָּגַע בְּ..., גָּרַם סֵבֶל לְ..., הִכְאִיב לְ...

□ *he's badly afficted with leprosy* הוּא נָגוּעַ קָשׁוֹת בְּצָרַעַת

affliction /əˈflɪkʃ(ə)n/ v. (*formal*) מַכְאוֹב, יִסּוּרִים

affluence /ˈæflʊəns/ n. עֹשֶׁר, אֲמִידוּת

affluent /ˈæflʊənt/ adj. אָמִיד, מְבֻסָּס

affluent society חֶבְרַת הַשֶּׁפַע

afford /əˈfɔːd/ v.t.

1 (be in a position to buy or to do) הָיָה יָכוֹל לְהַרְשׁוֹת לְעַצְמוֹ, הָיָה בִּיכָלְתּוֹ לְ...

□ *can we afford a video recorder?* הַאִם אֲנַחְנוּ יְכוֹלִים לְהַרְשׁוֹת לְעַצְמֵנוּ (לִקְנוֹת) וִידֵאוֹ?

□ *it was money he could ill afford* (*to spend*) קָשֶׁה הָיָה לוֹ לַעֲמֹד בְּהוֹצָאָה כָּזֹאת

□ *you can't afford to be lenient with such criminals* אִי אֶפְשָׁר לִנְהֹג בְּרַכּוּת עִם פּוֹשְׁעִים כָּאֵלֶּה

2 (yield a supply of; provide) מְאַפְשֵׁר, מַעֲנִיק

□ *the penthouse affords a magnificent view* מִן הַפֶּנְטְהָאוּז נִשְׁקָף מַרְאֶה מַרְהִיב

affordable /əˈfɔːdəb(ə)l/ adj. (מְחִיר וְכַד׳) סָבִיר

afforest /əˈfɒrɪst/ v.t. יִעֵר

afforestation /əˌfɒrɪˈsteɪʃ(ə)n/ n. יִעוּר

affray /əˈfreɪ/ n. (*Law*) תִּגְרָה, קְטָטָה (בְּמָקוֹם צִבּוּרִי)

affront /əˈfrʌnt/ n. עֶלְבּוֹן, פְּגִיעָה בְּכָבוֹד, הַעֲלָבָה בְּפַמְבֵּי

□ *it was an affront to my dignity* זוֹ הָיְתָה פְּגִיעָה בִּכְבוֹדִי

—v.t. הֶעֱלִיב, פָּגַע בְּ..., בִּיֵּשׁ בְּפַמְבֵּי

Afghan /ˈæfgæn/ n. & adj. אָדָם אַפְגָנִיסְטָנִי; אַפְגָנִי, אַפְגָנִיסְטָנִי

Afghan coat מְעִיל עוֹר־כֶּבֶשׂ (רָקוּם)

Afghan hound כֶּלֶב אַפְגָנִי

aficionado /əˌfɪsjəˈnɑːdəʊ/ n. (*pl.* **-os**) חָסִיד, מַעֲרִיץ נִלְהָב (שֶׁל יַיִן טוֹב וְכַד׳)

afield /əˈfiːld/ adv.

far afield הַרְחֵק מֵהַבַּיִת, בְּמֶרְחַקִּים

afire /əˈfaɪə(r)/ pred. adj. נִלְהָב; אָחוּז בְּלֶהָבוֹת

□ *he was afire with indignation* הוּא בָּעַר מֵחֵמָה וּמֵעֶלְבּוֹן

aflame /əˈfleɪm/ pred. adj. מְשֻׁלְהָב; מוּצָף (צֶבַע, אוֹר וְכַד׳); אָחוּז בְּלֶהָבוֹת

□ *she was aflame with desire* הִיא בָּעֲרָה בִּתְשׁוּקָה

afloat /əˈfləʊt/ pred. adj.

1 (floating) צָף

□ *we're trying to get a new periodical afloat* אֲנַחְנוּ מְנַסִּים "לְהָרִיץ" כְּתַב־עֵת חָדָשׁ

2 (at sea) עַל הַיָּם, עַל הַמַּיִם, בַּיָּם

3 (out of debt) בְּמַצָּב שֶׁל כְּדָאִיּוּת כַּלְכָּלִית

□ *the company was unable to stay afloat* הַחֶבְרָה לֹא הִצְלִיחָה לְהַחֲזִיק מַעֲמָד (וּפָשְׁטָה אֶת הָרֶגֶל)

afoot /əˈfʊt/ pred. adj. בְּעִצּוּמוֹ, בְּמַהֲלָכוֹ; בַּהֲכָנָה (בִּמְיֻחָד בְּהִתְיַחֵס לְהִתְרַחֲשׁוּת לֹא־רְצוּיָה)

□ *there is a scheme afoot to improve the road* מְכִינִים אֵיזוֹ תָּכְנִית לְשִׁפּוּר הַכְּבִישׁ

aforementioned /əˌfɔːˈmenʃənd/ adj. & n. (*Law*) הַנִּזְכָּר לְעֵיל, הָאָמוּר לְמַעְלָה, הַנַּ"ל

aforesaid /əˈfɔːsed/ adj. & n. (*Law*) הַנִּזְכָּר לְעֵיל, הָאָמוּר לְמַעְלָה, הַנַּ"ל

aforethought /əˈfɔːθɔːt/ adj.

malice aforethought (*Law*) כַּוָּנַת זָדוֹן, בְּמֵזִיד

a fortiori /ˌeɪfɔːtɪˈɔːraɪ/ adv. (*formal*) קַל וָחֹמֶר, עַל אַחַת כַּמָּה וְכַמָּה

afraid /əˈfreɪd/ pred. adj.

1 (frightened) פּוֹחֵד, חוֹשֵׁשׁ

□ *he is afraid of his own shadow* (*fig.*) הוּא מְפַחֵד מֵהַצֵּל שֶׁל עַצְמוֹ

□ *I am afraid to fly* אֲנִי פּוֹחֵד לָטוּס בְּמָטוֹס

2 (forced to admit, *colloq.*) חוֹשֵׁשׁ

□ *I'm afraid he is not at home* אֲנִי חוֹשֵׁשׁ שֶׁהוּא אֵינוֹ בַּבַּיִת

afresh /əˈfreʃ/ adv. מֵחָדָשׁ, שׁוּב

African /ˈæfrɪk(ə)n/ n. & adj. אָדָם אַפְרִיקָאִי; אַפְרִיקָאִי

Afrikaans /æfrɪkɑːns/ n. (שְׂפַת) אַפְרִיקָנְס (שְׂפַת הַלְּבָנִים בְּדרא"פ)

Afro /æfrəʊ/ n. (*pl.* **-os**) (תִּסְפֹּרֶת) "אַפְרוֹ"

aft /ɑːft/ adv. (בִּסְפִינָה) בַּיַּרְכָתַיִם

after /ɑftə(r)/ prep.

1 (following, esp. in time or place) אַחֲרֵי

after all (despite other viewpoints) אַחֲרֵי הַכֹּל

(despite other action) אַחֲרֵי הַכֹּל

after hours לְאַחַר שְׁעוֹת הַפְּתִיחָה, בְּשָׁעוֹת מְאֻחָרוֹת

after you אַחֲרֶיךָ!, בְּבַקָּשָׁה! (תּוֹךְ פְּתִיחַת דֶּלֶת וְכַד׳)

one after another אֶחָד אַחֲרֵי הַשֵּׁנִי, בְּזֶה אַחַר זֶה

□ *shut the door after you* סְגֹר אֶת הַדֶּלֶת אַחֲרֶיךָ

□ *it's five after three* (*US*) הַשָּׁעָה שָׁלֹשׁ וַחֲמִשָּׁה

□ *she's my best friend, after you* הִיא הַחֲבֵרָה הַטּוֹבָה בְּיוֹתֵר שֶׁלִּי, אַחֲרַיִךְ

2 (as a result of, because of) אַחֲרֵי, לְאַחַר, בְּעִקְבוֹת

□ *after what he said, I never want to see him again* לְאַחַר מַה שֶּׁאָמַר, אֲנִי לֹא רוֹצֶה לִרְאוֹת אוֹתוֹ יוֹתֵר

3 (in spite of) אַחֲרֵי, לְאַחַר, לַמְרוֹת

□ *after all my kindness she stole my watch* לְאַחַר כָּל הַנְּדִיבוּת שֶׁנָּהַגְתִּי בָּהּ, הִיא גָּנְבָה לִי אֶת הַשָּׁעוֹן

4 (in search or pursuit of) אַחֲרֵי, בְּעִקְבוֹת

□ *the police are after him* הַמִּשְׁטָרָה בְּעִקְבוֹתָיו

□ *what are you after?* מָה אַתָּה רוֹצֶה מִמֶּנִּי

□ *you're a man after my own heart* אַתָּה אָדָם כִּלְבָבִי

5 (concerning) עַל, עַל אוֹדוֹת

□ *John asked after you* ג׳וֹן שָׁאַל עָלֶיךָ, ג׳וֹן שָׁאַל עַל אוֹדוֹתֶיךָ

6 (in imitation of, alluding to) בְּעִקְבוֹת

□ *the painting is a copy after Rubens* (*formal*) הַצִּיּוּר הוּא הֶעְתֵּק עַל פִּי רוּבֶּנְס

□ *she takes after her mother* הִיא דּוֹמָה לְאִמָּהּ

□ *he was named after his grandfather* (*UK*) הוּא נִקְרָא עַל שֵׁם סָבוֹ

7 **after a fashion** בְּמוּבָן מְסֻיָּם (רַק בְּקֹשִׁי; בְּמִעַט שֶׁלֹּא)

—conj. אַחֲרֵי שֶׁ..., לְאַחַר שֶׁ...

—adv. אַחַר־כָּךְ, מְאֻחָר יוֹתֵר

—adj.

1 (later, following) מְאֻחָר יוֹתֵר

2 (*Naut.*) שֶׁבַּיַּרְכָתַיִם, שֶׁל הַיַּרְכָתַיִם

afterbirth /ɑːftəˌbɜːθ/ n. הַשִּׁלְיָה וּקְרוּמֵי־הָעֻבָּר (הַנִּפְלָטִים בַּלֵּדָה)

afterburner /ɑːftəˌbɜːnə(r)/ n. מַבְעֵר אֲחוֹרִי (בְּמָנוֹעַ סִילוֹן)

after-care /ɑːftə-ˌkeə(r)/ n. שִׁקּוּם, טִפּוּל לְאַחַר אִשְׁפּוּז; שִׁקּוּם אֲסִירִים מְשֻׁחְרָרִים

after-effect /ɑːftər-ɪˌfekt/ n. (usu. *pl.*) תּוֹפַעַת־לְוַאי (תּוֹפָעָה הַמּוֹפִיעָה זְמַן מָה לְאַחַר פְּעֻלָּה); תְּגוּבָה מְאֻחֶרֶת

afterlife /ɑːftəlaɪf/ n. (*Relig.*) חַיִּים שֶׁלְּאַחַר הַמָּוֶת

aftermath /ɑːftəmæθ/ n. תּוֹצָאוֹת מָרוֹת (שֶׁל אָסוֹן וְכַד׳)

aftermost /ɑːftəməʊst/ adj. (*formal*) הָאַחֲרוֹן

afternoon /ɑːftəˈnuːn/ n. אַחַר־הַצָּהֳרַיִם

(good) afternoon שָׁלוֹם! (נֶאֱמַר מִשְּׁעַת הַצָּהֳרַיִם וְעַד תְּחִלַּת הָעֶרֶב)

afters /ɑːftəz/ n. pl. (*UK colloq.*) קִנּוּחַ

aftershave /ɑːftəʃeɪv/ n. מֵי גִּלּוּחַ, "אַפְטֶרְשֵׁיב"

aftertaste /ɑːftəteɪst/ n. טַעַם לְוַאי (בְּעִקְבוֹת מַאֲכָל, מַשְׁקֶה)

afterthought /ɑːftəθɔːt/ n. הִרְהוּר שֵׁנִי, הִרְהוּר נוֹסָף

afterwards /ɑːftəwədz/ adv. (*US* **afterward**) אַחַר־כָּךְ, אַחֲרֵי־כֵן, לְאַחַר־מִכֵּן

again /əˈgen, əˈgeɪn/ adv.

1 (once more; as previously) שׁוּב, עוֹד פַּעַם, שֵׁנִית

again and again שׁוּב וָשׁוּב

now and again פַּעַם בְּפַעַם, לִפְרָקִים, מִדֵּי פַּעַם

□ *never again will I be such a fool* לֹא אֶהְיֶה עוֹד לְעוֹלָם טִפֵּשׁ כָּזֶה

□ *I've told you time and again* חָזַרְתִּי וְאָמַרְתִּי לְךָ, אָמַרְתִּי לְךָ שׁוּב וָשׁוּב

□ *what's that again?* לֹא שָׁמַעְתִּי, מָה אָמַרְתָּ? עוֹד פַּעַם?

2 (in addition)

□ *it's half as high again as the next highest building* זֶה גָּבוֹהַּ פִּי אֶחָד וָחֵצִי מִן הַבִּנְיָן הַשֵּׁנִי בְּגָבְהוֹ

3 (besides; on the other hand) וְשׁוּב, מִצַּד שֵׁנִי

□ *again, we have to consider the cost* מִצַּד שֵׁנִי, עָלֵינוּ לַחְשֹׁב עַל הַמְּחִיר

□ *we may go, and (then) again we may not* יִתָּכֵן שֶׁנֵּלֵךְ, אֲבָל יִתָּכֵן גַּם שֶׁלֹּא נֵלֵךְ

against /əˈgenst, əˈgeɪnst/ prep.

1 (in opposition to) נֶגֶד, לְעֻמַּת, כְּלַפֵּי

against the grain (*fig.*) נֶגֶד הָאֹפִי (שֶׁל פְּלוֹנִי)

□ *she's running against the clock* (*fig.*) הִיא בְּמֵרוֹץ נֶגֶד הַשָּׁעוֹן

□ *his appearance is against him* הַמַּרְאֶה הַחִיצוֹנִי שֶׁלּוֹ בְּעוֹכְרָיו

□ *who voted for, and who against us?* מִי הִצְבִּיעַ בַּעֲדֵנוּ וּמִי נֶגְדֵּנוּ?

2 (in collision with, touching) כְּנֶגֶד, עַל

□ *we ran up against difficulties* נִתְקַלְנוּ בְּקָשִׁיִּים

□ *she was leaning against the wall* הִיא נִשְׁעֲנָה עַל הַקִּיר

3 (in contrast to) כְּנֶגֶד, עַל רֶקַע

□ *the tower stood out against the morning sky* הַמִּגְדָּל בָּלַט עַל רֶקַע שְׁמֵי הַבֹּקֶר

4 (in anticipation of) לִקְרַאת, בִּשְׁבִיל, לְצֹרֶךְ

□ *he's saving up against a rainy day* הוּא חוֹסֵךְ לִשְׁעַת הַדְּחָק

agape /əˈgeɪp/ pred. adj. פָּעוּר (פָּתוּחַ); פְּעוּר־פֶּה (מִתְדַּהֵמָה)

agar /ˈeɪgɑː(r)/ n. (*also* **agar-agar**) תַּחֲלִיף ג׳לָטִין צִמְחִי

agate /ˈægət/ n. בָּרֶקֶת, אַכְטִיס (אֶבֶן חֵן)

age /eɪdʒ/ n.

1 (length of time a person or thing has existed; particular point in this) גִּיל; יְמֵי־חַיִּים

age of consent גִּיל שֶׁמֵּעַל גִּיל־קָטִין (שֶׁבּוֹ מַתִּיר הַחֹק לְאָדָם לְהִנָּשֵׂא וּלְקַיֵּם יַחֲסֵי־מִין)

coming of age כְּנִיסָה לְבַגְרוּת חֻקִּית, הַגָּעָה לְבַגְרוּת

middle age גִּיל הָעֲמִידָה, גִּיל הַבֵּינַיִם (בֵּין בַּחֲרוּת לְזִקְנָה)

old age זִקְנָה

over age מְבֻגָּר מִדַּי

under age קָטִין, מִתַּחַת לַגִּיל הַדָּרוּשׁ (לְפִי הַחֹק)

□ *act your age!* אַל תִּתְנַהֵג כְּמוֹ תִּינוֹק!

2 (period of past time; also *Geol.*) עִדָּן, תְּקוּפָה

The Stone Age עִדַּן הָאֶבֶן

down the ages מִדּוֹרֵי דּוֹרוֹת, בְּמֶשֶׁךְ הַדּוֹרוֹת

□ *it has been our custom down the ages* כָּךְ הָיָה מְקֻבָּל עָלֵינוּ מִדּוֹרֵי דּוֹרוֹת

in this day and age בְּיָמֵינוּ אֵלֶּה

3 (long time, usu. in *pl.*) עִדָּן וְעִדָּנִים, שָׁנִים

□ *it seemed an age before he came out* נִרְאָה הָיָה שֶׁעָבְרוּ שָׁנִים לִפְנֵי שֶׁיָּצָא

□ *I haven't seen you for ages* כְּבָר לֹא הִתְרָאִינוּ הָמוֹן זְמַן, כְּבָר לֹא רָאִיתִי אוֹתְךָ שָׁנִים

□ *we queued for ages* עָמַדְנוּ בַּתּוֹר שָׁעוֹת, עָמַדְנוּ בַּתּוֹר הָמוֹן זְמַן

4 (old age) זִקְנָה, גִּיל

—v.t. & i. הִזְקִין, הִפִּיל זִקְנָה עַל, יִשֵּׁן (גְּבִינָה, יַיִן וְכַד׳); הִזְדַּקֵּן, הִזְקִין

age-bracket /ˈeɪdʒ-ˌbrækɪt/ n. קְבוּצַת־גִּיל

aged adj.

1 /eɪdzd/ (of the age of) בְּגִיל, בֶּן

□ *he died aged five years* הוּא הָיָה בֶּן חָמֵשׁ בְּמוֹתוֹ, הוּא מֵת בֶּן חָמֵשׁ

2 /ˈeɪdʒɪd/ (old) זָקֵן

the aged הַקְּשִׁישִׁים

age-group /ˈeɪdʒ-gruːp/ n. קְבוּצַת־גִּיל

ageing /ˈeɪdʒɪŋ/ n. & adj. הִזְדַּקְּנוּת; הִתְיַשְּׁנוּת, הַבְשָׁלָה (שֶׁל יַיִן וְכַד׳); מִזְדַּקֵּן; מַזְקִין

ageism /ˈeɪdʒɪzəm/ n. אַפְלָיָה בְּשֶׁל גִּיל

ageless /ˈeɪdʒlɪs/ adj. (*poet.*) חֲסַר גִּיל; שֶׁאֵינוֹ מִזְדַּקֵּן, נִצְחִי

age-long /ˈeɪdʒlɒŋ/ adj. נִמְשָׁךְ מִדּוֹר וָדוֹר, קַיָּם לְדוֹרוֹת

agency /ˈeɪdʒənsɪ/ n.

1 (type of business establishment, arrangement) סוֹכְנוּת

2 (operation, instrumentality; action) אֶמְצָעוּת, הַשְׁפָּעָה

□ *iron is melted by the agency of heat* מַתִּיכִים בַּרְזֶל בְּאֶמְצָעוּת חֹם

agenda /əˈdʒendə/ n. סֵדֶר־הַיּוֹם

□ *what is on the agenda?* מָה עוֹמֵד עַל הַפֶּרֶק? מָה עַל סֵדֶר הַיּוֹם? (לָרֹב בְּהַשְׁאָלָה)

agent /ˈeɪdʒənt/ n.

1 (representative) סוֹכֵן, בָּא־כֹּחַ, נְצִיג מִסְחָרִי

secret agent סוֹכֵן חֲשָׁאִי

2 (doer, producer; natural force) גּוֹרֵם, אֶמְצָעִי, כֹּחַ מֵנִיעַ

chemical agent גּוֹרֵם כִּימִי

agent provocateur /ˌæʒon prəˌvokəˈtɜː(r)/ n. פְּרוֹבוֹקָטוֹר, מֵסִית

age-old /ˈeɪdʒ-əʊld/ adj. יָשָׁן נוֹשָׁן, מְקֻבָּל מִשֶּׁכְּבָר הַיָּמִים

agglomerate /əˈglɒməreɪt/ v.t. & i. (*formal*) צָבַר, עָרַם; הִצְטַבֵּר, נֶעֱרַם

agglomeration /əˌglɒməˈreɪʃ(ə)n/ n. צְבִירָה; הִצְטַבְּרוּת; גּוּשׁ, עֲרֵמָה

aggrandize /əˈgrændaɪz/ n. (usu. *derog.*) הֶאְדִּיר, הִגְדִּיל, הֶעֱלָה קַרְנוֹ שֶׁל (נֶאֱמַר לָרֹב לִשְׁלִילָה)

aggrandizement /əˈgrændɪzmənt/ n. (*derog.*) הַאֲדָרָה, הַגְדָּלָה, הַעֲלָאַת קַרְנוֹ שֶׁל (נֶאֱמַר לָרֹב לִשְׁלִילָה)

aggravate /ˈægrəveɪt/ v.t.

1 (make more serious) הֶחְמִיר, הֵרַע

2 (irritate, *colloq.*) הִרְגִּיז, עִצְבֵּן

aggravation /ˌægrəˈveɪʃ(ə)n/n. הַחְמָרָה; צָרוֹת

aggregate n. /ˈægrɪgət/

1 (total, collection) סִכּוּם, סַךְ־הַכֹּל

in the aggregate כַּחֲטִיבָה אַחַת, יַחַד

2 (broken stone) חָצָץ (הַמְעֻרְבָּב בְּמֶלֶט לִיצִירַת בֵּטוֹן)

—v.t. & i. /ˈægrɪgeɪt/ לִכֵּד, צֵרֵף, צָבַר; הִתְלַכֵּד, הִצְטָרֵף, הִצְטַבֵּר

—adj. מִצְטַבֵּר, סַךְ הַכֹּל (סִכּוּם וְכַד׳)

aggregation /ˌægrɪˈgeɪʃ(ə)n/ n. הִצְטַבְּרוּת, הִתְלַכְּדוּת; לִקּוּט

aggression /əˈgreʃ(ə)n/ n. תּוֹקְפָנוּת, אַגְרֶסְיָה

aggressive /əˈgresɪv/ adj. תּוֹקְפָנִי, אַגְרֶסִיבִי

aggressive act מַעֲשֵׂה תּוֹקְפָנוּת

aggressor /əˈgresə(r)/ n. תּוֹקְפָן, תּוֹקֵף

aggrieved /əˈgriːvd/ adj. פָּגוּעַ (בִּרְגְשׁוֹתָיו), נֶעֱלָב

aggro /ˈægrəʊ/ n. (*sl.*) "מַכּוֹת", אַלִּימוּת (לָרֹב בֵּין צְעִירִים)

aghast /əˈgɑːst/ pred. adj. אָחוּז תַּדְהֵמָה, נִפְחָד, נִדְהָם, מֻבְעָת

agile /ˈædʒaɪl/ adj. זָרִיז, גָּמִישׁ, קַל־תְּנוּעָה

agility /əˈdʒɪlɪtɪ/ n. זְרִיזוּת, גְּמִישׁוּת, קַלּוּת־תְּנוּעָה

aging /ˈeɪdʒɪŋ/ n. הִזְדַּקְּנוּת; הַבְשָׁלָה, יִשּׁוּן (שֶׁל גְּבִינָה, יַיִן וְכַד׳)

agitate /ˈædʒɪteɪt/ v.t.

1 (worry) הִסְעִיר אֶת רוּחוֹ שֶׁל

2 (shake) נִעֵר, טִלְטֵל, בָּחַשׁ

—v.i. הִתְסִיס (צִבּוּר, לְמַעַן נוֹשֵׂא מְסֻיָּם) פָּעַל בְּצִבּוּר

agitated /ædʒɪteɪtɪd/ adj. נִסְעָר (בְּנַפְשׁוֹ)

agitation /ˌædʒɪˈteɪʃ(ə)n/ n.

1 (anxiety) סַעֲרַת־רוּחַ

2 (public argument; shaking) עֲרִיכַת מַסָּע צִבּוּרִי (לְמַעַן/נֶגֶד נוֹשֵׂא מְסֻיָּם); טִלְטוּל

agitator /ˈædʒɪteɪtə(r)/ n.

1 (person) עוֹרֵךְ מַסָּע צִבּוּרִי (כַּנַּ"ל); מֵסִית

2 (apparatus) מִתְקַן טִלְטוּל/נִעוּר (לְמַבְחֵנוֹת וְכַד')

aglow /əˈgləʊ/ pred. adj. זוֹהֵר, קוֹרֵן

□ *his face was aglow with pleasure* פָּנָיו קָרְנוּ מֵעֹנֶג

agnostic /æɡˈnɒstɪk/ n. & adj. אַגְנוֹסְטִי, אַפִּיקוֹרוֹס (אָדָם הַכּוֹפֵר בְּאֶפְשָׁרוּת הַיְדִיעָה, בְּעִקָּר עַל אוֹדוֹת קִיּוּמוֹ שֶׁל הָאֵל)

agnosticism /æɡˈnɒstɪsɪzəm/ n. אַגְנוֹסְטִיּוּת, אַפִּיקוֹרְסוּת

ago /əˈgəʊ/ adv. לִפְנֵי (זְמַן), לְפָנִים, בֶּעָבָר

long ago לִפְנֵי זְמַן רַב, לִפְנֵי שָׁנִים רַבּוֹת

□ *he left some time ago* הוּא עָזַב לִפְנֵי זְמַן רַב; הוּא עָזַב לֹא מִזְּמַן

agog /əˈgɒg/ pred. adj. לָהוּט; אֲחוּז הִתְרַגְּשׁוּת

□ *he was all agog to hear the news* הוּא הָיָה לָהוּט לִשְׁמֹעַ אֶת הַחֲדָשׁוֹת

agonize /ˈæɡənaɪz/ v.i. הִתְיַסֵּר, הִתְעַנָּה

□ *I agonized over the choice of fabric* בְּחִירַת הַבַּד גָּרְמָה לִי יִסּוּרִים רַבִּים

agonized /ˈæɡənaɪzd/ adj. מְיֻסָּר, מְעֻנֶּה

agonizing /ˈæɡənaɪzɪŋ/ adj. גּוֹרֵם סֵבֶל וְיִסּוּרִים, מְעַנֶּה

agony /ˈæɡənɪ/ n. יִסּוּרִים, סֵבֶל, עִנּוּיִים

death agony יִסּוּרֵי גְּסִיסָה, חֶבְלֵי מָוֶת

agony aunt (*colloq.*) עוֹרֶכֶת מָדוֹר (בְּעִתּוֹן) לְיִעוּץ בְּעִנְיָנִים אִישִׁיִּים

agony column (*colloq.*) מָדוֹר (בְּעִתּוֹן) לְיִעוּץ בְּעִנְיָנִים אִישִׁיִּים

agoraphobia /ˌæɡərəˈfəʊbɪə/ n. אֲגוֹרָפוֹבְּיָה (פַּחַד פְּתוֹלוֹגִי מִפְּנֵי מְקוֹמוֹת פְּתוּחִים)

agrarian /əˈɡreərɪən/ adj. אַגְרָרִי, חַקְלָאִי; קַרְקָעִי, שֶׁל הַקַּרְקַע (בְּעִקָּר קַרְקַע חַקְלָאִית, וּבְהֶקְשֵׁר הַבַּעֲלוּת עָלֶיהָ)

agree /əˈɡriː/ v.i.

1 (concur) הִסְכִּים, הָיָה תְּמִים־דֵּעִים (עִם)

□ *I agree (with you)* אֲנִי מַסְכִּים (אִתְּךָ)

□ *the price has been agreed on* (or *upon*) סֻכַּם עַל מְחִיר

2 (be in harmony) תָּאַם, הָלַם, הִתְיַשֵּׁב עִם, חַי בְּשָׁלוֹם עִם, עָלָה בְּקָנֶה אֶחָד עִם

□ *that food doesn't agree with me* הַמָּזוֹן הַזֶּה לֹא טוֹב בִּשְׁבִילִי

3 (*Gram.*) תָּאַם, הִתְאִים (מִבְּחִינָה דִּקְדּוּקִית, בְּמִין, בְּמִסְפָּר וְכַד')

4 (consent) הִסְכִּים, נַעֲנָה (לְ...)

□ *can we agree to differ* (or *disagree*)? הַאִם נוּכַל לְהַסְכִּים שֶׁלֹּא לְהַסְכִּים?

□ *do you agree to my mother coming?* אַתָּה מַסְכִּים שֶׁאִמִּי תָּבוֹא? מַפְרִיעַ לְךָ אִם אִמִּי תָּבוֹא?

—v.t. סִכֵּם (תְּנָאִים וְכַד'), הִסְכִּים עַל, קִבֵּל

agreeable /əˈɡriːəb(ə)l/ adj.

1 (pleasing) נָעִים, מְהַנֶּה

2 (ready to agree) מוּכָן לְקַבֵּל (הַצָּעָה וְכַד'), נַעֲנֶה בְּחֵפֶץ־לֵב

agreeably /əˈɡriːəblɪ/ adv. לְטוֹבָה

agreed /əˈɡriːd/ adj. (אֲנָשִׁים) שֶׁהִגִּיעוּ לִכְלַל הַסְכָּמָה; (דָּבָר) מֻסְכָּם

□ *are we agreed about what to do?* הַאִם סִכַּמְנוּ מַה יֵּשׁ לַעֲשׂוֹת?

agreement /əˈɡriːmənt/ n.

1 (having the same opinion, mutual understanding) הַסְכָּמָה, תְּמִימוּת־דֵּעִים

□ *did you reach an agreement?* הַאִם הִגַּעְתֶּם לִכְלַל הַסְכָּמָה?

□ *I am in agreement with you* יֵשׁ בֵּינֵינוּ הַסְכָּמָה מְלֵאָה, דַּעְתִּי כְּדַעְתְּךָ

2 (arrangement, treaty) הֶסְכֵּם, הֶסְדֵּר

□ *the two companies came to an agreement* שְׁתֵּי הַחֲבָרוֹת בָּאוּ לִידֵי הֶסְכֵּם/הִגִּיעוּ לְהֶסְדֵּר

3 (*Gram.*) הַתְאָמָה דִּקְדּוּקִית (בְּמִין וּבְמִסְפָּר וְכַד')

agribusiness /ˈæɡrɪbɪznɪs/ n. עִסְקֵי חַקְלָאוּת (מִתְעַשְּׂשִׁים וְעַל בָּסִיס עִסְקִי טָהוֹר)

agricultural /ˌæɡrɪˈkʌltʃərəl/ adj. חַקְלָאִי

agriculturalist /ˌæɡrɪˈkʌltʃərəlɪst/ n. יוֹעֵץ חַקְלָאִי, מֻמְחֶה לְחַקְלָאוּת

agriculture /ˈæɡrɪkʌltʃə(r)/ n. חַקְלָאוּת

agronomist /əˈɡrɒnəmɪst/ n. אַגְרוֹנוֹם (מֻמְחֶה לְגִדּוּלֵי קַרְקַע וּלְקַרְקַע חַקְלָאִית)

agronomy /əˈɡrɒnəmɪ/ n. אַגְרוֹנוֹמְיָה (חֵקֶר וְלִמּוּד כַּנַּ"ל)

aground /əˈɡraʊnd/ adv.

run aground עָלָה עַל שִׂרְטוֹן (גַּם בְּהַשְׁאָלָה)

ague /ˈeɪɡjuː/ n. חֹם עִם הֶתְקֵפֵי צְמַרְמֹרֶת וּרְעִידָה קְבוּעִים (בְּשֶׁל מַחֲלַת הַקַּדַּחַת)

ah /ɑː/ int. אָה! אֲהָהּ!

aha /ɑːˈhɑː/ int. אֲהָהּ! (קְרִיאַת סִפּוּק וְהַפְתָּעָה)

ahead /əˈhed/ adv. קָדִימָה, הָלְאָה; בָּרֹאשׁ; בֶּעָתִיד

□ *her ideas were far ahead of their time* רַעְיוֹנוֹתֶיהָ הִקְדִּימוּ אֶת זְמַנָּם

□ *ahead of my car there were four trucks* לִפְנֵי הַמְּכוֹנִית שֶׁלִּי הָיוּ אַרְבַּע מַשָּׂאִיּוֹת

□ *we are six points ahead* אֲנַחְנוּ מוֹבִילִים בְּשֵׁשׁ נְקֻדּוֹת

□ *straight ahead there was a road-block* מַחְסוֹם דְּרָכִים נִצַּב יָשָׁר מִמּוּל

ahem /əˈhəm/ int. קוֹל שִׁעוּל שֶׁמַּטְּרָתוֹ מְשִׁיכַת תְּשׂוּמַת־לֵב

ahoy /əˈhɔɪ/ int. (*Naut.*) אֲהוֹי! (קְרִיאַת בְּרָכָה/אַזְהָרָה שֶׁל יַמָּאִים)

ship ahoy! קְרִיאַת אַזְהָרָה בְּעֵת שֶׁסְּפִינָה מִתְקָרֶבֶת

aid /eɪd/ n.

1 (help) עֶזְרָה, סִיּוּעַ, סַעַד, תְּמִיכָה

first aid עֶזְרָה רִאשׁוֹנָה

□ *the concert was in aid of the poor* הַקּוֹנְצֶרְט נֶעֱרַךְ לְמַטְּרוֹת צְדָקָה

□ *what's all this in aid of?* (*colloq.*) מַה כָּל הָרַעַשׁ? (בְּהַשְׁאָלָה)

□ *my friends came to my aid* הַחֲבֵרִים שֶׁלִּי עָזְרוּ לִי, הַחֲבֵרִים שֶׁלִּי בָּאוּ לְעֶזְרָתִי

□ *they cut back their aid programme* הֵם צִמְצְמוּ אֶת תָּכְנִית הַסִּיּוּעַ שֶׁלָּהֶם

2 (something or someone that assists) מַכְשִׁיר, אֵבְזָר

hearing aid מַכְשִׁיר־שְׁמִיעָה

visual aids עֲזָרִים חֲזוּתִיִּים (לְצָרְכֵי הוֹרָאָה אוֹ הַמְחָשָׁה)

—v.t. (*formal*) עָזַר לְ..., סִיֵּעַ לְ..., תָּמַךְ בְּ..., סָעַד

aiding and abetting (*Law*) סִיּוּעַ לְפֶשַׁע, סִיּוּעַ לִדְבַר עֲבֵרָה

aide /eɪd/ n. עוֹזֵר

aide-de-camp /ˌeɪd-dəˈkom/ n. שָׁלִישׁ צְבָאִי

aide-mémoire /ˌeɪd-memˈwɑː(r)/ n. תִּזְכִּיר, תַּקְצִיר

Aids /eɪdz/ n. (also **AIDS**) אֵיידְס (סִינְדְרוֹם כֶּשֶׁל חֲסִינוּת נִרְכָּשׁ)

aikido /ɑɪkiˌdəʊ/ n. "אֵיקִידוֹ" (תּוֹרַת לְחִימָה יַפָּנִית)

ail /eɪl/ v.t. & i. גָּרַם כְּאֵב לְ...; חָלָה

aileron /ˈeɪləron/ n. (בְּמָטוֹס) מְאַזֶּנֶת, מַדַּף אִזּוּן

ailing /ˈeɪlɪŋ/ adj.

1 (ill) (אָדָם) חוֹלֶה, יְדוּעַ־חֳלִי, שֶׁבְּרִיאוּתוֹ רוֹפֶפֶת

2 (in poor condition) כּוֹשֵׁל

ailment /ˈeɪlmənt/ n. חֹלִי

aim /eɪm/ v.i.

1 (intend) שָׁאַף, שָׂם לוֹ לְמַטָּרָה

□ *I aim to win this seat by a large majority* אֲנִי שׁוֹאֵף לְהִבָּחֵר לַפַּרְלָמֶנְט בְּרֹב גָּדוֹל

□ *he's aiming for a promotion* הוּא שׁוֹאֵף לְקִדּוּם בְּדַרְגָּה

2 (take aim, point) כִּוֵּן (נֶשֶׁק) אֶל הַמַּטָּרָה

—v.t. כִּוֵּן (נֶשֶׁק וְכַד')

□ *he aimed the dictionary at the boy's head* הוּא כִּוֵּן אֶת הַמִּלּוֹן לְרֹאשׁוֹ שֶׁל הַיֶּלֶד

□ *this advertising campaign is aimed at young women* מַסַּע פִּרְסוּם זֶה מְכֻוָּן אֶל נָשִׁים צְעִירוֹת

□ *his blow was well aimed* הַמַּהֲלֻמָּה שֶׁלּוֹ הָיְתָה מְכֻוֶּנֶת יָפֶה

—n.

1 (direction of missile) כִּוּוּן

take aim כִּוֵּן אֶל הַמַּטָּרָה

2 (purpose) מַטָּרָה, מְגַמָּה, תַּכְלִית, שְׁאִיפָה

□ *he has an aim in life* יֵשׁ לוֹ מַטָּרָה בַּחַיִּים

aimless /ˈeɪmlɪs/ adj. חֲסַר מַטָּרָה, חֲסַר תַּכְלִית

ain't /eint/ contr. of **am not, are not, has not, have not** (*sl.*)

air /eə(r)/ n.

1 (gas forming the atmosphere; substance we breathe) אֲוִיר

air pollution זִהוּם אֲוִיר

air pump מַשְׁאֵבַת אֲוִיר

air rifle רוֹבֵה אֲוִיר

□ *give him air!* תְּנוּ לוֹ לִנְשֹׁם! (אַל תִּצְטוֹפְפוּ סְבִיבוֹ)

□ *his outburst cleared the air* הַהִתְפָּרְצוּת שֶׁלּוֹ שִׁפְּרָה אֶת הָאֲוִירָה

□ *I'm going out to take the air* אֲנִי יוֹצֵא לִשְׁאֹף אֲוִיר

2 (the atmosphere; open space; medium for flying) אֲוִיר

air corridor מִסְדְּרוֹן אֲוִירִי (נָתִיב לְמְטוֹסִים)

air force חֵיל־אֲוִיר

air hostess דַּיֶּלֶת אֲוִיר

air lane נָתִיב אֲוִירִי

air letter אִגֶּרֶת אֲוִיר

air pocket כִּיס אֲוִיר

air power כֹּחוֹת אֲוִיר

air raid הַפְצָצָה אֲוִירִית

air terminal טֶרְמִינָל/מָסוֹף בִּשְׂדֵה תְּעוּפָה

air traffic controller פַּקַּח טִיסָה

in the air (prevalent, to be felt) "מֻרְגָּשׁ בָּאֲוִיר"
(not definite, *colloq.*) לֹא בָּרוּר, לֹא "סָגוּר"

□ *we sometimes travel there by air* לְעִתִּים אֲנַחְנוּ טָסִים לְשָׁם

□ *all the birds took to the air* הַצִּפֳּרִים פָּרְשׂוּ כְּנָפַיִם וְעָפוּ

□ *she's been walking* (or *treading*) *on air since her promotion* הִיא בָּעֲנָנִים מֵאָז שֶׁקִּדְּמוּ אוֹתָהּ

□ *she walked past me with her nose in the air* (*as if I didn't exist*) הִיא עָבְרָה עַל פָּנַי בְּאַף מוּרָם (כְּאִלּוּ לֹא הָיִיתִי קַיָּם)

3 (broadcasting) שִׁדּוּר

air waves (*colloq.*) גַּלֵּי־הָאֶתֶר

off (the) air לֹא בְּשִׁדּוּר

on (the) air בְּשִׁדּוּר

4 (style, appearance) אֲוִירָה

□ *the building has a deserted air* הַבִּנְיָן נִרְאֶה עָזוּב

□ *she has an air of knowing exactly what she's doing* הִיא נִרְאֵית כְּמוֹ בַּחוּרָה שֶׁיּוֹדַעַת בְּדִיּוּק מַה הִיא עוֹשָׂה

5 (in *pl.*, affectation) הַעֲמָדַת־פָּנִים, יְמְרָה

airs and graces גִּנּוּנִים סְנוֹבִּיִּים

□ *he gives himself* (or *puts on*) *airs* הוּא "מִתְנַפֵּחַ", הוּא מִתְרַבְרֵב

6 (melody) לַחַן, נְעִימָה

—v.t. אִוְרֵר, חָשַׂף לָאֲוִיר

□ *this room hasn't been aired for weeks* הַחֶדֶר הַזֶּה לֹא אֻוְרַר כְּבָר שָׁבוּעוֹת

□ *his editor gives him complete freedom to air his views* הָעוֹרֵךְ שֶׁלּוֹ נוֹתֵן לוֹ יָד חָפְשִׁית לְהַבִּיעַ אֶת הַשְׁקָפוֹתָיו

□ *the meeting allowed the staff to air their grievances* הַפְּגִישָׁה אִפְשְׁרָה לָעוֹבְדִים לָתֵת בִּטּוּי לְטַעֲנוֹתֵיהֶם

airbase /eəbeɪs/ n. בָּסִיס אֲוִירִי, בְּסִיס חֵיל-אֲוִיר

air-bed /eə-bed/ n. מִזְרָן-מִתְנַפֵּחַ, מִזְרַן-יָם

airborne /eəbɔːn/ adj.

1 (carried by aircraft, birds, wind) מוּטָס, מוּבָל בִּמְטוֹסִים; נִשָּׂא בָּאֲוִיר; מָעֳבָר עַל יְדֵי צִפֳּרִים

2 (off the ground) בָּאֲוִיר; מֵהָאֲוִיר

air-brake /eə-breɪk/ n. מַעֲצוֹר-אֲוִיר, בַּלָּם-אֲוִיר

airbrush /eəbrʌʃ/ n. & v.t. מִבְרֶשֶׁת-אֲוִיר (לִצְבִיעָה בְּהַתָּזָה); צָבַע בְּהַתָּזָה

airbus /eəbʌs/ n. מְטוֹס נוֹסְעִים גָּדוֹל לְמֶרְחַקִּים קְצָרִים

air-conditioned /eə-kənˌdɪʃənd/ adj. מְמֻזַּג-אֲוִיר

air-conditioning /eə-kənˌdɪʃənɪŋ/ n. מִזּוּג-אֲוִיר, "אֵיְרְקוֹנְדִישְׁנִינְג"

air-cooled /eə-kuːld/ adj. (מָנוֹעַ וְכַד') מְקֹרַר-אֲוִיר, מְקֹרָר בָּאֲוִיר

aircraft /eəkrɑːft/ n. (pl. same) מָטוֹס, כְּלִי-טַיִס

aircraft-carrier /eəkrɑːft-ˌkærɪə(r)/ n. (סְפִינָה) נוֹשֵׂאת-מְטוֹסִים

aircraftman /eəkrɑːftˌmən/ n. (*UK*) טוּרַאי בְּחֵיל-הָאֲוִיר

aircraftwoman /eəkrɑːftˌwomən/ n. (*UK*) טוּרָאִית בְּחֵיל-הָאֲוִיר

aircrew /eəkruː/ n. צֶוֶת-אֲוִיר

air-cushion /eə-ˌkʊʃ(ə)n/ n. כָּרִית מִתְנַפַּחַת; כָּרִית אֲוִיר (מִתַּחַת לְרַחֶפֶת)

Airedale /eədeɪl/ n. כֶּלֶב אֵיְרְדֵיל (סוּג שֶׁל טֶרְיֶר)

airfield /eəfiːld/ n. שְׂדֵה-תְּעוּפָה (לְלֹא בִּנְיָנִים)

airframe /eəfreɪm/ n שֶׁלֶד מָטוֹס

airgun /eəgʌn/ n. רוֹבֵה אֲוִיר

airhead /eəhed/ n. (*US sl.*) "רֹאשׁ כְּרוּב", "אַהֲבָל"

airily /eərɪlɪ/ adv. כִּלְאַחַר יָד

airing /eərɪŋ/ n. אִוְרוּר (גַּם בְּהַשְׁאָלָה)

airing cupboard אֲרוֹן לִיבּוּשׁ בְּגָדִים (סָמוּךְ לְדוּד הַחִמּוּם)

□ *he gave his views on abortion an airing* הוּא נָתַן בִּטּוּי לְהַשְׁקָפוֹתָיו עַל הַפָּלוֹת מְלָאכוּתִיּוֹת

airless /eəlɪs/ adj. חֲסַר-אֲוִיר, מַחֲנִיק

airlift /eəlɪft/ n. & v.t. רַכֶּבֶת-אֲוִירִית (בְּעִקָּר בִּשְׁעַת חֵרוּם); הֶעֱבִיר בְּרַכֶּבֶת אֲוִירִית

airline /eəlaɪn/ n. חֶבְרַת-תְּעוּפָה, נְתִיבֵי-אֲוִיר

airliner /eəlaɪnə(r)/ n. מְטוֹס נוֹסְעִים (גָּדוֹל)

airlock /eəlok/ n.

1 (stoppage caused by bubble) סְתִימַת-אֲוִיר (בְּצִנּוֹר וְכַד')

2 (set of airtight doors) תָּא-לַחַץ

airmail /eəmeɪl/ n. & v.t. דֹּאַר-אֲוִיר; שָׁלַח בְּדֹאַר-אֲוִיר

airman /eəmən/ n. אִישׁ צֶוֶת-אֲוִיר (בְּיִחוּד טַיָּס), אֲוִירַאי

air-miss /eə-ˈmɪs/ n. מַצָּב שֶׁל הִתְקָרְבוּת שְׁנֵי כְּלֵי טַיִס זֶה לָזֶה יוֹתֵר מִן הַמֻּתָּר

airplane /eəpleɪn/ n. (*US*) מָטוֹס

airport /eəpɔːt/ n. שְׂדֵה תְּעוּפָה, נְמַל תְּעוּפָה

airscrew /eəskruː/ n. (*UK*) מַדְחֵף (שֶׁל מָטוֹס)

airship /eəʃɪp/ n. סְפִינַת-אֲוִיר

airsick /eəsɪk/ adj. חָשׁ בְּחִילָה בִּשְׁעַת טִיסָה

airspace /eəspeɪs/ n. מֶרְחָב אֲוִירִי

airspeed /eəspiːd/ n. מְהִירוּת אֲוִירִית (מְהִירוּת מָטוֹס בְּיַחַס לָאֲוִיר שֶׁבּוֹ הוּא נָע)

airstrip /eəstrɪp/ n. מַסְלוּל הַמְרָאָה וּנְחִיתָה (בְּעִקָּר אַרְעִי)

airtight /eətaɪt/ adj. אָטוּם, בִּלְתִּי חָדִיר לָאֲוִיר, הֶרְמֵטִי

air-to-air /ˌeə-tuː-ˈeə(r)/ adj. (טִיל וְכַד') אֲוִיר-אֲוִיר

airway /eəweɪ/ n.

1 (route followed by aircraft) נְתִיב אֲוִיר

2 (in *pl.*, airline) חֶבְרַת תְּעוּפָה, נְתִיב אֲוִיר

airwoman /eəwʊmən/ n. אֵשֶׁת צֶוֶת-אֲוִיר, אֲוִירָאִית

airworthy /eəwɜːðɪ/ n. (מָטוֹס) כָּשִׁיר לְטַיִס

airy /eərɪ/ adj.

1 (well-ventilated) מְאֻוְרָר, אֲוְרִירִי

2 (flippant, superficial) קַל-דַּעַת (מַעֲנֶה וְכַד')

3 (light, insubstantial) חֲסַר מַמָּשׁוּת

airy-fairy /ˌeərɪ-ˈfeərɪ/ adj. (*colloq.*) דִּמְיוֹנִי, חֲסַר מַמָּשׁוּת (רַעְיוֹן וְכַד')

aisle /aɪl/ n. מַעֲבָר (בֵּין שׁוּרוֹת מוֹשָׁבִים)

□ *she had them rolling in the aisles* הִיא הִצְחִיקָה אוֹתָם עַד מָוֶת

□ *he'll lead her up the aisle one of these days* יוֹם אֶחָד עוֹד תֵּצֵא מִזֶּה חֲתֻנָּה

aitch /eɪtʃ/ n. אֵיְץ', הָאוֹת H בְּאַנְגְּלִית

□ *don't drop your aitches – it's "Hamlet", not "'Amlet"* בַּטֵּא הֵיטֵב אֶת הָאוֹת הֵ'א, אֱמֹר "הַמְלֶט" וְלֹא "אַמְלֶט"

aitchbone /eɪtʃbəʊn/ n. עֶצֶם הָאַלְיָה; נֵתַח בָּשָׂר מֵעֶצֶם זוֹ

ajar /əˈdʒɑː(r)/ pred. adj. (דֶּלֶת) פְּתוּחָה בְּמִקְצָת

a.k.a. abbrev. הַמֻּכָּר גַּם בְּשֵׁם..., הַמְכֻנֶּה גַּם...

akela /ɑːˈkeɪlə/ n. מַדְרִיךְ צוֹפִים (מְבֻגָּר)

akimbo /əˈkɪmbəʊ/ adv.

arms akimbo יָדָיו עַל מָתְנָיו וּמַרְפְּקָיו כְּלַפֵּי חוּץ

akin əˈkɪn/ pred. adj. קָרוֹב, דּוֹמֶה

□ *his role is akin to that of editor* הַתַּפְקִיד שֶׁלּוֹ דּוֹמֶה לָזֶה שֶׁל עוֹרֵךְ

Akkadian /əˈkædɪən/ n. & adj. לְשׁוֹן אַכַּדִית; אַכַּדִי
à la /ˈɑː lɑː/ prep. בְּסִגְנוֹן, "אָ־לָה"
alabaster /ˈæləbɑːstə(r)/ n. בַּהַט, אַלַבַּסְטֶר
à la carte /ˌɑː lɑː ˈkɑːt/ adv. & adj. (בְּמִסְעָדָה) לְפִי בְּחִירָה מִן הַתַּפְרִיט (בְּנִגּוּד לְתַפְרִיט קָבוּעַ)
alacrity /əˈlækrɪtɪ/ n. (*formal*) נְכוֹנוּת רַבָּה, נְכוֹנוּת מִיָּדִית
Aladdin's cave /əˌlædɪnz ˈkeɪv/ n. "תֵּבַת אוֹצָרוֹת", מָקוֹם מָלֵא "אוֹצָרוֹת"
à la mode /ˌɑː lɑː ˈməʊd/ adv. & adj.
1 (in fashion) לְפִי צַו הָאָפְנָה
2 (braised in wine) (בָּשָׂר) מְבֻשָּׁל בְּיַיִן
3 (with ice-cream, *U.S.*) (קִנּוּחַ) עִם גְּלִידָה
alarm /əˈlɑːm/ n.
1 (warning; warning mechanism) צְפִירַת אַזְעָקָה; אַזְעָקָה
alarm clock שָׁעוֹן מְעוֹרֵר
raise (or **sound** or **give**) **the alarm** הִשְׁמִיעַ קוֹל/קְרִיאוֹת אַזְעָקָה
2 (dismay, sense of danger) בֶּהָלָה, חֲרָדָה
—v.t. הֶחֱרִיד, הִבְהִיל, הִפְחִיד
□ *don't be alarmed!* אֵין מָקוֹם לְבֶהָלָה! אַל בֶּהָלָה!
alarming /əˈlɑːmɪŋ/ adj. מַחֲרִיד, מַבְהִיל, מַדְאִיג
alarmist /əˈlɑːmɪst/ n. & adj. זוֹרֵעַ בֶּהָלָה
alarum /əˈlɑːrəm/ n.
alarum and excursions (*joc.*) שָׁאוֹן וַהֲמוּלָה
alas /əˈlæs/ int. (*poet.*) אַלְלַי, אֲבוֹי, אוֹיָה; לְמַרְבֵּה הַצַּעַר
Alaska /əˈlæskə/ n.
baked Alaska "אַלַסְקָה בַּתַּנּוּר" (עוּגַת גְּלִידָה מְצֻפָּה קֶצֶף־בֵּיצִים וַאֲפוּיָה בְּתַנּוּר)
alb /ælb/ n. גְּלִימַת־כֹּמֶר לְבָנָה וַאֲרֻכָּה
albatross /ˈælbətrɒs/ n. אַלְבַּטְרוֹס, יַסְעוּר
albeit /ɔːlˈbiːɪt/ conj. (*formal*) אַף עַל פִּי שֶׁ..., אַף כִּי, הֲגַם שֶׁ...
albino /ælˈbiːnəʊ/ n. & adj. לַבְקָן, אַלְבִּינוֹ
Albion /ˈælbɪən/ n. (*poet.*) בְּרִיטַנְיָה
album /ˈælbəm/ n.
1 (blank book for collecting stamps, photos, etc.) אַלְבּוֹם
2 (record etc. with many songs) אַלְבּוֹם, תַּקְלִיט אֶרֶךְ־נֶגֶן
albumen /ˈælbjʊmeɪn/ n. חֶלְבּוֹן בֵּיצָה
alchemist /ˈælkəmɪst/ n. אַלְכִּימַאי
alchemy /ˈælkəmi/ n. אַלְכִּימְיָה
alcohol /ˈælkəhɒl/ n.
1 (*Chem.*) אַלְכּוֹהוֹל, כֹּהַל
2 (drink containing alcohol) מַשְׁקֶה חָרִיף, אַלְכּוֹהוֹל
□ *avoid alcohol if you're driving* אִם אַתָּה נוֹהֵג, אַל תִּשְׁתֶּה מַשְׁקָאוֹת חֲרִיפִים
alcoholic /ˌæ;lkəˈhɒlɪk/ adj. אַלְכּוֹהוֹלִי, כּוֹהֲלִי
—n. אַלְכּוֹהוֹלִיסְט, שַׁתְיָן
alcoholism /ˈælkəhɒlɪzəm/ n. אַלְכּוֹהוֹלִיזְם, הִתְמַכְּרוּת חוֹלָנִית לְאַלְכּוֹהוֹל
alcove /ˈælkəʊv/ n. גֻּמְחָה, נִישָׁה; קִיטוֹן (מָדוֹר סָגוּר בְּחֶלְקוֹ בְּחֶדֶר לְפִנַּת שֵׁנָה וְכַד')
alder /ˈɔːldə(r)/ n. אַלְמוֹן, אַלְנוּס (עֵץ־יַעַר מִמִּשְׁפַּחַת הָאַלּוֹנִים)
alderman /ˈɔːldəmən/ n.
1 (*UK*) חָבֵר בָּכִיר בְּמוֹעֶצֶת הָעִיר
2 (*US & Austral.*) מוֹשֵׁל־עִיר
ale /eɪl/ n. בִּירָה
real ale בִּירָה שֶׁהוּכְנָה בְּשִׁיטָה מָסָרְתִּית
alert /əˈlɜːt/ adj. עֵרָנִי, דָּרוּךְ; עוֹמֵד הָכֵן, עוֹמֵד עַל הַמִּשְׁמָר
□ *is he alert to the dangers of the situation?* הַאִם הוּא עֵר לַסַּכָּנוֹת שֶׁבַּמַּצָּב?
—n. אַתְרָעָה, אוֹת כּוֹנְנוּת; כּוֹנְנוּת, מַצַּב הָכֵן
□ *a fog alert was broadcast* שֻׁדְּרוּ אַתְרָעַת עֲרָפֶל
□ *we were on the alert for spies* הָיִינוּ בְּכוֹנְנוּת נֶגֶד מְרַגְּלִים
—v.t. הֶעֱמִיד בְּמַצַּב הָכֵן; הִזְהִיר
A-level /ˈeɪ ˌlev(ə)l/ n. (*UK*) צִיּוּן בַּגְרוּת בְּרָמָה מֻרְחֶבֶת
alfalfa /ælˈfælfə/ n. אַסְפֶּסֶת (צֶמַח מִסְפּוֹא, מְשַׁמֵּשׁ גַּם לְמַאֲכַל אָדָם)
alfresco /ælˈfreskəʊ/ adv. & adj. (אֲרוּחָה) תַּחַת כִּפַּת הַשָּׁמַיִם, בְּחֵיק הַטֶּבַע
alga /ˈælgə/ n. (*pl.* **algae** /ˈældʒɪ) אַצָּה
algal /ˈælg(ə)l/ adj. שֶׁל אַצּוֹת
algebra /ˈældʒɪbrə/ n. אַלְגֶּבְּרָה
algebraic /ˌældʒɪˈbreɪɪk/ adj. אַלְגֶּבְּרָאִי
algorithm /ˈælgəˌrɪðəm/ n. אַלְגוֹרִיתְמוּס, רֶצֶף פְּקֻדּוֹת לְבִצּוּעַ חִשּׁוּב
alias /ˈeɪlɪəs/ adv. הַמֻּכָּר גַּם בְּשֵׁם, הַמְכֻנֶּה גַּם
□ *William Cody, alias Buffalo Bill* וִילְיַאם קוֹדִי, הַמְכֻנֶּה גַּם "בּוּפָלוֹ־בִּיל"
—n. שֵׁם אַחֵר, שֵׁם בָּדוּי
alibi /ˈælɪbaɪ/ n.
1 (proof of being elsewhere) אֲלִיבִּי
2 (excuse, *colloq.*) תֵּרוּץ, "אֲלִיבִּי"
alien /ˈeɪlɪən/ adj.
1 (unfamiliar) זָר
□ *eating meat is alien to my philosophy* אֲכִילַת בָּשָׂר זָרָה לָעֶקְרוֹנוֹת שֶׁלִּי
2 (foreign) זָר
3 (from another world) מֵעוֹלָם אַחֵר, מִן הֶחָלָל
—n.
1 (foreigner) אֶזְרָח זָר
2 (being from another world) יְצוּר מִן הֶחָלָל
alienate /ˈeɪlɪəneɪt/ v.t.
1 (cause to become hostile, estrange) נִכֵּר
2 (transfer ownership of, *Law*) הֶעֱבִיר בַּעֲלוּת עַל

alienation/ˌeɪlɪəˈneɪʃ(ə)n/ n. נִכּוּר, הִתְנַכְּרוּת, הִתְכַּחֲשׁוּת

alight[1] /əˈlaɪt/ pred. adj. דּוֹלֵק, בּוֹעֵר, עוֹלֶה בָּאֵשׁ; מְשֻׁלְהָב

□ *they set the car alight* הֵם הֶעֱלוּ אֶת הַמְּכוֹנִית בָּאֵשׁ

□ *her eyes were alight with excitement* עֵינֶיהָ יָקְדוּ בְּהִתְלַהֲבוּת

alight[2] /əˈlaɪt/ v.i.

1 (get off a vehicle, horse, etc.) יָרַד (מִסּוּס, מֵאוֹטוֹבּוּס וְכַד׳)

2 (come to earth) (בַּעַל כָּנָף) נָחַת

align /əˈlaɪn/ v.t. & i. עָרַךְ בְּשׁוּרָה, עָרַךְ בְּמַקְבִּיל; נֶעֱרַךְ בְּשׁוּרָה, נֶעֱרַךְ בְּמַקְבִּיל

alignment /əˈlaɪnmənt/ n. הַעֲרָכוּת בְּשׁוּרָה, סִדּוּר בְּמַקְבִּיל; הַקְבָּלָה

alike /əˈlaɪk/ pred. adj. דּוֹמֶה, שָׁוֶה; דּוֹמִים (זֶה לָזֶה)

—adv. בְּאוֹתוֹ אֹפֶן; בְּמִדָּה שָׁוָה; הִינוּ־הָךְ

alimentary /ælɪˈmentərɪ/ adj. שֶׁל מָזוֹן וְעִכּוּל

alimentary canal צִנּוֹר הָעִכּוּל

alimony /ˈælɪmənɪ/ n. דְּמֵי־מְזוֹנוֹת

alive /əˈlaɪv/ pred. adj.

1 (living) חַי, בַּחַיִּים

alive and kicking (*colloq.*) בָּרִיא וְשָׁלֵם

□ *no man alive knows more about scorpions* אֵין בָּעוֹלָם אִישׁ הַיּוֹדֵעַ עַל עַקְרַבִּים יוֹתֵר מִמֶּנּוּ

□ *TV coverage helps keep the issue alive* סִקּוּר הַטֶּלֶוִיזְיָה עוֹזֵר לִשְׁמֹר עַל הִתְעַנְיְנוּת בַּנּוֹשֵׂא

2 (lively, aware) פָּעִיל, זָרִיז; עֵרָנִי, עֵר

come alive ״הִתְעוֹרֵר״, קִבֵּל ״זְרִיקַת מֶרֶץ״ (נוֹשֵׂא וְכַד׳)

□ *is he alive to the fact that he is being cheated?* הַאִם הוּא מוּדָע לָעֻבְדָּה שֶׁמְּרַמִּים אוֹתוֹ?

3 (swarming) הוֹמֶה, רוֹחֵשׁ

□ *the hotel was alive with cameramen* הַמָּלוֹן הָמָה מֵרֹב צַלָּמִים

alkali /ˈælkəlaɪ/ n. בָּסִיס, חֹמֶר אַלְקָלִי

alkali metal מַתֶּכֶת אַלְקָלִית

alkaline /ˈælkəlaɪn/ adj. בְּסִיסִי, אַלְקָלִי

all /ɔːl/ adj.

1 (with *pl. n.*) כָּל, כֻּלָּם, כְּלָל

All Fools' Day הָאֶחָד בְּאַפְּרִיל

All Saints' Day יוֹם כָּל הַקְּדוֹשִׁים (חַג נוֹצְרִי בְּאֶחָד בְּנוֹבֶמְבֶּר)

All Souls' Day יוֹם כָּל הַנְּשָׁמוֹת (חַג נוֹצְרִי בִּשְׁנַיִם בְּנוֹבֶמְבֶּר)

□ *why ask me, of all people, to help?* לָמָּה לְבַקֵּשׁ מִמֶּנִּי דַּוְקָא לַעֲזֹר?

□ *all six of us went* כָּל שִׁשְׁתֵּנוּ הָלַכְנוּ

□ *the children, rascals all, hid in the garden* הַיְלָדִים, כֻּלָּם שׁוֹבָבִים, הִתְחַבְּאוּ בַּגִּנָּה

2 (with *sing. n.*) כָּל, כָּל הַ...

□ *of all the cheek!* חֻצְפָּה שֶׁכָּזֹאת!

□ *he just lies there all day (long)* הוּא שׁוֹכֵב שָׁם כָּל הַיּוֹם בְּאֶפֶס־מַעֲשֶׂה

□ *please send my letter with all speed* (*formal*) נָא לִשְׁלֹחַ אֶת הַמִּכְתָּב שֶׁלִּי בִּמְהִירוּת

□ *it was the fastest race of all time* זֶה הָיָה הַמֵּרוֹץ הַמָּהִיר בְּיוֹתֵר מֵעוֹלָם, זֶה הָיָה הַמֵּירוֹץ הַמָּהִיר בְּיוֹתֵר בְּכָל הַזְּמַנִּים

□ *I don't take much interest in Parliament and all that* אֲנִי לֹא מִתְעַנְיֵן בִּמְיֻחָד בַּפַּרְלָמֶנְט וְכַיּוֹצֵא בָּזֶה

□ *it's not all that difficult to do what I'm asking* לֹא כָּל־כָּךְ קָשֶׁה לְמַלֵּא אֶת בַּקָּשָׁתִי

—n.

1 (everybody, everything) הַכֹּל

after all אַחֲרֵי הַכֹּל

all and sundry כָּל פְּלוֹנִי וְאַלְמוֹנִי

all in all בְּסַךְ הַכֹּל

all of (the whole of, every one of) כָּל הַ...

(as much as) לְפָחוֹת

□ *he must be all of fifty* הוּא לְפָחוֹת בֶּן חֲמִשִּׁים

(in a state of) בְּמַצָּב שֶׁל

□ *he fell all of a heap on the floor* הוּא קָרַס עַל הָרִצְפָּה

at all לַגַּמְרֵי, בִּכְלָל

□ *I couldn't hear anything at all* לֹא יָכֹלְתִּי לִשְׁמֹעַ כְּלוּם

□ *not at all!* עַל לֹא דָּבָר! (בִּתְשׁוּבָה לְ״תּוֹדָה רַבָּה!״)

for all I know עַד כַּמָּה שֶׁזֶּה נוֹגֵעַ לִי, עַד כַּמָּה שֶׁאֲנִי יוֹדֵעַ

in all סַךְ הַכֹּל

once and for all (פַּעַם) אַחַת וּלְתָמִיד

one and all הַכֹּל

□ *they gave their all for their country* הֵם נָתְנוּ אֶת הַכֹּל לְמַעַן אַרְצָם

□ *the score was 15 all* הַתּוֹצָאָה הָיְתָה 15 לַכֹּל

□ *the dog ate the fish, bones and all* הַכֶּלֶב בָּלַע אֶת הַדָּג עַל עַצְמוֹתָיו

□ *it was all I could do not to laugh* בְּקֹשִׁי הִתְאַפַּקְתִּי שֶׁלֹּא לִצְחֹק

□ *when all's said and done, he's still a thief* בְּסוֹפוֹ שֶׁל דָּבָר הוּא הָיָה גַּנָּב וְנִשְׁאַר גַּנָּב

□ *she decided to tell all* הִיא הֶחְלִיטָה לְגַלּוֹת אֶת הַכֹּל

□ *all the best!* כָּל טוּב!

2 (the only thing) כָּל

□ *all I want is your signature* כָּל מַה שֶּׁאֲנִי רוֹצֶה זֶה אֶת הַחֲתִימָה שֶׁלְּךָ

—adv. לְגַמְרֵי, לַחֲלוּטִין

all alone לְגַמְרֵי לְבַד

all along לְכָל אֹרֶךְ הַדֶּרֶךְ

all at once (suddenly) בְּבַת אַחַת

(simultaneously) בְּבַת אַחַת

all but כִּמְעַט; הַכֹּל פְּרָט לְ...

□ *she was all but drowned* הִיא כִּמְעַט טָבְעָה
□ *all but two of the gang have been arrested* כָּל הַכְּנוּפְיָה נֶעֶצְרָה, פְּרַט לִשְׁנַיִם
on all fours (*colloq.*) (הוֹלֵךְ, זוֹחֵל) עַל אַרְבַּע
all in (*colloq.*) "הָרוּג", "סָחוּט", תָּשׁוּשׁ, "מֵת"
all of a sudden לְפֶתַע פִּתְאֹם
all out "עַד הַסּוֹף"
all over (finished) הַכֹּל נִגְמַר
(in all parts of the body) בְּכָל הַגּוּף
(typically, *colloq.*) בְּמֵאָה אָחוּז, בְּדִיּוּק
(fawning on, *sl.*) "נִמְרָח" עַל
all right (satisfactory) בְּסֵדֶר
(safe and sound) בְּשָׁלוֹם
(*int.*) בְּסֵדֶר! "אוֹ־קֵי"
all round (in all respects) בְּכָל הַמּוּבָנִים, בְּסַךְ הַכֹּל
(for each person) לְכֻלָּם
all the same וּבְכָל זֹאת, אַף עַל פִּי כֵן
all the time כָּל הַזְּמַן
all there (*colloq.*) "בְּסֵדֶר" (שָׁפוּי בְּדַעְתּוֹ)
all told בְּסַךְ הַכֹּל
□ *it's all one* (or *the same*) *to me whether she resigns or not* זֶה לֹא מְשַׁנֶּה מִבְּחִינָתִי אִם הִיא תִּתְפַּטֵּר אוֹ לֹא
□ *it is now all the more important to avoid war* עַכְשָׁו חָשׁוּב יוֹתֵר מִתָּמִיד לְהִמָּנַע מִמִּלְחָמָה
□ *all the better!* (*colloq.*) מוּטָב כָּךְ!
□ *I am all ears* (or *all attention*) אֲנִי כֻּלִּי אֹזֶן
□ *she writes all too rarely* הִיא כּוֹתֶבֶת לְעִתִּים רְחוֹקוֹת מִדַּי
□ *are we all set?* (*colloq.*) כֻּלָּם מוּכָנִים?
□ *I'm all for giving your idea a try* אֲנִי בְּעַד לְנַסּוֹת אֶת הָרַעְיוֹן שֶׁלְּךָ
□ *it's all up with him* (*colloq.*) זֶה סוֹף הַסִּפּוּר בִּשְׁבִילוֹ
□ *don't get all upset* אַל תִּתְרַגֵּשׁ!, אַל תִּתְרַגֵּז!

Allah /ˈælə/ n. אַלְלָה

all-American /ˌɔːl-əˈmerɪkən/ adj.
1 (representing all America) שֶׁל כְּלַל אֲמֶרִיקָה
2 (truly American) אֲמֶרִיקָאִי אֲמִתִּי

allay /əˈleɪ/ v.t. (*formal*) שִׁכֵּךְ, הִרְגִּיעַ, הֵקֵל (כְּאֵב)

all-clear /ˌɔːl-ˈklɪə(r)/ n. אוֹת אַרְגָּעָה; "אוֹר־יָרֹק" (הֶתֵּר לִפְעֻלָּה)

allegation /ˌælɪˈgeɪʃ(ə)n/ n. (*formal*) הַאֲשָׁמָה (בְּיִחוּד לֹא־מוּכַחַת), טַעֲנָה לִגְנַאי

allege /əˈledʒ/ v.t. (*formal*) הִכְרִיז, טָעַן, הֶאֱשִׁים (בְּיִחוּד לְלֹא הוֹכָחָה)

allegedly /əˈledʒɪdlɪ/ adv. (*formal*) כְּנִטְעָן, כִּבְיָכוֹל, עַל־פִּי הַטַּעֲנָה

allegiance /əˈliːdʒəns/ n. חוֹבָה (כְּלַפֵּי הַמֶּלֶךְ וְכַד׳), נֶאֱמָנוּת, אֱמוּנִים

allegorical /ˌælɪˈgɒrɪk(ə)l/ adj. אַלֵּגוֹרִי, עַל־דֶּרֶךְ הַמָּשָׁל

allegory /ˈælɪgərɪ/ n. אַלֵּגוֹרְיָה, מָשָׁל

allegretto /ˌælɪˈgretəʊ/ adv., adj. & n. (*Mus.*) אַלֶּגְרֶטוֹ

allegro /əˈleɪgrəʊ/ adv., adj. & n. (*Mus.*) אַלֶּגְרוֹ

alleluia /ˌælɪˈluːjə/ int. & n. (also **allehuya, hallelujah**) הַלְלוּיָהּ

all-embracing /ˌɔːl-emˈbreɪsɪŋ/ adj. חוֹבֵק־כֹּל, מַקִּיף הַכֹּל, כּוֹלֵל

allergen /ˈælədʒen/ n. חֹמֶר מְעוֹרֵר אַלֶּרְגְּיָה

allergenic /ˌæləˈdʒenɪk/ adj. גּוֹרֵם לְאַלֶּרְגְּיָה

allergic /əˈlɜːdʒɪk/ adj. אַלֶּרְגִּי (גַּם בְּהַשְׁאָלָה)
□ *I'm allergic to that man* (*colloq.*) אֲנִי אַלֶּרְגִּי לָאִישׁ הַזֶּה

allergy /ˈælədʒɪ/ n. אַלֶּרְגְּיָה, רְגִישׁוּת חוֹלָנִית

alleviate /əˈliːvɪeɪt/ v.t. הֵקֵל, שִׁכֵּךְ (כְּאֵב)

alleviation /əˌliːvɪˈeɪʃ(ə)n/ n. הֲקַלָּה, שִׁכּוּךְ

alley /ˈælɪ/ n. (also **alley-way**) סִמְטָה, מָבוֹי
alley cat חֲתוּל־רְחוֹב, חֲתוּל־אַשְׁפַּתּוֹת
blind alley דֶּרֶךְ לְלֹא מוֹצָא; מָבוֹי סָתוּם
bowling alley אוּלַם בָּאוּלִינְג

alliance /əˈlaɪəns/ n. בְּרִית, אֲגֻדָּה; שִׁתּוּף פְּעֻלָּה

allied /ˈælaɪd/ adj. קָשׁוּר בִּבְרִית, בַּעַל בְּרִית; מְקֹרָב
the Allied Forces בַּעֲלוֹת הַבְּרִית (הַמְּדִינוֹת שֶׁנִּלְחֲמוּ בְּגֶרְמַנְיָה הַנָּאצִית)

alligator /ˈælɪgeɪtə(r)/ n. אַלִּיגָטוֹר; עוֹר אַלִּיגָטוֹר

all-important /ˌɔːl-ɪmˈpɔːtənt/ adj. חָשׁוּב בְּיוֹתֵר

all-in /ˌɔːl-ˈɪn/ adj.
all-in wrestling הֵאָבְקוּת חָפְשִׁית

alliteration /əˌlɪtəˈreɪʃ(ə)n/ n. אַלִּיטֶרַצְיָה (חֲזָרָה עַל צְלִילֵי עִצּוּר מְסֻיָּמִים)

allocate /ˈæləkeɪt/ v.t. הִקְצִיב, הִקְצָה, הִפְרִישׁ (מַשְׁאַבִּים, לְצֹרֶךְ מְסֻיָּם וְכַד׳)

allocation /ˌæləˈkeɪʃ(ə)n/ n. הַקְצָבָה, הַקְצָאָה; קִצְבָּה

allot /əˈlɒt/ v.t. חִלֵּק, הִקְצִיב, הִקְצָה; הוֹעִיד

allotment /əˈlɒtmənt/ n.
1 (plot of land, *UK*) חֶלְקָה (מִקַּרְקַע הַצִּבּוּר הַמֻּשְׁאֶלֶת לְתוֹשָׁב לְגִדּוּל יְרָקוֹת וְכַד׳)
2 (portion of money) הַקְצָבָה
3 (apportioning) חֲלֻקָּה, הַקְצָאָה (שֶׁל מְנָיוֹת, הוֹן)

allow /əˈlaʊ/ v.t.
1 (permit) הִרְשָׁה, הִתִּיר, הִנִּיחַ
□ *allow me (to help you)* בִּרְשׁוּתְךָ! אֶפְשָׁר (לַעֲזֹר לְךָ)?
□ *my parents allow me $500 a year for clothes* הוֹרַי מַקְצִיבִים לִי $500 לְשָׁנָה לִבְגָדִים
□ *I allowed myself to be persuaded* נָתַתִּי שֶׁיְּשַׁכְנְעוּ אוֹתִי
2 (take into consideration) הֵבִיא בְּחֶשְׁבּוֹן
□ *we can allow 5% for payment in cash* לִמְשַׁלְּמִים בִּמְזֻמָּן נוּכַל לָתֵת הֲנָחָה שֶׁל 5%
□ *I'm allowing 10% for inflation* אֲנִי לוֹקֵחַ בְּחֶשְׁבּוֹן 10% אִינְפְלַצְיָה
3 (concede, admit) הוֹדָה שֶׁ..., הִסְכִּים שֶׁ...

□ *we must allow that everyone can make mistakes* עָלֵינוּ לְהַסְכִּים שֶׁכָּל אָדָם עָלוּל לִטְעוֹת

—v.i.

allow for הֵבִיא בְּחֶשְׁבּוֹן

allow of אִפְשֵׁר, הוֹתִיר מָקוֹם לְ...

allowable /əˈlaʊəbəl/ adj. מֻתָּר (בְּחֹק, בְּתַקָּנוֹת וְכַד')

allowance /əˈlaʊəns/ n.

1 (sum allowed) קִצְבָּה, הַקְצָבָה

tax allowance תִּקְרַת הַכְנָסָה פְּטוּרָה מִמַּס (שֶׁמֵּעֵבֶר לָהּ יֵשׁ לְשַׁלֵּם מַס)

2 (in *pl.*, concession, provision) הִתְחַשְּׁבוּת, הֲבָאָה בְּחֶשְׁבּוֹן

□ *you must make allowances for his terrible childhood* עָלֶיךָ לְהִתְחַשֵּׁב בְּיַלְדוּתוֹ הָאֻמְלָלָה

alloy /ˈælɔɪ/ n. סַגְסֹגֶת, נֶתֶךְ (תִּרְכֹּבֶת מַתָּכוֹת)

—v.t. עֵרֵב (מַתֶּכֶת אַחַת בְּמַתֶּכֶת שְׁנִיָּה) וְיָצַר סַגְסֹגֶת; קִלְקֵל, הִשְׁחִית

all-powerful /ɔːl-ˈpaʊəf(ə)l/ adj. כָּל-יָכוֹל

all-purpose /ɔːl-ˈpɜːpəs/ adj. רַב-תַּכְלִיתִי

all right /ɔːl-ˈraɪt/ adj. (*colloq.*) "בְּסֵדֶר"

all-round /ɔːl-ˈraʊnd/ adj. מַקִּיף, כּוֹלֵל

□ *she's an all-round sportswoman* הִיא סְפּוֹרְטָאִית מְצֻיֶּנֶת בְּכָל הָעֲנָפִים

all-rounder /ɔːl-ˈraʊndə(r)/ n. אִישׁ-אֶשְׁכּוֹלוֹת

allspice /ˈɔːlspaɪs/ n. פִּימֶנְטָה (תַּבְלִין רֵיחָנִי דּוֹמֶה לְצִפֹּרֶן, מְשַׁמֵּשׁ בַּאֲפִיַּת עוּגוֹת)

all-time /ɔːl-taɪm/ adj. שֶׁבְּכָל הַזְּמַנִּים, שֶׁלֹּא נוֹדַע כְּמוֹתוֹ (שִׂיא וְכַד')

□ *she's one of the all-time greats* (*colloq.*) הִיא אַחַת מִן הַכּוֹכָבִים הַגְּדוֹלִים שֶׁל כָּל הַזְּמַנִּים

allude /əˈluːd/ v.i. (*formal*) רָמַז (בַּעֲקִיפִין), הִנִּיחַ לְהַשְׁתַּמֵּעַ; הִזְכִּיר

□ *don't allude to their divorce* אַל תַּזְכִּיר אֶת הַגֵּרוּשִׁין שֶׁלָּהֶם אֲפִלּוּ בְּרֶמֶז

allure /əˈljʊə(r)/ v.t. פִּתָּה, שִׁדֵּל, צוֹדֵד, הִקְסִים, מָשַׁךְ לֵב

—n. קֶסֶם, מְשִׁיכָה, פִּתּוּי

allurement /əˈljʊəmənt/ n. קֶסֶם, מְשִׁיכָה, פִּתּוּי

alluring /əˈljʊərɪŋ/ adj. מַקְסִים, מְצוֹדֵד, מְפַתֶּה, מוֹשֵׁךְ

allusion /əˈluːʒ(ə)n/ n. (*formal*) רִמּוּז, הַזְכָּרָה בְּרְמִיזָה, אֲלוּזְיָה

allusive /əˈluːsɪv/ adj. מְרַמֵּז (בַּעֲקִיפִין) מַנִּיחַ לְהִשְׁתַּמֵּעַ

alluvial /əˈluːvɪəl/ adj. שֶׁל סַחַף, אַלּוּבְיָאלִי

alluvium /əˈluːvɪəm/ n. סַחַף, סְחֹפֶת (מִשְׁקַע חוֹל וָטִיט שֶׁנּוֹתַר בְּעָרוּץ לְאַחַר הַזְּרִימָה)

ally /ˈælaɪ/ n. בַּעַל-בְּרִית, תּוֹמֵךְ, עוֹזֵר

the Allies (*Hist.*) בַּעֲלוֹת-הַבְּרִית (בְּמִלְחֶמֶת הָעוֹלָם הַשְּׁנִיָּה)

—v.t. /əˈlaɪ/ הֵבִיא בִּבְרִית, אִחֵד בִּבְרִית

□ *health and fitness are closely allied* בְּרִיאוּת וְכֹשֶׁר גּוּפָנִי קְשׁוּרִים זֶה בָּזֶה בְּאֹפֶן הָדוּק

Alma Mater /ælma ˈmaːtə(r)/ n. כִּנּוּי לְמוֹסָד לְהַשְׂכָּלָה גְּבוֹהָה בְּפִי תַּלְמִידָיו וּבוֹגְרָיו

almanac /ˈɔːlmənæk/ n. אַלְמָנָךְ, סֵפֶר-שָׁנָה (מַעֵין יוֹמָן הַמֵּכִיל נְתוּנִים עַל כָּל יוֹם וָיוֹם)

almighty /ɔːlˈmaɪtɪ/ adj. כָּל-יָכוֹל, עָצוּם

the Almighty אֱלֹהִים (בְּכָל הַדָּתוֹת)

□ *there was an almighty bang* (*colloq.*) נִשְׁמַע בּוּם לֹא נוֹרְמָלִי

almond /ˈɑːmənd/ n. שָׁקֵד

almond oil שֶׁמֶן שְׁקֵדִים

almond paste מַרְצִיפָּן

almoner /ˈɑːmənə(r)/ n.

1 (distributor of alms, *Hist.*) גַּבַּאי שֶׁל צְדָקָה

2 (social worker, *UK*) עוֹבֵד סוֹצְיָאלִי (בְּבֵית-חוֹלִים)

almost /ˈɔːlməʊst/ adv. כִּמְעַט

alms /ɑːmz/ n. צְדָקָה, נְדָבָה

almshouse /ˈɑːmzhaʊs/ n. (*Hist.*) בֵּית-מַחֲסֶה לַעֲנִיִּים

aloe /ˈæləʊ/ n. אֲלוֹאָה (צֶמַח טְרוֹפִּי, מְשַׁמֵּשׁ בְּקוֹסְמֶטִיקָה וּבִרְפוּאָה)

aloft /əˈloft/ adv. (*formal*) בִּמְרוֹמִים; בִּמְרוֹמֵי הַתֹּרֶן

alone /əˈləʊn/ pred. adj. & adv.

1 (by oneself) בְּעַצְמוֹ, לְבַדּוֹ; לְבַד

□ *go it alone* (*colloq.*) עָשָׂה (דְּבַר מָה) בְּעַצְמוֹ

□ *his silence alone is proof of his guilt* הַשְּׁתִיקָה שֶׁלּוֹ כְּשֶׁלְּעַצְמָהּ מוֹכִיחָה אֶת אַשְׁמָתוֹ

□ *we were all alone on the wide ocean* הָיִינוּ לְבַדֵּנוּ בָּאוֹקְיָנוֹס הַגָּדוֹל

□ *leave* (or *let*) *me alone!* תָּנִיחַ לִי! עֲזֹב אוֹתִי!

□ *you should let well alone* אַל תִּתְעַסֵּק עִם זֶה יוֹתֵר מִדַּי

□ *I can't walk, let alone run* אֲנִי לֹא יָכוֹל לָלֶכֶת וְלֹא כָּל שֶׁכֵּן לָרוּץ

2 (only) רַק, בִּלְבַד

□ *your help alone can save us* רַק עֶזְרָתְךָ תּוּכַל לְהַצִּיל אוֹתָנוּ

□ *God alone knows how long I've been waiting* הַשֵּׁד יוֹדֵעַ כַּמָּה זְמַן חִכִּיתִי

along /əˈloŋ/ adv. קָדִימָה, הָלְאָה; יַחַד עִם; לְשָׁם

□ *he knew all along that it would end like this* מִלְּכַתְּחִלָּה הוּא יָדַע שֶׁכָּךְ זֶה יִסְתַּיֵּם

□ *we don't get along well (with each other)* אֲנַחְנוּ לֹא מִסְתַּדְּרִים (זֶה עִם זֶה)

□ *get along with you!* מָה אַתָּה מְסַפֵּר לִי סִפּוּרִים?!

□ *I must be getting along* אֲנִי מֻכְרָח לָזוּז

□ *come along (now), or we shall be late* בּוֹא כְּבָר, אֲנַחְנוּ נְאַחֵר

□ *your roses are coming along nicely* הַוְּרָדִים שֶׁלְּךָ עוֹלִים יָפֶה מְאֹד

□ *he brought his wife along (with him)* הוּא הֵבִיא אִתּוֹ אֶת אִשְׁתּוֹ

□ *I can't go along with some of his ideas* אֲנִי לֹא יָכוֹל לְהַסְכִּים עִם כַּמָּה מֵהָרַעְיוֹנוֹת שֶׁלּוֹ

□ *the document had been thrown out along with some waste paper* הַמִּסְמָךְ נִזְרַק יַחַד עִם כַּמָּה נְיָרוֹת בִּלְתִּי־נְחוּצִים

—prep. לְאֹרֶךְ

□ *we walked along the path* הָלַכְנוּ לְאֹרֶךְ הַשְּׁבִיל

□ *there are old houses along the river bank* לְאֹרֶךְ גָּדַת הַנָּהָר נִצָּבִים בָּתִּים יְשָׁנִים

alongside /əˌlɒŋˈsaɪd/ adv. בַּצַּד; בְּנוֹסָף

—prep. (also **alongside of**) לְצַד, בַּצַּד; בְּתוֹסֶפֶת לְ...

aloof /əˈluːf/ adv. בְּנִבְדָּל, בְּנִפְרָד, בְּמֶרְחָק

□ *he remained aloof from politics* הוּא שָׁמַר עַל רִחוּק מִפּוֹלִיטִיקָה

—adj. אָדִישׁ, קַר וּמְסֻיָּג

aloud /əˈlaʊd/ adv. בְּקוֹל, בְּקוֹל רָם

□ *I was just thinking aloud* סְתָם חָשַׁבְתִּי בְּקוֹל רָם!

alpaca /ælˈpækə/ n.

1 (animal) אַלְפָּקָה (בַּעַל־חַיִּים דּוֹמֶה לְלָמָה)

2 (wool, fabric) צֶמֶר/אֲרִיג אַלְפָּקָה

alpha /ˈælfə/ n. אַלְפָא (הָאוֹת הָרִאשׁוֹנָה בָּאָלֶפְבֵּית הַיְּוָנִי); (צִיּוּן) טוֹב מְאֹד, מְעֻלֶּה

Alpha and Omega אוּרִים וְתֻמִּים

alpha particle (or **ray**) חֶלְקִיק/קֶרֶן אַלְפָא

□ *she got an alpha plus in biology* הִיא קִבְּלָה "מְעֻלֶּה" בְּבִּיּוֹלוֹגְיָה

alphabet /ˈælfəbet/ n. אָלֶפְבֵּית

alphabetical /ˌælfəˈbetɪk(ə)l/ adj. אָלֶפְבֵּיתִי

alphabetical order סֵדֶר אָלֶפְבֵּיתִי

alphanumeric /ˌælfənjuːˈmerɪk/ adj. הַכּוֹלֵל אוֹתִיּוֹת וּמִסְפָּרִים (קוֹד מַחְשֵׁב וְכַד'), "אַלְפָנוּמֶרִי"

alpine /ˈælpaɪn/ adj. שֶׁל הָאַלְפִּים; הֲרָרִי

—n. (*Bot.*) אַלְפִּינוּס (צֶמַח הֲרָרִי)

already /ɔːlˈredɪ/ adv. כְּבָר

alright /ɔːlˈraɪt/ **all right** see ALL 2 בְּסֵדֶר

Alsatian /ælˈseɪʃ(ə)n/ n.

1 (breed of dog, *UK*) כֶּלֶב אֶלְזָסִי, כֶּלֶב־זְאֵב

2 (native of Alsace) אֶלְזָסִי, בֶּן אֶלְזָס

also ˈɔːlsəʊ/ adv. גַּם, אַף; גַּם כֵּן, נוֹסָף עַל זֶה

also-ran /ˈɔːlsəʊ-ræn/ n. אָדָם שֶׁהִפְסִיד (אוֹ עָלוּל לְהַפְסִיד) בְּתַחֲרוּת, שֶׁאֵינוֹ מַצְלִיחָן, "מַפְסִידָן"

altar /ˈɔːltə(r)/ n. מִזְבֵּחַ (בִּכְנֵסִיָּה); מִזְבֵּחַ

altar boy נַעַר הַמְסַיֵּעַ לְכֹמֶר

□ *he'll lead her to the altar one day* יוֹם אֶחָד הוּא עוֹד יוֹבִיל אוֹתָהּ לַחֻפָּה

alter /ˈɔːltə(r)/ v.t. & i. שִׁנָּה, תִּקֵּן (בֶּגֶד); הִשְׁתַּנָּה

alteration /ˌɔːltəˈreɪʃ(ə)n/ n.

1 (process of changing, instance of changing) שִׁנּוּי, תְּמוּרָה

2 (change made to clothes, etc.) תִּקּוּן, שִׁנּוּי (בְּבֶגֶד וְכַד')

□ *I'm having alterations made to the curtains* נָתַתִּי אֶת הַוִּילוֹנוֹת לְתִקּוּן

altercation /ˌɔːltəˈkeɪʃ(ə)n/ n. (*formal*) רִיב, מְרִיבָה

alter ego /ˌæltər ˈegəʊ/ n. אַלְטֶר־אֶגוֹ, "הָאֲנִי הָאַחֵר"; (בְּהַשְׁאָלָה) יְדִיד נֶפֶשׁ

alternate /ˈɔːltəneɪt/ v.t. & i. עָשָׂה לְסֵרוּגִין; פָּעַל לְסֵרוּגִין, הִתְחַלֵּף

alternating current (*Electr.*) זֶרֶם חִלּוּפִין

—adj. /ɔːlˈtɜːnɪt/ מִתְחַלֵּף, הַקּוֹרֶה לְסֵרוּגִין

□ *I visit her on alternate Sundays* אֲנִי מְבַקֵּר אוֹתָהּ מִדֵּי שְׁבוּעַיִם בְּיוֹם רִאשׁוֹן

alternately /ɔːlˈtɜːnɪtlɪ/ adv. לְסֵרוּגִין, לַחֲלוּפִין

alternation /ˌɔːltəˈneɪʃ(ə)n/ n. הִתְחַלְּפוּת

alternative /ɔːlˈtɜːnətɪv/ adj. אַלְטֶרְנָטִיבִי, חֲלִיפִי

alternative medicine רְפוּאָה אַלְטֶרְנָטִיבִית

□ *we took an alternative route* נָסַעְנוּ בְּדֶרֶךְ אַחֶרֶת

—n. אַלְטֶרְנָטִיבָה, בְּרֵרָה; תַּחְלִיף

□ *we have no alternative but to pay the ransom* אֵין לָנוּ בְּרֵרָה אֶלָּא לְשַׁלֵּם אֶת הַכֹּפֶר

alternatively /ɔːlˈtɜːnətɪvlɪ/ adv. לַחֲלוּפִין

alternator /ˈɔːltəneɪtə(r)/ n. אַלְטֶרְנָטוֹר, מְחוֹלֵל זֶרֶם חִלּוּפִין

although /ɔːlˈðəʊ/ conj. אִם כִּי, אַף כִּי, אַף־עַל־פִּי שֶׁ...

altimeter /ˈæltɪmiːtə(r)/ n. מַד־גֹּבַהּ, אַלְטִימֶטֶר (לָרֹב בְּמָטוֹס)

altitude /ˈæltɪtjuːd/ n. גֹּבַהּ (מֵעַל פְּנֵי הַיָּם)

alto /ˈæltəʊ/ adj. & n. (*pl.* **-os**) אַלְט; קוֹנְטְרָטֶנוֹר (הַקּוֹל הַגַּבְרִי הַגָּבוֹהַּ בְּיוֹתֵר); קוֹנְטְרַלְטוֹ (קוֹל נָשִׁי נָמוּךְ מִן הַסּוֹפְּרָן); אַלְט (כְּלִי נְגִינָה: סַקְסוֹפוֹן, חָלִיל)

alto saxophone סַקְסוֹפוֹן־אַלְט

altogether /ɔːltəˈgeðə(r)/ adv.

1 (wholly) לְגַמְרֵי, לַחֲלוּטִין, בִּשְׁלֵמוּת

in the altogether (*colloq.*) בְּלִי בְּגָדִים, בְּעֵירֹם מָלֵא, עֵירֹם

2 (on the whole, all things considered) בְּסַךְ הַכֹּל

3 (in total) בְּסַךְ הַכֹּל

□ *altogether there are five entrances* בְּסַךְ הַכֹּל יֵשׁ חָמֵשׁ כְּנִיסוֹת

altruism /ˈæltruːɪzəm/ n. אַלְטְרוּאִיזְם, אַהֲבַת־הַזּוּלַת

altruist /ˈæltruːɪst/ n. אַלְטְרוּאִיסְט, אוֹהֵב־הַזּוּלַת

altruistic /ˌæltruːˈɪstɪk/ adj. אַלְטְרוּאִיסְטִי, מִתּוֹךְ אַהֲבַת הַזּוּלַת

aluminium /ˌæljʊˈmɪnɪəm/ n. (*US* **aluminum**/ /əˈluːmɪnəm) אֲלוּמִינְיוּם, חַמְרָן

alumna /əˈlʌmnə/ n. (*pl.* **alumnae**) בּוֹגֶרֶת (בֵּית־סֵפֶר אוֹ אוּנִיבֶרְסִיטָה)

alumnus /əˈlʌmnəs/ n. (*pl.* **alumni**) בּוֹגֵר כַּנַ"ל

alveolar /ælˈvɪələ(r)/ adj. (*Phonet.*) עִצּוּר שִׁנִּי, עִצּוּר דֶּנְטָלִי

always /ˈɔːlweɪz/ adv.

1 (at all times; repeatedly) תָּמִיד, שׁוּב וָשׁוּב

2 (whatever the case) תָּמִיד
□ *I can always sleep on the floor* אֲנִי יָכוֹל תָּמִיד לִישׁוֹן עַל הָרִצְפָּה

Alzheimer's disease /ˈæltsˌhaɪməz dɪˌziːz/ n. מַחֲלַת אַלְצְהַיְמֶר

am /æm/ 1st pers. sing. pres. of **be**

AM /eɪ ˈem/ abbrev. "אֵי־אֶם", גַּלִּים בֵּינוֹנִיִּים (בְּרַדְיוֹ)

am /eɪ ˈem/ abbrev. לִפְנוֹת בֹּקֶר, לִפְנֵי־הַצָּהֳרַיִם (הַשָּׁעוֹת בֵּין חֲצוֹת הַלַּיִל וַחֲצוֹת־הַיּוֹם)

amalgam /əˈmælgəm/ n.
1 (alloy of mercury) אֲמַלְגָמָה, תַּעֲרֹבֶת שֶׁל כַּסְפִּית (לִסְתִימַת חוֹרִים בַּשִּׁנַּיִם)
2 (mixture) תַּעֲרֹבֶת, בְּלִיל (שֶׁל סִגְנוֹנוֹת וְכַד')

amalgamate /əˈmælgəmeɪt/ v.t. & i. אִחֵד, אִגֵּד, מִזֵּג (חֲבָרוֹת מִסְחָרִיּוֹת וְכַד'); הִתְאַחֵד, הִתְאַגֵּד, הִתְמַזֵּג

amalgamation /əˌmælgəˈmeɪʃ(ə)n/ n. אִחוּד, אִגּוּד, מִזּוּג

amanuensis /əˌmænjʊˈensɪs/ n. (*pl.* **amanuenses**, *formal*) לַבְלָר

amass /əˈmæs/ v.t. צָבַר

amateur /ˈæmətə(r)/ n.
1 (non-professional) חוֹבֵב
2 (inexperienced person) אָדָם לֹא מְנֻסֶּה, אָדָם לֹא מִקְצוֹעִי
—adj. חוֹבֵב; חוֹבְבָנִי, לֹא מִקְצוֹעִי

amateurish /ˈæmətərɪʃ/ adj. (*derog.*) חוֹבְבָנִי, לֹא מִקְצוֹעִי

amatory /ˈæmət(ə)rɪ/ adj. (*formal*) שֶׁל אֲהָבִים, שֶׁל אַהֲבָה

amaze /əˈmeɪz/ v.t. הִדְהִים, הִתְמִיהַּ, הִפְלִיא
□ *we were amazed at the size of it* זֶה הִדְהִים אוֹתָנוּ בְּגָדְלוֹ

amazement /əˈmeɪzmənt/ n. תַּדְהֵמָה, הִשְׁתָּאוּת, תְּמִיהָה

amazing /əˈmeɪzɪŋ/ adj. מַדְהִים, מַתְמִיהַּ, מַפְלִיא

Amazon /ˈæməzən/ n.
1 (river) נְהַר הָאֲמָזוֹנָס
2 (tall, strong woman) אֲמָזוֹנָה, אִשָּׁה לוֹחֶמֶת; (בְּהַשְׁאָלָה) אִשָּׁה חֲזָקָה וְאַתְלֵטִית

ambassador /æmˈbæsədə(r)/ n. שַׁגְרִיר/שַׁגְרִירָה

ambassadorial /æmˌbæsəˈdɔːrɪəl/ adj. שֶׁל הַשַּׁגְרִירוּת, מִטַּעַם הַשַּׁגְרִירוּת

ambassadress /æmˈbæsədrɪs/ n. אֵשֶׁת הַשַּׁגְרִיר

amber /ˈæmbə(r)/ n.
1 (substance) עִנְבָּר
2 (colour) צֶבַע עִנְבָּר, צָהֹב כֵּהֶה
3 (traffic-light) אוֹר צָהֹב, "צָהֹב" (שֶׁל רַמְזוֹר)
—adj. בְּצֶבַע עִנְבָּר

ambiance /ˈæmbɪəns/ see **ambience** אֲוִירָה, "אַטְמוֹסְפֵירָה"

ambidextrous /ˌæmbɪˈdekstrəs/ adj. מְיֻמָּן בִּשְׁתֵּי יָדָיו בְּמִדָּה שָׁוָה (לְמָשָׁל בִּכְתִיבָה)

ambience /ˈæmbɪəns/ n. (also **ambiance**) אֲוִירָה, "אַטְמוֹסְפֵירָה"

ambient /ˈæmbɪənt/ adj. (*formal*) אוֹפֵף, מַקִּיף

ambiguity /ˌæmvɪˈgjuːɪtɪ/ n. דּוּ־מַשְׁמָעוּת, אִי־בְּהִירוּת

ambiguous /æmˈbɪgjʊəs/ adj. דּוּ־מַשְׁמָעִי, בִּלְתִּי־בָּרוּר

ambit /ˈæmbɪt/ n. (*formal*) תְּחוּם

ambition /æmˈbɪʃ(ə)n/ n.
1 (desire for fame) שְׁאִיפָה (לְכָבוֹד, לְמַעֲמָד וְכַד'), שְׁאַפְתָּנוּת, אַמְבִּיצְיָה
□ *did he achieve his ambition to launch a newspaper?* הַאִם הוּא הִגְשִׁים אֶת שְׁאִיפָתוֹ לְיַסֵּד עִתּוֹן?
2 (object of desire) מַטָּרָה, יַעַד (לִשְׁאִיפָה)

ambitious /æmˈbɪʃəs/ adj. (אָדָם) שְׁאַפְתָן, אַמְבִּיצְיוֹזִי; (מַעֲשֶׂה וְכַד') דּוֹרֵשׁ מַאֲמָץ, קָשֶׁה לְבִצּוּעַ, אַמְבִּיצְיוֹזִי
□ *it was an ambitious attempt* זֶה הָיָה נִסָּיוֹן אַמְבִּיצְיוֹזִי

ambivalence /æmˈbɪvələns/ n. דּוּ־עֶרְכִּיּוּת, אַמְבִּיוָלֶנְטִיּוּת; רְגָשׁוֹת סוֹתְרִים

ambivalent /æmˈbɪvələnt/ adj. דּוּ־עֶרְכִּי, אַמְבִּיוָלֶנְטִי, סוֹתֵר (רֶגֶשׁ וְכַד')

amble /ˈæmb(ə)l/ v.i. צָעַד/הָלַךְ בְּנַחַת (סוּס אוֹ אָדָם)
—n. צְעִידָה נִנוֹחָה (כַּנַּ"ל)

ambrosia /æmˈbrəʊzɪə/ n. אַמְבְּרוֹזְיָה, מְזוֹן הָאֵלִים; מַעֲדַן־מְלָכִים

ambulance /ˈæmbjʊləns/ n. אַמְבּוּלַנְס
□ *he was taken to hospital by ambulance* הוּא נִלְקַח לְבֵית־חוֹלִים בְּאַמְבּוּלַנְס

ambush /ˈæmbʊʃ/ n. & v.t. מַאֲרָב, אַמְבּוּשׁ; תָּקַף מִמַּאֲרָב, עָשָׂה אַמְבּוּשׁ לְ...
□ *we decided to lay an ambush for them* הֶחְלַטְנוּ לָשִׂים לָהֶם מַאֲרָב
□ *we were lying in ambush behind the bushes* שָׁכַבְנוּ בְּמַאֲרָב מֵאֲחוֹרֵי הַשִּׂיחִים

ameba /əˈmiːbə/ (*US*) see AMOEBA אֲמֶבָּה

ameliorate /əˈmiːlɪəˌreɪt/ v.t. & i. (*formal*) שִׁפֵּר; הִשְׁתַּפֵּר

amelioration /əˌmiːlɪəˈreɪʃ(ə)n/ n. (*formal*) שִׁפּוּר

amen /ɑːˈmen, eɪˈmen/ n. & int. אָמֵן
□ *(I'll say) amen to that!* כֵּן יְהִי רָצוֹן! אֲנִי מַסְכִּים לָזֶה בְּכָל לֵב

amenable /əˈmiːnəb(ə)l/ adj.
1 (responsive, tractable) נַעֲנֶה לְ..., נִשְׁמָע לְ...
□ *he's furious and not amenable to reason* הוּא רוֹתֵחַ מִזַּעַם וְאֵינוֹ נִשְׁמָע לְקוֹל הַהִגָּיוֹן
2 (responsible, liable, *Law*) אַחֲרַאי לִפְנֵי הַחֹק

amend /əˈmend/ v.t.
1 (alter wording of law, constitution) הִכְנִיס שִׁנּוּי בְּנֹסַח (הַחֹק), תִּקֵּן (אֶת הַחֹק)
2 (improve, make improvements to) שִׁפֵּר

amendment /əmendmənt/ n. תִּקּוּן בְּנֹסַח הַחֹק, תּוֹסֶפֶת לַחֹק
□ *he invoked the 5th Amendment (US)* הוּא הִסְתַּמֵּךְ עַל הַתִּקּוּן הַחֲמִישִׁי לַחֻקָּה

amends /əmendz/ n.*pl.*
make amends פִּצָּה, כִּפֵּר עַל (חֲטָאִים וְכַד')
□ *I'll make amends to you for the damage I did* אֲפַצֶּה אוֹתְךָ עַל הַנֵּזֶק שֶׁגָּרַמְתִּי

amenity /əmi:nɪtɪ/ n. (usu. in *pl.*) תְּנָאֵי נוֹחִיּוּת וּרְוָחָה

America /əmerɪkə/ n.
1 (the United States) אֲמֶרִיקָה, אַרְצוֹת הַבְּרִית
2 (North, Central and South America) אֲמֶרִיקָה, יַבֶּשֶׁת אֲמֶרִיקָה
Latin America אֲמֶרִיקָה הַלָּטִינִית

American /əmerɪkən/ adj. אֲמֶרִיקָאִי, אֲמֶרִיקָנִי
American Indian אִינְדִּיאָנִי
American football כַּדּוּרֶגֶל אֲמֶרִיקָאִי, "פוּטְבּוֹל"
—n.
1 (person from America) אֲמֶרִיקָאִי, אֲמֶרִיקָנִי
2 (language) אַנְגְּלִית אֲמֶרִיקָאִית

Americanism /əmerɪkənɪz(ə)m/ n.
1 (word or phrase of American English) אֲמֶרִיקָנִיזְם (בִּטּוּי מְיֻחָד לָאַנְגְּלִית הָאֲמֶרִיקָאִית)
2 (loyalty to the US) נֶאֱמָנוּת לְארה"ב

Americanize /əmerɪkənaɪz/ v.t. & i. עָשָׂה לַאֲמֶרִיקָאִי; נַעֲשָׂה אֲמֶרִיקָאִי

Amerind /ˈæmərɪnd/ adj. & n. (also **Amerindian**) אִינְדִּידִינִי

amethyst /ˈæmɪθɪst/ n. & adj. אַחְלָמָה (אֶבֶן חֵן); בְּצֶבַע סָגֹל בָּהִיר

Amharic /æmˈhærɪk/ n. & adj. הַשָּׂפָה הָאַמְהָרִית; אַמְהָרִי

amiable /ˈeɪmɪəb(ə)l/ adj. חָבִיב, נָעִים, נְעִים־הֲלִיכוֹת

amiably /ˈeɪmɪəblɪ/ adv. בַּחֲבִיבוּת

amicable /ˈæmɪkəb(ə)l/ adj. יְדִידוּתִי

amicably /ˈæmɪkəblɪ/ adv. בְּאֹפֶן יְדִידוּתִי

amid /əmɪd/ prep. (*formal*) בְּקֶרֶב, בְּאֶמְצַע

amidships /əmɪdʃɪps/ adv. (*Naut.*) בְּאֶמְצַע הָאֳנִיָּה

amino acid /əmi:nəʊ ˈæsɪd/ n. (*Biochem.*) חֻמְצָה אֲמִינִית

amir /əmɪə(r)/ n. אָמִיר

amiss /əmɪs/ pred. adj. & adv. (*formal*) שֶׁלֹּא כְּסִדְרוֹ, שֶׁלֹּא כַּשּׁוּרָה
□ *a small hint would not go amiss at this point* רֶמֶז קָטָן לֹא יַזִּיק בְּשָׁלָב זֶה
□ *her criticisms were friendly but he took them amiss* דִּבְרֵי הַבִּקֹּרֶת שֶׁלָּהּ נֶאֶמְרוּ בִּידִידוּת, אֲבָל הוּא פֵּרֵשׁ אוֹתָם לֹא נָכוֹן וְנֶעֱלַב

amity /ˈæmɪtɪ/ n. (*formal*) יְדִידוּת, יַחֲסֵי־יְדִידוּת

ammeter /ˈæmɪtə(r)/ n. מַד־אַמְפֵּר

ammo /ˈæməʊ/ n. (*colloq.*) תַּחְמֹשֶׁת

ammonia /əməʊnɪə/ n. אַמּוֹנְיָה

ammunition /ˌæmjʊnɪʃ(ə)n/ n. תַּחְמֹשֶׁת
□ *the scandal provided excellent ammunition for my attack on corruption* הַשַּׁעֲרוּרִיָּה סִפְּקָה לִי תַּחְמֹשֶׁת מְצֻיֶּנֶת לִתְקֹף אֶת הַשְּׁחִיתוּת

amnesia /æmˈni:zɪə/ n. אַמְנֶזְיָה, מַחֲלַת הַשִּׁכְחָה

amnesiac /æmˈni:zɪˌæk/ n. אָדָם שֶׁלָּקָה בְּאַמְנֶזְיָה, חוֹלֵה אַמְנֶזְיָה

amnesty /ˈæmnəstɪ/ n. חֲנִינָה

amniocentesis /ˌæmnɪəʊsenˈti:sɪs/ n. (*Med.*) בְּדִיקַת מֵי־שָׁפִיר

amoeba /əmi:bə/ n. (*US* **ameba**) אָמֵבָה

amok /əmok/ adv. (also **amuck**)
run amok הָיָה אָחוּז אָמוֹק, נִתְקַף טֵרוּף; יָצָא מִכְּלַל שְׁלִיטָה

among /əmʌŋ/ prep. (also **amongst**) בֵּין, בְּתוֹךְ, בְּקֶרֶב
□ *she is among the youngest lecturers in the world* הִיא אַחַת הַמַּרְצוֹת הַצְּעִירוֹת בְּיוֹתֵר בָּעוֹלָם
□ *they divided the money among them* הֵם חִלְּקוּ בֵּינֵיהֶם אֶת הַכֶּסֶף
□ *we talked among ourselves* דִּבַּרְנוּ בֵּינֵינוּ לְבֵין עַצְמֵנוּ

amoral /ˌeɪˈmorəl/ adj. חֲסַר שִׁקּוּלֵי־מוּסָר

amorous /ˈæmərəs/ adj. תָּאֵב אַהֲבָה; שֶׁל חֵשֶׁק, שֶׁל אֲהָבִים

amorphous /əmɔ:fəs/ adj.
1 (shapeless; vague) אָמוֹרְפִי, חֲסַר־צוּרָה
2 (*Chem.*) בְּמַצָּב לֹא גְּבִישִׁי, אָמוֹרְפִי

amortization /əˌmɔ:tɪˈzeɪʃ(ə)n/ n. פֵּרָעוֹן חוֹב בְּתַשְׁלוּמִים

amortize /əmɔ:taɪz/ v.t. פָּרַע חוֹב בְּתַשְׁלוּמִים

amount /əmaʊnt/ n. כַּמּוּת, שִׁעוּר, סְכוּם (כֶּסֶף)
□ *there's any amount of milk in the fridge* יֵשׁ הָמוֹן חָלָב בַּמְּקָרֵר
□ *the two cultures have a certain amount in common* יֵשׁ דִּמְיוֹן מְסֻיָּם בֵּין שְׁתֵּי הַתַּרְבּוּיוֹת
□ *no amount of pleading will change my mind* שׁוּם תַּחֲנוּנִים לֹא יְשַׁנּוּ אֶת דַּעְתִּי
—v.i. הִסְתַּכֵּם בְּ..., הִגִּיעַ לְ...
□ *it doesn't amount to much* זֶה לֹא מִסְתַּכֵּם בְּהַרְבֵּה; זֶה לֹא שָׁוֶה הַרְבֵּה

amour /əmʊə(r)/ n. (*arch.*) פָּרָשַׁת־אֲהָבִים

amour-propre /ˌæmʊə-ˈproprə/ n. (*formal*) הַעֲרָכָה עַצְמִית, אַהֲבָה עַצְמִית

amp /æmp/ n. אַמְפֵּר (יְחִידַת זֶרֶם חַשְׁמַלִּי); מַגְבֵּר, אַמְפְּלִיפַיֶר (בְּמַעֲרֶכֶת סְטֶרֵאוֹ וְכַד')

ampere /ˈæmpeə(r)/ n. אַמְפֵּר

ampersand /ˈæmpəsænd/ n. סִימָן "&" (שֶׁמַּשְׁמָעוּתוֹ "גַּם" אוֹ "וְ...")

amphetamine /æmˈfetəmˌi:n/ n. אַמְפֶטָמִין (סַם מֶרֶץ)

amphibian /æmˈfɪbɪən/ n. דוּ־חַי
—adj.
1 (*Zool.*) (בַּעַל חַיִּים) דּוּחַי
2 (of a vehicle) (כְּלִי־רֶכֶב) אַמְפִיבִּי, מֻתְאָם לַיָּם וְלַיַּבָּשָׁה

amphibious /æmˈfɪbɪəs/ adj.
1 (*Zool.*) (בַּעַל חַיִּים) דּוּ־חַי
2 (of a vehicle) (כְּלִי רֶכֶב) אַמְפִיבִּי, מֻתְאָם לַיָּם וְלַיַּבָּשָׁה

amphitheatre /ˈæmfɪθɪətə(r)/ n. (*US* **theater**)
1 (arena and tiered seating) אַמְפִיתֵיאַטְרוֹן
2 (semicircular gallery in theatre) יְצִיעַ־תֵּיאַטְרוֹן שֶׁצּוּרָתוֹ כַּחֲצִי גֹּרֶן עֲגֻלָּה

amphora /ˈæmfərə/ n. (*pl.* **amphorae**) אַמְפוֹרָה (כַּד יְוָנִי בַּעַל שְׁתֵּי אָזְנַיִם)

ample /æmp(ə)l/ adj.
1 (extensive; plentiful) רְחַב־יָדַיִם, נִרְחָב
□ *the flat has an ample bathroom* בַּדִּירָה יֵשׁ חֲדַר אַמְבַּטְיָה רְחַב־יָדַיִם
2 (quite enough) דַּי וְהוֹתֵר

amplificaton /æmplɪfɪˈkeɪʃ(ə)n/ n.
1 (making louder) הַגְבָּרָה (שֶׁל עָצְמַת־קוֹל וְכַד׳)
2 (further explanation) הַבְהָרָה נוֹסֶפֶת, הַרְחָבַת הַדִּבּוּר

amplifier /ˈæmplɪfaɪə(r)/ n. מַגְבֵּר, אַמְפְּלִיפַיֶר

amplify /ˈæmplɪfaɪ/ v.t.
1 (increase sound etc.) הִגְבִּיר (עָצְמַת קוֹל וְכַד׳)
2 (explain further) הִרְחִיב אֶת הַדִּבּוּר עַל.../בְּנוֹשֵׂא

amplitude /ˈæmplɪtju:d/ n. (*formal*) שֶׁפַע; (בְּחַשְׁמַל) אַמְפְּלִיטוּדָה, תְּנוּפָה
amplitude modulation (*Electr.*) אִפְנוּן תְּנוּפָה

amply /ˈæmplɪ/ adv. דַּי וְהוֹתֵר, בְּשֶׁפַע, בִּנְדִיבוּת

ampoule /ˈæmpu:l/ n. אַמְפּוּלָה (מְכַל זְכוּכִית קָטָן, לָרֹב לִתְרוּפָה)

amputate /ˈæmpjʊteɪt/ v.t. קָטַע (אֵיבָר בַּגּוּף, לָרֹב בְּנִתּוּחַ)

amputation /æmpjʊˈteɪʃ(ə)n/ n. קְטִיעָה (כַּנַּ״ל)

amputee /æˈmpjʊti:/ n. קְטוּעַ־גַּף

amuck /əˈmʌk/ see **AMOK** הָיָה אָחוּז אָמוֹק, נִתְקַף טֵרוּף; יָצָא מִכְּלַל שְׁלִיטָה

amulet /ˈæmjʊlɪt/ n. קָמֵעַ

amuse /əˈmju:z/ v.t.
1 (cause to smile or laugh) הִצְחִיק
2 (divert, entertain; also refl.) שִׁעֲשַׁע; מָצָא (לְעַצְמוֹ) עִסּוּק
□ *please amuse yourself while I prepare lunch* תִּמְצָא לְךָ עִסּוּק כָּלְשֶׁהוּ בַּזְּמַן שֶׁאֲנִי מֵכִין אֶת אֲרוּחַת הַצָּהֳרַיִם

amusement /əˈmju:zmənt/ n.
1 (state of being amused, laughter and smiles) שַׁעֲשׁוּעַ, הֲנָאָה
2 (entertainment) שַׁעֲשׁוּעַ, בִּלּוּי, הֲנָאָה
□ *I learn languages for amusement* אֲנִי לוֹמֵד שָׂפוֹת לַהֲנָאָתִי
amusement arcade מוֹעֲדוֹן מִשְׂחָקִים, אוּלָם לִמְכוֹנוֹת־מִשְׂחָקִים
amusement park (*US*) לוּנָה פַּרְק

amusing /əˈmju:zɪŋ/ adj. מְשַׁעֲשֵׁעַ; מְבַדֵּחַ, מַצְחִיק

an /ən, æn/ see **A**[2] תְּחִלִּית שֶׁפֵּרוּשָׁהּ "חֲסַר", "חֹסֶר"

an- /ən, æn/ pref.

anachronism /əˈnækrənɪzəm/ n. אֲנַכְרוֹנִיזְם

anachronistic /ənækrəˈnɪstɪk/ adj. אֲנַכְרוֹנִיסְטִי, מְיֻשָּׁן

anaconda /ænəˈkondə/ n. נְחַשׁ אֲנָקוֹנְדָּה (נְחַשׁ־חֶנֶק גָּדוֹל)

anaemia /əˈni:mɪə/ n. (*US* **anemia**) אֲנֶמְיָה

anaemic /əˈni:mɪk/ adj. (*US* **anemic**)
1 (suffering from anaemia) אֲנֶמִי
2 (pale; insipid) "אֲנֶמִי", חִוֵּר; חֲסַר־חַיִּים

anaerobic /ænəˈrəʊbɪk/ adj. (חַיְדַּק) הַמְּסֻגָּל לִחְיוֹת לְלֹא חַמְצָן חָפְשִׁי, אֲנָאֵירוֹבִּי

anaesthesia /ænəsˈθi:zɪə/ n. (*US* **anesthesia**) הַרְדָּמָה, אַלְחוּשׁ

anaesthetic /ænəsˈθetɪk/ n. & adj. (*US* **anesthetic**) סַם הַרְדָּמָה, חֹמֶר אֲנֶסְתֶּטִי
general anaesthetic הַרְדָּמָה כְּלָלִית
local anaesthetic הַרְדָּמָה מְקוֹמִית

anaesthetist /əˈni:sθətɪst/ n. (*US* **anesthetist**) רוֹפֵא־מַרְדִּים

anaesthetize /əˈni:sθətaɪz/ v.t. (*US* **anesthetize**) הִרְדִּים (לִקְרַאת נִתּוּחַ וְכַד׳)

anagram /ˈænəgræm/ n. אֲנַגְרָמָה (הִפּוּךְ אוֹ שִׁנּוּי סֵדֶר הָאוֹתִיּוֹת בְּמִלָּה אַגַּב יְצִירַת מִלָּה אַחֶרֶת, כְּגוֹן נַחַל־לַחַן

anal /ˈeɪn(ə)l/ adj. אַנָלִי, שֶׁל פִּי הַטַּבַּעַת

analgesia /ænəlˈdʒi:zɪə/ n. שִׁכּוּךְ־כְּאֵבִים, מַצָּב שֶׁל חֹסֶר כְּאֵב (כְּתוֹצָאָה מִסַּם)

analgesic /ænəlˈdʒi:sɪk/ adj. & n. מְשַׁכֵּךְ־כְּאֵבִים; תְּרוּפָה מְשַׁכֶּכֶת־כְּאֵבִים

analogous /əˈnæləgəs/ adj. (*formal*) אֲנָלוֹגִי, מַקְבִּיל, עַל פִּי גְּזֵרָה שָׁוָה

analogue /ˈænəlog/ n. (*US* **analog**, *formal*) דָּבָר מַקְבִּיל, תַּחְלִיף
—adj. אֲנָלוֹגִי
analogue computer מַחְשֵׁב אֲנָלוֹגִי (לְהַבְדִּיל מִמַּחְשֵׁב דִּיגִיטָלִי/סִפְרָתִי)
analogue watch שְׁעוֹן עִם מְחוֹגִים (לְהַבְדִּיל מִשָּׁעוֹן דִּיגִיטָלִי)

analogy /əˈnælədʒɪ/ n. אֲנָלוֹגְיָה, הַשְׁוָאָה, הַקְבָּלָה
by analogy בְּאֹפֶן מַקְבִּיל, בַּאֲנָלוֹגְיָה, עַל דֶּרֶךְ הַהַשְׁוָאָה

analyse /ˈænəlaɪz/ v.t. (*US* **analyze**)
1 (examine, dissect; determine constituents of) נִתַּח (בְּעָיָה וְכַד'), עָרַךְ אֲנָלִיזָה שֶׁל/לְ...
2 (psychoanalyse) עָשָׂה פְּסִיכוֹאֲנָלִיזָה לְ...
3 (*Gram.*) נִתַּח (מִשְׁפָּט)

analysis /əˈnæləsɪs/ n.
1 (examination, dissection; determination of composition) אֲנָלִיזָה, נִתּוּחַ (הַפְרָדַת דָּבָר לַחֲלָקָיו וּבְדִיקַת הֶרְכֵּבוֹ, תְּכוּנוֹתָיו וְכַד')
in the last (or **final**) **analysis** בְּחֶשְׁבּוֹן הַסּוֹפִי, בְּסוֹפוֹ שֶׁל דָּבָר
2 (psychoanalysis) אֲנָלִיזָה
3 (*Math.*) אֲנָלִיזָה

analyst /ˈænəlɪst/ n.
1 (person who analyses) מֻמְחֶה לַאֲנָלִיזָה (לָרֹב כִּימִית); פַּרְשָׁן (מְדִינִי)
2 (psychoanalyst) פְּסִיכוֹאֲנָלִיטִיקָן

analytic /ˌænəˈlɪtɪk/ adj. אֲנָלִיטִי

analytical /ˌænəˈlɪtɪk(ə)l/ adj. אֲנָלִיטִי
analytical geometry גֵּיאוֹמֶטְרְיָה אֲנָלִיטִית

analyze (*US*) see **ANALYSE**

anarchic /əˈnɑːkɪk/ adj. אֲנַרְכִי; מֻפְקָר, פָּרוּעַ

anarchism /ˈænəkɪzəm/ n. אֲנַרְכִיזְם (הַשְׁקָפָה חֶבְרָתִית הַשּׁוֹלֶלֶת כָּל שִׁלְטוֹן מְאֻרְגָּן; הִתְנַגְּדוּת פְּעִילָה לְשִׁלְטוֹן מְאֻרְגָּן)

anarchist /ˈænəkɪst/ n. אֲנַרְכִיסְט (בַּעַל הַשְׁקָפָה כַּנַּ"ל)

anarchy /ˈænəkɪ/ n. אֲנַרְכְיָה

anathema /əˈnæθəmə/ n. מָאוּס, תּוֹעֵבָה; מְנֻדֶּה (בַּכְּנֵסִיָּה הַנּוֹצְרִית)
□ *lying is anathema to her* שְׁקָרִים הֵם תּוֹעֵבָה בְּעֵינֶיהָ

anathematize /əˈnæθəmətaɪz/ v.t. (בַּנַּצְרוּת) נִדָּה, הֶחֱרִים (אֶת פְּלוֹנִי)

anatomical /ˌænəˈtomɪk(ə)l/ adj. אֲנָטוֹמִי

anatomist /əˈnætəmɪst/ n. מֻמְחֶה לַאֲנָטוֹמְיָה, תַּלְמִיד אֲנָטוֹמְיָה

anatomy /əˈnætəmɪ/ n.
1 (branch of science) אֲנָטוֹמְיָה, תּוֹרַת מִבְנֵה הַגּוּף שֶׁל הַחַי וְהַצּוֹמֵחַ
2 (dissection) נִתּוּחַ אֲנָטוֹמִי; נִתּוּחַ גְּוִיּוֹת (לְשֵׁם לִמּוּד); (בְּהַשְׁאָלָה) נִתּוּחַ שִׁיטָתִי
3 (the body, *colloq.*) גּוּף
□ *she admired his anatomy* הִיא בָּחֲנָה בְּהַעֲרָצָה אֶת הַמִּבְנֶה (כְּלוֹמַר אֶת הַגּוּף) שֶׁלּוֹ

ancestor /ˈænsestə(r)/ n. אָב קַדְמוֹן; (בְּהַשְׁאָלָה) דֶּגֶם מֻקְדָּם
□ *this machine is the ancestor of the computer* הַמְּכוֹנָה הַזֹּאת הִיא דֶּגֶם מֻקְדָּם שֶׁל הַמַּחְשֵׁב

ancestral /ænˈsestr(ə)l/ adj. שֶׁל הָאָבוֹת הַקַּדְמוֹנִים; (אֲחֻזַּת, נַחֲלַת) אָבוֹת

ancestry /ˈænsestrɪ/ n. שַׁלְשֶׁלֶת־יוּחֲסִין, אִילַן־יוּחֲסִין, מוֹצָא (מִשְׁפַּחְתִּי)

anchor /ˈæŋkə(r)/ n.
1 (*Naut.*) עֹגֶן
at anchor בְּמַצָּב שֶׁל עֲגִינָה
cast anchor הֵטִיל עֹגֶן
weigh anchor הֵרִים עֹגֶן
2 (source of security) מָגֵן, מִבְטָח
—v.t. & i. עִגֵּן, קָבַע בְּחָזְקָה; הִגִּישׁ (מַהֲדוּרַת חֲדָשׁוֹת בַּטֶּלֶוִיזְיָה וְכַד'); עָגַן

anchorage /ˈæŋkərɪdʒ/ n. מַעֲגָן

anchorite /ˈæŋkəraɪt/ n. נָזִיר, פָּרוּשׁ, מִתְבּוֹדֵד

anchorman /ˈæŋkəmæn/ n. מַגִּישׁ, מַנְחֶה (בָּרַדְיוֹ וּבַטֶּלֶוִיזְיָה)

anchovy /ˈæntʃəvɪ/ n. (דָּג) אַנְצ'וֹבִי

ancient /ˈeɪnʃənt/ adj.
1 (very old) קָדוּם, יָשָׁן; (אָדָם) יָשִׁישׁ
ancient monument (*UK*) אֲתָר/מִבְנֶה הִיסְטוֹרִי
2 (belonging to times long past) קָדוּם, קַדְמוֹן, עַתִּיק
ancient history הִיסְטוֹרְיָה עַתִּיקָה
—n.pl.
the ancients הָעַתִּיקִים, הַקַּדְמוֹנִים (אַנְשֵׁי הֶעָבָר, לָרֹב בִּתְקוּפַת יָוָן וְרוֹמִי)

ancillary /ænˈsɪlərɪ/ adj. מְסַיֵּעַ, עוֹזֵר; מִשְׁנִי

and usu. /ənd, ən/; *strong form* /ænd/ conj.
1 (connecting words, clauses or sentences) וְ..., וְגַם
and/or וְ/אוֹ
□ *can I have some bread and butter?* אֶפְשָׁר לְקַבֵּל לֶחֶם וְחֶמְאָה?
2 (plus) וְ..., וְעוֹד
□ *two and two make four* שְׁתַּיִם וְעוֹד שְׁתַּיִם הֵם אַרְבַּע
3 (then, following this) וְ..., וְאָז
□ *I knocked and entered the room* דָּפַקְתִּי עַל הַדֶּלֶת וְנִכְנַסְתִּי לַחֶדֶר
4 (expressing result) וְ...
□ *give me your word and I will forgive you* תַּבְטִיחַ לִי, וַאֲנִי אֶסְלַח לְךָ. אִם תַּבְטִיחַ לִי, אֲנִי אֶסְלַח לְךָ
5 (indicating a large quantity, etc.) וְ, עַל
□ *he talked for hours and hours* הוּא דִּבֵּר שָׁעוֹת עַל שָׁעוֹת
□ *he talked and talked for hours* הוּא דִּבֵּר וְדִבֵּר שָׁעוֹת
□ *it's getting worse and worse* זֶה נַעֲשֶׂה חָמוּר יוֹתֵר וְיוֹתֵר, זֶה הוֹלֵךְ וְנַעֲשֶׂה חָמוּר
6 (used instead of **to**, *colloq.*) תְּנַסֶּה לְגַלּוֹת מִי הוּא
□ *try and find out who he is* תְּנַסֶּה לְגַלּוֹת מִי הוּא
7 (used to point out a difference)
□ *there are rules and rules* יֵשׁ כְּלָלִים, וְיֵשׁ כְּלָלִים (לֹא כָּל הַחֻקִּים שָׁוִים וְכַד')

andante /ænˈdæntɪ/ n., adj., & adv. (*Mus.*) אַנְדַנְטֶה

andiron /ˈændaɪən/ n. אַחַת מִצֶּמֶד תְּמוֹכוֹת לְבוּלֵי־הָעֵץ בָּאָח

androgynous /ænˈdrɒdʒɪnəs/ adj. (צֶמַח, חַי) דּוּ־מִינִי; (אָפְנָה, מַרְאֶה) לֹא שֶׁל גֶּבֶר וְלֹא שֶׁל אִשָּׁה

android /ˈændrɔɪd/ n. אַנְדְּרוֹאִיד (רוֹבּוֹט דְּמוּי אָדָם)

anecdotal /ˌænɪkˈdəʊt(ə)l/ adj. אַנֶקְדּוֹטָלִי

anecdote /ˈænɪkdəʊt/ n. אַנֶקְדּוֹטָה (מַעֲשִׂיָּה קְצָרָה וּמְשַׁעֲשַׁעַת)

anemia etc. (*US*) see **ANAEMIA** etc. אֲנֶמְיָה

anemometer /ˌænɪˈmɒmɪtə(r)/ n. אֲנֶמוֹמֶטֶר, מַד־רוּחַ

anemone /əˈnemənɪ/ n. כַּלָּנִית; שׁוֹשַׁנַּת־יָם

sea anemone שׁוֹשַׁנַּת־יָם (חַי יַמִּי הַדּוֹמֶה לְפֶרַח)

aneroid barometer /ˈænərɔɪd bəˈrɒmɪtə(r)/ n. בָּרוֹמֶטֶר אֲנֶרוֹאִידִי

anesthesia etc. (*US*) see **ANAESTHESIA** etc.

anew /əˈnjuː/ adv. (*poet.*) מֵחָדָשׁ, שׁוּב; מֵהַתְחָלָה (אֲבָל בְּדֶרֶךְ אַחֶרֶת)

angel /ˈeɪndʒ(ə)l/ n.

1 (messenger of god) מַלְאָךְ

2 (helpful or beautiful person) "מַלְאָךְ"

□ *would you be an angel and make me a cup of tea?* תִּהְיֶה נֶחְמָד וְתָכִין לִי סֵפֶל תֵּה

□ *I'm on the side of the angels in this matter* בְּעִנְיָן זֶה אֲנִי חוֹשֵׁב שֶׁהַצֶּדֶק אִתָּנוּ

angel-fish /ˈeɪndʒ(ə)l-fɪʃ/ n. (דָּג) סְקָלֶרִי, מַלְאַךְ מְשֻׁשָּׁן

angelic /ænˈdʒelɪk/ adj.

1 (sweet-tempered) "מַלְאָכִי", כְּמוֹ מַלְאָךְ (בְּמַרְאֶה אוֹ בְּאֹפִי)

2 (of or like angels) מַלְאָכִי, שֶׁל מַלְאָךְ

angelica /ænˈdezlɪkə/ n. מִין צֶמַח (מְסֻכָּר) הַמְשַׁמֵּשׁ בַּאֲפִיָּה וְכַד׳

angelus /ˈændʒələs/ n. (*Relig.*) תְּפִלַּת אַנְגֶ׳לוּס; פַּעֲמוֹן הַקּוֹרֵא לִתְפִלַּת אַנְגֶ׳לוּס (בַּכְּנֵסִיָּה הָרוֹמִית קָתוֹלִית)

anger /ˈæŋgə(r)/ n. רֹגֶז, כַּעַס, זַעַם

—v.t. הִרְגִּיז, הִכְעִיס

angina /ænˈdʒaɪnə/ n.

angina pectoris אַנְגִּינָה פֶּקְטוֹרִיס, תְּעוּקַת־לֵב

angle[1] /ˈæŋg(ə)l/ n.

1 (corner, inclination; magnitude of this, *Geom.*) זָוִית; פִּנָּה

angle bracket זָוִית (רְצוּעַת מַתֶּכֶת בְּצוּרַת "ר" לְחִבּוּר קְרָשִׁים וְכַד׳ בְּזָוִית)

angle iron בַּרְזֶל־זָוִית (פַּס בַּרְזֶל שֶׁחֲתָךְ הָרֹחַב שֶׁלּוֹ בְּצוּרַת "ר")

□ *the cars were parked at an angle to the pavement* הַמְּכוֹנִיּוֹת חָנוּ בְּזָוִית לַמִּדְרָכָה

2 (point of view) נְקֻדַּת־מַבָּט, נְקֻדַּת־הַשְׁקָפָה, זָוִית־רְאִיָּה

—v.t. & i. (usu. *derog.*) הִטָּה (דְּבַר מָה) בְּזָוִית; "תִּקֵּן", "שִׁפֵּץ" (מֵידָע וְכַד׳); נָטָה בְּזָוִית

□ *this reporter angles the news according to his own ideas* הַכַּתָּב הַזֶּה "מְשַׁפֵּץ" אֶת הַחֲדָשׁוֹת בְּהֶתְאֵם לְדֵעוֹת שֶׁלּוֹ

angle[2] /ˈæŋg(ə)l/ v.i. דָּג בְּחַכָּה, דָּג דָּגִים (בְּחַכָּה)

□ *he's been angling for an invitation for years* הוּא מְנַסֶּה "לָצוּד" הַזְמָנָה בְּמֶשֶׁךְ שָׁנִים, הוּא מְחַזֵּר אַחֲרֵי הַזְמָנָה זֶה שָׁנִים

angler /ˈæŋglə(r)/ n. דַּיָּג (הַדָּג בְּחַכָּה)

Anglican /ˈæŋglɪkən/ adj. & n. (*Relig.*) אַנְגְּלִיקָנִי; חָבֵר בַּכְּנֵסִיָּה הָאַנְגְּלִיקָנִית

Anglicanism /ˈæŋglɪkənɪzəm/ n. (*Relig.*) אַנְגְּלִיקָנִיּוּת (הִשְׁתַּיְּכוּת כַּנַּ"ל)

Anglicism /ˈæŋglɪsɪzəm/ n. בִּטּוּי (אוֹ מַשְׁמָעוּת) שֶׁמְּקוֹרוֹ בַּשָּׂפָה הָאַנְגְּלִית, אַנְגְּלִיצִיזְם

anglicize /ˈæŋglɪsaɪz/ v.t. הָפַךְ לְאַנְגְּלִי (בַּחֲזוּת, בְּצְלִיל, בְּאֹפִי וְכַד׳)

angling /ˈæŋglɪŋ/ n. דַּיִג בְּחַכָּה

Anglo- /ˈæŋgləʊ-/ pref. אַנְגְּלוֹ־, (תְּחִלִּית שֶׁפֵּרוּשָׁהּ) אַנְגְּלִי בְּרִיטִי

Anglo-American /ˌæŋgləʊ-əˈmerɪkən/ adj. & n. אַנְגְּלוֹ־אֲמֶרִיקָאִי, אַנְגְּלִי־אֲמֶרִיקָאִי

Anglo-Catholic /ˌæŋgləʊ-ˈkæθəlɪk/ adj. & n. אַנְגְּלִי־קָתוֹלִי

Anglo-Indian /ˌæŋgləʊ-ˈɪndɪən/ adj. & n. בְּרִיטִי־הֹדִּי; אָדָם בְּרִיטִי (מִמּוֹצָא) הֹדִּי

Anglophile /ˈæŋgləʊfaɪl/ n. & adj. אַנְגְּלוֹפִיל, שׁוֹחֵר אַנְגְּלִים וְתַרְבּוּתָם

Anglophobe /ˈæŋgləʊfəʊb/ n. אַנְגְּלוֹפוֹבּ, שׂוֹנֵא אַנְגְּלִים וְתַרְבּוּתָם

Anglophobia /ˌæŋgləʊˈfəʊbɪə/ n. אַנְגְּלוֹפוֹבְּיָה, שִׂנְאַת אַנְגְּלִים

Anglophone /ˈæŋgləʊfəʊn/ n. אָדָם דּוֹבֵר־אַנְגְּלִית

Anglo-Saxon /ˌæŋgləʊ-ˈsæks(ə)n/ adj. & n. אַנְגְּלוֹ־סַקְסוֹנִי (הַשַּׁיָּךְ לְאַנְגְּלִיָּה בַּתְּקוּפָה שֶׁבֵּין הַמֵּאָה ה־5 לַסְּפִירָה ו־1066); אַנְגְּלוֹ־סַקְסִי (שֶׁמּוֹצָאוֹ מִתַּרְבּוּת דּוֹבֶרֶת אַנְגְּלִית); אָדָם אַנְגְּלוֹ־סַקְסוֹנִי, הַשָּׂפָה הָאַנְגְּלוֹ־סַקְסוֹנִית (הַקְּדוּמָה)

angora /æŋˈgɔːrə/ n.

1 (cat, goat, or rabbit) אַנְגּוֹרָה (חָתוּל, עֵז אוֹ אַרְנֶבֶת רַכֵּי שֵׂעָר)

2 (material made from rabbit's wool) אַנְגּוֹרָה; אָרִיג עָשׂוּי צֶמֶר אַנְגּוֹרָה

angostura /ˌæŋgəˈstjʊərə/ n. אַנְגּוֹסְטוּרָה (תַּרְכִּיז צְמָחִים מַר לְתִבּוּל מַשְׁקָאוֹת אַלְכּוֹהוֹלִיִּים)

Angostura Bitters (*Prop.*) אַנְגּוֹסְטוּרָה (כַּנַּ"ל)

angry /ˈæŋgrɪ/ adj.

1 (enraged) רוֹגֵז, כּוֹעֵס, זוֹעֵם

2 (inflamed, painful, stormy) (פֶּצַע) דַּלַּקְתִּי וְכוֹאֵב; (רָקִיעַ) קוֹדֵר

angst /æŋst/ n. "אַנְגְּסְט", רֶגֶשׁ חֲרָדָה

angstrom /ˈæŋstrɒm/ n. (also **angström**) אַנְגְּסְטְרוֹם (יְחִידַת־אֹרֶךְ זְעִירָה, 10^{-10} מֶטֶר, לִמְדִידַת אָרְכֵּי־גַל וְכַד׳)

anguish /ˈæŋgwɪʃ/ n. יִסּוּרִים (בְּיִחוּד נַפְשִׁיִּים), עֱנוּת, מְצוּקָה (נַפְשִׁית)

anguished /ˈæŋgwɪʃt/ adj. מְיֻסָּר (קוֹל, מַבָּט וְכַד׳)

angular /ˈæŋgjʊlə(r)/ adj.

1 (having angles) זָוִיתִי

2 (lean, bony) גַּרְמִי, כָּחוּשׁ, נֻקְשֶׁה; חַד (לְתֵאוּר פָּנִים וְכַד׳)

angularity /ˌæŋgjʊˈlærɪtɪ/ n. זָוִיתִיּוּת; גַּרְמִיּוּת

anhydrous /ˌænˈhaɪdrəs/ adj. (*Chem.*) נְטוּל־מַיִם (בְּעִקָּר בְּכִימְיָה; לְלֹא מַיִם לְהִתְגַּבְּשׁוּת)

aniline /ˈænɪliːn/ n. אָנִילִין (חֹמֶר כִּימִי הַמְשַׁמֵּשׁ בְּתַעֲשִׂיַּת צְבָעִים, תַּכְשִׁירִים רְפוּאִיִּים וּמוּצְרֵי פְּלַסְטִיקָה)

animadversion /ˌænɪmædˈvɜːʃ(ə)n/ n. (*formal*) בִּקֹּרֶת, דִּיּוּן בִּקָּרְתִּי

animadvert /ˌænɪmædˈvɜːt/ v.i. (*formal*) הִצְלִיף בְּמִלִּים, מָתַח בִּקֹּרֶת

□ *he animadverted upon the views of the speaker* הוּא מָתַח בִּקֹּרֶת עַל דֵּעוֹת הַדּוֹבֵר

animal /ˈænɪm(ə)l/ n.

1 (living thing, not a plant) בַּעַל־חַיִּים, חַי, חַיָּה

animal husbandry גִּדּוּל בַּעֲלֵי חַיִּים לְחַקְלָאוּת

the animal kingdom מַמְלֶכֶת הַחַי, עוֹלַם הַחַי

□ *a politician without ambition? There is no such animal* (*colloq.*) פּוֹלִיטִיקַאי בְּלִי אַמְבִּיצְיוֹת? אֵין חַיָּה כָּזֹאת

□ *man is a social animal* הָאָדָם הוּא יְצוּר חֶבְרָתִי

2 (brutish person) ״בְּהֵמָה״ פֶּרֶא־אָדָם, ״חַיָּה״

□ *he's an animal when he's drunk* הוּא נַעֲשֶׂה חַיָּה כְּשֶׁהוּא שָׁתוּי

—adj.

1 (of animals) שֶׁל חַיָּה, שֶׁל בַּעֲלֵי חַיִּים

animal magnetism כָּרִיזְמָה, כֹּחַ מְשִׁיכָה חַיָּתִי; מֶסְמֶרִיזְם

2 (carnal, physical) חַיָּתִי

animate /ˈænɪmət/ adj. חַי (בְּנִגּוּד לְדוֹמֵם); מָלֵא רוּחַ חַיִּים, עֵר

—v.t. /ˈænɪmeɪt/

1 (give life to; enliven) הֶחֱיָה, עוֹרֵר לַחַיִּים, נָפַח רוּחַ חַיִּים בְּ...

animated cartoon סֶרֶט מְצֻיָּר, סֶרֶט הַנְפָּשָׁה

2 (inspire, influence) עוֹרֵר (לִפְעֻלָּה), הֵנִיעַ, הִלְהִיב, שִׁלְהֵב

animated /ˈænɪmeɪtɪd/ adj. מָלֵא חַיִּים, נִלְהָב, עֵרָנִי

□ *there was an animated discussion about art* הִתְקַיֵּם וִכּוּחַ עֵר בְּנוֹשֵׂא אָמָּנוּת

animation /ˌænɪˈmeɪʃ(ə)n/ n.

1 (being alive; vivacity) עֵרָנוּת, הִתְרַגְּשׁוּת

2 (film technique) אָנִימַצְיָה, הַנְפָּשָׁה

animism /ˈænɪˈmɪzəm/ n. (*Relig.*) אָנִימִיזְם (הָאֱמוּנָה שֶׁלְּכָל חֵפֶץ, צֶמַח וְחַי בָּעוֹלָם יֵשׁ נֶפֶשׁ)

animist /ˈænɪmɪst/ n. (*Relig.*) אָנִימִיסְט (מַחֲזִיק בְּדֵעוֹת הַנַּ״ל)

animosity /ˌænɪˈmɒsɪtɪ/ n. אֵיבָה, עוֹיְנוּת, טִינָה

animus /ˈænɪməs/ n. אֵיבָה, עוֹיְנוּת, טִינָה

anion /ˈænˌaɪən/ n. (*Phys.*) אַנְיוֹן (יוֹן שְׁלִילִי)

anise /ˈænɪs/ n. אָנִיס, כַּמְנוֹן (צֶמַח שֶׁזַּרְעָיו מְשַׁמְּשִׁים כְּתַבְלִין)

aniseed /ˈænɪsiːd/ n. (גַּרְגִּירִים שֶׁל) אָנִיס, כַּמְנוֹן (כַּנַּ״ל)

ankle /ˈæŋk(ə)l/ n. קַרְסֹל

ankle socks גַּרְבֵּי קַרְסֹל (גַּרְבַּיִם קְצָרִים, עַד הַקַּרְסֹל בִּלְבַד)

anklet /ˈæŋklɪt/ n. עֶכֶס, עֲדִי לְקִשּׁוּט הַקַּרְסֹל

annalist /ˈænəlɪst/ n. (*formal*) כּוֹתֵב דִּבְרֵי־הַיָּמִים, הִיסְטוֹרְיוֹן, רוֹשֵׁם הַמְּאֹרָעוֹת

annals /ˈænəlz/n.pl. (*formal*) דִּבְרֵי־הַיָּמִים, תּוֹלָדוֹת, קוֹרוֹת

annatto /əˈnætəʊ/ n. צֶבַע־מַאֲכָל כְּתֹם־צָהֹב

anneal /əˈniːl/ v.t. רִפָּה, הִרְפָּה (זְכוּכִית, פְּלָדָה וְכַד׳, בְּמַטָּרָה לְהַקְשׁוֹת אֶת הַחֹמֶר)

annex /əˈneks/ v.t. סִפֵּחַ (שֶׁטַח אֲדָמָה וְכַד׳); צֵרֵף, חִבֵּר, הוֹסִיף

—n. /ˈæneks/ see **ANNEXE**

annexation /ˌænekˈseɪʃ(ə)n/ n. סִפּוּחַ (שֶׁל אֲדָמָה, אֶרֶץ וְכַד׳); צֵרוּף, חִבּוּר

annexe /ˈæneks/ n. (also **annex**)

1 (addition to building) אֲגַף (תּוֹסֶפֶת לְבִנְיָן קַיָּם), שְׁלוּחָה

2 (addition to document) נִסְפָּח, סֶפַח

annihilate /əˈnaɪəleɪt/ v.t. הִשְׁמִיד, חִסֵּל, הִכְחִיד

annihilation /əˌnaɪəˈleɪʃ(ə)n/ n. הַשְׁמָדָה, חִסּוּל, הַכְחָדָה

anniversary /ˌænɪˈvɜːsərɪ/ n. יוֹם הַשָּׁנָה, יוֹם הַזִּכָּרוֹן, יוֹבֵל

Anno Domini /ˈænəʊ ˈdɒmɪnaɪ/ adv. (abbrev. **AD**) לִסְפִירַת הַנּוֹצְרִים (לְמִנְיָן שֶׁלְּאַחַר הֻלֶּדֶת יֵשׁוּ)

annotate /ˈænəteɪt/ v.t. כָּתַב הֶעָרוֹת־הֶסְבֵּר, פֵּרֵשׁ, בֵּאֵר (בְּהֶעָרוֹת)

annotation /ˌænəˈteɪʃ(ə)n/ n. הֶעָרוֹת הֶסְבֵּר, פֵּרוּשׁ, בֵּאוּר (בְּהֶעָרוֹת)

announce /əˈnaʊns/ v.t. הִכְרִיז, בִּשֵּׂר

□ *I announced their arrival* (*or that they had arrived*) הִכְרַזְתִּי עַל בּוֹאָם

announcement /əˈnaʊnsmənt/ n. הוֹדָעָה, הַכְרָזָה

□ *did you see the announcement of their wedding in the paper?* הַאִם רָאִיתָ אֶת הַהוֹדָעָה עַל נִשּׂוּאֵיהֶם בָּעִתּוֹן?

announcer /əˈnaʊnsə(r)/ n. קַרְיָן, מַנְחֶה (בָּרַדְיוֹ, בַּטֶּלֶוִיזְיָה)

annoy /əˈnɔɪ/ v.t. עִצְבֵּן, הִטְרִיד, הֵצִיק לְ..., צִעֵר

□ *I am annoyed with you for being late* אֲנִי כּוֹעֵס עָלֶיךָ עַל כָּךְ שֶׁאֵחַרְתָּ

annoyance /əˈnɔɪəns/ n.

1 (irritation) הַטְרָדָה, הֲצָקָה

2 (cause of this) מַטְרִיד, דָּבָר מֵצִיק

annual /ˈænjʊəl/ adj. (אֵרוּעַ) שְׁנָתִי; שֶׁנִּמְשָׁךְ שָׁנָה אַחַת בִּלְבַד
annual general meeting אֲסֵפָה כְּלָלִית שְׁנָתִית
annual ring "טַבַּעַת" בַּחֲתַךְ גֶּזַע־עֵץ
—n.
1 (book) שְׁנָתוֹן
2 (plant) צֶמַח חַד־שְׁנָתִי

annually /ˈænjʊəlɪ/ adv. מִדֵּי שָׁנָה; אַחַת לְשָׁנָה

annuity /əˈnjuːɪtɪ/ n. קִצְבָּה שְׁנָתִית

annul /əˈnʌl/ v.t. בִּטֵּל, הִכְרִיז עַל (חוֹזֶה, נִשּׂוּאִין וְכַד׳) כְּבָטֵל וּמְבֻטָּל

annular /ˈænjʊlə(r)/ adj. טַבַּעְתִּי, דְּמוּי־טַבַּעַת

annulment /əˈnʌlmənt/ n. בִּטּוּל, שִׂימַת־קֵץ (לְתָקְפּוֹ שֶׁל חוֹזֶה, הֶסְכֵּם וְכַד׳)

Annunciation /əˌnʌnsɪˈeɪʃ(ə)n/ n. (*Relig.*) הַבְּשׂוֹרָה (שֶׁל הַמַּלְאָךְ גַּבְרִיאֵל לְמִרְיָם, כִּי הִיא תִּהְיֶה אִמּוֹ שֶׁל יֵשׁוּ); חַג הַבְּשׂוֹרָה (הַנַּ"ל, בְּ־25 בְּמָארְס)

anode /ˈænəʊd/ n. אָנוֹדָה, אֶלֶקְטְרוֹדָה חִיּוּבִית שֶׁל סוֹלְלָה

anodize /ˈænədaɪz/ n. צִפָּה (אֲלוּמִינְיוּם וְכַד׳) בְּשִׁכְבַת מָגֵן בְּתַהֲלִיךְ חַשְׁמַלִּי־כִּימִי

anodyne /ˈænədaɪn/ adj. & n. נֵיטְרָלִי, לֹא מְסֻכָּן; סַם מְשַׁכֵּךְ כְּאֵבִים

anoint /əˈnɔɪnt/ v.t. מָשַׁח, סָךְ, יָצַק שֶׁמֶן עַל, קִדֵּשׁ (בְּטֶקֶס דָּתִי ע״י מְשִׁיחָה בְּשֶׁמֶן)

anomalous /əˈnɒmələs/ adj. חָרִיג, לֹא תַּקִּין, לֹא סָדִיר, אֲנוֹמָלִי

anomaly /əˈnɒməlɪ/ n. חֲרִיגָה, סְטִיָּה, אֲנוֹמַלְיָה

anomie /ˈænəmɪ/ n. (also **anomy**) אֲנוֹמְיָה (הֶעְדֵּר עֲרָכִים מוּסָרִיִּים)

Anon. /əˈnɒn/ abbrev. of **anonymous** (מְחַבֵּר) אַלְמוֹנִי

anon /əˈnɒn/ adv. (*arch.*) בְּקָרוֹב
□ *see you anon!* לְהִתְרָאוֹת בְּקָרוֹב!

anonymity /ˌænəˈnɪmɪtɪ/ n. אַלְמוֹנִיּוּת, עֲלוּם־שֵׁם, אֲנוֹנִימִיּוּת

anonymous /əˈnɒnɪməs/ adj.
1 (of unknown name of authorship) אַלְמוֹנִי, עֲלוּם־שֵׁם, אֲנוֹנִימִי
2 (having no features of interest) אֲנוֹנִימִי

anopheles /əˈnɒfɪliːz/ n. (*Zool.*) אָנוֹפֶלֶס, יַתּוּשׁ־הַקַּדַּחַת

anorak /ˈænəræk/ n. מְעִיל עִם בַּרְדָּס

anorexia /ˌænəˈreksɪə/ n. אָנוֹרֶקְסְיָה (הַפְרָעָה נַפְשִׁית הַגּוֹרֶמֶת לְהִמָּנְעוּת מֵאֲכִילָה); אָבְדַן תֵּאָבוֹן
anorexia nervosa אָנוֹרֶקְסְיָה נֶרְווֹזָה

anorexic /ˌænəˈreksɪk/ n. & adj. (also **anorectic** /ˌænəˈrektɪk/) אָדָם אָנוֹרֶקְטִי; אָנוֹרֶקְטִי

another /əˈnʌðə(r)/ adj. & pron.
1 (additional) נוֹסָף, עוֹד
□ *this boy may turn out to be another Einstein* יֶלֶד זֶה עָשׂוּי לְהִתְגַּלּוֹת כְּאַיְנְשְׁטַיְן חָדָשׁ
□ *in another ten years I'll have finished* בְּעוֹד עֶשֶׂר שָׁנִים אֲנִי אֲסַיֵּם
2 (different) אַחֵר
□ *ask me again another time!* שְׁאַל אוֹתִי שׁוּב פַּעַם אַחֶרֶת!
□ *that's quite another matter* זֶהוּ עִנְיָן אַחֵר לְגַמְרֵי
□ *taking one thing with another* כְּשֶׁמְּבִיאִים בְּחֶשְׁבּוֹן אֶת הַכֹּל
□ *they thanked one another* הֵם הוֹדוּ זֶה לָזֶה

answer /ˈɑːnsə(r)/ v.t.
1 (reply to; act in response to) הֵשִׁיב לְ..., עָנָה לְ...
answering machine מַזְכִּירָה אֶלֶקְטְרוֹנִית, מְשִׁיבוֹן
□ *I'll answer the door* אֲנִי אֶפְתַּח אֶת הַדֶּלֶת
□ *could you answer the phone?* הֲתוּכַל לַעֲנוֹת לַטֶּלֶפוֹן? הֲתוּכַל לְהָרִים אֶת הַטֶּלֶפוֹן?
2 (be satisfactory for) עָנָה עַל, הִתְאִים לְ...
—v.i.
1 (reply, respond) עָנָה, הֵשִׁיב
□ *when your father tells you off, don't answer back!* כְּשֶׁאָבִיךָ נוֹזֵף בְּךָ, אַל תִּתְוַכַּח/אַל תַּעֲנֶה!
□ *you will answer to me for your conduct* אַתָּה תִּצְטָרֵךְ לָתֵת לְפָנַי דִּין וְחֶשְׁבּוֹן עַל הִתְנַהֲגוּתְךָ
□ *he answers to the name of Alex* קוֹרְאִים לוֹ אָלֶקְס; הוּא עוֹנֶה לַשֵּׁם אָלֶקְס
2 **answer to** (correspond with) הִתְאִים לְ..., עָנָה לַצְּרָכִים שֶׁל
□ *the man you saw answers to the description of the wanted man* הָאִישׁ שֶׁרָאִיתָ מַתְאִים לְתֵאוּר הָאִישׁ הַמְבֻקָּשׁ
—n.
1 (reply) תְּשׁוּבָה, מַעֲנֶה
□ *in answer to a question from the audience, the speaker said . . .* בִּתְשׁוּבָה לִשְׁאֵלָה מִן הַקָּהָל אָמַר הַנּוֹאֵם...
□ *some people seem to think they know* (or *have*) *all the answers* יֵשׁ אֲנָשִׁים שֶׁחוֹשְׁבִים שֶׁהֵם יוֹדְעִים אֶת הַכֹּל
2 (solution) פִּתְרוֹן, תְּשׁוּבָה (לִבְעָיָה וְכַד׳)

answerable /ˈɑːsərəb(ə)l/ adj. חַיָּב לָתֵת דִּין וְחֶשְׁבּוֹן
□ *he's answerable to the general* הוּא חַיָּב לָתֵת דִּין וְחֶשְׁבּוֹן בִּפְנֵי הַגֶּנֶרָל
□ *I am answerable for my own behaviour* אֲנִי אַחֲרַאי עַל הַהִתְנַהֲגוּת שֶׁלִּי

ant /ænt/ n. נְמָלָה

antacid /æntˈæsɪd/ n. & adj חֹמֶר נוֹגֵד־חֻמְצָה; נוֹגֵד חֻמְצָה

antagonism /ænˈtægənɪzəm/ n. אַנְטָגוֹנִיזְם; הִתְנַגְּדוּת, עוֹיְנוּת

antagonist /ænˈtægənɪst/ n.
1 (*opponent*) אַנְטָגוֹנִיסְט, מִתְנַגֵּד, יָרִיב

2 (*Biol.*) חֹמֶר נוֹגֵד

antagonistic /æn͵tægəˈnɪstɪk/ adj. מִתְנַגֵּד, מְנַגֵּד, נוֹגֵד, סוֹתֵר

antagonize /ænˈtægənaɪz/ v.t. הֵקִים עָלָיו (אֶת פְּלוֹנִי) כְּיָרִיב, עוֹרֵר אֶת רָגְזוֹ שֶׁל...

antarctic /ænˈtɑːktɪk/ adj. שֶׁל אֵזוֹר הַקֹּטֶב־הַדְּרוֹמִי, אַנְטָאַרְקְטִי

the Antarctic אַנְטַרְקְטִיקָה, אֵזוֹר הַקֹּטֶב־הַדְּרוֹמִי

ante /ˈæntɪ/ n. (בְּמִשְׂחַק פּוֹקֶר) דְּמֵי הַהִמּוּר

ante- /ˈæntɪ-/ pref. (תְּחִלִּית שֶׁפֵּרוּשָׁהּ) טֶרוֹם־, קֹדֶם

anteater /ˈæntiːtə(r)/ n. אוֹכֵל־נְמָלִים, דֹּב־נְמָלִים

antecedence /͵æntɪˈsiːdəns/ n. קְדִימוּת (בַּחֲשִׁיבוּת, בִּזְמַן)

antecedent /͵æntɪˈsiːd(ə)nt/ adj. קוֹדֵם, מַקְדִּים (כַּנַּ"ל)

—n.

1 (preceding thing) מְאֹרָע מַקְדִּים דָּבָר קוֹדֵם

2 (in *pl.*, background, ancestry, past career) מוֹצָא מִשְׁפַּחְתִּי, רֶקַע, עָבָר

3 (*Gram.*) זוֹקֵק, קוֹדְמָן (בְּתַחְבִּיר: שֵׁם־עֶצֶם שֶׁנִּרְמָז עָלָיו בְּכִנּוּי אוֹ בְּתֹאַר הַבָּאִים בְּהֶמְשֵׁךְ הַמִּשְׁפָּט)

antechamber /ˈæntɪtʃeɪmbə(r)/ n. מָבוֹא, חֲדַר־מָבוֹא, חֲדַר־הַמְתָּנָה

antedate /͵æntɪˈdeɪt/ v.t.

1 (come before in time) קָדַם בִּזְמַן לְ...

2 (date before true or actual date) רָשַׁם (עַל מִכְתָּב, מִסְמָךְ, הַמְחָאָה) תַּאֲרִיךְ מֻקְדָּם מִן הַתַּאֲרִיךְ הַנָּכוֹן; תֵּאֲרֵךְ בְּמוֹעֵד מֻקְדָּם מִדַּי (מְאֹרָע)

antediluvian /͵æntɪdɪˈluːvɪən/ adj. (*joc.*) "מִימֵי הַמַּבּוּל", "מִימֵי מְתוּשֶׁלַח", מִשְּׁנַת "תַּרְפַּפּוּ"

antelope /ˈæntɪləʊp/ n. אַנְטִילוֹפָּה (סוּג שֶׁל צְבִי אַפְרִיקָנִי)

antenatal /͵æntɪˈneɪt(ə)l/ adj. שֶׁלִּפְנֵי־הַלֵּדָה

antenna /ænˈtenə/ n.

1 (*pl.* **antennae,** *Zool.*) מָשׁוֹשׁ, מַחוֹשׁ

2 (*pl.* **antennas**, aerial) אַנְטֶנָּה

anterior /ænˈtɪərɪə(r)/ adj. (*formal*) קֹדֶם (בְּמָקוֹם אוֹ בִּזְמַן); קִדְמִי

ante-room /ˈæntɪ-ruːm/ n. מָבוֹא; חֲדַר־הַמְתָּנָה

anthem /ˈænθəm/ n. מִזְמוֹר כְּנֵסִיָּתִי, הִמְנוֹן

national anthem הִמְנוֹן לְאֻמִּי

anther /ˈænθə(r)/ n. (*Bot.*) מַאֲבָק, רֹאשׁ הָאַבְקָן (חֶלְקוֹ הָעֶלְיוֹן שֶׁל הָאַבְקָן שֶׁבַּפֶּרַח, הַמֵּכִיל אֶת שַׂקֵּי הָאַבְקָה)

anthill /ˈænthɪl/ n. תֵּל־נְמָלִים

anthology /ænˈθɒlədʒɪ/ n. אַנְתּוֹלוֹגְיָה, מִבְחַר סִפְרוּתִי, לֶקֶט סִפְרוּתִי

anthracite /ˈænθrəsaɪt/ n. אַנְטְרָצִיט פַּחְמֵי־אֶבֶן (הַבּוֹעֲרִים כִּמְעַט לְלֹא עָשָׁן)

anthrax /ˈænθræks/ n. פַּחֶמֶת (מַחֲלַת צֹאן וּבָקָר מְדַבֶּקֶת, הַפּוֹגַעַת גַּם בִּבְנֵי אָדָם)

anthropocentric /͵ænθrəpəˈsentrɪk/ adj. אַנְתְּרוֹפּוֹצֶנְטְרִי (שֶׁבּוֹ הָאָדָם בְּמֶרְכַּז הַיְקוּם, כַּמַּטָּרָה הַסּוֹפִית)

anthropoid /ˈænθrəpɔɪd/ adj. & n. דְּמוּי־אָדָם; קוֹף־אָדָם (גּוֹרִילָה, שִׁימְפַּנְזָה וְכַד')

anthropological /͵ænθrəpəˈlɒdʒɪk(ə)l/ adj. אַנְתְּרוֹפּוֹלוֹגִי

anthropologist /͵ænθrəˈpɒlədʒɪst/ n. אַנְתְּרוֹפּוֹלוֹג

anthropology /͵ænθrəˈpɒlədʒɪ/ n. אַנְתְּרוֹפּוֹלוֹגְיָה (חֵקֶר תַּרְבִּיּוֹת הָאָדָם)

anthropomorphic /͵ænθrəpəˈmɔːfɪk/ adj. אַנְתְּרוֹפּוֹמוֹרְפִי (בַּעַל צוּרַת אָדָם)

anthropomorphism /͵ænθrəpəˈmɔːfɪzəm/ n. אַנְתְּרוֹפּוֹמוֹרְפִיזְם

anti /ˈæntɪ/ prep. אַנְטִי, נֶגֶד

anti- /ˈæntɪ-/ pref. אַנְטִי־, (תְּחִלִּית שֶׁפֵּרוּשָׁהּ) נֶגֶד־

anti-aircraft /͵æntɪ-ˈeəkrɑːft/ adj. נֶגֶד־מְטוֹסִים, נ"מ

antibiotic /͵æntɪbaɪˈɒtɪk/ n. & adj. תְּרוּפָה אַנְטִיבִּיּוֹטִית; אַנְטִיבִּיּוֹטִי

antibody /ˈæntɪbɒdɪ/ n. נוֹגְדָן (חֹמֶר חֶלְבּוֹנִי בַּדָּם, הַתּוֹקֵף וּמֵגֵן בִּפְנֵי אַנְטִיגֶנִים)

antic /ˈæntɪk/ n. (usu. *pl.*) הַעֲוָיָה, תְּנוּעָה מְגֻחֶכֶת; תַּעֲלוּל

Antichrist /ˈæntɪkraɪst/ n. אַנְטִיכְרִיסְט (בְּאֶסְכָטוֹלוֹגְיָה הַנּוֹצְרִית: אוֹיְבוֹ שֶׁל יֵשׁוּ שֶׁיּוֹפִיעַ בְּאַחֲרִית־הַיָּמִים)

anticipate /ænˈtɪsɪpeɪt/ v.t. & i.

1 (expect) קִוָּה לְ..., צִפָּה לְ...

2 (prepare for expected event) צִפָּה מֵרֹאשׁ וְקִדֵּם (אֶת פְּנֵי הָרָעָה), מָנַע

3 (use or deal with before the right time) הִשְׁתַּמֵּשׁ בְּ... לִפְנֵי הַמּוֹעֵד הַנָּכוֹן, הִקְדִּים לְהִשְׁתַּמֵּשׁ בְּ...

anticipation /æn͵tɪsɪˈpeɪʃ(ə)n/ n. צִפִּיָּה, תִּקְוָה; צְפִיָּה מֵרֹאשׁ

□ *thanking you in anticipation* (*formal*) בְּתוֹדָה מֵרֹאשׁ

anticipatory /æn͵tɪsɪˈpeɪtərɪ/ adj. (*formal*) מַקְדִּים; מֻקְדָּם (מִתּוֹךְ צִפִּיָּה מֵרֹאשׁ)

anticlerical /͵æntɪˈklerɪk(ə)l/ adj. אַנְטִיקְלֶרִיקָלִי, מִתְנַגֵּד לַכְּנֵסִיָּה, לְמוֹסְדוֹתֶיהָ וְלִכְלֵי־קֹדֶשׁ שֶׁלָּהּ

anticlimax /͵æntɪˈklaɪmæks/ n. שֵׁפֶל שֶׁלְּאַחַר הַשִּׂיא, סִיּוּם תָּפֵל וּמְאַכְזֵב, "אַנְטִיקְלִימַקְס"

anticlockwise /͵æntɪˈklɒkwaɪz/ adv. & adj. נֶגֶד כִּוּוּן מְחוֹגֵי־הַשָּׁעוֹן

anticyclone /͵æntɪˈsaɪkləʊn/ n. (*Meteor.*) אַנְטִי צִיקְלוֹן (אֵזוֹר לַחַץ בָּרוֹמֶטְרִי גָּבוֹהַּ וּבוֹ מֶזֶג אֲוִיר יַצִּיב), רָמָה בָּרוֹמֶטְרִית

anti-depressant /͵æntɪdɪˈpres(ə)nt/ n. & adj. סַם נֶגֶד דִּכָּאוֹן; נֶגֶד דִּכָּאוֹן

antidote /ˈæntɪdəʊt/ n. סַם־נֶגֶד, תְּרוּפָה נֶגֶד הַרְעָלָה, אַנְטִידוֹט

antifreeze /ˈæntɪfriːz/ n. "אַנְטִיפְרִיז" (חֹמֶר מוֹנֵעַ־קְפִיאָה שֶׁמּוֹסִיפִים לְנוֹזֵל־הָרַדְיָאטוֹר בִּמְכוֹנִית)

antigen /ˈæntɪdʒən/ n. אַנְטִיגֶן (חֹמֶר זָר הֶעָלוּל לִגְרֹם נֵזֶק לַגּוּף וּמְעוֹרֵר יְצִירַת נוֹגְדָנִים בַּדָּם)

anti-hero /ˈæntɪ-hɪərəʊ/ n. (*pl.*-**heroes**) (בַּסִּפְרוּת וּבַדְּרָאמָה) אַנְטִי־גִּבּוֹר

antihistamine /ˌæntɪˈhɪstəmi:n/ n. אַנְטִי הִיסְטָמִין (תְּרוּפָה לִמְנִיעַת סִימְפְּטוֹמִים אַלֶּרְגִּיִּים)

antiknock /ˌæntɪˈnok/ n. חֹמֶר מוֹנֵעַ "דְּפִיקוֹת", חֹמֶר מוֹנֵעַ "צִלְצוּלִים" (בְּמָנוֹעַ מְכוֹנִית)

antilogarithm /ˌæntɪˈlogərɪðəm/ n. (abbrev. **antilog**, *Math.*) אַנְטִילוֹגָרִיתְם

antimacassar /ˌæntɪməˈkæsə(r)/ n. צִפּוּי (כִּסּוּי קָטָן לְמִסְעַד הַכּוּרְסָה, לַהֲגָנָה בִּפְנֵי כִּתְמֵי שֶׁמֶן שֵׂעָר)

antimatter /ˈæntɪˌmætə(r)/ n. (*Phys.*) אַנְטִי־חֹמֶר

antimony /ˈæntɪmənɪ/ n. אַנְטִימוֹן (יְסוֹד מַתַּכְתִּי לְבַן־כְּחַלְחַל)

antioxident /ˌæntɪˈɒksɪd(ə)nt/ n. חֹמֶר מוֹנֵעַ חִמְצוּן

antiparticle /ˌæntɪˈpɑ:tɪk(ə)l/ n. (*Phys.*) אַנְטִי־חֶלְקִיק (חֶלְקִיק יְסוֹדִי בַּעַל מַסָּה שָׁוָה לְחֶלְקִיק נָתוּן אֲבָל בַּעַל מִטְעָן נוֹגֵד לוֹ)

antipathetic /ˌæntipəˈθetɪk/ adj. מִתְנַגֵּד בַּחֲרִיפוּת

antipathy /ænˈtɪpəθɪ/ n. סְלִידָה, אַנְטִיפַּתְיָה

anti-personnel /ˌæntɪ-ˌpɜ:səˈnel/ adj. (*Mil.*) נֶגֶד־אָדָם (מוֹקֵשׁ וְכַד׳)

antiperspirant /ˌæntɪˈpɜ:spɪrənt/ n. & adj. תַּכְשִׁיר מוֹנֵעַ־זֵעָה; מוֹנֵעַ זֵעָה

antipodean /ænˌtɪpəˈdɪən/ adj. אוֹסְטְרַלִי, נְיוּ־זִילַנְדִּי (לְעִתִּים בְּהוּמוֹר)

antipodes /ænˈtɪpədi:z/ n.pl. אוֹסְטְרַלְיָה, נְיוּ־זִילַנְד (לָרֹב בְּהוּמוֹר, נֶאֱמָר עַל יְדֵי תּוֹשָׁבֵי חֲצִי הַכַּדּוּר הַצְּפוֹנִי)

antipollution /ˌæntɪpəˈlu:ʃ(ə)n/ adj. נֶגֶד זִהוּם

antiquarian /ˌæntɪˈkweərɪən/ adj. & n. שֶׁל עַתִּיקוֹת; סוֹחֵר עַתִּיקוֹת; חוֹקֵר עַתִּיקוֹת

antiquary /ˈæntɪkwərɪ/ n. אַסְפָן עַתִּיקוֹת; סוֹחֵר עַתִּיקוֹת; חוֹקֵר עַתִּיקוֹת

antiquated /ˈæntɪkweɪtɪd/ adj. מְיֻשָּׁן, שֶׁאָבַד עָלָיו הַכֶּלַח

antique /ænˈti:k/ adj. עַתִּיק, יָשָׁן־נוֹשָׁן

—n. עַתִּיקָה, יְצִירַת אֳמָנוּת עַתִּיקָה, חֵפֶץ עַתִּיק

antique shop חֲנוּת לְמִמְכַּר עַתִּיקוֹת

antiquity /ænˈtɪkwɪtɪ/ n.

1 (ancient times) יְמֵי־קֶדֶם, הָעֵת־הָעַתִּיקָה

2 (great age) עַתִּיקוּת

□ *she showed us a vase of great antiquity* הִיא הֶרְאֲתָה לָנוּ כַּד מִתְּקוּפָה עַתִּיקָה בְּיוֹתֵר

3 (in *pl.*, relics of ancient times) עַתִּיקוֹת

anti-Semite /ˌæntɪ-ˈsi:maɪt/ n. אָדָם אַנְטִישֵׁמִי

anti-Semitic /ˌæntɪ-sɪˈmɪtɪk/ adj. אַנְטִישֵׁמִי

anti-Semitism /ˌæntɪ-ˈsemɪtɪzəm/ n. אַנְטִישֵׁמִיּוּת

antiseptic /ˌæntɪˈseptɪk/ adj. אַנְטִיסֶפְּטִי, מְחַטֵּא; (בְּהַשְׁאָלָה) "סְטֶרִילִי" (כְּלוֹמַר חֲסַר עִנְיָן וְכַד׳)

—n. חֹמֶר אַנְטִיסֶפְּטִי, חֹמֶר מְחַטֵּא

antisocial /ˌæntɪˈsəʊʃ(ə)l/ adj. אַנְטִי־חֶבְרָתִי (עוֹיֵן וּפוֹגֵעַ); לֹא חֶבְרוּתִי

antistatic /ˌæntɪˈstætɪk/ adj. אַנְטִי סְטָטִי (נוֹגֵד אֶת פְּעֻלַּת הַחַשְׁמַל הַסְּטָטִי)

antitank /ˌæntɪˈtæŋk/ adj. (נֶשֶׁק) נֶגֶד טַנְקִים, נ"ט, אַנְטִיטַנְקִי

antithesis /ænˈtɪθəsɪs/ n. (*pl.*-**theses**)

1 (opposite) אַנְטִיתֶזָה, נִגּוּד

2 (opposition, contrast) אַנְטִיתֶזָה, נִגּוּד

antithetical /ˌæntɪˈθetɪk(ə)l/ adj. מְנֻגָּד, נוֹגֵד, סוֹתֵר

antitoxin /ˌæntɪˈtoksɪn/ n. אַנְטִי־טוֹקְסִין, רַעֲלָן נֶגְדִּי (חֹמֶר, בְּעִקָּר נְסִיּוּב מִבַּעֲלֵי חַיִּים, הַמְבַטֵּל הַשְׁפָּעַת הָרַעֲלָן בַּגּוּף)

antitrust /ˌæntɪˈtrʌst/ adj. (*US*) לִמְנִיעַת מוֹנוֹפּוֹלִין (שֶׁל חֶבְרוֹת־הוֹן גְּדוֹלוֹת), לִמְנִיעַת קַרְטֶלִים

antler /ˈæntlə(r)/ n. קֶרֶן־צְבִי

ant-lion /ˈænt-ˌlaɪən/ n. אֲרִינָמָל (חֶרֶק טוֹרֵף)

antonym /ˈæntənɪm/ n. אַנְטוֹנִים, הֵפֶךְ (מִלָּה בַּעֲלַת מַשְׁמָעוּת הֲפוּכָה לְמִלָּה נְתוּנָה)

anus /ˈeɪnəs/ n. פִּי־הַטַּבַּעַת

anvil /ˈænvɪl/ n.

1 (block used in working metal) סַדָּן

2 (*Anat.*) עֶצֶם־הַסַּדָּן (עֶצֶם בָּאֹזֶן)

anxiety /æŋˈzaɪətɪ/ n. חֲרָדָה, דְּאָגָה, חֲשָׁשׁ

□ *her illness was a source of great anxiety* מַחֲלָתָהּ הָיְתָה מְקוֹר לִדְאָגָה רַבָּה

anxious /ˈæŋkʃəs/ adj. חָרֵד, חוֹשֵׁשׁ, מֻדְאָג; לָהוּט, מִשְׁתּוֹקֵק

□ *I'm anxious about her health* אֲנִי חוֹשֵׁשׁ לִבְרִיאוּתָהּ, בְּרִיאוּתָהּ מַדְאִיגָה אוֹתִי

□ *we spent an anxious hour waiting outside the operating theatre* שָׁעָה שֶׁל חֲרָדָה עָבְרָה עָלֵינוּ מִחוּץ לַחֲדַר־הַנִּתּוּחַ

□ *he was anxious to please* הוּא עָשָׂה כְּמֵיטַב יְכָלְתּוֹ לַעֲנוֹת עַל הַדְּרִישׁוֹת

□ *I am anxious to see you* אֲנִי צָרִיךְ לִרְאוֹת אוֹתְךָ

any /ˈenɪ/ adj.

1 (with interrogatives, negatives or conditionals)

any more יוֹתֵר, עוֹד

□ *(did you have) any luck?* הִצְלַחְתָּ? הָיָה לְךָ מַזָּל? הָלַךְ לְךָ?

□ *there is little if any hope of success* אֵין אוֹ כִּמְעַט שֶׁאֵין סִכּוּי לְהַצְלָחָה

□ *we didn't stay at the party for any length of time* לֹא נִשְׁאַרְנוּ שָׁעָה אֲרֻכָּה בַּמְּסִבָּה

2 (a significant amount of; a very large)

□ *I have hardly any money left* כִּמְעַט שֶׁלֹּא נִשְׁאַר לִי כֶּסֶף

□ *she has any amount of friends* יֵשׁ לָהּ הָמוֹן יְדִידִים

3 (whichever) כָּלְשֶׁהוּ

in any case (or **event**) בְּכָל מִקְרֶה, מַה שֶּׁלֹּא יִהְיֶה

□ *you'll be welcome any time (you come)* אַתָּה תָּמִיד מְזֻמָּן, בּוֹא בְּכָל זְמַן שֶׁתִּרְצֶה

□ *he'll be here any minute now* הוּא צָרִיךְ לָבוֹא בְּכָל רֶגַע

□ *well, he got his passport back at any rate* טוֹב, לְפָחוֹת קִבֵּל בַּחֲזָרָה אֶת הַדַּרְכּוֹן שֶׁלּוֹ

□ *any old thing will do* כָּל מַה שֶּׁלֹּא יִהְיֶה יַתְאִים לָזֶה

□ *I just slap the paint on any old how* (*colloq.*) אֲנִי סְתָם מוֹרֵחַ צֶבַע אֵיךְ שֶׁלֹּא יִהְיֶה

—pron.

□ *any more for any more?* (*colloq.*) מִישֶׁהוּ רוֹצֶה עוֹד?

□ *have you met any of my family?* הַאִם פָּגַשְׁתָּ מִישֶׁהוּ מִבְּנֵי מִשְׁפַּחְתִּי?

□ *she's not having any (of it)* (*colloq.*) הִיא לֹא מוּכָנָה לְקַבֵּל אֶת זֶה

□ *is there any left?* נִשְׁאַר עוֹד מַשֶּׁהוּ (מִן הָאֹכֶל)?

—adv.

□ *the business isn't doing any too well* (*colloq.*) הָעֵסֶק לֹא הוֹלֵךְ מִי־יוֹדֵעַ־מָה

□ *I listened for an hour without being any the wiser* הִקְשַׁבְתִּי בְּמֶשֶׁךְ שָׁעָה וְלֹא הֶחְכַּמְתִּי כְּלָל

□ *is this coat any good to you?* יֵשׁ לְךָ מַה לַּעֲשׂוֹת עִם הַמְּעִיל הַזֶּה?

anybody /ˈenɪbɒdɪ/ n. & pron. (also **anyone**)

1 (with interrogatives, negatives, or conditionals) מִישֶׁהוּ

□ *is there anyone at home?* הַאִם מִישֶׁהוּ נִמְצָא בַּבַּיִת?

2 (no matter who, whatever person) כָּל אֶחָד, כָּל אָדָם; כָּל מִי (שֶׁ...)

□ *it was anybody's game until the fifth set* עַד הַסֶּט הַחֲמִישִׁי הַכֹּל הָיָה פָּתוּחַ

□ *it's anybody's guess how she will react* אִי־אֶפְשָׁר לָדַעַת מַה תִּהְיֶה הַתְּגוּבָה שֶׁלָּהּ

□ *he's not just anybody; he's the President's nephew* הוּא לֹא סְתָם מִישֶׁהוּ; הַנָּשִׂיא הוּא הַדּוֹד שֶׁלּוֹ

3 (a person of importance) "מִישֶׁהוּ"

□ *he'll never be anybody, I'm afraid* אֲנִי חוֹשֵׁשׁ שֶׁהוּא לֹא יִהְיֶה אַף פַּעַם "מִישֶׁהוּ"

anyhow /ˈenɪhaʊ/ adv.

1 (anyway, in any case) בְּכָל זֹאת, מִכָּל מָקוֹם

□ *he had to stay up all night, but he passed the exam anyhow* הָיָה עָלָיו לְהִשָּׁאֵר עֵר כָּל הַלַּיְלָה, אֲבָל בְּכָל זֹאת הוּא עָבַר אֶת הַבְּחִינָה

2 (haphazardly) סְתָם כָּךְ

□ *the books were piled up just anyhow* הַסְּפָרִים הָיוּ מֻנָּחִים סְתָם כָּךְ בַּעֲרֵמָה

anyone /ˈenɪwʌn/ see **ANYBODY**

anyplace /ˈenɪpleɪs/ (*US*) see **ANYWHERE**

anything /ˈenɪθɪŋ/ n. & pron.

1 (with interrogatives, negatives, & conditionals) מַשֶּׁהוּ

□ *if she's anything like her sister, we'll be glad to take her on* אִם הִיא דּוֹמָה לַאֲחוֹתָהּ נִשְׂמַח לְקַבֵּל אוֹתָהּ

□ *do you see anything of the other veterans these days?* הַאִם נִזְדַּמֵּן לְךָ לִפְגֹּשׁ מִישֶׁהוּ מֵחֲבוּרַת הַוָּתִיקִים לָאַחֲרוֹנָה?

□ *actually, if anything, her English is worse than her Spanish* אִם כְּבָר אָז הָאַנְגְּלִית שֶׁלָּהּ גְּרוּעָה עוֹד יוֹתֵר מֵהַסְּפָרַדִּית שֶׁלָּהּ

2 (any object, act, event) כָּל דָּבָר, הַכֹּל

□ *anything goes in this school now there is no discipline* אֵין שׁוּם חֻקִּים בְּבֵית הַסֵּפֶר הַזֶּה עַכְשָׁו, אֵין בִּכְלָל מִשְׁמַעַת בְּבֵית הַסֵּפֶר הַזֶּה כָּעֵת

□ *anything but that!* הַכֹּל, אֲבָל רַק לֹא זֶה! רַק לֹא זֶה!

□ *he's anything but stupid* הוּא בִּכְלָל לֹא טִפֵּשׁ

3 like anything (*colloq.*) מַשֶּׁהוּ לֹא נוֹרְמָלִי, בִּמְהִירוּת מְטֹרֶפֶת, בְּכֹחַ עָצוּם

□ *I tried like anything to convince him to come back home* נִסִּיתִי בְּכָל הַכֹּחַ לְשַׁכְנֵעַ אוֹתוֹ לַחֲזוֹר הַבַּיְתָה

anyway /ˈenɪweɪ/ adv.

1 (in any way or manner) אֵיךְ שֶׁ..., בְּכָל דֶּרֶךְ שֶׁ...

□ *you can do it anyway you like* אַתָּה יָכוֹל לַעֲשׂוֹת זֹאת אֵיךְ שֶׁאַתָּה רוֹצֶה

2 (at any rate, in any case) בְּכָל מִקְרֶה, מִכָּל מָקוֹם

3 (to resume a conversation) אֵיךְ שֶׁלֹּא יִהְיֶה, מִכָּל מָקוֹם

□ *anyway, as I was saying, we must be careful* מִכָּל מָקוֹם, כְּפִי שֶׁאָמַרְתִּי, עָלֵינוּ לְהִזָּהֵר

anywhere /ˈenɪweə(r)/ adv. & pron. also (*US*) **anyplace** בְּכָל מָקוֹם; לְכָל מָקוֹם; בְּאֵיזֶה מָקוֹם שֶׁהוּא; לְכָל מָקוֹם שֶׁהוּא

□ *is there anywhere I can sleep?* הַאִם יֵשׁ מָקוֹם שֶׁבּוֹ אֲנִי יָכוֹל לִישֹׁן?

□ *that excuse won't get you anywhere* הַתֵּרוּץ הַזֶּה לֹא יַעֲזֹר לְךָ

□ *anywhere from 20 to 60 guests could come* בֵּין 20 לְ־60 אוֹרְחִים עֲשׂוּיִים לָבוֹא

Anzac /ˈænzæk/ n.

Anzac Day (*Austral. & NZ*) יוֹם הַזִּכָּרוֹן לִגְדוּדִים הָאוֹסְטְרָלִיִּים וְהַנְּיוּ־זִילַנְדִּיִּים (בְּ־25 בְּאַפְּרִיל, לְצִיּוּן הַנְּחִיתָה בְּגָלִיפּוֹלִי בְּ־1915)

aorist /ˈeərɪst/ n. & adj. (*Gram.*) אָאוֹרִיסְט (זְמַן עָבָר פָּשׁוּט, בְּעִקָּר בְּדִקְדּוּק קְלָסִי)

aorta /eɪˈɔːtə/ n. (*Anat.*) אַב־הָעוֹרְקִים

apace /əˈpeɪs/ adv. (*formal*) חִישׁ־מַהֵר, בִּמְהִירוּת

Apache /əˈpætʃɪ/ n. אַפָּאשִׁי (בֶּן שֵׁבֶט אִינְדִיאָנִי; בְּפָּרִיס) בִּרְיוֹן, פִּרְחָח אַלִּים

apart /əˈpɑːt/ adv.
1 (distant, separately; to one side) בְּרִחוּק, בְּנִפְרָד, בְּנִבְדָּל
□ *we lived 20 kilometres apart* גַּרְנוּ בְּמֶרְחָק 20 קִילוֹמֶטְרִים זֶה מִזֶּה
□ *apart from his honesty, there is little to commend him* חוּץ מִיָּשְׁרוֹ קָשֶׁה לְהַפְלִיג בְּשִׁבְחוֹ
□ *quite apart from the noise, the heat is intolerable* לְבַד מִן הָרַעַשׁ, הַחֹם קָשֶׁה מִנְּשׂוֹא
□ *a few minor flaws apart, this article is excellent* פְּרָט לְכַמָּה פְּגָמִים קַלִּים, זֶהוּ מַאֲמָר מְצֻיָּן
□ *joking apart, let's really think about the matter* צְחוֹק בַּצַּד, אֲבָל בּוֹא וּנְנַסֶּה לַחְשֹׁב עַל הַדָּבָר
□ *the bureaucrats became a race apart* הַבִּירוֹקְרָטִים נַעֲשׂוּ גֶּזַע בִּפְנֵי עַצְמוֹ
□ *this wing of the church is set apart for private prayer* אֲגַף זֶה שֶׁל הַכְּנֵסִיָּה שָׁמוּר לִתְפִלָּה בְּיְחִידוּת
□ *the twins are so alike, it's very hard to tell them apart* הַתְּאוֹמִים דּוֹמִים כָּל־כָּךְ שֶׁקָּשֶׁה לְהַבְדִּיל בֵּינֵיהֶם
2 (in pieces) בַּחֲתִיכוֹת, לִרְסִיסִים
□ *the vase came apart in my hands* הַכַּד נִשְׁבַּר לִרְסִיסִים בְּיָדַי
□ *she'll tear me apart when she sees what I've done to the car* הִיא תַּהֲרֹג אוֹתִי כְּשֶׁתִּרְאֶה מָה עָשִׂיתִי לַמְּכוֹנִית
□ *the police took the house apart* (*colloq.*) הַמִּשְׁטָרָה הָפְכָה אֶת הַבַּיִת
□ *the examiner took him apart* (*colloq.*) הַבּוֹחֵן קָטַל אוֹתוֹ לְגַמְרֵי, הַבּוֹחֵן "עָשָׂה מִמֶּנּוּ קְצִיצוֹת"
□ *the bookcase can be taken apart* (*colloq.*) אֶפְשָׁר לְפָרֵק אֶת הַכּוֹנָנִית

apartheid /əˈpɑːthaɪt, ɑˈpɑːtheɪt/ n. אַפַּרְטְהַיְד (הַפְרָדָה גִּזְעִית בִּדְרָא"פ)

apartment /əˈpɑːtment/ n.
1 (flat, *US*) דִּירָה
apartment house (*US*) בֵּית־דִּירוֹת
2 (room; in *pl.*, set of rooms) חֶדֶר

apathetic /ˌæpəˈθetɪk/ adj. אָדִישׁ, אַפָּתִי

apathy /ˈæpəθɪ/ n אַפַּתְיָה, אֲדִישׁוּת

ape /eɪp/ n קוֹף חֲסַר זָנָב (גּוֹרִילָה, שִׁימְפַּנְזָה וְכַד'); קוֹף (מִכָּל סוּג)
—v.t. (*derog.*) חִקָּה (כְּמוֹ קוֹף)

aperient /əˈpɪərɪənt/ adj. & n. (*formal*) מְשַׁלְשֵׁל; סַם מְשַׁלְשֵׁל

aperitif /əˈperɪtiːf/ n. אַפֶּרִיטִיף (מַשְׁקֶה חָרִיף לִפְנֵי הָאֲרוּחָה)

aperture /ˈæpətʃə(r)/ n.
1 (opening, *formal*) פֶּתַח, אֶשְׁנָב
2 (*Photog.*) מִפְתַּח־הַצַּמְצָם, "צַמְצָם", חָרִיר

APEX /ˈeɪpeks/ n. כַּרְטִיס טִיסָה בִּמְחִיר מוּזָל אַךְ מְזֻמָּן מֵרֹאשׁ

apex /ˈeɪpeks/ n.
1 (peak; highest point) שִׂיא
2 (*Geom.*) קָדְקֹד

aphasia /əˈfeɪzɪə/ n. (*Med.*) אָפַּאזְיָה, לְאַיִת (פְּגִיעָה בְּכֹשֶׁר הַדִּבּוּר אוֹ בַּהֲבָנַת שָׂפָה בְּשֶׁל פְּגִיעָה מֹחִית)

aphid /ˈeɪfɪd/ n. כְּנִימַת־עָלִים

aphorism /ˈæfərɪzəm/ n. אָפוֹרִיזְם, מִכְתָּם, פִּתְגָּם, אִמְרַת־כָּנָף

aphrodisiac /ˌæfrəˈdɪzɪæk/ n. "שִׁקּוּי־אַהֲבָה", סַם מְעוֹרֵר תְּשׁוּקָה מִינִית

apiary /ˈeɪpɪərɪ/ n. חַוַּת דְּבוֹרִים, כַּוֶּרֶת

apiculture /ˈəɪpɪkʌltʃə(r)/ n. כַּוְּרָנוּת, גִּדּוּל־דְּבוֹרִים

apiece /əˈpiːs/ adv. כָּל אֶחָד, הָאֶחָד, לְכָל־אֶחָד בְּנִפְרָד
□ *we had two slices apiece* לְקַחְנוּ שְׁתֵּי פְּרוּסוֹת כָּל אֶחָד

aplenty /əˈplentɪ/ adv. (*formal*) בְּשֶׁפַע

aplomb /əˈplom/ n. בִּטָּחוֹן עַצְמִי שׁוֹפֵעַ (בְּמַצָּב מֵסֵיהִים)

apocalypse /əpokəlɪps/ n. אַפּוֹקָלִיפְּסָה (חֻרְבַּן הָעוֹלָם, גַּם בְּהַשְׁאָלָה)
the Apocalypse חֲזוֹן יוֹחָנָן (בַּבְּרִית הַחֲדָשָׁה)

apocalyptic /əˌpokəˈlɪptɪk/ adj. אַפּוֹקָלִיפְּטִי (הַמְנַבֵּא חֻרְבָּן)

Apocrypha /əˈpokrɪfə/ n. pl. (*Relig.*) הַסְּפָרִים הַחִיצוֹנִים

apocryphal /əˈpokrɪf(ə)l/ adj. (סִפּוּר, עֲלִילָה) נָפוֹץ אַךְ מוּטָל בְּסָפֵק
□ *the anecdote is probably apocryphal* סָבִיר שֶׁהָאֲנֶקְדוֹטָה אֵינֶנָּה אֲמִתִּית

apogee /ˈæpədʒiː/ n. (*formal*) פִּסְגָּה; שִׂיא הַמֶּרְחָק (שֶׁל גֶּרֶם שְׁמֵימִי) מִכַּדּוּר הָאָרֶץ

apolitical /ˌeɪpəˈlɪtɪk(ə)l/ adj. אַ־פּוֹלִיטִי, חֲסַר זִקָּה פּוֹלִיטִית; שֶׁאֵינוֹ מִתְעַנְיֵן בְּפּוֹלִיטִיקָה

apologetic /əˌpoləˈdʒetɪk/ adj. אַפּוֹלוֹגֶטִי, מִצְטַדֵּק, מִתְנַצֵּל

apologetics /əˌpoləˈdʒetɪks/ n. אַפּוֹלוֹגֶטִיקָה, הִצְטַדְּקוּת, הִתְנַצְּלוּת

apologia /ˌæpəˈləʊdʒə/ n. (*formal*) אַפּוֹלוֹגְיָה, נְאוּם־הִתְגּוֹנְנוּת, כְּתַב־צִדּוּק

apologist /əˈpolədʒɪst/ n. (*formal*) מְלַמֵּד זְכוּת עַל...; עוֹשֶׂה־נְפָשׁוֹת (לֶאֱמוּנָה וְכַד')

apologize /əˈpolədʒaɪz/ v.i. הִתְנַצֵּל, הִצְטַדֵּק; הִבִּיעַ צַעַר (עַל...); הִבִּיעַ חֲרָטָה
□ *she apologized to her dancing partner for stepping on his toes* הִיא הִתְנַצְּלָה בִּפְנֵי בֶּן־הַזּוּג שֶׁלָּהּ לְרִקּוּד, עַל כָּךְ שֶׁדָּרְכָה עַל בְּהוֹנוֹתָיו

apology /əˈpolədʒɪ/ n.
1 (expression of regret; explanation) הִתְנַצְּלוּת, הַבָּעַת־צַעַר

□ *I make no apology for banning smoking in my kitchen* אֵין לִי שׁוּם כַּוָּנָה לְהִתְנַצֵּל עַל כָּךְ שֶׁאֲנִי לֹא מַרְשֶׁה לְעַשֵּׁן אֶצְלִי בַּמִּטְבָּח
□ *he attended the meeting, but his sister sent her apologies* הוּא הִשְׁתַּתֵּף בַּפְּגִישָׁה, אֲבָל אֲחוֹתוֹ שָׁלְחָה אֶת הִתְנַצְּלוּתָהּ
2 (a poor substitute) תַּחְלִיף אֻמְלָל
□ *it could only be described as an apology for a dinner* לָאֲרוּחָה הָיָה קָשֶׁה לִקְרֹא בְּשֵׁם אֲרוּחָה, הָיָה זֶה רַק תַּחְלִיף גָּרוּעַ לָאֲרוּחָה

apoplectic /ˌæpəˈplektɪk/ adj. (אָדָם) אָדֹם מֵחֵמָה; (זַעַם) בּוֹעֵר; שֶׁל שָׁבָץ, אָחוּז שָׁבָץ

apoplexy /ˈæpəpleksɪ/ n. שָׁבָץ, שְׁבַץ־הַלֵּב

apostasy əˈpostəsɪ/ n. (*formal*) כְּפִירָה; הִשְׁתַּמְּדוּת

apostate /əˈposteɪt/ n. & adj. (*formal*) כּוֹפֵר; מְשֻׁמָּד, מוּמָר

apostatize /əˈpostətaɪz/ v.i. (*formal*) כָּפַר, יָצָא לִשְׁמַד

a posteriori /ˌeɪ posterɪˈɔːrɪ/ adv. אַ־פּוֹסְטֶרְיוֹרִי, לְאַחַר־מַעֲשֶׂה, בְּדִיעֲבַד

apostle /əˈpos(ə)l/ n.
1 Apostle (*Relig.*) שָׁלִיחַ (אֶחָד מִ־12 שְׁלִיחָיו שֶׁל יֵשׁוּ)
2 (bringer of new ideas) מְבַשֵּׂר

apostolic /ˌæpəsˈtolɪk/ adj. (*Relig.*) אַפּוֹסְטוֹלִי, שֶׁל שְׁלִיחֵי יֵשׁוּ; שֶׁל הָאַפִּיפְיוֹר
apostolic succession שַׁלְשֶׁלֶת הָאַפִּיפְיוֹרִים

apostrophe /əˈ;ostrəfɪ/ n.
1 (punctuation mark) גֵּרֶשׁ, תָּג
2 (exclamatory passage in poem etc.) פְּנִיָּה אֶל דְּמוּת נֶעְדֶּרֶת

apostrophize /əˈpɒstrəfaɪz/ v.t. פָּנָה אֶל דְּמוּת נֶעְדֶּרֶת (בְּשִׁיר וְכַד׳)

apothecary /əˈpoθəkərɪ/ n. (*arch.*) רוֹקֵחַ

apotheosis /əˌpoθɪˈəʊsɪs/ n. (*pl.* **apotheoses**)
1 (raising a person or thing to state of highest glory) אַפּוֹתֵיאוֹזָה, הַאֲלָהָה
2 (perfect example, *formal*) שִׂיא (הַ...) הִתְגַּלְּמוּת (שֶׁל)

appal /əˈpɔːl/ v.t. (*US* **appall**) הֶחֱרִיד, הִבְעִית, הִבְהִיל, מִזְעֲזַע, דָּחָה (גָּרַם לְגֹעַל)
□ *I was appalled at the news* הַחֲדָשׁוֹת זִעְזְעוּ אוֹתִי

appalling /əˈpɔːlɪŋ/ adj. מַחֲרִיד, מַבְעִית; מְזַעְזֵעַ; דּוֹחֶה

apparatus /ˌæpəˈreɪtəs, ˈæpɑreɪtəs/ n. מִתְקָן, מַכְשִׁיר; מַעֲרֶכֶת (מוֹסָדִית), מַנְגָּנוֹן (מִנְהָלִי)
critical apparatus שִׁיטַת בִּקֹּרֶת, אֶמְצָעֵי בִּקֹּרֶת
□ *the Party apparatus will prevent his selection* הַמַּנְגָּנוֹן הַמִּפְלַגְתִּי יִמְנַע אֶת בְּחִירָתוֹ

apparel /əˈpær(ə)l/ n. (*formal*) לְבוּשׁ, מַלְבּוּשׁ

apparent /əˈpærənt/ adj.
1 (visible, perceivable) בָּרוּר, גָּלוּי, נִרְאֶה לָעַיִן
heir apparent יוֹרֵשׁ־עֶצֶר (שֶׁבְּכוֹרוּתוֹ בְּסֵדֶר הַיּוֹרְשִׁים אֵינָהּ נִתֶּנֶת לְעִרְעוּר)
2 (seeming) שֶׁלִּכְאוֹרָה, שֶׁלְּמַרְאִית־עַיִן, מִסְתַּבֵּר, נִרְאֶה

apparently /əˈpærəntlɪ/ adv. לִכְאוֹרָה, מִן הַסְּתָם, כִּמְדֻמֶּה, כַּנִּרְאֶה

apparition /ˌæpəˈrɪʃ(ə)n/ n. רוּחַ־רְפָאִים; הוֹפָעָה שֶׁל חֲזוֹן־שָׁוְא

appeal /əˈpiːl/ v.i.
1 (make earnest request) פָּנָה בְּבַקָּשָׁה, עָתַר לְ...
□ *I appealed to his sense of honour but to no avail* פָּנִיתִי אֶל רֶגֶשׁ הַכָּבוֹד שֶׁלּוֹ, אַךְ לְלֹא הוֹעִיל
□ *the prisoner will appeal against his sentence* הָאָסִיר יְעַרְעֵר/יַגִּישׁ עִרְעוּר עַל פְּסַק־דִּינוֹ
□ *the Prime Minister decided to appeal to the country* רֹאשׁ הַמֶּמְשָׁלָה הֶחְלִיט לִפְנוֹת אֶל הָעָם (בְּבַקָּשָׁה לִתְמִיכָה, לְאִשּׁוּר וְכַד׳)
2 (be attractive) מָשַׁךְ תְּשׂוּמֶת־לֵב, מָצָא חֵן
3 (*Law*) הִגִּישׁ עִרְעוּר
—n.
1 (call for help or arbitration, esp. in Law) קְרִיאָה לִתְמִיכָה, מַגְבִּית; קְרִיאָה לְעֶזְרָה; עִרְעוּר; בַּקָּשָׁה לְבוֹרְרוּת
2 (attraction) מְשִׁיכָה, כֹּחַ

appealing /əˈpiːlɪŋ/ adj. (רַעְיוֹן, אָדָם וְכַד׳) מוֹשֵׁךְ, מְצוֹדֵד

appear /əˈpɪə(r)/ v.i.
1 (come into view, be evident) נִגְלָה, הוֹפִיעַ, נִרְאָה
□ *he went on to even greater deeds, as will appear* הוּא הִגְדִּיל לַעֲשׂוֹת, כְּפִי שֶׁעוֹד יִתְבָּרֵר
2 (seem) דָּמָה, נִרְאָה
3 (present oneself publicly) הוֹפִיעַ (בַּצִּבּוּר, עַל בָּמָה וְכַד׳)
□ *she appeared as Juliet in the play* הִיא שִׂחֲקָה בְּתוֹר יוּלְיָה בַּמַּחֲזֶה
□ *a new edition will appear soon* מַהֲדוּרָה חֲדָשָׁה תֵּצֵא בְּקָרוֹב

appearance /əˈpɪərəns/ n.
1 (arrival, coming into view) הוֹפָעָה, הַגָּעָה
□ *I'd better put in* (or *make*) *an appearance at his boring party* מוּטָב שֶׁאַרְאֶה אֶת פָּנַי בַּמְּסִבָּה הַמְשַׁעֲמֶמֶת שֶׁלּוֹ
□ *that was the famous actor's first public appearance* זוֹ הָיְתָה הוֹפָעָתוֹ הַפֻּמְבִּית הָרִאשׁוֹנָה שֶׁל הַשַּׂחְקָן הַמְפֻרְסָם
2 (outside qualities of a person or thing) מַרְאֶה חִיצוֹנִי, הוֹפָעָה חִיצוֹנִית
□ *you shouldn't judge by appearances* אַל תִּשְׁפֹּט רַק לְפִי הַמַּרְאֶה, "אַל תִּסְתַּכֵּל בַּקַּנְקַן" (אֶלָּא בְּמַה שֶׁיֵּשׁ בּוֹ)
□ *the result had the appearance of being contrived* הַתּוֹצָאָה עָשְׂתָה רֹשֶׁם לֹא אֲמִתִּי
□ *to all appearances, he was a successful man* עַד כַּמָּה שֶׁנִּתָּן הָיָה לְהַבְחִין, הוּא הָיָה אִישׁ מַצְלִיחַ

□ *the family kept up appearances very successfully despite losing so much money* לַמְרוֹת שֶׁאָבְדוּ לַמִּשְׁפָּחָה כְּסָפִים רַבִּים הִיא הִצְלִיחָה לִשְׁמֹר עַל חָזוּת כְּבֶעָבַר

appease /əˈpiːz/ v.t. פִּיֵּס (בְּוִתּוּרִים)

appeasement /əˈpiːzmənt/ n. פִּיּוּס, פִּיְּסָנוּת

appellation /ˌæpəˈleɪʃ(ə)n/ n. (*formal*) כִּנּוּי, תֹּאַר, שֵׁם; מַעֲרֶכֶת שֵׁמוֹת, מַעֲרֶכֶת כִּנּוּיִים

append /əˈpend/ v.t. הוֹסִיף (בִּכְתָב אוֹ בִּדְפוּס), צֵרֵף (כְּנִסְפָּח); הִטְבִּיעַ (חוֹתָם)

appendage /əˈpendɪdʒ/ n. תּוֹסֶפֶת, יוֹתֶרֶת (פָּחוֹת חֲשׁוּבָה)

appendectomy /ˌæpenˈdektəmɪ/ n. (also **appendicectomy**) כְּרִיתַת הַתּוֹסֶפְתָּן, נִתּוּחַ־אַפֶּנְדִּיצִיט

apendicitis /əˌpendɪˈsaɪtɪs/ n. דַּלֶּקֶת הַתּוֹסֶפְתָּן, אַפֶּנְדִּיצִיט, אַפֶּנְדִּיצִיטִיס

appendix /əˈpendɪks/ n. (*pl.* **appendices**)

1 (*Anat.*) תּוֹסֶפְתָּן

2 (addition to book or document) נִסְפָּח (לְמִסְמָךְ, לְסֵפֶר וְכַד׳)

appertain /ˌæpəˈteɪn/ v.i. (*formal*) הָיָה קָשׁוּר לְ... הָיָה כָּרוּךְ בְּ..., הָיָה שַׁיָּךְ לְ...

□ *this document appertains to my client* מִסְמָךְ זֶה נוֹגֵעַ לְעִנְיָנוֹ שֶׁל מַרְשִׁי

appetite /ˈæpɪtaɪt/ n. תֵּאָבוֹן (גַּם בְּהַשְׁאָלָה)

appetizer /ˈæpɪtaɪzə(r)/ n. מְתַאֲבֵן (מַאֲכָל מְעוֹרֵר תֵּאָבוֹן, כְּמָנָה רִאשׁוֹנָה וְכַד׳)

appetizing /ˈæpɪtaɪzɪŋ/ adj. מְעוֹרֵר תֵּאָבוֹן

applaud /əˈplɔːd/ v.t. & i. הֵרִיעַ לְ..., מָחָא כַּפַּיִם לְ..., מָחָא כַּפַּיִם

□ *I applauded your actions, but I deplore your motives* אֲנִי מְשַׁבֵּחַ אֶת מַעֲשֶׂיךָ, אֲבָל אֲנִי מְגַנֶּה אֶת מְנִיעֶיךָ; מַעֲשֶׂיךָ יָפִים, אַךְ מְנִיעֶיךָ פְּסוּלִים

applause /əˈplɔːz/ n. תְּשׁוּאוֹת, מְחִיאוֹת־כַּפַּיִם

apple /ˈæp(ə)l/ n. תַּפּוּחַ

□ *he's an only child, and the apple of his mother's eye* הוּא בֵּן יָחִיד לְאִמּוֹ וּבָבַת־עֵינָהּ

applecart /ˈæp(ə)lkɑːt/ n.

□ *the rail strike really upset the holidaymakers' applecart* (*colloq.*) שְׁבִיתַת הָרַכָּבוֹת הָרְסָה אֶת תָּכְנִיּוֹת הַנּוֹפְשִׁים

applejack /ˈæp(ə)ldʒæk/ n. (*US*) מַשְׁקֶה אַלְכּוֹהוֹלִי חָרִיף הַמְּיֻצָּר מִתַּפּוּחִים

apple-pie /ˌæp(ə)l-ˈpaɪ/ n. פַּאי־תַּפּוּחִים

apple-pie order (*colloq.*) סֵדֶר מוֹפְתִי

□ *that tradition is as American as apple-pie* הַמָּסֹרֶת הַזּוּ יוֹתֵר אֲמֵרִיקָאִית מֵאֲמֵרִיקָאִית

appliance /əˈplaɪəns/ n. מַכְשִׁיר, כְּלִי, מִתְקָן (לָרֹב בֵּיתִי)

applicable /ˈæplɪkəb(ə)l/ adj. שָׁמִישׁ, כָּשִׁיר, יָשִׂים; מַתְאִים, הוֹלֵם

□ *delete where applicable* נָא לִמְחֹק בַּמָּקוֹם הַמַּתְאִים

applicant /ˈæplɪkənt/ n. מַגִּישׁ־בַּקָּשָׁה, מַגִּישׁ מֻעֲמָדוּת (לְמִשְׂרָה וְכַד׳), פּוֹנֶה (בְּבַקָּשָׁה)

application /ˌæplɪˈkeɪʃ(ə)n/ n.

1 (formal request) בַּקָּשָׁה, פְּנִיָּה

application form טֹפֶס־בַּקָּשָׁה, טֹפֶס־פְּנִיָּה

□ *my lawyer made an application for bail* עוֹרֵךְ הַדִּין שֶׁלִּי הִגִּישׁ בַּקָּשָׁה לְשִׁחְרוּר בְּעַרְבוּת

2 (putting an idea, rule etc. to use) יִשּׂוּם, הַפְעָלָה

□ *we discussed the application of his ideas to industry* דַּנּוּ בְּאֶפְשָׁרֻיּוֹת הַיִּשּׂוּם שֶׁל הָרַעְיוֹנוֹת שֶׁלּוֹ בַּתַּעֲשִׂיָּה

3 (act of applying ointment, paint, etc.) מְרִיחָה, מְשִׁיחָה

4 (concentration and effort) שַׁקְדָנוּת, מְסִירוּת

applicator /ˈæplɪkeɪtə(r)/ n. מַכְשִׁיר לִמְרִיחָה (שֶׁל דֶּבֶק, מִשְׁחָה וְכַד׳)

applied /əˈplaɪd/ adj. שִׁמּוּשִׁי

applied mathematics מָתֵמָטִיקָה שִׁמּוּשִׁית

appliqué /əˈpliːkeɪ/ n. & adj. אַפְּלִיקַצְיָה (קִשּׁוּט שֶׁל פִּסּוֹת בַּד צִבְעוֹנִיּוֹת תְּפוּרוֹת אֶל בַּד־רֶקַע)

apply /əˈplaɪ/ v.i.

1 (make formal request) הִגִּישׁ בַּקָּשָׁה, הִגִּישׁ פְּנִיָּה

□ *she applied for the job in writing* הִיא הִגִּישָׁה בַּקָּשָׁה בִּכְתָב לְהִתְקַבֵּל לָעֲבוֹדָה

□ *I'll apply to the university for a grant* אֲנִי אֶפְנֶה לָאוּנִיבֶרְסִיטָה בְּבַקָּשָׁה לְמִלְגָּה

2 (refer, be relevant) הָיָה שַׁיָּךְ (לְ...), נָגַע (לְ...)

□ *the special offer only applies to large bottles* הַהַצָּעָה הַמְּיֻחֶדֶת תְּקֵפָה רַק לְגַבֵּי בַּקְבּוּקִים גְּדוֹלִים

—v.t. יִשֵּׂם, הִפְעִיל (חֹק וְכַד׳); מָרַח

□ *they apply the rules very strictly* הֵם מְיַשְּׂמִים אֶת הַכְּלָלִים בְּחֻמְרָה רַבָּה

□ *she applied the ointment to his neck* הִיא מָרְחָה אֶת הַמִּשְׁחָה עַל צַוָּארוֹ

□ *I applied common sense to the problem* הִשְׁתַּמַּשְׁתִּי בְּהִגָּיוֹן פָּשׁוּט כְּדֵי לִפְתֹּר אֶת הַבְּעָיָה

□ *he applied the brakes* הוּא הִפְעִיל אֶת הַבְּלָמִים

—v.refl. שָׁקַד (עַל), הִתְמַסֵּר (לְ...)

□ *you must learn to apply yourself to your work* עָלֶיךָ לִלְמֹד, לִשְׁקֹד עַל מְלַאכְתְּךָ

appoint /əˈpɔɪnt/ v.t.

1 (assign to office) מִנָּה (לְתַפְקִיד)

2 (fix, decide; specify) קָבַע (זְמַן), הוֹעִיד

□ *he wasn't there at the appointed time* הוּא לֹא הָיָה שָׁם בַּשָּׁעָה הַיְּעוּדָה

appointed /əˈpɔɪntɪd/ adj. מְצֻיָּד

□ *this is a well-appointed office* זֶה מִשְׂרָד מְצֻיָּד כַּהֲלָכָה

appointee /əpɔɪnˈtiː/ n. אָדָם שֶׁמֻּנָּה/הִתְמַנָּה (לְתַפְקִיד), "מִנּוּי"

appointment /əˈpɔɪntmənt/ n.
1 (arranged meeting) פְּגִישָׁה, תּוֹר
□ *patients will be seen by appointment only* הַחוֹלִים מִתְקַבְּלִים רַק לְפִי תּוֹר מֵרֹאשׁ
□ *he broke one appointment in order to keep a more important one* הוּא וִתֵּר עַל פְּגִישָׁה אַחַת כְּדֵי לְהַגִּיעַ לְאַחֶרֶת חֲשׁוּבָה יוֹתֵר
2 (position or office; choosing someone for a position) מִשְׂרָה; מִנּוּי (לְתַפְקִיד)
by appointment to the Queen (*formal*) עַל פִּי מִנּוּי מְיֻחָד לַמַּלְכָּה
3 (in *pl.*, furniture or fittings) רָהִיטִים, צִיּוּד, רִהוּט

apportion /əˈpɔːʃ(ə)n/ v.t. חִלֵּק, הִקְצָה, הִקְצִיב

apposite /ˈæpəzɪt/ adj. (*formal*) מַתְאִים, הוֹלֵם, יָאֶה

apposition /ˌæpəˈzɪʃ(ə)n/ n. (*Gram.*) תְּמוּרָה, אַפּוֹזִיצְיָה
in apposition to (מְשַׁמֵּשׁ) כִּתְמוּרָה לְ...

appraisal /əˈpreɪz(ə)l/ n. (*formal*) הַעֲרָכָה, אֻמְדָּן

appraise /əˈpreɪz/ v.t. (*formal*) הֶעֱרִיךְ, אָמַד

appreciable /əˈpriːʃəb(ə)l/ adj. נִכָּר; רָאוּי לְהוֹקָרָה

appreciate /əˈpriːʃɪeɪt/ v.t.
1 (judge value of, enjoy) הֶחְשִׁיב, הֶעֱרִיךְ
□ *I appreciate your kindness* אֲנִי מַעֲרִיךְ אֶת נְדִיבוּתְךָ
2 (understand) הֵבִין, הֶעֱרִיךְ
□ *she appreciated the difficulty of the task* (or *that the task was difficult*) הִיא הֵבִינָה אֶת קֹשִׁי הַמְּשִׂימָה
—v.i. עָלָה בְּעֶרְכּוֹ (מְנָיוֹת, נִכְסֵי דְּלָא־נָיְדֵי וְכַד'...)

appreciation /əˌpriːʃɪˈeɪʃ(ə)n/ n.
1 (grateful recognition) הַעֲרָכָה, תּוֹדָה
2 (understanding, grasp) הֲבָנָה, הַעֲרָכָה נְכוֹנָה
3 (rise in value) עֲלִיָּה בְּעֵרֶךְ (שֶׁל נֶכֶס וְכַד')
4 (favourable review etc.) הַעֲרָכָה (שֶׁל חִבּוּר וְכַד')

appreciative /əˈpriːʃətɪv/ adj. רוֹחֵשׁ הוֹקָרָה, מַבִּיעַ הַעֲרָכָה; מֵבִין מַעֲרִיךְ נְכוֹנָה (עֵרֶךְ, מַרְכָּבוֹת וְכַד')

apprehend /ˌæprɪˈhend/ v.t. (*formal*)
1 (understand) הֵבִין, הִשִּׂיג, תָּפַס
2 (seize, arrest) תָּפַס, לָכַד, עָצַר
□ *the police apprehended the criminal* הַמִּשְׁטָרָה הִצְלִיחָה לִלְכֹּד אֶת הָעֲבַרְיָן

apprehension /ˌæprɪˈhenʃ(ə)n/ n.
1 (anxiety) חֲשָׁשׁ, חֲרָדָה
2 (understanding, *formal*) הֲבָנָה, קְלִיטָה (שֶׁל נוֹשֵׂא וְכַד')
3 (arrest, *formal*) מַעֲצָר, עֲצִירָה

apprehensive /ˌæprɪˈhensɪv/ adj. חוֹשֵׁשׁ־לַבָּאוֹת, מֻדְאָג

apprentice /əˈprentɪs/ n. שׁוּלְיָה, חָנִיךְ, מִתְלַמֵּד
—v.t. עָשָׂה (אֶת פְּלוֹנִי) לְשׁוּלְיָה
□ *he was apprenticed to a master chef* הוּא נַעֲשָׂה שׁוּלְיָה לְשַׁף אֻמָּן

apprenticeship /əˈprentɪʃɪp/ n. תְּקוּפַת־חֲנִיכוּת, חֲנִיכָה, טִירוֹנוּת

apprise /əˈpraɪz/ v.t. (*formal*) הוֹדִיעַ לְ...

appro /ˈæprəʊ/ n. (*UK colloq.*)
on appro (לָקַח סְחוֹרָה) לִתְקוּפַת נִסָּיוֹן

approach /əˈprəʊtʃ/ v.t.
1 (come near to; ;approximate to) קָרַב לְ..., הִתְקָרֵב אֶל...; נִגַּשׁ לְ
□ *he's approaching fifty* הוּא מִתְקָרֵב לַחֲמִשִּׁים
□ *he felt something approaching fear as the car swerved* הוּא חָשׁ תְּחוּשָׁה קְרוֹבָה לְפַחַד בְּעֵת שֶׁהַמְּכוֹנִית הֶחֱלִיקָה
2 (make tentative proposal to) פָּנָה אֶל, נִגַּשׁ אֶל (בְּבַקָּשָׁה וְכַד')
□ *I felt ashamed to approach her with such a selfish request* חַשְׁתִּי בּוּשָׁה לָבוֹא אֵלֶיהָ בְּבַקָּשָׁה אָנֹכִית כָּל־כָּךְ
3 (consider, deal with) נִגַּשׁ אֶל, הִתְקָרֵב לְ...
□ *I wouldn't approach the problem from that angle at all* כְּלָל לֹא הָיִיתִי נִגָּשׁ לַבְּעָיָה מִכִּוּוּן זֶה
—v.i. הִתְקָרֵב
□ *winter is approaching* הַחֹרֶף מְמַשְׁמֵשׁ וּבָא, הַחֹרֶף מִתְקָרֵב
—n.
1 (access, means of access; way of tackling) גִּישָׁה (לִבְעָיָה וְכַד')
approach road (*UK*) כְּבִישׁ גִּישָׁה (לִכְבִישׁ רָאשִׁי)
□ *the eastern approaches to the town are well defended* הַמְּבוֹאוֹת הַמִּזְרָחִיִּים שֶׁל הָעִיר מוּגַנִּים יָפֶה
□ *a quantitative (line of) approach to sociology became widely adopted* הַגִּישָׁה הַקְּוַאנְטִיטָטִיבִית/הַכַּמּוּתִית לְסוֹצְיוֹלוֹגְיָה נַעֲשְׂתָה מְקֻבֶּלֶת בְּחוּגִים נִרְחָבִים
□ *our approach was uneventful, but a tyre burst on touchdown* הַגִּישָׁה לַנְּחִיתָה עָבְרָה לְלֹא אֵרוּעִים מְיֻחָדִים, אֲבָל אַחַד הַצְּמִיגִים הִתְפּוֹצֵץ בְּעֵת הַנְּחִיתָה עַצְמָהּ
2 (in *pl.*, advances) נִסְיוֹנוֹת חִזּוּר; גִּשּׁוּשִׁים (בְּמַגָּעִים עִסְקִיִּים)
□ *the woman was embarrassed by his approaches* הָאִשָּׁה נְבוֹכָה מִנִּסְיוֹנוֹת הַחִזּוּר שֶׁלּוֹ
□ *his approaches to the minister met with a rebuff* פְּנִיּוֹתָיו אֶל הַשַּׂר הוּשְׁבוּ רֵיקָם

approachable /əˈprəʊtʃəb(ə)l/ adj. בַּר־גִּישָׁה, נִתָּן־לְגִישָׁה, נָגִישׁ (אָדָם, מָקוֹם וְכַד')

approbation /ˌæprəˈbeɪʃ(ə)n/ n. (*formal*) אִשּׁוּר, גּוּשְׁפַּנְקָא

appropriate /əˈprəʊprɪət/ adj. מַתְאִים, הוֹלֵם, רָאוּי
□ *he made a few remarks appropriate to the occasion* הוּא אָמַר כַּמָּה מִלִּים הַהוֹלְמוֹת אֶת הַמְּאֹרָע
—v.t. /əˈprəʊprɪeɪt/ (*formal*)
1 (take possession of) נָטַל לְעַצְמוֹ, הִפְקִיעַ לִרְשׁוּתוֹ

2 (devote, put aside) הִקְדִּישׁ, יִחֵד, הִקְצָה (כֶּסֶף לְמַטָּרָה מְסֻיֶּמֶת וְכַד׳)

appropriation /əprəʊprɪˈeɪʃ(ə)n/ n. (*formal*) הַקְצָאָה (שֶׁל מַשְׁאַבִּים וְכַד׳)

appropriateness /əˈprəʊprɪətnɪs/ n. הַתְאָמָה

approval /əˈpruːv(ə)l/ n. הַסְכָּמָה, אִשּׁוּר

on approval (קִבֵּל סְחוֹרָה וְכַד׳) לִתְקוּפַת נִסָּיוֹן

approve /əˈpruːv/ v.t. & i. אִשֵּׁר, חִיֵּב; הִבִּיט בְּעַיִן יָפָה עַל

□ *your father doesn't approve of your smoking* לֹא מוֹצֵא חֵן בְּעֵינֵי אָבִיךָ שֶׁאַתָּה מְעַשֵּׁן

□ *the government approved the new road scheme* הַמֶּמְשָׁלָה אִשְּׁרָה אֶת הַתָּכְנִית הַחֲדָשָׁה

approving /əˈpruːvɪŋ/ adj. (מַבָּט; הַבָּעָה) שֶׁל אִשּׁוּר, שֶׁל חִיּוּב

approximate /adj. /əˈproksɪmɪt/ מְשֹׁעָר, קָרוֹב (בְּהַעֲרָכָה, בְּאֻמְדָּן)

–v.i. & t. /əˈproksɪmeɪt/ הָיָה בְּעֵרֶךְ; הֶעֱרִיךְ

□ *the money we collected approximates (to) $50* הַכֶּסֶף שֶׁאָסַפְנוּ מַגִּיעַ בְּעֵרֶךְ לְ־$50

approximately /əˈprɒksɪmətlɪ/ adv. בְּעֵרֶךְ, בְּהַעֲרָכָה, בְּאֻמְדָּן

approximation /əproksɪˈmeɪʃ(ə)n/ n. אֻמְדָּן, הַעֲרָכָה

appurtenance /əˈpɜːtɪnəns/ n. (usu. in pl., *formal*) אֲבִזָרִים, נִסְפָּחִים

après-ski /æpreɪˈskiː/ n. "אַפְּרֶה־סְקִי" (פְּעִילוּת חֶבְרָתִית בָּעֶרֶב, לְאַחַר סְקִי)

apricot /ˈeɪprɪkot/ n.

1 (tree; fruit) עֵץ מִשְׁמֵשׁ; מִשְׁמֵשׁ (פְּרִי)

2 (colour) צֶבַע מִשְׁמֵשׁ

April /ˈeɪprɪl/ n. אַפְּרִיל (הַחֹדֶשׁ הָרְבִיעִי שֶׁל הַשָּׁנָה הָאֶזְרָחִית)

April Fool! "אֶחָד בְּאַפְּרִיל!"

a priori /eɪ praɪɔːˈraɪ/ adv. & adj. אַ־פְּרִיוֹרִי, מִלְּכַתְּחִלָּה, מֵרֹאשׁ

apron /ˈeɪprən/ n.

1 (garment) סִינּוֹר, סִינָר

□ *her son is completely tied to her apron-strings* (*fig.*) הַבֵּן שֶׁלָּהּ נִסְרָח אַחֲרֵי סִינּוֹרָהּ (תָּלוּי בָּהּ לְגַמְרֵי)

2 apron stage בָּמָה מֻקֶּפֶת קָהָל

3 (area for moving aircraft, parking etc.) מִשְׁטָח טְעִינָה/פְּרִיקָה

apropos /æprəˈpəʊ/ prep., adv. & pred. adj. "אַפְּרוֹפּוֹ", דֶּרֶךְ אַגַּב

apropos of (*colloq.*) "אַפְּרוֹפּוֹ", דֶּרֶךְ־אַגַּב

apse /æps/ n. גֻּמְחָה מְקֻמֶּרֶת

apt /æpt/ adj.

1 (well-suited) מַתְאִים, הוֹלֵם

2 (liable, tending) עָשׂוּי; עָלוּל לְ... (לְהַבָּעַת שְׁלִילָה), עָשׂוּי לְ... (לְהַבָּעַת חִיּוּב)

□ *I'm apt to lose my temper in the theatre* אֲנִי עָלוּל לְהִתְרַגֵּז בַּתֵּיאַטְרוֹן

3 (quick at learning) מְהִיר־תְּפִיסָה

aptitude /ˈæptɪtjuːd/ n. כִּשְׁרוֹן (טִבְעִי אוֹ נִרְכָּשׁ); כֹּשֶׁר (מְיֻחָד); נְטִיָּה

aptitude test בְּחִינַת כִּשּׁוּרִים (לְמָשָׁל לִפְנֵי כְּנִיסָה לָאוּנִיבֶרְסִיטָה)

aqua- /ˈækwə-/ pref. אַקְוָה־, (תְּחִלִּית שֶׁפֵּרוּשָׁהּ) שֶׁל מַיִם

aqualung /ˈækwəlʌŋ/ n. מִתְקַן צְלִילָה (כּוֹלֵל בַּלּוֹן אֲוִיר דָּחוּס, צִנּוֹרוֹת וּוַסָּת)

aquamarine /ækwəməˈriːn/ n.

1 (gem) אֶבֶן חֵן כְּחַלְחַלָּה־יְרַקְרַקָּה

2 (colour) "אַקְוָמָרִין", צֶבַע כָּחֹל־יָרֹק

aquaplane /ˈækwəpleɪn/ n. & v.i. מִגְלַשׁ־מַיִם; עָשָׂה סְקִי־מַיִם; הֶחֱלִיק (עַל כְּבִישׁ רָטֹב)

□ *the road was streaming with water and the car started to aquaplane* הַדֶּרֶךְ הָיְתָה מוּצֶפֶת מַיִם וְהַמְּכוֹנִית הֵחֵלָּה לְהַחֲלִיק עַל פָּנֶיהָ

aquarelle /ækwəˈrel/ n. "אַקְוָרֶל", צִיּוּר בְּצֶבַע־מַיִם

aquarium /əˈkweərɪəm/ n. אַקְוַרְיוּם

Aquarius /əˈkweərɪəs/ n. מַזַּל גְּדִי; בֵּן/בַּת מַזַּל גְּדִי

□ *she was born under Aquarius* הִיא יְלִידַת מַזַּל דְּלִי

aquatic /əˈkwætɪk/ adj. & n. (צֶמַח, בַּעַל חַיִּים) יַמִּי, ־יָם, (שֶׁל) מַיִם

aquatint /ˈækwətɪnt/ n. "אַקְוָטִינְטָה", תַּצְרִיב נְחֹשֶׁת

aqueduct /ˈækwɪdʌkt/ n. אַמַּת־מַיִם (עַל עַמּוּדִים), אַקְוָדוּקְט

aqueous /ˈeɪkwɪəs/ adj. (*formal*) מֵימִי, שֶׁל מַיִם, יְצִיר־מַיִם

aquiline /ˈækwɪlaɪn/ adj. נִשְׁרִי; דְּמוּי נֶשֶׁר

Arab /ˈærəb/ n. & adj. אָדָם עַרְבִי; עַרְבִי

arabesque /ærəˈbesk/ n.

1 (*Ballet*) עֲרַבֶּסְקָה

2 (musical or decorative embellishment) עֲרַבֶּסְקָה

Arabian /əˈreɪbɪən/ adj. עַרְבִי, שֶׁל עֲרָב

Arabic /ˈærəbɪk/ n. & adj. (לָשׁוֹן) עֲרָבִית; עַרְבִי

arabic numerals סִפְרוֹת עַרְבִיּוֹת

Arabist /ˈærəbɪst/ n. מֻמְחֶה לְלָשׁוֹן וּלְתַרְבּוּת עֲרָב, עֲרַבִיסְט

arable /ˈærəb(ə)l/ adj. & n. (קַרְקַע) רְאוּיָה לְעִבּוּד; אַדְמַת־חָרִישׁ

arachnid /əˈræknɪd/ n. (*Zool.*) זוֹחֵל מִמִּשְׁפַּחַת הָעַכָּבִישִׁיִּים

Aramaic /ærəˈmeɪɪk/ n. & adj. (לָשׁוֹן) אֲרָמִית; אֲרַמִּי

arbiter /ˈɑːbɪtə(r)/ n. בּוֹרֵר; אָדָם הַמַּכְתִּיב אָפְנָה וְכַד׳

arbitrage /ˈɑːbɪtrɑːʒ, ˈɑːbɪtrɪdʒ/ n. אַרְבִּיטְרַאז׳ (קְנִיָּה שֶׁל מְנָיוֹת וּסְחוֹרוֹת לְצֹרֶךְ מְכִירָה מִיָּדִית)

arbitrageur /ɑːbɪtrɑːˈʒɜːr, ˈɑːbɪtrɪdʒə(r)/ n. סוֹחֵר בּוּרְסָה

arbitrary /ˈɑːbɪtrərɪ/ adj.

1 (not based on reason; capricious) שְׁרִירוּתִי

2 (despotic) עָרִיץ, רוֹדָנִי

arbitrate /ˈɑːbɪtreɪt/ v.t. & i. שִׁמֵּשׁ כְּבוֹרֵר, בְּ...; שִׁמֵּשׁ כְּבוֹרֵר

arbitration /ˌɑːbɪˈtreɪʃ(ə)n/ n. (מִשְׁפָּט) בּוֹרְרוּת

arbitrator /ˈɑːbɪtreɪtə(r)/ n. בּוֹרֵר

arbor (*US*) see **ARBOUR**

arboreal /ɑːˈbɔːrɪəl/ adj. שֶׁל סְבִיבַת עֵצִים, חַי בֵּין עֵצִים

arboretum /ˌɑːbəˈriːtəm/ n. גַּן בּוֹטָנִי לְעֵצִים

arbour /ˈɑːbə(r)/ n. (*US* **arbor**) סֻכַּת עֵצִים וּמְטַפְּסִים, סֻכָּה חַיָּה

arc /ɑːk/ n.

1 (part of circle) קֶשֶׁת

2 (*Electr.*) קֶשֶׁת חַשְׁמַלִּית

arc lamp מְנוֹרַת קֶשֶׁת (מְנוֹרָה חַשְׁמַלִּית הַמְּפִיקָה אוֹר חָזָק)

arc welding רִתּוּךְ בְּקֶשֶׁת־חַשְׁמַלִּית

—v.i. (*past & ppl.* **arced**) נִמְתַּח בְּקֶשֶׁת, נִמְתָּח בְּצוּרַת קֶשֶׁת

arcade /ɑːˈkeɪd/ n. "פַּסָּז" (בְּקַנְיוֹן וְכַד')

amusement arcade אוּלָם מְכוֹנוֹת־מִשְׂחָקִים

shopping arcade קַנְיוֹן

Arcadian /ɑːˈkeɪdɪən/ adj. כַּפְרִי, תָּמִים וּפָשׁוּט, פַּסְטוֹרָלִי, "אַרְקָדִי"

arcane /ɑːˈkeɪn/ adj. (*formal*) טָמִיר, נֶעֱלָם, תַּעֲלוּמִי

arch[1] /ɑːtʃ/ n. קֶשֶׁת (מִבְנֶה), קִמּוּר; שַׁעַר מְקֻשָּׁת; שַׁעַר־נִצָּחוֹן

fallen arches "פְּלַטְפּוּס"

—v.t. & i. קִשֵּׁת, קִמֵּר; הִתְקַשֵּׁת, הִתְקַמֵּר

□ *cats arch their backs* חֲתוּלִים מְקַמְּרִים גַּבָּם

arch[2] /ɑːtʃ/ adj. שׁוֹבָב, קוּנְדֵּסִי, עוֹקְצָנִי

arch- /ɑːtʃ-, ɑːk-/ pref. אַרְכִי־ (תְּחִלִּית שֶׁפֵּרוּשָׁהּ) רַב־, רֹאשׁ־

archaeological /ˌɑːkɪəˈlɒdʒɪk(ə)l/ adj. (*US* **archeo-**) אַרְכֵיאוֹלוֹגִי

archaeologist /ˌɑːkɪˈɒlədʒɪst/ n. (*US* **archeo-**) אַרְכֵיאוֹלוֹג

archaeology /ˌɑːkɪˈɒlədʒɪ/ n. (*US* **archeo-**) אַרְכֵיאוֹלוֹגְיָה

archaic /ɑːˈkeɪɪk/ adj. אַרְכָאִי, קַדְמָאִי

archaism /ˈɑːkeɪɪzəm/ n. אַרְכָאִיזְם, מִלָּה/נִיב אַרְכָאִי; אַרְכָאִיּוּת

archangel /ˈɑːkeɪndʒ(ə)l/ n. שַׂר־הַמַּלְאָכִים, רַב־הַמַּלְאָכִים

archbishop /ˌɑːtʃˈbɪʃəp/ n. אַרְכִיבִּישׁוֹף

archdeacon /ˌɑːtʃˈdiːkən/ n. אִישׁ כְּהֻנָּה בָּכִיר (בַּנַּצְרוּת, לְמַטָּה מִבִּישׁוֹף)

archduke /ˌɑːtʃˈdjuːk/ n. אַרְכִידוּכָּס

arch-enemy /ˌɑːtʃˈenəmɪ/ n. אוֹיֵב בְּנֶפֶשׁ, אוֹיֵב נִצְחִי

archeology etc. (*US*) see **ARCHAEOLOGY** etc. אַרְכֵיאוֹלוֹגְיָה

archer /ˈɑːtʃə(r)/ n. קַשָּׁת

archery /ˈɑːtʃərɪ/ n. קַשָּׁתוּת, אָמָּנוּת הַיְּרִי בְּחֵץ וָקֶשֶׁת

archetypal /ˌɑːkɪˈtaɪp(ə)l/ adj. אַב־טִיפּוּסִי, אַרְכִיטִיפִּי

archetype /ˈɑːkɪtaɪp/ n. אַב־טִיפּוּס, אַרְכִיטִיפּ

archipelago /ˌɑːkɪˈpeləgəʊ/ n. (*pl.* **-os** or **-oes**) אַרְכִיפֶּלַג, קְבוּצַת אִיִּים גְּדוֹלָה

architect /ˈɑːkɪtekt/ n. אַרְכִיטֶקְט, אַדְרִיכָל (גַּם בְּהַשְׁאָלָה)

□ *she was the architect of the new contract* הִיא הָיְתָה הָאָדָם שֶׁתִּכְנֵן אֶת הַחוֹזֶה הֶחָדָשׁ

architectonic /ˌɑːkɪtekˈtɒnɪk/ adj. אַרְכִיטֶקְטוֹנִי, אַדְרִיכָלִי

architectural /ˌɑːkɪˈtektʃər(ə)l/ adj. אַרְכִיטֶקְטִי, אַדְרִיכָלִי, שֶׁל אַרְכִיטֶקְט

architecture /ˈɑːkɪtektʃə(r)/ n. אַרְכִיטֶקְטוּרָה, אַדְרִיכָלוּת

archival /ɑːˈkaɪv(ə)l/ adj. אַרְכִיּוֹנִי

archive /ˈɑːkaɪv/ n. אַרְכִיּוֹן, גִּנְזַךְ

—v.t. גָּנַז בְּאַרְכִיּוֹן, שָׂם בְּאַרְכִיּוֹן

archivist /ˈɑːkɪvɪst/ n. אַרְכִיבָר, עוֹבֵד אַרְכִיּוֹן

archway /ˈɑːtʃweɪ/ n. פֶּתַח/מַעֲבָר מְקֻמָּר

arctic /ˈɑːktɪk/ adj.

1 (near the North Pole) אַרְקְטִי, שֶׁלְּיַד הַקֹּטֶב הַצְּפוֹנִי, שֶׁל אֵזוֹר הַקֹּטֶב הַצְּפוֹנִי

Arctic Circle הַחוּג הָאַרְקְטִי

2 (very cold) קַר כַּקֶּרַח, "קָפוּא", "קֹר כְּלָבִים"

—n.

the Arctic הָאֵזוֹר הָאַרְקְטִי, אֵזוֹר הַקֹּטֶב הַצְּפוֹנִי

arc-welding /ˈɑːk-ˌweldɪŋ/ n. הַלְחָמַת־קֶשֶׁת

ardent /ˈɑːd(ə)nt/ adj. נִלְהָב, לוֹהֵט

ardour /ˈɑːdə(r)/ n. (*US* **ardor** *formal*) הִתְלַהֲבוּת, לַהַט

arduous /ˈɑːdjʊəs/ adj. (*formal*) כָּרוּךְ בְּמַאֲמַצִּים נִכָּרִים; מְאֻמָּץ; קָשֶׁה וּמְיַגֵּעַ

are[1] /ə(r)/, strong form /ɑː(r)/ pres. pl. and 2nd pers. sing. pres. of **be**

are[2] /ɑː(r)/ n. יְחִידַת שֶׁטַח (100 ממ"ר)

area /ˈeərɪə/ n.

1 (extent of surface) שֶׁטַח

2 (region; scope) אֵזוֹר, מֶרְחָב; תְּחוּם,

area of activity תְּחוּם פְּעִילוּת; זִירַת פְּעִילוּת

3 (sunken court giving light to basement, *US*) חָצֵר קְטַנָּה מְשֻׁקַּעַת הַמְאַפְשֶׁרֶת חֲדִירַת אוֹר לְקוֹמַת מַרְתֵּף

arena /əˈriːnə/ n. זִירָה (גַּם בְּהַשְׁאָלָה); אִצְטַדְיוֹן

aren't /ɑːnt/ abbrev. of **are not**

argent /ˈɑːdʒ(ə)nt/ n. & adj. (*poet.*) צֶבַע כָּסוּף; כָּסוּף

Argentine /ˈɑːdʒənˌtaɪn/ adj. & n. (also **Argentinian**)

the Argentine אַרְגֶּנְטִינִי; אָדָם אַרְגֶּנְטִינִי

argon /ˈɑːgɒn/ n. אַרְגּוֹן (גַּז אָצִיל)

argot /ɑːgəʊ/ n. אַרְגוֹ (שָׂפָה הַמְיֻחֶדֶת לִקְבוּצַת אוּכְלוּסִיָּה)

arguable /ɑːgjʊəb(ə)l/ adj. שָׁנוּי בְּמַחֲלֹקֶת, נָתוּן לְוִכּוּחַ, מוּטָל בְּסָפֵק; שֶׁאֶפְשָׁר לִטְעֹן בַּעֲדוֹ

arguably /ɑːgjʊəblɪ/ adv. (בְּאֹפֶן) שֶׁאֶפְשָׁר לְהִתְוַכֵּחַ עָלָיו; (בְּאֹפֶן) שֶׁאֶפְשָׁר לִטְעֹן בַּעֲדוֹ
- □ *communism was arguably the best system for that country* אֶפְשָׁר לִטְעֹן שֶׁקּוֹמוּנִיזְם הָיָה הַשִּׁיטָה הַטּוֹבָה בְּיוֹתֵר לְאוֹתָהּ מְדִינָה

argue /ɑːgjuː/ v.t. & i.
- **1** (debate, wrangle) הִתְוַכֵּחַ (עִם), רָב (עִם)
  - **argue the toss** (*colloq.*) "טָחַן מַיִם" (הִתְוַכֵּחַ עַל נוֹשֵׂא שֶׁכְּבָר הֻכְרַע)
- **2** (give reasons for or against) טָעַן, נִמֵּק
  - □ *my friends argued me into taking the job* יְדִידַי שִׁכְנְעוּ אוֹתִי לְקַבֵּל אֶת הַמִּשְׂרָה
  - □ *these are facts – you can't argue them away* אֵלֶּה הֵן עֻבְדּוֹת – וְאִי אֶפְשָׁר לִמְחֹק אוֹתָן בְּמִלִּים
- **3** (indicate) הֵעִיד עַל
  - □ *his actions argue a lack of consideration for others* הַמַּעֲשִׂים שֶׁלּוֹ מְעִידִים עַל חֹסֶר הִתְחַשְּׁבוּת בַּזּוּלַת
  - □ *your past record argues against your chances* הַהֶשֵּׂגִים שֶׁלְּךָ בֶּעָבָר מַצְבִּיעִים עַל כָּךְ שֶׁסִּכּוּיֶיךָ מְעַטִּים

argument /ɑːgjʊmənt/ n.
- **1** (debate, wrangle) וִכּוּחַ, הִתְנַצְּחוּת, דִּין-וּדְבָרִים
  - □ *let's suppose, for the sake of argument, that he did steal it* נַנִּיחַ, לְצֹרֶךְ הַוִּכּוּחַ, שֶׁהוּא אָמְנָם גָּנַב אֶת זֶה
- **2** (reason given) נִמּוּק, טִעוּן, אַרְגּוּמֶנְט

argumentation /ˌɑːgjʊmenˈteɪʃ(ə)n/ n. (*formal*) טִעוּן, אַרְגּוּמֶנְטַצְיָה

argumentative /ˌɑːgjʊˈmentətɪv/ adj. (*derog.*) מִתְפַּלְמֵס, וַכְּחָן

aria /ɑrɪə/ n. (*Mus.*) אַרְיָה

arid /ˈærɪd/ adj.
- **1** (dry) צָחִיחַ, יָבֵשׁ
- **2** (uninteresting) "יָבֵשׁ", מְשַׁעֲמֵם

aridity /əˈrɪdɪtɪ/ n. צְחִיחוּת, יֹבֶשׁ

Aries /ˈeəriːz/ n. מַזַּל-טָלֶה; בֶּן/בַּת מַזַּל טָלֶה

aright /əˈraɪt/ adv. (*arch.*) כָּרָאוּי, כַּהֲלָכָה

arise /əˈraɪz/ (past **arose** /əˈrəʊz/, ppl. **arisen** /əˈrɪz(ə)n/) v.i.
- **1** (present itself) הוֹפִיעַ, צָץ
  - □ *be ready to use your knife should the need arise* תִּהְיֶה מוּכָן לְהִשְׁתַּמֵּשׁ בַּסַּכִּין שֶׁלְּךָ אִם יִהְיֶה צֹרֶךְ
- **2** (result) נָבַע, יָצָא
  - **matters arising** נוֹשְׂאִים שֶׁעָלוּ (וְיֵשׁ לָדוּן בָּהֶם וְכַד')
  - □ *her rudeness arises out of* (or *from*) *her inexperience in these matters* חֹסֶר הַנִּימוּס שֶׁלָּהּ נוֹבֵעַ מֵחֹסֶר הַנִּסָּיוֹן שֶׁלָּהּ בְּנוֹשְׂאִים אֵלֶּה
- **3** (get up, *formal*) נֵעוֹר, הִשְׁכִּים

aristocracy /ˌærɪˈstokrəsɪ/ n. אֲרִיסְטוֹקְרַטְיָה, אֲצֻלָּה; "אֲרִיסְטוֹקְרַטְיָה", "אֲצֻלָּה" (קְבוּצָה מְיֻחֶסֶת מִכָּל סוּג); שִׁלְטוֹן הָאֲצֻלָּה

aristocrat /ˈærɪstəkræt/ n. אֲרִיסְטוֹקְרָט, אָצִיל; "אֲרִיסְטוֹקְרָט" (אָדָם בַּעַל זְכֻיּוֹת אוֹ תְּכוּנוֹת מְיֻחָדוֹת)

aristocratic /ˌærɪstəˈkrætɪk/ adj. אֲרִיסְטוֹקְרָטִי, אֲצִילִי

arithmetic /əˈrɪθmətɪk/ n. חֶשְׁבּוֹן, אֲרִיתְמֵטִיקָה
- —adj. /ˌærɪθˈmetɪk/ (also **arithmetical**) חֶשְׁבּוֹנִי, אֲרִיתְמֶטִי
  - **arithmetic mean** מְמֻצָּע חֶשְׁבּוֹנִי
  - **arithmetic progression** טוּר חֶשְׁבּוֹנִי

ark /ɑːk/ n.
- **Ark of the Covenant** אֲרוֹן-הַבְּרִית
- **Noah's Ark** תֵּבַת נֹחַ
- □ *that idea went out with the Ark* (*colloq.*) הָרַעְיוֹן הַזֶּה הוּא מִימֵי הַמַּבּוּל, הָרַעְיוֹן הַזֶּה הוּא מִימֵי מְתוּשֶׁלַח

arm[1] /ɑːm/ n.
- **1** (limb; thing resembling this) זְרוֹעַ, יָד (גַּף עֶלְיוֹן); (בְּהַשְׁאָלָה) זְרוֹעַ
  - □ *this suit cost me an arm and a leg* (*colloq.*) הַחֲלִיפָה הַזֹּאת "רוֹשְׁשָׁה" אוֹתִי
  - □ *the couple strolled arm in arm around the square* בְּנֵי הַזּוּג טִיְּלוּ שְׁלוּבֵי-זְרוֹעַ סָבִיב לַכִּכָּר
  - □ *I'm trying to keep her at arm's length* (*fig.*) אֲנִי מְנַסֶּה "לִשְׁמֹר מֶרְחָק" מִמֶּנָּה
  - □ *he was only a babe in arms when he was orphaned* הוּא הִתְיַתֵּם בְּעוֹדֶנּוּ תִּינוֹק/עוֹלָל רַךְ
  - □ *they fell into each other's arms* הֵם נָפְלוּ זֶה לִזְרוֹעוֹתָיו שֶׁל זֶה
  - □ *they welcomed their beloved doctor back with open arms* הֵם קִדְּמוּ אֶת פְּנֵי רוֹפְאָם הָאָהוּב בִּזְרוֹעוֹת פְּתוּחוֹת
  - □ *he always had a gun within arm's reach* תָּמִיד הָיָה לוֹ אֶקְדָּח בְּהֶשֵּׂג יָדוֹ
  - □ *the long arm of the law will catch up with you in the end* זְרוֹעוֹ הָאֲרֻכָּה שֶׁל הַחֹק תַּשִּׂיג אוֹתְךָ בְּסוֹפוֹ שֶׁל דָּבָר
  - □ *the two towns are separated by an arm of the sea* לְשׁוֹן יָם הִפְרִידָה בֵּין שְׁתֵּי הֶעָרִים
- **2** (sleeve) שַׁרְווּל
- **3** (part of chair) מִסְעָד (שֶׁל כּוּרְסָה וְכַד')

arm[2] /ɑːm/ n.
- **1** (weapon, usu. in *pl.*) כְּלִי-נֶשֶׁק, נֶשֶׁק
  - **arms race** מֵרוֹץ חִמּוּשׁ
  - **take up arms** אָחַז בְּנֶשֶׁק, יָצָא לִקְרָב/לַמִּלְחָמָה
  - **up in arms** מִתְנַגֵּד בַּחֲרִיפוּת, נִסְעָר וּמִתְנַגֵּד (לְרַעְיוֹן וְכַד')
  - □ *they laid down their arms* הֵם הֵנִיחוּ אֶת נִשְׁקָם (לְאַחַר הֶסְכֵּם שְׁבִיתַת נֶשֶׁק וְכַד')

□ *the enemy has two million men under arms* לָאוֹיֵב יֵשׁ שְׁנֵי מִילְיוֹן לוֹחֲמִים

2 (in *pl.*, heraldic device) שֶׁלֶט אַבִּירִים, סֵמֶל אֲצֻלָּה (הַמְצֻיָּר בְּתוֹךְ "מָגֵן")

coat of arms סֵמֶל אֲצֻלָּה (כַּנַ"ל), סֵמֶל רִשְׁמִי שֶׁל עִיר/מוֹסָד/אֲגֻדָּה

3 (branch of service) זְרוֹעַ (שֶׁל הַצָּבָא), חַיִל (חֵיל הַיַּבָּשָׁה, חֵיל הַיָּם, חֵיל הָאֲוִיר)

Fleet Air Arm הַזְּרוֹעַ הָאֲוִירִית שֶׁל הַצִּי

—v.t.

1 (supply with weapons) חִמֵּשׁ

□ *they were armed to the teeth* הֵם הָיוּ חֲמוּשִׁים מִכַּף רֶגֶל וְעַד רֹאשׁ

2 (activate bomb etc.) חִמֵּשׁ

—v.i. הִתְחַמֵּשׁ, הִצְטַיֵּד בְּנֶשֶׁק

□ *we are arming against the possibility of attack* אָנוּ מִצְטַיְּדִים בְּנֶשֶׁק נֶגֶד אֶפְשָׁרוּת שֶׁל הַתְקָפָה

armada /ɑːˈmɑdə/ n. אַרְמָדָה, צִי־מִלְחָמָה אַדִּיר; הָאַרְמָדָה הַסְּפָרַדִּית (1588)

armadillo /ˌɑːməˈdɪləʊ/ n. (*pl.* **-os**) אַרְמָדִילוֹ (נַבְרָן דְּרוֹם־אֲמֶרִיקָאִי מְכֻסֶּה שִׁרְיוֹן)

Armageddon /ˌɑːməˈged(ə)n/ n. (*formal*) "מִלְחֶמֶת גּוֹג וּמָגוֹג", "קֵץ־הָעוֹלָם"

armament /ˈɑːməmənt/ n. נֶשֶׁק, צִיּוּד־מִלְחַמְתִּי; (פְּעֻלָּה שֶׁל) חִמּוּשׁ

armature /ˈɑmətʃə(r)/ n. עֹגֶן (בְּמָנוֹעַ חַשְׁמַלִּי, בְּדִינָמוֹ וְכַד'); שֶׁלֶד לְפֶסֶל חֹמֶר/גֶּבֶס (עָשׂוּי חוּטֵי־בַּרְזֶל, קְרָשִׁים וְכוּ')

armband /ˈɑːmbænd/ n. סֶרֶט־זְרוֹעַ, סֶרֶט־שַׁרְווּל

armchair /ˈɑːmtʃeə(r)/ n. כּוּרְסָה

armchair strategist גֶּנֶרָל שֶׁל סָלוֹן (הַיּוֹשֵׁב בַּכּוּרְסָה וּמֵיעֵץ עֵצוֹת)

armed /ɑːmd/ adj. מְזֻיָּן

armed forces הַכֹּחוֹת הַמְּזֻיָּנִים

armed robbery שֹׁד מְזֻיָּן

Armenian /ɑːˈmiːnɪən/ adj. & n. אַרְמֶנִי; הַשָּׂפָה הָאַרְמֶנִית; אָדָם אַרְמֶנִי

armful /ˈɑːmfʊl/ n. מְלוֹא־הַזְּרוֹעוֹת

□ *his little daughter is an armful* בִּתּוֹ הַקְּטַנָּה הִיא "תַּעֲסוּקָה מְלֵאָה"

armhole /ˈɑːmhəʊl/ n. חוֹר־הַשַּׁרְווּל, בֵּית־הַשַּׁרְווּל

armistice /ˈɑːmɪstɪs/ n. שְׁבִיתַת־נֶשֶׁק

Armistice Day יוֹם שְׁבִיתַת־הַנֶּשֶׁק (הַ־11 בְּנוֹבֶמְבֶּר, יוֹם הַזִּכָּרוֹן לְחַלְלֵי מִלְחֶמֶת הָעוֹלָם הָרִאשׁוֹנָה)

armlet /ˈɑːmlɪt/ n. סֶרֶט־זְרוֹעַ, סֶרֶט־שַׁרְווּל

armor (*US*) see **ARMOUR**

armorial /ɑːˈmɔːrɪl/ adj. שֶׁל סִמְלֵי־אֲצֻלָּה

armour /ˈɑːmə(r)/ (*US* **armor**) n.

1 (protective covering for body, vehicle) שִׁרְיוֹן

armour plate שִׁרְיוֹן, לוּחַ־שִׁרְיוֹן (לִכְלֵי רֶכֶב)

2 (armoured vehicles, *collect.*) (רֶכֶב־) שִׁרְיוֹן

—v.t. שִׁרְיֵן, הֵגֵן

armoured /ˈɑːməd/ adj. מְשֻׁרְיָן

armoured car כְּלִי־רֶכֶב מְשֻׁרְיָן, מְכוֹנִית מְשֻׁרְיֶנֶת, שִׁרְיוֹנִית

armourer /ˈɑːmərə(r)/ n. יַצְרַן־נֶשֶׁק; נַשָּׁק

armoury /ˈɑːmərɪ/ n.

1 (store for weapons) נִשְׁקִיָּה, מַחְסַן־נֶשֶׁק

2 (available weaponry) מַאֲגַר נֶשֶׁק

armpit /ˈɑːmpɪt/ n. בֵּית־הַשֶּׁחִי

armrest /ˈɑːmrest/ n. מִשְׁעֶנֶת־יָד (בַּכּוּרְסָה)

arm-wrestling /ˈɑːm-ˌreslɪŋ/ n. "הַפָּלַת יָדַיִם"

army /ˈɑːmɪ/ n. צָבָא, כֹּחַ צְבָאִי; צְבָא יַבָּשָׁה; "צָבָא" (שֶׁל נְמָלִים וְכַד')

army corps כֹּחוֹת הַיַּבָּשָׁה

□ *the house was invaded by an army of carpenters and decorators* צְבָא שֶׁל נַגָּרִים וְצַבָּעִים פָּלַשׁ אֶל הַבַּיִת

aroma /əˈrəʊmə/ n. אֲרוֹמָה, נִיחוֹחַ

aromatic /ˌærəˈmætɪk/ adj.

1 (fragrant; spicy) אֲרוֹמָטִי, רֵיחָנִי; עָשִׁיר בְּתַבְלִינִים

2 (*Chem.*) (סִדְרַת תִּרְכּוֹבוֹת אוֹרְגָנִיּוֹת) שֶׁאַטּוֹמֵי הַפַּחְמָן יוֹצְרִים בָּהֶן טַבָּעוֹת סְגוּרוֹת

arose /əˈrəʊz/ past of **arise**

around /əˈraʊnd/ adv.

1 (on every side) סָבִיב, מִסָּבִיב, מִכָּל עֵבֶר, בְּכָל כִּוּוּן

2 (in various places; at random) כֹּה וָכֹה, לְלֹא תַּכְלִית

play (or **fool**) **around** הִשְׁתַּעֲשֵׁעַ, הִתְבַּטֵּל, "שִׂחֵק", "הִתְמַזְמֵז"

shop around הִשְׁוָה מְחִירִים (כְּדֵי לְהַשִּׂיג מוּצָר בְּזוֹל וְכַד')

3 (near, at hand, *colloq.*) בַּסְּבִיבָה

□ *is David around?* דָּוִד בַּסְּבִיבָה?

4 (abroad, in circulation) נָפוֹץ

□ *the news got around* הַחֲדָשׁוֹת הִתְפַּשְּׁטוּ

□ *he's been around* (*colloq.*) הוּא מְנֻסֶּה, הוּא בָּקִי בַּהֲוָיוֹת הָעוֹלָם

5 (in reverse direction) בְּכִוּוּן הָפוּךְ

□ *he turned around* הוּא פָּנָה לְאָחוֹר

—prep.

1 (about the circuit of, enveloping) מִסָּבִיב לְ...

around the clock מִסָּבִיב לַשָּׁעוֹן, בְּכָל שְׁעוֹת הַיְמָמָה

□ *he put his arm around her waist* הוּא חִבֵּק אֶת מָתְנֶיהָ בִּזְרוֹעוֹ

2 (here and there) בְּעֶרֶךְ בְּ..., סָבִיב

□ *there were bushes all around the garden* הָיוּ שִׂיחִים בְּכָל מָקוֹם בַּגַּן

3 (in the vicinity of; approximately) בִּסְבִיבוֹת־, קָרוֹב לְ־, בְּקֵרוּב

□ *the church is just around the corner* הַכְּנֵסִיָּה נִמְצֵאת קָרוֹב מְאֹד לְכָאן, הַכְּנֵסִיָּה נִמְצֵאת מַמָּשׁ מֵעֵבֶר לַפִּנָּה
□ *we'll arrive around 11 o'clock* אֲנַחְנוּ נַגִּיעַ בְּעֵרֶךְ בְּ־11

arousal /əraʊz(ə)l/ n. הִתְעוֹרְרוּת (מִינִית); הִתְעוֹרְרוּת (שֶׁל עִנְיָן בְּנוֹשֵׂא וְכַד׳)

arouse /əraʊz/ v.t.
1 (awake) עוֹרֵר, הֵעִיר, הֵקִים (מִשְּׁנָתוֹ)
2 (stimulate; stimulate sexually) עוֹרֵר, קוֹמֵם; עוֹרֵר, גֵּרָה (מִינִית)
□ *his discovery aroused interest in unexpected quarters* הַתַּגְלִית שֶׁלּוֹ עוֹרְרָה הִתְעַנְיְנוּת בְּחוּגִים לֹא צְפוּיִים

arpeggio /ɑːpedʒɪəʊ/ n. (*pl.* **-os**) (*Mus.*) אַרְפֶּגְ׳יוֹ, תַּצְלִיל שָׁבוּר (צְלִילֵי אַקּוֹרְד מְנֻגָּנִים בְּזֶה אַחַר זֶה)

arraign /əreɪn/ v.t. (*Law*) הֵבִיא לְדִין, הֶעֱמִיד לְדִין

arraignment /əreɪnmənt/ n. (*Law*) הֲבָאָה לְדִין, הַעֲמָדָה לְדִין

arrange /əreɪndʒ/ v.t.
1 (put in order) סִדֵּר, עָרַךְ
2 (make plans) הִסְדִּיר, עָשָׂה סִדּוּרִים לְ..., דָּאַג לְ...
an arranged marriage נִשּׂוּאִין בְּשִׁדּוּךְ
□ *we have arranged the car repairs* הִסְדַּרְנוּ אֶת תִּקּוּן הַמְּכוֹנִית
3 (adapt work for different medium, *Mus.*) עִבֵּד
—v.i. הִסְדִּיר, עָשָׂה סִדּוּרִים לְ..., דָּאַג לְ...
□ *we have arranged for a taxi to pick you up* הִסְדַּרְנוּ שֶׁמּוֹנִית תָּבוֹא לֶאֱסֹף אוֹתְךָ

arrangement /əreɪndʒmənt/ n. סִדּוּר; הֶסְדֵּר
flower arrangement סִדּוּר פְּרָחִים
□ *we made our own arrangements for lunch* עָשִׂינוּ סִדּוּרִים מִשֶּׁלָּנוּ לַאֲרוּחַת הַצָּהֳרַיִם
□ *we came to an arrangement concerning the dispute* הִגַּעְנוּ לְהֶסְדֵּר בְּקֶשֶׁר לַסִּכְסוּךְ

arrant /ærənt/ adj. (רַמַּאי, שׁוֹטֶה וְכַד׳) מֻבְהָק, גָּמוּר; (שֶׁקֶר) מוּחָץ
□ *what arrant nonsense!* אֵיזוֹ שְׁטוּת מֻחְלֶטֶת! אֵיזוֹ אִוֶּלֶת!

array /əreɪ/ n.
1 (order, arrangement) סֵדֶר, הַעֲרָכוּת, מַעֲרָךְ
□ *the enemy was drawn up in battle array* הָאוֹיֵב נֶעֱרַךְ בְּמַעֲרַךְ קְרָב
2 (fine clothes, *formal*) בִּגְדֵי פְּאֵר
□ *they were dressed in full array for the ceremony* הֵם הָיוּ לְבוּשִׁים בְּמֵיטַב מַחְלְצוֹתֵיהֶם לִקְרַאת הַטֶּקֶס
3 (*Math.*) מַעֲרָךְ בְּטוּרִים וְשׁוּרוֹת
—v.t.
1 (dress and decorate) הִלְבִּישׁ, עִטֵּר
□ *she was arrayed in all her finery* הִיא הָיְתָה לְבוּשָׁה בְּכָל בִּגְדֵי־תִּפְאַרְתָּהּ

2 (set in order) סִדֵּר, עָרַךְ

arrears /ərɪəz/ n.pl. פִּגּוּרִים (בְּתַשְׁלוּמִים), חוֹבוֹת שֶׁלֹּא נִפְרְעוּ
□ *the tenants are in arrears with the rent* הַדַּיָּרִים מְפַגְּרִים בְּתַשְׁלוּם שְׂכַר־הַדִּירָה

arrest /ərest/ v.t.
1 (seize, take into custody) עָצַר, שָׂם בְּמַעֲצָר
2 (stop; retard) עִכֵּב, הִשְׁהָה, בָּלַם
□ *poor food arrests the development of children* מָזוֹן דַּל מְעַכֵּב אֶת הִתְפַּתְּחוּתָם שֶׁל יְלָדִים
3 (attract) מָשַׁךְ (תְּשׂוּמֶת לֵב וְכַד׳)
□ *a small discrepancy in the data arrested my attention* סְתִירָה קַלָּה בֵּין הַנְּתוּנִים מָשְׁכָה אֶת תְּשׂוּמַת לִבִּי
—n.
1 (taking into custody) מַאֲסָר, מַעֲצָר
house arrest מַעֲצַר בַּיִת
□ *you are under arrest* אַתָּה עָצוּר
2 (stoppage, check) עִכּוּב, הַפְסָקָה; בְּלִימָה
cardiac arrest הֶתְקֵף לֵב, הִתְקָפַת לֵב

arresting /ərestɪŋ/ adj. מוֹשֵׁךְ־לֵב, מְרַתֵּק, מְצוֹדֵד

arrival /əraɪv(ə)l/ n.
1 (act of reaching a destination) הַגָּעָה; נְחִיתָה (בְּמָטוֹס)
2 (person or thing that has arrived) נוֹסֵעַ מַגִּיעַ
arrivals טִיסוֹת נוֹחֲתוֹת, רַכָּבוֹת/סְפִינוֹת מַגִּיעוֹת, נוֹסְעִים/אוֹטוֹבּוּסִים מַגִּיעִים
new arrival (*colloq.*) הַתּוֹסֶפֶת הָאַחֲרוֹנָה (לְצֶוֶת עוֹבְדִים, לְמִשְׁפָּחָה וְכַד׳)

arrive /əraɪv/ v.i. הִגִּיעַ, בָּא
□ *it was half an hour before the police arrived on the scene* חֲצִי שָׁעָה חָלְפָה לִפְנֵי שֶׁהַמִּשְׁטָרָה הִגִּיעָה לַמָּקוֹם
□ *after hours of bargaining, we arrived at an agreement* לְאַחַר שָׁעוֹת שֶׁל מִקּוּחַ בָּאנוּ לִכְלַל הַסְכָּמָה
□ *an exhibition at that art gallery shows an artist has really arrived* (*colloq.*) תַּעֲרוּכָה בַּגָּלֶרְיָה הַזֹּאת פֵּרוּשָׁהּ שֶׁהָאֳמָן בֶּאֱמֶת "עָשָׂה אֶת זֶה"
□ *the time to leave finally arrived* סוֹף סוֹף הִגִּיעַ הַזְּמַן לָלֶכֶת
□ *the baby arrived a week early* (*colloq.*) הַתִּינוֹק הִקְדִּים לְהִוָּלֵד בְּשָׁבוּעַ

arrogance /ærəgəns/ n. שַׁחְצָנוּת, יְהִירוּת, הִתְנַשְּׂאוּת

arrogant /ærəgənt/ adj. שַׁחְצָן, יָהִיר, מִתְנַשֵּׂא

arrogate /ærəgeɪt/ v.t. (*formal*) הִתְקַשֵּׁט בַּעֲטָרָה שֶׁאֵינָהּ שֶׁלּוֹ, נָטַל לְעַצְמוֹ שֶׁלֹּא כַּדִּין
□ *he arrogated to himself the power to dismiss staff* הוּא לָקַח לְעַצְמוֹ אֶת הַזְּכוּת לְפַטֵּר עוֹבְדִים

arrogation /ærəgeɪʃ(ə)n/ n. (*formal*) הִתְקַשְּׁטוּת בַּעֲטָרָה לֹא לוֹ, נְטִילָה לְעַצְמוֹ, יִחוּס לְעַצְמוֹ (בְּלִי זְכוּת)

arrow /ˈærəʊ/ n.
1 (missile) חֵץ
2 (sign so shaped) חֵץ, סִימַן־חֵץ (לְהוֹרָאַת כִּוּוּן־נְסִיעָה וְכַד׳)

arrowhead /ˈærəʊˌhed/ n. רֹאשׁ־חֵץ (שֶׁל חֵץ בִּלְבַד)

arrowroot /ˈærəʊruːt/ n. מִין קֶמַח לְעִבּוּי נוֹזְלִים בְּבִשּׁוּל וְכַד׳

arse /ɑːs/ n. (*vulg.*) תַּחַת
□ *he's working his arse off to save money for his holiday* הוּא קוֹרֵעַ לְעַצְמוֹ אֶת הַתַּחַת כְּדֵי לַחְסֹךְ כֶּסֶף לְחֻפְשָׁה
□ *that snob is a real pain in the arse* הַסְּנוֹבּ הַזֶּה הוּא מַמָּשׁ קוֹץ בַּתַּחַת

arsehole /ˈɑːshəʊl/ n. (*vulg.*) חוֹר־הַתַּחַת; ״בֶּן־זוֹנָה״

arse-licking /ˈɑːs-lɪkɪŋ/ n. (*vulg.*) לִקּוּק־תַּחַת

arsenal /ˈɑːsən(ə)l/ n. מַאֲגַר־נֶשֶׁק, מַחְסַן־נֶשֶׁק, מִפְעַל־נֶשֶׁק

arsenic /ˈɑːs(ə)nɪk/ n. אַרְסָן, זַרְנִיךְ (״רַעַל־עַכְבָּרִים״); אַרְסָן (יְסוֹד כִּימִי)

arson /ˈɑːs(ə)n/ n. הַצָּתָה (עֲבֵרָה פְּלִילִית; שְׂרֵפָה בְּזָדוֹן)

arsonist /ˈɑːsənɪst/ n. מַצִּית בְּזָדוֹן

art /ɑːt/ n.
1 (human skill; knack) אֻמָּנוּת; מְיֻמָּנוּת; עָרְמָה
the art of living אֻמָּנוּת הַחַיִּים הַטּוֹבִים
□ *he has embezzlement down to a fine art* (*joc.*) הוּא הֶעֱלָה לְמַדְרֵגַת אֻמָּנוּת אֶת הַהוֹנָאָה
2 (painting, sculpture, music, dance, etc.) אֳמָנוּת
art decco ״אַר־דֶּקוֹ״
art nouveau ״אַר־נוּבוֹ״
art school בֵּית־סֵפֶר לְאָמָנוּת (בְּעִקָּר צִיּוּר וּפִסּוּל)
3 (in *pl.*, branch of learning) הָאֳמָנֻיּוֹת, מַדְּעֵי־הָרוּחַ (בְּנִגּוּד לְמַדָּעִים וּלְטֶכְנוֹלוֹגְיָה)
arts and crafts מְלֶאכֶת יָד; אֳמָנֻיּוֹת (כַּדָּרוּת, אֲרִיגָה וְכַד׳)
the fine arts הָאֳמָנֻיּוֹת הַיָּפוֹת (צִיּוּר, שִׁירָה, מוּסִיקָה וְכַד׳)
liberal arts מַדְּעֵי־הָרוּחַ (בְּנִגּוּד לְמַדָּעִים וּלְטֶכְנוֹלוֹגְיָה)

artefact /ˈɑːtɪfækt/ n. (also **artifact**)
1 (object made by man) חֵפֶץ מַעֲשֵׂה יְדֵי אָדָם (לָרֹב מִצָּג הִיסְטוֹרִי אוֹ אַנְתְּרוֹפּוֹלוֹגִי)
2 (feature not naturally present, introduced during preparation or investigation) אַרְטִיפַקְט (חֹמֶר אוֹ מַצָּב שֶׁאֵינוֹ מָצוּי בַּטֶּבַע וְנוֹצָר בְּתַהֲלִיךְ הַמֶּחְקָר)

arterial /ɑːˈtɪərɪəl/ adj. עוֹרְקִי, שֶׁל־הָעוֹרְקִים
arterial road עוֹרֶק־תַּחְבּוּרָה (רָאשִׁי)

arteriosclerosis /ɑːˌtɪərɪəʊskləˈrəʊsɪs/ n. (*Med*). טָרֶשֶׁת־הָעוֹרְקִים, הִסְתַּיְּדוּת הָעוֹרְקִים, (אֶחָד מִסּוּגֵי הַסְּקְלֶרוֹזָה)

artery /ˈɑːtərɪ/ n. עוֹרֵק; עוֹרֵק־תַּחְבּוּרָה

artesian well /ɑːˌtiːzɪən ˈwel/ n. בְּאֵר אַרְטֶזִית (אֲנָכִית, שֶׁהַמַּיִם עוֹלִים בָּהּ בְּלַחַץ טִבְעִי)

artful /ˈɑːtf(ə)l/ adj. עַרְמוּמִי, עָרוּם, נִכְלוּלִי

arthritic /ɑːˈθrɪtɪk/ adj. שֶׁל דַּלֶּקֶת־הַמִּפְרָקִים, לוֹקֶה בְּדַלֶּקֶת־הַמִּפְרָקִים

arthritis /ɑːˈθraɪtɪs/ n. דַּלֶּקֶת־הַמִּפְרָקִים, אַרְתְּרִיטִיס, שִׁגָּרוֹן

artichoke /ˈɑːtɪtʃəʊk/ n. (in full **globe artichoke**) אַרְטִישׁוֹק, חֻרְשָׁף
Jerusalem artichoke אֲגַס־אֲדָמָה, חַמָּנִית־הַפְּקָעוֹת, (צֶמַח שֶׁפְּקָעוֹתָיו מְשַׁמְּשׁוֹת לְמַאֲכָל)

article /ˈɑːtɪk(ə)l/ n.
1 (particular object) פְּרִיט
□ *the suitcase contained several articles of clothing* הַמִּזְוָדָה הֵכִילָה כַּמָּה פְּרִיטֵי־לְבוּשׁ
2 (piece of writing) מַאֲמָר; עֵרֶךְ (בָּאֶנְצִיקְלוֹפֶּדְיָה)
leading article מַאֲמָר רָאשִׁי
3 (part of document etc.) סְעִיף, פִּסְקָה
articles of faith עִקְּרֵי־אֱמוּנָה (בְּכָל תְּחוּם שֶׁהוּא)
4 (in *pl.*, contract) חוֹזֶה
5 (*Gram.*)
definite article תָּוִית מְיַדַּעַת, הֵ״א הַיְדִיעָה (the בְּאַנְגְּלִית)
indefinite article תָּוִית מְסַתֶּמֶת (a בְּאַנְגְּלִית)
—v.t. הֶעֱסִיק עפ״י חוֹזֶה (שׁוּלְיָה, מִתְלַמֵּד)
articled clerk מִתְמַחֶה, סְטַזֶ׳ר (אֵצֶל עוֹרֵךְ־דִּין)

articulacy /ɑːˈtɪkjʊləsɪ/ n. כֹּשֶׁר הִתְבַּטְּאוּת

articular /ɑːˈtɪkjʊlə(r)/ adj. שֶׁל מִפְרָק

articulate v.t. /ɑːˈtɪkjʊleɪt/
1 (pronounce clearly; express coherently) בִּטֵּא כַּהֲלָכָה; נִסֵּחַ הֵיטֵב
2 (joint) חִבֵּר בְּפְרָקִים
articulated lorry (*UK*) סֶמִי־טְרֵיילֶר, מַשָּׂאִית בַּעֲלַת חִבּוּר מִפְרָק
—adj. /ɑːˈtɪkjʊlət/
1 (clearly spoken; clearly expressed or expressing oneself clearly) (נְאוּם, אֹפֶן הִתְבַּטְּאוּת וְכַד׳) בָּהִיר, שׁוֹטֵף, צָלוּל; (אָדָם) בַּעַל כֹּשֶׁר הִתְבַּטְּאוּת
□ *the inhabitants voiced highly articulate opposition to the planned road* הַתּוֹשָׁבִים הִבִּיעוּ הִתְנַגְּדוּת בְּרוּרָה וּמְנֻסַּחַת הֵיטֵב לַכְּבִישׁ הַמְּתֻכְנָן
2 (jointed) מְחֻבָּר (בְּפְרָקִים)

articulation /ɑːˌtɪkjʊˈleɪʃ(ə)n/ n.
1 (speaking; speech) חִתּוּךְ־דִּבּוּר, הַבָּעָה
□ *she gave articulation to her anger* הִיא נָתְנָה בִּטּוּי לְכַעַס שֶׁלָּהּ
2 (jointing) חִבּוּר בְּמִפְרָק (לָרֹב בְּצֶמַח)

artifact see ARTEFACT

artifice /ˈɑːtɪfɪs/ n. (*formal*) תַּחְבּוּלָה; עָרְמָה, מְיֻמָּנוּת

artificer /ɑːˈtɪfɪsə(r)/ n. (*formal*) עוֹבֵד מֻמְחֶה, אֻמָּן

artificial /ɑːtɪˈfɪʃ(ə)l/ adj.
1 (man-made; imitation) מְלָאכוּתִי, חִקּוּי
artificial flavourings חָמְרֵי טַעַם מְלָאכוּתִיִּים (כְּתוֹסֶפֶת לְמוּצְרֵי מָזוֹן)
artificial insemination הַזְרָעָה מְלָאכוּתִית
artificial intelligence אִינְטֶלִיגֶנְצְיָה מְלָאכוּתִית
artificial respiration הַנְשָׁמָה מְלָאכוּתִית
2 (affected, stylized) מְלָאכוּתִי, מְעֻשֶּׂה, מְזֻיָּף

artificiality /ˌɑːtɪfɪʃɪˈælɪtɪ/ n. מְלָאכוּתִיּוּת, חֹסֶר־טִבְעִיּוּת

artificially /ˌɑːtɪˈfɪʃəlɪ/ adv. בְּאֹפֶן מְלָאכוּתִי; בְּאֹפֶן מְזֻיָּף

artillery /ɑːˈtɪlərɪ/ n. אַרְטִילֶרְיָה, חֵיל־הַתּוֹתְחָנִים; תּוֹתָחִים, אַרְטִילֶרְיָה

artisan /ˌɑːtɪˈzæn/ n. אֻמָּן, חָרָשׁ, בַּעַל־מְלָאכָה

artist /ˈɑːtɪst/ n. אָמָּן (בְּיִחוּד צַיָּר)
con artist (*colloq.*) "נוֹכֵל מִקְצוֹעִי"

artiste /ɑːˈtiːst/ n. אֳמַן־בִּימָה, אֳמַן־בִּדּוּר, בַּדְרָן, זַמָּר

artistic /ɑːˈtɪstɪk/ adj. אָמָּנוּתִי
□ *an artistic temperament is no excuse for impertinence* אַפִּי שֶׁל אָמָּן זֶה לֹא תֵּרוּץ לְהִתְנַהֲגוּת חֲצוּפָה

artistically /ɑːˈtɪstɪklɪ/ adv. בְּאֹפֶן אָמָּנוּתִי; (נוֹטֶה) לָאָמָּנוּת

artistry /ˈɑːtɪstrɪ/ n. כִּשְׁרוֹן אָמָּנוּתִי

artless /ˈɑːtlɪs/ adj. תָּמִים, פָּשׁוּט, טִבְעִי, נָאִיבִי

artwork /ˈɑːtwɜːk/ n. הָעִטּוּרִים בְּסֵפֶר מֻדְפָּס, הָעִצּוּב הַגְּרָפִי בְּסֵפֶר מֻדְפָּס (בְּעִקָּר הָעִטּוּרִים)

arty /ˈɑːtɪ/ adj. (*colloq.*) "אָמָּנוּתִי" (נֶאֱמַר בְּזִלְזוּל עַל אָדָם/חֵפֶץ), מִתְיַמֵּר לִהְיוֹת "אָמָּנוּתִי"
arty-crafty "אָמָּנוּתִי" וְנָאִיבִי

arum /ˈeərəm/ n. **arum lily** מַטֵּה־אַהֲרֹן (סוּג פֶּרַח לוּף)

Aryan /ˈerɪən/ adj. & n.
1 (relating to Indo-European language and people) אָרִי
2 (in Nazi ideology) אָרִי (הַגֶּזַע הָעֶלְיוֹן בְּתוֹרַת הַגֶּזַע הַנָּאצִית)

as /əz, strong form æz/ adv. (in comparisons)
as (or **so**) **far as** עַד כַּמָּה שֶׁ...
□ *as far as I know, he's in India* כְּכָל הַיָּדוּעַ לִי הוּא בְּהֹדּוּ, עַד כַּמָּה שֶׁיָּדוּעַ לִי הוּא בְּהֹדּוּ
□ *as far as I can see, it makes no odds* עַד כַּמָּה שֶׁאֲנִי מֵבִין זֶה לֹא מְשַׁנֶּה כְּלוּם
□ *as far as pronunciation is concerned* (or *goes*), *it's an easy language* מִבְּחִינַת הַמִּבְטָא זוֹ שָׂפָה קַלָּה; בְּמַה שֶּׁנּוֹגֵעַ לַהֲגִיָּה, זוֹ שָׂפָה קַלָּה
□ *your child has been as good as gold* הַיֶּלֶד שֶׁלְּךָ הִתְנַהֵג יָפֶה לְהַפְלִיא, הַיֶּלֶד שֶׁלְּךָ הִתְנַהֵג – מַמָּשׁ זָהָב!
□ *I'm not as good at swimming as she is* אֲנִי לֹא מֵיטִיב לִשְׂחוֹת כָּמוֹהָ
□ *that idea is as good as dead* רַעְיוֹן זֶה, אָבַד עָלָיו הַכֶּלַח
□ *he was as good at his word* הוּא עָמַד בְּדִבּוּרוֹ, הוּא קִיֵּם אֶת הַבְטָחָתוֹ
□ *you'll have to repair it as best you can* יִהְיֶה עָלֶיךָ לְתַקֵּן אֶת זֶה כְּמֵיטַב יְכָלְתְּךָ
□ *Rome is at least ten times as big as Rimini* רוֹמָא גְּדוֹלָה לְפָחוֹת פִּי עֲשָׂרָה מֵרִימִינִי
□ *he's as big an idiot as ever* הוּא נִשְׁאַר מְטֻמְטָם כְּמוֹ שֶׁהָיָה, הוּא נִשְׁאַר אִדְיוֹט כְּמוֹ תָּמִיד
□ *as like as not, she'll find a way to wriggle out of it* קָרוֹב לְוַדַּאי שֶׁהִיא תִּמְצָא דֶּרֶךְ לְהֵחָלֵץ מִזֶּה
□ *you can stay here as long as you like* תּוּכַל לְהִשָּׁאֵר כָּאן כָּל זְמַן שֶׁתִּרְצֶה, תּוּכַל לְהִשָּׁאֵר כָּאן כַּמָּה שֶׁתִּרְצֶה
□ *you can take it as* (or *so*) *long as you bring it back* תּוּכַל לִשְׁאֹל אֶת זֶה בִּתְנַאי שֶׁתַּחֲזִיר (אֶת זֶה)
□ *he gave me a wink, as much as if to say 'Don't worry!'* הוּא קָרַץ לִי, כְּאוֹמֵר: "אַל דְּאָגָה!"
□ *report to me as soon as you get back* דַּוַּח לִי מִיָּד כְּשֶׁתַּחֲזֹר
□ *I'll come as soon as I can* (or *as possible*) אֲנִי אֶחֱזֹר בְּהֶקְדֵּם הָאֶפְשָׁרִי
□ *I would* (*just*) *as soon stay at home as go to this party* אֲנִי מַעֲדִיף לְהִשָּׁאֵר בַּבַּיִת וְלֹא לָלֶכֶת לַמְּסִבָּה הַזֹּאת
□ *the problem is as broad as it's long* זֶה לֹא מְשַׁנֶּה כְּלוּם, זֶה הַכֹּל אוֹתוֹ דָּבָר
□ *the malaria patient is as well as can be expected* מַצָּבוֹ שֶׁל חוֹלֵה הַקַּדַּחַת טוֹב כְּכָל שֶׁנִּתָּן לְצַפּוֹת
□ *as well as golf, she plays croquet* בְּנוֹסָף לְגוֹלְף הִיא גַּם מְשַׂחֶקֶת קְרוֹקֶט

—conj.
1 (expressing purpose or result)
□ *we left early so as to be home for lunch* עָזַבְנוּ מֻקְדָּם כְּדֵי לְהַגִּיעַ הַבַּיְתָה בַּזְּמַן לַאֲרוּחַת הַצָּהֳרַיִם
2 (expressing concession; though) לַמְרוֹת שֶׁ... אַף עַל פִּי שֶׁ...
□ *be that as it may* בְּכָל זֹאת, בְּכָל מִקְרֶה, כָּךְ אוֹ אַחֶרֶת
□ *little as I want to go, I must* אַף עַל פִּי שֶׁאֲנִי לֹא שָׂשׂ לָלֶכֶת, אֲנִי מֻכְרָח
□ *rich as he is, he's not happy* כָּל כַּמָּה שֶׁהוּא עָשִׁיר, הוּא לֹא מְאֻשָּׁר
□ *try as she might, she could not open the window* לַמְרוֹת שֶׁנִּסְּתָה, לֹא הִצְלִיחָה לִפְתֹּחַ אֶת הַחַלּוֹן
3 (expressing similarity of manner etc.; like) כְּ..., כְּמוֹ
as before כְּבֶעָבָר, כְּמִקֹּדֶם
as ever כְּתָמִיד
as it is בַּמַּצָּב הַנּוֹכְחִי, כְּפִי שֶׁהַדְּבָרִים עַתָּה
as it were כִּבְיָכוֹל
as one כְּאֶחָד, כֻּלָּם כְּאֶחָד
as usual כָּרָגִיל
as you were! (*Mil.*) חֲזוֹר (פְּקֻדָּה הַמַּתִּירָה לְחַיָּל לַחֲזוֹר לִפְעִילוּתוֹ הַקּוֹדֶמֶת)

□ *where was I? ... ah, yes ... as I was saying ...* אֵיפֹה הָיִיתִי?... אָה, כֵּן... כְּפִי שֶׁאָמַרְתִּי
□ *do as you're told, children!* עֲשׂוּ מַה שֶּׁאוֹמְרִים לָכֶם, יְלָדִים! תַּעֲשׂוּ אֶת מַה שֶּׁאוֹמְרִים לָכֶם, יְלָדִים!
□ *we ate lobsters cooked as only he knows how* אָכַלְנוּ סַרְטָנִים שְׁלוּקִים, כְּפִי שֶׁרַק הוּא יוֹדֵעַ לְהָכִין
□ *Ann voted against me, as did Paul* אַן הִצְבִּיעָה נֶגְדִּי, כְּפִי שֶׁנָּהַג פּוֹל
□ *as it happens, I met him only this morning* בְּמִקְרֶה פָּגַשְׁתִּי אוֹתוֹ רַק הַבֹּקֶר
□ *as it happens, I'm the head of this outfit* בְּמִקְרֶה אֲנִי עוֹמֵד בְּרֹאשׁ הַמּוֹסָד הַזֶּה
□ *as it stands, this article is quite unprintable* בְּצוּרָתוֹ הַנּוֹכְחִית אֵין מַאֲמָר זֶה רָאוּי לִדְפוּס
□ *he's quite heavy, as jockeys go* הוּא שׁוֹקֵל הַרְבֵּה, בְּהַשְׁוָאָה לְרוֹכְבֵי סוּסִים
□ *handsome is as handsome does* (*Prov.*) אוֹמֵר וְעוֹשֶׂה, נָאֶה דּוֹרֵשׁ וְנָאֶה מְקַיֵּם (נֶאֱמַר לְעִתִּים כְּדֵי לְהַזְכִּיר לִפְלוֹנִי אֶת הַבְטָחָתוֹ)

4 (representing; being) כְּ..., בְּתוֹר
as such בְּתוֹר שֶׁכָּזֶה
□ *I came as a friend* בָּאתִי כְּיָדִיד
□ *have you heard Domingo as Macbeth?* הַאִם שָׁמַעְתָּ אֶת (הַזַּמָּר) דּוֹמִינְגּוֹ שָׁר אֶת "מַקְבֶּת"?
□ *he is regarded as an authority on butterflies* הוּא נֶחְשָׁב לְסַמְכוּת בִּתְחוּם הַפַּרְפָּרִים
□ *I did it as a favour* עָשִׂיתִי זֹאת כְּטוֹבָה

5 (during, while; when) כְּשֶׁ..., בְּעֵת שֶׁ...
as and when אִם וְכַאֲשֶׁר
□ *as he finished speaking the crowd applauded* כַּאֲשֶׁר סִיֵּם לְדַבֵּר, הַקָּהָל מָחָא כַּפַּיִם
□ *as he spoke the crowd grew angry* בְּעוֹד הוּא מְדַבֵּר, הֵחֵל הַזַּעַם לִגְאוֹת בְּקֶרֶב הַקָּהָל
□ *he lived in India as a child* הוּא חַי בְּהֹדּוּ כְּיֶלֶד

6 (because) כֵּיוָן שֶׁ... בְּשֶׁל
□ *as I was late, I ran* כֵּיוָן שֶׁאֵחַרְתִּי, רַצְתִּי

7 (in other set phrases)
as for בַּאֲשֶׁר לְ..., בְּכָל הַנּוֹגֵעַ לְ...
□ *as for his credentials, I've no idea about them* אֲשֶׁר לִתְעוּדוֹת שֶׁלּוֹ, אֵין לִי מֻשָּׂג עֲלֵיהֶן
as from הָחֵל מִ...
□ *as from today, you will receive £3 more a week* מֵהַיּוֹם תְּקַבֵּל תּוֹסֶפֶת שֶׁל 3 לִירוֹת לְשָׁבוּעַ
as if (or **as though**) כְּאִלּוּ שֶׁ...
□ *you look as if* (or *as though*) *you'd seen a ghost* אַתָּה נִרְאֶה חִוֵּר כְּמֵת, אַתְּ נִרְאֵית כְּאִלּוּ רָאִית רוּחַ־רְפָאִים
□ *it looks as if* (or *as though*) *he didn't make it after all* נִרְאֶה שֶׁבְּסוֹפוֹ שֶׁל דָּבָר הוּא לֹא הִצְלִיחַ, נִרְאֶה שֶׁבְּסוֹפוֹ שֶׁל דָּבָר לֹא עָלָה הַדָּבָר בְּיָדוֹ
□ *it isn't as if we didn't know* זֶה לֹא שֶׁלֹּא יָדַעְנוּ
as much כָּךְ, כָּכָה
□ *I thought as much* כָּכָה חָשַׁבְתִּי, יָדַעְתִּי שֶׁזֶּה מַה שֶּׁיִּהְיֶה
as of הָחֵל מִ...
□ *as of today, bread will be twice as expensive as previously* הָחֵל מֵהַיּוֹם, מְחִיר הַלֶּחֶם יִהְיֶה כָּפוּל מִבֶּעָבָר
as per בְּהֶתְאֵם לְ...
□ *as per usual, she's burnt the chicken* (*colloq.*) כְּמוֹ תָּמִיד, הִיא שָׂרְפָה אֶת הָעוֹף
as regards בְּכָל הַנּוֹגֵעַ לְ...
□ *as regards money, I'm not too badly off* מִבְּחִינָה כַּסְפִּית מַצָּבִי לֹא רַע
as to בְּכָל הַנּוֹגֵעַ לְ...
□ *we've made no arrangements as to accommodation* לֹא דָּאַגְנוּ מֵרֹאשׁ לִמְגוּרִים
as yet לְפִי שָׁעָה, עַד עַתָּה
□ *as yet we've had no reply to our letter* עַד כֹּה לֹא קִבַּלְנוּ תְּשׁוּבָה לְמִכְתָּבֵנוּ, לְפִי שָׁעָה לֹא קִבַּלְנוּ תְּשׁוּבָה לְמִכְתָּבֵנוּ

—relative pron.

1 (that, who, which)
□ *he's a fool, as is evident from his many blunders* הוּא שׁוֹטֶה, כְּפִי שֶׁנִּתָּן לִרְאוֹת מִן הַטָּעֻיּוֹת הָרַבּוֹת שֶׁהוּא עוֹשֶׂה
□ *she is a poet, as is her daughter* הִיא מְשׁוֹרֶרֶת וְכָךְ גַּם בִּתָּהּ
□ *the case is not a serious one, involving as it does only a few dollars* הַמִּקְרֶה אֵינוֹ חָמוּר, שֶׁכֵּן הַמְּדֻבָּר בְּדוֹלָרִים מְעַטִּים בִּלְבַד

2 (with **same, such, so**)
□ *he's just the same as he was* הוּא בְּדִיּוּק כְּפִי שֶׁהָיָה
□ *the difference is so small as to be insignificant* הַהֶבְדֵּל כָּל כָּךְ קָטָן, שֶׁאֵין הוּא מְשַׁנֶּה
□ *would you be so good as to close the window?* הַאִם תּוֹאִיל בְּטוּבְךָ לִסְגֹּר אֶת הַחַלּוֹן?
□ *she gave him such comfort as she could* הִיא עוֹדְדָה/נִחֲמָה אוֹתוֹ כָּל כַּמָּה שֶׁיָּכְלָה
□ *in countries such as Wales* (or *such countries as Wales*) *many people speak English as a second language* בִּמְדִינוֹת כְּמוֹ וֵילְס דּוֹבְרִים אֲנָשִׁים רַבִּים אַנְגְּלִית כְּשָׂפָה שְׁנִיָּה
□ *he's not such a fool as to insult his boss* הוּא לֹא טִפֵּשׁ עַד כְּדֵי כָּךְ שֶׁיַּעֲלִיב אֶת הַבּוֹס שֶׁלּוֹ
□ *they're not such close friends as I thought* הֵם לֹא חֲבֵרִים טוֹבִים כְּפִי שֶׁחָשַׁבְתִּי

3 (the fact that)
□ *she's dying, as you know* הִיא עוֹמֶדֶת לָמוּת, כְּפִי שֶׁאַתָּה יוֹדֵעַ
□ *seeing as you're here, could you help to tidy up?* (*colloq.*) כֵּיוָן שֶׁאַתָּה כָּאן, תּוּכַל לַעֲזֹר לְסַדֵּר?

a.s.a.p. /ˌeɪ ˌes eɪ ˈpiː/ abbrev. (בְּסוֹף מִכְתָּב וְכַד') בְּהֶקְדֵּם הָאֶפְשָׁרִי

asbestos /æzˈbestos/ n. אַזְבֶּסְט

asbestosis /ˌæzbesˈtəʊsɪs/ n. אַזְבֶּסְטוֹזִיס (מַחֲלַת רֵאוֹת הַנִּגְרֶמֶת מִשְּׁאִיפַת חֶלְקִיקֵי אַזְבֶּסְט)

ascend /əˈsend/ v.i. עָלָה, טִפֵּס, עָלָה מַעְלָה

—v.t. עָלָה בְּ..., עָלָה לְ..., טִפֵּס עַל

□ *Queen Victoria ascended the throne in 1837* הַמַּלְכָּה וִיקְטוֹרְיָה עָלְתָה לְכֵס הַמְּלוּכָה בְּ־1837

ascendancy /əˈsendənsɪ/ n. עֶלְיוֹנוּת, שְׁלִיטָה, הַשְׁפָּעָה

ascendant /əˈsendənt/ adj. & n. שַׁלִּיט, עֶלְיוֹן; עוֹלֶה; עֲלִיָּה

□ *this politician's star is in the ascendant* כּוֹכָבוֹ שֶׁל הַמְּדִינַאי הַזֶּה עוֹלֶה/נִמְצָא בַּעֲלִיָּה

ascension /əˈsenʃ(ə)n/ n.

1 (*Relig.*) עֲלִיָּה לַשָּׁמַיִם

Ascension Day יוֹם עֲלִיָּתוֹ שֶׁל יֵשׁוּ הַשָּׁמַיְמָה (יוֹם ה׳, הַיּוֹם הָ־40 אַחֲרֵי הַפַּסְחָא)

2 (process of moving up, going on to etc.) עֲלִיָּה (לְכֵס מַלְכוּת, בַּמַּדְרֵגוֹת וְכַד׳)

ascent /əˈsent/ n.

1 (movement upwards, progress) עֲלִיָּה, טִפּוּס מַעְלָה, הִתְרוֹמְמוּת

2 (way up) עֲלִיָּה

ascertain /æsəˈteɪn/ v.t. (*formal*) אִמֵּת; וִדֵּא, הִבְטִיחַ

ascetic /əˈsetɪk/ adj. & n. (אֹרַח חַיִּים וְכַד׳) פָּשׁוּט וּמַחְמִיר, פָּשׁוּט וְטָהוֹר; פָּרוּשׁ, סַגְפָן

asceticism /əˈsetɪsɪzəm/ n. סַגְפָנוּת, חַיֵּי־פְּרִישׁוּת

ASCII /ˈæskiː/ n. (*Comput.*) "אַסְקִי", (קוֹד סְטַנְדַּרְטִי לְאִינְפוֹרְמַצְיָה בְּמַחְשְׁבִים)

ascorbic acid /əˌskɔːbɪk ˈæsɪd/ n. חֻמְצָה אַסְקוֹרְבִּית (וִיטָמִין סִי)

ascribable /əˈskraɪbəb(ə)l/ adj. שֶׁנִּתָּן לְיַחֲסוֹ לְ...

ascribe /əˈskraɪb/ v.t.

1 (consider to be the author or cause of) יִחֵס (סִבָּה, יְצִירַת אֳמָנוּת וְכַד׳, לִפְלוֹנִי וְכַד׳)

2 (regard as belonging) יִחֵס (תְּכוּנָה וְכַד׳, לִפְלוֹנִי)

ascription /əˈskrɪpʃ(ə)n/ n. יִחוּס, שִׁיּוּךְ; זִהוּי (שֶׁל יְצִירַת אֳמָנוּת, בְּתוֹר יְצִירַת פְּלוֹנִי)

asepsis /ˌeɪˈsepsɪs/ n. (*Med.*) אִי־אִלּוּחַ, נִקְיוֹן (שֶׁל פֶּצַע וְכַד׳)

aseptic /ˌeɪˈseptɪk/ adj. לֹא־מְאֻלָּח, נָקִי (פֶּצַע, תַּחְבֹּשֶׁת), אָסֶפְּטִי

asexual /ˌeɪˈsekʃʊəl/ adj. אַ־מִינִי, חֲסַר־מִין

ash[1] /æʃ/ n. (עֵץ) מֵילָה

ash[2] /æʃ/ n. אֵפֶר, רֶמֶץ

ash blonde (שֵׂעָר) בְּלוֹנְדִּינִי־כָּסוּף; אִשָּׁה בַּעֲלַת שֵׂעָר בְּלוֹנְדִּינִי־כָּסוּף

Ash Wednesday (*Relig.*) (בַּנַּצְרוּת) הָרִאשׁוֹן שֶׁבְּאַרְבָּעִים יְמֵי הַתַּעֲנִית שֶׁלִּפְנֵי הַפַּסְחָא

□ *his ashes were scattered at sea* אֶפְרוֹ פֻּזַּר בְּלֶב־יָם (לְאַחַר שֶׁנִּפְטַר וּגְוִיָּתוֹ נִשְׂרְפָה)

ashamed /əˈʃeɪmd/ adj. בּוֹשׁ, נִכְלָם

□ *I felt very ashamed of myself* הִתְבַּיַּשְׁתִּי מְאוֹד, חַשְׁתִּי בּוּשָׁה רַבָּה

□ *he felt ashamed for her, that she had sunk to stealing* הוּא הִתְבַּיֵּשׁ בִּגְלָלָהּ, עַל כָּךְ שֶׁהִדַּרְדְּרָה לִגְנֵבָה

□ *I was ashamed to be seen in his company* הִתְבַּיַּשְׁתִּי לְהֵרָאוֹת בְּחֶבְרָתוֹ

□ *I'm ashamed to say I've lost your letter to me* לֹא נָעִים לִי לוֹמַר לְךָ, שֶׁאִבַּדְתִּי אֶת מִכְתָּבְךָ, אֲנִי בּוֹשׁ לְהוֹדוֹת שֶׁאִבַּדְתִּי אֶת מִכְתָּבְךָ

ashen /ˈæʃ(ə)n/ adj. אָפֹר, חִוֵּר, כָּאֵפֶר (פָּנִים וְכַד׳ בְּשֶׁל חֲרָדָה וְכַד׳)

Ashkenazi /ˌæʃkəˈnɑːzɪ/ (*pl.* **Ashkenazim**) n. יְהוּדִי אַשְׁכְּנַזִּי

Ashkenazic /ˌæʃkəˈnɑːzɪk/ adj. אַשְׁכְּנַזִּי

ashore /əˈʃɔː(r)/ adv. אֶל הַחוֹף, אֶל הַיַּבָּשָׁה

ashram /ˈæʃrəm/ n. (*Ind.*) "אַשְׁרָם" (מָעוֹן לַחֲסִידֵי גּוּרוּ וּמִתְבּוֹדְדִים הִינְדִּים)

ash tray /æʃ treɪ/ n. מַאֲפֵרָה

Asian /ˈeɪʃ(ə)n/ n. & adj. אָדָם אַסְיָתִי; אַסְיָתִי, אַסְיָנִי

Asiatic /ˌeɪʃɪˈætɪk/ n. & adj. אָדָם אַסְיָתִי; אַסְיָתִי, אַסְיָנִי

aside /əˈsaɪd/ adv. בַּצַּד

aside from (*US*) פְּרָט לְ..., חוּץ מִ...

joking aside צְחוֹק בַּצַּד, צְחוֹק צְחוֹק

set aside שָׂם בַּצַּד, הִנִּיחַ בַּצַּד

—n. הֶעָרָה לַקָּהָל (עַל יְדֵי שַׂחְקָן, כִּבְיָכוֹל מִבְּלִי שֶׁהַדְּמֻיּוֹת הָאֲחֵרוֹת יִשְׁמְעוּ); הֶעָרַת־אַגַּב

asinine /ˈæsɪnaɪn/ adj. (*formal*) אֱוִילִי, שְׁטוּתִי בְּתַכְלִית

ask /ɑːsk/ v.t.

1 (question) שָׁאַל

□ *he asked me the way home* הוּא שָׁאַל אוֹתִי אֵיךְ לְהַגִּיעַ הַבַּיְתָה

□ *if you ask me, she's too old to be a student* אִם תִּשְׁאַל אוֹתִי הִיא מְבֻגֶּרֶת מִדַּי בִּכְדֵי לִהְיוֹת סְטוּדֶנְטִית

□ *200 guests and only food for 100? I ask you!* 200 אוֹרְחִים, וּמָזוֹן רַק לְ־100? אֵיזֶה טִמְטוּם!

2 (seek to obtain, request) בִּקֵּשׁ

□ *can I ask a favour of you* (or *ask you a favour*)? מֻתָּר לִי לְבַקֵּשׁ טוֹבָה?

□ *some teachers ask too little of their students* יֵשׁ מוֹרִים הַדּוֹרְשִׁים מְעַט מִדַּי מִן הַתַּלְמִידִים שֶׁלָּהֶם

□ *it's asking a lot!* אַתָּה מַגְזִים בְּבַקָּשָׁתְךָ! יֵשׁ גְּבוּל!

□ *what's he asking for the house?* כַּמָּה הוּא מְבַקֵּשׁ בְּעַד הַבַּיִת

□ *what's the asking price for the house?* מָה הַמְּחִיר שֶׁדּוֹרְשִׁים בְּעַד הַבַּיִת?

3 (invite) הִזְמִין

□ *he asked me in* הוּא הִזְמִין אוֹתִי לְהִכָּנֵס

□ *she asked him out on a date* הִיא הִזְמִינָה אוֹתוֹ לָצֵאת אִתָּהּ

□ *I've asked a colleague to dinner* (or *over for dinner*) הִזְמַנְתִּי אֶת אֶחָד מֵעֲמִיתַי לַאֲרוּחַת עֶרֶב

—v.i. שָׁאַל עַל אוֹדוֹת, שָׁאַל בְּקֶשֶׁר לְ...

□ *a friend came asking for* (or *after*) *you when you were out* חָבֵר חִפֵּשׂ אוֹתְךָ כְּשֶׁלֹּא הָיִיתָ בַּבַּיִת

□ *doors and timber from demolition sites used to go for the asking* דְּלָתוֹת וְקוֹרוֹת־עֵץ מִבָּתִּים הֲרוּסִים נִתְּנוּ בֶּעָבָר בְּחִנָּם לְכָל דּוֹרֵשׁ

□ *I asked about the special offer, but apparently it's ended* שָׁאַלְתִּי עַל הַהַצָּעָה הַמְּיֻחֶדֶת, אֲבָל מִתְבָּרֵר שֶׁהִיא כְּבָר הִסְתַּיְּמָה

□ *it's asking for trouble to tease a policeman* אַתָּה מְחַפֵּשׂ צָרוֹת אִם אַתָּה מִתְגָּרֶה בְּשׁוֹטֵר

□ *you asked for it* (*colloq.*) זֶה מַגִּיעַ לְךָ! זוֹ אַשְׁמָתְךָ!

askance /əˈskæns/ adv. **look askance at** הִבִּיט בְּחַשְׁדָנוּת אֶל/בְּ...

askew /əˈskjuː/ adv. & pred. adj. בַּאֲלַכְסוֹן, בִּמְלֻכְסָן, בִּנְטִיָּה הַצִּדָּה

aslant /əˈslɑːnt/ adv. & prep. בַּאֲלַכְסוֹן, בְּשִׁפּוּעַ; לְרֹחַב

asleep /əˈsliːp/ adv. & pred. adj. יָשֵׁן, אֲחוּז־תְּנוּמָה

asp /æsp/ n. עֶכֶן (נָחָשׁ אַרְסִי מִמִּשְׁפַּחַת הַצִּפְעוֹנִים)

asparagus /əˈspærəgəs/ n. אַסְפָּרָגוּס

aspartame /əˈspɑːteɪm/ n. "נִיוּטְרַסְוִיט" (סוּג שֶׁל מַמְתִּיק מְלָאכוּתִי)

aspect /æspekt/ n.

1 (component, feature) אַסְפֶּקְט, הֶבֵּט, נְקֻדַּת־מַבָּט, פַּן

2 (expression, appearance) הַבָּעָה, מַבָּט

3 (side facing a particular direction) צַד, חֲזִית

4 (*Gram.*) אַסְפֶּקְט

aspen /æspən/ n. (עֵץ) צַפְצָפָה רַעֲדָנִית

asperity /əˈsperɪtɪ/ n. (*formal*) גַּסּוּת, חִסְפּוּס; חֻמְרָה

aspersion /əˈspɜːʃ(ə)n/ n. (*formal*) הַשְׁמָצָה, דִּבָּה; הוֹצָאַת דִּבָּה

□ *are you casting aspersions on my ability to stand on my head* הַאִם אַתָּה מֵטִיל סָפֵק בִּיכָלְתִּי לַעֲמֹד עַל הָרֹאשׁ?

asphalt /ˈæsfælt/ n. & v.t. אַסְפַלְט; זֶפֶת, כִּסָּה (כְּבִישׁ) בְּאַסְפַלְט

asphodel /ˈæsfəˌdəl/ n. עִירִית (צֶמַח בָּר)

asphyxia /əˈsfɪksɪə/ n. (*Med.*) חֶנֶק, שֶׁנֶק

asphyxiate /əˈsfɪksɪeɪt/ v.t. & i. (*formal*) גָּרַם לְחֶנֶק, הֶחֱנִיק, חִנֵּק; שִׁנֵּק; נֶחֱנַק

asphyxiation /əˌsfɪksɪˈeɪʃ(ə)n/ n. (*formal*) חֲנִיקָה, חִנּוּק, שִׁנּוּק; חֶנֶק, מָוֶת בַּחֲנִיקָה

aspic /ˈæspɪk/ n. קָרִישׁ, מִקְפָּא צָלוּל (שֶׁל עוֹף אוֹ בָּשָׂר), גֶ'לִי בָּשָׂר

aspidistra /æspɪˈdɪstrə/ n. אַסְפִּידִיסְטְרָה

aspirant /əˈspaɪərənt/ n. (*formal*) שׁוֹאֵף

□ *she's an aspirant to high office* הִיא שׁוֹאֶפֶת לְמִשְׂרָה רָמָה

aspirate (*Phonet.*) v.t. /ˈæspəreɪt/ נִשֵּׁף, בִּטֵּא אֶת הָאוֹת "ה"

—n. /ˈæspərət/ הֶגֶה מְנֻשָּׁף (כַּנַּ"ל)

aspiration /æspəˈreɪʃ(ə)n/ n.

1 (desire, ambition) שְׁאִיפָה, הִתְאַוָּה, אַסְפִּירַצְיָה

2 (breathing) שְׁאִיפָה (שֶׁל אֲוִיר וְכַד')

aspire /əˈspaɪə(r)/ v.i. שָׁאַף, הִתְאַוָּה (לְדָבָר מָה)

aspirin /ˈæsprɪn/ n. אַסְפִּירִין; כַּדּוּר אַסְפִּירִין

ass[1] /æs/ n.

1 (animal) חֲמוֹר, אָתוֹן

2 (stupid person, *colloq.*) "חֲמוֹר", טִפֵּשׁ, אִידְיוֹט

□ *I made an ass of myself* עָשִׂיתִי אֶת עַצְמִי לִצְחוֹק

ass[2] /æs/ n. (*US sl.*) תַּחַת

□ *piece of ass* (*vulg.*) "כּוּסִית"; "זִיּוּן" (נֶאֱמַר עַל יְדֵי גֶּבֶר, לְגַבֵּי אִשָּׁה)

assail /əˈseɪl/ v.t. (*formal*) תָּקַף, הִתְנַפֵּל עַל

□ *I was assailed by doubts* נִתְקַפְתִּי סְפֵקוֹת

assailant /əˈseɪlənt/ n. (*formal*) תּוֹקֵף

assassin /əˈsæsɪn/ n. מִתְנַקֵּשׁ, רוֹצֵחַ (לָרֹב מִתְנַקֵּשׁ בְּאִישִׁיּוּת צִבּוּרִית, לְעִתִּים תְּמוּרַת בֶּצַע־כֶּסֶף)

assassinate /əˈsæsɪneɪt/ v.t. הִתְנַקֵּשׁ, רָצַח (כַּנַּ"ל)

assassination /əˌsæsɪˈneɪʃ(ə)n/ n. הִתְנַקְּשׁוּת, רֶצַח (כַּנַּ"ל)

character assassination רֶצַח־אֹפִי

assault /əˈsɔːlt/ n.

1 (hostile or violent attack etc.) תְּקִיפָה, הִתְקָפָה, הִתְנַפְּלוּת, הִסְתַּעֲרוּת

assault course מַסְלוּל־מִכְשׁוֹלִים (לְחַיָּלִים)

□ *it was our second assault on the Matterhorn* זֶה הָיָה נִסְיוֹן הַטִּפּוּס הַשֵּׁנִי שֶׁלָּנוּ עַל הַמָּטֶרְהוֹרְן

2 (*Law*) תְּקִיפָה

assault and battery אִיּוּם בִּתְקִיפָה וּתְקִיפָה הֲלָכָה לְמַעֲשֶׂה

indecent assault מַעֲשֶׂה מְגֻנֶּה, תְּקִיפָה מִינִית

—v.t. תָּקַף, הִתְנַפֵּל עַל, הִסְתַּעֵר עַל

□ *I was assaulted by a flood of insults* הֵטִיחוּ בִּי מַבּוּל שֶׁל קְלָלוֹת וְעֶלְבּוֹנוֹת

assay /əˈseɪ/ v.t. & i. בָּחַן אֶת דַּרְגַּת־הָאֵיכוּת שֶׁל מַתֶּכֶת (כֶּסֶף וְזָהָב); (בְּהַשְׁאָלָה) עָרַךְ נִסָּיוֹן לַעֲשׂוֹת (דְּבַר מָה)

—n. בְּדִיקַת דַּרְגַּת־הָאֵיכוּת שֶׁל מַתֶּכֶת; (בְּהַשְׁאָלָה) נִסָּיוֹן (לַעֲשׂוֹת דְּבַר מָה)

assegai /ˈæsɪgaɪ/ n. סוּג שֶׁל חֲנִית אַפְרִיקָאִית (בַּעֲלַת רֹאשׁ בַּרְזֶל)

assemblage /əˈsemblɪdʒ/ n. (*formal*) צֵרוּף, הַרְכָּבָה (שֶׁל צֶוֶת אֲנָשִׁים וְכַד'); קְבוּצָה (כַּנַּ"ל)

assemble /əˈsemb(ə)l/ v.t.

1 (gather together) אָסַף, קִבֵּץ, כִּנֵּס, צָבַר

2 (put together, construct; arrange) הִרְכִּיב, צֵרֵף

—v.i. הִתְכַּנֵּס, נֶאֱסַף

assembler /əˈsemblə(r)/ n. (*Comput.*) אַסֶמְבְּלֶר (תּוֹכְנָה הַמְּתַרְגֶּמֶת תָּכְנִיּוֹת מַחְשֵׁב לְקוֹד מְכוֹנָה)

assembly /əˈsemblɪ/ n.

1 (gathering together) אֲסֵפָה, כִּנּוּס; הִתְכַּנְּסוּת, הִתְאַסְּפוּת

□ *right of assembly was guaranteed by the constitution* זְכוּת הַהִתְכַּנְּסוּת הֻבְטְחָה עַל יְדֵי הַחֻקָּה

2 (council or other group of people) אֲסֵפָה

assembly rooms חֲדַר הַכִּנּוּסִים, אוּלַם־אֲסֵפוֹת צִבּוּרִי

legislative assembly בֵּית־הַמְחוֹקְקִים, הָאֲסֵפָה הַמְחוֹקֶקֶת

3 (putting together; construction) הַרְכָּבָה, צֵרוּף

assembly line מַסְלוּל הַרְכָּבָה, קַו־יִצּוּר

assembly room (or **shop**) אוּלַם הַהַרְכָּבָה (בְּמִפְעָל)

assent /əˈsent/ v.i. (*formal*) הִסְכִּים, נָתַן אֶת אִשּׁוּרוֹ לְ...

—n. הַסְכָּמָה, אִשּׁוּר

royal assent אִשּׁוּר הַמַּלְכוּת (אִשּׁוּרוֹ שֶׁל הַמֶּלֶךְ לְחֹק שֶׁנִּתְקַבֵּל בַּפַּרְלָמֶנְט הַבְּרִיטִי)

assert /əˈsɜːt/ v.t.

1 (declare) הִכְרִיז, הִצְהִיר

□ *I asserted the truth of my story* הִכְרַזְתִּי עַל אֲמִתּוּת הַסִּפּוּר שֶׁלִּי

2 (put forward confidently) קָבַע, הִכְרִיז

□ *women are asserting their claim to equality at work* הַנָּשִׁים תּוֹבְעוֹת אֶת זְכוּתָן לְשִׁוְיוֹן בָּעֲבוֹדָה

—v.refl. עָמַד עַל שֶׁלּוֹ, עָמַד עַל זְכוּתוֹ

□ *women are asserting themselves more nowadays* בְּיָמֵינוּ הַנָּשִׁים עוֹמְדוֹת בְּיֶתֶר תַּקִּיפוּת עַל שֶׁלָּהֶן

assertion /əˈsɜːʃ(ə)n/ n.

1 (declaration, insistence) קְבִיעָה (וַדָּאִית)

2 (standing up for one's rights, opinions etc.) עֲמִידָה (עַל זְכֻיּוֹת, דֵּעוֹת וְכַד׳)

□ *he is a man of great (self-)assertion* הוּא עוֹמֵד בְּתֹקֶף עַל שֶׁלּוֹ

assertive /əˈsɜːtɪv/ adj. קוֹבֵעַ (בְּבִטָּחוֹן), תַּקִּיף, נִמְרָץ; עוֹמֵד עַל שֶׁלּוֹ, ״אַסֶרְטִיבִי״

assess /əˈses/ v.t. הֶעֱרִיךְ

assessment /əˈsesmənt/ n. הַעֲרָכָה (שֶׁל כַּמּוּת, מְחִיר, יְכֹלֶת וְכַד׳)

assessor /əˈsesə(r)/ n. שַׁמַּאי; יוֹעֵץ מֻמְחֶה, עֵד מֻמְחֶה

asset /ˈæset/ n.

1 (useful thing or quality) נֶכֶס

□ *his knowledge of French is a great asset* הַיֶּדַע שֶׁלּוֹ בְּצָרְפָתִית הוּא נֶכֶס רַב־עֵרֶךְ

2 (in *pl.*, property) נְכָסִים (כַּלְכָּלִיִּים)

asset-stripping (*Comm.*) מְכִירַת נְכָסִים

liquid assets נְכָסִים נְזִילִים (מְזֻמָּן וְכַד׳)

asseverate /əˈsevəreɪt/ v.t. (*formal*) הִצְהִיר עַל/שֶׁ..., הִכְרִיז חֲגִיגִית עַל/שֶׁ...

asseveration /əˌsevəˈreɪʃ(ə)n/ n. (*formal*) הַצְהָרָה, הַכְרָזָה חֲגִיגִית

asshole /ˈæshəʊl/ n. (*US vulg.*)

1 (stupid person, *derog.*) ״בֶּן־זוֹנָה״

2 (anus) חוֹר הַתַּחַת

assiduity /ˌæsɪˈdjuːɪtɪ/ n. (*formal*) שַׁקְדָנוּת, הַתְמָדָה, חָרִיצוּת

assiduous /əˈsɪdjʊəs/ adj. (*formal*) שַׁקְדָן, מַתְמִיד, חָרוּץ

assign /əˈsaɪn/ v.t.

1 (allot) הִקְצִיב, הוֹעִיד, הֶעֱבִיר

2 (appoint) מִנָּה, שִׁבֵּץ (לְתַפְקִיד)

3 (ascribe) יִחֵס (דְּבַר־מָה לִפְלוֹנִי)

assignation /ˌæsɪgˈneɪʃ(ə)n/ n. (*formal*) קְבִיעַת פְּגִישָׁה (עפי״ר חֲשָׁאִית, בֵּין זוּג נֶאֱהָבִים)

□ *the lovers made an assignation (to meet) at midnight* הַנֶּאֱהָבִים נִדְבְּרוּ לְהִפָּגֵשׁ בַּחֲצוֹת

assignment /əˈsaɪnmənt/ n. מְשִׁימָה, תַּפְקִיד; הַקְצָאָה, מִנּוּי

assimilate /əˈsɪmɪleɪt/ v.t.

1 (digest, absorb) עִכֵּל, הִטְמִיעַ (מָזוֹן, בַּגּוּף)

2 (cause to resemble, make similar) הִטְמִיעַ

3 (*Phonet.*) הִדְמָה (צְלִילִים)

—v.i. נִטְמַע, הִתְבּוֹלֵל

□ *the immigrants assimilated to their new country's lifestyle* הַמְּהַגְּרִים הִסְתַּגְּלוּ לְאֹרַח־הַחַיִּים שֶׁל אַרְצָם הַחֲדָשָׁה

assimilation /əˌsɪmɪˈleɪʃ(ə)n/ n. הִתְבּוֹלְלוּת, טְמִיעָה, הִסְתַּגְּלוּת, אֲסִימִילַצְיָה; עִכּוּל; הַדָּמוּת (שֶׁל צְלִילִים)

assist /əˈsɪst/ v.t. סִיֵּעַ לְ, עָזַר לְ...

□ *two men are assisting the police in their inquiries* שְׁנֵי אֲנָשִׁים מְשַׁתְּפִים פְּעֻלָּה עִם הַמִּשְׁטָרָה בַּחֲקִירוֹתֶיהָ

—v.i. (*formal*) נָכַח, הָיָה נוֹכֵחַ (בְּטֶקֶס, בְּאֵרוּעַ וְכַד׳)

—n. (*US*) סִיּוּעַ (שֶׁל שַׂחְקָן אֶחָד לַשֵּׁנִי, בְּהַשָּׂגַת נְקֻדָּה וְכַד׳)

assistance /əˈsɪstəns/ n. סִיּוּעַ, עֶזְרָה

□ *can I be of any assistance?* הַאִם אֲנִי יָכוֹל לִהְיוֹת לְעֵזֶר בְּמַשֶּׁהוּ?

assistant /əˈsɪstənt/ n. עוֹזֵר

research assistant עוֹזֵר מֶחְקָר, אַסִיסְטֶנְט

shop assistant זַבָּן, מוֹכֵר

assize /əˈsaɪz/ n. (usu. in *pl.*, *Hist.*) מִשְׁפָּט ע״י שׁוֹפֵט וְחֶבֶר מֻשְׁבָּעִים; מוֹשָׁב (לְעִתִּים מְזֻמָּנוֹת) שֶׁל בֵּית־דִּין גָּבוֹהַּ בְּעִיר מְחוֹזִית (עַד 1971)

associate v.t. /əˈsəʊʃɪeɪt/

1 (connect in the mind) קִשֵּׁר (בְּמַחֲשָׁבָה)

□ *we associate Egypt with the Nile* מִצְרַיִם מִתְקַשֶּׁרֶת בְּדִמְיוֹנֵנוּ עִם הַנִּילוּס

2 (ally, declare a connection with) חִבֵּר, קָשַׁר, צֵרַף

□ *he associates himself with the Liberal Party* הוּא רוֹאֶה אֶת עַצְמוֹ כְּמִשְׁתַּיֵּךְ לַמִּפְלָגָה הַלִּיבֶּרָלִית

—v.i. הִתְרוֹעֵעַ

□ *he associates with criminals* הוּא מִתְרוֹעֵעַ עִם פּוֹשְׁעִים

—n. /əˈsəʊʃɪət/ שֻׁתָּף, עָמִית, חָבֵר

—adj. /əˈsəʊʃɪət/ נִלְוֶה

associate member חָבֵר שֶׁלֹּא־מִן־הַמִּנְיָן (בַּעַל זְכֻיּוֹת מֻגְבָּלוֹת)

associate professor (*US*) פְּרוֹפֶסוֹר שֶׁלֹּא־מִן־הַמִּנְיָן

association /əsəʊsɪ'eɪʃ(ə)n/ n.
1 (organization) הִתְאַחֲדוּת, אֲגֻדָּה
association football (*formal*) מִשְׂחַק הַכַּדּוּרֶגֶל
right of association חֹפֶשׁ הַהִתְאַגְּדוּת, זְכוּת הַהִתְאַגְּדוּת
2 (connection) הֶכֵּרוּת, קֶשֶׁר, יְדִידוּת
□ *my association with Jack goes back a long way* הַהֶכֵּרוּת שֶׁלִּי עִם ג'ק הִיא עִנְיָן שֶׁל שָׁנִים
3 (mental connection) אַסוֹצִיאַצְיָה
free association אַסוֹצִיאַצְיָה חָפְשִׁית
word association אַסוֹצִיאַצְיָה שֶׁל מִלִּים

assonance /'æsənəns/ n. אַסוֹנַנְס (חֲזָרָה עַל הַתְּנוּעוֹת אַךְ לֹא הָעִצּוּרִים בְּרֶצֶף הֲבָרוֹת: "נָפַל, קָרַס")

assort /ə'sɔ:t/ v.t. & i. (*formal*) תָּאַם, עָלָה בְּקָנֶה אֶחָד עִם; הִתְרוֹעֵעַ
assort with הִתְרוֹעֵעַ עִם

assorted /ə'sɔ:tɪd/ pred. adj.
1 (of various sorts) מְגֻוָּן, מְעֹרָב
2 (matched, *formal*) מֻתְאָם, תּוֹאֵם
□ *David and his wife are an ill-assorted couple* דָּוִד וְאִשְׁתּוֹ הֵם זוּג לֹא מֻצְלָח

assortment /ə'sɔ:tmənt/ n. מִבְחָר, אֹסֶף

assuage /ə'sweɪdʒ/ v.t. (*formal*) שִׁכֵּךְ, הִרְגִּיעַ, הֵקֵל (כְּאֵב, יִסּוּרִים, צָמָא וְכַד')

assume /ə'sju:m/ v.t.
1 (take for granted) הִנִּיחַ (מַצָּב נָתוּן וְכַד')
□ *assuming (that) he caught his plane, he should be half way to France by now* בְּהַנָּחָה שֶׁהִגִּיעַ לַמָּטוֹס בַּזְּמַן הוּא כְּבָר בַּחֲצִי הַדֶּרֶךְ לְצָרְפַת
2 (pretend) נָטַל לְעַצְמוֹ שֶׁלֹּא בִּזְכוּת
□ *the criminal had been living under an assumed name* הַפּוֹשֵׁעַ חַי תַּחַת שֵׁם בָּדוּי
3 (adopt, put on; come to have) נָטַל (לְיָדָיו), קִבֵּל עַל עַצְמוֹ
□ *the Opposition assumed the reins of government* הָאוֹפּוֹזִיצְיָה נָטְלָה אֶת רֶסֶן הַשִּׁלְטוֹן לְיָדֶיהָ
□ *the problem assumed immense proportions* הַבְּעָיָה קִבְּלָה מְמַדִּים גְּדוֹלִים מְאֹד

assumption /ə'sʌmpʃ(ə)n/ n. הַנָּחָה, הַשְׁעָרָה; קַבָּלָה, נְטִילָה (שֶׁל כֹּחַ, סַמְכוּת וְכַד')
the Assumption (*Relig.*) (בַּכְּנֵסִיָּה הָרוֹמִית קָתוֹלִית) עֲלִיַּת מִרְיָם, אֵם יֵשׁוּ, לַשָּׁמַיִם
assumption of power תְּפִיסַת הַשִּׁלְטוֹן, נְטִילַת הַשִּׁלְטוֹן (לְיָדָיו)
□ *I'm working on the assumption that they can all speak Hebrew* אֲנִי פּוֹעֵל עַל פִּי הַהַנָּחָה שֶׁהֵם כֻּלָּם דּוֹבְרִים עִבְרִית

assurance /ə'ʃɔ:rəns/ n.
1 (declaration, promise) הַבְטָחָה
2 (insurance) בִּטּוּחַ
life assurance בִּטּוּחַ חַיִּים
3 (confidence) בִּטָּחוֹן, בִּטְחוֹן־עַצְמִי (לָרֹב לְגַבֵּי נוֹשֵׂא מְסֻיָּם)

assure /ə'ʃɔ:(r)/ v.t.
1 (tell positively, remove doubt) הִבְטִיחַ לְ...
□ *I meant well, I assure you* הַכַּוָּנוֹת שֶׁלִּי הָיוּ טוֹבוֹת, אֲנִי מַבְטִיחַ לְךָ
2 (make certain) וִדֵּא שֶׁ..., הִבְטִיחַ שֶׁ...
□ *you will be assured of a good job if you pass this exam* אִם תַּעֲמֹד בַּבְּחִינָה, מֻבְטַחַת לְךָ מִשְׂרָה טוֹבָה
3 (insure) בִּטֵּחַ

assured /ə'ʃɔ:d/ adj. מֻבְטָח, בָּטוּחַ, סָמוּךְ וּבָטוּחַ; בּוֹטֵחַ
rest assured הָיָה סָמוּךְ וּבָטוּחַ

assuredly /ə'ʃɔ:rɪdlɪ/ adv. לָבֶטַח, בְּוַדַּאי

Assyrian /ə'sɪrɪən/ n. & adj. (שָׂפָה) אַשּׁוּרִית; אָדָם אַשּׁוּרִי; אַשּׁוּרִי

Assyriology /əsɪrɪ'olədʒɪ/ n. אַשּׁוּרוֹלוֹגְיָה

aster /'æstə(r)/ n. אַסְתֵּר (פֶּרַח גִּנָּה צִבְעוֹנִי)

asterisk /'æstərɪsk/ n. "כּוֹכָבוֹן", "כּוֹכָב", "כּוֹכָבִית" (סִימָן הַדְּפוּס *)

astern /ə'stɜ:n/ adv. (בִּסְפִינָה) בַּיַּרְכָתַיִם; בְּכִוּוּן הַיַּרְכָתַיִם

asteroid /'æstərɔ:ɪd/ n. כּוֹכָבִית, אַסְטֶרוֹאִיד

asthma /'æsmə/ n. קַצֶּרֶת, אַסְתְּמָה

asthmatic /æs'mætɪk/ adj. & n. אַסְתְּמָטִי, חוֹלֵה קַצֶּרֶת

astigmatic /æstɪgmætɪk/ adj. אַסְטִיגְמָטִי

astigmatism /ə'stɪgmətɪzəm/ n. אַסְטִיגְמָטִיזְם, אַסְטִיגְמָטִיּוּת (פְּגַם רְאִיָּה)

astir /ə'stɜ:(r)/ adv. & pred. adj. (*poet.*) בִּתְנוּעָה; כִּמְרֻקָּחָה, בְּהִתְרַגְּשׁוּת

astonish /ə'stonɪʃ/ v.t. הִפְתִּיעַ, הִדְהִים, הִתְמִיהַּ בְּיוֹתֵר

astonishing /ə'stonɪʃɪŋ/ adj. מַפְתִּיעַ, מַדְהִים, מַתְמִיהַּ בְּיוֹתֵר

astonishment /ə'stonɪʃmənt/ n. הַפְתָּעָה, תַּדְהֵמָה, תִּמָּהוֹן, הִשְׁתּוֹמְמוּת

astound /ə'staʊnd/ v.t. הִכָּה בְּתִמָּהוֹן, הִדְהִים; זִעֲזַע

astounding /ə'staʊndɪŋ/ adj. מַדְהִים; מְזַעְזֵעַ

astrakhan /æstrəkæn/ n. אַסְטְרַחָן (פַּרְוַת־טְלָאִים שְׁחוֹרָה וּמְקֻרְזֶלֶת)

astral /'æstrəl/ adj. כּוֹכָבִי; שְׁמֵימִי
astral body גּוּף שְׁמֵימִי

astray /ə'streɪ/ adv. & pred. adj. (יָצָא) לְתַרְבּוּת רָעָה; (הָלַךְ) לְאִבּוּד
□ *the boy was led astray by bad companions* הַנַּעַר יָצָא לְתַרְבּוּת רָעָה בְּהַשְׁפָּעַת חֲבֵרִים רָעִים
□ *my spectacles have gone astray* (*joc.*) מִשְׁקָפַי אָבְדוּ

astride /ə'straɪd/ adv. (רָכוּב) בְּפִשּׂוּק רַגְלַיִם
—prep. רָכוּב עַל

astringency /ə'strɪndʒənsɪ/ n. הַתְּכוּנָה שֶׁל חֳמָרִים מְסֻיָּמִים לִגְרֹם לְכִוּוּץ־רְקָמוֹת; חֻמְרָה

astringent /əˈstrɪndʒənt/ adj.
1 (causing contraction; preventing bleeding) (חֹמֶר) מְכַוֵּץ רְקָמוֹת הַגּוּף (וְעוֹצֵר דִּמּוּם)
2 (austere, severe) חָמוּר, מַחְמִיר
—n. חֹמֶר מְכַוֵּץ רְקָמוֹת הַגּוּף

astro- /æstrəʊ-/ pref. אַסְטְרוֹ־

astrolabe /ˈæstrəleɪb/ n. (*Hist.*) אַצְטְרֹלָב (מִתְקָן נִוּוּט הַמְשַׁמֵּשׁ לִמְדִידַת גָּבְהָם שֶׁל גַּרְמֵי הַשָּׁמַיִם)

astrologer /əˈstrɒlədʒə(r)/ n. אַסְטְרוֹלוֹג (בְּיָמֵינוּ); אִצְטַגְנִין (בֶּעָבָר)

astrological /ˌæstrəˈlɒdʒɪk(ə)l/ adj. אַסְטְרוֹלוֹגִי

astrology /əˈstrɒlədʒɪ/ n. אַסְטְרוֹלוֹגְיָה

astronaut /ˈæstrənɔːt/ n. אַסְטְרוֹנָאוּט, טַיַּס־חָלָל

astronautics /ˌæstrəˈnɔːtɪks/ n. אַסְטְרוֹנָאוּטִיקָה (מַדַּע הַטִּיסָה בֶּחָלָל הַחִיצוֹן)

astronomer /əˈstrɒnəmə(r)/ n. אַסְטְרוֹנוֹם (בְּיָמֵינוּ); תּוֹכֵן (בַּסְּפָרוּת וּבֶעָבָר)

astronomical /ˌæstrəˈnɒmɪk(ə)l/ adj.
1 (of astronomy) אַסְטְרוֹנוֹמִי
2 (extremely large, *colloq.*) "אַסְטְרוֹנוֹמִי"

astronomy /əˈstrɒnəmɪ/ n. אַסְטְרוֹנוֹמְיָה

astrophysics /ˌæstrəʊˈfɪzɪks/ n. אַסְטְרוֹפִיסִיקָה (חֵקֶר הַתְּכוּנוֹת הַפִּיזִיּוֹת וְהַכִּימִיּוֹת שֶׁל הַכּוֹכָבִים)

astute /əˈstjuːt/ adj. פִּקֵּחַ, מְהִיר תְּפִיסָה, חַד־אַבְחָנָה, חָרִיף, מְמֻלָּח

asunder /əˈsʌndə(r)/ adv. (*Poet.*) (שִׁסַּע, קָרַע וְכַד׳) לִגְזָרִים, לִרְסִיסִים

asylum /əˈsaɪləm/ n.
1 (sanctuary) מִקְלָט
□ *he was granted political asylum* הֶעֱנִיקוּ לוֹ מִקְלָט מְדִינִי
2 (institution, especially for the insane) מוֹסָד לְחוֹלֵי־נֶפֶשׁ

asymmetrical /ˌeɪsɪˈmetrɪk(ə)l/ adj. (also **asymmetric**) אַסִימֶטְרִי
asymmetric bars מַקְבִּילִים אַסִימֶטְרִיִּים (אֶחָד גָּבוֹהַּ וְאֶחָד נָמוּךְ; מַכְשִׁיר הִתְעַמְּלוּת)

asymmetry /eɪˈsɪmətrɪ/ n. אַסִימֶטְרִיָּה, חֹסֶר־סִימֶטְרִיָּה

asymptomatic /eɪˌsɪmptəˈmætɪk/ adj. חֲסַר־סִימְפְּטוֹמִים, אַ־סִימְפְּטוֹמָטִי

asymptote /ˈæsɪmpˌtəʊt/ n. (*Math.*) אַסִימְפְּטוֹטָה

asmptotic /ˈæsɪmpˈtɒtik/ adj. (*Math.*) אַסִימְפְּטוֹטִי

asynchronous /eɪˈsɪŋkrənəs/ adj. אַסִינְכְּרוֹנִי

at /ət, strong form æt/ prep.
1 (expressing position) אֵצֶל, בְּ...; לְיַד; בְּסָמוּךְ לְ...; כְּלַפֵּי, לְעֵבֶר
□ *we were at my mother's* בִּקַּרְנוּ אֵצֶל אִמָּא שֶׁלִּי, הָיִינוּ בַּבַּיִת שֶׁל אִמָּא שֶׁלִּי
□ *he's at Oxford University* הוּא לוֹמֵד בְּאוֹקְסְפוֹרְד
□ *he sat at a table* הוּא יָשַׁב לְיַד שֻׁלְחָן
□ *Manchester is where it's at* (*sl.*) הַכֹּל קוֹרֶה בְּמַנְצֶ׳סְטֶר, בְּמַנְצֶ׳סְטֶר "קוֹרִים דְּבָרִים"
□ *can we exchange addresses and leave it at that?* בּוֹא נַחֲלִיף כְּתוֹבוֹת וְנַנִּיחַ לָזֶה לְפִי שָׁעָה
□ *I managed to find a room, and a good one at that* הִצְלַחְתִּי לִמְצֹא חֶדֶר, וְדַוְקָא חֶדֶר מְצֻיָּן
□ *at your service!* לְשֵׁרוּתְךָ!
2 (expressing time) בְּ..., עִם
at times לִפְעָמִים, לִפְרָקִים
□ *burglars work at night* הַפּוֹרְצִים עוֹשִׂים אֶת מְלַאכְתָּם בַּלַּיְלָה
□ *you will be shot at dawn* תּוּצָא לְהוֹרֵג עִם שַׁחַר
□ *he felt sad and happy at once* הוּא הָיָה עָצוּב וּמְאֻשָּׁר בְּעֵת וּבְעוֹנָה אַחַת
□ *I want this done at once* אֲנִי רוֹצֶה שֶׁהַדָּבָר יֵעָשֶׂה מִיָּד
□ *at one time I was very fond of her* הָיָה זְמַן שֶׁחִבַּבְתִּי אוֹתָהּ מְאֹד
□ *it's impossible to be in two places at one time* אִי אֶפְשָׁר לְהִמָּצֵא בִּשְׁנֵי מְקוֹמוֹת בְּעֵת וּבְעוֹנָה אַחַת
□ *he was, at one and the same time, policeman and arch-criminal* הוּא הָיָה, בְּעֵת וּבְעוֹנָה אַחַת, שׁוֹטֵר וְרַב־גַּנָּבִים
□ *at that, he turned on his heel and left* בְּזֹאת הוּא סַב עַל עֲקֵבוֹתָיו וְהִסְתַּלֵּק
3 (expressing a point in a range, price, or rate) בְּ...
□ *unemployment is now running at 10%* שִׁעוּר הָאַבְטָלָה הוּא כָּעֵת 10%
□ *at (the) worst she can scold you* בַּמַּצָּב הַגָּרוּעַ בְּיוֹתֵר הִיא תִּנְזֹף בְּךָ
□ *at best, he will get only a 30% increase* הוּא יְקַבֵּל לְכָל הַיּוֹתֵר תּוֹסֶפֶת שֶׁל 30%
□ *at her best she is magnificent* כְּשֶׁהִיא בְּמֵיטָבָהּ הִיא נֶהְדֶּרֶת
□ *I sold it at a very low price* מָכַרְתִּי אֶת זֶה בִּמְחִיר נָמוּךְ מְאֹד
4 (occupied or concerned with) (עָסוּק) בְּ...
at it (engaged in activity) הִמְשִׁיךְ
□ *they were still hard at it* (work, arguing, any concentrated activity) *when I left* כְּשֶׁהָלַכְתִּי הֵם עֲדַיִן הִמְשִׁיכוּ/לֹא הִפְסִיקוּ
(repeating a disapproved activity, *colloq.*)
□ *he's at it again!* שׁוּב הוּא עוֹשֶׂה בְּעָיוֹת, הוּא שׁוּב עוֹשֶׂה אֶת זֶה!
□ *they went at it hammer and tongs* הֵם הִתְקוֹטְטוּ בְּמֶרֶץ וּבְרַעַשׁ
□ *he's at dinner* הוּא אוֹכֵל אֲרוּחַת עֶרֶב
□ *she was hard at work on her thesis* הִיא עָבְדָה קָשֶׁה עַל הַתֵּזָה שֶׁלָּהּ
5 (by means of; in terms of, regarding; in a state of) בְּ...
□ *she's good at arithmetic* הִיא טוֹבָה בְּחֶשְׁבּוֹן
□ *at one bound he was over the gate* בִּקְפִיצָה אַחַת הוּא הִגִּיעַ אֶל צִדּוֹ הַשֵּׁנִי שֶׁל הַשַּׁעַר

□ *I'm not quite at ease* אֲנִי לֹא חָשׁ לַחֲלוּטִין בְּנוֹחַ
□ *he rode past at a gallop* הוּא חָלַף בִּדְהָרָה
□ *after this great victory he mopped up the remaining pockets of resistance at his leisure* לְאַחַר הַנִּצָּחוֹן הַגָּדוֹל הוּא טִהֵר אֶת כִּיסֵי הַהִתְנַגְּדוּת הַנּוֹתָרִים בְּלֹא חִפָּזוֹן
□ *he explained his views at length in a recent article* בְּמַאֲמָר שֶׁפִּרְסֵם לָאַחֲרוֹנָה הוּא הִסְבִּיר בְּהַרְחָבָה אֶת הַשְׁקָפוֹתָיו
□ *we are at one on this issue now* עַכְשָׁו אֲנַחְנוּ תְּמִימֵי־דֵּעִים בַּנּוֹשֵׂא
□ *her mind is at rest now* עַכְשָׁו הוּנַח לָהּ, עַכְשָׁו נָחָה דַּעְתָּהּ
□ *those two countries are at war* שְׁתֵּי אֲרָצוֹת אֵלֶּה נְתוּנוֹת בְּמַצַּב מִלְחָמָה
□ *at great inconvenience and expense he obtained a permit for her* בְּטֹרַח רַב וּבְהוֹצָאָה מְרֻבָּה הוּא הִשִּׂיג רִשְׁיוֹן בִּשְׁבִילָהּ
6 (towards) לְעֵבֶר, אֶל
□ *the dog went at the rabbit* הַכֶּלֶב הִתְנַפֵּל עַל הָאַרְנָב
□ *I guessed at the answer* נִסִּיתִי לְנַחֵשׁ אֶת הַתְּשׁוּבָה
□ *he's always on at his wife to move* (*colloq.*) הוּא לֹא חָדַל מִלִּלְחֹץ עַל אִשְׁתּוֹ שֶׁיַּעַבְרוּ דִּירָה
□ *I feel I'm being got at* נִדְמֶה לִי שֶׁ"מְסַדְּרִים" אוֹתִי
7 at all לְגַמְרֵי, לַחֲלוּטִין

atavism /ˈætəvɪz(ə)m/ n. (*formal*) אֲטָבִיזְם (הִתְגַּלּוּת תְּכוּנוֹת שֶׁל אָבוֹת רְחוֹקִים בִּבְנֵי־בְּנֵיהֶם, לְאַחַר תְּקוּפָה אֲרֻכָּה)

atavistic /ˌætəˈvɪstɪk/ adj. (*formal*) אֲטָבִיסְטִי (כַּנַּ"ל)

ate /et, eɪt/ past of **eat**

atelier /əˈtelɪeɪ/ n. אַטֶלְיֶה (חֲדַר עֲבוֹדָה שֶׁל אָמָּן), סַדְנָה

atheism /ˈeɪθɪɪzəm/ n. אַתֵּיאִיזְם (כְּפִירָה בִּמְצִיאוּת אֱלֹהִים)

atheist /ˈeɪθɪɪst/ n. אַתֵּיאִיסְט (כַּנַּ"ל)

atheistic /ˌeɪθɪˈɪstɪk/ adj. אַתֵּיאִיסְטִי

Athenian /əˈθiːnɪən/ n. & adj. אָדָם אַתּוּנָאִי; אַתּוּנָאִי

athlete /ˈæθliːt/ n אַתְלֵט, סְפּוֹרְטַאי
athlete's foot פִּטְרִיּוֹת בֵּין בְּהוֹנוֹת הָרַגְלַיִם

athletic /æθˈletɪk/ adj. אַתְלֵטִי, סְפּוֹרְטִיבִי

athletics /æθˈletɪks/ n.
1 (physical exercise) אַתְלֵטִיקָה, פְּעִילוּת גּוּפָנִית
2 (Sport, *US*) סְפּוֹרְט (כּוֹלֵל מִשְׂחֲקֵי כַּדּוּר וְכַד')

athwart /əˈθwɔːt/ adv. & prep. (*formal*) בַּאֲלַכְסוֹן, מִצַּד אֶל צַד

Atlantic /ətˈlæntɪk/ adj. אַטְלַנְטִי, שֶׁל הָאוֹקְיָאנוֹס הָאַטְלַנְטִי
the Atlantic (Ocean) הָאוֹקְיָאנוֹס הָאַטְלַנְטִי

atlas /ˈætləs/ n. אַטְלַס, סֵפֶר־מַפּוֹת
road atlas סֵפֶר מַפּוֹת־דְּרָכִים, סֵפֶר מַפּוֹת כְּבִישִׁים

atmosphere /ˈætməsfɪə(r)/ n.
1 (the air surrounding the earth, in a room, etc.) אַטְמוֹסְפֵירָה; אֲוִיר (בְּמָקוֹם מְסֻיָּם)
□ *cars are polluting London's atmosphere* מְכוֹנִיּוֹת מְזַהֲמוֹת אֶת הָאֲוִיר בְּלוֹנְדוֹן
2 (general mood or tone) אֲוִירָה, "אַטְמוֹסְפֵירָה"
□ *the tense atmosphere prevailed for days before the coup* הָאֲוִירָה הָיְתָה מְתוּחָה יָמִים לִפְנֵי הַהֲפִיכָה
3 (*Phys.*) אַטְמוֹסְפֵירָה (יְחִידַת לַחַץ)

atmospheric /ˌætməsˈferɪk/ adj.
1 (of the atmosphere) אַטְמוֹסְפֵירִי
atmospheric pressure לַחַץ אַטְמוֹסְפֵירִי
2 (moody, mysterious) (מָקוֹם וְכַד') בַּעַל "אֲוִירָה" (מְיֻחֶדֶת וְלָרֹב מִסְתּוֹרִית)

atmospherics /ˌætməsˈferɪks/ n.*pl.* הַפְרָעוֹת אַטְמוֹסְפֵירִיּוֹת

atoll /ˈætol/ n. אִי־אַלְמֻגִּים טַבַּעְתִּי (הַמַּקִּיף לָגוּנָה)

atom /ˈætəm/ n.
1 (*Phys.*) אָטוֹם
□ *splitting the atom led to the atom bomb* פִּצּוּל הָאָטוֹם הוֹלִיד אֶת הַפְּצָצָה הָאֲטוֹמִית
2 (small particle or amount) "גַּרְגֵּר"
□ *the dynamite blew the shed to atoms* הַדִּינָמִיט פּוֹצֵץ אֶת הַסְּכָכָה לִרְסִיסִים
□ *there's not an atom of truth in his allegations* אֵין שֶׁמֶץ אֱמֶת בְּטַעֲנוֹתָיו

atomic /əˈtomɪk/ adj. אֲטוֹמִי
the atomic age הָעִדָּן הָאֲטוֹמִי
atomic bomb הַפְּצָצָה הָאֲטוֹמִית
atomic energy אֱנֶרְגִּיָּה אֲטוֹמִית
atomic number (*Chem.*) מִסְפָּר אֲטוֹמִי
atomic weight (*Chem.*) מִשְׁקָל אֲטוֹמִי

atomize /ˈætəmaɪz/ v.t. הָפַךְ לְרֶסֶס, פֵּרֵק לְחֶלְקִיקִים

atomizer /ˈætəmaɪzə(r)/ n. מְרַסֵּס, תַּרְסִיס (בְּעִקָּר לְמֵי־בֹּשֶׂם), "סְפְּרֵיי"

atonal /ˌeɪˈtəʊn(ə)l/ adj. (*Mus.*) אֲטוֹנָלִי (שֶׁלֹּא לְפִי סֻלָּם אוֹ אֹרַח מְקֻבָּל)

atonality /ˌeɪtəʊˈnælɪtɪ/ n. (*Mus.*) אֲטוֹנָלִיּוּת (כַּנַּ"ל)

atone /əˈtəʊn/ v.i. (*formal*) כִּפֵּר, פִּצָּה, רִצָּה, פִּיֵּס
□ *you must atone for your wickedness* עָלֶיךָ לְכַפֵּר עַל הָרִשְׁעוּת שֶׁלְּךָ

atonement /əˈtəʊnmənt/ n. (*formal*) פִּצּוּי, כִּפּוּר, כַּפָּרָה, רִצּוּי, פִּיּוּס
the Day of Atonement יוֹם הַכִּפּוּרִים

atop /əˈtop/ prep. & adv. (*poet.*) מֵעַל, עַל גַּג, בְּרֹאשׁ (שֶׁל דָּבָר־מָה)

atrium /ˈeɪtrɪəm/
1 (*Archit.*) אַטְרִיּוּם, "פַּטְיוֹ" (בְּמִבְנֶה)
2 (*Anat.*) תָּא עֶלְיוֹן, חֶדֶר עֶלְיוֹן (בַּלֵּב)

atrocious /əˈtrəʊʃəs/ adj.
1 (very bad) נוֹרָא וָאָיֹם, "זְוָעָתִי", "מַחֲרִיד"

2 (very savage) אַכְזָרִי, מְרֻשָּׁע

atrocity /əˈtrɒsɪtɪ/ n.

1 (wicked or cruel act) מַעֲשֵׂה־זְוָעָה, זְוָעָה

2 (something in bad taste) "זְוָעָה"

atrophy /ˈætrəfɪ/ n. נִוּוּן, הִתְנַוְּנוּת (אֵיבָר בַּגּוּף); הִתְקַהוּת (חוּשִׁים)

—v.t. & i. נִוֵּן, הִקְהָה; הִתְנַוֵּן

attach /əˈtætʃ/ v.t.

1 (fasten, join) חִבֵּר, הִדֵּק, צֵרֵף, חִזֵּק

□ *please return the attached sample after inspection* נָא לְהַחֲזִיר אֶת הַדֻּגְמָה הַמְצֹרֶפֶת לְאַחַר בְּדִיקָה

□ *a stray dog attached itself to our party* כֶּלֶב־חוּצוֹת נִטְפַּל לַחֲבוּרָה שֶׁלָּנוּ

□ *no blame attaches to you* עָלֶיךָ לֹא נוֹפֶלֶת אַשְׁמָה

□ *there are no strings attached to the offer* אֵין כָּל הִתְחַיְּבוּיוֹת הַנִּלְווֹת לְהַצָּעָה זוֹ

2 (devote, usu. in *pass.*)

□ *she's very attached to that picture of her late husband* הִיא קְשׁוּרָה מְאֹד לַתְּמוּנָה הַהִיא שֶׁל בַּעְלָהּ הַמָּנוֹחַ

3 (attribute) יִחֵס

□ *I don't attach much importance to what he says* אֲנִי לֹא מְיַחֵס חֲשִׁיבוּת רַבָּה לְמַה שֶּׁהוּא אוֹמֵר

4 (appoint as an assistant etc.) סִפֵּחַ, קִשֵּׁר

□ *he was attached to our unit for a month* הוּא סֻפַּח לַיְחִידָה שֶׁלָּנוּ לִתְקוּפָה שֶׁל חֹדֶשׁ

attaché /əˈtæʃeɪ/ n. (בַּשַּׁגְרִירוּת) נִסְפָּח

attaché case תִּיק מְנַהֲלִים, תִּיק "ג'ֵימְס בּוֹנְד"

attachment /əˈtætʃmənt/ n.

1 (thing attached) אֲבִזָר; חִבּוּר

2 (affection) קֶשֶׁר נַפְשִׁי, זִקָּה נַפְשִׁית

□ *she formed a deep attachment to* (or *for*) *him* הִיא פִּתְּחָה קֶשֶׁר עָמֹק אֵלָיו

3 on attachment מֻצָּב בְּאֹפֶן זְמַנִּי (בִּמְקוֹם עֲבוֹדָה אַחֵר וְכַד')

□ *he was on attachment to the Yard* הוּא סֻפַּח זְמַנִּית לַסְקוֹטְלַנְד־יַרְד

attack /əˈtæk/ v.t. הִתְקִיף, הִתְנַפֵּל עַל

□ *the article attacked the government's new labour policy* הַמַּאֲמָר תָּקַף אֶת מְדִינִיּוּת הַתַּעֲסוּקָה הַחֲדָשָׁה שֶׁל הַמֶּמְשָׁלָה

□ *the workman attacked his food with gusto* הַפּוֹעֵל הִתְנַפֵּל עַל מְזוֹנוֹ בִּשְׁקִיקָה

—v.i. הִתְקִיף, תָּקַף, יָצָא לְהַתְקָפָה

—n.

1 (act of attacking; offensive operation or position) הַתְקָפָה, מִתְקָפָה

□ *the Senator made an attack on the President's policies* הַסֶּנָטוֹר תָּקַף אֶת מְדִינִיּוּת הַנָּשִׂיא

□ *despite heavy losses, we returned to the attack* לַמְרוֹת אֲבֵדוֹת כְּבֵדוֹת, יָצָאנוּ שׁוּב לְהַתְקָפָה

2 (sudden occurrence of illness etc.) הֶתְקֵף, הַתְקָפָה

□ *I had an attack of indigestion* סָבַלְתִּי מִקְּשָׁיֵי עִכּוּל; הָיָה לִי הֶתְקֵף שֶׁל קָשְׁיֵי עִכּוּל

□ *his thirteenth heart attack killed him* הַתְקָפַת־הַלֵּב הַשְּׁלֹשׁ־עֶשְׂרֵה הָרְגָה אוֹתוֹ

3 (*Mus.*) מִפְצָה

4 (*Sport*) הַתְקָפָה

attacker /əˈtækə(r)/ n. תּוֹקֵף

attain /əˈteɪn/ v.t. הִשִּׂיג, הִגִּיעַ לְ...

□ *he attained his goal of making a million* הוּא הִשִּׂיג אֶת מַטְּרָתוֹ וְהִרְוִיחַ/וְעָשָׂה מִילְיוֹן

—v.i. (*formal*) הִגִּיעַ

□ *he attained to great wealth* הוּא הִגִּיעַ לְעֹשֶׁר מֻפְלָג

attainable /əˈteɪnəbəl/ adj. נִתָּן לְהַשָּׂגָה

attainment /əˈteɪnmənt/ n. (*formal*) הֶשֵּׂג

□ *he has many attainments* יֵשׁ לוֹ הֶשֵּׂגִים רַבִּים

attar /ˈætɑː(r)/ n. שֶׁמֶן רֵיחָנִי (מוּפָק לָרֹב מִפְּרָחִים)

attempt /əˈtempt/ v.t. נִסָּה

attempted murder (*Law*) נִסָּיוֹן לִרְצֹחַ

□ *she attempted* (*to climb*) *the mountain* הִיא עָשְׂתָה נִסָּיוֹן לְטַפֵּס עַל הָהָר

—n. נִסָּיוֹן

□ *there has been an attempt on the President's life* נֶעֱרַךְ נִסָּיוֹן־הִתְנַקְּשׁוּת בְּחַיֵּי הַנָּשִׂיא

□ *we will take this position or die in the attempt* אָנוּ נְנַסֶּה לִכְבֹּשׁ עֶמְדָּה זוֹ, אֲפִלּוּ יַעֲלֶה לָנוּ הַדָּבָר בְּחַיֵּינוּ

□ *he passed his exam at the first attempt* הוּא עָבַר אֶת הַבְּחִינָה בַּפַּעַם הָרִאשׁוֹנָה

attend /əˈtend/ v.t.

1 (be present at) נָכַח בְּ...; בִּקֵּר (בִּקְבִיעוּת) בְּ...

□ *he doesn't attend school regularly* הוּא לֹא מְבַקֵּר בְּבֵית־הַסֵּפֶר בִּקְבִיעוּת

2 (wait upon, escort, accompany, *formal*) שֵׁרֵת, שִׁמֵּשׁ אֶת, לִוָּה, נִתְלָוָה

□ *our plans were attended with great difficulties* תָּכְנִיּוֹתֵינוּ הָיוּ כְּרוּכוֹת בִּקְשָׁיִים רַבִּים

3 (serve in a medical capacity) טִפֵּל (טִפּוּל רְפוּאִי) בְּ...

—v.i.

1 (be present) נָכַח, הִשְׁתַּתֵּף

2 (pay attention, *formal*) שָׂם לֵב לְ..., הִקְשִׁיב

3 (give care or thought) דָּאַג לְ..., טִפֵּל בְּ..., נָתַן דַּעְתּוֹ לְ..., הִקְדִּישׁ מַחֲשָׁבָה לְ...

□ *I have some business to attend to* עָלַי לְטַפֵּל בְּכַמָּה דְּבָרִים

attendance /əˈtendəns/ n.

1 (being present, presence) נוֹכְחוּת

□ *Major Smith was in attendance on the Queen* מֵייג'וֹר סְמִית שִׁמֵּשׁ בְּפַמַּלְיַת הַמַּלְכָּה

□ *she likes to have men dancing attendance on her* הִיא אוֹהֶבֶת שֶׁגְּבָרִים יְכַרְכְּרוּ סְבִיבָהּ

2 (numbers present) נוֹכְחוּת

attendant /əˈtendənt/ n. שׁוֹמֵר, אַחֲרַאי (בְּמִגְרַשׁ חֲנִיָּה, בְּמוּזֵיאוֹן) עוֹבֵד (בְּתַחֲנַת דֶּלֶק וְכַד׳); בֶּן־לְוָיָה
—adj.
1 (accompanying) מְלַוֶּה, נִלְוֶה
2 **attendant on** מְלַוֶּה, מְטַפֵּל

attention /əˈtenʃ(ə)n/ n.
1 (careful looking, listening or thinking) תְּשׂוּמֶת־לֵב, קֶשֶׁב
pay attention (to) הִקְשִׁיב (לְ...)
□ *you weren't paying attention when I explained this* לֹא הִקְשַׁבְתָּ כַּאֲשֶׁר הִסְבַּרְתִּי זֹאת
□ *she didn't pay any attention to my warning* הִיא לֹא שָׂמָה לֵב כְּלָל לְאַזְהָרָה שֶׁלִּי
□ *she attracts (people's) attention* הִיא מְעוֹרֶרֶת תְּשׂוּמֶת־לֵב
□ *he called my attention to some new evidence* הוּא הֵסֵב אֶת תְּשׂוּמַת־הַלֵּב שֶׁלִּי לִרְאָיוֹת חֲדָשׁוֹת
2 (care, consideration) תְּשׂוּמֶת־לֵב, טִפּוּל
□ *the problem is receiving attention* הַבְּעָיָה זוֹכָה לִתְשׂוּמֶת־לֵב, הַבְּעָיָה בְּטִפּוּל
□ *he needs medical attention* הוּא צָרִיךְ לְקַבֵּל טִפּוּל רְפוּאִי
3 (in *pl.*, politeness; advances) מַאֲמַצִּים (לִמְצֹא חֵן, לְהַשְׂבִּיעַ רָצוֹן); מַאֲמַצֵּי־חִזּוּר
4 (*Mil.*) דּוֹם
□ *the soldiers came to attention and stood at attention for 10 minutes* הַחַיָּלִים עָבְרוּ לְדוֹם וְעָמְדוּ דּוֹם 10 דַּקּוֹת
—int. (*Mil.*) הַקְשֵׁב!

attentive /əˈtentɪv/ adj. קַשּׁוּב, שָׂם־לֵב

attentively /əˈtentɪvlɪ/ adv. בְּרֹב־קֶשֶׁב; בִּדְרִיכוּת

attenuate /əˈtenjʊeɪt/ v.t.
1 (make thin; weaken, *formal*) דִּלֵּל, הֶחֱלִישׁ, רִכֵּךְ
2 (*Electr.*) נִחֵת

attenuation /əˌtenjʊˈeɪʃ(ə)n/ n. דִּלּוּל, הַחְלָשָׁה; רִכּוּךְ (בְּאֶלֶקְטְרוֹנִיקָה) נִחוּת

attest /əˈtest/ v.t. & i. (*formal*) הֵעִיד עַל (אֲמִיתּוּת, יְעִילוּת וְכַד׳) אִשֵּׁר; הֵעִיד עַל הָאֲמִתּוּת (שֶׁל דְּבַר מָה)
□ *the documents attest to the truth of his claim* הַמִּסְמָכִים מְעִידִים עַל אֲמִתּוּת טַעֲנוֹתָיו

attestation /ætesˈteɪʃ(ə)n/ n. (*formal*) הוֹכָחָה, עֵדוּת, אִשּׁוּר בִּשְׁבוּעָה

Attic /ˈætɪk/ adj. & n. אַטִּי (שֶׁל מְחוֹז אַטִּיקָה בְּיָוָן); אַטִּית (הַדִּיאָלֶקְט הַמֶּרְכָּזִי שֶׁל יְוָנִית־עַתִּיקָה)

attic /ˈætɪk/ n. עֲלִיַּת־גַּג

attire /əˈtaɪə(r)/ v.t. & n. (*formal*) עָטָה מַחֲלָצוֹת עַל; מַחֲלָצוֹת

attitude /ˈætɪtjuːd/ n.
1 (way of thinking or behaving) גִּישָׁה, יַחַס, עֶמְדָּה, הִתְיַחֲסוּת
□ *attitudes to women are slowly changing* הַיַּחַס לְנָשִׁים מִשְׁתַּנֶּה אַט אַט
□ *what attitude should we adopt to this challenge?* אֵיזוֹ גִּישָׁה עָלֵינוּ לְאַמֵּץ בְּיַחַס לְאֶתְגָּר הַזֶּה?
2 (posture, *formal*) תְּנוּחָה, עֶמְדָּה, עֲמִידָה

attorney /əˈtɜːnɪ/ n.
1 (lawyer, *US*) פְּרַקְלִיט, עוֹרֵךְ־דִּין
District Attorney תּוֹבֵעַ מְחוֹזִי
2 **power of attorney** יִפּוּי־כֹּחַ (מִשְׁפָּטִי)
Attorney General הַתּוֹבֵעַ הַכְּלָלִי, פְּרַקְלִיט הַמְּדִינָה (בִּמְדִינוֹת שׁוֹנוֹת)

attract /əˈtrækt/ v.t.
1 (draw towards oneself) מָשַׁךְ (אֶל עַצְמוֹ)
□ *the incident attracted a lot of attention* הָאֵרוּעַ מָשַׁךְ הַרְבֵּה תְּשׂוּמֶת־לֵב
□ *magnets attract iron objects* מַגְנֵטִים מוֹשְׁכִים אֲלֵיהֶם חֲפָצִים מִבַּרְזֶל
2 (be attractive to, fascinate) מָצָא חֵן בְּעֵינֵי, מָשַׁךְ אֶת תְּשׂוּמַת לִבּוֹ שֶׁל

attraction /əˈtrækʃ(ə)n/ n.
1 (force or power which attracts; charm) מְשִׁיכָה, כֹּחַ־מְשִׁיכָה; קֶסֶם, חֵן, מְשִׁיכָה
2 (person or thing that attracts; popular exhibit etc.) פִּתּוּי, מוֹקֵד מְשִׁיכָה

attractive /əˈtræktɪv/ adj.
1 (interesting, pleasing) מוֹשֵׁךְ, מְצוֹדֵד, שׁוֹבֵה־לֵב, נָעִים
2 (good-looking, charming) (אָדָם) מוֹשֵׁךְ, נָאֶה

attributable /əˈtrɪbjʊtəb(ə)l/ adj. שֶׁנִּתָּן לְיַחֵס אוֹתוֹ לְ...

attribute /əˈtrɪbjuːt/ v.t. יִחֵס, תָּלָה בְּ...
—n. /ˈætrɪbjuːt/
1 (quality or feature) תְּכוּנָה, אֵיכוּת, סְגֻלָּה אָפְיָנִית
2 (*Gram.*) לְוַאי

attribution /ˌætrɪˈbjuːʃ(ə)n/ n. יִחוּס, יִחוּס תְּכוּנָה

attributive /əˈtrɪbjʊtɪv/ adj. (*Gram.*) לְוָאִי

attrition /əˈtrɪʃ(ə)n/ n. (*formal*) הַתָּשָׁה, שְׁחִיקָה
war of attrition מִלְחֶמֶת־הַתָּשָׁה

attune /əˈtjuːn/ v.t. הִרְגִּישׁ, הִתְאִים
□ *she is attuned to the slightest modulation in her friend's voice* הִיא קַשּׁוּבָה לַנִּימוֹת הַקַּלּוֹת בְּיוֹתֵר בְּקוֹל יְדִידָהּ

atypical /ˌeɪˈtɪpɪk(ə)l/ adj. לֹא טִיפּוּסִי

aubergine /ˈəʊbəʒiːn/ n. חָצִיל

auburn /ˈɔːbən/ adj. (צֶבַע שֵׂעָר וְכַד׳) עַרְמוֹנִי, חוּם־אֲדַמְדַּם

au courant /ˌəʊ kuːˈrɑ̃/ pred. adj. עַדְכָּנִי, מְעֻדְכָּן

auction /ˈɔːkʃ(ə)n/ n. מְכִירָה פֻּמְבִּית
auction bridge סוּג שֶׁל מִשְׂחַק בְּרִידְג׳
Dutch auction מְכִירָה פֻּמְבִּית שֶׁבָּהּ מוֹרִידִים מְחִירִים עַד שֶׁנִּמְצָא קוֹנֶה

□ *he put his house up for auction* הוּא הִצִּיעַ אֶת בֵּיתוֹ לִמְכִירָה בִּמְכִירָה פֻּמְבִּית

—v.t. מָכַר (דָּבָר מָה) בִּמְכִירָה פֻּמְבִּית

□ *all his possessions were auctioned off* כָּל נְכָסָיו נִמְכְּרוּ בִּמְכִירָה פֻּמְבִּית

auctioneer /ˌɔːkʃəˈnɪə(r)/ n. מְנַהֵל שֶׁל מְכִירָה פֻּמְבִּית, כָּרוֹז בִּמְכִירָה פֻּמְבִּית

audacious /ɔːˈdeɪʃəs/ adj. (*formal*) נוֹעָז; עַז־מֵצַח

audacity /ɔːˈdæsɪtɪ/ n. (*formal*) תְּעוּזָה; עַזּוּת־מֵצַח

□ *she had the audacity to give her teacher advice on teaching* הָיְתָה לָהּ (אֶת) הַחֻצְפָּה לְהָעִיר לַמּוֹרָה שֶׁלָּהּ הֶעָרוֹת בְּנוֹשֵׂא הַהוֹרָאָה

audibility /ˌɔːdɪˈbɪlɪtɪ/ n. שְׁמִיעוּת

audible /ˈɔːdɪb(ə)l/ adj. נִתָּן לִשְׁמִיעָה, שָׁמִיעַ

audience /ˈɔːdɪəns/ n.

1 (assembly of listeners; listeners; readership) קָהָל (שׁוֹמְעִים, מַאֲזִינִים, קוֹרְאִים)

2 (opportunity of being heard; formal interview, *formal*) רֵאָיוֹן

right of audience (*Law*) הַזְּכוּת לְהַשְׁמִיעַ טִעוּנִים (בְּבֵית־מִשְׁפָּט)

□ *he had an audience with the Pope* הוּא הִתְקַבֵּל לְרֵאָיוֹן אֵצֶל הָאַפִּיפְיוֹר

audio /ˈɔːdɪəʊ/ adj. שֶׁל שְׁמִיעָה

audio equipment צִיּוּד קוֹל, מַעַרְכוֹת צְלִיל

audio frequency תְּדִירוּת־שֶׁמַע

audio typist כַּתְבָנִית הַמַּדְפִּיסָה מֵהַאֲזָנָה לִמְכוֹנַת־הַכְתָּבָה

audio- /ˈɔːdɪəʊ-/ pref. אוֹדְיוֹ־ (תְּחִלִּית שֶׁפֵּרוּשָׁהּ) שֶׁל צְלִיל, שֶׁל שְׁמִיעָה

audiovisual /ˌɔːdɪəʊˈvɪʒʊəl/ adj. אוֹרְקוֹלִי, אוֹדְיוֹוִיזוּאָלִי

audiovisual aids עֲזָרִים אוֹרְקוֹלִיִּים (לְהוֹרָאָה וְכַד')

audit /ˈɔːdɪt/ n. בִּקֹּרֶת חֶשְׁבּוֹנוֹת, בְּדִיקַת חֶשְׁבּוֹנוֹת

—v.t. בִּקֵּר חֶשְׁבּוֹנוֹת, בָּדַק חֶשְׁבּוֹנוֹת

audition /ɔːˈdɪʃ(ə)n/ n. מִבְחָן (שֶׁל שַׂחְקָן, נַגָּן וְכַד'), מִבְחַן־בָּמָה, "אוֹדִיצְיָה"

—v.i. & t. עָשָׂה "אוֹדִיצְיָה", נִבְחַן (כַּנַּ"ל); עָרַךְ "אוֹדִיצְיָה" לְ..., בָּחַן

auditor /ˈɔːdɪtə(r)/ n.

1 (accountant) מְבַקֵּר־חֶשְׁבּוֹנוֹת

2 (listener, *formal*) שׁוֹמֵעַ חָפְשִׁי (תַּלְמִיד הַשּׁוֹמֵעַ קוּרְס לְלֹא הִתְחַיְּבוּיוֹת רִשְׁמִיּוֹת)

auditorium /ˌɔːdɪˈtɔːrɪəm/ n. (*pl.* **auditoria**) אוּלָם הַרְצָאוֹת/קוֹנְצֶרְטִים, אוֹדִיטוֹרְיוּם

auditory /ˈɔːdɪt(ə)rɪ/ adj. (*formal*) שֶׁל חוּשׁ הַשְּׁמִיעָה, שֶׁל שְׁמִיעָה

au fait /əʊ ˈfeɪ/ pred. adj. מִתְמַצֵּא, בָּקִי (בְּנוֹשֵׂא מְסֻיָּם וְכַד')

auger /ˈɔːgə(r)/ n. מַקְדֵּחַ־יָד (לִקְדוֹחַ בְּעֵץ, לִנְטִילַת דְּגִימוֹת־קַרְקַע)

aught /ɔːt/ pron. (*arch.*)

for ought I care (or **know**) כְּכָל שֶׁהַדָּבָר נוֹגֵעַ לִי/ כְּכָל שֶׁיְּדִיעָתִי מַגִּיעָה

augment /ɔːgˈment/ v.t. & i. (*formal*) הִגְדִּיל, הִרְחִיב, הוֹסִיף

augmentation /ˌɔːgmenˈteɪʃ(ə)n/ n. (*formal*) הַגְדָּלָה, הַרְחָבָה, תּוֹסֶפֶת

au gratin /ˌəʊ ˈgrætæ̃/ adj. צִפּוּי פֵּרוּרֵי לֶחֶם וּגְבִינָה מֻתֶּכֶת עַל תַּבְשִׁיל

augur /ˈɔːgə(r)/ v.t. & i. (*formal*) (דָּבָר, מַצָּב) נִבָּא, הָיָה אוֹת לְ...

□ *the accelerating recession does not augur well for small businesses* הַמִּתּוּן הַכַּלְכָּלִי הַגּוֹבֵר אֵינוֹ מְנַבֵּא טוֹבוֹת לַעֲסָקִים קְטַנִּים

augury /ˈɔːgjʊrɪ/ n. (*formal*) סִימָן, אוֹת לַבָּאוֹת, מוֹפֵת

August /ˈɔːgəst/ n. אוֹגוּסְט (הַחֹדֶשׁ הַשְּׁמִינִי בַּשָּׁנָה הָאֶזְרָחִית)

august /ɔːˈgʌst/ adj. (*formal*) רַב־הוֹד, מְעוֹרֵר־כָּבוֹד, מַלְכוּתִי

auk /ɔːk/ n. יוֹכְנִי (עוֹף מַיִם צְפוֹנִי בַּעַל כְּנָפַיִם קְצָרוֹת)

auld lang syne /ˌɔːld læŋ ˈsaɪn/ (*Scot. Poet.*) שִׁיר יְדִידוּת סְקוֹטִי (מֵעֵין "הָיוּ יָמִים")

au naturel /ˌəʊ nætjəˈrel/ adv. & pred. adj. (*Cookery*) לֹא מְבֻשָּׁל; מְבֻשָּׁל בָּאֹפֶן הַפָּשׁוּט בְּיוֹתֵר

aunt /ɑːnt/ n. דּוֹדָה

auntie /ˈɑːntɪ/ n. (*colloq.*) דּוֹדָה (כִּנּוּי חִבָּה); "דּוֹדָה"

au pair /ˌəʊ peə(r)/ n. "אוֹ־פֶּר" (אוֹמֶנֶת צְעִירָה, לָרֹב מֵאֶרֶץ זָרָה)

aura /ˈɔːrə/ n. הִלָּה; נֹגַהּ

aural /ˈɔːrəl/ adj. שֶׁל הָאֹזֶן

aural comprehension הֲבָנָה בִּשְׁמִיעָה (הַכֹּשֶׁר לְהָבִין בְּהַאֲזָנָה)

aureole /ˈɔːrɪəʊl/ n. הִלָּה, עֲטֶרֶת־קְדוֹשִׁים (מֵעַל רֹאשׁוֹ שֶׁל קָדוֹשׁ), "בֵּיגְעלֶה"

au revoir /ˌəʊ rəˈvwɑː(r)/ int. הֱיֵה שָׁלוֹם!

auricle /ˈɔːrɪk(ə)l/ n. (*Anat.*) אֲפַרְכֶּסֶת הָאֹזֶן (חֶלְקָהּ הַחִיצוֹנִי שֶׁל הָאֹזֶן); תָּא הַלֵּב הָעֶלְיוֹן (אֶחָד מִשְּׁנֵי תָּאִים)

auricular /ɔːˈrɪkjʊlə(r)/ adj. (*Med.*) שֶׁל הָאֹזֶן

aurora /ɔːˈrɔːrə/ n. (*pl.* **aurorae**, *poet.*) אַיֶּלֶת הַשַּׁחַר

aurora australis זֹהַר דְּרוֹמִי, זֹהַר הַקֹּטֶב הַדְּרוֹמִי

aurora borealis זֹהַר צְפוֹנִי, זֹהַר הַקֹּטֶב הַצְּפוֹנִי

auscultation /ˌɔːskəlˈteɪʃ(ə)n/ n. (*Med.*) בְּדִיקָה (רְפוּאִית) בְּהַאֲזָנָה

auspices /ˈɔːspɪsɪz/ n.pl. (*formal*) חָסוּת

□ *the bazaar was held under the auspices of the local church* הַשּׁוּק נֶעֱרַךְ בְּחָסוּת הַכְּנֵסִיָּה הַמְּקוֹמִית

auspicious /ɔːˈspɪʃəs/ adj. (*formal*) מְבַשֵּׂר טוֹב, רָצוּי, מַצְלִיחַ

Aussie /ˈɒzɪ/ n. & adj. (*sl.*) אוֹסְטְרָלִי (כִּנּוּי חִבָּה, גְּנַאי וְכַד')

austere /ɔːˈstɪə(r), ɒˈstɪə(r)/ adj. פָּשׁוּט, לְלֹא מוֹתָרוֹת, צָנוּעַ; מַחְמִיר, חָמוּר

austerity /ɔːˈsterɪtɪ, ɒˈsterɪtɪ/ n. פַּשְׁטוּת, הֶעְדֵּר מוֹתָרוֹת, צְנִיעוּת; חֻמְרָה, קַפְּדָנוּת

Australasian /ɒstrəˈleɪʒən/ adj. שֶׁל/מֵ... אוֹסְטְרַלְיָה, נְיוּ־זִילַנְד וְהָאִיִּים הַסְּמוּכִים

Australian /ɒˈstreɪlɪən/ adj. & n. אוֹסְטְרָלִי; אָדָם אוֹסְטְרָלִי; אַנְגְּלִית אוֹסְטְרָלִית

authentic /ɔːˈθentɪk/ adj. אוֹתֶנְטִי, אֲמִתִּי, מְהֵימָן, מְקוֹרִי

authenticate /ɔːˈθentɪˌkeɪt/ v.t. וִדֵּא אֶת הָאוֹתֶנְטִיּוּת שֶׁל, אִמֵּת

authentication /ɔːˌθentɪˈkeɪʃ(ə)n/ n. וִדּוּא, אִשּׁוּר, אִמּוּת

authenticity /ˌɔːθenˈtɪsɪtɪ/ n. אֲמִינוּת, מְהֵימָנוּת, מְקוֹרִיּוּת, אוֹתֶנְטִיּוּת

author /ˈɔːθə(r/ n.

1 (writer) סוֹפֵר, מְחַבֵּר

2 (originator) הוֹגֶה (שֶׁל רַעְיוֹן), הַכֹּחַ הַמֵּנִיעַ (מֵאֲחוֹרֵי אֵרוּעִים וְכַד׳)

—v.t. חִבֵּר, הָיָה הַמְחַבֵּר שֶׁל

authoress /ˈɔːθərɪs/ n. סוֹפֶרֶת, מְחַבֶּרֶת

authoritarian /ɔːˌθɒrɪˈteərɪən/ adj. & n. (*formal*) סַמְכוּתִי, נוֹטֶה לְהָטִיל מָרוּת; אָדָם הַדּוֹגֵל בְּמִשְׁמַעַת נֻקְשָׁה

authoritative /ɔːˈθɒrɪtətɪv/ adj. סַמְכוּתִי; בַּעַל סַמְכוּת

authority /ɔːˈθɒrɪtɪ/ n.

1 (power) סַמְכוּת, כֹּחַ

□ *those in authority often abuse their power* בַּעֲלֵי סַמְכוּת נוֹטִים לְעִתִּים קְרוֹבוֹת לְנַצֵּל אֶת כֹּחָם לְרָעָה

2 (delegated right) יִפּוּי־כֹּחַ, הַעֲנָקַת־סַמְכֻיּוֹת, סַמְכוּת

□ *acting on the Prime Minister's authority, the general ordered his troops to fire* מִכֹּחַ הַסַּמְכוּת שֶׁנִּתְּנָה לוֹ מִידֵי רֹאשׁ הַמֶּמְשָׁלָה צִוָּה הַגֶּנֶרָל לְצִבְאוֹתָיו לִפְתֹּחַ בְּאֵשׁ

□ *by what authority do you enter my house and search it?* בְּאֵיזוֹ סַמְכוּת אַתָּה חוֹדֵר לְבֵיתִי וְעוֹרֵךְ בּוֹ חִפּוּשׂ?

3 (peron or body having power; often in *pl.*) שִׁלְטוֹן, רָשׁוּת, שִׁלְטוֹנוֹת, רָשֻׁיּוֹת

local authority הַשִּׁלְטוֹן הַמְּקוֹמִי, הָרָשׁוּת הַמְּקוֹמִית

□ *the authorities will hear about this* הַדָּבָר יוּבָא לִידִיעַת הַשִּׁלְטוֹנוֹת, הַשִּׁלְטוֹנוֹת עוֹד יִשְׁמְעוּ עַל זֶה

4 (expert; source of reliable information) בַּר־סַמְכָא, מֻמְחֶה, סַמְכוּת

□ *he is a world authority in his subject* הוּא סַמְכוּת עוֹלָמִית בִּתְחוּם שֶׁלּוֹ

□ *I have it on the best authority that war is only days away* יָדוּעַ לִי מִמָּקוֹר מֻסְמָךְ בְּיוֹתֵר שֶׁהַמִּלְחָמָה תִּפְרֹץ תּוֹךְ יָמִים סְפוּרִים

authorization /ˌɔːθəraɪˈzeɪʃ(ə)n/ n. אִשּׁוּר מִגָּבוֹהַּ, יִפּוּי־כֹּחַ, מַתַּן סַמְכוּת

authorize /ˈɔːθəraɪz/ v.t.

1 (officially accept, sanction) הִסְמִיךְ, נָתַן אִשּׁוּר רִשְׁמִי לְ...

Authorized Version (*UK Relig.*) הַנֹּסַח הַמֻּסְמָךְ שֶׁל תַּרְגּוּם כִּתְבֵי הַקֹּדֶשׁ לְאַנְגְּלִית (1611)

2 (give authority to; permit) אִשֵּׁר, הִסְמִיךְ, נָתַן יִפּוּי כֹּחַ לְ...

authorship /ˈɔːθəʃɪp/ n.

1 (origin of book) מְקוֹר הַסֵּפֶר, זֶהוּת הַמְחַבֵּר

□ *the authorship of this book is open to question* יֵשׁ סְפֵקוֹת בְּדְבַר זֶהוּתוֹ שֶׁל מְחַבֵּר הַסֵּפֶר הַזֶּה

2 (career as author) כְּתִיבָה (כְּמִקְצוֹעַ)

autism /ˈɔːtɪzəm/ n. אוֹטִיזְם (מַצָּב קְלִינִי שֶׁל נִתּוּק מֻחְלָט מִן הַסְּבִיבָה)

autistic /ɔːˈtɪstɪk/ adj. אוֹטִיסְטִי (חוֹלֶה כַּנַּ״ל)

auto /ˈɔːtəʊ/ n. (*US colloq.*) מְכוֹנִית, אוֹטוֹ

auto- /ɔːtəʊ-/ pref.

1 (self-) אוֹטוֹ־ (תְּחִלִּית שֶׁפֵּרוּשָׁהּ) ־עַצְמִי

2 (automatic) אוֹטוֹמָטִי

autobiographical /ˌɔːtəbaɪəˈgræfɪk(ə)l/ n. אוֹטוֹבִּיּוֹגְרָפִי

autobiography /ˌɔːtəbaɪˈɒgrəfɪ/ n. אוֹטוֹבִּיּוֹגְרַפְיָה

autocracy /ɔːˈtɒkrəsɪ/ n. אוֹטוֹקְרַטְיָה, שִׁלְטוֹן־יָחִיד

autocrat /ˈɔːtəkræt/ n. אוֹטוֹקְרָט, רוֹדָן, שַׁלִּיט יָחִיד

autocratic /ˌɔːtəˈkrætɪk/ adj. אוֹטוֹקְרָטִי, שֶׁל שַׁלִּיט יָחִיד, רוֹדָנִי

autocross /ˈɔːtəʊkrɒs/ n. ״אוֹטוֹקְרוֹס״ ״קְרוֹס״ (מֵרוֹץ־מְכוֹנִיּוֹת בִּדְרָכִים וּכְבִישִׁים רְגִילִים)

Autocue /ˈɔːtəʊˌkjuː/ n. (*Prop.*) מִתְקָן לְהַקְרָנַת טֶקְסְט שֶׁל קְרִין טֶלֶוִיזְיָה, ״אוֹטוֹקְיוּ״

auto-da-fé /ˌɔːtəʊ-dɑː-ˈfeɪ/ n. אוֹטוֹ־דָה־פֶה (הַעֲלָאָה עַל הַמּוֹקֵד, שְׂרֵפַת כּוֹפְרִים בִּידֵי הָאִינְקְוִיזִיצְיָה)

autodidact /ˌɔːtəʊdaɪdækt/ n. אוֹטוֹדִידַקְט (אָדָם שֶׁלָּמַד בְּכֹחוֹת עַצְמוֹ, וּבְלִי מוֹרִים)

autodidactic /ˌɔːtəʊdaɪˈdæktɪk/ adj. אוֹטוֹדִידַקְטִי (כַּנַּ״ל)

autograph /ˈɔːtəgrɑːf/ n. אוֹטוֹגְרָף, חֲתִימַת־יָד

—v.t. חָתַם, חָתַם בְּעֶצֶם יָדוֹ

automat /ˈɔːtəmæt/ n. (*US*) אוֹטוֹמָט (מְכוֹנַת־קָפֶה וְכַד׳)

automate /ˈɔːtəmeɪt/ v.t. הִכְנִיס אוֹטוֹמַצְיָה (לְתַהֲלִיךְ יִצּוּר וְכַד׳)

automatic /ˌɔːtəˈmætɪk/ adj.

1 (self-acting) אוֹטוֹמָטִי

automatic pilot טַיָּס אוֹטוֹמָטִי, ״אוֹטוֹפִּילוֹט״, מַנְגְּנוֹן טִיסָה־לְלֹא טַיָּס

□ *he's so exhausted, he's working on automatic pilot* (*fig.*) הוּא כָּל כָּךְ עָיֵף שֶׁהוּא כְּבָר פּוֹעֵל מֵעַצְמוֹ, כְּמוֹ רוֹבּוֹט

automatic rifle רוֹבֶה מִטְעָן, רוֹבֶה אוֹטוֹמָטִי

automatic transmission מַהֲלָכִים אוֹטוֹמָטִיִּים, ״גִּיר״ אוֹטוֹמָטִי

2 (unconscious, spontaneous) אוֹטוֹמָטִי, סְפּוֹנְטָנִי, לְלֹא מוּדָעוּת

3 (inevitable) אוטוֹמָטִי, מִיָּדִי
□ *in cases of drunken driving, disqualification will be automatic* בְּמִקְרֶה שֶׁל נְהִיגָה תּוֹךְ שִׁכְרוּת תִּהְיֶה שְׁלִילַת הָרִשְׁיוֹן אוטוֹמָטִית
—n.
1 (automatic device) (נֶשֶׁק, מְכוֹנַת כְּבִיסָה, פָּטִיפוֹן וְכַד׳) אוטוֹמָטִי
2 (car with automatic transmission, *colloq.*) מְכוֹנִית אוטוֹמָטִית

automation /ɔːtəˈmeɪʃ(ə)n/ n. אוטוֹמַצְיָה, מִכּוּן

automaton /ɔːˈtɒmətən/ n. (*pl.* **automata**)
1 (self-operating mechanism) רוֹבּוֹט, מְכוֹנָה
2 (person who behaves mechanically) "רוֹבּוֹט"

automobile /ˈɔːtəməbiːl/ n. (*US*) מְכוֹנִית

autonomic /ˌɔːtəˈnɒmɪk/ adj. (*Physiol.*) אוטוֹנוֹמִי (לְתֵאוּר מַעֲרֶכֶת עֲצַבִּים, פְּעִילוּת עַצְבִּית וְכַד׳)

autonomous /ɔːˈtɒnəməs/ adj. אוטוֹנוֹמִי, עַצְמָאִי

autonomy /ɔːˈtɒnəmɪ/ n. אוטוֹנוֹמְיָה, שִׁלְטוֹן-עַצְמִי, מִמְשָׁל-עַצְמִי

autopilot /ˈɔːtəʊˌpaɪlət/ n. טַיָּס-אוטוֹמָטִי, מַנְגְּנוֹן טִיסָה-לְלֹא טַיָּס

autopsy /ˈɔːtɒpsɪ/ n. נְתִיחַת גְּוִיָּה, נִתּוּחַ שֶׁלְּאַחַר הַמָּוֶת, "פּוֹסְט-מוֹרְטֶם" (גַּם בְּהַשְׁאָלָה)

auto-suggestion /ˌɔːtəʊ-səˈdʒestʃ(ə)n/ n. אוטוֹסוּגֶסְטְיָה

autumn /ˈɔːtəm/ n. (*UK*) סְתָו

autumnal /ɔːˈtʌmnəl/ adj. סְתָוִי

auxiliary /ɔːgˈzɪlɪərɪ/ adj. מְסַיֵּעַ, נוֹסָף שֶׁל עֵזֶר
auxiliary troops (*Mil.*) חֵילוֹת עֵזֶר
auxiliary verb (*Gram.*) פּוֹעַל-עֵזֶר
—n.
1 (assistant) עוֹבֵד מְסַיֵּעַ
□ *she's a nursing auxiliary at the hospital* הִיא עוֹזֶרֶת-לְאָחוֹת בְּבֵית-הַחוֹלִים
2 (in *pl., Mil.*) חֵיל-עֵזֶר

avail /əˈveɪl/ (*formal*) v.t. & i. הֵפִיק תּוֹעֶלֶת מ...
□ *pleading availed him nothing* תַּחֲנוּנָיו הָיוּ לְלֹא הוֹעִיל
—v.refl. נִצֵּל
□ *why not avail yourself of this opportunity to speak English?* לָמָּה לֹא תְּנַצֵּל הִזְדַּמְּנוּת זוֹ לְדַבֵּר אַנְגְּלִית?
—n.
of (or **to**) **no avail** לְלֹא תּוֹעֶלֶת, לַשָּׁוְא; לְלֹא תַּכְלִית
□ *she struggled to no avail* הִיא נֶאֶבְקָה לַשָּׁוְא
□ *their weeping was of no avail* הַבְּכִי שֶׁלָּהֶם לֹא הוֹעִיל מְאוּם

availability /əˌveɪləˈbɪlɪtɪ/ n. זְמִינוּת; אֶפְשָׁרוּת הַשָּׂגָה; הִמָּצְאוּת בַּמְּלַאי
subject to availability בִּתְנַאי שֶׁקַּיֶּמֶת אֶפְשָׁרוּת לְהַשִּׂיג זֹאת

available /əˈveɪləb(ə)l/ adj. זָמִין, נִתָּן לְהַשִּׂיג, עוֹמֵד לִרְשׁוּת; פָּנוּי

avalanche /ˈævəlɑːnʃ/ n. מַפֹּלֶת-שְׁלָגִים

avant-garde /ævɒŋ-ˈgɑːd/ n. & adj אַוַנְגַּרְד; אַוַנְגַּרְדִּי, חַדְשָׁנִי (בְּעִקָּר בָּאָמָּנוּת)

avarice /ˈævərɪs/ n. (*formal*) קַמְצָנוּת, תַּאֲוַת-בֶּצַע, חַמְדָנוּת

avaricious /ˌævəˈrɪʃəs/ adj. (*formal*) קַמְצָן, רוֹדֵף-בֶּצַע, חַמְדָן

Ave Maria /ɑːveɪ (məˈrɪə)/ n. (also **Ave**) "אָוֶה-מָרִיָּה" ("שָׁלוֹם לָךְ, מִרְיָם", תְּפִלָּה נוֹצְרִית)

avenge /əˈvendʒ/ v.t. (*formal*) נָקַם, הִתְנַקֵּם
□ *she avenged her brother's suffering* הִיא נָקְמָה אֶת יִסּוּרָיו שֶׁל אָחִיהָ
□ *I shall avenge myself* (or *be avenged*) *on you for this* אֲנִי אֶנְקֹם בְּךָ עַל זֶה

avenger /əˈvendʒə(r)/ n. (*formal*) נוֹקֵם

avenue /ˈævənjuː/ n.
1 (street, road) רְחוֹב רָחָב; שְׂדֵרָה
2 (approach to a problem) גִּישָׁה, אֶפְשָׁרוּת גִּישָׁה (לְנוֹשֵׂא, לִבְעָיָה וְכַד׳)
□ *we considered every avenue, but could not solve the problem* בָּחַנּוּ אֶת כָּל הָאֶפְשָׁרֻיּוֹת, אַךְ לֹא הִצְלַחְנוּ לִפְתֹּר אֶת הַבְּעָיָה

aver /əˈvɜː(r)/ v.t. (*formal*) טָעַן בְּנַחִישׁוּת שֶׁ...

average /ˈævərɪdʒ/ n. מְמֻצָּע
above average מֵעַל לַמְּמֻצָּע; חוֹרֵג מִן הַמְּמֻצָּע
batting average (*Cricket, Baseball*) מְמֻצָּע נְקֻדּוֹת (שֶׁל חוֹבֵט)
bowling average (*Cricket*) מְמֻצָּע נְקֻדּוֹת (שֶׁל מַגִּישׁ הַכַּדּוּר)
law of averages חֹק הַהִסְתַּבְּרוּת
on average בִּמְמֻצָּע
—adj.
1 (usual, ordinary) מְמֻצָּע
□ *the average man doesn't know much physics* הָאָדָם הַמְּמֻצָּע אֵינוֹ בָּקִי בְּפִיסִיקָה
2 (estimated or calculated by averaging) מְמֻצָּע
—v.t.
1 (amount to an average of) הִגִּיעַ לִמְמֻצָּע שֶׁל
average out at הִגִּיעַ לִמְמֻצָּע שֶׁל
□ *he's a bit erratic but his marks still average 80%* הוּא לֹא-עִקְבִי, אֲבָל צִיּוּנוֹ הַמְּמֻצָּע הוּא בְּכָל זֹאת 80%
2 (take the mean of) חִשֵּׁב אֶת הַמְּמֻצָּע שֶׁל

averse /əˈvɜːs/ adj. (*formal*) סוֹלֵד, מוֹאֵס, בּוֹחֵל
□ *I'm not averse to hard work* אֵינֶנִּי סוֹלֵד מֵעֲבוֹדָה קָשָׁה

aversion /əˈvɜːʃ(ə)n/ n. סְלִידָה, בְּחִילָה, "אֲוֶרְסְיָה"; דָּבָר מָאוּס
aversion therapy טִפּוּל-גְּמִילָה בִּדְחִיָּה (גְּמִילָה מֵעִשּׁוּן, שְׁתִיַּת-אַלְכּוֹהוֹל וְכַד׳ עַל יְדֵי קִשּׁוּר לְתוֹפָעוֹת דּוֹחוֹת כְּגוֹן בְּחִילָה)

□ *my pet aversion is bureaucracy* הַבִּירוֹקְרַטְיָה שְׂנוּאָה עָלַי בִּמְיֻחָד, בְּכָל פַּעַם שֶׁיֵּשׁ לִי הִזְדַּמְּנוּת אֲנִי מַפְגִּין סְלִידָה מִבִּירוֹקְרַטְיָה

avert /əˈvɜːt/ v.t.
1 (turn aside, *formal*) הִטָּה, הִפְנָה הַצִּדָּה (מַבָּט, עַיִן וְכַד׳)
□ *the squeamish student averted his eyes from the appendix* הַסְּטוּדֶנְט בַּעַל הַקֵּבָה הָרְגִישָׁה הֵסֵב עֵינָיו מִן הַתּוֹסֶפְתָּן
2 (prevent) סִכֵּל, מָנַע
□ *the government's measures failed to avert civil war* צַעֲדֵי הַמֶּמְשָׁלָה לֹא הִצְלִיחוּ לִמְנֹעַ מִלְחֶמֶת־אֶזְרָחִים

aviary /ˈeɪvɪərɪ/ n. מִבְנֶה/כְּלוּב גָּדוֹל לְצִפּוֹרִים

aviation /ˌeɪvɪˈeɪʃ(ə)n/ n.
1 (operating aircraft) תְּעוּפָה
civil aviation תְּעוּפָה אֶזְרָחִית
2 (aircraft manufacture) תַּעֲשִׂיָּה אֲוִירִית

aviator /ˈeɪvɪeɪtə(r)/ n. (*arch.*) טַיָּס (לָרֹב בִּימֵי הַתְּעוּפָה הָרִאשׁוֹנִים)

avid /ˈævɪd/ adj. לָהוּט, נִלְהָב, מִשְׁתּוֹקֵק
□ *she's an avid reader* הִיא קוֹרֵאת סְפָרִים בִּלְהִיטוּת

avidly /ˈævɪdlɪ/ adv. בִּלְהִיטוּת, בְּהִתְלַהֲבוּת, בִּשְׁקִיקָה

avionics /ˌeɪvɪˈɒnɪks/ n. אֶלֶקְטְרוֹנִיקָה תְּעוּפָתִית; מִכְשׁוּר אֶלֶקְטְרוֹנִי בְּמָטוֹס/בַּחֲלָלִית

avocado /ˌævəˈkɑːdəʊ/ n.
1 (fruit, tree) אֲבוֹקָדוֹ
avocado pear (פְּרִי) אֲבוֹקָדוֹ
2 (colour) (צֶבַע) אֲבוֹקָדוֹ

avocation /ˌævəˈkeɪʃ(ə)n/ n. (*formal*) תַּחְבִּיב, עִסּוּק שֶׁל פְּנַאי

avocet /ˈævəˌset/ n. סַיִּפָן (סוּג שֶׁל חוֹפְמִי, עוֹף מַיִם)

avoid /əˈvɔɪd/ v.t. נִמְנַע מ..., נִשְׁמַר מ...; הִתְחַמֵּק מ...

avoidable /əˈvɔɪdəb(ə)l/ adj. שֶׁנִּתָּן לְהִמָּנַע מִמֶּנּוּ; שֶׁנִּתָּן לִמְנֹעַ אוֹתוֹ

avoidance /əˈvɔɪdəns/ n. הִמָּנְעוּת, הִתְחַמְּקוּת
tax avoidance הִמָּנְעוּת מִתַּשְׁלוּם מַס (בְּאֶמְצָעִים חֻקִּיִּים וּכְשֵׁרִים בִּלְבַד)

avoirdupois /ˌævədəˈpɔɪz/ adj. & n. שִׁיטַת הַמִּשְׁקָל בְּלִיטְרָאוֹת, אוּנְקִיּוֹת וְכוּ׳

avow /əˈvaʊ/ (*formal*) v.t. הִצְהִיר בְּגָלוּי
–v. refl. הוֹדָה (בְּאַשְׁמָה וְכַד׳)

avowal /əˈvaʊəl/ n. (*formal*) הַצְהָרָה בְּגָלוּי, הוֹדָאָה (בְּדָבָר מְסֻיָּם)

avuncular /əˈvʌŋkjʊlə(r)/ adj. (*formal*) אוֹהֵד וּמְסַיֵּעַ (כְּמוֹ דּוֹד); שֶׁל דּוֹד

await /əˈweɪt/ vt. (*formal*)
1 (wait for) (אָדָם, חֵפֶץ) הִמְתִּין לְ..., צִפָּה לְ...
2 (be in store for) (מַצָּב, אֵרוּעַ) הִמְתִּין לְ...

awake /əˈweɪk/ (*past* **awoke** /əˈwəʊk/, *past ppl.* **awoken** /əˈwəʊkən/) v.t. & i. הֵעִיר, עוֹרֵר; הִתְעוֹרֵר, נֵעוֹר
–pred. adj. עֵר; מוּדָע
□ *she is fully awake to the dangers of smoking* הִיא מוּדַעַת יָפֶה לְסַכָּנוֹת הָעִשּׁוּן

awaken /əˈweɪkən/ v.t. & i. הֵעִיר, עוֹרֵר; הִתְעוֹרֵר, נֵעוֹר

awakening /əˈweɪk(ə)nɪŋ/ n. יְקִיצָה, הִתְעוֹרְרוּת; הִתְפַּכְּחוּת
□ *his dismissal was a rude awakening* פִּטּוּרָיו נָפְלוּ עָלָיו כְּרַעַם בְּיוֹם בָּהִיר

award /əˈwɔːd/ n.
1 (payment) פְּרָס, מַעֲנָק (לִסְטוּדֶנְט וְכַד׳)
2 (decision, *Law*) הַעֲנָקָה (שֶׁל פִּצּוּיִים וְכַד׳); פִּצּוּיִים
–v.t. הֶעֱנִיק, זִכָּה (בִּפְרָס); (שׁוֹפֵט) פָּסַק (פִּצּוּי וְכַד׳, לִפְלוֹנִי)

aware /əˈweə(r)/ pred. adj. מוּדָע, חָשׁ; מַכִּיר
□ *Has he ever drunk too much? – Not that I'm aware (of)* הַאִם אֵי פַּעַם הִפְרִיז בִּשְׁתִיָּה? לִי לֹא יָדוּעַ עַל כָּךְ

awash /əˈwɒʃ/ pred. adj. מוּצָף (גַּם בְּהַשְׁאָלָה)

away /əˈweɪ/ adv.
1 (in or to another place) הַרְחֵק, הָלְאָה מִזֶּה, רָחוֹק
□ *I eat less when I'm away from home* כְּשֶׁאֲנִי לֹא בַּבַּיִת אֲנִי אוֹכֵל פָּחוֹת
□ *I was away when he called* לֹא הָיִיתִי בַּבַּיִת כְּשֶׁהוּא בִּקֵּר אֶצְלִי
□ *away with you!* (*arch.*) הִסְתַּלֵּק! הָלְאָה מִפֹּה!
□ *and they're away!* (בְּמֵרוֹץ סוּסִים) וְהֵם יָצְאוּ לַדֶּרֶךְ!
□ *one remark and he's away on one of his boring stories* הֶעָרָה אַחַת וְהוּא מִיָּד מַתְחִיל לְסַפֵּר אֶת אַחַד הַסִּפּוּרִים הַמְשַׁעַמְמִים שֶׁלּוֹ
□ *one whisky and he's (well) away* (*colloq.*) וִיסְקִי אֶחָד וְהוּא "מְבֻסּוּט"
□ *this is far and away the best dictionary* אֵין סָפֵק שֶׁזֶּהוּ הַמִּלּוֹן הַטּוֹב בְּיוֹתֵר
□ *the tired businessman wanted to get away for a holiday* אִישׁ־הָעֲסָקִים הַיָּגֵעַ רָצָה לָצֵאת לְחֻפְשָׁה
□ *we go to remote places to get away from it all* אֲנַחְנוּ נוֹסְעִים לִמְקוֹמוֹת מְרֻחָקִים כְּדֵי לִתְפֹּס שַׁלְוָה
□ *the boy got away with insulting the headmaster* הַנַּעַר הִצְלִיחַ לְהֵחָלֵץ מֵעֹנֶשׁ עַל כָּךְ שֶׁהֶעֱלִיב אֶת הַמְנַהֵל
□ *he's his mother's favourite and he gets away with murder* (*colloq.*) הוּא בֶּן־הַטִּפּוּחִים שֶׁל אִמּוֹ וְהִיא תִּסְלַח לוֹ עַל הַכֹּל
□ *go away!* הִסְתַּלֵּק מִפֹּה! לֵךְ מִפֹּה! עֲזֹב אוֹתִי!
□ *are you going away this year?* אַתָּה יוֹצֵא לְחֻפְשָׁה הַשָּׁנָה?
□ *I wish this headache would go away* הַלְוַאי שֶׁהָיִיתִי נִפְטָר מִכְּאֵב־הָרֹאשׁ הַזֶּה

2 (into non-existence)

□ *Britain did away with steam locomotives some years ago* בְּרִיטַנְיָה הוֹצִיאָה מִשִּׁמּוּשׁ אֶת קַטָּרֵי הַקִּיטוֹר לִפְנֵי כַּמָּה וְכַמָּה שָׁנִים

□ *he did away with himself* (*euphem.*) הוּא אִבֵּד עַצְמוֹ לָדַעַת, הוּא שָׂם קֵץ לְחַיָּיו

□ *he made away with the cutlery* הוּא גָּנַב אֶת מַעֲרֶכֶת כְּלֵי־הָאֹכֶל, וּבָרַח. הוּא נֶעֱלַם עִם הַסַּכּוּ"ם

3 (constantly, continuously, etc.)

□ *he slaves away over a hot stove all day* הוּא מִתְיַגֵּעַ בַּמִּטְבָּח מִבֹּקֶר עַד עֶרֶב

□ *she was writing away like a demon* הִיא יָשְׁבָה וְכָתְבָה כִּכְפוּיַת־שֵׁד

4 (without delay)

□ *I'll do it right* (or *straight*) *away* אֶעֱשֶׂה זֹאת תֵּכֶף וּמִיָּד

□ *Can I ask you something? – Fire away!* אֶפְשָׁר לִשְׁאֹל אוֹתְךָ מַשֶּׁהוּ? דַּבֵּר!

—adj. & n. (*Sport*) חוּץ; מִשְׂחַק־חוּץ

awe /ɔː/ n. יִרְאַת־כָּבוֹד, פַּחַד

□ *he stands in awe of her father* אָבִיהָ מֵטִיל עָלָיו חֲרָדָה

—v.t. עוֹרֵר יִרְאַת־כָּבוֹד בְּ...

awe-inspiring /ɔː-ɪnˌspaɪərɪŋ/ adj. מֵטִיל פַּחַד, מַפִּיל מוֹרָא, מְעוֹרֵר יִרְאַת־כָּבוֹד

awesome /ɔːsəm/ adj.

1 (causing fear or admiration) מַפְחִיד, מַדְהִים

2 (very good, *colloq.*) "לֹא־נוֹרְמָלִי", "אַדִּיר", "מַדְלִיק"

awestruck /ɔːstrʌk/ adj. (also **awestricken**) מֻכֵּה־פַּחַד, מֻכֵּה תַּדְהֵמָה

awful /ɔːf(ə)l/ adj.

1 (terrible, dreadful, of very poor quality) נוֹרָא, אָיֹם, מַחֲרִיד

2 (large, *colloq. attrib.*) עָצוּם, הָמוֹן

□ *an awful lot of people can't even read a newspaper* הַרְבֵּה מְאֹד אֲנָשִׁים לֹא יְכוֹלִים אֲפִלּוּ לִקְרֹא עִתּוֹן

awfully /ɔːflɪ/ adv.

1 (unpleasantly) בְּאֹפֶן נוֹרָא וְאָיֹם, בְּאֹפֶן מַחֲרִיד

2 (very, *colloq.*) "נוֹרָא"

□ *thanks awfully* הָמוֹן תּוֹדָה, נוֹרָא תּוֹדָה

□ *I was awfully hungry* הָיִיתִי רָעֵב נוֹרָא

awhile /əwaɪl/ adv. (*poet.*) לִזְמַן קָצָר

□ *I'll stay here and rest awhile* אֲנִי אֶשָּׁאֵר פֹּה וְאָנוּחַ קְצָת

awkward /ɔːkwəd/ adj.

1 (clumsy) מְגֻשָּׁם; מוּזָר

□ *he's at an awkward age* הוּא בְּגִיל הַהִתְבַּגְּרוּת

2 (poorly adapted; causing difficulty) לֹא נוֹחַ, בְּעָיָתִי

□ *this is an awkward corner* זוֹ פִּנָּה לֹא־נוֹחָה; זֶה מַצָּב לֹא נוֹחַ

□ *sometimes he likes to be awkward* לִפְעָמִים הוּא נֶהֱנֶה לַעֲשׂוֹת קְשָׁיִים

3 (embarrassed; embarrassing) נָבוֹךְ; מֵבִיךְ

□ *it was an awkward moment when he was introduced to his ex-wife* הָיָה זֶה רֶגַע מֵבִיךְ, כְּשֶׁהֻצַּג בִּפְנֵי אִשְׁתּוֹ־לְשֶׁעָבַר

awl /ɔːl/ n. מַרְצֵעַ

awning /ɔːnɪŋ/ n. גְּנוֹגֶנֶת, "מַרְקִיזָה", סוֹכֵךְ, גַּגּוֹן (בַּחֲזִית חֲנוּת אוֹ מֵעַל חַלּוֹן)

awoke /əˈwəʊk/ past of **AWAKE**

awoken /əwəʊkən/ of **AWAKE**

awry /əraɪ/ adv. & adj.

go awry לֹא בְּסֵדֶר, מְשֻׁבָּשׁ; מְעֻקָּם

axe /æks/ (*US* **ax**) n. גַּרְזֶן, קַרְדֹּם

get the axe (*colloq.*) פֻּטַּר מִן הָעֲבוֹדָה

□ *I don't know why she's so eager to help; perhaps she's got an axe to grind* (*colloq.*) אֵין לִי מֻשָּׂג מַדּוּעַ הִיא לְהוּטָה לַעֲזֹר; אוּלַי הִיא מְקַוָּה לְהַרְוִיחַ מַשֶּׁהוּ

—v.t. פִּטֵּר, קִצֵּץ (בְּהוֹצָאוֹת שֵׁרוּתִים וְכַד')

axes /æksiːs/ *pl.* of **AXIS**

axial /æksɪəl/ adj. שֶׁל צִיר, צִירִי, רָכוּב עַל צִיר, אַקְסִיאָלִי

axiom /æksɪəm/ n. אַקְסְיוֹמָה, הַנָּחַת יְסוֹד, מֻשְׂכָּל רִאשׁוֹן (הַנָּחָה שֶׁאֵינָהּ טְעוּנָה הוֹכָחָה)

axiomatic /ˌæksɪəmætɪk/ adj. (*formal*) אַקְסְיוֹמָטִי, שֶׁאֵינוֹ טָעוּן הוֹכָחָה

axis /æksɪs/ n. (*pl.* **axes**)

1 (line about which rotation is performed; line dividing symmetrical figure) צִיר

2 (reference line for measurement of co-ordinates) צִיר

axle /ˈæks(ə)l/ n. (בִּמְכוֹנָה), צִיר, סֶרֶן

axon /æksɒn/ n. (*Anat. & Zool.*) אַקְסוֹן (חֶלְקוֹ הַמָּאֳרָךְ שֶׁל תָּא עָצָב)

ayatollah /aɪəˈtɒlə/ n. אַיָתוֹלָה (מַנְהִיג מוּסְלְמִי שִׁיעִי)

aye /aɪ/ int. & n. כֵּן; תּוֹמֵךְ בַּהַצָּעָה (בִּשְׁעַת הַצְבָּעָה)

aye, aye! (*Naut.*) כֵּן הַמְפַקֵּד

□ *the ayes have it* אוֹמְרֵי הַהֵן הֵם הָרֹב; הַתּוֹמְכִים הֵם הָרֹב

azalea /əzeɪlɪə/ n. אֲזָלֵאָה, חֲרֵרָה (פֶּרַח נוֹי)

azimuth /æzɪməθ/ n. אַזִימוּת, מַעֲלַת הָאֹפֶק (הַזָּוִית שֶׁל אוֹבְּיֶקְט בְּיַחַס לַצִּיר צָפוֹן־דָּרוֹם)

azure /æʒə(r)/ adj. & n. תָּכֹל; תְּכֵלֶת

B b

B, b /biː/ n. (*letter*) ״בִּי״ (הָאוֹת הַשְּׁנִיָּה בְּאָלֶף־בֵּית הָאַנְגְּלִי)

baa /bɑː/ v.i. & n. פָּעָה, עָשָׂה ״מֶה״; פְּעִיָּה, ״מֶה״

babble /ˈbæb(ə)l/ v.t. & i.

1 (speak or say incoherently) מִלְמֵל, קִשְׁקֵשׁ, ״בִּרְבֵּר״; פִּכְפְּכוּ (מַיִם)

□ *we sat by a babbling brook* יָשַׁבְנוּ עַל שְׂפַת יוּבַל מְפַכֶּה

2 (disclose secrets) גִּלָּה סוֹד, ״פִּטְפֵּט״

—n. מִלְמוּל, קִשְׁקוּשׁ, ״בִּרְבּוּר״; פִּכְפּוּךְ, שִׁכְשׁוּךְ (מַיִם)

babe /beɪb/ n. עוֹלָל, תִּינוֹק

out of the mouth of babes and sucklings (*Prov.*) מִפִּי עוֹלְלִים וְיֹנְקִים (עַל־פִּי הַפָּסוּק בִּתְהִלִּים ח׳, ג׳)

babel /ˈbeɪb(ə)l/ n. הֲמֻלָּה, בְּלִיל קוֹלוֹת וְשָׁאוֹן

the Tower of Babel מִגְדַּל בָּבֶל

baboon /bəˈbuːn/ n. בַּבּוּן (קוֹף מִמִּשְׁפַּחַת קוֹפֵי־הַכֶּלֶב)

baby /ˈbeɪbɪ/ n.

1 (child) תִּינוֹק, עוֹלָל

□ *he was left holding the baby when the others abandoned the project* כָּל הָאַחֲרָיוּת נָפְלָה עַל שִׁכְמוֹ, כַּאֲשֶׁר חֲבֵרָיו נָטְשׁוּ אֶת הַמְּשִׁימָה

□ *this scheme is his baby* (*colloq.*) הַתָּכְנִית הַזֹּאת הִיא הַ״בֵּיבִּי״ שֶׁלּוֹ

□ *that's your baby!* (*colloq.*) זֹאת הַבְּעָיָה שֶׁלְּךָ! ״זַבֵּ״שְׁךָ!״

2 (small version, *attrib.*) ״בֵּיבִּי״, ״מִינִי״

3 (sweetheart, *colloq.*) ״בֵּיבִּי״! ״מֹתֶק״!, ״בֻּבָּה״!

—v.t. פִּנֵּק

□ *don't baby the boy so much!* תַּפְסִיק לָרוּץ כָּל הַזְּמַן אַחֲרֵי הַיֶּלֶד

baby buggy /ˈbeɪbɪ-bʌgɪ/ n. עֶגְלַת־יְלָדִים (מִתְקַפֶּלֶת)

baby-faced /ˈbeɪbɪ-feɪst/ adj. בַּעַל פְּנֵי תִּינוֹק, ״בֵּיבִּיפֵיס״

baby grand /ˌbeɪbɪ ˈgrænd/ n. פְּסַנְתֵּר־כָּנָף קָטָן, פְּסַנְתֵּר כָּנָף ״בֵּיבִּי״

babyhood /ˈbeɪbɪhʊd/ n. יַנְקוּת

babyish /ˈbeɪbɪɪʃ/ adj. תִּינוֹקִי

baby-sit /ˈbeɪbɪ-sɪt/ v.i. עָשָׂה בֵּיבִּיסִיטִינְג, שִׁמֵּשׁ כִּשְׁמַרְטָף

baby-sitter /ˈbeɪbɪ-sɪtə(r)/ n. שְׁמַרְטָף, בֵּיבִּיסִיטֶר

baby-talk /ˈbeɪbɪ-tɔːk/ n. לְמְלוּם, מִלְמוּל לְלֹא־פֵּשֶׁר (לָרֹב שֶׁל מְבֻגָּר לְתִינוֹק)

baccarat /ˈbækərɑː/ n. בַּקָּרָה, מִשְׂחַק קְלָפִים (לָרֹב בְּכֶסֶף)

bacchanal /ˈbækən(ə)l/ adj. & n. (*poet.*) בַּכְחָנָלִי, שִׁכּוֹר, הוֹלֵל; בַּכְחָנַלְיָה, הִלּוּלַת־שִׁכּוֹרִים

bacchanalian /ˌbækəˈneɪlɪən/ adj. (*poet.*) בַּכְחָנָלִי, שִׁכּוֹר, הוֹלֵל; שֶׁל הִלּוּלַת־שִׁכּוֹרִים

baccy /ˈbækɪ/ n. (*colloq. dated contraction of* **tobacco**) טַבָּק

bachelor /ˈbætʃələ(r)/ n.

1 (unmarried man) רַוָּק

bachelor flat דִּירַת רַוָּקִים

bachelor girl רַוָּקָה

2 (holder of university degree) בַּעַל תֹּאַר ״בּוֹגֵר״ (ב.א.)

Bachelor of Arts (abbrev. **B.A.**) בּוֹגֵר (אוּנִיבֶרְסִיטָה) בְּמַדָּעֵי־הָרוּחַ, ב.א.

□ *she qualified as a Bachelor of Science* הִיא עָשְׂתָה תֹּאַר רִאשׁוֹן בְּמַדָּעֵי הַטֶּבַע

bacillus /bəˈsɪləs/ (*pl.* **bacilli** /bəˈsɪlaɪ/) n. חַיְדַּק, מֶתֶג, בָּצִיל(וּס)

back /bæk/ n.

1 (of body) גַּב

chair back מִסְעָד, גַּב הַכִּסֵּא

□ *he did it behind David's back* הוּא עָשָׂה זֹאת מֵאֲחוֹרֵי גַּבּוֹ שֶׁל דָּוִד

□ *after intensive work, he had broken the back of the task* לְאַחַר עֲבוֹדָה נִמְרֶצֶת בִּצַּע אֶת עִקַּר הַמְּשִׂימָה

□ *he was flat on his back for a month* (*fig.*) הוּא לֹא יָכוֹל הָיָה לָרֶדֶת מִן הַמִּטָּה בְּמֶשֶׁךְ חֹדֶשׁ (בִּגְלַל מַחֲלָתוֹ)

□ *if you put your back into it, you'll get it done quickly* אִם תַּעֲשֶׂה מַאֲמָץ, תַּצְלִיחַ לְסַיֵּם בִּמְהִירוּת

□ *get off my back!* (*colloq.*) (תֵּ)רֵד מִמֶּנִּי! (תַּ)עֲזֹב אוֹתִי!

□ *his interference put* (or *got*) *David's back up* (*colloq.*) הַהִתְעָרְבוּת שֶׁלּוֹ עָלְתָה לְדָוִד עַל הָעֲצַבִּים

□ *he turned his back on the friends of his youth* הוּא הִפְנָה עֹרֶף לִידִידֵי־נְעוּרָיו

□ *he fought with his back to the wall* הוּא נִלְחַם וְגַבּוֹ אֶל הַקִּיר

□ *the straw that broke the camel's back* הַקַּשׁ שֶׁשָּׁבַר אֶת גַּב הַגָּמָל (תּוֹסֶפֶת קְטַנָּה הַמְּבִיאָה לְמַשְׁבֵּר)

2 (rear) אָחוֹר

back to front הָפוּךְ, עִם הַפָּנִים לְאָחוֹר

□ *he put his sweater on back to front* הוּא לָבַשׁ אֶת הַסְּוֶדֶר הָפוּךְ

□ *who is at the back of it?* (*fig.*) מִי עוֹמֵד מֵאֲחוֹרֵי כָּל זֶה? שֶׁל מִי הָרַעְיוֹן?
3 (position or player at football) הֲגָנָה; מָגֵן, "בֶּק" (בְּכַדּוּרֶגֶל)

—adj.
1 (rear) עָרְפִּי, אֲחוֹרִי, אֲחוֹרַנִּי
back door דֶּלֶת אֲחוֹרִית
back seat מוֹשָׁב אֲחוֹרִי
a back seat driver נוֹסֵעַ מַשִּׂיא־עֵצוֹת (וּמִתְנַהֵג כְּאִלּוּ הוּא הַנֶּהָג), "קִיבִּיצֶר"
□ *the chairman took a back seat after the new managing-director arrived* הַיּוֹשֵׁב־רֹאשׁ הוֹרִיד פְּרוֹפִיל לְאַחַר בּוֹאוֹ שֶׁל הַמְּנַהֵל הֶחָדָשׁ
2 (former, out-of-date, in arrears) קוֹדֵם; אֲחוֹרַנִּי; יָשָׁן
back number (of a journal) גִּלָּיוֹן/עֹתֶק יָשָׁן (שֶׁל עִתּוֹן)
□ *the former star is just a back number now* כּוֹכַב הֶעָבָר נִדְחַק לְפִנָּה וְנִשְׁכַּח

—v.t.
1 (provide a back to) הִתְקִין גַּב/בִּטְנָה/רְפִידָה לְ...
2 (support) עָמַד לִימִין, עָמַד מֵאֲחוֹרֵי, נָתַן גִּבּוּי לְ...
□ *she would always back her friend up* הִיא תָּמִיד הִתְיַצְּבָה לִימִין יְדִידָהּ
3 (cause to move back) הֵסִיעַ לְאָחוֹר, הוֹלִיךְ לְאָחוֹר
□ *back the car out of the garage, please!* בְּבַקָּשָׁה, סַע לְאָחוֹר וְצֵא מִן הַמּוּסָךְ (אוֹ הַחֲנָיָה)!
4 (bet on) הִמֵּר עַל
□ *he backed the winner* הוּא הִמֵּר עַל הַמְנַצֵּחַ

—v.i.
1 (go backwards) נָסוֹג, נִרְתַּע
back away from נָסוֹג לְאָחוֹר מִן, נָסוֹג לְאָחוֹר מִפְּנֵי
back down וִתֵּר (עַל עֶמְדָּה), נָסוֹג מֵעֶמְדָּתוֹ
□ *he backed down from his aggressive position* הוּא נָסוֹג מֵעֶמְדָּתוֹ הַתּוֹקְפָנִית
back off נָסוֹג, וִתֵּר עַל נִסָּיוֹן, פָּרַשׁ
□ *they backed out of the scheme* הֵם סִלְּקוּ יְדֵיהֶם מִן הַתָּכְנִית
2 (of wind) (הָרוּחַ) חָג לְאָחוֹר, סָבַב בְּהַדְרָגָה נֶגֶד כִּוּוּן הַשָּׁעוֹן (בִּסְפָנוּת)
3 (face backwards) עָמַד וְגַבּוֹ אֶל
□ *the house backs on to the river* גַּב הַבַּיִת פּוֹנֶה אֶל הַנָּהָר

—adv.
1 (to the rear, at a distance) לְאָחוֹר, לְמֶרְחָק
□ *stand back!* זוּז לְאָחוֹר! זוּז אֲחוֹרָה! הִתְרַחֵק!
2 (in or into a former position or state or period) בַּחֲזָרָה
give back הֶחֱזִיר, הֵשִׁיב
□ *he is not back yet* הוּא עֲדַיִן לֹא חָזַר
way back (*colloq.*) בְּעָבָר הָרָחוֹק, לִפְנֵי זְמַן רַב
3 (in return) בַּחֲזָרָה
□ *he will get his own back* הוּא עוֹד יִתְנַקֵּם/יִנְקֹם

backache /ˈbækeɪk/ n. כְּאֵב־גַּב, מֵחוֹשֵׁי־גַּב

back-bench /bækˈ-bentʃ/ n. & adj. סַפְסָל אֲחוֹרִי (בְּבֵית־הַנִּבְחָרִים הַבְּרִיטִי); שֶׁל הַמּוֹשָׁב הָאֲחוֹרִי, מִן הַמּוֹשָׁב הָאֲחוֹרִי (כַּנַּ"ל)

back-bencher /ˌbæk-ˈbentʃə(r)/ n. חֲבֵר הַפַּרְלָמֶנְט מִן הַסַּפְסָלִים הָאֲחוֹרִיִּים; שֶׁאֵינוֹ מִן הַשּׁוּרָה הָרִאשׁוֹנָה

backbiting /ˈbækbaɪtɪŋ/ n. & adj. רְכִילוּת, הֲלִיכַת רָכִיל, הַשְׁמָצָה; רַכְלָנִי, הוֹלֵךְ־רָכִיל

backbone /ˈbækbəʊn/ n.
1 (spine) (בַּגּוּף) עַמּוּד הַשִּׁדְרָה; (בְּחֶבְרָה וְכַד׳) עַמּוּד הַתָּוֶךְ
2 (firmness of character) "עַמּוּד שִׁדְרָה"

back-breaking /ˈbæk-breɪkɪŋ/ adj. מְיַגֵּעַ, מְפָרֵךְ

backchat /ˈbæktʃæt/ n. חִלּוּפֵי־דְּבָרִים עֶקְצָנִיִּים/מְבַדְּחִים, הֶעָרָה מְחֻצֶּפֶת
□ *there was some backchat between the soldiers and the girls* הַחַיָּלִים וְהַנְּעָרוֹת הֶחֱלִיפוּ הֶעָרוֹת עֶקְצָנִיּוֹת

backcloth /ˈbækklɒ/ n. (בַּתֵּיאַטְרוֹן) מָסַךְ־רֶקַע, תַּפְאוּרַת רֶקַע, תַּפְאוּרָה אֲחוֹרִית

backdate /bækˈdeɪt/ v.t. הֵחִיל לְמַפְרֵעַ (אֲחוֹרַנִּית) הֵחִיל אֲחוֹרַנִּית, תִּאֲרֵךְ בְּאֹפֶן רֶטְרוֹאַקְטִיבִי
□ *their salary increase was backdated to Christmas* הַהַעֲלָאָה בַּשָּׂכָר שֶׁלָּהֶם חָלָה רֶטְרוֹאַקְטִיבִית מֵחַג־הַמּוֹלָד

backdrop /ˈbækdrɒp / n. (בַּתֵּיאַטְרוֹן) מָסַךְ־רֶקַע, תַּפְאוּרַת־רֶקַע, תַּפְאוּרָה אֲחוֹרִית

backer /ˈbækə(r)/ n. מְמַמֵּן, תּוֹמֵךְ; מְהַמֵּר (עַל סוּס בְּמֵרוֹץ)

backfire /ˌbækˈfaiə(r)/ v.i. (מָנוֹעַ) הִשְׁמִיעַ פִּצּוּץ (כְּתוֹצָאָה מֵהַצָּתָה מֻקְדֶּמֶת)
□ *the plan backfired* הַתָּכְנִית הֵנִיבָה תּוֹצָאוֹת הֲפוּכוֹת מִן הַצָּפוּי, הַתָּכְנִית נִכְשְׁלָה כִּשָּׁלוֹן חָרוּץ

backgammon /ˈbækˌgæmən/ n. שֵׁשׁ־בֵּשׁ

background /ˈbækgraʊnd/ n.
1 (of picture) רֶקַע
□ *the president's wife keeps* (or *stays*) *in the background* אֵשֶׁת הַנָּשִׂיא נִשְׁאֶרֶת מֵאֲחוֹרֵי הַקְּלָעִים
background music נְעִימַת־רֶקַע, מוּזִיקַת־רֶקַע
2 (environment, previous history) רֶקַע, מוֹצָא

backhand /ˈbækhænd/ adj. "בֶּקְהֶנְד", שֶׁל גַּב־הַיָּד
backhand (stroke) (*Tennis*) חֲבָטַת גַּב־יָד, חֲבָטַת "בֶּקְהֶנְד" (בְּמִשְׂחֲקֵי מַחְבֵּט)

back-handed /bækˈhændɪd/ adj. מְפֻקְפָּק
back-handed compliment מַחְמָאָה מְפֻקְפֶּקֶת

back-hander /bækˈhændə(r)/ n.
1 (blow) חֲבָטַת "בֶּקְהֶנְד"
2 (bribe, *sl.*) בַּקְשִׁישׁ

backing /ˈbækɪŋ/ n.
1 (material) רִפּוּד, גַּב
2 (support) תְּמִיכָה, גִּבּוּי
3 (musical accompaniment) לִוּוּי מוּזִיקָלִי

backlash /ˈbæklæʃ/ n. רֵיאַקְצְיָה, תְּגוּבָה עוֹיֶנֶת (לְעִתִּים מְפֻרֶזֶת, לְעִתִּים בְּאִחוּר)

backlog /ˈbæklɒg/ n. פִּגּוּר מִצְטַבֵּר

backpack /ˈbækpæk/ n. & v.i תַּרְמִיל־גַּב גָּדוֹל; עָרַךְ מַסָּע עִם תַּרְמִיל עַל הַגַּב

back-pedal /ˌbæk-ˈped(ə)l/ v.i. (בְּאוֹפַנַּיִם) סוֹבֵב אֶת הַדַּוְשׁוֹת/הַפֶּדָלִים אֲחוֹרַנִּית; נָסוֹג מִטִּעוּנוֹ הַמְּקוֹרִי, מִתֵּן אֶת טִעוּנוֹ הַמְּקוֹרִי

backrest /ˈbækrest/ n. מִסְעָד (שֶׁל כִּסֵּא וְכַד׳)

back room /ˈbæk ruːm/ adj. אֲחוֹרֵי הַקְּלָעִים; חַדְרֵי־חֲדָרִים
back room boys (*colloq.*) חוֹקְרִים, מַדְּעָנִים וְכַד׳, הָעוֹסְקִים בַּעֲבוֹדָה חֲשׁוּבָה הַרְחֵק מִזַּרְקוֹרֵי הַפִּרְסֹמֶת

backscratcher /ˈbækskrætʃə(r)/ n. כְּלִי לְגֵרוּד הַגַּב

backside /ˈbæksaɪd/ n. (*colloq.*) יַשְׁבָן

backsight /ˈbæksaɪt/ n. כַּוֶּנֶת אֲחוֹרִית (בְּרוֹבֶה)

backsliding /ˈbækslaɪdɪŋ/ n. & adj. הִדַּרְדְּרוּת (לְחֵטְא וְכַד׳), סְטִיָּה מִדֶּרֶךְ הַיָּשָׁר

backstage /bækˈsteɪdʒ/ adv. & adj. מֵאֲחוֹרֵי הַקְּלָעִים, שֶׁל אֲחוֹרֵי־הַקְּלָעִים
backstage life הַחַיִּים שֶׁמֵּאֲחוֹרֵי הַקְּלָעִים, הַמְּצִיאוּת שֶׁמֵּאֲחוֹרֵי הַקְּלָעִים

backstairs /bækˈsteəz/ n. *pl.* (often *attrib.*) מַדְרֵגוֹת אֲחוֹרִיּוֹת; (הַשְׁפָּעָה) סוֹדִית, עֲקִיפָה; (רְכִילוּת) שֶׁל חַדְרֵי־מִטּוֹת

backstroke /ˈbækstrəʊk/ n. שְׂחִיַּת־גַּב

back-track /ˈbæk-træk/ v.i. (*fig.*) חָזַר עַל עִקְּבוֹתָיו; חָזַר בּוֹ

backward /ˈbækwəd/ adj.
1 (directed backwards) לְאָחוֹר, אֲחוֹרִי
2 (shy) בַּיְשָׁן, הַסְסָן, בַּיְשָׁנִי, הַסְסָנִי
3 (unprogressive, underdeveloped) נֶחֱשָׁל, מְפַגֵּר

backward(s) /ˈbækwədz/ adv. אֲחוֹרַנִּית, לְאָחוֹר; בְּסֵדֶר הָפוּךְ, בְּכִוּוּן הָפוּךְ
□ *he knows his grammar backwards* הוּא יוֹדֵעַ דִּקְדּוּק עַל בֻּרְיוֹ

backwash /ˈbækwɒʃ/ n. (מַיִם) תְּנוּעַת גַּלִּים חוֹזְרִים; תְּנוּעַת גַּלִּים שֶׁמּוֹתִירָה אַחֲרֶיהָ סְפִינָה; תּוֹצָאָה מְאֻחֶרֶת וּבִלְתִּי־נְעִימָה

backwater /ˈbækwɔːtə(r)/ n. מַיִם סְכוּרִים, מִקְוֵה מַיִם עוֹמְדִים; "חוֹר נִדָּח"

backwoods /ˈbækwʊdz/ n. *pl.* שֶׁטַח מְיֹעָר וְנִדָּח, מָקוֹם רָחוֹק וְלֹא־מְיֻשָּׁב

backwoodsman /ˈbækwʊdzmən/ n. (בְּעִקָּר בִּצְפוֹן אֲמֶרִיקָה) מִתְיַשֵּׁב בְּאֵזוֹר נִדָּח

backyard /bækˈjɑːd/ n. חֲצַר־אֲחוֹרִית (בְּאַנְגְּלִיָּה שֶׁטַח מְרֻצָּף מֵאֲחוֹרֵי הַבַּיִת; בארה״ב: מִדְשָׁאָה מֵאֲחוֹרֵי הַבַּיִת)

bacon /ˈbeɪkən/ n. בֵּיְקוֹן, קָתֶל־חֲזִיר (מְמֻלָּח אוֹ מְעֻשָּׁן)
□ *despite all the problems he brought home the bacon* (*colloq.*) לַמְרוֹת כָּל הַבְּעָיוֹת הוּא הִצְלִיחַ לְהַשִּׂיג פַּרְנָסָה
□ *he managed to save his bacon* (*colloq.*) הוּא הִצְלִיחַ לָצֵאת בְּלִי פֶּגַע, הוּא יָצָא בְּעוֹר שִׁנָּיו

bacterial /bækˈtɪərɪəl/ adj. בַּקְטֶרִי, שֶׁל חַיְדַּקִּים

bacteriological /bækˌtɪərɪəˈlɒdʒɪk(ə)l/ adj. בַּקְטֶרְיוֹלוֹגִי, שֶׁל תּוֹרַת הַחַיְדַּקִּים

bacteriologist /bækˌtɪərɪˈɒlədʒɪst/ n. בַּקְטֶרְיוֹלוֹג, חוֹקֵר חַיְדַּקִּים

bacteriology /bækˌtɪərɪˈɑlədʒɪ/ n. בַּקְטֶרְיוֹלוֹגְיָה, תּוֹרַת הַחַיְדַּקִּים

bacterium /bækˈtɪərɪəm/ n. (*pl.* **bacteria** /bækˈtɪərɪə/) בַּקְטֶרְיָה, חַיְדַּק

bad /bæd/ adj.
1 (evil, injurious, offensive) רַע, פּוֹגֵעַ
bad temper מַצַּב רוּחַ רַע; אֹפִי נִרְגָּן
bad-tempered (אָדָם/חַיָּה) בַּעַל מֶזֶג רַע
□ *the pact was made in bad faith and soon broken* הַהֶסְכֵּם נַעֲשָׂה שֶׁלֹּא בְּתֹם־לֵב וְהוּפַר בִּמְהֵרָה
□ *his bad language offended many people* אֲנָשִׁים רַבִּים נִרְתְּעוּ מִנִּבּוּלֵי הַפֶּה שֶׁלּוֹ
□ *meat goes bad quickly in hot weather* בָּשָׂר מִתְקַלְקֵל בִּמְהֵרָה בְּמֶזֶג־אֲוִיר חַם
□ *it's a shame he has bad breath* חֲבָל מְאֹד, אֲבָל יֵשׁ לוֹ רֵיחַ רַע מֵהַפֶּה
□ *the economic situation goes from bad to worse* הַמַּצָּב הַכַּלְכָּלִי הוֹלֵךְ מִדְּחִי אֶל דֶּחִי
2 (incorrect, immoral, naughty) פָּסוּל, מְשֻׁבָּשׁ, מֻשְׁחָת; שׁוֹבָב
bad manners נִימוּסִים לוֹקִים־בְּחָסֵר, נִימוּסִים רָעִים
□ *he could not spell and his grammar was bad* הוּא כָּתַב עִם שְׁגִיאוֹת וְלֹא יָדַע דִּקְדּוּק
□ *the shopkeeper wrote the money off as a bad debt* בַּעַל הַחֲנוּת וִתֵּר עַל הַסִּכּוּי לְקַבֵּל בַּחֲזָרָה אֶת הַכֶּסֶף
□ *don't be such a bad boy!* אַל תִּהְיֶה יֶלֶד רַע! נוּ, נוּ, נוּ, יֶלֶד רַע!
3 (unfortunate) בִּישׁ, מְבַשֵּׂר־רָעָה
□ *that's a bad sign* זֶה סִימָן רַע, זֶה סִימָן לֹא־טוֹב
□ *that's just too bad!* (*colloq.*) מַה לַּעֲשׂוֹת! חֲבָל מְאֹד!
4 (severe, pronounced) חָמוּר, קָשֶׁה
□ *she had a bad cold* הִיא סָבְלָה מֵהִצְטַנְּנוּת קָשָׁה
5 (lacking skill, of poor quality) רַע, עָלוּב, לָקוּי
6 (not in good health) חוֹלֶה, לָקוּי
□ *he has a bad leg and walks with a stick* יֵשׁ לוֹ בְּעָיוֹת בָּרֶגֶל וְהוּא הוֹלֵךְ עִם מַקֵּל
□ *I feel bad about losing your book* מְאֹד לֹא נָעִים לִי שֶׁאִבַּדְתִּי אֶת הַסֵּפֶר שֶׁלְּךָ

—n.

□ *the young man went to the bad in the big city* הַצָּעִיר הִדַּרְדֵּר בָּעִיר הַגְּדוֹלָה

□ *we must take the good with the bad* עָלֵינוּ לְקַבֵּל אֶת הַטּוֹב עִם הָרַע

□ *after the races he was £100 to the bad* לְאַחַר הַמֵּרוֹצִים הִתְבָּרֵר שֶׁהוּא בְּחוֹב שֶׁל 100 ליש"ט (בְּהִמּוּרִים)

bade /bæd/ past of **bid**

badge /bædʒ/ n. תָּג, אוֹת; סֵמֶל

badger /ˈbædʒə(r)/ n. גִּירִית (טוֹרֵף מִמִּשְׁפַּחַת הַסַּמּוּרִים)

—v.t. הִטְרִיד, הֵצִיק ל..., נִדְנֵד ל...

badinage /ˈbædɪnɑːʒ/ n. (*formal*) לְשׁוֹן הִתּוּלִים, הִתְלוֹצְצוּת

badly /ˈbædlɪ/ adv.

1 (in a bad way) בְּאֹפֶן רַע, בְּדֶרֶךְ רָעָה

badly off בְּמַצָּב (כַּלְכָּלִי) גָּרוּעַ, חַי בְּדֹחַק, בִּמְצוּקָה כַּלְכָּלִית

□ *he is badly behaved* הוּא לֹא מְחֻנָּךְ, הוּא חֲסַר נִימוּס, הִתְנַהֲגוּתוֹ גְּרוּעָה

2 (very much) בְּמִדָּה רַבָּה, מְאֹד־מְאֹד

□ *the plants badly needed rain* הַצְּמָחִים הָיוּ מְאֹד זְקוּקִים לְגֶשֶׁם

badminton /ˈbædmɪntən/ n. בַּדְמִינְטוֹן (מִשְׂחַק מַחְבֵּט עִם כַּדּוּר־נוֹצָה)

baffle /ˈbæf(ə)l/ v.t. הֵבִיךְ, בִּלְבֵּל, גָּרַם אָבְדַן־עֵצוֹת

□ *it baffles description* אֵין מִלִּים לְתָאֲרוֹ, לֹא יְאֻמַּן כִּי יְסֻפַּר

□ *he was baffled by the problem* הוּא עָמַד אוֹבֵד־עֵצוֹת מוּל הַבְּעָיָה

—n. לוּחַ בּוֹלֵם־קוֹל (לְגָזִים וּנְוֹזְלִים לְמָשָׁל בְּמַפְלֵט הַמְּכוֹנִית), לוּחַ הַטָּיָה

bafflement /ˈbæf(ə)lmənt/ n. מְבוּכָה וְתַדְהֵמָה

baffling /ˈbæflɪŋ/ adj. מֵבִיךְ, מְבַלְבֵּל, גּוֹרֵם אָבְדַן־עֵצוֹת

bag /bæg/ n.

1 (receptacle) תִּיק, יַלְקוּט, שַׂקִּיק, שַׂקִּית

a mixed bag (*colloq.*) קְצָת מִזֶּה וּקְצָת מִזֶּה, תַּעֲרֹבֶת, כָּל־מִינֵי

□ *the landlady threw him out bag and baggage* בַּעֲלַת־הַבַּיִת זָרְקָה אוֹתוֹ מֵהַבַּיִת עִם כָּל מִטַּלְטְלָיו

□ *he used the whole bag of tricks to escape* הוּא הִשְׁתַּמֵּשׁ בְּכָל תַּחְבּוּלָה אֶפְשָׁרִית כְּדֵי לְהִמָּלֵט

□ *the old horse was a bag of bones* הַסּוּס הַזָּקֵן הָיָה גַּל־עֲצָמוֹת

□ *the match is in the bag* (*colloq.*) גּוֹרַל הַמִּשְׂחָק הֻכְרַע

□ *she's let the cat out of the bag* (*colloq.*) הִיא חָשְׂפָה (שֶׁלֹּא בְּכַוָּנָה) אֶת כָּל הַסּוֹדוֹת

2 (in *pl., colloq.*) מִכְנָסַיִם אֲפֹרִים־בְּהִירִים וּרְחָבִים מְאֹד (כְּאָפְנַת שְׁנוֹת הָעֶשְׂרִים בְּאוֹקְסְפוֹרְד)

—v.t.

1 (take possession of, *colloq.*) חָטַף, תָּפַס, הִשְׁתַּלֵּט עַל

bags I! (*colloq.*) זֶה שֶׁלִּי! (צַעֲקָתָם שֶׁל יְלָדִים; הַצְהָרָה חַד־צְדָדִית)

2 (hang loosely) הָיָה תָּלוּי כְּמוֹ שַׂק

3 (put in a bag) *also* **bag up** אָרַז בְּתִיק, הִכְנִיס לְשַׂקִּית

bagatelle /ˌbægəˈtel/ n.

1 (game) מֵעֵין מִשְׂחָק עִם לוּחַ מְחֹרָר וְכַדּוּרִים

2 (trifle) זוּטוֹת, הֲבָלִים, קִשְׁקוּשׁ

3 (musical trifle) בָּגָטֶלָה, זוּטָה

baggage /ˈbægɪdʒ/ n.

1 (luggage) מִזְוָדוֹת, מִטְעָן

2 (saucy girl, *joc.*) נַעֲרָה מְחֻצֶּפֶת, חֲצָפָנִית

baggy /ˈbægɪ/ adj. (מִכְנָסַיִם וְכַד') תָּלוּי כְּשַׂק, "בֶּגִי"

bag lady /ˈbægleɪdɪ/ n. קַבְּצָנִית חַסְרַת־בַּיִת (הַמִּתְהַלֶּכֶת וְנוֹשֵׂאת עִמָּהּ אֶת כָּל מִטַּלְטְלֶיהָ בְּשַׂקִּיּוֹת)

bagpiper /ˈbægpaɪpə(r)/ n. נַגַּן חֵמַת־חֲלִילִים

bagpipes /ˈbægpaɪps/ n. *pl.* חֵמַת־חֲלִילִים

bail[1] /beɪl/ n. עַרְבוּת כַּסְפִּית (לְשִׁחְרוּר מִמַּאֲסָר)

□ *the police let the suspect out on bail* הַמִּשְׁטָרָה שִׁחְרְרָה אֶת הֶחָשׁוּד בְּעַרְבוּת

□ *bail was set at £1000* גֹּבַהּ הָעַרְבוּת נִקְבַּע לְ־1000 לי"ש

□ *the man went bail for his friend* הָאִישׁ שִׁלֵּם אֶת דְּמֵי־הָעַרְבוּת עֲבוּר יְדִידוֹ

—v.t. שִׁחְרֵר בְּעַרְבוּת

bail out הִצִּיל (לָרֹב חֶבְרָה, בְּאֶמְצָעוּת כֶּסֶף)

□ *I was having some difficulties but my sister bailed me out* (*fig.*) נִקְלַעְתִּי לִקְשָׁיִים, אֲבָל אֲחוֹתִי עָזְרָה לִי לָצֵאת מֵהֶם

bail[2] see **BALE**[2]

bailey /ˈbeɪlɪ/ n. הַחוֹמָה הַחִיצוֹנִית שֶׁל טִירָה; חָצֵר מֻקֶּפֶת חוֹמָה (כַּנַּ"ל)

the Old Bailey "אוֹלְד בֵּיילִי", בֵּית־הַמִּשְׁפָּט הַמֶּרְכָּזִי לִפְלִילִים בְּלוֹנְדוֹן

Bailey bridge /ˈbeɪlɪ brɪdʒ/ n. גֶּשֶׁר בֵּיילִי, גֶּשֶׁר מְהִיר־הֲקָמָה לִשְׁעַת־חֵרוּם

bailiff /ˈbeɪlɪf/ n.

1 (officer of the law) פְּקִיד הַהוֹצָאָה לַפֹּעַל, שְׁלִיחַ בֵּית־דִּין

2 (steward of estate) מְנַהֵל־הָאֲחֻזָּה

bairn /beən/ n. (esp. *Scot.*) יֶלֶד, בֵּן, בַּת

bait /beɪt/ n. פִּתָּיוֹן, פִּתְיוֹנוֹת

□ *I asked her how the party went but she didn't rise to the bait* שָׁאַלְתִּי אוֹתָהּ אֵיךְ הָיְתָה הַמְּסִבָּה, אֲבָל הִיא לֹא נָפְלָה בַּפַּח

—v.t.

1 (load hook or trap with food) שָׂם פִּתָּיוֹן, הֵטִיל פִּתָּיוֹן (בִּקְצֵה חַכָּה וְכַד')

2 (torment) הִתְעַלֵּל בְּ..., הֵצִיק לְ..., עִנָּה

baize /beɪz/ n. לֶבֶד יָרֹק, מֵעֵין אָרִיג צֶמֶר (לְצִפּוּי שֻׁלְחָנוֹת בִּילְיַארְד, קְלָפִים וְכַד')

bake /beɪk/ v.t. & i. אָפָה; שָׂרַף (לְבֵנִים וְכַד')

bakelite /ˈbeɪkəlaɪt/ n. בָּקֶלִיט (מִין חֹמֶר פְּלַאסְטִי)

baker /ˈbeɪkə(r)/ n. אוֹפֶה, נַחְתּוֹם

baker's dozen שְׁלֹשָׁה־עָשָׂר

bakery/ˈbeɪkərɪ/ n. מַאֲפִיָּה; חֲנוּת לֶחֶם וְעוּגוֹת

baking-powder /ˈbeɪkɪŋ-ˌpaʊdə(r)/ n. אַבְקַת־אֲפִיָּה

baksheesh /bækˈʃiːʃ/ n. בַּקְשִׁישׁ, כֶּסֶף "מֵהַצַּד", שֹׁחַד בְּמַשָּׂא וּמַתָּן; נְדָבָה לְעָנִי

balalaika /ˌbæləˈlaɪkə/ n. בָּלָלַיְקָה (כְּלִי־פְּרִיטָה רוּסִי בְּצוּרַת מְשֻׁלָּשׁ)

balance /ˈbælәns/ n.

1 (scales) מֹאזְנַיִם, מִשְׁקָל

□ *the result hangs* (or *is*) *in the balance* הַתּוֹצָאוֹת עֲדַיִן לֹא בְּרוּרוֹת

□ *the election will turn* (or *tip*) *the balance in favour of the Left* הַבְּחִירוֹת יַטּוּ אֶת הַכַּף לְטוֹבַת הַשְּׂמֹאל

2 (equilibrium) שִׁוּוּי מִשְׁקָל, אִזּוּן

□ *the balance of power has shifted* מַאֲזַן הַכֹּחוֹת הִשְׁתַּנָּה

□ *the balance of trade was unfavourable to this country* הַמַּאֲזָן הַמִּסְחָרִי הוּא לְרָעַת מְדִינָה זוֹ

□ *the acrobat kept his balance* הַלּוּלְיָן שָׁמַר עַל/אִבֵּד אֶת שִׁוּוּי־מִשְׁקָלוֹ

□ *he lost his balance over this important issue* (*fig.*) הוּא לֹא הִצְלִיחַ לִשְׁמֹר עַל יִשּׁוּב הַדַּעַת בְּנוֹשֵׂא חָשׁוּב זֶה; הוּא אִבֵּד אֶת שִׁוּוּי־הַמִּשְׁקָל בְּנוֹשֵׂא חָשׁוּב זֶה

□ *the judges struck a balance between the two sides* הַשּׁוֹפְטִים הֵבִיאוּ לִידֵי פְּשָׁרָה בֵּין הַצְּדָדִים

□ *the news threw him off (his) balance* הַיְדִיעוֹת עִרְעֲרוּ אֶת שִׁוּוּי מִשְׁקָלוֹ

3 (Accountancy) מַאֲזָן

balance of payments מַאֲזַן תַּשְׁלוּמִים (שֶׁל מְדִינָה, חֶבְרָה מִסְחָרִית וְכַד')

on balance (*fig.*) בְּהִתְחַשֵּׁב בְּכָל הַנְּתוּנִים

4 (remainder) יִתְרָה (בְּחֶשְׁבּוֹן בַּנְק)

—v.t. הֶחֱזִיק (דָּבָר מָה) בְּשִׁוּוּי מִשְׁקָל, אִזֵּן

balanced diet תְּזוּנָה בְּרִיאָה, הֶרְגֵּלֵי אֲכִילָה מְאֻזָּנִים

balanced judgement הַעֲרָכָה שְׁקוּלָה, הַחְלָטָה שְׁקוּלָה וּמְאֻזֶּנֶת

well-balanced שָׁקוּל, מְאֻזָּן, לֹא־קִיצוֹנִי

□ *the seal balanced a ball on its nose* כֶּלֶב־הַיָּם הֶחֱזִיק כַּדּוּר עַל קְצֵה הָאַף שֶׁלּוֹ

—v.i. הִתְאַזֵּן, עָמַד בְּשִׁוּוּי מִשְׁקָל

balance-sheet /ˈbæləns-ʃiːt/ n. מַאֲזָן

balance-wheel /ˈbælənsˌwiːl/ n. גַּלְגַּל וִסּוּת (בְּשָׁעוֹן)

balcony /ˈbælkənɪ/ n.

1 (of house) מִרְפֶּסֶת, גְּזֻזְטְרָה, בַּלְקוֹן

2 (of theatre) יָצִיעַ

bald /bɔːld/ adj.

1 (hairless) קֵרֵחַ

2 (plain, uncompromising) גָּלוּי, לְלֹא מַסְוֶה, לְלֹא כָּחָל וָשָׂרָק, לְלֹא־פְּשָׁרָה

□ *she restricted herself to a bald statement of the facts* הִיא הִגְבִּילָה אֶת עַצְמָהּ לְתֵאוּר יָבֵשׁ שֶׁל הָעֻבְדּוֹת

balderdash /ˈbɔːldədæʃ/ n. (*arch., colloq.*) שְׁטֻיּוֹת בְּמִין־עַגְבָנִיּוֹת, "חַנְטָרִישׁ"

bald-headed /ˌbɔːld-ˈhedɪd/ adj. לְלֹא מַעֲצוֹרִים, לְלֹא הִסּוּס וְשִׁקּוּל דַּעַת

baldly /ˈbɔːldlɪ/ adv. בְּאֹפֶן בּוֹטֶה, בְּגָלוּי, לְלֹא כָּחָל וָשָׂרָק

□ *to put it baldly, you've messed it up* אִם לְדַבֵּר בְּגָלוּי, פִּשַּׁלְתָּ

bale[1] /beɪl/ n. חֲבִילָה, צְרוֹר אָרוּז

—v.t. אָרַז, צָרַר בְּהִדּוּק; עָשָׂה חֲבִילוֹת חָצִיר (קוֹמְבַּיְן)

bale[2] /beɪl/ v.i. (also **bail**) הֵרִיק מַיִם (מִתּוֹךְ סִירָה)

bale out נִמְלַט בִּצְנִיחָה מִמָּטוֹס (שֶׁנִּפְגַּע); מִלֵּט אֶת עַצְמוֹ

baleful /ˈbeɪlfʊl/ adj. זְדוֹנִי, מַשְׁחִית, מְאַיֵּם, הַרְסָנִי

balk /bɔːk/ (also **baulk**)

—n. מַחְסוֹם, מַעֲצוֹר, מִכְשׁוֹל

—v.t. סִכֵּל, חָסַם, עָמַד בְּדַרְכּוֹ שֶׁל

—v.i.

balk at נָסוֹג מִן הָרַעְיוֹן שֶׁל, סֵרֵב לְ...

ball[1] /bɔːl/ n.

1 (spherical object) כַּדּוּר

ball of the foot כְּרִית כַּף־הָרֶגֶל (שֶׁבֵּין הַבֹּהֶן וְקֶשֶׁת כַּף־הָרֶגֶל)

ball and socket joint מִפְרָק כַּדּוּרִי

□ *she tied the parcels and used a whole ball of string* הִיא הִשְׁתַּמְּשָׁה בִּסְלִיל שָׁלֵם שֶׁל חוּטִים כְּדֵי לֶאֱרֹז אֶת הַחֲבִילוֹת

2 (in games)

ball game (*US*) מִשְׂחַק בֵּיְסְבּוֹל/כַּדּוּר־בָּסִיס

□ *no ball* (קְרִיקֶט) זְרִיקַת כַּדּוּר בְּנִגּוּד לִכְלָלֵי הַמִּשְׂחָק

□ *politics is a different ball game from business* פּוֹלִיטִיקָה הִיא סִפּוּר שׁוֹנֶה בְּתַכְלִית מֵעֲסָקִים

□ *the new manager had the ball at his feet* לַמְנַהֵל הֶחָדָשׁ הָיוּ סִכּוּיִים טוֹבִים לְהַצְלָחָה

□ *we need more volunteers to start the ball rolling* (*fig.*) אָנוּ זְקוּקִים לְמִתְנַדְּבִים נוֹסָפִים כְּדֵי לְהַתְחִיל לְהָזִיז אֶת הָעִנְיָנִים

□ *he has done his share: the ball's in your court now* הוּא עָשָׂה אֶת חֶלְקוֹ וְעַכְשָׁו הָעִנְיָנִים תְּלוּיִים בְּךָ

□ *the new director's really on the ball* (*colloq.*) הַמְנַהֵל הֶחָדָשׁ מַמָּשׁ עַל הַסּוּס

3 (in *pl., vulg.*) "בֵּיצִים" (אֲשָׁכִים); פִּתְפּוּתֵי בֵּיצִים, "זִיּוּנֵי שֵׂכֶל"

ball[2] /bɔːl/ n. (*dance*) נֶשֶׁף־רִקּוּדִים, נֶשֶׁף

have a ball (*sl.*) "לַעֲשׂוֹת חַיִּים"

ballad /ˈbæləd/ n. בַּלָּדָה

ballast /ˈbæləst/ n.

1 (in ship) זְבוֹרִית (מַשָּׂא בְּתַחְתִּית אֳנִיָּה כְּדֵי לְיַצְּבָהּ בַּמַּיִם); שַׂקֵּי חוֹל (בְּכַדּוּר פּוֹרֵחַ)

2 (on railway track or road) חָצָץ (שִׁכְבַת־הַמַּסָּד שֶׁל כְּבִישׁ אוֹ מְסִלַּת בַּרְזֶל)

—v.t. הֵנִיחַ זְבוֹרִית (בָּאֳנִיָּה); שָׂם שִׁכְבַת חָצָץ

ball-bearing /ˌbɔːl-ˈbeərɪŋ/ n. כַּדּוּרִית פְּלָדָה (בְּמֵסַב כַּדּוּרִי); מֵסַב כַּדּוּרִי, קוּגֶלָגֶר

ballcock /ˈbɔːlkɒk/ n. שַׁסְתּוֹם כַּדּוּרִי (בְּצִנּוֹר מַיִם וְכַד׳)

ballerina /ˌbæləˈriːnə/ n. בַּלֶּרִינָה, רַקְדָנִית־בַּלֶּט

ballet /ˈbæleɪ/ n. בַּלֶּט, מָחוֹל; לַהֲקַת בַּלֶּט, לַהֲקַת מָחוֹל

ballistic /bəˈlɪstɪk/ adj. בַּלִּיסְטִי (טִיל) מְמֻנָּע וּמֻנְחֶה בְּשָׁלָב הַנְּסִיקָה, אַךְ מַמְשִׁיךְ אֶל הַמַּטָּרָה בִּנְפִילָה־חָפְשִׁית

ballistic missile טִיל בַּלִּיסְטִי (בֵּין־יַבַּשְׁתִּי)

ballistics /bəˈlɪstɪks/ n. *pl.* בַּלִּיסְטִיקָה, תּוֹרַת תְּנוּעַת־הַקְּלִיעִים

balloon /bəˈluːn/ n. בַּלּוֹן; כַּדּוּר־פּוֹרֵחַ

□ *he enlisted when the balloon went up in 1939* (*colloq.*) הוּא הִתְגַּיֵּס כְּשֶׁהִתְחִילוּ הַצָּרוֹת בִּשְׁנַת 39׳

—v.i. הִתְנַפֵּחַ כְּבַלּוֹן; הִמְרִיא בְּכַדּוּר־פּוֹרֵחַ

balloonist /bəˈluːnɪst/ n. טַיָּס בְּכַדּוּר־פּוֹרֵחַ

ballot /ˈbælət/ n. פֶּתֶק־הַצְבָּעָה; הַצְבָּעָה חֲשָׁאִית; סִכּוּם קוֹלוֹת בְּהַצְבָּעָה

—v.t. & i. הֶעֱמִיד לְהַצְבָּעָה חֲשָׁאִית; הִצְבִּיעַ בְּהַצְבָּעָה חֲשָׁאִית

ballot-box /ˈbælət-ˌbɒks/ n. קַלְפִּי

ballpoint /ˈbɔːlpɔɪnt/ n. (*also* **ballpoint pen**) עֵט כַּדּוּרִי

ballroom /ˈbɔːlruːm/ n. אוּלַם נְשָׁפִים, אוּלַם רִקּוּדִים

ballroom dancing רִקּוּדִים סַלוֹנִיִּים, רִקּוּדֵי זוּגוֹת

bally /ˈbælɪ/ adj. & adv. (*sl., joc.*) עָצוּב, מְזֻפָּת, לֹא־נוֹרְמָלִי; בְּצוּרָה לֹא־נוֹרְמָלִית, בְּצוּרָה נִתְעֶבֶת

□ *what a bally nuisance!* אֵיזֶה עֵסֶק מְחֻרְבָּן! אֵיזֶה צָרָה צְרוּרָה!

ballyhoo /ˌbælɪˈhuː/ n. (*colloq.*) מוֹדָעָה/פִּרְסֹמֶת צַעֲקָנִית, דֶּרֶךְ זוֹלָה לִמְשִׁיכַת תְּשׂוּמֶת־לֵב; שְׁטֻיּוֹת

balm /bɑːm/ n. שֶׁמֶן הַמּוֹר, שֶׁמֶן הַמִּשְׁחָה, צֳרִי; צֳרִי לַנֶּפֶשׁ

balmy /ˈbɑːmɪ/ adj.

1 (fragrant) עָנֹג וְחָמִים; בָּשׂוּם; מֵשִׁיב־נֶפֶשׁ

2 (crazy) "קוּ־קוּ"

baloney /bəˈləʊnɪ/ n. (*also* **boloney,** *sl.*) בִּרְבּוּר, "בַּבְּלָ"ט", פִּתְפּוּתֵי בֵּיצִים

balsa /ˈbɔːlsə/ n. בַּלְסָה, עֵץ קַל מֵאֲמֵרִיקָה הַדְּרוֹמִית

balsam /ˈbɔːlsəm/ n.

1 (plant) סוּג שֶׁל פֶּרַח נוֹי

2 (ointment) שֶׁמֶן־מִשְׁחָה, שָׂרָף, צֳרִי; תַּכְשִׁיר הַמֵּכִיל בֹּשֶׂם־שָׂרָף

friar's balsam "צֳרִי הַנְּזִירִים" (שְׂרַף מוּמָס בְּאַלְכּוֹהוֹל בְּתוֹסֶפֶת מַיִם לִשְׁאִיפָה לְשֵׁם הֲקַלַּת־הַנְּשִׁימָה)

baluster /ˈbæləstə(r)/ n. עַמּוּד יָצִיעַ, עַמּוּד מַעֲקֶה (בְּמַדְרֵגוֹת)

balustrade /ˌbæləˈstreɪd/ n. מַעֲקֶה

bamboo /bæmˈbuː/ n. בַּמְבּוּק, חִזְרָן

bamboozle /ˌbæmˈbuːz(ə)l/ v.t. (*colloq.*) "עָבַד" עַל, "סִדֵּר", "עָבַד בָּעֵינַיִם" עַל

ban /bæn/ n. אִסּוּר; חֵרֶם; נִדּוּי

—v.t. אָסַר; הֶחֱרִים; נִדָּה

banal /bəˈnɑːl/ adj. (*derog.*) בָּנָלִי, נָדוֹשׁ, שָׁחוּק

banality /bəˈnælɪtɪ/ n. (*derog.*) בָּנָלִיּוּת

banana /bəˈnɑːnə/ n. בָּנָנָה

banana republic "רֶפּוּבְּלִיקַת בָּנָנוֹת" (מְדִינָה בַּעֲלַת כַּלְכָּלָה לֹא־מְפֻתַּחַת וּמִשְׁטָר לֹא־יַצִּיב)

go bananas (*sl.*) הִשְׁתַּגֵּעַ, "אִבֵּד בֹּרֶג"

band /bænd/ n.

1 (strip) פַּס, רְצוּעָה; סֶרֶט; חֲגוֹרָה; חִשּׁוּק

2 (line of colour, material) פַּס, רְצוּעָה

3 (group of musicians) תִּזְמֹרֶת (בְּיִחוּד תִּזְמֹרֶת כְּלֵי־נְשִׁיפָה); לַהֲקָה (בְּיִחוּד לַהֲקַת־קֶצֶב); תִּזְמֹרֶת צְבָאִית

brass band תִּזְמֹרֶת כְּלֵי־נְשִׁיפָה (מִמַּתֶּכֶת)

4 (company, crowd; gang) חֲבוּרָה, קְבוּצָה; כְּנוּפְיָה

5 (range) תְּחוּם

frequency band תְּחוּם־תְּדָרִים, תְּחוּם־גַּל

income band תְּחוּם הַהַכְנָסָה, עֲשִׂירוֹן (עֶלְיוֹן, תַּחְתּוֹן)

the red band of the spectrum הַתְּחוּם הָאָדֹם בַּסְּפֶקְטְרוּם הָאֶלֶקְטְרוֹ־מַגְנֶטִי

—v.t. & i. אִחֵד, לִכֵּד; הִתְאַחֵד, הִתְלַכֵּד (לְמַטָּרָה כָּלְשֶׁהִי)

band together הִתְאַחֵד, הִתְלַכֵּד

bandage /ˈbændɪdʒ/ n. תַּחְבֹּשֶׁת

—v.t. חָבַשׁ (פֶּצַע וְכַד׳)

band-aid /ˈbænd-eɪd/ n. (*Prop.*) פְּלַסְטֶר, אֶגֶד־מַדְבֵּק

bandanna /ˌbænˈdænə/ n. "בַּנְדָּנָה" (מִטְפַּחַת צִבְעוֹנִית בְּהִירָה לָרֹאשׁ/לַצַּוָּאר)

b and b /ˌbiːənˈbiː/ n. (*UK*) "בִּי־אֶנְד־בְּרֶקְפַסְט" (מֵעֵין בֵּית־הַאֲרָחָה בְּרִיטִי)

bandbox /ˈbændbɒks/ n. תֵּבַת־קַרְטוֹן גְּלִילִית, לָרֹב לְכוֹבָעִים

bandeau /ˈbændəʊ/ (*pl.* **bandeaux** /ˈbændəʊz/) n. רְצוּעַת־מֵצַח לְהַחְזָקַת שְׂעָרָהּ שֶׁל אִשָּׁה, סֶרֶט

bandit /ˈbændɪt/ n. שׁוֹדֵד, גַּזְלָן

one-armed bandit מְכוֹנַת־הִמּוּרִים עִם יָדִית (אַחַת)

banditry /ˈbændɪtrɪ/ n. מִקְצוֹעוֹ שֶׁל הַשּׁוֹדֵד

bandmaster /ˈbændˌmɑːstə(r)/ n. מְנַצֵּחַ עַל תִּזְמֹרֶת כְּלֵי־נְשִׁיפָה אוֹ עַל תִּזְמֹרֶת־צְבָאִית

bandoleer /ˌbændəˈlɪə(r)/ n. (*also* **bandolier**) חֲגוֹרַת־כַּדּוּרִים, חֲגוֹרָה לִנְשִׂיאַת כַּדּוּרִים, בַּנְדּוֹלִירָה

band-saw /ˈbænd-sɔː/ n. מַסּוֹר־סֶרֶט

bandsman /ˈbændzmən/ n. נַגָּן בְּתִזְמֹרֶת כְּלֵי־נְשִׁיפָה/בְּתִזְמֹרֶת צְבָאִית

bandstand /ˈbændstænd/ n. בִּיתַן הַתִּזְמֹרֶת (בְּגַן־צִבּוּרִי), בִּימָה לְתִזְמֹרֶת בָּאֲוִיר־הַפָּתוּחַ

bandwagon /ˈbændˌwægən/ n. מְכוֹנִית־הַתִּזְמֹרֶת, הַנּוֹסַעַת בְּרֹאשׁ הַתַּהֲלוּכָה וְנוֹשֵׂאת אֶת הַתִּזְמֹרֶת

□ *he jumped* (or *climbed*) *on the bandwagon* הוּא קָפַץ עַל הָעֲגָלָה, הוּא הִצְטָרֵף אֶל הַמַּצְלִיחִים

bandy /ˈbændɪ/ v.t. הֶחֱלִיף (מִלִּים, מַחֲמָאוֹת, מַכּוֹת) עִם...; זָרַק, גִּלְגֵּל (רַעֲיוֹנוֹת, נוֹשְׂאִים)

□ *her name was bandied about* זָרְקוּ אֶת הַשֵּׁם שֶׁלָּהּ בְּכָל מִינֵי הִזְדַּמְּנֻיּוֹת, רִכְלוּ עָלֶיהָ

bandy-legged /ˈbændɪ-legd/ adj. עֲקוּם־רַגְלַיִם, עֲקַם־רַגְלַיִם, מִי שֶׁרַגְלָיו מְעֻקָּמוֹת כְּלַפֵּי־חוּץ

bane /beɪn/ n. מְאֵרָה, שֹׁרֶשׁ־הָרַע, מְקוֹר־הָאָסוֹן

□ *he was the bane of her life* הוּא מֵרֵר אֶת חַיֶּיהָ

baneful /ˈbeɪnfʊl/ adj. (*poet.*) הָרֵה אָסוֹן, טוֹמֵן בְּחֻבּוֹ אָסוֹן, הַרְסָנִי, אַרְסִי

bang /bæŋ/ v.t. & i. טָרַק (דֶּלֶת), דָּפַק, הָלַם; הֵקִים רַעַשׁ חָטוּף

1 (strike or shut noisily)

□ *don't bang the door* אַל תִּטְרֹק אֶת הַדֶּלֶת

□ *bang on the door to wake them up!* תִּדְפֹּק חָזָק עַל הַדֶּלֶת וְתָעִיר אוֹתָם!

□ *he tried to bang the facts into his students' heads* הוּא הִשְׁתַּדֵּל לִתְקֹעַ אֶת הָעֻבְדּוֹת בְּרָאשֵׁי תַּלְמִידָיו

2 (have sex, *vulg.*) "דָּפַק"

—n.

1 (blow) מַכָּה, חֲבָטָה, נְקִישָׁה

2 (noise) "בּוּם", "טְרָאח", "בֶּנְג", קוֹל נֶפֶץ פִּתְאֹמִי

□ *the rocket went off with a bang* הַזִּקּוּק הִתְפּוֹצֵץ בַּשָּׁמַיִם בְּקוֹל נֶפֶץ אַדִּיר

□ *the party went with a bang* הַמְּסִבָּה הָיְתָה "פִּצּוּץ" לֹא־נוֹרְמָלִי

3 (sexual intercourse, *vulg.*) "דְּפִיקָה"

—adv.

1 (ending abruptly, *colloq.*) זְבֶנְג!

□ *if the price goes up, bang goes our chance* אִם הַמְּחִיר יַעֲלֶה, הַסִּכּוּי שֶׁלָּנוּ הוֹלֵךְ קַפּוּט

2 (exactly, *colloq.*) "בּוּל", יָשָׁר בְּ...; דַּוְקָא

□ *bang in the middle of the night, the alarm went* בּוּל בְּאֶמְצַע הַלַּיְלָה הֻפְעֲלָה הָאַזְעָקָה

□ *that's bang on!* מֵאָה אָחוּז! מְצֻיָּן! בְּדִיּוּק! בּוּל! (אִשּׁוּר לִתְשׁוּבָה מְדֻיֶּקֶת)

banger /ˈbæŋə(r)/ n.

1 (firework) זִקּוּק הַמַּשְׁמִיעַ קוֹל נֶפֶץ חָזָק

2 (sausage, *sl.*) נַקְנִיקִיָּה

3 (dilapidated old car, *sl.*) (מְכוֹנִית) גְּרוּטָאָה, טַרַנְטָה

bangle /ˈbæŋg(ə)l/ n. צָמִיד, אֶצְעָדָה (קִשּׁוּט לְפֶרֶק־הַיָּד/הַקַּרְסֹל)

banish /ˈbænɪʃ/ v.t. גֵּרֵשׁ, הִגְלָה

□ *he tried to banish the thought* הוּא נִסָּה לְגָרֵשׁ אֶת הַמַּחֲשָׁבָה מִלִּבּוֹ

banishment /ˈbænɪʃˌmənt/ n. גֵּרוּשׁ, הַגְלָיָה

banister /ˈbænɪstə(r)/ n. (usu. in *pl.*) מַעֲקֶה, עַמּוּדֵי־מַעֲקֶה

banjo /ˈbændʒəʊ/ n. בַּנְג'וֹ, כְּלִי־פְּרִיטָה עֲמָמִי

bank[1] /bæŋk/ n. בַּנְק

blood bank /blʌd bæŋk/ בַּנְק הַדָּם

□ *If I go on, I'll break the bank* אִם אַמְשִׁיךְ לִזְכּוֹת, אֶשְׁבֹּר אֶת הַקֻּפָּה (בְּקָזִינוֹ, כְּלוֹמַר: אֶזְכֶּה בְּכָל הַכֶּסֶף)

□ *if I buy that, it will break the bank* אִם אֶקְנֶה אֶת זֶה, אֶפְשֹׁט אֶת הָרֶגֶל

—v.t. & i. הִפְקִיד (כֶּסֶף) בַּבַּנְק; הֶחֱזִיק חֶשְׁבּוֹן בַּבַּנְק

□ *don't bank on it!* אַל תִּבְנֶה עַל זֶה, אַל תִּסְמֹךְ עַל זֶה!

bank[2] /bæŋk/ n.

1 (ground near river) גָּדָה, שְׂפַת נָהָר

2 (raised sloping ground) תֵּל, סוֹלְלַת עָפָר, מִדְרוֹן

sand bank שִׂרְטוֹן חוֹלִי

□ *there was a bank of clouds on the horizon* חַשְׁרַת עֲנָנִים כִּסְּתָה אֶת הָאֹפֶק

□ *a bank of seats surrounded the stage* שׁוּרוֹת מוֹשָׁבִים הִקִּיפוּ אֶת הַבִּימָה

—v.t. & i.

1 (support with a bank) יָצַר סוֹלְלָה; סָכַר

2 (make or form into a heap) עָרַם, צָבַר לַעֲרֵמָה

bank up /bæŋk ˈʌp/ עָרַם (לַעֲרֵמָה)

□ *bank up the fire before you go out* כַּסֵּה אֶת הָאֵשׁ (בְּפֶחָמִים, בְּאֵפֶר) לִפְנֵי צֵאתְךָ (כְּדֵי שֶׁלֹּא תִּכְבֶּה)

3 (tilt sideways) נָטָה עַל צִדּוֹ בִּשְׁעַת תְּנוּעָה (מָטוֹס, אוֹפַנּוֹעַ, סִירַת מֵרוֹץ וְכוּ'...)

□ *the aircraft banked steeply as it turned* הַמָּטוֹס נָטָה עַל צִדּוֹ בְּזָוִית חַדָּה

bank account /ˈbæŋk əˌkaʊnt/ n. חֶשְׁבּוֹן בַּנְק

bank-book /bæŋk-bʊk/ n. פִּנְקַס־מַפְקִיד בַּבַּנְק, פִּנְקַס חִסָּכוֹן

banker /ˈbæŋkə(r)/ n. בַּנְקַאי

banker's card /ˈbɑŋkəz ˌkɑːd/ מֵעֵין כַּרְטִיס אַשְׁרַאי הַמְאַשֵּׁר אֶת תְּקֵפוּתָן שֶׁל הַמְּחָאוֹת

banker's order /ˌbæŋkəz ˈɔːdə/ הוֹרָאַת־קֶבַע

□ *who'll be banker in this game?* מִי יִהְיֶה הַקֻּפַּאי בַּמִּשְׂחָק הַזֶּה?

bank holiday /bæŋk ˈhɒlɪdeɪ/ n. (בְּאַנְגְּלִיָּה) יוֹם פַּגְרָה רִשְׁמִי שֶׁבּוֹ סְגוּרִים הַבַּנְקִים, הַדֹּאַר וְכוּ'

banking /ˈbæŋkɪŋ/ n. בַּנְקָאוּת

banknote /ˈbæŋknəʊt/ n. בַּנְקְנוֹט, שְׁטַר כֶּסֶף (שֶׁל הַבַּנְק הַלְּאֻמִּי, הַמְשַׁמֵּשׁ הֵילָךְ חֻקִּי בַּמְּדִינָה)

bankroll /ˈbæŋkrəʊl/ n. (esp. *US*) מְזֻמָּנִים; מַשְׁאַבִּים כַּסְפִּיִּים

bankrupt /ˈbæŋkrʌpt/ adj. פּוֹשֵׁט־רֶגֶל, מְרוּשָּׁשׁ
□ *he's gone bankrupt* הוּא פָּשַׁט אֶת הָרֶגֶל
□ *the government is bankrupt of ideas* הַמֶּמְשָׁלָה הִגִּיעָה לִפְשִׁיטַת רֶגֶל רַעְיוֹנִית; הַמֶּמְשָׁלָה אוֹבֶדֶת עֵצוֹת
—n. פּוֹשֵׁט רֶגֶל; חֲסַר פְּרוּטָה
—v.t. הֵבִיא לִידֵי פְּשִׁיטַת רֶגֶל

bankruptcy /ˈbæŋkrəpsɪ/ n. פְּשִׁיטַת רֶגֶל
bankruptcy court בֵּית־דִּין לְפוֹשְׁטֵי רֶגֶל

bank statement /ˈbæŋk ˌsteɪtmənt/ n. דַּף חֶשְׁבּוֹן, פֵּרוּט הַפְּעֻלּוֹת הַבַּנְקָאִיּוֹת שֶׁשּׁוֹלֵחַ הַבַּנְק לַלָּקוֹחַ

banner /bænə(r)/ n. דֶּגֶל, נֵס; כְּרָזָה
banner headline כּוֹתֶרֶת רָאשִׁית בְּעִתּוֹן לְרֹחַב כָּל הָעַמּוּד

bannock /ˈbænək/ n. (esp. *Scot.*) כִּכַּר לֶחֶם סְקוֹטִי (עָשׂוּי שִׁבֹּלֶת שׁוּעָל אוֹ שְׂעוֹרָה, לָרֹב לֹא־תָפוּחַ)

banns /bænz/ n. *pl.* הוֹדָעוֹת עַל עֲרִיכַת נִשּׂוּאִים, הַמִּתְפַּרְסְמוֹת בְּעִקָּר בַּכְּנֵסִיָּה
forbid the banns הִבִּיעַ הִתְנַגְּדוּת מְּמִבִּית לְהוֹדָעָה כַּנַּ"ל

banquet /ˈbæŋkwɪt/ n. סְעוּדָה חֲגִיגִית, מִשְׁתֶּה
—v.t. & i. עָרַךְ סְעוּדָה חֲגִיגִית לְ...; הִשְׁתַּתֵּף בִּסְעוּדָה חֲגִיגִית
banqueting hall /ˈbæŋkwɪtɪŋ ˌhɔːl/ אוּלַם הַסְּעוּדוֹת הַחֲגִיגִיּוֹת

banshee /bænˈʃiː/ n. רוּחַ רְפָאִים שֶׁיִּלְלָתָהּ מְבַשֶּׂרֶת מָוֶת בַּבַּיִת (בַּפוֹלְקְלוֹר הָאִירִי וְהַסְּקוֹטִי)

bantam /ˈbæntəm/ n. זַן תַּרְנְגוֹלוֹת קָטָן (הַזָּכָר מְשַׁמֵּשׁ בְּקִרְבוֹת־תַּרְנְגוֹלִים)

bantamweight /ˈbæntəmˌweɪt/ n. (*boxer*) מִתְאַגְרֵף בְּמִשְׁקַל תַּרְנְגוֹל

banter /ˈbæntə(r)/ n. לָצוֹן, הִתְלוֹצְצוּת, הִתּוּל
—v.t. & i. חָמַד לָצוֹן עִם, הֵתֵל בְּ...; חָמַד לָצוֹן, הִתְלוֹצֵץ

baptism /ˈbæptɪzəm/ n. טֶקֶס־טְבִילָה (טֶקֶס טִהוּר בְּמַיִם לְאוֹת הִתְקַבְּלוּת לַכְּנֵסִיָּה הַנּוֹצְרִית)
baptism of fire טְבִילַת אֵשׁ

baptismal /bæpˈtɪzməl/ adj. שֶׁל טְבִילָה

Baptist /ˈbæptɪst/ n. בַּפְּטִיסְט
John the Baptist יוֹחָנָן הַמַּטְבִּיל

baptize /bæpˈtaɪz/ v.t. הִטְבִּיל, הִזָּה מֵי קֹדֶשׁ עַל; הִכְנִיס לַנַּצְרוּת, נִצֵּר

bar /bɑː(r)/ n.
1 (strip of solid material) מוֹט, מְטִיל; חֲפִיסָה
bar of chocolate חֲפִיסַת שׁוֹקוֹלָד
bar of soap סַבּוֹן, חֲפִיסַת סַבּוֹן
2 (rod) מוֹט; בְּרִיחַ (לְרַחֲבָהּ שֶׁל דֶּלֶת); סוֹרֵג
parallel bars "מַקְבִּילִים" (מִתְקָן לְהִתְעַמְּלוּת מַכְשִׁירִים)
□ *the judge put the thief behind bars* הַשּׁוֹפֵט הוֹשִׁיב אֶת הַגַּנָּב מֵאֲחוֹרֵי סוֹרַג וּבְרִיחַ
3 (strip of colour or coloured material) פַּס, רְצוּעָה
4 (barrier) מַחְסוֹם
□ *his disability was no bar to success* נְכוּתוֹ לֹא הִפְרִיעָה לְהַצְלָחָתוֹ
5 (*Mus.*) מַקַּף־תֵּווִים, תֵּבָה; הַקַּו הַמַּפְרִיד בֵּין הַתֵּבוֹת בְּתָוֵי מוּזִיקָה
6 (*Law*) הַמַּחְסוֹם בְּבֵית־הַמִּשְׁפָּט, הַתּוֹחֵם אֶת הַקָּהָל
the Bar מִקְצוֹעַ עֲרִיכַת־הַדִּין
□ *the young lawyer was called to the bar* הַמִּשְׁפְּטָן הַצָּעִיר הֻסְמַךְ כְּעוֹרֵךְ־דִּין/נִתְקַבֵּל כִּפְרַקְלִיט
□ *the thief was tried at the bar* הַגַּנָּב נִשְׁפַּט בְּבֵית־דִּין
7 (counter or room for sale of drinks) בַּאר, אֶחָד הַחֲדָרִים בַּפָּאבּ; בַּאר, דֶּלְפֵּק מַשְׁקָאוֹת
sandwich bar סַנְדְוִיצִ'יָּה
—v.t.
1 (fasten with bars) הִבְרִיחַ, נָעַל בִּבְרִיחַ
2 (obstruct path) חָסַם (מַעֲבָר)
3 (exclude, prevent) מָנַע; אָסַר, הוֹצִיא (מִכְּלָל)
—prep. פְּרָט לְ..., לְהוֹצִיא אֶת, חוּץ מִ...
bar none (כֻּלָּם) בְּלִי יוֹצֵא מִן הַכְּלָל

barb /bɑːb/ n. חוֹד, אֻנְקָל, קֶרֶס
—v.t. שָׂם חֹד (עַל חֵץ וְכַד'), הִרְכִּיב עֹקֶץ

barbarian /bɑːˈbeərɪən/ adj. & n. בַּרְבָּרִי, פְּרָאִי, גַּס, חֲסַר־תַּרְבּוּת; פֶּרֶא, חֲסַר־תַּרְבּוּת

barbaric /bɑːˈbærɪk/ adj. אַכְזָרִי, פְּרָאִי, בַּרְבָּרִי, חֲסַר־תַּרְבּוּת

barbarism /ˈbɑːbərɪzəm/ n. בַּרְבָּרִיּוּת, חֹסֶר תַּרְבּוּת; שִׁבּוּשׁ־לָשׁוֹן; גַּסּוּת־פֶּה

barbarity /bɑːˈbærɪtɪ/ n. זְוָעָה, אַכְזְרִיּוּת, מַעֲשֵׂה־פְּרָאוּת; גַּסּוּת, חִסְפּוּס, חֹסֶר־תַּרְבּוּת

barbarous /ˈbɑːbərəs/ adj. אַכְזָרִי מְאֹד, פְּרָאִי; חֲסַר־תַּרְבּוּת; גַּס־רוּחַ

barbecue /ˈbɑːbɪkjuː/ n.
1 (open-air stove) מַנְגָּל, בַּרְבֶּקְיוּ, מִתְקָן לִצְלִיַּת בָּשָׂר עַל אֵשׁ פְּתוּחָה בַּחוּץ
2 (food cooked on barbecue) "בָּשָׂר עַל הָאֵשׁ", "סִיכִּים", "שִׁפּוּדִים"
3 (outdoor party) מִפְגָּשׁ, לָרֹב בְּגִנַּת בַּיִת, שֶׁבּוֹ צוֹלִים בָּשָׂר אוֹ דָּגִים עַל הָאֵשׁ, בַּרְבֶּקְיוּ
—v.t. עָשָׂה בָּשָׂר עַל הָאֵשׁ, צָלָה

barbed wire /ˌbɑːbd ˈwaɪə(r)/ n. תַּיִל דּוֹקְרָנִי; גֶּדֶר־תַּיִל

barber /ˈbɑːbə(r)/ n. סַפָּר

barbican /ˈbɑːbɪkən/ n. מִגְדָּל כָּפוּל מֵעַל לְשַׁעַר/לְגֶשֶׁר שֶׁל טִירָה, בְּצוּרִים חִיצוֹנִיִּים לִמְצוּדָה

barbitone /ˈbɑːbɪˌtəʊn/ n. בַּרְבִּיטוֹן (סַם מַרְגִּיעַ אוֹ מַרְדִּים)

barbiturate /bɑːˈbɪtjʊrət/ n. בַּרְבִּיטוּרָט (מֶלַח מֵחֻמְצַת הַבַּרְבִּיט, סַם אַרְגָּעָה, סַם שֵׁנָה)

bar code /ˈbɑː kəʊd/ n. קוֹד־הַמּוּצָר (קוֹד־מַחְשֵׁב עַל גַּב מוּצָר לְצִיּוּן מְחִירוֹ, סוּגוֹ וְכַד')

bard /bɑːd/ n. מְשׁוֹרֵר־זַמָּר קַדְמוֹן (בְּיִחוּד מְשׁוֹרֵר קֶלְטִי)
the Bard (of Avon) כִּנּוּי לְשֵׁיקְסְפִּיר

bare /beə(r)/ adj.
1 (unclothed, uncovered, undisguised) חָשׂוּף, לֹא־מְכֻסֶּה, עֵירֹם; לְלֹא־מַסְוֶה
□ *he killed the snake with his bare hands* הוּא הָרַג אֶת הַנָּחָשׁ בְּמוֹ־יָדָיו (בְּלִי נֶשֶׁק)
□ *the bare truth is seldom told in newspaper reports* רַק לְעִתִּים רְחוֹקוֹת מְסַפְּרִים בָּעִתּוֹנִים אֶת הָאֱמֶת כַּהֲוָיָתָהּ
□ *the reporters laid bare the facts* הַכַּתָּבִים חָשְׂפוּ אֶת הָעֻבְדּוֹת
2 (empty, unfinished) רֵיק; לֹא מְהֻקְצָע
□ *the room had no carpet, just bare boards* לֹא הָיוּ שְׁטִיחִים בַּחֶדֶר, הָיוּ שָׁם רַק קַרְשֵׁי הָרִצְפָּה הַחֲשׂוּפִים
3 (mere, slender) בִּלְבַד, מְצֻמְצָם, זָעוּם
bare necessities הַצְּרָכִים הַבְּסִיסִיִּים בְּיוֹתֵר
□ *he got into parliament with a bare majority* הוּא נִבְחַר לַפַּרְלָמֶנְט בְּרֹב זָעוּם
—v.t. גִּלָּה, חָשַׂף
□ *the dog bared its teeth* הַכֶּלֶב חָשַׂף אֶת שִׁנָּיו

bareback /ˈbeəbæk/ adv. & adj. לְלֹא אֻכָּף; חֲסַר־אֻכָּף

barefaced /ˈbeəfeɪst/ adj. חֲסַר־בּוּשָׁה, מְחֻצָּף
□ *these prices are barefaced robbery* זוֹהִי פְּשִׁיטַת־עוֹר! זֶה שֹׁד לְאוֹר הַיּוֹם!

barefoot /ˈbeəfʊt/ adv. & adj. יָחֵף; בְּרַגְלַיִם יְחֵפוֹת

bareheaded /ˌbeəˈhedɪd/ adj. גְּלוּי־רֹאשׁ

barely /ˈbeəlɪ/ adv. בְּקֹשִׁי, כִּמְעַט שֶׁלֹּא, בְּדֹחַק
□ *he barely caught the train* הוּא כִּמְעַט אֵחֵר אֶת הָרַכֶּבֶת
□ *they had to live in a barely furnished room* הֵם נֶאֶלְצוּ לִחְיוֹת בְּחֶדֶר כִּמְעַט לְלֹא רָהִיטִים

bargain /ˈbɑːgɪn/ n.
1 (agreement) עִסְקָה, עֵסֶק, הֶסְכֵּם
□ *he will make* (or *strike*) *a bargain with his opponents* הוּא יַגִּיעַ לְהֶסְכֵּם עִם יְרִיבָיו
□ *the industry minister drives a hard bargain* קָשֶׁה לְהִתְמַקֵּחַ עִם שַׂר הַתַּעֲשִׂיָּה
□ *they got several other things into the bargain* הֵם קִבְּלוּ עוֹד כַּמָּה דְּבָרִים כְּתוֹסֶפֶת
□ *they felt they had the best of the bargain* הֵם הִרְגִּישׁוּ שֶׁהִשִּׂיגוּ אֶת הַמֵּרַב הָאֶפְשָׁרִי
2 (thing offered or sold cheaply) "מְצִיאָה", "בַּחֲצִי־חִנָּם"
bargain basement מַרְתֵּף הַמְּצִיאוֹת (בְּבֵית מִסְחָר גָּדוֹל)
—v.t. & i. הִתְמַקֵּחַ, עָמַד עַל הַמִּקָּח; בָּא לִידֵי הֶסְכֵּם, וִתֵּר
□ *they got more than they bargained for* הֵם סָפְגוּ יוֹתֵר מִמָּה שֶׁשִּׁעֲרוּ

barge /bɑːdʒ/ n. אַרְבָּה (נִגְרֶרֶת בְּנָהָר אוֹ בִּתְעָלָה וּמוֹבִילָה סְחוֹרָה), דּוֹבְרָה; סִירָה שֶׁעָלֶיהָ נֶעֱרָכִים טְקָסִים מַמְלַכְתִּיִּים; סִירַת מְגוּרִים
□ *I wouldn't touch it with a barge-pole* (*colloq.*) לֹא הָיִיתִי מִתְקָרֵב לָזֶה אֲפִלּוּ אִם הָיוּ מְשַׁלְּמִים לִי, אֲנִי לֹא רוֹצֶה לְהִתְעַסֵּק עִם זֶה בְּשׁוּם אֹפֶן
—v.i. (*colloq.*) **barge in** /bɑːdʒˈɪn/ הִתְפָּרֵץ, נִדְחַף בְּגַסּוּת
□ *he barged in and annoyed his friend* הוּא נִדְחַק וְהִתְעָרֵב וְהִרְגִּיז אֶת חֲבֵרָיו

bargee /bɑːˈdʒiː/ n. אַחְרָאִי עַל אַרְבָּה; אִישׁ צֶוֶת בְּאַרְבָּה

baritone /ˈbærɪtəʊn/ n. בָּרִיטוֹן (קוֹל גֶּבֶר בֵּין טֶנוֹר וּבַס)

barium /ˈbeərɪəm/ n. בַּרְיוּם (יְסוֹד כִּימִי)

bark[1] /bɑːk/ v.t. & i. נָבַח
□ *the sergeant-major barked out an order* הָרַסָּ"ר נָבַח אֶת הַפְּקֻדָּה
□ *you're barking up the wrong tree* (*colloq.*) נִטְפַּלְתָּ לָאָדָם הַלֹּא־נָכוֹן, פָּנִיתָ לַכְּתֹבֶת הַלֹּא־נְכוֹנָה, טָעִיתָ בַּכְּתֹבֶת
□ *don't keep a dog and bark yourself* (*Prov.*) אִם יֵשׁ לְךָ עֶזְרָה, אַל תִּתְעַקֵּשׁ לַעֲשׂוֹת הַכֹּל לְבַד
—n.
□ *his bark is worse than his bite* נְבִיחָתוֹ קָשָׁה מִנְּשִׁיכָתוֹ, כֶּלֶב נוֹבֵחַ לֹא נוֹשֵׁךְ (וּבְדִבּוּר לְעִתִּים "נוֹשֵׁאף")

bark[2] /bɑːk/ n. קְלִפַּת־הָעֵץ
—v.t. הֵסִיר אֶת קְלִפַּת הָעֵץ, קִלֵּף אֶת הָעֵץ; שִׁפְשֵׁף אֶת הָעוֹר (בַּבִּרְכַּיִם, לְמָשָׁל)

barley /ˈbɑːlɪ/ n. שְׂעוֹרָה
pearl barley גְּרִיסֵי פְּנִינָה

barley-sugar /ˈbɑːlɪ-ʃʊgə(r)/ n. סֻכָּרִיַּת־שְׂעוֹרִים (עֲשׂוּיָה סֻכָּר מְבֻשָּׁל בִּשְׂעוֹרִים)

barley-water /ˈbɑːlɪˌwɔːtə(r)/ n. מֵי־שְׂעוֹרִים (מַשְׁקֶה שֶׁמְּכִינִים מֵהַשְׁרָיַת שְׂעוֹרִים)

barm /bɑːm/ n. הַקֶּצֶף הַנּוֹצָר בְּתַהֲלִיךְ הַתְסָסַת הַבִּירָה; שְׁמָרִים

barmaid /ˈbɑːmeɪd/ n. בַּרְמָנִית, מוֹזֶגֶת

barman /ˈbɑːmən/ n. בַּרְמָן, מוֹזֵג

bar mitzvah /ˌbɑːˈmɪtsvə/ n. טֶקֶס בַּר־מִצְוָה, בַּר־מִצְוָה

barmy /ˈbɑːmɪ/ adj. (*sl.*) חָסֵר לוֹ בֹּרֶג, "תִּמְהוֹנִי"

barn /bɑːn/ n. אָסָם
barn dance עֶרֶב מְחוֹלוֹת עֲמָמִיִּים (שֶׁנֶּעֱרָךְ בִּמְקוֹר בָּאָסָם); מָחוֹל בָּעֶרֶב כַּנַּ"ל
barn owl תִּנְשֶׁמֶת

barnacle /ˈbɑːnək(ə)l/ n. דַּג־הַשִּׁבֹּלֶת, צְדָפוֹת קְטַנּוֹת הַנִּצְמָדוֹת לִסְלָעִים, קַרְקָעִית סְפִינוֹת וְכַד'

barnacle goose /ˈbɑːnək(ə)l guːs/ n. סוּג אַוָּז אַרְקְטִי נוֹדֵד

barnstorm /ˈbɑːnstɔːm/ v.i. נָדַד עִם לַהֲקַת שַׂחְקָנִים מִכְּפָר לִכְפָר; עָשָׂה מַסַּע נְאוּמִים מִכְּפָר לִכְפָר

barnyard /ˈbɑːnjɑːd/ n. חָצֵר שֶׁל מֶשֶׁק־חַקְלָאִי

barometer /bəˈrɒmɪtə(r)/ n. בָּרוֹמֶטֶר, מַד־לַחַץ הָאֲוִיר

barometric /ˌbærəˈmetrɪk/ adj. בָּרוֹמֶטְרִי, שֶׁל לַחַץ הָאֲוִיר
  barometric pressure לַחַץ בָּרוֹמֶטְרִי
baron /ˈbærən/ n. בָּרוֹן
  press baron אֵיל עִתּוֹנוּת
baroness /ˈbærənɪs/ n. בָּרוֹנִית
baronet /ˈbærənɪt/ n. בָּרוֹנֶט (תֹּאַר אֲצֻלָּה נָחוּת מִבָּרוֹן)
baronetcy /ˈbærənɪtsɪ/ n. מַעֲמָדוֹ שֶׁל בָּרוֹנֶט
baronial /bəˈrəʊnɪəl/ adj. שֶׁל הַבָּרוֹן; יָאֶה לְבָרוֹן, אֲצִילִי; מְפֹאָר
barony /ˈbærənɪ/ n. בָּרוֹנוּת, מַעֲמָדוֹ שֶׁל בָּרוֹן, נַחֲלַת הַבָּרוֹן
baroque /bəˈrɒk/ n. & adj. הַבָּרוֹק; בָּרוֹקִי, בְּסִגְנוֹן הַמְּעֻטָּר שֶׁל הַמֵּאָה הַ־17 וְהַ־18
barque /bɑːk/ n. סְפִינָה קְטַנָּה; מִפְרָשִׂית תְּלַת־תָּרְנִית, בַּרְקָה
barrack[1] /ˈbærək/ n. (usu. in *pl.*) מְגוּרִים (לְחַיָּלִים, בְּמַחֲנֶה), מַחֲנֶה (צְבָאִי), קְסַרְקְטִין; בִּנְיָן קוֹדֵר וַחֲסַר חֵן
  □ *he was confined to barracks as a punishment* כְּעֹנֶשׁ הוּא רֻתַּק לַמַּחֲנֶה
barrack[2] /ˈbærək/ v.t. קָרָא קְרִיאוֹת בּוּז, הִפְרִיעַ (לְנוֹאֵם)
barracuda /ˌbærəˈkuːdə/ n. בָּרָקוּדָה (דָּג טְרוּפִי טוֹרֵף)
barrage /ˈbærɑːʒ/ n. סֶכֶר
  1 (continuous gunfire) מָסַךְ אֵשׁ; מַטָּח
  □ *the politician had to face a barrage of questions* הַנּוֹאֵם עָמַד בִּפְנֵי מַטָּח שֶׁל שְׁאֵלוֹת
  2 (dam) סֶכֶר
barrel /ˈbærəl/ n.
  1 (cask, measure) חָבִית; (הַכַּמּוּת שֶׁמְּכִילָה) חָבִית
  □ *they're charging too much, but they've got us over a barrel* (*colloq.*) הַמְּחִיר שֶׁלָּהֶם מֻגְזָם, אֲבָל אֵין לָנוּ בְּרֵרָה
  2 (of a gun) קָנֶה (בְּרוֹבֶה, אֶקְדָּח וְכַד׳)
barrel-organ /ˈbærəl-ˌɔːgən/ n. תֵּבַת נְגִינָה (לָרֹב בָּרְחוֹב)
barren /ˈbærən/ adj. (אִשָּׁה, נְקֵבַת חַיָּה) עֲקָרָה; (קַרְקַע, אֵזוֹר) צָחִיחַ; (צֶמַח) סְרָק; (רַעְיוֹן, דִּיּוּן) עָקָר
barricade /ˌbærɪˈkeɪd/ n. & v.t. מִתְרָס, בָּרִיקָדָה; הֵקִים מִתְרָסִים, הִתְבַּצֵּר
  □ *he barricaded himself in the room* הוּא הִתְבַּצֵּר בַּחֶדֶר
barrier /ˈbærɪə(r)/ n. מַחְסוֹם, חַיִץ, מְחִצָּה, מִכְשׁוֹל
  language barrier מַחְסוֹם הַשָּׂפָה
  □ *the aircraft broke the sound barrier* הַמָּטוֹס עָבַר אֶת מְהִירוּת הַקּוֹל, הַמָּטוֹס שָׁבַר אֶת מַחְסוֹם הַקּוֹל
barring /ˈbɑːrɪŋ/ prep. בְּתִקְוָה שֶׁלֹּא יִהְיוּ..., בְּהַנָּחָה שֶׁלֹּא יִהְיֶה...
barrister /ˈbærɪstə(r)/ n. פְּרַקְלִיט הַמֻּרְשֶׁה לִטְעֹן בִּפְנֵי הָעַרְכָּאוֹת הַגְּבוֹהוֹת בְּאַנְגְּלִיָּה

barrow[1] /ˈbærəʊ/ n. עֶגְלַת־יָד (עַל שְׁנַיִם אוֹ אַרְבָּעָה גַּלְגַּלִּים)
barrow[2] /ˈbærəʊ/ n. תֵּל־קְבוּרָה קַדְמוֹן
barrow-boy /ˈbærəʊ-ˌbɔɪ/ n. רוֹכֵל, בַּעַל דּוּכָן נַיָּד (עַל גַּלְגַּלִּים)
Bart. /bɑːt/ abbrev. קִצּוּר לְתֹאַר בָּרוֹנֶט
bartender /ˈbɑːtendə(r) n. בַּרְמָן, מוֹזֵג
barter /ˈbɑːtə(r)/ n. סַחַר חֲלִיפִין, חֲלִיפִין
—v.t. & i. סָחַר בַּחֲלִיפִין, הֶחֱלִיף, הֵמִיר
basal /ˈbeɪs(ə)l/ adj. בְּסִיסִי (בְּעִקָּר בְּמִנּוּחַ מַדָּעִי)
basalt /ˈbæsɔːlt/ n. בַּזֶּלֶת
basaltic /bæˈsɔːltɪk/ adj. בַּזַּלְתִּי, שֶׁל בַּזֶּלֶת
base[1] /beɪs/ n.
  1 (bottom, support, foundation) בָּסִיס, מַסָּד, תַּחְתִּית
  base of a triangle בְּסִיס הַמְּשֻׁלָּשׁ
  base rate שַׁעַר הָרִבִּית הַבְּסִיסִי
  2 (*Math.*) בָּסִיס
  3 (*Chem.*) בָּסִיס
  4 (*Mil.*) בָּסִיס צְבָאִי
  5 (*Baseball*) בָּסִיס (אַחַת מֵאַרְבַּע הַפִּנּוֹת בְּמִשְׂחַק הַבֵּיסְבּוֹל)
—v.t. בִּסֵּס, הִשְׁתִּית; יִסֵּד; הִסְתַּמֵּךְ עַל
  □ *he based his hopes on finding a rich wife* הוּא תָּלָה אֶת תִּקְווֹתָיו בִּמְצִיאַת אִשָּׁה עֲשִׁירָה
  □ *these conclusions are based on observation* מַסְקָנוֹת אֵלּוּ מְבֻסָּסוֹת עַל תַּצְפִּית
base[2] /beɪs/ adj.
  1 (dishonourable, shameful) שָׁפָל, נִקְלֶה, מֵבִישׁ, בָּזוּי
  □ *the sons treated their father with base ingratitude* הַבָּנִים הִתְיַחֲסוּ לַאֲבִיהֶם בִּכְפִיּוּת־טוֹבָה מְבִישָׁה
  2 (socially low) שְׁפַל־מַעֲמָד, נָחוּת
  3 (of metals) מְזֻיָּף; (מַתֶּכֶת) פְּשׁוּטָה
  base currency מַטְבְּעוֹת מְזֻיָּפוֹת, כֶּסֶף מְזֻיָּף
baseball /ˈbeɪsbɔːl/ n. בֵּיסְבּוֹל, כַּדּוּר־בָּסִיס
baseborn /ˈbeɪsbɔːn/ adj. מִמּוֹצָא נָחוּת; (יֶלֶד) לֹא־חֻקִּי
baseless /ˈbeɪslɪs/ adj. חֲסַר־בָּסִיס, לְלֹא־יְסוֹד, מֻפְרָךְ, חֲסַר־שַׁחַר
basement /ˈbeɪsmənt/ n. מַרְתֵּף; קוֹמַת־מַרְתֵּף
bash /bæʃ/ v.t. (*colloq.*) דָּפַק, הִכָּה, הוֹרִיד מַכָּה
—n. (*colloq.*) מַכָּה, דְּפִיקָה; נִסָּיוֹן; מְסִבָּה רוֹעֶשֶׁת
  □ *do you want to have a bash at translating the introduction?* בָּא לְךָ לְנַסּוֹת לְתַרְגֵּם אֶת הַהַקְדָּמָה?
bashful ˈbæʃf(ə)l/ adj. בַּיְשָׁן, בַּיְשָׁנִי
BASIC /ˈbeɪsɪk/ n. (*Comput.*) ״בֵּיסִיק״ (שְׂפַת־מַחְשֵׁב נְפוֹצָה לְמַתְחִילִים)
basic /ˈbeɪsɪk/ adj.
  1 (fundamental) בְּסִיסִי, עִקָּרִי, יְסוֹדִי
  Basic English אַנְגְּלִית בְּסִיסִית (רְשִׁימַת 850 מִלִּים לְשִׁמּוּשׁ בֵּין־לְאֻמִּי)
  basic training (בַּצָּבָא) טִירוֹנוּת

2 (*Chem.*) בְּסִיסִי, שֶׁל בָּסִיס

basically /ˈbeɪsɪklɪ/ adv. בְּעִקָּרוֹ שֶׁל דָּבָר, בִּיסוֹדוֹ שֶׁל דָּבָר, בְּעִקָּר

basil /ˈbæz(ə)l/ n. רֵיחָן, בָּזִילִיקוּם (צֶמַח-תַּבְלִין)

basilica /bəˈzɪlɪkə/ n. בָּזִילִיקָה; בִּנְיַן-צִבּוּר עַל עַמּוּדִים; בְּנִיָּה עַל עַמּוּדִים

basilisk /ˈbæzɪlɪsk/ n. בָּזִילִיסְק (לְטָאָה דְּרוֹם-אֲמֶרִיקָאִית קְטַנָּה בַּעֲלַת כַּרְבֹּלֶת מִתְנַפַּחַת; בָּזִילִיסְק (זוֹחֵל אַגָּדִי הַהוֹרֵג בְּמַבָּטוֹ וּבִנְשִׁיפָתוֹ)

basin /ˈbeɪs(ə)n/ n.

1 (bowl) קְעָרִית, קְעָרָה, גִּיגִית, אַגָּן; כִּיּוֹר (בַּחֲדַר הָאַמְבַּטְיָה)

2 (depression, drainage area) בִּקְעָה, בִּקְעַת נָהָר, אֵזוֹר הִקָּווּת הַמַּיִם, אַגָּן, מִכְתֵּשׁ

□ *there are deposits of clay in the Thames basin* יֶשְׁנָם מִשְׁקָעֵי טִיט בְּבִקְעַת הַתֶּמְזָה

3 (dock) בְּרֵכַת עֲגִינָה (בְּנָמָל)

basis /ˈbeɪsɪs/ n. בָּסִיס, יְסוֹד, עִקָּר, מַרְכִּיב עֶלְיוֹן

□ *their business is strictly on a cash basis* הָעֵסֶק שֶׁלָּהֶם פּוֹעֵל עַל בְּסִיס מְזֻמָּנִים בִּלְבַד

bask /bɑːsk/ v.i. הִתְעַנֵּג (בְּאוֹר הַשֶּׁמֶשׁ), הִתְחַמֵּם (מוּל הָאָח)

basket /ˈbɑːskɪt/ n. סַל, טֶנֶא; סַל שֶׁל

basket case (*colloq.*) "דָּפוּק-בַּשֵּׂכֶל"

basket chair כֻּרְסַת נְצָרִים, כֻּרְסַת-קַשׁ

basket-ball /ˈbɑːskɪt-bɔːl/ n. כַּדּוּרְסַל

bas-relief /ˌbæs-rɪˈliːf/ n. תַּבְלִיט; תַּגְלִיף

bass[1] /beɪs/ n. & adj.

1 (voice, singer) קוֹל בַּס; זַמַּר בַּס

2 (lowest melodic line, *Mus.*) בַּס, הַמַּעֲרָךְ הַצְּלִילִי הַנָּמוּךְ בְּיוֹתֵר

Bass clef

3 (double bass) קוֹנְטְרַבַּס, בַּס

4 (bass guitar) גִּיטָרָה-בַּס

bass[2] /bæs/ n. דַּג אוֹקוּנוֹס (דַּג מַאֲכָל נָפוֹץ)

basset-hound /ˈbæsɪt-ˌhaʊnd/ n. כֶּלֶב בָּסֶט, מֵעֵין כֶּלֶב צַיִד ("הַשׁ-פַּפִּי")

bassoon /bəˈsuːn/ n. בָּסוֹן, פָּגוֹט (כְּלִי-נְשִׁיפָה מֵעֵץ)

bast /bæst/ n. סִיבֵי רַפְיָה, לֶכֶשׁ

bastard /ˈbɑːstəd/ n. מַמְזֵר, יֶלֶד לֹא חֻקִּי; מַמְזֵר

□ *he's a clever bastard* (*derog.*) מַמְזֵר..., הוּא מַמְזֵר לֹא-קָטָן..., "בֶּן-יוֹנָה"

□ *you bastard!* (*derog.*) יָא בֶּן-זוֹנָה!

—adj. מַמְזֵר, לֹא-חֻקִּי; מְחֻרְבָּן

baste[1] /beɪst/ v.t. הִכְלִיב, תָּפַר תְּפִירָה אֲרָעִית

baste[2] /beɪst/ v.t.

1 (pour fat over meat) יָצַק שֶׁמֶן אוֹ רֹטֶב (עַל בָּשָׂר)

□ *the meat should be basted frequently during roasting* צָרִיךְ לִצְקֹת רֹטֶב עַל הַבָּשָׂר לְעִתִּים תְּכוּפוֹת בְּעֵת הַצְּלִיָּה

2 (thrash, *colloq.*) הִרְבִּיץ מַכּוֹת, הֶחְטִיף לְ...

bastinado /ˌbæstɪˈnɑːdəʊ/ n. & v.t. הַלְקָאָה בְּמַקֵּל עַל כַּפּוֹת הָרַגְלַיִם; הִלְקָה בְּמַקֵּל עַל כַּפּוֹת הָרַגְלַיִם

bastion /ˈbæstɪən/ n. מָעוֹז (שְׁלוּחָה שֶׁל מִבְצָר הָעוֹמֶדֶת לְעַצְמָהּ), מְצוּדָה; עֶמְדָּה צְבָאִית מְבֻצֶּרֶת (בַּחֲזִית הָאוֹיֵב); מָעוֹז (שֶׁל שַׁמְרָנוּת, נֶאֱמָנוּת וְכַד')

bat[1] /bæt/ n. (*Animal*) עֲטַלֵּף

□ *that young man's got bats in the belfry* (*colloq.*) לַבָּחוּר הַזֶּה יֵשׁ צִפֳּרִים בָּרֹאשׁ

bat[2] /bæt/ n. (*Sport*) מַחְבֵּט-קְרִיקֶט; מַחְבֵּט-בֵּיסְבּוֹל; מַטְקַת-פִּינְג-פּוֹנְג

□ *he did it off his own bat* (*colloq.*) הוּא עָשָׂה זֹאת בְּעַצְמוֹ וּמִיָּזְמָתוֹ

—v.i. חָבַט (בְּקְרִיקֶט, בֵּיסְבּוֹל וְכַד')

bat[3] /bæt/ v.t.

not bat an eyelid לֹא הֵנִיד עַפְעַף

□ *she didn't bat an eyelid when he told her the news* הִיא לֹא הֵנִידָה עַפְעַף כְּשֶׁהוּא הוֹדִיעַ לָהּ מַה קָּרָה

batch /bætʃ/ n. סִדְרָה, סִדְרַת-יִצּוּר; אֲצָוָה, כִּכָּרוֹת-הַלֶּחֶם הַנֶּאֱפוֹת יַחַד

batch processing (*Comput.*) עִבּוּד סִדְרַת קְבָצִים בַּמַּחְשֵׁב

bated /ˈbeɪtɪd/ adj. עָצוּר

with bated breath בִּנְשִׁימָה עֲצוּרָה

bath /bɑːθ/ n.

1 (immersion in liquid) אַמְבַּטְיָה, רַחְצָה, רַחֲצָה בְּאַמְבָּט

bath salts מִלְחֵי רַחְצָה, מִלְחֵי-אַמְבַּטְיָה

bath tub אַמְבָּט, אַמְבַּטְיָה

□ *I take a hot bath every night* אֲנִי עוֹשֶׂה אַמְבַּטְיָה (חַמָּה) כָּל לַיְלָה

2 (vessel, or pool, or building for this, usu. in *pl.*) אַמְבָּט, בֵּית-מֶרְחָץ

Turkish bath מֶרְחָץ תֻּרְכִּי

—v.t. & i. רָחַץ אֶת בְּאַמְבָּט; רָחַץ בְּאַמְבָּט, הִתְרַחֵץ בְּאַמְבָּט

Bath bun /ˈbɑːθ ˈbʌn/ n. עוּגַת בָּאת (עַל שֵׁם הָעִיר בָּאת)

bath chair /bɑːθ ˈtʃeə(r)/ n. כִּסֵּא-גַּלְגַּלִּים

bathe /beɪð/ v.t. שָׁטַף, רָחַץ; הִסְפִּיג (פֶּצַע וְכַד')

□ *the balcony was bathed in sunlight* הַמִּרְפֶּסֶת הָיְתָה שְׁטוּפָה בַּשֶּׁמֶשׁ

—v.i. טָבַל, רָחַץ; הִתְרַחֵץ בַּיָּם/בָּאֲגַם/בַּבְּרֵכָה

—n. רַחְצָה, רְחִיצָה

bather /ˈbeɪðə(r)/ n. מִתְרַחֵץ (בַּיָּם, בָּאֲגַם וְכַד')

bathing-costume /ˈbeɪðɪŋ-ˌkɒstjuːm/ n. (also **-suit**) בֶּגֶד-יָם, בֶּגֶד-רַחְצָה

bathos /ˈbeɪθɒs/ n. בָּתוֹס (מַעֲבָר פִּתְאֹמִי מִן הַנִּשְׂגָּב אֶל הַמְגֻחָךְ)

bathrobe /ˈbɑːθrəʊb/ n. חֲלוּק-רַחְצָה

bathroom /ˈbɑːθruːm/ n. חֲדַר-אַמְבַּטְיָה; שֵׁרוּתִים

bathyscaphe /ˈbæθɪskeɪf/ n. בַּתִּיסְקוֹף (צוֹלֶלֶת לַחֲקֹר מַעֲמַקֵּי־הַיָּם)

bathysphere /ˈbɑːθɪsfɪə(r)/ n. בַּתִּיסְפֵירָה, תָּא צְלִילָה (לַחֲקֹר מַעֲמַקֵּי־הַיָּם)

batik /bəˈtiːk/ n. בַּד בַּטִּיק; בַּטִּיק (שִׁיטָה לִצְבִיעַת בַּד בְּעֶזְרַת שַׁעֲוָה)

batiste /bæˈtiːst/ n. בַּטִּיסְט, סוּג בַּד עָדִין

batman /ˈbætmən/ n. מְשָׁרְתוֹ הָאִישִׁי שֶׁל קָצִין בַּצָּבָא הַבְּרִיטִי

baton /ˈbæt(ə)n/ n.
1 (conductor's stick) שַׁרְבִיט מְנַצְּחִים (בִּתְזְמֹרֶת)
2 (in relay race) מוֹט (מוֹט קָצָר שֶׁמַּעֲבִירִים הָרָצִים זֶה לָזֶה בְּמֵרוֹץ שְׁלִיחִים)
3 (*Mil.*) מַטֶּה־שְׂרָד (שֶׁל קָצִין לְטְקָסִים רִשְׁמִיִּים וּמִצְעָדִים)
4 (policeman's truncheon) אַלָּה (שֶׁל שׁוֹטֵר)
baton charge הִתְקַדְּמוּת שֶׁל טוּר שֶׁל שׁוֹטְרִים (לְמָשָׁל בְּהַפְגָּנָה)

bats /bæts/ adj. (*sl.*) "קוּקוּ", טִמְבֵּל, מִי שֶׁ"חָסֵר לוֹ בֹּרֶג"

batsman /ˈbætsmən/ n. הַחוֹבֵט בְּמִשְׂחַק הַקְּרִיקֶט

battalion /bəˈtælɪən/ n. גְּדוּד (יְחִידָה צְבָאִית בַּת שָׁלֹשׁ אוֹ אַרְבַּע פְּלֻגּוֹת אוֹ יוֹתֵר)

batten[1] /ˈbæt(ə)n/ n. כְּפִיס־עֵץ, נֶסֶר, קוֹרַת עֵץ/ מַתֶּכֶת אֲרֻכָּה לְחִזּוּק/יִצּוּב
—v.t.
batten down חִזֵּק בִּכְפִיסֵי־עֵץ
□ *batten down the hatches, there's a storm coming!* חַזְּקוּ בְּקוֹרוֹת אֶת פִּתְחֵי הַסִּפּוּן, מִתְקָרֶבֶת סוּפָה!

batten[2] /ˈbæt(ə)n/ v.i. נִצֵּל
□ *he battened on* (or *upon*) *his friends* הוּא עָשָׂה חַיִּים עַל חֶשְׁבּוֹן חֲבֵרָיו

batter[1] /ˈbætə(r)/ n. (*Cookery*) בְּלִילָה, תַּעֲרֹבֶת
בְּלִילָה שֶׁל קֶמַח, בֵּיצִים וְחָלָב (לַהֲכָנַת פַּנְקֵיק, צִפּוּי לְדָגִים וְכוּ')

batter[2] /ˈbætə(r)/ n. (*Sport*) הַחוֹבֵט (בְּמִשְׂחַק הַבֵּיְסְבּוֹל)

batter[3] /ˈbætə(r)/ v.t. & i. הִכָּה, חָבַט, הָלַם שׁוּב וָשׁוּב; עִקֵּם בְּמַהֲלוּמָה, שָׁבַר בְּמַכָּה; בִּלָּה, רִפֵּט
battered wife (or **woman**) אִשָּׁה מֻכָּה
□ *he battered the door down* (or *in*) הוּא שָׁבַר אֶת הַדֶּלֶת בְּמַהֲלוּמוֹת

battering-ram /ˈbætərɪŋ-ˌræm/ n. אֵיל־בַּרְזֶל, אֵיל־נְגוּחַ (לִנְתוֹץ שַׁעֲרֵי עָרִים בְּצוּרוֹת)

battery /ˈbætərɪ/ n.
1 (*Elec.*) סוֹלְלָה, בַּטָּרִיָּה, מַצְבֵּר
2 (set or series of something) סִדְרָה, סוֹלְלָה, צְרוֹר, מַטָּח
3 (*Mil.*) סוֹלְלַת תּוֹתָחִים; יְחִידַת תּוֹתְחָנִים, הַכּוֹלֶלֶת כַּמָּה סוֹלְלוֹת
4 (*Law*) תְּקִיפָה
□ *he was charged with assault and battery* הוּא הֻאֲשַׁם בִּתְקִיפָה
battery hens עוֹפוֹת־לוּלִים (תַּרְנְגוֹלוֹת הַמֻּחְזָקוֹת כָּל יְמֵיהֶן בִּסְבִיבָה מְלָאכוּתִית)
□ *the reporters fired a battery of questions at the film star* הָעִתּוֹנָאִים הִפְגִּיזוּ אֶת כּוֹכַב־הַקּוֹלְנוֹעַ בִּשְׁאֵלוֹת

battle /ˈbæt(ə)l/ n. קְרָב; מַעֲרָכָה; מִלְחָמָה
□ *convincing her is half the battle; the rest is easy* הַבְּעָיָה הִיא לְשַׁכְנֵעַ אוֹתָהּ, הַשְּׁאָר יָבוֹא בְּקַלּוּת
—v.t. & i. נֶאֱבַק
□ *she battled with* (or *against*) *the odds to bring up her children alone* הִיא נֶאֶבְקָה בְּקָשַׁיִים כְּדֵי לְגַדֵּל אֶת יְלָדֶיהָ בְּכֹחוֹת עַצְמָהּ
□ *we shall have to battle our way through the next year* יִהְיֶה עָלֵינוּ לְהִתְגַּבֵּר עַל הַרְבֵּה מְאֹד מִכְשׁוֹלִים בַּשָּׁנָה הַבָּאָה

battleaxe /ˈbæt(ə)lˌæks/ n.
1 (axe) גַּרְזֶן־קְרָב,
גַּרְזֶן־מִלְחָמָה (כְּלִי נֶשֶׁק מִימֵי־הַבֵּינַיִם)
2 (unpleasant woman) "קְסַנְטִיפָּה", "מְכַשֵּׁפָה אֲמִתִּית", "מְכַשֵּׁפָה מֵאֶרֶץ הַמְּכַשֵּׁפוֹת"

battle-cruiser /ˈbæt(ə)l-kruːzə(r)/ n. סְפִינַת־קְרָב מְהִירָה וַחֲמוּשָׁה הֵיטֵב, סַיֶּרֶת־קְרָב

battle-cry /ˈbæt(ə)l-ˌkraɪ/ n. זַעֲקַת־קְרָב, קְרִיאַת־מִלְחָמָה

battledress /ˈbæt(ə)lˌdres/ n. מַדֵּי־קְרָב; בַּטֶּלְדְּרֶס (מְעִיל עֶלְיוֹן קָצָר בְּסִגְנוֹן צְבָאִי)

battlefield /ˈbæt(ə)lˌfiːld/ n. שְׂדֵה־קְרָב, שְׂדֵה־מַעֲרָכָה

battleground /ˈbæt(ə)lˌgraʊnd/ n. שְׂדֵה־קְרָב, שְׂדֵה־מַעֲרָכָה

battlement /ˈbæt(ə)lˌmənt/ n. (usu. in *pl.*) רֹאשׁ חוֹמָה שֶׁל מִבְצָר עִם אֶשְׁנַבֵּי יֶרִי

battleship /ˈbæt(ə)lʃɪp/ n. סְפִינַת־מִלְחָמָה גְּדוֹלָה מְאֹד, סְפִינַת־מַעֲרָכָה

batty /ˈbætɪ/ adj. (*sl.*) "קוּקוּ", טִמְבֵּל, מִי שֶׁ"חָסֵר לוֹ בֹּרֶג"

bauble /ˈbɔːb(ə)l/ n. תַּכְשִׁיט זוֹל, קִשּׁוּט נוֹצֵץ וַחֲסַר עֵרֶךְ, שְׁמוֹנְץ (שְׁמוֹנְצֶס)

baulk /bɔːk/ n., v.t. & i. see **BALK**

bauxite /ˈbɔːksaɪt/ n. בּוֹקְסִיט, עַפְרַת אֲלוּמִינְיוּם/חַמְרָן

bawdy /ˈbɔːdɪ/ adj. פָּרוּעַ, זְנוּתִי, מֻפְקָר

bawdy-house /ˈbɔːdɪˌhaʊs/ n. (*arch.*) בֵּית־זוֹנוֹת

bawl /bɔːl/ v.t. & i. צָוַח, צָרַח
□ *he bawled me out for being late* (*US colloq.*) הוּא הִשְׁתּוֹלֵל כְּשֶׁאֵחַרְתִּי

bay[1] /beɪ/ n. מִפְרָץ

bay[2] /beɪ/ n. פֶּתַח, אַכְסַדְרָה; גֻּמְחָה; גַּבְלִית, מִבְנֶה בּוֹלֵט מִקִּיר הַבַּיִת
bay window חַלּוֹן גַּבְלִית, חַלּוֹן בּוֹלֵט הַחוּצָה
bomb bay תָּא הַפְּצָצוֹת בְּמָטוֹס
sick bay תָּא־חוֹלִים, חֲדַר־חוֹלִים (בָּאֳנִיָּה וְכַד')

bay[3] /beɪ/ n. עֵץ־דַּפְנָה, דַּפְנָה
bay leaves עֲלֵי דַּפְנָה (תַּבְלִין)
bay rum תַּמְצִית עָלִים שֶׁל עֵץ מֵהָאִיִּים הַקָּרִיבִּיִּים, הַמְּשַׁמֶּשֶׁת לְתַמְרוּקִים

bay[4] /beɪ/ n. נְבִיחָה, יְלָלָה (שֶׁל כֶּלֶב)
□ *he held* (or *kept*) *the enemy at bay* הוּא הָדַף/ הִרְחִיק אֶת הָאוֹיֵב
□ *the warrior stood at bay* הַלּוֹחֵם עָמַד וְגַבּוֹ אֶל הַקִּיר
—v.i. נָבַח, יִבֵּב

bay[5] /beɪ/ adj. & n. חוּם, אָדֹם, עַרְמוֹנִי; סוּס חוּם

bayonet /beɪənɪt/ n. כִּידוֹן (שֶׁעַל קְנֵה־רוֹבֶה)
bayonet fitting (בְּבָסִיס נוּרַת־חַשְׁמַל) תּוֹשֶׁבֶת־כִּידוֹן (לְהַבְדִּיל מֵהַבְרָגָה)
—v.t. נָעַץ כִּידוֹן, דָּקַר בְּכִידוֹן

bazaar /bəˈzɑː(r)/ n.
1 (Eastern market) בָּזָאר, שׁוּק מִזְרָחִי; רֹבַע הַשּׁוּק
2 (charity sale) בָּזָאר, יָרִיד לִצְדָקָה

bazooka /bəˈzuːkə/ n. בָּזוּקָה, מְטוֹל רַקֶּטוֹת נֶגֶד טַנְקִים

B.B.C. abbrev. הַ"בִּי־בִּי־סִי", שֵׁרוּת הַשִּׁדּוּר הַבְּרִיטִי

BC abbrev. לִפְנֵי הַסְּפִירָה

BCE abbrev. לִפְנֵי סְפִירַת הַנּוֹצְרִים

be /biː/ (*pres.* **am, is, are;** *past* **was, were;** *past ppl.* **been**) v.i.
1 (exist) הָיָה
□ *dancing isn't the be-all and end-all of life* רִקּוּדִים אֵינָם הַדָּבָר הֶחָשׁוּב בְּיוֹתֵר בַּחַיִּים
2 (remain) נִשְׁאַר
□ *let it be* הַנַּח לָזֶה, עֲזֹב אֶת זֶה
□ *so be it* יְהִי כֵן, יְהִי כָּךְ
—copul. (with *pred.* expressing state/ quality/occupation/identity)
□ *the party is tomorrow* הַמְּסִבָּה תִּהְיֶה מָחָר
□ *that'll be seventy pence (please)* (הַמּוֹכֵר בַּחֲנוּת לַקּוֹנֶה:) שִׁבְעִים פֶּנִי (בְּבַקָּשָׁה)
—v. aux. פֹּעַל־הָעֵזֶר הָיָה (לָרֹב מֻשְׁמָט בְּעִבְרִית)
□ *he is walking* הוּא הוֹלֵךְ בָּרֶגֶל
□ *he is leaving for London* הוּא נוֹסֵעַ לְלוֹנְדוֹן
□ *you are to come in at once!* בּוֹא הַבַּיְתָה מִיָּד! (צִוּוּי לְיֶלֶד סַרְבָן)

beach /biːtʃ/ n. שְׂפַת־הַיָּם, חוֹף
—v.t. הֶעֱלָה (סִירָה וְכַד') לַחוֹף, חָתַר אֶל הַחוֹף

beachcomber /biːtʃkəʊ,ə(r)/ n. אָדָם הַסּוֹרֵק אֶת הַחוֹפִים בְּחִפּוּשׂ אַחֲרֵי חֲפָצִים שֶׁפָּלַט הַיָּם; גַּל אָרֹךְ

beacon /biːkən/ n. מַשּׂוּאָה; מִגְדַּלּוֹר; אוֹר אַזְהָרָה לִמְטוֹסִים; תַּחֲנַת אִתּוּת

bead /biːd/ n.
1 (small ball with hole through it) חָרוּז
beads מַחֲרֹזֶת
□ *the pious man told his beads* הָאִישׁ הָאָדוּק אָמַר אֶת תְּפִלּוֹתָיו
2 (on gun) כַּוֶּנֶת קִדְמִית (בִּכְלֵי־יְרִיָּה)
□ *he drew a bead on the enemy position* הוּא כִּוֵּן אֶת נִשְׁקוֹ אֶל עֶמְדַת הָאוֹיֵב
3 (drop of liquid) טִפָּה, אֶגֶל, רְסִיס
□ *beads of sweat broke out on his forehead* אֶגְלֵי־זֵעָה נִקְווּ עַל מִצְחוֹ
4 (moulding) פַּלְפּוֹן, נֶסֶר־עֵץ לְקִשּׁוּט קִירוֹת, רָהִיטִים וְכַד'

beading /biːdɪŋ/ n. פַּלְפּוֹן

beadle /biːd(ə)l/ n. (בִּכְנֵסִיָּה וּבְבֵית־כְּנֶסֶת) שַׁמָּשׁ; (אוּנִיבֶרְסִיטָאוֹת בְּרִיטִיּוֹת) הַצּוֹעֵד בְּרֹאשׁ הַתַּהֲלוּכָה

beady /biːdɪ/ adj. (בְּיִחוּד לְגַבֵּי עֵינַיִם) קְטַנּוֹת וְנוֹצְצוֹת
beady-eyed בַּעַל עֵינַיִם קְטַנּוֹת וְנוֹצְצוֹת

beagle /biːg(ə)l/ n. כֶּלֶב נָמוּךְ הַמְּשַׁמֵּשׁ בְּעִקָּר לְצֵיד אַרְנָבוֹת

beagling /biːglɪŋ/ n. צֵיד אַרְנָבוֹת בְּעֶזְרַת כֶּלֶב

beak /biːk/ n.
1 (bird's jaws) מַקּוֹר־צִפּוֹר, מַקּוֹר
2 (nose) חֹטֶם מְחֻדָּד כְּמַקּוֹר, אַף נִשְׁרִי
3 (magistrate, *sl.*) שׁוֹפֵט, מְנַהֵל וְכַד' (בְּטוֹן שֶׁל זִלְזוּל)

beaker /biːkə(r)/ n. כּוֹס גְּדוֹלָה לְלֹא יָדִית וּלְעִתִּים בַּעֲלַת זַרְבּוּבִית (לְנִסּוּיִים מַדָּעִיִּים; לְמַשְׁקָאוֹת)

beam /biːm/ n.
1 (long thick bar of wood, metal, concrete) קוֹרָה, קוֹרַת־עֵץ, קוֹרַת־פְּלָדָה, קוֹרַת בֶּטוֹן
broad in the beam (*colloq.*) בַּעַל מָתְנַיִם עָבִים, בַּעַל יַשְׁבָן גָּדוֹל
□ *after his gambling losses he was on his beam ends* לְאַחַר הֶפְסֵדָיו בְּהִמּוּרִים הוּא נִשְׁאַר חֲסַר־פְּרוּטָה
2 (ray) קֶרֶן, אֲלֻמָּה
□ *a beam of light* קֶרֶן־אוֹר
—v.t. (direct transmission) שִׁדֵּר, הֶעֱבִיר בְּשִׁדּוּר
—v.i. (shine; smile) הִקְרִין, קָרַן; קָרַן (מִשִּׂמְחָה וְכַד'); חִיֵּךְ בִּמְאוֹר־פָּנִים

bean /biːn/ n.
1 (plant; its seed) צֶמַח הַשְּׁעוּעִית (מְטַפֵּס); קִטְנִית, שְׁעוּעִית; פּוֹל (כְּגוֹן פּוֹלֵי סוֹיָה, קָפֶה וְכַד'); תֻּרְמוּס קִטְנִיּוֹת
□ *the old man's full of beans after his recovery* (*fig.*) מֵאָז הַחְלָמָתוֹ הַזָּקֵן מָלֵא רוּחַ־חַיִּים, שׁוֹפֵעַ מֶרֶץ
□ *he spilt the beans about his business dealings* (*fig.*) מִבְּלִי מֵשִׂים הוּא גִּלָּה סוֹדוֹת עַל הָעִסְקָה שֶׁלּוֹ
2 (tiny amount of money, *sl.*) אֲגוֹרָה שְׁחוּקָה, פְּרוּטָה, גְּרוּשׁ
□ *he hasn't a bean* אֵין לוֹ גְּרוּשׁ עַל הַנְּשָׁמָה

bean curd /biːn kɜːd/ n. קָרִישׁ סוֹיָה, "טוֹפוּ"

beanfeast /biːnfiːst/ n. מְסִבָּה, הִלּוּלָה

bean sprouts /biːn spraʊts/ n. *pl.* נְבָטִים (לְמַאֲכָל)

beanstalk /biːnstɔːk/ n. גִּבְעוֹל הַקִּטְנִית

bear[1] /beə(r)/ /n.
1 (animal) דֹּב; (בְּהַשְׁאָלָה) אָדָם גַּס וּמְגֻשָּׁם

Great/Little Bear (*Astron.*) (קְבוּצַת כּוֹכָבִים) הַדֹּבָּה הַגְּדוֹלָה/הַקְּטַנָּה

2 (on stock exchange, *cf.* **bull**) סְפֶּקוּלַנְט בַּבּוּרְסָה (מוֹכֵר מְנָיוֹת/סְחוֹרוֹת לְמַטְּרוֹת רֶוַח)

bear² /beə(r)/ past **bore** /bɔ:(r)/, past ppl. **borne** /bɔ:n/) v.t.

1 (carry, support) נָשָׂא

bear out אִשֵּׁר, חִזֵּק (עֵדוּת), אִמֵּת

bear witness הֵעִיד, הָיָה עֵדוּת לְ...

□ *he bore off* (or *away*) *all the prizes* הוּא זָכָה בְּכָל הַפְּרָסִים

□ *bear in mind that…* אַל תִּשְׁכַּח...! הָבֵא בְּחֶשְׁבּוֹן שֶׁ...! זְכֹר שֶׁ...!

□ *the widow bore herself well at the funeral* הָאַלְמָנָה הִתְנַהֲגָה בְּאִפּוּק וּבְכָבוֹד בִּזְמַן הַהַלְוָיָה

□ *it was borne in upon me at last* וּלְבַסּוֹף הִתְחַוֵּר לִי שֶׁ...

2 (bring forth) (אִשָּׁה) יָלְדָה; נָתַן פְּרִי, נָשָׂא פְּרִי, הֵנִיב

3 (endure, suffer, tolerate, also v.i.) סָבַל, עָמַד בַּסֵּבֶל, נָשָׂא סִבְלוֹ

□ *I can't bear him!* אֲנִי לֹא סוֹבֵל אוֹתוֹ

□ *bear up! it's not as bad as you think* הַחֲזֵק מַעֲמָד! זֶה לֹא כָּל־כָּךְ נוֹרָא

□ *bear with his habits, even if they annoy you* הֱיֵה סוֹבְלָנִי כְּלַפֵּי הֶרְגֵּלָיו אֲפִלּוּ אִם הֵם מַרְגִּיזִים אוֹתְךָ

—v.i.

1 (take a particular direction) נָטָה, פָּנָה (לְכִוּוּן מְסֻיָּם)

□ *bear right at the road junction* פְּנֵה יָמִינָה בַּצֹּמֶת

□ *she brought her knowledge to bear on the subject* הִיא יִשְּׂמָה אֶת יְדִיעוֹתֶיהָ בַּנּוֹשֵׂא

□ *they brought the guns to bear on the enemy* הֵם כִּוְּנוּ אֶת הַתּוֹתָחִים לְעֵבֶר הָאוֹיֵב

2 (lean, press on) נִשְׁעַן, לָחַץ

□ *you must bring pressure to bear on him to make him change his mind* עָלֶיךָ לִלְחֹץ עָלָיו עַד שֶׁתְּשַׁכְנֵעַ אוֹתוֹ לְשַׁנּוֹת אֶת דַּעְתּוֹ

□ *the host bore down on the guest of honour* הַמְאָרֵחַ עָט עַל אוֹרֵחַ־הַכָּבוֹד

□ *the big ship bore down on the dinghy* הָאֳנִיָּה הַגְּדוֹלָה הִתְקָרְבָה בִּמְהִירוּת לַסִּירָה

bearable /'beərəb(ə)l/ adj. נִסְבָּל

beard /bɪəd/ n. זָקָן

—v.t. הִתְיַצֵּב מוּל, קָרָא תִּגָּר עַל, הִתְנַגֵּד לְ...

□ *he bearded the lion in his den* (*poet.*) הוּא נִכְנַס יָשָׁר לְגוֹב הָאֲרָיוֹת (וְתָקַף בְּאֹמֶץ)

bearer /'beərə(r)/ n. מֵבִיא, נוֹשֵׂא, מוֹבִיל; מוֹכָ"ז (מוֹסֵר כְּתָב זֶה)

bear-garden /'beə-gɑ:d(ə)n/ n. בַּלָּגָן, אַנְדְּרָלָמוּסְיָה

bear-hug /'beəhʌg/ n. חִבּוּק־דֹּב (חִבּוּק הָדוּק וְחָזָק)

bearing /'beərɪŋ/ n.

1 (relevance) נְגִיעָה, רֶלֶבַנְטִיּוּת, קֶשֶׁר

□ *his information had no bearing on the main problem* לִידִיעוֹת שֶׁהֵבִיא לֹא הָיְתָה שׁוּם נְגִיעָה לַבְּעָיָה הָעִקָּרִית

2 (direction) כִּוּוּן (יַחֲסִי); אֲזִימוּט

□ *the sailor took a bearing by the Pole star* הַמַּלָּח אִתֵּר אֶת מְקוֹמוֹ עַל פִּי כּוֹכַב הַצָּפוֹן

□ *he has had no time to get* (or *take*) *his bearings in his new job* לֹא הָיָה לוֹ דֵּי זְמַן לְהִתְמַצֵּא בְּתַפְקִידוֹ הֶחָדָשׁ

3 (endurance) יְכֹלֶת לִסְבֹּל, כֹּחַ־סֵבֶל

□ *their bad manners were beyond all bearing* הִתְנַהֲגוּתָם הַגַּסָּה הָיְתָה קָשָׁה מִנְּשׂוֹא

4 (behaviour, posture) הִתְנַהֲגוּת, הֲלִיכוֹת

5 (in *comb.*, producing) מֵנִיב, נוֹשֵׂא פְּרִי

□ *a woman of childbearing age* אִשָּׁה בְּגִיל הַפִּרְיוֹן

6 (*Mech.*) מֵסַב

bearskin /'beəskɪn/ n. עוֹר דֹּב; כּוֹבַע פַּרְוָה גָּבֹהַּ שֶׁלּוֹבְשִׁים חַיָּלֵי מִשְׁמַר־הַמְּלוּכָה הַבְּרִיטִיִּים

beast /bi:st/ n. חַיָּה, בְּהֵמָה (גַּם בְּהַשְׁאָלָה)

□ *he's an absolute beast to her* (*colloq.*) הוּא מִתְנַהֵג אִתָּהּ כְּמוֹ בְּהֵמָה

□ *it's a beast of a job* (*colloq.*) זֹאת עֲבוֹדָה אֲיֻמָּה

beastliness /'bi:stlɪnɪs/ n. (*arch. colloq.*) נִוְלוּת, שְׁפָלוּת, בַּהֲמִיּוּת, פְּרִימִיטִיבִיּוּת

beastly /'bi:stlɪ/ adj. (*arch. colloq.*) גֹּעֲלִי, גָּעֳלִי, אָיֹם

□ *what beastly weather!* אֵיזֶה מֶזֶג אֲוִיר גֹּעֲלִי!

beat /bi:t/ (past **beat** /bi:t/, past ppl. **beaten** /'bi:t(ə)n/)

—v.t.

1 (strike repeatedly) חָבַט שׁוּב וָשׁוּב בְּ..., חָבַט בְּ...

beat up הִכָּה, הִרְבִּיץ (מַכּוֹת) לְ...

□ *the youths beat up the old man* הַצְּעִירִים הִכּוּ אֶת הַזָּקֵן מַכּוֹת רֶצַח

□ *beat (up) the eggs!* טְרֹף אֶת הַבֵּיצִים!

□ *he beat the carpet to get the dust out* הוּא חָבַט אֶת הַשָּׁטִיחַ, כְּדֵי לְנַעֵר מִמֶּנּוּ אֶת הָאָבָק

□ *they beat out the fire with damp rags* הֵם חָבְטוּ בָּאֵשׁ בִּמְטַלִּיּוֹת לַחוֹת וְכִבּוּ אוֹתָהּ

□ *he beat his head against a brick wall* (*fig.*) הוּא "הֵטִיחַ אֶת הָרֹאשׁ בַּקִּיר"

□ *the blacksmith beat (out) the hot metal* הַנַּפָּח הָלַם בַּמַּתֶּכֶת הַלּוֹהֶטֶת

□ *the leader beat a path through the jungle* הַמַּדְרִיךְ פִּלֵּס דֶּרֶךְ בַּגּ'וּנְגֶל

□ *the fierce dog made him beat a hasty retreat* הַכֶּלֶב הַמְאַיֵּם אִלֵּץ אוֹתוֹ לָשֵׂאת רַגְלַיִם וּלְהִמָּלֵט

□ *beat it!* (*sl.*) תְּעוּף מִפֹּה! תִּתְנַדֵּף! תִּסְתַּלֵּק!

□ *she beat time to the music* הִיא נָקְשָׁה לַקֶּצֶב הַמּוּזִיקָה

2 (surpass, defeat) הֵבִיס, הִתְעַלָּה, גָּבַר; שָׁבַר (שִׂיא)

□ *it beats me how he could do such a thing* אֲנִי לֹא תּוֹפֵס אֵיךְ הוּא יָכוֹל הָיָה לַעֲשׂוֹת דָּבָר שֶׁכָּזֶה

□ *he hopes to beat the record* הוּא מְקַוֶּה לִשְׁבֹּר אֶת הַשִּׂיא

3 (rouse game birds from) הִפְרִיחַ (אֶת עוֹפוֹת־הַצַּיִד מִמַּחֲבוֹאָן)

4 (drive with blows) הֵנִיס בְּמַכּוֹת

□ *she beat away the wasp* הִיא סִלְּקָה אֶת הַצִּרְעָה בְּנִפְנוּפִים וַחֲבָטוֹת

□ *the soldiers beat back* (or *off*) *the attack* הַחַיָּלִים הָדְפוּ אֶת הַהַתְקָפָה

□ *I beat him down to £5* הִצְלַחְתִּי לְהוֹרִיד לוֹ אֶת הַמְּחִיר לְ־5 ליש"ט (לְאַחַר הִתְמַקְּחוּת)

□ *he's (dead) beat after his day's work* הוּא "הָרוּג" אַחֲרֵי הָעֲבוֹדָה

5 (move up and down repeatedly, also v.i.) נִפְנֵף (מַעְלָה וּמַטָּה), נִעְנַע, טָפַח

□ *the sea-gull beat its wings* הַשַּׁחַף הִשִּׁיק כְּנָפָיו, הַשַּׁחַף טָפַח בִּכְנָפָיו

□ *her heart was beating with joy* לִבָּהּ הָלַם מִשִּׂמְחָה

—v.i. הִכָּה, חָבַט

□ *stop beating about the bush and come to the point* חֲדַל לָלֶכֶת סְחוֹר־סְחוֹר, וְגַשׁ לָעִנְיָן

—n.

1 (regular repeated stroke) הֲלֻמּוֹת (לֵב, תֹּף וְכַד')

2 (in music, poetry) קֶצֶב, פְּעִימָה

3 (regular route) מַסְלוּל קָבוּעַ (שֶׁל שׁוֹטֵר־מָקוֹף, לְמָשָׁל)

—adj. "בִּיט", שֶׁל הַבִּיטְנִיקִים

the beat generation דּוֹר הַבִּיטְנִיקִים, דּוֹר הַ"בִּיט"

beaten /ˈbiːt(ə)n/ adj.

1 (produced by beating) חָבוּט; מְרֻקָּע; כָּבוּשׁ (דֶּרֶךְ וְכַד')

□ *the farm is off the beaten track* הַחַוָּה רְחוֹקָה מִדֶּרֶךְ סְלוּלָה

□ *he keeps to the beaten track* (*fig.*) הוּא הוֹלֵךְ בַּתֶּלֶם

2 (defeated) מֻכֶּה, מוּבָס, מְנֻצָּח

beater /ˈbiːtə(r)/ n.

1 (implement for beating) מַטְרֵף, מַקְצֵף; מַחְבֵּט (לְאָבָק)

2 (person who rouses game birds) הָאִישׁ שֶׁתַּפְקִידוֹ לְהַפְרִיחַ אֶת עוֹפוֹת הַצַּיִד מִמַּחֲבוֹאָן

beatific /bɪəˈtɪfɪk/ adj. (*formal*) (חִיּוּךְ) שֶׁל אֹשֶׁר עִלָּאִי, שֶׁל אֹשֶׁר שְׁמֵימִי, מְבָרֵךְ

beatification /bɪˌætɪfɪˈkeɪʃ(ə)n/ n. (*Relig.*) (בַּכְּנֵסִיָּה הַקָּתוֹלִית) צַעַד בְּתַהֲלִיךְ הֲפִיכָתוֹ שֶׁל אָדָם לְקָדוֹשׁ לְאַחַר מוֹתוֹ

beatify /bɪˈætɪfaɪ/ v.t. (*Relig.*) (בַּכְּנֵסִיָּה הַקָּתוֹלִית) הִכְרִיז עַל מֵת כְּקָדוֹשׁ (בִּפְקֻדַּת הָאַפִּיפְיוֹר)

beating /ˈbiːtɪŋ/ n. הַלְקָאָה

□ *the schoolboy took his beating well* הַתַּלְמִיד עָמַד בַּמַּלְקוֹת בְּכָבוֹד

□ *the government took a beating in the opinion polls* (*fig.*) הַמֶּמְשָׁלָה סָפְגָה מַהֲלוּמָה בְּסֶקֶר דַּעַת הַקָּהָל

□ *a holiday in the sun takes a lot of beating* (*colloq.*) אֵין כְּמוֹ חֻפְשָׁה בַּשֶּׁמֶשׁ, שׁוּם חֻפְשָׁה לֹא תִּשְׁוֶה לְחֻפְשָׁה בַּשֶּׁמֶשׁ

beatitude /bɪˈætɪtjuːd/ n. בְּרָכָה, אֹשֶׁר, הִתְפַּעֲלוּת־הַנֶּפֶשׁ

the Beatitudes (*Relig.*) דְּרָשַׁת הָהָר שֶׁל יֵשׁוּ

beatnik /ˈbiːtnɪk/ n. בִּיטְנִיק (בִּשְׁנוֹת הַ־60) צָעִיר מוֹרֵד בְּמֻסְכָּמוֹת

beau /bəʊ/ (*pl.* **beaux** /bəʊz/) n. מְחַזֵּר, מְאַהֵב; "טַרְזָן", גֶּבֶר מִתְהַדֵּר

Beaufort scale /ˌbəʊfət ˈskeɪl/ n. דֵּרוּג בֵּין־לְאֻמִּי לִמְהִירוּת הָרוּחַ (בֵּין 1 וּ־12), דֵּרוּג בּוֹפוֹר

beauteous /ˈbjuːtɪəs/ adj. (*poet.*) יְפֵהפֶה

beautician /bjuːˈtɪʃ(ə)n/ n. קוֹסְמֶטִיקָאִית

beautiful /ˈbjuːtɪf(ə)l/ adj. יָפֶה, יְפֵהפֶה, חִנָּנִי

beautify /ˈbjuːtɪfaɪ/ v.t. יִפָּה

beauty /ˈbjuːtɪ/ n.

1 (quality) יֹפִי, נוֹי

□ *the beauty of it is that I shall make a lot of money out of it* הַיֹּפִי הוּא שֶׁאֲנִי אֶעֱשֶׂה מִזֶּה הַרְבֵּה מְאֹד כֶּסֶף

2 (person, thing) יְפֵהפֶה, יְפֵהפִיָּה

Beauty and the Beast הַיָּפָה וְהַחַיָּה

beaver /ˈbiːvə(r)/ n. בּוֹנֶה (מְכַרְסֵם, חַי בַּיַּבָּשָׁה וּבַמַּיִם, בַּעַל פַּרְוָה רַכָּה וִיקָרָה); פַּרְוָה שֶׁל בּוֹנֶה

□ *she works like a beaver* הִיא עוֹבֶדֶת לְלֹא לֵאוּת, הִיא עוֹבֶדֶת כְּמוֹ שֵׁד

—v.i. עָבַד בַּחֲרִיצוּת, עָבַד לְלֹא לֵאוּת

beaver away "עָבַד כְּמוֹ חֲמוֹר"

becalmed /bɪˈkɑːmd/ adj. (כְּלִי שַׁיִט, מִפְרָשִׂית) עָמַד בְּמָקוֹם מֵחֹסֶר רוּחַ

became /bɪˈkeɪm/ past of **become**

because /bɪˈkɒz/ conj. כִּי, בִּגְלַל, מִפְּנֵי שֶׁ..., מֵאַחַר שֶׁ..., הוֹאִיל וְ...

□ *because of the rain the match was cancelled* הַתַּחֲרוּת בֻּטְּלָה בִּגְלַל הַגֶּשֶׁם

beck[1] /bek/ n.

beck and call (עָמַד) לְשֵׁרוּתוֹ שֶׁל

beck[2] /bek/ n. (*stream*) פֶּלֶג, נַחַל קָטָן

beckon /ˈbekən/ v.t. & i. לִקְרֹא לְ..., לְזַמֵּן בִּתְנוּעַת יָד/ בְּאֶצְבַּע; "קָרַץ" לְ...

become /bɪˈkʌm/ (past **became** /bɪˈkeɪm/, past ppl. **become** /bɪˈkʌm/) v.i. נַעֲשָׂה, הָיָה לְ...

□ *she is becoming old* הִיא מִזְדַּקֶּנֶת, הִיא מַזְקִינָה

□ *what has become of him?* מָה קָרָה אִתּוֹ? מָה עָלָה בְּגוֹרָלוֹ?

—v.t. (*formal*) מַתְאִים, הוֹלֵם

□ *that dress becomes you* הַשִּׂמְלָה הַזֹּאת הוֹלֶמֶת אוֹתָךְ

becoming /bɪˈkʌmɪŋ/ adj. (*formal*) הוֹלֵם, מַתְאִים, מוֹשֵׁךְ־לֵב, מְצוּדָד

bed /bed/ n.
1 (for sleeping) מִטָּה
□ *the landlady provided bed and board* בַּעֲלַת־הַבַּיִת סִפְּקָה לִינָה וּמָזוֹן
□ *you seem to have got out of bed on the wrong side* (*colloq.*) נִרְאֶה לִי שֶׁקַּמְתָּ עַל צַד שְׂמֹאל הַיּוֹם
□ *the invalid kept to his bed* הַנָּכֶה הָיָה מְרֻתָּק לְמִטָּתוֹ
□ *you have made your bed and you must lie on it* (*fig.*) בִּשַּׁלְתָּ דַּיְסָה נָאָה, עַכְשָׁו תֹּאכַל אוֹתָהּ
□ *he took to his bed* הוּא נָפַל לְמִשְׁכָּב, הוּא חָלָה
□ *he went to bed with her* (*euphem.*) הוּא נִכְנַס אִתָּהּ לַמִּטָּה, הוּא שָׁכַב אִתָּהּ
2 (plot for cultivation) עֲרוּגָה
□ *life's not a bed of roses* הַחַיִּים אֵינָם גַּן שֶׁל שׁוֹשַׁנִּים, הַחַיִּים זֶה לֹא פִּיקְנִיק
seed bed מִנְבָּטָה
3 (bottom, foundation) קַרְקָעִית, מַצָּע, אָפִיק
river bed אֲפִיק הַנָּהָר, קַרְקָעִית הַנָּהָר
—v.t.
1 (plant out also v.i.) שָׁתַל, הִנְבִּיט
□ *he had dozens of bedding plants in the greenhouse* הָיוּ לוֹ עֶשְׂרוֹת שְׁתִילִים בַּחֲמָמָה
2 (embed, also v.i.)
bed down הִשְׁכִּיב לִישׁוֹן; יָשַׁן בְּמָקוֹם אֲרָעִי (עַל הָרִצְפָּה, בַּגֹּרֶן לְמָשָׁל)

bed and breakfast /ˌbed ənd ˈbrekfəst/ n. "בֶּד־אֶנְד־בְּרֶקְפֶסְט" (מָלוֹן לֹא־יָקָר הַמְסַפֵּק שֵׁרוּתֵי לִינָה וּתְזוּנָה)

bedaub /bɪˈdɔːb/ v.t. מָרַח (בְּבֹץ וְכַד')

bedbug /ˈbedbʌg/ n. פִּשְׁפֵּשׁ

bedclothes /ˈbedkləʊðz/ n. *pl.* מַצָּעִים, כְּלֵי־מִטָּה

bedding /ˈbedɪŋ/ n. כְּלֵי הַמִּטָּה וְהַמִּזְרָן; מַצָּע שֶׁל קַשׁ לִבְהֵמוֹת, קַשׁ־מִרְבָּץ

bedeck /bɪˈdek/ v.t. (*poet.*) קִשֵּׁט, עִטֵּר

bedevil /bɪˈdev(ə)l/ v.t. סִבֵּךְ, בִּלְבֵּל

bedfellow /ˈbedfeləʊ/ n. שֻׁתָּף לְמִטָּה; (בְּהַשְׁאָלָה) שֻׁתָּף, יָדִיד
□ *they make strange bedfellows, but they're getting the job done* (*fig.*) הַשֻּׁתָּפוּת בֵּינֵיהֶם מוּזָרָה, אֲבָל אֶפֶקְטִיבִית

bedlam /ˈbedləm/ n. "בֵּית־מְשֻׁגָּעִים", בַּרְדָּק, תֹּהוּ וָבֹהוּ מֻחְלָט; (בֶּעָבָר) בֵּית חוֹלִים לְחוֹלֵי־רוּחַ

bedouin /ˈbedʊɪn/ n. & adj. בֶּדוּאִי; שֶׁל בֶּדוּאִי

bedpan /ˈbedpæn/ n. סִיר־לַיְלָה לְחוֹלִים

bedpost /ˈbedpəʊst/ n. אֶחָד מֵאַרְבַּעַת עַמּוּדֵי־מִטָּה (לְמָשָׁל בְּמִטַּת אַפִּרְיוֹן)

bedraggled /bɪˈdræg(ə)ld/ adj. מְרֻפָּשׁ, רָטוֹב וּפָרוּעַ

bedridden /ˈbedrɪd(ə)n/ adj. מְרֻתָּק לַמִּטָּה, רָתוּק לַמִּטָּה

bedrock /ˈbedrɒk/ n. סֶלַע־יְסוֹד, סֶלַע־תַּשְׁתִּית; יְסוֹד מוּסָד, אֶבֶן־הַיְסוֹד, עִקַּר הָעִקָּרִים

bedroom /ˈbedruːm/ n. חֲדַר־מִטּוֹת, חֲדַר־שֵׁנָה

bedside /ˈbedsaɪd/ n. & adj. צַד־הַמִּטָּה, הָאֵזוֹר שֶׁלְּיַד הַמִּטָּה; שֶׁלְּיַד הַמִּטָּה
□ *the doctor had a good bedside manner* הָרוֹפֵא יָדַע אֵיךְ לְדַבֵּר עִם חוֹלָיו

bedsitting-room /ˌbedˈsɪtɪŋ-ruːm/ n. (also **bed-sitter**/bedˈsɪtə(r)/) חֶדֶר שָׂכוּר (בְּדִירָה, הַמְשַׁמֵּשׁ גַּם לְשֵׁנָה וְגַם לִמְגוּרִים)

bedsore /ˈbedsɔː(r)/ n. פֶּצַע לַחַץ (עֲקֵב שְׁכִיבָה מְמֻשֶּׁכֶת)

bedspread /ˈbedspred/ n. כִּסּוּי מִטָּה

bedsted /ˈbedsted/ n. שֶׁלֶד הַמִּטָּה (מֵעֵץ/מַתֶּכֶת)

bed-time /ˈbed-taɪm/ n. הַשָּׁעָה שֶׁבָּהּ נוֹהֲגִים לָלֶכֶת לִישׁוֹן; שְׁעַת־הַשֵּׁנָה
□ *the children's bed-time is 8 o'clock* הַיְלָדִים הוֹלְכִים לִישׁוֹן בִּשְׁמוֹנֶה בָּעֶרֶב

bee /biː/ n.
1 (insect) דְּבוֹרָה
bee's knees (*UK colloq.*) "מִי יוֹדֵעַ מָה", "מַשֶּׁהוּ מְיֻחָד"
□ *he has a bee in his bonnet about punctuality* (*colloq.*) יֵשׁ לוֹ מַמָּשׁ שִׁגָּעוֹן לְדַיְקָנוּת, הַדַּיְקָנוּת אֶצְלוֹ הִיא אוֹבְּסֶסִיבִית
2 (meeting, mainly *US*) פְּגִישָׁה, מִפְגָּשׁ
□ *the women organized a sewing-bee* הַנָּשִׁים אִרְגְּנוּ מִפְגַּשׁ־תְּפִירָה (לִתְפִירָה יַחְדָּו בָּאֲוִירָה יְדִידוּתִית)

beech /biːtʃ/ n. אָשׁוּר; עֵץ הָאָשׁוּר

beef /biːf/ n. בְּשַׂר בָּקָר
—v.i. (*colloq.*) "קִטֵּר", הִתְלוֹנֵן
—v.t. **beef up** (*colloq.*) שִׁפֵּר, שִׁפֵּץ, חִזֵּק

beefeater /ˈbiːfiːtə(r)/ n. אִישׁ הַמִּשְׁמָר הַמַּלְכוּתִי בְּמִגְדַּל־לוֹנְדוֹן (בַּעַל מַדִּים בְּסִגְנוֹן הַמֵּאָה הַ־16)

beefsteak /ˈbiːfsteɪk/ n. סְטֵיק־בָּקָר, אֻמְצַת־בָּקָר

beef tea /ˈbiːf ˈtiː/ n. תַּמְצִית בְּשַׂר בָּקָר (שֶׁלְּפָנִים הִשְׁקוּ בָּהּ חוֹלִים)

beefy /ˈbiːfɪ/ adj. (*colloq.*) חָזָק, שְׁרִירִי, חָסֹן כַּשּׁוֹר

beehive /ˈbiːhaɪv/ n. כַּוֶּרֶת

bee-keeping /ˈbiːkiːpɪŋ/ n. גִּדּוּל דְּבוֹרִים, כַּוְּרָנוּת

beeline /ˈbiːlaɪn/ n. (*colloq.*) תְּנוּעָה הַיָּשָׁר אֶל
□ *the children made a beeline for the ice-cream* הַיְלָדִים עָטוּ יָשָׁר עַל הַגְּלִידָה

been /biːn/ past ppl. of **be**

beep /biːp/ n. קוֹל צוֹפָר שֶׁל מְכוֹנִית (וְכַד'); צִפְצוּף קָצָר (שֶׁל מַכְשִׁיר קֶשֶׁר, מַכְשִׁיר טֶלֶפוֹן וְכַד'), "פִּיפְּס"
—v.i. צָפַר (בְּצוֹפַר מְכוֹנִית); צִפְצֵף

beer /bɪə(r)/ n. בִּירָה
small beer (*colloq.*) עִנְיָן שֶׁל מָה בְּכָךְ, זוּטָה

beeswax /ˈbiːzwæks/ n. דּוֹנַג, שַׁעֲוָה

beet /biːt/ n. סֶלֶק

beetle /ˈbiːt(ə)l/ n. חִפּוּשִׁית

—v.i. (*UK sl.*) הִסְתַּלֵּק, ״בָּרַח״

beetroot /ˈbiːtruːt/ n. סֶלֶק

befall /bɪˈfɔːl/ (past **befell** /bɪˈfel/, past ppl. **befallen** /bɪˈfɔːlən/) v.t. & i. (*formal*) אֵרַע, קָרָה

befit /bɪˈfɪt/ v.t. (*formal*) הִתְאִים לְ..., הָלַם אֶת

□ *she behaved as befits a queen* הִיא נָהֲגָה כַּיָּאֶה לְמַלְכָּה

before /bɪˈfɔː(r)/ adv. קֹדֶם, לִפְנֵי־כֵן, בֶּעָבָר, כְּבָר

—prep.

1 (in front of) לִפְנֵי, מוּל, לְנֹכַח

□ *the thief came before the judge* הַגַּנָּב הוֹפִיעַ בִּפְנֵי הַשּׁוֹפֵט

2 (earlier than) קֹדֶם, לִפְנֵי (בַּזְּמַן)

before Christ לִפְנֵי סְפִירַת הַנּוֹצְרִים

□ *we'll be (back) home before long* עוֹד מְעַט נַגִּיעַ הַבַּיְתָה, תֵּכֶף נַגִּיעַ הַבַּיְתָה

□ *the printer delivered the posters, not before time (joc.)* הַמַּדְפִּיס מָסַר לְיָדֵינוּ אֶת הַמּוֹדָעוֹת בָּרֶגַע הָאַחֲרוֹן

3 (rather than) מוּטָב... מֵאֲשֶׁר..., טוֹב... מִ...

□ *death before dishonour!* טוֹב הַמָּוֶת מֵהַקָּלוֹן!

—conj.

1 (previous to the time when) לִפְנֵי, קֹדֶם־לָכֵן

2 (with *neg.*, until) עַד שֶׁ...

3 (rather than) מֵאֲשֶׁר

□ *I would die before surrendering* מוּטָב לִי לָמוּת וּבִלְבַד שֶׁלֹּא אֶכָּנַע, אֲנִי אָמוּת לִפְנֵי שֶׁאֶכָּנַע

beforehand /bɪˈfɔːhænd/ adv. מֵרֹאשׁ, מִלְּכַתְּחִלָּה

befriend /bɪˈfrend/ v.t. (*formal*) הִתְיַדֵּד, הוֹשִׁיט יָד מְסַיַּעַת לְ...

befuddle /bɪˈfʌd(ə)l/ v.t. בִּלְבֵּל

beg /beg/ v.t. & i. בִּקֵּשׁ, הִתְחַנֵּן, הִפְצִיר; בִּקֵּשׁ נְדָבָה, קִבֵּץ נְדָבוֹת

beg the question קָבַע קְבִיעוֹת בִּלְתִּי־מוּכָחוֹת, טָעַן טִעוּן מַעְגָּלִי

□ *I beg to differ (formal)* אָנָּא, הַרְשֵׁה לִי לַחֲלֹק עַל דַּעְתְּךָ

□ *if this biscuit's going begging, I'll eat it* אֲנִי מוּכָן ״לְאַמֵּץ״ אֶת הַבִּיסְקְוִיט הַזֶּה, אִם אַף אֶחָד אַחֵר לֹא רוֹצֶה אֶת הַבִּיסְקְוִיט הַזֶּה, אֲנִי אוֹכֵל אוֹתוֹ

began /bɪˈgæn/ past of **begin**

beget /bɪˈget/ (past **begot** /bɪˈgɒt/, past ppl. **begotten** /bɪˈgɒt(ə)n/) v.t. (*Bibl.*) הוֹלִיד

beggar /ˈbegə(r)/ n.

1 (one who begs, pauper) קַבְּצָן, פּוֹשֵׁט־יָד, מְקַבֵּץ נְדָבוֹת

□ *beggars can't be choosers (Prov.)* קַבְּצָן אֵינוֹ יָכוֹל לִהְיוֹת בַּרְרָן

2 (fellow, *colloq.*) בַּרְנָשׁ, ״בָּחוּר״

□ *lucky beggar!* ״מַמְזֵר!״ (כְּלוֹמַר: יֵשׁ לוֹ מַזָּל), ״שִׂחֵק אוֹתָהּ!״

—v.t. (*formal*) רוֹשֵׁשׁ; הִמְעִיט; עָלָה עֲשֶׂרֶת מוֹנִים עַל

□ *the scene beggared description (poet.)* אֵין בְּכֹחָן שֶׁל מִלִּים לְתָאֵר אֶת הַמַּרְאֶה

beggarly /ˈbegəlɪ/ adj. עָלוּב, נִקְלֶה, בָּזוּי

beggary /ˈbegərɪ/ n. דַּלּוּת, עֲנִיּוּת מְרוּדָה, קַבְּצָנוּת

begin /bɪˈgɪn/(past **began** /bɪˈgæn/, past ppl. **begun**/ bɪˈgʌn/) v.t. & i. הִתְחִיל, פָּתַח, הֵחֵל

□ *I can't begin to thank you* אֵין מִלִּים בְּפִי לְהַבִּיעַ אֶת תּוֹדוֹתַי

□ *I'll begin with you* אֶפְתַּח בְּךָ, נַתְחִיל בְּךָ

□ *to begin with, he's not here* קֹדֶם כֹּל, הוּא לֹא פֹּה. רֵאשִׁית כֹּל, הוּא לֹא פֹּה

□ *we've only half begun* בְּקֹשִׁי הִתְחַלְנוּ, רַק הִתְחַלְנוּ

beginner /bɪˈgɪnə(r)/ n. טִירוֹן, מַתְחִיל

beginner's luck מַזָּל שֶׁל מַתְחִילִים, מַזָּל שֶׁל טִירוֹן

beginning /bɪˈgɪnɪŋ/ n. הַתְחָלָה, פְּתִיחָה, רֵאשִׁית

□ *from the (very) beginning* מִלְּכַתְּחִלָּה, מִן הַהַתְחָלָה, מֵרֵאשִׁית

□ *from beginning to end* מִתְּחִלָּתוֹ וְעַד סוֹפוֹ, מֵאָלֶף וְעַד תָּו, מֵהָחֵל וְעַד כַּלֵּה

begone /bɪˈgɒn/ int. (*poet.*) כְּלַךְ לְךָ!

begonia /bɪˈgəʊnɪə/ n. בֵּיגוֹנְיָה (צֶמַח נוֹי)

begot /bɪˈgɒt/ past of **beget**

begotten /bɪˈgɒt(ə)n/ past ppl. of **beget**

begrudge /bɪˈgrʌdʒ/ v.t. נָהַג צָרוּת עַיִן בְּ...; סֵרֵב לָתֵת (דְּבַר מָה) לִפְלוֹנִי; לֹא רָאָה בְּעַיִן יָפָה אֶת; קִנֵּא בְּ...

beguile /bɪˈgaɪl/ v.t. הוֹלִיךְ שׁוֹלָל, אָחַז אֶת עֵינֵי; הִקְסִים, צוֹדֵד, מָשַׁךְ לֵב; הֶעֱבִיר אֶת הַזְּמַן בִּנְעִימִים

beguilement /bɪˈgaɪlmənt/ n. תַּרְמִית, אֲחִיזַת עֵינַיִם

beguine /bɪˈgiːn/ n. מָחוֹל קָרִיבִּי סוֹעֵר

begun /bɪˈgʌn/ past ppl. of **begin**

behalf /bɪˈhɑːf/ n. בְּשֵׁם, מִטַּעַם

□ *she was acting on behalf of her sick husband* הִיא פָּעֲלָה בְּשֵׁם/מִטַּעַם בַּעְלָהּ הַחוֹלֶה

□ *he did it on behalf of the children* הוּא עָשָׂה זֹאת לְמַעַן הַיְלָדִים

behave /bɪˈheɪv/ v.i.

1 (with *advs.*, comport oneself, act) נָהַג, הִתְנַהֵג, פָּעַל

2 (conduct oneself well) הִתְנַהֵג בְּנִימוּס, הִתְנַהֵג כְּמוֹ שֶׁצָּרִיךְ

□ *he does not know how to behave* הוּא חֲסַר נִימוּס, הוּא לֹא־מְחֻנָּךְ

□ *behave!* תִּתְנַהֵג יָפֶה! תִּהְיֶה נֶחְמָד!

—v.refl.

behave oneself (well, badly) הִתְנַהֵג (יָפֶה, רַע)

□ *Simon, behave yourself!* שִׁמְעוֹן, תִּתְנַהֵג יָפֶה!

behaviour /bɪˈheɪvjə(r)/ n. הִתְנַהֲגוּת; יַחַס; תְּגוּבָה

□ *he was on his best behaviour* הוּא הִתְנַהֵג לְמוֹפֵת

behavioural /bɪˈheɪvjərəl/ adj. הִתְנַהֲגוּתִי, בִּהֵבְיוֹרָלִי

behaviourism /bɪˈheɪvjərɪzəm/ n. בִּהֵבְיוֹרִיזְם (אַסְכּוֹלָה בִּפְסִיכוֹלוֹגְיָה, הַמִּתְרַכֶּזֶת בְּהִתְנַהֲגוּת וְלֹא בְּתַת־מוּדָע)

behaviourist /bɪˈheɪvjərɪst/ n. בְּהֵיוְיוֹרִיסְט (חָסִיד הָאַסְכּוֹלָה הַפְּסִיכוֹלוֹגִית הַנַּ"ל)

behead /bɪˈhed/ v.t. עָרַף, כָּרַת אֶת רֹאשׁוֹ שֶׁל

beheld /bɪˈheld/ past and past ppl. of **behold**

behest /bɪˈhest/ n. (*formal*) צַו, פְּקֻדָּה, בַּקָּשָׁה (מִטַּעַם...)

behind /bɪˈhaɪnd/ adv. מֵאָחוֹר
□ *he was behind in his rent payments* הוּא פִּגֵּר בְּתַשְׁלוּמֵי שְׂכַר הַדִּירָה
□ *he fell behind the rest of the class at reading* הוּא לֹא הִצְלִיחַ לְהַגִּיעַ לְרָמָתָם שֶׁל שְׁאָר חַבְרֵי הַכִּתָּה בִּקְרִיאָה, הוּא פִּגֵּר אַחֲרֵי שְׁאָר הַכִּתָּה בְּהֶשֵּׂגָיו בִּקְרִיאָה
□ *the children left their things behind* הַיְלָדִים הִשְׁאִירוּ אֶת הַחֲפָצִים שֶׁלָּהֶם (בַּבַּיִת, בְּבֵית־הַסֵּפֶר, בַּכְּפָר), הַיְלָדִים שָׁכְחוּ אֶת חֲפָצֵיהֶם
□ *the men stayed behind to do the clearing up* הַגְּבָרִים נִשְׁאֲרוּ כְּדֵי לַעֲשׂוֹת סֵדֶר
—prep. מֵאֲחוֹרֵי
□ *there was a lot of quarrelling behind the scenes* מְרִיבוֹת רַבּוֹת הִתְחוֹלְלוּ מֵאֲחוֹרֵי הַקְּלָעִים
□ *there is something behind it all* (*fig.*) מַשֶּׁהוּ מִסְתַּתֵּר מֵאֲחוֹרֵי כָּל זֶה
□ *her parents were a bit behind the times* הוֹרֶיהָ הָיוּ אֲנָשִׁים מִן הַדּוֹר הַיָּשָׁן
—n. (*colloq.*) יַשְׁבָן, אֲחוֹרַיִם

behindhand /bɪˈhaɪndhænd/ adv. & pred. adj. (*formal*) מְפַגֵּר (בְּתַשְׁלוּמִים); מִתְעַכֵּב

behold /bɪˈhəʊld/ past & past ppl. **beheld** /bɪˈheld/ v.t. (*poet.*) רָאָה, הִבְחִין, נָתַן דַּעְתּוֹ; (בְּתַנַ"ךְ) וְהִנֵּה

beholden /bɪˈhəʊldən/ pred. adj. (*formal*) אֲסִיר תּוֹדָה, מַכִּיר טוֹבָה
□ *I am greatly beholden to you* אֲנִי אֲסִיר תּוֹדָה לְךָ

beholder /bɪˈhəʊldə(r)/ n. (*poet.*) מִתְבּוֹנֵן
□ *beauty is in the eye(s) of the beholder* (*Prov.*) יֹפִי זֶה דָּבָר אִישִׁי

behove /bɪˈhəʊv/ v.t. impers. (*formal*) יָאֶה, נָאֶה, מִן הַדִּין שֶׁ...
□ *it behoves you to set a good example* מִן הָרָאוּי הָיָה שֶׁתְּשַׁמֵּשׁ דֻּגְמָה טוֹבָה

beige /beɪʒ/ adj. & n. בֶּז', צֶבַע חוּם־צְהַבְהַב חִוֵּר

being /ˈbiːɪŋ/ n.
1 (state of existence) הֲוָיָה, קִיּוּם, מְצִיאוּת
come into being הִתְהַוָּה, נוֹצַר, הִתְחִיל לְהִתְקַיֵּם
2 (living creature) יְצוּר; יֵשׁוּת
a human being יְצוּר אֱנוֹשִׁי, בֶּן־אֱנוֹשׁ, בֶּן־אָדָם
Supreme Being אֱלֹהִים, הַיֵּשׁוּת הָעֶלְיוֹנָה
—pres. part. (of **be**)
for the time being בֵּינְתַיִם, לְעֵת־עַתָּה, לְפִי־שָׁעָה

belabour /bɪˈleɪbə(r)/ v.t. הִצְלִיף, הִלְקָה; גִּבֵּב דְּבָרִים לְלֹא־קֵץ

belated /bɪˈleɪtɪd/ adj. מְאֻחָר; מְאֻחָר; מִשְׁהֶה

belch /beltʃ/ v.t. & i. פָּלַט מִתּוֹכוֹ, הֵקִיא מִתּוֹכוֹ; עָשָׂה גְּרֶפְּס, גִּהֵק
□ *the chimney belched out smoke* עָשָׁן סָמִיךְ בָּקַע מִן הָאֲרֻבָּה
—n. גְּרֶפְּס, גִּהוּק

beleaguer /bɪˈliːgə(r)/ v.t. (*formal*) כִּתֵּר, הִקִּיף, צָר עַל; הִטְרִיד, הֵצִיק

belfry /ˈbelfrɪ/ n. מִגְדַּל־פַּעֲמוֹנִים

belie /bɪˈlaɪ/ v.t. (*formal*) כִּסָּה עַל הָעֻבְדָּה שֶׁ..., הִסְתִּיר אֶת

belief /bɪˈliːf/ n.
1 (conviction, opinion) דֵּעָה, בִּטָּחוֹן בְּדֵעָה, אֱמוּנָה
□ *to the best of my belief, he's honest* לְפִי מֵיטַב יְדִיעָתִי הוּא אָדָם יָשָׁר
2 (faith) אֱמוּנָה (דָּתִית וְכַד')

believable /bɪˈliːvəb(ə)l/ adj. שֶׁנִּתָּן לְהַאֲמִין לוֹ

believe /bɪˈliːv/ v.t. & i. הֶאֱמִין בְּ..., הֶאֱמִין לְ...; הֶאֱמִין
seeing is believing אָדָם מַאֲמִין רַק לְאַחַר שֶׁרָאָה בְּמוֹ עֵינָיו
□ *I believe so* אֲנִי חוֹשֵׁב שֶׁכֵּן, אֲנִי סָבוּר כָּךְ
□ *believe it or not* לֹא תַּאֲמִין, אֲבָל...
□ *would you believe it?* מִי הָיָה מַאֲמִין?
□ *the children made believe that the school was on fire* הַיְלָדִים שִׂחֲקוּ כְּאִלּוּ בֵּית־הַסֵּפֶר עוֹלֶה בָּאֵשׁ

believer /bɪˈliːvə(r)/ n. מַאֲמִין (בֵּאלֹהִים, בְּדָת וְכַד')

belittle /bɪˈlɪt(ə)l/ v.t. (*formal*) מִעֵט בְּעֶרְכּוֹ שֶׁל, הֵקֵל רֹאשׁ בְּ..., זִלְזֵל

bell /bel/ n. פַּעֲמוֹן; צִלְצוּל
clear as a bell בָּרוּר, צָלוּל, זַךְ
sound as a bell בַּעַל בְּרִיאוּת טוֹבָה, חָזָק וּבָרִיא
□ *he was only saved by the bell* (*fig.*) רַק הַפַּעֲמוֹן הִצִּיל אוֹתוֹ (בְּתַחֲרוּת אִגְרוּף); הוּא נִצַּל בָּרֶגַע הָאַחֲרוֹן
□ *his name rings a bell* (*colloq.*) שְׁמוֹ מֻכָּר לִי אֵיכְשֶׁהוּ/מֵאֵיזֶה מָקוֹם
□ *I'll give you a bell* (*UK colloq.*) אֲנִי אֲצַלְצֵל אֵלֶיךָ (בַּטֶּלֶפוֹן)
—v.t. תָּלָה פַּעֲמוֹן עַל
bell the cat (*fig.*) הִסְתַּכֵּן לְמַעַן הַכְּלָל (עַל פִּי הַסִּפּוּר עַל הָעַכְבָּרִים שֶׁתָּלוּ פַּעֲמוֹן עַל צַוַּאר הֶחָתוּל)

belladonna /ˌbeləˈdɒnə/ n. הָאַטְרוֹפָּה הָרְפוּאִית, בֶּלָדוֹנָה (צֶמַח־מַרְפֵּא רָעִיל)

bell-bottomed /ˈbel-bɒtəmd/ adj. (מִכְנָסַיִם) "מִתְרַחֲבִים" (בַּעֲלֵי מִכְנָס מִתְרַחֵב בְּתַחְתִּיתוֹ)

bell-bottoms /ˈbel-bɒtəms/ n. *pl.* מִכְנְסֵי פַּעֲמוֹן, מִכְנָסַיִם "מִתְרַחֲבִים"

bell-boy /ˈbel-bɔɪ/ n. (*UK*) "בֶּל־בּוֹי", נַעַר־מַעֲלִית (עוֹבֵד בְּמָלוֹן, הַמְבַצֵּעַ שְׁלִיחֻיּוֹת שׁוֹנוֹת עֲבוּר אוֹרְחֵי הַמָּלוֹן. לֹא בְּהֶכְרֵחַ נַעַר)

bell-buoy /ˈbel-bɔɪ/ n. מָצוֹף־פַּעֲמוֹן (הַמְצַלְצֵל בְּנוֹעַ הַמַּיִם)

belle /bel/ n. יְפֵהפִיָּה, חֲבִיבַת הַקָּהָל (בְּנֶשֶׁף וְכַד׳)

belles-lettres /ˌbel-ˈletrə/ n. *sing.* כְּתִיבָה סִפְרוּתִית, בֶּלֶטְרִיסְטִיקָה

bellicose /ˈbelɪkəʊs/ adj. (*formal*) תּוֹקְפָּנִי, אִישׁ רִיב וּמָדוֹן, שָׂשׂ לִקְרָב

bellicosity /ˌbelɪˈkɒsɪtɪ/ n. (*formal*) תּוֹקְפָּנוּת, שָׂשׂוֹן לִקְרָב, אַהֲבַת מְדָנִים

belligerency /bɪˈlɪdʒərənsɪ/ n. תּוֹקְפָּנוּת; מַצַּב מִלְחָמָה, לוֹחֲמוּת

belligerent /bɪˈlɪdʒərənt/ adj. תּוֹקְפָּנִי, שָׂשׂ לִקְרָב, אַגְרֵסִיבִי וְעוֹיֵן
—n. צַד לוֹחֵם

bell-jar /ˈbel-dʒɑː(r)/ n. זְכוּכִית פַּעֲמוֹן, פַּעֲמוֹן זְכוּכִית (צִנְצֶנֶת דְּמוּיַת פַּעֲמוֹן הַמְשַׁמֶּשֶׁת בְּמַעְבָּדוֹת)

bellow /ˈbeləʊ/ v.t. & i. גָּעָה, נָהַם; הִרְעִים
—n. שְׁאָגָה, נְהָמָה

bellows /ˈbeləʊz/ n.*pl.* מַפּוּחַ (לְלִבּוּי אֵשׁ, לִנְגִינַת עוּגָב וְכַד׳)

bell-pull /ˈbel-pʊl/ n. יְדִית־מְשִׁיכָה לְפַעֲמוֹן, חֶבֶל־מִצְלָה (שֶׁבְּאֶמְצָעוּתוֹ קוֹרְאִים אֲדוֹנֵי הַבַּיִת לִמְשָׁרְתָם)

bell-push /ˈbel-pʊʃ/ n. כַּפְתּוֹר־מִצְלָה, מֶתֶג־פַּעֲמוֹן

bell-ringing /ˈbel-rɪŋɪŋ/ n. נְגִינָה בְּפַעֲמוֹנִים (בִּכְנֵסִיָּה); אָמָּנוּת הַנְּגִינָה בְּפַעֲמוֹנִים

bell-tent /ˈbel-tent/ n. אֹהֶל עָגֹל שֶׁתֹּרֶן בְּמֶרְכָּזוֹ

belly /ˈbelɪ/ n. (*colloq.*) בֶּטֶן, כֶּרֶס
—v.i. מִלֵּא רוּחַ בְּ...., הִפִּיחַ, נִפַּח (מִפְרָשִׂים וְכַד׳)
belly out (הָרוּחַ) נִפַּח (מִפְרָשׂ)

belly-ache /ˈbelɪ-eɪk/ n. (*colloq.*) כְּאֵב־בֶּטֶן
—v.i. (*sl.*) ״קִטֵּר״, הִתְלוֹנֵן

belly-dance /ˈbelɪ-dɑːns/ n. רִקּוּד־בֶּטֶן

belly-flop /ˈbelɪ-flop/ n. (*colloq.*) ״בֶּטֶן״ (קְפִיצָה לַמַּיִם הַמִּסְתַּיֶּמֶת בִּנְחִיתָה מַכְאִיבָה עַל הַבֶּטֶן)

bellyful /ˈbelɪfʊl/ n. (*colloq.*) דַּי וְהוֹתֵר, מְלֹא עַד זָרָא
□ *he got a bellyful of lead* הוּא ״חָטַף״ כַּדּוּר (כְּלוֹמַר נוֹרָה)

belly-laugh /ˈbelɪ-lɑːf/ n. (*colloq.*) צְחוֹק רוֹעֵם, צְחוֹק עָמֹק וְרוֹעֵם

belong /bɪˈlɒŋ/ v.i. הִשְׁתַּיֵּךְ לְ...., הָיָה שַׁיָּךְ לְ...
belong to הָיָה שַׁיָּךְ לְ...., הָיָה רְכוּשׁוֹ שֶׁל...
□ *he belongs here* כָּאן מְקוֹמוֹ, מְקוֹמוֹ כָּאן

belongings /bɪˈlɒŋɪŋz/ n. *pl.* מִטַּלְטְלִים, חֲפָצִים (רְכוּשׁוֹ שֶׁל פְּלוֹנִי), חֲפָצִים אִישִׁיִּים

beloved /bɪˈlʌvɪd/ adj. & n. (*formal*) יָקָר, אָהוּב; אָהוּב

below /bɪˈləʊ/ adv. מִתַּחַת לְ...., לְמַטָּה מִן
□ *the captain went below to fetch the document* רַב הַחוֹבֵל יָרַד לְתָאוֹ לְהָבִיא אֶת הַמִּסְמָךְ
□ *see below, page 20* רְאֵה לְמַטָּה/בְּהֶמְשֵׁךְ, עַמּוּד 20, רְאֵה לְהַלָּן עַמּוּד 20
—prep. מִתַּחַת לְ...
□ *the scores were below average* הַתּוֹצָאוֹת הָיוּ מִתַּחַת לַמְּמֻצָּע

belt /belt/ n.
1 (strip of leather etc round the waist) חֲגוֹרָה
□ *he hit him below the belt* הוּא הִכָּה אוֹתוֹ מִתַּחַת לַחֲגוֹרָה; הוּא הִתְנַהֵג כְּלַפָּיו בְּאֹפֶן לֹא־הוֹגֵן, הוּא נָהַג אִתּוֹ בְּרִשְׁעוּת
□ *you'll just have to tighten your belt* (*fig.*) תִּצְטָרֵךְ לְהִצְטַמְצֵם, תִּצְטָרֵךְ לְהַדֵּק אֶת הַחֲגוֹרָה
2 (of a machine) רְצוּעָה
conveyor belt רְצוּעָה נָעָה, מַסּוֹעַ
3 (zone) אֵזוֹר, חֲגוֹרָה
cotton belt אֵזוֹר (גִּדּוּל) הַכֻּתְנָה
the green belt ״הַחֲגוֹרָה הַיְרֻקָּה״ (טַבַּעַת צִמְחִיָּה סְבִיב שֶׁטַח עִירוֹנִי, שֶׁבָּהּ אֲסוּרָה הַבְּנִיָּה)
—v.t.
1 (fasten) חִזֵּק בַּחֲגוֹרָה, הִדֵּק בַּחֲגוֹרָה; חָגַר
belt up! (*sl.*) סְתֹם אֶת הַפֶּה!
2 (thrash with belt) הִצְלִיף בַּחֲגוֹרָה
3 (strike with fists, *colloq.*) הִכָּה (בַּיָּד), חָבַט
4 **belt out** (*colloq.*) שָׁאַג, הִשְׁמִיעַ בְּקוֹל גָּדוֹל
—v.i. (*colloq.*) מִהֵר, דָּהַר

bemoan /bɪˈməʊn/ v.t. (*poet.*) בָּכָה, קוֹנֵן, סָפַד, בָּכָה עַל

bemuse /bɪˈmjuːz/ v.t. הִטְעָה, הֵבִיךְ, בִּלְבֵּל

bench /bentʃ/ n.
1 (seat) סַפְסָל
2 (judge's seat; office of judge, law court; panel of judges or magistrates) כֵּס הַמִּשְׁפָּט; בֵּית הַמִּשְׁפָּט; חֶבֶר הַשּׁוֹפְטִים
□ *he was raised to the Bench* הוּא מֻנָּה לְשׁוֹפֵט
3 (parliamentary seats) מוֹשְׁבֵי בֵּית הַנִּבְחָרִים
back benches מְקוֹם מוֹשָׁבָם שֶׁל חַבְרֵי פַּרְלָמֶנְט שֶׁאֵינָם שָׂרִים וְאֵינָם מִמַּנְהִיגֵי הָאוֹפּוֹזִיצְיָה
cross benches מְקוֹם מוֹשָׁבָם שֶׁל חַבְרֵי פַּרְלָמֶנְט שֶׁאֵינָם מִמִּפְלֶגֶת הַשִּׁלְטוֹן וְלֹא מִמִּפְלְגוֹת הָאוֹפּוֹזִיצְיָה
front benches (בַּפַּרְלָמֶנְט הַבְּרִיטִי) מְקוֹם מוֹשָׁבָם שֶׁל שָׂרֵי הַמֶּמְשָׁלָה וּמַנְהִיגֵי הָאוֹפּוֹזִיצְיָה
4 (working table) מִשְׁטַח עֲבוֹדָה, שֻׁלְחַן עֲבוֹדָה (בְּנַגָּרִיָּה, בְּמַעְבָּדָה וְכַד׳)

bench-mark /ˈbentʃ-mɑːk/ n. סִמּוּן לִמְדִידַת־קַרְקָעוֹת; אַמַּת מִדָּה (נֶאֱמַר בְּהַשְׁאָלָה, לְגַבֵּי אֵיכוּת)

bend /bend/ n.
1 (curve) פְּנִיָּה, עִקּוּל, סִבּוּב
□ *the noise nearly drove me round the bend* (*sl.*) הָרַעַשׁ כִּמְעַט שִׁגֵּעַ אוֹתִי
2 (in *pl.*, disease) עֲוִית אֲמוּדָאִים (מַחֲלָה שֶׁל צוֹלְלָנִים)
—v.t. & i. (past & past ppl. **bent** /bent/)
1 (force into or assume curved shape) כּוֹפֵף, עִקֵּל; הִתְכּוֹפֵף, הִתְעַקֵּל
□ *I bent over backwards to please her* (*fig.*) עָשִׂיתִי שְׁמִינִיּוֹת בָּאֲוִיר, כְּדֵי לִמְצֹא חֵן בְּעֵינֶיהָ

2 (turn, incline) נָטָה, פָּנָה
□ *you must bend your mind to your studies* עָלֶיךָ לְהִתְמַסֵּר לְלִמּוּדֶיךָ, עָלֶיךָ לִשְׁקֹד עַל לִמּוּדֶיךָ
□ *she bent her steps towards the town* (*formal*) הִיא שָׂמָה פְּעָמֶיהָ הָעִירָה
□ *can we bend the rules for once?* אוּלַי נִתְעַלֵּם מֵהַחֹק הַפַּעַם?
□ *the old man bent his son to his will* הַזָּקֵן כָּפָה אֶת רְצוֹנוֹ עַל בְּנוֹ
□ *she is bent on mastering English* הִיא נְחוּשָׁה בְּדַעְתָּהּ לָדַעַת אַנְגְּלִית עַל בֻּרְיָהּ
□ *the boys are bent on mischief* הַיְלָדִים זוֹמְמִים תַּעֲלוּל

beneath /bɪˈniːθ/ adv. לְמַטָּה, מִתַּחַת
—prep. מִתַּחַת לְ... לְמַטָּה מִ...
□ *his dishonest behaviour is beneath contempt* הִתְנַהֲגוּתוֹ הַמְנֻוֶּלֶת לֹא רְאוּיָה אֲפִלּוּ לְבוּז
□ *he married beneath him* הוּא הִתְחַתֵּן עִם אִשָּׁה מִמַּעֲמָד נָחוּת מִשֶּׁלּוֹ
□ *it was beneath his notice* זֶה לֹא הָיָה לִכְבוֹדוֹ

benediction /ˌbenɪˈdɪkʃ(ə)n/ n. (*formal*) בְּרָכָה; בְּרָכָה נוֹצְרִית בְּתֹם טֶקֶס הַתְּפִלָּה

benefaction /ˌbenɪˈfækʃ(ə)n/ n. (*formal*) צְדָקָה, גְּמִילוּת חֲסָדִים; טוֹבָה

benefactor /ˈbenɪˌfæktə(r)/ n. גּוֹמֵל־חֶסֶד, נַדְּבָן

benefactress /ˈbenɪˌfæktrɪs/ n. גּוֹמֶלֶת־חֶסֶד, נַדְּבָנִית

benefice /ˈbenɪfɪs/ n. קִצְבַּת־כֹּמֶר, נִכְסֵי הַכֹּמֶר

beneficence /bɪˈnefɪs(ə)ns/ n. (*formal*) חֶסֶד, צְדָקָה, גְּמִילוּת־חֲסָדִים, נְדָבָה

beneficent /bɪˈnefɪs(ə)nt/ adj. (*formal*) עוֹשֶׂה חֶסֶד, מֵיטִיב, גּוֹמֵל טוֹב

beneficial /ˌbenɪˈfɪʃ(ə)l/ adj. מוֹעִיל, מְסַיֵּעַ; מֵיטִיב

beneficiary /ˌbenɪˈfɪʃərɪ/ n. הַמּוּטָב

benefit /ˈbenɪfɪt/ n.
1 (advantage) יִתְרוֹן, תּוֹעֶלֶת, רֶוַח
benefit of the doubt הַהֲנָאָה שֶׁבַּסָּפֵק
without benefit of clergy (*joc.*) לְלֹא חֻפָּה וְקִדּוּשִׁין
□ *he saved the money for the benefit of his children* הוּא חָסַךְ אֶת הַכֶּסֶף לְמַעַן יְלָדָיו
□ *a benefit performance for the refugees* הוֹפָעַת־צְדָקָה לְמַעַן הַפְּלִיטִים
2 (allowance) קִצְבָּה, דְּמֵי־תַּגְמוּל
unemployment benefit דְּמֵי־אַבְטָלָה

benevolence /bɪˈnevələns/ n. נְדִיבוּת, רֹחַב־לֵב, עֲשִׂיַּת טוֹב

benevolent /bɪˈnevələnt/ adj. נָדִיב, גּוֹמֵל חֶסֶד; שֶׁל צְדָקָה
a benevolent society אִרְגּוּן צְדָקָה

benighted /bɪˈnaɪtɪd/ adj. (*poet.*) (הַנּוֹסֵעַ) שֶׁיָּרְדָה עָלָיו חֲשֵׁכָה בְּדַרְכּוֹ; שָׁרוּי בָּאֲפֵלָה (לְגַבֵּי נוֹשֵׂא/שְׁאֵלָה), אָטוּם (בְּמַחֲשַׁבְתּוֹ)

benign /bɪˈnain/ adj.
1 (gracious) טוֹב לֵב, נוֹחַ, נָעִים
2 (not malignant, *Med.*) שָׁפִיר, לֹא־מַמְאִיר
□ *it was only a benign tumour* הָיָה זֶה רַק גִּדּוּל שָׁפִיר

benignancy /bɪˈnɪgnənsɪ/ n. (*formal*) טוּב־לֵב, נְעִימוּת, חֲבִיבוּת, נְדִיבוּת

benignant /bɪˈnɪgnənt/ adj. (*formal*) מֵיטִיב, נָעִים, חָבִיב, נָדִיב

benignity /bɪˈnɪgnɪtɪ/ n. (*formal*) טוּב־לֵב, נְעִימוּת, חֲבִיבוּת, נְדִיבוּת

bent /bent/ n. נְטִיָּה, פְּנִיָּה, נְטִיַּת־לֵב
—adj.
1 (curved *sl.*) עָקוּם, עָקֹם, מְעֻקָּם
2 (dishonest, *sl.*) שֶׁאֶפְשָׁר לְשַׁחֲדוֹ, מֻשְׁחָת
□ *he's a bent copper* הוּא שׁוֹטֵר מֻשְׁחָת
3 (homosexual, *derog.*) "הוֹמוֹ"

bent /bent/ past & past ppl. of **bend**

benumb /bɪˈnʌm/ v.t. הִקְהָה (חוּשִׁים, רְגִישׁוּת וְכַד')

benzene /ˈbenziːn/ n. בֶּנְזִין (חֹמֶר דֶּלֶק הַמּוּפָק מִפֶּחָם)

benzine /ˈbenziːn/ n. בֶּנְזִין (חֹמֶר דֶּלֶק הַמּוּפָק מִנֵּפְט גָּלְמִי)

benzoin /ˈbenzaʊɪn/ n. בֶּנְזוֹאִין (חֹמֶר כִּימִי רֵיחָנִי, מְשַׁמֵּשׁ בִּרְפוּאָה)

benzol /ˈbenzɒl/ n. (also **benzole**) בֶּנְזִין

bequeath /bɪˈkwiːð/ v.t. (*formal*) הוֹרִישׁ, הִנְחִיל

bequest /bɪˈkwest/ n. (*formal*) יְרֻשָּׁה, עִזָּבוֹן

berate /bɪˈreɪt/ v.t. (*formal*) נָזַף, גָּעַר בְּ...

Berber /ˈbɜːbə(r)/ adj. & n. בֶּרְבֶּרִי, בֶּן הַשְּׁבָטִים הַמְּקוֹרִיִּים בִּצְפוֹן אַפְרִיקָה; הַלָּשׁוֹן הַבֶּרְבֶּרִית

bereave /bɪˈriːv/ (past **bereft** /bɪˈreft/, past ppl. **bereft** /bɪˈreft/ or **bereaved** /bɪˈriːvd/) v.t. (*formal*) שִׁכֵּל; שָׁלַל, מָנַע (תִּקְוָה, שִׂמְחָה וְכַד')
□ *he acted as if he were bereft of his senses* הוּא הִתְנַהֵג כְּאִלּוּ הוּא אִבֵּד אֶת עֶשְׁתּוֹנוֹתָיו לְגַמְרֵי

bereaved /bɪˈriːvd/ n. (*formal*) שַׁכּוּל, מִי שֶׁמֵּת עָלָיו קְרוֹב־מִשְׁפָּחָה

bereavement /bɪˈriːvmənt/ n. (*formal*) שְׁכוֹל, אֲבֵדָה

bereft /bɪˈreft/ past & past ppl of **bereave**

beret /ˈbereɪ/ n. כּוֹבַע בֶּרֶט, כֻּמְתָּה

bergamot /ˈbɜːgəmɒt/ n. זַן שֶׁל פְּרִי־הָדָר רֵיחָנִי (מְשַׁמֵּשׁ לִבְשָׂמִים)

beri-beri /ˌberɪ-ˈberɪ/ n. בֶּרִי־בֶּרִי (מַחֲלָה טְרוֹפִּית שֶׁסִּבָּתָהּ חֹסֶר וִיטָמִינִים)

Bermuda shorts /bɜːˌmjuːdə ˈʃɔːts/ n.pl. מִכְנְסֵי בֶּרְמוּדָה, מִכְנְסֵי "שְׁלֹשֶׁת־רִבְעֵי"

berry /ˈberɪ/ n. גַּרְגֵּר, פְּרִי־גַּרְגְּרִים (כְּגוֹן תּוּת וּפֶטֶל)

berserk /bəˈsɜːk/ pred. adj. אֲחוּז־תְּזָזִית, מְטֹרָף, אֲחוּז־אָמוֹק
go berserk הִשְׁתּוֹלֵל, הִשְׁתּוֹלֵל מִתּוֹךְ טֵרוּף

berth /bɜːθ/ n.
1 (bed, sleeping compartment) מִטָּה (בְּתָא שֶׁל אֳנִיָּה, רַכֶּבֶת וְכו'); תָּא־שֵׁנָה
2 (ship's place at wharf) מְקוֹם־עֲגִינָה זְמַנִּי שֶׁל אֳנִיָּה בְּנָמֵל, רָצִיף
□ *you should give him a wide berth!* (*colloq.*) תִּתְרַחֵק מִמֶּנּוּ! שְׁמֹר עַל מֶרְחָק מִמֶּנּוּ!
□ *he found a berth for his nephew in the family firm* (*fig.*) הוּא מָצָא מִשְׂרָה לְאַחְיָנוֹ בָּעֵסֶק הַמִּשְׁפַּחְתִּי
—v.t. & i. (אֳנִיָּה) עָגְנָה בָּרָצִיף
□ *the ship berthed* (or *was berthed*) *at 9 o'clock* הָאֳנִיָּה הִגִּיעָה לָרָצִיף בְּשָׁעָה 9

beryl /ˈberɪl/ n. בֶּרִיל (אֶבֶן יְקָרָה, שְׁקוּפָה, בְּכַמָּה צְבָעִים)

beryllium /bəˈrɪlɪəm/ n. בֶּרִילְיוּם (יְסוֹד כִּימִי מִקְבוּצַת הַמַּתָּכוֹת הָאַלְקָלִיּוֹת הֶעָפְרָתִיּוֹת)

beseech /bəˈsiːtʃ/ (past & past ppl. **besought** /bɪˈsɔːt/) v.t. (*formal*) הִפְצִיר, שָׁטַח תְּחִנָּתוֹ בִּפְנֵי

beset /bɪˈset/ (past & past ppl. **beset** /bɪˈset/) v.t. הֵקִיף, הִקִּיף; הִתְקִיף
besetting sin הַחֻלְשָׁה הָעִקָּרִית, חֵטְא חוֹזֵר וְנִשְׁנֶה
□ *the sick woman's life was beset with difficulties* חַיֶּיהָ שֶׁל הָאִשָּׁה הַחוֹלָה הָיוּ רְצוּפֵי קְשָׁיִים

beside /bɪˈsaɪd/ prep.
1 (by the side of) לְצַד, לְיַד
2 (compared with) בְּהַשְׁוָאָה לְ..., לְעֻמַּת
3 (away from) מִחוּץ לְ...
□ *this is beside the point* זֶה לֹא לָעִנְיָן, זֶה לֹא קָשׁוּר, זֶה לֹא רֶלֶוַנְטִי
□ *he was beside himself with rage* הוּא יָצָא מִכֵּלָיו/מִגִּדְרוֹ מֵרֹב חֵמָה, הוּא אִבֵּד אֶת עֶשְׁתּוֹנוֹתָיו מֵרֹב כַּעַס

besides /bɪˈsaɪdz/ adv. & prep. חוּץ מִזֶּה, יָתֵר עַל כֵּן, נוֹסָף עַל כָּךְ; נוֹסָף עַל, מִלְּבַד...

besiege /bɪˈsiːdʒ/ v.t. צָר, כִּתֵּר, הִקִּיף
□ *she was besieged with requests for help* הִיא הוּצְפָה בְּבַקָּשׁוֹת לְעֶזְרָה

besmirch /bɪˈsmɜːtʃ/ v.t. (*formal*) הִכְתִּים (אֶת שְׁמוֹ הַטּוֹב שֶׁל פְּלוֹנִי)

besom /ˈbiːzəm/ n. מַטְאֲטֵא זְרָדִים

besotted /bɪˈsɒtɪd/ pred. adj. מְסֻחְרָר, חוֹלֵה־ (אַהֲבָה וְכַד'), שִׁכּוֹר מֵרֹב...

bespatter /bɪˈspætə(r)/ v.t. הִכְתִּים, רִבֵּב, כִּסָּה בְּרֶפֶשׁ

besought /bɪˈsɔːt/ past & past ppl. of **beseech**

bespeak /bɪˈspiːk/(past **bespoke** /bɪˈspəʊk/ past ppl. **bespoke(n)** /bɪˈspəʊk(ən)/) v.t. (*formal*) הִזְמִין מֵרֹאשׁ, סִדֵּר מֵרֹאשׁ; בִּשֵּׂר, הֵעִיד עַל, רָמַז עַל
bespoke tailor חַיָּט הַתּוֹפֵר לְפִי מִדָּה

best /best/ adj. & n. הַטּוֹב בְּיוֹתֵר
□ *the best part of the day was spent in idleness* רֹב שְׁעוֹת הַיּוֹם עָבְרוּ בְּבַטָּלָה
□ *it's all for the best* גַּם זוֹ לְטוֹבָה
□ *all the best!* כָּל טוּב!
□ *at best, I'll be there at 7 o'clock* בַּמִּקְרֶה הַטּוֹב בְּיוֹתֵר אֶהְיֶה שָׁם בְּשָׁעָה שֶׁבַע
□ *she did it for the best* הִיא עָשְׂתָה זֹאת מִתּוֹךְ כַּוָּנָה טוֹבָה, הִיא הִתְכַּוְּנָה לְטוֹב
□ *she did her best* הִיא עָשְׂתָה כְּמֵיטַב יְכָלְתָּהּ
□ *he got the best of his opponent* הוּא נִצַּח אֶת יְרִיבוֹ, הוּא גָּבַר עַל יְרִיבוֹ
□ *he has* (or *gets*) *the best of both worlds* הוּא נֶהֱנֶה מִשְּׁנֵי הָעוֹלָמוֹת, הוּא רוֹקֵד עַל שְׁתֵּי הַחֲתֻנּוֹת
□ *you'll just have to make the best of it* אֵין לְךָ בְּרֵרָה, אַתָּה פָּשׁוּט צָרִיךְ לְהִתְמוֹדֵד עִם הַמַּצָּב, אֵין בְּרֵרָה, אַתָּה צָרִיךְ לְנַסּוֹת לְהוֹצִיא מָתוֹק מֵעַז
□ *to the best of my knowledge* (or *belief*) לְמֵיטַב יְדִיעָתִי, לְפִי מֵיטַב יְדִיעָתִי
—adv. בְּאֹפֶן הַטּוֹב בְּיוֹתֵר, הַטּוֹב בְּיוֹתֵר
□ *you had best hurry up* מוּטָב שֶׁתְּמַהֵר
□ *he was the best-looking man there* הוּא הָיָה הַגֶּבֶר הַנָּאֶה בְּיוֹתֵר בַּמָּקוֹם

bestial /ˈbestɪəl/ adj. בַּהֲמִי, חַיָּתִי, פִּרְאִי, גַּס

bestiality /ˌbestɪˈælɪtɪ/ n. בַּהֲמִיּוּת, חַיָּתִיּוּת, פִּרְאוּת, גַּסּוּת; מִשְׁכַּב בְּהֵמָה

bestiary /ˈbestɪərɪ/ n. סֵפֶר, לָרֹב כְּתַב־יָד מְעֻטָּר (מִימֵי הַבֵּינַיִם) וּבוֹ מִשְׁלֵי־חַיּוֹת

bestir /bɪˈstɜː(r)/ v. refl. (*formal*) הִתְעוֹרֵר, הִתְנַעֵר, זָז
□ *bestir yourself!* קוּמָה־נָּא! עוּרָה־נָּא!

best man /best ˈmæn/ n. שׁוֹשְׁבִין

bestow /bɪˈstəʊ/ v.t. (*formal*) הֶעֱנִיק, נָתַן

bestowal /bɪˈstəʊəl/ n. (*formal*) הַעֲנָקָה, מַתָּן

bestrew /bɪˈstruː/ (past **bestrewed** /bɪˈstruːd/, past ppl. **bestrewn** or **bestrewed** /bɪˈstruːn, bɪˈstruːd/) v.t. (*poet.*) זֵרָה, כִּסָּה בְּ..., הֵפִיץ

bestride /bɪˈstraɪd/ (past **bestrode** /bɪˈstrəʊd/, past ppl. **bestridden** /bɪˈstrɪd(ə)n/) v.t. (*poet.*) נִצַּב/יָשַׁב וְרַגְלָיו פְּשׂוּקוֹת

best-seller /ˌbest-ˈselə(r)/ n. רַב־מֶכֶר, "בֶּסְט־סֶלֶר"

bet /bet/ n. הִמּוּר, הִתְעָרְבוּת; הַסְּכוּם אוֹ הַחֵפֶץ שֶׁמִּתְעָרְבִים/מְהַמְּרִים עָלָיו
—v.t. & i. (past & past ppl. **bet** or **betted** /bet, ˈbetɪd/) הִמֵּר עַל, הִתְעָרֵב עַל; הִמֵּר, הִתְעָרֵב
□ *what do you bet?* כַּמָּה אַתָּה שָׂם? עַל מָה אַתָּה מִתְעָרֵב?
□ *you bet!* בֶּטַח! אֶלָּא מָה! וַדַּאי! וְעוֹד אֵיךְ!
□ *I bet I win* אֲנִי בָּטוּחַ שֶׁאֲנִי אֲנַצֵּחַ, אֲנִי מוּכָן לְהִתְעָרֵב שֶׁאֲנִי אֲנַצֵּחַ

beta /ˈbiːtə/ n. בֵּיתָא (הָאוֹת הַשְּׁנִיָּה בָּאָלֶפְבֵּית הַיְּוָנִי)

betake /bɪˈteɪk/ (past **betook** /bɪˈtʊk/, past ppl. **betaken** /bɪˈteɪkən/) v. refl. (*arch.*) נָשָׂא אֶת רַגְלָיו, הָלַךְ אֶל

betel /ˈbiːt(ə)l/ n. בֵּטֶל

bête noire /ˌbet ˈnwɑː(r)/ n. (דָּבָר/אָדָם) שְׂנוּא־נֶפֶשׁ, הַשָּׂנוּא בְּיוֹתֵר, הָאוֹיֵב מִסְפָּר אֶחָד

bethink /bɪˈθɪŋk/ (past & past ppl. **bethought** /bɪˈθɔːt/) v. refl. (*arch.*) סָבַר, נִזְכַּר, הֶעֱלָה בְּדַעְתּוֹ

betide /bɪˈtaɪd/ v.t. (*poet.*) קָרָה, אֵרַע

□ *woe betide you if ...* אוֹי לְךָ אִם... אֲבוֹי לְךָ אִם...

betimes /bɪˈtaɪmz/ adv. (*arch.*) בְּעוֹד מוֹעֵד, בְּהֶקְדֵּם

betoken /bɪˈtəʊkən/ v.t. (*formal*) בִּשֵּׂר, הֵעִיד, סִמֵּל

betook /bɪˈtʊk/ past of **betake**

betray /bɪˈtreɪ/ v.t.

1 (give up treacherously) בָּגַד בְּ..., הִסְגִּיר, מָעַל בֶּאֱמוּנוֹ שֶׁל

2 (reveal) גִּלָּה, חָשַׂף, הִסְגִּיר (סוֹד)

□ *don't betray your ignorance!* אַל תַּסְגִּיר אֶת בּוּרוּתְךָ!

betrayal /bɪˈtreɪəl/ n. בְּגִידָה; גִּלּוּי סוֹד

betrothal /bɪˈtrəʊð(ə)l/ n. (*arch.*) אֵרוּסִין, אֵרוּשִׂים

betrothed /bɪˈtrəʊðd/ n. & adj. (*arch.*) אָרוּס, אֲרוּסָה; מְאֹרָשׂ

better[1] /ˈbetə(r)/ adj., n. & adv. טוֹב יוֹתֵר; הַטּוֹב יוֹתֵר; יוֹתֵר

□ *the better part of the money has been spent already* רֹב הַכֶּסֶף כְּבָר בֻּזְבַּז; כְּבָר הוֹצִיאוּ אֶת רֹב הַכֶּסֶף

□ *she is better off in the smaller house* הַבַּיִת הַקָּטָן מַתְאִים יוֹתֵר לְצְרָכֶיהָ

□ *they're all the better for their holiday* הַחֻפְשָׁה הִשְׁפִּיעָה עֲלֵיהֶם לְטוֹבָה

□ *don't contradict your elders and betters!* אַל תַּחֲלֹק עַל גְּדוֹלִים וְטוֹבִים מִמְּךָ!

□ *for better or (for) worse* לְטוֹב וּלְרַע, וִיהִי מָה (מְקוֹר הַבִּטּוּי בְּטֶקֶס הַנִּשּׂוּאִין הַנּוֹצְרִי)

□ *she got the better of (him in) the argument* הִיא נִצְּחָה (אוֹתוֹ) בַּוִּכּוּחַ

□ *(you had) better not try to cheat me* מוּטָב שֶׁלֹּא תְּנַסֶּה לְרַמּוֹת אוֹתִי, אַל תְּנַסֶּה לְרַמּוֹת אוֹתִי

□ *after the second attempt he thought better of it and withdrew* לְאַחַר הַנִּסָּיוֹן הַשֵּׁנִי הוּא נִמְלַךְ בְּדַעְתּוֹ וּפֵרַשׁ

—v.t. שִׁפֵּר, תִּקֵּן, הִשְׁבִּיחַ

□ *the poor man tried to better himself* הַמִּסְכֵּן נִסָּה בְּכָל כֹּחוֹ לְשַׁפֵּר אֶת מַצָּבוֹ

better[2] /ˈbetə(r)/ n. מְהַמֵּר

betterment /ˈbetəmənt/ n. שִׁפּוּר, הֲטָבָה, עֲלִיָּה בְּדַרְגָּה, הִשְׁתַּפְּרוּת, הַשְׁבָּחָה

between /bɪˈtwiːn/ prep. & adv. בֵּין; בְּתוֹךְ, בְּאֶמְצַע

between us בֵּינֵינוּ לְבֵין עַצְמֵנוּ

□ *there's nothing to choose between them* אֵין שׁוּם הֶבְדֵּל בֵּינֵיהֶם

□ *good tailors are few and far between* קָשֶׁה לִמְצֹא חַיָּטִים טוֹבִים, חַיָּטִים טוֹבִים הֵם זַן נָדִיר

betwixt /bɪˈtwɪkst/ prep. (*poet. & arch.*) בֵּין, בֵּינוֹת

betwixt and between לֹא זֶה וְלֹא זֶה, לֹא לְכָאן וְלֹא לְכָאן

bevel /ˈbev(ə)l/ n.

1 (tool) מַכְשִׁיר לִיצִירַת זָוִית אוֹ שִׁפּוּעַ (כְּגוֹן מַדְזָוִית, מֶדֶר וְכַד')

2 (sloping surface) שִׁפּוּעַ, מִשְׁטָח מְשֻׁפָּע

bevel gear הֲנָעַת תִּשְׁלֹבֶת (בְּמָנוֹעַ) עַל־יְדֵי גַּלְגַּלֵּי־שִׁנַּיִם עִם שִׁנַּיִם אֲלַכְסוֹנִיּוֹת

—v.t. שִׁפַּע, הִטָּה, הִקְצִיעַ בְּשִׁפּוּעַ

beverage /ˈbev(ə)rɪdʒ/ n. (*formal*) מַשְׁקֶה

bevy /ˈbevɪ/ n. עֵדָה, קְבוּצָה, לַהֲקָה (בְּשִׁמּוּשׁ בְּעִקָּר לְגַבֵּי נְקֵבוֹת אוֹ נָשִׁים)

beware /bɪˈweə(r)/ v.t. & i. הִזָּהֵר! הִשָּׁמֵר!

—(inf. and imperat. only)

□ *beware of imitations!* הִזָּהֲרוּ מֵחִקּוּיִים! הִשָּׁמְרוּ מֵחִקּוּיִים!

bewilder /bɪˈwɪldə(r)/ v.t. בִּלְבֵּל וְהֵבִיךְ, הֵבִיא לִכְלַל אָבְדַן־עֵצוֹת

bewildered /bɪˈwɪldəd/ adj. נִדְהָם, מְבֻלְבָּל, נָבוֹךְ, אוֹבֵד־עֵצוֹת

bewilderment /bɪˈwɪldəˌmənt/ n. בִּלְבּוּל, מְבוּכָה, אָבְדַן־עֵצוֹת, תַּדְהֵמָה

bewitch /bɪˈwɪtʃ/ v.t. כִּשֵּׁף, הִקְסִים

bewitching /bɪˈwɪtʃɪŋ/ adj. שׁוֹבֵה־לֵב, מַקְסִים, מְהַלֵּךְ קֶסֶם

beyond /bɪˈjɒnd / adj. מֵעֵבֶר לְ..., לְמַעְלָה מִ...

—prep.

1 (of time or place) אַחֲרֵי, מֵעֵבֶר לְ..., מִחוּץ לְ..., רָחוֹק מִ...

2 (out of reach of, exceeding) לְמַעְלָה מִ..., חוֹרֵג מִתְּחוּם, שֶׁלֹּא בְּהֶשֵּׂג יָד

□ *this problem's quite beyond me* הַשְּׁאֵלָה הַזֹּאת הִיא לְמַעְלָה מֵהַשָּׂגָתִי, הַשְּׁאֵלָה הַזֹּאת נִשְׂגֶּבֶת מִבִּינָתִי

□ *this report is beyond belief* הַדּוּ"חַ הַזֶּה לֹא יְאֻמַּן

□ *this is beyond a joke* זוֹ כְּבָר לֹא בְּדִיחָה, זֶה לֹא צָחוֹק

□ *the young executive was living beyond his means* הַמְּנַהֵל הַצָּעִיר חַי מֵעֵבֶר לְאֶמְצָעָיו, הַמְּנַהֵל הַצָּעִיר בִּזְבֵּז לְמַעְלָה מִיְּכָלְתּוֹ

—n. הָעוֹלָם הַבָּא

the back of beyond (*colloq.*) חוֹר נִדָּח, פִּנָּה שְׁכוּחָה, מֵעֵבֶר לְהָרֵי הַחֹשֶׁךְ

bezel /ˈbez(ə)l/ n. שִׁפּוּעַ, חַד מְזָוִית (שֶׁל מַפְסֶלֶת, יַהֲלוֹם וְכַד'); טַבַּעַת, חוּגָה (בְּשָׁעוֹן)

bezique /bɪˈziːk/ n. מִשְׂחַק קְלָפִים לִשְׁנַיִם וְיוֹתֵר בְּ־64 קְלָפִים, "בֶּזִיק"

bi- /baɪ-/ pref. דּוּ־, כָּפוּל

biannual /ˌbaɪˈænjʊəl/ adj. (שֶׁקּוֹרֶה) פַּעֲמַיִם בְּשָׁנָה, אַחַת לְשִׁשָּׁה חֳדָשִׁים

bias /ˈbaɪəs/ n.
1 (inclination, prejudice) נְטִיַּת־לֵב, פְּנִיָּה, דֵּעָה קְדוּמָה
2 (slanting line or course) אֲלַכְסוֹן, קַו־נָטוּי; מַהֲלָכוֹ הָאֲלַכְסוֹנִי שֶׁל הַכַּדּוּר בְּמִשְׂחַק הַכַּדֹּרֶת הַבְּרִיטִי
□ *she cut the material on the bias* הִיא גָּזְרָה אֶת הַבַּד בַּאֲלַכְסוֹן (לְכִוּוּן הָאֲרִיגָה)
—v.t.
□ *he was biased* (or *biassed*) *in favour of his nephew* הוּא מְשֻׁחָד לְטוֹבַת אַחְיָנוֹ
□ *the fact that she was a woman biased members of the committee against her* הָעֻבְדָּה שֶׁהִיא אִשָּׁה הִטְּתָה אֶת לֵב חַבְרֵי הַוַּעֲדָה נֶגְדָּהּ
bib /bɪb/ n. חֶלְקוֹ הָעֶלְיוֹן שֶׁל סִנָּר; סִנָּר שֶׁל תִּינוֹק
best bib and tucker "בִּגְדֵי שַׁבָּת", הַבְּגָדִים הַנָּאִים בְּיוֹתֵר
Bible /ˈbaɪb(ə)l/ n. כִּתְבֵי־הַקֹּדֶשׁ; תַּנַ"ךְ; כִּתְבֵי הַקֹּדֶשׁ הַנּוֹצְרִיִּים (הַבְּרִית הַיְשָׁנָה וְהַחֲדָשָׁה)
biblical /ˈbɪblɪk(ə)l/ adj. תַּנַ"כִי, מִקְרָאִי; שֶׁל כִּתְבֵי־הַקֹּדֶשׁ
bibliographer /ˌbɪblɪˈɒgrəfə(r)/ n. בִּיבְּלִיוֹגְרָף
bibliographical /ˌbɪblɪəˈgræfɪk(ə)l/ adj. בִּיבְּלִיוֹגְרָפִי
bibliography /ˌbɪblɪˈɒgrəfɪ/ n. בִּיבְּלִיוֹגְרַפְיָה
bibliophile /ˈbɪblɪəfaɪl/ n. בִּיבְּלִיוֹפִיל, חוֹבֵב־סֵפֶר
bibulous /ˈbɪbjʊləs/ adj. (*joc.*) שַׁתְיָן, חוֹבֵב הַטִּפָּה הַמָּרָה
bicameral /ˌbaɪˈkæmər(ə)l/ adj. (מַעֲרֶכֶת תְּחִקָּתִית) שֶׁיֵּשׁ בָּהּ שְׁנֵי בָּתֵּי־מְחוֹקְקִים
bicarbonate /ˌbaɪˈkɑːbənət/ n. (*Chem.*) דּוּ פַּחְמָה, בִּיקַרְבּוֹנָט
bicarbonate of soda סוֹדָה לִשְׁתִיָּה, דּוּ־פַּחֲמַת הַנַּתְרָן
bicentenary /ˌbaɪsenˈtiːnərɪ/ adj. & n. שֶׁל יוֹבֵל הַמָּאתַיִם; (חֲגִיגַת) יוֹבֵל הַמָּאתַיִם
bicentennial /ˌbaɪsenˈtenɪəl/ adj. & n. אַחַת לְמָאתַיִם שָׁנָה; שֶׁל (חֲגִיגוֹת) יוֹבֵל הַמָּאתַיִם; (חֲגִיגַת) יוֹבֵל הַמָּאתַיִם
biceps /ˈbaɪseps/ n. קִבֹּרֶת (שְׁרִיר הַזְּרוֹעַ הָעֶלְיוֹן)
bicker /ˈbɪkə(r)/ v.i. הִתְקוֹטֵט, רָב עַל שְׁטֻיּוֹת
bicuspid /baɪˈkʌspɪd/ adj. & n. דּוּ־חֻדּוּדִי; שֵׁן דּוּ־חֻדּוּדִית
bicycle /ˈbaɪsɪk(ə)l/ n. אוֹפַנַּיִם
—v.i. רָכַב עַל אוֹפַנַּיִם
bid /bɪd/ v.t.
1 (past & past ppl. **bid** /bɪd/ make an offer of also v.i.) הִצִּיעַ מְחִיר (בִּמְכִירָה פֻּמְבִּית)
□ *she bid £1000 for the table at the auction* הִיא הִצִּיעָה אֶלֶף לִישׁ"ט בְּעַד הַשֻּׁלְחָן בַּמְּכִירָה הַפֻּמְבִּית
□ *the project bids fair to be a great success* לַתָּכְנִית יֵשׁ סִכּוּיִים טוֹבִים לְהַצְלִיחַ מְאֹד
2 (past **bade** /bæd/, past ppl. **bidden** /bɪd(ə)n/ command, invite, *arch.*) צִוָּה, הוֹרָה, הִזְמִין, אִחֵל
□ *she made him welcome* הִיא קִבְּלָה אֶת פָּנָיו בִּבְרָכָה
□ *he bade her goodbye* הוּא נִפְרַד מֵעָלֶיהָ לְשָׁלוֹם
—n. הַצָּעַת־מְחִיר בִּמְכִירָה פֻּמְבִּית; הַצָּעַת־מְחִיר תְּמוּרַת עֲבוֹדָה; הַכְרָזָה בְּמִשְׂחַק הַבְּרִידְג'; תּוֹר־הַהַכְרָזָה בְּמִשְׂחַק הַבְּרִידְג'; נִסָּיוֹן אוֹ מַאֲמָץ לְהַשִּׂיג, לִזְכּוֹת בְּ...
□ *the prisoners made a bid for freedom* הָאֲסִירִים עָשׂוּ נִסָּיוֹן לְהִמָּלֵט
biddable /ˈbɪdəb(ə)l/ adj. נִתָּן לְהַשְׁפָּעָה, קַל לְהַשְׁפָּעָה; צַיְּתָן; שֶׁנִּתָּן לְהַצִּיעוֹ (בִּקְלָפִים)
bidder /ˈbɪdə(r)/ n. הַמַּצִּיעַ (הַצָּעַת־מְחִיר)
□ *it was sold to the highest bidder* זֶה נִמְכַּר לְמַגִּישׁ הַהַצָּעָה הַגְּבוֹהָה בְּיוֹתֵר
bidding /ˈbɪdɪŋ/ n. הַצָּעַת־מְחִיר (בִּמְכִירָה פֻּמְבִּית); פְּקֻדָּה, הוֹרָאָה; הַהַכְרָזָה בְּמִשְׂחַק הַבְּרִידְג'
□ *at his mother's bidding he apologized* בִּפְקֻדַּת אִמּוֹ הוּא הִתְנַצֵּל
bide /baɪd/ v.t. הִמְתִּין; נִשְׁאַר; צִפָּה
bide one's time חִכָּה לִשְׁעַת־הַכֹּשֶׁר
bidet /ˈbiːdeɪ/ n. בִּידֶה (אַסְלַת רַחְצָה)
biennial /ˌbaɪˈenɪəl/ adj. & n. דּוּ־שְׁנָתִי; אֵרוּעַ דּוּ־שְׁנָתִי, בִּיאֶנָּלֶה
bier /ˈbɪə(r)/ n. כַּן נַיָּד לַאֲרוֹן־מֵתִים, עֲגָלַת־מֵתִים
biff /bɪf/ v.t. & n. (*sl.*) הִכָּה, נָתַן סַפְּטָה; סַפְּטָה, מַכָּה חֲזָקָה
bifocal /ˌbaɪˈfəʊk(ə)l/ adj. דּוּ־מוֹקְדִי (לְגַבֵּי עֲדָשׁוֹת מִשְׁקָפַיִם), "בִּיפוֹקָל"
bifocals /ˌbaɪˈfəʊk(ə)lz/ n. *pl.* מִשְׁקָפַיִם דּוּ־מוֹקְדִיִּים
bifurcate /ˈbaɪfəkeɪt/ v.t. & i. (*formal*) פִּלֵּג לִשְׁנַיִם; הִתְפַּלֵּג לִשְׁנַיִם
bifurcation /ˌbaɪfəˈkeɪʃ(ə)n/ n. (*formal*) הִתְפַּלְּגוּת לִשְׁנַיִם, הִתְפַּצְּלוּת לִשְׁנַיִם
big /bɪg/ adj. & adv. גָּדוֹל
Big Apple הָעִיר נְיוּ־יוֹרְק
Big Ben בִּיג־בֶּן (כִּנּוּי לַשָּׁעוֹן שֶׁל בִּנְיַן הַפַּרְלָמֶנְט הַבְּרִיטִי)
Big Brother הָאָח הַגָּדוֹל, רוֹדָן הָרוֹאֶה וְיוֹדֵעַ הַכֹּל (מִסִּפְרוֹ שֶׁל ג'וֹרְג' אוֹרְוֶל "1984")
big business עֲסָקִים גְּדוֹלִים, "בִּיג־בִּיזְנֶס"
big deal! (*sl. iron.*) שִׂמְחַת זְקֵנָתִי! "בִּיג־דִּיל"!
big with child (*arch.*) (אִשָּׁה) שֶׁכְּרֵסָהּ בֵּין שִׁנֶּיהָ, הָרָה
big end (*UK Mech.*) רֹאשׁ הַטַּלְטָל (בְּמָנוֹעַ שֶׁל מְכוֹנִית)
big-head (*colloq.*) חַכְמוֹלוֹג
□ *what's the big idea?* (*colloq.*) אֵיךְ אַתָּה מֵעֵז? מָה אַתָּה חוֹשֵׁב לְעַצְמְךָ?
big shot (*sl.*) אִישִׁיּוּת חֲשׁוּבָה, "בִּיג־שׁוֹט", "תּוֹתָח"
the big time (*sl.*) שִׂיא, פִּסְגַּת הַהַצְלָחָה (הַתְּהִלָּה, הַהֶשֵּׂגִים וְכַד')
big toe בֹּהֶן (שֶׁל הָרֶגֶל)
big top אֹהֶל־קִרְקָס, קִרְקָס
talk big (*colloq.*) הִשְׁוִיץ, הִתְרַבְרֵב

bigamist /ˈbɪɡəmɪst/ n. בִּיגָמִיסְט (גֶּבֶר הַנָּשׂוּי לִשְׁתֵּי נָשִׁים, אִשָּׁה הַנְּשׂוּאָה לִשְׁנֵי גְּבָרִים)

bigamous /ˈbɪɡəməs/ adj. בִּיגָמִי, שֶׁל בִּיגַמְיָה

bigamy /ˈbɪɡəmɪ/ n. בִּיגַמְיָה

bigot /ˈbɪɡət/ n. קַנַּאי עִוֵּר, חָסִיד שׁוֹטֶה

bigoted /ˈbɪɡətɪd/ adj. צַר־מֹחִין, עִוֵּר בֶּאֱמוּנָתוֹ

bigotry /ˈbɪɡətrɪ/ n. קַנָּאוּת עִוֶּרֶת, צָרוּת מֹחִין

bigwig /ˈvɪɡwɪɡ/ n. (*colloq.*) "חָשׁוּב" (כִּנּוּי לְגַלְגַּנֵּי לְאִישִׁיּוּת חֲשׁוּבָה)

bijou /ˈbiːʒuː/ n. & adj. תַּכְשִׁיט, שְׁכִיַּת־חֶמְדָּה; (דִּירָה וְכַד') קְטַנָּה וְנֶחְמָדָה

bike /baɪk/ n. & v.i. (*colloq.*) אוֹפַנַּיִם; רָכַב עַל אוֹפַנַּיִם, נָסַע בְּאוֹפַנַּיִם

bikini /bɪˈkiːnɪ/ n. בִּיקִינִי

bilateral /ˌbaɪˈlætərəl/ adj. דּוּ־צְדָדִי, בִּי־לַטֶרָלִי (מַשָּׂא וּמַתָּן וְכַד')

bilberry /ˈbɪlb(ə)rɪ/ n. תּוּת־בָּר שָׁחוֹר, מֵעֵין אֻכְמָנִיָּה

bile /baɪl/ n. מָרָה, מִיץ־מָרָה; כַּעַס, נִרְגָּנוּת

bilge /bɪldʒ/ n.
1 (*Naut.*) שִׁפּוּלֵי־הָאֳנִיָּה; מֵי הַשִּׁפּוּלִים בָּאֳנִיָּה
2 (nonsense, *sl.*) קִשְׁקוּשׁ, שְׁטֻיּוֹת, בִּלְבּוּל־מֹחַ

bilharzia /ˌbɪlˈhɑːtsɪə/ n. בִּילְהַרְצְיָה (מַחֲלָה טְפִילִית טְרוֹפִּית)

biliary /ˈbɪljərɪ/ adj. שֶׁל הַמָּרָה

bilingual /ˌbaɪˈlɪŋɡwəl/ adj. דּוּ־לְשׁוֹנִי, דּוֹבֵר שְׁתֵּי שָׂפוֹת, בִּשְׁתֵּי שָׂפוֹת

bilious /ˈbɪlɪəs/ adj. לוֹקֶה בְּהַפְרָשַׁת יֶתֶר שֶׁל הַמָּרָה; מְהִיר חֵמָה; דּוֹחֶה, מַבְחִיל; (תְּחוּשָׁה שֶׁל) בְּחִילָה

bilk /bɪlk/ v.t. רִמָּה, הוֹנָה (בְּעִקָּר בְּכֶסֶף), הִשְׁתַּמֵּט מִתַּשְׁלוּם חוֹב

bill[1] /bɪl/ n.
1 (statement of charges) חֶשְׁבּוֹן
□ *can I have the bill please?* הַחֶשְׁבּוֹן בְּבַקָּשָׁה! אֶפְשָׁר לְקַבֵּל אֶת הַחֶשְׁבּוֹן בְּבַקָּשָׁה?
2 (Parliament) הַצָּעַת־חֹק
3 (*Commerc.*) שְׁטָר
bill of exchange שְׁטַר חֲלִיפִין
bill broker מְתַוֵּךְ שְׁטָרוֹת
4 (written notice) הוֹדָעָה, מוֹדָעָה
theatre bill כְּרָזַת תֵּיאַטְרוֹן, מוֹדַעַת תֵּיאַטְרוֹן
bill of fare (*arch.*) תַּפְרִיט
a clean bill of health אִשּׁוּר רְפוּאִי עַל בְּרִיאוּת תַּקִּינָה
bill of sale שְׁטַר מֶכֶר
bill of rights כְּתַב/מְגִלַּת זְכֻיּוֹת הָאֶזְרָח
5 (currency note, *US*) שְׁטַר־כֶּסֶף, שְׁטָר

bill[2] /bɪl/ n. חַרְטוֹם, מַקּוֹר
—v.i.
bill and coo (*colloq.*) (זוּג אוֹהֲבִים) הִתְנַשֵּׁק וְהִתְגַּפֵּף (בְּהַשְׁאָלָה מֵהִתְנַהֲגוּתָן שֶׁל יוֹנִים)

—v.t.
1 (announce by bill (sense **4**)) פִּרְסֵם בְּמוֹדַעַת הַתֵּיאַטְרוֹן
□ *the singer is billed to appear at the next concert* עַל־פִּי הַמּוֹדָעָה הוֹפָעַת הַזַּמָּר תִּהְיֶה בַּקּוֹנְצֶרְט הַבָּא
2 (submit a bill (sense **2**) to) הִגִּישׁ חֶשְׁבּוֹן, שָׁלַח חֶשְׁבּוֹן, חִיֵּב אֶת... עַל...
□ *the patient was billed for the surgeon's services* הַחוֹלֶה קִבֵּל אֶת הַחֶשְׁבּוֹן עֲבוּר שֵׁרוּתָיו שֶׁל הַמְנַתֵּחַ

billboard /ˈbɪlbɔːd/ n. (*US*) לוּחַ מוֹדָעוֹת, לוּחַ פִּרְסֹמֶת

billet /ˈbɪlɪt/ n.
1 (quarters, *Mil.*) מְגוּרִים עַל־פִּי צַו לְחַיָּלִים וְלִמְפֻנִּים בְּעֵת מִלְחָמָה (בְּעִקָּר בְּבָתִּים פְּרָטִיִּים)
□ *he has found himself a cosy billet* הוּא מָצָא לְעַצְמוֹ עֲבוֹדָה נוֹחָה
2 (piece of firewood) גְּזִיר־עֵץ לְהַסָּקָה
3 (bar of metal) מְטִיל
—v.t. אִכְסֵן חַיָּל (בְּעִקָּר בְּבִנְיָן לֹא־צְבָאִי)
billeting officer קְצִין מְגוּרִים, קְצִין דִּיּוּר

billhook /ˈbɪlhʊk/ n. סַכִּין מְיֻחָד לְקִצּוּץ עֲנָפִים וּלְגִזּוּם גְּדֵרוֹת

billiards /ˈbɪlɪədz/ n. *pl.* בִּילְיַארְד
billiard ball כַּדּוּר בִּילְיַארְד
billiard table שֻׁלְחַן בִּילְיַארְד

billion /ˈbɪlɪən/ n. (בְּאַמֶרִיקָה, צָרְפַת וְעוֹד) מִילְיַארְד; (בִּבְרִיטַנְיָה, גֶּרְמַנְיָה וְעוֹד) אֶלֶף מִילְיַארְד

billow /ˈbɪlaʊ/ n. & v.i. נַחְשׁוֹל (מַיִם, עָשָׁן וְכַד'), תָּפַח וְעָלָה, הִתְנַחְשֵׁל, הִתְאַבֵּךְ; הִתַּמֵּר (עָשָׁן)

billposter /ˈbɪlpəʊstə(r)/ n. מַדְבִּיק מוֹדָעוֹת

billsticker /ˈbɪlstɪkə(r)/ n מַדְבִּיק מוֹדָעוֹת

billy-goat /ˈbɪlɪ-ɡəʊt/ n. תַּיִשׁ

bimbo /ˈbɪmbəʊ/ n. (*colloq.*) "בְּלוֹנְדִינִית מְטֻמְטֶמֶת"; "יַפְיוּף"

bin /bɪn/ n. כְּלִי־קִבּוּל גָּדוֹל, פַּח (לְלֶחֶם, קֶמַח אוֹ לְאַשְׁפָּה)

binary /ˈbaɪnərɪ/ adj. בִּינָארִי, שְׁנִיּוּנִי
binary digit סִפְרָה בִּינָארִית (0 או 1)

bind /baɪnd/ (past & past ppl. **bound** /baʊnd/) v.t.
1 (fasten) קָשַׁר, הִדֵּק, הִצְמִיד
□ *she showed him how to bind up a wound* הִיא הֶרְאֲתָה לוֹ אֵיךְ חוֹבְשִׁים פֶּצַע
□ *they were bound together by bonds of friendship* הֵם הָיוּ קְשׁוּרִים זֶה לָזֶה בַּעֲבוֹתוֹת יְדִידוּת
□ *this is bound up with other problems* זֶה כָּרוּךְ בִּבְעָיוֹת אֲחֵרוֹת
2 (construct a book) כָּרַךְ סֵפֶר
3 (constrain, oblige, *formal*) חִיֵּב, אִלֵּץ
□ *I'm bound to say I agree with him* אֲנִי נֶאֱלָץ לְהוֹדוֹת שֶׁאֲנִי מַסְכִּים אִתּוֹ

□ *the youths were bound over by the magistrate to keep the peace* הַשּׁוֹפֵט הִגִּישׁ לַצְּעִירִים צַו עַל-תְּנַאי הַמְחַיֵּב אוֹתָם לִשְׁמֹר עַל הַסֵּדֶר הַטּוֹב

4 (cause to stick together) לִכֵּד, הִדְבִּיק, קָשַׁר, גִּבֵּשׁ (לָרֹב בְּבִשּׁוּל)

□ *egg is used to bind the mixture* מִשְׁתַּמְּשִׁים בְּבֵיצָה כְּדֵי לִקְשֹׁר אֶת מַרְכִּיבֵי הַתַּעֲרֹבֶת זֶה לָזֶה

5 (secure edge of material) תָּפַר רְצוּעָה בְּשׁוּלֵי הָאָרִיג (לְחִזּוּקוֹ אוֹ לְקִשּׁוּטוֹ), קָשַׁר אֶת שְׂפַת הָאָרִיג

—v.i. (*sl.*) "קִטֵּר", הִתְלוֹנֵן

—n. (*colloq.*) "כְּאֵב רֹאשׁ", מִטְרָד

□ *it's a bind, but I'll have to visit her* זֶה כְּאֵב-רֹאשׁ, אֲבָל אֲנִי מֻכְרָח לְבַקֵּר אוֹתָהּ

binder /ˈbaɪndə(r)/ n.

1 (person who binds books) כּוֹרֵךְ

2 (loose cover for papers) קְלָסֵר, אוֹגְדָן

3 (agricultural machine) מְאַלֶּמֶת, מַקְצֵרָה הַמְאַגֶּדֶת אֶת הָאֲלֻמּוֹת

bindery /ˈbaɪndərɪ/ n. כְּרִיכִיָּה

binding /ˈbaɪndɪŋ/ n.

1 (book cover) כְּרִיכָה

2 (edging for material) קִשּׁוּר שְׂפַת הָאָרִיג

—adj. מְחַיֵּב

bindweed /ˈbaɪndwiːd/ n. חֲבַלְבַּל (סוּג שֶׁל עֲשָׂבִים שׁוֹטִים)

binge /bɪndʒ/ n. (*sl.*) הִשְׁתּוֹלְלוּת (בִּשְׁתִיָּה, בִּקְנִיּוֹת, בְּזִלְלָה)

□ *we went on a binge* יָצָאנוּ "לִדְפֹּק אֶת הָרֹאשׁ" (בִּשְׁתִיַּת אַלְכּוֹהוֹל)

bingo /ˈbɪŋgəʊ/ n. בִּינְגוֹ

bin-liner /ˈbɪn-laɪnə(r)/ n. שַׂקִּית-אַשְׁפָּה

binnacle /ˈbɪnək(ə)l/ n. תֵּבַת-מַצְפֵּן (לֹא-מַגְנֵטִית בָּאֳנִיָּה)

binoculars /bɪˈnɒkjʊləz/ n. *pl.* מִשְׁקֶפֶת (לִשְׁתֵּי-הָעֵינַיִם)

binomial /baɪˈnəʊmɪəl/ n. & adj. (*Math.*) (אַלְגֶּבְּרָה) בִּינוֹם, דּוּ-אֵיבָר; דּוּ-אֵיבָרִי

binomial theorem הַמִּשְׁפָּט הַבִּינוֹמְיָאלִי

biochemist /ˌbaɪəʊˈkemɪst/ n. בִּיוֹכִימַאי

biochemistry /ˌbaɪəʊˈkemɪstrɪ/ n. בִּיוֹכִימְיָה

biodegradable /ˌbaɪəʊdɪˈgreɪdəb(ə)l/ adj. הֶעָשׂוּי לְהִתְפָּרֵק בִּפְעֻלַּת בַּקְטֶרְיוֹת

biographer /baɪˈɒgrəfə(r)/ n. בִּיּוֹגְרָף

biographical /ˌbaɪəˈgræfɪkə)l/ adj. בִּיּוֹגְרָפִי

biography /baɪˈɒgrəfɪ/ n. בִּיּוֹגְרַפְיָה

biological /ˌbaɪəˈlɒdʒɪk(ə)l/ adj. בִּיּוֹלוֹגִי

biological warfare לוֹחֲמָה בִּיּוֹלוֹגִית

biologist /baɪˈɒlədʒɪst/ n. בִּיּוֹלוֹג

biology /baɪˈɒlədʒɪ/ n. בִּיּוֹלוֹגְיָה

bionic /baɪˈɒnɪk/ adj. בִּיּוֹנִי (תַּחֲלִיף מֵכָנִי/אֶלֶקְטְרוֹנִי לְאֵיבָר בַּגּוּף: לָרֹב בְּמַדָּע-בִּדְיוֹנִי)

biophysical /ˌbaɪəʊˈfɪzɪk(ə)l/ adj. בִּיּוֹפִיזִי

biophysicist /ˌbaɪəʊˈfɪzɪsɪst/ n. בִּיּוֹפִיזִיקַאי

biophysics /ˌbaɪəʊˈfɪzɪks/ n. בִּיּוֹפִיזִיקָה

biopsy /ˈbaɪɒpsɪ/ n. בִּיּוֹפְּסְיָה

biosphere /ˈbaɪəʊstɪə(r)/ n. בִּיּוֹסְפֵירָה

bipartisan /ˌbaɪpɑːtɪˈzæn/ adj. דּוּ-מִפְלַגְתִּי

bipartite /ˌbaɪˈpɑːtaɪt/ adj. דּוּ-צְדָדִי (הֶסְכֵּם, חוֹזֶה וְכַד'); (בְּבּוֹטָנִיקָה) נֶחֱלָק לִשְׁנַיִם

biped /ˈbaɪped/ n. & adj. הוֹלֵךְ עַל שְׁתַּיִם, דּוּ-רַגְלִי

biplane /ˈbaɪpleɪn/ n. מָטוֹס דּוּ-כְּנָף (בַּעַל שְׁתֵּי מַעֲרָכוֹת כָּנָף, הָאַחַת מֵעַל הַשְּׁנִיָּה)

birch/bɜːtʃ/ n.

1 (tree) (עֵץ) לִבְנֶה, שַׁדָּר

2 (instrument of punishment) שׁוֹט, שֵׁבֶט (מַעֲנָפִים שֶׁל עֵץ הַלִּבְנֶה)

—v.t. הִלְקָה בְּשׁוֹט-לִבְנֶה, יִסֵּר בִּשְׁבָטִים

bird /bɜːd/ n.

1 (winged feathered creature) צִפּוֹר; עוֹף

bird of paradise צִפּוֹר גַּן-עֵדֶן (סוּג שֶׁל צִפּוֹר-שִׁיר)

bird of passage צִפּוֹר נוֹדֶדֶת; אוֹרֵחַ לְשָׁעָה, אוֹרֵחַ-פּוֹרֵחַ

the birds and the bees (*euphem.*) "עֻבְדּוֹת הַחַיִּים" (בְּכָל הַקָּשׁוּר לְיַחֲסֵי-מִין)

bird's-eye view מַבָּט מִמְּעוֹף-הַצִּפּוֹר

he's a strange bird (colloq.) הוּא טִיפּוּס מְשֻׁנֶּה, הוּא עוֹף מוּזָר

□ *a bird in the hand is worth two in the bush* (*Prov.*) טוֹבָה צִפּוֹר אַחַת בַּיָּד מִשְּׁתַּיִם עַל הָעֵץ

□ *to kill two birds with one stone* (*Prov.*) הָרַג שְׁתֵּי צִפּוֹרִים בְּמַכָּה אַחַת

2 (girl, *sl.*) בַּחוּרָה, חֲתִיכָה

3 (disapproving sounds, *sl.*) שְׁרִיקוֹת-בּוּז וְכַד'

□ *they gave him* (or *he got*) *the bird* הוֹרִידוּ אוֹתוֹ בִּשְׁרִיקוֹת-בּוּז

birdcage /ˈbɜːdkeɪdʒ/ n. כְּלוּב צִפּוֹרִים

bird-call /ˈbɜːd-kɔːl/ n. קוֹל הַצִּפּוֹר; מַכְשִׁיר לְחִקּוּי קוֹל שֶׁל צִפּוֹר

bird-fancier /ˈbɜːd-fænsɪə(r)/ n. חוֹבֵב צִפּוֹרִים; סוֹחֵר-צִפּוֹרִים

birdlime /ˈbɜːdlaɪm/ n. דֶּבֶק מַלְכֹּדֶת לְצִפּוֹרִים

birdseed /ˈbɜːdsiːd/ n. מָזוֹן לְצִפּוֹרִים, אֹכֶל לְצִפּוֹרִים

bird table /ˈbɜːd ˌteɪb(ə)l/ n. מֵעֵין דּוּכָן קָטָן בַּגִּנָּה לְהַאֲכָלַת צִפּוֹרִים

bird-watcher /ˈbɜːd-wotʃə(r)/ n. צַפָּר, צוֹפֶה בְּצִפּוֹרִים

biretta /bɪˈretə/ n. כִּמְתָּה מְרֻבַּעַת (בְּעִקָּר שֶׁל כְּמָרִים קָתוֹלִיִּים)

Biro /ˈbaɪərəʊ/ n. (*Prop.*) עֵט כַּדּוּרִי

birth /bɜːθ/ n.

1 (bringing forth offspring) לֵדָה; הֻלֶּדֶת

□ *she gave birth to a daughter* הִיא יָלְדָה בַּת

2 (parentage) מָקוֹר, מוֹצָא, יַחַשׂ
□ *of good birth* מִמִּשְׁפָּחָה טוֹבָה, רָם־יַחַשׂ, מְיֻחָס

birth control /ˈbɜːθ kənˌtrəʊl/ n. פִּקּוּחַ עַל יְלוּדָה, מְנִיעַת־הֵרָיוֹן

birthday /ˈbɜːθdeɪ/ n. יוֹם־הֻלֶּדֶת
birthday suit (*joc.*) עֵרֹם (כְּבְיוֹם הִוָּלְדוֹ)

birthmark /ˈbɜːθmaːk/ n. כֶּתֶם־לֵדָה

birthplace /ˈbɜːθpleɪs/ n. מְקוֹם הַלֵּדָה (הַמָּקוֹם שֶׁבּוֹ נוֹלַד אָדָם)

birth-rate /ˈbɜːθ-reɪt/ n. שִׁעוּר הַיְלוּדָה

birthright /ˈbɜːθraɪt/ n. זְכוּת הַמֻּקְנֵית מִלֵּדָה, זְכוּת־מִלֵּדָה

biscuit /ˈbɪskɪt/ n.
1 (confection) בִּיסְקְוִיט, תּוּפִין, רָקִיק, עוּגִיָּה
take the biscuit (*UK sl.*) הָיָה הַ"שִּׂיא" (שִׂיא הַחֻצְפָּה, שִׂיא הַפְּאֵר וְכַד')
2 (colour) חוּם־בָּהִיר

bisect /baɪˈsekt/ v.t. חָצָה, פִּלֵּג לִשְׁנַיִם

bisection /ˌbaɪˈsekʃ(ə)n/ n. חֲצִיָּה, הִתְפַּלְּגוּת לִשְׁנַיִם

bisexual /ˌbaɪˈsekʃʊəl/ adj. & n. בִּיסֶקְסוּאָלִי, דּוּ־מִינִי, נִמְשָׁךְ/נִמְשֶׁכֶת אֶל שְׁנֵי הַמִּינִים; בִּיסֶקְסוּאַל, אִשָּׁה אוֹ/גֶּבֶר הַנִּמְשָׁכִים לִשְׁנֵי הַמִּינִים

bishop /ˈbɪʃəp/ n.
1 (cleric) בִּישׁוֹף
2 (chess-piece) (בְּשַׁחְמָט) רָץ

bishopric /ˈbɪʃəprɪk/ n. בִּישׁוֹפוּת

bismuth /ˈbɪzməθ/ n. (*Chem.*) בִּיסְמוּת (יְסוֹד כִּימִי מַתַּכְתִּי, שֶׁסִּימָנוֹ Bi)

bison /ˈbaɪs(ə)n/ n. בִּיזוֹן (סוּג שֶׁל שׁוֹר־בָּר)

bistro /ˈbiːstrəʊ/ n. בִּיסְטְרוֹ, מִסְעָדָה קְטַנָּה, בַּאר קָטָן (בְּצָרְפַת)

bit[1] /bɪt/ n.
1 (small piece, morsel) חֲתִיכָה קְטַנָּה, קֻרְטוֹב, שֶׁמֶץ מִ...
□ *he's a bit of a fool* (*colloq.*) הוּא דֵּי טִפֵּשׁ
□ *just eat a little bit* תֹּאכַל קְצָת, תֹּאכַל רַק טִיף־טִפָּה
□ *he gathered together his bits and pieces* (*colloq.*) הוּא אָסַף אֶת כָּל הַדְּבָרִים שֶׁלּוֹ
□ *bit by bit he tamed the beast* (*colloq.*) הוּא אִלֵּף אֶת הַחַיָּה בְּהַדְרָגָה
□ *in the emergency everyone did his bit* (*colloq.*) בִּשְׁעַת הַחֵרוּם כָּל אֶחָד תָּרַם אֶת חֶלְקוֹ
□ *the cheaper car is every bit as good as the other one* (*colloq.*) הַמְּכוֹנִית הַזּוֹלָה טוֹבָה מַמָּשׁ כְּמוֹ הַמְּכוֹנִית הַשְּׁנִיָּה
□ *not a bit (of it)!* (*colloq.*) כְּלָל לֹא! בִּכְלָל לֹא! לְגַמְרֵי לֹא!
2 (mouthpiece of bridle) רֶסֶן
□ *he took the bit between his teeth* (*fig.*) הוּא הִתִּיר כָּל רֶסֶן, הוּא לֹא יָדַע מַעֲצוֹר
3 (cutting part of drill) לַהַב הַמַּקְדֵּחַ, רֹאשׁ הַמַּקְדֵּחַ

bit[2] /bɪt/ n. (*Comput.*) בִּיט (יְחִידַת אִינְפוֹרְמַצְיָה בִּינָארִית בְּמַחְשְׁבִים)

bit[3] /bɪt/ past of **bite**

bitch /bɪtʃ/ n.
1 (female dog or fox or wolf) כַּלְבָּה; שׁוּעָלָה; זְאֵבָה
2 (abusive term for a woman, *derog.*) "בַּת־זוֹנָה", "זוֹנָה", "כַּלְבָּה"
—v.i. (*sl.*) "קִטֵּר", הִתְלוֹנֵן

bitchy /ˈbɪtʃɪ/ adj. (*sl.*) "זְנוּתִי" (הֶעָרָה, הִתְנַהֲגוּת וְכוּ'...)

bite /baɪt/ (past **bit** /bɪt/, past ppl. **bitten** /ˈbɪt(ə)n/)
—v.t. & i.
1 (cut into with teeth) נָשַׁךְ, נָגַס; (חָרָק) עָקַץ; (נָחָשׁ) נָשַׁךְ, הִכִּישׁ
once bitten, twice shy (*Prov.*) מִי שֶׁנִּכְוָה בְּרוֹתְחִין נִזְהָר בְּצוֹנְנִין
□ *he made his enemy bite the dust* (*colloq.*) הוּא הֵמִית/הָרַג אֶת אוֹיְבוֹ, הוּא הִכְרִיעַ אֶת אוֹיְבוֹ אַרְצָה
□ *he asked a question but the teacher bit his head off* (*colloq.*) הוּא שָׁאַל שְׁאֵלָה, אֲבָל הַמּוֹרֶה נָתַן לוֹ עַל הָרֹאשׁ
□ *what's biting you?* (*colloq.*) מָה אוֹכֵל אוֹתְךָ? מָה קוֹרֶה אִתְּךָ?
□ *don't bite off more than you can chew* (*colloq.*) אַל תַּעֲשֶׂה יוֹתֵר מִכְּפִי יְכָלְתְּךָ, אַל תִּקַּח עַל עַצְמְךָ דָּבָר שֶׁאֵינְךָ מְסֻגָּל לְבַצֵּעַ
□ *don't bite your fingernails!* אַל תֹּאכַל אֶת הַצִּפָּרְנַיִם!
□ *the fish bit well today* הַדַּיִג הַיּוֹם הָיָה מֻצְלָח (הַדָּגִים בָּלְעוּ אֶת הַפִּתָּיוֹן)
2 (various *fig.* uses)
(of acid) צָרַב, אִכֵּל
(of cold) צָרַב
(of law, policy) (חֹק, מְדִינִיּוּת, סַנְקְצִיָּה וְכַד') הִשְׁפִּיעַ, "הִכְאִיב"
(of persons accepting an idea) קִבֵּל, הִתְלַהֵב
(of tools or wheels) (גַּלְגַּל) אָחַז, (קְלָאץ' בִּמְכוֹנִית) תָּפַס
—n.
1 (cutting into with teeth) נְגִיסָה, נְשִׁיכָה; (חָרָק) עֲקִיצָה; (נָחָשׁ) נְשִׁיכָה, הַכָּשָׁה
2 (small meal) "מַשֶּׁהוּ"
□ *I'll have a bite to eat before going to the theatre* (*colloq.*) אֲנִי אוֹכַל מַשֶּׁהוּ לִפְנֵי שֶׁאֵלֵךְ לַתֵּיאַטְרוֹן
3 (flavour; effect) (מָזוֹן) טַעַם, חֲרִיפוּת; (סְטִירָה, בִּקֹּרֶת) "שִׁנַּיִם", "פִּלְפֵּל"

biter /ˈbaɪtə(r)/ n. נוֹגֵשׁ, נוֹשֵׁךְ
the biter bit (*fig.*) "בּוֹר כָּרָה וַיַּחְפְּרֵהוּ" (וַיִּפֹּל בְּשַׁחַת יִפְעָל)

biting /ˈbaɪtɪŋ/ adj. חַד, חָרִיף, צוֹרֵב, עוֹקֵץ, נַשְׁכָנִי

bitten /bɪt(ə)n/ past ppl. of **bite**

bitter /ˈbɪtə(r)/ adj. מַר, מַרִיר; צוֹרֵב

□ *the defenders fought to the bitter end* (*colloq.*)
הַמְגִנִּים לָחֲמוּ עַד הַסּוֹף הַמַּר

—n.

1 (beer) "בִּיטֶר" (בִּירָה אַנְגְּלִית כֵּהָה, מָרָה וַחֲרִיפָה)

2 (in *pl.*, liquor) מִשְׁרַת לַעֲנָה, אַנְגּוֹסְטוּרָה (תַּבְלִין מַר לְעִרְבּוּב עִם מַשְׁקָאוֹת אַלְכּוֹהוֹלִיִּים)

bittern /ˈbɪtən/ n. אֲנָפָה מְשֻׁרְטֶטֶת (עוֹף הַחַי עַל גְּדוֹת נְחָלִים וַאֲגַמִּים)

bitterness /ˈbɪtənɪs/ n. מְרִירוּת

bitter-sweet /ˌbɪtə-ˈswiːt/ adj. מְרִיר-מָתוֹק; שֶׁל שִׂמְחָה מְהוּלָה בְּעֶצֶב

bitumen /ˈbɪtjʊmən/ n. בִּיטוּמֶן (חֹמֶר הַמְשַׁמֵּשׁ לִסְלִילַת כְּבִישִׁים וְכַד')

bituminous /bɪˈtjuːmɪnəs/ adj. בִּיטוּמָנִי, שֶׁל בִּיטוּמֶן

bivalve /ˈbaɪvælv/ n. צִדְפָּה, דּוּ-צֶדֶף

bivouac /ˈbɪvʊæk/ n. חֲנְיוֹן אֲרָעִי (בְּעִקָּר צְבָאִי) לְלֹא אֹהָלִים אוֹ מַחֲסֶה

—v.i. חָנָה בְּחַנְיוֹן אֲרָעִי

bi-weekly /ˌbaɪ-ˈwiːklɪ/ n. & adj. דּוּ-שְׁבוּעוֹן; עִתּוֹן הַמּוֹפִיעַ פַּעֲמַיִם בְּשָׁבוּעַ; דּוּ-שְׁבוּעִי; שֶׁקּוֹרֶה פַּעֲמַיִם בְּשָׁבוּעַ

bizarre /bɪˈzɑː(r)/ adj. מוּזָר, מְשֻׁנֶּה; תִּמְהוֹנִי

blab /blæb/ v.t. & i. (*colloq.*) גִּלָּה סוֹד, פִּטְפֵּט, קִשְׁקֵשׁ

black /blæk/ adj.

1 (colour) שָׁחוֹר

black and white (טֶלֶוִיזְיָה) שָׁחוֹר-לָבָן

black box קוּפְסָה שְׁחוֹרָה (מִתְקָן לְרִשּׁוּם וְהַקְלָטָה שֶׁל פְּרָטֵי הַמִּבְצָעִים שֶׁל מָטוֹס)

the Black Death הַמַּגֵּפָה הַשְּׁחוֹרָה, מַגֵּפַת הַדֶּבֶר (בְּאֵירוֹפָּה בַּמֵּאָה הַ-14)

black eye "פַּנָּס" בָּעַיִן

black hole חוֹר-שָׁחוֹר (תּוֹפָעָה אַסְטְרוֹפִיזִית)

Black Maria רֶכֶב לְהוֹבָלַת אֲסִירִים אֶל בֵּית הַכֶּלֶא וּמִמֶּנּוּ, "טְרַנְזִיט" לַאֲסִירִים

black pudding נַקְנִיק-דָּם

black sheep (*fig. derog.*) "כִּבְשָׂה שְׁחוֹרָה"

□ *he is not as black as he is painted* הוּא לֹא נוֹרָא כְּפִי שֶׁמְּתָאֲרִים אוֹתוֹ

2 (dark-skinned) שָׁחוֹר, בַּעַל עוֹר כֵּהֶה

3 (wicked, sinister) רַע, רָשָׁע, מְרֻשָּׁע

black comedy קוֹמֶדְיָה שְׁחוֹרָה

black mass מִיסָה שְׁחוֹרָה; פֻּלְחַן הַשָּׂטָן

4 (implying disgrace) שֶׁיֵּשׁ בּוֹ גְּנַאי, לְצִיּוּן גְּנַאי/דֹּפִי

black mark נְקֻדָּה שְׁחוֹרָה, צִיּוּן לִגְנַאי, "נוּן"

5 (illegal) בִּלְתִּי-חֻקִּי, שָׁחוֹר

black economy כַּלְכָּלָה שְׁחוֹרָה

black market שׁוּק שָׁחוֹר

—n.

1 (colour) (צֶבַע) שָׁחוֹר

black and blue חָבוּט וְחָבוּל (אָדָם שֶׁהֻכָּה קָשׁוֹת)

□ *the agreement is down in black and white* הַהֶסְכֵּם כָּתוּב שָׁחוֹר עַל גַּבֵּי לָבָן, הַהֶסְכֵּם כָּתוּב בְּאוֹתִיּוֹת קִדּוּשׁ לְבָנָה

□ *his account was in the black* הַמַּאֲזָן הַבַּנְקָאִי שֶׁלּוֹ הָיָה חִיּוּבִי

2 (dirt, particle of soot) לִכְלוּךְ, פִּיחַ

3 (**B-**, dark-skinned person) שָׁחוֹר, כֵּהֵה-עוֹר

—v.t. & i.

1 (make black) הִשְׁחִיר, הִכְתִּים; צִחְצֵחַ (נַעֲלַיִם וְכַד')

2 (boycott, *UK*) הֶחֱרִים, סֵרֵב לַעֲבֹד/לְשַׁתֵּף פְּעֻלָּה עִם

□ *they've blacked his ships* הֵם הֶחֱרִימוּ אֶת הָאֳנִיּוֹת שֶׁלּוֹ

3 black out

(conceal) מָחַק, הֶעְלִים (יְדִיעוֹת, חֲדָשׁוֹת וְכוּ')

(darken) הֶאֱפִיל, כִּבָּה אוֹרוֹת

(lose consciousness) אִבֵּד אֶת הַהַכָּרָה

blackball /ˈblækbɔːl /v.t. הִצְבִּיעַ נֶגֶד קַבָּלָתוֹ שֶׁל פְּלוֹנִי (לַמּוֹעֲדוֹן וְכַד')

black beetle /blæk ˈbiːt(ə)l/ n. ג'וּק, מַקָּק

blackberry /ˈblækb(ə)rɪ/ n. אֻכְמָנִית

blackbird /ˈblækbɜːd/ n. שַׁחֲרוּר, קִיכְלִי

blackboard /ˈblækbɔːd/ n. לוּחַ (לִכְתִיבָה בְּגִיר בְּבֵית-הַסֵּפֶר וְכַד')

blackcurrant /ˌblækˈkʌrənt/ n. עִנְבֵי-שׁוּעָל

blacken /ˈblækən/ v.t. & i. הִשְׁחִיר, הִכְהָה, הִכְתִּים; הִשְׁמִיץ, הִשְׁחִיר פָּנִים

blackguard /ˈblægɑːd/ n. (*arch., derog.*) נָבָל, מְנֻוָּל, בֶּן-בְּלִיַּעַל; נוֹכֵל

blackguardly /ˈblægədlɪ/ adj. (*arch., derog.*) מְנֻוָּל, נִבְזִי, שָׁפָל

blackhead /ˈblækhed/ n. "שְׁחוֹרִים", נְקֻדּוֹת שְׁחוֹרוֹת עַל הַפָּנִים, "חֲצָ'קוֹנִים"

blacking /ˈblækɪŋ/ n. מִשְׁחַת-צִחְצוּחַ שְׁחוֹרָה (לְנַעֲלַיִם וְכוּ'); מִשְׁחַת-נַעֲלַיִם

black lead /blæk ˈled/ n. גְּרָפִיט

blackleg /ˈblækleg/ n. & v.i. (*derog.*) מֵפֵר-שְׁבִיתָה, שׁוֹבֵר-שְׁבִיתָה; הֵפֵר שְׁבִיתָה, שָׁבַר שְׁבִיתָה

blacklist /ˈblæklɪst/ n. & v.t. רְשִׁימָה שְׁחוֹרָה; הִכְנִיס לָרְשִׁימָה הַשְּׁחוֹרָה

blackmail /ˈblækmeɪl/ n. & v.t. סְחִיטָה, סַחְטָנוּת; סָחַט, אִיֵּם בִּסְחִיטָה

black-out /ˈblæk-aʊt/ n.

1 (covering of lights) הַאֲפָלָה (לְמָשָׁל בְּעֵת מִלְחָמָה)

2 (loss of consciousness) הִתְעַלְּפוּת, אָבְדַן הַכָּרָה, אָבְדַן זִכָּרוֹן, טִשְׁטוּשׁ-חוּשִׁים, בְּלֶק-אָאוּט

3 (of information) אִפּוּל, אִי-פִּרְסוּם מֵידָע עַל הַמִּתְרַחֵשׁ, מְנִיעַת פִּרְסוּם מֵידָע

□ *the new regime imposed a news black-out* הַמִּשְׁטָר הֶחָדָשׁ הֵטִיל אִפּוּל מֻחְלָט עַל יְדִיעוֹת/חֲדָשׁוֹת

blackshirt /ˈblækʃɜːt/ n. חֲבֵר מִפְלָגָה פַשִׁיסְטִית (הַלּוֹבֵשׁ חֻלְצַת מַדִּים שְׁחוֹרָה)

blacksmith /ˈblæksmɪθ/ n. נַפָּח, חָרַשׁ־בַּרְזֶל

blackthorn /ˈblækθɔːn/ n. מִין שִׂיחַ קוֹצָנִי

bladder /ˈblædə(r)/ n.

1 (Physiol.) שַׁלְפּוּחִית הַשֶּׁתֶן; שַׁלְפּוּחִית, כִּיס (הַמָּרָה, לְמָשָׁל)

2 (inflated bag) פְּנִימִית (כַּדּוּרֶגֶל וְכַד'), שַׁלְפּוּחִית

blade /bleɪd/ n.

1 (of tool or weapon) לַהַב

razor blade סַכִּין גִּלּוּחַ

shoulder-blade עֶצֶם הַכָּתֵף, שִׁכְמָה

2 (narrow leaf of grass) עָלֶה צַר וְאָרֹךְ

3 (of oar) הַקָּצֶה הָרָחָב וְהַשָּׁטוּחַ שֶׁל מָשׁוֹט

blame /bleɪm/ n. הָאֲשָׁמָה, אַשְׁמָה, דֹּפִי

—v.t. הֶאֱשִׁים, הֵטִיל אֶת הָאָשָׁם עַל, גִּנָּה

□ *he has only himself to blame* חוּץ מֵעַצְמוֹ אֵין לוֹ אֶת מִי לְהַאֲשִׁים

blameless /ˈbleɪmlɪs/ adj. חַף מִפֶּשַׁע, לֹא אָשֵׁם; לְלֹא דֹּפִי

blameworthy /ˈbleɪmˌwɜːðɪ/ adj. רָאוּי לְגִנּוּי

blanch /blɑːntʃ/ v.t. (לְגַבֵּי צְמָחִים) הִלְבִּין עַל יְדֵי מְנִיעַת אוֹר הַשֶּׁמֶשׁ (כְּגוֹן סֶלֶרִי וְכוּ') אוֹ קִלּוּף הַקְּלִפָּה (כְּגוֹן שְׁקֵדִים וְכוּ'); טָבַל (יְרָקוֹת) בְּמַיִם רוֹתְחִים לְחִטּוּי אוֹ קִלּוּף

—v.i. הֶחֱוִיר (מִפַּחַד)

blancmange /bləˈmondʒ/ n. קְנוּחַ, פּוּדִינְג, רַפְרֶפֶת (עֲשׂוּיָה קֶמַח־תִּירָס, חָלָב, סֻכָּר וּמִינֵי מְתִיקָה)

bland /blænd/ adj.

1 (inoffensive, polite) מְאֻפָּק, אָדִיב; נִמְנָע מֵעִמּוּתִים, "בְּלִי שִׁנַּיִם", שִׁטְחִי

2 (mild) נוֹחַ, רַךְ, מַרְגִּיעַ

3 (without flavour) (לְגַבֵּי מַאֲכָל אוֹ מַשְׁקֶה) תָּפֵל, נְטוּל טַעַם

blandishment /ˈblændɪʃmənt/ n. (usu. in *pl.*) חֲנֻפָּה, דִּבְרֵי חֲנֻפָּה

blank /blæŋk/ adj.

1 (empty, vacant, not written on) רֵיק, לָבָן, חָלָק

blank (cartridge) כַּדּוּר־סְרָק (תַּרְמִיל לְלֹא קָלִיעַ בְּתוֹכוֹ)

blank cheque צֶ'ק פָּתוּחַ; יָד חָפְשִׁית

blank look מַבָּט בּוֹהֶה, מַבָּט אָטוּם, מַבָּט נָבוֹךְ

2 (unrhymed)

blank verse שִׁירָה לְלֹא חֲרוּזִים (בד"כ הַכַּוָּנָה לְטוּרֵי שִׁירָה לֹא מִתְחָרְזִים בְּנֵי 10 הֲבָרוֹת, כְּמוֹ רֹב הַמַּחֲזוֹת שֶׁל שֶׁקְסְפִּיר), חָרוּז לָבָן

—n. (empty space or sheet of paper) נְיָר חָלָק, מָקוֹם רֵיק בְּגִלָּיוֹן, תֹּרֶף

□ *my mind is a blank* אֲנִי לֹא מַצְלִיחַ לַחְשֹׁב עַל כְּלוּם; אֲנִי לֹא יָכוֹל לִזְכֹּר

□ *he drew a blank (in the lottery)* הוּא לֹא זָכָה בַּהַגְרָלָה, הוּא הִגְרִיל פֶּתֶק לָבָן

□ *he drew a blank when he went to look for her* הוּא שָׁב מֵחִפּוּשָׂיו אַחֲרֶיהָ בְּיָדַיִם רֵיקוֹת

blanket /ˈblæŋkɪt/ n. שְׂמִיכָה, כִּסּוּי; מַעֲטֶה

a wet blanket אָדָם שֶׁמְּסֻגָּל לַהֲפֹךְ כָּל שִׂיחָה לִמְשַׁעֲמֶמֶת וּמְדַכֵּאת (בִּגְלַל אָפְיוֹ)

—adj. כּוֹלֵל, מַקִּיף

□ *there was a blanket ban on smoking throughout the building* הָיָה אִסּוּר מַקִּיף עַל עִשּׁוּן בְּכָל הַבִּנְיָן

—v.t. (usu. in pass.) כִּסָּה בְּמַעֲטֶה, כִּסָּה

□ *the valley was blanketed with fog* הָעֵמֶק הָיָה מְכֻסֶּה עֲרָפֶל

blare /bleə(r)/ v.t. & i. תָּקַע (בְּקֶרֶן וְכַד'); הִרְעִישׁ, הִרְעִים

—n. תְּרוּעָה; רַעַשׁ, קוֹלוֹת עַזִּים וּבִלְתִּי־נְעִימִים

blarney /ˈblɑːnɪ/ n. (*colloq.*) חֲנֻפָּה, חֶלְקַת־לָשׁוֹן, מֶתֶק שְׂפָתַיִם

—v.t. & i. פִּתָּה בְּדִבְרֵי חֲנֻפָּה, הֶחֱנִיף, הֶחֱלִיק לָשׁוֹן

blasé /ˈblɑːzeɪ/ adj. מִי שֶׁבְּעֵינָיו הַכֹּל מֻכָּר וּמְשַׁעֲמֵם, בְּלָזֶה, עָיֵף מִתַּעֲנוּגוֹת

blaspheme /blæsˈfiːm/ v.t. & i. גִּדֵּף, נִאֵץ; חִלֵּל שֵׁם שָׁמַיִם, נָשָׂא אֶת שֵׁם אֱלֹהִים לַשָּׁוְא

blasphemous /ˈblæsfəməs/ adj. מְגַדֵּף, מְנָאֵץ, שֶׁל גִּדּוּף, שֶׁל נִאוּץ, שֶׁל חִלּוּל הַשֵּׁם

blasphemy /ˈblæsfəmɪ/ n. גִּדּוּף, נִאוּץ, חִלּוּל הַשֵּׁם

blast /blɑːst/ n.

1 (of wind or air) פֶּרֶץ־רוּחַ, מַשַּׁב־רוּחַ חָזָק וּפִתְאֹמִי

at full blast בִּמְלוֹא הַקֶּצֶב, בִּמְלוֹא הַקִּיטוֹר, בִּמְלוֹא הָעָצְמָה

2 (sound) צְלִיל גָּבוֹהַּ וְחָזָק שֶׁל כְּלִי נְשִׁיפָה (חֲצוֹצְרָה, צַפְצֵפָה וְכַד')

3 (explosion or its effect) פִּצּוּץ, הִתְפּוֹצְצוּת; הֶדֶף

—v.t.

1 (blow up) פּוֹצֵץ; הִפְצִיץ

2 (wither, destroy, *poet*) הֶחֱרִיב, פָּגַע, הִכָּה בְּשִׁדָּפוֹן

□ *his hopes were blasted* תִּקְווֹתָיו נִכְזְבוּ, תִּקְווֹתָיו הִתְבַּדּוּ

3 (in imprecations)

□ *blast him!* יִמַּח שְׁמוֹ! שֶׁיֵּלֵךְ לַעֲזָאזֵל! שֶׁיֵּלֵךְ לְכָל הָרוּחוֹת!

□ *blast, I forgot my keys!* לַעֲזָאזֵל, שָׁכַחְתִּי אֶת הַמַּפְתְּחוֹת!

blast-furnace /ˈblɑːst-fɜːnɪs/ n. כּוּר־הִתּוּךְ

blast-off /ˈblɑːst-of/ n. הַמְרָאָה, זִנּוּק (שֶׁל חֲלָלִית מִכַּן־הַשִּׁגּוּר)

blatant /ˈbleɪt(ə)nt/ adj. בּוֹטֶה, גַּס־רוּחַ, צַעֲקָנִי, מְנַקֵּר־עֵינַיִם

blather /ˈblæðə(r)/ v.i. בִּרְבֵּר

—n. בִּרְבּוּרִים

blaze[1] /bleɪz/ n. לֶהָבָה, זֹהַר

□ *the flower garden was a blaze of colour* גַּן הַפְּרָחִים זָהַר בְּשֶׁלֶל צְבָעִים

□ *go to blazes!* (*colloq.*) לֵךְ לַעֲזָאזֵל! לֵךְ לְכָל הָרוּחוֹת!

blaze² /bleɪz/ n. שְׂרֵפָה, אֵשׁ
—v.i. הִתְלַקַּח, בָּעַר, זָהַר, לָהַט; יָרָה מַטְּחֵי אֵשׁ
□ *the soldiers blazed away* הַחַיָּלִים הִמְטִירוּ אֵשׁ לְלֹא הַפְסָקָה
blaze up (of hostilities) הִתְלַקַּח מֵחָדָשׁ, הִתְפָּרֵץ מֵחָדָשׁ (פְּעֻלּוֹת אֵיבָה)

blaze³ /bleɪz/ v.t. סִימֵן דֶּרֶךְ
blaze a trail פִּלֵּס דֶּרֶךְ, פָּרַץ דֶּרֶךְ (גַּם בְּהַשְׁאָלָה)

blaze⁴ /bleɪz/ v.t. פִּרְסֵם בָּרַבִּים, הֵפִיץ, הִכְרִיז בָּרַבִּים עַל (חֲדָשׁוֹת, יְדִיעוֹת וְכַד׳)
□ *he blazed the scandal abroad* (*formal*) הוּא פִּרְסֵם/הֵפִיץ אֶת הַשַּׁעֲרוּרִיָּה בָּרַבִּים

blazer /ˈbleɪzə(r)/ n. בְּלֵייזֶר, זָ׳קֶט סְפּוֹרְטִיבִי (לָרֹב בַּעַל סֵמֶל שֶׁל מוֹעֲדוֹן, בֵּית סֵפֶר וְכוּ׳)

blazon /ˈbleɪz(ə)n/ n. & v.t. (*formal*) שֶׁלֶט יוּחֲסִין, שֶׁלֶט אֲבִירִים; פִּרְסֵם בָּרַבִּים
□ *his name was blazoned abroad* שְׁמוֹ הִתְפַּרְסֵם בָּרַבִּים

bleach /bliːtʃ/ v.t. & i. הִלְבִּין
—n. חֹמֶר מַלְבִּין, כְּלוֹר לְנִקָּיוֹן

bleak /bliːk/ adj. עָגוּם, עָלוּב; שָׁמֵם, חָשׂוּף לְרוּחוֹת; קַר

bleakness /ˈbliːknɪs/ n. עַגְמוּמִיּוּת, עֲלִיבוּת; שְׁמָמָה; קֹר

bleary /ˈblɪərɪ/ adj. (עֵינַיִם) אָדֹם וּמֵימִי, טָרוּט, מְטֻשְׁטָשׁ
bleary-eyed בַּעַל־עֵינַיִם דּוֹמְעוֹת (מֵעֲיֵפוּת, בְּכִי וְכַד׳), בַּעַל עֵינַיִם טְרוּטוֹת

bleat /bliːt/ v.t. & i. פָּעָה, גָּעָה; הִשְׁמִיעַ קוֹל גְּעִיָּה, גָּעָה בְּקוֹל חָלוּשׁ וְרוֹטֵט (לָרֹב בִּתְלוּנָה); ״נִדְנֵד״
—n. פְּעִיָּה, גְּעִיָּה; דִּבּוּר בְּקוֹל רוֹעֵד וְחָלוּשׁ

bleed /bliːd/ (past & past ppl. **bled** /bled/) v.i. דִּמֵּם, שָׁתַת דָּם, זָב דָּם, נִשְׁפַּךְ דָּמוֹ
□ *he bled to death* הוּא דִּמֵּם עַד מָוֶת
□ *my heart bleeds for you* לִבִּי לִבִּי לָךְ, לִבִּי שׁוֹתֵת דָּם, לִבִּי מָלֵא צַעַר
—v.t. הִקִּיז דָּם; סָחַט כֶּסֶף; הוֹצִיא אֶת הָאֲוִיר הָעוֹדֵף (מִמַּעֲרֶכֶת צִנּוֹרוֹת, רַדְיָאטוֹר וְכַד׳)
□ *his greedy friends bled the rich man white* (*colloq.*) יְדִידָיו רוֹדְפֵי־הַבֶּצַע שֶׁל הֶעָשִׁיר סָחֲטוּ מִמֶּנּוּ אֶת כָּל כַּסְפּוֹ

bleep /bliːp/ n. & v.i. בִּיפּ, צִפְצוּף גָּבוֹהַּ וְנִשְׁנֶה; קָרָא (לִפְלוֹנִי) בְּבִּיפֶּר, הִשְׁמִיעַ צִפְצוּף

bleeper /ˈbliːpə(r)/ n. בִּיפֶּר, ״אִתּוּרִית״

blemish /ˈblemɪʃ/ n. & v.t. מוּם, לִקּוּי, פְּגָם; הֵטִיל מוּם, פָּגַע, הִכְתִּים
□ *his reputation was blemished* שְׁמוֹ הַטּוֹב הֻכְתַּם

blench /blentʃ/ v.i. נִרְתַּע בְּבֶהָלָה, נָסוֹג בְּפַחַד

blend /blend/ v.t. & i. עִרְבֵּב, עִרְבֵּל; הִתְעַרְבֵּב, הִתְעַרְבֵּל
—n. תַּעֲרֹבֶת (סוּגֵי תֵּה, סוּגֵי קָפֶה וְכַד׳)

blender /ˈblendə(r)/ n. בְּלֶנְדֶּר, מְעַרְבֵּל, מַמְחֶה

bless /bles/ (past & past ppl. **blessed** /blest/ or **blest** /blest/) v.t.
1 (consecrate, pronounce blessing on) בֵּרֵךְ, קִדֵּשׁ
2 (favour, grant blessing to) בֵּרֵךְ, הִשְׁפִּיעַ חֶסֶד
3 (in exclamations, *colloq.*)
□ *bless you!* לַבְּרִיאוּת! אָסוּתָא!
□ *bless my soul!* שְׁכֹּה אָחִיָה! מָה־אַתָּה־אוֹמֵר! אֱלֹהִים אַדִּירִים!
□ *well, I'm blest!* שְׁכֹּה אָחִיָה! רִבּוֹנוֹ שֶׁל עוֹלָם! אֵל־אֱלֹהִים!
□ *I'm blest if I know!* אֵין לִי שֶׁמֶץ שֶׁל מֻשָּׂג! אֵין לִי צֵל שֶׁל מֻשָּׂג!

blessed /ˈblesɪd, blest/ adj.
1 (sacred) קָדוֹשׁ, מְבֹרָךְ, בָּרוּךְ
2 (fortunate, favoured) מְבֹרָךְ בְּ..., בַּר־מַזָּל
blessed with זָכָה בְּ..., הִתְבָּרֵךְ בְּ...
3 (cursed, *euphem.*) מְקֻלָּל, אָרוּר

blessing /ˈblesɪŋ/ n.
1 (divine favour, invocation of this) בְּרָכָה, חֶסֶד
2 (advantage, good fortune) בְּרָכָה, מַזָּל, בִּרְכַּת־שָׁמַיִם
□ *count your blessings!* חֲדַל לְיַבֵּב וְהָחֵל לִשְׂמֹחַ בְּחֶלְקְךָ! תַּפְסִיק לְקַטֵּר!

blether /ˈbleðə(r)/ v.i & n. (esp. *Scot.*) בִּרְבֵּר, קִשְׁקֵשׁ, דִּבֵּר הֲבָלִים; בִּרְבּוּר, קִשְׁקוּשׁ, דִּבְרֵי הֲבָלִים

blew /bluː/ past of **blow**

blight /blaɪt/ n. & v.t. שִׁדָּפוֹן (מַכַּת יֹבֶשׁ בִּצְמָחִים); מַכָּה, פֶּגַע; הִכָּה בְּשִׁדָּפוֹן; פָּגַע בְּ...
□ *his blighted hopes made him an unhappy man* תִּקְווֹתָיו שֶׁנִּכְזְבוּ עֲשָׂאוּהוּ לְאִישׁ אֻמְלָל

blighter /ˈblaɪtə(r)/ n. (*arch. UK sl.*) מְנֻוָּל, בֶּן־בְּלִיַּעַל; (בְּחִבָּה) מְנֻוָּל קָטָן, ״מַמְזֵר״

blimey /ˈblaɪmɪ/ int. (*UK sl.*) קְרִיאַת הַפְתָּעָה וְתַדְהֵמָה, ״יָהּ־אַלְלָהּ!״

blimp /blɪmp/ n. סְפִינַת־אֲוִיר קְטַנָּה, צֶ׳פֶּלִין (קָטָן), בַּלּוֹן־תְּעוּפָה (לָרֹב לְלֹא נוֹסְעִים)

blind /blaɪnd/ adj. עִוֵּר, סוּמָא
blind alley מָבוֹי סָתוּם
blind corner or **turning** or **bend** סִבּוּב שֶׁאֵינוֹ מְאַפְשֵׁר לִרְאוֹת אֶת הַתְּנוּעָה הַמִּתְקָרֶבֶת
blind date פְּגִישָׁה עִוֶּרֶת (מִפְגָּשׁ חֶבְרָתִי עִם אָדָם לֹא־מֻכָּר)
blind drunk שִׁכּוֹר כְּלוֹט
blind-man's-bluff ״פָּרָה עִוֶּרֶת״ (מִשְׂחַק יְלָדִים)
□ *she turned a blind eye to her husband's faults* הִיא הֶעֱלִימָה עַיִן מֵחֶסְרוֹנוֹתָיו שֶׁל בַּעְלָהּ
□ *he was in a blind rage* הוּא הִשְׁתּוֹלֵל מִזַּעַם
□ *mathematics was one of his blind spots* מָתֵמָטִיקָה לֹא הָיְתָה הַצַּד הֶחָזָק שֶׁלּוֹ, הוּא לֹא הָיָה גָּאוֹן בְּחֶשְׁבּוֹן
—v.t. עִוֵּר, סִמֵּא, סִנְוֵר

□ *don't let's be blinded by* (or *with*) *science* עֲזֹב, זֶה הַכֹּל בְּלַסְף! "מַדָּעִי, שְׁמַדָּעִי", עֲזֹב!

–n.

1 (those without sight, *collect.*) הָעִוְרִים

2 (screen for window) וִילוֹן נִגְלָל

Venetian blind צִילוֹן, תְּרִיס רְפָפוֹת נִגְלָל

3 (misleading thing) תַּחְבּוּלָה, תֵּרוּץ, אֲמַתְלָה

blindfold /ˈblaɪndfəʊld/ adj. & adv. בְּעֵינַיִם מְכֻסּוֹת, בְּעֵינַיִם קְשׁוּרוֹת

–n. כִּסּוּי לָעֵינַיִם הַמּוֹנֵעַ אֶת הָרְאִיָּה, מִטְפַּחַת עַל הָעֵינַיִם

–v.t. כִּסָּה אֶת עֵינָיו שֶׁל, קָשַׁר אֶת עֵינָיו שֶׁל

blindness /ˈblaɪndnɪs/ n. עִוָּרוֹן

blink /blɪŋk/ v.t. & i.

1 (of eyes) מִצְמֵץ, עִפְעֵף

2 (of lights) הִבְהֵב, נִצְנֵץ

–v.t. עָצַם אֶת עֵינָיו לְנֹכַח הָעֻבְדּוֹת

□ *don't blink the facts* אַל תִּתְחַמֵּק מִן הָעֻבְדּוֹת

–n. הִבְהוּב, נִצְנוּץ, מִצְמוּץ

on the blink (*sl.*) (רַדְיוֹ וְכַד׳) הוֹלֵךְ לְהִתְפַּגֵּר, לֹא־בְּסֵדֶר, דָּפוּק

blinkered /ˈblɪŋkəd/ adj. (סוּס) סְכוּךְ־עֵינַיִם, שֶׁרְאִיָּתוֹ חֲסוּמָה לַצְּדָדִים; (אָדָם) צַר־מֹחִין

□ *he has blinkered opinions* הוּא צַר־מֹחִין, הוּא צַר־אֳפָקִים

blinkers /ˈblɪŋkəz/ n. *pl.* סְכֵי־עֵינַיִם (לְסוּס, כְּדֵי שֶׁיִּרְאֶה רַק מַה שֶּׁלְּפָנָיו)

blip /blɪp/ n. "בִּיפּ", צִפְצוּף מִכְּנֵי קְצַרְצַר; כֶּתֶם עַל מָסַךְ הָרָדָאר (הַמְּצַיֵּן מְצִיאוּתוֹ שֶׁל עֶצֶם בִּסְבִיבָה)

bliss /blɪs/ n. חֶדְוָה, אֹשֶׁר עִלָּאִי, שִׂמְחָה שְׁמֵימִית

blissful /ˈblɪsf(ə)l/ adj. מְאֻשָּׁר; מֵבִיא אֹשֶׁר עִלָּאִי

blister /ˈblɪstə(r)/ n. בּוּעָה (עַל הָעוֹר, כְּתוֹצָאָה מִלַּחַץ אוֹ שִׁפְשׁוּף), יַבֶּלֶת, אֲבַעְבּוּעָה; בּוּעָה, תְּפִיחָה (עַל מִשְׁטַח צָבוּעַ וְכַד׳)

–v.t. & i. הֶעֱלָה תְּפִיחוֹת, גָּרַם בּוּעוֹת־עוֹר; כֻּסָּה בּוּעוֹת

blithe /blaɪð/ adj. שָׂמֵחַ וְטוֹב־לֵב, עַלִּיז

blithering /ˈblɪðərɪŋ/ adj. (*colloq.*) מְטֻמְטָם, מְקַשְׁקֵשׁ שְׁטֻיּוֹת

□ *what a blithering idiot!* אֵיזֶה אִדְיוֹט!

blitz /blɪts/ n. & v.t. מִלְחֶמֶת בָּזָק, הַתְקָפַת־פֶּתַע, בְּלִיץ; עָשָׂה מִלְחֶמֶת בָּזָק, תָּקַף לְפֶתַע

the Blitz הַהַפְגָּזוֹת הַנָּאצִיּוֹת עַל עָרִים בְּרִיטִיּוֹת בְּמִלחה״ע הַ־II

blizzard /ˈblɪzəd/ n. סוּפַת־שְׁלָגִים עַזָּה

bloated /ˈbləʊtɪd/ adj. נָפוּחַ, מְנֻפָּח; מֻגְזָם; מִתְרַבְרֵב

blob /blob/ n. כֶּתֶם, טִפָּה, בּוּעָה (שֶׁל צֶבַע, דֶּבֶק וְכַד׳)

bloc /blok/ n. גּוּשׁ (שֶׁל מִפְלָגוֹת וְכַד׳)

the Eastern bloc הַגּוּשׁ הַמִּזְרָחִי

block n.

1 (solid piece of wood, stone, etc.) בּוּל עֵץ; בְּלוֹק (אֶבֶן)

□ *the room has a wood block floor* לַחֶדֶר יֵשׁ רִצְפַּת פַּרְקֶט (רִצְפַּת עֵץ מַעֲשֵׂה תַּשְׁבֵּץ)

2 (large building divided into flats) בְּלוֹק מְגוּרִים, בִּנְיַן דִּירוֹת; בְּלוֹק מִשְׂרָדִים, בִּנְיַן מִשְׂרָדִים

an office block בִּנְיַן־מִשְׂרָדִים

3 (group of buildings between two streets) בְּלוֹק, גּוּשׁ בִּנְיָנִים (בֵּין שְׁנֵי רְחוֹבוֹת)

□ *they live three blocks away* הֵם גָּרִים בְּמֶרְחָק שְׁלוֹשָׁה בְּלוֹקִים מִכָּאן

4 (obstruction) מַחְסוֹם, מַעֲצוֹר, סְתִימָה, בְּלוֹק

□ *he has a mental block about* (or *for*) *figures* יֵשׁ לוֹ בְּלוֹק נַפְשִׁי לְגַבֵּי חֶשְׁבּוֹנוֹת, כְּשֶׁמְּדֻבָּר בְּחֶשְׁבּוֹנוֹת אוֹחֵז אוֹתוֹ שִׁתּוּק נַפְשִׁי

5 (set, group) גּוּשׁ

block vote הַצְבָּעָה בְּגוּשִׁים, הַצְבָּעָה שֶׁל קְבוּצָה שְׁלֵמָה

6 (executioner's block) בּוּל־עֵץ שֶׁעָלָיו פּוֹשֵׁט הַנִּדּוֹן לָמוּת אֶת צַוָּארוֹ לַעֲרִיפָה, גַּרְדּוֹם

7 (pad of paper for drawing or writing) בְּלוֹק נְיָר, בְּלוֹק צִיּוּר, בְּלוֹק לִכְתִיבָה

8 (head, *sl.*) רֹאשׁ

□ *if you don't shut up I'll knock your block off* אִם אַתָּה לֹא סוֹתֵם אֲנִי מְקַצֵּר אוֹתְךָ בְּרֹאשׁ

9 (in phrases)

block and tackle גַּלְגִּלָּה, גַּלְגֶּלֶת

block letters אוֹתִיּוֹת "דְּפוּס" (בִּכְתַב־יָד), אוֹתִיּוֹת מְרֻבָּעוֹת

stumbling block אֶבֶן־נֶגֶף, מִכְשׁוֹל

–v.t.

1 (obstruct) עָצַר, בָּלַם, חָסַם

block up סָתַם, חָסַם

2 (sketch roughly)

block in or **out** הִתְוָה, עָשָׂה תַּרְשִׁים שֶׁל עָשָׂה סְקִיצָה שֶׁל

blockade /bloˈkeɪd/ n. הֶסְגֵּר

□ *the sailing boat ran the blockade* סְפִינַת הַמִּפְרָשׂ פָּרְצָה אֶת הַהֶסְגֵּר

–v.t. שָׂם הֶסְגֵּר, הֵטִיל הֶסְגֵּר, חָסַם דֶּרֶךְ

blockage /ˈblokɪdʒ/ n. חֲסִימָה, עֲצִירָה, סְתִימָה

blockbuster /ˈblokbʌstə(r)/ n. (*colloq.*) שׁוֹבֵר־קֻפּוֹת (סֶרֶט), רַב־מֶכֶר (סֵפֶר), הַצְלָחָה מַסְחֶרֶת; (בַּמָּקוֹר) פְּצָצָה רַבַּת־עָצְמָה

blockhead /ˈblokhed/ n. (*colloq.*) אַהֲבַל, גֹּלֶם, טִמְטוּם

bloke /bləʊk/ n. (*sl.*) בָּחוּר, בַּרְנָשׁ, טִיפּוּס

blond(e) /blond/ n. & adj. בְּלוֹנְדִּי(ת), בְּלוֹנְדִּינִי(ת)

blood /blʌd/ n.

1 (*Physiol.*) דָּם

blood bank בַּנְק־הַדָּם

blood count סְפִירַת־דָּם

blood donor תּוֹרֵם־דָּם

blood group קְבוּצַת־דָּם

blood heat טֶמְפֶּרָטוּרַת הַגּוּף הַתְּקִינָה

blood pressure לַחַץ־דָּם
blood test בְּדִיקַת דָּם
blood transfusion עֵרוּי־דָּם
2 (various *fig.* uses)
blood brother אָח בַּנֶּפֶשׁ, אָח בִּבְרִית־דָּמִים
blood feud סִכְסוּךְ דָּמִים (בֵּין מִשְׁפָּחוֹת וְכַד׳)
blood relation שְׁאֵר־בָּשָׂר
blood sports סְפּוֹרְט הַצַּיִד
blood-and-thunder fiction סִפּוּר עֲלִילוֹת מְסַמְּרוֹת־שֵׂעָר
royal blood דָּם מַלְכוּתִי, מִזֶּרַע הַמְּלוּכָה
blue blood דָּם כָּחֹל, אֲצֻלָּה
□ *there was bad blood between them* הָיְתָה אֵיבָה בֵּינֵיהֶם, חָתוּל שָׁחוֹר עָבַר בֵּינֵיהֶם
□ *new* (or *fresh*) *blood is needed in that company* צָרִיךְ דָּם חָדָשׁ בַּחֶבְרָה הַזֹּאת, הַחֶבְרָה הַזֹּאת זְקוּקָה לִזְרִיקַת־מֶרֶץ
□ *blood is thicker than water* (*Prov.*) אֵין חָזָק מִקֶּשֶׁר־דָּם
□ *his blood was up* הַדָּם עָלָה לוֹ לָרֹאשׁ, הוּא הִתְרַתֵּחַ
□ *the injustice makes my blood boil* הָעָוֶל מַרְתִּיחַ אֶת דָּמִי
□ *the ghostly voice made his blood run cold* קוֹל הָאוֹב הִקְפִּיא אֶת דָּמוֹ
□ *getting money out of him is like getting blood out of a stone* עַד שֶׁתּוֹצִיא מִמֶּנּוּ כֶּסֶף יִצְמְחוּ לִי שְׂעָרוֹת עַל כַּף הַיָּד
□ *the gangster was out for blood* הַגַּנְגְּסְטֶר יָצָא לַהֲרֹג (אֶת יְרִיבוֹ), לַגַּנְגְּסְטֶר הָיָה רֶצַח בָּעֵינַיִם
□ *blood will tell* (or *will out*) מוֹצָאוֹ מֵעִיד עָלָיו

blood-bath /ˈblʌd-bɑːθ/ n. מֶרְחַץ דָּמִים, טֶבַח

blood-curdling /ˈblʌd-ˌkɜːdlɪŋ/ adj. מַחֲרִיד, מַקְפִּיא־דָּם

-blooded /-ˈblʌdɪd/ in comb.
cold-blooded (בַּעַל חַיִּים) בַּעַל דָּם קַר; (אָדָם) קַר־מֶזֶג, נְטוּל־רְגָשׁוֹת; (רֶצַח וְכַד׳) בְּדָם קַר
hot-blooded חַם מֶזֶג, מָהִיר חֵמָה
red-blooded נִמְרָץ וְחָסֹן, חָזָק, גַּבְרִי
warm-blooded (בַּעַל חַיִּים) בַּעַל דָּם חַם; (אָדָם) חַם מֶזֶג

bloodhound /ˈblʌdhaʊnd/ n. כֶּלֶב גִּשּׁוּשׁ, כֶּלֶב מִשְׁטָרָה

bloodless /ˈblʌdlɪs/ adj.
1 (without blood, pale) חֲסַר־דָּם, חִוֵּר
2 (without bloodshed) (מַהְפֵּכָה) לְלֹא שְׁפִיכוּת־דָּמִים

blood-letting /ˈblʌd-letɪŋ/ n. הַקָּזַת דָּם (גַּם בְּהַשְׁאָלָה)

blood-lust /ˈblʌd-lʌst/ n. צִמָּאוֹן לְדָם, יֵצֶר־הֶרֶג

blood orange /ˈblʌd ˌɒrɪndʒ/ n. תַּפּוּז־דָּם

blood-poisoning /ˈblʌd-pɔɪzənɪŋ/ n. הַרְעָלַת דָּם

bloodshed /ˈblʌdʃed/ n. שְׁפִיכוּת דָּמִים

bloodshot /ˈblʌdʃɒt/ adj. (עַיִן) שְׁטוּפַת־דָּם, אֲדַמְדַּמָּה

blood-stained /ˈblʌd-steɪnd/ adj. מֻכְתָּם בְּדָם, מְגֹאָל בְּדָם

bloodstock /ˈblʌdstɒk/ n. סוּסִים גִּזְעִיִּים

bloodstream /ˈblʌdstriːm/ n. מַחֲזוֹר הַדָּם, זֶרֶם הַדָּם

bloodsucker /ˈblʌdsʌkə(r)/ n. מוֹצֵץ־דָּם, עֲלוּקָה; סַחְטָן, "פָּרָזִיט"

bloodthirsty /ˈblʌdθɜːstɪ/ adj. צְמֵא־דָּמִים

blood-vessel /ˈblʌd-ves(ə)l/ n. כְּלִי־דָּם (עוֹרְקִים וְכַד׳)

bloody /ˈblʌdɪ/ adj.
1 (bloodstained) מְגֹאָל בְּדָם, מֻכְתָּם בְּדָם
2 (involving bloodshed) עָקֹב מִדָּם
3 (in oaths, also *adv.*) מְחֻרְבָּן, "מְטֻנָּף", אָרוּר

bloody-minded /blʌdɪ-ˈmaɪndɪd/ adj. (*colloq.*) מִתְנַגֵּד־לְהַכְעִיס, "דַּוְקָאִי"

bloom /bluːm/ n.
1 (flower) פֶּרַח, תִּפְרַחַת
□ *she was in the bloom of youth* נְעוּרֶיהָ עָמְדוּ בְּעֶצֶם לִבְלוּבָם
2 (powdery deposit on fruit) אַבְקָה לְבָנָה עַל קְלִפַּת פֵּרוֹת, מִשְׁקָע לָבָן עַל גַּבֵּי שׁוֹקוֹלָד, שִׁכְבַת יְרֹקֶת עַל מַיִם בַּאֲגַם אוֹ נָהָר
—v.i. פָּרַח, לִבְלֵב, הֵנֵץ

bloomer[1] /ˈbluːmə(r)/ n. טָעוּת טִפְּשִׁית

bloomer[2] /ˈbluːmə(r)/ n. (*colloq.*) כִּכַּר לֶחֶם לָבָן

bloomers /ˈbluːməz/ n. *pl.* (*colloq.*) תַּחְתּוֹנֵי־נָשִׁים הַנִּקְשָׁרִים בַּבִּרְכַּיִם

blooming /ˈbluːmɪŋ/ adj.
1 (in flower) פּוֹרֵחַ, מְלַבְלֵב
2 (*sl.*) מְטֻפָּשׁ, אֱוִילִי, מְחֻרְבָּן

blossom /ˈblɒsəm/ n. פְּרִיחָה; פֶּרַח
—v.i. פָּרַח, לִבְלֵב

blot /blɒt/ n. כֶּתֶם; פְּגָם; דֹּפִי
—v.t. & i.
1 (spot, stain) הִכְתִּים, לִכְלֵךְ; הִשְׁמִיץ
blot one's copybook (*colloq.*) פְּגַם בָּ"רְקוֹרְד" שֶׁלּוֹ
2 (dry up wet ink) סִפֵּג, הִסְפִּיג (בִּנְיַר סוֹפֵג)
□ *I want to blot out the memory* אֲנִי רוֹצֶה לִמְחוֹת כָּל זֵכֶר לָזֶה

blotch /blɒtʃ/ n. בַּהֶרֶת, כֶּתֶם־עוֹר; כֶּתֶם גָּדוֹל (דְּיוֹ, צֶבַע וְכַד׳)

blotchy /ˈblɒtʃɪ/ adj. מֻכְתָּם; זָרוּעַ בֶּהָרוֹת

blotter /ˈblɒtə(r)/ n. מַסְפֵּג

blotting-paper /ˈblɒtɪŋ-ˌpeɪpə(r)/ n. נְיָר סוֹפֵג

blotto /ˈblɒtəʊ/ adj. (*UK sl.*) מְסֻטּוֹל לְגַמְרֵי (מֵאַלְכּוֹהוֹל)

blouse /blaʊz/ n. חֻלְצַת־אִשָּׁה

blow[1] /bləʊ/ (past **blew** /bluː/, past ppl. **blown** /bləʊn/) v.t. & i.
1 (of wind or things moved by wind) נָשַׁב, הֵעִיף; עָף

□ *there's a storm blowing up* סְעָרָה מִתְקָרֶבֶת
□ *the tree blew down* הָעֵץ נָפַל בַּסְּעָרָה
□ *his hat blew off* כּוֹבָעוֹ עָף בָּרוּחַ
□ *the storm blew over* הַסְּעָרָה שָׁכְכָה
□ *he blew in* (*colloq.*) הוּא קָפַץ לְרֶגַע, הוּא הִתְפָּרֵץ אֶל הַחֶדֶר

2 (emit or inject air by mouth or other means) נָשַׁף; נִפַּח, נָפַח
□ *she blew a kiss to him* הִיא הִפְרִיחָה לוֹ נְשִׁיקָה
□ *the children are blowing bubbles* הַיְלָדִים מַפְרִיחִים בּוּעוֹת (סַבּוֹן)
□ *he always blows his own trumpet* (*colloq. derog.*) הוּא תָּמִיד מְשַׁבֵּחַ אֶת עַצְמוֹ, הוּא תָּמִיד מַשְׁוִיץ
□ *they blew hot and cold about signing the contract* (*colloq.*) לִקְרַאת הַחֲתִימָה הֵם נַעֲשׂוּ עַצְבָּנִיִּים וְשִׁנּוּ אֶת דַּעְתָּם כָּל רֶגַע
□ *the baby can blow her nose now* הַתִּינֹקֶת מְסֻגֶּלֶת לִמְחֹט אֶת אַפָּהּ עַכְשָׁו
□ *the boss blows his top if we're late* (*sl.*) הַבּוֹס מִשְׁתּוֹלֵל כְּשֶׁאָנוּ מְאַחֲרִים לָעֲבוֹדָה
□ *she blew out the candle* הִיא נָשְׁפָה וְכִבְּתָה אֶת הַנֵּר
□ *he blew up the photograph to poster size* (*fig.*) הוּא הִגְדִּיל אֶת הַתַּצְלוּם לְמִמְדֵּי פְּלָקָט

3 (explode, cause to explode) פּוֹצֵץ, הִתְפּוֹצֵץ
□ *the terrorists blew up the bridges* הַטֶּרוֹרִיסְטִים פּוֹצְצוּ אֶת הַגְּשָׁרִים
□ *the bankrupt blew his brains out* (*colloq.*) פּוֹשֵׁט הָרֶגֶל תָּקַע לְעַצְמוֹ כַּדּוּר בָּרֹאשׁ
□ *don't blow all your money on her* (*sl.*) אַל תְּבַזְבֵּז עָלֶיהָ אֶת כָּל הַכֶּסֶף שֶׁלְּךָ
□ *the fuse has blown* הַ"פְּיוּז" הָלַךְ, הַ"פְּקָק" נִשְׂרַף
□ *they have blown his cover* (*colloq.*) הֵם "חָשְׂפוּ" אוֹתוֹ

4 (curse) קִלֵּל, שָׁלַח לְכָל הָרוּחוֹת
□ *blow the expense!* לַעֲזָאזֵל הַכֶּסֶף!
□ *I'll be blowed if I'll come!* (*sl.*) אֲנִי כֶּלֶב אִם אָבוֹא! שֶׁאֲנִי אָמוּת עַל הַמָּקוֹם אִם אָבוֹא!

—n. מַשַּׁב־אֲוִיר, מַשַּׁב־רוּחַ

blow² /bləʊ/ n. מַכָּה קָשָׁה, מַהֲלוּמָה, חֲבָטָה
□ *they came to blows* הֵם הִגִּיעוּ לִידֵי מַהֲלוּמוֹת
□ *the opponents exchanged blows* הַיְּרִיבִים הָלְמוּ זֶה בָּזֶה
□ *his speech struck a blow for freedom* נְאוּמוֹ עָזַר בַּמַּאֲבָק לַחֵרוּת
□ *there will be a blow-by-blow commentary on the match* תִּהְיֶה, פַּרְשָׁנוּת מְפֹרֶטֶת עַל הַתַּחֲרוּת (בִּמְקוֹר אִגְרוּף, אֲבָל גַּם כַּדּוּרֶגֶל וְכַד')
□ *the defeat was a blow to his pride* הַמַּפָּלָה הָיְתָה מַכָּה קָשָׁה לְגַאֲוָתוֹ

blow-dry /bləʊ-draɪ/ n. & v.t. יִבּוּשׁ בְּמַיְבֵּשׁ שֵׂעָר; יִבֵּשׁ בְּמַיְבֵּשׁ־שֵׂעָר

blower /ˈbləʊə(r)/ n. נוֹשֵׁף, נַגָּן בִּכְלִי־נְשִׁיפָה; מַפּוּחַ; טֶלֶפוֹן

blowfly /ˈbləʊflaɪ/ n. זְבוּב הַבָּשָׂר (זְבוּב הַמֵּטִיל בֵּיצִים בְּבָשָׂר)

blowhole /ˈbləʊhəʊl/ n. נֶקֶב שֶׁנּוֹצָר בְּמַתֶּכֶת בְּעֵת הַתּוּכָה בְּשֶׁל פְּעֻלַּת אֲוִיר אוֹ גָּז; אֲרֻבַּת־אֲוִיר, נֶקֶב־אֲוִיר (בְּמִנְהָרָה, בְּמִכְרֶה וְכַד')

blowjob /ˈbləʊdʒɒb/ n. (*vulg.*) "מְצִיצָה" (מְצִיצַת פִּין)

blowlamp /ˈbləʊlæmp/ n. מַבְעֵר, מְנוֹרַת הַלְחָמָה

blown /bləʊn/ adj. מִתְנַשֵּׁם מֵרֹב מַאֲמָץ

blow-out /ˈbləʊ-aʊt/ n.
1 (burst tyre) פִּצּוּץ בַּצְּמִיג
2 (large meal, *colloq.*) אֲרוּחַת־שְׁחִיתוּת, חַפְלָה

blowpipe /ˈbləʊpaɪp/ n צִנּוֹר נְשִׁיפָה, מַפּוּחַ־זְכוּכִית; קְנֵה נְשִׁיפָה (לְחִצִּים מֻרְעָלִים וְכַד'); מַבְעֵר־הַלְחָמָה

blowtorch /ˈbləʊtɔːtʃ/ n. מַבְעֵר הַלְחָמָה

blowy /ˈbləʊɪ/ adj. (*colloq.*) (מֶזֶג אֲוִיר) סוֹעֵר, עִם מַשָּׁבִים עַזִּים

blowzy /ˈbləʊzɪ/ adj. (אִשָּׁה) שְׁמֵנָה, מְלֻכְלֶכֶת, אֲדַמְדַּמַּת־פָּנִים וּמְזֻנַּחַת

blub /blʌb/ v.i. (*sl.*) שָׁפַךְ דְּמָעוֹת

blubber /ˈblʌbə(r)/ n. שׁוּמַן לִוְיָתָן; שְׁפִיכַת דְּמָעוֹת
—v.i. (*sl.*) בָּכָה, יִבֵּב

bludgeon /ˈblʌdʒən/ n. & v.t. אַלָּה; הִכָּה בְּאַלָּה

blue /bluː/ adj. כָּחֹל; תְּכֵלֶת
a blue baby תִּינוֹק בַּעַל מוּם־לֵב מִלֵּדָה
a blue eyed boy (*colloq.*) חֲבִיבוֹ שֶׁל (אָדָם בַּעַל מַעֲמָד מֻעֲדָף)
a blue movie סֶרֶט כָּחֹל, סֶרֶט־פּוֹרְנוֹ
□ *this happens once in a blue moon* זֶה קוֹרֶה פַּעַם בְּיוֹבֵל
□ *the censor applied the blue pencil to the news report* הַצֶּנְזוֹר פָּסַל קְטָעִים מֵהַחֲדָשׁוֹת
□ *she has the blue ribbon for athletics* יֵשׁ לָהּ פְּרָס רִאשׁוֹן בְּאַתְלֶטִיקָה
□ *he feels blue* (*colloq.*) הוּא מַרְגִּישׁ מְצֻבְרָח, הוּא מַרְגִּישׁ מְדֻכְדָּךְ
□ *you can talk till you're blue in the face but he won't listen* אַתָּה יָכוֹל לְדַבֵּר אֵלָיו מֵהַיּוֹם עַד מָחָר וְהוּא לֹא יַקְשִׁיב לְךָ

—n.
1 (colour) כָּחֹל
□ *he got his blue for fencing at Oxford* (*UK*) הוּא בְּנִבְחֶרֶת אוֹקְסְפוֹרְד בְּסִיּוּף
2 (sky)
□ *the news of his death came out of the blue* דְּבַר מוֹתוֹ נָפַל כְּרַעַם בְּיוֹם בָּהִיר

—v.t. (*sl.*) בִּזְבֵּז (כֶּסֶף)

bluebell /ˈbluːbel/ n. פַּעֲמוֹנִית (פֶּרַח בָּר)

blue-blooded /ˌbluː-ˈblʌdɪd/ adj. בַּעַל דָּם כָּחֹל, אָצִיל בְּמוֹצָאוֹ

bluebottle /ˈbluːbɒt(ə)l/ n. זְבוּב־הַבָּשָׂר; דְּגָנִית (פֶּרַח־בָּר)

blue-collar /ˌbluː-ˈkɒlə(r)/ adj. (עוֹבֵד) צַוָּארוֹן־כָּחֹל

blue-pencil /ˌbluː-ˈpensɪl/ v.t. (*arch. colloq.*) צִנְזֵר, פָּסַל לְפִרְסוּם

blueprint /ˈbluːprɪnt/ n. תַּרְשִׁים, תָּכְנִית פְּעֻלָּה, תָּכְנִית מְפֹרֶטֶת; הֶדְפֵּס כָּחֹל (שֶׁל אַרְכִיטֶקְטִים)

blues /bluːz/ n. *pl.*
1 (type of music) בְּלוּז (סִגְנוֹן מוּזִיקָלִי שֶׁמְּקוֹרוֹ בְּמוּזִיקָה שְׁחוֹרָה בִּדְרוֹם אַרְצוֹת־הַבְּרִית)
2 (depression, *colloq.*) דִּכָּאוֹן, עַצְבוּת, עַגְמוּמִית

bluestocking /ˈbluːstɒkɪŋ/ n. אִשָּׁה מַשְׂכִּילָה (אוֹ מִתְהַדֶּרֶת בְּהַשְׂכָּלָה) וּבַעֲלַת טַעַם בְּסִפְרוּת (מֻנָּח הַנֶּאֱמָר בִּשְׁלִילָה אוֹ בְּקֹרֶת)

blue tit /ˈbluː tɪt/ n. יַרְגָּזִי כָּחֹל

bluff[1] /blʌf/ n. הַעֲמָדַת־פָּנִים, בְּלוֹף
□ *she decided to call his bluff* הִיא הֶחְלִיטָה לִדְרוֹשׁ שֶׁהוּא יְגַלֶּה אֶת קְלָפָיו
—v.t. & i. הֶעֱמִיד־פָּנִים, בִּלֵּף

bluff[2] /blʌf/ adj. (סִגְנוֹן הִתְנַהֲגוּת) יָשִׁיר, מְחֻסְפָּס, לְבָבִי

bluff[3] /blʌf/ n. כֵּף, שֵׁן סֶלַע

blunder /ˈblʌndə(r)/ n. "פַשְׁלָה", "פְלוֹפּ", שְׁגִיאָה אֱוִילִית, שְׁגִיאָה מִתּוֹךְ רַשְׁלָנוּת
—v.t. & i. עָשָׂה "פַשְׁלָה", עָשָׂה שְׁגִיאָה אֱוִילִית, "פִישֵׁל"
□ *in the course of the investigation they blundered on the truth* הָאֱמֶת נִתְגַּלְּתָה לָהֶם בְּאַקְרַאי תּוֹךְ כְּדֵי הַחֲקִירָה

blunderbuss /ˈblʌndəbʌs/ n. (*Hist.*) רוֹבֶה עַתִּיק, קָצָר וּרְחַב־קָנֶה

blunderer /ˈblʌndərə(r)/ n. "פַשְׁלָן", "פַשְׁלוֹנֶר"

blunt /blʌnt/ adj. קֵהֶה; בּוֹטֶה; יָבֵשׁ וְגָלוּי
—v.t. הִקְהָה

bluntness /ˈblʌntnɪs/ n. קֵהוּת; גִּלּוּי־לֵב לְלֹא־נִימוּס, דִּבּוּר בּוֹטֶה

blur /blɜː(r)/ v.t. & i. טִשְׁטֵשׁ; עִמְעֵם
—n. טִשְׁטוּשׁ, מַרְאֶה מְטֻשְׁטָשׁ

blurb /blɜːb/ n. דְּבָרִים עַל גַּבֵּי דַּשׁ הַסֵּפֶר (שֶׁמַּטְּרָתָם לִמְשֹׁךְ אֶת תְּשׂוּמַת לֵב הַקּוֹרֵא/הַקּוֹנֶה)

blurt /blɜːt/ v.t. חָשַׂף סוֹד שֶׁלֹּא בְּמִתְכַּוֵּן/בְּהֶסַּח הַדַּעַת
blurt out אָמַר/גִּלָּה דְּבַר־מָה בְּמַפְתִּיעַ וְשֶׁלֹּא בְּמִתְכַּוֵּן

blush /blʌʃ/ v.i. הִסְמִיק, הִתְבַּיֵּשׁ, נָבוֹךְ; נַעֲשָׂה וָרֹד (פֶּרַח, שָׁמַיִם)
□ *the blushing bride* כַּלָּה צְנוּעָה וַחֲסוּדָה, "בְּתוּלָה מְהֻלָּלָה"
—n. סֹמֶק, אַדְמוּמִית
□ *at first blush it would seem he was telling the truth* (*formal*) בְּמַבָּט רִאשׁוֹן נִרְאֶה כְּאִלּוּ דִּבֵּר אֱמֶת
□ *in the first blush of youth* בְּאָבִיב הַנְּעוּרִים, בְּהֶנֵץ הַנְּעוּרִים

bluster /ˈblʌstə(r)/ v.i. & n. הִרְעִישׁ עוֹלָמוֹת, הִתְרַבְרֵב בְּקוֹל; (רוּחַ) סָעַר; שַׁאַן; הִתְרַבְרְבוּת קוֹלָנִית; שְׁאוֹן הָרוּחוֹת

BMX /ˌbiːemˈeks/ abbrev. אוֹפַנֵּי "בִּי־אֶם־אֶקְס"

BO /biːˈəʊ/ abbrev. (רָאשֵׁי תֵּבוֹת שֶׁל) רֵיחַ גּוּף, רֵיחַ שֶׁל זֵעָה

boa /bəʊə/ n
1 (snake, also **boa constrictor**) נְחַשׁ־חֶנֶק, חַנָּק, נְחַשׁ־בּוֹאָה (נָחָשׁ גָּדוֹל לֹא־אַרְסִי הַמֵּמִית אֶת קָרְבְּנוֹתָיו בַּחֲנִיקָה)
2 (feather stole) (פְּרִיט לְבוּשׁ נָשִׁי) מֵעֵין צָעִיף/סוּדָר עָשׂוּי נוֹצוֹת הַנִּכְרָךְ סְבִיב הַצַּוָּאר

boar /bɔː(r)/ n. חֲזִיר־בָּר; חֲזִיר (מְבֻיָּת) זָכָר לֹא־מְסֹרָס (לְהַרְבָּעָה)

board /bɔːd/ n.
1 (sawn timber, plank) לוּחַ־עֵץ, נֶסֶר, קֶרֶשׁ
□ *after drama school she went on the boards* (*fig.*) כְּתֹם לִמּוּדֶיהָ בְּבֵית הַסֵּפֶר לְמִשְׂחָק הַחֵלָּה בִּקְרִיֶּרָה עַל (קַרְשֵׁי) הַבָּמָה
2 (flat piece of wood etc.) לוּחַ
board-game מִשְׂחַק־לוּחַ (שַׁח־מָט, דַּמְקָה וְכַד׳)
3 (thick card) לוּחַ קַרְטוֹן (לִכְרִיכָה וְכַד׳)
4 (table) שֻׁלְחָן
across the board מִכָּל הַחוּגִים, מִשְּׁנֵי עֶבְרֵי הַמִּתְרָס, כָּל הַצְּדָדִים
□ *make sure the business deal is above board* דְּאַג שֶׁהַמַּשָּׂא וְהַמַּתָּן יִתְנַהֵל בְּגָלוּי, דְּאַג שֶׁהָעִסְקָה תִּתְבַּצַּע מֵעַל הַשֻּׁלְחָן
5 (provision of meals) סִדּוּרֵי אֹכֶל
□ *most hotels offer a board and lodging tariff* בְּרֹב בָּתֵּי הַמָּלוֹן אֶפְשָׁר לְקַבֵּל תַּעֲרִיף לְפֶנְסְיוֹן־מָלֵא
6 (committee) מוֹעָצָה, לִשְׁכָּה
board of trade (*US*) לִשְׁכַּת הַמִּסְחָר
□ *he became chairman of the board of directors* הוּא נַעֲשָׂה יוֹשֵׁב־רֹאשׁ מוֹעֶצֶת הַמְּנַהֲלִים
7 (ship's side) צַד הָאֳנִיָּה
on board (שֶׁנִּתָּן לְהַשִּׂיגוֹ אוֹ שֶׁהוּא מָצוּי) בָּאֳנִיָּה, בְּמָטוֹס
□ *lunch is served on board* אֲרוּחַת הַצָּהֳרַיִם מֻגֶּשֶׁת בְּמָטוֹס
□ *my friend was on board that flight* יְדִידִי טָס בְּטִיסָה הַהִיא
□ *he took the new information on board* (*fig.*) הוּא עִכֵּל אֶת הַמֵּידָע הֶחָדָשׁ
□ *in a crisis the finer points of behaviour go by the board* אֵין בּוֹדְקִים בִּשְׁעַת סַכָּנָה, בִּשְׁעַת מַשְׁבֵּר אֵין מְדַקְדְּקִים בִּגְנוּנִים
—v.t.
1 (cover with boards) צִפָּה בְּלוּחוֹת־עֵץ, סָגַר בִּקְרָשִׁים
boarded up (חַלּוֹן בַּיִת מוּעָד לַהֲרִיסָה) אָטוּם בִּקְרָשִׁים, סָגוּר בִּקְרָשִׁים

2 (embark on, force one's way on to) עָלָה לָאֳנִיָּה, פִּלֵּס לוֹ דֶּרֶךְ לָאֳנִיָּה (אוֹ לָרַכֶּבֶת)

□ *the pirates boarded the ship* שׁוֹדְדֵי־הַיָּם עָלוּ עַל סִפּוּן הָאֳנִיָּה

—v.t. & i. הֶאֱכִיל (בְּאֹפֶן קָבוּעַ, תְּמוּרַת תַּשְׁלוּם), סִפֵּק אֲרוּחוֹת לְ..; אָכַל (בְּאֹפֶן קָבוּעַ, תְּמוּרַת תַּשְׁלוּם)

boarder /ˈbɔːdə(r)/ n. חָנִיךְ בִּפְנִימִיָּה; דַּיָּר (הַמְקַבֵּל, תְּמוּרַת תַּשְׁלוּם, גַּם אֲרוּחוֹת)

boarding-house /ˈbɔːdɪŋ-ˌhaʊs/ n. אַכְסַנְיָה בְּבַיִת פְּרָטִי

boarding-kennels /ˈbɔːdɪŋ-ˌken(ə)lz/ n. *pl.* אַכְסַנְיַת כְּלָבִים, בֵּית־מָלוֹן לִכְלָבִים

boarding-school /ˈbɔːdɪŋ-ˌskuːl/ n. פְּנִימִיָּה, בֵּית סֵפֶר עִם פְּנִימִיָּה

boardroom /ˈbɔːdruːm/ n. חֲדַר מוֹעֶצֶת־הַמְּנַהֲלִים

boardwalk /ˈbɔːdwɔːk/ n. (*US*) טַיֶּלֶת עֲשׂוּיָה לוּחוֹת־עֵץ לְהוֹלְכֵי רֶגֶל, דֶּרֶךְ בְּנוּיָה לְחוֹף הַיָּם

boast /bəʊst/ n. (*derog.*) הִתְרַבְרְבוּת, הִתְפָּאֲרוּת

—v.i. (*derog.*) הִתְרַבְרֵב, הִתְפָּאֵר, הִשְׁוִיץ

—v.t. יָכוֹל לְהִתְגָּאוֹת בְּ...

□ *this computer boasts revolutionary features* לַמַּחְשֵׁב זֶה יֵשׁ תְּכוּנוֹת מַהְפְּכָנִיּוֹת

boaster /ˈbəʊstə(r)/ n. (*derog.*) רַבְרְבָן, מִתְפָּאֵר, "שְׁוִיצֶר"

boastful /ˈbəʊstfʊl/ adj. (*derog.*) רַבְרְבָנִי, מִתְפָּאֵר

boastfulness /ˈbəʊstf(ə)lnɪs/ n. (*derog.*) רַבְרְבָנוּת, הִתְפָּאֲרוּת, הַשְׁוָצָה

boat /bəʊt/ n. סִירָה, סְפִינָה

□ *we are all in the same boat* (*fig.*) כֻּלָּנוּ בְּסִירָה אַחַת, כֻּלָּנוּ בְּאוֹתָהּ צָרָה

—v.i. הִפְלִיג בִּסְפִינָה, שָׁט בְּסִירָה

boater /ˈbəʊtə(r)/ n. מִגְבַּעַת־קַשׁ קָשָׁה וּשְׁטוּחָה

boat-hook /ˈbəʊt-hʊk/ n. אֻנְקָל, מוֹט לְיִצּוּב סִירָה/לַהֲשָׁטָה

boat-house /ˈbəʊt-haʊs/ n. בֵּית־סִירוֹת (מִבְנֶה עַל שְׂפַת הַמַּיִם לְאִחְסוּן סִירוֹת)

boating /ˈbəʊtɪŋ/ n. שִׁיּוּט בְּסִירָה, שַׁיִט

boatman /ˈbəʊtmən/ n. בַּעַל־סִירָה, שַׁיָּט; מַשְׂכִּיר סִירוֹת

boat-train /ˈbəʊt-treɪn/ n. רַכֶּבֶת בְּנָמָל הַמּוֹבִילָה אֶל הַסְּפִינוֹת וּמֵהֶן

boatswain /ˈbəʊs(ə)n/ n. רַב־הַמַּלָּחִים, שַׁיָּט בָּכִיר (הָאַחְרַאי עַל צֶוֶת הַסְּפִינָה וְצִיּוּדָהּ)

bob /bɒb/ v.i. נָע מַעְלָה־מַטָּה, קִפֵּץ

□ *the audience bobbed up and down to the music* הַקָּהָל נִתַּר וְקִפֵּץ לְצִלְלֵי הַמּוּזִיקָה

—v.t. גָּזַז (שְׂעַר נָשִׁים) לְמַעְלָה מִן הָעֹרֶף (בְּסִגְנוֹן שְׁנוֹת הַ־20)

—n. שִׁילִינְג (מַטְבֵּעַ בְּרִיטִי, שֶׁאֵינוֹ בְּשִׁמּוּשׁ)

bobbin /ˈbɒbɪn/ n. סְלִיל (לְחוּטִים וְכַד'), סְלִיל שֶׁל מְכוֹנַת תְּפִירָה

bobble /ˈbɒb(ə)l/ n. פּוֹן־פּוֹן (כַּדּוּר צֶמֶר קָטָן לְקִשּׁוּט שׁוּלֵי וִילוֹן, כּוֹבַע סְקִי וְכַד')

bobby /ˈbɒbi/ n. (*colloq.*) כִּנּוּי לְשׁוֹטֵר בְּרִיטִי (עַל שֵׁם הַמְּדִינַאי רוֹבֶּרְט פִּיל)

bob-sled /ˈbɒb-sled/ n. מִגְלֶשֶׁת־מֵרוֹץ, מִגְלֶשֶׁת־שֶׁלֶג לְמֵרוֹצִים (עַל צֶמֶד מִגְלָשַׁיִם, שֶׁגּוֹלְשִׁים בָּהּ בְּמוֹרַד הָהָר)

bob-sleigh /ˈbɒb-sleɪ/ n. מִגְלֶשֶׁת־מֵרוֹץ, מִגְלֶשֶׁת־שֶׁלֶג לְמֵרוֹצִים

bobtail /ˈbɒbteɪl/ n. זָנָב קָצָר, זָנָב קָצוּץ (שֶׁל סוּס, כֶּלֶב וְכַד')

bode /bəʊd/ v.t. & i. (*poet.*) חָזָה, בִּשֵּׂר, הִבְטִיחַ, נִבָּא

□ *it bodes ill for him* זֶה מְבַשֵּׂר לוֹ רָעוֹת

bodice /ˈbɒdɪs/ n. הַחֵלֶק הָעֶלְיוֹן שֶׁל שִׂמְלָה (מֵאֵזוֹר הַמָּתְנַיִם); (לְפָנִים) גּוּפִיַּת־נָשִׁים, לְסוּטָה הֲדוּקָה הַמַּגִּיעָה עַד הַמָּתְנַיִם

bodiless /ˈbɒdɪlɪs/ adj. (הָאַשְׁמָה) חַסְרַת־תֹּכֶן; (רוּחַ רְפָאִים) עַרְטִילָאִי

bodily /ˈbɒdɪlɪ/ adv. & adj. בְּאֹפֶן גּוּפָנִי; גּוּפָנִי

bodkin /ˈbɒdkɪn/ n. מַחַט־שַׂקִּים, מַחַט עָבָה וְקֵהָה

body /ˈbɒdɪ/ n.

1 (frame of man or animal) גּוּף

body language שְׂפַת־הַגּוּף, לְשׁוֹן הַגּוּף

body odour רֵיחַ הַגּוּף (בְּיִחוּד רֵיחַ רַע), רֵיחַ זֵעָה

body scanner סוֹרֵק אֶלֶקְטְרוֹנִי, טוֹמוֹגְרָף

body stocking בֶּגֶד־גּוּף

□ *he earned barely enough to keep body and soul together* הוּא הִרְוִיחַ בְּקֹשִׁי לְקִיּוּמוֹ

2 (corpse) גְּוִיָּה, גּוּפָה (שֶׁל מֵת)

3 (main portion) עִקָּר, גּוּף

car body "בּוֹדִי", מֶרְכַּב הַמְּכוֹנִית

□ *we sat in the body of the hall* יָשַׁבְנוּ בְּחֶלְקוֹ הַמֶּרְכָּזִי שֶׁל הָאוּלָם

4 (person, *colloq.*) טִיפּוּס, בַּרְנָשׁ

5 (aggregate of persons or things) קְבוּצָה, צִבּוּר, גּוּף

body politic הָאֻמָּה (אֶזְרְחֵי הַמְּדִינָה כִּיחִידָה אַחַת)

□ *the main body of opinion was against the plan* הָרֹב הַמַּכְרִיעַ בְּדַעַת הַקָּהָל הִתְנַגֵּד לַתָּכְנִית

□ *they rose in a body* כֻּלָּם קָמוּ כְּאִישׁ אֶחָד, הֵם קָמוּ בְּבַת־אַחַת

□ *he has a large body of evidence* יֵשׁ בְּיָדוֹ חֹמֶר־רְאָיוֹת לְמַכְבִּיר

6 (substantial characteristic) "טַעַם", "מַרְאֶה" וְכַד'

□ *I like a beer with body* אֲנִי אוֹהֵב בִּירָה עִם "טַעַם"

body-building /ˈbɒdɪ-ˌbɪldɪŋ/ n. פִּתּוּחַ הַגּוּף

bodyguard /ˈbɒdɪˌgɑːd/ n. שׁוֹמֵר־רֹאשׁ, "גּוֹרִילָה"

body-snatcher /ˈbɒdɪ-ˌsnætʃə(r)/ n. (*Hist.*) חוֹטֵף־גְּוִיּוֹת (לְשֵׁם נִתּוּחָן)

bodywork /ˈbɒdɪˌwɜːk/ n. פֶּחָחוּת, בּוֹדִי, מִבְנֵה־הַמֶּרְכָּב (שֶׁל הַמְּכוֹנִית)

Boer /bɔː(r)/ n. בּוּרִי (דְּרוֹם אַפְרִיקָאִי מִמּוֹצָא הוֹלַנְדִּי)

boffin /ˈbɒfɪn/ n. (*colloq.*) חוֹקֵר, מַדְעָן, מֻמְחֶה (בִּתְחוּם מַדָּעִי)

bog /bɒg/ n. בִּצָּה

—v.t. עִבֵּב

□ *the tanks were bogged down in the mud* הַטַּנְקִים שָׁקְעוּ בַּבֹּץ

□ *we got bogged down in the detail* הִסְתַּבַּכְנוּ בִּפְרָטִים

bogey /ˈbəʊgɪ/ n. מִסְפַּר הַחֲבָטוֹת הַמְשֹׁעָר בְּמַסְלוּל גּוֹלְף ("פָּר"); "דִּבּוֹן" (כַּדּוּר נֶזֶלֶת יְבֵשָׁה)

boggle /ˈbɒg(ə)l/ v.i. הִסֵּס, נִרְתַּע

mind-boggling שֶׁלֹּא-יְאֻמַּן, בִּלְתִּי-נִתְפָּס

boggy /ˈbɒgɪ/ adj. בִּצָּתִי

bogie /ˈbəʊgɪ/ n. סֶט שֶׁל אַרְבָּעָה/שִׁשָּׁה גַּלְגַּלִּים נְתוּנִים בְּמִסְגֶּרֶת, שֶׁעֲלֵיהֶם מֶרְכַּב קַטָּר אוֹ קְרוֹן-רַכֶּבֶת

bogus /ˈbəʊgəs/ adj. (*derog.*) מְזֻיָּף, כָּזָב, חֲסַר-שַׁחַר

bogy /ˈbəʊgɪ/ n. רוּחַ רָעָה, מִפְלֶצֶת

bohemian /bəʊˈhiːmɪən/ adj. & n. בּוֹהֶמִי, חַי שֶׁלֹּא לְפִי הַמֻּסְכָּמוֹת; אִישׁ-הַבּוֹהֶמָה (לָרֹב אָמָּן, שַׂחְקָן וְכַד')

boil[1] /bɔɪl/ v.t. הִרְתִּיחַ

boiled shirt כֻּתֹּנֶת חֲגִיגִית מְעֻמְלֶנֶת

hard-boiled egg בֵּיצָה-קָשָׁה

—v.i. רָתַח

boil away רָתַח וְהִתְאַדָּה

boil down הִתְמַעֵט (בְּהִתְאַדּוּת) נַעֲשָׂה סָמִיךְ; הִתְמַצָּה

□ *it all boils down to a very simple question* (*colloq.*) כָּל הָעִנְיָן מִתְמַצֶּה בִּשְׁאֵלָה פְּשׁוּטָה מְאֹד

boil over גָּלַשׁ (חָלָב עַל הָאֵשׁ וְכַד')

boil up (רִיב) הִתְגַּלֵּעַ, פָּרַץ

□ *it's boiling (hot) today!* חַם נוֹרָא הַיּוֹם!

□ *we must keep the pot boiling* אָסוּר לָנוּ לַעֲזֹב אֶת הָעִנְיָן הַזֶּה

—n. רְתִיחָה

off the boil מִתַּחַת לִנְקֻדַּת הָרְתִיחָה; (בַּשְּׁאֵלָה) הִתְיַחֵס בִּקְרִירוּת

□ *bring the pan to the boil* הֵבִיא לִידֵי רְתִיחָה (אֶת תְּכוּלַת הַמַּחֲבַת)

boil[2] /bɔɪl/ n. פּוּרוּנְקֶל, פֶּצַע מֻגְלָתִי בָּעוֹר, סִמְטָה

boiler /ˈbɔɪlə(r)/ n. בּוֹילֶר, דּוּד חִמּוּם; עוֹף לְבִשּׁוּל (לָרֹב עוֹף זָקֵן שֶׁדּוֹרֵשׁ בִּשּׁוּל מְמֻשָּׁךְ)

boiler-house /ˈbɔɪlə ˌhaʊs/ n. חֲדַר הַדְּוָדִים

boiler suit /ˈbɔɪlə ˌsuːt/ n. סַרְבָּל-עֲבוֹדָה, בִּגְדֵי-עֲבוֹדָה

boiling-point /ˈbɔɪlɪŋ-ˌpɔɪnt/ n. נְקֻדַּת-הָרְתִיחָה

boisterous /ˈbɔɪstərəs/ adj. רוֹעֵשׁ וְעַלִּיז, צוֹהֵל, קוֹלָנִי; סוֹעֵר, רוֹעֵשׁ

boisterousness /ˈbɔɪstərəsˌnɪs/ n. קוֹלָנִיּוּת, צָהֳלָה וְחֶדְוָה, שִׂמְחַת-חַיִּים רוֹעֶשֶׁת

bold /bəʊld/ adj.

1 (courageous) אַמִּיץ, נוֹעָז, חֲסַר-פַּחַד

□ *he made a bold move* הוּא עָשָׂה צַעַד נוֹעָז

2 (forward, immodest) חָצוּף, מְחֻצָּף, חֲסַר-בּוּשָׁה

as bold as brass (הִתְנַהֵג) בְּמֵצַח נְחוּשָׁה, בְּעַזּוּת-פָּנִים

□ *may I make* (or *be*) *so bold as to ask what you paid for your car?* הַתַּרְשֶׁה לִּי/מֻתָּר לִי לִשְׁאֹל כַּמָּה עָלְתָה לְךָ הַמְּכוֹנִית?

3 (vigorous, clear) נִמְרָץ, בָּרוּר, בּוֹלֵט לָעַיִן

4 (*Printing*) (בְּאוֹתִיּוֹת דְּפוּס) מֻדְגָּשׁ, שָׁמֵן (לְמָשָׁל: אוֹת "פְרַנְק-רִיהְל" שְׁמֵנָה)

bold-faced /ˈbəʊld-ˌfeɪst/ adj. חֻצְפָּן, חֲסַר-בּוּשָׁה; (דְּפוּס) בְּאוֹת שְׁמֵנָה, שָׁמֵן

bole /bəʊl/ n. גֶּזַע-עֵץ

bolero[1] /ˈbɒlərəʊ/ n.

(woman's jacket) מְעִיל בּוֹלֶרוֹ (מְעִיל קְצַרְצַר, דְּמוּי מְעִיל טוֹרֵיאָדוֹר)

bolero[2] /bəˈleərəʊ/ n.

(Spanish dance) מְחוֹל בּוֹלֶרוֹ

boll /bəʊl/ n. (בְּבּוֹטָנִיקָה) הֶלְקֵט, תַּרְמִיל (שֶׁל זַרְעֵי הַכֻּתְנָה, לְמָשָׁל)

bollard /ˈbɒlɑːd/ n. יָתֵד, עַמּוּד-קְשִׁירָה (עַל רָצִיף/עַל סִפּוּן אֳנִיָּה, שֶׁקּוֹשְׁרִים אֵלָיו אֶת חַבְלֵי-הָעִגּוּן); עַמּוּד בֵּטוֹן (בִּשְׁבִילֵי כְּבִישׁ); עַמּוּדוֹן מוּאָר עַל אִי-תְּנוּעָה

bollocks /ˈbɒləks/ n. (*vulg.*) "בֵּיצִים" (אַשְׁכֵי הַזָּכָר); בֵּיצֵי-פָּר; שְׁטֻיּוֹת

boll-weevil /ˈbəʊl-wiːvɪl/ n. זִיפִית, תּוֹלַעַת-הַכֻּתְנָה

boloney /bəˈləʊnɪ/ n. (*sl.*) שְׁטֻיּוֹת, קִשְׁקוּשׁ, פִּתְפּוּתֵי-בֵּיצִים

Bolshevik /ˈbɒlʃəvɪk/ n. בּוֹלְשֶׁבִיק, כִּנּוּי הֲמוֹנִי לְקוֹמוּנִיסְט (בְּמַשְׁמָעוּת שְׁלִילִית)

bolshie /ˈbɒlʃɪ/ adj. (*colloq. derog.*) כִּנּוּי גְּנַאי לְאָדָם וַכְחָנִי שֶׁאֵינוֹ מוּכָן לַעֲזֹר

bolshiness /ˈbɒlʃɪnɪs/ n. (*colloq. derog.*) הַתְּכוּנָה שֶׁל וַכְחָנוּת וְהַסֵּרוּב לַעֲזֹר וּלְשַׁתֵּף פְּעֻלָּה

bolster /ˈbəʊlstə(r)/ n. כַּר גְּלִילִי אָרֹךְ (שֶׁמֻּנָּח בְּדֶרֶךְ כְּלָל לְכָל רֹחַב הַמִּטָּה, מִתַּחַת לְכָרִיּוֹת הַשֵּׁנָה)

—v.t. חִזֵּק, תָּמַךְ בְּ..., עוֹדֵד

bolster up חִזֵּק, תָּמַךְ בְּ, עוֹדֵד

bolt[1] /bəʊlt/ n.

1 (door or window fastening) בְּרִיחַ, סְגָר

2 (*Mech.*) בֹּרֶג בַּעַל אֹם (לְהַבְדִּיל מִבֹּרֶג עֵץ)

□ *let's get down to the nuts & bolts of the agreement* (*fig.*) בּוֹא נִכָּנֵס לַפְּרָטִים הַמַּעֲשִׂיִּים שֶׁל הַהֶסְכֵּם

3 (thunderbolt) בָּרָק וָרַעַם, חָזִיז

□ *it came like a bolt from the blue* זֶה נָפַל עָלֵינוּ כְּרַעַם בְּיוֹם בָּהִיר

4 (arrow) חֵץ

bolt upright זָקוּף כְּסַרְגֵּל

5 (quick dash) מְנוּסָה, חִפָּזוֹן, זִנּוּק

□ *you'll have to make a bolt for it while the rain has stopped* תָּרוּץ מִיָּד, כָּל עוֹד הַגֶּשֶׁם לֹא יוֹרֵד!

6 (large roll of cloth) גְּלִיל בַּד (כְּחֹמֶר גֶּלֶם)

—v.t.
1 (fasten) נָעַל, הִבְרִיחַ (דֶּלֶת/חַלּוֹן), סָגַר עַל בְּרִיחַ
2 (gulp down) בָּלַע מְזוֹנוֹ בִּמְהִירוּת, "טָרַף", "זָלַל"
—v.i.
1 (run away) בָּרַח, נִמְלַט, זִנֵּק בִּמְנוּסָה
2 (of plants, grow quickly) צָמַח בִּמְהִירוּת
bolt[2] /bəʊlt/ v.t. נִפָּה (לְמָשָׁל קֶמַח)
bolt-hole /ˈbəʊlt-həʊl/ n. מִפְלָט, מַחֲסֶה, מִקְלָט
□ *we have a bolt-hole in the country for when things get too difficult* יֵשׁ לָנוּ בַּיִת קָטָן בַּכְּפָר שֶׁאֲנַחְנוּ לִפְעָמִים בּוֹרְחִים אֵלָיו (לָרֹב הַכַּוָּנָה לַאֲחֻזָּה מְפֹאֶרֶת)
bomb /bɒm/ n.
1 (explosive) פְּצָצָה
the bomb "הַפְּצָצָה", פְּצָצַת־הָאָטוֹם
□ *my new car goes like a bomb* הָאוֹטוֹ שֶׁלִּי נוֹסֵעַ כְּמוֹ טִיל
2 (large amont of money, *colloq.*) "בּוּחְטָה" (שֶׁל כֶּסֶף)
—v.t. & i. (attack with bombs) הִפְצִיץ, הֵטִיל פְּצָצָה עַל
—v.i. (fail, *US colloq.*) "פִּישֵׁל", "אָכַל אוֹתָהּ"
bombard /bɒmˈbɑːd/ v.t. הִפְגִּיז, הִפְצִיץ, הִמְטִיר אֵשׁ לְלֹא הֲפוּגָה
□ *she bombarded the president with questions* הִיא הִפְגִּיזָה אֶת הַנָּשִׂיא בִּשְׁאֵלוֹת
bombardier /ˌbɒmbəˈdɪə(r)/ n. מֵטִיל פְּצָצוֹת (בְּמָטוֹס); דַּרְגָּה נְמוּכָה בְּחֵיל הַתּוֹתְחָנִים הַבְּרִיטִי
bombardment /bɒmˈbɑːdmənt/ n. הַפְגָּזָה, הַרְעָשָׁה; הַפְצָצָה
bombast /ˈbɒmbæst/ n. (*derog.*) מְלִיצָה נְבוּבָה
bombastic /bɒmˈbæstɪk/ adj. (*derog.*) בּוֹמְבַּסְטִי, מְנֻפָּח, מְלִיצִי
bomber /ˈbɒmə(r)/ n.
1 (plane) (מָטוֹס) מַפְצִיץ
2 (person trained to plant bombs) אָדָם (בְּעִקָּר חַיָּל) שֶׁאֻמַּן לְהָנִיחַ פְּצָצוֹת
bombshell /ˈbɒmʃel/ n. (*colloq.*) יְדִיעָה מַרְעִישָׁה, הַפְתָּעָה מַדְהִימָה; "פְּצָצָה" (אִשָּׁה בַּעֲלַת הוֹפָעָה מוֹשֶׁכֶת)
bomb-site /ˈbɒm-saɪt/ n. שֶׁטַח עִירוֹנִי שֶׁנֶּהֱרַס כָּלִיל בְּהַפְצָצוֹת
bona fide /ˌbəʊnə ˈfaɪdɪ/ adj. & adv. אֲמִתִּי, כֵּן, מְהֵימָן; בְּתֹם־לֵב
□ *the hotel car park is only for bona fide guests* מִגְרַשׁ הַחֲנִיָּה הוּא עֲבוּר אוֹרְחֵי הַמָּלוֹן בִּלְבַד
bonanza /bəˈnænzə/ n. הַצְלָחָה מְסַחְרֶרֶת
bon-bon /ˈbɒnbɒn/ n. בּוֹן־בּוֹן, פְּרָלִין
bond /bɒnd/ n.
1 (restraining or uniting force) קֶשֶׁר, בְּרִית
bonds of friendship קִשְׁרֵי יְדִידוּת, בְּרִית יְדִידוּת
2 (fetter, *poet.*) כְּבָלִים, אֲזִקִּים, שַׁלְשְׁלָאוֹת
□ *they put their captives in bonds* הֵם כָּבְלוּ אֶת הַשְּׁבוּיִים בַּאֲזִקִּים
3 (binding agreement or surety or promise to pay) הִתְחַיְּבוּת; הִתְחַיְּבוּת בִּכְתָב; שְׁטַר הִתְחַיְּבוּת אִגֶּרֶת חוֹב
□ *his word is as good as his bond* הוּא מַבְטִיחַ וְגַם מְקַיֵּם, הוּא עוֹמֵד בְּדִבּוּרוֹ, הוּא אוֹמֵר וְעוֹשֶׂה
4 (custody of goods)
in (or **out**) **of bond** (לְגַבֵּי סְחוֹרָה הַמֻּחְזֶקֶת עַל יְדֵי שִׁלְטוֹנוֹת הַמֶּכֶס) בְּמַחְסַן עֲרֻבָּה/שֶׁשֻּׁחְרְרָה מִמַּחְסַן עֲרֻבָּה
□ *he took his possessions out of bond* הוּא שִׁחְרֵר אֶת חֲפָצָיו מִמַּחְסְנֵי־הָעֲרֻבָּה
—v.t.
1 (put goods into bond) הִפְקִיד (סְחוֹרָה) בְּמַחְסְנֵי־עֲרֻבָּה
bonded warehouse מַחְסַן־עֲרֻבָּה
2 (bind together) חִבֵּר; קָשַׁר, הִדְבִּיק
bondage /ˈbɒndɪdʒ/ n. עַבְדוּת, שִׁעְבּוּד; יַחֲסֵי מִין עִם קְשִׁירָה
bond-holder /ˈbɒnd-ˌhəʊldə(r)/ n. בַּעַל תְּעוּדַת־מִלְוֶה, בַּעַל אִגֶּרֶת־חוֹב
bond(s)man /ˈbɒnd(z)mən/ n. עֶבֶד, מְשָׁרֵת־חִנָּם
bone /bəʊn/ n. עֶצֶם
bone dry (*colloq.*) יָבֵשׁ כְּעֶצֶם, כָּחוּשׁ, גָּרוּם
□ *I have a bone to pick with you* יֵשׁ לִי רִיב אִתְּךָ, יֵשׁ לִי טְעָנוֹת כְּלַפֶּיךָ
□ *I feel in my bones that the plan will fail* אֲנִי יוֹדֵעַ שֶׁהַתָּכְנִית תִּכָּשֵׁל, מַשֶּׁהוּ אוֹמֵר לִי שֶׁהַתָּכְנִית תִּכָּשֵׁל
□ *she made no bones about telling him the truth* לֹא הָיְתָה לָהּ שׁוּם הִתְלַבְּטוּת לְגַלּוֹת לוֹ אֶת הָאֱמֶת
—v.t. הוֹצִיא עֲצָמוֹת (מֵעוֹף מְבֻשָּׁל וְכַד׳)
bone up on עָבַד עַל, "דָּגַר" עַל, לָמַד הֵיטֵב
□ *you will have to bone up on your dates* אַתָּה מֻכְרָח לִדְגּוֹר עַל הַתַּאֲרִיכִים בְּהִיסְטוֹרְיָה
bone china /ˌbəʊn ˈtʃaɪnə/ n. חַרְסִינָה (מֵאֵיכוּת מְעֻלָּה, מְכִילָה אֵפֶר־עֲצָמוֹת)
bonehead /ˈbəʊnhed/ n. (*sl.*) טֶמְבֶּל
bone idle /ˌbəʊn ˈaɪd(ə)l/ adj. עָצֵל כְּפֶגֶר
bone-meal /ˈbəʊn-miːl/ n. קֶמַח־עֲצָמוֹת (לְדִשּׁוּן)
bone-shaker /ˈbəʊn-ʃeɪkə(r)/ n. (*colloq.*) טַרַנְטָה, כְּלִי רֶכֶב יָשָׁן וְקוֹפְצָנִי, אוֹפַנַּיִם־טַרַנְטָה
bonfire /ˈbɒnfaɪə(r)/ n. מְדוּרָה
bongo /ˈbɒŋgəʊ/ n. (*pl.* **-os** or **-oes**) בּוֹנְגּוֹ (תֹּף אַפְרִיקָאִי)
bonhomie /ˈbɒnəmɪ/ adj. (*UK sl.*) מְאוֹר־פָּנִים, לְבָבִיּוּת, חֲבִיבוּת
bonk /bɒŋk/ v.t. (*sl.*)
1 (hit) נָתַן מַכָּה (לָרֹב לְלֹא כַּוָּנָה)
2 (have sex with, *vulg.*) "דָּפַק", "הֵרִים"

—n.

1 (blow) מַכָּה (שֶׁלֹּא בְּכַוָּנָה)

2 (sexual intercourse, *vulg.*) "דְּפִיקָה"

bonkers /ˈbɒŋkəz/ adj. (*UK sl.*) מְשֻׁגָּע עַל כָּל הָרֹאשׁ, "טְרַלַּלָּה"

bon mot /ˌbɒn ˈməʊ/ n. אִמְרָה שְׁנוּנָה, הֲלָצָה, שְׁנִינָה

bonnet /ˈbɒnɪt/ n.

1 (head-dress) שָׁבִיס, מִצְנֶפֶת (מֵעֵין כּוֹבַע לְנָשִׁים אוֹ לְתִינוֹקוֹת)

2 (hinged cover for car engine, *UK*) (בִּמְכוֹנִית) מִכְסֵה-הַמָּנוֹעַ, חִפַּת-הַמָּנוֹעַ

bonny /ˈbɒnɪ/ adj. (esp. *Scot.*) נֶחְמָד, נָעִים, בָּרִיא, שְׁמַנְמַן

bonsai /ˈbɒnsaɪ/ n. "בּוֹנְזָאִי" (עֵץ מִינְיָאטוּרִי יַפָּנִי)

bonus /ˈbəʊnəs/ n. בּוֹנוּס, מַעֲנָק, הֲטָבָה

bon voyage /ˌbɒn vɔɪˈɑːʒ/ int. דֶּרֶךְ צְלֵחָה! בּוֹן-ווֹיָז'!

bony /ˈbəʊnɪ/ adj. (אָדָם) גַּרְמִי, כָּחוּשׁ; (דָּג) מָלֵא עֲצָמוֹת

boo /buː/ int. בּוּז!; בּוּ!

□ *she wouldn't say boo to a goose* הִיא מְפַחֶדֶת מֵהַצֵּל שֶׁל עַצְמָהּ

—v.t. & i. קָרָא קְרִיאוֹת בּוּז, הוֹרִיד מִן הַבִּימָה בִּקְרִיאוֹת בּוּז

boob /buːb/ (*colloq.*)

—n.

1 (silly mistake) טָעוּת מְטֻפֶּשֶׁת

2 (woman's breast) "צִיצִי", שָׁדַיִם

—v.i. טָעָה טָעוּת מְטֻפֶּשֶׁת

booby /ˈbuːbɪ/ n. (*colloq.*) מְטֻמְטָם, שׁוֹטֶה

booby prize /ˈbuːbɪ ˌpraɪz/ n. פְּרָס הַתּוּלִי לְמִי שֶׁזָּכָה בַּמָּקוֹם הָאַחֲרוֹן בְּתַחֲרוּת

booby trap /ˈbuːbɪ ˌtræp/ n. מִטְעָן מְמֻלְכָּד, חֵפֶץ מְמֻלְכָּד; מַלְכֹּדֶת (לְמָשָׁל דְּלִי מַיִם מֵעַל הַדֶּלֶת הַנּוֹפֵל כְּשֶׁזּוֹ נִפְתַּחַת)

boogie /ˈbuːgɪ/ v.i. (*colloq.*) רָקַד (לִצְלִילֵי מוּזִיקַת קֶצֶב)

book /bʊk/ n.

1 (volume) סֵפֶר, כֶּרֶךְ

book jacket עֲטִיפַת סֵפֶר

book learning יְדִיעָה עִיּוּנִית, חָכְמַת סְפָרִים (לְהַבְדִּיל מִנִּסָּיוֹן אִישִׁי)

book rest מִסְעָד לְסֵפֶר, מַחֲזִיק לִסְפָרִים

book review רְשִׁימַת-בִּקֹּרֶת עַל סֵפֶר, רֶצֶנְזְיָה

book token תְּלוּשׁ-מַתָּנָה לְסֵפֶר, תְּלוּשׁ-קְנִיָּה לִסְפָרִים

□ *the manager brought the clerk to book for his carelessness* הַמְנַהֵל זִמֵּן אֶת הַפָּקִיד לָתֵת אֶת הַדִּין עַל רַשְׁלָנוּתוֹ

□ *if you go by the book, you won't make many mistakes* אִם תַּעֲבֹד לְפִי הַסֵּפֶר, לֹא תַּעֲשֶׂה הַרְבֵּה טָעֻיּוֹת

□ *the boy is in his father's bad books* הָאָב רָשַׁם נְקֻדָּה לְחוֹבַת בְּנוֹ

□ *swear on* (or *by*) *the (Good) Book* נִשְׁבַּע וְיָדוֹ עַל כִּתְבֵי הַקֹּדֶשׁ (בְּמָקוֹר בְּמַתַּן עֵדוּת)

□ *in my book, that's just unacceptable* לְדַעְתִּי זֶה לֹא הוֹלֵךְ, זֶה לֹא מְקֻבָּל עָלַי

□ *it suits David's book to do nothing at present* (*fig.*) זֶה נוֹחַ לְדָוִד לֹא לַעֲשׂוֹת כְּלוּם כָּרֶגַע

2 (division of large written work, Bible, etc…) סֵפֶר (מִסִּפְרֵי הַתַּנַ"ךְ וְכַד')

3 (record of bets) רְשִׁימַת הַמּוֹרִים

4 (*pl.* accounts) סִפְרֵי-חֶשְׁבּוֹנוֹת, "סְפָרִים", חֶשְׁבּוֹנוֹת (בְּמִסְחָר וְכַד')

—v.t. & i.

1 (enrol, enter in book or list) הִכְנִיס לִרְשִׁימָה, הוֹסִיף לִרְשִׁימָה; (שׁוֹטֵר) רָשַׁם תְּלוּנָה נֶגֶד; (שׁוֹפֵט כַּדּוּרֶגֶל) שָׁלַף כַּרְטִיס צָהֹב

□ *he booked into the hotel* הוּא נִרְשַׁם בַּקַּבָּלָה בְּבֵית הַמָּלוֹן (וְקִבֵּל אֶת מַפְתֵּחַ חַדְרוֹ וְכוּ')

2 (engage in advance) הִזְמִין (מֵרֹאשׁ)

booked up מָלֵא (מָלוֹן, הָאוּלָם בְּהַצָּגַת תֵּיאַטְרוֹן, מִסְעָדָה)

□ *all the seats are booked* כָּל הַמְּקוֹמוֹת נִמְכְּרוּ מֵרֹאשׁ/הֻזְמְנוּ

bookbinding /ˈbʊkˌbaɪndɪŋ/ n. כְּרִיכַת סְפָרִים, כְּרִיכָה

bookcase /ˈbʊkkeɪs/ n. אֲרוֹן סְפָרִים, כּוֹנָנִית סְפָרִים

bookie /ˈbʊkɪ/ n. (*colloq.*) סוֹכֵן הַמּוֹרִים

booking-clerk /ˈbʊkɪŋ-klɑːk/ n. מוֹכֵר כַּרְטִיסִים (בְּיִחוּד, כַּרְטִיסֵי נְסִיעָה בָּרַכֶּבֶת)

book-club /ˈbʊk-klʌb/ n. מוֹעֲדוֹן הַסֵּפֶר, מִפְעָל לַהֲפָצַת סְפָרִים בַּהֲנָחָה

bookends /ˈbʊkendz/ n. *pl.* מַחֲזִיקֵי סְפָרִים, תּוֹמְכֵי סְפָרִים

bookish /ˈbʊkɪʃ/ adj. לַמְדָנִי, חֲסַר נִסָּיוֹן מַעֲשִׂי

bookkeeper /ˈbʊkˌkiːpə(r)/ n. מְנַהֵל חֶשְׁבּוֹנוֹת, מְנַהֵל סְפָרִים

bookkeeping /ˈbʊkˌkiːpɪŋ/ n. הַנְהָלַת חֶשְׁבּוֹנוֹת, פִּנְקְסָנוּת

booklet /ˈbʊklɪt/ n. סִפְרוֹן, חוֹבֶרֶת

bookmaker /ˈbʊkˌmeɪkə(r)/ n. סוֹכֵן הַמּוֹרִים

bookmark /ˈbʊkmɑːk/ n. סִימָנִיָּה (בְּסֵפֶר)

bookseller /ˈbʊkˌselə(r)/ n. מוֹכֵר סְפָרִים, בַּעַל חֲנוּת-סְפָרִים

bookshelf /ˈbʊkʃelf/ n. (*pl.* **bookshelves** /ˈbʊkʃelvz/) מַדָּף סְפָרִים; כּוֹנָנִית סְפָרִים

bookshop /ˈbʊkʃɒp/ n. חֲנוּת סְפָרִים

bookstall /ˈbʊkstɔːl/ n. דּוּכַן סְפָרִים

bookstore /ˈbʊkstɔː(r)/ n. חֲנוּת סְפָרִים

bookworm /ˈbʊkwɜːm/ n. תּוֹלַעַת סְפָרִים (קוֹרֵא מַתְמִיד); תּוֹלַעַת סְפָרִים, עָשׁ סְפָרִים

boom[1] /buːm/ n. "בּוּם", קוֹל רַעַם, קוֹל נֶפֶץ עָמֹק

—v.t. & i. הִרְעִים, רָעַם; עָשָׂה "בּוּם"

boom² /buːm/ n. שִׁגְשׁוּג, עֲלִיָּה חַדָּה (בַּעֲסָקִים וְכַד'), הִתְפּוֹצְצוּת, "בּוּם"

—v.i. שִׁגְשֵׂג, תָּסַס

boom³ /buːm/ n.

1 (long pole) (בִּסְפִינָה) מָנוֹר, מוֹט הַמִּפְרָשׂ; מוֹט לְמִיקְרוֹפוֹן, מוֹט לְמַצְלֵמָה

2 (barrier) שַׁרְשֶׁרֶת חֲסִימָה (בַּמַּיִם, לַחֲסִימַת נָמֵל וְכַד')

boomerang /ˈbuːməræŋ/ n. בּוּמֶרַנְג

—v.i. חָזַר כְּבוּמֶרַנְג

boon /buːn/ n. בְּרָכָה, הֲנָאָה, רְוָחָה

—adj.

boon companion חָבֵר עַלִּיז, אִישׁ רֵעִים לְהִתְרוֹעֵעַ

boor /ˈbʊə(r)/ n. בּוּר וְגַס־רוּחַ, "בֶּן־כְּפָר", "עַם־הָאָרֶץ"

boorish /ˈbʊərɪʃ/ adj. מְגֻשָּׁם וְגַס־רוּחַ, חֲסַר־נִימוּס

boorishness /ˈbʊərɪʃnɪs/ n. גַּסּוּת־רוּחַ, גַּסּוּת־הֲלִיכוֹת

boost /buːst/ v.t.

1 (increase, raise, improve) נָתַן דְּחִיפָה לְ... (עֲסָקִים, תְּפוּקָה וְכַד'); הִגְבִּיר (עָצְמָה, תְּפוּקָה, מְהִירוּת וְכַד'); הֵרִים (מוֹרָל)

2 (praise, publicize) נָתַן דְּחִיפָה לְ... (סִפֵּר בְּאֶמְצָעֵי הַתִּקְשֹׁרֶת וְכַד')

—n. דְּחִיפָה; תּוֹסֶפֶת־כֹּחַ; הַעֲלָאָה, הֲרָמָה

booster /ˈbuːstə(r)/ n. מֵאִיץ; זְרִיקַת דַּחַף

boot /buːt/ n.

1 (footwear) מַגָּף, נַעַל גְּבוֹהָה (נַעַל שְׁלֵמָה/נַעַל שְׁלֹשָׁה־רְבָעִים)

□ *that young man's too big for his boots* (*colloq.*) הַבָּחוּר שַׁחְצָן, הַבָּחוּר מִתְרַבְרֵב

□ *the boot is on the other foot* (*colloq.*) הַמַּצָּב הִשְׁתַּנָּה מִן הַקָּצֶה אֶל הַקָּצֶה, נֶהֶפְכוּ הַיּוֹצְרוֹת; הַשִּׁלְטוֹן עָבַר לְיָדַיִם אֲחֵרוֹת

□ *his heart was in his boots* הוּא אִבֵּד אֶת הָאֹמֶץ, רוּחוֹ נָפְלָה

□ *they died with their boots on* (*fig.*) הֵם מֵתוּ בְּלִי לְהִכָּנַע, הֵם נֶאֶבְקוּ עַד הָרֶגַע הָאַחֲרוֹן

2 (space for luggage in a car, *UK*) תָּא־מִטְעָן, בָּגָז'

□ *put your bags in the boot!* תָּשִׂים אֶת הַדְּבָרִים שֶׁלְּךָ בַּבָּגָז'!

3 (advantage, *arch. & joc.*)

to boot בְּנוֹסָף לְכָךְ

□ *she won the trophy and a free holiday to boot* הִיא זָכְתָה בַּפְּרָס וּבְחֻפְשַׁת חִנָּם כְּתוֹסֶפֶת

4 (dismissal, *sl.*) פִּטּוּרִין

□ *he was given the boot by his employer* הַבּוֹס שֶׁלּוֹ "הֵעִיף" אוֹתוֹ מֵהָעֲבוֹדָה

—v.t.

1 (kick, dismiss *sl.*) זָרַק (אֶת פְּלוֹנִי) מֵהָעֲבוֹדָה

□ *he was booted out of office after the election* אַחֲרֵי הַבְּחִירוֹת הֵעִיפוּ אוֹתוֹ מִתַּפְקִידוֹ

2 (equip with boots) צִיֵּד בְּמַגָּפַיִם, צִיֵּד בְּנַעֲלַיִם צְבָאִיּוֹת

booted and spurred (*formal*) חָמוּשׁ וְדָרוּךְ, עָרוּךְ וּמוּכָן

3 (start up computer also v.i.) הִדְלִיק וְהִטְעִין (אֶת הַמַּחְשֵׁב), טָעַן אֶת מַעֲרֶכֶת־הַהַפְעָלָה שֶׁל הַמַּחְשֵׁב

bootee /buːˈtiː/ n. נַעַל סְרוּגָה לְתִינוֹק, "פֻּזְמָק" לְתִינוֹק

booth /buːð/ n. דּוּכָן מְקֹרֶה (בַּשּׁוּק); תָּא (טֶלֶפוֹן, קַלְפִּי וְכַד'); בִּיתָן (בְּיָרִיד וְכַד'); סֻכָּה (לְחַג הַסֻּכּוֹת)

bootlace /ˈbuːtleɪs/ n. שְׂרוֹךְ נַעַל

bootleg /ˈbuːtleg/ adj. (אַלְכּוֹהוֹל) לֹא־חֻקִּי, מְבֻרָח; (תַּקְלִיט, קַלֶּטֶת) לָבָן (כְּלוֹמַר מֻקְלָט בְּאֹפֶן לֹא־חֻקִּי)

bootlegger /ˈbuːtlegə(r)/ n. מַבְרִיחַ־מַשְׁקָאוֹת, יַצְרַן מַשְׁקָאוֹת לֹא־חֻקִּיִּים

bootlegging /ˈbuːtlegɪŋ/ n. הַבְרָחַת־מַשְׁקָאוֹת, יִצּוּר לֹא־חֻקִּי שֶׁל אַלְכּוֹהוֹל

bootless /ˈbuːtlɪs/ adj. (*arch.*) חֲסַר־תּוֹעֶלֶת, מְיֻתָּר

boots /buːts/ n. (*arch.*) מְשָׁרֵת בְּבֵית־מָלוֹן הַמְשַׁמֵּשׁ כְּסַבָּל וּכִמְצַחְצֵחַ נַעֲלַיִם

bootstrap /ˈbuːtstræp/ n. (also in *pl.*) לוּלָאוֹת עוֹר לִנְעִילַת מַגָּף

□ *he pulled himself up by his bootstraps* (*colloq.*) הוּא הִגִּיעַ לְאָן שֶׁהִגִּיעַ בְּכֹחוֹת עַצְמוֹ בִּלְבַד

booty /ˈbuːti/ n. שָׁלָל, שְׁלַל־מִלְחָמָה, בִּזָּה

booze /buːz/ n. & v.i. (*sl.*) מַשְׁקֶה חָרִיף, "כּוֹסִית"; שָׁתָה (יוֹתֵר מִדַּי) אַלְכּוֹהוֹל, הִתְמַסְטֵל

boozer /ˈbuːzə(r)/ n. (*sl.*) שַׁתְיָן, מִי שֶׁשּׁוֹתֶה יוֹתֵר מִדַּי (אַלְכּוֹהוֹל); מִסְבָּאָה, פָּאבּ

boozy /ˈbuːzɪ/ adj. (*sl.*) מָלֵא אַלְכּוֹהוֹל; חוֹבֵב הַטִּפָּה הַמָּרָה

boracic /bəˈræsik/ adj. שֶׁל בּוֹר (לְמָשָׁל: חֻמְצַת בּוֹר)

borax /ˈbɔːræks/ n. אַבְקַת־בּוֹר, תִּרְכֹּבֶת שֶׁל בּוֹר

border /ˈbɔːdə(r)/ n.

1. (edge) שׁוּלַיִם, קָצֶה, שָׂפָה

2. (frontier) גְּבוּל

—v.t.

1. (make an edge to) עָשָׂה שָׂפָה, הִתְקִין שׁוּלַיִם (לְבֶגֶד)

2. (adjoin) גָּבַל בְּ..., שָׁכַן לְיַד

—v.i.

border on גָּבַל בְּ..., (הָיָה) כִּמְעַט

□ *your remark borders on the impertinent* דְּבָרֶיךָ גּוֹבְלִים בְּחֻצְפָּה

borderline /ˈbɔːdəˌlain/ n. & adj. קַו־הַגְּבוּל; גְּבוּלִי, לֹא־בָּרוּר; שֶׁעַל הַגְּבוּל

□ *he was a borderline case in the examination* הוּא הָיָה מִקְרֵה־גְּבוּל בַּבְּחִינוֹת

bore¹ /bɔː(r)/ n.

1 (internal diameter of cylinder, pipe, gun barrel) קֹדַח, קֹטֶר־פְּנִימִי; קֹדַח־הַקָּנֶה, קָלִיבֶּר (בִּכְלֵי־יְרִיָּה); קֹטֶר שַׁרְווּל־הַבֻּכְנָה (בְּמָנוֹעַ שֶׁל מְכוֹנִית)

□ *a shotgun is a smooth bore gun* רוֹבֶה הַצַּיִד הוּא כְּלִי־נֶשֶׁק בַּעַל קֶדַח חָלָק

2 (hole made in ground) נֶקֶב־קִדּוּחַ

—v.t. קָדַח, נִקֵּב; חָדַר; חָפַר

bore² /bɔː(r)/ n. אָדָם מְשַׁעֲמֵם, טַרְדָן; שִׁעֲמוּם, מִטְרָד

—v.t. שִׁעֲמֵם, הִלְאָה, הִטְרִיד

bored to death מְשֻׁעֲמָם עַד מָוֶת, מֵת מִשִּׁעֲמוּם

bored stiff מְשֻׁעֲמָם עַד מָוֶת

bore³ /bɔː(r)/ n. נַחְשׁוֹל, נַחְשׁוֹל גֵּאוּת (מִן הַיָּם, לָרֹב בְּמַעֲלֵה עֲרוּץ הַנָּהָר)

bore⁴ /bɔː(r)/ past of **bear**

boredom /ˈbɔːdəm/ n. שִׁעֲמוּם

borehole /ˈbɔːhəʊl/ n. נֶקֶב־קִדּוּחַ

boric /ˈbɔːrɪk/ adj. שֶׁל תִּרְכֹּבֶת בּוֹר

boric acid חֻמְצַת בּוֹר

boring /ˈbɔːrɪŋ/ adj. מְשַׁעֲמֵם

born /bɔːn/ adj. מֻבְהָק, שֶׁמִּלֵּדָה

□ *she's a born musician* הִיא מוּזִיקָאִית מִבֶּטֶן וּמִלֵּדָה

□ *I never heard such a thing in all my born days* (*colloq.*) דָּבָר כָּזֶה לֹא שָׁמַעְתִּי כָּל חַיַּי, דָּבָר כָּזֶה לֹא שָׁמַעְתִּי מִיָּמַי

born-again אָדָם שֶׁשָּׁב אֶל הַדָּת (בְּלַהַט), חוֹזֵר בִּתְשׁוּבָה

borne /bɔːn/ past ppl. of **bear²**

borough /ˈbʌrə/ n. אֵזוֹר עִירוֹנִי; עִיר (אוֹ חֵלֶק־עִיר) הַמְיֻצֶּגֶת בַּפַּרְלָמֶנְט הַבְּרִיטִי

borrow /ˈbɒrəʊ/ v.t. & i. לָוָה, שָׁאַל

Borstal /ˈbɔːst(ə)l/ n. בֵּית־חִנּוּךְ לַעֲבַרְיָנִים צְעִירִים, מוֹסָד לְנֹעַר עֲבַרְיָן

bortsch /bɔːʃ/ n. בּוֹרְשְׁט

bosh /bɒʃ/ n. & int. (*UK colloq.*) שְׁטֻיּוֹת, קַשְׁקוּשׁ

bosom /ˈbʊzəm/ n. חָזֶה; חֵיק

□ *they are bosom friends* הֵם יְדִידֵי־נֶפֶשׁ

boss¹ /bɒs/ n. בּוֹס, בַּעַל־הַבַּיִת, מְנַהֵל, מַעֲבִיד

—v.t. (*colloq.*) נִהֵל, הִשְׁגִּיחַ, פִּקֵּחַ

□ *stop bossing me around!* תַּפְסִיק לְהַגִּיד לִי מַה לַעֲשׂוֹת

boss² /bɒs/ n. גַּבְנוּנִית, בְּלִיטָה

boss-eyed /ˈbɒs-aɪd/ adj. (*UK sl.*) פּוֹזֵל

bossy /ˈbɒsɪ/ adj. (*colloq.*) שְׁתַלְטָן, מְצַוֶּה

bo'sun /ˈbəʊs(ə)n/ n. רַב־הַמַּלָּחִים (שַׁיָּט בָּכִיר הָאַחְרָאִי עַל צֶוֶת הַסְּפִינָה וְצִיּוּדָהּ)

botanical /bəˈtænɪk(ə)l/ adj. בּוֹטָנִי, מִתְּחוּם הַבּוֹטָנִיקָה

botanical gardens גַּנִּים בּוֹטָנִיִּים

botanist /ˈbɒtənɪst/ n. בּוֹטָנִיקַאי, מֻמְחֶה בְּתוֹרַת הַצְּמָחִים

botanize/ˈbɒtənaɪz/ v.i. אָסַף צְמָחִים בַּטֶּבַע לְשֵׁם מֶחְקָר, חָקַר צְמָחִים בַּטֶּבַע

botany /ˈbɒtənɪ/ n. בּוֹטָנִיקָה, חֵקֶר הַצְּמָחִים

botch /bɒtʃ/ v.t. (*colloq.*) קִלְקֵל, עָשָׂה עֲבוֹדָה גְּרוּעָה, עָשָׂה עֲבוֹדָה מְחֻרְבֶּנֶת, תִּקֵּן בְּאֹפֶן גָּרוּעַ

both /bəʊθ/ adj. & pron. שְׁנֵיהֶם; הַשְּׁנַיִם

□ *you can't have it both ways* אֵינְךָ יָכוֹל לֶאֱחֹז בַּמַּקֵּל בִּשְׁנֵי קְצוֹתָיו, אִי־אֶפְשָׁר לֵיהָנוֹת מִשְּׁנֵי הָעוֹלָמוֹת

—conj.

□ *both you and I should go* גַּם אַתָּה וְגַם אֲנִי צְרִיכִים לָלֶכֶת

bother /ˈbɒðə(r)/ n. טֹרַח, טִרְחָה

□ *certainly, it's no bother!* בְּרָצוֹן רַב! בְּוַדַּאי, זוֹ לֹא בְּעָיָה!

—v.t. הִטְרִיחַ, הִטְרִיד

□ *don't bother yourself* (or *your head*) *about such trifles* אַל תִּדְאַג בִּגְלַל שְׁטֻיּוֹת כָּאֵלֶּה

—v.i. טָרַח

□ *don't bother to reply* אַל תִּטְרַח לַעֲנוֹת

—int. (*UK colloq.*)

oh bother! לְכָל הָרוּחוֹת! לַעֲזָאזֵל!

bothersome /ˈbɒðəsəm/ adj. מַטְרִיד, טוֹרְדָנִי, מֵצִיק

bottle /ˈbɒt(ə)l/ n.

1 (glass container) בַּקְבּוּק

bottle bank מְכַל אִסּוּף לְבַקְבּוּקִים (לְשֵׁם מִחְזוּר)

bottle-party מְסִבַּת מַשְׁקָאוֹת (כָּל מֻזְמָן מֵבִיא בַּקְבּוּק)

□ *he's a bit too fond of the bottle* (*colloq.*) הוּא שָׂם אֶת עֵינוֹ בַּכּוֹס, הוּא חוֹבֵב הַטִּפָּה הַמָּרָה

2 (nerve, courage, *sl.*) "דַּם", אֹמֶץ לֵב

□ *he's lost his bottle* הוּא אִבֵּד אֶת אֹמֶץ לִבּוֹ

—v.t. יָצַק לְבַקְבּוּק; שִׁמֵּר, כָּבַשׁ (פֵּרוֹת וְכַד')

□ *he tried to bottle up his feelings* הוּא נִסָּה לְהַדְחִיק אֶת רִגְשׁוֹתָיו, הוּא נִסָּה לִכְבֹּשׁ אֶת רִגְשׁוֹתָיו

bottle-fed /ˈbɒt(ə)l-ˌfed/ adj. (תִּינוֹק) נִזּוֹן מִבַּקְבּוּק (וְלֹא מֵחֲלֵב אִמּוֹ)

bottle-green /ˌbɒt(ə)l-ˈgriːn/ adj. יָרֹק כֵּהֶה (כְּעֵין הַבַּקְבּוּק)

bottleneck /ˈbɒt(ə)lˌnek/ n. "צַוַּאר־בַּקְבּוּק" (מוֹצָא צַר וּמְעַכֵּב, בַּתַּחְבּוּרָה)

bottle-opener /ˈbɒt(ə)l-ˌəʊp(ə)nə(r)/ n. פּוֹתְחַן־בַּקְבּוּקִים (לְהַבְדִּיל מֵחוֹלֵץ פְּקָקִים)

bottom /ˈbɒtəm/ n.

1 (lowest part) תַּחְתִּית, קַרְקָעִית

send to the bottom הִטְבִּיעַ, הוֹרִיד לִמְצוּלוֹת

□ *they touched* (or *reached*) *rock bottom* הֵם הִגִּיעוּ לִנְקֻדַּת הַשֵּׁפֶל, הֵם הִגִּיעוּ לְשֵׁפֶל הַמַּדְרֵגָה

□ *that shop offers rock bottom prices* בַּחֲנוּת הַזֹּאת מוֹכְרִים בְּזִיל הַזּוֹל, הַמְּחִירִים בַּחֲנוּת הַזֹּאת נְמוּכִים מְאֹד

□ *his reply knocked the bottom out of the argument* תְּשׁוּבָתוֹ הִפְרִיכָה אֶת כָּל הַטִּעוּן

□ *the bottom has fallen out of the market* הַבִּקּוּשׁ וְהַמְּחִירִים בַּשּׁוּק יָרְדוּ לַשֵּׁפֶל

□ *you will have to start at the bottom and work your way up* תִּצְטָרֵךְ לְהַתְחִיל מִלְּמַטָּה וּלְהִתְקַדֵּם לְאַט לְאַט

2 (root, foundation) יְסוֹד, שֹׁרֶשׁ

□ *I love you from the bottom of my heart* אֲנִי אוֹהֵב אוֹתְךָ מֵעֹמֶק לִבִּי

□ *at bottom he's a sensible man* בִּיסוֹדוֹ הוּא אָדָם הֶגְיוֹנִי

□ *who is at the bottom of all this?* מִי עוֹמֵד מֵאֲחוֹרֵי כָּל זֶה?

□ *the detectives will get to the bottom of the matter* הַבַּלָּשִׁים יַצְלִיחוּ לָרֶדֶת לְעֹמֶק הָעִנְיָן

3 (buttocks) יַשְׁבָן, אֲחוֹרַיִם, תַּחַת

4 (seat) מוֹשַׁב-הַכִּסֵּא, בְּסִיס-הַכִּסֵּא

5 (*Naut.*) קַעַר הַסְּפִינָה, קַרְקָעִית הַסְּפִינָה

—attrib. הַתַּחְתּוֹן, הַנָּמוּךְ

bottom drawer (*colloq.*) נְדוּנְיָה

—v.i.

bottom out הִגִּיעַ לַדַּרְגָּה הַנְּמוּכָה בְּיוֹתֵר (וְנֶעֱצַר, לִפְנֵי עֲלִיָּה)

□ *the recession has at last bottomed out* הַמִּתּוּן נֶעֱצַר סוֹף-סוֹף

bottomless /ˈbɒtəmlɪs/ adj. חֲסַר-תַּחְתִּית, לְלֹא-קַרְקָעִית, תְּהוֹמִי

bottomless pit תְּהוֹם חַסְרַת-קַרְקָעִית

bottommost /ˈbɒtəmˌməʊst/ adj. הַנָּמוּךְ בְּיוֹתֵר

botulism /ˈbɒtjʊlɪzəm/ n. הַרְעָלָה מֵאֲכִילַת מָזוֹן מְשֻׁמָּר

bouclé /ˈbuːkleɪ/ n. חוּט/אָרִיג בּוּקְלֶה

boudoir /ˈbuːdwɑː(r)/ n. בּוּדוּאָר, חֲדַר-הַנָּשִׁים, סָלוֹן-הַנָּשִׁים

bougainvillaea /ˌbuːgənˈvɪlɪə/ n. בּוּגוֹנְוִילְיָה

bough /baʊ/ n. זְמוֹרָה, עָנָף

bought /bɔːt/ past & past ppl. of **buy**

bouillon /ˈbuːjɔ̃/ n. מְרַק בָּסִיס, מָרָק צַח (שֶׁל בָּשָׂר אוֹ יְרָקוֹת)

boulder /ˌbəʊldə(r)/ n. סֶלַע

boulevard /ˈbuːləˌvɑːd/ n. שְׂדֵרָה

bounce /baʊns/ v.t. הִקְפִּיץ; כִּדְרֵר (בְּכַדּוּרְסַל וְכַד׳)

—v.i. קָפַץ, זִנֵּק, הִתְפָּרֵץ

□ *she bounced into the room* הִיא הִתְפָּרְצָה אֶל הַחֶדֶר בְּהִתְרַגְּשׁוּת

□ *she bounced out of the room and slammed the door* הִיא יָצְאָה מִן הַחֶדֶר בִּטְרִיקַת דֶּלֶת

□ *he is a bouncing baby* הוּא תִּינוֹק "בָּרִיא" (כְּלוֹמַר שְׁמַנְמַן)

□ *his cheque bounced* הַהַמְחָאָה שֶׁלּוֹ חָזְרָה (בְּהֶעְדֵּר כִּסּוּי)

—n. קְפִיצָה, נִתּוּר; גְּמִישׁוּת

bouncy /ˈbaʊnsɪ/ adj. קוֹפְצָנִי; גָּמִישׁ

bound[1] /baʊnd/ n. נִתּוּר, קְפִיצָה

—v.i. נִתֵּר, קָפַץ, דִּלֵּג

□ *in one bound he was over the wall* הוּא עָבַר אֶת הַחוֹמָה בְּנִתּוּר אֶחָד

bound[2] /baʊnd/ n. (usu. in *pl.*) גְּבוּלוֹת, תְּחוּם

out of bounds מִחוּץ לַתְּחוּם (אָסוּר בִּכְנִיסָה לַחַיָּלִים לְמָשָׁל)

□ *your story is beyond the bounds of probability* הַסִּפּוּר שֶׁלְּךָ חוֹרֵג מִגְּבוּלוֹת הַסָּבִיר

□ *his joy knew no bounds* שִׂמְחָתוֹ לֹא יָדְעָה גְּבוּל

—v.t. תָּחַם, גָּבַל, הִגְבִּיל

□ *the park is bounded on the north by a river* מִצָּפוֹן תּוֹחֵם נָהָר אֶת הַפַּרְק

bound[3] /baʊnd/ adj. כְּלַפֵּי, בַּדֶּרֶךְ אֶל

□ *we were Plymouth bound* פָּנֵינוּ הָיוּ מוּעָדוֹת לְפְּלִימוּת

□ *they were homeward bound* הֵם עָשׂוּ אֶת דַּרְכָּם הַבַּיְתָה

□ *where is he bound for?* לְאָן פָּנָיו? לְאָן הוּא הוֹלֵךְ?

bound[4] /baʊnd/ past & past ppl. of **bind**

□ *he is bound to be caught sooner or later* בְּמֻקְדָּם אוֹ בִּמְאֻחָר סוֹפוֹ לְהִתָּפֵס

□ *he was bound to silence by his status* מַעֲמָדוֹ חִיֵּב אוֹתוֹ לִשְׁמֹר עַל שְׁתִיקָה

□ *his well-being is bound up with hers* אָשְׁרוֹ כָּרוּךְ בְּאָשְׁרָהּ לִבְלִי-הַתֵּר

boundary /ˈbaʊndrɪ/ n. גְּבוּל, קַו-תְּחוּם

bounden /ˈbaʊndən/ adj. (*formal*)

my bounden duty חוֹבָה שֶׁנִּתְחַיַּבְתִּי בָּהּ

boundless /ˈbaʊndlɪs/ adj. אֵין-קֵץ, לְלֹא-גְּבוּל, לְלֹא-מְצָרִים

bounteous /ˈbaʊntɪəs/ adj. (*poet.*) נָדִיב, רְחַב-לֵב; שׁוֹפֵעַ

bountiful /ˈbaʊntɪf(ə)l/ adj. (*poet.*) נָדִיב, רְחַב-לֵב; שׁוֹפֵעַ

bounty /ˈbaʊntɪ/ n.

1 (generosity, *poet.*) נְדִיבוּת, רֹחַב-לֵב

2 (payment) מַעֲנָק, הֲטָבָה; פְּרָס (עַל לְכִידַת עֲבַרְיָן וְכַד׳)

bouquet /bʊˈkeɪ/ n.

1 (bunch of flowers) זֵר פְּרָחִים, צְרוֹר פְּרָחִים

2 (compliment) מַחֲמָאָה

3 (aroma of wine) נִיחוֹחַ הַיַּיִן, נִיחוֹחוֹת הַיַּיִן, "בּוּקֶה"

bouquet garni "בּוּקֶה-גָּרְנִי", שַׂקִּית תַּבְלִינִים שֶׁשָּׂמִים בְּמָרָק (וְזוֹרְקִים לְאַחַר הַשִּׁמּוּשׁ)

bourbon /ˈbɜːbən/ n. בּוּרְבּוֹן (סוּג שֶׁל וִיסְקִי אֲמֶרִיקָאִי)

bourgeois /ˈbɔːʒwɑː/ n. & adj. בּוּרְגָּנִי, אִישׁ הַמַּעֲמָד הַבֵּינוֹנִי; בּוּרְגָּנִי

bourgeoisie /ˌbɔːʒwɑːˈziː/ n. בּוּרְגָּנוּת, הַמַּעֲמָד הַבֵּינוֹנִי

bourse /bʊəs/ n. בּוּרְסָה

bout /baʊt/ n. תְּקוּפָה שֶׁל, הֶתְקֵף; תַּחֲרוּת אִגְרוּף

bout of illness הֶתְקֵף שֶׁל מַחֲלָה

drinking bout סְבִיאָה, הֶתְקֵף שֶׁל שְׁתִיָּנוּת

boutique /buːˈtiːk/ n. בּוּטִיק

bouzouki /buːˈzuːkɪ/ n. בּוּזוּקִי (כְּלִי-פְּרִיטָה יְוָנִי)

bovine /ˈbəʊvaɪn/ n. שֶׁל הַשּׁוֹר, כְּמוֹ שׁוֹר; מְשַׁעֲמֵם, אִטִּי

bow¹ /bəʊ/ n.
1 (curve) קֶשֶׁת, עִקּוּל, קִמּוּר
bow window מִבְנֶה־חַלּוֹן מְעֻגָּל וּבוֹלֵט כְּלַפֵּי־חוּץ, חַלּוֹן־גַּבְלִית מְעֻגָּל
2 (weapon) קֶשֶׁת (לִירִי חִצִּים)
□ *he drew the long bow* הוּא הִגְזִים, הוּא הִרְחִיק לָכֶת
□ *he had more than one string to his bow* (*colloq.*) הוּא רָקַד עַל כַּמָּה חֲתֻנּוֹת (כַּמָּה מִשְׂרוֹת, כַּמָּה תְּחוּמֵי הִתְעַנְיְנוּת)
3 (*Mus.*) קֶשֶׁת (בִּכְלֵי מֵיתָר מְסֻיָּמִים, כִּנּוֹר, צֶ'לוֹ וְכַד')
4 (slipknot) קֶשֶׁר־עֲנִיבָה (שֶׁאֶפְשָׁר לְהַדְקוֹ וּלְרַפּוֹתוֹ)
bow tie עֲנִיבַת פַּרְפַּר

bow² /baʊ/ n. קִדָּה, הִשְׁתַּחֲוּוּת
□ *he made his bow at the age of ninety-three* (*fig.*) הוּא נִפְטַר מִן הָעוֹלָם בֶּן תִּשְׁעִים וְשָׁלֹשׁ
□ *the actors took a bow at the end of the play* הַשַּׂחְקָנִים קָדוּ בִּפְנֵי הַקָּהָל בְּסוֹף הַהַצָּגָה, הַשַּׂחְקָנִים הִשְׁתַּחֲווּ בִּפְנֵי הַקָּהָל בְּסוֹף הַהַצָּגָה
—v.t. & i. קָד, הִשְׁתַּחֲוָה, הִתְכּוֹפֵף
bow down (to) נִכְנַע לְ...
bowed (down) with grief שָׁחוּחַ מִצַּעַר, נִדְכָּא
□ *he bowed his head in submission* קִבֵּל עָלָיו אֶת הַדִּין
□ *he bowed the lady out of the door* הוּא קָד לְשָׁלוֹם לַגְּבֶרֶת בְּצֵאתָהּ

bow³ /baʊ/ n. (often in *pl.*) חַרְטוֹם הַסְּפִינָה

bowdlerization /ˌbaʊdləraɪˈzeɪʃ(ə)n/ n. צִנְזוּר מְטֻעְמֵי מוּסָר (הַשְׁמָטַת קְטָעִים וּבִטּוּיִים מִתּוֹךְ סְפָרִים, מַחֲזוֹת וְכַד' שֶׁאֵינָם יָאִים לִילָדִים)

bowdlerize /ˈbaʊdləraɪz/ v.t. צִנְזֵר (הִשְׁמִיט קְטָעִים וּבִטּוּיִים שֶׁאֵינָם יָאִים לִילָדִים)

bowel /ˈbaʊəl/ n. (often in *pl.*) מְעִי; מֵעַיִם, קְרָבַיִם
bowel movement עֲשִׂיַּת צְרָכִים, "יְצִיאָה"
bowels of compassion חֶמְלָה, רִגְשׁוֹת חֶמְלָה
in the bowels of the earth בְּבֶטֶן הָאֲדָמָה, בְּמַעֲבֵה הָאֲדָמָה

bower /ˈbaʊə(r)/ n. סֻכַּת־יֶרֶק, מַחֲסֶה בְּצֵל אִילָנוֹת וּשְׂרָכִים; (בֶּעָבָר) בּוּדוּאַר

bowie-knife /ˈbaʊɪˌnaɪf/ n. סַכִּין צַיִד אֲרֻכָּה (שִׁמְּשָׁה אֶת הַמִּתְיַשְּׁבִים בְּמַעֲרַב אַרְה"ב)

bowl¹ /bəʊl/ n. קְעָרָה, קַעֲרִית
the bowl of a pipe אַגַּן־הַמִּקְטֶרֶת
dust bowl אֵזוֹר צָחִיחַ שֶׁל סוּפוֹת אָבָק, מַכְתֵּשׁ סְחוּף סוּפוֹת־חוֹל

bowl² /bəʊl/ n. כַּדֹּרֶת, כַּדּוּר כָּבֵד (עָשׂוּי עֵץ/מַתֶּכֶת) לְמִשְׂחַק הַכַּדֹּרֶת
□ (in *pl.*, game played with these) מִשְׂחַק הַכַּדֹּרֶת (מִשְׂחָק דֶּשֶׁא אַנְגְּלִי, לְהַבְדִּיל מִ"בָּאוּלִינְג")
—v.t. & i. שִׂחֵק בְּכַדֹּרֶת, גִּלְגֵּל כַּדּוּר; הֶחֱלִיק בִּמְהִירוּת
□ *they bowled along in the bus* הֵם נָסְעוּ לַהֲנָאָתָם בְּאוֹטוֹבּוּס
□ *the shock bowled the old man over* הַזָּקֵן הָיָה נִדְהָם מִן הַזַּעֲזוּעַ

bow-legged /bəʊ-legd, ˈlegɪd/ adj. בַּעַל רַגְלַיִם מְקֻמָּרוֹת, בַּעַל רַגְלֵי פָּרָשׁ

bowler¹ /ˈbəʊlə(r)/ n. מְטִיל הַכַּדּוּר (בְּמִשְׂחַק הַכַּדֹּרֶת/הַקְּרִיקֶט)

bowler² /ˈbəʊlə(r)/ n. מִגְבַּעַת־גְּבָרִים קָשָׁה, שְׁחוֹרָה וּמְעֻגֶּלֶת (כְּמוֹ כּוֹבָעוֹ שֶׁל צַ'רְלִי צַ'פְּלִין)

bowling /ˈbəʊlɪŋ/ n.
1 (playing bowls) כַּדֹּרֶת; הַמִּשְׂחָק בְּכַדֹּרֶת (מִשְׂחַק דֶּשֶׁא אַנְגְּלִי)
2 (playing skittles) "בָּאוּלִינְג", כַּדֹּרֶת; הַמִּשְׂחָק בְּכַדֹּרֶת (מִשְׂחָק בְּאוּלָם שֶׁבּוֹ מַפִּילִים "חִילִים" בְּכַדּוּר כָּבֵד)
ten pin bowling "בָּאוּלִינְג", "בּוֹאוּלִינְג"
3 (throwing cricket ball) הֲטָלַת הַכַּדּוּר בְּקְרִיקֶט

bowling-green /ˈbəʊlɪŋ-griːn/ n. מִגְרַשׁ־דֶּשֶׁא (גָּזוּם הֵיטֵב וְכָבוּשׁ) לְמִשְׂחַק הַכַּדֹּרֶת

bowman /ˈbəʊmən/ n. קַשָּׁת, יוֹרֶה בְּקֶשֶׁת, תּוֹפֵשׂ־קֶשֶׁת

bow-wow int. /baʊˈwaʊ/ הַב־הַב! קוֹל נְבִיחָה
—n. /ˈbaʊ waʊ/ "הַב־הַב" (כִּנּוּי לְכֶלֶב בִּלְשׁוֹן־תִּינוֹקוֹת)

box¹ /bɒks/ n.
1 (receptacle) קוּפְסָה, תֵּבָה, אַרְגָּז
box girder קוֹרַת פְּלָדָה חֲלוּלָה בַּעֲלַת חֲתָךְ רָבוּעַ
Christmas box מַעֲנַק חַג־הַמּוֹלָד (לָעוֹבְדִים בְּחֶבְרָה, מִפְעָל), שַׁי חַג־הַמּוֹלָד
2 (special compartment) תָּא (בְּתֵיאַטְרוֹן, בְּאוֹפֶּרָה)
sentry box בּוּטְקָה, בּוּדְקָה, תָּא הַשַּׁ"ג
witness box (also **the box**) דּוּכַן הָעֵדִים
3 (television, *colloq.*)
the box מַכְשִׁיר טֶלֶוִיזְיָה
—v.t. אָרַז, הִנִּיחַ בְּקוּפְסָה

box² /bɒks/ n. סְטִירָה עַל הָאֹזֶן, סְטִירָה בָּאֹזֶן
—v.i. הִתְאַגְרֵף

box³ /bɒks/ n. (עֵץ) אֶשְׁכְּרוֹעַ, תְּאַשּׁוּר

box-calf /bɒks-kɑːf/ n. עוֹר בּוֹקְס (סוּג מְיֻחָד שֶׁל עוֹר עֵגֶל מְעֻבָּד לְיִצּוּר נַעֲלַיִם)

box-camera /ˌbɒks-ˈkæmər(ə)/ n. מַצְלֵמַת־קוּפְסָה (דֶּגֶם מַצְלֵמָה עַתִּיקָה)

box-car /ˈbɒks-kɑː(r)/ n. קְרוֹן־מִטְעָן סָגוּר

boxer /ˈbɒksə(r)/ n.
1 (person who boxes) מִתְאַגְרֵף
2 (breed of dog) כֶּלֶב בּוֹקְסֶר

boxing /ˈbɒksɪŋ/ n. אִגְרוּף, הִתְאַגְרְפוּת

Boxing Day /ˈbɒksɪŋˌdeɪ/ n. הַיּוֹם שֶׁלְּמָחֳרַת חַג הַמּוֹלָד, יוֹם מִשְׁלוֹחַ הַמַּתָּנוֹת לָעוֹבְדִים

boxing-glove /ˈbɒksɪŋ-glʌv/ n. כְּפָפַת־אִגְרוּף

boxing-match /ˈbɒksɪŋ-ˌmætʃ/ n. תַּחֲרוּת אִגְרוּף

box junction /ˈbɒks dʒʌŋkʃ(ə)n/ n. צֹמֶת שֶׁהָעֲצִירָה בְּמֶרְכָּזוֹ אֲסוּרָה
box-kite /ˈbɒks-kaɪt/ n. עֲפִיפוֹן־תֵּבָה
box number /ˈbɒks ˌnʌmbə(r)/ n. מִסְפַּר תָּא־הַדֹּאַר; מִסְפַּר־צִיּוּן לִתְשׁוּבָה עַל מוֹדָעוֹת בָּעִתּוֹן
box-office /ˈbɒks-ˌɒfɪs/ n. קֻפַּת תֵּיאַטְרוֹן, אֶשְׁנָב לִמְכִירַת־כַּרְטִיסִים (בְּתֵיאַטְרוֹן, קוֹלְנוֹעַ וְכַד׳)
□ *the show is a box-office success* הַמּוֹפָע הוּא הַצְלָחָה קֻפָּתִית
box-wood /ˈbɒks-wʊd/ n. עֵץ קָשֶׁה מִגֶּזַע הָאֶשְׁכְּרוֹעַ
boy /bɔɪ/ n. יֶלֶד, נַעַר, בָּחוּר; מְשָׁרֵת
boy scout צוֹפֶה, חָבֵר תְּנוּעַת הַצּוֹפִים
boycott /ˈbɔɪkɒt/ n. & v.t. חֵרֶם; הֶחֱרִים אֶת
boyfriend /ˈbɔɪfrend/ n. חָבֵר; הֶחָבֵר (בֶּן־זוּג קָבוּעַ)
boyhood /ˈbɔɪhʊd/ n. יַלְדוּת, יְמֵי־הַיַּלְדוּת
boyish /ˈbɔɪɪʃ/ adj. יַלְדוּתִי, נַעֲרִי
bra /brɑː/ n. חֲזִיָּה
brace /breɪs/ n.
1 (thing that secures or strengthens) תְּמִיכָה, סְמוֹכָה, מִשְׁעָן
2 (in *pl.*, support for trousers, *UK*) כְּתֵפִיּוֹת
3 (tool) אַרְכֻּבַּת קִדּוּחַ
brace and bit מַקְדֵּחַת־יָד, מַקְדֵּחַ־אַרְכּוּבָה
4 (pair) צֶמֶד (לְרֹב בְּהֶקְשֵׁר שֶׁל צַיִד, שְׁנַיִם מֵאוֹתוֹ סוּג)
□ *she bought a brace of pheasants* הִיא קָנְתָה צֶמֶד פַּסְיוֹנִים (שֶׁנִּצּוֹדוּ)
5 (for straightening teeth) "גֶּשֶׁר"
—v.t. הִדֵּק, חִזֵּק, הִצְמִיד
□ *brace yourself for some bad news* תִּתְכּוֹנֵן/תַּחֲזִיק מַעֲמָד, יֵשׁ לִי יְדִיעָה מָרָה
bracelet /ˈbreɪslɪt/ n. צָמִיד
(in *pl.*, handcuffs, *sl.*) אֲזִקִּים
bracing /ˈbreɪsɪŋ/ adj. מַבְרִיא, מְחַזֵּק, מְאַשֵּׁשׁ, מְרַעֲנֵן
bracken /ˈbrækən/ n. סוּג שֶׁל שָׁרָךְ עָבֹת
bracket /ˈbrækɪt/ n.
1 (support) זִיז־תְּמִיכָה; אֶדֶן, תּוֹמֵךְ (לְמַדָּף וְכַד׳)
2 (parenthesis) סוֹגְרַיִם
3 (people grouped together) קְבוּצָה, שִׁכְבָה (בַּעֲלַת מְאַפְיְנִים מְסֻיָּמִים)
□ *this affects the higher income bracket* זֶה מַשְׁפִּיעַ עַל קְבוּצַת בַּעֲלֵי הַהַכְנָסָה הַגְּבוֹהָה יוֹתֵר, זֶה מַשְׁפִּיעַ עַל הָעֲשִׂירוֹן הָעֶלְיוֹן
—v.t.
□ *you cannot bracket them together* אִי אֶפְשָׁר לִכְלֹל אוֹתָם בְּאוֹתָהּ קְבוּצָה
brackish /ˈbrækɪʃ/ adj. (לְגַבֵּי מַיִם) מְלוּחִים בְּמִקְצָת
bract /brækt/ n. (*Bot.*) (בְּבּוֹטָנִיקָה) חָפָה, עָלֶה קָטָן יָרֹק שֶׁמִּמֶּנּוּ יוֹצֵא פֶּרַח
brad /bræd/ n. מַסְמֵר דַּק וְשָׁטוּחַ בַּעַל רֹאשׁ קָטָן (לְמִסְגָּרוֹת וּלְתִקּוּן נְעָלִים), מַסְמֵר סַנְדְּלָרִים, מַסְמֵר נְעָלִים

bradawl /ˈbrædɔːl/ n. מַרְצֵעַ לְמַסְמֵר (כַּנֵּ"ל)
brag /bræg/ v.i. הִשְׁוִיץ, הִתְפָּאֵר, הִתְרַבְרֵב
—n.
1 (boastful statement) הִתְפָּאֲרוּת, הִתְרַבְרְבוּת
2 (card game) מִשְׂחַק קְלָפִים, דּוֹמֶה לְמִשְׂחַק פּוֹקֶר
braggart /ˈbrægət/ n. שְׁוִיצֶר, רַבְרְבָן
brahmin /ˈbrɑːmɪn/ n. בְּרַהְמִין, בְּרַהְמִינִי, בֶּן הַקַּסְטָה הַבְּרַהְמִינִית בְּהֹדּוּ
braid /breɪd/ v.t. & n. קָלַע, שָׁזַר (צַמָּה, חַלָּה וְכוּ׳); צַמָּה, מִקְלַעַת, סֶרֶט קָלוּעַ (לְקִשּׁוּט מַדִּים בְּמְיֻחָד)
gold braid מִקְלַעַת־זָהָב (לְמַדֵּי־שְׂרָד וְכַד׳)
Braille /breɪl/ n. בְּרַיְל, כְּתַב־בְּרַיְל (לְעִוְרִים)
brain /breɪn/ n. מֹחַ; שֵׂכֶל
brain drain בְּרִיחַת מֹחוֹת
brains trust (*UK*) טְרַסְט־מֹחוֹת, צֶוֶת־מֹחוֹת, חֶבֶר־מֻמְחִים
□ *he is the brain behind the scheme* (*colloq.*) הוּא הַמֹּחַ מֵאֲחוֹרֵי הַתָּכְנִית
□ *I have had that song on the brain all day* (*colloq.*) הַשִּׁיר הַזֶּה זִמְזֵם לִי בָּרֹאשׁ כָּל הַיּוֹם
□ *I've come to pick your brains* בָּאתִי "לְשַׁנּוֹרֵר" עֵצָה, בָּאתִי לְבַקֵּשׁ עֵצָה
—v.t. (*colloq.*) רוֹצֵץ רֹאשׁ, רוֹצֵץ גֻּלְגֹּלֶת
brain-child /ˈbreɪn-tʃaɪld/ n. (*colloq.*) הַמְצָאָה, פְּרִי־מַחֲשָׁבָה, "בֵּיבִּי"
□ *the scheme was Simon's brain-child* הַתָּכְנִית הָיְתָה כֻּלָּהּ פְּרִי־רַעְיוֹנוֹ שֶׁל סִימוֹן, הַתָּכְנִית הָיְתָה הַ"בֵּיבִּי" שֶׁל שִׁמְעוֹן
brain-dead /ˈbreɪn-ded/ adj. (אָדָם הַנִּמְצָא) בְּמַצָּב שֶׁל מוֹת־מֹחִי; (אָדָם) בַּעַל מֹחַ שֶׁל תַּרְנְגֹלֶת (בִּטּוּי מַעֲלִיב)
brainless /ˈbreɪnlɪs/ adj. שׁוֹטֶה, אֱוִיל גָּמוּר, כְּסִיל מֻשְׁלָם, "טִפֵּשׁ כְּמוֹ־כַּפִּית"
brainstorm /ˈbreɪnstɔːm/ n. (*colloq.*) אִבּוּד עֶשְׁתּוֹנוֹת פִּתְאֹמִי; הַבְרָקָה פִּתְאֹמִית
brainwash /ˈbreɪnˌwɒʃ/ v.t. (*derog.*) עָשָׂה שְׁטִיפַת־מֹחַ, שָׁטַף (לִפְלוֹנִי) אֶת הַמֹּחַ
brainwashing /ˈbreɪnˌwɒʃɪŋ/ n. (*derog.*) שְׁטִיפַת־מֹחַ
brainwave /ˈbreɪnweɪv/ n. גַּל־מֹחַ; הַבְרָקָה פִּתְאֹמִית, הַשְׁרָאַת־הָרֶגַע
brainy /ˈbreɪnɪ/ adj. (*colloq.*) פִּקֵּחַ, בַּעַל מֹחַ בְּקָדְקֳדוֹ, חָכָם
braise /breɪz/ v.t. (בְּבִשּׁוּל) צְלִיָּה מְהִירָה שֶׁל בָּשָׂר/ יְרָקוֹת, וּלְאַחֲרֶיהָ בִּשּׁוּל אִטִּי בְּכַמּוּת קְטַנָּה שֶׁל נוֹזְלִים
brake /breɪk/ n. (בִּמְכוֹנָה, בְּרֶכֶב) בֶּלֶם, מַעֲצוֹר, "בְּרֶקְס"
brake horse-power כֹּחַ־סוּס לִבְלִימָה (יְחִידַת הַסְפֵּק־כֹּחַ)
□ *apply* (or *put on*) *the brakes before it is too late* הַפְעֵל אֶת/לְחַץ עַל הַבְּלָמִים לִפְנֵי שֶׁיִּהְיֶה מְאֻחָר מִדַּי; תַּפְסִיק לִפְנֵי שֶׁיִּהְיֶה מְאֻחָר מִדַּי
—v.t. & i. בָּלַם אֶת; בָּלַם, עָצַר
brake-drum /ˈbreɪk-drʌm/ n. (בִּמְכוֹנִית) תֹּף הַבֶּלֶם

brake-lights /ˈbreɪk-laɪts/ n. אוֹרוֹת בְּלָמִים (בִּמְכוֹנִית וְכַד׳)

brake-lining /ˈbreɪk-ˌlaɪnɪŋ/ n. רְפִידַת הַבֶּלֶם (בִּמְכוֹנִית)

brake-shoe /ˈbreɪk-ʃuː/ n. סוּלְיַת הַבֶּלֶם, גְּשִׁישׁ הַבֶּלֶם (בִּמְכוֹנִית)

brake-van /ˈbreɪk-væn/ n. קְרוֹן־הַמְּאַסֵּף בָּרַכֶּבֶת, ״קָבּוּז״ (קְרוֹן הַשְּׁמִירָה בְּסוֹף הָרַכֶּבֶת)

bramble /ˈbræmb(ə)l/ n. אֻכְמָנִית־הַבָּר (שִׂיחַ־פְּרִי קוֹצָנִי)

bran /bræn/ n. סֻבִּין

branch /brɑːnʃ/ n. עָנָף; סְנִיף, שְׁלוּחָה

root and branch (*formal*) עַד הַיְסוֹד, כָּלִיל

branch library שְׁלוּחָה שֶׁל סִפְרִיָּה מֶרְכָּזִית

branch line קַו־רַכֶּבֶת מִשְׁנִי

—v.i. הִסְתָּעֵף; (עֵסֶק וְכַד׳) הִתְרַחֵב

□ *the road branches (off) here* הַדֶּרֶךְ מִתְפַּצֶּלֶת כָּאן

□ *I want to branch out in a new direction* אֲנִי רוֹצֶה לְהַרְחִיב אֶת תְּחוּם הַפְּעֻלָּה שֶׁלִּי

brand /brænd/ n.

1 (trade mark; type of goods) סִימַן מִסְחָר, סֵמֶל מִסְחָרִי; סוּג, תּוֹצֶרֶת

□ *which brand of washing powder do you use?* בְּאֵיזֶה סוּג שֶׁל אַבְקַת כְּבִיסָה אַתָּה מִשְׁתַּמֵּשׁ?

—v.t. טָבַע חוֹתָם, צָרַב סִימָן־כְּוִיָּה בְּבַרְזֶל מְלֻבָּן (בְּבָקָר וְכַד׳); טָבַע אוֹת־קָלוֹן, הִכְתִּים בְּאוֹת־קָלוֹן

branded goods מוּצָרִים מְסֻמָּנִים בְּסֵמֶל מִסְחָרִי

2 (mark made by hot iron) סִמּוּן־בָּקָר (שֶׁנַּעֲשָׂה עַל יְדֵי צְרִיבָה בְּבַרְזֶל מְלֻבָּן); אוֹת קָלוֹן

3 (burning log) אוּד, גְּזִיר־עֵץ בּוֹעֵר

branding-iron /ˈbrændɪŋ-ˌaɪən/ n. בַּרְזֶל־סִמּוּן, בַּרְזֶל מְלֻבָּן לִצְרִיבַת סִימָן כְּוִיָּה (עַל בָּקָר וְכַד׳)

brandish /ˈbrændɪʃ/ v.t. נוֹפֵף (לָרֹב בְּחֶרֶב, בְּהַשְׁאָלָה גַּם בַּחֲפָצִים אֲחֵרִים), נוֹפֵף בְּאִיּוּם

brand-name /ˈbrænd-neim/ n. סוּג הַמּוּצָר, הַשֵּׁם הַמִּסְחָרִי

brand-new /ˈbrænd-ˈnjuː/ adj. חָדָשׁ לְגַמְרֵי, חָדָשׁ

brandy /ˈbrændɪ/ n. בְּרֶנְדִי, יַי״שׂ, קוֹנְיָק

bran-tub /ˈbræn-tʌb/ n. גִּיגִית שֶׁל סֻבִּין שֶׁהֻצְפְּנוּ בָּהּ מַתָּנוֹת וְהַפְתָּעוֹת לִילָדִים (מִשְׂחַק־פְּרָסִים בִּמְסִבּוֹת יוֹם־הֻלֶּדֶת וְכַד׳)

brash /bræʃ/ adj. (*derog.*) מְחֻצָּף; שַׁחְצָנִי; פָּזִיז וְנִמְהָר

brass /brɑːs/ n.

1 (metal) פְּלִיז, נְחֹשֶׁת־קָלָל (נֶתֶךְ שֶׁל נְחֹשֶׁת וְאָבָץ)

brass hat (*colloq.*) ״פִּלְפֵּל״ (בְּהַשְׁאָלָה, לְתֵאוּר סִימָנֵי־הַדַּרְגּוֹת מֵרַב־סֶרֶן וּמַעְלָה) קָצִין בָּכִיר בַּצָּבָא, קָצִין גָּבוֹהַּ

brass plate שֶׁלֶט פְּלִיז (עַל דַּלְתּוֹ שֶׁל רוֹפֵא, עוֹרֵךְ דִּין וְכַד׳)

top brass (*colloq.*) ״הַגְּדוֹלִים״, ״הַחֲשׁוּבִים״ (בַּעֲלֵי הָעֶמְדּוֹת הַבְּכִירוֹת בַּחֶבְרָה, בָּעֲסָקִים, בַּצָּבָא וְכַד׳)

□ *let's get down to brass tacks* (*colloq.*) בּוֹא נְדַבֵּר לְגוּפוֹ שֶׁל עִנְיָן, בּוֹא נְדַבֵּר עַל הָעֻבְדּוֹת; בּוֹא נְדַבֵּר ״תַּכְלֶס״

□ *I don't care a brass farthing* אֲנִי לֹא שָׂם עַל זֶה, אֲנִי לֹא שָׂם עַל זֶה גְּרוּשׁ, לֹא אִכְפַּת לִי

2 (section of orchestra) כְּלֵי הַנְּשִׁיפָה מִמַּתֶּכֶת (בְּתִזְמֹרֶת, לְהַבְדִּיל מִכְּלֵי־הַנְּשִׁיפָה מֵעֵץ)

brass band תִּזְמֹרֶת כְּלֵי־נְשִׁיפָה וְהַקָּשָׁה

3 (effrontery, *sl.*) חֻצְפָּה, מֵצַח נְחוּשָׁה, עַזּוּת מֵצַח

4 (money, *sl.*) ״מְצַלְצְלִים״

brasserie /ˈbræsərɪ/ n. מִסְעָדָה (זוֹלָה), ״מִפְגָּשׁ״; בְּרַסְרִי

brassière /ˈbræzɪə(r)/ n. (*formal*) חֲזִיָּה (שֶׁל אִשָּׁה)

brassy /ˈbrɑːsɪ/ adj. בַּעַל צֶבַע פְּלִיז; בַּעַל צְלִיל כְּלֵי נְשִׁיפָה; (הִתְנַהֲגוּת אוֹ מַרְאֶה) חֲסַר־טַעַם, רַעַשְׁנִי וְנוֹצֵץ

brat /bræt/ n. (*derog.*) (יֶלֶד) פִּרְחָח, פֶּרֶא־אָדָם

bravado /brəˈvɑːdəʊ/ n. הַפְגָּנַת־אֹמֶץ, הֶעָזָה רַאַוְתָנִית (שֶׁלֹּא לְצֹרֶךְ)

brave /breɪv/ adj

1 (courageous) אַמִּיץ, אַמִּיץ־לֵב, נוֹעָז

2 (admirable) נִפְלָא, מַפְלִיא בְּיָפְיוֹ

brave new world עוֹלָם חָדָשׁ וְנֶהְדָּר

—n. לוֹחֵם אִינְדִיאָנִי

—v.t. עָמַד בְּאֹמֶץ בְּ... נָשָׂא בְּאֹמֶץ אֶת

□ *they decided to brave the elements* הֵם הֶחְלִיטוּ לָצֵאת לַדֶּרֶךְ לַמְרוֹת מֶזֶג־הָאֲוִיר

bravery /ˈbreɪvərɪ/ n. אֹמֶץ, אֹמֶץ־לֵב

bravo /brɑːˈvəʊ/ n. & int. בְּרָאבוֹ, הֵידָד; קְרִיאוֹת הֵידָד, קְרִיאוֹת בְּרָאבוֹ

bravura /brəˈvʊərə/ n. ״בָּרָק״; טוּר־דֶה־פוֹרְס (בְּהוֹפָעָה וְכַד׳)

brawl /brɔːl/ n. קְטָטָה, מְרִיבָה קוֹלָנִית, הִתְכַּתְּשׁוּת

—v.i. הִתְקוֹטֵט, הִתְכַּתֵּשׁ

brawn /brɔːn/ n.

1 (strength) כֹּחַ־שְׁרִירִים, ״שְׁרִירִים״

2 (jellied meat) מִקְפָּא שֶׁל בְּשַׂר חֲזִיר, קְרִישׁ־בָּשָׂר

brawny /ˈbrɔːnɪ/ adj. שְׁרִירִי, חָזָק

bray /breɪ/ n. & v.i. נָעַר; נְעִירָה, נְעִירַת־חֲמוֹר

braze /breɪz/ v.t. הִלְחִים בְּעֶזְרַת נֶתֶךְ שֶׁל פְּלִיז וְאָבָץ

brazen /ˈbreɪz(ə)n/ adj.

1 (shameless) חֲסַר בּוּשָׁה, מְחֻצָּף, עַז־מֵצַח

brazen hussy (*arch.*) בַּחוּרָה חֲצוּפָה, חַסְרַת־בּוּשָׁה

2 (of or like brass, *formal*) עָשׂוּי פְּלִיז; (צְלִיל) מַתַּכְתִּי, צוֹרֵם, צוֹרֵם אֶת הָאֹזֶן

—v.t.

brazen out הִכְחִישׁ

□ *they brazened out their crime* הֵם הִכְחִישׁוּ אֶת פִּשְׁעָם בְּמֵצַח נְחוּשָׁה

brazier /ˈbreɪzɪə(r)/ n. אַרְגַּז־גֶּחָלִים, סַל־גֶּחָלִים (מְכַל בַּרְזֶל פָּתוּחַ הַמֵּכִיל גֶּחָלִים־לוֹחֲשׁוֹת לְחִמּוּם)

breach /briːtʃ/ n.

1 (infringement) הֲפָרָה

breach of contract (*Law*) (בִּתְבִיעָה מִשְׁפָּטִית) הֲפָרַת חוֹזֶה

breach of the peace (*Law*) הֲפָרַת שְׁלוֹם הַצִּבּוּר, הֲפָרַת הַסֵּדֶר הַצִּבּוּרִי

breach of promise (*Law*) (בִּתְבִיעָה מִשְׁפָּטִית) הֲפָרַת הַבְטָחָה (בְּעִקָּר הַבְטָחַת נִשּׂוּאִין)

2 (gap) פַּעַר, חֶסֶר

□ *the understudy had to fill the breach* הַמַּחְלִיף נִקְרָא לְמַלֵּא אֶת מְקוֹם הַשַּׂחְקָן הֶחָסֵר

—v.t. הֵפֵר; פָּרַץ, בִּקַּע

bread /bred/ n.

1 (food) לֶחֶם

bread and butter לֶחֶם בְּחֶמְאָה; פַּרְנָסָה; הַדְּבָרִים הַחִיּוּנִיִּים לַחַיִּים; הָ"א-ב" שֶׁל

bread-and-butter letter מִכְתַּב תּוֹדָה (עַל הָאֵרוּחַ)

□ *he earns his bread and butter by writing* הוּא מִתְפַּרְנֵס מִכְּתִיבָה

□ *he knows which side his bread is buttered* (*colloq.*) הוּא יוֹדֵעַ מַה טּוֹב בִּשְׁבִילוֹ, הוּא יוֹדֵעַ עַל מִי לְהִתְחַבֵּב (כְּדֵי לְהִסְתַּדֵּר)

□ *she earned her daily bread as a secretary* הִיא הִתְפַּרְנְסָה מֵעֲבוֹדַת מַזְכִּירוּת

2 (money, *sl.*) כֶּסֶף, "מְצַלְצְלִים"

breadcrumb /ˈbredkrʌm/ n. פֵּרוּר־לֶחֶם

breadfruit /ˈbredfruːt/ n. פְּרִי שֶׁל עֵץ מִמִּשְׁפַּחַת הַתְּאֵנִים בְּאִיֵּי הָאוֹקְיָנוֹס הַשָּׁקֵט, שֶׁטַּעְמוֹ וּמַרְאֵהוּ כְּלֶחֶם לְאַחַר אֲפִיָּתוֹ

breadline /ˈbredlaɪn/ n. קַו הָעֹנִי

on the breadline עַל סַף קַו־הָעֹנִי, בְּדֹחַק רַב

breadth /bretθ/ n. רֹחַב

breadwinner /ˈbredˌwɪnə(r)/ n. מְפַרְנֵס־מִשְׁפָּחָה

break /breɪk/ (past **broke** /brəʊk/, past ppl. **broken** /ˈbrəʊkən/) v.t. & i.

1 (sever, fracture, smash) שָׁבַר, נִתֵּץ, רִסֵּק

breaking point נְקֻדַּת־שְׁבִירָה

broken-winded בַּעַל רֵאוֹת פְּגוּמוֹת

□ *they will break the back of the job by lunchtime* (*colloq.*) עַד הַצָּהֳרַיִם הֵם יְסַיְּמוּ אֶת הַחֵלֶק הַקָּשֶׁה שֶׁל הָעֲבוֹדָה

□ *the experiment has broken new ground* הַנִּסּוּי סָלַל דְּרָכִים חֲדָשׁוֹת, הַנִּסּוּי הַזֶּה הוּא פְּרִיצַת־דֶּרֶךְ

□ *it was difficult walking over the broken ground* הָיָה קָשֶׁה לִצְעֹד עַל הַקַּרְקַע/הָאֲדָמָה הַסַּלְעִית

□ *he came from a broken home* הוּא בָּא מִמִּשְׁפָּחָה הֲרוּסָה, הוּא בָּא מִבַּיִת הָרוּס

□ *the hostess tried to break the ice at the party* (*colloq.*) הַמְאָרַחַת נִסְּתָה לִשְׁבֹּר אֶת הַקֶּרַח בַּמְּסִבָּה

□ *they were breaking open the coconut shells* הֵם בִּקְּעוּ אֱגוֹזֵי קוֹקוֹס

□ *the soldiers broke ranks* הַחַיָּלִים יָצְאוּ מִן הַשּׁוּרוֹת

□ *he's a broken reed* (*formal*) הוּא מִשְׁעֶנֶת קָנֶה רָצוּץ

2 (violate, infringe) הֵפֵר, שָׁבַר

broken English אַנְגְּלִית רְצוּצָה

□ *he broke the law* הוּא עָבַר עַל הַחֹק

□ *never break a promise!* לְעוֹלָם אַל תָּפֵר הַבְטָחָה!

□ *don't break your word!* עֲמֹד בְּדִבּוּרְךָ!

3 (interrupt) עָצַר, הִפְסִיק

□ *his helmet broke the blow* הַקַּסְדָּה בָּלְמָה אֶת הַמַּכָּה, הַקַּסְדָּה רִכְּכָה אֶת עָצְמַת הַמַּכָּה

□ *he broke his fast with some water* (*formal*) הוּא לָגַם מְעַט מַיִם לְאַחַר פֶּרֶק זְמַן מְמֻשָּׁךְ לְלֹא מָזוֹן (לְאַחַר צוֹם, אַךְ גַּם בַּבֹּקֶר עִם הַשְׁכָּמָה)

□ *a shot broke the silence* קוֹל־יְרִיָּה פִּלַּח אֶת הַדְּמָמָה

□ *applause broke the spell of the music* הַתְּשׁוּאוֹת הֵפִיגוּ אֶת קֶסֶם הַמּוּזִיקָה

4 (crush, subdue) גָּבַר עַל, שָׁבַר

□ *I can't break the habit of smoking* אֵינֶנִּי יָכוֹל לְהִתְגַּבֵּר עַל הֶרְגֵּל הָעִשּׁוּן

□ *the accident broke his nerve* (or *spirit*) הַתְּאוּנָה שָׁבְרָה אֶת רוּחוֹ, הַתְּאוּנָה עִרְעֲרָה אֶת עֲצַבָּיו

□ *he ended up a broken man* (לְאַחַר הָאֵרוּעִים) הוּא הָפַךְ לְאָדָם שָׁבוּר

5 (disclose, let out) גִּלָּה, חָשַׂף, פָּרַץ

break wind הוּא הֵפִיחַ פִּיחָה, הוּא פָּלַט נְפִיחָה

□ *he had to break the bad news to his friend* הָיָה עָלָיו לְבַשֵּׂר לַחֲבֵרוֹ אֶת הַבְּשׂוֹרָה הָרָעָה

□ *day* (or *dawn*) *is breaking* הַיּוֹם עוֹלֶה, הַשַּׁחַר מַפְצִיעַ

□ *the storm broke* הַסְּעָרָה פָּרְצָה

□ *the horse broke free* (or *loose*) הַסּוּס הִשְׁתַּחְרֵר וּבָרַח

□ *the horse broke into a trot* הַסּוּס עָבַר לַהֲלִיכָה מְהִירָה/רִיצָה קַלָּה

6 (of a voice) (לְגַבֵּי קוֹל) הִתְחַלֵּף

□ *at puberty boys' voices break* בְּגִיל הַהִתְבַּגְּרוּת מִתְחַלֵּף קוֹלָם שֶׁל הַנְּעָרִים

□ *her voice broke as she told me the sad news* קוֹלָהּ נִשְׁבַּר כְּשֶׁסִּפְּרָה לִי אֶת הַחֲדָשׁוֹת הָעֲגוּמוֹת

7 (of a ball) שִׁנָּה כִּוּוּן, שִׁנָּה מַהֲלָךְ (כַּדּוּר קְרִיקֶט וְכַד')

8 (in set phrases)

break away (detach) נִמְלַט, בָּרַח; הִשְׁתַּחְרֵר; נִתֵּק אֶת הַקְּשָׁרִים עִם

break down (demolish, collapse) הָרַס; נִשְׁבַּר, הִתְמוֹטֵט

□ *the interrogators tried to break down the prisoner's resistance* הַחוֹקְרִים נִסּוּ לִשְׁבֹּר אֶת כֹּחַ־הַהִתְנַגְּדוּת שֶׁל הָאָסִיר

□ *his health broke down* בְּרִיאוּתוֹ הִתְעַרְעֲרָה

□ *he broke down in tears* הוּא פָּרַץ בִּבְכִי, הוּא הִתְמוֹטֵט בִּדְמָעוֹת

break down (cease to function) (כְּלִי רֶכֶב) הִתְקַלְקֵל, חָדַל לִפְעֹל; נִתְקַע

□ *the car broke down on the motorway* הַמְּכוֹנִית נִתְקְעָה בְּאֶמְצַע הָאוֹטוֹסְטְרָדָה

(divide into parts) פֵּרֵק לַחֲלָקִים, פֵּרֵט

□ *can you break down the figures for me?* פָּרֵט לִי בְּבַקָּשָׁה אֶת הַנְּתוּנִים/הַמִּסְפָּרִים/הַחֶשְׁבּוֹן

break even הִסְתַּכֵּם לְלֹא הֶפְסֵד (אֲבָל גַּם לְלֹא רֶוַח), הִצְלִיחַ לְאַזֵּן אֶת הַהֶפְסֵדִים

□ *he hopes to break even next year* הוּא מְקַוֶּה לְהַגִּיעַ בַּשָּׁנָה הַבָּאָה לְמַצָּב שֶׁל אִזּוּן רְוָחִים וְהֶפְסֵדִים

break in אִלֵּף, אִמֵּן (סוּס)

break into

(enter without permission) פָּרַץ

(begin suddenly) פָּרַץ (בִּצְחוֹק, בִּתְשׁוּאוֹת, בְּשִׁירָה)

(interrupt) הִפְסִיק, חָתַךְ (אֶת הָרֶצֶף)

break off

(detach, become detached) שִׁחְרֵר, נִתֵּק; הִשְׁתַּחְרֵר, הִתְנַתֵּק

(stop) הִפְסִיק, עָצַר, בִּטֵּל

□ *in a great fury he broke off negotiations* בְּרֹב זַעֲמוֹ הוּא הִפְסִיק אֶת הַמַּשָּׂא וּמַתָּן

□ *let's break off for lunch* בּוֹא וְנֵצֵא לְהַפְסָקַת־הַצָּהֳרַיִם

□ *she broke off in the middle of a sentence* הִיא עָצְרָה בְּאֶמְצַע הַמִּשְׁפָּט

break out

(escape) בָּרַח, נִמְלַט (מִכֶּלֶא, מִכְּבָלִים וְכַד')

(erupt, begin, burst out) הֵחֵל, פָּרַץ, הִתְפָּרֵץ

□ *war broke out* פָּרְצָה מִלְחָמָה

□ *the racehorse broke out into a sweat* סוּס הַמֵּרוֹץ הִתְכַּסָּה בְּזֵעָה

break up רִסֵּק, שָׁבַר לִרְסִיסִים; הִתְרַסֵּק, הִתְפּוֹרֵר, הִתְמוֹטֵט, הִסְתַּיֵּם

□ *their marriage is breaking up* הַנִּשּׂוּאִים שֶׁלָּהֶם מִתְפָּרְקִים/מִתְמוֹטְטִים

□ *when does your school break up for the summer holidays?* מָתַי מַתְחִיל הַחֹפֶשׁ הַגָּדוֹל בְּבֵית הַסֵּפֶר שֶׁלָּכֶם? מָתַי נִגְמֶרֶת שְׁנַת־הַלִּמּוּדִים בְּבֵית הַסֵּפֶר שֶׁלָּכֶם?

break up with "גָּמַר" עִם (סִיֵּם קֶשֶׁר רוֹמַנְטִי)

break with נִפְרַד, נִתֵּק יְחָסִים

□ *John has broken with his wife* ג'וֹן נִפְרַד מֵאִשְׁתּוֹ

(give up) וִתֵּר

□ *he broke with his old habits* הוּא נִגְמַל מֵהֶרְגֵּלָיו הַיְשָׁנִים

break /breɪk/ n.

1 (intermission) הַפְסָקָה

□ *she worked for six hours without a break* הִיא עָבְדָה שֵׁשׁ־שָׁעוֹת לְלֹא־הַפְסָקָה

□ *give me a break!* (*colloq.*) תֵּרֵד מִמֶּנִּי! בְּחַיֶּיךָ, עֲזֹב אוֹתִי!

2 (change) שִׁנּוּי; הַפְרָעָה, דָּבָר מְנֻגָּד לְ...

□ *if there's a break in the weather we will go on* אִם יִשְׁתַּנֶּה מֶזֶג הָאֲוִיר נַמְשִׁיךְ

3 (gap) פַּעַר, שֶׁבֶר, רֶוַח, חוֹר וְכַד'

□ *there's a break in the fence just here* יֵשׁ כָּאן פִּרְצָה בַּגָּדֵר, יֵשׁ כָּאן חוֹר בַּגָּדֵר

4 (chance, piece of luck, *colloq.*) צַ'נְס, מַזָּל

□ *he's had a lucky break* זֶה נָפַל עָלָיו מֵהַשָּׁמַיִם (דָּבָר טוֹב בִּלְבַד), הוּא שִׂחֵק אוֹתָהּ

5 (in billiards) סִכּוּם הַנְּקֻדּוֹת בְּתוֹר אֶחָד בְּמִשְׂחַק בִּילְיַארְד; מַכַּת הַפְּתִיחָה בְּבִילְיַארְד

6 (early hours, *poet.*) הֵנֵץ, עֲלוֹת

break of day or dawn עֲלוֹת הַשַּׁחַר, הֵנֵץ הַשַּׁחַר

breakable /ˈbreɪkəb(ə)l/ adj. שָׁבִיר, עָלוּל לְהִשָּׁבֵר

breakage /ˈbreɪkɪdʒ/ n. שְׁבִירָה; שֶׁבֶר, שְׁבָרִים; פִּצּוּי עַל אָבְדַן מִטְעָן

□ *the hotel allows £1000 a year for breakages* הַמָּלוֹן מַקְצִיב 1000 לי"ש לְשָׁנָה לְתִקּוּן נְזָקִים

breakaway /ˈbreɪkəˈweɪ/ n. & adj. הִתְבַּדְּלוּת, פְּרִישָׁה; (בְּמֵרוֹץ) זִנּוּק לִפְנֵי הִנָּתֵן הָאוֹת; בַּדְלָנִי

□ *they formed a breakaway faction* הֵם הֵקִימוּ סִיעָה בַּדְלָנִית

break-dancing /ˈbreɪk-ˌdɑːnsɪŋ/ n. "בְּרֵיק־דַּנְסִינְג"

breakdown /ˈbreɪkdaʊn/ n.

1 (stoppage of machine) קִלְקוּל, הַפְסָקַת־פְּעֻלָּה

2 (collapse of health) הִתְמוֹטְטוּת

nervous breakdown הִתְמוֹטְטוּת־עֲצַבִּים

3 (analysis, itemization) פֵּרוּט, חֲלֻקָּה לִפְרָטִים, נִתּוּחַ (שֶׁל נְתוּנִים, סְטָטִיסְטִיקָה וְכַד')

breaker /ˈbreɪkə(r)/ n.

1 (wave) מִשְׁבָּר

2 (in comb., person or thing that breaks) שׁוֹבֵר (לְמָשָׁל: שׁוֹבֶרֶת קֶרַח), מֵפֵר, פּוֹרֵץ (לְמָשָׁל: מֵפֵר־חֹק, פּוֹרֵץ־חֹק)

breakfast /ˈbrekfəst/ n. & v.i. אֲרוּחַת בֹּקֶר; אָכַל אֲרוּחַת־בֹּקֶר

breakneck /ˈbreɪknek/ adj. (מְהִירוּת, קֶצֶב) מְטֹרָף, רַצְחָנִי

at breakneck speed בִּמְהִירוּת מְטֹרֶפֶת

breakthrough /ˈbreɪkθruː/ n.

1 (advance made in research) פְּרִיצַת־דֶּרֶךְ, תַּגְלִית, תַּגְלִית מַהְפְּכָנִית, הִתְקַדְּמוּת חֲשׁוּבָה

2 (*Mil.*) פְּרִיצָה, הַבְקָעָה, חֲדִירָה לְעֹמֶק שִׁטְחוֹ שֶׁל הָאוֹיֵב

breakwater /ˈbreɪkˌwɔːtə(r)/ n. מֵזַח, שׁוֹבֵר־גַּלִּים

bream /briːm/ n. אַבְרוֹמָה (דַּג־מַאֲכָל מִמִּשְׁפַּחַת הַקַּרְפִּיוֹנִיִּים הַחַי בְּמַיִם מְתוּקִים); סְפָרוּס (דַּג מַאֲכָל הַחַי בַּיָּם)

breast /brest/ n. חָזֶה; שַׁד

breast pocket כִּיס הֶחָזֶה (הַפְּנִימִי) בְּמִקְטֹרֶן/זַ'קֶט

□ *the accused man made a clean breast of it* הַנֶּאֱשָׁם הוֹדָה בְּכָל הָאַשְׁמָה

—v.t. (*formal*) עָמַד בְּאֹמֶץ בִּפְנֵי, הָדַף בְּחָזֵהוּ
□ *the winner of the race breasted the tape* הַמְנַצֵּחַ בַּמֵּרוֹץ הָדַף אֶת סֶרֶט־הַגְּמָר בְּחָזֵהוּ
□ *he breasted the waves* הוּא נֶאֱבַק בַּגַּלִּים (וְנִצַּח)

breastbone /ˈbrestbəʊn/ n. עֶצֶם הֶחָזֶה

breast-fed /brest-fed/ adj. (תִּינוֹק) שֶׁהוּנַק, שֶׁמְּנִיקִים אוֹתוֹ

breast-feed /ˈbrest-fiːd/ v.t. הֵינִיקָה

breastplate /ˈbrestpleɪt/ n. שִׁרְיוֹן־חָזֶה, מָגֵן־הֶחָזֶה; חֹשֶׁן

breaststroke /ˈbrest-strəʊk/ n. שְׂחִיַּת חָזֶה

breastwork /ˈbrestwɜːk/ n. (*Hist.*) חוֹמַת־מָגֵן זְמַנִּית בְּגֹבַהּ הֶחָזֶה (בִּימֵי הַבֵּינַיִם)

breath /breθ/ n. נְשִׁימָה
bad breath רֵיחַ רַע מֵהַפֶּה
breath test בְּדִיקָה מִשְׁטַרְתִּית בְּסִיסִית לִקְבִיעַת רָמַת הָאַלְכּוֹהוֹל בַּדָּם (שֶׁל נֶהָגִים בִּשְׁעַת הַנְּהִיגָה)
out of breath מִתְנַשֵּׁם וּמִתְנַשֵּׁף
□ *he says yes and no in the same breath* הוּא אוֹמֵר דָּבָר וְהִפּוּכוֹ בִּנְשִׁימָה אַחַת
□ *she took a deep breath and began the story* הִיא לָקְחָה אֲוִיר וּפָתְחָה בַּסִּפּוּר
□ *the beauty of the scenery took his breath away* יְפִי הַנּוֹף עָצַר אֶת נְשִׁימָתוֹ
□ *the old man was muttering under his breath* הַזָּקֵן מְלַמֵּל מַשֶּׁהוּ מִתַּחַת לַשָּׂפָם (בְּהַשְׁאָלָה, גַּם אִם אֵין לוֹ שָׂפָם)
□ *you're wasting your breath* (*colloq.*) אַתָּה מְדַבֵּר לְחִנָּם. חֲבָל עַל הַזְּמַן שֶׁלְּךָ
□ *her advice was a breath of fresh air to the worried man* עֲצָתָהּ הָיְתָה כְּמַשַּׁב רוּחַ רַעֲנָן לָאִישׁ הַמֻּדְאָג
□ *there mustn't be a breath of suspicion* (*fig.*) אָסוּר שֶׁיִּהְיֶה אֲפִלּוּ צֵל שֶׁל חֲשָׁד

breathalyse /ˈbreθəˌlaɪz/ v.t. (*colloq.*) בָּדַק אֶת רָמַת הָאַלְכּוֹהוֹל (בְּדָמָם שֶׁל נֶהָגִים בַּדְּרָכִים)

breathalyser /ˈbreθəˈlaɪzə(r)/ n. (*colloq.*) מַכְשִׁיר לִבְדִיקַת רָמַת הָאַלְכּוֹהוֹל בְּדָמָם שֶׁל נֶהָגִים בַּדְּרָכִים

breathe /briːð/ v.t. & i. נָשַׁם, נָשַׁף; הִתְנַשֵּׁם, הִתְנַשֵּׁף
breathe in נָשַׁם (פְּנִימָה)
breathe out נָשַׁף (הַחוּצָה)
□ *the artist's genius breathed life into his subjects* כִּשְׁרוֹנוֹ שֶׁל הָאָמָּן הֵפִיחַ רוּחַ־חַיִּים בִּיצִירוֹתָיו
□ *she breathed her last at the age of ninety-two* (*formal*) הִיא נָפְחָה אֶת נִשְׁמָתָהּ בְּגִיל 92
□ *she breathed a sigh of relief* הִיא נֶאֶנְחָה בַּהֲקָלָה, הִיא נָשְׁמָה לִרְוָחָה
□ *don't breathe a word about this until it has been officially announced* אַף מִלָּה עַל זֶה עַד הַהוֹדָעָה הָרִשְׁמִית
□ *I've got my boss breathing down my neck* (*colloq.*) הַבּוֹס שֶׁלִּי נוֹשֵׁף לִי בָּעֹרֶף כָּל הַזְּמַן, הַבּוֹס שֶׁלִּי לֹא מַפְסִיק לְהָצִיק לִי

breather /ˈbriːðə(r)/ n. (*colloq.*) הַפְסָקָה קְצָרָה (מֵעֲבוֹדָה); הִתְאַוְרְרוּת
□ *he's having a breather* הוּא עוֹשֶׂה הַפְסָקָה קְצַרְצָרָה
□ *he's gone for a breather* הוּא יָצָא לְהִתְאַוְרֵר קְצָת בַּחוּץ

breathing-space /ˈbriːðɪŋ-ˌspeɪs/ n. מֶרְחַב־נְשִׁימָה, "זְמַן לִנְשֹׁם"
□ *his delaying tactics won him a little breathing-space* תַּכְסִיסֵי הַהַשְׁהָיָה שֶׁלּוֹ נָתְנוּ לוֹ זְמַן לִנְשֹׁם

breathless /ˈbreθlɪs/ adj.
1 (out of breath) מִתְנַשֵּׁם וּמִתְנַשֵּׁף, חֲסַר־נְשִׁימָה
2 (holding one's breath) עֲצוּר נְשִׁימָה
3 (with no wind) לְלֹא רוּחַ, לְלֹא מַשַּׁב אֲוִיר

breathtaking /ˈbreθteɪkɪŋ/ adj. עוֹצֵר־נְשִׁימָה, מְרַתֵּק

bred /bred/ past & past ppl of **breed**

breech /briːtʃ/ n.
1 (part of gun) בֵּית־הַבְּלִיעָה, מִכְנָס (שֶׁל כְּלִי־יְרִיָּה)
breech-loading gun תּוֹתָח הַנִּטְעָן דֶּרֶךְ הַמִּכְנָס, נֶשֶׁק בַּעַל טְעִינַת־בְּרִיחַ, תּוֹתָח הַנִּטְעָן מֵאָחוֹר
2 (in *pl.*, trousers) מִכְנְסֵי שְׁלֹשָׁה־רְבָעִים, מִכְנְסֵי־רְכִיבָה (עַד לְמַטָּה מִן הַבֶּרֶךְ);
□ *she wears the breeches in that family* (*colloq.*) הִיא לוֹבֶשֶׁת אֶת הַמִּכְנָסַיִם בַּבַּיִת הַהוּא

breech birth /ˈbriːtʃ bɜːθ/ n. לֵדַת עַכּוּז

breech-block /ˈbriːtʃ-blɒk/ n. שַׁסְתּוֹם הַמִּכְנָס (בְּתוֹתָח הַנִּטְעָן מֵאָחוֹר)

breed /briːd/(past & past ppl. **bred** /bred/) v.t. & i. גִּדֵּל (בַּעֲלֵי חַיִּים אוֹ צְמָחִים); גָּרַם לְ... (מַחֲלוֹת), עוֹרֵר (רְגָשׁוֹת, לָרֹב שְׁלִילִיִּים), גָּרַר אַחֲרָיו; הִתְרַבָּה (בַּעֲלֵי חַיִּים)
well-bred מְחֻנָּךְ
□ *what's bred in the bone will come out in the flesh* (*Prov.*) כָּעֵץ כֵּן פִּרְיוֹ, הַתַּפּוּחַ אֵינוֹ נוֹפֵל רָחוֹק מִן הָעֵץ
□ *violence breeds violence* אַלִּימוּת גּוֹרֶרֶת אַלִּימוּת
—n. (בַּעֲלֵי חַיִּים) סוּג, גֶּזַע, מִין, שׁוֹשֶׁלֶת

breeder /ˈbriːdə(r)/ n. מְגַדֵּל (מְגַדֵּל סוּסִים, מְגַדֵּל בָּקָר)

breeder reactor /ˌbriːdə rɪˈæktə(r)/ n. כּוּר גַּרְעִינִי, הַמֵּפִיק בִּפְעֻלָּתוֹ יוֹתֵר דֶּלֶק גַּרְעִינִי מֵאֲשֶׁר הוּא צוֹרֵךְ

breeding /ˈbriːdɪŋ/ n.
1 (propagation) הִתְרַבּוּת; גִּדּוּל (גִּדּוּל סוּסִים, גִּדּוּל בָּקָר)
2 (good manners) חִנּוּךְ, נִימוּסִים, הֲלִיכוֹת נָאוֹת
breeding-ground בֵּית־גִּדּוּל, חֲמָמָה
□ *prisons are a breeding-ground for crime* בָּתֵּי הַכֶּלֶא הֵם חֲמָמָה לְפוֹשְׁעִים

breeze[1] /briːz/ n. מַשַּׁב־רוּחַ קַל, בְּרִיזָה
—v.i. (*colloq.*) הוֹפִיעַ לוֹ, נִכְנַס לוֹ אֶל; יָצָא לוֹ, נֶעְלַם לוֹ
□ *he just breezed in, poured himself a drink, and breezed out again* הוּא קָפַץ פְּנִימָה לְרֶגַע, מָזַג לְעַצְמוֹ מַשְׁקֶה, וְנֶעְלַם לוֹ

breeze[2] /briːz/ n. רֶמֶץ, אֵפֶר, גֶּחָלִים
breeze block בְּלוֹק־בִּנְיָן (עָשׂוּי בֶּטוֹן וּגְרִיסֵי פֶּחָם שָׂרוּף)
breezy /ˈbriːzɪ/ adj. אַוְרִירִי
□ *it's a nice breezy day* הַיּוֹם יוֹם עִם מַשְׁבֵּי רוּחַ נְעִימִים
□ *he has a breezy nature* יֵשׁ לוֹ אֹפִי עַלִּיז וְתוֹסֵס
Bren-gun /bren-gʌn/ n. מַקְלֵעַ־בְּרֶן
brethren /breðrən/ n. *pl.* (*arch.*) of **brother**
breviary /ˈbriːvɪərɪ/ n. (*Relig.*) סֵפֶר־תְּפִלּוֹת קָתוֹלִי
brevity /ˈbrevɪtɪ/ n. (*formal*) קִצּוּר, קֹצֶר; תַּמְצִיתִיּוּת
□ *reflect on the brevity of life* תֵּן דַּעְתְּךָ לְקֹצֶר הַחַיִּים
brew /bruː/ v.t. & i. בִּשֵּׁל (בִּירָה, שֵׁכָר); חָלַט (תֵּה); זָמַם, "בִּשֵּׁל"; הִתְבַּשֵּׁל
□ *those boys are brewing mischief* הַנְּעָרִים הָאֵלֶּה רוֹקְחִים מְזִמּוֹת
□ *a storm is brewing* סְעָרָה מְמַשְׁמֶשֶׁת וּבָאָה
—n. מַשְׁקֶה שֶׁנֶּחְלַט (כְּגוֹן תֵּה, קָפֶה וְכַד'); בִּירָה (מִתּוֹצֶרֶת מְסֻיֶּמֶת)
brewer /ˈbruːə(r)/ n. יַצְרַן בִּירָה; מְבַשֵּׁל שֵׁכָר, מְבַשֵּׁל בִּירָה
brewery /ˈbrʊərɪ/ n. מִפְעָל לְיִצּוּר בִּירָה, מְבַשֶּׁלֶת שֵׁכָר
briar[1] /ˈbraɪə(r)/ n. וֶרֶד־בָּר, אַבְרָשׁ (סוּג שֶׁל שִׂיחַ קוֹצָנִי)
briar[2] /ˈbraɪə(r)/ n. מִקְטֶרֶת מִשֹּׁרֶשׁ הָאַבְרָשׁ
bribe /braɪb/ v.t. שִׁחֵד
—n. שֹׁחַד
bribery /ˈbraɪbərɪ/ n. שִׁחוּד, מִקַּח שֹׁחַד
bric-a-brac /ˈbrɪk-ə-bræk/ n. קִשּׁוּטִים קְטַנִּים (לָרֹב חַסְרֵי־עֵרֶךְ כְּשֶׁלְּעַצְמָם), "פִּיץ'פְּקֶס"
brick /brɪk/ n.
1 (block of baked clay) לְבֵנָה, לְבֵנָה שְׂרוּפָה
□ *he dropped a brick* (*UK colloq.*) הוּא מָעַד בִּלְשׁוֹנוֹ, הוּא אָמַר דָּבָר מֵבִיךְ, הוּא דָּרַךְ עַל הַיַּבָּלוֹת (שֶׁל פְּלוֹנִי)
□ *all their enquiries came up against a brick wall* כָּל חֲקִירוֹתֵיהֶם נִתְקְלוּ בְּקִיר אָטוּם
□ *you can't make bricks without straw* (*Prov.*) בְּלִי הַחֳמָרִים הַדְּרוּשִׁים אִי אֶפְשָׁר לְהַשִּׂיג תּוֹצָאוֹת
2 (trustworthy & generous person, *UK arch. colloq.*) חֶמֶד שֶׁל בֶּן־אָדָם, נְשָׁמָה טוֹבָה
—v.t.
brick up אָטַם בִּלְבֵנִים, חָסַם בִּלְבֵנִים (חַלּוֹן, דֶּלֶת)
brickbat /ˈbrɪkbæt/ n. שֶׁבֶר־לְבֵנָה; בִּקֹּרֶת קַטְלָנִית; הֲטָחַת עֶלְבּוֹנוֹת
brick-field /ˈbrɪk-fiːld/ n. אֲתַר לִסְתּוֹת וּשְׂרֵפָה שֶׁל לְבֵנִים
bricklayer /ˈbrɪkˌleɪə(r)/ n. בַּנַּאי, פּוֹעֵל בִּנְיָן פָּשׁוּט
brick-red /brɪk-ˈred/ adj. בַּעַל צֶבַע חֲמַרְמַר, אַרְגְּמָנִי, חוּם־לְבֵנָה
brickwork /ˈbrɪkwɜːk/ n. בְּנִיָּה בִּלְבֵנִים; קִיר (אוֹ מִבְנֶה) עָשׂוּי לְבֵנִים
bridal /ˈbraɪd(ə)l/ adj. שֶׁל כַּלָּה, שֶׁל כְּלוּלוֹת
bridal suite (בְּמָלוֹן) סְוִיטַת־כְּלוּלוֹת
bride /braɪd/ n. כַּלָּה
bridegroom /ˈbraɪdgrʊm/ n. חָתָן
bridesmaid /ˈbraɪdzmeɪd/ n. שׁוֹשְׁבִינָה לְכַלָּה
bridge[1] /brɪdʒ/ n.
1 (connecting or crossing structure) גֶּשֶׁר
2 (of a ship) גֶּשֶׁר־הַפִּקּוּד
3 (of the nose) קֶשֶׁת הָאַף, קִמּוּר הָאַף
4 (of a violin etc.) גִּשְׁרִית
5 (of teeth) "גֶּשֶׁר" לְהַחֲזָקַת שֵׁן תּוֹתֶבֶת בִּמְקוֹמָהּ (לְהַבְדִּיל מִ"גֶּשֶׁר" לְיִשּׁוּר שִׁנַּיִם)
—v.t. גִּשֵּׁר עַל
bridging loan הַלְוָאַת גִּשּׁוּר, הַלְוָאַת בֵּינַיִם (לְמָשָׁל בֵּין קְנִיַּת בַּיִת חָדָשׁ וּמְכִירַת הַבַּיִת הַקּוֹדֵם)
bridge[2] /brɪdʒ/ n. מִשְׂחַק בְּרִידְג' (מִשְׂחַק קְלָפִים)
bridgehead /ˈbrɪdʒhed/ n. רֹאשׁ־גֶּשֶׁר
bridle /ˈbraɪd(ə)l/ n. רֶסֶן
—v.t. רִסֵּן, שָׂם רֶסֶן לְ...
□ *try to bridle your temper* נַסֵּה לְרַסֵּן אֶת רוּחֲךָ
—v.i. זָקַף רֹאשׁ (בִּיהִירוּת)
□ *she bridled (with anger) at his remarks* הִיא זָקְפָה רֹאשָׁהּ בְּכַעַס לִשְׁמֹעַ הֶעָרוֹתָיו
bridle-path /ˈbraɪd(ə)l-ˌpɑːθ/ n. שְׁבִיל לְרוֹכְבֵי־סוּסִים (הָאָסוּר לִכְלֵי־רֶכֶב)
brief /briːf/ adj. קָצָר, מִתְמַצֵּת; בֶּן־חֲלוֹף
—n.
1 (summarized instruction, information) תִּדְרִיךְ; תַּקְצִיר מֵידָע (לְשִׁמּוּשׁוֹ שֶׁל פְּרַקְלִיט, שַׂר בַּמֶּמְשָׁלָה וְכַד')
□ *he kept* (or *held*) *a watching brief* הוּא נָכַח בַּדִּיּוּנִים כְּדֵי לְדַוֵּחַ לְשׁוֹלְחָיו
□ *the manager holds no brief for informers* (*fig.*) הַמְנַהֵל אֵינוֹ רוֹאֶה הַלְשָׁנוֹת בְּעַיִן יָפָה
2 (in *pl.*, short pants) תַּחְתּוֹנִים, "סְלִיפּ"
—v.t. תִּדְרֵךְ
briefcase /ˈbriːfkeɪs/ n. תִּיק (לָרֹב רַךְ, לִסְפָרִים, לִתְעוּדוֹת וְכַד')
briefing /ˈbriːfɪŋ/ n. תִּדְרוּךְ
briefly /ˈbriːflɪ/ adv. בְּקִצּוּר, בְּתַמְצִיתִיּוּת
brier[1] /ˈbraɪə(r)/ n. וֶרֶד בָּר, אַבְרָשׁ
brier[2] /ˈbraɪə(r)/ n. מִקְטֶרֶת מִשֹּׁרֶשׁ הָאַבְרָשׁ
brig /brɪg/ n. סְפִינָה דּוּ־תָּרְנִית
brigade /brɪˈgeɪd/ n. בְּרִיגָדָה, חֲטִיבָה; גְּדוּד
fire brigade מְכַבֵּי־אֵשׁ
brigadier /ˌbrɪgəˈdɪə(r)/ n. בְּרִיגָדִיר (דַּרְגָּתוֹ שֶׁל מְפַקֵּד־חֲטִיבָה אוֹ מְפַקֵּד־גְּדוּד בַּצָּבָא הַבְּרִיטִי)
brigand /ˈbrɪgənd/ n. (*formal*) שׁוֹדֵד, גַּזְלָן

brigandage /ˈbrɪgəndɪdʒ/ n. (*formal*) גָּזֵל, גֶּזֶל, שֹׁד

bright /braɪt/ adj.
1 (shining, vivid) בָּהִיר, מַבְהִיק, מֵאִיר, זוֹרֵחַ
bright blue כָּחֹל חָזָק
2 (cheerful, vivacious) שָׂמֵחַ, עַלִּיז, עֵרָנִי
□ *she always looks on the bright side* הִיא רוֹאָה תָּמִיד אֶת הַצַּד הַחִיּוּבִי שֶׁל הַדְּבָרִים
3 (clever) מַבְרִיק, מַזְהִיר, מִצְטַיֵּן, פִּקֵּחַ

brighten /ˈbraɪt(ə)n/ v.t. & i. הֵאִיר, הִתְבַּהֵר
□ *the weather is brightening up* מֶזֶג־הָאֲוִיר מִתְבַּהֵר

brightly /ˈbraɪtlɪ/ adv. בִּבְהִירוּת, בְּהַבְרָקָה; בְּעַלִּיזוּת, בְּעֵרָנוּת

brightness /ˈbraɪtnɪs/ n. בְּהִירוּת; עַלִּיזוּת; פִּקְחוּת

brill /brɪl/ adj. (*sl.*) "מַשֶּׁהוּ מַשֶּׁהוּ"

brilliance /ˈbrɪlɪəns/ n. זֹהַר, הַבְרָקָה; הִצְטַיְּנוּת

brilliancy /ˈbrɪlɪənsɪ/ n. זֹהַר, הַבְרָקָה; הִצְטַיְּנוּת

brilliant /ˈbrɪlɪənt/ adj.
1 (sparkling) זוֹהֵר, מְנַצְנֵץ, מַבְרִיק
2 (clever) פִּקֵּחַ, שָׁנוּן, מַבְרִיק, חָרִיף
3 (outstanding, great, *colloq.*) "אַדִּיר", מְצֻיָּן, "לֹא־נוֹרְמָאלִי", מְעֻלֶּה

—n. בְּרִילְיַנְט (אֶבֶן־יְקָרָה לְאַחַר שֶׁעֻבְּדָה וְלֻטְּשָׁה, לָרֹב יַהֲלוֹם מְלֻטָּשׁ)

brilliantine /ˈbrɪlɪənˌtiːn/ n. בְּרִילְיַנְטִין, שֶׁמֶן לְשֵׂעָר

brilliantly /ˈbrɪlɪəntlɪ/ adv. בְּהַבְרָקָה; בְּהִצְטַיְּנוּת, בַּחֲרִיפוּת

brim /brɪm/ n. שָׂפָה (שֶׁל סֵפֶל וְכַד'); שׁוּלַיִם; תִּתֹּרֶת (שֶׁל כּוֹבַע וְכַד')

—v.i. עָלָה עַל גְּדוֹתָיו, שָׁפַע
brim over עָלָה עַל גְּדוֹתָיו, שָׁפַע

brimful /brɪmˈfʊl/ adj. מָלֵא עַד גְּדוֹתָיו, גָּדוּשׁ
□ *she's brimful of new ideas* הִיא מַעְיָן נוֹבֵעַ שֶׁל רַעְיוֹנוֹת חֲדָשִׁים

brimstone /ˈbrɪmstəʊn/ n. (*arch.*) גָּפְרִית

brindled /ˈbrɪnd(ə)ld/ adj. מְנֻמָּר, חֲבַרְבַּר, בַּעַל כְּתָמִים חוּמִים (חָתוּל, כֶּלֶב, פָּרָה וְכַד')

brine /braɪn/ n. מֵי־מֶלַח (לִכְבִישַׁת מָזוֹן); מֵי־יָם (בְּלָשׁוֹן פּוֹאֶטִית)

bring /brɪŋ/ (past & past ppl. **brought** /brɔːt/) v.t. הֵבִיא
1 **bring to pass** (*formal*) גָּרַם, חוֹלֵל, הֵבִיא לִידֵי, הֵבִיא לְכָךְ שֶׁ...
□ *I cannot bring myself to eat this food* אֲנִי לֹא מְסֻגָּל לֶאֱכוֹל אֶת הָאֹכֶל הַזֶּה
□ *he brought the disaster on himself* הוּא הֵבִיא אֶת הַצָּרָה הַזֹּאת עַל עַצְמוֹ
□ *the family was brought low by his gambling losses* הַמִּשְׁפָּחָה יָרְדָה מִנְּכָסֶיהָ בִּגְלַל הֶפְסֵדָיו בְּהִמּוּרִים
□ *there are other factors to bring into play* יֵשׁ עוֹד גּוֹרְמִים שֶׁרָאוּי לַהֲבִיאָם בְּחֶשְׁבּוֹן
□ *they brought two sons and a daughter into the world* (*formal*) הֵם הֵבִיאוּ לָעוֹלָם שְׁנֵי בָּנִים וּבַת
□ *a speech of thanks to the host brought the evening to an end* נְאוּם תּוֹדָה לַמְּאָרֵחַ חָתַם אֶת הָעֶרֶב
□ *further investigation may bring more evidence to light* הֶמְשֵׁךְ הַחֲקִירָה עָשׂוּי לִשְׁפֹּךְ אוֹר עַל הַפָּרָשָׁה
□ *let me bring you up-to-date with the news* הַרְשֵׁה לִי לְעַדְכֵּן אוֹתְךָ בַּחֲדָשׁוֹת הָאַחֲרוֹנוֹת

2 (in set phrases)
bring about גָּרַם, חוֹלֵל
□ *he hoped to bring about a reconciliation between his friends* הוּא קִוָּה לְהָבִיא לִידֵי הִתְפַּיְּסוּת בֵּין חֲבֵרָיו

bring back
(return) הֶחֱזִיר, הֵשִׁיב
□ *bring back the book tomorrow!* הַחֲזֵר אֶת הַסֵּפֶר מָחָר!
□ *she brought me back some wine* כְּשֶׁחָזְרָה הֵבִיאָה לִי קְצָת יַיִן
(call to mind) הִזְכִּיר, הֶעֱלָה בַּזִּכָּרוֹן
□ *your letter brought back many memories* מִכְתָּבְךָ הֶעֱלָה בִּי זִכְרוֹנוֹת רַבִּים
(restore) הֵשִׁיב עַל כַּנּוֹ, הֶחֱזִיר לְתָקְפּוֹ
□ *he wants to bring back capital punishment* הוּא רוֹצֶה לְהַנְהִיג מֵחָדָשׁ אֶת עֹנֶשׁ הַמָּוֶת, הוּא רוֹצֶה לְהַחֲזִיר אֶת עֹנֶשׁ הַמָּוֶת

bring down
(cause to fall) הִפִּיל, מוֹטֵט
□ *her performance brought the house down* הַהוֹפָעָה שֶׁלָּהּ עוֹרְרָה רַעַם שֶׁל מְחִיאוֹת כַּפַּיִם, הַהוֹפָעָה שֶׁלָּהּ זָכְתָה בְּפֶרֶץ תְּשׁוּאוֹת סוֹעֲרוֹת
□ *he brought down the thief with a flying tackle* הוּא זִנֵּק עַל הַגַּנָּב וְהִפִּילוֹ
(lower price) הוֹרִיד מְחִיר
(kill by shooting) הִפִּיל בִּירִיָּה, הָרַג

bring forth
(give birth to) הוֹלִיד, הֵבִיא לָעוֹלָם
(produce, cause) גָּרַם, יָצַר

bring forward
(carry over figures to next page) הֶעֱבִיר סִכּוּם לְדַף חָדָשׁ (בְּחֶשְׁבּוֹנָאוּת)
(cause to be discussed) הֶעֱלָה לְסֵדֶר הַיּוֹם, הֶעֱמִיד עַל הַפֶּרֶק
□ *bring this proposal forward at the next committee meeting* הַעֲלֵה אֶת הַהַצָּעָה הַזֹּאת לְדִיּוּן בַּפְּגִישָׁה הַבָּאָה שֶׁל הַוַּעֲדָה
(advance date) הִקְדִּים אֶת הַמּוֹעֵד
□ *the (date of the) meeting has been brought forward* תַּאֲרִיךְ הַפְּגִישָׁה הֻקְדַּם

bring in
(introduce) הִכְנִיס לְתֹקֶף, הִנְהִיג

□ *he brought in new laws* הוּא הֶעֱלָה לְדִיּוּן הַצָּעוֹת־חֹק

□ *they brought in expert advisers* הֵם הֵבִיאוּ מֻמְחִים לְהִתְיָעֲצֻיּוֹת

□ *the jury brought in a verdict of guilty* הַמֻּשְׁבָּעִים פָּסְקוּ לְחוֹבַת הַנֶּאֱשָׁם

(produce) הֵפִיק, הֵנִיב

□ *the new methods brought in a healthy profit* הַשִּׁיטוֹת הַחֲדָשׁוֹת הֵנִיבוּ רֶוַח נָאֶה

bring off הִצְלִיחַ לַעֲשׂוֹת, בִּצַּע בְּהַצְלָחָה, "עָשָׂה אֶת זֶה"

□ *it was a difficult task, but he brought it off* זוֹ הָיְתָה מְשִׂימָה קָשָׁה, אֲבָל הִיא עָלְתָה בְּיָדוֹ

bring on (cause to develop) הֶעֱלָה קָדִים, פִּתֵּחַ; גָּרַם, גֵּרֵר, חוֹלֵל; עָזַר, סִיֵּעַ

□ *the rain brought on the crops* הַגֶּשֶׁם הֵבִיא לִצְמִיחָתָם הַמְּהִירָה שֶׁל הַיְבוּלִים

□ *his coaching is bringing the team on well* הַדְרָכָתוֹ מְסַיַּעַת לְהַצְלָחַת הַקְּבוּצָה

□ *his drenching brought on a cold* הוּא נִרְטַב כֻּלּוֹ בַּגֶּשֶׁם, וּכְתוֹצָאָה מִכָּךְ הִצְטַנֵּן

bring out

(show clearly) גִּלָּה, הֶרְאָה בְּבֵרוּר, הִבְלִיט

□ *the sunshine brought out the detail of the building* אוֹר הַשֶּׁמֶשׁ הִבְלִיט אֶת פְּרָטֵי הַבִּנְיָן

(publish) פִּרְסֵם, הוֹצִיא לָאוֹר

(call out) הִבְלִיט, חָשַׂף, עוֹרֵר

□ *a challenge always brings out the best in him* אֶתְגָּרִים תָּמִיד חוֹשְׂפִים אֶת הַמֵּיטָב שֶׁבּוֹ

□ *the shop stewards brought out the workforce (on strike)* הַוַּעַד הוֹצִיא אֶת הָעוֹבְדִים לִשְׁבִיתָה

(cause skin condition) גָּרַם לְ... (גֵּרוּי־עוֹר וְכַד')

□ *strawberries bring me out in spots* תּוּתִים עוֹשִׂים לִי פְּצָעִים עַל הַפָּנִים

bring over (persuade) שִׁכְנֵעַ, שִׁכְנֵעַ (אֶת פְּלוֹנִי) לִתְמֹךְ בְּ...

bring round (convert) שִׁכְנֵעַ, הֵבִיא (אֶת פְּלוֹנִי) לְהַכָּרָה שֶׁ...

(revive) הֶחֱזִיר (אֶת פְּלוֹנִי) לְהַכָּרָה, הֶחֱיָה

(*Naut.*) הִפְנָה אֶת (הַסְּפִינָה) לְאָחוֹר, הִסִּיעַ (סְפִינָה) לְאָחוֹר

bring through הִצִּיל (חוֹלֶה)

□ *he was very ill but careful nursing brought him through* הוּא הָיָה חוֹלֶה מְאֹד אֲבָל טִפּוּל מָסוּר הִצִּיל אֶת חַיָּיו

bring to

(revive) הֵשִׁיב (אֶת פְּלוֹנִי) לַחַיִּים, הֶחֱזִיר (לִפְלוֹנִי) אֶת הַהַכָּרָה

(*Naut.*) הִסִּיעַ (סְפִינָה) לְאָחוֹר, הִפְנָה (סְפִינָה) לְאָחוֹר

bring under

(subdue) הִכְנִיעַ אֶת, הִשְׁתַּלֵּט עַל

□ *the rebels were quickly brought under* הַמּוֹרְדִים הֻכְנְעוּ תּוֹךְ זְמַן קָצָר

(include) כָּלַל, הִכְלִיל

□ *the various points can be brought under two main headings* אֶת הַנְּקֻדּוֹת הַשּׁוֹנוֹת אֶפְשָׁר לִכְלֹל תַּחַת סְעִיפִים רָאשִׁיִּים

bring up

(rear children) גִּדֵּל, חִנֵּךְ

□ *he is a well brought up child* הוּא יֶלֶד מְחֻנָּךְ

(raise a topic) הֶעֱלָה לְדִיּוּן, הֶעֱלָה עַל הַפֶּרֶק

□ *he brought up the question of pollution* הוּא הֶעֱלָה לְדִיּוּן אֶת שְׁאֵלַת הַזִּהוּם

(vomit) הֵקִיא

(cause to stop) הִפְסִיק, הִשְׁתִּיק, עָצַר אֶת

□ *she brought the boy up sharp* (or *short*) *when he tried to make excuses* הִיא הִשְׁתִּיקָה אֶת הַיֶּלֶד מִיָּד כְּשֶׁהֵחֵל לְהַשְׁמִיעַ אֶת תֵּרוּצָיו

bring up the rear הָלַךְ בַּמְּאַסֵּף (שֶׁל טוּר)

brink /brɪŋk/ n. סַף, קָצֶה, גְּבוּל

□ *the government's policies brought the country to the brink of disaster* מְדִינִיּוּת הַמֶּמְשָׁלָה הֵבִיאָה אֶת הַמְּדִינָה עַד עִבְרֵי פִּי־פַּחַת, מְדִינִיּוּת הַמֶּמְשָׁלָה הֵבִיאָה אֶת הַמְּדִינָה אֶל סַף־הַהִתְמוֹטְטוּת/סַף־הַתְּהוֹם

brinkmanship /ˈbrɪŋkmənʃɪp/ n. (*colloq.*) הִסְתַּכְּנוּת נוֹעֶזֶת וּמְחֻשֶּׁבֶת, הִמּוּר פּוֹלִיטִי מְסֻכָּן, מְדִינִיּוּת הַהֲלִיכָה עַל חֶבֶל דַּק

briny /ˈbraɪnɪ/ adj. (*poet.*) מָלוּחַ

the briny (*joc.*) הַיָּם

brioche /briˈɒʃ/ n. לַחְמָנִית־בְּרִיּוֹשׁ (סוּג שֶׁל מַאֲפֶה צָרְפָתִי)

briquette /briˈket/ n. פְּחָמִים סִינְתֶטִיִּים (לְבֵנִים קְטַנּוֹת לְהַסָּקָה שֶׁיֻּצְּרוּ מֵאֲבַק־פֶּחָם)

brisk /brɪsk/ adj. עֵרָנִי, מָהִיר, זָרִיז; מְרַעֲנֵן

brisket /ˈbrɪskɪt/ n. (בְּשַׂר) חֲזֵה־בָּקָר

brisling /ˈbrɪzlɪŋ/ n. שְׁפְּרוֹט, טְרִית (מִין סַרְדִּין מִמִּשְׁפַּחַת הַמְּלִיחִים)

bristle /ˈbrɪs(ə)l/ n. זִיף, שֵׂעָר קָצָר וְקָשֶׁה

—v.i. הִזְדַּקֵּר, הִסְתַּמֵּר

□ *the plan bristled with difficulties* הַתָּכְנִית הָיְתָה רְצוּפָה קְשָׁיִים

□ *the commandos set out bristling with arms* חַיָּלֵי הַקּוֹמַנְדוֹ יָצְאוּ חֲמוּשִׁים מִכַּף רֶגֶל וְעַד רֹאשׁ

bristly /ˈbrɪslɪ/ adj. מְכֻסֶּה זִיפִים, סוֹמֵר, קוֹצָנִי

Britain /ˈbrɪt(ə)n/ n. also **Great Britain** בְּרִיטַנְיָה

Britannia /brɪˈtænjə/ n. דְּמוּת אִשָּׁה שֶׁהִיא הַהַאֲנָשָׁה שֶׁל הָאִימְפֶּרְיָה־הַבְּרִיטִית

Britannic /brɪˈtænɪk/ adj. הַבְּרִיטִי (בְּהֶקְשֵׁר מַלְכוּתִי אוֹ דִּיפְּלוֹמָטִי)

Her (or **His**) **Britannic Majesty** הוֹד מַלְכוּתוֹ/מַלְכוּתָהּ מֶלֶךְ/מַלְכַּת בְּרִיטַנְיָה

British /ˈbrɪtɪʃ/ adj. בְּרִיטִי

The British Isles הָאִיִּים הַבְּרִיטִיִּים
□ *and the best of British (luck to you!) (colloq.)* כֵּן, וַאֲנִי קוּגְלָגֶר (בִּרְכַּת הַצְלָחָה הַנֶּאֱמֶרֶת בְּאִירוֹנְיָה)

Britisher /ˈbrɪtɪʃə(r)/ n. (*US*) בְּרִיטִי

Briton /ˈbrɪt(ə)n/ n. בְּרִיטִי

brittle /ˈbrɪt(ə)l/ adj. שָׁבִיר, פָּרִיךְ

brittleness /ˈbrɪt(ə)lnɪs/ n. שְׁבִירוּת, פְּרִיכוּת

broach /brəʊtʃ/ v.t. פָּתַח (פָּתַח בְּחָבִית מַשְׁקֶה), פָּתַח בַּקְבּוּק; פָּתַח בְּשִׂיחָה עַל, הֶעֱלָה נוֹשֵׂא (בְּשִׂיחָה)
□ *he broached the question of marriage* הוּא הֶעֱלָה אֶת שְׁאֵלַת הַנִּשּׂוּאִין

broad /brɔːd/ adj. רָחָב, בְּרֹחַב שֶׁל, רְחַב-יָדַיִם; מַקִּיף; כְּלָלִי
broad bean פּוֹל
broad daylight לְאוֹר הַיּוֹם
broad humour הוּמוֹר גַּס, הוּמוֹר מְחֻסְפָּס
□ *he spoke with a broad accent* הוּא דִּבֵּר בְּמִבְטָא כָּבֵד/חָרִיף
□ *I gave him a broad hint it was time he left* נָתַתִּי לוֹ רֶמֶז גַּס שֶׁהִגִּיעַ הַזְּמַן שֶׁיִּסְתַּלֵּק, נָתַתִּי לוֹ רֶמֶז עָבֶה כְּמוֹ פִּיל, שֶׁהִגִּיעַ הַזְּמַן שֶׁיָּזוּז
□ *we are in broad agreement and the details can be settled later* אָנוּ מַסְכִּימִים בְּקַוִּים כְּלָלִיִּים וּבִפְרָטִים נָדוּן בְּמוֹעֵד אַחֵר
□ *I can give you the plan in broad outline only* אוּכַל לְתָאֵר לְךָ אֶת הַתָּכְנִית בְּקַוִּים כְּלָלִיִּים בִּלְבַד
□ *he is a hero in the broadest sense* הוּא גִּבּוֹר בִּמְלוֹא מוּבַן הַמִּלָּה
□ *it is as broad as it is long* הֱיֵנוּ הָךְ, עִנְיָן אֶחָד הוּא, אֵין כָּל הֶבְדֵּל

—n.
1 (broad part) הַחֵלֶק הָרָחָב
the broad of the back הַחֵלֶק הָרָחָב שֶׁל הַגַּב
the Broads בְּמִזְרַח-אַנְגְּלִיָּה, קְבוּצַת אֲגַמִּים הַמְּחֻבָּרִים בְּרֶשֶׁת נְהָרוֹת (מֶרְכַּז תַּיָּרוּת-פְּנִים פּוֹפּוּלָרִי)
2 (woman, *US derog.*) בַּחוּרָה

broadcast /ˈbrɔːdkɑːst/ (past & past ppl. **broadcast**) v.t.
1 (send out by radio or television) שִׁדֵּר, שִׁדֵּר בָּרַדְיוֹ, שִׁדֵּר בַּטֶּלֶוִיזְיָה
2 (make widely known) פִּרְסֵם, פִּרְסֵם בָּרַבִּים, הוֹדִיעַ בָּרַבִּים, הֵפִיץ
3 (scatter seeds) זָרָה, הֵפִיץ, פִּזֵּר
—n. שִׁדּוּר
outside broadcast שִׁדּוּר-חוּץ

broadcaster /ˈbrɔːdˌkɑːstə(r)/ n. שַׁדְּרָן

broadcasting /ˈbrɔːdˌkɑːstɪŋ/ n. & adj. שִׁדּוּר

broadcloth /ˈbrɔːdklɒθ/ n אֲרִיג צֶמֶר מְשֻׁבָּח

broaden /ˈbrɔːd(ə)n/ v.t. הִרְחִיב, הִגְדִּיל

broadloom /ˈbrɔːdluːm/ n. יְרִיעַת שָׁטִיחַ גְּדוֹלָה, לָרֹב בְּצֶבַע אֶחָד

broadly /ˈbrɔːdlɪ/ adv. בְּהַרְחָבָה; בְּאֹפֶן כְּלָלִי
□ *broadly speaking, I agree with you* בְּאֹפֶן כְּלָלִי אֲנִי מַסְכִּים אִתְּךָ

broadminded /ˌbrɔːdˈmaɪndɪd/ adj. רְחַב-אֳפָקִים, בַּעַל מַחְשָׁבָה פְּתוּחָה, סוֹבְלָנִי

broadsheet /ˈbrɔːdʃiːt/ n. מוֹדָעָה, כָּרוּז, עָלוֹן

broadside /ˈbrɔːdsaɪd/ n. מַטָּח שֶׁל כָּל תּוֹתְחֵי הַסְּפִינָה שֶׁבַּצַּד הָאֶחָד; הַתְקָפָה חֲרִיפָה, מִתְקֶפֶת-מִלִּים

brocade /brəˈkeɪd/ n. מְלֶאכֶת-רִקְמָה, בַּד-מְרֻקָּם

broccoli /ˈbrɒkəlɪ/ n. בְּרוֹקוֹלִי

brochure /ˈbrəʊʃə(r)/ n. חוֹבֶרֶת, עָלוֹן, קוּנְטְרֵס; "בְּרוֹשׁוּר" (דַּפִּים לְפִרְסוּם מוּצָר וְכַד')

brogue /brəʊg/ n.
1 (shoe) נַעַל-עוֹר מְעֻטֶּרֶת בְּדֻגְמָאוֹת-מְחֹרָרוֹת
2 (accent) הִגּוּי אִירִי בְּאַנְגְּלִית

broil /brɔɪl/ vt. & i. צָלָה (בָּשָׂר) בְּגְרִיל; נִצְלָה בִּגְרִיל; הָיָה חַם מְאֹד
□ *it's really broiling today!* הַיּוֹם מַמָּשׁ חַמְסִין! חַם מְאֹד הַיּוֹם!

broiler /ˈbrɔɪlə(r)/ n. עוֹף לְמַאֲכָל, פֶּטֶם

broke /brəʊk/ past of **break**
—adj. (*colloq.*) חֲסַר פְּרוּטָה
go broke פָּשַׁט אֶת הָרֶגֶל, יָרַד מִנְּכָסָיו
□ *he's always broke* הוּא תָּמִיד בְּלִי גְּרוּשׁ עַל הַנְּשָׁמָה

broken /ˈbrəʊkən/ past ppl. of **break**
broken home בַּיִת-הָרוּס, מִשְׁפָּחָה הֲרוּסָה

broken-hearted /ˌbrəʊkən-ˈhɑːtɪd/ adj. שְׁבוּר-לֵב, סוֹבֵל מִשִּׁבְרוֹן-לֵב

broker /ˈbrəʊkə(r)/ n. סוֹכֵן-מְנָיוֹת, בְּרוֹקֶר, מְתַוֵּךְ (בַּעֲסָקִים, בַּבּוּרְסָה וְכַד')

brokerage /ˈbrəʊkərɪdʒ/ n. תִּוּוּךְ-מְנָיוֹת; דְּמֵי תִּוּוּךְ-מְנָיוֹת

broking /ˈbrəʊkɪŋ/ n. תִּוּוּךְ-מְנָיוֹת

brolly /ˈbrɒlɪ/ n. (*colloq.*) מִטְרִיָּה

bromide /ˈbrəʊmaɪd/ n. בְּרוֹמִיד, תִּרְכֹּבֶת בְּרוֹם עִם יְסוֹד אַחֵר; "בְּרוֹמִיד" (גִּלָּיוֹן מְצֻלָּם שֶׁל טֶכְסְט לִדְפוּס); אֲמִירָה אוֹ רַעְיוֹן נָדוֹשׁ

bromine /ˈbrəʊmiːn/ n. (*Chem.*) בְּרוֹם (יְסוֹד נוֹזְלִי רָעִיל)

bronchial /ˈbrɒŋkɪəl/ adj. שֶׁל הַסִּימְפּוֹנוֹת

bronchitic /ˌbrɒŋˈkɪtɪk/ adj. בְּרוֹנְכִיטִי, שֶׁל דַּלֶּקֶת הַסִּימְפּוֹנוֹת

bronchitis /ˌbrɒŋˈkaɪtɪs/ n. בְּרוֹנְכִיט, דַּלֶּקֶת הַסִּימְפּוֹנוֹת

bronco /ˈbrɒŋkəʊ/ n. (*US*) סוּס-פֶּרֶא; סוּס לֹא מְאֻלָּף בְּתַחֲרוּת-רְכִיבָה (בְּרוֹדֵיאוֹ)

brontosaurus /ˌbrɒntəˈsɔːrəs/ n. בְּרוֹנְטוֹזָאוּרוּס (סוּג שֶׁל דִּינוֹזָאוּר)

bronze /brɒnz/ n.
1 (metal) אָרָד, בְּרוֹנְזָה

Bronze Age תְּקוּפַת־הַבְּרוֹנְזָה, הָעִדָּן שֶׁבֵּין תְּקוּפַת־הָאֶבֶן לִתְקוּפַת־הַבַּרְזֶל
2 (colour) בְּצֶבַע הָאָרָד; שָׁזוּף
3 (work of art) פֶּסֶל בְּרוֹנְזָה
4 (medal for 3rd place) מֶדַלְיַת אָרָד, מָקוֹם שְׁלִישִׁי
—v.t. & i. הִשְׁחִים, שִׁזֵּף; הִשְׁתַּזֵּף

brooch /brəʊtʃ/ n. סִכַּת־תַּכְשִׁיט, סִכָּה

brood /bru:d/ n. קְבוּצַת גּוֹזָלִים; צֶאֱצָאִים; קְבוּצָה מִסּוּג כָּלְשֶׁהוּ
—v.i. דָּגַר; סָכַךְ בִּכְנָפָיו עַל; הִרְהֵר, שָׁקַע בְּהִרְהוּרִים
□ *he broods on* (or *over*) *his failure all the time* הוּא אֵינוֹ חָדֵל לְהַרְהֵר בְּכִשְׁלוֹנוֹ

brood-mare /ˈbru:d-meə(r)/ n. סוּסָה לְהַמְלָטָה

broody /ˈbru:dɪ/ adj. מְהַרְהֵר; נָתוּן לְמַצַּב־רוּחַ; (תַּרְנְגֹלֶת) לְהוּטָה לִדְגֹּר; לָהוּט לִהְיוֹת אָב, לְהוּטָה לִהְיוֹת אֵם

brook[1] /brʊk/ n. נַחַל, פֶּלֶג

brook[2] /brʊk/ v.t. (*formal*) נָשָׂא, סָבַל
□ *he brooked no opposition* הוּא לֹא סָבַל שׁוּם הִתְנַגְּדוּת

broom /bru:m/ n.
1 (shrub) רֹתֶם
2 (sweeping-brush) מַטְאֲטֵא
□ *a new broom* (*sweeps clean*) (*Prov.*) מַטְאֲטֵא חָדָשׁ מְטַאֲטֵא הֵיטֵב

broomstick /ˈbru:mstɪk/ n. מַקֵּל־מַטְאֲטֵא

broth /brɒθ/ n. מָרָק (בָּשָׂר, דָּגִים, יְרָקוֹת); מַצָּע לְתַרְבִּית חַיְדַּקִּים

brothel /ˈbrɒθ(ə)l/ n. בֵּית־זוֹנוֹת, בֵּית־בֹּשֶׁת

brother /ˈbrʌðə(r)/ n.
1 (relation) אָח
2 (fellow) חָבֵר־לְדֵעָה, רֵעַ
3 (member of religious order) אָח, נָזִיר, חָבֵר בְּמִסְדָּר

brotherhood /ˈbrʌðəˌhʊd/ n.
1 (fraternal tie) אַחֲוָה
2 (association) מִסְדָּר (דָּתִי); אֲגֻדָּה, חֶבֶר

brother-in-law /ˈbrʌðər-in-lɔ:/ n. גִּיס

brotherly /ˈbrʌðəlɪ/ adj. מָסוּר, יְדִידוּתִי, כְּאָח

brought /brɔ:t/ past & past ppl. of **bring**

brow /braʊ n.
1 (hair over eye) גַּבָּה, גַּבַּת־עַיִן
2 (forehead) מֵצַח
3 (projection of cliff, top of hill) רֹאשׁ הַגִּבְעָה, רֹאשׁ הַצּוּק

browbeat /ˈbraʊbi:t/ v.t. לְהַכְרִיחַ בְּאִיּוּמִים

brown /braʊn/ n. & adj. חוּם
brown bread לֶחֶם שָׁחוֹר
brown rice אֹרֶז חוּם
brown sugar סֻכָּר חוּם
—v.t. & i. הִשְׁחִים (בְּבִשּׁוּל וְכַד׳)
□ *I'm browned off with my job* (*UK colloq.*) נִשְׁבַּר לִי מֵהָעֲבוֹדָה שֶׁלִּי

brownie /ˈbraʊnɪ/ n.
1 (goblin) שֵׁדוֹן קָטָן הַמְּסַיֵּעַ בְּהֶסְתֵּר בַּעֲבוֹדוֹת הַבַּיִת
2 (junior Guide, **Brownie**) חֲבֵרָה בִּשְׁכְבָה הַצְּעִירָה שֶׁל הַצּוֹפוֹת
3 (flat chocolate cake, *US*) "בְּרָאוּנִיז" (עוּגִיּוֹת שְׁטוּחוֹת עֲשׂוּיוֹת שׁוֹקוֹלָד וֶאֱגוֹזִים)

Brownie point /ˈbraʊnɪˌpɔɪnt/ n. (*colloq.*) נְקֻדַּת זְכוּת, "נְקֻדָּה"

browse /braʊz/ v.i. רָעָה, לִחֵךְ דֶּשֶׁא; עִלְעֵל, דִּפְדֵּף, חִטֵּט בִּנְיָחוּתָא

bruise /bru:z/ n. חַבּוּרָה, סִימָן כָּחֹל (מַכָּה שֶׁכְּתוֹצָאָה מִמֶּנָּה מִשְׁתַּנֶּה צֶבַע הָעוֹר)
—v.t. & i. גָּרַם חַבּוּרָה, פָּצַע; קִבֵּל חַבּוּרָה; נֶחְבַּל, נִפְגַּע

bruiser /ˈbru:zə(r)/ n. (*colloq.*) גֶּבֶר קָשׁוּחַ, "בּוֹקְסֶר"; מִתְאַגְרֵף מִקְצוֹעִי

bruit /bru:t/ v.t. (*formal*) הֵפִיץ שְׁמוּעָה
□ *the news was bruited about* (or *abroad*) הַחֲדָשׁוֹת נוֹדְעוּ בָּרַבִּים

brunch /brʌntʃ/ n. (*colloq.*) "בְּרַאנְץ׳", אֲרוּחַת בֹּקֶר מְאֻחֶרֶת (בִּמְקוֹם אֲרוּחַת צָהֳרַיִם)

brunette /bru:ˈnet/ n. בְּרוּנֶטִית, אִשָּׁה (לְבָנָה) בַּעֲלַת שֵׂעָר כֵּהֶה

brunt /brʌnt/ n. עִקַּר הַנֵּטֶל
□ *they bore* (or *took*) *the brunt of the attack* הֵם נָשְׂאוּ בְּנֵטֶל הַהַתְקָפָה

brush /brʌʃ/ n.
1 (implement with bristles or hair or wire) מִבְרֶשֶׁת
clothes brush מִבְרֶשֶׁת בְּגָדִים
hairbrush מִבְרֶשֶׁת שֵׂעָר
paintbrush מִכְחוֹל; מִבְרֶשֶׁת
toothbrush מִבְרֶשֶׁת שִׁנַּיִם
2 (act of using brush) הַבְרָשָׁה, צִחְצוּחַ
□ *he gave his clothes a good brush* הוּא הִבְרִישׁ יָפֶה אֶת בְּגָדָיו
3 (tail of fox) זְנַב שׁוּעָל (לָרֹב כְּקִשּׁוּט עַל הַקִּיר)
4 (undergrowth) סְבַךְ שִׂיחִים, בָּתָה; זְרָדִים; אֵזוֹר בָּתָה
5 (*Electr.*) מַגְעֵי־פֶּחָם, מִבְרֶשֶׁת־פֶּחָם (בְּגֶנֶרָטוֹר, בְּדִינָמוֹ וְכַד׳)
6 (skirmish) הִתְקָלוּת, עִמּוּת, קְרַב־קָצָר
□ *he had a brush with the law* הָיָה לוֹ עִמּוּת עִם הַחֹק
—v.t.
1 (use brush on) הִבְרִישׁ אֶת
2 (graze in passing) נָגַע קַלּוֹת בְּ...
□ *he brushed past me on the stairs* הוּא חָלַף עַל פָּנַי בִּמְהִירוּת בַּמַּדְרֵגוֹת
3 (in set phrases)
□ *she brushed aside all my criticisms* הִיא דָּחֲתָה אֶת כָּל דִּבְרֵי הַבִּקֹּרֶת שֶׁלִּי

□ *they brushed off his claims for compensation* הֵם הִתְעַלְּמוּ מִכָּל תְּבִיעוֹתָיו לְפִצּוּיִים
□ *the mud will brush off when it dries* תּוּכַל לְהוֹרִיד אֶת הַבֹּץ בְּמִבְרֶשֶׁת כַּאֲשֶׁר יִתְיַבֵּשׁ
□ *I brushed up my French before my holiday* רִעֲנַנְתִּי אֶת יְדִיעוֹתַי בְּצָרְפָתִית לִפְנֵי שֶׁיָּצָאתִי לְחֻפְשָׁה

brush-off /ˈbrʌʃ-of/ n. (*colloq.*) הִתְעַלְּמוּת מְכֻוֶּנֶת, דְּחִיָּה גַּסָּה, "נִפְנוּף"
brush-stroke /ˈbrʌʃ-strəʊk/ n. מְשִׁיכַת מִכְחוֹל
brushwood /ˈbrʌʃwʊd/ n. זְרָדִים, עַנְפֵי עֵצִים; שֶׁטַח בָּתָּה
brushwork /ˈbrʌʃwɜːk/ n. טֶכְנִיקַת הַשִּׁמּוּשׁ בְּמִכְחוֹל שֶׁל צַיָּר, טֶכְנִיקַת מִכְחוֹל
brusque /bruːsk/ adj. פִּתְאֹמִי, קָצָר וּבוֹטֶה
Brussels sprouts /ˌbrʌs(ə)lz ˈspraʊts/ n. *pl.* כְּרוּב נִצָּנִים
brutal /ˈbruːt(ə)l/ adj. אַלִּים, אַכְזָרִי, בְּרוּטָלִי
brutalism /ˈbruːtəlˌɪsəm/ n. בְּרוּטָלִיּוּת, אַלִּימוּת
brutality /ˌbrʊˈtælɪtɪ/ n. אַלִּימוּת, אַכְזְרִיּוּת, בְּרוּטָלִיּוּת; מַעֲשֵׂה אַלִּימוּת
brutalize /ˈbruːtəlaɪz/ v.t. הִתְאַכְזֵר לְ..., הִתְעַלֵּל בְּ...
brute /bruːt/ n. בְּהֵמָה, חַיָּה, חַיָּה רָעָה; (בְּהַשְׁאָלָה, לְגַבֵּי אָדָם) "חַיָּה־רָעָה"
—adj. פֶּרֶא, בֶּהֱמִי, גַּס (פִּיזִי בִּלְבַד, לְלֹא מַחֲשָׁבָה)
brute force (or **strength**) אַלִּימוּת, כֹּחַ־הַזְּרוֹעַ
brutish /ˈbruːtɪʃ/ adj. (*derog.*) בֶּהֱמִי, חַיָּתִי
bubble /ˈbʌb(ə)l/ n. בּוּעָה, שַׁלְפּוּחִית
bubble bath קֶצֶף־אַמְבַּט
bubble car מְכוֹנִית קְטַנָּה, לָרֹב עַל שְׁלֹשָׁה גַּלְגַּלִּים, בַּעֲלַת גַּג מְקֻמָּר וְשָׁקוּף
bubble gum גּוּמִי לְעִיסָה, מַסְטִיק
□ *the news of his defeat burst the bubble of his popularity* הַיְדִיעוֹת הַטְּרִיּוֹת עַל תְּבוּסָתוֹ נִפְּצוּ אֶת אַשְׁלָיַת הַפּוֹפּוּלָרִיּוּת שֶׁיָּצַר
—v.i. בִּעְבֵּעַ, הֶעֱלָה בּוּעוֹת, פִּעְפַּע, הִשְׁמִיעַ קוֹל בִּעְבּוּעַ
□ *she was bubbling over with high spirits* הִיא שָׁפְעָה מֶרֶץ וְהִתְלַהֲבוּת
bubbly /ˈbʌblɪ/ adj. מְבַעְבֵּעַ, מַעֲלֶה בּוּעוֹת; תּוֹסֵס, רוֹגֵשׁ
—n. (*arch. colloq.*) שַׁמְפַּנְיָה
bubonic plague /bjʊˌbɒnɪkˈpleɪɡ/ n. מַגֵּפַת הַדֶּבֶר
buccaneer /ˌbʌkəˈnɪə(r)/ n. שׁוֹדֵד־יָם
buck[1] /bʌk/ n.
1 (male of deer or hare or rabbit) צְבִי; אַיִל; אַרְנָב (זָכָר); שָׁפָן (זָכָר)
2 (dandy, *arch.*) "דֶּנְדִּי"
—v.t. & i. (סוּס) הִשְׁלִיךְ (אֶת רוֹכְבוֹ מִגַּבּוֹ); (סוּס) קִפֵּץ וְהִשְׁתּוֹלֵל
buck[2] /bʌk/ n. אַחֲרָיוּת
pass the buck הִתְנַעֵר מִן הָאַחֲרָיוּת לְ..., הֶעֱבִיר אֶת הָאַחֲרָיוּת לְ...
□ *the buck stops here* זוֹ הָאַחֲרָיוּת שֶׁלִּי, אֲנִי לֹא מוּכָן לְשַׂחֵק אוֹתָהּ "רֹאשׁ קָטָן"

buck[3] /bʌk/ n. (*US sl.*) דּוֹלָר, "יָרֹק"
buck[4] /bʌk/ v.t. & i. (*colloq.*) הִתְנַגֵּד בְּגָלוּי
□ *buck up!* תָּרִים אֶת הָרֹאשׁ! אַל תִּתְיָאֵשׁ!
□ *he was very bucked at the news* הוּא הָיָה מְבֻסּוּט מִן הַיְדִיעוֹת
bucket /ˈbʌkɪt/ n. דְּלִי
bucket seat מוֹשָׁב לְאָדָם אֶחָד בִּכְלִי־רֶכֶב, לָרֹב בַּעַל רִפּוּד־תּוֹמֵךְ בְּשׁוּלָיו
bucket shop מִשְׂרָד שֶׁמְּסַפֵּק כַּרְטִיסֵי־טִיסָה, מְנָיוֹת וְכַד׳
kick the bucket (*sl.*) הִתְפַּגֵּר
—v.i. (*colloq.*) דָּהַר, שָׁטַף, נִתַּךְ
□ *the car bucketed over the road* הַמְּכוֹנִית "רָקְדָה"/קָפְצָה עַל הַכְּבִישׁ
□ *it was bucketing down* יָרַד מַמָּשׁ מַבּוּל
bucketful /ˈbʌkɪtf(ə)l/ n. מְלוֹא הַדְּלִי
□ *the rain came down in bucketfuls* אֲרֻבּוֹת הַשָּׁמַיִם נִפְתְּחוּ
buckle /ˈbʌk(ə)l/ n. אַבְזֵם, עֲדִי
—v.t.
1 (fasten) רָכַס, סָגַר
2 (crumple, crush) מָעַךְ, כּוֹפֵף (בְּלַחַץ אוֹ בְּהַתָּכָה)
—v.i. נִרְכַּס, (אַבְזֵם) נִסְגַּר
□ *you'll have to buckle down to work if you want to succeed* אִם אַתָּה רוֹצֶה לְהַצְלִיחַ תִּצְטָרֵךְ לְקַפֵּל אֶת הַשַּׁרְווּלִים וְלָגֶשֶׁת לָעֲבוֹדָה
buckler /ˈbʌklə(r)/ n. (*poet.*) מָגֵן קָטָן וְעָגֹל; הֲגַנָּה
buckram /ˈbʌkrəm/ n. בַּד פִּשְׁתָּן נֻקְשֶׁה
buckshee /bʌkˈʃiː/ adj. & adv. (*UK arch. sl.*) חִנָּם, בַּקְשִׁישׁ; בְּחִנָּם
buckshot /ˈbʌkʃɒt/ n. כַּדּוּרִיּוֹת־עוֹפֶרֶת בְּתַרְמִיל שֶׁל רוֹבֵה־צַיִד
buckskin /ˈbʌkskɪn/ n. עוֹר צְבִי
buckwheat /ˈbʌkwiːt/ n. כֻּסֶּמֶת
bucolic /bjʊˈkɒlɪk/ adj. כַּפְרִי, מֵחַיֵּי־הָרוֹעִים, מִמִּשְׁכְּנוֹת הָרוֹעִים
bud /bʌd/—n. נִצָּן, צִיץ
□ *he nipped the plot in the bud* הוּא דִּכָּא, דִּכָּא אֶת הַמֶּרֶד בְּעוֹדוֹ בְּאִבּוֹ
—v.i. הֵנֵץ, לִבְלֵב
—v.t. (בַּעֲבוֹדַת הַמַּטָּע) הִרְכִּיב, עָשָׂה הַרְכָּבָה
budding /ˈbʌdɪŋ/ adj. (מְשׁוֹרֵר, אָמָן, גָּאוֹן וְכַד׳) בִּתְחִלַּת דַּרְכּוֹ
Buddhism /ˈbʊdɪzəm/ n. בּוּדְהִיזְם, תּוֹרַת־בּוּדְהָה
Buddhist /ˈbʊdɪst/ n. בּוּדְהִיסְט, חָסִיד תּוֹרַת־בּוּדְהָה
buddy /ˈbʌdɪ/ n. (*colloq.*) חָבֵר, "סַחְבָּק" (לְעִתִּים: סַחְבָּק)
budge /bʌdʒ/ v.t. & i. הֵזִיז, הֵנִיעַ; זָז, נָע, זָע
□ *he didn't budge* הוּא לֹא נָע וְלֹא זָע, הוּא לֹא הֵנִיד עַפְעַף; הוּא עָמַד עַל שֶׁלּוֹ
budgerigar /ˈbʌdʒərɪɡɑː(r)/ n. תֻּכִּית (סוּג שֶׁל תֻּכִּי קָטָן)
budget /ˈbʌdʒɪt/ n. תַּקְצִיב

budget plan (or **account**) חֶשְׁבּוֹן־אַשְׁרַאי בַּחֲנוּת
□ *the Chancellor of the Exchequer prepares his budget in March* שַׂר הָאוֹצָר הַבְּרִיטִי מֵכִין אֶת תַּקְצִיב הַמְּדִינָה בְּחֹדֶשׁ מֶרְס
□ *your price does not suit my budget* הַמְּחִיר שֶׁאַתָּה מְבַקֵּשׁ אֵינֶנּוּ לְפִי תַּקְצִיבִי
—v.i. תִּקְצֵב, הֵכִין תַּקְצִיב; כָּלַל בַּתִּכְנוּן (שֶׁל מַשְׁאַבִּים, זְמַן וְכַד׳)
□ *I didn't budget for taking her out to lunch today* לֹא הֵבֵאתִי בְּחֶשְׁבּוֹן שֶׁאַזְמִין אוֹתָהּ הַיּוֹם לַאֲרוּחַת צָהֳרַיִם

budgetary /ˈbʌdʒɪtərɪ/ adj. תַּקְצִיבִי

budgie /ˈbʌdʒɪ/ n. תֻּכִּית (סוּג שֶׁל תֻּכִּי קָטָן)

buff /bʌf/ n.
1 (leather) מִין עוֹר עָבֶה וְגָמִישׁ
2 (colour) חוּם־צְהַבְהַב
3 (bare skin) עָרֹם כְּבְיוֹם הִוָּלְדוֹ,
in the buff (*colloq.*) עֵירֹם, חָשׂוּף
4 (enthusiast, (*colloq.*) חָסִיד, חוֹבֵב מֻשְׁבָּע, מֻמְחֶה, בָּקִי
□ *he's something of a film buff* הוּא מְשֻׁגָּע לְקוֹלְנוֹעַ
—v.t. הִבְרִיק (צִפָּרְנַיִם, מְכוֹנִית וְכַד׳)

buffalo /ˈbʌfələʊ/ n. בּוּפָלוֹ, בִּיזוֹן, שׁוֹר־בָּר

buffer[1] /ˈbʌfə(r)/ n. (בִּמְכוֹנִית, בְּרַכֶּבֶת) בּוֹלֵם, סוֹפֵג־זַעֲזוּעַ, קוֹלֵט־הֶלֶם; (בְּמַחְשֵׁב) "בָּאפֶר", זִכְרוֹן־בֵּינַיִם
buffer state אֵזוֹר הַפְרָדַת־כֹּחוֹת, אֵזוֹר־חַיִץ/מְדִינָה קְטַנָּה וְנֵיטְרָלִית בֵּין שְׁתֵּי מַעֲצָמוֹת יְרִיבוֹת

buffer[2] /ˈbʌfə(r)/ n. (*colloq.*) "תֶּרַח", "תֶּרַח זָקֵן"

buffet[1] /ˈbʌfɪt/ n. חֲבָטָה, מַטַּח־מַהֲלוּמוֹת
—v.t. חָבַט בְּ..., הִמְטִיר מַהֲלוּמוֹת

buffet[2] /ˈbʊfeɪ/ n. מִזְנוֹן, בּוּפֶה
buffet car (בְּרַכֶּבֶת) קְרוֹן־הַמִּזְנוֹן, קְרוֹן־הַמִּסְעָדָה
buffet meal בּוּפֶה

buffoon /bəˈfuːn/ n. לֵץ, מוּקְיוֹן, קוּנְדָס; מִי שֶׁמְּשַׁשְּׁטִים בּוֹ

buffoonery /bəˈfuːnərɪ/ n. מַהֲתַלָּה, מַעֲשֵׂה־קוּנְדֵס; הִשְׁתַּטּוּת גְּמוּרָה

bug /bʌg/ n.
1 (insect) חֶרֶק, חִפּוּשִׁית; פִּשְׁפֵּשׁ
2 (infection *colloq.*) חַיְדַּק, מַחֲלָה
3 (concealed listening device) מִתְקַן־הַאֲזָנָה סָמוּי, מִיקְרוֹפוֹן־סָמוּי, מִתְקַן־צִתּוּת נִסְתָּר
4 (defect, *colloq.*) פְּגָם, מוּם; (בְּמַחְשֵׁב) פְּגָם בַּתָּכְנָה, "בָּג"
—v.t.
1 (install listening device in) שָׁתַל מִתְקַן־הַאֲזָנָה נִסְתָּר
2 (annoy, *sl.*) שִׁגַּע אֶת הַשֵּׂכֶל, בִּלְבֵּל אֶת הַמֹּחַ, עִצְבֵּן

bugbear /ˈbʌgbeə(r)/ n. דָּבָר הַמְעוֹרֵר דְּאָגָה אוֹ פַּחַד (לָרֹב לְלֹא סִבָּה מֻצְדֶּקֶת)

bugger /ˈbʌgə(r)/ n. מִסְכֵּן; "מַנְיָאק" (בִּטּוּי חָרִיף לְאָדָם גַּס וְלֹא נָעִים); "הוֹמוֹ", "מַנְיָק"
□ *the poor bugger broke his leg* (*colloq.*) הַמִּסְכֵּן הַזֶּה, הוּא שָׁבַר אֶת הָרֶגֶל
□ *silly bugger!* (*colloq.*) אִדְיוֹט!
—v.t. & i. (*Law. & sl.*) עָשָׂה מַעֲשֵׂה סְדוֹם; הֶחֱרִיב אֶת הָעֵסֶק
bugger all (*sl.*) שׁוּם כְּלוּם, כְּלוּם, אֶפֶס בְּרִבּוּעַ
bugger it! (*sl.*) לַעֲזָאזֵל! לְכָל הָרוּחוֹת!
bugger off! (*sl.*) תִּסְתַּלֵּק מִכָּאן! תָּעוּף לִי מֵהָעֵינַיִם!

buggery /ˈbʌgərɪ/ n. (*Law*) מִשְׁכַּב זָכָר, מַעֲשֵׂה־סְדוֹם

buggy /ˈbʌgɪ/ n. כִּרְכָּרָה, מֶרְכָּבָה קַלָּה, עֲגָלָה קְטַנָּה; עֶגְלַת־תִּינוֹק

bugle /ˈbjuːg(ə)l/ n. חֲצוֹצְרָה צְבָאִית

bugler /ˈbjuːglə(r)/ n. מַחֲצְצֵר, חֲצוֹצְרָן (בַּחֲצוֹצְרָה צְבָאִית)

build /bɪld/ (past & past ppl. **built** /bɪlt/) v.t. & i. בָּנָה, הֵקִים
well built (גֶּבֶר) בָּנוּי כַּהֲלָכָה
□ *she worked hard to build up a reputation for accuracy* הִיא עָבְדָה קָשֶׁה כְּדֵי לִבְנוֹת לְעַצְמָהּ שֵׁם שֶׁל דַּיְקָנִית
□ *the pressure is building up* הַלַּחַץ גּוֹבֵר וְהוֹלֵךְ
□ *this medicine will build you up* הַתְּרוּפָה הַזֹּאת תָּבִיא לְהַחְלָמָתְךָ
—n. מִבְנֶה־גּוּף

builder /ˈbɪldə(r)/ n. בַּנַּאי; קַבְּלַן־בִּנְיָן

building /ˈbɪldɪŋ/ n.
1 (structure) בִּנְיָן, בַּיִת מִבְנֶה גָּדוֹל
2 (process of making buildings) בְּנִיָּה, בִּנְיָן
building society חֶבְרַת אַשְׁרַאי־לְבִנְיָן (שֶׁבָּהּ מַפְקִידִים אֲנָשִׁים אֶת כַּסְפָּם תְּמוּרַת רִבִּית, וְהַכֶּסֶף נִתָּן בְּהַלְוָאָה לְרוֹכְשֵׁי־דִּירוֹת)

build-up /ˈbɪld-ʌp/ n. גִּדּוּל, הִצְטַבְּרוּת; הַאֲדָרָה
□ *the accident caused a build-up of traffic* הַתְּאוּנָה גָּרְמָה לְהִצְטַבְּרוּת שֶׁל תְּנוּעָה, הַתְּאוּנָה גָּרְמָה לִפְקָק
□ *the press gave him a tremendous build-up* הָעִתּוֹנוּת נָתְנָה לוֹ פִּרְסוּם עָצוּם

built /bɪlt/ past & past ppl. of **build**

built-in /ˌbɪlt-ˈɪn/ adj. מֻרְכָּב כְּחֵלֶק אִינְטֶגְרָלִי בְּ..., מְקוֹרִי, "בִּילְט־אִין"
□ *the house has built-in cupboards* בַּבַּיִת יֵשׁ אֲרוֹנוֹת־קִיר
□ *he has a built-in advantage in that his father is the manager* יֵשׁ לוֹ יִתְרוֹן מֵרֹאשׁ בְּכָךְ שֶׁאָבִיו הוּא הַמְנַהֵל, יֵשׁ לוֹ פְּרוֹטֶקְצְיָה, אַבָּא שֶׁלּוֹ זֶה הַמְנַהֵל

built-up /bɪlt-ˈʌp/ adj. בָּנוּי, מְיֻשָּׁב וְרַב־בָּתִּים
□ *you should drive slowly in a built-up area* עָלֶיךָ לִנְהֹג לְאַט בְּשֶׁטַח בָּנוּי

bulb /bʌlb/ n.
1 (*Bot.*) פְּקַעַת, בָּצָל (שֶׁל צְמָחִים)
2 (*Electr.*) נוּרָה
3 (rounded shape) "גֻּלָּה" (שֶׁל מַדְחֹם וְכַד׳)

bulbous /ˈbʌlbəs/ adj. תָּפוּחַ, דּוֹמֶה לְפְקַעַת

bulge /bʌldʒ/ n. בְּלִיטָה, תְּפִיחָה; נְפִיחוּת זְמַנִּית

—v.i. הִתְנַפֵּחַ, תָּפַח, בָּלַט

□ *his briefcase was bulging with papers* הַתִּיק שֶׁלּוֹ הָיָה תָּפוּחַ מֵרֹב מִסְמָכִים

bulgur /ˈbʌlgə(r)/ n. בּוּרְגוּל

bulimia /bʊˈlɪmɪə/ n. בּוּלִימְיָה, זְלִילָה אוֹבְּסֶסִיבִית (הַפְרָעָה נַפְשִׁית)

bulk /bʌlk/ n.

1 (mass) גּוּשׁ; נֶפַח

bulk cargo מִטְעָן בְּתִפְזֹרֶת

in bulk בְּסִיטוֹנוּת, בְּכַמֻּיּוֹת גְּדוֹלוֹת, בְּתִפְזֹרֶת

2 (majority) רֹב, הָרֹב הַמַּכְרִיעַ

□ *the bulk of his property was left to his family* בְּנֵי מִשְׁפַּחְתּוֹ קִבְּלוּ בִּירֻשָּׁה אֶת חֵלֶק הָאֲרִי שֶׁל רְכוּשׁוֹ

—v.i.

bulk large הִתְבַּלֵּט, הָיָה חָשׁוּב, מִלֵּא תַּפְקִיד נִכְבָּד

bulk buying /ˌbʌlk ˈbaɪɪŋ/ n. קְנִיָּה בְּסִיטוֹנוּת

bulkhead /ˈbʌlkhed/ n. מְחִצָּה אֲטוּמָה (בְּבֶטֶן אֳנִיָּה וְכַד׳)

bulky /ˈbʌlkɪ/ adj. מְסִיבִי, כָּבֵד וּמְגֻשָּׁם, מְסֻרְבָּל

bull[1] /bʊl/ n.

1 (animal) פַּר; פִּיל (זָכָר); אַרְיֵה־יָם (זָכָר)

a bull in a china-shop (כְּמוֹ) פִּיל בַּחֲנוּת חַרְסִינָה

□ *you'll have to take the bull by the horns instead of doing nothing* (*colloq.*) בִּמְקוֹם לָשֶׁבֶת בְּחִבּוּק־יָדַיִם, עָלֶיךָ לֶאֱחֹז אֶת הַשּׁוֹר בְּקַרְנָיו

2 (centre of target) ״בּוּל״, מֶרְכַּז הַמַּטָּרָה

3 (on stock exchange, *cf.* **bear**) סְפֶּקוּלַנְט בַּבּוּרְסָה (קוֹנֶה מְנָיוֹת וּסְחוֹרוֹת לְמַטְּרוֹת רֶוַח)

4 (nonsense, *sl.*) שְׁטֻיּוֹת, קִשְׁקוּשׁ, שְׁטֻיּוֹת בְּמִיץ עַגְבָנִיּוֹת, זִיּוּנֵי־שֵׂכֶל

bull[2] /bʊl/ n. ״בּוּלָּה״ (צַו־רִשְׁמִי הַנּוֹשֵׂא חוֹתָם עוֹפֶרֶת שֶׁל הָאַפִּיפְיוֹר)

bulldog /ˈbʊldɒg/ n. כֶּלֶב בּוּלְדּוֹג

bulldog clip סוּג שֶׁל אֶטֶב לִנְיָרוֹת, ״קְלִיפְּס״

bulldoze /ˈbʊldəʊz/ v.t. יִשֵּׁר בְּדַחְפּוֹר, חָפַר בְּדַחְפּוֹר; כָּפָה (רְצוֹנוֹ, דַּעְתּוֹ) בְּכֹחַ

bulldozer /ˈbʊlˌdəʊzə(r)/ n. דַּחְפּוֹר, בּוּלְדּוֹזֶר

bullet /ˈbʊlɪt/ n. קָלִיעַ, כַּדּוּר

bullet-headed /ˈbʊlɪt-ˈhedɪd/ adj. בַּעַל רֹאשׁ קָטָן וְעָגֹל

bulletin /ˈbʊlətɪn/ n. בּוּלֶטִין, עֲלוֹן־יְדִיעוֹת

news bulletin הוֹדָעָה, חֲדָשׁוֹת, עֲלוֹן חֲדָשׁוֹת

bullet-proof /ˈbʊlɪt-pruːf/ adj. חָסִין בִּפְנֵי כַּדּוּרִים

bullet proof vest אֵפוֹד מָגֵן

bullfight /ˈbʊlfaɪt/ n. מִלְחֶמֶת־שְׁוָרִים

bullfighter /ˈbʊlˌfaɪtə(r)/ n. לוֹחֵם־שְׁוָרִים, מָטָדוֹר, טוֹרֵיאָדוֹר

bullfinch /ˈbʊlfɪntʃ/ n. תַּמָּה (צִפּוֹר שִׁיר שְׁחוֹרָה וַאֲדֻמַּת־צַוָּאר)

bullfrog /ˈbʊlfrɒg/ n. צְפַרְדֵּעַ גְּדוֹלָה וַעֲבַת־קוֹל (בִּצְפוֹן־אֲמֶרִיקָה)

bullion /ˈbʊlɪən/ n. & adj. מְטִיל זָהָב/כֶּסֶף

bullock /ˈbʊlək/ n. שׁוֹר, שׁוֹר צָעִיר (מְסֹרָס)

bullring /ˈbʊlrɪŋ/ n. זִירַת מִלְחֶמֶת שְׁוָרִים

bull's-eye /ˈbʊlz-aɪ/ n. בּוּל, אִישׁוֹן הַמַּטָּרָה; סוּג שֶׁל סֻכָּרִיַּת מֶנְטָה עֲגֻלָּה

bullshit /ˈbʊlʃɪt/ n. (*vulg.*) ״בּוּלְשִׁיט״, שְׁטֻיּוֹת, שְׁטֻיּוֹת בְּמִיץ עַגְבָנִיּוֹת, זִבּוּל־שֵׂכֶל

bull-terrier /ˌbʊl-ˈterɪə(r)/ n. בּוּלְטֶרְיֶר (סוּג שֶׁל כֶּלֶב, זִוּוּג בֵּין בּוּלְדּוֹג וְטֶרְיֶר)

bully /ˈbʊlɪ/ n. בִּרְיוֹן, אַבְדַאי, אָדָם אַלִּים וְתוֹקְפָנִי

—v.t. הִפְעִיל כֹּחַ וְאִיּוּמִים, כָּפָה אֶת רְצוֹנוֹ בְּאֶמְצָעוּת הַפְחָדָה וְאִיּוּמִים

—int. (*arch. sl.*)

□ *bully for you!* כָּל הַכָּבוֹד! (לְרֹב נֶאֱמָר בְּסַרְקָזְם)

bully beef /ˈbʊlɪ biːf/ n. בְּשַׂר בָּקָר מְשֻׁמָּר, ״בּוּלִיבִּיף״, ״לוּף״

bully-boy /ˈbʌlɪ-ˌbɔɪ/ n. (*colloq.*) בִּרְיוֹן, אַבְדַאי, בָּחוּר אַלִּים וְתוֹקְפָנִי

bulrush /ˈbʊlrʌʃ/ n. קְנֵה־סוּף; אַגְמוֹן

bulwark /ˈbʊlwək/ n.

1 (defence) חוֹמַת מָגֵן, סוֹלְלָה, דָּיֵק; מָעוֹז, מָגֵן

2 (in *pl.*, *Naut.*) (בָּאֳנִיּוֹת) מַעֲקֵה הַסִּפּוּן הָעֶלְיוֹן

bum[1] /bʌm/ (*sl.*) n. תַּחַת, יַשְׁבָן, טוּסִיק

bum[2] /bʌm/ (*sl.*) n. קַבְּצָן, הוֹלֵךְ־בָּטֵל, בַּטְלָן

—adj. עָלוּב, חֲסַר־עֵרֶךְ

—v.i. הָלַךְ בָּטֵל, הִתְבַּטֵּל

bum around ״נִזְרַק״, הָלַךְ בָּטֵל, הִסְתּוֹבֵב וְטִיֵּל עִם מְעַט כֶּסֶף וּמִטְעָן

—v.t. שְׁנוֹרֵר, פָּשַׁט יָד

bumble-bee /ˈbʌmb(ə)l-biː/ n. דַּבּוּר, דְּבוֹרָה גְּדוֹלָה

bumf /bʌmf/ n. (*sl.*) חֹמֶר כָּתוּב (דַּפֵּי מֵידָע, פִּרְסוּמִים וְכוּ׳) שֶׁאֵין בּוֹ כָּל עִנְיָן אוֹ חֲשִׁיבוּת, זְבָלָה

bump /bʌmp/ v.t. הֵטִיחַ (רֹאשׁ וְכַד׳), הָלַם, חָבַט

bump off (*sl.*) ״חִסֵּל״, רָצַח, הָרַג

□ *the gangleader was bumped off by his rivals* רֹאשׁ הַכְּנוּפְיָה חֻסַּל בִּידֵי יְרִיבָיו

—v.i. הִתְנַגֵּשׁ, נִתְקַל

□ *I bumped against the door* נִתְקַלְתִּי בַּדֶּלֶת

□ *the other day I bumped into David* (*colloq.*) לִפְנֵי כַּמָּה יָמִים נִתְקַלְתִּי בְּדָוִד

—n.

1 (blow) חֲבָטָה, מַכָּה, מַהֲלוּמָה

2 (jolt, unevenness causing jolting) טִלְטוּל; חַתְחַת, גַּבְנָן, גַּבְנוּן (עַל כְּבִישׁ וְכַד׳)

□ *the road was full of bumps* הַכְּבִישׁ הָיָה מָלֵא מַהֲמוֹרוֹת

3 (swelling) נְפִיחוּת, תְּפִיחָה, בְּלִיטָה, גַּבְנָן, גַּבְנוּן

bumper /ˈbʌmpə(r)/ n.
1 (of car, *UK*) פְּגוֹשׁ
2 (full glass of wine) כּוֹס יַיִן מְלֵאָה
—adj. מְרֻחָב, שׁוֹפֵעַ
a bumper harvest יְבוּל שׁוֹפֵעַ

bumpkin /ˈbʌmpkɪn/ n. (*colloq. derog.*) בְּרִיָּה גַּסָּה, כַּפְרִי, מְגֻשָּׁם

bumptious /ˈbʌmpʃəs/ adj. (*derog.*) שַׁחְצָן, יָהִיר, מִתְנַשֵּׂא

bumptiousness /ˈbʌmpʃəsˌnɪs/ n. (*derog.*) שַׁחְצָנוּת, יְהִירוּת, הִתְנַשְּׂאוּת

bumpy /ˈbʌmpɪ/ adj. טַלְטְלָנִי, בַּעַל גַּבְשׁוּשִׁיּוֹת, מָלֵא-חַתְחַתִּים

bun /bʌn/ n.
1 (cake) לַחְמָנִיָּה מְתוּקָה; לַחְמָנִיָּה (שֶׁל הַמְּבּוּרְגֶּר וְכַד׳)
hot cross bun לַחְמָנִיָּה מְתוּקָה עִם צִמּוּקִים, שֶׁאוֹכְלִים בַּיָּמִים שֶׁלִּפְנֵי הַפַּסְחָא
2 (coil of hair) שֵׂעָר אָסוּף עַל הָעֹרֶף

bunch /bʌntʃ/ n. אֶשְׁכּוֹל, צְרוֹר; אֹסֶף
□ *she was the best* (or *pick*) *of the bunch* הִיא הָיְתָה הַטּוֹבָה מִכֻּלָּם
—v.t. & i. קִבֵּץ, אָסַף; הִתְקַבֵּץ, הִתְחַבֵּר, הִתְאַגֵּד, הִתְאַסֵּף
□ *the children bunched up* (or *together*) *in the corner of the room* הַיְלָדִים הִתְקַבְּצוּ כֻּלָּם בְּפִנַּת הַחֶדֶר

bundle /ˈbʌnd(ə)l/ n. חֲבִילָה, צְרוֹר; אֲלֻמָּה
—v.t.
1 (tie in a bundle) צָרַר, אָרַז
□ *they were bundled up in warm clothes* הֵם הָיוּ עֲטוּפִים בִּלְבוּשׁ חַם
2 (throw together) דָּחַס לְלֹא סֵדֶר
□ *the kidnappers bundled us into the car* הַחוֹטְפִים דְּחָפוּ אוֹתָנוּ לָרֶכֶב
3 (send off) סִלֵּק בִּמְהִירוּת, שָׁלַח בְּלִי שְׁהִיּוֹת
□ *they bundle their kids off* (or *away*) *to camp every summer* כָּל קַיִץ הֵם שׁוֹלְחִים אֶת הַיְלָדִים לַמַּחֲנֶה (וְנִפְטָרִים מֵהֶם)

bung /bʌŋ/ n. פְּקָק גּוּמִי, מְגוּפָה, פְּקָק לְחָבִית
—v.t.
1 (stop up) סָתַם, פָּקַק
□ *my nose is bunged up* הָאַף שֶׁלִּי סָתוּם לְגַמְרֵי
2 (throw, *sl.*) זָרַק, הִשְׁלִיךְ

bungalow /ˈbʌŋgələʊ/ n. בַּיִת חַד-קוֹמָתִי; בֵּית-קַיִט, בּוּנְגָּלוֹ (אֲבָל "בּוּנְגָּלוֹ" בְּעִבְרִית מְצַיֵּן גַּם מֵעֵין סֻכָּה עַל הַחוֹף)

bungle /ˈbʌŋg(ə)l/ v.t. & i. עָשָׂה עֲבוֹדָה גְּרוּעָה, קִלְקֵל, "פִּישֵׁל"

bungler /ˈbʌŋglə(r)/ n. לֹא-יוּצְלַח, בַּעַל שְׁתֵּי יָדַיִם שְׂמָאלִיּוֹת, "פַּשְׁלָן"

bunion /ˈbʌnjən/ n. יַבֶּלֶת, תְּפִיחָה (וּלְעִתִּים דַּלֶּקֶת) בְּבֹהֶן הָרֶגֶל

bunk[1] /bʌŋk/ n. דַּרְגָּשׁ, מִטַּת-קִיר (בָּאֳנִיָּה וְכַד׳)
bunk beds מִטַּת-קוֹמָתַיִם (יְחִידָה הַמֻּרְכֶּבֶת מִשְּׁתֵּי מִטּוֹת, זוֹ מֵעַל זוֹ)

bunk[2] /bʌŋk/ n. (*sl.*) הֵעָלְמוּת
do a bunk בָּרַח, נֶעְלַם פִּתְאֹם

bunk[3] /bʌŋk/ n. (*sl.*) פִּתְפּוּתֵי-בֵּיצִים, קִשְׁקוּשׁ, שְׁטֻיּוֹת

bunker /ˈbʌŋkə(r)/ n.
1 (container for fuel) מַחְסַן פְּחָמִים (בָּאֳנִיָּה אוֹ מִחוּץ לַבַּיִת)
2 (*Mil.*) בּוּנְקֶר, עֶמְדָּה תַּת-קַרְקָעִית מְבֻצֶּרֶת
3 (*Golf*) גֻּמַּת-חוֹל (מִכְשׁוֹל בְּמִשְׂחַק הַגּוֹלְף)
—v.t.
1 (refuel, also v.i.) תִּדְלֵק (אֳנִיָּה); מִלֵּא פֶּחָם בַּמַּחְסָן
2 (*Golf*, usu. in past ppl.) הִכָּה (אֶת כַּדּוּר הַגּוֹלְף) אֶל גֻּמַּת-הַחוֹל
bunkered! אֲכַלְתִּי אוֹתָהּ! נִתְקַע בְּמָבוֹי סָתוּם

bunkum /ˈbʌŋkəm/ n. (*sl.*) פִּתְפּוּתֵי-בֵּיצִים, קִשְׁקוּשׁ, שְׁטֻיּוֹת

bunny (rabbit) /ˈbʌnɪ (ˌræbɪt)/ n. שָׁפָן, אַרְנֶבֶת (בִּשְׂפַת יְלָדִים, שֶׁבָּהּ אֵין מַבְדִּילִים בֵּין שְׁתֵּי הַחַיּוֹת)

Bunsen burner /ˌbʌns(ə)n ˈbɜːnə(r)/ n. מַבְעֵר בּוּנְזֶן (מַבְעֵר-גָּז הַמְשַׁמֵּשׁ בְּמַעְבָּדוֹת)

bunting[1] /ˈbʌntɪŋ/ n. גִּבְתּוֹן (שֵׁם כּוֹלֵל לְכַמָּה סוּגִים שֶׁל צִפּוֹרֵי-שִׁיר)

bunting[2] /ˈbʌntɪŋ/ n. דִּגְלוֹנִים (מִנְּיָר אוֹ אָרִיג) לְקִשּׁוּטֵי רְחוֹב

buoy /bɔɪ/ n.
1 (channel marker) מָצוֹף (לִנְתִיבֵי-מַיִם)
2 (life-buoy) גַּלְגַּל-הַצָּלָה, מְצוֹף הַצָּלָה
—v.t. גָּרַם שֶׁיָּצוּף; הֶעֱלָה
buoy up תָּמַךְ בְּ..., עוֹדֵד אֶת רוּחוֹ שֶׁל

buoyancy /ˈbɔɪənsɪ/ n. צִיפָה, כֹּשֶׁר צִיפָה; הִתְאוֹשְׁשׁוּת, הִתְעוֹדְדוּת; עַלִּיצוּת, חֶדְוָה; (בְּכַלְכָּלָה) כֹּשֶׁר הִתְאוֹשְׁשׁוּת (שֶׁל מְחִירִים, פְּעִילוּת מִסְחָרִית וְכוּ׳) לְאַחַר תְּקוּפַת שֵׁפֶל

buoyant /ˈbɔɪənt/ adj. בַּעַל כֹּשֶׁר צִיפָה, עָשׂוּי לָצוּף; עַלִּיז, שָׂמֵחַ וְטוֹב-לֵב; (בְּכַלְכָּלָה) בִּמְגַמַּת עֲלִיָּה

bur /bɜː(r)/ n. תַּרְמִיל זְרָעִים קוֹצָנִי/שָׂעִיר (הַנִּדְבָּק לַצֶּמֶר כְּבָשִׂים וְכַד׳)

Burberry /ˈbɜːbərɪ/ n. (*Prop.*) סוּג שֶׁל מְעִיל גֶּשֶׁם מֵאֵיכוּת גְּבוֹהָה (לְבוּשׁ בְּרִיטִי לִמְהַדְרִין)

burble /ˈbɜːb(ə)l/ v.i. בִּעְבַּע, הָמָה, פִּכְפֵּךְ; דִּבֵּר בִּמְהִירוּת וּבְהִגּוּי לֹא בָּרוּר

burden /ˈbɜːd(ə)n/ n.
1 (load) נֵטֶל, מַעֲמָסָה, מַשָּׂא, עֹמֶס
beast of burden בֶּהֱמַת-מַשָּׂא
□ *the burden of proof rests with the prosecution* חוֹבַת הַהוֹכָחָה מֻטֶּלֶת עַל הַתְּבִיעָה
□ *the spoilt child made his mother's life a burden* הַיֶּלֶד הַמְפֻנָּק מֵרֵר אֶת חַיֵּי אִמּוֹ

2 (tonnage of ship) מַעֲמָס, כֹּשֶׁר מִטְעָן שֶׁל סְפִינָה, טוֹנָאז'

3 (refrain) פִּזְמוֹן חוֹזֵר

□ *the burden of his speech was that we should all work harder* הַמֶּסֶר הַחוֹזֵר בִּנְאוּמוֹ הָיָה שֶׁכֻּלָּנוּ צְרִיכִים לְהִתְאַמֵּץ יוֹתֵר

—v.t. הֶעֱמִיס, הִכְבִּיד; הִטְרִיחַ

□ *I don't want to burden you with my problems* אֲנִי לֹא רוֹצֶה לְהַעֲמִיס עָלֶיךָ אֶת הַבְּעָיוֹת שֶׁלִּי

burdensome /ˈbɜːd(ə)nsəm/ adj. (*formal*) מֵעִיק, כָּבֵד מִנְשׂוֹא; מַטְרִיחַ

bureau /ˈbjʊərəʊ/ n.

1 (writing desk) שֻׁלְחַן כְּתִיבָה (עִם מְגֵרוֹת)

2 (office) מִשְׂרָד, לִשְׁכָּה

bureau de change מִשְׂרָד לְהַחְלָפַת מַטְבֵּעַ־זָר, לִשְׁכַּת־חֲלִפָנוּת, מַחֲלִיף־כְּסָפִים

bureaucracy /bjʊəˈrokrəsɪ/ n. בִּירוֹקְרַטְיָה

bureaucrat /ˈbjʊərəkræt/ n. בִּירוֹקְרָט

bureaucratic /ˌbjʊərəˈkrætɪk/ adj. בִּירוֹקְרָטִי

burette /bjʊəˈret/ n. (*Chem.*) בִּירֶטָה, שְׁפוֹפֶרֶת צָרָה שֶׁבִּקְצָהּ בֶּרֶז, לִמְדִידַת כַּמֻּיּוֹת זְעִירוֹת שֶׁל נוֹזְלִים

burgeon /ˈbɜːdʒən/ v.i. (*formal*) פָּרַח, לִבְלֵב, הֵנֵץ, הִתְפַּתֵּחַ

burger /ˈbɜːgə(r)/ n. הַמְבּוּרְגֶר, קְצִיצָה

burgess /ˈbɜːdʒɪs/ n. אֶזְרָח שֶׁל עִיר; צִיר מָחוֹז בַּפַּרְלָמֶנְט הַבְּרִיטִי

burgh /ˈbʌrə/ n. (בִּסְקוֹטְלַנְד) רָשׁוּת־עִירוֹנִית, יִשּׁוּב בַּעַל מוֹעֶצֶת־עִירִיָּה

burglar /ˈbɜːglə(r)/ n. פּוֹרֵץ, שׁוֹדֵד

burglar-alarm /ˈbɜːglər-əˌlɑːm/ n. מַעֲרֶכֶת אַזְעָקָה (נֶגֶד פְּרִיצוֹת)

burglar-proof /ˈbɜːglə-ˌpruːf/ adj. (בַּיִת, חֲנוּת וְכַד') חָסִין בִּפְנֵי פְּרִיצוֹת

burglary /ˈbɜːglərɪ/ n. פְּרִיצָה, שֹׁד

burgle /ˈbɜːg(ə)l/ v.t. & i. פָּרַץ, שָׁדַד

burgomaster /ˈbɜːgəmɑːstə(r)/ n. רֹאשׁ־עִיר (בְּהוֹלַנְד אוֹ בְּבֶּלְגְּיָה)

burgundy /ˈbɜːgəndɪ/ n. & adj. יֵין בּוּרְגוּנְדְיָה; צִבְעוֹ הָאָדֹם־כֵּהֶה שֶׁל יֵין כַּנַּ"ל

burial /ˈberɪəl/ n. קְבוּרָה

burial-ground /ˈberɪəl-ˌgraʊnd/ n. אֲתַר־קְבוּרָה

burial-service /ˈberɪəl-ˌsɜːvɪs/ n. טֶקֶס־קְבוּרָה, טֶקֶס־אַשְׁכָּבָה

burlap /ˈbɜːlæp/ n. אֲרִיג גַּס, בַּד אֲרִיזָה, בַּד שַׂקִּים, יוּטָה

burlesque /bɜːˈlesk/ n., adj. & v.t. בּוּרְלֶסְקָה, חִקּוּי הִתּוּלִי וּפָרוֹדִי (הַבָּא לָשִׂים לְלַעַג אָדָם אוֹ דָּבָר); בּוּרְלֶסְקִי, הַשָּׂם לְלַעַג בְּסִגְנוֹן הַבּוּרְלֶסְקָה; שָׂם לְלַעַג, עָשָׂה בּוּרְלֶסְקָה מִ...

burly /ˈbɜːlɪ/ adj. (אָדָם) מוּצָק, גְּדָל־מְמַדִּים, בַּעַל־גּוּף

burn[1] /bɜːn/ (past & past ppl. **burnt** /bɜːnt/ or **burned** /bɜːnd/) v.t. & i. שָׂרַף; נִשְׂרַף, בָּעַר

burnt offering קָרְבַּן עוֹלָה

□ *he was burnt out by the time he was thirty* עַד שֶׁהִגִּיעַ לְגִיל 30 הוּא כְּבָר הָיָה "שָׂרוּף"

□ *the house was burnt out* (or *down*) הַבַּיִת נִשְׂרַף כֻּלּוֹ

□ *let's burn up all the rubbish* בּוֹא נִשְׂרֹף אֶת כָּל הַזֶּבֶל

□ *that young man behaves as if he had money to burn* הַבָּחוּר מִתְנַהֵג כְּאִלּוּ יֵשׁ לוֹ כֶּסֶף כְּמוֹ חוֹל, הַבָּחוּר הַזֶּה מְפַזֵּר כֶּסֶף עַל שְׂמֹאל וְעַל יָמִין

□ *money burns a hole in his pocket* הַכֶּסֶף בּוֹרֵחַ לוֹ בֵּין הָאֶצְבָּעוֹת; הוּא מוֹצִיא בְּלִי לַעֲשׂוֹת חֶשְׁבּוֹן

□ *we burnt our boats when we decided to leave home* (*colloq.*) כְּשֶׁהֶחְלַטְנוּ לַעֲזֹב אֶת הַבַּיִת שָׂרַפְנוּ מֵאַחוֹרֵינוּ אֶת כָּל הַגְּשָׁרִים

□ *he burnt his fingers with that investment* (*colloq.*) הוּא נִכְוָה כַּהֹגֶן מִן הַהַשְׁקָעָה הַהִיא

□ *she burned the midnight oil* (*colloq.*) הִיא עָבְדָה עַד הַשָּׁעוֹת הַקְּטַנּוֹת שֶׁל הַלַּיְלָה

□ *my ears are burning* (*colloq.*) מִישֶׁהוּ מְרַכֵל עָלַי

□ *his cheeks burned with shame* לְחָיָיו לָהֲטוּ מֵרֹב בּוּשָׁה

□ *the food is burnt to a cinder* הַתַּבְשִׁיל הֻקְדַּח לְלֹא תַּקָּנָה

□ *she burned the candle at both ends* (*colloq.*) הִיא עוֹבֶדֶת כְּמוֹ חֲמוֹר בַּיּוֹם, וּמִתְהוֹלֶלֶת בַּלַּיְלָה

—n. כְּוִיָּה, צְרִיבָה

burn[2] /bɜːn/ n. (*Scot.*) נַחַל, פֶּלֶג, יוּבַל

burner /ˈbɜːnə(r)/ n. "רֹאשׁ" (בְּכִירַת־גַּז); מַבְעֵר, בֶּרְנֶר (מַבְעֵר־אֲצֵטִילֵן)

burning /ˈbɜːnɪŋ/ adj. בּוֹעֵר, לוֹהֵט, צוֹרֵב

burning desire תְּשׁוּקָה לוֹהֶטֶת

burning question שְׁאֵלָה בּוֹעֶרֶת

burnish /ˈbɜːnɪʃ/ v.t. & n. לִטֵּשׁ, מֵרֵק, הִבְרִיק; בָּרָק, בֹּהַק

burnous /bɜːˈnuːs/ n. בּוּרְנוּס, עַבָּאיָה, גְּלִימָה צְפוֹן־אַפְרִיקָאִית

burnt /bɜːnt/ past & past ppl. of **burn**

burp /bɜːp/ n. & v.i. (*colloq.*) גִּהֵק, עָשָׂה גְּרֶפְּס; גִּהוּק, גְּרֶפְּס

—v.t. (*colloq.*) הֵבִיא לִידֵי גִּהוּק, הֶעֱלָה גִּהוּק בְּ...

□ *she burped the baby after its feed* הִיא גָּרְמָה לַתִּינוֹק לְגַהֵק לְאַחַר שֶׁגָּמַר לִינֹק

burr[1] /bɜː(r)/ n. תַּרְמִיל זְרָעִים קוֹצָנִי/שָׂעִיר (הַנִּדְבָּק לְצֶמֶר שֶׁל כְּבָשִׂים וְכַד'); טַרְדָן, "דֶּבֶק", "סַפַּחַת"

burr[2] /bɜː(r)/ n.

1 (whirring sound of tool) טִרְטוּר שֶׁל מַכְשִׁיר (מַקְדֵּחַ־שִׁנַּיִם וְכַד')

2 (rough sound of letter 'r') הַגּוּי גְּרוֹנִי שֶׁל הָעִצּוּר רֵי"שׁ

burrito /bəˈriːtəʊ/ n. בּוּרִיטוֹ (מַאֲכָל מֶקְסִיקָנִי)

burrow /ˈbʌrəʊ/ n. מְאוּרָה, חוֹר בָּאֲדָמָה הַמְּשַׁמֵּשׁ מִשְׁכָּן לְבַעֲלֵי־חַיִּים

—v.t. & i. חָפַר שׁוּחָה, כָּרָה מִנְהָרָה; הִתְחַפֵּר

bursar /ˈbɜːsə(r)/ n.

1 (treasurer) גִּזְבָּר (בְּיִחוּד שֶׁל קוֹלֶג', אוּנִיבֶרְסִיטָה אוֹ מִנְזָר)

2 (assisted student) תַּלְמִיד בַּעַל מִלְגָּה

bursary /ˈbɜːsərɪ/ n.

1 (grant) מִלְגָּה, מַעֲנָק

2 (bursar's office) מִשְׂרַד הַגִּזְבָּר

burst /bɜːst/ (past & past ppl. **burst**) v.t. & i. נִפֵּץ, פּוֹצֵץ, פָּרַץ; הִתְפּוֹצֵץ, הִתְפָּרֵץ, הִתְנַפֵּץ, הִתְפַּקֵּעַ

□ *her words burst forth* הַמִּלִּים פָּרְצוּ מִפִּיהָ

□ *he burst into tears* הוּא פָּרַץ בִּדְמָעוֹת

□ *he burst out crying* הוּא פָּרַץ בִּבְכִי

□ *we laughed fit to burst* (*colloq.*) הִתְפַּקַּעְנוּ מִצְּחוֹק, נָפַלְנוּ מֵהַכִּסֵּא מֵרֹב צְחוֹק

□ *she is always bursting with energy* הִיא תָּמִיד שׁוֹפַעַת מֶרֶץ, הִיא מַמָּשׁ כַּדּוּר מֶרֶץ

—n. פֶּרֶץ, הִתְפָּרְצוּת, נֶפֶץ, הִתְפּוֹצְצוּת, הִתְפַּקְּעוּת

□ *I was alarmed by his burst of anger* פֶּרֶץ הַכַּעַס שֶׁלּוֹ גָּרַם לִי לִדְאָגָה מְרֻבָּה

□ *he put on a burst of speed* לִקְרַאת סוֹף הַמֵּרוֹץ הוּא נָתַן "סְפְּרִינְט"

□ *we heard a burst of gunfire* שָׁמַעְנוּ צְרוֹר יְרִיּוֹת

bury /ˈberɪ/ v.t. קָבַר, טָמַן, הִטְמִין

bury the hatchet (*fig.*) הִתְפַּיֵּס, הִפְסִיק לָרִיב, עָשָׂה שָׁלוֹם

□ *she buried herself in her work* הִיא הִשְׁקִיעָה אֶת כָּל כֻּלָּהּ בַּעֲבוֹדָתָהּ

bus /bʌs/ n. אוֹטוֹבּוּס (עִירוֹנִי)

□ *he missed the bus* הוּא הֶחְמִיץ אֶת הָאוֹטוֹבּוּס; הוּא הֶחְמִיץ אֶת הַהִזְדַּמְּנוּת

—v.t. & i. הִסִּיעַ בְּאוֹטוֹבּוּס; נָסַע בְּאוֹטוֹבּוּס

busby /ˈbʌzbɪ/ n. כּוֹבַע פַּרְוָה טִקְסִי גָּבוֹהַּ (שֶׁלּוֹבְשִׁים חַיָּלֵי מִשְׁמַר־הַמְּלוּכָה הַבְּרִיטִי)

bush /bʊʃ/ n.

1 (shrub) שִׂיחַ, שִׂיחִים, צִמְחִיָּה

□ *a bird in the hand is worth two in the bush* (*Prov.*) טוֹבָה צִפּוֹר אַחַת בַּיָּד מִשְּׁתַּיִם עַל הָעֵץ

□ *stop beating about the bush* דַּבֵּר יָשָׁר לָעִנְיָן, חֲדַל לָלֶכֶת סְחוֹר־סְחוֹר

2 (uncultivated area) עֲרָבָה, מֶרְחֲבֵי־הַפֶּרֶא, מֶרְחֲבֵי־הַטֶּבַע (לָרֹב בְּאַפְרִיקָה אוֹ בְּאוֹסְטְרַלְיָה)

bush telegraph (*joc.*) הֲפָצַת יְדִיעוֹת מִפֶּה לָאֹזֶן, "צִפּוֹר קְטַנָּה לָחֲשָׁה לִי"

bush-baby /ˈbʊʃ-ˌbeɪbɪ/ n. יוֹנֵק אַפְרִיקָאִי קָטָן (וּבַעַל מַרְאֶה חָמוּד)

bushel /ˈbʊʃ(ə)l/ n. "בּוּשֶׁל" (יְחִידַת־נֶפַח לִתְבוּאָה, 8 גַּלּוֹנִים)

□ *don't hide your light under a bushel* (*Prov.*) אַל תִּצְטַנַּע כָּל־כָּךְ, אַל תִּהְיֶה צָנוּעַ כָּל כָּךְ

Bushman /ˈbʊʃmən/ n. בּוּשְׁמָן (בֶּן שֵׁבֶט־צַיָּדִים בִּדְרוֹם־אַפְרִיקָה); שְׂפַת הַשֵּׁבֶט הַנַּ"ל; מִי שֶׁמִּתְגּוֹרֵר אוֹ מְטַיֵּל בְּעַרְבוֹת אוֹסְטְרַלְיָה

bushy /ˈbʊʃɪ/ adj. מְכֻסֶּה שִׂיחִים; דְּמוּי־שִׂיחַ; שָׂעִיר

business /ˈbɪznɪs/ n.

1 (duty, concern) תַּפְקִיד, עִנְיָן, עֵסֶק, תְּחוּם־עִסּוּק

□ *make it your business to be on time tomorrow* הַקְפֵּד לֹא לְאַחֵר מָחָר

□ *mind your own business!* אַל תִּתְעָרֵב! זֶה לֹא עִסְקְךָ! אַל תִּדְחֹף אֶת הָאַף!

□ *it's no business of yours* (or *it's none of your business*) זֶה לֹא עִסְקְךָ, זֶה לֹא עִנְיָנְךָ

like nobody's business! (*colloq.*) וְעוֹד אֵיךְ!

2 (trade, occupation, commercial enterprise) עֵסֶק (כַּלְכָּלִי), מִסְחָר, בִּיזְנֶס

show-business עִסְקֵי־בִּדּוּר, "שׁוֹאוּ־בִּיזְנֶס"

□ *they went into business as tailors* הֵם פָּתְחוּ עֵסֶק שֶׁל חַיָּטוּת

□ *he is in business* הוּא עוֹשֶׂה בִּיזְנֶס, הוּא עוֹשֶׂה עֲסָקִים

□ *he means business* (*fig.*) הוּא מִתְכַּוֵּן בִּרְצִינוּת, הוּא לֹא עוֹשֶׂה צְחוֹק

□ *he pointed the business end of the gun in my direction* (*colloq.*) הוּא דָּחַף לִי אֶת הַקָּנֶה לַפַּרְצוּף

□ *the supermarket put the small greengrocer out of business* הַסּוּפֶּרְמַרְקֶט דָּחַק אֶת רַגְלֵי הַחֶנְוָנִי הַקָּטָן

□ *now we're in business!* (*colloq.*) עַכְשָׁו הָעֵסֶק מַתְחִיל לָזוּז! (עַכְשָׁו אֲנַחְנוּ מִתְקַדְּמִים בַּכִּוּוּן הָרָצוּי)

3 (affair) עִנְיָן, עֵסֶק, פָּרָשָׁה

□ *it's a bad business* זֶה עֵסֶק בִּישׁ

business-like /ˈbɪznɪs-ˌlaɪk/ adj. עִנְיָנִי, רְצִינִי, יָעִיל, שִׁיטָתִי, "תַּכְלֶס"

businessman /ˈbɪznɪsˌmən/ n. אִישׁ־עֲסָקִים

businesswoman /ˈbɪznɪsˌwʊmən/ n. אֵשֶׁת־עֲסָקִים

busker /ˈbʌskə(r)/ n. נַגָּן־רְחוֹב, זַמַּר־רְחוֹב (שֶׁעוֹבְרִים וְשָׁבִים מְטִילִים מַטְבֵּעַ לְכוֹבָעוֹ)

busman /ˈbʌsmən/ n. נַהַג אוֹטוֹבּוּס

busman's holiday חֻפְשָׁה לְלֹא־נֹפֶשׁ, חֻפְשָׁה שֶׁמִּתְעַסְּקִים בְּעִנְיָנִים הַדּוֹמִים לְעִנְיְנֵי הָעֲבוֹדָה

bus-shelter /ˈbʌs-ʃeltə(r)/ n. תַּחֲנַת־אוֹטוֹבּוּס מְקֹרָה

bus-stop /ˈbʌs-stop/ n. תַּחֲנַת־אוֹטוֹבּוּס

bust[1] /bʌst/ n.

1 (sculpture) פֶּסֶל רֹאשׁ (עִם כְּתֵפַיִם), פְּרוֹטוֹמָה

2 (bosom) חָזֶה (שֶׁל אִשָּׁה), שָׁדַיִם

bust[2] /bʌst/ (past & past ppl. **bust** or **busted**) v.t. & i. (*sl.*) שָׁבַר, פּוֹצֵץ, הָרַס; (מִשְׁטָרָה) עָצַר, הִכְנִיס לְמַעֲצָר; (מִשְׁטָרָה) עָרַךְ פְּשִׁיטָה עַל (לָרֹב לְחִפּוּשׂ אַחַר סַמִּים); הוֹרִיד בְּדַרְגָּה (חַיָּל בַּצָּבָא)

bustard /ˈbʌstəd/ n. חוּגָה, עוֹף כְּבַד־גּוּף וַאֲרֹךְ רַגְלַיִם וְצַוָּאר

bustle[1] /ˈbʌs(ə)l/ v.i. הִתְרוֹצֵץ בְּרֹב־עֵסֶק, הִתְעַסֵּק, טָרַח

□ *she bustled about making everything tidy* הִיא הִתְרוֹצְצָה בַּבַּיִת וְעָשְׂתָה סֵדֶר
—n. תְּכוּנָה, הִתְרוֹצְצוּת, פַּעַלְתָּנוּת
bustle² /ˈbʌs(ə)l/ n. עִמּוּם לְנִפּוּחַ שִׂמְלָה (עָשׂוּי כָּרִית אוֹ עַצְמוֹת-לִוְיָתָן, כְּאָפְנַת הַנָּשִׁים בַּמֵּאָה הַ־19)
bust-up /ˈbʌst-ʌp/ n. (*sl.*) קְטָטָה, רִיב, צְעָקוֹת
□ *they had a bust-up* הֵם רָבוּ וְצָעֲקוּ; (זוּג אוֹהֲבִים) הֵם נִפְרְדוּ
busy /ˈbɪzɪ/ adj. עָסוּק, עָמוּס, טָרוּד
□ *children shouldn't play on a busy road* אָסוּר לִילָדִים לְשַׂחֵק בִּכְבִישׁ עָמוּס (בִּתְנוּעָה)
—v.t. שָׁקַד עַל, הֶעֱסִיק אֶת עַצְמוֹ בְּ..., הִתְעַסֵּק בְּ...
□ *she busied herself with answering letters* הִיא הֶעֱסִיקָה אֶת עַצְמָהּ בִּתְשׁוּבוֹת לְמִכְתָּבִים
busybody /ˈbɪzɪˌbɒdɪ/ n. (*derog.*) אָדָם הַמִּתְעָרֵב בְּעִסְקֵי הַזּוּלַת, אָדָם הַדּוֹחֵף אֶת הָאַף לְכָל חוֹר
but /bʌt/ conj. אֲבָל, אוּלָם, אֶלָּא שֶׁ..., אַךְ
—adv. אִם רַק, אִלּוּ, אַךְ
□ *had I but known* (*formal*) אִלּוּ רַק יָדַעְתִּי
1 (except)
—prep. חוּץ מִ..., מִלְּבַד, מִבְּלִי שֶׁ...
□ *everybody but Joe thought it was a good idea* כֻּלָּם חָשְׁבוּ שֶׁזֶּה רַעְיוֹן טוֹב, חוּץ מִג'וֹ
□ *they are all but completely isolated* הֵם מְבֻדָּדִים כִּמְעַט לַחֲלוּטִין
□ *you're next but two in line* יֵשׁ רַק שְׁנַיִם לְפָנֶיךָ
□ *is he kind? – anything but!* (*colloq.*) (הַאִם הוּא) טוֹב-לֵב? הִשְׁתַּגַּעְתָּ?!
2 (at least) לְפָחוֹת, לְכָל הַפָּחוֹת
□ *you can but try* אַתָּה לֹא יָכוֹל אֶלָּא לְנַסּוֹת
butane /ˈbjuːteɪn/ n. בּוּטָן, גָּז (טִבְעִי אוֹ מוּפָק מִנֵּפְט וּמְשַׁמֵּשׁ לְחִמּוּם וְכַד')
butch /bʊtʃ/ adj. (*sl.*) (אִשָּׁה) "גֶ'דַע"; אִשָּׁה חֲזָקָה וּקְשׁוּחָה; כִּנּוּי (גְּנַאי) לְאִשָּׁה לְסְבִּית; (גֶּבֶר) קָשׁוּחַ וּמַאצ'וֹאִיסְטִי
butcher /ˈbʊtʃə(r)/ n.
1 (dealer in meat) קַצָּב, בַּעַל אִטְלִיז
2 (brutal killer) רוֹצֵחַ, רַב-טַבָּחִים, "קַצָּב"
—v.t. טָבַח, רָצַח, שָׁחַט; בִּתֵּר לִבְתָרִים
butchery /ˈbʊtʃərɪ/ n. קַצָּבוּת; טֶבַח; בֵּית-מִטְבָּחַיִם
butler /ˈbʌtlə(r)/ n. בַּטְלֶר, מְשָׁרֵת אִישִׁי; מְשָׁרֵת מְמֻנֶּה עַל הַמַּשְׁקָאוֹת
butt¹ /bʌt/ v. נָגַח
□ *stop butting in where you're not wanted* (*sl.*) אַל תִּדְחֹף אֶת הָאַף
—n. נְגִיחָה
butt² /bʌt/ n.
1 (object of ridicule) (אָדָם) קָרְבָּן לְמַהֲתַלָּה, נוֹשֵׂא לִבְדִיחָה
2 (in *pl.*, shooting-range) תְּלוּלִית עָפָר מֵאֲחוֹרֵי הַמַּטָּרָה בְּמִטְוָח, הָעוֹצֶרֶת אֶת הַקְּלִיעִים; מִטְוָח קְלִיעָה

butt³ /bʌt/ n. קָצֶה
cigarette butt בְּדַל-סִיגָרִיָּה
rifle butt קַת-רוֹבֶה
butt⁴ /bʌt/ n. חָבִית-יַיִן; חָבִית לְמֵי-גְּשָׁמִים
butt⁵ /bʌt/ n. (*sl.*) תַּחַת, "תּוּחֶ'ס"
butter /ˈbʌtə(r)/ n. חֶמְאָה
□ *she looks as if butter wouldn't melt in her mouth* (*colloq.*) הִיא נִרְאֵית כְּצַדִּיקָה תְּמִימָה (אֲבָל הָאֱמֶת הֲפוּכָה) הִיא נִרְאֵית כְּמַלְאָךְ, אֲבָל...
—v.t. מָרַח חֶמְאָה
butter up (*colloq.*) הֶחֱנִיף לְ..., "שִׁמֵּן"
butter bean /ˈbʌtə ˌbiːn/ n. סוּג שֶׁל שְׁעוּעִית לְבָנָה רְחָבָה
buttercup /ˈbʌtəˌkʌp/ n. (פֶּרַח) נוּרִית
butterfingers /ˈbʌtə-fɪŋg(ə)z/ n. שְׁלוּמִיאֵל, מִי שֶׁדְּבָרִים נוֹפְלִים מִיָּדָיו (בְּיִחוּד מִי שֶׁאֵינוֹ מְסֻגָּל לִתְפֹּס כַּדּוּר בְּמִשְׂחַק הַקְּרִיקֶט)
butterfly /ˈbʌtəˌflaɪ/ n.
1 (insect) פַּרְפַּר
□ *I've got butterflies in my stomach (from fright)* (*colloq.*) אֲנִי מְשַׁקְשֵׁק מִפַּחַד, יֵשׁ לִי פַּרְפָּרִים בַּבֶּטֶן
2 (swimming-stroke) שְׂחִיַּת פַּרְפַּר
butterfly-net /ˈbʌtəflaɪ-ˌnet/ n. רֶשֶׁת לְצֵיד-פַּרְפָּרִים
butterfly nut /ˈbʌtəflaɪˌnʌt/ n. אוֹם-פַּרְפַּר
buttermilk /ˈbʌtəˌmɪlk/ n. הַפְרָדַת הַחֶמְאָה מִן הֶחָלָב
butterscotch /ˈbʌtəˌskɒtʃ/ n. סֻכָּרִיָּה עֲשׂוּיָה חֶמְאָה, סֻכָּר וְחָלָב
buttery¹ /ˈbʌtərɪ/ adj. בַּעַל טַעַם שֶׁל חֶמְאָה, מַזְכִּיר חֶמְאָה בְּטַעְמוֹ
buttery² /ˈbʌtərɪ/ n. מִזְוֶה; מִזְנוֹן סְטוּדֶנְטִים
buttock /ˈbʌtək/ n. עָכוּז (אֶחָד מִשְּׁנַיִם)
button /ˈbʌt(ə)n/ n.
1 (fastening on garment) כַּפְתּוֹר (לְבֶגֶד)
2 (control knob) כַּפְתּוֹר (בְּמַכְשִׁיר וְכַד')
□ *who will push the button first?* מִי יִפְתַּח רִאשׁוֹן בְּמִלְחָמָה גַּרְעִינִית? מִי הָרִאשׁוֹן שֶׁיִּלְחַץ עַל הַכַּפְתּוֹר?
—v.t. רָכַס, כִּפְתֵּר
□ *I can't button up my collar* אֵינֶנִּי יָכוֹל לְכַפְתֵּר אֶת הַצַּוָּארוֹן
□ *that's that job buttoned up!* (*colloq.*) סוֹף-סוֹף גַּם זֶה נִגְמַר! זֶהוּ גָּמַרְנוּ, חֲלָס!
—v.i. נִרְכַּס, מִתְכַּפְתֵּר
□ *this dress buttons down the back* הַשִּׂמְלָה הַזֹּאת נִרְכֶּסֶת מֵאָחוֹר
buttonhole /ˈbʌtənˌhəʊl/ n.
1 (slit for button) לוּלָאָה (בְּבֶגֶד)
2 (flower etc. worn in lapel) פֶּרַח בְּדַשׁ הַבֶּגֶד
—v.t. נִטְפַּל בְּשִׂיחָה אֶל, תָּפַס (אֶת פְּלוֹנִי) בְּדַשׁ בִּגְדוֹ; הִתְקִין לוּלָאָה (בְּבֶגֶד)
buttress /ˈbʌtrɪs/ n. (אַרְכִיטֶקְטוּרָה) אוֹמְנָה; עַמּוּד-תּוֹמֵךְ, מִשְׁעָן

flying buttress (אַרְכִיטֶקְטוּרָה) קֶשֶׁת־חִזּוּק וּתְמִיכָה הַמְחַבֶּרֶת בֵּין הַקִּיר הַחִיצוֹנִי לְבֵין בִּנְיָן גָּדוֹל (כְּנֵסִיָּה, מִבְצָר וְכוּ׳)

—v.t. תָּמַךְ, סָעַד; חִזֵּק (דִּבְרֵי פְּלוֹנִי וְכַד׳)

buxom /ˈbʌksəm/ adj. (אִשָּׁה) בַּעֲלַת גּוּף נָאֶה וְשׁוֹפֵעַ

buy /baɪ/ (past & past ppl. **bought** /bɔːt/) v.t. קָנָה; שִׁחֵד

□ *he bought off his blackmailer* הוּא שִׁלֵּם אֶת הַכֹּפֶר לַסַּחְטָן

□ *they won't buy that idea* (*colloq.*) הֵם לֹא "יִקְנוּ" אֶת הָרַעְיוֹן הַזֶּה

—n. קְנִיָּה

buy-out הִשְׁתַּלְּטוּת עַל חֶבְרָה ע"י רְכִישַׁת רֹב מְנָיוֹתֶיהָ

□ *it's a good* (or *bad*) *buy* זֹאת קְנִיָּה מֻצְלַחַת/לֹא מֻצְלַחַת

buyer /ˈbaɪə(r)/ n. קוֹנֶה, לָקוֹחַ; קַנְיָן

buyer's market תְּנָאֵי שׁוּק הַמַּעֲנִיקִים יִתְרוֹן לַקּוֹנֶה

buzz /bʌz/ v.i. רָחַשׁ, זִמְזֵם; טָס נָמוּךְ וּמַהֵר, חָג מֵעַל

□ *the town was buzzing with rumours* הָעִיר רָחֲשָׁה שְׁמוּעוֹת

□ *buzz off!* (*sl.*) עוּף מִכָּאן! תִּסְתַּלֵּק! לֵךְ לַעֲזָאזֵל! תָּעוּף לִי מִן הָעֵינַיִם!

—v.t.

1 (fly over) טָס בְּקִרְבָה מְאַיֶּמֶת

□ *the aeroplane buzzed the demonstrating crowd* (*colloq.*) הַמָּטוֹס חָג מֵעַל הֶהָמוֹן הַמַּפְגִּין

2 (call by buzzer) זִמְזֵם לְ...

—n. צִלְצוּל טֶלֶפוֹן; זִמְזוּם; רַחַשׁ קוֹלוֹת

□ *give me a buzz sometime* (*colloq.*) תֵּן לִי צִלְצוּל פַּעַם

□ *competitive games really give him a buzz* (*colloq.*) הוּא "דָּלוּק" עַל מִשְׂחֲקֵי תַּחֲרוּת

buzzard /ˈbʌzəd/ n. (סוּג שֶׁל צִפּוֹרֵי־טֶרֶף) עַקָּב, זַרּוֹן, בַּז

buzzer /ˈbʌzə(r)/ n. זַמְזָם

by /baɪ/ prep.

1 (near) לְיַד

by the way (or **by the bye**) דֶּרֶךְ־אַגַּב, אַגַּב

2 (via) דֶּרֶךְ

□ *they travelled by land and sea* הֵם נָסְעוּ בְּדֶרֶךְ הַיַּבָּשָׁה וְהַיָּם

□ *he came in by the back door* הוּא נִכְנַס בַּדֶּלֶת הָאֲחוֹרִית

3 (during) בְּמֶשֶׁךְ

by day (or **night**) בִּשְׁעוֹת הַיּוֹם/הַלַּיְלָה

4 (no later than) לֹא יְאֻחַר מִ..., עַד

□ *he should have been here by now* הוּא כְּבָר מִזְּמַן הָיָה צָרִיךְ לִהְיוֹת פֹּה

5 (denoting agent or means or instrument) עַל־יְדֵי, מִתּוֹךְ

by heart בְּעַל־פֶּה

by your leave בִּרְשׁוּתְךָ

by all (or **no**) **means** בְּרָצוֹן רַב, בְּהֶחְלֵט/בְּשׁוּם אֹפֶן לֹא

by mistake בְּטָעוּת, מִתּוֹךְ טָעוּת

by oneself בְּמוֹ יָדָיו, בְּעַצְמוֹ; לְבַדּוֹ

□ *it measures three by six metres* זֶה שְׁלֹשָׁה עַל שִׁשָּׁה מֶטְרִים

6 (according to, in the measure of) עַל־פִּי, לְפִי

by all accounts לְכָל הַדֵּעוֹת

□ *by her watch it is five o'clock* לְפִי הַשָּׁעוֹן שֶׁלָּהּ הַשָּׁעָה חָמֵשׁ

7 (succeeding, in a succession of) אַחֲרֵי, אַחַר

one by one אֶחָד־אֶחָד, זֶה אַחַר זֶה

□ *by degrees the cat moved closer to its prey* הֶחָתוּל הִתְקָרֵב אַט־אַט אֶל טַרְפּוֹ

8 (with regard to) בְּנוֹגֵעַ לְ..., בְּיַחַס לְ...

□ *what do you mean by that?* לְמָה אַתָּה מִתְכַּוֵּן?, מַה כַּוָּנָתְךָ בְּכָךְ? אֵיךְ אַתָּה מֵעֵז!

□ *he did his duty by his parents* הוּא מִלֵּא אֶת חוֹבָתוֹ לְהוֹרָיו

9 (in comparisons, to the extent of) בְּ...

□ *he is too clever by half* (*colloq.*) הוּא מַחְזִיק מֵעַצְמוֹ חָכָם

□ *she is by far the best dancer in her class* הִיא בְּהֶחְלֵט הָרַקְדָנִית הַטּוֹבָה בְּיוֹתֵר בְּכִתָּתָהּ

10 (in oaths etc.)

□ *by God, he's done it again!* בְּחַיַּי, הוּא עָשָׂה אֶת זֶה שׁוּב!

—adv.

1 (near) לְיַד, בְּקָרוֹב

by and large בְּאֹפֶן כְּלָלִי, בְּדֶרֶךְ כְּלָל, כְּלָלִית

□ *stand by for landing* הִכּוֹן לִנְחִיתָה

2 (aside) בַּצַּד

□ *she set the papers by when he entered* כְּשֶׁנִּכְנַס הֵנִיחָה בַּצַּד אֶת הַנְּיָרוֹת שֶׁלָּהּ

3 (past) עַל פְּנֵי, אַחֲרֵי, מֵעֵבֶר לְ...

□ *he walked by without noticing me* הוּא חָלַף עַל פָּנַי מִבְּלִי לְהַבְחִין בִּי

□ *we'll get by even if food runs short* אֲנַחְנוּ נִסְתַּדֵּר גַּם אִם לֹא יַסְפִּיק לָנוּ הַמָּזוֹן

4 by and by (*arch. & poet.*) תֵּכֶף, עוֹד מְעַט, אַחַר כָּךְ

by- /baɪ-/ pref. (תְּחִלִּית שֶׁפֵּרוּשָׁהּ) לְוַאי, מִשְׁנֶה, צְדָדִי

bye /baɪ/ n. סוּג שֶׁל נְקֻדָּה בְּמִשְׂחַק הַקְּרִיקֶט

bye-bye /baɪ-ˈbaɪ/ int. (also **bye**) (*colloq.*) "בַּי"! "צ'אוֹ"! לְהִת'! לְהִתְרָאוֹת! שָׁלוֹם־שָׁלוֹם!

bye-byes /ˈbaɪ-baɪz/ n. *pl.* "נוּמִי־נוּמִי" (שֵׁנָה בִּלְשׁוֹן יְלָדִים)

by-election /ˈbaɪ-ɪlekʃ(ə)n/ n. בְּחִירוֹת־מִשְׁנֶה (כְּשֶׁמִּתְפַּנֶּה מוֹשָׁב בַּפַּרְלָמֶנְט)

bygone /ˈbaɪgɒn /adj. שֶׁעָבַר, שֶׁחָלַף

—n. (in *pl.*) נַחֲלַת הֶעָבָר, דְּבָרִים שֶׁהָיוּ

□ *let bygones be bygones* (*colloq.*) מַה שֶּׁהָיָה – הָיָה

by-law /ˈbaɪ-lɔː/ n. (also **bye-law**) חֹק־עֵזֶר עִירוֹנִי

bypass /ˈbaɪpɑːs/ n. & v.t. כְּבִישׁ עוֹקֵף; מַעֲקָף; בָּנָה מַעֲקָף; עָקַף; הִתְעַלֵּם מִ...

byplay /ˈbaɪpleɪ/ n. אֵרוּעֵי־מִשְׁנֶה (בְּמַחֲזֶה)

by-product /ˈbaɪ-ˌprodʌkt/ n. תּוֹצַר־לְוַאי

byre /ˈbaɪə(r)/ n. (*UK arch.*) רֶפֶת

by-road /ˈbaɪ-rəʊd/ n. דֶּרֶךְ צְדָדִית

bystander /ˈbaɪstændə(r)/ n. צוֹפֶה מִן הַצַּד

byway /ˈbaɪweɪ/ n. דֶּרֶךְ־עָפָר צְדָדִית, שְׁבִיל צְדָדִי
□ *let's wander in the byways of history* הָבָה נֵצֵא לְשׁוֹטֵט בִּשְׁבִילֵי הַהִיסְטוֹרְיָה

byword /ˈbaɪwɜːd/ n. שֵׁם־דָּבָר; מָשָׁל, פִּתְגָּם
□ *he became a byword for laziness* הוּא נַעֲשָׂה שֵׁם־דָּבָר לְעַצְלוּת

C c

C /si:/ n.
1 (letter) "סִי" (הָאוֹת הַשְּׁלִישִׁית בְּאָלֶף־בֵּית הָאַנְגְּלִי)
2 (Roman numeral, = 100) C, הַסִּפְרָה הָרוֹמִית הַמְצַיֶּנֶת 100

cab /kæb/ n.
1 (taxi-cab) מוֹנִית, טֶקְסִי
2 (driver's compartment on train or bus or lorry) תָּא הַנֶּהָג, קַבִּינָה
3 (horse-drawn vehicle, *arch.*) כִּרְכָּרָה, מֶרְכָּבָה

cabal /kəˈbæl/ n. (*derog.*) קְנוּנְיָה (בְּפּוֹלִיטִיקָה); חֶבֶר זוֹמְמִים/קוֹשְׁרִים

cabaret /ˈkæbəreɪ/ n. קַבָּרֶט, מוֹפָע בִּדּוּר בְּמוֹעֲדוֹן לַיְלָה/מִסְעָדָה; מוֹעֲדוֹן/מִסְעָדָה הַמַּצִּיעִים בִּדּוּר כַּנַּ"ל

cabbage /ˈkæbɪdʒ/ n. כְּרוּב
cabbage lettuce מִין חַסָּה בַּעֲלַת "רֹאשׁ" (בְּדוֹמֶה לְ"רֹאשׁ" הַכְּרוּב)
cabbage rose וֶרֶד מְאַת־הֶעָלִים

cabbala /ˈkæbələ, kəˈbɑ:lə/ n. (also **cabala**) קַבָּלָה, תּוֹרַת הַסּוֹד, תּוֹרַת הַנִּסְתָּר (בַּיַּהֲדוּת)

cabbalistic /ˌkæbəˈlɪstɪk/ adj. (also **cabalistic**) שֶׁל תּוֹרַת הַקַּבָּלָה (כַּנַּ"ל)

cabby /ˈkæbɪ/ n. (*colloq.*)
(also **cabbie**) נַהַג מוֹנִית, נַהַג טֶקְסִי

caber /ˈkeɪbə(r)/ n. גֶּזַע־עֵץ אָרֹךְ הַנִּזְרָק לְמֶרְחָק (בְּתַחֲרוּיוֹת זְרִיקָה בִּסְקוֹטְלַנְד)
tossing the caber תַּחֲרוּת בִּזְרִיקַת גִּזְעֵי־עֵץ כַּנַּ"ל

cabin /ˈkæbɪn/ n.
1 (hut) בִּקְתָּה, צְרִיף
2 (room in ship) תָּא (בָּאֳנִיָּה), קַבִּינָה
cabin cruiser סְפִינַת טִיּוּלִים (מְמֻנַּעַת), יַכְטָה (עִם מָנוֹעַ, לֹא מִפְרָשִׂים)
3 (compartment in aircraft) תָּא־הַצֶּוֶת (בְּמָטוֹס), תָּא הַטַּיָּס

cabin-boy /ˈkæbɪn-bɔɪ/ n. נַעַר־הַסִּפּוּן

cabin crew /ˈkæbɪn kru:/ n. צֶוֶת־הַשֵּׁרוּת (דַּיָּלִים וְכַד', לְהַבְדִּיל מֵאַנְשֵׁי הַצֶּוֶת הַמְּטִיסִים אֶת הַמָּטוֹס)

cabinet /ˈkæbɪnɪt/ n.
1 (piece of furniture) אָרוֹן בַּעַל מְגֵרוֹת/מַדָּפִים, שִׁדָּה
china cabinet אָרוֹן לְאִכְסוּן כְּלֵי־חַרְסִינָה
filing cabinet תִּיקִיָּה, אֲרוֹנִית
2 (group of ministers) קַבִּינֶט; הַמֶּמְשָׁלָה, חֶבֶר־שָׂרִים
Cabinet Minister שַׂר בַּמֶּמְשָׁלָה

cabinet-maker /ˈkæbɪnɪt-ˌmeɪkə(r)/ n. נַגַּר־אָמָּן

cabin-trunk /ˈkæbɪn-trʌŋk/ n. אַרְגַּז־נְסִיעוֹת

cable /ˈkeɪb(ə)l/ n.
1 (*Electr.*) כֶּבֶל, כַּבֶּל
power cable כֶּבֶל־כּוֹחַ (חַשְׁמַלִּי)
cable TV טֶלֶוִיזְיָה בִּכְבָלִים
2 (fibre or wire rope) כַּבֶּל, חֶבֶל עָבֶה וְחָזָק
3 (telegraph message) מִבְרָק (בְּעִקָּר לִמְדִינָה אַחֶרֶת, לְמֶרְחָק רַב)

cable-car /ˈkeib(ə)l-kɑ:(r)/ n. קָרוֹן שֶׁל רַכֶּבֶת־כְּבָלִים, קְרוֹן־רַכֶּבֶל, רַכֶּבֶל

cablegram /ˈkeɪb(ə)lgræm/ n. מִבְרָק

cable railway /ˌkeɪb(ə)l ˈreɪlweɪ/ n. רַכֶּבֶת־כְּבָלִים, רַכֶּבֶל

cable-stitch /ˈkeib(e)l-stɪtʃ/ n. דֶּגֶם־סְרִיגָה בּוֹלֵט דְּמוּי־חֶבֶל

cabman /ˈkæbmən/ n. נֶהָג מוֹנִית

caboodle /kəˈbu:d(ə)l/ n. (*sl.*)
the whole caboodle כָּל הָעֵסֶק, כָּל הַבַּלָּגָן, כָּל הַחֲבוּרָה, הַכֹּל־הַכֹּל

caboose /kəˈbu:s/ n. קְרוֹן הַמְּאַסֵּף (בָּרַכֶּבֶת)

cab-rank /ˈkæb-ræŋk/ n. תַּחֲנַת מוֹנִיּוֹת (וּבֶעָבָר תַּחֲנַת כִּרְכָּרוֹת)

cab-stand /ˈkæb-stænd/ n. תַּחֲנַת מוֹנִיּוֹת

cacao /kəˈkɑ:əʊ/ n. עֵץ הַקָּקָאוֹ; גַּרְעִינֵי עֵץ הַקָּקָאוֹ

cachalot /ˈkæʃəlɒt/ n. לִוְיָתַן־הַזֶּרַע

cache /kæʃ/ n. מַחֲבוֹא, מַטְמוֹן, "סְלִיק", מַאֲגָר
—v.t. הֶחְבִּיא, הִטְמִין

cachet /ˈkæʃeɪ/ n. יֻקְרָה, גַּשְׁפַּנְקָה; כְּמוּסָה, קַפְסוּלָה

cachou /ˈkæʃu:/ n. סֻכָּרִיָּה לְרַעֲנוּן רֵיחַ־הַפֶּה

cackle /ˈkæk(ə)l/ v.i. & n. קִרְקֵר (תַּרְנְגֹלֶת); פִּטְפֵּט, הִשְׁמִיעַ קִרְקוּר; פָּרַץ בִּצְחוֹק צוֹרֵם; קִרְקוּר; צְחוֹק צוֹרֵם, פִּטְפּוּט
cut the cackle! (*colloq.*) דַּבֵּר לָעִנְיָן! תַּפְסִיק לְקַשְׁקֵשׁ!

cacophonous /kəˈkɒfənəs/ adj. (*formal*) קָקוֹפוֹנִי, צוֹרֵם אֶת הָאֹזֶן, לֹא־הַרְמוֹנִי

cacophony /kəˈkɒfənɪ/ n. (*formal*) קָקוֹפוֹנְיָה, צֵרוּף לֹא־הַרְמוֹנִי שֶׁל צְלִילִים, תַּצְרִים

cactus /ˈkæktəs/ n. (*pl.* **cacti** or **cactuses**) קַקְטוּס, צַבָּר

cad /kæd/ n. (*arch. derog.*) מְנֻוָּל, נָבָל, נוֹכֵל

CAD abbrev. תִּיבַּ"מ (רָאשֵׁי תֵּבוֹת: תִּכְנוּן וְיִצּוּר בְּעֶזְרַת מַחְשְׁבִים)

cadaver /kəˈdɑːvə(r)/ n. (*Med.*) פֶּגֶר (שֶׁל אָדָם בִּלְבַד), גְּוִיָּה, גּוּפָה

cadaverous /keˈdævərəs/ adj. (*formal*) חִוֵּר כְּמוֹ פֶּגֶר, כָּחוּשׁ וְחוֹלָנִי

caddie /ˈkædɪ/ n. & v.i. (נַעַר) נוֹשֵׂא כְּלֵי הַגּוֹלְף; נָשָׂא כְּלֵי גּוֹלְף (לְמַעַן אַחֵר)

caddish /ˈkædɪʃ/ adj. (*arch. derog.*) נִבְזִי, מְנֻוָּל

caddy[1] /ˈkædɪ/ n. קֻפְסַת־תֵּה (קְטַנָּה)

caddy[2] /ˈkædɪ/ n. (נַעַר) נוֹשֵׂא כְּלֵי הַגּוֹלְף

cadence /ˈkeɪd(ə)ns/ n. קֶצֶב, תֵּנֶח (בְּמוּזִיקָה); נִגּוּן (אֹפֶן הַקְּרִיאָה, שֶׁל שִׁירָה לְמָשָׁל)

cadenza /kəˈdenzə/ n. קָדֶנְצָה, קֶטַע מוּזִיקָלִי לַסּוֹלָן (סָמוּךְ לַסִּיּוּם)

cadet /kəˈdet/ n. צוֹעֵר, קָדֶט; חָנִיךְ בֵּית סֵפֶר לִקְצִינִים

cadge /kædʒ/ v.t. & i. (*colloq.*) קִבֵּץ נְדָבוֹת, שִׁנְרֵר

□ *he's always cadging cigarettes* תָּמִיד הוּא מְשַׁנְרֵר סִיגַרְיוֹת

cadger /ˈkædʒə(r)/ n. (*colloq.*) קַבְּצָן, "שְׁנוֹרֶר"

cadmium /ˈkædmɪəm/ n. קַדְמִיּוּם (יְסוֹד כִּימִי־מַתַּכְתִּי)

cadre /ˈkɑːdə(r), ˈkeɪdə(r)/ n. קָדֶר, גַּרְעִין שֶׁל אֲנָשִׁים שֶׁנִּבְחֲרוּ, אֻרְגְּנוּ וְהֻכְשְׁרוּ לְמַעַן מַטָּרָה מְסֻיֶּמֶת (פּוֹלִיטִית אוֹ אַחֶרֶת); חָבֵר בִּקְבוּצָה כַּנַּ"ל

caecum /ˈsiːkəm/ n. (*pl.* **caeca**) הַמְּעִי הָעִוֵּר

Caesarian /sɪˈzeərɪən/ n. (also **Caesarian section**) נִתּוּחַ קֵיסָרִי (בְּלֵדָה)

caesium /ˈsiːzɪəm/ n. צֵיזְיוּם (יְסוֹד כִּימִי)

caesura /sɪˈzjʊərə/ n. מִפְסָק, צֶזוּרָה, אֶתְנַחְתָּא

café /ˈkæfeɪ/ n. בֵּית קָפֶה, קָפֶה (הַמָּקוֹם בִּלְבַד, לֹא הַמַּשְׁקֶה)

cafeteria /ˌkæfəˈtɪərɪə/ n. קָפֶטֶרְיָה, מִסְעֶדֶת שֵׁרוּת־עַצְמִי

caffeine /ˈkæfiːn/ n. קוֹפֶאִין

caftan /ˈkæftæn/ n. קַפְטָן; שִׂמְלָה רְחָבָה; גְּלִימָה מִזְרָחִית

cage /keɪdʒ/ n. כְּלוּב, סוּגַר

mine cage מַעֲלִית בְּמִכְרֶה

—v.t. כָּלָא, כָּלָא בִּכְלוּב

□ *she felt like a caged bird* הִיא הִרְגִּישָׁה כְּמוֹ צִפּוֹר בִּכְלוּב

cagey /ˈkeɪdʒɪ/ adj. (*colloq.*) זָהִיר מְאֹד, חַשְׁדָנִי, חֲמַקְמַק

caginess /ˈkeɪdʒɪnɪs/ n. (*colloq.*) חַשְׁדָנוּת, חֲמַקְמַקּוּת

cagoule kəˈguːl/ n. מְעִיל גֶּשֶׁם קַל בַּעַל בַּרְדָּס

cahoots /kəˈhuːts/ n. pl. (*sl.*) סוֹד־גָּדוֹל, קְנוּנְיָה, יַד־אַחַת

□ *the children had been in cahoots over the surprise for their mother's birthday* הַיְלָדִים עָשׂוּ סוֹד גָּדוֹל מִן הַהַפְתָּעָה לְיוֹם הֻלֶּדֶת שֶׁל אִמָּא

Cain /keɪn/ n. קַיִן; רוֹצֵחַ

□ *he raised Cain about the delay* (*colloq.*) הוּא הִרְעִישׁ עוֹלָמוֹת בִּגְלַל הָאִחוּר

caique /kɑːˈiːk/ n. סוּג שֶׁל סִירָה בְּמִזְרַח הַיָּם הַתִּיכוֹן; סוּג שֶׁל סִירָה חַד־תָּרְנִית בַּדַּרְדָּנֶלִים

cairn /keən/ n. גַּלְעֵד, גַּל־עֵד, גַּל אֲבָנִים (כְּמַצֵּבָה)

caisson /ˈkeɪs(ə)n, kəˈsuːn/ n. תָּא־צְלִילָה (לַעֲבוֹדוֹת תַּשְׁתִּית וַהֲנָחַת יְסוֹדוֹת מִתַּחַת לִפְנֵי הַמַּיִם); אַרְגַּז־תַּחְמֹשֶׁת, עֶגְלַת־תַּחְמֹשֶׁת

cajole /kəˈdʒəʊl/ v.t. פִּתָּה, שִׁדֵּל בְּדִבְרֵי חֲנֻפָּה, שִׁדֵּל בְּמִרְמָה

cajolement /kəˈdʒəʊlmənt/ n. פִּתּוּי, שִׁדּוּל בְּדִבְרֵי־חֲלָקוֹת/חֲנֻפָּה וְכַד'

cajolery /kəˈdʒəʊlərɪ/ n. פִּתּוּי, שִׁדּוּל בְּדִבְרֵי־חֲלָקוֹת/חֲנֻפָּה וְכַד'

cake /keɪk/ n.

1 (sweet food) עוּגָה (לְמַעֵט עוּגוֹת מִבְּצֵק־עָלִים וְעוּגוֹת מִסּוּג פַּאי)

cakes and ale (*fig.*) מַנְעַמֵּי־הַחַיִּים

□ *they all wanted a slice of the cake* (*colloq.*) כֻּלָּם רָצוּ חֵלֶק מִן הָעוּגָה, כֻּלָּם רָצוּ לֵיהָנוֹת מִן

□ *you can't have your cake and eat it* (*colloq.*) אִי אֶפְשָׁר לִרְקֹד עַל שְׁתֵּי חֲתֻנּוֹת, אִי אֶפְשָׁר לֵיהָנוֹת מִכָּל הָעוֹלָמוֹת

□ *the books sold like hot cakes* הַסְּפָרִים נִמְכְּרוּ כְּמוֹ לַחְמָנִיּוֹת טְרִיּוֹת

□ *it was a piece of cake* (*colloq.*) זֶה הָיָה מִשְׂחָק יְלָדִים! מִשְׂחַק יְלָדִים!

□ *your nerve takes the cake!* (*colloq.*) הַחֻצְפָּה שֶׁלְּךָ עוֹבֶרֶת כָּל גְּבוּל!

2 (flattened mass) חֲפִיסָה (שֶׁל סַבּוֹן); קֻפְסָה (שְׁטוּחָה, שֶׁל מִשְׁחַת נַעֲלַיִם)

—v.t. & i. כִּסָּה בְּשִׁכְבָה שֶׁל, הִתְכַּסָּה בְּשִׁכְבָה שֶׁל

□ *the make-up caked on her face* הָאִפּוּר שֶׁלָּהּ נִדְבַּק בְּגוּשִׁים

□ *his boots were caked with mud* מַגָּפָיו הָיוּ מְכֻסִּים בֹּץ קָרוּשׁ

calabash /ˈkæləbæʃ/ n. מִין דְּלַעַת, קָלָבָסָה; כְּלִי עָשׂוּי מִן הַדְּלַעַת הַיְּבֵשָׁה

calaboose /ˈkæləˌbuːs/ n. (*US*) קָלַבּוּשׁ, מַחְבּוֹשׁ, בֵּית־כֶּלֶא

calamine /ˈkæləmaɪn/ n. קָלָמִין

calamine lotion תְּמִסַּת קָלָמִין (לְהַרְגָּעַת גֵּרוּיֵי־עוֹר)

calamitous /kəˈlæmɪtəs/ adj. (*formal*) הֲרֵה־אָסוֹן, מַמִּיט־אָסוֹן

calamity /kəˈlæmɪtɪ/ n. אָסוֹן, שׁוֹאָה

calcareous /kælˈkeərɪəs/ adj. שֶׁל גִּיר, דְּמוּי גִּיר, גִּירִי

calcification /ˌkælsɪfɪˈkeɪʃ(ə)n/ n. הִסְתַּיְּדוּת

calcify /ˈkælsɪfaɪ/ v.t. & i. גָּרַם לְהִסְתַּיְּדוּת; הִסְתַּיֵּד

calcination /ˌkælsɪˈneɪʃ(ə)n/ n. שְׂרֵפָה־לָאֵפֶר (שֶׁל חֹמֶר לֹא־אוֹרְגָּנִי)

calcine /ˈkælsiːn/ v.t. & i. שָׂרַף לָאֵפֶר (חֹמֶר לֹא־אוֹרְגָּנִי); (חֹמֶר לֹא־אוֹרְגָּנִי) נִשְׂרַף לָאֵפֶר

calcium /ˈkælsɪəm/ n. סִידָן, קַלְצְיוּם

calculable /ˈkælkjʊləb(ə)l/ adj. נִתָּן לְחִשּׁוּב

calculate /ˈkælkjʊleɪt/ v.t. & i. חִשֵּׁב, הֶעֱרִיךְ, שִׁעֵר; תִּכְנֵן

calculating machine מְכוֹנַת חִשּׁוּב
□ *don't calculate on his co-operation* אַל תִּסְמֹךְ עַל שִׁתּוּף הַפְּעֻלָּה שֶׁלּוֹ, אַל תִּבְנֶה עַל שִׁתּוּף הַפְּעֻלָּה שֶׁלּוֹ
□ *I regard it as a calculated insult that you left me out* אֲנִי מִתְיַחֵס לָעֻבְדָּה שֶׁלֹּא כְּלַלְתָּ אוֹתִי בָּרְשִׁימָה כְּעֶלְבּוֹן מְתֻכְנָן

calculating /ˈkælkjʊˌleɪtɪŋ/ adj. עַרְמוּמִי

calculation /ˈkælkjʊleiʃ(ə)n/ n. חִשּׁוּב; תִּכְנוּן; מַחֲשָׁבָה מֵרֹאשׁ

calculator /ˈkælkjʊleɪtə(r)/ n. מַחְשֵׁב־כִּיס, מְכוֹנַת־חִשּׁוּב

calculus /ˈkælkjʊləs/ n. (*pl.* **calculi** or **calculuses**)
1 (*Med.*) "אֶבֶן" (בַּכְּלָיוֹת)
2 (*Math.*) קַלְקוּלוּס (שִׁיטַת חִשּׁוּב, לָרֹב חֶשְׁבּוֹן דִּיפֶרֶנְצְיָלִי וְאִינְטֶגְרָלִי)

caldron /ˈkɔːldrən/ n. קְדֵרָה

Caledonian /ˌkælɪˈdəʊnɪən/ n. & adj. סְקוֹטִי

calendar /ˈkælɪndə(r)/ n.
1 (system of reckoning dates) לוּחַ הַשָּׁנָה (שִׁיטַת חִשּׁוּב תַּאֲרִיכִים)
calendar month חֹדֶשׁ (שָׁלֵם) לְפִי הַלּוּחַ (לְעֻמַּת חֹדֶשׁ יַרְחִי)
2 (almanac) לוּחַ־שָׁנָה; (בְּאַרְהַ"ב) יוֹמָן
3 (list) לוּחַ זְמַנִּים שְׁנָתִי, תַּאֲרִיכוֹן

calf[1] /kɑːf/ n. (*pl.* **calves** /kɑːvz/)
1 (offspring of cow, or elephant, or whale, etc.) עֵגֶל, פִּילוֹן, וָלָד שֶׁל לִוְיָתָן, גּוּר כֶּלֶב־יָם
in calf (פָּרָה) מְעֻבֶּרֶת
kill the fatted calf (*joc.*) עָרַךְ סְעֻדָּה דְּשֵׁנָה (לִכְבוֹד פְּלוֹנִי)
2 (leather) עוֹר עֵגֶל

calf[2] /kɑːf/ n. סֹבֶךְ הַשְּׁרִיר שֶׁמֵּאֲחוֹרֵי עֶצֶם הַשּׁוֹק, בֵּין הַקַּרְסֹל לַבֶּרֶךְ

calf-love /ˈkɑːf-lʌv/ n. אַהֲבַת־בֹּסֶר, אַהֲבַת נְעוּרִים

calibrate /ˈkælɪbreɪt/ v.t. כִּיֵּל, אִפֵּס (קָבַע מִדַּת דִּיּוּקוֹ שֶׁל מַכְשִׁיר)

calibration /ˌkælɪˈbreɪʃ(ə)n/ n. כִּיּוּל, אִפּוּס (כַּנַּ"ל)

calibre /ˈkælɪbə(r)/ n.
1 (diameter of gun barrel) קָלִיבֶּר, קֹטֶר פְּנִימִי; קֹטֶר הַקָּנֶה (שֶׁל כְּלִי־יְרִיָּה)
2 (quality) שִׁעוּר־קוֹמָה; אֵיכוּת

calico /ˈkælɪkəʊ/ n. & adj. סוּג שֶׁל אָרִיג כֻּתְנָה לָבָן פָּשׁוּט; אֲרִיג־כֻּתְנָה זוֹל עִם הֶדְפֵּסִים סַסְגּוֹנִיִּים וְרוֹעֲשִׁים

calipers /ˈkælɪpəz/ n. *pl.* (*US*) גָּשׁוּשׁ, מַכְשִׁיר לִמְדִידַת קְטָרִים; תְּמוֹכוֹת מַתֶּכֶת לְרַגְלֵי נָכֶה

caliph /ˈkeɪlɪf/ n. חָ'לִיף, כָּלִיף

caliphate /ˈkælɪfeɪt/ n. חֲלִיפוּת, כָּלִיפוּת

calk /kɔːk/ v.t. אָטַם, אִטֵּם, גִּפֵּר

call /kɔːl/ v.t.
1 (summon, invoke, draw) קָרָא, הִזְעִיק; זִמֵּן; דָּרַשׁ
call attention to הֵסֵב תְּשׂוּמַת לֵב לְ...
call forth (*arch.*) אָזַר, עוֹרֵר, הֵפִיק (רְגָשׁוֹת, אֹמֶץ לֵב וְכַד')
call in a loan גָּבָה חוֹב
call to account תָּבַע שֶׁפְּלוֹנִי יִתֵּן אֶת הַדִּין עַל מַעֲשָׂיו
call to arms קָרָא אֶל הַדֶּגֶל, גִּיֵּס
call to mind נִזְכַּר, זָכַר
call to order קָרָא לְסֵדֶר, הִשְׁתִּיק
call up reserves גִּיֵּס מִלּוּאִים
call someone's bluff דָּרַשׁ שֶׁיְּגַלֶּה אֶת קְלָפָיו, חָשַׂף אֶת "הַבְּלוֹף"
call the tune (or **the shots**) (*colloq.*) הִכְתִּיב אֶת כְּלָלֵי הַמִּשְׂחָק
□ *it's time to call a meeting* הִגִּיעַ הַזְּמַן לְזַמֵּן פְּגִישָׁה
2 (contact by telephone or radio) טִלְפֵּן, הִתְקַשֵּׁר
3 (cry, speak or read aloud) קָרָא, צָעַק
call a halt שָׂם קֵץ לְ... הִפְסִיק
□ *he will call out your name when it's your turn* הוּא יִקְרָא בִּשְׁמְךָ כְּשֶׁיַּגִּיעַ תּוֹרְךָ
□ *my honesty was called into question* יָשְׁרִי הֻעֲמַד בְּסִימַן שְׁאֵלָה
4 (name, pronounce, consider) כִּנָּה, נָתַן שֵׁם לְ..., קָרָא לְ... בְּשֵׁם, אָמַר שֶׁ...
□ *he called his sister names* הוּא קָרָא לַאֲחוֹתוֹ בִּשְׁמוֹת־גְּנַאי
□ *she is not afraid to call a spade a spade* (*colloq.*) הִיא לֹא חוֹשֶׁשֶׁת לִקְרֹא לַיֶּלֶד בִּשְׁמוֹ
□ *we called her after her aunt* קָרָאנוּ לָהּ עַל שֵׁם דּוֹדָתָהּ
□ *are you calling me a liar?* אַתָּה קוֹרֵא לִי שַׁקְרָן? אַתָּה אוֹמֵר שֶׁאֲנִי שַׁקְרָן?
□ *let's call it quits* (*colloq.*) בָּזֶה סָגַרְנוּ אֶת הַחֶשְׁבּוֹן (הַמְּרִיבָה) בֵּינֵינוּ; בּוֹא נַפְסִיק אֵיפֹה שֶׁאֲנַחְנוּ
□ *let's call it a day!* גָּמַרְנוּ לְהַיּוֹם! בּוֹא נַפְסִיק כָּאן!

—v.i.
1 (cry, appeal) קָרָא לְ... פָּנָה אֶל
call for help קָרָא לְעֶזְרָה, הִזְעִיק עֶזְרָה
□ *this calls for a celebration* זוֹ סִבָּה לִמְסִבָּה
□ *I call on the chairman to speak* אֲנִי מַזְמִין אֶת הַיּוֹ"ר לָשֵׂאת אֶת דְּבָרוֹ
call out צָעַק; הִזְעִיק
2 (visit) עָרַךְ בִּקּוּר
□ *she called on her old teacher* הִיא בִּקְּרָה אֵצֶל הַמּוֹרָה שֶׁלָּהּ מִימֵי בֵּית־הַסֵּפֶר
□ *the insurance man called on Friday* הָאִישׁ מֵהַבִּטּוּחַ בָּא בְּיוֹם שִׁשִּׁי
□ *shall I call back?* (בַּטֶּלֶפוֹן) הַאִם כְּדַאי שֶׁאֶתְקַשֵּׁר אַחַר כָּךְ? לְהִתְקַשֵּׁר אַחַר־כָּךְ?
□ *this packet is to be called for tomorrow* מָחָר יָבוֹאוּ לָקַחַת אֶת הַחֲבִילָה הַזֹּאת

—n.
1 (cry) צְעָקָה, קְרִיאָה

2 (summons) זִמּוּן, הַזְמָנָה

bugle call תְּרוּעַת חֲצוֹצְרָה

call of nature הַצֹּרֶךְ לַעֲשִׂיַּת-צְרָכִים, ״הַצֹּרֶךְ לָלֶכֶת לְמָקוֹם חָשׁוּב״ (כְּלוֹמַר לְשֵׁרוּתִים)

on call בְּתוֹרָנוּת, בִּכּוֹנְנוּת (לְמָשָׁל רוֹפֵא)

3 (visit) בִּקּוּר

pay (or **make**) **a call** עָרַךְ בִּקּוּר

port of call נָמֵל (בִּנְתִיבָהּ שֶׁל סְפִינָה); (בְּהַשְׁאָלָה) תַּחֲנָה

□ *his first port of call was the pub* (*joc.*) דָּבָר רִאשׁוֹן הוּא נִכְנַס אֶל הַפָּאבּ

4 (need) צֹרֶךְ; דְּרִישָׁה

□ *there is no call for tomato juice* אֵין דְּרִישָׁה לְמִיץ עַגְבָנִיּוֹת, אֵין בִּקּוּשׁ לְמִיץ עַגְבָנִיּוֹת

□ *there is no call for such rudeness* אֵין שׁוּם סִבָּה לְהִתְנַהֵג בְּגַסּוּת כָּזֹאת

5 (conversation by telephone) שִׂיחָה, שִׂיחַת טֶלֶפוֹן; קְרִיאָה בְּ״מוֹטוֹרוֹלָה״

6 (reading of names) קְרִיאַת שֵׁמוֹת

roll call מִפְקָד, מִסְדַּר נוֹכְחוּת

7 (at cards) הַצָּעָה הַכְרָזָה (בְּמִשְׂחַק קְלָפִים, בְּעִקָּר בְּבְּרִידְג׳); תּוֹרוֹ שֶׁל הַמְשַׂחֵק בִּקְלָפִים לְהַכְרִיז

call-box /ˈkɔːl-bɒks/ n. תָּא טֶלֶפוֹן (צִבּוּרִי)

call-boy /ˈkɔːl-bɔɪ/ n. נַעַר-מְשָׁרֵת בְּתֵיאַטְרוֹן (שֶׁקּוֹרֵא לַשַּׂחְקָנִים לַעֲלוֹת לַבָּמָה וְכוּ׳)

caller /ˈkɔːlə(r)/ n. אוֹרֵחַ, מְבַקֵּר; מְחַזֵּר

call-girl /ˈkɔːl-gɜːl/ n. נַעֲרַת-טֶלֶפוֹן

calligrapher /kəˈlɪgrəfə(r)/ n. קָלִיגְרָף, מֻמְחֶה לִכְתִיבָה תַּמָּה

calligraphy /kəˈlɪgrəfɪ/ n. קָלִיגְרַפְיָה, כְּתִיבָה תַּמָּה

calling /ˈkɔːlɪŋ/ n. (תְּחוּשַׁת) יִעוּד; מִקְצוֹעַ

callipers /ˈkælɪpəz/ n. *pl.*

1 (measuring instrument) קָלִיפֶּר, גַּשּׁוֹשׁ (מַכְשִׁיר דְּמוּי-מְחוּגָה לִמְדִידַת קְטָרִים שֶׁל צִנּוֹרוֹת וְכַד׳)

2 (supports) תְּמוּכוֹת מַתֶּכֶת לְרַגְלָיו שֶׁל נָכֶה

callisthenics /ˌkælɪsˈθenɪks/ n. *pl.* הִתְעַמְּלוּת, תַּרְגִּילֵי הִתְעַמְּלוּת קַלִּים (לְשִׁפּוּר הַגִּזְרָה וְכַד׳)

callous /ˈkæləs/ adj. (עוֹר) מְיֻבָּל, מְיֻבָּשׁ וְנֻקְשֶׁה; (אָדָם, אֹפִי) נֻקְשֶׁה, חֲסַר-רְגִישׁוּת

callousness /ˈkæləsnɪs/ n. נֻקְשׁוּת, קְשִׁיחוּת

callow /ˈkæləʊ/ adj. (*derog.*) טִירוֹן, חֲסַר-נִסָּיוֹן; רַךְ

call-sign /ˈkɔːl-saɪn/ n. אוֹת-הַתַּחֲנָה (הַקּוֹד הַמְזַהֶה שֶׁל תַּחֲנַת שִׁדּוּר)

call-up /ˈkɔːl-ʌp/ n. צַו-גִּיּוּס, צַו קְרִיאָה לְמִלּוּאִים

callus /ˈkæləs/ n. יַבֶּלֶת; עוֹר יָבֵשׁ וְקָשֶׁה (שֶׁנּוֹצָר בִּמְקוֹם שִׁפְשׁוּף, עַל כַּף הַיָּד אוֹ הָרֶגֶל)

calm /kɑːm/ adj. שָׁקֵט, שָׁלֵו רָגוּעַ

—n. שֶׁקֶט, שַׁלְוָה, רְגִיעָה

□ *this may be the calm before the storm* זֶה עָלוּל לִהְיוֹת הַשֶּׁקֶט שֶׁלִּפְנֵי הַסְּעָרָה

—v.t. & i.

□ *calm down!* תֵּרָגַע! הֵרָגַע!

calmness /ˈkɑːmnɪs/ n. רֹגַע, שַׁלְוָה

calorie /ˈkælərɪ/ n. קָלוֹרְיָה

calorific /ˌkæləˈrɪfɪk/ adj. (חֹמֶר) מֵפִיק-חֹם; (מַאֲכָל) מַשְׁמִין

calumniate /kəˈlʌmnɪeɪt/ v.t. (*formal*) הוֹצִיא דִּבָּה, הֶעֱלִיל, הִשְׁמִיץ, הִלְעִיז

calumniation /kəˌlʌmnɪˈeɪʃ(ə)n/ n. (*formal*) הוֹצָאַת דִּבָּה, הֲטָלַת דֹּפִי, הַשְׁמָצָה

calumny /ˈkæləmnɪ/ n. (*formal*) דִּבָּה, דֹּפִי, הַשְׁמָצָה פְּרוּעָה, עֲלִילָה, לַעַז

Calvary /ˈkælvərɪ/ n. (*Relig.*) דֶּגֶם/תֵּאוּר שֶׁל מַעֲמַד צְלִיבַת יֵשׁוּ; מְקוֹם צְלִיבָתוֹ שֶׁל יֵשׁוּ (גָּלְגָּלְתָּא); יִסּוּרִים

calve /kɑːv/ v.i. (הַפָּרָה) הִמְלִיטָה

calves /kɑːvz/ *pl.* of **calf**

calypso /kəˈlɪpsəʊ/ n. (*pl.* **calypsos**) קָלִיפְּסוֹ, פִּזְמוֹן עִם מִלִּים (לָרֹב מְאֻלְתָּרוֹת) בְּסִגְנוֹן שֶׁמְּקוֹרוֹ בְּאִיֵּי-הֹדּוּ הַמַּעֲרָבִית

calyx /ˈkeɪlɪks/ n. (*pl.* **calyces, calyxes**) גְּבִיעַ שֶׁל פֶּרַח

cam /kæm/ n. זִיז, פִּקָּה (מֵעֵין בְּלִיטָה עַל צִיר, הַהוֹפֶכֶת תְּנוּעָה סִבּוּבִית לִתְנוּעָה אָפְקִית)

camaraderie /ˌkæməˈrɑːdərɪ/ n. אַחֲוָה, יַחֲסֵי-חֲבֵרוּת הֲדוּקִים; אֵמוּן הֲדָדִי

camber /ˈkæmbə(r)/ n. שִׁפּוּעַ קַל, קִמּוּר קַל

cambric /ˈkæmbrɪk/ n. & adj. אֲרִיג מִשְׁבָּץ מִפִּשְׁתָּן/מִכֻּתְנָה; שֶׁל אֲרִיג כַּנַּ״ל

camcorder /ˈkæmkɔːdə(r)/ n. מַצְלֵמַת-וִידֵיאוֹ בֵּיתִית

came /keɪm/ past of **come**

camel /ˈkæm(ə)l/ n. גָּמָל (זָכָר), נָאקָה (נְקֵבָה)

camel-hair /ˈkæm(ə)l-ˌheə(r)/ n. & adj. אֲרִיג עָשׂוּי צֶמֶר-גְּמַלִּים; עָשׂוּי צֶמֶר-גְּמַלִּים

camellia /kəˈmiːlɪə/ n. קָמֶלְיָה (פֶּרַח נוֹי סִינִי/יַפָּנִי מִמִּשְׁפַּחַת הַוְּרָדִיִּים)

cameo /ˈkæmɪəʊ/ n. (*pl.* **cameos**) תַּכְשִׁיט אֶבֶן וּבָהּ תַּגְלִיף עַל רֶקַע אֶבֶן בְּצֶבַע שׁוֹנֶה

cameo rôle תַּפְקִיד-אוֹרֵחַ (תַּפְקִיד קָצָר בְּסֶרֶט/מַחֲזֶה, שֶׁמְּבַצֵּעַ שַׂחְקָן מְפֻרְסָם)

camera[1] /ˈkæm(ə)rə n. מַצְלֵמָה

camera[2] /ˈkæm(ə)rə/ n.

in camera (*Law*) בִּדְלָתַיִם סְגוּרוֹת

cameraman /ˈkæm(ə)rəmæn/ n. צַלָּם קוֹלְנוֹעַ, מַפְעִיל מַצְלֵמַת טֶלֶוִיזְיָה

camisole /ˈkæmɪsəʊl/ n. קָמִיסוֹל, תַּחְתּוֹנִית, מֵעֵין גּוּפִיַּת נָשִׁים

camouflage /ˈkæməflɑːʒ/ n. & v.t. הַסְוָאָה, ״קָמוּפְלַג׳״; הִסְוָה

camp[1] /kæmp/ n. מַחֲנֶה, מַאֲהָל

holiday camp מַחֲנֵה נֹפֶשׁ

—v.i. חָנָה, עָשָׂה חֲנִיָּה

□ *they camped out in the woods* הֵם יָשְׁנוּ בַּיַּעַר
camp² /kæmp/ adj. (*colloq.*) "סִיסִי", "הוֹמוֹ"; (גֶּבֶר) נָשִׁי מְצֻעְצָע, מְעֻשֶּׂה (בְּגִנּוּנָיו)
—v.t. & i. שִׂחֵק בְּאֹפֶן מְעֻשֶּׂה, הִגְזִים בְּמִתְכַּוֵּן
□ *they camped it up to shock their parents* הֵם "עָשׂוּ הַצָּגָה" כְּדֵי לְזַעֲזֵעַ אֶת הוֹרֵיהֶם
campaign /kæmˈpeɪn/ n. מִבְצָע (פִּרְסוּם); מַעֲרָכָה (בַּבְּחִירוֹת); מַגְבִּית
□ *they launched an advertising campaign* הֵם פָּתְחוּ בְּמִבְצַע פִּרְסֹמֶת
—v.i. נָטַל חֵלֶק בַּמַּעֲרָכָה; עָרַךְ מִבְצָע; נִלְחַם לְמַעַן, נִהֵל מַעֲרֶכֶת בְּחִירוֹת
campaigner /kæmˈpeɪnə(r)/ n. לוֹחֵם (לְמַעַן אִידֵיאָל/ מַטָּרָה פּוֹלִיטִית), תּוֹעֲמְלָן
old campaigner לוֹחֵם וָתִיק, שׁוּעַל קְרָבוֹת זָקֵן
campanile /ˌkæmpəˈniːlɪ/ n. מִגְדַּל־פַּעֲמוֹנִים (נִפְרָד, לֹא בְּצָמוּד לַכְּנֵסִיָּה); מִגְדַּל־שָׁעוֹן
campanologist /ˌkæmpəˈnɒlədʒɪst/ n. נַגַּן פַּעֲמוֹנִים, מֻמְחֶה לִנְגִינַת פַּעֲמוֹנִים
campanology /ˌkæmpəˈnɒlədʒɪ/ n. אָמָּנוּת הַנְּגִינָה בְּפַעֲמוֹנִים
campanula /kəmˈpænjʊlə/ n. פַּעֲמוֹנִית (פֶּרַח)
camp-bed /ˌkæmp-ˈbed/ n. מִטַּת שָׂדֶה
camper /ˈkæmpə(r)/ n. נֹפֵשׁ (בְּמַחֲנֶה), מַחֲנָאִי; קָרוֹן, מְעוֹנוֹעַ
camp-fire /ˈkæmp-faɪə(r)/ n. מְדוּרָה (בְּמַחֲנֵה אֹהָלִים); קוּמְזִיץ
camp-follower /ˈkæmp-ˌfɒləʊə(r)/ n. רוֹכֵל, זוֹנָה וְכַד' הַנִּלְוִים אֶל כֹּחוֹת־צָבָא בִּתְנוּעָה; "גְּרוּפִּי"
camphor /ˈkæmfə(r)/ n. עֵץ הַקַּמְפוֹר; כֹּפֶר (חֹמֶר גְּבִישִׁי הַמּוּפָק מֵעֵץ הַקַּמְפוֹר וּמְשַׁמֵּשׁ לְחִטּוּי)
camphorated /ˈkæmfəreɪtɪd/ adj. מֵכִיל קַמְפוֹר
camphorated oil שֶׁמֶן קַמְפוֹר (לְעִסּוּי וְכַד')
camping /ˈkæmpɪŋ/ n. מַחֲנָאוּת, קֶמְפִּינְג
campus /kæmpəs/ n. קַמְפּוּס, קִרְיַת אוּנִיבֶרְסִיטָה
camshaft /ˈkæmʃɑːft/ n. גַּל זִיזִים, גַּל פִּקּוֹת
can¹ /kæn/ n.
1 (metal vessel) כַּד, קַנְקָן, פַּחִית, פַּח
□ *you'll have to carry the can if there's trouble* (*colloq.*) אִם יִהְיוּ בְּעָיוֹת – אַתָּה בַּבֹּץ
in the can (*colloq.*) (סֶרֶט) מוּכָן לְהַקְרָנָה
the can (*US sl.*) "קְלַבּוּשׁ" (בֵּית־סֹהַר); שֵׁרוּתִים
(prison) "קְלַבּוּשׁ"
(toilet) שֵׁרוּתִים
can of worms (*colloq.*) "קֻפַּת־שְׁרָצִים"
2 (tin for preserved food) פַּחִית שִׁמּוּרִים, קֻפְסַת שִׁמּוּרִים
—v.t. שִׁמֵּר (בְּפַחִית)
can² /kæn / (past & cond. **could** /kʊd/) v. aux.
1 (be able to, be possible) יָכוֹל לְ..., מְסֻגָּל לְ..., עָשׂוּי לְ..., אֶפְשָׁרִי, נִתָּן לְ...
2 (know how to) יָכוֹל לְ..., יוֹדֵעַ לְ..., יוֹדֵעַ כֵּיצַד לְ..., מְסֻגָּל לְ...
3 (have the right or permission to) רַשַּׁאי לְ..., יָכוֹל לְ...
□ *can I come in?* אֶפְשָׁר לְהִכָּנֵס? אֲנִי יָכוֹל לְהִכָּנֵס?
Canadian /kəˈneɪdɪən/ adj. & n. קַנָדִי; קַנָדִי
canal /kəˈnæl/ n.
1 (artificial watercourse) תְּעָלָה
2 (duct, *Biol.*) צִנּוֹר, צִנּוֹרִית (בְּצוֹמֵחַ אוֹ בְּחַי, כְּגוֹן עוֹרֵק וְכַד')
canalization /ˌkænəlaɪˈzeɪʃ(ə)n/ n. תִּעוּל, נִקּוּז; הַכְוָנָה (מַאֲמַצִּים)
canalize /ˈkænəlaɪz/ v.t. תִּעֵל, נִקֵּז; כִּוֵּן (מַאֲמַצִּים)
canapé /ˈkænəpeɪ/ n. קָנָפֶּה, פְּרוּסָה זְעִירָה שֶׁל לֶחֶם אוֹ טוֹסְט עִם מִמְרָח, דָּג וְכַד'
canard /kæˈnɑːd/ n. סִפּוּר בַּדִּים, צִ'יזְבָּט
canary /kəˈneərɪ/ n. (צִפּוֹר) קַנָרִית; תַּכּוֹן, (בִּלְשׁוֹן עֲמָמִית) "תַּכִּי"
canasta /kəˈnæstə/ n. סוּג שֶׁל מִשְׂחַק קְלָפִים (בִּשְׁתֵּי חֲפִיסוֹת קְלָפִים; מְקוֹרוֹ בְּאוּרוּגְוַי)
cancan /ˈkænkæn/ n. (רִקּוּד) קָן־קָן (מָחוֹל צָרְפָתִי שֶׁבּוֹ מְנִיפוֹת נָשִׁים אֶת חֲצָאִיּוֹתֵיהֶן וּמְרִימוֹת אֶת רַגְלֵיהֶן)
cancel /ˈkæns(ə)l/ v.t. בִּטֵּל, מָחַק
—v.i.
cancel out צִמְצֵם מִשְׁוָאָה (בְּאַלְגֶּבְּרָה)
cancellation /ˌkænsəˈleɪʃ(ə)n/ n. בִּטּוּל (תּוֹר אֵצֶל הָרוֹפֵא, כַּרְטִיס טִיסָה, הַזְמָנָה בְּבֵית־מָלוֹן וְכַד')
cancer /ˈkænsə(r)/ n. סַרְטָן; מַחֲלַת הַסַּרְטָן; מַזַּל סַרְטָן (בְּגַלְגַּל הַמַּזָּלוֹת)
Tropic of Cancer חוּג הַסַּרְטָן (קַו רֹחַב 32.5° צְפוֹנָה)
cancerous /ˈkænsərəs/ adj. סַרְטָנִי
candelabrum /ˌkændɪˈlɑːbrəm/ n. (*pl.* **candelabra**) מְנוֹרַת קָנִים, נִבְרֶשֶׁת
candid /ˈkændɪd/ adj. גְּלוּי־לֵב, כֵּן
candidacy /ˈkændɪdəsɪ/ n. מֻעֲמָדוּת, מוּעֲמָדוּת
candidate /ˈkændɪdət/ n. מֻעֲמָד, מוּעֲמָד
candidature /ˈkændɪdətʃə(r)/ n. (also **candidacy**) מֻעֲמָדוּת, מוּעֲמָדוּת
candied /ˈkændɪd/ adj. מְסֻכָּר, מְצֻפֶּה סֻכָּר, מְבֻשָּׁל בְּסֻכָּר
candied peel קְלִפּוֹת פְּרִי (בְּעִקָּר פְּרִי־הָדָר) מְסֻכָּרוֹת
candle /ˈkænd(ə)l/ n. נֵר
□ *he's burning the candle at both ends* (*colloq.*) הוּא הוֹרֵס אֶת עַצְמוֹ בָּעֲבוֹדָה בַּיּוֹם וּבְבִלּוּיִים בַּלַּיְלָה, הוּא לֹא מַפְסִיק לַעֲבֹד בַּיָּמִים וּלְבַלּוֹת בַּלֵּילוֹת
□ *this film doesn't hold a candle to the other* (*colloq.*) סֶרֶט זֶה אֵינֶנּוּ מַגִּיעַ לְקַרְסֻלֵּי הַסֶּרֶט הַשֵּׁנִי
□ *the game is not worth the candle* (*colloq.*) הַשָּׂכָר יוֹצֵא בְּהֶפְסֵד, הַמַּאֲמָץ לֹא כְּדַאי, חֲבָל עַל הַמַּאֲמָץ
candlelight /ˈkænd(ə)llaɪt/ n. אוֹר נֵר

candlepower /ˈkænd(ə)lpaʊə(r)/ n. עָצְמַת הָאוֹר (בִּיחִידוֹת "קַנְדֶלָה")

candlestick /ˈkænd(ə)lstɪk/ n. פָּמוֹט

candlewick /ˈkænd(ə)lˌwɪk/ n. אָרִיג בַּעַל דֻּגְמַת עִטּוּר בּוֹלֶטֶת

candour /ˈkændə(r)/ n. גִּלּוּי־לֵב, כֵּנוּת

candy /ˈkændɪ/ n.

1 (sweets or sweet, *US*) מַמְתַּקִּים

candy-floss צֶמֶר־סֻכָּר, "צֶמֶר־גֶּפֶן" מָתוֹק

candy-striped (דֻּגְמָה שֶׁל) פַּסִּים מַקְבִּילִים עַל רֶקַע אָחִיד (כְּגוֹן וָרֹד עַל גַּבֵּי לָבָן)

2 (crystallized sugar) סֻכָּר מוּצָק (כְּתוֹצָאָה מִבִּשּׁוּל חוֹזֵר)

cane /keɪn/ n.

1 (stem of bamboo and similar plants) קָנֶה, קְנֵה־בַּמְבּוּק, קְנֵה־חִזְרָן

cane sugar סֻכַּר קָנִים, סֻכָּר שֶׁהוּפַק מִקְּנֵי־סֻכָּר

□ *the chair had a cane seat* לַכִּסֵּא הָיָה מוֹשָׁב שֶׁל נְצָרִים קְלוּעִים

2 (walking stick) מַקֵּל הֲלִיכָה, מַקֵּל

3 (stick for corporal punishment) מַקֵּל (לְהַלְקָאָה), שֵׁבֶט

□ *he often got the cane at school* לְעִתִּים קְרוֹבוֹת סָפַג מַלְקוֹת (מִן הַמּוֹרֶה) בְּבֵית־הַסֵּפֶר

—v.t. הִלְקָה בְּמַקֵּל, הִצְלִיף

canine /ˈkeɪnaɪn/ adj. & n. שֶׁל כֶּלֶב; כֶּלֶב

canine tooth נִיב (שֵׁן בּוֹלֶטֶת וַאֲרֻכָּה)

canister /ˈkænɪstə(r)/ n. מְכָל, קֻפְסַת מַתֶּכֶת; פְּגָז רֶסֶס

canker /ˈkæŋkə(r)/ n. רֶקֶב (מַחֲלַת צְמָחִים); כִּיב־פֶּה; רָעָה־חוֹלָה

cankerous /ˈkæŋkərəs/ adj. נָגוּעַ בְּרֶקֶב/בְּכִיב

cannabis /ˈkænəbɪs/ n. צֶמַח הַקַּנַּבּוֹס; צֶמַח הַמָּרִיחוּאָנָה

cannabis resin חֲשִׁישׁ

canned /kænd/ p.p. & adj.

1 (put in sealed cans) מְשֻׁמָּר

canned food מָזוֹן מְשֻׁמָּר, שִׁמּוּרִים

canned music (*derog.*) "מוּזִיקַת סוּפֶּרְמַרְקֶט" (בְּמִסְעָדוֹת, שְׂדוֹת־תְּעוּפָה וְכַד')

2 (drunk, *sl.*) מַסְטוּל, שִׁכּוֹר

cannery /ˈkænərɪ/ n. בֵּית־חֲרֹשֶׁת לְשִׁמּוּרִים

cannibal /ˈkænɪb(ə)l/ n. & adj. קָנִיבָּל; אוֹכֵל בְּשַׂר־אָדָם, קָנִיבָּלִי

cannibalism /ˈkænɪbəlɪzəm/ n. קָנִיבָּלִיזְם, אֲכִילַת בְּשַׂר־אָדָם

cannibalistic /ˌkænɪbəˈlɪstɪk/ adj. קָנִיבָּלִי, שֶׁל קָנִיבָּל

cannibalize /ˈkænɪbəlaɪz/ v.t. הֵסִיר חֲלָקִים מִמְּכוֹנָה אַחַת (לְמָשָׁל מְכוֹנִית) כְּדֵי לְתַקֵּן מְכוֹנָה אַחֶרֶת

cannon /ˈkænən/ n.

1 (firearm) תּוֹתָח

2 (billiards) פְּגִיעָה כְּפוּלָה בִּשְׁנֵי כַּדּוּרִים בִּרְצִיפוּת

—v.i. הִתְנַגֵּשׁ בְּ..., נִתְקַל בְּ... (בְּחָזְקָה)

□ *they cannoned into* (or *against*) *one another in the hall* הֵם נִכְנְסוּ אֶחָד בַּשֵּׁנִי בַּמִּסְדְּרוֹן

cannonade /ˌkænəˈneɪd/ n. & v.t. הַרְעָשָׁה, הַפְגָּזָה (בְּתוֹתָחִים); הִרְעִישׁ, הִפְגִּיז (מְמַשְׁכוֹת)

cannon-ball /ˈkænən-ˌbɔːl/ n. כַּדּוּר תּוֹתָח

cannon-fodder /ˈkænən-ˌfɒdə(r)/ n. בְּשַׂר תּוֹתָחִים

cannot /ˈkænot / (neg. of **can**) v. aux. (*formal*) לֹא יָכוֹל, לֹא מְסֻגָּל, לֹא רַשַּׁאי, לֹא עָשׂוּי לְ..., לֹא עָלוּל לְ..., לֹא נִתָּן לְ...

canny /kænɪ/ adj. פִּקֵּחַ, עַרְמוּמִי, זָהִיר (בִּיחוּד בְּעִנְיְנֵי כְּסָפִים), מְקַמֵּץ

canoe /kəˈnuː/ n. & v.i. קָנוּ, בּוּצִית (סִירַת חֲתִירָה קַלָּה); חָתַר בְּקָנוּ, שָׁט בְּקָנוּ

□ *he had to paddle his own canoe when he left home* (*colloq.*) הוּא נֶאֱלַץ לְהִסְתַּדֵּר בְּעַצְמוֹ אַחֲרֵי שֶׁעָזַב אֶת הַבַּיִת

canoeing /kəˈnuːɪŋ/ n. סְפּוֹרְט הַשַּׁיִט בְּקָנוּ

canoeist /kəˈnuːɪst/ n. שַׁיָּט קָנוּ

canon /ˈkænən/ n.

1 (church decree) חֹק, תַּקָּנָה (שֶׁל הַכְּנֵסִיָּה הַנּוֹצְרִית)

Canon law מַעֲרֶכֶת־חֻקִּים (חֻקָּה) שֶׁל הַכְּנֵסִיָּה הַנּוֹצְרִית

2 (principle, rule, *formal*) עִקָּרוֹן, כְּלָל

□ *he observes the canons of good behaviour* הוּא מַקְפִּיד עַל כְּלָלֵי הַהִתְנַהֲגוּת

3 (list of accepted books) "הַקָּנוֹן"; אֲסֻפַּת כִּתְבֵי־הַקֹּדֶשׁ (שֶׁאֻשְּׁרָה ע"י הַחֲכָמִים); הַכְּתָבִים הַמֻּכָּרִים שֶׁל סוֹפֵר אוֹ תְּקוּפָה

4 (*Mus.*) קָנוֹן, יְצִירָה מוּזִיקָלִית בְּקוֹנְטְרַפּוּנְקְט, בַּעֲלַת שְׁנַיִם אוֹ יוֹתֵר קוֹלוֹת עוֹקְבִים

5 (member of cathedral chapter) כֹּהֵן (נוֹצְרִי) הַמְכַהֵן בְּקָתֶדְרָלָה; בִּישׁוֹף

cañon /ˈkænjən/ n. קַנְיוֹן, עָרוּץ עָמֹק

canonical /kəˈnonɪk(ə)l/ adj. קָנוֹנִי, עַל פִּי הַחֹק הַנּוֹצְרִי; שֶׁנִּכְלָל בַּאֲסֻפַּת כְּתָבִים מֻסְמֶכֶת

canonization /ˌkænənaɪˈzeɪʃ(ə)n/ n. (*Relig.*) הַכְרָזָה עַל הַעֲלָאַת אָדָם לְדַרְגַּת קָדוֹשׁ רִשְׁמִי (בַּכְּנֵסִיָּה הַקָּתוֹלִית), קָנוֹנִיזַצְיָה

canonize /ˈkænənaɪz/ v.t. (*Relig.*) הִכְרִיז עַל אָדָם כְּקָדוֹשׁ (רִשְׁמִי)

canopy /ˈkænəpɪ/ n. אַפִּרְיוֹן; חֻפָּה; כִּילָה; כִּפָּה

cant[1] /kænt/ n. שִׁפּוּעַ

cant[2] /kænt/ n.

1 (hypocritical talk) הִתְחַסְּדוּת, צְבִיעוּת

2 (jargon) עָגָה, זַ'רְגּוֹן, שָׂפָה פְּרָטִית

thieves' cant שָׂפָה פְּרָטִית שֶׁל עֲבַרְיָנִים

can't /kɑːnt/ *colloq.* contr. of **cannot**

cantaloup /ˈkæntəluːp/ n. סוּג שֶׁל מֶלוֹן

cantankerous /kænˈtæŋkərəs/ adj. (*colloq.*) רַגְזָן, נוֹחַ לִכְעֹס, אִישׁ רִיב וּמָדוֹן

cantata /kænˈtɑːtə/ n. קַנְטָטָה (יְצִירָה מוּזִיקָלִית דָּתִית לְקוֹלוֹת וְכֵלִים)

canteen /kænˈtiːn/ n.
1 (refreshment room) מִזְנוֹן (בְּבֵית חֲרֹשֶׁת/בְּמַחֲנֶה צְבָאִי), קַנְטִינָה, "שֶׁקֶ"ם", שֶׁקֶמִית (בְּצַהַ"ל)
2 (water-bottle) מֵימִיָּה
3 (box of cutlery) תֵּבַת סַכּוּ"ם (לִכְלֵי-כֶּסֶף); "מֶסְטִינְג"

canter /ˈkæntə(r)/ n דְּהִירָה קַלָּה, טְפִיפָה, "קַנְטֶר"
□ *that was just a preliminary canter* זֶה הָיָה רַק נִסָּיוֹן הַתְחָלָתִי
—v.t. & i. הִדְהִיר קַלּוֹת; טָפַף, דָּהַר דְּהִירָה קַלָּה, דָּהַר בְּ"קַנְטֶר"

canticle /ˈkæntɪk(ə)l/ n. (*Relig.*) מִזְמוֹר, הַמְנוֹן (דָּתִי)
(Canticle of) Canticles שִׁיר הַשִּׁירִים

cantilever /ˈkæntɪliːvə(r)/ n. זִיז, שְׁלוּחָה (קוֹרָה בַּקִּיר לִתְמִיכַת מִרְפֶּסֶת); אוֹמְנָה (לְגֶשֶׁר)

canto /ˈkæntəʊ/ n. (*pl.* **cantos**) מִזְמוֹר, קֶטַע מִשִּׁירָה, קַנְטוֹ

canton /ˈkænton/ n. מָחוֹז, גָּלִיל, קַנְטוֹן (בִּשְׁוַיְץ)

cantonment /kænˈtuːnmənt/ n. מַחֲנֶה קֶבַע צְבָאִי (בְּיִחוּד בְּהֹדּוּ)

cantor /ˈkæntə(r)/ n. (*Relig.*) חַזָּן (בְּבֵית-כְּנֶסֶת); מְנַצֵּחַ מַקְהֵלָה (בַּכְּנֵסִיָּה)

canvas /ˈkænvəs/ n.
1 (fabric) בְּרֶזֶנְט, אַבְרָזִין, בַּד קַנְבָס
□ *the soldiers were living under canvas* הַחַיָּלִים הִתְגּוֹרְרוּ בְּאֹהָלִים
2 (oil painting) צִיּוּר-שֶׁמֶן, "בַּד"

canvass /ˈkænvəs/ v.t. & n. חִזֵּר אַחֲרֵי קוֹלוֹת, נִהֵל תַּעֲמוּלַת בְּחִירוֹת; גִּשֵּׁשׁ כְּדֵי לִבְדֹּק אֶת עֶמְדַּת הַצִּבּוּר; חִזּוּר אַחֲרֵי קוֹלוֹת, נִהוּל תַּעֲמוּלַת בְּחִירוֹת; גִּשּׁוּשׁ כְּדֵי לְבָרֵר דַּעַת-קָהָל

canvasser /ˈkænvəsə(r)/ n. מְחַזֵּר (אַחֲרֵי קוֹלוֹת), תּוֹעַמְלָן (כַּנַּ"ל)

canyon /ˈkænjən/ n. קַנְיוֹן, עָרוּץ עָמֹק

cap kæp/ n. כִּפָּה, כּוֹבַע; מִכְסֶה; דִּיאַפְרַגְמָה (אֶמְצָעִי מְנִיעָה); פִּקָּה, קַפְּצוֹן (בְּאֶקְדַּח שַׁעֲשׁוּעִים); כּוֹבַע מִצְחִיָּה
cap and gown תִּלְבֹּשֶׁת (אֲקָדֶמִית) רִשְׁמִית
□ *he went cap in hand to his bank manager* הוּא הָלַךְ לְהִתְחַנֵּן אֶל מְנַהֵל הַבַּנְק
□ *I didn't say you were a fool, but if the cap fits (wear it)* לֹא אָמַרְתִּי שֶׁאַתָּה שׁוֹטֶה, אֲבָל אִם אַתָּה סָבוּר שֶׁלָּזֶה הִתְכַּוַּנְתִּי, יְהִי כֵּן
□ *she set her cap at the duke* (*colloq.*) הִיא נִסְּתָה לְהַפְעִיל אֶת קְסָמֶיהָ עַל הַדֻּכָּס (כְּדֵי שֶׁיְּחַזֵּר אַחֲרֶיהָ) הִיא נִסְּתָה לִכְבֹּשׁ אֶת לִבּוֹ שֶׁל הַדֻּכָּס
□ *put the cap back on the bottle* תָּשִׂים אֶת הַמִּכְסֶה בַּחֲזָרָה עַל הַבַּקְבּוּק
□ *he got his cap for England* הוּא נִבְחַר לְשַׂחֵק בְּנִבְחֶרֶת אַנְגְּלִיָּה
—v.t. שָׂם כּוֹבַע עַל; שָׂם סֶגֶר עַל
□ *he capped my story with an even funnier one* הוּא הֵגִיב עַל סִפּוּרִי בְּסִפּוּר מַצְחִיק, עוֹד יוֹתֵר

capability /ˌkeɪpəˈbɪlɪtɪ/ n. כֹּשֶׁר, יְכֹלֶת; כִּשְׁרוֹן

capable /ˈkeɪpəb(ə)l/ adj. מֻכְשָׁר; מְסֻגָּל, יָכוֹל

capacious /kəˈpeɪʃəs/ adj. מְרֻוָּח, בַּעַל מִדּוֹת, בַּעַל בֵּית-קִבּוּל גָּדוֹל

capacitance /kəˈpæsɪtəns/ n. קִבּוּלִיּוּת (בְּאֶלֶקְטְרוֹנִיקָה), יְכָלְתּוֹ שֶׁל רְכִיב אֶלֶקְטְרוֹנִי לֶאֱגֹר מִטְעָן חַשְׁמַלִּי

capacitor /kəˈpæsɪtə(r)/ n. קַבָּל (בְּאֶלֶקְטְרוֹנִיקָה)

capacity /kəˈpæsɪtɪ/ n.
1 (holding power, cubic content) קִבֹּלֶת, תְּכוּלָה, תְּפוּסָה, נֶפַח
□ *the hall was filled to capacity* הָאוּלָם הָיָה מָלֵא עַל גְּדוֹתָיו/מָלֵא עַד אֶפֶס מָקוֹם
2 (position, status) תַּפְקִיד, מַעֲמָד
□ *in his capacity as chairman he thanked all the committee members* הוּא הוֹדָה לְחַבְרֵי הַוַּעֲדָה בְּתֹקֶף תַּפְקִידוֹ כְּיוֹשֵׁב-רֹאשׁ
3 (ability) יְכֹלֶת, כִּשְׁרוֹן, מְלוֹא הַכִּשּׁוּרִים, כָּל הַכִּשּׁוּרִים

caparison /kəˈpærɪs(ə)n/ n. & v.t. (*Hist.*) מַרְדַּעַת (שְׂמִיכַת-אֻכָּף) מְקֻשֶּׁטֶת לְסוּסוֹ שֶׁל אַבִּיר, מַחְלָצוֹת לְסוּס; שָׂם מַרְדַּעַת מְקֻשֶּׁטֶת עַל סוּס

cape[1] /keɪp/ n. גְּלִימָה, שִׁכְמִיָּה, אַדֶּרֶת (קְצָרָה)

cape[2] /keɪp/ n. כַּף, לְשׁוֹן-יַבָּשָׁה
the Cape (of Good Hope) כַּף הַתִּקְוָה הַטּוֹבָה

caper[1] /ˈkeɪpə(r)/ n.
1 (playful jump) דִּילוּג, כִּרְכּוּר
cut capers קִפֵּץ בַּעֲלִיצוּת
2 (activity, *sl.*) הַרְפַּתְקָה, מַעֲלָל, תַּעֲלוּל
□ *do you earn a lot in this caper?* אַתָּה מַרְוִיחַ הַרְבֵּה מֵהַסִּפּוּר הַזֶּה?

caper[2] /ˈkeɪpə(r)/ n. צָלָף (שִׂיחַ בָּר, נִצָּנָיו מְשַׁמְּשִׁים כְּתַבְלִין); נִצָּנֵי צָלָף בְּחֹמֶץ

capillary /kəˈpɪlərɪ/ adj. נִימִי, בַּעַל קֹטֶר זָעִיר, דַּקִּיק
capillary tube צִנּוֹרִית נִימִית, צִנּוֹרִית קַפִּילָרִית
—n. נִימִית-דָּם (כְּלִי דָּם זָעִיר בְּבַעֲלֵי חַיִּים)

capital /ˈkæpɪt(ə)l/ adj.
1 (larger than/leading all others) רִאשׁוֹן בַּמַּעֲלָה, רָאשִׁי
capital city עִיר בִּירָה
capital goods נִכְסֵי-הוֹן, אֶמְצָעֵי יִצּוּר וְחָמְרֵי-גֶּלֶם
capital letter אוֹת גְּדוֹלָה, אוֹת רָאשִׁית (בִּכְתָב הַלָּטִינִי)
2 (first-rate, *colloq.*) "גָּדוֹל", "כַּבִּיר", "עָצוּם"
□ *what a capital idea!* אֵיזֶה רַעְיוֹן גָּדוֹל!
3 (involving loss of life) רָאוּי לְעֹנֶשׁ מָוֶת; חָמוּר, קְרִיטִי
capital punishment עֹנֶשׁ-מָוֶת
capital offence עֲבֵרָה שֶׁעָנְשָׁהּ מָוֶת, עֲבֵרָה הַגּוֹרֶרֶת עֹנֶשׁ מָוֶת
—n.
1 (capital city) (עִיר) בִּירָה

2 (original stock, accumulated wealth) הוֹן, קַפִּיטָל

fixed capital הוֹן עוֹמֵד (מְכוֹנוֹת, בִּנְיָנִים וְכוּ׳)

capital expenditure הוֹצָאוֹת הוֹן (לְמַטָּרָה מְסֻיֶּמֶת)

capital gain רִוְחֵי הוֹן

capital gains tax מַס רִוְחֵי־הוֹן

capital levy מַס רְכוּשׁ

working capital הוֹן חוֹזֵר

□ *he made capital out of others' misfortunes* הוּא עָשָׂה רְוָחִים מִמְּצוּקַת הַזּוּלַת

3 (capital letter) אוֹת גְּדוֹלָה, אוֹת רָאשִׁית (בִּכְתָב לָטִינִי)

4 (head of a column) (בְּאַרְכִיטֶקְטוּרָה) כּוֹתֶרֶת שֶׁל עַמּוּד

5 (wealth-owning class) מַעֲמַד בַּעֲלֵי־הַהוֹן

Capital and Labour בַּעֲלֵי־הַהוֹן וְהַפּוֹעֲלִים

capitalism /ˈkæpɪtəlɪzəm/ n. קַפִּיטָלִיזְם; רְכוּשָׁנוּת

capitalist /ˈkæpɪtəlɪst/ n. קַפִּיטָלִיסְט, בַּעַל־הוֹן; רְכוּשָׁן

capitalization /ˌkæpɪtəlaɪˈzeɪʃ(ə)n/ n. הִוּוּן; הֲפִיכָה לְהוֹן; שִׁמּוּשׁ בְּהוֹן, קַפִּיטָלִיזַצְיָה

capitalize /ˈkæpɪtalaɪz/ v.t.

1 (write as or with a capital letter) כָּתַב בְּאוֹת גְּדוֹלָה

2 (provide with capital) מִמֵּן

3 (evaluate) הִוֵּן (עָשָׂה הַעֲרָכַת שֹׁוִי, לְרֹב עַל־פִּי עֵרֶךְ מְנָיוֹת)

□ *he capitalized the business at £50,000,000* הוּא הִוֵּן אֶת הָעֵסֶק וְהִגִּיעַ לְהַעֲרָכָה שֶׁל 50 מ׳ לי״ש

capitalize on נִצֵּל אֶת, הֵפִיק רְוָחִים עַל חֶשְׁבּוֹן...

capitation /ˌkæpɪˈteɪʃ(ə)n/ n. מַס גֻּלְגֹּלֶת

Capitol /ˈkæpɪt(ə)l/ n. הַקַּפִּיטוֹל, בִּנְיַן הַקַּפִּיטוֹל (בִּנְיַן הַקּוֹנְגְרֶס הָאֲמֶרִיקָאִי בְּוָשִׁינְגְטוֹן, וְכֵן כִּנּוּי לְכָל אֶחָד מִבִּנְיְנֵי הַקּוֹנְגְרֶס בִּמְדִינוֹת אַרְצוֹת־הַבְּרִית)

capitulate /kəˈpɪtjʊleɪt/ v.i. נִכְנַע עַל־פִּי תְּנָאִים (בְּנִגּוּד לִכְנִיעָה לְלֹא תְּנַאי) וִתֵּר, הִתְפַּשֵּׁר

capitulation /kəpɪtjʊˈleɪʃ(ə)n/ n. כְּנִיעָה עַל־פִּי תְּנָאִים; וִתּוּר; הִתְפַּשְּׁרוּת; אֲמָנָה בֵּין־לְאֻמִּית לִשְׁמִירַת זְכֻיּוֹתֵיהֶם שֶׁל נְתִינִים זָרִים, קַפִּיטוּלַצְיָה

capon /ˈkeɪpɒn/ n תַּרְנְגוֹל מְסֹרָס וּמְפֻטָּם לְבָשָׂר, פֶּטֶם

caprice /kəˈpriːs/ n. קַפְּרִיזָה, גַּחְמָה, הֲפַכְפְּכָנוּת; חֵשֶׁק פִּתְאֹמִי; קַפְּרִיצ׳וֹ (יְצִירָה מוּזִיקָלִית קַלָּה)

capricious /kəˈprɪʃəs/ adj. קַפְּרִיזִי, גַּחְמָנִי; הֲפַכְפַּךְ

Capricorn /ˈkæprɪkɔːn/ n. מַזַּל גְּדִי; בֶּן מַזַּל־גְּדִי

Tropic of Capricorn חוּג הַגְּדִי (דְּרוֹמָה לְקַו הַמַּשְׁוֶה)

capsicum /ˈkæpsɪkəm/ n. פִּלְפֶּלֶת (הַצֶּמַח וְהַפְּרִי)

capsize /kæpˈsaɪz/ v.t. & i. הָפַךְ (סִירָה אוֹ סְפִינָה); הִתְהַפֵּךְ (כַּנַּ״ל)

capstan /ˈkæpstən/ n. כַּנָּן, תֹּף מִסְתּוֹבֵב (בִּסְפִינָה וְכַד׳) לִמְשִׁיכַת חֲבָלִים; מוֹט מִסְתּוֹבֵב בְּמַכְשִׁיר הַקְלָטָה

capsule /ˈkæpsjuːl/ n.

1 (*Med.*) כְּמוּסָה, קַפְסוּלָה, קַפְסֶלֶת

2 (sealed compartment for astronauts) תָּא הַצֶּוֶת (בַּחֲלָלִית)

3 (metallic top for bottle) צִפּוּי מַתַּכְתִּי (אוֹ פְּלַסְטִי) לְרֹאשׁ בַּקְבּוּק (לְרֹב בַּקְבּוּק יַיִן)

4 (seed-case) הֶלְקֵט, נַרְתִּיק

captain /ˈkæptɪn/ n.

1 (leader of team) קַפְטָן, רֹאשׁ קְבוּצָה (בְּכַדּוּרֶגֶל וְכַד׳)

captain of industry אֵיל־תַּעֲשִׂיָּה

ship's captain קַפִּיטָן, קַבַּרְנִיט שֶׁל אֳנִיָּה, רַב־חוֹבֵל

2 (Army rank) סֶרֶן, קַפְטָן

3 (Naval rank) אַלּוּף־מִשְׁנֶה (בְּחֵיל־הַיָּם), קַפְטָן

4 Group Captain (Royal Air Force) רֹאשׁ לַהַק (אַלּוּף מִשְׁנֶה) בְּחֵיל הָאֲוִיר הַבְּרִיטִי

—v.t. פִּקֵּד (עַל אֳנִיָּה); עָמַד בְּרֹאשׁ (קְבוּצַת סְפּוֹרְט)

caption /ˈkæpʃ(ə)n/ n. כּוֹתֶרֶת (בְּרֹאשׁ פֶּרֶק שֶׁל סֵפֶר אוֹ עִתּוֹן), כּוֹתָר, רֹאשׁ פֶּרֶק

—v.t. הֶסְבֵּר לִתְמוּנָה בְּעִתּוֹן, כִּתּוּב, "קַפְּשֶׁן"

captious /ˈkæpʃ(ə)s/ adj. (*formal*) (מְבַקֵּר) קַטְנוּנִי, חַטְטָנִי

captivate /ˈkæptɪveɪt/ v.t. הִקְסִים, שָׁבָה לֵב, לָקַח לֵב

captive /ˈkæptɪv/ n. & adj. בַּשֶּׁבִי, לָכוּד; שָׁבוּי

take (or **hold**) **someone captive** לָקַח בַּשֶּׁבִי; הֶחֱזִיק בְּמַעֲצָר (בַּשֶּׁבִי)

a captive audience קְהַל מַאֲזִינִים מֵאֹנֶס (שֶׁאֵין בְּאֶפְשָׁרוּתוֹ לַעֲזֹב)

captivity /kæpˈtɪvɪtɪ/ n. שְׁבִי

the Captivity גָּלוּת בָּבֶל

captor /ˈkæptə(r)/ n. (*formal*) שׁוֹבֶה, לוֹכֵד

capture /ˈkæptʃə(r)/ n. תְּפִיסָה, כִּבּוּשׁ, לְכִידָה, לְקִיחָה־בַּשֶּׁבִי

—v.t. תָּפַס, לָכַד, שָׁבָה; מָשַׁךְ תְּשׂוּמַת־לֵב

□ *this photograph captures her personality* הַתַּצְלוּם הַזֶּה מְבַטֵּא אֶת אִישִׁיּוּתָהּ

□ *by August we shall have captured all the data* עַד אוֹגוּסְט נַעֲלֶה אֶת כָּל הַחֹמֶר עַל הַמַּחְשֵׁב (לְרֹב בְּאֶמְצָעוּת סוֹרֵק אֶלֶקְטְרוֹנִי)

car /kɑː(r)/ n.

1 (motor car) מְכוֹנִית, אוֹטוֹ

car park חֲנָיוֹן, מִגְרַשׁ־חֲנָיָה

2 (carriage of specified type) קָרוֹן

diningcar קְרוֹן מִסְעָדָה

3 (passenger compartment of cable railway or lift) קְרוֹנִית

carafe /kəˈræf/ n. קַנְקַן, כַּד (עָשׂוּי זְכוּכִית, לְהַגָּשַׁת יַיִן/מַיִם לַשֻּׁלְחָן)

caramel /ˈkærəmel/ n.

1 (burnt sugar) קָרָמֶל, סֻכָּר מֻשְׁחָם, שְׁזַף־סֻכָּר

2 (sweetmeat) סֻכָּרִיַּת טוֹפִי, קָרָמֶל

caramelize /ˈkærəməˌlaɪz/ v.t. & i. הִשְׁחִים (תַּהֲלִיךְ בְּבִשּׁוּל)

carapace /ˈkærəpeɪs/ n. שִׁרְיוֹן שֶׁל בַּעֲלֵי־חַיִּים (בִּמְיֻחָד צָב/סַרְטָן)

carat /ˈkærət/ n.
1 (measure of gem weight) קָרָט
2 (measure of gold purity) קָרָט

caravan /ˈkærəvæn/ n.
1 (covered cart, house on wheels) קָרָוָן, קְרוֹן־מְגוּרִים, מְעוֹנוֹעַ
2 (travelling train of merchants, *Hist.*) אוֹרְחָה, שַׁיָּרָה, קָרָוָן

caravanserai /ˌkærəˈvænsəraɪ/ n. (also **caravansery**) פֻּנְדַּק־דְּרָכִים, חַאן

caraway /ˈkærəweɪ/ n. קִימֶל, כְּרַוְיָה תַּרְבּוּתִית (תַּבְלִין)

carbide /ˈkɑːbaɪd/ n. קַרְבִּיד (תִּרְכֹּבֶת כִּימִית, הַמְשַׁמֶּשֶׁת גַּם לְתְאוּרָה בִּמְנוֹרוֹת מְיֻחָדוֹת לְכָךְ)

carbine /ˈkɑːbaɪn/ n. קָרַבִּין (רוֹבֶה קְצַר־קָנֶה)

carbohydrate /ˌkɑːbəʊˈhaɪdreɪt/ n. פַּחְמֵימָה

carbolic /kɑːˈbɒlɪk/ adj. קַרְבּוֹלִי
carbolic acid חֻמְצָה קַרְבּוֹלִית (חֹמֶר חִטּוּי)

car bomb /ˈkɑː bɒm/ n. מְכוֹנִית־נֶפֶץ

carbon /ˈkɑːbən/ n.
1 (*Chem.*) פַּחְמָן
carbon dating קְבִיעַת תַּאֲרִיךְ בְּאֶמְצָעוּת פַּחְמָן 14 (שִׁיטַת תְּאָרוּךְ בְּאַרְכֵיאוֹלוֹגְיָה וּבְפָּלֵיאוֹלוֹגְיָה)
carbon dioxide דּוּ־תַּחְמֹצֶת הַפַּחְמָן, פַּחְמָן דּוּ־חַמְצָנִי
carbon monoxide חַד תַּחְמֹצֶת הַפַּחְמָן, פַּחְמָן חַד־חַמְצָנִי
2 (paper for copy-taking) נְיַר־"קוֹפִּי", נְיַר־פֶּחָם, נְיַר הַעְתָּקָה
carbon copy הֶעְתֵּק, "קוֹפִּי"; הֶעְתֵּק מְדֻיָּק
□ *he's a carbon copy of his father* הוּא דּוֹמֶה לְאַבָּא שֶׁלּוֹ כְּמוֹ שְׁתֵּי טִפּוֹת מַיִם
carbon paper נְיַר־"קוֹפִּי", נְיַר פֶּחָם, נְיַר הַעְתָּקָה

carbonaceous /ˌkɑːbəˈneɪʃəs/ adj. פַּחְמָנִי, מֵכִיל פַּחְמָן

carbonate /ˈkɑːbəneɪt/ n. פַּחְמָה, קַרְבּוֹנָט

carbonated /ˈkɑːbəneɪtɪd/ adj. מוּגָז, תּוֹסֵס (מַשְׁקֶה הַמֵּכִיל פַּחְמָן דּוּ חַמְצָנִי)

carbonic /kɑːˈbɒnɪk/ adj. פַּחְמָתִי

carboniferous /ˌkɑːbəˈnɪfərəs/ adj. מֵפִיק פֶּחָם אוֹ פַּחְמָן

carbonization /ˌkɑːbənaɪˈzeɪʃ(ə)n/ n. תַּהֲלִיךְ הַהֲפִיכָה לְפֶחָם (בִּבְעֵרָה לְלֹא אֲוִיר)

carbonize /ˈkɑːbənaɪz/ v.t. הָפַךְ לְפֶחָם (ע"י בְּעֵרָה לְלֹא אֲוִיר)

carborundum /ˌkɑːbəˈrʌnd(ə)m/ n. קַרְבּוֹרוּנְד, קַרְבִּיד־סִילִיקוֹן, קַרְבִּיד הַצּוֹרָן (חֹמֶר נֻקְשֶׁה לְהַשְׁחָזָה וְקִדּוּחַ)

carboy /ˈkɑːbɔɪ/ n. בַּקְבּוּק לְחֻמְצוֹת (מוּגָן בְּמַעֲטֶה קָלוּעַ אוֹ בְּמִסְגֶּרֶת עֵץ)

carbuncle /ˈkɑːbʌŋk(ə)l/ n.
1 (gemstone) אֶבֶן־אֶקְדָּח, גְּרָנָט (אֶבֶן טוֹבָה בְּצֶבַע אָדֹם)
2 (tumour) מוּרְסָה מֻגְלָתִית (מַכְאִיבָה) מִתַּחַת לָעוֹר, גַּחֶלִית

carburation /ˌkɑːbjʊˈreɪʃ(ə)n/ n. אִיּוּד, פְּעֻלַּת הַמְּאַיֵּד (יְצִירַת תַּרְסִיס־דֶּלֶק)

carburettor /ˌkɑːbəˈretə(r)/ n. מְאַיֵּד, קַרְבּוּרָטוֹר (לְעֵרוּב הַדֶּלֶק וְהָאֲוִיר בְּמְנוֹעַ־בֶּנְזִין)

carcass /ˈkɑːkəs/ n. (also **carcase**)
1 (dead body) גְּוִיַּת בַּעַל־חַיִּים (לָרֹב לְאַחַר שְׁחִיטָה, לְלֹא הָרֹאשׁ וְהַקְּרָבַיִם); (בְּסִלְנְג מַשְׁפִּיל) "פֶּגֶר"
2 (worthless remains) שֶׁלֶד, גְּרוּטָאָה (שֶׁל אֳנִיָּה, מְכוֹנִית)

carcinogenic /ˌkɑːsɪnəˈdʒenɪk/ adj. מְסַרְטֵן, גּוֹרֵם סַרְטָן, קַרְצִינוֹגֶנִי

carcinoma /ˌkɑːsɪnəʊmə/ n. (*pl.* **carcinomas** or **carcinomata**) קַרְצִינוֹמָה (סוּג שֶׁל גִּדּוּל מַמְאִיר)

card[1] /kɑːd/ n.
1 (piece of thin pasteboard) כַּרְטִיס
card vote הַצְבָּעַת צִירִים (שֶׁבָּהּ מַצְבִּיעַ כָּל צִיר בְּאֶמְצָעוּת כַּרְטִיס הַמְצַיֵּן אֶת מִסְפַּר הָאֲנָשִׁים שֶׁהוּא מְיַצֵּג)
□ *he got his cards last week* (*colloq.*) הֵעִיפוּ אוֹתוֹ מֵהָעֲבוֹדָה בַּשָּׁבוּעַ שֶׁעָבַר
greetings card כַּרְטִיס בְּרָכָה
index card כַּרְטִיסִיָּה (בְּכַרְטֶסֶת)
membership card כַּרְטִיס חָבֵר
score card כַּרְטִיס לְרִשּׁוּם תּוֹצָאוֹת מִשְׂחָק, תַּחֲרוּת, מֵרוֹץ וְכַד'
visiting card כַּרְטִיס בִּקּוּר
2 (one of a pack used in games) קְלָף
court card קְלָף שֶׁל מַלְכָּה, מֶלֶךְ אוֹ נָסִיךְ בַּחֲפִיסַת קְלָפִים
playing-card קְלָף (לְמִשְׂחָק)
□ *I have a card (or two) up my sleeve* (*colloq.*) יֵשׁ לִי עוֹד כַּמָּה הַפְתָּעוֹת בְּאַמְתַּחְתִּי, יֵשׁ לִי עוֹד כַּמָּה רַעֲיוֹנוֹת שֶׁאַתָּה לֹא יוֹדֵעַ עֲלֵיהֶם
□ *it's on the cards that he will get the job* (*colloq.*) יֵשׁ סִכּוּי טוֹב שֶׁהוּא יְקַבֵּל אֶת הַמִּשְׂרָה
□ *she played her cards well* הִיא כִּלְכְּלָה אֶת מַעֲשֶׂיהָ בְּחָכְמָה
□ *the manager put his cards on the table* הַמְנַהֵל גִּלָּה אֶת כַּוָּנוֹתָיו, הַמְנַהֵל הִנִּיחַ אֶת הַקְּלָפִים עַל הַשֻּׁלְחָן
3 (eccentric person, *sl.*) "טִיפּוּס" (אָדָם מְשַׁעֲשֵׁעַ וּמְקוֹרִי)
4 (small plastic card) כַּרְטִיס, "פְּלַסְטִיק"
cash card כַּרְטִיס כַּסְפּוֹמָט
cheque card כַּרְטִיס הַמְאַשֵּׁר אֶת גִּבּוּי הַבַּנְק לְצֶ'קִים שֶׁל פְּלוֹנִי
credit card כַּרְטִיס־אַשְׁרַאי, קְרֶדִיט־קַרְד
5 (electronic circuit-board) כַּרְטִיס (לְמָשָׁל כַּרְטִיס גְּרָפִי בַּמַּחְשֵׁב)

card[2] /kɑːd/ v.t. סֵרַק (צֶמֶר)

cardamom /ˈkɑːdəməm/ n. הֵל, קַרְדָּמוֹן (תַּבְלִין)
cardboard /ˈkɑːdbɔːd/ n. קַרְטוֹן
cardiac /ˈkɑːdɪæk/ adj. שֶׁל הַלֵּב; שֶׁל מַחֲלַת-לֵב
cardiac arrest הֶתְקֵף לֵב
cardigan /ˈkɑːdɪgən/ n. קַרְדִּיגַן, אֲפֻדַּת-צֶמֶר נִרְכֶּסֶת
cardinal /ˈkɑːdɪn(ə)l/ n. קַרְדִּינָל, חַשְׁמַן
—adj. קַרְדִּינָלִי, מֶרְכָּזִי, חִיּוּנִי, יְסוֹדִי; אָדֹם עָמֹק
cardinal number מִסְפָּר יְסוֹדִי, מִסְפָּר קַרְדִּינָלִי
cardinal points (of compass) אַרְבַּע רוּחוֹת הַשָּׁמַיִם
□ *it's a question of cardinal importance* (*formal*) זוֹ שְׁאֵלָה בַּעֲלַת חֲשִׁיבוּת עֶלְיוֹנָה
card index /ˈkɑːd-ˌɪndeks/ n. & v.t. כַּרְטֶסֶת; עָרַךְ בְּכַרְטֶסֶת
cardiogram /ˈkɑːdɪəgræm/ n. תַּרְשִׁים פְּעֻלּוֹת הַלֵּב, קַרְדְּיוֹגְרָמָה
cardio-vascular /ˈkɑːdɪəʊ-ˌvæskjʊlə(r)/ adj. שֶׁל מַחֲזוֹר-הַדָּם וְהַלֵּב, קַרְדְּיוֹ-וַסְקוּלָרִי
card-sharp /ˈkɑːd-ʃɑːp/ n. נוֹכֵל הַמְרַמֶּה בִּקְלָפִים
care /keə(r)/ v.i.
1 (feel concern or interest or regard) דָּאַג, חָרַד, גִּלָּה עִנְיָן בְּ..., הָיָה אִכְפַּת לְ... מִ...
□ *I don't care what you say* לֹא אִכְפַּת לִי מָה שֶׁאַתָּה אוֹמֵר
□ *he can drop dead for all I care* עַד כַּמָּה שֶׁהַדָּבָר נוֹגֵעַ לִי הוּא יָכוֹל לָמוּת מָחָר
2 (with neg. or interrog., like to, have a liking for) מְעֻנְיָן
□ *would you care for a drink?* הַאִם אֶפְשָׁר לְהַצִּיעַ לְךָ מַשֶּׁהוּ לִשְׁתּוֹת?
□ *would you care to dance* הַאִם אֶפְשָׁר לְהַזְמִין אוֹתְךָ לִרְקֹד?
—n.
1 (solicitude) דְּאָגָה, חֲרָדָה
2 (protection, responsibility) אַחֲרָיוּת, הַשְׁגָּחָה, טִפּוּל, בִּתְחוּם אַחֲרָיוּתוֹ שֶׁל
care of אֵצֶל (בִּכְתֹבֶת שֶׁעַל גַּבֵּי מַעֲטָפָה)
in care (יֶלֶד) שֶׁנִּלְקַח מֵהוֹרָיו וְהֻכְנַס לְמוֹסָד
in (or **under**) **the care of** בְּחָסוּת, בְּהַשְׁגָּחַת, עַל אַחֲרָיוּתוֹ שֶׁל
□ *take care of the pence* (*and the pounds will take care of themselves*) (*Prov.*) דִּין פְּרוּטָה כְּדִין מֵאָה
3 (caution) זְהִירוּת
□ *take* (*great*) *care!* הִזָּהֵר! תִּזָּהֵר!
4 (anxiety) דְּאָגָה, חֲרָדָה
careen /kəˈriːn/ v.t. & i. הִטָּה (סְפִינָה עַל צִדָּהּ כְּדֵי לְתַקְּנָהּ); נָטָה
career /kəˈrɪə(r)/ n.
1 (course, progress) קַרְיֶרָה; הַצְלָחָה מִקְצוֹעִית
in full career בִּמְלוֹא הַמְּהִירוּת
2 (way of earning a living) מִקְצוֹעַ, קַרְיֶרָה
□ *he intends to be a career diplomat* בְּכַוָּנָתוֹ לִהְיוֹת דִּיפְּלוֹמָט מִקְצוֹעִי
—v.i רָץ, רָץ קָדִימָה, רָץ בִּמְהִירוּת
careerist /kəˈrɪərɪst/ n. קַרְיֶרִיסְט, שְׁאַפְתָּן לְלֹא מַעֲצוֹרִים
carefree /ˈkeəfriː/ adj. חֲסַר דְּאָגָה, "צִפּוֹר-דְּרוֹר"
careful /ˈkeəf(ə)l/ adj.
1 (painstaking) דַּיְקָן, מַקְפִּיד
2 (cautious, economical) זָהִיר, שָׁקוּל
care-laden /ˈkeə-leɪdən/ adj. עָמוּס דְּאָגוֹת, טָרוּד
careless /ˈkeəlɪs/ adj. רַשְׁלָנִי, מְרֻשָּׁל, "זָרוּק"; פָּזִיז, לֹא זָהִיר; לְלֹא הַקְפָּדָה, לֹא מְדַאֵג, חֲסַר עִנְיָן בְּ...
carer /ˈkeərə(r)/ n. מְטַפֵּל (לְמָשָׁל עוֹבֵד בְּמוֹשַׁב זְקֵנִים)
caress /kəˈres/ v.t. & n. לִטֵּף; לִטּוּף
caret /ˈkærət/ n. סִימָן "חָסֵר" (∧) בְּתִקּוּן עֲלֵי-הַגָּהָה
caretaker /ˈkeəˌteɪkə(r)/ n. שׁוֹעֵר, חַצְרָן; שַׁמָּשׁ (בְּבֵית-כְּנֶסֶת)
caretaker government מֶמְשֶׁלֶת מַעֲבָר
careworn /ˈkeəwɔːn/ adj. אֲכוּל דְּאָגָה
car-ferry /ˈkɑː-ˌferɪ/ n. מַעְבֹּרֶת הַמְסֻגֶּלֶת לָשֵׂאת כְּלֵי-רֶכֶב
cargo /ˈkɑːgəʊ/ n. מִטְעָן
caribou /ˈkærɪbuː/ n. אַיַּל הַצָּפוֹן, קָרִיבּוּ
caricature /ˈkærɪkəˌtjʊə/ n. קָרִיקָטוּרָה; צִיֵּר קָרִיקָטוּרָה, עָשָׂה קָרִיקָטוּרָה מִ...
caricaturist /ˈkærɪkəˌtjʊərɪst/ n. קָרִיקָטוּרִיסְט
caries /ˈkeəriːz/ n. (*pl.* **caries**) עַשֶּׁשֶׁת, רִקָּבוֹן שֶׁל עֶצֶם/שֵׁן
carillon /ˈkærɪljən/ n. מַעֲרֶכֶת פַּעֲמוֹנִים מִיכָנִית, פַּעֲמוֹנָה; נְגִינָה בְּפַעֲמוֹנִים; נְגִינַת פַּעֲמוֹנִים, דִּנְדּוּן פַּעֲמוֹנִים
caring /ˈkeərɪŋ/ adj. מָסוּר, אוֹהֵב, דּוֹאֵג
carious /ˈkeərɪəs/ adj. (עֶצֶם) רְקוּבָה, אֲכוּלָה
Carmelite /ˈkɑːməlaɪt/ adj. & n. שֶׁל מִסְדַּר הַכַּרְמְלִיטִים; נָזִיר/נְזִירָה מֵהַמִּסְדָּר הַנַּ"ל
carminative /ˈkɑːmɪnətɪv/ adj. & n. מְשַׁחְרֵר גַּזִּים; תְּרוּפָה לְשִׁחְרוּר גַּזִּים
carmine /ˈkɑːmaɪn/ n. & adj. אַרְגָּמָן, אַרְגְּמָנִי, אָדֹם כַּרְמִין
carnage /ˈkɑːnɪdʒ/ n. טֶבַח, הֶרֶג, קֶטֶל
carnal /ˈkɑːn(ə)l/ adj. שֶׁל הַבָּשָׂר, גַּשְׁמִי, גּוּפָנִי; חוּשָׁנִי
carnal knowledge (*formal*) יְדַע-הַבְּשָׂרִים, יַחֲסֵי מִין
carnation /kɑːˈneɪʃ(ə)n/ n. (פֶּרַח) צִפֹּרֶן
carnival /ˈkɑːnɪv(ə)l/ n. קַרְנָבָל, הִלּוּלָה
carnivore /ˈkɑːnɪvɔː(r)/ n. (בַּעַל-חַיִּים) טוֹרֵף, חַיָּה אוֹכֶלֶת-בָּשָׂר
carnivorous /kɑːˈnɪvərəs/ adj. טוֹרֵף, אוֹכֵל-בָּשָׂר
carob /ˈkærəb/ n. (עֵץ אוֹ פְּרִי) חָרוּב
carol /ˈkærəl/ n. מִזְמוֹר, מִזְמוֹר לְחַג-הַמּוֹלָד
carol singer זַמָּר מְחַזֵּר עַל הַפְּתָחִים וּמַשְׁמִיעַ שִׁירֵי חַג-הַמּוֹלָד
—v.t. & i. זִמֵּר, חָגַג בְּשִׁירָה, שָׁר בַּעֲלִיזוּת

carotid /kəˈrɒtɪd/ adj. & n. שֶׁל עוֹרֵק הַצַּוָּאר; עוֹרֵק הַצַּוָּאר

carousal /kəˈraʊz(ə)l/ n. (*poet.*) הִלּוּלָה, הִתְהוֹלְלוּת, שְׁתִיָּה לְשָׁכְרָה, מִשְׁתֶּה

carouse /kəˈraʊz/ v.i. (*poet.*) הִתְהוֹלֵל, שָׁתָה לְשָׁכְרָה

carousel /ˌkærəˈsel/ n. (בִּירִיד שַׁעֲשׁוּעִים) קָרוּסֶלָה, סְחַרְחֶרֶת

carp[1] /kɑːp/ n. קַרְפִּיּוֹן

carp[2] /kɑːp/ v.t. (*colloq.*) נִטְפַּל לְעִנְיָנִים פְּעוּטִים, הִתְלוֹנֵן עַל לֹא מְאוּמָה

carping criticism בִּקֹּרֶת קַטְנוּנִית

□ *she just carped at every little thing* הִיא הִתְלוֹנְנָה עַל כָּל דָּבָר פָּעוּט

carpel /ˈkɑːp(ə)l/ n. (*Bot.*) עֲלֵה שַׁחֲלָה

carpenter /ˈkɑːpəntə(r)/ n. נַגָּר

carpentry /ˈkɑːpəntrɪ/ n. נַגָּרוּת

carpet /ˈkɑːpɪt/ n. שָׁטִיחַ; שְׁטִיחַ מִקִּיר־אֶל־קִיר

magic carpet מַרְבַד־הַקְּסָמִים

□ *he's on the carpet for his carelessness* (*colloq.*) הוּא הוֹלֵךְ לְקַבֵּל עַל הָרֹאשׁ בִּגְלַל רַשְׁלָנוּתוֹ

□ *they swept the complaints under the carpet* הֵם טִאטְאוּ אֶת הַתְּלוּנוֹת אֶל מִתַּחַת לַשָּׁטִיחַ

—v.t. כִּסָּה בִּשְׁטִיחִים

□ *the lawn was carpeted with fallen leaves* הַדֶּשֶׁא כֻּסָּה עֲלֵי־שַׁלֶּכֶת

□ *he was carpeted for his lateness* (*colloq.*) הוּא קִבֵּל עַל הָרֹאשׁ בִּגְלַל שֶׁאֵחַר

carpet-bag /ˈkɑːpɪt-ˌbæg/ n. תִּיק/מִזְוָדָה מֵאֲרִיג־שָׁטִיחַ

carpet-bagger /ˈkɑːpɪt-ˌbægə(r)/ n. (*derog.*) הַרְפַּתְקָן מְדִינִי הָעוֹבֵר לְאֵזוֹר מְסֻיָּם לְמַטְּרַת עֲשִׂיַּת הוֹן־פּוֹלִיטִי בִּלְבַד (לָרֹב בְּאַרְהַ"ב)

carpeting /ˈkɑːpɪtɪŋ/ n. שְׁטִיחִים מִקִּיר־אֶל־קִיר; הַחֹמֶר לִשְׁטִיחִים כַּנַּ"ל

carpet-slipper /ˈkɑːpɪt-ˌslɪpə(r)/ n. נַעֲלֵי־בַּיִת, אַנְפִּילָאוֹת, פַּנְטוֹפְלַךְ

carpet-sweeper /ˈkɑːpɪt-ˌswiːpə(r)/ n. מְנַקֵּה שְׁטִיחִים (אַבְזָר בֵּיתִי לֹא־חַשְׁמַלִּי)

car-port /ˈkɑː-pɔːt/ n. "חֲנִיָּה", סְכָכָה לִמְכוֹנִית (צָמוּד לַבַּיִת)

carriage /ˈkærɪdʒ/ n.

1 (wheeled vehicle, esp. horse-driven) מֶרְכָּבָה, כִּרְכָּרָה, עֲגָלָה

carriage and pair מֶרְכָּבָה רְתוּמָה לְצֶמֶד סוּסִים

2 (railway car) קְרוֹן־רַכֶּבֶת

3 (conveying; cost of this) הוֹבָלָה, דְּמֵי־מִשְׁלוֹחַ

carriage paid דְּמֵי הַמִּשְׁלוֹחַ שֻׁלְּמוּ

carriage free לְלֹא דְּמֵי הוֹבָלָה, הוֹבָלָה בְּלֹא־תַּשְׁלוּם

4 (deportment, *formal*) הִתְנַהֲגוּת, הוֹפָעָה

□ *her carriage and diction were always faultless* הַיְצִיבָה וְהַהֲגִיָּה שֶׁלָּהּ הָיוּ תָּמִיד לְלֹא דֹּפִי

5 (mechanism) כַּן נִגְרָר

typewriter carriage מִגְרָרָה בִּמְכוֹנַת־כְּתִיבָה

carrier /ˈkærɪə(r)/ n.

1 (person or company conveying goods or passengers) מוֹבִיל (חֶבְרַת הוֹבָלָה, חֶבְרַת תְּעוּפָה וְכַד')

common carrier חֶבְרַת־הוֹבָלָה, מוֹבִיל צִבּוּרִי

carrier pigeon יוֹנַת־דֹּאַר

2 (thing which supports or contains other things in transit) נוֹשֵׂא, מוֹבִיל

aircraft carrier (סְפִינָה) נוֹשֵׂאת־מְטוֹסִים

carrier bag שַׂקִּית קְנִיּוֹת, סַל קְנִיּוֹת (לָרֹב מִפְּלַסְטִיק אוֹ מְנִיָּר)

carrier wave גַּל נוֹשֵׂא (בְּשִׁדּוּר אֶלֶקְטְרוֹנִי)

3 (conveyor of germs) נוֹשֵׂא/מַעֲבִיר מַחֲלוֹת

carrion /ˈkærɪən/ n. בְּשַׂר־פֶּגֶר, בְּשַׂר־נְבֵלָה, פֶּגֶר

carrion crow עוֹרֵב אֵירוֹפִּי

carrot /ˈkærət/ n. גֶּזֶר

□ *the stick and the carrot* (*colloq.*) (שִׁיטַת) הַמַּקֵּל וְהַגֶּזֶר

carry /ˈkærɪ/ v.t.

1 (convey) הֶעֱבִיר, נָשָׂא

□ *she was carried away by enthusiasm* הִיא נִסְחֲפָה בְּהִתְלַהֲבוּת

□ *that music carries me back* מוּזִיקָה זוֹ מַעֲלָה בִּי זִכְרוֹנוֹת מִיָּמִים עָבָרוּ

□ *the sum was carried forward to the next month* הַסְּכוּם הֻעֲבַר לַחֹדֶשׁ הַבָּא (בְּהַנְהָלַת הַחֶשְׁבּוֹנוֹת)

2 (support, bear) הִתְהַלֵּךְ (בְּאֹפֶן מְסֻיָּם), הִתְנַהֵג

□ *she carries herself well* יֵשׁ לָהּ הִלּוּךְ זָקוּף

□ *his voice carried weight in the discussion* לִדְבָרָיו הָיָה מִשְׁקָל בַּדִּיּוּן

she is carrying (אִשָּׁה אוֹ נְקֵבַת בַּעַל־חַיִּים) הִיא הָרָה לָלֶדֶת

3 (extend, continue, also v.i.) הִמְשִׁיךְ

carryings-on (*colloq.*) "דְּבָרִים מוּזָרִים" (הִתְהוֹלְלוּת וְכַד'); הִשְׁתּוֹלְלוּת

□ *he carries his drinking to excess* הוּא מַפְרִיז בִּשְׁתִיָּה

□ *carry on with what you are doing!* הַמְשֵׁךְ בַּמֶּה שֶׁאַתָּה עוֹשֶׂה! אַל תַּפְרִיעַ לְעַצְמְךָ!

□ *she was carrying on with her husband's boss* (*colloq.*) הִיא הִתְעַסְּקָה עִם הַבּוֹס שֶׁל בַּעְלָהּ

□ *don't carry on about that trivial incident* (*colloq.*) אַל תַּעֲשֶׂה עִנְיָן מֵהַדָּבָר הַקָּטָן הַזֶּה

□ *he carried the joke too far* הַבְּדִיחָה שֶׁלּוֹ מַמָּשׁ עָבְרָה אֶת הַגְּבוּל; הַפַּעַם הוּא הִגְזִים!

4 (capture, win) נָשָׂא, סָחַף

□ *he carried all before him at the athletics meeting* הוּא גָּבַר עַל כֻּלָּם בְּתַחֲרוּת הָאַתְלֶטִיקָה

□ *she carries off the prize every year* הִיא זוֹכָה בַּפְּרָס הָרִאשׁוֹן כָּל שָׁנָה

5 (bring to success or safety) הֵבִיא לִכְלַל סִיּוּם (מֻצְלָח)

□ *her persistence carried the day* הַתְמָדָתָהּ זִכְּתָה אוֹתָהּ בְּנִצָּחוֹן

□ *they carried the motion* הֵם הִצְלִיחוּ לְהַעֲבִיר אֶת הַהַצָּעָה, הַצָּעַת־הַחֹק הִתְקַבְּלָה (בְּהַצְבָּעָה)

□ *ten pounds will carry me through* (or *over*) עֶשֶׂר לִירוֹת יַסְפִּיקוּ לִי בֵּינְתַיִם

□ *you must carry the task through* עָלֶיךָ לְסַיֵּם אֶת הַמְּשִׂימָה

□ *it's risky, but I think we can carry it off* יֵשׁ בָּזֶה סִכּוּנִים, אֲבָל אֲנִי חוֹשֵׁב שֶׁנּוּכַל לְהַצְלִיחַ

6 (perform, conduct) בִּצַּע, נִהֵל

□ *I shall carry the plan into effect* אֲנִי אוֹצִיא אֶת הַתָּכְנִית אֶל הַפֹּעַל

□ *we are carrying on the business* אֲנַחְנוּ מַמְשִׁיכִים לְנַהֵל אֶת הָעֵסֶק

□ *he has carried out his instructions* הוּא בִּצַּע אֶת הַהוֹרָאוֹת שֶׁנִּתְּנוּ לוֹ

—v.i הִתְפַּשֵּׁט, עָבַר (מֶרְחָק)

□ *her voice carries well* קוֹלָהּ נִשְׁמָע עַד לְמֵרָחוֹק

□ *the news carried fast* הַחֲדָשׁוֹת פָּשְׁטוּ בִּמְהִירוּת

cart /kɑːt/ n. עֲגָלָה, עֶגְלַת־מַשָּׂא (בַּעֲלַת שְׁנַיִם אוֹ אַרְבָּעָה אוֹפַנִּים)

□ *his disappearance leaves us in the cart* (*sl.*) הוּא נֶעְלַם וַאֲנַחְנוּ נִשְׁאַרְנוּ תְּקוּעִים

□ *you are putting the cart before the horse* (*colloq.*) אַתָּה שָׂם אֶת הָעֲגָלָה לִפְנֵי הַסּוּסִים, אַתָּה מַקְדִּים אֶת הַמְּאֻחָר

—v.t. הוֹבִיל בַּעֲגָלָה, הֶעֱבִיר בַּעֲגָלָה; סָחַב, נִסְחַב עִם (מִטְעָן)

cartage /ˈkɑːtɪdʒ/ n. דְּמֵי־הוֹבָלָה בַּעֲגָלָה

carte blanche /kɑːt ˈblɒnʃ/ n. יִפּוּי כֹּחַ מָלֵא, יָד חָפְשִׁית, "קַרְט בְּלַאנְשׁ"

cartel /kɑːˈtel/ n. קַרְטֶל (אִגּוּד יַצְרָנִים לְשֵׁם שְׁמִירַת מְחִירִים וּמְנִיעַת־תַּחֲרוּת)

carter /ˈkɑːtə(r)/ n. עֶגְלוֹן, בַּעַל־עֲגָלָה

Cartesian /kɑːˈtiːzjən/ adj. קַרְטֶזְיָנִי; דּוֹגֵל בְּשִׁיטָתוֹ שֶׁל דֵּקַרְט

cart-horse /ˈkɑːt-hɔːs/ n. סוּס עֲבוֹדָה, סוּס־מַשָּׂא

cartilage /ˈkɑːtɪlɪdʒ/ n. סְחוּס, חַסְחוּס

cartilaginous /ˌkɑːtɪˈlædʒɪnəs/ adj. סְחוּסִי, שֶׁל סְחוּס

cart-load /ˈkɑːt-ləʊd/ n. מְלוֹא הָעֲגָלָה

cartographer /kɑːˈtɒɡrəfə(r)/ n. שַׂרְטַט מַפּוֹת, קַרְטוֹגְרָף

cartographic /ˌkɑːtəˈɡræfɪk/ adj. שֶׁל שִׂרְטוּט מַפּוֹת, קַרְטוֹגְרָפִי

cartography /kɑːˈtɒɡrəfɪ/ n. רִשּׁוּם מַפּוֹת, מִפּוּי, קַרְטוֹגְרַפְיָה

carton /ˈkɑːt(ə)n/ n. תֵּבַת קַרְטוֹן, קַרְטוֹן

cartoon /kɑːˈtuːn/ n.

1 (drawing as design for painting) רִשּׁוּם, רִשּׁוּם־הֲכָנָה לְצִיּוּר

2 (humorous or satirical drawing) קָרִיקָטוּרָה

3 (film from animated drowings) סֶרֶט מְצֻיָּר, סֶרֶט הַנְפָּשָׁה, "קַרְטוּן"

cartoonist /kɑːˈtuːnɪst/ n. צַיָּר קָרִיקָטוּרוֹת, קָרִיקָטוּרִיסְט

cartridge /ˈkɑːtrɪdʒ/ n.

1 (case containing explosives) פָּגָז, כַּדּוּר (כּוֹלֵל תַּרְמִיל וְקָלִיעַ); תַּחְמִישׁ

blank cartridge כַּדּוּר־סְרָק (תַּחְמִישׁ לְלֹא קָלִיעַ)

2 (head of record-player pick-up) "רֹאשׁ" לְפָּטִיפוֹן

3 (cassette, *US*) קַלֶּטֶת, קָסֶטָה

4 (replaceable ink container) מִלּוּי (חַד־פַּעֲמִי) לְעֵט נוֹבֵעַ

cartridge-paper /ˈkɑːtrɪdʒ-ˌpeɪpə(r)/ n. נְיַר עָבֶה לְצִיּוּר וּלְרִשּׁוּם, נְיַר רִשּׁוּם

cart-wheel /ˈkɑːt-wiːl/ n. גַּלְגַּל עֲגָלָה; "גַּלְגַּל" (תַּרְגִּיל בְּהִתְעַמְּלוּת)

□ *he turned cart-wheels on the stage* הוּא עָשָׂה "גַּלְגַּלִּים" עַל הַבָּמָה

carve /kɑːv/ v.t. & i. חָתַךְ, חָרַת, חָקַק, גִּלֵּף

□ *he carved the joint* הוּא פָּרַס אֶת הַצָּלִי לִנְתָחִים

□ *she carved* (*out*) *a career for herself* לַמְרוֹת כָּל הַקְּשָׁיִים הִיא הִצְלִיחָה בַּקַּרְיֶרָה שֶׁלָּהּ

carve up "חָתַךְ" (מְכוֹנִית הַחוֹסֶמֶת בִּתְנוּעָה מְכוֹנִית אַחֶרֶת); חָתַךְ (לִפְלוֹנִי אֶת הַפַּרְצוּף בְּסַכִּין וְכַד׳)

□ *his fortune was carved up by the heirs* הַיּוֹרְשִׁים חִלְּקוּ בֵּינֵיהֶם אֶת נִתְחֵי הַיְרֻשָּׁה

carver /ˈkɑːvə(r)/ n.

1 (one who carves in wood or stone) גַּלָּף, חָרָת, פַּסָּל

2 (carving-knife) סַכִּין חִתּוּךְ, סַכִּין בָּשָׂר

(in *pl.*, knife & fork) סַכִּין וּמַזְלֵג גְּדוֹלִים לִפְרִיסַת בָּשָׂר (לְיַד הַשֻּׁלְחָן)

3 (armchair in set of dining-room chairs) כִּסֵּא עִם מִשְׁעָנוֹת (כְּחֵלֶק מִמַּעֲרֶכֶת כִּסְאוֹת אֹכֶל)

carvery /ˈkɑːvərɪ/ n. מִסְעֶדֶת בָּשָׂר (שֶׁמַּגִּישִׁים בָּהּ לָרֹב בָּשָׂר צָלוּי)

carving /ˈkɑːvɪŋ/ n.

1 (action) חֲרִיתָה, גִּלּוּף; פְּרִיסָה

2 (artefact) פֶּסֶל מְגֻלָּף, תַּגְלִיף

carving-knife /ˈkɑːvɪŋ-naɪf/ n. סַכִּין לִפְרִיסַת בָּשָׂר

cascade /kæsˈkeɪd/ n. & v.i. אֶשֶׁד, מַפַּל־מַיִם; נָפַל כְּמַפַּל־מַיִם; (בֶּגֶד, שֵׂעָר) גָּלַשׁ

cascara /kæsˈkɑːrə/ n. סַם מְשַׁלְשֵׁל

case /keɪs/ n.

1 (occurrence, instance) מִקְרֶה, אֵרוּעַ, פָּרָשָׁה

a case in point דֻּגְמָה מֻבְהֶקֶת, דֻּגְמָה טִיפּוּסִית

a hard case אִישׁ קָשֶׁה, "טִיפּוּס" קָשֶׁה

□ *a typhoid case caused a scare in the district* מִקְרֶה שֶׁל טִיפוּס גָּרַם לְבֶהָלָה בְּכָל הָאֵזוֹר
2 (circumstances) נְסִבּוֹת, תְּנָאִים
in any case מִכָּל מָקוֹם, בְּכָל אֹפֶן, בְּכָל מִקְרֶה
□ *ring me in case of difficulty* תְּרִים לִי טֶלֶפוֹן אִם יִתְעוֹרְרוּ קְשָׁיִים
□ *this being the case, let us proceed as planned* מֵאַחַר שֶׁאֵלֶּה הֵם פְּנֵי הַדְּבָרִים, הָבָה נַמְשִׁיךְ כַּמְּתֻכְנָן
3 (person under medical treatment) חוֹלֶה
□ *this is the worst case of shingles in the ward* זֶהוּ חוֹלֶה הָאַדֶּמֶת הַקָּשָׁה בְּיוֹתֵר בַּמַּחְלָקָה
4 (eccentric person, *sl.*) "טִיפּוּס" מוּזָר, "מִקְרֶה קָשֶׁה"
5 (matter for trial, *Law*) "תִּיק", תִּיק מִשְׁפָּטִי
6 (supporting arguments) טִעוּן, "קֵיס"
the case for the defence (or **prosecution**) הָעֻבְדּוֹת וְהַטִּעוּן שֶׁל הַנִּתְבָּע/הַתּוֹבֵעַ
□ *you have a (good) case* יֵשׁ לְךָ קֵיס (מְצֻיָּן)
7 (*Gram.*) יַחֲסָה (בְּדִקְדּוּק)
8 (container for storage or transit or display) תֵּבָה, אַרְגָּז, מִזְוָדָה, תִּיק, נַרְתִּיק
note case אַרְנַק־כִּיס לִשְׁטָרוֹת־כֶּסֶף
show case תֵּבַת תְּצוּגָה, וִיטְרִינָה
9 (protective covering) צִפּוּי, כִּסּוּי
pillow case צִפִּית לְכַר
10 (*Printing*)
upper (or **lower**) **case (letter)** אוֹתִיּוֹת גְּדוֹלוֹת/קְטַנּוֹת

—v.t.
1 (enclose in case) אָרַז בְּתֵבָה, שָׂם בְּתֵבָה
2 (inspect with intent to rob, *sl.*) "בָּדַק אֶת הַשֶּׁטַח"
□ *he was caught casing the joint* הוּא נִתְפַּס כְּשֶׁבָּדַק אֶת הַשֶּׁטַח (לִפְנֵי בִּצּוּעַ הַשֹּׁד)

case-book /ˈkeɪs-bʊk/ n. יוֹמַן־רִשּׁוּם (לְתִיקִים מִשְׁפָּטִיִּים, לְחוֹלִים, וְכַד')

case-hardened /ˌkeɪs-ˈhɑːdənd/ adj. מְחֻשָּׁל (גַּם בְּהַשְׁאָלָה)

case-history /ˌkeɪs-ˈhɪst(ə)rɪ/ n. תּוֹלְדוֹת מַחֲלָה; פְּרָטָיו שֶׁל מִקְרֶה סוֹצְיָאלִי; הִשְׁתַּלְשְׁלוּת הָאֵרוּעִים

case-law /ˈkeɪs-lɔː/ n. חֹק מְבֻסָּס עַל תַּקְדִּימִים

casement /ˈkeɪsmənt/ n. חַלּוֹן (הַנִּפְתָּח עַל צִירָיו, כְּמוֹ דֶּלֶת)

casework /ˈkeɪswɜːk/ n. עֲבוֹדַת־סַעַד, טִפּוּל יָשִׁיר בִּבְעָיוֹת וּבִצְרָכִים שֶׁל פְּרָט אוֹ מִשְׁפָּחָה מְסֻיָּמִים

cash /kæʃ/ n. מְזֻמָּנִים, "קֶשׁ"
cash and carry "שַׁלֵּם וָסַע", "שַׁלֵּם וְקַח"
cash book פִּנְקַס חֶשְׁבּוֹן, פִּנְקַס חֶסְכּוֹן
cash crop גִּדּוּלֵי־קַרְקַע לְשִׁוּוּק (לָרֹב לְיִצּוּא, לֹא לִצְרִיכָה עַצְמִית)
cash desk קֻפָּה (בַּחֲנוּת, בְּבַנְק וְכַד')
cash dispenser בַּנְקוֹמָט, כַּסְפּוֹמָט, מִתְקָן אוֹטוֹמָטִי לִמְשִׁיכַת כֶּסֶף (לָרֹב בַּקִּיר הַחִיצוֹנִי שֶׁל בַּנְק)
cash down בִּמְזֻמָּנִים
cash flow תַּזְרִים מְזֻמָּנִים, נְזִילוּת
cash on delivery הַתַּשְׁלוּם בִּזְמַן מְסִירַת־הַסְּחוֹרָה
cash register קֻפָּה רוֹשֶׁמֶת

—v.t. פָּדָה
□ *he cashed a cheque* הוּא פָּדָה הַמְחָאָה

—v.i.
cash in הִרְוִיחַ מִ..., נִצֵּל
□ *he cashed in on the sudden popularity of Victoriana* הוּא עָשָׂה הוֹן מִן הַבִּקּוּשׁ הַפִּתְאֹמִי לַחֲפָצִים מֵהַתְּקוּפָה הַוִּיקְטוֹרְיָנִית

cashew /ˈkæʃuː/ n. אֱגוֹז קָשְׁיוּ (אֱגוֹז דְּמוּי כִּלְיָה)

cashier[1] /kæˈʃɪə(r) n. קֻפַּאי

cashier[2] /kæˈʃɪə(r)/ v.t. הֵדִיחַ (מִתַּפְקִיד) בִּנְסִבּוֹת מְבִישׁוֹת

cashmere /kæʃˈmɪə(r)/ n. צֶמֶר קַשְׁמִיר, קַשְׁמִיר

cashpoint /ˈkæʃpɔɪnt/ n. בַּנְקוֹמָט, כַּסְפּוֹמָט, מִתְקָן אוֹטוֹמָטִי לִמְשִׁיכַת כֶּסֶף (לָרֹב בַּקִּיר הַחִיצוֹנִי שֶׁל בַּנְק)

casing /ˈkeɪsɪŋ/ n. צִפּוּי, כִּסּוּי, מַעֲטֶה; מַאֲרָז

casino /kəˈsiːnəʊ/ n. קָזִינוֹ, בֵּית־הִמּוּרִים

cask /kɑːsk/ n. חָבִית

casket /ˈkɑːskɪt/ n. תֵּבָה, קֻפְסָה (לְתַכְשִׁיטִים); (בְּאַרְהַ"ב) אֲרוֹן־מֵתִים

cassava /kəˈsɑːvə/ n. קָסָוָה, מַנְיוֹק (צֶמַח שֶׁשָּׁרָשָׁיו מְשַׁמְּשִׁים לְמַאֲכָל)

casserole /ˈkæsərəʊ/ n. & v.t. קְדֵרָה; תַּבְשִׁיל־קְדֵרָה; בִּשֵּׁל בִּקְדֵרָה

cassette /kəˈset / n. קַלֶּטֶת, קָסֶטָה

cassia /ˈkæsɪə/ n. קְצִיעָה, צֶמַח שֶׁעָלָיו מְשַׁמְּשִׁים לְצָרְכֵי רִפּוּי

cassock /ˈkæsək/ n. גְּלִימַת־כְּמָרִים

cast /kɑst/ (past & past ppl. **cast** /kɑːst/) v.t.
1 (throw, shed) הֵטִיל, הִשְׁלִיךְ, זָרַק
cast anchor הֵטִיל עֹגֶן
cast an eye over הֵעִיף עַיִן עַל, הֵעִיף מַבָּט בְּ..., סָקַר בְּעֵינָיו אֶת
cast light on שָׁפַךְ אוֹר עַל
cast lots הִפִּיל גּוֹרָל, הֵטִיל גּוֹרָל
cash a shadow הֵטִיל צֵל
□ *the snake cast its skin* הַנָּחָשׁ הִשִּׁיל עוֹרוֹ
cast a spell on (or **over**) הֵטִיל קֶסֶם בְּ... כִּשֵּׁף אֶת
cast a vote הֵטִיל פֶּתֶק הַצְבָּעָה, הִצְבִּיעַ (בִּבְחִירוֹת)
casting vote הַקּוֹל הַמַּכְרִיעַ (שֶׁל הַיּוֹ"ר, בְּהַצְבָּעָה שְׁקוּלָה)
cast one's mind back נִסָּה לְהִזָּכֵר
cast down (esp. in past ppl.) מְדֻכָּא, מְדֻכְדָּךְ
□ *are you going to cast in your lot with them?* הַאִם אַתָּה מִתְכַּוֵּן לַחֲלֹק אֶת גּוֹרָלְךָ עִמָּם?
cast off
(abandon) נָטַשׁ, זָנַח

(*Naut.*) (הַסְּפִינָה, הַצֶּוֶת, הַמַּלָּח וְכוּ׳) הֵרִים עֹגֶן, יָצָא לַיָּם

(Knitting, also v.i.) הוֹרִיד אֶת שׁוּרַת "הָעֵינַיִם" הָאַחֲרוֹנָה מִן הַמַּסְרֵגָה

cast on (knitting, also v.i.) הֶעֱלָה אֶת שׁוּרַת הָ"עֵינַיִם" הָרִאשׁוֹנָה עַל הַמַּסְרֵגָה

cast out גֵּרֵשׁ (רוּחַ רָעָה וְכַד׳)

□ *his bottle was cast up by the sea* הַבַּקְבּוּק (וּבוֹ הַפֶּתֶק) נִשְׁטַף אֶל הַחוֹף עַל יְדֵי הַגַּלִּים

2 (calculate) חִשֵּׁב, הֶעֱלָה בְּחֶשְׁבּוֹן

cast accounts (*formal*) חִבֵּר סְכוּמִים, עָרַךְ חֶשְׁבּוֹן

cast a horoscope חִשֵּׁב אֶת הַהוֹרוֹסְקוֹפּ

3 (allocate parts in a play; designate actor(s)) לִהֵק, שִׁבֵּץ שַׂחְקָנִים בְּתַפְקִיד

4 (mould) יָצַק, עָשָׂה יְצִיקָה

cast iron בַּרְזֶל יְצִיקָה

□ *you have a cast-iron case* (*colloq.*) יֵשׁ לְךָ טִעוּן מוּצָק (שֶׁאֵינוֹ נִתָּן לְהַפְרָכָה)

—n

1 (throw) הֲטָלָה, זְרִיקָה; הַשְׁלָכַת רֶשֶׁת/חַכָּה

2 (matter shed by worm) הַפְרָשַׁת־עָפָר שֶׁל תּוֹלַעַת

3 (squint) פְּזִילָה קַלָּה

□ *he has a cast in one eye* הוּא פּוֹזֵל בְּעַיִן אַחַת

4 (type, quality) אֵיכוּת, סוּג, צוּרָה

□ *she has a pleasant cast of features* יֵשׁ לָהּ תָּוֵי פָּנִים עֲנֻגִּים

5 (actors) צֶוֶת הַשַּׂחְקָנִים בְּמַחֲזֶה

6 (moulded material) יְצִיקָה (יְצִיקַת בְּרוֹנְזָה, יְצִיקַת בַּרְזֶל); "גֶּבֶס" (לְאִחוּי בָּעֶצֶם וְכַד׳)

castanet /ˈkæstəˈnet/ n. (usu. in *pl.*) קַסְטַנְיֶטוֹת, עַרְמוֹנִיּוֹת (לוּחִיּוֹת הַקָּשָׁה)

castaway /ˈkɑːstəˌweɪ/ n. נִצּוֹל, פָּלִיט (מֵאֳנִיָּה שֶׁנִּטְרְפָה); מְנֻדֶּה

caste /kɑːst/ n. קַסְטָה (מַעֲמָד הָעוֹבֵר בִּירֻשָּׁה בְּהֹדּוּ); כַּת סְגוּרָה

lose caste יָרַד בְּמַעֲמָדוֹ הַחֶבְרָתִי

castellated /ˈkæstəleɪtɪd/ adj. בַּעַל חֲרַכֵּי יֶרִי וּצְרִיחִים, בָּנוּי כְּחוֹמַת מִבְצָר

caster /ˈkɑːstə(r)/ n. גַּלְגֶּלֶת (גַּלְגַּל קָטָן הַקָּבוּעַ בְּרֶגֶל שֶׁל רָהִיט)

caster sugar סֻכָּר דַּק לָבָן (אֲבָל לֹא אַבְקַת־סֻכָּר)

castigate /ˈkæstɪgeɪt/ v.t. (*formal*) יִסֵּר, הֶעֱנִישׁ; בִּקֵּר, דָּן בְּרוֹתְחִים

castigation /ˌkæstɪˈgeɪʃ(ə)n/ n. (*formal*) יִסּוּר, עֲנִישָׁה קָשָׁה; בִּקֹּרֶת צוֹלֶבֶת

casting /ˈkɑːstɪŋ/ n. זְרִיקָה, הַשְׁלָכָה; הַשְׁלָכַת חַכָּה; חֲלֻקַּת תַּפְקִידִים בְּמַחֲזֶה, "קַסְטִינְג"; יְצִיקָה

castle /ˈkɑːs(ə)l/ n.

1 (building) טִירָה, מִבְצָר, אַרְמוֹן (מְבֻצָּר)

castles in the air (or **in Spain**) חֲלוֹמוֹת בְּאַסְפַּמְיָה; מִגְדָּלִים פּוֹרְחִים בָּאֲוִיר

□ *an Englishman's home is his castle* (*Prov.*) בֵּיתוֹ שֶׁל הָאַנְגְּלִי הוּא מִבְצָרוֹ

2 (chess-piece also v.t. & i.) (בְּשַׁחְמָט) צְרִיחַ, טוּרָה; הִצְרִיחַ (הֶחֱלִיף צְרִיחַ בְּמֶלֶךְ)

castor /ˈkɑːstə(r)/ n.

1 (container with holes for sprinkling) מַבְזֵק, מַבְזֶקֶת (לְסֻכָּר, לְקֶמַח וְכַד׳)

castor sugar סֻכָּר דַּק לָבָן (אֲבָל לֹא אַבְקַת סֻכָּר)

2 (wheel on furniture) גַּלְגֶּלֶת (גַּלְגַּל קָטָן הַקָּבוּעַ בְּרֶגֶל שֶׁל רָהִיט)

castor oil /ˌkɑːstər ˈɔɪl/ n. שֶׁמֶן־קִיק

castrate /kæsˈtreɪt/ v.t. סֵרֵס

castration /kæsˈtreɪʃ(ə)n/ n. סֵרוּס

casual /ˈkæʒʊəl/ adj.

1 (accidental) מִקְרִי, אַקְרָאִי, מִזְדַּמֵּן

casual acquaintance מַכָּר רָחוֹק; הֶכֵּרוּת רוֹפֶפֶת

2 (irregular) אֲרָעִי, לֹא־קָבוּעַ

casual labour עוֹבְדִים אֲרָעִיִּים, עוֹבְדִים זְמַנִּיִּים, עוֹבְדִים עוֹנָתִיִּים

3 (offhand in manner) כִּלְאַחַר־יָד, מִזְדַּמֵּן

4 (of dress, informal) לֹא־פוֹרְמָלִי, סְפּוֹרְט־אֶלֶגַנְט

casuals בְּגָדִים לֹא פוֹרְמָלִיִּים; נַעֲלַיִם לֹא פוֹרְמָלִיּוֹת, נַעֲלַיִם סְפּוֹרְטִיבִיּוֹת

casually /ˈkæʒʊəlɪ/ adv. שֶׁלֹּא בְּמִתְכַּוֵּן; בְּמִקְרֶה; כִּלְאַחַר יָד

casualty /ˈkæʒʊəltɪ/ n. נִפְגָּע, קָרְבָּן, פָּצוּעַ (בִּתְאוּנָה, מִלְחָמָה, אָסוֹן וְכַד׳); חֲדַר־מִיּוּן, "מִיּוּן" (בְּבֵית־חוֹלִים)

casualty list רְשִׁימַת נִפְגָּעִים, רְשִׁימַת אֲבֵדוֹת

casualty station תַּחֲנַת אִסּוּף־נִפְגָּעִים, (בַּצָּבָא) תַּאֲגָ"ד

casualty ward (or **department**) חֲדַר מִיּוּן, אֲגַף־מִיּוּן, "מִיּוּן"

casuist/ˈkæʒjʊɪst/ n. אָדָם (תֵּיאוֹלוֹג) שֶׁמַּרְבֶּה לְהִתְפַּלְפֵּל בְּעָלְמָא, פַּלְפְּלָן, פַּלְסְפָן, פּוּלְמוּסָן, "סוֹפִיסְט"

casuistic /ˌkæʒjʊˈistɪk/ adj. פַּלְפְּלָנִי, מִתְפַּלְסֵף

casuistry /ˈkæʒjʊɪstrɪ/ n. קָזוּאִיסְטִיקָה, פַּלְפְּלָנוּת

casus belli /ˌkeɪsəs ˈbelaɪ/ n. קָאזוּס־בֶּלִי, עִילָּה לְהַכְרָזַת מִלְחָמָה

cat /kæt/ n.

1 (animal) חָתוּל; בַּעַל־חַיִּים מִמִּשְׁפַּחַת הַחֲתוּלִיִּים (נָמֵר, אַרְיֵה וְכַד׳)

cat burglar פּוֹרֵץ, פּוֹרֵץ־דִּירוֹת (עַל יְדֵי טִפּוּס עַל מַרְזְבִים וְכַד׳)

like a cat on hot bricks (*colloq.*) "עַל קוֹצִים", "עַל סִכּוֹת"

a cat-and-dog life חַיֵּי רִיב וּמָדוֹן, כְּמוֹ חָתוּל וְעַכְבָּר

let the cat out of the bag (*colloq.*) יָצָא הַמַּרְצֵעַ מִן הַשַּׂק

□ *put the cat among the pigeons* (*colloq.*) הֵטִיל "פְּצָצָה" (אָמַר אוֹ עָשָׂה דְּבַר מָה שֶׁגָּרַם לִמְהוּמָה רַבָּתִי)

□ *there isn't room to swing a cat here* (*colloq.*) אֵין פֹּה מָקוֹם אֲפִלּוּ לִדְחֹף סִכָּה

□ *it is raining cats and dogs* (*colloq.*) יוֹרֵד מַבּוּל, יוֹרֵד גֶּשֶׁם שׁוֹטֵף

□ *wait and see which way the cat jumps* (*colloq.*) חַכֵּה וְנִרְאֶה לְאָן נוֹשֶׁבֶת הָרוּחַ (לִפְנֵי שֶׁתַּחְלִיט)

cat flap צֹהַר בְּדֶלֶת הַמְאַפְשֵׁר לֶחָתוּל לְהִכָּנֵס וְלָצֵאת גַּם כְּשֶׁזּוֹ סְגוּרָה

cat's cradle "אֶלִיק בֶּלִיק" (מִשְׂחָק בְּחוּט); "סַבְתָּא סוֹרֶגֶת" (הַשָּׁלָב הַסּוֹפִי בְּמִשְׂחָק הַנַּ"ל)

2 (whip) "הֶחָתוּל-בַּעַל-תִּשְׁעַת-הַזְּנָבוֹת", מַגְלֵב (לַעֲנִישָׁה) בַּעַל תֵּשַׁע רְצוּעוֹת, פַּרְגּוֹל

3 (spite woman, *colloq.*) "כַּלְפַּתָּה", כַּלְבְּתָא

cataclysm /ˈkætəklɪzəm/ n. (*formal*) שִׁנּוּי פִּתְאֹמִי וּמַדְהִים (רְעִידַת אֲדָמָה שִׁטָּפוֹן וְכַד'), קָטַקְלִיזְם, מַהְפָּךְ, אָסוֹן-טֶבַע

cataclysmic /ˌkætəˈklɪzmɪk/ adj. (*formal*) שֶׁל שִׁנּוּי פִּתְאֹמִי, קָטַקְלִיזְמִי

catacombs /ˈkætəkuːmz/ n. *pl.* קָטָקוֹמְבּוֹת (רֶשֶׁת שֶׁל מְחִלּוֹת וּתְדָרִים תַּת-קַרְקָעִיִּים לִקְבוּרַת מֵתִים, בְּעִקָּר בְּרוֹמָא הָעַתִּיקָה)

catafalque /ˈkætəfælk/ n. בִּימָה שֶׁעָלֶיהָ מֻצָּב אֲרוֹן-הַמֵּת כְּדֵי שֶׁיַּעַבְרוּ עַל פָּנָיו

catalepsy /ˈkætəlepsɪ/ n. קָטָלֶפְּסְיָה (מַחֲלָה הַגּוֹרֶמֶת אִבּוּד הַהַכָּרָה וְהִתְקַשּׁוּת הַשְּׁרִירִים)

cataleptic /ˌkætəˈleptɪk/ adj. קָטָלֶפְּטִי

catalogue /ˈkætəlɒg/ n. & v.t. קָטָלוֹג (שֶׁל סִפְרִיָּה; שֶׁל תַּעֲרוּכָה; שֶׁל בֵּית-מְכִירוֹת); קִטְלֵג, רָשַׁם בְּקָטָלוֹג

catalysis /kəˈtæləsɪs/ n. (*Chem.*) קָטָלִיזָה, זֵרוּז

catalyst /ˈkætəlɪst/ n. זָרָז, מֵאִיץ, קָטָלִיזָטוֹר (גַּם בְּהַשְׁאָלָה)

catalytic /ˌkætəˈlɪtɪk/ adj. קָטָלִיטִי, מְזָרֵז

catamaran /ˌkætəməˈræn/ n. קָטָמָרָן (סִירָה כְּפוּלַת-קַעַר)

catapult /ˈkætəpʌlt/ n. & v.t. בַּלִּיסְטְרָה, קָטָפּוּלְטָה (מַרְגֵּמָה עַתִּיקָה לַאֲבָנִים); רוֹגַטְקָה (קֶלַע בְּצוּרַת Y, מִשְׂחָק לִילָדִים) מִקְלַעַת; מָעוֹט (מִתְקָן לְהַזְנָקַת מְטוֹסִים מִסְּפִינָה נוֹשֵׂאת-מְטוֹסִים)

cataract /ˈkætərækt/ n. הִזְנִיק

1 (waterfall) מַפַּל-מַיִם גָּדוֹל, אֶשֶׁד

2 (eye disease) קָטָרַקְט, תְּבַלּוּל עַל הָעַיִן

catarrh /kəˈtɑː(r)/ n. נַזֶּלֶת

catastrophe /kəˈtæstrəfɪ/ n. שׁוֹאָה, אָסוֹן, פֻּרְעָנוּת, קָטַסְטְרוֹפָה

catastrophic /ˌkætəˈstrofɪc/ adj. הֲרֵה-אָסוֹן, אָיֹם, מַחֲרִיד, קָטַסְטְרוֹפָלִי

catatonic /kætəˈtɒnɪk/ adj. (*Med.*) קָטָטוֹנִי

catcall /ˈkætkɔːl/ n. קְרִיאַת בּוּז, שְׁרִיקַת בּוּז

catch /kætʃ/ (past & past ppl. **caught** /kɔːt./) v.t.

1 (capture, grasp) תָּפַס, לָכַד, שָׁבָה

catch a crab (בַּחֲתִירָה בְּסִירַת-מֵרוֹץ) נִתְפַּס לוֹ הַמָּשׁוֹט בַּזֶּרֶם

catch hold of הֶחֱזִיק בְּחָזְקָה בְּ..., תָּפַס בְּ...

caught in the act נִתְפַּס בִּשְׁעַת מַעֲשֶׂה, נִתְפַּס "עַל חַם"

catch sight (or **glimpse**) **of** הִבְחִין בְּ...

□ *try to catch her eye* (or *attention*) נַסֵּה לְהָסֵב אֶת תְּשׂוּמַת לִבָּהּ, נַסֵּה לָצוּד אֶת עֵינָהּ

□ *let's go and catch some fish* בּוֹא נֵלֵךְ לָדוּג דָּגִים

□ *he didn't catch what she said* הוּא לֹא שָׁמַע מָה שֶׁהִיא אָמְרָה

□ *he just caught the train* הוּא תָּפַס אֶת הָרַכֶּבֶת בָּרֶגַע הָאַחֲרוֹן

□ *he caught the children up to mischief* הוּא תָּפַס אֶת הַיְלָדִים בְּקַלְקָלָתָם, הוּא תָּפַס אֶת הַיְלָדִים "עַל חַם"

□ *they caught him napping* הֵם תָּפְסוּ אוֹתוֹ כְּשֶׁלֹּא הָיָה מוּכָן, הֵם תָּפְסוּ אוֹתוֹ בְּקַלְקָלָתוֹ

□ *catch me doing that!*? אֵין לִי מָה לַעֲשׂוֹת (חוּץ מִזֶּה)?

□ *that caught you!* זֶה הִפְתִּיעַ אוֹתְךָ! תְּפַסְתִּי אוֹתְךָ!

□ *we will catch them up soon* עוֹד מְעַט נַשִּׂיג אוֹתָם

2 (entangle, trap) נִתְפַּס, נִתְקַע, הִסְתַּבֵּךְ; (דְּבַר מָה) נִתְפַּס לִפְלוֹנִי בְּ...

□ *the boy caught his fingers in the door* הָאֶצְבָּעוֹת שֶׁל הַיֶּלֶד נִתְפְּסוּ בַּדֶּלֶת

□ *I caught my breath at the sight* נְשִׁימָתִי נֶעֶצְרָה לַמַּרְאֶה

□ *we were caught up in a traffic jam* נִתְקַעְנוּ בִּפְקַק-תְּנוּעָה (וְלֹא הִסְפַּקְנוּ לְהַגִּיעַ בַּזְּמַן)

□ *don't get caught up in other people's problems* אַל תִּסְתַּבֵּךְ בִּבְעָיוֹת לֹא שֶׁלְּךָ, אַל תְּסַבֵּךְ אֶת עַצְמְךָ בִּבְעָיוֹת הַזּוּלַת

3 (strike, *colloq.*) תָּקַע אֶגְרוֹף, הִכְנִיס מַכָּה

□ *he caught me one on the jaw* (*colloq.*) הוּא הִכְנִיס לִי בַּשִּׁנַּיִם

4 (become infected with, victim to) נִדְבַּק בְּ..., חָטַף מַחֲלָה

□ *you will catch cold* אַתָּה תִּצְטַנֵּן

□ *you'll catch your death without a coat* (*colloq.*) תִּקְפָּא מִקֹּר בְּלִי מְעִיל; תַּחְטֹף דַּלֶּקֶת-רֵאוֹת בְּלִי מְעִיל

□ *I caught the habit from her* נִדְבַּקְתִּי בַּהֶרְגֵּל הַזֶּה מִמֶּנָּה

□ *you'll catch it for being late!* (*colloq.*) אַתָּה תְּקַבֵּל עַל הָרֹאשׁ בִּגְלַל הָאִחוּר, אַתָּה הוֹלֵךְ לַחְטֹף מָנָה עַל הָאִחוּר

—v.i.

1. (become entangled/trapped) נִתְפַּס, נִתְקַע

□ *my skirt caught in the door* הַחֲצָאִית נִתְפְּסָה לִי בַּדֶּלֶת

2 (ignite) נִדְלַק, הִתְלַקַּח, הִתְחִיל עוֹלֶה בָּאֵשׁ

catch fire הִתְלַקַּח
3 (in set phrases)
catch on
(become popular) "תָּפַס", הִצְלִיחַ, נַעֲשָׂה אָפְנָתִי
□ *this fashion caught on in no time* הָאָפְנָה הַזֹּאת תָּפְסָה בִּמְהִירוּת
(understand) תָּפַס (הֵבִין)
catch up הִשִּׂיג
□ *he caught up with her on the stairs* הוּא הִשִּׂיג אוֹתָהּ בַּמַּדְרֵגוֹת
□ *his past caught up with him* הֶעָבָר שֶׁלּוֹ הִתְגַּלָּה, עֲבָרוֹ נֶחְשַׂף
—n.
1 (haul of fish) שְׁלַל-דַּיִג
2 (trick) "קֶץ'", טְרִיק, מַלְכּוֹד
catch 22 "קֶץ' 22", מַלְכּוֹד 22 (מַצָּב שֶׁל מַלְכּוֹד כָּפוּל שֶׁבּוֹ כְּדֵי לְהַשִּׂיג דָּבָר אֶחָד יֵשׁ לְבַצֵּעַ דָּבָר שֵׁנִי, אַךְ כְּדֵי לְבַצֵּעַ אֶת הַדָּבָר הַשֵּׁנִי יֵשׁ צֹרֶךְ לְהַשִּׂיג אֶת הָרִאשׁוֹן)
□ *there must be a catch somewhere* יֵשׁ כָּאן אֵיזֶה תַּעֲלוּל, יֵשׁ כָּאן אֵיזֶה קֶץ'
3 (fastener) סֶגֶר, בְּרִיחַ, תֶּפֶס
4 (break in the voice) שְׁתִיקָה פִּתְאֹמִית (בְּקוֹלוֹ שֶׁל פְּלוֹנִי, כְּתוֹצָאָה מֵרֶגֶשׁ עַז שֶׁל תּוּגָה, חֲרָדָה וְכַד')
5 (song) סוּג שֶׁל שִׁירַת-קָאנוֹן לִשְׁלוֹשָׁה/אַרְבָּעָה קוֹלוֹת
6 (game) מִשְׂחָק "תּוֹפֶסֶת" (מִשְׂחַק יְלָדִים שֶׁבּוֹ רוֹדֵף הָאֶחָד אַחֲרֵי הַשֵּׁנִי); מִשְׂחָק בְּכַדּוּר (הָאֶחָד זוֹרֵק הַשֵּׁנִי תּוֹפֵס)

catcher /ˈkætʃə(r)/ n. תּוֹפֵס-הַכַּדּוּר בְּמִשְׂחַק הַבֵּיסְבּוֹל, תַּפְסָן

catching /ˈkætʃɪŋ/ adj. מִדַּבֵּק (מַחֲלָה)

catchment area /ˈkætʃmənt ˌeərɪə/ n. אֵזוֹר נִקּוּז, אַגַּן-הַקּווֹת (שֶׁמִּמֶּנּוּ נִקְוִים הַמַּיִם אֶל נָהָר); אֵזוֹר אוּכְלוּסִין (שֶׁבֵּית-סֵפֶר אוֹ בֵּית חוֹלִים מַעֲנִיק שֵׁרוּתִים אֲזוֹרִיִּים לְתוֹשָׁבָיו)

catchpenny /ˈkætʃpenɪ/ "גִּימִיקִי", מוֹשֵׁךְ אֲבָל חֲסַר עֵרֶךְ

catch-phrase /ˈkætʃ-freɪz/ n. בִּטּוּי אָפְנָתִי אַךְ שָׁדוּף

catchword /ˈkætʃwɜːd/ n. מִלַּת-מַפְתֵּחַ, סִיסְמָה; הַמִּלָּה בְּתַחְתִּית הָעַמּוּד בַּסֵּפֶר, הַמְסַמֶּנֶת אֶת הַמִּלָּה שֶׁבְּרֹאשׁ הָעַמּוּד הַבָּא

catchy /ˈkætʃɪ/ adj. קַל לִזְכִירָה; מוֹשֵׁךְ, "תּוֹפֵס"

catechism /ˈkætəkɪsəm/ n. קָטֶכִיזְם ("שְׁאֵלוֹת וּתְשׁוּבוֹת" לְהוֹרָאָה בִּזְרָמִים מְסֻיָּמִים שֶׁל הַנַּצְרוּת)

catechize /ˈkætəkaɪz/ v.t. לִמֵּד דָּת בְּאֶמְצָעוּת שְׁאֵלוֹת וּתְשׁוּבוֹת; חָקַר (נוֹשֵׂא)

categoric(al) /ˌkætəˈgɒrɪk(ə)l/ adj. קָטֵגוֹרִי, לְלֹא-תְּנַאי, מֻחְלָט

categorically /ˌkætəˈgɒrɪk(ə)lɪ/ adj. בְּאֹפֶן קָטֵגוֹרִי, בְּאֹפֶן מֻחְלָט, בְּצוּרָה פְּסָקָנִית

categorization /ˌkætəgəraɪˈzeɪʃ(ə)n/ n. סִוּוּג, מִיּוּן, קָטֵגוֹרִיזַצְיָה

categorize /ˈkætəgəraɪz/ v.t. סִוֵּג, מִיֵּן

category /ˈkætəgərɪ/ n. סוּג, קְבוּצָה, מִין, קָטֵגוֹרְיָה

cater /ˈkeɪtə(r)/ v.i.
1 (provide food for) סִפֵּק מָזוֹן, אִרְגֵּן סְעוּדָה, עָשָׂה קֵיטֶרִינְג
2 (provide for) סִפֵּק, דָּאַג לְ..., טִפֵּל בְּ..., הָיָה מְיֻעָד עֲבוּר...

caterer /ˈkeɪtərə(r)/ n. קַבְּלַן קֵיטֶרִינְג, סַפָּק מַאֲכָלִים וּמַשְׁקָאוֹת לָאֵרוּעִים

catering /ˈkeɪtərɪŋ/ n. קֵיטֶרִינְג, אַסְפָּקַת מַאֲכָלִים וּמַשְׁקָאוֹת לָאֵרוּעִים

caterpillar /ˈkætəpɪlə(r)/ n. זַחַל (שָׁלָב בְּהִתְפַּתְּחוּת הַחֲרָקִים)
Caterpillar track (*Prop.*) "זַחַל", זַחֲלִילִית, שַׁרְשְׁרָאוֹת (שֶׁל טְרַקְטוֹר, טַנְק וְכַד')

caterwaul /ˈkætəwɔːl/ v.i. & n. הִשְׁמִיעַ יִלְלַת חָתוּל; יִלְלַת-חָתוּל

catfish /ˈkætfɪʃ/ n. שְׂפַמְנוּן (דָּג טוֹרֵף)

catgut /ˈkætgʌt/ n. גִּיד, מֵיתָר (עָשׂוּי מִמְּעֵי שֶׁל בַּעֲלֵי-חַיִּים, לְמֵיתָרִים שֶׁל כְּלֵי נְגִינָה, מַחְבְּטֵי טֶנִיס וְכוּ')

catharsis /kəˈθɑːsɪs/ n. (*formal*) קָתַרְזִיס (זִכּוּךְ עַל יְדֵי פֻּרְקַן רְגָשׁוֹת, בַּמָּקוֹר, עַל-פִּי אֲרִיסְטוֹ: הַשְׁפָּעַת הַטְּרָגֶדְיָה עַל הַצּוֹפֶה)

cathartic /kəˈθɑːtɪk/ adj. & n. שֶׁל קָתַרְזִיס; דָּבָר מְזַכֵּךְ

cathedral /kəˈθiːdrəl/ n. קָתֶדְרָלָה (כְּנֵסִיָּה מֶרְכָּזִית שֶׁבְּשִׁיפוּט מְכַהֵן בָּהּ)

Catherine wheel/ ˈkæθrɪn ˌwiːl/ n. גַּלְגַּל זִקּוּקֵי דִּי-נוּר

catheter /ˈkæθɪtə(r)/ n. קָתֶטֶר, צַנְתָּר (צִנּוֹר דַּק לְהוֹצָאַת נוֹזְלִים מִן הַגּוּף)

catheterize /ˈkæθɪtəraɪz/ v.t. הִכְנִיס קָתֶטֶר, צִנְתֵּר

cathode /ˈkæθəʊd/ n. קָתוֹדָה (הָאֶלֶקְטְרוֹדָה הַמְשַׁחְרֶרֶת אֶלֶקְטְרוֹנִים אוֹ פּוֹלֶטֶת יוֹנִים שְׁלִילִיִּים)
cathode ray קֶרֶן קָתוֹדִית
cathode-ray tube מְנוֹרַת טֶלֶוִיזְיָה, שְׁפוֹפֶרֶת טֶלֶוִיזְיָה; מָסַךְ טֶלֶוִיזְיָה, צַג טֶלֶוִיזְיָה

catholic /ˈkæθəlɪk/ adj.
1 (branch of Christianity, also n.) קָתוֹלִי; (אָדָם) קָתוֹלִי
Roman Catholic שֶׁל הַכְּנֵסִיָּה הָרוֹמִית הַקָּתוֹלִית; מַאֲמִין הַמִּשְׁתַּיֵּךְ לַכְּנֵסִיָּה הָרוֹמִית הַקָּתוֹלִית
The Holy Catholic Church הַכְּנֵסִיָּה הַקָּתוֹלִית הַקְּדוֹשָׁה
2 (universal, wide) מַקִּיף, רָחָב, עוֹלָמִי
□ *he has catholic tastes in music* יֵשׁ לוֹ טַעַם מוּזִיקָלִי מְגֻוָּן וּמַקִּיף

Catholicism /kəˈθɒlɪsɪzəm/ n. (*Relig.*) קָתוֹלִיּוּת

catholicity /ˌkæθəˈlɪsɪtɪ/ n. אוּנִיבֶרְסָלִיּוּת, רֹחַב דַּעַת

catkin /ˈkætkɪn/ n. עָגִיל (סוּג שֶׁל תִּפְרַחַת)

catmint /ˈkætmɪnt/ n. נֵפִּית הֶחָתוּל (סוּג שֶׁל נַעֲנָה)

catnap /ˈkætnæp/ n. & v.i. נִמְנוּם קַל (בְּכֻרְסָה וְכַד׳), "חֲרוּפּ" קַל; תָּפַס "חֲרוּפּ" קָצָר

catnip /ˈkætnɪp/ n. נֵפִּית הֶחָתוּל (צֶמַח אָהוּב עַל חֲתוּלִים)

cat-o'-nine-tails /kæt-ə-ˈnaɪn-teɪlz/ n. "הֶחָתוּל בַּעַל תִּשְׁעַת־הַזְּנָבוֹת" (סוּג שֶׁל פַּרְגּוֹל)

Cat's-eye /ˈkæts-aɪ/ n. (*Prop.*) מַחֲזִיר אוֹר עַל הַכְּבִישׁ (לְסִמּוּן נְתִיבֵי הַתְּנוּעָה בַּלַּיְלָה)

cat's-paw /ˈkæts-pɔː/ n. (*colloq.*) כְּלִי שָׁרֵת (אָדָם הַמִּשְׁתַּמֵּשׁ מַכְשִׁיר בִּידֵי זוּלָתוֹ)

catsuit /ˈkætsuːt/ n. בֶּגֶד רִקּוּד שָׁלֵם (הָדוּק לַגּוּף, מְכַסֶּה אֶת הַגּוּף וְהָרַגְלַיִם)

catsup /ˈkætsəp/ n. קֶטְשׁוֹפּ

cattle /ˈkæt(ə)l/ n. pl. בָּקָר

cattle-grid /ˈkæt(ə)l-grɪd/ n. מַחְסוֹם־בָּקָר (מֵעֵין שׁוּחָה מְכֻסָּה סוֹרְגִים הַמְאַפְשֶׁרֶת מַעֲבָר לִמְכוֹנִיּוֹת, אַךְ מוֹנַעַת מַעֲבַר בָּקָר)

catty /ˈkætɪ/ adj. (*colloq. derog.*) קַנְטְרָנִי

catwalk /ˈkætwɔːk/ n. מַעֲבָר צַר וּמֻגְבָּה; מַסְלוּל דֻּגְמָנִיּוֹת

caucus /ˈkɔːkəs/ n. כֶּנֶס מִפְלַגְתִּי, וְעִידָה מִפְלַגְתִּית

caudal /ˈkɔːdəl/ adj. (*Anat.*) זְנָבִי, שֶׁל הַזָּנָב

caught /kɔːt/ past & past ppl. of **catch** v.t.

cauldron /ˈkɔːldrən/ n. קְדֵרָה, סִיר גָּדוֹל, יוֹרָה

cauliflower /ˈkɒlɪflaʊə(r)/ n. כְּרוּבִית

cauliflower ear אֹזֶן מְעוּכָה מִמַּכּוֹת־אֶגְרוֹף נִשְׁנוֹת

caulk /kɔːk/ v.t. סָתַם סְדָקִים (בְּעִקָּר בַּסִּירָה) בְּחֹמֶר אִטּוּם

causal /ˈkɔːz(ə)l/ adj. (*formal*) סִבָּתִי, קָאוּזָלִי

causality /kɔːˈzælɪtɪ/ n. (*formal*) סִבָּתִיּוּת

causation /kɔːˈzeɪʃ(ə)n (*formal*) גְּרִימָה

causative /ˈkɔːzətɪv/ adj. & n. (*formal*) גּוֹרֵם; קָאוּזָטִיבִי; מַפְעִיל

cause /kɔːz/ n.

1 (origination, reason, ground) סִבָּה, גּוֹרֵם

cause and effect סִבָּה וּמְסוּבָב, חֹק הַסִּבָּתִיּוּת

First Cause סִבַּת הַסִּבּוֹת, עִלַּת הָעִלּוֹת

□ *his condition gave cause for alarm* מַצָּבוֹ עוֹרֵר דְּאָגָה

□ *he was angry, and with good cause* הוּא הָיָה מְרֻגָּז, וְהָיְתָה לָזֶה סִבָּה טוֹבָה

2 (interest, object of common effort) מַטָּרָה, יַעַד, תַּכְלִית

plead a cause טָעַן לִזְכוּת (בְּבֵית מִשְׁפָּט וְגַם בְּהַשְׁאָלָה), דִּבֵּר בְּעַד

make (common) cause with (*formal*) תָּמַךְ בְּ..., סִיֵּעַ בִּידֵי

□ *they marched in the cause of freedom* הֵם יָצְאוּ לְמִצְעַד מְחָאָה לְמַעַן הַחֵרוּת

—v.t. גָּרַם, הֵבִיא לְכָךְ שֶׁ...

□ *he caused it to be known that he had got married* הוּא הֵפִיץ בָּרַבִּים אֶת הַיְדִיעָה עַל דְּבַר נִשּׂוּאָיו

□ *what caused the plants to die?* מָה גָּרַם לַצְּמָחִים שֶׁיִּקָּמְלוּ?

□ *their son caused them much anxiety* בְּנָם הֵסֵב לָהֶם דְּאָגוֹת מְרֻבּוֹת

cause célèbre /ˌkəʊz seˈlebrə/ n. פָּרָשָׁה סֶנְסַצְיוֹנִית, שַׁעֲרוּרִיָּה מַסְעִירָה; מִשְׁפָּט מְפֻרְסָם

causeless /ˈkɔːzlɪs/ adj. לְלֹא סִבָּה טִבְעִית/ נִרְאֵית־לָעַיִן

causeway /ˈkɔːzweɪ/ n. שְׁבִיל (מִרְצָף) מֻגְבָּהּ הַחוֹצֶה אַדְמַת־בִּצָּה אוֹ שֶׁטַח מְכֻסֶּה מַיִם

caustic /ˈkɔːstɪk/ adj. צוֹרֵב, מְאַכֵּל; עוֹקְצָנִי

caustic soda נֶתֶר מְאַכֵּל (מִימָה שֶׁל תַּחְמֹצֶת הַנַּתְרָן לְנִקּוּי צִנּוֹרוֹת)

□ *he has a caustic tongue* יֵשׁ לוֹ לָשׁוֹן אַרְסִית, יֵשׁ לוֹ לָשׁוֹן חַדָּה

cauterization /ˌkɔːtəraɪˈzeɪʃ(ə)n/ n. צְרִיבָה (שֶׁל פֶּצַע אוֹ נְשִׁיכַת נָחָשׁ, לְצֹרֶךְ רִפּוּי)

cauterize /ˈkɔːtəraɪz/ v.t. צָרַב (כַּנַּ"ל), כָּוָה

caution /ˈkɔːʃ(ə)n/ n.

1 (care, prudence) זְהִירוּת, עֵרָנוּת

2 (warning; reproof) אַזְהָרָה, אַתְרָעָה; נְזִיפָה

—v.t. הִזְהִיר; נָזַף וְהִתְרָה בְּ...

cautionary /ˈkɔːʃənərɪ/ adj. (*formal*) מַזְהִיר, מַתְרֶה

□ *I'll tell you a cautionary tale* אֲסַפֵּר לְךָ סִפּוּר עִם מוּסַר־הַשְׂכֵּל (שֶׁיֵּשׁ בּוֹ מִלּוֹת אַזְהָרָה)

cautious /ˈkɔːʃəs/ adj. זָהִיר, שָׁקוּל וּמָתוּן

cavalcade /ˌkæv(ə)lˈkeɪd/ n. שַׁיֶּרֶת מְכוֹנִיּוֹת; שַׁיֶּרֶת מֶרְכָּבוֹת/פָּרָשִׁים, תַּהֲלוּכַת מֶרְכָּבוֹת וְרוֹכְבִים

cavalier /ˌkævəˈlɪə(r)/ n. פָּרָשׁ; מִתּוֹמְכֵי הַמֶּלֶךְ צ׳רְלְס הָ־I בַּמֵּאָה הַ־17

—adj. יָהִיר, גַּס, שַׁחְצָנִי, מְזַלְזֵל

□ *I don't like such cavalier behaviour* הִתְנַהֲגוּת שַׁחְצָנִית כָּזוֹ לֹא מוֹצֵאת חֵן בְּעֵינַי

cavalry /ˈkævəlrɪ/ n. חֵיל־הַפָּרָשִׁים

cavalryman /ˈkævəlrɪˌmən/ n. חַיָּל בְּחֵיל הַפָּרָשִׁים, פָּרָשׁ

cave /keɪv/ n. מְעָרָה

—v.i.

cave in

(subside) (גַּג) שָׁקַע, הִתְמוֹטֵט פִּתְאֹם

(yield to pressure) נִכְנַע לְלַחַץ

caveat /ˈkævɪæt/ n. (*formal*) עִנְיָן שֶׁיֵּשׁ לִנְקֹט בּוֹ זְהִירוּת מְרֻבָּה; (בְּמִשְׁפָּט) צַו עִכּוּב הֲלִיכִים (עַל מְנַת שֶׁאֶחָד הַצְּדָדִים יְעֻדְכַּן בַּאֲשֶׁר לַמַּצָּב)

cave-dweller /ˈkeɪv-ˌdwelə(r)/ n. (אָדָם) שׁוֹכֵן מְעָרוֹת (בַּתְּקוּפָה הַפְּרֶה־הִיסְטוֹרִית)

caveman /ˈkeɪvmæn/ n.

1 (אָדָם) שׁוֹכֵן מְעָרוֹת, אִישׁ־הַמְּעָרוֹת

2 (rough, primitive, *colloq.*) פֶּרֶא, "פְּרִימִיטִיבִי"

cavern /ˈkævən/ n. מְעָרָה (גְּדוֹלָה וַעֲמֻקָּה), מְחִלָּה

cavernous /ˈkævənəs/ adj. עָצוּם (בְּנִפְחוֹ) וְעָמֹק

caviare /ˈkævɪɑː(r)/ n. קַוְיָאר

caviare to the general (*poet. & joc.*) מַעֲדָן מִדַּי עֲבוּר אֲנָשִׁים פְּשׁוּטִים, רַק לַאֲנִינֵי טַעַם

cavil /ˈkævɪl/ v.i. & n. הִתְלוֹנֵן עַל דָּבָר שֶׁל מָה בְּכָךְ, מָצָא פְּגָמִים בְּ...; וִכּוּחַ עַל דְּבָרִים שֶׁל מַה־בְּכָךְ

cavity /ˈkævɪtɪ/ n. חוֹר (בַּשֵּׁן); חָלָל, שֶׁקַע

cavity wall קִיר חָלוּל (לְבִדּוּד)

cavort /kəˈvɔːt/ v.i. (*colloq.*) קִפֵּץ, דִּלֵּג (כִּסְיָח, כְּסוּס)

caw /kɔː/ v.i. & n. (עוֹרֵב) קָרָא, צָרַח; צְרִיחַת־עוֹרֵב, קְרִיאַת־הָעוֹרֵב

cayenne (pepper) /keɪˈen (pepə(r))/ n. מִין פִּלְפֵּל אָדֹם חָרִיף בְּיוֹתֵר, פִּלְפֶּלֶת חֲרִיפָה (מוֹצָאָהּ מִגִּינֵיאָה הַצָּרְפָתִית)

cayman /ˈkeɪmən/ n. קַיְמָן (סוּג שֶׁל אַלִּיגָטוֹר קָטָן)

CD /siːˈdiː/ abbrev. קוֹמְפַּקְט־דִּיסְק, דִּיסְק קוֹמְפַּקְטִי

CD-ROM /ˌsiːdiːˈrɒm/ abbrev. מַאֲגַר זִכָּרוֹן לְמַחְשֵׁב הַמְּאֻחְסָן בְּדִיסְק קוֹמְפַּקְטִי

cease /siːs/ v.t. & i. (*formal*) הִפְסִיק; חָדַל, פָּסַק, נִפְסַק

—n.

without cease לְלֹא הֶרֶף, לְלֹא הֶפְסֵק

cease-fire /siːsˈfaɪə(r)/ n. הַפְסָקַת אֵשׁ, הֲפוּגָה (בִּקְרָב)

ceaseless /ˈsiːslɪs/ adj. לְלֹא הַפְסָקָה

cedar /ˈsiːdə(r)/ n. אֶרֶז

cede /siːd/ v.t. (*formal*) וִתֵּר (עַל זְכֻיּוֹת, אוֹ טֶרִיטוֹרְיָה, לְטוֹבַת מְדִינָה אַחֶרֶת)

cedilla /sɪˈdɪlə/ n. סֶדִילָה (סִימָן מֵירְכָה בְּתַחְתִּית אוֹת "C" הַמְּצַיֵּן שֶׁיֵּשׁ לְבַטְּאָהּ "S", לְדֻגְמָא: façade)

ceiling /ˈsiːlɪŋ/ n.

1 (top surface of room) תִּקְרָה

2 (upper limit) תִּקְרָה, גְּבוּל עֶלְיוֹן

aircraft ceiling תִּקְרַת הַטִּיסָה, גֹּבַהּ מַקְסִימָלִי לְטִיסָה (שֶׁל מָטוֹס מְסֻיָּם)

price ceiling תִּקְרַת הַמְּחִירִים

celandine /ˈseləndaɪn/ n. צֶמַח־בַּר קָטָן שֶׁפְּרָחָיו צְהַבְהַבִּים

celebrant /ˈselɪbrənt/ n. הַכֹּמֶר הַמְּפַקֵּחַ עַל הַמִּיסָה (קִדּוּשׁ הַלֶּחֶם וְהַיַּיִן)

celebrate /ˈselɪbreɪt/ v.t. & i. חָגַג; הִלֵּל, פֵּאֵר

□ *he celebrated Mass* הוּא הִשְׁתַּתֵּף בַּמִּיסָה

celebrated /ˈselɪbreɪtɪd/ adj. מְפֻרְסָם, עֲטוּר תְּהִלָּה

celebration ˌselɪˈbreɪʃ(ə)n/ n. חֲגִיגָה, טֶקֶס

celebrity /sɪˈlebrətɪ/ n. אִישִׁיּוּת מְפֻרְסֶמֶת, "סֶלֶבְּרִיטִי", "כּוֹכָב"; תְּהִלָּה, פִּרְסוּם

celeriac /sɪˈlerɪæk/ n. סוּג שֶׁל כַּרְפַּס (בַּעַל שֹׁרֶשׁ בְּצוּרַת כַּדּוּר הַמְּשַׁמֵּשׁ לְמַאֲכָל)

celerity /sɪˈlerɪtɪ/ n. (*formal*) זְרִיזוּת, מְהִירוּת

celery /ˈselərɪ/ n. סֶלֶרִי, כַּרְפַּס

celestial /sɪˈlestɪəl/ adj. (*formal*) שְׁמֵימִי, אֱלֹהִי

celestial body גַּרְמֵי הַשָּׁמַיִם

celibacy /ˈselɪbəsɪ/ n. פְּרִישׁוּת, הִתְנַזְּרוּת מִפְּעִילוּת מִינִית

celibate /ˈselɪbət/ adj. פָּרוּשׁ, מִתְנַזֵּר מִפְּעִילוּת מִינִית

cell /sel/ n.

1 (small room) תָּא, חַדְרוֹן, קִיטוֹן

monastic cell תָּא בְּמִנְזָר, תָּא־נְזִירִים

prison cell תָּא־כֶּלֶא

2 (*Biol.*) תָּא (בְּבַעֲלֵי־חַיִּים אוֹ צְמָחִים)

3 (*Electr.*) תָּא־חַשְׁמַלִּי, סוֹלְלָה

4 (*Polit.*) תָּא פּוֹלִיטִי, תָּא (מַחְתַּרְתִּי)

cellar /ˈselə(r)/ n. מַרְתֵּף

cellarage /ˈselərɪdʒ/ n. שֶׁטַח הַמַּרְתֵּף, שֶׁטַח הָאִחְסוּן בַּמַּרְתֵּף; דְּמֵי אִחְסוּן (בַּמַּרְתֵּף)

cellist /ˈtʃelɪst/ n. צֶ'לָן, נַגַּן צֶ'לוֹ

cello /ˈtʃeləʊ/ n. צֶ'לוֹ

Cellophane /ˈseləfeɪn/ n. (*Prop.*) צֶלוֹפָן (חֹמֶר אֲרִיזָה שָׁקוּף)

cellular /ˈseljʊlə(r)/ adj. תָּאִי, בַּעַל תָּאִים, צֶלוּלָרִי

cellular telephone "פֶּלֶאפוֹן", (מַכְשִׁיר, מַעֲרֶכֶת שֶׁל) טֶלֶפוֹן צֶלוּלָרִי, טֶלֶפוֹן תָּאִי

celluloid /ˈseljʊlɔɪd/ n. צֶלוּלוֹאִיד

cellulose /ˈseljʊləʊs/ n.

1 (material of plant cell wall) צֶלוּלוֹזָה, תָּאִית

2 (chemical) צֶלוּלוֹזָה (חֹמֶר פְּלַסְטִי הַמְּשַׁמֵּשׁ בְּיִצּוּר צָרְכֵי צִלּוּם, חָמְרֵי נֶפֶץ, צְבָעִים וְכַד')

Celsius /ˈselsiəs/ n. צֶלְזְיוּס (יְחִידָה לִמְדִידַת חֹם בְּשִׁיטַת צֶלְזְיוּס)

Celt /kelt/ n. קֶלְטִי (שֵׁם כּוֹלֵל לְאִירִים, לְוֶלְשִׁים, לְתוֹשָׁבֵי קוֹרְנְוָל, לִסְקוֹטִים וְלִבְרֶטָנִים)

Celtic /ˈkeltɪk/ adj. & n. הַשָּׂפָה הַקֶּלְטִית; קֶלְטִי (בֶּן אַחַת הַקְּבוּצוֹת הַנַּ"ל)

cement /sɪˈment/ n.

1 (building material) מֶלֶט

2 (adhesive or filler substance) סוּג שֶׁל דֶּבֶק; מִלּוּי לִסְתִימָה (בַּשֵּׁן וְכַד')

—v.t. הִדְבִּיק, הִצְמִיד; כִּסָּה בְּמֶלֶט

□ *their friendship was cemented at school* יְדִידוּתָם נִקְשְׁרָה בְּבֵית הַסֵּפֶר

cement-mixer /sɪˈment-ˌmɪksə(r)/ n. מְעַרְבֵּל בֶּטוֹן

cemetery /ˈsemət(e)rɪ/ n. בֵּית־קְבָרוֹת, בֵּית־עָלְמִין

cenotaph /ˈsenətɑːf/ n. מַצֶּבֶת־זִכָּרוֹן (בְּיִחוּד לְחַלְלֵי מִלְחָמָה)

censer /ˈsensə(r)/ n. מַחְתָּה (לִקְטֹרֶת בִּכְנֵסִיָּה), מִקְטָר

censor /ˈsensə(r)/ n. צֶנְזוֹר

—v.t. צִנְזֵר, עָרַךְ צֶנְזוּרָה שֶׁל.../בְּ...

censorious /senˈsɔːrɪəs/ adj. (*formal*) בִּקָּרְתִּי, מַחְמִיר

censorship /ˈsensəʃɪp/ n. צֶנְזוּרָה, בִּקֹּרֶת

censure /ˈsenʃə(r)/ n. & v.t. (*formal*) גִּנּוּי, תּוֹכָחָה, בִּקֹּרֶת חֲרִיפָה, הִסְתַּיְּגוּת חֲמוּרָה; גִּנָּה אֶת, הוֹכִיחַ אֶת, בִּקֵּר בַּחֲרִיפוּת אֶת

census /ˈsensəs/ n. מִפְקַד־אוּכְלוּסִין, מִפְקַד־תּוֹשָׁבִים, מִפְקָד

cent /sent/ n. סֶנְט (מֵאִית הַדּוֹלָר)

centaur /ˈsentɔː(r)/ n. קֶנְטָאוּר (בְּרִיָּה מִיתוֹלוֹגִית שֶׁחֶצְיָהּ גֶּבֶר וְחֶצְיָהּ סוּס)

centenarian /ˌsentɪˈneərɪən/ n. בֶּן/בַּת מֵאָה (שָׁנָה)

centenary /senˈtiːnərɪ/ n. חֲגִיגָה בִּמְלֹאת מֵאָה שָׁנִים לְ..., יוֹבֵל הַמֵּאָה

centennial /senˈtenɪəl/ adj. שֶׁל מֵאָה שָׁנָה, ־הַמֵּאָה
—n. חֲגִיגָה בִּמְלֹאת מֵאָה שָׁנִים לְ..., יוֹבֵל הַמֵּאָה

center /ˈsentə(r)/ n. (*US*, see **CENTRE**)

centi- /ˈsentɪ-/ pref. (קִדֹּמֶת) מֵאָה (יְחִידוֹת שֶׁל), סֶנְטִי־

centigrade /ˈsentɪgreɪd/ adj. (מִסְפַּר הַמַּעֲלוֹת לְפִי שִׁיטַת) צֶלְזְיוּס

centilitre /ˈsentɪˌliːtə(r)/ n. סֶנְטִילִיטֶר

centime /ˈsɒntiːm/ n. סֶנְטִים (מֵאִית הַפְרַנְק הַצָּרְפָתִי, הַבֶּלְגִּי וְהַשְׁוֵיצָרִי)

centimetre /ˈsentɪmiːtə(r)/ n. סֶנְטִימֶטֶר (מֵאִית הַמֶּטֶר)

centipede /ˈsentɪpiːd/ n. נָדָל, מַרְבֵּה־רַגְלַיִם

central /ˈsentrəl/ adj. מֶרְכָּזִי, עִקָּרִי, רָאשִׁי
central bank הַבַּנְק־הַמֶּרְכָּזִי
central European מִמֶּרְכַּז אֵירוֹפָּה, מֶרְכַּז אֵירוֹפִּי
central government הַמֶּמְשָׁלָה (בְּנִגּוּד לָרָשֻׁיּוֹת הָעִירוֹנִיּוֹת וְהָאֲזוֹרִיּוֹת)
central heating הַסָּקָה מֶרְכָּזִית
□ *my house is very central* לְבֵיתִי יֵשׁ מִקּוּם מֶרְכָּזִי
□ *the central character in the novel is a doctor* הַדְּמוּת הַמֶּרְכָּזִית בָּרוֹמָן הוּא רוֹפֵא

centralization /ˌsentrəlaɪˈzeɪʃ(ə)n/ n. רִכּוּזִיּוּת, צֶנְטְרָלִיזַצְיָה

centralize /ˈsentrəlaɪz/ v.t. רִכֵּז, מִרְכֵּז

centrally /ˈsentrəlɪ/ adv. בְּאֹפֶן מֶרְכָּזִי; בְּמָקוֹם מֶרְכָּזִי

centre /ˈsentə(r)/ n. (*US* **center**)
1 (middle point) מֶרְכָּז, אֶמְצַע, מוֹקֵד, לֵב
centre of attraction (or **interest**) מֶרְכַּז הַהִתְעַנְיְנוּת, מוֹקֵד הָעִנְיָן
centre of gravity מֶרְכַּז הַכֹּבֶד
shopping centre מֶרְכַּז־קְנִיּוֹת, קַנְיוֹן
2 (*Polit.*) מִפְלְגוֹת הַמֶּרְכָּז, הַמֶּרְכָּז הַפּוֹלִיטִי
3 (*Games*) חָלוּץ מֶרְכָּזִי, רָץ מֶרְכָּזִי
—v.t. & i. רִכֵּז, מִקֵּד; הִתְרַכֵּז, הִתְמַקֵּד
□ *his thoughts centred on* (or *upon*) *only one idea* מַחְשְׁבוֹתָיו הִתְרַכְּזוּ בִּנְקֻדָּה אַחַת בִּלְבַד

centre-fold /ˈsentə-ˌfəʊld/ n. צִלּוּם־הָאֶמְצַע בָּעִתּוֹן (עַל שְׁנֵי עַמּוּדִים, לְעִתִּים בְּעִתּוֹן פּוֹרְנוֹגְרָפִי)

centre-forward /ˌsentə-ˈfɔːwəd/ n. (בְּכַדּוּרֶגֶל) חָלוּץ מֶרְכָּזִי

centre-piece /ˈsentə-piːs/ n. קִשּׁוּט בְּמֶרְכַּז הַשֻּׁלְחָן; (בְּהַשְׁאָלָה) מוֹקֵד, גֻּלַּת הַכּוֹתֶרֶת

centre spread /ˌsentə ˈspred/ n. צִלּוּם הָאֶמְצַע בְּעִתּוֹן (עַל שְׁנֵי עַמּוּדִים)

centrifugal /senˈtrɪfjʊg(ə)l/ adj. צֶנְטְרִיפוּגָלִי
centrifugal force כֹּחַ צֶנְטְרִיפוּגָלִי

centrifuge /ˈsentrɪfjuːdʒ/ n. צֶנְטְרִיפוּגָה

centripetal /senˈtrɪpɪt(ə)l/ adj. צֶנְטְרִיפֶּטָלִי

centrism /ˈsentrɪzəm/ n. מְדִינִיּוּת מֶרְכָּז פּוֹלִיטִית

centrist /ˈsentrɪst/ n. אָדָם הַתּוֹמֵךְ בִּמְדִינִיּוּת מֶרְכָּזִית

centurion /senˈtjʊərɪən/ n. (*Hist.*) צֶנְטוּרְיוֹן (שַׂר־מֵאָה בְּרוֹמָא הָעַתִּיקָה)

century /ˈsentʃərɪ/ n.
1 (hundred years) (תְּקוּפַת) מֵאָה שָׁנִים, מֵאָה
□ *we live in the twentieth century* אֲנַחְנוּ חַיִּים בַּמֵּאָה־הָעֶשְׂרִים
2 (score of a hundred, *Cricket*) מֵאָה נְקֻדּוֹת
□ *he made a century yesterday* אֶתְמוֹל הוּא הִשִּׂיג מֵאָה נְקֻדּוֹת (בְּקְרִיקֶט)

ceramic /səˈræmɪk/ adj. קֶרָמִי, שֶׁל חֶרֶס, שֶׁל כְּלֵי־חֶרֶס
—n. (usu. in *pl.*) קֶרָמִיקָה, כְּלֵי־חֶרֶס

cereal /ˈsɪərɪəl/ n.
1 (grain, also adj.) דְּגָנִים, דָּגָן; דְּגָנִי, שֶׁל דְּגָנִים
2 (breakfast food) "סִירְיָל", "קוֹרְנְפְלֶקְס" (וְדַיְסוֹת אֲחֵרוֹת), דַּיְסָה

cerebellum /ˌserɪˈbeləm/ n. (*Med.*) הַמֹּחַ הַקָּטָן, צֶרֶבֶּלוּם

cerebral /ˈserɪbrəl/ adj. שֶׁל הַמֹּחַ, מֹחִי (בְּנִגּוּד לְרִגְשִׁי)
□ *he's a rather cerebral person* (*formal*) הוּא יוֹתֵר מִדַּי אִינְטֶלֶקְטוּאָלִי, הוּא טִיפּוּס שִׂכְלְתָנִי

cerebro-spinal /ˌserɪbrəʊ-ˈspaɪn(ə)l/ adj. (*Med.*) שֶׁל הַמֹּחַ וְעַמּוּד־הַשִּׁדְרָה

cerebrum /ˈserɪbrəm/ n. (*Med.*) הַמֹּחַ הַקִּדְמִי

ceremonial /ˌserɪˈməʊnɪəl/ adj. & n. טֶקֶס; טִקְסִי, רִשְׁמִי, חֲגִיגִי
ceremonial dress מַדִּים־טִקְסִיִּים, בִּגְדֵי־שְׂרָד

ceremonious /ˌserɪˈməʊnɪəs/ adj. מַרְבֶּה בְּגִנּוּנִים, טִקְסִי

ceremony /ˈserɪmənɪ/ n.
1 (religious or other rite) טֶקֶס, חֲגִיגָה
Master of Ceremonies רֹאשׁ־הַטֶּקֶס, מַנְחֵה־הַטֶּקֶס, שַׂר־הַטֶּקֶס
2 (formalities) כְּלָלֵי־הַטֶּקֶס, גִּנּוּנֵי־טֶקֶס
□ *most diplomats stand on ceremony* רֹב הַדִּיפְּלוֹמָטִים מַקְפִּידִים עַל כְּלָלֵי־הַטֶּקֶס
□ *friends prefer to be treated without ceremony* יְדִידִים מַעֲדִיפִים שֶׁיִּנְהֲגוּ בָּהֶם לְלֹא גִּנּוּנֵי טֶקֶס

cerise /səˈriːz/ adj. & n. אָדֹם־וָרֹד עַז

cert /sɜːt/ n. (*sl.*) מֵאָה־אָחוּז, בָּטוּחַ
a dead cert זֶה דָּבָר בָּטוּחַ, מֵאָה־אָחוּז

certain /ˈsɜːt(ə)n/ adj.
1 (sure) וַדָּאִי, בָּטוּחַ
certain death מָוֶת בָּטוּחַ
for certain לְלֹא סָפֵק, בְּוַדָּאוּת
□ *I made certain that it was done* וִדֵּאתִי שֶׁהַדָּבָר
נַעֲשָׂה
2 (unspecified; with *pl.* n., some) כָּלְשֶׁהוּ, מְסֻיָּם, פְּלוֹנִי
□ *a certain party told me* פְּלוֹנִי אַלְמוֹנִי אָמַר לִי,
נִמְסַר לִי מִמְּקוֹרוֹת מְסֻיָּמִים
3 (with abstract n., a degree of, some) כָּלְשֶׁהוּ, מְסֻיָּם,
מִדָּה מְסֻיֶּמֶת שֶׁל
to a certain extent בְּמִדָּה מְסֻיֶּמֶת, בְּמִדַּת־מָה
□ *he showed a certain reluctance to go* הוּא גִּלָּה
מִדָּה מְסֻיֶּמֶת שֶׁל אִי־רָצוֹן לָלֶכֶת
certainly /ˈsɜːtənlɪ/ adv. בְּהֶחְלֵט, בְּוַדַּאי
certainty /ˈsɜːtəntɪ/ n. בִּטָּחוֹן, וַדָּאוּת
certifiable /ˌsɜːtɪˈfaɪəb(ə)l/ adj. נִתָּן לְאִשּׁוּר; "עִם
תְּעוּדוֹת" (בְּהוּמוֹר)
□ *he is a certifiable lunatic* הוּא מְשֻׁגָּע אֲמִתִּי, צָרִיךְ
לְאַשְׁפֵּז אוֹתוֹ בְּבֵית חוֹלִים (לְחוֹלֵי נֶפֶשׁ)
certificate /səˈtɪfɪkət/ n. תְּעוּדָה, אִשּׁוּר־בִּכְתָב,
דִּיפְלוֹמָה
certificated /səˈtɪfɪkeɪtɪd/ adj. מֻסְמָךְ, מְדֻפְלָם, בַּעַל
תְּעוּדָה מַסְמִיכָה (לְבַצֵּעַ מַשֶּׁהוּ)
certification /sɜːtɪfɪˈkeɪʃ(ə)n/ n. הַעֲנָקַת תְּעוּדָה
סֶרְטִיפִיקַצְיָה
certified /ˈsɜːtɪfaɪd/ adj. מְאֻשָּׁר; מֻסְמָךְ, מְדֻפְלָם
certify /ˈsɜːtɪfaɪ/ v.t. אִשֵּׁר־בִּכְתָב, אִשֵּׁר; הִצְהִיר
we certify herewith... בָּזֶה הִנְנוּ מְאַשְּׁרִים...; בָּזֹאת
הִנְנוּ מַצְהִירִים...
a certified copy הֶעְתֵּק מְאֻשָּׁר (ע"י נוֹטַרְיוֹן)
certitude /ˈsɜːtɪtjuːd/ n. (*formal*) וַדָּאוּת
cervical /sɜːˈvaɪk(ə)l/ adj. שֶׁל צַוַּאר־הָרֶחֶם
cervical smear דְּגִימַת־מִשְׁטָח מִצַּוַּאר הָרֶחֶם
שֶׁנִּלְקְחָה לִבְדִיקַת סַרְטַן הָרֶחֶם
cervix /ˈsɜːvɪks/ n. (*pl.* **cervices**) צַוַּאר־הָרֶחֶם
cessation /seˈseɪʃ(ə)n/ n. (*formal*) הַפְסָקָה, הֲפוּגָה
cessation of hostilities הַפְסָקַת מַעֲשֵׂי־אֵיבָה
cession /ˈseʃ(ə)n/ n. (*Law*) וִתּוּר (עַל יְדֵי הֶסְכֵּם) עַל
שְׁטָחִים/זְכֻיּוֹת
cesspit /ˈsespɪt/ n. (also **cesspool**) בּוֹר־שׁוֹפְכִין,
בּוֹר־שְׁפָכִים
cetacean /sɪˈteɪʃ(ə)n/ adj. & n. (*Zool.*) יוֹנֵק יַמִּי (לְמָשָׁל
לִוְיָתָן, דּוֹלְפִין וְכַד'); שֶׁל יוֹנֵק יַמִּי כַּנַּ"ל
chafe /tʃeɪf/ v.t.
1 (warm by rubbing) חָכַךְ, שִׁפְשֵׁף יָדָיו (אוֹ עוֹרוֹ) כְּדֵי
לְהִתְחַמֵּם
2 (abrade, also v.i.) חָכַךְ, גֵּרֵד, שִׁפְשֵׁף, פָּצַע (עוֹרוֹ)
בְּשִׁפְשׁוּף
3 (become irritated or impatient) הֵחֵל לְאַבֵּד אֶת
סַבְלָנוּתוֹ, הֵחֵל לְהִתְרַגֵּז

chaff /tʃɑːf/ n.
1 (husks of corn) מוֹץ
□ *we must sort the wheat from the chaff amongst the applicants* (*formal*) עָלֵינוּ לָבֹר אֶת הַבָּר מִן הַמּוֹץ
מִקֶּרֶב הַמֻּעֲמָדִים
2 (chopped hay and straw) קַשׁ/חָצִיר קָצוּץ
3 (banter, *arch. colloq.*) הַקְנָטָה בִּצְחוֹק, הִתְלוֹצְצוּת,
קִנְטוּר
—v.t. (*arch. colloq.*) חָמַד לָצוֹן, הִתְלוֹצֵץ, עָקַץ
chaffer /ˈtʃæfə(r)/ v.i. הִתְמַקֵּחַ, עָמַד עַל הַמֶּקַח
chaffinch /ˈtʃæfɪntʃ/ n. פָּרוּשׁ (צִפּוֹר שִׁיר אֵירוֹפִּית)
chafing-dish /ˈtʃeɪfɪŋ-dɪʃ/ n. כְּלִי שֶׁמִּתַּחְתָּיו מִתְקַן
בְּעֵרָה הַמֻּגָּשׁ לַשֻּׁלְחָן מְשַׁמֵּשׁ לְחִמּוּם הַמָּזוֹן וּלְבִשּׁוּלוֹ
chagrin /ˈʃægrɪn/ (*formal*) n. & v.t. אַכְזָבָה, מַפַּח־נֶפֶשׁ,
עָגְמַת־נֶפֶשׁ; צִעֵר, דִּכְדֵּךְ, גָּרַם אַכְזָבָה, גָּרַם
עָגְמַת־נֶפֶשׁ

chain /tʃeɪn/ n.
1 (series of connected links) שַׁרְשֶׁרֶת, שַׁלְשֶׁלֶת
chain-gang קְבוּצַת אֲסִירִים הַכְּבוּלִים זֶה לָזֶה
בְּשַׁרְשֶׁרֶת (לָרֹב לַעֲבוֹדוֹת־חוּץ)
in chains כָּבוּל בְּשַׁלְשְׁלָאוֹת
2 (old measurement of length) מִדַּת אֹרֶךְ (21 מֶטְרִים
בְּעֵרֶךְ)
3 (series) שַׁרְשֶׁרֶת; רֶשֶׁת (שֶׁל חֲנֻיּוֹת, מִסְעָדוֹת, בָּתֵּי
מָלוֹן וְכַד')
chain of events (or **circumstances**) הִשְׁתַּלְשְׁלוּת
אֵרוּעִים, שַׁרְשֶׁרֶת אֵרוּעִים
chain reaction (*Chem. & fig.*) תְּגוּבַת־שַׁרְשֶׁרֶת
—v.t. כָּבַל (בְּשַׁלְשְׁלָאוֹת); שָׂם בַּאֲזִקִּים
chain-mail /ˈtʃeɪn-meɪl/ n. שִׁרְיוֹן־קַשְׂקַשִּׂים
chain-saw /ˈtʃeɪn-sɔː/ n. מַסּוֹר־שַׁרְשֶׁרֶת
chain-smoke /ˈtʃeɪn-sməʊk/ v.i. עִשֵּׁן בְּשַׁרְשֶׁרֶת,
הִדְלִיק סִיגָרִיָּה בְּסִיגָרִיָּה
chain-smoker /ˈtʃeɪn-ˌsməʊkə(r)/ n. מְעַשֵּׁן בְּשַׁרְשֶׁרֶת,
אָדָם הַמַּדְלִיק סִיגָרִיָּה בְּסִיגָרִיָּה
chain store /ˈtʃeɪn stɔː(r)/ n. חֲנוּת אַחַת בְּרֶשֶׁת־חֲנֻיּוֹת
chair /tʃeə(r)/ n.
1 (seat) כִּסֵּא, כֻּרְסָה
□ *take a chair, please!* שֵׁב בְּבַקָּשָׁה!
easy chair כֻּרְסָה, כִּסֵּא נוֹחַ
electric chair כִּסֵּא חַשְׁמַלִּי (לְהוֹצָאָה־לְהוֹרֵג)
2 (professorship) קָתֶדְרָה (בְּאוּנִיבֶרְסִיטָה)
3 (office of person presiding) תַּפְקִיד הַיּוֹשֵׁב־רֹאשׁ
□ *she takes the chair at all their meetings* הִיא
יוֹשֶׁבֶת־הָרֹאשׁ בְּכָל הָאֲסֵפוֹת שֶׁלָּהֶם

—v.t.
1 (install in office) מִנָּה (לְתַפְקִיד)
2 (preside over meeting) יָשַׁב־רֹאשׁ (בִּישִׁיבָה, בִּפְגִישָׁה,
בְּדִיּוּן וְכַד')
3 (carry aloft) נָשָׂא עַל כַּפַּיִם/כִּסֵּא (מְנַצֵּחַ אוֹ
בַּעַל־שִׂמְחָה)

chair-lift /ˈtʃeə-lɪft/ n. רַכֶּבֶל כִּסְאוֹת

chairman /ˈtʃeəmən/ n. יוֹשֵׁב רֹאשׁ

chairmanship/ ˈtʃeəmənʃɪp/ n. תַּפְקִיד הַיּוֹשֵׁב־רֹאשׁ

chairperson /ˈtʃeəˌpɜːsən/ n. יוֹשֵׁב רֹאשׁ (לָרֹב אִשָּׁה)

chairwoman /ˈtʃeəˌwʊmən/ n. יוֹשֶׁבֶת־רֹאשׁ

chaise /ʃeɪz/ n. כִּרְכָּרָה קַלָּה (הָרְתוּמָה לְסוּס אֶחָד)

chaise-longue /ʃeɪz-ˈlɒŋ/ n. כֻּרְסָה בַּעֲלַת מוֹשָׁב מָאֳרָךְ וּמִשְׁעֶנֶת זְרוֹעַ בּוֹדֶדֶת

chalet /ˈʃæleɪ/ n. בַּיִת־כַּפְרִי בֶּהָרִים, חֲוִילָה בֶּהָרִים (לָרֹב בִּשְׁוַיְצַרְיָה אוֹ צָרְפַת)

chalice /ˈtʃælɪs/ n. גָּבִיעַ (בְּעִקָּר זֶה שֶׁמְּשַׁמֵּשׁ בְּטִקְסֵי הַכְּנֵסִיָּה)

chalk /tʃɔːk/ n.

1 (limestone) גִּיר, אֶבֶן־סִיד

□ *they are as different as chalk and cheese* (*colloq.*) הֵם שׁוֹנִים זֶה מִזֶּה בְּתַכְלִית, הֵם שְׁנֵי עוֹלָמוֹת נִפְרָדִים

2 (crayon) גִּיר

by a long chalk (*colloq.*) בְּמִדָּה מְרֻבָּה מְאֹד, בְּהֶבְדֵּל עָצוּם

—v.t. כָּתַב/צִיֵּר בְּגִיר

□ *chalk it up!* תִּזְקֹף אֶת זֶה עַל חֶשְׁבּוֹנִי! תִּרְשֹׁם אֶת זֶה לִזְכוּתִי!

□ *chalk it up to experience* גַּם זוּ לְטוֹבָה!

chalky /ˈtʃɔːkɪ/ adj.

1 (containing, consisting of chalk) גִּירִי

2 (white, pale) חִוֵּר כְּסִיד

challenge /ˈtʃælɪndʒ/ v.t. קָרָא תִּגָּר עַל; קָרָא לְהִתְמוֹדְדוּת; דָּרַשׁ שֶׁיִּזְדַּהֶה; פִּקְפֵּק בְּ...; (אַרְהַ"ב) בִּקֵּשׁ לִפְסֹל (מֻשְׁבָּע בְּמִשְׁפָּט)

□ *he challenged their competence* הוּא הֵטִיל סָפֵק בִּכְשׁוּרֵיהֶם

—n. אֶתְגָּר; קְרִיאַת תִּגָּר; הַזְמָנָה לְהִתְמוֹדְדוּת; תְּבִיעָה לְהִזְדַּהוּת

challenger /ˈtʃælɪndʒə(r)/ n. הַטּוֹעֵן לְכֶתֶר (הָאַלִּיפוּת)

chamber /ˈtʃeɪmbə(r)/ n.

1 (room) חֶדֶר; אוּלַם יְשִׁיבוֹת

chamber of horrors חֲדַר הָאֵימִים (בַּמָּקוֹר בְּמוּזֵיאוֹן־הַשַּׁעֲוָה שֶׁל מָדָם טוּסוֹ)

chamber music מוּזִיקָה קָמֶרִית

2 (in *pl.*, *Law*) לִשְׁכַּת־פְּרַקְלִיטִים, לִשְׁכַּת שׁוֹפֵט (בְּקִרְבַת בֵּית־הַמִּשְׁפָּט)

3 (assembly) לִשְׁכָּה

Chamber of Commerce לִשְׁכַּת־הַמִּסְחָר

4 (*Mech.*, compartment, cavity) תָּא

combustion chamber תָּא־הַשְּׂרֵפָה (בְּמָנוֹעַ)

5 (part of gun bore containing charge) בֵּית הַבְּלִיעָה (שֶׁל כְּלִי־יָרִי)

chamberlain /ˈtʃeɪmbəlɪn/ n. מְנַהֵל מֶשֶׁק־הַבַּיִת שֶׁל בֵּית־הַמְּלוּכָה

Lord Chamberlain (אַנְגְּלִיָּה) שַׂר־הַטֶּקֶס, שַׂר הֶחָצֵר (שֶׁל מִשְׁפַּחַת הַמְּלוּכָה)

chambermaid /ˈtʃeɪmbəˌmeɪd/ n. חַדְרָנִית

chamber-pot /ˈtʃeɪmbə-ˌpɒt/ n. סִיר־לַיְלָה

chameleon /kəˈmiːlɪən/ n. זִקִּית

chamfer /ˈtʃæmfə(r)/ n. & v.t. חִתּוּךְ מְלֻכְסָן בְּעֵץ אוֹ בְּמַתֶּכֶת; בִּצַּע חִתּוּךְ כַּנַּ"ל (לְמָשָׁל בְּמִסְגֶּרֶת שֶׁל תְּמוּנָה)

chamois[1] /ˈʃæmwɑː/ n. יָעֵל

chamois[2] /ˈʃæmi/ n. עוֹר צְבִי, "שָׁמוֹאָה" (לַהַבְרָקָה)

champ[1] /tʃæmp/ v.t. & i. (סוּס) לָעַס בְּקוֹל, גָּרַס

□ *they were champing at the bit* (*fig.*) סַבְלָנוּתָם פָּקְעָה

champ[2] /tʃæmp/ n. (*sl.*) "אַלּוּף"

champagne /ʃæmˈpeɪn/ n. שַׁמְפַּנְיָה

champion /ˈtʃæmpɪən/ n.

1 (defender) לוֹחֵם, תּוֹמֵךְ בְּ...

2 (victor) אַלּוּף, "צֶ'מְפְּיוֹן"

—v.t. לָחַם לְמַעַן, תָּמַךְ בְּ...

□ *he has championed the cause of civil liberty* הוּא תָּמַךְ בְּלַהַט בַּמַּאֲבָק לְמַעַן זְכֻיּוֹת הָאֶזְרָח

—adj. (*colloq.*) אֶלֶף־אָלֶף! מֵאָה אָחוּז!, מְצֻיָּן!, יוֹצֵא מֵהַכְּלָל!

championship /ˈtʃæmpɪənʃɪp/ n.

1 (competition) אַלִּיפוּת

2 (defence of another) תְּמִיכָה בְּ... מִלְחָמָה לְמַעַן

chance /tʃɑːns/ n.

1 (fortune, accident) מִקְרֶה, מַזָּל, גּוֹרָל, צֶ'אנְס

by chance בְּמִקְרֶה, בְּאַקְרַאי

game of chance מִשְׂחַק־מַזָּל

□ *leave nothing to chance* אַל תִּסְמֹךְ עַל הַמַּזָּל! אַל תַּשְׁאִיר דָּבָר בִּידֵי הַמִּקְרֶה!

□ *take a chance!* אַל תִּפְחַד, נַסֵּה אֶת מַזָּלְךָ! קַח צַ'אנְס

□ *do you have a cigarette, by any chance?* יֵשׁ לְךָ אוּלַי סִיגָרִיָּה (בִּשְׁבִילִי)?

2 (opportunity) הִזְדַּמְּנוּת

□ *he always has an eye to the main chance* הוּא תָּמִיד חוֹשֵׁב: מַה יֵּצֵא לִי מִזֶּה?

3 (possibility, probability) סִכּוּי, סִכּוּיִים, צַ'אנְס

on the off chance מִתּוֹךְ סִכּוּי קָלוּשׁ, בְּתִקְוָה שֶׁאוּלַי בְּכָל זֹאת

□ *he stands a (good) chance in the election* יֵשׁ לוֹ סִכּוּיִים טוֹבִים בַּבְּחִירוֹת

□ *the chances are that he will fail* רֹב הַסִּכּוּיִים שֶׁהוּא יִכָּשֵׁל

—adj. מִקְרִי

a chance meeting פְּגִישָׁה מִקְרִית

—v.i. אֵרַע בְּמִקְרֶה

□ *I was at home, as it chanced* דַּוְקָא בְּאוֹתוֹ רֶגַע הָיִיתִי בַּבַּיִת, בְּאוֹתוֹ רֶגַע הָיִיתִי בַּבַּיִת בְּמִקְרֶה

□ *I chanced upon her in the street* פָּגַשְׁתִּי בָּהּ בְּמִקְרֶה בָּרְחוֹב
□ *you must chance your arm* (*colloq.*) נַסֵּה אֶת מַזָּלְךָ!

chancel /ˈtʃɑːns(ə)l/ n. "קִיר הַמִּזְרָח" שֶׁל הַכְּנֵסִיָּה, מְקוֹם מוֹשָׁבָם שֶׁל הַכְּמָרִים וְהַמַּקְהֵלָה

chancellery /ˈtʃɑːnsələrɪ/ n. מִשְׂרָדָיו שֶׁל פָּקִיד בָּכִיר; מִשְׂרְדֵי הַשַּׁגְרִירוּת, מִשְׂרְדֵי הַקּוֹנְסוּלְיָה; צֶוֶת הָעוֹבְדִים בְּמִשְׂרָד כַּנַּ"ל

chancellor /ˈtʃɑːnsələ(r)/ n.
1 (official of state) מַזְכִּיר מַלְכוּתִי, פָּקִיד בָּכִיר (מִסּוּגִים שׁוֹנִים, בַּמֶּמְשָׁלָה, בַּמַּעֲרֶכֶת הַמִּשְׁפָּטִית וְכַד')
Chancellor of the Exchequer שַׂר הָאוֹצָר הַבְּרִיטִי
Lord Chancellor יוֹשֵׁב־רֹאשׁ בֵּית הַלּוֹרְדִים הַבְּרִיטִי (שֶׁהוּא גַּם יוֹשֵׁב רֹאשׁ בֵּית הַדִּין לְעִרְעוּרִים); שׁוֹפֵט עֶלְיוֹן
2 (head of university) נְגִיד הָאוּנִיבֶרְסִיטָה, נְשִׂיא הָאוּנִיבֶרְסִיטָה

Chancery /ˈtʃɑːnsərɪ/ n. (*Law*) (מַחְלָקָה שֶׁל) בֵּית הַמִּשְׁפָּט הָעֶלְיוֹן (בִּבְרִיטַנְיָה); גַּנְזָךְ רִשְׁמִי; לִשְׁכַּת שַׁגְרִירוּת זָרָה

chancy /ˈtʃɑːnsɪ/ adj. (*colloq.*) מְפֻקְפָּק, כָּכָה־כָּכָה

chandelier /ʃændəˈlɪə(r)/ n. נִבְרֶשֶׁת

chandler /ˈtʃɑːndlə(r)/ n. עוֹשֵׂה־נֵרוֹת, שֶׁמֶן, סַבּוֹן, צֶבַע וְכַד'; חֶנְוָנִי
corn chandler סוֹחֵר תְּבוּאָה
ship's chandler סוֹחֵר צִיּוּד וְאַסְפָּקָה לִסְפִינוֹת

change /tʃeɪndʒ/ n.
1 (alteration, substitution) שִׁנּוּי, הַחְלָפָה
change of clothes בְּגָדִים לְהַחְלָפָה
for a change לְשֵׁם שִׁנּוּי
change of life (בְּחַיֵּי אִשָּׁה) גִּיל־הַמַּעֲבָר, גִּיל הַבְּלוֹת, גִּיל הַפְסָקַת־הַוֶּסֶת
ring the changes (*fig.*) גִּוֵּן, עָרַךְ גִּוּוּן, הִכְנִיס חִדּוּשִׁים
2 (money) עֹדֶף, כֶּסֶף קָטָן
□ *he got no change out of the committee* (*colloq.*) הוּא לֹא הִצְלִיחַ לִסְחֹט דָּבָר מִן הַוַּעֲדָה

—v.t.. & i.
1 (alter) שִׁנָּה, הֶחֱלִיף; הִשְׁתַּנָּה, הִתְחַלֵּף
□ *he changed his tune* הוּא שִׁנָּה אֶת עֶמְדָּתוֹ; הוּא שִׁנָּה אֶת הַטּוֹן
2 (change clothes) הֶחֱלִיף בְּגָדִים
3 (go from one to another) הֶחֱלִיף
change gear הֶחֱלִיף הִלּוּךְ, הֶעֱבִיר מַהֲלָךְ (בִּמְכוֹנִית)
change hands הֶחֱלִיף בְּעָלוּת, הֶחֱלִיף יָדַיִם
4 (exchange) הֶחֱלִיף

changeability /ˌtʃeɪndʒəˈbɪlɪtɪ/ n. הֲפַכְפְּכוּת

changeable /ˈtʃeɪndʒəb(ə)l/ adj.
1 (unstable) נוֹטֶה לְהִשְׁתַּנּוּת, בִּלְתִּי יַצִּיב
2 (fickle) הֲפַכְפַּךְ, מִתְחַלֵּף לְעִתִּים קְרוֹבוֹת
□ *he was such a changeable person* הוּא הָיָה אָדָם הֲפַכְפַּךְ, הוּא הָיָה נָתוּן לְמַצְבֵי־רוּחַ

changeless /ˈtʃeɪndʒlɪs/ adj. יַצִּיב, בִּלְתִּי מִשְׁתַּנֶּה, קַיָּם וְעוֹמֵד

changeling /ˈtʃeɪndʒlɪŋ/ n. יֶלֶד שֶׁהָחְלַף בְּיַנְקוּתוֹ בְּיֶלֶד אַחֵר (בְּעִקָּר בְּסִפּוּרֵי פֵיוֹת)

changing-room /ˈtʃeɪndʒɪŋˌruːm/ n. חֲדַר הַלְבָּשָׁה

channel /ˈtʃæn(ə)l/ n.
1 (strait) תְּעָלָה
the English Channel תְּעָלַת לָמַנְשׁ
2 (watercourse, conduit) אָפִיק, עָרוּץ, תְּעָלָה
3 (medium) אָפִיק, צִנּוֹרוֹת
□ *you must appeal through the proper channels* עָלֶיךָ לְהַגִּישׁ אֶת בַּקָּשָׁתְךָ בַּצִּנּוֹרוֹת הַמְקֻבָּלִים
4 (Radio, TV) עָרוּץ, תַּחֲנָה
—v.t. תִּעֵל, הִפְנָה, כִּוֵּן; חָפַר תְּעָלָה; הֶעֱבִיר דֶּרֶךְ תְּעָלָה

chant /tʃɑːnt/ n. זְמִירָה; מִזְמוֹר (בְּעִקָּר מִפִּי כּוֹהֲנֵי־דָּת); קְרִיאָה קְצוּבָה וְנִשְׁנֵית
—v.t. & i. זִמֵּר, שָׁר מִזְמוֹר (בְּעִקָּר דָּתִי); קָרָא קְרִיאוֹת קְצוּבוֹת וְנִשְׁנוֹת

chantry /ˈtʃɑːntrɪ/ n. (*Relig.*) בֵּית־תְּפִלָּה שֶׁפְּלוֹנִי תָּרַם אֶת הַכֶּסֶף לַהֲקָמָתוֹ עַל מְנַת שֶׁהַכְּמָרִים בּוֹ יִתְפַּלְּלוּ לְעִלּוּי נִשְׁמָתוֹ

chaos /ˈkeɪɒs/ n. תֹּהוּ וָבֹהוּ, אַנְדְּרַלְמוּסְיָה, מְהוּמָה, כָּאוֹס

chaotic /keɪˈɒtɪk/ adj. כָּאוֹטִי, פָּרוּעַ; פָּרוּץ כָּל חֹק, נְטוּל כָּל סֵדֶר וְהִגָּיוֹן

chap[1] /tʃæp/ v.t. & i. (לְגַבֵּי עוֹר הַגּוּף) בִּקַּע, סָדַק; הִתְבַּקַּע, נִסְדַּק, הָיָה דָּלוּק וְכוֹאֵב
□ *he suffered from chapped hands* הָיָה לוֹ עוֹר יָדַיִם סָדוּק וּמְבֻקָּע (לָרֹב בְּשֶׁל רוּחַ, קֹר)
—n. סֶדֶק בָּעוֹר

chap[2] /tʃæp/ n. לֶסֶת (בְּעִקָּר שֶׁל בַּעֲלֵי־חַיִּים)

chap[3] /tʃæp/ n. (*colloq.*) בַּרְנָשׁ, בָּחוּר, בֶּנְאָדָם

chapel /ˈtʃæp(ə)l/ n.
1 (place of worship subordinate to or inside a church; small place of worship) חֲדַר־תְּפִלָּה, קַפֶּלָּה
□ *we visited the Sistine Chapel* בִּקַּרְנוּ בַּקַּפֶּלָּה הַסִּיסְטִינִית (בַּוָּתִיקָן)
2 (Nonconformist place of worship) כְּנֵסִיָּה נוֹן־קוֹנְפוֹרְמִיסְטִית (שֶׁל כִּתּוֹת פְּרוֹטֶסְטַנְטִיּוֹת מְסֻיָּמוֹת)
□ *are you church or chapel?* (*colloq.*) הַאִם אַתָּה נִמְנֶה עַל הַכְּנֵסִיָּה הָאַנְגְּלִיקָנִית אוֹ הַכְּנֵסִיָּה הַנּוֹן־קוֹנְפוֹרְמִיסְטִית?

chaperon /ˈʃæpərəʊn/ n. & v.t. בַּת לְוָיָה (לְנַעֲרָה, בִּפְגִישׁוֹתֶיהָ הַחֶבְרָתִיּוֹת); (בְּהַשְׁאָלָה) מַשְׁגִּיחַ; הִשְׁגִּיחַ בְּאֹפֶן צָמוּד עַל

chaplain /ˈtʃæplɪn/ n. כֹּמֶר צְבָאִי; קְצִין דָּת; כֹּמֶר שֶׁל אֲגֻדָּה אוֹ מוֹסָד

chaplaincy /tʃæplənsɪ/ n. מִשְׂרַת כֹּמֶר צְבָאִי/ כֹּמֶר שֶׁל אֲגֻדָּה

chaplet /tʃæplɪt/ n. זֵר לָרֹאשׁ; מַחֲרֹזֶת תְּפִלָּה נוֹצְרִית

chapter /tʃæptə(r)/ n.
1 (division of book) פֶּרֶק
chapter of accidents (*UK fig.*) שַׁרְשֶׁרֶת אֲסוֹנוֹת
□ *can you quote chapter and verse for that?* (*colloq.*) הֲתוּכַל לְהָבִיא דֻּגְמָה מְדֻיֶּקֶת לִדְבָרֶיךָ?
2 (cathedral canons) קְבוּצַת אַנְשֵׁי הַכְּמוּרָה בְּקָתֶדְרָלָה
dean and chapter הַכֹּמֶר הַמְּמֻנֶּה עַל קָתֶדְרָלָה וְאַנְשֵׁי־הַכְּמוּרָה הַכְּפוּפִים לוֹ

chapter-house /ˈtʃæptə-ˌhaʊs/ n. מְקוֹם הַהִתְוַעֲדוּת שֶׁל הַכְּמָרִים (בְּדֶרֶךְ כְּלָל שֶׁטַח הַקָּתֶדְרָלָה)

char[1] /tʃaː(r)/ v.t. & i. שָׂרַף, חָרַךְ; נִשְׂרַף, נֶחֱרַךְ
□ *all that was left was a piece of charred wood* כָּל מָה שֶּׁנּוֹתַר הָיָה גֶּזֶר עֵץ חָרוּךְ

char[2] /tʃaː(r)/ n. & v.i. (*colloq.*) מְנַקָּה, עוֹזֶרֶת; עָבְדָה בְּנִקָּיוֹן, עָבְדָה בְּתוֹר עוֹזֶרֶת
□ *to make a bit of money she went charring* הִיא יָצְאָה לַעֲבֹד בְּתוֹר עוֹזֶרֶת כְּדֵי לְהַרְוִיחַ קְצָת כֶּסֶף

charabanc /ʃærəˌbæŋ/ n. (*UK arch.*) אוֹטוֹבּוּס־תִּיּוּר עַנְתִּיקָה

character /kærəktə(r)/ n.
1 (graphic sign) אוֹת, סִימָן
2 (distinguishing qualities, moral nature) אֹפִי, תְּכוּנָה
in (or **out of**) **character** מַתְאִים, הוֹלֵם/לֹא מַתְאִים, לֹא הוֹלֵם אֶת אָפְיוֹ
3 (reputation) מוֹנִיטִין, שֵׁם טוֹב
□ *the slander took away* (or *destroyed*) *her character* הִיא אִבְּדָה אֶת שְׁמָהּ הַטּוֹב בִּגְלַל הַהַשְׁמָצָה
4 (testimonial, *arch.*) תְּעוּדַת יֹשֶׁר, תְּעוּדַת הַעֲרָכָה (לְאָפְיוֹ שֶׁל אָדָם)
5 (person in fiction) דְּמוּת (בְּסֵפֶר אוֹ בְּמַחֲזֶה)
6 (noteworthy or eccentric person) "טִיפּוּס"
□ *he's quite a character* הוּא בְּהֶחְלֵט "טִיפּוּס", הוּא מַמָּשׁ "מַשֶּׁהוּ"

characteristic /ˌkærəktəˈrɪstɪk/ adj. & n. אָפְיָנִי, טִיפּוּסִי; מְאַפְיֵן תְּכוּנָה אָפְיָנִית

characterization /ˌkærəktəraɪzeɪʃ(ə)n/ n. אִפְיוּן

characterize /kærəktəraɪz/ v.t. אִפְיֵן

characterless /kærəktəlɪs/ adj. חֲסַר־אֹפִי

charade /ʃəraːd/ n. מִשְׂחָק פַּנְטוֹמִימָה וְנִחוּשׁ (אֶחָד מַצִּיג תְּנוּעוֹת וְהָאֲחֵרִים מְנַחֲשִׁים אֶת מוּבָנָן. מֵעֵין מִשְׂחָק "שָׁלוֹם אֲדוֹנִי הַמֶּלֶךְ"); הַעֲמָדַת פָּנִים

charcoal /tʃaːkəʊl/ n. פֶּחָם־עֵץ; פֶּחָם לְרִשּׁוּם
charcoal grey אָפֹר־כֵּהֶה, אֲפֹר פֶּחָם

chard /tʃaːd/ n. סֶלֶק עָלִים וְסֶלֶק שְׁוֵיצָרִי (סוּג שֶׁל סֶלֶק שֶׁעָלָיו מְשַׁמְּשִׁים לְמַאֲכָל)

charge /tʃaːdʒ/ v.t.
1 (ask in payment) דָּרַשׁ תַּשְׁלוּם, גָּבָה, חִיֵּב (אֶת חֶשְׁבּוֹנוֹ שֶׁל פְּלוֹנִי)
2 (put to someone's account) חִיֵּב אֶת חֶשְׁבּוֹנוֹ שֶׁל
□ *charge it up to experience...* גַּם זוֹ לְטוֹבָה...
3 (accuse) הֶאֱשִׁים
4 (entrust, instruct) צִוָּה, הוֹרָה, הִפְקִיד אֶת... בִּידֵי...
5 (attack) הִתְקִיף, הִסְתָּעֵר עַל
6 (load) הִטְעִין, טָעַן (סוֹלְלָה, נֶשֶׁק וְכַד׳)
□ *charge your glasses!* מַלְּאוּ אֶת הַכּוֹסוֹת! (בְּיַיִן, בִּסְעוּדָה רִשְׁמִית, לִקְרַאת הַ"לְחַיִּים" הַבָּא)
—n.
1 (price asked) מְחִיר חִיּוּב, תַּשְׁלוּם
free of charge לְלֹא תַּשְׁלוּם, בְּחִנָּם
2 (accusation) הַאֲשָׁמָה, אִשּׁוּם
□ *the private was put on a charge* (*Mil.*) הֻגְּשָׁה תְּלוּנָה נֶגֶד הַטּוּרַאי
3 (instruction) הַנְחָיוֹת, הוֹרָאוֹת
□ *we listened to the judge's charge to the jury* הֶאֱזַנּוּ לְהַנְחָיוֹת הַשּׁוֹפֵט לְחֶבֶר הַמֻּשְׁבָּעִים
4 (control, custody) הַשְׁגָּחָה, אַפּוֹטְרוֹפְּסוּת
□ *Deborah was in charge of the children* דְּבוֹרָה הָיְתָה אַחֲרָאִית עַל הַיְלָדִים
□ *who is in charge here?* מִי הָאַחֲרַאי כָּאן? מִי כָּאן הַבּוֹס?
□ *he took charge of the ammunition* הוּא לָקַח אֶת הַתַּחְמֹשֶׁת (וְאֶת הָאַחֲרָיוּת לַתַּחְמֹשֶׁת)
5 (attack) הִסְתַּעֲרוּת, הַתְקָפַת־פֶּתַע
6 (loading, amount loaded) טְעִינָה; מִטְעָן
depth charge פְּצָצַת־עֹמֶק (נֶגֶד צוֹלְלוֹת)

chargeable /tʃaːdʒəb(ə)l/ adj. שֶׁנִּתָּן לִתְבֹּעַ עָלָיו תַּשְׁלוּם; בַּר־אִשּׁוּם

charge-account /tʃaːdʒ-əkaʊnt/ n. חֶשְׁבּוֹן־אַשְׁרַאי (בַּחֲנוּת, לֹא בְּבַנְק)

charge card /tʃaːdʒ kaːd/ n. כַּרְטִיס אַשְׁרַאי (בַּחֲנוּת, לֹא בְּבַנְק)

chargé d'affaires /ʃaːʒeɪ dæˈfeə(r)/ n. מְיֻפֵּה־כֹּחַ, מְמַלֵּא מְקוֹם הַשַּׁגְרִיר

charger[1] /tʃaːdʒə(r)/ n. (*poet.*) רַמָּךְ, סוּס־קְרָב; סוּסוֹ שֶׁל אַבִּיר

charger[2] /tʃaːdʒə(r)/ n. (*arch.*) מַגַּשׁ עֵץ, קַעֲרַת־עֵץ שְׁטוּחָה לְמָזוֹן

charge-sheet /tʃaːdʒ-ʃiːt/ n. יוֹמַן־הַתְּלוּנוֹת (בְּתַחֲנַת מִשְׁטָרָה)

chariot /tʃærɪət/ n. מֶרְכָּבָה, מֶרְכֶּבֶת קְרָב (דּוּ־אוֹפַנִּית, שִׁמְּשָׁה לִקְרָבוֹת בֶּעָבָר)

charioteer /ˌtʃærɪəˈtɪə(r)/ n. רַכָּב (בְּמֶרְכָּבָה כַּנַּ"ל)

charisma /kəˈrɪzmə/ n. כָּרִיזְמָה, קֶסֶם וְכֹחַ מְשִׁיכָה אִישִׁיִּים

charismatic /ˌkærɪzˈmætɪk/ adj. כָּרִיזְמָתִי, שֶׁל כָּרִיזְמָה

charitable /tʃærɪtəb(ə)l/ adj. נָדִיב, רְחַב־לֵב; שֶׁל צְדָקָה

□ *she'll leave all her money to some charitable institution* הִיא תַּשְׁאִיר אֶת כָּל כַּסְפָּהּ לְמוֹסַד צְדָקָה כָּלְשֶׁהוּ

charity /ˈtʃærɪtɪ/ n. צְדָקָה, גְּמִילוּת־חֲסָדִים; אִרְגּוּן צְדָקָה

charity begins at home (*Prov.*) (בְּכָל הַנּוֹגֵעַ לִנְדִיבוּת) עֲנִיֵּי עִירְךָ קוֹדְמִים

charlady /ˈtʃɑːˌleɪdɪ/ n. (*UK*) מְנַקָּה, עוֹזֶרֶת־בַּיִת

charlatan /ˈʃɑːlətən/ n. & adj. שַׁרְלָטָן, נוֹכֵל

charm /tʃɑːm/ n.

1 (pleasant quality) קֶסֶם, כֹּחַ מְשִׁיכָה, חֵן

□ *retirement has its charms* לִיצִיאָה לְגִמְלָאוֹת יֵשׁ גַּם חֵן מִשֶּׁלָּהּ

□ *he fell victim to her charms* הוּא נִלְכַּד בִּקְסָמֶיהָ

2 (spell) קֶסֶם, כִּשּׁוּף

3 (amulet) קָמֵיעַ

—v.t.

1 (delight) שָׁבָה אֶת הַלֵּב, הִקְסִים

2 (bewitch) כִּשֵּׁף, הֵטִיל כִּשּׁוּף עַל

□ *he bore a charmed life* הוּא תָּמִיד נֶחֱלַץ בְּנֵס, הוּא תָּמִיד נֶחֱלַץ כִּבְמַטֵּה קְסָמִים

charmer /ˈtʃɑːmə(r)/ n. (*colloq.*) אָדָם שׁוֹבֶה לְבָבוֹת (נֶאֱמַר לְחִיּוּב אוֹ לִשְׁלִילָה); קוֹסֵם

snake charmer מַשְׁבִּיעַ־נְחָשִׁים

charming /ˈtʃɑːmɪŋ/ adj. נֶחְמָד, מַקְסִים, חִנָּנִי, שׁוֹבֵה־לֵב, חָמוּד

charnel-house /ˈtʃɑːn(ə)l-ˌhaʊs/ n. (*poet.*) אֲחֻזַּת קֶבֶר, מַרְתֵּף קְבוּרָה, מְקוֹם קְבוּרָה לִגְוִיּוֹת וְעַצְמוֹת מֵתִים

chart /tʃɑːt/ n.

1 (map) מַפָּה (לְרֹב לְנִוּוּט סְפִינוֹת אוֹ מְטוֹסִים)

2 (graphical or tabular record) טַבְלָה, תַּרְשִׁים

weather chart מַפַּת מֶזֶג־הָאֲוִיר

—v.t. הִתְוָה מַפָּה, מִפָּה; הֵכִין טַבְלָה

charter /ˈtʃɑːtə(r)/ n.

1 (written guarantee of rights) מְגִלַּת זְכֻיּוֹת, כְּתַב־זְכֻיּוֹת

2 (hiring of ship or plane) שְׂכָר, צ'רְטֶר

charter flight טִיסַת שְׂכָר, טִיסַת צ'רְטֶר

—v.t. הֶעֱנִיק זְכֻיּוֹת ל...; שָׂכַר

chartered /ˈtʃɑːtəd/ adj. שָׂכוּר; מֻרְשֶׁה, מֻסְמָךְ

chartered accountant רוֹאֵה־חֶשְׁבּוֹן מֻסְמָךְ

Chartreuse /ʃɑːˈtrɜːz/ n. (*Prop.*) שַׁרְטְרֶז (לִיקֶר יְרַקְרַק הַמּוּכָן עַל יְדֵי נְזִירִים בְּצָרְפַת)

charwoman /ˈtʃɑːwʊmən/ n. מְנַקָּה, עוֹזֶרֶת־בַּיִת

chary /ˈtʃeərɪ adj. (*formal*) זָהִיר; חַסְכָן

□ *my teacher is chary of giving praise* הַמּוֹרֶה שֶׁלִּי מְקַמֵּץ בְּדִבְרֵי שֶׁבַח

chase[1] /tʃeɪs/ n. מִרְדָּף, רְדִיפָה בְּעִקְבוֹת

the chase צַיִד

give chase רָדַף אַחֲרֵי, פָּתַח בִּרְדִיפָה

a wild-goose chase מַאֲמָץ־סְרָק

—v.t. רָדַף אַחֲרֵי; הִבְרִיחַ

□ *he chased the dog out of the garden* הוּא הִבְרִיחַ אֶת הַכֶּלֶב מִן הַגִּנָּה

chase[2] /tʃeɪs/ v.t. חָרַט, חָקַק (בְּמַתֶּכֶת)

chased silver כְּלֵי־כֶּסֶף מְקֻשָּׁטִים בְּתַחֲרִיטִים

chaser /ˈtʃeɪsə(r)/ n.

1 (pursuer) רוֹדֵף

2 (horse) סוּס־מֵרוֹץ

3 (drink, *colloq.*) מַשְׁקֶה אַלְכּוֹהוֹלִי קַל יוֹתֵר (כְּגוֹן בִּירָה) לְאַחַר מַשְׁקֶה חָרִיף יוֹתֵר (כְּגוֹן קוֹנְיָאק), מַשְׁקֶה מַשְׁלִים

chasm /ˈkæzəm/ n. בֶּקַע בָּאֲדָמָה; תְּהוֹם (גַּם בְּהַשְׁאָלָה)

chassis /ˈʃæsɪ/ n. מֶרְכָּב/תּוֹשֶׁבֶת, "שַׁסִּי" (שֶׁל מְכוֹנִית), אֲשִׁיָּה (מִסְגֶּרֶת שֶׁל רַדְיוֹ אוֹ טֶלֶוִיזְיָה)

chaste /tʃeɪst/ adj. צָנוּעַ, חָסוּד, טְהוֹר־מִדּוֹת; (סִגְנוֹן, מַרְאֶה) פָּשׁוּט וְצָנוּעַ

chasten /ˈtʃeɪs(ə)n/ v.t. יִסֵּר, הוֹכִיחַ, הֶעֱנִישׁ

chastise /tʃæˈstaɪz/ v.t. (*formal*) יִסֵּר, הִלְקָה

chastisement /ˈtʃæstaɪzmənt/ n. (*formal*) הַעֲנָשָׁה חֲמוּרָה, הַלְקָאָה

chastity /ˈtʃæstɪtɪ/ n. צְנִיעוּת, טֹהַר־הַמִּדּוֹת; פַּשְׁטוּת

chasuble /ˈtʃæzjʊb(ə)l/ n. גְּלִימַת כְּמוּרָה טִקְסִית חַסְרַת שַׁרְווּלִים, קוֹלְבִּין

chat /tʃæt/ v.i. & n. שִׂיחָה קַלָּה, שִׂיחַת־חֻלִּין, פִּטְפּוּט; שׂוֹחַח (כַּנַּ"ל) פִּטְפֵּט, קִשְׁקֵשׁ עִם, גִּלְגֵּל שִׂיחָה

□ *he is good at chatting up the girls* (*colloq.*) הוֹלֵךְ לוֹ עִם בַּחוּרוֹת, הוּא טוֹב בְּלְהַתְחִיל עִם בַּחוּרוֹת

chateau /ˈʃætəʊ/ n. (*pl.* **chateaux**) שָׁטוֹ, טִירָה, אַרְמוֹן

chatelaine /ˈʃætəleɪn/ n. גְּבִירַת הַטִּירָה, אֲדוֹנִית הָאֲחֻזָּה

chattel /ˈtʃæt(ə)l/ n. (usu. in *pl.*, *Law*) מִטַּלְטְלִים

goods and chattels חֲפָצִים אִישִׁיִּים

chatter /ˈtʃætə(r)/ v.t. & i.

1 (talk) הִרְבָּה לַהַג, פִּטְפֵּט, קִשְׁקֵשׁ

2 (make speechlike noise, of birds, monkeys etc.) צָוַח, צִיֵּץ

3 (rattle) קִשְׁקֵשׁ, קִרְקֵשׁ, נָקַשׁ

□ *his teeth were chattering* שִׁנָּיו נָקְשׁוּ זוֹ בָּזוֹ

—n. קוֹלוֹת קִשְׁקוּשׁ, קוֹלוֹת פִּטְפּוּט, נְקִישָׁה

chatterbox /ˈtʃætəˌbɒks/ n. (*colloq.*) קַשְׁקְשָׁן, פַּטְפְּטָן

chatty /ˈtʃætɪ/ adj. (*colloq.*) מַרְבֶּה לַהַג, פַּטְפְּטָן

chauffeur /ˈʃəʊfə(r)/ n. נֶהָג (פְּרָטִי), שׁוֹפֶר

chauffeuse /ʃəʊˈfɜːz/ n. נַהֶגֶת (כַּנַּ"ל)

chauvinism /ˈʃəʊvɪnɪzəm/ n. שׁוֹבִינִיזְם, לְאֻמָּנוּת קִיצוֹנִית; שׁוֹבִינִיזְם, אַפְלָיָה מִינִית

chauvinist /ˈʃəʊvɪnɪst/ n. שׁוֹבִינִיסְט, לְאֻמָּנִי־קִיצוֹנִי; שׁוֹבִינִיסְט, אָדָם הַמַּאֲמִין בְּעֶלְיוֹנוּת הַמִּין הַגַּבְרִי עַל הַמִּין הַנָּשִׁי

male chauvinist (*fig.*) שׁוֹבִינִיסְט גַּבְרִי, גֶּבֶר הַמַּאֲמִין בְּעֶלְיוֹנוּת הַגַּבְרִית עַל הַנָּשִׁים; חֲזִיר שׁוֹבִינִיסְטִי

chauvinistic /ʃəʊvɪˈnɪstɪk/ adj. שׁוֹבִינִיסְטִי, בַּעַל דֵּעוֹת לְאֻמָּנִיּוֹת קִיצוֹנִיּוֹת; מַפְלֶה לְרָעָה נָשִׁים בְּשֶׁל מִינָן

cheap /tʃiːp/ adj.
1 (inexpensive) also adv. זוֹל; בְּזוֹל
dirt cheap בְּזִיל הַזּוֹל, בַּחֲצִי חִנָּם
2 (contemptible) מֵבִישׁ, זוֹל, הֲמוֹנִי, גַּס
□ *his behaviour makes him look cheap* הוּא מַשְׁפִּיל אֶת עַצְמוֹ בְּהִתְנַהֲגוּתוֹ

cheapen /ˈtʃiːpən/ v.t. & i. הוֹזִיל, הוֹרִיד מְחִיר; זִלְזֵל בְּ...
□ *you mustn't cheapen yourself* אַל תַּשְׁפִּיל אֶת עַצְמְךָ (שְׁמֹר עַל כְּבוֹדְךָ)

cheapjack /ˈtʃiːpdʒæk/ n. & adj. רוֹכֵל, בַּעַל בַּסְטָה; סוּג ב׳, זוֹל וּבַעַל אֵיכוּת יְרוּדָה

cheapo /ˈtʃiːpəʊ/ adj. (*colloq.*) ״בִּגְרוּשׁ״

cheapskate /ˈtʃiːpskeɪt/ n. קַמְצָן

cheat /tʃiːt/ n.
1 (swindler) רַמַּאי, נוֹכֵל
2 (deception) הוֹנָאָה, רַמָּאוּת, מַעֲשֵׂה־מִרְמָה
—v.t. & i. רִמָּה, הוֹנָה, הֶעֱרִים עַל
□ *show me a man who doesn't cheat on his wife* (*colloq.*) תַּרְאֶה לִי גֶּבֶר שֶׁלֹּא בּוֹגֵד (בְּאִשְׁתּוֹ)

check /tʃek/ n.
1 (restraint) רֶסֶן, מַעֲצוֹר, בְּלִימָה
□ *keep your temper in check* שְׁלֹט בְּרוּחֲךָ, מְשֹׁל בְּרוּחֲךָ
2 (*Chess*, also int.) שָׁח! (הַתְרָאָה לַמֶּלֶךְ בְּשַׁחְמָט)
3 (control, scrutiny) פִּקּוּחַ, בְּדִיקָה
checks and balances (*US*) פִּקּוּחַ (מֶמְשַׁלְתִּי) עַל שִׁמּוּשׁ־לְרָעָה בְּכֹחַ
□ *keep a check on him* שִׂים עָלָיו עַיִן, פְּקַח עָלָיו עַיִן
4 (token of identification) פֶּתֶק־מִסְפָּר הַנִּתָּן בַּמֶּלְתָּחָה לִשְׁמִירַת חֲפָצִים
5 (bill for a meal, *US*) חֶשְׁבּוֹן (בְּמִסְעָדָה)
6 (pattern of crossed lines) דֻּגְמַת מִשְׁבְּצוֹת (בְּבַד אוֹ בֶּגֶד)
—v.t. & i.
1 (examine, test by comparison) בָּדַק (תּוֹךְ הַשְׁוָאָה עִם הַמָּקוֹר), אִמֵּת
□ *he checked up on her address* הוּא וִדֵּא שֶׁהַכְּתֹבֶת שֶׁלָּהּ אָכֵן נְכוֹנָה
2 (arrest, restrain) עָצַר, חָסַם, הֵטִיל מִגְבָּלוֹת עַל
3 (*Chess*) אִיֵּם בְּשָׁח עַל
—v.i.
1 (tally) הִתְאִים לָעֻבְדּוֹת (לְאַחַר בְּדִיקָה)
2 (identify oneself)
check in (or **out**) נִרְשַׁם בִּכְנִיסָה/בִּיצִיאָה (בְּמָלוֹן, בְּטִיסָה וְכַד׳), הָיָה בַּ״צֶ׳ק־אִין״/בַּ״צֶ׳ק־אָאוּט״

checked /tʃekt/ adj. מְשֻׁבָּץ

checker /ˈtʃekə(r)/ n. ״חַיָּל״ דַּמְקָה

check-in /ˈtʃekˈɪn/ n. ״צֶ׳ק־אִין״, רִשּׁוּם בְּדֶלְפֵּק הַקַּבָּלָה בְּמָלוֹן; דֶּלְפֵּק כַּנַּ״ל בִּשְׂדֵה־תְּעוּפָה וְכַד׳)

check-list /ˈtʃek-lɪst/ n. רְשִׁימַת חֲפָצִים/פְּרִיטִים לְצֹרֶךְ בְּדִיקָה

checkmate /ˈtʃekmeɪt/ n. & int. שַׁחְמָט, מָט, מַצַּב מָט (בְּמִשְׂחַק הַשַּׁחְמָט); מָט!
—v.t. נָתַן מָט לְ...; (בְּהַשְׁאָלָה) הֵבִיס, נָתַן מָט לְ...

check-out /ˈtʃek-aʊt/ n. דֶּלְפֵּק (בַּחֲנוּת לְשֵׁרוּת־עַצְמִי) הַיְּצִיאָה; (בְּמָלוֹן) עֲזִיבָה, שְׁעַת הָעֲזִיבָה

check-point /ˈtʃek-pɔɪnt/ n. תַּחֲנַת־בִּקֹּרֶת, נְקֻדַּת פִּקּוּחַ, ״צֶ׳ק־פּוֹיְנְט״

check-up /ˈtʃek-ʌp/ n. בְּדִיקָה רְפוּאִית כְּלָלִית; ״צֶ׳ק־אַפּ״

Cheddar /ˈtʃedə(r)/ n. גְּבִינַת צֶ׳דֶר

cheek /tʃiːk/ n.
1 (side of face) לֶחִי
cheek by jowl אִישׁ לְיַד רֵעֵהוּ; זֶה לְצַד זֶה
□ *he said that (with his) tongue in (his) cheek* הוּא אָמַר אֶת זֶה ״בִּצְחוֹק״, הוּא אָמַר אֶת זֶה עִם קְרִיצָה בָּעַיִן
□ *I just turned the other cheek* מָחַלְתִּי עַל כְּבוֹדִי, לֹא הֵגַבְתִּי עַל הַהִתְגָּרוּת
2 (effrontery) חֻצְפָּה, עַזּוּת־מֵצַח
□ *he had the cheek to ask for more money* הָיְתָה לוֹ הַחֻצְפָּה לְבַקֵּשׁ יוֹתֵר כֶּסֶף
—v.t. הִתְחַצֵּף אֶל

cheekbone /ˈtʃiːkbəʊn/ n. עֶצֶם הַלֶּחִי

cheekiness /ˈtʃiːkɪnɪs/ n. חֻצְפָּה, עַזּוּת־מֵצַח

cheeky /ˈtʃiːkɪ/ adj. חָצוּף, מְחֻצָּף

cheep /tʃiːp/ v.i & n. צִיֵּץ, צִפְצֵף; צִיּוּץ, צִפְצוּף

cheer /ˈtʃɪə(r)/ n.
1 (shout of applause) קְרִיאַת־הֵידָד, תְּרוּעַת־הֵידָד
□ *we gave three cheers for the winner* הֵרַעְנוּ שָׁלֹשׁ פְּעָמִים לִכְבוֹד הַמְנַצֵּחַ
2 (frame of mind) מַצַּב רוּחַ מְרוֹמָם
□ *be of good cheer!* (*arch.*) חֲזַק וֶאֱמָץ! שְׁמֹר עַל מַצַּב־רוּחַ טוֹב!
3 cheers! (*colloq.*) לְחַיִּים! (בַּהֲרָמַת כּוֹסִית); תּוֹדָה, ״תִּיסְלַם״
—v.t. & i.
1 (applaud) הֵרִיעַ
□ *they cheered the runners on* הֵם עוֹדְדוּ אֶת הָרָצִים
2 (hearten) עוֹדֵד, שִׂמַּח
□ *cheer up!* הִתְעוֹדֵד! אַל תִּהְיֶה עָצוּב! חַיֵּךְ!

cheerful /ˈtʃɪəf(ə)l/ adj.
1 (happy) עַלִּיז, שָׂמֵחַ
2 (bright) בָּהִיר, (צֶבַע) עַלִּיז
□ *they decorated the room in cheerful colours* הֵם צָבְעוּ אֶת הַחֶדֶר בִּצְבָעִים עַלִּיזִים

cheering /ˈtʃɪərɪŋ/ adj. & n. מְשַׂמֵּחַ, מְרַנֵּן; קְרִיאוֹת עִדּוּד

cheerio /ˌtʃɪərɪˈəʊ/ int. (*colloq.*) שָׁלוֹם, לְהִתְרָאוֹת, לְהִתְ׳, צֶ׳או

cheerleader /ˈtʃɪəliːdə(r)/ n. ״צִ׳ירְלִידֶר״ (נַעֲרָה הַמּוֹבִילָה אֶת תְּשׁוּאוֹת הַקָּהָל בְּתַחֲרוּת סְפּוֹרְט)

cheerless /ˈtʃɪəlɪs/ adj. קוֹדֵר, עָגוּם

cheery /ˈtʃɪərɪ/ adj. עַלִּיז, טוֹב־לֵב

cheese /tʃiːz/ n. גְּבִינָה

cheeseboard פַּלֶּטֶת גְּבִינוֹת

hard cheese! (*sl.*) אֵלֶּה הַחַיִּים!

lemon cheese רִבָּה עֲשׂוּיָה מִלִּימוֹן וְחֶלְמוֹנִים

say cheese! תַּרְבִּיץ חִיּוּךְ!, תְּחַיֵּךְ! (נֶאֱמַר ע״י הַצַּלָּם לַמְּצֻטָּלִם)

cheese straws סוּג שֶׁל חֲטִיפֵי־גְּבִינָה עֲשׂוּיִים בָּצֵק עָלִים וּגְבִינָה

cheeseburger /ˈtʃiːzbɜːgə(r)/ n. צ׳יזבּוּרְגֶּר (הַמְבּוּרְגֶּר עִם גְּבִינָה)

cheesecake /ˈtʃiːzkeɪk/ n.

1 (cake) עוּגַת־גְּבִינָה

2 (glamour photographs, *sl.*) תַּצְלוּם שֶׁל גּוּף אִשָּׁה מְחֻטָּב (בְּפִרְסֹמֶת וְכַד׳)

cheesecloth /ˈtʃiːzklɒθ/ n. בַּד דַּק לַעֲטִיפַת גְּבִינָה; מִין בַּד לְתְפִירַת חֻלְצוֹת

cheese-paring /ˈtʃiːz-ˌpeərɪŋ/ adj. חַסְכָן בְּמִדָּה יְתֵרָה, קַמְצָן

cheesy /ˈtʃiːzɪ/ adj. בְּטַעַם גְּבִינָה; (בְּאַרה״ב) עָלוּב, מִסְכֵּן

cheetah /ˈtʃiːtə/ n. צ׳יטָה (סוּג שֶׁל בַּרְדְּלָס)

chef /ʃef/ n. שֶׁף, טַבָּח רָאשִׁי, טַבָּח שֶׁל מִסְעָדָה/מָלוֹן

chef d'oeuvre /ʃeɪdɜːvrə/ n. יְצִירַת־מוֹפֵת

chemical /ˈkemɪk(ə)l/ adj. כִּימִי

chemical warfare לוֹחָמָה כִּימִית

—n. חֹמֶר כִּימִי, מוּצָר כִּימִי

chemise /ʃəˈmiːz/ n. תַּחְתּוֹנִית, קוֹמְבִּינֵיזוֹן; שִׂמְלָה רְחָבָה פְּשׁוּטָה

chemist /ˈkemɪst/ n.

1 (scientist) כִּימַאי

2 (pharmacist) רוֹקֵחַ

□ *you can buy aspirin at the chemist's shop* אֶפְשָׁר לְהַשִּׂיג אַסְפִּירִין בְּבֵית־הַמִּרְקַחַת

chemistry /ˈkemɪstrɪ/ n. כִּימְיָה

chemotherapy /ˌkiːməʊˈθerəpɪ/ n. כִּימוֹתֶרַפְּיָה (לְטִפּוּל בְּסַרְטָן)

cheque /tʃek/ n. הַמְחָאָה, שֶׁק, צ׳ק

crossed cheque צ׳ק קָרוּס, הַמְחָאָה מְסֻרְטֶטֶת (לֹא לִמְשִׁיכָה מִיָּדִית, אֶלָּא רַק לְהַפְקָדָה בְּחֶשְׁבּוֹנוֹ שֶׁל מְקַבֵּל הַהַמְחָאָה)

post-dated cheque צ׳ק דָּחוּי, הַמְחָאָה דְּחוּיָה

cheque-book /ˈtʃek-bʊk/ n. פִּנְקַס־צ׳קִים, פִּנְקַס־הַמְחָאוֹת

cheque card /ˈtʃek kɑːd/ n. כַּרְטִיס בַּנְקָאִי הַמְּאַשֵּׁר אֶת עַרְבוּת הַבַּנְק לְהַמְחָאוֹתָיו שֶׁל פְּלוֹנִי

chequer /ˈtʃekə(r)/ n.

1 (criss-cross pattern) (אָרִיג) מְשֻׁבָּץ, מִשְׁבְּצוֹת

2 (draughtsman, *US*) כְּלִי בְּמִשְׂחַק הַדַּמְקָה, ״חַיָּל״

(in *pl.*, game of draughts) דַּמְקָה (מִשְׂחָק עַל לוּחַ מִשְׁבְּצוֹת)

—v.t. (usu. in past ppl.) צִיֵּר דֶּגֶם שֶׁל מִשְׁבְּצוֹת

□ *the café had chequered tablecloths* בַּקָּפֶה הָיוּ מַפּוֹת־שֻׁלְחָן מְשֻׁבָּצוֹת

□ *she has had quite a chequered career* בַּקַּרְיֶרָה שֶׁלָּהּ הָיוּ עֲלִיּוֹת וִירִידוֹת

cherish /ˈtʃerɪʃ/ v.t. (*formal*) הוֹקִיר, נָצַר בְּלִבּוֹ, גִּלָּה רֹךְ וְחִבָּה כְּלַפֵּי...; טִפַּח

cheroot /ʃəˈruːt/ n. סוּג שֶׁל סִיגָר

cherry /ˈtʃerɪ/ n.

1 (fruit) דֻּבְדְּבָן

2 (tree, its wood) עֵץ־דֻּבְדְּבָן

3 (colour, also adj.) אֲדֹם־דֻּבְדְּבָן

cherry tomato /ˈtʃerɪ təˌmɑːtəʊ/ n. עַגְבָנִיָּה־נַנָּסִית

cherub /ˈtʃerəb/ n. (*pl.* **cherubs** or **cherubim**) כְּרוּב, מַלְאָךְ; יֶלֶד יָפֶה

cherubic /tʃɪˈruːbɪk/ adj. (*formal*) דְּמוּי־מַלְאָךְ, מַלְאָכִי

chervil /ˈtʃɜːvɪl/ n. סוּג שֶׁל תַּבְלִין (הַדּוֹמֶה לְאָנִיס בְּטַעְמוֹ)

chess /tʃes/ n. שַׁחְמָט

chessboard /ˈtʃesbɔːd/ n. לוּחַ־הַשַּׁחְמָט

chessman /ˈtʃesmæn/ n. כְּלִי־שַׁחְמָט

chest /tʃest/ n.

1 (box) אַרְגָּז, תֵּבָה

chest of drawers שִׁדָּה, אֲרוֹן־מְגֵרוֹת

2 (part of body) חָזֶה

□ *he kept his cards close to his chest* (*colloq.*) הוּא לֹא גִּלָּה אֶת קְלָפָיו

□ *you'll feel better if you get it off your chest* (*colloq.*) תַּרְגִּישׁ טוֹב יוֹתֵר אִם תּוֹצִיא אֶת מַה שֶּׁיֵּשׁ לְךָ עַל הַלֵּב

chesterfield /ˈtʃestəfiːld/ n. ״צ׳סְטֶרְפִילְד״ (סַפָּה בַּעֲלַת מִסְעָדִים מִשְּׁלוֹשָׁה עֲבָרִים)

chestnut /ˈtʃestnʌt/ n.

1 (tree, wood, fruit) עֵץ עַרְמוֹן; עַרְמוֹן

horse chestnut עַרְמוֹן־בָּר (עֵץ)

sweet (or **Spanish**) **chestnut** עַרְמוֹן (רָאוּי לַאֲכִילָה)

2 (colour, also adj.) עַרְמוֹנִי

3 (horse) סוּס עַרְמוֹנִי

4 (stale joke, *colloq.*) בְּדִיחַת־קֶרֶשׁ

chesty /ˈtʃestɪ/ adj. (*colloq.*) (שִׁעוּל) עָמֹק; (אִשָּׁה) בַּעֲלַת חָזֶה ״בָּרִיא״

cheval-glass /ʃəˈvæl-ˌglɑːs/ n. רְאִי גָּדוֹל וּמָאֳרָךְ שֶׁאֶפְשָׁר לְהַטּוֹתוֹ עַל צִיר

chevalier /ʃevəˈlɪə(r)/ n. פָּרָשׁ, אַבִּיר; תֹּאַר־כָּבוֹד בְּצָרְפַת

chevron /ˈʃevrən/ n. תָּג עַל הַשַּׁרְווּל (בְּצוּרַת V אוֹ Λ) לְצִיּוּן דַּרְגָּה מִשְׁטַרְתִּית/צְבָאִית; עִטּוּר בְּצוּרַת V עַל שִׁלְטֵי־אַבִּירִים

chew /tʃuː/ v.t. & i.

1 (with the teeth) לָעַס

chew the cud הֶעֱלָה גֵּרָה
□ *he bites off more than he can chew* (*colloq.*) יֵשׁ לוֹ "עֵינַיִם גְּדוֹלוֹת"
2 (turn over in mind) הִרְהֵר, הָפַךְ בַּדָּבָר, גִּלְגֵּל בְּמַחֲשָׁבָה
□ *I was chewing the matter over* הָפַכְתִּי בַּדָּבָר

chewing-gum /ˈtʃuːɪŋ-gʌm/ n. מַסְטִיק, גּוּמִי־לְעִיסָה

chewy /ˈtʃuːɪ/ adj. (בִּשְׁלִילָה לְגַבֵּי בָּשָׂר וְכַד׳) כְּמוֹ גּוּמִי; (לְחִיּוּב, לְגַבֵּי סֻכָּרִיּוֹת) כְּמוֹ טוֹפִי

chic /ʃiːk/ adj. & n. "שִׁיק", אָפְנָתִי, בְּטַעַם; שִׁיק, טַעַם טוֹב, "סְטַיְל"
□ *your dress is really chic* לַשִּׂמְלָה שֶׁלָּךְ יֵשׁ סְטַיְל

chicanery /ʃɪˈkeɪnərɪ/ n. גְּנֵבַת־דַּעַת, הוֹלָכַת שׁוֹלָל

chick /tʃɪk/ n. אֶפְרוֹחַ, גּוֹזָל; "חֲתִיכָה"

chicken /ˈtʃɪkɪn/ n.
1 (domestic fowl) תַּרְנְגֹלֶת; פַּרְגִּית
□ *don't count your chickens before they are hatched* (*fig.*) אַל יִתְהַלֵּל חוֹגֵר כִּמְפַתֵּחַ
2 (meat of domestic fowl) בְּשַׂר־עוֹף, עוֹף
□ *she is no spring chicken* הִיא כְּבָר לֹא בַּחוּרָה צְעִירָה
—adj. (*sl.*) "שְׁפָן", פַּחְדָן
—v.t. (*sl.*) "הִשְׁתַּפֵּן", "עָשָׂה בַּמִּכְנָסַיִם"
□ *he chickened out of the fight* הוּא "הִשְׁתַּפֵּן" וּבָרַח בִּמְקוֹם לָלֶכֶת מַכּוֹת

chicken-feed /ˈtʃɪkɪn-ˌfiːd/ n. מָזוֹן לְתַרְנְגוֹלוֹת; "גְּרוּשִׁים", "בָּטְנִים" (סְכוּם אַפְסִי)

chicken-hearted /ˌtʃɪkɪn-ˈhaːtɪd/ adj. (*derog.*) "שְׁפָן", פַּחְדָן, מוּג־לֵב

chickenpox /ˈtʃɪkɪnˌpɒks/ n. אֲבַעְבּוּעוֹת־רוּחַ

chicken-run /ˈtʃɪkɪn-ˌrʌn/ n. חָצֵר מְגֻדֶּרֶת לְתַרְנְגוֹלוֹת, לוּל תַּרְנְגוֹלוֹת

chick-pea /ˈtʃɪk-piː/ n. חוּמוּס חִמְצָה (צֶמַח מִמִּשְׁפַּחַת הַקִּטְנִיּוֹת הַמְשַׁמֵּשׁ לַהֲכָנַת מִמְרַח חוּמוּס)

chicle /ˈtʃɪk(ə)l/ n. צִ׳יקְל (שְׂרַף הַמְשַׁמֵּשׁ חֹמֶר גֶּלֶם לְגוּמִי לְעִיסָה)

chicory /ˈtʃɪkərɪ/ n. עֹלֶשׁ, צִ׳יקוֹרְיָה

chide /tʃaɪd/ past **chid** /tʃɪd/ or **chided** /ˈtʃaɪdɪd/ past ppl. **chid** /tʃɪd/ or **chidden** /ˈtʃɪd(ə)n/) v.t. & i. (*formal*) נָזַף בְּ..., גָּעַר בְּ...

chief /tʃiːf/ n. רֹאשׁ, מַנְהִיג; צִ׳יף, רֹאשׁ־שֵׁבֶט (אִינְדִיאָנִי)
Commander-in-chief רַמְטְכָּ"ל
in chief בְּעִקָּר
Chief Justice נְשִׂיא בֵּית הַמִּשְׁפָּט הָעֶלְיוֹן
chief of Staff רֹאשׁ לִשְׁכַּת הָרַמַטְכָּ"ל (בְּרִיטַנְיָה); הָרַמַטְכָּ"ל (יִשְׂרָאֵל)
—adj. רָאשִׁי

chiefly /ˈtʃiːflɪ/ adv. בְּיִחוּד, בְּעִקָּר, מֵעַל לַכֹּל

chieftain /ˈtʃiːftən/ n. רֹאשׁ־שֵׁבֶט, צִ׳יף; רֹאשׁ־כְּנוּפְיָה

chiffon /ˈʃɪfɒn/ n. מַלְמָלָה (מִמֶּשִׁי, מִנַּיְלוֹן וְכַד׳), שִׁיפוֹן

chignon /ˈʃiːnjɒn/ n. צַמָּה מְגֻלֶּלֶת (לֹא קְלוּעָה), שֵׂעָר אָסוּף מֵעַל הָעֹרֶף

chilblain /ˈtʃɪlbleɪn/ n. אֲבַעְבּוּעוֹת־קֹר

child /tʃaɪld/ n. תִּינוֹק/ת, יֶלֶד/ה, נַעַר/ה, בֵּן, בַּת
child's play "מִשְׂחַק־יְלָדִים" קַל מְאֹד לְבִצּוּעַ

child-bearing /ˈtʃaɪld-ˌbeərɪŋ/ n. הוֹלָדַת־יְלָדִים
child-bearing age גִּיל הוֹלָדַת־יְלָדִים (שֶׁל אִשָּׁה)

childbirth /ˈtʃaɪldbɜːθ/ n. לֵדָה

childhood /ˈtʃaɪldhʊd/ n. יַלְדוּת
second childhood סֶנִילִיּוּת, רְפִיסוּת־מֹחִין

childish /ˈtʃaɪldɪʃ/ adj. יַלְדוּתִי (נֶאֱמַר בְּאֹפֶן נֵיטְרָלִי אוֹ לִשְׁלִילָה)

childless /ˈtʃaɪldlɪs/ adj. חֲשׂוּךְ־יְלָדִים, עֲרִירִי

childlike /ˈtʃaɪldlaɪk/ adj. יַלְדוּתִי (נֶאֱמַר בְּאֹפֶן נֵיטְרָלִי אוֹ לְחִיּוּב), נַעֲרִי, תָּמִים

childproof /ˈtʃaɪldpruːf/ adj. חָסִין בִּפְנֵי יְלָדִים (לְמָשָׁל, מַנְעוּל, שֶׁקַע חַשְׁמַלִּי, מְכַל תְּרוּפוֹת)

chill /tʃɪl/ n.
1 (coldness) צִנָּה, קֹר, קְרִירוּת
□ *his presence cast a chill over the party* נוֹכְחוּתוֹ צִנְּנָה אֶת הַהִתְלַהֲבוּת בַּמְּסִבָּה
2 (ailment) הִצְטַנְּנוּת
□ *he caught a chill* הוּא הִצְטַנֵּן
—adj. קָרִיר, צוֹנֵן; מְדַכֵּא
—v.t. צִנֵּן, קֵרֵר, הִקְפִּיא; צִנֵּן (אֶת הִתְלַהֲבוּתוֹ שֶׁל פְּלוֹנִי)

chilli /ˈtʃɪlɪ/ n. פִּלְפֵּל חָרִיף מְאֹד, צִ׳ילִי

chilliness /ˈtʃɪlɪnɪs/ n. צִנָּה, קְרִירוּת

chilly /ˈtʃɪlɪ/ adj. צוֹנֵן, קָרִיר לְמַדַּי
□ *she gave him a chilly welcome* הִיא קִבְּלָה אֶת פָּנָיו בִּקְרִירוּת

chime /tʃaɪm/ n. צִלְצוּל פַּעֲמוֹנִים, נִגּוּן פַּעֲמוֹנִים
—v.i. & t. צִלְצֵל בְּפַעֲמוֹנִים; הִשְׁמִיעַ צִלְצוּל
□ *the clock chimed the hour* הַשָּׁעוֹן הִשְׁמִיעַ קוֹל צִלְצוּל לְצִיּוּן הַשָּׁעָה
□ *I think your proposals chime in with mine* (*colloq.*) נִדְמֶה לִי שֶׁהַצָּעוֹתֶיךָ עוֹלוֹת בְּקָנֶה אֶחָד עִם הַצָּעוֹתַי שֶׁלִּי

chimera /kaɪˈmɪərə/ n. (*formal*) מִפְלֶצֶת, חִימֶרָה; חִזָּיוֹן־תַּעְתּוּעִים

chimerical /kaɪˈmerɪk(ə)l/ adj. (*formal*) מִפְלַצְתִּי; דִּמְיוֹנִי; מְתַעְתֵּעַ

chimney /ˈtʃɪmnɪ/ n.
1 (vent for smoke or fumes or steam) אֲרֻבָּה
2 (cleft in cliff) נְקִיק בֶּהָרִים

chimney-breast /ˈtʃɪmnɪ-ˌbrest/ n. חֶלְקוֹ הַבּוֹלֵט שֶׁל קִיר שֶׁבּוֹ מֻתְקֶנֶת הָאָח

chimney-piece /ˈtʃɪmnɪ-ˌpiːs/ n. חֲזִית דְּקוֹרָטִיבִית לָאָח

chimney-pot /ˈtʃɪmnɪ-ˌpɒt / n. צִנּוֹר (חֶרֶס אוֹ מַתֶּכֶת) הַמֻּרְכָּב בְּרֹאשׁ הָאֲרֻבָּה

chimney-stack /ˈtʃɪmnɪ-ˌstæk/ n. אֲרֻבָּה (שֶׁל בֵּית־חֲרֹשֶׁת); קְבוּצָה שֶׁל רָאשֵׁי אֲרֻבּוֹת (בַּבַּיִת)

chimney-sweep /ˈtʃɪmnɪ-ˌswi:p/ n. מְנַקֵּה אֲרֻבּוֹת
chimpanzee /ˌtʃɪmpænˈzi:/ n. שִׁימְפַּנְזָה
chin /tʃɪn/ n. סַנְטֵר
double chin פִּימָה, סַנְטֵר כָּפוּל
□ *keep your chin up!* (*colloq.*) חֲזַק וֶאֱמָץ! אַל יֵאוּשׁ!
china /ˈtʃaɪnə/ n. & adj. כְּלֵי חַרְסִינָה; חַרְסִינָה
china clay /ˌtʃaɪnəkleɪ/ n. קָאוֹלִין, חֶרֶס סִינִי (טִין לָבָן הַמְשַׁמֵּשׁ לְיִצּוּר חַרְסִינָה)
Chinaman /ˈtʃaɪnəmæn/ n. (*pl.* **Chinamen**) (*arch. & derog.*) סִינִי (נֶאֱמַר לְעִתִּים בִּגְנַאי)
chinchilla /ˌtʃɪnˈtʃɪlə/ n. צִ׳ינְצִ׳ילָה (מְכַרְסֵם בַּעַל פַּרְוָה אֲפוֹרָה); פַּרְוַת צִ׳ינְצִ׳ילָה
chine /tʃaɪn/ n. עַמּוּד הַשִּׁדְרָה שֶׁל בַּעַל־חַיִּים (הַמְשַׁמֵּשׁ לְמַאֲכָל)
—v.t. (בִּשְׁחִיטָה) נִסֵּר לְאָרְכּוֹ אֶת עַמּוּד הַשִּׁדְרָה שֶׁל בְּהֵמָה
Chinese /tʃaɪˈni:z/ adj. סִינִי
Chinese lantern פַּנַּס־נְיָר מִתְקַפֵּל
Chinese white צֶבַע לָבָן (עָשׂוּי מִתַּחְמֹצֶת אָבָץ)
—n.
1 (native of China) סִינִי
2 (language) סִינִית
chink[1] /tʃɪŋk/ n. סֶדֶק, בֶּקַע
a chink of light אֲלֻמַּת אוֹר, קֶרֶן אוֹר
chink[2] /tʃɪŋk/ n. קִרְקוּשׁ; צִלְצוּל מַטְבְּעוֹת; קוֹל הַקָּשַׁת־כּוֹסוֹת
—v.t. & i. קִרְקֵשׁ, קִשְׁקֵשׁ (בְּמַטְבְּעוֹת); (זְכוּכִית) הִשְׁמִיעַ קוֹל צִלְצוּל
chinless /ˈtʃɪnlɪs/ adj. חֲסַר סַנְטֵר; (בְּהַשְׁאָלָה) נוֹד נָפוּחַ, ״בּוּק״
chintz /tʃɪnts/ n. אֲרִיג כֻּתְנָה צִבְעוֹנִי (לְרֹב מְזֻגָּג), אֲרִיג צִ׳ינְץ (לְרִפּוּד וּלְוִילוֹנוֹת)
chin-wag /ˈtʃɪn-wæg/ n. & v.i. (*colloq.*) פִּטְפּוּט; פִּטְפֵּט
chip /tʃɪp/ n.
1 (sliver of wood or stone or china or glass) שְׁבָב, קִיסָם, גְּזִיר, שֶׁבֶר
□ *he has a chip on his shouder* (*colloq.*) יֵשׁ לוֹ טְעָנוֹת כְּנֶגֶד כָּל הָעוֹלָם
□ *he's a chip off the old block* (*colloq.*) כְּאָב כֵּן בְּנוֹ, הַתַּפּוּחַ נָפַל לֹא רָחוֹק מֵהָעֵץ
2 (thin slice of fried potato) צִ׳יפְּס (רַבִּים – צִ׳יפְּסִים), טוּגָן
fish and chips ״פִישׁ־אֶנְד־צִ׳יפְּס״, דָּג מְטֻגָּן עִם צִ׳יפְּס (מַאֲכָל בְּרִיטִי עֲמָמִי)
3 (counter for games) ז׳יטוֹן, אֲסִימוֹן (בְּמִשְׂחֲקֵי־הִמּוּרִים)
□ *I'm afraid we have had our chips, the company has gone bankrupt* (*sl.*) אֲנִי חוֹשֵׁשׁ כִּי הַמִּשְׂחָק/הַסִּפּוּר נִגְמַר, הַחֶבְרָה פָּשְׁטָה אֶת הָרֶגֶל
□ *whose side are you on when the chips are down?* (*sl.*) לְצִדּוֹ שֶׁל מִי אַתָּה בָּרֶגַע הַקְּרִיטִי?
4 (surface defect) פְּגַם, שֶׁבֶר קָטָן, סֶדֶק
5 (microchip) ״ג׳וּק״, שְׁבַב אֶלֶקְטְרוֹנִי
—v.t.
1 (knock small piece off) פָּגַם (בְּחֹמֶר שָׁבִיר); פִּלַּח שְׁבָבִים (מֵאֶבֶן)
2 (cut into small slices) חָתַךְ (תַּפּוּחֵי אֲדָמָה) לִפְרוּסוֹת (לְצִ׳יפְּס)
—v.i.
chip in (*colloq.*)
(interrupt) דָּחַף אֶת הָאַף (וְהִבִּיעַ דֵּעָה מִבְּלִי שֶׁנִּתְבַּקֵּשׁ)
(contribute to fund תָּרַם, עָזַר בְּכֶסֶף
chipboard /ˈtʃɪpbɔ:d/ n. סִיבִית, לוּחַ סִיבִית
chipmunk /ˈtʃɪpmʌŋk/ n. סוּג שֶׁל סְנָאִי מְפֻסְפָּס (בְּאַרְהָ״ב)
chipolata /ˌtʃɪpəlɑ:tə/ n. נַקְנִיקִית קוֹקְטֵיל (נַקְנִיקִיָּה קְטַנָּה)
chippings /ˈtʃɪpɪŋz/ n. *pl.* שִׁבְרֵי־אֲבָנִים, חָצָץ
chiromancy /ˈkaɪərəʊˌmænsɪ/ n. נִחוּשׁ בְּכַף־הַיָּד
chiropodist /kɪˈrɒpədɪst/ n. מְטַפֵּל בְּמַחֲלוֹת קַלּוֹת שֶׁל הָרַגְלַיִם, כִּירוֹפּוֹדִיסְט
chiropody /kɪˈrɒpədɪ/ n. כִּירוֹפּוֹדְיָה, טִפּוּל כַּפּ״ל
chiropractic /ˌkaɪərəʊˈpræktɪk/ n. אוֹסְטֶאוֹפַּתְיָה (טִפּוּל בִּבְעָיוֹת הַגַּב וְעַמּוּד הַשִּׁדְרָה עַל יְדֵי עִסּוּי, כִּפּוּף, וּמְשִׁיכָה)
chiropractor /ˈkaɪərəʊˌpræktə(r)/ n. אוֹסְטֶאוֹפַּת (מְטַפֵּל כַּפּ״ל)
chirp /tʃɜ:p/ v.i. & n. צִיֵּץ צִפְצֵף; צִיּוּץ, צִפְצוּף
chirpy /ˈtʃɜ:pɪ/ adj. (*colloq.*) עַלִּיז, שָׂמֵחַ, מִתְרוֹנֵן
chirrup /ˈtʃɪrəp/ v.i. & n. הִשְׁמִיעַ סִדְרָה שֶׁל צִפְצוּפִים; צִפְצוּפִים
chisel /ˈtʃɪz(ə)l/ n. מַפְסֶלֶת (לָעֵץ); אִזְמֵל
cold chisel אִזְמֵל (לַחִתּוּךְ מַתֶּכֶת לֹא־מְלֻבֶּנֶת)
—v.t.
1 (cut) גִּלֵּף, סִתֵּת, פִּסֵּל
□ *he had finely chiselled features* הָיוּ לוֹ תְּוֵי־פָּנִים חַדִּים, הָיוּ לוֹ תְּוֵי פָּנִים מְחֻטָּבִים
2 (defraud, *sl.*) רִמָּה, סִדֵּר, ״עָבַד״ עַל
chiseller /ˈtʃɪz(ə)lə(r)/ n. (*sl.*) רַמַּאי, נוֹכֵל
chit[1] /tʃɪt/ n. (*derog.*) יַלְדּוֹן, יַלְדֹּנֶת
chit[2] /tʃɪt/ n. פֶּתֶק (פִּסַּת נְיָר לְאִשּׁוּר דְּבַר־מָה); חֶשְׁבּוֹן (בְּמִסְעָדָה)
chit-chat /ˈtʃɪt-tʃæt/ n. (*colloq.*) שִׂיחָה קַלָּה, שִׂיחַת חֻלִּין, פִּטְפּוּט
chitterlings /ˈtʃɪtəlɪŋz/ n. *pl.* מְעֵי־חֲזִיר מְבֻשָּׁלִים (מוּכָנִים לְמַאֲכָל)
chivalrous /ˈʃɪv(ə)lrəs/ adj. אַבִּירִי, מְנֻמָּס
chivalry /ˈʃɪvəlrɪ/ n.
1 (medieval knights; their way of life) אַבִּירוּת
the age of chivalry תְּקוּפַת־הָאַבִּירִים, תּוֹר־הָאַבִּירִים

2 (courteous behaviour) אַבִּירוּת, אֲדִיבוּת וּנְדִיבוּת
chive /tʃaɪv/ n. סוּג שֶׁל בָּצָל יָרֹק שֶׁעָלָיו הַדַּקִּים מְשַׁמְּשִׁים כְּתַבְלִין, בְּצָלִית
chivvy /ˈtʃɪvɪ/ v.t. (*colloq.*) נִדְנֵד עַל הַנְּשָׁמָה
chlorate /ˈklɔːreɪt/ n. כְּלוֹרָט, מֶלַח חֻמְצָה כְּלוֹרִית
chloride /ˈklɔːraɪd/ n. כְּלוֹרִיד
sodium chloride נַתְרָן־כְּלוֹרִידִי (מֶלַח־בִּשּׁוּל)
chlorinate /ˈklɔːrɪneɪt/ v.t. הוֹסִיף כְּלוֹר לְמַיִם (כְּדֵי לְטַהֲרָם), הִכְלִיר
chlorination /ˌklɔːrɪˈneɪʃ(ə)n/ n. הַכְלָרָה הוֹסָפַת כְּלוֹר לְמַיִם
chlorine /ˈklɔːriːn/ n. גַּז הַכְּלוֹר
chloroform /ˈklɒrəfɔːm/ n. כְּלוֹרוֹפוֹרְם, גַּז־הַרְדָּמָה
—v.t. הִרְדִּים בְּאֶמְצָעוּת הַנַּ"ל
chlorophyll /ˈklɒrəfɪl/ n. כְּלוֹרוֹפִיל (הַחֹמֶר הַיָּרֹק בַּצְּמָחִים)
choc /tʃɒk/ n. (*colloq.*) שׁוֹקוֹלָד
choc-ice /tʃɒk-aɪs/ n. מַעֲדַן גְּלִידָה מְצֻפֶּה שׁוֹקוֹלָד, אַרְטִיק שׁוֹקוֹלָד (בְּלִי מַקֵּל)
chock /tʃɒk/ n. טְרִיז, מְשֻׁלָּשׁ (לַעֲצִירַת דֶּלֶת, גַּלְגַּל וְכַד')
—v.t. עָצַר (דֶּלֶת, עֲגָלָה) בְּעֶזְרַת טְרִיז
chock-a-block /ˌtʃæk-ə-ˈblɒk/ adj. (*colloq.*) מָלֵא עַד אֶפֶס מָקוֹם
chock-full /tʃɒkˈfʊl/ adj. (*colloq.*) מָלֵא עַד אֶפֶס מָקוֹם
chocolate /ˈtʃɒklət/ n. שׁוֹקוֹלָד, שׁוֹקוֹלָדָה
choclatey /ˈtʃɒklətɪ/ adj. (*colloq.*) מַזְכִּיר שׁוֹקוֹלָד בְּטַעְמוֹ
choice /tʃɔɪs/ n. בְּחִירָה, בְּרֵרָה; מִבְחָר
Hobson's choice בְּלִית בְּרֵרָה, כְּשֶׁאֵין כָּל בְּרֵרָה
□ *he has no choice (in the matter)* אֵין לוֹ שׁוּם בְּרֵרָה (בַּנּוֹשֵׂא)
□ *take your choice of the cakes* קַח לְךָ אֵיזוֹ עוּגָה שֶׁתִּרְצֶה
—adj. מֻבְחָר, מְשֻׁבָּח
choir /ˈkwaɪə(r)/ n.
1 (group of singers) מַקְהֵלָה
choirboy נַעַר־מַקְהֵלָה
2 (part of church) מְקוֹם הַמַּקְהֵלָה בַּכְּנֵסִיָּה
choke /tʃəʊk/ v.t. חָנַק
□ *he choked back (or down) his tears* הוּא עָצַר בְּעַד דִּמְעוֹתָיו
□ *he choked back (or down) his anger* הוּא כָּבַשׁ אֶת כַּעֲסוֹ
□ *she decided that if he persisted, she would choke him off (colloq.)* הִיא הֶחְלִיטָה שֶׁאִם הוּא לֹא יַפְסִיק הִיא תִּפָּטֵר מִמֶּנּוּ
□ *the drains are choked (up) with leaves* הַמַּרְזְבִים סְתוּמִים בְּעָלִים
—v.i. נֶחֱנַק, הִשְׁתַּנֵּק
□ *he was choking with rage* הוּא נֶחֱנַק מִזַּעַם
□ *the child had a choking fit* הַיֶּלֶד נִתְקַף בְּשֶׁנֶק
—n. מַשְׁנֵק, "צ'וֹק"
choker /ˈtʃəʊkə(r)/ n. צַוָּארוֹן קָשֶׁה; עֲנָק/מַחֲרֹזֶת הַדּוּקִים לַצַּוָּאר
cholera /ˈkɒlərə/ n. חוֹלִירַע, כּוֹלֶרָה (הַמַּחֲלָה, לֹא הַקְּלָלָה)
choleric /ˈkɒlərɪk/ adj. (*poet.*) מְהִיר־חֵמָה, נוֹחַ לִכְעֹס, כַּעֲסָן
cholesterol /kəlestərɒl/ n. כּוֹלֶסְטְרוֹל
choose /tʃuːz/ (past **chose** /tʃəʊz/, past ppl. **chosen** /ˈtʃəʊz(ə)n/) v.t. & i. בָּחַר, הֶחְלִיט; הֶעֱדִיף
the Chosen People עַם סְגֻלָּה, הָעָם הַנִּבְחָר, הָעָם הַיְּהוּדִי
□ *he chose not to answer* הוּא הֶעֱדִיף שֶׁלֹּא לַעֲנוֹת
□ *I can't choose but be angry* אֵין לִי בְּרֵרָה אֶלָּא לִכְעֹס
choosy /ˈtʃuːzɪ/ adj. (*colloq.*) בַּרְרָן, מְפֻנָּק; אִיסְטְנִיס
chop[1] /tʃɒp/ v.t. קִצֵּץ; חָטַב; טָחַן
chopping board קֶרֶשׁ־חִתּוּךְ
□ *he went off to chop (up) firewood* הוּא יָצָא (לַיַּעַר) לַחְטֹב עֵצִים
□ *the traitor's head was chopped off* רֹאשׁוֹ שֶׁל הַבּוֹגֵד הֻתַּז
—n.
1 (blow) מַכַּת־גַּרְזֶן, מַכָּה, מַהֲלוּמָה
karate chop מַכַּת קָרָטֶה
□ *he got the chop (colloq.)* פִּטְּרוּ אוֹתוֹ, זָרְקוּ אוֹתוֹ מֵהָעֲבוֹדָה
2 (meat) בְּשַׂר־צְלָעוֹת, צַלְעִית
□ *we had lamb chops for dinner* אָכַלְנוּ צַלְעוֹת כֶּבֶשׂ לַאֲרוּחַת הָעֶרֶב
chop[2] /tʃɒp / v.i. הָפַךְ כִּוּוּן
chop and change שִׁנָּה אֶת דַּעְתּוֹ כָּל רֶגַע
chop[3] /tʃɒp / n. (usu. in *pl.*) לְסָתוֹת
chop-chop /tʃɒp-ˈtʃɒp/ adv. (*sl.*) צִ'יק־צַ'ק, חַת־שְׁתַּיִם, מַהֵר מַהֵר
chopper /ˈtʃɒpə(r)/ n.
1 ((axe) קוֹפִיץ, גַּרְזֶן־קַצָּבִים
2 (helicopter, *sl.*) מַסּוֹק, הֶלִיקוֹפְּטֶר
3 (penis, *vulg.*) "זֶרֶג", "שְׁטְרוּנְגוֹל"
choppy /ˈtʃɒpɪ/ adj. סוֹעֵר, רוֹגֵשׁ (יָם); מִשְׁתַּנָּה (רוּחַ)
chopstick /ˈtʃɒpstɪk/ n. (usu. in *pl.*) מַקְלוֹת־אֲכִילָה סִינִיִּים, "צ'וֹפְּסְטִיקְס"
chop-suey /tʃɒp-ˈsuːɪ/ n. "צ'וֹפּ־סוּאִי" (מַאֲכָל סִינִי, נְתָחֵי בָּשָׂר וִירָקוֹת)
choral ˈkɔːrəl/ adj. שֶׁל מַקְהֵלָה
chorale /kəˈrɑːl/ n. כּוֹרָאל, שִׁיר־כְּנֵסִיָּה (צִבּוּר וּמַקְהֵלָה יַחְדָּו)
chord[1] /kɔːd/ n.
1 (combination of notes) אַקּוֹרְד, תַּצְלִיל

2 (string of musical instrument, *arch.*) מֵיתָר
vocal chords מֵיתְרֵי הַקּוֹל
□ *his speech struck a chord in his audience* נְאוּמוֹ עוֹרֵר הֵדִים בְּלֵב שׁוֹמְעָיו
chord² /kɔːd/ n. (*Math.*) מֵיתָר (בְּמָתֶמָטִיקָה)
chore /tʃɔː(r)/ n. עֲבוֹדַת־הַבַּיִת; מַטָּלָה, תַּפְקִיד בִּלְתִּי־נָעִים, טִרְחָה
choreograph /ˈkɒrɪəgrɑːf/ v.t. חִבֵּר תְּנוּעוֹת־מָחוֹל, עָשָׂה כּוֹרֵיאוֹגְרַפְיָה לְ...
choreographer /ˌkɒrɪˈɒgrəfə(r)/ n. כּוֹרֵיאוֹגְרָף
choreography /ˌkɒrɪˈɒgrəfɪ/ n. כּוֹרֵיאוֹגְרַפְיָה
chorister /ˈkɒrɪstə(r)/ n. נַעַר־מַקְהֵלָה, זַמָּר בְּמַקְהֵלָה כְּנֵסִיָּתִית
chortle /ˈtʃɔːt(ə)l/ v.i. & n. פָּרַץ בִּצְחוֹק לְבָבִי; צְחוֹק לְבָבִי
chorus /ˈkɔːrəs/ n.
1 (group of singers) מַקְהֵלָה
□ *the children answered in chorus* הַיְלָדִים עָנוּ בְּמַקְהֵלָה
2 (refrain) פִּזְמוֹן חוֹזֵר
3 (composition for several voices) יְצִירָה מוּזִיקָלִית לְמַקְהֵלָה
4 (actors commenting on drama) הַמַּקְהֵלָה (בַּדְּרָמָה הַיְּוָנִית הָעַתִּיקָה)
—v.t. & i. שָׁר/דִּקְלֵם בְּמַקְהֵלָה
chorus-girl /ˈkɔːrəs-gɜːl/ n. נַעֲרַת־מַקְהֵלָה (הַשָּׁרָה אוֹ רוֹקֶדֶת בְּמַקְהֵלָה שֶׁל מַחֲזֶמֶר, קַבָּרֶט וְכַד׳)
chorus-line /ˈkɔːrəs-laɪn/ n. קַו־הַמַּקְהֵלָה (שׁוּרָה שֶׁל נַעֲרוֹת מַקְהֵלָה, בְּמַחֲזֶמֶר לְמָשָׁל)
chose, chosen /tʃəʊz, ˈtʃəʊz(ə)n/ past & past ppl. of **choose**
chow /tʃaʊ/ n.
1 (dog) כֶּלֶב סִינִי מִינִיאָטוּרִי, צ׳אוֹ־צ׳אוֹ
2 (food, *sl.*) אֹכֶל
Christ /kraɪst/ n. יֵשׁוּ הַנּוֹצְרִי, כְּרִיסְטוּס
Christ! (*sl.*) אֱלֹהִים! יָהּ אֵלְלָה! (קְרִיאַת הִתְפַּעֲלוּת, תַּדְהֵמָה וְכַד׳)
christen /ˈkrɪs(ə)n/ v.t.
1 (baptize) הִטְבִּיל לְנַצְרוּת, הִטְבִּיל, הִטְבִּיל בְּשֵׁם..., הֶעֱנִיק שֵׁם/כִּנּוּי לְ...
2 (use for first time, *colloq.*) עָשָׂה "טְבִילָה" (לִמְכוֹנִית חֲדָשָׁה וְכַד׳)
Christendom /ˈkrɪs(ə)ndəm/ n. (*arch.*) הַנַּצְרוּת, הָעוֹלָם הַנּוֹצְרִי, הַנּוֹצְרִים
Christian /ˈkrɪstʃən/ adj. & n. נוֹצְרִי
Christian name שֵׁם פְּרָטִי (שֶׁל אָדָם נוֹצְרִי)
Christian Science כַּת נוֹצְרִית שֶׁחֲבֵרֶיהָ אֵינָם נִזְקָקִים לְרוֹפֵא וּמַאֲמִינִים בְּכֹחָהּ שֶׁל הַדָּת לְהַבְרִיא אֶת הַחוֹלֶה
Christianity /ˌkrɪstɪˈænɪtɪ/ n. נַצְרוּת, הַדָּת הַנּוֹצְרִית
Christmas /ˈkrɪsməs/ n. חַג הַמּוֹלָד, 25 בְּדֶצֶמְבֶּר, קְרִיסְמַס
Christmas-box חֲבִילַת־שַׁי, שַׁי לְחַג־הַמּוֹלָד (עַל מִשְׁקַל שַׁי־לְפֶסַח; לְחַלְבָּן, לְדַוָּר, לְעוֹבֵד בְּחֶבְרָה וְכַד׳)
Christmas card כַּרְטִיס בְּרָכָה לְחַג הַמּוֹלָד
Christmas Day יוֹם חַג־הַמּוֹלָד, יוֹם הָ־25 בְּדֶצֶמְבֶּר
Christmas Eve עֶרֶב חַג־הַמּוֹלָד, יוֹם הָ־24 בְּדֶצֶמְבֶּר
Christmas pudding רַפְרֶפֶת חַג הַמּוֹלָד (מֵעֵין עוּגָה מְבֻשֶּׁלֶת)
Christmas tree אִילַן חַג הַמּוֹלָד
Father Christmas סַנְטָה קְלָאוּס (דְּמוּת אַגָּדִית שֶׁל סָבָא הַמֵּבִיא מַתָּנוֹת לִילָדִים בְּחַג הַמּוֹלָד)
chromatic /krəʊˈmætɪk/ adj.
1 (*of colour*) שֶׁל צֶבַע, שֶׁל צִבְעוֹנִיּוּת, כְּרוֹמָטִי
2 (*Mus.*) (סֻלָּם) כְּרוֹמָטִי (סֻלָּם הַתָּוִים הַבָּנוּי עַל חֲצָאֵי טוֹנִים)
chrome /krəʊm/ n. סַגְסֹגֶת כְּרוֹם מַבְרִיקָה (לְצִפּוּי מַתָּכוֹת); צִפּוּי "נִיקֶל"; כְּרוֹם
chrome yellow צָהֹב כְּרוֹם (צָהֹב עַז)
chromium /ˈkrəʊmɪəm/ n. (*Chem.*) כְּרוֹם (יְסוֹד כִּימִי)
chromium-plate /ˌkrəʊmɪəm-ˈpleɪt/ n. & v.t. צִפּוּי בִּכְרוֹם־נִיקֶל, "נִיקֶל"; צִפָּה בְּנִיקֶל
chromium-plated מְצֻפֶּה נִיקֶל, מְצֻפֶּה כְּרוֹם
chromosome /ˈkreʊməˌsəʊm/ n. כְּרוֹמוֹזוֹם
chronic /ˈkrɒnɪk/ adj.
1 (habitual, continual) כְּרוֹנִי, מִתְמַשֵּׁךְ, נִשְׁנֶה
2 (bad, *sl.*) "מַשֶּׁהוּ נוֹרָא", "זְוָעָה"
chronicle /ˈkrɒnɪk(ə)l/ n. & v.t. דִּבְרֵי־הַיָּמִים, כְּרוֹנִיקָה, הִשְׁתַּלְשְׁלוּת הָאֵרוּעִים; עָקַב אַחֲרֵי... וְתִעֵד, רָשַׁם אֶת קוֹרוֹת, עָרַךְ כְּרוֹנִיקָה שֶׁל
Book of Chronicles (*Bibl.*) דִּבְרֵי־הַיָּמִים (הַסֵּפֶר הָאַחֲרוֹן בַּתַּנַ"ךְ)
chronicler /ˈkrɒnɪklə(r)/ n. מְתַעֵד הָאֵרוּעִים, רוֹשֵׁם תּוֹלָדוֹת, הִיסְטוֹרְיוֹן
chronological /ˌkrɒnəˈlɒdʒɪk(ə)l/ adj. כְּרוֹנוֹלוֹגִי, לְפִי סֵדֶר הַזְּמַנִּים
chronological order סֵדֶר כְּרוֹנוֹלוֹגִי
chronology /krəˈnɒlədʒɪ/ n. כְּרוֹנוֹלוֹגְיָה, סֵדֶר־הָאֵרוּעִים; חֵקֶר סִדְרֵי־תַּאֲרִיכִים, כְּרוֹנוֹלוֹגְיָה
chronometer /krəˈnɒmɪtə(r)/ n. כְּרוֹנוֹמֶטֶר, מַד־זְמַן (בְּעִקָּר לְשִׁמּוּשׁ מַדָּעִי)
chrysalis /ˈkrɪsəlɪs/ n. גֹּלֶם הַפַּרְפַּר/הָעָשׁ; קְלִפַּת הַגֹּלֶם הַנַּ"ל
chrysanthemum /krɪˈzænθɪməm/ n. (פֶּרַח) כְּרִיזַנְטֶמָה
chub /tʃʌb/ n. דָּג שֶׁל מַיִם מְתוּקִים מִמִּשְׁפַּחַת הַקַּרְפִּיּוֹן
chubby /ˈtʃʌbɪ/ adj. עֲגַלְגַּל, שְׁמַנְמַן
chuck¹ /tʃʊk/ v.t.
1 (throw, *colloq.*) זָרַק, הֵעִיף, הִשְׁלִיךְ
□ *chuck it!* (*sl.*) דַּי! מַסְפִּיק כְּבָר! עֲזֹב!
□ *they were chucked out at closing time* זָרְקוּ אוֹתָם (מֵהַפָּאבּ) בִּשְׁעַת הַנְּעִילָה

□ *she chucked up her job to travel abroad* הִיא הִתְפַּטְּרָה מֵהָעֲבוֹדָה כְּדֵי לְטַיֵּל בְּחוּ"ל

2 (tap under chin) לָטֵף (תִּינוֹק) מִתַּחַת לַסַּנְטֵר

—n. לִטּוּף (לְתִינוֹק) מִתַּחַת לַסַּנְטֵר

chuck² /tʃʌk/ n.

1 (cut of beef) נֵתַח בְּשַׂר־בָּקָר מֵהָעֹרֶף וְהַכָּתֵף

2 (lathe attachment) תַּפְסָנִית שֶׁל מַקְדֵּדָה/מַחֲרֵטָה, "רֹאשׁ"

chuckle /ˈtʃʌk(ə)l/ n. & v.i. גִּחֵךְ; צְחוֹק חֲרִישִׁי גִּחוּךְ

chuffed /tʃʌft/ adj. (*sl.*) מְבֻסּוּט, "בַּעֲנָנִים"

chug /tʃʌg/ v.i. טִרְטֵר (מָנוֹעַ); טִרְטֵר וְהִתְקַדֵּם לְאִטּוֹ (סִירָה, קַטָּר יָשָׁן וְכַד')

□ *life seems to be chugging along nicely* הַחַיִּים זוֹרְמִים כְּתִקּוּנָם

chum /tʃʌm/ n. (*colloq.*) חָבֵר טוֹב, 'סַחְבָּק' (ר' 'סַחְבָּקִים')

—v.i. chum up with (*colloq.*) נִהְיָה "סַחְבָּק" עִם

chummy /ˈtʃʌmɪ/ adj. (*colloq.*) (הָיָה) "סַחְבָּק" (עִם)

chump /tʃʌmp/ n.

1 (cut of meat) נֵתַח עָבֶה שֶׁל בָּשָׂר עַל עֶצֶם (לָרֹב בְּשַׂר כֶּבֶשׂ)

2 (head, *sl.*) רֹאשׁ

□ *you're off your chump!* נָפַלְתָּ עַל הָרֹאשׁ!

3 (foolish person, *colloq.*) אַהֲבָל, טֶמְבֶּל, סָתוּם, מְטֻמְטָם

chunk /tʃʌŋk/ n. גּוּשׁ, נֵתַח גָּדוֹל

church /tʃɜːtʃ/ n.

1 (building for public worship) כְּנֵסִיָּה

2 (Christian community) הַקְּהִלָּה הַנּוֹצְרִית

High Church סִיעָה בַּכְּנֵסִיָּה הָאַנְגְּלִיקָנִית הַמַּעֲנִיקָה חֲשִׁיבוּת לַטֶּקֶס וּקְרוֹבָה לַכְּנֵסִיָּה הַקָּתוֹלִית

Low Church סִיעָה בַּכְּנֵסִיָּה הָאַנְגְּלִיקָנִית הַמַּמְעִיטָה בַּחֲשִׁיבוּת הַטֶּקֶס

3 (clerical profession) הַכְּמוּרָה

□ *he went into the church* הוּא נַעֲשָׂה כֹּמֶר

churchgoer /ˈtʃɜːtʃgəʊə(r)/ n. מִתְפַּלֵּל קָבוּעַ בַּכְּנֵסִיָּה

churchman /ˈtʃɜːtʃmæn/ n. כֹּמֶר, חָבֵר בַּקְּהִלָּה הַכְּנֵסִיָּתִית

churchwarden /ˌtʃɜːtʃˈwɔːd(ə)n/ n.

1 (official) נָצִיג נִבְחָר (לֹא כֹּמֶר) שֶׁל הַקְּהִלָּה הַמְטַפֵּל בְּמֶשֶׁק הַכְּנֵסִיָּה וְכַד'

2 (pipe) מִקְטֶרֶת חֶרֶס אֲרֻכַּת־קָנֶה

churchwoman /ˈtʃɜːtʃˌwʊmən/ n. חֲבֵרָה בִּקְהִלָּה כְּנֵסִיָּתִית

churchyard /ˈtʃɜːtʃjɑːd/ n. בֵּית הַקְּבָרוֹת שֶׁבַּחֲצַר הַכְּנֵסִיָּה

churl /tʃɜːl/ n. בֶּן־כְּפָר חֲסַר חִנּוּךְ; קַמְּצָן

churlish /ˈtʃɜːlɪʃ/ adj. גַּס, בּוּר, שֶׁל בֶּן־כְּפָר

churn /tʃɜːn/ n. מַחְבֵּצָה (כַּד גָּדוֹל לְהַחְבָּצַת חֶמְאָה)

—v.t. חִבֵּץ (חֶמְאָה)

□ *she felt churned up inside after their argument* אַחֲרֵי הַוִּכּוּחַ בֵּינֵיהֶם הִיא נַעֲשָׂה וְסָעֲרָה מִבִּפְנִים

□ *she churns out three or four new books every year* הִיא "מְיַצֶּרֶת" שְׁלֹשָׁה אוֹ אַרְבָּעָה סְפָרִים חֲדָשִׁים כָּל שָׁנָה

chute /ʃuːt/ n. תְּלָלָה, מַגְלֵשָׁה תְּלוּלָה וְצָרָה (לְהוֹרָדַת פְּסֹלֶת, חֲפָצִים וְכַד'); מַצְנֵחַ

chutney /ˈtʃʌtnɪ/ n. צַ'טְנִי (מַאֲכָל הֹדִּי, מֵעֵין קוֹנְפִיטוּרָה חֲרִיפָה הַמְּכִילָה פֵּרוֹת אוֹ יְרָקוֹת)

cicada /sɪˈkɑːdə/ n. צְרָצַר, צִ'יקָדָה

cicatrice /ˈsɪkətrɪs/ n. (also **cacatrix**) (*Med.*) צַלֶּקֶת

cider /ˈsaɪdə(r)/ n. שֵׁכַר־תַּפּוּחִים (מַשְׁקֶה אַלְכּוֹהוֹלִי)

cigar /sɪˈgɑː(r)/ n. סִיגָר

cigarette /ˌsɪgəˈret/ n. סִיגַרְיָה

cigarette-holder /sɪgəˈret-ˌhəʊldə(r)/ n. פִּית־עִשּׁוּן, מַחֲזִיק סִיגַרְיוֹת

cigarette-lighter /sɪgəˈret-ˌlaɪtə(r)/ n. מַצִּית

cinch /sɪntʃ/ n. (*sl.*) "מִשְׂחַק יְלָדִים"; מֵאָה אָחוּז

□ *that's a cinch!* זֶה מִשְׂחַק יְלָדִים! אֲנִי עוֹשֶׂה אֶת זֶה בְּצִ'יק! קַלֵּי קַלּוֹת!

cinchona /sɪŋˈkəʊnə/ n. קְלִפָּה שֶׁל עֵץ הַפּוּאָה (מְכִילָה חִינִין, מְשַׁמֶּשֶׁת לִרְפוּאָה)

cinder /ˈsɪndə(r)/ n. גַּחֶלֶת, רֶמֶץ, אוּד

Cinderella /ˌsɪndəˈrelə/ n. "סִינְדֶּרֶלָּה" (אָדָם/מוֹסָד שֶׁעֲדַיִן לֹא זָכָה לְהַכָּרָה בְּעֶרְכּוֹ)

cinder-track /ˈsɪndə-ˌtræk/ n. מַסְלוּל־מֵרוֹצִים מְרֻבָּץ בְּאֵפֶר דַּק

cine-camera /ˈsɪnɪ-ˌkæm(ə)rə/ n. מַצְלֵמַת קוֹלְנוֹעַ, מַסְרֵטָה

cinema /ˈsɪnəmə/ n.

1 (cinematography) אָמָנוּת הַקּוֹלְנוֹעַ

2 (film theatre) אוּלַם קוֹלְנוֹעַ, קוֹלְנוֹעַ

cinema screen מָסַךְ קוֹלְנוֹעַ

cinematic /ˌsɪnəˈmætɪk/ adj. קוֹלְנוֹעִי

cinematographic /ˌsɪnəˌmætəˈgræfɪk/ adj. שֶׁל אָמָנוּת הַקּוֹלְנוֹעַ, סִינֶמָטוֹגְרָפִי

cinematography /ˌsɪnəməˌtɒgrəfɪ/ n. אָמָנוּת הַקּוֹלְנוֹעַ, סִינֶמָטוֹגְרַפְיָה

cine-projector /ˈsɪnɪ-prədʒektə(r)/ n. מַקְרֵן־קוֹלְנוֹעַ

cineraria /ˌsɪnəˈreərɪə/ n. פֶּרַח תַּרְבּוּתִי דְּמוּי חַרְצִית

cinerary /ˈsɪnərərɪ/ adj. (*formal*) שֶׁל אֵפֶר־הַמֵּת

cinerary urn כַּד לְאֵפֶר־הַמֵּת

cinnabar /ˈsɪnəˌbɑː(r)/ n. גָּפְרַת כַּסְפִּית (מְקוֹר טִבְעִי לְכַסְפִּית)

cinnamon /ˈsɪnəmən/ n. קִנָּמוֹן

cipher /ˈsaɪfə(r)/ n.

1 (secret writing, code) צֹפֶן, כְּתַב־סְתָרִים, קוֹד

2 (zero) אֶפֶס

□ *he is merely a cipher in the firm* הוּא בְּסַךְ הַכֹּל בֹּרֶג קָטָן בַּחֶבְרָה

3 (Arabic numeral) סִפְרָה (מִן הַסְּפָרוֹת הָעֲרָבִיּוֹת)
—v.t. כָּתַב בִּצְפָן, הֶעֱבִיר לִצְפָן, הִצְפִּין

circa /ˈsɜːkə/ prep. בִּסְבִיבוֹת שְׁנַת..., בְּעֵרֶךְ, בְּקֵרוּב

circle /ˈsɜːk(ə)l/ n.
1 (*Geom.*) מַעְגָּל
great circle קַו־הַמַּשְׁוֶה
a vicious circle מַעְגָּל קְסָמִים
□ *he's trying to square the circle* הוּא מְנַסֶּה לְבַצֵּעַ אֶת הַבִּלְתִּי אֶפְשָׁרִי, הוּא מְנַסֶּה לְרַבֵּעַ אֶת הָעִגּוּל
□ *he's running round in circles* (*colloq.*) הוּא מִסְתּוֹבֵב בְּמַעְגָּל (וְלֹא מַגִּיעַ לְשׁוּם מָקוֹם)
□ *now the wheel has gone full circle* וְשׁוּב חָזַרְנוּ אֶל נְקֻדַּת־הַמּוֹצָא; וְשׁוּב אֲנַחְנוּ עוֹמְדִים בַּהַתְחָלָה
2 (*Theatr.*) יָצִיעַ (בְּתֵיאַטְרוֹן אוֹ בְּקוֹלְנוֹעַ)
dress (or **upper**) **circle** יָצִיעַ תַּחְתּוֹן/יָצִיעַ עֶלְיוֹן
3 (group of persons, sphere of society) חוּג
□ *she has a large circle of friends* יֵשׁ לָהּ חוּג יְדִידִים רָחָב
□ *we move in exalted circles* אֲנַחְנוּ שַׁיָּכִים לַחֶבְרָה הַגְּבוֹהָה
—v.t. & i. הִקִּיף, סָבַב; נָע בְּעִגּוּל

circlet /ˈsɜːklɪt/ n. עֲטָרָה, צָמִיד, אֶצְעָדָה (תַּכְשִׁיט צַר וְעָגֹל לְעִטּוּר הָרֹאשׁ, הַצַּוָּאר אוֹ הַזְּרוֹעוֹת)

circuit /ˈsɜːkɪt/ n.
1 (places or events regularly visited in order) סִבּוּב, סִיּוּר, מַסְלוּל, סֶבֶב
□ *the judge is on circuit for most of the year* הַשּׁוֹפֵט (הַנַּיָּד) עוֹבֵר מֵעִיר מָחוֹז לְעִיר מָחוֹז בְּמֶשֶׁךְ רֹב יְמוֹת הַשָּׁנָה (בְּסֶבֶב בָּתֵּי־מִשְׁפָּט)
2 (racetrack) מַסְלוּל מֵרוֹצִים (לְסוּסִים מְכוֹנִיּוֹת וְכַד׳)
3 (*Electr.*) מַעְגָּל (חַשְׁמַלִּי)
closed circuit מַעְגָּל סָגוּר
integrated circuit מַעְגָּל מְשֻׁלָּב
short circuit קֶצֶר חַשְׁמַלִּי; גָּרַם לְקֶצֶר; עָקַף; הִתְקַצֵּר (שֶׁנִּגְרַם לוֹ קֶצֶר)
□ *he short-circuited the usual procedures* הוּא עָקַף אֶת הַהֲלִיכִים הַמְקֻבָּלִים
□ *the kettle short-circuited* הָיָה קֶצֶר בַּקֻּמְקוּם, הַקֻּמְקוּם גָּרַם לְקֶצֶר

circuitous /səˈkjuːɪtəs/ adj. (*formal*) עוֹקֵף, מִתְפַּתֵּל, הוֹלֵךְ סְחוֹר סְחוֹר

circular /ˈsɜːkjʊlə(r)/ adj. מַעְגָּלִי
circular saw מַסּוֹר עָגֹל, מַסּוֹר סִבּוּבִי
circular tour סִיּוּר הַמִּסְתַּיֵּם בִּנְקֻדַּת־הַמּוֹצָא
—n.
circular (letter) חוֹזֵר (דַּף מֵידָע אוֹ פִּרְסֹמֶת)

circularize /ˈsɜːkjʊləraɪz/ v.t. הֵפִיץ חוֹזֵר

circulate /ˈsɜːkjʊleɪt/ v.t. & i. הִזְרִים (בְּמַעֲרֶכֶת סְגוּרָה), הֵפִיץ, חִלֵּק, פִּזֵּר; זָרַם (בְּמַעֲרֶכֶת סְגוּרָה, כְּגוֹן דָּם), נָפוֹץ, הִתְפַּשֵּׁט; הִסְתּוֹבֵב

circulation /ˌsɜːkjʊˈleɪʃ(ə)n/ n.
1 (movement among places or people) הֲפָצָה (שֶׁל שְׁמוּעוֹת)
in circulation בְּמַחֲזוֹר, בַּשּׁוּק; "בָּעִנְיָנִים"
2 (movement of blood) מַחֲזוֹר־הַדָּם, צִירְקוּלַצְיָה
3 (distribution, number of copies) תְּפוּצָה

circulatory /ˌsɜːkjʊˈleɪtərɪ/ adj. שֶׁל מַחֲזוֹר הַדָּם
circulatory system מַחֲזוֹר־הַדָּם

circumambulate /ˌsɜːkəmˈæmbjʊleɪt/ v.t. (*arch.*) הוֹלֵךְ וְסוֹבֵב

circumcise /ˈsɜːkəmsaɪz/ v.t. מָל, עָרַךְ בְּרִית־מִילָה

circumciser /ˈsɜːkəmsaɪzə(r)/ n. מוֹהֵל

circumcision /ˌsɜːkəmˈsɪʒ(ə)n/ n. מִילָה; בְּרִית־מִילָה

circumference /səˈkʌmfərəns/ n. הֶקֵּף

circumflex /ˈsɜːkəmfleks/ n.
circumflex (accent) סִימָן "סִירְקוּמְפְלֶקְס" (סִימָן ^ מֵעַל תְּנוּעָה לְצִיּוּן אֹפֶן הֲגִיָּתָהּ)

circumlocution /ˌsɜːkəmləˈkjuːʃ(ə)n/ n. (*formal*) לָשׁוֹן סְחוֹר־סְחוֹר, דִּבּוּר בַּעֲקִיפִין, גִּבּוּב דְּבָרִים

circumlocutory /ˌsɜːkəmˈlɒkjʊtərɪ/ adj. (*formal*) אוֹפֶן דִּבּוּר עָקִיף

circumnavigate /ˌsɜːkəmˈnævɪgeɪt/ v.t. (*formal*) הִקִּיף בְּהַפְלָגָה, הִפְלִיג סָבִיב (כַּף, אִי, כַּדּוּר־הָאָרֶץ)

circumnavigation /ˌsɜːkəmnævɪˈgeɪʃ(ə)n/ n. (*formal*) הַפְלָגָה סָבִיב (כַּף, אִי, כַּדּוּר־הָאָרֶץ)

circumscribe /ˈsɜːkəmskraɪb/ v.t.
1 (*Geom.*) הִקִּיף בְּמַעְגָּל, סִמֵּן קַו סָבִיב לְ...
2 (confine, *formal*) הִגְבִּיל, תָּחַם

circumscription /ˌsɜːkəmˈskrɪpʃ(ə)n/ n. (*formal*) מִלִּים מְטֻבָּעוֹת סָבִיב מַטְבֵּעַ וְכַד׳; מְתִיחַת קַו סָבִיב לְ...; תְּחוּם, הַגְבָּלָה

circumspect /ˈsɜːkəmspekt/ adj. (*formal*) שָׁקוּל, מָתוּן, זָהִיר

circumspection /ˌsɜːkəmˈspekʃ(ə)n/ n. (*formal*) מְתִינוּת, זְהִירוּת

circumstance /ˈsɜːkəmstəns/ n.
1 (event; in *pl.*, external conditions) נְסִבּוֹת
in (or **under**) **the circumstances** בְּהִתְחַשֵּׁב בַּנְּסִבּוֹת, לְאוֹר הַנְּסִבּוֹת
attendant circumstances נְסִבּוֹת נְלוֹוֹת
extenuating circumstances נְסִבּוֹת מְקִלּוֹת
□ *circumstances alter cases* הַכֹּל תָּלוּי בַּנְּסִבּוֹת
2 (in *pl.*, material welfare) מַצָּב כַּסְפִּי, מַצָּב חָמְרִי
□ *they lived in reduced circumstances* הֵם חָיוּ בְּעֹנִי (לְעֻמַּת מַצָּב קוֹדֵם שֶׁל שֶׁפַע)
3 (formality, ceremony)
pomp and circumstance טֶקֶס רַאֲוָה, הוֹד וְהָדָר

circumstantial /ˌsɜːkəmˈstænʃ(ə)l/ adj. נְסִבָּתִי; מְפֹרָט
circumstantial evidence רְאָיוֹת נְסִבָּתִיּוֹת

circumvent /ˌsɜːkəmˈvent/ v.t. (*formal*) עָקַף (אֶת הַחֹק); סִכֵּל (מְזִמָּה)

circumvention /ˌsɜːkəmˈvenʃ(ə)n/ n. (*formal*) עֲקִיפָה (שֶׁל הַחֹק); סִכּוּל (מְזִימָּה)

circus /ˈsɜːkəs/ n.
1 (travelling show of clowns, acrobats, animals etc.) קִרְקָס (גַּם בְּהַשְׁאָלָה)
2 (arena) קִרְקָס, זִירָה
3 (junction of streets, *UK*) כִּכָּר גְּדוֹלָה

cirrhosis /sɪˈrəʊsɪs/ n. שַׁחֶמֶת הַכָּבֵד

cirrus /ˈsɪrəs/ n. (*pl.* **cirri**) עַנְנֵי־נוֹצָה, צִירוּס

cissy /ˈsɪsɪ/ n. (*colloq.*) רַכְרוּכִי, "תִּינוֹק", סִיסִי

cistern /ˈsɪstən/ n. דּוּד־מַיִם (עַל הַגַּג); מְכַל הַדְּחָה, "נִיאָגָרָה" (בְּבֵית־שִׁמּוּשׁ); בּוֹר־מַיִם (תַּת־קַרְקָעִי)

citadel /ˈsɪtədəl/ n. מְצוּדָה, מִבְצָר

citation /saɪˈteɪʃ(ə)n/ n. מוּבָאָה, צִיטָטָה; צִטּוּט; צִיּוּן לְשֶׁבַח (שֶׁל חַיָּל), צַל"שׁ; זִמּוּן לְדִין

cite /saɪt/ v.t.
1 (quote, name) צִטֵּט, הֵבִיא מוּבָאָה
2 (summon to law court) זִמֵּן לְבֵית־הַמִּשְׁפָּט

citizen /ˈsɪtɪz(ə)n./ n. אֶזְרָח

citizen's band /ˌsɪtɪz(ə)nz ˈbænd/ n. גַּלֵּי־אַלְחוּט

citizenship /ˈsɪtɪzənʃɪp/ n. אֶזְרָחוּת, נְתִינוּת

citric acid /ˌsɪtrɪk ˈæsɪd/ n. חֻמְצַת לִימוֹן

citron /ˈsɪtrən/ n. אֶתְרוֹג

citrous /ˈsɪtrəs/ adj. הֲדָרִי, שֶׁל פְּרִי־הָדָר

citrus /ˈsɪtrəs/ n. הָדָר, הֲדָרִים
citrus fruit פְּרִי־הָדָר

city /ˈsɪtɪ/ n. עִיר (בְּאַנְגְּלִיָּה בְּעִקָּר עִיר שֶׁיֵּשׁ בָּהּ קָתֶדְרָלָה), קִרְיָה; תּוֹשְׁבֵי הָעִיר
the City הַ"סִּיטִי" (מֶרְכַּז הַכְּסָפִים וְהַמִּסְחָר שֶׁל לוֹנְדוֹן)
city fathers חַבְרֵי מוֹעֶצֶת הָעִיר
the Holy City עִיר הַקֹּדֶשׁ (עִיר קְדוֹשָׁה לְאַחַת הַדָּתוֹת, בְּיִחוּד יְרוּשָׁלַיִם, רוֹמָא אוֹ מֶכָּה)
city hall (*US*) בִּנְיַן הָעִירִיָּה

civet /ˈsɪvɪt/ n. חֲתוּל־הַזֶּבֶד; הַחֹמֶר שֶׁמְּפִיקִים מִבַּלּוּטוֹת הַנַּ"ל לְתַעֲשִׂיַּת בְּשָׂמִים

civic /ˈsɪvɪk/ adj. אֶזְרָחִי, עִירוֹנִי

civics /ˈsɪvɪks/ n. *pl.* מִקְצוֹעַ הָאֶזְרָחוּת

civil /ˈsɪvɪl/ adj.
1 (of a citizen community) אֶזְרָחִי
civil disobedience מֶרִי אֶזְרָחִי
civil engineer(ing) מְהַנְדֵּס בִּנְיָן; הַנְדָּסַת בִּנְיָן (לַעֲבוֹדוֹת צִבּוּרִיּוֹת כְּגוֹן כְּבִישִׁים, גְּשָׁרִים, בִּנְיָנִים צִבּוּרִיִּים גְּדוֹלִים וְכוּ')
civil law דִּין אֶזְרָחִי, מִשְׁפָּט אֶזְרָחִי
civil liberties זְכֻיּוֹת הָאֶזְרָח
Civil List הַקְצָבָה שְׁנָתִית שֶׁל הַפַּרְלָמֶנְט הַבְּרִיטִי לְאַחְזָקַת בֵּית־הַמְּלוּכָה
civil marriage נִשּׂוּאִים אֶזְרָחִיִּים
civil rights (movement) (תְּנוּעַת) זְכֻיּוֹת הָאֶזְרָח
civil servant פְּקִיד מֶמְשַׁלְתִּי, עוֹבֵד־מְדִינָה
Civil Service מַנְגְּנוֹן הַמֶּמְשָׁלָה, שֵׁרוּת הַמְּדִינָה
civil war מִלְחֶמֶת אֶזְרָחִים
2 (polite) אָדִיב, מְנֻמָּס
□ *you had better keep a civil tongue in your head* אַל תִּתְחַצֵּף, מוּטָב שֶׁלֹּא תִּתְחַצֵּף

civilian /sɪˈvɪljən/ n. & adj. אֶזְרָח (לֹא חַיָּל); אֶזְרָחִי
civilian clothes בְּגָדִים אֶזְרָחִיִּים, "אֶזְרָחִי"

civility /sɪˈvɪlɪtɪ/ n. נִימוּס, אֲדִיבוּת; מַעֲשֶׂה אָדִיב

civilization /ˌsɪvɪlaɪˈzeɪʃ(ə)n/ n. תַּרְבּוּת, צִיוִילִיזַצְיָה; הָעוֹלָם הַנָּאוֹר; תִּרְבּוּת

civilize /ˈsɪvɪlaɪz/ v.t. תִּרְבֵּת, חִנֵּךְ, עִדֵּן
the civilized world הָעוֹלָם הַנָּאוֹר

civilly /ˈsɪvɪlɪ/ adv. בְּנִימוּס, בַּאֲדִיבוּת

civies /ˈsɪvɪz/ n. *pl.* (לְבוּשׁ) "אֶזְרָחִי"

cl. abbrev. סֶנְטִילִיטֶר, מְאִית הַלִּיטֶר

clack /klæk/ n. & v.i. נְקִישָׁה קְצָרָה, "קְלָק"; הִקִּישׁ, הִשְׁמִיעַ "קְלָק"

clad /klæd/ adj. (*poet.*) עָטוּי, לָבוּשׁ
ill (or **poorly**) **clad** לָבוּשׁ בְּלוֹיִים, מְרֻפָּט

claim /kleɪm/ v.t.
1 (demand) דָּרַשׁ, תָּבַע
□ *I will claim my rights* אֲנִי אֶתְבַּע אֶת זְכֻיּוֹתַי
2 (assert) טָעַן
□ *they claimed to have discovered a cure* הֵם טָעֲנוּ כִּי גִּלּוּ תְּרוּפָה לַמַּחֲלָה
3 (deserve) חִיֵּב, תָּבַע, דָּרַשׁ
□ *this claims all our attention* זֶה מְחַיֵּב אֶת מְלוֹא תְּשׂוּמַת־לִבֵּנוּ

—n.
1 (demand) תְּבִיעָה, דְּרִישָׁה, בַּקָּשָׁה
□ *he put in a claim for travelling expenses* הוּא הִגִּישׁ בַּקָּשָׁה לְהֶחְזֵר הוֹצָאוֹת־נְסִיעָה
□ *he laid claim to the throne* הוּא טָעַן לִזְכוּתוֹ עַל הַכֶּתֶר
2 (right to something) חֲזָקָה, זְכוּת
□ *he has a rightful claim to this property* יֵשׁ לוֹ חֲזָקָה עַל הַנֶּכֶס הַזֶּה
3 (assertion) טַעֲנָה, תְּבִיעָה
□ *I accept their claim to the discovery* אֲנִי מְקַבֵּל אֶת טַעֲנָתָם לִזְכוּת עַל הַתַּגְלִית
4 (something claimed) נֶכֶס נִתְבָּע, שֶׁטַח מְסֻמָּן
□ *he jumped a claim* הוּא תָּפַס שֶׁטַח שֶׁנִּתְבַּע עַל יְדֵי אָדָם אַחֵר
□ *he staked a claim* הוּא סִמֵּן תְּחוּמֵי שֶׁטַח, הוּא תָּבַע בַּעֲלוּת עַל...

claimant /ˈkleɪmənt/ n. תּוֹבֵעַ זְכוּת (לְרֹב זְכוּת לְכֶסֶף)

clairvoyance /kleəˈvɔɪəns/ n. תְּפִישָׂה עַל־חוּשִׁית, רְאִיָּה עַל־טִבְעִית

clairvoyant /kleəˈvɔɪənt/ adj. & n. בַּעַל תְּפִישָׂה עַל־חוּשִׁית, בַּעַל רְאִיָּה עַל־טִבְעִית

clam /klæm/ n. צִדְפָּה (לְמַאֲכָל)

—v.i.

clam up (*colloq.*) הִסְתַּגֵּר בִּפְנֵי...

□ *he clammed up on me* הוּא הִשְׁתַּתֵּק (וְסֵרֵב לוֹמַר לִי דָּבָר), הוּא לֹא גִּלָּה לִי דָּבָר וַחֲצִי דָּבָר

clamber /ˈklæmbə(r)/ v.i. טִפֵּס בְּיָדָיו וּבְרַגְלָיו, טִפֵּס בִּזְחִילָה

clammy /ˈklæmɪ/ adj. לַח וְקַר, רָטֹב; דָּבִיק

clamour /ˈklæmə(r)/ n. קוֹל שָׁאוֹן, הֲמוּלָה, שְׁאוֹן־מְחָאָה

—v.i. הֵקִים רַעַשׁ, תָּבַע בְּקוֹל

clamorous /ˈklæmərəs/ adj. רוֹעֵשׁ, קוֹלָנִי

clamp[1] /klæmp/ n.

1 (fastening, grip) מַלְחֶצֶת, מֶלְחָצַיִם; "סַנְדַּל דֶּנְוֶר" (מִתְקָן מִשְׁטַרְתִּי לִנְעִילַת גַּלְגַּלֵּי מְכוֹנִית)

—v.t. & i. הִדֵּק בְּמַלְחֶצֶת; "סִנְדֵּל"

□ *they clamped down on corruption* הֵם עָרְכוּ מִבְצָע לְבִעוּר הַשְּׁחִיתוּת

clamp[2] /klæmp/ n. עֲרֵמַת תּוֹצֶרֶת־חַקְלָאִית מְכֻסָּה שִׁכְבַת מָגֵן שֶׁל עָפָר/קַשׁ כְּנֶגֶד הַכְּפוֹר

clan /klæn/ n. שֵׁבֶט, בֵּית־אָב (בְּתוֹךְ שֵׁבֶט), קְלָן, חֲמוּלָה

clandestine /klænˈdestɪn/ adj. (*formal*) חֲשָׁאִי, סוֹדִי, בַּסֵּתֶר, בְּמַחְתֶּרֶת

clang /klæŋ/ v.t. & i. & n. צִלְצֵל בְּרַעַשׁ; צִלְצוּל (כַּנַּ"ל)

clanger /ˈklæŋə(r)/ n. (*sl.*) אֲמִירָה בּוֹטָה וַחֲסַרַת־טַקְט

□ *he dropped a clanger* הוּא פִּישֵׁל בְּאֹפֶן רְצִינִי (כְּשֶׁאָמַר אֶת מַה שֶּׁאָמַר)

clangour /ˈklæŋə(r)/ n. (*US* – **or**, *poet.*) צִלְצוּלִים מִתְמַשְּׁכִים, שְׁאוֹן צִלְצוּלִים

clank /klæŋk/ v.t. & i. & n. קִרְקֵשׁ, שִׁקְשֵׁק, קִשְׁקֵשׁ; שִׁקְשׁוּק (מַתֶּכֶת), קִרְקוּשׁ

clannish /ˈklænɪʃ/ adj. קַנַּאי לְשִׁבְטוֹ וּלְמִשְׁפַּחְתּוֹ, חֲמוּלָתִי; שׂוֹנֵא זָרִים

clansman /ˈklænzmən/ n. בֶּן־שֵׁבֶט

clap[1] /klæp/ v.t.

1 (strike hands together; slap) מָחָא כַּפַּיִם לְ...; טָפַח

2 (applaud, also v.i.) הֵרִיעַ לְ..., מָחָא כַּפַּיִם לְ...

3 (put or place with vigour, *colloq.*) שָׂם, הִשְׁלִיךְ, הֵטִיל

□ *I haven't clapped eyes on him for months* כְּבָר חֳדָשִׁים לֹא רָאִיתִי אוֹתוֹ

□ *he was clapped in prison* הוּא נִזְרַק לַכֶּלֶא

—n.

1 (noise of thunder) קוֹל רַעַם

2 (noise of hands applauding) רַעַם שֶׁל מְחִיאוֹת־כַּפַּיִם

clap[2] /klæp/ n. (*vulg.*) זִיבָה (מַחֲלַת־מִין)

clapper /ˈklæpə(r)/ n.

1 (tongue of bell) עִנְבָּל

2 (rattle) רַעֲשָׁן

clapper-board /ˈklæpəˌbɔːd/ n. (בְּצִלּוּמֵי סֶרֶט) קְלַפֶּר (קֶרֶשׁ הַקָּשָׁה לְצִיּוּן תְּחִלַּת הַהַסְרָטָה שֶׁל סְצֵנָה)

claptrap /ˈklæptræp n. (*colloq. derog.*) קִשְׁקוּשִׁים, שְׁטֻיּוֹת, מִלִּים רֵיקוֹת

claque /klæk/ n. קְבוּצַת אֲנָשִׁים שֶׁנִּשְׂכְּרָה כְּדֵי לְהָרִיעַ בְּתֵיאַטְרוֹן בְּקוֹנְצֶרְט

claret /ˈklærət/ n.

1 (wine) יֵין בּוֹרְדוֹ (וּלְעִתִּים נְדִירוֹת גַּם מִמְּחוֹזוֹת אֲחֵרִים בְּצָרְפַת)

2 (colour, also adj.) אָדֹם־כֵּהֶה, בּוֹרְדוֹ

clarification /ˌklærɪfɪˈkeiʃ(ə)n/ n. (*formal*) הַבְהָרָה; מַתַּן הַבְהָרוֹת

clarify /ˈklærɪfaɪ/ v.t.

1 (explain, *formal*) הִבְהִיר, נָתַן הַבְהָרוֹת

2 (make fat clear and pure) זִקֵּק וְהִשְׁבִּיחַ (שֻׁמָּן, חֶמְאָה וְכַד', ע"י חִמּוּם)

clarinet /ˌklærɪˈnet/ n. קְלַרְנִית, קְלָרִינֶט

clarinet(t)ist /ˌklærɪˈnetɪst/ n. נַגַּן קְלַרְנִית

clarion /ˈklærɪən/ n.

a clarion call (*formal*) קוֹל תְּרוּעָה, קוֹל רָם וּבָרוּר; קְרִיאָה מְעוֹרֶרֶת וּמְגָרָה

clarity /ˈklærɪtɪ/ n. בְּהִירוּת

clash /klæʃ/ v.t. & i.

1 (oppose one another) הִתְנַגֵּשׁ, הִסְתַּכְסֵךְ

□ *the armies clashed* הַצְּבָאוֹת הִתְנַגְּשׁוּ זֶה בָּזֶה

□ *these colours clash* צְבָעִים אֵלֶּה לֹא תּוֹאֲמִים, צְבָעִים אֵלֶּה צוֹרְמִים בְּיַחַד

2 (make loud noise) הִשְׁמִיעַ קוֹל נְקִישָׁה מַתַּכְתִּי

—n.

1 (conflict) הִתְנַגְּשׁוּת, עִמּוּת, סִכְסוּךְ

□ *I foresee a clash of arms* אֲנִי צוֹפֶה עִמּוּת מְזֻיָּן

□ *the meeting broke up with a clash of opinions* הַפְּגִישָׁה הִתְפַּזְּרָה בְּמַצָּב שֶׁל חִלּוּקֵי דֵּעוֹת חֲרִיפִים

2 (loud noise) קוֹל הִתְנַגְּשׁוּת, קוֹל נְקִישָׁה מַתַּכְתִּי רוֹעֵשׁ

clasp /klɑːsp/ n. (*formal*) סֶגֶר, אַבְזֵם; אֲחִיזָה

—v.t. (*formal*)

1 (embrace, hold tightly) חִבֵּק; לָפַת

□ *he clasped her hands* הוּא לָפַת אֶת יָדֶיהָ; הוּא לָחַץ אֶת יָדֶיהָ בְּחֹם

□ *he was kneeling hands clasped* הוּא כָּרַע עַל בִּרְכָּיו כְּשֶׁאֶצְבְּעוֹתָיו שְׁלוּבוֹת (בִּתְפִלָּה וְכַד')

2 (fasten) הִדֵּק, סָגַר (בְּאַבְזֵם)

clasp-knife /ˈklɑːsp-naɪf/ n. אוֹלָר גָּדוֹל

class /klɑːs/ n.

1 (rank of society) מַעֲמָד, שִׁכְבָה חֶבְרָתִית

upper (or **lower**) **class** הַמַּעֲמָד הַגָּבוֹהַּ/הַנָּמוּךְ

middle class (also adj.) (שֶׁל) הַמַּעֲמָד הַבֵּינוֹנִי

class struggle מַאֲבַק מַעֲמָדוֹת, מִלְחֶמֶת־מַעֲמָדוֹת

2 (division by merit or quality) דַּרְגָּה, סוּג, מִין

first class (also adj.) מְצֻיָּן, מְעֻלֶּה, מְשֻׁבָּח, מִמַּדְרֵגָה רִאשׁוֹנָה; מַחְלָקָה רִאשׁוֹנָה (בְּרַכֶּבֶת אוֹ אֲוִירוֹן, וְכוּ'); 10, טוֹב מְאֹד (בְּדֵרוּג שֶׁל הֶשֵּׂגִים אוֹ אֵיכוּת)

□ *her singing is in a class by itself* הִיא שָׁרָה נִפְלָא, אֵין לָהּ שׁוּם מִתְחָרָה

3 (group of students) כִּתָּה, מַחְלָקָה; שִׁעוּר

□ *here's a photo of the class of '90* הִנֵּה תַּצְלוּם שֶׁל (בּוֹגְרֵי) מַחֲזוֹר 90'
4 (style, *colloq.*) "סְטַיְל", "קְלַאס", טַעַם
—v.t. סִוֵּג, מִיֵּן
□ *they classed him with the failures* הֵם סִוְּגוּ אוֹתוֹ בֵּין הַנִּכְשָׁלִים

class-conscious /ˌklɑːs-ˈkɒnʃəs/ adj. בַּעַל תּוֹדָעָה מַעֲמָדִית, חָדוּר הַכָּרָה מַעֲמָדִית

classic /ˈklæsɪk/ adj. & n. קְלַסִּי; יְצִירָה קְלַסִּית, יְצִירַת מוֹפֵת
the classics סִפְרוּת יָוָן וְרוֹמָא, קְלַסִּיקָה יְוָנִית וְרוֹמִית
□ *that is a classic example* זוֹ דֻּגְמָה קְלַסִּית, זוֹ דֻּגְמָה לְמוֹפֵת

classical /ˈklæsɪk(ə)l/ adj. קְלַסִּי; מוֹפְתִי
classical music מוּזִיקָה קְלַסִּית (לְהַבְדִּיל מִמּוּזִיקָה קַלָּה, פּוֹפּ וְכַד')

classicism /ˈklæsɪsɪzəm/ n. קְלַסִּיצִיזְם

classicist /ˈklæsɪsɪst/ n. קְלַסִּיקוֹן, חוֹקֵר הַתַּרְבֻּיּוֹת הַקְּלַסִּיּוֹת (שֶׁל יָוָן וְרוֹמִי)

classification /ˌklæsɪfɪˈkeɪʃ(ə)n/ n. סִוּוּג מִיּוּן, קְלַסִּיפִיקַצְיָה

classificatory /ˌklæsɪfɪˈkeɪtərɪ/ adj. שֶׁל סִוּוּג, שֶׁל מִיּוּן

classify /ˈklæsɪfaɪ/ v.t. סִוֵּג, מִיֵּן, עָרַךְ קְלַסִּיפִיקַצְיָה
classified ad(vertisement)s (בְּעִתּוֹנוּת) מוֹדָעוֹת-לוּחַ (לְפִי נוֹשְׂאִים)
classified documents מִסְמָכִים מְסֻוָּגִים (כְּסוֹדִיִּים)

classless /ˈklɑːslɪs/ adj. אַל-מַעֲמָדִי, לְלֹא הִשְׁתַּיְּכוּת מַעֲמָדִית; לְלֹא רִבּוּד מַעֲמָדִי, לְלֹא מַעֲמָדוֹת

class-list /ˈklɑːs-lɪst/ n. (רְשִׁימָה שֶׁל) תּוֹצָאוֹת הַבְּחִינָה (לְפִי סֵדֶר הַהִצְטַיְּנוּת)

class-mate /ˈklɑːs-meɪt/ n. בֶּן-כִּתָּה, חָבֵר לְלִמּוּדִים

classroom /ˈklɑːsruːm/ n. כִּתָּה, חֲדַר-כִּתָּה (בְּבֵית-סֵפֶר)

classy /ˈklɑːsɪ/ adj. (*colloq.*) "עַל רָמָה", עִם "סְטַיְל", "מַשֶּׁהוּ-מַשֶּׁהוּ"

clatter /ˈklætə(r)/ v.t., v.i. & n. קִשְׁקֵשׁ, הִשְׁמִיעַ רַעַשׁ; (קוֹל) קִשְׁקוּשׁ וְשִׁקְשׁוּק (צַלָּחוֹת, פַּסֵּי רַכֶּבֶת וְכַד')

clause /klɔːz/ n.
1 (*Gram.*) מִשְׁפָּט טָפֵל, מִשְׁפָּט מְשֻׁעְבָּד
2 (provision of treaty, or law, or agreement) סָעִיף, סְעִיף

claustrophobia /ˌklɔːstrəˈfəʊbɪə/ n. קְלַסְטְרוֹפוֹבְּיָה (פַּחַד חוֹלָנִי מִמְּקוֹמוֹת סְגוּרִים)

claustrophobic /ˌklɔːstrəˈfəʊbɪk/ adj. קְלַסְטְרוֹפוֹבִּי

clavichord /ˈklævɪkɔːd/ n. (*Hist.*) קְלָוִיקוֹרְד (מֵעֵין פְּסַנְתֵּר מֻקְדָּם)

clavicle /ˈklævɪk(ə)l/ n. עֶצֶם הַבְּרִיחַ

clavier /kləˈvɪə(r)/ n. מִקְלֶדֶת; כְּלִי נְגִינָה מֻקְדָּם בַּעַל מִקְלֶדֶת

claw /klɔː/ n. טֹפֶר, צִפֹּרֶן (שֶׁל עוֹף); צְבָת (שֶׁל סַרְטָן וְכַד'); אַנְקוֹל; חוֹלֵץ מַסְמְרִים; פַּטִּישׁ חוֹלֵץ
—v.t. & i. שָׂרַט; (בְּהַשְׁאָלָה) נִלְחַם בְּצִפָּרְנַיִם
claw at תָּקַף בְּצִפָּרְנַיִם; נֶאֱחַז בְּצִפָּרְנַיִם
□ *he clawed his way through life* הוּא נִלְחַם בְּשִׁנַּיִם וּבְצִפָּרְנַיִם כָּל חַיָּיו

clay /kleɪ/ n. & adj. (אֲדָמָה) טִיט, טִין, חַמְרָה; (חֹמֶר גֶּלֶם לִלְבֵנִים, כֵּלִים וְכַד') חֹמֶר, חֵמָר; (חֵמָר שָׂרוּף) חֶרֶס, טֶרָקוֹטָה
clay pigeon מַטְרַת-חֵמָר (מֵעֵין צַלַּחַת חֵמָר הַנִּזְרֶקֶת לָאֲוִיר וּמְשַׁמֶּשֶׁת מַטָּרָה לִירִי)

clean /kliːn/ adj.
1 (free from dirt, fresh) נָקִי, צַח
□ *she washed it clean* הִיא כִּבְּסָה אֶת הַבֶּגֶד; הִיא שָׁטְפָה (אֶת הַפֶּצַע, הַבֶּגֶד וְכַד')
□ *get me some clean water* תָּבִיא לִי מַיִם נְקִיִּים; תָּבִיא לִי מֵי שְׁתִיָּה;
2 (not yet used) נָקִי, חָדָשׁ
□ *start with a clean sheet of paper* תַּתְחִיל (לִכְתֹּב) בְּדַף חָדָשׁ
3 (pure, innocent) תָּמִים, יָשָׁר, נָקִי
□ *this is just good clean fun* (*colloq.*) זֶה בִּלּוּי תָּמִים וְלַחֲלוּטִין לֹא מַזִּיק
□ *he is a clean-living, hard working man* הוּא אָדָם יָשָׁר וְחָרוּץ
□ *he is "clean"* (*sl.*) הוּא "נָקִי" (אֵינֶנּוּ נוֹשֵׂא כְּלֵי-נֶשֶׁק; אֵינוֹ נוֹשֵׂא סַמִּים עַל גּוּפוֹ)
4 (even, with a smooth edge) נָקִי, חַד וְחָלָק
□ *a sharp knife makes a clean cut* בְּסַכִּין חַדָּה אֶפְשָׁר לַחְתֹּךְ בְּקַלּוּת וּבְצוּרָה נְקִיָּה
clean-cut בַּעַל קַוִּים נְקִיִּים, בַּעַל עִצּוּב נָקִי; (בָּחוּר) נָקִי וּמְסֻדָּר
5 (complete) חַד וְחָלָק
□ *he made a clean sweep and replaced everyone* הוּא עָשָׂה שִׁנּוּי רַדִיקָלִי וְהֶחֱלִיף אֶת כָּל הַצֶּוֶת
□ *he made a clean break with the past* הוּא הִתְנַתֵּק לַחֲלוּטִין מִן הֶעָבָר; הוּא פָּתַח דַּף חָדָשׁ
—adv. לְגַמְרֵי, לַחֲלוּטִין
□ *I clean forgot* (*colloq.*) שָׁכַחְתִּי לְגַמְרֵי
□ *why don't you come clean about all this?* (*colloq.*) לָמָּה שֶׁלֹּא תִּתְוַדֶּה עַל כָּל הָאֱמֶת בָּעִנְיָן?
—v.t. נִקָּה
□ *she cleaned down the car* הִיא נִקְּתָה אֶת הַמְּכוֹנִית בִּיסוֹדִיּוּת
□ *he cleaned out the kitchen* הוּא נִקָּה אֶת הַמִּטְבָּח בְּאֹפֶן יְסוֹדִי, הוּא עָשָׂה נִקָּיוֹן יְסוֹדִי בַּמִּטְבָּח
□ *I was cleaned out after my holiday* (*colloq.*) אַחֲרֵי הַחֻפְשָׁה לֹא נִשְׁאַר לִי גְּרוּשׁ עַל הַנְּשָׁמָה
□ *they cleaned me out* (*colloq.*) הֵם הִשְׁאִירוּ אוֹתִי בְּלִי גְּרוּשׁ, הֵם פָּשְׁטוּ לִי אֶת הָעוֹר
□ *she cleaned up the house* הִיא נִקְּתָה וְסִדְּרָה אֶת הַבַּיִת
□ *she cleaned up £50,000 in prize money* (*colloq.*) הִיא גָּרְפָה חֲמִשִּׁים אֶלֶף לִירוֹת בִּפְרָסִים

□ *we should go into business – we would clean up* (*colloq.*) כְּדַאי לָנוּ לְהָקִים עֵסֶק, זֶה רֶוַח בָּטוּחַ

cleaner /ˈkliːnə(r)/ n.

1 (domestic worker) אִישׁ נִקָּיוֹן, מְנַקֶּה, מְנַקָּה, עוֹזֶרֶת־בַּיִת

2 (machine or substance for cleaning) מְכוֹנַת נִקּוּי, חֹמֶר נִקּוּי

vacuum cleaner שׁוֹאֵב אָבָק

3 (in *pl.*, shop for cleaning) מִכְבָּסָה (לָרֹב לְנִקּוּי יָבֵשׁ)

□ *they took him to the cleaners* (*colloq.*) הֵם רוֹקְנוּ לוֹ אֶת הַכִּיס, הֵם לָקְחוּ אֶת כָּל כַּסְפּוֹ בְּמִרְמָה (בְּהִמּוּרִים)

cleanliness /ˈklenlɪnɪs/ n. נִקָּיוֹן

cleanly[1] /ˈkliːnlɪ/ adv. בְּצוּרָה נְקִיָּה, בְּאֹפֶן מְדֻיָּק

cleanly[2] /ˈklenlɪ/ adj. (*formal*) נָקִי

cleanse /klenz/ v.t. (*formal*) שָׁטַף וְנִקָּה, חִטֵּא; זִכֵּךְ, מֵרֵק (חֲטָאִים)

clean-shaven /kliːnˈʃeɪv(ə)n/ adj. מְגֻלָּח, מְגֻלָּח לְמִשְׁעִי

clear /ˈklɪə(r)/ adj.

1 (easy to see through) שָׁקוּף, צָלוּל, זַךְ

2 (free from clouds, blemishes etc.) צַח, בָּהִיר, צָלוּל

□ *I'll make a clear soup* אֲנִי אָכִין מָרָק צַח

□ *the sun shone in a clear sky* הַשֶּׁמֶשׁ זָהֲרָה בְּשָׁמַיִם לְלֹא־עֲנָנִים

□ *she has a clear complexion* יֵשׁ לָהּ עוֹר פָּנִים חָלָק, יֵשׁ לָהּ עוֹר לְלֹא פִּצְעוֹנִים

3 (unobstructed) פָּתוּחַ, חָפְשִׁי, לֹא מֻגְבָּל

□ *the road is clear of snow* הַכְּבִישׁ נָקִי מִשֶּׁלֶג

□ *do you have a clear view?* הַאִם אַתָּה יָכוֹל לִרְאוֹת (בְּבֵרוּר, לְלֹא מִכְשׁוֹלִים)?

□ *the coast is clear* הַסַּכָּנָה חָלְפָה

□ *all clear!* צְפִירַת אַרְגָּעָה; "אוֹר יָרֹק" (לְבִצּוּעַ דְּבַר מָה)

□ *I see that next week is clear* אֲנִי רוֹאָה שֶׁלּוּחַ הַזְּמַנִּים שֶׁלִּי פָּנוּי בַּשָּׁבוּעַ הַבָּא

4 (unambiguous, easy to understand) בָּרוּר, בָּהִיר

crystal clear בָּרוּר כַּשֶּׁמֶשׁ בְּצָהֳרֵי יוֹם

□ *do I make myself clear?* הַאִם הִבְהַרְתִּי אֶת עַצְמִי כָּרָאוּי?

□ *this is a clear case of murder* זֶה מִקְרֶה רֶצַח בָּרוּר

□ *his voice rang out (as) clear as a bell* קוֹלוֹ נִשְׁמַע בִּבְהִירוּת

□ *he has a clear style of writing* סִגְנוֹן כְּתִיבָתוֹ בָּהִיר

5 (able to think) צָלוּל

□ *he tried to keep a clear head* הוּא נִסָּה לִשְׁמֹר עַל רֹאשׁ צָלוּל

6 (feeling certain) חֲסַר סְפֵקוֹת, בָּטוּחַ לְגַבֵּי...

□ *I am not clear on how this works* אֲנִי לֹא מֵבִין בְּדִיּוּק אֵיךְ זֶה פּוֹעֵל, אֲנִי לֹא בָּטוּחַ אֵיךְ זֶה עוֹבֵד

7 (free from guilt) נָקִי, טָהוֹר

□ *I have a clear conscience* יֵשׁ לִי מַצְפּוּן נָקִי, הַמַּצְפּוּן שֶׁלִּי נָקִי

8 (remaining after tax) נֶטוֹ, נָקִי

□ *I get £200 a week clear* אֲנִי מְקַבֵּל 200 לי"ש לְשָׁבוּעַ נֶטוֹ

—adv.

1 (distinctly) בְּצוּרָה בְּרוּרָה

clear-cut בָּרוּר, מְהֻקְצָע, מְחֻשָּׁב; חַד־מַשְׁמָעִי

□ *I read you loud and clear* אֲנִי שׁוֹמֵעַ אוֹתְךָ בָּרוּר; "שׁוֹמֵעַ!" (בְּמַכְשִׁיר קֶשֶׁר); (בְּהַשְׁאָלָה) אֲנִי "קוֹלֵט" אוֹתְךָ

2 (apart) הַצִּדָּה, בַּצַּד

□ *you had better steer clear of him* (*colloq.*) לֹא כְּדַאי לְךָ לְהִתְעַסֵּק אִתּוֹ

□ *stand clear of the doors!* אַל תַּעֲמֹד קָרוֹב לַדֶּלֶת! (בְּמַעֲלִית וְכַד')

□ *keep clear!* אַל תִּתְקָרֵב! הַגִּישָׁה אֲסוּרָה! הַחֲנִיָּה אֲסוּרָה (מוּל הַפֶּתַח)!

—v.t.

1 (clarify) הִבְהִיר, הִסְבִּיר

2 (remove obstructions from) פִּנָּה, סָלַל אֶת הַדֶּרֶךְ לְ..., סִלֵּק אֶת הַמִּכְשׁוֹלִים מִ...

□ *I'll clear up this mess* אֲנִי אֲבָרֵר מַה קּוֹרֶה פֹּה, אֲנִי אֲסַדֵּר אֶת זֶה

□ *it's time you cleared out your room* הִגִּיעַ הַזְּמַן שֶׁתְּסַדֵּר אֶת הַחֶדֶר שֶׁלְּךָ

□ *she cleared the decks for work* (*colloq.*) הִיא נֶעֶרְכָה לַעֲבוֹדָה

□ *he cleaned the table after the meal* הוּא הֵסִיר אֶת הַכֵּלִים מֵהַשֻּׁלְחָן לְאַחַר הָאֲרוּחָה

□ *he cleared his throat* הוּא כִּחְכֵּחַ בִּגְרוֹנוֹ

3 (pass over without touching) עָבַר מֵעַל, עָבַר בְּשָׁלוֹם מֵעַל

□ *the horse cleared the obstacle* הַסּוּס דִּלֵּג וְעָבַר מֵעַל הַמִּכְשׁוֹל

□ *the athlete cleared two metres* הָאַתְלֵט עָבַר שְׁנֵי מֶטֶר בִּקְפִיצָה לַגֹּבַהּ

4 (absolve) נִקָּה מֵאַשְׁמָה, זִכָּה

5 (realize profit) הִרְוִיחַ (רֶוַח נָקִי)

6 (pass cheque through clearing-house) אִשֵּׁר, הֶעֱבִיר (צֶ'ק דֶּרֶךְ הַמִּסְלָקָה)

7 (give go-ahead) נָתַן אוֹר יָרֹק לְ..., אִשֵּׁר

—v.i.

1 (become clear) הִתְבַּהֵר

□ *let's go out if the weather clears up* בּוֹא נֵצֵא אִם יִשְׁתַּפֵּר מֶזֶג הָאֲוִיר

2 clear off (or **out**)**!** (*colloq.*) הִסְתַּלֵּק! הִתְנַדֵּף! עוּף מִפֹּה! תָּעוּף מִכָּאן! תִּתְחַפֵּף מִפֹּה!

clearance /ˈklɪərəns/ n.

1 (removal) סִלּוּק (מִכְשׁוֹל); חִסּוּל

clearance sale מְכִירַת־חִסּוּל, מְכִירָה כְּלָלִית

2 (permit) הֶתֵּר, רִשְׁיוֹן, אִשּׁוּר

customs clearance שִׁחְרוּר סְחוֹרוֹת מֵהַמֶּכֶס

3 (clear space) מִרְוָח, רֶוַח

clearing /ˈklɪərɪŋ/ n. מַעֲבֵה־יַעַר, קָרַחַת־יַעַר

clearing bank /ˈklɪərɪŋ ˌbæŋk/ n. בַּנְק הַמִּשְׁתַּמֵּשׁ בְּשֵׁרוּתֵי הַמִּסְלָקָה הַמֶּרְכָּזִית

clearing-house /ˈklɪərɪŋ-haʊs/ n. מִסְלָקָה (בִּבַנְקָאוּת)

clearly /ˈklɪəlɪ/ adv.

1 (distinctly) בְּצוּרָה בְּרוּרָה, בִּבְהִירוּת, בְּבֵרוּר

2 (obviously) מוּבָן מֵאֵלָיו, בְּבֵרוּר

□ *that's clearly a mistake* אֵין שׁוּם סָפֵק שֶׁזֹּאת טָעוּת

clearway /ˈklɪəweɪ/ n. כְּבִישׁ לְלֹא־עֲצִירָה

cleat /kliːt/ n. "בַּרְזֶל", "גּוּמִי" (פְּלָטָה עַל סֻלְיַת נַעַל, לִמְנִיעַת הַחֲלָקָה); יָתֵד קְשִׁירָה (בִּסְפִינָה); קֶרֶשׁ חִזּוּק (לְחִבּוּר שְׁנֵי מִשְׁטָחִים וְכַד')

cleavage /ˈkliːvɪdʒ/ n. בְּקִיעָה, הִתְבַּקְּעוּת; מַחְשׂוֹף (הֶחָרִיץ שֶׁבֵּין הַשָּׁדַיִם)

cleave[1] /kliːv/ (past **clove** /kləʊv/ or **cleft** /kleft/, past ppl. **cloven** /ˈkləʊv(ə)n/ or **cleft** /kleft/) v.t. (*poet.*) בִּקַּע, בִּתֵּק, בִּתֵּר, שִׁסַּע

cleave[2] /kliːv/ v.i. (*poet.*)

cleave to דָּבַק בְּ..., נִדְבַּק; הָיָה נֶאֱמָן לְ..., נִצְמַד לְ...

cleaver /ˈkliːvə(r)/ n. גַּרְזֶן־קַצָּבִים, קוֹפִיץ

clef /klef/ n. סִימַן־מַפְתֵּחַ (בְּמוּזִיקָה)

cleft[1] /kleft/ past & past ppl. of **cleave**[1] שָׁסוּעַ, מְבֻתָּר

cleft palate חֵךְ שָׁסוּעַ, שֶׁסַע הַחֵךְ

□ *we have them in a cleft stick* דָּחַקְנוּ אוֹתָם לְקֶרֶן־זָוִית, הִכְנַסְנוּ אוֹתָם אֶל בֵּין הַמְּצָרִים

cleft[2] /kleft/ n. סֶדֶק, בֶּקַע, נָקִיק

clematis /ˈklemətɪs/ n. זַלְזֶלֶת (צֶמַח־נוֹי מְטַפֵּס)

clemency /ˈklemənsɪ/ n. (*formal*) מְחִילָה, סְלִיחָה, חֲנִינָה; נְעִימוּת (שֶׁל מֶזֶג הָאֲוִיר)

clement /ˈklemənt/ adj. (*formal*)

1 (showing mercy) רַחְמָן, חַנּוּן וְרַחוּם

2 (of weather, mild) (מֶזֶג־אֲוִיר) נוֹחַ וְנָעִים

clementine /ˈkleməntiːn/ n. קְלֶמַנְטִינָה

clench /klentʃ/ v.t.

1 (close tightly) קִמֵּץ, קָפַץ (אֶגְרוֹף); לָפַת, אָחַז בְּכֹחַ

□ *he clenched his fists* הוּא קָפַץ אֶת אֶגְרוֹפָיו

□ *he clenched his teeth* הוּא קָפַץ אֶת שִׁנָּיו

2 (secure nail or rivet) מִסְמֵר, סִמְרֵר

clerestory /ˈklɪəstɔːrɪ/ n. חֶלְקוֹ הָעֶלְיוֹן שֶׁל קִיר שֶׁל כְּנֵסִיָּה גְּדוֹלָה, שֶׁיֵּשׁ בּוֹ סִדְרָה שֶׁל חַלּוֹנוֹת

clergy /ˈklɜːdʒɪ/ n. כְּמוּרָה

clergyman /ˈklɜːdʒɪmən/ n. כֹּמֶר, אִישׁ־כְּמוּרָה

cleric /ˈklerɪk/ n. כֹּמֶר

clerical ˈklerɪk(ə)l/ adj.

1 (of office-work) קְלֶרִיקָלִי, מִשְׂרָדִי, פְּקִידוּתִי, שֶׁל לַבְלָר

a clerical error טָעוּת־סוֹפֵר; פְּלִיטַת־קוּלְמוֹס

2 (of the clergy) שֶׁל (בִּגְדֵי) כְּמוּרָה

clericalism /ˈklerɪkəlɪzəm/ n. קְלֶרִיקָלִיזְם, שִׁלְטוֹן הַדָּת

clerihew /ˈklerɪhjuː/ n. חָרוּז שָׁנוּן שֶׁל אַרְבַּע שׁוּרוֹת

clerk /klɑːk/ n. פָּקִיד, לַבְלָר

town clerk מַזְכִּיר הָעִיר

clerk of the works מְהַנְדֵּס/אַדְרִיכָל אַחֲרַאי (בְּאֲתַר בְּנִיָּה)

clever /ˈklevə(r)/ adj. נָבוֹן, פִּקֵּחַ, מֻכְשָׁר, חָכָם

clever dick (*colloq.*) "חוּכְמוֹלוֹג", חֲמוֹר קוֹפֵץ בָּרֹאשׁ

cliché /kliːʃeɪ/ n. (*derog.*) קְלִישָׁה, קְלִישָׁאָה, אֲמִירָה נְדוֹשָׁה, אֲמִירָה חֲבוּטָה

click /klɪk/ n. קוֹל "קְלִיק", נְקִישָׁה קַלָּה

—v.i.

1 (make a sound) הִקִּישׁ, הִשְׁמִיעַ "קְלִיק"

2 (be lucky, *colloq.*) זָכָה לְהַצְלָחָה; הָלַךְ לוֹ קְלָף מְשֻׁגָּע

3 (become friends, *colloq.*) הִתְיַדְּדוּ מִיָּד, הָיָה בֵּינֵיהֶם "קְלִיק", הָיְתָה בֵּינֵיהֶם כִּימְיָה

4 (be understood, *colloq.*) הִתְבָּרֵר פִּתְאֹם

□ *it suddenly clicked* פִּתְאֹם תָּפַסְתִּי מָה הָעִנְיָן

client /ˈklaɪənt/ n. לָקוֹחַ, קוֹנֶה, קְלַיְנְט; (בְּמִשְׁפָּטִים) מַרְשֶׁה

clientele /ˌkliːɒnˈtel/ n. קְהַל־לָקוֹחוֹת, קְלַיֶּנְטֵלָה

cliff /klɪf/ n. צוּק, מָצוֹק

cliff-hanger /ˈklɪf-ˌhæŋə(r)/ n. (*colloq.*) סִיּוּם־אֶפִּיזוֹדָה הַמַּשְׁאִיר אֶת הַקּוֹרֵא/צוֹפֶה בְּמֶתַח, "הֶמְשֵׁךְ יָבוֹא"; תַּחֲרוּת שֶׁתּוֹצַאֲתָהּ אֵינָהּ בְּרוּרָה עַד לַסִּיּוּם

climacteric /klaɪˈmæktərɪk/ n. גִּיל הַמַּעֲבָר, תְּקוּפַת מַשְׁבֵּר (בְּגִיל הַמַּעֲבָר)

climactic /klaɪˈmæktɪk/ adj. שֶׁל שִׂיא, שֶׁמְּהַוֶּה שִׂיא

climate /ˈklaɪmət/ adj. אַקְלִים; אֲוִירָה; מְגַמָּה

climate of opinion דַּעַת־הַקָּהָל, עֶמְדַּת הַצִּבּוּר

climatic /klaɪˈmætɪk/ adj. שֶׁל הָאַקְלִים, שֶׁל מֶזֶג־הָאֲוִיר

climatological /ˌklaɪmətəˈlɒdʒɪk(ə)l/ adj. שֶׁל תּוֹרַת הָאַקְלִים, קְלִימָטוֹלוֹגִי

climatology /ˌklaɪməˈtɒlədʒɪ/ n. תּוֹרַת הָאַקְלִים, קְלִימָטוֹלוֹגְיָה

climax /ˈklaɪmæks/ n. שִׂיא, פִּסְגָּה; אוֹרְגַּזְמָה

—v.i. הִגִּיעַ לַשִּׂיא; הִגִּיעַ לְאוֹרְגַּזְמָה, "גָּמַר"

climb /klaɪm/ v.t. & i. טִפֵּס, עָלָה, הֶעְפִּיל

□ *they climbed up the ladder* הֵם טִפְּסוּ עַל הַסֻּלָּם

□ *when we told him the facts he climbed down* (*colloq.*) כְּשֶׁסִּפַּרְנוּ לוֹ אֶת הָעֻבְדּוֹת הוּא נָסוֹג מֵעֶמְדָּתוֹ

—n. טִפּוּס; עֲלִיָּה

□ *the climb up was easier than the climb down* הָעֲלִיָּה הָיְתָה קַלָּה מִן הַיְּרִידָה

climber /ˈklaɪmə(r)/ n.

1 (mountaineer) מְטַפֵּס־הָרִים

2 (climbing plant) צֶמַח מְטַפֵּס, מְטַפֵּס

3 (person advancing himself socially) אָדָם הַשּׁוֹאֵף לְטַפֵּס בְּמַעֲלֵה הַסֻּלָּם הַחֶבְרָתִי

clime /klaim/ n. (*poet.*) אַקְלִים

clinch /klɪntʃ/ n. תְּפִיסָה, לְפִיתָה (בְּהֵאָבְקוּת, בְּאִגְרוּף וְכוּ')

□ *the boxers went into a clinch* הַמִּתְאַגְרְפִים לָפְתוּ זֶה אֶת זֶה מִקָּרוֹב (וְהַשּׁוֹפֵט הָיָה צָרִיךְ לְהַפְרִיד בֵּינֵיהֶם)
—v.t. סִכֵּם עִסְקָה, סָגַר עִסְקָה; הִכְרִיעַ אֶת הַוִּכּוּחַ
□ *that fact clinched the argument* עֻבְדָּה זוֹ הִכְרִיעָה אֶת הַוִּכּוּחַ
□ *we clinched the deal* חָתַמְנוּ אֶת הָעִסְקָה

cling /klɪŋ/ (past & past ppl. **clung** /klʌŋ/) v.i. דָּבַק בְּ..., נִצְמַד לְ..., נֶאֱחַז בְּ...
□ *we must cling together* אֲנַחְנוּ צְרִיכִים לְהִשָּׁאֵר יַחַד; עָלֵינוּ לִדְבֹּק זֶה בָּזֶה

clinging /ˈklɪŋɪŋ/ adj. (צֶמַח) מְטַפֵּס; (אָדָם) נִשְׂרָךְ

clinic /ˈklɪnɪk/ n. קְלִינִיקָה, מִרְפָּאָה

clinical /ˈklɪnɪk(ə)l/ adj. קְלִינִי, שֶׁקָּשׁוּר לְמַחֲלָה

clink[1] /klɪŋk/ v.t. & i. הִקִּישׁ, קִשְׁקֵשׁ, צִלְצֵל
□ *we clinked glasses* הִקַּשְׁנוּ כּוֹסוֹת, שָׁתִינוּ "לְחַיִּים"
—n. (קוֹל) נְקִישָׁה; צִלְצוּל (שֶׁל זְכוּכִית)

clink[2] /klɪŋk/
(prison, *sl.*) קָלַבּוּשׁ, בֵּית-סֹהַר

clinker /ˈklɪŋkə(r)/ n. סִיגִים, פְּסֹלֶת-פֶּחָם

clinker-built /ˈklɪŋkə-bɪlt/ adj. (סִירוֹת) שֶׁצַּלְעוֹתֵיהֶן גּוֹלְשׁוֹת זוֹ עַל זוֹ כְּלַפֵּי מַטָּה

clip[1] /klɪp/ v.t.
1 (cut) גָּזַר, גָּזַז
clipped speech צוּרַת דִּבּוּר פְּסַקְנִית וַחֲתוּכָה, בַּהֲבָרוֹת קְצָרוֹת
□ *without a car his wings were clipped* בְּלִי מְכוֹנִית הוּא לֹא יָכוֹל לַעֲשׂוֹת דָּבָר, בְּלִי מְכוֹנִית כְּנָפָיו קְצוּצוֹת
□ *the guard clipped the ticket* הַסַּדְרָן נִקֵּב אֶת הַכַּרְטִיס
2 (hit, *colloq.*) הִפְלִיק, הֶחְטִיף מַכָּה, הוֹרִיד מַכָּה
□ *he clipped him one round the ear* (*sl.*) הוּא נָתַן לוֹ "פְּלָאק" בָּאֹזֶן
—n.
1 (extract from film) קֶטַע קָצָר מִסֶּרֶט, "קְלִיפּ"
2 (shorn wool) (כַּמּוּת) הַגֵּז (שֶׁל הַצֶּמֶר)
3 (blow, *colloq.*) סְטִירָה, מַכָּה חֲזָקָה, "פְּלָאק"

clip[2] /klɪp/ v.t. הִדֵּק
—n. מְהַדֵּק, אֶטֶב, "קְלִיפְּס"
cartridge clip מַחְסָנִית (שֶׁל כְּלִי יְרִיָּה)
clipboard /ˈklɪpbɔːd/ n. לוּחַ עִם קְלִיפְּס (לַאֲחִיזַת דַּפִּים וְלִכְתִיבָה לְלֹא שֻׁלְחָן)

clip-on /ˈklɪp-ɒn/ adj. & n. (תַּכְשִׁיט) מְהֻדָּק (לַבֶּגֶד בְּמִצְבָּטַיִם, (עָגִיל) מְהֻדָּק (לָאֹזֶן) בְּמִצְבָּטַיִם

clipper /ˈklɪpə(r)/ n.
1 (ship) קְלִיפֶּר (סְפִינַת מִפְרָשִׂים מְהִירָה)
2 (usu. in *pl.*) מִסְפָּרַיִם לְצִפָּרְנַיִם; מְכוֹנַת-תִּסְפֹּרֶת; מִסְפְּרֵי-דֶּשֶׁא

clipping /ˈklɪpɪŋ/ n. תַּגְזִיר, גְּזִיר-עִתּוֹן

clique /kliːk/ n. (*derog.*) קְלִיקָה, חֲבוּרָה (חוּג סָגוּר בַּעַל אִינְטֶרֶסִים מְשֻׁתָּפִים)

cliquish /ˈkliːkɪʃ/ adj. (*derog.*) נוֹטֶה לְהִצָּמֵד לִקְלִיקָה

cliquy /ˈkliːkɪ/ adj. (*derog.*) שֶׁל קְבוּצָה סְגוּרָה, שֶׁל קְלִיקָה

clitoris /ˈklɪtəris/ n. דַּגְדְּגָן, קְלִיטוֹרִיס

cloak /kləʊk/ n. אַדֶּרֶת, גְּלִימָה
cloak and dagger (עַל סִפּוּרִים, בְּעִקָּר סִפְרֵי רִגּוּל) מָלֵא הַרְפַּתְקָאוֹת
□ *do the deed under the cloak of darkness!* עֲשֵׂה אֶת הַמַּעֲשֶׂה בְּחָסוּת הַחֲשֵׁכָה!
—v.t. הִסְתִּיר, כִּסָּה
□ *events were cloaked in mystery* הָאֵרוּעִים הָיוּ אֲפוּפֵי מִסְתּוֹרִין

cloakroom /ˈkləʊkruːm/ n. מֶלְתָּחָה; נוֹחִיּוּת, שֵׁרוּתִים

clobber[1] /ˈklɒbə(r)/ n. (*sl.*)
1 (clutter) חֲפָצִים, שְׁמָטְ'עס
2 (clothes, *arch.*) בְּגָדִים, בִּגּוּד
3 (equipment) צִיּוּד

clobber[2] /ˈklɒbə(r)/ v.t. (*sl.*)
1 (defeat) "חִסֵּל", "גָּמַר" אֶת, "גָּמַר עַל"
2 (belabour, thrash) הִנְחִית מַהֲלוּמוֹת

cloche /klɒʃ/ n.
1 (glass or cover for outdoor plants) כִּסּוּי-זְכוּכִית לִצְמָחִים
2 (hat) כּוֹבַע-נָשִׁים בְּצוּרַת פַּעֲמוֹן (שְׁנוֹת הָ־20)

clock[1] /klɒk/ n. שְׁעוֹן-קִיר, אוֹרְלוֹגִין
three o'clock שָׁעָה שָׁלֹשׁ, שָׁלֹשׁ
□ *you can't put the clock back* (*fig.*) אִי אֶפְשָׁר לְהַחֲזִיר אֶת הַגַּלְגַּל אֲחוֹרַנִּית
□ *she worked round the clock* הִיא עָבְדָה יוֹמָם וָלַיְלָה
□ *he slept the clock round* הוּא יָשַׁן בִּרְצִיפוּת כָּל שְׁעוֹת הַיְמָמָה
□ *the secretaries all watch the clock* (*derog.*) כָּל הַמַּזְכִּירוֹת מְחַכּוֹת בְּקֹצֶר רוּחַ לְסוֹף הַיּוֹם
□ *I am working against the clock* אֲנִי בְּמֵרוֹץ נֶגֶד הַשָּׁעוֹן
—v.t. & i.
□ *he clocked 10 seconds for the 100 metres* הוּא רָץ מֵאָה מֶטֶר בְּעֶשֶׂר שְׁנִיּוֹת
□ *she clocked him one* (*sl.*) הִיא הֵעִיפָה לוֹ מַכָּה בַּפַּרְצוּף
□ *we have to clock in and out at work* עָלֵינוּ לְהַחְתִּים אֶת כַּרְטִיס הָעֲבוֹדָה בְּבוֹאֵנוּ וּבְצֵאתֵנוּ

clock[2] /klɒk/ n. רִקְמָה/קִשּׁוּט בְּצִדֵּי הַגֶּרֶב (בַּקַּרְסֹל)

clock face /ˈklɒk feɪs/ n. לוּחַ הַשָּׁעוֹן (שֶׁעָלָיו מוֹפִיעוֹת הַסְּפָרוֹת)

clock golf /klɒk ˈgɒlf/ n. גּוֹלְף-מַעְגָּלִים (סוּג שֶׁל מִשְׂחַק גּוֹלְף)

clocktower /ˈklɒktaʊə(r)/ n. מִגְדַּל-הַשָּׁעוֹן

clockwise /ˈklɒkwaɪz/ adj. & adv. בְּכִוּוּן הַשָּׁעוֹן

clockwork /ˈklɒkwɜːk/ n. & adj. מַנְגְּנוֹן הַשָּׁעוֹן; מֶכָנִי

□ *the operation went like clockwork* הַמִּבְצָע דָּפַק כְּמוֹ שָׁעוֹן

clod /klɒd/ n.

1 (lump of earth) רֶגֶב, גּוּשׁ עָפָר

2 (lout) טִיפּוּס מְגֻשָּׁם וְסָתוּם

clodhopper /ˈklɒdhɒpə(r)/ n.

1 (lout) טִיפּוּס מְגֻשָּׁם וְסָתוּם

2 (clumsy shoe, *colloq.*) "בּוּסְטֶרִים", נַעֲלַיִם (צְבָאִיּוֹת) כְּבֵדוֹת

clog /klɒg/ v.t. & i. סָתַם, עָצַר; נִסְתַּם

□ *the drain's clogged up* הַבִּיּוּב סָתוּם; הַמַּרְזֵב סָתוּם

—n. (usu. in *pl.*) נַעֲלֵי־עֵץ, קַבְקַבִּים

clog dance רִקּוּד שֶׁבּוֹ הָרַקְדָן נוֹעֵל נַעֲלֵי־עֵץ

cloister /ˈklɔɪstə(r)/ n. סְטָיו, אַכְסַדְרָה שֶׁל עַמּוּדִים מִסָּבִיב לְחָצֵר מְרֻבַּעַת; מִנְזָר

—v.t. חַי בְּמִנְזָר; חַי בִּפְרִישׁוּת, מִתְבּוֹדֵד

□ *he lives a cloistered life* הוּא חַי חַיֵּי פְּרִישׁוּת, הוּא מִסְתַּגֵּר בְּדַלְּת אַמּוֹתָיו

clone /kləʊn/ n. & v.t. (גֶּנֶטִיקָה) תָּא/אוֹרְגָנִיזְם שֶׁנּוֹצַר ע"י שִׁכְפּוּל א־מִינִי מִתָּא בּוֹדֵד; שִׁכְפֵּל בְּאֹפֶן א־מִינִי

□ *they developed an IBM clone* הֵם פִּתְּחוּ (מַחְשֵׁב) תּוֹאֵם י.ב.מ.

close[1] /kləʊs/ adj.

1 (near also adv.) קָרוֹב; בְּקִרְבָה

□ *we work in close co-operation* אֲנַחְנוּ עוֹבְדִים בְּשִׁתּוּף פְּעֻלָּה הָדוּק

□ *he is a close friend* הוּא יָדִיד קָרוֹב

close harmony תֵּאוּם מֻשְׁלָם

at close quarters מִקָּרוֹב, פָּנִים אֶל פָּנִים

a close shave גִּלּוּחַ לְמִשְׁעִי

□ *that was a close shave* (or *call*) (*colloq.*) נִצַּלְנוּ בְּנֵס!

close together צָמוּד

□ *she is close on sixty* הִיא מִתְקָרֶבֶת לְגִיל שִׁשִּׁים

□ *they live close by* הֵם גָּרִים בְּקִרְבַת־מָקוֹם

□ *the fight was a close thing* הַמַּאֲבָק הָיָה צָמוּד

2 (dense, concentrated) דָּחוּס, צָפוּף, מְרֻכָּז; מְדַקְדֵּק, צָרוּף

in close formation (or **order**) בְּצָמוּד זֶה לָזֶה; בְּתַבְנִית מְכֻנֶּסֶת

□ *I paid close attention* הִקְדַּשְׁתִּי תְּשׂוּמַת לֵב מְרֻבָּה וּמְיֻחֶדֶת

3 (narrow, restricted) מְצֻמְצָם, מֻגְבָּל

close season עוֹנָה אֲסוּרָה (לָצַיִד, לָדַיִג, וְכַד׳)

close secret סוֹד כָּמוּס

4 (stuffy) מַחֲנִיק

5 (not generous, *colloq.*) קַמְּצָן

—n.

1 (enclosed place) סִמְטָה לְלֹא מוֹצָא; רְחָבָה (בְּדֶרֶךְ כְּלָל סְבִיב קָתֶדְרָלָה)

2 /kləʊz/ (conclusion) סִיּוּם, סוֹף

at close of play (הַתּוֹצָאָה בְּקְרִיקֶט) בְּסוֹף הַיּוֹם, בְּסוֹף הַמִּשְׂחָק

□ *they voted at the close of the debate* הֵם הִצְבִּיעוּ בְּסִיּוּמוֹ שֶׁל הַוִּכּוּחַ

□ *his life drew peacefully to a close* חַיָּיו קָרְבוּ בְּשַׁלְוָה אֶל קִצָּם

—v.t. & i. /kləʊz/

1 (shut) סָגַר, נָעַל, סָכַר

closed circuit television טֶלֶוִיזְיָה בְּמַעְגָּל סָגוּר

in closed session בִּדְלָתַיִם סְגוּרוֹת

closed shop מְקוֹם עֲבוֹדָה הַמְחַיֵּב חֲבֵרוּת בְּאִגּוּד־עוֹבְדִים מְסֻיָּם

early closing day יוֹם שֶׁבּוֹ הָעֲסָקִים סְגוּרִים אַחֲרֵי הַצָּהֳרַיִם

□ *they closed the door on further negotiations* הֵם חָסְמוּ אֶת הַדֶּרֶךְ בִּפְנֵי מַשָּׂא וּמַתָּן נוֹסָף

□ *nuclear physics is a closed book to me* (*colloq.*) פִיזִיקָה גַּרְעִינִית זֶה סִינִית בִּשְׁבִילִי

2 (conclude) סִיֵּם, סִכֵּם

closing prices הַמְּחִירִים שֶׁל שְׁעַת הַנְּעִילָה בַּבּוּרְסָה, מְחִירֵי סְגִירָה

□ *he closed his account* הוּא סָגַר אֶת הַחֶשְׁבּוֹן שֶׁלּוֹ

□ *they closed the bargain* הֵם סִכְּמוּ עִסְקָה, הֵם סָגְרוּ עִסְקָה

□ *Tuesday is the closing date for applications* יוֹם ג׳ הוּא הַתַּאֲרִיךְ הַסּוֹפִי לְהַגָּשַׁת בַּקָּשׁוֹת

3 (draw near or together) הִצְטוֹפֵף

□ *they closed ranks against the common danger* הֵם הִתְאַחֲדוּ לְנֹכַח הַסַּכָּנָה הַמְשֻׁתֶּפֶת

□ *the troops closed with the enemy* הַגְּיָסוֹת יָצְרוּ מַגָּע עִם הָאוֹיֵב

—in set phrases

close down

(a business) סָגַר, חִסֵּל (חֲנוּת, עֵסֶק, מִפְעָל)

(a radio transmission) סִיֵּם אֶת הַשִּׁדּוּר

close in

(draw near on all sides) הִקִּיף מִכָּל עֵבֶר, אָפַף, סָגַר עַל

(of days, become shorter) (הַיּוֹם) הִתְקַצֵּר

□ *the days are closing in* הַיָּמִים מִתְקַצְּרִים

close off חָסַם (שֶׁטַח); סָגַר (בֶּרֶז רָאשִׁי)

close up סָתַם, מִלֵּא, סָגַר

close-fisted /ˌkləʊs-ˈfɪstɪd/ adj. (*colloq.*) קְפוּץ־אֶגְרוֹפִים

close-fitting /ˌkləʊs-ˈfɪtɪŋ/ adj. הָדוּק, צָמוּד, צָמוּד לַגּוּף

closely /ˈkləʊslɪ/ adv. בְּאֹפֶן צָמוּד, בְּאֹפֶן הָדוּק; בִּיסוֹדִיּוּת, בִּקְפִידָה

□ *the police questioned them closely* הַשּׁוֹטְרִים עָרְכוּ לָהֶם חֲקִירַת שְׁתִי וָעֵרֶב

□ *it's a closely guarded secret* זֶה סוֹד שָׁמוּר בְּקַנָּאוּת

closet /ˈklɒzɪt/ n. & attrib. אָרוֹן, מִלְתָּחָה; חֶדֶר קָטָן; נִסְתָּר; "שֶׁל אָרוֹן", "בָּאָרוֹן"

water closet בֵּית־שִׁמּוּשׁ

a closet homosexual הוֹמוֹסֶקְסוּאָל "בָּאָרוֹן" (הוֹמוֹסֶקְסוּאָל הַמִּתְבַּיֵּשׁ בְּזֶהוּתוֹ הַמִּינִית וְאֵינוֹ חוֹשֵׂף אוֹתָהּ בָּרַבִּים)

□ *come out of the closet* (הוֹמוֹסֶקְסוּאָל) "יָצָא מֵהָאָרוֹן"

—v.t. סָגַר בְּחֶדֶר

□ *they were closeted with their lawyer* הֵם הִסְתַּגְּרוּ עִם עוֹרֵךְ הַדִּין שֶׁלָּהֶם לְשִׂיחָה בְּאַרְבַּע עֵינַיִם

close-up /ˈkləʊsˌ-ʌp/ n. צִלּוּם "קְלוֹז־אַפּ", צִלּוּם מִקָּרוֹב, תַּקְרִיב

closure /ˈkləʊʒə(r)/ n. סְגִירָה, סִיּוּם, נְעִילַת וִכּוּחַ עַל־יְדֵי הַצְבָּעָה; חִסּוּל (שֶׁל עֵסֶק)

clot /klɒt/ n.

1 (coagulation) גּוּשׁ מוּצָק־לְמֶחֱצָה

blood clot קְרִישׁ־דָּם

2 (fool, (*sl.*)) "בּוּל־עֵץ", אִידְיוֹט

—v.t. & i. הִקְרִישׁ; נִקְרַשׁ

clotted cream שַׁמֶּנֶת עֲשִׁירָה וּסְמִיכָה (שֶׁהוּפְקָה מֵהַרְתָּחַת חָלָב אִטִּית), סוּג שֶׁל זִבְדָּה

cloth /klɒθ/ n.

1 (fabric) בַּד, אָרִיג

2 (piece of fabric for special purpose) מַטְלִית, סְמַרְטוּט, סְחָבָה

3 (tablecloth) מַפָּה, מַפַּת־שֻׁלְחָן

4 (clerical profession, *formal*) כְּמוּרָה

□ *a gentleman of the cloth* אִישׁ־כְּמוּרָה

clothe /kləʊð/ (past & past ppl. **clothed** /kləʊðd/ or (*poet.*) **clad** /klæd/) v.t. הִלְבִּישׁ; (בְּהַשְׁאָלָה) עָטָה, אָפַף

clothes /kləʊðz/ n. *pl.*

1 (garments) בְּגָדִים, מַלְבּוּשִׁים

2 (bed-linen) כְּלֵי־מִטָּה, מַצָּעִים

clothes-horse /ˈkləʊðz-hɔːs/ n. מִתְקָן יִבּוּשׁ, מִסְגֶּרֶת עֵץ לְיִבּוּשׁ כְּבִיסָה

clothes-line /ˈkləʊðz-laɪn/ n. חֶבֶל כְּבִיסָה

clothes-peg /ˈkləʊðz-peg/ n. מַקָּל כְּבִיסָה, אֶטֶב

clothes-prop /ˈkləʊðz-prɒp/ n. תְּמוּכָה לְחֶבֶל כְּבִיסָה

clothier /ˈkləʊðɪə(r)/ n. (*formal*) יַצְרָן/מוֹכֵר בִּגְדֵי גְּבָרִים

clothing /ˈkləʊðɪŋ/ n. בְּגָדִים, דִּבְרֵי־הַלְבָּשָׁה

cloud /klaʊd/ n. עָנָן, עָב

□ *that boy has his head in the clouds* הַיֶּלֶד מְרַחֵף בָּעֲנָנִים, הַיֶּלֶד הוּא "אַסְטְרוֹנָאוּט", הָרֹאשׁ שֶׁל הַיֶּלֶד בָּעֲנָנִים

□ *the accountant left under a cloud* מְנַהֵל הַחֶשְׁבּוֹנוֹת עָזַב תַּחַת צֵל כָּבֵד שֶׁל חֲשָׁדוֹת, עֲנָנָה שְׁחוֹרָה הֵעִיבָה עַל עֲזִיבָתוֹ שֶׁל מְנַהֵל הַחֶשְׁבּוֹנוֹת

—v.t. כִּסָּה בַּעֲנָנִים, הֵעִיב עַל

□ *rage clouded his judgement* הַכַּעַס הֵעִיב עַל כֹּשֶׁר הַשִּׁפּוּט שֶׁלּוֹ

—v.i. נַעֲשָׂה מְעֻנָּן, הִתְכַּסָּה בַּעֲנָנִים

□ *the sky clouded over* הַשָּׁמַיִם הִתְכַּסּוּ עֲנָנִים, הַשָּׁמַיִם הִתְקַדְּרוּ

cloudburst /ˈklaʊdbɜːst/ n. שֶׁבֶר־עָנָן, מַטַּח־גֶּשֶׁם פִּתְאֹמִי

cloud-cuckoo-land /ˌklaʊd-ˈkʊkuː-lænd/ n. (*derog.*) אֶרֶץ הַחֲלוֹמוֹת (מָקוֹם דִּמְיוֹנִי שֶׁבּוֹ מִתְגַּשְּׁמִים חֲלוֹמוֹת בִּלְתִּי אֶפְשָׁרִיִּים)

cloudiness /ˈklaʊdɪnɪs/ n. דְּלִיחוּת, אֹבֶךְ, עַכְרִירוּת

cloudless /ˈklaʊdlɪs/ adj. בָּהִיר, לְלֹא עֲנָנָה

cloudy /ˈklaʊdɪ/ adj.

1 (with clouds) מְעֻנָּן

2 (turbid) דָּלוּחַ, עָכוּר, לֹא צָלוּל; מְעֻרְפָּל

clout /klaʊt/ n.

1 (blow, *colloq.*) מַכָּה, זַפְּטָה

2 (power of effective action, *colloq.*) כֹּחַ הַשְׁפָּעָה, הַשְׁפָּעָה, מַהֲלָכִים

3 (piece of cloth, dishcloth) סְמַרְטוּט, מַטְלִית, מַגֶּבֶת מִטְבָּח; פְּרִיט לְבוּשׁ

□ *cast not a clout ere May be out* (*Prov.*) תִּזָּהֵר שֶׁלֹּא לְהִצְטַנֵּן!

—v.t. (*colloq.*) הוֹרִיד מַכָּה עַל, נָתַן "זַפְּטָה" לְ...

clove[1] /kləʊv/ past & past ppl. of **cleave**

clove[2] /kleʊv/ n. פֶּלַח (שֶׁל בָּצָל מֻרְכָּב)

clove of garlic שֵׁן שׁוּם

clove[3] /kləʊv/ n. צִפֹּרֶן

clove hitch /ˈkləʊv hɪtʃ/ n. קֶשֶׁר מוֹט

cloven /ˈkləʊv(ə)n/ past ppl. of **cleave** & adj. שָׁסוּעַ

cloven hoof פַּרְסָה שְׁסוּעָה (שֶׁל בַּעַל חַיִּים מַפְרִיס פַּרְסָה)

cloven footed בַּעַל פַּרְסָה שְׁסוּעָה (בַּעֲלֵי חַיִּים, הָאֵל פָּאן, הַשָּׂטָן)

□ *he showed his cloven hoof* הוּא חָשַׂף אֶת פַּרְצוּפוֹ הָאֲמִתִּי (הַשְּׂטָנִי)

clover /ˈkləʊvə(r)/ n. תִּלְתָּן

in clover (*colloq.*) שׁוֹהֶה בְּבוֹר שֶׁל שֻׁמָּן, חַי חַיֵּי רְוָחָה וּמוֹתָרוֹת

clown /klaʊn/ n. & v.i. מוּקְיוֹן, לֵיצָן; הִתְלוֹצֵץ, הִשְׁתַּטָּה, הִתְנַהֵג כְּמוּקְיוֹן

cloy /klɔɪ/ v.t. & i. (*formal*) הֶחֱלִיא מֵרֹב מְתִיקוּת, הִשְׂבִּיעַ לְזָרָא; הָיָה מָתוֹק/מַשְׂבִּיעַ לְזָרָא

club /klʌb/ n.

1 (cudgel) אַלָּה

2 (stick used in golf etc.) מַקַּל גּוֹלְף, אַלַּת גּוֹלְף

3 (of cards, suit) סִדְרַת הַתִּלְתָּן (בִּקְלָפִים)

4 (association, its premises) מוֹעֲדוֹן, "קְלַאבּ"

in the club (*colloq.*) בְּהֵרָיוֹן

—v.t. הִכָּה בְּאַלָּה, חָבַט בְּאַלָּה

□ *they clubbed him to death* הֵם הָרְגוּ אוֹתוֹ בְּמַהֲלוּמוֹת אַלָּה

—v.i.

club together הִתְאַגֵּד הִתְאַחֵד

clubbable /ˈklʌbəb(ə)l/ adj. רָאוּי וּמַתְאִים לִהְיוֹת חָבֵר בְּמוֹעֲדוֹן; אִישׁ רֵעִים

club-class /ˈklʌb-klɑːs/ n. מַחְלֶקֶת עֲסָקִים (בְּמָטוֹס)

club-foot /klʌb-ˈfʊt/ n. עִוּוּת שֶׁל כַּף־הָרֶגֶל (מוּם מִלֵּדָה הַמַּקְשֶׁה עַל הַהֲלִיכָה)

clubhouse /clʌbhaʊs/ n. מוֹעֲדוֹן, בִּנְיַן הַמּוֹעֲדוֹן

club-root /klʌb-ˈrʊt/ n. מַחֲלַת שָׁרָשִׁים הַתּוֹקֶפֶת אֶת צֶמַח הַכְּרוּב

club sandwich /klʌb ˈsænwɪdʒ/ n. סֶנְדְּוִיץ׳ קוֹמָתַיִם

cluck/ klʌk/n. & v.i. קִרְקוּר; קִרְקֵר

clue /kluː/ n. רֶמֶז, רֶמֶז מְסַיֵּעַ, מַפְתֵּחַ לְפִתְרוֹן

□ *I haven't a clue* (*colloq.*) אֵין לִי מֻשָּׂג

clump /klʌmp n. סְבַךְ־שִׂיחִים; קְבוּצַת עֵצִים, אֶגֶד־צְמָחִים

—v.i. פָּסַע בִּכְבֵדוּת, פִּלֵּס אֶת דַּרְכּוֹ בְּקֹשִׁי

clumsily /ˈklʌmzɪlɪ/ adv. בְּצוּרָה מְגֻשֶּׁמֶת, בִּכְבֵדוּת

clumsiness /ˈklʌmzɪnɪs/ n. מְגֻשָּׁמוּת, כְּבֵדוּת, סִרְבּוּל

clumsy /ˈklʌmzɪ/ adj. מְגֻשָּׁם, כְּבַד־תְּנוּעָה, בַּעַל שְׁתֵּי יָדַיִם שְׂמָאלִיּוֹת, מְסֻרְבָּל

clung /klʌŋ/ past & past ppl. of **cling**

cluster /ˈklʌstə(r)/ n. & v.i. אֶשְׁכּוֹל (עֲנָבִים); צְרוֹר (פְּרָחִים); קְבוּצָה (בִּנְיָנִים, אֲנָשִׁים); הִתְקַהֵל, הָיָה מְרֻכָּז בְּ...

cluster bomb פִּצְצַת מִצְרָר

clutch[1] /klʌutʃ/ v.t. & i. אָחַז, תָּפַס בְּחָזְקָה

□ *we were clutching at straws* בְּיֵאוּשֵׁנוּ נִסִּינוּ גַּם פִּתְרוֹנוֹת אֲבוּדִים־מֵרֹאשׁ

□ *she clutched her son to her breast* הִיא אִמְּצָה אֶת בְּנָהּ אֶל לִבָּהּ

—n.

1 (grasp) אֲחִיזָה, תְּפִיסָה

□ *she could not escape from his clutches* לֹא עָלָה בְּיָדָהּ לְהִשְׁתַּחְרֵר מֵאֲחִיזָתוֹ

2 (*Mech.*) קְלַאץ׳, מַצְמֵד (בִּמְכוֹנִית)

clutch[2] /klʌtʃ/ n. בֵּיצִים לִדְגִירָה; אֶפְרוֹחִים (מִדְּגִירָה אַחַת)

clutch bag /klʌtʃ bæg / n. אַרְנַק עֶרֶב לְלֹא רְצוּעָה לְנָשִׁים

clutter /ˈklʌtə(r)/ n. & v.t. אִי־סֵדֶר, בַּלָּגָן, עִרְבּוּבְיָה; עָרַם בְּעִרְבּוּבְיָה

cm. abbrev. ס״מ (סֶנְטִימֶטֶר)

CND abbrev. אִרְגּוּן פּוֹלִיטִי בְּרִיטִי הַקּוֹרֵא לְפֵרוּק הַנֶּשֶׁק הַגַּרְעִינִי

co- /kəʊ-/ pref. (תְּחִלִּית שֶׁפֵּרוּשָׁהּ) שֻׁתָּף לְ...., חָבֵר לְ... (לַעֲבוֹדָה, לַהֲפָקָה, לִכְתִיבָה), ־שֻׁתָּף; ־מִשְׁנֶה

coach /ˈkəʊtʃ/ n.

1 (carriage) כִּרְכָּרָה, מֶרְכָּבָה, עֲגָלָה

railway coach קְרוֹן רַכֶּבֶת

stage coach מֶרְכֶּבֶת דֹּאַר

2 (long-distance bus, (*UK*)) אוֹטוֹבּוּס בֵּין־עִירוֹנִי

3 (tutor, trainer) מְאַמֵּן, מַדְרִיךְ; מוֹרֶה פְּרָטִי

—v.t. הֵכִין תַּלְמִידִים לִבְחִינוֹת; אִמֵּן, הִדְרִיךְ

coachman /ˈkəʊtʃmən/ n. רַכָּב, עֶגְלוֹן

coachwork /ˈkəʊtʃwɜːk/ n. מֶרְכָּב (הָעֲגָלָה, הַמְּכוֹנִית, הַקָּרוֹן וְכַד׳)

coagulate /kəʊægjʊleɪt/ v.t. & i. נִקְרַשׁ, קָפָא; הִקְרִישׁ, הִקְפִּיא

coagulation /ˌkəʊˌægjʊˈleɪʃ(ə)n/ n. קְרִישָׁה, הַקְפָּאָה

coal /kəʊl/ n. פֶּחָם

coals to Newcastle (*colloq.*) תֶּבֶן לַעֲפָרַיִם (תּוֹסֶפֶת בְּמָקוֹם שֶׁיֵּשׁ בּוֹ שֶׁפַע מִלְּכַתְּחִלָּה)

□ *the teacher hauled the boy over the coals* (*colloq.*) הַמּוֹרֶה נָתַן לַיֶּלֶד שְׁטִיפָה, הַמּוֹרֶה נָתַן לַיֶּלֶד עַל הָרֹאשׁ

□ *I shall heap coals of fire on his head for this* אֲשַׁלֵּם לוֹ טוֹבָה תַּחַת רָעָה (כְּדֵי שֶׁיִּנָּקֵף אוֹתוֹ מַצְפּוּנוֹ)

coal-black /kəʊl-ˈblæk/ adj. שָׁחוֹר כַּפֶּחָם, שָׁחוֹר מִשְׁחוֹר

coalesce /ˌkəʊəˈles/ v.i. (*formal*) הִתְלַכֵּד, הִתְמַזֵּג

coalescence /ˌkəʊəˈles(ə)ns/ n. (*formal*) הִתְלַכְּדוּת, הִתְמַזְּגוּת

coal-face /ˈkəʊl-feɪs/ n. (בְּמִכְרֵה פֶּחָם) הַמָּקוֹם שֶׁבּוֹ כּוֹרִים אֶת הַפֶּחָם מִן הַסֶּלַע; זִירַת הָאֵרוּעַ, הַמָּקוֹם שֶׁבּוֹ מִתְבַּצַּעַת הָעֲבוֹדָה הַקָּשָׁה בְּפֹעַל

coalfield /ˈkəʊlfiːld/ n. שְׂדֵה פֶּחָם, אֵזוֹר מִכְרוֹת

coal gas /ˈkəʊl gæs/ n. גַּז פֶּחָם

coal-hole /kəʊl-həʊl/ n. מַרְתֵּף קָטָן לְאִחְסוּן פֶּחָם

coalition /ˌkəʊəˈlɪʃ(ə)n/ n. קוֹאָלִיצְיָה (צֵרוּף שֶׁל מִפְלָגוֹת לְהַשָּׂגַת רֹב)

coalman /ˈkəʊlmən/ n. פַּחְמִי, מְחַלֵּק פֶּחָם

coal-mine /ˈkəʊl-maɪn/ n. מִכְרֵה פֶּחָם

coal-pit /ˈkəʊl-pɪt/ n. מִכְרֵה פֶּחָם

coal-scuttle /ˈkəʊl-skʌt(ə)l/ n. מְכַל פֶּחָם, דְּלִי לְפֶחָם (לְיַד הָאָח)

coal-seam /kəʊl-siːm/ n. שִׁכְבַת פֶּחָם, מִרְבַּץ פֶּחָם

coal tar /ˈkəʊl ˈtɑː(r)/ n. עִטְרָן

coarse /kɔːs/ adj. מְחֻסְפָּס, גַּס, לֹא מְעֻדָּן

coarse-grained /kɔːs-ˈgreɪnd/ adj. בַּעַל טֶקְסְטוּרָה גַּסָּה

coarsen /ˈkɔːs(ə)n/ v.t. & i. עָשָׂה לִמְחֻסְפָּס, גַּס; נַעֲשָׂה מְחֻסְפָּס, גַּס

coast /kəʊst/ n. חוֹף, חוֹף־הַיָּם, שְׂפַת־הַיָּם

□ *the coast is clear* הַסַּכָּנָה חָלְפָה, הַדֶּרֶךְ פְּתוּחָה

—v.i.

1 (ride downhill without using power) הִתְגַּלְגֵּל בְּמוֹרָד, נָסַע בְּמוֹרָד (מִבְּלִי לְהַפְעִיל כֹּחַ)

2 (sail along shore) שָׁט לְאֹרֶךְ הַחוֹף

coastal /ˈkəʊstəl/ adj. חוֹפִי, שֶׁל הַחוֹף, ־חוֹפִים
coastal waters מֵי־הַחוֹפִים

coaster /ˈkəʊstə(r)/ n.
1 (ship) סְפִינַת־חוֹפִים
2 (small mat) תַּחְתִּית לְבַקְבּוּק יַיִן (לְרֹב מְכֻסֶּפֶת); תַּחְתִּית (שַׁעַם, פְּלַסְטִיק, עֵץ וְכַד׳) לְכוֹס

coastguard /ˈkəʊstgɑːd/ n. מִשְׁמַר הַחוֹף; שׁוֹטֵר מִמִּשְׁמַר הַחוֹף

coastline /ˈkəʊstlaɪn/ n. קַו הַחוֹף

coat /kəʊt/ n.
1 (garment) מְעִיל
coat of arms שֶׁלֶט־אַבִּירִים (שִׁלְטֵי יִחוּס שֶׁל מִשְׁפַּחַת מְלוּכָה, אֲצֻלָּה וְכַד׳)
coat of mail (or **armour**) שִׁרְיוֹן קַשְׂקַשִּׂים
frock-coat פְּרָאק (מִקְטֹרֶן גְּבָרִים רִשְׁמִי)
top-coat מְעִיל עֶלְיוֹן אָרֹךְ
□ *you must cut your coat according to your cloth* עָלֶיךָ לִחְיוֹת בְּמִסְגֶּרֶת הָאֶמְצָעִים שֶׁלְּךָ
2 (fur of animal) פַּרְוָה
3 (covering) שִׁכְבַת־כִּסּוּי (צֶבַע וְכַד׳)
□ *the room could do with a coat of paint* לֹא הָיָה מַזִּיק לִצְבֹּעַ אֶת הַחֶדֶר
—v.t. כִּסָּה, צִפָּה

coathanger /ˈkəʊtˌhæŋə(r)/ n. קוֹלָב

coating /ˈkəʊtɪŋ/ n. שִׁכְבָה דַּקָּה, צִפּוּי

coat-tails /ˈkəʊt-teɪlz/ n. *pl.* ״כְּנָפַיִם״ שֶׁל מְעִיל פְּרָאק

co-author /ˌkəʊ-ˈɔːθə(r)/ n. שֻׁתָּף לִכְתִיבָה בְּחִבּוּר סֵפֶר

coax /kəʊks/ v.t. & i. שִׁדֵּל, דִּבֵּר עַל לֵב...; דִּבֵּר רַכּוֹת

coaxial /kəʊˈæksɪəl/ adj. בַּעַל צִיר מְשֻׁתָּף (כֶּבֶל חַשְׁמַלִּי)

cob /kɒb/ n.
1 (male swan) בַּרְבּוּר זָכָר
2 (horse) סוּס רְכִיבָה (חָזָק וּקְצַר רַגְלַיִם)
3 (rounded article) חֵפֶץ מְעֻגָּל (לְמָשָׁל כִּכַּר לֶחֶם)
corn on the cob קֶלַח־תִּירָס
cob nut אֱגוֹז לוּז, אִלְסָר

cobalt /ˈkəʊbɔːlt/ n.
1 (mineral) קוֹבַּלְט
2 (pigment) כָּחֹל קוֹבַּלְט, כָּחֹל כֵּהֶה

cobber /ˈkɒbə(r)/ n. (*Austral. & NZ*) חָבֵר קָרוֹב, עָמִית

cobble[1] /ˈkɒb(ə)l/ n. חַלּוּק אֶבֶן (לְרִצּוּף כְּבִישִׁים וְכַד׳)
—v.t. רִצֵּף בְּאֶבֶן

cobble[2] /ˈkɒb(ə)l/ v.t.
1 (mend shoes) תִּקֵּן נַעֲלַיִם
2 (mend roughly) תִּקֵּן בְּרַשְׁלָנוּת

cobbler /ˈkɒblə(r)/ n. סַנְדְּלָר

cobblers /ˈkɒbləz/ n. (*UK* sl.) שְׁטֻיּוֹת

cobblestone ˈkɒb(ə)lstəʊn/ n. חַלּוּק אֶבֶן (לְרִצּוּף כְּבִישִׁים וְכַד׳)

cobra /ˈkəʊbrə/ n. נָחָשׁ קוֹבְּרָה

cobweb /ˈkɒbweb/ n. קוּרֵי עַכָּבִישׁ
□ *a walk will blow away the cobwebs* הַהֲלִיכָה תְּרַעֲנֵן אוֹתְךָ

cocaine /kəʊˈkeɪn/ n. קוֹקָאִין

coccyx /ˈkɒksɪks/ n. (*Med.*) עֶצֶם הָעָצֶה, עֶצֶם הָעֹקֶץ

cochineal /ˌkɒtʃɪˈniːl/ n. צֶבַע מַאֲכָל אָדֹם עַז

cock /kɒk/ n.
1 (male bird) עוֹף זָכָר, תַּרְנְגוֹל
cock of the walk (*colloq.*) הָאֲרִי שֶׁבַּחֲבוּרָה
2 (tap) בֶּרֶז
stop-cock בֶּרֶז רָאשִׁי, ״שִׁיבֶּר״, מָגוֹף
3 (lever in gun) (בְּרוֹבֶה) נוֹקֵר
□ *the scheme went off at half cock* (*fig.*) הַתָּכְנִית הֻפְעֲלָה לִפְנֵי הַזְּמַן, הַתָּכְנִית נִכְשְׁלָה מֵחֹסֶר הֲכָנוֹת מַסְפִּיקוֹת
4 (penis, *vulg.*) זַיִן (אֵבֶר הַמִּין הַזְּכָרִי), שְׁמוֹק
5 (nonsense, *sl.*) שְׁטֻיּוֹת, בַּרְבּוּרִים
□ *that's all cock* זֶבֶל! שְׁטֻיּוֹת!
—v.t.
1 (turn upwards) זָקַף
cocked hat כּוֹבַע מְשֻׁלָּשׁ, כּוֹבַע בַּעַל שָׁלֹשׁ פִּנּוֹת
□ *his lateness knocked the whole plan into a cocked hat* כָּל הַתָּכְנִית עָלְתָה בַּתֹּהוּ בִּגְלַל שֶׁהוּא אֵחַר
□ *the dog cocked its ears* הַכֶּלֶב זָקַף אֶת אָזְנָיו
□ *the soldier cocked a snook at his commander* (*UK colloq.*) הַחַיָּל עָשָׂה לִמְפַקְּדוֹ תְּנוּעָה מְגֻנָּה, הַחַיָּל הִתְיַחֵס בְּזִלְזוּל אֶל מְפַקְּדוֹ
2 (raise cock of gun) דָּרַךְ (רוֹבֶה)

cockade /kɒˈkeɪd/ n. סֶרֶט נוֹי בְּמִגְבַּעַת (לְצִיּוּן דַּרְגָּה וְכַד׳)

cock-a-doodle-doo /ˌkɒk-ə-ˌduːd(ə)l-ˈduː/ n. קוּקוּרִיקוּ (קְרִיאַת הַתַּרְנְגוֹל)

cock-a-hoop /ˌkɒk-ə-ˈhuːp/ adj. (*colloq.*) צוֹהֵל, שָׂמֵחַ, מְקַרְקֵר, מֵרֹב שִׂמְחָה

cock-and bull story /ˌkɒk-ənd-ˈbʊl stɔːrɪ/ n. (*colloq.*) סִפּוּרֵי הֲבָלִים, פִּתְפּוּתֵי בֵּיצִים

cockatoo /ˌkɒkəˈtuː/ n. קָקָדוּ (סוּג שֶׁל תֻּכִּי)

cockchafer /ˈkɒktʃeɪfə(r)/ n. חִפּוּשִׁית לֵילִית גְּדוֹלָה

cock-crow /ˈkɒk-krəʊ/ n. הַשַּׁחַר, קְרִיאַת הַתַּרְנְגוֹל

cocker (spaniel) /ˌkɒkə (ˈspænjəl)/ n. (כֶּלֶב) קוֹקֶר סְפַּנְיֶאל

cockerel /ˈkɒkərəl/ n. תַּרְנְגוֹל זָכָר צָעִיר

cock-eyed /ˈkɒk-aɪd/ adj. (*sl.*) מְעֻקָּם, עָקוּם, עָקֹם; מְטֻפָּשׁ, אֱוִילִי

cockiness /ˈkɒkɪnɪs/ n. (*colloq.*) חֻצְפָּה, הִתְרַבְרְבוּת, שְׁוִיץ

cockle /ˈkɒk(ə)l/ n. סוּג שָׁכִיחַ שֶׁל צִדְפַּת־מַאֲכָל אֵירוֹפִּית
□ *his kindness warmed the cockles of their hearts* חֲבִיבוּתוֹ חִמְּמָה לָהֶם אֶת הַלֵּב

cockney /ˈkɒkni/ n. & adj. "קוֹקְנִי" (עָגָה שֶׁל מִזְרַח לוֹנְדוֹן); "קוֹקְנִי" (אָדָם שֶׁנּוֹלַד בְּמִזְרַח לוֹנְדוֹן); "קוֹקְנִי" (שֶׁל הַנַּ"ל)

cockpit /ˈkɒkpɪt/ n.
1 (crew compartment in aircraft) תָּא הַטַּיָּס
2 (arena) זִירַת קְרַב תַּרְנְגוֹלִים; זִירַת מַאֲבָק

cockroach /ˈkɒkrəʊtʃ/ n. ג'וּק, תִּיקָן

cockscomb /ˈkɒkskəʊm/ n. כַּרְבֹּלֶת

cocksure /kɒkˈʃɔː(r)/ adj. (*colloq.*) בַּעַל בִּטָּחוֹן עַצְמִי מֻפְרָז, יָהִיר כְּמוֹ טַוָּס

cocktail /ˈkɒkteɪl/ n.
1 (drink) קוֹקְטֵיל, מַשְׁקֶה אַלְכּוֹהוֹלִי מְעֹרָב
2 (dish) סָלָט (אֲבָל לֹא סָלָט יְרָקוֹת)
prawn cocktail סָלָט חֲסִילוֹנִים
cocktail cabinet מִזְנוֹן, אֲרוֹן לְמַשְׁקָאוֹת
cocktail stick קֵיסָם (לְהַגָּשַׁת קֻבִּיּוֹת גְּבִינָה וְכַד') בִּמְסִבַּת קוֹקְטֵיל

cock-up /ˈkɒk-ʌp/ n. & v.t. (*sl.*) בַּלָּגָן מֻחְלָט, פִּישׁוּל אַדִּיר; עָשָׂה בַּלָּגָן, פִּישֵׁל

cocky /ˈkɒkɪ/ adj. (*colloq.*) שְׁוִיצֶר, שַׁחֲצָנִי

cocoa /ˈkəʊkəʊ/ n. קָקָאוֹ

coconut /ˈkəʊkənʌt/ n. (אֱגוֹז) קוֹקוֹס
coconut matting מַחְצֶלֶת עֲשׂוּיָה סִיבֵי קוֹקוֹס

cocoon /kəˈkuːn/ n. פְּקַעַת מֶשִׁי (מַעֲטֶה קוּרִים שֶׁהַזַּחַל אוֹרֵג)
—v.t. צִפָּה בְּשִׁכְבַת מָגֵן, עָטַף לְשֵׁם הֲגַנָּה

cocotte /kəˈkɒt/ n. קְעָרָה חֲסִינַת אֵשׁ קְטַנָּה וַעֲגֻלָּה

cod /kɒd/ n. דַּג הַשִּׁבּוּט, בַּקָּלָה

coda /ˈkəʊdə/ n. (*Mus.*) קוֹדָה, יֶסֶף

coddle /ˈkod(ə)l/ v.t.
1 (pamper) פִּנֵּק, טִפֵּל בְּרַכּוּת בְּ...
2 (cook below boiling point) בִּשֵּׁל עַל אֵשׁ קְטַנָּה, בִּשֵּׁל לְאַט (בֵּיצִים וְכוּ')

code /kəʊd/ n.
1 (collection of laws or rules) קוֹדֶקְס, מַעֲרֶכֶת חֻקִּים, כְּלָלִים, עֶקְרוֹנוֹת
highway code חֻקֵּי הַתְּנוּעָה בַּכְּבִישִׁים
code of honour כְּלָלֵי הִתְנַהֲגוּת מְחַיְּבִים
code of practice כְּלָלֵי הִתְנַהֲגוּת מִקְצוֹעִיִּים
2 (form of communication for brevity or secrecy) צֹפֶן, קוֹד
area code (מִסְפַּר) אֵזוֹר חִיּוּג
binary code קוֹד בִּינָארִי, קוֹד מַחְשֵׁב
Morse code כְּתַב מוֹרְס
post(al) code מִקּוּד
□ *they broke the code* הֵם פִּעְנְחוּ אֶת הַצֹּפֶן
—v.t. רָשַׁם בְּצֹפֶן

codeine /ˈkəʊdiːn/ n. קוֹדְאִין (סַם מַרְדִּים וּמְשַׁכֵּךְ כְּאֵבִים (מוּפָק מֵאוֹפְּיוּם)

codex /ˈkəʊdeks/ (*pl.* **codices**) קוֹדֶקְס (סֵפֶר עַתִּיק בִּכְתַב יָד)

codfish /ˈkɒdfɪʃ/ n. דַּג הַשִּׁבּוּט

codger /ˈkɒdʒə(r)/ n. (*colloq.*) קָשִׁישׁ תִּמְהוֹנִי

codicil /ˈkəʊdɪsɪl/ n. (*Law*) נִסְפָּח לְצַוָּאָה (הַבָּא לְתַקֵּן אוֹ לְבַטֵּל חֵלֶק מִמֶּנָּה)

codification /ˌkəʊdɪfɪˈkeɪʃ(ə)n/ n. עֲרִיכָה שֶׁל קֹבֶץ חֻקִּים/דִּינִים

codify /ˈkəʊdɪfaɪ/ v.t. עָרַךְ קֹבֶץ חֻקִּים/דִּינִים

coed /kəʊˈed/ n. (*colloq.*) חִנּוּךְ מְעֹרָב (בָּנִים וּבָנוֹת, גְּבָרִים וְנָשִׁים)

coeducation /ˌkəʊedʒʊˈkeɪʃ(ə)n/ n. חִנּוּךְ מְעֹרָב (בָּנִים וּבָנוֹת, גְּבָרִים וְנָשִׁים)

coeducational /ˌkəʊedʒʊˈkeɪʃən(ə)l/ adj. (מוֹסָד חִנּוּכִי) מְעֹרָב (בָּנִים וּבָנוֹת, גְּבָרִים וְנָשִׁים)

coefficient /ˌkəʊ-ɪˈfɪʃ(ə)nt/ n.
1 (*Math.*) מְקַדֵּם
2 (*Phys.*) מְקַדֵּם

coequal /kəʊɪˈkwəl/ adj. שְׁוֵה־מַעֲמָד, בַּעַל מִשְׂרָה שָׁוָה

coerce /kəʊˈɜːs/ v.t. (*formal*) כָּפָה, הִכְרִיחַ, אִלֵּץ

coercion /kəʊˈɜːʃ(ə)n/ n. (*formal*) כְּפִיָּה, אִלּוּץ

coercive /kəʊˈɜːsɪv/ adj. (*formal*) כּוֹפֶה, מַכְרִיחַ, מְאַלֵּץ

coeval /ˌkəʊˈiːv(ə)l/ adj. & n. (*poet.*) בֶּן אוֹתוֹ גִּיל, בֶּן אוֹתוֹ הַדּוֹר, בֶּן אוֹתָהּ תְּקוּפָה

coexist /ˌkəʊɪgˈzɪst/ v.i. הִתְקַיֵּם בְּיַחַד עִם (בְּאוֹתוֹ מָקוֹם, זְמַן וְכַד'), חַי בְּדוּ־קִיּוּם

coexistence /ˌkəʊɪgˈzɪstəns/ n. דּוּ־קִיּוּם
peaceful coexistence דּוּ־קִיּוּם בְּשָׁלוֹם

coexistent /ˌkəʊɪgˈzɪstənt/ adj. קַיָּם בְּמַקְבִּיל לְ..., חַי בְּדוּ־קִיּוּם עִם

coextensive /ˈkəʊɪgˈstensɪv/ adj. בַּעַל תְּכוּנוֹת/מִגְבָּלוֹת זֵהוֹת שֶׁל זְמַן וְחָלָל

coffee /ˈkɒfɪ/ n. קָפֶה; עֵץ הַקָּפֶה

coffee-bar /ˈkɒfɪ-bɑː(r)/ n. (*UK*) בֵּית־קָפֶה

coffee-bean /ˈkɒfɪ-biːn/ n. פּוֹל הַקָּפֶה

coffee-grounds /ˈkɒfɪ-graʊndz/ n. *pl.* מִשְׁקַע שֶׁל קָפֶה

coffee-house /ˈkɒfɪ-haʊs/ n. בֵּית־קָפֶה

C of E /siːəvˈiː/ abbrev. הַכְּנֵסִיָּה הָאַנְגְּלִיקָנִית

coffee-pot /ˈkɒfɪ-pɒt/ n. קַנְקַן קָפֶה, קֻמְקוּם קָפֶה

coffee-table /ˈkɒfɪ-teɪb(ə)l/ n. שֻׁלְחַן סָלוֹנִי, שֻׁלְחַן קָפֶה
coffee-table book אַלְבּוֹם, סֵפֶר מְהֻדָּר בְּפוֹרְמָט גָּדוֹל (לָרֹב עִם אִיּוּרִים רַבִּים)

coffer /ˈkɒfə(r)/ n. (*formal*) כַּסֶּפֶת, תֵּבָה/אָרוֹן לְהַחְזָקַת דִּבְרֵי עֵרֶךְ
the public coffers אוֹצַר הַמְּדִינָה, מִשְׂרַד הָאוֹצָר

coffin /ˈkɒfɪn/ n. אֲרוֹן מֵתִים

cog /kɒg/ n. שֵׁן (בְּגַלְגַּל שִׁנַּיִם)
□ *he is simply a cog in the machine* הוּא סְתָם בֹּרֶג קָטָן

cogency /ˈkəʊdʒənsɪ/ n. (*formal*) כֹּחַ שִׁכְנוּעַ, עָצְמָה (שֶׁל טִעוּנִים וְכַד׳)

cogent /ˈkəʊdʒənt/ adj. (*formal*) מְשַׁכְנֵעַ, בַּעַל עָצְמָה (טִעוּן)

cogitate /ˈkɒdʒɪteɪt/ v.i. (*formal*) הִרְהֵר בַּדָּבָר, שָׁקַל בְּדַעְתּוֹ

cogitation /ˌkɒdʒɪˈteɪʃ(ə)n/ n. (*formal*) שִׁקּוּל דַּעַת, מַחֲשָׁבָה

cognac /ˈkɒnjæk/ n. קוֹנְיָאק

cognate /ˈkɒgneɪt/ adj. קָרוֹב, מִמּוֹצָא זֵהֶה, מֵאוֹתָהּ מִשְׁפַּחַת לְשׁוֹנוֹת

cognition /kɒgˈnɪʃ(ə)n/ n. (*formal*) הַכָּרָה, יְדִיעָה

cognitive /ˈkɒgnɪtɪv/ adj. קוֹגְנִיטִיבִי, שֶׁל הַכָּרָה, הַכָּרָתִי, תְּפִישָׂתִי

cognizance /ˈkɒgnɪzəns/ n. (*formal*) נְתִינַת הַדַּעַת עַל מוּדָעוּת לְ...

take cognizance of רָשַׁם לְפָנָיו; הֵבִיא בְּחֶשְׁבּוֹן

cognizant /ˈkɒgnɪzənt/ adj. (*formal*) מוּדָע לְ..., מַכִּיר בְּ...

cognomen /kɒgˈnəʊmən/ n. (*formal*) שֵׁם מִשְׁפָּחָה

cog-wheel /ˈkɒg-wiːl/ n. גַּלְגַּל שִׁנַּיִם

cohabit /ˌkəʊˈhæbɪt/ v.i. (*formal*) חַי בְּיַחַד (עִם בֶּן/בַּת זוּג)

cohabitation /ˌkəʊhæbɪˈteɪʃ(ə)n/ n. (*formal*) חַיִּים מְשֻׁתָּפִים, חַיִּים בְּצַוְתָּא (כְּזוּג)

cohere /kəʊˈhɪə(r)/ v.i. (*formal*) הִתְחַבֵּר; הָיָה עִקְבִי

coherence /kəʊˈhɪərəns/ n. (*formal*) עִקְבִיּוּת, בְּהִירוּת, צְמִידוּת לָעִנְיָן

coherent /kəʊˈhɪərənt/ adj. עִקְבִי, בָּהִיר, קָשׁוּר לַנּוֹשֵׂא, הֶגְיוֹנִי, קוֹהֶרֶנְטִי

cohesion /kəʊˈhiːʒ(ə)n/ n. הִתְלַכְּדוּת (בְּפִיזִיקָה); לִכּוּד, לְכִידוּת

cohesive /kəʊˈhiːsɪv/ adj. מְלַכֵּד, מְדַבֵּק; הָדוּק, מְלֻכָּד

cohort /ˈkəʊhɔːt/ n. חֲבוּרָה; גְּדוּד רוֹמָאִי (הַחֵלֶק הָעֲשִׂירִי שֶׁל לִגְיוֹן), קוֹהוֹרְטָה

coiffeur /kwaːˈfɜː(r)/ n. סַפָּר

coiffeuse /kwaːˈfɜːz/ n. סַפָּרִית

coiffure /kwaːˈfjʊə(r)/ n. תִּסְרֹקֶת, תִּסְפֹּרֶת

coil /kɔɪl/ n.

1 (series of loops) סְלִיל, גָּלִיל, פִּתּוּל, לִפּוּף

□ *fetch that coil of rope* תָּבִיא אֶת סְלִיל הַחֲבָלִים הַזֶּה

2 (contraceptive device) "טַבַּעַת", הֶתְקֵן תּוֹךְ רַחְמִי

3 (*Electr.*) סְלִיל

ignition coil סְלִיל הַצָּתָה

induction coil סְלִיל הַשְׁרָאָה

—v.t. & i. לִפֵּף, כָּרַךְ, גָּלַל; הִתְלַפֵּף, נִכְרַךְ, נִגְלַל

coin /kɔɪn/ n. מַטְבֵּעַ

□ *bear in mind the other side of the coin* תָּבִיא בְּחֶשְׁבּוֹן גַּם אֶת צִדּוֹ הַשֵּׁנִי שֶׁל הַמַּטְבֵּעַ

□ *I'll pay him back in his own coin* (*colloq.*) אַחֲזִיר לוֹ בְּאוֹתָהּ הַמַּטְבֵּעַ, אֲשַׁלֵּם לוֹ כִּגְמוּלוֹ

—v.t. טָבַע (מַטְבְּעוֹת)

to coin a phrase (*joc.*) טָבַע מַטְבֵּעַ לָשׁוֹן; (לָשׁוֹן סַגִּי נְהוֹר) אָמַר אֲמִירָה נְדוֹשָׁה

□ *he's coining money in his new business* (*fig.*) הוּא עוֹשֶׂה הוֹן בָּעֵסֶק הֶחָדָשׁ שֶׁלּוֹ

coinage /ˈkɔɪnɪdʒ/ n.

1 (currency and system) (שִׁיטַת) הַמַּטְבֵּעַ (שֶׁל מְדִינָה מְסֻיֶּמֶת); טְבִיעַת מַטְבְּעוֹת

2 (invented word or phrase) חִדּוּשׁ לְשׁוֹנִי

coincide /kəʊɪnˈsaɪd/ v.i הִתְרַחֵשׁ בּוֹ־זְמַנִּית; תָּאַם, עָלָה בְּקָנֶה אֶחָד עִם

coincidence /kəʊˈɪnsɪdəns/ n. צֵרוּף מִקְרִים, מִקְרִיּוּת; חֲפִיפָה

coincident /kəʊˈɪnsɪdənt/ adj. (*formal*) בּוֹ־זְמַנִּי; חוֹפֵף

coincidental /ˌkəʊɪnsɪˈdent(ə)l/ adj. מִקְרִי; מִתְרַחֵשׁ בּוֹ־זְמַנִּית

coiner /ˈkɔɪnə(r)/ n. זַיְּפַן מַטְבְּעוֹת

coir /ˈkɔɪə(r)/ n. סִיבֵי אֱגוֹז הַקּוֹקוֹס

coition /kəʊˈɪʃ(ə)n/ n. (*formal*) הִזְדַּוְּגוּת, מִשְׁגָּל

coitus /ˈkəʊɪtəs/ n. (*formal*) מִשְׁגָּל

coitus interruptus מִשְׁגָּל נָסוֹג

Coke[1] /keʊk/ abbrev. of **Coca-Cola** קוֹקָה־קוֹלָה

coke[2] /kəʊk/ n. קוֹקְס (שְׁאֵרִית מוּצָקָה לְאַחַר זִקּוּק הַפֶּחָם)

□ *go and eat coke!* (*sl.*) לֵךְ לַעֲזָאזֵל! תָּעוּף לִי מֵהָעֵינַיִם!

coke[3] /kəʊk/ n. (*sl.*) קוֹקָאִין

col /kɒl / n. אֻכַּף הָרִים (שֶׁקַע בְּרֶכֶס הָרִים)

cola /ˈkəʊlə/ n.

1 (tree) צֶמַח הַקּוֹלָה

2 (carbonated drink) קוֹלָה

colander /kʌləndə(r)/ n. מִסְנֶנֶת

cold /kəʊld/ adj. קַר, צוֹנֵן

cold frame חֲמָמָה נְמוּכָה לַהֲגָנַת שְׁתִילִים

cold front חֲזִית קָרָה (בְּמֶטֶאוֹרוֹלוֹגְיָה)

cold snap (or **spell**) גַּל קֹר

cold sore חַבּוּרַת קֹר, פֶּצַע קֹר

cold steel נֶשֶׁק קַר (חֶרֶב וְכַד׳)

cold storage (לְגַבֵּי תָּכְנִית, הַצָּעָה וְכַד׳) הַקְפָּאָה

the cold war הַמִּלְחָמָה הַקָּרָה

□ *she had cold feet about singing in public* (*colloq.*) הָיוּ לָהּ פְּחָדִים בְּכָל הַנּוֹגֵעַ לְשִׁירָה בִּפְנֵי קָהָל

□ *she gave him the cold shoulder* (*colloq.*) הִיא הִפְגִּינָה כְּלַפָּיו יַחַס צוֹנֵן, הִיא דָּחֲתָה אוֹתוֹ בִּקְרִירוּת

□ *he killed him in cold blood* הוּא רָצַח אוֹתוֹ בְּדָם קַר

□ *I threw cold water on the idea* צִנַּנְתִּי אֶת הַהִתְלַהֲבוּת לַתָּכְנִית

□ *modern paintings leave me cold* (*colloq.*) הַצִּיּוּר הַמּוֹדֶרְנִי לֹא עוֹשֶׂה לִי כְּלוּם, צִיּוּרִים מוֹדֶרְנִיִּים מַשְׁאִירִים אוֹתִי אָדִישׁ

—n.

1 (low temperature) קֹר

□ *she was left out in the cold after the reorganization* (*colloq.*) הַהִתְאַרְגְּנוּת־מֵחָדָשׁ הִשְׁאִירָה אוֹתָהּ עִם הַלָּשׁוֹן בַּחוּץ

2 (ailment) הִצְטַנְּנוּת, נַזֶּלֶת

take (or **catch**) **cold** הִצְטַנֵּן

cold-blooded /ˌkəʊld-ˈblʌdɪd/ adj. (בַּעַל־חַיִּים) בַּעַל דָּם קַר; אַכְזָרִי

□ *this was a cold-blooded murder* זֶה הָיָה רֶצַח בְּדָם קַר

cold cream /ˈkəʊld kriːm/ n. "קוֹלְד־קְרִים" (קְרֶם לַהֲסָרַת אִפּוּר וַהֲזָנַת הָעוֹר)

cold-hearted /ˌkəʊld-ˈhɑːtɪd/ adj. אָדִישׁ, חֲסַר־רֶגֶשׁ, קַר

coleslaw /ˈkəʊlslɔː/ n. סָלָט כְּרוּב, גֶּזֶר וּבָצָל בְּרֹטֶב מְיוֹנִית

coley/ˈkəʊlɪ/ n. דָּג מַאֲכָל מִמִּשְׁפַּחַת הַשִּׁבּוּטָה

colic /ˈkɒlɪk/ n. כְּאֵב־בֶּטֶן חָרִיף, עֲוִית־מֵעַיִם (בִּמְיֻחָד לְגַבֵּי תִּינוֹקוֹת)

colitis /kəˈlaɪtɪs/ n. קוֹלִיטִיס, דַּלֶּקֶת הַמְּעִי הַגַּס

collaborate /kəˈlæbəreɪt/ v.i.

1 (work together) שִׁתֵּף פְּעֻלָּה עִם (בִּכְתִיבַת סֵפֶר וְכַד׳)

2 (work for the enemy, *derog.*) שִׁתֵּף פְּעֻלָּה עִם הָאוֹיֵב

collaboration /kəˌlæbəˈreɪʃ(ə)n/ n. שִׁתּוּף פְּעֻלָּה

collaborator /kəˈlæbəreɪtə(r)/ n. מְשַׁתֵּף פְּעֻלָּה, בּוֹגֵד

collage /ˈkɒlɑːʒ/ n. קוֹלַאז׳

collapse /kəˈlæps/ v.i. & n. הִתְמוֹטֵט; הִתְמוֹטְטוּת

collapsible /kəˈlæpsɪb(ə)l/ adj. מִתְקַפֵּל (סִירָה, כִּסֵּא וְכַד׳)

collar /ˈkɒlə(r)/ n

1 (neck-band) צַוָּארוֹן; קוֹלָר

□ *his rudeness made me hot under the collar* (*colloq.*) גַּסּוּתוֹ עִצְבְּנָה אוֹתִי כַּהֹגֶן

2 (*Mech.*) חִשּׁוּק, טַבַּעַת

—v.t. (*colloq.*) שָׂם יָד עַל

collar-bone /ˈkɒlə-bəʊn/ n. עֶצֶם הַבְּרִיחַ

collar stud /kɒlə stʌd/ n. לַחְצָנִית לִרְכִיסַת צַוָּארוֹן אֶל חֻלְצָה

collate /kəˈleɪt/ v.t. (*formal*) הִשְׁוָה (כִּתְבֵי יָד, סְפָרִים וְכַד׳), הִתְאִים

collateral /kəˈlætərəl/ adj. & n. (*formal*) צְדָדִי, מִשְׁנִי, נוֹסָף, עָקִיף; עֵרָבוֹן, מַשְׁכּוֹן, עֲרֻבָּה

collateral security עֵרָבוֹן, מַשְׁכּוֹן

collateral relative דּוֹדָן (קָרוֹב מִשְׁפָּחָה שֶׁמּוֹצָאוֹ מֵאָח אוֹ אָחוֹת)

collation /kəˈleɪʃ(ə)n/ n. (*formal*) הַשְׁוָאָה (שֶׁל טַבְלָאוֹת, כִּתְבֵי־יָד וְכַד׳); סְעֻדָּה קַלָּה (וְקָרָה)

colleague /ˈkɒliːg/ n. קוֹלֶגָה, עָמִית

collect[1] /kəˈlekt/ v.t. & i. אָסַף, גָּבָה, לָקַח; הִתְאַסֵּף

collect call (*US*) שִׂיחַת גּוּבַיְנָא (בְּטֶלֶפוֹן), שִׂיחַת קוֹלֶקְט

collecting box קֻפַּת צְדָקָה

□ *let me collect my thoughts* (or *wits*) תֵּן לִי לְהֵרָגַע, תֵּן לִי לְקַבֵּץ אֶת הַמַּחְשָׁבוֹת שֶׁלִּי

□ *they collected about the speaker* הֵם הִתְקַבְּצוּ סְבִיב הַנּוֹאֵם

collect[2] n. /ˈkɒlekt/ (*Relig.*) (בְּנַצְּרוּת) תְּפִלָּה קְצָרָה

collected /kəˈlektɪd/ adj.

1 (gathered together) כָּל־ (כִּתְבֵי סוֹפֵר, שִׁירֵי מְשׁוֹרֵר וְכַד׳)

□ *she gave me the collected works of Shakespeare* הִיא נָתְנָה לִי אֶת כָּל כִּתְבֵי שֶׁקְסְפִּיר

2 (composed) רָגוּעַ, שׁוֹלֵט בְּעַצְמוֹ

cool, calm and collected קַר רוּחַ וְשׁוֹלֵט בְּעַצְמוֹ

collectible /kəˈlektɪb(ə)l/ adj. & n. נִתָּן לְאִסּוּף, בַּר־אִסּוּף, בַּעַל עֵרֶךְ לְאַסְפָנִים; חֵפֶץ שֶׁנִּתָּן לְאָסְפוֹ (בּוּלִים, עַתִּיקוֹת וְכַד׳)

collection /kəˈlekʃ(ə)n/ n. אֹסֶף, אֲסֵפָה; אִסּוּף תְּרוּמוֹת

□ *he takes the collection in church on Sundays* הוּא אוֹסֵף אֶת הַתְּרוּמוֹת לַכְּנֵסִיָּה בְּיוֹם א׳

collective /kəˈlektɪv/ adj. & n.

1 (*Gram.*) שֵׁם קִבּוּצִי

2 (group of people) קוֹלֶקְטִיב (קְבוּצָה שֶׁל אֲנָשִׁים הַמְחַלְּקִים בֵּינֵיהֶם שָׁוֶה בְּשָׁוֶה אֶת הָעֲבוֹדָה, הָרְוָחִים וְכַד׳)

3 (communal) מְשֻׁתָּף, קִבּוּצִי, שִׁתּוּפִי, קוֹלֶקְטִיבִי

collective bargaining מַשָּׂא וּמַתָּן קִבּוּצִי (שֶׁנֶּעֱרָךְ בֵּין הַמַּעֲבִיד וּנְצִיגֵי הָאִגּוּד הַמִּקְצוֹעִי עַל הַשָּׂכָר וּתְנָאֵי הָעֲבוֹדָה)

collective farm הִתְיַשְּׁבוּת חַקְלָאִית שִׁתּוּפִית, יִשּׁוּב קוֹאוֹפֶּרָטִיבִי; מוֹשַׁב עוֹבְדִים (בְּיִשְׂרָאֵל); קוֹלְחוֹז (בִּבְרִיה"מ לְשֶׁעָבַר)

collective ownership בַּעֲלוּת מְשֻׁתֶּפֶת

collectivism /kəˈlektɪvɪzəm/ n. קוֹלֶקְטִיבִיזְם; שִׁתּוּפִיּוּת, קוֹלֶקְטִיבִיּוּת

collectivist /kəˈlektɪvɪst/ n. & adj. קוֹלֶקְטִיבִיסְט; קוֹלֶקְטִיבִיסְטִי

collectivize /kəˈlektɪvaɪz/ v.t. הָפַךְ לִרְכוּשׁ קִבּוּצִי/ שִׁתּוּפִי

collector /kəˈlektə(r)/ n.

1 (one who collects money) גּוֹבֵה כְּסָפִים

rent (or **debt**) **collector** גּוֹבֵה דְּמֵי שְׂכִירוּת/חוֹבוֹת

2 (one who collects for interest or rarity) אַסְפָן

collector's item חֵפֶץ נָדִיר וְחָשׁוּב (הָרָאוּי לְהִכָּנֵס לְאֹסֶף)

college /ˈkɒlɪdʒ/ n.

1 (educational establishment) מִכְלָלָה, קוֹלֶג׳, מִדְרָשָׁה

2 (society) מוֹעָצָה, חֶבֶר (קְבוּצַת אֲנָשִׁים בַּעֲלֵי מִקְצוֹעַ מְשֻׁתָּף, מַטָּרוֹת מְשֻׁתָּפוֹת וְכַד׳)
Royal College of Surgeons הָאִרְגּוּן הַמַּלְכוּתִי שֶׁל הָרוֹפְאִים הַמְנַתְּחִים (בִּבְרִיטַנְיָה)

collegian /kəˈliːdʒɪən/ n. חָבֵר בְּקוֹלֶג׳
collegiate /kəˈliːdʒɪət/ adj. שֶׁל קוֹלֶג׳, שֶׁל סְטוּדֶנְטִים
collide /kəˈlaɪd/ v.i. הִתְנַגֵּשׁ
collie /ˈkɒlɪ/ n. כֶּלֶב רוֹעִים סְקוֹטִי, כֶּלֶב ״לָאסִי״, קוֹלִי
collier /ˈkɒlɪə(r)/ n.
1 (coal-miner) כּוֹרֵה פֶּחָם
2 (coal-ship) סְפִינָה לְהוֹבָלַת פֶּחָם
colliery /ˈkɒlɪərɪ/ n. מִכְרֵה פֶּחָם
collision /kəˈlɪʒ(ə)n/ n. הִתְנַגְּשׁוּת
□ *his car was in collision with a lorry* מְכוֹנִיתוֹ הָיְתָה מְעֹרֶבֶת בְּהִתְנַגְּשׁוּת עִם מַשָּׂאִית
collocate /ˈkɒləkeɪt/ v.i. (*Gram.*) בָּא בְּצֵרוּף עִם, לִוָּה אֶת
collocation /ˌkɒləˈkeɪʃ(ə)n/ n. (*Gram.*) צֵרוּף מְקֻבָּל; צֵרוּף מִלִּים
colloid /ˈkɒlɔɪd / n. (*Chem.*) קוֹלוֹאִיז (חֹמֶר לֹא גָּבִישׁ, שֶׁבְּהִתְעָרְבְבוֹ בְּנוֹזֵל מַתְאִים יוֹצֵר תְּמִסָּה דְּבִיקָה וּסְמִיכָה)
colloidal /kəˈlɔɪdəl/ adj. (*Chem.*) קוֹלוֹאִידִי (כַּנַּ״ל)
colloquial /kəˈləʊkwɪəl/ adj. דִּבּוּרִי, קוֹלוֹקְוִיאָלִי, בִּשְׂפַת הַדִּבּוּר
colloquialism /kəˈləʊkwɪəˌlɪzəm/ n. בִּטּוּי דִּבּוּרִי; סִגְנוֹן דִּבּוּרִי
colloquium /kəˈləʊkwɪəm/ n. כֶּנֶס אֲקָדֵמִי, כִּנּוּס אֲקָדֵמִי
colloquy /ˈkɒləkwɪ/ n. (*formal*) חֲלִיפַת דְּבָרִים, שִׂיחָה
collusion /kəˈluːʒ(ə)n/ n. (*formal*) קֶשֶׁר, קְנוּנְיָה
collywobbles /ˈkɒlɪwɒb(ə)lz/ n. *pl.* (*colloq.*) כְּאֵב בֶּטֶן קַל שֶׁנִּגְרָם מֵחֲמַת עַצְבָּנוּת, ״פַּרְפָּרִים בַּבֶּטֶן״
cologne /kəˈləʊn/ n. אוֹ־דֶה־קוֹלוֹן
colon[1] /ˈkəʊlən/ n. הַמְּעִי הַגַּס
colon[2] /ˈkəʊlən/ n. נְקֻדָּתַיִם
colonel /ˈkɜːn(ə)l/ n. קוֹלוֹנֶל; אַלּוּף־מִשְׁנֶה; סְגַן־אַלּוּף
colonial /ˈkəˈləʊnɪəl/ adj. & n. קוֹלוֹנְיָאלִי, שֶׁל הַמּוֹשָׁבוֹת; מִתְיַשֵּׁב קוֹלוֹנְיָאלִי
colonialism /kəˈləʊnɪəˌlɪzəm/ n. קוֹלוֹנְיָאלִיזְם (מְדִינִיּוּת שֶׁל נִצּוּל מוֹשָׁבוֹת)
colonist /ˈkɒlənɪst/ n. מִתְיַשֵּׁב קוֹלוֹנְיָאלִי
colonization /ˌkɒlənaɪˈzeɪʃ(ə)n/ n. קוֹלוֹנִיזַצְיָה, יִשּׁוּב קוֹלוֹנְיָאלִי
colonize /ˈkɒlənaɪz/ v.t. יִשֵּׁב, הֵקִים מוֹשָׁבָה קוֹלוֹנְיָאלִית
colonnade /ˌkɒləˈneɪd/ n. סְטָיו, אַכְסַדְרַת עַמּוּדִים, שׁוּרַת עַמּוּדִים
colony /ˈkɒlənɪ/ n.
1 (community of settlers; their descendants) מוֹשָׁבָה, קוֹלוֹנְיָה
2 (community of persons living together or segregated) מוֹשָׁבָה
□ *he went off to an artists' colony* הוּא עָבַר לָגוּר בִּכְפַר־אָמָּנִים
3 (community of plants or animals) קֵן, מוֹשָׁבָה, קְבוּצָה, תַּרְבּוּת
□ *she studied a colony of ants* הִיא עָרְכָה מֶחְקָר עַל קֵן נְמָלִים
colophon /ˈkɒləfən/ n. קוֹלוֹפוֹן (עִטּוּר בְּסוֹפוֹ אוֹ תְּחִלָּתוֹ שֶׁל כְּתַב יָד אוֹ סֵפֶר, הַמַּכִּיל מֵידָע עַל הַמְחַבֵּר, הַהוֹצָאָה הַהַדְפָּסָה וְכַד׳); לוֹגוֹ, סִימָן מִסְחָרִי (שֶׁל מוֹ״ל אוֹ בֵּית דְּפוּס)
coloration /ˌkʌləˈreɪʃ(ə)n/ n. צִבְעוֹנִיּוּת, חֲלֻקַּת הַצְּבָעִים
coloratura /ˌkɒlərəˈtjʊərə/ n. (*Mus.*) סִלְסוּל, קוֹלוֹרָטוּרָה; זַמֶּרֶת שֶׁשָּׁרָה בְּסִלְסוּלֵי קוֹל (בְּעִקָּר סוֹפְּרָנוֹ)
colossal /kəˈlɒs(ə)l/ adj. עֲנָקִי, כַּבִּיר, קוֹלוֹסָאלִי
colossus /kəˈlɒsəs/ n. פֶּסֶל עֲנָק (בְּעִקָּר שֶׁל אָדָם); עֲנָק
colour /ˈkʌlə(r)/ n.
1 (hue) צֶבַע, גָּוֶן
colour scheme מַעֲרַךְ צְבָעִים (בְּעִצּוּב פְּנִים שֶׁל חֲדָרִים וְכַד׳)
local colour צִבְיוֹן מְקוֹמִי, פְּרָטִים מְזַהִים מֵהֲוֵי הַמָּקוֹם, אוֹתֶנְטִיּוּת
primary colour צֶבַע יְסוֹד (אָדֹם, צָהֹב, כָּחֹל)
□ *that offer is a horse of a different color or another colour* (*colloq.*) הַהַצָּעָה הַזּוֹ הִיא סִפּוּר אַחֵר לְגַמְרֵי
□ *she saw him in his true colours after their row* לְאַחַר הַמְּרִיבָה הִיא עָמְדָה עַל טִיבוֹ הָאֲמִתִּי
□ *I want to see the colour of your money* (*colloq.*) קֹדֶם אֲנִי רוֹצָה לִרְאוֹת אֶת הַכֶּסֶף שֶׁלְּךָ בְּעֵינַיִם
2 (pigment) צֶבַע, גָּוֶן
water colour (type of paint) צֶבַע מַיִם
(painting) צִיּוּר בְּצֶבַע מַיִם, אַקְוָרֶל
3 (pigment of skin) צֶבַע עוֹר
4 (complexion) גּוֹן הָעוֹר (הַמִּשְׁתַּנֶּה עַל־פִּי מַצַּב בְּרִיאוּתוֹ שֶׁל אָדָם, מֶזֶג הָאֲוִיר, מַצַּב רוּחוֹ וְכַד׳)
□ *the cold wind gave her a high colour* הָרוּחַ הַקָּרָה הֶעֶלְתָה סֹמֶק בִּלְחָיֶיהָ
□ *the child is off colour* (*colloq.*) הַיֶּלֶד קְצָת חוֹלֶה, לַיֶּלֶד יֵשׁ מַשֶּׁהוּ
5 (usu. in *pl.*, favour, token of membership)
□ *he got* (or *won*) *his colours* (סְפּוֹרְט) הוּא הִתְקַבֵּל לַנִּבְחֶרֶת
6 (usu. in *pl.*, flag) דֶּגֶל
under colour of בְּמַסְוֶה שֶׁל, בְּאַמְתַּלָה שֶׁל, בְּתוֹאֲנָה שֶׁ...
□ *the team came off with flying colours* הַקְּבוּצָה זָכְתָה בְּנִצָּחוֹן מַזְהִיר
□ *the boy joined the colours* (*arch.*) הַנַּעַר הִתְגַּיֵּס לַצָּבָא

□ *we have nailed our colours to the mast* (*fig.*) הִצְהַרְנוּ בִּנְחִישׁוּת עַל עֶמְדוֹתֵינוּ
□ *he was sailing under false colours* הוּא הִתְחַזָּה (לְמַה שֶׁאֵינֶנּוּ), הוּא הֶעֱמִיד פָּנִים
—v.t.
1 (give colour to) צָבַע, הֶעֱנִיק צֶבַע, הוֹסִיף צֶבַע לְ...
2 (influence) הִשְׁפִּיעַ, שִׁנָּה
—v.i.
1 (take on colour) שִׁנָּה צֶבַע, קִבֵּל צֶבַע
2 (blush) הִסְמִיק

colour-bar /ˈkʌlə-bɑː(r)/ n. אַפְלָיָה גִּזְעִית

colour-blind /ˈkʌlə-blaɪnd/ adj. עִוֵּר צְבָעִים

coloured /ˈkʌləd/ adj.
1 (having a colour/or colours) צָבוּעַ (בִּצְבָעִים)
2 (dark-skinned) צִבְעוֹנִי (בֶּן לְגֶזַע בַּעַל עוֹר כֵּהֶה); (בִּדרא״פ) בֶּן גֶּזַע מְעֹרָב (לָבָן וְשָׁחוֹר)

colourful /ˈkʌləf(ə)l adj. סַסְגּוֹנִי, צִבְעוֹנִי, בַּשְׁלַל צְבָעִים; צִיּוּרִי, מָלֵא חַיִּים

colouring /ˈkʌlərɪŋ/ n. צֶבַע מַאֲכָל; צִבְעוֹנִיּוּת, מַעֲרָךְ הַצְּבָעִים; צִבְעֵי הַשֵּׂעָר, הָעוֹר וְהָעֵינַיִם שֶׁל פְּלוֹנִי

colourist /ˈkʌlərɪst/ n. צַיָּר שֶׁעִקַּר אֻמָּנוּתוֹ בְּשִׁמּוּשׁ בְּצֶבַע

colourless /ˈkʌləlɪs/ adj. חֲסַר צֶבַע, חִוֵּר; בִּלְתִּי מְעַנְיֵן, חֲסַר אֹפִי

colt /kəʊlt/ n. סְיָח; גַּבְרְבַר; אָדָם צָעִיר וַחֲסַר נִסָּיוֹן

columbine /ˈkɒləmbaɪn/ n. אַקְוִילֶגְיָה קַנָּדִית (פֶּרַח נוֹי)

column /ˈkɒləm/ n.
1 (*Archit.*) עַמּוּד
2 (object of this shape) עַמּוּד
spinal column עַמּוּד הַשִּׁדְרָה
3 (vertical division of page) טוּר (בְּעִתּוֹן אוֹ בְּסֵפֶר), עַמּוּדָה
4 (line) טוּר, שְׁדֵרָה
a column of figures טוּר סְפָרוֹת
a column of troops טוּר צְבָאִי
fifth column גַּיִס חֲמִישִׁי

columnar /ˈkɒləmnə(r)/ adj. שֶׁל צוּרַת עַמּוּד, בְּצוּרַת טוּר

columnist /ˈkɒləmnɪst/ n. בַּעַל טוּר קָבוּעַ (בְּעִתּוֹן)

coma /ˈkəʊmə/ n. תַּרְדֵּמֶת, קוֹמָה (מַצָּב שֶׁל חֹסֶר הַכָּרָה עָמֹק)

comatose /ˈkəʊmətəʊs/ adj. (חוֹלֶה) בְּתַרְדֵּמֶת, בְּקוֹמָה; (אָדָם בָּרִיא, אַךְ שָׁתוּי, עָיֵף וְכַד׳) ״מְעֻלָּף״

comb /keʊm/ n.
1 (toothed instrument for arranging hair) מַסְרֵק; מַסְרֵקָה
2 (cock's crest) כַּרְבֹּלֶת
3 (honeycomb) חַלַּת דְּבַשׁ
—v.t.
1 (arrange with a comb) סֵרֵק, סָרַק
□ *he combed his hair* הוּא הִסְתָּרֵק
□ *she combed out the tangles* הִיא הִתִּירָה אֶת הַקְּשָׁרִים (בַּשְּׂעָרָהּ) בְּמַסְרֵק
2 (search) סָרַק
□ *he combed the area looking for his friend* הוּא סָרַק אֶת הַשֶּׁטַח בְּחִפּוּשׂ אַחַר יְדִידוֹ

combat /ˈkɒmbæt/ n. מַאֲבָק, קְרָב, מַעֲרָכָה
single combat דּוּ־קְרָב
—v.t. (*formal*) נִלְחַם, נֶאֱבַק

combatant /ˈkɒmbətənt/ n. לוֹחֵם

combative /ˈkɒmbətɪv/ adj. שׁוֹחֵר מִלְחָמָה, שָׂשׂ אֱלֵי קְרָב

combination /ˌkɒmbɪˈneɪʃ(ə)n/ n.
1 (union, mixture) צֵרוּף, הֶרְכֵּב, קוֹמְבִּינַצְיָה, עֵרוּב
in combination with בְּשִׁתּוּף עִם
2 (motorcycle with sidecar) אוֹפַנּוֹעַ עִם ״סִירָה״
3 (lock; code for this) מַנְעוּל בַּעַל צֹפֶן; צֵרוּף סוֹדִי (שֶׁל צֹפֶן כַּנַּ״ל)
4 (in *pl.*, undergarment) גַּטְקֶעס שָׁלֵם (מִכְנָסַיִם וְחֻלְצָה כִּיחִידָה אַחַת

combine /kəmˈbaɪn/ v.t. & i. שִׁלֵּב, צֵרֵף, אִחֵד; הִשְׁתַּלֵּב, הִתְאַחֵד, הִתְחַבֵּר
combined operations מִבְצָעִים (צְבָאִיִּים) מְשֻׁלָּבִים
—n. /ˈkɒmbaɪn/
1 (association) אִגּוּד, הִתְאַחֲדוּת
2 (harvesting machine) קוֹמְבַּיְן (מְכוֹנָה חַקְלָאִית קוֹצֶרֶת, מְאַלֶּמֶת וְדָשָׁה)

combine harvester /ˌkɒmbaɪn ˈhɑːvɪstə(r)/ n. קוֹמְבַּיְן (מְכוֹנָה חַקְלָאִית קוֹצֶרֶת, מְאַלֶּמֶת וְדָשָׁה)

combustible /kəmˈbʌstɪbəl/ adj. דָּלִיק, מִתְלַקֵּחַ; נוֹטֶה לְהִתְרַגֵּשׁ

combustion /kəmˈbʌstʃ(ə)n/ n. בְּעֵרָה, שְׂרֵפָה
combustion chamber תָּא שְׂרֵפָה (בְּמָנוֹעַ מְכוֹנִית)
internal-combustion engine מְנוֹעַ בְּעֵרָה פְּנִימִית
spontaneous combustion הִתְלַקְּחוּת עַצְמִית

come /kʌm/ (past **came** /keɪm/, past ppl. **come** /kʌm/) v.i.
1 (arrive, move towards) בָּא, הִגִּיעַ
come into effect (or **force**) נִכְנַס לְתָקְפּוֹ, נַעֲשָׂה בַּר תֹּקֶף
come into a fortune יָרַשׁ הוֹן רַב
come into one's own זָכָה לְהַכָּרָה הָרְאוּיָה; מִמֵּשׁ אֶת עַצְמוֹ (כִּשְׁרוֹנוֹתָיו וְכַד׳); קִבֵּל אֶת הַבַּעֲלוּת עַל רְכוּשׁוֹ
come into play שִׂחֵק תַּפְקִיד (גּוֹרְמִים בְּתַהֲלִיךְ וְכַד׳)
come to the fore הִתְבַּלֵּט, נַעֲשָׂה חָשׁוּב
come to grief הִגִּיעַ לִכְלַל קֵץ מַר, נִכְשַׁל, הִסְתַּיֵּם בְּכִשָּׁלוֹן
come to hand נָפַל לְיָדָיו שֶׁל פְּלוֹנִי, הִזְדַּמֵּן לִידֵי...
come to harm נִזּוֹק, נִפְגַּע
come to a head הִגִּיעַ עַד מַשְׁבֵּר
come to light נֶחְשַׂף, הִתְגַּלָּה, יָצָא לָאוֹר
come to pieces הִתְפָּרֵק לַחֲתִיכוֹת
come to the point דִּבֵּר לָעִנְיָן

come to one's senses
(revive) שָׁב לְהַכָּרָתוֹ, הִתְאוֹשֵׁשׁ
(realise one's folly) הִתְעַשֵּׁת; הִתְאוֹשֵׁשׁ
come to terms (with) הִשְׁלִים עִם, קִבֵּל אֶת (הַמַּצָּב, הַבְּעָיָה וְכַד׳); הִגִּיעַ לִידֵי הֶסְכֵּם עִם
□ *I'll have some money, come Friday* (*colloq.*)
יִהְיֶה לִי קְצָת כֶּסֶף בְּיוֹם שִׁשִּׁי
2 (happen, occur, result) קָרָה, הִתְרַחֵשׁ, קָרָה שֶׁ...
come to pass (*formal*) אֵרַע, קָרָה, הִתְרַחֵשׁ
come what may וִיהִי מָה, יְהֵא אֲשֶׁר יְהֵא
how comes it that ...? כֵּיצַד אֵרַע שֶׁ...?
how come? (*sl.*) מָה פִּתְאֹם?
□ *what will come of it?* אֵיךְ זֶה יִגָּמֵר? מָה יִהְיֶה הַסּוֹף?
3 (amount) הִגִּיעַ עַד
come to nothing (or *formal* **nought**) הָיָה לַשָּׁוְא, עָלָה בַּתֹּהוּ
if the worst comes to the worst בְּמִקְרֶה הַגָּרוּעַ בְּיוֹתֵר
□ *if it comes to that we will have to sell the car*
בְּמִקְרֶה כָּזֶה יִהְיֶה עָלֵינוּ לִמְכֹּר אֶת הַמְּכוֹנִית, אִם כָּךְ, נִצְטָרֵךְ לִמְכֹּר אֶת הַמְּכוֹנִית
4 (become, grow, bring oneself) הִגִּיעַ
come of age הִגִּיעַ לְבַגְרוּת, הִגִּיעַ לְפִרְקוֹ
come clean (*colloq.*) הִתְוַדָּה עַל הָאֱמֶת
□ *in the end she came to be regarded as an expert* בְּסוֹפוֹ שֶׁל דָּבָר הִיא זָכְתָה שֶׁיַּכִּירוּ בָּהּ כִּמְמַחִית
□ *that's true, now I come to think of it* כֵּן, בְּמַחֲשָׁבָה שְׁנִיָּה
□ *my dream came true* חֲלוֹמִי הִתְגַּשֵּׁם
□ *the plans came unstuck* הַתָּכְנִיּוֹת הִשְׁתַּבְּשׁוּ
□ *how did you come to do it?* מָה הֵבִיא אוֹתְךָ לְמַעֲשֶׂה שֶׁכָּזֶה?
5 (have orgasm, *sl.*) ״גָּמַר״
—in set phrases
come about קָרָה, הִתְרַחֵשׁ
come across
(meet) נִתְקַל בְּ..., פָּגַשׁ בְּמִקְרֶה
(find) מָצָא (תּוֹךְ כְּדֵי רִפְרוּף), גִּלָּה בְּמִקְרֶה
come after
(succeed to) בָּא אַחֲרֵי (בְּסֵדֶר הַזְּמַנִּים)
(pursue) רָדַף אַחֲרֵי
come again! (*colloq.*) מָה אָמַרְתָּ?! לֹא שָׁמַעְתִּי! אֵיךְ?
come along! בּוֹא! בּוֹא, בּוֹא!
come apart הִתְפָּרֵק לַחֲתִיכוֹת
come at הִסְתָּעֵר עַל, הִתְנַפֵּל עַל
come away
(leave) עָזַב
(break off) נִתַּק, נִשְׁבַּר, הִתְפָּרֵק
come back
(return) חָזַר

(retort) הֶחֱזִיר תְּשׁוּבָה כַּהֲלָכָה
come by
(obtain) הִשִּׂיג, רָכַשׁ
(pass) עָבַר עַל פְּנֵי...
come down
(descend) יָרַד
(extend downwards to) גָּלַשׁ לְמַטָּה (שֵׂעָר)
(get cheaper) יָרַד (הַמְּחִיר)
(be handed down) נִמְסַר לְ..., עָבַר בִּירֻשָּׁה
(be humbled) נָפַל (מִמַּעֲמָדוֹ הַקּוֹדֵם)
come down in the world יָרַד מִנְּכָסָיו, יָרַד בְּמַעֲמָדוֹ
come down on someone (*colloq.*) יָרַד עַל, תָּקַף אֶת
come down on the side of... הֶחְלִיט לְבַסּוֹף לְהַעֲנִיק אֶת תְּמִיכָתוֹ לְ...
come for בָּא לָקַחַת
come forth (*formal*) יָצָא
come forward הִתְיַצֵּב, הִצִּיעַ אֶת עַצְמוֹ, הִתְנַדֵּב
come in
(enter) נִכְנַס, הִגִּיעַ
(perform function) נִכְנַס לַתְּמוּנָה
□ *that will come in handy* זֶה יִהְיֶה לָנוּ לְתוֹעֶלֶת
come in for הָיָה מַטָּרָה לְ...
□ *his book came in for a great deal of criticism*
סִפְרוֹ הָיָה מַטָּרָה לְחִצֵּי הַבִּקֹּרֶת
come off
(become detached) נִתַּק
(take place) קָרָה, הִתְרַחֵשׁ
(succeed) הִצְלִיחַ
□ *come off it!* (*sl.*) דַּי לְקַשְׁקֵשׁ! יַלְלָה, יַלְלָה (אַל תְּסַפֵּר לִי שְׁטֻיּוֹת)!
come on
(approach) הִתְקָרֵב
(begin) הִתְחִיל
□ *night was coming on* הַלַּיְלָה עָמַד לָרֶדֶת
(make appearance on stage) עָלָה לַבָּמָה
(make progress) הִתְקַדֵּם, הִתְפַּתֵּחַ
come on!
(hurry up!) יַלְלָה! קְדִימָה! בּוֹא כְּבָר!
(exclamation of annoyance) בְּחַיֶּיךָ! תַּפְסִיק כְּבָר!
(cheer up!) תִּתְעוֹדֵד! זֶה לֹא סוֹף הָעוֹלָם! אַל יֵאוּשׁ!
come out
(emerge) יָצָא, הִצְלִיחַ
□ *you have come out well in that photograph* יָצָאתָ טוֹב בַּתַּצְלוּם הַזֶּה
(be disclosed) הִתְבָּרֵר שֶׁ...
(be published) יָצָא לָאוֹר
(go on strike) פָּתַח בִּשְׁבִיתָה
(declare that one is a homosexual) ״יָצָא מֵהָאָרוֹן״, הוֹפִיעַ בְּפוּמְבֵּי כְּהוֹמוֹסֶקְסוּאַל
come out with סִפֵּר, אָמַר, בִּטֵּא (לָרֹב דָּבָר מַפְתִּיעַ אוֹ סוֹדִי)
come over
(pay a visit) בָּא לְבִקּוּר, קָפַץ לְבַקֵּר

(change sides) עָבַר, חָצָה
□ *he came over dizzy* הוּא קִבֵּל סְחַרְחֹרֶת
come round
(pay a visit) בָּא לְבִקּוּר, קָפַץ לְבַקֵּר
(change one's mind, be persuaded) שִׁנָּה אֶת דַּעְתּוֹ; הִשְׁתַּכְנֵעַ
(recover) חָזַר לְהַכָּרָה, הִתְאוֹשֵׁשׁ, שָׁב לְאֵיתָנוֹ
(recur) חָזַר, הִתְרַחֵשׁ שֵׁנִית
come to (recover consciousness) חָזַר לְהַכָּרָה
come under
(be subordinate to) הָיָה נָתוּן לְמָרוּתוֹ שֶׁל
(be classified with) הָיָה מְסֻוָּג, הָיָה מְמֻיָּן
come up
(ascend) עָלָה, הוֹפִיעַ
(approach, occur) הִתְקָרֵב, הִזְדַּמֵּן
(show above the ground) נָבַט, צָץ
(become subject of discussion) עָלָה לְדִיּוּן, צָץ וְעָלָה
(be equal to) עָנָה עַל; הִשְׁתַּוָּה לְ...; הִגִּיעַ עַד
□ *he came up with a good idea* (*colloq.*) הוּא הֶעֱלָה רַעְיוֹן מְצֻיָּן
come upon (or **on**)
(meet) נִתְקַל בְּ... נִפְגַּשׁ בְּ...
(find) מָצָא אֶת, גִּלָּה אֶת

come-back /ˈkʌm-bæk/ n. "קַמְבֶּק", חֲזָרָה לְמַעֲמָד קוֹדֵם (בְּעִסְקֵי בִּדּוּר, סְפּוֹרְט, פּוֹלִיטִיקָה וְכַד'), שִׁיבָה לַזִּירָה

comedian /kəˈmiːdɪən/ n. קוֹמִיקַאי; בַּדְּרָן

comedienne /kəmiːdɪˈen/ n. קוֹמִיקָאִית; בַּדְּרָנִית

come-down /ˈkʌm-daʊn/ n. (*colloq.*) יְרִידָה (בְּמַעֲמָד)

comedy /ˈkɒmədɪ/ n. קוֹמֶדְיָה, מַחֲזֶה הִתּוּלִי

comeliness /ˈkʌmlɪnɪs/ n. (*poet.*) נֹעַם, חֵן

comely /ˈkʌmlɪ/ adj. (*poet.*) (אָדָם, בְּעִקָּר אִשָּׁה) נָאוֶה, נָאָה, חִנָּנִי/ת

comer /ˈkʌmə(r)/ n. (*colloq.*) אָדָם שֶׁבָּא אוֹ מַגִּיעַ
□ *he would take on all comers* הוּא מוּכָן לְהִתְמוֹדֵד עִם כָּל מִי שֶׁיַּעֲמֹד מוּלוֹ

comestibles /kəˈmestɪb(ə)lz/ n. *pl.* (*formal*) מִצְרְכֵי מָזוֹן

comet /ˈkɒmɪt/ n. כּוֹכַב שָׁבִיט

come-uppance /kʌm-ˈʌpəns/ n. (*colloq.*) גְּמוּל, הָעֹנֶשׁ הַמַּגִּיעַ

comfit /ˈkʌmfɪt/ n. (*arch.*) מֵעֵין סֻכָּרִיָּה עִם מִלּוּי

comfort /ˈkʌmfət/ n.
1 (consolation, source of this) נֶחָמָה, הֲקָלָה
cold comfort נֶחָמַת־שָׁוְא
2 (ease, luxury) נוֹחִיּוּת, רְוָחָה
creature comforts מַנְעַמֵּי הַחַיִּים (בְּגָדִים, מָזוֹן, חֹם וְכוּ')
—v.t. הִרְגִּיעַ, נִחֵם, עוֹדֵד; הֵקֵל עַל

comfortable /ˈkʌmftəb(ə)l/ adj.
1 (at ease) נוֹחַ; נִנּוֹחַ
2 (providing comfort) נוֹחַ
3 (affluent) אָמִיד, חַי בִּרְוָחָה

comfortably /ˈkʌmftəblɪ/ adv. בְּנוֹחוּת; בִּרְוָחָה
□ *they are comfortably off* הֵם חַיִּים לְלֹא דְּאָגַת־פַּרְנָסָה

comforter /ˈkʌmfətə(r)/ n.
1 (consoler) מְנַחֵם
□ *he is a Job's comforter* בָּא לְנַחֵם וְנִמְצָא נוֹסֵף דִּכָּאוֹן (כְּאֶחָד מֵרֵעֵי אִיּוֹב)
2 (scarf or blanket (*US*)) צְעִיף־צֶמֶר; שְׂמִיכַת פּוּךְ
3 (baby's dummy) מוֹצֵץ (לְתִינוֹקוֹת)

comfortless /ˈkʌmfətlɪs/ adj. לְלֹא נֶחָמָה, שֶׁאֵין לוֹ תַּנְחוּמִים

comfy /ˈkʌmfɪ/ adj. (*colloq.*) נוֹחַ

comic /ˈkɒmɪk/ adj. מְבַדֵּחַ, מַצְחִיק, קוֹמִי
comic strip קוֹמִיקְס
—n.
1 (comedian) בַּדְּרָן, בַּדְּחָן, קוֹמִיקַאי
2 (illustrated paper) עִתּוֹן קוֹמִיקְס, עִתּוֹן מְצֻיָּר (לָרֹב לִילָדִים)

comical /ˈkɒmɪk(ə)l/ adj. קוֹמִי, מְבַדֵּר, מַצְחִיק

coming /ˈkʌmɪŋ/ adj. הַבָּא, הַקָּרוֹב, ־לָבוֹא
a coming man (*colloq.*) אִישׁ בַּעַל עָתִיד מַבְטִיחַ
the Second Coming הַהִתְגַּלּוּת הַשְּׁנִיָּה (שֶׁל יֵשׁוּ הַנּוֹצְרִי, בְּיוֹם הַדִּין)
□ *we shall expand in the coming years* הָעֵסֶק שֶׁלָּנוּ עוֹמֵד לִגְדֹּל בַּשָּׁנִים הַבָּאוֹת/בֶּעָתִיד לָבוֹא

comity /ˈkɒmɪtɪ/ n. (*formal*) נִמּוּס וּכְבוֹד־הֲדָדִי
comity of nations (*Law*) אַחֲוָה וּכְבוֹד הֲדָדִיִּים שֶׁל מְדִינוֹת (בְּעִקָּר בְּיַחַס לְחֻקִּים, לְמִנְהָגִים וּלְמַעַרְכוֹת הַמִּמְשָׁל שֶׁל כָּל מְדִינָה)

comma /ˈkɒmə/ n. פְּסִיק
inverted commas מֵרְכָאוֹת

command /kəˈmɑːnd/ n.
1 (order) פְּקֻדָּה, צַו, הוֹרָאָה
command performance הוֹפָעָה מְיֻחֶדֶת (בְּתֵיאַטְרוֹן וְכַד') עַל־פִּי פְּקֻדַּת הַמֶּלֶךְ
□ *the commands for this computer system are easy to remember* קַל לִזְכֹּר אֶת הַפְּקֻדּוֹת שֶׁל מַעֲרֶכֶת הַמַּחְשֵׁב הַזּוֹ
2 (exercise or tenure of authority or mastery) שְׁלִיטָה, סַמְכוּת, פִּקּוּד
High Command הַפִּקּוּד הָעֶלְיוֹן
second in command סְגָן, מִשְׁנֶה
command module יְחִידַת הַפִּקּוּד (תָּא הַפִּקּוּד בַּחֲלָלִית הַמֻּרְכֶּבֶת מִמִּסְפַּר יְחִידוֹת)
□ *she has a good command of French* הִיא שׁוֹלֶטֶת יָפֶה בְּצָרְפָתִית
3 (troops or district under commander) פִּקּוּד, חַיִל; מִפְקָדָה

—v.t.

1 (order) פָּקַד, צִוָּה

2 (control, dominate) שָׁלַט עַל, פִּקֵּד עַל, חָלַשׁ עַל

□ *he commands respect* הוּא מְעוֹרֵר כָּבוֹד

□ *the house commands a fine view* הַבַּיִת נִשְׁקָף אֶל נוֹף יָפֶה

commandant /ˌkɒmənˈdænt/ n. מְפַקֵּד מָעוֹז, מְפַקֵּד בָּסִיס

commandeer /ˌkɒmənˈdɪə(r)/ v.t. הִפְקִיעַ, הֶחֱרִים לְצָרְכֵי צָבָא

commander /kəˈmɑːndə(r)/ n. מְפַקֵּד; (חֵיל הַיָּם) סְגַן־אַלּוּף; קָצִין בָּכִיר בַּמִּשְׁטָרָה הַבְּרִיטִית

Commander-in-Chief רֹאשׁ הַמַּטֶּה הַכְּלָלִי, רַמַטְכָּ״ל

commanding /kəˈmɑːndɪŋ/ adj. מְפַקֵּד; שׁוֹלֵט, חוֹלֵשׁ עַל

commanding officer מְפַקֵּד יְחִידָה, מְפַקֵּד

□ *he has a commanding presence* יֵשׁ לוֹ נוֹכְחוּת מְעוֹרֶרֶת יִרְאַת־כָּבוֹד

commandment /kəˈmɑːndmənt/ n. (*Bibl.*) דִּבֵּר, דִּבְּרָה; מִצְוָה

the Ten Commandments עֲשֶׂרֶת הַדִּבְּרוֹת

commando /kəˈmɑːndəʊ/ n. קוֹמַנְדוֹ, יְחִידַת־פְּשִׁיטָה (בַּצָּבָא); חַיָּל קוֹמַנְדוֹ

commemorate /keˈmeməreɪt/ v.t. (הָיָה) לְזִכְרוֹ שֶׁל, הֶעֱלָה אֶת זִכְרוֹ שֶׁל

commemoration /kəˌmeməˈreɪʃ(ə)n/ n. אַזְכָּרָה; טֶקֶס זִכָּרוֹן

commemorative /kəˈmemərətɪv/ adj. שֶׁל זִכָּרוֹן, לְצִיּוּן זִכְרוֹ שֶׁל

commence /kəˈmens/ v.t. & i. הֵחֵל, פָּתַח בְּ...

commencement /kəˈmensmənt/ n.

1 (beginning) הַתְחָלָה, פְּתִיחָה

2 (graduation ceremony, *US*) טֶקֶס הַעֲנָקַת תְּאָרִים בָּאוּנִיבֶרְסִיטָה

commend /kəˈmend/ v.t. שִׁבַּח, הִמְלִיץ; הִפְקִיד בִּידֵי

highly commended (*formal*) מֻמְלָץ בְּיוֹתֵר

□ *your plan doesn't commend itself to me* תָּכְנִיתְךָ אֵינָהּ מוֹצֵאת חֵן בְּעֵינַי

□ *commend me to your wife* (*formal*) הַזְכֵּר אוֹתִי לְטוֹבָה בְּאָזְנֵי רַעְיָתְךָ

commendable /kəˈmendəb(ə)l/ adj. רָאוּי לְשֶׁבַח

commendation /ˌkɒmenˈdeɪʃ(ə)n/ n. צִיּוּן־לְשֶׁבַח, הַמְלָצָה

commendatory /ˌkɒmənˈdeɪtərɪ/ adj. (*formal*) מְשַׁבֵּחַ, מְהַלֵּל

commensurable /kəˈmenʃərəb(ə)l/ adj. (*formal*) בַּר־הַשְׁוָאָה, שֶׁנִּתָּן לְמָדְדוֹ בְּאוֹתָן יְחִידוֹת

commensurate /kəˈmenʃərət/ adj. (*formal*) שֶׁבְּיַחַס נָכוֹן אֶל, תּוֹאֵם

comment /ˈkɒment/ n. & v.i. הֶעָרָה, הַשָּׂגָה, פַּרְשָׁנוּת; הֵעִיר, הִשִּׂיג עַל, חִוָּה דֵּעָה עַל

no comment! אֵין תְּגוּבָה!

commentary /ˈkɒmənt(ə)rɪ/ n. פַּרְשָׁנוּת, בִּקֹּרֶת; פֵּרוּשׁ, בֵּאוּר (סֵפֶר הַמְבָאֵר סֵפֶר אַחֵר)

running commentary תֵּאוּר שׁוֹטֵף, תֵּאוּר חַי שֶׁל תַּחֲרוּת (בְּעֵת הִתְרַחֲשׁוּת)

commentate /ˈkɒmənteɪt/ v.i. פֵּרֵשׁ, בִּקֵּר, תֵּאֵר

commentator /ˈkɒmənteɪtə(r)/ n. פַּרְשָׁן

commerce /ˈkɒmɜːs/ n. מִסְחָר

chamber of commerce לִשְׁכַּת־הַמִּסְחָר

commercial /kəˈmɜːʃ(ə)l/ adj. & n. מִסְחָרִי; תַּשְׁדִּיר־פִּרְסֹמֶת

commercial traveller סוֹכֵן־נוֹסֵעַ

commercial TV טֶלֶוִיזְיָה מִסְחָרִית (שֶׁהַכְנָסוֹתֶיהָ מִפִּרְסֹמֶת)

commercial vehicle רֶכֶב מִסְחָרִי

commercialism /kəˈmɜːʃəlɪzəm/ n. תּוֹרַת הַמִּסְחָר; מִסְחוּר

commercialization /kəˌmɜːʃəlaɪzeɪʃ(ə)n/ n. מִסְחוּר, הִתְמַסְחֲרוּת

commingle /kəˈmɪŋg(ə)l/ v.t. & i. (*formal*) עֵרֵב; הִתְעָרֵב

comminute /ˈkɒmɪnjuːt/ v.t. שָׁחַק עַד דַּק

Commie /ˈkɒmɪ/ n. & adj. (*derog.*) (שֵׁם גְּנַאי) קוֹמוּנִיסְט

commiserate /kəˈmɪzəreɪt/ v.t. & i. הִשְׁתַּתֵּף בְּצַעֲרוֹ שֶׁל, רִחֵם עַל; חָשׁ רַחֲמִים

commiseration /kəˌmɪzəˈreɪʃ(ə)n/ n. הִשְׁתַּתְּפוּת בְּצַעַר, רַחֲמִים

commissar /ˈkɒmɪsɑː(r)/ n. קוֹמִיסָר

commissariat /ˌkɒmɪˈseərɪət/ n. אַסְפָּקַת מָזוֹן; יְחִידַת מָזוֹן וְאַסְפָּקָה

commissary /ˈkɒmɪs(ə)rɪ/ n. קְצִין־אַסְפָּקָה; נָצִיג; מִזְנוֹן

commission /kəˈmɪʃ(ə)n/ n.

1 (charge, delegated authority) מִנּוּי, הַסְמָכָה, יִפּוּי כֹּחַ

in commission בְּשִׁמּוּשׁ; בְּשֵׁרוּת פָּעִיל (סְפִינָה וְכַד׳)

out of commission לֹא בְּשִׁמּוּשׁ, לֹא כָּשִׁיר; לֹא בְּשֵׁרוּת פָּעִיל (סְפִינָה וְכַד׳)

2 (appointed investigating body) וַעֲדָה, וַעֲדַת־חֲקִירָה

3 (officer's warrant) כְּתַב־מִנּוּי; הַסְמָכָה, מִנּוּי

4 (money paid to agent) עֲמָלָה, קוֹמִיסְיוֹן

5 (committing, *formal*) בִּצּוּעַ

—v.t.

1 (empower, order, charge) יִפָּה כֹּחוֹ שֶׁל, הֵטִיל תַּפְקִיד עַל, הִסְמִיךְ; הִזְמִין (אֶת בִּצּוּעָהּ שֶׁל עֲבוֹדָה)

2 (give officer's rank to) הֶעֱנִיק דַּרְגַּת קְצֻנָּה לְ..., הִסְמִיךְ לִקְצֻנָּה

non-commissioned officer מַשַּׁ״ק (מְפַקֵּד שֶׁאֵינוֹ קָצִין)

3 (put ship in service) הִכְנִיס לְשֵׁרוּת פָּעִיל (סְפִינָה)

commissionaire /kəˌmɪʃəˈneə(r)/ n. שׁוֹעֵר בְּמַדִּים (בְּמָלוֹן, קוֹלְנוֹעַ וְכַד׳)

commissioner /kəˈmɪʃənə(r)/ n. חֲבֵר־וַעֲדָה מְמֻנֶּה, נְצִיג הָרָשׁוּת

High Commissioner נְצִיב־עֶלְיוֹן

Commissioner for Oaths נוֹטַרְיוֹן

commit /kəˈmɪt/ v.t.

1 (consign) שָׁלַח, הִפְקִיד, הֶעֱבִיר, מָסַר

commit to memory (*formal*) לָמַד בְּעַל־פֶּה

commit to paper (*formal*) הֶעֱלָה עַל הַכְּתָב

commit for trial הֶעֱמִיד לְמִשְׁפָּט

□ *he was committed to prison pending the trial* הוּא הוּשַׂם בְּמַעֲצָר עַד תֹּם הַהֲלִיכִים

2 (perpetrate) בִּצַּע (פֶּשַׁע)

commit suicide הִתְאַבֵּד, אִבֵּד אֶת עַצְמוֹ לָדַעַת

3 (bind to a course of action) הִתְחַיֵּב, קִבֵּל עַל עַצְמוֹ

□ *she has refused to commit herself* הִיא סֵרְבָה לְהִתְחַיֵּב

commitment /kəˈmɪtmənt/ n.

1 (loyalty) נֶאֱמָנוּת, מְחֻיָּבוּת רִגְשִׁית, קֶשֶׁר רִגְשִׁי

2 (duty) חוֹבָה, מְחֻיָּבוּת, לְקִיחַת אַחֲרָיוּת

committal /kəˈmɪt(ə)l/ n. הַעֲבָרָה (לְבֵית־סֹהַר, לְמוֹסָד לְחוֹלֵי־נֶפֶשׁ וְכַד׳), אִשְׁפּוּז (בְּמוֹסָד לְחוֹלֵי־נֶפֶשׁ)

committee /kəˈmɪtɪ/ n. וַעֲדָה

commode /kəˈməʊd/ n.

1 (chest of drawers) שִׁידָה

2 (chair containing chamber-pot) כִּסֵּא עִם סִיר־לַיְלָה

commodious /kəˈməʊdɪəs/ adj. (*formal*) מְרֻוָּח, נוֹחַ

commodity /kəˈmɒdɪtɪ/ n. מִצְרָךְ, סְחוֹרָה, ״קוֹמוֹדִיטִי״

commodore /ˈkɒmədɔː(r)/ n. קוֹמוֹדוֹר, תַּת־אַלּוּף בְּחֵיל הַיָּם (שֶׁל בְּרִיטַנְיָה וְאַרְהַ״ב)

common /ˈkɒmən/ adj.

1 (belonging equally to; publicly or universally shared) כְּלָלִי, צִבּוּרִי, מְשֻׁתָּף

by common consent עַל־פִּי הַסְכָּמָה כְּלָלִית, עַל־פִּי הַסְכָּמָה מְשֻׁתֶּפֶת

common denominator מְכַנֶּה מְשֻׁתָּף

common gender (*Gram.*) (דִּקְדּוּק) מִין שֶׁהוּא זָכָר, נְקֵבָה וְגַם סְתָמִי, חֲסַר־מִין

the common good טוֹבַת הַצִּבּוּר, תּוֹעֶלֶת הַצִּבּוּר

common ground בָּסִיס מְשֻׁתָּף

common interests עִנְיָן מְשֻׁתָּף, אִינְטֶרֶסִים מְשֻׁתָּפִים

common knowledge דָּבָר יָדוּעַ, יָדוּעַ לַכֹּל

common law הַחֹק הַמְּקֻבָּל (חֹק שֶׁאֵינוֹ כָּתוּב, אֶלָּא מְעֻגָּן בְּמִנְהָגִים וּבְתַקְדִּימִים)

common-law wife (or **husband**) יְדוּעָה בַּצִּבּוּר, יָדוּעַ בַּצִּבּוּר

common Market הַשּׁוּק (הָאֵירוֹפִּי) הַמְּשֻׁתָּף

common noun (*Gram.*) שֵׁם־עֶצֶם כְּלָלִי

common property רְכוּשׁ מְשֻׁתָּף; רְכוּשׁ הַצִּבּוּר; (בְּהַשְׁאָלָה) מַטְבֵּעַ עוֹבֵר לַסּוֹחֵר (שֶׁהַפְּרָטִיּוּת נִטְּלָה מִמֶּנּוּ)

2 (frequent, ordinary) רָגִיל

the common cold נַזֶּלֶת, הִצְטַנְּנוּת קַלָּה

common or garden (*colloq.*) רָגִיל, שָׁכִיחַ, לֹא חָרִיג מִשּׁוּם בְּחִינָה

the common people (or **man**) הָאָדָם הַפָּשׁוּט, עַמְךָ, הָאִישׁ שֶׁבָּרְחוֹב

common sense הַשֵּׂכֶל הַיָּשָׁר, הַהִגָּיוֹן הַבָּרִיא

3 (vulgar) הֲמוֹנִי, גַּס, פָּשׁוּט

—n.

1 (public land) אַדְמַת־מִרְעֶה לְשִׁמּוּשׁ כְּלַל הַצִּבּוּר (בְּסָמוּךְ לִכְפָר אוֹ לַעֲיָרָה בְּדֶרֶךְ כְּלָל)

2 (joint use) דָּבָר מְשֻׁתָּף

□ *the two brothers have nothing in common* לִשְׁנֵי הָאַחִים אֵין שׁוּם דָּבָר מְשֻׁתָּף (הֵם לַחֲלוּטִין שׁוֹנִים זֶה מִזֶּה)

commonalty /ˈkɒmənəltɪ/ n. (*formal*) הֲמוֹן הָעָם, עַמְךָ

commoner /ˈkɒmənə(r)/ n. מִפְּשׁוּטֵי הָעָם, שֶׁלֹּא מִן הָאֲצֻלָּה; סְטוּדֶנְט (בְּעִקָּר בְּאוֹקְסְפוֹרְד אוֹ בְּקֶימְבְּרִידְג׳) שֶׁאֵינוֹ מְקַבֵּל מִלְגָּה

commonly /ˈkɒmənlɪ/ adv.

1 (usually) בְּדֶרֶךְ כְּלָל

commonly known as הַיָּדוּעַ בְּדֶרֶךְ כְּלָל כְּ..., הַמֻּכָּר בַּצִּבּוּר כְּ...

2 (in a vulgar manner) בְּצוּרָה הֲמוֹנִית, בְּצוּרָה גַּסָּה, בְּגַסּוּת

commonplace /ˈkɒmənpleɪs/ adj. רָגִיל, נָדוֹשׁ

—n. הֶעָרָה נְדוֹשָׁה, אִמְרָה בְּנָאלִית

common-room /ˈkɒmən-ruːm/ n. חֲדַר מְנוּחָה (לִסְטוּדֶנְטִים, מוֹרִים וְכַד׳, לָרֹב בְּמוֹסָד חִנּוּכִי)

commons /ˈkɒmənz/ n. pl.

1 (lower house of Parliament, also **House of Commons**) בֵּית הַנִּבְחָרִים (בִּבְרִיטַנְיָה)

2 (provisions, *arch.*) אֲרוּחָה מְשֻׁתֶּפֶת לִקְבוּצָה שֶׁל אֲנָשִׁים (בְּעִקָּר בְּקוֹלֶג׳ אוֹ אוּנִיבֶרְסִיטָה); מְנוֹת מָזוֹן קְצוּבוֹת בָּאֲרוּחָה מְשֻׁתֶּפֶת

on short commons מָזוֹן בְּצִמְצוּם

commonwealth /ˈkɒmənwelθ/ n. קְהִלִּיָּה

The British Commonwealth of Nations חֶבֶר הָעַמִּים הַבְּרִיטִי

commotion /kəˈməʊʃ(ə)n/ n. הִתְרַגְּשׁוּת, סַעֲרַת־רוּחַ; מְהוּמָה, רַעַשׁ

communal /ˈkɒmjʊn(ə)l/ adj. צִבּוּרִי, שִׁתּוּפִי; מְשֻׁתָּף

commune /ˈkɒmjuːn/ n.

1 (district) אֵזוֹר מִנְהָלִי קָטָן (בְּצָרְפַת, בֶּלְגְּיָה, אִיטַלְיָה וּסְפָרַד)

2 (people living together) קוֹמוּנָה, קְהִלָּה

—v.i. /kəˈmjuːn/ הִתְיַחֵד, קִיֵּם קֶשֶׁר נַפְשִׁי, שׂוֹחַח שִׂיחָה אִינְטִימִית

communicable /kəˈmjuːnɪkəb(ə)l/ adj. (*formal*) (מַחֲשָׁבָה; רַעְיוֹן, מַחֲלָה וְכַד׳) שֶׁאֶפְשָׁר לְהַעֲבִיר בְּנָקֵל מֵאָדָם לְאָדָם

communicant /kəˈmjuːnɪkənt/ n. (*Relig.*) אוֹכֵל לֶחֶם־קֹדֶשׁ (בַּכְּנֵסִיָּה הַנּוֹצְרִית)

communicate /kəˈmjuːnɪkeɪt/ v.t. הֶעֱבִיר, הוֹדִיעַ, מָסַר
□ *he communicated his ideas to his colleagues* הוּא חִלֵּק אֶת רַעְיוֹנוֹתָיו עִם עֲמִיתָיו
—v.i.
1 (exchange words or ideas) יָצַר קֶשֶׁר עִם, הֶחֱלִיף דֵּעוֹת עִם, תִּקְשֵׁר עִם
2 (be connected with) מְחֻבָּר לְ...
communicating door דֶּלֶת מְקַשֶּׁרֶת (בֵּין חֲדָרִים)
□ *we took communicating rooms* לָקַחְנוּ (בְּמָלוֹן) חֲדָרִים צְמוּדִים (בַּעֲלֵי דֶּלֶת מְשֻׁתֶּפֶת)
3 (receive Holy Communion, *Relig.*) אָכַל לֶחֶם קֹדֶשׁ (בַּטֶּקֶס הַנּוֹצְרִי)

communication /kəˌmjuːnɪˈkeɪʃ(ə)n/ n.
1 (imparting) קֶשֶׁר, הַעֲבָרָה, מְסִירָה, הוֹדָעָה
2 (message, *formal*) יְדִיעָה, מִכְתָּב
3 (connection) תִּקְשֹׁרֶת, קוֹמוּנִיקַצְיָה; אֶמְצָעֵי תַּחְבּוּרָה
communication cord שַׁרְשֶׁרֶת לַעֲצִירַת חֵרוּם (בְּרַכֶּבֶת)
4 (in *pl.*, science and practice of transmitting information) תִּקְשֹׁרֶת, קוֹמוּנִיקַצְיָה

communicative /kəˈmjuːnɪkətɪv/ adj. פָּתוּחַ, קוֹמוּנִיקָטִיבִי

communion /kəˈmjuːnɪən/ n. שִׁתּוּף, חִלּוּפֵי־דֵעוֹת (רְגָשׁוֹת וְכַד׳); קְהִלָּה דָּתִית
Holy Communion אֲכִילַת לֶחֶם הַקֹּדֶשׁ (בַּטֶּקֶס הַנּוֹצְרִי)

communiqué /kəˈmjuːnɪkeɪ/ n. הוֹדָעָה רִשְׁמִית לַתִּקְשֹׁרֶת, קוֹמוּנִיקֶט רִשְׁמִי

communism /ˈkɒmjʊnɪz(ə)m/ n. קוֹמוּנִיזְם

communist /ˈkɒmjʊnɪst/ n. קוֹמוּנִיסְט

community /kəˈmjuːnɪtɪ/ n. שִׁתּוּף, שֻׁתָּפוּת
1 (body of persons) קְהִלָּה, עֵדָה
2 (sharing; joint ownership) שִׁתּוּף, שֻׁתָּפוּת
community centre מֶרְכָּז קְהִלָּתִי
community singing שִׁירָה בְּצִבּוּר
community spirit תּוֹדָעָה קְהִלָּתִית

commutation /ˌkɒmjʊˈteɪʃ(ə)n/ n. הַמְתָּקַת עֹנֶשׁ; הֲמָרָה, הַחֲלָפָה; חִלּוּפִין

commutator /ˈkɒmjʊteɪtə(r)/ n. מְחַלֵּף (זֶרֶם חַשְׁמַל); מֶתֶג (בְּדִינָמוֹ)

commute /kəˈmjuːt/ v.t. שִׁנָּה, הֶחֱלִיף, הִמְתִּיק דִּין עֹנֶשׁ
□ *the death sentence was commuted to life imprisonment* הַמָּוֶת הֻחְלַף בְּמַאֲסַר־עוֹלָם
□ *he commuted part of his pension for a lump sum* הוּא הֵמִיר חֵלֶק מִן הַפֶּנְסְיָה שֶׁלּוֹ בְּסִכּוּם כֶּסֶף חַד־פַּעֲמִי
—v.i. נָסַע בְּאֹפֶן קָבוּעַ (מֶרְחַקִּים גְּדוֹלִים) מִן הַבַּיִת לִמְקוֹם הָעֲבוֹדָה, וּבַחֲזָרָה

commuter /kəˈmjuːtə(r)/ n. נוֹסֵעַ קָבוּעַ מִבֵּיתוֹ לַעֲבוֹדָתוֹ וַחֲזָרָה (בְּעִקָּר כְּשֶׁמְּקוֹם הַמְּגוּרִים נִמְצָא בְּמֶרְחָק גָּדוֹל מִמְּקוֹם הָעֲבוֹדָה)

compact[1] /kəmˈpækt/ adj. הָדוּק, מְרֻכָּז, קוֹמְפַּקְטִי
compact disc דִּיסְק קוֹמְפַּקְטִי, קוֹמְפַּקְט־דִּיסְק, תַּקְלִיטוֹר
—v.t. הִדֵּק, דָּחַס, אָרַז בִּדְחִיסוּת
—n. /ˈkɒmpækt/ פּוּדְרִיָּה

compact[2] /ˈkɒmpækt/ n. (*formal*) הֶסְכֵּם, חוֹזֶה

companion /kəmˈpænjən/ n.
1 (associate) חָבֵר (לְנֶשֶׁק, לְחַיִּים, לְצָרָה), אָח (לְנֶשֶׁק, לְצָרָה וְכַד׳)
2 (person paid to live with another) בֶּן־לְוָיָה (קָבוּעַ, בְּשָׂכָר)
3 (matching member of a pair) בֶּן־זוּג, תּוֹאַם (אֲגַרְטָל, כְּרָסָה), מַשְׁלִים (כֶּרֶךְ אֶחָד מִשְּׁנַיִם)
4 (handbook; reference book) מַדְרִיךְ שִׁמּוּשִׁי; סֵפֶר־עֵזֶר
5 (*Naut.*) כִּסּוּי לַמַּדְרֵגוֹת שֶׁבֵּין הַסִּפּוּנִים בָּאֳנִיָּה

companionable /kəmˈpænjənəb(ə)l/ adj. יְדִידוּתִי, חֲבֵרוּתִי

companionship /kəmˈpænjənʃɪp/ n. יְדִידוּת, חֲבֵרוּת

companion-way /kəmˈpænjənˌweɪ/ n. הַמַּדְרֵגוֹת שֶׁבֵּין הַסִּפּוּנִים בָּאֳנִיָּה

company /ˈkʌmpənɪ/ n.
1 (companionship, association) חֶבְרָה
bear (or **keep**) **someone company** אֵרַח לְחֶבְרָה לְ..., שָׁהָה בְּחֶבְרַת
in company (with) בְּחֶבְרַת
part company (with) נִפְרַד מִ...
2 (guests, assemblage of persons) חֶבְרָה, חֲבוּרָה, אוֹרְחִים
present company excepted חוּץ מִן הַנּוֹכְחִים
□ *have you got company tonight?* יֵשׁ לְךָ אוֹרְחִים הָעֶרֶב?
□ *he's not very good company tonight* לֹא כָּל־כָּךְ נָעִים לִהְיוֹת בְּחֶבְרָתוֹ הָעֶרֶב
3 (business enterprise) חֶבְרָה
company law דִּינֵי חֲבָרוֹת
public limited company חֶבְרָה בְּעֵרָבוֹן מֻגְבָּל
4 (team, crew) קְבוּצָה, צֶוֶת
ship's company צֶוֶת הָאֳנִיָּה
theatrical company לַהֲקַת־תֵּיאַטְרוֹן
5 (military unit) פְּלֻגָּה

comparable /ˈkɒmpərəb(ə)l/ adj. נִתָּן לְהַשְׁוָאָה, בַּר־הַשְׁוָאָה

comparative /kəmˈpærɪtɪv/ adj. יַחֲסִי; הַשְׁוָאָתִי, קוֹמְפָּרָטִיבִי
comparative degree (*Gram.*) (דִּקְדּוּק) עֶרֶךְ הַיִּתְרוֹן
comparative literature סִפְרוּת הַשְׁוָאָתִית
comparative religion דָּת הַשְׁוָאָתִית

□ *he lives in comparative comfort* הוּא חַי בִּרְוָחָה יַחֲסִית

—n. (*Gram.*) עֵרֶךְ הַיִּתְרוֹן, תֹּאַר הַפֹּעַל בְּדַרְגַּת הַיִּתְרוֹן (יָפֶה יוֹתֵר מִ..., גָּדוֹל יוֹתֵר מִ... וְכוּ׳)

compare /kəmˈpeə(r)/ v.t. הִשְׁוָה

□ *we must meet and compare notes after our holiday* (*colloq.*) עָלֵינוּ לְהִפָּגֵשׁ וּלְהַחֲלִיף רְשָׁמִים אַחֲרֵי הַחֻפְשָׁה

—v.i. הִשְׁתַּוָּה

□ *how do the results compare?* אֵיךְ נִרְאוֹת הַתּוֹצָאוֹת בְּיַחַס לַאֲחֵרוֹת?

—n.

beyond compare (*poet.*) לְלֹא כָּל הַשְׁוָאָה, מִשְׁכְּמוֹ וָמַעְלָה, אֵין כָּמוֹהוּ

comparison /kəmˈpærɪs(ə)n/ n. הַשְׁוָאָה, הַקְבָּלָה

in (or **by**) **comparison** (**with**) בְּהַשְׁוָאָה לְ..., לְעֻמַּת

compartment /kəmˈpɑːtmənt/ n. תָּא, מַחְלָקָה, מָדוֹר

glove compartment תָּא הַכְּפָפוֹת (בִּמְכוֹנִית)

compartmentalize /ˌkɒmpɑːtˈmentəlaɪz/ v.t. מִדֵּר, חִלֵּק לִמְדוֹרִים

compass /ˈkʌmpəs/ n.

1 (navigational instrument) מַצְפֵּן

2 (range, scope) טְוָח, הֶקֵּף; תְּחוּם

3 (instrument for drawing circles *pl.*, usu. in) מְחוּגָה

a pair of compasses (ˈkʌmpəsɪz) מְחוּגָה

—v.t. (*formal*) הִקִּיף, חָג; תָּפַס, הֵבִין; הִשִּׂיג, בִּצַּע

compassion /kəmˈpæʃ(ə)n/ n. חֶמְלָה, רַחֲמִים, הִשְׁתַּתְּפוּת בְּצַעַר

have (or **take**) **compassion on** חָמַל עַל, רִחֵם עַל

compassionate /kəmˌpæʃənət/ adj. רַחוּם, חַנּוּן, מִשְׁתַּתֵּף בְּצַעֲרוֹ שֶׁל, אוֹהֵד

compatibility /kəmˌpætəˈbɪlɪtɪ/ n. הַתְאָמָה, תֹּאַם

compatible /kəmˈpætɪb(ə)l/ adj. תּוֹאֵם, הוֹלֵם אֶת, מִתְיַשֵּׁב עִם

compatriot /kəmˈpætrɪət/ n. (*formal*) בֶּן/בַּת אוֹתָהּ אֶרֶץ

compeer /ˈkɒmpiə(r)/ n. (*formal*) בֶּן אוֹתוֹ מַעֲמָד; עָמִית

compel /kəmˈpel/ v.t. הִכְרִיחַ, כָּפָה עַל, אִלֵּץ

compelling /kəmˈpelɪŋ/ adj. עוֹצֵר־נְשִׁימָה, מְרַתֵּק; מְחַיֵּב; מְשַׁכְנֵעַ

compendious /kəmˈpendɪəs/ adj. (*formal*) תַּמְצִיתִי, קָצָר וְקוֹלֵעַ

compendium /kəmˈpendɪəm/ n. (*pl.* **compendia** or **compendiums**, *formal*) תַּמְצִית, תַּקְצִיר; קֹבֶץ

compensate /ˈkɒmpenseɪt/ v.t. & i. פִּצָּה, גָּמַל עַל

compensation /ˌkɒmpenˈseɪʃ(ə)n/ n. פִּצּוּי; פִּצּוּיִים, דְּמֵי־נְזִיקִין; נֶחָמָה

compensatory /ˌkɒmpenˈseɪtərɪ/ adj. מְפַצֶּה, שֶׁל פִּצּוּיִים

compère /ˈkɒmpeə(r)/ n. & v.t. & i. מַנְחֶה (בְּתָכְנִית טֶלֶוִיזְיָה, הוֹפָעָה עַל בָּמָה וְכַד׳); הִנְחָה כַּנַּ״ל

compete /kəmˈpiːt/ v.i. הִתְחָרָה

competence /ˈkɒmpɪtəns/ n.

1 (ability; legal capacity) כִּשְׁרוֹן, יְכֹלֶת, מֻמְחִיּוּת; סַמְכוּת מִשְׁפָּטִית

□ *that matter does not come within his competence* הַנּוֹשֵׂא אֵינֶנּוּ בְּסַמְכוּתוֹ

2 (enough money, *arch.*) הַכְנָסָה מַסְפֶּקֶת

competent /ˈkɒmpɪtənt/ adj. בַּעַל יְכֹלֶת/מְיֻמָּנוּת לְבַצֵּעַ דְּבַר־מָה, מְיֻמָּן, מֻכְשָׁר; בַּעַל סַמְכוּת מִשְׁפָּטִית

the competent authorities הָרָשׁוּת הַמֻּסְמֶכֶת, הַשִּׁלְטוֹנוֹת הַמֻּסְמָכִים

competition /ˌkɒmpəˈtɪʃ(ə)n/ n. תַּחֲרוּת, הִתְמוֹדְדוּת

competitive /kəmˈpetɪtɪv/ adj. תַּחֲרוּתִי; מִתְחָרֶה, יָרִיב

competitive prices מְחִירֵי תַּחֲרוּת, מְחִירִים תַּחֲרוּתִיִּים

competitor /kəmˈpetɪtə(r)/ n. מִתְחָרֶה, יָרִיב

compilation /ˌkɒmpɪˈleɪʃ(ə)n/ n. אֹסֶף, לֶקֶט, קֹבֶץ; (בְּמַחְשֵׁב) קוֹמְפִּילַצְיָה

compile /kəmˈpaɪl/ v.t. אָסַף; כִּנֵּס, לִקֵּט; עָרַךְ (מִלּוֹן); עָשָׂה קוֹמְפִּילִינְג (תִּרְגֵּם תָּכְנִית מַחְשֵׁב מִשְּׂפַת־תִּכְנוּת לְקוֹד־מְכוֹנָה)

compiler /kəmˈpaɪlə(r)/ n.

1 (person) מְלַקֵּט; מְחַבְּרוֹ שֶׁל אֹסֶף אוֹ קֹבֶץ; מַהֲדִיר

2 (computer program) קוֹמְפַּיְלֶר (תָּכְנִית מַחְשֵׁב הַמְתַרְגֶּמֶת מִשְּׂפַת־תִּכְנוּת לְקוֹד־מְכוֹנָה)

complacency /kəmˈpleɪs(ə)nsɪ/ n. (*derog.*) שַׁאֲנַנּוּת, מְדֻשְּׁנוּת עֹנֶג (לְרֹב לְלֹא סִבָּה)

complacent /kəmˈpleɪs(ə)nt/ adj. (*derog.*) שַׁאֲנָן, מְדֻשַּׁן עֹנֶג, שְׂבַע רָצוֹן מֵעַצְמוֹ

complain /kəmˈpleɪn/ v.i. הִתְלוֹנֵן, הִתְאוֹנֵן, קָבַל עַל, מָחָה נֶגֶד

complainant /kəmˈpleɪnənt/ n. (*Law*) הַמִּתְלוֹנֵן, מַגִּישׁ הַתְּלוּנָה (הַמִּשְׁפָּטִית)

complaint /kəmˈpleɪnt/ n.

1 (grievance, protest) תְּלוּנָה, קֻבְלָנָה; תְּבִיעָה; מְחָאָה

□ *I shall lodge a complaint* אֲנִי אַגִּישׁ תְּלוּנָה

2 (ailment) מַחֲלָה

complaisance /kəmˈpleɪzəns/ n. (*formal*) נְכוֹנוּת לְרַצּוֹת אֲחֵרִים, רָצוֹן לְשַׂמֵּחַ לִבּוֹ שֶׁל הַזּוּלַת (לְרֹב בְּמִדָּה יְתֵרָה)

complaisant /kəmˈpleɪzənt/ adj. (*formal*) נָכוֹן לְרַצּוֹת, אָדִיב (בְּמִדָּה יְתֵרָה)

complement /ˈkɒmplɪmənt/ n.

1 (amount required to complete) מַשְׁלִים, הַשְׁלָמָה, מִכְסָה

2 (full number, esp. of men in ship or military unit) תֶּקֶן מָלֵא

3 (*Gram.*) מַשְׁלִים (בְּדִקְדּוּק, חֵלֶק הַמִּשְׁפָּט הַמַּשְׁלִים אֶת הַנּוֹשֵׂא וְהַנָּשׂוּא לְמִשְׁפָּט מָלֵא)
4 (*Geom.*) (הַזָּוִית) הַמַּשְׁלִימָה (לְ־90°)
—v.t. הִשְׁלִים, גָּמַר

complementary /ˌkɒmplɪˈment(ə)rɪ/ adj. מַשְׁלִים
complementary angles זָוִיּוֹת מַשְׁלִימוֹת (לְ־90°)

complete /kəmˈpliːt/ v.t. הִשְׁלִים, סִיֵּם
—adj. שָׁלֵם, גָּמוּר, מֻשְׁלָם
□ *he is a complete stranger* הוּא זָר לַחֲלוּטִין

completion /kəmˈpliːʃ(ə)n/ n. סִיּוּם, גְּמִירָה, הַשְׁלָמָה

complex /ˈkɒmpleks/ adj. מְסֻבָּךְ, מֻרְכָּב
—n.
1 (composite whole) מַעֲרָךְ, מִבְנֶה מֻרְכָּב, מַעֲרֶכֶת; מִרְכָּז (קְבוּצַת מִבְנִים)
□ *they are building a new sports complex* הֵם בּוֹנִים מֶרְכָּז סְפּוֹרְט חָדָשׁ
2 (*Psychol.*) תַּסְבִּיךְ
inferiority complex תַּסְבִּיךְ נְחִיתוּת
3 (*Chem.*) תִּצְמִיד, תַּקְבִּיץ

complexity /kəmˈpleksɪtɪ/ n. מֻרְכָּבוּת; סִבּוּךְ

complexion /kəmˈplekʃ(ə)n/ n. גּוֹן עוֹר הַפָּנִים; (מַצָּב) עוֹר הַפָּנִים; פְּנֵי הַדְּבָרִים; גָּוֶן, צֶבַע
□ *his evidence put a new complexion on the affair* עֵדוּתוֹ נָסְכָה אוֹר חָדָשׁ עַל הַפָּרָשָׁה

compliance /kəmˈplaɪəns/ n. (*formal*) הֵעָנוּת, הִתְרַצּוּת
□ *I am acting in compliance with the regulations* אֲנִי פּוֹעֵל בְּהֶתְאֵם לַהוֹרָאוֹת/לַכְּלָלִים

compliant /kəmˈplaɪənt/ adj. (*formal*) נַעֲנֶה, מַסְכִּים, נֶעְתָּר, מִתְרַצֶּה

complicate /ˈkɒmplɪkeɪt/ v.t. סִבֵּךְ

complication /ˌkɒmplɪˈkeɪʃ(ə)n/ n. סִבּוּךְ, תִּסְבֹּכֶת
□ *complications set in after his appendectomy* לְאַחַר נִתּוּחַ הַתּוֹסֶפְתָּן הָיוּ לוֹ סִבּוּכִים

complicity /kəmˈplɪsɪtɪ/ n. (*formal*) שֻׁתָּפוּת לִדְבַר עֲבֵרָה

compliment /ˈkɒmplɪmənt/ n.
1 (praise) מַחֲמָאָה
2 (in *pl.*, formal greetings) בְּרָכוֹת
□ *compliments of the season!* חַג שָׂמֵחַ! בְּרָכוֹת לֶחָג!
□ *would you pay my compliments to the chef!* (הָאֹכֶל הָיָה מְצֻיָּן) תִּמְסֹר לַשֶּׁף אֶת אִחוּלַי!
□ *I must pay my compliments to the hostess (before I go)* אֲנִי מֻכְרָח לְהוֹדוֹת לַמְאָרַחַת (לִפְנֵי שֶׁאֲנִי עוֹזֵב)
—v.t. /ˈkɒmplɪment/ הֶחֱמִיא, שִׁבַּח

complimentary /ˌkɒmplɪˈment(ə)rɪ/ adj.
1 (expressing admiration) מַחֲמִיא, מָלֵא שֶׁבַח; שֶׁל מַחֲמָאָה, שֶׁל שֶׁבַח
2 (given free) חִנָּם
□ *he had two complimentary tickets for the theatre* הָיוּ לוֹ שְׁנֵי כַּרְטִיסֵי־חִנָּם לַתֵּיאַטְרוֹן

comply /kəmˈplaɪ/ v.i. (*formal*) צִיֵּת, נַעֲנָה
comply with צִיֵּת לְ..., נַעֲנָה לְ...
□ *you must comply with the regulations* עָלֶיךָ לְצַיֵּת לַהוֹרָאוֹת, עָלֶיךָ לִפְעֹל בְּהֶתְאֵם לַהוֹרָאוֹת

component /kəmˈpəʊnənt/ n. רְכִיב, מַרְכִּיב

comport /kəmˈpɔːt/ v. refl. (*formal*) הִתְנַהֵג

comportment /kemˈpɔːtmənt/ n. (*formal*) הִתְנַהֲגוּת, דֶּרֶךְ־אֶרֶץ

compose /kəmˈpəʊz/ v.t.
1 (constitute) הִרְכִּיב
composed of מֻרְכָּב מִ...
2 (create musical or literary work) הִלְחִין (מוּזִיקָה); חִבֵּר (פּוֹאֶמָה, שִׁיר)
compose music הִלְחִין, חִבֵּר מוּזִיקָה
□ *I sat down to compose a letter* הִתְיַשַּׁבְתִּי לִכְתֹּב מִכְתָּב
3 (*Print.*) סִדֵּר (אוֹתִיּוֹת בִּדְפוּס)
4 (arrange, settle) סִדֵּר, יִשֵּׁב
□ *compose yourself!* הֵרָגַע! (בְּטוֹן רִשְׁמִי, לְהַבְדִּיל מֵ"תֵּרָגַע!"), שְׁלֹט בְּעַצְמְךָ!

composed /kəmˈpəʊzd/ adj. רָגוּעַ, שָׁלֵו, מְיֻשָּׁב־בְּדַעְתּוֹ

composer /kəmˈpəʊzə(r)/ n. מַלְחִין, קוֹמְפּוֹזִיטוֹר

composite /ˈkɒmpəzɪt, ˈkɒmpəzaɪt/ adj. מֻרְכָּב, מֻרְכָּב

composition /ˌkompəˈzɪʃ(ə)n/ n.
1 (constitution, structure, make-up) הֶרְכֵּב, הַרְכָּבָה, חִבּוּר, צֵרוּף; קוֹמְפּוֹזִיצְיָה (בִּתְמוּנָה וְכַד')
2 (compound substance) הֶרְכֵּב; חֹמֶר מֻרְכָּב
3 (musical work) הַלְחָנָה; קוֹמְפּוֹזִיצְיָה
4 (essay) חִבּוּר (סִפְרוּתִי)
5 (*Print.*) סְדָר

compositor /kəmˈpɒzɪtə(r)/ n. סַדָּר (בִּדְפוּס)

compos mentis /ˌkɒmpəs ˈmentɪs/ adj. (*formal*) שָׁפוּי, שְׁפוּי בְּדַעְתּוֹ

compost /ˈkɒmpɒst/ n. & v.t. קוֹמְפּוֹסְט, זֶבֶל אוֹרְגָּנִי; זִבֵּל בְּזֶבֶל כַּנַּ"ל; הֵכִין זֶבֶל כַּנַּ"ל

composure /kəmˈpəʊʒə(r)/ n. שְׁלִיטָה־עַצְמִית (הַמִּתְבַּטֵּאת בְּהִתְנַהֲגוּת מְבֻקֶּרֶת וּשְׁלֵוָה)

compote /ˈkɒmpɒt/ n. לִפְתָּן (פֵּרוֹת), קוֹמְפּוֹט

compound[1] /kɒmˈpaʊnd/ v.t.
1 (mix, combine) עִרְבֵּב, הִרְכִּיב, צֵרֵף
2 (add, increase) הֶחְמִיר אֶת, הִגְבִּיר, הִגְדִּיל, הוֹסִיף לְ...
3 (condone, *Law*) נִמְנַע מִלְּהַגִּישׁ תְּבִיעָה (מִטְּעָמִים פְּרָטִיִּים)
4 (settle) יִשֵּׁב (תַּשְׁלוּם, חוֹב וְכוּ'), בָּא לִידֵי הֶסְדֵּר (כַּסְפִּי, עִם נוֹשִׁים וְכַד')
—adj. /ˈkɒmpaʊnd/ מֻרְכָּב, מְחֻבָּר
compound fracture שֶׁבֶר פָּתוּחַ
compound interest רִבִּית־דְּרִבִּית

—n.

1 (composite substance) תִּרְכֹּבֶת

2 (composite word) שֵׁם־עֶצֶם (אוֹ שֵׁם־תֹּאַר) מֻרְכָּב

compound[2] /ˈkɒmpaʊnd/ n. שֶׁטַח גָּדוּר (הַכּוֹלֵל בְּתוֹכוֹ גַּם קְבוּצָה שֶׁל בִּנְיָנִים)

comprehend /ˌkɒmprɪˈhend/ v.t. (*formal*)

1 (understand) הֵבִין, תָּפַס

2 (include) כָּלַל, הֵכִיל

comprehensible /ˌkɒmprɪˈhensɪb(ə)l/ adj. (*formal*) נִתָּן לַהֲבָנָה, נִתְפָּס

comprehension /ˌkɒmprɪˈhenʃ(ə)n/ n. (*formal*) תְּפִיסָה, הֲבָנָה

comprehensive /ˌkɒmprɪˈhensɪv/ adj. כּוֹלֵל, מַקִּיף

—n. (also **comprehensive school**) בֵּית־סֵפֶר תִּיכוֹן מַקִּיף

compress /kəmˈpres/ v.t. דָּחַס; תִּמְצֵת (חֹמֶר כָּתוּב)

compressed air אֲוִיר דָּחוּס

—n. /ˈkɒmpres/ קוֹמְפְּרֶס, רְטִיָּה (לַעֲצִירַת דִּמּוּם, הֲקָלַת כְּאֵבִים וְכוּ׳)

compressible /kəmˈpresɪb(ə)l/ adj. דָּחִיס

compression /kəmˈpreʃ(ə)n/ n. דְּחִיסָה

compression ratio יַחַס־הַדְּחִיסָה (בְּמָנוֹעַ בְּעֵרָה פְּנִימִית לְמָשָׁל)

compressor /kəmˈpresə(r)/ n. מַדְחֵס, קוֹמְפְּרֶסוֹר

comprise /kəmˈpraɪz/ v.t. כָּלַל, הָיָה מֻרְכָּב מ...

compromise /ˈkɒmprəmaɪz/ n. פְּשָׁרָה

—v.i. הִתְפַּשֵּׁר, עָשָׂה פְּשָׁרָה

—v.t. הִכְתִּים, הִשְׁחִיר (מוֹנִיטִין וְכַד׳); סִכֵּן, הֶעֱמִיד בְּסַכָּנָה

comptroller /kənˈtrəʊlə(r)/ n. (*formal*) מְבַקֵּר

compulsion /kəmˈpʌlʃ(ə)n/ n. כְּפִיָּה, לַחַץ; דַּחַף (רִגְשִׁי) פִּתְאֹמִי

under compulsion מְחֻיָּב

compulsive /kəmˈpʌlsɪv/ adj. כְּפִיָּתִי, קוֹמְפּוּלְסִיבִי

compulsory /kəmˈpʌlsərɪ/ adj. כָּפוּי; שֶׁל חוֹבָה, מְחַיֵּב

compunction /kəmˈpʌŋkʃ(ə)n/ n. הִסּוּס, נְקִיפַת־מַצְפּוּן

□ *she kept him waiting without the slightest compunction* הִיא אִלְּצָה אוֹתוֹ לְחַכּוֹת בְּלִי שֶׁמֶץ שֶׁל נְקִיפַת־מַצְפּוּן

computation /ˌkɒmpjʊˈteiʃ(ə)n/ n. (*formal*) חִשּׁוּב, הַעֲרָכָה

compute /kəmˈpjuːt/ v.t. (*formal*) חִשֵּׁב, עָשָׂה חִשּׁוּב

computer /kəmˈpjuːtə(r)/ n. מַחְשֵׁב

notebook computer מַחְשֵׁב נַיָּד זָעִיר

computerization /kəmˌpjuːtəraɪˈzeiʃ(ə)n/ n. מִחְשׁוּב, הַעֲבָרָה לְשִׁיטַת מַחְשֵׁב

computerize /kəmˈpjuːtəraɪz/ v.t. מִחְשֵׁב, הֶעֱבִיר לְשִׁיטַת מַחְשֵׁב

□ *most companies now keep computerized records* רֹב הַחֲבָרוֹת מַחֲזִיקוֹת רִשּׁוּמִים מְמֻחְשָׁבִים כַּיּוֹם

comrade /ˈkɒmreɪd/ n. חָבֵר; (בַּמִּפְלָגָה הַקּוֹמוּנִיסְטִית וּבִקְבוּצוֹת שְׂמֹאל) "הֶחָבֵר", "הַחֲבֵרָה" (כְּתֹאַר לִפְנֵי שְׁמוֹ שֶׁל אָדָם בִּמְקוֹם "מַר", "גְּבֶרֶת")

comrades in arms חַבְרֵי־לַנֶּשֶׁק

comradeship /ˈkɒmradʃɪp/ n. (*formal*) רֵעוּת, אַחֲוָה

con[1] /kɒn/ v.t. (*colloq.*) רִמָּה

—n. תַּרְמִית, מַעֲשֵׂה מִרְמָה (לְהַשָּׂגַת כֶּסֶף, כָּרוּךְ בַּהֲפָרַת אֵמוּן)

con man נוֹכֵל, נוֹכֵל מִקְצוֹעִי

con trick תַּרְמִית, מַעֲשֵׂה רַמָּאוּת

con[2] /kɒn/ adv. & n. טִעוּן לִשְׁלִילָה; נֶגֶד

□ *we argued the pros and cons of his scheme* דַּנּוּ בְּנִמּוּקֵי הַבְּעַד וְהַנֶּגֶד שֶׁל הַתָּכְנִית שֶׁלּוֹ

con[3] /kɒn/ v.t. (*arch.*) לָמַד בְּעַל־פֶּה, שִׁנֵּן

concatenate /kənˈkætəneɪt/ v.t. (*formal*) צֵרֵף

concatenation /ˌkənkætəˈneɪʃ(ə)n/ n. (*formal*) צֵרוּף, חִבּוּר בְּשַׁרְשֶׁרֶת

concatenation of events שַׁרְשֶׁרֶת אֵרוּעִים

concave /ˈkɒŋkeɪv/ adj. קָעוּר

concavity /kɒŋˈkævɪtɪ/ n. (*formal*) קְעִירוּת, שְׁקַעֲרוּרִיּוּת

conceal /kənˈsiːl/ v.t. (*formal*) הִסְתִּיר, הִצְנִיעַ, שָׁמַר בְּסוֹד

concealment /kənˈsiːlmənt/ n. (*formal*) סֵתֶר; הַסְתָּרָה, הַעֲלָמָה

concede /kənˈsiːd/ v.t. הוֹדָה בְּ...; וִתֵּר עַל, הֶעֱנִיק

conceit /kənˈsiːt/ n.

1 (vanity, esteem) יְהִירוּת, רַבְרְבָנוּת, שַׁחְצָנוּת

2 (elaborate image) (בְּתוֹרַת הַסִּפְרוּת) דִּמּוּי מֻרְחָב

conceited /kənˈsiːtɪd/ adj. יָהִיר, רַבְרְבָן, שַׁחְצָן

conceivable /kənˈsiːvəb(ə)l/ adj. שֶׁאֶפְשָׁר לְהַעֲלוֹת עַל הַדַּעַת, מִתְקַבֵּל עַל הַדַּעַת

conceive /kənˈsiːv/ v.t.

1 (become pregnant, also v.i.) הָרְתָה

2 (imagine, devise) הֶעֱלָה בְּדַעְתּוֹ, הָגָה, שִׁעֵר

□ *I couldn't conceive of anything so bizarre* לֹא יָכֹלְתִּי לְהַעֲלוֹת עַל הַדַּעַת דָּבָר כָּל־כָּךְ מוּזָר וּמְעֻוָּת

concentrate /ˈkɒns(ə)ntreɪt/ v.t. & i.

1 (bring or come together at one point) רִכֵּז, מִקֵּד; הִתְרַכֵּז, הִתְמַקֵּד

2 (*Chem.*) רִכֵּז

concentrated solution תְּמִסָּה מְרֻכֶּזֶת

—n. תַּרְכִּיז

concentration /ˌkɒnsənˈtreɪʃ(ə)n/ n.

1 (focusing of attention) רִכּוּז, הִתְרַכְּזוּת

2 (gathering together) רִכּוּז

concentration camp מַחֲנֵה־רִכּוּז

troop concentration רִכּוּז צָבָא, רִכּוּז כֹּחוֹת

concentric /kənˈsentrɪk/ adj. (מַעְגָּלִים) בַּעֲלֵי מֶרְכָּז מְשֻׁתָּף, קוֹנְצֶנְטְרִי

concept /ˈkɒnsept/ n. מֻשָּׂג, דֵּעָה, "קוֹנְסֶפְּט"

conception /kənˈsepʃ(ə)n/ n.
1 (becoming pregnant) הִתְעַבְּרוּת, כְּנִיסָה לְהֵרָיוֹן
2 (imagining, idea) תְּפִיסָה, מֻשָּׂג, רַעְיוֹן
conceptual /kɒnˈseptʃʊəl/ adj. מֻשָּׂגִי, קוֹנְסֶפְּטוּאָלִי
conceptualize /kənˈseptʃʊəlaɪz/ v.t. הִמְשִׂיג
concern /kənˈsɜːn/ v.t.
1 (affect, involve) הָיָה קָשׁוּר לְ..., נָגַע לְ...
concerned with נוֹגֵעַ לְ...; קָשׁוּר בְּ...; עָסוּק בְּ...
to whom it may concern לְכָל מָאן דְּבָעֵי, לְכָל הַמְעֻנְיָן
□ *that's my last word as far as (the) price is concerned* בְּכָל הַנּוֹגֵעַ לַמְּחִיר זוֹ הַהַצָּעָה הַסּוֹפִית שֶׁלִּי
□ *you should name the person concerned* עָלֶיךָ לִנְקֹב בְּשֵׁם הָאִישׁ הַנּוֹגֵעַ בַּדָּבָר
□ *it's over as far as I'm concerned* מִבְּחִינָתִי זֶה הִסְתַּיֵּם
2 (trouble) הִדְאִיג
concerned at (or **about** or **by**) מֻדְאָג, חָרֵד לְ...
concern oneself הֶעֱסִיק אֶת עַצְמוֹ בְּ..., הָיָה מְעֹרָב בְּ...
—n.
1 (matter of interest or anxiety) עִנְיָן, עֵסֶק, דְּאָגָה, חֲרָדָה
□ *it's no concern of mine* זֶה לֹא הָעֵסֶק שֶׁלִּי, זֶה לֹא עִנְיָנִי
2 (business enterprise) קוֹנְצֶרְן; עֵסֶק
a going concern עֵסֶק מְשַׂגְשֵׂג, עֵסֶק פּוֹרֵחַ
concerning /kənˈsɜːnɪŋ/ prep. בְּנוֹגֵעַ לְ...
concert /ˈkɒnsət/ n.
1 (musical entertainment) קוֹנְצֶרְט
concert grand פְּסַנְתֵּר כָּנָף קוֹנְצֶרְטַנְטִי
at concert pitch בִּכְוֹנְנוּת מְלֵאָה
2 (agreement, *formal*) תֵּאוּם, הַרְמוֹנְיָה
□ *we must act in concert* עָלֵינוּ לִפְעֹל מִתּוֹךְ הַתְאָמָה וְהַרְמוֹנְיָה
—v.t. /kənˈsɜːt/ (esp. in past ppl.)
concerted efforts מַאֲמַצִּים מְשֻׁתָּפִים וּמְתֻאָמִים
concertina /ˌkɒnsəˈtiːnə/ n. קוֹנְצֶרְטִינָה, מַפּוּחִית יָד קְטַנָּה
concerto /kənˈtʃeətəʊ, kənˈtʃɜːtəʊ/ n. קוֹנְצֶ'רְטוֹ (יְצִירָה מוּזִיקָלִית לְסוֹלָן וּלְתִזְמֹרֶת)
concession /kənˈseʃ(ə)n/ n. וִתּוּר; זִכָּיוֹן
concessionaire /kənˌseʃəˈneə(r)/ n. מִי שֶׁמַּחֲזִיק בְּזִכָּיוֹן, בַּעַל הַזִּכָּיוֹן
concessive /kənˈsesɪv/ adj. שֶׁל וִתּוּר; (בְּתַחְבִּיר) שֶׁל וִתּוּר, קוֹנְסֶסִיבִי
conch /kɒntʃ/ n. קוֹנְכִית, קוֹנְכִיָּה
concierge /kɒnsɪˈeəʒ/ n. "קוֹנְסְיֶרְז'", שׁוֹעֵר (בְּצָרְפַת)
conciliate /kənˈsɪlɪeɪt/ v.t. (*formal*) פִּיֵּס, הִרְגִּיעַ, פִּשֵּׁר
conciliation /kənˌsɪlɪˈeɪʃ(ə)n/ n. (*formal*) הִתְפַּיְּסוּת, הִתְפַּשְּׁרוּת

conciliatory /kənˈsɪlɪətərɪ/ adj. (*formal*) פִּיּוּסִי, פַּשְׁרָנִי
concise /kənˈsaɪs/ adj. תַּמְצִיתִי, קָצָר וְלָעִנְיָן, מְרֻכָּז
conclave /ˈkɒŋkleɪv/ n. אֲסֵפָה סְגוּרָה; אֲסֵפַת קַרְדִּינָלִים (לִבְחִירַת אַפִּיפְיוֹר לְמָשָׁל), קוֹנְקְלָבָה
conclude /kənˈkluːd/ v.t. (*formal*)
1 (terminate, settle, also v.i.) גָּמַר, סִיֵּם, סִכֵּם; הִסְתַּיֵּם, נִגְמַר
□ *we concluded the bargain* סָגַרְנוּ אֶת הָעִסְקָה, חָתַמְנוּ אֶת הָעִסְקָה
2 (infer) הִסִּיק, הִקִּישׁ
conclusion /kənˈkluːʒ(ə)n/ n.
1 (end, *formal*) סִיּוּם
in conclusion לְסִכּוּם, לְסִיּוּם
2 (inference) מַסְקָנָה
a foregone conclusion מַסְקָנָה צְפוּיָה מֵרֹאשׁ
□ *I came to the conclusion that he was right after all* הִגַּעְתִּי לַמַּסְקָנָה שֶׁאַחֲרֵי הַכֹּל הוּא צָדַק
conclusive /kənˈkluːsɪv/ adj. מַכְרִיעַ, חוֹתֵךְ, נֶחֱרָץ
concoct /kənˈkɒkt/ v.t. (*formal*) עִרְבֵּב, הֵכִין (תַּבְשִׁיל); "בִּשֵּׁל"; בָּדָה, הִמְצִיא
concoction /kənˈkɒkʃ(ə)n/ n. (*formal*) תַּעֲרֹבֶת, בְּלִיל; תַּבְשִׁיל; בְּדוּת
concomitant /kənˈkɒmɪtənt/ n. & adj. (*formal*) בֶּן־לְוָיָה; נִלְוֶה, מִתְלַוֶּה לְ..., הוֹלֵךְ יָד בְּיָד עִם
concord /ˈkɒŋkɔːd/ n. הַרְמוֹנְיָה, יַחֲסֵי־שָׁלוֹם, הַתְאָמָה
concordance /kənˈkɔːdəns/ n.
1 (agreement) הֶסְכֵּם
2 (glossary) קוֹנְקוֹרְדַנְצְיָה
concordant /kənˈkɔːdənt/ adj. מַתְאִים, הַרְמוֹנִי
□ *that view is not concordant with the facts* עֶמְדָּה זוֹ אֵינָהּ עוֹלָה בְּקָנֶה אֶחָד עִם הָעֻבְדּוֹת
concordat /kənˈkɔːdæt/ n. קוֹנְקוֹרְדָט (אֲמָנָה בֵּין הָאַפִּיפְיוֹר וְהַמֶּמְשָׁלָה, לְמָשָׁל, לִקְבִיעַת הַזְּכֻיּוֹת הַהֲדָדִיּוֹת וְכַד')
concourse /ˈkɒŋkɔːs/ n. רְחָבָה; הִתְקַהֲלוּת, הִתְכַּנְּסוּת
concrete /ˈkɒŋkriːt/ adj. מוּחָשִׁי, מַמָּשִׁי, קוֹנְקְרֶטִי
concrete evidence הוֹכָחוֹת שֶׁל מַמָּשׁ, הוֹכָחוֹת קוֹנְקְרֶטִיּוֹת
concrete noun (*Gram.*) שֵׁם עֶצֶם מוּחָשִׁי
—n. בֶּטוֹן
reinforced concrete בֶּטוֹן מְזֻיָּן
—v.t. כִּסָּה בְּבֶטוֹן
concretion /kənˈkriːʃ(ə)n/ n. הִתְקַשּׁוּת; גּוּשׁ מוּצָק (לְמָשָׁל "אֶבֶן" מָרָה)
concubine /ˈkɒŋkjʊbaɪn/ n. (*formal*) פִּילֶגֶשׁ
concur /kənˈkɜː(r)/ v.i. (*formal*) הִסְכִּים; אֵרַע בְּאוֹתוֹ הַזְּמַן
□ *I concur with that assessment* אֲנִי מַסְכִּים עִם הַהַעֲרָכָה הַזּוֹ
concurrence /kənˈkʌrəns/ n. (*formal*) הַסְכָּמָה, תְּמִימוּת דֵּעִים; צֵרוּף מִקְרִים, חֲפִיפָה (בַּזְּמַן)

concurrent /kənˈkʌrənt/ adj.
1 (agreeing, *formal*) מַסְכִּים, מַתְאִים, תּוֹאֵם אֶת
2 (running or occurring together) מִתְרַחֵשׁ בְּעֵת וּבְעוֹנָה אַחַת, חוֹפֵף (בִּזְמַן)
concuss /kənˈkʌs/ v.t. פָּגַע (בְּמֹחַ) עַל יְדֵי זַעֲזוּעַ
concussion /kənˈkʌʃ(ə)n/ n.
1 (injury to brain) זַעֲזוּעַ־מֹחַ
2 (violent shock) הֶלֶם, זַעֲזוּעַ
condemn /kənˈdem/ v.t.
1 (sentence) הִרְשִׁיעַ, דָּן אֶת, גָּזַר עַל
condemned cell תָּא הַנִּדּוֹנִים־לְמָוֶת
□ *the murderer was condemned to death* הָרוֹצֵחַ נִדּוֹן לְמָוֶת
2 (express disapproval of) גִּנָּה, שָׁלַל אֶת
3 (pronounce unfit for use) פָּסַל לְשִׁמּוּשׁ
condemnation /ˌkɒndemˈneɪʃ(ə)n/ n. הַרְשָׁעָה; גִּנּוּי, שְׁלִילָה; פְּסִילָה לְשִׁמּוּשׁ
condemnatory /kənˈdemnət(ə)rɪ/ adj. (*formal*) מְגַנֶּה, שׁוֹלֵל
condensation /ˌkɒndenˈseɪʃ(ə)n/ n. עִבּוּי, הִתְעַבּוּת; צִמְצוּם, רִכּוּז
condensation trail שֹׁבֶל (בַּשָּׁמַיִם, בְּעִקְבוֹת מָטוֹס סִילוֹן)
□ *the paint was damaged by condensation on the walls* הַצֶּבַע נִזּוֹק בְּשֶׁל רְטִיבוּת עַל הַקִּירוֹת (כְּתוֹצָאָה מֵהִתְעַבּוּת)
condense /kənˈdens/ v.t.
1 (reduce in size; concentrate) צִמְצֵם, רִכֵּז
condensed milk חָלָב מְרֻכָּז, חָלָב מְשֻׁמָּר
2 (reduce vapour to liquid, *Chem.*, also v.i.) עִבָּה; הִתְעַבָּה
condenser /kənˈdensə(r)/ n. מְעַבֶּה; (חַשְׁמַל) קַבָּל, קוֹנְדֶנְסֶר; עֲדָשַׁת מִקּוּד
condescend /ˌkɒndɪˈsend/ v.i. (*derog.*) הוֹאִיל בְּטוּבוֹ, הִתְנַשֵּׂא, הוֹאִיל לְהַשְׁפִּיל עַצְמוֹ
condescending /ˌkɒndɪˈsendɪŋ/ adj. (*derog.*) מִתְנַשֵּׂא
condescension /ˌkɒndɪˈsenʃ(ə)n/ n. (*derog.*) הִתְנַשְּׂאוּת, יַחַס שֶׁל עֶלְיוֹנוּת
condign /kənˈdaɪn/ adj. (*formal*) (עֹנֶשׁ) חָמוּר וְהוֹגֵן
condiment /ˈkɒndɪmənt/ n. (*formal*) תַּבְלִין (לָרֹב מֶלַח, פִּלְפֵּל, חַרְדָּל וְכַד׳)
condition /kənˈdɪʃ(ə)n/ n.
1 (state) מַצָּב
in (or out of) condition בְּקַו/לֹא בְּקַו הַבְּרִיאוּת, בְּכֹשֶׁר/לֹא בְּכֹשֶׁר
□ *he's in no condition to travel* מַצָּבוֹ בְּשׁוּם פָּנִים וָאֹפֶן לֹא מְאַפְשֵׁר לוֹ לִנְסֹעַ
□ *she has a heart condition* יֵשׁ לָהּ מַחֲלַת־לֵב
2 (in *pl.*, circumstances) נְסִבּוֹת
3 (thing stated as being necessary) תְּנַאי
on condition that בִּתְנַאי שֶׁ...

—v.t.
1 (determine) הִתְנָה, הִגְבִּיל, הִכְתִּיב
□ *my lifestyle is conditioned by my earnings* סִגְנוֹן הַחַיִּים שֶׁלִּי מֻכְתָּב עַל יְדֵי הַכְנָסוֹתַי
2 (teach, accustom) הִתְנָה, אִלֵּף
conditioned reflex רֶפְלֶקְס מֻתְנֶה
3 (bring into desired state) הֵבִיא לְמַצָּב תַּקִּין, הִכְשִׁיר
conditional /kənˈdɪʃən(ə)l/ adj. מֻתְנֶה, עַל תְּנַאי; שֶׁל תְּנַאי
conditional (up)on תָּלוּי בְּ..., מֻתְנֶה בְּ...
conditional sentence (*Gram.*) (בְּדִקְדּוּק) מִשְׁפַּט־תְּנַאי
condole /kənˈdəʊl/ v.i. (*formal*) נִחֵם, הִבִּיעַ תַּנְחוּמִים
condolence /kənˈdəʊləns/ n. (*formal*) תַּנְחוּמִים
condom /ˈkɒndəm/ n. קוֹנְדּוֹם, כּוֹבָעוֹן
condominium /ˌkɒndəˈmɪnɪəm/ n. בִּנְיָן מְשֻׁתָּף (בְּאַרְהַ״בּ); שִׁלְטוֹן מְשֻׁתָּף (עַל טֶרִיטוֹרְיָה)
condonation /ˌkɒndəʊˈneɪʃ(ə)n/ n. (*formal*) מְחִילָה; הַעֲלָמַת עַיִן
condone /kənˈdəʊn/ v.t. הֶעֱלִים עַיִן, מָחַל, נָהַג בְּסַלְחָנוּת
condor /ˈkɒndɔː(r)/ n. קוֹנְדּוֹר (עַיִט דְּרוֹם־אֲמֶרִיקָנִי גָּדוֹל)
conduce /kənˈdjuːs/ v.i. (*formal*) הוֹבִיל לְ..., תָּרַם לְ...
conducive /kənˈdjuːsɪv/ adj. (*formal*) מֵבִיא לִידֵי, תּוֹרֵם לְ..., מְסַיֵּעַ לְ...
□ *these disagreements are not conducive to good relations* חִלּוּקֵי דֵּעוֹת אֵלֶּה אֵינָם תּוֹרְמִים לְשִׁפּוּר יְחָסִים
conduct /kənˈdʌkt/ v.t.
1 (lead) הוֹבִיל, הִדְרִיךְ
2 (manage) נִהֵל
3 (direct orchestra, also v.i.) נִצֵּחַ (עַל תִּזְמֹרֶת)
4 (comport oneself) הִתְנַהֵג, נָהַג
5 (convey, *Phys.*) הוֹלִיךְ (זֶרֶם חַשְׁמַלִּי)
—n. /ˈkɒndʌkt/
1 (behaviour, *formal*) הִתְנַהֲגוּת
2 (management) נִהוּל
3 (leading) מַעֲבָר
safe-conduct רִשְׁיוֹן מַעֲבָר, תְּעוּדַת מַעֲבָר
conduction /kənˈdʌkʃ(ə)n/ n. (*Phys.*) הוֹלָכָה, הוֹבָלָה
conductive /kənˈdʌktɪv/ adj. (*Phys.*) מוֹלִיךְ, מַעֲבִיר (זֶרֶם חַשְׁמַלִּי)
conductivity /ˌkɒndʌkˈtɪvɪtɪ/ n. (*Phys.*) מוֹלִיכוּת (שֶׁל זֶרֶם חַשְׁמַלִּי)
conductor /kənˈdʌktə(r)/ n.
1 (director, esp. of orchestra) מְנַצֵּחַ
2 (transport officer) כַּרְטִיסָן
3 (*Phys.*) מוֹלִיךְ (זֶרֶם חַשְׁמַלִּי)
lightning conductor כּוֹלֵא־בָּרָק, כְּלִיא־בָּרָק
4 (leader) מַדְרִיךְ, מַנְהִיג, מוֹרֵה דֶּרֶךְ

conductress /kənˈdʌktrɪs/ n. כַּרְטִיסָנִית

conduit /ˈkɒndɪt/ n. תְּעָלָה, צִנּוֹר, מַעֲבִיר, מוֹבִיל (שֶׁל מַיִם, גָּז, חוּטֵי חַשְׁמַל; בְּהַשְׁאָלָה: שֶׁל כְּסָפִים וְכַד׳)

cone /kəʊn/ n.
1 (*Geom.* figure; object so shaped) חָרוּט, קוֹנוּס; חֵפֶץ דְּמוּי חָרוּט; גָּבִיעַ (שֶׁל גְּלִידָה לְמָשָׁל)
2 (fruit of conifer) אִצְטְרֻבָּל
—v.t. חָסַם אֶת הַכְּבִישׁ (לְצֹרֶךְ תִּקּוּנִים) בַּחֲרוּטִים (שֶׁל פְּלַסְטִיק)

coney /ˈkəʊnɪ/ n. סוּג שֶׁל שָׁפָן בָּר; פַּרְוַת שָׁפָן, עוֹר שָׁפָן

confab /ˈkɒnfæb/ n. (*colloq.*) שִׂיחָה פְּרָטִית

confabulate /kənˈfæbjʊleɪt/ v.i. (*formal*) שׂוֹחַח עִם, הִמְתִּיק סוֹד עִם

confabulation /kənˌfæbjʊˈleɪʃ(ə)n/ n. (*formal*) שִׂיחָה פְּרָטִית

confection /kənˈfekʃ(ə)n/ n. (*formal*) מִרְקַחַת, מִינֵי־מְתִיקָה

confectioner /kənˈfekʃənə(r)/ n. מְיַצֵּר וּמוֹכֵר מִינֵי־מְתִיקָה, קוֹנְדִּיטוֹר

confectionery /kənˈfekʃənərɪ/ n. מִרְקַחַת, מַמְתַּקִּים, דִּבְרֵי־מְתִיקָה; חֲנוּת לְדִבְרֵי־מְתִיקָה (הַמּוֹכֶרֶת לָרֹב גַּם עִתּוֹנִים וְסִיגַרְיוֹת)

confederacy /kənˈfedərəsɪ/ n. קוֹנְפֶדֶרַצְיָה, אִחוּד (מְדִינוֹת וְכַד׳), בְּרִית

confederate /kənˈfedəreɪt/ v.t. & i. אִחֵד; הִתְאַחֵד
—adj. & n. /kənˈfedər(ə)t/ חָבֵר בְּאִחוּד; שֻׁתָּף לְקֶשֶׁר; שֻׁתָּף לִדְבַר עֲבֵרָה
Confederate States מְדִינוֹת הַדָּרוֹם (בְּאַרְהַ״ב, בְּמִלְחֶמֶת הָאֶזְרָחִים)

confederation /kənˌfedəˈreɪʃ(ə)n/ n. קוֹנְפֶדֶרַצְיָה, אִחוּד (מְדִינוֹת וְכוּ׳), הִתְאַחֲדוּת

confer /kənˈfɜː(r)/ v.t. (*formal*) הֶעֱנִיק
□ *the university conferred an honorary doctorate on him* הָאוּנִיבֶרְסִיטָה הֶעֱנִיקָה לוֹ תֹּאַר דּוֹקְטוֹר שֶׁל כָּבוֹד
—v.i. נוֹעַץ בְּ..., דָּן עִם
□ *I shall confer with my associates* אִוָּעֵץ בַּדָּבָר עִם עֲמִיתַי

conference /ˈkɒnfərəns/ n. וְעִידָה, כֶּנֶס, דִּיּוּן, הִתְיָעֲצוּת
□ *the director is in conference* הַמְנַהֵל עָסוּק בִּישִׁיבָה

conferment /kənˈfɜːmənt/ n. (*formal*) הַעֲנָקָה (שֶׁל תֹּאַר כָּבוֹד, לְמָשָׁל)

confess /kənˈfes/ v.t. & i. הוֹדָה; הִתְוַדָּה; הִצְהִיר
□ *he confessed to the crime* הוּא הוֹדָה בְּבִצּוּעַ הַפֶּשַׁע
□ *he is a confessed alcoholic* הוּא אַלְכּוֹהוֹלִיסְט מֻצְהָר

confessedly /kənˈfesɪdlɪ/ adv. בְּמֻצְהָר

confession /kənˈfeʃ(ə)n/ n.
1 (admission) הוֹדָאָה
2 (declaration, *formal*) הַצְהָרָה
confession of faith הַכְרָזָה עַל אֱמוּנָה
3 (*Relig.*) וִדּוּי, טֶקֶס הַוִּדּוּי (בְּדַת הַקָּתוֹלִית)
□ *he went to confession* הוּא הִתְוַדָּה בְּאָזְנֵי הַכֹּמֶר הַמְוַדֶּה (אֵצֶל הַקָּתוֹלִים)
4 (religious belief) אֱמוּנָה

confessional /kənˈfeʃən(ə)l/ adj. & n. (*Relig.*) שֶׁל הַוִּדּוּי; תָּא הַוִּדּוּי (בַּכְּנֵסִיָּה)

confessor /kənˈfesə(r)/ n. (*Relig.*)
1 (one who makes confession) הַמִּתְוַדֶּה (בְּדַת הַקָּתוֹלִית)
2 (priest who hears confession) הַכֹּמֶר הַמְוַדֶּה

confetti /kənˈfetɪ/ n. קוֹנְפֶטִי, פִּתִּיתֵי נְיָר־צִבְעוֹנִי (שֶׁמַּשְׁלִיכִים עַל הַכַּלָּה וְהֶחָתָן עִם תֹּם טֶקֶס הַנִּשּׂוּאִין)

confidant /ˌkɒnfɪˈdænt/ n. אִישׁ־סוֹד, אִישׁ־אֱמוּנִים

confidante /ˌkɒnfɪˈdænt/ n. אֵשֶׁת־סוֹד, אֵשֶׁת־אֱמוּנִים

confide /kənˈfaɪd/ v.t. & i. הִפְקִיד אֶת סוֹדוֹ בִּידֵי, הִתְוַדָּה
□ *don't confide in him* אַל תִּבְטַח בּוֹ, אַל תְּגַלֶּה לוֹ סוֹדוֹת

confidence /ˈkɒnfɪdəns/ n.
1 (trust) אֵמוּן
confidence man נוֹכֵל מִקְצוֹעִי, רַמַּאי
confidence trick נוֹכְלוּת, מַעֲשֵׂה רַמָּאוּת, תַּרְמִית
2 (private matter, secret) סוֹדוֹת, סוֹד
□ *she took her sister into her confidence* הִיא שִׁתְּפָה אֶת אֲחוֹתָהּ בְּסוֹדוֹתֶיהָ
3 (assurance) בִּטָּחוֹן
self-confidence בִּטָּחוֹן עַצְמִי

confident /ˈkɒnfɪdənt/ adj. בָּטוּחַ, בּוֹטֵחַ, בָּטוּחַ בְּעַצְמוֹ

confidential /kɒnfɪˈdenʃ(ə)l/ adj. חֲשָׁאִי, סוֹדִי; מְהֵימָן, שׁוֹמֵר סוֹד
a confidential secretary מַזְכִּיר מְהֵימָן

confidentiality /ˌkɒnfɪˌdenʃɪˈælɪtɪ/ n. חֲשָׁאִיּוּת, סוֹדִיּוּת

configuration /kənˌfɪgəˈreɪʃ(ə)n/ n. מִבְנֶה, תְּצוּרָה, קוֹנְפִיגוּרַצְיָה

configure /kənˈfɪgə(r)/ v.t. עִצֵּב תְּצוּרָה, עָשָׂה קוֹנְפִיגוּרַצְיָה

confine /kənˈfaɪn/ v.t.
1 (restrict) הִגְבִּיל, צִמְצֵם
confined to barracks מְרֻתָּק לַמַּחֲנֶה
confined to bed מְרֻתָּק לַמִּטָּה
□ *I shall confine myself to the facts* אַגְבִּיל אֶת עַצְמִי לָעֻבְדוֹת
2 (imprison) אָסַר, כָּלָא
3 (in pass., give birth) כָּרְעָה לָלֶדֶת
—n. (usu. in *pl.*) /ˈkɒnfaɪnz/ תְּחוּם, גְּבוּלוֹת

confinement /kənˈfaɪnmənt/ n.
1 (imprisonment) כְּלִיאָה, מַאֲסָר; רִתּוּק

solitary confinement צִינוֹק
2 (giving birth) לֵדָה

confirm /kənˈfɜːm/ v.t.
1 (establish, corroborate) אִשֵּׁר, אִמֵּת
□ *he is a confirmed drunkard* הוּא שִׁכּוֹר מֻשְׁבָּע, הוּא שִׁכּוֹר חֲסַר תַּקָּנָה
2 (*Relig.*) הִכְנִיס בִּבְרִית הַכְּנֵסִיָּה (בְּדֶרֶךְ כְּלָל בְּגִילָאִים 12 אוֹ 13)

confirmation /ˌkɒnfəˈmeɪʃ(ə)n/ n.
1 (proof, corroboration) אִשּׁוּר, חִזּוּק (לְהוֹכָחָה קוֹדֶמֶת), אִמּוּת
2 (*Relig.*) (טֶקֶס) הַכְנָסָה בִּבְרִית הַכְּנֵסִיָּה, קוֹנְפִירְמַצְיָה

confirmatory /ˌkɒnfəˈmeɪtərɪ/ adj. (*formal*) מְאַשֵּׁר, מְחַזֵּק (הַשְׁעָרָה קוֹדֶמֶת)

confiscate /ˈkɒnfɪskeɪt/ v.t. (*formal*) הֶחֱרִים, עִקֵּל

confiscation /ˌkɒnfɪsˈkeɪʃ(ə)n/ n. הַחְרָמָה, עִקּוּל

conflagration /ˌkɒnfləˈgreɪʃ(ə)n/ n. (*formal*) דְּלֵקָה, שְׂרֵפָה גְּדוֹלָה

conflict /ˈkɒnflɪkt/ n. סִכְסוּךְ, מַאֲבָק, הִתְנַגְּשׁוּת, קוֹנְפְלִיקְט; סְתִירָה, נִגּוּד
—v.i. /kənˈflɪkt/ סָתַר אֶת, הִתְנַגֵּשׁ עִם, הָיָה בְּקוֹנְפְלִיקְט עִם

confluence /ˈkɒnflʊəns/ n. מְקוֹם הִתְחַבְּרוּתָם שֶׁל נְהָרוֹת; (בְּהַשְׁאָלָה) מִפְגָּשׁ

conform /kənˈfɔːm/ v.i. נָהַג לְפִי, פָּעַל בְּהֶתְאֵם, מִלֵּא אַחֲרֵי
□ *he conforms to type* הוּא הוֹלֵךְ בַּתֶּלֶם, הוּא אֵינוֹ חוֹרֵג מִן הַמִּסְגֶּרֶת, הוּא מִתְיַשֵּׁר לְפִי הַקַּו

conformable /kənˈfɔːməb(ə)l/ adj. (*formal*) בְּהֶתְאֵם לְ...

conformation /ˌkɒnfɔːˈmeɪʃ(ə)n/ n. (*formal*) תְּצוּרָה, מִבְנֶה

conformism /kənˈfɔːmɪzəm/ n. (*formal*) קוֹנְפוֹרְמִיזְם, קוֹנְפוֹרְמִיסְטִיּוּת

conformist /kənˈfɔːmɪst/ n. (*formal*) קוֹנְפוֹרְמִיסְט, הוֹלֵךְ־בַּתֶּלֶם

conformity /kənˈfɔːmɪtɪ/ n. (*formal*) סְתַגְּלָנוּת, קַבָּלַת־מָרוּת; הַתְאָמָה לְ...
in conformity with בְּהֶתְאֵם לְ..., לְפִי

confound /kənˈfaʊnd/ v.t.
1 (perplex, confuse) הֵבִיךְ, הִדְהִים, בִּלְבֵּל
2 (overthrow) הֵבִיס, גָּבַר עַל, סִכֵּל, הִכְשִׁיל
3 (damn, *euphem.*)
□ *confound it!* לְכָל הָרוּחוֹת! לַעֲזָאזֵל!

confounded /kənˈfaʊndɪd/ adj. אָרוּר
□ *it's a confounded nuisance that the shops are shut* זוֹ צָרָה צְרוּרָה שֶׁהַחֲנֻיּוֹת סְגוּרוֹת

confront /kənˈfrʌnt/ v.t.
1 (meet, face) עָמַד בִּפְנֵי, הִתְיַצֵּב נֶגֶד, הִתְעַמֵּת עִם
2 (bring face to face with) עִמֵּת
□ *we confronted him with the evidence* פָּרַשְׂנוּ בְּפָנָיו אֶת הַהוֹכָחוֹת

confrontation /ˌkɒnfrʌnˈteɪʃ(ə)n/ n. עִמּוּת, קוֹנְפְרוֹנְטַצְיָה

confuse /kənˈfjuːz/ v.t. בִּלְבֵּל, הֵבִיא בִּמְבוּכָה; הִתְבַּלְבֵּל בֵּין לְבֵין

confusion /kənˈfjuːʒ(ə)n/ n. בִּלְבּוּל, מְהוּמָה, אִי־סֵדֶר

confutation /ˌkɒnfjuːˈteɪʃ(ə)n/ n. (*formal*) סְתִירָה, הַפְרָכָה, הֲזָמָה

confute /kənˈfjuːt/ v.t. (*formal*) סָתַר, הִפְרִיךְ, הֵזֵם (עֵדוּת)

conga /ˈkɒŋgə/ n. מְחוֹל הַקוֹנְגָה; תֻּפֵּי־קוֹנְגָה

congeal /kənˈdʒiːl/ v.t. & i. הִקְפִּיא, הִקְרִישׁ; קָפָא, נִקְרַשׁ

congelation /ˌkɒndʒɪˈleɪʃ(ə)n/ n. (*formal*) הִתְקָרְשׁוּת, קְפִיאָה

congenial /kənˈdʒiːnɪəl/ adj. קָרוֹב בְּרוּחוֹ; נָעִים, סִימְפָּטִי

congenital /kənˈdʒenɪt(ə)l/ adj. מוּלָד, מִבֶּטֶן וּמִלֵּדָה, מִלֵּדָה

conger (eel) /ˈkɒŋgə(r) (iːl)/ n. צְלוֹפַח־יָם

congest /kənˈdʒest/ v.t. מִלֵּא עַד אֶפֶס־מָקוֹם, גָּדַשׁ, סָתַם

congested /kənˈdʒestɪd/ adj. סָתוּם, דָּחוּס; (בִּרְפוּאָה) סָתוּם, גָּדוּשׁ־דָּם

congestion /kənˈdʒestʃən/ n. צְפִיפוּת
traffic congestion עֹמֶס תְּנוּעָה, פְּקַק תְּנוּעָה
congestion of the lungs בַּצֶּקֶת רֵאוֹת

conglomerate /kənˈglɒməreɪt/ v.t. (*formal*) לִכֵּד וְגִבֵּשׁ לְגוּשׁ אֶחָד
—adj. & n. /kənˈglɒmərət/ מְגֻבָּב, מְלֻכָּד בְּגוּשׁ אֶחָד; מִצְבּוֹר, תַּלְכִּיד, קוֹנְגְלוֹמֶרָט; עֵרֶב־רַב

conglomeration /kənˌglɒməˈreiʃ(ə)n/ n. (*formal*) גִּבּוּב, עֵרֶב־רַב

congratulate /kənˈgrætʃʊleɪt/ v.t. בֵּרֵךְ, אִחֵל
□ *you may congratulate yourself on your results* אַתָּה יָכוֹל לִהְיוֹת גֵּאֶה בַּתּוֹצָאוֹת הַבְּחִינָה שֶׁלְּךָ

congratulation /kənˌgrætʃʊˈleɪʃ(ə)n/ n. בְּרָכָה, אִחוּל, אִחוּלִים
congratulations! בִּרְכוֹתַי! מַזָּל־טוֹב! אִחוּלַי!

congratulatory /kənˈgrætʃʊlətərɪ/ adj. בְּרָכָה, שֶׁל בְּרָכָה, שֶׁל אִחוּלִים

congregate /ˈkɒŋgrɪgeɪt/ v.t. & i. הִקְהִיל, אָסַף; הִתְאַסֵּף, הִתְקַהֵל

congregation /ˌkɒŋgrɪˈgeɪʃ(ə)n/ n.
1 (assemblage) הִתְקַהֲלוּת
2 (assembly of worshippers) קְהִלָּה, קְהַל־מִתְפַּלְּלִים, עֲדַת־מִתְפַּלְּלִים

congress /ˈkɒŋgres/ n.
1 (formal meeting) קוֹנְגְרֶס, וְעִידָה
2 (C-, US national legislative body) הַקּוֹנְגְרֶס, בֵּית־הַמְחוֹקְקִים בְּאַרְהַ"ב

congruence /ˈkɒŋgrʊəns/ n. (*formal*) הֲלִימָה, הַתְאָמָה, חֲפִיפָה; (בְּגֵיאוֹמֶטְרִיָּה) חֲפִיפָה

congruent /ˈkɒŋgrʊənt/ adj. (*formal*) חוֹפֵף, מַתְאִים, תּוֹאֵם; חוֹפֵף

conic /ˈkɒnɪk/ adj. שֶׁל חָרוּט, שֶׁל קוֹנוּס

conical /ˈkɒnɪk(ə)l/ adj. דְּמוּי־חָרוּט, חֲרוּטִי, דְּמוּי קוֹנוּס

conifer /ˈkɒnɪfə(r)/ n. עֵץ־מַחַט (נוֹשֵׂא־אִצְטְרֻבָּלִים)

coniferous /kəˈnɪfərəs/ adj. (עֵץ) מַחְטָנִי

conjectural /kənˈdʒektʃərəl/ adj. (*formal*) הַשְׁעָרָתִי, עַל־פִּי סְבָרָה

conjecture /kənˈdʒektʃə(r)/ n. (*formal*) הַשְׁעָרָה, הַנָּחָה, סְבָרָה

□ *that is a matter for conjecture* הָעִנְיָן פָּתוּחַ לְהַשְׁעָרוֹת

—v.t. & i. שִׁעֵר, סָבַר, נִחֵשׁ, הִנִּיחַ

conjoin /kənˈdʒɔɪn/ v.t. & i. (*formal*) לִכֵּד, אִחֵד

conjoint /kənˈdʒɔɪnt/ adj. (*formal*) מְלֻכָּד, מְאֻחָד, מְשֻׁתָּף

conjugal /ˈkɒndʒʊg(ə)l/ adj. (*formal*) שֶׁל נִשּׂוּאִים, שֶׁל בְּנֵי־הַזּוּג

conjugal rights הַזְּכוּת לְקִיּוּם יַחֲסֵי מִין עִם בֶּן/בַּת זוּג

conjugate /ˈkɒndʒʊgeɪt/ v.t. (*Gram.*) הִטָּה פֹּעַל

conjugation /ˌkɒndʒʊˈgeɪʃ(ə)n/ n. (*Gram.*) נְטִיַּת־הַפֹּעַל; הַטָּיַת פֹּעַל

conjunction /kənˈdʒʌŋkʃ(ə)n/ n.

1 (connection, *formal*) צֵרוּף, חִבּוּר, שִׁלּוּב

in conjunction with בְּהֶקְשֵׁר לְ...; יַחַד עִם, בְּשִׁתּוּף עִם

2 (*Astron.*) מִפְגַּשׁ כּוֹכָבִים

3 (*Gram.*) מִלַּת חִבּוּר

conjunctivitis /kənˌdʒʌŋktɪˈvaɪtɪs/ n. (*Med.*) דַּלֶּקֶת הַלַּחְמִית (בָּעַיִן)

conjuncture /kənˈdʒʌŋktʃə(r)/ n. (*formal*) צֵרוּף־נְסִבּוֹת, קוֹנְיוּנְקְטוּרָה, מַעֲרֶכֶת נְסִבּוֹת (הַקּוֹבַעַת מַצָּב מְסֻיָּם)

conjure v.t. & i.

1 /kənˈdʒʊə(r)/ (appeal solemnly, *formal*) הִפְצִיר, הִתְחַנֵּן, הִשְׁבִּיעַ

2 /ˈkʌndʒə(r)/ (perform tricks. produce as if from nothing) עָשָׂה לַהֲטִים, אָחַז עֵינַיִם, חוֹלֵל פְּלָאִים

a conjuring trick מַעֲשֵׂה לַהֲטִים, לַהֲטוּט, אֲחִיזַת עֵינַיִם

□ *he conjured a rabbit out of a hat* הוּא שָׁלַף שָׁפָן מֵהַמִּגְבַּעַת

□ *he conjured up visions of the past* הוּא הֶעֱלָה זִכְרוֹנוֹת מִיָּמִים עָבָרוּ

□ *that is a name to conjure with* זֶה שֵׁם שֶׁפּוֹתֵחַ אֶת כָּל הַדְּלָתוֹת

conjurer /ˈkʌndʒərə(r)/ n. קוֹסֵם, לַהֲטוּטָן, עוֹשֵׂה־לַהֲטִים

conjuring /ˈkʌndʒərɪŋ/ n. לַהֲטוּטָנוּת, מַעֲשֵׂה־קְסָמִים, כְּשָׁפִים

conjuror /ˈkʌndʒərə(r)/ n. קוֹסֵם, לַהֲטוּטָן, עוֹשֵׂה לַהֲטִים

conk[1] /kɒŋk/ v.t. (*sl.*) הֶחְטִיף "זַפְטָה", הִכְנִיס מַכָּה בָּרֹאשׁ/בָּאַף

—v.i.

conk out הָלַךְ קַפּוּט, הָלַךְ "פַּיְפֶן", "הִתְפַּגֵּר"

conk[2] /kɒŋk/ n. (*sl.*) אַף (בִּלְשׁוֹן הַתּוּלִית)

conker /ˈkɒŋkə(r)/ n. (*colloq.*) פְּרִי עַרְמוֹן הַבָּר

—n. *pl.* מִשְׂחַק יְלָדִים בְּרִיטִי (בְּפֵרוֹת עַרְמוֹן הַבָּר)

con-man /kɒn-mæn/ n. נוֹכֵל, רַמַּאי

connect /kəˈnekt/ v.t. & i. קִשֵּׁר, חִבֵּר; הָיָה קָשׁוּר, הָיָה מְחֻבָּר

connecting-rod (*Mech.*) טַלְטָל (בְּמָנוֹעַ שֶׁל מְכוֹנִית)

well connected בַּעַל קְשָׁרִים טוֹבִים

□ *we are connected by marriage* אֲנַחְנוּ קְרוֹבֵי־מִשְׁפָּחָה מִנִּשּׂוּאִים

connection /kəˈnekʃ(ə)n/ n.

1 (being connected or related) קֶשֶׁר, קִרְבָה; קָרוֹב (מִשְׁפָּחָה)

2 (association of ideas) קֶשֶׁר, קִרְבָה

3 (connecting part) חִבּוּר, קֶשֶׁר

4 (close associate, group of associates) אִישׁ הַקֶּשֶׁר; קֶשֶׁר

□ *I have connections in the right places* יֵשׁ לִי קְשָׁרִים בַּמְּקוֹמוֹת הַנְּכוֹנִים

5 (connecting vehicle) טִיסָה מְקַשֶּׁרֶת, רַכֶּבֶת מְקַשֶּׁרֶת, אוֹטוֹבּוּס מְקַשֵּׁר

connective /kəˈnektɪv/ adj. & n. (*Gram.*) מְחַבֵּר; מִלַּת חִבּוּר, אוֹת חִבּוּר

conning-tower /ˈkɒnɪŋ-taʊə(r)/ n. צְרִיחַ־הַפִּקּוּד; צְרִיחַ־הַמִּצְפֶּה (בְּצוֹלֶלֶת)

connivance /kəˈnaɪvəns/ n. הַעְלָמַת־עַיִן, סִיּוּעַ לִדְבַר־עֲבֵרָה, שִׁתּוּף פְּעֻלָּה (בִּדְבַר עֲבֵרָה)

connive /kəˈnaɪv/ v.i. הֶעְלִים־עַיִן, סִיֵּעַ לִדְבַר־עֲבֵרָה

connive at הֶעְלִים עַיִן מִ...

connoisseur /kɒnəˈsɜː(r)/ n. אֲנִין טַעַם, מֻמְחֶה, מְבִין־דָּבָר, יַדְעָן (בְּכָל מַה שֶּׁנּוֹגֵעַ לְעִנְיְנֵי טַעַם, אָמָּנוּת וְכַד')

connotation /ˌkɒnəˈteɪʃ(ə)n/ n. מַשְׁמָעוּת־לְוַאי, מַשְׁמָעוּת מְרֻמֶּזֶת/מֻבְלַעַת, קוֹנוֹטַצְיָה

connotative /ˈkɒnəʊteɪtɪv/ adj. קוֹנוֹטָטִיבִי

connote /kəˈnəʊt/ v.t. רָמַז עַל

□ *the word 'fire' connotes heat* מִן הַמִּלָּה "אֵשׁ" מִשְׁתַּמֵּעַ חֹם

connubial /kəˈnjuːbɪəl/ adj. (*formal*) שֶׁל נִשּׂוּאִים

conquer /ˈkɒŋkə(r)/ v.t. & i. כָּבַשׁ, נִצֵּחַ, גָּבַר עַל

conqueror /ˈkɒŋkərə(r)/ n. כּוֹבֵשׁ, מְנַצֵּחַ

conquest /ˈkɒŋkwest/ n. כִּבּוּשׁ

□ *he's made a conquest there* (*colloq.*) הוּא כָּבַשׁ אֶת לִבָּהּ

consanguineous /ˌkɒnsæŋˈgwɪnɪəs/ adj. (*formal*) בַּעַל קִרְבַת־דָּם

consanguinity /ˌkɒnsæŋˈgwɪnɪtɪ/ n. (*formal*) קִרְבַת־דָּם

conscience /ˈkɒnʃ(ə)ns/ n. מַצְפּוּן

conscience money כֹּפֶר־מַצְפּוּן (כֶּסֶף שֶׁמְּשַׁלְּמִים כְּדֵי לְהָקֵל עַל הַמַּצְפּוּן)

have a clear (or **guilty**) **conscience** בַּעַל מַצְפּוּן נָקִי/לֹא־נָקִי

in all conscience בְּמַצְפּוּן שָׁקֵט; בֶּאֱמֶת, בְּשִׂיא הַכֵּנוּת

prisoner of conscience אֲסִיר מַצְפּוּן

conscience-stricken /ˈkɒnʃ(ə)ns-ˌstrɪkən/ adj. שֶׁמַּצְפּוּנוֹ נוֹקֵף אוֹתוֹ

conscientious /ˌkɒnʃɪˈenʃ(ə)s/ adj. מַצְפּוּנִי, נֶאֱמָן לְמַצְפּוּנוֹ, הָגוּן; מָסוּר; שַׁקְדָנִי

conscientious objector סַרְבָן־מִלְחָמָה, סַרְבָן מִטַּעֲמֵי מַצְפּוּן

conscious /ˈkɒnʃəs/ adj.

1 (in possession of one's senses) בְּהַכָּרָה

2 (aware) מוּדָע לְ...

a conscious insult עֶלְבּוֹן מְכֻוָּן

□ *he spoke with conscious superiority* הוּא דִּבֵּר מִתּוֹךְ עֶלְיוֹנוּת מוּדַעַת

—n. (*Psychol.*) הַמּוּדָע

consciousness /ˈkɒnʃəsnɪs/ n. מוּדָעוּת; הַכָּרָה

loss (or **regain**) **consciousness** אִבֵּד הַכָּרָה/הַכָּרָתוֹ שָׁבָה אֵלָיו

consciousness-raising /ˈkɒnʃəsnɪs-ˌreɪzɪŋ/ n. הַגְבָּרַת הַמּוּדָעוּת

conscript /kənˈskrɪpt/ v.t. גִּיֵּס לְשֵׁרוּת־חוֹבָה

—n. /ˈkɒnskrɪpt/ חַיָּל/ת בְּשֵׁרוּת־חוֹבָה, מְגֻיָּס/ת

conscription /kənˈskrɪpʃ(ə)n/ n. גִּיּוּס לְשֵׁרוּת חוֹבָה

consecrate /ˈkɒnsɪkreɪt/ v.t.

1 (devote, *formal*) הִקְדִּישׁ

2 (*Relig.*) קִדֵּשׁ, הִכְרִיז כְּקָדוֹשׁ

consecration /ˌkɒnsɪˈkreɪʃ(ə)n/ n. הִתְקַדְּשׁוּת, קִדּוּשׁ

consecutive /kənˈsekjʊtɪv/ adj. רָצוּף, בָּזֶה אַחַר זֶה, רָץ (מִסְפָּר אוֹ עַמּוּד)

consensus /kənˈsensəs/ n. הַסְכָּמָה כְּלָלִית, תְּמִימוּת־דֵּעִים, קוֹנְסֶנְזוּס

consensus politics מְדִינִיּוּת הַמְבֻסֶּסֶת עַל קוֹנְסֶנְזוּס

consent /kənˈsent/ v.i. הִסְכִּים, נֵאוֹת; הִרְשָׁה

—n. הַסְכָּמָה; רְשׁוּת

age of consent גִּיל בַּגְרוּת (שֶׁבּוֹ מֻתָּר לְקַיֵּם יַחֲסֵי מִין עַל פִּי הַחֹק, גִּיל 16 בִּבְרִיטַנְיָה כַּיּוֹם)

consequence /ˈkɒnsɪkwəns/ n.

1 (result) תּוֹצָאָה

in consequence (of) כְּתוֹצָאָה מִ...

take the consequences נָשָׂא בַּתּוֹצָאוֹת לְ...

2 (importance, *formal*) חֲשִׁיבוּת

□ *the matter is of no consequence* זֶהוּ עִנְיָן נְטוּל חֲשִׁיבוּת

□ *they are people of consequence* הֵם אֲנָשִׁים בַּעֲלֵי אֶמְצָעִים וְהַשְׁפָּעָה

consequent /ˈkɒnsɪkwənt/ adj. שֶׁבָּא כְּתוֹצָאָה מִ..., נוֹבֵעַ; עָקְבִי

consequential /ˌkɒnsɪˈkwenʃ(ə)l/ adj. (*formal*) נוֹבֵעַ; חָשׁוּב, מַשְׁמָעוּתִי; (אָדָם) מַחְשִׁיב אֶת עַצְמוֹ

consequently /ˈkɒnsɪkwəntlɪ/ adv. & conj. לְפִיכָךְ, כְּתוֹצָאָה מִכָּךְ

conservancy /kənˈsɜːvənsɪ/ n. רְשׁוּת שְׁמוּרַת טֶבַע (שֶׁל אֵזוֹר מְסֻיָּם); שִׁמּוּר

conservation /ˌkɒnsəˈveɪʃ(ə)n/ n. שִׁמּוּר; פִּקּוּחַ עַל שְׁמוּרוֹת וְאוֹצְרוֹת טֶבַע

conservationist /ˌkɒnsəˈveɪʃənɪst/ n. אָדָם הַתּוֹמֵךְ (בְּאֹפֶן פָּעִיל) בְּשִׁמּוּר הַטֶּבַע וְאוֹצְרוֹתָיו

conservatism /kənˈsɜːvətɪz(ə)m/ n. שַׁמְרָנוּת

conservative /kənˈsɜːvətɪv/ adj.

1 (cautious, traditional) זָהִיר; שַׁמְרָן, מָסָרְתִּי

a conservative estimate אֻמְדָּן זָהִיר

2 (*Polit.*, also n.) שַׁמְרָן, חָבֵר בַּמִּפְלָגָה הַשַּׁמְרָנִית

conservatoire /kənˈsɜːvətwɑː(r)/ n. קוֹנְסֶרְבָטוֹרְיוֹן, אָקָדֶמְיָה לְמוּזִיקָה

conservatory /kənˈsɜːvət(ə)rɪ/ n. בֵּיתַן זְכוּכִית צָמוּד לַבַּיִת

conserve /kənˈsɜːv/ v.t. שָׁמַר, שִׁמֵּר; עָשָׂה שִׁמּוּרִים (מָזוֹן)

—n. /ˈkɒnsɜːv/ רִבָּה, מִרְקַחַת־פֵּרוֹת

consider /kənˈsɪdə(r)/ v.t. & i.

1 (think about) חָשַׁב עַל, שָׁקַל בְּדַעְתּוֹ, הִרְהֵר בְּ

all things considered בְּהִתְחַשֵּׁב בְּכָל הַתְּנָאִים, בְּסַךְ הַכֹּל

□ *it is my considered opinion* דַּעְתִּי הַשְּׁקוּלָה הִיא שֶׁ...

2 (think, reckon) שָׁקַל, חָשַׁב, הֶחְשִׁיב

3 (make allowances for) הִתְחַשֵּׁב בְּ..., לָקַח בְּחֶשְׁבּוֹן שֶׁ...

considerable /kənˈsɪdərəb(ə)l/ adj. נִכָּר, גָּדוֹל, לֹא מְבֻטָּל, חָשׁוּב

considerate /kənˈsɪdərət/ adj. מִתְחַשֵּׁב בַּזּוּלַת, מְגַלֶּה הִתְחַשְּׁבוּת

consideration /kənˌsɪdəˈreɪʃ(ə)n/ n.

1 (reflection, review, account) חֲשִׁיבָה, שִׁקּוּל, עִיּוּן

in consideration of בְּהִתְחַשֵּׁב עִם, בְּהִתְחַשֵּׁב בְּ...

take into consideration לָקַח בְּחֶשְׁבּוֹן, הֵבִיא בְּחֶשְׁבּוֹן

on (or **under**) **no consideration** בְּשׁוּם פָּנִים וָאֹפֶן, בְּשׁוּם אֹפֶן לֹא

□ *the matter is under consideration* הַנּוֹשֵׂא בְּדִיּוּן, הַנּוֹשֵׂא בִּבְדִיקָה

2 (reward) תַּשְׁלוּם עֲבוּר שֵׁרוּת, תְּמוּרָה

□ *we'll do the repairs for a consideration* נְבַצֵּעַ אֶת הַתִּקּוּנִים תְּמוּרַת תַּשְׁלוּם

3 (thoughtfulness) הִתְחַשְּׁבוּת

□ *she showed consideration for her mother's feelings* הִיא גִּלְּתָה הִתְחַשְּׁבוּת בְּרִגְשׁוֹתֶיהָ שֶׁל אִמָּהּ

considering /kənˈsɪdərɪŋ/ prep. לְאוֹר (הַנְּסִבּוֹת וכו'), בְּשִׂים לֵב לְ..., בְּהִתְחַשֵּׁב בְּ...

consign /kənˈsaɪn/ v.t. שִׁגֵּר, מָסַר, שָׁלַח; הִפְקִיד בִּידֵי

consignee /ˌkɒnsaɪˈniː/ n. מְקַבֵּל־הַמִּשְׁלוֹחַ, הַנִּמְעָן

consignment /kənˈsaɪnmənt/ n. מִשְׁלוֹחַ; קוֹנְסִיגְנַצְיָה

on consignment מַצָּב שֶׁבּוֹ הַסּוֹכֵן מְשַׁלֵּם רַק עֲבוּר אוֹתָן יְחִידוֹת מִמִּשְׁלוֹחַ, שֶׁמָּכַר, וּמַחֲזִיר אֶת הַשְּׁאָר

consignor /kənsaɪnə(r)/ n. שׁוֹלֵחַ־הַסְּחוֹרָה

consist /kənˈsɪst/ v.i. כָּלַל, הֵכִיל, הָיָה מֻרְכָּב מִ...; הִסְתַּכֵּם בְּ...

□ *the course consists of lectures and seminars* הַקּוּרְס כּוֹלֵל הַרְצָאוֹת וְסֶמִינָרִים

□ *the happiness of a country consists in the freedom of its citizens* אָשְׁרָהּ שֶׁל מְדִינָה מִתְבַּטֵּא בְּחֵרוּת אֶזְרָחֶיהָ

consistence /kənˈsɪstəns/ n. סְמִיכוּת

consistency /kənˈsɪstənsɪ/ n.

1 (composition, density) סְמִיכוּת (שֶׁל נוֹזֵל, עִסָּה וְכַד')

2 (stability, constancy) יַצִּיבוּת, עִקְבִיּוּת

consistent /kənˈsɪstənt/ adj.

1 (compatible with) תּוֹאֵם, הוֹלֵם, מִתְיַשֵּׁב עִם

2 (constant) עִקְבִי, קָבוּעַ; חוֹזֵר וְנִשְׁנֶה

consolation /ˌkɒnsəˈleɪʃ(ə)n/ n. נִחוּמִים, תַּנְחוּמִים

consolation prize פְּרַס־תַּנְחוּמִים

consolatory /kənˈsɒlət(ə)rɪ/ adj. מְנַחֵם, שֶׁל תַּנְחוּמִים

console[1] /kənˈsəʊl/ v.t. & i. נִחֵם

console[2] /ˈkɒnsəʊl/ n. לוּחַ בַּקָּרָה, קוֹנְסוֹלָה; מַעֲמָד לְרַדְיוֹ/טֶלֶוִיזְיָה; עֶמְדַּת הַפְעָלָה (שֶׁל מַחְשֵׁב, אוֹרְגָּן, וְכַד'); זָוִית לְמַדָּפִים

consolidate /kənˈsɒlɪdeɪt/ v.t. & i. יִצֵּב, גִּבֵּשׁ, אִחֵד; הִתְאַחֵד, הִתְגַּבֵּשׁ

consolidation /kənˌsɒlɪˈdeɪʃ(ə)n/ n. חִזּוּק, יִצּוּב; גִּבּוּשׁ, אִחוּד; קוֹנְסוֹלִידַצְיָה

consols /ˈkɒnsɒlz/ n. pl. אִגְּרוֹת חוֹב נוֹשְׂאוֹת רִבִּית שֶׁל הַמֶּמְשָׁלָה הַבְּרִיטִית (לְלֹא תְּחוּלַת פֵּרָעוֹן)

consommé /kənˈsɒmeɪ/ n. מְרַק צַח (שֶׁל בָּשָׂר אוֹ יְרָקוֹת)

consonance /ˈkɒnsənəns/ n. (*formal*) הֶסְכֵּם, הַרְמוֹנְיָה, תֹּאַם; (מוּזִיקָה) הַרְמוֹנְיָה, קוֹנְסוֹנַנְס

consonant /ˈkɒnsənənt/ adj. (*formal*) הַרְמוֹנִי, מִתְמַזֵּג, עוֹלֶה בְּקָנֶה אֶחָד עִם

□ *his actions are not consonant with his beliefs* מַעֲשָׂיו אֵינָם עוֹלִים בְּקָנֶה אֶחָד עִם הַשְׁקָפוֹתָיו

—n. (*Gram.*) עִצּוּר

consonantal /ˌkɒnsəˈnænt(ə)l/ adj. (*Gram.*) עִצּוּרִי

consort[1] /kənˈsɔːt/ v.i. (*formal*) הִתְחַבֵּר עִם, הִתְרוֹעֵעַ עִם; הִתְיַשֵּׁב עִם

—n. /ˈkɒnsɔːt/ בֶּן־/בַּת־זוּג, בֶּן־/בַּת־לְוָיָה

prince (or **queen**) **consort** בֶּן־זוּגָהּ שֶׁל הַמַּלְכָּה, בַּת־זוּגוֹ שֶׁל הַמֶּלֶךְ

consort[2] /ˈkɒnsɔːt/ n. (*Mus.*) אַנְסַמְבָּל מוּזִיקָלִי (לָרֹב לְבִצּוּעַ מוּזִיקָה עַתִּיקָה)

consortium /kənˈsɔːtɪəm/ n. (*pl.* **consortia**) קוֹנְסוֹרְצְיוּם (שִׁתּוּף פְּעֻלָּה זְמַנִּי בֵּין חֲבָרוֹת גְּדוֹלוֹת וְכַד')

conspectus /kənˈspektəs/ n. (*formal*) סְקִירָה, תַּמְצִית

conspicuous /kənˈspɪkjʊəs/ adj. בּוֹלֵט, בּוֹלֵט־לָעַיִן, מְעוֹרֵר תְּשׂוּמַת לֵב

conspiracy /kənˈspɪrəsɪ/ n. מְזִמָּה, קְנוּנְיָה, קֶשֶׁר

conspiracy of silence קֶשֶׁר שֶׁל שְׁתִיקָה

conspirator /kənˈspɪrətə(r)/ n. זוֹמֵם, קוֹשֵׁר, חוֹרֵשׁ מְזִמּוֹת

conspiratorial /kənˌspɪrəˈtɔːrɪəl/ adj. שֶׁל מְזִמָּה, שֶׁל קֶשֶׁר

conspire /kənˈspaɪə(r)/ v.t. & i. חָרַשׁ מְזִמּוֹת, קָשַׁר קֶשֶׁר, זָמַם קְנוּנְיוֹת

constable /ˈkʌnstəb(ə)l/ n. שׁוֹטֵר בְּרִיטִי

Chief Constable מְפַקֵּד־מִשְׁטָרָה מְחוֹזִי (בִּבְרִיטַנְיָה)

constabulary /kənˈstæbjʊlərɪ/ n. מִשְׁטָרָה

constancy /ˈkɒnstənsɪ/ n. (*formal*) קְבִיעוּת, הַתְמָדָה; נֶאֱמָנוּת, יַצִּיבוּת

constant /ˈkɒnstənt/ adj. קָבוּעַ; מַתְמִיד; נֶאֱמָן, מָסוּר

—n. (*Math. & Phys.*) קָבוּעַ, קוֹנְסְטַנְט

constantly /ˈkɒnstəntlɪ/ adv. לְלֹא הֶפְסֵק, בִּרְצִיפוּת, בִּקְבִיעוּת

constellation /ˌkɒnstəˈleɪʃ(ə)n/ n. קְבוּצַת כּוֹכָבִים, "מַזָּל", קוֹנְסְטֶלַצְיָה; מַעֲרָךְ, קוֹנְסְטֶלַצְיָה

consternation /ˌkɒnstəˈneɪʃ(ə)n/ n. (*formal*) בֶּהָלָה, תַּדְהֵמָה, פַּחַד, חֲרָדָה

constipate /ˈkɒnstɪpeɪt/ v.t. (usu. in past ppl.) גָּרַם לַעֲצִירוּת

constipation /ˈkɒnstɪˈpeɪʃ(ə)n/ n. עֲצִירוּת

constituency /kənˈstɪtjʊənsɪ/ n. אֵזוֹר־בְּחִירוֹת; צִבּוּר הַבּוֹחֲרִים שֶׁל עִיר/אֵזוֹר

constituent /kənˈstɪtjʊənt/ n.

1 (component) מַרְכִּיב, חֵלֶק

2 (elector) בּוֹחֵר, מַצְבִּיעַ (בִּבְחִירוֹת)

—adj. מַרְכִּיב; מְכוֹנֵן

constituent assembly אֲסֵפָה מְכוֹנֶנֶת

constitute /ˈkɒnstɪtjuːt/ v.t. (*formal*)

1 (form) הִרְכִּיב; הָוָה

2 (appoint) הִסְמִיךְ, מִנָּה, הִטִּיל תַּפְקִיד עַל
□ *he constituted himself a judge* הוּא שָׂם עַצְמוֹ לְשׁוֹפֵט

constitution /ˌkɒnstɪˈtjuːʃ(ə)n/ n.
1 (constituting) הֶרְכֵּב, הַרְכָּבָה
2 (state of health) בְּרִיאוּת (אֵיתָנָה/לְקוּיָה), מַצַּב בְּרִיאוּת
3 (system of government) חֻקָּה, קוֹנְסְטִיטוּצְיָה

constitutional /ˌkɒnstɪˈtjuːʃən(ə)l/ adj.
1 (correct with regard to the system of government) תְּחֻקָּתִי, קוֹנְסְטִיטוּצְיוֹנִי
2 (pertaining to the bodily or mental system) הַקָּשׁוּר בְּמַצַּב בְּרִיאוּתוֹ שֶׁל אָדָם
—n. (*arch.*) טִיּוּל קָצָר לִשְׁאִיפַת אֲוִיר צַח

constitutionality /ˌkɒnstɪtjuːʃəˈnælɪtɪ/ n. הַהַתְאָמָה לַחֻקָּה, קוֹנְסְטִיטוּצְיוֹנָאלִיּוּת

constrain /kənˈstreɪn/ v.t.
1 (compel) אִלֵּץ, כָּפָה, הִכְרִיחַ
2 (confine) רִתֵּק, הִגְבִּיל, עָצַר

constrained /kənˈstreɪnd/ adj. (*formal*) עָצוּר, מְעֻשֶּׂה; אָנוּס, מְאֻלָּץ

constraint /kənˈstreɪnt/ n. (*formal*) כְּפִיָּה, הֶכְרֵחַ; מְבוּכָה, אִפּוּק

constrict /kənˈstrɪkt/ v.t. (*formal*) חָנַק, כִּוֵּץ, צִמְצֵם, לָחַץ, הִדֵּק

constriction /kənˈstrɪkʃ(ə)n/ n. (*formal*) הִדּוּק, כִּוּוּץ, צִמְצוּם, הִצְטַמְצְמוּת

constrictive /kənˈstrɪktɪv/ adj. (*formal*) הַדּוּק, לוֹחֵץ, מַגְבִּיל

constrictor /kənˈstrɪktə(r)/ n. שְׁרִיר מְכַוֵּץ

construct /kənˈstrʌkt/ v.t. בָּנָה, הִרְכִּיב, חִבֵּר
—n. /ˈkɒnstrʌkt/ צֵרוּף רַעְיוֹנִי
construct state (*Gram.*) סְמִיכוּת

construction /kənˈstrʌkʃ(ə)n/ n.
1 (act or mode of constructing) בְּנִיָּה, בִּנְיָן
2 (thing built) בִּנְיָן, מִבְנֶה
3 (*Gram.*) מִבְנֶה
4 (interpretation) פֵּרוּשׁ, פַּרְשָׁנוּת
□ *you put the wrong construction on my remarks* אַתָּה מְיַחֵס מַשְׁמָעוּת מַטְעָה לְהֶעָרוֹתַי, אַתָּה מְפָרֵשׁ אֶת הֶעָרוֹתַי פֵּרוּשׁ לֹא נָכוֹן

constructional /kənˈstrʌkʃən(ə)l/ adj. מִבְנִי, שֶׁל בִּנְיָן, שֶׁל מִבְנֶה

constructive /kənˈstrʌktɪv/ adj. קוֹנְסְטְרוּקְטִיבִי, בּוֹנֶה, חִיּוּבִי, מוֹעִיל, יוֹצֵר
constructive criticism בִּקֹּרֶת קוֹנְסְטְרוּקְטִיבִית, בִּקֹּרֶת יוֹצֶרֶת

constructor /kənˈstrʌktə(r)/ n. בּוֹנֶה

construe /kənˈstruː/ v.t. & i. פֵּרֵשׁ, תִּרְגֵּם, הִסְבִּיר, נִתַּח
□ *his motives were wrongly construed* (*formal*) הַמְּנִיעִים שֶׁלּוֹ הוּבְנוּ שֶׁלֹּא כַּהֲלָכָה
□ *this sentence does* (or *will*) *not construe* אִי אֶפְשָׁר לְנַתֵּחַ אֶת הַמִּשְׁפָּט הַזֶּה (נִתּוּחַ תַּחְבִּירִי), הַמִּשְׁפָּט הַזֶּה חֲסַר מַשְׁמָעוּת

consubstantiation /ˌkɒnsəbˌstænʃɪˈeɪʃ(ə)n/ n. (*Relig.*) הָאֱמוּנָה כִּי גּוּפוֹ וְדָמוֹ שֶׁל יֵשׁוּ קַיָּמִים בַּלֶּחֶם וּבַיַּיִן שֶׁמְּחַלֵּק הַכֹּמֶר בַּטֶּקֶס הַנּוֹצְרִי

consul /ˈkɒns(ə)l/ n. קוֹנְסוּל

consular /ˈkɒnsjʊlə(r)/ adj. קוֹנְסוּלָרִי

consulate /ˈkɒnsjʊlət/ n. קוֹנְסוּלְיָה

consult /kənˈsʌlt/ v.t. & i. נוֹעַץ בְּ... (אָדָם, סֵפֶר); הִתְיָעֵץ עִם, בִּקֵּשׁ עֵצָה מִ..., נֶעֱזַר בְּ...
consulting room חֲדַר־בְּדִיקוֹת שֶׁל רוֹפֵא
□ *I must consult my own interests* עָלַי לְהָבִיא בְּחֶשְׁבּוֹן אֶת הָאִינְטֶרֶסִים שֶׁלִּי
□ *he earns a good living as a consulting engineer* הוּא מַרְוִיחַ טוֹב כִּמְהַנְדֵּס־יוֹעֵץ

consultant /kənˈsʌltənt/ n. יוֹעֵץ בְּדֶרֶג גָּבוֹהַּ; רוֹפֵא בָּכִיר

consultation /ˌkɒns(ə)lˈteiʃ(ə)n/ n. יִעוּץ, הִתְיָעֲצוּת

consultative /kɒnˈsʌltətɪv/ adj. מְיַעֵץ, שֶׁל יִעוּץ, יִעוּצִי

consume /kənˈsjuːm/ v.t. (*formal*) אָכַל אוֹ שָׁתָה; צָרַךְ; כִּלָּה
□ *she was consumed with envy* הִיא הָיְתָה אֲכוּלַת קִנְאָה

consumer /kənˈsjuːmə(r)/ n. צַרְכָן, קוֹנֶה
consumer goods מוּצְרֵי צְרִיכָה
consumer price index מַדַּד הַמְּחִירִים לַצַּרְכָן

consumerism /kənˈsjuːmərɪzəm/ n. צַרְכָנוּת; הֲגָנַת הַצַּרְכָן

consuming /kənˈsjuːmɪŋ/ adj. עַז, בּוֹעֵר
a consuming ambition שְׁאִיפָה בּוֹעֶרֶת

consummate /ˈkɒnsəmeɪt/ v.t. (*formal*) הִשְׁלִים, מִמֵּשׁ, הִגְשִׁים
□ *the marriage was never consummated* הַנִּשּׂוּאִים לֹא מֻמְּשׁוּ מֵעוֹלָם (עַל יְדֵי הִזְדַּוְּגוּת)
—adj. /kənˈsʌmɪt/ שָׁלֵם; מֻשְׁלָם; מֻמְחֶה

consummation /ˌkɒnsəˈmeɪʃ(ə)n/ n. (*formal*) הַשְׁלָמָה, מִמּוּשׁ, הַגְשָׁמָה

consumption /kənˈsʌmpʃ(ə)n/ n.
1 (using up, expenditure) צְרִיכָה
2 (disease) שַׁחֶפֶת

consumptive /kənˈsʌmptɪv/ adj. & n. שֶׁל שַׁחֶפֶת, שַׁחַפְנִי; חוֹלֵה שַׁחֶפֶת

contact /ˈkɒntækt/ n.
1 (state of touching, communication, association) קֶשֶׁר, מַגָּע, קוֹנְטַקְט
be in (or **come into**) **contact with** בָּא בְּקֶשֶׁר עִם מִישֶׁהוּ, יָצַר מַגָּע עִם מִישֶׁהוּ
lose contact אִבֵּד קֶשֶׁר
make (or **break**) **contact** (*Electr.*) חִבֵּר/נִתֵּק חַשְׁמַל
contact lens עֲדָשַׁת־מַגָּע

contact sport סְפּוֹרְט־מַגָּע
2 (person with whom one communicates) אִישׁ קֶשֶׁר
□ *he was my contact in London* הוּא הָיָה אִישׁ הַקֶּשֶׁר שֶׁלִּי בְּלוֹנְדוֹן
3 (potential carrier of disease) מִי שֶׁעָלוּל לְהַדְבִּיק בְּמַחֲלָה מִדַּבֶּקֶת
—v.t. הִתְקַשֵּׁר עִם, יָצַר קֶשֶׁר עִם

contact-breaker /ˈkɒntækt-ˌbreɪkə(r)/ n. (*Electr.*) (חַשְׁמַל) מַפְסֵק

contagion /kənˈteɪdʒən/ n. (*formal*) הַדְבָּקוּת בְּמַחֲלָה (ע״י מַגָּע); הִתְפַּשְּׁטוּת (שֶׁל הַשְׁפָּעָה רָעָה וְכַד׳)

contagious /kənˈteɪdʒəs/ adj. מִדַּבֵּק (מַחֲלָה, ע״י מַגָּע); מִדַּבֵּק (צְחוֹק וְכַד׳); נָגוּעַ בְּמַחֲלָה מִדַּבֶּקֶת
□ *laughter can be contagious* הַצְּחוֹק עָשׂוּי לִהְיוֹת מִדַּבֵּק

contain /kənˈteɪn/ v.t.
1 (hold, include) הֵכִיל, כָּלַל
2 (restrain) עָצַר, מָנַע, הִתְאַפֵּק, כָּבַשׁ
□ *she contained herself despite the provocation* הִיא מָשְׁלָה בְּרוּחָהּ לַמְרוֹת הַהִתְגָּרוּת

container /kənˈteɪnə(r)/ n. מְכָל, כְּלִי קִבּוּל; מְכוּלָה, ״קוֹנְטֵינֶר״
container ship סְפִינַת מְכוּלוֹת

containerize /kənˈteɪnəraɪz/ v.t. אָרַז בִּמְכָל; אָרַז בִּמְכוּלָה

containerization /kənˌteɪnəraɪˈzeɪʃ(ə)n/ n. מִשְׁלוֹחַ מִטְעָנִים בִּמְכוּלוֹת

containment /kənˈteɪnm(ə)nt/ n. בְּלִימָה; (בְּפּוֹלִיטִיקָה) מְדִינִיּוּת שֶׁל בְּלִימַת כֹּחָהּ שֶׁל מַעֲצָמָה עוֹיֶנֶת

contaminate /kənˈtæmɪneɪt/ v.t. זִהֵם, לִכְלֵךְ, עִכֵּר (מַיִם), טִמֵּא

contamination /kənˌtæmɪˈneɪʃ(ə)n/ n. זִהוּם, לִכְלוּךְ

contemplate /ˈkɒntəmpleɪt/ v.t.
1 (gaze on, *formal*) הִתְבּוֹנֵן, בָּחַן; חָשַׁב עַל; הָגָה בְּ...
2 (intend, think about) הִתְכַּוֵּן, הָיָה בְּדַעְתּוֹ לְ...
—v.i. הִרְהֵר, שָׁקַע בְּמַחֲשָׁבוֹת

contemplation /ˌkɒntəmˈpleɪʃ(ə)n/ n. הִתְבּוֹנְנוּת, הִרְהוּרִים; צְפִיָּה

contemplative /kənˈtemplətɪv/ adj. מְהַרְהֵר, שָׁקוּעַ בְּמַחֲשָׁבוֹת, נוֹטֶה לְהִרְהוּרִים, חוֹלְמָנִי

contemporaneous /kənˌtempəˈreɪnɪəs/ adj. (*formal*) (קַיָּם אוֹ מִתְרַחֵשׁ) בְּאוֹתוֹ הַזְּמַן, בְּאוֹתוֹ הַדּוֹר

contemporary /kənˈtemp(ə)rərɪ/ adj. שֶׁל אוֹתוֹ הַזְּמַן, שֶׁבְּאוֹתוֹ זְמַן; שֶׁל זְמַנֵּנוּ, בֶּן־זְמַנֵּנוּ
—n. בֶּן אוֹתָהּ תְּקוּפָה, בֶּן־גִּיל; בֶּן תְּקוּפָתֵנוּ, בֶּן דּוֹרֵנוּ

contempt /kənˈtempt/ n. תִּעוּב, בּוּז; בִּזּוּי, בִּזָּיוֹן
beneath contempt לְמַטָּה מִכָּל בִּקֹּרֶת
contempt of court (*Law*) בִּזָּיוֹן בֵּית־הַדִּין
□ *he was held in contempt by everyone* הַכֹּל בָּזוּ לוֹ
□ *familiarity breeds contempt* (*Prov.*) קִרְבָה יְתֵרָה מְבִיאָה לִידֵי זִלְזוּל

contemptible /kənˈtemptɪb(ə)l/ adj. נִתְעָב, בָּזוּי, רָאוּי לְבוּז

contemptuous /kənˈtemptʃʊəs/ adj. מְתַעֵב, רוֹחֵשׁ בּוּז, בָּז

contend /kənˈtend/ v.i.
1 (strive, compete) הִתְמוֹדֵד, נֶאֱבַק, הִתְחָרָה עִם
2 (argue with) הִתְוַכֵּחַ, טָעַן נֶגֶד
—v.t. (*formal*) טָעַן שֶׁ...
□ *I contend that it is true* אֲנִי טוֹעֵן שֶׁזֶּה אֱמֶת

contender /kənˈtendə(r)/ n. יָרִיב, בֶּן־תַּחֲרוּת
contender for the throne (or **title**) טוֹעֵן לַכֶּתֶר, טוֹעֵן לַתֹּאַר

content[1] /ˈkɒntent/ n.
1 (capacity) תְּכוּלָה
2 (substance, constituent) מַהוּת, תֹּכֶן
3 (in *pl.*, what is contained) תֹּכֶן
table of contents תֹּכֶן הָעִנְיָנִים

content[2] /kənˈtent/ n. שְׂבִיעוּת־רָצוֹן
to one's heart's content כְּאַוַּת נַפְשׁוֹ, כְּכָל שֶׁאִוְּתָה לִבּוֹ
—adj. שְׂבַע־רָצוֹן, מְרֻצֶּה, שָׂמֵחַ בְּחֶלְקוֹ; מוּכָן
—v.t. הִסְתַּפֵּק בְּ..., הִשְׂבִּיעַ אֶת רְצוֹן
□ *he contented himself with her promise* הוּא הִסְכִּים/נֶאֱלַץ לְהִסְתַּפֵּק בְּהַבְטָחָתָהּ

contented /kənˈtentɪd/ adj. שְׂבַע־רָצוֹן, מְרֻצֶּה

contentedness /kənˈtentɪdnɪs/ n. שְׂבִיעוּת־רָצוֹן

contention /kənˈtenʃ(ə)n/ n. (*formal*) וִכּוּחַ, מַחְלֹקֶת, רִיב
bone of contention סֶלַע הַמַּחֲלֹקֶת

contentious /kənˈtenʃəs/ adj. (*formal*) שׁוֹחֵר מְרִיבוֹת, וַכְּחָנִי, מְעוֹרֵר מַחֲלֹקֶת, שָׁנוּי בְּמַחֲלֹקֶת

contentment /kənˈtentm(ə)nt/ n. שְׂבִיעוּת־רָצוֹן, נַחַת, קֹרַת־רוּחַ

contest /ˈkɒntest/ n. תַּחֲרוּת, מַאֲבָק
—v.t. & i. /kənˈtest/ (*formal*)
1 (dispute) חָלַק עַל, הִתְוַכַּח עִם, עִרְעֵר עַל
2 (compete for) הִתְמוֹדֵד עַל, הִתְחָרָה בְּ...

contestant /kənˈtest(ə)nt/ n. מִתְחָרֶה, מִתְמוֹדֵד בְּתַחֲרוּת, יָרִיב

context /ˈkɒntekst/ n. הֶקְשֵׁר, קוֹנְטֶקְסְט

contextual /kənˈtekstʃʊəl/ adj. עַל־פִּי הַהֶקְשֵׁר, הֶקְשֵׁרִי, קוֹנְטֶקְסְטוּאָלִי

contiguity /ˌkɒntɪˈgjuːɪtɪ/ n. (*formal*) סְמִיכוּת, קִרְבָה

contiguous /kənˈtɪgjʊəs/ adj. (*formal*) סָמוּךְ, גּוֹבֵל, קָרוֹב

continence /ˈkɒntɪnəns/ n. (*formal*) הִתְאַפְּקוּת, שְׁלִיטָה בִּצְרָכִים גּוּפָנִיִּים; שְׁלִיטָה בִּיצָרִים וּרְגָשׁוֹת

continent /ˈkɒntɪn(ə)nt/ adj. (*formal*) מִתְאַפֵּק, שׁוֹלֵט בַּעֲשִׂיַּת צְרָכָיו; כּוֹבֵשׁ אֶת יִצְרוֹ
—n. יַבֶּשֶׁת
the Continent אֵירוֹפָּה (חוּץ מִבְּרִיטַנְיָה)

continental /ˌkɒntɪˈnent(ə)l/ adj. & n. אֵירוֹפִּי, קוֹנְטִינֶנְטָלִי, יַבַּשְׁתִּי; תּוֹשַׁב אֵירוֹפָּה (פְּרָט לְבְּרִיטַנְיָה)

continental breakfast אֲרוּחַת בֹּקֶר קוֹנְטִינֶנְטָלִית, אֲרוּחַת בֹּקֶר קַלָּה

continental quilt (*UK*) שְׂמִיכַת פּוּךְ

contingency /kənˈtɪndʒənsɪ/ n. אֵרוּעַ בִּלְתִּי צָפוּי (בֶּעָתִיד), מִקְרֶה, אֶפְשָׁרוּת, אַקְרָאִיּוּת

contingency plan תָּכְנִית לִשְׁעַת־חֵרוּם

contingent /kənˈtɪndʒənt/ adj. (*formal*)

1 (conditional on) תָּלוּי בְּ...

2 (accidental) אַקְרָאִי, מִקְרִי; לֹא בָּטוּחַ

—n. כֹּחַ צְבָאִי שֶׁנִּשְׁלַח כְּתִגְבֹּרֶת; מִשְׁלַחַת (לְאֻמִּית, מִקְצוֹעִית וְכַד'), נְצִיגוּת

continual /kənˈtɪnjʊəl/ adj. חוֹזֵר־וְנִשְׁנָה, מִתְמַשֵּׁךְ

continually /kənˈtɪnjʊəlɪ/ adv. שׁוּב וָשׁוּב

continuance /kənˈtɪnjʊəns/ n. (*formal*) מֶשֶׁךְ; הֶמְשֵׁךְ

continuation /kənˌtɪnjʊˈeɪʃ(ə)n/ n. הֶמְשֵׁךְ, הַמְשָׁכוּת

continue /kənˈtɪnjuː/ v.t. & i. הִמְשִׁיךְ, הוֹסִיף (לַעֲשׂוֹת דְּבַר־מָה)

to be continued הֶמְשֵׁךְ יָבוֹא

continuity /ˌkɒntɪˈnjʊɪtɪ/ n. הֶמְשֵׁכִיּוּת, רְצִיפוּת, רֶצֶף

continuity girl נַעֲרַת־רֶצֶף

continuo /kənˈtɪnjʊəʊ/ n. קוֹנְטִינוּאוֹ (סוּג שֶׁל לִוּוּי בַּס אִינְסְטְרוּמֶנְטָלִי)

continuous /kənˈtɪnjʊəs/ adj. רָצוּף, נִמְשָׁךְ לְלֹא־הַפְסָקָה

continuum /kənˈtɪnjʊəm/ n. (*formal*) רֶצֶף

contort /kənˈtɔːt/ v.t. עִוֵּת, עִקֵּם, סִלֵּף

contortion /kənˈtɔːʃ(ə)n/ n. עִוּוּת, עִקּוּם, סִלּוּף

contortionist /kənˈtɔːʃənɪst/ n. אִישׁ/נַעֲרַת גּוּמִי

contour /ˈkɒntʊə(r)/ n. קַו־מִתְאָר, מִתְאָר, קוֹנְטוּר

contour lines קַוֵּי־גֹּבַהּ (בְּמַפָּה)

—v.t. שִׂרְטֵט מִתְאָר; בָּנָה לְפִי מִתְאָר, סָלַל לְפִי מִתְאָר

contra- /ˈkɒntrə/ pref. (תְּחִלִּית שֶׁפֵּרוּשָׁהּ) נֶגֶד

contraband /ˈkɒntrəbænd/ n. & adj. הַבְרָחָה; סְחוֹרָה מֻבְרַחַת; מֻבְרָח

contraception /ˌkɒntrəˈsepʃ(ə)n/ n. מְנִיעַת־הֵרָיוֹן

contraceptive /ˌkɒntrəˈseptɪv/ n. & adj. אֶמְצָעִי לִמְנִיעַת הֵרָיוֹן, אֶמְצָעִי מְנִיעָה

contract /ˈkɒntrækt/ n. חוֹזֶה, הֶסְכֵּם, אֲמָנָה

contract bridge (בִּקְלָפִים) אַחַת מִצּוּרוֹת מִשְׂחַק הַבְּרִידְג'

—v.t & i. /kənˈtrækt/

1 (reduce in size or scope) כִּוֵּץ, קִצֵּר, צִמְצֵם

2 (make contract) עָרַךְ חוֹזֶה עִם, הִתְחַיֵּב בְּחוֹזֶה

contract in הִצְטָרֵף בְּאֹפֶן רִשְׁמִי לִפְרוֹיֶקְט/לְתָכְנִית

contract out פָּרַשׁ בְּאֹפֶן רִשְׁמִי מִפְּרוֹיֶקְט/מִתָּכְנִית; מָסַר עֲבוֹדָה לְקַבְּלָן עַל פִּי חוֹזֶה (לָרֹב עֲבוּר שֵׁרוּתִים שֶׁמּוֹצִיא הַחוֹזֶה הִתְחַיֵּב לְסַפֵּק)

3 (acquire) קִבֵּל (דָּבָר שְׁלִילִי, לָרֹב מַחֲלָה), לָקָה בְּ...

□ *he contracted polio* הוּא לָקָה בְּשִׁתּוּק־יְלָדִים, הוּא חָלָה בְּשִׁתּוּק יְלָדִים

□ *she contracted the habit of never agreeing with her parents* הִיא קִבְּלָה הֶרְגֵּל שֶׁל לֹא לְקַבֵּל אַף פַּעַם אֶת דִּבְרֵי הוֹרֶיהָ

□ *he contracted many debts* הוּא שָׁקַע בְּחוֹבוֹת רַבִּים

contractile /kənˈtræktaɪl/ adj. (שְׁרִיר) מִתְכַּוֵּץ

contraction /kənˈtrækʃ(ə)n/ n.

1 (shortening, shrinking) הִתְכַּוְּצוּת, הִתְקַצְּרוּת, הִצְטַמְצְמוּת, צִמְצוּם

2 (shortened word) קִצּוּר מִלָּה, נוֹטָרִיקוֹן

3 (birth bangs) צִירֵי־לֵדָה

contractor /kənˈtræktə(r)/ n. קַבְּלָן

contractual /kənˈtræktʃʊəl/ adj. שֶׁל הֶסְכֵּם, שֶׁל חוֹזֶה, חוֹזִי

contradict /ˌkɒntrəˈdɪkt/ v.t. סָתַר, הָיָה מְנֻגָּד לְ..., נָגַד אֶת

contradiction /ˌkɒntrəˈdɪkʃ(ə)n/ n. סְתִירָה, נִגּוּד

a contradiction in terms דָּבָר וְהִפּוּכוֹ, סְתִירָה מִנֵּיהּ וּבֵיהּ

contradictory /ˌkɒntrəˈdɪktərɪ/ adj. סוֹתֵר, מְנֻגָּד

contradistinction /ˌkɒntrədɪˈstɪŋkʃ(ə)n/ n. (*formal*) הַנְגָּדָה, נִגּוּד

in contradistinction to בְּנִגּוּד לְ..., לְעֻמַּת...

contraflow /ˈkɒntrəfləʊ/ n. (*UK*) עִקּוּף זְמַנִּי (בְּשֶׁל עֲבוֹדוֹת בַּכְּבִישׁ) הַמְחַיֵּב זְרִימַת תְּנוּעָה דּוּ־כִּוּוּנִית בְּצַד אֶחָד שֶׁל הַכְּבִישׁ

contralto /kənˈtræltəʊ/ n. & adj. (*pl.* **contraltos**) קוֹנְטְרַאלְטוֹ, אַלְט נָמוּךְ; זַמֶּרֶת קוֹנְטְרַאלְטוֹ

contraption /kənˈtræpʃ(ə)n/ n. (*colloq.*) מִתְקָן (לָרֹב מוּזָר אוֹ לֹא מוּבָן)

contrapuntal /ˌkɒntrəˈpʌnt(ə)l/ adj. (*Mus.*) קוֹנְטְרַפּוּנְקְטִי

contrariety /ˌkɒntrəˈraɪətɪ/ n. (*formal*) נִגּוּד, הַהֵפֶךְ מִ...; עַקְשָׁנוּת דַּוְקָאוּת, הִתְנַגְּדוּת עִקֶּשֶׁת

contrariwise /kɒnˈteərɪwaɪz/ adv. (*arch.*) נַהֲפוֹךְ הוּא...

contrary /ˈkɒntrərɪ/ adj.

1 (opposite) מְנֻגָּד, נֶגְדִּי, הָפוּךְ

2 /kənˈtreərɪ/ (obstinate) דַּוְקָאִי, עַקְשָׁן, "אִיפְּכָא מִסְתַּבְּרָא"

—n. /ˈkɒntrərɪ/ הַהֵפֶךְ

on the contrary לְהֵפֶךְ, אַדְּרַבָּא

contrast /ˈkɒntrɑːst/ n. נִגּוּד, נִגּוּד קָטְבִּי, קוֹנְטְרַסְט; קוֹנְטְרַסְט, הַהֶבְדֵּל בֵּין בָּהִיר וְכֵהֶה

in contrast to (or with) בְּנִגּוּד לְ..., לְעֻמַּת...

—v.t. & i. /kənˈtrɑːst/ הֶעֱמִיד (דָּבָר מְסֻיָּם) עַל רֶקַע (דָּבָר אַחֵר), הֶעֱמִיד זֶה מוּל זֶה, הִנְגִּיד, עָמַד בְּנִגּוּד לְ..., בָּלַט עַל רֶקַע שֶׁל

contravene /ˌkɒntrəˈviːn/ v.t. (*formal*) הֵפֵר, עָבַר עַל (חֹק וְכוּ'); הִתְנַגֵּשׁ עִם

contravention /ˌkɒntrəˈvenʃ(ə)n/ n. (*formal*) הֲפָרָה, עֲבֵרָה

contretemps /ˈkɒntrətɑ̃/ n. תַּקָּלָה, תְּקָלָה, מַזָּל־בִּישׁ

contribute /kənˈtrɪbjuːt/ v.t. & i. תָּרַם, נָטַל חֵלֶק בְּ..., הִשְׁתַּתֵּף בְּ...

contribution /ˌkɒntrɪˈbjuːʃ(ə)n/ n. תְּרוּמָה, הִשְׁתַּתְּפוּת (בִּכְתִיבָה וְכַד׳); תַּשְׁלוּם־חוֹבָה

contributor /kənˈtrɪbjʊtə(r)/ n. תּוֹרֵם, מִשְׁתַּתֵּף (כְּנ״ל)

contributory /kənˈtrɪbjʊtərɪ/ adj. מְסַיֵּעַ, תּוֹרֵם; שֶׁל תַּשְׁלוּם

con-trick /ˈkɒn-trɪk/ n. (*colloq.*) מַעֲשֵׂה נוֹכְלוּת, רַמָּאוּת

contrite /ˈkɒntraɪt/ adj. (*formal*) מָלֵא־חֲרָטָה

contrition /kənˈtrɪʃ(ə)n/ n. (*formal*) מוּסַר כְּלָיוֹת, חֲרָטָה; הִרְהוּרֵי תְּשׁוּבָה וַחֲרָטָה

contrivance /kənˈtraɪvəns/ n. (*formal*) אַמְצָאָה מְחֻכֶּמֶת, תַּחְבּוּלָה; מִתְקָן

contrive /kənˈtraɪv/ v.t. & i. הִמְצִיא, תִּכְנֵן; תִּחְבֵּל

contrived /kənˈtraɪvd/ adj. מְלָאכוּתִי, לֹא־טִבְעִי, מְאֻלָּץ

control /kənˈtrəʊl/ n.

1 (direction, regulation, restraint) פִּקּוּחַ, שְׁלִיטָה, רִסּוּן, וִסּוּת, נִהוּל

beyond one's control מֵעֵבֶר לִשְׁלִיטָתוֹ שֶׁל

birth control פִּקּוּחַ עַל הַיְלוּדָה

control tower מִגְדַּל־פִּקּוּחַ

gain control of (or **over**) הִשְׁתַּלֵּט עַל, הִצְלִיחַ לְהִשְׁתַּלֵּט עַל

in control (of) שׁוֹלֵט בְּ...

self-control שְׁלִיטָה עַצְמִית, רִסּוּן, הַבְלָגָה, הִתְאַפְּקוּת

under control תַּחַת פִּקּוּחַ, בִּשְׁלִיטָה מְלֵאָה

□ *his car was out of control* הוּא אִבֵּד אֶת הַשְּׁלִיטָה עַל הַמְּכוֹנִית (בִּתְאוּנָה)

□ *he lost control of himself* הוּא אִבֵּד אֶת הַשְּׁלִיטָה עַל עַצְמוֹ

2 (check, standard of comparison) קְנֵה־מִדָּה, בַּקָּרָה, בִּקֹּרֶת

control group קְבוּצַת־בִּקֹּרֶת (בְּנִסּוּי וְכַד׳)

3 (regulating mechanism) וַסָּת, מַנְגְּנוֹן בַּקָּרָה, מַנְגְּנוֹן פִּקּוּחַ

at the controls לְיַד הַהֶגֶה; בִּשְׁלִיטָה

—v.t.

1 (command, dominate) שָׁלַט בְּ..., פִּקֵּחַ עַל, נִהֵל

a controlling interest בַּעֲלוּת עַל מְנָיוֹת רֹב; יְכֹלֶת לִשְׁלֹט בְּחֶבְרַת מְנָיוֹת

2 (regulate, check) וִסֵּת, הִסְדִּיר, בָּלַם, רִסֵּן

□ *control yourself!* שְׁלֹט בְּעַצְמְךָ! אַל תִּתְפָּרֵץ!

3 (verify) אִשֵּׁר, אִמֵּת (בְּעֵקֶר מֶחְקָר מַדָּעִי וְכַד׳)

controllable /kənˈtrəʊləb(ə)l/ adj. בַּר שְׁלִיטָה, בַּר־פִּקּוּחַ, שֶׁאֶפְשָׁר לְהִשְׁתַּלֵּט עָלָיו

controller /kənˈtrəʊlə(r)/ n.

1 (director of operations) פַּקָּח; מְנַהֵל; מְכַוֵּן

air traffic controller פַּקַּח תְּעוּפָה

2 (public finance official) מְבַקֵּר, מְבַקֵּר חֶשְׁבּוֹנוֹת

controversial /ˌkɒntrəˈvɜːʃ(ə)l/ adj. שָׁנוּי בְּמַחֲלֹקֶת, מְעוֹרֵר פּוּלְמוּס

controversy /ˈkɒntrəvɜːsɪ/ n. מַחֲלֹקֶת, וִכּוּחַ, פּוּלְמוּס

controvert /ˈkɒntrəvɜːt/ v.t. (*formal*) הִתְנַגֵּד, חָלַק עַל, סָתַר; הִכְחִישׁ

contumacious /kɒntjʊˈmeɪʃ(ə)s/ adj. (*formal*) סוֹרֵר וּמוֹרֶה, קְשֵׁה עֹרֶף

contumacy /ˈkɒntjʊməsɪ/ n. (*formal*) סַרְבָנוּת, קְשׁוּת־עֹרֶף

contumelious /ˌkɒntjuːˈmiːlɪəs/ adj. (*formal*) עַז פָּנִים

contumely /ˈkɒntjuːmlɪ/ n. (*formal*) עַזּוּת־פָּנִים

contusion /kənˈtjuːʒ(ə)n/ n. (*Med.*) חַבּוּרָה (מֻנָּח רְפוּאִי אוֹ מִקְצוֹעִי)

conundrum /kəˈnʌndrəm/ n. (*formal*) חִידָה (לָרֹב כְּרוּכָה בְּמִשְׂחַק־מִלִּים); בְּעָיָה לֹא פְּתוּרָה

conurbation /ˌkɒnəˈbeɪʃ(ə)n/ n. הִתְפַּשְּׁטוּת הָעִיר עַל פְּנֵי יִשּׁוּבִים שֶׁמִּסְּבִיבָהּ

convalesce /ˌkɒnvəˈles/ v.i. הֶחֱלִים, הִבְרִיא

convalescence /ˌkɒnvəˈles(ə)ns/ n. הַחְלָמָה, הַבְרָאָה

convalescent /ˌkɒnvəˈles(ə)nt/ adj. מַחְלִים, מַבְרִיא

convalescent home בֵּית־הַבְרָאָה

convection /kənˈvekʃ(ə)n/ n. קוֹנְבֶקְצְיָה, הוֹלָכַת חֹם (בְּנוֹזֵל אוֹ גָּז)

convector /kənˈvektə(r)/ n. קוֹנְוֶקְטוֹר, מְפַזֵּר חֹם (מִתְקַן חִמּוּם)

convene /kənˈviːn/ v.t. & i. כִּנֵּס, זִמֵּן; הִתְכַּנֵּס, הִתְאַסֵּף

convener /kənˈviːnə(r)/ n. מְכַנֵּס, מְאַרְגֵּן (כִּנּוּסִים, אֲסֵפוֹת, וְעִידוֹת וְכַד׳)

convenience /kənˈviːnɪəns/ n. נוֹחוּת, נוֹחִיּוּת

1 (suitableness, advantage)

convenience food מָזוֹן שֶׁקַּל לַהֲכִינוֹ (כְּגוֹן, קָפוּא אוֹ מִקֻּפְסָאוֹת שִׁמּוּרִים)

at your convenience כְּשֶׁנּוֹחַ לְךָ

at your earliest convenience בְּהֶקְדֵּם הָאֶפְשָׁרִי

marriage of convenience נִשּׂוּאֵי נוֹחוּת, נִשּׂוּאִים מִתּוֹךְ מְנִיעִים תּוֹעַלְתִּיִּים

2 (amenity) שֵׁרוּת, מִתְקָן וְכוּ׳ לְתוֹעֶלֶת הַמִּשְׁתַּמֵּשׁ בּוֹ; נוֹחִיּוּת (שֵׁרוּתִים)

public convenience בֵּית שִׁמּוּשׁ צִבּוּרִי, נוֹחִיּוּת צִבּוּרִית

flag of convenience דֶּגֶל זָר (שֶׁסְּפִינוֹת מִשְׁתַּמְּשׁוֹת בּוֹ לְצָרְכֵי מַס וְכַד׳)

□ *he made a convenience of me* הוּא נִצֵּל אוֹתִי

convenient /kənˈviːnɪənt/ adj. נוֹחַ, מַתְאִים; לְלֹא קֹשִׁי, בְּהֶשֵּׂג־יָד

convent /ˈkɒnvənt/ n. מִנְזָר שֶׁל נָשִׁים

convention /kənˈvenʃ(ə)n/ n.
1 (assembly) וְעִידָה, כֶּנֶס, כִּנּוּס
2 (accepted practice) מֻסְכָּמָה, נֹהַג מְקֻבָּל עַל הַכֹּל
3 (agreement between countries) אֲמָנָה, הֶסְכֵּם

conventional /kənˈvenʃən(ə)l/ adj. קוֹנְבֶנְצְיוֹנָלִי, שַׁמְרָנִי, מָסָרְתִּי; מְקֻבָּל, מֻסְכָּם
conventional weapons נֶשֶׁק קוֹנְבֶנְצְיוֹנָלִי (לֹא גַּרְעִינִי)

conventionality /kənˌvenʃəˈnælɪtɪ/ n. קוֹנְבֶנְצְיוֹנָלִיּוּת, שַׁמְרָנוּת, מָסָרְתִּיּוּת

converge /kənˈvɜːdʒ/ v.i. הִתְלַכֵּד, נִפְגַּשׁ, הִתְחַבֵּר

convergence /kənˈvɜːdʒəns/ n. הִתְלַכְּדוּת, הִתְחַבְּרוּת, הִפָּגְשׁוּת

convergent /kənˈvɜːdʒənt/ adj. מִתְלַכֵּד, מִתְחַבֵּר, נִפְגָּשׁ

conversant /kənˈvɜːs(ə)nt/ adj. (*formal*) מַכִּיר הֵיטֵב, בָּקִי בְּ..., מֻמְחֶה
□ *make sure you are conversant with the facts* דְּאַג לְכָךְ שֶׁתִּהְיֶה בָּקִי בָּעֻבְדּוֹת

conversation /ˌkɒnvəˈseɪʃ(ə)n/ n. שִׂיחָה, דִּבּוּר
□ *they held a conversation* הֵם נִהֲלוּ שִׂיחָה

conversationalist /ˌkɒnvəˈseɪʃənəlɪst/ n. אִישׁ־שִׂיחָה (מְעַנְיֵן)

converse[1] /kənˈvɜːs/ v.i. שׂוֹחַח, דִּבֵּר, הֶחֱלִיף דְּבָרִים עִם

converse[2] /ˈkɒnvɜːs/ n. & adj. הַהֵפֶךְ; נֶגְדִּי, מְנֻגָּד לְ..., הָפוּךְ

conversion /kənˈvɜːʃ(ə)n/ n. הֲמָרָה, הַחֲלָפָה, שִׁנּוּי

convert /kənˈvɜːt/ v.t. & i. הֵמִיר, הֶחֱלִיף, שִׁנָּה; הֵמִיר דָּתוֹ
□ *she was converted to Judaism* הִיא הִתְגַּיְּרָה
—n. /ˈkɒnvɜːt/ מוּמָר, גֵּר

convertible /kəniˈvɜːtɪb(ə)l/ adj. בַּר־חֲלִיפִין, בַּר־הֲמָרָה
convertible currency מַטְבֵּעַ בַּר־חֲלִיפִין
—n. מְכוֹנִית בַּעֲלַת גַּג מִתְקַפֵּל, מְכוֹנִית פְּתוּחָה

convex /ˈkɒnveks/ adj. קָמוּר

convexity /kɒnˈveksɪtɪ/ n. (*formal*) קְמִירוּת

convey /kənˈveɪ/ v.t.
1 (transport) הֶעֱבִיר, הוֹבִיל, הִסִּיעַ
2 (transmit, communicate) מָסַר, הֶעֱבִיר
□ *her music conveys a feeling of optimism* הַמּוּזִיקָה שֶׁלָּהּ מַעֲבִירָה תְּחוּשָׁה שֶׁל אוֹפְּטִימִיּוּת
3 (*Law*) הֶעֱבִיר בַּעֲלוּת (עַל רְכוּשׁ), הֶעֱבִיר זְכֻיּוֹת

conveyance /kənˈveɪəns/ n.
1 (transportation) הוֹבָלָה, הַעֲבָרָה
2 (vehicle) כְּלִי־תַחְבּוּרָה, אֶמְצָעֵי־תּוֹבָלָה
3 (*Law*) שְׁטַר־מֶכֶר; הַעֲבָרַת־בַּעֲלוּת

conveyancing /kənˈveɪənsɪŋ/ n. (*Law*) (דִּינֵי) הַעֲבָרַת בַּעֲלוּת

conveyor /kənˈveɪə(r)/ n. (also **conveyer**) מַעֲבִיר, מוֹבִיל, מוֹלִיךְ; סֶרֶט־נָע

conveyor-belt /kənˈveɪə-ˌbelt/ n. סֶרֶט־נָע, מַסּוֹעַ

convict /kənˈvɪkt/ v.t. הִרְשִׁיעַ, חִיֵּב בַּדִּין; הוֹכִיחַ (אַשְׁמָה)
—n. /ˈkɒnvɪkt/ אָסִיר
□ *they are looking for an escaped convict* הֵם מְחַפְּשִׂים אַחֲרֵי אָסִיר נִמְלָט

conviction /kənˈvɪkʃ(ə)n/ n.
1 (finding guilty) הַרְשָׁעָה (בַּדִּין)
2 (quality of convincing) כֹּחַ־שִׁכְנוּעַ, אֲמִינוּת
□ *her statement carries conviction* יֵשׁ כֹּחַ רַב בְּהַצְהָרָתָהּ
3 (belief) הַכָּרָה, אֱמוּנָה

convince /kənˈvɪns/ v.t. שִׁכְנֵעַ, הוֹכִיחַ

convinced /kənˈvɪnst/ adj. מְשֻׁכְנָע

convincing /kənˈvɪnsɪŋ/ adj. מְשַׁכְנֵעַ

convivial /kənˈvɪvɪəl/ adj. חֶבְרוּתִי, עַלִּיז, אוֹהֵב־חַיִּים

conviviality /kənˌvɪvɪˈælɪtɪ/ n. עַלִּיזוּת, אַהֲבַת־חַיִּים, חֶבְרוּתִיּוּת

convocation /ˌkɒnvəˈkeɪʃ(ə)n/ n.
1 (summoning) זִמּוּן, כִּנּוּס
2 (university or church assembly) אֲסֵפָה מְחוֹקֶקֶת (שֶׁל אַנְשֵׁי כְּנֵסִיָּה אוֹ סֶגֶל שֶׁל אוּנִיבֶרְסִיטָאוֹת מְסֻיָּמוֹת)

convoke /kənˈvəʊk/ v.t. (*formal*) כִּנֵּס, זִמֵּן

convoluted /ˈkɒnvəluːtɪd/ adj. (*formal*) פְּתַלְתּוֹל, מְפֻתָּל; לֹא מוּבָן, סָבוּךְ

convolution /ˌkɒnvəˈluːʃ(ə)n/ n. (*formal*) הִתְפַּתְּלוּת, פִּתּוּל

convolvulus /kənˈvɒlvjʊləs/ n. חֲבַלְבַּל (שִׂיחַ מְטַפֵּס)

convoy /ˈkɒnvɔɪ/ n. & v.t. שַׁיָּרָה, לִוּוּי מְזֻיָּן (לָאֳנִיּוֹת, אַח"מִים וְכַד'), שַׁיֶּרֶת לִוּוּי; לִוָּה (שַׁיָּרָה כַּנַּ"ל)

convulse /kənˈvʌls/ v.t. & i. כִּוֵּץ, גָּרַם לְהִתְפַּתְּלוּת; הִתְכַּוֵּץ, הִתְפַּתֵּל
□ *we were convulsed with laughter* הִתְפַּתַּלְנוּ מִצְּחוֹק, הִתְגַּלְגַּלְנוּ מִצְּחוֹק

convulsion /kənˈvʌlʃ(ə)n/ n. עֲוִית, פִּרְכּוּס; הִתְקָפַת צְחוֹק

convulsive /kənˈvʌlsɪv/ adj. שֶׁל עֲוִית, שֶׁל פִּרְכּוּס; מְפַרְכֵּס, עֲוִיתִי

cony /ˈkəʊnɪ/ n. סוּג שֶׁל שָׁפָן בָּר; פַּרְוַת שָׁפָן

coo /kuː/ v.t. & i. & n. הָמָה (כְּיוֹנָה) מִלְמֵל; הֶמְיָה

cook /kʊk/ v.t. & i. בִּשֵּׁל, אָפָה, צָלָה; הִתְבַּשֵּׁל, נֶאֱפָה, נִצְלָה
□ *the scandal cooked his goose* (*colloq.*) הַשַּׁעֲרוּרִיָּה חִסְּלָה אוֹתוֹ לִגְמָרֵי
□ *the accountant was cooking the books* (*colloq.*) מְנַהֵל הַחֶשְׁבּוֹנוֹת זִיֵּף אֶת הַסְּפָרִים
□ *what have you cooked up now?* (*colloq.*) מָה הִמְצֵאתָ עַכְשָׁו? מָה כְּבָר "בִּשַּׁלְתָּ"?
—n. טַבָּח, טַבָּחִית
□ *too many cooks spoil the broth* (*Prov.*) טַבָּחִים רַבִּים מִדַּי מַקְדִּיחִים אֶת הַתַּבְשִׁיל

cooker /ˈkʊkə(r)/ n. תַּנּוּר־בִּשּׁוּל, כִּירָה, כִּירַיִם
cookery /ˈkʊkərɪ/ n. בִּשּׁוּל, אֳמָנוּת הַבִּשּׁוּל
cookery-book /ˈkʊkərɪ-ˌbʊk/ n. סֵפֶר־בִּשּׁוּל
cook-house /ˈkʊk-haʊs/ n. מִטְבַּח־שָׂדֶה
cookie /ˈkʊkɪ/ n. עוּגִיָּה, עוּגִית, בִּסְקְוִיט
 tough cookie (*US sl.*) (גֶּבֶר אוֹ אִשָּׁה) "אֱגוֹז קָשֶׁה"
cookware /ˈkʊkweə(r)/ n. כְּלֵי־בִּשּׁוּל
cool /ku:l/ adj. קָרִיר, צוֹנֵן; רָגוּעַ, קַר־רוּחַ/מֶזֶג; "קוּל"
 cool cheek חֻצְפָּה, עַזּוּת־מֵצַח
 □ *it isn't always easy to keep a cool head* לֹא תָּמִיד קַל לִשְׁמֹר עַל קֹר רוּחַ
 □ *it cost me a cool thousand* (*colloq.*) זֶה עָלָה לִי אֶלֶף לִירוֹת, לֹא פָּחוֹת וְלֹא יוֹתֵר!
 □ *she gave him a cool reception* הִיא הִתְיַחֲסָה אֵלָיו בִּקְרִירוּת
 □ *play it cool!* (*colloq.*) שַׂחֵק אוֹתָהּ "קוּל"!
—n. קְרִירוּת, צִנָּה; קֹר רוּחַ
 □ *we went for a walk in the cool of the evening* יָצָאנוּ לָשׂוּחַ בָּאֲוִירוֹ הַקָּרִיר שֶׁל הָעֶרֶב
 □ *keep your cool!* (*colloq.*) אַל תְּאַבֵּד אֶת הָרֹאשׁ!
—v.t. & i. צִנֵּן, קֵרֵר; הִצְטַנֵּן, הִתְקָרֵר
 cool down (or **off**) הִתְקָרֵר; נִרְגַּע, שָׁכַךְ
 a cooling off period תְּקוּפָה שֶׁל הַרְגָּעַת הָרוּחוֹת (לִפְנֵי נְקִיטַת צַעַד מַכְרִיעַ)
 □ *he cooled his heels* (*fig.*) הוּא נֶאֱלַץ לְחַכּוֹת עַד בּוֹשׁ, הוּא בִּלָּה זְמַן רַב בְּצִפִּיָּה
 □ *cool it!* (*colloq.*) תֵּרָגַע!
coolant /ˈku:lənt/ n. נוֹזֵל צִנּוּן (לְקֵרוּר חֶלְקֵי מְכוֹנָה אוֹ מִתְקָן שֶׁהִתְחַמְּמוּ)
cooler /ˈku:lə(r)/ n.
 1 (vessel for cooling) כְּלִי לְקֵרוּר, מְכַל קֵרוּר
 2 (prison, *sl.*) קָלַבּוּשׁ
coolie /ˈku:lɪ/ n. קוּלִי (סַבָּל אוֹ פּוֹעֵל פָּשׁוּט בְּהֹדּוּ וּבַמִּזְרָח הָרָחוֹק)
cooling-tower /ˈku:lɪŋ-ˌtaʊə(r)/ n. מִגְדַּל קֵרוּר (לְמַיִם, בְּתַעֲשִׂיָּה)
coon /ku:n/ n. (*racially derog.*) "כּוּשׁוֹן" (מִלַּת טָאבּוּ)
coop /ku:p/ n. לוּל, כְּלוּב
—v.t. סָגַר בִּכְלוּב
 □ *I was cooped up all day* הָיִיתִי כָּלוּא בַּחֶדֶר כָּל הַיּוֹם
co-op /ˈkəv-ɒp/ n. (*colloq.*) קוֹאוֹפֶּרָטִיב, אֲגֻדָּה שִׁתּוּפִית, מִפְעָל שִׁתּוּפִי; (רֶשֶׁת חֲנֻיּוֹת) קוֹ־אוֹפּ
cooper /ˈku:pə(r)/ n. חַבְתָּן, מְיַצֵּר־חָבִיּוֹת
co-operate /ˌkəʊ-ˈɒpəreɪt/ v.i. פָּעַל בְּמִשְׁתָּף עִם, שִׁתֵּף־פְּעֻלָּה עִם
co-operation /kəʊ-ˌɒpəˈreɪʃ(ə)n/ n. שִׁתּוּף־פְּעֻלָּה, קוֹאוֹפֶּרַצְיָה
co-operative /ˌkəʊ-ˈɒpərətɪv/ adj. קוֹאוֹפֶּרָטִיבִי, שִׁתּוּפִי; מְשַׁתֵּף פְּעֻלָּה
 co-operative society אֲגֻדָּה שִׁתּוּפִית, חֶבְרָה שִׁתּוּפִית
—n. קוֹאוֹפֶּרָטִיב, חֶבְרָה שִׁתּוּפִית
co-operator /ˌkəʊ-ˈɒpəreɪtə(r)/ n. מְשַׁתֵּף־פְּעֻלָּה
co-opt /kəʊ-ˈɒpt/ v.t. בָּחַר, צֵרַף כְּחָבֵר (לְוַעֲדָה וְכַד')
co-ordinate /ˌkəʊ-ˈɔ:dɪneɪt/ v.t. תֵּאֵם, עָרַךְ תֵּאוּם בֵּין
—adj. /kəʊ-ˈɔ:dɪnət/ שְׁוֵה־דַּרְגָּה, בַּעַל עֵרֶךְ אוֹ חֲשִׁיבוּת שָׁוִים
—n. /kəʊ-ˈɔ:dɪnət/ קוֹאוֹרְדִינָטָה
 (in *pl.*) פְּרִיטֵי לְבוּשׁ (שֶׁל נָשִׁים) תּוֹאֲמִים
co-ordination /ˌkəʊ-ˌɔ:dɪˈneɪʃ(ə)n/ n. קוֹאוֹרְדִינַצְיָה, תֵּאוּם
co-ordinator /kəʊ-ˈɔ:dɪneɪtə(r)/ n. מְתָאֵם, מְתָאֵם־פְּעֻלּוֹת
coot /ku:t/ n. אַגְמִית (עוֹף־מַיִם); (עַל אָדָם) "מֹחַ שֶׁל אֶפְרוֹחַ", "רֹאשׁ־בָּטָטָה", טִפֵּשׁ
 □ *he was as bald as a coot* (*colloq.*) הוּא הָיָה קֵרֵחַ לְגַמְרֵי
cop /kɒp/ n.
 1 (policeman or policewoman, *colloq.*) שׁוֹטֵר
 2 (capture, *sl.*) תְּפִיסָה
 □ *it's a fair cop!* אֵין מַה לְּדַבֵּר, תְּפַסְתֶּם אוֹתִי עַל חַם!
 3 not much cop (*UK sl.*) לֹא שָׁוֶה הַרְבֵּה
—v.i. (*sl.*)
 cop out הִתְחַמֵּק, הִשְׁתַּמֵּט
—v.t. (*sl.*) תָּפַס
 □ *you'll cop it for being so late!* תְּקַבֵּל עַל הָרֹאשׁ בְּעַד הָאִחוּר!
cop-out /ˈkɒp-aʊt/ n. (*sl.*) הִתְחַמְּקוּת, הִשְׁתַּמְּטוּת
copartner /kʊpɑ:tnə(r)/ n. שֻׁתָּף
copartnership /ˌkəʊpɑ:tnəʃɪp/ n. שֻׁתָּפוּת
cope[1] /kəʊp/ n. גְּלִימַת כְּמָרִים
cope[2] /kəʊp/ v.i. הִתְמוֹדֵד
 cope with הִתְמוֹדֵד עִם
copier /ˈkɒpɪə(r)/ n. מְכוֹנַת־צִלּוּם, מְכוֹנַת "זִירוֹקְס"
co-pilot /ˈkəʊ-paɪlət/ n. טַיָּס־מִשְׁנֶה
coping /ˈkəʊpɪŋ/ n. נִדְבָּךְ עֶלְיוֹן (שֶׁל אֲבָנִים אוֹ לְבֵנִים בְּרֹאשׁ חוֹמָה
coping-stone /ˈkəʊpɪŋ-ˌstəʊn/ n. אַבְנֵי־הַכּוֹתֶרֶת (שֶׁבְּרֹאשׁ חוֹמָה)
copious /ˈkəʊpɪəs/ adj. בְּשֶׁפַע, שׁוֹפֵעַ, גָּדוּשׁ
copper[1] /ˈkɒpə(r)/ n.
 1 (metal) נְחֹשֶׁת
 2 (colour) צֶבַע הַנְּחֹשֶׁת, חוּם־אֲדַמְדַּם
 copper beech עֵץ אָשׁוּר שֶׁצֶּבַע עָלָיו כְּעֵין הַנְּחֹשֶׁת
 3 (coin, *UK colloq.*) מַטְבֵּעַ נְחֹשֶׁת (פֶּנִי, סֶנְט)
 4 (boiler, *Hist.*) דּוּד הַרְתָּחָה גָּדוֹל (עָשׂוּי נְחֹשֶׁת)
—v.t. צִפָּה בִּנְחֹשֶׁת
copper[2] /ˈkɒpə(r)/ n. (*colloq.*) שׁוֹטֵר
copper-bottomed /ˌkɒpə-ˈbɒtəmd/ adj. (עַל עִסְקָה כַּלְכָּלִית, הַשְׁקָעָה וְכוּ') בָּטוּחַ, נְטוּל סִכּוּנִים

copperplate /ˈkɒpə-ˌpleɪt/ n. לוּחַ נְחֹשֶׁת לַחֲרִיטַת גְּלוּפוֹת, גְּלוּפַת־נְחֹשֶׁת

copperplate handwriting כְּתִיבָה תַּמָּה

coppersmith /ˈkɒpəsmɪθ/ n. חָרַשׁ נְחֹשֶׁת

coppice /ˈkɒpɪs/ n. סְבַךְ־שִׂיחִים, חֹרֶשׁ

copra /ˈkɒprə/ n. קוֹפְּרָה (פְּנִים שֶׁל אֱגוֹז־הֹדּוּ מְיֻבָּשׁ הַמְשַׁמֵּשׁ לַהֲכָנַת שֶׁמֶן אוֹ סַבּוֹן)

copse /kɒps/ n. סְבַךְ־שִׂיחִים, חֹרֶשׁ

Copt /kɒpt/ n. (אָדָם) קוֹפְּטִי

Coptic /ˈkɒptɪk/ adj. & n. שֶׁל קוֹפְּטִי, קוֹפְּטִי; הַשָּׂפָה הַקּוֹפְּטִית

copula /ˈkɒpjʊlə/ n. (*Gram.*) אוֹגֵד (מִלָּה הַמְקַשֶּׁרֶת נוֹשֵׂא לְנָשׂוּא)

copulate /ˈkɒpjʊleɪt/ v.i. (*formal*) הִזְדַּוֵּג

copulation /ˌkɒpjʊˈleɪʃ(ə)n/ n. (*formal*) הִזְדַּוְּגוּת

copy /ˈkɒpɪ/ n.

1 (reproduction, imitation, specimen) הֶעְתֵּק, עֹתֶק, חִקּוּי

fair copy הֶעְתֵּק נָקִי (שֶׁל טְיוּטָה)

rough copy טְיוּטָה

2 (subject-matter for printing) חֹמֶר לְהַדְפָּסָה

—v.t. הֶעְתִּיק; חִקָּה

copy-book /ˈkɒpɪ-bʊk/ n. מַחְבֶּרֶת

□ *he blotted his copy-book* (*colloq.*) הוּא הָרַס לְעַצְמוֹ אֶת הַשֵּׁם הַטּוֹב

copy-cat /ˈkɒpɪ-kæt/ n. (*colloq.*) "קוֹף", "קוֹף אַחֲרֵי בֶּן־אָדָם"

copyist /ˈkɒpɪɪst/ n. מַעְתִּיק, לַבְלָר

copyright /ˈkɒpɪˌraɪt/ n. זְכוּת־יוֹצְרִים, קוֹפִּירַיְט

copy-typist /ˈkɒpɪ-ˌtaɪpɪst/ n. כַּתְבָנִית (מִן הַכָּתוּב אֶל הַכְּתוּב)

copywriter /ˈkɒpɪraɪtə(r)/ n. (בְּפִרְסוּם) קוֹפִּירַיְטֶר

coquetry /ˈkɒkɪtrɪ/ n. אֲהַבְהָבִים, פְלִירְטוּט; הִתְחַנְחֲנוּת

coquette /kɒˈket/ n. & v.i. אִשָּׁה מִתְחַנְחֶנֶת, אִשָּׁה עַגְבָנִית; הִתְחַנְחֵנָה, עָגְבָה

coquettish /kɒˈketɪʃ/ adj. (אִשָּׁה) עַגְבָנִית

coracle /ˈkɒrək(ə)l/ n. סִירַת נְצָרִים קְטַנָּה מְצֻפָּה עוֹר

coral /ˈkɒrəl/ n. & adj. אַלְמֹג; אַלְמָגִי; צֶבַע שֶׁבֵּין אָדֹם לְוָרֹד

coral island אִי־אַלְמֻגִּים

coral reef שׁוּנִית אַלְמֻגִּים, רִיף־אַלְמֻגִּים

coralline /ˈkɒrəlaɪn/ adj. דְּמוּי־אַלְמֻגִּים

cord /kɔːd/ n.

1 (string) חֶבֶל, חוּט, מֵיתָר

2 (electrical flex; telephone wire) חוּט חַשְׁמַל

3 (*Anat.*)

spinal cord חוּט הַשִּׁדְרָה

umbilical cord חֶבֶל הַטַּבּוּר

vocal cords מֵיתְרֵי־הַקּוֹל

4 (ribbed cloth) אֲרִיג קוֹרְדְרוֹי

cordial /ˈkɔːdɪəl/ adj. לְבָבִי

—n. מִיץ מְרֻכָּז, סִירוֹפ פֵּרוֹת; (בֶּעָבָר) מַשְׁקֶה רְפוּאִי מְרַעֲנֵן וּמַמְרִיץ

cordiality /ˌkɔːdɪˈælɪtɪ/ n. לְבָבִיּוּת

cordite /ˈkɔːdaɪt/ n. חֹמֶר־נֶפֶץ לְלֹא עָשָׁן

cordless /ˈkɔːdlɪs/ adj. (לְגַבֵּי מַכְשִׁירֵי חַשְׁמַל) לְלֹא חוּט, עַל סוֹלְלוֹת, אַלְחוּטִי

cordon /ˈkɔːdən/ n.

1 (line of troops or police) שַׁרְשֶׁרֶת חַיָּה (שֶׁל שׁוֹטְרִים, חַיָּלִים וְכַד'), חֲגוֹרַת בִּטָּחוֹן (שֶׁל שׁוֹטְרִים, חַיָּלִים וְכַד')

cordon sanitaire חֲסִימָה בֵּין אֵזוֹר נָגוּעַ לְאֵזוֹר נָקִי; אֵזוֹר הֶסְגֵּר (מִסִּבּוֹת תַּבְרוּאָתִיּוֹת)

2 (decoration) סֶרֶט, סֶרֶט־כָּבוֹד

cordon bleu (בְּבִשּׁוּל) "קוֹרְדוֹן־בְּלֶה" (דַּרְגָּה עֶלְיוֹנָה שֶׁל בִּשּׁוּל אוֹ טַבָּחוּת)

3 (single-stemmed fruit-tree) עֵץ פְּרִי גָּזוּם וְ"שָׁטוּחַ" (לָרֹב צָמוּד לְקִיר)

—v.t.

cordon off הִרְחִיק (קָהָל) בְּעֶזְרַת שַׁרְשֶׁרֶת שׁוֹטְרִים

cords /kɔːdz/ n. מִכְנְסֵי קוֹרְדְרוֹי

corduroy /ˈkɔːdərɔɪ/ n. & adj. אֲרִיג קוֹרְדְרוֹי, קוֹרְדְרוֹי; עָשׂוּי קוֹרְדְרוֹי

—n. *pl.* מִכְנְסֵי קוֹרְדְרוֹי

core /kɔː(r)/ n. לִבָּה; (בְּהַשְׁאָלָה) לֵב, מֶרְכָּז, עִקָּר

□ *now we get to the core of the matter* עַכְשָׁו אֲנַחְנוּ מַגִּיעִים לְלֵב הָעִנְיָן

□ *he was rotten to the core* הוּא הָיָה רָקוּב לַגְמָרֵי, הוּא הָיָה מֻשְׁחָת עַד הַיְסוֹד

—v.t. הוֹצִיא אֶת הַלִּבָּה (מִפְּרִי)

□ *she cored the apples* הִיא סִלְּקָה אֶת לִבַּת הַתַּפּוּחִים

co-religionist /ˌkəʊ-rɪˈlɪdʒənɪst/ n. בֶּן אוֹתָהּ דָּת

co-respondent /kəʊ-rɪˈspɒndənt/ n. (*Law*) שֻׁתָּף לְנִאוּף (בִּתְבִיעַת־גֵּרוּשִׁים)

Corgi /ˈkɔːgɪ/ n. כֶּלֶב קוֹרְגִי

coriander /kɒrɪˈændə(r)/ n. כֻּסְבָּר, כֻּסְבָּרָה

cork /kɔːk/ n.

1 (substance) שַׁעַם

cork-oak אַלּוֹן־שַׁעַם

cork-tipped (סִיגָרִיָּה) עִם פִילְטֶר

2 (stopper) פְּקָק

—v.t. פָּקַק, סָגַר בִּפְקָק

□ *cork up the bottle again* תִּסְגֹּר אֶת הַבַּקְבּוּק (בִּפְקָק)

corkage /ˈkɔːkɪdʒ/ n. תַּשְׁלוּם בְּמִסְעָדָה עֲבוּר פְּתִיחַת בַּקְבּוּק יַיִן שֶׁהֵבִיא עִמּוֹ הַסּוֹעֵד

corked /kɔːkt/ adj. (יַיִן) בַּעַל טַעַם פָּגוּם בְּשֶׁל פְּקָק שֶׁנִּרְקַב

corkscrew /ˈkɔːkskruː/ n. חוֹלֵץ פְּקָקִים, מַחְלֵץ

corm /kɔːm/ n. (*Bot.*) פְּקַעַת, בּוּלְבּוּס

cormorant /ˈkɔːmərənt/ n. קוֹרְמוֹרָן (עוֹף מַיִם גָּדוֹל)

corn[1] /kɔːn/ n.

1 (grain) תְּבוּאָה, דָּגָן לְסוּגָיו; גַּרְגִּיר תְּבוּאָה

2 (maize, *US*) תִּירָס

corn on the cob קֶלַח תִּירָס מְבֻשָּׁל (וּמוּכָן לְמַאֲכָל)

corn[2] /kɔːn/ n. יַבֶּלֶת (עַל בְּהוֹנוֹת הָרֶגֶל)

corn-cob /ˈkɔːn-kɒb/ n. קֶלַח תִּירָס

corncrake /ˈkɔːnkreɪk/ n. (עוֹף) מַלְכִּי־שְׂלָו

cornea /ˈkɔːnɪə/ n. קַרְנִית־הָעַיִן

corned beef /kɔːnd ˈbiːf/ n. (בָּשָׂר) בְּקַר מְשֻׁמָּר, לוּף

cornelian /kɔːˈniːlɪən/ n. (אֶבֶן) אֹדֶם

corner /ˈkɔːnə(r)/ n.

1 (angle) פִּנָּה, זָוִית, קֶרֶן

street corner פִּנַּת־רְחוֹב, קֶרֶן־רְחוֹב

corner shop מַעְיַן מַכֹּלֶת/מוֹכֵר עִתּוֹנִים וְסִיגָרִיּוֹת

cut off a corner עָשָׂה קִצּוּרֵי דֶּרֶךְ, קִצֵּר אֶת הַדֶּרֶךְ

□ *they cut a few corners to get there in time* (*fig.*) הֵם עָשׂוּ כַּמָּה קִצּוּרֵי דֶּרֶךְ כְּדֵי לְהַגִּיעַ לְשָׁם בַּזְּמַן

a tight corner (*colloq.*) מַצָּב קָשֶׁה, מְצוּקָה

□ *he drove his opponents into a corner* (*fig.*) הוּא דָּחַק אֶת יְרִיבָיו אֶל הַפִּנָּה, הוּא לָחַץ אֶת יְרִיבָיו אֶל הַקִּיר

2 (nook) פִּנָּה, זָוִית

hole-and-corner (*derog.*) (עִסְקָאוֹת) לֹא כְּשֵׁרוֹת, (עִסְקָאוֹת) שְׁחוֹרוֹת

□ *they were dispersed to all the corners of the earth* הֵם נָפוֹצוּ לְכָל קַצְוֵי־תֵּבֵל

3 (*Commerc.*) מוֹנוֹפּוֹל

4 (*Football*) (בְּעִיטַת) "קֶרֶן"

corner kick בְּעִיטַת־קֶרֶן

—v.t.

1 (trap) לָחַץ אֶל הַקִּיר, דָּחַק לַפִּנָּה

2 (*Commerc.*) הִשְׁתַּלֵּט עַל הַשּׁוּק

—v.i. (רֶכֶב אוֹ נֶהָג) עָשָׂה סִבּוּב, עָשָׂה פְּנִיָּה

corner-stone /ˈkɔːnə-ˌstəʊn/ n. אֶבֶן־פִּנָּה, אֶבֶן יְסוֹד

cornet /ˈkɔːnɪt/ n.

1 (musical instrument) קוֹרְנִית (כְּלִי נְשִׁיפָה)

2 (cone for ice-cream) גְּבִיעַ גְּלִידָה

corn-exchange /ˈkɔːn-ɪkˌstʃeɪndʒ/ n. בּוּרְסַת הַתְּבוּאָה

cornflakes /ˈkɔːnfleɪks/ n. *pl.* קוֹרְנְפְלֶקְס, פְּתִיתֵי תִּירָס

cornflour /ˈkɔːnˌflaʊə(r)/ n. קוֹרְנְפְלוֹר, קֶמַח־תִּירָס

cornice /ˈkɔːnɪs/ n. כַּרְכֹּב

Cornish /ˈkɔːnɪʃ/ adj. שֶׁל קוֹרְנְווֹל (אֵזוֹר בִּבְרִיטַנְיָה)

Cornish pasty מַאֲפֶה מְמֻלָּא בָּשָׂר וִירָקוֹת

cornucopia /ˌkɔːnjʊˈkəʊpɪə/ n. קֶרֶן־הַשֶּׁפַע; שֶׁפַע

corny /ˈkɔːnɪ/ adj. (*colloq.*) שָׁחוּק, מְיֻשָּׁן, "מִימֵי מְתוּשֶׁלַח", "עָיֵף"

□ *he can't resist a corny joke* הוּא לֹא יָכוֹל שֶׁלֹּא לְסַפֵּר בְּדִיחוֹת קֶרֶשׁ

corollary /kəˈrɒlərɪ/ n. (*formal*) תּוֹלָדָה, תּוֹצָאָה יְשִׁירָה, תּוֹצָאָה טִבְעִית

corona /kəˈrəʊnə/ n. (*pl.* **coronae**) עֲטָרָה, הִלַּת־אוֹר, קוֹרוֹנָה

coronary /ˈkɒrənrɪ/ adj. שֶׁל הַלֵּב, כְּלִילִי; דְּמוּי כֶּתֶר

coronary thrombosis קְרִישׁ הָעוֹרֵק הַכְּלִילִי, פְּקֶקֶת עוֹרֵק כְּלִילִי

—n.

coronation /ˌkɒrəˈneɪʃ(ə)n/ n. הַכְתָּרָה, טֶקֶס הַהַכְתָּרָה

coroner /ˈkɒrənə(r)/ n. חוֹקֵר מִקְרֵי מָוֶת

coronet /ˈkɒrənet/ n. נֵזֶר, זֵר פְּרָחִים; כֶּתֶר קָטָן, עֲטָרָה

corporal /ˈkɔːp(ə)rəl/ n. רַב טוּרַאי

—adj. גּוּפָנִי

corporal punishment עֹנֶשׁ גּוּפָנִי, עֹנֶשׁ־מַלְקוֹת

corporate /ˈkɔːpərət/ adj. מְשֻׁתָּף, קְבוּצִי; שֶׁל תַּאֲגִיד (עִסְקִי)

corporate body תַּאֲגִיד

corporation /ˌkɔːpəˈreɪʃ(ə)n/ n. מוֹעֶצֶת הָעִיר; חֶבְרָה, תַּאֲגִיד

corporeal /kɔːˈpɔːrɪəl/ adj. (*formal*) גּוּפָנִי, גַּשְׁמִי, חָמְרִי

corps /kɔː(r)/ n.

1 (body of troops) חַיִל, גַּיִס

2 (organized group) סֶגֶל

Corps Diplomatique הַסֶּגֶל הַדִּיפְּלוֹמָטִי

corps de ballet /ˌkɔː də ˈbæleɪ/ לַהֲקַת בַּלֶּט (רַקְדָנֵי הַלַּהֲקָה, לְהַבְדִּיל מִן הָרַקְדָנִים הָרָאשִׁיִּים)

corpse /kɔːps/ n. גְּוִיָּה, גּוּפָה

corpulence /ˈkɔːpjʊl(ə)ns/ n. (*formal*) שֻׁמָּן

corpulent /ˈkɔːpjʊl(ə)nt/ adj. (*formal*) בַּעַל־בָּשָׂר, דָּשֵׁן

corpus /ˈkɔːpəs/ n. (*pl.* **corpora**) אֹסֶף, קֹבֶץ (שֶׁל כְּתָבִים, חֻקִּים, דֻּגְמוֹת) קוֹרְפּוּס

corpuscle /ˈkɔːpʌs(ə)l/ n. כַּדּוּרִית דָּם (אֲדֻמָּה אוֹ לְבָנָה)

corral /kəˈrɑːl/ n. & v.t. (*US*) (אַרְהַ"ב) מִכְלָאָה לְבָקָר/סוּסִים; סְגִירַת שֶׁטַח בַּעֲגָלוֹת לְשֵׁם הֲגָנָה (עַל מַחֲנֶה צְבָאִי בְּעֵקֶר); כָּלָא סוּסִים/בָּקָר בְּמִכְלָאָה; גָּדַר שֶׁטַח בַּעֲגָלוֹת לְשֵׁם הֲגָנָה

correct /kəˈrekt/ v.t.

1 (amend, counteract) תִּקֵּן

I stand corrected (*formal*) אֲנִי מַכִּיר בְּטָעוּתִי

2 (admonish) הֶעֱנִישׁ, נָזַף בְּ..., הוֹכִיחַ אֶת

—adj.

1 (accurate) נָכוֹן, מְדֻיָּק

2 (proper) יָאֶה, מַתְאִים, הוֹלֵם; הָגוּן

correction /kəˈrekʃ(ə)n/ n. תִּקּוּן

corrective /kəˈrektɪv/ adj. מַחֲזִיר לְמוּטָב, מְתַקֵּן

correctness /kəˈrektnɪs/ n. דִּיּוּק; קוֹרֶקְטִיּוּת

correlate /ˈkɒrəleɪt/ v.t. & i. קָשַׁר בֵּין... לְבֵין, חָשַׂף יַחַס גּוֹמְלִין בֵּין... לְבֵין; הָיָה קָשׁוּר בְּיַחַס גּוֹמְלִין לְ...

—n. /ˈkɒrələt/ דָּבָר הַקָּשׁוּר בְּיַחַס גּוֹמְלִין לְדָבָר אַחֵר

correlation /ˌkɒrəˈleɪʃ(ə)n/ n. יַחַס גּוֹמְלִין, קֶשֶׁר הֲדָדִי, קוֹרֶלַצְיָה, מִתְאָם

correlative /kɒˈrelətɪv/ adj. & n. קָשׁוּר בְּקֶשֶׁר הֲדָדִי; קוֹרֶלָטִיב, גּוֹמֵל, תּוֹמֵךְ

correspond /ˌkɒrɪsˈpɒnd/ v.i.
1 (be analogous) הִתְאִים לְ...; הִקְבִּיל לְ...; הָיָה שָׁוֶה לְ...; הָיָה דּוֹמֶה לְ...
2 (communicate by letters) הִתְכַּתֵּב עִם

correspondence /ˌkɒrɪˈspɒndəns/ n. דִּמְיוֹן, הַתְאָמָה; הִתְכַּתְּבוּת
correspondence course קוּרְס בְּהִתְכַּתְּבוּת (לְמָשָׁל בָּאוּנִיבֶרְסִיטָה הַפְּתוּחָה)

correspondent /ˌkɒrɪˈspɒnd(ə)nt/ n.
1 (letter-writer) מִתְכַּתֵּב (הָאָדָם שֶׁאִתּוֹ מַחֲלִיפִים מִכְתָּבִים)
2 (press contributor) כַּתָּב

corridor /ˈkɒrɪdɔː(r)/ n.
1 (passage) מִסְדְּרוֹן, פְּרוֹזְדוֹר
corridor train רַכֶּבֶת בַּעֲלַת מַעֲבָרִים מִקָּרוֹן לְקָרוֹן
corridors of power "הַחֲלוֹנוֹת הַגְּבוֹהִים", "מִסְדְּרוֹנוֹת־הַמֶּמְשָׁלָה" (מוֹקְדֵי הַכֹּחַ)
2 (strip of territory) פְּרוֹזְדוֹר (בְּחֶבֶל־אֶרֶץ)
air corridor פְּרוֹזְדוֹר־אֲוִירִי

corrigendum /ˌkɒrɪˈdʒendəm/ n. (*pl.* **corrigenda**)
דְּבָרִים טְעוּנֵי־תִּקּוּן (בְּסֵפֶר בְּעִקָּר); תִּקּוּנֵי טָעֻיּוֹת

corrigible /ˈkɒrɪdʒɪb(ə)l/ adj. (*formal*) בַּר־תִּקּוּן

corroborate /kəˈrɒbəreɪt/ v.t. (*formal*) אִשֵּׁר, חִזֵּק, תָּמַךְ בְּ..., נָתַן תֹּקֶף לְ...

corroboration /kəˌrɒbəˈreɪʃ(ə)n/ n. (*formal*) אִשּׁוּר, חִזּוּק, תְּמִיכָה, הַעֲנָקַת תֹּקֶף לְ...

corroborative /kəˈrɒbərətɪv/ adj. (*formal*) מְחַזֵּק, תּוֹמֵךְ, מְסַיֵּעַ

corroboratory /kəˈrɒbərət(ə)rɪ/ adj. (*formal*) מְחַזֵּק, תּוֹמֵךְ, מְסַיֵּעַ

corrode /kəˈrəʊd/ v.t. & i. אִכֵּל, הֶחֱלִיד (בַּרְזֶל, פְּלָדָה); אָכַל

corrosion /kəˈrəʊʒ(ə)n/ n. אִכּוּל; הַחְלָדָה; קוֹרוֹזְיָה; חֲלֻדָּה; (בְּהַשְׁאָלָה) רִקָּבוֹן, הִתְרוֹפְפוּת

corrosive /kəˈrəʊsɪv/ adj. מְאַכֵּל; גּוֹרֵם חֲלֻדָּה; מַזִּיק, מַשְׁחִית, הַרְסָנִי

corrugated /ˈkɒrəgeɪtɪd/ adj. גַּלִּי, בְּצוּרַת גַּלִּים, דְּמוּי־גַּל
corrugated iron פַּח גַּלִּי

corrugation /ˌkɒrəˈgeɪʃ(ə)n/ n. שֶׁקַע (בְּפַח גַּלִּי לְמָשָׁל)

corrupt /kəˈrʌpt/ adj. מֻשְׁחָת, מְקֻלְקָל; לוֹקֵחַ־שֹׁחַד
□ *he was found guilty of corrupt practices* הוּא הֻרְשַׁע בִּלְקִיחַת שֹׁחַד/בְּהִתְנַהֲגוּת מֻשְׁחֶתֶת
□ *the text is unfortunately corrupt* הַטֶּקְסְט הַזֶּה מְשֻׁבָּשׁ לְמַרְבֵּה הַצַּעַר
—v.t.
1 (infect, make impure) הִשְׁחִית, קִלְקֵל
2 (bribe) שִׁחֵד

corruptible /kəˈrʌptɪb(ə)l/ adj. שֶׁאֶפְשָׁר לְשַׁחֲדוֹ; מֻשְׁחָת

corruption /kəˈrʌpʃ(ə)n/ n. שְׁחִיתוּת, נִוּוּן

corsage /kɔːˈsɑːʒ/ n. זֵר פְּרָחִים קָטָן הַמֻּצְמָד לַשִּׂמְלָה

corsair /ˈkɔːseə(r)/ n. (*Hist.*) שׁוֹדֵד־יָם (בְּעִקָּר בִּצְפוֹן־אַפְרִיקָה); אֳנִיַּת שׁוֹדְדִים

corset /ˈkɔːsɪt/ n. מָחוֹךְ, קוֹרְסֶט

cortège /kɔːˈteɪʒ/ n. (*formal*) תַּהֲלוּכַת אֵבֶל (בַּהֲלְוָיָה שֶׁל אִישִׁיּוּת חֲשׁוּבָה וְרָמַת מַעֲלָה)

cortex /ˈkɔːteks/ n. קְלִפָּה; קְרוּם־הַמֹּחַ

cortical /ˈkɔːtɪk(ə)l/ adj. קְלִפָּתִי; שֶׁל קְרוּם הַמֹּחַ

cortisone /ˈkɔːtɪzəʊn/ n. קוֹרְטִיזוֹן

corundum /keˈrʌndəm/ n. גְּבִישֵׁי־קוֹרוּנְדוּם (בְּתַהֲלִיכֵי הַשְׁחָזָה וְהַבְרָקָה)

coruscate /ˈkɒrəskeɪt/ v.i. (*formal*) נִצְנֵץ, הִבְרִיק

coruscation /ˌkɒrəˈskeɪʃ(ə)n/ n. (*formal*) נִצְנוּץ בָּהִיר, בָּרָק

corvette /kɔːˈvet/ n. קוֹרְבֶטָה, אֳנִיַּת מִלְחָמָה קְטַנָּה (בְּעִקָּר לְסִיּוּר וְאַבְטָחָה)

cos[1] /kɒs/ n. חַסָּה אֲרֻכַּת־עָלִים, חַסָּה עֲרָבִית

cos[2] /kɒz/ abbrev. (*Math.*) (טְרִיגוֹנוֹמֶטְרְיָה) קוֹסִינוּס

cosh /kɒʃ/ n. & v.t. (*colloq.*) נַבּוּט, אַלָּה (לְעִתִּים מְאֻלְתֶּרֶת); הִכָּה בְּאַלָּה

co-signatory /ˌkəʊ-ˈsɪgnət(ə)rɪ/ n. (*formal*) שֻׁתָּף לַחֲתִימָה, חוֹתֵם שֵׁנִי

cosine /ˈkəʊsain/ n. (*Math.*) (טְרִיגוֹנוֹמֶטְרְיָה) קוֹסִינוּס

cosiness /ˈkəʊzɪnɪs/ n. נְעִימוּת וַחֲמִימוּת (נוֹחָה אוֹ מַחֲנִיקָה)

cosmetic /kɒzˈmetɪk/ n. & adj. תַּכְשִׁיר קוֹסְמֶטִיקָה, תַּמְרוּק; קוֹסְמֶטִי
cosmetic surgery נִתּוּחַ פְּלַסְטִי

cosmic /ˈkɒzmɪk/ adj. קוֹסְמִי, שֶׁל הַיְּקוּם
cosmic rays קַרְנַיִם קוֹסְמִיּוֹת

cosmological /kɒzməˈlɒdʒɪk(ə)l/ adj. שֶׁל חֵקֶר הַיְּקוּם, קוֹסְמוֹלוֹגִי

cosmologist /kɒzˈmɒlədʒɪst/ n. קוֹסְמוֹלוֹג

cosmology /kɒzˈmɒlədʒɪ/ n. קוֹסְמוֹלוֹגְיָה, חֵקֶר הַיְּקוּם

cosmonaut /ˈkɒzmənɔːt/ n. קוֹסְמוֹנָאוּט (טַיַּס־חָלָל סוֹבְיֶטִי)

cosmopolitan /ˌkɒzməˈpɒlɪt(ə)n/ adj. & n.
קוֹסְמוֹפּוֹלִיטִי, שֶׁל כָּל הָעוֹלָם; אֶזְרַח־הָעוֹלָם (אָדָם הַמְשֻׁחְרָר מִזִּקּוֹת לְאֻמִּיּוֹת)

cosmos /ˈkɒzmɒs/ n. קוֹסְמוֹס, יְקוּם, תֵּבֵל

Cossack /ˈkɒsæk/ n. & adj. קוֹזָק; קוֹזָקִי, שֶׁל קוֹזָקִים

cosset /ˈkɒsɪt/ v.t. פִּנֵּק, הִתְיַחֵס בְּהַרְבֵּה מְאֹד חִבָּה וָרֹךְ

cost /kɒst/ n.
1 (price) מְחִיר; הוֹצָאָה; הוֹצָאוֹת; עֲלוּת
cost of living יֹקֶר־הַמִּחְיָה
cost price מְחִיר הָעֲלוּת
at all costs בְּכָל מְחִיר
□ *you must count the cost* עָלֶיךָ לָקַחַת בְּחֶשְׁבּוֹן אֶת הַסִּכּוּן (שֶׁבַּהֶפְסֵדִים)

□ *I learnt of his dishonesty to my cost* אֲנִי יוֹדֵעַ שֶׁהוּא לֹא יָשָׁר (לֹא הָגוּן) מִנִּסְיוֹנִי הַמַּר
2 (in *pl.*, *Law*) הוֹצָאוֹת הַמִּשְׁפָּט, הוֹצָאוֹת בֵּית־הַדִּין
—v.t.
1 (entail expenditure of) עָלָה
□ *this will cost the earth* (*colloq.*) זֶה יַעֲלֶה הוֹן־תּוֹעָפוֹת
2 (result in loss of) עָלָה לְ... בְּ...
□ *his mistake cost him his job* טָעוּתוֹ עָלְתָה לוֹ בִּמְחִיר מִשְׂרָתוֹ
3 (fix or estimate price of) הֶעֱרִיךְ מְחִיר, אָמַד מְחִיר
cost(ing) clerk (or **accountant**) תַּמְחִירָן, מֻמְחֶה לְהַעֲרָכַת מְחִירִים

co-star /ˈkəʊ-stɑː(r)/ n. & v.t. & i. כּוֹכַב־מִשְׁנֶה (שַׂחְקָן הַמְכֻכָּב לְצִדּוֹ שֶׁל הַשַּׂחְקָן הָרָאשִׁי); (סֶרֶט) הָיָה בְּכִכּוּבוֹ שֶׁל (שַׂחְקָן כַּנַּ״ל); (כְּשַׂחְקָן) (כִּכֵּב כַּנַּ״ל)

cost-effective /kɒst-ɪˈfektɪv/ adj. מִשְׁתַּלֵּם
□ *would it be cost-effective?* הַאִם זֶה יִשְׁתַּלֵּם?

costermonger /ˈkɒstəˌmʌŋgə(r)/ n. רוֹכֵל פֵּרוֹת וִירָקוֹת (בָּרְחוֹב)

costive /ˈkɒstɪv/ adj. (*formal*) סוֹבֵל מֵעֲצִירוּת; גּוֹרֵם לַעֲצִירוּת

costly /ˈkɒstlɪ/ adj. יְקַר־עֵרֶךְ, יָקָר, יָקָר מִדַּי; בִּמְחִיר כָּבֵד

costume /ˈkɒstjuːm/ n.
1 (mode of dress) לְבוּשׁ, תִּלְבֹּשֶׁת
costume play (or **drama**) מַחֲזֶה שֶׁשַּׂחְקָנָיו לוֹבְשִׁים תִּלְבּוֹשׁוֹת הִיסְטוֹרִיּוֹת
costume jewellery תַּכְשִׁיטִים מְלָאכוּתִיִּים
2 (woman's suit) חֲלִיפַת נָשִׁים

costumier /kɒˈstjuːmɪə(r)/ n. חַיָּט הַתּוֹפֵר חֲלִיפוֹת, מְהֻדָּרוֹת; בֵּית אָפְנָה הַמְיַצֵּר חֲלִיפוֹת וּבְגָדִים מְהֻדָּרִים

cosy /ˈkəʊzɪ/ adj. נוֹחַ, מַשְׁרֶה נִנּוֹחוּת וָחֹם (לְעִתִּים עַד מַחֲנָק)
—n. מַטְמָן (כִּסּוּי צֶמֶר לְקֻמְקוּם כְּדֵי לִשְׁמֹר אֶת הַחֹם)

cot /kɒt/ n.
1 (child's bed, *UK*) מִטַּת־תִּינוֹק, עֲרִיסָה
2 (camp bed, *US*) מִטַּת־שָׂדֶה, מִטָּה מִתְקַפֶּלֶת

cot-death /ˈkɒt-deθ n. מִיתַת־עֲרִיסָה (מוֹת פִּתְאוֹמִי שֶׁל תִּינוֹק)

coterie /ˈkəʊtərɪ/ n. (*formal*) חוּג, חֲבוּרַת אֲנָשִׁים בַּעֲלֵי עִנְיָן/אִינְטֶרֶס מְשֻׁתָּפִים

cottage /ˈkɒtɪdʒ/ n. בַּיִת כַּפְרִי, בַּיִת קָטָן (לָרֹב בִּכְפָר, לְעִתִּים בָּעִיר)
cottage cheese קוֹטֶג׳, גְּבִינַת קוֹטֶג׳
cottage hospital בֵּית חוֹלִים כַּפְרִי (שֶׁרוֹפְאָיו הֵם לָרֹב רוֹפְאֵי הַמִּשְׁפָּחָה בָּאֵזוֹר)
cottage industry תַּעֲשִׂיָּה זְעִירָה (הַמְבֻסֶּסֶת עַל עֲבוֹדָה קַבְּלָנִית שֶׁנַּעֲשֵׂית בַּבַּיִת)
cottage loaf מֵעֵין לֶחֶם עָגֹל
cottage pie מַאֲפֵה בְּשַׂר־טָחוּן הַמְכֻסֶּה מְחִית תַּפּוּחֵי־אֲדָמָה

cottager /ˈkɒtɪdʒə(r)/ n. דַּיָּר בְּבַיִת כַּפְרִי

cotton /ˈkɒt(ə)n/ n. כֻּתְנָה
—v.i.
cotton on (to) (*sl.*) נִכְנַס לוֹ לָרֹאשׁ, הֵבִין
cotton to (*sl.*) פִּתַּח חִבָּה לְ...

cotton wool /ˌkɒt(ə)n ˈwʊl/ n. צֶמֶר־גֶּפֶן

cotyledon /ˌkɒtɪˈliːd(ə)n/ n. (*Bot.*) פָּסִיג

couch /kaʊtʃ/ n. סַפָּה
—v.t. הִבִּיעַ בְּמִלִּים, נִסֵּחַ

couchette /kuːˈʃet/ n. דַּרְגָּשׁ־שֵׁנָה (בְּרַכֶּבֶת וְכַד׳)

couch-grass /ˈkuːtʃ-grɑːs/ n. סוּג שֶׁל יַבְּלִית

cougar /ˈkuːgə(r)/ n. (*US*) פּוּמָה (טוֹרֵף מִמִּשְׁפַּחַת הֶחָתוּלִיִּים)

cough /kɒf/ n. שִׁעוּל
cough mixture סִירוֹפּ־שִׁעוּל, שִׁקּוּי נֶגֶד שִׁעוּל
cough-sweet סֻכָּרִיָּה נֶגֶד שִׁעוּל
—v.t. & i. יָרַק (דָּם, לֵחָה וְכַד׳); הִשְׁתַּעֵל
cough up (*sl.*) שִׁלֵּם (כֶּסֶף, שֶׁלֹּא בְּלֵב־שָׁלֵם), מָסַר, נָתַן (מֵידָע וְכַד׳, שֶׁלֹּא בְּלֵב שָׁלֵם)
□ *he was slow to cough up the money he owed me* הוּא לֹא מִהֵר לְהִפָּרֵד מִן הַכֶּסֶף שֶׁהָיָה חַיָּב לִי

cough-drop /ˈkɒof-drɒp/ n. סֻכָּרִיָּה נֶגֶד שִׁעוּל

could /kʊd/ past & condit. of **can**

council /ˈkaʊns(ə)l/ n. מוֹעָצָה
council house (or **flat**) דִּירָה לִמְעוּטֵי־הַכְנָסָה (שַׁיֶּכֶת לָעִירִיָּה)
Privy Council מוֹעֶצֶת הַמֶּלֶךְ

council-chamber /ˈkaʊns(ə)l-ˌtʃeɪmbə(r)/ n. חֲדַר־הַיְשִׁיבוֹת שֶׁל הַמּוֹעָצָה

councillor /ˈkaʊnsələ(r)/ n. חֲבֵר־הַמּוֹעָצָה

counsel /ˈkaʊns(ə)l/ n.
1 (consultation, advice, *formal*) עֵצָה, חֲוַת־דַּעַת
take counsel נוֹעַץ בְּ..., הִתְיָעֵץ עִם...
□ *she kept her own counsel* הִיא נִמְנְעָה מִלְּחַוּוֹת דֵּעָה
2 (barrister) פְּרַקְלִיט
Queen's (or **King's**) **Counsel** (*UK*) פְּרַקְלִיט בְּדֶרֶג גָּבוֹהַּ
—v.t. יָעַץ, נָתַן עֵצָה

counselling /ˈkaʊnsəlɪŋ/ n. יִעוּץ פְּסִיכוֹלוֹגִי

counsellor /ˈkaʊnsələ(r)/ n. יוֹעֵץ (פְּסִיכוֹלוֹגִי; לְעִנְיְנֵי נִשּׂוּאִין; מִשְׁפָּטִי וְכַד׳)

count[1] /kaʊnt/ v.t. סָפַר, מָנָה; הֶחְשִׁיב
count in כָּלַל, לָקַח בְּחֶשְׁבּוֹן
count out
(enumerate) סָפַר אֶחָד אֶחָד וּלְאַט לְאַט
(leave out of count) הוֹצִיא מֵהַחֶשְׁבּוֹן
(*Boxing*) הִכְרִיז עַל הֶפְסֵדוֹ (שֶׁל מִתְאַגְרֵף, בִּסְפִירָה עַד 10)
count up סִכֵּם, חִשֵּׁב וּמָצָא
□ *I don't count him a friend* אֲנִי לֹא רוֹאֶה בּוֹ יָדִיד

□ *don't count your chickens before they're hatched (Prov.)* אַל יִתְהַלֵּל חוֹגֵר כִּמְפַתֵּחַ

□ *you should count your blessings* הַמַּצָּב שֶׁלְּךָ לֹא כָּל־כָּךְ רַע

—v.i. הָיָה בַּעַל חֲשִׁיבוּת, נֶחְשַׁב

count down סָפַר סְפִירָה־לְאָחוֹר (בְּעֵת שִׁלּוּחַ טִיל, לְמָשָׁל)

count on סָמַךְ עַל, נָתַן אֵמוּן בְּ...

□ *you can't count on him in a crisis* אֵינְךָ יָכוֹל לִסְמֹךְ עָלָיו בְּעֵת מַשְׁבֵּר

□ *that doesn't count* זֶה לֹא נֶחְשָׁב, אֵין לָזֶה עֵרֶךְ

□ *such a mistake will count against you* טָעוּת כָּזֹאת תִּזָּקֵף לְחוֹבָתְךָ

□ *he doesn't count for much in the firm* לֹא מַחְשִׁיבִים אוֹתוֹ הַרְבֵּה בַּחֶבְרָה

—n.

1 (reckoning) סְפִירָה

2 (*Law*) סְעִיף־אִשּׁוּם

3 (*Boxing*) סְפִירָה עַד - 10 (בְּאִגְרוּף)

out (or **down**) **for the count** (מִתְאַגְרֵף) מוּטָל עַל הַקְּרָשִׁים מְנֻצָּח לְאַחַר סְפִירַת 10; (בְּהַשְׁאָלָה) יָשֵׁן כְּמוֹ מֵת

count[2] /kaʊnt/ n. רוֹזֵן (בְּצָרְפַת, אִיטַלְיָה; אַךְ לֹא בִּבְרִיטַנְיָה)

countdown /ˈkaʊntdaʊn/ n. סְפִירָה לְאָחוֹר (בִּזְמַן שִׁלּוּחַ טִיל, לְמָשָׁל)

countenance /ˈkaʊntənəns/ n. (*formal*) אַרְשֶׁת־פָּנִים, פָּנִים

□ *the insult put him out of countenance* הָעֶלְבּוֹן הֵבִיא אוֹתוֹ בִּמְבוּכָה

—v.t. נָתַן יָד לְ..., עוֹדֵד, תָּמַךְ בְּ...

counter[1] /ˈkaʊntə(r)/ n.

1 (token used in games) אֲסִימוֹן, זִיטוֹן (בְּמִשְׂחָקִים)

2 (table in shop or bank) דֶּלְפֵּק

under the counter (*fig.*) מִתַּחַת לַשֻּׁלְחָן, לֹא חֻקִּי, בַּשּׁוּק הַשָּׁחוֹר

counter[2] /ˈkaʊntə(r)/ adj. & adv. נֶגְדִּי; נֶגֶד; בְּנִגּוּד לְ...

—v.t. & i. הִתְנַגֵּד לְ..., הֵשִׁיב מַכָּה, הֵגִיב

counter- /ˈkaʊntə(r)-/ pref. (תְּחִלִּית שֶׁפֵּרוּשָׁהּ) נֶגְדִּי, ־מָגֵן, ־מֶנַע, ־נֶגֶד

counteract /ˌkaʊntərˈækt/ v.t. פָּעַל נֶגֶד, סִכֵּל, נִטְרֵל

counter-attack /ˈkaʊntər-əˌtæk/ n. & v.t. מִתְקֶפֶת־נֶגֶד

counter-attraction /ˌkaʊntər-əˈtrækʃ(ə)n/ n. אַטְרַקְצְיָה יְרִיבָה (הַמַּסִּיחָה אֶת הַדַּעַת מֵהָרִאשׁוֹנָה)

counterbalance /ˈkaʊntəˌbæləns/ n. /ˌkaʊntəˈbæləns/ v.t. מִשְׁקָל־שֶׁכְּנֶגֶד; פָּעַל כְּמִשְׁקָל־שֶׁכְּנֶגֶד

counterblast /ˈkaʊntəblɑːst/ n. תְּשׁוּבָה נִמְרֶצֶת, תְּשׁוּבָה נִצַּחַת

counter-charge /ˈkaʊntə-tʃɑːdʒ/ n. תְּבִיעַת־נֶגֶד, הָאַשָּׁמָה־נֶגְדִּית

counter-claim /ˈkaʊntə-kleɪm/ n. תְּבִיעָה נֶגְדִּית, דְּרִישָׁה נֶגְדִּית

counter-clockwise /ˌkaʊntə-ˈklɒkwaɪz/ adv. (*US*) נֶגֶד כִּווּן הַשָּׁעוֹן

counter-espionage /ˌkaʊntər-ˈespɪənɑːʒ/ n. רִגּוּל נֶגְדִּי

counterfeit /ˈkɒʊntəfɪt/ adj. & n. מְזֻיָּף; (חֵפֶץ שֶׁהוּא) זִיּוּף

—v.t. זִיֵּף; הֶעֱמִיד פָּנִים

counterfoil /ˈkaʊntəfɔɪl/ n. שׁוֹבֵר (שֶׁל קַבָּלָה, הַמְחָאָה וְכַד')

counter-intelligence /ˌkaʊntər-ɪnˈtelɪdʒəns/ n. רִגּוּל נֶגְדִּי

countermand /ˌkaʊntəˈmɑːnd/ v.t. בִּטֵּל צַו קוֹדֵם

countermeasure /ˈkaʊntəməʒə(r)/ n. אֶמְצָעִי־נֶגֶד

counter-offensive /ˈkaʊntər-əˌfensɪv/ n. מִתְקֶפֶת־נֶגֶד

counterpane /ˈkaʊntəpeɪn/ n. כִּסּוּי לְמִטָּה

counterpart /ˈkaʊntəpɑːt/ n. מַקְבִּיל, מַשְׁלִים; בַּעַל תַּפְקִיד זֵהֶה

counterpoint /ˈkaʊntəpɔɪnt/ n. קוֹנְטְרַפּוּנְקְט (אָמָּנוּת צֵרוּף הַמַּנְגִּינוֹת)

counterpoise /ˈkaʊntəpɔɪz/ n. & v.t. מִשְׁקָל נֶגְדִּי; אִזּוּן, שִׁוּוּי־מִשְׁקָל; אִזֵּן

counter-productive /ˌkaʊntə-prəˈdʌktɪv/ adj. מְעַכֵּב אֶת הַשָּׂגַת הַמַּטָּרָה; לֹא מוֹעִיל

counter-revolution /ˌkaʊntə-revəˈluːʃ(ə)n/ n. מַהְפֵּכַת־נֶגֶד

countersign /ˈkaʊntəsaɪn/ v.t. צֵרֵף חֲתִימָה מַשְׁלִימָה (עַל הַמְחָאָה, הֶסְכֵּם וְכַד')

—n. סִיסְמַת־מַעֲבָר

countersink /ˈkaʊntəsɪŋk/ v.t. הִרְחִיב חוֹר לִקְלִיטַת בֹּרֶג (כְּדֵי שֶׁלֹּא יִבְלֹט מֵעַל פְּנֵי הַשֶּׁטַח)

counter-tenor /ˈkaʊntə-tenə(r)/ n. קוֹנְטְרָה־טֶנוֹר (קוֹל אַלְט לְגֶבֶר)

countervail /ˈkaʊntəveɪl/ v.t. & i. (*formal*) הִפְעִיל כֹּחַ נֶגְדִּי, פָּעַל כְּדֵי לְאַזֵּן

counterweight /ˈkaʊntəweɪt/ n. מִשְׁקָל שֶׁכְּנֶגֶד, מִשְׁקָל נֶגְדִּי

countess /ˈkaʊntɪs/ n. רוֹזֶנֶת, קוֹנְטֵסָה (בְּצָרְפַת וּבְאִיטַלְיָה, לֹא בִּבְרִיטַנְיָה)

counting-house /ˈkaʊntɪŋ-ˌhaʊs/ n. (*arch.*) מַחְלָקָה לְהַנְהָלַת חֶשְׁבּוֹנוֹת

countless /ˈkaʊntlɪs/ adj. לְאֵין־סְפוֹר, הַרְבֵּה מְאֹד

countrified /ˈkʌntrɪfaɪd/ adj. (*derog.*) (אָדָם) כַּפְרִי־לְמַרְאֶה

country /ˈkʌntrɪ/ n.

1 (national or native territory) אֶרֶץ, מְדִינָה

2 (State, electorate) צִבּוּר הַבּוֹחֲרִים, "הַבּוֹחֵר"

□ *the prime minister decided to go to the country* רֹאשׁ הַמֶּמְשָׁלָה הֶחְלִיט לְקַיֵּם בְּחִירוֹת

3 (terrain) אֲדָמָה, שְׁטָחִים (לֹא בַּמּוּבָן הַפּוֹלִיטִי)

open country מֶרְחָבִים־פְּתוּחִים, מֶרְחֲבֵי שָׂדוֹת

4 (rural districts) הַכְּפָר (בְּנִגּוּד לָעִיר), אֲזוֹרִים כַּפְרִיִּים

country-and-western (מוּזִיקָה בְּסִגְנוֹן) "קַנְטְרִי־אֶנְד־וֶסְטֶרְן"

country club קַנְטְרִי־קְלַאבּ, מוֹעֲדוֹן סְפּוֹרְט וּמַרְגּוֹעַ

country cousin (*derog.*) קַרְתָּן, בֶּן־כְּפָר תָּמִים

country dance רִקּוּד כַּפְרִי, רִקּוּד־עַם

country house (or **seat**) בַּיִת כַּפְרִי, אֲחֻזָּה כַּפְרִית

countryman /ˈkʌntrɪmən/ n.

1 (person of the same country) בֶּן אַרְצוֹ שֶׁל פְּלוֹנִי

2 (rural inhabitant) כַּפְרִי, בֶּן־כְּפָר

countryside /ˈkʌntrɪsaɪd/ n. אֵזוֹר כַּפְרִי; נוֹף

country-wide /ˈkʌntrɪ-waɪd/ adj. בְּכָל רַחֲבֵי הָאָרֶץ

countrywoman /ˈkʌntrɪˌwʊmən/ n.

1 (woman of same country) בַּת אַרְצוֹ שֶׁל פְּלוֹנִי

2 (rural inhabitant) כַּפְרִיָּה, אִשָּׁה כַּפְרִית

county /ˈkaʊntɪ/ n. מָחוֹז; אֵזוֹר שִׁפּוּט

county council מוֹעָצָה אֲזוֹרִית, מוֹעָצָה מְחוֹזִית

county court בֵּית הַמִּשְׁפָּט הַמְּחוֹזִי

county family מִשְׁפָּחָה הַמִּתְגּוֹרֶרֶת בַּמָּחוֹז מִזֶּה דּוֹרוֹת

county town עִיר־מָחוֹז

coup ku:/ n. פְּעֻלַּת־פֶּתַע, צַעַד מֻצְלָח

coup d'état הֲפִיכָה, תְּפִיסַת הַשִּׁלְטוֹן בְּכֹחַ, הֲפִיכָה פִּתְאוֹמִית

coup de grace מַכַּת־מָוֶת, מַכָּה נִצַּחַת; מַכַּת־חֶסֶד

coupé /ˈku:peɪ/ n. "קוּפֶּה" (מְכוֹנִית בַּעֲלַת שְׁתֵּי דְּלָתוֹת לִשְׁנֵי נוֹסְעִים)

couple /ˈkʌp(ə)l/ n. זוּג, צֶמֶד; שְׁנַיִם

—v.t. & i. קִשֵּׁר, חִבֵּר, הִצְמִיד; זִוֵּג בַּעֲלֵי חַיִּים; הִזְדַּוֵּג, קִיֵּם יַחֲסֵי מִין

couplet /ˈkʌlɪt/ n. בֵּית־שִׁיר בֶּן שְׁתֵּי שׁוּרוֹת חֲרוּזוֹת

coupling /ˈkʌplɪŋ/ n. חֻלְיַת הַחִבּוּר בֵּין שְׁנֵי קְרוֹנוֹת רַכֶּבֶת; הַצְמָדָה

coupon /ˈku:pɒn/ n. תְּלוּשׁ; טֹפֶס־מִלּוּי (לְטוֹטוֹ כַּדּוּרֶגֶל), שׁוֹבֵר

courage /ˈkʌrɪdʒ/ n. אֹמֶץ, אֹמֶץ־לֵב, גְּבוּרָה, עֹז

pluck up (or **take**) **courage** אָזַר אֹמֶץ, הִתְאַזֵּר עֹז

Dutch courage (*colloq.*) גְּבוּרָה הַמֻּשֶּׂגֶת עַל יְדֵי אַלְכּוֹהוֹל

□ *he has the courage of his convictions* יֵשׁ לוֹ הָאֹמֶץ לִפְעֹל בְּהֶתְאֵם לְעֶקְרוֹנוֹתָיו

□ *she took her courage in both hands* הִיא אָזְרָה עֹז (לְבִצּוּעַ פְּעֻלָּה הֶכְרֵחִית)

courageous /kəˈreɪdʒəs/ adj. אַמִּיץ, נוֹעָז

courgette /kɔ:ˈʒet/ n. (*UK*) קִשּׁוּא

courier /ˈkʊrɪə(r)/ n. בַּלְדָּר, שָׁלִיחַ, רָץ; מְלַוֵּה תַּיָּרִים

course /kɔ:s/ n.

1 (natural movement, flow) אָפִיק; מַהֲלַךְ־הָעִנְיָנִים

course of nature דֶּרֶךְ הַטֶּבַע

in due course כְּשֶׁתַּגִּיעַ הַשָּׁעָה לְכָךְ, בְּבוֹא הַזְּמַן

as a matter of course כְּדָבָר הַמּוּבָן מֵאֵלָיו

of course כַּמּוּבָן, בְּוַדַּאי, מוּבָן מֵאֵלָיו

□ *it came up in the course of conversation* זֶה עָלָה בְּמַהֲלַךְ הַשִּׂיחָה

□ *I'll do it in the course of the week* אֶעֱשֶׂה זֹאת בְּמֶשֶׁךְ הַשָּׁבוּעַ

□ *let things take* (or *run*) *their course* תֵּן לַדְּבָרִים לִקְרוֹת לְבַד

2 (direction; line of conduct) כִּוּוּן, נָתִיב

change course שִׁנָּה כִּוּוּן

on (or **off**) **course** בַּכִּוּוּן הַנָּכוֹן/לֹא בַּכִּוּוּן הַנָּכוֹן

set course for קָבַע אֶת הַכִּוּוּן לְ...

□ *that is a dangerous course (of action)* זוֹ תָּכְנִית־פְּעֻלָּה מְסֻכֶּנֶת

3 (area for racing or golf) מַסְלוּל

□ *he couldn't stay the course* (*fig.*) הוּא לֹא הָיָה מְסֻגָּל לְהַתְמִיד וְלָלֶכֶת עַד הַסּוֹף

4 (series of lectures) קוּרְס, סִדְרַת הַרְצָאוֹת

5 (part of a meal) מָנָה

□ *we sat down to a three-course set lunch* הִתְיַשַּׁבְנוּ לַאֲרוּחַת צָהֳרַיִם קְבוּעָה בַּת שָׁלֹשׁ מָנוֹת

6 (layer of stone in building) נִדְבָּךְ לְבֵנִים

damp course שִׁכְבַת עוֹפֶרֶת צִפְחָה/בַּקִּיר לִמְנִיעַת לַחוּת

—v.t. & i. (pursue game) צָד (בְּעִקָּר אַרְנָבוֹת, בְּעֶזְרַת כַּלְבֵי־צַיִד)

—v.i. (of liquids, flow freely) זָרַם

courser /ˈkɔ:sə(r)/ n. (*poet.*) סוּס מָהִיר; כֶּלֶב־צַיִד

coursing /ˈkɔ:sɪŋ/ n. צֵיד־אַרְנָבוֹת (בְּעֶזְרַת כְּלָבִים)

court /kɔ:t/ n.

1 (yard) חָצֵר, מִגְרָשׁ

2 (enclosed area for games) מִגְרַשׁ מִשְׂחָקִים

□ *the ball is in your court* (*fig.*) הַכַּדּוּר בְּיָדֶיךָ, עַכְשָׁו תּוֹרְךָ (לְהַחְלִיט אוֹ לִפְעֹל)

3 (sovereign's entourage) חָצֵר, חֲצַר־הַמַּלְכוּת

court card קְלַף מֶלֶךְ/מַלְכָּה/נָסִיךְ

court circular טוּר בָּעִתּוֹן הַמְסַפֵּר עַל אֵרוּעִים בַּחֲצַר הַמַּלְכוּת

4 (place where justice is administered) בֵּית־מִשְׁפָּט

court of appeal בֵּית־דִּין לְעִרְעוּרִים

court order צַו בֵּית־הַמִּשְׁפָּט

□ *they settled the dispute out of court* הֵם יִשְּׁבוּ אֶת הַסִּכְסוּךְ מִחוּץ לְכָתְלֵי בֵּית־הַמִּשְׁפָּט

5 (attention)

pay court to (*arch.*) חִזֵּר אַחֲרֵי, הִתְיַחֵס בְּחִבָּה יְתֵרָה לְ...

—v.t. חִזֵּר אַחֲרֵי; רָדַף אַחֲרֵי

□ *he's courting trouble* (or *disaster*) הוּא רוֹדֵף צָרוֹת וּפֻרְעָנֻיּוֹת

courteous /ˈkɜ:tɪəs/ adj. אָדִיב, מְנֻמָּס

courtesan /ˌkɔ:tɪˈzæn/ n. פִּילֶגֶשׁ־חָצֵר, יַצְאָנִית (מִתְחַכֶּמֶת וּבַעֲלַת הַשְׁפָּעָה)

courtesy /ˈkɜːtəsɪ/ n. אֲדִיבוּת, נִימוּס
courtesy light הַמְּנוֹרָה הַנִּדְלֶקֶת עִם פְּתִיחַת דֶּלֶת הַמְּכוֹנִית
courtesy title (בִּבְרִיטַנְיָה) תֹּאַר־אֲצֻלָּה לְלֹא תֹּקֶף חֻקִּי (לָרֹב לִבְנוֹ לְבִתּוֹ שֶׁל לוֹרְד)
by courtesy of בָּאֲדִיבוּתוֹ שֶׁל
courtier /ˈkɔːtɪə(r)/ n. אִישׁ־הֶחָצֵר, אָצִיל בַּחֲצַר הַמֶּלֶךְ
courtly /ˈkɔːtlɪ/ adj. מְעֻדָּן, בַּעַל הַדְרַת־כָּבוֹד
courtly love אַהֲבָה אַבִּירִית (עַל פִּי כְּלָלֵי הָאַבִּירוּת)
court-martial /ˌkɔːt-ˈmɑːʃ(ə)l/ n. & v.t. (*pl.* **courts-martial**) מִשְׁפָּט צְבָאִי; הֶעֱמִיד לְמִשְׁפָּט צְבָאִי
courtship /ˈkɔːtʃɪp/ n. חִזּוּר; תְּקוּפַת־הַחִזּוּר
courtyard /ˈkɔːtjɑːd/ n. חָצֵר מֻקֶּפֶת בִּנְיָנִים אוֹ חוֹמָה
cousin /ˈkʌz(ə)n/ n. דּוֹדָן, בֶּן־דּוֹד; קְרוֹב־מִשְׁפָּחָה
a cousin once removed בְּנוֹ שֶׁל דּוֹדָן, דּוֹדָן שֶׁל הַהוֹרִים
couture /kuːˈtʊə(r)/ n. עִצּוּב וְיִצּוּר אָפְנַת־נָשִׁים
haute couture אָפְנַת עִלִּית לְנָשִׁים
couturier /kuːˈtʊərɪeɪ/ n. בַּעַל בֵּית אָפְנָה לְנָשִׁים, אָפְנַאי צַמֶּרֶת
cove /kəʊv/ n. מִפְרָץ קָטָן, מַחֲסֶה
coven /ˈkʌv(ə)n/ n. חֲבֶר מְכַשֵּׁפוֹת; מִפְגַּשׁ מְכַשֵּׁפוֹת (לָרֹב 13 בְּמִסְפָּר)
covenant /ˈkʌvənənt/ n. בְּרִית, אֲמָנָה, חוֹזֶה
deed of covenant הֶסְכֵּם בִּכְתָב לְתַשְׁלוּם סְכוּם קָבוּעַ בִּפְרָקֵי זְמַן קְבוּעִים (לְאָדָם אוֹ מוֹסָד)
—v.t. & i. כָּרַת בְּרִית
Coventry /ˈkɒvəntrɪ/ n.
send to Coventry (*fig.*) הֶחֱרִים, הֵטִיל חֵרֶם עַל (ע״י יְלָדִים, לֹא חֵרֶם רִשְׁמִי)
cover /ˈkʌvə(r)/ n.
1 (lid, casing) מִכְסֶה, כִּסּוּי
book cover כְּרִיכָה
cover girl נַעֲרַת־שַׁעַר
loose covers כִּסּוּי לְרָהִיטִים (נֶגֶד אָבָק וְשֶׁמֶשׁ)
cover story כַּתָּבָה רָאשִׁית
under plain cover בִּמַעֲטָפָה חֲלָקָה (לְלֹא סִמּוּנִים הַמְּזַהִים אֶת תָּכְנָהּ)
under separate cover בִּמַעֲטָפָה נִפְרֶדֶת
air cover הֲגָנָה מִן הָאֲוִיר, מִטְרִיָּה אֲוִירִית
cloud cover חֲסוּת־עָנָן (לְמָטוֹס); כַּמּוּת הָעֲנָנִים
take cover תָּפַס מַחֲסֶה (מִפְּנֵי כַּדּוּרִים וְכַד׳)
under cover of darkness בְּחָסוּת הַחֲשֵׁכָה
□ *I read it from cover to cover* קָרָאתִי הַכֹּל מֵאָלֶף עַד תָּו
□ *the spy's cover was blown* (*colloq.*) הַמְרַגֵּל נֶחְשַׂף
2 (*Commerc.*) כִּסּוּי
□ *he offered a cheque with no cover* הוּא מָסַר הַמְחָאָה לְלֹא כִּסּוּי
3 (*Insurance*) בִּטּוּחַ, כִּסּוּי בִּטּוּחַ
cover note מִסְמָךְ בִּטּוּחַ זְמַנִּי (בֵּין הַהַרְשָׁמָה לְהוֹצָאַת הַפּוֹלִיסָה)
4 (place laid for a meal) מְקוֹם יְשִׁיבָה עָרוּךְ לְיַד הַשֻּׁלְחָן בְּמִסְעָדָה
cover charge תַּשְׁלוּם רִאשׁוֹנִי שֶׁהוּא חֵלֶק מִדְּמֵי הַשֵּׁרוּת בְּמִסְעָדָה, אַךְ אֵינוֹ חֵלֶק מִן הַתַּשְׁלוּם עֲבוּר הַמָּזוֹן עַצְמוֹ
—v.t.
1 (spread over) כִּסָּה
2 (traverse) חָצָה, עָבַר; הִתְקַדֵּם
3 (conceal) כִּסָּה, הִסְתִּיר, הֶעְלִים
□ *he covered his tracks successfully* הוּא לֹא הִשְׁאִיר עֲקֵבוֹת, עָלָה בְּיָדוֹ לְטַשְׁטֵשׁ אֶת עִקְבוֹתָיו
4 (protect) הֵגֵן
covering fire (*Mil.*) אֵשׁ מְחַפָּה, אֵשׁ־חִפּוּי
covering letter מִכְתַּב־לְוַאי לְמִסְמָכִים, מִכְתַּב־הֶסְבֵּר
5 (of animals) הִזְדַּוֵּג (נֶאֱמַר עַל זָכָר שֶׁל בַּעֲלֵי־חַיִּים)
6 (*Insurance*) כִּסָּה
□ *this insurance does not cover theft* בִּטּוּחַ זֶה אֵינֶנּוּ מְכַסֶּה מִקְרֵי־גְּנֵבָה
7 (*Commerc.*) כִּסָּה
□ *I need the price rise to cover expenses* אֲנִי צָרִיךְ לְהַעֲלוֹת אֶת הַמְּחִירִים כְּדֵי לְכַסּוֹת אֶת הַהוֹצָאוֹת
8 (report on) כִּסָּה
□ *send a man to cover the carnival* תִּשְׁלַח מִישֶׁהוּ לְכַסּוֹת אֶת הַקַּרְנָבָל
9 (aim gun at) כִּוֵּן רוֹבֶה לְעֵבֶר מִישֶׁהוּ (כְּדֵי שֶׁהַלָּה לֹא יִמָּלֵט)
10 (*Football*) שָׁמַר עַל אֶחָד מִשַּׂחְקָנֵי הַיָּרִיב (כְּדֵי שֶׁלֹּא יִהְיֶה חָפְשִׁי לִפְעֹל)
coverage /ˈkʌvərɪdʒ/ n. כִּסּוּי, כִּסּוּי עִתּוֹנָאִי
press (or TV) coverage כִּסּוּי בָּעִתּוֹנוּת/טֶלֶוִיזְיוֹנִי
covering /ˈkʌvərɪŋ/ n. כִּסּוּי, מַעֲטֶה
coverlet /ˈkʌvəlɪt/ n. כִּסּוּי־מִטָּה
covert /ˈkʌvət/ n. סְבַךְ שִׂיחִים (כְּמִסְתּוֹר לְחַיּוֹת)
—adj. נִסְתָּר, חָסוּי, סוֹדִי
cover-up /ˈkʌvər-ʌp/ n. (*colloq.*) הַעֲלָמַת עֻבְדּוֹת, טִיּוּחַ (עַל הָעֻבְדּוֹת), חִפּוּי
covet /ˈkʌvɪt/ v.t. (*formal*) חָמַד, שָׂם עֵינוֹ בְּ...
covetous /ˈkʌvɪtəs/ adj. (*formal derog.*) חַמְדָנִי
covey /ˈkʌvɪ/ n. לַהֲקַת צִפְּרֵי־צַיִד קְטַנָּה
cow[1] /kaʊ/ n. פָּרָה
sacred cow פָּרָה קְדוֹשָׁה, רַעְיוֹן שֶׁהַכֹּל נוֹהֲגִים בּוֹ כָּבוֹד מִתּוֹךְ הֶרְגֵּל
till the cows come home (*colloq.*) עַד שֶׁיָּבוֹא הַמָּשִׁיחַ
□ *she is an old cow* (*sl. derog.*) הִיא שְׁמֵנָה מְטֻמְטֶמֶת
cow[2] /kaʊ/ v.t. (esp. in past ppl.) הִפְחִיד; גָּרַם שֶׁיִּכָּנְעוּ לוֹ
coward /ˈkaʊəd/ n. (*derog.*) פַּחְדָן, מוּג־לֵב
cowardice /ˈkaʊədɪs/ n. (*derog.*) פַּחְדָנוּת

cowardly /ˈkaʊədlɪ/ adj. (*derog.*) פַּחְדָנִי

cowbell /ˈkaʊbel/ n. פַּעֲמוֹן עַל צַוַּאר פָּרָה, זוֹג

cowboy /ˈkaʊbɔɪ/ n.

1 (cattle herder) בּוֹקֵר (עַל גַּבֵּי סוּס, בְּמַעֲרַב אַרְהַ״ב) קָאוּבּוֹי

2 (unscrupulous workman, *sl.*) נַגָּר/בַּנַּאי/ אִינְסְטָלָטוֹר שֶׁעוֹשֶׂה עֲבוֹדָה גְּרוּעָה

cowcatcher /ˈkaʊˌkætʃə(r)/ n. (*US*) מְסְגֶּרֶת מַתֶּכֶת בַּחֲזִית הַקַּטָּר לְשֵׁם פִּנּוּי מִכְשׁוֹלִים

cower /ˈkaʊə(r)/ v.i. הִצְטַנֵּף מִפַּחַד/מִקֹּר; עָמַד בְּפִיק בִּרְכַּיִם

cowherd /ˈkaʊhɜːd/ n. רוֹעֵה בָּקָר

cowhide /ˈkaʊhaɪd/ n. עוֹר פָּרָה

cowl /kaʊl/ n.

1 (cloak with hood, hood) בַּרְדָּס, גְּלִימָה אֲרֻכָּה עִם כִּסּוּי־רֹאשׁ

2 (covering of chimney) מִכְסֶה מִסְתּוֹבֵב שֶׁל הָאֲרֻבָּה

cow-pat /ˈkaʊ-pæt/ n. (*euphem.*) גְּלָלֵי־פָּרָה

cowpox /ˈkaʊpɒks/ n. נַסְיוּב הַמּוּפָק מִפָּרוֹת חוֹלוֹת כְּדֵי לְחַסֵּן בְּנֵי אָדָם מִפְּנֵי אֲבַעְבּוּעוֹת־רוּחַ

cow-puncher /ˈkaʊ-pʌntʃə(r)/ n. (*US*) קָאוּבּוֹי, בּוֹקֵר

cowrie /ˈkaʊrɪ/ n. (also **cowry**) (*Hist.*) צֶדֶף שֶׁשִּׁמֵּשׁ כְּמַטְבֵּעַ בֶּעָבָר

cowshed /ˈkaʊʃed/ n. רֶפֶת

cowslip /ˈkaʊslɪp/ n. צֶמַח מִמִּשְׁפַּחַת הָרַקַּפְתִּיִּים שֶׁפְּרָחָיו צְהֻבִּים

cox /kɒks/ n. (*colloq.*) הַגַּאי בְּסִירַת־מְשׁוֹטִים (לָרֹב סִירַת מֵרוֹץ)

—v.t. & i. כִּוֵּן (סִירַת־מְשׁוֹטִים)

coxcomb /ˈkɒkskəʊm/ n. (*arch.*) כַּרְבֹּלֶת; רֵיקָא, מִתְרַבְרֵב, ״תַּרְנְגוֹל״

coxswain /ˈkɒks(ə)n/ n. הַגַּאי בְּסִירַת־מְשׁוֹטִים

coy /kɔɪ/ adj. מַעֲמִיד פְּנֵי בַּיְשָׁן

coyote /kɔɪˈəʊtɪ/ n. קוֹיוֹטִי (זְאֵב עֲרָבוֹת בְּאָמֶרִיקָה הַצְּפוֹנִית)

coypu /ˈkɔɪpuː/ n. מְכַרְסֵם דְּרוֹם אָמֶרִיקָנִי שֶׁפַּרְוָתוֹ מְשַׁמֶּשֶׁת לְיִצּוּר מְעִילִים וְכַד׳

cozen /ˈkʌz(ə)n/ v.t. (*arch.*) הוֹלִיךְ שׁוֹלָל

CPU abbrev. (*Comput.*) יע״מ (יְחִידַת עִבּוּד מֶרְכָּזִית בַּמַּחְשֵׁב)

crab /kræb/ n.

1 (crustacean) סַרְטָן (שֶׁגּוּפוֹ סְגַלְגַּל וְהִלּוּכוֹ בִּמְצוֹדָד, לְהַבְדִּיל מִלּוֹבְּסְטֶר וְכַד׳)

□ *the oarsman caught a crab* מְשׁוֹטוֹ שֶׁל הַחוֹתֵר נִתְפַּס בַּזְּרָם

2 (wild apple) (also **crab-apple**) תַּפּוּחַ־בָּר קָטָן

3 (in *pl.*, genital lice, *sl.*) כִּנֶּמֶת הָעֶרְוָה

—v.t. (*colloq.*) עִקֵּם אֶת הָאַף, מָצָא דֹּפִי בְּ...

crabbed /ˈkræbɪd/ adj.

1 (bad-tempered, *colloq.*) רַגְזָן, נוֹחַ לִכְעֹס

2 (of writing) דָּחוּס, קָשֶׁה לְפִעֲנוּחַ

crabby /ˈkræbɪ/ adj. (*colloq.*) רַגְזָן, נוֹחַ לִכְעֹס

crab-louse /ˈkræb-laʊs/ n. כִּנַּת־הָעֶרְוָה

crabwise /ˈkræbwaɪz/ adv. בַּאֲלַכְסוֹן וּבְאֹפֶן מְגֻשָּׁם

crack /kræk/ v.t. & i.

1 (break) שָׁבַר, סָדַק; נִשְׁבַּר, נִסְדַּק

□ *they cracked a bottle of champagne to celebrate* (*colloq.*) הֵם פָּתְחוּ בַּקְבּוּק שַׁמְפַּנְיָה כְּדֵי לָחֹג

□ *he cracked a joke* הוּא סִפֵּר בְּדִיחָה

2 (make a noise, make a noise with) הִשְׁמִיעַ קוֹל חַד וְקָצָר

□ *he cracked the whip over the horses' heads* הוּא הִשְׁמִיעַ צְלִיפַת־שׁוֹט מֵעַל רֹאשׁ הַסּוּס

crack down (on) נָקַט אֶמְצָעִים נֶגֶד (מִישֶׁהוּ)

crack up

(disintegrate) הִתְפָּרֵק; הִשְׁתַּגֵּעַ

(extol, *colloq.*) שִׁבַּח

□ *he's not as great as he's cracked up to be* הוּא לֹא כָּל־כָּךְ נֶהְדָּר כְּמוֹ שֶׁאוֹמְרִים עָלָיו

—n.

1 (sharp noise) צְלִיפָה, צְלִיפַת־שׁוֹט

crack of doom (*arch. & joc.*) (קוֹל רַעֲמוֹ שֶׁל) יוֹם־הַדִּין

□ *all I ask is a fair crack of the whip* (*colloq.*) כָּל מַה שֶּׁאֲנִי רוֹצֶה זוֹ הִזְדַּמְּנוּת הוֹגֶנֶת

2 (sharp blow) מַהֲלוּמָה

3 (fissure) סֶדֶק

the crack of dawn עֲלוֹת הַשַּׁחַר

4 (cutting comment, *sl.*) ״חָכְמָה״, ״חָכְמָה גְּדוֹלָה״, הִתְחַכְּמוּת

5 (attempt, *sl.*) נִסָּיוֹן (לַעֲשׂוֹת דְּבַר מָה)

□ *I'll have a crack at it* אֲנִי אֲנַסֶּה

6 (cocaine derivative) קְרָק

—adj. אֲלַף־אֲלָפִים

crack shot צַלָּף

crack-brained /ˈkræk-breɪnd/ adj. (*colloq.*) דָּפוּק בָּרֹאשׁ

cracked /krækt/ adj. דָּפוּק בַּשֵּׂכֶל

cracked wheat /krækt ˈwiːt/ n. בּוּרְגּוּל

cracker /ˈkrækə(r)/ n.

1 (explosive toy, firework) זִקּוּק, נַפָּץ (לֹא צְבָאִי)

2 (biscuit) קְרֶקֶר, רָקִיק יָבֵשׁ, מַצִּיָּה

3 (in *pl.*, nutcrackers) מַפְצֵחַ־אֱגוֹזִים

crackers /ˈkrækəz/ adj. (*UK colloq.*) מְשֻׁגָּע, דָּפוּק בָּרֹאשׁ

crackle /ˈkræk(ə)l/ v.i. & n. הִשְׁמִיעַ קוֹל נִפְצוּצִים; נִפְצוּץ

crackling /ˈkræklɪŋ/ n.

1 (sound) נִפְצוּץ, נֶפֶץ

2 (skin of roast pork) עוֹר חֲזִיר מְטֻגָּן וּפָרִיךְ

3 (attractive women, *sexist sl.*) ״כּוּסִית״

crackpot /ˈkrækpɒt/ n. & adj. (*colloq.*) "תְּמוּהַּ"; אֶקְסֶצֶנְטְרִי

cradle /ˈkreɪd(ə)l/ n. עֲרִיסָה, עֶרֶשׂ

the cradle of civilization עֶרֶשׂ הַתַּרְבּוּת הָאֱנוֹשִׁית

—v.t. חִבֵּק בִּזְרוֹעוֹתָיו (לָרֹב תִּינוֹק)

craft /krɑːft/ n.

1 (skill, trade) מְיֻמָּנוּת, מִקְצוֹעַ, מִשְׁלַח־יָד

2 (cunning) עַרְמוּמִיּוּת

3 (boat etc.) סְפִינָה; כְּלִי־טַיִס

craftsman /ˈkrɑːftsmən/ n. אֻמָּן, רַב־אֻמָּן

craftsmanship /ˈkrɑːftsmənʃɪp/ n. אֻמָּנוּת

crafty /ˈkrɑːftɪ/ adj. נוֹכֵל, עַרְמוּמִי, "שׁוּעָל"

crag /kræg/ n. צוּק, שֶׁן־סֶלַע

craggy /ˈkrægɪ/ adj. תָּלוּל וּמְסֻלָּע; (תְּוֵי פָּנִים) חַדִּים

□ *his craggy features were unmistakable* אִי אֶפְשָׁר הָיָה לִטְעוֹת בִּתְוֵי פָּנָיו הַחַדִּים

cram /kræm/ v.t.

1 (stuff) הִלְעִיט, דָּחַס

□ *the house was crammed with people* הַבַּיִת הָיָה מָלֵא מִפֶּה לְפֶה

□ *she crammed the books into her bag* הִיא דָּחֲפָה אֶת הַסְּפָרִים לְתִיקָהּ

2 (prepare for examination) also v.i. דָּגַר עַל הַלִּמּוּדִים (לִבְחִינוֹת)

crammer /ˈkræmə(r)/ n. (*colloq.*) בֵּית־סֵפֶר שֶׁמֵּכִין לִבְחִינוֹת בְּקוּרְסִים מְרֻכָּזִים

cramp /kræmp/ n.

1 (spasm) עֲוִית, הִתְכַּוְּצוּת שְׁרִירִים

2 (appliance) כְּלִיבָה, מַלְחֶצֶת

—v.t. הִדֵּק, לָחַץ; כָּאֲבוּ לוֹ הַשְּׁרִירִים (לְאַחַר שֶׁיָּשַׁב בִּתְנוּחָה לְחוּצָה זְמַן רַב)

□ *the lack of money cramped our style* בִּגְלַל הַמַּחְסוֹר בְּכֶסֶף אֲנַחְנוּ לֹא מַה שֶּׁהָיִינוּ פַּעַם

crampon /ˈkræmpɒn/ n. מִסְגֶּרֶת מַתֶּכֶת מְשֻׁנֶּנֶת הַנִּקְשֶׁרֶת אֶל סֻלְיַת הַנַּעַל לִמְנִיעַת מְעִידָה עַל קֶרַח

cranberry /ˈkrænbərɪ/ n. מֵעֵין אֻכְמָנִיָּה קְטַנָּה, אֲדַמְדַּמָּה וַעֲגֻלָּה

crane /kreɪn/ n.

1 (bird) עָגוּר

2 (machine) עֲגוּרָן, מָנוֹף־הֲרָמָה

—v.t. & i. מָתַח (אֶת הַצַּוָּאר)

crane-fly /ˈkreɪn-flaɪ/ n. זְבוּב אֲרַךְ־רַגְלַיִם דְּמוּי עַכָּבִישׁ

cranial /ˈkreɪnɪəl/ adj. (*Med.*) שֶׁל הַגֻּלְגֹּלֶת

cranium /ˈkreɪnɪəm/ n. (*Med.*) (*pl.* **crania**) גֻּלְגֹּלֶת

crank /kræŋk/ n.

1 (*Mech.*) אַרְכֻּבָּה; (בִּמְכוֹנִית) "מְנוּאֵלָה"

2 (eccentric, *colloq.*) תִּמְהוֹנִי

—v.t. סוֹבֵב בְּאֶמְצָעוּת אַרְכֻּבָּה, סוֹבֵב אֶת הָאַרְכֻּבָּה

□ *he cranked up his old car* הוּא הִתְנִיעַ אֶת מְכוֹנִיתוֹ הַיְשָׁנָה בִּמְנוּאֵלָה

crankshaft /ˈkræŋkʃɑːft/ n. גַּל־אַרְכֻּבָּה

cranky /ˈkræŋkɪ/ adj. (*colloq.*) תִּמְהוֹנִי, מוּזָר

cranny /ˈkrænɪ/ n. סֶדֶק, חוֹר

crap /kræp/ n. (*vulg.*) שְׁטֻיּוֹת; חָרָא

crape /kreɪp/ n. קְרֶפּ, אָרִיג דַּק וּמְסֻלְסָל, מַלְמָלָה שְׁחוֹרָה

crappy /ˈkræpɪ/ adj. (*vulg.*) מְחֻרְבָּן

crash /kræʃ/ n.

1 (car accident) הִתְנַגְּשׁוּת, תְּאוּנָה

2 (collapse) הִתְמוֹטְטוּת

3 (loud noise) קוֹל נֶפֶץ

—v.t. & i.

1 (have an accident) הִתְנַגֵּשׁ; הָרַס בְּהִתְנַגְּשׁוּת

2 (collapse) הִתְמוֹטֵט

3 (move noisily) פָּרַץ בְּרַעַשׁ, עָבַר בְּרַעַשׁ

□ *the elephant crashed through the jungle* הַפִּיל דָּהַר בְּקוֹל רַעַשׁ אַדִּיר דֶּרֶךְ הַג'וּנְגֶּל

4 (make loud noise) הִשְׁמִיעַ קוֹל רַעַשׁ רָם

5 (come uninvited, *colloq.*) הִתְפַּלַּח, נִכְנַס בְּלִי שֶׁהֻזְמַן (לִמְסִבָּה וְכַד')

6 (stay overnight, *sl.*) נִשְׁאַר לִישׁוֹן (לָרֹב עַל הָרִצְפָּה, מֵחֹסֶר מְקוֹם לִינָה אַחֵר)

crash out יָשַׁן, נָפַל מֵת (מֵעֲיֵפוּת)

crash barrier /ˈkræʃbærɪə(r)/ n. גֶּדֶר מַפְרִידָה, גָּדֵר חוֹצָה כְּבִישׁ לְאָרְכּוֹ (לִמְנִיעַת תְּאוּנוֹת)

crash course /ˈkræʃ kɔːs/ n. קוּרְס מְזֹרָז

crash-helmet /ˈkræʃ-helmɪt/ n. קַסְדָּה

crash-land /kræʃ-ˈlænd/ v.i. נָחַת נְחִיתַת־אֹנֶס

crash-landing /ˈkræʃ-lændɪŋ/ n. נְחִיתַת־אֹנֶס

crash programme /ˈkræʃˌprəʊgræm/ n. תָּכְנִית לִמּוּדִים מְזֹרֶזֶת וְנִמְרֶצֶת

crass /kræs/ adj. (*formal*) גַּס, אֱוִילִי

□ *what crass stupidity!* אֵיזוֹ טִפְּשׁוּת מֻפְלֶגֶת

crate /kreɪt/ n. & v.t. תֵּבָה (לָרֹב מֵעֵץ); אָרַז בְּתֵבָה

crater /ˈkreɪtə(r)/ n. מַכְתֵּשׁ; לֹעַ הַר־גַּעַשׁ

cravat /krəˈvæt/ n. (*UK*) צְעִיף־צַוָּאר לִגְבָרִים, קְרָוָאט

crave /kreɪv/ v.t. & i. הִשְׁתּוֹקֵק לְ..., הִתְגַּעְגֵּעַ לְ...

craven /ˈkreɪv(ə)n/ adj. & n. (*formal*) פַּחְדָנִי, מוּג לֵב; פַּחְדָן

craving /ˈkreɪvɪŋ/ n. תְּשׁוּקָה, גַּעְגּוּעִים

crawfish /ˈkrɔːfɪʃ/ n. סַרְטַן הַנְּהָרוֹת

crawl /krɔːl/ v.i.

1 (creep) זָחַל

2 (move slowly) נָע לְאִטּוֹ

3 (be covered with crawling things, have this sensation) שָׁרַץ, רָחַשׁ (כִּנִּים, שְׁרָצִים וְכַד')

4 (behave ingratiatingly, *colloq. derog.*) "לִקֵּק", הִתְחַנֵּף אֶל

—n.

1 (crawling motion) זְחִילָה

2 (slow rate of motion) קֶצֶב זְחִילָה, זְחִילָה

3 (swimming stroke) שְׂחִיַּת חֲתִירָה, קְרָאוּל

crayfish /ˈkreɪfɪʃ/ n. סַרְטַן־הַנְּהָרוֹת

crayon /ˈkreɪən/ n. & v.t. עִפָּרוֹן־צִיּוּר (לֹא מְצֻפֶּה בְּעֵץ), "צֶבַע"

craze /kreɪz/ v.t. (usu. in past ppl.)

1 (make insane) שִׁגַּע, הוֹצִיא מִן הַדַּעַת

□ *she had a crazed look about her* הָיָה לָהּ מַבָּט מְטֹרָף בָּעֵינַיִם

2 (produce small cracks in) סִדֵּק

—n. שִׁגָּעוֹן, טֵרוּף; הָאָפְנָה־הָאַחֲרוֹנָה

crazy /ˈkreɪzɪ/ adj. מְשֻׁגָּע; נִלְהָב לְ..., דָּלוּק עַל...

□ *he's crazy about skiing* הוּא מְשֻׁגָּע לְסְקִי

crazy paving רִצּוּף עָשׂוּי שִׁבְרֵי לוּחוֹת־רִצּוּף

creak /kriːk/ v.i. & n. חָרַק; חֲרִיקָה

cream /kriːm/ n.

1 (high-fat part of milk) שַׁמֶּנֶת; קַצֶּפֶת; שַׁמֶּנֶת לְקָפֶה

cream cheese גְּבִינַת שַׁמֶּנֶת

2 (cream-like preparation) קְרֶם, מִשְׁחָה

cold cream "קוֹלְד־קְרִים" (קְרֶם עָבֶה, בְּעִקָּר לַהֲסָרַת אִפּוּר)

3 (best part) הַ"קַּצֶּפֶת"

the cream of society הַקַּצֶּפֶת שֶׁל הַחֶבְרָה, הַחֶבְרָה הַגְּבוֹהָה

the cream of the jest (*formal*) הָעֹקֶץ שֶׁל הַהֲלָצָה

—v.t.

1 (take cream from) הֵסִיר אֶת שִׁכְבַת הַשַּׁמֶּנֶת (מֵחָלָב); לָקַח אֶת הַטּוֹב בְּיוֹתֵר

□ *the fashionable college creamed off the best students* (*colloq.*) הַקּוֹלֶג' שֶׁבָּאָפְנָה לָקַח לְעַצְמוֹ אֶת הַתַּלְמִידִים הַטּוֹבִים בְּיוֹתֵר

2 (work to a creamy consistency) הִקְרִים (בְּבִשּׁוּל)

3 (treat with cosmetic cream) מָרַח קְרֶם עַל

4 (defeat, *US colloq.*) גָּמַז

creamery /ˈkriːmərɪ/ n. מַחְלָבָה

creaminess /ˈkriːmɪnɪs/ n. אֵיכוּת שֶׁל קְרֶם (דְּשֵׁנוּת, רֹךְ, חֲלָקוּת וְכַד')

cream of tartar /ˌkriːm ərtɑːtə(r)/ n. מֶלַח אַשְׁלְגָן (מָצוּי בְּאַבְקַת אֲפִיָּה)

cream soda /kriːm ˈsəʊdə/ n. גָּזוֹז בְּטַעַם וָנִיל

creamy /ˈkriːmɪ/ adj. מֵכִיל שַׁמֶּנֶת; בְּצֶבַע הַשַּׁמֶּנֶת; בַּעַל טֶקְסְטוּרָה שֶׁל קְרֶם

crease /kriːs/ n. קֶמֶט, כִּוּוּץ; (בְּמִכְנָסַיִם) פֶּנֶס

—v.t. & i.

1 (make or develop creases) קִמֵּט; הִתְקַמֵּט

2 (tire out, *sl.*) עִיֵּף עַד מָוֶת

3 (laugh, make laugh) שִׁגַּע מֵרֹב צְחוֹק

□ *he creased us with jokes* הוּא שִׁגַּע אוֹתָנוּ בִּבְדִיחוֹת שֶׁלּוֹ

□ *when she appeared in that hat we just creased up* כְּשֶׁרָאִינוּ אוֹתָהּ עִם הַכּוֹבַע הַהוּא פָּשׁוּט הִתְעַלַּפְנוּ מֵרֹב צְחוֹק

create /kriːˈeɪt/ v.t. בָּרָא, יָצַר

□ *he created the impression that he was wealthy* הוּא הִצְלִיחַ לַעֲשׂוֹת רֹשֶׁם שֶׁהוּא אִישׁ עָשִׁיר

—v.i. (*sl.*) עָשָׂה עִנְיָן/סִפּוּר

□ *she created havoc when she wasn't allowed to go out* הִיא הֵרִימָה צְעָקוֹת עַד לֵב הַשָּׁמַיִם כְּשֶׁלֹּא הִנִּיחוּ לָהּ לָצֵאת

creation /kriːˈeɪʃ(ə)n/ n.

1 (act of creating) יְצִירָה; בְּרִיאָה

the Creation הַבְּרִיאָה, בְּרִיאַת הָעוֹלָם

2 (all created things) הַבְּרִיאָה

3 (a production of the mind) יְצִיר־רוּחַ, יְצִירָה

4 (thing created) יְצִירָה; מוּצָר־אָפְנָה

creative /kriːˈeɪtɪv/ adj. בַּעַל כֹּשֶׁר יְצִירָה, יְצִירָתִי

creativity /kriːəˈtɪvɪtɪ/ n. יְצִירָתִיּוּת

creator /kriːˈeɪtə(r)/ n. יוֹצֵר, יוֹצְרוֹ/יוֹצְרָהּ שֶׁל

the Creator אֱלֹהִים, בּוֹרֵא עוֹלָם, רִבּוֹן עוֹלָם

creature /ˈkriːtʃə(r)/ n.

1 (animate being, esp. animal) יְצוּר, בְּרִיָּה; בַּעַל־חַיִּים

creature comforts נוֹחוּת, הֲנָאוֹת הָעוֹלָם הַזֶּה

2 (person) יְצוּר, טִיפּוּס

□ *that creature over there dared to be insolent* הַיְצוּר הַהוּא שָׁם הֵעֵז לְהִתְחַצֵּף

□ *she is a divine creature* הִיא יְצוּר אֱלֹהִי

crèche /kreʃ/ n. פָּעוֹטוֹן

credence /ˈkriːd(ə)ns/ n. (*formal*) אֵמוּן; תֹּקֶף

credentials /krɪˈdenʃ(ə)lz/ n. *pl.* תְּעוּדוֹת, הַמְלָצוֹת בִּכְתָב; כְּתַב־הַאֲמָנָה

credibility /ˌkredɪˈbɪlɪtɪ/ n. אֲמִינוּת

credibility gap פַּעַר־אֲמִינוּת

credible /ˈkredɪb(ə)l/ adj. מְהֵימָן, אָמִין

credit /ˈkredɪt/ n.

1 (belief) אֵמוּן

□ *don't give credit to any wild rumours* אַל תִּתֵּן אֵמוּן בִּשְׁמוּעוֹת־שָׁוְא

2 (acknowledgement, honour) כָּבוֹד, שֵׁם־טוֹב, קְרֶדִיט, הַכָּרָה

□ *he gave his assistant credit for the discovery* הוּא נָתַן לְעוֹזְרוֹ קְרֶדִיט עַל הַהַמְצָאָה

□ *all the credit goes to her* כָּל הַשְּׁבָחִים מַגִּיעִים לָהּ

□ *he is a credit to his school* הוּא מְקוֹר גַּאֲוָה לְבֵית־סִפְרוֹ

3 (deferment of payment) אַשְׁרַאי, קְרֶדִיט

buy on credit קָנָה בְּאַשְׁרַאי, קָנָה בְּהַקָּפָה

letter of credit מִכְתַּב אַשְׁרַאי

credit account חֶשְׁבּוֹן אַשְׁרַאי (בַּחֲנוּת לְמָשָׁל)

credit card כַּרְטִיס אַשְׁרַאי

credit note זִכּוּי, פֶּתֶק זִכּוּי

credit squeeze מְדִינִיּוּת לְצִמְצוּם הָאַשְׁרַאי

4 (money received by or belonging to someone) זְכוּת, קְרֶדִיט

on the credit side לְצַד זְכוּת, לְחֶשְׁבּוֹן זְכוּת
□ *our account is in credit* הַיִתְרָה בְּחֶשְׁבּוֹנֵנוּ חִיּוּבִית
5 (unit of student's work) יְחִידָה, יְחִידַת זִכּוּי (בְּמִסְגֶּרֶת תָּכְנִית לִמּוּדִים)

—v.t.
1 (believe) הֶאֱמִין
2 (add to account) זִכָּה (אֶת חֶשְׁבּוֹנוֹ שֶׁל פְּלוֹנִי וְכַד׳)
3 (give credit to) זָקַף לִזְכוּתוֹ שֶׁל, הִתְיַחֵס לְ... כְּ...

creditable /ˈkredɪtəb(ə)l/ adj. מוֹסִיף כָּבוֹד, רָאוּי לְשֶׁבַח

creditor /ˈkredɪtə(r)/ n. בַּעַל־חוֹב, נוֹשֶׁה

credits /ˈkredɪtz/ n.pl. כּוֹתָרוֹת (בְּסֶרֶט וְכַד׳)

creditworthy /ˈkredɪtwɜːðɪ/ adj. שֶׁנִּתָּן לָתֵת בּוֹ אֵמוּן וּלְהַעֲנִיק לוֹ אַשְׁרַאי

credo /ˈkriːdəʊ/ n. (*formal*) הַשְׁקָפָה, אֱמוּנָה, ״אֲנִי־מַאֲמִין״, ״קְרֶדוֹ״

credulity /krɪˈdjuːlɪtɪ/ n. (*formal*) נְכוֹנוּת מֻפְרֶזֶת לָתֵת אֵמוּן, תְּמִימוּת

credulous /ˈkredjʊləs/ adj. (*formal*) מַאֲמִין לַכֹּל, פֶּתִי, תָּמִים

creed /kriːd/ n. אֱמוּנָה, מַעֲרֶכֶת אֱמוּנוֹת וְדֵעוֹת
the Creed (*Relig.*) הַצְהָרָה טֶכְסִית נוֹצְרִית

creek /kriːk/ n. עָרוּץ מַיִם צַר
up the creek (*sl.*) בְּצָרוֹת, שָׁקוּעַ בְּצָרוֹת

creel /kriːl/ n. סַל לְדָגִים שֶׁנִּצּוֹדוּ

creep /kriːp/ (past & past ppl. **crept** /krept/) v.i. זָחַל
□ *the story made their flesh creep* הַסִּפּוּר עָשָׂה אֶת בְּשָׂרָם חִדּוּדִים־חִדּוּדִים, הַסִּפּוּר הָיָה מְסַמֵּר שְׂעָרוֹת

—n.
1 (unpleasant person, *sl.*) ״שֶׁרֶץ״
2 (in *pl.*, creeping sensations, *colloq.*)
□ *it gives me the creeps* זֶה עוֹשֶׂה לִי צְמַרְמֹרֶת

creeper /ˈkriːpə(r)/ n. צֶמַח מְטַפֵּס

creepy /ˈkriːpɪ/ n. (*colloq.*) מְעוֹרֵר אֵימָה, מַעֲבִיר צְמַרְמֹרֶת

creepy-crawly /ˌkriːpɪˈkrɔːlɪ/ n. (*colloq.*) שֵׁם כּוֹלֵל לְזוֹחֲלִים בִּלְשׁוֹן יְלָדִים, ״ג׳וּק״

cremate /krɪˈmeɪt/ v.t. שָׂרַף (גְּוִיַּת מֵת)

cremation /krɪˈmeɪʃ(ə)n/ n. שְׂרֵפַת מֵתִים

crematorium /ˌkreməˈtɔːrɪəm/ n. קְרֶמָטוֹרְיוּם, מִשְׂרָפָה

crème de la crème /ˌkrem də lɑːˈkrem/ n. (*formal*) ״הַקַּצֶּפֶת״; הַטּוֹב בְּיוֹתֵר

crème de menthe /ˌkrem de ˈmɒnθ/ n. קְרֶם־דֶה־מֶנְת׳ (מַשְׁקֶה אַלְכּוֹהוֹלִי בְּטַעַם מֶנְתָּה)

crenellated /ˈkrenəleɪtɪd/ adj. (חוֹמָה, קִיר מָגֵן) בַּעַל חֲרַכֵּי־יָרִי

crenellation /ˌkrenəˈleɪʃ(ə)n/ n. חֲרַךְ־יָרִי

creole /ˈkriːəʊl/ n. & adj. קְרֵאוֹלִית (דִּיאָלֶקְט מְעֹרָב); קְרֵאוֹלִי (אָדָם); קְרֵאוֹלִי

creosote /ˈkrɪːəsəʊt/ n. קְרֵיאוֹזוֹט (נוֹזֵל בִּיטוּמֵנִי הַמְשַׁמֵּשׁ לְשִׁמּוּר וּלְחִטּוּי)

crêpe /kreɪp/ n. קְרֶפּ, אָרִיג דַּק וּמְסֻלְסָל, מַלְמָלָה
crêpe paper נְיַר קְרֶפּ, נְיָר דַּק וּמְסֻלְסָל
crêpe rubber גּוּמִי קְרֶפּ (לְסֻלְיוֹת נַעֲלַיִם)
crêpes suzettes ״קְרֶפּ־סוּזֶט״ (חֲבִיתִיּוֹת מְטֻגָּנוֹת בְּלִיקֶר גְּרַאן־מַרְנְיֶה)

crept /krept/ past & past ppl. of **creep**

crescendo /krɪˈʃendəʊ/ adv. & n. גּוֹבֵר וְהוֹלֵךְ; (בְּמוּזִיקָה) קְרֶשֶׁנְדוֹ
a crescendo of excitement גַּל גּוֹאֶה שֶׁל הִתְלַהֲבוּת

crescent /ˈkres(ə)nt/ n.
1 (shape of waxing moon) סַהֲרוֹן, סַהַר
2 (curved row of houses) בָּתִּים נִצָּבִים בַּחֲצִי גֹּרֶן

cress /kres/ n. יֶרֶק הַמְשַׁמֵּשׁ לְסָלָטִים וּלְקִשּׁוּט כְּרִיכִים

crest /krest/ n.
1 (tuft) כַּרְבֹּלֶת, צִיצָה; צִיצָה בְּרֹאשׁ קַסְדָּה
2 (summit) פִּסְגָּה, שִׂיא
□ *he's now on the crest of the wave* (*colloq.*) הוּא כָּעֵת בְּשִׂיא הַצְלָחָתוֹ, הוּא כָּעֵת בִּמְרוֹם הַפִּסְגָּה
3 (heraldic device) אוֹת הַמִּשְׁפָּחָה, סֵמֶל אַבִּירִים

crested /ˈkrestɪd/ adj. מְצֻיָּץ, בַּעַל כַּרְבֹּלֶת; (נְיַר כְּתִיבָה וְכַד׳) בַּעַל סֵמֶל אַבִּירִים, בַּעַל אוֹת מִשְׁפָּחָה

crestfallen /ˈkrestˌfɔːl(ə)n/ adj. מְדֻכָּא, מְאֻכְזָב (בִּגְלַל כִּשָּׁלוֹן)

cretin /ˈkretɪn/ n. רְפֵה־שֵׂכֶל; אִידְיוֹט, ״חֲמוֹר״

cretinism /ˈkretɪnɪzəm/ n. רִפְיוֹן־שֵׂכֶל קְלִינִי (כְּתוֹצָאָה מִפְּגָם הוֹרְמוֹנָלִי)

cretinous /ˈkretɪnəs/ adj. אִידְיוֹטִי, אִידְיוֹט

cretonne /ˈkretɒn/ n. אָרִיג חָזָק לְוִילוֹנוֹת, לְצִפּוּי כָּרִים וּלְמַפּוֹת שֻׁלְחָן

crevasse /krɪˈvæs/ n. בֶּקַע, בְּקִיעַ, סֶדֶק (בְּקַרְחוֹן לְמָשָׁל)

crevice /ˈkrevɪs/ n. סֶדֶק, בְּקִיעַ

crew /kruː/ n. צֶוֶת; חֲבוּרָה
ground crew צֶוֶת קַרְקַע (בְּשֵׁרוּת מְטוֹסִים)
□ *they were an unruly crew* (*colloq.*) הֵם הָיוּ חֲבוּרָה פְּרוּעָה

—v.i. פָּעַל בְּתוֹךְ צֶוֶת (בִּסְפִינָה אוֹ מָטוֹס)

crew cut /ˈkruː kʌt/ n. ״תִּסְפֹּרֶת מָרִינְס״ (תִּסְפֹּרֶת קְצָרָה בְּיוֹתֵר)

crew neck /ˈkruː nek/ n. צַוָּארוֹן הָדוּק סָבִיב לַצַּוָּאר בַּאֲפֻדָּה סְרוּגָה

crib /krɪb/ n.
1 (bed) עֲרִיסַת תִּינוֹק
2 (manger) אֵבוּס
3 (translation for students) תַּרְגּוּם מִלּוּלִי (לְתַלְמִיד בִּבְחִינָה)
4 (plagiarism, *colloq.*) ״סְחִיבָה״, גְּנֵבָה סִפְרוּתִית, הַעְתָּקָה (לֹא חֻקִּית)
5 (hut, hovel) בִּקְתָּה

—v.t. & i. (*colloq.*) ״הֶעְתִּיק״ (בִּבְחִינָה וְכַד׳), ״סָחַב״

cribbage /ˈkrɪbɪdʒ/ n. מִשְׂחַק קְלָפִים לִשְׁנַיִם, שְׁלוֹשָׁה אוֹ אַרְבָּעָה מִשְׁתַּתְּפִים

crick /krik/ v.t. & n. נִתְפַּס לוֹ (הַצַּוָּאר; הִתְקַשּׁוּת פִּתְאֹמִית שֶׁל שְׁרִירֵי הָעֹרֶף, הַגַּב וְכַד')

cricket[1] /ˈkrɪkɪt/ n. צְרָצַר

cricket[2] /ˈkrɪkɪt/ n. מִשְׂחַק קְרִיקֶט

□ *that's not cricket* (*colloq.*) זֶה לֹא הוֹגֵן, זֶה לֹא פֶּר, לֹא עוֹשִׂים דָּבָר כָּזֶה

cricketer /ˈkrɪkɪtə(r)/ n. שַׂחְקַן־קְרִיקֶט

cried /kraɪd/ past & past ppl. of **cry**

crier /ˈkraɪə(r)/ n. כָּרוֹז

crikey /ˈkraɪkɪ/ int. (*UK sl.*) יַא־אַלְלָה! יַא־בַּא־יֵי! יַא־סַאלַאם!

crime /kraɪm/ n. פֶּשַׁע

crime fiction סִפְרוּת־בַּלָּשִׁית, סִפְרוּת בַּלָּשִׁים

crime sheet גִּלְיוֹן־הִתְנַהֲגוּת (בַּצָּבָא)

criminal /ˈkrɪmɪn(ə)l/ adj. & n. פּוֹשֵׁעַ; פְּלִילִי

criminology /ˌkrɪmɪˈnɒlədʒɪ/ n. קְרִימִינוֹלוֹגְיָה

crimp /krɪmp/ v.t. עָשָׂה גַּלִּים (בַּשֵּׂעָר, בִּנְיָר וְכַד')

crimson /ˈkrɪmz(ə)n/ adj. & n. אַרְגָּמָן, אַרְגְּמָנִי

—v.t. & i. גָּרַם לְהַסְמָקָה; צָבַע בְּאַרְגָּמָן; הִסְמִיק; הֶאְדִּים

cringe /krɪndʒ/ v.i. הִתְכַּוֵּץ מִפַּחַד; הִתְרַפֵּס

cringing /ˈkrɪndʒɪŋ/ adj. (*derog.*) חַנְפָנִי, מִתְרַפֵּס

crinkle /ˈkrɪŋk(ə)l/ v.t. & i. & n. קִמֵּט; קֶמֶט

crinkle-cut /ˈkrɪŋk(ə)l-ˌkʌt/ adj. (צִ'יפְּסִים) חֲתוּכִים עִם גַּלִּים

crinkly /ˈkriŋklɪ/ adj. עִם קְמָטִים, עִם גַּלִּים

crinoline /ˈkrɪnəlɪn/ n. קְרִינוֹלִינָה

cripple /ˈkrɪp(ə)l/ n. נָכֶה, בַּעַל־מוּם

—v.t. הֵטִיל מוּם בְּ...; שִׁבֵּשׁ

□ *we incurred crippling expenses* הָיָה עָלֵינוּ לָשֵׂאת בְּהוֹצָאוֹת הַרְסָנִיּוֹת

crisis /ˈkraɪsɪs/ n. (*pl.* **crises**) מַשְׁבֵּר; נְקֻדַּת־מִפְנֶה

crisp /krɪsp/ adj. פָּרִיךְ; רַעֲנָן, חָדָשׁ; נֶחֱרָץ, חַד וּבָרוּר

—n. צִ'יפְּסִים (דַּקִּים וּפְרִיכִים, בַּחֲבִילָה, לֹא צִ'יפְּס עָבִים שֶׁטֻּגְּנוּ זֶה־עַתָּה)

—v.t. & i. עָשָׂה לְפָרִיךְ, נַעֲשָׂה פָּרִיךְ

crisper /ˈkrɪspə(r)/ n. תָּא־הַיְרָקוֹת בַּמְקָרֵר

crispy /ˈkrɪspɪ/ adj. (*colloq.*) פָּרִיךְ

criss-cross /kris-ˈkrɒs/ adj. adv. & n. מִצְטַלֵּב, שְׁתִי וָעֵרֶב; הִצְטַלְּבוּת, תִּצְלֹבֶת

—v.t. & i. קִוְקֵו קַוִּים מִצְטַלְּבִים; הִצְטַלֵּב

criterion /kraɪˈtɪərɪən/ n. (*pl.* **criteria**) קְנֵה־מִדָּה; עִקָּרוֹן לַחֲרִיצַת מִשְׁפָּט, קְרִיטֶרְיוֹן

critic /ˈkrɪtɪk/ n. מִתְנַגֵּד, מְבַקֵּר; מְבַקֵּר (אֳמָנוּת וְכַד')

critical /ˈkrɪtɪk(ə)l/ adj.

1 (exercising judgement, censorious) בִּקָּרְתִּי

2 (involving a crisis) (מַצָּב) חָמוּר, מְסֻכָּן, קְרִיטִי

3 (*Math. & Phys.*, marking a transition) קְרִיטִי

criticism /ˈkrɪtɪˌsɪzəm/ n. בִּקֹּרֶת

criticize /ˈkrɪtɪsaɪz/ v.t. & i. בִּקֵּר, מָתַח בִּקֹּרֶת

critique /krɪˈtiːk/ n. בִּקֹּרֶת, מַאֲמַר בִּקֹּרֶת

croak /krəʊk/ v.t. & i. (צְפַרְדֵּעַ) קִרְקֵר; דִּבֵּר בְּקוֹל צָרוּד; הִתְפַּגֵּר

—n. קִרְקוּר (צְפַרְדֵּעַ)

crochet /ˈkrəʊʃeɪ/ v.t. & i. סָרַג בְּצִנּוֹרָה; סָרַג קְרוֹשֶׁה,

—n. קְרוֹשֶׁה, סְרִיגָה בְּצִנּוֹרָה

crock[1] /krɒk/ n. כַּד חֶרֶס, קַעֲרַת חֶרֶס

crock[2] /krɒk/ n. (*sl.*) תֶּרַח זָקֵן, "גְּרוּטָאָה"

—v.t. & i.

crock up "הָלַךְ קַפּוּט"

crockery /ˈkrɒkərɪ/ n. צַלָּחוֹת וּסְפָלִים

crocodile /ˈkrɒkəˌdaɪl/ n.

1 (reptile) תַּנִּין, קְרוֹקוֹדִיל

crocodile tears דִּמְעוֹת־תַּנִּין (הַבָּעַת־צַעַר מְזֻיֶּפֶת)

2 (line of children walking in pairs) טוּר שֶׁל יְלָדִים הַצּוֹעֲדִים בְּזוּגוֹת

crocus /ˈkrəʊcəs/ n. (פֶּרַח) כַּרְכֹּם

croft /krɒft/ n. חַוָּה קְטַנָּה (בִּסְקוֹטְלַנְד לָרֹב)

crofter /ˈkrɒftə(r)/ n. חַוַּאי בְּחַוָּה (כַּנַּ"ל)

croissant /ˈkrwʌsɒŋ/ n. קְרוּאָסוֹן, סַהֲרוֹן (מַאֲפֶה צָרְפָתִי)

cromlech /ˈkrɒmlek/ n. מַעְגַּל אֲבָנִים טִכְסִי; אֶבֶן אַחַת בְּמַעְגָּל כַּנַּ"ל

crone /krəʊn/ n. (*derog.*) זְקֵנָה בָּלָה

crony /ˈkrəʊnɪ/ n. (*colloq.*) חָבֵר קָרוֹב

crook /krʊk/ n.

1 (hooked staff) קֶרֶס; מַקֵּל רוֹעִים; מַטֵּה בִּישׁוֹפִים

by hook or by crook (*colloq.*) בְּכָל מְחִיר

2 (bend, curve) כֶּפֶף (הַזְּרוֹעַ אוֹ הָרֶגֶל)

3 (rogue, criminal, *sl.*) רַמַּאי, נוֹכֵל

—v.t. & i. כּוֹפֵף, עִקֵּם

crooked /ˈkrʊkɪd/ adj.

1 (not straight) עָקֹם, עָקוּם

2 (dishonest, *colloq.*) רַמַּאי, נוֹכֵל

croon /kruːn/ v.t. & i. זִמֵּר בְּקוֹל רַךְ וְרַגְשָׁנִי

crooner /ˈkruːnə(r)/ n. זַמָּר הַשָּׁר שִׁירִים רַגְשָׁנִיִּים

crop /krɒp/ n.

1 (agricultural yield) יְבוּל, תְּנוּבָה

under crop (שָׂדֶה) זָרוּעַ

2 (handle of whip) יְדִית שֶׁל שׁוֹט

3 (pouch in bird's throat) זֶפֶק

4 (short hairstyle) תִּסְפֹּרֶת קְצַרְצָרָה

—v.t. & i.

1 (cut off) חָתַךְ, גָּזַז; סִפֵּר (אֶת הַשֵּׂעָר)

2 (graze) לָחַךְ עֵשֶׂב

3 (sow or plant land) לִקְצֹר יְבוּלִים; לִזְרֹעַ יְבוּלִים

—v.i. הֵנִיב

crop up (*colloq.*) צָץ וְהוֹפִיעַ לְפֶתַע, הוֹפִיעַ פִּתְאֹם

cropper /ˈkrɒpə(r)/ n.

1 (plant yielding a crop) גִּדּוּל חַקְלָאִי, גִּדּוּל

2 (fall, *colloq.*)

come a cropper נִכְשַׁל לַחֲלוּטִין, הָיָה כִּשָּׁלוֹן חָרוּץ

crop-spraying /ˈkrɒp-ˌspreɪɪŋ/ n. רִסּוּס־יְבוּלִים

croquet /ˈkrəʊkeɪ/ n. קְרוֹקֶט (מִשְׂחָק בְּפַטִּישֵׁי עֵץ וְכַדּוּרֵי עֵץ עַל הַדֶּשֶׁא)

croquette /krəʊˈket/ n. כְּפִתָּה (מֵאֹרֶז, בָּשָׂר, קֶמַח, תַּפּוּחֵי אֲדָמָה)

crosier /ˈkrəʊzɪə(r)/ n. (also **crozier**) מַטֶּה שֶׁל בִּישׁוֹף

cross /krɒs/ n.

1 (stake with transverse bar, esp. associated with crucifixion of Christ) צְלָב

□ *he has a heavy cross to bear* יֵשׁ לוֹ הַרְבֵּה צָרוֹת

the Cross (*Relig.*) הַנַּצְרוּת

2 (cross-shaped thing) צְלָב; אִיקְס, סִימַן אִיקְס

3 (emblem or decoration) מֶדַלְיָה בְּצוּרַת צְלָב, צְלָב

Victoria Cross צְלַב וִיקְטוֹרְיָה (עִטּוּר הַגְּבוּרָה הַגָּבוֹהַּ בְּיוֹתֵר בִּבְרִיטַנְיָה)

4 (intermixture of breeds) תַּעֲרֹבֶת; בֶּן־תַּעֲרֹבֶת, בֶּן־כִּלְאַיִם

□ *it was a cross between a terrier and a bulldog* הַכֶּלֶב הָיָה הַכְלָאָה בֵּין טֶרְיֶר לְבּוּלְדּוֹג

5 (diagonal)

on the cross בַּאֲלַכְסוֹן

—v.t.

1 (place crosswise) הִנִּיחַ זֶה עַל זֶה, שִׁלֵּב, הִצְלִיב, שִׂכֵּל

cross one's legs הִרְכִּיב רֶגֶל עַל רֶגֶל, שִׂכֵּל רַגְלָיו

□ *don't cross swords with him* (*fig.*) אַל תִּתְנַגֵּשׁ אִתּוֹ (הוּא מְסֻכָּן)

□ *keep your fingers crossed for me!* תַּחֲזִיק לִי אֶצְבָּעוֹת!

2 (draw line across) מָתַח קַו (מֵעַל), סִימַן אִיקְס עַל

cross a cheque סִימַן הַמְחָאָה (בִּשְׁנֵי קַוִּים, וְרַק הַנִּמְעָן יָכוֹל לְהַכְנִיסָהּ לְחֶשְׁבּוֹנוֹ)

cross off (or **out**) מָחַק, בִּטֵּל

3 (pass the hand across, *Relig.*) הִצְטַלֵּב

cross oneself הִצְטַלֵּב (בִּשְׁעַת תְּפִלָּה נוֹצְרִית)

□ *he crossed her palm* (or *hand*) *with silver* הוּא שִׁלֵּם טָבִין וּתְקִילִין לְמַגֶּדֶת־עֲתִידוֹת

4 (go across, also v.i.) חָצָה, עָבַר

□ *that had crossed my mind* זֶה עָלָה בְּדַעְתִּי

□ *our paths had never crossed* דְּרָכֵינוּ לֹא נִצְטַלְּבוּ מֵעוֹלָם, גּוֹרְלוֹתֵינוּ לֹא נִפְגְּשׁוּ מֵעוֹלָם

5 (meet and pass, also v.i.) חָלַף עַל פְּנֵי

□ *our letters crossed in the post* מִכְתָּבֵינוּ הִצְטַלְּבוּ (נִשְׁלְחוּ בְּעֵת וּבְעוֹנָה אַחַת)

crossed line הַפְרָעָה (בְּטָעוּת) בְּשִׂיחָה טֶלֶפוֹנִית; קַוִּים מִצְטַלְּבִים

6 (thwart) הִתְנַגֵּד לְ..., הִכְשִׁיל

□ *she's a terror if she's crossed* הִיא מְסֻכֶּנֶת אִם עוֹמְדִים בְּדַרְכָּהּ

□ *he was crossed in love* אַהֲבָתוֹ נִכְזְבָה, לֹא הָיָה לוֹ מַזָּל בְּאַהֲבָה

7 (interbreed) הִכְלִיא

—adj.

1 (annoyed, peevish) כּוֹעֵס, נִרְגָּז

2 (contrary) מְנֻגָּד

at cross purposes (דּוּ־שִׂיחַ) שֶׁל חֵרְשִׁים

3 (transverse) צִדִּי, הַבָּא מִן הַצַּד

cross wind רוּחַ צִדִּית (רוּחַ הַמְנַשֶּׁבֶת בְּזָוִית יְשָׁרָה לְמַסְלוּל הַמָּטוֹס, הַמְּכוֹנִית, הַסְּפִינָה)

crossbar /ˈkrɒsbɑː(r)/ n. הַקּוֹרָה הָעֶלְיוֹנָה (בְּשַׁעַר כַּדּוּרֶגֶל); "רָמָה" (מוֹט בְּאוֹפַנַּיִם בֵּין הַמּוֹשָׁב לַכִּידוֹן)

crossbencher /ˈkrɒsbentʃə(r)/ n. צִירֵי פַּרְלָמֶנְט בִּלְתִּי תְּלוּיִים (שֶׁאֵינָם מְחֻיָּבִים לְהַצְבִּיעַ בְּעַד אוֹ נֶגֶד הַמֶּמְשָׁלָה)

crossbenches /ˈkrɒsbentʃɪz/ n. *pl.* (*UK*) הַסַּפְסָלִים בַּפַּרְלָמֶנְט שֶׁבָּהֶם יוֹשְׁבִים הַצִּירִים שֶׁאֵינָם מַצְבִּיעִים דֶּרֶךְ־קֶבַע עִם הַמֶּמְשָׁלָה אוֹ נֶגְדָּהּ

crossbones /ˈkrɒsbəʊnz/ n. *pl.* עֲצָמוֹת מְצֻלָּבוֹת (תַּחַת גֻּלְגֹּלֶת) לְסִימַן סַכָּנָה

crossbow /ˈkrɒsbəʊ/ n. קֶשֶׁת עִם מַנְגְּנוֹן־דְּרִיכָה מֻכָּנִי

cross-bred /ˈkrɒs-bred/ adj. בֶּן־כִּלְאַיִם

cross-breed /ˈkrɒs-ˈbriːd/ n. & v.t. בֶּן־כִּלְאַיִם; הִכְלִיא

cross-check /krɒs-ˈtʃek/ n. & v.t. בְּדִיקָה נוֹסֶפֶת בְּדֶרֶךְ שׁוֹנָה; בָּדַק (כַּנַּ"ל)

cross-country /krɒs-kʌntrɪ/ adj. שֶׁעוֹבֵר עַל פְּנֵי שָׂדוֹת וְ/אוֹ שְׁטָחִים פְּתוּחִים

cross-country race תַּחֲרוּת לְאָרְכּוֹ שֶׁל חֶבֶל־אֶרֶץ (וְלֹא בְּמַסְלוּל מֵרוֹצִים)

cross-cut /ˈkrɒs-kʌt/ adj.

cross-cut saw מַשּׂוֹר הַחוֹתֵךְ בְּנִצָּב לְכִוּוּן הַסִּיבִים

cross-examine /ˌkrɒs-igˈzæmɪn/ v.t. חָקַר חֲקִירַת שְׁתִי וָעֵרֶב, חָקַר חֲקִירָה צוֹלֶבֶת

cross-examination /ˌkrɒs-ɪgzæmɪˈneɪʃ(ə)n/ n. חֲקִירַת שְׁתִי וָעֵרֶב, חֲקִירָה צוֹלֶבֶת

cross-eyed /ˈkrɒs-aɪd/ adj. פּוֹזֵל (כְּלַפֵּי פְּנִים)

cross-fertilization /ˌkrɒs-fɜːtɪlaɪˈzeɪʃ(ə)n/ n. הַפְרָיָה הֲדָדִית

cross-fertilize /ˌkrɒs-ˈfɜːtɪlaɪz/ v.t. הִכְלִיא, הִפְרָה בְּאַבְקַת פֶּרַח אַחֵר; (בְּהַשְׁאָלָה) הִפְרָה

crossfire /ˈkrɒsfaɪə(r)/ n. אֵשׁ צוֹלֶבֶת

cross-grained /krɒs-ˈgreɪnd/ adj. (עֵץ) בַּעַל סִיבִים לָרֹחַב; (אָדָם) בַּעַל מֶזֶג רַע

cross-hatch /ˈkrɒs-hætʃ/ v.t. כִּסָּה בְּקַוִּים מִצְטַלְּבִים (לְצִיּוּן צֵל בְּצִיּוּר)

crossing /ˈkrɒsɪŋ/ n. מַעֲבַר חֲצִיָּה; הִצְטַלְּבוּת־דְּרָכִים; חֲצִיָּה

level crossing מַעֲבַר פַּסֵּי־רַכֶּבֶת

pedestrian crossing מַעֲבַר הוֹלְכֵי רֶגֶל, מַעֲבַר־חֲצִיָּה

□ *we had a good crossing with fine weather* הַהַפְלָגָה עָבְרָה בְּנוֹחוּת וּבְמֶזֶג אֲוִיר נָאֶה

cross-legged /ˈkrɒs-ˈlegd/ adj. & adv. בְּשִׂכּוּל רַגְלַיִם, בְּרַגְלַיִם מְשֻׁלָּבוֹת

cross-patch /ˈkrɒs-pætʃ/ n. (*sl.*) רַגְזָן (אָדָם בַּעַל אֹפִי רַע)

cross-ply /ˈkrɒs-plaɪ/ adj. (צְמִיג) בַּעַל שְׁכָבוֹת מִצְטַלְּבוֹת (לֹא רַדְיָאלִי)

cross-pollinate /ˌkrɒs-ˈpɒlɪneɪt/ v.t. הִפְרָה בְּאַבְקַת פֶּרַח אַחֵר

cross-question /ˌkrɒs-ˈkwestʃən/ v.t. חָקַר חֲקִירַת שְׁתִי וָעֵרֶב

cross-refer /ˌkrɒs-rɪˈfɜː(r)/ v.i. הִפְנָה (אֶת הַקּוֹרֵא מִמָּקוֹם אֶחָד לְשֵׁנִי בַּסֵּפֶר)

cross-reference /ˌkrɒs-ˈref(ə)rəns/ n. הַפְנָיָה (מִמָּקוֹם אֶחָד שֶׁבַּסֵּפֶר לְמָקוֹם אַחֵר, לְשֵׁם הַבְהָרָה)

crossroad /ˈkrɒsrəʊd/ n. (often in *pl.*) הִצְטַלְּבוּת

□ *turn left at the crossroad* פְּנֵה שְׂמֹאלָה בְּהִצְטַלְּבוּת

□ *his life was at the crossroads* (*fig.*) חַיָּיו הִגִּיעוּ אֶל פָּרָשַׁת־דְּרָכִים

cross-section /ˌkrɒs-ˈsekʃ(ə)n/ n. חֲתַךְ־רֹחַב, חֲתָךְ; מִדְגָּם מְיַצֵּג

cross-stitch /ˈkrɒs-stɪtʃ/ n. תֶּפֶר מִצְטַלֵּב

cross-talk /ˈkrɒs-tɔːk/ n. צִחְצוּחַ־מִלִּים, חִלּוּפֵי־דְּבָרִים מְהִירִים וּשְׁנוּנִים (בְּהַצָּגָה, בַּפַּרְלָמֶנְט וְכַד'); הַפְרָעוֹת בְּטֶלֶפוֹן, שִׂיחַת טֶלֶפוֹן אַחַת הָעוֹלָה עַל הַשְּׁנִיָּה

crosswise /ˈkrɒswaɪz/ adv. (also **crossways**) לָרֹחַב, בְּכִוּוּן נֶגְדִּי

crossword /ˈkrɒswɜːd/ n. תַּשְׁבֵּץ

crotch /krɒtʃ/ n. מִפְשָׂעָה; הִתְפַּלְּגוּת, הִסְתָּעֲפוּת

crotchet /ˈkrɒtʃɪt/ n. (*Mus.*) קְרוֹצֶ'ט (סִמּוּן צְלִיל־רֶבַע בְּמוּזִיקָה), וָוִית

crotchety /ˈkrɒtʃɪtɪ/ adj. (*colloq.*) רַטְנָן

crouch /kraʊtʃ/ v.i. כָּרַע, הִתְכּוֹפֵף

croup[1] /kruːp/ n. עַכּוּז, אֲחוֹרֶיהָ שֶׁל בְּהֵמָה (לְרֹב סוּס)

croup[2] /kruːp/ n. אַסְכָּרָה

croupier /ˈkruːpɪeɪ/ n. "קְרוּפְּיֵה" (הַקֻּפַּאי בְּמִשְׂחֲקֵי־הַמַּזָּל)

crouton /ˈkruːtɒn/ n. קֻבִּיַּת צְנִים (לְמָרָק אוֹ לְסָלָט)

crow /krəʊ/ n.

1 (bird) עוֹרֵב

crow's feet קְמָטִים שֶׁבְּזָוִית הַחִיצוֹנִית שֶׁל הָעַיִן

crow's nest (*Naut.*) מְקוֹם־תַּצְפִּית עַל תֹּרֶן אֳנִיָּה

as the crow flies בְּקַו־אֲוִירִי

2 (cry of cock) קְרִיאַת הַתַּרְנְגוֹל

3 (cry of child) צַהֲלַת תִּינוֹק

—v.i.

1 (of a cock) (תַּרְנְגוֹל) קָרָא; קָרָא כְּתַרְנְגוֹל, הֵרִיעַ

2 (of a child) (תִּינוֹק) צָהַל

crowbar /ˈkrəʊbɑː(r)/ n. מוֹט־פְּרִיצָה, לוֹם, קַנְטָר

crowd /kraʊd/ n. הָמוֹן, קָהָל

—v.i. הִתְקַהֵל

—v.t. הִקְהִיל

crowd out דָּחַק אֶת רַגְלֵי (פְּלוֹנִי); דָּחַף וְלֹא הִשְׁאִיר מָקוֹם (לִפְלוֹנִי)

crown /kraʊn/ n.

1 (emblem of sovereignty) כֶּתֶר, עֲטָרָה

the Crown הַכֶּתֶר, בֵּית־הַמְּלוּכָה

Crown Colony מוֹשֶׁבֶת־כֶּתֶר, מוֹשָׁבָה מַלְכוּתִית

crown jewels יַהֲלוֹמֵי הַכֶּתֶר

Crown Prince יוֹרֵשׁ הָעֶצֶר

2 (top of skull, summit) קָדְקֹד, פִּסְגָּה

crown of the road הַמֶּרְכָּז הַמֻּגְבָּה שֶׁלְּאֹרֶךְ הַכְּבִישׁ

3 (visible part of tooth) כֶּתֶר, כּוֹתֶרֶת שֶׁל שֵׁן

4 (coin, *UK Hist.*) כֶּתֶר (מַטְבֵּעַ בְּרִיטִי שֶׁיָּצָא מִשִּׁמּוּשׁ)

5 (completion) גֻּלַּת־הַכּוֹתֶרֶת

—v.t.

1 (place crown on) הִכְתִּיר

□ *our efforts were crowned with success* מַאֲמַצֵּינוּ הֻכְתְּרוּ בְּהַצְלָחָה

□ *he had his tooth crowned* הִרְכִּיבוּ לוֹ כֶּתֶר עַל הַשֵּׁן

2 (*Draughts*) לַעֲשׂוֹת דַּמְקָה בְּמִשְׂחַק־הַדַּמְקָה

3 (top, perfect) הִכְתִּיר

□ *her crowning glory is her hair* תִּפְאַרְתָּהּ עַל שַׂעֲרוֹתֶיהָ

□ *to crown it all, he broke his leg* נוֹסָף עַל כָּל צָרוֹתָיו הוּא גַּם שָׁבַר אֶת הָרֶגֶל

crozier /ˈkrəʊzɪə(r)/ n. מַטֶּה שֶׁל בִּישׁוֹף

crucial /ˈkruːʃ(ə)l/ adj. מַכְרִיעַ; קָשֶׁה, חָמוּר

crucible /ˈkruːsɪb(ə)l/ n. כּוּר־הִתּוּךְ; מִבְחָן

crucifix /ˈkruːsɪfɪks/ n. דְּמוּת יֵשׁוּ הַצָּלוּב; צְלָב עִם דְּמוּת יֵשׁוּ

crucifixion /ˌkruːsɪˈfɪkʃ(ə)n/ n. הַצְלִיבָה, צְלִיבַת־יֵשׁוּ; תְּמוּנַת הנ"ל

cruciform /ˈkruːsɪfɔːm/ adj. (*formal*) דְּמוּי־צְלָב

crucify /ˈkruːsɪfaɪ/ v.t. צָלַב; עִנָּה, יִסֵּר

□ *the critics crucified the new play* הַמְבַקְּרִים הִתְעַלְּלוּ בַּמַּחֲזֶה הֶחָדָשׁ

crude /kruːd/ adj. גָּלְמִי; מְחֻסְפָּס, גַּס

crude oil נֵפְט גָּלְמִי

crudités /ˈkruːdɪteɪz/ n. *pl.* מַקְלוֹת סֶלֶרִי, גֶּזֶר וְכַד' הַמֻּגָּשִׁים לַשֻּׁלְחָן עִם מִמְרָח

crudity /ˈkruːdɪtɪ/ n. חִסְפּוּס, חֹסֶר־עִדּוּן

cruel /ˈkrʊəl/ adj. אַכְזָר; מַכְאִיב

cruelty /ˈkrʊəltɪ/ n אַכְזָרִיּוּת; הִתְאַכְזְרוּת

cruet /ˈkruːɪt/ n. קַנְקַן לְשֶׁמֶן/לְחֹמֶץ (לְשִׁמּוּשׁ בִּשְׁעַת אֲרוּחָה); סֶט הַגָּשָׁה לְשֶׁמֶן, חֹמֶץ וְכַד'

cruise /kruːz/ n. & v.i. שַׁיִט, שַׁיִט תַּעֲנוּגוֹת; שָׁט, טִיֵּל, נָסַע; הִסְתּוֹבֵב (בָּרְחוֹב) בְּמַטָּרָה לָצוּד בֶּן־זוּג, "יָצָא לָצוּד"

cruising speed מְהִירוּת שִׁיּוּט (בִּמְכוֹנִית, הַמְּהִירוּת הַיַּצִּיבָה וְהַחֶסְכוֹנִית בְּיוֹתֵר)

cruise missile /ˌkruːz ˈmɪsaɪl/ n. טִיל־שִׁיּוּט

cruiser /ˈkruːzə(r)/ n. שַׁיָּט, סַיָּר; סְפִינַת־נֹפֶשׁ; סְפִינַת־מִלְחָמָה בֵּינוֹנִית

crumb /krʌm/ n. פֵּרוּר, חֲלַקִּיק; דָּבָר שֶׁל מַה בְּכָךְ
□ *we only ever get crumbs of information* אֲנַחְנוּ מְקַבְּלִים אַךְ וְרַק פֵּרוּרֵי מֵידָע

crumble /ˈkrʌmb(ə)l/ v.t. & i. פּוֹרֵר; הִתְפּוֹרֵר, הִתְמוֹטֵט, קָרַס
—n. מֵעֵין פַּאי עֲשׂוּיָה פֵּרוּרֵי־בָצֵק וּפֵרוֹת
apple crumble מֵעֵין פַּאי תַּפּוּחִים מִתְפּוֹרֶרֶת

crumbly /ˈkrʌmblɪ/ adj. מִתְפּוֹרֵר, מָלֵא פֵּרוּרִים

crummy /ˈkrʌmɪ/ adj. (*sl.*) מְזֻפָּת, מְחֻרְבָּן

crumpet /ˈkrʌmpɪt/ n.
1 (cake) מֵעֵין לַחְמָנִית קֶמַח, בֵּיצָה וּשְׁמָרִים
2 (attractive women, *sexist sl.*) "כּוּסִית"

crumple /ˈkrʌmp(ə)l/ v.t. & i. מָעַךְ, קִמֵּט, מוֹטֵט; נִמְעַךְ, הִתְקַמֵּט, הִתְמוֹטֵט
crumple up
(crush) הִתְמוֹטֵט
(collapse, *colloq.*) הִתְמוֹטֵט (נַפְשִׁית)
—n.
crumple zone אֵזוֹר־קְרִיסָה, אֵזוֹר־מְעִיכָה (חֵלֶק מִמְּכוֹנִית הַמְּתֻכְנָן כָּךְ שֶׁיִּקְרֹס בְּעֵת תְּאוּנָה וְיִבְלֹם אֶת הַהִתְנַגְּשׁוּת)

crunch /krʌntʃ/ v.t. & i. כָּתַשׁ, טָחַן בְּרַעַשׁ; הִשְׁמִיעַ קוֹלוֹת כְּתִישָׁה
—n.
when it comes to the crunch (*colloq.*) כְּשֶׁמַּגִּיעַ הַזְּמַן לְמַעֲשִׂים (וְלֹא רַק לְדִבּוּרִים)

crunchy /ˈkrʌntʃɪ/ adj. פָּרִיךְ

crusade /kruːˈseɪd/ n. מַסַּע־צְלָב; מַאֲבָק צִבּוּרִי נִמְרָץ
—v.i יָצָא לְמַאֲבָק נִמְרָץ

crusader /kruːˈseɪdə(r)/ n. צַלְבָן, נוֹשֵׂא־צְלָב; לוֹחֵם (לְמַעַן רַעְיוֹן)

crush /krʌʃ/ v.t.
1 (compress forcibly, squeeze, also v.i.) כָּתַשׁ, מָעַךְ, רִסֵּק, נִפֵּץ
2 (subdue) גָּבַר עַל, הִכְנִיעַ
□ *they inflicted a crushing defeat on the enemy* הִנְחִיתוּ מַהֲלוּמָה נִצַּחַת עַל הָאוֹיֵב
□ *he's always ready with a crushing retort (or reply)* תָּמִיד יֵשׁ לוֹ תְּשׁוּבָה נִצַּחַת
—n.
1 (crowd) הָמוֹן
crush barrier מַחְסוֹם, מַעֲקֵה בִּטָּחוֹן (בְּאִצְטַדְיוֹן לְמָשָׁל)
2 (fruit drink) מִיץ מְרֻכָּז, מִיץ־פֵּרוֹת סָחוּט
3 (infatuation, *colloq.*) אוֹבְּסֶסְיָה (רוֹמַנְטִית, לְאָדָם)
□ *he has a crush on her* הוּא מֵת עָלֶיהָ, הוּא דָּלוּק אַחֲרֶיהָ

crust /krʌst/ n.
1 (hard outer covering of loaf) "קְרוּם"
2 (rocky outer part of earth) קְלִפַּת כַּדּוּר־הָאָרֶץ
3 (scrap of dry bread) פַּת לֶחֶם, פְּרוּסַת לֶחֶם יְבֵשָׁה, פֵּרוּר לֶחֶם

crustacean /krʌsˈteɪʃ(ə)n/ adj. & n. (*Zool.*) סַרְטָנִי; חַי מִמִּשְׁפַּחַת הַסַּרְטָנִיִּים

crusty /ˈkrʌstɪ/ adj.
1 (of bread) (לֶחֶם) בַּעַל "קְרוּם" עָבֶה
2 (bad-tempered) נוּקְשֶׁה, זָעֵף

crutch /krʌtʃ/ n.
1 (support for lame person) קַב (בְּרַבִּים: קַבַּיִם); (בְּהַשְׁאָלָה) מִשְׁעָן
2 (fork of body) מִפְשָׂעָה

crux /krʌks/ n. עִקָּר, נְקֻדָּה מַכְרַעַת; בְּעָיָה מְצִיקָה, תִּסְבֹּכֶת

cry /kraɪ/ (past & past ppl. **cried**) v.t. & i.
1 (utter loudly) צָעַק, קָרָא
cry down זִלְזֵל, מִעֵט בְּעֶרְכּוֹ שֶׁל
cry off חָזַר בּוֹ
cry out זָעַק
□ *the slum-dwellers' plight cries out for action* סִבְלָם שֶׁל דָּרֵי שְׁכוּנוֹת־הָעֹנִי מְשַׁוֵּעַ לִפְעֻלָּה
□ *for crying out loud!* (*colloq.*) לְמַעַן הַשֵּׁם! רִבּוֹנוֹ שֶׁל עוֹלָם!
□ *it's a crying shame* (*colloq.*) זוֹהִי בּוּשָׁה וְחֶרְפָּה! בּוּשָׁה מְשַׁוַּעַת!
2 (weep) בָּכָה
□ *you're crying for the moon* (*colloq.*) אַתָּה מְבַקֵּשׁ אֶת הַבִּלְתִּי־אֶפְשָׁרִי, אַתָּה מְטַפֵּס עַל קִירוֹת חֲלָקִים
□ *she cried her eyes out* (*colloq.*) הִיא מְרָרָה בִּבְכִי
—n.
1 (call) קְרִיאָה, צְעָקָה, זְעָקָה
a far cry (*fig.*) רָחוֹק מְאֹד, שׁוֹנֶה מְאֹד, אֵין כָּל דִּמְיוֹן
in full cry (כְּלָבִים בִּשְׁעַת צַיִד) נוֹבְחִים בַּהֲמוּלָה; קוֹרְאִים בְּמַקְהֵלָה
hue and cry (*formal*) הִזְעִיק שָׁמַיִם וָאָרֶץ, הָפַךְ עוֹלָמוֹת
2 (fit of weeping) בֶּכִי

cry-baby /kraɪ-beɪbɪ/ n. (*derog.*) "תִּינוֹק", בַּכְיָן (לְלֹא סִבָּה)

cryogenics /ˌkraɪəˈdʒenɪks/ n. (*Phys.*) חֵקֶר הִתְנַהֲגוּתָם שֶׁל חֳמָרִים בְּטֶמְפֶּרָטוּרוֹת נְמוּכוֹת

crypt /krɪpt/ n. כּוּךְ תַּת־קַרְקָעִי, מַרְתֵּף הַכְּנֵסִיָּה; מַרְתֵּף קְבוּרָה

cryptic /ˈkrɪptɪk/ adj. סוֹדִי, מִסְתּוֹרִי; קָשֶׁה לְפִעֲנוּחַ

cryptogram /ˈkrɪptəgræm/ n. כְּתַב־צֹפֶן, כְּתַב־סְתָרִים

cryptographic /ˌkrɪptəˈgræfɪk/ adj. שֶׁל כְּתַב־סְתָרִים, קְרִיפְּטוֹגְרָפִי

cryptography /krɪˈptɒgrəfɪ/ n. קְרִיפְּטוֹגְרַפְיָה, תּוֹרַת כִּתְבֵי־הַסְּתָרִים, תּוֹרַת הַצְּפָנִים

crystal /ˈkrɪst(ə)l/ n.
1 (transparent material) בְּדֹלַח
crystal clear בָּרוּר כַּשֶּׁמֶשׁ
2 (clear glass) זְכוּכִית קְרִיסְטָל, בְּדֹלַח
3 (*Chem.*) גָּבִישׁ, קְרִיסְטָל
crystal ball /ˌkrɪst(ə)l ˈbɔːl/ n. כַּדּוּר בְּדֹלַח
crystal-gazing /ˈkrɪst(ə)l-ˌgeɪʒɪŋ/ n. רְאִיַּת-עֲתִידוֹת בְּעֶזְרַת כַּדּוּר בְּדֹלַח
crystalline /ˈkrɪstəlaɪn/ adj. גְּבִישִׁי; שָׁקוּף
crystallization /ˌkrɪstəlaɪˈzeɪʃ(ə)n/ n. הִתְגַּבְּשׁוּת, גִּבּוּשׁ, קְרִיסְטָלִיזַצְיָה
crystallize /ˈkrɪstəlaɪz/ v.t. & i. גִּבֵּשׁ; הִתְגַּבֵּשׁ
crystallized fruit פֵּרוֹת מְסֻכָּרִים
□ *he began work once his ideas crystallized* הוּא הִתְחִיל לִפְעֹל בְּרֶגַע שֶׁרַעְיוֹנוֹתָיו הִתְגַּבְּשׁוּ
crystallography /ˌkrɪstəˈlɒgrəfɪ/ n. מַדַּע הַגְּבִישִׁים, קְרִיסְטָלוֹגְרַפְיָה
cub /kʌb/ n. גּוּר (שֶׁל חַיַּת טֶרֶף: אַרְיֵה, דֹּב וְכַד'); צוֹפֶה
cub reporter עִתּוֹנַאי-טִירוֹן
cub scout צוֹפֶה (בְּגִיל רַךְ)
cubby-hole /ˈkʌbɪ-həʊl/ n. כּוּךְ
cube /kjuːb/ n.
1 (solid figure) קֻבִּיָּה
2 (*Math.*) הַחֶזְקָה הַשְּׁלִישִׁית
cube root שֹׁרֶשׁ מְשֻׁלָּשׁ
—v.t. הֶעֱלָה בְּחֶזְקָה שְׁלִישִׁית; חָתַךְ לְקֻבִּיּוֹת
cubic /ˈkuːbɪk/ adj. מְעֻקָּב
cubic capacity נֶפַח סַמ"ק; נֶפַח מָנוֹעַ (בִּמְכוֹנִית)
cubic content נֶפַח בִּמְטָרִים מְעֻקָּבִים
cubical /ˈkjuːbɪk(ə)l/ adj. דְּמוּי קֻבִּיָּה
cubicle /ˈkjuːbɪk(ə)l/ n. תָּא, חַדְרוֹן, תָּא-שֵׁנָה; קֶטַע-חֶדֶר מֵאֲחוֹרֵי מְחִצָּה
cubism /ˈkjuːbɪzəm/ n. (בָּאָמָּנוּת) קוּבִּיזְם (סִגְנוֹן צִיּוּר מוֹדֶרְנִיסְטִי)
cubist /ˈkjuːbɪst/ n. & adj. קוּבִּיסְט, אָמָּן קוּבִּיסְטִי; (אָמָּנוּת, יְצִירָה) קוּבִּיסְטִית
cubit /ˈkjuːbɪt/ n. אַמָּה (חֲצִי מֶטֶר בְּעֵרֶךְ)
cuckold /ˈkʌkəʊld/ n. (*derog.*) מְקֻרְנָן (בַּעַל/בַּעְלָהּ שֶׁל אִשָּׁה בּוֹגְדָנִית)
—v.t. פִּתָּה אִשָּׁה נְשׂוּאָה, הִצְמִיחַ קַרְנַיִם (לְבַעְלָהּ)
cuckoo /ˈkʊkuː/ n. קוּקִיָּה
—adj. (*sl.*) "פְּסִיכִי", "חָסֵר לוֹ בֹּרֶג בָּרֹאשׁ"
cuckoo-clock /ˈkʊkuː-klɒk/ n. שְׁעוֹן-קוּקִיָּה
cucumber /ˈkjuːkʌmbə(r)/ n. מְלָפְפוֹן
as cool as a cucumber קַר-רוּחַ, שׁוֹלֵט בְּרוּחוֹ
cud /kʌd/ n. גֵּרָה (בִּבְהֵמוֹת)
□ *the old men were chewing the cud over a few beers* (*colloq.*) הַזְּקֵנִים שָׁבוּ וְדָשׁוּ בַּפַּעַם הַמִּי יוֹדֵעַ כַּמָּה בְּאוֹתוֹ נוֹשֵׂא, אַגַּב לְגִימַת בִּירָה
cuddle /ˈkʌd(ə)l/ v.t. & i. & n. אִמֵּץ, חִבֵּק, גִּפֵּף; הִתְחַבֵּק; חִבּוּק, גִּפּוּף

cuddlesome /ˈkʌd(ə)lsəm/ adj. מַזְמִין חִבּוּקִים, מָתוֹק, חָמוּד
cuddly /ˈkʌdlɪ/ adj. מַזְמִין חִבּוּקִים, מָתוֹק, חָמוּד
cuddly toy חַיַּת-פַּרְוָה (לְמָשָׁל "דֻּבּוֹן")
cudgel /ˈkʌdʒ(ə)l/ n. אַלָּה
□ *she took up the cudgels for women's rights* הִיא יָצְאָה לְהָגֵן בְּתֹקֶף עַל זְכֻיּוֹת הַנָּשִׁים
—v.t. הִכָּה בְּאַלָּה
□ *I cudgelled my brains to remember his name* שָׁבַרְתִּי לְעַצְמִי אֶת הָרֹאשׁ כְּדֵי לִזְכֹּר אֶת שְׁמוֹ
cue[1] /kjuː/ n. מִלָּה, מַעֲשֶׂה אוֹ בִּטּוּי הַמְסַמְּנִים (לַשַּׂחְקָן, קַרְיָן וְכַד') כִּי תּוֹרוֹ הִגִּיעַ
□ *he took his cue from his boss* הוּא עָקַב בִּדְרִיכוּת אַחֲרֵי הַבּוֹס שֶׁלּוֹ וּפָעַל בְּהֶתְאֵם
—v.t. נָתַן סִימָן (לִפְלוֹנִי לִפְעֹל)
cue in (בְּרַדְיוֹ, טֶלֶוִיזְיָה) נָתַן סִימָן (לִפְלוֹנִי) לְהַתְחִיל
cue[2] /kjuː/ n. מַקֵּל בִּילְיַארְד, מַקֵּל שֶׁל מִשְׂחַק הַבִּילְיַארְד
cuff[1] /kʌf/ n. חֵפֶת, קְצֵה הַשַּׁרְווּל
off the cuff (שְׁלִיפַת הֶעָרָה) מִן הַשַּׁרְווּל, מִבְּלִי לַחְשֹׁב הַרְבֵּה, לְלֹא הֲכָנָה
cuff[2] /kʌf/ n. טְפִיחָה
—v.t. טָפַח, סָטַר
cuff-link /ˈkʌf-lɪŋk/ n. חֵפֶת, רֶכֶס לְשַׁרְווּל
cuisine /kwɪˈziːn/ n. מִטְבָּח, בִּשּׁוּל; אֹפֶן-בִּשּׁוּל
cul-de-sac /ˈkʌl-də-sæk/ n. מָבוֹי-סָתוּם, דֶּרֶךְ-לְלֹא-מוֹצָא
culinary /ˈkʌlɪnərɪ/ adj. (*formal*) שֶׁל בִּשּׁוּל, שֶׁל הַמִּטְבָּח, קוּלִינָרִי
cull /kʌl/ v.t. & n. נִפָּה (סִלֵּק אֶת הַחַלָּשִׁים, פְּחוּתֵי-הָעֵרֶךְ וְכַד') בֵּרֵר; נִפּוּי
culminate /ˈkʌlmɪneɪt/ v.i. (*formal*) הִגִּיעַ לְשִׂיא
culmination /ˌkʌlmɪˈneɪʃ(ə)n/ n. (*formal*) הֱיוֹת בְּשִׂיא
culpability /ˌkʌlpəˈbɪlɪtɪ/ n. (*formal*) נִפְשָׁעוּת
culpable /ˈkʌlpeb(ə)l/ adj. (*formal*) נִפְשָׁע, רָאוּי לִנְזִיפָה
culprit /ˈkʌlprɪt/ n. נֶאֱשָׁם; חַיָּב; עֲבַרְיָן, פּוֹשֵׁעַ
cult /kʌlt/ n. כַּת; פֻּלְחָן
cultivable /ˈkʌltɪvəb(ə)l/ adj. נִתָּן לְעִבּוּד
cultivate /ˈkʌltɪveɪt/ v.t.
1 (till) עִבֵּד
2 (develop mind or friendship) טִפַּח (יְדִידוּת, יֶדַע וְכַד')
□ *she's such a cultivated person* הִיא כָּל-כָּךְ תַּרְבּוּתִית
cultivation /ˌkʌltɪˈveɪʃ(ə)n/ n. עִבּוּד אֲדָמָה; טִפּוּחַ
cultivator /ˈkʌltɪveɪtə(r)/ n. קוּלְטִיבָטוֹר, מִקְלֶטֶרֶת
cultural /ˈkʌltʃərəl/ adj. תַּרְבּוּתִי
culture /ˈkʌltʃə(r)/ n.
1 (refined understanding of arts etc.) תַּרְבּוּת
2 (customs etc. of people) תַּרְבּוּת

culture shock הֶלֶם תַּרְבּוּת
3 (improvement, development) חִנּוּךְ
4 (cultivation, rearing) גִּדּוּל, טִפּוּחַ
5 (bacteria for study) תַּרְבִּית
cultured /ˈkʌltʃəd/ adj. מְחֻנָּךְ, תַּרְבּוּתִי; מְתֻרְבָּת, מְלָאכוּתִי
cultured pearl פְּנִינָה מְלָאכוּתִית
culvert /ˈkʌlvət/ n. מַעֲבָר לַשְּׁפָכִים, צִנּוֹר הַחוֹצֶה כְּבִישׁ
cumber /ˈkʌmbə(r)/ v.t. (*formal*) מָנַע, עִכֵּב, הִכְבִּיד עַל
cumbersome /ˈkʌmbəsəm/ adj. מַכְבִּיד, מְסֻרְבָּל, מְגֻשָּׁם
cumin /ˈkʌmɪn/ n. כַּמּוֹן, קִימֶל
cummerbund /ˈkʌməbʌnd/ n. אַבְנֵט־בַּד (לַחֲלִיפַת טוֹקְסִידוֹ)
cumulative /ˈkjuːmjʊlətɪv/ adj. מִצְטַבֵּר, גָּדֵל וְהוֹלֵךְ
cumulus /ˈkjuːmjʊləs/ n. (*Meteorol.*) קוּמוּלוּס, עֲנַן־צְבִירָה
cuneiform /ˈkjuːnɪfɔːm/ adj. & n. שֶׁל כְּתַב הַיִּתֵדוֹת; כְּתַב הַיִּתֵדוֹת (הַקָּדוּם)
cunnilingus /ˌkʌnɪˈlɪŋgəs/ n. לְקִיקַת־פּוֹת
cunning /ˈkʌnɪŋ/ adj. עַרְמוּמִי; מְחֻכָּם
—n. עָרְמָה, עַרְמוּמִיּוּת
cunt /kʌnt/ n. (*vulg.*)
1 (female genitals) כּוּס
2 (unpleasant person) "חָרָא" (אָדָם מָאוּס, "חָרוֹת" בְּרַבִּים)
cup /kʌp/ n.
1 (vessel) סֵפֶל, גָּבִיעַ, כּוֹס
in his cups (*arch. euphem.*) הוּא שָׁתוּי/בְּגִלּוּפִין
□ *he's not my cup of tea* (*colloq.*) הוּא לֹא לְפִי טַעְמִי, הוּא לֹא מוֹצֵא חֵן בְּעֵינַי
□ *my cup is full and running over* (*poet.*) יֵשׁ לִי כֹּל מַה שֶּׁאֲנִי צָרִיךְ וְיוֹתֵר מִזֶּה
2 (drink) מַשְׁקֶה
fruit cup מַשְׁקֵה־פֵּרוֹת
3 (trophy) גְּבִיעַ נִצָּחוֹן
—v.t. הִשְׁתַּמֵּשׁ בְּכַף־יָדוֹ/בְּכַפּוֹת יָדָיו כִּבְכוֹס; חִבֵּק בְּכַפּוֹת יָדָיו
cupboard /ˈkʌbəd/ n. אָרוֹן, שִׁדָּה
cupboard love (*UK*) אַהֲבָה הַתְּלוּיָה בְּדָבָר
Cup Final /kʌp faɪn(ə)l/ n. מִשְׂחַק גְּמַר־הַגָּבִיעַ (לָרֹב בְּכַדּוּרֶגֶל)
cupful /ˈkʌpfʊl/ n. מְלוֹא הַסֵּפֶל, מְלוֹא הַגָּבִיעַ
Cupid /ˈkjuːpɪd/ n. קוּפִּידוֹן (אֵל הָאַהֲבָה הָרוֹמִי)
cupidity /kjuːˈpɪdɪtɪ/ n. (*formal derog.*) תַּאֲוַת־בֶּצַע, חַמְדָנוּת
cupola /ˈkjuːpələ/ n. כִּפָּה (גַּג בִּנְיָן)
cupric /ˈkjuːprɪk/ adj. (*Chem.*) נְחָשְׁתִּי, מֵכִיל נְחֹשֶׁת
cupro-nickel /ˌkjuːprəʊˈnɪk(ə)l/ n. נֶתֶךְ שֶׁל נְחֹשֶׁת וְנִיקֶל (הַמְשַׁמֵּשׁ לְיִצּוּר מַטְבְּעוֹת)

cup-tie /ˈkʌp-taɪ/ n. אֶחָד מִמִּשְׂחֲקֵי הַגָּבִיעַ (בְּיִחוּד בְּכַדּוּרֶגֶל)
cur /kɜː(r)/ n. (*derog.*) כֶּלֶב־רְחוֹב, כֶּלֶב־חוּצוֹת; כִּנּוּי גְּנַאי לְאָדָם נִקְלֶה (בֶּעָבָר)
curable /ˈkjʊərəb(ə)l/ adj. נִתָּן לְרִפּוּי
curacy /ˈkjʊərəsɪ/ n. מִשְׂרַת עוֹזֵר הַכֹּמֶר
curare /kjʊəˈrɑːrɪ/ n. קִירָרָה (חֹמֶר מְשַׁתֵּק)
curate /ˈkjʊərət/ n. עוֹזֵר הַכֹּמֶר
curative /ˈkjʊərətɪv/ adj. & n. שֶׁל מַרְפֵּא; מַרְפֵּא, תְּרוּפָה
curator /kjʊəˈreɪtə(r)/ n. אוֹצֵר־מוּזֵיאוֹן, אוֹצֵר, קוּרָאטוֹר
curb /kɜːb/ v.t. רִסֵּן, מָשַׁךְ בְּרֶסֶן־הַסּוּס; רִסֵּן, כָּבַשׁ (אֶת רְגָשׁוֹתָיו) הִבְלִיג
—n.
1 (bit for horse; check) רֶסֶן, מֶתֶג; מַעֲצוֹר, מְעַכֵּב
2 (edge of pavement) אֶבֶן־שָׂפָה, שְׂפַת־הַמִּדְרָכָה, קָצֶה
curd /kɜːd/ n. קוֹם, קָרִישׁ שֶׁל חָלָב
curdle /ˈkɜːd(ə)l/ v.t. & i. הִקְפִּיא, קָרַשׁ; קָפָא, נִקְרַשׁ
blood-curdling מַקְפִּיא־דָּם, מַפְחִיד
cure /kjʊə(r)/ v.t.
1 (restore to health) רִפֵּא; חִסֵּל (אַבְטָלָה וְכַד')
2 (treat usu. for preservation) עִבֵּד (מָזוֹן וְכַד', בַּהַמְלָחָה, בְּעִשּׁוּן וְכַיּוֹ"ב)
—n. מַרְפֵּא, תְּרוּפָה; פִּתְרוֹן (לִבְעָיָה, לְמָשָׁל לְאַבְטָלָה)
curé /ˈkjʊəreɪ/ n. כֹּמֶר־קְהִלָּה (בְּצָרְפַת)
cure-all /ˈkjʊər-ɔːl/ n. "תְּרוּפַת־פֶּלֶא" לְכָל מַחֲלָה
curettage /ˈkjʊərɪtɑːʒ/ n. תַּהֲלִיךְ גְּרִידָה כִּירוּרְגִי (אַךְ לֹא הַפָּלָה)
curfew /ˈkɜːfjuː/ n. עֹצֶר, עֹצֶר־לַיְלָה
curio /ˈkjʊəriəʊ/ n. חֵפֶץ נָדִיר, יְצִירַת־אָמָּנוּת נְדִירָה
curiosity /ˌkjʊərɪˈɒsɪtɪ/ n.
1 (being curious) סַקְרָנוּת
□ *curiosity killed the cat* (*Prov.*) תַּפְסִיק לִשְׁאֹל יוֹתֵר מִדַּי שְׁאֵלוֹת, זֶה לֹא עִסְקְךָ
2 (strange object) חֵפֶץ נָדִיר
curious /ˈkjʊərɪəs/ adj.
1 (inquisitive) סַקְרָן, תְּאֵב־דַּעַת
2 (strange) מוּזָר, מְשֻׁנֶּה
curl /kɜːl/ v.t. & i. סִלְסֵל, תִּלְתֵּל; הִסְתַּלְסֵל, נַעֲשָׂה מְתֻלְתָּל
□ *he curled up with a book* הִתְכַּרְבֵּל עִם סֵפֶר
—n. תַּלְתַּל, סִלְסוּל
curler /ˈkɜːlə(r)/ n. גַּלְגַּל־שֵׂעָר, "רוֹלֶר" לַשֵּׂעָר
curlew /ˈkɜːljuː/ n. חַרְמָשׁוֹן (עוֹף גָּדָה מִמִּשְׁפַּחַת הַחוֹפָמִיִּים)
curling-tongs /ˈkɜːlɪŋ-ˌtɒŋz/ n. *pl.* מַצְבְּטִים לְסִלְסוּל שֵׂעָר (מְחֻמָּמִים)
curly /ˈkɜːlɪ/ adj. מְתֻלְתָּל, מְסֻלְסָל
curmudgeon /kɜːˈmʌdʒən/ n. (*arch. & joc.*) כִּילַי, נִרְגָּן

curmudgeonly /kɜːˈmʌdʒənlɪ/ adj. (*arch. & joc.*) כִּילַי, נִרְגָּן

currant /ˈkʌrənt/ n. צִמּוּק; דַּמְדְּמָנִית (אֲדֻמָּה, לְבָנָה אוֹ שְׁחוֹרָה)

currency /ˈkʌrənsɪ/ n.
1 (money) הֵילָךְ (חֻקִּי), מַטְבֵּעַ (חוּץ, זָר וְכַד׳)
2 (prevalence, *formal*) שִׁמּוּשׁ נָפוֹץ, תְּפוּצָה
give currency to הֵפִיץ, הֵפִיץ בָּרַבִּים
□ *the rumour gained currency* הַשְּׁמוּעָה עָשְׂתָה לָהּ כְּנָפַיִם

current /ˈkʌrənt/ n.
1 (movement of fluid or gas) זֶרֶם
2 (tendency) מְגַמָּה, זֶרֶם, נְטִיָּה
3 (*Electr.*) זֶרֶם (חַשְׁמַלִּי)
—adj. שׁוֹטֵף, בֶּן־זְמַנֵּנוּ, בְּשִׁמּוּשׁ (נָפוֹץ), מְקֻבָּל, נוֹכְחִי
current account חֶשְׁבּוֹן עוֹבֵר־וָשָׁב
current affairs עִנְיְנֵי הַיּוֹם

curriculum /kəˈrɪkjʊləm/ n. (*pl.* **curricula**) תָּכְנִית־לִמּוּדִים
curriculum vitae תּוֹלְדוֹת־חַיִּים (בְּטֹפֶס רִשְׁמִי), "קוּרִיקוּלוּם־וִיטֵי"

curry[1] /ˈkʌrɪ/ n. קָרִי (תַּעֲרֹבֶת תַּבְלִין הֹדִית); קָרִי (מַאֲכָל הֹדִי מְתֻבָּל כַּנַּ״ל)
—v.t. לְתַבֵּל בְּקָרִי

curry[2] /ˈkʌrɪ/ v.t. סֵרֵק סוּס, קִרְצֵף עוֹרוֹ שֶׁל סוּס
curry favour with (*derog.*) הֶחֱנִיף לְ..., הִתְאַמֵּץ לָשֵׂאת חֵן בְּעֵינֵי

curry-comb /ˈkʌrɪ-kəʊm/ n. מַסְרֵק־בַּרְזֶל לְסוּסִים

curse /kɜːs/ v.t. & i. קִלֵּל, חֵרֵף, גִּדֵּף
—n.
1 (swearword, evil spell) קְלָלָה, גִּדּוּף
2 (evil) מְאֵרָה, אָסוֹן, צָרָה צְרוּרָה
the curse (*colloq.*) וֶסֶת
□ *she has the curse today* הִיא מַחְרֶבֶת הַיּוֹם

cursed /ˈkɜːsɪd/ adj. אָרוּר

cursive /ˈkɜːsɪv/ adj. קוּרְסִיבִי, שֶׁל אוֹתִיּוֹת הַכְּתָב (בְּנִגּוּד לְאוֹתִיּוֹת הַדְּפוּס)

cursor /ˈkɜːsə(r)/ n. (*Comput.*) סַמָּן, קוּרְסוֹר

cursory /ˈkɜːsərɪ/ adj. (*formal*) נֶחְפָּז, מָהִיר, שִׁטְחִי

curt /kɜːt/ adj. בּוֹטֶה, מְקַצֵּר בִּדְבָרִים, מַעֲלִיב

curtail /kɜːˈteɪl/ v.t. (*formal*) קִצֵּץ, הִפְחִית

curtailment /kɜːˈteɪlmənt/ n. (*formal*) קִצּוּץ, הַפְחָתָה

curtain /ˈkɜːt(ə)n/ n.
1 (cloth screen) וִילוֹן
the Iron curtain (*Hist.*) מָסַךְ־הַבַּרְזֶל
2 (*Theatr.*) מָסָךְ
safety curtain מָסַךְ־בִּטָּחוֹן (לִמְנִיעַת הִתְפַּשְּׁטוּת אֵשׁ מִן הַבָּמָה לָאוּלָם)
—v.t. כִּסָּה בְּוִילוֹן, תָּלָה וִילוֹן

curtain-call /ˈkɜːt(ə)n-kɔːl/ n. קְרִיאָה לַשַּׂחְקָנִים לַחֲזֹר לַבָּמָה אַחֲרֵי רֶדֶת הַמָּסָךְ

curtain-raiser /ˈkɜːt(ə)n-ˌreɪzə(r)/ n. מַחֲזֶה קָצָר הַמֻּצָּג לִפְנֵי הַמַּחֲזֶה הָעִקָּרִי; הַקְדָּמָה, "חִמּוּם"

curtsy /ˈkɜːtsɪ/ n. & v.i. (also **curtsey**) קִדָּה (שֶׁל אִשָּׁה); (אִשָּׁה) קָדָה קִדָּה

curvature /ˈkɜːvətʃə(r)/ n. (*formal*) עַקְמוּמִיּוּת, דַּרְגַּת עִקּוּם

curve /kɜːv/ v.t. & i. עִקֵּם, עִקֵּל; הִתְעַקֵּם, הִתְעַקֵּל
—n. עִקּוּם; סִבּוּב (בִּכְבִישׁ); עֲקֻמָּה (בְּמָתֵמָטִיקָה)

curvilinear /ˌkɜːvɪˈlɪnɪə(r)/ adj. בַּעַל קַוִּים מִתְפַּתְּלִים

curvy /ˈkɜːvɪ/ adj. (אִשָּׁה) בַּעֲלַת גִּזְרָה חֲטוּבָה; בַּעֲלַת גִּזְרָה עֲגַלְגַּלָּה, עֲגַלְגַּלָּה

cushion /ˈkʊʃ(ə)n/ n. כַּר, כָּרִית; רִפּוּד
—v.t. רִפֵּד בְּכָרִיּוֹת; רִכֵּךְ

cushy /ˈkʊʃɪ/ adj. (*colloq.*) נוֹחַ
□ *he landed a cushy job* הוּא תָּפַס ג׳וֹבּ נוֹחַ, הוּא תָּפַס ג׳וֹבּ טוֹב

cusp /kʌsp/ n. חֹד, שִׂיא

cuspidor /ˈkʌspɪdɔː(r)/ n. (*US*) מִרְקָקָה (כְּלִי לִירִיקָה)

cuss /kʌs/ n. (*sl.*)
1 (curse) קְלָלָה
□ *it's not worth a tinker's cuss* זֶה לֹא שָׁוֶה מִיל, זֶה לֹא שָׁוֶה כְּלוּם
2 (person) טִיפּוּס, בַּרְנָשׁ
□ *he's an awkward cuss* הוּא טִיפּוּס עַקְשָׁן

cussed /ˈkʌsɪd/ adj. (*sl.*) מִתְנַגֵּד לְהַכְעִיס, בַּעַל אֹפִי מַחֲרַבֵּן, עַקְשָׁן

cussedness /ˈkʌsɪdnɪs/ n. (*sl.*) עַקְשָׁנוּת, הִתְנַגְּדוּת לְהַכְעִיס

custard /ˈkʌstəd/ n. רַפְרֶפֶת בֵּיצִים (עֲשׂוּיָה בֵּיצִים, חָלָב, סֻכָּר וְקוֹרְנְפְלוֹר)

custodian /kʌˈstəʊdɪən/ n. אַפּוֹטְרוֹפּוֹס, מְמֻנֶּה; מַשְׁגִּיחַ

custody /ˈkʌstədɪ/ n. מִשְׁמֶרֶת, אַפּוֹטְרוֹפְּסוּת; מַעֲצָר; הַשְׁגָּחָה
□ *he was taken into custody* הוּא נֶעֱצַר

custom /ˈkʌstəm/ n.
1 (habit, usage) מִנְהָג, הֶרְגֵּל
2 (trade, customers) קְהַל לָקוֹחוֹת
3 (in *pl.*, import duties) מֶכֶס
customs house בֵּית־הַמֶּכֶס
customs officer מוֹכֵס, פְּקִיד־מֶכֶס
go through customs עָבַר בַּמֶּכֶס

customary /ˈkʌstəmərɪ/ adj. (*formal*) נָהוּג, מְקֻבָּל

custom-built /ˌkʌstəm-ˈbɪlt/ adj. בָּנוּי לְפִי־הַזְמָנָה (מְכוֹנִית, יַכְטָה)

customer /ˈkʌstəmə(r)/ n.
1 (buyer) לָקוֹחַ, קוֹנֶה
2 (person to deal with, *colloq.*) טִיפּוּס
□ *he's an awkward customer* הוּא עוֹשֶׂה־צָרוֹת

custom-made /ˈkʌstəm-ˈmeɪd/ adj. עָשׂוּי לְפִי הַזְמָנָה

cut /kʌt/ (past & past ppl. **cut**) v.t.
1 (do something using sharp edge) חָתַךְ, גָּזַר, גָּזַז, גָּזַם

cut and dried (עִנְיָן) סָגוּר וְחָתוּם, קָבוּעַ מֵרֹאשׁ

□ *he cut his finger* הוּא פָּצַע אֶת הָאֶצְבַּע שֶׁלּוֹ, הוּא חָתַךְ אֶת הָאֶצְבַּע

□ *you must cut your coat according to your cloth* עָלֶיךָ לִחְיוֹת לְפִי הָאֶמְצָעִים שֶׁבְּיָדֶיךָ

□ *the remark cut the ground from under his feet* הַהֶעָרָה שָׁמְטָה אֶת הַקַּרְקַע מִתַּחַת רַגְלָיו

□ *your flattery cuts no ice* הַחֲנֻפָּה שֶׁלְּךָ לֹא תּוֹעִיל לְךָ

□ *it cuts both ways* יֵשׁ לָזֶה שְׁתֵּי פָּנִים, זֶה מִשְׁתַּמֵּעַ לְכָאן וּלְכָאן

2 (make something smaller or shorter) קָצַץ, גָּזַר, גָּזַז, גָּזַם, קִצֵּר

cut corners עָשָׂה קִצּוּרֵי דֶּרֶךְ (בְּהַשְׁאָלָה, לֹא כִּפְשׁוּטוֹ)

□ *don't cut corners to try and save money* אַל תְּנַסֶּה לַעֲשׂוֹת קִצּוּרֵי דֶּרֶךְ כְּדֵי לַחְסֹךְ כֶּסֶף

□ *to cut a long story short* בְּקִצּוּר, "בְּקִיצֵּר"

□ *I must get my hair cut* אֲנִי צָרִיךְ לְהִסְתַּפֵּר, עָלַי לְהִסְתַּפֵּר

□ *we must cut our losses* עָלֵינוּ לְקַצֵּץ אֶת הַהֶפְסֵדִים שֶׁלָּנוּ

3 (to stop or interrupt) הִפְסִיק, הִפְסִיק אֶת בְּאֶמְצַע, עָצַר אֶת בְּאֶמְצַע

Cut! (*Cinemat.*) "קַאט!" (קְרִיאָה לְסִיּוּם צִלּוּמָהּ שֶׁל סְצֵינָה בַּקּוֹלְנוֹעַ)

□ *I cut him short* הִפְסַקְתִּי אוֹתוֹ, חָתַכְתִּי אוֹתוֹ בְּאֶמְצַע דְּבָרָיו

4 (other uses)

cut cards חָתַךְ אֶת הַקְּלָפִים, חִלֵּק קְלָפִים לִשְׁתֵּי עֲרֵמוֹת (אוֹ יוֹתֵר)

□ *the baby cut a tooth* לַתִּינוֹק צָמְחָה שֵׁן

□ *he cuts a poor figure* (*arch.*) הוּא עוֹשֶׂה רֹשֶׁם עָלוּב

□ *the student cut two lectures* (*colloq.*) הַסְּטוּדֶנְט הִשְׁתַּמֵּט מִשְּׁתֵּי הַרְצָאוֹת

□ *she cut him dead* הִיא הִתְעַלְּמָה מִמֶּנּוּ לְגַמְרֵי

□ *they cut their first single in '85* הֵם הִקְלִיטוּ אֶת הַ"סִּינְגֶּל" הָרִאשׁוֹן שֶׁלָּהֶם בְּ־85'

□ *you've cut it fine!* עָשִׂיתָ אֶת זֶה בָּרֶגַע הָאַחֲרוֹן, עָשִׂיתָ אֶת זֶה עַל הַגְּרוֹשׁ הָאַחֲרוֹן

—in set phrases

cut across חָצָה (שָׂדֶה, קַוִּים פּוֹלִיטִיִּים וְכַד')

cut back צִמְצֵם, קִצֵּץ (הוֹצָאוֹת, תַּקְצִיב וְכַד')

cut down

(fell a tree) כָּרַת (עֵץ)

(wound or kill) קָטַל, קָטַף (אֶת חַיָּיו שֶׁל פְּלוֹנִי)

(reduce) צִמְצֵם בְּ... (אֲכִילָה, הוֹצָאוֹת וְכַד')

□ *I cut him down to size* (*colloq.*) הֶעֱמַדְתִּי אוֹתוֹ בִּמְקוֹמוֹ

cut in (*colloq.*)

(interrupt) הִתְעָרֵב, נִכְנַס לִדְבָרָיו שֶׁל (פְּלוֹנִי)

(drive between) חָתַךְ אֶת מַסְלוּלוֹ שֶׁל (פְּלוֹנִי, בִּשְׁעַת נְהִיגָה)

cut off

(sever) חָתַךְ, קָצַץ, גָּזַר; עָרַף (רֹאשׁ)

□ *don't cut off your nose to spite your face* אַל תִּפְגַּע בְּעַצְמְךָ כְּשֶׁאַתָּה מְנַסֶּה לִפְגֹּעַ בְּאַחֵר

(disconnect) נִתֵּק, הִפְסִיק

□ *they cut off the electricity* הֵם הִפְסִיקוּ אֶת הַזֶּרֶם

(disinherit) נִשֵּׁל (מִירֻשָּׁה)

cut out

(remove by cutting) הוֹצִיא, חָתַךְ וְהוֹצִיא, הוֹצִיא בְּנִתּוּחַ

(stop, also v.i.) הִפְסִיק; נִפְסַק

□ *cut it out!* (*sl.*) חֲלָס! דַּחִילְק!

□ *he's not cut out for that job* הוּא לֹא בָּנוּי לַתַּפְקִיד הַזֶּה

□ *he'll have his work cut out to meet the deadline* (*colloq.*) הוּא יִצְטָרֵךְ לַעֲבֹד כְּמוֹ חֲמוֹר כְּדֵי לְסַיֵּם בַּזְּמַן

cut up

(chop to pieces) קִצֵּץ, קָצַץ

(dissect) נִתַּח

(upset) זִעְזַע (נַפְשִׁית)

□ *cut up rough* (*colloq.*) יָצָא מִן הַכֵּלִים, הִתְרַגֵּז

—n.

1 (act of cutting) חִתּוּךְ

a cut above the rest (*colloq.*) עוֹלֶה עַל כֻּלָּם

2 (piece cut off) חֲתִיכָה

3 (wound) פֶּצַע, חֲתָךְ

4 (excision of part of play or film) חִתּוּךְ, קִצּוּר (שֶׁל סֶרֶט, מַחֲזֶה וְכַד')

5 (reduction) הֲנָחָה (בִּמְחִיר); קִצּוּץ (בְּתַקְצִיב וְכַד')

6 (style of garment or hair) גִּזְרָה (שֶׁל בֶּגֶד); תִּסְפֹּרֶת, סִגְנוֹן שֵׂעָר

the cut of his jib (*colloq.*) הַצּוּרָה שֶׁבָּהּ הוּא מוֹפִיעַ, הַהוֹפָעָה שֶׁלּוֹ

cutaneous /kjuːˈteɪnɪəs/ adj. (*Med.*) שֶׁל הָעוֹר

cutback /ˈkʌtbæk/ n. קִצּוּץ, קִצּוּצִים

cute /kjuːt/ adj.

1 (pretty, sweet, *colloq.*) חָמוּד, מָתוֹק

2 (too clever, *US colloq.*) מִתְחַכֵּם

cut-glass /kʌt-ˈglɑːs/ n. זְכוּכִית קְרִיסְטָל חֲרוּטָה וּמְלֻטֶּשֶׁת

cuticle /ˈkjuːtɪk(ə)l/ n. קְרוּם חִיצוֹנִי, הָעוֹר הַקַּרְנִי בְּשׁוּלֵי הַצִּפָּרְנַיִם

cutlass /ˈkʌtləs/ n. (*Hist.*) חֶרֶב־מַלָּחִים

cutlery /ˈkʌtlərɪ/ n. סַכּוּ"ם (סַכִּינִים, כַּפּוֹת וּמַזְלְגוֹת)

cutlet /ˈkʌtlɪt/ n. נֵתַח בָּשָׂר (מָנָה לְאָדָם אֶחָד, לָרֹב עַל עֶצֶם); קְצִיצָה (לָרֹב צִמְחוֹנִית)

cut-out /kʌt-aʊt/ n. מַפְסֵק

cut-price /kʌt-ˈpraɪs/ adj. בִּמְחִיר־הֲנָחָה

cutter /ˈkʌtə(r)/ n.
1 (person who cuts) גּוֹזֵר, גַּזְרָן (בַּד); מְלַטֵּשׁ (יַהֲלוֹמִים, זְכוּכִית); רַתָּךְ (מַתֶּכֶת)
2 (cutting tool) מַכְשִׁיר חִתּוּךְ, מַקְצֵצָה, סַכִּין חִתּוּךְ, מִסְפְּרֵי חִתּוּךְ
3 (boat) סְפִינָה חַד־תָּרְנִית; סִירָה שֶׁל אֳנִיַּת־קְרָב

cutthroat /ˈkʌtθrəʊt/ n. & adj. רוֹצֵחַ; רַצְחָנִי
□ *there was cutthroat competition for the contract* הַתַּחֲרוּת עַל הַחוֹזֶה הָיְתָה אַכְזָרִית
cutthroat razor תַּעַר פָּתוּחַ

cutting /ˈkʌtɪŋ/ n.
1 (excavation for railway or road) חֲפִירָה, עָרוּץ לִמְסִלַּת־בַּרְזֶל
2 (piece cut from printed page) גְּזִיר־עִתּוֹן
3 (piece of stem of plant) חֹטֶר, יִחוּר
—adj. (הֶעָרָה, בִּטּוּי) חַד, חָרִיף, צוֹרֵב, מַכְאִיב; (רוּחַ) מַקְפִּיא, צוֹרֵב
□ *he makes such cutting remarks* יֵשׁ לוֹ לָשׁוֹן חַדָּה

cuttlefish /ˈkʌt(ə)lfɪʃ/ n. דְּיוּנוֹן (חַי יַמִּי קָטָן הַמַּפְרִישׁ נוֹזֵל שָׁחוֹר כְּשֶׁהוּא מֻתְקָף)

C V /siːˈviː/ n. ״סִי.וִי״, תּוֹלְדוֹת חַיִּים

cyanide /ˈsaɪənaɪd/ n. צִיאַנִיד

cyanosis /saɪəˈnəʊsɪs/ n. (*Med.*) גּוֹן עוֹר כָּחֹל (כְּתוֹצָאָה מֵחֹסֶר חַמְצָן)

cybernetics /saɪbəˈnetɪks/ n. *pl.* קִיבֶּרְנֶטִיקָה

cyclamate /ˈsaɪkləmeɪt/ n. צִיקְלָמָט (סוּג שֶׁל מַמְתִּיק מְלָאכוּתִי)

cyclamen /ˈsɪkləmən/ n. רַקֶּפֶת

cycle /ˈsaɪk(ə)l/ n.
1 (period) מַחֲזוֹר
2 (series of poems) מַחֲזוֹר־שִׁירִים
3 (bicycle or tricycle) אוֹפַנַּיִם, תְּלַת־אוֹפַנַּיִם
motor cycle אוֹפַנּוֹעַ
—v.i. רָכַב עַל אוֹפַנַּיִם

cyclic /ˈseɪklɪk/ adj. (also **cyclical**) מַחֲזוֹרִי, מַעְגָּלִי

cycling /ˈsaɪklɪŋ/ n. רְכִיבָה עַל אוֹפַנַּיִם

cyclist /ˈsaɪklɪst/ n. רוֹכֵב אוֹפַנַּיִם

cyclone /ˈsaɪkləʊn/ n. סוּפַת צִיקְלוֹן

cyclonic /saɪˈklɒnɪk/ adj. דְּמוּי צִיקְלוֹן

cyclostyle /ˈsaɪkləstaɪl/ n. & v.t. מְכוֹנַת סְטֶנְסִיל; שִׁכְפֵּל בִּסְטֶנְסִיל

cyclotron /ˈsaɪklətrɒn/ n. (*Phys.*) צִיקְלוֹטְרוֹן (מְאִיץ חֲלָקִיקִים)

cygnet /ˈsɪgnɪt/ n. בַּרְבּוּר צָעִיר

cylinder /ˈsɪlɪndə(r)/ n.
1 (*Geom.*) גָּלִיל
2 (container for gas etc.) בַּלּוֹן־גָּז
3 (*Mech.*) צִילִינְדֶּר, בֻּכְנָה

cylindrical /sɪˈlɪndrɪk(ə)l/ adj. גְּלִילִי

cymbal /ˈsɪmb(ə)l/ n. מְצִלָּה (כְּלִי הַקָּשָׁה)

cynic /ˈsɪnɪk/ n. צִינִיקָן, לַגְלְגָן

cynical /ˈsɪnɪk(ə)l/ adj. צִינִי, מְלַגְלֵג

cynism /ˈsɪnɪsɪzəm/ n. צִינִיּוּת

cynosure /ˈsaɪnəzjʊə(r)/ n. (*formal*) מֶרְכַּז תְּשׂוּמַת־הַלֵּב

cypher /ˈsaɪfə(r)/ n. צֹפֶן, כְּתַב סְתָרִים, קוֹד; אֶפֶס; סִפְרָה (מִן הַסְּפָרוֹת הָעַרְבִיּוֹת)

cypress /ˈsaɪprəs/ n. בְּרוֹשׁ

Cyrillic /sɪˈrɪlɪk/ adj. (כְּתָב) קִירִילִי

cyst /sɪst/ n. שַׁלְחוּף, צִיסְטָה

cystic /ˈsɪstɪk/ adj. שֶׁל צִיסְטָה; שֶׁל הַשַּׁלְפּוּחִיּוֹת
cystic fibrosis (*Med.*) סִיסְטִיק־פִיבְּרוֹזִיס (מַחֲלָה תּוֹרַשְׁתִּית)

cystitis /sɪˈstaɪtɪs/ n. (*Med.*) דַּלֶּקֶת שַׁלְפּוּחִית־הַשֶּׁתֶן

czar /zɑː(r)/ n. (*Hist.*) צָאר, קֵיסַר־רוּסְיָה

czarina /zɑːˈriːnə/ n. (*Hist.*) קֵיסָרִית־רוּסְיָה

D d

D /diː/ n.
1 (letter) "דִּי" (הָאוֹת הָרְבִיעִית בָּאָלֶפְבֵּית הָאַנְגְּלִי)
2 (Roman numeral, = 500) 500 (סִפְרָה רוֹמִית)

dab[1] /dæb/ v.t. & i. טָפַח קַלּוֹת עַל; נָגַע קַלּוֹת בְּ...
□ *she dabbed her eyes with her handkerchief* הִיא קִנְּחָה אֶת עֵינֶיהָ בְּמִטְפַּחַת
—n.
1 (light tap) טְפִיחָה קַלָּה, מַגָּע קַל
2 (small amount, *colloq.*) כַּמּוּת קְטַנָּה, "טִפָּה"
□ *the room could do with a dab of paint* לֹא תַּזִּיק לַחֶדֶר הַזֶּה צְבִיעָה קַלָּה

dab[2] /dæb/ adj. (*colloq.*) (יֵשׁ לוֹ) כִּשְׁרוֹן מְיֻחָד; (יֵשׁ לוֹ) יְדֵי זָהָב
□ *he's a dab hand at mending china* הוּא אַשָּׁף בְּאִחוּי כְּלֵי חַרְסִינָה שְׁבוּרִים

dab[3] /dæb/ n. לִימַנְדָּה (סוּג שֶׁל דָּג שָׁטוּחַ וְקָטָן)

dabble /ˈdæb(ə)l/ v.t. לִחְלֵחַ, הִתִּיז, הִרְטִיב
—v.i. הִתְעַסֵּק בְּאֹפֶן חוֹבְבָנִי, שִׂחֵק בְּ...
□ *he dabbles in stocks and shares* הוּא שׁוֹלֵחַ יָדוֹ מִפַּעַם לְפַעַם בְּעִנְיְנֵי בּוּרְסָה

dabbler /ˈdæblə(r)/ n. חוֹבְבָן, דִּילֶטַנְט

dace /deɪs/ n. סוּג דָּגִים קְטַנִּים בְּמַיִם מְתוּקִים

dacha /ˈdætʃə/ n. דָּאצָ'ה, מָעוֹן כַּפְרִי לְנֹפֶשׁ (בְּרוּסְיָה)

dachshund /ˈdækshʊnd/ n. כֶּלֶב־תַּחַשׁ (אֶרֶךְ־גּוּף וּקְצַר רַגְלַיִם), דָּאקֶל, "כֶּלֶב־נַקְנִיק"

dacron /ˈdækron/ n. דַּקְרוֹן (סוּג שֶׁל אָרִיג סִינְתֶטִי)

dactyl /ˈdæktɪl/ n. דַּקְטִיל, מַרִים (מִשְׁקָל בְּשִׁירָה שֶׁבּוֹ הָרֶגֶל הִיא בַּת הֲבָרָה אֲרֻכָּה וּשְׁתַּיִם קְצָרוֹת, אוֹ הֲבָרָה מֻטְעֶמֶת אוֹ שְׁתַּיִם בִּלְתִּי־מֻטְעָמוֹת)

dactylic /dækˈtɪlɪk/ adj. דַּקְטִילִי (שֶׁל הַמִּשְׁקָל הַנַּ"ל)

dad /dæd/ n. (*colloq.* also **daddy**) אַבָּא

daddy-long-legs /ˌdædɪ-ˈloŋ-legz/ n. אֶרֶךְ־רַגְלַיִם (זְבוּב דְּמוּי־עַכָּבִישׁ)

dado /ˈdeɪdəʊ/ n. חֶלְקוֹ הַתַּחְתּוֹן שֶׁל קִיר שֶׁצִּבְעוֹ שׁוֹנֶה מֵחֶלְקוֹ הָעֶלְיוֹן

daffodil /ˈdæfədɪl/ n. נַרְקִיס

daft /dɑːft/ adj. (*UK colloq.*) טִפֵּשׁ, טִפְּשִׁי

dagger /ˈdægə(r)/ n.
1 (weapon) פִּגְיוֹן
□ *the rivals were at daggers drawn* הַיְרִיבִים הָיוּ עַל סַף הִתְנַגְּשׁוּת
□ *she looked daggers at him* הִיא נָעֲצָה בּוֹ מַבָּט רַצְחָנִי
2 (printing symbol) (†) צְלָב מָאֳרָךְ (סִימַן־דְּפוּס לְצִיּוּן הֶעָרָה אוֹ שְׁנַת־פְּטִירָה)

dago /ˈdeɪgəʊ/ n. (*racially derog.*) "דֵּיגוֹ" (כִּנּוּי גְּנַאי לְאִיטַלְקִי, סְפָרַדִּי וּפוֹרְטוּגָלִי)

daguerreotype /dəˈgerətaɪp/ n. דָּגֶרוֹטִיפּ (שִׁיטַת־צִלּוּם מֻקְדֶּמֶת)

dahlia /ˈdeɪlɪə/ n. דַּלְיָה (פֶּרַח מְתֻרְבָּת)

Dail /dɔɪl/ n. (*Irish colloq.*) בֵּית־הַנִּבְחָרִים בָּרֶפּוּבְּלִיקָה הָאִירִית

daily /ˈdeɪlɪ/ adj. & adv. יוֹם יוֹם, בְּכָל יוֹם; יוֹם־יוֹמִי, יוֹמִי
□ *give us this day our daily bread* "תֵּן לָנוּ הַיּוֹם אֶת לֶחֶם־חֻקֵּנוּ" (מִתּוֹךְ הַתְּפִלָּה הַנּוֹצְרִית)
—n.
1 (newspaper) עִתּוֹן יוֹמִי, יוֹמוֹן
2 (cleaner, *colloq.*) עוֹזֶרֶת, עוֹזֶרֶת בַּיִת

daintily /ˈdeɪntɪlɪ/ adv. בְּעִדּוּן, בְּלִוְיַת גִּנּוּנֵי־חֵן

daintiness /ˈdeɪntɪnɪs/ n. אֲנִינוּת־טַעַם, אִסְטְנִיסִיּוּת, עִדּוּן

dainty /ˈdeɪntɪ/ adj. מְעֻדָּן, נֶחְמָד
□ *she's a dainty little thing* הִיא נַעֲרָה חִנָּנִית
□ *he is a dainty eater* הוּא אֲנִין־טַעַם; הוּא אִיסְטְנִיס בְּעִנְיְנֵי־אֲכִילָה
—n. (usu. in *pl.*) מַטְעַמִּים, מַעֲדַנִּים, מַאֲכָלִים עֲרֵבִים לַחֵךְ

daiquiri /ˈdækərɪ/ n. דַּקִירִי (קוֹקְטֵיל עָשׂוּי רוּם וּמִיץ פְּרִי)

dairy /ˈdeərɪ/ n. מַחְלָבָה; חֲנוּת לְמוּצְרֵי־חָלָב

dairy cattle /ˈdeərɪ-kæt(ə)l/ n. *pl.* פָּרוֹת חוֹלְבוֹת

dairy cream /ˈdeərɪ kriːm/ n. שַׁמֶּנֶת טִבְעִית

dairy farm /ˈdeərɪ-fɑːm/ n. מֶשֶׁק חָלָב

dairymaid /ˈdeərɪmeɪd/ n. עוֹבֶדֶת מַחְלָבָה

dairyman /ˈdeərɪmən/ n. עוֹבֵד מַחְלָבָה; מְנַהֵל מֶשֶׁק־חָלָב

dairy products /ˈdeərɪ prodʌkts/ n. *pl.* מוּצְרֵי־חָלָב

dais /ˈdeɪɪs/ n. קָתֶדְרָה, בִּימַת־הַנּוֹאֲמִים

daisy /ˈdeɪzɪ/ n. חַרְצִית בָּר
daisy chain זֵר חַרְצִיּוֹת
□ *he is pushing up daisies* (*colloq.*) הוּא מֶטֶר בָּאֲדָמָה (כְּלוֹמַר מֵת)

daisy-wheel /ˈdeɪzɪ-wiːl/ n. רֹאשׁ מְנִיפָה (בַּמַּדְפֶּסֶת)

dale /deɪl/ n. עֵמֶק, גַּיְא

dalliance /ˈdælɪəns/ n. (*arch.*) אֲהַבְהָבִים

dally /ˈdælɪ/ v.i.
1 (idle, loiter) הִתְמַהְמֵהַּ, הִתְמַהְמַהּ, הִשְׁתַּהָה

□ *don't dally over the newspapers* אַל תְּבַזְבֵּז זְמַן עַל הָעִתּוֹנִים
2 (flirt, *arch.*) הִשְׁתַּעֲשַׁע, הִשְׁתַּעֲשַׁע (בְּאַהֲבְהָבִים, בְּרַעְיוֹן)
□ *he's dallying with a married woman* הוּא מְנַהֵל פָּרָשַׁת־אֲהָבִים עִם אִשָּׁה נְשׂוּאָה
Dalmatian /dælˈmeɪʃ(ə)n/ n. דַּלְמָטִי, כֶּלֶב דַּלְמָטִי
dam¹ /dæm/ n. אֵם (בְּבַעֲלֵי־חַיִּים הוֹלְכֵי־עַל־אַרְבַּע)
dam² /dæm/ n. סֶכֶר
—v.t. סָכַר, חָסַם
□ *he is full of dammed-up anger* הוּא מָלֵא רִגְשׁוֹת כַּעַס עֲצוּרִים
damage /ˈdæmɪdʒ/ n.
1 (harm, loss) נֶזֶק, הֶפְסֵד
□ *what's the damage?* (*sl.*) כַּמָּה אֲנִי חַיָּב? "מָה הַנֶּזֶק"?
2 (in *pl.*, cost of compensation) נְזִיקִין, פִּצּוּיִים
□ *he claimed damages* הוּא תָּבַע פִּצּוּיִים
—v.t. גָּרַם נֶזֶק, הִזִּיק לְ..., הִשְׁחִית, פָּגַם בְּ...
damaging /ˈdæmɪdʒɪŋ/ adj. מֵבִיא נֶזֶק לְ..., מַזִּיק לַמּוֹנִיטִין שֶׁל
□ *that is a damaging admission* זוֹ הוֹדָאָה מַרְשִׁיעָה
damask /ˈdæməsk/ n. & adj. אָרִיג דַּמַּשְׂקָאִי; וָרֹד, חַכְלִילִי
dame /deɪm/ n.
1 (woman, *arch.* or *US sl.*) אִשָּׁה, גְּבֶרֶת קְשִׁישָׁה
pantomime dame גֶּבֶר בְּתַפְקִיד אִשָּׁה בְּהוֹפָעַת בִּדּוּר
2 (title in UK) "דֵּיים" (תֹּאַר אֲצֻלָּה הַמֻּעֲנָק בְּאַנְגְּלִיָּה לְאִשָּׁה לְאוֹת הוֹקָרָה)
damn /dæm/ v.t. קִלֵּל; דָּן לַגֵּיהִנּוֹם; דָּן לְכַף חוֹבָה; גִּנָּה
□ *well I'll be damned!* (*colloq.*) מָה אַתָּה סָח! בְּחַיֶּיךָ!
□ *I'll be damned if I'll go* אֲפִלּוּ תַּהֲרֹג אוֹתִי – אֲנִי לֹא הוֹלֵךְ!
□ *the critic damned the novel with faint praise* בְּמַסְוֶה שֶׁל מַחְמָאוֹת קְלוּשׁוֹת קָטַל הַמְבַקֵּר אֶת הָרוֹמָן
—n. (*colloq.*) לְמַעַן
□ *frankly, my dear, I don't give a damn* הָאֱמֶת, יַקִּירָתִי, אֲנִי מְצַפְצֵף עַל כָּל זֶה
□ *she never cared a damn for him* הִיא אַף פַּעַם לֹא שָׂמָה עָלָיו קָצוּץ
—int. (*sl.*)
□ *damn (it all)!* לְכָל הָרוּחוֹת! לַעֲזָאזֵל!
—adj. (*sl.*)
□ *he's a damn fool* הוּא טִפֵּשׁ מְטֻפָּשׁ, הוּא אִידְיוֹט גָּמוּר
□ *she's done damn all this week* (*sl.*) הִיא לֹא הֵזִיזָה אֶצְבַּע כָּל הַשָּׁבוּעַ
damnable /ˈdæmnəb(ə)l/ adj. (*arch.*) מָאוּס, שָׂנוּא; מַרְגִּיז; נִתְעָב
damnably /ˈdæmnəblɪ/ adv. (*colloq.*) מְאֹד, נוֹרָא
□ *it was damnably difficult for me to stay quiet* הָיָה לִי נוֹרָא קָשֶׁה לְהִתְאַפֵּק
damnation /dæmˈneɪʃ(ə)n/ n. גְּזֵרָה לַאֲבַדּוֹן
—int. לַעֲזָאזֵל! לְכָל הַשֵּׁדִים וְהָרוּחוֹת!
damned /dæmd/ adj. & adv. (*sl.*) אָרוּר, יוֹרֵשׁ גֵּיהִנּוֹם; נוֹרָא (בְּדִבּוּר)
□ *it's damned hot today!* חַם נוֹרָא הַיּוֹם!
damnedest /ˈdæmdɪst/ n. (*colloq.*) מֵרַב הַיְּכֹלֶת, מַקְסִימוּם
□ *he did his damnedest to provoke her* הוּא עָשָׂה כְּכָל הָאֶפְשָׁר לְהִתְגָּרוֹת בָּהּ
damning /ˈdæmɪŋ/ adj. מַרְשִׁיעַ
□ *the evidence was damning* הָעֵדוּת הָיְתָה מַרְשִׁיעָה, הָעֵדוּת הָיְתָה קַטְלָנִית
damp /dæmp/ adj. לַח
—n. לַחוּת
—v.t.
1 (make slightly wet) לִחְלֵחַ
2 (stifle) עִמְעֵם (אֵשׁ), הֵאֵט (בְּעֵרָה)
□ *they had to damp down their enthusiasm* הָיָה עֲלֵיהֶם לְצַנֵּן אֶת הִתְלַהֲבוּתָם
□ *his spirits were damped by the harsh criticism* רוּחוֹ נָפְלָה בּוֹ בִּגְלַל הַבִּקֹּרֶת הַקָּשָׁה
damp course /ˈdæmp-kɔːs/ n. שִׁכְבַת בִּדּוּד בְּתַחְתִּית־הַקִּיר לִמְנֹעַ עֲלִיַּת לַחוּת מִן הַקַּרְקַע
dampen /ˈdæmpən/ v.t. לִחְלֵחַ; שִׁכֵּךְ (עָצְמָה); הֶעֱצִיב, הֶעֱכִיר
damper /ˈdæmpə(r)/ n.
1 (depressing influence) אָדָם נוֹסֵךְ דִּכָּאוֹן; הַשְׁפָּעָה מְדַכֵּאת
□ *her entry cast a damper on their enthusiasm* כְּנִיסָתָהּ צִנְּנָה אֶת הִתְלַהֲבוּתָם
2 (draught regulator in furnace) וַסַּת־אֲוִיר (בְּתַנּוּר וּבְכִבְשָׁן)
3 (suppressor of vibrations) כָּרִית לֶבֶד לְשִׁכּוּךְ וִיבְּרַצְיוֹת (בְּפְסַנְתֵּר); מְשַׁכֵּךְ זַעֲזוּעִים
dampness /ˈdæmpnɪs/ n. לַחוּת, רְטִיבוּת
damsel /ˈdæmz(ə)l/ n. (*arch.*) עַלְמָה
damson /ˈdæmz(ə)n/ n. שְׁזִיף קָטָן בְּצֶבַע אַרְגָּמָן כֵּהֶה, שְׁזִיף־דַּמֶּשֶׂק
dance /dɑːns/ n. רִקּוּד, מָחוֹל
St. Vitus's dance מְחוֹל וִיטוּס הַקָּדוֹשׁ (מַחֲלַת עֲצַבִּים עֲוִיתִית)
□ *she led him a pretty dance* (*colloq.*) הִיא עָשְׂתָה לוֹ צָרוֹת
—v.i. רָקַד
□ *she danced for joy* הִיא קָפְצָה מֵרֹב שִׂמְחָה
—v.t. רָקַד (פּוֹלְקָה, קָזָצ'וֹק, וְכַד')
dance attendance on (*UK*) רָקַד לִצְלִילֵי הֶחָלִיל שֶׁל...
dance-band /ˈdɑːns-bænd/ n. תִּזְמֹרֶת רִקּוּדִים

dance-hall /ˈdɑːns-hɔːl/ n. אוּלַם־רִקּוּדִים

dancer /ˈdɑːnsə(r)/ n. רַקְדָן, רַקְדָנִית

dancing /ˈdɑːnsɪŋ/ n. & adj. רִקּוּד, רִקּוּדִים; מְרַקֵּד, רוֹקֵד

dandelion /ˈdændɪlaɪən/ n. שִׁנָּן (צֶמַח בַּר עֶשְׂבּוֹנִי בַּעַל פְּרָחִים צְהֻבִּים מִמִּשְׁפַּחַת הַמֻּרְכָּבִים)

dander /ˈdændə(r)/ n. (*colloq.*)
- □ *he got his dander up* הוּא יָצָא מִכֵּלָיו; הוּא הוֹצִיא מִכֵּלָיו אֶת

dandified /ˈdændɪfaɪd/ adj. (*derog.*) מְגֻנְדָּר, מְטֻרְזָן

dandle /ˈdænd(ə)l/ v.t. נִעֲנַע (תִּינוֹק) בִּזְרוֹעוֹתָיו אוֹ עַל הַבִּרְכַּיִם

dandruff /ˈdændrʌf/ n. קַשְׂקַשִּׂים (בַּשֵּׂעָר)

dandy /ˈdændɪ/ n. (*arch.*) גַּנְדְּרָן, טַרְזָן, "טַוָּס"
- —adj. (*arch., colloq.*) מְצֻיָּן, מְעֻלֶּה, "מֵאָה אָחוּז"
- □ *everything is fine and dandy* הַכֹּל בְּסֵדֶר גָּמוּר

dandyism /ˈdændɪɪzəm/ n. "טַוָּסוּת", הִתְנַהֲגוּת כְּ"טַוָּס"

Dane /deɪn/ n. דָּנִי, אֶזְרַח דֶּנְמַרְק
- **Great Dane** כֶּלֶב־דָּנִי

danger /ˈdeɪndʒə(r)/ n. סַכָּנָה
- **danger-money** תּוֹסֶפֶת־סִכּוּן
- □ *he is in danger of being dismissed* הוּא צָפוּי לְפִטּוּרִין
- □ *she went in danger of her life* סַכָּנַת־חַיִּים אָרְבָה לָהּ בְּדַרְכָּהּ
- □ *she is out of danger since the operation* הִיא יָצְאָה מִכְּלַל־סַכָּנָה לְאַחַר הַנִּתּוּחַ

dangerous /ˈdeɪndʒərəs/ adj. מְסֻכָּן, מְסַכֵּן
- □ *you are on dangerous ground* עָלִיתָ עַל שָׂדֶה מוֹקְשִׁים

dangerously /ˈdeɪndʒərəslɪ/ adv. בְּצוּרָה מְסֻכֶּנֶת
- □ *she likes living dangerously* הִיא אוֹהֶבֶת חַיִּים שֶׁל סַכָּנָה, הִיא אוֹהֶבֶת אֶת הַחַיִּים בְּצֵל הַסַּכָּנָה

dangle /ˈdæŋg(ə)l/ v.t. טִלְטֵל וְהֵנִיעַ עַל קְצֵה־חוּט
- □ *he dangled bright prospects before them* הוּא הִבְטִיחַ לָהֶם הָרִים וּגְבָעוֹת
- —v.i. הָיָה מְדַלְדֵּל, הָיָה תָּלוּי בְּדַלְדּוּל
- □ *she likes to keep her men dangling (about her)* הִיא אוֹהֶבֶת שֶׁהַגְּבָרִים יִהְיוּ כְּרוּכִים אַחֲרֶיהָ

Danish /ˈdeɪnɪʃ/ n. & adj. דָּנִית (הַשָּׂפָה); דָּנִי, שֶׁל דֶּנְמַרְק
- **Danish blue (cheese)** גְּבִינָה (דָּנִית) כְּחֻלָּה
- **Danish pastry** עוּגַת שְׁמָרִים מִסּוּגִים שׁוֹנִים (לְעִתִּים עִם מִלּוּי פֵּרוֹת)

dank /dæŋk/ adj. קַר, טָחוּב

daphne /ˈdæfnɪ/ n. דַּפְנָה (סוּג שִׂיחִים)

dapper /ˈdæpə(r)/ adj. הָדוּר בְּהוֹפָעָתוֹ וּבִלְבוּשׁוֹ; נִמְרָץ

dappled /ˈdæp(ə)ld/ adj. מְנֻמָּר, נָקֹד

dapple-grey /ˌdæp(ə)l-ˈgreɪ/ n. & adj. סוּס אֲפֹר־נָקֹד; אֲפֹר־נָקֹד

Darby /ˈdɑːbɪ/ n.
- **Darby and Joan club** (*UK*) (בְּאַנְגְּלִיָּה) מוֹעֲדוֹן קְשִׁישִׁים

dare /deə(r)/ v.i. הֵעֵז, הִסְתַּכֵּן, הֵהִין
- **I dare say** (*UK*) אֲנִי מַנִּיחַ שֶׁ..., יָכוֹל לִהְיוֹת שֶׁ...
- □ *he daren't refuse* הוּא לֹא מֵעֵז לְסָרֵב
- □ *how dare you say that!* אֵיךְ אַתָּה מֵעֵז!
- —v.t.
- 1 (challenge) קָרָא תִּגָּר עַל
- □ *I dare you to jump in* נִרְאֶה אוֹתְךָ קוֹפֵץ (לַמַּיִם)!
- 2 (attempt, also v.i.) הֵעֵז
- □ *he will dare anything* שׁוּם דָּבָר לֹא יַפְחִיד אוֹתוֹ
- —n. אֶתְגָּר; הֶעָזָה
- □ *he did it as a dare* הוּא עָשָׂה זֹאת כְּדֵי לְהַפְגִּין אֹמֶץ

daredevil /ˈdeədev(ə)l/ n. & adj. אָדָם נוֹעָז; נוֹעָז, מִסְתַּכֵּן בְּלִי חֶשְׁבּוֹן

daring /ˈdeərɪŋ/ n. & adj. תְּעוּזָה, הֶעָזָה, הִסְתַּכְּנוּת, אֹמֶץ; (מַעֲשֶׂה) נוֹעָז

dark /dɑːk/ adj.
- 1 (with little or no light) אָפֵל, חָשׁוּךְ
- **dark-room** חֲדַר חֹשֶׁךְ (לְפִתּוּחַ וְהַדְפָּסָה שֶׁל צִלּוּם)
- **get** (or **grow**) **dark** הֶחֱשִׁיךְ, נַעֲשָׂה חָשׁוּךְ
- 2 (of colour) (צֶבַע) כֵּהֶה; בַּעַל עוֹר כֵּהֶה; בַּעַל שֵׂעָר כֵּהֶה
- 3 (gloomy, *fig.*) קוֹדֵר, עָגוּם
- □ *don't look on the dark side* אַל תִּרְאֶה רַק אֶת הַצַּד הַשְּׁלִילִי; אַל תִּהְיֶה רוֹאֶה שְׁחוֹרוֹת
- 4 (obscure, mysterious, unenlightened, *fig.*) חָשׁוּךְ, מִסְתּוֹרִי, נִבְעָר
- **the Dark Ages** יְמֵי הַבֵּינַיִם הַמֻּקְדָּמִים
- **the Dark Continent** הַיַּבֶּשֶׁת הַשְּׁחוֹרָה, אַפְרִיקָה (מֻנּוּחַ קוֹלוֹנְיָאלִיסְטִי)
- **a dark horse** "סִימַן שְׁאֵלָה" (אָדָם הַשּׁוֹמֵר אֶת מַחְשְׁבוֹתָיו לְעַצְמוֹ, אָדָם שֶׁקָּשֶׁה לְהִתְנַבֵּא לְגַבָּיו)
- □ *it remains a dark secret* זֶה נוֹתַר בְּגֶדֶר חִידָה אֲפֵלָה
- □ *he kept his plan dark* הוּא שָׁמַר עַל תָּכְנִיתוֹ בְּסוֹד
- —n.
- 1 (absence of light) חֹשֶׁךְ, אֲפֵלָה
- 2 (night) לַיְלָה
- **after dark** לְאַחַר הַשְּׁקִיעָה
- 3 (obscurity) אֲפֵלָה, עֲלָטָה
- **a shot in the dark** (*colloq.*) נִחוּשׁ בְּעָלְמָא, יְרִיָּה בָּאֲפֵלָה
- □ *I'm in the dark about his plans* אֵין לִי מֻשָּׂג עַל תָּכְנִיּוֹתָיו

darken /ˈdɑːkən/ v.t. & i. הֶחֱשִׁיךְ, הֶאֱפִיל
- □ *do not darken my door again* (*poet. & joc.*) אַל תַּצִּיג אֶת כַּף־רַגְלְךָ עַל סַף בֵּיתִי לְעוֹלָם

darkly /ˈdɑːklɪ/ adv. בַּאֲפֵלָה; בַּחֲשַׁאי; בְּאֹפֶן מְאַיֵּם, בְּטוֹן קוֹדֵר

darkness /ˈdɑːknɪs/ n. חֹשֶׁךְ, חֲשֵׁכָה, אֲפֵלָה

darling /ˈdɑːlɪŋ/ n. & adj. יָקָר, יַקִּיר; מֹתֶק, יַקִּירִי/יַקִּירָתִי

□ *he's mother's little darling* (*derog.*) הוּא הַיֶּלֶד הַקָּטָן שֶׁל אִמָּא

□ *listen, darling, you've got to be joking* תִּשְׁמַע חֲבִיבִי, זֶה לֹא הוֹלֵךְ כָּכָה

□ *she was a perfect darling about it* (*colloq.*) הִיא קִבְּלָה אֶת זֶה יוֹצֵא מִן הַכְּלָל

□ *it's a darling cottage* (*colloq.*) זֶה יְפִי שֶׁל קוֹטֶג', זֶה מֹתֶק שֶׁל קוֹטֶג'

darn¹ /dɑːn/ v.t. תִּקֵּן חוֹר (בְּגֶרֶב אוֹ בְּבֶגֶד) בִּתְפִירַת שְׁתִי וָעֵרֶב

—n. תִּקּוּן כַּנַּ"ל

darn² /dɑːn/ adj. & int. (*euphem.*) אָרוּר; לַעֲזָאזֵל!

darning /ˈdɑːnɪŋ/ n. תִּקּוּן שְׁתִי־וָעֵרֶב; גַּרְבַּיִם/בְּגָדִים הַטְּעוּנִים תִּקּוּן שְׁתִי וָעֵרֶב

darning-needle /ˈdɑːnɪŋ-niːd(ə)l/ n. מַחַט לְתִקּוּן גַּרְבַּיִם (כַּנַּ"ל)

dart dɑːt/ n.

1 (light, pointed missile) חֵץ־מִשְׂחָק (שֶׁמְּטִילִים בַּיָּד); חֵץ קָטָן (לְמָשָׁל שֶׁל קְנֵה־נְשִׁיפָה)

Cupid's darts (*poet.*) חִצֵּי קוּפִּידוֹן, חִצֵּי אַהֲבָה

2 (in *pl.*, game) (מִשְׂחָק) קְלִיעָה בְּחִצִּים

3 (sudden rush) זִנּוּק פֶּתַע

4 (*Dressmaking*) תֶּפֶר זָוִיתִי (לַהֲצָרַת־הַבֶּגֶד אוֹ לְהַרְחָבָתוֹ)

—v.i. זִנֵּק לְפֶתַע

—v.t. שִׁלַּח

□ *she darted an accusing look at me* הִיא נָעֲצָה בִּי מַבָּט שֶׁל תּוֹכָחָה

dartboard /ˈdɑːtbɔːd/ n. לוּחַ מַטָּרָה לְמִשְׂחַק הַחִצִּים

dash /dæʃ/ n.

1 (rush, sprint) זִנּוּק

□ *he made a dash for freedom* הוּא זִנֵּק אֶל הַחֹפֶשׁ

2 (infusion of colour or liquid) טִפָּה שֶׁל, תּוֹסֶפֶת קְטַנָּה שֶׁל נוֹזֵל/צֶבַע

3 (showy appearance) הוֹפָעָה הֲדוּרָה/מִתְגַּנְדֶּרֶת

□ *he cut quite a dash in his new uniform* הוּא עָשָׂה רֹשֶׁם בְּמַדָּיו הַחֲדָשִׁים

4 (punctuation mark) קַו־מַפְרִיד

—v.i. זִנֵּק

□ *I have to dash* (*off*) עָלַי לָרוּץ, אֲנִי צָרִיךְ "לִבְרֹחַ"

—v.t.

1 (knock, shatter; also *fig.*, frustrate) נִפֵּץ

□ *his hopes were dashed* תִּקְווֹתָיו נִכְזְבוּ

2 (do quickly)

dash off חִבֵּר בִּמְהִירוּת, רָשַׁם בִּמְהִירוּת

□ *I dashed off a letter to catch the post* כָּתַבְתִּי מַהֵר כְּדֵי לְהַסְפִּיק לַדֹּאַר

3 (bespatter) הִתִּיז, הִזְלִיף, הִזָּה

—int. (*UK colloq.*) לַעֲזָאזֵל!

□ *dash it all!* בְּשֵׁם אֱלֹהִים! לְכָל הָרוּחוֹת!

dashboard /ˈdæʃbɔːd/ n. לוּחַ שְׁעוֹנִים, לוּחַ מַחֲוָנִים (בִּמְכוֹנִית)

dashing /ˈdæʃɪŋ/ adj. אֶלֶגַנְטִי וּמַרְשִׁים (בְּיִחוּד גֶּבֶר)

dastardly /ˈdæstədlɪ/ adj. (*arch.*) נִבְזִי, פַּחְדָנִי, שָׁפָל, מְנֻוָּל

data /ˈdeɪtə/ n. *pl.* of **datum** נְתוּנִים, מֵידָע

data-bank מַאֲגַר נְתוּנִים, מַאֲגַר מֵידָע כּוֹלֵל

data-capture (*Comput.*) אִסּוּף נְתוּנִים (לְמַחְשֵׁב), הַעֲבָרַת נְתוּנִים לְמַחְשֵׁב

data processing (*Comput.*) עִבּוּד נְתוּנִים

data protection (*Comput.*) הֲגַנָּה עַל נְתוּנִים

database /ˈdeɪtəbeɪs/ n. מַאֲגַר נְתוּנִים

date¹ /deɪt/ n. תָּמָר (עֵץ); תָּמָר (פְּרִי)

date² /deɪt/ n.

1 (numerical designation of day or year, period) תַּאֲרִיךְ

out of date מְיֻשָּׁן, שֶׁעָבַר זְמַנּוֹ, שֶׁיָּצָא מִכְּלַל שִׁמּוּשׁ

up-to-date מְעֻדְכָּן, עַדְכָּנִי

to date עַד כֹּה

□ *they fixed a date for the meeting* הֵם קָבְעוּ מוֹעֵד לַפְּגִישָׁה

□ *do you know his dates?* הַאִם אַתָּה יוֹדֵעַ מָה הֵם תַּאֲרִיכֵי לֵדָתוֹ וּמוֹתוֹ?

2 (arranged meeting, *colloq.*) פְּגִישָׁה, "דֵּיט"

a blind date פְּגִישָׁה עִוֶּרֶת, "בְּלַיְנְד־דֵּיט"

□ *they made a date for Saturday* הֵם קָבְעוּ פְּגִישָׁה לַשַּׁבָּת

—v.t. & i. צִיֵּן תַּאֲרִיךְ, תִּאֲרֵךְ, קָבַע זְמַן; "יָצָא" (עִם בֶּן/בַּת זוּג)

□ *his clothes date him* בְּגָדָיו מַסְגִּירִים אֶת גִּילוֹ

□ *the palace dates from the sixteenth century* הָאַרְמוֹן הוּא מִן הַמֵּאָה הַשֵּׁשׁ־עֶשְׂרֵה

dated /ˈdeɪtɪd/ adj. מְיֻשָּׁן, שֶׁעָבַר זְמַנּוֹ; מְתֻאֲרָךְ...

□ *your letter dated the seventh reached me on the twentieth* מִכְתָּבְךָ מִן הַשִּׁבְעָה בַּחֹדֶשׁ הִגִּיעַ אֵלַי בָּעֶשְׂרִים בַּחֹדֶשׁ

dateline /ˈdeɪtlaɪn/ n.

1 (*Geog.*) קַו תַּאֲרִיךְ

the international dateline קַו הַתַּאֲרִיךְ הַבֵּין־לְאֻמִּי (בְּקַו־אֹרֶךְ 180°, הַתַּאֲרִיךְ מִמִּזְרָחוֹ מְאֻחָר בְּיוֹם מִן הַתַּאֲרִיךְ מִמַּעֲרָב לוֹ)

2 (date and origin of press item) (בְּעִתּוֹן) הַתַּאֲרִיךְ וְהַמָּקוֹר שֶׁל הַיְּדִיעָה

date-palm /ˈdeɪt-pɑːm/ n. עֵץ הַתָּמָר

date stamp /ˈdeɪt stæmp/ n. & v.t. חוֹתֶמֶת הַתַּאֲרִיךְ; הֶחְתִּים אֶת הַתַּאֲרִיךְ

dative /ˈdeɪtɪv/ adj. & n. (*Gram.*) דָּאטִיב (יַחֲסָה הַמְּשַׁמֶּשֶׁת לְעִתִּים לְצִיּוּן הַמֻּשָּׂא הָעָקִיף); (בְּדִקְדּוּק) שֶׁל יַחֲסַת הַדָּאטִיב

datum /ˈdeɪtəm/ n. (*pl.* **data**) נָתוּן

daub /dɔːb/ n.

1 (wall coating) חֹמֶר לְטִיּוּחַ קִירוֹת

2 (smear) כֶּתֶם, מְרִיחָה (שֶׁל צֶבַע וְכַד')

3 (bad painting) צִיּוּר גָּרוּעַ, "מְרִיחָה"

—v.t. & i. טִיַּח, מָרַח (גַּם לְגַבֵּי צַיָּר גָּרוּעַ)

daughter /ˈdɔːtə(r)/ n. בַּת

daughter-in-law /ˈdɔːtər-ɪn-lɔː/ n. כַּלָּה (אֵשֶׁת הַבֵּן)

daunt /dɔːnt/ v.t. רִפָּה יָדָיו, הִרְתִּיעַ, הִפְחִיד
□ *nothing daunted, he persisted* (*formal*) לְלֹא רְתִיעָה, הִמְשִׁיךְ (בִּמְשִׂימָה)

daunting /ˈdɔːntɪŋ/ adj. מַרְתִּיעַ, מַפְחִיד, מַבְהִיל

dauntless /ˈdɔːntlɪs/ adj. (*poet.*) עָשׂוּי לְלֹא חַת

davenport /ˈdæv(ə)npɔːt/ n.
1 (desk, *UK*) סוּג מִכְתָּבָה
2 (sofa, *US*) סוּג סַפָּה

davit /ˈdævɪt/ n. מִתְקָן לְהוֹרָדַת סִירוֹת הַהַצָּלָה בִּסְפִינָה

Davy Jones /ˌdeɪvɪ ˈdʒəʊnz/ n. רוּחוֹ הָרָעָה שֶׁל הַיָּם
Davy Jones's locker מְצוּלוֹת הַיָּם כְּבֵית־קְבָרוֹת

Davy lamp /ˈdeɪvɪ læmp/ n. (*Hist.*) פַּנַּס־בִּטָּחוֹן (בְּמִכְרוֹת בַּמֵּאָה הַתְּשַׁע־עֶשְׂרֵה)

dawdle /ˈdɔːd(ə)l/ v.i. & t. (*colloq.*) הִזְדַּחֵל, זָחַל, הָלַךְ לְאַט
□ *don't dawdle away your time!* אַל תְּבַזְבֵּז אֶת זְמַנְּךָ!

dawdler /ˈdɔːdlə(r)/ n. (*colloq.*) בַּטְלָן

dawn /dɔːn/ n. שַׁחַר, עֲלוֹת הַשַּׁחַר
dawn chorus שִׁירַת הַצִּפּוֹרִים עִם שַׁחַר
—v.i. הֵנֵץ (הַשַּׁחַר); עָלָה בְּדַעְתּוֹ שֶׁל (פְּלוֹנִי)
□ *it's just dawned on me that it's your birthday* זֶה עַתָּה עָלָה בְּזִכְרוֹנִי שֶׁהַיּוֹם יוֹם־הֻלַּדְתְּ שֶׁלָּךְ

day /deɪ/ n.
1 (time of daylight) יוֹם, שְׁעוֹת הַיּוֹם
by day בַּיּוֹם, בַּיָּמִים, בִּשְׁעוֹת הַיּוֹם
day and night יוֹמָם וָלַיְלָה, יוֹם וָלֵיל
□ *it was as clear as day* זֶה הָיָה בָּרוּר כַּשֶּׁמֶשׁ
2 (unit of 24 hours) יְמָמָה, יוֹם
day by day מִיּוֹם לְיוֹם (בְּכָל יוֹם מִן הַיָּמִים הַחוֹלְפִים)
every day כָּל יוֹם, יוֹם־יוֹם
day in, day out יוֹם אַחַר יוֹם (לְלֹא הַפְסָקָה)
one day יוֹם אֶחָד, יוֹם בָּהִיר אֶחָד
in two days' time בְּעוֹד יוֹמַיִם
the other day לִפְנֵי כַּמָּה יָמִים, לִפְנֵי מִסְפַּר יָמִים
some day בְּאַחַד הַיָּמִים, בְּיוֹם מִן הַיָּמִים
□ *one of these days I shall go there again* בְּאַחַד הַיָּמִים עוֹד אָשׁוּב לְשָׁם
□ *he'll be back any day now* הוּא אָמוּר לַחֲזֹר בְּכָל יוֹם
□ *his days are numbered* (*formal*) יָמָיו סְפוּרִים
□ *she's fifty if she's a day* (*colloq.*) הִיא לְפָחוֹת בַּת חֲמִשִּׁים
□ *it's just one of those days* (*colloq.*) זֶה פָּשׁוּט יוֹם בְּלִי מַזָּל
□ *it made my day* (*colloq.*) זֶה עָשָׂה לִי אֶת הַיּוֹם, זֶה עָשָׂה אוֹתִי מְאֻשָּׁר כָּל הַיּוֹם
□ *I'm saving for a rainy day* (*colloq.*) אֲנִי חוֹסֵךְ לְיוֹם סַגְרִיר, אֲנִי חוֹסֵךְ לִשְׁעַת צָרָה
□ *it's just not my day* (*colloq.*) לֹא "הוֹלֵךְ לִי" הַיּוֹם, זֶה לֹא הַיּוֹם שֶׁלִּי
3 (appointed or specified days) מוֹעֵד, חַג, "יוֹם"
Christmas day יוֹם חַג־הַמּוֹלָד
the Last Day יוֹם הַדִּין (בַּנַּצְרוּת)
the Day of Judgement יוֹם הַדִּין (בַּנַּצְרוּת)
day of reckoning יוֹם הַדִּין (בְּהַשְׁאָלָה, לֹא בְּהֶקְשֵׁר דָּתִי), הַזְּמַן לִפְרֹעַ חֶשְׁבּוֹנוֹת (בְּהַשְׁאָלָה)
a red-letter day יוֹם הִיסְטוֹרִי (בְּאֹפֶן חִיּוּבִי, לְמָשָׁל יוֹם הָעַצְמָאוּת)
4 (period, lifetime) פֶּרֶק זְמַן, יָמִים, תְּקוּפָה
in days of old (*formal & joc.*) בְּיָמִים עָבָרוּ
in all my born days (*colloq.*) בְּכָל יְמֵי חַיַּי
these days בְּיָמֵינוּ, בְּיָמִים אֵלֶּה
in this day and age בִּזְמַנֵּנוּ
the good old days הַיָּמִים הַטּוֹבִים
to this day עַד הַיּוֹם הַזֶּה
□ *that'll be the day!* (*colloq.*) קַדַּחַת, אֲנִי קוּגְלֶגֶר!
□ *he's seen better days* (*colloq.*) הוּא רָאָה יָמִים טוֹבִים מֵאֵלֶּה
□ *he ended his days in Mexico* הוּא סִיֵּם אֶת יָמָיו בְּמֶקְסִיקוֹ
5 (period of work) יוֹם עֲבוֹדָה
day off יוֹם חָפְשִׁי, יוֹם חֹפֶשׁ
at the end of the day בְּסוֹפוֹ שֶׁל דָּבָר
five day week שְׁבוּעַ עֲבוֹדָה בֶּן חֲמִשָּׁה יָמִים
all in a day's work זֶה חֵלֶק מֵהַמִּשְׂחָק
□ *let's call it a day* (*colloq.*) טוֹב, בּוֹאוּ נִגְמֹר
6 (struggle, *poet.*)
carry (or **win**) **the day** יָצָא וְיָדוֹ עַל הָעֶלְיוֹנָה

day-boy /ˈdeɪ-bɔɪ/ n. תַּלְמִיד הַלּוֹמֵד בִּפְנִימִיָּה אַךְ גָּר בַּבַּיִת

daybreak /ˈdeɪbreɪk/ n. עֲלוֹת הַשַּׁחַר, הָנֵץ הַחַמָּה

day-dream /ˈdeɪdriːm/ n. חֲלוֹם בְּהָקִיץ; אַשְׁלָיָה

day-girl /ˈdeɪ-gɜːl/ n. תַּלְמִידָה הַלּוֹמֶדֶת בִּפְנִימִיָּה אַךְ גָּרָה בַּבַּיִת

daylight /ˈdeɪlaɪt/ n. אוֹר־יוֹם, שְׁעַת־הַזְּרִיחָה
daylight robbery (*fig.*) "שֹׁד בְּצָהֳרֵי־הַיּוֹם"
daylight saving הַקְדָּמַת הַשָּׁעוֹן לְנִצּוּל אוֹר הַיּוֹם, שְׁעוֹן קַיִץ
□ *he held up the bank in broad daylight* הוּא שָׁדַד אֶת הַבַּנְק לְאוֹר הַיּוֹם
□ *the spider scared the living daylights out of him* (*colloq.*) הָעַכָּבִישׁ הִפְחִיד אוֹתוֹ עַד מָוֶת
□ *I see daylight at last* (*fig.*) רַק עַכְשָׁו מִתְבָּרֵר לִי הָעִנְיָן

daylong /ˈdeɪlɒŋ/ adj. הַנִּמְשָׁךְ כָּל הַיּוֹם

day nursery /ˈdeɪ nɜːsərɪ/ n. מְעוֹן יוֹם לְתִינוֹקוֹת, פָּעוֹטוֹן

day release /deɪ rɪliːs/ n. & adj. שִׁיטַת הַכְשָׁרָה מִקְצוֹעִית הַמְאַפְשֶׁרֶת לָעוֹבֵד לְהִתְפַּנּוֹת לְיוֹם לִמּוּדִים בַּשָּׁבוּעַ; שֶׁל הַשִּׁיטָה הַנַּ"ל

day-return /ˌdeɪ-rɪˈtɜːn/ n. כַּרְטִיס הָלוֹךְ וָחֹזֶר שֶׁכֹּחוֹ יָפֶה לְיוֹם־הַקְּנִיָּה בִּלְבַד

day-school /ˈdeɪ-skuːl/ n. בֵּית־סֵפֶר (לְהַבְדִּיל מִפְּנִימִיָּה)

day shift /ˈdeɪ ʃɪft/ n. מִשְׁמֶרֶת־יוֹם

daytime /ˈdeɪtaɪm/ n. שְׁעוֹת הַיּוֹם (בֵּין זְרִיחַת־הַשֶּׁמֶשׁ לִשְׁקִיעָתָהּ)

day-to-day /ˌdeɪ-tə-ˈdeɪ/ adj. & adv. מִיּוֹם לְיוֹם; שִׁגְרָתִי

day-trip /ˈdeɪ-trɪp/ n. סִיּוּר, טִיּוּל שֶׁבּוֹ יוֹצְאִים וְחוֹזְרִים בְּאוֹתוֹ הַיּוֹם

day-tripper /ˈdeɪ-ˈtrɪpə(r)/ n. מְטַיְּלִים שֶׁאֵינָם נִשְׁאָרִים לָלוּן בְּאֲתַר הַטִּיּוּל

daze /deɪz/ v.t. הֵמֵם

—n. מַצָּב שֶׁל טִשְׁטוּשׁ חוּשִׁים

dazed /deɪzd/ adj. הָמוּם, הָלוּם; מְטֻשְׁטָשׁ (בִּגְלַל סַמֵּי הַרְדָּמָה וְכַד')

dazzle /ˈdæz(ə)l/ v.t. סִנְוֵר

—n. סִנְווּר, הִסְתַּנְווּרוּת, סַנְוֵרִים

dazzling /ˈdæzlɪŋ/ adj. מְסַנְוֵר

D-day /ˈdiː-deɪ/ n. יוֹם הַפְּלִישָׁה לְנוֹרְמַנְדְיָה בְּ־6 בְּיוּנִי 1944; תַּאֲרִיךְ לִפְתִיחַת מִבְצָע חָשׁוּב

DDT abbrev. דִּי־דִּי־טִי (חֹמֶר קוֹטֵל חֲרָקִים)

de- /diː/ pref. (תְּחִלִּית) שֶׁפֵּרוּשָׁהּ נִתּוּק, הַפְרָדָה, שְׁלִילָה, יְרִידָה, הִפּוּךְ

deacon /ˈdiːkən/ n. כֹּמֶר זוּטָר; חִלּוֹנִי הַמְמַלֵּא תַּפְקִידֵי־כֹּמֶר

deaconess /ˌdiːkəˈnes/ n. חִלּוֹנִית הַמְמַלֵּאת תַּפְקִידֵי כֹּמֶר

deactivate /ˌdiːˈæktɪveɪt/ v.t. בִּטֵּל פְּעִילוּת (שֶׁל חֹמֶר)

dead /ded/ adj.

1 (not alive) מֵת, הָרוּג

as dead as a doornail (or **dodo**) (*colloq.*) מֵת לִגְמָרֵי

dead men tell no tales הַמֵּתִים שׁוֹתְקִים, הַמֵּתִים לֹא מְגַלִּים אֶת סוֹדָם

waiting for dead men's shoes (*colloq.*) (בְּמַעֲרֶכֶת הַיֵּרַרְכִית) מְחַכֶּה לְג'וֹבּ שֶׁיִּתְפַּנֶּה (בִּגְלַל מוֹתוֹ שֶׁל הַפְּרוֹפֶסוֹר לְמָשָׁל)

dead wood (*fig.*) (בְּהַשְׁאָלָה) הַמּוֹץ שֶׁבַּתֶּבֶן

dead men (*colloq.*) בַּקְבּוּקִים רֵיקִים (לְאַחַר מְסִבָּה לְמָשָׁל)

the Dead Sea יָם הַמֶּלַח, יָם הַמָּוֶת

□ *I wouldn't be seen dead in that hat* גַּם אִם יְשַׁלְּמוּ לִי אֲנִי לֹא אֶלְבַּשׁ אֶת הַכּוֹבַע (הַנּוֹרָא) הַזֶּה

2 (inactive; insensitive)

dead to the world יָשֵׁן כְּמוֹ פֶּגֶר

dead letter חֹק שֶׁכְּבָר אֵינוֹ בְּתֹקֶף, חֹק שֶׁעָבַר זְמַנּוֹ; מִכְתָּב שֶׁלֹּא הִגִּיעַ לְיַעֲדוֹ

dead weight דְּבַר מָה כָּבֵד, מְגֻשָּׁם וּמַכְבִּיד, מַעֲמָסָה

□ *the line* (or *phone*) *is dead* הַקַּו/הַטֶּלֶפוֹן הִשְׁתַּתֵּק/נָדַם

□ *he's dead from the neck up* (*colloq.*) יֵשׁ לוֹ רֹאשׁ מָלֵא קַשׁ

□ *she's dead from the waist down* (*colloq.*) הִיא מַמָּשׁ "פְרִיגִ'ידֶר"

3 (complete, exact) מֻחְלָט, גָּמוּר, בָּטוּחַ

dead calm (יָם) לְלֹא מַשַּׁב רוּחַ; דּוּמִיָּה

dead centre בְּדִיּוּק בְּאֶמְצַע (בְּהִתְיַחֵס לְשֶׁטַח אוֹ לְחָלָל)

dead cert. (*sl.*) דָּבָר בָּטוּחַ מֵאָה אָחוּז

dead end דֶּרֶךְ לְלֹא מוֹצָא, כְּבִישׁ לְלֹא מוֹצָא; (בְּהַשְׁאָלָה) "דֶּרֶךְ לְלֹא מוֹצָא"

dead heat תֵּיקוּ, מַצָּב שֶׁבּוֹ מְסַיְּמִים שְׁנֵי מִתְחָרִים אוֹ יוֹתֵר בִּמְקוֹם הָרִאשׁוֹן

dead loss (*colloq.*) עִנְיָן אָבוּד, דָּבָר אָבוּד

□ *he made a dead set at her* (*colloq.*) הוּא נִסָּה לְהַתְחִיל אִתָּהּ

□ *he's the dead spit of his father* (*colloq.*) הוּא וְאָבִיו דּוֹמִים כְּמוֹ שְׁתֵּי טִפּוֹת מַיִם

□ *the car came to a dead stop* הַמְּכוֹנִית הִגִּיעָה לַעֲצִירָה מֻחְלֶטֶת

—adv.

dead on (target) קָלַע לַמַּטָּרָה, בּוּל!

dead on time בְּדִיּוּק בַּזְּמַן, (הָרַכֶּבֶת בָּאָה) עַל הָרֶגַע

dead drunk שִׁכּוֹר עַד הַסּוֹף

dead slow לְאַט כְּכָל הָאֶפְשָׁר, "בִּזְחִילָה"

dead tired מֵת מֵעֲיֵפוּת, "הָרוּג"

□ *she cut me dead* הִיא הִתְעַלְּמָה מִמֶּנִּי, הִיא הִתְנַכְּרָה לִי לַחֲלוּטִין

□ *you're dead right* (*colloq.*) אַתָּה צוֹדֵק לִגְמָרֵי, זֶה מֵאָה אָחוּז נָכוֹן

—n. מֵת, חָלָל

at dead of night בְּאִישׁוֹן לַיְלָה

□ *don't speak ill of the dead* אַל תְּדַבֵּר סָרָה בַּמֵּתִים

dead-beat /ˈded-biːt/ n. (*sl.*) יַחְפָן, בַּטְלָן, קַבְּצָן

—adj. /ˈded-ˈbiːt/ (*colloq.*) תָּשׁוּשׁ, עָיֵף עַד מָוֶת

deaden /ˈded(ə)n/ v.t. הֶחֱלִישׁ, עִמְעֵם

dead-end /ˌded-ˈend/ adj. לְלֹא־מוֹצָא

□ *don't land yourself with a dead-end job* אַל תִּקַּח מִשְׂרָה לְלֹא עָתִיד

deadline /ˈdedlaɪn/ n. תַּאֲרִיךְ אַחֲרוֹן, מוֹעֵד סִיּוּם קָבוּעַ מֵרֹאשׁ, (בְּדִבּוּר) "דֶּדְלַיְן"

deadliness /ˈdedlɪnɪs/ n. קַטְלָנוּת

deadlock /ˈdedlɒk/ n. קִפָּאוֹן (בְּמוּ"מ), מָבוֹי סָתוּם (בְּמוּ"מ)

deadly /ˈdedlɪ/ adj. קַטְלָנִי

deadly nightshade הָאַטְרוֹפָּה הָרְפוּאִית מִן הַפְּרִי הָרָעִיל מְפִיקִים תְּרוּפוֹת), בֶּלָדוֹנָה

the seven deadly sins (בְּנַצְרוּת) שִׁבְעָה אָבוֹת הַחֵטְא (גַּאֲוָה, תַּאֲוַת־בְּשָׂרִים, רַגְזָנוּת, חַמְדָנוּת, גַּרְגְּרָנוּת, קִנְאָה וְעַצְלוּת)

□ *they are deadly enemies* הֵם אוֹיְבִים בְּנֶפֶשׁ

dead man's handle /ˌded mænz ˈhændəl/ n. מַעֲצוֹר־חֵרוּם בְּתָא הַנֶּהָג בְּרַכֶּבֶת חַשְׁמַלִּית

dead-pan /ˈded-pæn/ adj. & adv. מַעֲמִיד פָּנִים רְצִינִיּוֹת; בְּמַצָּב הַנַּ"ל

dead reckoning /ded ˈrekənɪŋ/ n. הַעֲרָכַת מִקּוּם לְלֹא תַּצְפִּית אֶל הַכּוֹכָבִים אוֹ הַשֶּׁמֶשׁ

deaf /def/ adj. חֵרֵשׁ

deaf and dumb חֵרֵשׁ־אִלֵּם

□ *I turned a deaf ear to his pleas* (*formal*) אָטַמְתִּי אָזְנַי לְתַחֲנוּנָיו

deaf-aid /ˈdef-eɪd/ n. מַכְשִׁיר־שְׁמִיעָה

deafen /ˈdef(ə)n/ v.t. הֶחֱרִישׁ (אֶת אָזְנָיו שֶׁל)

deafening /ˈdefənɪŋ/ adj. מַחֲרִישׁ־אָזְנַיִם

deaf mute /ˌdef ˈmjuːt/ n. חֵרֵשׁ־אִלֵּם

deafness /ˈdefnɪs/ n. חֵרְשׁוּת

deal[1] /diːl/ (past & past ppl. **dealt** /delt/) v.t. חִלֵּק, הִנְחִית

□ *he dealt a blow for principle* הוּא הִתְיַצֵּב לְצַד הָעֶקְרוֹנוֹת

□ *if you're ready, I'll deal the cards* אִם אַתֶּם מוּכָנִים, אֲנִי אֲחַלֵּק אֶת הַקְּלָפִים

—v.i. הִתְעַסֵּק בְּ..., סָחַר בְּ..., טִפֵּל בְּ...

□ *the firm deals in textiles* הַחֶבְרָה עוֹסֶקֶת בְּמוּצְרֵי טֶקְסְטִיל

□ *he's not easy to deal with* צָרִיךְ לְהִתְנַהֵג אִתּוֹ בִּזְהִירוּת

□ *we have dealt with that firm for years* אֲנַחְנוּ בְּקְשָׁרִים עִם הַחֶבְרָה הַזֹּאת שָׁנִים

□ *offenders were swiftly dealt with* הָעֲבַרְיָנִים טֻפְּלוּ לְלֹא שְׁהוּת

□ *the government failed to deal with inflation* הַמֶּמְשָׁלָה לֹא הִצְלִיחָה לְטַפֵּל בָּאִינְפְלַצְיָה

□ *his lecture dealt with the prehistoric period* נוֹשֵׂא הַרְצָאָתוֹ הָיָה הַתְּקוּפָה הַפְּרֶה־הִיסְטוֹרִית

—n.

1 (business transaction, bargain עִסְקָה, עֵסֶק, "דִּיל"

a raw deal "מִשְׂחָק מָכוּר", טִפּוּל אַכְזָר, טִפּוּל לֹא־הוֹגֵן

a square deal טִפּוּל הוֹגֵן, עִסְקָה כְּשֵׁרָה

□ *it's a deal!* עָשִׂינוּ עֵסֶק!

□ *big deal!* (*colloq. iron.*) אָז מָה?!, "בִּיג־דִּילֹ!"

□ *he did a deal with the police* הוּא עָשָׂה עִסְקָה/עִסְקַת־טִעוּן עִם הַמִּשְׁטָרָה

□ *I didn't get a fair deal* סִדְּרוּ אוֹתִי (וְשִׁלַּמְתִּי מְחִיר מֻפְרָז)!; לֹא הָיָה לִי צִ'נְס (לֹא נִתְּנָה לִי אֶפְשָׁרוּת לְהַצִּיג אֶת עֶמְדָּתִי)

2 (a large amount)

□ *he thinks a great deal of you* הוּא מַעֲרִיךְ אוֹתְךָ מְאֹד

□ *I've thought a good deal about it* הִקְדַּשְׁתִּי לָזֶה מַחֲשָׁבָה מְרֻבָּה, הִקְדַּשְׁתִּי לָזֶה הַרְבֵּה מַחֲשָׁבָה

□ *it means a great deal to me* זֶה חָשׁוּב לִי מְאֹד; זֶה קָרוֹב לְלִבִּי

□ *they've travelled a good deal* הֵם עָרְכוּ לֹא מְעַט מַסָּעוֹת; הֵם נָסְעוּ דֶּרֶךְ אֲרֻכָּה

□ *he's a good deal better today* הַיּוֹם מַצָּבוֹ הַרְבֵּה יוֹתֵר טוֹב

3 (turn to deal cards) תּוֹר (לְחַלֵּק קְלָפִים, בְּמִשְׂחַק קְלָפִים)

□ *it's your deal* תּוֹרְךָ לְחַלֵּק קְלָפִים

dealer /ˈdiːlə(r)/ n. סוֹכֵן (שֶׁל מוּצָרִים, מְנָיוֹת וְכַד'); סוֹחֵר סַמִּים; מְחַלֵּק הַקְּלָפִים

dealings /ˈdiːlɪŋz/ n. (*pl.*) יַחֲסֵי מִסְחָר, מַגָּעִים (עִסְקִיִּים אוֹ אִישִׁיִּים)

□ *I have had dealings with him before* הָיוּ לִי מַגָּעִים אִתּוֹ בֶּעָבָר; כֵּן, אֲנִי מַכִּיר אוֹתוֹ מִקָּרוֹב

dealt /delt/ past & past ppl. of **deal**

dean /diːn/ n.

1 (academic) דֵּקָן (בָּאוּנִיבֶרְסִיטָה)

2 (cleric) רֹאשׁ־קָתֶדְרָלָה (בַּכְּנֵסִיָּה)

deanery /ˈdiːnərɪ/ n. מִשְׂרַד/דִּירַת־הַדֵּקָן

dear /dɪə(r)/ adj.

1 (held in affection, cherished) יַקִּיר, יָקָר, חָבִיב, אָהוּב

Dear Sir אָדוֹן נִכְבָּד, אֲדוֹנִי הַיָּקָר

□ *he ran for dear life* הוּא נָס עַל נַפְשׁוֹ

2 (costly, also as adv.) יָקָר, בְּיֹקֶר

—n. יַקִּירִי/יַקִּירָתִי, חָמוּד, מֹתֶק

my dear יַקִּירִי/יַקִּירָתִי

□ *let me have it, there's a dear* תִּהְיֶה נֶחְמָד וְתֵן לִי אֶת זֶה

□ *your sister is a dear* אֲחוֹתְךָ חֲמוּדָה

—int.

oh dear (me)! אוֹי וַאֲבוֹי!

dearie /ˈdɪərɪ/ n. (*colloq.*) מֹתֶק שֶׁלִּי, חֲמוּדָתִי

dearly /ˈdɪəlɪ/ adv. מְאֹד; בְּיֹקֶר

□ *he loves her dearly* הִיא יְקָרָה מְאֹד לְלִבּוֹ

□ *he paid dearly for his mistake* הוּא שִׁלֵּם בְּיֹקֶר עַל טָעוּתוֹ

dearth /dɜːθ/ n. (*formal*) מַחְסוֹר

death /deθ/ n. מָוֶת, מִיתָה

death duty מַס־יְרֻשָּׁה, מַס־עִזָּבוֹן

death-mask מַסֵּכַת־מָוֶת (דְּיוֹקַן־הַמֵּת יָצוּק בְּגֶבֶס)

death penalty עֹנֶשׁ מָוֶת

death rate שִׁעוּר הַתְּמוּתָה

death rattle חִרְחוּר גְּסִיסָה

death row (*US*) שׁוּרַת הַתָּאִים שֶׁל הַנִּדּוֹנִים לְמָוֶת

death sentence גְּזַר־דִּין מָוֶת

death squad חֻלְיַת־רֶצַח (לְחִסּוּל יְרִיבִים פּוֹלִיטִיִּים)

death throes חֶבְלֵי־מָוֶת

death toll מִסְפַּר הַהֲרוּגִים, מִסְפַּר הַקָּרְבָּנוֹת

death-warrant צַו הוֹצָאָה לַהוֹרֵג

sick to death of (*colloq.*) נִמְאַס לוֹ עַד מָוֶת מִ...

bored to death (*colloq.*) מְשֻׁעֲמָם עַד מָוֶת, מֵת מִשִּׁעֲמוּם
□ *that corner is a real death-trap* פִּנָּה זוֹ הִיא מַלְכֹּדֶת מָוֶת (מָקוֹם מְסֻכָּן)
□ *the traitor was put to death* הַבּוֹגֵד הוּצָא לַהוֹרֵג
□ *it will be the death of him* (*colloq.*) זֶה יִגְמֹר אוֹתוֹ
□ *he was in at the death* (*colloq.*) הוּא הָיָה נוֹכֵחַ בָּרֶגַע הַגּוֹרָלִי
□ *she is at death's door* (*colloq.*) הִיא עַל סַף הַמָּוֶת, הִיא עִם רֶגֶל אַחַת בַּקֶּבֶר
□ *she looks like death warmed up* (*colloq.*) הִיא נִרְאֵית כְּאִלּוּ הוֹצִיאוּ אוֹתָהּ מֵהַקֶּבֶר

death-bed /ˈdeθ-bed/ n. עֶרֶשׂ הַמָּוֶת, עֶרֶשׂ־דְּוַי

death-blow /ˈdeθ-bləʊ/ n. מַכַּת מָוֶת, מַהֲלוּמַת מָוֶת

death's-head /ˈdeθs-hed/ n. גֻּלְגֹּלֶת מֵת (סֵמֶל הַסַּכָּנָה)

deathless /ˈdeθlɪs/ adj. (*poet.*) בֶּן־אַלְמָוֶת, אַלְמוֹתִי, נִצְחִי

deathly /ˈdeθlɪ/ adj. & adv. שֶׁל מָוֶת, כְּמוֹ מָוֶת
□ *a deathly hush fell on the room* דְּמָמַת מָוֶת נָפְלָה עַל הַחֶדֶר
deathly pale חִוֵּר כְּמֵת

death-watch beetle /ˌdeθ-wɒtʃ ˈbiːt(ə)l/ n. חִפּוּשִׁית הַמָּוֶת (שֶׁזַּחֲלָהּ נִזּוֹן מֵעֵץ וּמַשְׁמִיעַ נְקִישׁוֹת)

débâcle /deɪˈbɑːk(ə)l/ n. חֻרְבָּן, הִתְמוֹטְטוּת פִּתְאֹמִית, כִּשָּׁלוֹן חָרוּץ

debar /dɪˈbɑː(r)/ v.t. (*formal*) מָנַע, אָסַר עַל

debark /dɪˈbɑːk/ v.i. יָרַד לַחוֹף (מִסְּפִינָה, בְּנָמֵל)

debase /dɪˈbeɪs/ v.t. הִשְׁפִּיל; הִפְחִית עֵרֶךְ (שֶׁל מַטְבֵּעַ, לְמָשָׁל)

debatable /dɪˈbeɪtəb(ə)l/ adj. מוּטָל בְּסָפֵק, נָתוּן לְוִכּוּחַ

debate /dɪˈbeɪt/ n. וִכּוּחַ, דִּיּוּן
—v.t.
1 (argue) הִתְוַכֵּחַ, הִשְׁתַּתֵּף בְּדִיּוּן
debating point טִעוּן מֻצְלָח, אַךְ שֶׁלֹּא לָעִנְיָן
debating society מוֹעֲדוֹן־דִּיּוּנִים
2 (consider) שָׁקַל בַּדָּבָר

debauch /dɪˈbɔːtʃ/ n. הִתְהוֹלְלוּת, הֶפְקֵרוּת (לָרֹב כּוֹלֶלֶת מִין וְאַלְכּוֹהוֹל)
—v.t. הִתְהוֹלֵל; פִּתָּה, הִדִּיחַ, קִלְקֵל, הִשְׁחִית (אֶת אָפְיוֹ שֶׁל אָדָם)

debauched /dɪˈbɔːtʃt/ adj. מֻפְקָר, מֻשְׁחָת, מִתְהוֹלֵל

debauchee /deɪˌbɔːˈtʃiː/ n. (*derog.*) מֻפְקָר, אָדָם מֻשְׁחָת, מִתְהוֹלֵל

debauchery /dɪˈbɔːtʃərɪ/ n. חַיֵּי הוֹלְלוּת, הֶפְקֵרוּת

debenture /dɪˈbentʃə(r)/ n. (*UK*) נְיַר־עֵרֶךְ נוֹשֵׂא רִבִּית קְבוּעָה

debilitate /dɪˈbɪlɪteɪt/ v.t. (*formal*) הֶחֱלִישׁ, גָּרַם רִפְיוֹן

debility /diˈbiləti/ n. (*formal*) חֻלְשָׁה, רִפְיוֹן

debit /ˈdebɪt/ n. (בְּהַנְהָלַת־חֶשְׁבּוֹנוֹת) חוֹבָה, חוֹב
□ *on the debit side there is the bad weather* מֶזֶג־הָאֲוִיר הָרַע הוּא הַצַּד הַשְּׁלִילִי
—v.t. (בְּהַנְהָלַת חֶשְׁבּוֹנוֹת) חִיֵּב אֶת, חִיֵּב אֶת חֶשְׁבּוֹנוֹ שֶׁל

debonair /ˌdebəˈneə(r)/ adj. (אָדָם) מַקְסִים, שׁוֹבֵה לֵב וְלָבוּשׁ בְּאַפְנָתִיּוּת

debouch /dɪˈbaʊtʃ/ v.i. (*formal*) הֵגִיחַ; (נַחַל) הִשְׁתַּפֵּךְ

debrief /ˌdiːˈbriːf/ v.t. תִּחְקֵר

debriefing /ˌdiːˈbriːfɪŋ/ n. תַּחְקִיר; תִּחְקוּר

debris /ˈdebriː/ n. עִיֵּי מַפֹּלֶת, עִיֵּי חֳרָבוֹת, הֲרִיסוֹת, פְּסֹלֶת־בִּנְיָן

debt /det/ n. חוֹב, הִתְחַיְּבוּת
a debt of honour חוֹב שֶׁמִּן הָרָאוּי לְשַׁלְּמוֹ, אַךְ אִי אֶפְשָׁר לָאָכְפוֹ בְּאֶמְצָעוּת הַחֹק (לְמָשָׁל חוֹב הִמּוּרִים)
a bad debt חוֹב אָבוּד
the National Debt הַחוֹב הַלְּאֻמִּי
debt collector גּוֹבֵה חוֹבוֹת
□ *I shall never be out of your debt* (*fig.*) לְעוֹלָם אֶהְיֶה אֲסִיר־תּוֹדָה לְךָ

debtor /ˈdetə(r)/ n. בַּעַל־חוֹב, חַיָּב (כֶּסֶף)

debug /ˌdiːˈbʌg/ v.t.
1 (remove faults from computer program) תִּקֵּן פְּגָמִים בְּתָכְנַת מַחְשֵׁב, (בַּשָּׂפָה הַמְדֻבֶּרֶת) עָשָׂה "דִּיבָּגִינְג"
2 (remove hidden microphones, *US*) גִּלָּה וְסִלֵּק מַכְשִׁירֵי־צִתּוּת סְמוּיִים

debunk /ˌdiˈbʌŋk/ v.t. (*colloq.*) גִּלָּה אֶת הַפַּרְצוּף הָאֲמִתִּי שֶׁל

début /ˈdeɪbjuː/ n. הוֹפָעַת־בְּכוֹרָה (שֶׁל אָמָן, סוֹפֵר, אִישׁ מִקְצוֹעַ); כְּנִיסָה לַחֶבְרָה הַגְּבוֹהָה

débutante /ˈdebjuːtɑːnt/ n. צְעִירָה בְּהוֹפָעָתָהּ הָרִאשׁוֹנָה בַּחֶבְרָה הַגְּבוֹהָה

deca- /ˈdekə-/ in comb. (תְּחִלִּית שֶׁפֵּרוּשָׁהּ) עֶשֶׂר, עֲשָׂרָה, עֶשְׂרוֹנִי, בַּעַל עֶשֶׂר יְחִידוֹת

decade /ˈdekeɪd/ n. עָשׂוֹר (עֶשֶׂר שָׁנִים)

decadence /ˈdekədəns/ n. שְׁקִיעָה, נְפִילָה (שֶׁל מוּסָר, חֶבְרָה); הִתְנַוְּנוּת; נִוּוּן מוּסָרִי, "דֶּקָדַנְס"

decadent /ˈdekədənt/ adj. מִתְנַוֵּן, שׁוֹקֵעַ, נִמְצָא בִּירִידָה (מוּסָרִית וכו') דֶּקָדֶנְטִי

decaffeinated /ˌdiːˈkæfɪneɪtɪd/ adj. (קָפֶה) נְטוּל קוֹפֵאִין

Decalogue /ˈdekəlɒg/ n. עֲשֶׂרֶת הַדִּבְּרוֹת

decamp /dɪˈkæmp/ v.i. (*colloq.*) עָזַב לְפֶתַע אוֹ בַּסֵּתֶר

decant /dɪˈkænt/ v.t. יָצַק (יַיִן בְּעִקָּר) בִּזְהִירוּת מִכְּלִי אֶל כְּלִי (לְהַפְרִיד אֶת הַיַּיִן מֵהַמִּשְׁקָע)

decanter /dɪˈkæntə(r)/ n. קַנְקַן, לָגִין בְּדֹלַח מְקֻשָּׁט לְמַשְׁקָאוֹת חֲרִיפִים

decapitate /dɪˈkæpɪteɪt/ v.t. (*formal*) עָרַף, כָּרַת רֹאשׁ

decapitation /dɪˌkæpɪˈteɪʃ(ə)n/ n. (*formal*) עֲרִיפָה, כְּרִיתַת רֹאשׁ

decarbonize /ˌdiːˈkɑːbənaɪz/ v.t. סַלֵּק אֶת הַפֶּחָם (מִמְּנוֹעַ רֶכֶב)

decathlon /dɪˈkæθlɒn/ n. קְרַב־עֲשָׂרָה (תַּחֲרוּת הַמַּקִּיפָה 10 עַנְפֵי סְפּוֹרְט)

decay /dɪˈkeɪ/ n. & v.i. נִרְקַב, הִתְנַוֵּן, בָּלָה, דָּעַךְ; רִקָּבוֹן, רָקָב, הִתְנַוְּנוּת, בְּלִיָּה, דְּעִיכָה

decease /dɪˈsiːs/ n. (*Law*) מָוֶת, פְּטִירָה

deceased /dɪˈsiːst/ adj. (*formal*) מֵת

the deceased הַמָּנוֹחַ, הַמֵּת, הַנִּפְטָר

deceit /dɪˈsiːt/ n. (*derog.*) מִרְמָה, תַּרְמִית, רַמָּאוּת, הוֹנָאָה, אוֹנָאָה

deceitful /dɪˈsiːtf(ə)l/ adj. (*derog.*) כּוֹזֵב, נוֹכֵל, רַמַּאי, מוֹלִיךְ שׁוֹלָל

deceitfulness /dɪˈsiːtf(ə)lnɪs/ n. (*derog.*) הוֹנָאָה, אוֹנָאָה, רַמָּאוּת, הוֹלָכַת שׁוֹלָל

deceive /dɪˈsiːv/ v.t. רִמָּה, הוֹנָה, שִׁקֵּר, הוֹלִיךְ שׁוֹלָל

deceiver /dɪˈsiːvə(r)/ n. רַמַּאי, שַׁקְרָן, מוֹלִיךְ שׁוֹלָל

decelerate /ˌdiːˈseləreɪt/ v.t. & i. הֵאֵט מְהִירוּת (בִּמְכוֹנִית), הֵאֵט קֶצֶב

deceleration /ˌdiːseləˈreɪʃ(ə)n/ n. הָאָטָה, הָאָטַת מְהִירוּת (בִּמְכוֹנִית)

December /dɪˈsembə(r)/ n. דֶּצֶמְבֶּר (הַחֹדֶשׁ הַשְּׁנֵים־עָשָׂר בַּשָּׁנָה הָאֶזְרָחִית)

decency /ˈdiːsənsɪ/ n. הֲגִינוּת

□ *he had the decency to apologise* הָיְתָה לוֹ הֲגִינוּת מַסְפֶּקֶת כְּדֵי לְבַקֵּשׁ סְלִיחָה

decennial /dɪˈsenɪəl/ adj. (*formal*) אַחַת לְעֶשֶׂר שָׁנִים (חֲגִיגָה, פְּגִישַׁת מַחֲזוֹר וְכַד'); בַּר תֹּקֶף לְעֶשֶׂר שָׁנִים (חֹק וְכַד')

decent /ˈdiːsənt/ adj.

1 (respectable, socially acceptable) הוֹגֵן, נָכוֹן, הוֹלֵם

2 (adequate) סָבִיר, מַתְאִים, הָגוּן

□ *he could do with a decent meal* לֹא הָיְתָה מַזִּיקָה לוֹ אֲרוּחָה מְסֻדֶּרֶת

3 (kind, *colloq.*) נֶחְמָד; "יָפֶה מְאֹד"

4 (clothed, *colloq.*) לָבוּשׁ, מְלֻבָּשׁ (לֹא־עֵירֹם)

decently /ˈdiːsəntlɪ/ adv. בְּצוּרָה הוֹגֶנֶת, בְּצוּרָה הוֹלֶמֶת

□ *he was decently dressed* הוּא הָיָה לָבוּשׁ כַּיָּאוּת; הוּא הָיָה לָבוּשׁ בְּאֹפֶן הוֹלֵם

decentralization /ˌdiːsentrəlaɪˈzeɪʃ(ə)n/ n. בִּזּוּר, פִּזּוּר סַמְכֻיּוֹת, דֶּצֶנְטְרָלִיזַצְיָה

decentralize /diːˈsentrəlaɪz/ v.t. & i. בִּזֵּר, פִּזֵּר סַמְכֻיּוֹת; עָבַר בִּזּוּר, עָבַר דֶּצֶנְטְרָלִיזַצְיָה

deception /dɪˈsepʃ(ə)n/ n. הַטְעָיָה, רַמָּאוּת, הוֹנָאָה, הוֹלָכַת שׁוֹלָל

deceptive /dɪˈseptɪv/ adj. מַטְעֶה, כּוֹזֵב, מוֹלִיךְ שׁוֹלָל

deci- /ˈdesɪ-/ in comb. (תְּחִלִּית) עֲשִׂירִית

decibel /ˈdesɪbel/ n. דֶּצִיבֶּל (יְחִידָה לִמְדִידַת עָצְמַת הַקּוֹל)

decide /dɪˈsaɪd/ v.t. הֶחְלִיט, הִכְרִיעַ, קָבַע

decide on הֶחְלִיט עַל, הֶחְלִיט לְקַבֵּל/לִקְנוֹת/לַעֲשׂוֹת אֶת

decided /dɪˈsaɪdɪd/ adj. מֻחְלָט, מֻכְרָע, בָּרוּר; נֶחֱרָץ, הֶחְלֵטִי

decidedly /dɪˈsaɪdɪdlɪ/ adv. (*formal*) בְּהֶחְלֵט, לַחֲלוּטִין

deciding /dɪˈsaɪdɪŋ/ adj. קוֹבֵעַ, מַכְרִיעַ

□ *his age was the deciding factor* גִּילוֹ הָיָה הַגּוֹרֵם הַמַּכְרִיעַ

deciduous /dɪˈsɪdjʊəs/ adj. נָשִׁיר (עֵץ־שַׁלֶּכֶת)

decimal /ˈdesɪməl/ adj. עֶשְׂרוֹנִי

decimal currency מַטְבֵּעַ עֶשְׂרוֹנִי

decimal fraction שֶׁבֶר עֶשְׂרוֹנִי

decimal point נְקֻדַּת הַשֶּׁבֶר־הָעֶשְׂרוֹנִי

decimal system הַשִּׁיטָה הָעֶשְׂרוֹנִית

□ *it is accurate to three decimal places* זֶה מְדֻיָּק עַד לָאֲלָפִית

—n. שֶׁבֶר־עֶשְׂרוֹנִי

decimalization /ˌdesɪməlaɪˈzeɪʃ(ə)n/ n. סִמּוּן/עֲרִיכָה בְּשִׁיטָה עֶשְׂרוֹנִית

decimalize /ˈdesɪməlaɪz/ v.t. & i. הֶעֱבִיר לַשִּׁיטָה הָעֶשְׂרוֹנִית; עָבַר לַשִּׁיטָה הָעֶשְׂרוֹנִית

decimate /ˈdesɪmeɪt/ v.t. (*formal*) חִסֵּל חֵלֶק נִכָּר מִ..., הִשְׁמִיד חֵלֶק נִכָּר מִ...

decimation /desɪˈmeɪʃ(ə)n/ n. (*formal*) חִסּוּל רַבָּתִי

decimetre /ˈdesɪmiːtə(r)/ n. (*US* **decimeter**) דֶּצִימֶטֶר (10 ס"מ)

decipher /dɪˈsaɪfə(r)/ v.t. פִּעְנֵחַ

decipherment /dɪˈsaɪfəmənt/ n. פִּעֲנוּחַ

decision /dɪˈsɪʒ(ə)n/ n.

1 (judgement) קְבִיעָה, הַכְרָעָה, הַחְלָטָה, פְּסַק־דִּין

□ *the editor's decision is final* הַכְרָעַת הָעוֹרֵךְ הִיא סוֹפִית

2 (resoluteness) הֶחְלֵטִיּוּת, נֶחֱרָצוּת

decisive /dɪˈsaɪsɪv/ adj. מַכְרִיעַ, קוֹבֵעַ; פַּסְקָנִי, הֶחְלֵטִי

decisively /dɪˈsaɪsɪvlɪ/ adv. בְּהֶחְלֵטִיּוּת, בְּאֹפֶן נִמְרָץ

deck /dek/ n.

1 (of ship) סִפּוּן

deck-chair כִּסֵּא־נוֹחַ, כִּסֵּא־מַרְגּוֹעַ (עָשׂוּי בַּד מָתוּחַ עַל גַּבֵּי מִסְגֶּרֶת מִתְקַפֶּלֶת)

deck hand נַעַר־סִפּוּן (מַלָּח הַמְנַקֶּה אֶת הַסִּפּוּן וְעוֹשֶׂה מְלָאכָה פְּשׁוּטָה)

below deck בְּבֶטֶן הַסְּפִינָה (מִתַּחַת לַסִּפּוּן)

car deck סִפּוּן בְּמַעְבֹּרֶת בִּשְׁבִיל מְכוֹנִיּוֹת בִּלְבַד

□ *he cleared the decks for action* (*colloq.*) הוּא עָשָׂה אֶת הַהֲכָנוֹת הַנְּחוּצוֹת לִפְעֻלָּה; הוּא נֶעֱרַךְ לִקְרָב

2 (pack of playing cards, *US*) חֲפִיסַת קְלָפִים

3 (part of record player or tape recorder) "דֶּק"

tape deck רְשַׁמְקוֹל (לְלֹא מַגְבֵּר)

record deck פָּטֵיפוֹן, מָקוֹל (לְלֹא מַגְבֵּר)

—v.t. קִשֵּׁט, עִטֵּר, הִלְבִּישׁ פְּאֵר

□ *the room was decked out with coloured streamers* הַחֶדֶר קֻשַּׁט בִּסְרְטֵי־נְיָר צִבְעוֹנִיִּים

-decker /-ˈdekə(r)/ n. in comb.
1 (of vehicles)
single (or **double**)**-decker (bus)** (אוֹטוֹבּוּס) חַד־קוֹמָתִי/דּוּ־קוֹמָתִי
2 (of food, *US*)
double-decker (sandwich) כָּרִיךְ עָשׂוּי שָׁלֹשׁ פְּרוּסוֹת לֶחֶם וּשְׁנֵי מִינֵי מִלּוּי, "סֶנְדְוִיץ'־קוֹמָתַיִם"

declaim /dɪˈkleɪm/ v.t. & i. (*formal*) הִכְרִיז בְּטוֹן חֲגִיגִי שֶׁ...; נָאַם בְּהִתְרַגְּשׁוּת

declamation /ˌdekləˈmeɪʃ(ə)n/ n. (*formal*) הַכְרָזָה בְּטוֹן חֲגִיגִי, נְאוּם נִרְגָּשׁ

declamatory /dɪˈklæmətərɪ/ adj. (*formal*) שֶׁל הַכְרָזָה בְּטוֹן חֲגִיגִי, בַּעַל טוֹן חֲגִיגִי

declaration /ˌdekləˈreɪʃ(ə)n/ n. הַכְרָזָה, הַצְהָרָה, הוֹדָעָה פֻּמְבִּית

declare /dɪˈkleə(r)/ v.t. & i. הִכְרִיז, הִצְהִיר
□ *have you anything to declare?* (בַּמֶּכֶס) יֵשׁ לְךָ עַל מָה לְהַצְהִיר?
□ *he is a declared pacifist* הוּא פַּצִּיפִיסְט בְּמֻצְהָר

declassificaton /ˌdiːˈklæsɪfɪˈkeɪʃ(ə)n/ n. בִּטּוּל הַסִּוּוּג הַסּוֹדִי (שֶׁל חֹמֶר חָסוּי)

declassify /ˌdiːˈklæsɪfaɪ/ v.t. בִּטֵּל אֶת הַסִּוּוּג הַסּוֹדִי (שֶׁל חֹמֶר חָסוּי)

declension /dɪˈklenʃ(ə)n/ n. (*Gram.*) (בְּדִקְדּוּק) נְטִיַּת־הַשֵּׁם, הַטָּיָה

declination /deklɪˈneɪʃ(ə)n/ n. נְטִיַּת מַחַט־הַמַּצְפֵּן; סֵרוּב (רִשְׁמִי); הַדַּרְדְּרוּת (הַמּוּסָר)

decline /dɪˈklaɪn/ v.i. נֶחֱלַשׁ, יָרַד בְּעֶרְכּוֹ, הִתְנַוֵּן, שָׁקַע; נָטָה (כְּלַפֵּי מַטָּה בְּמִדְרוֹן)
—v.t.
1 (refuse) דָּחָה (אֶת־הַהַצָּעָה, הַהַזְמָנָה), סֵרֵב
2 (*Gram.*) (בְּדִקְדּוּק) הִטָּה אֶת הַשֵּׁם (לְפִי יְחָסוֹת וְכַד')
—n.
1 (slope) מִדְרוֹן, מוֹרָד
2 (waning, deterioration) הִתְחַלְּשׁוּת, שְׁקִיעָה, נִוּוּן, הִתְמַעֲטוּת, דִּלְדּוּל, הִדַּרְדְּרוּת
□ *he went into a decline* מַצָּבוֹ הָלַךְ וָרַע

declivity /dɪˈklɪvɪtɪ/ n. (*formal*) מִדְרוֹן, מוֹרָד, שִׁפּוּעַ

declutch /ˌdiːˈklʌtʃ/ v.i. שִׁחְרֵר אֶת דַּוְשַׁת הַמַּצְמֵד (בִּכְלִי־רֶכֶב)

decoction /dɪˈkɒkʃ(ə)n/ n. (*formal*) רְקִיחַת שִׁקּוּי; תַּמְצִית (הַמִּתְקַבֶּלֶת ע"י הַרְתָּחָה בְּמַיִם)

decode /ˌdiːˈkəʊd/ v.t. פִּעְנֵחַ צֹפֶן, הֶעֱבִיר מִקּוֹד לְשָׂפָה מוּבֶנֶת

decoke /ˌdiːˈkəʊk/ v.t. & n. סִלֵּק פֶּחָם (בְּנִקּוּי מְנוֹעַ־רֶכֶב); סִלּוּק פֶּחָם (כַּנַּ"ל)

décolletage /ˌdeɪkɒlˈtɑːʒ/ n. מַחְשׂוֹף עָמֹק (הַמְּגַלֶּה גַּם אֶת הַכְּתֵפַיִם לָרֹב)

décolleté /deɪˈkɒlteɪ/ adj. & n. (בֶּגֶד) בַּעַל מַחְשׂוֹף כַּנַּ"ל; מַחְשׂוֹף כַּנַּ"ל

decolonization /ˌdiːkɒlənaɪˈzeɪʃ(ə)n/ n. דֶּקוֹלוֹנִיזַצְיָה, מַתַּן עַצְמָאוּת לְקוֹלוֹנְיָה, שִׁחְרוּר מוֹשָׁבוֹת

decommission /diːkəˈmɪʃ(ə)n/ v.t. הוֹצִיא מִשֵּׁרוּת פָּעִיל

decompose /ˌdiːkəmˈpəʊz/ v.t. & i. גָּרַם לְרִקָּבוֹן, פֵּרֵק; נִוֵּן; הִרְקִיב, הִתְנַוֵּן, הִתְפָּרֵק; שָׁבַר (אוֹר בְּמִנְסָרָה); נִשְׁבַּר (אוֹר בְּמִנְסָרָה)

decomposition /ˌdiːkɒmpəˈzɪʃ(ə)n/ n. הַרְקָבוּת, תַּהֲלִיךְ הַהֵרָקְבוּת, הִתְפּוֹרְרוּת, נִוּוּן

decompress /ˌdiːkəmˈpres/ v.t. הִפְחִית אֶת לַחַץ הָאֲוִיר עַל...

decompression /ˌdiːkəmˈpreʃ(ə)n/ n. הֲקַלַּת לַחַץ, הַרְפָּיַת לַחַץ, דֶּקוֹמְפְּרֶסְיָה

decongestant /ˌdiːkənˈdʒestənt/ n. מְשַׁחְרֵר גֹּדֶשׁ (לְמָשָׁל בָּאַף)

deconsecrate /ˌdiːˈkonsɪkreɪt/ v.t. הֶעֱבִיר מִבְנֶה מִשִּׁמּוּשׁ דָּתִי לְחִלּוֹנִי

deconstruct /ˌdiːkənˈstrʌkt/ v.t. (בְּתוֹרַת הַסִּפְרוּת) עָשָׂה דֶּקוֹנְסְטְרוּקְצְיָה לְ...

deconstruction /ˌdiːkənˈstrʌkʃ(ə)n/ n. דֶּקוֹנְסְטְרוּקְצְיָה (זֶרֶם בְּבִקֹּרֶת הַסִּפְרוּת)

decontaminate /ˌdiːkənˈtæmɪneɪt/ v.t. טִהֵר מִזִּהוּם, חִטֵּא

decontamination /ˌdiːkənˌtæmɪˈneɪʃ(ə)n/ n. טִהוּר, חִטּוּי (לָרֹב מֵרַדְיוֹאַקְטִיבִיּוּת)

decontrol /ˌdiːkənˈtrəʊl/ v.t. בִּטֵּל פִּקּוּחַ מֶמְשַׁלְתִּי

décor /ˈdeɪkɔː(r)/ n. סִגְנוֹן עִצּוּב

decorate /ˈdekəreɪt/ v.t.
1 (adorn) קִשֵּׁט, עִטֵּר
2 (paint a room) צָבַע, עָשָׂה שִׁפּוּצִים (בְּחֶדֶר וְכַד')
3 (give medal to) הֶעֱנִיק עִטּוּר, עִטֵּר, הֶעֱנִיק מֶדַלְיָה

decorating /ˈdekəreɪtɪŋ/ n. קִשּׁוּט, עִטּוּר; שִׁפּוּצִים (צְבִיעַת חֲדָרִים וְכַד')

decoration /ˌdekəˈreɪʃ(ə)n/ n. קִשּׁוּט (הַפְּעִילוּת); קִשּׁוּט (הַדָּבָר); מֶדַלְיָה, עִטּוּר, צַלַ"שׁ (צִיּוּן לְשֶׁבַח)
□ *he received a decoration for bravery* הוּא קִבֵּל צַלַ"שׁ עֲבוּר אֹמֶץ לִבּוֹ

decorative /ˈdekərətɪv/ adj. דֶּקוֹרָטִיבִי, קִשּׁוּטִי, נָאֶה לְמַרְאֶה

decorator /ˈdekəreɪtə(r)/ n. דֶּקוֹרָטוֹר; צַבָּע, סַיָּד
interior decorator אַדְרִיכַל פְּנִים

decorous /ˈdekərəs/ adj. (*formal*) אָדִיב, נְעִים־הֲלִיכוֹת, מְנֻמָּס, הָגוּן, מָתוּן־מָתוּן

decorum /dɪˈkɔːrəm/ n. הִתְנַהֲגוּת הוֹלֶמֶת, דֶּרֶךְ־אֶרֶץ, הֲגִינוּת, "דֶּקוֹרוּם"

decoy /ˈdiːkɔɪ/ n. פִּתָּיוֹן (הַמּוֹשֵׁךְ לְמַלְכֹּדֶת)
decoy duck בַּרְוָז פִּתָּיוֹן (עָשׂוּי עֵץ, לְצֵיד בַּרְוָזִים)
—v.t. /dɪˈkɔɪ/ מָשַׁךְ לְמַלְכֹּדֶת (בְּתַחְבּוּלָה)

decrease /dɪˈkriːs/ v.t. & i. הִפְחִית, הִקְטִין, צִמְצֵם; פָּחַת, הִתְמַעֵט, הִצְטַמְצֵם
—n. ˈdiːkriːs/ הַפְחָתָה, צִמְצוּם, יְרִידָה
decreasingly /dɪˈkriːsɪŋlɪ/ adv. בְּמִדָּה פּוֹחֶתֶת וְהוֹלֶכֶת
decree /dɪˈkriː/ n.
1 (order given by a ruler) צַו, גְּזֵרָה
2 (decision of a court of law) צַו בֵּית־הַמִּשְׁפָּט, פְּסַק־דִּין
decree nisi (*Law*) צַו גֵּרוּשִׁין זְמַנִּי (עַד שֶׁיֻּכְרַז לְסוֹפִי)
decree absolute (*Law*) צַו גֵּרוּשִׁין סוֹפִי
—v.t. הוֹצִיא צַו, גָּזַר, הִכְרִיז שֶׁ..., פָּסַק שֶׁ...
decrepit /dɪˈkrepɪt/ adj. בָּלֶה, תָּשׁוּשׁ (מִזִּקְנָה); מְזֻנָּח, מָט לִנְפֹּל, חָרֵב
decrepitude /dɪˈkrepɪtjuːd/ n. בְּלוּת, תְּשִׁישׁוּת; מַצָּב רָעוּעַ
decry /dɪˈkraɪ/ v.t. (*formal*) הֵטִיל דֹּפִי בְּ...
dedicate /ˈdedɪkeɪt/ v.t. הִקְדִּישׁ; כָּתַב הַקְדָּשָׁה
dedicated /ˈdedɪkeɪtɪd/ adj. מְקֻדָּשׁ; מָסוּר; שַׁקְדָן, מַתְמִיד
□ *he is a dedicated fisherman* הוּא לָהוּט אַחַר הַדַּיִג, הוּא דַּיָּג בְּנִשְׁמָתוֹ
dedication /ˌdedɪˈkeɪʃ(ə)n/ n. הִתְמַסְּרוּת, מְסִירוּת (נֶפֶשׁ); הַקְדָּשָׁה (בְּסֵפֶר)
dedicatory /ˌdedɪˈkeɪtərɪ/ adj. שֶׁל הַקְדָּשָׁה, שֶׁבְּהַקְדָּשָׁה
deduce /dɪˈdjuːs/ v.t. (*formal*) הִסִּיק, הִקִּישׁ
deducible /dɪˈdjuːsɪb(ə)l/ adj. (*formal*) נִתָּן לְהַסִּיק
deduct /dɪˈdʌkt/ v.t. נִכָּה
deductibe /dɪˈdʌktɪb(ə)l/ adj. נִתָּן לְנִכּוּי
tax-deductible מֻכָּר לְצָרְכֵי מַס (נִתָּן לְנַכּוֹתוֹ מִן הַמַּס)
deduction /dɪˈdʌkʃ(ə)n/ n.
1 (subtraction) נִכּוּי, נִכָּיוֹן
2 (inference) מַסְקָנָה, הֶקֵּשׁ, דֶּדוּקְצְיָה
deed /diːd/ n.
1 (action, fact) מַעֲשֶׂה, עֲבוֹדָה
2 (legal document) מִסְמָךְ חֻקִּי (כְּגוֹן שְׁטַר קִנְיָן)
deed poll (*Law*) הַצְהָרָה רִשְׁמִית עַל שִׁנּוּי־שֵׁם
□ *he changed his name by deed poll* הוּא שִׁנָּה אֶת שְׁמוֹ בְּהַצְהָרָה פֻּמְבִּית וְרִשְׁמִית
deem /diːm/ v.t. (*formal*) סָבַר, שָׁקַל, רָאָה לְנָכוֹן
□ *he deemed it his duty to help* הוּא רָאָה חוֹבָה לְעַצְמוֹ לַעֲזֹר
deep /diːp/ adj.
1 (going or situated far down) עָמֹק
□ *they threw him in at the deep end* הֵם עָשׂוּ לוֹ טְבִילַת אֵשׁ, הֵם זָרְקוּ אוֹתוֹ לַמַּיִם
□ *he's always jumping in at the deep end* (*colloq.*) הוּא תָּמִיד מְחַפֵּשׂ אֶתְגָּרִים
□ *there's no need to go off the deep end* (*colloq.*) לֹא צָרִיךְ לְהַגְזִים
□ *she found herself in deep water(s)* הִיא מָצְאָה אֶת עַצְמָהּ בְּצָרוֹת
2 (low-pitched, intense) עָמֹק
deep blue כָּחֹל עָמֹק, כָּחֹל כֵּהֶה
□ *she had an unusually deep voice* הָיָה לָהּ קוֹל עָמֹק בְּאֹפֶן יוֹצֵא מִן הַכְּלָל
□ *let's keep it a deep secret* בּוֹא נִשְׁמֹר אֶת זֶה בְּסוֹדֵי־סוֹדוֹת
□ *he's a deep one* (*colloq.*) הוּא "שׁוּעָל"; הוּא "נָחָשׁ"
—adv. בְּעֹמֶק, בְּעִמְקֵי
deep down בְּעִמְקֵי לִבּוֹ
□ *we waded knee-deep in water* דָּשַׁדַשְׁנוּ בַּמַּיִם עַד גֹּבַהּ הַבִּרְכַּיִם
□ *he read deep into the night* הוּא קָרָא עַד לַשָּׁעוֹת הַקְּטַנּוֹת שֶׁל הַלַּיְלָה
□ *she had deep-set eyes* עֵינָיו שְׁקוּעוֹת בְּחוֹרֵיהֶן
—n. (often in *pl.*) מְצוּלוֹת־הַיָּם, מַעֲמַקִּים, מַעֲמַקֵּי הַיָּם
□ *strange creatures live in the deeps* יְצוּרִים מְשֻׁנִּים הַחַיִּים בְּמַעֲמַקֵּי הַיָּם
□ *in the deep of winter* בְּעִצּוּמוֹ שֶׁל הַחֹרֶף
deepen /ˈdiːpən/ v.t. & i. הֶעֱמִיק; נַעֲשָׂה עָמֹק יוֹתֵר
deep-freeze /diːp-ˈfriːz/ v.t. & n. הִקְפִּיא בִּמְהִירוּת וּבְטֶמְפֶּרָטוּרָה נְמוּכָה מְאֹד; מְקָרֵר לְהַקְפָּאָה עֲמֻקָּה, "דִּיפּ־פְרִיז"
deep fry /diːp ˈfraɪ/ v.t. טִגֵּן בְּשֶׁמֶן־עָמֹק
deep-laid /diːp-ˈleɪd/ adj. חֲשָׁאִי, סוֹדִי (תָּכְנִית, מְזִמָּה, קֶשֶׁר)
deep-rooted /ˌdiːp-ˈruːtɪd/ adj. מֻשְׁרָשׁ (עָמֹק)
deep-sea /ˈdiːp-siː/ adj. שֶׁל מַעֲמַקֵּי־הַיָּם, שֶׁל הַמְּצוּלוֹת
deep-sea diving צְלִילָה בְּמַעֲמַקֵּי־הַיָּם
deep-seated /ˌdiːp-ˈsiːtɪd/ adj. מְבֻסָּס, מֻשְׁרָשׁ, עָמֹק
deer /dɪə(r)/ n. *pl.* צְבִי, צְבָאִים
deerskin /ˈdɪəskɪn/ n. & adj. עוֹר צְבִי; עָשׂוּי עוֹר צְבִי
deerstalker /ˈdɪəstɔːkə(r)/ n. כּוֹבַע שֶׁרְלוֹק־הוֹלְמְס
deface /dɪˈfeɪs/ v.t. הִשְׁחִית (מַצֵּבָה, כְּרָזָה, כְּתֹבֶת וְכַד׳)
defacement /dɪˈfeɪsmənt/ n. הַשְׁחָתָה (כַּנַּ"ל)
de facto /ˌdeɪ ˈfæktəʊ/ adj. & adv. לְמַעֲשֶׂה, דֶּה־פַקְטוֹ
defamation /ˌdefəˈmeɪʃ(ə)n/ n. (*formal*) הַשְׁמָצָה
defamatory /dɪˈfæmətrɪ/ adj. (*formal*) מַשְׁמִיץ
defame /dɪˈfeɪm/ v.t. (*formal*) הִשְׁמִיץ
default /dɪˈfɔːlt/ n. אִי־הוֹפָעָה, הִשְׁתַּמְּטוּת (מִשֵּׁרוּת, מֵהוֹפָעָה בְּבֵית־דִּין); (בְּמַחְשְׁבִים) תְּגוּבָה הַנַּעֲשֵׂית בְּהֶעְדֵּר הוֹרָאָה מִן הַמַּפְעִיל
□ *she won by default* הִיא זָכְתָה בְּנִצָּחוֹן טֶכְנִי (בְּשֶׁל אִי־הוֹפָעַת הַיָּרִיב)
□ *in default of further evidence the case was dismissed* בְּהֶעְדֵּר הוֹכָחוֹת נוֹסָפוֹת, הַמִּשְׁפָּט בֻּטַּל
—v.i. הִשְׁתַּמֵּט מִמִּלּוּי חוֹבָתוֹ; נֶעְדַּר, לֹא הוֹפִיעַ
defaulter /dɪˈfɔːltə(r)/ n. מִשְׁתַּמֵּט מִמִּלּוּי חוֹבָתוֹ, מִשְׁתַּמֵּט מִפֵּרָעוֹן חוֹבוֹ, חַיָּל שֶׁנִּמְצָא אָשֵׁם בַּעֲבֵרָה צְבָאִית

defeat /dɪˈfiːt/ v.t. הֵבִיס, הִנְחִיל תְּבוּסָה/מַפָּלָה; הִכְשִׁיל, סִכֵּל

□ *they defeated their own ends* הֵם כָּרְתוּ אֶת הָעָנָף שֶׁעָלָיו הֵם יוֹשְׁבִים

—n. תְּבוּסָה, מַפָּלָה

defeatism /dɪˈfiːtɪzəm/ n. (*derog.*) תְּבוּסְתָנוּת

defeatist /dɪˈfiːtɪst/ n. (*derog.*) תְּבוּסְתָן

defecate /ˈdefəkeɪt/ v.i. (*formal*) הִפְרִישׁ צוֹאָה

defecation /ˌdefəˈkeɪʃ(ə)n/ n. (*formal*) הַפְרָשַׁת צוֹאָה

defect /ˈdiːfekt/ n. פְּגָם, מוּם, חִסָּרוֹן, מִגְרַעַת, פְּסוּל, לִקּוּי

—v.i. /diˈfekt/ עָבַר לַמַּחֲנֶה הַנֶּגְדִּי, עָרַק (לְמַחֲנֵה הָאוֹיֵב וְכַד׳)

defection /dɪˈfekʃ(ə)n/ n. עֲרִיקָה (לְמַחֲנֵה הָאוֹיֵב וְכַד׳)

defective /dɪˈfektɪv/ adj. פָּגוּם, לָקוּי, שֶׁיֵּשׁ בּוֹ חִסָּרוֹן

defector /dɪˈfektə(r)/ n. עָרִיק; עָרִיק פּוֹלִיטִי

defence /dɪˈfens/ n. (*US* **defense**) הֲגַנָּה, הִתְגּוֹנְנוּת, בִּצּוּר; טִעוּן הַהֲגַנָּה (בְּמִשְׁפָּט)

self-defence הֲגַנָּה עַצְמִית, הִתְגּוֹנְנוּת

counsel for the defence סַנֵּגוֹר (בְּמִשְׁפָּט)

□ *his conduct needs no defence* הִתְנַהֲגוּתוֹ הָיְתָה לְלֹא דֹּפִי

defenceless /dɪˈfenslɪs/ adj. חֲסַר־מָגֵן, חֲסַר יֶשַׁע

defend /dɪˈfend/ v.t. & i. הֵגֵן עַל; הָדַף הַתְקָפָה; סִנֵּגֵר עַל־; (בִּסְפּוֹרְט) שִׂחֵק בַּהֲגַנָּה

defendant /dɪˈfendənt/ n. נֶאֱשָׁם (בְּבֵית מִשְׁפָּט)

defender /dɪˈfendə(r)/ n. מֵגֵן, מָגֵן; שַׂחְקַן הֲגַנָּה (בִּסְפּוֹרְט)

defender of the faith מָגֵן הָאֱמוּנָה

defensible /dɪˈfensɪb(ə)l/ adj. נִתָּן לְהַגָּנָה, בַּר־הֲגַנָּה; נִתָּן לְהַצְדָּקָה

defensive /dɪˈfensɪv/ adj. שֶׁל הִתְגּוֹנְנוּת, הֲגַנָּתִי, מִתְגּוֹנֵן, דֶּפֶנְסִיבִי

—n. מִגְנָנָה, הִתְגּוֹנְנוּת, דֶּפֶנְסִיבָה

on the defensive בְּעֶמְדַּת־הִתְגּוֹנְנוּת, מִצְטַדֵּק

defer[1] /dɪˈfɜː(r)/ v.t. דָּחָה, עִכֵּב

defer[2] /dɪˈfɜː(r)/ v.i. וִתֵּר מִתּוֹךְ הַכְנָעָה, בִּטֵּל רְצוֹנוֹ מִפְּנֵי־

deference /ˈdefərəns/ n. (*formal*) וִתּוּר לִרְצוֹן הַזּוּלַת; (מַתַּן) כָּבוֹד, כִּבּוּד

in deference to מִתּוֹךְ כָּבוֹד לְ...

deferential /ˌdefəˈrenʃ(ə)l/ adj. (*formal*) (הִתְנַהֲגוּת) בְּנִימוּס וּבְדֶרֶךְ־אֶרֶץ

deferment /dɪˈfɜːmənt/ n. דְּחִיָּה, עִכּוּב

defiance /dɪˈfaɪəns/ n. הִתְנַגְּדוּת גְּלוּיָה, זִלְזוּל, הַתְרָסָה

□ *he acted in defiance of the law* הוּא פָּעַל מִתּוֹךְ זִלְזוּל בַּחֹק

defiant /dɪˈfaɪənt/ adj. מְסָרֵב לְהִכָּנַע, מְסָרֵב לְקַבֵּל־מָרוּת, מַתְרִיס

deficiency /dɪˈfɪʃ(ə)nsɪ/ n. פְּגָם, לִקּוּי; חֶסֶר

deficiency disease מַחֲלָה הַנִּגְרֶמֶת בִּגְלַל מַחְסוֹר בְּוִיטָמִינִים וְכַד׳

deficient /dɪˈfɪʃ(ə)nt/ adj. לוֹקֶה בְּחָסֵר, לָקוּי

mentally deficient מְפַגֵּר, לָקוּי בְּשִׂכְלוֹ

deficit /ˈdefɪsɪt/ n. גֵּרָעוֹן, ״דֶּפִיצִיט״

defile[1] /ˈdiːfaɪl/ n. מַעֲבָר צַר, שְׁבִיל (בְּעֵקֶר בֶּהָרִים)

—v.i. צָעַד בְּשׁוּרָה עָרְפִּית

defile[2] /dɪˈfaɪl/ v.t. זִהֵם, לִכְלֵךְ, טִנֵּף

defilement /dɪˈfaɪlmənt/ n. (*formal*) זִהוּם, טִנּוּף

definable /dɪˈfaɪnəb(ə)l/ adj. נִתָּן לְהַגְדָּרָה

define /dɪˈfaɪn/ v.t. הִגְדִּיר, קָבַע

□ *her silhouette was clearly defined against the white wall* הַצְּלָלִית שֶׁלָּהּ הִסְתַּמְּנָה בִּבְהִירוּת עַל רֶקַע הַקִּיר הַלָּבָן

definite /ˈdefɪnət/ adj. וַדָּאִי, מֻחְלָט, מְסֻיָּם, מֻגְדָּר

definite article (*Gram.*) תָּוִית הַיְדִיעָה, (בְּעִבְרִית) ״ה״ הַיְדִיעָה, (בְּאַנְגְּלִית) ״the״

definitely /ˈdefɪnətlɪ/ adv.

1 (clearly, precisely) בְּהֶחְלֵט, בְּוַדַּאי, לְלֹא־סָפֵק

2 (yes, certainly, *colloq.*) בֶּטַח! בְּוַדַּאי!

definition /ˌdefɪˈnɪʃ(ə)n/ n.

1 (precise meaning) הַגְדָּרָה

2 (degree of distinctness) מִדַּת הַחֲדוּת (שֶׁל תַּצְלוּם, שֶׁל אוֹת וְכַד׳)

definitive /dɪˈfɪnɪtɪv/ adj. סוֹפִי, מֻחְלָט, מֻסְמָךְ, ״דֶּפִינִיטִיבִי״

deflate /dɪˈfleɪt/ v.t.

1 (expel air from) הוֹצִיא אֶת הָאֲוִיר מִן

□ *the pompous speaker was deflated by the heckler* (*fig.*) הַהַפְרָעָה ׳הוֹרִידָה אֶת הָאַף׳ לַמַּרְצֶה הַמְנֻפָּח

2 (*Finance*) צִמְצֵם (אֶת כַּמּוּת הַכֶּסֶף שֶׁבְּמַחְזוֹר)

deflation /dɪˈfleɪʃ(ə)n/ n. דֶּפְלַצְיָה (צִמְצוּם הַכֶּסֶף כַּנַּ״ל)

deflationary /dɪˈfleɪʃ(ə)nərɪ/ adj. דֶּפְלַצְיוֹנִי

deflect /dɪˈflekt/ v.t. & i. הֵסִיט, הִטָּה הַצִּדָּה; סָטָה

deflection /dɪˈflekʃ(ə)n/ n. הַטָּיָה, סְטִיָּה

deflector /dɪˈflektə(r)/ n. לוּחִית־הַטָּיָה (לְשִׁנּוּי הַכִּוּוּן בְּמַזְגַן־אֲוִיר וְכוּ׳)

deflower /diːˈflaʊə(r)/ v.t. (*formal*) בִּתֵּק אֶת בְּתוּלֶיהָ (שֶׁל בְּתוּלָה)

defoliant /diːˈfəʊlɪənt/ n. (חֹמֶר כִּימִי) מַשְׁמִיד עַלְוָה

defoliate /ˌdiːˈfəʊlɪeɪt/ v.t. גָּרַם לְהַשָּׁרַת עָלִים (בְּאֹפֶן מְלָאכוּתִי)

defoliation /ˌdifeʊlɪˈeɪʃ(ə)n/ n. הַשָּׁרַת עָלִים (בְּאֹפֶן מְלָאכוּתִי)

deforest /ˌdiːˈfɒrɪst/ v.t. הִשְׁמִיד יְעָרוֹת, בֵּרֵא יְעָרוֹת

deforestation /ˌdiːfɒrɪˈsteɪʃ(ə)n/ n. הַשְׁמָדַת יְעָרוֹת, בֵּרוּא יְעָרוֹת

deform /dɪˈfɔːm/ v.t. עִוֵּת, הִשְׁחִית צוּרָה שֶׁל

deformation /ˌdiːfɔːˈmeɪʃ(ə)n/ n. עִוּוּת, הַשְׁחָתָה

deformed /dɪˈfɔːmd/ adj. מְעֻוָּת, בַּעַל צוּרָה מְעֻוֶּתֶת; בַּעַל מוּם

deformity /dɪˈfɔːmɪtɪ/ n. עִוּוּת; מוּם

defraud /dɪˈfrɔːd/ v.t. רִמָּה, הוֹנָה, הוֹלִיךְ שׁוֹלָל

defray /dɪˈfreɪ/ v.t. (*formal*) מִמֵּן, כִּסָּה אֶת הַהוֹצָאוֹת, נָשָׂא בַּהוֹצָאוֹת

defrost /ˌdiːˈfrɒst/ v.t. & i. הִפְשִׁיר (מְקָרֵר, מָזוֹן), עָשָׂה "דִּפְרוֹסְטִינְג"

□ *this refrigerator defrosts automatically* בַּמְּקָרֵר הַזֶּה יֵשׁ הַפְשָׁרָה אוֹטוֹמָטִית

deft /deft/ adj. מְיֻמָּן וּנְטוּל מַאֲמָץ

defunct /dɪˈfʌŋkt/ adj. (*formal*) לֹא פָּעִיל, לֹא בְּתֹקֶף, שֶׁיָּצָא מִכְּלַל שִׁמּוּשׁ; מֵת

defuse /diːˈfjuːz/ v.t. פֵּרֵק, נִטְרֵל (פְּצָצָה), הוֹצִיא אֶת הַמַּרְעוֹם

□ *she defused the situation* הִיא הִרְגִּיעָה אֶת הָרוּחוֹת

defy /dɪˈfaɪ/ v.t. הִתְנַגֵּד בְּגָלוּי, הֵעֵז פָּנִים, הִתְגָּרָה בְּ...

□ *I defy you to tell the truth* אֲנִי דּוֹרֵשׁ מִמְּךָ לְהוֹדוֹת עַל הָאֱמֶת

□ *the problem defied solution* כָּל הַנִּסְיוֹנוֹת לִפְתֹּר אֶת הַבְּעָיָה נִכְשְׁלוּ

□ *he defied the law* הוּא סֵרֵב לְהִשָּׁמַע לַחֹק

□ *the window defied all attempts to open* כָּל הַנִּסְיוֹנוֹת לִפְתֹּחַ אֶת הַחַלּוֹן עָלוּ בַּתֹּהוּ

degeneracy /dɪˈdʒenərəsɪ/ n. הִתְנַוְּנוּת

degenerate /dɪˈdʒenərət/ adj. & n. מְנֻוָּן; אָדָם מְנֻוָּן

—v.i. /dɪˈdʒenəreɪt/ הִתְנַוֵּן, הִתְפּוֹרֵר, הִדַּרְדֵּר לְמַצָּב שֶׁל

degeneration /ˌdiːˌdʒenəˈreɪʃ(ə)n/ n. נִוּוּן

degenerative /dɪˈdʒenərətɪv/ adj. (esp. *Med.*) מְנַוֵּן, דֶּגֶנֶרָטִיבִי

degradation /ˌdegrəˈdeɪʃ(ə)n/ n. בִּזּוּי, הַשְׁפָּלָה; הַדַּרְדְּרוּת

degrade /dɪˈgreɪd/ v.t.

1 (bring into dishonour) הִשְׁפִּיל, בִּזָּה

2 (reduce in rank) הוֹרִיד בְּדַרְגָּה

degrading /dɪˈgreɪdɪŋ/ adj. מַשְׁפִּיל, מְבַזֶּה

degree /dɪˈgriː/ n.

1 (stage in scale, measure) שָׁלָב, דַּרְגָּה

first degree burns כְּוִיּוֹת מִדַּרְגָּה רִאשׁוֹנָה

the third degree חֲקִירָה תַּחַת אִיּוּמִים וְ/אוֹ עִנּוּיִים

□ *the police used third degree methods* חֲקִירַת הַמִּשְׁטָרָה הִתְבַּצְּעָה תּוֹךְ שִׁמּוּשׁ בְּאֶמְצָעֵי לַחַץ

□ *the ball was attended by nobles and others of high degree* בַּנֶּשֶׁף נָכְחוּ אֲצִילִים וְעוֹד רָמֵי־מַעֲלָה

□ *he is honest to a degree* הוּא יָשָׁר עַד גְּבוּל מְסֻיָּם

□ *she is not in the least degree angry* הִיא לֹא כּוֹעֶסֶת כְּלָל וּכְלָל

□ *she did it by degrees* הִיא עָשְׂתָה זֹאת בְּהַדְרָגָה

2 (academic rank) תֹּאַר, תֹּאַר אֲקָדֵמִי

□ *she was awarded an honorary degree* הִיא קִבְּלָה תֹּאַר־כָּבוֹד, הֶעֱנַק לָהּ תֹּאַר־כָּבוֹד

3 (graduation of scale, esp. of thermometer) מַעֲלָה (חֹם וְכַד')

4 (unit of angular measurement) מַעֲלָה (בְּגֵיאוֹמֶטְרִיָּה וְכַד')

□ *the location is latitude 32 degrees N.* הַמָּקוֹם הוּא קַו הָרֹחַב 32 צָפוֹן

dehumanize /ˌdiːˈhjuːmənaɪz/ v.t. נָטַל צֶלֶם אֱנוֹשׁ (מִפְּלוֹנִי), גָּרַם לְאָבְדַן צֶלֶם אֱנוֹשׁ

dehumidify /ˌdiːhjuːˈmɪdɪfaɪ/ v.t. סִלֵּק לַחוּת מִ... (אֲוִיר וְכַד')

dehydrate /diːhaɪˈdreɪt/ v.t. & i. יִבֵּשׁ, סִלֵּק נוֹזְלִים מִתּוֹךְ; הִתְיַבֵּשׁ

dehydration /ˈdiːhaɪˈdreɪʃ(ə)n/ n. הִתְיַבְּשׁוּת (הַגּוּף); סִלּוּק הַנּוֹזְלִים

de-ice /ˌdiː-ˈaɪs/ v.t. סִלֵּק אֶת הַקֶּרַח (מִשִּׁמְשַׁת מְכוֹנִית לְמָשָׁל)

deification /ˌdiːɪfɪˈkeɪʃ(ə)n/ n. (*formal*) הַאֲלָהָה

deify /ˈdiːɪfaɪ/ v.t. (*formal*) הֶעֱלָה לְמַדְרֵגַת־אֵל

deign /deɪn/ v.i. (*derog.*) הוֹאִיל בְּחַסְדּוֹ, מָחַל עַל כְּבוֹדוֹ

deism /ˈdiːɪzəm/ n. דֵּאִיזְם (הָאֱמוּנָה בְּאֵל בּוֹרֵא עוֹלָם, אַךְ לֹא בְּהִתְעָרְבוּתוֹ בְּעוֹלָמוֹ)

deist /ˈdiːɪst/ n. דֵּאִיסְט (מַאֲמִין כַּנַּ"ל)

deity /ˈdiːɪtɪ/ n. אֱלֹהוּת, מַהוּת אֱלֹהִית

the Deity הָאֱלֹהִים, הָאֵל

déjà vu /ˌdeɪʒɑːˈvuː/ n. הַרְגָּשָׁה שֶׁכְּבָר הִתְנַסִּינוּ בַּחֲוָיָה כָּזֹאת, "דֶּזָ'־ווּ"

dejected /dɪˈdʒektɪd/ adj. נְכֵא־רוּחַ, מְדֻכְדָּךְ

dejection /dɪˈdʒektʃ(ə)n/ n. דִּכְדּוּךְ

de jure /ˌdeɪ ˈdʒʊərɪ/ adj. & adv. (*formal*) דֶּה יוּרֶה, לַהֲלָכָה

delay /dɪˈleɪ/ v.t. & i. דָּחָה, עִכֵּב; הִתְמַהְמַהַּ, הִתְמַהְמֵהַּ, הִתְעַכֵּב, נִדְחָה

□ *they used a delayed action device* הֵם הִשְׁתַּמְּשׁוּ בְּמִתְקַן הַשְׁהָיָה

—n. דִּחוּי, עִכּוּב

delaying /dɪˈleɪɪŋ/ adj. שֶׁל הַשְׁהָיָה

delaying tactics תַּכְסִיסֵי הַשְׁהָיָה

delectable /dɪˈlektəb(ə)l/ adj. (*formal*) עָרֵב לַחֵךְ; גּוֹרֵם עֹנֶג

delectation ˌdiːlekˈteɪʃ(ə)n/ n. (*formal*) הֲנָאָה, עֹנֶג

delegacy /ˈdelɪgəsɪ/ n. נְצִיגוּת־קֶבַע (לְמָשָׁל, לְעִנְיְנֵי מְגוּרִים שֶׁל סְטוּדֶנְטִים)

delegate /ˈdelɪgeɪt/ v.t. מִנָּה (אֶת פְּלוֹנִי) לְתַפְקִיד; הֶעֱנִיק סַמְכֻיּוֹת לְ..., יִפָּה אֶת כֹּחוֹ שֶׁל

—n. /ˈdelɪget/ נָצִיג, צִיר; בָּא־כֹּחַ

delegation /ˌdelɪˈgeɪʃ(ə)n/ n.

1 (hand-over of authority) הַעֲנָקַת סַמְכוּת, יִפּוּי־כֹּחַ, מִנּוּי, הַרְשָׁאָה

2 (group of delegates) מִשְׁלַחַת

delete /dɪˈliːt/ v.t. מָחַק

deleterious /ˌdelɪˈtɪərɪəs/ adj. (*formal*) מַזִּיק, טוֹמֵן בְּחֻבּוֹ נְזָקִים

deletion /dɪˈliːʃ(ə)n/ n. מְחִיקָה

delft /delft/ n. קֶרָמִיקָה הוֹלַנְדִּית כְּחֻלָּה־לְבָנָה

deliberate /dɪˈlɪbərət/ adj.

1 (intentional) מְכֻוָּן, בְּכַוָּנָה תְּחִלָּה

2 (cautious) שָׁקוּל, זָהִיר, מָתוּן

—v.t. & i. /dɪˈlɪbəreɪt/ (*formal*) בָּחַן בִּזְהִירוּת, שָׁקַל בְּדַעְתּוֹ; דָּן

deliberately /dɪˈlɪbərətlɪ/ adv. בְּכַוָּנָה תְּחִלָּה, בִּמְכֻוָּן; "דַּוְקָא"

deliberation /dɪˌlɪbəˈreɪʃ(ə)n/ n. (*formal*)

1 (discussion, consideraton) שִׁקּוּל־דַּעַת, הִתְיָעֲצוּת, דִּיּוּן

2 (caution) שִׁקּוּל־דַּעַת, זְהִירוּת, חִשּׁוּב מְדֻקְדָּק

delicacy /ˈdelɪkəsɪ/ n. מַעֲדָן; דַּקּוּת, עֲדִינוּת, רְגִישׁוּת

delicate /ˈdelɪkət/ adj.

1 (fine, soft) עָדִין, עָנֹג

2 (weak, sensitive) בַּעַל בְּרִיאוּת רְגִישָׁה

3 (gentle, tactful) בַּעַל רְגִישׁוּת, מִתְחַשֵּׁב בִּרְגָשׁוֹת הַזּוּלַת

4 (needing careful treatment) טָעוּן טִפּוּל זָהִיר; שָׁבִיר

□ *this is a delicate situation* זֶה מַצָּב עָדִין

5 (of flavour) טָעִים, לַאֲנִינֵי־טַעַם

delicatessen /ˌdelɪkəˈtes(ə)n/ n. מַעֲדַנִּים; חֲנוּת מַעֲדַנִּים, מַעֲדַנִּיָּה

delicious /dɪˈlɪʃəs/ adj. (מָזוֹן) טָעִים לְהַפְלִיא; (בְּהַשְׁאָלָה) מָתוֹק

delight /dɪˈlaɪt/ n. תַּעֲנוּג, עֹנֶג, הֲנָאָה

□ *he took delight in teasing his big sister* הוּא אָהַב לְהִתְגָּרוֹת בַּאֲחוֹתוֹ הַגְּדוֹלָה

□ *the child was a delight to his parents* הַיֶּלֶד הָיָה מְקוֹר עֹנֶג לְהוֹרָיו

—v.t. & i. עִנֵּג, גָּרַם הֲנָאָה; הִתְעַנֵּג, נֶהֱנָה

delighted /dɪˈlaɪtɪd/ adj. שָׂמֵחַ, מְאֻשָּׁר

□ *I'm delighted to meet you!* נָעִים מְאֹד לְהַכִּירְךָ!

delightful /dɪˈlaɪtf(ə)l/ adj. מְעַנֵּג, מְהַנֶּה, נָעִים, נֶחְמָד

delimit /ˌdiːˈlɪmɪt/ v.t. (*formal*) תָּחַם, קָבַע גְּבוּלוֹת

delimitation /diːˌlɪmɪˈteɪʃ(ə)n/ n. (*formal*) תִּחוּם, קְבִיעַת גְּבוּלוֹת

delineate /dɪˈlɪnɪeɪt/ v.t. (*formal*) הִתְוָה, תֵּאֵר (בְּקַו אוֹ בְּמִלִּים)

delineation /dɪˌlɪnɪˈeɪʃ(ə)n/ n. (*formal*) תֵּאוּר, הַתְוָיָה (כַּנַּ"ל)

delinquency /dɪˈlɪŋkwənsɪ/ n. עֲבַרְיָנוּת

delinquent /dɪˈlɪŋkwənt/ adj. & n. עֲבַרְיָן

juvenile delinquent עֲבַרְיָן צָעִיר, עֲבַרְיָן־נֹעַר

deliquesce /ˌdelɪˈkwes/ v.i. סָפַג נוֹזְלִים (מִן הָאֲוִיר), הָפַךְ לְנוֹזֵל

deliquescence /ˌdelɪˈkwesəns/ n. סְפִיגַת נוֹזְלִים (מִן הָאֲוִיר), הֲפִיכָה לְנוֹזֵל

delirious /dɪˈlɪrɪəs/ adj. הוֹזֶה, שָׁרוּי בַּהֲזָיוֹת; מְטֹרָף מֵאֹשֶׁר

□ *the crowd was delirious when the goal was scored* (*fig.*) הַקָּהָל יָצָא מִגִּדְרוֹ מֵרֹב שִׂמְחָה כְּשֶׁהֻבְקַע הַשַּׁעַר

deliriously /dɪˈlɪrɪəslɪ/ adv. בְּמַצָּב שֶׁל הֲזָיוֹת

□ *she was deliriously happy* (*fig.*) הִיא הָיְתָה מְאֻשֶּׁרֶת עַד לְשִׁגָּעוֹן

delirium /dɪˈlɪrɪəm/ n. מַצָּב שֶׁל הֲזָיָה, דֶּלִירְיוּם

delirium tremens (*formal*) דֶּלִירְיוּם טְרֶמֶנְס (דַּרְגָּה קִיצוֹנִית וּמְסֻכֶּנֶת שֶׁל שִׁכְרוּת)

deliver /dɪˈlɪvə(r)/ v.t.

1 (convey; transfer) מָסַר, הֶעֱבִיר לְיַעֲדוֹ

□ *she gets up early to deliver the papers* הִיא קָמָה מֻקְדָּם כְּדֵי לְחַלֵּק עִתּוֹנִים

□ *we deliver daily* אֲנַחְנוּ מְבַצְּעִים מִשְׁלוֹחִים מִדֵּי יוֹם בְּיוֹמוֹ

□ *can you deliver the goods?* (*colloq.*) הַאִם אַתָּה יָכוֹל לַעֲשׂוֹת זֹאת?

□ *the traitors delivered up the town to the enemy* הַבּוֹגְדִים הִסְגִּירוּ אֶת הָעִיר בִּידֵי הָאוֹיֵב

2 (utter speech) נָשָׂא (נְאוּם), נָאַם

□ *the President delivered an ultimatum* הַנָּשִׂיא הִגִּישׁ אוּלְטִימָטוּם

3 (launch, aim) שִׁלַּח, הִנְחִית

□ *he delivered a blow for freedom* הוּא הִנְחִית מַהֲלוּמָה לְחֵרוּת

4 (rescue, *formal*) הוֹשִׁיעַ, הִצִּיל

5 (assist at birth of) יִלֵּד

be delivered of (*formal*) (אִשָּׁה) יָלְדָה

□ *he delivered himself of the opinion that something was wrong* (*fig.*) הוּא פָּרַשׂ בִּפְנֵי הַנּוֹכְחִים אֶת סְבָרָתוֹ שֶׁדְּבַר־מָה אֵינוֹ כַּשּׁוּרָה

□ *the midwife delivered the baby* הַמְיַלֶּדֶת יִלְּדָה אֶת הַתִּינוֹק

deliverance /dɪˈlɪvərəns/ n. (*formal*) גְּאֻלָּה, יְשׁוּעָה

deliverer /dɪˈlɪvərə(r)/ n. גּוֹאֵל, מוֹשִׁיעַ, מַצִּיל (מִצָּרָה)

delivery /dɪˈlɪvərɪ/ n. מִשְׁלוֹחַ, חֲלֻקָּה; יִלּוּד; חִתּוּךְ הַדִּבּוּר, אֹפֶן הַהַגָּשָׁה (שֶׁל נְאוּם)

delivery note תְּעוּדַת מִשְׁלוֹחַ (הַמִּתְלַוָּה לַחֵפֶץ שֶׁנִּשְׁלַח)

delivery van מְכוֹנִית מִשְׁלוֹחִים, מַשָּׂאִית מִשְׁלוֹחִים

□ *this arrived by the afternoon delivery* זֶה הִגִּיעַ בַּדֹּאַר שֶׁל אַחֲרֵי־הַצָּהֳרַיִם

dell /del/ n. (*poet.*) גַּיְא, עֵמֶק קָטָן

delouse /ˌdiːˈlaʊs/ v.t. פִּלָּה כִּנִּים

delphic /ˈdelfɪk/ adj. סָתוּם, דּוּ־מַשְׁמָעִי, מְעֻרְפָּל

delphinium /delˈfɪnɪəm/ n. דָּרְבָנִית (צֶמַח מִמִּשְׁפַּחַת הַנּוּרִיתִיִּים)

delta /ˈdeltə/ n.
1 (Greek letter) דֶּלְתָּא
delta-wing כְּנַף־דֶּלְתָּא
2 (river mouth) דֶּלְתָּא (אֵזוֹר מְשֻׁלָּשׁ בִּשְׁפַךְ נָהָר וּבוֹ פְּלָגִים רַבִּים)

delude /dɪˈluːd/ v.t. (*formal*) הִשְׁלָה, הִטְעָה, תִּעְתַּע בְּ...

deluded /dɪˈluːdɪd/ adj. (*formal*) קָרְבָּן לְאַשְׁלָיוֹתָיו, חַי בְּאַשְׁלָיָה

deluge /ˈdeljuːdʒ/ (*formal*) n. מַבּוּל
—v.t. הֵבִיא מַבּוּל, הֵצִיף

delusion /dɪˈluːʒ(ə)n/ n. אַשְׁלָיָה, תַּעְתּוּעַ
delusions of grandeur שִׁגְעוֹן גַּדְלוּת

delusive /dɪˈluːsɪv/ adj. מַשְׁלֶה, מַטְעֶה, מְתַעְתֵּעַ

de luxe /də ˈlʌks/ adj. מְשֻׁבָּח בְּיוֹתֵר, שְׁפְרָא דִּשְׁפְרָא, דֶּה־לוּקְס, מֻבְחָר
□ *I bought the de luxe edition* קָנִיתִי אֶת הַסֵּפֶר בְּהוֹצָאָה הַמְּהֻדֶּרֶת

delve /delv/ v.i. (*formal*) הִתְעַמֵּק בְּ...
□ *he delves into the past* הוּא צוֹלֵל לְנִבְכֵי הֶעָבָר

demagogic /deməˈgɒgɪk/ adj. דֶּמָגוֹגִי

demagogue /ˈdeməgɒg/ n. דֶּמָגוֹג (נוֹאֵם הַמְנַצֵּל דֵּעוֹת קְדוּמוֹת, הַבְטָחוֹת־שָׁוְא וְכַד')

demagogy /ˈdeməgɒgɪ/ n. דֶּמָגוֹגְיָה (נְאוּם כַּנַּ"ל)

demand /dɪˈmɑːnd/ n.
1 (request) בַּקָּשָׁה, דְּרִישָׁה, בִּקּוּשׁ
□ *he received a final demand for payment* הוּא קִבֵּל הוֹדָעָה אַחֲרוֹנָה לְתַשְׁלוּם חוֹבוֹ
2 (desire for commodity) בִּקּוּשׁ
□ *the best-seller is in great demand* רַב־הַמֶּכֶר מְבֻקָּשׁ מְאֹד
□ *there's no demand for these goods* אֵין בִּקּוּשׁ לִסְחוֹרוֹת הָאֵלֶּה
3 (urgent claim) דְּרִישָׁה
demand feeding הֲנָקַת הַתִּינוֹק בְּהַתְאָמָה לִדְרִישׁוֹתָיו
—v.t. דָּרַשׁ, תָּבַע, בִּקֵּשׁ
□ *this problem demands our attention* הַבְּעָיָה הַזּוֹ דּוֹרֶשֶׁת אֶת תְּשׂוּמַת־לִבֵּנוּ

demanding /dɪˈmɑːndɪŋ/ adj. קָשֶׁה, מְחַיֵּב מַאֲמָץ/תְּשׂוּמַת־לֵב/מְיֻמָּנוּת
□ *it is a demanding task* זוֹ מְשִׂימָה הַמַּצְרִיכָה מְיֻמָּנוּת וּמַאֲמָץ

demarcate /ˈdiːmɑːkeɪt/ v.t. (*formal*) הִתְוָה גְּבוּלוֹת, תִּחֵם, תָּחַם

demarcation /ˌdiːmɑːˈkeɪʃ(ə)n/ n. הַתְוָיַת גְּבוּלוֹת, תִּחוּם
demarcation dispute סִכְסוּךְ מִקְצוֹעִי עַל תְּחוּמֵי תַּעֲסוּקָה (בְּיִחוּד בֵּין אִגּוּדִים מִקְצוֹעִיִּים)

demean /dɪˈmiːn/ v.t. (*formal*) הִשְׁפִּיל, בִּזָּה
□ *I would not demean myself to ask for favours* לֹא אַשְׁפִּיל אֶת עַצְמִי לְבַקֵּשׁ טוֹבוֹת

demeanour /dɪˈmiːnə(r)/ n. (*formal*) אֹפֶן הִתְנַהֲגוּת, צוּרַת הִתְנַהֲגוּת

demented /dɪˈmentɪd/ adj. מְטֹרָף (קְלִינִי); מְטֹרָף (מֵרֹב דְּאָגָה אוֹ רֹגֶז)

dementia /dɪˈmenʃə/ n. (*Med.*) טֵרוּף

dementia praecox /dɪˌmenʃə ˈpriːkɒks/ n. (*Med.*) סְכִיזוֹפְרֶנְיָה

demerara (sugar) /ˌdeməˈreərə (ˈʃʊgə(r))/ n. סֻכַּר חוּם, בָּהִיר וּגְבִישִׁי

demerit /ˌdiːˈmerɪt/ n. (*formal*) חִסָּרוֹן, פְּגָם, מוּם, דֹּפִי

demesne /dɪˈmeɪn/ n.
1 (estate, *formal*) אֲחֻזָּה
2 (*Law*) בַּעֲלוּת, קִנְיָן

demi- /ˈdemɪ-/ pref. (תְּחִלִּית שֶׁפֵּרוּשָׁהּ) חֲצִי־

demigod /ˈdemɪgɒd/ n. בֶּן־אֵלִים, חֲצִי־אֵל (מַעֲמָד בֵּינַיִם בֵּין אֵל וְאָדָם)

demijohn /ˈdemɪdʒɒn/ n. בַּקְבּוּק גָּדוֹל לְיַיִן (5-45 לִיטֶר)

demilitarize /ˌdiːˈmɪlɪtəraɪz/ v.t. פֵּרֵז

demi-monde /ˌdemɪˈmɒnd/ n. (*formal*) אֲנָשִׁים מְפֻקְפָּקִים מִשּׁוּלֵי הַחֶבְרָה הַמְּהֻגֶּנֶת; פִּילַגְשִׁים

demise /dɪˈmaɪz/ n. (*formal*) הִסְתַּלְּקוּת (מָוֶת), פְּטִירָה

demisemiquaver /ˌdemɪˈsemɪkweɪvə(r)/ n. (*Mus.*) אַחַת חֶלְקֵי שְׁלֹשִׁים וּשְׁתַּיִם בְּתָוֵי מוּזִיקָה

demist /diːˈmɪst/ v.t. סִלֵּק אֶת הָאֵדִים (מִשִּׁמְשַׁת חַלּוֹן לְמָשָׁל)

demo /ˈdeməʊ/ n. (*colloq.*) הַפְגָּנָה

demob /ˌdiːˈmɒb/ v.t. (*colloq.*) שִׁחְרֵר מִשֵּׁרוּת צְבָאִי
—n. שִׁחְרוּר מִשֵּׁרוּת צְבָאִי

demobilization /dɪˌməʊbɪlaɪˈzeɪʃ(ə)n/ n. שִׁחְרוּר מִשֵּׁרוּת צְבָאִי

demobilize /ˌdiːˈməʊbɪlaɪz/ v.t. שִׁחְרֵר מִשֵּׁרוּת צְבָאִי

democracy /dəˈmɒkrəsɪ/ n. דֶּמוֹקְרַטְיָה

democrat /ˈdeməkræt/ n. דֶּמוֹקְרָט; חָבֵר הַמִּפְלָגָה הַדֶּמוֹקְרָטִית

democratic /ˌdeməˈkrætɪk/ adj. דֶּמוֹקְרָטִי

democratically /ˌdeməˈkrætɪkəlɪ/ adv. בְּאֹפֶן דֶּמוֹקְרָטִי

democratize /dɪˈmɒkrəˈtaɪz/ v.t. הָפַךְ לְדֶמוֹקְרַטְיָה; הִרְחִיב אֶת הַהֲלִיךְ הַדֶּמוֹקְרָטִי (בְּמִפְלָגָה לְמָשָׁל)

demographer /dɪˈmɒgrəfə(r)/ n. דֶּמוֹגְרָף, מִי שֶׁעוֹסֵק בְּחֵקֶר מַצַּב הָאֻכְלוּסִיָּה

demographic /ˌdeməˈgræfɪk/ adj. דֶּמוֹגְרָפִי

demography /dɪˈmɒgrəfɪ/ n. דֶּמוֹגְרַפְיָה, חֵקֶר מַצַּב הָאֻכְלוּסִיָּה

demolish /dɪˈmɒlɪʃ/ v.t. הָרַס (בְּיִחוּד מִבְנֶה); חִסֵּל
□ *he demolished the cake* הוּא חִסֵּל אֶת הָעוּגָה
□ *his evidence demolished the argument* עֵדוּתוֹ עָשְׂתָה אֶת הַטִּעוּן עָפָר וָאֵפֶר

demolition /ˌdeməˈlɪʃ(ə)n/ n. הֲרִיסָה (בְּיִחוּד מִבְנֶה)

demon /ˈdiːmən/ n. שֵׁד, רוּחַ רָעָה
□ *she's a demon for work – never stops!* הִיא חָרוּצָה כְּמוֹ שֵׁד – לֹא מַפְסִיקָה לַעֲבֹד
□ *this child is a demon* (*fig.*) הַיֶּלֶד הַזֶּה הוּא שֵׁד מִשַּׁחַת

demoniac /dɪˈməʊnɪæk/ adj. דֵּמוֹנִי, מַרְשִׁיעַ; פָּרוּעַ

demonic /dɪˈmɒnɪk/ n. דֵּמוֹנִי, מַרְשִׁיעַ

demonology /ˌdiːməˈnɒlədʒɪ/ n. דֵּמוֹנוֹלוֹגְיָה, תּוֹרַת הָרוּחוֹת וְהַשֵּׁדִים

demonstrable /ˈdemənstrəb(ə)l/ adj. (*formal*) שֶׁאֶפְשָׁר לְהוֹכִיחוֹ, בַּר־הוֹכָחָה

demonstrably /ˈdemənstrəblɪ/ adv. בְּמֻבְהָק, בְּאֹפֶן הַנִּתָּן לְהוֹכָחָה

demonstrate /ˈdemənstreɪt/ v.t.
1 (show evidence of) הִפְגִּין (רְגָשׁוֹת, בִּטָּחוֹן, תְּבוּנָה)
2 (describe or explain) הִצִּיג, הִמְחִישׁ, הִדְגִּים, הֶרְאָה
3 (prove) הֶרְאָה שֶׁ..., הוֹכִיחַ הֲלָכָה לְמַעֲשֶׂה
—v.i. הִפְגִּין (בְּעַד, לְמַעַן, נֶגֶד)
□ *we demonstrated against the Government* הִפְגַּנּוּ נֶגֶד הַמֶּמְשָׁלָה

demonstration /ˌdemənˈstreɪʃ(ə)n/ n.
1 (exhibition) הַדְגָּמָה, תְּצוּגָה
demonstration model דֶּגֶם תְּצוּגָה
2 (proof) הוֹכָחָה
3 (public expression of opinion) הַפְגָּנָה
4 (show of feeling) הַפְגָּנָה (שֶׁל רְגָשׁוֹת)

demonstrative /dɪˈmɒnstrətɪv/ adj.
1 (expressing feelings openly) מַפְגִּין (רְגָשׁוֹתָיו), הַפְגָּנָתִי
2 (serving to point out) מַצְבִּיעַ עַל
demonstrative pronoun (*Gram.*) כִּנּוּי רוֹמֵז ("זֶה", "זֹאת" וְכַד')

demonstrator /ˈdemənstreɪtə(r)/ n.
1 (instructor using practical methods) (אָדָם) מַדְגִּים, מַמְחִישׁ
2 (participant in public meeting) מַפְגִּין

demoralization /dɪˌmɒrəlaɪˈzeɪʃ(ə)n/ n. עִרְעוּר הַמּוֹרָל, שְׁבִירַת הָרוּחַ, דֶּמוֹרָלִיזַצְיָה

demoralize /dɪˈmɒrəlaɪz/ v.t. פָּגַע בַּמּוֹרָל

demote /diːˈməʊt/ v.t. הוֹרִיד בְּדַרְגָּה

demotic /dɪˈmɒtɪk/ adj. דֵּמוֹטִי, שֶׁל הָעָם (בְּעִקָּר בְּהִתְיַחֵס לַשָּׂפָה הַיְּוָנִית הַמּוֹדֶרְנִית)

demur /dɪˈmɜː(r)/ v.i. (*formal*) הִבִּיעַ אִי־שְׂבִיעוּת רָצוֹן
□ *they demurred at working late* הֵם הִבִּיעוּ הִתְנַגְּדוּת לִשְׁעוֹת עֲבוֹדָה רַבּוֹת
—n. הִתְמַרְמְרוּת, אִי־שְׂבִיעוּת רָצוֹן
□ *they agreed to the proposal without demur* הֵם קִבְּלוּ אֶת הַהַצָּעָה לְלֹא עִרְעוּר

demure /dɪˈmjʊə(r)/ adj. שָׁקֵט, עָנָו, מְסֻיָּג; מִתְחַסֵּד

den /den/ n.
1 (lair) מְאוּרָה
2 (secret resort) מְאוּרָה
gambling den מְאוּרַת הַמְּהַמְּרִים
3 (study) חֲדַר עֲבוֹדָה קָטָן, פִּנָּה אִישִׁית בַּבַּיִת

denationalization /diːˌnæʃənəlaɪˈzeɪʃ(ə)n/ n. בִּטּוּל הַלְאָמָה

denationalize /diːˈnæʃənəlaɪz/ v.t. בִּטֵּל אֶת הַהַלְאָמָה

denial /dɪˈnaɪəl/ n.
1 (refusal) סֵרוּב, מֵאוּן
self-denial הִנָּזְרוּת, הִתְאַפְּקוּת קִיצוֹנִית
2 (contradiction) הַכְחָשָׁה, כְּפִירָה בְּ...
□ *he answered the accusation with a flat denial* הוּא הֵגִיב עַל הַהַאֲשָׁמָה בְּהַכְחָשָׁה מֻחְלֶטֶת

denier /ˈdenɪə(r)/ n. דֶּנִיר (יְחִידַת־מִדָּה לְעָבְיָם שֶׁל סִיבֵי־נַיְלוֹן)

denigrate /ˈdenɪgreɪt/ v.t. (*formal*) הִשְׁמִיץ, הִכְתִּים אֶת שְׁמוֹ שֶׁל; לָעַג לְ...

denim /ˈdenɪm/ n.
1 (cloth) בַּד ג'ִינְס
2 (in *pl.*) ג'ִינְס, מִכְנְסֵי ג'ִינְס

denizen /ˈdenɪz(ə)n/ n. (*poet.*) תּוֹשָׁב, אֶזְרָח; מִתְאַזְרֵחַ (צֶמַח אוֹ בַּעַל־חַיִּים)

denomination /dɪˌnɒmɪˈneɪʃ(ə)n/ n.
1 (name, esp. of religious sect) כַּת דָּתִית
2 (class or unit of measure, *formal*) עֵרֶךְ (יְחִידָה שֶׁל כֶּסֶף, מִדָּה, מִשְׁקָל וְכַד')
□ *I only had coins of small denomination* לֹא הָיוּ בְּכִיסִי אֶלָּא מָעוֹת

denominational /dɪˌnɒmɪˈneɪʃən(ə)l/ adj. שֶׁל כַּת דָּתִית, כְּנֵסִיָּתִי
denominational schools בָּתֵּי־סֵפֶר דָּתִיִּים

denominator /dɪˈnɒmɪneɪtə(r)/ n. מְכַנֶּה (הַמִּסְפָּר שֶׁמִּתַּחַת לְקַו־הַשֶּׁבֶר)
common denominator מְכַנֶּה מְשֻׁתָּף

denotation /ˌdiːnəˈteɪʃ(ə)n/ n. מַשְׁמָע, מַשְׁמָעוּת, דֵּנוֹטַצְיָה

denote /dɪˈnəʊt/ v.t. צִיֵּן, סִמֵּל

dénouement /ˌdeɪˈnuːmɔːŋ/ n. הַפִּתְרוֹן בְּסוֹפוֹ שֶׁל מַחֲזֶה אוֹ סִפּוּר, הַתָּרַת־הַסְּבַךְ

denounce /dɪˈnaʊns/ v.t. הוֹקִיעַ, הֶאֱשִׁים בְּפוּמְבֵּי, גִּנָּה

dense /dens/ adj.
1 (closely compacted) סָמִיךְ (נוֹזֵל, עֲרָפֶל), דָּחוּס (חֹמֶר וְכַד'), צָפוּף (קָהָל וְכַד')
2 (stupid, *colloq.*) "סָתוּם"

density /ˈdensɪtɪ/ n. צְפִיפוּת, דְּחִיסוּת, סְמִיכוּת; (בְּפִיזִיקָה) דְּחִיסוּת (יַחַס בֵּין מַסָּה וָנֶפַח)

dent /dent/ n. & v.t. שֶׁקַע, גֻּמָּה
□ *the car repair bill made a dent in his savings* חֶשְׁבּוֹן הַתִּקּוּנִים בַּמְּכוֹנִית עָשָׂה לוֹ חוֹר בַּתַּקְצִיב

dental /ˈdent(ə)l/ adj. שֶׁל שִׁנַּיִם
dental floss חוּט לְנִקּוּי שִׁנַּיִם
dental plate (מַעֲרֶכֶת) שִׁנַּיִם תּוֹתָבוֹת

dental surgeon רוֹפֵא שִׁנַּיִם (הַמְבַצֵּעַ נִתּוּחִים)

dentifrice /ˈdentɪfrɪs/ n. (*formal*) מִשְׁחַת־שִׁנַּיִם, אַבְקַת שִׁנַּיִם

dentine /ˈdentiːn/ n. דֶּנְטִין (הַחֹמֶר שֶׁבֵּין הָעָצָב וְאֲמַיל־הַשֵּׁן)

dentist /ˈdentɪst/ n. רוֹפֵא שִׁנַּיִם (מְבַצֵּעַ נִתּוּחִים); מְרַפֵּא שִׁנַּיִם (לֹא מְבַצֵּעַ נִתּוּחִים)

dentistry /ˈdentɪstrɪ/ n. רְפוּאַת־שִׁנַּיִם

denture /ˈdentʃə(r)/ n. (usu. in *pl.*) שִׁנַּיִם תּוֹתָבוֹת

denudation /ˌdiːnjuːˈdeɪʃ(ə)n/ n. (*formal*) הֲסָרַת שִׁכְבַת הַמָּגֵן הַטִּבְעִית, חֲשִׂיפָה, עִרְטוּל (שֶׁל קַרְקַע לְמָשָׁל)

denude /dɪˈnjuːd/ v.t. (*formal*) חָשַׂף, עִרְטֵל (כַּנַּ״ל)

denunciation /dɪˌnʌnsɪˈeɪʃ(ə)n/ n. הוֹקָעָה, גִּנּוּי פֻּמְבִּי, הָאֲשָׁמָה

denunciatory /dɪˈnʌnsɪətərɪ/ adj. מוֹקִיעַ, שֶׁל הוֹקָעָה

deny /dɪˈnaɪ/ v.t.
 1 (declare untrue) הִכְחִישׁ, הִפְרִיךְ
 2 (refuse) סֵרֵב, מֵאֵן
 □ *he denies himself nothing* הוּא לֹא מוֹנֵעַ מֵעַצְמוֹ דָּבָר, הוּא אֵינוֹ מִתְנַזֵּר מִכְּלוּם
 3 (disclaim connection with, *formal*) כָּפַר בְּ..., הִתְכַּחֵשׁ לְ...

deodorant /diːˈəʊdərənt/ n. & adj. דֵּיאוֹדוֹרַנְט, תַּכְשִׁיר לְסִלּוּק רֵיחוֹת הַגּוּף

deodorize /diːˈəʊdəraiz/ v.t. סִלֵּק רֵיחַ רַע (מִן הַגּוּף, מִן הָאֲוִיר)

deoxyribonucleic acid /diːˌɒksɪˌraɪbəʊnjʊˈkleɪɪk ˈæsɪd/ n. חֻמְצָה דֵּיאוֹקְסִירִיבּוֹנוּקְלֵאִית (ד.נ.א.)

depart /dɪˈpɑːt/ v.i. יָצָא, עָזַב, יָצָא לְדַרְכּוֹ
 —v.t (*arch.*) הִסְתַּלֵּק לְעוֹלָמוֹ
 □ *he departed this life on 1st January* הָלַךְ לְעוֹלָמוֹ בְּ־1 בְּיָנוּאָר

departed /dɪˈpɑːtɪd/ adj. (*euphem.*) (הַ)מָּנוֹחַ, (הַ)נִּפְטָר
 □ *pray for the souls of the departed* הִתְפַּלֵּל לְנִשְׁמוֹת הַנִּפְטָרִים

department /dɪˈpɑːtmənt/ n.
 1 (division of business etc.) מַחְלָקָה, אֲגַף
 department store חֲנוּת כָּל־בּוֹ
 □ *making dessert is your department* (*colloq.*) (הֲכָנַת) הַמָּנָה הָאַחֲרוֹנָה זֹאת הָאַחֲרָיוּת שֶׁלְּךָ
 2 (division of government etc.) מִשְׂרָד, אֲגַף, מַחְלָקָה
 □ *I work at the Department of Health* אֲנִי עוֹבֵד בְּמִשְׂרַד־הַבְּרִיאוּת

departmental /ˌdiːpɑːtˈment(ə)l/ adj. מַחְלַקְתִּי, שֶׁל מַחְלָקָה, שֶׁל אֲגַף, שֶׁל מִשְׂרָד

departure /dɪˈpɑːtʃə(r)/ n.
 1 (leaving) יְצִיאָה
 departure lounge אוּלַם הַיּוֹצְאִים (בְּנָמְלֵי־תְּעוּפָה)
 □ *we mourn his departure* (*euphem.*) אָנוּ אֲבֵלִים עַל מוֹתוֹ
 2 (change of course) תַּפְנִית, סְטִיָּה
 □ *this is a new departure in physics* זֶה כִּוּוּן חָדָשׁ בַּפִיזִיקָה

depend /dɪˈpend/ v.i. סָמַךְ עַל; הָיָה תָּלוּי בְּ...
 □ *I'm depending on you to do it for me* אֲנִי סוֹמֵךְ עָלֶיךָ שֶׁתַּעֲשֶׂה זֹאת בִּשְׁבִילִי
 □ *he depends on his father for financial help* הוּא תָּלוּי בְּאָבִיו בְּעִנְיְנֵי כְּסָפִים
 □ *it all depends on whether you can come* זֶה הַכֹּל תָּלוּי אִם תָּבוֹא אוֹ לֹא
 □ *I'll be there – depend upon it!* אַתָּה יָכוֹל לִסְמֹךְ עָלַי – אֲנִי אֶהְיֶה שָׁם

dependability /dɪˌpendəˈbɪlətɪ/ n. מְהֵימָנוּת

dependable /dɪˈpendəb(ə)l/ adj. מְהֵימָן, שֶׁאֶפְשָׁר לִסְמֹךְ עָלָיו

dependant /dɪˈpendənt/ n. נִתְמָךְ (הַתָּלוּי בְּאָדָם אַחֵר לְמִחְיָתוֹ)

dependence /dɪˈpendəns/ n. תְּלוּת
 drug dependence תְּלוּת בְּסַמִּים, שִׁעְבּוּד לְסַמִּים
 □ *you can't put much dependence on him* אִי־אֶפְשָׁר לִסְמֹךְ עָלָיו

dependency /dɪˈpendənsɪ/ n. שֶׁטַח חָסוּת, מְדִינַת חָסוּת

dependent /dɪˈpendənt/ adj. תָּלוּי בְּ..., מֻתְנֶה
 □ *she was dependent on charity* הִיא הִתְקַיְּמָה עַל נְדָבוֹת
 □ *it is terrible to be dependent on drugs* זֶה אָיֹם לִהְיוֹת תָּלוּי בְּסַמִּים
 □ *my plan is dependent on the weather* הַתָּכְנִית שֶׁלִּי תְּלוּיָה בְּמֶזֶג־הָאֲוִיר

depict /dɪˈpɪkt/ v.t. (*formal*) תֵּאֵר (בְּצִיּוּר אוֹ בְּמִלִּים)

depiction /dɪˈpɪkʃ(ə)n/ n. (*formal*) תֵּאוּר (כַּנַּ״ל)

depilate /ˈdepɪleɪt/ v.t. הֵסִיר שֵׂעָר, סִלֵּק שֵׂעָר (מֵהַגּוּף)

depilation /ˌdepɪˈleɪʃ(ə)n/ n. הֲסָרַת שֵׂעָר, סִלּוּק שֵׂעָר (מֵהַגּוּף)

depilatory /dɪˈpɪlət(ə)rɪ/ adj. & n. מְסַלֵּק שֵׂעָר; תַּכְשִׁיר לְסִלּוּק שֵׂעָר

deplete /dɪˈpliːt/ v.t. (*formal*) כִּלָּה, מִעֵט, רוֹקֵן

depletion /dɪˈpliːʃ(ə)n/ n. (*formal*) צִמְצוּם, רִקּוּן

deplorable /dɪˈplɔːrəb(ə)l/ adj. רָאוּי לִגְנַאי, מְצַעֵר (בִּלְשׁוֹן סַגִּי נְהוֹר); מְזַעְזֵעַ; מַעֲצִיב

deplore /dɪˈplɔː(r)/ v.t. גִּנָּה, הִסְתַּיֵּג מִ...

deploy /dɪˈplɔɪ/ v.t. & i.
 1 (*Mil.*) פָּרַס (אֶת הַכֹּחוֹת); (הַכֹּחַ) הִתְפָּרֵס
 2 (*fig.*) הִצִּיג (אֶת טִעוּנָיו), נִצֵּל (אֶת כִּשְׁרוֹנוֹתָיו אוֹ כֹּחוֹתָיו)

deployment /dɪˈplɔɪmənt/ n. הֵעָרְכוּת, פְּרִיסָה

depopulate /diːˈpɒpjʊleɪt/ v.t. דִּלֵּל אֶת הָאֻכְלוּסִיָּה

depopulation /diːˌpɒpjʊˈleɪʃ(ə)n/ n. דִּלּוּל הָאֻכְלוּסִיָּה
 □ *the country is suffering from rural depopulation* הַמְּדִינָה סוֹבֶלֶת מִדִּלְדּוּל הָאֻכְלוּסִיָּה הַכַּפְרִית

deport /dɪˈpɔːt/ v.t.
1 (remove) גֵּרֵשׁ (אָדָם שֶׁאֵינוֹ אֶזְרַח מְמְּדִינָה, בְּשֶׁל מְנִיעִים פּוֹלִיטִיִּים אוֹ בִּגְלַל פְּשִׁיעָה וְכַד׳)
2 (conduct, *formal*) נָהַג, הִתְנַהֵג
□ *she deported herself with dignity* הִיא הִתְנַהֲגָה בְּאֹרַח מְכֻבָּד
deportation /ˌdiːpɔːˈteɪʃ(ə)n/ n. גֵּרוּשׁ
deportment /dɪˈpɔːtmənt/ n. (*formal*) הִתְנַהֲגוּת (הוֹלֶמֶת)
depose /dɪˈpəʊz/ v.t. הֵדִיחַ, הֶעֱבִיר מִתַּפְקִיד
—v.i. (*Law*) הֵעִיד, מָסַר עֵדוּת
deposit /dɪˈpɒzɪt/ n.
1 (sum of money; pledge) פִּקָּדוֹן; הַפְקָדָה
deposit account חֶשְׁבּוֹן חִסָּכוֹן
□ *a small deposit will secure any goods* מִקְדָּמָה קְטַנָּה תַּבְטִיחַ אַסְפָּקָה
□ *is there a deposit on this (empty) bottle?* הַאִם יֵשׁ עֵרָבוֹן עַל הַבַּקְבּוּק?
2 (natural accumulation) מִשְׁקָע, מִרְבָּץ
□ *Australia is rich in mineral deposits* אוֹסְטְרַלְיָה עֲשִׁירָה בְּמִרְבְּצֵי־מַחְצָבִים
—v.t. הִפְקִיד, עָשָׂה הַפְקָדָה
deposition /ˌdiːpəˈzɪʃ(ə)n/ n. (*Law*) הַדָּחָה (מִתַּפְקִיד); הוֹרָדָה (מִכֵּס מַלְכוּת)
depositor /dɪˈpɒzɪtə(r)/ n. מַפְקִיד (בַּבַּנְק)
depository /dɪˈpɒzɪt(ə)rɪ/ n. מַחְסָן
depot /ˈdepəʊ/ n.
1 (storehouse) מַחְסָן מֶרְכָּזִי; חֲנָיוֹן מֶרְכָּזִי
2 (*Mil.*) מַטֶּה שֶׁל גְּדוּד; מַחְסַן צִיּוּד וְאַסְפָּקָה
3 (place where buses are kept) חֲנָיוֹן (לְאוֹטוֹבּוּסִים)
deprave /dɪˈpreɪv/ v.t. הִשְׁחִית (אֹפִי, מוּסָר וְכַד׳)
depraved /dɪˈpreɪvd/ adj. מֻשְׁחָת (מוּסָרִית)
depravity /dɪˈprævɪtɪ/ n. שְׁחִיתוּת הַמּוּסָר, קִלְקוּל הַמִּדּוֹת, נִוּוּן מוּסָרִי
deprecate /ˈdeprəkeɪt/ v.t. (*formal*) מִחָה עַל, לֹא הִשְׁלִים עִם, הִסְתַּיֵּג מִ...
deprecating /ˈdeprəkeɪtɪŋ/ adj. (*formal*) (הֶעָרוֹת) שֶׁל זִלְזוּל, מְזַלְזֵל
deprecation /ˌdeprəˈkeɪʃ(ə)n/ n. (*formal*) זִלְזוּל
deprecatory /ˌdeprəˈkeɪtərɪ/ adj. (*formal*) אַפּוֹלוֹגֶטִי; מְזַלְזֵל
depreciate /dɪˈpriːʃɪeɪt/ v.t. & i.
1 (make or become less in value) גָּרַע מֵעֶרְכּוֹ שֶׁל, הִמְעִיט בְּעֶרְכּוֹ שֶׁל; פִּחֵת (מַטְבֵּעַ); הִתְמַעֵט בְּעֶרְכּוֹ; עָבַר פְּחָת, יָרַד בְּעֶרְכּוֹ (מַטְבֵּעַ)
2 (belittle, *formal*) זִלְזֵל, הֵקֵל בְּעֶרֶךְ שֶׁל
depreciation /dɪˌpriːʃɪˈeɪʃ(ə)n/ n. הַפְחָתַת־עֵרֶךְ, הַמְעָטַת־עֵרֶךְ; פְּחָת
depreciatory /dɪˈpriːʃɪət(ə)rɪ/ adj. (*formal*) מְזַלְזֵל, נוֹטֶה לְהָקֵל בְּעֵרֶךְ שֶׁל

depredation /ˌdeprəˈdeɪʃ(ə)n/ n. (*formal*) בִּזָּה, עֹשֶׁק, גֶּזֶל, גָּזֵל
depress /dɪˈpres/ v.t.
1 (push or pull down) לָחַץ, הִנְמִיךְ, הוֹרִיד
2 (make sad) דִּכֵּא, דִּכָּא, דִּכְדֵּךְ, הֵעִיק
depressant /dɪˈpresənt/ adj. & n. מְדַכֵּא, מְשַׁכֵּךְ; סַם מְשַׁכֵּךְ, סַם מְדַכֵּא (מַחֲלָה, סִימְפְּטוֹם וְכַד׳)
depressed /dɪˈprest /adj. מְדֻכָּא
depressed area אֵזוֹר נֶחֱשָׁל (כַּלְכָּלִית)
depressing /dɪˈpresɪŋ/ adj. מְדַכֵּא, מֵעִיק, מְדַכְדֵּךְ
depression /dɪˈpreʃ(ə)n/ n.
1 (low spirits) דִּכָּאוֹן
2 (*Econ.*) שֵׁפֶל, מִתּוּן
3 (*Meteorol.*) שֶׁקַע בָּרוֹמֶטְרִי
4 (hollow) שֶׁקַע
depressive /dɪˈpresɪv/ n. & adj. טִפּוּס דִּכְאוֹנִי; מְדֻפְרָס; נוֹטֶה לְדִכָּאוֹן, דֶּפְּרֶסִיבִי; גּוֹרֵם לְדִכָּאוֹן
deprivation /ˌdeprɪˈveɪʃ(ə)n/ n. קִפּוּחַ, שְׁלִילָה, מְנִיעָה
deprive /dɪˈpraɪv/ v.t.
□ *the trees deprived the house of light* הָעֵצִים הִסְתִּירוּ אֶת הָאוֹר מִן הַבַּיִת
deprived /dɪˈpraɪvd/ adj. מְקֻפָּח, טְעוּן־טִפּוּחַ
dept. abbrev. מִשְׂרָד, אֲגַף, מַחְלָקָה
depth /depθ/ n.
1 (deepness) עֹמֶק
in depth לְעֹמֶק, בְּאֹפֶן יְסוֹדִי
defence in depth הֲגַנָּה לְעֹמֶק
□ *the field was flooded to a depth of five inches* הַמִּגְרָשׁ הָיָה מוּצָף מַיִם בְּגֹבַהּ שֶׁל עֲשָׂרָה ס״מ
2 (in *sing.* or *pl.*, deep place) מַעֲמַקִּים, מְצוּלוֹת
out of one's depth מֵעֵבֶר לִיכָלְתּוֹ (שֶׁל פְּלוֹנִי)
depth charge פְּצָצַת עֹמֶק
□ *he lives in the depths of the country* הוּא חַי בְּאֵזוֹר מֻקָּף שָׂדוֹת וִיעָרוֹת
□ *she was in the depths of despair* הִיא הָיְתָה שְׁקוּעָה בְּיֵאוּשׁ עָמֹק
□ *from the depth of my heart I thank you (formal)* אֲנִי מוֹדֶה לְךָ מֵעִמְקֵי לְבָבִי
□ *she would not stoop to such depths* הִיא לֹא תַּשְׁפִּיל אֶת עַצְמָהּ עַד כְּדֵי כָּךְ, הִיא לֹא תֵּרֵד כָּל־כָּךְ נָמוֹךְ
deputation /ˌdepjʊˈteɪʃ(ə)n/ n. מִשְׁלַחַת, נְצִיגוּת
depute /dɪˈpjuːt/ v.t. (*formal*) יִפָּה כֹּחוֹ; הֵטִיל (תַּפְקִיד), מִנָּה
deputize /ˈdepjʊtaɪz/ v.i. יִצֵּג, מִלֵּא אֶת מְקוֹמוֹ שֶׁל
□ *you will have to deputize for me while I'm away* יִהְיֶה עָלֶיךָ לְמַלֵּא אֶת מְקוֹמִי בְּהֵעָדְרִי
deputy /ˈdepjʊtɪ/ n. סְגָן, עוֹזֵר; חֲבֵר בֵּית־הַנִּבְחָרִים (בְּעִקָּר בְּצָרְפַת)
□ *he is deputy head of the school* הוּא סְגַן מְנַהֵל בֵּית־הַסֵּפֶר

derail /dɪˈreɪl/ v.t. הוֹרִיד (רַכֶּבֶת) מִן הַפַּסִּים

derailment /dɪˈreɪlmənt/ n. יְרִידָה מִן הַפַּסִּים (שֶׁל רַכֶּבֶת בִּלְבַד)

derange /dɪˈreɪndʒ/ v.t. שִׁבֵּשׁ אֶת פְּעֻלָּתוֹ שֶׁל; הוֹצִיא מִדַּעְתּוֹ

deranged /dɪˈreɪndʒd/ adj. לֹא שָׁפוּי בְּדַעְתּוֹ

derangement /dɪˈreɪndʒmənt/ n. טֵרוּף; שִׁבּוּשׁ

Derby[1] /ˈdɑːbɪ/ n. דַּרְבִּי (עִיר בִּבְרִיטַנְיָה)

the Derby מֵרוֹץ־סוּסִים שְׁנָתִי בְּאֶפְּסוֹם שֶׁבְּאַנְגְּלִיָּה

local Derby "דֶּרְבִּי", תַּחֲרוּת בֵּין קְבוּצוֹת מְקוֹמִיּוֹת

derby[2] /ˈdɜːrbɪ/ n. (*US*) מִגְבַּעַת לֶבֶד, כּוֹבַע צַ'רְלִי צַ'פְּלִין

deregulation /ˌdiːregjʊˈleɪʃ(ə)n/ n. הֲסָרַת הַפִּקּוּחַ הַמֶּמְשַׁלְתִּי

derelict /ˈderɪlɪkt/ adj. & n. מֻזְנָח, נָטוּשׁ, מֻפְקָר; נַוָּד, קַבְּצָן (חֲסַר־בַּיִת, לָרֹב שִׁכּוֹר)

dereliction /ˌderɪˈlɪkʃ(ə)n/ n.

1 (making derelict) נְטִישָׁה, הַפְקָרָה

2 (neglect of duty, *formal*) הִתְרַשְּׁלוּת בְּמִלּוּי תַּפְקִיד, הִתְרַשְּׁלוּת בְּתַפְקִיד

deride /dɪˈraɪd/ v.t. (*formal*) שָׂם לִצְחוֹק אֶת, לָעַג לְ..., זִלְזֵל בְּ...

de rigueur /ˌdə rɪˈgɜː(r)/ pred. adj. (*formal*) חוֹבָה (מִטַּעֲמֵי נֹהַג אוֹ נִימוּס)

derision /dɪˈrɪʒ(ə)n/ n. לַעַג, לִגְלוּג, בּוּז

derisive /dɪˈraɪsɪv/ adj. לִגְלְגָנִי, שָׂם לִצְחוֹק אֶת

□ *he gave her a derisive smile* הוּא חִיֵּךְ חִיּוּךְ לַעֲגָנִי לְעֶבְרָהּ

derisory /dɪˈraɪsərɪ/ adj. נִלְעָג, מְגֻחָךְ

□ *he made a derisory offer for the car* הוּא הִצִּיעַ מְחִיר מְגֻחָךְ בְּעַד הַמְּכוֹנִית

derivation /ˌderɪˈveɪʃ(ə)n/ n. גְּזִירָה, מָקוֹר; גְּזִירַת־מִלִּים

derivative /dɪˈrɪvətɪv/ adj. & n. נִגְזָר, לֹא־מְקוֹרִי, שָׁאוּל; תּוֹצָר, תּוֹלָדָה; נִגְזֶרֶת, מִלָּה נִגְזֶרֶת

derive /dɪˈraɪv/ v.t. & i. הֵפִיק; הִסִּיק, גָּזַר; הִשְׁתַּלְשֵׁל מִ...

□ *he derives his wealth from oil* הוּא מֵפִיק אֶת עָשְׁרוֹ מֵעִסְקֵי נֵפְט

dermatitis /ˌdɜːməˈtaɪtɪs/ n. דַּלֶּקֶת הָעוֹר

dermatological /ˌdɜːmətəˈlɒdʒɪk(ə)l/ adj. דֶּרְמָטוֹלוֹגִי, שֶׁל הָעוֹר

dermatologist /ˌdɜːməˈtɒlədʒɪst/ n. רוֹפֵא עוֹר, דֶּרְמָטוֹלוֹג

dermatology /ˌdɜːməˈtɒlədʒɪ/ n. דֶּרְמָטוֹלוֹגְיָה, רְפוּאַת־עוֹר

derogatory /dɪˈrɒgət(ə)rɪ/ adj. (*formal*) מַשְׁפִּיל, פּוֹגֵעַ, פּוֹגֵם, מְזַלְזֵל

derrick /ˈderɪk/ n.

1 (crane) עֲגוּרָן

2 (oil-rig) מִגְדַּל קִדּוּחַ

derring-do /ˌderɪŋˈduː/ n. (*arch.*) מַעֲשֵׂה גְּבוּרָה

deeds of derring-do מַעַלְלֵי גְּבוּרָה

derris /ˈderɪs/ n. דֶּרִיס, צֶמַח טְרוֹפִּי שֶׁמַּפִּיקִים מִמֶּנּוּ קוֹטְלֵי־חֲרָקִים

derv /dɜːv/ n. (*UK*) דֶּלֶק לְמָנוֹעַ דִּיזֶל

dervish /ˈdɜːvɪʃ/ n. דֶּרְוִישׁ

desalinate /ˌdiːˈsælɪneɪt/ v.t. הִתְפִּיל, הִמְתִּיק (לָרֹב מֵי־יָם)

desalination /diːˌsælɪˈneɪʃ(ə)n/ n. הַתְפָּלָה, הַמְתָּקָה (לָרֹב שֶׁל מֵי־יָם)

descale /ˌdiːˈskeɪl/ v.t. הִרְחִיק מִשְׁקְעֵי־סִיד (בְּצַנֶּרֶת, בְּקוּמְקוּם)

descant /ˈdeskænt/ n. (בְּמוּזִיקָה) נְעִימַת־לִוּוּי לְזֶמֶר אוֹ לְלַחַן; נְעִימָה בְּרֶגִיסְטֶר גָּבוֹהַּ

descend /dɪˈsend/ v.t. & i. (*formal*) יָרַד; הָיָה צֶאֱצָא שֶׁל; עָבַר בִּירֻשָּׁה; פָּשַׁט עַל

□ *the whole family descended on us* כָּל הַמִּשְׁפָּחָה נָחֲתָה עָלֵינוּ בְּמַפְתִּיעַ

□ *he would never descend to cheating* הוּא לְעוֹלָם לֹא יַשְׁפִּיל אֶת עַצְמוֹ עַד כְּדֵי כָּךְ שֶׁיְּשַׁקֵּר

□ *the title descended to his son* הַתֹּאַר עָבַר בִּירֻשָּׁה לִבְנוֹ

descendant /dɪˈsendənt/ n. צֶאֱצָא

descended /dɪˈsendɪd/ adj. שֶׁמּוֹצָאוֹ מִ...

□ *we are all descended from the apes* מוֹצָא כֻּלָּנוּ מֵהַקּוֹפִים

descent /dɪˈsent/ n. (*formal*)

1 (downward motion or slope) יְרִידָה; מוֹרָד, מִדְרוֹן, שִׁפּוּעַ

2 (sudden attack) הִתְנַפְּלוּת

3 (lineage) שׁוֹשֶׁלֶת יוּחֲסִין, מוֹצָא

□ *they trace their descent back to William the Conqueror* הֵם יְכוֹלִים לְהִתְחַקּוֹת אַחַר מוֹצָאָם הַמִּשְׁפַּחְתִּי עַד וִילְיָאם הַכּוֹבֵשׁ

describe /dɪˈskraɪb/ v.t.

1 (set forth in words) תֵּאֵר

□ *he describes himself as a doctor* הוּא מַצִּיג אֶת עַצְמוֹ כְּרוֹפֵא

2 (mark out, draw) הִתְוָה, תֵּאֵר

□ *compasses are used to describe a circle* מְחוּגוֹת מְשַׁמְּשׁוֹת לְסִרְטוּט מַעְגָּל

description /dɪˈskrɪpʃ(ə)n/ n. תֵּאוּר

□ *there were boats of every description in the harbour* בַּנָּמָל הָיוּ סִירוֹת מִכָּל צוּרָה וָסוּג

□ *it beggars description* (*poet.*) אֵין לְתָאֵר זֹאת בְּמִלִּים

descriptive /dɪˈskrɪptɪv/ adj. תֵּאוּרִי

descry /dɪˈskraɪ/ v.t. (*poet.*) הִבְחִין, גִּלָּה

desecrate /ˈdesɪkreɪt/ v.t. חִלֵּל קֹדֶשׁ

desecration /ˌdesɪˈkreɪʃ(ə)n/ n. חִלּוּל הַקֹּדֶשׁ

desecrator /ˈdesɪkreɪtə(r)/ n. מְחַלֵּל קֹדֶשׁ

desegregate /ˌdiːˈsegrɪgeɪt/ v.t. בִּטֵּל הַפְרָדָה גִּזְעִית

desegregation /diːˌsegrɪˈgeɪʃ(ə)n/ n. בִּטּוּל הַפְרָדָה גִּזְעִית

desensitize /diːˈsensɪtaɪz/ v.t. הִקְהָה רְגִישׁוּת, עָשָׂה לְבִלְתִּי רָגִישׁ

desert[1] /ˈdezət/ n. מִדְבָּר, יְשִׁימוֹן

desert island אִי בּוֹדֵד, אִי שׁוֹמֵם

desert[2] /dɪˈzɜːt/ v.t. & i. עָזַב, זָנַח, נָטַשׁ; עָרַק (מִן הַצָּבָא)

□ *the place was deserted* הַמָּקוֹם הָיָה עָזוּב, הַמָּקוֹם הָיָה נָטוּשׁ

deserter /dɪˈzɜːtə(r)/ n. עָרִיק

desertion /dɪˈzɜːʃ(ə)n/ n. עֲרִיקָה; נְטִישָׁה

deserts /dɪˈzɜːts/ n. *pl.* הָרָאוּי, הַמַּגִּיעַ

□ *he got his (just) deserts* הוּא בָּא עַל גְּמוּלוֹ כָּרָאוּי לוֹ

deserve /dɪˈzɜːv/ v.t. הָיָה רָאוּי לְ..., הָיָה מַגִּיעַ לוֹ (דְּבַר־מָה)

□ *he got what he deserved* הוּא קִבֵּל אֶת הַמַּגִּיעַ לוֹ

deservedly /dɪˈzɜːvɪdlɪ/ adv. כָּרָאוּי, בְּצֶדֶק

deserving /dɪˈzɜːvɪŋ/ adj. רָאוּי לְ...; רָאוּי לְשֶׁבַח, רָאוּי לַאֲהָדָה

□ *he was deserving of reward* הוּא הָיָה רָאוּי לְתַגְמוּל

□ *she is a deserving case* עִנְיָנָהּ מַצְדִּיק עֶזְרָה

desiccate /ˈdesɪkeɪt/ v.t. (*formal*) יִבֵּשׁ, סִלֵּק נוֹזְלִים

desiccated /ˈdesɪkeɪtɪd/ adj. מְיֻבָּשׁ

desiccated coconut קוֹקוֹס טָחוּן, פְּתִיתֵי קוֹקוֹס

desiccation /ˌdesɪˈkeɪʃ(ə)n/ n. (*formal*) יִבּוּשׁ, סִלּוּק נוֹזְלִים

desideratum /dɪzɪdəˈrɑːtəm/ n. (*pl.* **desiderata** /-ˈrɑːtə/) (*formal*) מִשְׁאָלָה, מִשְׁאַת־נֶפֶשׁ, חֶסֶר שֶׁיֵּשׁ לְמַלְּאוֹ

design /dɪˈzaɪn/ n.

1 (plan) תָּכְנִית, תִּכְנוּן; תַּבְנִית, גִּזְרָה

□ *the design of the building is not practical* תָּכְנִית הַבִּנְיָן אֵינָהּ נִתֶּנֶת לְבִצּוּעַ

2 (decorative pattern) דֻּגְמָה

□ *the table cloth has a floral design* מַפַּת הַשֻּׁלְחָן מְקֻשֶּׁטֶת בְּדֻגְמָה פִּרְחוֹנִית

3 (intention) כַּוָּנָה, מַטָּרָה

—v.t. תִּכְנֵן, עִצֵּב, הֵכִין, בָּנָה, יָעַד

□ *this course is designed to help students* הַקּוּרְס הַזֶּה מְתֻכְנָן כְּדֵי לַעֲזֹר לַתַּלְמִיד, הַקּוּרְס הַזֶּה בָּנוּי כְּדֵי לַעֲזֹר לַתַּלְמִיד

□ *it took two years to design the new car* תִּכְנוּן הַמְּכוֹנִית הַחֲדָשָׁה נִמְשַׁךְ שְׁנָתַיִם

designate /ˈdezɪgneɪt/ v.t. (*formal*) בָּחַר, מִנָּה, יָעַד, הוֹעִיד; צִיֵּן

□ *they have not yet designated his successor* עוֹד לֹא נָקְבוּ בְּשֵׁם מְמַלֵּא מְקוֹמוֹ

□ *rivers should be clearly designated on a map* יֵשׁ לְצַיֵּן בִּבְהִירוּת אֶת הַנְּהָרוֹת עַל הַמַּפָּה

—adj. מְיֹעָד

□ *meet the chairman designate* תַּרְשֶׁה לִי לְהַצִּיג לְפָנֶיךָ אֶת הַיּוֹשֵׁב־רֹאשׁ הַמְּיֹעָד

designation /ˌdezɪgˈneɪʃ(ə)n/ n. (*formal*) מִנּוּי; תֹּאַר; כִּנּוּי, צִיּוּן

designedly /dɪˈzaɪnɪdlɪ/ adv. בְּמִתְכַּוֵּן

designer /dɪˈzaɪnə(r)/ n. מְעַצֵּב, מְתַכְנֵן

designer clothes בְּגָדִים שֶׁל מְעַצֵּב, בִּגְדֵי מְעַצֵּב (שֶׁל מְעַצֵּב אָפְנָה נוֹדָע)

designing /dɪˈzaɪnɪŋ/ adj. חוֹרֵשׁ מְזִמּוֹת, תַּכְכָן

desirability /dɪˌzaɪərəˈbɪlətɪ/ n. כְּדָאִיּוּת, נְחִיצוּת, מִדַּת הֱיוֹת רָצוּי

desirable /dɪˈzaɪərəb(ə)l/ adj. רָצוּי, כְּדַאי

□ *desirable residence for sale* לִמְכִירָה בֵּית־מְגוּרִים מְבֻקָּשׁ

desire /dɪˈzaɪə(r)/ n. תְּשׁוּקָה, מִשְׁאַת־נֶפֶשׁ, תַּאֲוָה

his heart's desire מִשְׁאַת־נַפְשׁוֹ

—v.t. הִשְׁתּוֹקֵק לְ..., הִתְאַוָּה לְ...

□ *her work leaves much to be desired* עֲבוֹדָתָהּ רְחוֹקָה מִשְּׁלֵמוּת

desirous /dɪˈzaɪərəs/ pred. adj. (*formal*) מִשְׁתּוֹקֵק, תָּאֵב

□ *he is desirous of fame* (*formal*) הוּא מִשְׁתּוֹקֵק לִתְהִלָּה

desist /dɪˈzɪst/ v.i. (*formal*) מָשַׁךְ יָדוֹ מִ...; חָדַל, פָּסַק מִ...

□ *kindly desist from this absurd behaviour* אָנָּא, חֲדַל מֵהִתְנַהֲגוּת חַסְרַת הַהִגָּיוֹן זוֹ

desk /desk/ n. שֻׁלְחַן כְּתִיבָה, מִכְתָּבָה; מַחְלָקָה בְּמִשְׂרַד־הַחוּץ, "דֶּסְק"

news desk מַחְלֶקֶת הַחֲדָשׁוֹת בְּעִתּוֹן, "דֶּסְק" הַחֲדָשׁוֹת

desktop /ˈdesktɒp/ n. מִשְׁטַח הַשֻּׁלְחָן (לִכְתִיבָה); מַחְשֵׁב אִישִׁי, מִיקְרוֹ־מַחְשֵׁב

desktop publishing (מַעֲרֶכֶת) הוֹצָאָה־לָאוֹר שֻׁלְחָנִית "דֶּסְקְטוֹפּ־פַּבְּלִישִׁינְג"

desolate /ˈdesələt/ adj.

1 (uninhabited, of place) שָׁמֵם, שׁוֹמֵם, נָטוּשׁ, עָזוּב

2 (feeling lonely) גַּלְמוּד, עָזוּב, נָטוּשׁ, עָגוּם

—v.t. /ˈdeseleɪt/ הֶחֱרִיב; אִמְלֵל

desolation /ˌdesəˈleɪʃ(ə)n/ n.

1 (devastation) שְׁמָמָה, חֻרְבָּן

2 (disconsolate state) יָגוֹן, שִׁמָּמוֹן־לֵב

despair /dɪˈspeə(r)/ n. יֵאוּשׁ

□ *he was the despair of her teachers* מוֹרָיו נוֹאֲשׁוּ מִמֶּנּוּ

—v.i. נוֹאַשׁ מִ...

□ *his life was despaired of* אָמְרוּ נוֹאָשׁ לְחַיָּיו

despatch see **dispatch**

desperado /ˌdespəˈrɑːdəʊ/ n. פּוֹשֵׁעַ מְסֻכָּן (הַמּוּכָן לַכֹּל)

desperate /ˈdespərət/ adj.

1 (almost beyond hope) (מִקְרֶה) אָנוּשׁ, חָמוּר; נוֹאָשׁ, נוֹאָשׁ מִתִּקְוָה

2 (reckless, dangerous) מְסֻכָּן, פָּרוּעַ

□ *he is desperate for money* הַכֶּסֶף נָחוּץ לוֹ וִיהִי־מָה

□ *that is a desperate remedy* זוֹ תְּרוּפָה שֶׁלְּאַחַר יֵאוּשׁ

desperation /ˌdespəˈreɪʃ(ə)n/ n. יֵאוּשׁ, נוֹאָשׁוּת

□ *I resigned in sheer desperation* הִתְפַּטַּרְתִּי מִתּוֹךְ יֵאוּשׁ מֻחְלָט

□ *the bureaucracy drove him to desperation* הַבִּירוֹקְרַטְיָה הֵבִיאָה אוֹתוֹ לִכְלַל יֵאוּשׁ גָּמוּר

despicable /dɪˈspɪkəb(ə)l/ adj. מְגֻנֶּה, בָּזוּי, נִתְעָב; מְנֻוָּל

despise /dɪˈspaɪz/ v.t. בָּז, תִּעֵב

despite /dɪˈspaɪt/ prep. לַמְרוֹת, עַל אַף

despoil /dɪˈspɔɪl/ v.t. (*arch.*) בָּז בִּזָּה, לָקַח שָׁלָל

despondency /deˈspɒndənsɪ/ n. יֵאוּשׁ גָּמוּר, אָבְדַן כָּל תִּקְוָה

despondent /dɪˈspɒndənt/ adj. (אָדָם) נְטוּל תִּקְוָה, מְיֹאָשׁ

despot /ˈdespɒt/ n. עָרִיץ, רוֹדָן

despotic /dɪˈspɒtɪk/ adj. רוֹדָנִי, עָרִיץ

despotism /ˈdespətɪzəm/ n. שִׁלְטוֹן רוֹדָנִי, עָרִיצוּת, רוֹדָנוּת

dessert /dɪˈzɜːt/ n. מָנָה אַחֲרוֹנָה, קִנּוּחַ סְעוּדָה, פַּרְפְּרָאוֹת, לִפְתָּן

dessertspoon /dɪˈzɜːtspuːn/ n. כַּף לְלִפְתָּן (תְּכוּלָתָהּ כְּפוּלָה מִזּוֹ שֶׁל כַּפִּית־תֵּה)

destabilization /diːˌsteɪbɪlaɪˈzeɪʃ(ə)n/ n. אָבְדַן הַיַּצִּיבוּת

destabilize /diːˈsteɪbɪˌlaɪz/ v.t. גָּרַם לְאָבְדַן יַצִּיבוּת

destination /ˌdestɪˈneɪʃ(ə)n/ n. יַעַד, מַטְּרַת נְסִיעָה, תַּכְלִית, כִּוּוּן

destine /ˈdestɪn/ v.t. הוֹעִיד

□ *they were destined to part* נִגְזַר עֲלֵיהֶם לְהִפָּרֵד

□ *he was destined for greatness* הוּא נוֹעַד לִגְדוֹלוֹת

destiny /ˈdestɪnɪ/ n. גּוֹרָל, גְּזֵרַת־גּוֹרָל

destitute /ˈdestɪtjuːt/ adj. חֲסַר־כֹּל

□ *I looked out at a landscape destitute of trees* צָפִיתִי אֶל עֵבֶר נוֹף נְטוּל כָּל עֵץ

destitution /ˌdestɪˈtjuːʃ(ə)n/ n. עֹנִי, מַחְסוֹר, דַּלּוּת

destroy /dɪˈstrɔɪ/ v.t. הָרַס, הִשְׁמִיד

□ *all his hopes were destroyed* אָבְדוּ כָּל תִּקְווֹתָיו

□ *mad dogs must be destroyed* כְּלָבִים שׁוֹטִים יֵשׁ לְחַסֵּל

destroyer /dɪˈstrɔɪə(r)/ n.

1 (one who destroys) הוֹרֵס, מַשְׁמִיד

2 (ship) מַשְׁחֶתֶת

destruct /dɪˈstrʌkt/ v.t. (*US*) הָרַס, הִשְׁמִיד

destructible /dɪˈstrʌktɪb(ə)l/ adj. נִתָּן לַהֲרִיסָה, עָלוּל לְהֵהָרֵס

destruction /dɪˈstrʌkʃ(ə)n/ n. הֶרֶס, הֲרִיסָה, הַשְׁמָדָה, כִּלָּיוֹן; חֻרְבָּן, אָבְדָן

destructive /dɪˈstrʌktɪv/ adj. הַרְסָנִי

□ *try to avoid destructive criticism* תִּנַּסֶּה לְהִמָּנַע מִבִּקֹּרֶת הַרְסָנִית

□ *he is a destructive child* הוּא יֶלֶד שֶׁהוֹרֵס כָּל מַה שֶּׁבָּא לְיָדוֹ

desuetude /dɪˈsjuːɪtjuːd/ n. (*formal*) מַשֶּׁהוּ שֶׁאָבַד עָלָיו הַכֶּלַח

desultory /ˈdezəlt(ə)rɪ/ adj. (*formal*) חֲסַר שִׁיטָה, קוֹפֵץ מֵעִנְיָן לְעִנְיָן

□ *we struck up a desultory conversation* קָפַצְנוּ מֵעִנְיָן לְעִנְיָן בְּשִׂיחָתֵנוּ

detach /dɪˈtætʃ/ v.t. נִתֵּק, הִפְרִיד, פֵּרֵק

detachable /dɪˈtætʃəb(ə)l/ adj. נִתָּן לְפֵרוּק

detached /dɪˈtætʃt/ adj.

1 (not joined to others) תָּלוּשׁ, מְנֻתָּק, נִפְרָד

□ *they live in a detached house* הֵם גָּרִים בְּבַיִת פְּרָטִי (שֶׁאֵינוֹ צָמוּד לְבָתִּים אֲחֵרִים)

2 (impartial) אוֹבְּיֶקְטִיבִי, חֲסַר־פְּנִיּוֹת

detachment /dɪˈtætʃmənt/ n.

1 (separation) הַפְרָדָה, נִתּוּק

2 (impartiality) חֹסֶר־פְּנִיּוֹת, אוֹבְּיֶקְטִיבִיּוּת

3 (*Mil.*) פְּלֻגָּה (שֶׁל כֹּחַ צְבָאִי), מִקְצָה, מִפְלָג

detail /ˈdiːteɪl/ n.

1 (small particular) פְּרָט, פֵּרוּט

□ *he pays great attention to details* הוּא מַקְדִּישׁ תְּשׂוּמֶת־לֵב מְרֻבָּה לִפְרָטִים

□ *don't go into such detail* אַל תִּכָּנֵס לְפָרְטֵי־פְּרָטִים

2 (*Mil.*) כֹּחַ קָטָן לִמְשִׂימָה מְיֻחֶדֶת, חֻלְיָה

—v.t.

1 (give particulars) פֵּרֵט, מָסַר פְּרָטִים

2 (*Mil.*) מִנָּה

detailed /ˈdiːteɪld/ adj. מְפֹרָט

detain /dɪˈteɪn/ v.t.

1 (keep in confinement) עָצַר, כָּלָא

2 (hinder, delay) עִכֵּב

□ *I'll be late for dinner, I've been detained* הָיוּ לִי עִכּוּבִים, אֲנִי אַגִּיעַ מְאֻחָר לַאֲרוּחַת הָעֶרֶב

detainee /ˌdiːteɪˈniː/ n. עָצִיר

detect /dɪˈtekt/ v.t. גִּלָּה, אִתֵּר

detectable /dɪˈtektəb(ə)l/ adj. שֶׁנִּתָּן לְאַתְּרוֹ, שֶׁנִּתָּן לְגַלּוֹתוֹ

detection /dɪˈtekʃ(ə)n/ n. גִּלּוּי, אִתּוּר

□ *the misprint escaped detection* טָעוּת־הַדְּפוּס לֹא אֻתְּרָה

detective /dɪˈtektɪv/ n. בַּלָּשׁ, שׁוֹטֵר־חָרָשׁ

detective story סִפּוּר בַּלָּשִׁי, רוֹמָן בַּלָּשִׁים

detective inspector קְצִין הַבּוֹלֶשֶׁת

detector /dɪˈtektə(r)/ n. גַּלַּאי, מְאַתֵּר

lie-detector גַּלַּאי־שֶׁקֶר, מְכוֹנַת־אֱמֶת

détente /ˌdeɪˈtɑːnt/ n. דֶּטַנְט

detention /dɪˈtenʃ(ə)n/ n. מַעֲצָר

detention centre בֵּית־מַעֲצָר, מְקוֹם מַעֲצָר
preventive detention מַעֲצָר מוֹנֵעַ
□ *he got a detention* הוּא קִבֵּל עֹנֶשׁ לְהִשָּׁאֵר אַחֲרֵי הַלִּמּוּדִים

deter /dɪˈtɜː(r)/ v.t. הִרְתִּיעַ, מָנַע

detergent /dɪˈtɜːdʒənt/ n. חֹמֶר נִקּוּי, דֶּטֶרְגֶּנְט

deteriorate /dɪˈtɪərɪəreɪt/ v.i. הִדַּרְדֵּר, הָלַךְ וָרַע, הִתְעַרְעֵר

deterioration /dɪˌtɪərɪəˈreɪʃ(ə)n/ n. הִדַּרְדְּרוּת, הֲרָעַת־מַצָּב, הִתְעַרְעֲרוּת

determinant /dɪˈtɜːmɪnənt/ adj. קוֹבֵעַ, מַכְרִיעַ

determinate /dɪˈtɜːmɪnət/ adj. מֻגְדָּר, קָבוּעַ, סוֹפִי

determination /dɪˌtɜːmɪˈneɪʃ(ə)n/ n.
1 (fixed intention, resolution) נְחִישׁוּת דַּעַת, כַּוָּנָה נֶחֱרֶצֶת, הַחְלָטָה נְחוּשָׁה
2 (act of finding) קְבִיעָה, הַבְהָרָה, חִשּׁוּב

determine /dɪˈtɜːmɪn/ v.t. (*formal*)
1 (cause to form intention or decision) הֶחְלִיט, קִבֵּל הַחְלָטָה, הָיָה נָחוּשׁ בְּדַעְתּוֹ לְ...
□ *we determined that we would leave* קִבַּלְנוּ הַחְלָטָה לַעֲזֹב
2 (fix, find out exactly) קָבַע, חִשֵּׁב, בֵּרֵר, הִגְדִּיר
□ *he determined the cause of death* הוּא קָבַע אֶת סִבַּת הַמָּוֶת
3 (have a controlling influence on) קָבַע, הִכְרִיעַ
□ *rain determines the size of the crop* הַגֶּשֶׁם קוֹבֵעַ אֶת גֹּדֶל הַיְבוּל

determined /dɪˈtɜːmɪnd/ adj. נָחוּשׁ בְּדַעְתּוֹ

determinism /dɪˈtɜːmɪnɪzəm/ n. דֶּטֶרְמִינִיזְם

determinist /dɪˈtɜːmɪnɪst/ n. דֶּטֶרְמִינִיסְט

deterministic /dɪˌtɜːmɪˈnɪstɪk/ adj. דֶּטֶרְמִינִיסְטִי

deterrent /dɪˈterənt/ n. & adj. גּוֹרֵם מַרְתִּיעַ, אֶמְצָעִי הַרְתָּעָה; מַרְתִּיעַ
nuclear deterrent אֶמְצָעֵי הַרְתָּעָה גַּרְעִינִי, גּוֹרֵם הַרְתָּעָה גַּרְעִינִי

detest /dɪˈtest/ v.t. סָלַד מִן, תִּעֵב

detestable /dɪˈtestəb(ə)l/ adj. מְעוֹרֵר סְלִידָה, נִתְעָב, מַסְלִיד

detestation /ˌdiːtesˈteɪʃ(ə)n/ n. סְלִידָה, תִּעוּב

dethrone /diːˈθrəʊn/ v.t. הֵדִיחַ מִכֵּס הַמְּלוּכָה

dethronement /ˌdiːˈθrəʊnmənt/ n. הַדָּחָה מִמַּלְכוּת

detonate /ˈdetəneɪt/ v.t. & i. גָּרַם פִּצּוּץ, פּוֹצֵץ; הִתְפּוֹצֵץ

detonation /ˌdetəˈneɪʃ(ə)n/ n. פִּצּוּץ, הִתְפּוֹצְצוּת

detonator /ˈdetəneɪtə(r)/ n. נַפָּץ, מַרְעוֹם

detour /ˈdiːtʊə(r)/ n. עִקּוּף, דֶּרֶךְ עֲקִיפִין, מַעֲקָף

detract /dɪˈtrækt/ v.i. הִפְחִית, הִמְעִיט, פָּגַם
□ *the noise detracts from the pleasure of the view* הָרַעַשׁ פּוֹגֵם בִּיפִי־הַמַּרְאֶה

detraction /dɪˈtrækʃ(ə)n/ n. הַפְחָתָה, הַמְעָטָה

detractor /dɪˈtræktə(r)/ n. מְבַקֵּר (אָדָם הַמּוֹתֵחַ בִּקֹּרֶת שְׁלִילִית)

detrain /diːˈtreɪn/ v.t. & i. (*formal*) הוֹרִיד מִן הָרַכֶּבֶת; יָרַד מִן הָרַכֶּבֶת

detriment /ˈdetrɪmənt/ n. (*formal*) נֶזֶק, פְּגִיעָה

detrimental /ˌdetrɪˈment(ə)l/ adj. (*formal*) מַזִּיק, פּוֹגֵעַ, מַזִּיק לָעִנְיָן
□ *that could be detrimental to your interests* זֶה עָלוּל לְהַזִּיק לָאִינְטֶרֶסִים שֶׁלְּךָ

detritus /dɪˈtraɪtəs/ n. הַשְּׁאֵרִיּוֹת הַנּוֹתָרוֹת אַחֲרֵי תַּהֲלִיךְ שְׁחִיקָה, שִׁפֹּכֶת (בְּגֵיאוֹלוֹגְיָה וְכַד׳, וְכֵן בְּהַשְׁאָלָה)

de trop /də ˈtrəʊ/ pred. adj. (*formal*) מְיֻתָּר (דָּבָר אוֹ אָדָם)

deuce[1] /djuːs/ n.
1 (the two on playing cards or dice) שְׁתַּיִם (בִּקְלָפִים וּבְקֻבִּיָּה)
2 (tennis score 40–40) שִׁוְיוֹן (בְּשָׁלָב מְסֻיָּם שֶׁל מִשְׂחַק הַטֶּנִיס)

deuce[2] /djuːs/ n. (*arch. sl.*)
□ *what the deuce do you mean by that?* מָה לַעֲזָאזֵל כַּוָּנָתְךָ?

deuced /djuːs/ adj. & adv. לְהַחֲרִיד
□ *this bag is deuced heavy* הַתִּיק הַזֶּה כָּבֵד לְהַחֲרִיד

deus ex machina /ˌdeɪəs eksˈmækɪnə/ n. (*formal*) "דֶּאוּס־אֶקְס־מַכִינָה", פִּתְרוֹן מֵהַשָּׁמַיִם

Deuteronomy /ˌdjuːtəˈrɒnəmɪ/ n. סֵפֶר "דְּבָרִים" בַּתּוֹרָה

devaluation /diːˌvæljʊˈeɪʃ(ə)n/ n. יְרִידַת עֵרֶךְ, פִּחוּת (בְּמַטְבֵּעַ)

devalue /ˌdiːˈvæljuː/ v.t. פִּחֵת (מַטְבֵּעַ); הִמְעִיט בְּעֶרְכּוֹ שֶׁל...
□ *we must not devalue his contribution* אָסוּר לָנוּ לְהַמְעִיט בְּעֵרֶךְ תְּרוּמָתוֹ

devastate /ˈdevəsteɪt/ v.t. הָרַס, הָפַךְ לִשְׁמָמָה
□ *I was devastated by the news* הַיְּדִיעוֹת גָּרְמוּ לִי לְהֶלֶם

devastating /ˈdevəsteɪtɪŋ/ adj. הַרְסָנִי
□ *he made a devastating reply* הוּא הֵשִׁיב תְּשׁוּבָה נִצַּחַת
□ *she looked devastating last night* (*colloq.*) הִיא נִרְאֲתָה מְשַׁגַּעַת אֶתְמוֹל בָּעֶרֶב

devastation /ˌdevəˈsteɪʃ(ə)n/ n. הֶרֶס, חֻרְבָּן

develop /dɪˈveləp/ v.t. & i.
1 (grow, cause to grow) פִּתַּח; הִתְפַּתֵּחַ
2 (become apparent, change) נֶהְפַּךְ לְ..., הִתְפַּתֵּחַ לְ...
□ *the argument developed into a fight* הַוִּכּוּחַ הִתְפַּתֵּחַ לִתְגָרָה
□ *sit back and watch how things develop* תֵּן לָזֶה לָרוּץ לְבַד, וְתִרְאֶה מָה יִקְרֶה
3 (use land for building) פִּתַּח (קַרְקַע לִבְנִיָּה)
4 (*Photog.*) פִּתַּח (סִרְטֵי צִלּוּם)

developed /dɪˈveləpt/ adj. מְפֻתָּח

developed countries הַמְּדִינוֹת הַמְּתֻעָשׁוֹת

developer /dɪˈveləpə(r)/ n.
1 (*Photog.*) חֹמֶר־מְפַתֵּחַ (בְּצִלּוּם)
2 (*Finance*) יַזָּם בְּפִתּוּחַ לִבְנִיָּה; קַבְּלַן־בִּנְיָן

developing /dɪˈveləpɪŋ/ adj. מִתְפַּתֵּחַ
developing countries הַמְּדִינוֹת הַמִּתְפַּתְּחוֹת, מְדִינוֹת הָעוֹלָם הַ־3

development /dɪˈveləpmənt/ n.
1 (growth) הִתְפַּתְּחוּת, צְמִיחָה
2 (new stage) שָׁלָב חָדָשׁ, הִתְפַּתְּחוּת
□ *we await further developments* אָנוּ מְצַפִּים לְהִתְפַּתְּחֻיּוֹת נוֹסָפוֹת

development /dɪˌveləpˈment(ə)l/ adj. הִתְפַּתְּחוּתִי

deviant /ˈdiːvɪənt/ adj. & n. חָרִיג; סוֹטֶה; תּוֹפָעָה חֲרִיגָה

deviate /ˈdiːɪeɪt/ v.i. סָטָה, נָטָה הַצִּדָּה, חָרַג (מִן הַמְּקֻבָּל)
□ *I never deviate from my rules* לְעוֹלָם אֵינִי סוֹטֶה מִן הַכְּלָלִים שֶׁאֲנִי מַצִּיב לְעַצְמִי

deviation /ˌdiːvɪˈeɪʃən/ n. סְטִיָּה, נְטִיָּה הַצִּדָּה, חֲרִיגָה

device /dɪˈvaɪs/ n.
1 (piece of equipment) מִתְקָן, הֶתְקֵן, מַנְגְּנוֹן
safety device מִתְקַן־בְּטִיחוּת, הֶתְקֵן־בְּטִיחוּת
2 (plan, scheme) תַּחְבּוּלָה
□ *leave him to his own devices* תַּנִּיחַ לוֹ שֶׁיַּעֲשֶׂה כִּרְצוֹנוֹ
3 (*Heraldry*) סֵמֶל, קִשּׁוּט (עַל מָגֵן אַבִּירִים וְכַד׳, סֵמֶל הַמִּשְׁפָּחָה וְכַד׳)

devil /ˈdev(ə)l/ n.
1 (personified spirit of evil) הַשָּׂטָן, הַשֵּׁד
devil's advocate אָדָם הַנּוֹקֵט בְּדֵעָה הֲפוּכָה (שֶׁאֵינוֹ מַאֲמִין בָּהּ בְּהֶכְרֵחַ) לְצֹרֶךְ הַוִּכּוּחַ
devil-may-care נוֹעָז וּפָרוּעַ
the devil's own job זֶה (קָשֶׁה כְּמוֹ) קְרִיעַת יַם־סוּף
□ *the devil finds work for idle hands* (*Prov.*) הַבַּטָּלָה מוֹבִילָה לְחֵטְא
□ *better the devil you know* לְפָחוֹת אֶת הַצָּרָה הַזֹּאת אַתָּה מַכִּיר (וּמִי יוֹדֵעַ מַה מְּחַכֶּה לְךָ בְּמָקוֹם אַחֵר)
□ *between the devil and the deep blue sea* (*colloq.*) בֵּין הַפַּטִּישׁ וְהַסַּדָּן
□ *talk of the devil!* (*colloq.*) מְדַבְּרִים עַל הַחֲמוֹר (וְהַחֲמוֹר מוֹפִיעַ)
□ *give the devil his due!* (*colloq.*) תֵּן גַּם לָרָשָׁע אֶת הַטּוֹב הַמַּגִּיעַ לוֹ
2 (mischievous person) שֵׁד מִשַּׁחַת
□ *be a devil!* (*colloq.*) אַל תַּעֲשֶׂה חֶשְׁבּוֹן (עֲשֵׂה אֶת זֶה)!
3 (any person, *sl.*) (בְּצֵרוּפִים שֶׁרָמָתָם הַלְּשׁוֹנִית מְגֻוֶּנֶת)
□ *lucky devil!* מַמְזֵר! שִׂחֵק אוֹתָהּ! שֵׁד מִשַּׁחַת!
□ *poor devil!* מִסְכֵּן! אָכַל אוֹתָהּ! אֻמְלָל!
4 (in mild oaths, *colloq.*)
□ *there'll be the devil to pay when his wife finds out* הָאֲדָמָה תִּרְעַד כְּשֶׁאִשְׁתּוֹ תְּגַלֶּה (מַה קָּרָה)
□ *this damp weather plays the devil with my rheumatism* מֶזֶג־הָאֲוִיר הַלַּח הַזֶּה עוֹשֶׂה בִּי שַׁמּוֹת בִּגְלַל הַשִּׁגָּרוֹן שֶׁלִּי
□ *why the devil didn't you tell me?* לָמָּה, לַעֲזָאזֵל, לֹא אָמַרְתָּ לִי?
□ *she works like the devil* הִיא עוֹבֶדֶת כְּמוֹ שֵׁד
□ *it's the devil of a business* זֶה דָּבָר נוֹרָא
□ *what the devil?* מַה זֶּה צָרִיךְ לִהְיוֹת, לַעֲזָאזֵל?!

devilish /ˈdevəlɪʃ/ adj. שְׂטָנִי; (קַר, מַצַּב רוּחַ, בְּעָיָה) נוֹרָא

devilled /ˈdevəld/ adj. (מָזוֹן) מְבֻשָּׁל בְּתַבְלִינִים חֲרִיפִים

devilment /ˈdev(ə)lmənt/ n. שׁוֹבְבוּת, תַּעֲלוּל

devilry /ˈdevəlrɪ/ n. מַעֲשֵׂי־שָׂטָן, רִשְׁעוּת, מִרְשַׁעוּת

devious /ˈdiːvɪəs/ adj.
1 (winding) עָקִיף, פְּתַלְתֹּל, הוֹלֵךְ סְחוֹר־סְחוֹר
2 (insincere, *derog.*) עַרְמוּמִי, נוֹכֵל, תַּכְכָן
□ *I don't like him: he's very devious* הוּא לֹא מוֹצֵא חֵן בְּעֵינַי, הוּא "נָחָשׁ" לֹא קָטָן

devise /dɪˈvaɪz/ v.t. הִמְצִיא, תִּחְבֵּל;
devise and bequeath (*Law*) הוֹרִישׁ בְּצַוָּאָתוֹ, צִוָּה לְ...

devoid /dɪˈvɔɪd/ pred. adj. (*formal*)
devoid of נְטוּל־, מְשֻׁלָּל־, חֲסַר־
□ *he is devoid of imagination* הוּא חֲסַר דִּמְיוֹן

devolution /ˌdiːvəˈluːʃ(ə)n./ n. הַאֲצָלַת סַמְכוּת; הַעֲנָקַת יִפּוּי־כֹּחַ, בִּזּוּר (סַמְכֻיּוֹת)

devolve /dɪˈvɒlv/ v.i.
devolve on הָעֳנַק לְ..., עָבַר לְ..., הָעֳבַר לִידֵי

devote /dɪˈvəʊt/ v.t. הִקְדִּישׁ
□ *he devoted himself to science* הוּא הִתְמַסֵּר לַמַּדָּע, הוּא הִקְדִּישׁ אֶת עַצְמוֹ לַמַּדָּע
□ *she is devoted to music* הַמּוּזִיקָה הִיא כָּל עוֹלָמָהּ
□ *he devoted a whole chapter to one minor incident* הוּא הִקְדִּישׁ פֶּרֶק שָׁלֵם לְמְאֹרָע פָּעוּט אֶחָד

devoted /dɪˈvəʊtɪd/ adj. מָסוּר

devotee /ˌdevəˈtiː/ n. חָסִיד נִלְהָב שֶׁל

devotion /dɪˈvəʊʃ(ə)n/ n.
1 (loyalty, zeal) נֶאֱמָנוּת, מְסִירוּת
2 (in *pl.*, worship) תְּפִלּוֹת

devotional /dɪˈvəʊʃən(ə)l/ adj. שֶׁל הַתְּפִלָּה, דָּתִי

devour /dɪˈvaʊə(r)/ v.t. טָרַף, זָלַל
□ *he devours a book a day* הוּא בּוֹלֵעַ סֵפֶר בְּיוֹם
□ *he was devoured by hatred* הוּא הָיָה אֲכוּל שִׂנְאָה
□ *he devoured her with his eyes* הוּא טָרַף אוֹתָהּ בְּעֵינָיו

devout /dɪˈvaʊt/ adj. אָדוּק, חָסִיד; כֵּן, בְּלֵב וּבְנֶפֶשׁ

dew /djuː/ n. טַל

dewdrop /ˈdjuːdrɒp/ n. אֶגֶל־טַל, רְסִיס־טַל

dewlap /ˈdjuːlæp/ n. פִּימַת צַוָּאר (בְּבַעֲלֵי־חַיִּים)

dewy /ˈdjuːɪ/ adj. מָלֵא־טַל, רָטֹב מִטַּל

□ *she was all dewy-eyed* מַבָּטָהּ כֻּלּוֹ אָמַר תֹּם וֶאֱמוּנָה

dexterity /dekˈsterətɪ/ n. מְיֻמָּנוּת, זְרִיזוּת־יָדַיִם, זְרִיזוּת

dextrose /ˈdekstrəʊz/ n. דֶּקְסְטְרוֹזָה, סֻכַּר־פֵּרוֹת

dextrous /ˈdekstrəs/ adj. מְיֻמָּן, זָרִיז, בָּקִיא בִּמְלַאכְתּוֹ

dharma /ˈdɑːmə/ n. "דְּהַרְמָה" (בְּדָתוֹת הַמִּזְרָח הָרָחוֹק, גִּלּוּיִם שׁוֹנִים שֶׁל הַסֵּדֶר הַקּוֹסְמִי)

dhow /daʊ/ n. סְפִינָה עַרְבִית חַד־מִפְרָשִׂית

diabetes /ˌdaɪəˈbiːtiːz/ n. סֻכֶּרֶת

diabetic /ˌdaɪəˈbetɪk/ adj. & n. (מָזוֹן) דִּיאַבֶּטִי; חוֹלֵה סֻכֶּרֶת

diabolic(al) /ˌdaɪəˈbɒlɪk((ə)l)/ adj. שְׂטָנִי, מַרְשִׁיעַ

diacritic /ˌdaɪəˈkrɪtɪk/ adj. & n. שֶׁל סִימָנֵי כְּתָב (גְּרָשִׁים, הַדְגָּשַׁת טְעָמִים וְכַד'); סִימַן כְּתָב (כַּנַּ"ל)

diadem /ˈdaɪədem/ n. עֲטָרָה, כֶּתֶר, זֵר (דַּפְנָה, לְמָשָׁל)

diagnose /ˈdaɪəgnəʊz/ v.t. אִבְחֵן, עָשָׂה דִּיאַגְנוֹזָה

diagnosis /ˌdaɪəgˈnəʊsɪs/ n. (*pl.* **diagnoses** /-ˈnəʊsiːz/) אִבְחוּן, אַבְחָנָה, דִּיאַגְנוֹזָה

diagnostic /ˌdaɪəgˈnɒstɪk/ adj. שֶׁל אַבְחָנָה, דִּיאַגְנוֹסְטִי

diagonal /daɪˈægən(ə)l/ adj. & n. אֲלַכְסוֹנִי; אֲלַכְסוֹן

diagonally /daɪˈægənəlɪ/ adv. בַּאֲלַכְסוֹן, בִּמְלֻכְסָן

diagram /ˈdaɪəgræm/ n. תַּרְשִׁים, דִּיאַגְרָמָה

diagrammatic /ˌdaɪəgrəˈmætɪk/ adj. (הַמְחָשָׁה) בְּעֶזְרַת עֲקֻמָּה וְכַד'

dial /ˈdaɪəl/ n.

1 (face of measuring instrument) לוּחַ־סְפָרוֹת

2 (of radio) לוּחַ הַתַּחֲנוֹת; בּוֹרֵר הַתַּחֲנוֹת, "הַכַּפְתּוֹר"

3 (of telephone) חוּגָה

—v.t. & i. חִיֵּג (מִסְפָּר); צִלְצֵל אֶל (מֶרְכָּזִיָּה, מָקוֹם מְסֻיָּם)

dial 999 חִיֵּג 999 (בְּאַנְגְלִיָּה: שֵׁרוּתֵי הַחֵרוּם)!

dialling code קִדֹּמֶת־חִיּוּג, קִדֹּמֶת

dialling tone צְלִיל חִיּוּג

□ *can I dial Paris direct?* הַאִם אֲנִי יָכוֹל לְחַיֵּג לְפָּארִיז בְּחִיּוּג־יָשִׁיר?

dialect /ˈdaɪəlekt/ n. דִּיאָלֶקְט, עָגָה, נִיב

dialectal /ˌdaɪəˈlekt(ə)l/ adj. בְּדִיאָלֶקְט מְסֻיָּם, שֶׁל דִּיאָלֶקְט

dialectic /ˌdaɪəˈlektɪk(ə)/ n. (often in *pl.*) דִּיאָלֶקְטִיקָה; שִׁיטָה לְנִתּוּחַ הֶגְיוֹנִי

dialectical /ˌdaɪəˈlektik(ə)l/ adj. דִּיאָלֶקְטִי

dialogue /ˈdaɪəlɒg/ n. דִּיאָלוֹג, דּוּ־שִׂיחַ; חִלּוּפֵי־דֵּעוֹת

dialysis /daɪˈælɪsɪs/ n. דִּיאָלִיזָה, שְׁטִיפַת כְּלָיוֹת

diamanté /ˌdɪəˈmɒnteɪ/ n. (בֶּגֶד, תַּכְשִׁיט) נוֹצֵץ (מֵאַבְקַת גְּבִישִׁים)

diameter /daɪˈæmɪtə(r)/ n. קֹטֶר

diametrically /ˌdaɪəˈmetrɪk(ə)lɪ/ adv. בְּאֹפֶן קָטְבִּי, בְּקָטְבִיּוּת, מְנֻגָּד, בְּתַכְלִית

diamond /ˈdaɪəmənd/ n.

1 (precious stone) יַהֲלֹם

diamond jubilee יוֹבֵל הַשִּׁשִּׁים, יוֹם מְלֹאת שִׁשִּׁים שָׁנָה (לְמְאֹרָע כָּלְשֶׁהוּ)

diamond wedding יוֹם מְלֹאת שִׁשִּׁים שָׁנָה לַנִּשּׂוּאִים

a rough diamond (*UK colloq.*) אָדָם מְחֻסְפָּס לְמַדַּי אֲבָל "בָּחוּר טוֹב"

2 (rhombus) מְעֻיָּן

3 (suit of playing cards) מְעֻיָּן (בִּקְלָפִים)

4 (*US*)

baseball diamond הַשֶּׁטַח הַתָּחוּם עַל יְדֵי אַרְבַּעַת הַבְּסִיסִים בְּבֵּיסְבּוֹל

diaper /ˈdaɪəpə(r)/ n. (*US*) חִתּוּל; אָרִיג מְשֻׁבָּץ

diaphanous /daɪˈæfənəs/ adj. (*formal*) שָׁקוּף, כִּמְעַט שָׁקוּף (כְּנַפֵּי חָרָק, בַּד עָדִין)

diaphragm /ˈdaɪəfræm/ n.

1 (*Anat.*) סַרְעֶפֶת, דִּיאַפְרַגְמָה

2 (*Mech.*) דֹּפֶן רִשְׁתִּי, חַיִץ, קְרוּמִית; תְּפִית (בַּטֶּלֶפוֹן), דִּיאַפְרַגְמָה

3 (*Photog.*) צַמְצָם

4 (contraceptive device) דִּיאַפְרַגְמָה

diarist /ˈdaɪərɪst/ n. בַּעַל־יוֹמָן, כּוֹתֵב יוֹמָן

diarrhoea /ˌdaɪəˈrɪə/ n. (also **diarrhea**, *US*) שִׁלְשׁוּל

diary /ˈdaɪərɪ/ n. יוֹמָן

Diaspora /daɪˈæspərə/ n. הַגּוֹלָה, הַתְּפוּצָה, הַפְּזוּרָה

diastole /daɪˈæstəlɪ/ n. (*Med.*) הִתְרַחֲבוּת הַלֵּב, דִּיאַסְטוֹלָה

diatonic /ˌdaɪəˈtɒnɪk/ adj. (*Mus.*) דִּיאָטוֹנִי

diatribe /ˈdaɪətraɪb/ n. (*formal*) כְּתַב־פְּלַסְתֵּר, הַאֲשָׁמָה נִמְרֶצֶת

dibber /ˈdɪbə(r)/ n. דֶּקֶר, כְּלִי־שְׁתִילָה

dibble /ˈdɪb(ə)l/ n. & v.t. דֶּקֶר; שָׁתַל בְּעֶזְרַת דֶּקֶר

dice /daɪs/ n. (*pl.* of **die**[2]) קֻבִּיּוֹת מִשְׂחָק

no dice (*sl.*) לֹא הוֹלֵךְ!

—v.t. חָתַךְ לְקֻבִּיּוֹת

—v.i. שִׂחֵק בְּקֻבִּיּוֹת

□ *tight-rope walkers dice with death* הַמְהַלְּכִים עַל חֶבֶל מְהַמְּרִים עַל חַיֵּיהֶם

dicey /ˈdaɪsɪ/ adj. (*colloq.*) מְסֻכָּן, מְפֻקְפָּק

□ *it's a dicey business* זֶה עֵסֶק מְפֻקְפָּק

dichotomy /daɪˈkɒtəmɪ/ n. (*formal*) דִּיכוֹטוֹמְיָה, הִסְתָּעֲפוּת לִשְׁנֵי נִגּוּדִים

dick[1] /dɪk/ n. (*US sl.*) בַּלָּשׁ פְּרָטִי

dick[2] /dɪk/ n. (*US sl.*) זַיִן

dickens /ˈdɪkɪns/ n. (*colloq.*) לַעֲזָאזֵל, לְכָל הָרוּחוֹת

□ *where the dickens is my tie?* אֵיפֹה הָעֲנִיבָה שֶׁלִּי, לְכָל הָרוּחוֹת?

Dickensian /dɪˈkenzɪən/ adj. קוֹדֵר (כְּנֹסַח הָעוֹלָם הַמְּתֹאָר בְּסִפּוּרֵי צ'רְלְס דִּיקֶנְס)

dicker /ˈdɪkə(r)/ v.i. (*colloq.*) עָמַד עַל הַמִּקָּח, הִתְמַקֵּחַ

dicky /ˈdɪkɪ/ n. (*colloq.*)
1 (false shirt front) חֵלֶק קִדְמִי שֶׁל חֻלְצָה (שֶׁלּוֹבְשִׁים בִּמְקוֹם חֻלְצָה שְׁלֵמָה)
2 (back seat in two-seater car) מוֹשָׁב אֲחוֹרִי נוֹסָף בִּמְכוֹנִית דּוּ־מוֹשָׁבִית

—adj.
(weak) שַׁבְרִירִי

dicky-bird /ˈdɪkɪ-bɜːd/ n. (*colloq.*) צִפּוֹר, "צְוִיץ־צְוִיץ" (בִּלְשׁוֹן יְלָדִים)

Dictaphone /ˈdɪktəfəʊn/ n. (*Prop.*) דִּיקְטָפוֹן, מְכוֹנַת־הַקְלָטָה לְהַכְתָּבָה

dictate /dɪkˈteɪt/ v.t. & i.
1 (read aloud for another to write) הִכְתִּיב (הַכְתָּבָה)
2 (order) פָּקַד, צִוָּה, הִכְתִּיב
□ *I won't be dictated to by anyone* אַף אֶחָד לֹא יִתֵּן לִי פְּקֻדּוֹת

—n. /ˈdɪkteɪt/ (usu. in *pl.*) תַּכְתִּיב
□ *you must follow the dictates of conscience* עָלֶיךָ לְצַיֵּת לְצַו־הַמַּצְפּוּן

dictation /dɪkˈteɪʃ(ə)n/ n. הַכְתָּבָה
dictation speed קֶצֶב הַכְתָּבָה

dictator /dɪkˈteɪtə(r)/ n. דִּיקְטָטוֹר, רוֹדָן, עָרִיץ

dictatorship /dɪkˈteɪtəʃɪp/ n. דִּיקְטָטוּרָה, שִׁלְטוֹן רוֹדָנוּת

dictatorial /ˌdɪktəˈtɔːrɪəl/ adj. (*derog.*) רוֹדָנִי, עָרִיץ

diction /ˈdɪkʃ(ə)n/ n.
1 (pronunciation) דִּיקְצְיָה, הִגּוּי, חִתּוּךְ־דִּבּוּר
2 (choice of words) רֹבֶד לְשׁוֹנִי, רָמָה לְשׁוֹנִית
poetic diction לְשׁוֹן שִׁירָה, דִּיקְצְיָה פּוֹאֶטִית

dictionary /ˈdɪkʃən(ə)rɪ/ n. מִלּוֹן

dictum /ˈdɪktəm/ n. (*formal*) (*pl.* **dicta**) קְבִיעָה; דְּבַר־הַשּׁוֹפֵט

did /dɪd/ past of **do**

didactic /daɪˈdæktɪk/ adj. (*formal*) דִּידַקְטִי, נוֹטֶה לְלַמֵּד (יָתֵר עַל הַמִּדָּה)

didacticism /ˌdaɪˈdæktɪsɪzəm/ n. (*formal*) דִּידַקְטִיצִיזְם

diddle /ˈdɪd(ə)l/ v.t. (*colloq.*) "סִדֵּר" (בְּעִנְיְנֵי־כְּסָפִים), רִמָּה
□ *you've been diddled!* סִדְּרוּ אוֹתְךָ!

didn't /ˈdɪd(ə)nt/ (contr. of **did not**, *colloq.*)

die[1] /daɪ/ v.t. מֵת, גָּוַע; קָמַל, נָבַל; דָּעַךְ, שָׁכַךְ; הִסְתַּיֵּם, פָּסַק
never say die אַל תֹּאמַר נוֹאָשׁ
□ *the breeze died away at sunset* מַשַּׁב־הָרוּחַ שָׁכַךְ עִם הַשְּׁקִיעָה
□ *the flames soon died down* הַלֶּהָבוֹת דָּעֲכוּ עַד מְהֵרָה
□ *leaves die off in the autumn* הֶעָלִים נוֹבְלִים וְנוֹשְׁרִים בַּסְּתָו
□ *showers will die out later* הַמִּמְטָרִים יִפָּסְקוּ מְאֻחָר יוֹתֵר
□ *he died with his boots on* (*fig.*) הוּא מֵת בַּקְּרָב, הוּא מֵת בִּמְלוֹא־כֹּחוֹ
□ *I nearly died laughing* הִתְפַּקַּעְתִּי מִצְּחוֹק, כִּמְעַט שֶׁמַּתִּי מִצְּחוֹק
□ *I'm dying for a drink* (*colloq.*) אֲנִי מֵת לִשְׁתּוֹת מַשֶּׁהוּ
□ *old habits die hard* קָשֶׁה מְאֹד לְשַׁנּוֹת הֶרְגֵּלִים יְשָׁנִים
□ *he remembered her to his dying day* הוּא לֹא שָׁכַח אוֹתָהּ עַד יוֹמוֹ הָאַחֲרוֹן

die[2] **/daɪ/** n.
1 (*pl.* **dice**, often in *sing.*, numbered cube for gaming) קֻבִּיַּת מִשְׂחָק
□ *the die is cast* (*poet.*) נָפַל הַפּוּר, הַגּוֹרָל נֶחֱרַץ
2 (*pl.* **dies**, stamp, tool) גְּלוּפָה, מִטְבָּעָה
die-casting טְבִיעַת מַטְבְּעוֹת, מֶדַלְיוֹת וְכַד׳

die-hard /ˈdaɪ-hɑːd/ n. שַׁמְרָן, אָדָם הַמִּתְנַגֵּד לְחִדּוּשִׁים

diesel /ˈdiːz(ə)l/ n. דִּיזֶל (מָנוֹעַ); דִּיזֶל (דֶּלֶק)

diet[1] /ˈdaɪət/ n.
1 (usual food) תְּזוּנָה, תַּפְרִיט הַמָּזוֹן
□ *their diet consists mainly of fish and rice* מְזוֹנָם כּוֹלֵל בְּעִקָּר דָּגִים וְאֹרֶז
2 (prescribed food) דִּיאֶטָה, מִשְׁטַר־תְּזוּנָה
□ *she's on a slimming diet* הִיא בְּדִיאֶטָה, הִיא עוֹשָׂה דִּיאֶטָה
□ *he is on a special diet* הוּא בְּמִשְׁטַר־תְּזוּנָה מְיֻחָד (לְחוֹלֵי סֻכֶּרֶת, לְבַעֲלֵי אַלֶּרְגִּיָּה וְכַד׳)

—v.i. הָיָה בְּדִיאֶטָה, שָׁמַר עַל דִּיאֶטָה

diet[2] /ˈdaɪət/ n. וְעִידָה

dietary /ˈdaɪət(ə)rɪ/ adj. שֶׁל תְּזוּנָה
dietary laws דִּינֵי מָזוֹן (דָּתִיִּים); (בַּיַּהֲדוּת) דִּינֵי כַּשְׁרוּת

dietetics /ˌdaɪəˈtetɪks/ n. *pl.* תּוֹרַת־הַתְּזוּנָה

dietitian /ˌdaɪəˈtɪʃ(ə)n/ n. דִּיאֶטָתִיקָן, מֻמְחֶה לִתְזוּנָה

differ /ˈdɪfə(r)/ v.i.
1 (be different) הָיָה שׁוֹנֶה, נִבְדַּל מִן
2 (disagree) לֹא הִסְכִּים, חָלַק עַל דַּעַת (פְּלוֹנִי)
□ *I beg to differ* (*formal*) יִרְשֶׁה לִי לַחֲלֹק עַל דַּעְתְּךָ

difference /ˈdɪfrəns/ n.
1 (dissimilarity) הֶבְדֵּל, שׁוֹנִי
□ *what difference does it make if we arrive early?* מַה זֶּה מְשַׁנֶּה אִם נַגִּיעַ מֻקְדָּם
2 (separating quantity) הֶפְרֵשׁ
3 (disagreement) חִלּוּקֵי דֵּעוֹת, מַחֲלֹקֶת
□ *they had a difference of opinion* הָיוּ בֵּינֵיהֶם חִלּוּקֵי דֵּעוֹת

different /ˈdɪfrənt/ adj. שׁוֹנֶה, אַחֵר

differential /ˌdɪfəˈrenʃ(ə)l/ n. & adj. דִּיפֶרֶנְצְיָאל; דִּיפֶרֶנְצְיָאלִי
differential calculus (*Math.*) חֶשְׁבּוֹן דִּיפֶרֶנְצְיָאלִי

differential gear (*Mech.*) דִּיפֶרֶנְצְיָאל (הֶתְקֵן הַמְאַפְשֵׁר לְגַלְגַּלֵּי מְכוֹנִית לְהִסְתּוֹבֵב בִּמְהִירֻיּוֹת שׁוֹנוֹת בִּפְנִיָּה)

□ *the trades unions seek to maintain differentials* הָאִגּוּדִים הַמִּקְצוֹעִיִּים מִתְנַגְּדִים לִפְגִיעָה כָּלְשֶׁהִי בְּהֶפְרֵשֵׁי־הַשָּׂכָר

differentiate /ˌdɪfəˈrenʃɪeɪt/ v.t. עָשָׂה הַבְחָנָה בֵּין הִבְדִּיל בֵּין

differentiation /ˌdɪfəˌrenʃɪˈeɪʃ(ə)n/ n. הַבְחָנָה, הַבְדָּלָה, דִּיפֶרֶנְצִיאַצְיָה

difficult /ˈdɪfɪkəlt/ adj.

1 (hard, problematic) קָשֶׁה; סָבוּךְ; סָתוּם

2 (of persons, awkward) (אִישׁ) קָשֶׁה

□ *he is difficult to live with* קָשֶׁה מְאֹד לִחְיוֹת אִתּוֹ

□ *he was a difficult child* הוּא הָיָה יֶלֶד בְּעָיָתִי

difficulty /ˈdɪfɪkəltɪ/ n. קֹשִׁי

□ *he keeps on raising difficulties over the new plan* הוּא כָּל הַזְּמַן עוֹרֵר קְשָׁיִים בְּכָל הַנּוֹגֵעַ לַתָּכְנִית הַחֲדָשָׁה

diffidence /ˈdɪfɪdəns/ n. חֹסֶר בִּטָּחוֹן עַצְמִי; הִסּוּס

diffident /ˈdɪfɪdənt/ adj. חֲסַר־בִּטָּחוֹן עַצְמִי; מְהַסֵּס

diffract /dɪˈfrækt/ v.t. שָׁבַר קַרְנֵי־אוֹר (בְּמִנְסָרָה וְכַד׳)

diffraction /dɪˈfrækʃ(ə)n/ n. הִשְׁתַּבְּרוּת, שְׁבִירָה (שֶׁל קַרְנֵי אוֹר וְגַלִּים אֲחֵרִים)

diffuse /dɪˈfjuːz/ v.t. הֵפִיץ, פִּזֵּר

—adj. /dɪˈfjuːs/ מְפֻזָּר

diffusion /dɪˈfjuːʒ(ə)n/ n. פִּזּוּר, הֲפָצָה; פִּעְפּוּעַ, דִּיפוּזְיָה

dig /dɪg/ (past & past ppl. **dug** /dʌg/) v.t. & i.

1 (turn up soil; excavate) חָפַר

□ *the soldier dug himself in* הַחַיָּל הִתְחַפֵּר, הַחַיָּל חָפַר לְעַצְמוֹ שׁוּחָה

□ *I'll have a look and dig it out for you* (*fig.*) אֲנִי אֲחַפֵּשׂ וְאֶמְצָא אֶת זֶה בִּשְׁבִילְךָ

□ *dig in!* (*sl.*) תַּתְחִיל לֶאֱכֹל! (פְּנִיָּה יְדִידוּתִית)

2 (thrust or plunge into, poke) תָּקַע, דָּחַף לְתוֹךְ

□ *he dug his heels in* הוּא הִתְבַּצֵּר בְּעֶמְדָּתוֹ, הוּא סֵרֵב לְוַתֵּר

□ *she dug him in the ribs* הִיא תָּקְעָה לוֹ מַרְפֵּק בַּצְּלָעוֹת

□ *stop digging at me* (*colloq.*) תַּפְסִיק לָרֶדֶת עָלַי! רֵד מִמֶּנִּי!

3 (understand, admire, *sl.*) ״קָלַט״, (הֵבִין, סְלַנְג שֶׁל שְׁנוֹת הַ־60)

□ *I don't dig jazz* גֶ׳אז זֶה לֹא בָּרֹאשׁ שֶׁלִּי

□ *dig?* הֵבַנְתָּ אוֹתִי, תָּפַסְתָּ?

—n.

1 (excavation) חֲפִירָה (אַרְכֵיאוֹלוֹגִית)

2 (thrust, gibe, *colloq.*) ״עֲקִיצָה״, ״יְרִידָה״

□ *that was a dig at me* הָעֲקִיצָה הַזֹּאת הָיְתָה מְכֻוֶּנֶת אֵלַי

3 (in *pl.*, lodgings, *colloq.*) חֶדֶר שָׂכוּר בְּבַיִת פְּרָטִי (לְסְטוּדֶנְט, לְשַׂחְקָן וְכוּ׳)

digest /daiˈdʒest/ v.t. עִכֵּל

□ *so much information is hard to digest* קָשֶׁה לְעַכֵּל כַּמּוּת כָּזוֹ שֶׁל מֵידָע

—n. /ˈdaɪdʒest/ תַּמְצִית, קִצּוּר (שֶׁל סֵפֶר, תֵּיאוֹרְיָה וְכַד׳)

digestible /daɪˈdʒestɪb(ə)l/ adj. נִתָּן לְעִכּוּל

digestion /daɪˈdʒestʃ(ə)n/ n. עִכּוּל

digestive /daɪˈdʒestɪv/ adj. שֶׁל עִכּוּל

digestive biscuit מֵעֵין בִּיסְקְוִיט פָּשׁוּט וְעָגֹל (נָפוֹץ מְאֹד בִּבְרִיטַנְיָה)

digestive system מַעֲרֶכֶת־הָעִכּוּל

digger /ˈdɪgə(r)/ n.

1 (person who digs) חוֹפֵר, חַפָּר

2 (mechanical excavator) מַחְפֵּר, מַחְפְּרוֹן

3 (*Austral., sl.*) כִּנּוּי לְאוֹסְטְרָלִי

digit /ˈdɪdʒɪt/ n.

1 (numeral) סִפְרָה

2 (finger, toe) אֶצְבַּע (שֶׁל יָד אוֹ רֶגֶל)

digital /ˈdɪdʒɪt(ə)l/ adj. סִפְרָתִי, דִּיגִיטָלִי (לְהַבְדִּיל מֵאֲנָלוֹגִי)

digital clock שְׁעוֹן דִּיגִיטָלִי

digital recording הַקְלָטָה דִּיגִיטָלִית

digitalis /ˌdɪdʒɪˈteɪlɪs/ n. (*Med.*) אֶצְבְּעוֹנִית (צֶמַח רָעִיל בְּשִׁמּוּשׁ רְפוּאִי), תְּרוּפָה לְזֵרוּז פְּעֻלּוֹת הַלֵּב

dignified /ˈdɪgnɪfaɪd/ adj. מְכֻבָּד, אוֹמֵר־כָּבוֹד, נְשׂוּא־פָּנִים

dignify /ˈdɪgnɪfaɪ/ v.t. רוֹמֵם, חָלַק כָּבוֹד

□ *they dignified the school with the name of "college"* בֵּית־הַסֵּפֶר הִתְקַשֵּׁט בְּתֹאַר קוֹלֶג׳

dignitary /ˈdɪgnɪt(ə)rɪ/ n. (*formal*) ״אִישִׁיּוּת״, אָחַ״ם, נִכְבָּד, נוֹשֵׂא מִשְׂרָה רָמָה

dignity /ˈdɪgnɪtɪ/ n.

1 (importance, worth, nobleness) עֶמְדָּה רָמָה, חֲשִׁיבוּת, אֲצִילוּת, כָּבוֹד

□ *he stood on his dignity* הוּא לֹא מָחַל עַל כְּבוֹדוֹ

□ *it was beneath his dignity* זֶה הָיָה לְמַטָּה מִכְּבוֹדוֹ

2 (honourable office) עֶמְדָּה מְכֻבֶּדֶת

digress /daɪˈgres/ v.i. (*formal*) סָטָה מִן הַנּוֹשֵׂא, חָרַג מִן הָעִנְיָן

digression /daɪˈgreʃ(ə)n/ n. (*formal*) סְטִיָּה, חֲרִיגָה (מֵהַנּוֹשֵׂא)

digs /dɪgz/ n. *pl.* (*colloq.*) חֶדֶר שָׂכוּר בְּבַיִת פְּרָטִי (לְסְטוּדֶנְט וְכַד׳)

dike /daɪk/ n.

1 (ditch) תְּעָלָה, חֲפִירָה

2 (embankment) דַּיִק, סוֹלְלָה

dilapidated /dɪˈlæpɪdeɪtɪd/ adj. מִתְפּוֹרֵר, רָעוּעַ, חָרֵב

dilapidation /dɪˌlæpɪˈdeɪʃ(ə)n/ n.

1 (state of bad repair) הִתְפּוֹרְרוּת, מַצָּב רָעוּעַ

2 (in *pl., Law*) תַּשְׁלוּם עַל נִזְקֵי הַנֶּכֶס שֶׁמְּשַׁלֵּם הַשּׂוֹכֵר בְּתֹם תְּקוּפַת־הַשְּׂכִירוּת

dilate /daɪˈleɪt/ v.t. & i. (*formal*) הִרְחִיב; הִתְרַחֵב
□ *she kept dilating on her daughter's cleverness* הִיא לֹא פָּסְקָה מִלְּדַבֵּר עַל פִּקְחוּת בִּתָּהּ

dilatation /ˌdaɪləˈteɪʃ(ə)n/ n. הִתְרַחֲבוּת

dilation /daɪˈleɪʃ(ə)n/ n. הִתְרַחֲבוּת, הַרְחָבָה

dilatory /ˈdɪlət(ə)rɪ/ adj. (*formal*) אִטִּי, מְפַגֵּר (בַּזְּמַן)

dildo /ˈdɪldəʊ/ n. דִּילְדוֹ (חֵפֶץ דְּמוּי אֵיבַר־מִין זְכָרִי, הַמְשַׁמֵּשׁ כְּאַבְזַר־מִין)

dilemma /daɪˈlemə/ n. דִּילֶמָּה, בְּחִירָה בֵּין שְׁתֵּי אֶפְשָׁרֻיּוֹת (לָרֹב רָעוֹת)
□ *he's on the horns of a dilemma* (*formal*) הוּא בְּדִילֶמָּה

dilettante /ˌdɪlɪˈtæntɪ/ n. & adj. (*derog.*) חוֹבְבָן, דִּילֶטַנְט; חוֹבְבָנִי, שִׁטְחִי

dilettantism /dɪleˈtæntɪz(ə)m/ n. (*derog.*) דִּילֶטַנְטִיּוּת, חוֹבְבָנוּת

diligence /ˈdɪlɪdʒəns/ n. חָרִיצוּת, שְׁקִידָה

diligent /ˈdɪlɪdʒənt/ adj. חָרוּץ, שַׁקְדָן

dill /dɪl/ n. שָׁמִיר (יֶרֶק תַּבְלִין)

dilly-dally /ˈdɪlɪ-dælɪ/ v.i. (*colloq.*) "מִזְמֵז אֶת הַזְּמַן", הִסֵּס

dilute /daɪˈljuːt/ v.t. מָהַל, דִּלֵּל
dilute to taste מְהַל בְּמַיִם לְפִי הַטַּעַם
—adj. מָהוּל, קָלוּשׁ, דָּלִיל, מְדֻלָּל

dilution /daɪˈljuːʃ(ə)n/ n. דְּלִילוּת, קְלִישׁוּת

dim /dɪm/ adj. מְעֻרְפָּל, עָמוּם; סָתוּם
□ *he took a dim view of the economy* (*colloq.*) הָיְתָה לוֹ דֵּעָה שְׁלִילִית מְאֹד עַל הַכַּלְכָּלָה
—v.t. & i. עִמְעֵם, עִרְפֵּל; הִתְעַמְעֵם, הִתְעַרְפֵּל

dime /daɪm/ n. "דַּיִים", מַטְבֵּעַ שֶׁל 10 סֶנְט בְּאַרְהַ"ב וּבְקָנָדָה

dimension /daɪˈmenʃ(ə)n/ n. מֵמַד; מִדָּה
the fourth dimension הַמֵּמַד הָרְבִיעִי (הַזְּמַן)

dimensional /daɪˈmenʃən(ə)l/ adj. מְמַדִּי
two-dimensional דּוּ־מְמַדִּי, שָׁטוּחַ

diminish /dɪˈmɪnɪʃ/ v.t. & i. הִקְטִין; קָטַן, פָּחַת; נִגְרַע

diminishing /dɪˈmɪnɪʃɪŋ/ adj. הוֹלֵךְ וְקָטֵן
the law of diminishing returns חֹק הַתְּמוּרָה הַשּׁוֹלִית הַפּוֹחֶתֶת

diminuendo /dɪˌmɪnjʊˈendəʊ/ adv. & n. דִּימִינוּאֶנְדוֹ, הָלוֹךְ וְרָפֶה (בְּעִקָּר בְּמוּזִיקָה)

diminution /ˌdɪmɪˈnjuːʃ(ə)n/ n. (*formal*) הִתְמַעֲטוּת, הַפְחָתָה

diminutive /dɪˈmɪnjʊtɪv/ adj. & n. (*formal*) זָעִיר, מִינִיאָטוּרִי, דִּימִינוּטִיב; צוּרַת הַהַקְטָנָה (לְמָשָׁל "בִּרְוָזוֹן")

dimity /ˈdɪmɪtɪ/ n. בַּד כֻּתְנָה אָרוּג בִּדְגָמִים בּוֹלְטִים

dimly /ˈdɪmlɪ/ adv. בִּמְעֻרְפָּל, בִּמְעֻמְעָם

dimmer /ˈdɪmə(r)/ n. מֶתֶג מְעַמְעֵם, עַמָּם

dimple /ˈdɪmp(ə)l/ n. גֻּמַּת־חֵן, גֻּמָּה

dimwit /ˈdɪmwɪt/ n. (*colloq.*) טִמְטוּם, טֶמְבֶּל

dim-witted /dɪm-ˈwɪtɪd/ adj. (*colloq.*) מְטֻמְטָם, סָתוּם

din /dɪn/ n. (*derog.*) הֲמֻלָּה, שָׁאוֹן, רַעַשׁ
—v.i. & t. הִרְעִישׁ, הֵקִים שָׁאוֹן; שִׁנֵּן בְּאָזְנָיו
din into (*colloq.*) הִלְעִיט (בְּהַשְׁאָלָה בִּלְבַד: מֵידָע, תּוֹרָה וְכַד')

dine /daɪn/ v.i. & t. (*formal*) סָעַד, אָכַל (אֲרוּחָה שְׁלֵמָה); כִּבֵּד בַּאֲרוּחָה
□ *she often dines out* הִיא אוֹכֶלֶת בְּמִסְעָדוֹת לְעִתִּים קְרוֹבוֹת
□ *we dined out on that scandal for months* בְּמֶשֶׁךְ חֳדָשִׁים עָשִׂינוּ "צִימֶעס" מִן הַסִּפּוּר

diner /ˈdaɪnə(r)/ n.
1 (one who dines) סוֹעֵד
2 (railway dining-car, *US*) קְרוֹן־מִסְעָדָה בְּרַכֶּבֶת (בְּאַרְהַ"ב: מִסְעָדָה)
3 (restaurant, *US*) "דַּיְנֶר" (מֵעֵין מִסְעָדָה זוֹלָה בְּאַרְהַ"ב)

ding-dong /ˈdɪŋ-dɒŋ/ n. דִּנְדּוּן פַּעֲמוֹנִים
□ *the bells rang ding-dong* הַפַּעֲמוֹנִים דִּנְדְּנוּ
—attrib.
□ *it was a ding-dong argument* (*colloq.*) זֶה הָיָה וִכּוּחַ מְלֻהָט

dinghy /ˈdɪŋgɪ/ n. סִירָה קְטַנָּה (מְשׁוֹטִים, מִפְרָשׂ); סִירַת גּוּמִי

dinginess /ˈdɪndʒɪnɪs/ n. לִכְלוּךְ, זֻהֲמָה, קַדְרוּת

dingle /ˈdɪŋg(ə)l/ n. גַּיְא, בִּקְעָה

dingo /ˈdɪŋgəʊ/ n. דִּינְגּוֹ, כֶּלֶב־בָּר אוֹסְטְרָלִי

dingy /ˈdɪndʒɪ/ adj. מְלֻכְלָךְ, מְזֹהָם; קוֹדֵר

dining-car /ˈdaɪnɪŋ-kɑː(r)/ n. קְרוֹן־מִסְעָדָה בְּרַכֶּבֶת

dining-room /ˈdaɪnɪŋ-ruːm/ n. חֲדַר־אֹכֶל (בְּבַיִת פְּרָטִי בִּלְבַד)

dining-table /ˈdaɪnɪŋ-teɪb(ə)l/ n. שֻׁלְחַן־אֹכֶל

dinky /ˈdɪŋkɪ/ adj. (*colloq.*) חָמוּד, מָתֹק

dinner /ˈdɪnə(r)/ n. אֲרוּחָה עִקָּרִית שֶׁל הַיּוֹם, אֲרוּחַת עֶרֶב; סְעוּדָה

dinner-dance /ˈdɪnə-dɑːns/ n. עֶרֶב הַכּוֹלֵל סְעוּדָה וְרִקּוּדִים סָלוֹנִיִּים

dinner-jacket /ˈdɪnə-dʒækɪt/ n. מְעִיל־עֶרֶב לִגְבָרִים, חֲלִיפַת־עֶרֶב, טוּקְסִידוֹ

dinner-party /ˈdɪnə-pɑːtɪ/ n. סְעוּדַת־עֶרֶב חֲגִיגִית לְאוֹרְחִים

dinner-service /ˈdɪnə-sɜːvɪs/ n. מַעֲרֶכֶת כְּלֵי־שֻׁלְחָן

dinner-time /ˈdɪnə-taɪm/ n. שְׁעַת הַסְּעוּדָה

dinosaur /ˈdaɪnəsɔː(r)/ n. דִּינוֹזָאוּר, זוֹחֵל עֲנָק פְּרֶה־הִיסְטוֹרִי; "דִּינוֹזָאוּר"

dint /dɪnt/ n.
1 (dent) שְׁקַעֲרוּרִית (בְּמַתֶּכֶת) כְּתוֹצָאָה מִמַּכָּה

2 by dint of (*formal*) כְּתוֹצָאָה מִן, מִכֹּחַ, עַל־יְדֵי, בִּגְלַל

diocesan /daɪˈɒsɪs(ə)n/ adj. שֶׁל בִּישׁוֹפוּת

diocese /ˈdaɪəsɪs/ n. מְחוֹז בִּישׁוֹפוּת, מְחוֹז סַמְכוּתוֹ שֶׁל הַבִּישׁוֹף

diode /ˈdaɪəʊd/ n. דִּיוֹדָה (רְכִיב אֶלֶקְטְרוֹנִי לְיִשּׁוּר זֶרֶם)

dioxide /daɪˈɒksaɪd/ n. דּוּ־תַּחְמֹצֶת

dioxin /daɪˈɒksɪn/ n. דִּיאוֹקְסִין (תּוֹצַר־לְוַאי תַּעֲשִׂיָּתִי רָעִיל)

dip /dɪp/ v.t.

1 (lower into liquid) טָבַל, הִטְבִּיל

□ *it's time to dip the sheep* הִגִּיעַ הַזְּמַן לַעֲשׂוֹת לִכְבָשִׂים טְבִילַת חִטּוּי

2 (lower) הִנְמִיךְ, הִרְכִּין, הוֹרִיד

dipped headlights אוֹרוֹת קִדְמִיִּים מְעֻמְעָמִים

□ *the vessel dipped her colours to the battleship* הַסְּפִינָה הִרְכִּינָה אֶת דְּגָלֶיהָ לִכְבוֹד אֳנִיַּת הַמִּלְחָמָה

—v.i. חִטֵּט; לָקַח מ...

□ *she dipped into her handbag for change* הִיא חִפְּשָׂה כֶּסֶף קָטָן בָּאַרְנָק שֶׁלָּהּ

□ *he dipped into his savings* הוּא מָשַׁךְ כֶּסֶף מֵחֶסְכוֹנוֹתָיו

□ *he only dipped into War and Peace* הוּא רַק הֵצִיץ בְּרִפְרוּף בְּ"מִלְחָמָה וְשָׁלוֹם"

□ *the path dips down to the river* הַשְּׁבִיל מִשְׁתַּפֵּל אֶל הַנָּהָר

□ *the sun dipped below the horizon* הַשֶּׁמֶשׁ צָלְלָה אֶל מִתַּחַת לָאֹפֶק

—n.

1 (immersion) טְבִילָה

□ *they had a dip in the sea before breakfast* (*colloq.*) הֵם טָבְלוּ בַּיָּם לִפְנֵי אֲרוּחַת הַבֹּקֶר

2 (liquid) תְּמִסַּת חִטּוּי לִכְבָשִׂים

3 (depression) שֶׁקַע

4 (creamy mixture into which one dips buscuits etc.) מִמְרָח, מַטְבֵּל, "דִּיפּ"

diphtheria /dɪfˈθɪərɪə/ n. דִּיפְתֶּרְיָה, אַסְכָּרָה

diphthong /ˈdɪfθɒŋ/ n. (*Phonet.*) דּוּ־תְּנוּעָה, דִּיפְתּוֹנְג

diploma /dɪˈpləʊmə/ n. דִּיפְּלוֹמָה, תְּעוּדַת־מֻמְחֶה אֲקָדֶמִית/מִקְצוֹעִית

diplomacy /dɪˈpləʊməsɪ/ n. דִּיפְּלוֹמַטְיָה, נִהוּל יַחֲסֵי הַחוּץ שֶׁל מְדִינָה; טַקְט, כֹּשֶׁר בְּיַחֲסֵי אֱנוֹשׁ

diplomat /ˈdɪpləmæt/ n. דִּיפְּלוֹמָט, אִישׁ שֵׁרוּת־הַחוּץ

diplomatic /ˌdɪpləˈmætɪk/ adj. דִּיפְּלוֹמָטִי, שֶׁל יַחֲסֵי־חוּץ; טַקְטִי, דִּיפְּלוֹמָטִי

diplomatic bag תִּיק דִּיפְּלוֹמָטִי, דֹּאַר דִּיפְּלוֹמָטִי

diplomatic immunity חֲסִינוּת דִּיפְּלוֹמָטִית

diplomatic service שֵׁרוּת דִּיפְּלוֹמָטִי

diplomatically /ˌdɪpləˈmætɪk(ə)lɪ/ adv. בְּאֹפֶן דִּיפְּלוֹמָטִי

diplomatist /dɪˈpləʊmətɪst/ n. דִּיפְּלוֹמָט

dipole /ˈdaɪpəʊl/ n. אַנְטֶנָּה דּוּ־קָטְבִּית

dipper /ˈdɪpə(r)/ n.

1 (*Mech.*) מַצֶּקֶת לְנוֹזְלִים

2 (*bird*) אֲמוֹדַאי (עוֹף־מַיִם)

dipso /ˈdɪpsəʊ/ n. (*colloq.*) אַלְכּוֹהוֹלִיסְט

dipsomania /ˌdɪpsəˈmeɪnɪə/ n. שַׁתְיָנוּת חוֹלָנִית

dipsomaniac ˌdɪpsəˈmeɪnɪæk/ n. שַׁתְיָן חוֹלָנִי

dipstick /ˈdɪpstɪk/ n. קָנֶה טְבִילָה (לִמְדִידַת גֹּבַהּ הַשֶּׁמֶן בַּמָּנוֹעַ)

dipswitch /ˈdɪpswɪtʃ/ n. מֶתֶג לְעִמּוּם הַפָּנָסִים בִּמְכוֹנִית, עִמְעָם

diptych /ˈdɪptɪk/ n. דִּיפְּטִיכוֹן, צֶמֶד צִיּוּרִים דָּתִיִּים הָעֲשׂוּיִים לְהִסָּגֵר כְּסֵפֶר

dire ˈdaɪə(r)/ adj. מְשַׁוֵּעַ, נוֹרָא, אָיֹם; מֵטִיל אֵימָה

dire straits בְּצָרָה צְרוּרָה, בִּמְצוּקָה אֲיֻמָּה

□ *most of the refugees are in dire need of help* רֹב הַפְּלִיטִים מְשַׁוְּעִים לְעֶזְרָה

direct /daɪˈrekt, dɪˈrekt/ adj.

1 (straight) יָשָׁר, יָשִׁיר

direct current זֶרֶם יָשָׁר

direct heat חֹם יָשִׁיר, לֶהָבָה חֲשׂוּפָה

direct hit פְּגִיעָה יְשִׁירָה

□ *let's take the more direct route* בּוֹא נִקַּח אֶת הַדֶּרֶךְ הַיְשִׁירָה

□ *is there a direct train or do I have to change?* הַאִם יֵשׁ רַכֶּבֶת יְשִׁירָה אוֹ שֶׁאֲנִי צָרִיךְ לְהַחֲלִיף רַכָּבוֹת?

2 (straightforward) יָשִׁיר, גָּלוּי, פָּתוּחַ

□ *she is always very direct* הִיא תָּמִיד מְדַבֶּרֶת בְּאֹפֶן יָשִׁיר

3 (wihout intermediaries) יָשִׁיר

direct action מְחָאָה יְשִׁירָה (לְמָשָׁל אֹפֶן הַפְּעִילוּת שֶׁל אִרְגּוּן "גְּרִין־פִּיס")

direct object (בְּתַחְבִּיר) מֻשָּׂא יָשִׁיר

direct speech (בְּתַחְבִּיר) דִּבּוּר יָשִׁיר

—adv. יְשִׁירוּת, בְּאֹפֶן יָשִׁיר

□ *does this bus go direct to London?* הַאִם הָאוֹטוֹבּוּס הַזֶּה נוֹסֵעַ לְלוֹנְדוֹן יְשִׁירוּת?

—v.t.

1 (control, guide) הִנְחָה, נִהֵל, הִדְרִיךְ, הִכְוִין

2 (order) נָתַן הַנְחָיָה, נָתַן הוֹרָאָה, נָתַן פְּקֻדָּה

□ *take the tablets as directed* יֵשׁ לָקַחַת אֶת הַכַּדּוּרִים עַל־פִּי הַנְחָיוֹת־הָרוֹפֵא

□ *the judge directed the jury to find the accused not guilty* הַשּׁוֹפֵט הִמְלִיץ לִפְנֵי חֶבֶר הַמֻּשְׁבָּעִים לְזַכּוֹת אֶת הַנֶּאֱשָׁם

3 (send, point) כִּוֵּן, הִדְרִיךְ, הִכְוִין

□ *I directed her to the post office* הֶרְאֵיתִי לָהּ כֵּיצַד מַגִּיעִים לַדֹּאַר

□ *he directed his gaze at the picture* הוּא הִפְנָה אֶת מַבָּטוֹ אֶל הַתְּמוּנָה

4 (supervise actors) בִּיֵּם

□ *he directed many films* הוּא בִּיֵּם סְרָטִים רַבִּים

direction /dɪˈrekʃ(ə)n, daɪ-/ n.
1 (way) כִּוּוּן
2 (control) נִהוּל, הַדְרָכָה, פִּקּוּחַ
3 (instruction, usu. in *pl.*) הַנְחָיוֹת (לְמַסְלוּל); הוֹרָאוֹת (הַפְעָלָה)

directional /dɪˈrekʃən(ə)l, daɪ-/ adj. (אַנְטֶנָּה) כִּוּוּנִית

directive /dɪˈrektɪv, daɪ-/ n. הוֹרָאָה, הַנְחָיָה, צַו

directly /dɪˈrektlɪ, daɪ-/ adv.
1 (at once) תֵּכֶף וּמִיָּד
2 (straight) יָשִׁיר, יְשִׁירוּת, בְּמֵישָׁרִין
□ *he isn't directly involved* הוּא אֵינוֹ מְעֹרָב יְשִׁירוּת
□ *he came directly to the point* הוּא דִּבֵּר יָשָׁר לָעִנְיָן
3 (completely) לְגַמְרֵי, לַחֲלוּטִין
□ *that was directly contrary to orders* זֶה הָיָה בְּנִגּוּד מֻחְלָט לַהוֹרָאוֹת

directness /dɪˈrektnɪs, daɪ-/ n. יְשִׁירוּת, גִּישָׁה יְשִׁירָה

director /dɪˈrektə(r), daɪ-/ n. מְנַהֵל; בַּמַּאי־קוֹלְנוֹעַ, בִּימַאי־תֵּיאַטְרוֹן

directorate /dɪˈrektərət, daɪ-/ n. דִּירֶקְטוֹרְיוֹן, חֶבֶר־הַמְנַהֲלִים, הַנְהָלָה

directorship /dɪˈrektəʃɪp, daɪ-/ n. תַּפְקִיד הַמְנַהֵל, תַּפְקִיד נִהוּלִי בְּמוֹסָד; תְּקוּפַת הַכְּהֻנָּה בְּתַפְקִיד מְנַהֵל

directory /dɪˈrektərɪ, daɪ-/ n. מַדְרִיךְ (לְמִסְפְּרֵי טֶלֶפוֹן, לִכְתוֹבוֹת, סֵפֶר מִי־וָמִי וְכַד')
directory enquiries מוֹדִיעִין (בַּטֶּלֶפוֹן)

dirge /dɜːdʒ/ n. קִינָה, שִׁיר אַשְׁכָּבָה

dirigible /ˈdɪrɪdʒəb(ə)l/ n. סְפִינַת־אֲוִיר

dirt /dɜːt/ n. לִכְלוּךְ, זֻהֲמָה
□ *I had to eat dirt before he forgave me* הָיָה עָלַי לְהִתְרַפֵּס עַד שֶׁסָּלַח לִי
□ *what's the dirt on her?* (*colloq.*) מָה הָרְכִילוּת הָאַחֲרוֹנָה עָלֶיהָ?
□ *he treats his staff like dirt* הוּא מִתְיַחֵס אֶל הָעוֹבְדִים שֶׁלּוֹ כְּמוֹ לְזֶבֶל

dirt cheap /ˌdɜːt ˈtʃiːp/ adj. (*colloq.*) בְּזִיל־הַזּוֹל, (זֶה) עָלָה גְּרוּשִׁים

dirtiness /ˈdɜːtɪnɪs/ n. לִכְלוּךְ

dirt road /ˈdɜːt rəʊd/ n. (*US*) דֶּרֶךְ עָפָר

dirt-track /ˈdɜːt-træk/ n. מַסְלוּל־עָפָר; מַסְלוּל "קְרוֹס" (לְאוֹפַנּוֹעִים)

dirty /ˈdɜːtɪ/ adj.
1 (not clean) מְלֻכְלָךְ, מְזֹהָם
dirty work עֲבוֹדָה שְׁחוֹרָה (עֲבוֹדָה מְשַׁעֲמֶמֶת וַאֲפֵרָה); עֲבוֹדָה מְלַכְלֶכֶת (שֶׁכְּרוּכָה בִּפְעִילוּת לֹא־חֻקִּית וְכַד')
□ *he left the dirty work for me to do* (*colloq.*) הוּא הִשְׁאִיר לִי אֶת הָעֲבוֹדָה הַשְּׁחוֹרָה
□ *don't wash your dirty linen in public* (*fig.*) אַל תְּכַבֵּס אֶת הַכְּבִיסָה הַמְלֻכְלֶכֶת שֶׁלְּךָ בַּצִּבּוּר
□ *she gave him a dirty look* (*colloq.*) הִיא נָעֲצָה בּוֹ מַבָּט שֶׁל תִּעוּב
2 (obscene) "מְלֻכְלָךְ"
a dirty joke בְּדִיחָה גַּסָּה
dirty-minded בַּעַל רֹאשׁ "כָּחֹל"
□ *smoking is a dirty word nowadays* עִשּׁוּן זֶה מִלָּה גַּסָּה הַיּוֹם
3 (mean, unfair) "מְלֻכְלָךְ"
dirty dog (*sl.*) "בֶּן־כֶּלֶב", "כֶּלֶב"
a dirty trick טְרִיק מְלֻכְלָךְ; עֲבוֹדָה מְלַכְלֶכֶת
□ *that's a dirty crack* (*colloq.*) זֶה הָיָה מְלֻכְלָךְ מִצִּדְּךָ לְהַגִּיד דָּבָר כָּזֶה
□ *you dirty rat!* (*sl.*) יָא־רַמַּאי! יָא חֲתִיכַת גַּנָּב!
□ *he did the dirty on me* (*colloq.*) הוּא לִכְלֵךְ עָלַי
—v.t. לִכְלֵךְ, זִהֵם
—adv. בְּאֹפֶן מְלֻכְלָךְ

disability ˌdɪsəˈbɪlɪtɪ/ n. נָכוּת
disability pension קִצְבַּת־נָכוּת

disable /dɪsˈeɪb(ə)l/ v.t. הֵטִיל מוּם; הוֹצִיא מִכְּלַל פְּעֻלָּה
□ *the accident disabled him* הַתְּאוּנָה גָּרְמָה לוֹ לְנָכוּת לְכָל־הַחַיִּים

disabled /dɪsˈeɪbəld/ adj. & n. בַּעַל־מוּם; נָכֶה

disablement /dɪsˈeɪb(ə)lmənt/ n. הַטָּלַת־מוּם, גְּרִימַת נָכוּת

disabuse /ˌdɪsəˈbjuːz/ v.t. (*formal*) הֵאִיר עֵינֵי פְּלוֹנִי (עַל רַעְיוֹנוֹ הַמֻּטְעֶה)
□ *I disabused him of his illusions* הִפְרַכְתִּי אֶת אַשְׁלָיוֹתָיו

disadvantage /ˌdɪsədˈvɑːntɪdʒ/ n. & v.t. פְּגָם, חִסָּרוֹן; פָּגַם
□ *to take him at a disadvantage, ask him why he was late* אִם אַתָּה רוֹצֶה לִתְפֹּס אוֹתוֹ בְּעֶמְדָּה נְחוּתָה – שְׁאַל אוֹתוֹ מַדּוּעַ אֵחַר
□ *I felt at a disadvantage* הִרְגַּשְׁתִּי שֶׁאֲנִי בְּעֶמְדַּת־חִסָּרוֹן

disadvantaged /ˌdɪsədˈvɑːntɪdʒd/ adj. בְּמַצָּב נָחוּת

disadvantageous /ˌdɪsædvənˈteɪdʒəs/ adj. מַכְשִׁיל, בִּלְתִּי־כְּדָאִי

disaffected /ˌdɪsəˈfektɪd/ adj. מְאֻכְזָב וּמְמֻרְמָר, שֶׁהֵסִיר אֶת תְּמִיכָתוֹ בְּ...

disaffecton /ˌdɪsəˈfekʃ(ə)n/ n. מֹרַת־רוּחַ; אִי־נֶאֱמָנוּת

disagree /ˌdɪsəˈgriː/ v.i. חָלַק עַל, לֹא הִסְכִּים
□ *onions disagree with me* (*colloq.*) בָּצָל זֶה לֹא טוֹב בִּשְׁבִילִי

disagreeable /ˌdɪsəˈgriːəb(ə)l/ adj. בִּלְתִּי־נָעִים

disagreement /ˌdɪsəˈgriːmənt/ n. מַחְלֹקֶת, פּוּלְמוּס, חִלּוּקֵי־דֵּעוֹת

disallow /ˌdɪsəˈlaʊ/ v.t. (*formal*) דָּחָה, פָּסַל (עֵדוּת)

disappear /ˌdɪsəˈpɪə(r)/ v.i. נֶעֱלַם; נָמוֹג
□ *her husband did a disappearing trick* (*colloq.*) בַּעְלָהּ עָשָׂה "וַיִּבְרַח", בַּעְלָהּ נֶעְלַם פִּתְאֹם מֵהַבַּיִת, בַּעְלָהּ "הִתְנַדֵּף"

disappearance /ˌdɪsəˈpɪərəns/ n. הֵעָלְמוּת

disappoint /ˌdɪsəˈpɔɪnt/ v.t. אִכְזֵב, הִכְזִיב

disappointing /ˌdɪsəˈpɔɪntɪŋ/ adj. מְאַכְזֵב

□ *how disappointing!* כַּמָּה מְצַעֵר! כַּמָּה חֲבָל!

disappointment /ˌdɪsəˈpɔɪntmənt/ n. אַכְזָבָה, מַפַּח־נֶפֶשׁ

disapprobation /ˌdɪsˌæprəˈbeɪʃ(ə)n/ n. (*formal*) גִּנּוּי, יַחַס שְׁלִילִי

disapproval /ˌdɪsəˈpruːvəl/ n. גִּנּוּי, אִי־הַסְכָּמָה, הַבָּעַת יַחַס שְׁלִילִי

disapprove /ˌdɪsəˈpruːv/ v.i. & t. הִבִּיעַ מֹרַת־רוּחַ, הִבִּיעַ אִי־הַסְכָּמָה; גִּנָּה

□ *she gave him a disapproving look* הִיא נָעֲצָה בּוֹ מַבָּט מִסְתַּיֵּג

□ *he disapproves of smoking* הוּא מִתְנַגֵּד לְעִשּׁוּן

disarm /dɪsˈɑːm/ v.t. & i. פֵּרֵק אֶת נִשְׁקוֹ שֶׁל, נִטְרֵל (יַחַס עוֹיֵן); פֵּרֵק אֶת נִשְׁקוֹ, הִתְפָּרֵק מִנִּשְׁקוֹ

disarmament /dɪsˈɑːməmənt/ n. פֵּרוּק־נֶשֶׁק, צִמְצוּם הַכֹּחוֹת הַמְזֻיָּנִים

disarming /dɪsˈɑːmɪŋ/ adj. מְפַיֵּס, מֵפִיג תַּרְעֹמֶת

disarrange /ˌdɪsəˈreɪndʒ/ v.t. (*formal*) פָּרַע סֵדֶר, גָּרַם אִי־סֵדֶר

disarrangement /ˌdɪsəˈreɪndʒmənt/ n. (*formal*) אִי־סֵדֶר, מַצָּב אִי־סֵדֶר

disarray /ˌdɪsəˈreɪ/ n. (*formal*) אִי־סֵדֶר

in disarray (כֹּחוֹת צָבָא) בְּמַצָּב שֶׁל עִרְבּוּבְיָה; (שֵׂעָר, לְבוּשׁ) פָּרוּעַ

disaster /dɪˈzɑːstə(r)/ n. אָסוֹן, פֶּגַע, פֻּרְעָנוּת; אֲסוֹן־טֶבַע

disaster area אֵזוֹר־אָסוֹן

disastrous /dɪˈzɑːstrəs/ adj. הֲרֵה־אָסוֹן, אָיֹם וְנוֹרָא, קָטַסְטְרוֹפָלִי

□ *her exam results were disastrous* (*colloq.*) תּוֹצְאוֹת הַבְּחִינוֹת שֶׁלָּהּ הָיוּ קָטַסְטְרוֹפָה

disavow /ˌdɪsəˈvaʊ/ v.t. (*formal*) הִתְנַכֵּר לְ...; הִכְחִישׁ, כָּפַר, דָּחָה; הִתְכַּחֵשׁ לְ...

disavowal /ˌdɪsəˈvaʊəl/ n. (*formal*) הִתְנַכְּרוּת; הַכְחָשָׁה, דְּחִיָּה, הִתְנַעֲרוּת מִ...

disband /dɪsˈbænd/ v.t. & i. פֵּרֵק (צָבָא), הִתְפָּרֵק

disbar /dɪsˈbɑː(r)/ v.t. (*Law*) שָׁלַל מַעֲמָד שֶׁל עוֹרֵךְ־דִּין

disbarment /dɪsˈbɑːmənt/ n. (*Law*) שְׁלִילַת רִשְׁיוֹנוֹ שֶׁל עוֹרֵךְ־דִּין

disbelief /ˌdɪsbɪˈliːf/ n. חֹסֶר אֱמוּנָה, אִי־אֵמוּן

disbelieve /ˌdɪsbɪˈliːv/ v.t. לֹא הֶאֱמִין, סֵרֵב לְהַאֲמִין

disbeliever /ˌdɪsbɪˈliːvə(r)/ n. לֹא־מַאֲמִין

disbelieving /ˌdɪsbɪˈliːvɪŋ/ adj. לֹא־מַאֲמִין

disburden /dɪsˈbɜːdən/ v.t. (*formal*) הֵקַל אֶת הַמַּשָּׂא עַל (פְּלוֹנִי)

□ *he disburdened his conscience* הוּא פָּרַק אֶת הַמַּשָּׂא שֶׁהֵעִיק עַל מַצְפּוּנוֹ

disburse /dɪsˈbɜːs/ v.t. חִלֵּק כְּסָפִים

disbursement /dɪsˈbɜːsmənt/ n. (*formal*) חֲלֻקַּת־כְּסָפִים

disc (disk) /dɪsk/ n.

1 (round flat plate) דִּסְקִית, פְּלָטָה (עֲגֻלָּה)

disc brake מַעֲצוֹרֵי־"דִּיסְק"

identity disc דִּסְקִית זִהוּי

slipped disc דִּסְקוּס נָקוּעַ (בְּעַמּוּד הַשִּׁדְרָה)

2 (gramophone record) תַּקְלִיט

disc jockey תַּקְלִיטָן, "דִּי־גֶ'י", שַׁדְרָן־תַּקְלִיטִים

discard /dɪˈskɑːd/ v.t. זָנַח, זָרַק; הֶחֱלִיף קְלָפִים (בְּמִשְׂחָק)

—n. (בְּמִשְׂחַק קְלָפִים) קְלָף שֶׁהֻחְלַף בְּאַחֵר

discern /dɪˈsɜːn/ v.t. הִבְחִין שֶׁ..., הִרְגִּישׁ שֶׁ..., גִּלָּה שֶׁ..., חָשׁ שֶׁ...

discernible /dɪˈsɜːnɪb(ə)l/ adj. שֶׁאֶפְשָׁר לְהַבְחִין בּוֹ, נִתָּן לְהַבְחָנָה

discerning /dɪˈsɜːnɪŋ/ adj. מַבְחִין, חוֹדֵר; בַּעַל טְבִיעַת־עַיִן

□ *he has discerning taste* יֵשׁ לוֹ טַעַם אָנִין

discernment /dɪˈsɜːnmənt/ n. כֹּשֶׁר אַבְחָנָה; בִּינָה

discharge /dɪsˈtʃɑːdʒ/ v.t.

1 (unload) פָּרַק (מִטְעָן)

2 (fire a gun) יָרָה (בְּנֶשֶׁק חַם)

3 (emit) פָּלַט, הִפְרִישׁ

4 (release, dismiss) פִּטֵּר; שִׁחְרֵר

a discharged bankrupt פּוֹשֵׁט־רֶגֶל שֶׁהִגִּיעַ לְהֶסְדֵּר חֻקִּי וְחָזַר לַעֲסָקָיו

5 (pay, acquit oneself of) פָּרַע (חוֹב), יָצָא יְדֵי־חוֹבָתוֹ

—v.i. (*Electr.*) שִׁחְרֵר מִטְעָן חַשְׁמַלִּי

—n. /ˈdɪstʃɑːdʒ/

1 (unloading) פְּרִיקָה

2 (firing off of gun) יְרִיָּה

3 (emission) הַפְרָשָׁה, זִיבָה, פְּלִיטָה שֶׁל (עָשָׁן, לְמָשָׁל)

4 (release, dismissal) פִּטּוּרִים; שִׁחְרוּר

5 (payment, performance of obligation) תַּשְׁלוּם, פֵּרָעוֹן, סִלּוּק חוֹב, מִלּוּי חוֹבָה

disciple /dɪˈsaɪp(ə)l/ n. תַּלְמִיד, חָסִיד שֶׁל, הוֹלֵךְ בְּעִקְבוֹתָיו שֶׁל...; (בַּנַּצְרוּת) אֶחָד מִתְּרֵיסַר הַשְּׁלִיחִים

disciplinarian /ˌdɪsəplɪˈneərɪən/ n. דּוֹגֵל בְּמִשְׁמַעַת, מַשְׁלִיט מִשְׁמַעַת עַל...

disciplinary /ˈdɪsɪplɪn(ə)rɪ/ adj. מִשְׁמַעְתִּי

disciplinary action פְּעֻלָּה מִשְׁמַעְתִּית

discipline /ˈdɪsɪplɪn/ n.

1 (training) מִשְׁמַעַת; מִשְׁמַעַת עַצְמִית

□ *he needs military discipline* הוּא זָקוּק לְמִשְׁמַעַת צְבָאִית

2 (obedience) מִשְׁמַעַת, צִיּוּת

□ *the teacher can't keep discipline in his class* הַמּוֹרֶה אֵינוֹ מַצְלִיחַ לְהָטִיל מִשְׁמַעַת בַּכִּתָּה שֶׁלּוֹ

3 (punishment) עֲנִישָׁה

4 (branch of study) מִקְצוֹעַ, דִּיסְצִיפְּלִינָה, שִׁיטָה
—v.t. חִנֵּךְ לְמִשְׁמַעַת; עָנַשׁ
disclaim /dɪsˈkleɪm/ v.t. הִכְרִיז עַל וִתּוּר, הִתְכַּחֵשׁ לְ... הִתְנַעֵר מִ...
disclaimer /dɪsˈkleɪmə(r)/ n. הַצְהָרַת וִתּוּר, הַצְהָרַת הִתְכַּחֲשׁוּת, הַצְהָרַת הִתְנַעֲרוּת
disclose /dɪsˈkləʊz/ v.t. (*formal*) חָשַׂף, גִּלָּה; פִּרְסֵם בָּרַבִּים
disclosure /dɪsˈkləʊʒə(r)/ n. (*formal*) גִּלּוּי, חֲשִׂיפָה; פִּרְסוּם בָּרַבִּים
disco /ˈdɪskəʊ/ n. (*colloq.*) דִּיסְקוֹ (מוֹעֲדוֹן, מְסִיבָּה וְכַד׳)
discolour /dɪsˈkʌlə(r) (*US* **discolor**) v.i. & t. דָּהָה; גָּרַם שֶׁיִּדְהֶה
□ *his teeth were discoloured* שִׁנָּיו הִצְהִיבוּ
discoloration /dɪsˌkʌləˈreɪʃ(ə)n/ n. דְּהִיָּה, שִׁנּוּי צֶבַע
discomfit /dɪsˈkʌmfɪt/ v.t. (*arch.*) הֵבִיךְ
discomfiture /dɪsˈkʌmfɪtʃə(r)/ n. (*arch.*) מְבוּכָה, הַלְבָּנַת־פָּנִים
discomfort /dɪsˈkʌmfət/ n. אִי־נוֹחוּת; מְבוּכָה; כְּאֵב־קַל
discomposure ˌdɪskəmˈpəʊʒə(r)/ n. (*formal*) אָבְדַן שַׁלְוַת־הַנֶּפֶשׁ, הִתְרַגְּשׁוּת (לֹא רְצוּיָה)
disconcert /ˌdɪskənˈsɜːt/ v.t. גָּרַם לְאָבְדַן שַׁלְוַת־הַנֶּפֶשׁ, הֶחֱרִיד
disconnect /ˌdɪskəˈnekt/ v.t. נִתֵּק
□ *we've been disconnected* נִתְּקוּ לָנוּ אֶת הַחַשְׁמַל/הַטֶּלֶפוֹן/הַמַּיִם
□ *his speech is disconnected* דְּבָרָיו אֵינָם מִתְקַשְּׁרִים זֶה לָזֶה
disconsolate /dɪsˈkɒnsələt/ adj. (*formal*) לְלֹא תַּנְחוּמִים, מְיֹאָשׁ
discontent /ˌdɪskənˈtent/ n. מֹרַת־רוּחַ, תַּרְעֹמֶת
discontented /ˌdɪskənˈtentɪd/ adj. לֹא מְרֻצֶּה
discontentment /ˌdɪskənˈtentmənt/ n. מֹרַת־רוּחַ, תַּרְעֹמֶת
discontinue /ˌdɪskənˈtɪnjuː/ v.t. & i. (*formal*) פָּסַק; שָׂם קֵץ לְ..., הִפְסִיק
a discontinued line (מוּצָר/מִצְרָךְ) שֶׁהֻפְסַק יִצּוּרוֹ
discontinuity /ˌdɪskɒntɪˈnjuːɪtɪ/ n. חֹסֶר־הֶמְשֵׁכִיּוּת
discontinuous /ˌdɪskənˈtɪnjʊəs/ adj. בִּלְתִּי־רָצוּף, מְקֻטָּע, נִפְסָק לְסֵרוּגִין
discord /ˈdɪskɔːd/ n.
1 (disagreement) מַחֲלֹקֶת, סִכְסוּךְ, רִיב
civil discord תְּסִיסָה פּוֹלִיטִית
2 (*Mus.*) צְרִימָה, חֹסֶר־הַרְמוֹנְיָה
discordance /dɪsˈkɔːdəns/ n. חֹסֶר־הַרְמוֹנְיָה
discordant /dɪsˈkɔːdənt/ adj. לֹא הַרְמוֹנִי, צוֹרֵם אֶת הָאֹזֶן
□ *they have discordant opinions* יֵשׁ לָהֶם דֵּעוֹת מְנֻגָּדוֹת
discotheque /ˈdɪskətek/ n. (*formal*) דִּיסְקוֹטֶק

discount /ˈdɪskaʊnt/ n. הֲנָחָה; נִכְּיוֹן שְׁטָרוֹת
discount house (or **store**) בֵּית־מִסְחָר הַמּוֹכֵר בִּמְחִירֵי הֲנָחָה
□ *loyalty is at a discount these days* (*fig.*) אֵין עֵרֶךְ לְנֶאֱמָנוּת בְּיָמֵינוּ
—v.t. /dɪsˈkaʊnt/
1 (*Finance*) נִכָּה (שְׁטָרוֹת, רִבִּית וְכוּ׳)
2 (disregard) הִמְעִיט בַּחֲשִׁיבוּת..., מִעֵט בְּעֵרֶךְ..., הִתְעַלֵּם מִ...
□ *you must discount half of what he says* אַל תְּקַבֵּל דְּבָרָיו כִּלְשׁוֹנָם, הִזָּהֵר מִגֻּזְמוֹתָיו
discountenance /dɪsˈkaʊntɪnəns/ v.t. (*formal*) לֹא רָאָה בְּעַיִן יָפָה אֶת, הִסְתַּיֵּג מִ...
discourage /dɪsˈkʌrɪdʒ/ v.t.
1 (deprive of confidence) רִפָּה אֶת יָדָיו שֶׁל, צִנֵּן אֶת הִתְלַהֲבוּתוֹ שֶׁל
□ *she's not easily discouraged* לֹא בְּנָקֵל תְּרֻפֶּה אֶת יָדֶיהָ
2 (deter) הִרְתִּיעַ, מָנַע, הֵנִיא
discouraging /dɪsˈkʌrɪdʒɪŋ/ adj. מְאַכְזֵב, מְרַפֵּה־יָדַיִם
discourse /ˈdɪskɔːs/ n.
1 (speech, piece of writing) נְאוּם, דְּרָשָׁה, הַרְצָאָה, מַסָּה, חִבּוּר
2 (serious conversation) שִׂיחָה, דִּיּוּן
3 (connected language in speech or writing) שִׂיחַ, מַבָּע
discourse analysis חֵקֶר־הַשִּׂיחַ (עָנָף בְּבַלְשָׁנוּת)
—v.i. /disˈkɔːs/ (*formal*) נָאַם, נָשָׂא דְּרָשָׁה, הִרְצָה
discourteous /dɪsˈkɜːtɪəs/ adj. (*formal*) לֹא־מְנֻמָּס, לֹא־אָדִיב
discourtesy /dɪsˈkɜːtəsɪ/ n. (*formal*) חֹסֶר־נִימוּס, חֹסֶר־אֲדִיבוּת
discover /dɪsˈkʌvə(r)/ v.t. גִּלָּה, מָצָא
□ *I can't discover why he came* לֹא בָּרוּר לִי מַדּוּעַ הוּא בָּא
discoverer /dɪsˈkʌvərə(r)/ n. מְגַלֵּה־אֲרָצוֹת
discovery /dɪsˈkʌvərɪ/ n. תַּגְלִית
discredit /dɪsˈkredɪt/ n. פְּגִיעָה בִּשְׁמוֹ הַטּוֹב שֶׁל
□ *it is to his discredit that he refused* סֵרוּבוֹ מְדַבֵּר בִּגְנוּתוֹ
—v.t. הֶעֱטָה חֶרְפָּה עַל; הֵטִיל סָפֵק בְּ...; הִפְרִיךְ
discreditable /dɪsˈkredɪtəb(ə)l/ adj. מְגֻנֶּה, מֵבִישׁ
discreet /dɪˈskriːt/ adj. חֲשָׁאִי, זָהִיר (בְּהִתְנַהֲגוּתוֹ); טַקְטִי, דִּיסְקְרֶטִי
□ *I will institute a discreet inquiry* אֲנִי אֶפְתַּח בְּבֵרוּרִים בְּאֹפֶן דִּיסְקְרֶטִי
discrepancy /dɪˈskrepənsɪ/ n. אִי־הַתְאָמָה, פַּעַר
discrepant /dɪˈskrepənt/ adj. חֲסַר־הַתְאָמָה
discrete /dɪˈskriːt/ adj. (*formal*) נִבְדָּל, פָּרוּשׂ; מְקֻטָּע (בְּמַדָּע)

discretion /dɪˈskreʃ(ə)n/ n.
1 (prudence) דִּיסְקְרֶטִיּוּת, טַקְט, תְּבוּנָה, זְהִירוּת
2 (freedom to decide) שִׁפּוּט, שִׁקּוּל־דַּעַת
age of discretion גִּיל הַבַּגְרוּת (יְצִיאָה מֵאַפּוֹטְרוֹפְּסוּת)
□ *use your own discretion on this matter* בְּעִנְיָן זֶה פְּעַל לְפִי שִׁקּוּל דַּעְתְּךָ

discretionary /dɪˈskreʃən(ə)rɪ/ adj. (*formal*) נָתוּן לְשִׁקּוּל דַּעְתּוֹ שֶׁל (פְּלוֹנִי)
discretionary powers הַסַּמְכוּת לְהַכְרִיעַ עַל־פִּי שִׁקּוּל הַדַּעַת

discriminate /dɪˈskrɪmɪneɪt/ v.t. & t. הִפְלָה; הִבְחִין

discriminating /dɪˈskrɪmɪneɪtɪŋ/ adj. בַּעַל־אַבְחָנָה, אֲנִין־טַעַם

discrimination /dɪˌskrɪmɪˈneɪʃ(ə)n/ n. הַפְלָיָה; אַפְלָיָה
racial discrimination אַפְלָיָה גִּזְעִית

discriminatory /dɪˈskrɪmɪnət(ə)rɪ/ adj. (חֹק) מַפְלֶה, לֹא־שִׁוְיוֹנִי

discursive /dɪˈskɜːsɪv/ adj. מַאֲרִיךְ בִּדְבָרִים, קוֹפֵץ מֵעִנְיָן לְעִנְיָן

discus /ˈdɪskəs/ n. דִּיסְקוּס

discuss /dɪˈskʌs/ v.t. שׂוֹחַח עַל, דָּן בְּ...

discussion /dɪˈskʌʃ(ə)n/ n. דִּיּוּן, חִלּוּפֵי־דֵּעוֹת
□ *sport is the subject under discussion* נוֹשֵׂא־הַדִּיּוּן הוּא סְפּוֹרְט

disdain /dɪsˈdeɪn/ n. (*formal*) בּוּז, שְׁאָט־נֶפֶשׁ
—v.t. נָהַג בְּ... בְּבִטּוּל, נִמְנַע בְּבוּז מִ...
□ *she disdained to answer* הָיָה זֶה לְמַטָּה מִכְּבוֹדָהּ לְהָשִׁיב

disdainful /dɪsˈdeɪnf(ə)l/ adj. מְבַטֵּל, מָלֵא־בּוּז, שֶׁל שְׁאָט־נֶפֶשׁ

disease /dɪˈziːz/ n. מַחֲלָה, חֹלִי

diseased /dɪˈziːzd/ adj. חוֹלֶה, נָגוּעַ
□ *she has a diseased imagination* יֵשׁ לָהּ דִּמְיוֹן חוֹלָנִי

disembark /ˌdɪsɪmˈbɑːk/ v.t. & i. יָרַד לַחוֹף (מִסְּפִינָה); הוֹרִיד לַחוֹף (מִסְּפִינָה)

disembarkation /ˌdɪsembɑːˈkeɪʃ(ə)n/ n. יְרִידָה לַחוֹף; הוֹרָדָה לַחוֹף

disembodied /ˌdɪsɪmˈbɒdɪd/ adj. עַרְטִילָאִי, בְּלֹא־גַּשְׁמִיּוּת, חֲסַר־גּוּף

disembowel /ˌdɪsɪmˈbaʊəl/ v.t. שָׁפַךְ אֶת בְּנֵי־הַמֵּעַיִם שֶׁל

disenchant /ˌdɪsɪnˈtʃɑːnt/ v.t. אִכְזֵב, גָּרַם (לִפְלוֹנִי) שֶׁיִּתְפַּכֵּחַ מֵאַשְׁלָיוֹתָיו
□ *I became disenchanted with the company* הִתְאַכְזַבְתִּי מִן הַחֶבְרָה

disenchantment /ˌdɪsɪnˈtʃɑːntmənt/ n. אַכְזָבָה, הִתְאַכְזְבוּת, הִתְפַּכְּחוּת

disencumber /ˌdɪsɪnˈkʌmbə(r)/ v.t. (*formal*) שִׁחְרֵר מֵעֹמֶס

disengage /ˌdɪsɪnˈgeɪdʒ/ v.t. & i. שִׁחְרֵר, חִלֵּץ, הִתִּיר; נִפְרַד (כָּל אֶחָד מִן הַצְּדָדִים הַיְרִיבִים בְּסִכְסוּךְ)

disengagement /ˌdɪsɪnˈgeɪdʒmənt/ n. הַפְרָדָה

disentangle /ˌdɪsɪnˈtæŋg(ə)l/ v.t. הִתִּיר אֶת הַסְּבַךְ, שִׁחְרֵר, הִפְרִיד בֵּין...

disentanglement /ˌdɪsɪnˈtæŋg(ə)lmənt/ n. הַתָּרַת הַסְּבַךְ, שִׁחְרוּר, הַפְרָדָה

disestablish /ˌdɪsɪˈstæblɪʃ/ v.t. בִּטֵּל סַמְכוּת/מַעֲמָד רִשְׁמִי שֶׁל (דָּת לְמֶמְשָׁל)

disestablishment /ˌdɪsɪˈstæblɪʃmənt/ n. שְׁלִילַת מַעֲמָדָהּ הַמְּדִינִי (שֶׁל הַכְּנֵסִיָּה)

disfavour /dɪsˈfeɪvə(r)/ n. (*formal*) חֹסֶר אַהֲדָה
□ *he fell into disfavour* סָר חִנּוֹ

disfigure /dɪsˈfɪgə(r)/ v.t. הִשְׁחִית

disfigurement /dɪsˈfɪgəmənt/ n. הַשְׁחָתָה

disfranchise /dɪsˈfræntʃaɪz/ v.t. שָׁלַל זְכוּת־בְּחִירָה

disgorge /dɪsˈgɔːdʒ/ v.t. הֵקִיא, הֵקִיא מִתּוֹכוֹ; פָּלַט

disgrace /dɪsˈgreɪs/ n.
1 (loss of favour, dishonour) חֶרְפָּה, בִּזָּיוֹן, קָלוֹן, כְּלִמָּה
2 (cause of shame) בּוּשָׁה
□ *the price of butter is a disgrace* מְחִיר הַחֶמְאָה הוּא שַׁעֲרוּרִיָּה
—v.t. הִשְׁפִּיל, בִּזָּה, הֵמִיט חֶרְפָּה

disgraceful /dɪsˈgreɪsf(ə)l/ adj. מַחְפִּיר, מְגֻנֶּה, נִקְלֶה, מְנֻוָּל

disgracefully /dɪsˈgreɪsfəlɪ/ adv. בְּצוּרָה מְבִישָׁה, בְּאֹפֶן מַחְפִּיר
□ *it was disgracefully expensive* הַמְּחִיר הָיָה אָיֹם וְנוֹרָא, זוֹ הָיְתָה פְּשִׁיטַת־עוֹר

disgruntled /dɪsˈgrʌnt(ə)ld/ adj. מָלֵא תַּרְעֹמֶת, מְמֻרְמָר

disguise /dɪsˈgaɪz/ n. מַסְוֶה, תַּחְפֹּשֶׂת
□ *it proved to be a blessing in disguise* מֵעַז יָצָא מָתוֹק
—v.t. הִסְוָה, הִסְתִּיר
□ *I can't disguise my feelings* אֲנִי לֹא יָכוֹל לְהַסְתִּיר אֶת רְגָשׁוֹתַי

disgust /dɪsˈgʌst/ n. גֹּעַל־נֶפֶשׁ, סְלִידָה, בְּחִילָה, תִּעוּב
□ *he left in disgust* הוּא יָצָא בִּשְׁאָט נֶפֶשׁ
—v.t. גָּרַם לִסְלִידָה, גָּרַם לִשְׁאָט נֶפֶשׁ
□ *he was disgusted by their behaviour* הִתְנַהֲגוּתָם עוֹרְרָה בּוֹ בְּחִילָה

disgusting /dɪsˈgʌstɪŋ/ adj. מַגְעִיל, מְתֹעָב, מַבְחִיל

dish /dɪʃ/ n.
1 (plate) צַלַּחַת
do the dishes "עָשָׂה" כֵּלִים, שָׁטַף כֵּלִים, הֵדִיחַ אֶת הַכֵּלִים
2 (food) מַאֲכָל, תַּבְשִׁיל
□ *a Chinese meal has a lot of dishes* בַּאֲרוּחָה סִינִית יֵשׁ הַרְבֵּה סוּגֵי מָנוֹת
3 (concave aerial) אַנְטֶנַּת־צַלַּחַת, צַלַּחַת

4 (attractive person, *sl.*) חָתִיךְ, חֲתִיכָה
—v.t.
1 (serve) הִגִּישׁ מָזוֹן
□ *he dished out punishment* (*colloq.*) הוּא הֶעֱנִישׁ (אֶת כֻּלָּם)
□ *the meal was ready to dish up* הָאֲרוּחָה הָיְתָה מוּכָנָה לְהַגָּשָׁה
□ *he dishes up half-truths as fact* הוּא מַצִּיג חֲצָאֵי־אֲמִתּוֹת כְּעֻבְדּוֹת
2 (spoil, *sl.*) קִלְקֵל
□ *it has dished our chances* זֶה חִסֵּל אֶת הַסִּכּוּיִים שֶׁלָּנוּ

disharmony /dɪsˈhɑːmənɪ/ n. חֹסֶר־הַרְמוֹנְיָה, מְרִיבָה
dishcloth /ˈdɪʃklɒθ/ n. מַטְלִית לִרְחִיצַת כֵּלִים
dishearten /dɪsˈhɑːt(ə)n/ v.t. רִפָּה אֶת יָדָיו שֶׁל
disheartening /dɪsˈhɑːtnɪŋ/ adj. מְדַכְדֵּךְ, מְרַפֶּה יָדַיִם
dishevelled /dɪˈʃev(ə)ld/ adj. סָתוּר שֵׂעָר, פָּרוּעַ (שֵׂעָר); לֹא־מְסֻדָּר
dishonest /dɪsˈɒnɪst/ adj. לֹא־יָשָׁר, לֹא־הָגוּן
dishonestedly /dɪsˈɒnɪstlɪ/ adv. בִּנְוֹכְלוּת, בְּמִרְמָה
□ *he came by it dishonestly* זֶה בָּא לְיָדָיו בִּדְרָכִים פְּסוּלוֹת
dishonesty /dɪsˈɒnɪstɪ/ n. חֹסֶר־יֹשֶׁר, רַמָּאוּת, נוֹכְלוּת
dishonour /dɪsˈɒne(r)/ n. חֶרְפָּה, חִלּוּל־כָּבוֹד, קָלוֹן
—v.t.
1 (bring shame on) חִלֵּל כְּבוֹדוֹ שֶׁל, הֶעֱטָה חֶרְפָּה עַל
2 (refuse payment of) לֹא כִּבֵּד (הַמְחָאָה)
dishonourable /dɪsˈɒn(ə)rəb(ə)l/ adj. מֵבִישׁ, מְגֻנֶּה
dishonourably /dɪsˈɒn(ə)rəblɪ/ adv. בְּצוּרָה מְבִישָׁה, בְּאֹפֶן מְגֻנֶּה
dishwasher /ˈdɪʃwɒʃə(r)/ n. מְדִיחַ־כֵּלִים; מְכוֹנָה לַהֲדָחַת־כֵּלִים
dish-water /ˈdɪʃ-wɔːtə(r)/ n. מַיִם מְלֻכְלָכִים לְאַחַר שֶׁשָּׁטְפוּ בָּהֶם כֵּלִים
dishy /ˈdɪʃɪ/ adj. (*sl.*) סֶקְסִי, חָתִיךְ (לָרֹב לְגַבֵּי גֶּבֶר)
disillusion /ˌdɪsɪˈluːʒ(ə)n/ v.t. אִכְזֵב, נִפֵּץ אַשְׁלָיוֹת
disillusionment /ˌdɪsɪˈluːʒənmənt/ n. אַכְזָבָה, הִתְפַּכְּחוּת מֵאַשְׁלָיוֹת
disincentive /ˌdɪsɪnˈsentɪv/ n. תַּמְרִיץ־נֶגֶד, אֶמְצָעִי מַרְתִּיעַ
disinclination /ˌdɪsɪnklɪˈneiʃ(ə)n/ n. חֹסֶר־נְטִיָּה, אִי־רָצוֹן
disinclined /ˌdɪsɪnˈklaɪnd/ adj. נוֹטֶה שֶׁלֹּא...
□ *I am disinclined to accept the offer* אֲנִי נוֹטֶה שֶׁלֹּא לְקַבֵּל אֶת הַהַצָּעָה
disinfect /ˌdɪsɪnˈfekt/ v.t. חִטֵּא
disinfectant /ˌdɪsɪnˈfektənt/ n. חֹמֶר־חִטּוּי, מְחַטֵּא
disinfection /ˌdɪsɪnˈfekʃ(ə)n/ n. חִטּוּי

disingenuous /ˌdɪsɪnˈdʒenjʊəs/ adj. (*formal*) לֹא־כֵּן, מְזֻיָּף, שֶׁאֵינוֹ יוֹצֵא מִן הַלֵּב
disinherit /ˌdɪsɪnˈherɪt/ v.t. הֶעֱבִיר מִירֻשָּׁתוֹ, הוֹצִיא (אֶת פְּלוֹנִי) מִצַּוָּאָתוֹ
disinheritance /ˌd'sɪnˈherɪtəns/ n. הַעֲבָרָה מִן הַיְרֻשָּׁה, הוֹצָאָה מִן הַצַּוָּאָה
disintegrate /dɪsˈɪntɪgreɪt/ v.t. & i. פּוֹרֵר, הָרַס, פֵּרֵק; הִתְפּוֹרֵר, נֶהֱרַס, הִתְפָּרֵק
disintegration /dɪsˌɪntɪˈgreɪʃ(ə)n/ n. הִתְפּוֹרְרוּת, הֶרֶס
disinter /ˌdɪsɪnˈtɜː(r)/ v.t. (*formal*) הוֹצִיא מִן הַקֶּבֶר
disinterested /dɪsˈɪntrestɪd/ adj. חֲסַר פְּנִיּוֹת אִישִׁיּוֹת, שֶׁאֵינוֹ נוֹגֵעַ בַּדָּבָר, אוֹבְּיֶקְטִיבִי
disinterment /ˌdɪsɪnˈtɜːmənt/ n. (*formal*) הוֹצָאָה מִן הַקֶּבֶר
disjointed /dɪsˈdʒɔɪntɪd/ adj. מְקֻטָּע, חֲסַר קֶשֶׁר הֶגְיוֹנִי
disjunction /dɪsˈdʒʌŋkʃ(ə)n/ n. פַּעַר, נֶתֶק; דִּיסְיוּנְקְצְיָה, הֶפְרֵד
disk /dɪsk/ n. דִּיסְקִית, דִּיסְקָה, פְּלָטָה עֲגֻלָּה; תַּקְלִיטוֹן, דִּיסְק (מַגְנֵטִי, אוֹפְּטִי)
disk drive כּוֹנַן תַּקְלִיטוֹנִים (בְּמַחְשֵׁב)
Disk Operating System "דּוֹס", מַעֲרֶכֶת הַפְעָלָה לְמַחְשְׁבִים תּוֹאֲמֵי P.C.
floppy disk תַּקְלִיטוֹן (לְמַחְשְׁבִים)
hard disk דִּיסְק קָשִׁיחַ (דִּיסְק מַגְנֵטִי לֹא־נַיָּד בַּעַל כֹּשֶׁר אֲגִירַת מֵידָע רַב)
dislike /dɪsˈlaɪk/ v.t. & n. הִתְיַחֵס בִּשְׁלִילָה לְ..., לֹא אָהַב אֶת; חֹסֶר אַהֲבָה, שִׂנְאָה
□ *I have my likes and dislikes* יֵשׁ לִי טַעַם מִשֶּׁלִּי, יֵשׁ לִי (אֶת) הָאֲהָבוֹת וְהַשְּׂנָאוֹת שֶׁלִּי
□ *he took a dislike to her* הִיא עוֹרְרָה בּוֹ דְּחִיָּה
dislocate /ˈdɪsləkeɪt/ v.t. נָקַע; שִׁבֵּשׁ
dislocation /ˌdɪsləˈkeɪʃ(ə)n/ n. נֶקַע; שִׁבּוּשׁ
dislodge /dɪsˈlɒdʒ/ v.t. הוֹצִיא מִמְּקוֹמוֹ, שָׁלַף
disloyal /dɪsˈlɔɪəl/ adj. בּוֹגְדָנִי, בִּלְתִּי־נֶאֱמָן
disloyalty /dɪsˈlɔɪəltɪ/ n. בּוֹגְדָנוּת, חֹסֶר נֶאֱמָנוּת
dismal /ˈdɪzməl/ adj. עָגוּם, מְדַכֵּא, קוֹדֵר
dismally /ˈdɪzməlɪ/ adv. בְּצוּרָה עֲגוּמָה
□ *he failed dismally to convince her* הוּא נִכְשַׁל כִּשָּׁלוֹן חָרוּץ בְּנִסָּיוֹן לְשַׁכְנֵעַ אוֹתָהּ
dismantle /dɪsˈmænt(ə)l/ v.t. פֵּרֵק, חִסֵּל (שָׁלָב אַחַר שָׁלָב)
dismay /dɪsˈmeɪ/ n. פַּחַד, רִפְיוֹן יָדַיִם
□ *to my great dismay the dinner was burnt* לְדַאֲבוֹנִי וּלְתַדְהֵמָתִי גִּלִּיתִי שֶׁהָאֹכֶל הָיָה שָׂרוּף
—v.t. מִלֵּא פַּחַד וְיֵאוּשׁ
dismember /dɪsˈmembə(r)/ v.t. בִּתֵּר (גְּוִיָּה לְאֵיבָרִים)
dismiss /dɪsˈmɪs/ v.t. דָּחָה, הִתְיַחֵס בְּבִטּוּל אֶל; פִּטֵּר (עוֹבֵד); שִׁחְרֵר (כִּתָּה); נָתַן הַפְקֻדָּה "חָפְשִׁי" (לְחַיָּל); סִלֵּק (מַחֲשָׁבָה מִדַּעְתּוֹ); סָגַר (תִּיק מִשְׁפָּטִי, לָרֹב מֵחֹסֶר הוֹכָחוֹת)

case dismissed הַתִּיק נִסְגַּר (לְרֹב מֵחֹסֶר הוֹכָחוֹת)
□ *dismiss! (Mil.)* חֲפְשִׁיִּים
□ *dismiss the idea from your mind* תַּפְסִיק לַחְשֹׁב עַל זֶה
□ *he was dismissed from his job* פִּטְּרוּ אוֹתוֹ מֵעֲבוֹדָתוֹ, הוּא פֻּטַּר מֵהָעֲבוֹדָה

dismissal /dɪsˈmɪs(ə)l/ n. פִּטּוּרִים; יַחַס שֶׁל בִּטּוּל, בִּטּוּל

dismissive /dɪsˈmɪsɪv/ adj. מִתְיַחֵס בְּבִטּוּל אֶל

dismount /dɪsˈmaʊnt/ v.t. & i. יָרַד (מִסּוּס, מֵאוֹפַנַּיִם וְכַד׳), הֵסִיר מִכַּנּוֹ (לְמָשָׁל תּוֹתָח)

disobedience /ˌdɪsəˈbiːdɪəns/ n. אִי־צִיּוּת, חֹסֶר מִשְׁמַעַת, מֶרִי
civil disobedience מֶרִי אֶזְרָחִי

disobedient /ˌdɪsəˈbiːdɪənt/ adj. לֹא־מְצַיֵּת, לֹא־מַמְשְׁמָע, מַמְרֶה

disobey /ˌdɪsəˈbeɪ/ v.t. & i. לֹא־צִיֵּת, הִמְרָה אֶת פִּיו שֶׁל, הֵפֵר פְּקֻדָּה, סֵרֵב לִפְקֻדָּה

disobliging /ˌdɪsəˈblaɪdʒɪŋ/ adj. (*formal*) עוֹשֶׂה בְּעָיוֹת, מְסָרֵב לַעֲזֹר

disorder /dɪsˈɔːdə(r)/ n.
1 (untidiness) אִי־סֵדֶר, עִרְבּוּבְיָה
2 (civil disturbance) מְהוּמוֹת, הֲפָרוֹת סֵדֶר
3 (ailment) הַפְרָעָה, מַחֲלָה
□ *I suffer from a stomach disorder* אֲנִי סוֹבֵל מִקִּלְקוּל־קֵבָה
□ *schizophrenia is a mental disorder* הַסְּכִיזוֹפְרֶנְיָה הִיא הַפְרָעָה נַפְשִׁית
—v.t. גָּרַם אִי־סֵדֶר

disordered /dɪsˈɔːdəd/ adj. הָפוּךְ, חֲסַר סֵדֶר; מְפֻרָע; לֹא־שָׁפוּי

disorderly /dɪsˈɔːdəlɪ/ adj. מֵפֵר־סֵדֶר, פָּרוּעַ (אֹפֶן הִתְנַהֲגוּת); הָפוּךְ, לֹא־מְסֻדָּר
disorderly house (*arch.*) בֵּית־בֹּשֶׁת
□ *he was accused of being drunk and disorderly* הוּא הָאֳשַׁם בְּשִׁכְרוּת וּבַהֲפָרַת הַסֵּדֶר

disorganize /dɪsˈɔːgənaɪz/ v.t. שִׁבֵּשׁ סֵדֶר
□ *she is very disorganized* הִיא מְאֹד מְפֻזֶּרֶת, יֵשׁ לָהּ גִּישָׁה לֹא־שִׁיטָתִית

disorientate /dɪsˈɔːrɪənteɪt/ v.t. גָּרַם לְאִי־הִתְמַצְּאוּת, הִטְעָה, בִּלְבֵּל

disorientation /dɪsˌɔːrɪənˈteɪʃ(ə)n/ n. אָבְדַן חוּשׁ־הַהִתְמַצְּאוּת, דִּיסְאוֹרְיֶנְטַצְיָה, בִּלְבּוּל

disown /dɪsˈəʊn/ v.t. הִתְכַּחֵשׁ לְ..., כָּפַר בְּ...

disparage /dɪsˈpærɪdʒ/ v.t. הֵקַל בְּעֶרְכּוֹ שֶׁל..., זִלְזֵל בְּ...

disparagement /dɪsˈpærɪdʒmənt/ n. זִלְזוּל, הֲקַלָּה בְּעֶרְכּוֹ שֶׁל

disparaging /dɪsˈpærɪdʒɪŋ/ adj. מְזַלְזֵל

disparate /ˈdɪspərət/ adj. מֻבְחָן, לֹא דּוֹמֶה, שׁוֹנֶה בִּיסוֹדוֹ

disparity /dɪsˈpærɪtɪ/ n. (*formal*) פַּעַר, אִי־הַתְאָמָה, שֹׁנִי, הֶבְדֵּל

dispassionate /dɪsˈpæʃənət/ adj. קַר־רוּחַ, לֹא מְשֻׁחָד (רַק בְּהַשְׁאָלָה), אוֹבְּיֶקְטִיבִי

dispatch (also **despatch**) dɪˈspætʃ/ v.t.
1 (send) שָׁלַח, שִׁגֵּר אֶל
2 (finish off, kill) הִנְחִית מַכַּת־מָוֶת, חִסֵּל
3 (get done quickly, *colloq.*) חִסֵּל
—n.
1 (sending) תִּשְׁדֹּרֶת, מִשְׁלוֹחַ
2 (written message) הוֹדָעָה (ע״י שָׁלִיחַ); דּוּחַ (שֶׁל כַּתָּב חֲדָשׁוֹת)
dispatch-box תִּיק לְמִסְמָכִים רִשְׁמִיִּים; דּוּכָן שֶׁלְּיָדוֹ נוֹאֵם שַׂר בַּפַּרְלָמֶנְט הַבְּרִיטִי
dispatch-rider שָׁלִיחַ (עַל אוֹפַנּוֹעַ, אוֹפַנַּיִם וְכַד׳)
mentioned in dispatches הוֹקָרָה רִשְׁמִית עַל אֹמֶץ־לֵב בִּקְרָב
3 (promptness, *formal*) דְּחִיפוּת
□ *deliver this with the utmost dispatch!* מְסֹר זֹאת בִּדְחִיפוּת מְרַבִּית

dispel /dɪˈspel/ v.t. פִּזֵּר (עֲרָפֶל, חֲשָׁשׁוֹת וְכַד׳), הֵנִיס

dispensable /dɪˈspensəb(ə)l/ adj. לֹא־חָשׁוּב, שֶׁאֶפְשָׁר בִּלְעָדָיו, לֹא־חִיּוּנִי

dispensary /dɪˈspensərɪ/ n. חַלּוֹן לִתְרוּפוֹת, בֵּית מִרְקַחַת (בְּבֵית־חוֹלִים וְכַד׳)

dispensation /ˌdɪspenˈseɪʃ(ə)n/ n.
1 (meting out, *formal*) חֲלֻקָּה, עֲשִׂיָּה
2 (permission of church or law) פְּטוֹר, הֶתֵּר (מִדְּרִישַׁת הַחֹק, מֵחוֹבָה דָּתִית)
3 (faith, *formal*) תּוֹרָה, אֱמוּנָה
the Mosaic dispensation תּוֹרַת־מֹשֶׁה

dispense /dɪˈspens/ v.t.
□ *the pharmacist dispenses drugs* הָרוֹקֵחַ מוֹכֵר תְּרוּפוֹת
□ *she dispenses charity* הִיא מְחַלֶּקֶת כֶּסֶף לִצְדָקָה
□ *magistrates dispense justice* הַשּׁוֹפְטִים עוֹשִׂים מִשְׁפַּט־צֶדֶק
—v.i.
dispense with וִתֵּר עַל
□ *he is not well enough to dispense with the services of a nurse* אֵין הוּא בָּרִיא עַד כְּדֵי כָּךְ שֶׁיּוּכַל לְהִשָּׁאֵר בְּלִי אָחוֹת רַחֲמָנִיָּה

dispenser /dɪˈspensə(r)/ n. (רוֹקֵחַ) מֵכִין תְּרוּפוֹת; מַכְשִׁיר מֵכָנִי לְהַנְפָּקָה; מְכוֹנָה (לְקָפֶה, לְמַשְׁקָאוֹת קַלִּים וְכַד׳)

dispersal /dɪˈspɜːs(ə)l/ n. פִּזּוּר; הִתְפַּזְּרוּת

disperse /dɪˈspɜːs/ v.t. & i. פִּזֵּר, הֵפִיץ; הִתְפַּזֵּר, נָפוֹץ

dispersion /dɪˈspɜːʃ(ə)n/ n. פִּזּוּר; הִתְפַּזְּרוּת
the Dispersion תְּפוּצוֹת הַגּוֹלָה, הַפְּזוּרָה הַיְּהוּדִית

dispirited /dɪˈspɪrɪtɪd/ adj. (*poet.*) מְדֻכָּא, נְכֵה־רוּחַ, מְיֹאָשׁ

displace /dɪsˈpleɪs/ v.t. תָּפַס מְקוֹמוֹ שֶׁל, עָקַר (אֲנָשִׁים מִמְּקוֹמָם); הוֹצִיא מִמְּקוֹמוֹ (עֶצֶם וְכַד׳)

displaced person עֲקוּרִים

displacement /dɪsˈpleɪsmənt/ n.

1 (shifting, ousting) עֲקִירָה, תְּפִיסַת מָקוֹם שֶׁל

2 (volume) נֶפַח (מָנוֹעַ); הֶדְחֵק (כַּמּוּת הַמַּיִם הַנִּדְחֶקֶת עַל־יְדֵי סְפִינָה)

display /dɪˈspleɪ/ v.t. הִצִּיג לְרַאֲוָה, חָשַׂף

□ *she displayed no signs of emotion* לֹא נִכְּרוּ בָּהּ שׁוּם סִימָנֵי הִתְרַגְּשׁוּת

—n. תְּצוּגָה, הַפְגָּנָה

□ *he made a great display of learning* הוּא הִפְגִּין יְדִיעוֹת מֻפְלָגוֹת

displease /dɪsˈpliːz/ v.t. (*formal*) עוֹרֵר מֹרַת־רוּחַ, גָּרַם לְאִי שְׂבִיעוּת־רָצוֹן

displeased /dɪsˈpliːzd/ adj. (*formal*) לֹא־מְרֻצֶּה, לֹא שְׂבַע־רָצוֹן

displeasure /dɪsˈpleʒə(r)/ n. (*formal*) מֹרַת־רוּחַ, אִי־שְׂבִיעוּת־רָצוֹן

disport /dɪˈspɔːt/ v.refl. (*arch.*) הִשְׁתַּעֲשֵׁעַ

disposable /dɪˈspəʊzəb(ə)l/ adj.

1 (designed to be thrown away after use) לְשִׁמּוּשׁ חַד־פַּעֲמִי

disposable nappies חִתּוּלִים לְשִׁמּוּשׁ חַד־פַּעֲמִי, חִתּוּלֵי־נְיָר

2 (available) פָּנוּי, זָמִין

disposable income הַכְנָסָה פְּנוּיָה

disposal /dɪˈspəʊz(ə)l/ n.

1 (getting rid of) סִלּוּק

waste disposal unit מִתְקָן בֵּיתִי לְסִלּוּק אַשְׁפָּה דֶּרֶךְ הַבִּיּוּב

2 (arrangement) פְּרִיסָה

□ *this was the disposal of troops at the battle* זוֹ הָיְתָה פְּרִיסַת־כֹּחוֹת (הַצָּבָא) בַּקְּרָב

3 (control, command) רְשׁוּת

□ *his library was at my disposal* סִפְרִיָּתוֹ עָמְדָה לִרְשׁוּתִי

dispose /dɪˈspəʊz/ v.t.

1 (arrange, *formal*) סִדֵּר

□ *man proposes, God disposes* (*Prov.*) "רַבּוֹת מַחֲשָׁבוֹת בְּלֶב אִישׁ וַעֲצַת ה' הִיא תָקוּם"

2 (incline) נָטָה (לַעֲשׂוֹת דְּבַר מָה, לְרַעְיוֹן מְסֻיָּם)

well (or **ill**) **disposed towards** נָטָה לְחַיֵּב/לִשְׁלֹל, הָיָה אוֹהֵד/עוֹיֵן כְּלַפֵּי...

—v.i. נִפְטַר מִ...

dispose of

□ *would you dispose of this rubbish please?* הַאִם אַתָּה מוּכָן לְסַלֵּק אֶת הָאַשְׁפָּה הַזֹּאת בְּבַקָּשָׁה?

disposition /ˌdɪspəˈzɪʃ(ə)n/ n.

1 (temperament) אֹפִי, מֶזֶג, תְּכוּנָה, נְטִיָּה

2 (arrangement, *formal*) נִהוּל, סִדּוּר

dispossess /ˌdɪspəˈzes/ v.t. (*formal*) נִשֵּׁל, הֵדִיר מִנְּכָסִים

dispossession /ˌdɪspəˈzeʃ(ə)n/ n. (*formal*) נִשּׁוּל

disproof /dɪsˈpruːf/ n. הַפְרָכָה, הֲזָמָה, הַכְחָשָׁה, סְתִירָה (שֶׁל דֵּעוֹת)

disproportion /ˌdɪsprəˈpɔːʃ(ə)n/ n. אִי־הַתְאָמָה, חֹסֶר הַתְאָמָה

disproportionate /ˌdɪsprəˈpɔːʃən(ə)t/ adj. חֲסַר פְּרוֹפּוֹרְצְיָה, יוֹתֵר מִדַּי/פָּחוֹת מִדַּי

disprove /dɪsˈpruːv/ v.t. הִפְרִיךְ, הֵזֵם, הִכְחִישׁ, סָתַר

disputable /dɪˈspjuːtəb(ə)l/ adj. מוּטָל בְּסָפֵק, נָתוּן לְוִכּוּחַ, שָׁנוּי בְּמַחֲלֹקֶת

disputant /dɪˈspjuːtənt/ n. צַד־בְּוִכּוּחַ (אָדָם)

disputation /ˌdɪspjʊˈteɪʃ(ə)n/ n. פּוּלְמוֹס, מַחֲלֹקֶת, וִכּוּחַ, סִכְסוּךְ

dispute /dɪˈspjuːt/ n.

1 (discussion) וִכּוּחַ

in dispute שָׁנוּי בְּמַחֲלֹקֶת

beyond dispute מֵעַל לְכָל סָפֵק, וַדַּאי

2 (quarrel) מַאֲבָק, סִכְסוּךְ

industrial dispute סִכְסוּךְ עֲבוֹדָה

—v.t.

1 (discuss, also v.i.) הִתְוַכֵּחַ

2 (call into question) חָלַק עַל, הֵטִיל סָפֵק בְּ...

3 (contend for) נֶאֱבַק עַל

disqualification /dɪsˌkwɒlɪfɪˈkeɪʃ(ə)n/ n. פְּסִילָה; גּוֹרֵם פּוֹסֵל

□ *the judges announced his disqualification from the race* הַשּׁוֹפְטִים הִכְרִיזוּ עַל פְּסִילָתוֹ מִן הַמֵּרוֹץ

disqualify /dɪsˈkwɒlɪfaɪ/ v.t. פָּסַל

□ *he was driving while disqualified* הוּא נָהַג (בִּמְכוֹנִית) בִּתְקוּפַת פְּסִילַת־רִשְׁיוֹן

disquiet /dɪsˈkwaɪət/ n. & v.t. (*formal*) חֹסֶר מְנוּחָה, דְּאָגָה; הִדְאִיג

disquieting /dɪsˈkwaɪətɪŋ/ adj. (*formal*) מַדְרִיךְ־מְנוּחָה, מַדְאִיג

disquisition /ˌdɪskwɪˈzɪʃ(ə)n/ n. (*formal*) מֶחְקָר/נְאוּם מְפֹרָט וְאָרֹךְ

disregard /ˌdɪsrɪˈgɑːd/ n. הִתְעַלְּמוּת מִ..., חֹסֶר־הִתְחַשְּׁבוּת

—v.t. הִתְעַלֵּם, זִלְזֵל

disrepair /ˌdɪsrɪˈpeə(r)/ n. עֲזוּבָה, הֶרֶס

□ *the house was falling into disrepair* הַבַּיִת הִתְפּוֹרֵר וְהָלַךְ

disreputable /dɪsˈrepjʊtəb(ə)l/ adj. מֵבִישׁ, בַּעַל שֵׁם רַע, מְפֻקְפָּק

disrepute /ˌdɪsrɪˈpjuːt/ n. שֵׁם רַע, גְּנַאי

□ *the hotel has fallen into disrepute* הַמָּלוֹן אִבֵּד אֶת שְׁמוֹ הַטּוֹב

disrespect /ˌdɪsrɪˈspekt/ n. אִי־כָּבוֹד, זִלְזוּל

□ *meaning no disrespect to you, sir* עִם כָּל הַכָּבוֹד לְךָ, אֲדוֹנִי

disrespectful /ˌdɪsrɪˈspektf(ə)l/ adj. מְזַלְזֵל, חֲסַר־נִימוּס, לֹא־אָדִיב

disrobe /dɪsˈrəʊb/ v.i. & t. (*formal*) פָּשַׁט בְּגָדָיו; פָּשַׁט, הֵסִיר (מַדִּים אוֹ בִּגְדֵי־פְּאֵר)

disrupt /dɪsˈrʌpt/ v.t. שִׁבֵּשׁ אֶת, הִפְרִיעַ אֶת מַהֲלַךְ (הָאֲסֵפָה וְכַד׳)

disruption /dɪsˈrʌpʃ(ə)n/ n. הַפְרָעָה, שִׁבּוּשׁ

disruptive /dɪsˈrʌptɪv/ adj. שְׁלִילִי, הַרְסָנִי, בְּעָיָתִי

dissatisfaction /dɪˌsætɪsˈfækʃ(ə)n/ n. אִי־שְׂבִיעוּת־רָצוֹן, מֹרַת־רוּחַ

dissatisfied /dɪˈsætɪsfaɪd/ adj. לֹא שְׂבַע־רָצוֹן
□ *he was dissatisfied with his salary* הוּא לֹא הָיָה מְרֻצֶּה מִמַּשְׂכֻּרְתּוֹ

dissatisfy /dɪˈsætɪsfaɪ/ v.t. גָּרַם אִי־שְׂבִיעוּת רָצוֹן, גָּרַם מֹרַת־רוּחַ

dissect /dɪˈsekt/ v.t. נִתַּח (גּוּפָה, בַּעַל־חַיִּים, בְּעָיָה וְכַד׳)

dissection /dɪˈsekʃ(ə)n/ n. נְתִיחָה (שֶׁל גּוּפָה, בַּעַל־חַיִּים וְכַד׳)

dissemble /dɪˈsemb(ə)l/ v.i. & t. (*formal*) הֶעֱמִיד פָּנִים; הִסְתִּיר אֶת, הִסְוָה אֶת (רִגְשׁוֹתָיו)
□ *he dissembled his anger* הוּא הִסְתִּיר אֶת כַּעֲסוֹ

disseminate /dɪˈsemɪneɪt/ v.t. (*formal*) הֵפִיץ (יֶדַע), זָרַע (רַעְיוֹנוֹת)
disseminated sclerosis טָרֶשֶׁת נְפוֹצָה

dissemination /dɪˌsemɪˈneɪʃ(ə)n/ n. (*formal*) הֲפָצָה (שֶׁל יֶדַע אוֹ רַעְיוֹנוֹת)

disseminator /dɪˈsemɪneɪtə(r)/ n. מֵפִיץ (יֶדַע אוֹ רַעְיוֹנוֹת)

dissension /dɪˈsenʃ(ə)n/ n. מַחֲלֹקֶת, פְּלֻגְתָּא, נִגּוּד

dissent /dɪˈsent/ v.i. חָלַק עַל, סָטָה מִן
□ *I strongly dissent from what you have said* אֲנִי חוֹלֵק בְּכָל תֹּקֶף עַל דְּבָרֶיךָ

—n.
(disagreement) אִי־הַסְכָּמָה, מַחֲלֹקֶת

dissenter /dɪˈsentə(r)/ n. פּוֹרֵשׁ, מִתְנַגֵּד (בְּיִחוּד לַכְּנֵסִיָּה הָאַנְגְּלִיקָנִית)

dissentient /dɪˈsenʃ(ə)nt/ n. (*formal*) פּוֹרֵשׁ מִן הַצִּבּוּר, מִתְנַגֵּד

dissertation /ˌdɪsəˈteɪʃ(ə)n/ n. דִּיסֶרְטַצְיָה, חִבּוּר מַדָּעִי

disservice /dɪsˈsɜːvɪs/ n. שֵׁרוּת דֹּב, נֶזֶק

dissidence /ˈdɪsɪdəns/ n. הִתְנַגְּדוּת לְמִשְׁטָר (פּוֹלִיטִי), הִתְנַגְּדוּת

dissident /ˈdɪsɪdənt/ adj. & n. סַרְבָן, מִתְנַגֵּד לַמִּשְׁטָר, פּוֹרֵשׁ

dissimilar /dɪˈsɪmɪlə(r)/ adj. שׁוֹנֶה, לֹא־דּוֹמֶה

dissimilarity /ˌdɪsɪmɪˈlærɪtɪ/ n. שֹׁנִי

dissimulation /dɪˌsɪmjʊˈleɪʃ(ə)n/ n. (*formal*) הַסְוָאַת רְגָשׁוֹת, הַסְתָּרַת רְגָשׁוֹת

dissimulator /dɪˈsɪmjʊleɪtə(r)/ n. (*formal*) אָדָם הַמַּסְוֶה אֶת רִגְשׁוֹתָיו

dissipate /ˈdɪsɪpeɪt/ v.t.
1 (disperse, also v.i.) פִּזֵּר, הֵפִיץ; הִתְפַּזֵּר, נָפוֹץ
2 (squander) בִּזְבֵּז

dissipated /ˈdɪsɪpeɪtɪd/ adj. הוֹלֵל, בַּזְבְּזָנִי
□ *he leads a dissipated life* הוּא חַי חַיֵּי הוֹלְלוּת

dissipation /ˌdɪsɪˈpeɪʃ(ə)n/ n.
1 (dispersal) פִּזּוּר, הֲפָצָה
2 (squandering) בִּזְבּוּז
3 (dissolute living) חַיֵּי הוֹלְלוּת

dissociate /dɪˈsəʊʃɪeɪt/ v.t. הִתְנַתֵּק מִ..., נִתֵּק עַצְמוֹ מִ..., נִעֵר חָצְנוֹ מִ...
□ *I dissociate myself from your proposal* אֲנִי מוֹשֵׁךְ אֶת יָדַי מִן הַהַצָּעָה שֶׁלְּךָ

dissociation /dɪˌsəʊsɪˈeɪʃ(ə)n/ n. הִתְנַתְּקוּת; הִתְבַּדְּלוּת

dissoluble /dɪˈsɒljʊb(ə)l/ adj. מָסִיס

dissolute /ˈdɪsəluːt/ adj. מֻפְקָר, מֻשְׁחָת, הוֹלֵל

dissolution /ˌdɪsəˈluːʃ(ə)n/ n. פִּזּוּר (הַפַּרְלָמֶנְט); נִוּוּן; הוֹלְלוּת

dissolve /dɪˈzɒlv/ v.t. הֵמֵס (בְּנוֹזְלִים), מוֹסֵס
□ *their marriage was dissolved* הֵם הִתְגָּרְשׁוּ
□ *Parliament was dissolved before the election* הַפַּרְלָמֶנְט פֻּזַּר לִפְנֵי הַבְּחִירוֹת

—v.i. נָמַס, הִתְמוֹסֵס
□ *sugar dissolves in liquids* סֻכָּר נָמֵס בְּנוֹזֵל
□ *she dissolved into tears* הִיא הֵחֵלָּה לִבְכּוֹת
□ *their hopes dissolved* תִּקְווֹתֵיהֶם נָמוֹגוּ

—n. (בְּקוֹלְנוֹעַ) ״דִּיזוֹלְב״, (הִשְׁתַּנּוּת הַדְּרָגָתִית מִתְּמוּנָה לִתְמוּנָה)

dissonance /ˈdɪsənəns/ n. צֵרוּף צְלִילִים צוֹרֵם, דִּיסוֹנַנְס

dissonant /ˈdɪsənənt/ adj. צוֹרְמָנִי, לֹא־הַרְמוֹנִי, דִּיסוֹנַנְטִי

dissuade /dɪˈsweɪd/ v.t. הֵנִיא (אֶת פְּלוֹנִי) מִ..., שִׁכְנֵעַ שֶׁלֹּא לַעֲשׂוֹת

distaff ˈdɪstɑːf/ n. פֶּלֶךְ (לִטְוִיָּה), כִּישׁוֹר
distaff side (*arch.*) (קָרוֹב) מִצַּד הָאֵם

distance /ˈdɪstəns/ n.
1 (of space) מֶרְחָק
keep one's distance שָׁמַר עַל מֶרְחָק (בְּיַחֲסָיו עִם הַזּוּלַת), שָׁמַר עַל ״דִּיסְטַנְס״
long distance call שִׂיחַת־חוּץ (בְּטֶלֶפוֹן)
long distance race (or **runner**) מֵרוֹץ/רָץ לְמֶרְחַקִּים אֲרֻכִּים
within striking distance בְּמֶרְחָק קָטָן, קָרוֹב מְאֹד
within spitting distance (*colloq.*) בְּמֶרְחָק אֶפֶס
□ *it's no distance at all* (*colloq.*) זֶה קָרוֹב נוֹרָא
2 (of time) מֶרְחָק בַּזְּמַן, הֶפְרֵשׁ זְמַן
□ *he went the distance* (*colloq.*) הוּא הֶחֱזִיק מַעֲמָד עַד הַגְּמָר (בְּאִגְרוּף)

—v.t. הִרְחִיק

distant /ˈdɪstənt/ adj.
1 (removed) רָחוֹק
distant ages יָמִים עָבְרוּ

distant relative קְרוֹב רָחוֹק
2 (reserved) מִסְתַּיֵּג
distantly /ˈdɪstəntlɪ/ adv. בְּאֹפֶן קָלוּשׁ, בְּאֹפֶן מְרֻחָק
□ *they are distantly related* יֵשׁ בֵּינֵיהֶם קִרְבַת מִשְׁפָּחָה קְלוּשָׁה
distaste /dɪsˈteɪst/ n. סְלִידָה, מִאוּס
□ *he has a distaste for hard work* הוּא סוֹלֵד מֵעֲבוֹדָה קָשָׁה
distasteful /dɪsˈteɪstf(ə)l/ adj. לֹא־נָעִים, חֲסַר־טַקְט, בְּטַעַם־רַע
distemper[1] /dɪˈstempə(r)/ n. צַנֶּנֶת (מַחֲלַת כְּלָבִים)
distemper[2] /dɪˈstempə(r)/ n. צֶבַע עַל בְּסִיס מַיִם (לָרֹב לְסִיּוּד קִירוֹת)
—v.t. סִיֵּד בְּצֶבַע כַּנַּ"ל
distend /dɪˈstend/ v.t. & i. (*formal*) הִרְחִיב; הִתְרַחֵב (אֵיבָר בַּגּוּף, כְּגוֹן עוֹרֵק אוֹ קֵבָה)
distension /dɪˈstenʃ(ə)n/ n. (*formal*) הִתְרַחֲבוּת (כַּנַּ"ל)
distil /dɪˈstɪl/ v.t. & i. זִקֵּק
distillation /ˌdɪstɪˈleɪʃ(ə)n/ n. זִקּוּק; חֹמֶר מְזֻקָּק, תַּזְקִיק
distiller /dɪˈstɪlə(r)/ n. יַצְרָן יֵי"שׁ (יַיִן שָׂרוּף); מְזַקֵּק
distillery /dɪˈstɪlərɪ/ n. מִזְקָקָה (לְיֵי"שׁ), מִשְׂרֶפֶת יֵי"שׁ
distinct /dɪˈstɪŋkt/ adj.
1 (separate, different) נִפְרָד, נִבְדָּל
2 (clear) מֻבְהָק, בָּרוּר, חַד־מַשְׁמָעִי, בּוֹלֵט
distinction /dɪˈstɪŋkʃ(ə)n/. n.
1 (separation, difference) שֹׁנִי, הֶבְדֵּל, אַבְחָנָה, הַבְחָנָה
□ *we must make a distinction between good and evil* עָלֵינוּ לְהַבְחִין בֵּין טוֹב לְרַע
□ *this is a distinction without a difference* זֶה הֶבְדֵּל שֶׁבְּדִקְדּוּקֵי עֲנִיּוּת, זוֹ אַבְחָנָה מְלָאכוּתִית
2 (eminence) הִצְטַיְּנוּת
□ *she is a painter of distinction* הִיא צַיֶּרֶת מְעֻלָּה
3 (mark of honour) אוֹת־הִצְטַיְּנוּת
□ *he got three distinctions in his exam results* הוּא סִיֵּם שָׁלֹשׁ בְּחִינוֹת בְּהִצְטַיְּנוּת
distinctive /dɪˈstɪŋktɪv/ adj. אָפְיָנִי, מֻבְהָק, בָּרוּר
distinctly /dɪˈstɪŋktlɪ/ adv. בְּמֻבְהָק, בְּבֵרוּר, בְּפֵרוּשׁ; בְּהֶחְלֵט
distingué /dɪˈstæŋgeɪ/ adj. (*formal*) מְיֻחָס, נְשׂוּא־פָּנִים, בַּעַל חָזוּת אֲצִילָה
distinguish /dɪˈstɪŋgwɪʃ/ v.t.
1 (differentiate, also v.i.) הִבְחִין, הִבְדִּיל, עָשָׂה הַבְחָנָה בֵּין...
2 (recognize) הִכִּיר, הִבְחִין, זִהָה
3 (make eminent) הִתְבַּלֵּט
□ *he distinguished himself in his studies* הוּא הִתְבַּלֵּט בְּהֶשֵּׂגָיו בַּלִּמּוּדִים
distinguishable /dɪˈstɪŋgwɪʃəb(ə)l/ adj. שֶׁאֶפְשָׁר לְהַבְחִין בּוֹ

distinguished /dɪˈstɪŋgwɪʃt/ adj. מְפֻרְסָם, מְהֻלָּל, דָּגוּל, מְצֻיָּן
distinguishing /dɪˈstɪŋgwɪʃɪŋ/ adj. מְזַהֶה
distinguishing mark סִימָנֵי־הֶכֵּר, סִימָנִים מְזַהִים
distort /dɪˈstɔːt/ v.t. סִלֵּף; עִוֵּת
distorted /dɪˈstɔːtɪd/ adj. מְסֻלָּף; מְעֻוָּת
distortion /dɪˈstɔːʃ(ə)n/ n. סִלּוּף, עִוּוּת
distract /dɪˈstrækt/ v.t. הִסִּיחַ אֶת הַדַּעַת
distracted dɪˈstræktɪd/ adj. לֹא מְרֻכָּז, מְפֻזָּר, מְבֻלְבָּל; אוֹבֵד וּמֻדְאָג
distraction /dɪˈstrækʃ(ə)n/ n.
1 (distracting, being distracted) הֲסָחַת דַּעַת
2 (interruption, amusement) דְּבַר־מָה לְהַסִּיחַ בּוֹ אֶת הַדַּעַת, בִּדּוּר, פִּתּוּי
□ *I can't work with all these distractions* קָשֶׁה לִי לַעֲבֹד כְּשֶׁיֵּשׁ מִסְּבִיבִי כָּל־כָּךְ הַרְבֵּה פִּתּוּיִים
□ *we go out on Saturday nights for some distraction* אֲנַחְנוּ יוֹצְאִים בְּשַׁבָּת בָּעֶרֶב לְחַפֵּשׂ בִּדּוּר
3 (mental confusion) הֶסַּח הַדַּעַת, בִּלְבּוּל
□ *he drove me to distraction* הוּא הוֹצִיא אוֹתִי מִן הַדַּעַת
□ *he loves her to distraction* הוּא שָׁבוּי לַחֲלוּטִין בְּקִסְמֶיהָ
distrain /dɪˈstreɪn/ v.i. (*Law*) עִקֵּל רְכוּשׁ, הֶחֱרִים רְכוּשׁ
□ *his creditors distrained on his house* נוֹשָׁיו עִקְּלוּ אֶת בֵּיתוֹ
distraint /dɪˈstreɪnt/ n. (*Law*) תְּפִיסַת רְכוּשׁ, עִקּוּל, הַחֲרָמָה
distrait /dɪˈstreɪ/ adj. (*formal*) מְפֻזָּר, מְבֻלְבָּל
distraught /dɪˈstrɔːt/ adj. מֻכֵּה יָגוֹן, מְטֹרָף מִדְּאָגָה
distress /dɪˈstres/ v.t. גָּרַם סֵבֶל, הִכְאִיב
—n.
1 (suffering) מְצוּקָה, סֵבֶל, כְּאֵב
2 (great poverty) עֹנִי, דַּלּוּת
3 (peril) צָרָה, סַכָּנָה
□ *the ship sent out a distress signal* הָאֳנִיָּה שִׁדְּרָה קְרִיאָה לְעֶזְרָה
distressed /dɪˈstrest/ adj.
1 (upset) שָׁרוּי בִּדְאָגָה; סוֹבֵל
2 (poverty-stricken) שָׁרוּי בְּעֹנִי
distressed circumstances תְּנָאֵי מְצוּקָה
distressing /dɪˈstresɪŋ/ adj. מְצַעֵר, מַכְאִיב; מַדְאִיג
distribute /dɪˈstrɪbjuːt/ v.t. חִלֵּק, הֵפִיץ
distribution /ˌdɪstrɪˈbjuːʃ(ə)n/ n. חֲלֻקָּה, הֲפָצָה
the distribution of wealth חֲלֻקַּת הָעֹשֶׁר, חֲלֻקַּת־הַהוֹן
distributive /dɪˈstrɪbjʊtɪv/ adj. שֶׁל הֲפָצָה
distributive pronoun (*Gram.*) (בְּדִקְדּוּק) מִלַּת פִּלּוּג (כָּל, אַף־אֶחָד וְכַד')
distributive trades עִסְקֵי הֲפָצָה (בְּנִגּוּד לְיִצּוּר)

distributor /dɪˈstrɪbjʊtə(r)/ n.
1 (one who distributes) מֵפִיץ, סוֹכֵן (הֲפָצָה)
2 (of motor car engine) מַפְלֵג

district /ˈdɪstrɪkt/ n. מָחוֹז, פֶּלֶךְ
district attorney (*US*) הַתּוֹבֵעַ הַמְּחוֹזִי
district nurse אֲחוֹת מְחוֹזִית
postal district אֵזוֹר מִקּוּד (בַּדֹּאַר)

distrust /dɪsˈtrʌst/ n. חֲשָׁד, אִי־אֵמוּן
—v.t. לֹא נָתַן אֵמוּן בְּ...

distrustful /dɪsˈtrʌstf(ə)l/ adj. חוֹשֵׁד, מַטִּיל סָפֵק
□ *I was distrustful of his motives* חָשַׁדְתִּי בְּמְנִיעָיו

disturb /dɪˈstɜːb/ v.t.
1 (inconvenience) הִפְרִיעַ, הִטְרִיד
□ *don't disturb yourself* אַל תַּפְרִיעַ לְעַצְמְךָ
2 (alarm) הִדְאִיג
□ *I was disturbed to hear of your illness* הַיְּדִיעָה עַל מַחֲלָתְךָ הִדְאִיגָה אוֹתִי, הִצְטַעַרְתִּי מְאֹד לִשְׁמֹעַ עַל מַחֲלָתְךָ
3 (spoil) קָטַע אֶת, הִפְרִיעַ לְ...
□ *the noise disturbed his sleep* הָרַעַשׁ הִפְרִיעַ אֶת שְׁנָתוֹ
4 (disarrange) שִׁבֵּשׁ, סָתַר, טִלְטֵל
□ *don't disturb my papers* אַל תָּזִיז לִי אֶת הַנְּיָרוֹת

disturbance /dɪˈstɜːbəns/ n.
1 (disorder) מְהוּמָה
political disturbance מְהוּמוֹת פּוֹלִיטִיּוֹת
2 (interruption) הַפְרָעָה, הַפְסָקָה

disturbed /dɪˈstɜːbd/ adj. חֲסַר מְנוּחָה; מֻפְרָע
□ *I have had many disturbed nights* הַרְבֵּה לֵילוֹת לְלֹא מְנוּחָה עָבְרוּ עָלַי

disturbing /dɪˈstɜːbɪŋ/ adj. מַדְאִיג

disunion /dɪsˈjuːnɪən/ n. חֹסֶר־אַחְדוּת; פֵּרוּד

disunite /ˌdɪsjuːˈnaɪt/ v.t. & i. גָּרַם לְפֵרוּד; הִתְפָּרֵד

disunity /dɪsˈjuːnɪtɪ/ n. פֵּרוּד, חֹסֶר־אַחְדוּת

disuse /dɪsˈjuːs/ n. אִי־שִׁמּוּשׁ, יְצִיאָה מִכְּלַל שִׁמּוּשׁ
□ *many conventions have now fallen into disuse* מֻסְכָּמוֹת רַבּוֹת אֵינָן בְּשִׁמּוּשׁ בְּיָמֵינוּ

disused dɪsˈjuːzd/ adj. שֶׁיָּצָא מִכְּלַל שִׁמּוּשׁ, שֶׁאֵינוֹ בְּשִׁמּוּשׁ

disyllabic /ˌdɪsɪˈlæbɪk/ adj. בֶּן שְׁתֵּי הֲבָרוֹת

ditch /dɪtʃ/ n. תְּעָלָה, חֲפִירָה
a last-ditch stand מַאֲבָק עִם הַגַּב אֶל הַקִּיר
as dull as ditchwater (*colloq.*) מְשַׁעֲמֵם עַד מָוֶת
—v.t.
1 (make or repair ditches) חָפַר (אוֹ תִּקֵּן) תְּעָלָה
2 (abandon, *sl.*) "זָרַק", נִפְטַר מִ...
□ *he ditched his girlfriend* הוּא זָרַק אֶת הַחֲבֵרָה שֶׁלּוֹ
3 (make a forced landing on the sea, *sl.*) נָחַת נְחִיתַת־אֹנֶס עַל הַמַּיִם

dither /ˈdɪðə(r)/ v.i. (*colloq.*) הִתְלַבֵּט (מִתּוֹךְ חֹסֶר יְכֹלֶת לְהַחְלִיט)
□ *stop dithering about* (or *around*) תַּפְסִיק לְהִתְלַבֵּט, תַּחְלִיט כְּבָר
—n. תְּזָזִית
□ *he was all of a dither* הוּא הָיָה אָחוּז תְּזָזִית

ditto /ˈdɪtəʊ/ n. & adv. סִימָן ״ ״; אוֹתוֹ הַדָּבָר, כַּנִּזְכָּר לְמַעְלָה, כַּנַּ"ל

ditty /ˈdɪtɪ/ n. (*formal*) פִּזְמוֹן קָצָר וּפָשׁוּט

diuretic /ˌdaɪjʊˈretɪk/ adj. & n. מַשְׁתִּין, מְעוֹרֵר הַשְׁתָּנָה; חֹמֶר מַשְׁתִּין

diurnal /daɪˈɜːn(ə)l/ adj. (*formal*) שֶׁל יוֹם (וְלֹא שֶׁל לַיְלָה), יוֹמִי

diva /ˈdiːvə/ n. "דִּיוָה", סוֹלָנִית אוֹפֶּרָה בְּמַעֲמָד שֶׁל כּוֹכָב־עָל

divan /dɪˈvæn/ n. סַפָּה, דַּרְגָּשׁ; קֹבֶץ־שִׁירָה דִּיוָן (בַּעֲרָבִית אוֹ פַּרְסִית)

dive /daɪv/ v.i. צָלַל, קָפַץ לַמַּיִם (עִם הָרֹאשׁ קָדִימָה); צָלַל (מִתַּחַת לַמַּיִם)
□ *he dived for cover* הוּא זִנֵּק אֶל מַחֲסֶה
□ *dive in!* (*colloq.*) תַּתְחִיל לֶאֱכֹל (וְאַל תְּחַכֶּה לִי)!
□ *she dived into her lunch* (*colloq.*) הִיא הִתְנַפְּלָה עַל אֲרוּחַת הַצָּהֳרַיִם שֶׁלָּהּ
—n.
1 (act of diving) צְלִילָה, קְפִיצָה לַמַּיִם (עִם הָרֹאשׁ קָדִימָה); צְלִילָה (מִתַּחַת לַמַּיִם)
2 (disreputable place, *sl.*) מָקוֹם מְפֻקְפָּק (לְמָשָׁל בְּאֵזוֹר הָאוֹרוֹת הָאֲדֻמִּים, בְּאֵזוֹר פֶּשַׁע וְכַד')
□ *he haunts low dives* הוּא מִסְתּוֹבֵב בְּכָל מִינֵי מְקוֹמוֹת מְפֻקְפָּקִים

dive-bomb /ˈdaɪv-bɒm/ v.t. (מָטוֹס) הִפְצִיץ בִּצְלִילָה

diver ˈdaɪvə(r)/ n. צוֹלְלָן, אָמוֹדַאי

diverge /daɪˈvɜːdʒ/ v.i.
1 (move apart) הִסְתָּעֵף, הִתְפַּלֵּג
2 (go aside from) סָטָה (מִן הָאֱמֶת, מֵעִקָּרוֹן וְכַד'); שִׁנָּה כִּוּוּן

divergence /daɪˈvɜːdʒəns/ n.
1 (a drawing apart) הִתְפַּלְּגוּת, הִסְתָּעֲפוּת
2 (deviation) פַּעַר, סְטִיָּה, הֶבְדֵּל

divergent /daɪˈvɜːdʒənt/ adj.
1 (moving apart) מִתְפַּלֵּג, מִסְתָּעֵף
2 (going aside from) סוֹטֶה, נוֹטֶה לְהִתְרַחֵק

divers /ˈdaɪvəz/ adj. (*arch.*) מְגֻוָּנִים

diverse /daɪˈvɜːs/ adj. רַב־גּוֹנִיִּים, מִמִּינִים שׁוֹנִים, מְגֻוָּנִים

diversification /daɪˌvɜːsɪfɪˈkeɪʃ(ə)n/ n. גִּוּוּן, הִסְתָּעֲפוּת

diversify /daɪˈvɜːsɪfaɪ/ v.t. & i. גִּוֵּן; הִסְתָּעֵף

diversion /daɪˈvɜːʃ(ə)n/ n.
1 (recreation) הִתְבַּדְּרוּת
2 (redirection of traffic) דֶּרֶךְ זְמַנִּית (בִּגְלַל תִּקּוּנִים בַּכְּבִישׁ)
3 (diverting attention) הַסָּחַת־דַּעַת; פְּעֻלַּת הַסָּחָה

diversionary /daɪˈvɜːʃən(ə)rɪ/ adj. שֶׁל הַסָּחַת־הַדַּעַת
  diversionary tactics תִּמְרוּנֵי הַטְעָיָה

diversity /daɪˈvɜːsɪtɪ/ n. גִּוּוּן, שֹׁנִי

divert /daɪˈvɜːt/ v.t.
 1 (turn aside) הִטָּה הַצִּדָּה, הִפְנָה
 2 (entertain) שִׁעֲשַׁע, שִׁעֲשֵׁעַ, בִּדֵּר

diverting /daɪˈvɜːtɪŋ/ adj. מְשַׁעֲשֵׁעַ, מְבַדֵּר

divest /daɪˈvest/ v.t. (*formal*) הִפְשִׁיט, הֵסִיר (בֶּגֶד)
  □ *he divested himself of various articles of clothing* הוּא הֵסִיר מִגּוּפוֹ אֵי־אֵילוּ פְּרִיטֵי לְבוּשׁ
  □ *they divested the officers of their badges of rank* הֵם שָׁלְלוּ מִן הַקְּצִינִים אֶת דַּרְגוֹתֵיהֶם

divide /dɪˈvaɪd/ v.t. & i.
 1 (separate, split) הִפְרִיד, חִלֵּק, חָצָה, פִּלֵּג
  divided highway (*US*) כְּבִישׁ־מָהִיר עִם גֶּדֶר־הַפְרָדָה/גֶּדֶר־בִּטָּחוֹן בֵּין שְׁנֵי הַכִּוּוּנִים
  divided skirt חֲצָאִית־מִכְנָסַיִם
  □ *the House divided* בֵּית הַנִּבְחָרִים הִצְבִּיעַ (עַל־יְדֵי הִתְפַּלְּגוּת לִשְׁנֵי מַחֲנוֹת)
 2 (set at variance) הִפְרִיד
  divide and rule הַפְרֵד וּמְשׁוֹל
  □ *opinion is divided on the matter* הַדֵּעוֹת חֲלוּקוֹת בַּנּוֹשֵׂא
 3 (distribute) חִלֵּק אֶת... בֵּין..., הִתְחַלֵּק בְּ...
  □ *the robbers divided the spoils* הַשּׁוֹדְדִים חִלְּקוּ בֵּינֵיהֶם אֶת הַשָּׁלָל
 4 (*Math.*) חִלֵּק
  □ *divide 6 by 2 and you get 3* חַלֵּק 6 בְּ־2 וּתְקַבֵּל 3
 —n. (*formal*) חַיִץ, הַפְרָדָה, פַּעַר; פָּרָשַׁת־הַמַּיִם
  the Great Divide שַׁרְשֶׁרֶת הָרֵי הָרוֹקִי (בְּאַרְהַ"ב, הַמַּפְרִידָה בֵּין חֶלְקֵי הַמְּדִינָה); הַחַיִץ שֶׁבֵּין הַחַיִּים וְהַמָּוֶת

dividend /ˈdɪvɪdend/ n.
 1 (*Math.*) מְחֻלָּק
  □ *the dividend is divided by the divisor* הַמְחֻלָּק מִתְחַלֵּק עַל־יְדֵי הַמְחַלֵּק
 2 (*Finance*) דִּיוִידֶנְדָה, הֲטָבָה
  pools dividend כַּסְפֵּי הַזְּכִיָּה בְּטוֹטוֹ
  dividend stamp שׁוֹבֵר־זְכוּת
  □ *politeness always pays dividends* (*fig.*) הַנִּימוּס מִשְׁתַּלֵּם תָּמִיד

divider /dɪˈvaɪdə(r)/ n.
 1 (partition in room) מְחִצָּה (בְּחֶדֶר)
 2 (in *pl.*, measuring–compasses) מְחוּגַת מְדִידָה

divination /ˌdɪvɪˈneɪʃ(ə)n/ n. (*formal*) רְאִיַּת־הַנּוֹלָד, נִבּוּי הֶעָתִיד

divine /dɪˈvaɪn/ v.t. נִבָּא; נִחֵשׁ
 —v.i. הִתְנַבֵּא, עָסַק בִּנְבוּאָה
 —n. תֵּיאוֹלוֹג, אִישׁ דָּת מֻמְחֶה
 —adj.
 1 (relating to God) אֱלֹהִי, שְׁמֵימִי
  Divine Providence הַהַשְׁגָּחָה הָעֶלְיוֹנָה
  divine right of kings זְכוּתָם הָאֱלֹהִית שֶׁל הַמְּלָכִים
  divine service פֻּלְחָן דָּתִי
 2 (wonderful, *colloq.*) נֶהְדָּר, אֱלֹהִי
  □ *what a divine dress!* אֵיזוֹ שִׂמְלָה אֱלֹהִית!

divinely /dɪˈvaɪnlɪ/ adv. (*colloq.*) עַד לְהַפְלִיא, "נוֹרָא"
  □ *she is divinely decadent* הִיא מֻשְׁחֶתֶת וְנִפְלָאָה

diviner /dɪˈvaɪnə(r)/ n. מַגִּיד־עֲתִידוֹת, מְגַלֶּה (מַיִם, לְמָשָׁל) בְּמַקֵּל־נְבוּאָה

divining /dɪˈvaɪnɪŋ/ n. גִּלּוּי (מַיִם לְמָשָׁל) בְּמַקֵּל־נְבוּאָה וְכַד׳
  divining rod מַקֵּל־נְבוּאָה (מַקֵּל עֵץ בְּצוּרַת Y שֶׁיֵּשׁ הַמַּאֲמִינִים שֶׁבְּכֹחוֹ לְגַלּוֹת מַיִם וְכַד׳)

diving /ˈdaɪvɪŋ/ n. צְלִילָה (לָעֹמֶק); צְלִילָה־לַמַּיִם, קְפִיצָה־לַמַּיִם
  diving bell פַּעֲמוֹן צְלִילָה
  diving board קֶרֶשׁ קְפִיצָה (בִּבְרֵכָה)

divinity /dɪˈvɪnɪtɪ/ n.
 1 (quality of being divine) אֱלֹהוּת
 2 (god) אֵל, אֱלָה, אֱלֹהִים, אֱלֹהוּת
 3 (theology) תֵּיאוֹלוֹגְיָה, תּוֹרַת־הַדָּתוֹת

divisible dɪˈvɪzɪb(ə)l/ adj. נִתָּן לַחֲלֻקָּה

division /dɪˈvɪʒ(ə)n/ n.
 1 (separation, splitting) חֲלֻקָּה
  division of labour חֲלֻקַּת־עֲבוֹדָה
  long division (*Math.*) פְּעֻלַּת חִלּוּק מְפֹרֶטֶת בִּכְתָב
  division sign (*Math.*) סִימַן הַחִלּוּק (÷)
 2 (category, section)
  first (or **second**) **division** (*Football*) (בְּכַדּוּרֶגֶל בִּבְרִיטַנְיָה) לִיגָה רִאשׁוֹנָה/שְׁנִיָּה; (בְּכַדּוּרֶגֶל בְּיִשְׂרָאֵל) לִיגָה לְאֻמִּית/לִיגָה א׳
  □ *our export division has done well this year* מַחְלֶקֶת הַיִּצּוּא שֶׁלָּנוּ הִצְלִיחָה מְאֹד הַשָּׁנָה
 3 (district) אֵזוֹר, מָחוֹז
 4 (*Parliament*) הִתְפַּלְּגוּת לְצָרְכֵי הַצְבָּעָה (שֶׁל בֵּית־הַנִּבְחָרִים)
  division bell פַּעֲמוֹן הַהַצְבָּעָה (הַקּוֹרֵא לְחַבְרֵי הַפַּרְלָמֶנְט שֶׁמִּחוּץ לָאוּלָם)
 5 (military formation) אֻגְדָּה, דִּיוִיזְיָה; מַחְלָקָה; פְּלֻגָּה

divisive /dɪˈvaɪsɪv/ adj. מְעוֹרֵר מַחֲלֹקֶת, גּוֹרֵם פֵּרוּד

divisor /dɪˈvaɪzə(r)/ n. (*Math.*) הַמְחַלֵּק

divorce /dɪˈfɔːs/ v.t. הִתְגָּרֵשׁ מִ...; עָשָׂה הַפְרָדָה בֵּין
  □ *sport should be divorced from politics* יֵשׁ לְהַפְרִיד בֵּין סְפּוֹרְט וּפּוֹלִיטִיקָה
 —n. גֵּרוּשִׁין; הַפְרָדָה
  □ *he started divorce proceedings* הוּא פָּתַח בַּהֲלִיכֵי גֵּרוּשִׁין

divorcee /dɪˌvɔːˈsɪː/ n. גָּרוּשׁ, גְּרוּשָׁה

divot /ˈdɪvət/ n. גּוּשׁ דֶּשֶׁא הַנֶּעֱקָר בְּאַלַּת־גּוֹלְף בִּגְלַל מַכָּה לֹא־נְכוֹנָה

divulge daɪˈvʌldʒ/ v.t. (*formal*) גִּלָּה, חָשַׂף

divulgence /daɪˈvʌldʒəns/ n. (*formal*) גִּלּוּי, חֲשִׂיפָה

divvy /ˈdɪvɪ/ n. (*colloq.*) דִּיוִידֶנְדָּה

Dixie /ˈdɪksɪ/ n. (*US*) דִּיקְסִי (מְדִינוֹת הַדָּרוֹם בְּאַרְהַ"ב, בְּיִחוּד לִפְנֵי מִלְחֶמֶת הָאֶזְרָחִים)

DIY abbrev. עֲשֵׂה־בְּמוֹ־יָדֶיךָ, לְהַרְכָּבָה עַצְמִית

dizzily /ˈdɪzɪlɪ/ adv. בְּאֹפֶן מְסַחְרֵר, בִּסְחַרְחוֹר

dizziness /ˈdɪzɪnɪs/ n. סְחַרְחֹרֶת

dizzy /ˈdɪzɪ/ adj.

1 (giddy) סְחַרְחַר

2 (causing giddiness) מְסַחְרֵר

—v.t. גָּרַם סְחַרְחֹרֶת

DJ /diːdʒeɪ/ abbrev. (*colloq.*) תַּקְלִיטָן (בְּרַדְיוֹ, בְּדִיסְקוֹטֶק) "דִּי־גֵ'י"

do[1] /duː/ (past **did** /dɪd/ past ppl. **done** /dʌn/) v.t.

1 (perform, carry out, accomplish) עָשָׂה

no sooner said than done לִפְנֵי שֶׁהִסְפִּיק לְהַגִּיד עִפְעֵף

easier said than done קַל לְהַגִּיד (אֲבָל קָשֶׁה לַעֲשׂוֹת)

when all's said and done (*colloq.*) אַחֲרֵי כְּכְלוֹת הַכֹּל

□ *what is he doing these days?* מַה הוּא עוֹשֶׂה בַּזְּמַן הָאַחֲרוֹן?

□ *are you doing anything tomorrow?* הַאִם אַתָּה עוֹשֶׂה מַשֶּׁהוּ מָחָר?

□ *they do nothing but complain* הֵם רַק מִתְלוֹנְנִים כָּל הַזְּמַן

□ *you'll do nothing of the sort!* (*colloq.*) שֶׁלֹּא תָּעֵז לַעֲשׂוֹת דָּבָר כָּזֶה!

□ *I'll do my (level) best to come* אֲנִי אֶשְׁתַּדֵּל (מְאֹד) לְהַגִּיעַ

□ *they did their bit during the war* הֵם תָּרְמוּ אֶת חֶלְקָם בִּזְמַן הַמִּלְחָמָה

□ *what's to be done?* מָה אֶפְשָׁר לַעֲשׂוֹת? (כִּשְׁאֵלָה מַמָּשׁ, אוֹ כִּשְׁאֵלָה רֶטוֹרִית: "אֵין מַה לַּעֲשׂוֹת")

□ *what's done cannot be undone* אֶת הַנַּעֲשָׂה אֵין לְהָשִׁיב

□ *that's just not done* אֵין/לֹא עוֹשִׂים דָּבָר כָּזֶה

□ *that's done it!* (*sl.*) זֶהוּ! (קְרִיאָה לְצִיּוּן הֶשֵּׂג, לְחִיּוּב אוֹ לִשְׁלִילָה)

□ *it's as good as done* הָעִנְיָן סָגוּר מֵאָה אָחוּז (לַמְרוֹת שֶׁעֲדַיִן לֹא הִסְתַּיֵּם בִּצּוּעוֹ בְּפֹעַל)

□ *well done!* כָּל הַכָּבוֹד!

□ *he did ten years (in prison)* הוּא יָשַׁב "בִּפְנִים" עֶשֶׂר שָׁנִים

□ *a woman's work is never done* (*Prov.*) קָשֶׁה לִהְיוֹת אִשָּׁה

□ *done!* (*making a deal*) עָשִׂינוּ עֵסֶק!

□ *I want to do my own thing* (*colloq.*) בָּא לִי לַעֲשׂוֹת אֶת מַה שֶּׁבָּרֹאשׁ שֶׁלִּי, אֲנִי לֹא רוֹצֶה שֶׁיֵּשְׁבוּ לִי עַל הַגַּב

□ *do your stuff!* (*colloq.*) תַּעֲשֶׂה אֶת מַה שֶּׁאַתָּה יוֹדֵעַ לַעֲשׂוֹת!

□ *this car does 180 K.p.h.* הַמְּכוֹנִית הַזּוֹ מַגִּיעָה לְ־180 קמ"ש

□ *this car does about 38 miles to the gallon* הַמְּכוֹנִית הַזֹּאת עוֹשָׂה בְּעֵרֶךְ 12 ק"מ לְלִיטֶר

2 (produce, make) עָשָׂה

□ *I do paintings of horses* אֲנִי מְצַיֵּר תְּמוּנוֹת שֶׁל סוּסִים

□ *she did a translation of Dante* הִיא הֵכִינָה תַּרְגּוּם שֶׁל דַּנְטֶה

3 (operate on, deal with) טִפֵּל בְּ..., דָּאַג לְ...

□ *she did the flowers in the church* הִיא עָשְׂתָה אֶת סִדּוּר הַפְּרָחִים בַּכְּנֵסִיָּה

□ *I'm having my hair done tomorrow* מָחָר אֲנִי הוֹלֶכֶת לַמִּסְפָּרָה (לְרֹב אִשָּׁה וְלֹא גֶּבֶר)

□ *she did the crossword every day* הִיא פָּתְרָה אֶת הַתַּשְׁבֵּץ (בָּעִתּוֹן) כָּל יוֹם

□ *he does the dishes after dinner* הוּא שׁוֹטֵף כֵּלִים אַחֲרֵי אֲרוּחַת הָעֶרֶב

□ *they did Macbeth* הֵם הִצִּיגוּ אֶת מַקְבֶּת, הֵם עָשׂוּ אֶת מַקְבֶּת

□ *have you done any French?* הַאִם לָמַדְתָּ אֵי־פַּעַם צָרְפָתִית?

□ *that idea has been done to death* כְּבָר אֶלֶף פְּעָמִים הִשְׁתַּמְּשׁוּ בָּרַעְיוֹן הַזֶּה

□ *he had to be reminded to do his teeth* הָיָה צָרִיךְ לְהַזְכִּיר לוֹ לְצַחְצֵחַ אֶת שִׁנָּיו

□ *the room needs doing* צָרִיךְ לְסַדֵּר/לְנַקּוֹת אֶת הַחֶדֶר הַזֶּה; צָרִיךְ לַעֲשׂוֹת שִׁפּוּצִים בַּחֶדֶר הַזֶּה

□ *they only do one make of shoes* יֵשׁ לָהֶם בַּסְּטוֹק רַק סוּג אֶחָד שֶׁל נַעֲלַיִם

□ *the dentist will do you next* רוֹפֵא הַשִּׁנַּיִם יְטַפֵּל בְּךָ אַחֲרֵי הָאִישׁ הַזֶּה

□ *they did Paris in two days* (*colloq.*) הֵם רָאוּ אֶת פָּרִיז בְּיוֹמַיִם

□ *how do you like your steak done?* אֵיךְ אַתָּה רוֹצֶה אֶת הַסְּטֵיק שֶׁלְּךָ?

□ *the pastry was done to a turn* הַמַּאֲפֶה הָיָה עָשׂוּי/אָפוּי בְּדִיּוּק בַּמִּדָּה הַנְּכוֹנָה

4 (bestow, impart) עָשָׂה

□ *she did me a favour* הִיא עָשְׂתָה לִי טוֹבָה

□ *do me a favour!* (*sl.*) בְּחַיֶּיךָ! (אֲנִי לֹא מַאֲמִין)

□ *it does me good to see you so happy* זֶה גּוֹרֵם לִי עֹנֶג לִרְאוֹת אוֹתְךָ כָּל־כָּךְ מְאֻשָּׁר

□ *I shall do justice to your cooking* אַל תִּדְאַג, אֲנִי אֶתֵּן אֶת מְלוֹא הַכָּבוֹד הָרָאוּי לְמַאַמַצֵּי הַבִּשּׁוּל שֶׁלְּךָ (כְּלוֹמַר: אֲנִי רָעֵב מְאֹד)

□ *your judgement does you credit* הַהַחְלָטָה שֶׁלְּךָ מוֹסִיפָה לְךָ כָּבוֹד

5 (provide for) טִפֵּל בְּ..., דָּאַג לְ...

□ *they do you well in this hotel* בַּמָּלוֹן הַזֶּה מְטַפְּלִים בְּךָ יוֹצֵא מִן הַכְּלָל

□ *I think we did them proud* (*colloq.*) אֲנִי חוֹשֵׁב שֶׁבֶּאֱמֶת נָתַנּוּ לָהֶם כָּבוֹד, אֲנִי חוֹשֵׁב שֶׁבֶּאֱמֶת דָּאַגְנוּ לָהֶם יָפֶה

□ *that will do me nicely* זֶה בְּסֵדֶר בִּשְׁבִילִי

6 (cheat, *colloq.*) "גָּנַב" מִ..., "סִדֵּר"

□ *he did me out of £5* הוּא "גָּנַב" מִמֶּנִּי חָמֵשׁ לִירוֹת

□ *I've been done!* סִדְּרוּ אוֹתִי!

7 (tire out, *colloq.*) "הָרַס", "הָרַג"

□ *I'm absolutely done!* אֲנִי "הָרוּג"!, אֲנִי "הָרוּס"!, אֲנִי "מֵת"!

—v.i.

1 (proceed, fare)

do or die (*formal*) וִיהִי־מָה

up and doing (*colloq.*) לָקוּם עַל הָרַגְלַיִם, מִתְרוֹצֵץ (כְּלוֹמַר לֹא יָשֵׁן, לֹא חוֹלֶה וְכַד׳)

nothing doing! (*colloq.*) הָיִיתָ מֵת! אֵין סִכּוּי!

how do you do? נָעִים מְאֹד (לְהַכִּירְךָ)

how are you doing? (*colloq.*) מָה הָעִנְיָנִים? מָה שְׁלוֹמְךָ? מָה הַמַּצָּב?

□ *you would do well to take his advice* כְּדַאי לְךָ לִשְׁמֹעַ בַּעֲצָתוֹ

□ *she did right to go* זֶה הָיָה נָכוֹן מִצִּדָּהּ לָלֶכֶת

□ *do as you would be done by* (*Prov.*) אַל תַּעֲשֶׂה לַחֲבֵרְךָ אֶת אֲשֶׁר שָׂנוּא עָלֶיךָ

□ *when in Rome, do as the Romans do* (*Prov.*) בְּרוֹמָא, נְהַג כְּרוֹמָאִי (כְּלוֹמַר: הַתְאֵם אֶת עַצְמְךָ לְמִנְהֲגֵי הַמָּקוֹם)

□ *she's doing well at school* הִיא מַצְלִיחָה בְּלִמּוּדֶיהָ בְּבֵית־הַסֵּפֶר

2 (be suitable, suffice) הָיָה מַתְאִים, הָיָה מַסְפִּיק, הָיָה בְּסֵדֶר

make do (*colloq.*) הִסְתַּפֵּק בְּ..., הִסְתַּדֵּר עִם...

□ *he makes do with £1 pocket money* הוּא מַצְלִיחַ לְהִסְתַּדֵּר עִם דְּמֵי כִּיס שֶׁל לִירָה אַחַת

□ *those shoes won't do for climbing* הַנַּעֲלַיִם הָאֵלֶּה לֹא מַתְאִימוֹת לְטִפּוּס הָרִים

□ *that would never do!* (*colloq.*) אִי אֶפְשָׁר לְהַרְשׁוֹת דָּבָר כָּזֶה!

□ *it doesn't do to tell him what you think* זֶה לֹא רַעְיוֹן טוֹב לוֹמַר לוֹ אֶת דַּעְתְּךָ

□ *will it do if I finish this tomorrow?* זֶה בְּסֵדֶר אִם אֲסַיֵּם אֶת זֶה מָחָר?

□ *will one loaf do for the weekend?* הַאִם כִּכַּר לֶחֶם אַחַת תַּסְפִּיק לְסוֹף הַשָּׁבוּעַ

3 (finish, *colloq.*) סִיֵּם, גָּמַר

□ *when you're done, give me a call* תָּרִים לִי טֶלֶפוֹן כְּשֶׁתִּגְמֹר

—in set phrases

do away with בִּטֵּל אֶת..., וִתֵּר עַל..., הִתְעַלֵּם מִ...

□ *they did away with formalities* הֵם וִתְּרוּ עַל גִּנּוּנֵי הַטֶּקֶס

□ *that is a practice that should be done away with* צָרִיךְ לְבַטֵּל אֶת הַנֹּהַג הַזֶּה

do by הִתְיַחֵס (טוֹב, רַע וְכַד׳) אֶל פְּלוֹנִי, זָכָה לְיַחַס (טוֹב, רַע וְכַד׳)

□ *he was badly done by* סִדְּרוּ אוֹתוֹ כְּמוֹ שֶׁצָּרִיךְ

□ *she did well by her friends* הָיוּ לָהּ חֲבֵרִים טוֹבִים שֶׁדָּאֲגוּ לָהּ

do down "סִדֵּר", רִמָּה; זִלְזֵל בְּ...

□ *the grocer did me down* בַּעַל הַמַּכֹּלֶת סִדֵּר אוֹתִי

□ *she often does her aunt down* הִיא תָּמִיד מְזַלְזֶלֶת בַּדּוֹדָה שֶׁלָּהּ

do for

□ *I'm done for* (*colloq.*) אֲנִי "הָרוּג"!, אֲנִי "גָּמוּר"!

□ *my cleaning lady does for me twice a week* הָעוֹזֶרֶת שֶׁלִּי בָּאָה פַּעֲמַיִם בְּשָׁבוּעַ

□ *what is he going to do for money?* מִמָּה הוּא יִחְיֶה?

do in

(kill, *sl.*) הָרַג (הֲלָכָה לְמַעֲשֶׂה); "הָרַג"

□ *I was so depressed i was ready to do myself in* הָיִיתִי כָּל־כָּךְ מְדֻכָּא שֶׁהָיִיתִי מוּכָן לַהֲרֹג אֶת עַצְמִי

(tire, *colloq.*)

□ *the children were done in after the party* הַיְלָדִים הָיוּ עֲיֵפִים עַד מָוֶת אַחֲרֵי הַמְּסִבָּה

do over עָשָׂה שׁוּב, חָזַר וְעָשָׂה (פַּעַם שְׁנִיָּה); הִכְנִיס מַכּוֹת לְ...

□ *the paintwork needs doing over* צָרִיךְ לִצְבֹּעַ אֶת זֶה מֵחָדָשׁ

□ *he was done over by muggers* (*sl.*) שׁוֹדְדִים הִכְנִיסוּ לוֹ מַכּוֹת

□ *my essay was stolen and I had to do it over* (*US*) גָּנְבוּ לִי אֶת הַחִבּוּר וְהָיָה עָלַי לִכְתֹּב אוֹתוֹ מֵחָדָשׁ

do up סָגַר; עָטַף; "הָרַס"; הִתְאַפֵּר

□ *she did up the parcel* הִיא עָטְפָה אֶת הַחֲבִילָה

□ *he did up his coat* הוּא כִּפְתֵּר אֶת מְעִילוֹ, הוּא סָגַר אֶת הַמְּעִיל שֶׁלּוֹ

□ *you look done up* (*colloq.*) אַתָּה נִרְאֶה הָרוּס

do with

□ *it's over and done with* (*colloq.*) זֶה סוֹף הַסִּפּוּר

□ *what have you done with my book?* מָה עָשִׂיתָ עִם הַסֵּפֶר שֶׁלִּי?

□ *she didn't know what to do with herself* הִיא הָיְתָה אוֹבֶדֶת עֵצוֹת

□ *what did yo do with yourself last week?* מָה עָשִׂיתָ בַּשָּׁבוּעַ הָאַחֲרוֹן?

□ *I could do with a cup of tea* לֹא הָיִיתִי מִתְנַגֵּד לְכוֹס תֵּה

□ *I can't do with insolence* (*UK colloq.*) אֲנִי לֹא יָכוֹל לִסְבֹּל חֻצְפָּה

□ *it's nothing to do with me* זֶה לֹא עִנְיָנִי; זֶה לֹא שֶׁלִּי; זֶה לֹא אֲנִי

do without וִתֵּר, הִסְתַּדֵּר בְּלִי...

□ *I'll do without sugar in my tea* אֲנִי יָכוֹל לְוַתֵּר עַל סֻכָּר בַּתֵּה שֶׁלִּי

—v. aux.

1 (with *interrog.* or *neg.*, sometimes with omission of main verb)

□ *do you drink? I don't* הַאִם אַתָּה שׁוֹתֶה אַלְכּוֹהוֹל? אֲנִי לֹא

□ *you don't half look cold* (*sl.*) אַתָּה נִרְאֶה כְּאִלּוּ חָזַרְתָּ מִן הַקֹּטֶב הַצְּפוֹנִי, אַתָּה נִרְאֶה כְּמוֹ גּוּשׁ־קֶרַח

□ *he told you that, did he?* זֶה מַה שֶּׁהוּא אָמַר לְךָ?

□ *you believed him, didn't you?* ...וְאַתָּה הֶאֱמַנְתָּ לוֹ?

2 (for emphasis) אָכֵן, בֶּאֱמֶת, בֶּאֱמֶת וּבְתָמִים

□ *I do want to go* אֲנִי כָּל־כָּךְ רוֹצֶה לָלֶכֶת

3 (with *imper.*) אָנָּא, נָא

□ *do tell me!* אָנָּא סַפֵּר לִי!

—n. (*colloq.*) אֵרוּעַ, מְסִבָּה

□ *there's a big do on tonight* יֵשׁ הָעֶרֶב מְסִבָּה גְּדוֹלָה, יֵשׁ הָעֶרֶב אֵרוּעַ גָּדוֹל

dos and don'ts "חֻקֵּי הַמִּשְׂחָק" (שֶׁל עֲסָקִים, חַיֵּי־חֶבְרָה וְכַד')

fair dos חֲלֻקָּה צוֹדֶקֶת (שֶׁל עֲבוֹדָה וְכַד')

do[2] /dəʊ/ n. (*Mus.*, also **doh**) "דּוֹ" (תָּו מוּזִיקָלִי)

doable /ˈduːəb(ə)l/ adj. (*colloq.*) בַּר־בִּצּוּעַ

docile /ˈdəʊsaɪl/ adj. מְמֻשְׁמָע, צַיְּתָנִי, מְאֻלָּף

docility /dəʊˈsɪlətɪ/ n. צַיְּתָנוּת

dock[1] /dɑk/ n. חֻמְעָה (צֶמַח בָּר)

dock[2] /dɒk/ n. תָּא־הַנֶּאֱשָׁמִים

dock[3] /dɒk/ n. מִסְפָּנָה

dry dock מִבְדּוֹק

□ *my car is in dock today* (*colloq.*) הַמְּכוֹנִית שֶׁלִּי בַּמּוּסָךְ הַיּוֹם

—v.t.

1 (bring or come into dock) (כְּלִי־שַׁיִט) הִגִּיעַ לָרָצִיף; הֵבִיא (סְפִינָה) לָרָצִיף

2 (of spacecraft in space) הִתְחַבֵּר

□ *the two spacecraft docked near the moon* שְׁתֵּי הַחֲלָלִיּוֹת נִצְמְדוּ זוֹ לָזוֹ בְּקִרְבַת הַיָּרֵחַ

dock[4] /dɒk/ v.t. קִצֵּץ, קִצֵּר

□ *he had his wages docked for being late* קִצְּצוּ לוֹ אֶת מַשְׂכֻּרְתּוֹ בִּגְלַל אִחוּר

docker /ˈdɒkə(r)/ n. סַוָּר, עוֹבֵד נָמֵל, עוֹבֵד מִסְפָּנָה

docket /ˈdɒkɪt/ n. תָּוִית עַל חֲבִילָה (לְצִיּוּן תְּכוּלָה)

—v.t. שָׂם תָּוִית עַל (חֲבִילָה וְכַד')

dockyard /ˈdɒkjɑːd/ n. מִסְפָּנָה, אֵזוֹר מִסְפָּנוֹת

doctor /ˈdɒktə(r)/ n.

1 (medical practitioner) רוֹפֵא

□ *I prefer to see a woman doctor* אֲנִי מַעֲדִיפָה לְהִבָּדֵק אֵצֶל רוֹפְאָה (מֵאֲשֶׁר אֵצֶל רוֹפֵא)

□ *he's under the doctor at present* הוּא נָתוּן עַכְשָׁו לְהַשְׁגָּחַת רוֹפֵא

□ *just what the doctor ordered!* (*colloq.*) זֶה בְּדִיּוּק מַה שֶּׁחִפַּשְׂתִּי!

2 (holder of doctorate) דּוֹקְטוֹר, בַּעַל תֹּאַר דּוֹקְטוֹר

—v.t.

1 (treat medically) טִפֵּל טִפּוּל רְפוּאִי בְּ...

2 (castrate, spay, *euphem.*) סֵרֵס, עִקֵּר (בַּעֲלֵי־חַיִּים)

3 (adulterate, falsify, *colloq.*) מָהַל, פִּגֵּל (מַשְׁקֶה), תִּקֵּן, שִׁנָּה (מִתּוֹךְ כַּוָּנַת זָדוֹן)

doctoral /ˈdɒktərəl/ adj. שֶׁל תֹּאַר דּוֹקְטוֹר

doctorate /ˈdɒktərət/ n. דּוֹקְטוֹרָט, תֹּאַר דּוֹקְטוֹר

doctrinaire /ˌdɒktrɪˈneə(r)/ adj. דּוֹקְטְרִינֶרִי, שָׁבוּי בְּרַעְיוֹנוֹתָיו וּמִתְעַלֵּם מִשִּׁקּוּלִים מַעֲשִׂיִּים

doctrinal /dɒkˈtraɪn(ə)l/ adj. שֶׁל דּוֹקְטְרִינָה, שֶׁל עִקָּרוֹן רַעְיוֹנִי, שֶׁל שִׁיטָה

doctrine /ˈdɒktrɪn/ n. דּוֹקְטְרִינָה, עִקָּרוֹן רַעְיוֹנִי, שִׁיטָה

document /ˈdɒkjʊmənt/ n. מִסְמָךְ, תְּעוּדָה, דּוֹקוּמֶנְט

document case תִּיק מִסְמָכִים

—v.t. /ˈdɒkjʊment/ תִּעֵד

documentary /ˌdɒkjʊˈment(ə)rɪ/ adj. & n. תִּעוּדִי, דּוֹקוּמֶנְטָרִי; סֶרֶט תִּעוּדִי, סֶרֶט דּוֹקוּמֶנְטָרִי

documentary film סֶרֶט תִּעוּדִי, סֶרֶט דּוֹקוּמֶנְטָרִי

documentary proof (or **evidence**) הוֹכָחָה בִּכְתָב

documentation /ˌdɒkjʊmenˈteɪʃ(ə)n/ n. תִּעוּד, דּוֹקוּמֶנְטַצְיָה

dodder /ˈdɒdə(r)/ v.i. (*colloq.*) רָעַד, הָלַךְ בְּפִיק־בִּרְכַּיִם

doddering /ˈdɒdərɪŋ/ adj. (*colloq.*) רוֹעֵד, תָּשׁוּשׁ (לָרֹב מֵחֲמַת זִקְנָה)

doddery /ˈdɒdərɪ/ adj. (*colloq.*) (הֲלִיכָה) כְּבֵדָה וְכוֹשֶׁלֶת; רְעֵדָה

dodge /dɒdʒ/ v.t. & i. חָמַק, הִתְחַמֵּק, נָטָה הַצִּדָּה; חָמַק מִ..., הִתְחַמֵּק מִ...

□ *don't dodge the issue* (*colloq.*) אַל תִּתְחַמֵּק מִן הַנּוֹשֵׂא

□ *he always dodges the washing up* (*colloq.*) תָּמִיד הוּא מִשְׁתַּמֵּט מֵהֲדָחַת הַכֵּלִים

—n. (*colloq.*) תַּחְבּוּלָה, תַּכְסִיס

□ *he's up to all the dodges* הוּא מַכִּיר אֶת כָּל הַקּוּנְצִים, הוּא בָּקִי בְּכָל הַתַּחְבּוּלוֹת

□ *I need a dodge for remembering names* אֲנִי צָרִיךְ תַּחְבּוּלָה לִזְכִירַת שֵׁמוֹת

dodgems /ˈdɒdʒəmz/ n. pl. (*colloq.*) (בְּלוּנָה־פַּרְק) מְכוֹנִיּוֹת חַשְׁמַלִּיּוֹת הַמִּתְנַגְּשׁוֹת זוֹ בְּזוֹ

dodger /ˈdɒdʒə(r)/ n. (*colloq.*) מִשְׁתַּמֵּט

dodgy /ˈdɒdʒɪ/ adj. (*colloq.*) לֹא בָּטוּחַ, שֶׁיֵּשׁ בּוֹ סִכּוּן שֶׁל הֶפְסֵד

□ *he's in a very dodgy situation financially* הוּא בְּמַצָּב כַּסְפִּי עָדִין מְאֹד

dodo /ˈdəʊdəʊ/ n. דּוֹדוֹ (עוֹף שֶׁנִּכְחַד); "אַהֲבָל"

□ *as dead as a dodo* (*colloq.*) שֶׁאָבַד עָלָיו כֶּלַח

doe /dəʊ/ n. אַיָּלָה, צְבִיָּה; אַרְנָבָה; נְקֵבַת הָעַכְבָּרוֹשׁ

doer /ˈduːə(r)/ n. בִּצּוּעִיסְט, אִישׁ־הַמַּעֲשֶׂה, אֵשֶׁת־הַמַּעֲשֶׂה, פָּעִיל

□ *he's a great doer of crosswords* הוּא לָהוּט אַחֲרֵי תַּשְׁבְּצִים

does /dʌz/ 3rd pers. pres. of **do**

doeskin /dəʊskɪn/ n. עוֹר צְבִי

doesn't /ˈdʌz(ə)nt/ (*colloq.* contr. of **does not**)

doff /dɒf/ v.t. (*arch.*) הֵסִיר (מִגְבַּעַת, מְעִיל וְכַד׳)

dog /dɒg/ n.

1 (animal) כֶּלֶב

dog days יְמֵי הַקַּיִץ הַחַמִּים (יוּלִי וְאוֹגוּסְט)

dog leg פְּנִיָּה זָוִיתִית בִּכְבִישׁ לְצַד אֶחָד וּמִיָּד אַחַר כָּךְ לַצַּד הַהָפוּךְ

a dog in the manger אַל תַּפְרִיעַ לַחֲבֵרְךָ לֵהָנוֹת מִמַּה שֶּׁלֹּא דָּרוּשׁ לְךָ

dog paddle שְׂחִיַּת כֶּלֶב

the hair of the dog (that bit you) תּוֹסֶפֶת מִן הַמַּשְׁקֶה שֶׁהִשְׁתַּכַּרְתָּ מִמֶּנּוּ כְּדֵי לְהִפָּטֵר מִתּוֹצְאוֹת הַשִּׁכָּרוֹן

as sick as a dog הֵקִיא אֶת הַנְּשָׁמָה

shaggy dog story "בְּדִיחָה שֶׁנִּמְרַחַת כְּמוֹ מַסְטִיק", "בְּדִיחָה עִם זָקָן"

rain cats and dogs גֶּשֶׁם זַלְעָפוֹת יוֹרֵד

dog eat dog חֻקֵּי־הַגּ׳וּנְגֶל, מִלְחֶמֶת קִיּוּם אַכְזָרִית

□ *he made a dog's dinner of the job* (*UK colloq.*) הוּא עָשָׂה דַּיְסָה מִכָּל הָעֵסֶק

□ *she led him a dog's life* (*colloq.*) הִיא יָרְדָה לְחַיָּיו, הִיא הֵצִיקָה לוֹ כָּל יָמָיו

□ *after he was sacked he really went to the dogs* לְאַחַר שֶׁפֻּטַּר הוּא נֶהֱרַס לְגַמְרֵי

□ *every dog has his day* (*Prov.*) אֵין לְךָ אָדָם שֶׁאֵין לוֹ שָׁעָה (לְחִיּוּב; "כְּלוֹ כֶּלֶב בִּיג׳ יָמְהוּ" (עֲרָבִית, לָרֹב לִשְׁלִילָה)

□ *give a dog a bad name* (and hang him) (*Prov.*) הוֹצֵא שֵׁם רַע לְאָדָם וְהָרַסְתָּ אוֹתוֹ

□ *you can't teach an old dog new tricks* (*Prov.*) אִי־אֶפְשָׁר לְשַׁנּוֹת הֶרְגֵּלָיו שֶׁל זָקֵן

□ *he doesn't stand a dog's chance* אֵין לוֹ צֵל שֶׁל סִכּוּי

□ *don't keep a dog and bark yourself* (*Prov.*) אַל תִּתְעָרֵב בִּמְלַאכְתּוֹ שֶׁל הַמֻּמְחֶה

□ *let sleeping dogs lie* (*Prov.*) אַל תָּעִיר וְאַל תְּעוֹרֵר, אַל תַּעֲשֶׂה גַּלִּים

□ *love me, love my dog* קַבֵּל אוֹתִי כְּמוֹ שֶׁאֲנִי, עִם הַטּוֹב וְעִם הָרַע

□ *they led each other a cat and dog life* (*colloq.*) הֵם הוֹצִיאוּ זֶה לָזֶה אֶת הָעֵינַיִם

□ *it's a case of the tail wagging the dog* זֶה מִקְרֶה שֶׁל 'עֶבֶד כִּי יִמְלוֹךְ'

□ *try it on the dog* (*fig.*) תְּנַסֶּה אֶת זֶה עַל מַשֶּׁהוּ לֹא חָשׁוּב לִפְנֵי שֶׁאַתָּה פּוֹעֵל/מַחְלִיט

2 (male of some animals) זָכָר (שֶׁל בַּעֲלֵי־חַיִּים מְסֻיָּמִים)

dog fox שׁוּעָל־זָכָר

3 (person, *colloq.*) טִיפּוּס

top dog מִי שֶׁיָּדוֹ עַל הָעֶלְיוֹנָה, "מֶלֶךְ"

underdog הַצַּד הַחַלָּשׁ (בְּתַחֲרוּת, בַּחַיִּים וְכַד׳)

□ *he's a dirty dog!* הוּא טִיפּוּס מְלֻכְלָךְ

□ *you lucky dog!* בַּר־מַזָּל!

—v.t. עָקַב מִקָּרוֹב אַחֲרֵי

□ *she dogged his footsteps* הִיא הָלְכָה אַחֲרָיו לְכָל מָקוֹם

□ *he was dogged by misfortune* אֲסוֹנוֹת רָדְפוּ אַחֲרָיו לְכָל אֲשֶׁר פָּנָה

dog-biscuit /ˈdɒg-bɪskɪt/ n. בִּיסְקְוִיט עָבֶה וְקָשֶׁה הַמְיֻעָד לִכְלָבִים

dogcart /ˈdɒgkɑːt/ n. כִּרְכָּרָה בַּת שְׁנֵי אוֹפַנִּים וּשְׁנֵי מוֹשָׁבִים גַּב אֶל גַּב (רְתוּמָה לְסוּס); כִּרְכָּרָה רְתוּמָה לְכֶלֶב

dog-collar /ˈdɒg-kɒlə(r)/ n.

1 (worn by dog) קוֹלָר שֶׁל כֶּלֶב

2 (of cleric, *colloq.*) צַוָּארוֹן־כְּמָרִים לָבָן וְנֻקְשֶׁה

doge /dəʊdʒ/ n. (*Hist.*) דּוֹג׳ה (בֶּעָבָר, שַׁלִּיט גֶּנוּאָה אוֹ וֶנֶצְיָה)

dog-eared /ˈdɒg-ɪəd/ adj. (סֵפֶר) שֶׁקְּצוֹת דַּפָּיו נִתְקַמְּטוּ מֵרֹב שִׁמּוּשׁ

dog-end /ˈdɒg-end/ n. (*sl.*) בְּדַל־סִיגַרְיָה

dogfight /ˈdɒgfaɪt/ n.

1 (between dogs) קְרָב בֵּין כְּלָבִים

2 (between aeroplanes) קְרַב־אֲוִיר (בֵּין שְׁנֵי מְטוֹסֵי־קְרָב)

3 (between people) קְטָטָה, תִּגְרָה

dogfish /ˈdɒggɪʃ/ n. דַּג־הַכֶּלֶב, גִּלְדָּן כַּלְבִּי (דָּג קָטָן מִסּוּג הַכְּרִישִׁים)

dogged /ˈdɒgɪd/ adj. שֶׁלְּעוֹלָם אֵינוֹ מַרְפֶּה מִמַּטְּרָתוֹ

doggerel /ˈdɒgərəl/ n. חַרְזָנוּת חוֹבְבָנִית וּבַדְחָנִית (לָרֹב מְטֻפֶּשֶׁת)

doggo /ˈdɒgəʊ/ adv.

lie doggo (*arch. sl.*) רָבַץ לְלֹא תְּנוּעָה בְּשֶׁקֶט גָּמוּר

doggy /ˈdɒgɪ/ adj. (*childish*) כֶּלֶב (בִּלְשׁוֹן יְלָדִים)

□ *she's a doggy sort of person* (*colloq.*) הִיא מְשֻׁגַּעַת עַל כְּלָבִים

doggy-bag /ˈdɒgɪ-bæg/ n. (*colloq.*) שַׂקִּית שֶׁבָּהּ לוֹקְחִים הַבַּיְתָה מִמִּסְעָדָה אֶת שְׁאֵרִיּוֹת הָאֲרוּחָה (עֲבוּר הַכֶּלֶב לִכְאוֹרָה)

doghouse /ˈdɒghaʊs/ n. (*US*) מְלוּנָה

in the doghouse (*sl.*) עִם הַזָּנָב (מְקֻפָּל) בֵּין הָרַגְלַיִם

doglike /ˈdɒglaɪk/ adj. (מְסִירוּת, נְחִישׁוּת וְכַד׳) כַּלְבִּית

dogma /ˈdɒgmə/ n. דּוֹגְמָה, עִקְרֵי־הֲלָכָה

dogmatic /dɒgˈmætɪk/ adj. (*derog.*) דּוֹגְמָטִי, תּוֹבֵעַ לְקַבֵּל אֶת דֵּעוֹתָיו לְלֹא עוֹרְרִין

dogmatism /ˈdɒgmətɪzəm/ n. (*derog.*) דּוֹגְמָטִיּוּת, נֶאֱמָנוּת לְעֶקְרוֹנוֹת לֹא־מוּכָחִים

do-gooder /ˌduː-ˈgʊdə(r)/ n. (*derog.*) מְתַקֵּן־עוֹלָם תָּמִים; "נְשָׁמָה־טוֹבָה" (בִּלְגְלוּג)

dogrose /ˈdɒgrəʊz/ n. וֶרֶד־בָּר

dogsbody /ˈdɒgzbɒdɪ/ n. (*colloq.*) "פּוֹעֵל שָׁחוֹר", "הַכּוּשִׁי"

dog-star /ˈdɒg-stɑː(r)/ n. סִירְיוּס, כּוֹכַב־הַכֶּלֶב

dog-tired /ˌdɒg-ˈtaɪəd/ adj. (*colloq.*) עָיֵף עַד מָוֶת, נוֹפֵל מֵהָרַגְלַיִם

dog-watch /ˈdɒg-wɒtʃ/ n. (*Naut.*) מִשְׁמֶרֶת־יוֹם קְצָרָה בָּאֳנִיָּה (בֵּין 4-6 אוֹ 6-8 אַחֲהַ"צ)

dogwood /ˈdɒgwʊd/ n. שִׂיחַ הַקַּרְנִית

doh /dəʊ/ n. (*Mus.*) (הַתָּו) "דוֹ"

doily /ˈdɔɪlɪ/ n. (also **doyley**) מַפִּית תַּחְרָה/נְיָר עֲגֻלָּה לְקִשּׁוּט

doing /ˈduːɪŋ/ n. מַעֲשֶׂה (פְּעֻלָּה, לֹא סִפּוּר)

□ *this is your doing* אַתָּה אָשֵׁם בְּזֶה, זֶה מַעֲשֵׂה יָדֶיךָ

□ *that took some doing* זֶה לֹא הָיָה פָּשׁוּט

doings /ˈduːɪŋz/ n. *pl.*

1 (activities) מַעֲשִׂים, עֲלִילוֹת

2 (things needed, *sl.*) דְּבָרִים

□ *put these little doings on the table* תָּשִׂים אֶת כָּל־הַמַּה־שְּׁמָם הָאֵלֶּה עַל הַשֻּׁלְחָן

do-it-yourself /ˌduː-ɪt-jɔːˈself/ adj. עֲשֵׂה בְּמוֹ יָדֶיךָ, עֲשֵׂה־זֹאת־בְּעַצְמְךָ

doldrums /ˈdɒldrəmz/ n. *pl.* אֵזוֹר (בַּיָּם) לְלֹא רוּחוֹת־שַׁיִט

□ *his business is in the doldrums* (*fig.*) עֲסָקָיו בְּמַצָּב שֶׁל קִפָּאוֹן

dole /dəʊl/ n. (*UK colloq.*) מָנָה, נְדָבָה; דְּמֵי אַבְטָלָה

on the dole חַי עַל קִצְבַּת־אַבְטָלָה

—v.t.

dole out חִלֵּק (כֶּסֶף אוֹ מָזוֹן) בְּמָנוֹת קְטַנּוֹת

doleful /ˈdəʊlf(ə)l/ adj. קוֹדֵר, עָצוּב

doll /dɒl/ n.

1 (child's toy) בֻּבָּה

2 (pretty girl, *sl.*) חֲתִיכָה (אִשָּׁה); יַלְדָּה יָפָה (יַלְדָּה)

—v.t. & i.

doll up (*colloq.*) יִפָּה; הִתְיַפָּה

dollar /ˈdɒlə(r)/ n. דּוֹלָר (יְחִידַת מַטְבֵּעַ בְּאַרְהַ"ב, אוֹסְטְרַלְיָה, קָנָדָה וְעוֹד)

□ *that's the 64,000 dollar question* זוֹ שְׁאֵלַת־הַשְּׁאֵלוֹת, זוֹ הַשְּׁאֵלָה הַגְּדוֹלָה

□ *I'll bet my bottom dollar on that* (*colloq.*) אֲנִי מוּכָן לְהִתְעָרֵב עַל כָּל מַה שֶּׁיֵּשׁ לִי, אֲנִי מוּכָן לְהִתְעָרֵב עַל הַזָּנָב שֶׁלִּי

□ *she looked like a million dollars* (*colloq.*) הִיא נִרְאֲתָה שִׁגָּעוֹן

dollop /ˈdɒləp/ n. (*colloq.*) גּוּשׁ (שֶׁל מָזוֹן לְמָשָׁל)

dolly /ˈdɒlɪ/ n.

1 (toy) בֻּבָּה

2 (moveable platform for cine-camera, etc.) "דּוֹלִי", (בָּסִיס נַיָּד לְמַצְלֵמַת קוֹלְנוֹעַ/טֶלֶוִיזְיָה)

dolman sleeve /ˌdɒlmən ˈsliːv/ n. שַׁרְווּל־קִימוֹנוֹ (בְּבֶגֶד)

dolmen /ˈdɒlmən/ n. דּוֹלְמֶן, מַצֶּבֶת אֶבֶן גְּדוֹלָה עַל קֶבֶר טְרוֹם־הִיסְטוֹרִי

dolorous /ˈdɒlərəs/ adj. (*poet.*) מְיַסֵּר; מַכְאִיב, מְיַסֵּר, גּוֹרֵם יָגוֹן

dolour /ˈdɒlə(r)/ n. יָגוֹן

dolphin /ˈdɒlfɪn/ n. דּוֹלְפִין

dolt /dəʊlt/ n. (*derog.*) טִפֵּשׁ, טִמְטוּם, גֹּלֶם, טֶמְבֶּל

domain /dəʊmeɪn/ n. שֶׁטַח, תְּחוּם; סַמְכוּת

dome /dəʊm/ n. כִּפָּה שֶׁל בִּנְיָן

the Dome of the Rock (מִסְגָּד) כִּפַּת־הַסֶּלַע (בִּירוּשָׁלַיִם), מִסְגַּד עוֹמַר

domed /dəʊmd/ adj. מְקֻמָּר; בַּעַל כִּפָּה

domestic /dəˈmestɪk/ adj.

1 (of the home) בֵּיתִי

domestic animal חַיַּת־בַּיִת, בַּעַל־חַיִּים מְבֻיָּת

domestic science כַּלְכָּלַת־בַּיִת (בִּשּׁוּל, תְּפִירָה וְכַד')

domestic service מִקְצוֹעָם שֶׁל מְשָׁרְתִים, טַבָּחִים, חַדְרָנִיּוֹת וְכַד'

2 (not foreign) מְקוֹמִי (לֹא שֶׁל חוּץ־לָאָרֶץ)

domestic policy מְדִינִיּוּת פְּנִים

—n. מְשָׁרֶתֶת

domesticate /dəˈmestɪkeɪt/ v.t. בִּיֵּת, אִלֵּף

domesticated /dəˈmestɪkeɪtɪd/ adj. מְאֻלָּף, מְבֻיָּת

□ *he is very domesticated* הוּא אוֹהֵב לַעֲשׂוֹת אֶת עֲבוֹדוֹת־הַבַּיִת

domesticity /ˌdəʊmesˈtɪsətɪ/ n. מִשְׁפַּחְתִּיּוּת, חַיֵּי מִשְׁפָּחָה

domicile /ˈdɒmɪsaɪl/ n. (*formal*) מְקוֹם מְגוּרִים

domiciled /ˈdɒmɪsaɪld/ adj. (*formal*) שֶׁמְּקוֹם מְגוּרָיו בְּ...

domiciliary /ˌdɒmɪˈsɪlɪərɪ/ adj. (*formal*) קָשׁוּר לִמְקוֹם־הַמְּגוּרִים

dominance /ˈdɒmɪnəns/ n. סַמְכוּת, שְׁלִיטָה

dominant /ˈdɒmɪnənt/ adj. שַׁלִּיט, סַמְכוּתִי, דּוֹמִינַנְטִי

—n. (*Mus.*) דּוֹמִינַנְטָה (הַצְּלִיל הַחֲמִישִׁי בַּסֻּלָּם הַדִּיאָטוֹנִי)

dominate /ˈdɒmɪneɪt/ v.t.

1 (rule, also v.i.) שָׁלַט, הִשְׁתַּלֵּט

2 (overlook) נִבַּט עַל, נִשְׁקַף עַל

□ *Vesuvius dominates Naples* הַוֶּזוּב נִשְׁקָף עַל נָפּוֹלִי

domination /ˌdɒmɪˈneɪʃ(ə)n/ n. שְׁלִיטָה, הִשְׁתַּלְּטוּת

domineer /ˌdɒmɪˈnɪə(r)/ v.i. (*derog.*) רָדָה, הִתְנַשֵּׂא

domineering /ˌdɒmɪˈnɪərɪŋ/ adj. (*derog.*) שְׁתַלְטָן, מִתְנַשֵּׂא, רוֹדָנִי

Dominican /dəˈmɪnɪkən/ n. דּוֹמִינִיקָנִי (נָזִיר)

dominion /dəˈmɪnɪən/ n.

1 (authority to rule, *formal*) שִׁלְטוֹן

2 (territory) אֵזוֹר נִשְׁלָט

domino /ˈdɒmɪnəʊ/ n.

1 (in *pl.*, game) מִשְׂחַק הַדּוֹמִינוֹ

2 (piece used in game) דוֹמִינוֹ (לוּחִית הַמִּשְׂחָק)
domino theory (or **effect**) (*Polit.*) תֵּיאוֹרְיַת הַדּוֹמִינוֹ (כִּשָּׁלוֹן אֶחָד גּוֹרֵם שַׁרְשֶׁרֶת שֶׁל הִתְמוֹטְטֻיּוֹת)
3 (cloak) מְעִיל רָחָב הַמְּשַׁמֵּשׁ לְתַחְפֹּשֶׂת

don[1] /dɒn/ n.
1 (university lecturer) מוֹרֶה אוּנִיבֶרְסִיטָאִי (בְּיִחוּד בְּאוֹקְסְפוֹרְד אוֹ בְּקֵימְבְּרִידְג', דוֹן
2 (Spanish title) דּוֹן (תֹּאַר אֲצֻלָּה סְפָרַדִּי)

don[2] /dɒn/ v.t. (*formal*) חָבַשׁ, לָבַשׁ, עָטָה

donate /dəʊˈneɪt/ v.t. תָּרַם, נָדַב

donation /dəʊˈneɪʃ(ə)n/ n. תְּרוּמָה, נְדָבָה

done /dʌn/ past ppl of **do[1]**

donkey /ˈdɒŋkɪ/ n. חֲמוֹר (זָכָר), אָתוֹן (נְקֵבָה)
donkey-jacket מְעִיל עֲבוֹדָה קָצָר וְחַם (לְמָשָׁל שֶׁל פּוֹעֵל בִּנְיָן)
donkey-work (*colloq.*) הָעֲבוֹדָה הַשְּׁחוֹרָה; הַצַּד הַמְּיַגֵּעַ וְהַשִּׁגְרָתִי שֶׁבָּעֲבוֹדָה
□ *she could talk the hind leg off a donkey* (*colloq.*) כְּשֶׁהִיא מַתְחִילָה לְדַבֵּר הִיא מְסֻגֶּלֶת לְשַׁגֵּעַ פִּילִים
□ *he has known me for donkey's years* (*colloq.*) הוּא מַכִּיר אוֹתִי מִימֵי טִיכוֹ

donna /ˈdɒnə/ n. דוֹנָה (כִּנּוּי סְפָרַדִּי, אִיטַלְקִי, פּוֹרְטוּגָזִי לִגְבִירָה)

donnish /ˈdɒnɪʃ/ adj. (*UK*) נוֹהֵג כִּפְרוֹפֶסוֹר; נוֹקְדָנִי, קַפְּדָן

donor /ˈdəʊnə(r)/ n. נַדְבָן (כְּסָפִים); תּוֹרֵם (אֵיבָרִים, דָּם וְכַד')

don't /dəʊnt/ (*colloq.*) contr. of **do not**

doodle /ˈduːd(ə)l/ n. & v.i. שִׁרְבֵּט, קִשְׁקֵשׁ עַל נְיָר

doom /duːm/ n. גּוֹרָל; קֵץ; גְּזַר־דִּין
the crack of doom יוֹם־הַדִּין, קֵץ־הַיָּמִים
□ *he went to his doom* הוּא הָלַךְ לִקְרַאת אָבְדָנוֹ
□ *don't be such a prophet of doom* אַל תִּהְיֶה נְבִיא זַעַם
—v.t. גָּזַר אֶת דִּינוֹ שֶׁל, חָרַץ אֶת דִּינוֹ שֶׁל
□ *the project was doomed to failure* הַתָּכְנִית נִדּוֹנָה מֵרֹאשׁ לְכִשָּׁלוֹן

doomsday /ˈduːmzdeɪ/ n. יוֹם־הַדִּין
till doomsday לְעוֹלָם לֹא, לְעוֹלָם וָעֶד

door /dɔː(r)/ n. דֶּלֶת
at death's door עַל עִבְרֵי פִּי פַּחַת, עַל סַף הַמָּוֶת
door-to-door salesman סוֹכֵן הַמּוֹכֵר מִדֶּלֶת־אֶל־דֶּלֶת
behind closed doors בִּדְלָתַיִם סְגוּרוֹת, בְּחַדְרֵי חֲדָרִים
next door בַּבַּיִת הַסָּמוּךְ; בְּסָמוּךְ, לֹא־רָחוֹק
next door but two בַּבַּיִת הַשְּׁלִישִׁי מִ...
out of doors תַּחַת כִּפַּת הַשָּׁמַיִם, בַּחוּץ, בְּחֵיק הַטֶּבַע
a foot in the door דְּרִיסַת־רֶגֶל
□ *she showed him the door* הִיא אָמְרָה לוֹ תּוֹדָה וְשָׁלוֹם
□ *the crime was laid at his door* (*formal*) הִטִּילוּ עָלָיו אֶת הָאַשְׁמָה
□ *I'd say she was next door to madness* לְפִי דַּעְתִּי הִיא הָיְתָה עַל סַף הַשִּׁגָּעוֹן
□ *never darken my door again!* (*poet. & joc.*) אַל תּוֹסִיף (תּוֹסֶף) לִדְרֹךְ עַל סַף בֵּיתִי!
□ *he left the door open for further discussion* הוּא הִשְׁאִיר פֶּתַח לְמַשָּׂא וּמַתָּן
□ *the boss slammed the door in their faces when they asked for a rise* הַבּוֹס טָרַק בִּפְנֵיהֶם אֶת הַדֶּלֶת, כַּאֲשֶׁר הֵם בִּקְּשׁוּ הַעֲלָאָה בְּשָׂכָר

doorbell /ˈdɔːbel/ n. פַּעֲמוֹן־הַדֶּלֶת

doorknob /ˈdɔːnɒb/ n. יְדִית־הַדֶּלֶת

doorknocker /ˈdɔːnɒkə(r)/ n. מַקּוֹשׁ־הַדֶּלֶת

doorman /ˈdɔːmən/ n. שׁוֹעֵר

doormat /ˈdɔːmæt/ n. מַחְצֶלֶת־סַף (לְנִקּוּי הַנְּעָלַיִם); "סְמַרְטוּט" (אָדָם שֶׁרוֹמְסִים אוֹתוֹ)

doornail /ˈdɔːneɪl/ n. מַסְמֵר קִשּׁוּט לִדְלָתוֹת, בַּעַל רֹאשׁ גָּדוֹל
dead as a doornail (*colloq.*) "מֵת בְּרִבּוּעַ"

doorpost /ˈdɔːpəʊst/ n. קוֹרַת־הַדֶּלֶת (הָאֲנָכִית)
deaf as a doorpost (*colloq.*) חֵרֵשׁ כְּמוֹ אֶבֶן

doorstep /ˈdɔːstep/ n.
1 (step at door) מִפְתַּן הַדֶּלֶת
2 (thick slice of bread, *sl.*) פְּרוּסַת־לֶחֶם עָבָה

doorway /ˈdɔːweɪ/ n. פֶּתַח הַבַּיִת, פֶּתַח הַדֶּלֶת

dope /dəʊp/ n.
1 (drug, *sl.*) חֲשִׁישׁ, מָרִיחוּאָנָה (לְעִתִּים גַּם סַמִּים אֲחֵרִים)
dope pusher (or **peddler**) סוֹחֵר־סַמִּים, "פּוּשֶׁר"
2 (information, *sl.*) יְדִיעוֹת, "סִפּוּר", "הִיסְטוֹרְיָה" (לְרֹב מִמָּקוֹר פְּנִימִי)
3 (stupid person, *sl.*) טִמְטוּם, גֹּלֶם
—v.t. (*colloq.*) סִמֵּם

dopey /ˈdəʊpɪ/ adj. (*colloq.*) מְסֻמָּם; מְנֻמְנָם; מְטֻשְׁטָשׁ

dormancy /ˈdɔːmənsɪ/ n. (*formal*) רְדִימוּת, תְּכוּנַת הֱיוֹת לֹא־פָּעִיל

dormant /ˈdɔːmənt/ adj. רָדוּם, לֹא־פָּעִיל

dormer (window) /ˈdɔːmə(r) (ˈwɪndəʊ)/ n. חַלּוֹן בְּגַמְלוֹן שֶׁל עֲלִיַּת גַּג

dormitory /ˈdɔːmɪt(ə)rɪ/ n. אוּלַם־שֵׁנָה
dormitory town (or **suburb**) פַּרְוָר מְגוּרִים (שֶׁמִּמֶּנּוּ נוֹסְעִים אֲנָשִׁים הָעִירָה לָעֲבוֹדָה)

dormouse /ˈdɔːmaʊs/ n. (*pl.* **dormice**) נַמְנְמָן (יְצוּר דְּמוּי עַכְבָּר הַיָּשֵׁן בַּחֹרֶף)

dorsal /ˈdɔːs(ə)l/ adj. (*Anat.*) שֶׁל הַגַּב, עַל הַגַּב (סְנַפִּיר לְמָשָׁל)

dory /ˈdɔːrɪ/ n. דּוּגִית; מוֹרִיג (דַּג־יָם)

dosage /ˈdəʊsɪdʒ/ n. מִנּוּן

dose /dəʊs/ n. מָנָה (שֶׁל תְּרוּפָה)

□ *he's all right in small doses* (*colloq.*) אֶפְשָׁר לִסְבֹּל אוֹתוֹ בְּמָנוֹת קְטַנּוֹת

□ *let's give him a dose of his own medicine* (*colloq.*) בּוֹא נַחֲזִיר לוֹ בְּסִגְנוֹן שֶׁלּוֹ

□ *I've had a dose of flu* הָיָה לִי הֶתְקֵף־שַׁפַּעַת

□ *he went through the opposition like a dose of salts* (*sl.*) הוּא חִסֵּל אֶת הַיְרִיבִים שֶׁלּוֹ (בְּוִכּוּחַ לְמָשָׁל) בְּקֶצֶב רַצְחָנִי

—v.t. נָתַן מָנָה

doss /dɒs/ v.i. (*sl.*) יָשַׁן, הִתְמַקֵּם לְמֶשֶׁךְ הַלַּיְלָה

□ *the tramp dossed down in a barn* הַנַּוָּד הִתְמַקֵּם בְּאָסָם לְמֶשֶׁךְ הַלַּיְלָה

doss-house /ˈdɒs-haʊs/ n. (*UK sl.*) אַכְסַנְיָה לַעֲנִיִּים, לִינַת־צֶדֶק

dossier /ˈdɒsɪeɪ/ n. תִּיק אִישִׁי (שֶׁל מִסְמָכִים), תִּיק (בְּנוֹשֵׂא מְסֻיָּם)

dot /dɒt/ n. נְקֻדָּה (אַךְ לֹא נְקֻדָּה בְּסוֹף מִשְׁפָּט)

on the dot (*colloq.*) בְּדִיּוּק נִמְרָץ, "בּוּל" בַּזְּמַן

from the year dot (*colloq.*) מֵאָז וּמִתָּמִיד, מִשֵּׁשֶׁת יְמֵי בְּרֵאשִׁית

—v.t. סִמֵּן בִּנְקֻדּוֹת

dotted note (*Mus.*) אֶחָד וָחֵצִי (בְּמוּזִיקָה)

□ *you'll have to dot your i's and cross your t's* (*colloq.*) תִּצְטָרֵךְ לְדַקְדֵּק בְּפִרְטֵי פְּרָטִים

sign on the dotted line חָתַם רִשְׁמִית עַל הַסְּכֵּם

□ *the field was dotted with flowers* הַשָּׂדֶה הָיָה זָרוּעַ פְּרָחִים

□ *he dotted me one* (*sl.*) הוּא הִרְבִּיץ לִי, הוּא תָּקַע לִי זַפְּטָה

dotage /ˈdəʊtɪdʒ/ n. (*formal*) סֶנִילִיּוּת, הֱיוֹת עוֹבֵר־בָּטֵל

dotard /ˈdəʊtəd/ n. (*formal*) סֶנִילִי, עוֹבֵר־בָּטֵל

dote /dəʊt/ v.i. אָהַב אַהֲבָה לְלֹא מְצָרִים

□ *I dote on kittens* יֵשׁ לִי חֻלְשָׁה לַחֲתַלְתּוּלִים

doting /ˈdəʊtɪŋ/ adj. מְחַבֵּב חִבָּה מֻפְרֶזֶת

dottle /ˈdɒt(ə)l/ n. שְׁיָרֵי טַבָּק (בְּמִקְטֶרֶת), סְתִימַת־טַבָּק

dotty /ˈdɒtɪ/ adj. (*colloq.*) מְשֻׁגָּע, מְטֹרְלָל

□ *he's dotty about her* הוּא מְשֻׁגָּע עָלֶיהָ, הוּא "מֵת" עָלֶיהָ

double /ˈdʌb(ə)l/ adj.

1 (two-fold) כָּפוּל

double chin פִּימָה, סַנְטֵר כָּפוּל

double entry book-keeping שִׁיטַת חֶשְׁבּוֹנָאוּת כְּפוּלָה (שֶׁבָּהּ כָּל עִסְקָה מוֹפִיעָה כְּחוֹבָה וְכִזְכוּת)

double first צִיּוּן "מְעֻלֶּה" בִּשְׁנֵי מִקְצוֹעוֹת רָאשִׁיִּים

double standards אֵיפָה וְאֵיפָה, מוּסָר כָּפוּל

2 (twice as much; concentrated) רִכּוּז כָּפוּל

double cream שַׁמֶּנֶת דְּשֵׁנָה

double Dutch (*colloq.*) קִשְׁקוּשׁ, שָׂפָה לֹא מוּבֶנֶת

double fault (*Tennis*) כִּשָּׁלוֹן תּוֹךְ נִסָּיוֹן שֵׁנִי בְּהַגָּשַׁת כַּדּוּר בְּטֶנִיס

double feature שְׁנֵי סְרָטִים (בְּקוֹלְנוֹעַ, בְּכַרְטִיס אֶחָד)

□ *a double whisky please!* וִיסְקִי כָּפוּל, בְּבַקָּשָׁה!

3 (for two people) זוּגִי, כָּפוּל

double bed מִטָּה זוּגִית, מִטָּה כְּפוּלָה

double room חֶדֶר זוּגִי, חֶדֶר כָּפוּל

4 (underhand, deceptive) כָּפוּל

double agent סוֹכֵן כָּפוּל

□ *he led a double life* הוּא חַי חַיִּים כְּפוּלִים

□ *he was playing a double game* הוּא נָהַג בְּדוּ־פַּרְצוּפִיּוּת

—n.

1 (twice the quantity) כִּפְלַיִם, פִּי־שְׁנַיִם

double or quits! אִם אֲנִי/אַתָּה מְנַצֵּחַ – הַזְּכִיָּה מֻכְפֶּלֶת, אִם אַתָּה/אֲנִי מְנַצֵּחַ אֲנַחְנוּ בְּשִׁוְיוֹן

at/on the double אַחַת וּשְׁתַּיִם

2 (exactly similar person or thing) כָּפִיל

□ *she is the double of her sister* הִיא כְּפִילָה שֶׁל אֲחוֹתָהּ, הִיא דּוֹמָה לְגַמְרֵי לַאֲחוֹתָהּ

3 (in *pl.*, game between two couples) מִשְׂחַק זוּגוֹת

mixed doubles מִשְׂחַק זוּגוֹת מְעֹרָבִים (בְּטֶנִיס – גֶּבֶר וְאִשָּׁה נֶגֶד גֶּבֶר וְאִשָּׁה)

—adv. כִּפְלַיִם

—v.t. & i.

1 (increase or twice the size) הִכְפִּיל, הִגְדִּיל פִּי שְׁנַיִם; הֻכְפַּל, גָּדַל פִּי שְׁנַיִם

□ *his income doubled in five years* הַכְנָסָתוֹ הֻכְפְּלָה תּוֹךְ 5 שָׁנִים

2 (have twofold employment) עָבַד בִּשְׁתֵּי מִשְׂרוֹת

□ *he doubled as chauffeur and gardener* הוּא מִלֵּא תַּפְקִיד נֶהָג וְגַנָּן גַּם יַחַד

3 (in set phrases)

double back חָזַר עַל עִקְּבוֹתָיו (תּוֹךְ כְּדֵי בְּרִיחָה)

double over קִפֵּל

double up הִתְכַּוֵּץ (מִתּוֹךְ כְּאֵב אוֹ מִתּוֹךְ צְחוֹק)

double-barrelled /ˌdʌb(ə)l-ˈbærəld/ adj.

1 (of gun) כְּפוּל־קָנֶה, דּוּ־קָנִי

2 (of name, *UK colloq.*) שֵׁם מִשְׁפָּחָה כָּפוּל (לְמָשָׁל: אֱלִיזַבֶּת בַּארֶט־בְּרָאוּנִינְג)

double-bass /ˌdʌb(ə)l-ˈbeɪs/ n. קוֹנְטְרַבַּס, בַּטְנוּן (כְּלִי נְגִינָה)

double-breasted /ˌdʌb(ə)l-ˈbrestɪd/ adj. (מְעִיל, חֲלִיפָה קְלָסִית) עִם כַּפְתּוֹר כָּפוּל

double-check /ˌdʌb(ə)l-ˈtʃek/ v.t. בָּדַק פַּעֲמַיִם (לְיֶתֶר בִּטָּחוֹן)

double-cross /ˌdʌb(ə)l-ˈkrɒs/ n. & v.t. (*sl.*) אוֹנָאָה, בְּגִידָה, רַמָּאוּת; הוֹנָה, רִמָּה, בָּגַד

double-dealing /ˌdʌb(ə)l-ˈdiːlɪŋ/ n. רַמָּאוּת (בְּמִסְחָר לְמָשָׁל)

double-decker /ˌdʌb(ə)l-ˈdekə(r)/ n.

1 (bus) אוֹטוֹבּוּס דּוּ־קוֹמָתִי, אוֹטוֹבּוּס קוֹמָתַיִם

2 (sandwich) כָּרִיךְ כָּפוּל, סֶנְדְּוִיץ' קוֹמָתַיִם

double-edged /ˌdʌb(ə)l-ˈedʒd/ adj. (חֶרֶב) פִּיפִיּוֹת

□ *some of his compliments were distinctly double-edged* כַּמָּה מִמַּחְמָאוֹתָיו נִשְׁתַּמְּעוּ לִשְׁתֵּי פָּנִים

double-entendre /ˌduːb(ə)l ɑːˈtɑːndrə/ n. בִּטּוּי דּוּ־מַשְׁמָעִי (בַּעַל רְמִיזָה מִינִית)

double-glazing /ˈdʌb(ə)l-ˈgleɪzɪŋ/ n. שִׁמְשׁוֹת כְּפוּלוֹת (לַהֲגָנָה בִּפְנֵי קֹר וְרַעַשׁ)

double-jointed /ˌdʌb(ə)l-ˈdʒɔɪntɪd/ adj. בַּעַל מִפְרָקִים גְּמִישִׁים בְּצוּרָה יוֹצֵאת דֹּפֶן

double-park /ˌdʌb(ə)l-ˈpɑːk/ v.t. & i. חֲנִיָּה (לֹא חֻקִּית) בְּמַקְבִּיל לִמְכוֹנִית חוֹנָה

double-quick /ˌdʌb(ə)l-ˈkwɪk/ adj. (*colloq.*) מַהֵר מְאֹד, "צִ'יק־צָ'ק"

double-talk /ˈdʌb(ə)l-tɔːk/ n. (*colloq.*) דִּבּוּר דּוּ־מַשְׁמָעִי וּמַטְעֶה

doublet /ˈdʌblɪt/ n. (*Hist.*) מֵעֵין אֲפֻדָּה מִימֵי הָרֶנֶסַנְס

double-think /ˈdʌbəl-θɪŋk/ n. (*derog.*) (לָרֹב לִשְׁלִילָה) יְכֹלֶת לְהַשְׁלִים עִם סְתִירוֹת וְנִגּוּדִים

doubloon /dʌˈbluːn/ n. (*Hist.*) דּוּבְּלוֹן (מַטְבֵּעַ־זָהָב סְפָרַדִּי עַתִּיק)

doubly /ˈdʌblɪ/ adv. פִּי־שְׁנַיִם, כִּפְלַיִם

□ *let's make doubly sure* בּוֹא וְנִבְדֹּק פַּעֲמַיִם

doubt /daʊt/ n. סָפֵק

□ *he gave me the benefit of the doubt* הוּא הִנִּיחַ לִי לֵהָנוֹת מִן הַסָּפֵק

□ *I am in no doubt* אֵין לִי שׁוּם סָפֵק

□ *I have my doubts about his motives* אֲנִי חוֹשֵׁד בְּכַוָּנוֹתָיו

□ *no doubt!* קָרוֹב לְוַדַּאי! אֵין סָפֵק! כַּמּוּבָן!

□ *when in doubt, don't!* אַל תַּעֲשֶׂה כְּלוּם אִם אַתָּה לֹא בָּטוּחַ!

—v.i. & t. הֵטִיל סָפֵק, פִּקְפֵּק; הֵטִיל סָפֵק בְּ... פִּקְפֵּק בְּ...

doubting Thomas (*joc.*) סַפְקָן, מֵטִיל סְפֵקוֹת

doubtful /ˈdaʊtf(ə)l/ adj.

1 (feeling doubt) מֵטִיל סָפֵק

2 (causing doubt) מְפֻקְפָּק, מְעוֹרֵר סְפֵקוֹת

□ *it's a doubtful blessing* זוֹ בְּרָכָה מְפֻקְפֶּקֶת

doubtless /ˈdaʊtlɪs/ adv. לְלֹא סָפֵק, כַּמּוּבָן

douche /duːʃ/ n. שְׁטִיפָה (רְפוּאִית); מִתְקַן שְׁטִיפָה (רְפוּאִי, לְהַבְדִּיל מִן הַמִּקְלַחַת – "דוּשׁ")

—vt. & i. שָׁטַף (לְצָרְכִים רְפוּאִיִּים בִּלְבַד)

dough /dəʊ/ n.

1 (mixture of flour and water) בָּצֵק

2 (money, *sl.*) כֶּסֶף, "מְצַלְצְלִים"

doughboy /ˈdəʊbɔɪ/ n.

1 (dumpling) כֻּפְתָּה

2 (infantryman, *US sl.*) חַיָּל בְּחֵיל הָרַגְלִים שֶׁל אַרְהַ"ב

doughnut /ˈdəʊnʌt/ n. סֻפְגָּנִיָּה (לְעִתִּים עִם חוֹר בָּאֶמְצַע)

doughty /ˈdaʊtɪ/ adj. (*formal*) עַז, אַמִּיץ

doughy /ˈdəʊɪ/ adj. (עוֹר) רַכְרוּכִי; בְּצֵקִי

dour /ˈdʊə(r)/ adj. קוֹדֵר, זָעֵף

douse /daʊs/ v.t. הִטְבִּיל בַּמַּיִם, הִרְטִיב, הֵצִיף; כִּבָּה (לֶהָבָה)

dove /dʌv/ n.

1 (bird) יוֹנָה

2 (*fig.*) יוֹנָה פּוֹלִיטִית (אָדָם הַתּוֹמֵךְ בְּשָׁלוֹם וּבְפְשָׁרָה)

□ *is he a dove or a hawk?* הַאִם הוּא יוֹנָה אוֹ נֵץ (בַּפּוֹלִיטִיקָה)?

dovecote /ˈdʌvkɒt/ n. שׁוֹבָךְ, שׁוֹבַךְ־יוֹנִים

dovetail /ˈdʌvteɪl/ n. צוּרַת חִבּוּר שֶׁל שְׁנֵי לוּחוֹת־עֵץ בְּנַגָּרוּת

—v.t. & i. שִׁלֵּב; הִתְאִים הַתְאָמָה מְלֵאָה, הִשְׁתַּלֵּב

□ *my plans dovetailed with his* תָּכְנִיּוֹתַי הִשְׁתַּלְּבוּ לַחֲלוּטִין בְּתָכְנִיּוֹתָיו

dowager /ˈdaʊədʒə(r)/ n. אַלְמָנָה רָמַת מַעֲמָד (שֶׁיָּרְשָׁה אֶת מַעֲמָדָהּ מִבַּעְלָהּ)

dowdiness /ˈdaʊdɪnɪs/ n. מַצָּב מְרֻפָּט וּמְיֻשָּׁן (לָרֹב שֶׁל בְּגָדִים)

dowdy /ˈdaʊdɪ/ adj. מְרֻפָּט וּמְיֻשָּׁן

dowel /ˈdaʊəl/ n. & v.t. פִּין, יָתֵד; חִבֵּר בְּיָתֵד/בְּפִין

dower-house /ˈdaʊə-haʊs/ n. בַּיִת קָטָן (לְיַד בֵּית הָאֲחֻזָּה) שֶׁאֵלָיו עוֹבֶרֶת אַלְמְנַת הָאָדוֹן

down[1] /daʊn/ n. (usu. in *pl.*) אַדְמַת מִרְעֶה עַל הַגְּבָעוֹת

down[2] /daʊn/ n. פּוּךְ, פְּלוּמַת נוֹצָה; חֲתִימַת־זָקָן

down[3] /daʊn/ adv. לְמַטָּה

down in the mouth (*colloq.*) בַּעַל מַרְאֶה עָצוּב וּמְדֻכָּא

down under (*colloq.*) (אֶל/בְּ...) אוֹסְטְרַלְיָה וּנְיוּ־זִילַנְד

cash down בִּמְזֻמָּנִים

upside down הָפוּךְ, בִּמְהֻפָּךְ

□ *she came down from London* הִיא בָּאָה מִלּוֹנְדוֹן (מִמָּקוֹם חָשׁוּב אֶל פָּחוֹת חָשׁוּב)

□ *he came down from Oxford in 1990* הוּא סִיֵּם אֶת חֹק לִמּוּדָיו בְּאוֹקְסְפוֹרְד בִּשְׁנַת 1990

□ *don't kick a man when he's down* אַל תִּתְנַכֵּל לְמֻכֵּה־גּוֹרָל

□ *he'd come down in the world* הוּא יָרַד מִמַּעֲמָדוֹ

□ *I am down on my luck* הַמַּזָּל בָּגַד בִּי, לֹא הוֹלֵךְ לִי

□ *he isn't down yet* הוּא עוֹד לֹא מְחֻסָּל, הוּא עֲדַיִן מַחֲזִיק מַעֲמָד

□ *she went down with flu* הִיא חָלְתָה בְּשַׁפַּעַת

□ *I'm feeling rather down today* אֲנִי בְּמַצַּב רוּחַ יָרוּד הַיּוֹם

□ *the takings were down on last week's* פִּדְיוֹן הַשָּׁבוּעַ הָיָה קָטָן לְעֻמַּת פִּדְיוֹן הַשָּׁבוּעַ שֶׁעָבַר

□ *he's got it down in his diary* הוּא רָשַׁם זֹאת בְּיוֹמָנוֹ

□ *from 1800 down to the present* מֵאָז 1800 וְעַד יָמֵינוּ

□ *down the hatch!* (*colloq.*) תִּשְׁתֶּה! (מַשְׁקֶה חָרִיף אוֹ תְּרוּפָה)

□ *that should go down well with him* זֶה יַתְאִים לוֹ, זֶה יִמְצָא חֵן בְּעֵינָיו

□ *he put his foot down* (*colloq.*) הוּא דָּפַק עַל הַשֻּׁלְחָן

□ *the rebellion was easily put down* הַהִתְקוֹמְמוּת דֻּכְּאָה בְּקַלּוּת

□ *put me down!* תּוֹרִיד אוֹתִי! (נֶאֱמַר ע״י אָדָם אֶחָד שֶׁהוּרַם בִּזְרוֹעוֹתָיו שֶׁל אָדָם שֵׁנִי)

□ *their dog had to be put down* (*euphem.*) הָיָה צָרִיךְ לְהָמִית אֶת הַכֶּלֶב שֶׁלָּהֶם

□ *she was very run down* הִיא הָיְתָה בְּמַצָּב יָרוּד מְאֹד

□ *the detective took down particulars of the robbery* הַבַּלָּשׁ רָשַׁם אֶת פְּרָטֵי הַשֹּׁד

□ *she took him down a peg or two* (*colloq.*) הִיא הֶעֱמִידָה אוֹתוֹ בִּמְקוֹמוֹ

□ *down with the government!* דַּי לַמֶּמְשָׁלָה! הָלְאָה הַמֶּמְשָׁלָה!

□ *he refused to take his dismissal lying down* הוּא סֵרֵב לְהַשְׁלִים עִם פִּטּוּרָיו לְלֹא מַאֲבָק

—prep. בְּמוֹרַד; בְּמַהֲלַךְ

□ *he lives two doors down* (*the street*) *from us* הוּא גָּר בְּמֶרְחָק שְׁנֵי בָּתִּים מֵאִתָּנוּ

□ *down the ages men have fought wars* בְּמַהֲלַךְ כָּל הַדּוֹרוֹת נָהֲלוּ בְּנֵי אָדָם מִלְחָמוֹת

□ *you'll be famous up and down the land* הוּא פָּסַע בָּרְחוֹב

□ *he walked up and down the room* הוּא צָעַד בַּחֶדֶר הָלוֹךְ וָשׁוֹב

—n. טַעֲנָה, טְרוּנְיָה; יְרִידָה

□ *she has a down on me* (*colloq.*) יֵשׁ לָהּ מַשֶּׁהוּ נֶגְדִּי

□ *life has its ups and downs* הַחַיִּים מְלֵאִים עֲלִיּוֹת וִירִידוֹת, גַּלְגַּל חוֹזֵר בָּעוֹלָם

—v.t. (*colloq.*) ״הוֹרִיד״

□ *he downed a pint* (*of beer*) הוּא הֵרִיק קַנְקַן שֶׁל בִּירָה

□ *they downed tools in protest* הֵם שָׁבְתוּ לְאוֹת מְחָאָה

—adj.

down payment הַפְקָדָה, תַּשְׁלוּם רִאשׁוֹן, עַל הַחֶשְׁבּוֹן

down train רַכֶּבֶת הַבָּאָה מִלּוֹנְדּוֹן

down-and-out /ˈdaʊn-ənd-ˌaʊt/ n. אֶבְיוֹן חֲסַר כֹּל

—adj. /ˌdaʊn-ənd-ˈaʊt/ מֻכֵּה־גּוֹרָל

down-at-heel /ˌdaʊn-ət-ˈhiːl/ adj. יָחֵף, חֲסַר־כֹּל

downcast /ˈdaʊnkɑːst/ adj. (מַבָּט) מֻשְׁפָּל; מְדֻכְדָּךְ, שֶׁנָּפְלָה רוּחוֹ, ״מֻכֶּה״

downfall /ˈdaʊnfɔːl/ n. מַפָּלָה, נְפִילָה, הִתְמוֹטְטוּת

□ *drink will be his downfall* הָאַלְכּוֹהוֹל יַהֲרֹס אוֹתוֹ

downgrade /ˈdaʊngreɪd/ v.t. הוֹרִיד בְּדַרְגָּה

downhearted /ˌdaʊnˈhɑːtɪd/ adj. בְּמַצַּב־רוּחַ רַע, מְדֻכָּא

downhill /ˈdaʊnhɪl/ adj. בְּמוֹרַד הַגִּבְעָה

—adv. /daʊnˈhɪl/ כְּלַפֵּי מַטָּה, בִּירִידָה

□ *he has gone downhill since his wife's death* הוּא הִדַּרְדֵּר מֵאָז מוֹת אִשְׁתּוֹ

Downing Street /ˈdaʊnɪŋ striːt/ n. הַמֶּמְשָׁלָה הַבְּרִיטִית (עַל שֵׁם הָרְחוֹב בְּלוֹנְדּוֹן)

download /daʊnˈləʊd/ v.t. (*Comput.*) טָעַן, הֶעֱבִיר (קָבְצֵי מֵידָע מִמָּקוֹר מֶרְכָּזִי לָרֹב, לְשִׁמּוּשׁ מְסֻיָּם)

downpour /ˈdaʊnpɔː(r)/ n. מַבּוּל, מָטָר סוֹחֵף, גֶּשֶׁם שׁוֹטֵף

downright /ˈdaʊnraɪt/ adj. (*colloq.*)

1 (candid) גְּלוּי־לֵב, כֵּן

2 (out-and-out, also adv.) גָּמוּר, מֻחְלָט

□ *that is a downright lie* זֶה שֶׁקֶר גָּלוּי, זֶה שֶׁקֶר מֻחְלָט

down-stage /ˌdaʊn-ˈsteɪdʒ/ adv. בְּקִדְמַת־הַבִּימָה

downstairs /daʊnsteəz/ adj. שֶׁל הַקּוֹמָה הַתַּחְתּוֹנָה

—adv. /daʊnˈsteəz/ לְמַטָּה, בַּקּוֹמָה הַתַּחְתּוֹנָה

downstream /ˌdaʊnˈstriːm/ adj. & adv. שֶׁבְּמוֹרַד הַנָּהָר, שֶׁעִם הַזֶּרֶם; בְּמוֹרַד הַנָּהָר, עִם הַזֶּרֶם

Down's syndrome /ˈdaʊnz ˌsɪndrəʊm/ n. תִּסְמֹנֶת דָּאוּן, סִינְדְּרוֹם דָּאוּן, מוֹנְגּוֹלוֹאִידִיּוּת

down-to-earth /ˌdaʊn-tʊ-ˈɜːθ/ adj. מְצִיאוּתִי, מַעֲשִׂי, לֹא־חוֹלְמָנִי

downtown /ˈdaʊntaʊn/ adj. (*US*) שֶׁבְּמֶרְכַּז הָעִיר, שֶׁבָּעִיר

—adv. /daʊnˈtaʊn/ (*US*) הָעִירָה, לְמֶרְכַּז הָעִיר

downtrodden /ˈdaʊntrɒd(ə)n/ adj. (*poet.*) רָמוּס, מֻשְׁפָּל

downturn /ˈdaʊntɜːn/ n. הִדַּרְדְּרוּת

downward /ˈdaʊnwəd/ adj. שֶׁכְּלַפֵּי מַטָּה, הַמּוֹבִיל לְמַטָּה

—adv. (also **downwards** /ˈdaʊnwədz/) כְּלַפֵּי מַטָּה

downy /ˈdaʊnɪ/ adj.

1 (feathery) מְכֻסֶּה בְּפוּךְ/בְּפְלוּמָה; דְּמוּי־פּוּךְ, מָלֵא פּוּךְ

2 (sly, knowing, *UK sl.*) פִּקֵּחַ, מְמֻזָּרִי

dowry /ˈdaʊərɪ/ n. נְדוּנְיָה

dowse[1] /daʊs/ v.t. חִפֵּשׂ מַיִם אוֹ אוֹצָרוֹת בְּאֶמְצָעוּת מַקֵּל־חִזּוּי

dowse[2] /daʊz/ v.t. הִטְבִּיל בַּמַּיִם, הִרְטִיב, הֵצִיף; כִּבָּה בְּמַיִם

dowser /ˈdaʊzə(r)/ n. מְנַחֵשׁ מְקוֹמָם שֶׁל מֵי־תְּהוֹם בְּעֶזְרַת מַקֵּל חִזּוּי

doxology /dɒkˈsɒlədʒɪ/ n. שִׁיר הַלֵּל לֵאלֹהִים, שִׁיר תְּהִלָּה (לָרֹב בַּנַּצְרוּת)

doyen /ˈdɔɪən/ n. (fem. **doyenne** /dɔɪˈen/) זְקַן־הַסֶּגֶל, בְּכִיר־הַ...

doyley /ˈdɔɪlɪ/ n. (see **DOILEY**) מַפִּית תַּחְרָה אוֹ נְיָר לְנוֹי

doze /dəʊz/ v.i. & n. נִמְנֵם, יָשַׁן; נִמְנוּם
□ *he dozed off during the lecture* הוּא הִתְנַמְנֵם בְּמֶשֶׁךְ הַהַרְצָאָה

dozen /ˈdʌz(ə)n/ n. תְּרֵיסָר (12)
half a dozen חֲצִי־תְּרֵיסָר (6)
□ *it's six of one and half a dozen of the other* (*colloq.*) אֵין הֶבְדֵּל, זֶה הַיְנוּ הָךְ
baker's dozen שְׁלֹשׁ־עֶשְׂרֵה
daily dozen (*arch.*) הִתְעַמְּלוּת בֹּקֶר
□ *if I've told you once, I've told you a dozen times* כְּבָר אָמַרְתִּי לְךָ אֶלֶף פְּעָמִים
□ *we've been there dozens of times* (*colloq.*) כְּבָר הָיִינוּ שָׁם מֵאָה פְּעָמִים
□ *she talks nineteen to the dozen* (*colloq.*) הִיא לֹא סוֹגֶרֶת אֶת הַפֶּה

dozy /ˈdəʊzɪ/ adj. מְנֻמְנָם

Dr. abbrev. ד"ר (דּוֹקְטוֹר)

drab /dræb/ adj. & n. אָפֹר (מָקוֹם, לְבוּשׁ וְכַד'); זוֹנָה

drachm /dræm/ n. יְחִידַת־מִשְׁקָל קְטַנָּה (3.7 גְּרָמִים בְּעֵרֶךְ)

drachma /ˈdrækmə/ n. דַּרְכְּמָה (מַטְבֵּעַ יְוָנִי שֶׁל יָמֵינוּ); אֲדַרְכְּמוֹן (מַטְבֵּעַ יְוָנִי קָדוּם)

draconian /drəˈkəʊnɪən/ adj. (*formal*) דְּרָקוֹנִי (חֹק, גְּזֵרָה וְכַד') נֻקְשֶׁה, אַכְזָר

draft /drɑːft/ n.
1 (sketch) טְיוּטָה, תַּרְשִׁים שֶׁל תָּכְנִית
2 (*Finance*)
banker's draft הַמְחָאָה בַּנְקָאִית (לִמְשִׁיכַת סְכוּמִים גְּבוֹהִים, לְתַשְׁלוּם בְּמַטְבֵּעַ חוּץ וְכַד')
3 (*US Mil.*) גִּיּוּס
—v.t.
1 (prepare in rough) הֵכִין טְיוּטָה
2 (*US Mil.*) גִּיֵּס

draftee /drɑːfˈtiː/ n. (*US*) מְגֻיָּס

draftsman /ˈdrɑːftsmən/ n. (see **DRAUGHTSMAN**) שַׁרְטָט, סַרְטָט

drag /dræg/ v.t.
1 (pull, trail) מָשַׁךְ, סָחַב, גָּרַר
□ *he walked with dragging feet* הוּא גָּרַר אֶת רַגְלָיו
□ *we suspect the government of dragging its feet* אָנוּ חוֹשְׁדִים שֶׁהַמֶּמְשָׁלָה גּוֹרֶמֶת לִסְחֶבֶת
□ *she was dragged down by her drunken husband* (*fig.*) חַיֶּיהָ נֶהֶרְסוּ בִּגְלַל בַּעְלָהּ הַשִּׁכּוֹר
□ *he's always dragging in a reference to his noble connections* תָּמִיד הוּא מַשְׁחִיל רֶמֶז עַל קְשָׁרָיו עִם הָאֲצֻלָּה
□ *the child was dragged up any old how* (*UK colloq.*) גִּדְּלוּ אֶת הַיֶּלֶד לְלֹא תּוֹרָה וּלְלֹא דֶּרֶךְ אֶרֶץ
2 (dredge) סָרַק (שֶׁטַח וְכַד')
□ *there's no need to drag up his past* (*colloq.*) אֵין צֹרֶךְ לְחַטֵּט בֶּעָבָרוֹ
□ *they dragged the lake for his body* הֵם סָרְקוּ אֶת הָאֲגַם בְּחִפּוּשׂ אַחַר גְּוִיָּתוֹ
—v.i. נִסְחַב, נִמְשַׁךְ וְנִמְשַׁךְ
□ *the term dragged on* (or *out*) תְּקוּפַת־הַלִּמּוּדִים נִתְמַשְּׁכָה לְלֹא סוֹף
—n.
1 (obstruction, retarding force) גּוֹרֵם מְעַכֵּב, עִכּוּב
□ *her lack of punctuality is a drag on her progress* חֹסֶר הַדַּיְּקָנוּת שֶׁלָּהּ מְעַכֵּב אֶת הִתְקַדְּמוּתָהּ
2 (boring task or person, *colloq.*) "בָּאסָה", שִׁעֲמוּם
□ *washing up is just a drag* לִשְׁטֹף כֵּלִים זֶה בָּאסָה
3 (apparatus for dredging) רֶשֶׁת, מַשְׁדֵּדָה, מִגְרָרָה וְכַד'
4 (pull at cigarette, *colloq.*) "שַׁחְטָה" (מִסִּיגָרִיָּה)
5 (women's clothes worn by man, *sl.*) בִּגְדֵי נָשִׁים שֶׁלּוֹבֵשׁ גֶּבֶר (לְהוֹפָעָה)

dragoman /ˈdrægəmən/ n. מְתֻרְגְּמָן, מוֹרֵה־דֶּרֶךְ (בַּמִּזְרָח הַתִּיכוֹן)

dragon /ˈdrægən/ n. דְּרָקוֹן

dragonfly /ˈdrægənflaɪ/ n. שַׁפִּירִית

dragoon /drəˈguːn/ n. פָּרָשׁ, אִישׁ חֵיל־הַפָּרָשִׁים (בְּצִבְאוֹת אֵירוֹפָּה בֶּעָבָר)
—v.t. כָּפָה עַל, הִכְרִיחַ אֶת

drag race /ˈdræg reɪs/ n. מֵרוֹץ מְכוֹנִיּוֹת מִמַּצָּב עֲמִידָה, לִמְדִידַת מְהִירוּת הַזִּנּוּק

drain /dreɪn/ n.
1 (channel) בִּיב, צִנּוֹר בִּיּוּב; צִנּוֹר מֵי גְּשָׁמִים
□ *he laughed like a drain* (*colloq.*) הוּא הִתְגַּלְגֵּל מִצְּחוֹק
□ *buying lottery tickets is money down the drain* (*colloq.*) לִקְנוֹת כַּרְטִיסֵי "פַּיִס" זֶה בִּזְבּוּז כֶּסֶף
□ *the drains are not in order* הַבִּיּוּב לֹא בְּסֵדֶר
2 (cause of weakening or loss) גּוֹרֵם מַחֲלִישׁ
brain drain בְּרִיחַת־מֹחוֹת
□ *the war is a drain on our resources* הַמִּלְחָמָה סוֹחֶטֶת אֶת הַמַּשְׁאַבִּים שֶׁלָּנוּ
—v.t. נִקָּה, סִלֵּק נוֹזְלִים
□ *he drained his glass* הוּא רוֹקֵן אֶת כּוֹסוֹ
—v.i.
1 (lose moisture) הִתְיַבֵּשׁ
□ *leave the dishes to drain* הַנַּח לַכֵּלִים לְהִתְיַבֵּשׁ
2 (flow away) הִתְנַקֵּז
□ *the colour drained from her cheeks* פָּנֶיהָ הֶחֱוִירוּ, הַדָּם אָזַל מִלְּחָיֶיהָ
□ *the marsh drains into the river* הַבִּצָּה מִתְנַקֶּזֶת אֶל הַנָּהָר

drainage /ˈdreɪnɪdʒ/ n. נִקּוּז; שְׁפָכִים, בִּיּוּב

draining-board /ˈdreɪnɪŋ-bɔːd/ n. מַדָּף לְיִבּוּשׁ כֵּלִים

drainpipe /ˈdreɪnpaɪp/ n. צִנּוֹר בִּיּוּב, צִנּוֹר נִקּוּז; צִנּוֹר־מַרְזֵב
—adj.
drainpipe trousers (*colloq.*) מִכְנְסֵי־צִנּוֹר

drake /dreɪk/ n. בַּרְוָז זָכָר

dram /dræm/ n.
1 (weight) יְחִידַת־מִשְׁקָל קְטַנָּה (לָרֹב שֶׁל נוֹזְלִים)
2 (small drink) כּוֹסִית יַי״שׁ

drama /ˈdrɑːmə/ n.
1 (a play for stage or broadcasting) מַחֲזֶה (לַבִּימָה אוֹ לְשִׁדּוּר), דְּרָמָה
2 (plays as branch of literature) דְּרָמָה, תֵּיאַטְרוֹן
3 (exciting events) ״דְּרָמָה״, אֵרוּעַ דְּרָמָטִי
4 (dramatic quality) דְּרָמָטִיּוּת

dramatic /drəˈmætɪk/ adj.
1 (pertaining to drama) שֶׁל הַתֵּיאַטְרוֹן, שֶׁל הַמַּחֲזֶה
dramatic irony אִירוֹנְיָה דְּרָמָטִית (כְּשֶׁגִּבּוֹרֵי הַמַּחֲזֶה אֵינָם יוֹדְעִים מַה שֶּׁהַקָּהָל כְּבָר יוֹדֵעַ)
2 (striking, impressive) פִּתְאֹמִי, מַרְעִישׁ, מְרַגֵּשׁ, עַז רֹשֶׁם, דְּרָמָטִי

dramatically /drəˈmætɪk(ə)lɪ/ adv. בְּאֹפֶן דְּרָמָטִי

dramatics /drəˈmætɪks/ n. *pl.* אָמָנוּת הַתֵּיאַטְרוֹן; הִתְנַהֲגוּת מֻפְרֶזֶת, ״סְצֵינָה״
amateur dramatics דְּרָמָה שֶׁל חוֹבְבִים

dramatis personae /ˌdræmətɪs pɜːˈsəʊnaɪ/ n. *pl.* הַנְּפָשׁוֹת הַפּוֹעֲלוֹת, גִּבּוֹרֵי הַמַּחֲזֶה

dramatist /ˈdræmətɪst/ n. דְּרָמָטוּרְג, מַחֲזַאי

dramatization /ˌdræmətaɪˈzeɪʃ(ə)n/ n. הַמְחָזָה

dramatize /ˈdræmətaɪz/ v.t. הִמְחִיז; רָאָה אֶת הַמַּצָּב רְאִיָּה מֻפְרֶזֶת, הִגְזִים

drank /dræŋk/ past of **drink**

drape /dreɪp/ v.t. תָּלָה וִילוֹנוֹת אוֹ בַּד (בִּקְפָלִים), קִשֵּׁט בְּאָרִיג
□ *he draped himself over the armchair* הוּא הִשְׂתָּרַע עַל הַכֻּרְסָה (תּוֹךְ נוֹחוּת מְרַבִּית)
—n. (*US*) וִילוֹן, וִילוֹן קְפָלִים

draper /ˈdreɪpə(r)/ n. סוֹחֵר בַּדִּים וְאַבְזְרֵי־לְבוּשׁ

drapery /ˈdreɪpərɪ/ n.
1 (fabrics) אֲרִיגִים, בַּדֵּי־רִפּוּד
2 (trade) מִסְחָר בַּאֲרִיגִים
3 (clothing in folds) בַּד סָדוּר בִּקְפָלִים

drastic /ˈdræstɪk/ adj. נִמְרָץ, חָמוּר, קִיצוֹנִי, דְּרַסְטִי

drastically /ˈdræstɪk(ə)lɪ/ adv. בְּאֹפֶן נִמְרָץ, בְּצוּרָה חֲמוּרָה

drat /dræt/ v.t. (*sl.*) לַעֲזָאזֵל!
□ *oh, drat the child!* שֶׁיֵּלֵךְ הַיֶּלֶד לַעֲזָאזֵל!

dratted /ˈdrætɪd/ adj. (*sl.*) אָרוּר, מְחֻרְבָּן
□ *this dratted weather!* מֶזֶג־הָאֲוִיר הָאָרוּר הַזֶּה!

draught /drɑːft/ n. (*US* **draft**)
1 (current of air) רוּחַ פְּרָצִים
draught excluder מָגֵן מִפְּנֵי רוּחַ פְּרָצִים
□ *he'll feel the draught now he's lost his job* (*sl.*) עַכְשָׁו, שֶׁהוּא מֻבְטָל, הוּא יֵדַע מַה זֶּה לִחְיוֹת בְּצִמְצוּם
2 (drink) מַשְׁקֶה; לְגִימָה; שִׁקּוּי
□ *he drank a pint of beer at one draught* הוּא שָׁתָה קַנְקַן בִּירָה בִּלְגִימָה אַחַת
3 (*Naut.*) שֹׁקַע (עֹמֶק־הַמַּיִם הַנִּדְרָשׁ לִכְלִי־שַׁיִט, עַל מְנָת שֶׁלֹּא יִגַּע בַּקַּרְקָעִית)
4 (traction, drawing)
draught horse סוּס מַשָּׂא
draught beer בִּירָה מִן הֶחָבִית
on draught (בִּירָה) מִן הֶחָבִית

draughtboard /ˈdrɑːftbɔːd/ n. לוּחַ־שַׁחְמָט, לוּחַ־דַּמְקָה

draughts /drɑːfts/ n. *pl.* מִשְׂחַק דַּמְקָה

draughtsman /ˈdrɑːftsmən/ n. (also **draftsman**)
1 (maker of plans or sketches) רַשָּׁם (בְּצִיּוּר), שַׁרְטָט
2 (piece in game) חַיָּל דַּמְקָה

draughtsmanship /ˈdrɑːftsmənʃɪp/ n. שִׂרְטוּט, סִרְטוּט

draughty /ˈdrɑːftɪ/ adj. שֶׁיֵּשׁ בּוֹ רוּחַ פְּרָצִים, פָּרוּץ לָרוּחוֹת

draw /drɔː/ n.
1 (pull, drawing) מְשִׁיכָה, כֹּחַ מְשִׁיכָה
□ *the cowboy was quick on the draw* (*colloq.*) הַבּוֹקֵר הָיָה שׁוֹלֵף מָהִיר
2 (attraction) מְקוֹר מְשִׁיכָה
□ *Harrison Ford is a good box-office draw* הָרִיסוֹן פוֹרְד הוּא שַׂחְקָן קוֹלְנוֹעַ שׁוֹבֵר־קֻפּוֹת
3 (drawing of lots) הַגְרָלָה, הַפָּלַת גּוֹרָל
□ *it's just the luck of the draw* זֶה עִנְיָן שֶׁל מַזָּל
4 (game with final score equal) שִׁוְיוֹן, תֵּיקוּ (בְּמִשְׂחָק)
—v.t. (past **drew** /druː/, past ppl. **drawn** /drɔːn/)
1 (pull, haul) מָשַׁךְ, סָחַב
draw in one's horns (*fig.*) עָשָׂה קִצּוּצִים, הִדֵּק אֶת הַחֲגוֹרָה
□ *horses or oxen can draw a plough* סוּסִים אוֹ שְׁוָרִים מְסֻגָּלִים לִמְשֹׁךְ מַחֲרֵשָׁה
□ *she drew the curtains* הִיא סָגְרָה אֶת הַוִּילוֹנוֹת
□ *the heroine drew herself up to her full height* הַגִּבּוֹרָה נִזְקְפָה מְלוֹא קוֹמָתָהּ
□ *we draw a veil over this painful scene* אֶת הַתְּמוּנָה הָעֲגוּמָה הַזֹּאת נַסְתִּיר מֵעֵינֵיכֶם
□ *the speaker was drawn up sharply by the interruption* הַהִתְעָרְבוּת קָטְעָה לַחֲלוּטִין אֶת רֶצֶף דְּבָרָיו שֶׁל הַנּוֹאֵם
□ *draw up a chair and sit down* קַח לְךָ כִּסֵּא וְשֵׁב
2 (attract, take in) מָשַׁךְ, לָקַח
□ *I drew a deep breath* נָשַׁמְתִּי עֲמֻקּוֹת
□ *I will draw his attention to the problem* אֲנִי אָסֵב אֶת תְּשׂוּמַת לִבּוֹ לַבְּעָיָה
□ *the deposit draws interest at 10%* יֵשׁ רִבִּית שֶׁל 10% עַל הַהַפְקָדָה
□ *his intervention drew down abuse from both sides* הִתְעָרְבוּתוֹ זִכְּתָה אוֹתוֹ בְּדִבְרֵי חֵרוּף גַּם מִכָּאן וְגַם מִכָּאן
□ *he was reluctant but she drew him on* הוּא נָטָה לְסָרֵב, אַךְ הִיא שִׁדְּלָה אוֹתוֹ בְּהַדְרָגָה

3 (take out, get from a source) הוֹצִיא, מָשַׁךְ, שָׁלַף
draw lots הִפִּיל גּוֹרָל, הֵטִיל גּוֹרָל
draw a blank (*colloq.*) הֶעֱלָה חֶרֶס, לֹא זָכָה לְהַצְלָחָה
draw a distinction (or **analogy**) עָרַךְ הַבְחָנָה/הַקְבָּלָה
□ *he drew his sword* הוּא שָׁלַף אֶת חַרְבּוֹ
□ *what conclusion do you draw from these facts?* לְאֵיזוֹ מַסְקָנָה אַתָּה מַגִּיעַ לְאוֹר הָעֻבְדּוֹת הָאֵלֶּה
□ *if you can draw him out he has some stories to tell* אִם תַּצְלִיחַ לְהוֹצִיא אוֹתוֹ מִשְּׁתִיקָתוֹ – יֵשׁ בְּאַמְתַּחְתּוֹ סִפּוּרִים מְעַנְיְנִים
□ *the pain drew tears from his eyes* הַכְּאֵב גָּרַם לוֹ לְהַזִּיל דְּמָעוֹת
□ *she drew on* (or *upon*) *her savings* הִיא הִשְׁתַּמְּשָׁה בְּחֶסְכוֹנוֹתֶיהָ
□ *display draws customers* תְּצוּגָה (בְּחַלּוֹן הָרַאֲוָה) מוֹשֶׁכֶת קוֹנִים
□ *he drew blood with his first blow* הוּא הִצְלִיחַ לְהַקִּיז מִדַּם יְרִיבוֹ בַּמַּכָּה הָרִאשׁוֹנָה, הוּא פָּצַע אֶת יְרִיבוֹ בַּמַּכָּה הָרִאשׁוֹנָה
4 (trace, depict, write out) רָשַׁם, שִׂרְטֵט, צִיֵּר, עָרַךְ
draw a cheque רָשַׁם הַמְחָאָה
□ *we must draw the line at murder* אֲנַחְנוּ לֹא יְכוֹלִים לְהַסְכִּים לְרֶצַח
□ *draw out a plan for me* תְּשַׂרְטֵט לִי תָּכְנִית, תָּכִין לִי תָּכְנִית
□ *he drew up his will* הוּא עָרַךְ אֶת צַוָּאָתוֹ
5 (extend) מָשַׁךְ
□ *they drew out the negotiations for longer than we expected* הֵם מָשְׁכוּ אֶת הַמַּשָּׂא וּמַתָּן לְמַעְלָה מִכְּפִי שֶׁצִּפִּינוּ
6 (leave game undecided, also v.i.) הִשְׁוָה
□ *it was a drawn battle* זֶה הָיָה מַאֲבָק שָׁקוּל
7 (disembowel) סִלֵּק אֶת הַקְּרָבַיִם (שֶׁל בַּעַל־חַיִּים שָׁחוּט), שָׁפַךְ אֶת מֵעָיו שֶׁל
□ *the traitor was hanged, drawn, and quartered* (*Hist.*) הַבּוֹגֵד נִתְלָה, מֵעָיו נִשְׁפְּכוּ וְגוּפוֹ קֻצַּץ לַחֲתִיכוֹת
8 (*Naut.*) (כְּלִי־שַׁיִט) נִזְקַק לְעֹמֶק מְסֻיָּם עַל מְנָת לָצוּף
—v.i.
1 (exert pulling action)
□ *the chimney draws well* הָאֲרֻבָּה מוֹשֶׁכֶת (אֲוִיר) הֵיטֵב
2 (in set phrases)
□ *she drew away from the intense heat of the fire* הִיא נָסוֹגָה מֵחֻמָּהּ הֶעָז שֶׁל הָאֵשׁ
□ *the horse drew away from the rest of the field* הַסּוּס פָּרַץ קָדִימָה וְהִתְרַחֵק מִכָּל שְׁאָר הַמִּתְחָרִים
□ *she drew back in horror* הִיא נִרְתְּעָה בְּבֶהָלָה
□ *the car drew in to the kerb* הַמְּכוֹנִית הָאֵטָּה וְנָטְתָה אֶל שְׂפַת־הַמִּדְרָכָה; הַמְּכוֹנִית עָצְרָה לְיַד הַמִּדְרָכָה
□ *the days are drawing in* הַיָּמִים מִתְקַצְּרִים וְהוֹלְכִים
□ *the London train was drawing in* (or *out*) הָרַכֶּבֶת שֶׁל לוֹנְדּוֹן הִגִּיעָה/יָצְאָה לְדַרְכָּהּ
□ *he drew level with the African runner* הוּא הִדְבִּיק אֶת הָרָץ הָאַפְרִיקָאִי
□ *he drew on his imagination for some of the details in his book* הוּא הִפְעִיל אֶת דִּמְיוֹנוֹ בְּכַמָּה פְּרָטִים בַּסֵּפֶר
□ *winter drew on* הַחֹרֶף נִתְמַשֵּׁךְ וְהָלַךְ; הַחֹרֶף קָרַב וּבָא
□ *they drew round and made a circle* הֵם נֶאֶסְפוּ בְּמַעְגָּל
□ *his life is drawing to a close* (*formal*) חַיָּיו קְרֵבִים אֶל קִצָּם
□ *the taxi drew up* הַמּוֹנִית עָצְרָה

drawback /ˈdrɔːbæk/ n. חִסָּרוֹן, מִכְשׁוֹל

drawbridge /ˈdrɔːbrɪdʒ/ n. גֶּשֶׁר מִתְרוֹמֵם, גֶּשֶׁר זָחִיחַ

drawer[1] /ˈdrɔːə(r)/ n. מוֹשֵׁךְ (שֶׁל הַמְחָאָה וְכַד׳)
refer to drawer הַחֲזֵר לַמּוֹשֵׁךְ (כְּלוֹמַר הַבַּנְק אֵינוֹ מוּכָן לְכַבֵּד אֶת הַהַמְחָאָה)
□ *hewers of wood and drawers of water* (*Bibl.*) חוֹטְבֵי־עֵצִים וְשׁוֹאֲבֵי־מַיִם

drawer[2] /drɔː(r)/ n. מְגֵרָה
chest of drawers שִׁדָּה, אֲרוֹן מְגֵרוֹת
□ *she put the present away in her bottom drawer* (*colloq.*) הִיא הִנִּיחָה אֶת הַמַּתָּנָה בְּקִמְטַר־הַנְּדוּנְיָה שֶׁלָּהּ
□ *he was not out of the top drawer* (*colloq.*) הוּא לֹא הָיָה מִן הַמַּעֲמָד הַנָּכוֹן (כְּלוֹמַר הַגָּבוֹהַּ)

drawers /drɔːz/ n. *pl.* תַּחְתּוֹנִים אֲרֻכִּים (לְאִשָּׁה)

drawing /ˈdrɔːɪŋ/ n.
1 (art of representing by line etc.) רִשּׁוּם, צִיּוּר
2 (picture) תַּרְשִׁים, שִׂרְטוּט, צִיּוּר, רִשּׁוּם

drawing-board /ˈdrɔːɪŋ-bɔːd/ n. לוּחַ־שִׂרְטוּט
□ *it's back to the drawing-board with the pension scheme!* (*colloq.*) תָּכְנִית־הַגִּמְלָאוֹת חוֹזֶרֶת אֶל שְׁלַב־הַתִּכְנוּן

drawing-pin /ˈdrɔːɪŋ-pɪn/ n. (*UK*) נַעַץ

drawing-room /ˈdrɔːɪŋ-ruːm/ n. (*formal*) חֲדַר־אוֹרְחִים, ״סָלוֹן״

drawl /drɔːl/ v.i. & t. דִּבֵּר תּוֹךְ הָאֲרָכַת הַתְּנוּעוֹת, דִּבֵּר בְּמִבְטָא אֲמֶרִיקָאִי מְבֻלָּט (לְמָשָׁל שֶׁל הַדָּרוֹם), דִּבֵּר בַּעֲצַלְתַּיִם
—n. הִגּוּי כַּנַּ״ל
□ *he said it with a slight American drawl* שֶׁמֶץ מִבְטָא אֲמֶרִיקָאִי נִכָּר בְּדִבּוּרוֹ

drawn /drɔːn/ past ppl. of **draw**
—adj.
□ *his face was drawn with pain* פָּנָיו נִתְעַוְּתוּ בִּכְאֵב/מִכְּאֵב
□ *it ended in a drawn game* זֶה הִסְתַּיֵּם בְּמִשְׂחָק שָׁקוּל

draw-string /ˈdrɔː-strɪŋ/ n. שְׂרוֹךְ (לִסְגִירַת תִּיק־בַּד, מִכְנְסֵי־פִּיגָ'מָה וְכַד')

dray /dreɪ/ n. עֲגָלַת־מַשָּׂא שְׁטוּחָה

dread /dred/ n. & v.t. אֵימָה; נִתְקַף אֵימָה

—adj. (also **dreaded,** *poet.*) נוֹרָא, מַפְחִיד, מַחֲרִיד, אָיֹם

dreadful /ˈdredf(ə)l/ adj. נוֹרָא, אָיֹם, מַחֲרִיד

□ *what dreadful weather!* אֵיזֶה מֶזֶג־אֲוִיר אָיֹם!

dreadfully /ˈdredfəlɪ/ adv. בְּצוּרָה מַחֲרִידָה; מְאוֹד־מְאוֹד

□ *I'm most dreadfully sorry!* (*colloq.*) אֲנִי נוֹרָא מִצְטַעֵר!

dreadlocks /ˈdredlɒks/ n. *pl.* מַחְלְפוֹת שֵׂעָר סָבוּךְ וּמְקֻרְזָל (בְּסִגְנוֹן הָאִיִּים הַקָּרִיבִּיִּים, חֵלֶק מִתַּרְבּוּת הָ"רֶגֶי")

dream /driːm/ n. חֲלוֹם

dream world עוֹלָם שֶׁל הֲזָיוֹת

a bad dream חֲלוֹם בַּלָּהוֹת, סִיּוּט

□ *my dream house would have three bathrooms* בְּבֵית־חֲלוֹמוֹתַי יִהְיוּ שְׁלֹשָׁה חַדְרֵי אַמְבַּטְיָה

□ *his holiday was like a dream come true* חֻפְשָׁתוֹ הָיְתָה כְּמוֹ חֲלוֹם שֶׁנִּתְגַּשֵּׁם

□ *he lives in a dream* הוּא שׁוֹגֶה בַּחֲלוֹמוֹת

□ *he could be rich beyond his wildest dreams* זֶה יָכוֹל לְהַכְנִיס לוֹ יוֹתֵר כֶּסֶף מִכְּפִי שֶׁהוּא חָלַם אֵי־פַּעַם

□ *she looked a perfect dream* (*colloq.*) הִיא נִרְאֲתָה שִׁגָּעוֹן

—v.i. & t. (past & past ppl. **dreamt** /dremt/ or **dreamed** /driːmd/) חָלַם; חָלַם עַל, חָלַם שֶׁ...

□ *she's dreaming her life away* חַיֶּיהָ עוֹבְרִים עָלֶיהָ בַּחֲלוֹמוֹת

□ *I wouldn't dream of taking such a risk* לֹא הָיָה עוֹלֶה עַל דַּעְתִּי לִטֹּל סִכּוּן כָּזֶה

□ *who dreamt up this extraordinary scheme?* מִי הִמְצִיא אֶת הַתָּכְנִית הַמְּשֻׁנָּה הַזֹּאת?

dreamer /ˈdriːmə(r)/ n. חוֹלֵם; חוֹזֶה; חוֹלְמָנִי, שׁוֹגֶה בַּהֲזָיוֹת

dreamily /ˈdriːmɪlɪ/ adv. כְּבַחֲלוֹם

dreamlike /ˈdriːmlaɪk/ adj. כְּבַחֲלוֹם, חֲלוֹמִי

dreamy /ˈdriːmɪ/ adj. חוֹלְמָנִי; מַקְסִים

dreariness /ˈdrɪərɪnɪs/ n. אַפְרוּרִיּוּת, שִׁמָּמוֹן, שִׁעֲמוּם

dreary /ˈdrɪərɪ/ adj. עָגוּם זוֹעֵף; אַפְרוּרִי, מְשַׁמֵּם

dredge[1] /dredʒ/ n. מַחְפֵּר; מִכְמֹרֶת

—v.t. חָפַר, הֶעֱלָה מִמַּעֲמַקִּים

□ *the reporter dredged up events from her past* (*colloq.*) הָעִתּוֹנַאי נָבַר בְּנִבְכֵי עֲבָרָהּ וְהֶעֱלָה פָּרָשִׁיּוֹת נִשְׁכָּחוֹת

dredge[2] /dredʒ/ v.t. זָרָה, פִּזֵּר (סֻכָּר לְמָשָׁל)

dredger[1] /ˈdredʒə(r)/ n. סְפִינַת־מַחְפֵּר, דּוֹבְרַת־מַחְפֵּר

dredger[2] /ˈdredʒə(r)/ n. מַבְזֵק (כְּלִי מְנֻקָּב, לִזְרִיַּת סֻכָּר/ קֶמַח וְכַד')

dregs /dregz/ n. *pl.* סִיגִים, פְּסֹלֶת

□ *his followers are the dregs of humanity* (*derog.*) חֲסִידָיו הֵם חֶלְאַת הַמִּין הָאֱנוֹשִׁי

drench /drentʃ/ n. מְנַת־תְּרוּפָה (לְסוּסִים וְכַד')

—v.t. הִרְטִיב עַד לְשַׁד עַצְמוֹתָיו, הִרְטִיב לַגַּמְרֵי

□ *I got drenched to the skin* נִרְטַבְתִּי עַד לְשַׁד־עַצְמוֹתַי

dress /dres/ n.

1 (clothing) לְבוּשׁ

evening dress חֲלִיפַת עֶרֶב, לְבוּשׁ־עֶרֶב

fancy dress תַּחְפֹּשֶׂת

full dress תִּלְבֹּשֶׁת רִשְׁמִית

□ *he was careless in his dress* הוּא זִלְזֵל בִּלְבוּשׁוֹ, הוּא לֹא הִקְפִּיד בִּלְבוּשׁוֹ

2 (frock) שִׂמְלָה

—v.i.

1 (put on clothes) הִתְלַבֵּשׁ

2 (wear formal clothes) לָבַשׁ לְבוּשׁ פוֹרְמָלִי, הִתְלַבֵּשׁ בְּאֹפֶן חֲגִיגִי

□ *we don't dress for dinner* אֲנַחְנוּ לֹא לוֹבְשִׁים לְבוּשׁ פוֹרְמָלִי לַאֲרוּחַת הָעֶרֶב

—v.t.

1 (put clothes on) הִלְבִּישׁ

dressed to kill (*colloq.*) "מוּכָן לַקְּרָב" (כְּלוֹמַר לָבוּשׁ בְּאֹפֶן הַמְּיֹעָד לְהַרְשִׁים)

mutton dressed as lamb (*colloq. derog.*) אִשָּׁה הַמִּתְלַבֶּשֶׁת שֶׁלֹּא לְפִי גִּילָהּ, זְקֵנָה הַמְנַסָּה לְהֵרָאוֹת כְּנַעֲרָה

well dressed יוֹדֵעַ אֵיךְ לְהִתְלַבֵּשׁ, מִתְלַבֵּשׁ טוֹב, מֵיטִיב לְהִתְלַבֵּשׁ

2 (treat wound) חָבַשׁ (פֶּצַע)

3 (prepare or garnish food) הִתְקִין (בָּשָׂר) לְבִשּׁוּל/לַאֲכִילָה; שָׂם רֹטֶב עַל

□ *we ate a dressed salad* אָכַלְנוּ סָלָט עִם רֹטֶב

4 (finish surface of) צִחְצֵחַ וְנִקָּה (רִצּוּף לְמָשָׁל)

5 (in set phrases)

□ *the sergeant dressed him down* הַסַּמָּל נָזַף בּוֹ

□ *they were dressed up to the nines* (*colloq.*) הֵם הָיוּ לְבוּשִׁים טִיפ־טוֹפ

□ *the children dressed up as gypsies* הַיְלָדִים הִתְחַפְּשׂוּ לְצוֹעֲנִים

dressage /ˈdresɑːʒ/ n. אִלּוּף סוּס לְבִצּוּעַ תַּרְגִּילִים עַל פִּי פְּקֻדַּת הָרוֹכֵב

dresser[1] /ˈdresə(r)/ n. אֲרוֹן־כֵּלִים לַמִּטְבָּח, מִזְנוֹן מִטְבָּח; אֲרוֹן מַדָּפִים לַסָּלוֹן

dresser[2] /ˈdresə(r)/ n.

1 (surgeon's assistant) עוֹזֵר לְמְנַתֵּחַ, אָח חֲדַר־נִתּוּחַ

2 (*Theatr.*) מַלְבִּישׁ (הַמְמֻנֶּה עַל מֶלְתַּחַת הַשַּׂחְקָנִים)

dress-circle /ˈdres-sɜːk(ə)l/ n. הַיָּצִיעַ הָרִאשׁוֹן וְהַחֲגִיגִי בַּתֵּיאַטְרוֹן

dressing /ˈdresɪŋ/ n.

1 (clothing; decorating) הַלְבָּשָׁה; קִשּׁוּט

□ *no amount of window-dressing can hide their problems* שׁוּם מַאֲמַצֵּי־הַסְוָאָה לֹא יַסְתִּירוּ אֶת בְּעָיוֹתֵיהֶם

2 (culinary) רֹטֶב (לְסָלָט, לֹא לְבָשָׂר)

salad dressing רֹטֶב לְסָלָט, רֹטֶב סָלָט

3 (bandage) תַּחְבֹּשֶׁת

first-aid dressing תַּחְבֹּשֶׁת עֶזְרָה רִאשׁוֹנָה

dressing-down /ˌdresɪŋ-ˈdaʊn/ n. נְזִיפָה

dressing-gown /ˈdresɪŋ-gaʊn/ n. חֲלוּק־בַּיִת, חָלוּק

dressing-room /ˈdresɪŋ-ruːm/ n. חֲדַר־הַלְבָּשָׁה

dressing-table /ˈdresɪŋ-teɪb(ə)l/ n. שֻׁלְחַן־אִפּוּר (בַּחֲדַר־שֵׁנָה)

dressmaker /ˈdresmeɪkə(r)/ n. תּוֹפֶרֶת, חַיַּט־נָשִׁים

dressmaking /ˈdresmeɪkɪŋ/ n. תְּפִירַת־נָשִׁים, תְּפִירָה

dress rehearsal /ˈdres rɪˌhɜːs(ə)l/ n. חֲזָרָה כְּלָלִית בְּתִלְבּוֹשׁוֹת, חֲזָרָה גֶּנֶרָלִית

dress-shirt /ˈdres-ʃɜːt/ n. חֻלְצָה חֲגִיגִית לַחֲלִיפַת־עֶרֶב

dress-suit /ˈdres-suːt/ n. חֲלִיפַת־עֶרֶב

dress-uniform /ˌdres-ˈjuːnɪfɔːm/ n. מַדֵּי־יִצּוּג

dressy /ˈdresɪ/ adj. מְגֻנְדָּר, אָפְנָתִי; מִתְלַבֵּשׁ לְפִי הָאָפְנָה.

drew /druː/ past of **draw**

dribble /ˈdrɪb(ə)l/ v.i. & t.

1 (run at the mouth, trickle) הִזִּיל רִיר

2 (*Sport*) כִּדְרֵר

—n. כִּדְרוּר

driblet /ˈdrɪblɪt/ n. מָנָה זְעוּמָה, טִפָּה

in driblets טִפִּין־טִפִּין

dribs and drabs /ˌdrɪbz ənd ˈdræbz/ n. *pl.* (*colloq.*) טִפִּין־טִפִּין

□ *he repaid the loan in dribs and drabs* הוּא פָּרַע אֶת הַהַלְוָאָה טִפִּין־טִפִּין

dried /draɪd/ past & past ppl. of **dry**

dried fruit פֵּרוֹת מְיֻבָּשִׁים

dried milk אַבְקַת־חָלָב

drier /ˈdraɪə(r)/ n. מְיַבֵּשׁ־כְּבִיסָה; מְיַבֵּשׁ־שֵׂעָר

drift /drɪft/ v.i. & t. נִסְחַף; סָחַף

□ *he let things drift* הוּא הִזְנִיחַ אֶת הָעִנְיָנִים

□ *we are drifting towards war* אֲנַחְנוּ נָעִים בְּאִטִּיּוּת לִקְרַאת מִלְחָמָה

—n.

1 (movement due to current) זְרִימָה, הִסָּחֲפוּת

continental drift סְטִיַּת־הַיַּבָּשׁוֹת (בְּגֵיאוֹלוֹגְיָה)

□ *I begin to see the drift of events* אֲנִי מַתְחִיל לְהָבִין אֶת מַהֲלַךְ־הַמְּאֹרָעוֹת

2 (meaning) מַשְׁמָעוּת

□ *do you get* (or *catch*) *the drift of what he's saying?* הַאִם הֵבַנְתָּ אֶת כַּוָּנַת דְּבָרָיו? תָּפַסְתָּ מָה שֶׁהוּא אָמַר?

3 (mass of snow or sand or leaves) עֲרֵמַת שֶׁלֶג/חוֹל/עָלִים (שֶׁנֶּעֶרְמָה עַל יְדֵי הָרוּחַ וְכַד׳)

drifter /ˈdrɪftə(r)/ n.

1 (aimless person) נוֹדֵד, נָע וָנָד, תּוֹעֶה לְלֹא מַטָּרָה

2 (boat) סִירַת מִכְמֹרֶת; שׁוֹלַת־מוֹקְשִׁים

drift-ice /ˈdrɪft-aɪs/ n. גּוּשׁ־קֶרַח צָף

drift-net /ˈdrɪft-net/ n. מִכְמֹרֶת, רֶשֶׁת־גְּרִירָה

driftwood /ˈdrɪftwʊd/ n. סְחַף־עֵץ, עֲצֵי־סְחֹפֶת

drill[1] /drɪl/ n.

1 (tool for boring etc.) מַקְדֵּחַ, מַקְדֵּחָה

electric drill מַקְדֵּחָה־חַשְׁמַלִּית

pneumatic drill פַּטִּישׁ־אֲוִיר

2 (*Mil.*) תִּרְגּוּל

foot drill תַּרְגִּילֵי־סֵדֶר

□ *what's the drill* (*colloq.*) מָה עוֹשִׂים עַכְשָׁו? אֵיךְ עוֹשִׂים אֶת זֶה?

—v.t. & i.

1 (bore hole) קָדַח

drilling rig מִתְקַן קִדּוּחַ (לָרֹב יַמִּי, אַךְ גַּם יַבַּשְׁתִּי)

2 (*Mil.*) תִּרְגֵּל (חַיָּלִים)

□ *they are a well drilled force* הֵם כֹּחַ מְתֻרְגָּל הֵיטֵב

3 (train, teach) תִּרְגֵּל (חָנִיךְ, תַּלְמִיד)

□ *I drilled it into her that she must not be rude* הִכְנַסְתִּי לָהּ לָרֹאשׁ שֶׁאָסוּר לְהִתְנַהֵג בְּגַסּוּת

□ *he drilled his pupils in Hebrew grammar* הוּא תִּרְגֵּל אֶת תַּלְמִידָיו בְּדִקְדּוּק עִבְרִי

□ *she drilled good manners into the boy* הִיא הִקְנְתָה לַיֶּלֶד נִימוּסִים טוֹבִים

drill[2] /drɪl/ n.

1 (small furrow) תַּלְמִית, חָרִיץ־זְרִיעָה בָּאֲדָמָה תְּחוּחָה

2 (agricultural implement) מַזְרֵעָה

—v.t. זָרַע בְּמַזְרֵעָה

drill[3] /drɪl/ n. שָׁלֵשׁ, בַּד כָּבֵד מִכֻּתְנָה אוֹ מִפִּשְׁתָּן

drily /ˈdraɪlɪ/ adv. בִּיבֹשֶׁת, בְּיֹבֶשׁ, בִּקְרִירוּת, בַּאֲדִישׁוּת

drink /drɪŋk/ n.

1 (draught) לְגִימָה

2 (beverage) מַשְׁקֶה

soft drinks מַשְׁקָאוֹת קַלִּים

□ *music has been his meat and drink for many years* הַמּוּזִיקָה מִלְאָה אוֹתוֹ כָּלִיל בְּמֶשֶׁךְ שָׁנִים רַבּוֹת

3 (intoxicating liquor) מַשְׁקֶה חָרִיף

□ *he was the worse for drink* הוּא הָיָה שָׁתוּי, הוּא הָיָה מְבֻסָּם

□ *drinks all round!* מַשְׁקֶה לְכֻלָּם עַל חֶשְׁבּוֹנִי!

□ *he stood a round of drinks* הוּא כִּבֵּד בְּמַשְׁקֶה אֶת כָּל הַנּוֹכְחִים

□ *they came in for a drink* הֵם בָּאוּ לִלְגֹּם כּוֹסִית

□ *his worries drove him to drink* דַּאֲגוֹתָיו גָּרְמוּ שֶׁיִּתְמַכֵּר לִשְׁתִיָּה

□ *he has a drink problem* יֵשׁ לוֹ בְּעָיָה עִם אַלְכּוֹהוֹל (כְּלוֹמַר: לְמַעֲשֶׂה הוּא שַׁתְיָן)

—v.t. & i. (past **drank** /dræŋk/, past ppl. **drunk** /drʌŋk/)

1 (swallow liquid) שָׁתָה, לָגַם

drinking water מֵי שְׁתִיָּה
□ *he drank it down* (or *off*) *in one swallow* הוּא שָׁתָה אֶת הַכֹּל בִּלְגִימָה אַחַת
□ *drink up!* תִּשְׁתּוּ!
□ *he drank in every word he uttered* (*fig.*) הוּא שָׁתָה בְּצָמָא כָּל מִלָּה שֶׁהוֹצִיא מִפִּיו
□ *you can take a horse to water but you cannot make it drink* (*Prov.*) אֶפְשָׁר לְהַסְבִּיר לְאָדָם מַה טּוֹב לוֹ, אֲבָל אִי־אֶפְשָׁר לְהַכְרִיחוֹ לִנְהֹג בְּהֶתְאֵם לְכָךְ
2 (drink alcohol) שָׁתָה מַשְׁקָאוֹת חֲרִיפִים
□ *he doesn't drink* הוּא לֹא שׁוֹתֶה (מַשְׁקָאוֹת אַלְכּוֹהוֹלִיִּים)
□ *don't drink and drive!* הִמָּנַע מִנְּהִיגָה לְאַחַר שְׁתִיַּת אַלְכּוֹהוֹל
□ *she drank herself to death* הַשְּׁתִיָּה הֵבִיאָה עָלֶיהָ אֶת מוֹתָהּ
□ *we drank her health on her birthday* שָׁתִינוּ לְחַיֶּיהָ בְּיוֹם הֻלַּדְתָּהּ
□ *he can drink most people under the table* הוּא מְסֻגָּל לְהוֹסִיף וְלִשְׁתּוֹת כְּשֶׁכֻּלָּם כְּבָר שִׁכּוֹרִים
□ *he drinks like a fish* הוּא שַׁתְיָן מֻבְהָק, הוּא שׁוֹתֶה כְּמוֹ דָּג
□ *he drinks all his wages* הוּא מוֹצִיא אֶת כָּל כַּסְפּוֹ עַל שְׁתִיָּה

drinkable /ˈdrɪŋkəb(ə)l/ adj. רָאוּי לִשְׁתִיָּה, נִתָּן לִשְׁתִיָּה

drinker /ˈdrɪŋkə(r)/ n. שַׁתְיָן, שׁוֹתֶה
□ *he's a hard* (or *heavy*) *drinker* הוּא שַׁתְיָן מֻבְהָק, הוּא שׁוֹתֶה הַרְבֵּה

drinking /ˈdrɪŋkɪŋ/ n. שְׁתִיָּה; שְׁתִיַּת מַשְׁקָאוֹת חֲרִיפִים
drinking fountain בֶּרֶז שְׁתִיָּה, מִזְרֶקֶת שְׁתִיָּה
drinking song שִׁיר יַיִן

drip /drɪp/ v.i. & t. טִפְטֵף, נָזַל; הִגִּיר
dripping wet רָטֹב עַד לְשַׁד הָעֲצָמוֹת, נוֹטֵף כֻּלּוֹ
—n.
1 (falling liquid) טִפָּה; טִפְטוּף; אִינְפוּזְיָה
drip-feed אִינְפוּזְיָה
2 (feeble person, *colloq.*) "יוֹרָם"

drip-dry /ˈdrɪp-draɪ/ adj. כַּבֵּס־וּלְבַשׁ

dripping /ˈdrɪpɪŋ/ n. שֻׁמָּן מְבֻשָּׁל מִן הַחַי
—adj. מְטַפְטֵף; נוֹזֵל

drive /draɪv/ (past **drove** /drəʊv/, past ppl. **driven** /ˈdrɪv(ə)n/ v.t.
1 (urge, force) דָּחַף, הֵנִיעַ
□ *the noise here is driving me up the wall* (*sl.*) הָרַעַשׁ כָּאן מוֹצִיא אוֹתִי מִן הַכֵּלִים
□ *he drove his workers too hard* הוּא רָדָה בְּעוֹבְדָיו יָתֵר עַל הַמִּדָּה
□ *he drives a hard bargain* קָשֶׁה לְהִתְמַקֵּחַ אִתּוֹ וּלְנַצֵּחַ
□ *he drove in a nail* הוּא תָּקַע מַסְמֵר
□ *I was driven to it* נֶאֱלַצְתִּי לַעֲשׂוֹת זֹאת
□ *he drove the point home with a practical example* הוּא הִמְחִישׁ אֶת הָעִנְיָן בְּדֻגְמָה מַעֲשִׂית
□ *they drove a tunnel through the mountain* הֵם קָדְחוּ מִנְהָרָה בָּהָר
2 (direct vehicle, also v.i.) נָהַג; נָהַג בְּ...
□ *she drove me into town* הִיא הִסִּיעָה אוֹתִי הָעִירָה
□ *she drives a black Porsche* הִיא נוֹהֶגֶת בְּפּוֹרְשֶׁה שְׁחוֹרָה, יֵשׁ לָהּ פּוֹרְשֶׁה שְׁחוֹרָה
drive-in "דְּרַיְב־אִין"
—v.i. חָבַט בְּעָצְמָה, הִכָּה בְּעָצְמָה (כַּדּוּר בְּטֶנִיס, סְקוֹשׁ, גּוֹלְף וְכַד')
□ *what is he driving at?* (*colloq.*) לְמָה הוּא חוֹתֵר? לְמָה הוּא מִתְכַּוֵּן?
—n.
1 (excursion) "סִבּוּב", נְסִיעָה קְצָרָה, טִיּוּל קָצָר בִּמְכוֹנִית
□ *it's an hour's drive from London* הַמָּקוֹם מֶרְחָק שְׁעַת־נְסִיעָה מִלּוֹנְדוֹן
2 (stroke in ball game) חֲבָטָה חֲזָקָה, מַכָּה חֲזָקָה (בְּמִשְׂחֲקֵי כַּדּוּר שׁוֹנִים)
3 (strong human urge) דַּחַף, יֵצֶר; יָזְמָה, מֶרֶץ
□ *he lacks drive* חֲסֵרָה לוֹ יָזְמָה
4 (name of road, private road) דֶּרֶךְ; דֶּרֶךְ פְּרָטִית; מָבוֹא לַחֲנִיָּה (בְּבַיִת פְּרָטִי)
5 (organized effort) מַאֲמָץ מְאֻרְגָּן, מִבְצָע
export drive מַאֲמַצֵּי־יִצּוּא, מִבְצַע־יִצּוּא
6 (method of transmission) הֶנֵעַ, הֲנָעָה
four wheel drive הֲנָעָה שֶׁל אַרְבָּעָה גַּלְגַּלִּים
front wheel drive הֲנָעָה קִדְמִית
7 (position of driving-wheel in car)
left-hand (or **right-hand**) **drive** הֶגֶה שְׂמָאלִי/יְמָנִי
8 (tournament) תַּחֲרוּת
whist drive מְסִבַּת "וִיסְט" (מִשְׂחַק קְלָפִים)

drivel /ˈdrɪv(ə)l/ v.i. (*derog.*) פִּטְפֵּט, דִּבֵּר שְׁטֻיּוֹת
—n. הֲבָלִים, פִּטְפּוּט, שְׁטֻיּוֹת, קִשְׁקוּשׁ

driven /ˈdrɪv(ə)n/ past ppl. of **drive**

driver /ˈdraɪvə(r)/ n.
1 (person in control of vehicle) נֶהָג
back-seat driver נוֹתֵן עֵצוֹת (בְּלִי שֶׁנִּתְבַּקֵּשׁ לְכָךְ)
2 (golf-club) אַלַּת־גּוֹלְף לַחֲבָטוֹת לְמֶרְחָק גָּדוֹל

driveway /ˈdraɪvweɪ/ n. מָבוֹא לַחֲנִיָּה (שֶׁל בַּיִת פְּרָטִי)

driving /ˈdraɪvɪŋ/ n. & adj. נְהִיגָה; מֵנִיעַ
driving belt רְצוּעַת הֲנָעָה
driving rain גֶּשֶׁם סוֹחֵף
□ *she is the driving force in the partnership* הִיא הַכֹּחַ הַמֵּנִיעַ בַּשֻּׁתָּפוּת

driving-instructor /ˈdraɪvɪŋ-ɪnˌstrʌktə(r)/ n. מוֹרֵה־נְהִיגָה

driving-licence /ˈdraɪvɪŋ-ˌlaɪsəns/ n. רִשְׁיוֹן נְהִיגָה

driving-school /ˈdraɪvɪŋ-ˌskuːl/ n. בֵּית־סֵפֶר לִנְהִיגָה

driving-test /ˈdraɪvɪŋ-ˌtest/ n. מִבְחַן נְהִיגָה, "טֶסְט"

drizzle /ˈdrɪz(ə)l/ v.i. & n. טִפְטוּף, גֶּשֶׁם קַל; טִפְטֵף גֶּשֶׁם

droll /drəʊl/ adj.
1 (amusing) מְשַׁעֲשֵׁעַ, מַצְחִיק
2 (odd) מוּזָר, יוֹצֵא־דֹּפֶן, מְגֻחָךְ

drollery /ˈdrəʊlərɪ/ n. (*arch.*) לֵיצָנוּת, מַעֲשֵׂה לֵיצָנוּת

dromedary /ˈdrɒməd(ə)rɪ/ n. גָּמָל בַּעַל דַּבֶּשֶׁת אַחַת (לָרֹב לִרְכִיבָה)

drone /drəʊn/ n.
1 (non-working male bee) דַּבּוּר (זְכַר הַדְּבוֹרָה)
2 (idle person, *derog.*) בַּטְלָן, הוֹלֵךְ בָּטֵל
3 (humming sound) זִמְזוּם, הֶמְיָה, דִּבּוּר חַד־גּוֹנִי
4 (*Mus.*) חָלִיל לִוּוּי בַּעַל צְלִיל נָמוּךְ (בְּחֵמַת חֲלִילִים); צְלִיל שֶׁל חָלִיל כַּנַּ"ל

—v.i. & t. הִמְהֵם, זִמְזֵם (בְּקוֹל נָמוּךְ וְחַדְגּוֹנִי)
□ *he droned on and on* (*derog.*) הוּא לֹא חָדַל לְמַלְמֵל בְּקוֹלוֹ הַמַּרְדִּים

drool /druːl/ v.i. הִזִּיל רִיר
□ *he drooled over his new motor bike* הוּא הָיָה מְשֻׁגָּע עַל הָאוֹפַנּוֹעַ הֶחָדָשׁ שֶׁלּוֹ

droop /druːp/ v.i. & t. שַׁח, נָפַל; הִרְכִּין, הִשְׁפִּיל

drop drɒp/ v.t.
1 (let fall) הִפִּיל, הִשְׁמִיט, שָׁמַט
drop a brick (*colloq.*) זָרַק הֶעָרָה מְבִיכָה
□ *the ship dropped anchor* הָאֳנִיָּה הֵטִילָה עֹגֶן
□ *she dropped a curtsey to the queen* הִיא הֶחֶוְתָה קִדָּה לַמַּלְכָּה
□ *you might drop a hint that he should stay longer* רָצוּי לִרְמֹז לוֹ שֶׁיִּשָּׁאֵר עוֹד קְצָת
□ *drop me a line sometime* תִּכְתֹּב לִי מִדֵּי פַּעַם
□ *she dropped a stitch in her knitting* הִיא הֶחְסִירָה "עַיִן" בַּסְּרִיגָה
□ *let's drop the subject* בּוֹא נַנִּיחַ לָזֶה, נַעֲבֹר לְנוֹשֵׂא אַחֵר
□ *you might drop your voice, I'm not deaf* אַתָּה יָכוֹל לְהַנְמִיךְ אֶת קוֹלְךָ, אֲנִי לֹא חֵרֵשׁ
□ *he drops his aitches* יֵשׁ לוֹ מִבְטָא שֶׁל אָדָם חֲסַר חִנּוּךְ (אֵינוֹ מְבַטֵּא אֶת הַהֵא)
2 (set down from vehicle) הוֹרִיד (נוֹסֵעַ מִמְּכוֹנִית)
□ *I'll drop you near your home* אֲנִי אוֹרִיד אוֹתְךָ לְיַד הַבַּיִת (שֶׁלְּךָ)
3 (omit) הוֹצִיא, זָרַק, עָזַב, זָנַח, וִתֵּר
□ *he was dropped from the team* הוֹצִיאוּ אוֹתוֹ מֵהַנִּבְחֶרֶת
□ *she dropped him* הִיא זָרְקָה אוֹתוֹ

—v.i.
1 (fall) נָפַל, צָנַח, קָרַס
□ *he dropped dead on the spot* הוּא צָנַח מֵת בַּמָּקוֹם
□ *drop dead!* (*sl.*) שֶׁתִּתְפַּגֵּר! הַלְוַאי שֶׁתָּמוּת!
□ *I'm ready to drop* אֲנִי נוֹפֵל מֵהָרַגְלַיִם; אֲנִי עָיֵף עַד מָוֶת
□ *you could have heard a pin drop* הָיָה שֶׁקֶט כָּזֶה שֶׁיָּכֹלְתָּ לִשְׁמֹעַ זְבוּב

□ *let it drop!* תַּעֲזֹב אֶת זֶה!
□ *he dropped in her estimation* עֶרְכּוֹ יָרַד בְּעֵינֶיהָ
2 (in set phrases)
□ *they dropped across to see me* הֵם קָפְצוּ אֵלַי לְבִקּוּר
□ *he dropped back to second place* הוּא יָרַד לַמָּקוֹם הַשֵּׁנִי
□ *they dropped in on their way home* בְּדַרְכָּם הַבַּיְתָה קָפְצוּ לְבִקּוּר
□ *he dropped off* הוּא נִרְדַּם
□ *business dropped off* הַמְּכִירוֹת נֶחֶלְשׁוּ, הָעֲסָקִים הוּרְעוּ
□ *he dropped on me like a ton of bricks* הוּא תָּקַף אוֹתִי לְלֹא רַחֲמִים
□ *the bottom dropped out of the tin market* שׁוּק הַבְּדִיל נֶהֱרַס, מְחִירֵי הַבְּדִיל יָרְדוּ לְשֵׁפֶל הַמַּדְרֵגָה
□ *I've dropped out of society and the rat-race* פָּרַשְׁתִּי מִן הַחֶבְרָה וּמִן הַמֵּרוֹץ הַמְּטֹרָף אַחֲרֵי הַהַצְלָחָה
□ *he dropped out in the third term* הוּא נָשַׁר בַּשְּׁלִישׁ הָאַחֲרוֹן

—n.
1 (small quantity of liquid) טִפָּה
a drop in the ocean טִפָּה בַּיָּם
□ *he'd had a drop too much* (*colloq.*) הוּא שָׁתָה יוֹתֵר מִדַּי
2 (sweet) סֻכָּרִיָּה (קָשָׁה וּשְׁקוּפָה)
acid drop סֻכָּרִיָּה חֲמוּצָה
3 (fall) נְפִילָה, יְרִידָה
at the drop of a hat מִיָּד, עַל־פִּי רֶמֶז וּבְלִי הַפְצָרוֹת מְרֻבּוֹת
4 (vertical distance) מֶרְחָק (אֲנָכִי, הַמְּתֹאָר מִנְּקֻדַּת תַּצְפִּית עִלִּית)
5 (*Theatr.*, also **drop-curtain**) מָסָךְ תָּלוּי (בַּתֵּיאַטְרוֹן)

droplet /ˈdrɒplɪt/ n. רְסִיס (שֶׁל נוֹזֵל), אֶגֶל, טִפָּה קְטַנָּה

drop-out /ˈdrɒp-aʊt/ n. עוֹזֵב בֵּית־סֵפֶר; עוֹזֵב אוּנִיבֶרְסִיטָה (לִפְנֵי שֶׁסִּיֵּם); "נָפֵל"

dropper /ˈdrɒpə(r)/ n. טַפְטֶפֶת (רְפוּאִית, לֹא לְהַשְׁקָיָה)

droppings /ˈdrɒpɪŋz/ n. *pl.* גְּלָלִים (שֶׁל בַּעֲלֵי חַיִּים); חֶרְיוֹנִים (שֶׁל צִפּוֹרִים)

dropsy /ˈdrɒpsɪ/ n. מַיֶּמֶת (הִצְטַבְּרוּת נוֹזְלִים בַּגּוּף)

dross /drɒs/ n. סִיגִים; פְּסֹלֶת

drought /draʊt/ n. בַּצֹּרֶת

drove[1] /devv/ n. עֵדֶר, הָמוֹן (מוּבָל עַל־יְדֵי רוֹעֶה אוֹ מַנְהִיג)
□ *they came in droves* הֵם בָּאוּ בְּלַהֲקוֹת

drove[2] /drɒʊv/ past of **drive**

drover /ˈdrəʊvə(r)/ n. נוֹהֵג בְּהֵמוֹת, נוֹהֵג בַּבָּקָר

drown /draʊn/ v.t. הִטְבִּיעַ, שָׁטַף, הֵצִיף
□ *he drowned his sorrows at the local* הוּא הִשְׁכִּיחַ אֶת צָרוֹתָיו בַּפָּאבּ הַשְּׁכוּנָתִי

□ *he looked like a drowned rat* הוּא נִרְאָה כְּמוֹ עַכְבָּר רָטֹב
□ *his voice was drowned by the roar of the traffic* קוֹלוֹ נִבְלַע בְּתוֹךְ שְׁאוֹן הַתְּנוּעָה
—v.i. (יִצּוּר חַי טָבַע, אַךְ לֹא סְפִינָה וְכַד׳)

drowning /ˈdraʊnɪŋ/ adj. טוֹבֵעַ
□ *a drowning man will clutch at a straw* (*Prov.*) אָדָם טוֹבֵעַ יִשְׁלַח אֶת יָדוֹ גַּם אֶל קָנֶה רָצוּץ
—n. (מִקְרֶה) טְבִיעָה

drowse /draʊz/ v.i. נָם, הִתְנַמְנֵם
□ *don't drowse away your time* אַל תְּבַזְבֵּז אֶת הַזְּמַן בְּנִמְנוּם
□ *she drowsed off* הִיא הִתְנַמְנְמָה

drowsily /ˈdraʊzɪlɪ/ adv. בְּיַשְׁנוּנִיּוּת, בְּטִשְׁטוּשׁ

drowsiness /ˈdraʊzɪnɪs/ n. יַשְׁנוּנִיּוּת, טִשְׁטוּשׁ־חוּשִׁים

drowsy /ˈdraʊzɪ/ adj. יַשְׁנוּנִי, מְנֻמְנָם; מַפִּיל תְּנוּמָה, מַרְדִּים

drub /drʌb/ v.t. (*colloq.*) הִכָּה, הִצְלִיף, הִרְבִּיץ; שִׁנֵּן

drubbing /ˈdrʌbɪŋ/ n. (*colloq.*) מַלְקוֹת, הַלְקָאָה
□ *he gave the bully a sound drubbing* הוּא הִכָּה אֶת הַבִּרְיוֹן מַכּוֹת נִמְרָצוֹת

drudge /drʌdʒ/ n. & v.i. אָדָם הָעוֹבֵד בִּמְלָאכָה חַדְגּוֹנִית וּמְשַׁעֲמֶמֶת; עָבַד כַּנַּ"ל

drudgery /ˈdrʌdʒərɪ/ n. עֲבוֹדָה חַדְגּוֹנִית וּמְשַׁעֲמֶמֶת

drug /drʌg/ n. סַם
hard drugs סַמִּים קָשִׁים
soft drugs סַמִּים קַלִּים, סַמִּים רַכִּים
drug peddler (or **pusher**) סוֹחֵר־סַמִּים, "פּוּשֶׁר"
drug runner מַבְרִיחַ סַמִּים
a drug on the market (*colloq.*) סְחוֹרָה שֶׁאֵין עָלֶיהָ קוֹפְצִים, מִצְרָךְ שֶׁאֵין לוֹ דּוֹרֵשׁ
—v.t. סִמֵּם
□ *he was still drugged with sleep* הוּא עֲדַיִן הָיָה מְטֻשְׁטָשׁ מִשֵּׁנָה

drug-addict /ˈdrʌg-ˌædɪkt/ n. מָכוּר לְסַמִּים

drugget /ˈdrʌgɪt/ n. אָרִיג צֶמֶר גַּס וְכָבֵד (לָרֹב לִשְׁטִיחִים)

druggist /ˈdrʌgɪst/ n. (*US*) רוֹקֵחַ

drug-store /ˈdrʌg-stɔː(r)/ n. (*US*) "דְּרַג־סְטוֹר" (חֲנוּת שֶׁנִּמְכָּרִים בָּהּ תְּרוּפוֹת, מְזוֹנוֹת קַלִּים וּמִצְרְכֵי־בַּיִת)

drug-traffic /ˈdrʌg-ˌtræfɪk/ n. מִסְחָר בְּסַמִּים, הַבְרָחַת־סַמִּים

Druid /ˈdruːɪd/ n. דְּרוּאִיד (כֹּהֵן בְּדָתָם הָעַתִּיקָה שֶׁל הַקֶּלְטִים)

drum /drʌm/ n.
1 (musical instrument) תֹּף
drum major מְנַצֵּחַ עַל תִּזְמֹרֶת צְבָאִית צוֹעֶדֶת; סַמָּל מְמֻנֶּה עַל הַמְּתוֹפְפִים בַּצָּבָא
drum majorette מְנַצַּחַת בַּעֲלַת־שַׁרְבִיט הַמַּנְהִיגָה תִּזְמֹרֶת צוֹעֶדֶת
□ *he beat the drum for his organization* (*fig.*) הוּא תָּמַךְ בִּלְהַט וּלְלֹא־הַפְסָקָה בָּאִרְגּוּן שֶׁלּוֹ
2 (cylindrical object) תֹּף, חָבִית
brake drum תֹּף הַבְּלָם
oil drum חָבִית־נֵפְט
—v.t. & i. תּוֹפֵף, תִּפֵּף
□ *he drummed his fingers on the table impatiently* הוּא תּוֹפֵף בְּאֶצְבְּעוֹתָיו עַל הַשֻּׁלְחָן בְּקֹצֶר־רוּחַ
□ *she drummed it into him by constant repetition* הִיא הִכְנִיסָה לוֹ אֶת זֶה לָרֹאשׁ עַל־יְדֵי חֲזָרָה מַתְמֶדֶת
□ *after his conviction he was drummed out of the regiment* לְאַחַר הַרְשָׁעָתוֹ הוּא נִזְרַק מִן הַגְּדוּד
□ *he tried hard to drum up support* (*colloq.*) הוּא נִסָּה בְּכָל כֹּחוֹ לְגַיֵּס תְּמִיכָה

drummer /ˈdrʌmə(r)/ n. מְתוֹפֵף

drumming /ˈdrʌmɪŋ/ n. נְגִינָה בְּתֹף; קוֹל־תִּפּוּף, קוֹל־תֻּפִּים; נְקִישׁוֹת

drumstick /ˈdrʌmstɪk/ n.
1 (instrument) מַקַּל־תֻּפִּים, מַקַּל־תִּפּוּף
2 (lower leg-joint of poultry) "פּוּלְקֶע" (שֶׁל עוֹף), כֶּרַע עוֹף, יָרֵךְ שֶׁל תַּרְנְגֹלֶת

drunk /drʌŋk/ past ppl. of **drink** שִׁכּוֹר
—adj.
drunk and disorderly (מַצָּב שֶׁל) הִתְנַהֲגוּת פְּרוּעָה וְשִׁכְרוּת
□ *they were drunk with success* הֵם הָיוּ שִׁכּוֹרִים מֵהַצְלָחָה
—n. שִׁכּוֹר

drunkard /ˈdrʌŋkəd/ n. שִׁכּוֹר, שַׁתְיָן

drunken /ˈdrʌŋkən/ adj. בְּמַצַּב שִׁכְרוּת
drunken driving נְהִיגָה בְּמַצַּב שִׁכְרוּת

drunkenness /ˈdrʌŋkənnɪs/ n. שִׁכְרוּת

dry /draɪ/ adj.
1 (not moist or wet) יָבֵשׁ
as dry as a bone (*colloq.*) יָבֵשׁ כָּעֶצֶם
dry bread לֶחֶם לֹא מָרוּחַ; פַּת חֲרֵבָה
dry goods בַּדִּים, סִדְקִית וּמוּצְרֵי בַּד שׁוֹנִים
dry ice קֶרַח יָבֵשׁ
on dry land עַל הַיַּבָּשָׁה
dry measure מִדָּה יְבֵשָׁה (לְחִיטָּה וְכַד׳)
dry rot נֶגַע עֹבֶשׁ בְּלוּחוֹת עֵץ שֶׁאֵינָם מְאֻוְרָרִים
dry run (*colloq.*) מְטוּחַ "עַל־יָבֵשׁ"
dry-shod בְּלִי לְהַרְטִיב אֶת הָרַגְלַיִם
dry ski slope מִדְרוֹן הַחְלָקָה לְלֹא שֶׁלֶג
a dry spell תְּקוּפַת בַּצֹּרֶת קְצָרָה, עֲצִירַת־גְּשָׁמִים
dry stone wall גֶּדֶר־אֲבָנִים בְּנוּיָה לְלֹא טִיט
2 (thirsty, without drink) צָמֵא
□ *it's dry work* (*colloq.*) זוֹ עֲבוֹדָה מַצְמִיאָה
3 (of wine etc., not sweet) יָבֵשׁ
4 (caustically witty) יָבֵשׁ
□ *she has a dry sense of humour* יֵשׁ לָהּ חוּשׁ הוּמוֹר יָבֵשׁ

5 (uninteresting) יָבֵשׁ, חֲסַר־לַחְלוּחִית
as dry as dust מְשַׁעֲמֵם עַד מָוֶת
—v.t. & i. (past & past ppl. **dried** /draɪd/) יָבֵשׁ; הִתְיַבֵּשׁ
□ *dry your eyes* (or *tears*) נַגֵּב אֶת הַדְּמָעוֹת מֵעֵינֶיךָ!
□ *dry the dishes please!* נַגֵּב אֶת הַכֵּלִים בְּבַקָּשָׁה!
□ *his clothes dried off by the fire* בְּגָדָיו הִתְיַבְּשׁוּ לְיַד הָאֵשׁ
□ *he is trying to dry out* הוּא מְנַסֶּה לְהִגָּמֵל מִשְּׁתִיָּה
□ *the well dried up* הַבְּאֵר הִתְיַבְּשָׁה
□ *his imagination dried up* כֹּחַ הַדִּמְיוֹן אָבַד לוֹ
dryad /ˈdraɪəd/ n. דְּרִיאָדָה (נִימְפַת יְעָרוֹת בַּמִּיתוֹלוֹגְיָה הַיְּוָנִית)
dry-clean /draɪ-ˈkliːn/ v.t. נִקָּה נִקּוּי יָבֵשׁ (בְּגָדִים)
dry-cleaner /ˌdraɪ-ˈkliːnə(r)/ n. חֲנוּת/מְכוֹנָה לְנִקּוּי יָבֵשׁ (שֶׁל בְּגָדִים)
dry-cleaning /ˌdraɪ-ˈkliːnɪŋ/ n. נִקּוּי יָבֵשׁ
dry-dock /ˌdraɪ-ˈdɒk/ n. מִבְדּוֹק יַבַּשְׁתִּי
dryer /ˈdraɪe(r)/ n. מְיַבֵּשׁ־כְּבִיסָה; מְיַבֵּשׁ־שֵׂעָר
dry-fly (fishing) /ˈdraɪ-flaɪ (ˈfɪʃɪŋ)/ n. פִּתָּיוֹן מְלָאכוּתִי (דְּמוּי שְׂפִירִית וְכַד׳)
dual /ˈdjuːəl/ adj. כָּפוּל, דּוּ־
dual carriageway כְּבִישׁ דּוּ־מַסְלוּלִי, לִשְׁנֵי הַכִּווּנִים
dual control דְּרִשׁוֹת כְּפוּלוֹת הֶגָּאִים כְּפוּלִים (בִּמְכוֹנִית לְלִמּוּד נְהִיגָה; בְּמָטוֹס וְכַד׳)
dual nationality לְאֻמִּיּוּת/נְתִינוּת כְּפוּלָה
dual purpose דּוּ־תַּכְלִיתִי
—n. (*Gram.*) (שֵׁם־עֶצֶם) זוּגִי
dualism /ˈdjuːəlɪzəm/ n. (*formal*) דּוּאָלִיזְם (תּוֹרָה הַדּוֹגֶלֶת בִּשְׁנִיּוּת הַמְּצִיאוּת); שְׁנִיּוּת, כְּפִילוּת
duality /djuːˈælɪtɪ/ n. כְּפִילוּת, זוּגִיּוּת, שְׁנִיּוּת, דּוּאָלִיּוּת
dub[1] /dʌb/ v.t.
1 (make knight of) הֶעֱנִיק תֹּאַר אַבִּירוּת, הִכְתִּיר (כְּאַבִּיר)
2 (name) הִכְתִּיר בְּשֵׁם, כִּנָּה בְּשֵׁם
dub[2] /dʌb/ v.t. דִּבֵּב, עָשָׂה ״דִּבִּינְג״ (הִקְלִיט שָׂפָה אַחֶרֶת לְסֶרֶט קוֹלְנוֹעַ)
dubbin /ˈdʌbɪn/ n. מִשְׁחָה לְרִכּוּךְ עוֹרוֹת וּלְאִטּוּמָם
dubbing /ˈdʌbɪŋ/ n. דִּבּוּב, ״דִּבִּינְג״ (בְּקוֹלְנוֹעַ)
dubiety /djuːˈbaɪətɪ/ n. (*formal*) פִּקְפּוּק, סָפֵק; עִנְיָן הַמֻּטָּל בְּסָפֵק
dubious /ˈdjuːbɪəs/ adj. מְפֻקְפָּק, מֻטָּל בְּסָפֵק; מְפַקְפֵּק, מְסַפֵּק
ducal /ˈdjuːk(ə)l/ adj. שֶׁל דֻּכָּסוּת, דֻּכָּסִי
ducat /ˈdʌkət/ n. דּוּקָט (מַטְבֵּעַ זָהָב אֵירוֹפִּי עַד הַמֵּאָה הַ־18)
duchess /ˈdʌtʃɪs/ n. דֻּכָּסִית
duchy /ˈdʌtʃɪ/ n. דֻּכָּסוּת
duck[1] /dʌk/ n.
1 (bird) בַּרְוָז
a lame duck (*fig.*) אָדָם מִסְכֵּן/עֵסֶק כּוֹשֵׁל הַזָּקוּק תָּמִיד לְעֶזְרָה
a sitting duck מַטָּרָה נוֹחָה
a dead duck (*colloq.*) שְׁאֵלָה שֶׁעָבַר זְמַנָּהּ, עִנְיָן קָבוּר וְגָמוּר
□ *her reproaches to him were like water off a duck's back* (*colloq.*) הוּא לֹא שָׂם לֵב בִּכְלָל לְטַעֲנוֹתֶיהָ
□ *she took to it like a duck to water* (*colloq.*) הִיא הִסְתַּדְּרָה עִם זֶה כְּמוֹ דָּג בַּמַּיִם
2 (*Cricket*) אֶפֶס־נְקֻדּוֹת (בְּקְרִיקֶט בִּלְבַד)
□ *he was out for a duck* (בְּקְרִיקֶט) הוּא לֹא זָכָה בְּשׁוּם נְקֻדָּה
3 (dear, *colloq.*) חֲמוּדִי, מְתוּקִי
—v.t. & i.
1 (immerse temporarily) הִטְבִּיל
□ *they ducked him in the swimming pool* הֵם הִטְבִּילוּ אוֹתוֹ בַּבְּרֵכָה
2 (bob down) הִתְכּוֹפֵף, כּוֹפֵף רֹאשׁוֹ (שֶׁלֹּא לְהִפָּגַע), הִתְחַמֵּק (מִמַּכָּה)
duck[2] /dʌk/ n.
1 (type of cloth) אָרִיג גַּס (לָרֹב מִכֻּתְנָה)
2 (in *pl.*, trousers) מִכְנְסֵי מַלָּחִים (מִבַּד כַּנ״ל)
duck-boards /ˈdʌk-bɔːdz/ n. *pl.* לוּחַ־מַעֲבָר עַל פְּנֵי שְׁלוּלִית מַיִם
duckie, ducky /ˈdʌkɪ/ n. (*colloq.*) מֹתֶק
ducking /ˈdʌkɪŋ/ n. הַטְבָּלָה בַּמַּיִם
duckling /ˈdʌklɪŋ/ n. בַּרְוָזוֹן
ugly duckling בַּרְוָזוֹן מְכֹעָר (מִי שֶׁרֵאשִׁיתוֹ דַּלָּה וְאַחֲרִיתוֹ מְפֹאֶרֶת)
duckweed /ˈdʌkwiːd/ n. צֶמַח מַיִם הַגָּדֵל בִּבְרֵכוֹת
duct /dʌkt/ n. צִנּוֹר, תְּעָלָה; כְּלִי־דָּם
ductile /ˈdʌktaɪl/ adj. גָּמִישׁ, נִתָּן לְרִקּוּעַ; (אָדָם) נִתָּן לְהַשְׁפָּעָה
dud /dʌd/ n. (*sl.*)
1 (something of no use) נֵפֶל
□ *he passed me a dud cheque* הוּא מָסַר לִי הַמְחָאָה לְלֹא כִּסּוּי
2 (useless or unintelligent person) ״נֵפֶל״, לֹא־יִצְלַח
□ *I was a dud at maths* הָיִיתִי אֶפֶס בְּמָתֵמָטִיקָה
dude /djuːd/ n. (*US sl.*) בַּרְנָשׁ, ״טִיפּוּס״
dudgeon /ˈdʌdʒən/ n. (*formal*)
in high dudgeon בַּחֲרִי־אַף, סַר וְזָעֵף
duds /dʌdz/ n. *pl.* (*sl.*) בְּגָדִים
due /djuː/ adj.
1 (owing) מַגִּיעַ
□ *the rent falls due on the first of the month* תַּשְׁלוּם שְׂכַר־הַדִּירָה חָל בְּאֶחָד לַחֹדֶשׁ
2 (proper) רָאוּי, מַתְאִים
in due course בְּבוֹא הַזְּמַן, כְּשֶׁתַּגִּיעַ הַשָּׁעָה
□ *he was found guilty of driving without due care and attention* הוּא הֻרְשַׁע בִּנְהִיגָה רַשְׁלָנִית
□ *with all due respect, I must disagree with you* עִם כָּל הַכָּבוֹד, עָלַי לַחֲלֹק עָלֶיךָ

3 (ascribable) בִּגְלַל
□ *the accident was due to mud on the road* הַתְּאוּנָה נִגְרְמָה בְּשֶׁל הַבֹּץ שֶׁעַל הַכְּבִישׁ
4 (expected) אָמוּר לְהַגִּיעַ
□ *he was due here yesterday* הוּא הָיָה צָרִיךְ לָבוֹא אֶתְמוֹל
—n. הַמַּגִּיעַ
□ *give the devil his due* (*colloq.*) תֵּן גַּם לָרָשָׁע אֶת הַטּוֹב הַמַּגִּיעַ לוֹ
□ *give him his due, he means well* אַל תִּשְׁכַּח שֶׁכַּוָּנָתוֹ לְטוֹבָה
—n.pl. דְּמֵי (חֲבֵרוּת בְּמוֹעֲדוֹן, עֲגִינָה בְּנָמֵל, חֲבֵרוּת בְּאִגּוּד), מַס־חָבֵר
□ *you must pay your dues* עָלֶיךָ לְשַׁלֵּם אֶת מַס־הֶחָבֵר; עָלֶיךָ לַעֲשׂוֹת אֶת הַמֻּטָּל עָלֶיךָ
—adv. (נִמְצָא) בְּקַו יָשָׁר (מְכֻוָּן אוֹ נְקֻדָּה מְסֻיֶּמֶת)
□ *the town is due east of here* הָעֲיָרָה נִמְצֵאת בְּקַו יָשָׁר מִזְרָחָה מִכָּאן

duel /ˈdjuːəl/ v.i. & n. לְהִלָּחֵם בִּדְו־קְרָב; דּוּ־קְרָב
duellist /ˈdjuːəlɪst/ n. אֶחָד־הַיְרִיבִים בִּדְו־קְרָב
duenna /djuːˈenə/ n. אֲצִילָה בַּחֲצַר־מַלְכַּת־סְפָרַד; אַפּוֹטְרוֹפְּסִית, מְחַנֶּכֶת
duet /djuːˈet/ n. דּוּאֶט, שִׁירָה/נְגִינָה בִּשְׁנַיִם
duffer /ˈdʌfə(r)/ n. (*arch. colloq.*) טֶמְבֶּל
duffle /ˈdʌf(ə)l/ n. (also **duffel**) אֲרִיג צֶמֶר גַּס
duffle bag קִיטְבֶּג (שַׂק־חֲפָצִים בְּסִגְנוֹן צְבָאִי)
duffle coat "מְעִיל־סְטוּדֶנְטִים" (מְעִיל־בַּרְדָּס עָשׂוּי צֶמֶר עָבֶה)

dug[1] /dʌg/ past & past ppl. of **dig**
dug[2] /dʌg/ n. (*poet.*) עֲטִין, דַּד, פִּטְמַת־בַּעַל־חַיִּים
dug-out /ˈdʌg-aʊt/ n.
1 (canoe) סִירָה/קָנוּ מִגֶּזַע עֵץ חָלוּל
2 (underground shelter) מִקְלָט תַּת־קַרְקָעִי
duke /djuːk/ n. דֻּכָּס
dukedom /ˈdjuːkdəm/ n. דֻּכָּסוּת
dulcet /ˈdʌlsɪt/ adj. (*poet.*) עָרֵב לָאֹזֶן
dulcimer /ˈdʌlsɪmə(r)/ n. (*Hist.*) דּוּלְצִימֶר (כְּלִי־נְגִינָה קָדוּם שֶׁמֵּיתָרָיו מֻפְעָלִים בְּמַקּוֹשִׁים)
dull /dʌl/ adj.
1 (not bright) אַפְרוּרִי
□ *it's a pity it's such a dull day* חֲבָל שֶׁהַיּוֹם יוֹם קוֹדֵר כָּל־כָּךְ
2 (uninteresting, tedious) מְשַׁעֲמֵם, אָפֵר
□ *the lecture was as dull as ditchwater* (*colloq.*) הַהַרְצָאָה הָיְתָה מְשַׁעֲמֶמֶת עַד מָוֶת
3 (slow-witted) מְטֻמְטָם
4 (blunt) קֵהֶה
5 (of pain, indistinctly felt) (כְּאֵב) עָמוּם, מְעֻרְפָּל
—v.t. & i. הִקְהָה, עִרְפֵּל, טִשְׁטֵשׁ; כָּהָה, שָׁכַךְ
□ *pain dulled his senses* הַכְּאֵב הִקְהָה אֶת חוּשָׁיו
dullard /ˈdʌləd/ n. (*arch.*) שׁוֹטֶה, קְשֵׁה־הֲבָנָה

dullness /ˈdʌlnɪs/ n. קֵהוּת, שִׁעֲמוּם, אֲטִימוּת
dully /ˈdʌllɪ/ adv. בְּצוּרָה מְשַׁעֲמֶמֶת
duly /ˈdjuːlɪ/ adv. (*formal*) כַּנִּדְרָשׁ, כַּמְבֻקָּשׁ, כָּרָאוּי, כַּהֹגֶן; בַּזְּמַן

dumb /dʌm/ adj.
1 (mute) אִלֵּם
our dumb friends (*joc.*) בַּעֲלֵי־הַחַיִּים, עוֹלַם־הַחַיּוֹת
dumb show פַּנְטוֹמִימָה
□ *he was struck dumb by the news* הַחֲדָשׁוֹת נָטְלוּ אֶת הַמִּלִּים מִפִּיו
2 (stupid, *colloq.*) טִפֵּשׁ, אִידְיוֹט
dumb blonde (*derog.*) "בְּלוֹנְדִית מְטֻמְטֶמֶת"
dumb cluck (*US*) "חֲמוֹר גָּרֶם" (כִּנּוּי לְאָדָם טִפֵּשׁ)
dumb-bell /ˈdʌm-bel/ n. מִשְׁקֹלֶת־הֲרָמָה, מִשְׁקֹלֶת לְאִמּוּן הַשְּׁרִירִים; טֶמְטוּם (בְּעִקָּר בְּאַרְהַ"ב)
dumbfound /dʌmˈfaʊnd/ v.t. הִדְהִים, הִכָּה בְּתַדְהֵמָה
dumbness /ˈdʌmnɪs/ n. אִלְּמוּת; טִפְּשׁוּת
dumb waiter /ˌdʌm ˈweɪtə(r)/ n. מַעֲלִית־מָזוֹן (בֵּין קוֹמַת הַמִּטְבָּח וְאוּלַם הַסּוֹעֲדִים)
dumdum bullet /ˈdʌm-dʌm bʊlɪt/ n. כַּדּוּר/קְלִיעַ דּוּם־דּוּם (קְלִיעַ הַמִּתְפַּצֵּל בְּגוּף הַמַּטָּרָה)
dummy /ˈdʌmɪ/ n.
1 (model of human form) בֻּבַּת־אָדָם, בֻּבָּה (שֶׁל אָדָם, בְּגֹדֶל טִבְעִי), בֻּבַּת־רַאֲוָה
tailor's dummy אִמּוּם
2 (imitation object) דֶּמֶה
3 (baby's rubber teat, *UK*) מוֹצֵץ
4 (stupid person, *sl.*) אַהֲבַל, טֶמְבֶּל, סְתוּם־בְּלוּם
5 (in card games) הַשַּׂחְקָן שֶׁחוֹשֵׂף אֶת כָּל קְלָפָיו בְּמִשְׂחַק בְּרִידְג'; הַקְּלָפִים שֶׁל הַשַּׂחְקָן הַנַּ"ל
—adj. דֶּמֶה, סְרָק
dummy run חֲזָרָה/נִסָּיוֹן/אִמּוּן "עַל־יָבֵשׁ"
□ *those are just dummy rounds for the rifles* אֵלֶּה רַק כַּדּוּרֵי־סְרָק עֲבוּר הָרוֹבִים

dump /dʌmp/ n.
1 (place for rubbish) מִזְבָּלָה, גַּל־אַשְׁפָּה
refuse (or **rubbish**) **dump** מִזְבָּלָה
2 (temporary store, *Mil.*) מִצְבּוֹר, מַאֲגָר, מַחְסָן זְמַנִּי
ammunition dump מִצְבּוֹר תַּחְמֹשֶׁת (זְמַנִּי)
3 (depressing place, *colloq.*) "חוֹר", מָקוֹם עָלוּב
□ *what a dump!* אֵיזֶה חוֹר!
—v.t.
1 (deposit refuse) הִשְׁלִיךְ (זֶבֶל, פְּסֹלֶת)
2 (*Commerc.*) הֵצִיף אֶת הַשּׁוּק (בְּאֶרֶץ זָרָה) בִּסְחוֹרָה זוֹלָה
3 (put down heavily) זָרַק, שָׁמַט, הֵטִיל
4 (abandon, *colloq.*) "זָרַק" (בֶּן־זוּג וְכַד')
□ *she dumped her boy friend* הִיא זָרְקָה אֶת הֶחָבֵר שֶׁלָּהּ
dumper /ˈdʌmpə(r)/ n. מַשָּׂאִית עִם מְכַל מִטְעָן מַהְפָּךְ, "מַהְפָּךְ", "הַיְבֶּר"

dumping /ˈdʌmpɪŋ/ n. הֲצָפַת הַשּׁוּק בִּסְחוֹרָה זוֹלָה

dumpling /ˈdʌmplɪŋ/ n. כֻּפְתָּה (עֲשׂוּיָה בָּצֵק אוֹ קֶמַח־מַצּוֹת)

dumps /dʌmps/ n. pl. (*colloq.*)
  in the dumps מְצֻבְרָח, עִם הָאַף בָּאֲדָמָה

dump truck /ˈdʌmp trʌk/ n. מַשָּׂאִית עִם מְכַל מִטְעָן מִתְהַפֵּךְ, "מַהְפָּךְ", "הֵיבֵּר"

dumpy /ˈdʌmpɪ/ adj. גּוּץ וְשָׁמֵן

dun[1] /dʌn/ n. & adj. חוּם־אֲפַרְפַּר; סוּס חוּם־אֲפַרְפַּר

dun[2] /dʌn/ (*arch.*) n. נוֹשֶׁה; תְּבִיעָה לְתַשְׁלוּם חוֹב
  —v.t. נָשָׁה, תָּבַע אֶת חוֹבוֹ

dunce /dʌns/ n. סָתוּם, קְשֵׁה־תְּפִיסָה

dunderhead /ˈdʌndəhed/ n. (*arch.*) אֱוִיל, מְטֻמְטָם

dune /djuːn/ n. חוֹלִית, דְּיוּנָה, גִּבְעַת־חוֹל

dung /dʌŋ/ n. זֶבֶל, פֶּרֶשׁ, צוֹאָה (לֹא שֶׁל בְּנֵי־אָדָם)
  —v.t. זִבֵּל (בְּזֶבֶל אוֹרְגָנִי)

dungarees /ˌdʌŋgəˈriːz/ n. pl. (*UK*) סַרְבָּל (עִם כְּתֵפִיּוֹת וּלְלֹא שַׁרְווּלִים)

dungeon /ˈdʌndʒən/ n. בּוֹר־כֶּלֶא (תָּא מַאֲסָר תַּת־קַרְקָעִי)

dunghill /ˈdʌŋhɪl/ n. עֲרֵמַת־זֶבֶל, מַדְמֵנָה

dunk /dʌŋk/ v.t. הִטְבִּיל (עוּגִיָּה וְכַד׳) בְּנוֹזֵל

duo /ˈdjːəʊ/ n. דּוּאוֹ, זוּג, צֶמֶד

duodenal /ˌdjʊəˈdiːn(ə)l/ adj. שֶׁל הַתְּרֵיסַרְיוֹן
  duodenal ulcer כִּיב הַתְּרֵיסַרְיוֹן

duodenum /ˌdjʊəˈdiːnəm/ n. תְּרֵיסַרְיוֹן

dupe /djuːp/ n. קָרְבַּן תַּרְמִית, קָרְבָּן, לְמַעֲשֵׂה־הוֹנָאָה
  —v.t. רִמָּה, הוֹלִיךְ שׁוֹלָל

duplex /ˈdjuːpleks/ adj. כָּפוּל, בִּשְׁנֵי־
  —n. (*US*) דִּירָה בַּעֲלַת שְׁתֵּי קוֹמוֹת; בַּיִת דּוּ־מִשְׁפַּחְתִּי

duplicate /ˈdjuːplɪkeɪt/ v.t. שִׁכְפֵּל, הֶעְתִּיק
  duplicating machine מְכוֹנַת־סְטֶנְסִל, מְכוֹנַת שִׁכְפּוּל (לְהַבְדִּיל מִמְּכוֹנַת הַעְתָּקָה בְּצִלּוּם)
  —adj. /ˈdjuːplɪkət/ מְשֻׁכְפָּל, מֻעְתָּק
  □ *the thief made a duplicate key* הַגַּנָּב הֵכִין מַפְתֵּחַ מְשֻׁכְפָּל
  —n. /ˈdjuːplɪkət/ עֹתֶק, הֶעְתֵּק, שִׁכְפּוּל
  in duplicate בִּשְׁנֵי עֲתָקִים

duplication /ˌdjuːplɪˈkeɪʃ(ə)n/ n. שִׁכְפּוּל, הַעְתָּקָה

duplicator /ˈdjuːplɪkeɪtə(r)/ n. מְכוֹנַת־הַעְתָּקָה (אַךְ לֹא מְכוֹנַת הַעְתָּקָה בְּצִלּוּם)

duplicity /djuːˈplɪsɪtɪ/ n. (*formal*) דּוּ־פַּרְצוּפִיּוּת, רַמָּאוּת זְדוֹנִית

durability /ˌdjʊərəˈbɪlɪtɪ/ n. כֹּשֶׁר עֲמִידוּת, עֲמִידוּת, אִי־הִתְבַּלּוּת

durable /ˈdjʊərəb(ə)l/ adj. בַּעַל כֹּשֶׁר עֲמִידוּת, בִּלְתִּי־מִתְבַּלֶּה, עָמִיד; בַּר־קְיָמָא
  □ *we seek a just and durable peace* אֲנַחְנוּ שׁוֹאֲפִים לְשָׁלוֹם צוֹדֵק וּבַר־קְיָמָא

durables /ˈdjʊərəb(ə)lz/ n. *pl.* מוּצָרִים בְּנֵי־קְיָמָא (מְכוֹנִיּוֹת, מְכוֹנוֹת כְּבִיסָה וְכַד׳)
  consumer durables מוּצָרִים בְּנֵי־קְיָמָא

duration /djʊˈreɪʃ(ə)n/ n. מֶשֶׁךְ־זְמַן
  for the duration כָּל עוֹד, כָּל זְמַן שֶׁ...

duress /djʊˈres/ n. (*formal*) תְּנָאֵי־לַחַץ
  □ *a promise made under duress is not binding* הַבְטָחָה שֶׁנִּתְּנָה תַּחַת לַחַץ אֵינָהּ מְחַיֶּבֶת

Durex /ˈdjʊəreks/ n. (*Prop.*) קוֹנְדּוֹם ("דּוּרֶקְס": שֵׁם מוּצָר נָפוֹץ לְקוֹנְדּוֹם)

during /ˈdjʊərɪŋ/ prep. בְּמֶשֶׁךְ

dusk /dʌsk/ n. בֵּין הַשְּׁמָשׁוֹת, דִּמְדּוּמִים, בֵּין עַרְבַּיִם
  □ *the lights go on at dusk* פַּנָּסֵי הָרְחוֹב נִדְלָקִים עִם הַשְּׁקִיעָה

duskiness /ˈdʌskɪnɪs/ n. אַפְלוּלִיּוּת; כֵּהוּת־עוֹר (הַבִּטּוּי הָאַנְגְּלִי נֶחְשָׁב לְפוֹגֵעַ וּמַעֲלִיב)

dusky /ˈdʌskɪ/ adj. אַפְלוּלִי; כֵּהֵה־עוֹר (בְּאַנְגְּלִית בִּטּוּי פּוֹגֵעַ וּמַעֲלִיב)

dust /dʌst/ n. אָבָק
  dust to dust כִּי עָפָר אַתָּה וְאֶל עָפָר תָּשׁוּב (בִּתְפִלַּת אַשְׁכָּבָה)
  bite the dust (*colloq.*) הִתְפַּגֵּר
  □ *don't kick up* (or *raise*) *such dust* (*colloq.*) אַל תַּעֲשֶׂה מִזֶּה עִנְיָן
  □ *we'll think again when the dust settles* (*colloq.*) נַחְשֹׁב עַל זֶה פַּעַם נוֹסֶפֶת לְאַחַר שֶׁיֵּרָגְעוּ הָרוּחוֹת
  □ *he threw dust in their eyes* הוּא זָרָה חוֹל בְּעֵינֵיהֶם
  □ *if he'd known I was coming you wouldn't have seen him for dust* (*colloq.*) אִם הוּא הָיָה יוֹדֵעַ שֶׁאֲנִי בָּא, הוּא הָיָה נֶעְלָם מִן הַשֶּׁטַח
  —v.t.
  1 (sprinkle with powder) זָרָה, בִּזֵּק, אִבֵּק (אַבְקַת סֻכָּר, קֶמַח, אַבְקַת טַלְק וְכַד׳); רִסֵּס (צֶמַח, בְּאַבְקָה לְהַדְבָּרַת־מַזִּיקִים)
  2 (clean) אִבֵּק; נִקָּה מֵאָבָק
  3 (in set phrases)
  dust down (or **out**) נִקָּה מֵאָבָק
  dust off נִעֵר מֵאָבָק

dustbin /ˈdʌstbɪn/ n. פַּח אַשְׁפָּה

dust bowl /ˈdʌst bəʊl/ n. אֵזוֹר צְחִיחַ, בַּתָּה

dust-cart /ˈdʌst-kɑːt/ n. מַשָּׂאִית זֶבֶל

dust-cover /ˈdʌst-ˌkʌvə(r)/ n. כִּסּוּי, כִּסּוּי־מָגֵן (לְרָהִיטִים לְמָשָׁל, נֶגֶד אָבָק); מִכְסֶה נֶגֶד אָבָק (לְמָשָׁל שֶׁל פָּטֵיפוֹן)

duster /ˈdʌstə(r)/ n. מַטְלִית אָבָק

dusting /ˈdʌstɪŋ/ n. זְרִיַּת־אַבְקָה (לְמָשָׁל אַבְקַת סֻכָּר); נִגּוּב אָבָק; (בְּהַשְׁאָלָה) מַכּוֹת

dust-jacket /ˈdʌst-dʒækɪt/ n. עֲטִיפַת־סֵפֶר

dustman /ˈdʌstmən/ n. מְסַלֵּק אַשְׁפָּה, פּוֹעֵל נִקָּיוֹן (הָעוֹבֵר בָּרְחוֹב עִם מַשָּׂאִית הָאַשְׁפָּה)

dustpan /ˈdʌstpæn/ n. יָעֶה (לְאַשְׁפָּה)

dust-sheet /ˈdʌst-ʃiːt/ n. צִפָּה לְכִסּוּי רָהִיטִים וְרִצְפָּה
dust-up /ˈdʌst-ʌp/ n. (*colloq.*) צְעָקוֹת וּמַכּוֹת
dusty /ˈdʌstɪ/ adj. מְאֻבָּק, מָלֵא אָבָק; צָחִיחַ
a dusty answer (*colloq.*) תְּשׁוּבַת "לֹא" בְּאֶלֶף רַבָּתִי (תְּשׁוּבַת "לֹא" נֶחֱרֶצֶת)
Dutch /dʌtʃ/ adj. הוֹלַנְדִּי
Dutch auction מְכִירָה פֻּמְבִּית שֶׁבָּהּ הַכָּרוֹז מַתְחִיל בִּמְחִיר גָּבוֹהַּ וְהוֹלֵךְ וּמוֹרִיד מִן הַמֶּקַח
Dutch barn אָסָם בַּעַל גַּג אַךְ לְלֹא קִירוֹת
Dutch courage (*colloq.*) אֹמֶץ הַבָּא בְּעִקְבוֹת שְׁתִיַּת אַלְכּוֹהוֹל
Dutch elm disease מַחֲלַת עֲצֵי הַבּוּקִיצָה
go Dutch שִׁלֵּם כָּל אֶחָד אֶת חֶשְׁבּוֹנוֹ בְּנִפְרָד (בְּמִסְעָדָה וְכַד')
□ *he talked to me like a Dutch uncle* הוּא הִטִּיף לִי מוּסָר
—n. הוֹלַנְדִּי; הַשָּׂפָה הַהוֹלַנְדִּית
the Dutch (*pl.*) הַהוֹלַנְדִּים, הָעָם הַהוֹלַנְדִּי
my dear old Dutch (*arch.*) זוּגָתִי שֶׁתִּחְיֶה, אִשְׁתִּי הַיְקָרָה
Dutchman /ˈdʌtʃmən/ (*fem.* **Dutchwoman** /ˈdʌtʃwʊmən/, *pl.* **Dutchmen**) n. הוֹלַנְדִּי
□ *if that's the case, then I'm a Dutchman* אִם זֶה נָכוֹן אָז אֲנִי סִינִי/אֲנִי קוּגֶלֶגֶר
duteous /ˈdjuːtɪəs/ adj. (*formal*) צַיְּתָן, מְמַלֵּא חוֹבָתוֹ
dutiable /ˈdjuːtɪəb(ə)l/ adj. טוּבִין הַחַיָּבִים בְּמֶכֶס, חַיָּב־בְּמַס
dutiful /ˈdjuːtɪf(ə)l/ adj. (*formal*) שׁוֹקֵד לְמַלֵּא חוֹבָתוֹ; מְכַבֵּד אָבִיו וְאִמּוֹ
duty /ˈdjuːtɪ/ n.
1 (obligation) חוֹבָה
□ *he did his duty by his parents* הוּא מִלֵּא אֶת חוֹבָתוֹ כְּלַפֵּי הוֹרָיו
□ *he was in duty bound to arrest his son* (*formal*) הוּא נֶאֱלַץ לְמַלֵּא אֶת חוֹבָתוֹ וְלֶאֱסֹר אֶת בְּנוֹ
2 (task) תַּפְקִיד
on (or **off**) **duty** בְּתַפְקִיד/לֹא בְּתַפְקִיד
in the course of duty בְּמִסְגֶּרֶת מִלּוּי תַּפְקִידוֹ
duty officer קְצִין תּוֹרָן
duty roster (or **rota**) רְשִׁימַת הַתּוֹרָנֻיּוֹת
□ *the box does duty for a table* הַתֵּבָה מְשַׁמֶּשֶׁת כְּשֻׁלְחָן
3 (tax) מַס
customs duty (or **duties**) דְּמֵי־מֶכֶס, מֶכֶס
death duties מַס־יְרֻשָּׁה, מַס־עִזָּבוֹן
duty-free /ˌdjuːtɪ-ˈfriː/ adj. פָּטוּר־מִמֶּכֶס, "דְּיוּטִי־פְרִי"
duty-free shop חֲנוּת "דְּיוּטִי־פְרִי", חֲנוּת פְּטוּרָה מִמֶּכֶס
duvet /ˈduːveɪ/ n. שְׂמִיכַת־פּוּךְ, שְׂמִיכַת־נוֹצוֹת
dwarf /dwɔːf/ n. גַּמָּד, נַנָּס
dwarf oak אַלּוֹן גַּמָּדִי
—v.t. גִּמֵּד
□ *the new office block dwarfed the old buildings near it* בִּנְיַן־הַמִּשְׂרָדִים הֶחָדָשׁ גִּמֵּד אֶת הַבִּנְיָנִים הַסְּמוּכִים לוֹ
dwell /dwel/ (past & past ppl. **dwelt** /dwelt/) v.i.
1 (live, *arch.*) גָּר בְּ...., הִתְגּוֹרֵר בְּ...., יָשַׁב בְּ....
2 (concentrate thought or speech on) הִתְרַכֵּז בְּ...., הִתְעַכֵּב עַל
□ *let's not dwell on the past* הִגִּיעַ הַזְּמַן לִשְׁכֹּחַ אֶת הֶעָבָר, מַה שֶּׁהָיָה – הָיָה
dweller /ˈdwelə(r)/ n. (usu. in comb.) (*formal*) שׁוֹכֵן, יוֹשֵׁב־
cave-dweller אִישׁ־הַמְּעָרוֹת, שׁוֹכֵן־מְעָרוֹת
dwelling /ˈdwelɪŋ/ n. (*formal*) מְגוּרִים, מִשְׁכָּן
dwelling-house /ˈdwelɪŋ-haʊs// n. (*Law*) בִּנְיַן מְגוּרִים, בֵּית־מְגוּרִים
dwelling-place /ˈdwelɪŋ-pleɪs/ n. (*formal*) מְקוֹם־מְגוּרִים
dwindle /ˈdwɪnd(ə)l/ v.i. הִצְטַמְצֵם, פָּחַת, הִדַּלְדֵּל, הִתְמַעֵט
dye /daɪ/ n. צֶבַע, דְּיוֹ, חֹמֶר צְבִיעָה
□ *you are a villain of the deepest dye* (*formal*) אַתָּה נָבָל מִן הַסּוּג הַגָּרוּעַ בְּיוֹתֵר
—v.t. צָבַע (בִּטְבִילָה)
□ *he's a dyed-in-the-wool reactionary* (*derog.*) הוּא רֵיאַקְצְיוֹנֶר מִלֵּדָה/לְלֹא תַּקָּנָה
dyer /ˈdaɪə(r)/ n. צַבָּע (שֶׁל בְּגָדִים וְכַד')
dyestuff /ˈdaɪstʌf/ n. חֹמֶר צְבִיעָה
dying /ˈdaɪɪŋ/ vbl. n. & adj. from **die** v.i.
□ *I'll remember it to my dying day* אֲנִי לֹא אֶשְׁכַּח זֹאת עַד יוֹם מוֹתִי
□ *he looked like a dying duck (in a thunderstorm)* (*colloq.*) הוּא נִרְאָה שְׁלֹשֶׁת־רִבְעֵי מֵת
dyke /daɪk/ n. סֶכֶר; לְסָבִּית (בִּטּוּי פּוֹגֵעַ וּמַעֲלִיב)
dynamic /daɪˈnæmɪk/ adj. דִּינָמִי, נִמְרָץ, פָּעִיל
dynamics /daɪˈnæmɪks/ n. *pl.* דִּינָמִיקָה, תּוֹרַת הַכֹּחוֹת (בְּפִיזִיקָה)
dynamism /ˈdaɪnəmɪzəm/ n. דִּינָמִיּוּת
dynamite /ˈdaɪnəmaɪt/ n. דִּינָמִיט (חֹמֶר־נֶפֶץ) רַב־עָצְמָה
□ *that's political dynamite* (*colloq.*) זֶה חֹמֶר־נֶפֶץ פּוֹלִיטִי
—v.t. פּוֹצֵץ, רִסֵּק בְּדִינָמִיט
dynamo /ˈdaɪnəməʊ/ n. דִּינָמוֹ (מִתְקָן הַהוֹפֵךְ אֲנֶרְגִּיָה מֵכָנִית לְחַשְׁמַל)
□ *he is a human dynamo* הוּא פַּעַלְתָּן וְשׁוֹפֵעַ מֶרֶץ
dynastic /dɪˈnæstɪk/ adj. שֶׁל שׁוֹשֶׁלֶת (מְלוּכָה וְכַד')
dynasty /ˈdɪnəstɪ/ n. שׁוֹשֶׁלֶת מְלוּכָה, דִּינַסְטְיָה
dyne /daɪn/ n. (*Phys.*) דִּינָה (יְחִידַת־כֹּחַ הַדְּרוּשָׁה לְהָנִיעַ גְּרָם אֶחָד בִּמְהִירוּת סֶנְטִימֶטֶר לִשְׁנִיָּה)

dysentery /ˈdɪsəntrɪ/ n. דִּיזֶנְטֶרְיָה (מַחֲלַת-שִׁלְשׁוּל טְרוֹפִּית)

dyslexia /dɪsˈleksɪə/ n. דִּיסְלֶקְצְיָה (לִקּוּי מֹחִי קַל הַגּוֹרֵם לְקָשָׁיִים בְּעִקָּר בִּקְרִיאָה וּכְתִיבָה)

dyslexic /dɪsˈleksɪk/ adj. דִּיסְלֶקְסִי (כַּנַּ"ל)

dyspepsia /dɪsˈpepsɪə/ n. הַפְרָעוֹת בָּעִכּוּל

dyspeptic /dɪsˈpeptɪk/ adj. סוֹבֵל מֵהַפְרָעוֹת בָּעִכּוּל

dystrophy /ˈdɪstrəfɪ/ n. דִּיסְטְרוֹפְיָה (הַפְרָעָה בִּתְזוּנָה שֶׁל רִקְמוֹת הַגּוּף)

muscular dystrophy דִּיסְטְרוֹפְיָה שֶׁל הַשְּׁרִירִים

E e

E, e /iː/ n.
1 (letter) "אי" (הָאוֹת הַחֲמִישִׁית בָּאָלֶפְבֵּית הָאַנְגְּלִי)
2 (*Mus.*) מִי (תָּו/סֻלָּם בְּמוּזִיקָה)

each /iːtʃ/ pron. & adj. כָּל אֶחָד; לְכָל אֶחָד; בְּכָל אֶחָד; מִכָּל אֶחָד
□ *the pomegranates are 40p each* מְחִיר הָרִמּוֹנִים 40 פֶּנְס כָּל אֶחָד
□ *each according to his taste* כָּל אֶחָד לְפִי טַעֲמוֹ, אִישׁ אִישׁ וְטַעֲמוֹ
□ *they hate each other* הֵם לֹא סוֹבְלִים זֶה אֶת זֶה
□ *each hates the other* הָאֶחָד שׂוֹנֵא אֶת הַשֵּׁנִי

eager /iːgə(r)/ adj. לָהוּט, מִשְׁתּוֹקֵק, תָּאֵב
eager beaver (*colloq.*) אָדָם תְּאֵב־עֲבוֹדָה

eagle /iːg(ə)l/ n. עַיִט; נֶשֶׁר
eagle eye (בַּעַל) עֵין־הַנֵּץ

eagle-eyed /iːg(ə)l-ˈaɪd/ adj. בַּעַל עֵינֵי־נֵץ; דָּרוּךְ וְצוֹפֶה

ear[1] /ɪə(r)/ n.
1 (organ of hearing) אֹזֶן
□ *may I have a word in your ear?* הָאוּכַל לְדַבֵּר אִתְּךָ בְּיִחִידוּת?
□ *it has come* (or *has been brought*) *to my ears that...* גֻּנַּב לְאָזְנַי שֶׁ... הוּבָא לִידִיעָתִי שֶׁ...
□ *I'm all ears* (*colloq.*) כֻּלִּי אֹזֶן
□ *he has the king's ear* הַמֶּלֶךְ מַטֶּה לוֹ אֹזֶן; יֵשׁ לוֹ קֶשֶׁר יָשִׁיר עִם הַמֶּלֶךְ
□ *he has* (or *keeps*) *his ear to the ground* הוּא פּוֹקֵחַ אָזְנַיִם (לִשְׁמֹעַ אֶת הַמִּתְרַחֵשׁ)
□ *in one ear and out the other* (*colloq.*) נִכְנָס בְּאֹזֶן אַחַת וְיוֹצֵא מִן הַשְּׁנִיָּה
□ *I'm up to my ears in debt* (*colloq.*) אֲנִי שָׁקוּעַ בְּחוֹבוֹת עַד צַוָּאר
□ *he's wet behind the ears* (*colloq.*) הוּא בָּחוּר תָּמִים
2 (faculty of discriminating sound) (חוּשׁ) שְׁמִיעָה, שֶׁמַע
□ *she has no ear for music* אֵין לָהּ שְׁמִיעָה
□ *she can play by ear* הִיא יְכוֹלָה לְנַגֵּן עַל־פִּי הַשְּׁמִיעָה
□ *you'll be out of touch with HQ so you'll have to play it by ear* (*colloq.*) לֹא יִהְיֶה לְךָ קֶשֶׁר עִם הַמַּטֶּה וְיִהְיֶה עָלֶיךָ לְהִסְתַּדֵּר בְּכֹחוֹת עַצְמְךָ

ear[2] /ɪə(r)/ n. שִׁבֹּלֶת

earache /ɪəreɪk/ n. כְּאֵב־אֹזֶן

ear-drum /ɪə-drʌm/ n. תֹּף־הָאֹזֶן

earl /ɜːl/ n. רוֹזֵן (תֹּאַר אֲצֻלָּה בְּרִיטִי)

earldom /ɜːldəm/ n. דַּרְגַּת הָרוֹזֵן; אֲחֻזַּת הָרוֹזֵן

earlobe /ɪələʊb/ n. תְּנוּךְ הָאֹזֶן

early /ɜːlɪ/ adj. & adv. מֻקְדָּם, קֹדֶם, קָדוּם; מֻקְדָּם, בְּהֶקְדֵּם
early warning system מַעֲרֶכֶת הַתְרָאָה מֻקְדֶּמֶת
□ *an early resolution of this conflict is to be desired* דָּרוּשׁ פִּתְרוֹן מָהִיר שֶׁל הַסִּכְסוּךְ הַזֶּה
□ *in his early years a child needs a great deal of attention* בְּשְׁנוֹתָיו הָרִאשׁוֹנוֹת זָקוּק הַיֶּלֶד לִתְשׂוּמֶת־לֵב רַבָּה וּלְטִפּוּל
□ *he left early (in the morning)* הוּא יָצָא מֻקְדָּם (בַּבֹּקֶר)
□ *he left the meeting early* הוּא הִקְדִּים לָצֵאת מִן הַפְּגִישָׁה
□ *quite early on it became plain that she had exceptional talents* כְּבָר בְּשָׁלָב מֻקְדָּם הִתְבָּרֵר שֶׁהִיא בַּעֲלַת כִּשְׁרוֹנוֹת יוֹצְאֵי־דֹּפֶן
□ *it's the early bird that catches the worm* (*Prov.*) כָּל הַקּוֹדֵם זוֹכֶה
□ *please reply at your earliest convenience* נָא לַעֲנוֹת בְּהֶקְדֵּם הָאֶפְשָׁרִי
□ *it's early days (yet)* עוֹד מֻקְדָּם (לְהַחְלִיט, לוֹמַר)
□ *he keeps early hours* הוּא מַקְדִּים לָקוּם וְלִשְׁכַּב לִישֹׁן
□ *some of the guests arrived early* כַּמָּה מִן הָאוֹרְחִים הִקְדִּימוּ לָבוֹא
□ *his bias became apparent early in his speech* הַגִּישָׁה שֶׁלּוֹ נֶחְשְׂפָה בְּשָׁלָב מֻקְדָּם בִּנְאוּמוֹ

earmark /ɪəmɑːk/ n. & v.t. סִימָן־בַּעֲלוּת, סִימָן־הֶכֵּר; יִחֵד, הִקְצִיב (כְּסָפִים לְמַטָּרָה מְסֻיֶּמֶת)

earn /ɜːn/ v.t. הִשְׂתַּכֵּר, הִרְוִיחַ; הָיָה רָאוּי לְ...; זָכָה בְּ...
□ *he's (really) earned this holiday* הַחֻפְשָׁה הַזֹּאת הִגִּיעָה לוֹ (בֶּאֱמֶת)
□ *his eccentricities earned him the nickname 'Madman'* בִּגְלַל זָרֻיּוֹתָיו זָכָה בַּכִּנּוּי "הַמְּשֻׁגָּע"

earnest[1] /ɜːnɪst/ n. רְצִינוּת
in (deadly) earnest בִּמְלוֹא הָרְצִינוּת
—adj. רְצִינִי, תַּקִּיף בְּהַחְלָטָתוֹ, כְּבַד־רֹאשׁ

earnest[2] /ɜːnɪst/ n. (*formal*) הַפְקָדָה, דְּמֵי־קְדִימָה, עֵרָבוֹן
□ *the dictator released the political prisoners as earnest of his intentions* הָרוֹדָן שִׁחְרֵר אֶת הָאֲסִירִים הַפּוֹלִיטִיִּים כְּאוֹת לְכַוָּנוֹתָיו

earnings /ɜːnɪŋgz/ n. *pl.* שָׂכָר, רֶוַח, רְוָחִים

earphones /ɪə-faʊnz/ n. *pl.* אָזְנִיּוֹת

ear-piece /ɪə-pi:s/ n. אֲפַרְכֶּסֶת הַטֶּלֶפוֹן; אָזְנִיָּה (שֶׁל כּוֹבַע וְכַד׳)

ear-plug /ɪə-plʌg/ n. פְּקָק־אָזְנַיִם

ear-ring /ɪə-rɪŋ/ n. עָגִיל

earshot /ɪəʃot/ n. טְוַח־שְׁמִיעָה

  within (or **out of**) **earshot** בִּטְוַח־שְׁמִיעָה/מִחוּץ לִטְוַח־שְׁמִיעָה

earth /ɜ:θ/ n.

 1 (this planet, also **Earth**) כַּדּוּר־הָאָרֶץ, (הַכּוֹכָב) אֶרֶץ

  earth mother אִשָּׁה גְּדוֹלָה, פּוֹרִיָּה וְאִמָּהִית

  earth sciences מַדְּעֵי־הָאֲדָמָה (גֵּיאוֹלוֹגְיָה, מֶטֶאוֹרוֹלוֹגְיָה וְכַיּוֹ״ב)

  mother earth אִמָּא־אֲדָמָה

  □ *I would go to the ends of the earth for her* (*formal*) הָיִיתִי הוֹלֵךְ בִּשְׁבִילָהּ עַד סוֹף־הָעוֹלָם

  □ *I'll move heaven and earth to get there* אֲנִי מוּכָן לְהַרְעִישׁ עוֹלָמוֹת כְּדֵי לְהַגִּיעַ לְשָׁם

  □ *what on earth has happened to you?* (*colloq.*) מַה לְּכָל הָרוּחוֹת קָרָה לְךָ?

  □ *this scheme would cost the earth* (*colloq.*) תָּכְנִית זוֹ תַּעֲלֶה הוֹן־תּוֹעָפוֹת

  □ *I came back to earth with a bump after my holiday* אַחֲרֵי הַחֻפְשָׁה שֶׁלִּי חָזַרְתִּי לַמְּצִיאוּת הָאֲפֹרָה

 2 (soil, ground) קַרְקַע, אֲדָמָה

 3 (hole of fox or badger) מְאוּרָה (שֶׁל שׁוּעָל אוֹ תַּחַשׁ)

  □ *the criminal was finally run to earth in a barn* לְאַחַר חִפּוּשׂ נִמְרָץ נִלְכַּד הַפּוֹשֵׁעַ בָּאָסָם

 4 (*Electr.*) הַאֲרָקָה, חִבּוּר לָאֲדָמָה

—v.t.

 1 (*Electr.*) הֶאֱרִיק, חִבֵּר לָאֲדָמָה

 2 (drive a fox to earth) הִבְרִיחַ (שׁוּעָל) לִמְאוּרָה

 3 earth up כִּסָּה בַּאֲדָמָה (שָׁרָשִׁים, וְכַיּוֹ״ב)

earth-bound /ɜ:θ-baʊnd/ adj. כָּבוּל לַקַּרְקַע; שֶׁפָּנָיו מוּעָדוֹת לְכַדּוּר הָאָרֶץ; חֲסַר־מָעוֹף

earthen /ɜ:θən/ adj. עָשׂוּי מֵאֲדָמָה; עָשׂוּי מֵחֶרֶס

earthenware /ɜ:θənweə(r)/ n. & adj. כְּלֵי־חֹמֶר, כְּלֵי־חֶרֶס

earthling /ɜ:θlɪŋ/ n. בֶּן כַּדּוּר־הָאָרֶץ, תּוֹשַׁב הַכּוֹכָב־אֶרֶץ

earthly /ɪɜ:θlɪ/ adj.

 1 (of planet Earth) שֶׁל כַּדּוּר־הָאָרֶץ

 2 (worldly) מַעֲשִׂי, גַּשְׁמִי, אַרְצִי

  not an earthly (*sl.*) אֵין שׁוּם סִכּוּי

  no earthly use (*colloq.*) אֵין כָּל טַעַם (לַעֲשׂוֹת דָּבָר מָה); חֲסַר תּוֹעֶלֶת

earthquake /ɜ:θkweɪk/ n. רְעִידַת־אֲדָמָה, רַעַשׁ־אֲדָמָה

earth-shaking /ɜ:θ-ʃeɪkɪŋ/ adj. מַרְעִיד אֶת אַמּוֹת הַסִּפִּים, בַּעַל חֲשִׁיבוּת עֲצוּמָה

earthwork /ɜ:θwɜ:k/ n. סוֹלְלָה, חֲפִירָה, עֲבוֹדַת־עָפָר

earthworm /ɜ:θwɜ:m/ n. תּוֹלַעַת־אֲדָמָה, שִׁלְשׁוּל

earthy /ɜ:θɪ/ adj. אַרְצִי, גַּשְׁמִי

  □ *he has an earthy sense of humour* יֵשׁ לוֹ חוּשׁ הוּמוֹר גַּס

ear-trumpet /ɪə-trʌmpɪt/ n. (*Hist.*) שְׁפוֹפֶרֶת־שֶׁמַע

earwig /ɪəwɪg/ n. צִבְתָּן (חֶרֶק קָטָן בַּעַל מַצְבְּטִים בְּחֶלְקוֹ הָאֲחוֹרִי)

ease /i:z/ n. קַלּוּת (בְּבִצּוּעַ); שַׁאֲנַנּוּת, שַׁלְוָה

  □ *you can finish the job at your ease* אַתָּה רַשַּׁאי לְסַיֵּם אֶת הָעֲבוֹדָה בִּזְמַנְּךָ הַחָפְשִׁי

  □ *the doctor tried to put his patients at (their) ease* הָרוֹפֵא נִסָּה לְהַרְגִּיעַ אֶת חוֹלָיו

  □ *for ease of reference there is an index* לְנוֹחִיּוּת הַמְעַיֵּן יֵשׁ מַפְתֵּחַ־עִנְיָנִים

  □ *take your ease!* (*formal*) אָנָּא הַרְגֵּשׁ בְּנוֹחַ!

  □ *if it will set your mind at ease, I'll check she arrived safely* אִם זֶה יַרְגִּיעַ אוֹתְךָ אֲבָרֵר אִם הִיא הִגִּיעָה בְּשָׁלוֹם

  □ *stand at ease!* עֲמֹד נוֹחַ!

—v.t.

 1 (relieve from pain or trouble) הֵקֵל, הִרְגִּיעַ, שִׁכֵּךְ

  □ *these pills should ease the pain* הַכַּדּוּרִים הָאֵלֶּה יָקֵלּוּ עַל הַכְּאֵב

 2 (relax, slacken, also v.i.) הִפְחִית, רִפָּה, שִׁחְרֵר, דָּחַף בַּעֲדִינוּת; פָּחַת, הִתְרַפָּה, הִשְׁתַּחְרֵר

  □ *he eased the stuck drawer open* הוּא שִׁחְרֵר בַּעֲדִינוּת אֶת הַמְּגֵרָה הַתְּקוּעָה

easel /i:z(ə)l/ n. כַּן לְצִיּוּר

easement /i:zmənt/ n. (*Law*) זְכוּת שִׁמּוּשׁ בְּמְקַרְקְעֵי הַזּוּלַת

easily /i:zɪlɪ/ adv.

 1 (with ease) בְּקַלּוּת, עַל נְקַלָּה

 2 (by a long way) בְּלִי סָפֵק

east /i:st/ n., adj. & adv.

 1 (point where sun rises) מִזְרָח; מִזְרָחִי; לַמִּזְרָח

 2 (eastern part of world or continent or region) הַמִּזְרָח

  the Far (or **Middle** or **Near**) **East** הָרָחוֹק/הַתִּיכוֹן/הַקָּרוֹב

eastbound /i:stbaʊnd/ adj. נוֹסֵעַ מִזְרָחָה; לְכִוּוּן מִזְרָח

Easter /i:stə(r)/ n. פַּסְחָא (חַג נוֹצְרִי)

  Easter egg בֵּיצַת־פַּסְחָא (לָרֹב מִשּׁוֹקוֹלָד, שֶׁאוֹכְלִים בְּחַג־הַפַּסְחָא)

  Easter Sunday (or **Day**) יוֹם־הָרִאשׁוֹן שֶׁבּוֹ חָל חַג הַפַּסְחָא

easterly /i:stəlɪ/ adj. & adv. מִזְרָחִי, מִצַּד מִזְרָח, לְעֵבֶר מִזְרָח

  □ *an easterly wind blew* רוּחַ מִזְרָחִית נָשְׁבָה

eastern /i:stən/ adj. מִזְרָחִי

easterner /i:stənə(r)/ n. בֶּן מִזְרַח אַרְהַ״ב, תּוֹשַׁב מִזְרַח אַרְהַ״ב

easternmost /iːstənməʊst/ adj. בִּקְצֵה מִזְרָח, הַמִּזְרָחִי בְּיוֹתֵר

eastward /iːstwəd/ adj. מִזְרָחָה, כְּלַפֵּי מִזְרָח

—adv. (also **eastwards**) מִזְרָחָה, בְּכִוּוּן מִזְרָח

easy /iːzɪ/ adj.

1 (not difficult) קַל, נוֹחַ

2 (free from pain or discomfort or anxiety) רָגוּעַ, נִנּוֹחַ, לְלֹא כְּאֵב

easy chair כִּסֵּא־נוֹחַ

□ *easy come, easy go* (*colloq.*) מַה שֶּׁבָּא בְּקַלּוּת, הוֹלֵךְ בְּקַלּוּת

□ *easy does it!* (*colloq.*) לֹא בְּכֹחַ! בַּעֲדִינוּת!

□ *easier said than done* קַל לְדַבֵּר, קָשֶׁה לַעֲשׂוֹת

□ *go easy on the drink for a few days* תִּשְׁתֶּה פָּחוֹת בְּמֶשֶׁךְ כַּמָּה יָמִים

□ *I'm not easy in my mind about her* אֲנִי לֹא שָׁקֵט בִּגְלָלָהּ

□ *stand easy!* עֲמִידָה חָפְשִׁית! (לְהַבְדִּיל מִן הַפְּקֻדָּה "עֲמֹד נוֹחַ!")

□ *take it* (or *things*) *easy* לָקַחַת אֶת זֶה (אֶת הַדְּבָרִים) בְּקַלּוּת

□ *take it easy!* אַל תִּתְרַגֵּשׁ! הֵרָגַע!

□ *he took the easy way out* הוּא בָּחַר בַּדֶּרֶךְ הַקַּלָּה

easygoing /ˌiːzɪˈgəʊɪŋ/ adj. נִנּוֹחַ, בַּעַל מֶזֶג נוֹחַ

□ *she has an easygoing nature* יֵשׁ לָהּ מֶזֶג נוֹחַ

eat /iːt/ (past **ate** /eɪt, et/, past ppl. **eaten** /ˈiːt(ə)n/) v.t. & i.

1 (take in food; have a meal) אָכַל

□ *we eat out a lot* אָנוּ אוֹכְלִים בְּמִסְעָדוֹת לְעִתִּים קְרוֹבוֹת

□ *we eat outside in summer* בַּקַּיִץ אָנוּ אוֹכְלִים בַּחוּץ

□ *that girl has her boyfriend eating out of her hand* (*colloq.*) הַנַּעֲרָה הַזֹּאת מְסוֹבֶבֶת אֶת הֶחָבֵר שֶׁלָּהּ עַל הָאֶצְבַּע הַקְּטַנָּה

□ *their guests ate them out of house and home* (*colloq.*) הָאוֹרְחִים זָלְלוּ כָּל פֵּרוּר שֶׁהָיָה בַּבַּיִת

□ *eat up!* תִּגְמֹר אֶת הָאֹכֶל!

□ *I'll make that slanderer eat his words* אֲדָאַג לְכָךְ שֶׁהַמַּשְׁמִיץ הַזֶּה יִתְחָרֵט בְּפֻמְבֵּי עַל שְׁקָרָיו

2 (destroy, damage) אָכַל, אִכֵּל

□ *he was eaten up with jealousy* הוּא הָיָה אָכוּל קִנְאָה

□ *the acid ate into the metal* הַחֻמְצָה אִכְּלָה אֶת הַמַּתֶּכֶת

□ *she's been eating her heart out since she was jilted* (*colloq.*) מֵאָז זָנַח אוֹתָהּ אֲהוּבָהּ הִיא אוֹכֶלֶת אֶת עַצְמָהּ

eatable /ˈiːtəb(ə)l/ adj. רָאוּי לְמַאֲכָל, אָכִיל

eaten /ˈiːt(ə)n/ past ppl. of **eat**

eater /ˈiːtə(r)/ n.

1 (person who eats) סוֹעֵד

2 (eating-apple) תַּפּוּחַ לְמַאֲכָל (לְהַבְדִּיל מִתַּפּוּחַ בִּשּׁוּל)

eating-apple /ˈiːtɪŋ-æp(ə)l/ n. תַּפּוּחַ לְמַאֲכָל (לְהַבְדִּיל מִתַּפּוּחַ לְבִשּׁוּל)

eating-house /ˈiːtɪŋ-haʊs/ n. מִסְעָדָה, בֵּית־אֹכֶל

eats /iːts/ n. *pl.* (*sl.*) מַשֶּׁהוּ לֶאֱכֹל

eau-de-Cologne /ˌəʊ-də-kəˈləʊn/ n. מֵי־קוֹלוֹן, אוֹ־דֶה־קוֹלוֹן

eau-de-vie /ˌəʊ-də-ˈviː/ n. יֵין־שָׂרָף

eaves /iːvz/ n. *pl.* כַּרְכֹּב־הַגַּג

eavesdrop /ˈiːvzdrop/ v.i. צוֹתֵת, הֶאֱזִין בַּחֲשַׁאי

eavesdropper /ˈiːvzdrɒpə(r)/ n. מַאֲזִין בַּחֲשַׁאי, מְצוֹתֵת

ebb /eb/ n. שֵׁפֶל (בַּיָּם); נְסִיגָה, שְׁקִיעָה

ebb and flow שֵׁפֶל וְגֵאוּת (בַּיָּם)

ebb tide שֵׁפֶל (בַּיָּם)

—v.i. (זֶרֶם הַגֵּאוּת) נָסוֹג, יָצָא; (בְּהַשְׁאָלָה) נָסוֹג, הָיָה בִּירִידָה, שָׁקַע הָלֹךְ וּפָחֹת

□ *he saw his popular support ebb away* הוּא נוֹכַח לָדַעַת שֶׁהַתְּמִיכָה הַצִּבּוּרִית בּוֹ פּוֹחֶתֶת וְהוֹלֶכֶת

ebony /ˈebənɪ/ n. & adj. הָבְנֶה (עֵץ טְרוֹפִּי, כֵּהֶה, קָשֶׁה וְיָקָר)

ebullience /ɪˈbʌlɪəns/ n. (*formal*) (מַצָּב נַפְשִׁי שֶׁל) תְּסִיסָה, מֶרֶץ, עֲלִיצוּת

ebullient /ɪˈbʌlɪənt/ adj. (*formal*) (בְּמַצָּב נַפְשִׁי) תּוֹסֵס, נִמְרָץ, מָלֵא עֲלִיצוּת

eccentric /ɪkˈsentrɪk/ adj. & n.

1 (strange; strange person) תִּמְהוֹנִי, מוּזָר; אָדָם תִּמְהוֹנִי

2 (*Geom.*) (מַעְגָּל) שׁוֹנֶה מֶרְכָּז

eccentricity /ˌeksenˈtrɪsətɪ/ n. תִּמְהוֹנוּת, אֶקְסְצֶנְטְרִיּוּת

ecclesiastic /ɪˌkliːzɪˈæstɪk/ n. אִישׁ־כְּמוּרָה, כֹּהֵן־דָּת

ecclesiastical /ɪˌkliːzɪˈæstɪk(ə)l/ adj. שֶׁל הַכְּנֵסִיָּה הַנּוֹצְרִית

ECG abbrev. (also **EKG**) א.ק.ג., אֶלֶקְטְרוֹקַרְדְּיוֹגְרָם, רִשּׁוּם־לֵב חַשְׁמַלִּי

echelon /ˈeʃəlɒn/ n. דֶּרֶג, מַדְרֵגָה (בְּסֻלָּם דְּרָגוֹת וְכַד׳)

echo /ˈekəʊ/ n. הֵד

echo chamber תָּא־תְּהוּדָה

—v.i. & t. הִדְהֵד, חָזַר כְּהֵד; חָזַר עַל... (דְּבָרִים וְכַד׳)

echo-sounder /ˈekəʊ-saʊndə(r)/ n. מַד־עֹמֶק (בְּאֶמְצָעוּת תְּהוּדָה)

echo-sounding /ˈekəʊ-saʊndɪŋ/ n. מְדִידַת עֹמֶק (מַיִם) בִּתְהוּדָה

éclair /ɪˈkleə(r)/ n. פַּחְזָנִית מְאֻרֶכֶת מְמֻלֵּאת קֶרֶם

éclat /eɪˈklɑː/ n. (*formal*) הַצְלָחָה מַזְהִירָה, תְּשׁוּאוֹת רָמוֹת

eclectic /ɪˈklektɪk/ adj. (*formal*) אֶקְלֶקְטִי, שֶׁלֹּא עַל פִּי שִׁיטָה מְסֻדֶּרֶת, לַקְטָנִי

eclipse /ɪˈklɪps/ n. & v.t. לִקּוּי מְאוֹרוֹת; (בְּהַשְׁאָלָה) שְׁקִיעָה; הֶאֱפִיל עַל...

□ *his more brilliant rival has eclipsed him* יְרִיבוֹ הַמַּבְרִיק מִמֶּנּוּ הֶאֱפִיל עָלָיו

ecological /iːkəˈlɒdʒɪk(ə)l/ adj. אֶקוֹלוֹגִי, שֶׁל מַדְּעֵי־הַסְּבִיבָה; הַקָּשׁוּר בְּאֵיכוּת הַסְּבִיבָה

ecologist /ɪˈkolədʒɪst/ n. אֶקוֹלוֹג, מֻמְחֶה לְמַדְּעֵי־הַסְּבִיבָה

ecology /ɪˈkɒlədʒɪ/ n. אֶקוֹלוֹגְיָה, מַדְּעֵי־הַסְּבִיבָה

economic /iːkəˈnɒmɪk/ adj.

1 (connected with trade, industry and finance) כַּלְכָּלִי, שֶׁל תּוֹרַת הַכַּלְכָּלָה

economic geography גֵּיאוֹגְרַפְיָה כַּלְכָּלִית

□ *the government's economic policy brought the country to ruin* הַמְּדִינִיּוּת הַכַּלְכָּלִית שֶׁל הַמֶּמְשָׁלָה הֵבִיאָה הֶרֶס עַל הַמְּדִינָה

2 (reasonably profitable) רִוְחִי, כַּלְכָּלִי

□ *I have to charge an economic rent* עָלַי לִגְבּוֹת שְׂכַר־דִּירָה רִוְחִי

economical /ˌiːkəˈnɒmɪk(ə)l/ adj. חֶסְכוֹנִי, כַּלְכָּלִי

economics /ˌiːkəˈnɒmɪks/ n. *pl.* (with *sing.*v.) כַּלְכָּלָה, תּוֹרַת־הַכַּלְכָּלָה

economist /ɪˈkɒnəmɪst/ n. כַּלְכְּלָן

economize /ɪˈkɒnəmaɪz/ v.i. נָהַג בְּחַסְכָנוּת, עָשָׂה צִמְצוּמִים, מִעֵט בְּהוֹצָאוֹת, חָסַךְ

economy /ɪˈkɒnəmɪ/ n.

1 (system of trade, industry and finance) מֶשֶׁק כַּלְכָּלִי, מֶשֶׁק, כַּלְכָּלָה

□ *the economy (of the country) is booming* הַכַּלְכָּלָה (בַּמְּדִינָה) מְשַׂגְשֶׂגֶת

2 (careful use of money) חַסְכָנוּת, חִסָּכוֹן

false economy חִסָּכוֹן מַטְעֶה (הַגּוֹרֵם בְּסוֹפוֹ שֶׁל דָּבָר לְהוֹצָאָה גְּדוֹלָה)

economy class מַחְלֶקֶת תַּיָּרִים (הַזּוֹלָה בְּיוֹתֵר)

economy drive מַאֲמַצֵּי חִסָּכוֹן, צִמְצוּמִים

□ *we are making economies* הִנְהַגְנוּ מִשְׁטַר־חִסָּכוֹן

ecosystem /ˈiːkəʊsɪstəm/ n. מַעֲרֶכֶת אֶקוֹלוֹגִית

ecstasy /ˈekstəsɪ/ n. אֶקְסְטָזָה, הִתְלַהֲבוּת, הִתְרַגְּשׁוּת, שִׁכְרוֹן־חוּשִׁים

ecstatic /ɪkˈstætɪk/ adj. אֶקְסְטָטִי, נִלְהָב, נִרְגָּשׁ

□ *they gave him an ecstatic welcome* הֵם קִבְּלוּ אֶת פָּנָיו בְּהִתְלַהֲבוּת אַדִּירָה

ECT abbrev. טִפּוּל (פְּסִיכִיאַטְרִי) בְּהֶלֶם חַשְׁמַלִּי

ecumenical /ˌɪkjuːˈmenɪk(ə)l/ adj. אֶקוּמֶנִי (הַשּׁוֹאֵף לְאַחְדוּת הַכְּנֵסִיָּה הַנּוֹצְרִית)

ecumenism /ɪˈkjuːmənɪzəm/ n. הַתְּנוּעָה לְאַחְדוּת הָעוֹלָם הַנּוֹצְרִי

eczema /ˈeksɪmə/ n. אֶקְזֶמָה, גָּרָב

eddy /ˈedɪ/ n. & v.i. מְעַרְבֹּלֶת קְטַנְטַנָּה, עִרְבֵּל; הִתְעַרְבֵּל

Eden /ˈiːdən/ n. גַּן־עֵדֶן (גַּם בְּהַשְׁאָלָה)

edge /edʒ/ n.

1 (cutting part of blade) לַהַב

□ *I gave him the (rough) edge of my tongue* נְזַפְתִּי בּוֹ בַּחֲרִיפוּת

□ *Jones has the edge on the others* לְג'וֹנְס יֵשׁ יִתְרוֹן עַל הָאֲחֵרִים

□ *he's been on edge all day* הוּא הָיָה עַל קוֹצִים כָּל הַיּוֹם

□ *the squeak of chalk on the blackboard sets my teeth on edge* חֲרִיקַת הַגִּיר עַל הַלּוּחַ מַעֲבִירָה בִּי צְמַרְמֹרֶת

□ *the sweets took the edge off his appetite* הַמַּמְתַּקִּים קִלְקְלוּ לוֹ אֶת הַתֵּאָבוֹן

2 (border, brink) קָצֶה, שָׂפָה, שׁוּלַיִם

—v.t. תָּחַם (גְּבוּל לְ...) עָשָׂה שָׂפָה לְ..; קִדֵּם בְּהַדְרָגָה אֶת

□ *he edged his chair nearer the fireplace* הוּא הֵסִיט אֶת כִּסְאוֹ אֶל עֵבֶר הָאָח

—v.i.

edge towards (or **away from**) הִתְקָרֵב בְּהַדְרָגָה לְעֵבֶר..., הִתְרַחֵק בְּהַדְרָגָה מִ...

□ *he edged out of the room* הוּא נָסוֹג אַט אַט מִן הַחֶדֶר

edgeways /ˈedʒweɪz/ adv. (also **edgewise**) עַל הַצַּד

□ *I couldn't get a word in edgeways (colloq.)* לֹא הִצְלַחְתִּי לְהַשְׁחִיל מִלָּה

edging /ˈedʒɪŋ/ n. שָׂפָה, קָצֶה

edging tool אֵת־חֲפִירָה קְטַנָּה וּשְׁטוּחָה לְיִשּׁוּר שׁוּלֵי מִדְשָׁאָה

edgy /ˈedʒɪ/ adj. (*colloq.*) עַצְבָּנִי, נִרְגָּז

edible /ˈedɪb(ə)l/ adj. אָכִיל, רָאוּי לְמַאֲכָל

edict /ˈiːdɪkt/ n. צַו, פְּקֻדָּה, תַּקָּנָה

edification /ˌedɪfɪˈkeɪʃ(ə)n/ n. (*formal*) שִׁפּוּר רוּחָנִי, הֲטָבָה מוּסָרִית

edifice /ˈedɪfɪs/ n. (*formal*) בִּנְיָן פְּאֵר, בֵּית־מִדּוֹת

edify /ˈedɪfaɪ/ v.t. (*formal*) שִׁפֵּר שִׁפּוּר רוּחָנִי, חִנֵּךְ

edit /ˈedɪt/ v.t.

1 (prepare book, film etc. for public use) עָרַךְ, הֶהְדִּיר (סֵפֶר, מַאֲמָר); עָרַךְ (סֶרֶט)

2 (act as editor of regular publication) הָיָה הָעוֹרֵךְ שֶׁל..., עָרַךְ

3 edit out צִנְזֵר, קִצֵּץ, הוֹצִיא

edition /ɪˈdɪʃ(ə)n/ n. מַהֲדוּרָה, הוֹצָאָה

editor /ˈedɪtə(r)/ n. עוֹרֵךְ (שֶׁל סֵפֶר, מַאֲמָר; שֶׁל סֶרֶט; שֶׁל עִתּוֹן)

editorial /ˌedɪˈtɔːrɪəl/ adj. שֶׁל הָעוֹרֵךְ, שֶׁל הַמַּעֲרֶכֶת; שֶׁל עֲרִיכָה

—n. מַאֲמַר־מַעֲרֶכֶת

educate /ˈedʒʊkeɪt/ v.t. חִנֵּךְ, לִמֵּד

education /ˌedʒʊˈkeɪʃ(ə)n/ n. חִנּוּךְ, הַשְׂכָּלָה

College of Education בֵּית־סֵפֶר לְחִנּוּךְ

educational /ˌedʒʊˈkeɪʃən(ə)l/ adj.

1 (of education) חִנּוּכִי

2 (instructive) לְמוֹדִי
educational software לוֹמְדָה, תָּכְנָה לִמוֹדִית (לְמַחְשֵׁב)
educationalist /ˌedʒʊˈkeɪʃənəlɪst/ n. מֻמְחֶה לְחִנּוּךְ
educative /ˈedʒʊkətɪv/ adj. חִנּוּכִי, מְחַנֵּךְ
educator /ˈedʒʊkeɪtə(r)/ n. מְחַנֵּךְ, מוֹרֶה
educe /ɪˈdjuːs/ v.t. (*formal*) הוֹצִיא מַסְקָנָה, הִסִּיק
Edwardian /edˈwɔːdɪən/ adj. מִתְּקוּפַת אֶדְוַארְד הַשְּׁבִיעִי (מֶלֶךְ אַנְגְלִיָּה 1901-1910)
EEC abbrev. הַשּׁוּק הָאֵירוֹפִּי הַמְשֻׁתָּף
eel /iːl/ n. צְלוֹפָח
□ *he is as slippery as an eel* (*colloq.*) הוּא חֲלַקְלַק כִּצְלוֹפָח, הוּא חֲמַקְמַק כִּצְלוֹפָח
eerie /ˈɪərɪ/ adj. מוּזָר וּמַפְחִיד
efface /ɪˈfeɪs/ v.t. (*formal*) מָחָה, מָחַק, טִשְׁטֵשׁ, סִלֵּק
effect /ɪˈfekt/ n.
1 (result) תּוֹצָאָה, הַשְׁפָּעָה
cause and effect סִבָּה וּמְסֻבָּב, סִבָּה וְתוֹצָאָה
in effect לְמַעֲשֶׂה
□ *smoking has an adverse effect* לְעִשּׁוּן יֵשׁ הַשְׁפָּעָה שְׁלִילִית עַל הַבְּרִיאוּת, הָעִשּׁוּן מַזִּיק לַבְּרִיאוּת
□ *we did our best to help, but it was all to no effect* (*formal*) עָשִׂינוּ כְּמֵיטַב יְכָלְתֵּנוּ לַעֲזֹר, אֲבָל לְלֹא הוֹעִיל
□ *I received a cable to the effect that we were bankrupt* (*formal*) קִבַּלְתִּי מִבְרָק שֶׁבּוֹ הוֹדִיעוּ לִי שֶׁפָּשַׁטְנוּ אֶת הָרֶגֶל
□ *the sleeping pill began to take effect* כַּדּוּר־הַשֵּׁנָה הֵחֵל לְהַשְׁפִּיעַ
2 (validity) תֹּקֶף
□ *orders giving effect to this policy will be issued shortly* צַוִּים שֶׁיְּקַנּוּ תֹּקֶף לִמְדִינִיּוּת זוֹ יְפֻרְסְמוּ בְּקָרוֹב
□ *the new law came into* (or *took*) *effect from* (or *on*) *the twelfth* הַחֹק הֶחָדָשׁ נִכְנַס לְתָקְפּוֹ בַּ־12 בַּחֹדֶשׁ
□ *the new law is not yet in effect* הַחֹק הֶחָדָשׁ לֹא נִכְנַס עֲדַיִן לְתָקְפּוֹ
3 (impression produced on the mind) רֹשֶׁם, רִשּׁוּם
sound effects פַּעֲלוּלֵי־קוֹל, "אֶפֶקְטִים"
special effects פַּעֲלוּלִים (בְּסֶרֶט קוֹלְנוֹעַ)
□ *she said it for effect* הִיא אָמְרָה זֹאת לְמַעַן הָרֹשֶׁם
4 (in *pl.*, goods) מִטַּלְטְלִין, טוּבִין, חֲפָצִים
—v.t. (*formal*) הֵבִיא לִידֵי... גָּרַם לְ...
effective /ɪˈfektɪv/ adj. יָעִיל, אֶפֶקְטִיבִי; מַרְשִׁים; הֲלָכָה לְמַעֲשֶׂה; בְּתֹקֶף
□ *his threats were effective* אִיּוּמָיו הָיוּ יְעִילִים, אִיּוּמָיו הָיוּ אֶפֶקְטִיבִיִּים
□ *the wall-hangings are very effective* שְׁטִיחֵי־הַקִּיר מַרְשִׁימִים מְאֹד
□ *the effective membership of the society is much lower* מִסְפָּרָם הַמַּמָּשִׁי שֶׁל חַבְרֵי הָאֲגֻדָּה הַרְבֵּה יוֹתֵר נָמוּךְ
□ *that rule is no longer effective* פָּג תָּקְפּוֹ שֶׁל הַכְּלָל הַזֶּה
effectively /ɪˈfektɪvlɪ/ adv. לְמַעֲשֶׂה, בְּעֶצֶם
□ *his holdings are effectively worthless* לְמַעֲשֶׂה נְכָסָיו חַסְרֵי־עֵרֶךְ
effectual /ɪˈfektʃʊəl/ adj. (*formal*) מַתְאִים לְתַכְלִיתוֹ, יָעִיל, נוֹשֵׂא־פְּרִי
effectuate /ɪˈfektʃʊeɪt/ v.t. (*formal*) בִּצַּע, הִגְשִׁים, הוֹצִיא לַפֹּעַל
effeminacy /ɪˈfemɪnəsɪ/ n. (*derog.*) נָשִׁיּוּת, רַכְרוּכִיּוּת (נֶאֱמַר לְגַבֵּי גֶּבֶר בִּלְבַד)
effeminate /ɪˈfemɪnət/ adj. (*derog.*) נָשִׁי, רַכְרוּכִי (נֶאֱמַר לְגַבֵּי גֶּבֶר בִּלְבַד)
effervesce /ˌefəˈves/ v.i. תָּסַס (נוֹזֵל, הַמְשַׁחְרֵר בּוּעוֹת־גַּז); (אָדָם) תָּסַס, בִּעְבַּע, נָהַג בַּעֲלִיצוּת וְעֵרָנוּת
effervescence /ˌefəˈves(ə)ns/ n. תְּסִיסָה (שִׁחְרוּר בּוּעוֹת־גַּז מִנּוֹזֵל); הִתְלַהֲבוּת
effervescent /ˌefəˈves(ə)nt/ adj. תּוֹסֵס (נוֹזֵל, הַמְשַׁחְרֵר בּוּעוֹת); (אָדָם) תּוֹסֵס, עֵרָנִי וְנִלְהָב
effete /ɪˈfiːt/ adj. (*formal*) חָלוּשׁ, תָּשׁוּשׁ, מְנֻוָּן עָקָר; (לְגַבֵּי גֶּבֶר) נָשִׁי, רַכְרוּכִי
efficacious /ˌefɪˈkeɪʃəs/ adj. (*formal*) יָעִיל, מֵבִיא לְתוֹצָאוֹת, נוֹשֵׂא־פְּרִי
efficacy /ˈefɪkəsɪ/ n. (*formal*) יְעִילוּת
efficiency /ɪˈfɪʃ(ə)nsɪ/ n.
1 (competence) יְעִילוּת, יְכֹלֶת
2 (*Phys.*) נְצִילוּת מְכָנִית
efficient /ɪˈfɪʃ(ə)nt/ adj. יָעִיל; בַּעַל־יְכֹלֶת, יָעִיל
effigy /ˈefɪdʒɪ/ n. דְּמוּת, צֶלֶם (בִּשְׁלֹשָׁה מְמַדִּים), בֻּבָּה (שֶׁל דְּמוּת מְסֻיֶּמֶת)
efflorescence /ˌeflɔːˈres(ə)ns/ n. (*formal*) פְּרִיחָה; שְׁנוֹת פְּעִילוּת (שֶׁל אָמָן לְמָשָׁל)
efflorescent /ˌeflɔːˈres(ə)nt/ adj. (*formal*) פּוֹרֵחַ, מְלַבְלֵב
effluent /ˈeflʊənt/ adj. & n. זוֹרֵם; מֵי־שְׁפָכִים; יוּבַל הַיּוֹצֵא מִנָּהָר
industrial effluent פְּסֹלֶת תַּעֲשִׂיָּתִית (נוֹזְלִים וְעָשָׁן)
effort /ˈefət/ n. מַאֲמָץ, הִשְׁתַּדְּלוּת, הִתְאַמְּצוּת
□ *the government funds the nuclear research effort* הַמֶּמְשָׁלָה מְמַמֶּנֶת אֶת תָּכְנִית הַמֶּחְקָר הַגַּרְעִינִי
□ *his essay was a pretty good effort* (*colloq.*) הַחִבּוּר שֶׁלּוֹ הָיָה נִסָּיוֹן לֹא רַע
effrontery /ɪˈfrʌntərɪ/ n. (*formal*) חֻצְפָּה, עַזּוּת־מֵצַח
effulgence /ɪˈfʊldʒəns/ n. (*formal*) זֹהַר, קְרִינָה, נֹגַהּ
effulgent /ɪˈfʊldʒənt/ adj. (*formal*) זוֹהֵר, קוֹרֵן
effusion /ɪˈfjuːʒ(ə)n/ n. (*formal*) שְׁפִיכָה; הִשְׁתַּפְּכוּת הַנֶּפֶשׁ
effusive /ɪˈfjuːsɪv/ adj. מִשְׁתַּפֵּךְ, נוֹטֶה לִשְׁפֹּךְ אֶת לִבּוֹ
e.g. abbrev. לְמָשָׁל

egalitarian /ɪˌɡælɪˈteərɪən/ adj. & n. דּוֹגֵל, שִׁוְיוֹנִי בְּשִׁוְיוֹן־זְכֻיּוֹת, אֶגָלִיטָרִי

egalitarianism /ɪˌɡælɪˈteərɪənɪzəm/ n. הָאֱמוּנָה בְּשִׁוְיוֹן־זְכֻיּוֹת כּוֹלֵל

egg[1] /eɡ/ n. בֵּיצָה
□ *don't put all your eggs in one basket* (*Prov.*) אַל תָּשִׂים אֶת כָּל הַבֵּיצִים בְּסַל אֶחָד
□ *don't try to teach your grandmother to suck eggs* (*Prov.*) אַל תְּלַמֵּד אֶת הָאַבָּא אֵיךְ לַעֲשׂוֹת יְלָדִים (כְּלוֹמַר, אַל תִּתֵּן עֵצוֹת לְמֻמְחֶה)

egg[2] /eɡ/ v.t.
egg on זֵרֵז (מִישֶׁהוּ לַעֲשׂוֹת מַשֶּׁהוּ)

egg-cup /ˈeɡ-kʌp/ n. גְּבִיעַ־בֵּיצָה

egghead /ˈeɡhed/ n. (*colloq.*) "פְּרוֹפֶסוֹר", "אִינְטֶלִיגֶנְט" (כִּנּוּי הִתּוּלִי לְאִינְטֶלֶקְטוּאַל)

egg-plant /ˈeɡ-plɑːnt/ n. (*US*) חָצִיל

egg-shell /ˈeɡ-ʃel/ n. קְלִפַּת־בֵּיצָה

egg-whisk /ˈeɡ-wɪsk/ n. מַקְצֵף־בֵּיצִים, מַקְצֵף־יָד

egg-white /ˈeɡ-waɪt/ n. חֶלְבּוֹן־בֵּיצָה

ego /ˈiːɡəʊ/ n. אֶגוֹ, הָ"אֲנִי"

egocentric /ˌiːɡəʊˈsentrɪk/ adj. (*derog.*) אֶגוֹצֶנְטְרִי, אָנֹכִי

egoism /ˈiːɡəʊɪzəm/ n. אֶגוֹאִיזְם, אָנֹכִיּוּת

egoist /ˈiːɡəʊɪst/ n. אֶגוֹאִיסְט, אָנֹכִי

egoistic(al) /ˌiːɡəʊˈɪstɪk(əl)/ adj. אֶגוֹאִיסְטִי, אָנֹכִי

egomania /ˌiːɡəʊˈmeɪnɪə/ n. (*derog.*) אֶגוֹמַנְיָה, אָנֹכִיּוּת חוֹלָנִית

egomaniac /ˌiːɡəʊˈmeɪnɪæk/ n. (*derog.*) אֶגוֹמַנְיָאק, אָנֹכִי עַד שִׁגָּעוֹן

egotism /ˈiːɡəʊtɪzəm/ n. (*derog.*) אָנֹכִיּוּת, הַעֲמָדַת הָ"אֲנִי" מֵעַל לַכֹּל

egotist /ˈiːɡəʊtɪst/ n. (*derog.*) אָדָם הַמַּעֲמִיד אֶת הָ"אֲנִי" מֵעַל לַכֹּל

egotistic(al) /ˌiːɡəʊˈtɪstɪk(əl)/ adj. (*derog.*) אֶגוֹאִיסְטִי, אָנֹכִי

ego-trip /ˈiːɡəʊ-trɪp/ n. (*sl.*) "אֶגוֹ־טְרִיפּ" (הֲלָךְ־נֶפֶשׁ אוֹ פְּעֻלָּה הַנַּעֲשִׂית לְשֵׁם קִדּוּם עַצְמִי אוֹ שֶׁיְּסוֹדָהּ בְּהַאְדָּרָה עַצְמִית)

egregious /ɪˈɡriːdʒɪəs/ adj. (*formal*) גָּרוּעַ בְּיוֹתֵר, מַחְפִּיר, זְוָעָתִי

egress /ˈiːɡres/ n. (*formal*) יְצִיאָה (מִמָּקוֹם); זְכוּת־יְצִיאָה

Egyptian /ɪˈdʒɪpʃ(ə)n/ n. & adj. אָדָם מִצְרִי; מִצְרִי

Egyptologist /ˌiːdʒɪpˈtɒlədʒɪst/ n. אֶגִיפְּטוֹלוֹג (חוֹקֵר מִצְרַיִם הָעַתִּיקָה)

Egyptology /ˌiːdʒɪpˈtɒlədʒɪ/ n. אֶגִיפְּטוֹלוֹגְיָה (חֵקֶר מִצְרַיִם הָעַתִּיקָה)

eh /eɪ/ int. (*UK colloq.*) מָה? (מִלַּת־קְרִיאָה לְהַבָּעַת הִשְׁתּוֹמְמוּת אוֹ סָפֵק)

eiderdown /ˈaɪdədaʊn/ n. שְׂמִיכַת פּוּךְ; פְּלוּמַת בַּרְוַז הָאֵידֶרְיָה (לְמִלּוּי שְׂמִיכוֹת)

eight /eɪt/ adj. שְׁמוֹנֶה
□ *he's had one over the eight* (*colloq.*) הוּא שָׁתָה כּוֹסִית אַחַת יוֹתֵר מִדַּי
—n. סִירַת מֵרוֹץ לִשְׁמוֹנָה חוֹתְרִים וְנַוָּט

eighteen /eɪˈtiːn/ adj. & n. שְׁמוֹנֶה־עֶשְׂרֵה

eighteenth /eɪˈtiːnθ/ adj. & n. הַשְּׁמוֹנָה עָשָׂר; הַחֵלֶק הַשְּׁמוֹנָה עָשָׂר

eighth /eɪtθ/ adj. & n. הַשְּׁמִינִי; שְׁמִינִית, הַחֵלֶק הַשְּׁמִינִי

eightieth /ˈeɪtɪəθ/ adj. & n. הַשְּׁמוֹנִים; הַחֵלֶק הַשְּׁמוֹנִים

eighty /ˈeɪtɪ/ n. שְׁמוֹנִים

eisteddfod /aɪˈsteðvɒd/ n. (בְּוֵילְס) כֶּנֶס־תַּחֲרוּת שְׁנָתִי שֶׁל מוּזִיקָאִים וּמְשׁוֹרְרִים

either /ˈaɪðə(r), ˈiːðə(r)/ adj. & pron.
1 (one or other of two) זֶה אוֹ זֶה (מִתּוֹךְ שְׁנַיִם)
□ *I'll take either (of them)* אֶקַּח אֶחָד מֵהֶם
□ *I don't want either (of them)* אֵינִי רוֹצֶה לֹא בָּזֶה וְלֹא בָּזֶה
2 (each of two) כָּל אֶחָד מִן הַשְּׁנַיִם
□ *Mr & Mrs Jones sat at either end of the table* הָאָדוֹן וְהַגְּבֶרֶת ג'וֹנְס יָשְׁבוּ בִּשְׁנֵי קְצוֹת הַשֻּׁלְחָן, הָאָדוֹן וְהַגְּבֶרֶת ג'וֹנְס יָשְׁבוּ כָּל אֶחָד בְּקָצֶה נִפְרָד שֶׁל הַשֻּׁלְחָן
—adv. & conj. גַּם (לֹא); אוֹ
□ *if you don't go, I shan't either* אִם אַתָּה לֹא הוֹלֵךְ גַּם אֲנִי לֹא אֵלֵךְ
□ *either you tell me at once or I call the police* אוֹ שֶׁאַתָּה מְסַפֵּר לִי מִיָּד אוֹ שֶׁאֲנִי קוֹרֵא לַמִּשְׁטָרָה
□ *it was either Jack, John or Fred, I can't remember* זֶה הָיָה אוֹ ג'ֶק, אוֹ ג'וֹן, אוֹ פְרֶד, אֲנִי כְּבָר לֹא זוֹכֵר

either-or /əɪðər- iːðər-, ɔː(r)/ adj. (*colloq.*) (מַצָּב שֶׁל) אוֹ זֶה אוֹ זֶה (אֲבָל לְלֹא אֶפְשָׁרוּת אַחֶרֶת)

ejaculate /ɪˈdʒækjʊleɪt/ v.i. שָׁפַךְ זֶרַע, פָּלַט זֶרַע
—v.t. (*formal*) הִשְׁמִיעַ, פָּלַט (קְרִיאָה פִּתְאֹמִית)

ejaculation /ɪˌdʒækjʊˈleɪʃ(ə)n/ n.
1 (ejection of semen) שְׁפִיכַת־זֶרַע, פְּלִיטַת־זֶרַע
2 (exclamation, *formal*) קְרִיאָה פִּתְאֹמִית

eject /ɪˈdʒekt/ v.t. (*formal*)
1 (expel) גֵּרֵשׁ, סִלֵּק, פִּטֵּר
2 (emit) הִפְלִיט, הִפְרִישׁ, הוֹצִיא, פָּלַט
—v.i. נָטַשׁ מָטוֹס בְּאֶמְצָעוּת כִּסֵּא־מַפְלֵט, נִפְלַט

ejection /ɪˈdʒekʃ(ə)n/ n. (*formal*) פְּלִיטָה, סִלּוּק, גֵּרוּשׁ

ejector seat /ɪˈdʒektə siːt/ n. כִּסֵּא־מַפְלֵט (בְּמָטוֹס)

eke /iːk/ v.t.
eke out סִפֵּק בְּדֹחַק (צְרָכִים וְכַד')
□ *he eked out a livelihood* הוּא הִרְוִיחַ אֶת מִחְיָתוֹ בְּדֹחַק

EKG abbrev. (*US*) see **ECG** אֶלֶקְטְרוֹקַרְדְּיוֹגְרָם, תַּרְשִׁים לֵב חַשְׁמַלִּי

elaborate /ɪˈlæbəreɪt/ v.t. & i פֵּרֵט, הִרְחִיב (הֶסְבֵּר, תֵּאוּר, דְּבָרִים וְכַד׳)

—adj. /ɪˈlæbərət/ מְסֻבָּךְ, מֻרְכָּב, מְפֹרָט

elaboration /ɪˌlæbəˈreɪʃ(ə)n/ n. הַרְחָבָה, פֵּרוּט

élan /eɪˈlɒːn/ n. תְּנוּפָה, הִתְלַהֲבוּת, לַהַט

elapse /ɪˈlæps/ v.i. (*formal*) חָלַף, עָבַר (לְגַבֵּי זְמַן)

elastic /ɪˈlæstɪk/ adj. אֶלַסְטִי, גָּמִישׁ, קְפִיצִי

—n. גּוּמִיָּה, גּוּמִי (רְצוּעַת חֹמֶר אֶלַסְטִי לְהַחְזָקַת מִתְנֵי־חֲצָאִית וְכַד׳)

elasticated /ɪˈlæstɪkeɪtɪd/ adj. (בֶּגֶד) אֶלַסְטִי, בַּעַל אֲזוֹרֵי תְּמִיכָה אֶלַסְטִיִּים

elasticity /ˌiːlæsˈtɪsɪtɪ/ n. אֶלַסְטִיּוּת, גְּמִישׁוּת

elated /ɪˈleɪtɪd/ adj. עוֹלֵץ, בְּמַצַּב־רוּחַ מְרוֹמָם

elation /ɪˈleɪʃ(ə)n/ n. הִתְרוֹמְמוּת־רוּחַ, עֲלִיצוּת

elbow /ˈelbəʊ/ n. מַרְפֵּק

elbow grease (*colloq.*) עֲבוֹדָה יְסוֹדִית, נִקּוּי יְסוֹדִי

elbow room מֶרְחָב, מֶרְחַב־פְּעֻלָּה, מָקוֹם

□ *she was at the President's elbow throughout the negotiations* (*fig.*) בְּמֶשֶׁךְ כָּל יְמֵי הַמַּשָּׂא־וּמַתָּן הִיא עָמְדָה לְצִדּוֹ שֶׁל הַנָּשִׂיא

□ *he was out at elbows* (*arch.*) הָיְתָה לוֹ חָזוּת מְרֻפֶּטֶת

—v.t. & i. דָּחַף אֶת בְּמַרְפֵּק; נִדְחַף בְּמַרְפְּקִים לְ...

□ *he elbowed his way through the crowd* הוּא פִּלֵּס בְּמַרְפְּקִים אֶת דַּרְכּוֹ בֶּהָמוֹן

elder[1] /ˈeldə(r)/ n.

1 (person of greater age, usu. in *pl.*) זָקֵן, קָשִׁישׁ

□ *I respect my elders and betters* אֲנִי מְכַבֵּד אֶת הַמְבֻגָּרִים וְהַטּוֹבִים מִמֶּנִּי

2 (*Relig.*) בַּעַל מִשְׂרָה בַּכְּנֵסִיָּה הַנּוֹצְרִית

—adj. הַבָּכִיר, הַבְּכוֹר (מִבֵּין שְׁנַיִם); זָקֵן

elder statesman מְדִינַאי קָשִׁישׁ (שֶׁפָּרַשׁ אַךְ נוֹהֲגִים לְהִוָּעֵץ בּוֹ)

elder[2] /ˈeldə(r)/ n. סַמְבּוּק (עֵץ אוֹ שִׂיחַ נוֹי)

elderberry /ˈeldəb(ə)rɪ/ n. פְּרִי הַסַּמְבּוּק (מִגַּרְגְּרָיו מְפִיקִים יַיִן)

elderflower /ˈeldəflaʊə(r)/ n. פֶּרַח־הַסַּמְבּוּק

elderly /ˈeldəlɪ/ adj. קָשִׁישׁ

the elderly הַזְּקֵנִים, הַקְּשִׁישִׁים (כְּצִבּוּר)

eldest /ˈeldɪst/ adj. הַבְּכוֹר (מִבֵּין שְׁלֹשָׁה וְיוֹתֵר); הַמְבֻגָּר בְּיוֹתֵר, הַזָּקֵן בְּיוֹתֵר

eldorado /ˌeldəˈrɑːdəʊ/ n. אֶלְדוֹרָדוֹ (עִיר אַגָּדִית הַמְּלֵאָה בְּאוֹצָרוֹת זָהָב)

elect /ɪˈlekt/ adj. (*formal*) הַמְיֻעָד; הַנִּבְחָרִים, הָעִלִּית

the bishop elect הַבִּישׁוֹף הַמְיֻעָד (לְאַחַר שֶׁנִּבְחַר אַךְ לִפְנֵי שֶׁנִּכְנַס לְתַפְקִידוֹ)

—v.t. בָּחַר (בְּהַצְבָּעָה, בִּפְלוֹנִי לְתַפְקִיד); בָּחַר (לַעֲשׂוֹת דְּבַר מָה)

election /ɪˈlekʃ(ə)n/ n. (also **elections**) בְּחִירוֹת

by-election בְּחִירוֹת־מִשְׁנֶה (שֶׁלֹּא מִן הַמִּנְיָן, לְמַלֵּא מִשְׂרָה בְּעִקְבוֹת פְּרִישָׁה אוֹ מָוֶת)

general election בְּחִירוֹת כְּלָלִיּוֹת

□ *he is President by election* הוּא נָשִׂיא נִבְחָר

electioneer /ɪˌlekʃəˈnɪə(r)/ v.i. תּוֹעַמְלָן בְּחִירוֹת

electioneering /ɪˌlekʃəˈnɪərɪŋ/ n. נִהוּל תַּעֲמוּלַת בְּחִירוֹת, נִהוּל מַסַּע־בְּחִירוֹת

elective /ɪˈlektɪv/ adj.

1 (appointed by election) נִבְחָר

2 (having power to elect) בַּעַל זְכוּת־בְּחִירָה

3 (optional, *US*) נִתָּן לִבְחִירָה

□ *Latin is an elective subject* לָטִינִית הִיא מִקְצוֹעַ־בְּחִירָה (בְּבֵית סֵפֶר אוֹ אוּנִיבֶרְסִיטָה)

elector /ɪˈlektə(r)/ n. בּוֹחֵר, בַּעַל זְכוּת־בְּחִירָה

electoral /ɪˈlektərəl/ adj. שֶׁל בּוֹחֲרִים, שֶׁל בְּחִירוֹת, אֶלֶקְטוֹרָלִי

electoral college מוֹעֶצֶת־הַבּוֹחֲרִים, לִבְחִירַת הַנָּשִׂיא (בְּאַרְהַ״ב)

electorate /ɪˈlektərət/ n. גּוּף־הַבּוֹחֲרִים, צִבּוּר־הַבּוֹחֲרִים

electric /ɪˈlektrɪk/ adj. חַשְׁמַלִּי, ״מְחַשְׁמֵל״, מַלְהִיב

electric blanket שְׂמִיכָה חַשְׁמַלִּית (לְחִמּוּם מִטָּה)

electric chair כִּסֵּא חַשְׁמַלִּי

electric eye עַיִן חַשְׁמַלִּית, עַיִן אֶלֶקְטְרוֹנִית, תָּא־פּוֹטוֹ־חַשְׁמַלִּי

electric fire תַּנּוּר־חִמּוּם חַשְׁמַלִּי

electric kettle קוּמְקוּם חַשְׁמַלִּי

electric shock הֶלֶם חַשְׁמַל, ״זֶרֶם״

□ *the atmosphere was electric* (*fig.*) הָאֲוִירָה הָיְתָה מְחַשְׁמֶלֶת

electrical /ɪˈlektrɪk(ə)l/ adj. חַשְׁמַלִּי

electrician /ɪlekˈtrɪʃ(ə)n/ n. חַשְׁמַלַּאי

electricity /ɪlekˈtrɪsətɪ/ n. חַשְׁמַל; תּוֹרַת־הַחַשְׁמַל; ״חַשְׁמַל״ הִתְלַהֲבוּת

electrification /ɪˌlektrɪfɪˈkeɪʃən/ n. חִשְׁמוּל, חִבּוּר לְרֶשֶׁת הַחַשְׁמַל

electrify /ɪˈlektrɪfaɪ/ v.t.

1 (convert to electric power) חִשְׁמֵל, הִתְקִין מַעֲרֶכֶת חַשְׁמַלִּית בְּ...

2 (charge with electricity) חִשְׁמֵל; הִטְעִין בְּחַשְׁמַל

3 (excite) ״חִשְׁמֵל״ הִלְהִיב, הִסְעִיר

electro- /ɪˈlektrəʊ-/ pref. אֶלֶקְטְרוֹ־, (תְּחִלִּית שֶׁפֵּרוּשָׁהּ) שֶׁל חַשְׁמַל

electrocardiogram /ɪˌlektrəʊˈkɑːdɪəʊgræm/ n. (בְּדִיקַת) א.ק.ג., רִשּׁוּם־לֵב חַשְׁמַלִּי

electrocardiograph /ɪˌlektrəʊˈkɑːdɪəʊgrɑːf/ n. (מַכְשִׁיר) א.ק.ג.

electroconvulsive /ɪˌlektrəʊkənˈvʌlsɪv/ adj. שֶׁל הֶלֶם חַשְׁמַלִּי

electroconvulsive therapy טִפּוּל (פְּסִיכִיאַטְרִי) בְּהֶלֶם חַשְׁמַלִּי

electrocute /ɪˈlektrəkjuːt/ v.t. הוֹצִיא לְהוֹרֵג בְּחַשְׁמַל; חִשְׁמֵל לָמָוֶת

electrocution /ɪˌlektrəˈkjuːʃ(ə)n/ n. הוֹצָאָה לַהוֹרֵג בְּחַשְׁמַל; חִשְׁמוּל לַמָּוֶת

electrode /ɪˈlektrəʊd/ n. אֶלֶקְטְרוֹדָה (כָּל אֶחָד מִשְּׁנֵי הַקְּטָבִים בְּמִתְקָן חַשְׁמַלִּי)

electroencephalogram /ɪˌlektrəʊenˈsefələɡræm/ n. (בְּדִיקַת) א.א.ג., רִשּׁוּם גַּלֵּי־מֹחַ

electroencephalograph /ɪˌlektrəʊenˈsefələɡrɑːf/ n. (מַכְשִׁיר) א.א.ג., אֶלֶקְטְרוֹאֶנְצֶפָלוֹגְרָף

electrolysis /ɪˌlekˈtrɒlɪsɪs/ n. אֶלֶקְטְרוֹלִיזָה (הַפְרָדַת נוֹזֵל לְמַרְכִּיבָיו בְּאֶמְצָעוּת חַשְׁמַל); סִלּוּק שֵׂעָר בְּמַחַט־חַשְׁמַלִּית

electrolyte /ɪˈlektrəlaɪt/ n. אֶלֶקְטְרוֹלִיט (נוֹזֵל, שֶׁאֶפְשָׁר לְהַפְרִידוֹ לְמַרְכִּיבִים בְּאֶמְצָעוּת חַשְׁמַל)

electromagnet /ɪˌlektrəʊˈmæɡnɪt/ n. אֶלֶקְטְרוֹמַגְנֵט (מַגְנֵט חַשְׁמַלִּי)

electromagnetic /ɪˌlektrəʊmæɡˈnetɪk/ adj. אֶלֶקְטְרוֹמַגְנֵטִי

electron /ɪˈlektrɒn/ n. אֶלֶקְטְרוֹן
 electron microscope מִיקְרוֹסְקוֹפּ אֶלֶקְטְרוֹנִי

electronic /ɪˌlekˈtrɒnɪk/ adj. אֶלֶקְטְרוֹנִי
 electronic mail (also **e-mail**) דֹּאַר אֶלֶקְטְרוֹנִי (הַמֻּעֲבָר בְּאֶמְצָעוּת מַחְשֵׁב)
 electronic music מוּזִיקָה אֶלֶקְטְרוֹנִית

electronics /ɪˌlekˈtrɒnɪks/ n.*pl.* (with *sing.*v.) אֶלֶקְטְרוֹנִיקָה

electroplate ɪˈlektrəʊpleɪt/ v.t. צִפָּה בְּמַתֶּכֶת בְּאֶמְצָעוּת אֶלֶקְטְרוֹלִיזָה

elegance /ˈelɪɡəns/ n. הֲדָר, הִדּוּר, אֶלֶגַנְטִיּוּת

elegant /ˈelɪɡənt/ adj. אֶלֶגַנְטִי, מְהֻדָּר, הָדוּר, נָאֶה, מְעֻדָּן

elegiac /elɪˈdʒaɪək/ adj. (*formal*) אֶלֶגִי, עָגוּם, עָצוּב

elegy /ˈelədʒɪ/ n. אֶלֶגְיָה, שִׁיר־קִינָה

element /ˈelɪmənt/ n. יְסוֹד, מַרְכִּיב, חֵלֶק, אֶלֶמֶנְט; גּוֹרֵם, קְבוּצָה

1 (part)
□ *the element of time was crucial* גּוֹרֵם הַזְּמַן הָיָה מַכְרִיעַ
□ *there's an element of truth in what you say* יֵשׁ מַרְכִּיב שֶׁל אֱמֶת בִּדְבָרֶיךָ
□ *there was a rowdy element in the crowd* הָיְתָה קְבוּצָה פְּרוּעָה בְּקֶרֶב הַקָּהָל

2 (*Chem.*) יְסוֹד כִּימִי

3 (earth, air, fire or water) אֶחָד מֵאַרְבַּעַת הַיְסוֹדוֹת (עָפָר, מַיִם, רוּחַ, אֵשׁ)
□ *he's in his element as a debater* הוּא חָשׁ אֶת עַצְמוֹ כְּדָג בַּמַּיִם בִּשְׁעַת וִכּוּחַ
□ *the teacher was out of his element in the factory* בְּבֵית־הַחֲרֹשֶׁת הַמּוֹרֶה הָיָה שֶׁלֹּא בִּמְקוֹמוֹ הַטִּבְעִי
□ *the elements were raging outside* בַּחוּץ הִשְׁתּוֹלְלוּ אֵיתָנֵי־הַטֶּבַע

4 (in *pl.*, rudiments of learning) יְסוֹדוֹת הַדַּעַת וְהַהַשְׂכָּלָה

5 (*Electr.*) גּוּף־חִמּוּם (חַשְׁמַלִּי, "אֶלֶמֶנְט")

elemental /ˌeləˈment(ə)l/ adj.
1 (of the powers of nature) שַׁיָּךְ לְאֵיתָנֵי־הַטֶּבַע, הִיּוּלִי, רִאשׁוֹנִי
2 (single, uncompounded) פָּשׁוּט, יְסוֹדִי, בְּסִיסִי

elementary /ˌeləˈment(ə)rɪ/ adj. יְסוֹדִי, בְּסִיסִי, רִאשׁוֹנִי, אֶלֶמֶנְטָרִי
 elementary particle (*Phys.*) חֶלְקִיק־יְסוֹד, חֶלְקִיק־אֶלֶמֶנְטָרִי
 elementary school בֵּית־סֵפֶר יְסוֹדִי

elephant /ˈelɪfənt/ n. פִּיל
 white elephant פִּיל לָבָן (נֶכֶס שֶׁאַחְזָקָתוֹ יְקָרָה וְתוֹעַלְתּוֹ מוּעֶטֶת)

elephantiasis /ˌelɪfənˈtaɪəsɪs/ n. אֶלֶפַנְטִיאַסִיס (מַחֲלָה הַגּוֹרֶמֶת לִנְפִיחוּת אֵבָרִים)

elephantine /elɪˈfæntaɪn/ adj. (*joc.*) עֲנָקִי, גַּמְלוֹנִי, מְגֻשָּׁם (כְּמוֹ פִּיל); שֶׁל פִּיל

elevate /ˈelɪveɪt/ v.t. רוֹמֵם, הֶעֱלָה; שִׁפֵּר (מִבְּחִינָה מוּסָרִית); הֵרִים

elevated /ˈelɪveɪtɪd/ adj. מְרוֹמָם, מוּרָם (מֵעַם); נִשְׂגָּב, נִמְלָץ (סִגְנוֹן וְכַד')

elevation /elɪˈveɪʃ(ə)n/ n.
1 (elevating, being elevated, *formal*) הַעֲלָאָה, רִמּוּם; נִשְׂגָּבוּת, סִגְנוֹן גָּבוֹהַּ
2 (height, esp. above sea-level; high place, hill) גֹּבַהּ (מֵעַל פְּנֵי־הַיָּם); רָמָה (אֵזוֹר מֻגְבָּה)
3 (scale-plan of one aspect of a building) תַּרְשִׁים צַד (שֶׁל בִּנְיָן)

elevator /ˈelɪveɪtə(r)/ n.
1 (lift, *US*) מַעֲלִית
2 (lifting-machine) מֵעֵין סֶרֶט־נָע לְהַעֲלָאַת תְּבוּאָה, נוֹזְלִים

eleven /ɪˈlev(ə)n/ adj. אַחַת־עֶשְׂרֵה
—n. קְבוּצָה בַּת אַחַד־עָשָׂר שַׂחְקָנִים (בְּכַדּוּרֶגֶל בְּקְרִיקֶט וְכַד')

elevenses /ɪˈlev(ə)nzɪz/ n.*pl.* (*colloq.*) אֲרוּחַת־עֶשֶׂר (בִּשְׁעַת בֹּקֶר מְאֻחֶרֶת)

eleventh /ɪˈlev(ə)nθ/ n. & adj. בְּאַחַת־עֶשְׂרֵה; הַחֵלֶק הָאַחַד־עָשָׂר
 at the eleventh hour (*fig.*) בַּדַּקָּה הַ־90 (כְּלוֹמַר, בָּרֶגַע הָאַחֲרוֹן)

elf /elf/ n. (*pl.* **elves**) שֵׁדוֹן, גַּמָּדוֹן שׁוֹבָב (בַּפוֹלְקְלוֹר שֶׁל עַמֵּי־הַצָּפוֹן)

elfin /ˈelfɪn/ adj. (*poet.*) בַּעַל מַרְאֶה עָדִין וְחָמוּד

elicit /ɪˈlɪsɪt/ v.t. (*formal*) מָשַׁךְ, הוֹצִיא (תְּגוּבָה, הוֹדָאָה, מֵידָע וְכַד', מִפְּלוֹנִי); עוֹרֵר (תְּגוּבָה)

elide /ɪˈlaɪd/ v.t. (*Gram.*) הִשְׁמִיט, הִבְלִיעַ (חֵלֶק שֶׁל מִלָּה בַּדִּבּוּר)

eligibility /ˌelɪdʒəˈbɪlɪtɪ/ n. כְּשִׁירוּת, הֱיוֹת בַּעַל הַנְּתוּנִים הַדְּרוּשִׁים; הֱיוֹת פָּנוּי לְנִשּׂוּאִין

eligible /ˈelɪdʒəb(ə)l/ adj. כָּשִׁיר, בַּעַל הַנְּתוּנִים הַנִּדְרָשִׁים; פָּנוּי לְנִשּׂוּאִין

eliminate /ɪˈlɪmɪneɪt/ v.t. הִשְׁמִיט, הֶחְסִיר; בִּעֵר; בִּטֵּל

elimination /ɪˌlɪmɪˈneɪʃ(ə)n/ n. הַשְׁמָטָה; בִּעוּר; בִּטּוּל; סִלּוּק, הַרְחָקָה

elision /ɪˈlɪʒ(ə)n/ n. (*Gram.*) אֱלִיזְיָה (הַבְלָעָה שֶׁל חֵלֶק שֶׁל מִלָּה)

élite /eɪˈliːt/ n. עִלִּית, אֱלִיטָה

élitism /eɪˈliːtɪzəm/ n. אֱלִיטִיזְם (שִׁיטָה הַדּוֹגֶלֶת בָּאֱלִיטָה חֶבְרָתִית)

élitist /eɪˈliːtɪst/ n. אֱלִיטִיסְט (מִי שֶׁדּוֹגֵל בָּאֱלִיטִיזְם)

elixir /ɪˈlɪksə(r)/ n. (*poet.*) שִׁקּוּי־פְּלָאִים, תְּרוּפַת־פֶּלֶא

elixir of life סַם־חַיִּים (לְהַאֲרָכַת חַיֵּי־אָדָם)

Elizabethan /ɪˌlɪzəˈbiːθ(ə)n/ n. & adj. אֱלִיזַבֶּתָנִי (שַׁיָּךְ לִתְקוּפַת אֱלִיזָבֶת הָרִאשׁוֹנָה, מַלְכַּת אַנְגְלִיָּה בַּמֵּאָה הַ־16); בֶּן הַתְּקוּפָה הָאֱלִיזַבֶּתָנִית

elk /elk/ n. אַיַּל־הַקּוֹרֵא (הַגָּדוֹל בְּמִשְׁפַּחַת הָאַיָּלִים)

ellipse /ɪˈlɪps/ n. אֶלִיפְּסָה (צוּרָה גֵּיאוֹמֶטְרִית)

ellipsis /ɪˈlɪpsɪs/ n. (*pl.* **ellipses**) הַשְׁמָטָה, הַשְׁמֵט (שֶׁל מִלָּה אוֹ מִלִּים בְּמִשְׁפָּט, אוֹ בְּסוֹף קֶטַע)

elliptical /ɪˈlɪptɪk(ə)l/ adj.

1 (oval) אֶלִיפְּטִי

2 (showing ellipsis) אֶלִיפְּטִי, מֵכִיל הַשְׁמָטוֹת; (סִגְנוֹן) סָתוּם, מְעֻרְפָּל

elm /elm/ n. בּוּקִיצָה (עֵץ גָּבוֹהַּ וְנָשִׁיר)

Dutch elm disease הַמַּחֲלָה הַהוֹלַנְדִית (הַמַּשְׁמִידָה עֲצֵי־בּוּקִיצָה)

elocution /ˌeləˈkjuːʃ(ə)n/ n. אֳמָנוּת־הַדִּבּוּר, אֳמָנוּת־הַנְּאוּם

elocutionist /eləˈkjuːʃənɪst/ n. מוֹרֶה לְתוֹרַת־הַנְּאוּם, מֻמְחֶה בְּאָמָנוּת־הַנְּאוּם

elongate /ˈiːlɒŋgeɪt/ v.t. & i.) הֶאֱרִיךְ; הִתְאָרֵךְ

elongation /ˌiːlɒŋˈgeɪʃ(ə)n/ n. (*formal*) הַאֲרָכָה

elope /ɪˈləʊp/ v.i. (בָּחוּר, בַּחוּרָה, זוּג) בָּרַח (עַל מְנַת לְהִנָּשֵׂא בַּסֵּתֶר); (אִשָּׁה) בָּרְחָה עִם מְאַהֲבָהּ

elopement /ɪˈləʊpmənt/ n. בְּרִיחָה (כַּנַּ"ל)

eloquence /ˈeləkwəns/ n. צַחוּת־הַלָּשׁוֹן; עָצְמַת הַבָּעָה; אֳמָנוּת הַדִּבּוּר

eloquent /ˈeləkwənt/ adj. צַח־לָשׁוֹן; רַב־עָצְמָה בְּדִבּוּרוֹ

else /els/ adv.

1 (in addition, besides) בְּנוֹסָף עַל כָּךְ, עוֹד; זוּלַת, נוֹסָף

□ *is there anything else?* (הַאִם) יֵשׁ עוֹד מַשֶּׁהוּ?

□ *I think of little else* אֲנִי לֹא חוֹשֵׁב כִּמְעַט עַל דָּבָר חוּץ מִזֶּה

2 (instead, other than, also adj.) אַחֵר, עוֹד

□ *I've got someone else's umbrella* מְצוּיָה בְּיָדַי הַמִּטְרִיָּה שֶׁל מִישֶׁהוּ אַחֵר

□ *what else could one say?* מָה עוֹד הָיָה אֶפְשָׁר לוֹמַר?

3 (in a different way; if not) אַחֶרֶת, בְּאֹפֶן אַחֵר, שֶׁאִם לֹא כֵּן

□ *how else could he have got so much money except by stealing it?* אֵיךְ יָכוֹל הָיָה לִצְבֹּר כֶּסֶף רַב כָּל־כָּךְ אֶלָּא אִם־כֵּן גָּנַב אוֹתוֹ?

□ *he's joking or else he's crazy* אוֹ שֶׁהוּא מִתְלוֹצֵץ אוֹ שֶׁהוּא יָצָא מִדַּעְתּוֹ

□ *you'd better pay up or else!* (*colloq.*) תֵּן אֶת הַכֶּסֶף, 'אַחֶרֶת'...! מוּטָב שֶׁתְּשַׁלֵּם, וָלֹא...!

elsewhere /elsˈweə(r)/ adv. מִמָּקוֹם אַחֵר; בְּמָקוֹם אַחֵר; לְמָקוֹם אַחֵר

elucidate /ɪˈluːsɪdeɪt/ v.t. (*formal*) הִבְהִיר, הִסְבִּיר, בֵּאֵר, הֵאִיר

elucidation /ɪˌluːsɪˈdeɪʃ(ə)n/ n. (*formal*) הַבְהָרָה, הַסְבָּרָה, הֶאָרָה

elude /ɪˈluːd/ v.t. נֶחֱלַץ מִ..., חָמַק מִ..., הִשְׁתַּמֵּט מִ...

elusive /ɪˈluːsɪv/ adj. חֲמַקְמַק, חַמְקָנִי; מִשְׁתַּמֵּט

elves /elvz/ *pl.*, *of* **elf**

Elysian /ɪˈlɪzɪən/ adj. (*poet.*) שַׁיָּךְ לְאֶלִיסְיוּם; נִפְלָא, מְרוֹמֵם־נֶפֶשׁ

Elysium /ɪˈlɪzɪəm/ n. (*poet.*) אֶלִיסְיוּם (מֵעֵין גַּן עֵדֶן בַּמִּיתוֹלוֹגְיָה הַיְּוָנִית)

emaciated /ɪˈmeɪʃɪeɪtɪd/ adj. עוֹר וַעֲצָמוֹת, כָּחוּשׁ עַד מְאֹד

emaciation /ɪˌmeɪsɪˈeɪʃ(ə)n/ n. כְּחִישׁוּת, נִוּוּן כְּתוֹצָאָה מֵרָעָב אוֹ מַחֲלָה

e-mail /ˈiː-meɪl/ n. (*Comput.*) דֹּאַר אֶלֶקְטְרוֹנִי (בֵּין מַחְשְׁבִים)

emanate /ˈeməneɪt/ v.i. (*formal*) נָבַע, קָלַח, קָרַן, נֶאֱצַל

emanation /ˌeməˈneɪʃ(ə)n/ n. (*formal*) נְבִיעָה, זְרִימָה, קְרִינָה, הַאֲצָלָה

emancipate /ɪˈmænsɪpeɪt/ v.t. הֶעֱנִיק זְכֻיּוֹת לְ..., שִׁחְרֵר אֶת (מֵהַגְבָּלוֹת מִשְׁפָּטִיּוֹת אוֹ פּוֹלִיטִיּוֹת)

emancipated /ɪˈmænsɪpeɪtɪd/ adj. מְשֻׁחְרָר

emancipation /ɪˌmænsɪˈpeɪʃ(ə)n/ n. אֶמַנְצִיפַּצְיָה, הַעֲנָקַת זְכֻיּוֹת, שִׁחְרוּר

□ *there were calls for the emancipation of women* נִשְׁמְעוּ קְרִיאוֹת לְהַעֲנָקַת זְכֻיּוֹת לְנָשִׁים

emasculate /ɪˈmæskjʊleɪt/ v.t. נָטַל אֶת כֹּחוֹ שֶׁל... הֶחֱלִישׁ אֶת; סֵרֵס אֶת

emasculation /ɪˌmæskjʊˈleɪʃ(ə)n/ n. בִּטּוּל כֹּחוֹ שֶׁל; סֵרוּס

embalm /ɪmˈbɑːm/ v.t. חָנַט

embalmment /ɪmˈbɑːmmənt/ n. חֲנִיטָה

embankment /ɪmˈbæŋkmənt/ n.

1 (of river) סוֹלְלָה שֶׁל עָפָר וַאֲבָנִים לְאֹרֶךְ גְּדוֹת נָהָר

2 (or railway or road) סוֹלְלַת עָפָר גְּבוֹהָה בְּשׁוּלֵי כְּבִישׁ/פַּסֵּי רַכֶּבֶת

embargo /ɪmˈbɑːgəʊ/ n. & v.t. הֶסְגֵּר, אֶמְבַּרְגוֹ, חֵרֶם מִסְחָרִי; שָׂם הֶסְגֵּר עַל, הֵטִיל אֶמְבַּרְגוֹ עַל

embark /ɪmˈbɑːk/ v.i. עָלָה לָאֳנִיָּה, עָלָה לַסְּפִינָה (שֶׁל סְפִינָה, מִן הַחוֹף)
embark on (or **upon**) פָּתַח בְּ..., הֵחֵל בְּ...
—v.t. הֶעֱלָה עַל אֳנִיָּה, הִטְעִין
embarkation /ˌembɑːˈkeɪʃ(ə)n/ n. עֲלִיָּה לַסְּפִינָה (מִן הַחוֹף); טְעִינָה
embarrass /ɪmˈbærəs/ v.t.
1 (make uncomfortable or confused) הֵבִיךְ אֶת, הֵבִיא אֶת... בִּמְבוּכָה, גָּרַם מְבוּכָה לְ...
2 (encumber) הֵטִיל מַעֲמָסָה עַל
embarrassment /ɪmˈbærəsmənt/ n. מְבוּכָה, בּוּשָׁה; קֹשִׁי (כַּסְפִּי)
embassy /ˈembəsɪ/ n.
1 (ambassador's residence) (בִּנְיַן) שַׁגְרִירוּת
2 (ambassador and staff) צֶוֶת הַשַּׁגְרִירוּת
3 (deputation) מִשְׁלַחַת, נְצִיגוּת
embattled /ɪmˈbæt(ə)ld/ adj. מֻקָּף אוֹיְבִים; אָפוּף צָרוֹת
embed /ɪmˈbed/ v.t. (also **imbed**) קָבַע אֶת... (בְּ...), תָּקַע אֶת... (בְּ...), שִׁקַּע אֶת... (בְּ...)
(usu. in pass.)
□ *it was a disaster which will remain embedded in my memory* זֶה הָיָה אָסוֹן שֶׁיִּשָּׁאֵר חָרוּט בְּזִכְרוֹנִי
embellish /ɪmˈbelɪʃ/ v.t. (*formal*) יִפָּה, קִשֵּׁט, פֵּאֵר
embellishment /ɪmˈbelɪʃmənt/ n. (*formal*) קִשּׁוּט, הִדּוּר, תּוֹסֶפֶת-נוֹי
ember /ˈembə(r)/ n. (usu. in *pl.*) רֶמֶץ, גַּחֶלֶת, אוּד
embezzle /ɪmˈbez(ə)l/ v.t. (*derog.*) מָעַל בְּ... (כְּסָפִים אוֹ בִּסְכוּם כֶּסֶף מְסֻיָּם)
embezzlement /ɪmˈbez(ə)lmənt/ n. (*derog.*) מְעִילָה בִּכְסָפִים
embitter /ɪmˈbɪtə(r)/ v.t. גָּרַם מְרִירוּת לְ...
embitterment /ɪmˈbɪtəmənt/ n. מְרִירוּת, הִתְמַרְמְרוּת
emblazon /ɪmˈbleɪzən/ v.t. טָבַע אוֹת/סִימָן (שֶׁל.../ עַל...); עִטֵּר (שִׁרְיוֹן אוֹ מָגֵן) בְּסֵמֶל אֲצֻלָּה
emblem /ˈembləm/ n. אוֹת, סֵמֶל, סִימָן
emblematic /ˌembləˈmætɪk/ adj. סִמְלִי
embodiment /ɪmˈbɒdɪmənt/ n. הִתְגַּלְּמוּת, הִתְגַּשְּׁמוּת, הַמְחָשָׁה
embody /ɪmˈbɒdɪ/ v.t.
1 (express visibly, *formal*) גִּלֵּם אֶת, הִמְחִישׁ אֶת
2 (incorporate) כָּלַל בְּתוֹכוֹ אֶת
embolden /ɪmˈbəʊldən/ v.t. (*formal*) נָטַע אֹמֶץ בְּלֵב (פְּלוֹנִי)
embolism /ˈembəlɪzəm/ n. (*Med.*) קְרִישׁ-דָּם, בּוּעַת-אֲוִיר, אֶמְבּוֹלוּס (בִּכְלֵי דָּם)
emboss /ɪmˈbɒs/ v.t. עִטֵּר בְּתַבְלִיט
embrace /ɪmˈbreɪs/ v.t.
1 (clasp in the arms) חִבֵּק, גִּפֵּף
2 (accept, *formal*) קִבֵּל עַל עַצְמוֹ אֶת, אִמֵּץ לְעַצְמוֹ אֶת
□ *he embraced Christianity* הוּא קִבֵּל עָלָיו אֶת הַנַּצְרוּת
3 (include, *formal*) כָּלַל, הִקִּיף
—n. חִבּוּק, גִּפּוּף
embrasure /ɪmˈbreɪʒə(r)/ n. חֲרַךְ-יְרִי, אֶשְׁנַב-יְרִי (לָרֹב לְתוֹתָח)
embrocation /ˌembrəˈkeɪʃ(ə)n/ n. תַּכְשִׁיר-עִסּוּי (לַהֲקָלַת כְּאֵבֵי שְׁרִירִים וְכַד')
embroider /ɪmˈbrɔɪdə(r)/ v.t. & i. קִשֵּׁט בְּרִקְמָה אֶת; קִשֵּׁט (סִפּוּר) בִּפְרָטִים דִּמְיוֹנִיִּים; רָקַם
□ *she is apt to embroider the truth* (*formal*) הִיא עֲשׂוּיָה לְהוֹסִיף קִשּׁוּטִים לָאֱמֶת
embroidery /ɪmˈbrɔɪdərɪ/ n. רִקְמָה
embroil /ɪmˈbrɔɪl/ v.t. סִבֵּךְ
□ *he got embroiled in the quarrel* הוּא הִסְתַּבֵּךְ בַּמְּרִיבָה
embryo /ˈembrɪəʊ/ n. (*pl.* **embryos**) עֻבָּר (בְּשָׁלַבֵּי הִתְפַּתְּחוּתוֹ הַמֻּקְדָּמִים)
in embryo בְּמַצָּב עֻבָּרִי, בְּאִבּוֹ
□ *our plans are still in embryo* תָּכְנִיּוֹתֵינוּ עוֹדָן בְּמַצָּב שֶׁל הִתְהַוּוּת
embryology /ˌembrɪˈɒlədʒɪ/ n. אֶמְבְּרִיוֹלוֹגְיָה (עֲנַף הָרְפוּאָה הָעוֹסֵק בְּעֻבָּרִים)
embryonic /ˌembrɪˈɒnɪk/ adj. עֻבָּרִי, רִאשׁוֹנִי, לֹא בָּשֵׁל
emend /ɪˈmend/ v.t. (*formal*) תִּקֵּן (טֶקְסְט מְשֻׁבָּשׁ) הִגִּיהַּ
emendation /ˌiːmenˈdeɪʃ(ə)n/ n. (*formal*) תִּקּוּן בְּטֶקְסְט
emerald /ˈemərəld/ n.
1 (precious stone) בָּרֶקֶת, אִיזְמַרְגָּד
2 (colour) יָרֹק-אִיזְמַרְגָּד
the Emerald Isle אִירְלַנְד (בִּגְלַל יַרְקוּתוֹ שֶׁל הָאִי)
emerge /ɪˈmɜːdʒ/ v.i. הוֹפִיעַ, הִתְגַּלָּה; יָצָא
□ *no new ideas emerged during the talks* בַּשִּׂיחוֹת לֹא עָלוּ רַעְיוֹנוֹת חֲדָשִׁים כְּלָשֶׁהֵם
□ *it emerges that the play's hero is the peasant* מִתְבָּרֵר שֶׁגִּבּוֹר הַמַּחֲזֶה הוּא הָאִכָּר
emergence /ɪˈmɜːdʒəns/ n. הִתְגַּלּוּת, הוֹפָעָה
emergency /ɪˈmɜːdʒənsɪ/ n. מַצַּב-חֵרוּם
emergency exit יְצִיאַת-חֵרוּם
state of emergency מַצַּב-חֵרוּם (בִּמְדִינָה)
emergent /ɪˈmɜːdʒənt/ adj. מִתְגַּלֶּה, עוֹלֶה, מוֹפִיעַ
emeritus /ɪˈmerɪtəs/ adj.
professor emeritus פְּרוֹפֶסוֹר בְּגִמְלָאוֹת
emery /ˈemərɪ/ n. שָׁמִיר (תַּחְמֹצֶת אֲלוּמִינְיוּם)
emery board מְשׁוֹפֶת צִפָּרְנַיִם (מִנְּיָר, לֹא מִמַּתֶּכֶת)
emery paper נְיַר-שָׁמִיר, בַּד-שָׁמִיר (מֵעֵין נְיַר זְכוּכִית לְלִטּוּשׁ)
emetic /ɪˈmetɪk/ n. & adj. סַם הֲקָאָה; גּוֹרֵם לַהֲקָאָה
emigrant /ˈemɪgrənt/ n. & adj. מְהַגֵּר שֶׁעָזַב אֶת אַרְצוֹ; שֶׁל מְהַגֵּר (כַּנַּ"ל)
emigrate /ˈemɪgreɪt/ v.i. הִגֵּר מִ... (לְהַבְדִּיל מֵ"הִגֵּר לְ...")

emigration /ˌemɪˈgreɪʃ(ə)n/ n. הֲגִירָה (מֵאֶרֶץ מְסֻיֶּמֶת, לְהַבְדִּיל מֵ"הֲגִירָה לְ...")

emigré /ˈemɪgreɪ/ n. גּוֹלֶה (בְּעִקָּר מִטְּעָמִים פּוֹלִיטִיִּים)

eminence /ˈemɪnəns/ n.

1 (distinguished superiority) מַעֲמָד רָם, נִכְבָּדוּת

2 (high or rising ground, *formal*) רָמָה, מָקוֹם גָּבוֹהַּ

3 (**Eminence**, title of cardinal) הוֹד רוֹמְמוּתוֹ/ךָ (הַקַּרְדִּינָל)

eminent /ˈemɪnənt/ adj.

1 (distinguished) דָּגוּל, מְפֻרְסָם, מְהֻלָּל, נִכְבָּד

2 (remarkable in degree) נִכָּר, לְמַכְבִּיר

eminently /ˈemɪnəntlɪ/ adv. (*formal*) בַּעֲלִיל, מְאֹד

□ *he is eminently suited for this post* הוּא מַתְאִים בַּעֲלִיל לְתַפְקִיד זֶה

emir /eˈmɪə(r)/ n. אָמִיר

emirate /ˈemərət/ n. אֱמִירוּת, נְסִיכוּת (בָּעוֹלָם הַמּוּסְלְמִי)

emissary /ˈemɪsərɪ/ n. (*formal*) שָׁלִיחַ, צִיר

emission /ɪˈmɪʃ(ə)n/ n. (*formal*) הוֹצָאָה, פְּלִיטָה

emit /ɪˈmɪt/ v.t. (*formal*) הוֹצִיא, פָּלַט

emollient /ɪˈmɒlɪənt/ adj. & n. (*formal*) מְרַכֵּךְ; מִשְׁחָה לְרִכּוּךְ הָעוֹר

emolument /ɪˈmɒljʊmənt/ n. (usu. in *pl.*, *formal*) שָׂכָר, מַשְׂכֹּרֶת, תַּמְלוּגִים

emote /iˈməʊt/ v.i. (*colloq.*) בִּטֵּא רְגָשׁוֹת בְּמֻפְגָּן

emotion /ɪˈməʊʃ(ə)n/ n. רֶגֶשׁ, רִגְשָׁה; הִתְרַגְּשׁוּת

emotional /ɪˈməʊʃən(ə)l/ adj.

1 (of the emotions) רִגְשִׁי, אֶמוֹצְיוֹנָלִי

2 (causing feeling; showing feeling) מְרַגֵּשׁ, נוֹגֵעַ לַלֵּב; רַגְשָׁנִי

emotionalism /ɪˈməʊʃənəˌlɪzəm/ n. אֶמוֹצְיוֹנָלִיּוּת, רַגְשָׁנוּת־יֶתֶר

emotive /ɪˈməʊtɪv/ adj. מְרַגֵּשׁ, מְעוֹרֵר־רְגָשׁוֹת

empanel /ɪmˈpænəl/ v.t. (*Law*) הִרְכִּיב (חֶבֶר מֻשְׁבָּעִים) מֵרְשִׁימַת מֻעֲמָדִים מַתְאִימִים

□ *a jury was empanelled* הֻרְכַּב חֶבֶר מֻשְׁבָּעִים

empathize /ˈempəθaɪz/ v.i. הִזְדַּהָה רִגְשִׁית עִם, חָשׁ אֶמְפַּתְיָה כְּלַפֵּי...

empathy /ˈempəθɪ/ n. אֶמְפַּתְיָה, יְכֹלֶת הִזְדַּהוּת רִגְשִׁית

emperor /ˈempərə(r)/ n. קֵיסָר, אִימְפֶּרָטוֹר

emphasis /ˈemfesis/ n. (*pl.* **emphases**) הַדְגָּשָׁה, הַטְעָמָה, הַבְלָטָה; דָּגֵשׁ

□ *in our economics course the emphasis will be on the capitalist system* בַּקּוּרְס שֶׁלָּנוּ יוּשַׂם הַדָּגֵשׁ עַל הַשִּׁיטָה הַקַּפִּיטָלִיסְטִית

□ *he spoke with great emphasis* הוּא דִּבֵּר בְּהַדְגָּשָׁה רַבָּה

emphasize /ˈemʃəsaɪz/ v.t. הִדְגִּישׁ אֶת, הִבְלִיט אֶת, הִטְעִים אֶת, שָׂם דָּגֵשׁ עַל

emphatic /ɪmˈfætɪk/ adj. תַּקִּיף, מֻדְגָּשׁ, נֶחֱרָץ, אֶמְפָּטִי

□ *he was quite emphatic in his refusal* הוּא הָיָה תַּקִּיף מְאוֹד בְּסֵרוּבוֹ

emphysema /ˌemfɪˈsiːmə/ n. (*Med.*) נַפַּחַת (הִתְנַפְּחוּת־רֵאוֹת הַמְחַבֶּלֶת בִּפְעֻלַּת־הַלֵּב)

empire /ˈempaiə(r)/ n. אִימְפֶּרְיָה, קֵיסָרוּת

□ *he is an empire-builder* (*derog.*) הוּא מְנַסֶּה לִבְנוֹת אִימְפֶּרְיָה

empirical /ɪmˈpɪrɪk(ə)l/ adj. אֶמְפִּירִי, שֶׁל הַנִּסָּיוֹן

empiricism /ɪmˈpɪrɪsɪzəm/ n. אֶמְפִּירִיצִיזְם (בְּמַדָּע וּבְפִילוֹסוֹפְיָה)

empiricist /ɪmˈpɪrɪsɪst/ n. אֶמְפִּירִיצִיסְט (דּוֹגֵל בְּאֶמְפִּירִיצִיזְם, כְּלוֹמַר בַּבָּסִיס הָאֶמְפִּירִי שֶׁל הַיֶּדַע וְכוּ')

emplacement /ɪmˈpleɪsmənt/ n. עֶמְדַּת־תּוֹתָחִים, מֻצָּב לְתוֹתָח

employ /ɪmˈplɔɪ/ v.t.

1 (give work to) הֶעֱסִיק

self-employed הוּא עַצְמָאִי

2 (use, *formal*) הִשְׁתַּמֵּשׁ בְּ...

—n. (*formal*) הַעֲסָקָה

□ *I do not wish to continue in your employ* אֵין בִּרְצוֹנִי לְהַמְשִׁיךְ לִהְיוֹת מֻעֲסָק עַל יָדֶיךָ

employee /ˌemplɔɪˈiː/ n. עוֹבֵד, שָׂכִיר

employer /ɪmˈplɔɪə(r)/ n. מַעֲסִיק, מַעֲבִיד

employment /ɪmˈplɔɪmənt/ n. תַּעֲסוּקָה, הַעֲסָקָה, עֲבוֹדָה

employment agency סוֹכְנוּת תַּעֲסוּקָה (פְּרָטִית)

employment exchange (or **office**) לִשְׁכַּת־עֲבוֹדָה מֶמְשַׁלְתִּית

full employment תַּעֲסוּקָה מְלֵאָה

emporium /ɪmˈpɔːrɪəm/ n. (*formal* or *joc.*) מֶרְכָּז מִסְחָרִי; חֲנוּת גְּדוֹלָה

empower /ɪmˈpaʊə(r)/ v.t. (*formal*) יִפָּה כֹּחוֹ שֶׁל (פְּלוֹנִי), הִסְמִיךְ אֶת

empress /ˈemprɪs/ n. קֵיסָרִית

empty /ˈemptɪ/ adj.

1 (containing nothing, vacant) רֵיק

□ *I can't work on an empty stomach* אֵינֶנִּי יָכוֹל לַעֲבֹד עַל קֵבָה רֵיקָה

empty-handed בְּיָדַיִם רֵיקוֹת, בְּלֹא לְהַשִּׂיג דָּבָר

□ *the burglar returned empty-handed* הַשּׁוֹדֵד חָזַר בְּיָדַיִם רֵיקוֹת

empty-headed (*colloq.*) קַל־דַּעַת

2 (frivolous, vain) רֵיקָנִי

□ *his promise of help turned out to be empty* הַבְטָחָתוֹ לַעֲזֹר נִתְגַּלְּתָה כְּרֵיקָה מִתֹּכֶן

—n. (usu. in *pl.*, *colloq.*) בַּקְבּוּקִים רֵיקִים

—v.t. & i. רוֹקֵן אֶת, הֵרִיק אֶת; הִתְרוֹקֵן

□ *we emptied the wastepaper baskets into the dustbin* הֵרַקְנוּ אֶת סַלֵּי־הַנְּיָרוֹת לְתוֹךְ פַּח־הָאַשְׁפָּה

□ *the streets emptied rapidly as the rain began* הָרְחוֹבוֹת הִתְרוֹקְנוּ מַהֵר כְּשֶׁהֵחֵל לָרֶדֶת גֶּשֶׁם
□ *the Mississippi empties into the Atlantic* הַמִּיסִיסִיפִּי נִשְׁפָּךְ לָאוֹקְיָנוֹס הָאַטְלַנְטִי

empty-nester /ˈemptɪ-ˈnestə(r)/ n. (*US colloq.*) הוֹרֶה שֶׁיְּלָדָיו בָּגְרוּ וְעָזְבוּ אֶת הַבַּיִת

emu /ˈiːmjuː/ n. אֵמוּ (צִפּוֹר גְּדוֹלָה הַמְּצוּיָה בְּאוֹסְטְרַלְיָה)

emulate /ˈemjʊleɪt/ v.t. נִסָּה לְהִשְׁתַּוּוֹת/לַעֲלוֹת עַל חִקָּה אֶת הֶשֵּׂגָיו שֶׁל; (בְּמַחְשְׁבִים) חִקָּה פוֹרְמָט שֶׁל (מַכְשִׁיר מְסֻיָּם וְכַד')

emulation /ˌemjʊˈleɪʃ(ə)n/ n. חִקּוּי הֶשֵּׂגִים, נִסָּיוֹן לַעֲלוֹת עַל

emulous /ˈemjʊləs/ adj. (*formal*) שׁוֹאֵף לְהִשְׁתַּוּוֹת אוֹ לַעֲלוֹת עַל

emulsify /ɪˈmʌlsɪfaɪ/ v.t. הָפַךְ לְתַחְלִיב, תִּחְלֵב

emulsion /ɪˈmʌlʃ(ə)n/ n. תַּחְלִיב, אֱמוּלְסִיָּה
emulsion paint צֶבַע־תַּחְלִיב, צֶבַע אֱמוּלְסִיָּה (לְרָהִיטִים, לְקִירוֹת וְכַד', עַל בְּסִיס מַיִם)

enable /ɪˈneɪb(ə)l/ v.t.
1 (supply with means) אִפְשֵׁר לְ..., הֶעֱנִיק לְ... אֶמְצָעִים
2 (authorize) הִסְמִיךְ אֶת, הִרְשָׁה לְ...

enabling /ɪˈneɪblɪŋ/ adj. מַתִּיר, מְאַפְשֵׁר (לְגַבֵּי חֹק אוֹ רְשׁוּת)

enact /ɪˈnækt/ v.t.
1 (make into legislative act) חָקַק, הִתְקִין (תַּקָּנָה); הִפְעִיל (חֹק)
2 (play part, *formal*) הִצִּיג, שִׂחֵק

enactment /ɪˈnæktmənt/ n. חֲקִיקָה, הַפְעָלַת חֹק; חֹק; הַצָּגָה (שֶׁל מַחֲזֶה וְכַד')

enamel /ɪˈnæm(ə)l/ n.
1 (glass-like coating) זִגּוּג, אֱמַיִל (צִפּוּי חָלָק וְקָשֶׁה)
2 (hard outer covering of teeth) זְגוּגִית הַשֵּׁן, אֱמַיִל
3 (hard oil paint) צֶבַע אֱמַיִל
—v.t. צִפָּה בֶּאֱמַיִל

enamoured /ɪˈnæməd/ adj. (*formal*) הָיָה מְאֹהָב בְּ...

en bloc /ɒn ˈblɒk/ adv. בְּיַחַד, בִּכְלָלוֹ, בְּגוּשׁ אֶחָד, בִּשְׁלֵמוּת

encamp /ɪnˈkæmp/ v.t. & i. הֶחֱנָה; הֵקִים מַחֲנֶה

encampment /ɪnˈkæmpmənt/ n. מַאֲהָל (לָרֹב צְבָאִי)

encapsulate /ɪnˈkæpsjʊleɪt/ v.t. הָיָה הַתַּמְצִית שֶׁל, תִּמְצֵת אֶת

encase /ɪnˈkeɪs/ v.t. (also **incase**) אָרַז (בְּאַרְגָּז); צִפָּה

encash /ɪnˈkæʃ/ v.t. פָּדָה (הַמְחָאָה וְכַד'). הָפַךְ לִמְזֻמָּנִים אֶת

encashment /ɪnˈkæʃmənt/ n. הֲפִיכָה לִמְזֻמָּנִים

encephalitic /enˌkefəˈlɪtɪk/ adj. (*Med.*) שֶׁל הַמֹּחַ, אֶנְדְּפָלִי

encephalitis /ˌenkefəˈlaɪtɪs/ n. (*Med.*) דַּלֶּקֶת־הַמֹּחַ

enchain /ɪnˈtʃeɪn/ v.t. (*poet.*) אָחַז (כְּבְכִבּוּל) בְּשַׁלְשְׁלָאוֹת אֶת

enchant /ɪnˈtʃɑːnt/ v.t. הִקְסִים אֶת, שָׁבָה אֶת לֵב, כִּשֵּׁף אֶת

enchanter /ɪnˈtʃɑːntə(r)/ n. קוֹסֵם, מְכַשֵּׁף

enchanting /ɪnˈtʃɑːntɪŋ/ adj. שׁוֹבֵה לֵב, מַקְסִים, מְרַגֵּשׁ

enchantment /ɪnˈtʃɑːntmənt/ n. קֶסֶם, כִּשּׁוּף

enchantress /ɪnˈtʃɑːntrɪs/ n. קוֹסֶמֶת; אִשָּׁה מַקְסִימָה

encipher /ɪnˈsaɪfə(r)/ v.t. הִצְפִּין, קוֹדֵד

encipherment /ɪnˈsaɪfəmənt/ n. הַצְפָּנָה, קִדּוּד

encircle /ɪnˈsɜːk(ə)l/ v.t. הִקִּיף, כִּתֵּר

encirclement /ɪnˈsɜːk(ə)lmənt/ n. הַקָּפָה, כִּתּוּר

enclave /ˈenkleɪv/ n. מֻבְלַעַת

enclose /ɪnˈkləʊz/ v.t.
1 (surround, fence) הִקִּיף אֶת בְּ (גָּדֵר, חוֹמָה, כּוֹחוֹת צָבָא וְכַד'), סָגַר עַל
2 (shut up in receptacle or in envelope with letter) צֵרֵף אֶת (בְּנִלְוֶה לְמִכְתָּב וְכַד')
please find enclosed... מְצֹרָף בָּזֶה..., רצ"ב...

enclosure /ɪnˈkləʊʒə(r)/ n.
1 (enclosed place) שֶׁטַח סָגוּר, שֶׁטַח מְגֻדָּר
2 (enclosing of common land) הֲקָמַת גָּדֵר, הַצָּבַת גְּבוּל, תְּחִימַת מְקַרְקְעִין
3 (object enclosed with letter) פֶּתֶק/הֶעְתֵּק הַמְצֹרָף לְמִכְתָּב

encode /ɪnˈkəʊd/ v.t. הִצְפִּין, קוֹדֵד

encomium /ɪnˈkəʊmɪəm/ n. (*formal*) דִּבְרֵי־שֶׁבַח, דִּבְרֵי־הַלֵּל

encompass /ɪnˈkʌmpəs/ v.t. (*formal*) הִקִּיף, כָּלַל

encore /ˈɒŋkɔː(r)/ int. הַדְרָן!
—n. & v.t. הַדְרָן (הוֹפָעָה נוֹסֶפֶת שֶׁל אָמָן); (הַקָּהָל) דָּרַשׁ הַדְרָן מִ...

encounter /ɪnˈkaʊntə(r)/ n. & v.t. (*formal*) פְּגִישָׁה, הִתְקָלוּת; פָּגַשׁ בְּ..., נִתְקַל בְּ...
encounter group קְבוּצַת־מִפְגָּשׁ (קְבוּצַת אֲנָשִׁים הַנִּפְגֶּשֶׁת לְפִתּוּחַ יַחֲסֵי־אֱנוֹשׁ וְהַחְלָפַת דֵּעוֹת)

encourage /ɪnˈkʌrɪdʒ/ v.t. עוֹדֵד, אִמֵּץ אֶת לֵב (פְּלוֹנִי)

encouragement /ɪnˈkʌrɪdʒmənt/ n. עִדּוּד, הַמְרָצָה, חִזּוּק־לְבָבוֹת

encroach /ɪnˈkrəʊtʃ/ v.i. הִסִּיג־גְּבוּל, פָּלַשׁ
□ *I don't want to encroach on* (or *upon*) *your rights* אֵינֶנִּי רוֹצֶה לִפְגֹּעַ בִּזְכֻיּוֹתֶיךָ

encroachment /ɪnˈkrəʊtʃmənt/ n. הַסָּגַת־גְּבוּל, פְּלִישָׁה

encrust /ɪnˈkrʌst/ v.t. צִפָּה (בִּקְרוּם, בִּיַהֲלוֹמִים, בְּקֶרַח וְכַד')

encumber /ɪnˈkʌmbə(r)/ v.t. (*formal*) הִכְבִּיד עַל הֵטִיל עוֹל עַל, הֶעֱמִיס עַל

encumbrance /ɪnˈkʌmbrəns/ n. (*formal*) מַעֲמָסָה, קֹשִׁי, עֹל
□ *her enormous hat was an encumbrance* הַכּוֹבַע הָעֲנָקִי שֶׁלָּהּ הָיָה לָהּ לְמַעֲמָסָה

encyclical /ɪnˈsɪklɪk(ə)l/ n. אִגֶּרֶת הָאַפִּיפְיוֹר לַכְּנֵסִיּוֹת שֶׁתַּחַת מָרוּתוֹ

encyclop(a)edia /ɪnˌsaɪkləˈpiːdɪə/ n. אֶנְצִיקְלוֹפֶּדְיָה

encyclop(a)edic /ɪnˌsaɪkləˈpiːdɪk/ adj. אֶנְצִיקְלוֹפֶּדִי

end /end/ n.

1 (limit; extreme point or part) קָצֶה, קֵץ

get the wrong end of the stick (*colloq.*) הֵבִין לֹא נָכוֹן

to make ends meet (*colloq.*) "הִסְתַּדֵּר" כַּלְכָּלִית

□ *his hair stood on end* שַׂעֲרוֹתָיו סָמְרוּ

□ *I was parked end on to the kerb* חָנִיתִי בְּזָוִית שֶׁל תִּשְׁעִים מַעֲלוֹת לַמִּדְרָכָה

□ *the blizzard cut us off for days on end* הַסְּעָרָה נִתְּקָה אוֹתָנוּ לַחֲלוּטִין לְמֶשֶׁךְ יָמִים תְּמִימִים

□ *this is just the end!* (*colloq.*) זֶהוּ זֶה! זֶה הַקַּשׁ שֶׁשָּׁבַר אֶת גַּב הַגָּמָל!

□ *arrange the tables end to end* סַדֵּר אֶת הַשֻּׁלְחָנוֹת בְּשׁוּרָה

□ *I would go to the ends of the earth for you* (*formal*) אֲנִי אֵלֵךְ לְמַעַנְךָ עַד קְצֵה הָעוֹלָם, אֲנִי אֶצְעַד לְמַעַנְךָ בָּאֵשׁ וּבַמַּיִם

2 (portion, part) חֵלֶק, צַד

□ *there's no problem at my end* (*colloq.*) אֶצְלִי אֵין שׁוּם בְּעָיוֹת, אֵין בְּעָיוֹת בַּצַּד שֶׁלִּי

□ *although the others had more experience, he kept his end up all right* (*UK colloq.*) לַמְרוֹת שֶׁלָּאֲחֵרִים הָיָה נִסָּיוֹן רַב יוֹתֵר הוּא עָשָׂה אֶת שֶׁלּוֹ כַּדָּרוּשׁ

3 (remnant) שְׁאֵרִית

at a loose end בְּלִי שׁוּם הִתְחַיְּבֻיּוֹת מְיֻחָדוֹת, בְּלִי שׁוּם תָּכְנִיּוֹת (מְיֻחָדוֹת)

odds and ends שְׁמוֹנְצֶעס, כָּל מִינֵי דְּבָרִים

□ *please don't drop your cigarette ends on the floor* בְּבַקָּשָׁה אַל תַּשְׁלִיךְ אֶת בְּדָלֵי הַסִּיגָרִיּוֹת שֶׁלְּךָ עַל הָרִצְפָּה

4 (conclusion) סוֹף, קֵץ

at the end of the day בְּסוֹפוֹ שֶׁל דָּבָר, בְּסַךְ הַכֹּל

□ *my patience is at an end* סַבְלָנוּתִי הִגִּיעָה לְקִצָּהּ

□ *I am at the end of my patience* הִגַּעְתִּי לִקְצֵה סַבְלָנוּתִי

□ *there seems to be no end to our misfortunes* נִרְאֶה שֶׁאֵין סוֹף לִתְלָאוֹתֵינוּ

□ *the medicine has done me no end of good* (*colloq.*) הַתְּרוּפָה עָזְרָה לִי בְּאֹפֶן יוֹצֵא מִן הַכְּלָל

5 (death, destruction) קֵץ, סוֹף

come to a bad end סוֹפוֹ הָיָה רַע וָמַר

□ *how did he meet his end?* כֵּיצַד הוּא בָּא אֶל קִצּוֹ?

6 (purpose, *formal*) מַטָּרָה, תַּכְלִית

□ *the end does not justify the means* הַמַּטָּרָה אֵינָהּ מַצְדִּיקָה אֶת הָאֶמְצָעִים

—v.t. סִיֵּם אֶת, שָׂם קֵץ לְ...

—v.i. הִסְתַּיֵּם, הִגִּיעַ לְקִצּוֹ

end up מָצָא אֶת עַצְמוֹ בְּ..., סוֹפוֹ הָיָה בְּ..., הִגִּיעַ לְ...

□ *how did you end up in this dump?* אֵיךְ הִגַּעְתָּ לַחוֹר הַנִּדָּח הַזֶּה?

□ *you'll end up with an ulcer if you go on overworking* אִם תַּמְשִׁיךְ לַעֲבֹד קָשֶׁה מִדַּי, תְּקַבֵּל בַּסּוֹף אוּלְקוּס

endanger /ɪnˈdeɪndʒə(r)/ v.t. סִכֵּן, הֶעֱמִיד בְּסַכָּנָה

endangered species מִין הָעוֹמֵד בְּסַכָּנַת-הַכְחָדָה

endear /ɪnˈdɪə(r)/ v.t. חִבֵּב אֶת... עַל..., גָּרַם לְ... לְחַבֵּב אֶת...

□ *he tried to endear himself to the king by flattering him* הוּא נִסָּה לְהִתְחַבֵּב עַל הַמֶּלֶךְ עַל-יְדֵי חֲנֻפָּה

endearing /ɪnˈdɪərɪŋ/ adj. מְעוֹרֵר-חִבָּה

endearment /ɪnˈdɪəmənt/ n. הַבָּעָה שֶׁל חִבָּה

endeavour /ɪnˈdevə(r)/ n. מַאֲמָץ, נִסָּיוֹן, הִשְׁתַּדְּלוּת

—v.t. & i. נִסָּה לְבַצֵּעַ אֶת; הִתְאַמֵּץ, הִשְׁתַּדֵּל

endemic /enˈdemɪk/ adj. אֶנְדֶּמִי, הַמָּצוּי הַשַּׁיָּךְ לְאֵזוֹר מְסֻיָּם (מַחֲלָה וְכַד')

end-game /ˈend-geɪm/ n. סוֹף מִשְׂחָק, הַשָּׁלָב הַסּוֹפִי בְּמִשְׂחַק הַשַּׁח

ending /ˈendɪŋ/ n. סוֹף, קֵץ, סִיּוּם

endive /ˈendɪv/ n.

1 (salad plant) עֹלֶשׁ (יָרָק לְסָלָט)

2 (chicory, *US*) צִיקוֹרְיָה

endless /ˈendlɪs/ adj. לְלֹא-קֵץ, לְלֹא-סוֹף

endmost /ˈendməʊst/ adj. שֶׁבַּקָּצֶה הָרָחוֹק

endo- /ˈendəʊ-/ pref. אֶנְדּוֹ- (תְּחִלִּית שֶׁפֵּרוּשָׁהּ) תּוֹךְ, "פְּנִים")

endocrine /ˈendəʊkrɪn/ adj. אֶנְדּוֹקְרִינִי, (אֵבָר) שֶׁל הַפְרָשָׁה פְּנִימִית

endocrine gland בַּלּוּטַת-הַפְרָשָׁה פְּנִימִית

endogenous /enˈdɒdʒɪnəs/ adj. אֶנְדּוֹגֶנִי, מִתְפַּתֵּחַ מִבִּפְנִים

endorse /ɪnˈdɔːs/ v.t.

1 (wrote on back of) חָתַם (עַל גַּב מִסְמָךְ) לְאִשּׁוּר הַתֹּכֶן

□ *could you endorse this cheque please?* בְּבַקָּשָׁה לַחְתֹּם עַל גַּב הַהַמְחָאָה הַזֹּאת?

□ *my driving licence has been endorsed twice* נִרְשְׁמוּ שְׁתֵּי עֲבֵרוֹת עַל רִשְׁיוֹן-הַנְּהִיגָה שֶׁלִּי

2 (approve, confirm) אִשֵּׁר אֶת, הִסְכִּים עִם

endorsement /ɪnˈdɔːsmənt/ n. חֲתִימָה עַל גַּב מִסְמָךְ

□ *I've got two endorsements (on my driving licence)* יֵשׁ לִי שְׁתֵּי עֲבֵרוֹת (רְשׁוּמוֹת בְּרִשְׁיוֹן-הַנְּהִיגָה שֶׁלִּי)

endow /ɪnˈdaʊ/ v.t. נָתַן מַעֲנָק (תְּרוּמָה) לְ...

□ *he is endowed with great talents* (*formal*) הוּא נֶחֱן בִּכְשָׁרוֹנוֹת גְּדוֹלִים

endowment /ɪnˈdaʊmənt/ n.

1 (bequest) מַעֲנָק-תְּרוּמָה

endowment mortgage מַשְׁכַּנְתָּה הַמְּשֻׁלֶּמֶת מִפּוֹלִיסַת חִסָּכוֹן לְבִטּוּחַ
endowment policy פּוֹלִיסַת חִסָּכוֹן לְבִטּוּחַ
2 (ability) כִּשָּׁרוֹן, תְּכוּנָה

end-product /ˈend-prɒdʌkt/ n. תּוֹצָר סוֹפִי, מוּצָר סוֹפִי

endue /ɪnˈdju:/ v.t. (*formal*) הֶעֱנִיק, נָתַן

endurance /ɪnˈdjʊərəns/ n. כֹּשֶׁר סֵבֶל, סַבְלָנוּת
□ *the pain was beyond endurance* הַכְּאֵב הָיָה קָשֶׁה מִנְּשׂוֹא

endure /ɪnˈdjʊə(r)/ v.t. & i. סָבַל אֶת, עָמַד בְּ...; הֶחֱזִיק מַעֲמָד
□ *let us hope for an enduring peace* (*formal*) יֵשׁ לְקַוּוֹת לְשָׁלוֹם בַּר־קַיָּמָא

end-user /ˈend-ju:zə(r)/ n. צַרְכָן, מִשְׁתַּמֵּשׁ

endways /ˈendweɪz/ adv. (also **endwise** /ˈendwaɪz/)
1 (with end towards) עִם הַקָּצֶה לְפָנִים/כְּלַפֵּי מַעְלָה
2 (end to end) קָצֶה אֶל קָצֶה, אֶחָד אַחֲרֵי הַשֵּׁנִי

enema /ˈenɪmə/ n. חֹקֶן

enemy /ˈenəmɪ/ n. אוֹיֵב; שׂוֹנֵא
—adj. אוֹיֵב

energetic /ˌenəˈdʒetɪk/ adj. נִמְרָץ, פָּעִיל, תַּקִּיף, פְּעַלְתָּנִי

energize /ˈenədʒaɪz/ v.t. הִמְרִיץ אֶת, נָתַן מֶרֶץ לְ...

energy /ˈenədʒɪ/ n.
1 (vigour) מֶרֶץ, עָצְמָה, פְּעַלְתָּנוּת
2 (*Phys.*) אֶנֶרְגִּיָה

enervate /ˈenəveɪt/ v.t. (*formal*) הִתִּישׁ אֶת כֹּחוֹ (הַפִּיזִי אוֹ הַמּוּסָרִי) שֶׁל

enervation /enəˈveɪʃ(ə)n/ n. (*formal*) הַתָּשָׁה

enfant terrible /ˌɒnfɒn teˈri:b(ə)l/ n. "יֶלֶד נוֹרָא"

enfeeble /ɪnˈfi:b(ə)l/ v.t. (*formal*) הֶחֱלִישׁ

enfold /ɪnˈfəʊld/ v.t. (*poet.*) עָטַף, חִבֵּק, הִקִּיף

enforce /ɪnˈfɔ:s/ v.t. כָּפָה

enforcement /ɪnˈfɔ:smənt/ n. אֲכִיפָה, כְּפִיָּה

enfranchise /ɪnˈfræntʃaɪz/ v.t. הֶעֱנִיק זְכוּת־הַצְבָּעָה לְ...

enfranchisement /ɪnˈfræntʃɪzmənt/ n. הַעֲנָקַת זְכוּת־הַצְבָּעָה

engage /ɪnˈgeɪdʒ/ v.t.
1 (take on as employee) שָׂכַר אֶת שֵׁרוּתָיו שֶׁל
2 (occupy, *formal*) הֶעֱסִיק אֶת, מָשַׁךְ אֶת תְּשׂוּמַת־לִבּוֹ שֶׁל
3 (come into contact with, interlock, also v.i.) שִׁלֵּב, הִצְמִיד; הִתְחַבֵּר
—v.i.
1 (pledge oneself) הִתְחַיֵּב (לַעֲשׂוֹת דְּבַר מָה וְכַד')
2 (take part in) הָיָה עָסוּק בְּ..., עָסַק בְּ...

engaged /ɪnˈgeɪdʒd/ adj.
1 (having promised to get married) מְאֹרָשׂ
2 (occupied) תָּפוּס
engaged tone צְלִיל "תָּפוּס" (בַּטֶּלֶפוֹן)

engagement /ɪnˈgeɪdʒmənt/ n.
1 (promise to marry) אֵרוּסִים, אֵרוּשִׂין
engagement ring טַבַּעַת־אֵרוּסִין
2 (undertaking) הִתְחַיְּבוּת, חוֹבָה, מְחֻיָּבוּת
□ *I have only enough money to meet my engagements* (*formal*) יֵשׁ לִי כֶּסֶף רַק כְּדֵי לְמַלֵּא אֶת הִתְחַיְּבֻיּוֹתַי
3 (battle) מַגָּע־קְרָבִי
□ *the admiral tried to bring about an engagement* הָאַדְמִירָל נִסָּה לְהָבִיא לִידֵי מַגָּע עִם הָאוֹיֵב
4 (appointment) פְּגִישָׁה
engagement book (or **diary**) לוּחַ־פְּגִישׁוֹת

engaging /ɪnˈgeɪdʒɪŋ/ adj. מַקְסִים, מְצוּדֵד, שׁוֹבֵה־לֵב

engender /ɪnˈdʒendə(r)/ v.t. (*formal*) חוֹלֵל, גָּרַם, עוֹרֵר, לִבָּה

engine /ˈendʒɪn/ n. מָנוֹעַ; קַטָּר
engine-driver נַהַג־קַטָּר
engine shed חֲדַר־מְכוֹנוֹת

engineer /ˌendʒɪˈnɪə(r)/ n.
1 (designer of machines or roads or bridges) מְהַנְדֵּס; הַנְדְּסַאי (מְכוֹנוֹת, דְּרָכִים, גְּשָׁרִים)
civil engineer מְהַנְדֵּס עֲבוֹדוֹת־צִבּוּר, מְהַנְדֵּס אֶזְרָחִי
2 (skilled person in charge of engine(s)) מְכוֹנַאי־מֻמְחֶה
ship's engineer מְכוֹנַאי (בִּסְפִינָה)
3 (driver of locomotive, *US*) (בְּאַרְהַ"ב) נַהַג־קַטָּר
—v.t.
1 (construct) תִּכְנֵן וּבִצַּע אֶת... כִּמְהַנְדֵּס
2 (bring about, contrive) תִּכְנֵן, "אִרְגֵּן", "תִּמְרֵן"
□ *he engineered a meeting with the person who could give him a job* הוּא עָשָׂה תִּמְרוּנִים וְאִרְגֵּן פְּגִישָׁה עִם הָאָדָם שֶׁהָיָה בִּיכָלְתּוֹ לְהַצִּיעַ לוֹ מִשְׂרָה

engineering /ˌendʒɪˈnɪərɪŋ/ n. הַנְדָּסָה; הַנְדְּסָאוּת

England /ˈɪŋglənd/ n.
1 (largest of the three countries in Great Britain) אַנְגְּלִיָּה
New England נְיוּ־אִינְגְלֶנְד (בַּחוֹף הַמִּזְרָחִי הַצְּפוֹנִי שֶׁל אַרְהַ"ב)
2 (loosely used for the United Kingdom) אַנְגְּלִיָּה (כְּשֵׁם כּוֹלֵל לִבְרִיטַנְיָה)

English /ˈɪŋglɪʃ/ n.
1 (people of England) הָאַנְגְּלִים
□ *do you like the English?* הַאִם אַתָּה אוֹהֵב אֶת הָאַנְגְּלִים?
2 (language) אַנְגְּלִית
the queen's (or **king's**) **English** הָאַנְגְּלִית הַמַּלְכוּתִית (אַנְגְּלִית צַחָה וּמְתֻקֶּנֶת)
□ *do you like English?* הַאִם אַתָּה אוֹהֵב אֶת הַשָּׂפָה הָאַנְגְּלִית?

□ *in plain English, we've spent more than we've earned* בְּמִלִּים פְּשׁוּטוֹת, בִּזְבַּזְנוּ יוֹתֵר מִמַּה שֶּׁהִשְׂתַּכַּרְנוּ

—adj. אַנְגְּלִי

English breakfast אֲרוּחַת בֹּקֶר בְּרִיטִית (בֵּיקוֹן, בֵּיצִים, טוֹסְט וְכוּ׳)

engraft /ɪnˈgrɑːft/ v.t. הִרְכִּיב (בְּחַקְלָאוּת); נָטַע רַעְיוֹן בְּלִבּוֹ שֶׁל

engrave /ɪnˈgreɪv/ v.t. חָרַט אֶת עַל/בְּ...; חָרַט עַל; הֵכִין גְּלוּפָה (לִדְפוּס)

engraver /ɪnˈgreɪvə(r)/ n. חָרָט־אָמָן, אֻמָּן־תַּחֲרִיטִים

engraving /ɪnˈgreɪvɪŋ/ n. אָמָּנוּת הַחֲרִיטָה, מְלֶאכֶת הַגְּלוּפָה; תַּחֲרִיט, גְּלוּפָה

engross /ɪnˈgrəʊs/ v.t. הֶעֱסִיק (תְּשׂוּמַת לֵב שֶׁל פְּלוֹנִי)

□ *he was so engrossed in his book that he didn't notice the fire had gone out* הוּא הָיָה שָׁקוּעַ כָּל־כָּךְ בְּסִפְרוֹ שֶׁלֹּא הִרְגִּישׁ כִּי הָאֵשׁ כָּבְתָה

engrossment /ɪnˈgrəʊsmənt/ n. שְׁקִיעָה (בְּעִסּוּק וְכַד׳)

engulf /ɪnˈgʌlf/ v.t. (*poet.*) (מַיִם, אֵשׁ וְכַד׳) אָפַף, הֵצִיף

enhance /ɪnˈhɑːns/ v.t. חִזֵּק, הִגְדִּיל, הֶאְדִּיר

enhancement /ɪnˈhɑːnsmənt/ n. חִזּוּק, הַגְדָּלָה

enigma /ɪˈnɪgmə/ n. חִידָה, תַּעֲלוּמָה

enigmatic /ˌenɪgˈmætɪk/ adj. אָפוּף־חִידָה, (אִישׁ־)חִידָה, מִסְתּוֹרִי, חִידָתִי, סָתוּם

enjoin /ɪnˈdʒɔɪn/ v.t.

1 (command, impose, *formal*) פָּקַד עַל, צִוָּה עַל

□ *I enjoin this course of action on you* אֲנִי פּוֹקֵד עָלֶיךָ לִפְעֹל בְּדֶרֶךְ זוֹ

2 (forbid, esp. *US*) אָסַר עַל (עַל פְּלוֹנִי לַעֲשׂוֹת דְּבַר מָה וְכַד׳)

enjoy /ɪnˈdʒɔɪ/ v.t.

1 (get pleasure from) נֶהֱנָה מִ...

enjoy oneself נֶהֱנָה

□ *enjoy the fair!* תַּעֲשׂוּ חַיִּים בַּיָּרִיד!

2 (have as advantage or benefit, *formal*) נֶהֱנָה מִ..., הֵפִיק תּוֹעֶלֶת מִ...

□ *though ninety, he still enjoys good health* אַף שֶׁהוּא בֶּן תִּשְׁעִים, עֲדַיִן בְּרִיאוּתוֹ טוֹבָה

enjoyable /ɪnˈdʒɔɪəb(ə)l/ adj. מְהַנֶּה, נָעִים, מְעַנֵּג

enjoyment /ɪnˈdʒɔɪmənt/ n. הֲנָאָה, הִתְעַנְּגוּת

enlace /ɪnˈleɪs/ v.t. (*poet.*) כָּרַךְ, הִדֵּק

enlarge /ɪnˈlɑːdʒ/ v.t. הִרְחִיב, הִגְדִּיל

—v.i. הִתְרַחֵב, הִתְפַּשֵּׁט, גָּדַל

□ *he enlarged upon* (or *on*) *his theme* הוּא הִרְחִיב אֶת הַדִּבּוּר עַל הַנּוֹשֵׂא שֶׁלּוֹ

enlargement /ɪnˈlɑːdʒmənt/ n. הַגְדָּלָה, הַרְחָבָה; (בְּצִלּוּם) הַגְדָּלָה

□ *I'll send you the enlargements* אֶשְׁלַח לְךָ אֶת הַהַגְדָּלוֹת (שֶׁל הַתַּצְלוּמִים)

enlarger /ɪnˈlɑːdʒə(r)/ n. מַכְשִׁיר־הַגְדָּלָה (שֶׁל תַּצְלוּמִים)

enlighten /ɪnˈlaɪt(ə)n/ v.t. הֵאִיר (עֵינַיִם), הִבְהִיר, בֵּאֵר

enlightened self-interest אָנֹכִיּוּת נְאוֹרָה

□ *his explanation confused rather than enlightened me* הֶסְבֵּרוֹ בִּלְבֵּל אוֹתִי יוֹתֵר מִשֶּׁהִסְבִּיר לִי אֶת הָעִנְיָן

enlightenment /ɪnˈlaɪt(ə)nmənt/ n. הֶאָרָה, הַשְׂכָּלָה, הִתְגַּלּוּת; (בְּבוּדְהִיזְם) נִרְוָנָה

the Enlightenment (תְּקוּפַת) הַהַשְׂכָּלָה (בַּמֵּאָה הַ־18 בְּאֵירוֹפָּה, לֹא הַ״הַשְׂכָּלָה״ בְּהִיסְטוֹרְיָה יְהוּדִית)

enlist /ɪnˈlɪst/ v.t.

1 (engage for military service, also v.i.) גִּיֵּס (לַצָּבָא); הִתְגַּיֵּס

2 (secure co-operation of) גִּיֵּס אֶת שִׁתּוּף הַפְּעֻלָּה שֶׁל...

□ *we enlisted him* (or *his aid*) *in our cause* גִּיַּסְנוּ אֶת תְּמִיכָתוֹ בְּעִנְיָנֵנוּ

enliven /ɪnˈlaɪv(ə)n/ v.t. הֶחֱיָה, הִמְרִיץ, עוֹדֵד

en masse /ɒn ˈmæs/ adv. בְּיַחַד, כְּאֶחָד, בַּהֲמוֹנָיו

enmesh /ɪnˈmeʃ/ v.t. (*formal*) לָכַד (כְּמוֹ) בְּרֶשֶׁת

enmity /ˈenmɪtɪ/ n. (*formal*) אֵיבָה, שִׂנְאָה, עוֹיְנוּת

ennoble /ɪˈnəʊb(ə)l/ v.t.

1 (make a noble) הֶעֱנִיק תֹּאַר אֲצֻלָּה לְ...

2 (make morally noble) רוֹמֵם (מִבְּחִינָה מוּסָרִית)

ennoblement /ɪˈnəʊb(ə)lmənt/ n. הַעֲנָקַת־תֹּאַר אֲצֻלָּה; הַאֲצָלָה (מוּסָרִית)

ennui /ɒnˈwiː/ n. שִׁעֲמוּם, עַגְמָה, אֲדִישׁוּת

enormity /ɪˈnɔːmɪtɪ/ n.

1 (great wickedness, *formal*) מִפְלַצְתִּיּוּת, זְוָעָה

2 (in *pl.*, serious crime, *formal*) פְּשָׁעִים נוֹרָאִים, מַעֲשֵׂי זְוָעָה

3 (great size) גֹּדֶל מִפְלַצְתִּי

enormous /ɪˈnɔːməs/ adj. עֲנָקִי, אַדִּיר; מִפְלַצְתִּי

enough /ɪˈnʌf/ n. דַּי, מַסְפִּיק

□ *enough is as good as a feast* (*Prov.*) אֵין צֹרֶךְ בְּיוֹתֵר מִן הַדָּרוּשׁ

□ *I have enough to do in the house without worrying about the garden* יֵשׁ לִי מַסְפִּיק עֲבוֹדָה בַּבַּיִת גַּם בְּלִי לַחְשֹׁב עַל הָעֲבוֹדָה בַּגִּנָּה

□ *I've had enough of your impudence* חֻצְפָּתְךָ נִמְאֲסָה עָלַי

□ *is he enough of a man* (or *man enough*) *to admit he was wrong?* הַאִם הוּא מַסְפִּיק גֶּבֶר כְּדֵי לְהוֹדוֹת בְּטָעוּתוֹ?

□ *it's enough to make you sick, the sympathetic tone she affects* הָאַהֲדָה הַמְזֻיֶּפֶת שֶׁלָּהּ עוֹשָׂה לִי בְּחִילָה

—adj. מַסְפִּיק, דַּי

—adv. מַסְפִּיק, דַּי

sure enough (*colloq.*) בֶּאֱמֶת, אָמְנָם, אָכֵן

□ *she sings well enough for an amateur show* הִיא שָׁרָה בְּסֵדֶר אִם נָבִיא בְּחֶשְׁבּוֹן שֶׁזֶּה מוֹפַע חוֹבְבִים

□ *you know well enough what I mean* אַתָּה מֵבִין טוֹב מְאֹד מַה כִּוַּנְתִּי

□ *he bet £20 on the favourite and strangely enough it lost* הוּא הִמֵּר 20 לי"ש עַל הַ"פֵיבוֹרִיט" וּלְמַרְבֵּה הַפֶּלֶא הַסּוּס לֹא נִצַּח

enquire, enquiry /ɪnˈkwaɪə(r), ɪnˈkwaɪərɪ/ see **inquire, inquiry**

enrage /ɪnˈreɪdʒ/ v.t. עוֹרֵר אֶת חֲמָתוֹ שֶׁל...

enrapture /ɪnˈræptʃə(r)/ v.t. (*formal*) גָּרַם עֹנֶג עִלָּאִי לְ...

enrich /ɪnˈrɪtʃ/ v.t. הֶעֱשִׁיר, הִשְׁבִּיחַ

□ *this juice is enriched with vitamins* הַמִּיץ הַזֶּה מְעֻשָּׁר בְּוִיטָמִינִים

□ *we enriched the soil with manure* הִשְׁבַּחְנוּ אֶת הַקַּרְקַע בְּזֶבֶל־פָּרוֹת

□ *education should enrich the mind* עַל הַחִנּוּךְ לְהַעֲשִׁיר אֶת הַמַּחֲשָׁבָה

enrichment /ɪnˈrɪtʃmənt/ n. הַעֲשָׁרָה, הִתְעַשְּׁרוּת

enrol /ɪnˈrəʊl/ v.t. & i. (*US* **enroll**) רָשַׁם אֶת... (לְקוּרְס וְכַד'); נִרְשַׁם (לְקוּרְס וְכַד')

enrolment /ɪnˈrəʊlmənt/ n. הַרְשָׁמָה

□ *enrolment is* (or *enrolments are*) *down on the politics course this year* הַהַרְשָׁמָה בַּקּוּרְס לְמַדָּעֵי הַמְּדִינָה יָרְדָה הַשָּׁנָה

en route /ɒn ˈruːt/ adv. בַּדֶּרֶךְ (מִמָּקוֹם לְמָקוֹם)

□ *we stopped in Paris en route to London* עָצַרְנוּ בְּפָּרִיז בַּדֶּרֶךְ לְלוֹנְדוֹן

ensconce /ɪnˈskɒns/ v.t. (*formal* or *joc.*) שָׂם (עַצְמוֹ אוֹ זוּלָתוֹ) בְּמָקוֹם בָּטוּחַ/נוֹחַ/עָדִיף

□ *I ensconced myself in a chair near the fire* בִּצַּרְתִּי לְעַצְמִי עֶמְדָּה בְּכֻרְסָה לְיַד הָאָח

ensemble /ɒnˈsɒmb(ə)l/ n.

1 (thing viewed as a whole) מִכְלוֹל, תְּמוּנָה כּוֹלֶלֶת

2 (*Mus.*) אַנְסַמְבְּל (לַהֲקַת מוּזִיקָאִים)

enshrine /ɪnˈʃraɪn/ v.t. (*formal*) שָׁמַר בִּקְדֻשָּׁה, קִדֵּשׁ בְּלִבּוֹ

□ *those blissful moments with him remained for ever enshrined in her memory* (*fig.*) שְׁעוֹת־הָאֹשֶׁר שֶׁיָּדְעָה עִמּוֹ נִתְקַדְּשׁוּ לָעַד בְּזִכְרוֹנָהּ

ensign /ˈens(ə)n/ n.

1 (flag, *Naut.*) דֶּגֶל־יַמִּי

2 (naval officer, *US*) סְגַן־מִשְׁנֶה בַּצִּי הָאֲמֶרִיקָאִי

ensilage /ɪnˈsaɪlɪdʒ/ n. & v.t. תַּחְמִיץ; שָׁמַר בְּתַחְמִיץ

enslave /ɪnˈsleɪv/ v.t. שִׁעְבֵּד, הוֹלִיךְ לְעַבְדוּת

enslavement /ɪnˈsleɪvmənt/ n. שִׁעְבּוּד

ensnare /ɪnˈsneə(r)/ v.t. לָכַד בְּרִשְׁתּוֹ

ensue /ɪnˈsjuː/ v.i. (*formal*) בָּא אַחֲרֵי... בָּא בְּעִקְּבוֹת... בָּא כְּתוֹצָאָה מִ...

ensuing /ɪnˈsjuːɪŋ/ adj. (*formal*) הַבָּא אַחֲרֵי... הַבָּא בְּעִקְּבוֹת... הַבָּא כְּתוֹצָאָה מִ...

ensure /ɪnˈʃɔː(r)/ v.t. וִדֵּא שֶׁ..., הִבְטִיחַ שֶׁ...

entail /ɪnˈteɪl/ n. (*Law*) קַרְקַע שֶׁבָּאָה בִּירֻשָּׁה עַל־פִּי תְּנָאֵי הַמּוֹרִישׁ הָרִאשׁוֹן

—v.t.

1 (*Law*) הוֹרִישׁ קַרְקַע (כַּנ"ל)

2 (necessitate) גָּרַר, גָּרַר בְּכֹרַח, הִצְרִיךְ

entangle /ɪnˈtæŋg(ə)l/ v.t. סִבֵּךְ

entanglement /ɪnˈtæŋg(ə)lmənt/ n. סִבּוּךְ, הִסְתַּבְּכוּת

barbed wire entanglements סְלִילֵי תַּיִל־דּוֹקְרָנִי

entente /ɒnˈtɒnt/ n. (*formal*) הַסְכָּמָה, הֲבָנָה

entente cordiale הַסְכָּמָה יְדִידוּתִית שֶׁתְּקֵפָה פָּחוֹת מִבְּרִית (בְּיִחוּד הַהַסְכָּמָה בֵּין צָרְפַת לְאַנְגְּלִיָּה בִּשְׁנַת 1904)

enter /ˈentə(r)/ v.i.

1 (come or go in) נִכְנַס

□ *they entered into negotiations with another company* (*formal*) הֵם פָּתְחוּ בְּמַגָּעִים עִם חֶבְרָה אַחֶרֶת

□ *we can't enter into details* לֹא נוּכַל לְהִכָּנֵס לִפְרָטִים

□ *he entered into the spirit of the game* הוּא הִשְׁתַּלֵּב בַּאֲוִירַת הַמִּשְׂחָק

□ *self-interest didn't enter into my calculations at all* טוֹבַת־הֲנָאָה אִישִׁית לֹא עָלְתָה כְּלָל בְּשִׁקּוּלַי

□ *what made you enter upon this course of action?* (*formal*) מַה גָּרַם לְךָ לִפְנוֹת לְדֶרֶךְ פְּעֻלָּה זוֹ?

□ *he entered upon a new term of office* (*formal*) הוּא הֵחֵל תְּקוּפָה נוֹסֶפֶת בְּתַפְקִידוֹ

□ *at this point enter Mr. Jones* (*Theatr.*) בְּשָׁלָב הַזֶּה מוֹפִיעַ בַּתְּמוּנָה מַר ג'וֹנְס

2 (become competitor) נִרְשַׁם (לְתַחֲרוּת)

□ *to enter you have to fill in this form* כְּדֵי לְהִשְׁתַּתֵּף בְּתַחֲרוּת עָלֶיךָ לְמַלֵּא אֶת הַטֹּפֶס הַזֶּה

—v.t.

1 (go, come into) נִכְנַס לְ...

□ *he entered the room* הוּא נִכְנַס לַחֶדֶר

□ *it never entered his head that he might fail* מֵעוֹלָם לֹא עָלָה עַל דַּעְתּוֹ שֶׁהוּא עָלוּל לְהִכָּשֵׁל

□ *he entered the Church* (or *Navy* or *medical profession*) הוּא הֵחֵל בִּקְרִירָה כְּנֵסִיָּתִית/בַּצִּי/בְּמִקְצוֹעַ הָרְפוּאָה

2 (put in as data) הִכְנִיס (לִרְשִׁימָה/לְסֵפֶר/לְמַאֲגַר מֵידָע וְכַד'), רָשַׁם

□ *he entered himself for the exam* הוּא נִרְשַׁם לַבְּחִינוֹת

□ *she entered the day's events in* (or *into*) *her diary* (*formal*) הִיא רָשְׁמָה אֶת אֵרוּעֵי־הַיּוֹם בְּיוֹמָנָהּ

□ *she entered his name on the computer* הִיא הִכְנִיסָה אֶת שְׁמוֹ לַמַּחְשֵׁב

enteric /enˈterɪk/ adj. (*Med.*) שֶׁל הַמֵּעַיִם

enteric fever טִיפוּס־הַמֵּעַיִם

enteritis /ˌentəˈraɪtɪs/ n. דַּלֶּקֶת־הַמֵּעַיִם

enterprise /ˈentəpraɪz/ n.
1 (bold undertaking; initiative) מִבְצָע; יָזְמָה
2 (business firm) מִפְעָל, עֵסֶק
private enterprise קַפִּיטָלִיזְם, יַזָּמוּת פְּרָטִית
enterprising /ˈentəpraɪzɪŋ/ adj. נוֹעָז, בַּעַל מֶרֶץ
entertain /ˌentəˈteɪn/ v.t.
1 (amuse) שִׁעֲשַׁע, הֵנָה, בִּדֵּר
2 (receive hospitably) אֵרֵחַ
3 (harbour, consider, *formal*) רָחַשׁ (רְגָשׁוֹת), שָׁקַל (דֵּעוֹת וְרַעְיוֹנוֹת) טִפַּח (סָפֵק, חֲשָׁד וְכוּ')
□ *I began to entertain doubts as to her sanity* הִתְחַלְתִּי לְפַקְפֵּק בִּשְׁפִיּוּת דַּעְתָּהּ
entertainer /ˌentəˈteɪnə(r)/ n. בַּדְרָן (מִקְצוֹעִי)
entertaining /ˌentəˈteɪnɪŋ/ adj. מְשַׁעֲשֵׁעַ, מְבַדֵּר
entertainment /ˌentəˈteɪnmənt/ n.
1 (amusement) בִּדּוּר, שַׁעֲשׁוּעִים
2 (public performance) מוֹפָע בִּדּוּר
3 (hospitality) אֵרוּחַ, הַכְנָסַת אוֹרְחִים
enthral /ɪnˈθrɔːl/ v.t. (*US* **enthrall**) צֵדֵּד, הִקְסִים, שָׁבָה אֶת לֵב...
enthrone /ɪnˈθrəʊn/ v.t. הֶעֱלָה לְכֵס הַמַּלְכוּת אֶת; הֶעֱלָה עַל נֵס (עֲרָכִים וְכַד')
enthronement /ɪnˈθrəʊnmənt/ n. טֶקֶס הַעֲלָאָה לְכֵס הַמַּלְכוּת
enthuse /ɪnˈθjuːz/ v.t. & i. (*colloq.*) הִלְהִיב אֶת; הִבִּיעַ הִתְלַהֲבוּת
enthusiasm /ɪnˈθjuːzɪæzəm/ n. הִתְלַהֲבוּת, הִתְפַּעֲלוּת
enthusiast /ɪnˈθjuːzɪæst/ n. נִלְהָב, מַעֲרִיץ, חָסִיד שֶׁל
enthusiastic /ɪnˌθjuːzɪˈæstɪk/ adj. מִתְלַהֵב, נִלְהָב לְ
entice /ɪnˈtaɪs/ v.t. פִּתָּה, הִדִּיחַ (לְמַעֲשֶׂה וְכַד')
enticement /ɪnˈtaɪsmənt/ n. פִּתּוּי, הֲדָחָה
entire /ɪnˈtaɪə(r)/ adj. כָּל-כֻּלּוֹ, כּוֹלֵל, שָׁלֵם, גָּמוּר
entirety /ɪnˈtaɪərətɪ/ n. (*formal*) כְּלִיּוּת, שְׁלֵמוּת, מִכְלוֹל
□ *we must look at the question in its entirety* עָלֵינוּ לְעַיֵּן בַּשְּׁאֵלָה בִּשְׁלֵמוּתָהּ
entitle /ɪnˈtaɪt(ə)l/ v.t.
1 (give title to) נָתַן כּוֹתֶרֶת לְ...
□ *my new play is entitled "Tit for Tat"* שֵׁם הַמַּחֲזֶה הֶחָדָשׁ שֶׁלִּי "עַיִן תַּחַת עַיִן"
2 (give right or claim to) הֶעֱנִיק לְ... זְכוּת לְ..., זִכָּה אֶת... בְּ...
□ *you are entitled to your own opinion* אַתָּה רַשַּׁאי לְהַחֲזִיק בְּדַעְתְּךָ
□ *this voucher entitles you to a free meal* שׁוֹבֵר זֶה מְזַכֶּה אוֹתְךָ בַּאֲרוּחָה חִנָּם
entitlement /ɪnˈtaɪt(ə)lmənt/ n. זַכָּאוּת, זְכוּת
entity /ˈentətɪ/ n. יֵשׁוּת, הֲוָיָה
entomb /ɪnˈtuːm/ v.t. (*formal*) טָמַן בְּקֶבֶר, הוֹרִיד לַקֶּבֶר

entomological /ˌentəməˈlɒdʒɪk(ə)l/ adj. אֶנְטוֹמוֹלוֹגִי (שַׁיָּךְ לְתוֹרַת-הַחֲרָקִים)
entomologist /ˌentəˈmɒlədʒɪst/ n. אֶנְטוֹמוֹלוֹג, מֻמְחֶה בְּתוֹרַת-הַחֲרָקִים
entomology /ˌentəˈmɒlədʒɪ/ n. אֶנְטוֹמוֹלוֹגְיָה, חֵקֶר הַחֲרָקִים
entourage /ˈɒntʊrɒːz/ n. פָּמַלְיָה, מְלַוִּים, מְקֹרָבִים, בְּנֵי-לְוָיָה
entr'acte /ˈɒntrækt/ n. הַפְסָקָה (בַּתֵּיאַטְרוֹן וְכַד'); הוֹפָעָה/נְגִינָה בְּעֵת הַהַפְסָקָה
entrails /ˈentreɪlz/ n. *pl.* קְרָבַיִם, מֵעַיִם
entrain /ɪnˈtreɪn/ v.t. & i. הוֹבִיל בְּרַכֶּבֶת (חַיָּלִים וְכַד'); עָלָה לָרַכֶּבֶת
entrance[1] /ˈentrəns/ n.
1 (coming or going in) כְּנִיסָה
□ *she made a grand entrance* הִיא הוֹפִיעָה בִּכְנִיסָה מַרְשִׁימָה
2 (right of admission) זְכוּת-כְּנִיסָה
□ *the university has a stiff entrance exam* בָּאוּנִיבֶרְסִיטָה יֵשׁ בְּחִינוֹת-כְּנִיסָה מַחְמִירוֹת
3 (way in) פֶּתַח, כְּנִיסָה
entrance[2] /ɪnˈtrɑːns/ v.t. הִקְסִים
entrant /ˈentrənt/ n. מֻעֲמָד; מִתְחָרֶה
entrap /ɪnˈtræp/ v.t. (*formal*) הִפִּיל בְּפַח, לָכַד בְּרֶשֶׁת
entreat /ɪnˈtriːt/ v.t. (*formal*) הִפְצִיר בְּ..., הִתְחַנֵּן בִּפְנֵי...
entreaty /ɪnˈtriːtɪ/ n. (*formal*) בַּקָּשָׁה, תַּחֲנוּנִים, הַפְצָרָה
entrecôte /ˈɒntrəkɒt/ n. אֶנְטְרֶקוֹט, אֻמְצַת-צֶלַע
entrée /ˈɒntreɪ/ n.
1 (right of admission, *formal*) "כַּרְטִיס-כְּנִיסָה", זְכוּת כְּנִיסָה
2 (course of meal) מָנָה עִקָּרִית; מָנַת בֵּינַיִם (בֵּין מָנוֹת עִקָּרִיּוֹת בַּאֲרוּחָה מְפֹאֶרֶת)
entrench /ɪnˈtrentʃ/ v.t. & i. בִּצֵּר, עִגֵּן; חָפַר תְּעָלַת-מָגֵן, הִתְבַּצֵּר
□ *freedom of the press is entrenched in the constitution* חֹפֶשׁ-הָעִתּוֹנוּת מְעֻגָּן בַּחֻקָּה
entrenchment /ɪnˈtrentʃmənt/ n. חֲפִירוֹת-הֲגַנָּה, תְּעָלוֹת-מָגֵן; הִתְבַּצְּרוּת
entrepreneur /ˌɒntrəprəˈnɜː(r)/ n. יַזָּם (כַּלְכָּלִי וְכַד')
entrepreneurial /ˌɒntrəprəˈnɜːrɪəl/ adj. שֶׁל יַזָּמוּת; נוֹעָז, בַּעַל מָעוֹף (כַּלְכָּלִי)
entropy /ˈentrəpɪ/ n. אֶנְטְרוֹפְּיָה (בְּתֶרְמוֹדִינָמִיקָה וְכַד')
entrust /ɪnˈtrʌst/ v.t. (also **intrust**) הִפְקִיד (דְּבַר מָה) בְּיָדֵי, הֵטִיל (דְּבַר מָה) עַל
□ *I entrust you with this task* אֲנִי מֵטִיל עָלֶיךָ אֶת הַמְּשִׁימָה הַזּוֹ
□ *I entrust this task to you* אֲנִי מֵטִיל עָלֶיךָ אֶת הַמְּשִׁימָה הַזּוֹ
entry /ˈentrɪ/ n.
1 (coming or going in) כְּנִיסָה

No Entry אֵין כְּנִיסָה
□ *how did the thief gain entry?* אֵיךְ הִצְלִיחַ הַגַּנָּב לְהִכָּנֵס?
2 (place of entrance) פֶּתַח, כְּנִיסָה
3 (registration in records) פְּרִיט בְּרִשּׁוּם, עֵרֶךְ (בְּמִלּוֹן וְכַד׳)
double entry book-keeping רִשּׁוּם כָּפוּל בְּפִנְקְסָנוּת, פִּנְקְסָנוּת דּוּ־צְדִית
entry form טֹפֶס הַרְשָׁמָה
□ *this was the last entry in her diary* הָיָה זֶה הַדָּבָר הָאַחֲרוֹן שֶׁרָשְׁמָה בְּיוֹמָנָהּ
4 (list of competitors) רְשִׁימַת מִשְׁתַּתְּפִים (בְּתַחֲרוּת וְכַד׳)

E number /ˈiː-ˌnʌmbə(r)/ n. קוֹד לְסִמּוּן חֳמָרִים כִּימִיִּים לְמַאֲכָל בְּאֵירוֹפָּה (הַמַּתְחִיל בָּאוֹת E)
entwine /ɪnˈtwaɪn/ v.t. שָׁזַר, לִפֵּף
enumerate /ɪˈnjuːməreɪt/ v.t. (*formal*) מָנָה, סָפַר
enumeration /ɪˌnjuːməˈreɪʃ(ə)n/ n. (*formal*) מְנִיָּה, סְפִירָה
enunciate /ɪˈnʌnsɪeɪt/ v.t.
1 (pronounce clearly, also v.i.) הָגָה, בִּטֵּא, הִשְׁמִיעַ בְּבֵרוּר
2 (state, *formal*) נָתַן בִּטּוּי לְ...
enunciation /ɪˌnʌnsɪˈeɪʃ(ə)n/ n. הִתְבַּטְּאוּת; הִגּוּי, הַבָּעָה
envelop /ɪnˈveləp/ v.t. עָטַף, כִּסָּה
envelope /ˈenvələʊp/ n.
1 (cover for letters) מַעֲטָפָה
2 (wrapper, covering) מַעֲטֶפֶת, כִּסּוּי
envenom /ɪnˈvenəm/ v.t. (*formal*) הִרְעִיל אֶת, נָסַךְ רַעַל בְּ... (גַּם בְּהַשְׁאָלָה)
enviable /ˈenvɪəb(ə)l/ adj. רָאוּי לְקִנְאָה, מְעוֹרֵר קִנְאָה
envious /ˈenvɪəs/ adj. מְקַנֵּא, מָלֵא קִנְאָה, אֲכוּל קִנְאָה
environment /ɪnˈvaɪərənmənt/ n. סְבִיבָה; אֵיכוּת־הַסְּבִיבָה
□ *the boy's delinquency can be attributed to his environment* אֶפְשָׁר לְיַחֵס אֶת עֲבַרְיָנוּתוֹ שֶׁל הַיֶּלֶד לְהַשְׁפָּעַת הַסְּבִיבָה
□ *the environment became a burning issue in the election campaign* אֵיכוּת־הַסְּבִיבָה הָפְכָה לְנוֹשֵׂא בּוֹעֵר בַּבְּחִירוֹת
environmental /ɪnˌvaɪərənˈment(ə)l/ adj. סְבִיבָתִי; שֶׁל אֵיכוּת הַסְּבִיבָה
□ *the new factory was an environmental disaster* הַמִּפְעָל הֶחָדָשׁ הָיָה אָסוֹן מִבְּחִינַת אֵיכוּת הַסְּבִיבָה
environmentalism /ɪnˌvaɪərənˈmentəlɪzəm/ n. עֶקְרוֹן הַשְּׁמִירָה עַל אֵיכוּת־הַסְּבִיבָה
environmentalist /ɪnˌvaɪərənˈmentəlɪst/ n. אָדָם הַדּוֹגֵל בִּשְׁמִירָה עַל אֵיכוּת־הַסְּבִיבָה
environs /ɪnˈvaɪərənz/ n. *pl.* (*formal*) סְבִיבוֹת, אֵזוֹר
envisage /ɪnˈvɪzɪdʒ/ v.t. (*formal*) צָפָה, הֵבִיא בְּחֶשְׁבּוֹן
□ *changes are envisaged* צְפוּיוֹת תְּמוּרוֹת; יֵשׁ לְהָבִיא בְּחֶשְׁבּוֹן שִׁנּוּיִים

envoy /ˈenvɔɪ/ n. שָׁלִיחַ
envy /ˈenvɪ/ n.
1 (jealousy) קִנְאָה, צָרוּת־עַיִן, חֶמְדָּנוּת
green with envy יָרֹק מִקִּנְאָה
□ *he did it out of envy* הוּא עָשָׂה זֹאת מִתּוֹךְ קִנְאָה
2 (object of jealousy) מֻשָּׂא לְקִנְאָה
□ *her dress was the envy of all* הַשִּׂמְלָה שֶׁלָּהּ עוֹרְרָה קִנְאָה בְּלֵב הַכֹּל
—v.t. קִנֵּא בְּ..., חָמַד אֶת
□ *I don't envy his friends* אֵינֶנִּי מְקַנֵּא בַּחֲבֵרִים שֶׁלּוֹ (כְּלוֹמַר, הוּא אָדָם נוֹרָא)
□ *I don't envy him his friends* אֵינֶנִּי מְקַנֵּא בּוֹ עַל הַחֲבֵרִים שֶׁלּוֹ (כְּלוֹמַר, חֲבֵרָיו נוֹרָאִים)
enzyme /ˈenzaɪm/ n. אֶנְזִים
eon /ˈiːən/ n. עִדָּן (פֶּרֶק זְמַן אָרֹךְ)
epaulette /ˈepəlet/ n. (*US* **epaulet**) כּוֹתֶפֶת
ephemera /ɪˈfemərə/ n. *pl.* (*formal*) פִּרְסוּמִים בְּנֵי־חֲלוֹף, חֲפָצִים בְּנֵי־חֲלוֹף
ephemeral /ɪˈfemərəl/ adj. (*formal*) בֶּן־חֲלוֹף, קִקְיוֹנִי
epic /ˈepɪk/ n. & adj. אֶפּוֹס; אֶפִּי (בַּעַל תְּכוּנוֹת שֶׁל אֶפּוֹס, אָרֹךְ וּמַקִּיף)
epicene /ˈepɪsiːn/ adj. דּוּ־מִינִי, אַנְדְּרוֹגֵנִי, זָכָר וּנְקֵבָה
epicentre /ˈepɪsentə(r)/ n. מוֹקֵד הָרַעַשׁ, מוֹקֵד רְעִידַת־הָאֲדָמָה
epicure /ˈepɪkjʊə(r)/ n. אֲנִין־חֵךְ; שׁוֹחֵר הֲנָאוֹת הַחוּשִׁים
epicurean /ˌepɪkjʊˈrɪən/ adj. & n. אֶפִּיקוּרָאִי; חוֹבֵב־תַּעֲנוּגוֹת, זוֹלֵל־וְסוֹבֵא (עַל שֵׁם הַפִּילוֹסוֹף אֶפִּיקוּרוֹס)
epidemic /ˌepɪˈdemɪk/ n. מַגֵּפָה (הִתְפַּשְּׁטוּת מַחֲלָה בָּאוֹכְלוּסִיָּה)
—adj. (מְמַדִּים וְכַד׳) שֶׁל מַגֵּפָה
epidemiology /ˌepɪdiːmɪˈɒlədʒɪ/ n. אֶפִּידֶמְיוֹלוֹגְיָה (חֵקֶר הַמַּגֵּפוֹת)
epidermis /ˌepɪˈdɜːmɪs/ n. אֶפִּידֶרְמָה, שִׁכְבַת־הָעוֹר הָעֶלְיוֹנָה; הַקְּלִפָּה הַחִיצוֹנִית שֶׁל צֶמַח
epidural /ˌepɪˈdjʊər(ə)l/ n. & adj. זְרִיקַת הַרְדָּמָה בְּעַמּוּד הַשִּׁדְרָה; שֶׁל זְרִיקָה כַּנַּ״ל
epiglottis /ˌepɪˈglɒtɪs/ n. (*Anat.*) כִּסּוּי־הַגָּרוֹן, אֶפִּיגְלוֹטִיס (הַשַּׁסְתּוֹם שֶׁבֵּין קְנֵה הַנְּשִׁימָה וּצְנוֹר הַבְּלִיעָה)
epigram /ˈepɪgræm/ n. אֶפִּיגְרָמָה, מִכְתָּם, אִמְרַת־כָּנָף
epigrammatic /ˌepɪgrəˈmætɪk/ adj. מִכְתָּמִי, קָצָר וְקוֹלֵעַ
epigraph /ˈepɪgrɑːf/ n. כְּתֹבֶת (עַל מַצֵּבָה, עַל מַטְבֵּעַ); ״מוֹטוֹ״
epilepsy /ˈepɪlepsɪ/ n. מַחֲלַת־הַנְּפִילָה, אֶפִּילֶפְּסְיָה
epileptic /ˌepɪˈleptɪk/ adj. & n. שֶׁל מַחֲלַת הַנְּפִילָה; חוֹלֵה־הַנְּפִילָה, אֶפִּילֶפְּטִי
epilogue /ˈepɪlɒg/ n. אֶפִּילוֹג, אַחֲרִית־דָּבָר, סִיּוּם

Epiphany /ɪˈpɪfənɪ/ n. חַג־הַהִתְגַּלּוּת (בַּנַּצְרוּת, בְּ־6 בְּיָנוּאָר)

episcopacy /ɪˈpɪskəpəsɪ/ n. (*formal*) בִּישׁוֹפוּת (מִנְהַל הַכְּנֵסִיָּה)

episcopal /ɪˈpɪskəp(ə)l/ adj. בִּישׁוֹפִי, אֶפִּיסְקוֹפָּלִי

Episcopal Church הַכְּנֵסִיָּה הָאֶפִּיסְקוֹפָּלִית

episcopalian /ɪˌpɪskəˈpeɪlɪən/ adj. & n. אֶפִּיסְקוֹפָּלִי, שֶׁל הַבִּישׁוֹפוּת; חָבֵר בַּכְּנֵסִיָּה הָאֶפִּיסְקוֹפָּלִית

episiotomy /ɪˌpiːzɪˈɒtəmɪ/ n. חָתָךְ הַרְחָבָה בַּנַּרְתִּיק (לַהֲקַלַּת לֵדָה)

episode /ˈepɪsəʊd/ n. אֶפִּיזוֹדָה, מְאֹרָע; אֶפִּיזוֹדָה, פֶּרֶק (בְּסִדְרָה טֶלֶוִיזְיוֹנִית וְכַד׳)

episodic /ˌepɪˈsɒdɪk/ adj. אֶפִּיזוֹדִי, מְקֻטָּע; בִּפְרָקִים

epistemology /ɪˌpɪstəˈmɒlədʒɪ/ n. תּוֹרַת־הַהַכָּרָה, אֶפִּיסְטֶמוֹלוֹגְיָה (בְּפִילוֹסוֹפְיָה)

epistle /ɪˈpɪs(ə)l/ n. (*formal*) אִגֶּרֶת; אַחַת מֵאִגְּרוֹת־הַשְּׁלִיחִים (בַּבְּרִית הַחֲדָשָׁה)

epistolary /ɪˈpɪstələrɪ/ adj. (*formal*) בְּהִתְכַּתְּבוּת; (סִגְנוֹן רוֹמָן) שֶׁל מִכְתָּבִים, בְּמִכְתָּבִים

epitaph /ˈepɪtɑːf/ n. כְּתֹבֶת (לָרֹב) עַל מַצֵּבָה

epithet /ˈepɪθet/ n. שֵׁם־לְוַאי, כִּנּוּי, תֹּאַר

epitome /ɪˈpɪtəmɪ/ n. תַּמְצִית, מִצּוּי עִיקָּר

□ *he is the epitome of wisdom* הוּא הִתְגַּלְּמוּת הַחָכְמָה

epitomize /ɪˈpɪtəmaɪz/ v.t. מִצָּה, תִּמְצֵת

epoch /ˈiːpɒk/ n. תְּקוּפָה, עִדָּן

epoch-making פּוֹתֵחַ־תְּקוּפָה, בַּעַל חֲשִׁיבוּת הִיסְטוֹרִית

□ *the invention of printing was an epoch-making event* הַמְצָאַת הַדְּפוּס הָיְתָה מְאֹרָע שֶׁפָּתַח עִדָּן חָדָשׁ בַּהִיסְטוֹרְיָה

eponym /ˈepənɪm/ n. כִּנּוּי, שֵׁם (בְּעִקְּבוֹת שְׁמוֹ שֶׁל אָדָם וְכַד׳)

eponymous /ɪˈpɒnɪməs/ adj. (גִּבּוֹר) הַמַּעֲנִיק אֶת שְׁמוֹ (לְמַחֲזֶה וְכַד׳)

epoxy resin /ɪˌpɒksɪ ˈrezɪn/ n. דֶּבֶק אֶפּוֹקְסִי

equable /ˈekwəb(ə)l/ adj. (אָדָם) שָׁקוּל, מָדוּד; שָׁוֶה (בִּפְנֵי הַחֹק); (מֶזֶג אֲוִיר) מְמֻזָּג, מָתוּן

equal /ˈiːkwəl/ adj.

1 (the same in number, or size, or value, or rights) שָׁוֶה

□ *all men are equal* כָּל בְּנֵי־הָאָדָם שָׁוִים

□ *we want equal pay (for equal work)* אֲנַחְנוּ דּוֹרְשִׁים שָׂכָר שָׁוֶה (תְּמוּרַת עֲבוֹדָה שָׁוָה)

2 (having strength for or adequate to) רַב, דַּי הַצֹּרֶךְ, מַסְפִּיק לְ...

□ *he was equal to the occasion* הוּא עָמַד בַּמְּשִׂימָה

□ *he didn't feel equal to receiving visitors* הוּא לֹא חָשׁ כִּי כֹּחוֹ יַעֲמֹד לוֹ לְקַבֵּל פְּנֵי אוֹרְחִים

—n. (אָדָם אוֹ דָּבָר) שָׁוֶה, דּוֹמֶה

□ *he has no equal* אֵין דּוֹמֶה לוֹ, אֵין כָּמוֹהוּ

—v.t. הָיָה שָׁוֶה לְ...; הִשְׁוָה אֶת, הִשִּׂיג הֶשֵּׂג שָׁוֶה לְ...

equal(s) sign סִימַן הַשִּׁוְיוֹן

□ *two times two equals four* שְׁתַּיִם כָּפוּל שְׁתַּיִם הֵם אַרְבַּע

□ *I equalled his score* הִשְׁוֵיתִי אֶת הַתּוֹצָאָה שֶׁלּוֹ

equality /ɪˈkwɒlɪtɪ/ n. שִׁוְיוֹן

equality of opportunity שִׁוְיוֹן הִזְדַּמְנֻיּוֹת

equalize /ˈiːkwəlaɪz/ v.t. & i. הִשְׁוָה אֶת, חִלֵּק אֶת שָׁוֶה בְּשָׁוֶה; הִשִּׂיג נְקֻדּוֹת שִׁוְיוֹן (בִּסְפּוֹרְט)

equalizer /ˈiːkwəlaɪzə(r)/ n. (בְּכַדּוּרֶגֶל) שַׁעַר־מַשְׁוֶה

equally /ˈiːkwəlɪ/ adv. שָׁוֶה בְּשָׁוֶה, בְּאֹפֶן שָׁוֶה, בְּמִדָּה שָׁוָה, בְּאוֹתָהּ מִדָּה

□ *equally, if you were to hit him, I'd punish you* בְּאוֹתָהּ מִדָּה אִלּוּ הָיִיתָ מַכֶּה אוֹתוֹ הָיִיתִי מַעֲנִישׁ אוֹתְךָ אוּלַי אַתָּה הִכִּיתָ אוֹתוֹ

equanimity /ˌekwəˈnɪmɪtɪ/ n. (*formal*) קֹר־רוּחַ, יִשּׁוּב־דַּעַת

equate /ɪˈkweɪt/ v.t. (*formal*) הִשְׁוָה אֶת... עִם.../וְאֶת...

□ *his philosophy equates happiness with (or to) wealth* הַתּוֹרָה שֶׁלּוֹ מַשְׁוָה אֶת הָאֹשֶׁר עִם הָעֹשֶׁר

equation /ɪˈkweɪʒ(ə)n/ n.

1 (*Math, Chem.*) מִשְׁוָאָה

2 (equating, *formal*) הַשְׁוָאָה, אִזּוּן; זִהוּי

equator /ɪˈkweɪtə(r)/ n. קַו־הַמַּשְׁוֶה

equatorial /ˌekwəˈtɔːrɪəl/ adj. שֶׁל קַו־הַמַּשְׁוֶה, מַשְׁוָנִי

equerry /ɪˈkwerɪ/ n. קְצִין הַמְשַׁמֵּשׁ לְיַד מֶלֶךְ בְּבְרִיטַנְיָה; קְצִין הַמְשַׁמֵּשׁ בַּחֲצַר־הַמְּלוּכָה וְהוּא אַחֲרַאי עַל הַטִּפּוּל בַּסּוּסִים

equestrian /ɪˈkwestrɪən/ adj. & n. שֶׁל פָּרָשִׁים; פָּרָשׁ

equi- /ˈekwɪ-/ pref. שְׁוֵה־ (תְּחִלִּית הַמְצַיֶּנֶת שִׁוְיוֹן)

equidistant /ˌiːkwɪˈdɪstənt/ adj. בְּמֶרְחָק שָׁוֶה, שְׁוֵה־מֶרְחָק

equilateral /ˌiːkwɪˈlætərəl/ adj. שְׁוֵה־צְלָעוֹת (מְשֻׁלָּשׁ, מְרֻבָּע וְכַד׳)

equilibrium /ˌiːkwɪˈlɪbrɪəm/ n. שִׁוּוּי־מִשְׁקָל, אִזּוּן

equine /ˈekwaɪn/ adj. סוּסִי, שֶׁל סוּס

equinoctial /ˌiːkwɪˈnɒkʃ(ə)l/ adj. שֶׁל הִשְׁתַּוּוּת הַיּוֹם וְהַלַּיְלָה (21 בְּמַארְס, 22 בְּסֶפְּטֶמְבֶּר)

equinoctial gales סוּפוֹת הַמִּתְחוֹלְלוֹת בַּתְּקוּפוֹת הַנַּ״ל

equinox /ˈiːkwɪnɒks/ n. זְמַן הִשְׁתַּוּוּת הַיּוֹם וְהַלַּיְלָה (בַּתַּאֲרִיכִים כַּנַּ״ל)

equip /ɪˈkwɪp/ v.t. צִיֵּד אֶת, סִפֵּק לְ... צִיּוּד; הִכְשִׁיר אֶת

equipage /ˈekwɪpɪdʒ/ n. (*arch.*) מֵעֵין כִּרְכָּרָה מְהֻדֶּרֶת; צִיּוּד (שֶׁל יְחִידָה צְבָאִית וְכַד׳)

equipment /ɪˈkwɪpmənt/ n. צִיּוּד, פִּרְטֵי־צִיּוּד

equipoise /ˈekwɪpɔɪz/ n. (*formal*) אִזּוּן, שִׁוּוּי־מִשְׁקָל

equitable /ˈekwɪtəb(ə)l/ adj. (*formal*) צוֹדֵק, הוֹגֵן; (בַּמִּשְׁפָּט הָאַנְגְּלִי) תָּקֵף, בַּר־תֹּקֶף (עַל פִּי הַהִגָּיוֹן וְהַמָּסֹרֶת הַמִּשְׁפָּטִית, אִם גַּם לֹא בְּתֹקֶף חֹק כָּתוּב)

equity /ˈekwɪtɪ/ n.
1 (fairness, *formal*) הֲגִינוּת, דַּרְכֵי־צֶדֶק
2 (system of law) חֻקֵּי הַיֹּשֶׁר וְהַצֶּדֶק (עַל פִּי הַמָּסֹרֶת הַמִּשְׁפָּטִית, אִם גַּם לֹא בְּתֹקֶף חֹק כָּתוּב)
3 (net value of mortgaged property) הַשּׁוֹוִי הַמְנֻכֶּה שֶׁל נֶכֶס מְמֻשְׁכָּן
4 (in *pl.*, stocks and shares) מְנָיוֹת וּנְיָרוֹת־עֵרֶךְ

equivalence /ɪˈkwɪvələns/ n. (also **equivalency**) שִׁוְיוֹן־עֵרֶךְ

equivalent /ɪˈkwɪvələnt/ adj. & n. שְׁוֵה־עֵרֶךְ, שְׁקוּל־כְּנֶגֶד; תְּמוּרָה, שְׁוֵה־עֵרֶךְ, אֶקְוִיוָלֶנְט

equivocal /ɪˈkwɪvək(ə)l/ adj. דּוּ־מַשְׁמָעִי; חָשׁוּד, מְפֻקְפָּק

equivocate /ɪˈkwɪvəkeɪt/ v.i. (*formal*) הִתְבַּטֵּא בְּאֹפֶן דּוּ־מַשְׁמָעִי

equivocation /ɪˌkwɪvəˈkeɪʃ(ə)n/ n. (*formal*) אֲמִירָה דּוּ־מַשְׁמָעִית, בִּטּוּי הַמִּשְׁתַּמֵּעַ לִשְׁתֵּי פָּנִים

era /ˈɪərə/ n. תְּקוּפָה, מִנְיַן שָׁנִים; סְפִירָה

eradicable /ɪˈrædɪkəb(ə)l/ adj. (*formal*) שֶׁאֶפְשָׁר לְעָקְרוֹ, נִתָּן לְשֵׁרוּשׁ, עָקִיר

eradicate /ɪˈrædɪkeɪt/ v.t. (*formal*) עָקַר, שֵׁרֵשׁ, הִכְרִית

eradication /ɪˌrædɪˈkeɪʃ(ə)n/ n. (*formal*) עֲקִירָה מִשֹּׁרֶשׁ, שֵׁרוּשׁ

erase /ɪˈreɪz/ v.t. (*formal*) מָחַק, מָחָה

eraser /ɪˈreɪʒə(r)/ n. מַחַק, ״מוֹחֵק״

erasure /ɪˈreɪʒə(r)/ n. (*formal*) מְחִיקָה

ere /eə(r)/ prep. & conj. (*arch.*) לִפְנֵי, בְּטֶרֶם
□ *ere long I will leave* בְּטֶרֶם יַעֲבֹר זְמַן רַב אֵצֵא לְדַרְכִּי

erect /ɪˈrekt/ adj.
1 (upright) זָקוּף, נִצָּב
2 (*Physiol.*) זָקוּף, בְּמַצָּב שֶׁל קִשּׁוּי
—v.t.
1 (set upright) זָקַף, הֶעֱמִיד, הִצִּיב
2 (build) בָּנָה, הֵקִים

erectile /ɪˈrektaɪl/ adj. (*Physiol.*) (אֵבֶר) מְסֻגָּל לִזְקִיפָה, מְסֻגָּל לְקִשּׁוּי

erection /ɪˈrekʃ(ə)n/ n.
1 (erecting) הַעֲמָדָה, זְקִיפָה
2 (*Physiol.*) זְקָפָה, קִשּׁוּי
3 (building) בְּנִיָּה, הֲקָמַת־בִּנְיָן

erg /ɜːg/ n. (*Phys.*) אֶרְג (יְחִידַת עֲבוֹדָה אוֹ אֶנֶרְגְּיָה)

ergo /ˈɜːgəʊ/ adv. (*formal* or *joc.*) מִכָּאן שֶׁ..., עַל כֵּן, לְפִיכָךְ (בַּמָּקוֹר בְּלָטִינִית)

ergonomic /ˌɜːgəˈnɒmɪk/ adj. אֶרְגוֹנוֹמִי, שֶׁל תּוֹרַת־הָאֶרְגוֹנוֹמִיקָה

ergonomically /ˌɜːgəˈnɒmɪk(ə)lɪ/ adv. מִבְּחִינָה אֶרְגוֹנוֹמִית
□ *this design is ergonomically inefficient* הַתִּכְנוּן הַזֶּה אֵינוֹ יָעִיל מִבְּחִינָה אֶרְגוֹנוֹמִית

ergonomics /ˌɜːgəˈnɒmɪks/ n.pl. אֶרְגוֹנוֹמִיקָה, תּוֹרַת־נִצּוּל כֹּחַ־הָאָדָם בָּעֲבוֹדָה

ergot /ˈɜːgət/ n. שִׁפּוֹנִית (מַחֲלָה פִּטְרִיָּתִית הַפּוֹגַעַת בִּדְגָנִים)

ermine /ˈɜːmɪn/ n. צוֹבָל, סָמוּר (יוֹנֵק שֶׁמִּפַּרְוָתוֹ הִתְקִינוּ גְּלִימוֹת מַלְכוּת)

erode /ɪˈrəʊd/ v.t. שָׁחַק, סָחַף, כִּלָּה (גַּם בְּהַשְׁאָלָה)

erogenous /ɪˈrɒdʒɪnəs/ adj. אֶרוֹגֶנִי, רָגִישׁ לְגֵרוּי מִינִי
erogenous zone אֲזוֹרֵי־גֵּרוּי מִינִי, אֵזוֹר אֶרוֹגֶנִי

Eros /ˈɪəːrɒs/ n. (also **eros**) אֶרוֹס, אֵל־הָאַהֲבָה שֶׁל הַיְּוָנִים

erosion /ɪˈrəʊʒ(ə)n/ n. שְׁחִיקָה, סְחִיפָה, בְּלִיָּה, אֶרוֹזְיָה (גַּם בְּהַשְׁאָלָה)

erosive /ɪˈrəʊsɪv/ adj. סוֹחֵף, שׁוֹחֵק, מְכַלֶּה (גַּם בְּהַשְׁאָלָה)

erotic /ɪˈrɒtɪk/ adj. אֶרוֹטִי, מְגָרֶה בְּאֹפֶן מִינִי

erotica /ɪˈrɒtɪkə/ n. *pl.* חֹמֶר אֶרוֹטִי (סְפָרִים, סְרָטִים וְכַד׳)

eroticism /ɪˈrɒtɪsɪz(ə)m/ n. אֶרוֹטִיקָה

err /ɜː(r)/ v.i. (*formal*)
1 (make mistakes) שָׁגָה, טָעָה
2 (sin) חָטָא, שָׁגָה
□ *to err is human (to forgive divine)* (*Prov.*) הַטָּעוּת אֱנוֹשִׁית (וְהַסְּלִיחָה אֱלֹהִית)

errand /ˈerənd/ n. שְׁלִיחוּת קְצָרָה; ״מְשִׂימָה״
□ *I may be late, I have a few errands (to run)* אֲנִי עָלוּל לְאַחֵר, יֵשׁ לִי כַּמָּה מְשִׂימוֹת (לְמָשָׁל בַּדֹּאַר, בַּבַּנְק, בַּחֲנוּת הַמַּכֹּלֶת וְכַד׳)
a fool's errand שְׁלִיחוּת הַמּוּעֶדֶת לְכִשָּׁלוֹן, מְשִׂימַת־שָׁוְא

errand-boy /ˈerənd-bɔɪ/ n. נַעַר־שָׁלִיחַ

errant ˈerənt/ adj. (*formal*) נוֹדֵד, תּוֹעֶה; הַרְפַּתְקָן, שׁוֹגֶה, סוֹטֶה

erratic /ɪˈrætɪk/ adj. לֹא־יַצִּיב, חֲסַר־עִקְבִיּוּת, תּוֹעֶה, נוֹדֵד

erratum /eˈrɑːtəm/ n. (usu. in *pl.*, **errata**) טָעוּת־דְּפוּס; (בְּרַבִּים) טָעֻיּוֹת־דְּפוּס, רְשִׁימָה שֶׁל טָעֻיּוֹת־דְּפוּס

erroneous /ɪˈrəʊnɪəs/ adj. (*formal*) שָׁגוּי, מֻטְעֶה

error /ˈerə(r)/ n.
1 (mistake) שְׁגִיאָה, טָעוּת
2 (*Statistics*) טָעוּת סְטָטִיסְטִית
margin of error הַשּׁוּלַיִם הַמֻּתָּרִים שֶׁל הַטָּעוּת, הַטָּעֻיּוֹת שֶׁצָּרִיךְ לַהֲבִיאָן בְּחֶשְׁבּוֹן

ersatz /ˈeəzæts/ adj. & n. (*derog.*) תַּחֲלִיפִי; תַּחֲלִיף

erstwhile /ˈɜːstwaɪl/ adj. & adv. (*arch.*) בְּיָמִים עָבָרוּ, מִיָּמִים עָבָרוּ

eructation /ɪrʌkˈteɪʃ(ə)n/ n. (*formal*) גִּהוּק; פְּלִיטָה (שֶׁל לָבָּה מֵהַר גַּעַשׁ)

erudite /ˈeruːdaɪt/ adj. (*formal*) מְלֻמָּד בָּקִי, בַּעַל הַשְׂכָּלָה רְחָבָה

erudition /ˌeruːˈdɪʃ(ə)n/ n. (*formal*) לַמְדָנוּת, בְּקִיאוּת, הַשְׂכָּלָה רְחָבָה

erupt /ɪˈrʌpt/ v.i. הִתְפָּרֵץ (הַר־גַּעַשׁ, סִילוֹן־מַיִם וְכוּ׳)

eruption /ɪ'rʌpʃ(ə)n/ n. הִתְפָּרְצוּת

erysipelas /ˌerɪ'sɪpɪləs/ n. מַחֲלַת הַשּׁוֹשַׁנָּה (מַחֲלַת־עוֹר)

escalate /'eskəleɪt/ v.t. & i. גָּרַם לְהַסְלָמָה שֶׁל, גָּרַם לַעֲלִיָּה בְּ...; הִסְלִים, גָּבַר, עָלָה

escalation /ˌeskə'leɪʃ(ə)n/ n. הַסְלָמָה, הִתְגַּבְּרוּת, עֲלִיָּה

escalator /'eskəleɪtə(r)/ n. מַדְרֵגוֹת נָעוֹת

escalope /'eskəlɒp/ n. אֻמְצַת־בָּשָׂר (בְּעִקָּר עֵגֶל)

escapade /eskə'peɪd/ n. מַעֲלָל, הַרְפַּתְקָה

escape /ɪ'skeɪp/ n.

1 (act or means of escaping) בְּרִיחָה; דַּרְכֵי־בְּרִיחָה, אֶמְצָעֵי־בְּרִיחָה

escape clause סְעִיף בִּטּוּל, סְעִיף בְּחוֹזֶה הַמְבַטֵּל אֶת הִתְחַיְּבוּת־הַצְּדָדִים בִּתְנָאִים מְסֻיָּמִים

escape velocity (*Phys.*) תְּאוּצַת־בְּרִיחָה (הַנִּדְרֶשֶׁת כְּדֵי לָצֵאת מִתְּחוּם כֹּחַ הַמְּשִׁיכָה שֶׁל כַּדּוּר הָאָרֶץ וְכַד׳)

fire escape מַדְרֵגוֹת חֵרוּם (מִבַּרְזֶל, בְּצִדּוֹ הַחִיצוֹנִי שֶׁל בִּנְיָן)

□ *he made good his escape* הוּא הִצְלִיחַ לִבְרֹחַ

□ *reading is my escape from boredom* הַקְּרִיאָה הִיא בִּשְׁבִילִי מִפְלָט מֵהַשִּׁעֲמוּם

□ *he had a narrow escape* הוּא בְּקֹשִׁי הִצְלִיחַ לְהִנָּצֵל, הוּא נִצַּל בְּנֵס

2 (leakage) דְּלִיפָה

gas escape דְּלִיפַת־גָּז

—v.i. בָּרַח, נִמְלַט; דָּלַף

—v.t.

1 (get clear away from) בָּרַח מִ..., נִמְלַט מִ...

□ *not a word escaped him* (or *his lips*) אַף מִלָּה לֹא יָצְאָה מִפִּיו

2 (elude) נִשְׁמַט, חָמַק, נֶעְלַם מֵעֵינֵי...

□ *the name escapes me* הַשֵּׁם נִשְׁמַט מִזִּכְרוֹנִי

□ *nothing escapes him* (or *his notice*) דָּבָר אֵינוֹ נִמְלָט מֵעֵינָיו (מִתְּשׂוּמַת־לִבּוֹ)

escapee /ˌɪskeɪ'piː/ n. אָסִיר נִמְלָט

escapism /ɪ'skeɪpɪz(ə)m/ n. אֶסְקֶפִּיזְם, בְּרִיחָה מִן הַמְּצִיאוּת

escapist /ɪ'skeɪpɪst/ n. אֶסְקֶפִּיסְט, בּוֹרֵחַ מִן הַמְּצִיאוּת

escapologist /ˌeskə'pɒlədʒɪst/ n. לַהֲטוּטָן שֶׁמֻּמְחִיּוּתוֹ הִשְׁתַּחְרְרוּת מִכְּבָלִים

escarpment /ɪ'skɑːpmənt/ n. מִתְלָל (מִבְנֵה הַר)

eschatology ˌeskə'tɒlədʒɪ/ n. (*Relig.*) אֶסְכָטוֹלוֹגְיָה, תּוֹרַת אַחֲרִית־הַיָּמִים

eschew /ɪs'tʃuː/ v.t. (*formal*) נִמְנַע מִ..., הִתְנַזֵּר מִ...

escort /'eskɔːt/ n.

1 (body of men or ships or aircraft acting as guard) מִשְׁמַר־לִוּוּי

a police escort לִוּוּי־מִשְׁטַרְתִּי

2 (social companion) בֶּן־לְוָיָה, מְלַוָּה (לְרֹב גֶּבֶר)

escort agency סוֹכְנוּת־לִוּוּי (הַמְסַפֶּקֶת בְּנֵי־לְוָיָה, נָשִׁים צְעִירוֹת אוֹ גְּבָרִים)

—v.t. /ɪ'skɔːt/ שָׁמַר עַל... תּוֹךְ כְּדֵי לִוּוּי; לִוָּה

escutcheon /ɪ'skʌtʃ(ə)n/ n. שֶׁלֶט־אֲצֻלָּה, סֵמֶל־אֲצֻלָּה

□ *the scandal was a blot in his escutcheon* (*formal*) הַשַּׁעֲרוּרִיָּה הֵטִילָה כֶּתֶם עַל שְׁמוֹ הַטּוֹב

Eskimo /'eskɪməʊ/ n. (*pl.* **Eskimos**) אֶסְקִימוֹ, אֶסְקִימוֹס

esophagus /ɪ'sɒfəgəs/ n. וֶשֶׁט

esoteric /ˌesəʊ'terɪk/ adj. אֶזוֹטֶרִי; שֶׁל חָכְמַת הַנִּסְתָּר

espadrille /espə'drɪl/ n. נַעַל אֶסְפַּדְרִיל (נַעַל בַּד קַלָּה)

espalier /ɪs'pælɪeɪ/ n. עָרִיס (סוּג מְיֻחָד שֶׁל תּוֹמְכוֹת מְאֻזָּנוֹת וּמְאֻנָּכוֹת לַעֲצֵי־פְּרִי וְלִשְׂיחִים גְּזוּמִים)

especial /ɪ'speʃ(ə)l/ adj. (*formal*) מְיֻחָד (בְּמִינוֹ), יוֹצֵא דֹּפֶן

especially /ɪ'speʃəlɪ/ adv. בְּיִחוּד, בְּעִקָּר

Esperanto /ˌespə'ræntəʊ/ n. אֶסְפֶּרַנְטוֹ (לָשׁוֹן בֵּי״ל)

espionage /'espɪənɑːʒ/ n. רִגּוּל, בִּיּוּן

esplanade /ˌesplə'neɪd/ n. טַיֶּלֶת, רַחֲבַת־טִיּוּלִים

espousal /ɪ'spaʊz(ə)l/ n. (*formal*) הַעֲנָקַת תְּמִיכָה (לְרַעְיוֹן וְכַד׳)

espouse /ɪ'spaʊz/ v.t.

1 (marry, *arch.*) נָשָׂא לְ..., נִשְּׂאָה לְ...

2 (support a cause, *formal*) אִמֵּץ לְעַצְמוֹ אֶת, תָּמַךְ בְּ... (רַעְיוֹן, דָּת וְכַד׳)

□ *many others espoused the same cause* רַבִּים אֲחֵרִים תָּמְכוּ בְּאוֹתָהּ מַטָּרָה

espresso /es'presəʊ/ n. (*pl.* **espressos**) קָפֶה אֶסְפְּרֶסוֹ

esprit de corps /eˌsprɪ də'kɔː(r)/ n. רוּחַ־צֶוֶת, רוּחַ־הַיְּחִידָה

espy /ɪ'spaɪ/ v.t. (*poet.*) הִבְחִין מֵרָחוֹק בְּ...

Esq. abbrev. also **Esquire** /ɪ'skwaɪə(r)/ n. (*UK*) מַר (תֹּאַר כָּבוֹד הַבָּא אַחֲרֵי שְׁמוֹ שֶׁל גֶּבֶר שֶׁאֵין לוֹ כָּל תֹּאַר אַחֵר)

essay /e'seɪ/ v.t. (*formal*) עָרַךְ נִסָּיוֹן (לְבַצֵּעַ דְּבַר מָה)

—n. /'eseɪ/

1 (piece of writing on one subject) מַסָּה, חִבּוּר

2 (attempt, *formal*) נִסָּיוֹן

essence /'es(ə)ns/ n.

1 (intrinsic nature) מַהוּת

of the essence (*formal*) מַהוּת הַדָּבָר, הַגּוֹרֵם הַמַּכְרִיעַ

□ *morality is the essence of religion* הַמּוּסָר הוּא מַהוּת הַדָּת

2 (distillate) תַּמְצִית

3 (perfume, scent) תַּמְצִית־נִיחוֹחַ, תַּמְצִית־בֹּשֶׂם

essential /ɪ'senʃ(ə)l/ adj.

1 (necessary) חִיּוּנִי, הֶכְרֵחִי

2 (of a thing's essence) מַהוּתִי

essential oil of lavender שֶׁמֶן לְבַנְדָּר מְזֻקָּק

—n. אֲבִזָר חִיּוּנִי; יְסוֹד

□ *this flat has only the bare essentials* בְּדִירָה זוֹ יֵשׁ רַק אֶת הַמְּעַט הַהֶכְרֵחִי

□ *the essentials of grammar are simple* יְסוֹדוֹת הַדִּקְדּוּק הֵם פְּשׁוּטִים

establish /ɪ'stæblɪʃ/ v.t.
1 (set up) יָסַד, הֵקִים, כּוֹנֵן
2 (settle) בִּסֵּס, יִשֵּׁב; הִשְׁתַּקֵּעַ, הִתְבַּסֵּס
□ *I established myself in my new job* הִתְבַּסַּסְתִּי בַּמִּשְׂרָה הַחֲדָשָׁה שֶׁלִּי

established /ɪ'stæblɪʃd/ adj. מְבֻסָּס
the established Church הַכְּנֵסִיָּה (הַדָּת) הָרִשְׁמִית הַמְקֻבֶּלֶת בַּמְּדִינָה

establishment /ɪ'stæblɪʃmənt/ n.
1 (establishing) יִסּוּד, הֲקָמָה
2 (organization) מִמְסָד; מוֹסָד, אִרְגּוּן
the Establishment הַ"מִּמְסָד"

estate /ɪ'steɪt/ n.
1 (landed property) אֲחֻזָּה
estate agent סוֹכֵן־מְקַרְקְעִין, מְתַוֵּךְ־דִּירוֹת
estate car מְכוֹנִית "סְטֵישְׁן"
housing estate שִׁכּוּן
industrial estate אֵזוֹר־תַּעֲשִׂיָּה
real estate (*US*) מְקַרְקְעִין, נִכְסֵי דְּלָא־נָיְדֵי
2 (one's collective assets and liabilities) רְכוּשׁ, נְכָסִים
estate duty מַס עִזָּבוֹן, מַס יְרֻשָּׁה
3 (stage in life, *arch.*) מַעֲמַד־גִּיל, גִּיל
4 (political or social group or class) מַעֲמָד (חֶבְרָתִי וְכַד')
the Fourth Estate הַמַּעֲצָמָה הָרְבִיעִית, הָעִתּוֹנוּת

esteem /ɪ'sti:m/ (*formal*) n. הַעֲרָכָה, הוֹקָרָה
self-esteem הַעֲרָכָה עַצְמִית
□ *he stood high in their esteem* הֵם הֶעֱרִיכוּ אוֹתוֹ מְאֹד
—v.t. כִּבֵּד, הוֹקִיר, הֶעֱרִיךְ

esthetic /ɪs'θetɪk/ see **AESTHETIC**

estimable /'estɪməb(ə)l/ adj. (*formal*) רָאוּי לְכָבוֹד, רָאוּי לְהַעֲרָכָה

estimate /'estɪmət/ n.
1 (approximate calculation) אֻמְדָּן, שׁוּמָה, הַעֲרָכָה, הַשְׁעָרָה
2 (judgement of character) צְפִיָּה, הַעֲרָכָה
—v.t. /'estɪmeɪt/
1 (calculate approximately) אָמַד, הֶעֱרִיךְ, שִׁעֵר
2 (form opinion of) הֶעֱרִיךְ אֶת, חִוָּה דַּעְתּוֹ עַל

estimation /ˌestɪ'meɪʃ(ə)n/ n. הַעֲרָכָה, אֻמְדָּן; הַעֲרָכָה (לְחִיּוּב)
□ *she rose in my estimation* עֶרְכָּהּ עָלָה בְּעֵינַי

estrange /ɪ'streɪndʒ/ v.t. (*formal*) נִכֵּר, גָּרַם לְהִתְנַכְּרוּת

estrangement /ɪ'streɪndʒmənt/ n. (*formal*) נִכּוּר, הִתְרַחֲקוּת, זָרוּת

estrogen /'i:strədʒ(ə)n/ n. אֶסְטְרוֹגֶן (הוֹרְמוֹן נָשִׁי)

estuary /'estʃʊərɪ/ n. שֶׁפֶךְ־נָהָר

et al. /et 'æl/ abbrev. וַאֲחֵרִים (לְמָשָׁל בְּתִעוּד בִּבְלִיוֹגְרָפִי)

etc. /abbrev. וְכוּ', וְכַד', וְכַיּוֹ"ב

et cetera, etcetera /et'setərə/ adv. וְכוּלֵי, וְכַדּוֹמֶה, וְכַיּוֹצֵא בָּזֶה

etch /etʃ/ v.t. & i. צָרַב, חָרַט; עָסַק בְּתַצְרִיב

etching /'etʃɪŋ/ n.
1 (art or act of etching) אָמְנוּת הַתַּצְרִיב
2 (copy from etched plate) תַּצְרִיב

eternal /ɪ'tɜ:n(ə)l/ adj. נִצְחִי, בֶּן־אַלְמָוֶת
eternal triangle הַמְשֻׁלָּשׁ הַנִּצְחִי (הַבַּעַל, הָאִשָּׁה וְהַמְּאַהֵב אוֹ הַמְּאַהֶבֶת)
□ *eternal life will be yours* תִּזְכֶּה בְּחַיֵּי־נֶצַח, תִּזְכֶּה בְּאַלְמָוֶת
□ *stop this eternal chatter!* (*colloq.*) תַּפְסִיק אֶת הַפִּטְפּוּט הָאֵינְסוֹפִי הַזֶּה!

eternity /ɪ'tɜ:nɪtɪ/ n. נֶצַח; אַלְמָוֶת; עִדָּן וְעִדָּנִים

ether /'i:θə(r)/ n.
1 (*Chem. & Med.*) אֶתֶר (נוֹזֵל חֲסַר־צֶבַע, נָדִיף וְדָלִיק, הַמְשַׁמֵּשׁ לְהַרְדָּמָה רְפוּאִית)
2 (pure air above the clouds, *poet.*) הָאֲוִיר הָעֶלְיוֹן
3 (substance formerly supposed to fill the space) אֶתֶר

ethereal /ɪ'θɪərɪəl/ adj. (also **etherial** *poet.*)
1 (of heavenly delicacy) שְׁמֵימִי, עִלָּאִי
2 (of the pure, upper air) שֶׁל הָאֲוִיר הָעֶלְיוֹן

ethic /'eθɪk/ n. אֶתִּיקָה, מוּסָר
the Christian ethic הַמּוּסָר הַנּוֹצְרִי

ethical /'eθɪk(ə)l/ adj.
1 (moral) אֶתִּי, מוּסָרִי
2 (of drugs) (תְּרוּפָה) לְפִי מִרְשָׁם בִּלְבַד

ethics /'eθɪks/ n. *pl.* (with *sing.* v.) אֶתִּיקָה, תּוֹרַת הַמּוּסָר, תּוֹרַת־הַמִּדּוֹת; עֶקְרוֹנוֹת מוּסָרִיִּים (שֶׁל מִקְצוֹעַ וְכַד')

ethnic /'eθnɪk/ adj. אֶתְנִי
ethnic minority מִעוּט אֶתְנִי
□ *various ethnic groups live in this town* קְבוּצוֹת שֶׁל בְּנֵי מוֹצָאִים שׁוֹנִים חַיּוֹת בָּעִיר זוֹ

ethnocentric /ˌeθnəʊ'sentrɪk/ adj. אֶתְנוֹצֶנְטְרִי, נוֹגֵעַ לְגִזְעָנוּת (אֱמוּנָה בְּעֶלְיוֹנוּתוֹ שֶׁל גֶּזַע אֶחָד עַל מִשְׁנֵהוּ)

ethnographer /eθ'nɒgrəfə(r)/ n. אֶתְנוֹגְרָף

ethnographic /ˌeθnə'græfɪk/ adj. אֶתְנוֹגְרָפִי

ethnography /eθ'nɒgrəfɪ/ n. אֶתְנוֹגְרַפְיָה (חֵקֶר הַתַּרְבֻּיּוֹת וְהַגְּזָעִים)

ethnological /ˌeθnə'lɒdʒɪk(ə)l/ adj. אֶתְנוֹלוֹגִי

ethnologist /eθ'nɒlədʒɪst/ n. אֶתְנוֹלוֹג

ethnology /eθ'nɒlədʒɪ/ n. אֶתְנוֹלוֹגְיָה (מַדַּע הַתַּרְבֻּיּוֹת וְהַגְּזָעִים)

ethos /'i:θɒs/ n. אֶתוֹס (הַתְּכוּנוֹת הָרוּחָנִיּוֹת וְהַמּוּסָרִיּוֹת הַיְסוֹדִיּוֹת שֶׁל תַּרְבּוּת, תְּקוּפָה, עַם אוֹ קְבוּצָה)

ethyl /'eθɪl/ n. (*Chem.*) אֶתִיל

ethylene /'eθɪli:n/ n. (*Chem.*) אֶתִילֶן

etiolated /'i:tɪəʊleɪtɪd/ adj. (*formal*) מְלֻבָּן, שֶׁהִלְבִּין (צֶמַח, בְּשֶׁל מְנִיעַת אוֹר); חִוַּרְיָן, מְדֻלְדָּל (אָדָם בְּשֶׁל תַּת־תְּזוּנָה)

etiology /iːtɪˈɒlədʒɪ/ n. (*Med.*) אֶטְיוֹלוֹגְיָה, חֵקֶר־סִבּוֹת, מַדַּע הַסִּבּוֹת (בְּפִילוֹסוֹפְיָה, בִּרְפוּאָה וְכַד׳)

etiquette /ˈetɪket/ n. גִּנּוּנֵי־טֶקֶס, כְּלָלֵי־הַנִּימּוּס; מֻסְכָּמוֹת הִתְנַהֲגוּת (שֶׁל בַּעֲלֵי מִקְצוֹעַ וְכַד׳)

medical etiquette מֻסְכָּמוֹת הַהִתְנַהֲגוּת בִּרְפוּאָה

etymological /ˌetɪməˈlɒdʒɪk(ə)l/ adj. אֶטִימוֹלוֹגִי

etymologist /ˌetɪˈmɒlədʒɪst/ n. אֶטִימוֹלוֹג

etymology /ˌetɪˈmɒlədʒɪ/ n. אֶטִימוֹלוֹגְיָה (חֵקֶר מְקוֹרוֹת הַמִּלִּים); אֶטִימוֹלוֹגְיָה (מְקוֹרָהּ הַהִיסְטוֹרִי שֶׁל מִלָּה)

eucalyptus /juːkəˈlɪptəs/ n. אֶקָלִיפְּטוּס

Eucharist /ˈjuːkərɪst/ n. (בַּנַּצְרוּת) טֶקֶס הַיַּיִן וְהַלֶּחֶם הַקְּדוֹשִׁים

eugenic /juːˈdʒenɪk/ adj. מַשְׁבִּיחַ גֶּזַע, בַּעַל תְּכוּנוֹת תּוֹרַשְׁתִּיּוֹת טוֹבוֹת

eugenics /juːˈdʒenɪks/ n. *pl.* (with *sing.* v.) תּוֹרַת הַשְׁבָּחַת הַגֶּזַע

eulogist /ˈjuːlədʒɪst/ n. (*formal*) מְהַלֵּל, מְשַׁבֵּחַ

eulogistic /juːləˈdʒɪstɪk/ adj. (*formal*) מְהַלֵּל, מְשַׁבֵּחַ

eulogize /ˈjuːlədʒaɪz/ v.t. (*formal*) הִלֵּל אֶת, נָשָׂא נְאוּם בְּשִׁבְחַ...

eulogy /ˈjuːlədʒɪ/ n. (*formal*) נְאוּם־שֶׁבַח, דִּבְרֵי־הַלֵּל

eunuch /ˈjuːnək/ n. סָרִיס

□ *he's a political eunuch* (*fig.*) הוּא "אֶפֶס" פּוֹלִיטִי

euphemism /ˈjuːfəmɪzəm/ n. בִּטּוּי שֶׁל לָשׁוֹן נְקִיָּה (הַנִּמְנַעַת מִגַּסּוּת)

euphemistic /ˌjuːfəˈmɪstɪk/ adj. שֶׁל לָשׁוֹן נְקִיָּה, תּוֹךְ שִׁמּוּשׁ בְּלָשׁוֹן נְקִיָּה

euphonious /juːˈfəʊnɪəs/ adj. (*formal*) שֶׁצְּלִילוֹ נָעִים, עָרֵב לָאֹזֶן

euphony /ˈjuːfənɪ/ n. (*formal*) אֶאוּפוֹנְיָה, נֹעַם הַצְּלִיל

euphoria /juːˈfɔːrɪə/ n. אֶאוּפוֹרְיָה, חֶדְוָה, רוֹמְמוּת־נֶפֶשׁ

euphoric /juːˈfɒrɪk/ adj. שֶׁל חֶדְוָה מֻגְזֶמֶת, אָחוּז שִׂמְחָה (שֶׁאֵינָהּ בִּמְקוֹמָהּ)

Eurasian /jʊəˈreɪʒ(ə)n/ n. & adj. אֵירוֹ־אַסְיָאנִי, אֵירוֹפִּי־אַסְיָאנִי; בֶּן־תַּעֲרֹבֶת לְהוֹרִים אֵירוֹפִּי וְאַסְיָאנִי

eureka /jʊəˈriːkə/ int. (*joc.*) מָצָאתִי! אֵאוּרֵיקָה! (קְרִיאָתוֹ שֶׁל אַרְכִימֶדֶס עִם גִּלּוּי תַּגְלִיתוֹ)

eurhythmics /juːˈrɪðmɪks/ n. *pl.* (with *sing.* v.) אֶאוּרִיתְמִיקָה, הַרְמוֹנְיָה בִּתְנוּעַת הַגּוּף (בֵּין מוּזִיקָה לִתְנוּעָה, לְמָשָׁל)

Euro- /ˈjuərəʊ/ pref. אֵירוֹ־, יוּרוֹ (תְּחִלִּית שֶׁמַּשְׁמָעָהּ שֶׁל אֵירוֹפָּה)

Eurocrat /ˈjʊərəkræt/ n. (*derog.*) חָבֵר בָּכִיר בְּהַנְהָלַת הַשּׁוּק הָאֵירוֹפִּי הַמְּשֻׁתָּף

Eurodollar /ˈjʊərəʊdɒlə(r)/ n. יוּרוֹ־דּוֹלָר, דּוֹלָר אֲמֶרִיקָאִי כְּחֵלֶק מִנִּיְּרוֹת־הָעֵרֶךְ הָאֵירוֹפִּיִּים

Europe /ˈjʊərəp/ n. אֵירוֹפָּה

European /jʊərəˈpɪən/ n. & adj. אֵירוֹפִּי, אֵירוֹפָּאִי

Eurovision /ˈjʊərəvɪʒ(ə)n/ n. אֵירוֹוִיזְיוֹן, אִחוּד רְשָׁתוֹת הַטֶּלֶוִיזְיָה הָאֵירוֹפִּיּוֹת

Eustachian tube /juːˈsteɪʃ(ə)n ˈtjuːb/ n. (*Anat.*) חֲצוֹצֶרֶת־הַשֶּׁמַע (שֶׁבָּאֹזֶן)

euthanasia /ˌjuːθəˈneɪzɪə/ n. הֲמָתַת־חֶסֶד (שֶׁל חוֹלִים חֲשׂוּכֵי־מַרְפֵּא)

evacuate /ɪˈvækjʊeɪt/ v.t. פִּנָּה (אוּכְלוּסִין); רוֹקֵן (אֶת בְּנֵי־מֵעָיו)

evacuation /ɪˌvækjʊˈeɪʃ(ə)n/ n. פִּנּוּי (אוּכְלוּסִין); הֲרָקָה (שֶׁל הַמֵּעַיִם)

evacuee /ɪˌvækjʊˈiː/ n. מְפֻנֶּה

evade /ɪˈveɪd/ v.t.

1 (get away from, escape) הִתְחַמֵּק מ..., נִמְנַע מִמִּפְגָּשׁ עִם

2 (avoid doing or answering) הִשְׁתַּמֵּט מ..., הִתְחַמֵּק מ...

evaluate /ɪˈvæljʊeɪt/ v.t. הֶעֱרִיךְ, אָמַד

evaluation /ɪˌvæljʊˈeɪʃ(ə)n/ n. הַעֲרָכָה, אֻמְדָּן

evanescence /ˌiːvəˈnes(ə)ns/ n. (*formal*) הֵעָלְמוּת, הִתְפּוֹגְגוּת

evanescent /ˌiːvəˈnes(ə)nt/ adj. (*formal*) נָמוֹג, נֶעְלָם, פָּג

evangelical /ˌiːvænˈdʒelɪk(ə)l/ adj. אֶוַנְגֶּלִי, שֶׁל כִּתְבֵי הַבְּשׂוֹרָה הַנּוֹצְרִיִּים

evangelism /ɪˈvændʒəlɪzəm/ n. אֶוַנְגֶּלִיזְם, הָעֶקְרוֹנוֹת הָאֶוַנְגֶּלִיִּים

evangelist /ɪˈvændʒəlɪst/ n.

1 (writer of Gospel) אֶוַנְגֶּלִיסְט (אֶחָד מֵאַרְבָּעָה כּוֹתְבֵי הַבְּשׂוֹרָה בַּבְּרִית־הַחֲדָשָׁה)

2 (preacher of Gospel) מַטִּיף, מַטִּיף נוֹדֵד, מַטִּיף לַבְּשׂוֹרָה הַנּוֹצְרִית

evangelize /ɪˈvændʒəlaɪz/ v.t. הִטִּיף, הֵפִיץ אֶת דְּבַר הַבְּשׂוֹרָה הַנּוֹצְרִית

evaporate /ɪˈvæpəreɪt/ v.t. אִדָּה, יִבֵּשׁ, גָּרַם לְהִתְנַדְּפוּת

evaporated milk חָלָב מְרֻכָּז

—v.i. הִתְנַדֵּף, הִתְאַדָּה; נָגוֹז

□ *his hopes evaporated* תִּקְווֹתָיו נָגוֹזוּ

evaporation /ɪˌvæpəˈreɪʃ(ə)n/ n. הִתְאַדּוּת, הִתְנַדְּפוּת

evasion /ɪˈveɪʒ(ə)n/ n. הִתְחַמְּקוּת, הִשְׁתַּמְּטוּת

□ *tax evasion is illegal* הִתְחַמְּקוּת מִתַּשְׁלוּם מַס אֵינָהּ חֻקִּית

evasive /ɪˈveɪsɪv/ adj. מִתְחַמֵּק, חַמְקָן

eve /iːv/ n.

1 (evening; day before) עֶרֶב (שֶׁל חַג וְכַד׳, כּוֹלֵל הַיּוֹם שֶׁלִּפְנֵי־כֵן)

Christmas Eve עֶרֶב חַג־הַמּוֹלָד

New Year's Eve עֶרֶב רֹאשׁ־הַשָּׁנָה הָאֶזְרָחִית (31 בְּדֶצֶמְבֶּר), "סִילְבֶסְטֶר"

2 (time immediately preceding) עֶרֶב, סַף

□ *this is the eve of great events* אָנוּ עַל סַף מְאֹרָעוֹת גְּדוֹלִים

even /ˈiːv(ə)n/ adj.

1 (level) שָׁטוּחַ, יָשָׁר, חָלָק

on an even keel בְּמַצָּב שֶׁל אִזּוּן

2 (regular, uniform in quality) קָבוּעַ, קָצוּב, שָׁקוּל
3 (equally balanced, equal in number or amount or position) מְאֻזָּן, שָׁקוּל, שָׁוֶה
even number מִסְפָּר זוּגִי
□ *there's an even chance (that) she'll live* סִכּוּיֶיהָ לִחְיוֹת שְׁקוּלִים
□ *are we even now? no, you still owe me for the potatoes* הַאִם עַכְשָׁו הִשְׁתַּוֵּינוּ? לֹא, אַתָּה עֲדַיִן צָרִיךְ לְשַׁלֵּם לִי עֲבוּר תַּפּוּחֵי־הָאֲדָמָה
□ *I'll get* (or *be*) *even with you for this* אֲנִי עוֹד אַחֲזִיר לְךָ עַל זֶה
□ *the odds were even* הַסִּכּוּיִים הָיוּ שְׁקוּלִים
—adv.
1 **break even** הִגִּיעַ לְמַצָּב שֶׁל רְוָחִיּוּת
2 (inviting comparison) אֲפִלּוּ, אַף־עַל־פִּי
□ *did he read the letter? he never even opened it!* הַאִם קָרָא אֶת הַמִּכְתָּב? הוּא אֲפִלּוּ לֹא פָּתַח אוֹתוֹ!
□ *I'll get my own back, even if it costs me my life* אֲנִי אַחֲזִיר לוֹ, אֲפִלּוּ אִם זֶה יַעֲלֶה לִי בְּחַיַּי
□ *we did it even though we knew it was wrong* עָשִׂינוּ זֹאת אַף־עַל־פִּי שֶׁיָּדַעְנוּ שֶׁזֶּה לֹא בְּסֵדֶר
□ *it has many omissions; even so, it is a useful reference book* יֵשׁ כָּאן הַשְׁמָטוֹת רַבּוֹת; וְאַף־עַל־פִּי־כֵן זֶה סֵפֶר־עֵזֶר מוֹעִיל לְמַדַּי
□ *she was even more annoying than usual yesterday* אֶתְמוֹל הִיא הָיְתָה מַרְגִּיזָה אֲפִלּוּ יוֹתֵר מִתָּמִיד
□ *even as I gave the warning, the car skidded* בּוֹ בָּרֶגַע שֶׁהִשְׁמַעְתִּי אַזְהָרָה הַמְּכוֹנִית הֶחֱלִיקָה
—v.t. אִזֵּן
□ *the handicap system evens things up* הַשִּׁיטָה שֶׁלְּפִיהָ מִתְחַשְּׁבִים מֵרֹאשׁ בְּחֶסְרוֹנוֹת הַמִּתְחָרִים מַעֲנִיקָה לָהֶם סִכּוּיֵי הִתְמוֹדְדוּת הוֹגְנִים בַּתַּחֲרוּת

even-handed /ˌiːv(ə)n-ˈhændɪd/ adj. לְלֹא מַשּׂוֹא־פָּנִים

evening /ˈiːvnɪŋ/ n. עֶרֶב
evening star כּוֹכַב הָעֶרֶב (אַיֶּלֶת הַשַּׁחַר)
evening dress בִּגְדֵי־עֶרֶב (לִגְבָרִים וְלִגְבָרוֹת)
an evening dress שִׂמְלַת־עֶרֶב
□ *we went to a musical evening at the village hall* יָצָאנוּ לְעֶרֶב מוּזִיקָלִי בְּאוּלַם הַמּוֹעָצָה בַּכְּפָר
□ *the evening paper will have the football results* תּוֹצָאוֹת (מִשְׂחֲקֵי) הַכַּדּוּרֶגֶל יוֹפִיעוּ בְּעִתּוֹנֵי הָעֶרֶב
□ *she's in the evening of her life* הִיא בַּעֲרוֹב יָמֶיהָ

evens /ˈiːvɪnz/ n. *pl.* (*UK colloq.*) הַשְׁקָעָה זֵהָה (בְּהִתְעָרְבוּת)
□ *I'll give you evens that he'll be late* אֲנִי מִתְעָרֵב עַל כַּמָּה שֶׁאַתָּה שָׂם שֶׁהוּא יְאַחֵר

evensong /ˈiːv(ə)nsɒŋ/ n. (*Relig.*) תְּפִלַּת־עַרְבִית (בַּכְּנֵסִיָּה)

event /ɪˈvent/ n.
1 (happening, fact of a thing's happening) מְאֹרָע, אֵרוּעַ
the normal (or **natural**) **course of events** בְּמַהֲלַךְ הָאֵרוּעִים הַטִּבְעִי
□ *we were wise after the event, I'm afraid* לְצַעֲרִי הֶחְכַּמְנוּ רַק לְאַחַר מַעֲשֶׂה
□ *in the event of fire, ring the alarm bell* בְּמִקְרֶה שֶׁל שְׂרֵפָה, צַלְצֵל בְּפַעֲמוֹן־הָאַזְעָקָה
2 (outcome, result) תּוֹצָאָה, אֶפְשָׁרוּת
□ *in the event, it was less difficult than we'd expected* בְּסוֹפוֹ שֶׁל דָּבָר, זֶה הָיָה פָּחוֹת קָשֶׁה מִמָּה שֶׁשִּׁעַרְנוּ
□ *in any event, he'll get the inheritance* בְּכָל מִקְרֶה הוּא יִזְכֶּה בַּיְרֻשָּׁה
□ *at all events, he'll inherit the estate* בְּכָל מִקְרֶה הוּא יִזְכֶּה בָּאֲחֻזָּה בִּירֻשָּׁה
3 (item in sporting programme) אֵרוּעַ סְפּוֹרְטִיבִי

even-tempered /ˌiːv(ə)n-ˈtempəd/ adj. בַּעַל מֶזֶג נוֹחַ

eventful /ɪˈventf(ə)l/ adj. רַב־אֵרוּעִים, עָמוּס (לוּחַ זְמַנִּים וְכַד׳)

eventide /ˈiːv(ə)ntaɪd/ n. (*arch.*) עַרְבַּיִם

eventual /ɪˈventʃʊəl/ adj. הַבָּא כְּתוֹצָאָה מִ...

eventuality /ɪventʃʊˈælɪtɪ/ n. (*formal*) תּוֹצָאָה אֶפְשָׁרִית, הִשְׁתַּלְשְׁלוּת אֶפְשָׁרִית

eventually /ɪˈventʃʊəlɪ/ adv. בְּסוֹפוֹ שֶׁל דָּבָר

ever /ˈevə(r)/ adv.
1 (always) לְתָמִיד, לָנֶצַח, לָעַד, לְעוֹלָם
ever and anon (or **again**) (*poet.*) מִפַּעַם לְפַעַם
□ *he left home for ever* הוּא עָזַב אֶת בֵּיתוֹ לְעוֹלָם
□ *England for ever!* תְּחִי אַנְגְּלִיָּה!
□ *ever after* (or *since*) *that day I've been afraid of dogs* מֵאוֹתוֹ יוֹם וָאֵילָךְ פָּחַדְתִּי מִכְּלָבִים
□ *yours ever, Hugo* שֶׁלְּךָ כְּתָמִיד, הוּגוֹ (בְּסִיּוּם מִכְתָּב)
□ *prices rose ever upwards* הַמְּחִירִים הָלְכוּ וְהֶאֱמִירוּ
□ *he appeared at ever more infrequent intervals* בִּקּוּרָיו נַעֲשׂוּ תְּכוּפִים פָּחוֹת וּפָחוֹת
2 (at any time) אֵי־פַּעַם, מֵעוֹלָם
□ *have you ever eaten snails?* הַאִם אָכַלְתָּ אֵי־פַּעַם שַׁבְּלוּלִים?
□ *if ever you* (or *you ever*) *want to visit Belize, you'll be welcome in our home* אִם תִּרְצֶה יוֹם אֶחָד לְבַקֵּר בְּבֶּלִיז, אַתָּה מְזֻמָּן לְבֵיתֵנוּ
□ *he's a genius, if ever there was one* אִם יֵשׁ בִּכְלָל גְּאוֹנִים – הוּא גָּאוֹן
□ *I hardly ever drink spirits* אֲנִי כִּמְעַט אַף פַּעַם לֹא שׁוֹתֶה אַלְכּוֹהוֹל
□ *it's raining harder than ever* הַגֶּשֶׁם יוֹרֵד חָזָק מִתָּמִיד
□ *the biggest ever meteorite fell in Siberia early this century* הַמֵּטֵאוֹר הַגָּדוֹל בְּיוֹתֵר אֵי פַּעַם נָפַל בְּסִבִּיר בְּרֵאשִׁית הַמֵּאָה

3 (for emphasis)
□ *he's ever so rich* (*colloq.*) הוּא נוֹרָא עָשִׁיר, יֵשׁ לוֹ הָמוֹן כֶּסֶף
□ *it's ever such a pity!* (*colloq.*) זֶה חֲבָל נוֹרָא! כַּמָּה חֲבָל!
□ *what ever are you doing?* מָה לְכָל הָרוּחוֹת אַתָּה עוֹשֶׂה?
□ *well, did you ever!* (*colloq.*) מָה אַתָּה אוֹמֵר?
□ *is he handsome? is he ever!* (*US colloq.*) הַאִם הוּא חָתִיךְ? וְעוֹד אֵיךְ!

evergreen /ˈevəgriːn/ n. & adj. עֵץ אוֹ שִׂיחַ יְרַק־עַד יְרַק־עַד

everlasting /ˌevəˈlɑːstɪŋ/ adj.
1 (lasting for ever, *formal*) קַיָּם־לָעַד, עוֹמֵד לָנֶצַח
2 (lasting too long, *derog.*) נִמְשָׁךְ בְּלִי סוֹף, מַתְמִיד, תְּמִידִי

evermore /ˌevəˈmɔː(r)/ adv. (*poet.*) תָּמִיד, לָנֶצַח

every /ˈevrɪ/ adj.
1 (each, all taken separately) כָּל אֶחָד, כָּל דָּבָר
□ *he's every bit as clever as his brother* הוּא פִּקֵּחַ מַמָּשׁ כְּמוֹ אָחִיו
□ *he tries to satisfy her every wish* הוּא מְנַסֶּה לְמַלֵּא כָּל מִשְׁאָלָה שֶׁלָּהּ
□ *people were running every which way* (*US*) אֲנָשִׁים הִתְרוֹצְצוּ לְכָל עֵבֶר
2 (indicating frequency) מִדֵּי, בְּכָל
every now and then (or **every now and again** or **every so often** or **every once in a while**) מִדֵּי פַּעַם בִּפְעָם, אַחַת לְכַמָּה זְמַן, לִפְרָקִים, פַּעַם בְּכַמָּה זְמַן
□ *she comes every other day* הִיא בָּאָה מִדֵּי יוֹמַיִם
□ *buses run every ten minutes to the centre* הָאוֹטוֹבּוּסִים יוֹצְאִים אֶל מֶרְכַּז הָעִיר כָּל עֶשֶׂר דַּקּוֹת

everybody /ˈevrɪbɒdɪ/ n. כָּל אֶחָד

everyday /ˈevrɪdeɪ, ˈevrɪˈdeɪ/ adj. רָגִיל, יוֹמְיוֹמִי, שִׁגְרָתִי, בָּנָלִי

Everyman /ˈevrɪmæn/ n. "כָּל אָדָם", הָאִישׁ הָרָגִיל (עַל שֵׁם הַגִּבּוֹר הָאַלֵּגוֹרִי בְּמַחֲזֶה מוּסָר אַנְגְּלִי מִימֵי הַבֵּינַיִם)

everyone /ˈevrɪwʌn/ n. כָּל אֶחָד

everything /ˈevrɪθɪŋ/ n. כָּל דָּבָר

everywhere /ˈevrɪweə(r)/ adv. בְּכָל מָקוֹם, לְכָל מָקוֹם

evict /ɪˈvɪkt/ v.t. פִּנָּה (דַּיָּר) עַל־פִּי צַו

eviction /ɪˈvɪkʃ(ə)n/ n. פִּנּוּי (דַּיָּר) עַל־פִּי צַו

evidence /ˈevɪdəns/ n.
1 (being noticeable) הֱיוֹת בּוֹלֵט, הֱיוֹת נִכָּר
□ *the police were very much in evidence* כּוֹחוֹת מִשְׁטָרָה הָיוּ נִכָּרִים בְּכָל מָקוֹם
2 (information to establish fact) עֵדוּת, עֻבְדּוֹת, נְתוּנִים
□ *you may think the weather was better then but look at the evidence* יָכוֹל לִהְיוֹת שֶׁאַתָּה חוֹשֵׁב שֶׁמֶּזֶג הָאֲוִיר הָיָה טוֹב יוֹתֵר קֹדֶם לָכֵן, אֲבָל תִּסְתַּכֵּל בָּעֻבְדּוֹת
3 (testimony in court) עֵדוּת (מִשְׁפָּטִית וְכַד')
□ *the criminal turned Queen's* (or *King's* or *State's* (*US*) *evidence* (*against his accomplices*) הַפּוֹשֵׁעַ נַעֲשָׂה עֵד־הַמֶּלֶךְ/עֵד הַמְּדִינָה (בְּמִשְׁפָּט נֶגֶד שֻׁתָּפָיו)
—v.t. (*formal*) הָיָה עֵדוּת לְ..., סִפֵּק עֵדוּת לְ...

evident /ˈevɪdənt/ adj. בָּרוּר, נִכָּר, גָּלוּי לָעַיִן

evidently /ˈevɪdəntlɪ/ adv. בָּרוּר שֶׁ..., וַדַּאי שֶׁ...

evil /ˈiːvɪl/ n. רֹעַ, רֶשַׁע, רָעָה, פֻּרְעָנוּת
the lesser of two evils הָרַע בְּמִעוּטוֹ
—adj. רַע, מַרְשִׁיעַ, מַזִּיק
the evil eye עַיִן רָעָה, עֵין הָרַע, עֵינָא־בִּישָׁא

evildoer /ˌiːvɪlˈduːə(r)/ n. (*formal*) רָשָׁע, פּוֹעֵל־אָוֶן

evince /ɪˈvɪns/ v.t. (*formal*) (הִתְנַהֲגוּת, נֹהַג) הֵעִיד עַל (רְגָשׁוֹת וְכַד')

eviscerate /ɪˈvɪsəreɪt/ v.t. (*formal*) הוֹצִיא אֶת הַקְּרָבַיִם

evocation /ˌiːvəʊˈkeɪʃ(ə)n/ n (*formal*) הַעֲלָאָה (שֶׁל זִכְרוֹנוֹת, רְשָׁמִים, רְגָשׁוֹת, רוּחַ)

evocative /ɪˈvɒkətɪv/ adj. (*formal*) מְעוֹרֵר זִכְרוֹנוֹת, מְעוֹרֵר רְגָשׁוֹת, מְעוֹרֵר תְּגוּבָה

evoke /ɪˈvəʊk/ v.t. (*formal*) עוֹרֵר (זִכְרוֹנוֹת, רְגָשׁוֹת וְכַד')

evolution /ˌiːvəˈluːʃ(ə)n/ n.
1 (opening out, gradual development) הִתְפַּתְּחוּת (הַדְרָגָתִית)
2 (origination of species from earlier forms) אֶבוֹלוּצְיָה (דַּרְוִינִיסְטִית וְכַד')

evolutionary /ˌiːvəˈluːʃən(ə)rɪ/ adj. אֶבוֹלוּצְיוֹנִי, הִתְפַּתְּחוּתִי

evolve /ɪˈvɒlv/ v.t. & i. פִּתֵּחַ בְּהַדְרָגָה, עִבֵּד, הִשְׁבִּיחַ; הִתְפַּתֵּחַ (לִהְיוֹת דְּבַר־מָה)

ewe /juː/ n. כִּבְשָׂה, רָחֵל
ewe lamb (*Bibl.*) כִּבְשַׂת־הָרָשׁ

ewer /ˈjʊə(r)/ n. קַנְקַן, כַּד

ex[1] /eks/ prep. (לְגַבֵּי סְחוֹרָה) בְּלִי לְהָבִיא בְּחֶשְׁבּוֹן דְּמֵי הוֹבָלָה מִ...; שֶׁאֵינוֹ נִכְלָל בְּ... (בְּסֵפֶר הַטֶּלֶפוֹנִים לְמָשָׁל)

ex[2] /eks/ n. (*colloq.*) "אֶקְס", (בַּעַל/אִשָּׁה) "לְשֶׁעָבַר"

ex- /eks-/ pref. ־לְשֶׁעָבַר

exacerbate /ɪgˈzæsəbeɪt/ v.t. (*formal*) הֶחֱמִיר, הֶחֱרִיף, לִבָּה

exacerbation /ɪgˌzæsəˈbeɪʃ(ə)n/ n. (*formal*) הַחְמָרָה, הַחְרָפָה, לִבּוּי

exact /ɪgˈzækt/ adj. מְדֻיָּק
—v.t. (*formal*) תָּבַע, דָּרַשׁ, הִכְרִיחַ, חִיֵּב
□ *he exacts total obedience* הוּא תּוֹבֵעַ צִיּוּת מֻחְלָט
□ *the circumstances exact extreme caution* הַנְּסִבּוֹת מְחַיְּבוֹת זְהִירוּת מֻפְלֶגֶת

exacting /ɪgˈzæktɪŋ/ adj. (אָדָם) מַחְמִיר בִּדְרִישׁוֹתָיו; (מַצָּב) מְחַיֵּב תְּשׂוּמֶת־לֵב; (מְשִׂימָה) תּוֹבְעָנִית

exaction /ɪgˈzækʃ(ə)n/ (*formal*) סְחִיטָה; נְגִישָׂה

exactitude /ɪgˈzæktɪtjuːd/ n. (*formal*) דַּיְקָנוּת, דִּיּוּק

exactly ɪgˈzæktlɪ/ adv. בְּדִיּוּק, בְּדַיְקָנוּת

exactness /ɪgˈzæktnɪs/ n. דַּיְקָנוּת, דִּיּוּק

exaggerate /ɪgˈzædʒəreɪt/ v.t. & i. תֵּאֵר בְּהַגְזָמָה אֶת; הִגְזִים, הִפְרִיז

exaggeration /ɪgˌzædʒəˈreɪʃ(ə)n/ n. הַגְזָמָה, הַפְרָזָה

exalt /ɪgˈzɑːlt/ v.t. (*formal*)
1 (raise) רוֹמֵם
2 (praise) הִלֵּל

exaltation /ˌegzɔːlˈteɪʃ(ə)n/ n. (*formal*)
1 (elation) הִתְעַלּוּת, הִתְרוֹמְמוּת־נֶפֶשׁ
2 (raising to high position) הַעֲלָאָה

exalted /ɪgˈzɔːltɪd/ adj. (*formal*) נַעֲלֶה, מְרוֹמָם, נִשָּׂא

exam /ɪgˈzæm/ n. (*colloq.*) בְּחִינָה, מִבְחָן

examination /ɪgˌzæmɪˈneɪʃ(ə)n/ n.
1 (close scrutiny; investigation) חֲקִירָה, בְּדִיקָה, בֵּרוּר
2 (testing of knowledge or ability) בְּחִינָה, מִבְחָן

examine /ɪgˈzæmɪn/ v.t. בָּחַן, חָקַר
examining magistrate שׁוֹפֵט־חוֹקֵר

examinee /ɪgˌzæmɪˈniː/ n. נִבְחָן

examiner /ɪgˈzæmɪnə(r)/ n. בּוֹחֵן

example /ɪgˈzɑːmp(ə)l/ n.
1 (typical instance) דֻּגְמָה
for example לְדֻגְמָה, לְמָשָׁל
2 (warning to others) לֶקַח, דֻּגְמָה (מַרְתִּיעָה)
□ *the judge made an example of him* הַשּׁוֹפֵט הֶחְמִיר עִמּוֹ כְּדֵי לְהַזְהִיר בְּכָךְ אֶת הָאֲחֵרִים
3 (model followed or to be followed) מוֹפֵת, דֻּגְמָה (לַאֲחֵרִים)
□ *he set his friends an example of courage* הוּא שִׁמֵּשׁ לַחֲבֵרָיו מוֹפֵת שֶׁל גְּבוּרָה
□ *don't follow my example* אַל תֵּלֵךְ בִּדְרָכַי

exasperate /ɪgˈzɑːspəreɪt/ v.t. תִּסְכֵּל וְהִכְעִיס

exasperating /ɪgˈzɑːspəreɪtɪŋ/ adj. מְתַסְכֵּל וּמַכְעִיס, "מַרְתִּיחַ"

exasperation /ɪgˌzɑːspəˈreɪʃ(ə)n/ n. תִּסְכּוּל וְכַעַס

ex cathedra /ˌeks kəˈθiːdrə/ adj. & adv. (*formal*) "אֶקְס קָתֶדְרָה" (הוֹדָעָה סַמְכוּתִית כְּגוֹן זוֹ הַנִּתֶּנֶת מִפִּי הָאַפִּיפְיוֹר)

excavate /ˈekskəveɪt/ v.t. & i.
1 (make hole by digging) כָּרָה, חָפַר
2 (unearth by digging) חָפַר, חָשַׂף (חֲפִירוֹת אַרְכֵיאוֹלוֹגִיּוֹת וְכַד')

excavation /ˌekskəˈveɪʃ(ə)n/ n. כְּרִיָּה, חֲפִירָה; חֲפִירָה אַרְכֵיאוֹלוֹגִית

excavator /ˈekskəveɪtə(r)/ n.
1 (person) חוֹפֵר
2 (machine) מַחְפֵּר, מַחְפְּרוֹן

exceed /ɪkˈsiːd/ v.t. חָרַג מִ...., עָבַר אֶת, פָּעַל מֵעֵבֶר לְ...
□ *their success exceeded all expectations* הַצְלָחָתוֹ עָלְתָה עַל כָּל הַצִּפִּיּוֹת
□ *he exceeded his instructions* הוּא חָרַג מִן הַהוֹרָאוֹת שֶׁקִּבֵּל

exceedingly /ɪkˈsiːdɪŋlɪ/ adv. (*formal*) בְּמִדָּה חֲרִיגָה; בְּמִדָּה יוֹצֵאת מִן הַכְּלָל

excel /ɪkˈsel/ v.i. & t. (*formal*) הִצְטַיֵּן; עָלָה (עַל עַצְמוֹ)

excellence /ˈeksələns/ n. הִצְטַיְּנוּת

Excellency /ˈeksələnsɪ/ n. הוֹד רוֹמְמוּתְךָ/וֹ הוֹד מַעֲלָתְךָ/וֹ

excellent /ˈeksələnt/ adj. מְצֻיָּן, מְעֻלֶּה

except /ɪkˈsept/ v.t. (*formal*) הִשְׁמִיט
□ *the people in this place, present company excepted, are all cowards* הָאֲנָשִׁים בְּמָקוֹם זֶה, פְּרָט לַנּוֹכְחִים, הֵם פַּחְדָנִים כֻּלָּם
—prep. חוּץ מִ..., פְּרָט לְ..., מִלְּבַד
□ *except (for) your brother, I trust nobody* חוּץ מֵאָחִיךָ אֵינֶנִּי בּוֹטֵחַ בְּאִישׁ

excepting /ɪkˈseptɪŋ/ prep. פְּרָט לְ...

exception /ɪkˈsepʃ(ə)n/ n.
1 (excepting, thing excepted) הַיּוֹצֵא־מִן־הַכְּלָל, חָרִיג
□ *with the exception of your brother, I trust nobody* חוּץ מֵאָחִיךָ, אֵינֶנִּי בּוֹטֵחַ בְּאִישׁ
□ *I'll make an exception for you this time, as you are new here* מֵאַחַר שֶׁאַתָּה חָדָשׁ פֹּה, אֲנִי נוֹהֵג אִתְּךָ לִפְנִים מִשּׁוּרַת הַדִּין הַפַּעַם
□ *the exception proves the rule* הַיּוֹצֵא מִן הַכְּלָל מוֹכִיחַ אֶת הַכְּלָל
2 (objection) הִתְנַגְּדוּת, הִסְתַּיְּגוּת
□ *the boss took exception to my wearing jeans in the office* הַמְנַהֵל הִתְנַגֵּד לְכָךְ שֶׁבָּאתִי לַמִּשְׂרָד לָבוּשׁ בְּגִ'ינְס

exceptionable /ɪkˈsepʃənəb(ə)l/ adj. (*formal*) חָרִיג, שֶׁיֵּשׁ לְהִסְתַּיֵּג מִמֶּנּוּ

exceptional /ɪkˈsepʃən(ə)l/ adj. יוֹצֵא מִן הַכְּלָל; חָרִיג

excerpt /ˈeksɜːpt/ n. קֶטַע (מִתּוֹךְ סֵפֶר וְכוּ'), מוּבָאָה
—v.t. /ɪkˈsɜːpt/ בָּחַר קֶטַע, הוֹצִיא מוּבָאָה (מִתּוֹךְ סֵפֶר)

excess /ɪkˈses/ n.
1 (exceeding, amount by which things exceeds, *formal*) עֹדֶף, יִתְרָה
□ *exports were in excess of £2 million* הַיְּבוּא עָלָה עַל 2 מִילְיוֹן לִישׁ"ט
2 (intemperance) מַעֲשֵׂה־הֶפְקֵר, הַתָּרַת רֶסֶן
□ *his sexual and alcoholic excesses shocked the court* הִתְמַכְּרוּתוֹ חַסְרַת־הָרֶסֶן לְמִין וּלְמַשְׁקֶה זִעְזְעָה אֶת בֵּית־הַמִּשְׁפָּט
3 (extreme degree) מִדָּה מֻפְלֶגֶת, מִדָּה יְתֵרָה
□ *she is generous to excess* נְדִיבוּתָהּ מֻפְלֶגֶת מַמָּשׁ

4 (*Insurance*) אִי פִּצּוּי (סְכוּם רִאשׁוֹנִי בִּתְבִיעָה, שֶׁמְּשַׁלֵּם הַמְּבֻטָּח)
—adj. /ˈekses/ עוֹדֵף, חוֹרֵג, נוֹסָף
excess baggage מִטְעָן עוֹדֵף, "אוֹבֶרְוֵיט"
excessive /ɪkˈsesɪv/ adj. מֻפְלָג, מֻפְרָז, מְנֻפָּח, עוֹבֵר אֶת הַגְּבוּל

exchange /ɪksˈtʃeɪndʒ/ n.
1 (giving one thing for another) חִלּוּפִים, חִלּוּפִין
□ *the French boy came to England on an exchange (visit)* הַנַּעַר הַצָּרְפָתִי בָּא לְאַנְגְּלִיָּה בְּמִסְגֶּרֶת חִלּוּפֵי בִּקּוּרִים
□ *they accepted my old car in part exchange for a new one* הֵם קִבְּלוּ אֶת מְכוֹנִיתִי הַיְשָׁנָה כִּתְמוּרָה חֶלְקִית לַמְּכוֹנִית הַחֲדָשָׁה
□ *the exchange of insults was followed by an exchange of blows* חִלּוּפֵי הָעֶלְבּוֹנוֹת גָּרְרוּ חִלּוּפֵי מַהֲלוּמוֹת
2 (changing one currency into another) חֲלִיפִין
bill of exchange שְׁטַר חֲלִיפִין
rate of exchange שַׁעַר הַחֲלִיפִין (שֶׁל מַטְבֵּעַ)
3 (building)
Employment (or **Labour**) **Exchange** לִשְׁכַּת הַתַּעֲסוּקָה
Stock Exchange בּוּרְסַת הַמְּנָיוֹת
telephone exchange מֶרְכֶּזֶת־טֶלֶפוֹנִים
—v.t. הֶחֱלִיף (סְחוֹרָה בִּסְחוֹרָה וְכַד׳)
□ *we exchanged greetings* (or *inanities* or *cars* or *prisoners*) הֶחֱלַפְנוּ בְּרָכוֹת/הֶעָרוֹת טִפְּשִׁיּוֹת/מְכוֹנִיּוֹת/שְׁבוּיִים
□ *will you exchange your hat for my umbrella?* הַאִם אַתָּה מוּכָן לְהַחֲלִיף אֶת הַכּוֹבַע שֶׁלְּךָ בַּמִּטְרִיָּה שֶׁלִּי?
exchequer /ɪksˈtʃekə(r)/ n. מִשְׂרַד הָאוֹצָר; אוֹצַר הַמְּדִינָה
Chancellor of the Exchequer (*UK*) שַׂר־הָאוֹצָר
excise[1] /ˈeksaɪz/ n. בְּלוֹ
Customs and Excise אֲגַף הַמֶּכֶס וְהַבְּלוֹ
excise[2] /ɪkˈsaɪz/ v.t. (*formal*) קִצֵּץ, סִלֵּק; כָּרַת (אֵבֶר, גִּדּוּל וְכַד׳)
excision /ɪkˈsɪʒ(ə)n/ n. (*formal*) קִצּוּץ (קֶטַע אוֹ מִשְׁפָּט); כְּרִיתָה (שֶׁל אֵבֶר וְכַד׳)
excitable /ɪkˈsaɪtəb(ə)l/ adj. נוֹטֶה לְהִתְרַגְּשׁוּת, נוֹחַ לִכְעֹס
excite /ɪkˈsaɪt/ v.t.
1 (rouse, provoke) הִסְעִיר, שִׁלְהֵב, גֵּרָה, רִגֵּשׁ
2 (cause strong feeling, *formal*) עוֹרֵר, גָּרַם לְ...
excited /ɪkˈsaɪtɪd/ adj. נִרְגָּשׁ, נִלְהָב, מְשֻׁלְהָב, מְגֹרֶה; נִרְגָּז
excitement /ɪkˈsaɪtmənt/ n. הִתְרַגְּשׁוּת, הִתְלַהֲבוּת, גֵּרוּי
exciting /ɪkˈsaɪtɪŋ/ adj. מְרַגֵּשׁ, מַלְהִיב, מַמְרִיץ, מְגָרֶה

exclaim /ɪksˈkleɪm/ v.t. & i. (*formal*) הִכְרִיז בְּקוֹל, קָרָא בְּקוֹל
exclamation /ˌekskləˈmeɪʃ(ə)n/ n. (*formal*) קְרִיאָה (בְּהִתְרַגְּשׁוּת, מְחָאָה, תִּמָּהוֹן)
exclamation mark סִימַן־קְרִיאָה (!)
exclamatory /ɪksˈklæmət(ə)rɪ/ adj. (*formal*) שֶׁל קְרִיאָה (בְּקוֹל)
exclude /ɪksˈkluːd/ v.t. הוֹצִיא (מִקְּבוּצָה, כְּלָל וְכַד׳), הִשְׁמִיט; דָּחָה
□ *we can exclude that possibility (from the reckoning)* אָנוּ יְכוֹלִים לְהוֹצִיא אֶפְשָׁרוּת זוֹ מִן הַחֶשְׁבּוֹן, אֲנַחְנוּ יְכוֹלִים לִדְחוֹת אֶת הָאֶפְשָׁרוּת הַזּוֹ
exclusion /ɪksˈkluːʒ(ə)n/ n. סִלּוּק, הוֹצָאָה מִן הַכְּלָל, הוֹצָאָה מִן הַחֶשְׁבּוֹן
exclusion clause סְעִיף מְנִיעָה (בְּבִטּוּחַ)
□ *he promised to serve his master to the exclusion of all others (formal)* הוּא הִבְטִיחַ לְשָׁרֵת אֶת אֲדוֹנוֹ וְשׁוּם אִישׁ אַחֵר מִלְּבַדּוֹ
exclusive /ɪkˈskluːsɪv/ adj.
1 (excluding all else or other people) בִּלְבַד, יָחִיד
□ *teaching is his exclusive employment* (or *occupation*) הַהוֹרָאָה הִיא עֲבוֹדָתוֹ הַיְחִידָה
2 (limited to people with money, etc.) אֶקְסְקְלוּסִיבִי, סָגוּר
□ *we went to an exclusive restaurant* הָלַכְנוּ לְמִסְעָדָה אֶקְסְקְלוּסִיבִית
3 (not to be had elsewhere) בִּלְעָדִי, אֶקְסְקְלוּסִיבִי
□ *the paper printed an exclusive interview* הָעִתּוֹן פִּרְסֵם רֵאָיוֹן בִּלְעָדִי
□ *these privileges are exclusive to our members* זְכֻיּוֹת אֵלּוּ נִתָּנוֹת לַחֲבֵרֵינוּ בִּלְבַד
4 (not inclusive) לֹא כּוֹלֵל, פְּרָט לְ..., לְהוֹצִיא אֶת
□ *the crew numbers 20, exclusive of officers* בַּצֶּוֶת יֵשׁ עֶשְׂרִים אִישׁ, לְהוֹצִיא הַקְּצִינִים
—n. (*colloq.*) (מַאֲמָר) אֶקְסְקְלוּסִיבִי, (מַאֲמָר) בִּלְעָדִי
exclusively /ɪkˈskluːsɪvlɪ/ adv. אַךְ וְרַק, בִּלְבַד, בְּאֹרַח בִּלְעָדִי
excommunicate /ˌekskəˈmjuːnɪkeɪt/ v.t. הֶחֱרִים, נִדָּה (מִן הַכְּנֵסִיָּה הַנּוֹצְרִית)
excommunication /ˌekskəˌmjuːnɪˈkeɪʃ(ə)n/ n. חֵרֶם, נִדּוּי (בַּכְּנֵסִיָּה הַנּוֹצְרִית)
excoriate /ɪkˈskɒrɪeɪt/ v.t. (*formal*) פָּשַׁט אֶת עוֹרוֹ שֶׁל (בְּבַקָּרַת וְכַד׳)
excrement /ˈekskrəmənt/ n. (*formal*) צוֹאָה, פֶּרֶשׁ
excrescence /ɪkˈskres(ə)ns/ n. (*formal*) גִּדּוּל (חוֹלָנִי) בַּגּוּף, תְּפִיחָה, יַבֶּלֶת
excreta /ɪkˈskriːtə/ n. *pl.* (*formal*) הַפְרָשׁוֹת (צוֹאָה, שֶׁתֶן וְכוּ׳)
excrete /ɪkˈskriːt/ v.t. (*formal*) הִפְרִישׁ, פָּלַט (מִן הַגּוּף)
excretion /ɪkˈskriːʃ(ə)n/ n. (*formal*) הַפְרָשָׁה, פְּלִיטָה; חֹמֶר הַהַפְרָשָׁה

excruciating /ɪkˈskruːʃɪeɪtɪŋ/ adj. מְיַסֵּר, מַכְאִיב, מְעַנֶּה, בִּלְתִּי נִסְבָּל

exculpate /ˈekskʌlpeɪt/ v.t. (*formal*) שִׁחְרֵר מֵאַשְׁמָה, נִקָּה מֵאַשְׁמָה

excursion /ɪkˈskɜːʃ(ə)n/ n. טִיּוּל־קָצָר, נְסִיעָה־קְצָרָה
□ *let's go on a week-end excursion to France* בּוֹא נִסַּע לְטִיּוּל שֶׁל סוֹף־שָׁבוּעַ לְצָרְפַת

excursive /ɪksˈkɜːsɪv/ adj. (*formal*) הוֹלֵךְ סְחוֹר סְחוֹר, מִתְפַּתֵּל

excusable /ɪkˈskjuːzəb(ə)l/ adj. נִתָּן לְהַצְדָּקָה (שֶׁאֶפְשָׁר לִסְלֹחַ עָלָיו)

excuse /ɪkˈskjuːz/ v.t.
1 (pardon) סָלַח לְ... עַל
excuse me סְלִיחָה, סְלַח לִי
□ *excuse my French* (*colloq.*) סְלִיחָה עַל הַבִּטּוּי (לְאַחַר הִתְבַּטְּאוּת חֲרִיפָה)
2 (give exemption from) שִׁחְרֵר, פָּטַר מֵחוֹבָה
□ *please sir, may I be excused?* הַמּוֹרָה, אֶפְשָׁר לָצֵאת לַשֵּׁרוּתִים?
□ *he was excused* (from) *military service* הוּא שֻׁחְרַר מֵחוֹבַת־הַשֵּׁרוּת הַצְּבָאִי
3 (attempt to lessen blame attaching to) הִצְטַדֵּק
□ *he excused himself by blaming his superior* הוּא הִצְדִּיק אֶת עַצְמוֹ עַל־יְדֵי הַאֲשָׁמַת הַמְמֻנֶּה עָלָיו
□ *he excused himself and left* הוּא הִצְטַדֵּק וְהָלַךְ, הוּא הִתְנַצֵּל וְהִסְתַּלֵּק
—n. /ɪkˈskjuːs/ תֵּרוּץ, הַצְדָּקָה
□ *there's no excuse for such abominable behaviour* אֵין הַצְדָּקָה לְהִתְנַהֲגוּת נִתְעֶבֶת כָּזֹאת

ex-directory /ˌeks-dɪˈrekt(ə)rɪ/ adj. (מִסְפַּר טֶלֶפוֹן) שֶׁאֵינוֹ רָשׁוּם בְּסֵפֶר הַטֶּלֶפוֹנִים (מִטַּעֲמֵי פְּרָטִיּוּת וְכַד׳)

execrable /ˈeksɪkrəb(ə)l/ adj. (*formal*) נִתְעָב, מְגֻנֶּה, רַע מְאֹד

execrate /ˈeksɪkreɪt/ v.t. (*formal*) תִּעֵב; קִלֵּל

execration /ˌeksɪˈkreɪʃ(ə)n/ n. (*formal*) תִּעוּב, שִׂנְאָה; קְלָלָה

executant /ɪgˈzekjʊtənt/ n. (*formal*) מְבַצֵּעַ (בְּעִקָּר שֶׁל יְצִירָה מוּזִיקָלִית)

execute /ˈeksɪkjuːt/ v.t.
1 (carry out, put into effect, perform) בִּצַּע, הוֹצִיא לַפֹּעַל
2 (*Law*) הוֹצִיא לַפֹּעַל
□ *he appointed his best friend to execute his will* הוּא מִנָּה אֶת חֲבֵרוֹ הַטּוֹב בְּיוֹתֵר לְהוֹצִיא לַפֹּעַל אֶת צַוָּאָתוֹ
□ *the document hasn't been executed yet* עֲדַיִן לֹא נִתַּן תֹּקֶף לַמִּסְמָךְ
3 (put to death) הוֹצִיא לַהוֹרֵג

execution /ˌeksɪˈkjuːʃ(ə)n/ n.
1 (carrying out) בִּצּוּעַ, הוֹצָאָה לַפֹּעַל; בִּצּוּעַ (מוּזִיקָלִי)
□ *we put* (or *carried*) *our plan into execution* הוֹצֵאנוּ אֶת תָּכְנִיתֵנוּ אֶל הַפֹּעַל
□ *his execution is marvellous* (*Mus.*) הַבִּצּוּעַ שֶׁלּוֹ נִפְלָא
2 (act of putting to death) הוֹצָאָה לַהוֹרֵג

executioner /ˌeksɪˈkjuːʃənə(r)/ n. תַּלְיָן

executive /ɪgzekjʊtɪv/ adj. מִנְהָלִי, נִהוּלִי; מְבַצֵּעַ; בִּצּוּעִי; שֶׁל מְנַהֲלִים
executive power סַמְכוּת בִּצּוּעַ
—n.
1 (branch of government) הָרָשׁוּת הַמְבַצַּעַת (הַמֶּמְשָׁלָה)
2 (person) מְנַהֵל
executive jet (or **suite**) מְטוֹס־מְנַהֲלִים/סְוִיטַת מְנַהֲלִים (בְּמָלוֹן)

executor /ɪgzekjʊtə(r)/ n. מוֹצִיא־לַפֹּעַל (שֶׁל צַוָּאָה וְכַד׳) אַפּוֹטְרוֹפּוֹס (עַל נִכְסֵי־נִפְקָדִים)
literary executor מוֹצִיא לַפֹּעַל שֶׁל עִזָּבוֹן סִפְרוּתִי

executrix /ɪgzekjʊtrɪks/ n. מוֹצִיאָה לַפֹּעַל (שֶׁל צַוָּאָה וְכַד׳), אַפּוֹטְרוֹפְּסִית

exegesis /ˌeksɪˈdʒiːsɪs/ n. (*formal*) פַּרְשָׁנוּת, פֵּרוּשׁ (לַתַּנַ״ךְ וְכַד׳)

exegetic /ˌeksɪˈdʒiːtɪk/ adj. (*formal*) פַּרְשָׁנִי, שֶׁל פֵּרוּשׁ (הַתַּנַ״ךְ וְכַד׳)

exemplar /ɪgzemplɑː(r)/ n. (*formal*) דֻּגְמָה; עֹתֶק, טֹפֶס (שֶׁל סֵפֶר)

exemplary /ɪgzemplərɪ/ adj.
1 (fit to be imitated) מוֹפְתִי
2 (serving as a warning, *formal*) (עֹנֶשׁ) לְדֻגְמָה, לְמַטְּרוֹת לֶקַח
exemplary damages פִּצּוּיִים לְדֻגְמָה (שֶׁשִּׁעוּרָם גָּבוֹהַּ מִן הַנֵּזֶק הַמַּמָּשִׁי)

exemplification /ɪgˌzemplɪfɪˈkeɪʃ(ə)n/ n. (*formal*) הַדְגָּמָה, הַמְחָשָׁה

exemplify /ɪgzemplɪfaɪ/ v.t. נִתָּן/הָיָה דֻּגְמָה לְ...., הִמְחִישׁ אֶת, הִדְגִּים אֶת

exempt /ɪgzempt/ adj. & v.t. פָּטוּר, מְשֻׁחְרָר; פָּטַר מִ.., שִׁחְרֵר מִ...

exemption /ɪgzempʃ(ə)n/ n. פְּטוֹר, שִׁחְרוּר
tax exemption פְּטוֹר מִמַּס

exercise /ˈeksəsaɪz/ n.
1 (physical activity for health) פְּעִילוּת גּוּפָנִית, פְּעִילוּת סְפּוֹרְטִיבִית
2 (movement to create expertise) תַּרְגִּיל
five finger exercises תַּרְגִּילִים בְּחָמֵשׁ־אֶצְבָּעוֹת (לִנְגִינָה בִּפְסַנְתֵּר)
□ *she does breathing exercises every morning* הִיא עוֹשָׂה תַּרְגִּילֵי נְשִׁימָה כָּל בֹּקֶר
3 (questions for practice) תַּרְגִּיל (בְּחֶשְׁבּוֹן, בְּדִקְדּוּק וְכַד׳)
4 (set of specific actions) תַּרְגִּיל, מִבְצָע

□ *the presidential tour was just a public relations exercise* הַסִּיּוּר שֶׁל הַנָּשִׂיא הָיָה בְּסַךְ הַכֹּל תַּרְגִּיל בְּיַחֲסֵי צִבּוּר

□ *writing a dictionary is a difficult exercise* חִבּוּר מִלּוֹן זֶה מִבְצָע לֹא־קַל

5 (in *pl., Mil.*) תַּרְגִּיל צְבָאִי

—v.t.

1 (give exercise to, also v.i.) אִמֵּן (בַּעַל חַיִּים וְכַד׳), הִפְעִיל (שְׁרִיר וְכַד׳); עָסַק בִּפְעִילוּת גּוּפָנִית (לְמַטְּרוֹת בְּרִיאוּת)

2 (make use of, *formal*) עָשָׂה שִׁמּוּשׁ בְּ..., מִמֵּשׁ אֶת

□ *he exercised his right to vote* הוּא מִמֵּשׁ אֶת זְכוּת־הַהַצְבָּעָה שֶׁלּוֹ

3 (worry, *formal*) דָּאַג

□ *I am greatly exercised over the news* אֲנִי מֻדְאָג מְאֹד מִן הַחֲדָשׁוֹת

exercise book /ˈeksəsaɪz ˌbʊk/ n. מַחְבֶּרֶת (בְּבֵית־סֵפֶר וְכַד׳)

exert /ɪgˈzɜːt/ v.t. הִפְעִיל (כֹּחַ, הַשְׁפָּעָה וְכַד׳)

□ *he exerted himself to arrive early* הוּא עָשָׂה מַאֲמָץ נִכָּר לְהַגִּיעַ מֻקְדָּם

□ *the council exerted pressure on him to sell* הַמּוֹעָצָה הִפְעִילָה עָלָיו לַחַץ לִמְכֹּר

exertion /ɪgˈzɜːʃ(ə)n/ n. מַאֲמָץ

ex gratia /ˌeksˈgreɪʃə/ adj. לִפְנִים מִשּׁוּרַת הַדִּין, בְּחֶסֶד

ex gratia payment תַּשְׁלוּם לִפְנִים מִשּׁוּרַת הַדִּין

exhalation /ˌekshəˈleɪʃ(ə)n/ n. נְשִׁיפָה

exhale /eksˈheɪl/ v.t. & i. נָשַׁף (הַחוּצָה)

exhaust /ɪgˈzɔːst/ n. צִנּוֹר־פְּלִיטָה (בִּמְכוֹנִית), "אֶגְזוֹז"; גַּז־פְּלִיטָה

—v.t.

1 (use up completely) מִצָּה, כִּלָּה, בִּלָּה

□ *his patience was exhausted* סַבְלָנוּתוֹ פָּקְעָה

2 (tire out) עִיֵּף, יִגַּע, כִּלָּה אֶת כֹּחוֹ שֶׁל

exhausted /ɪgˈzɔːstɪd/ adj. מֻתָּשׁ, תָּשׁוּשׁ; רֵיק, גָּמוּר

exhaustible /ɪgˈzɔːstɪb(ə)l/ adj. מֻגְבָּל (בְּכַמּוּת)

exhaustion /ɪgˈzɔːstʃ(ə)n/ n. אֲפִיסַת כֹּחוֹת; אֲזִילָה (שֶׁל מַשְׁאַבִּים)

exhaustive /ɪgˈzɔːstɪv/ adj. מַקִּיף, מְמַצֶּה (חִפּוּשׂ וְכַד׳)

exhaust-pipe /ɪgˈzɔːst-paɪp/ n. צִנּוֹר־פְּלִיטָה, מַפְלֵט, "אֶגְזוֹז"

exhibit /ɪgˈzɪbɪt/ n. מֻצָּג (בְּתַעֲרוּכָה, בְּמִשְׁפָּט); תְּצוּגָה, תַּעֲרוּכָה

□ *exhibit A was a letter from the accused* מֻצָּג א׳ הָיָה מִכְתָּב מֵאֵת הַנֶּאֱשָׁם

—v.t. & i. הִצִּיג, גִּלָּה, חָשַׂף, הֶרְאָה; הִצִּיג בְּתַעֲרוּכָה

□ *she exhibited great courage (formal)* הִיא הוֹכִיחָה אֹמֶץ־לֵב רַב

exhibition /ˌeksɪˈbɪʃ(ə)n/ n. תַּעֲרוּכָה, תְּצוּגָה

□ *he made an exhibition of himself when he was drunk* הוּא בִּזָּה אֶת עַצְמוֹ בְּפֻמְבֵּי כְּשֶׁהִשְׁתַּכֵּר

□ *her paintings are on exhibition* צִיּוּרֶיהָ מֻצָּגִים בְּתַעֲרוּכָה

exhibitionism /ˌeksɪˈbɪʃənɪz(ə)m/ n. (*Psychol.*) אֶקְסְהִיבִּיצְיוֹנִיזְם (צֹרֶךְ חוֹלָנִי לַחְשׂוֹף אֶת אֶבְרֵי הַמִּין); רַאֲוְתָנוּת, "אֶקְסְהִיבִּיצְיוֹנִיזְם"

exhibitionist /ˌeksɪˈbɪʃənɪst/ n. אֶקְסְהִיבִּיצְיוֹנִיסְט (כַּנַּ"ל)

exhibitor /ɪgˈzɪbɪtə(r)/ n. מַצִּיג (בְּתַעֲרוּכָה, בִּתְצוּגָה־מִסְחָרִית וְכַד׳)

exhilarate /ɪgˈzɪləreɪt/ v.t. הִלְהִיב, הִצְהִיל

exhilaration /ɪgˌzɪləˈreɪʃ(ə)n/ n. הִתְלַהֲבוּת, צָהֳלָה

exhort /ɪgˈzɔːt/ v.t. (*formal*) הֵאִיץ בְּ... (לַעֲשׂוֹת דָּבָר מָה), קָרָא לְ... (לַעֲשׂוֹת דָּבָר מָה)

exhortation /ˌegzɔːˈteɪʃ(ə)n/ n. (*formal*) דִּבְרֵי עִדּוּד, דִּבְרֵי־אַזְהָרָה, מַתַּן עִדּוּד, מַתַּן אַזְהָרָה

exhortatory /ɪgˈzɔːtət(ə)rɪ/ adj. (*formal*) מַזְהִיר, מוֹכִיחַ, מַטִּיף, מְזָרֵז

exhumation /ˌekshjʊˈmeɪʃ(ə)n/ n. (*formal*) הוֹצָאָה מִן הַקֶּבֶר

exhume /eksˈhjuːm/ v.t. (*formal*) הוֹצִיא מִן הַקֶּבֶר

exigency /ˈeksɪdʒənsɪ/ n. (also **exigence**) (*formal*) חֻמְרָה, דְּחִיפוּת, צֹרֶךְ, דֹּחַק

exigent /ˈeksɪdʒənt/ adj. (*formal*)

1 (urgent) דָּחוּף, חָמוּר, דּוֹחֵק

2 (demanding) תּוֹבְעָנִי, תַּבְעָנִי

exiguous /egˈzɪgjʊəs/ adj. (*formal*) מוּעָט, דָּחוּק, מְצֻמְצָם

exile /ˈeksaɪl/ n.

1 (banishment from one's country) הַגְלָיָה, גָּלוּת

2 (banished person) גּוֹלֶה

—v.t. הִגְלָה

exist /ɪgˈzɪst/ v.i.

1 (be) הָיָה קַיָּם, הָיָה, נִמְצָא

2 (continue living) הִתְקַיֵּם, הִמְשִׁיךְ לִחְיוֹת, חַי

existence /ɪgˈzɪst(ə)ns/ n.

1 (existing) קִיּוּם

□ *this is the oldest Hebrew manuscript in existence* זֶה כְּתַב־הַיָּד הָעִבְרִי הָעַתִּיק בְּיוֹתֵר שֶׁבַּנִּמְצָא

□ *did the Universe come into existence with a big bang?* הַאִם כַּדּוּר־הָאָרֶץ בָּא לָעוֹלָם בְּנֶפֶץ גָּדוֹל?

2 (life) אֹרַח חַיִּים, חַיִּים, הֲוָיָה

□ *he leads a harmless existence* הוּא חַי בְּלֹא לִפְגֹּעַ בְּאִישׁ

existent /ɪgˈzɪst(ə)nt/ adj. קַיָּם, בַּנִּמְצָא; חַי

existential /ˌegzɪsˈtgenʃ(ə)l/ adj. אֶכְּזִיסְטֶנְצְיָאלִי; קִיּוּמִי

existentialism /ˌegzɪsˈtenʃəlɪz(ə)m/ n. אֶכְּזִיסְטֶנְצְיָאלִיזְם (תּוֹרָה פִילוֹסוֹפִית מוֹדֶרְנִית הַמַּדְגִּישָׁה אֶת בְּדִידוּת הָאָדָם בְּעוֹלָם חֲסַר מַשְׁמָעוּת)

existentialist /ˌegzɪsˈtenʃəlɪst/ n. אֶכְּזִיסְטֶנְצְיָאלִיסְט (כַּנַּ"ל)

existing /ɪgˈzɪstɪŋ/ adj. קַיָּם

exit /ˈeksɪt/ n.

1 (departure from stage; going out) יְצִיאָה (מִמָּקוֹם)

□ *he made a hasty exit* הוּא יָצָא בְּחִפָּזוֹן

□ *he made his exit amid rapturous applause* הוּא יָרַד מִן הַבָּמָה מְלֻוֶּה בִּתְשׁוּאוֹת סוֹעֲרוֹת

2 (way out from public building) פֶּתַח, יְצִיאָה

emergency (or **fire**) **exit** פֶּתַח/יְצִיאַת חֵרוּם

motorway exit יְצִיאָה (מֵאוֹטוֹסְטְרָדָה, מִכְּבִישׁ מָהִיר)

—v.i. יָצָא, עָזַב

□ *exit Macbeth* (*Theatr.*) מַקְבֶּת יוֹצֵא (הוֹרָאַת בָּמָה בְּמַחֲזֶה)

exo- /ˈeksəʊ-/ pref. אֶקְסוֹ, (תְּחִלִּית שֶׁפֵּרוּשָׁהּ) חִיצוֹנִי

exodus /ˈeksədəs/ n. יְצִיאָה הֲמוֹנִית (כְּגוֹן יְצִיאַת־מִצְרַיִם)

(the Book of) Exodus (*Bibl.*) סֵפֶר שְׁמוֹת

ex officio /ˌeks əˈfɪʃɪəʊ/ adj. & adv. בְּתַפְקִיד, בְּתֹקֶף הַתַּפְקִיד, בְּתֹקֶף הַמַּעֲמָד

□ *she's an ex officio member of the committee* הִיא חֲבֵרָה בַּוַּעֲדָה בְּתֹקֶף תַּפְקִידָהּ

exonerate /ɪgˈzɒnəreɪt/ v.t. (*formal*) זִכָּה, נִקָּה מֵאַשְׁמָה

exoneration /ɪgˌzɒnəˈreɪʃ(ə)n/ n. (*formal*) זִכּוּי, נִקּוּי מֵאַשְׁמָה

exorbitance /ɪgˈzɔːbɪt(ə)ns/ n. (*formal*) הַפְרָזָה, גְּדִישַׁת הַסְּאָה, הַפְקָעָה (שֶׁל מְחִיר)

exorbitant /ɪgˈzɔːbɪt(ə)nt/ adj. (*formal*) גּוֹדֵשׁ אֶת הַסְּאָה, מַפְרִיז, (מְחִיר) מַפְקִיעַ

exorcism /ˈeksɔːsɪz(ə)m/ n. גֵּרוּשׁ־שֵׁדִים, גֵּרוּשׁ הַדִּבּוּק

exorcist /ˈeksɔːsɪst/ n. מְגָרֵשׁ־שֵׁדִים, מְגָרֵשׁ הַדִּבּוּק

exorcize /ˈeksɔːsaiz/ v.t. גֵּרֵשׁ (שֵׁדִים וְרוּחוֹת); גֵּרֵשׁ (זִכְרוֹנוֹת רָעִים מִמֹּחוֹ וְכַד׳)

exotic /ɪgˈsɒtɪk/ adj. אֶקְזוֹטִי

expand /ɪkˈspænd/ v.i.

1 (make larger, also v.t.) הִתְפַּשֵּׁט, גָּדַל, הִתְרַחֵב; הִגְדִּיל, הִרְחִיב

2 (open out, begome genial) (אָדָם) נִפְתַּח (לְקִשְׁרֵי יְדִידוּת)

expanse /ɪkˈspæns/ n. מֶרְחָב

expansion /ɪkˈspænʃ(ə)n/ n. הִתְרַחֲבוּת, הִתְפַּשְּׁטוּת

expansionist /ɪkˈspænʃənɪst/ n. & adj. (*derog.*) אָדָם הַדּוֹגֵל בִּמְדִינִיּוּת שֶׁל הִתְפַּשְּׁטוּת; (מְדִינִיּוּת וְכַד׳) שֶׁל הִתְפַּשְּׁטוּת

expansive /ɪkˈspænsɪv/ adj. גְּלוּי־לֵב, פָּתוּחַ, יְדִידוּתִי; פַּזְרָנִי, נוֹהֵג בְּיָד רְחָבָה

expatiate /ɪkˈspeɪʃɪeɪt/ v.i. (*formal*) הֶאֱרִיךְ בִּדְבָרָיו, הִרְחִיב אֶת הַדִּבּוּר

□ *he expatiated on* (or *upon*) *the advantages of his invention* הוּא הִרְחִיב אֶת הַדִּבּוּר עַל יִתְרוֹנוֹת־הַמְצָאָתוֹ

expatriate /eksˈpætrɪeɪt/ v.t. (*formal*) גֵּרֵשׁ מִן הַמּוֹלֶדֶת, הִגְלָה

—adj. & n. /eksˈpætrɪət/ (*formal*) שֶׁאֵינוֹ גָּר בְּאַרְצוֹ, גּוֹלֶה (שֶׁלֹּא מֵרָצוֹן, אוֹ מֵרָצוֹן); גּוֹלֶה (כַּנַּ״ל)

expatriation /eksˌpætrɪˈeɪʃ(ə)n/ n. (*formal*) הַגְלָיָה, גֵּרוּשׁ (מִן הַמּוֹלֶדֶת)

expect /ɪkˈspekt/ v.t.

1 (look forward to, assume as likely) צִפָּה לְ...

□ *the* (*arrival of the*) *Queen is expected at any moment* בּוֹאָהּ שֶׁל הַמַּלְכָּה צָפוּי בְּכָל רֶגַע

□ *the conference is expected to last two days* מְצַפִּים שֶׁהַוְּעִידָה תִּמָּשֵׁךְ יוֹמַיִם

□ *she's expecting a baby* הִיא בְּהֵרָיוֹן

2 (look for as due) תָּלָה צִפִּיּוֹת שֶׁל..., צִפָּה שֶׁ...

□ *you're expecting too much of her* אַתָּה תּוֹלֶה בָּהּ תִּקְווֹת רַבּוֹת מִדַּי

□ *a teacher is expected to keep order* מִן הַמּוֹרֶה מְצַפִּים שֶׁיִּשְׁמֹר עַל סֵדֶר

3 (suppose, *colloq.*) שִׁעֵר

□ *I expect you lost it running for the bus* אֲנִי מְשַׁעֵר שֶׁאִבַּדְתָּ אֶת זֶה כְּשֶׁרַצְתָּ לָאוֹטוֹבּוּס

expectancy /ɪkˈspektənsɪ/ n. תּוֹחֶלֶת; תְּחוּשַׁת צִפִּיָּה

life expectancy תּוֹחֶלֶת־חַיִּים

expectant /ɪkˈspektənt/ adj. מְקַוֶּה, מְצַפֶּה; (אִשָּׁה) הָרָה

expectant mother אֵם לֶעָתִיד

expectation /ˌekspekˈteɪʃ(ə)n/ n. צִפִּיָּה, תִּקְוָה, שְׁאִיפָה

□ *the meal didn't come up to* (or *fell short of*) *his expectations* הָאֲרוּחָה הִכְזִיבָה אֶת צִפִּיּוֹתָיו

□ *contrary to expectation, the meal was quite good* בְּנִגּוּד לַצִּפִּיּוֹת, הָאֲרוּחָה הָיְתָה כְּלָל לֹא־רָעָה

expecting /ɪkˈspektɪŋ/ adj. (*colloq.*) בְּהֵרָיוֹן

expectorant /ɪkˈspektər(ə)nt/ n. & adj. תְּרוּפָה לְשִׁחְרוּר לֵחָה; מְשַׁחְרֵר לֵחָה, מְכַיֵּחַ

expectorate /ɪkˈspektəreɪt/ v.t. & i. (*formal*) יָרַק

expediency /ɪkˈspiːdɪənsɪ/ n. (also **expedience**) כְּדָאִיּוּת, תּוֹעֶלֶת

expedient /ɪkˈspiːdɪənt/ n. אֶמְצָעִי־עֵזֶר, עֵזֶר מְאֻלְתָּר, תַּחְבּוּלָה, תַּכְסִיס

—adj.

1 (advantageous) מוֹעִיל, כְּדָאִי

2 (practical rather than morally right) תּוֹעַלְתָּנִי

expedite /ˈekspədaɪt/ v.t. (*formal*) הֵחִישׁ, זֵרֵז, קִדֵּם

expedition /ekspəˈdɪʃ(ə)n/ n.

1 (special journey; people making it) מִשְׁלַחַת (מַדָּעִית וְכַד׳)

2 (promptness, *formal*) מְהִירוּת, זְרִיזוּת

expeditionary /ˌekspəˈdɪʃənərɪ/ adj. שֶׁל מִשְׁלַחַת

expeditionary force מִשְׁלַחַת צְבָאִית (שֶׁל כֹּחוֹת־צָבָא)

expeditious /ˌekspɪˈdɪʃəs/ adj. (*formal*) מָהִיר וְיָעִיל

expel /ɪkˈspel/ v.t. גֵּרֵשׁ, סִלֵּק; פִּלֵּט

□ *the boy was expelled from school* הַיֶּלֶד גֹּרַשׁ מִבֵּית־הַסֵּפֶר (לְתַלְמִיד)

expend /ɪkˈspend/ v.t. (*formal*) הוֹצִיא (כֶּסֶף, זְמַן, דְּאָגָה וְכוּ')

expendable /ɪkˈspendəb(ə)l/ adj. שֶׁאֶפְשָׁר לְהַקְרִיבוֹ, שֶׁנִּתָּן לְבַזְבְּזוֹ

expenditure /ɪkˈspendɪtʃə(r)/ n. (*formal*)
1 (expending) הוֹצָאָה (שֶׁל כֶּסֶף, כֹּחוֹת וְכַד')
2 (amount expended) סְכוּמֵי-הַהוֹצָאָה, הוֹצָאָה

expense /ɪkˈspens/ n.
1 (cost) מְחִיר, חֶשְׁבּוֹן, הוֹצָאָה
□ *they produced quantity at the expense of quality* הֵם הֵפִיקוּ כַּמּוּת רַבָּה עַל חֶשְׁבּוֹן הָאֵיכוּת
□ *the politician travelled at the expense of the State* הַמְּדִינַאי נָסַע עַל חֶשְׁבּוֹן הַמְּדִינָה
□ *we had a laugh at his expense* צָחַקְנוּ עַל חֶשְׁבּוֹנוֹ
□ *he spared no expense to recover his Rembrandt* הוּא לֹא חָסַךְ בְּהוֹצָאוֹת לְהַחֲזִיר לְעַצְמוֹ אֶת צִיּוּר הָרֶמְבְּרַנְדְט שֶׁלּוֹ
2 (in *pl.*, money used or needed for a purpose) אַשֶׁ"ל, הוֹצָאוֹת-בַּתַּפְקִיד
expense account חֶשְׁבּוֹן-הוֹצָאוֹת
□ *their dinner was on expenses* אֲרוּחַת הָעֶרֶב שֶׁלָּהֶם נִכְלְלָה בְּחֶשְׁבּוֹן הָאַשֶׁ"ל
□ *they offered the lecturer £100 plus expenses* הֵם הִצִּיעוּ לַמַּרְצֶה 100 לִישְׁ"ט פְּלוּס הוֹצָאוֹת

expensive /ɪkˈspensɪv/ adj. יָקָר, בִּיֹּקֶר

experience /ɪkˈspɪərɪəns/ n.
1 (personal observation) נִסָּיוֹן
□ *I have learned from experience not to play with fire* מִנִּסְיוֹנִי לָמַדְתִּי שֶׁלֹּא לְשַׂחֵק בְּאֵשׁ
2 (event that has affected one) חֲוָיָה, הִתְנַסּוּת
□ *was your first swim a pleasant experience?* הַאִם הַשְּׂחִיָּה הָרִאשׁוֹנָה שֶׁלְּךָ הָיְתָה חֲוָיָה נְעִימָה?
—v.t. הִתְנַסָּה, חָוָה, עָבַר חֲוָיָה

experienced /ɪkˈspɪərɪənst/ adj. מְנֻסֶּה, בַּעַל-נִסָּיוֹן

experiment /ɪkˈsperɪm(ə)nt/ n. & v.i. נִסּוּי, נִסָּיוֹן (מַדָּעִי), אֶקְסְפֶּרִימֶנְט: עָרַךְ נִסּוּי

experimental /ɪkˌsperɪˈment(ə)l/ adj. נִסּוּיִי, נִסְיוֹנִי, אֶקְסְפֶּרִימֶנְטָלִי
□ *have you any experimental evidence?* הַאִם יֵשׁ לְךָ הוֹכָחָה נִסְיוֹנִית?
□ *this new energy source is still at an experimental stage* מְקוֹר-אֶנֶרְגְּיָה חָדָשׁ זֶה עֲדַיִן בְּשָׁלָב נִסְיוֹנִי

experimentation /ɪkˌsperɪmenˈteɪʃ(ə)n/ n. נִסּוּי (אֹפֶן הַפְעָלָה), אֶקְסְפֶּרִימֶנְטַצְיָה

expert /ˈekspɜːt/ n. & adj. מֻמְחֶה
expert evidence (or **witness**) עֵדוּת-מֻמְחֶה
expert system מַעֲרֶכֶת-מֻמְחֶה (מַעֲרֶכֶת מַחְשֶׁבֶת הַמְסַפֶּקֶת יֶדַע שֶׁל מֻמְחֶה)

expertise /ˌekspɜːˈtiːz/ n. מֻמְחִיּוּת, כֹּשֶׁר, מְיֻמָּנוּת

expiate /ˈekspɪeɪt/ v.t. (*formal*) כִּפֵּר עַל

expiation /ˌekspɪˈeɪʃ(ə)n/ n. (*formal*) כַּפָּרָה

expiatory /ˌekspɪˈeɪtərɪ/ adj. (*formal*) מְכַפֵּר, שֶׁל כַּפָּרָה

expiration /ˌekspɪˈreɪʃ(ə)n/ n.
1 (breathing out) נְשִׁיפָה
2 (coming to an end) פְּקִיעַת-תֹּקֶף, סִיּוּם, גְּמָר

expire /ɪkˈspaɪə(r)/ v.i.
1 (come to an end) פָּקַע תָּקְפּוֹ (שֶׁל...), הִסְתַּיֵּם
2 (die, *poet.*) יָצְאָה נִשְׁמָתוֹ, מֵת
3 (breathe out) נָשַׁף

expiry /ɪkˈspaɪərɪ/ n. פְּקִיעַת-תֹּקֶף, סִיּוּם-תֹּקֶף
expiry date תַּאֲרִיךְ פְּקִיעַת-תֹּקֶף; תַּאֲרִיךְ לְהַחְזָרָה (שֶׁל סֵפֶר וְכַד')

explain /ɪkˈspleɪn/ v.t.
1 (make plain) הִבְהִיר, הִסְבִּיר
2 (account for, also v.i.) תֵּרֵץ, הִסְבִּיר
□ *can ghosts be explained away as optical illusions?* הַאִם אֶפְשָׁר לְתָרֵץ הוֹפָעָה שֶׁל רוּחוֹת-רְפָאִים בְּאַשְׁלָיָה חֲזוּתִית?
□ *you're not explaining yourself very well* אַתָּה לֹא מַסְבִּיר הֵיטֵב אֶת כַּוָּנָתְךָ
□ *let me explain* תֵּן לִי לְנַסּוֹת לְהַסְבִּיר
□ *you'd better explain yourself, young man!* כְּדַאי שֶׁתַּסְבִּיר לִי מָה אַתָּה עוֹשֶׂה, אֲדוֹנִי הַצָּעִיר!

explanation /ˌekspləˈneɪʃ(ə)n/ n. הֶסְבֵּר, בֵּאוּר, פֵּרוּשׁ, הַבְהָרָה

explanatory /ɪkˈsplænət(ə)rɪ/ adj. מְבָאֵר, מַסְבִּיר

expletive /ɪksˈpliːtɪv/ n. (*formal*) מִלַּת זַעַם/אַכְזָבָה חֲרִיפָה

explicable /ɪkˈsplɪkəb(ə)l/ adj. (*formal*) נִתָּן לַהֲבָנָה, נִתָּן לְהֶסְבֵּר

explicate /ˈeksplɪˌkeɪt/ v.t. (*formal*) בֵּאֵר (יְצִירָה סִפְרוּתִית וְכַד')

explicit /ɪkˈsplɪsɪt/ adj. מְפֹרָשׁ, בָּרוּר מְסֻבָּר הֵיטֵב; שֶׁאֵינוֹ מַסְתִּיר דָּבָר

explode /ɪkˈspləʊd/ v.t. & i. פִּצֵּץ; הִתְפּוֹצֵץ; "הִתְפּוֹצֵץ" (מִכַּעַס, מִצְּחוֹק)
□ *that theory is now exploded* הַתֵּיאוֹרְיָה הַזּוֹ כְּבָר הֻפְרְכָה
□ *the exploded view shows all parts of the machine* הַתַּרְשִׁים הַמְפֹרָק חוֹשֵׂף אֶת כָּל חֶלְקֵי הַמְּכוֹנָה
□ *she exploded with laughter* הִיא פָּרְצָה בִּצְחוֹק

exploit /ɪkˈsplɔɪt/ v.t.
1 (use) נִצֵּל אֶת, הֵפִיק תּוֹעֶלֶת מ
□ *they are exploiting the mineral deposits* הֵם מְנַצְּלִים אֶת מַשְׁאַבֵּי הַמִּינֵרָלִים
2 (abuse for one's own profit) נִצֵּל
□ *the salesman exploited his customer's credulity* הַמּוֹכֵר נִצֵּל אֶת תְּמִימוּת הַלָּקוֹחַ
—n. /ˈeksplɔɪt/ מַעֲשֵׂה גְּבוּרָה, מַעֲשֶׂה רָב

exploitation /ˌeksplɔɪˈteɪʃ(ə)n/ n. נִצּוּל

exploration /ˌekspləˈreɪʃ(ə)n/ n. חֵקֶר־אֲרָצוֹת; חֲקִירָה (מְדֻקְדֶּקֶת)
space exploration חֵקֶר־הֶחָלָל
exploratory /ɪkˈsplɒrət(ə)rɪ/ adj. מֶחְקָרִי; (נִתּוּחַ) נִסְיוֹנִי
explore /ɪkˈsplɔː(r)/ v.t. חָקַר (אֶרֶץ, שֶׁטַח וְכַד׳), בָּחַן (אֶפְשָׁרוּיוֹת, רַעְיוֹן וְכַד׳)
explorer /ɪkˈsplɔːrə(r)/ n. חוֹקֵר־אֲרָצוֹת, מְגַלֵּה־אֲרָצוֹת
explosion /ɪkˈspləʊʒ(ə)n/ n. הִתְפּוֹצְצוּת, פִּצּוּץ
population explosion הִתְפּוֹצְצוּת אוּכְלוּסִיָּה
explosive /ɪkˈspləʊsɪv/ adj. מְפוֹצֵץ, מְרַסֵּק (חֹמֶר נֶפֶץ), נָפִיץ; (מַצָּב) עָדִין, רָגִישׁ
□ *how can we defuse this explosive situation?* אֵיךְ נוּכַל לְפָרֵק אֶת הַמַּצָּב הֶעָדִין הַזֶּה?
—n. חֹמֶר־נֶפֶץ
high explosive חֹמֶר־נֶפֶץ רַב־עָצְמָה
exponent /ɪkˈspəʊnənt/ n.
1 (interpreter) מַסְבִּיר, מְיַצֵּג, נוֹשֵׂא דְּבָרוֹ שֶׁל
□ *he is a leading exponent of this school of thought* הוּא אֶחָד מִנּוֹשְׂאֵי־דְּבָרָהּ הָרָאשִׁיִּים שֶׁל אַסְכּוֹלַת־הֲגוּת זוֹ
2 (*Math.*) מַעֲרִיךְ (שֶׁל חֶזְקָה)
exponential /ˌekspəˈnenʃ(ə)l/ adj. (מִתְקַדֵּם בְּטוּר) גֵּיאוֹמֶטְרִי; (בְּמָתֵמָטִיקָה) מֵכִיל מַעֲרִיךְ שֶׁל חֶזְקָה
exponential growth צְמִיחָה בְּטוּר גֵּיאוֹמֶטְרִי
export /ɪkˈspɔːt/ v.t. יִצֵּא
—n. /ˈekspɔːt/
1 (usu. in *pl.*, goods exported) סְחוֹרוֹת־יִצּוּא, יְצוּא
invisible exports יְצוּא סָמוּי (לֹא שֶׁל סְחוֹרוֹת)
2 (selling abroad) (פְּעִילוּת) יְצוּא
export reject יְצוּא סוּג ב׳ (סְחוֹרָה פְּגוּמָה הַנִּמְכֶּרֶת בִּמְחִיר מוּזָל בְּאֶרֶץ הַמָּקוֹר)
exportation /ˌekspɔːˈteɪʃ(ə)n/ n. פְּעֻלַּת־הַיִּצּוּא, יְצוּא
expose /ɪkˈspəʊz/ v.t.
1 (leave unprotected) חָשַׂף, גִּלָּה
□ *you'll expose yourself to ridicule* אַתָּה תַּחְשֹׂף אֶת עַצְמְךָ לְלַעַג
□ *the Spartans exposed unwanted babies* הַסְּפַרְטָנִים הִפְקִירוּ (לְמָוֶת) תִּינוֹקוֹת בִּלְתִּי־רְצוּיִים
2 (*Photog.*) חָשַׂף (סֶרֶט צִלּוּם לָאוֹר, בַּמַּצְלֵמָה)
3 (reveal guilt of, unmask) גִּלָּה, חָשַׂף (סוֹד וְכַד׳)
□ *the journalist exposed the scandal* הָעִתּוֹנַאי חָשַׂף אֶת הַשַּׁעֲרוּרִיָּה
4 **expose oneself** (*euphem.*) חָשַׂף אֶת מַעֲרֻמָּיו בְּפֻמְבֵּי
exposé /eksˈpəʊzeɪ/ n. הוֹקָעָה, פִּרְסוּם בָּרַבִּים (שֶׁל עֻבְדּוֹת מַרְעִישׁוֹת)
exposed /ɪkˈspəʊzd/ adj.
1 (unprotected) גָּלוּי, חָשׂוּף, פָּגִיעַ
□ *the house stands in an exposed situation* הַבַּיִת עוֹמֵד בְּשֶׁטַח פָּתוּחַ
2 (*Photog.*) (סֶרֶט צִלּוּם) שֶׁנֶּחְשַׂף (לָאוֹר)
under-(or over-)exposed (סֶרֶט צִלּוּם) שֶׁנֶּחְשַׂף פָּחוֹת מִדַּי/יוֹתֵר מִדַּי
exposition /ˌekspəˈzɪʃ(ə)n/ n.
1 (setting forth, *formal*) הַצָּגָה (שֶׁל הָעֻבְדּוֹת), הַבְהָרָה, פְּרִישָׂה
2 (exhibition) תַּעֲרוּכָה, תְּצוּגָה
expostulate /ɪkˈspɒstjʊleɪt/ v.i. (*formal*) מָחָה כְּנֶגֶד..., הִבִּיעַ טִעוּנֵי נֶגֶד וּמְחָאוֹת
exposure /ɪkˈspəʊʒə(r)/ n.
1 (exposing, being exposed) חֲשִׂיפָה, הֵחָשְׂפוּת; גִּלּוּי (עִתּוֹנַאי וְכַד׳)
□ *long-term exposure to radiation is dangerous* חֲשִׂיפָה־מִמֻּשֶּׁכֶת לִקְרִינָה הִיא מְסֻכֶּנֶת
□ *the climber died of exposure* מְטַפֵּס הֶהָרִים מֵת כְּתוֹצָאָה מֵחֲשִׂיפָה לְקֹר
□ *these exposures brought the government down* גִּלּוּיִים אֵלֶּה הִפִּילוּ אֶת הַמֶּמְשָׁלָה
2 (*Photog.*) חֲשִׂיפָה (שֶׁל סֶרֶט צִלּוּם); תְּמוּנָה (בְּסֶרֶט צִלּוּם)
exposure meter מַד־אוֹר
□ *what exposure shall I use?* אֵיזֶה זְמַן־חֲשִׂיפָה עָלַי לִקְבֹּעַ?
□ *only two exposures left!* נִשְׁאֲרוּ רַק שְׁתֵּי תְּמוּנוֹת בַּסֶּרֶט!
expound /ɪkˈspaʊnd/ v.t. (*formal*) הִבְהִיר, הִסְבִּיר בִּפְרוֹטְרוֹט
express /ɪkˈspres/ adj.
1 (quick and direct, also adv.) יָשִׁיר, מָהִיר, אֶקְסְפְּרֶס
express letter מִכְתָּב אֶקְסְפְּרֶס
express train רַכֶּבֶת אֶקְסְפְּרֶס
2 (clear, definite, *formal*) מְפֹרָשׁ, מְיֻחָד
□ *I came here for the express purpose of telling you the truth* בָּאתִי הֵנָּה בְּמַטָּרָה מְפֹרֶשֶׁת לוֹמַר לְךָ אֶת הָאֱמֶת
—n. אֶקְסְפְּרֶס (רַכֶּבֶת, דֹּאַר וְכַד׳)
we sent the goods (by) express שָׁלַחְנוּ אֶת הַסְּחוֹרוֹת בְּאֶקְסְפְּרֶס
—v.t.
1 (show thoughts or feelings) הִבִּיעַ, בִּטֵּא
□ *he expressed himself very forcefully* הוּא הִבִּיעַ אֶת דְּבָרָיו בְּאֹפֶן נֶחֱרָץ, הוּא הִתְבַּטֵּא בְּאֹפֶן נֶחֱרָץ
2 (send by express) שָׁלַח בְּאֶקְסְפְּרֶס
3 (squeeze out, *formal*) סָחַט (מִיץ וְכַד׳)
expression /ɪkˈspreʃ(ə)n/ n.
1 (expressing) הַבָּעָה, מַתַּן בִּטּוּי (לְ...)
□ *he gave expression to his gratitude* הוּא נָתַן בִּטּוּי לְרִגְשׁוֹת תּוֹדָתוֹ
□ *her feelings at last found expression in tears* רִגְשׁוֹתֶיהָ מָצְאוּ לְבַסּוֹף בִּטּוּי בִּדְמָעוֹת
2 (expressive quality) הַבָּעָה, הַבָּעָתִיּוּת

□ *she reads with expression* הִיא קוֹרֵאת (אוֹ: מַקְרִיאָה) בְּרֹב הַבָּעָה

3 (aspect of face) הַבָּעַת פָּנִים, אַרֶשֶׁת

□ *he always has* (or *wears*) *a gloomy expression* תָּמִיד נְסוּכָה עַל פָּנָיו הַבָּעָה קוֹדֶרֶת

expressionism /ɪkˈspreʃənɪz(ə)m/ n. אֶקְסְפְּרֶסְיוֹנִיזְם (זֶרֶם בָּאָמָּנוּת)

expressionist /ɪkˈspreʃənɪst/ n. & adj. אֶקְסְפְּרֶסְיוֹנִיסְט; אֶקְסְפְּרֶסְיוֹנִיסְטִי

expressionless /ɪkˈspreʃ(ə)nlɪs/ adj. חֲסַר הַבָּעָה, נְטוּל הַבָּעָה

expressive /ɪkˈspresɪv/ adj. רַב־הַבָּעָה, עַז־בִּטּוּי, אֶקְסְפְּרֶסִיבִי

□ *his silence was expressive* שְׁתִיקָתוֹ הָיְתָה רַבַּת־מַשְׁמָעוּת

expressly /ɪkˈspreslɪ/ adv. (*formal*) בִּמְיֻחָד, בְּפֵרוּשׁ, בִּמְפֹרָשׁ

expressway /ɪkˈspresweɪ/ n. (*US*) כְּבִישׁ מָהִיר, אוֹטוֹסְטְרָדָה

expropriate /eksˈprəʊprɪeɪt/ v.t. (*formal*) הֶחֱרִים, הִפְקִיעַ רְכוּשׁ, הֵסִיר בַּעֲלוּת

expropriation /ˌeksˌprəʊprɪˈeɪʃ(ə)n/ n. (*formal*) הַפְקָעַת־רְכוּשׁ, הַחְרָמָה

expulsion /ɪkˈspʌlʃ(ə)n/ n. גֵּרוּשׁ, סִלּוּק

expunge /ɪkˈspʌndʒ/ v.t. (*formal*) מָחָה, מָחַק, הָרַס, הֶאֱבִיד

expurgate /ˈekspəgeɪt/ v.t. טִהֵר, קִצֵּץ (קֶטַע־תּוֹעֵבָה מִסֵּפֶר מִסֶּרֶט וְכַד׳)

expurgation /ˌekspəˈgeɪʃ(ə)n/ n. טִהוּר, קִצּוּץ (כַּנַּ״ל)

exquisite /ˈekskwɪzɪt/ adj. מַרְהִיב בְּיָפְיוֹ; יוֹצֵא מִן הַכְּלָל (בְּטִיבוֹ, בְּנִימוּסָיו, בְּטַעֲמוֹ וְכַד׳) מְעֻדָּן

ex-serviceman /eks-ˈsɜːvɪsmən/ n. חַיָּל מְשֻׁחְרָר, אִישׁ־צָבָא לְשֶׁעָבַר

extant /ekˈstænt/ adj. (*formal*) קַיָּם, נִמְצָא

extemporaneous /eksˌtempəˈreɪnɪəs/ adj. (*formal*) מְאֻלְתָּר

extempore /ekˈstempərɪ/ adj. & adv. מְאֻלְתָּר; בִּמְאֻלְתָּר

extemporize /ɪkˈstempəraɪz/ v.t. & i. אִלְתֵּר; דִּבֵּר לְלֹא הֲכָנָה

extend /ɪkˈstend/ v.t.

1 (stretch, prolong, enlarge) הִרְחִיב, הִגְדִּיל, הִמְשִׁיךְ

□ *can't you extend your stay for a few days?* הַאִם לֹא תּוּכַל לְהַאֲרִיךְ אֶת שְׁהוּתְךָ בְּכַמָּה יָמִים?

□ *we are ready to extend your credit* אָנוּ מוּכָנִים לְהַגְדִּיל אֶת הָאַשְׁרַאי שֶׁלְּךָ

□ *the rules do not extend to visitors* הַכְּלָלִים אֵינָם חָלִים עַל מְבַקְּרִים

2 (hold out; offer, *formal*) הוֹשִׁיט; הֶעֱנִיק, מָסַר

□ *may I extend a warm welcome to our visitors* הַרְשׁוּ לִי לְהַבִּיעַ אֶת בִּרְכוֹתֵינוּ הַחַמּוֹת לָאוֹרְחִים שֶׁלָּנוּ

3 (require full ability, *formal*) הֵטִיל מַעֲמָסָה עַל, דָּרַשׁ מַאֲמָץ מ...

—v.i. הִתְאָרֵךְ, הִתְרַחֵב, הִתְפַּשֵּׁט, (שֶׁטַח וְכַד׳) הִשְׂתָּרֵעַ, הִתְמַתַּח

extended /ɪkˈstendɪd/ adj. מֻרְחָב; פָּתוּחַ; מָתוּחַ; מוּשָׁט (יָד וְכַד׳)

extended family מִשְׁפָּחָה מֻרְחֶבֶת

extended-play (record) תַּקְלִיטוֹן הַמֵּכִיל יוֹתֵר מִשִּׁיר אֶחָד

□ *they came for an extended visit* הֵם בָּאוּ לְבִקּוּר מִמֻשָּׁךְ

extensible /ɪkˈstensɪb(ə)l/ adj. (also **extendible, extendable**) נִתָּן לְהַרְחָבָה, נִתָּן לְהַאֲרָכָה, נִתָּן לְהַגְדָּלָה

extension /ɪkˈstenʃ(ə)n/ n.

1 (making longer or larger) הַאֲרָכָה, הַרְחָבָה

by extension בְּהַשְׁאָלָה (מוּבָן שֶׁל מִלָּה וְכַד׳), בְּהַרְחָבָה

2 (part added on) אַרְכָּה (שֶׁל זְמַן), אֲגַף (שֶׁל בִּנְיָן)

□ *they built (on) an extension* הֵם הוֹסִיפוּ אֲגַף לַבַּיִת, הֵם הִרְחִיבוּ אֶת הַבַּיִת

3 (of telephone) שְׁלוּחָה (שֶׁל קַו־טֶלֶפוֹן)

extensive /ɪkˈstensɪv/ adj. נִרְחָב, מַקִּיף, גְּדָל־מִדּוֹת

extent /ɪkˈstent/ n.

1 (area, length) אֹרֶךְ, גֹּדֶל

2 (scope) דַּרְגָּה, שִׁעוּר, מִדָּה

□ *he does the job to the full extent of his ability* הוּא עוֹשֶׂה אֶת מְלַאכְתּוֹ כְּכָל יְכָלְתּוֹ

□ *to some* (or *a certain*) *extent, his failings are due to his parents* בְּמִדָּה מְסֻיֶּמֶת/כְּלַשֶׁהִי הוֹרָיו אֲשֵׁמִים בְּחֶסְרוֹנוֹתָיו

□ *he annoyed her to such an extent that she frequently lost her temper* הוּא הִרְגִּיז אוֹתָהּ עַד כְּדֵי כָּךְ שֶׁהָיְתָה מִתְפָּרֶצֶת לְעִתִּים קְרוֹבוֹת

□ *English is easy to the extent that there are few inflexions* הָאַנְגְּלִית הִיא שָׂפָה קַלָּה בַּאֲשֶׁר יֵשׁ בָּהּ נְטִיּוֹת מְעַטּוֹת

□ *he hated him to the extent of wishing him dead* הוּא שָׂנֵא אוֹתוֹ עַד כְּדֵי כָּךְ שֶׁיִּחֵל לְמוֹתוֹ

extenuate /ɪkˈstenjʊeɪt/ v.t. (*formal*) רִכֵּךְ, שִׁכֵּךְ, הִפְחִית, הֵקֵל

□ *there are extenuating circumstances in this case* בְּמִקְרֶה זֶה יֵשׁ נְסִבּוֹת מְקִלּוֹת

extenuation /ɪkˌstenjʊˈeɪʃ(ə)n/ n. (*formal*) הֲקַלָּה, הַפְחָתָה, רִכּוּךְ, שִׁכּוּךְ

exterior /ɪkˈstɪərɪə(r)/ n. חוּץ, צַד חִיצוֹנִי

—adj. חִיצוֹן, חִיצוֹנִי

exterminate /ɪkˈstɜːmɪneɪt/ v.t. חִסֵּל, הִשְׁמִיד

extermination /ɪkˌstɜːmɪˈneɪʃ(ə)n/ n. הַשְׁמָדָה, חִסּוּל

exterminator /ɪkˈstɜːmɪneɪtə(r)/ n. (אָדָם שֶׁמִּקְצוֹעוֹ) מַשְׁמִיד־מַזִּיקִים (עַכְבָּרִים, זוֹחֲלִים וְכַד׳)

external /ekˈstɜːn(ə)l/ adj. חִיצוֹנִי
□ *alcohol for external use (only)* אַלְכּוֹהוֹל לְשִׁמּוּשׁ חִיצוֹנִי (בִּלְבַד)
external affairs עִנְיָנֵי־חוּץ
external examiner בּוֹחֵן מִבַּחוּץ, בּוֹחֵן חִיצוֹנִי
—n. (in *pl.*) רְשָׁמִים חִיצוֹנִיִּים, חָזוּת, תְּכוּנָה חִיצוֹנִית

externalize /ekˈstɜːnəlaɪz/ v.t. הֶחְצִין

extinct /ɪkˈstɪŋkt/ adj. (מִין זוֹאוֹלוֹגִי) שֶׁנִּכְחַד; (הַר גַּעַשׁ) כָּבוּי
□ *the dodo is extinct* עוֹף־הַדּוֹדוֹ נִכְחַד מִן הָעוֹלָם
□ *I hope that's an extinct volcano* אֲנִי מְקַוֶּה שֶׁזֶּהוּ הַר גַּעַשׁ כָּבוּי

extinction /ɪkˈstɪŋkʃ(ə)/ n. הַכְחָדָה, הַשְׁמָדָה (שֶׁל מִין זוֹאוֹלוֹגִי); כִּבּוּי (אֵשׁ); הֲשָׁמָה לְאַל (שֶׁל תִּקְווֹת)

extinguish /ɪkˈstɪŋgwɪʃ/ v.t. (*formal*)
1 (put out) כִּבָּה
2 (destroy) הִשְׁמִיד, דִּכֵּא, דִּכָּא

extinguisher /ɪkˈstɪŋgwɪʃə(r)/ n. מַטְפֶּה, מַטָּף לְכִבּוּי אֵשׁ

extirpate /ˈekstəpeɪt/ v.t. (*formal*) עָקַר, שֵׁרֵשׁ, הִשְׁמִיד

extirpation /ˌekstəˈpeɪʃ(ə)n/ n. (*formal*) עֲקִירָה, שֵׁרוּשׁ, הַשְׁמָדָה, כְּלָיָה מֻחְלֶטֶת

extol /ɪkˈstəʊl/ v.t. (*formal*) שִׁבַּח, הִלֵּל

extort /ɪkˈstɔːt/ v.t. סָחַט (כְּסָפִים וְכַד׳, בְּאַלִּימוּת)

extortion /ɪkˈstɔːʃ(ə)n/ n. סְחִיטָה, סַחְטָנוּת; הַשָּׂגָה (שֶׁל הוֹדָאָה וְכַד׳) בְּאִיּוּמִים

extortionate /ɪkˈstɔːʃənət/ adj.
1 (too high, *derog.*) (מְחִיר) מֻפְקָע, מַרְקִיעַ שְׁחָקִים
2 (using extortion) (כֶּסֶף) מֻשָּׂג בִּסְחִיטָה

extortioner /ɪkˈstɔːʃənə(r)/ n. סַחְטָן; "סַחְטָן", (סוֹחֵר) מַפְקִיעַ מְחִירִים

extra /ˈekstrə/ adj. & adv. נוֹסָף, נִפְרָד, מְיֻחָד, "אֶקְסְטְרָה"; בִּמְיֻחָד
□ *coffee is extra* בְּעַד הַקָּפֶה יֵשׁ לְשַׁלֵּם בְּנִפְרָד
□ *I am going to work extra hard* אֲנִי מִתְכַּוֵּן לַעֲבֹד קָשֶׁה בִּמְיֻחָד
—n.
1 (additional thing paid for separately) תּוֹסֶפֶת (בְּתַשְׁלוּם), אַבְזָר מְיֻחָד, שֵׁרוּת מְיֻחָד
2 (*Cinema*) נִצָּב, סְטָטִיסְט (בִּסְצֵנָה הֲמוֹנִית)
3 (special edition of newspaper) הוֹצָאָה מְיֻחֶדֶת, מַהֲדוּרָה מְיֻחֶדֶת

extra- /ˈekstrə/ pref. תְּחִלִּית שֶׁפֵּרוּשָׁהּ מֵעֵבֶר לְ... מִחוּץ לְ..., יוֹתֵר מִן הָרָגִיל

extract /ˈekstrækt/ n.
1 (section of text) קֶטַע (מִתּוֹךְ סֵפֶר)
2 (concentrate) תְּמִיסָה, תַּמְצִית, תַּרְכִּיז
—v.t. /ɪkˈstrækt/ עָקַר, סָחַט (מִיץ), הוֹצִיא (קֶטַע), הִשִּׂיג בִּלְחָץ (מֵידָע וְכַד׳)
□ *I've extracted a few key passages* הוֹצֵאתִי (מֵהַסֵּפֶר) כַּמָּה קִטְעֵי־מַפְתֵּחַ
□ *he extracted a tooth* הוּא עָקַר שֵׁן
□ *the police extracted a confession from him* הַמִּשְׁטָרָה סָחֲטָה מִמֶּנּוּ הוֹדָאָה
□ *the consul extracted me from a tricky situation* הַקּוֹנְסוּל חִלֵּץ אוֹתִי מִמַּצָּב מְסֻבָּךְ
□ *they extract the juice from the fruit by squeezing it* הֵם מוֹצִיאִים אֶת הַמִּיץ מִן הַפְּרִי בְּאֶמְצָעוּת סְחִיטָה
□ *I extract great pleasure from listening to music* אֲנִי מֵפִיק עֹנֶג רַב מֵהַאֲזָנָה לְמוּזִיקָה

extraction /ɪkˈstrækʃ(ə)n/ n. הוֹצָאָה, עֲקִירָה; מִצּוּי; מוֹצָא (גִּזְעִי, מִשְׁפַּחְתִּי)
□ *she's of foreign extraction* הִיא מִמּוֹצָא זָר

extractor fan /ɪkˈstræktə fæn/ n. מְאַוְרֵר לְסִלּוּק־אֵדִים (בְּחַלּוֹן מִטְבָּח וְכַד׳)

extracurricular /ˌekstrəkəˈrɪkjʊlə(r)/ adj. (פְּעִילוּת וְכַד׳) שֶׁמִּחוּץ לְתָכְנִית הַלִּמּוּדִים (הָרְגִילָה)

extraditable /ˈekstrədaɪtəb(ə)l/ adj. בַּר־הַסְגָּרָה (לִידֵי שִׁלְטוֹנוֹת הַמִּשְׁפָּט)

extradite /ˈekstrədaɪt/ v.t. הִסְגִּיר (פּוֹשֵׁעַ וְכַד׳) לִידֵי הַשִּׁלְטוֹנוֹת

extradition /ˌekstrəˈdɪʃ(ə)n/ n. הַסְגָּרָה

extramarital /ˌekstrəˈmærɪt(ə)l/ adj. (יַחֲסֵי מִין) שֶׁמִּחוּץ לַנִּשּׂוּאִין

extramural /ˌekstrəˈmjuːrəl/ adj. שֶׁלֹּא בְּמִסְגֶּרֶת (רִשְׁמִית) שֶׁל מוֹסָד (אוּנִיבֶרְסִיטָה וְכַד׳) שֶׁלֹּא בְּשֶׁטַח הַמּוֹסָד (בֵּית־חוֹלִים וְכַד׳)

extraneous /ɪkˈstreɪnɪəs/ adj.
1 (of external origin) חִיצוֹנִי, שֶׁמִּן הַחוּץ
2 (not relevant) שֶׁאֵינוֹ מִן הָעִנְיָן

extraordinary /ɪkˈstrɔːd(ə)n(ə)rɪ, ˌekstrɔːd(ə)nrɪ/ adj. יוֹצֵא מִגֶּדֶר הָרָגִיל; מְיֻחָד, יוֹצֵא מִן הַכְּלָל
ambassador extraordinary שַׁגְרִיר מְיֻחָד

extrapolate /ɪkˈstræpəleɪt/ v.t. (בְּמָתֵמָטִיקָה) חִיֵּץ (עַל פִּי נְתוּנִים); (בְּהַשְׁאָלָה) חִשֵּׁב, הִסִּיק

extrapolation /ɪkˌstræpəˈleɪʃ(ə)n/ n. (בְּמָתֵמָטִיקָה) אֶכְּסְטְרָפּוֹלַצְיָה, חִיּוּץ; הַשְׁעָרָה, חִשּׁוּב מְשֹׁעָר (עַל פִּי נְתוּנִים)

extra-sensory /ˌekstrə-ˈsensərɪ/ adj. עַל־חוּשִׁי
extra-sensory perception תְּפִיסָה־עַל חוּשִׁית

extra-terrestrial /ˌekstrə-təˈrestrɪəl/ adj. & n. שֶׁמִּחוּץ לְכַדּוּר הָאָרֶץ, מִן הֶחָלָל; יְצוּר מִן הֶחָלָל

extravagance /ɪkˈstrævəgəns/ n.
1 (spending much money) בִּזְבְּזָנוּת הַפְגָּנָתִית, פַּזְרָנוּת הַפְגָּנָתִית
□ *(buying) that sofa was an extravagance* קְנִיַּת הַסַּפָּה הַזֹּאת הָיְתָה מַעֲשֵׂה פַּזְרָנוּת
2 (absurd statement or action) הַפְרָזָה

extravagant /ɪkˈstrævəgənt/ adj.
1 (very generous; immoderate) מַפְלִיג, שׁוֹפֵעַ, נָדִיב; מֻפְרָז, מֻגְזָם

□ *she was extravagant in her praise of you* הִיא הִפְלִיגָה בִּשְׁבָחֶיךָ

2 (wasteful) בַּזְבְּזָנִי

□ *we are being extravagant of the earth's resources* אֲנַחְנוּ נוֹהֲגִים בְּבַזְבְּזָנוּת בְּמַשְׁאַבֵּי כַּדּוּר הָאָרֶץ

extravaganza /ɪkˈstrævəˈgænzə/ n. מוֹפָע רַאַוְתָנִי

extravert, extraversion see **EXTROVERT, EXTROVERSION**

extreme /ɪkˈstriːm/ adj.

1 (reaching a high degree) מֻפְלָג, מַרְחִיק לֶכֶת, קִיצוֹנִי

□ *this task demands extreme patience* הַמְּשִׂימָה דּוֹרֶשֶׁת סַבְלָנוּת מֻפְלֶגֶת

2 (not moderate) קִיצוֹנִי

□ *he holds extreme views* הוּא מַחֲזִיק בְּדֵעוֹת קִיצוֹנִיּוֹת, הוּא בַּעַל דֵּעוֹת קִיצוֹנִיּוֹת

□ *a desert is an extreme example of the effect of drought* מִדְבָּר הוּא דֻּגְמָה קִיצוֹנִית לְהַשְׁפָּעַת תְּנָאֵי־בַּצֹּרֶת

3 (outermost, utmost) קִיצוֹנִי

extreme unction מְשִׁיחָה עַל עֶרֶשׂ־דְּוַי (טֶקֶס נוֹצְרִי לְאָדָם גּוֹסֵס)

□ *Tierra del Fuego is the extreme tip of South America* "אֶרֶץ הָאֵשׁ" נִמְצֵאת מַמָּשׁ בִּקְצֵה דְּרוֹם אֲמֶרִיקָה

—n. הַמִּדָּה הָעֶלְיוֹנָה, הַמִּדָּה הָרַבָּה בְּיוֹתֵר, קִיצוֹנִיּוּת

from one extreme to another מִקִּיצוֹנִיּוּת אַחַת לִשְׁנִיָּה

□ *that seems unlkely in the extreme* זֶה לֹא־סָבִיר בְּאֹפֶן קִיצוֹנִי

□ *crime must be prevented, but you needn't go to extremes* יֵשׁ לִמְנֹעַ אֶת הַפֶּשַׁע, אַךְ אֵין צֹרֶךְ לִנְהֹג בְּקִיצוֹנִיּוּת

extremely /ɪkˈstriːmlɪ/ adv. מְאֹד, בְּאֹפֶן קִיצוֹנִי, בְּאֹפֶן מֻפְלָג

extremism /ɪkˈstriːmɪz(ə)m/ n. קִיצוֹנִיּוּת

extremist /ɪkˈstriːmɪst/ n. קִיצוֹנִי

extremity /ɪkˈstremɪtɪ/ n. (*formal*)

1 (extreme point or part) קָצֶה; קְצֵה הָאֵבָרִים (אֶצְבָּעוֹת וְכַד')

□ *my extremities are turning blue with cold* אֶצְבְּעוֹתַי וּבְהוֹנוֹתַי מַתְחִילוֹת לְהַכְחִיל מִקֹּר

2 (strong, sudden or severe action) קִיצוֹנִיּוּת, מַצָּב קִיצוֹנִי, פְּעֻלָּה קִיצוֹנִית

□ *if they don't pay, I shall have to resort to extremities* אִם הֵם לֹא יְשַׁלְּמוּ, יִהְיֶה עָלַי לִנְקֹט צְעָדִים קִיצוֹנִיִּים

extricable /ˈekstrɪkəb(ə)l/ adj. (*formal*) נִתָּן לְהַתָּרָה, נִתָּן לְהַפְרָדָה

extricate /ˈekstrɪkeɪt/ v.t. (*formal*) הִתִּיר, חִלֵּץ, שִׁחְרֵר

extrication /ˌekstrɪˈkeɪʃ(ə)n/ n. (*formal*) הַתָּרָה, חִלּוּץ, שִׁחְרוּר

extrinsic /ekˈstrɪnsɪk/ adj. חִיצוֹנִי, שֶׁאֵינוֹ מִמַּהוּת הָעִנְיָן, לֹא־חִיּוּנִי

extroversion /ˌekstrəˈvɜːʃ(ə)n/ n. הַחְצָנָה

extrovert /ˈekstrəvɜːt/ n. & adj. אָדָם אֶקְסְטְרוֹבֶרְטִי; מֻחְצָן, אֶקְסְטְרוֹבֶרְטִי

extroverted /ˈekstrevɜːtɪd/ adj. אֶקְסְטְרוֹבֶרְטִי

extrude /ɪkˈstruːd/ v.t. (*formal*) דָּחַק בְּכֹחַ; עִבֵּד (מַתֶּכֶת, פְּלַסְטִיק וְכַד') בְּשִׁיטַת בֶּלֶט

extrusion /ɪkˈstruːʒ(ə)n/ n. (*formal*) דְּחִיקָה; עִבּוּד (מַתֶּכֶת, פְּלַסְטִיק וְכַד') בְּשִׁיטַת בֶּלֶט

exuberance /ɪgzjuːbərəns/ n. עַלִּיזוּת וּמֶרֶץ

exuberant /ɪgzjuːbərənt/ adj. מָלֵא עַלִּיזוּת וּמֶרֶץ, שׁוֹפֵעַ עַלִּיזוּת וּמֶרֶץ

exude /ɪgzjuːd/ v.t. & i. (*formal*) נָבַע (נוֹזֵל), שָׁפַע (מֶרֶץ וְכַד'); נָבַע

□ *she exudes good nature* הִיא שׁוֹפַעַת טוּב־לֵב

exult /ɪgzʌlt/ v.i. (*formal*) צָהַל, הִתְרוֹנֵן

exultant /ɪgzʌlt(ə)nt/ adj. (*formal*) עוֹלֵץ, צוֹהֵל

exultation /ˌegzʌlˈteɪʃ(ə)n/ n. (*formal*) עֲלִיצוּת, צָהֳלָה, גִּיל

eye /aɪ/ n.

1 (organ of sight; faculty of sight) עַיִן

eye contact מַגַּע עֵינַיִם, קֶשֶׁר עַיִן

an eye to the main chance דְּאָגָה לָאִינְטֶרֶסִים הָאִישִׁיִּים

an eye for detail עַיִן לִפְרָטִים, כֹּשֶׁר אַבְחָנָה בִּפְרָטִים

in the public eye בְּאוֹר הַזַּרְקוֹרִים (זוֹכֶה לְפִרְסוּם)

in one's mind's eye בְּעֵין רוּחוֹ, בְּדִמְיוֹנוֹ

keep an eye open (or **an eye out,** or **your eyes skinned) for...** (*colloq.*) תָּשִׂים לֵב לְ..., תִּזָּהֵר מִ...

make eyes at (*colloq.*) "עָשָׂה עֵינַיִם"

the naked eye עַיִן בִּלְתִּי־מְזֻיֶּנֶת

□ *eyes right* (or *left,* or *front*)! לְיָמִין/לִשְׂמֹאל/לַחֲזִית שׁוּר!

□ *she was all eyes to see what the Queen was wearing* (*colloq.*) הִיא לֹא גָּרְעָה עַיִן מִלְּבוּשָׁהּ שֶׁל הַמַּלְכָּה

□ *I cast my* (or *an*) *eye over her thesis* הֶעֱפַתִּי מַבָּט עַל עֲבוֹדַת־הַגְּמָר שֶׁלָּהּ

□ *I finally caught the waiter's eye* לְבַסּוֹף הִצְלַחְתִּי לָצוּד אֶת עֵינוֹ שֶׁל הַמֶּלְצַר

□ *a small vivid vase caught my eye* אֲגַרְטָל קָטָן וּסְגֻלְגַּלִּי מָשַׁךְ אֶת תְּשׂוּמַת־לִבִּי

□ *I've never clapped* (or *set*) *eyes on her before* בְּחַיִּים שֶׁלִּי לֹא רָאִיתִי אוֹתָהּ לִפְנֵי כֵן

□ *some people shut their eyes to what they don't want to see* יֵשׁ אֲנָשִׁים שֶׁעוֹצְמִים אֶת עֵינֵיהֶם לְמָה שֶׁאֵינָם רוֹצִים לִרְאוֹת

□ *he's got his eye on that table* הוּא חָמַד אֶת הַשֻּׁלְחָן הַזֶּה, הוּא שָׂם אֶת עֵינוֹ עַל הַשֻּׁלְחָן הַזֶּה

□ *don't step out of line – I've got my eye on you!* אַל תֵּצֵא מֵהַשּׁוּרָה – אַתָּה אֶצְלִי עַל הַכַּוֶּנֶת!

□ *in the eyes of the law you are innocent until proved guilty* בְּעֵינֵי־הַחֹק אָדָם זַכַּאי כָּל עוֹד לֹא הוּכְחָה אַשְׁמָתוֹ

□ *beauty is in the eye of the beholder* (*Prov.*) הַיֹּפִי הוּא עִנְיָן אִישִׁי, הַיֹּפִי הוּא דָּבָר יַחֲסִי

□ *keep an eye on the saucepan while I'm out* (*Prov.*) תִּפְקַח עַיִן עַל הַסִּיר עַד שֶׁאָשׁוּב

□ *he couldn't look me* (*straight*) *in the eye* הוּא לֹא יָכוֹל הָיָה לְהַבִּיט לִי (יָשָׁר) בָּעֵינַיִם

□ *losing his seat was one in the eye for the party leader* (*colloq.*) אִבּוּד מְקוֹמוֹ בַּפַּרְלָמֶנְט הָיָה מַכָּה קָשָׁה בְּיוֹתֵר לְמַנְהִיג הַמִּפְלָגָה

□ *we don't see eye to eye* (*with each other*) *over* (or *on*) *this* אֵין אָנוּ תְּמִימֵי־דֵּעִים בְּעִנְיָן זֶה

□ *he's up to his eyes in debt* (*colloq.*) הוּא שָׁקוּעַ עַד צַוָּאר בְּחוֹבוֹת

□ *there's more to this than meets the eye* יֵשׁ בָּזֶה יוֹתֵר מִמַּה שֶּׁנִּרְאֶה לָעַיִן

□ *he wrote his letters with an eye to later publication* הוּא כָּתַב אֶת מִכְתָּבָיו מִתּוֹךְ מַחֲשָׁבָה עַל פִּרְסוּמָם בֶּעָתִיד

□ *you went into this hazardous enterprise with your eyes open* נִכְנַסְתָּ לְעֵסֶק מְסֻכָּן זֶה בְּעֵינַיִם פְּקוּחוֹת

2 (thing like an eye) "עַיִן"

eye of a needle קוּף הַמַּחַט

eye of a potato "עַיִן" בְּתַפּוּחַ־אֲדָמָה

eye of a storm (or **hurricane**) עֵין־הַסְּעָרָה/הַהוּרִיקָן

hook and eye קֶרֶס וְלוּלָאָה

—v.t. נָעַץ מַבָּט בְּ..., בָּחַן בְּעֵינָיו אֶת

eyeball /ˈaɪbɔːl/ n. גַּלְגַּל הָעַיִן

eyeball to eyeball (*colloq.*) זֶה מוּל זֶה (בְּכַעַס אוֹ מִתּוֹךְ יְרִיבוּת)

eyebath /ˈaɪbɑːθ/ n. צְלוֹחִית מְיֻחֶדֶת לִשְׁטִיפַת־הָעַיִן

eyebrow /ˈaɪbraʊ/ n. גַּבָּה

□ *his attitude* (or *remark*) *occasioned a few raised eyebrows* עֶמְדָּתוֹ/הֶעָרָתוֹ גָּרְמָה לַהֲרָמַת־גַּבּוֹת

eyecatching /ˈaɪkætʃɪŋ/ adj. מוֹשֵׁךְ אֶת הָעַיִן, צָד אֶת שִׂימַת־הַלֵּב

eyeful /ˈaɪfʊl/ n. (*colloq.*) מַרְאֶה מוֹשֵׁךְ אֶת הָעַיִן

□ *get en eyeful of this* "תָּשׁוּף"!, תִּרְאֶה אֶת זֶה!

eyeglass /ˈaɪglɑːs/ n. מוֹנוֹקֶל (מִשְׁקָפַיִם לְעַיִן אַחַת)

eyelash /ˈaɪlæʃ/ n. רִיס הָעַיִן

eyelet /ˈaɪlɪt/ n. סֶדֶק, לוּלָאָה, חוֹר (לִשְׂרוֹךְ נַעַל וְכַד')

eyelid /ˈaɪlɪd/ n. עַפְעַף, שְׁמוּרַת־הָעַיִן

eye-liner /ˈaɪ-ˌlaɪnə(r)/ n. עִפָּרוֹן־עֵינַיִם (לְאִפּוּר)

eye-opener /ˈaɪ-əʊpnə(r)/ n. (אֵרוּעַ) פּוֹקֵחַ־עֵינַיִם, מְגַלֶּה אֶת הָאֱמֶת לַאֲמִתָּהּ

eyepiece /ˈaɪpiːs/ n. עֵינִית (בְּטֶלֶסְקוֹפ, בְּמִיקְרוֹסְקוֹפ וְכוּ')

eye-shade /ˈaɪ-ʃeɪd/ n. מִצְחִיָּה (לְלֹא כּוֹבַע)

eye-shadow /ˈaɪ-ʃædəʊ/ n. צְלָלִית לָעֵינַיִם, צֶבַע אִפּוּר לָעֵינַיִם

eyesight /ˈaɪsaɪt/ n. רְאִיָּה

□ *I've got 20–20 eyesight* הָרְאִיָּה שֶׁלִּי הִיא 20 עַל 20

eye socket /ˈaɪ ˌsɒkɪt/ n. אֲרֻבַּת הָעַיִן

eyesore /ˈaɪsɔː(r)/ n. (*colloq.*) דָּבָר הַצּוֹרֵם אֶת הָעַיִן

eye-strain /ˈaɪ-streɪn/ n. עֲיֵפוּת הָעַיִן

eye tooth /ˈaɪ tuːθ/ n. שֵׁן דְּמוּיַת נִיב אֵצֶל בְּנֵי אָדָם

I'd give my eyeteeth for... (*colloq.*) הָיִיתִי מוּכָן לִמְכֹּר אֶת נִשְׁמָתִי לַשָּׂטָן תְּמוּרַת...

eyewash /ˈaɪwɒʃ/ n. (*sl.*) "עֲבוֹדָה בָּעֵינַיִם", בְּלוֹף

□ *that's all eyewash* זֶה הַכֹּל עֲבוֹדָה בָּעֵינַיִם, זֶה הַכֹּל בְּלוֹף

eyewitness /ˈaɪwɪtnɪs/ n. עֵד־רְאִיָּה

eyerie /ˈaɪərɪ/ n. (also **eyry**) קַן־נְשָׁרִים; (בְּהַשְׁאָלָה) מִשְׁכָּן בְּצוּק הַסֶּלַע

F f

F, f /ef/ n. "אֶף" (הָאוֹת הַשִּׁשִּׁית בָּאָלֶפְבֵּית הָאַנְגְּלִי)

fable /ˈfeɪb(ə)l/ n. מָשָׁל, אַגָּדָה
□ *his account is pure fable* הַגִּרְסָה שֶׁלּוֹ הִיא כֻּלָּהּ סִפּוּרֵי בַּדִּים

fabled /ˈfeɪb(ə)ld/ adj. אַגָּדִי; נוֹדָע לִתְהִלָּה

fabric /ˈfæbrɪk/ n.
1 (textile) בַּד, אָרִיג
2 (structure) מַאֲרָג, מִבְנֶה, מִסְגֶּרֶת

fabricate /ˈfæbrɪkeɪt/ v.t. בָּדָה, "הִמְצִיא", מָצַץ מִן הָאֶצְבַּע; יִצֵּר

fabrication /ˌfæbrɪˈkeɪʃ(ə)n/ n. הַמְצָאָה, בְּדָיָה, מַעֲשִׂיָּה

fabulous /ˈfæbjʊləs/ adj.
1 (legendary) אַגָּדִי, דִּמְיוֹנִי; בָּדוּי
2 (wonderful, *colloq.*) נֶהְדָּר, אַדִּיר, עָצוּם, פַנְטַסְטִי

fabulously /ˈfæbjʊləslɪ/ adv. לְהַפְלִיא, לְהַדְהִים
□ *she's fabulously wealthy* הִיא עֲשִׁירָה בְּאֹפֶן מַדְהִים

façade /fəˈsɑːd/ n. חֲזִית (שֶׁל בִּנְיָן); חָזוּת, מַרְאֶה
□ *he puts up a façade of indifference* הוּא מַעֲמִיד פְּנֵי אָדִישׁ

face /feɪs/ n.
1 (front of head; look) פָּנִים, פַּרְצוּף
□ *they stood face to face* הֵם עָמְדוּ פָּנִים אֶל פָּנִים
□ *he came face to face with his rival* הוּא מָצָא אֶת עַצְמוֹ מוּל פְּנֵי יְרִיבוֹ
□ *he was brought face to face with the results of his actions* הוּא הָעֳמַד מוּל תּוֹצְאוֹת מַעֲשָׂיו
□ *what could he do in the face of such difficulties?* מָה יָכוֹל הָיָה לַעֲשׂוֹת לְנֹכַח קְשָׁיִים כָּאֵלֶּה?
□ *she persevered in the face of severe opposition* לְנֹכַח/חֶרֶף הִתְנַגְּדוּת קָשָׁה הִיא הֶחֱזִיקָה מַעֲמָד
□ *she laughed in his face* הִיא צָחֲקָה בְּפָנָיו
□ *why such a long face?* לָמָּה אַתָּה עָצוּב?
□ *can you keep a straight face?* (הַאִם) אַתָּה יָכוֹל לִשְׁמֹר עַל פָּנִים רְצִינִיּוֹת? הַאִם אַתָּה יָכוֹל שֶׁלֹּא לִצְחֹק?
□ *he tasted the soup and made* (or *pulled*) *a face* הוּא טָעַם אֶת הַמָּרָק וְעִוָּה אֶת פָּנָיו
□ *the children made* (or *pulled*) *faces at the old man* הַיְלָדִים עָשׂוּ לַזָּקֵן פַּרְצוּפִים, הַיְלָדִים עָשׂוּ הַעֲוָיוֹת אֶל מוּל הַזָּקֵן
□ *that puts a new face on the matter* זֶה מְשַׁנֶּה לַחֲלוּטִין אֶת פְּנֵי הַדְּבָרִים
□ *what you say flies in the face of all the evidence* מָה שֶׁאַתָּה אוֹמֵר לֹא עוֹלֶה בְּקָנֶה אֶחָד עִם הָעֵדֻיּוֹת
□ *would you dare say that to his face?* הַאִם תָּעֵז לְהַגִּיד לוֹ אֶת זֶה בְּפָנָיו?
2 (outward appearance) מַרְאֶה חִיצוֹנִי
face value עֵרֶךְ נָקוּב (שֶׁל מַטְבֵּעַ)
□ *don't take everything he says at face value* אַל תְּקַבֵּל אֶת כָּל דְּבָרָיו כִּפְשׁוּטָם
□ *on the face of it his story seems convincing* לִכְאוֹרָה סִפּוּרוֹ מְשַׁכְנֵעַ
□ *we must put a good face on our situation* עָלֵינוּ לְחַפּוֹת עַל חֻמְרַת הַמַּצָּב; עָלֵינוּ לְהִתְיַצֵּב בְּאֹמֶץ בִּפְנֵי הַמַּצָּב
3 (boldness, impudence, *UK*) חֻצְפָּה, עַזּוּת פָּנִים
□ *she had the face to try to justify her theft* הָיְתָה לָהּ הַחֻצְפָּה לְנַסּוֹת לְהַצְדִּיק אֶת הַגְּנֵבָה שֶׁלָּהּ
4 (dignity) כָּבוֹד, יְקָרָה
lose face אִבֵּד אֶת כְּבוֹדוֹ, הֻשְׁפַּל
safe face שָׁמַר עַל כְּבוֹדוֹ
5 (exposed surface) מִשְׁטָח, פְּנֵי הַשֶּׁטַח, פָּנִים
coal face פְּנֵי־הַשֶּׁטַח שֶׁל שִׁכְבַת־פֶּחָם
type face (סוּג) אוֹת (בִּדְפוּס, לְמָשָׁל: "טַיְמְס", "פְרַנְק־רִיהְל", "הַדַּסָּה" וְכַד')
□ *dinosaurs vanished from the face of the earth* הַדִּינוֹזָאוּרִים נֶעֶלְמוּ מֵעַל פְּנֵי הָאֲדָמָה
□ *they climbed the north face of the mountain* הֵם עָלוּ בַּמִּדְרוֹן הַצְּפוֹנִי שֶׁל הָהָר
□ *put your cards face down on the table* שִׂים אֶת קְלָפֶיךָ עִם הַצַּד הַפְּנִימִי עַל הַשֻּׁלְחָן

—v.t.
1 (stand opposite to) עָמַד מוּל
□ *the illustration faces p. 183* הָאִיּוּר מוֹפִיעַ בָּעַמּוּד שֶׁמִּמּוּל עַמ' 183
2 (confront) עָמַד בִּפְנֵי, הִתְיַצֵּב בִּפְנֵי, הִתְמוֹדֵד עִם
□ *our country faces a bleak future* לִמְדִינָה שֶׁלָּנוּ נִשְׁקָף עָתִיד עָגוּם
□ *he couldn't face learning yet another language* לֹא הָיָה לוֹ כֹּחַ לִלְמֹד שָׂפָה נוֹסֶפֶת
□ *let's face it, she can't go on for ever* (*colloq.*) בּוֹא לֹא נַשְׁלֶה אֶת עַצְמֵנוּ, הִיא לֹא יְכוֹלָה לְהַמְשִׁיךְ כָּךְ לָנֶצַח
□ *the conman faced it out at the trial* הַנּוֹכֵל לֹא נִשְׁבַּר בַּמִּשְׁפָּט

□ *he decided to own up and face the music* (*colloq.*) הוּא הֶחְלִיט לְהוֹדוֹת בָּאַשְׁמָה וְלָשֵׂאת בַּתּוֹצָאוֹת

□ *we have to face up to the facts of the situation* עָלֵינוּ לְהַכִּיר בָּעֻבְדּוֹת כַּהֲוָיָתָן

3 (cover surface of) צִפָּה

□ *a concrete column faced with marble* עַמּוּד בֵּטוֹן מְצֻפֶּה שַׁיִשׁ

—v.i. פָּנָה אֶל, עָמַד מוּל

□ *which way does your house face?* לְאֵיזֶה כִּוּוּן פּוֹנֶה בֵּיתְךָ?

□ *about* (or *left*, or *right*) *face!* (*US Mil.*) אָחוֹרָה/שְׂמֹאלָה/יָמִינָה פְּנֵה!

face-cloth /ˈfeɪs-klɒθ/ n. מַטְלִית הַמְּשַׁמֶּשֶׁת לִרְחִיצַת הַפָּנִים

face-cream /ˈfeɪs-kriːm/ n. קֶרֶם לַפָּנִים

faceless /ˈfeɪslɪs/ adj. אַלְמוֹנִי, עֲלוּם־שֵׁם, חֲסַר זֶהוּת; חֲסַר זִיק־אֱנוֹשִׁי

face-lift /ˈfeɪs-lɪft/ n. מְתִיחַת־פָּנִים, נִתּוּחַ פְּלַסְטִי בַּפָּנִים; (בְּהַשְׁאָלָה) "אוֹבֶרוֹל", שִׁפּוּץ־יְסוֹדִי

face-pack /ˈfeɪs-pæk/ n. מַסֵּכַת־בֹּץ קוֹסְמֶטִית

face-powder /ˈfeɪs-paʊdə(r)/ n. פּוּדְרָה לַפָּנִים

face-saving /ˈfeɪs-seɪvɪŋ/ adj. הַמַּצִּיל אֶת כְּבוֹדוֹ (שֶׁל פְּלוֹנִי)

□ *a face-saving formula was found for ending the strike* נִמְצְאָה נֻסְחָה שֶׁאִפְשְׁרָה לְסַיֵּם אֶת הַשְּׁבִיתָה וְכֵן לִשְׁמֹר עַל כְּבוֹדָם שֶׁל שְׁנֵי הַצְּדָדִים

facet /ˈfæsɪt/ n. צַד (שֶׁל אֶבֶן יְקָרָה מְלֻטֶּשֶׁת וְכַד׳); פָּן, הֶבֵּט

□ *he revealed another facet of his personality* הוּא חָשַׂף צַד נוֹסָף בְּאִישִׁיּוּתוֹ

facetious /fəˈsiːʃəs/ adj. חוֹמֵד לָצוֹן, מְנַסֶּה לְשַׁעֲשֵׁעַ, אוֹהֵב לְהִתְלוֹצֵץ

□ *he made a facetious remark* הוּא הֵעִיר הֶעָרָה בְּצְחוֹק

facia /ˈfeɪʃə/ n. see **FASCIA** חֲזִית

facial /ˈfeɪʃ(ə)l/ adj. שֶׁל הַפָּנִים

—n. טִפּוּל פָּנִים (טִפּוּל קוֹסְמֶטִי)

facile /ˈfæsaɪl/ adj. (*derog.*) כִּלְאַחַר יָד, שִׁטְחִי

□ *they are offering only facile answers to the problem* הֵם מַצִּיעִים רַק פִּתְרוֹנוֹת שִׁטְחִיִּים לַבְּעָיָה

facilitate /fəˈsɪlɪteɪt/ v.t. (*formal*) הֵקֵל, סִיֵּעַ

facility /fəˈsɪlɪtɪ/ n.

1 (ease, *formal*) קַלּוּת

2 (in *pl.* amenities) אַבְזָרִים, מִתְקָנִים, צִיּוּד, אֶמְצָעִים, הֶסְדֵּרִים

□ *we offer fine sports facilities* אֲנַחְנוּ מַצִּיעִים מִתְקְנֵי סְפּוֹרְט מְעֻלִּים

facing /ˈfeɪsɪŋ/ n. צִפּוּי; צִפּוּי לְחֵלֶק שֶׁל בֶּגֶד (הֶעָשׂוּי מֵאָרִיג שׁוֹנֶה)

facsimilie /fækˈsɪmɪlɪ/ n. פַקְסִימִילְיָה, "פַאקְס" (אֶמְצָעִי תִּקְשֹׁרֶת אֶלֶקְטְרוֹנִי); הֶעְתֵּק מְדֻיָּק, תַּצְלוּם מְדֻיָּק (שֶׁל כְּתַב־יָד, תְּמוּנָה וְכַד׳)

fact /fækt/ n. עֻבְדָּה, נָתוּן

before (or **after**) **the fact** (*Law*) לִפְנֵי/לְאַחַר הַבִּצּוּעַ

the facts of life (*euphem.*) "עֻבְדּוֹת הַחַיִּים" (הָאֱמֶת עַל יַחֲסֵי־מִין, לְהַבְדִּיל מִסִּפּוּרֵי־יְלָדִים)

□ *it's a fact of life* כָּאֵלֶּה הַחַיִּים; זוֹ עֻבְדָּה קַיֶּמֶת

but for the fact that אִלּוּ לֹא

in fact לְמַעַן הָאֱמֶת, לְמַעֲשֶׂה

in point of fact בְּעֶצֶם; לְמַעֲשֶׂה

as a matter of fact לַאֲמִתּוֹ שֶׁל דָּבָר, לְמַעַן הָאֱמֶת

□ *fact is often stranger than fiction* לְעִתִּים קְרוֹבוֹת הַמְּצִיאוּת מוּזָרָה יוֹתֵר מִן הַדִּמְיוֹן

fact-finding /ˈfækt-faɪndɪŋ/ adj. (מְשִׂימָה וְכַד׳) שֶׁתַּפְקִידָהּ לְבָרֵר אֶת הָעֻבְדּוֹת

faction /ˈfækʃ(ə)n/ n. סִיעָה, מִפְלָגָה; יֵצֶר הָרִיב וְהַפִּלּוּג בֵּין מִפְלָגוֹת

□ *faction split the party* (*formal*) חִלּוּקֵי דֵּעוֹת פְּנִימִיִּים קָרְעוּ אֶת הַמִּפְלָגָה

factious /ˈfækʃəs/ adj. (*formal*) מֵסִית, מוֹרֵד

factitious /fækˈtɪʃəs/ adj. (*formal*) מְעֻשֶּׂה, מְלָאכוּתִי

factor /ˈfæktə(r)/ n.

1 (contributory circumstance) גּוֹרֵם, מַרְכִּיב

□ *the safety factor is always important* גּוֹרֵם הַבְּטִיחוּת תָּמִיד חָשׁוּב

2 (*Math.*) גּוֹרֵם, פַקְטוֹר

highest common factor הַגּוֹרֵם הַמְּשֻׁתָּף הַגָּבוֹהַּ בְּיוֹתֵר

factorize /ˈfæktəraiz/ v.t. (*Math.*) פֵּרֵק לְגוֹרְמִים

factory /ˈfæktərɪ/ n. בֵּית־חֲרֹשֶׁת, מִפְעָל

factory farm חַוָּה לְגִדּוּל מוּאָץ (וְלֹא־טִבְעִי) שֶׁל בַּעֲלֵי חַיִּים

factory worker פּוֹעֵל בֵּית־חֲרֹשֶׁת

factotum /fækˈtəʊtəm/ n. מְשָׁרֵת (הָעוֹשֶׂה עֲבוֹדוֹת שׁוֹנוֹת); "כָּלְבּוֹיְנִיק" (אָדָם)

factual /ˈfæktʃʊəl/ adj. עֻבְדָּתִי; "יָבֵשׁ", עִנְיָנִי

faculty /ˈfækəltɪ/ n.

1 (mental or physical power) כֹּשֶׁר שִׂכְלִי, כֹּשֶׁר, כִּשָּׁרוֹן, יְכֹלֶת טִבְעִית; יְכֹלֶת גּוּפָנִית

2 (department or group of departments) פָקוּלְטָה, חוּג/קְבוּצַת־חוּגִים בָּאוּנִיבֶרְסִיטָה

3 (teaching staff of university, *US*) סֶגֶל בָּכִיר (בָּאוּנִיבֶרְסִיטָה)

fad /fæd/ n. (*colloq.*) אָפְנָה חוֹלֶפֶת, "שִׁגָּעוֹן"; גַּחֲמָה, שִׁגָּיוֹן, "שִׁגָּעוֹן"

faddy /ˈfædɪ/ adj. (*colloq.*) בַּעַל שִׁגְעוֹנוֹת

fade /feɪd/ v.i. & t. דָּהָה; נָמוֹג אַט אַט, דָּעַךְ, קָמַל, נֶחֱלַשׁ; גָּרַם (לְדָבָר מָה) לִדְהוֹת

□ *she's facing away* הִיא הוֹלֶכֶת וְדוֹעֶכֶת; הִיא נַעֲשֵׂית רָזָה יוֹתֵר וְיוֹתֵר
□ *his hopes faded (out)* תִּקְווֹתָיו דָּעֲכוּ, תִּקְווֹתָיו נָמוֹגוּ

fade-in /ˈfeɪd-ɪn/ n. הִתְגַּבְּרוּת הַדְרָגָתִית שֶׁל קוֹל/תְּמוּנָה (רַדְיוֹ, טֶלֶוִיזְיָה וְכַד') "פֵּיד־אִין"

fade-out /ˈfeɪd-aʊt/ n. הֵעָלְמוּת הַדְרָגָתִית שֶׁל קוֹל/תְּמוּנָה (רַדְיוֹ, טֶלֶוִיזְיָה וְכַד') "פֵּיד־אַאוּט"

faecal /ˈfiːk(ə)l/ adj. צוֹאָתִי

faeces /ˈfiːsiːz/ n. *pl.* צוֹאָה

fag[1] /fæg/ v.t. (*UK colloq.*) יִגַּע, הוֹגִיעַ
—v.i. (תַּלְמִיד צָעִיר בִּפְנִימִיָּה בִּבְרִיטַנְיָה) שֵׁרֵת תַּלְמִיד בָּכִיר
—n.
1 (cigarette, *sl.*) סִיגָרִיָּה
2 (drudgery) שִׁעֲמוּם, עֲבוֹדָה מְיַגַּעַת
3 (schoolboy serving a senior) תַּלְמִיד צָעִיר הַמְשָׁרֵת תַּלְמִיד בָּכִיר בִּפְנִימִיָּה (בִּבְרִיטַנְיָה)

fag[2] /fæg/ n. (*US derog. sl.*) "הוֹמוֹ"

fag-end /fæg-end/ n. (*UK*) בְּדַל־סִיגָרִיָּה, "זְנַב" סִיגָרִיָּה; סוֹף

faggot /ˈfægət/ n.
1 (bundle of sticks) צְרוֹר זְמוֹרוֹת/מַקְלוֹת לְהַדְלָקַת אֵשׁ
2 (in *pl.*, kind of meatball) מֵעֵין כַּדּוּר בָּשָׂר (בְּאַנְגְלִיָּה, עָשׂוּי בָּשָׂר וּפֵרוּרֵי לֶחֶם)
3 (unpleasant person, *UK sl.*) "תֶּרַח", "מְכַשֵּׁפָה"
4 (homosexual, *US derog. sl.*) "הוֹמוֹ"

Fahrenheit /ˈfærənhaɪt/ n. (סֻלָּם) פָרֶנְהַיְט (לִמְדִידַת טֶמְפֶּרָטוּרָה)

faience /faɪˈɑːns/ n. כְּלֵי־חֶרֶס מְקֻשָּׁטִים וּמְזֻגָּגִים

fail /feɪl/ v.i.
1 (be unsuccessful) נִכְשַׁל
□ *he failed in his exam* הוּא נִכְשַׁל בַּבְּחִינָה שֶׁלּוֹ
□ *he failed in business* הוּא לֹא הִצְלִיחַ בְּעוֹלַם הָעֲסָקִים
□ *if all else fails, try something completely different* אִם יִכְלוּ כָּל הַקִּצִּים עָלֶיךָ לְנַסּוֹת מַשֶּׁהוּ אַחֵר לְגַמְרֵי
□ *she failed in her duty* הִיא נִכְשְׁלָה בְּמִלּוּי חוֹבָתָהּ
2 (be insufficient; cease functioning, grow weak) לֹא הִסְפִּיק; הִתְקַלְקֵל
□ *the bank failed* הַבַּנְק פָּשַׁט אֶת הָרֶגֶל
□ *his health failed late in life* בְּאַחֲרִית יָמָיו הִדַּרְדְּרָה בְּרִיאוּתוֹ
□ *the water supply has failed* אַסְפָּקַת הַמַּיִם חָדְלָה לִפְעֹל
—v.t.
1 (neglect, not be able) לֹא הִצְלִיחַ (לַעֲשׂוֹת דָּבָר מָה וְכַד')
□ *he failed to turn up* הוּא לֹא הִגִּיעַ (בַּשָּׁעָה הַמְּיֻעֶדֶת)
□ *I fail to see why he can't be here on time* נִשְׂגָּב מִבִּינָתִי מַדּוּעַ הוּא לֹא מְסֻגָּל לִהְיוֹת כָּאן בַּזְּמַן
2 (let down) זָנַח, אִכְזֵב
□ *his heart failed him when he saw the magnitude of the task* לִבּוֹ כָּשַׁל כְּשֶׁנּוֹכַח בְּגֹדֶל הַמְּשִׂימָה
□ *he failed me in my hour of need* הוּא אִכְזֵב אוֹתִי בִּשְׁעַת צָרָה
□ *words fail me!* אֵין מִלִּים בְּפִי!
3 (judge unsuccessful in exam, be unsuccessful in exam) הִכְשִׁיל (בִּבְחִינָה); נִכְשַׁל (בִּבְחִינָה)
□ *the examiners failed all the candidates* הַבּוֹחֲנִים הִכְשִׁילוּ אֶת כָּל הַנִּבְחָנִים
□ *I failed my geography exam* נִכְשַׁלְתִּי בַּבְּחִינָה בְּגֵיאוֹגְרַפְיָה
—n.
without fail וִיהִי מָה

failing /ˈfeɪlɪŋ/ n. חֻלְשָׁה, מִגְרַעַת, פְּגָם, לִקּוּי
—prep. בְּהֶעְדֵּר
□ *failing any improvement, ring me again* בְּמִקְרֶה שֶׁלֹּא יָחוּל שִׁנּוּי לְטוֹבָה, צַלְצֵל אֵלַי שֵׁנִית

fail-safe /ˈfeɪl-seɪf/ adj. בָּטוּחַ, מוּגָן מִתַּקָּלוֹת (בַּעַל מַעֲרָכוֹת בִּטָּחוֹן וְכַד')

failure /ˈfeɪljə(r)/ n.
1 (lack of success) כִּשָּׁלוֹן, אִי־הַצְלָחָה
2 (unsuccessful person) נֵפֶל, כִּשָּׁלוֹן
3 (omission) כִּשָּׁלוֹן, חֹסֶר מִלּוּי חוֹבָה
□ *failure to report a death is a crime* הַמְּנִיעוּת מִדִּוּוּחַ עַל מִקְרֵה מָוֶת הִיא בְּחֶזְקַת עֲבֵרָה
4 (breakdown) הִתְמוֹטְטוּת, קִלְקוּל
heart failure הֶתְקֵף לֵב
power failure הַפְסָקַת חַשְׁמַל
□ *bank failures were many* הָיוּ הַרְבֵּה פְּשִׁיטוֹת רֶגֶל שֶׁל בַּנְקִים
□ *the crop failure led to famine* הַיְבוּלִים הַדַּלִּים הֵבִיאוּ לְרָעָב

fain /feɪn/ adv. (*arch.*) הָיָה בִּרְצוֹנוֹ לְ...
□ *I fain would have stayed* בְּחֵפֶץ לֵב הָיִיתִי נִשְׁאָר

faint /feɪnt/ adj.
1 (weak. indistinct) חַלָּשׁ; עָמוּם, קָלוּשׁ, דָּהוּי
□ *faint heart never won fair lady* (*Prov.*) מוּג הַלֵּב לְעוֹלָם לֹא יִכְבֹּשׁ לֵב אִשָּׁה
□ *I haven't the faintest (idea)* (*colloq.*) אֵין לִי צֵל שֶׁל מֻשָּׂג
□ *there is still a faint hope* עֲדַיִן יֵשׁ שֶׁמֶץ שֶׁל תִּקְוָה
2 (inclined to swoon) עוֹמֵד לְהִתְעַלֵּף, סְחַרְחַר
□ *she was faint with hunger* הִיא כִּמְעַט הִתְעַלְּפָה מֵרָעָב
—v.i. הִתְעַלֵּף
□ *she fainted dead away* הִיא אִבְּדָה לַחֲלוּטִין אֶת הַהַכָּרָה

—n. הִתְעַלְּפוּת; עִלָּפוֹן

faint-hearted /ˌfeɪnt-ˈhɑːtɪd/ adj. רַךְ־לֵב, פַּחְדָן, מוּג־לֵב

fair[1] /feə(r)/ adj.

1 (beautiful) יָפֶה, יְפֵיפֶה, נָאֶה

the fair sex הַמִּין הַיָּפֶה (נָשִׁים)

□ *candidates always have fair words* (or *speeches*) *for the electorate* מֻעֲמָדִים תָּמִיד מַשְׁמִיעִים דִּבְרֵי חֲלַקְלַקּוֹת בְּאָזְנֵי בּוֹחֲרֵיהֶם

2 (fine; unblemished) לְלֹא דֹּפִי, נָקִי

fair copy עֹתֶק נָקִי (לְהַבְדִּיל מִטְּיוּטָה)

fair-weather friend יְדִיד בַּטּוֹב (לְהַבְדִּיל מִיָּדִיד בְּעֵת צָרָה)

□ *they set sail with the first fair wind* הֵם הִפְלִיגוּ עִם מַשַּׁב־הָרוּחַ הַנּוֹחַ הָרִאשׁוֹן

3 (not dark) בָּהִיר (עוֹר/שֵׂעָר)

4 (only moderately good) טוֹב לְמַדַּי, כִּמְעַט טוֹב, בֵּינוֹנִי

□ *the patient's condition is fair* מַצָּבוֹ שֶׁל הַחוֹלֶה בֵּינוֹנִי

5 (considerable; reasonable) (סְכוּם) הָגוּן; (הֶסְדֵּר) סָבִיר

□ *he has a fair chance of succeeding* יֵשׁ לוֹ סִכּוּיִים סְבִירִים לְהַצְלִיחַ

□ *he is in a fair way to succeed* הַצְלָחָתוֹ כִּמְעַט מֻבְטַחַת

6 (just, also adv.) בַּהֲגִינוּת, כַּהֹגֶן, בְּיֹשֶׁר, "פֵר"

fair enough! בְּסֵדֶר! בָּא בְּחֶשְׁבּוֹן! סָבִיר לְמַדַּי! סָבִיר לְגַמְרֵי

□ *that's not fair!* זֶה לֹא פֵר!

□ *we need a referee to see fair play* אֲנַחְנוּ זְקוּקִים לְשׁוֹפֵט כְּדֵי לְקַיֵּם מִשְׂחָק הוֹגֵן

□ *the rocket hit the vehicle fair and square* הַטִּיל פָּגַע בָּרֶכֶב פְּגִיעָה יְשִׁירָה

fair[2] /feə(r)/ n. יָרִיד, תְּצוּגָה, לוּנָה־פַּרְק

fairground /ˈfeəgraʊnd/ n. מִגְרַשׁ לוּנָה־פַּרְק

fairly /ˈfeəlɪ/ adv.

1 (in a just manner) בַּהֲגִינוּת, בְּיֹשֶׁר, בְּצֶדֶק

2 (moderately) בְּמִדָּה מְסֻיֶּמֶת

3 (completely, *colloq.*) לְגַמְרֵי

□ *she fairly jumped for joy* הִיא קָפְצָה עַד הַשָּׁמַיִם מֵרֹב שִׂמְחָה

fair-minded /ˌfeə-ˈmaɪndɪd/ adj. הָגוּן, צוֹדֵק, לְלֹא מַשּׂוֹא פָּנִים

fairness /ˈfeənɪs/ n. יֹשֶׁר, הֲגִינוּת

□ *in all fairness I must admit that's true* בִּמְלוֹא הַיֹּשֶׁר עָלַי לְהוֹדוֹת שֶׁהַדָּבָר נָכוֹן

fairway /ˈfeəweɪ/ n.

1 (navigable channel) תְּעָלָה לְמַעֲבַר סְפִינוֹת

2 (*Golf*) הַמַּסְלוּל הַמֶּרְכָּזִי בְּמִשְׂחַק גּוֹלְף

fairy /ˈfeərɪ/ n.

1 (mythical small being) פֵּיָה

fairy godmother מוֹשִׁיעַ בִּלְתִּי־צָפוּי; הַפֵּיָה הַטּוֹבָה (בְּאַגָּדַת סִינְדֶּרֶלָּה)

fairy lights אוֹרוֹת קְטַנִּים וְצִבְעוֹנִיִּים לְקִשּׁוּט

fairy story סִפּוּר אַגָּדוֹת, אַגָּדָה

2 (male homosexual, *derog.*) "הוֹמוֹ"

fairyland /ˈfeərɪlænd/ n. אֶרֶץ הָאַגָּדוֹת

fairy-tale /ˈfeərɪ-teɪl/ n. & adj. אַגָּדָה; מִן הָאַגָּדוֹת

fait accompli /ˌfeɪt əˈkɒmpliː/ n. עֻבְדָּה מֻגְמֶרֶת

faith /feɪθ/ n.

1 (trust; loyalty) אֵמוּן, אֱמוּנִים; נֶאֱמָנוּת

in good faith מִתּוֹךְ כַּוָּנָה טוֹבָה, בְּתֹם־לֵב

2 (religion) אֱמוּנָה, דָּת

faith-healing "הִילִינְג" (רִפּוּי בְּכֹחַ הָאֱמוּנָה)

□ *he put his faith in God* הוּא שָׂם אֶת מִבְטַחוֹ בֵּאלֹהִים

□ *he had great faith in his doctor* הוּא סָמַךְ עַל הָרוֹפֵא שֶׁלּוֹ

□ *I don't have any faith in what he says* אֵין לִי כָּל אֵמוּן בִּדְבָרָיו

□ *he kept faith with her* הוּא שָׁמַר אֶת הַבְטָחָתוֹ כְּלַפֶּיהָ

□ *he broke faith* הוּא הֵפֵר אֶת הַבְטָחָתוֹ, הוּא מָעַל בָּאֵמוּן

faithful /ˈfeɪθf(ə)l/ adj.

1 (accurate) נֶאֱמָן לָעֻבְדוֹת, מְדֻיָּק

□ *this is a faithful translation* זֶהוּ תַּרְגּוּם מְדֻיָּק

2 (loyal, also n.) נֶאֱמָן, מָסוּר; מַאֲמִין

□ *the numbers of the faithful dwindled* מִסְפַּר הַמַּאֲמִינִים הִדַּלְדֵּל

3 (chaste) נֶאֱמָן (לֹא בּוֹגֵד בְּבֶן/בַּת זוּג)

faithfully /ˈfeɪθfəlɪ/ adv. בְּנֶאֱמָנוּת: בְּדִיּוּק

yours faithfully (בְּסִיּוּם מִכְתָּב שֶׁאֵינוֹ מֻפְנֶה לְאָדָם בִּשְׁמוֹ) בְּכָבוֹד רַב

faithless /ˈfeɪθlɪs/ adj. לֹא נֶאֱמָן, בּוֹגֵד, לֹא־יָשָׁר; חֲסַר אֱמוּנָה (דָּתִית)

fake /feɪk/ adj. & n. מְזֻיָּף; זִיּוּף (חֵפֶץ), מַעֲמִיד פָּנִים (אָדָם)

—v.t. זִיֵּף; הֶעֱמִיד פָּנִים שֶׁ...

fakir /ˈfeɪkɪə(r)/ n. פָּקִיר (אִישׁ קָדוֹשׁ נוֹדֵד, הִדִּי אוֹ מֻסְלְמִי)

falcon /ˈfɔːlkən/ n. בַּז; נֵץ

falconry /ˈfɔːlkənrɪ/ n. בַּזָּיְרוּת

fall /fɔːl/ (past **fell** /fel/, past ppl. **fallen** /ˈfɔːlən/) v.i.

1 (go or come down) נָפַל

falling star מֶטֶאוֹר

□ *the arrow fell short* הַחֵץ לֹא הִגִּיעַ עַד לַמַּטָּרָה

□ *the compensation fell far short of what he had claimed* הַפִּצּוּי הָיָה נָמוּךְ בְּהַרְבֵּה מִסְּכוּם הַתְּבִיעָה שֶׁלּוֹ

□ *he let fall a remark* הוּא פָּלַט הֶעָרָה

2 (become lower) צָנַח, יָרַד, נָפַל

□ *we were badly affected when prices fell* נִפְגַּעְנוּ קָשֶׁה כַּאֲשֶׁר הַמְּחִירִים נָפְלוּ

□ *the wind fell at dusk* הָרוּחַ שָׁכְכָה לִפְנוֹת עֶרֶב
□ *her eyes fell* הִיא הִשְׁפִּילָה אֶת עֵינֶיהָ
3 (suffer collapse) הִתְמוֹטֵט, נָפַל
a fallen woman (*arch. euphem.*) אִשָּׁה שֶׁיָּצְאָה לְתַרְבּוּת רָעָה
□ *the scheme fell flat* הַתָּכְנִית הִתְמוֹטְטָה
□ *the city fell after six days* הָעִיר נָפְלָה לְאַחַר שִׁשָּׁה יָמִים
□ *his face fell at the news* פָּנָיו נָפְלוּ לְמִשְׁמַע הַיְדִיעוֹת
4 (occur; become) קָרָה, אֵרַע, חָל בְּ...
□ *Christmas Day falls on Tuesday this year* חַג הַמּוֹלָד הַשָּׁנָה יוֹצֵא בְּיוֹם שְׁלִישִׁי
□ *my rent falls due on Friday* מוֹעֵד תַּשְׁלוּם שְׂכַר הַדִּירָה שֶׁלִּי חָל בְּיוֹם שִׁשִּׁי
□ *she fell asleep* הִיא נִרְדְּמָה
□ *the child fell ill* הַיֶּלֶד חָלָה, הַיֶּלֶד נָפַל לְמִשְׁכָּב
□ *he fell silent* הוּא הִשְׁתַּתֵּק
□ *the horse fell lame* הַסּוּס הִתְחִיל לִצְלֹעַ
—in set phrases
fall about הִתְגַּלְגֵּל, נָפַל
□ *they were falling about laughing* (or *with laughter*) (*colloq.*) הֵם הִתְפּוֹצְצוּ מִצְּחוֹק
□ *his whole life fell about his ears* נֶחֱרַב עָלָיו עוֹלָמוֹ
□ *the bicycle is falling apart* (or *to pieces*) הָאוֹפַנַּיִם מִתְפָּרְקִים
□ *her marriage fell apart* הַנִּשּׂוּאִים שֶׁלָּהּ הִתְמוֹטְטוּ
□ *the garden falls away to the river* הַגַּן מִשְׁתַּפֵּל בְּמוֹרָד אֶל עֵבֶר הַנָּהָר
□ *our support fell away* הַתְּמִיכָה בָּנוּ הָלְכָה וְנָמוֹגָה
□ *the army fell back* הַצָּבָא נָסוֹג
□ *my father fell back on his savings when he was made redundant* אָבִי נֶעֱזַר בְּחֶסְכוֹנוֹתָיו אַחֲרֵי שֶׁפִּטְּרוּ אוֹתוֹ מֵעֲבוֹדָתוֹ
□ *is the West falling behind Japan?* הַאִם הַמַּעֲרָב מְפַגֵּר אַחֲרֵי יַפָּן?
□ *he fell behind with his mortgage payments* הוּא פִּגֵּר בְּתַשְׁלוּמֵי הַמַּשְׁכַּנְתָּה
□ *production fell below target* הַיִּצּוּר לֹא הִדְבִּיק אֶת הַיַּעַד
□ *he falls between two stools* (*fig.*) הוּא נוֹפֵל בֵּין שְׁנֵי הַכִּסְאוֹת
□ *the building fell down* הַבִּנְיָן קָרַס, הַבִּנְיָן הִתְמוֹטֵט
□ *she fell down* הִיא נָפְלָה
□ *the plan falls down in two respects* הַתָּכְנִית אֵינָהּ בַּת־בִּצּוּעַ מִשְּׁתֵּי סִבּוֹת
□ *she's fallen for him* הִיא הִתְאַהֲבָה בּוֹ
□ *she fell for her story* הוּא הֶאֱמִין לְסִפּוּר (הַבָּדוּי) שֶׁלָּהּ
□ *the roof fell in* הַגַּג הִתְמוֹטֵט
□ *fall in!* (*Mil.*) הִסְתַּדְּרוּ (בִּשְׁלָשׁוֹת וְכַד׳)!
□ *he fell in love* הוּא הִתְאַהֵב
□ *we fell in with two other hitch-hikers* הִצְטָרַפְנוּ אֶל שְׁנֵי טְרֶמְפִּיסְטִים אֲחֵרִים
□ *they fell in with the expert's suggestion* הֵם קִבְּלוּ אֶת הַצָּעַת הַמֻּמְחֶה
□ *the book falls into two parts* (*fig.*) הַסֵּפֶר מִתְחַלֵּק לִשְׁנֵי חֲלָקִים
□ *she fell into a trance* הִיא נִכְנְסָה לְטְרַנְס
□ *he fell into (a state of) despair* הוּא שָׁקַע בְּיֵאוּשׁ
□ *the house fell into decay* הַבַּיִת הִתְחִיל לְהִתְפּוֹרֵר
□ *all the pieces fell into place at last* סוֹף סוֹף הִצְטָרְפוּ כָּל הַפְּרָטִים לִתְמוּנָה בְּרוּרָה
□ *the dissenters fell into line* הַפּוֹרְשִׁים חָזְרוּ לַתֶּלֶם
□ *sales fell off* הַמְּכִירוֹת יָרְדוּ
□ *the standard of service has fallen off* רָמַת הַשֵּׁרוּת יָרְדָה
□ *his eyes fell (up)on the amulet* מַבָּטוֹ נָפַל עַל הַקָּמֵיעַ
□ *some people always seem to fall on their feet* (*colloq.*) יֵשׁ אֲנָשִׁים שֶׁתָּמִיד מִסְתַּדְּרִים
□ *the family fell (up)on hard times* זְמַנִּים קָשִׁים פָּקְדוּ אֶת הַמִּשְׁפָּחָה
□ *events fell out as planned* הַדְּבָרִים הִתְרַחֲשׁוּ כַּמְּתֻכְנָן
□ *he's fallen out with his friends* הוּא הִסְתַּכְסֵךְ עִם חֲבֵרָיו
□ *fall out!* (*Mil.*) חָפְשִׁים! (לְאַחַר מִסְדָּר)
□ *the matter falls outside the scope of this inquiry* הָעִנְיָן חוֹרֵג מִמִּסְגֶּרֶת חֲקִירָה זוֹ
□ *he tripped and fell over* הוּא מָעַד וְנָפַל
□ *everybody fell over backwards to be fair to the accused* (*colloq.*) הַכֹּל עָשׂוּ שְׁמִינִיּוֹת בָּאֲוִיר כְּדֵי לִהְיוֹת הוֹגְנִים כְּלַפֵּי הַנֶּאֱשָׁם
□ *the deal fell through* הָעִסְקָה הִתְבַּטְּלָה
□ *he fell to and demolished the food* הוּא הִתְנַפֵּל עַל הָאֹכֶל וְחִסֵּל אוֹתוֹ
□ *they fell to quarrelling* הֵם הִתְחִילוּ לָרִיב
□ *it falls to me (or my lot) as chairman to thank you all* (*formal*) מוּטָל עָלַי, כְּיוֹ״ר, לְהוֹדוֹת לְכֻלְּכֶם
□ *six tigers fell to his rifle* עָלָה בְּיָדוֹ לָצוּד שִׁשָּׁה נְמֵרִים
□ *foreigners fall under a different heading* זָרִים נִכְלָלִים בְּקָטֵגוֹרְיָה שׁוֹנָה
□ *that does not fall within our competence* זֶה לֹא בִּתְחוּם הַכִּשּׁוּרִים שֶׁלָּנוּ
—n.
1 (descent; collapse) נְפִילָה, יְרִידָה, נְשִׁירָה, הִתְמוֹטְטוּת
fall guy (*colloq.*)
(easy victim) קָרְבָּן קַל (שֶׁהַכֹּל מְנַצְּלִים אוֹתוֹ)
(scapegoat) שָׂעִיר לַעֲזָאזֵל
the Fall (of Man) הַחֵטְא הַקַּדְמוֹן (שֶׁל אָדָם וְחַוָּה, בְּנַצְּרוּת)
□ *he had a nasty fall* הוּא נָפַל וְנֶחְבַּל קָשׁוֹת

□ *we had a heavy fall of rain* יָרַד אֶצְלֵנוּ גֶּשֶׁם כָּבֵד
2 (autumn, *US*) סְתָו
3 (often in *pl.*, waterfall) מַפַּל־מַיִם, אֶשֶׁד
fallacious /fəˈleɪʃəs/ adj. (*formal*) מַטְעֶה, מְפַרֵךְ
fallacy /ˈfæləsɪ/ n. (*formal*) סְבָרָה מֻטְעֵית, אֱמוּנָה מֻטְעֵית; שִׁקְרִיּוּת
fallen /ˈfɔːlən/ past ppl. of **fall** & n. *pl.* הַנּוֹפְלִים, חַלְלֵי־הַמִּלְחָמָה
□ *we remember the fallen of two wars* נִזְכֹּר אֶת חַלְלֵי שְׁתֵּי הַמִּלְחָמוֹת
fallibility /ˌfæləˈbɪlɪtɪ/ n. סִכּוּי לִטְעוּת, אֶפְשָׁרוּת טָעִיָּה
fallible /ˈfæləb(ə)l/ adj. מוּעָד לִשְׁגוֹת, עָלוּל/עָשׂוּי לִטְעוֹת
Fallopian tube fəˌləʊpɪən ˈtjuːb/ n. צִנּוֹר־הַשַּׁחֲלָה
fall-out /ˈfɔːl-aʊt/ n. נְשֹׁרֶת
nuclear fall-out נְשֹׁרֶת גַּרְעִינִית (לְאַחַר פִּצּוּץ גַּרְעִינִי)
fallow /ˈfæləʊ/ adj. (שָׂדֶה) חָרוּשׁ אַךְ לֹא זָרוּעַ (לְהַשְׁבָּחַת הַקַּרְקַע)

false /fɔːls/ adj.
1 (incorrect) שָׁגוּי, לֹא נָכוֹן, לֹא מְדֻיָּק, מֻטְעֶה
false alarm אַזְעָקַת־שָׁוְא
□ *one false move and I shoot you!* תְּנוּעָה (לֹא נְכוֹנָה) אַחַת וַאֲנִי יוֹרֶה בְּךָ!
2 (not genuine, deceitful) כּוֹזֵב, מְזֻיָּף, מְלָאכוּתִי
false pretences טַעֲנוֹת־שָׁוְא, טְעָנוֹת כּוֹזְבוֹת
false teeth שִׁנַּיִם תּוֹתָבוֹת
false witness עֵד־שֶׁקֶר
□ *he's sailing under false colours* הוּא מִתְחַזֶּה, הוּא מַעֲמִיד פָּנִים
□ *the script gives a false impression of the examinee's abilities* טֹפֶס הַבְּחִינָה יוֹצֵר רֹשֶׁם כּוֹזֵב שֶׁל כִּשְׁרוֹנוֹ שֶׁל הַנִּבְחָן
□ *his false modesty annoys me* צְנִיעוּתוֹ הַמְעֻשָּׂה מַרְגִּיזָה אוֹתִי
—adv.
□ *he played me false* הוּא רִמָּה אוֹתִי; הוּא בָּגַד בִּי
falsehood /ˈfɔːlshʊd/ n. (*formal*) שֶׁקֶר, כָּזָב; רַמָּאוּת, שַׁקְרָנוּת
falsetto /fɔːlˈsetəʊ/ n. "פַלְצֶטוֹ", "פַלְסֶט" (קוֹל גַּבְרִי גָּבוֹהַּ מְעֻשֶּׂה)
falsies /ˈfɔːlsɪz/ n. *pl.* (*colloq.*) רִפּוּד לַחֲזִיָּה (לִיצִירַת רֹשֶׁם שֶׁל חָזֶה שׁוֹפֵעַ)
falsification /ˌfɔːlsɪfɪˈkeɪʃ(ə)n/ n. זִיּוּף (מִסְמָכִים); סִלּוּף (עֻבְדּוֹת)
falsify /ˈfɔːlsɪfaɪ/ v.t. זִיֵּף (מִסְמָךְ); סִלֵּף (עֻבְדּוֹת)
falsity /ˈfɔːlsɪtɪ/ n. (*formal*) שֶׁקֶר, כָּזָב, זִיּוּף, סִלּוּף
falter /ˈfɔːltə(r)/ v.i.
1 (move hesitantly) נָע בְּהִסּוּס, מָעַד וְכָשַׁל
2 (speak hesitantly) דִּבֵּר בְּהִסְסָנוּת, גִּמְגֵּם
3 (waver) כָּשַׁל
□ *his courage faltered* אֹמֶץ לִבּוֹ פָּג

fame /feɪm/ n. תְּהִלָּה, פִּרְסוּם, שֵׁם (טוֹב), מוֹנִיטִין
famed /feɪmd/ adj. מְהֻלָּל, מְפֻרְסָם, נוֹדָע לִתְהִלָּה
familial /fəˈmɪlɪəl/ adj. (*formal*) מִשְׁפַּחְתִּי
familiar /fəˈmɪlɪə(r)/ adj.
1 (well acquainted, well known) מֻכָּר, יָדוּעַ הֵיטֵב, מְקֻבָּל, רוֹוֵחַ
□ *I am familiar with the subject* אֲנִי מַכִּיר אֶת הַנּוֹשֵׂא
□ *the idea is familiar to me* הָרַעְיוֹן מֻכָּר לִי
2 (over-informal) אִינְטִימִי (בְּאֹפֶן לֹא רָצוּי)
—n. שֻׁתָּף לִמְלֶאכֶת־כְּשָׁפִים (חָתוּל, צִפּוֹר וְכַד', הַשֻּׁתָּפִים לְמַעֲשֵׂי הַמְכַשֵּׁפָה)
familiarity /fəˌmɪlɪˈærɪtɪ/ n. הֶכֵּרוּת מִקָּרוֹב; יְדִיעָה טוֹבָה, בְּקִיאוּת; קִרְבָה, אִינְטִימִיּוּת
□ *familiarity breeds contempt* (*Prov.*) קִרְבָה יְתֵרָה מְבִיאָה לִידֵי זִלְזוּל
familiarize /fəˈmɪlɪəraɪz/ v.t. עִדְכֵּן אֶת (בְּ...), הִקְנָה לְ... מֵידָע עַל
□ *why don't you familiarize yourself with the procedure* לָמָּה שֶׁלֹּא תִּלְמַד אֶת הַנְּהָלִים?
family /ˈfæmɪlɪ/ n.
1 (group of related people; parents and children) מִשְׁפָּחָה
family allowance or **income supplement** תּוֹסֶפֶת מִשְׁפָּחָה; קִצְבָּה מִשְׁפַּחְתִּית
family doctor רוֹפֵא מִשְׁפָּחָה
family tree אִילַן־יוּחֲסִין
the Family of Man מִשְׁפַּחַת־הָאָדָם
the Holy Family הַמִּשְׁפָּחָה הַקְּדוֹשָׁה (בַּנַּצְרוּת)
□ *you can see the family likeness between them* אֶפְשָׁר לִרְאוֹת אֶת הַדִּמְיוֹן הַמִּשְׁפַּחְתִּי בֵּינֵיהֶם
□ *she has family in Belgium* יֵשׁ לָהּ מִשְׁפָּחָה בְּבֶּלְגְּיָה
2 (children) יְלָדִים
family planning תִּכְנוּן מִשְׁפָּחָה, תִּכְנוּן יְלוּדָה
□ *he's a family man* הוּא אִישׁ־מִשְׁפָּחָה
□ *she's in the family way* (*arch. euphem.*) הִיא בְּהֵרָיוֹן
3 (generic grouping) מִשְׁפָּחָה (קְבוּצָה שֶׁל בַּעֲלֵי חַיִּים אוֹ צְמָחִים)
□ *the lion is a member of the cat family* הָאַרְיֵה שַׁיָּךְ לְמִשְׁפַּחַת הַחֲתוּלִיִּים
famine /ˈfæmɪn/ n. מַגֵּפַת רָעָב
famished /ˈfæmɪʃt/ adj. (*colloq.*) "רָעֵב עַד מָוֶת"
famous /ˈfeɪməs/ adj. מְפֻרְסָם, נוֹדָע, מְהֻלָּל
famously /ˈfeɪməslɪ/ adv. (*colloq.*) הֵיטֵב, בְּאֹפֶן מְצֻיָּן
□ *they got on famously* הֵם הִסְתַּדְּרוּ יָפֶה מְאֹד זֶה עִם זֶה
fan[1] /fæn/ n. מְנִיפָה; מְאַוְרֵר
fan-belt רְצוּעַת־הַמְאַוְרֵר (בְּמָנוֹעַ הַמְּכוֹנִית)
fan vaulting קַשְׁתּוֹת מְנִיפָה (בְּאַרְכִיטֶקְטוּרָה גּוֹתִית)
—v.t. נוֹפֵף (בִּמְנִיפָה וְכַד', עַל מְנָת לְאַוְרֵר)

□ *she fanned the flames of his love* (*formal*) הִיא לִבְּתָה אֶת אֵשׁ אַהֲבָתוֹ

—v.i.

fan out הִתְפָּרֵס (עַל פְּנֵי הַשֶּׁטַח וְכַד׳)

fan² fæn/ n. מַעֲרִיץ, חָסִיד נִלְהָב, חוֹבֵב

fan mail מִכְתְּבֵי־מַעֲרִיצִים, דֹּאַר־מַעֲרִיצִים

□ *my husband is a football fan* בַּעְלִי חוֹבֵב־כַּדּוּרֶגֶל נִלְהָב

fanatic /fəˈnætɪk/ n. (*derog.*) קַנַּאי, פָנָטִי

fanatical /fəˈnætɪk(ə)l/ adj. (*derog.*) קַנַּאִי, פָנָטִי

fanaticism /fəˈnætɪsɪzəm/ n. (*derog.*) קַנָּאוּת, פָנָטִיּוּת

fancier /ˈfænsɪə(r)/ n. חוֹבֵב (גִּדּוּל חַיּוֹת אוֹ צְמָחִים)

pigeon fancier מְגַדֵּל יוֹנִים

fanciful /ˈfænsɪf(ə)l/ adj. דִּמְיוֹנִי, שִׁגְיוֹנִי; מְקֻשָּׁט וּמוּזָר

fancy /ˈfænsɪ/ n.

1 (imagination) דִּמְיוֹן

2 (something imagined; unfounded opinion, *formal*) דֵּעָה חַסְרַת־שַׁחַר, דִּמְיוֹן־שָׁוְא, רַעְיוֹן מְדֻמֶּה

3 (capricious liking) קַפְּרִיזָה, גַּחְמָה; חֵשֶׁק

□ *the bag took her fancy* הִיא הָיְתָה מְקֻסֶּמֶת מִן הָאַרְנָק

□ *your son has taken quite a fancy to my daughter* הַבֵּן שֶׁלְּךָ פִּתַּח חִבָּה מְסֻיֶּמֶת לַבַּת שֶׁלִּי

—adj. מְהֻדָּר, מְעֻטָּר, חֲגִיגִי; מְרֻכָּב, מְסֻבָּךְ

fancy dress תַּחְפֹּשֶׂת (בְּנֶשֶׁף תַּחְפּוֹשׂוֹת)

fancy goods שְׁמוֹנְצָעֵס לְקִשּׁוּט

fancy work מְלֶאכֶת־רִקְמָה

□ *they charge fancy prices at that shop* (*derog.*) הֵם דּוֹרְשִׁים מְחִירִים מְפֻלְפָּלִים בַּחֲנוּת הַהִיא

—v.t.

1 (think, imagine, *formal*) תֵּאֵר לְעַצְמוֹ, דִּמָּה

□ *fancy that!* (*colloq.*) מָה אַתָּה אוֹמֵר?! מִי הָיָה מַאֲמִין?

□ *just fancy!* לֹא הָיִיתָ מַאֲמִין! מָה אַתָּה אוֹמֵר?!

□ *I fancy you're right* אֲנִי נוֹטֶה לַחְשֹׁב שֶׁאַתָּה צוֹדֵק

□ *he really fancies himself* (*UK derog.*) נִדְמֶה לוֹ שֶׁהוּא מִי־יוֹדֵעַ־מָה

□ *she fancies herself as a painter* נִדְמֶה לָהּ שֶׁהִיא יוֹדַעַת לְצַיֵּר

2 (feel inclination towards, *colloq.*) "בָּא לוֹ" (דְּבַר מָה), הִתְחַשֵּׁק לוֹ (דְּבַר מָה)

□ *do you fancy an ice-cream?* בָּא לְךָ גְּלִידָה?

□ *I don't fancy his chances* אֲנִי לֹא חוֹשֵׁב שֶׁיֵּשׁ לוֹ סִכּוּיִים

□ *I don't fancy staying here the rest of my life* אֲנִי לֹא מִשְׁתַּגֵּעַ אַחֲרֵי הָרַעְיוֹן לְהִשָּׁאֵר כָּאן כָּל חַיַּי

3 (find sexually attractive, *colloq.*) "בָּא לוֹ" עַל, "נִדְלַק" עַל

fancy-free /ˈfænsɪ-friː/ adj. מְשֻׁחְרָר מֵעֹל־הָאַהֲבָה

footloose and fancy-free חָפְשִׁי מִכַּבְלֵי־הָאַחֲרָיוּת וּפָטוּר מֵעֹל־הָאַהֲבָה

fandango /fænˈdæŋgəʊ/ n. פַנְדַּנְגּוֹ (רִקּוּד סְפָרַדִּי סוֹעֵר); שְׁטֻיּוֹת, הִתְנַהֲגוּת טִפְּשִׁית

fanfare /ˈfænfeə(r)/ n. תְּרוּעַת־חֲצוֹצְרוֹת

fang /fæŋ/ n. נִיב (שֶׁל כֶּלֶב, זְאֵב וְכַד׳); שֵׁן (שֶׁל נָחָשׁ אַרְסִי)

fanlight /ˈfænlaɪt/ n. חַלּוֹן (לָרֹב בְּצוּרַת חֲצִי־גֹּרֶן) מֵעַל דֶּלֶת/חַלּוֹן

fanny /ˈfænɪ/ n.

1 (*UK vulg.*) כּוּס

2 (*US sl.*) תַּחַת, יַשְׁבָן

fantasia /fænˈteɪzɪə/ n. (בְּמוּזִיקָה) פַנְטַסְיָה, יְצִירָה מוּזִיקָלִית בְּסִגְנוֹן חָפְשִׁי

fantasize /ˈfæntəsaɪz/ v.t. & i. דִּמְיֵן שֶׁ...; שָׁגָה בְּדִמְיוֹנוֹת, "פִנְטֵז"

fantastic /fænˈtæstɪk/ adj.

1 (wonderful, *colloq.*) "לֹא נוֹרְמָלִי", כַּבִּיר, נִפְלָא, עָצוּם, יוֹצֵא מִן הַכְּלָל, פַנְטַסְטִי

2 (impossible) בִּלְתִּי־אֶפְשָׁרִי, חֲסַר־שַׁחַר; לֹא־יְאֻמַּן

3 (wild and strange) דִּמְיוֹנִי וּמוּזָר, דִּמְיוֹנִי

fantasy /ˈfæntəsɪ/ n. פַנְטַזְיָה, הֲזָיָה (פְּרוּעָה), דִּמְיוֹן חָפְשִׁי

far /fɑː(r)/ (comp; **farther** /ˈfɑːðə(r)/ or **further** /ˈfɜːðə(r)/, superl. **farthest** /ˈfɑːðəst/ or **furthest** /ˈfɜːðəst/) adv. & adj. רָחוֹק, מֶרְחָק; הַרְחֵק, לְמֵרָחוֹק; בְּהַרְבֵּה

as (or **so**) **far as possible** עַד כַּמָּה שֶׁאֶפְשָׁר; כְּכָל הָאֶפְשָׁר

as (or **so**) **far as I know** לְפִי־מֵיטַב־יְדִיעוֹתַי, עַד כַּמָּה שֶׁאֲנִי יוֹדֵעַ; כְּכָל שֶׁיְּדִיעָתִי מַגַּעַת

as (or **so**) **far as I'm concerned** בְּנוֹגֵעַ לִי, לְגַבֵּי דִּידִי, בְּיַחַס אֵלַי, עַד כַּמָּה שֶׁזֶּה נוֹגֵעַ לִי

so far, so good עַד כָּאן הַכֹּל בְּסֵדֶר, עַד הֵנָּה הִצְלַחְנוּ

□ *she was too far gone to be saved* מַצָּבָהּ הָיָה לְאַחַר יֵאוּשׁ, הִיא הָיְתָה חֲשׂוּכַת־מַרְפֵּא

□ *our product is by far the best* בְּלִי סָפֵק הַמּוּצָר שֶׁלָּנוּ הוּא הַטּוֹב מִכֻּלָּם

□ *our product is far and away the best* אֵין שׁוּם סָפֵק שֶׁהַמּוּצָר שֶׁלָּנוּ הוּא הַטּוֹב מִכֻּלָּם

□ *we searched far and wide* עָשִׂינוּ חִפּוּשׂ־יְסוֹדִי בְּכָל מָקוֹם אֶפְשָׁרִי, לֹא פָּסַחְנוּ עַל שׁוּם אֶפְשָׁרוּת בְּחִפּוּשֵׂנוּ

□ *far be it from me to criticize, but...* חָלִילָה לִי לִמְתֹּחַ בִּקֹּרֶת, אֲבָל...

□ *it's a far cry from good policy* זֶה הַפּוּכָהּ הַגָּמוּר שֶׁל מְדִינִיּוּת טוֹבָה

□ *far from it!* אַדְּרַבָּה! לְהֵפֶךְ! כְּלָל וּכְלָל לֹא! לְגַמְרֵי לֹא!

□ *far from admiring him, I detest him* לֹא זוֹ בִּלְבַד שֶׁאֵינִי מַעֲרִיצוֹ, אֶלָּא שֶׁאֲנִי אַף מְתַעֵב אוֹתוֹ

□ *she is far from well* הִיא בְּהֶחְלֵט לֹא בְּקַו הַבְּרִיאוּת

□ *they talked far (on) into the night* הֵם שׂוֹחֲחוּ עַד שָׁעָה מְאֻחֶרֶת מְאֹד בַּלַּיְלָה

□ *the far left* הַשְּׂמֹאל הַקִּיצוֹנִי (בַּפּוֹלִיטִיקָה)

□ *I'll go with you as far as the corner* אֲלַוֶּה אוֹתְךָ עַד הַפִּנָּה

□ *that young woman will go far* הַבַּחוּרָה הַזֹּאת תַּגִּיעַ רָחוֹק; לַבַּחוּרָה הַזֹּאת יֵשׁ עָתִיד מַזְהִיר

□ *a pound doesn't go far nowadays* בְּיָמֵינוּ אֵלֶּה לֹא תְּקַבֵּל הַרְבֵּה בְּעַד לִירָה

□ *the loan will go far towards solving our financial problems* הַהַלְוָאָה תַּעֲזֹר מְאֹד לְפִתְרוֹן קְשָׁיֵינוּ הַכַּסְפִּיִּים

□ *the joke went too far* הַבְּדִיחָה עָבְרָה אֶת גְּבוּל הַטַּעַם הַטּוֹב

far-away /ˈfɑːr-əweɪ/ adj. מְרֻחָק, בַּמֶּרְחַקִּים

□ *he had a far-away look in his eye* מַבָּטוֹ הָיָה חוֹלְמָנִי, הוּא בָּהָה בַּמֶּרְחַקִּים

farce /fɑːs/ n. פַּרְסָה (בַּתֵּאַטְרוֹן); (בְּהַשְׁאָלָה) פַּרְסָה, בְּדִיחָה

□ *the conference was a farce* הַוְּעִידָה הָיְתָה מַמָּשׁ בְּדִיחָה

farcical /ˈfɑːsɪk(ə)l/ adj. מְגֻחָךְ

fare /feə(r)/ n.

1 (cost of transport) דְּמֵי נְסִיעָה

2 (passenger) נוֹסֵעַ (הַמְשַׁלֵּם דְּמֵי־נְסִיעָה)

3 (food) מָזוֹן

bill of fare תַּפְרִיט

—v.i. (*formal*) זָכָה/לֹא זָכָה לְהַצְלָחָה (בְּמַעֲשָׂיו)

□ *how did they fare?* מָה עָלָה בְּגוֹרָלָם? הַאִם הַמְּשִׂימָה עָלְתָה בְּיָדֵיהֶם?

Far East /fɑːr ˈiːst/ n. הַמִּזְרָח הָרָחוֹק

farewell /ˌfeəˈwel/ n. & int. (*arch.*) פְּרֵדָה; בִּרְכַּת פְּרֵדָה; הֱיֵה שָׁלוֹם!

far-fetched /ˌfɑː-ˈfetʃt/ adj. (*derog.*) חֲסַר־שַׁחַר, מֻגְזָם

far-flung /ˌfɑː-ˈflʌŋ/ adj. חוֹבֵק שָׁמַיִם וָאָרֶץ, נִרְחָב; מְרֻחָק

farinaceous /ˌfærɪˈneɪʃəs/ adj. (*formal*) קִמְחִי, עֲמִילָנִי, דְּגָנִי

farm /fɑːm/ n. חַוָּה, מֶשֶׁק־חַקְלָאִי

fish farm חַוָּה לְגִדּוּל־דָּגִים

wind farm שְׂדֵה טוּרְבִּינוֹת־רוּחַ (לְיִצּוּר חַשְׁמַל)

—v.t. & i. עִבֵּד (קַרְקַע, שֶׁטַח חַקְלָאִי); הָיָה אִכָּר, הָיָה עוֹבֵד־אֲדָמָה

farm out מָסַר, הֶעֱבִיר (מְשִׂימוֹת מֵעַצְמוֹ לְאַחֵר וְכַד׳)

□ *he farmed out most of the work to subcontractors* הוּא מָסַר אֶת רֹב הָעֲבוֹדוֹת לְקַבְּלָנֵי־מִשְׁנֶה

farmer /ˈfɑːmə(r)/ n. אִכָּר, חַקְלַאי, חַוַּאי, בַּעַל־מֶשֶׁק

farmhand /ˈfɑːmhænd/ n. פּוֹעֵל חַקְלָאִי

farmhouse /ˈfɑːmhaʊs/ n. בֵּית־הָאִכָּר; בֵּית־אִכָּרִים

farming /ˈfɑːmɪŋ/ n. אִכָּרוּת, חַקְלָאוּת

farmyard /ˈfɑːmjɑːd/ n. חֲצַר־הַמֶּשֶׁק

far-off /ˈfɑːr-ɒf/ adj. רָחוֹק, מֵרָחוֹק, לַמֶּרְחַקִּים

far out /fɑːr-ˈaʊt/ adj. (*colloq.*) זָר וּמוּזָר; לֹא־נוֹרְמָלִי, לֹא־רָגִיל; נִפְלָא

□ *that kid's pretty far out* הַיֶּלֶד הַזֶּה הוּא "אַסְטְרוֹנָאוּט"

farrago /fəˈrɑːgəʊ/ n. (*formal*) עֵרֶב־רַב, בְּלִיל מִקְרִי (שֶׁל רַעְיוֹנוֹת, שְׁקָרִים וְכַד׳)

far-reaching /fɑː-ˈriːtʃɪŋ/ adj. מַרְחִיק־לֶכֶת

farrier /ˈfærɪə(r)/ n. מְפַרְזֵל־סוּסִים

farrow /ˈfærəʊ/ v.i. & n. הִמְלִיטָה גּוּרֵי־חֲזִירִים; הַמְלָטַת גּוּרֵי־חֲזִירִים

far-seeing /ˌfɑː-ˈsiːɪŋ/ adj. רוֹאֶה אֶת הַנּוֹלָד, מַרְחִיק־רְאוּת

far-sighted /ˌfɑː-ˈsaɪtɪd/ adj. רְחוֹק־רְאִיָּה, רְחוֹק־רְאוּת; רוֹאֶה אֶת הַנּוֹלָד

fart /fɑːt/ v.i. & n. (*vulg.*) תָּקַע נוֹד, הִפְלִיץ; נוֹד, פְּלוֹץ

old fart "אַלְטֶע־קַאקֶער", תֶּרַח זָקֵן

farther /ˈfɑːðə(r)/ adv. יוֹתֵר רָחוֹק, הָלְאָה

—adj. מְרֻחָק יוֹתֵר

farthest /fɑːðɪst/ adv. לַמֶּרְחָק הָרַב בְּיוֹתֵר

—adj. הָרָחוֹק בְּיוֹתֵר

farthing /ˈfɑːðɪŋ/ n. (*Hist.*) רֶבַע פֶּנִי (מַטְבֵּעַ אַנְגְּלִי יָשָׁן)

□ *he doesn't care a farthing* לֹא אִכְפַּת לוֹ כְּלָל

□ *it's not worth a (brass) farthing* זֶה לֹא שָׁוֶה פְּרוּטָה, זֶה לֹא שָׁוֶה אֲסִימוֹן שָׁחוּק

fascia /ˈfeɪʃə/ n. חֲזִית; לוּחַ־מַחְוָנִים (בִּמְכוֹנִית וְכַד׳)

fascinate /ˈfæsɪneɪt/ v.t. הִקְסִים, מָשַׁךְ

fascinating /ˈfæsɪneɪtɪŋ/ adj. מַקְסִים, מְצוֹדֵד, (סִפּוּר) מְרַתֵּק

fascination /ˌfæsɪˈneɪʃ(ə)n/ n. קֶסֶם, מְשִׁיכָה

□ *art has a fascination for her* לָאָמָּנוּת יֵשׁ כֹּחַ מְשִׁיכָה מְיֻחָד בִּשְׁבִילָהּ

Fascism /ˈfæʃɪzəm/ n. פָשִׁיזְם

Fascist /ˈfæʃɪst/ n. & adj. פָשִׁיסְט; פָשִׁיסְטִי

fashion /ˈfæʃ(ə)n/ n.

1 (manner) אֹפֶן, דֶּרֶךְ

□ *he can speak French after a fashion* הוּא מְסֻגָּל אֵיכְשֶׁהוּ לְהִתְבַּטֵּא בְּצָרְפָתִית

2 (mode, esp. of dress) אָפְנָה

□ *the life of a fashion model is not as glamorous as it looks* חַיֶּיהָ שֶׁל דֻּגְמָנִית אָפְנָה אֵינָם זוֹהֲרִים כְּפִי שֶׁנִּדְמֶה

□ *blue lipstick was all the fashion* שְׂפָתוֹן כָּחֹל הָיָה בָּאָפְנָה בְּכָל מָקוֹם

—v.t. יָצַר, עִצֵּב

fashionable /ˈfæʃ(ə)nəb(ə)l/ adj. אָפְנָתִי; מְקֻבָּל (בְּחוּג אוֹ רֹבֶד חֶבְרָתִי)

□ *they ate at a fashionable restaurant* הֵם אָכְלוּ בְּמִסְעָדָה יְדוּעָה וְאָפְנָתִית

fast[1] /fɑːst/ adj.
1 (rapid) מָהִיר, זָרִיז
fast food מָזוֹן מָהִיר (הַמְבּוּרְגֶר, פִּיצָה וְכַד׳)
2 (of clock etc.) מְמַהֵר, מַקְדִּים
□ *my watch is fast* הַשָּׁעוֹן שֶׁלִּי מְמַהֵר
3 (firm, fixed)
fast asleep יָשֵׁן שֵׁנָה עֲמֻקָּה, יָשֵׁן שְׁנַת-יְשָׁרִים
hard and fast קָבוּעַ
□ *fast colours never fade* צְבָעִים עֲמִידִים בִּפְנֵי כְּבִיסָה אֵינָם דּוֹהִים
□ *they became fast friends* הֵם הָפְכוּ לִידִידִים בְּלֵב וָנֶפֶשׁ
□ *he made the craft fast (to a tree)* הוּא קָשַׁר אֶת הַסִּירָה לָעֵץ
□ *he played fast and loose with her affections* (*arch. derog.*) הוּא שִׂחֵק בְּרִגְשׁוֹתֶיהָ
□ *stand fast!* תַּחֲזִיק מַעֲמָד!
4 (dissipated, *arch. derog.*) רוֹדֵף תַּעֲנוּגוֹת
□ *stay away from fast women* הִזָּהֵר מִנָּשִׁים בַּעֲלוֹת מוּסָר מְפֻקְפָּק

fast[2] /fɑːst/ n. & v.i. צוֹם, תַּעֲנִית; צָם

fast-day /fɑːst-deɪ/ n. יוֹם צוֹם, תַּעֲנִית צִבּוּר

fasten /fɑːs(ə)n/ v.t. & i. הִדֵּק, חִזֵּק; (בֶּגֶד וְכַד׳) נִסְגַּר, נִרְכַּס
□ *the dress fastens at the side* הַשִּׂמְלָה נִרְכֶּסֶת מִן הַצַּד
□ *he tried to fasten the blame (up)on his assistant* הוּא נִסָּה לִתְלוֹת אֶת הָאַשְׁמָה בְּצַוַּאר עוֹזְרוֹ
□ *she fastened her eyes (up)on me* הִיא נָעֲצָה בִּי מַבָּט מְמֻשָּׁךְ
□ *he fastened (up)on my slip of the tongue as a pretext for sacking me* הוּא נִתְלָה בִּפְלִיטַת-הַפֶּה שֶׁלִּי כְּאַמַתְלָה לְפַטֵּר אוֹתִי

fastener /fɑːsnə(r)/ n. אַבְזָר-רְכִיסָה (לְבֶגֶד, כּוֹלֵל כַּפְתּוֹר, רוֹכְסָן וְכַד׳)

fastening /fɑːsnɪŋ/ n. אַבְזָר-סְגִירָה (לְדֶלֶת, חַלּוֹן וְכַד׳)

fastidious /fəstɪdɪəs/ adj. אִסְטְנִיס, אֲנִין-טַעַם, בַּרְרָן

fastness /fɑːstnɪs/ n.
1 (permanence) יַצִּיבוּת
2 (stronghold, *poet.*) מִבְצָר, מָעוֹז

fat /fæt/ adj.
1 (plump) שָׁמֵן, עָבֶה
fat cat (*colloq.*) דָּג שָׁמֵן (לָרֹב נַדְבָן הַתּוֹמֵךְ בְּמִפְלָגָה)
□ *a fat wallet is an advantage in life* אַרְנָק מָלֵא כֶּסֶף זֶה יִתְרוֹן בַּחַיִּים
2 (containing much fat) מֵכִיל שֻׁמָּן רַב, שָׁמֵן, דָּשֵׁן
3 (fertile, rewarding) פּוֹרֶה, דָּשֵׁן
□ *that's a nice fat job* זֶה ג׳וֹבּ מַכְנִיס
□ *a fat lot of good that'll do you!* (*colloq.*) זֶה יַעֲזֹר לְךָ כְּמוֹ כּוֹסוֹת-רוּחַ לַמֵּת!

—n. שֻׁמָּן
chew the fat (*colloq.*) קִשְׁקֵשׁ, פִּטְפֵּט
□ *the fat is in the fire* (*colloq.*) הָאָסוֹן כְּבָר מִתְחוֹלֵל, הָעִנְיָן אָבוּד
□ *our masters live off the fat of the land* אֲדוֹנֵינוּ חַיִּים עַל מִשְׁמַנֵּי הָאָרֶץ

fatal /feɪt(ə)l/ adj.
1 (fateful, decisive) מַכְרִיעַ, פָּטָלִי, גּוֹרָלִי
□ *she made a fatal mistake* הִיא עָשְׂתָה טָעוּת גּוֹרָלִית
□ *women have a fatal fascination for him* נָשִׁים מְהַלְּכוֹת עָלָיו קֶסֶם שֶׁאֵינוֹ יָכוֹל לַעֲמֹד נֶגְדּוֹ
2 (lethal) קַטְלָנִי, גּוֹרֵם מָוֶת, גּוֹרֵם אָסוֹן, פָּטָלִי

fatalism /feɪtəlɪzəm/ n. פָטָלִיזְם (הַשְׁקָפַת-עוֹלָם שֶׁל קַבָּלַת-הַדִּין)

fatalist /feɪtəlɪst/ n. פָטָלִיסְט (כַּנַּ״ל)

fatalistic /ˌfeɪtəlɪstɪk/ adj. פָטָלִיסְטִי (כַּנַּ״ל)

fatality /fətælɪtɪ/ n. מָוֶת (בִּתְאוּנָה, בְּמִלְחָמָה וְכַד׳); מִקְרֵה-מָוֶת; קַטְלָנִיּוּת

fate /feɪt/ n.
1 (power predetermining events) גּוֹרָל
the Fates שָׁלֹשׁ אֵלוֹת הַגּוֹרָל (בַּמִּיתוֹלוֹגְיָה הַיְּוָנִית)
2 (person's lot) גּוֹרָל, מַזָּל
3 (death) מָוֶת, גּוֹרַל-מָוֶת

fated /feɪtɪd/ adj. שֶׁנִּגְזַר בְּגוֹרָל
□ *we were fated to fail* נִגְזַר עָלֵינוּ שֶׁנִּכָּשֵׁל

fateful /feɪtf(ə)l/ adj. גּוֹרָלִי, מַכְרִיעַ

fat-head /fæt-hed/ n. (*sl.*) טִמְטוּם, טֶמְבֵּל

father /fɑːðə(r)/ n.
1 (male parent) אָב
father figure דְּמוּת-אָב
Our (Heavenly) Father (*Relig.*) אָבִינוּ שֶׁבַּשָּׁמַיִם
2 (ancestor, usu. in *pl.*) אָב, אָב קַדְמוֹן, אֲבִי שׁוֹשֶׁלֶת, אַב-הַשֵּׁבֶט וְכַד׳
3 (title of respect, oldest person, originator) אָב, זָקֵן, מְיַסֵּד
(Reverend) Father (in God) (*Relig.*) אָבִי/אָבִינוּ
Father Christmas סַנְטָה-קְלָאוּס, נִיקוֹלָס הַקָּדוֹשׁ
Father Time הַזְּמַן (הִתְגַּלְּמוּתוֹ בִּדְמוּת זָקֵן עַל חֶרְמֵשׁ וּשְׁעוֹן-חוֹל בְּיָדוֹ)
the City Fathers אֲבוֹת-הָעִיר
the Holy Father הָאַפִּיפְיוֹר
—v.t. הוֹלִיד; הִמְצִיא
□ *please don't father this article on me* (UK) בְּבַקָּשָׁה אַל תְּנַסֶּה לְיַחֵס לִי אֶת הַמַּאֲמָר הַזֶּה

fatherhood /fɑːðəhʊd/ n. אַבְהוּת

father-in-law /fɑːðər-ɪn-lɔː/ n. חוֹתֵן, חָם

fatherland /fɑːðəlænd/ n. מוֹלֶדֶת

fatherless /fɑːðəlɪs/ adj. יָתוֹם מֵאָב

fatherly /fɑːðəlɪ/ adj. אַבָּהִי

fathom /fæðəm/ n. אַמַּת-יָם (מִדַּת עֹמֶק, 6 רַגְלַיִם)

—v.t. (*colloq.*) יָרַד לְעָמְקוֹ שֶׁל (דָּבָר, רַעְיוֹן)
□ *I cannot fathom his meaning* אֵינִי יוֹרֵד לְסוֹף דַּעְתּוֹ

fatigue /fəˈtiːg/ n.
1 (weariness) עֲיֵפוּת, לֵאוּת
2 (weakness in metal) נְטִיָּה לְהִשָּׁבֵר
metal fatigue עֲיֵפוּת-מַתָּכוֹת
3 (*Mil.*) תּוֹרָנוּת (מִטְבָּח, נִקָּיוֹן וְכַד׳)
fatigue dress מַדֵּי עֲבוֹדָה, מַדֵּי ב׳
fatigues מַדֵּי עֲבוֹדָה, מַדֵּי ב׳; תּוֹרָנוּת
—v.t. (*formal*) עִיֵּף מְאֹד, יִגַּע

fatten /ˈfæt(ə)n/ v.t. & i. פִּטֵּם; שִׁמֵּן, הִשְׁמִין
fatten up פִּטֵּם

fatty /ˈfætɪ/ adj. מֵכִיל שֻׁמָּן רַב, שָׁמֵן מִדַּי (מָזוֹן וְכַד׳)
—n. (*colloq.*) שְׁמֵן

fatuity /fəˈtjuːɪtɪ/ n. (*formal*) אִוֶּלֶת

fatuous /ˈfætʃʊəs/ adj. (*formal*) טִפְּשִׁי, נָבוּב, אֱוִילִי, רֵיקָנִי

faucet /ˈfɔːsɪt/ n. (*US*) בֶּרֶז, מְגוּפָה

fault /fɔːlt/ n.
1 (defect) פְּגָם, לִקּוּי, מוּם, פְּסוּל
□ *the accident was caused by an electrical fault* הַתְּאוּנָה נִגְרְמָה בְּשֶׁל תַּקָּלָה בְּמַעֲרֶכֶת הַחַשְׁמַל
□ *he finds fault with everything* הוּא מוֹצֵא דֹּפִי בְּכָל דָּבָר
□ *she is generous to a fault* הִיא מַגְזִימָה בִּנְדִיבוּת-לִבָּהּ
2 (*Geol.*) שֶׁבֶר
3 (error, blame) אַשְׁמָה
□ *you were at fault in not doublechecking* עָשִׂיתָ טָעוּת בְּכָךְ שֶׁלֹּא בָּדַקְתָּ בְּדִיקָה כְּפוּלָה
□ *the fault lies with you* אַשְׁמָתְךָ הִיא
□ *it's your fault* זוֹ אַשְׁמָתְךָ, אַתָּה אָשֵׁם
4 (*Tennis*) חֲבָטַת-הַגָּשָׁה פְּסוּלָה
double fault אִבְדַּן נְקֻדָּה לְאַחַר שְׁתֵּי חֲבָטוֹת-הַגָּשָׁה פְּסוּלוֹת
—v.t. פָּסַל, מָצָא מוּם בְּ...

fault-finding /ˈfɔːlt-ˌfaɪndɪŋ/ adj. מִתְלוֹנֵן עַל, מוֹצֵא דֹּפִי בְּ... אוֹהֵב לְבַקֵּר

faultless /ˈfɔːltlɪs/ adj. לְלֹא דֹּפִי, מֻשְׁלָם

faulty /ˈfɔːltɪ/ adj. לָקוּי, פָּגוּם, שֶׁיֵּשׁ בּוֹ מוּם

faun /fɔːn/ n. פָאוּנוּס (בַּמִּיתוֹלוֹגְיָה, אֵל יְעָרוֹת בַּעַל רַגְלֵי תַּיִשׁ וְקַרְנַיִם)

fauna /ˈfɔːnə/ n. *pl.* עוֹלַם חַיּוֹת הַבָּר (בְּמָקוֹם אוֹ בְּעִדָּן מְסֻיָּם)

faux pas /ˌfəʊ ˈpɑː/ n. (*pl.* same, *formal*) מַעֲשֶׂה מֵבִיךְ, הִתְנַהֲגוּת מְבִיכָה

favour /ˈfeɪvə(r)/ n.
1 (approval) אַהֲדָה, מְצִיאַת-חֵן
□ *she's out of favour with her boss* סָר חִנָּהּ בְּעֵינֵי הַבּוֹס שֶׁלָּהּ
□ *she found favour with the king* הִיא מָצְאָה חֵן בְּעֵינֵי הַמֶּלֶךְ
2 (kindness) טוֹבָה
without fear or favour לְלֹא מוֹרָא וּמַשּׂוֹא-פָּנִים
□ *can I ask you (to do me) a favour?* אֶפְשָׁר לְבַקֵּשׁ מִמְּךָ טוֹבָה? תּוּכַל לַעֲשׂוֹת לִי טוֹבָה?
3 (support, advantage) תְּמִיכָה, יִתְרוֹן, זְכוּת
□ *she had five years' experience in her favour* הָיָה לָהּ יִתְרוֹן שֶׁל חָמֵשׁ שְׁנוֹת נִסָּיוֹן
□ *the court found in his favour* (*formal*) בֵּית-הַדִּין פָּסַק לִזְכוּתוֹ
□ *are you in favour of sending people to prison?* הַאִם אַתָּה מְצַדֵּד בִּשְׁלִיחַת אֲנָשִׁים לַכֶּלֶא?
□ *she left her job in favour of a better one* הִיא עָזְבָה אֶת מִשְׂרָתָהּ לְמַעַן מִשְׂרָה טוֹבָה יוֹתֵר
4 (ornament, *UK*) סֵמֶל/סֶרֶט (אוֹת-הִשְׁתַּיְּכוּת לִתְנוּעָה וְכַד׳)
—v.t.
1 (support) תָּמַךְ בְּ..., סִיַּע לְ..., צִדֵּד בְּ...
most favoured nation מְדִינָה מֻעֲדֶפֶת (לְהַעֲנָקַת סִיּוּעַ כַּלְכָּלִי וְכַד׳)
□ *Fortune favours the brave* (*Prov.*) מִי שֶׁמֵּעֵז מְנַצֵּחַ
2 (oblige someone with, *formal*) הוֹאִיל לַעֲשׂוֹת דָּבָר מָה לְ..., נָטָה חֶסֶד לְ...
□ *can you favour me with an early reply?* הֲתוֹאִיל לְהַמְצִיא לִי תְּשׁוּבָה בְּהֶקְדֵּם הָאֶפְשָׁרִי?

favourable /ˈfeɪvərəb(ə)l/ adj. חִיּוּבִי, מְעוֹדֵד, מְסַיֵּעַ
□ *the Minister would be favourable to a change in the law* הַשַּׂר עָשׂוּי לְהַעֲנִיק אֶת תְּמִיכָתוֹ לְשִׁנּוּי בַּחֹק
□ *the wind was favourable* הָרוּחַ הָיְתָה נוֹחָה

favourably /ˈfeiverəblɪ/ adv. לְטוֹבָה, בְּחִיּוּב, בְּאֹפֶן חִיּוּבִי
□ *her marks compare favourably with those of her brother* הַצִּיּוּנִים שֶׁלָּהּ טוֹבִים בְּיַחַס לַצִּיּוּנִים שֶׁל אָחִיהָ

favourite /ˈfeɪvərɪt/ n.
1 (preferred person) חָבִיב, אָהוּב בְּיוֹתֵר
2 (competitor expected to win) בַּעַל הַסִּכּוּיִים לְנַצֵּחַ, ״פֵיבוֹרִיט״
□ *the favourite came (in) third* הַסּוּס בַּעַל הַסִּכּוּי לְנַצֵּחַ הִגִּיעַ שְׁלִישִׁי
—adj. אָהוּב, אָהוּב בְּיוֹתֵר

favouritism /ˈfeɪvərɪtɪzəm/ n. (*derog.*) מַשּׂוֹא-פָּנִים, הַפְלָיָה, אֵיפָה וְאֵיפָה

fawn[1] /fɔːn/ n.
1 (young fallow deer) עֹפֶר, עֹפֶר-אַיָּלִים
2 (colour, also adj.) חוּם-צְהַבְהַב בָּהִיר

fawn[2] /fɔːn/ v.i.
fawn on (כֶּלֶב אוֹ אָדָם) הִתְרַפֵּס לִפְנֵי...

fax /fæks/ n. פַקְסִימִילְיָה, ״פַאקְס״
—v.t. שָׁלַח בְּפַקְסִימִילְיָה, שָׁלַח בְּ״פַאקְס״

FBI abbrev. הַ־"אֶף־בִּי־אַי" (שֵׁרוּת הַבִּטָּחוֹן הַפֶדֶרָלִי בְּאַרְהַ"ב)

fear /fɪə(r)/ n. פַּחַד, יִרְאָה, חֲשָׁשׁ, מוֹרָא, חֲרָדָה
□ *I tiptoed for fear of waking the baby* הָלַכְתִּי עַל קְצוֹת הָאֶצְבָּעוֹת כְּדֵי שֶׁלֹּא לְהָעִיר אֶת הַתִּינוֹק
□ *they went in fear of their lives* הֵם חָיוּ בְּפַחַד־מָוֶת מַתְמִיד
□ *are you going to London? – no fear!* (*colloq.*) הַאִם אַתָּה נוֹסֵעַ לְלוֹנְדוֹן? מָה פִּתְאֹם?
□ *death has no fears for her* הִיא אֵינָהּ פּוֹחֶדֶת מִן הַמָּוֶת
□ *I put the fear of God into him* הִפְחַדְתִּי אוֹתוֹ עַד מָוֶת; לִמַּדְתִּי אוֹתוֹ לֶקַח
□ *they stood there in fear and trembling* (*poet.* or *joc.*) הֵם עָמְדוּ בִּדְחִילוּ וּרְחִימוּ, הֵם עָמְדוּ בְּחִיל וּרְעָדָה
—v.t. & i. פָּחַד מִ..., יָרֵא אֶת, חָשַׁשׁ מִפְּנֵי; חָשַׁשׁ
□ *fear God!* יְרָא אֶת הָאֱלֹהִים!
□ *will he die? – I fear so* (*formal*) הַאִם הוּא נוֹטֶה לָמוּת? אֲנִי חוֹשֵׁשׁ שֶׁכֵּן
□ *I fear the worst* אֲנִי חוֹשֵׁשׁ מִפְּנֵי הַגָּרוּעַ בְּיוֹתֵר

fearful /ˈfɪəf(ə)l/ adj.
1 (terrible) נוֹרָא, אָיֹם
2 (afraid, *formal*) חָרֵד, חוֹשֵׁשׁ, פּוֹחֵד

fearfully /ˈfɪəfəlɪ/ adv. נוֹרָא
□ *they were fearfully late* הֵם בָּאוּ בְּאִחוּר נוֹרָא

fearless /ˈfɪəlɪs/ adj. אַמִּיץ־לֵב, עָשׂוּי לְלֹא חַת, נוֹעָז

fearsome /ˈfɪəsəm/ adj. (*poet.*) מַפְחִיד, מַבְעִית; עָצוּם, כַּבִּיר

feasibility /ˌfiːzəˈbɪlɪtɪ/ n. סְבִירוּת־בִּצּוּעַ, אֶפְשָׁרוּת־בִּצּוּעַ
feasibility study מֶחְקַר סְבִירוּת־בִּצּוּעַ

feasible /ˈfiːzəb(ə)l/ adj. אֶפְשָׁרִי, בַּר בִּצּוּעַ, מַעֲשִׂי

feast /fiːst/ n.
1 (festival) חַג
2 (sumptuous meal) מִשְׁתֶּה, כֵּרָה; סְעֻדָּה דְּשֵׁנָה
—v.i. סָעַד, נֶהֱנָה מִסְּעֻדָּה
—v.t. עָרַךְ סְעֻדָּה לְ..., עָרַךְ מִשְׁתֶּה לְ...
□ *he feasted his eyes on the paintings* הוּא הֵזִין אֶת עֵינָיו בַּצִּיּוּרִים

feat /fiːt/ n. מַעֲלָל, מַעֲשֵׂה־גְּבוּרָה; הֶשֵּׂג

feather /ˈfeðə(r)/ n. נוֹצָה
birds of a feather (*colloq.*) אֲשֶׁר קָרְצוּ מֵאוֹתוֹ חֹמֶר, מָצָא מִין אֶת מִינוֹ
□ *that success is a feather in his cap* הַצְלָחָה זוֹ הִיא מַעֲשֶׂה שֶׁהוּא יָכוֹל לְהִתְגָּאוֹת בּוֹ
—v.t.
1 (put feathers in or on) רִפֵּד (קֵן) בְּנוֹצוֹת
our feathered friends בַּעֲלֵי־הַכָּנָף, עוֹלַם הַצִּפּוֹרִים
□ *that politician used his position to feather his nest* הַפּוֹלִיטִיקַאי הַזֶּה נִצֵּל אֶת מַעֲמָדוֹ כְּדֵי לְרַפֵּד אֶת הַקֵּן שֶׁלּוֹ
2 (turn blade of oar) הִטָּה (לַהַב שֶׁל מָשׁוֹט עִם הוֹצָאָתוֹ מִן הַמַּיִם)

feather-bed /ˌfeðəˈbed/ n. & v.t. מִזְרַן־נוֹצוֹת; נָתַן יָד לְאַבְטָלָה סְמוּיָה

feather-bedding /ˌfeðəˈbedɪŋ/ n. פְּעִילוּת הַמְכַסָּה עַל אַבְטָלָה סְמוּיָה

feather-brained /ˈfeðəbreɪnd/ adj. (*colloq. derog.*) שֶׁרֹאשׁוֹ נָבוּב, בַּעַל מֹחַ שֶׁל צִפּוֹר

featherweight /ˈfeðəweɪt/ n. (בְּאִגְרוּף) מִשְׁקַל נוֹצָה; אָדָם/דָּבָר שֶׁל מָה בְּכָךְ; אָדָם חֲסַר־הַשְׁפָּעָה

feathery /ˈfeðərɪ/ adj. מְכֻסֶּה נוֹצוֹת; אַוְרִירִי, קַל (מַאֲפֶה וְכַד')

feature /ˈfiːtʃə(r)/ n.
1 (in *pl.*, face as a whole) קְלַסְתֵּר־פָּנִים, תְּוֵי פָּנִים, פָּנִים
□ *he is a man of handsome features* הוּא אָדָם בַּעַל פָּנִים נָאוֹת; הוּא בַּעַל סֵבֶר נָאֶה
2 (one part of face) תְּוֵי־הַפָּנִים
□ *her eyes are her best feature* עִקַּר יָפְיָהּ בְּעֵינֶיהָ
3 (characteristic) מְאַפְיֵן, תְּכוּנָה בּוֹלֶטֶת, תְּכוּנָה אָפְיָנִית
4 (prominent newspaper article or film) מַאֲמָר רָאשִׁי (בְּעִתּוֹן); סֶרֶט קוֹלְנוֹעַ בְּאֹרֶךְ מָלֵא, "פִיצֶ'ר"
—v.t. & i. (סֶרֶט) הָיָה בְּכִכּוּבוֹ שֶׁל (כּוֹכַב קוֹלְנוֹעַ מְסֻיָּם וְכַד'); פִּרְסֵם; שִׂחֵק תַּפְקִיד מֶרְכָּזִי בְּ...

featureless /ˈfiːtʃəlɪs/ adj. אַלְמוֹנִי, חֲסַר קַוֵּי־אִפְיוּן, מְשַׁעֲמֵם

febrile /ˈfiːbraɪl/ adj. (*formal*) (אֹפֶן פְּעִילוּת) קַדַּחְתָּנִי

February /ˈfebrʊərɪ/ n. פֶבְּרוּאָר (הַחֹדֶשׁ הַשֵּׁנִי בַּשָּׁנָה הָאֶזְרָחִית)

feces /ˈfiːsiːz/ n. (*US, formal*) צוֹאָה

feckless /ˈfeklɪs/ adj. לֹא־יִצְלַח, עוֹבֵר בָּטֵל

fecund /ˈfiːkənd/ adj. (*formal*) פּוֹרֶה

fecundity /fɪˈkʌndɪtɪ/ n. (*formal*) פּוֹרִיּוּת

fed past & past ppl. of **feed**
fed up (*colloq.*) שֶׁנִּמְאַס לוֹ (דְּבַר מָה)

federal /ˈfedərəl/ adj. פֶדֶרָלִי, שֶׁל פֶדֶרַצְיָה; (בְּאַרְהַ"ב) פֶדֶרָלִי (שֶׁל הַמִּמְשָׁל הַמֶּרְכָּזִי)

federate /ˈfedəreɪt/ v.t. & i. אִחֵד (מְדִינוֹת) בִּבְרִית, עָשָׂה לְפֶדֶרַצְיָה; הִתְאַגֵּד בְּפֶדֶרַצְיָה

federation /ˌfedəˈreɪʃ(ə)n/ n. פֶדֶרַצְיָה, אִחוּד־מְדִינוֹת, בְּרִית־מְדִינוֹת

fee /fiː/ n. תַּשְׁלוּם (עֲבוּר שֵׁרוּתִים מִקְצוֹעִיִּים)
school fees (בְּאַנְגְלִיָּה) שְׂכַר הַלִּמּוּד בְּבֵית סֵפֶר פְּרָטִי ("פַּבְּלִיק סְקוּל")
□ *the examination fees are due* יֵשׁ לְשַׁלֵּם עַתָּה אֶת דְּמֵי הַהִשְׁתַּתְּפוּת בַּבְּחִינָה

feeble /ˈfiːb(ə)l/ adj. חָלוּשׁ, תָּשׁוּשׁ

feeble-minded /ˌfiːb(ə)l-ˈmaɪndɪd/ adj. רְפֵה־שֵׂכֶל

feed /fiːd (past & past ppl. **fed** /fed/) v.t. הֶאֱכִיל, הֵזִין, סִפֵּק מָזוֹן לְ..., כִּלְכֵּל

□ *the conveyor belt feeds the machine with raw materials* הָרְצוּעָה הַנָּעָה מְסַפֶּקֶת לַמְּכוֹנָה חָמְרֵי־גֶּלֶם

□ *the information was fed into the computer* הַמֵּידָע הוּזַן לַמַּחְשֵׁב

□ *the criminals were feeding the detectives false information* (*colloq.*) הַפּוֹשְׁעִים סִפְּקוּ לַבַּלָּשִׁים מֵידָע כּוֹזֵב

—v.i. נִזּוֹן (מִ...)

□ *cattle feed chiefly on grass* בָּקָר נִזּוֹן בְּעִקָּר מִמִּרְעֶה

—n.

1 (meal) הַאֲכָלָה, אֲרוּחָה (בְּעִקָּר שֶׁל תִּינוֹקוֹת אוֹ בְּהֵמוֹת)

2 (food for animals) מִסְפּוֹא, מְזוֹן־בְּהֵמוֹת

3 (pipe, channel; material supplied) צִנּוֹר אַסְפָּקָה (שֶׁל דֶּלֶק לִמְכוֹנָה וְכַד')

feedback /ˈfiːdbæk/ n. הִזּוּן חוֹזֵר, מָשׁוֹב; הֵדִים (בְּהַשְׁאָלָה בִּלְבַד)

□ *we've had a lot of feedback from our customers* (*colloq.*) קִבַּלְנוּ הַרְבֵּה הֵדִים מִלָּקוֹחוֹתֵינוּ

feeder /ˈfiːdə(r)/ n.

1 (one that feeds) אַכְלָן (לָרֹב תִּינוֹק)

2 (tributary, branch) זְרוֹעַ (שֶׁל מְסִלַּת־בַּרְזֶל, נָהָר וְכַד')

3 (device feeding material to machine) מִתְקָן לַהֲזָנַת מְכוֹנָה (בְּחָמְרֵי גֶּלֶם וְכַד')

feeding-bottle /ˈfiːdɪŋ-bot(ə)l/ n. בַּקְבּוּק־הֲנָקָה

feedstock /ˈfiːdstɒk/ n. חֹמֶר גֶּלֶם לִמְכוֹנָה

feel /fiːl/ (past & past ppl. **felt** /felt/) v.t. & i.

1 (explore or perceive by touch) מִשֵּׁשׁ, גִּשֵּׁשׁ

□ *he felt his way along the dark passage* הוּא גִּשֵּׁשׁ אֶת דַּרְכּוֹ לְאֹרֶךְ הַמַּעֲבָר הָאָפֵל

□ *they were feeling their way towards an agreement* הֵם הָיוּ בְּתַהֲלִיךְ שֶׁל הַשָּׂגַת־הֶסְכֵּם, הֵם הִתְקָרְבוּ לְהַשָּׂגַת הֶסְכֵּם

□ *he felt her pulse* הוּא בָּדַק אֶת הַדֹּפֶק שֶׁלָּהּ, הוּא מִשֵּׁשׁ אֶת הַדֹּפֶק שֶׁלָּהּ

2 (be conscious of or affected by) חָשׁ (בְּ...), הִרְגִּישׁ (בְּ...), סָבַל מִ...

□ *she's feeling the heat* הִיא סוֹבֶלֶת מֵהַחֹם

□ *she doesn't feel her age* הִיא מַרְגִּישָׁה צְעִירָה מִגִּילָהּ

□ *we felt the force of his argument* הִתְרַשַּׁמְנוּ מֵהַטִּעוּן שֶׁלּוֹ

3 (be perceived by senses as)

□ *this feels like silk* יֵשׁ לָזֶה מַגָּע שֶׁל מֶשִׁי

□ *his coat felt wet* מְעִילוֹ הָיָה רָטֹב לַמַּגָּע

4 (be in a physical or emotional state) הִרְגִּישׁ, חָשׁ

□ *I feel (sympathy) for you* אֲנִי מִשְׁתַּתֵּף בְּצַעַרְךָ

□ *I don't feel quite myself* אֲנִי לֹא מַרְגִּישׁ טוֹב, אֵינֶנִּי לְגַמְרֵי בְּקַו־הַבְּרִיאוּת

□ *I don't feel up to meeting new people* אֲנִי לֹא מַרְגִּישׁ שֶׁאֲנִי יָכוֹל לִפְגֹּשׁ אֲנָשִׁים חֲדָשִׁים

□ *I feel like crying* מִתְחַשֵּׁק לִי לִבְכּוֹת

□ *I felt a fool* הִרְגַּשְׁתִּי כְּמוֹ שׁוֹטֶה

□ *I feel like a king* אֲנִי מַרְגִּישׁ כְּמוֹ מֶלֶךְ

□ *I feel like an ice-cream* (*colloq.*) מִתְחַשֵּׁק לִי לֶאֱכֹל גְּלִידָה, בָּא לִי גְּלִידָה

5 (seem) עָשָׂה רֹשֶׁם שֶׁל, נִרְאָה כְּ...

□ *it feels strange to return thirty years later* זֶה מוּזָר לַחֲזֹר אַחֲרֵי שְׁלֹשִׁים שָׁנָה

6 (consider, believe) חָשַׁב שֶׁ..., הִרְגִּישׁ שֶׁ...

□ *I felt he was trying to cheat me* נִדְמֶה הָיָה לִי שֶׁהוּא מְנַסֶּה לְרַמּוֹת אוֹתִי

7 feel up (*colloq.*) "שָׁלַח יָדַיִם", "דָּחַף יָדַיִם" (מִתּוֹךְ כַּוָּנָה גַּסָּה)

—n. מַגָּע, תְּחוּשָׁה; נְגִיעָה

□ *it is rough to the feel* זֶה מְחֻסְפָּס לַמַּגָּע

□ *it took the actor a long time to get the feel of his part* לָקַח לַשַּׂחְקָן זְמַן רַב לְהִכָּנֵס בֶּאֱמֶת לְתַפְקִידוֹ

feeler /ˈfiːlə(r)/ n. מָשׁוֹשׁ

□ *he put out feelers to get to know what was happening* הוּא עָשָׂה גִּשּׁוּשִׁים כְּדֵי לְבָרֵר מַה מִּתְרַחֵשׁ

feeling /ˈfiːlɪŋ/ n.

1 (sensation, sense; intuition; sensitivity) הַרְגָּשָׁה, תְּחוּשָׁה; אִינְטוּאִיצְיָה; רְגִישׁוּת, חוּשׁ

□ *this painter has a feeling for landscape* לַצַּיָּר הַזֶּה יֵשׁ חוּשׁ לַנּוֹף

□ *the feeling of the meeting was against his proposal* הַרְגָּשַׁת הַנֶּאֱסָפִים הָיְתָה שֶׁיֵּשׁ לְהִתְנַגֵּד לְהַצָּעָתוֹ

2 (emotion) רֶגֶשׁ

□ *feelings ran high* הַיְּצָרִים הִתְלַהֲטוּ, הָרוּחוֹת סָעֲרוּ

□ *ill feeling was roused by his tactlessness* חֹסֶר הַטַּקְט שֶׁלּוֹ גָּרַם לְרֹגֶז וּלְהִתְרַעֲמוּת

□ *no hard feelings, I hope!* אֲנִי מְקַוֶּה שֶׁאַתָּה לֹא כּוֹעֵס!

□ *he hurt her feelings* הוּא פָּגַע בְּרִגְשׁוֹתֶיהָ

feet /fiːt/ *pl.* of **foot** כַּפּוֹת־הָרַגְלַיִם

feign /feɪn/ v.t. (*formal*) הֶעֱמִיד פָּנִים

□ *he feigned ignorance* הוּא הֶעֱמִיד פְּנֵי בּוּר

feint /feɪnt/ n. & v.i. פְּעֻלַּת הַסָּחָה; בִּצַּע פְּעֻלַּת־הַסָּחָה

felicitate /fəˈlɪsɪteɪt/ v.t. (*formal*) חִלֵּק בִּרְכַּת מַזָּל טוֹב לְ...

□ *I must felicitate you (up)on your success* עָלַי לְחַלֵּק לְךָ בְּרָכוֹת לְרֶגֶל הַצְלָחָתְךָ

felicitation /fəlɪsɪˈteɪʃ(ə)n/ n. (*formal*, usu. in *pl.*) אִחוּלֵי בְּרָכָה, בִּרְכַּת מַזָּל־טוֹב

felicitous /fəˈlɪsɪtəs/ adj. (*formal*) (לְגַבֵּי מִלִּים, הֶעָרוֹת) קוֹלֵעַ, הוֹלֵם, מַתְאִים; מֻצְלָח

felicity /fəˈlɪsɪtɪ/ n. (*formal*)
 1 (happiness) אֹשֶׁר רַב
 2 (appropriateness) הַתְאָמָה

feline /ˈfi:laɪn/ adj. חֲתוּלִי; שֶׁל מִשְׁפַּחַת־הַחֲתוּלִים

fell[1] past of **fall**

fell[2] /fel/ v.t. חָטַב, כָּרַת; הִפִּיל בְּמַכָּה

fell[3] /fel/ adj. (*poet.*) אַכְזָר
 □ *at one fell swoop the dictator eliminated all his opponents* בִּמְהַלוּמָה אַכְזָרִית אַחַת חִסֵּל הָרוֹדָן אֶת יְרִיבָיו

fell[4] /fel/ n. אֵזוֹר הֲרָרִי

fellatio /fəˈleɪʃɪəʊ/ n. מְצִיצַת־פִּין

fellow /ˈfeləʊ/ n.
 1 (comrade, associate) עָמִית, שֻׁתָּף, קוֹלֶגָה
 hail-fellow-well-met (usu. *derog.*) בַּעַל גִּישָׁה חַסְרַת־גִּנּוּנִים (בְּאֹפֶן מֻפְרָז)
 2 (man or boy, *UK colloq.*) "בָּחוּר"
 3 (member of college or society) חָבֵר (בַּאֲגֻדָּה, בְּקוֹלֶג'), עָמִית
 □ *he was a Fellow of the British Academy* הוּא הָיָה חָבֵר בָּאֲקָדֶמְיָה הַבְּרִיטִית
 —adj. חָבֵר לְ...
 □ *he was popular with his fellow soldiers* הוּא הָיָה אָהוּד עַל חֲבֵרָיו לַיְחִידָה (בַּצָּבָא)

fellow-countryman /ˌfeləʊ-ˈkʌntrɪmən/ n. בֶּן אוֹתָהּ הָאָרֶץ

fellow-creature /ˌfeləʊ-ˈkri:tʃə(r)/ n. זוּלַת, בְּרִיַּת־אָדָם

fellow-feeling /ˌfeləʊ-ˈfi:lɪŋ/ n. רֶגֶשׁ־חֲבֵרוּת, אַהֲדָה, סִימְפַּתְיָה

fellowship /ˈfeləʊʃɪp/ n.
 1 (companionship) חֲבֵרוּת, רֵעוּת
 2 (fraternity; body of associates) אֲגֻדָּה, אַחֲוָה
 3 (position of a college fellow) מַעֲמָד שֶׁל חָבֵר/עָמִית (בְּקוֹלֶג')
 4 (grant) מַעֲנַק־מֶחְקָר

fellow-traveller /ˌfeləʊ-ˈtræv(ə)lə(r)/ n. תּוֹמֵךְ (לָרֹב בְּמִפְלָגָה הַקּוֹמוּנִיסְטִית) שֶׁאֵינוֹ חָבֵר מִפְלָגָה; שֻׁתָּף לְמַסָּע, חָבֵר לְמַסָּע

felon /ˈfelən/ n. (*Law*) פּוֹשֵׁעַ, עֲבַרְיָן

felony /ˈfelənɪ/ n. (*Law*) עֲבֵרָה חֲמוּרָה, פֶּשַׁע

felt[1] past & past ppl. of **feel**

felt[2] /felt/ n. לֶבֶד
 felt-tip pen עֵט טוּשׁ, "לוֹרְד"

female /ˈfi:meɪl/ adj. & n. מִמִּין נְקֵבָה; נְקֵבָה
 female impresonator שַׂחְקָן בְּתַחְפֹּשֶׂת־אִשָּׁה (בְּקוֹמֶדְיָה וְכַד')
 female plug שֶׁקַע (בְּקָצֶה חוּט חַשְׁמַל, לֹא בַּקִּיר)
 female suffrage זְכוּת־הַצְבָּעָה לְנָשִׁים

feminine /ˈfemɪnɪn/ adj. נָשִׁי (לְחִיּוּב בִּלְבַד)

feminity /femɪˈnɪnɪtɪ/ n. נָשִׁיּוּת

feminism /ˈfemɪnɪzəm/ n. פֶמִינִיזְם (הָעִקָּרוֹן שֶׁבִּיסוֹד הַתְּנוּעָה לְשִׁחְרוּר הָאִשָּׁה)

feminist /ˈfemɪnɪst/ n. פֶמִינִיסְטִית, פֶמִינִיסְט (כַּנַּ"ל)

femme fatale /ˌfæm fəˈtɑ:l/ n. "פַאם פָטָאל" (אִשָּׁה מוֹשֶׁכֶת וּמְסֻכֶּנֶת)

femur /ˈfi:mə(r)/ n. (*Anat.*) עֶצֶם הַיָּרֵךְ

fen /fen/ n. אֵזוֹר אַדְמַת־בִּצָּה (שָׁטוּחַ)

fence /fens/ n.
 1 (railing) גָּדֵר (מֵעֵץ, שִׂיחִים וְכַד', אַךְ לֹא מֵאֶבֶן)
 □ *he mended his fences before going abroad* (*colloq.*) לִפְנֵי שֶׁנָּסַע לְחוּ"ל הוּא יִשֵּׁר אֶת הַהֲדוּרִים
 □ *he's very good at sitting on the fence* (*colloq.*) הוּא יוֹדֵעַ טוֹב מְאֹד אֵיךְ יוֹשְׁבִים עַל הַגָּדֵר (כְּלוֹמַר אֵינוֹ מִתְחַיֵּב לְשׁוּם צַד)
 2 (receiver of stolen goods, *colloq.*) קוֹנֶה וּמוֹכֵר רְכוּשׁ גָּנוּב
 —v.t. גִּדֵּר, הִקִּיף בְּגָדֵר
 —v.i. סִיֵּף, נִלְחַם בְּסַיִף
 □ *the politician fenced with the question* הַפּוֹלִיטִיקַאי הִתְחַמֵּק מִמַּתַּן תְּשׁוּבָה יְשִׁירָה לַשְּׁאֵלָה

fencer /ˈfensə(r)/ n. סַיָּף

fencing /ˈfensɪŋ/ n.
 1 (railing) גָּדֵר, חֹמֶר לַעֲשִׂיַּת גְּדֵרוֹת (פְּרָט לְבֵטוֹן וְאֶבֶן)
 2 (fighting with swords) סִיּוּף

fend /fend/ v.t.
 fend off הִתְגּוֹנֵן מִפְּנֵי..., הָדַף
 —v.i.
 fend for oneself (נֶאֱלַץ) לִדְאֹג לְעַצְמוֹ

fender /ˈfendə(r)/ n.
 1 (fire-guard) מִסְגֶּרֶת־מַתֶּכֶת לְיַד אָח (לִמְנֹעַ נְפִילַת־גֶּחָלִים עַל הָרִצְפָּה)
 2 (*Naut.*) רְפִידַת־מָגֵן בְּדֹפֶן־הַסְּפִינָה
 3 (wing or bumper of car, *US*) כָּנָף (מֵעַל גַּלְגַּל מְכוֹנִית); פָּגוֹשׁ; מָגֵן בֹּץ (בְּאוֹפַנַּיִם)

fennel /ˈfen(ə)l/ n. שׁוּמָר (צֶמַח רֵיחָנִי מִמִּשְׁפַּחַת־הַסּוֹכְכִיִּים)

feral /ˈfɪərəl/ adj. פִּרְאִי, חַיָּתִי

ferment v.t. & i. /fəˈment/ הִתְסִיס; תָּסַס
 —n. /ˈfɜ:ment/ תְּסִיסָה
 □ *all England was in a ferment* אַנְגְלִיָּה כֻּלָּהּ הָיְתָה בְּמֶרְקָחָה

fermentation /ˌfɜ:menˈteɪʃ(ə)n/ n. הַתְסָסָה; תְּסִיסָה (שֶׁל יַיִן וְכַד')

fern /fɜ:n/ n. שָׂרָךְ

ferocious /fəˈrəʊʃəs/ adj. פִּרְאִי וְאַכְזָרִי

ferocity /fəˈrɒsɪtɪ/ n. פִּרְאוּת וְאַכְזְרִיּוּת

ferret /ˈferɪt/ n. סַמּוּר (טוֹרֵף קָטָן מִמִּשְׁפַּחַת הַיּוֹנְקִים)
 —v.t. & i. חִפֵּשׂ, חִטֵּט; צָד בְּעֶזְרַת סַמּוּר
 □ *you can be sure he'll ferret out the facts* (*colloq.*) אַתָּה יָכוֹל לִהְיוֹת בָּטוּחַ שֶׁהוּא יְחַטֵּט וְיִמְצָא אֶת הָעֻבְדוֹת

□ *she was ferreting about for a tin-opener* (*colloq.*)
הִיא הָפְכָה אֶת הַבַּיִת כְּדֵי לִמְצֹא פּוֹתְחָן קוּפְסָאוֹת שִׁמּוּרִים

ferric /ˈferɪk/ adj. (*Chem.*) מֵכִיל בַּרְזֶל, שֶׁל בַּרְזֶל

ferroconcrete /ˌferəʊˈkɒŋkriːt/ n. בֶּטוֹן מְזֻיָּן

ferrous /ˈferəs/ adj. (*Chem.*) מֵכִיל בַּרְזֶל, בַּרְזִלִּי

non-ferrous (מַתֶּכֶת) אַל-בַּרְזִלִּית

ferrule /ˈferuːl/ n. חוֹד מַתֶּכֶת (שֶׁל מִטְרִיָּה וְכַד׳)

ferry /ˈferɪ/ v.t. הֵשִׁיט בְּמַעְבֹּרֶת, הֶעֱבִיר בְּמַעְבֹּרֶת; הֶעֱבִיר

□ *John will ferry guests from the church to the reception* ג׳וֹן יַסִּיעַ אֶת הָאוֹרְחִים מִן הַכְּנֵסִיָּה אֶל מְקוֹם קַבָּלַת-הַפָּנִים

—n. סְפִינַת מַעְבֹּרֶת

ferry-boat /ˈferɪ-bəʊt/ n. אִישׁ-מַעְבֹּרֶת

ferryman /ˈferɪmən/ n. מַשִּׁיט-הַמַּעְבֹּרֶת

fertile /ˈfɜːtaɪl/ adj. פּוֹרֶה

□ *some fish are very fertile* יֶשְׁנָם דָּגִים פּוֹרִיִּים מְאֹד

□ *these eggs are fertile* הַבֵּיצִים הַלָּלוּ מְפֻרוֹת

□ *this district is short of fertile land* בָּאֵזוֹר הַזֶּה יֵשׁ מַחְסוֹר בַּאֲדָמָה פּוֹרִיָּה

□ *he has a fertile imagination* יֵשׁ לוֹ דִּמְיוֹן פּוֹרֶה

fertility /fəˈtɪlɪtɪ/ n. פּוֹרִיּוּת

fertilization /ˌfɜːtɪlaɪˈzeɪʃ(ə)n/ n. הַפְרָיָה (שֶׁל בֵּיצִית); זִבּוּל (שֶׁל קַרְקַע)

fertilize /ˈfɜːtɪlaɪz/ v.t. הִפְרָה (בֵּיצִית); זִבֵּל (קַרְקַע)

fertilizer /ˈfɜːtɪlaɪzə(r)/ n. דֶּשֶׁן, זֶבֶל (אוֹרְגָנִי אוֹ כִּימִי)

fervent /ˈfɜːvənt/ adj. לוֹהֵט, נִלְהָט, מְשַׁלְהָב, אָדוּק, מָסוּר

fervid /ˈfɜːvɪd/ adj. (*formal*) לוֹהֵט, מְשֻׁלְהָב, נִפְעָם

fervour /ˈfɜːvə(r)/ n. לַהַט, הִתְלַהֲבוּת, דְּבֵקוּת

festal /ˈfest(ə)l/ adj. (*formal*) חֲגִיגִי

fester /ˈfestə(r)/ v.i. (פֶּצַע) הִתְמַגֵּל, נִמְלָא מֻגְלָה; (עֶלְבּוֹן וְכַד׳) תָּסַס

festival /ˈfestɪv(ə)l/ n. חַג, חֲגִיגָה, פֶסְטִיבַל

festive /ˈfestɪv/ adj. חֲגִיגִי, עַלִּיז

festivity /feˈstɪvɪtɪ/ n.

1 (gaiety) שִׂמְחָה וְשָׂשׂוֹן

2 (in *pl.*) חֲגִיגָה, מְסִבָּה, טְקָסִים חֲגִיגִיִּים, חֲגִיגוֹת

festoon /feˈstuːn/ v.t. & n. קִשֵּׁט בְּמִקְלַעַת-פְּרָחִים/סְרָטִים/דִּגְלוֹנִים; מִקְלַעַת, זֵר, שַׁרְשֶׁרֶת-נְיָר צִבְעוֹנִית

fetch /fetʃ/ v.t. & i.

1 (go for and bring back) הָלַךְ וְהֵבִיא

□ *she fetches and carries all the time for her children* הִיא מְשָׁרֶתֶת אֶת יְלָדֶיהָ כְּמוֹ שִׁפְחָה

□ *his story fetched tears to his audience's eyes* סִפּוּרוֹ הֶעֱלָה דְּמָעוֹת בְּעֵינֵי שׁוֹמְעָיו

□ *he fetched him a terrible blow on the head* (*colloq.*) הוּא הוֹרִיד לוֹ מַהֲלוּמָה אֲיֻמָּה עַל הָרֹאשׁ

2 (be sold for) נִמְכַּר בִּמְחִיר שֶׁל, הִשִּׂיג מְחִיר שֶׁל

3 fetch up הִתְגַּלְגֵּל לְ...

□ *he fetched up in Senegal* הוּא מָצָא אֶת עַצְמוֹ בְּסֶנֶגָל, הוּא הִתְגַּלְגֵּל לְסֶנֶגָל

fetching /ˈfetʃɪŋ/ adj. (*colloq.*) מַקְסִים, שׁוֹבֵה לֵב, חָמוּד, מוֹשֵׁךְ

fête /feɪt/ n. חֲגִיגָה גְּדוֹלָה, יְרִיד חֲגִיגִי

—v.t. קִבֵּל אֶת פְּנֵי (פְּלוֹנִי) בַּחֲגִיגוֹת וּטְקָסִים

fetid /ˈfetɪd/ adj. (*formal*) מַבְאִישׁ

fetish /ˈfetɪʃ/ n. פֶטִישׁ; מֻשָּׂא הַעֲרָצָה (לָרֹב לֹא סָבִיר); פֶטִישׁ מִינִי

□ *he makes a fetish of punctuality* אֶצְלוֹ דַּיְקָנוּת הִיא מַמָּשׁ פֻּלְחָן: הוּא סוֹגֵד לְדַיְקָנוּת

fetishism /ˈfetɪʃɪzəm/ n. פֶטִישִׁיזְם (כַּנַּ״ל)

fetishist /ˈfetɪʃɪst/ n. פֶטִישִׁיסְט (אָדָם בַּעַל פֶטִישׁ מִינִי)

fetlock /ˈfetlɒk/ n. אֵזוֹר הַכְּפִיתָה (חֶלְקָהּ הָאֲחוֹרִי הַתַּחְתּוֹן שֶׁל רֶגֶל סוּס, מֵעַל הַפַּרְסָה)

fetter /ˈfetə(r)/ n. (*arch.*) כֶּבֶל, אֲזִקִּים

□ *the prisoner was put in fetters* הָאָסִיר הוּשַׂם בַּאֲזִקִּים

—v.t. שָׂם בַּאֲזִקִּים, כָּבַל בְּשַׁלְשְׁלָאוֹת; (בְּהַשְׁאָלָה) רִסֵּן

fettle /ˈfet(ə)l/ n. (*colloq.*)

in fine fettle בְּקַו-הַבְּרִיאוּת, בְּכֹשֶׁר גּוּפָנִי טוֹב

fetus /ˈfiːtəs/ n. עֻבָּר (לְאַחַר 3 חָדְשֵׁי גִּדּוּל)

feud /fjuːd/ n. & v.i. מְרִיבָה, רִיב, יַחֲסֵי-אֵיבָה מִמֻּשָׁכִים; נָטַר אֵיבָה

feudal /ˈfjuːd(ə)l/ adj. פֵיאוֹדָלִי

the feudal system הַמִּשְׁטָר הַפֵיאוֹדָלִי

feudalism /ˈfjuːdəlɪzəm/ n. פֵיאוֹדָלִיּוּת

fever /ˈfiːvə(r)/ n. חֹם גָּבוֹהַּ; קַדַּחַת; קַדַּחְתָּנוּת, הִתְרַגְּשׁוּת

hay fever קַדַּחַת הַשַּׁחַת, קַדַּחַת קַיִץ

scarlet fever שָׁנִית, סְקַרְלָטִינָה

typhoid fever טִיפוּס הַמֵּעַיִם

yellow fever קַדַּחַת צְהֻבָּה

fever pitch פִּסְגַּת הַהִתְרַגְּשׁוּת

□ *he has a high fever* יֵשׁ לוֹ חֹם גָּבוֹהַּ

□ *she was in a fever of excitement* הִיא הָיְתָה אֲחוּזָה בְּהִתְרַגְּשׁוּת עַזָּה

fevered /ˈfiːvəd/ adj. קוֹדֵחַ, אֲחוּז קַדַּחַת; קוֹדֵחַ בְּהִתְרַגְּשׁוּת

feverish /ˈfiːvərɪʃ/ adj. קוֹדֵחַ, אֲחוּז קַדַּחַת; שֶׁנִּגְרָם עַל יְדֵי קַדַּחַת; קוֹדֵחַ בְּהִתְרַגְּשׁוּת

□ *is all this feverish activity going to be productive?* הַאִם כָּל הַפְּעִילוּת הַקַּדַּחְתָּנִית הַזּוֹ תָּנִיב פְּרִי?

few /fjuː/ adj. & pron. מְעַטִּים, אֲחָדִים, סְפוּרִים, כַּמָּה

quite a few (or **a good few**) לֹא מְעַט, כַּמָּה וְכַמָּה

□ *I've had a few this evening* (*colloq.*) כְּבָר שָׁתִיתִי הָעֶרֶב כַּמָּה כּוֹסִיּוֹת

□ *few people know as much as he does* מְעַטִּים יוֹדְעִים כֹּה הַרְבֵּה כָּמוֹהוּ

□ *few people in London know Chinese* מְעַטִּים יוֹדְעִים סִינִית בְּלוֹנְדוֹן
□ *a few people walked here* חֵלֶק קָטָן בָּא הֵנָּה בָּרֶגֶל
□ *the phone rings every few minutes* הַטֶּלֶפוֹן צִלְצֵל כָּל כַּמָּה דַּקּוֹת

fey /feɪ/ adj. (*derog.*) מְשֻׁנֶּה (וּמְגֻנְדָּר בְּמִקְצָת)

fiancé /fɪˈɒnseɪ/ n. אָרוּס

fiancée /fɪˈɒnseɪ/ n. אֲרוּסָה

fiasco /fɪˈæskəʊ/ n. פִיאַסְקוֹ, כִּשָּׁלוֹן מַחְפִּיר, בִּזָּיוֹן

fiat /ˈfaɪət/ n. (*formal*) פְּקֻדָּה, צַו (שֶׁל שַׁלִּיט), גְּזֵרָה

fib /fɪb/ n. & v.i. (*colloq.*) שֶׁקֶר קַל, בְּלוֹף, בְּדָיָה יַלְדוּתִית; שִׁקֵּר בְּעִנְיָן קַל־עֵרֶךְ, שִׁקֵּר מְצֻדָּק

fibber /ˈfɪbə(r)/ n. (*colloq.*) שַׁקְרָן (בְּפִי יְלָדִים), "בְּלוֹפֶר"

fibre /ˈfaɪbə(r)/ n.
1 (thread) סִיב
glass fibre סִיבֵי זְכוּכִית, פִּיבֶּרְגְלָס
2 (substance formed of fibres) מִרְקָם, מַאֲרָג
3 (roughage) חֹמֶר סִיבִי, סֻבִּין (בְּמָזוֹן)
4 (personal character) אֹפִי
□ *he lacks moral fibre* יֵשׁ לוֹ אֹפִי חַלָּשׁ, אֵין לוֹ חוּט שִׁדְרָה מוּסָרִי

fibreboard /ˈfaɪbəbɔːd/ n. לוּחַ סִיבִית־עֵץ

fibreglass /ˈfaɪbəglɑːs/ n. פִּיבֶּרְגְלָס, סִיבֵי־זְכוּכִית

fibre optics /ˌfaɪber ˈɒptɪks/ n. טֶכְנוֹלוֹגְיָה שֶׁל סִיבִים אוֹפְּטִיִּים

fibrous /ˈfaɪbrəs/ adj. סִיבִי, לִיפִי

fibula /ˈfɪbjʊlə/ n. (*Anat.*) עֶצֶם הַשּׁוֹק הַחִיצוֹנִית

fiche /fiːʃ/ n. גִּלָּיוֹן מִיקְרוֹפִישׁ

fickle /ˈfɪk(ə)l/ adj. הֲפַכְפַּךְ, חֲסַר־נֶאֱמָנוּת

fiction /ˈfɪkʃ(ə)n/ n. סִפְרוּת (סִפְרוּת בִּדְיוֹנִית); בְּדָיָה, מִבְדֶּה

fictional /ˈfɪkʃən(ə)l/ adj. בִּדְיוֹנִי; בָּדוּי

fictitious /fɪkˈtɪʃəs/ adj. מְדֻמֶּה, דִּמְיוֹנִי, בָּדוּי

fiddle /ˈfɪd(ə)l/ n.
1 (violin, *colloq.*) כִּנּוֹר
as fit as a fiddle בָּרִיא כַּשּׁוֹר
□ *he has a face as long as a fiddle* פָּנָיו זוֹעֲפוֹת, פָּנָיו נְפוּלוֹת
□ *she plays second fiddle to him* הִיא עוֹמֶדֶת בְּצִלּוֹ
2 (piece of cheating, *sl.*) רַמָּאוּת
—v.t. & i.
1 (play violin, *colloq.*) נִגֵּן בְּכִנּוֹר
2 (fidget, *colloq.*) שִׂחֵק בְּעַצְבָּנוּת (בְּ...)
□ *don't fiddle with those knobs* תַּפְסִיק לְשַׂחֵק בַּכַּפְתּוֹרִים הָאֵלֶּה
3 (cheat, *sl.*) רִמָּה, "שִׂחֵק" (בְּמִסְפָּרִים, בְּסִפְרֵי חֶשְׁבּוֹנוֹת וְכַד')

fiddler /ˈfɪdlə(r)/ n. (*colloq.*) כַּנָּר

fiddlesticks /ˈfɪd(ə)lstɪks/ int. (*arch. colloq.*) שְׁטֻיּוֹת, הֲבָלִים

fiddling /ˈfɪdlɪŋ/ adj. (*colloq.*) (דָּבָר) שֶׁל־מַה־בְּכָךְ, פָּעוּט

fiddly /fɪdlɪ/ adj. (*colloq.*) מְחַיֵּב יֶדַע וְאֹרֶךְ־רוּחַ, עָדִין

fidelity /fɪˈdelɪtɪ/ n.
1 (loyalty) נֶאֱמָנוּת (לָרֹב בֵּין בְּנֵי זוּג)
2 (accuracy) דַּיְקָנוּת, דִּיּוּק (שֶׁל תַּרְגּוּם וְכַד') מְהֵימָנוּת
high fidelity "הַי־פַי" (יְכֹלֶת הַעֲבָרַת צְלִיל בְּאֵיכוּת גְּבוֹהָה)

fidget /ˈfɪdʒɪt/v.i. & t. (*colloq.*) עָשָׂה תְּנוּעוֹת עַצְבָּנִיּוֹת, פִּרְפֵּר; עִצְבֵּן
—n.
1 (restless state) אִי־שֶׁקֶט, חֹסֶר־מְנוּחָה, "קוֹצִים"
□ *he's got the fidgets* הוּא יוֹשֵׁב עַל סִכּוֹת
2 (person who fidgets) יֶלֶד עַצְבָּנִי

fidgety /ˈfɪdʒɪtɪ/ adj. (*colloq.*) יוֹשֵׁב עַל סִכּוֹת

fie /faɪ/ int. (*arch.*) הַכְלֵם! בּוּשָׁה וּכְלִמָּה!

fief /fiːf/ n. (also **fiefdom**) אֲחֻזָּה פֵיאוֹדָלִית

field /fiːld/ n.
1 (enclosed place) שָׂדֶה; מִגְרַשׁ־סְפּוֹרְט
field events תַּחֲרֻיּוֹת אַתְלֶטִיקָה (פְּרָט לְמֵרוֹצִים)
field sports צַיִד
2 (area rich in a mineral) שָׂדֶה
coal field שְׂדֵה פֶּחָם
oil field שְׂדֵה־נֵפְט
3 (*Mil.*) שֶׁל צָבָא
field artillery (or **gun**) תּוֹתַח־שָׂדֶה, אַרְטִילֶרְיַת־שָׂדֶה
field glasses מִשְׁקֶפֶת־שָׂדֶה
Field Marshal (*UK*) פִילְדְמַרְשָׁל (הַדַּרְגָּה הַגְּבוֹהָה בְּיוֹתֵר בַּצָּבָא הַבְּרִיטִי)
□ *the French army took the field* הַצָּבָא הַצָּרְפָתִי יָצָא לְמִלְחָמָה
4 (area of operation or study) שֶׁטַח, תְּחוּם פְּעִילוּת
field of vision (or **view**) תְּחוּם־רְאִיָּה, שְׂדֵה־רְאִיָּה
□ *he is a leading man in his field* הוּא אֶחָד הַמּוֹבִילִים בַּתְּחוּם שֶׁלּוֹ
5 (competitors) קְבוּצַת־הַמִּתְחָרִים
6 (place where practical operations happen) שָׂדֶה, שֶׁטַח
field work מֶחְקַר שָׂדֶה, מֶחְקַר שֶׁטַח
field day יוֹם שָׂדֶה (לְחַיָּלִים; לְיַלְדֵי בֵּית־סֵפֶר); (בְּהַשְׁאָלָה) "חֲגִיגָה"
□ *when he made the error his opponents had a field day* כַּאֲשֶׁר הוּא עָשָׂה שְׁגִיאָה, הַיְרִיבִים שֶׁלּוֹ חָגְגוּ
□ *her horse was leading the field* הַסּוּס שֶׁלָּהּ רָץ בְּרֹאשׁ הַמִּתְחָרִים
7 (area of stated force) שָׂדֶה
magnetic field שָׂדֶה מַגְנֵטִי
—v.t. תָּפַס וְהֶחֱזִיר כַּדּוּר (בְּמִשְׂחַק קְרִיקֶט אוֹ בֵּיסְבּוֹל)
□ *he fielded the ball smartly* הוּא תָּפַס וְהֶחֱזִיר אֶת הַכַּדּוּר בִּזְרִיזוּת

□ *the politician fielded the questions skilfully* הַפּוֹלִיטִיקַאי הֵשִׁיב עַל הַשְּׁאֵלוֹת בִּפְקָחוּת

□ *England fielded a strong team* הָאַנְגְּלִים שָׁלְחוּ קְבוּצַת־שַׂחְקָנִים חֲזָקָה

fielder /ˈfiːldə(r)/ n. (also **fieldsman**) שַׂחְקָן שָׂדֶה

field hospital /ˈfiːld-hɒspɪt(ə)l/ n. בֵּית־חוֹלִים שָׂדֶה

fieldmouse /ˈfiːldmaʊs/ n. עַכְבַּר־שָׂדֶה

field-test /ˈfiːld-test/ v.t. נִסָּה בַּשֶּׁטַח (מִתְקָן, תְּרוּפָה וְכַד׳)

fiend /fiːnd/ n. שֵׁד, רוּחַ רָעָה; רָשָׁע מְרֻשָּׁע; מָכוּר לְ..., מְשֻׁגָּע לְ...

□ *he's a fresh-air fiend* (*colloq.*) הוּא מְשֻׁגָּע לַאֲוִיר צַח

fiendish /ˈfiːndɪʃ/ adj. שְׂטָנִי, מְרֻשָּׁע, זְדוֹנִי

fierce /fɪəs/ adj. אַלִּים, אַכְזָר, עַז, תַּקִּיף

□ *they were driven off by the fierce heat of the fire* חֻמָּהּ הָעַז שֶׁל הָאֵשׁ הִרְחִיק אוֹתָם מִן הַמָּקוֹם

fiery /ˈfaɪərɪ/ adj. יוֹקֵד, לוֹהֵט, בּוֹעֵר

□ *he has a fiery temper* יֵשׁ לוֹ מֶזֶג לוֹהֵט

fiesta /fɪˈestə/ n. ״פִיֶסְטָה״ (חַג דָּתִי בָּאֲרָצוֹת הַדּוֹבְרוֹת סְפָרַדִּית)

fife /faɪf/ n. מֵעֵין חֲלִיל־צַד קָטָן (בְּתִזְמֹרֶת צְבָאִית)

fifteen /fɪfˈtiːn/ adj. & n. חֲמֵשׁ־עֶשְׂרֵה; קְבוּצַת רוֹגְבִּי

□ *he played for the first fifteen* (*Rugby*) הוּא שִׂחֵק בִּנְבַחֶרֶת־הָרוֹגְבִּי הָרִאשׁוֹנָה

fifteenth /fɪfˈtiːnθ/ n. & adj. הַחֵלֶק הַחֲמִשָּׁה עָשָׂר; הַחֲמִשָּׁה עָשָׂר

fifth /fɪfθ/ n. & adj. חֲמִישִׁית, הַחֵלֶק הַחֲמִישִׁי; חֲמִישִׁי

fifth column גַּיִס חֲמִישִׁי

Fifth Amendment הַתִּקּוּן הַחֲמִישִׁי (בְּחֻקַּת אַרְהַ״ב, הַמַּעֲנִיק לָאָדָם אֶת הַזְּכוּת שֶׁלֹּא לְהַפְלִיל אֶת עַצְמוֹ)

fiftieth /ˈfɪftɪəθ/ n. & adj. הַחֵלֶק הַחֲמִישִׁים; הַחֲמִישִׁים

fifty /ˈfɪftɪ/ n. & adj. חֲמִשִּׁים

□ *he has a fifty-fifty chance of success* סִכּוּיָיו לְהַצְלִיחַ הֵם חֲצִי־חֲצִי

□ *we shared fifty-fifty* הִתְחַלַּקְנוּ שָׁוֶה בְּשָׁוֶה

fig /fɪg/ n. תְּאֵנָה; עֵץ־תְּאֵנָה

□ *I don't care* (or *give*) *a fig for it!* (*colloq.*) אֲנִי מְצַפְצֵף עַל זֶה! לֹא אִכְפַּת לִי כְּלָל!

fight /faɪt/ (past & past ppl. **fought** /fɔːt/) v.t. & i. נִלְחַם בְּ..., נֶאֱבַק בְּ..., רָב עִם; נִלְחַם, הִתְקוֹטֵט

fight shy of הִתְחַמֵּק מִ...

□ *she fought shy of the task* הִיא הִתְחַמְּקָה מִן הַמְּשִׂימָה

□ *don't take it lying down! fight back!* אַל תִּשְׁתֹּק לוֹ עַל זֶה, תַּכֶּה בַּחֲזָרָה!

□ *he fought back* (or *down*) *his anger* הוּא כָּבַשׁ אֶת זַעֲמוֹ בְּמַאֲמָץ

□ *he fought off all challenges to his leadership* הוּא הָדַף אֶת כָּל הַנִּסְיוֹנוֹת לְעַרְעֵר עַל מַנְהִיגוּתוֹ

□ *they fought it out* הֵם רָבוּ עַל זֶה (עַד שֶׁהִכְרִיעוּ בַּדָּבָר)

□ *he fought his way out of a tight corner* הוּא נֶחֱלַץ תּוֹךְ כְּדֵי מַאֲבָק מִן הַצָּרָה שֶׁאֵלֶיהָ נִקְלַע

□ *he's always fighting with his brother* הוּא תָּמִיד מִתְקוֹטֵט עִם אָחִיו

□ *he fought with* (or *on the side of*) *the French* הוּא נִלְחַם לְצַד הַצָּרְפָתִים

—n. קְרָב, מַאֲבָק; קְרַב־אֶגְרוֹף; רִיב, קְטָטָה

□ *he put up a good fight* הוּא נִלְחַם בְּאֹמֶץ

□ *it was a fight to the finish* הַיְרִיבִים נִלְחֲמוּ עַד הַסּוֹף

□ *all the fight went out of him* הוּא אִבֵּד אֶת רְצוֹן־הַלְּחִימָה

fighter /ˈfaɪtə(r)/ n. לוֹחֵם; מִתְאַגְרֵף; מְטוֹס־קְרָב

fighter pilot טַיָּס קְרָבִי

fighting /ˈfaɪtɪŋ/ adj. מָלֵא רוּחַ־לְחִימָה

a fighting chance (*colloq.*) סִכּוּי קָלוּשׁ אֲבָל מַמָּשִׁי

fighting fit (*colloq.*) בְּכֹשֶׁר מָלֵא

fighting mad (*colloq.*) רוֹתֵחַ מִזַּעַם

fig-leaf /ˈfɪg-liːf/ n. עֲלֵה־תְּאֵנָה (גַּם בְּהַשְׁאָלָה)

figment /ˈfɪgmənt/ n.

figment of the imagination פְּרִי הַדִּמְיוֹן, יְצִיר הַדִּמְיוֹן

figurative /ˈfɪgərətɪv/ adj. בְּהַשְׁאָלָה (לְהַבְדִּיל מִבְּאֹפֶן מִלּוּלִי); (צִיּוּר) פִיגוּרָטִיבִי

figuratively /ˈfɪgərətɪvlɪ/ adv. בְּהַשְׁאָלָה (כַּנַּ״ל)

figure /ˈfɪgə(r)/ n.

1 (human shape) גִּזְרָה, גּוּף, פִיגוּרָה

□ *she has a good figure* יֵשׁ לָהּ גִּזְרָה נָאָה

2 (person as seen, important person) דְּמוּת; אִישִׁיּוּת

a figure of fun דְּמוּת מְגֻחֶכֶת, נוֹשֵׂא לִבְדִיחוֹת

3 (image, statue) דְּמוּת (בְּצִיּוּר וְכַד׳), פֶּסֶל

4 (illustrative diagram) דִּיאַגְרַמָּה, רִשּׁוּם; דֻּגְמָה

5 (verbal expression) אֹפֶן הִתְבַּטְּאוּת, צוּרַת הִתְבַּטְּאוּת

a figure of speech בִּטּוּי (רֵטוֹרִי, סִגְנוֹנִי וְכַד׳); תַּבְנִית לָשׁוֹן (דִּמּוּי, מֶטָאפוֹרָה וְכַד׳)

6 (numerical symbol; number) מִסְפָּר, סִפְרָה

double figures (שֶׁל) שְׁתֵּי סְפָרוֹת (כְּלוֹמַר בֵּין 10 לְ־99)

in round figures בְּמִסְפָּרִים עֲגֻלִּים, בְּסִכּוּם עָגֹל

□ *we bought it at a low figure* קָנִינוּ אֶת זֶה בְּסִכּוּם נָמוּךְ

—v.i.

1 (appear, be mentioned) הוֹפִיעַ, זָכָה לִתְשׂוּמֶת לֵב/לְמָקוֹם

2 (be understandable, *US colloq.*) הָיָה סָבִיר

it figures זֶה הֶגְיוֹנִי, זֶה סָבִיר

—v.t.

1 (represent in diagram etc.) תֵּאֵר בְּדִיאַגְרַמָּה, תֵּאֵר בְּתַרְשִׁים

2 (picture mentally) הֶעֱרִיךְ
□ *I can't figure that man out* אֲנִי לֹא מַצְלִיחַ לְהָבִין אֶת הָאִישׁ הַזֶּה
(understand, consider, *US*) חָשַׁב שֶׁ..., הֶאֱמִין שֶׁ...
□ *I figure things must be bad* נִרְאֶה לִי שֶׁהַמַּצָּב לֹא טוֹב

figured /ˈfɪgəd/ adj. עִם דֻּגְמָה (עֲדִינָה);

figure-head /ˈfɪgə-hed/ n. אָדָם בַּעַל תַּפְקִיד יִצּוּגִי בִּלְבַד
פֶּסֶל (אִשָּׁה) בְּחַרְטוֹם סְפִינָה
□ *he was merely the figure-head of his firm* תַּפְקִידוֹ בַּחֶבְרָה הָיָה יִצּוּגִי בִּלְבַד

figure-skating /ˈfɪgə-skeɪtɪŋ/ n. עֲשִׂיַּת שְׁמִינִיּוֹת (וְכַד') עַל הַקֶּרַח

figurine /ˈfɪgəriːn/ n. פִּסְלוֹן

filament /ˈfɪləmənt/ n. חוּט־לַהַט; פְּתִיל דַּק

filch /fɪltʃ/ v.t. (*derog.*) "סָחַב", גָּנַב (דָּבָר בַּעַל עֵרֶךְ קָטָן)

file[1] /faɪl/ n. פְּצִירָה, מְשׁוֹף, שׁוֹפִין
—v.t. שִׁיֵּף, פָּצַר

file[2] /faɪl/ n.
1 (folder etc. for paper) תִּיק, אוֹגְדָן, כַּרְטֶסֶת, קְלָסֵר
on file שָׁמוּר בְּאַרְכִיּוֹן הַתִּיקִים
2 (line of persons etc.) שׁוּרָה עָרְפִּית, טוּר
single (or **Indian**) **file** שׁוּרָה עָרְפִּית, טוּר
—v.t. תִּיֵּק
□ *he filed a claim* הוּא הִגִּישׁ תְּבִיעָה (לְפִצּוּיִים וְכַד')
—v.i. צָעַד בְּטוּר, צָעַד בְּשׁוּרָה
□ *the man filed in* (or *out*) הָאֲנָשִׁים נִכְנְסוּ/יָצְאוּ בְּשׁוּרָה

filial /ˈfɪlɪəl/ adj. (*formal*) (רְגָשׁוֹת, יַחַס וְכַד') שֶׁל בֵּן/בַּת

filibuster /ˈfɪlɪbʌstə(r)/ n. & v.i. (אָדָם הַמְנַסֶּה לְעַכֵּב הַצְבָּעָה וְכַד' בִּנְאוּמִים מִמֻשָּׁכִים; עִכֵּב (כַּנַּ"ל)

filigree /ˈfɪlɪgriː/ n. פִילִיגְרָן (עֲבוֹדַת מַתֶּכֶת עֲדִינָה בְּחוּטִים)

filing cabinet /ˈfaɪlɪŋ ˌkæbɪnɪt/ n. תִּיקִיָּה, אֲרוֹן תִּיקִים

filings /ˈfaɪlɪŋz/ n. *pl.* שְׁבָבִים (שֶׁל מַתֶּכֶת וְכַד')

fill /fɪl/ v.t. & i. מִלֵּא; הִתְמַלֵּא
□ *his book fills a gap* סִפְרוֹ מַשְׁלִים חָסֵר
□ *the position* (or *vacancy*) *has been filled* הַמִּשְׂרָה אֻיְשָׁה, הַמִּשְׂרָה הִתְמַלְּאָה
□ *the dentist filled three of her teeth* רוֹפֵא־הַשִּׁנַּיִם עָשָׂה לָהּ שָׁלֹשׁ סְתִימוֹת
□ *the sails filled* הַמִּפְרָשִׂים תָּפְחוּ בָּרוּחַ
—in set phrases
fill in (or **up** or **out**) **a form** מִלֵּא טֹפֶס
□ *I'm filling in while your teacher is off sick* אֲנִי מְמַלֵּא מָקוֹם כָּל עוֹד הַמּוֹרָה שֶׁלָּכֶם חוֹלָה
□ *can you fill me in on some details?* הַאִם אַתָּה יָכוֹל לְעַדְכֵּן אוֹתִי בִּפְרָטִים?
□ *her cheeks filled out* פָּנֶיהָ הִתְמַלְּאוּ, לְחָיֶיהָ הִתְעַגְּלוּ
□ *fill her up!* מַלֵּא אֶת מְכַל־הַדֶּלֶק, (מְכַל) מַלֵּא בְּבַקָּשָׁה!
—n. כַּמּוּת מַסְפִּיקָה לְמִלּוּי, דַּי וְהוֹתֵר
□ *eat your fill!* (*poet.*) אֱכֹל לְשָׂבְעָה!
□ *I had my fill of discipline in the Army* הָיְתָה לִי מִשְׁמַעַת דַּי וְהוֹתֵר בַּצָּבָא

filler /ˈfɪlə(r)/ n. חֹמֶר־מִלּוּי; חֹמֶר לְהַגְדָּלַת הַנֶּפַח

fillet /ˈfɪlɪt/ n.
1 (strip of meat; boneless fish) פִילֶה בָּשָׂר; פִילֶה דָּג
fillet steak אֻמְצַת פִילֶה, סְטֵיק־פִילֶה
2 (head-band) קֶשֶׁת לְשֵׂעָר, סֶרֶט לָרֹאשׁ
—v.t. סִלֵּק אֶת הָעֲצָמוֹת (מִבָּשָׂר אוֹ מִדָּג)

filling /ˈfɪlɪŋ/ n. סְתִימָה (בְּשֵׁן); מִלּוּי (בְּעוּגָה וְכַד')
—adj. מַשְׂבִּיעַ, מְמַלֵּא
□ *the meal was very filling* הָאֲרוּחָה הָיְתָה מַשְׂבִּיעָה מְאֹד

filling-station /ˈfɪlɪŋ-steɪʃ(ə)n/ n. תַּחֲנַת־דֶּלֶק

fillip /ˈfɪlɪp/ n. (*formal*) תַּמְרִיץ, דְּחִיפָה, "זְרִיקַת־מֶרֶץ"

filly /ˈfɪlɪ/ n. סְיָחָה

film /fɪlm/ n.
1 (thin coating or covering) קְרוּם, שִׁכְבָה דַּקָּה, מַעֲטֶה דַּק
2 (*Photog.*) סֶרֶט־צִלּוּם, פִילְם
3 (*Cinema*) סֶרֶט קוֹלְנוֹעַ
—v.t.
1 (cover) כִּסָּה בִּקְרוּם
2 (*Cinema*) הִסְרִיט
—v.i. הִסְרִיט; הָיָה נוֹשֵׂא (טוֹב/רַע) לְסֶרֶט

filmable /ˈfɪlməb(ə)l/ adj. (סִפּוּר וְכַד') מַתְאִים לְהַסְרָטָה

film star /ˈfɪlm stɑː(r)/ n. כּוֹכַב־קוֹלְנוֹעַ

film-strip /ˈfɪlm-strɪp/ n. סֶרֶט (שֶׁל תַּצְלוּמִים בּוֹדְדִים לְמָטוֹל שְׁקוּפִיּוֹת)

filmy /ˈfɪlmɪ/ adj. דַּק וְשָׁקוּף לְמֶחֱצָה

Filofax /ˈfaɪləʊˌfæks/ n. (*Prop.*) "פִילוֹפַקְס" (מֵעֵין יוֹמָן מְהֻדָּר)

filter /ˈfɪltə(r)/ n. פִילְטֶר, מְסַנֵּן
filter-bed שִׁכְבַת סִנּוּן (מֵחוֹל וְכַד')
filter coffee קָפֶה־פִילְטֶר
filter-tip סִיגַרִיַּת־פִילְטֶר
—v.t. & i. סִנֵּן, הֶעֱבִיר בְּפִילְטֶר; (קָהָל) זָרַם לְאִטּוֹ; (רֶכֶב) נָע בִּנְתִיב פְּנִיָּה

filth /fɪlθ/ n. זֻהֲמָה, טִנֹּפֶת (גַּם בְּהַשְׁאָלָה)

filthy /ˈfɪlθɪ/ adj. מְזֹהָם, מְטֻנָּף (גַּם בְּהַשְׁאָלָה)
filthy rich (*colloq.*) מַסְרִיחַ מִכֶּסֶף, עָשִׁיר כְּקֹרַח

filtration /fɪlˈtreɪʃ(ə)n/ n. סִנּוּן

fin /fɪn/ n. סְנַפִּיר; כְּנָפוֹן
□ *this rocket has four fins* לַטִּיל הַזֶּה אַרְבָּעָה כְּנָפוֹנִים

final /ˈfaɪn(ə)l/ adj. סוֹפִי, אַחֲרוֹן, מַכְרִיעַ
□ *the editor's decision is final* הַחְלָטַת הָעוֹרֵךְ הִיא סוֹפִית

—n.
1 (decisive examination or contest, often in *pl.*) בְּחִינַת־גְּמָר; מִשְׂחַק־גְּמָר; תַּחֲרוּת־גְּמָר
2 (last edition of newspaper) מַהֲדוּרָה אַחֲרוֹנָה (בְּמַהֲלַךְ הַיּוֹם)

finale /fɪˈnɑːlɪ/ n. פִינָלֶה (הַחֵלֶק הָאַחֲרוֹן שֶׁל יְצִירָה מוּזִיקָלִית); סִיּוּם

finalist /ˈfaɪnəlɪst/ n. מִתְחָרֶה בְּשָׁלָב הַגְּמָר

finality /faɪˈnælɪtɪ/ n. סוֹפִיּוּת
□ *he spoke with an air of finality* הוּא דִּבֵּר בְּפַסְקָנוּת

finalize /ˈfaɪnəlaɪz/ v.t. הֵבִיא לִידֵי גְּמָר, הִשְׁלִים, קָבַע נֹסַח סוֹפִי

finally ˈfaɪnəlɪ/ adv.
1 (lastly) לְבַסּוֹף, לְסִיּוּם
2 (at last; once and for all) סוֹף־סוֹף; אַחַת וּלְתָמִיד

finance /ˈfaɪnæns/ n.
1 (management of money) נִהוּל כְּסָפִים, פִינַנְסִים
2 (financial support) תְּמִיכָה פִינַנְסִית, מִמּוּן
3 (in *pl.*, money resources) מְקוֹרוֹת מִמּוּן, מְקוֹרוֹת כַּסְפִּיִּים
□ *my finances are inadequate* מְקוֹרוֹת הַמִּמּוּן שֶׁלִּי אֵינָם מַסְפִּיקִים
—v.t. מִמֵּן

financial /faɪˈnænʃ(ə)l/ adj. פִינַנְסִי, כַּסְפִּי
□ *our financial year begins in April* שְׁנַת־הַכְּסָפִים שֶׁלָּנוּ מַתְחִילָה בְּאַפְּרִיל

financier /faɪˈnænsɪə(r)/ n. אִישׁ־כְּסָפִים, אִישׁ־פִינַנְסִים

finch /fɪntʃ/ n. פְּרוּשׁ (צִפּוֹר שִׁיר קְטַנָּה מִסּוּגִים שׁוֹנִים)

find /faɪnd/ (past & past ppl. **found** /faʊnd/) v.t.
1 (discover, get possession of) מָצָא
□ *he was found dead* הוּא נִמְצָא לְלֹא רוּחַ חַיִּים
□ *she found her feet* (*colloq.*) הִיא הִתְאַרְגְּנָה בְּמַצָּב הֶחָדָשׁ
find out מָצָא שֶׁ..., גִּלָּה שֶׁ..., בֵּרֵר שֶׁ...
□ *he was found out* הוּא נִתְפַּס בְּקַלְקָלָתוֹ, מַעֲשָׂיו (הָרָעִים) נֶחְשְׂפוּ
□ *the child found out how to turn on the radio* הַיֶּלֶד גִּלָּה כֵּיצַד לְהַפְעִיל אֶת הָרַדְיוֹ
2 (perceive, acknowledge) מָצָא שֶׁ..., גִּלָּה שֶׁ..., הִכִּיר בְּכָךְ שֶׁ...
find fault (with) מָצָא פְּגָם (בְּ...)
□ *I find myself unable to agree* אֲנִי מוֹצֵא שֶׁאֵינֶנִּי יָכוֹל לְהַסְכִּים
□ *do you find that strange?* הַאִם אַתָּה מוֹצֵא שֶׁזֶּה מוּזָר?
4 (*Law*) פָּסַק
□ *the jury found him guilty* חֶבֶר הַמֻּשְׁבָּעִים פָּסַק כִּי הוּא אָשֵׁם
□ *they found for the plaintiff* הֵם פָּסְקוּ לְטוֹבָתוֹ שֶׁל מַגִּישׁ הַתְּבִיעָה
5 (supply) סִפֵּק
□ *£50 a week and all found* 50 לִישׁ"ט + הוֹצָאוֹת מִחְיָה
—n. מְצִיאָה, תַּגְלִית

finder /ˈfaɪndə(r)/ n. מוֹצֵא, מְאַתֵּר
view finder עֲדָשַׁת כִּוּוּן, חַלּוֹן כִּוּוּן (בְּמַצְלֵמָה)
finders keepers (*colloq.*) אֲנִי מָצָאתִי וְזֶה שֶׁלִּי (בִּלְשׁוֹן יְלָדִים)

finding /ˈfaɪndɪŋ/ n. (usu. in *pl.*) מִמְצָא, מַסְקָנָה
□ *I read the findings of the commission* קָרָאתִי אֶת הַמַּסְקָנוֹת שֶׁל הַוַּעֲדָה

fine[1] /faɪn/ n. קְנָס
—v.t. קָנַס
□ *he was fined ten pounds* הוּא נִקְנַס בְּעֶשֶׂר לִישׁ"ט

fine[2] /faɪn/ adj.
1 (slender, subtle) דַּק, עָדִין, מְעֻדָּן
a fine distinction הֶבְדֵּל דַּק, הֶבְדֵּל עָדִין
□ *we went through the contract with a fine-tooth comb* (*colloq.*) עָבַרְנוּ עַל הַחוֹזֶה בִּזְכוּכִית מַגְדֶּלֶת
□ *not to put too fine a point on it, I was wrong* אִם לְהוֹדוֹת בֶּאֱמֶת, אָכֵן טָעִיתִי
□ *sand is finer than gravel* חוֹל דַּק יוֹתֵר מֵחָצָץ
2 (refined; of high quality) מְשֻׁבָּח, מְעֻדָּן
fine art אָמָנוּת יָפָה (פִּסּוּל, צִיּוּר, מוּזִיקָה וְכַד')
□ *he's got persuasion down to a fine art* אֶצְלוֹ הַשִּׁכְנוּעַ זֶה אָמָנוּת
3 (excellent) מְצֻיָּן
□ *that's a fine excuse!* (*iron.*) מָצָאתָ לְךָ תֵּרוּץ יָפֶה! (נֶאֱמַר בְּלִגְלוּג)
□ *I feel fine* אֲנִי מַרְגִּישׁ טוֹב, אֲנִי בְּסֵדֶר
4 (not raining, bright) (מֶזֶג אֲוִיר) נָאֶה, יָפֶה, בָּהִיר
□ *one fine day...* יוֹם בָּהִיר אֶחָד...
—adv. בְּסֵדֶר גָּמוּר; בַּחֲתִיכוֹת קְטַנּוֹת, בְּאֹפֶן דַּק
fine! בְּסֵדֶר! מְצֻיָּן!
cut it fine (*colloq.*) לֹא הִשְׁאִיר מֶרְחָב לְטָעֻיּוֹת
□ *that will suit* (or *do*) *me fine!* זֶה מַתְאִים לִי מְאֹד אָחוּז!

finery /ˈfaɪnərɪ/ n. בִּגְדֵי־הָדָר, בִּגְדֵי־חַג

fine-spun /ˌfaɪn-ˈspʌn/ adj. (אָרִיג) דַּק וְעָדִין מְאֹד

finesse /fɪˈnes/ n. עֲדִינוּת וּמְיֻמָּנוּת; מַהֲלָךְ בִּבְרִידְג' שֶׁבּוֹ שׁוֹמְרִים עַל קְלָף גָּבוֹהַּ

fine-tune /faɪn-ˈtjuːn/ v.t. כִּוֵּן כִּוּוּן־עָדִין

finger /ˈfɪŋgə(r)/ n. אֶצְבַּע
□ *his fingers are all thumbs* (or *he's all fingers and thumbs*) (*UK colloq.*) יֵשׁ לוֹ שְׁתֵּי יָדַיִם שְׂמָאלִיּוֹת
□ *he has a finger in a lot of pies* (*colloq.*) יֵשׁ לוֹ יָד בַּעֲסָקִים רַבִּים
□ *keep your fingers crossed!* (*colloq.*) תַּחֲזִיק אֶצְבָּעוֹת!
□ *I cannot put* (or *lay*) *my finger on the true reason* (*colloq.*) אֲנִי לֹא יָכוֹל לָשִׂים אֶת הָאֶצְבַּע עַל הַסִּבָּה הָאֲמִתִּית
□ *I never laid a finger on him!* אֲפִלּוּ לֹא נָגַעְתִּי בּוֹ!

—v.t. מִשֵּׁשׁ בְּאֶצְבְּעוֹתָיו אֶת; (בְּמוּזִיקָה) אִצְבֵּעַ

finger-bowl /ˈfɪŋgə-bəʊl/ n. קְעָרִית לִנְטִילַת־יָדַיִם (לְאַחַר אֲרוּחָה וְכַד')

fingering /ˈfɪŋgərɪŋ/ n. (*Mus.*) אִצְבּוּעַ (קְבִיעַת מִקּוּם הָאֶצְבָּעוֹת בִּנְגִינָה)

finger-mark /ˈfɪŋgə-mɑːk/ n. סִימַן־אֶצְבָּעוֹת

finger-nail /ˈfɪŋgə-neɪl/ n. צִפֹּרֶן (בִּקְצֵה אֶצְבַּע הַיָּד)

fingerprint /ˈfɪŋgəprɪnt/ n. & v.t. טְבִיעַת־אֶצְבָּעוֹת; לָקַח טְבִיעַת אֶצְבָּעוֹת מ...

fingerstall /ˈfɪŋgəstɔːl/ n. כִּסּוּי (מֵעוֹר וְכַד') לְאֶצְבַּע פְּצוּעָה

fingertip /ˈfɪŋgətɪp/ n. קְצֵה הָאֶצְבַּע

□ *he has the whole subject at his fingertips* יֵשׁ לוֹ שְׁלִיטָה מֻחְלֶטֶת בַּנּוֹשֵׂא

finicking /ˈfɪnɪkɪŋ/ adj. (also **finicky, finical**) (*colloq.*) אִיסְטְנִיס, אָנִין, מְפֻנָּק; (נוֹשֵׂא) עָדִין וְסָבוּךְ

finis /ˈfɪnɪs/ n. (*formal*) סוֹף, "תַּם וְנִשְׁלַם" (בְּסוֹף סֵפֶר אוֹ סֶרֶט)

finish /ˈfɪnɪʃ/ v.t. & i.

1 (bring or come to an end) גָּמַר, הִשְׁלִים, סִיֵּם; הִסְתַּיֵּם, נִגְמַר

□ *I'm finished! I can hardly move* (*colloq.*) אֲנִי הָרוּג! אֲנִי לֹא מְסֻגָּל לָזוּז

□ *he finished off* (or *up*) *my whisky* הוּא חִסֵּל אֶת הַוִּיסְקִי שֶׁלִּי

□ *have you finished with the dictionary?* הַאִם סִיַּמְתָּ לְעַיֵּן בַּמִּלּוֹן? הַאִם גָּמַרְתָּ עִם הַמִּלּוֹן?

□ *I have finished with her for good* (*colloq.*) גָּמַרְתִּי אִתָּהּ בְּאֹפֶן סוֹפִי

2 (put final touches to) לִטֵּשׁ (גַּם בְּהַשְׁאָלָה)

finishing school בֵּית־סֵפֶר לְגְבִירוֹת צְעִירוֹת (שֶׁבּוֹ מַכְשִׁירִים בְּנוֹת־טוֹבִים לְחַיֵּי חֶבְרָה)

□ *the woodwork is beautifully finished* הַגִּמּוּר שֶׁל עֲבוֹדַת הָעֵץ יָפֶה מְאֹד

—n.

1 (end) סוֹף, סִיּוּם, שָׁלָב סוֹפִי; "פִינִישׁ"

□ *it was a fight to the finish* זֶה הָיָה מַאֲבָק עַד הָרֶגַע הָאַחֲרוֹן

□ *we wanted to be in at the finish* רָצִינוּ לִהְיוֹת נוֹכְחִים וְלִרְאוֹת אֶת הַסּוֹף

2 (exterior details of workmanship; polish) גִּמּוּר; בָּרָק, "פִינִישׁ", לִטּוּשׁ

finite /ˈfaɪnaɪt/ adj. (*formal*) סוֹפִי; מֻגְבָּל, מֻגְדָּר

finite verb (*Gram.*) פֹּעַל נָטוּי (לְהַבְדִּיל מִצּוּרַת הַמָּקוֹר וְכַד')

fiord /fɪɔːd/ n. פְיוֹרְד, לְשׁוֹן־יָם צָרָה בֵּין צוּקִים תְּלוּלִים (בְּעִקָּר בִּסְקַנְדִינַבְיָה)

fir /fɜː(r)/ n. אַשּׁוּחַ (מִסְפַּר סוּגֵי עֵץ מַחְטָנִיִּים)

fir-cone /fɜː-kəʊn/ n. אִצְטְרֻבָּל

fire /ˈfaɪə(r)/ n.

1 (combustion) אֵשׁ, שְׂרֵפָה, בְּעֵרָה, דְּלֵקָה

fire brigade מְכַבֵּי הָאֵשׁ

fire door דֶּלֶת בִּטָּחוֹן (לִמְנִיעַת הִתְפַּשְּׁטוּת אֵשׁ)

fire insurance בִּטּוּחַ נֶגֶד שְׂרֵפָה

Fire Service שֵׁרוּת־מְכַבֵּי־אֵשׁ

fire station תַּחֲנַת־מְכַבֵּי־אֵשׁ

□ *the house caught* (or *went on* or *took*) *fire* הַבַּיִת הִתְחִיל לִבְעֹר

□ *your house is on fire!* הַבַּיִת שֶׁלְּךָ בּוֹעֵר!

□ *you're playing with fire* (*fig.*) אַתָּה מְשַׂחֵק בְּאֵשׁ

□ *he's got no fire in his belly* (*colloq.*) אֵין לוֹ "פִּלְפֵּל"

□ *there's no smoke without fire* (*Prov.*) אֵין עָשָׁן בְּלִי אֵשׁ

□ *out of the frying pan, into the fire* (*Prov.*) מִן הַפַּח אֶל הַפַּחַת

2 (shooting by guns) אֵשׁ

□ *we were under fire* הָיִינוּ תַּחַת אֵשׁ, נִתְכָה עָלֵינוּ אֵשׁ

□ *the government came under fire* (*fig.*) נִמְתְּחָה בִּקֹּרֶת חֲרִיפָה עַל הַמֶּמְשָׁלָה

3 (electric or gas heater) תַּנּוּר־חִמּוּם

□ *switch on the fire, it's cold* תַּדְלִיק אֶת הַחִמּוּם, קַר כָּאן

—v.t.

1 (inspire) הִצִּית, שִׁלְהֵב (דִּמְיוֹן וְכַד')

□ *his description fired our imagination* הַתֵּאוּר שֶׁלּוֹ הִצִּית אֶת הַדִּמְיוֹן שֶׁלָּנוּ

□ *he fired us with enthusiasm* הוּא הֵפִיחַ בָּנוּ הִתְלַהֲבוּת

2 (bake pottery) שָׂרַף (כְּלֵי חֶרֶס בְּתַנּוּר)

3 (discharge gun) יָרָה (בְּרוֹבֶה, תּוֹתָח וְכַד')

□ *the reporters fired questions at her* הַכַּתָּבִים הִפְגִּיזוּ אוֹתָהּ בִּשְׁאֵלוֹת

□ *fire away! say what you came to say!* (*colloq.*) דַּבֵּר! אֱמֹר מַה שֶּׁיֵּשׁ לְךָ לוֹמַר!

4 (dismiss employee, *colloq.*) הֵעִיף מִן הָעֲבוֹדָה, זָרַק מִן הָעֲבוֹדָה, פִּטֵּר

5 (set off explosion) הִפְעִיל, הִצִּית (טִיל, מָנוֹעַ וְכַד')

fire-alarm /ˈfaɪər-əˌlɑːm/ n. (פַּעֲמוֹן) אַזְעָקָה נֶגֶד אֵשׁ

firearm /ˈfaɪərɑːm/ n. כְּלִי־יְרִי, נֶשֶׁק קַל

fireball /ˈfaɪəbɔːl/ n. כַּדּוּר־אֵשׁ

fire-bomb /ˈfaɪə-bɒm/ n. פִּצְצַת־תַּבְעֵרָה

firebrand /ˈfaɪəbrænd/ n. אוּד, לַפִּיד; (בְּהַשְׁאָלָה) מְחַרְחֵר רִיב, מֵסִית

firebreak /ˈfaɪəbreɪk/ n. שְׁבִיל (בַּיַּעַר) לִמְנִיעַת הִתְפַּשְּׁטוּת אֵשׁ

fire-brick /ˈfaɪə-brɪk/ n. לְבֵנָה חֲסִינַת־אֵשׁ

fire-bug /ˈfaɪə-bʌg/ n. (*colloq.*) מַצִּית בְּזָדוֹן, מַבְעִיר־שְׂרֵפוֹת

fire-cracker /ˈfaɪə-krækə(r)/ n. חָזִיז, נֶפֶץ (סוּג שֶׁל זִקּוּקִין דִּי־נוּר)

fire-drill /ˈfaɪə-drɪl/ n. תִּרְגּוּל לִשְׁעַת שְׂרֵפָה

fire-eater /ˈfaɪər-iːtə(r)/ n. בּוֹלֵעַ־אֵשׁ (בְּקִרְקָס לְמָשָׁל); אָדָם אַלִּים וְרַגְזָן

fire-engine /ˈfaɪər-ˌendʒɪn/ n. נַיֶּדֶת־כִּבּוּי, מְכוֹנִית־כַּבָּאִים

fire-escape /ˈfaɪər-ɪˌskeɪp/ n. מַדְרֵגוֹת לִשְׁעַת־חֵרוּם

fire-extinguisher /ˈfaɪər-ekˌstɪŋgwɪʃə(r)/ n. מַטְפֶּה, מַכְשִׁיר לְכִבּוּי־אֵשׁ

fire-fighter /ˈfaɪə-faɪtə(r)/ n. כַּבַּאי

firefly /ˈfaɪəflaɪ/ n. גַּחְלִילִית

fire-hose /ˈfaɪə-həʊz/ n. זַרְנוּק, צִנּוֹר מְכַבֵּי אֵשׁ

fire-irons /ˈfaɪər-aɪənz/ n. *pl.* כְּלֵי־אָח

firelight /ˈfaɪəlaɪt/ n. אוֹר אֵשׁ, אוֹר מְדוּרָה, אוֹר אָח

firelighter /ˈfaɪəlaɪtə(r)/ n. לְבֵנַת־דֶּלֶק (חֹמֶר הַדְלָקָה לְאָח וְכַד׳)

fireman /ˈfaɪəmən/ n. כַּבַּאי; מַסִּיק (שֶׁל קַטָּר, שֶׁל כִּבְשָׁן וְכַד׳)

fireplace /ˈfaɪəpleɪs/ n. אָח (בְּחֶדֶר)

fire-power /ˈfaɪə-ˌpaʊə(r)/ n. עָצְמַת אֵשׁ
- □ *the enemy had superior fire-power* לָאוֹיֵב הָיְתָה עָצְמַת אֵשׁ עֲדִיפָה

fireproof /ˈfaɪəpruːf/ adj. חֲסִין־אֵשׁ

fire-raising /ˈfaɪə-ˌreɪzɪŋ/ n. הַצָּתָה זְדוֹנִית

fireside /ˈfaɪəsaɪd/ n. חֵלֶק־הַחֶדֶר הַסָּמוּךְ לָאָח

fire-water /ˈfaɪə-ˌwɔːtə(r)/ n. (*colloq.*) "מֵי־אֵשׁ" (מַשְׁקֶה אַלְכּוֹהוֹלִי חָרִיף)

firewood /ˈfaɪəwʊd/ n. עֲצֵי־הַסָּקָה

firework /ˈfaɪəwɜːk/ n. זִקּוּקִין דִּי־נוּר
- □ *there will be fireworks when his wife finds out* (*colloq.*) כְּשֶׁיִּתְגַּלֶּה הַדָּבָר לְאִשְׁתּוֹ הִיא תַּרְעִישׁ עוֹלָמוֹת

firing-line /ˈfaɪərɪŋ-ˌlaɪn/ n. קַו־הָאֵשׁ, קַו־הַחֲזִית (גַּם בְּהַשְׁאָלָה)

firing-squad /ˈfaɪərɪŋ-ˌskwɒd/ n. כִּתַּת־יְרִי (בְּהוֹצָאָה לַהוֹרֵג)

firm[1] /fɜːm/ adj. מוּצָק, קָשֶׁה; יַצִּיב; תַּקִּיף, אֵיתָן
- □ *they are firm friends* הֵם יְדִידִים נֶאֱמָנִים
- □ *he is on firmer ground when he speaks of physics* הוּא נִמְצָא עַל קַרְקַע יַצִּיבָה יוֹתֵר כְּשֶׁהוּא מְדַבֵּר עַל פִיזִיקָה
- □ *he took a firm line with the trouble-makers* הוּא נָהַג בְּתַקִּיפוּת עִם עוֹשֵׂי־הַצָּרוֹת

—adv. בְּתַקִּיפוּת, בְּיַצִּיבוּת
- □ *the government stood firm on its policy* הַמֶּמְשָׁלָה עָמְדָה בְּתַקִּיפוּת עַל מְדִינִיּוּתָהּ

—v.t. & i. חִזֵּק; הִתְחַזֵּק
- □ *we'll firm up the details next week* אֲנַחְנוּ נְסַגֵּר אֶת הַפְּרָטִים בְּשָׁבוּעַ הַבָּא

firm[2] /fɜːm/ n. חֶבְרָה מִסְחָרִית, שֻׁתָּפוּת מִסְחָרִית, עֵסֶק, פִירְמָה

firmament /ˈfɜːməmənt/ n. (*poet.*) רָקִיעַ, שְׁחָקִים

first /fɜːst/ adj. רִאשׁוֹן

first aid עֶזְרָה רִאשׁוֹנָה

first class מַחְלָקָה רִאשׁוֹנָה (בְּרַכֶּבֶת וְכַד׳); (צִיּוּן) מְעֻלֶּה; סוּג א׳

first cousin בֶּן־דּוֹד, בַּת־דּוֹדָה

first day cover מַעֲטֶפֶת־הַיּוֹם הָרִאשׁוֹן (לְאַסְפָנֵי בּוּלִים)

first degree burns כְּוִיָּה מִמַּדְרֵגָה רִאשׁוֹנָה (מֵהַסּוּג הַקַּל בְּיוֹתֵר)

first floor (בְּאַנְגְּלִיָּה) קוֹמָה רִאשׁוֹנָה (בְּאַרְהַ"ב) קוֹמַת קַרְקַע

first grade (*US*) כִּתָּה א׳

First Lady (*US*) רַעְיַת הַנָּשִׂיא; רַעְיַת הַמּוֹשֵׁל (שֶׁל אַחַת מִמְּדִינוֹת אַרְהַ"ב)

first light אוֹר רִאשׁוֹן, הָנֵץ־הַחַמָּה

first mate (*Naut.*) חוֹבֵל רִאשׁוֹן

first person singular (or **plural**) (*Gram.*) גּוּף רִאשׁוֹן יָחִיד/רַבִּים
- □ *John drew first blood* ג׳וֹן הִתְקִיף רִאשׁוֹן (מִלּוּלִית וּבְהַשְׁאָלָה)
- □ *go down into first (gear)* תַּעֲבֹר לַמַּהֲלָךְ הָרִאשׁוֹן
- □ *we are on first name terms* אֵין בֵּינֵינוּ גִּנּוּנִים פוֹרְמָלִיִּים, אָנוּ פּוֹנִים זֶה לָזֶה בַּשֵּׁם הַפְּרָטִי
- □ *don't be hard on a first offender* אֵין לִנְהֹג בְּחֻמְרָה עִם אָדָם לְלֹא הַרְשָׁעוֹת קוֹדְמוֹת
- □ *the bill received its first reading* הַצָּעַת־הַחֹק זָכְתָה לִקְרִיאָה רִאשׁוֹנָה (בְּבֵית הַמְּחוֹקְקִים)
- □ *in the first place, you should not be here* קֹדֶם כֹּל, אֵינְךָ צָרִיךְ לִהְיוֹת פֹּה
- □ *first things first* לְפִי סֵדֶר הַחֲשִׁיבוּת הַנָּכוֹן
- □ *he doesn't know the first thing about this subject* (*colloq.*) אֵין לוֹ מֻשָּׂג בַּנּוֹשֵׂא הַזֶּה
- □ *I'll write to her first thing tomorrow* אֲנִי אֶכְתֹּב לָהּ דָּבָר רִאשׁוֹן מָחָר בַּבֹּקֶר

—n. & pron. רִאשׁוֹן

at first בַּתְּחִלָּה, בַּהַתְחָלָה
- □ *March the first* (or *the first of March*) הָאֶחָד בְּמֶרְס
- □ *he got a first in classics* הוּא קִבֵּל תֹּאַר (בִּי אֵי) בִּקְלַאסִיקָה בְּהִצְטַיְּנוּת
- □ *England has many firsts in physics* לְאַנְגְּלִיָּה יֵשׁ הֶשֵּׂגִים חֲלוּצִיִּים רַבִּים בְּפִיזִיקָה
- □ *I never believed him from the first* מִן הָרֶגַע הָרִאשׁוֹן לֹא הֶאֱמַנְתִּי לוֹ
- □ *he deceived us from first to last* הוּא רִמָּה אוֹתָנוּ לְאֹרֶךְ כָּל הַדֶּרֶךְ

—adv. רֵאשִׁית, קֹדֶם־כֹּל, בָּרֹאשׁ וּבָרִאשׁוֹנָה

first and foremost בָּרֹאשׁ וּבָרִאשׁוֹנָה
- □ *I am first a businessman and only second a benefactor* בָּרֹאשׁ וּבָרִאשׁוֹנָה אֲנִי אִישׁ־עֲסָקִים וְרַק אַחַר־כָּךְ נַדְבָן
- □ *first come, first served* כָּל הַקּוֹדֵם זוֹכֶה

□ *when we were first married, we lived in London* בִּתְחִלַּת נִשּׂוּאֵינוּ גַּרְנוּ בְּלוֹנְדוֹן
□ *I first saw her in 1963* רָאִיתִי אוֹתָהּ בַּפַּעַם הָרִאשׁוֹנָה בְּ־1963
□ *he went in head first* הוּא קָפַץ רֹאשׁ לְתוֹךְ הַמַּיִם; הוּא נִכְנַס לָעִנְיָן בִּפְזִיזוּת
□ *he said he would resign first* הוּא אָמַר שֶׁמּוּטָב לוֹ לְהִתְפַּטֵּר (מֵאֲשֶׁר לְהַשְׁלִים עִם מַשֶּׁהוּ לֹא רָצוּי לוֹ)

firstborn /ˈfɜːstbɔːn/ adj. & n. (*formal*) בְּכוֹר; בֵּן בְּכוֹר, בַּת בְּכוֹרָה
first-class /ˌfɜːst-ˈklɑːs/ adj. מִמַּדְרֵגָה רִאשׁוֹנָה, מְעֻלֶּה, מְצֻיָּן
□ *this is first-class whisky* זֶה וִיסְקִי סוּג א׳
first-fruits /ˈfɜːst-fruːts/ n. *pl.* (*Bibl.*) בִּכּוּרִים
firsthand /fɜːstˈhænd/ adj. מָקוֹר רִאשׁוֹן
at first hand מִמָּקוֹר רִאשׁוֹן, מִכְּלִי רִאשׁוֹן
firstly /ˈfɜːstlɪ/ adv. רֵאשִׁית כֹּל, קֹדֶם כֹּל
first night /fɜːst ˈnaɪt/ n. לֵיל הַבְּכוֹרָה (שֶׁל הַצָּגָה וְכַד׳)
first-rate /ˌfɜːst-ˈreɪt/ adj. מִמַּדְרֵגָה רִאשׁוֹנָה, מְצֻיָּן, נִפְלָא
firth /fɜːθ/ n. זְרוֹעַ־יָם צָרָה; (בִּסְקוֹטְלַנְד) שֶׁפֶךְ נָהָר
fiscal /ˈfɪsk(ə)l/ adj. (*formal*) פִיסְקָלִי, שֶׁל אוֹצַר הַמְּדִינָה
fiscal year שְׁנַת־הַכְּסָפִים
fish /fɪʃ/ (*pl.* **fish, fishes**) n. דָּג; דָּגִים
fish and chips ״פִישׁ־אֶנְד־צִ׳יפְּס״ (מַאֲכָל עֲמָמִי בְּרִיטִי)
fish farm חַוָּה לְגִדּוּל דָּגִים
fish finger חֲתִיכָה קְטַנָּה וּמַלְבֵּנִית שֶׁל דָּג בְּפֵרוּרֵי־לֶחֶם
□ *he drinks like a fish* (*colloq.*) הוּא לֹא מַפְסִיק לִשְׁתּוֹת
□ *I have other fish to fry* (*colloq.*) יֵשׁ לִי דְּאָגוֹת חֲשׁוּבוֹת יוֹתֵר
□ *he is like a fish out of water* הוּא בְּמָקוֹם הַלֹּא־נָכוֹן
□ *my boss is a cold fish* (*colloq.*) הַבּוֹס שֶׁלִּי קַר כְּמוֹ דָּג
□ *he is neither fish, flesh, nor good red herring* (*colloq. joc.*) הוּא לֹא בָּשָׂר וְלֹא חָלָב
□ *what a pretty kettle of fish!* (*colloq.*) אֵיזוֹ צָרָה צְרוּרָה!
□ *this is a different kettle of fish altogether!* (*colloq.*) זֶה עִנְיָן אַחֵר לְגַמְרֵי! אֵין שׁוּם קֶשֶׁר בֵּין שְׁנֵי הַדְּבָרִים!
—v.t. & i. דָּג; עָסַק בְּדַיִג
□ *he is fishing in troubled waters* (*fig.*) הוּא מְנַסֶּה לְהַרְוִיחַ מִן הַצָּרוֹת שֶׁל אֲחֵרִים
□ *you are fishing for compliments* אַתָּה מְחַפֵּשׂ לְעַצְמְךָ מַחְמָאוֹת
□ *this area has been fished out* מֵרֹב דַּיִג לֹא נוֹתְרוּ דָּגִים בָּאֵזוֹר הַזֶּה

□ *the journalist has fished up something in your past* הָעִתּוֹנַאי הֶעֱלָה בְּחַכָּתוֹ מַשֶּׁהוּ מֵעֲבָרְךָ
fishcake /ˈfɪʃkeɪk/ n. קְצִיצַת־דָּגִים
fisherman /ˈfɪʃəmən/ n. דַּיָּג
fishery /ˈfɪʃərɪ/ n. אֵזוֹר דַּיִג יַמִּי
fish-eye lens /ˌfɪʃ-aɪ ˈlenz/ n. עֲדָשַׁת עֵין־הַדָּג (בַּעֲלַת זָוִית רְחָבָה מְאֹד)
fish-hook /ˈfɪʃ-hʊk/ n. קֶרֶס־דַּיִג
fishing /ˈfɪʃɪŋ/ n. דַּיִג
fishing line (or **tackle**) חוּט/צִיּוּד דַּיִג
fish-knife /ˈfɪʃ-naɪf/ n. סַכִּין לְדָגִים (בְּמַעֲרֶכֶת סַכּוּ״ם)
fishmeal /ˈfɪʃmiːl/ n. קֶמַח־דָּגִים
fishmonger /ˈfɪʃmʌŋgə(r)/ n. מוֹכֵר־דָּגִים
fish-paste /ˈfɪʃ-peɪst/ n. מִמְרַח־דָּגִים
fish-plate /ˈfɪʃ-pleɪt/ n. פְּלַטַּת חִבּוּר (בֵּין שְׁנֵי פַּסֵּי־רַכֶּבֶת וְכַד׳)
fishpond /ˈfɪʃpɒnd/ n. בְּרֵכַת־דָּגִים
fish-slice /ˈfɪʃ-slaɪs/ n. מֵעֵין מַחְתַּת־בִּשּׁוּל שְׁטוּחָה עִם חוֹרִים
fishwife /ˈfɪʃwaɪf/ n. (*colloq.*) אִשָּׁה רַגְזָנִית, ״תַּגְרָנִית בַּשּׁוּק״
fishy /ˈfɪʃɪ/ adj. מְפֻקְפָּק; מַדִּיף רֵיחַ שֶׁל דָּג, בַּעַל טַעַם שֶׁל דָּג
□ *there's something fishy about this affair* (*colloq.*) מַשֶּׁהוּ לֹא בְּסֵדֶר בָּעֵסֶק הַזֶּה
fissile /ˈfɪsaɪl/ adj. נִתָּן לְבִקּוּעַ גַּרְעִינִי; (עֵץ, גָּבִישׁ וְכַד׳) נִתָּן לְבִקּוּעַ לְאֹרֶךְ הַקַּוִּים הַטִּבְעִיִּים
fission /ˈfɪʃ(ə)n/ n. בִּקּוּעַ
nuclear fission בִּקּוּעַ גַּרְעִינִי
fissionable /ˈfɪʃənəb(ə)l/ adj. נִתָּן לְבִקּוּעַ
fissure /ˈfɪʃə(r)/ n. בְּקִיעַ, סֶדֶק (בָּאֲדָמָה; בְּגוּף־הָאָדָם)
fist /fɪst/ n. אֶגְרוֹף
fisticuffs /ˈfɪstɪkʌfs/ n. *pl.* (*arch.* or *joc.*) מַהֲלוּמוֹת־אֶגְרוֹף
fit[1] /fɪt/ n. הֶתְקֵף (מַחֲלָה וְכַד׳)
in fits and starts בְּהֶתְקָפוֹת (לֹא בִּרְצִיפוּת)
□ *we were in fits of laughter* הִתְגַּלְגַּלְנוּ מִצְּחוֹק, הִתְפַּקַּעְנוּ מִצְּחוֹק
□ *he had us in fits (of laughter)* הוּא הִצְחִיק אוֹתָנוּ עַד מָוֶת
□ *in a fit of absent-mindedness he threw away a ten-pound note* בְּרֶגַע שֶׁל פִּזּוּר־דַּעַת הוּא זָרַק שְׁטַר שֶׁל 10 לִישׁ״ט
□ *he nearly had a fit when he saw the bill* (*colloq.*) כְּשֶׁרָאָה אֶת הַחֶשְׁבּוֹן כִּמְעַט שֶׁקִּבֵּל שָׁבָץ
□ *she works hard when the fit is on her* (*colloq.*) כַּאֲשֶׁר נָחָה עָלֶיהָ הָרוּחַ הִיא עוֹבֶדֶת קָשֶׁה
fit[2] /fɪt/ adj.
1 (in good health) בְּכֹשֶׁר גּוּפָנִי, בְּכֹשֶׁר; בָּרִיא
2 (suitable) מַתְאִים, הוֹלֵם, רָאוּי

the survival of the fittest שְׂרִידַת הַחֲזָקִים (בְּמִלְחֶמֶת הַקִּיּוּם, לְפִי הַתֵּיאוֹרְיָה שֶׁל דַּרְוִין)
□ *you must do as you see (or think) fit* עָלֶיךָ לִנְהֹג כְּפִי שֶׁתִּמְצָא לְנָכוֹן
□ *he did not see fit to adopt my suggestion* הוּא לֹא מָצָא לְנָכוֹן לְקַבֵּל אֶת הַצָּעָתִי

3 (ready) מוּכָן
□ *he laughed fit to burst (colloq.)* הוּא כִּמְעַט הִתְפַּקַּע מִצְּחוֹק
□ *they look fit to drop* הֵם נִרְאִים כְּאִלּוּ הֵם עוֹמְדִים לִפּוֹל מִן הָרַגְלַיִם

—v.t. & i.

1 (be right size or shape for; suit; accommodate) תֵּאֵם, הִתְאִים, הָלַם
□ *this key does not fit (this lock)* הַמַּפְתֵּחַ הַזֶּה לֹא מַתְאִים (לַמַּנְעוּל הַזֶּה)
□ *it fits like a glove* זֶה מַתְאִים בְּדִיּוּק, זֶה יוֹשֵׁב טוֹב

2 (make suitable; equip) הִכְשִׁיר, הִתְאִים; צִיֵּד
fitted carpet שָׁטִיחַ מִקִּיר לְקִיר, שָׁטִיחַ עַל פִּי מִדָּה
fitted kitchen מִטְבָּח לְפִי מִדָּה, מִטְבָּח לְפִי־הַזְמָנָה
□ *did your education fit you for life?* הַאִם הַשְׂכָּלָתְךָ הִכְשִׁירָה אוֹתְךָ לַחַיִּים?
□ *he went to have his new suit fitted* הוּא הָלַךְ לִמְדֹּד אֶת הַחֲלִיפָה הַחֲדָשָׁה שֶׁלּוֹ (אֵצֶל הַחַיָּט)
□ *the ship is being fitted out for the expedition* מַכְשִׁירִים אֶת הַסְּפִינָה לִקְרַאת מַסַּע הַמֶּחְקָר
□ *the surgeon fitted me up with a plastic hip* הַמְּנַתֵּחַ שָׁתַל לִי יָרֵךְ מִפְּלַסְטִיק

—in set phrases
fit in שִׁלֵּב; הִשְׁתַּלֵּב
□ *I cannot fit you in this week* הַשָּׁבוּעַ לֹא אוּכַל לְשַׁבֵּץ אוֹתְךָ בְּלוּחַ הַזְּמַנִּים
□ *can the hotel fit in an extra guest?* הַאִם יוּכַל הַמָּלוֹן לְקַבֵּל אוֹרֵחַ נוֹסָף?
□ *I will try to fit my holidays in with yours* אֶשְׁתַּדֵּל לְתָאֵם אֶת הַחֻפְשָׁה שֶׁלִּי עִם הַחֻפְשָׁה שֶׁלְּךָ
□ *he doesn't fit in (with the group)* הוּא לֹא מִשְׁתַּלֵּב (בַּקְּבוּצָה)

—n. הַתְאָמָה (שֶׁל בֶּגֶד וְכַד׳)
□ *this suit is a good fit* הַחֲלִיפָה הַזֹּאת יוֹשֶׁבֶת טוֹב

fitful /ˈfɪtf(ə)l/ adj. מִתְרַחֵשׁ לִפְרָקִים, לֹא־סָדִיר, מְקֻטָּע
□ *he had a fitful sleep that night* הוּא יָשַׁן שֵׁנָה טְרוּפָה בְּאוֹתוֹ לַיְלָה

fitment /ˈfɪtmənt/ n. רָהִיט מֻרְכָּב בְּקִיר וְכַד׳ ("בִּילְד־אִין")

fitness /ˈfɪtnɪs/ n.
1 (suitability) (מִדַּת) הַתְאָמָה
2 (physical wellbeing) בְּרִיאוּת, כֹּשֶׁר גּוּפָנִי

fitter /ˈfɪtə(r)/ n.
1 (*Tailoring*) חַיָּט (הַתּוֹפֵר בְּגָדִים לְפִי מִדָּה)
2 (*Engineering*) מְתַקֵּן (עוֹבֵד הַמַּרְכִּיב חֶלְקֵי־מְכוֹנָה וְכַד׳)

fitting /ˈfɪtɪŋ/ n.
1 (fixture, usu. in *pl.*) אַבְזְרֵי־בַּיִת (מַפְסְקֵי חַשְׁמַל, חִבּוּרֵי גָּז וְכַד׳)
furniture and fittings רָהוּט וְאַבְזְרֵי־בַּיִת
bathroom fittings אַבְזָרִים לַחֲדַר הָאַמְבַּטְיָה
light fittings אַבְזְרֵי־תְּאוּרָה
office fittings צִיּוּד מִשְׂרָדִי
2 (*Tailoring*) מְדִידָה (אֵצֶל הַחַיָּט)
—adj. (*formal*) מַתְאִים, יָאֶה, הוֹלֵם

five /faɪv/ n. & adj. חָמֵשׁ; חֲמִשָּׁה
five o'clock shadow (*colloq.*) זָקָן בֶּן יוֹם
□ *I work a five day week* אֲנִי עוֹבֵד שְׁבוּעַ־עֲבוֹדָה שֶׁל חֲמִשָּׁה יָמִים

fivefold /ˈfaɪvfəʊld/ adj. & adv. פִּי חֲמִשָּׁה

fiver /ˈfaɪvə(r)/ n. (*colloq.*) (שְׁטָר שֶׁל) 5 לִישׁ״ט

fives /faɪvz/ n. (with *sing.* v.) מֵעֵין מִשְׂחָק דְּמוּי סְקווֹשׁ שֶׁבּוֹ חוֹבְטִים בְּכַדּוּר בַּיָּדַיִם

fix /fɪks/ v.t. & i.
1 (make firm or stable) חִבֵּר, הִדֵּק
□ *fix bayonets!* הַרְכֵּב כִּידוֹן!
□ *this process helps to fix the colours* תַּהֲלִיךְ זֶה מְסַיֵּעַ לִקְבּוֹעַ הַצְּבָעִים
2 (set) קָבַע
□ *he fixed his gaze on me* הוּא נָעַץ בִּי אֶת מַבָּטוֹ
□ *he fixed me with a hostile stare* הוּא נָעַץ בִּי מַבָּט אֲלִים וּמְשַׁתֵּק
3 (establish, arrange) קָבַע
□ *we fixed the (or on a) day for the meeting* קָבַעְנוּ אֶת יוֹם הַפְּגִישָׁה
□ *the cartel fixed prices to suit themselves* הַקַּרְטֶל קָבַע אֶת הַמְּחִירִים כַּטּוֹב בְּעֵינָיו
□ *the races were fixed (sl.)* הַמֵּרוֹצִים הָיוּ "מְכוּרִים"
4 (mend, repair) תִּקֵּן
fix up (*colloq.*) סִדֵּר
□ *he fixed himself up with a very smart flat* הוּא הִסְתַּדֵּר בְּדִירָה מְפֹאֶרֶת
□ *John's fixed it all up with the boss* ג׳וֹן עָשָׂה אֶת כָּל הַסִּדּוּרִים עִם הַבּוֹס
□ *he did me down, but I'll fix him! (colloq.)* הוּא רִמָּה אוֹתִי, אֲבָל אֲנִי עוֹד אֲסַדֵּר אוֹתוֹ
—n.
1 (dilemma, *colloq.*) סִבּוּךְ, "בֹּץ"
2 (position determined by bearings) מִקּוּם (עַל־פִּי כִּוּוּנֵי הַשָּׁמַיִם וְכַד׳)
3 (injection of narcotic, *sl.*) "פִיקְס", מְנַת סַם, זְרִיקַת סַם

fixate /fɪkˈseɪt/ v.t. (*Psych.*) קִבֵּעַ, עָשָׂה "פִיקְסַצְיָה" שֶׁל

fixation /fɪkˈseɪʃ(ə)n/ n. (*Psych.*) קִבָּעוֹן, "פִיקְסַצְיָה"

fixative /ˈfɪksətɪv/ n. & adj. מְיַצֵּב, פִיקְסָטִיב; מְיַצֵּב

fixed /fɪxt/ adj. קָבוּעַ; מְחֻבָּר הֵיטֵב; מְסֻדָּר
fixed income הַכְנָסָה קְבוּעָה
fixed odds תְּנָאֵי־הִמּוּר קְבוּעִים

fixed price מְחִירִים קְבוּעִים
fixedly /ˈfɪksɪdlɪ/ adv. לְלֹא נִיד, לְלֹא תְּנוּעָה
□ *he stared at her fixedly* הוּא נָעַץ בָּהּ מַבָּט מְמֻשָּׁךְ
fixer /ˈfɪksə(r)/ n.
1 (*Photog.*) מְיַצֵּב, פִיקְסָטִיב
2 (arranger, *colloq.*) אָדָם הַמְסַדֵּר דְּבָרִים (לָרֹב בְּדֶרֶךְ לֹא כְּשֵׁרָה)
fixity /ˈfɪksɪtɪ/ n. (*formal*) יַצִּיבוּת
fixture /ˈfɪkstʃə(r)/ n.
1 (non-movable article) אַבְזָר/מִתְקָן קָבוּעַ (אַסְלָה, אָרוֹן קִיר וְכַד׳)
□ *Prof. Green is a fixture in the college* (*colloq.*) פְּרוֹפ׳ גְּרִין הוּא חֵלֶק בִּלְתִּי נִפְרָד מִן הַקּוֹלֶג׳
2 (day fixed for a sporting event) תַּאֲרִיךְ לְאֵרוּעַ סְפּוֹרְט
fizz /fɪz/ v.i. & n. אוֹשֶׁת־תְּסִיסָה; הִשְׁמִיעַ אוֹשֶׁת־תְּסִיסָה; שַׁמְפַּנְיָה
□ *let's open a bottle of fizz!* (*colloq.*) בּוֹא נִפְתַּח בַּקְבּוּק שַׁמְפַּנְיָה!
fizzle /ˈfɪz(ə)l/ v.i.
fizzle out (*colloq.*) הִסְתַּיֵּם בְּלֹא כְלוּם
□ *their protest campaign soon fizzled out* מַסַּע־הַמְּחָאָה שֶׁלָּהֶם הִסְתַּיֵּם בְּלֹא כְלוּם
fizzy /ˈfɪzɪ/ adj. תּוֹסֵס (מַשְׁקֶה)
fjord /fɪɔːd/ n. פְיוֹרְד, לְשׁוֹן יָם צָרָה
flab /flæb/ n. (*colloq.*) מִשְׁמַנִּים, מַפַּל שֻׁמָּן
□ *I lost the fight against flab* הִפְסַדְתִּי בַּקְּרָב נֶגֶד הַמִּשְׁמַנִּים, הִפְסַדְתִּי בַּקְּרָב נֶגֶד הַ״פּוּלְקֶ׳עס״
flabbergast /ˈflæbəgɑːst/ v.t. (*colloq.*) הִפְתִּיעַ, הִדְהִים, זִעְזַע
flabby /ˈflæbɪ/ adj. (*colloq. derog.*) (גּוּף וְכַד׳) רַכְרוּכִי, מְדֻלְדָּל, בַּעַל מִשְׁמַנִּים (וְלֹא שְׁרִירִי)
flaccid /ˈflæksɪd/ adj. רָפֶה, מְדֻלְדָּל
flaccidity /flækˈsɪdɪtɪ/ n. (*formal*) רִפְיוֹן, דִּלְדּוּל
flag[1] /flæg/ n. אִירוּס (פֶּרַח בִּצּוֹת)
flag[2] /flæg/ n. אֲרִיחַ רִצּוּף, אֶבֶן מִדְרָכָה
—v.t. רִצֵּף (בַּאֲרִיחִים כַּנ״ל)
flag[3] /flæg/ n. דֶּגֶל
flag of convenience דֶּגֶל רָשׁוּם (דֶּגֶל שֶׁל מְדִינָה שֶׁבָּהּ רְשׁוּמָה אֳנִיָּה לְמַטְּרוֹת תַּשְׁלוּם מַס וְכַד׳)
Flag Day (*US*) יוֹם הַדֶּגֶל (הַ־14 בְּיוּנִי)
flag day (*UK*) יוֹם הַתְרָמָה (לְמַטָּרַת צְדָקָה מְסֻיֶּמֶת)
the Red Flag הַדֶּגֶל הָאָדֹם, הַדֶּגֶל הַקּוֹמוּנִיסְטִי
white flag דֶּגֶל לָבָן, דֶּגֶל־כְּנִיעָה
show the flag (*fig.*) הִפְגִּין נוֹכְחוּת (צְבָאִית וְכַד׳)
□ *we shall keep the flag flying* אֲנַחְנוּ נַמְשִׁיךְ בַּמַּאֲבָק
□ *they struck* (or *lowered*) *the flag* הֵם הוֹרִידוּ אֶת הַדֶּגֶל
—v.t. סִימֵן (בְּתָוִית וְכַד׳)
□ *they flagged the car down* הֵם אוֹתְתוּ לַמְּכוֹנִית לַעֲצֹר

flag[4] /flæg/ v.i. דָּעַךְ, נֶחֱלַשׁ, הִדַּלְדֵּל
□ *his enthusiasm began to flag* הִתְלַהֲבוּתוֹ הִתְחִילָה לִדְעֹךְ
flagellant /ˈflædʒələnt/ n. (*formal*) מַלְקֶה (כְּחֵלֶק מִתַּהֲלִיךְ יִסּוּרִים דָּתִי)
flagellate /ˈflædʒəleɪt/ v.t. (*formal*) הִלְקָה (מִטְּעָמִים דָּתִיִּים אוֹ בְּשֶׁל סְטִיָּה מִינִית)
flagellation /ˌflædʒəˈleɪʃ(ə)n/ n. (*formal*) הַלְקָאָה, הַצְלָפָה (כַּנ״ל, גַּם בְּהַשְׁאָלָה)
flageolet /ˌflædʒəˈlet/ n.
1 (bean) שְׁעוּעִית (יְרַקְרַקָּה)
2 (small flute) חָלִיל קָטָן, חֲלִילוֹן
flagon /ˈflægən/ n. כַּד־יַיִן (בַּעַל מִכְסֶה)
flag-pole /ˈflæg-pəʊl/ n. תֹּרֶן־דֶּגֶל
flagrant /ˈfleɪgrənt/ adj. מְשַׁוֵּעַ, מַחְפִּיר, חֲסַר־בּוּשָׁה
flagship /ˈflægʃɪp/ n. אֳנִיַּת־דֶּגֶל (גַּם בְּהַשְׁאָלָה)
flagstaff /ˈflægstɑːf/ n. מוֹט־הַדֶּגֶל
flagstone /ˈflægstəʊn/ n. אֶבֶן־רִצּוּף
flail /fleɪl/ n. מַחְבֵּט־דַּיִשׁ
—v.t. חָבַט בְּמַחְבֵּט־דַּיִשׁ; חָבַט בְּ... נִפְנֵף בְּ...
—v.i. נִפְנֵף בִּתְנוּעוֹת פְּרָאִיּוֹת
flail around נִפְנֵף בִּתְנוּעוֹת פְּרָאִיּוֹת
flair /fleə(r)/ n. חוּשׁ, כִּשְׁרוֹן; בָּרָק (בְּבִצּוּעַ דְּבַר מָה)
□ *she has a flair for bargains* יֵשׁ לָהּ חוּשׁ לִמְצִיאוֹת
flak /flæk/ n. בִּקֹּרֶת; אֵשׁ נֶגֶד מְטוֹסִים, אֵשׁ נ״מ
□ *our proposal drew a lot of flak* (*colloq.*) הַצָּעָתֵנוּ עוֹרְרָה הַרְבֵּה בִּקֹּרֶת שְׁלִילִית
flake /fleik/ n. פָּתִית
—v.t. & i. פּוֹרֵר (לִפְתִיתִים); הִתְקַלֵּף
flake out (*colloq.*) נִרְדַּם מֵאֲפִיסַת־כֹּחוֹת
flaky /ˈfleɪkɪ/ adj.
1 (of or like flakes) עָשׂוּי פְּתִיתִים; פָּרִיךְ
flaky pastry בְּצֵק עָלִים
2 (crazy, *US colloq.*) ״קוּקוּ״
flamboyance /flæmˈbɔɪəns/ n. רַאַוְתָנוּת
flamboyant /flæmˈbɔɪənt/ adj. רַאַוְתָנִי, צַעֲקָנִי, סַסְגּוֹנִי, רוֹעֵשׁ (בְּצִבְעוֹ)
flame /fleɪm/ n. שַׁלְהֶבֶת, לֶהָבָה
old flame אָהוּב/אֲהוּבָה לְשֶׁעָבַר
—v.i. דָּלַק, בָּעַר; זָהַר
□ *the fire flamed up (again)* הָאֵשׁ הִתְלַקְּחָה (עוֹד פַּעַם)
□ *the hillside flamed with the colours of autumn* מִדְרוֹנוֹת־הַגִּבְעָה זָהֲרוּ בְּצִבְעֵי־הַסְּתָו
flamenco /fləˈmeŋkəʊ/ n. פְלָמֶנְקוֹ (רִקּוּד סְפָרַדִּי)
flamethrower /ˈfleɪmˌθrəʊə(r)/ n. לַהֲבִיּוֹר
flaming /ˈfleɪmɪŋ/ adj. בּוֹעֵר, מְשַׁלְהָב
□ *he was in a flaming temper* הוּא רָתַח מִכַּעַס
□ *you flaming idiot!* (*sl.*) אִידְיוֹט אָרוּר שֶׁכָּמוֹךָ!
flamingo /fləˈmɪŋgəʊ/ n. פְלָמִינְגוֹ, שְׁקִיטָן (עוֹף־מַיִם)

flammable /ˈflæməb(ə)l/ adj. דָּלִיק

flan /flæn/ n. מֵעֵין ״פַּאי״ אוֹ ״קִישׁ״ (לְלֹא מַעֲטֶה בָּצֵק עֶלְיוֹן)

flange /flændʒ/ n. שָׂפָה מְעֻבָּה (שֶׁל כְּלִי וְכַד׳, לְחִזּוּק אוֹ לְחִבּוּר)

flank /flæŋk/ n. צַד (חֵלֶק הַגּוּף הַבְּשָׂרָנִי שֶׁבֵּין הַצֵּלָע הַתַּחְתּוֹנָה וְהַמֹּתֶן); אֲגַף (שֶׁל כֹּחַ צְבָאִי)
  mountain flanks צַלְעוֹת־הַר
  □ *the enemy turned our flank* הָאוֹיֵב אִגֵּף אוֹתָנוּ
—v.t. אִגֵּף; נִמְצָא לְצַד
  □ *the road was flanked with* (or *by*) *tall trees* עֵצִים גְּבוֹהִים גָּדְלוּ לְאֹרֶךְ שְׁנֵי צִדֵּי הַכְּבִישׁ

flannel /ˈflæn(ə)l/ n. פְלָנֶל (אֲרִיג צֶמֶר רַךְ); שְׁטֻיּוֹת, חֲנֻפָּה, ״לִקּוּקִים״
  flannels (or **flannel trousers**) מִכְנְסֵי פְלָנֶל
  (face) flannel מַטְלִית־רַחְצָה
—v.t. (*colloq.*) ״סִבֵּן״ בְּמַחְמָאוֹת

flannelette /flænəˈlet/ n. פְלָנֶלִית

flap /flæp/ v.t. & i. נִפְנֵף; הִתְנַפְנֵף; קִפֵּץ בְּהִתְרַגְּשׁוּת
  □ *don't flap!* (*colloq.*) אַל תִּתְרַגֵּשׁ
—n.
1 (light blow; movement of wings; sound of these) טְפִיחָה, פִּרְפּוּר מַשַּׁק־כְּנָפַיִם; נִפְנוּף כְּנָפַיִם
2 (piece hanging down) יְרִיעָה תְּלוּיָה (בְּפֶתַח אֹהֶל וְכַד׳); דַּשׁ, שָׂפָה
  aircraft flaps מַדְפִּים (בִּכְנַף מָטוֹס)
  □ *my hat has ear-flaps for very cold days* לַכּוֹבַע שֶׁלִּי יֵשׁ אָזְנִיּוֹת לַיָּמִים הַקָּרִים
3 (panic, *colloq.*) פָּנִיקָה
  □ *don't get in a flap!* אַל תִּכָּנֵס לְפָנִיקָה!

flapjack /ˈflæpdʒæk/ n. מֵעֵין עוּגִיָּה שְׁטוּחָה עֲשׂוּיָה שְׂעוֹרִים וּפֵרוֹת מְיֻבָּשִׁים

flare /fleə(r)/ v.i.
1 (blaze up) הִתְלַקַּח, נִדְלַק
  □ *the fire suddenly flared up* לְפֶתַע הִתְלַקְּחָה הָאֵשׁ
  □ *when accused, he flared up* כַּאֲשֶׁר הֶאֱשִׁימוּ אוֹתוֹ הוּא הִתְפָּרֵץ בְּכַעַס
2 (widen gradually) הִתְרַחֵב
  □ *a flared skirt* חֲצָאִית מִתְרַחֶבֶת
—n.
1 (flame, signal) אוֹר, לֶהָבָה; זִקּוּק חֵרוּם
  □ *the flare of a match lit up his face* לַהֶבֶת־הַגַּפְרוּר הֵאִירָה אֶת פָּנָיו
  flare-path מַסְלוּל נְחִיתָה מוּאָר
2 (flared shape) הִתְרַחֲבוּת הַדְרָגָתִית (בְּחֶלְקָהּ הַתַּחְתּוֹן שֶׁל חֲצָאִית וְכַד׳)
3 (in *pl.*, flared trousers) מִכְנָסַיִם מִתְרַחֲבִים

flare-up /ˈfleər-ʌp/ n. הִתְפָּרְצוּת (שֶׁל אַלִּימוּת וְכַד׳)

flash /flæʃ/ v.t. & i. הִבְזִיק בְּ..., אוֹתֵת בְּאוֹר שֶׁל; הֶרְאָה בְּחָטְף; הִבְזִיק, נִצְנֵץ
  □ *the lightning flashed* הַבָּרָק הִבְרִיק
  □ *he flashed a signal to the ship* הוּא אוֹתֵת לַסְּפִינָה (בְּפַנָּס)
  □ *they flashed the news across the world* הֵם שִׁדְּרוּ אֶת הַיְדִיעוֹת בְּרַחֲבֵי הָעוֹלָם (בְּאֶמְצָעוּת לַוְיָן וְכַד׳)
  □ *he flashed his pass at the security man* הוּא הֶרְאָה אֶת אִשּׁוּר הַמַּעֲבָר שֶׁלּוֹ בְּחָטְף לְאִישׁ הַבִּטָּחוֹן
  □ *she flashed a smile at me* הִיא שָׁלְחָה לְעֶבְרִי חִיּוּךְ חָפוּז
  □ *a car flashed by* מְכוֹנִית חָלְפָה בִּמְהִירוּת
  □ *she has flashing eyes* יֵשׁ לָהּ עֵינַיִם בּוֹרְקוֹת
—n.
1 (sudden light or flame) הֶבְזֵק, בְּרַק־אוֹר, נִצְנוּץ
  news flash מִבְזַק חֲדָשׁוֹת
  a flash in the pan הַצְלָחָה חַד־פַּעֲמִית, הַצְלָחָה רִגְעִית
  □ *it came to me in a flash* הַדָּבָר הִבְזִיק בְּמֹחִי לְפֶתַע
  □ *I'll be back in a flash* (*colloq.*) אֲנִי אֶחֱזֹר תּוֹךְ רֶגַע
2 (*UK, Mil.*) תָּג יְחִידָה (בְּרִיטִי)
3 (Photog.) מַבְזֵק, ״פְלֶשׁ״
—adj.
1 (sudden) פִּתְאֹמִי, לְפֶתַע
  flash flood שִׁטָּפוֹן פִּתְאֹמִי
2 (showy, *colloq.*) צַעֲקָנִי, רַאַוְתָנִי
  □ *he likes flash cars* הוּא אוֹהֵב מְכוֹנִיּוֹת צַעֲקָנִיּוֹת

flashback /ˈflæʃbæk/ n. ״פְלֶשׁ־בֶּק״ (בְּסֵפֶר, בְּסֶרֶט וְכַד׳)

flashbulb /ˈflæʃbʌlb/ n. (*Photog.*) נוּרִית־מַבְזֵק, נוּרִית־״פְלֶשׁ״

flasher /ˈflæʃə(r)/ n. פַּנַּס אִתּוּת, מְאוֹתֵת (בִּמְכוֹנִית); אָדָם הַחוֹשֵׂף אֶת אֵבְרֵי מִינוֹ בְּפֻמְבֵּי

flashgun /ˈflæʃgʌn/ n. (*Photog.*) מַבְזֵק, ״פְלֶשׁ״ (בְּנִפְרָד מִן הַמַּצְלֵמָה)

flashlight /ˈflæʃlaɪt/ n.
1 (torch, *US*) פַּנַּס כִּיס
2 (signalling light) נִצְנוּץ־אוֹר
3 (*Photog.*) מַבְזֵק, ״פְלֶשׁ״

flashpoint /ˈflæʃpɔɪnt/ n. נְקֻדַּת־הַהִתְלַקְּחוּת; אֵזוֹר לֹא־יַצִּיב (מִבְּחִינָה פּוֹלִיטִית, צְבָאִית וְכַד׳)

flashy /ˈflæʃɪ/ adj. (*derog.*) צַעֲקָנִי, רַעֲשָׁנִי

flask /flɑːsk/ n. בַּקְבּוּק כִּיס, מֵכָל כִּיס (לְוִיסְקִי וְכַד׳); בַּקְבּוּק תֶּרְמוֹס; בַּקְבּוּק צַר־צַוָּאר (כְּלִי לְנִסּוּיִים בְּכִימְיָה)

flat /flæt/ adj.
1 (level, horizontal) שָׁטוּחַ, אָפְקִי, מִישׁוֹרִי
  flat car (*US*) קְרוֹן־רַכֶּבֶת שָׁטוּחַ (לְלֹא גַּג וּלְלֹא דְּפָנוֹת)
  flat-chested (usu. *derog.*) ״שְׁטוּחָה״, בַּעֲלַת חָזֶה שָׁטוּחַ
  flat racing (or **the Flat**) מֵרוֹץ־סוּסִים (לְלֹא קְפִיצוֹת־מִכְשׁוֹלִים)
  flat rate מְחִיר אָחִיד
  flat tyre פַּנְצֶ׳ר, תֶּקֶר (בַּצְּמִיג)

□ *he fell flat on his face* הוּא הִשְׁתַּטַּח יָשָׁר עַל הַפַּרְצוּף
2 (dull, lifeless) תָּפֵל, "יָבֵשׁ", חֲסַר חַיִּים
□ *his joke fell flat* הַבְּדִיחָה שֶׁלּוֹ לֹא הִצְחִיקָה אַף אֶחָד
□ *this beer is flat* הַבִּירָה הַזֹּאת כְּבָר לֹא תּוֹסֶסֶת
□ *my battery is flat* (*UK*) הַסּוֹלְלָה שֶׁלִּי רֵיקָה
3 (absolute, also adv.) חַד־מַשְׁמָעִי; בְּאֹפֶן חַד מַשְׁמָעִי
□ *that's flat!* הָעִנְיָן גָּמוּר! זֶהוּ זֶה!
□ *they met with a flat refusal* הֵם נִתְקְלוּ בְּסֵרוּב מֻחְלָט
□ *he did it in ten seconds flat* (*colloq.*) הוּא עָשָׂה זֹאת בְּעֶשֶׂר שְׁנִיּוֹת בְּדִיּוּק
□ *he went flat out to win* (*colloq.*) הוּא עָשָׂה אֶת כָּל הַמַּאֲמַצִּים כְּדֵי לְנַצֵּחַ
4 (*Mus.*, also adv.) נָחֵת, בְּמוֹל; נָמוּךְ בַּחֲצִי טוֹן

—n.
1 (level area) מִשְׁטָח
mud (or **salt**) **flats** מִשְׁטְחֵי־בֹּץ/מֶלַח
2 (flat part of anything) חֶלְקוֹ הַשָּׁטוּחַ שֶׁל
3 (*Mus.*) בְּמוֹל
4 (apartment) דִּירָה
5 (punctured tyre, *US*) פַּנְצֶ'ר, תֶּקֶר

flat-fish /flæt-fɪʃ/ n. דָּג שָׁטוּחַ (לְמָשָׁל דָּג מֹשֶׁה־רַבֵּנוּ)
flat-footed /ˌflæt-ˈfʊtɪd/ adj. בַּעַל רֶגֶל שְׁטוּחָה, בַּעַל פְּלַטְפוּס
flat-iron /ˈflæt-aɪən/ n. מַגְהֵץ־פֶּחָמִים
flatlet /ˈflætlɪt/ n. (*UK*) דִּירַת חֶדֶר
flatmate /ˈflætmeɪt/ n. שֻׁתָּף לַדִּירָה
flatten /ˈflæt(ə)n/ v.t. & i. שִׁטֵּחַ, רִדֵּד, יִשֵּׁר; הִשְׁתַּטֵּחַ
□ *the plane flattened out* הַמָּטוֹס שָׁב לְטִיסָה אָפְקִית (לְאַחַר צְלִילָה)
flatter /ˈflætə(r)/ v.t. הִתְחַנֵּף אֶל, הֶחֱנִיף לְ...; הֶחְמִיא לְ...
□ *she flattered herself that she spoke perfect French* הָיוּ לָהּ אַשְׁלָיוֹת שֶׁהִיא דּוֹבֶרֶת צָרְפָתִית מֻשְׁלֶמֶת
□ *the photograph flatters him* הַתַּצְלוּם מַחְמִיא לוֹ
flatterer /ˈflætərə(r)/ n. חַנְפָן, מַחֲנִיף, מַחֲלִיק־לָשׁוֹן
flattery /ˈflætərɪ/ n. חֲנֻפָּה, מַחְמָאוֹת רֵיקוֹת
□ *flattery will get you nowhere* חֲנֻפָּה לֹא תַּעֲזֹר לְךָ
flatulence /ˈflætjʊləns/ n. (*formal*) הִצְטַבְּרוּת גַּזִּים (בְּדַרְכֵי הָעִכּוּל)
flaunt /flɔːnt/ v.t. (*derog.*) נוֹפֵף (בְּרַבְרְבָנוּת) בְּ...
flautist /ˈflɔːtɪst/ n. חֲלִילָן
flavour /ˈfleɪvə(r)/ n. טַעַם
flavour of the month (*fig.*) הַלְּהִיט הַתּוֹרָן
□ *the film captures the flavour of Paris in the twenties* הַסֶּרֶט הִצְלִיחַ לִתְפֹּס אֶת אֲוִירַת פָּרִיז בִּשְׁנוֹת הַ־20
—v.t. תִּבֵּל, הוֹסִיף טַעַם לְ...

flavouring /ˈfleɪvərɪŋ/ n. חָמְרֵי־טַעַם
flavourless /ˈfleɪvəlɪs/ adj. תָּפֵל
flaw /flɔː/ n. פְּגָם, מוּם, לִקּוּי, חִסָּרוֹן, דֹּפִי
flawless /ˈflɔːlɪs/ adj. לְלֹא פְּגָם, בְּלִי דֹּפִי, לְלֹא רְבָב, מֻשְׁלָם
flax /flæks/ n. פִּשְׁתָּה, פִּשְׁתָּן (צֶמַח, וְהַחוּט הַמּוּפָק מִצֶּמַח זֶה)
flaxen /ˈflæks(ə)n/ adj. (*poet.*)
1 (made of flax) עֲשׂוּי פִּשְׁתָּה
2 (pale yellow) (שֵׂעָר) זָהֹב, בְּצֶבַע פִּשְׁתָּן
flay /fleɪ/ v.t. פָּשַׁט אֶת עוֹרוֹ שֶׁל; (בְּהַשְׁאָלָה) תָּקַף בַּחֲרִיפוּת
flea /fliː/ n. פַּרְעוֹשׁ
flea-collar קוֹלָר נֶגֶד פַּרְעוֹשִׁים (לְחַיַּת בַּיִת)
flea market שׁוּק־פִּשְׁפְּשִׁים
□ *she sent him away with a flea in his ear* (*colloq.*) הִיא סִלְּקָה אוֹתוֹ בְּלִי שׁוּם גִּנּוּנִים מְיֻתָּרִים
flea-bite /ˈfliː-baɪt/ n. עֲקִיצַת־פַּרְעוֹשׁ
□ *the fine was a mere flea-bite to the wealthy man* הַקְּנָס הָיָה עִנְיָן שֶׁל מָה בְּכָךְ בִּשְׁבִיל הָאִישׁ הֶעָשִׁיר
flea-pit /ˈfliː-pɪt/ n. (*UK sl.*) אוּלַם קוֹלְנוֹעַ יָשָׁן וּמְטֻנָּף
fleck /flek/ n. כֶּתֶם, נְקֻדָּה (שֶׁל צֶבַע וְכַד')
flecked /flekt/ adj. זָרוּעַ כְּתָמִים זְעִירִים
fled /fled/ past & past ppl. of **flee**
fledged /fledʒd/ adj. (גּוֹזָל) שֶׁנּוֹצוֹתָיו צָמְחוּ (וְהוּא מְסֻגָּל לָעוּף)
□ *he is now a fully fledged engineer* עַכְשָׁו הוּא מְהַנְדֵּס מִן הַמִּנְיָן
fledgeling /ˈfledʒlɪŋ/ n. גּוֹזָל; טִירוֹן
flee /fliː/ (past & past ppl. **fled** /fled/) v.t. & i. בָּרַח מִ..., נָס מִ..., נִמְלַט מִ...; בָּרַח, נָס, נִמְלַט
fleece /fliːs/ n. גִּזַּת־צֶמֶר, גִּזָּה
—v.t. (*colloq.*) פָּשַׁט אֶת עוֹרוֹ שֶׁל (כְּלוֹמַר לָקַח מְחִיר מֻפְקָע)
fleecy /ˈfliːsɪ/ adj. צַמְרִירִי
fleet /fliːt/ n.
1 (navy) צִי
Fleet Air Arm הַזְּרוֹעַ הָאֲוִירִית שֶׁל הַצִּי
2 (number of warships etc. under one commander) שַׁיֶּטֶת, צִי
□ *he has a fleet of taxis* יֵשׁ לוֹ צִי־מוֹנִיּוֹת
—adj. (*poet.*) קַל־רֶגֶל
Fleet Street /ˈfliːt striːt/ n. "פְלִיט סְטְרִיט" (שֵׁם כּוֹלֵל לָעִתּוֹנוּת הַבְּרִיטִית)
fleeting /ˈfliːtɪŋ/ adj. בֶּן־חֲלוֹף, אֲרָעִי
Flemish /ˈflemɪʃ/ adj. & n. פְלֶמִי; הַשָּׂפָה הַפְלֶמִית
flesh /fleʃ/ n.
1 (muscle and fat) בָּשָׂר
the way of all flesh דֶּרֶךְ כָּל בָּשָׂר

□ *he received a flesh wound in the attack* הוּא נִפְצַע פְּצִיעָה שְׁטְחִית בַּהַתְקָפָה

□ *we saw the famous man in the flesh* רָאִינוּ אֶת הָאִישׁ הַמְפֻרְסָם בִּכְבוֹדוֹ וּבְעַצְמוֹ

□ *he has lost* (or *put on*) *flesh* הוּא רָזָה/הִשְׁמִין

□ *ghost stories make my flesh creep* סִפּוּרֵי־רוּחוֹת מַעֲבִירִים בִּי צְמַרְמֹרֶת

□ *it is more than flesh and blood can stand* (*poet.*) זֶה יוֹתֵר מִכְּפִי שֶׁבֶּן־אֱנוֹשׁ יָכוֹל לָשֵׂאת

□ *my own flesh and blood are against me* (*poet.*) יְלָדַי עַצְמִי וּבְשָׂרִי קָמוּ כְּנֶגְדִּי

□ *he is demanding his pound of flesh* (*fig.*) הוּא תּוֹבֵעַ אֶת לִיטְרַת־הַבָּשָׂר שֶׁלּוֹ

2 (the body as source of desires or weaknesses) בָּשָׂר

pleasures of the flesh תַּעֲנוּגוֹת הַבְּשָׂרִים, תַּעֲנוּגוֹת הָעוֹלָם־הַזֶּה

□ *the spirit is willing but the flesh is weak* (*Bibl.*) הַנֶּפֶשׁ רוֹצָה אַךְ הַבָּשָׂר רָפֶה (מִן הַבְּרִית הַחֲדָשָׁה)

3 (pulpy part of fruit or vegetables) תּוֹךְ הַפְּרִי, צִיפָּה

fleshly /ˈfleʃlɪ/ adj. (*poet.*) שֶׁל הַבָּשָׂר (לְהַבְדִּיל מִן הַנֶּפֶשׁ)

flesh-pots /ˈfleʃ-pɒts/ n.*pl.* (*derog.*) סִיר־הַבָּשָׂר (לָרֹב בְּהַשְׁאָלָה)

fleshy /ˈfleʃɪ/ adj. בַּעַל־בָּשָׂר, בַּשְׂרָנִי

fleur-de-lis /ˌflɜː də ˈliː/ n. אוֹת הַחֲבַצֶּלֶת (סֵמֶל בֵּית הַמְּלוּכָה הַצָּרְפָתִי)

flew /fluː/ past of **fly**

flex¹ /fleks/ v.t. כָּפַף, כּוֹפֵף

□ *he flexed his muscles* הוּא שִׁחְרֵר אֶת הַשְּׁרִירִים; הוּא הִפְעִיל אֶת שְׁרִירָיו (גַּם בְּהַשְׁאָלָה)

flex² /fleks/ n. חוּט חַשְׁמַל מְבוֹדָד

flexibility /ˌfleksɪˈbɪlɪtɪ/ n. גְּמִישׁוּת, כְּפִיפוּת

flexible /ˈfleksɪb(ə)l/ adj. גָּמִישׁ, כָּפִיף

flibbertigibbet /ˌflɪbətɪˈdʒɪbɪt/ n. (*arch. colloq.*) פַּטְפְּטָן, קַשְׁקְשָׁן, קַל־דַּעַת

flick /flɪk/ v.t. הִכָּה קַלּוֹת בִּקְצֵה הָאֶצְבַּע

□ *he flicked the light on* הוּא הִפְעִיל אֶת הַמַּפְסֵק וְהִדְלִיק אֶת הָאוֹר

□ *I flicked through the magazine* דִּפְדַּפְתִּי בָּעִתּוֹן/בַּכְּתַב־הָעֵת

—n.

1 (flicking motion) מַכָּה קַלָּה

2 (in *pl.*, cinema, *sl.*) קוֹלְנוֹעַ

flicker /ˈflɪkə(r)/ v.i. & n. נִצְנֵץ, הִבְהֵב; הִבְהוּב, נִצְנוּץ; שְׁבִיב

□ *there was not a flicker of hope* לֹא הָיָה נִצְנוּץ שֶׁל תִּקְוָה

flick-knife /ˈflɪk-naɪf/ n. סַכִּין קְפִיצִית, סַכִּין קוֹפֶצֶת

flier /ˈflaɪə(r)/ n. טַיָּס; דַּף פִּרְסֹמֶת

flight¹ /flaɪt/ n.

1 (movement through the air) טִיסָה, מָעוֹף

flight control מִגְדַּל פִּקּוּחַ (בִּשְׂדֵה־תְּעוּפָה)

flight-deck סִפּוּן הַמַּרְאָה (עַל נוֹשֵׂאת־מְטוֹסִים); תָּא הַטַּיָּס (בִּמְטוֹס־נוֹסְעִים)

flight path מַסְלוּל־טִיסָה

flight-recorder רַשָּׁם־הַטִּיסָה, הַ"קּוּפְסָה הַשְּׁחוֹרָה"

flight of fancy חֲלוֹם בְּהָקִיץ

2 (air-force unit) גַּף (יְחִידַת־מְטוֹסֵי־קְרָב)

flight lieutenant סֶרֶן (בְּחֵיל הָאֲוִיר הַבְּרִיטִי)

3 (series of stairs) גֶּרֶם־מַדְרֵגוֹת

in the top (or **first**) **flight** (*UK*) בֵּין הַמִּצְטַיְּנִים

□ *my room is two flights up* הַחֶדֶר שֶׁלִּי נִמְצָא שְׁתֵּי קוֹמוֹת לְמַעְלָה

flight² /flaɪt/ n. מְנוּסָה, בְּרִיחָה

□ *they were put to flight* הֵנִיסוּ אוֹתָם

□ *they took (to) flight* הֵם נָסוּ, הֵם בָּרְחוּ

□ *the flight of capital was stopped* בְּרִיחַת־הַהוֹן נֶעֶצְרָה

flighty /ˈflaɪtɪ/ adj. (*derog.*) (אִשָּׁה אוֹ נַעֲרָה) קַלַּת־דַּעַת, הֲפַכְפֶּכֶת

flimsy /ˈflɪmzi/ adj. (*derog.*) קַלִּיל וְדַק, רוֹפֵף, שָׁבִיר; בִּלְתִּי־מְשַׁכְנֵעַ, "שָׁקוּף"

—n. נְיָר דַּק (לְעֶתְקִים בִּמְכוֹנַת כְּתִיבָה)

flinch /flɪntʃ/ v.i. נִרְתַּע בְּפַחַד, הִתְכַּוֵּץ בְּפַחַד

□ *he flinched from his duty* הוּא נִרְתַּע מִמִּלּוּי־חוֹבָתוֹ

fling /flɪŋ/ (past & past ppl. **flung** /flʌŋ/) v.t. הִשְׁלִיךְ, הֵטִיל, זָרַק (בְּרֶגֶשׁ אוֹ בִּמְהִירוּת)

□ *she flung her arms around his neck* הִיא הֵטִילָה אֶת זְרוֹעוֹתֶיהָ סְבִיב צַוָּארוֹ

□ *she flung up her hands in horror* הִיא הֵטִילָה אֶת זְרוֹעוֹתֶיהָ מַעְלָה בִּזְוָעָה

□ *he flung down a challenge to his rival* הוּא הֵטִיל כְּפָפָה לְעֵבֶר יְרִיבוֹ

□ *he flung open the door* הוּא פָּתַח אֶת הַדֶּלֶת בִּתְנוּפָה

□ *he was flung out* זָרְקוּ אוֹתוֹ הַחוּצָה

—n.

1 (throw) הַשְׁלָכָה, הֲטָלָה, זְרִיקָה

2 (Highland dance) סוּג שֶׁל מָחוֹל סְקוֹטִי עֲמָמִי

3 (spell of self-indulgence; brief romantic affair) הִתְהוֹלְלוּת, פָּרָשַׁת־אֲהָבִים קְצָרָה

□ *he had a last fling before marriage* הָיְתָה לוֹ פָּרָשָׁה אַחַת אַחֲרוֹנָה לִפְנֵי שֶׁהוּא הִתְחַתֵּן

flint /flɪnt/ n. אֶבֶן צוֹר, חַלָּמִישׁ; "אֶבֶן" (בְּמַצִּית)

□ *your lighter needs a new flint* הַמַּצִּית שֶׁלְּךָ זָקוּק לְאֶבֶן חֲדָשָׁה

flinty /ˈflɪntɪ/ adj. קָשֶׁה כַּצּוֹר

flip¹ /flɪp/ v.t. & i. הָפַךְ בִּתְנוּעָה מְהִירָה אֶת; "הִשְׁתַּגֵּעַ"

□ *I flipped through the magazine* דִּפְדַּפְתִּי בָּעִתּוֹן/בַּכְּתַב־הָעֵת

□ *he flipped his lid* (*sl.*) הוּא הִשְׁתַּגֵּעַ; הוּא "הִשְׁתַּגֵּעַ"

—n. מַכָּה קַלָּה וּמְהִירָה; סַלְטָה־בָּאֲוִיר
flip side (*colloq.*) הַצַּד הַשֵּׁנִי (שֶׁל תַּקְלִיט)
flip[2] /flɪp/ n. מַשְׁקֶה בֵּיצִים אַלְכּוֹהוֹלִי
egg flip מַשְׁקֶה בֵּיצִים אַלְכּוֹהוֹלִי
flip[3] /flɪp/ adj. (*colloq.*) (מַעֲנֶה) חָצוּף
flippancy /ˈflɪpənsɪ/ n. הִתְחַצְּפוּת
flippant /ˈflɪpənt/ adj. חָצוּף, מְחֻצָּף
flipper /ˈflɪpə(r)/ n. סְנַפִּיר (שֶׁל דָּג); סְנַפִּיר־גּוּמִי
flirt /flɜːt/ v.i. פְלִירְטֵט
□ *he flirted with the idea* הוּא הִשְׁתַּעֲשֵׁעַ בְּרַעְיוֹן
—n. מְפַלְרְטֵט, מְפַלְרְטֶטֶת
flirtation /flɜːˈteɪʃ(ə)n/ n. פְלִירְט (גַּם בְּהַשְׁאָלָה)
flirtatious /flɜːˈteɪʃəs/ adj. נוֹטֶה לְהִשְׁתַּעֲשֵׁעַ בַּאֲהַבְהָבִים
flit /flɪt/ v.i. & n. עָף בְּקַלּוּת, רִפְרֵף; הִסְתַּלֵּק (בְּלִי לְשַׁלֵּם חוֹב); הִסְתַּלְּקוּת (כַּנַּ"ל)
□ *the tenants did a moonlight flit* (*colloq.*) הַדַּיָּרִים הִסְתַּלְּקוּ בְּלִי לְשַׁלֵּם אֶת הַחוֹב שֶׁלָּהֶם
flitch /flɪtʃ/ n. קֹתֶל־חֲזִיר מְמֻלָּח וּמְעֻשָּׁן
float /fləʊt/ v.
1 (rest on liquid) צָף
2 (of currency) נִיֵּד (אֶת שַׁעַר הַמַּטְבֵּעַ שֶׁל מְדִינָה)
3 (drift) צָף, שָׁט; הִסְתּוֹבֵב בְּבַטָּלָה
—v.t.
1 (cause to float) גָּרַם (לְדָבָר מָה) לָצוּף
2 (launch company etc.) עָרַךְ הַנְפָּקַת מְנָיוֹת (שֶׁל חֶבְרָה בְּע"מ)
—n.
1 (buoyant object) מָצוֹף
ice cream float מַשְׁקֶה גְּלִידָה (לְמָשָׁל "קוֹלָה" עִם גְּלִידָה)
□ *that plane has two floats* לְמָטוֹס (יַמִּי) זֶה יֵשׁ שְׁנֵי מְצוֹפִים
2 (cart) בִּימָה נַיֶּדֶת (בְּתַהֲלוּכָה וְכַד')
milk float מְכוֹנִית לְחַלֻּקַּת חָלָב (מֵעֵין קְרוֹנִית חַשְׁמַלִּית)
3 (sum of money) קֻפַּת־עֹדֶף (סְכוּם כֶּסֶף בְּמַטְבְּעוֹת לְמַתַּן עֹדֶף)
floating /ˈfləʊtɪŋ/ adj. צָף; נַיָּד (שַׁעַר מַטְבֵּעַ)
floating capital הוֹן בְּמַחֲזוֹר
floating currency מַטְבֵּעַ בַּעַל שַׁעַר־חֲלִיפִין נַיָּד
floating dock מִבְדּוֹק־צָף
floating ribs (*Anat.*) הַצְּלָעוֹת הַקְּשׁוּתוֹת הָרְחוּפוֹת (שֶׁאֵינָן מְחֻבָּרוֹת לְעֶצֶם הֶחָזֶה)
floating population אוּכְלוֹסִיָּה לֹא קְבוּעָה
floating vote (or **voter**) הַקּוֹלוֹת הַ"צָּפִים"
flock[1] /flɒk/ n. עֵדֶר (צֹאן); לַהֲקָה (שֶׁל צִפּוֹרִים); (בְּהַשְׁאָלָה) קְהִלָּה (דָּתִית נוֹצְרִית); הָמוֹן
□ *visitors came in flocks* מְבַקְּרִים בָּאוּ בַּהֲמוֹנֵיהֶם
—v.i. הִתְאַסֵּף, הִתְקַהֵל, הִתְקַבֵּץ, נָהַר

flock[2] /flɒk/ n. אֲנִיץ־צֶמֶר/כֻּתְנָה (לְמִלּוּי מִזְרָנִים וְכַד')
floe /fləʊ/ n. שְׂדֵה־קֶרַח צָף
flog /flɒg/ v.t.
1 (beat) הִלְקָה; הִצְלִיף
□ *you are flogging a dead horse* (*colloq.*) זֶה יוֹעִיל כְּמוֹ כּוֹסוֹת רוּחַ לְמֵת
□ *that joke has been flogged to death* (*colloq.*) לַבְּדִיחָה הַזֹּאת יֵשׁ זָקָן אָרֹךְ
2 (sell, *sl.*) מָכַר
□ *how much did you flog that car of yours for?* כַּמָּה הִצְלַחְתָּ לְקַבֵּל בִּשְׁבִיל הַגְּרוּטָאָה שֶׁלְּךָ?
flogging /ˈflɒgɪŋ/ n. הַלְקָאָה, הַצְלָפָה
flood /flʌd/ n.
1 (huge flow of water etc.) שִׁטָּפוֹן; מַבּוּל; הֲצָפָה
□ *their house goes back to the Flood* (*colloq.*) הַבַּיִת שֶׁלָּהֶם הוּא מִימֵי מְתוּשֶׁלַח
□ *she was in floods of tears* הִיא הִזִּילָה מַבּוּל שֶׁל דְּמָעוֹת, הִיא שָׁפְכָה דְּמָעוֹת כַּמַּיִם
□ *the river is in flood* הַנָּהָר עוֹלֶה עַל גְּדוֹתָיו
2 (floodlight, *colloq.*) זַרְקוֹר (בַּתֵּיאַטְרוֹן וְכַד')
—v.t. הֵצִיף
□ *we were flooded out by the cloudburst* נֶאֱלַצְנוּ לַעֲזֹב אֶת הַבַּיִת בִּגְלַל שִׁטָּפוֹן שֶׁנִּגְרַם ע"י שֶׁבֶר־עָנָן
□ *they flooded the market with their new product* הֵם הֵצִיפוּ אֶת הַשּׁוּק בְּמוּצָר הֶחָדָשׁ שֶׁלָּהֶם
—v.i. (הַנָּהָר) עָלָה עַל גְּדוֹתָיו; הִתְמַלֵּא (מַיִם וְכַד'), הָיָה מוּצָף
floodgates /ˈflʌdgeɪts/ n. *pl.* שַׁעֲרֵי־סֶכֶר (הַנִּפְתָּחִים כְּשֶׁזֶּרֶם הַמַּיִם גּוֹבֵר)
□ *this judgement will open the floodgates to other claims* פְּסַק־דִּין זֶה יִפְתַּח פֶּתַח לַהֲמוֹן תְּבִיעוֹת אֲחֵרוֹת
floodlight /ˈflʌdlaɪt/ n. זַרְקוֹר (בַּתֵּיאַטְרוֹן וְכַד')
—v.t. (past & past ppl. **floodlit** /ˈflʌdlɪt/) הֵאִיר בְּזַרְקוֹרִים
flood-tide /ˈflʌd-taɪd/ n. גֵּאוּת שֶׁל הַיָּם
floor /flɔː(r)/ n.
1 (lower surface of room or cavity; bottom of sea) רִצְפָּה (שֶׁל חֶדֶר); קַרְקָעִית (הַיָּם)
□ *he wiped the floor with his opponent* (*colloq.*) הוּא עָשָׂה מִן הַיָּרִיב שֶׁלּוֹ סְמַרְטוּט
2 (level area) בָּמָה; אוּלָם
floor manager מְנַהֵל בָּמָה (בְּאֻלְפַּן טֶלֶוִיזְיָה); אַחְרַאי (בַּחֲנוּת כָּל־בּוֹ)
floor show מוֹפָע קַבָּרֶט (בְּמִסְעָדָה, בְּמוֹעֲדוֹן לַיְלָה וְכַד')
dance floor בָּמַת רִקּוּדִים
□ *the bride and groom took the floor* הֶחָתָן וְהַכַּלָּה יָרְדוּ לְבָמַת הָרִקּוּדִים (לְמָחוֹל רִאשׁוֹן, לְבַד)
□ *the next speaker took the floor* הַנּוֹאֵם הַבָּא עָלָה לַבָּמָה

□ *there was a question from the floor* שְׁאֵלָה הֻפְנְתָה (אֶל הַנּוֹאֵם) מִן הָאוּלָם
3 (level of a building) קוֹמָה
ground floor קוֹמַת קַרְקַע
first floor (בְּרִיטַנְיָה) קוֹמָה רִאשׁוֹנָה; (אַרְהַ"ב) קוֹמַת קַרְקַע
4 (minimum level) תַּחְתִּית, קַרְקָעִית
—v.t.
1 (provide with floor) רִצֵּף, הִנִּיחַ רִצְפָּה שֶׁל
2 (knock down, *colloq.*) הִשְׁלִיךְ לָרִצְפָּה
□ *the question floored him* הַשְּׁאֵלָה הִשְׁאִירָה אוֹתוֹ לְלֹא מַעֲנֶה
floorboard /ˈflɔːbɔːd/ n. אֶחָד מִקַּרְשֵׁי־הָרִצְפָּה
floorcloth /ˈflɔːklɒθ/ n. מַטְלִית־רִצְפָּה, סְמַרְטוּט־רִצְפָּה
flooring /ˈflɔːrɪŋ/ n. חֹמֶר־רִצּוּף (בְּעִקָּר קְרָשִׁים)
floorwalker /ˈflɔːwɔːkə(r)/ n. (*US*) אַחְרַאי, מַשְׁגִּיחַ (בַּחֲנוּת כָּל־בּוֹ)
floozie /ˈfluːzɪ/ n. (*arch. derog. sl.*) נַפְקָנִית
flop /flɒp/ v.i. צָנַח בִּכְבֵדוּת; נִכְשַׁל לַחֲלוּטִין
□ *he flopped (down) into a chair* הוּא צָנַח לַכֻּרְסָה בִּכְבֵדוּת
—n. (*colloq.*) פַּשְׁלָה
□ *his play was a flop* הַמַּחֲזֶה שֶׁלּוֹ הָיָה כִּשָּׁלוֹן מֻחְלָט
floppy /ˈflɒpɪ/ adj. מִתְנַפְנֵף, תָּלוּי בְּרִפְיוֹן
floppy disk (*Comput.*) דִּיסְקֶט, דִּיסְק מַגְנֶטִי (לְמַחְשֵׁב)
flora /ˈflɔːrə/ n. צִמְחִיָּה, הַצּוֹמֵחַ
floral /ˈflɔːrəl/ adj. שֶׁל פְּרָחִים; פִּרְחוֹנִי
floral tribute זֵר־פְּרָחִים לְאוֹת־הוֹקָרָה
florid /ˈflɒrɪd/ adj.
1 (ornate) מְקֻשָּׁט בְּהַפְרָזָה, מְצֻעְצָע
2 (ruddy) (צֶבַע־פָּנִים) סָמוּק
florist /ˈflɒrɪst/ n. מוֹכֵר־פְּרָחִים בַּחֲנוּת; חֲנוּת־פְּרָחִים
floss /flɒs/ n. סִיב מֶשִׁי דַּק
candy floss צֶמֶר־סֻכָּר, שַׂעֲרוֹת־סֻכָּר (מַמְתָּק עַל מַקֵּל)
dental floss חוּט לְנִקּוּי־שִׁנַּיִם
flotation /fləʊˈteɪʃ(ə)n/ n. הַנְפָּקַת מְנָיוֹת (שֶׁל חֶבְרָה בְּעֵ"מ)
flotilla /fləˈtɪlə/ n. צִי, שַׁיֶּטֶת (לָרֹב שֶׁל אֳנִיּוֹת מִלְחָמָה)
flotsam /ˈflɒtsəm/ n. שִׁבְרֵי אֳנִיָּה טְרוּפָה הַצָּפִים בַּיָּם
□ *here are the flotsam and jetsam of society* הִנֵּה הֵם נִדְּחֵי־הַחֶבְרָה/הַחֵלְכָּאִים וְהַנִּדְכָּאִים
flounce[1] /flaʊns/ v.i. יָצָא בְּכַעַס וּבְהַפְגָּנָתִיּוּת (מִן הַחֶדֶר)
□ *she flounced out of the room* הִיא יָצְאָה מִן הַחֶדֶר בְּכַעַס מֻפְגָּן
flounce[2] /flaʊns/ n. וּולָאן, מִקְבֶּצֶת (בְּשׁוּלֵי שִׂמְלָה, שַׁרְווּל וְכַד')
flounder[1] /ˈflaʊndə(r)/ n. דַּג־הַסַּנְדָּל, דַּג־הַפּוּט, פּוּטִית
flounder[2] /ˈflaʊndə(r)/ v.i. פִּרְפֵּר (בְּמַיִם); בּוֹסֵס (בְּבֹץ); הִתְלַבֵּט
flour /ˈflaʊə(r)/ n. קֶמַח
—v.t. פִּזֵּר קֶמַח עַל
flourish /ˈflʌrɪʃ/ v.i. פָּרַח, שִׂגְשֵׂג, הִצְלִיחַ
□ *Socrates flourished about 400 B.C.* סוֹקְרָטֵס חַי וּפָעַל בִּסְבִיבַת 400 לִפְנֵה"ס
—v.t. נוֹפֵף, נִפְנֵף
—n.
1 (waving gesture) נִפְנוּף (לָרֹב טִקְסִי)
2 (ornament) סִלְסוּל, קִשּׁוּט, עִטּוּר (בְּאוֹת כְּתוּבָה וְכַד')
3 (fanfare) תְּרוּעַת חֲצוֹצְרוֹת
floury /ˈflaʊərɪ/ adj. קִמְחִי
flout /flaʊt/ v.t. הִתְנַהֵג בְּבוּז גָּלוּי אֶל, זִלְזֵל בְּפֻמְבֵּי בְּ...
flow /fləʊ/ v.i. & n. נָזַל, שָׁטַף, זָרַם, נָבַע; זֶרֶם, זְרִימָה, שֶׁטֶף
flow chart תַּרְשִׁים־זְרִימָה (שֶׁל תַּהֲלִיךְ יִצּוּר וְכַד')
□ *she has lovely flowing hair* יֵשׁ לָהּ שֵׂעָר גּוֹלֵשׁ וְנֶהְדָּר
□ *the tide began to flow* הַגֵּאוּת הֵחֵלָּה לַעֲלוֹת
□ *I observed the ebb and flow of conversation* עָקַבְתִּי אַחַר מַהֲלַךְ הַשִּׂיחָה
flower /ˈflaʊə(r)/ n.
1 (plant) פֶּרַח
flower show תְּצוּגַת־פְּרָחִים
2 (best part, *poet.*) מֵיטָב, מִבְחָר
□ *the flower of Britain's youth was destroyed in that war* תִּפְאֶרֶת צְעִירֵי בְּרִיטַנְיָה אָבְדָה בְּאוֹתָהּ מִלְחָמָה
—v.i. פָּרַח
flower-bed /ˈflaʊə-bed/ n. עֲרוּגַת־פְּרָחִים
flowered /ˈflaʊəd/ adj. פִּרְחוֹנִי, מְקֻשָּׁט בְּדִגְמֵי פְּרָחִים
flowerpot /ˈflaʊəpɒt / n. עָצִיץ
flowery /ˈflaʊərɪ/ adj. פִּרְחוֹנִי, עָטוּר פְּרָחִים; (דִּבּוּר) מְצֻעְצָע, נִמְלָץ
flown /fləʊn/ past ppl. of **fly**[2]
flu /fluː/ n. (*colloq.*) שַׁפַּעַת
fluctuate /ˈflʌktʃʊeɪt/ v.i. עָלָה וְיָרַד, הָיָה בִּלְתִּי סָדִיר, נָע וָנָד
fluctuation /flʌktʃʊˈeɪʃ(ə)n/ n. תְּנוּדָה, עֲלִיּוֹת וִירִידוֹת
flue /fluː/ n. צִנּוֹר־עָשָׁן, צִנּוֹר פְּלִטָה לְגָזִים (הַמְחַבֵּר בֵּין הָאָח וְרֹאשׁ הָאֲרֻבָּה וְכַד')
fluency /ˈfluːənsɪ/ n. רְהִיטוּת, שֶׁטֶף
fluent /ˈfluːənt/ adj. (דִּבּוּר) קוֹלֵחַ, רָהוּט, שׁוֹטֵף
fluff /flʌf/ n. מוֹךְ, מִלּוּי־נוֹצוֹת (לִשְׂמִיכוֹת, כָּרִים וְכַד'); פְּלוּמָה; "פִּסְפּוּס"
bit of fluff (*sl. derog.*) "פַּרְגִּית" (אִשָּׁה צְעִירָה וּמוּשֶׁכֶת)
—v.t.
1 (shake or spread out) נִעֵר (שְׂמִיכוֹת וְכַד') מִמְּלָאוֹת־מוֹךְ
□ *the bird fluffed (out or up) its feathers* הַצִּפּוֹר נִעֲרָה אֶת נוֹצוֹתֶיהָ

2 (do badly, *colloq.*) פִּסְפֵּס, פִּישֵׁל
fluffy /ˈflʌfɪ/ adj. רַךְ וְעַדִין, פְּלוּמָתִי
fluid /ˈfluːɪd/ adj. נוֹזֵל; נָזִיל, לֹא קָבוּעַ
□ *our plans are still fluid* הַתָּכְנִיּוֹת שֶׁלָּנוּ עֲדַיִן לֹא־קְבוּעוֹת
—n. נוֹזֵל
fluid ounce אוּנְקִיָּה שֶׁל נוֹזֵל (מִדַּת נֶפַח)
fluidity /fluːˈɪdɪtɪ/ n. נְזִילוּת (גַּם בְּהַשְׁאָלָה)
fluke /fluːk/ n. (*colloq.*) הַצְלָחָה מִקְרִית, מִקְרֶה מַזָּל
flummox /ˈflʌməks/ v.t. (*colloq.*) בִּלְבֵּל, טִשְׁטֵשׁ, הֵבִיךְ
flung /flʌŋ/ past & past ppl. of **fling**
flunk /flʌŋk/ v.t. & i. (*US colloq.*) הִכְשִׁיל (בִּבְחִינָה), נָתַן צִיּוּן "4"; נִכְשַׁל, נִדְפַּק (בִּבְחִינָה), קִבֵּל "4"
□ *I flunked out* עָפְתִּי מִבֵּית הַסֵּפֶר בִּגְלַל צִיּוּנִים (גְּרוּעִים)
flunkey /ˈflʌŋkɪ/ n. (*derog.*) מְשָׁרֵת (בְּמַדִּים); "לַקְקָן"
fluorescence /ˌflɔːˈresəns/ n. פְלוּרוֹסֶנְטִיּוּת
fluorescent /ˌflɔːˈres(ə)nt/ adj. פְלוּרוֹסֶנְטִי; זוֹהֵר
fluorescent lighting תְּאוּרַת נֵיאוֹן, תְּאוּרָה פְלוּרוֹסֶנְטִית
fluoridation /ˌflɔːrɪˈdeɪʃ(ə)n/ n. הַפְלָרָה (הוֹסָפַת פְּלוּר לְמֵי שְׁתִיָּה)
fluoridate /ˈflɔːrɪdeɪt/ v.t. הִפְלִיר (כַּנַּ"ל)
fluoride /ˈflɔːraɪd/ n. פְלוּרִיד
fluoridize /ˈflɔːrɪdaɪz/ v.t. הִפְלִיר (כַּנַּ"ל)
fluorine /ˈflɔːriːn/ n. (גַּז) פְּלוּר
flurry /ˈflʌrɪ/ n. פֶּרֶץ (רוּחַ, גֶּשֶׁם, שֶׁלֶג, הִתְרַגְּשׁוּת וְכַד')
—v.t. הִלְהִיב, עוֹרֵר, רִגֵּשׁ, בִּלְבֵּל
flush[1] /flʌʃ/ adj.
1 (level) שָׁטוּחַ, יָשָׁר
□ *the doors are flush with the wall* הַדְּלָתוֹת בְּמִשְׁטָח אֶחָד עִם הַקִּיר (לֹא בּוֹלְטוֹת)
2 (rich, *colloq.*) "מָלֵא"
□ *he was flush (with money)* הוּא הָיָה מָלֵא (בְּכֶסֶף)
flush[2] /flʌʃ/ v.t. & i.
1 (clean with liquid) שָׁטַף (אַסְלָה וְכַד'), הֵצִיף; הוֹרִיד אֶת הַמַּיִם
flush out הוֹצִיא בְּכֹחַ; הִבְהִיל (צִפּוֹרִים) מִן הַסְּבַךְ
2 (become red) הִסְמִיק, הֶאְדִּים
□ *they were flushed with victory* (*formal*) הֵם הִתְמַלְּאוּ רוּחַ־נִצָּחוֹן
—n. הִתְרַגְּשׁוּת עַזָּה
□ *we rejoiced in the flush of victory* (*formal*) הָיִינוּ שִׁכּוֹרֵי נִצָּחוֹן
□ *they are in the first flush of youth* הֵם בְּרֵאשִׁית נְעוּרֵיהֶם
flush[3] /flʌʃ/ n. "פְלָאשׁ", (בִּקְלָפִים)
fluster /ˈflʌstə(r)/ v.t. בִּלְבֵּל, הֵבִיךְ
—n. בִּלְבּוּל, מְבוּכָה
flute /fluːt/ n. חֲלִיל־צַד, חָלִיל; כְּלִי זְכוּכִית צַר וְאָרֹךְ
champagne flute כּוֹס שַׁמְפַּנְיָה (צָרָה וַאֲרֻכָּה)

—v.i. הִשְׁמִיעַ קוֹל גָּבוֹהַּ כֶּחָלִיל (בְּדִבּוּר וְכַד')
—v.t. חָרַץ (חֲרִיצִים בְּעֵץ אוֹ בְּעַמּוּד)
fluted /ˈfluːtɪd/ adj. (עַמּוּד וְכַד') מְחֹרָץ
fluting /ˈfluːtɪŋ/ n. חֲרִיצִים לְקִשּׁוּט
flutter /ˈflʌtə(r)/ v.t. & i. (צִפּוֹר) נִפְנֵף בִּכְנָפָיו, רִפְרֵף; (לֵב) פָּעַם בְּאִי־סְדִירוּת, פִּרְפֵּר
—n. נִפְנוּף־כְּנָפַיִם, רִפְרוּף; רִגְשָׁה עַצְבָּנִית; דְּפִיקַת־לֵב קַלָּה; עֲוִית בַּהַקְלָטָה
□ *I had a flutter on the horses* (*colloq.*) עָשִׂיתִי כַּמָּה הִמּוּרִים קְטַנִּים עַל הַסּוּסִים
fluvial /ˈfluːvɪəl/ adj. (*formal*) שֶׁל נְהָרוֹת, מָצוּי בִּנְהָרוֹת
flux /flʌks/ n.
1 (change) הִשְׁתַּנּוּת, זְרִימָה, שֶׁטֶף
□ *everything is in a state of flux* הַדְּבָרִים שְׁרוּיִים בִּתְמוּרָה מִתְמֶדֶת, הַמַּצָּב לֹא בָּרוּר
2 (fusion-promoting substance) חֹמֶר מְזָרֵז־הַלְחָמָה
fly[1] /flaɪ/ n. זְבוּב; פִּתָּיוֹן מְלָאכוּתִי (בְּדַיִג)
a fly in the ointment (*colloq.*) הַקּוֹץ שֶׁבָּאַלְיָה, אַלְיָה וְקוֹץ בָּהּ
□ *there are no flies on John* (*UK colloq.*) אִי אֶפְשָׁר לְסַדֵּר אֶת ג'וֹן, ג'וֹן מֵבִין עִנְיָן
fly[2] /flaɪ/ (past **flew** /fluː/, past ppl. **flown** /fləʊn/) v.i.
1 (move through the air) עָף, טָס
□ *insults were flying* קְלָלוֹת וַחֲרָפוֹת הִתְעוֹפְפוּ לְכָל עֵבֶר
□ *your argument flies in the face of the evidence* הָעֻבְדּוֹת סוֹתְרוֹת אֶת טִעוּנְךָ
□ *the blow sent him flying* הַמַּכָּה הֵעִיפָה אוֹתוֹ
2 (go quickly) עָף, "טָס", רָץ, חָלַף בִּיעָף
□ *the door flew open* הַדֶּלֶת נִפְתְּחָה בִּתְנוּפָה פִּתְאֹמִית
□ *she flew to his defence* (*formal*) הִיא חָשָׁה לְהַגָּנָתוֹ
□ *we must fly – we're late* עָלֵינוּ לָרוּץ, אֲנַחְנוּ מְאַחֲרִים
□ *he flew at her* הוּא הִתְנַפֵּל עָלֶיהָ
□ *he flew into a rage* הוּא הִתְפָּרֵץ בְּזַעַם
□ *he flew off the handle* (*colloq.*) הוּא יָצָא מִכֵּלָיו
□ *the cup flew (in) to bits* (or *pieces*) הַסֵּפֶל נִשְׁבַּר לִרְסִיסִים
□ *he let fly at me* הוּא הִתְנַפֵּל עָלַי, הוּא תָּקַף אוֹתִי; הוּא יָרָה בִּי
□ *the feathers* (or *fur*) *started to fly* הִתְחוֹלְלָה מְהוּמָה; הָרוּחוֹת הִתְלַהֲטוּ
—v.t.
1 (control aircraft, kite, etc.) הֵטִיס, הֵעִיף
2 (escape) בָּרַח מ..., נִמְלַט מ...
□ *he had to fly the country* הָיָה עָלָיו לְהִמָּלֵט מִן הַמְּדִינָה
3 (raise flag) הֵנִיף, הֵרִים (דֶּגֶל)
—n.
1 (flying) טִיסָה; הֲטָסָה

2 (flap on garment "חֲנוּת" (בַּמִּכְנָסַיִם)
□ *your flies are undone* הַחֲנוּת שֶׁלְּךָ פְּתוּחָה

fly[3] /flaɪ/ adj. (*colloq.*) מֵבִין־עִנְיָן

fly-blown /ˈflaɪ-bləʊn/ adj. (בָּשָׂר) מְזֹהָם בְּבֵיצֵי־זְבוּבִים, מְקֻלְקָל

fly-by-night /ˈflaɪ-baɪ-naɪt/ n. (*derog.*) אוֹרֵחַ פּוֹרֵחַ; אָדָם הַמְחַפֵּשׂ רְוָחִים קַלִּים

fly-by-wire /ˌflaɪ-baɪ-ˈwaɪə(r)/ n. מַעֲרֶכֶת הַטָּסָה אֶלֶקְטְרוֹנִית (וְלֹא מֵכָנִית, שֶׁל מָטוֹס)

flycatcher /ˈflaɪkætʃə(r)/ n. חֲטָפִית (צִפּוֹר קְטַנָּה הַנִּזּוֹנָה מֵחֲרָקִים מְעוֹפְפִים)

flyer /ˈflaɪə(r)/ n. טַיָּס (בְּרֵאשִׁית יְמֵי הַתְּעוּפָה)
high flyer אָדָם מַצְלִיחַ וְעָשִׁיר

fly-fishing /ˈflaɪ-fɪʃɪŋ/ n. דַּיִג בְּאֶמְצָעוּת פִּתְיוֹנוֹת מְלָאכוּתִיִּים

flying /ˈflaɪɪŋ/ adj. & n. מְעוֹפֵף, טָס, עָף; תְּעוּפָה
flying boat מָטוֹס יַמִּי גָּדוֹל
flying buttress קֶשֶׁת תְּמִיכָה חִיצוֹנִית (בְּקָתֶדְרָלָה וְכַד')
flying column כֹּחַ צְבָאִי נַיָּד
flying fish דָּג מְעוֹפֵף
flying jump קְפִיצַת־תְּנוּפָה
flying officer סְגַן־טַיָּס
flying saucer צַלַּחַת מְעוֹפֶפֶת
flying squad חֻלְיָה נַיֶּדֶת, יְחִידַת בִּטָּחוֹן לְמִקְרֵי חֵרוּם
flying start פְּתִיחָה מְהִירָה, פְּתִיחָה מַבְטִיחָה
flying visit בִּקּוּר חָטוּף
□ *they came through with flying colours* הֵם סִיְּמוּ בְּהִצְטַיְּנוּת

flyleaf /ˈflaɪliːf/ n. עַמּוּד חָלָק בִּתְחִלַּת־סֵפֶר/בְּסִיּוּמוֹ

flyover /ˈflaɪəʊvə(r)/ n.
1 (overpass) כְּבִישׁ־עִלִּי, מַעֲבָר־עִלִּי
2 (flypast) מַטָּס (בְּמִפְגָּן אֲוִירִי)

fly-paper /ˈflaɪ-peɪpə(r)/ n. נְיַר־זְבוּבִים

fly-past /ˈflaɪ-pɑːst/ n. מַטָּס (בְּמִפְגָּן אֲוִירִי)

flysheet /ˈflaɪʃiːt/ n. כִּסּוּי עֶלְיוֹן (לְאֹהֶל, נֶגֶד גֶּשֶׁם)

fly-spray ˈflaɪ-spreɪ/ n. תַּרְסִיס נֶגֶד יַתּוּשִׁים

flyweight /ˈflaɪweɪt/ n. (בְּאִגְרוּף) מִשְׁקַל־זְבוּב

flywheel /ˈflaɪwiːl/ n. גַּלְגַּל־תְּנוּפָה

fly-whisk /ˈflaɪ-wɪsk/ n. מַחְבֵּט־זְבוּבִים (בְּצוּרַת־מְנִיפָה בַּעֲלַת־יָדִית אֲרֻכָּה)

FM abbrev. (גַּלֵּי רַדְיוֹ) "אֶף־אֶם"

foal /fəʊl/ n. סְיָח
—v.i. הִמְלִיטָה סְיָח

foam /fəʊm/ n. & v.i. קֶצֶף; הִקְצִיף, הֶעֱלָה קֶצֶף
foam rubber סְפוֹג־גּוּמִי, גּוּמִי סְפוֹגִי, "גּוּמָאֲוִיר"

foamy /ˈfəʊmɪ/ adj. דְּמוּי קֶצֶף, מְקֻצָּף

fob[1] /fɒb/ v.t.
fob off נִפְנֵף הַצִּדָּה (הָאַשְׁמוֹת וְכַד')
□ *he tried to fob me off with second best* הוּא נִסָּה לִמְכֹּר לִי סְחוֹרָה סוּג ב' בְּתוֹר סְחוֹרָה סוּג א'
□ *you can't fob that junk off on me* אֲנִי לֹא מוּכָן לִקְנוֹת אֶת הַזֶּבֶל הַזֶּה (גַּם בְּהַשְׁאָלָה)

fob[2] /fɒb/ n. שַׁרְשֶׁרֶת לְשָׁעוֹן (בְּכִיס חֲזִיָּה שֶׁל גֶּבֶר)

focal /ˈfəʊk(ə)l/ adj. מוֹקֵד; מֶרְכָּזִי
focal length מֶרְחַק מִקּוּד (שֶׁל עֲדָשָׁה)

foc's'le /ˈfəʊks(ə)l/ n. מְגוּרֵי הַמַּלָּחִים בַּחֲזִית הַסְּפִינָה

focus /ˈfəʊkəs/ (*pl.* **focuses** or **foci**) n. מוֹקֵד (אוֹפְּטִי, אֲקוּסְטִי, גַּם בְּהַשְׁאָלָה), פוֹקוּס
out of focus לֹא מְמֻקָּד, לֹא בְּפוֹקוּס (גַּם בְּהַשְׁאָלָה)
□ *we were the focus of attention* אֲנַחְנוּ הָיִינוּ מוֹקֵד הַהִתְעַנְיְנוּת
—v.t. & i. מִקֵּד, רִכֵּז; הִתְמַקֵּד, הִתְרַכֵּז

fodder /ˈfɒdə(r)/ n. מִסְפּוֹא, מָזוֹן לִבְהֵמוֹת
cannon fodder בְּשַׂר תּוֹתָחִים

foe /fəʊ/ n. (*formal*) אוֹיֵב, צַר, יָרִיב

foetal /ˈfiːt(ə)l/ adj. עֻבָּרִי

foetus /ˈfiːtəs/ n. עֻבָּר (בֶּן לְמַעְלָה מִשְּׁלֹשָׁה חֳדָשִׁים)

fog /fɒg/ n. עֲרָפֶל
□ *he is in a fog* הוּא שָׁרוּי בַּעֲרָפֶל (בְּהַשְׁאָלָה בִּלְבַד)
—v.t. עִרְפֵּל, טִשְׁטֵשׁ
fog up הִתְכַּסָּה בְּאֵדִים (חַלּוֹן וְכַד')

fog-bank /ˈfɒg-bæŋk/ n. שִׁכְבַת עֲרָפֶל סְמִיכָה וַאֲטוּמָה (עַל פְּנֵי־הַיָּם)

fog-bound /ˈfɒg-baʊnd/ adj. תָּקוּעַ בָּעֲרָפֶל

fogey /ˈfəʊgɪ/ n. (*derog.*) אָדָם הַדָּבֵק בְּדֵעוֹת מְיֻשָּׁנוֹת

foggy /ˈfɒgɪ/ adj.
1 (affected by fog) מְעֻרְפָּל
2 (confused) מְבֻלְבָּל, מְעֻרְפָּל
□ *I haven't the foggiest (idea)* (*colloq.*) אֵין לִי צֵל שֶׁל מֻשָּׂג, אֵין לִי שֶׁמֶץ מֻשָּׂג

fog-horn /ˈfɒg-hɔːn/ n. צוֹפַר עֲרָפֶל (הַמַּזְהִיר כְּלֵי־שַׁיִט בָּעֲרָפֶל)

fog-lamp /ˈfɒg-læmp/ n. פַּנַּס־עֲרָפֶל (בִּכְלֵי־רֶכֶב לְשִׁמּוּשׁ בָּעֲרָפֶל)

foible /ˈfɔɪb(ə)l/ n. גַּחֲמָה, חֻלְשַׁת־אֹפִי בִּלְתִּי מַזִּיקָה

foil[1] /fɔɪl/ n.
1 (thin metal) נְיַר אֲלוּמִינְיוּם (אוֹ מַתָּכוֹת אֲחֵרוֹת)
kitchen foil נְיַר אֲלוּמִינְיוּם
2 (contrast) נִגּוּד מַשְׁלִים, רֶקַע מַדְגִּישׁ

foil[2] /fɔɪl/ n. סַיִף, חֶרֶב סִיּוּף

foil[3] /fɔɪl/ v.t. סִכֵּל, הֵפֵר (מְזִמָּה, קְנוּנְיָה)

foist /fɔɪst/ v.t. הִצְלִיחַ לְשַׁכְנֵעַ (אֶת פְּלוֹנִי, בְּדָבָר מָה שֶׁאֵינוֹ רָצוּי לוֹ)
□ *he foisted the job (off) on us* הֵם הִצְלִיחוּ לְהַלְבִּישׁ עָלֵינוּ אֶת הָעֲבוֹדָה

fold[1] /fəʊld/ n. סַכְבַת־צֹאן, דִּיר פָּתוּחַ; חֵיק (הַכְּנֵסִיָּה, הַקְּהִלָּה וְכַד')

□ *those who had gone astray returned to the fold* (*formal*) הַתּוֹעִים חָזְרוּ לְחֵיק־הַכְּנֵסִיָּה

fold² /fəʊld/ v.t. & i.
1 (bend back on itself) קִפֵּל; הִתְקַפֵּל
folding chair כִּסֵּא מִתְקַפֵּל
folding doors דְּלָתוֹת מִתְקַפְּלוֹת, דַּלְתוֹת "קוֹנְצֶרְטִינָה"
□ *she folded her arms* הִיא שִׁלְּבָה אֶת יָדֶיהָ
□ *fold the beaten whites in* (הוֹרָאַת־בִּשּׁוּל) עַרְבֵּב בִּזְהִירוּת אֶת הַחֶלְבּוֹן הַמְּקֻצָּף (כַּף אַחַר כַּף)
□ *one punch and he folded up* מַכַּת־אֶגְרוֹף אַחַת וְהוּא הִתְמוֹטֵט
□ *the business folded (up)* (*colloq.*) הָעֵסֶק פָּשַׁט אֶת הָרֶגֶל
2 (clasp, envelop) חִבֵּק, חָבַק; עָטַף
□ *she folded him in her arms* הִיא חִבְּקָה אוֹתוֹ בִּזְרוֹעוֹתֶיהָ
□ *he folded his arms about her* הוּא חִבֵּק אוֹתָהּ בִּזְרוֹעוֹתָיו
—n. קֶפֶל, קִפּוּל; גַּיְא, עֵמֶק, שֶׁקַע; קֶפֶל גֵּיאוֹלוֹגִי

folder /ˈfəʊldə(r)/ n. אוֹגְדָן, תִּיק
foliage /ˈfəʊlɪədʒ/ n. (*formal*) עַלְוָה
folio /ˈfəʊlɪəʊ/ n. גִּלָּיוֹן פוֹלְיוֹ (פוֹרְמָט גָּדוֹל לְדַף מֻדְפָּס)
folk /fəʊk/ n. (*pl.* **folks, folk**) עַם; אֲנָשִׁים
□ *folk do say strange things* שִׂיחַת הַבְּרִיּוֹת מוּזָרָה מְאֹד לִפְעָמִים
□ *his folks are very rich* הוֹרָיו עֲשִׁירִים מְאֹד; קְרוֹבָיו עֲשִׁירִים מְאֹד
folk-dance /ˈfəʊk-dɑːns/ n. רִקּוּד־עַם
folklore /ˈfəʊklɔː(r)/ n. פוֹלְקְלוֹר, יֶדַע־עַם
folklorist /ˈfəʊklɔːrɪst/ n. פוֹלְקְלוֹרִיסְט, חוֹקֵר פוֹלְקְלוֹר
folk-memory /ˈfeʊk-ˈmemərɪ/ n. זִכָּרוֹן בְּקֶרֶב־הָעָם
folk-music /ˈfeʊk-ˈmjuːzɪk/ n. מוּזִיקַת־עַם
folk-singer /ˈfeʊk-sɪŋə(r)/ n. זַמַּר שִׁירֵי־עַם
folk-song /ˈfeʊk-sɒŋ/ n. שִׁיר־עַם
folksy /ˈfəʊksɪ/ adj. (*colloq.*) פָּשׁוּט־הֲלִיכוֹת; יְדִידוּתִי, חַבְרוּתִי
folk-tale /ˈfəʊk-teɪl/ n. סִפּוּר־עַם, אַגָּדַת־עַם
folkweave /ˈfəʊkwiːv/ n. אֲרִיג כַּפְרִי גַּס
follicle /ˈfɒlɪk(ə)l/ n. (*Anat.*) זָקִיק (חָרִיר בַּגּוּף, סְבִיב שֹׁרֶשׁ שְׂעָרָה)

follow /ˈfɒləʊ/ v.t. & i.
1 (come or go after) הָלַךְ אַחַר; עָקַב אַחַר; הָלַךְ בְּעִקְּבוֹת
□ *follow your nose!* תִּפְעַל לְפִי מָה שֶׁאַתָּה מַרְגִּישׁ! תִּפְעַל עַל פִּי הָאִינְסְטִינְקְט!
2 (come next) בָּא אַחֲרֵי, בָּא בְּעִקְּבוֹת
□ *his arguments were as follows* טַעֲנוֹתָיו הָיוּ כִּלְהַלָּן/כִּדְלְקַמָּן
3 (understand) עָקַב אַחֲרֵי (טִעוּן וְכַד'), תָּפַס
□ *I don't follow (you)* אֲנִי לֹא מֵבִין אוֹתְךָ, קָשֶׁה לִי לַעֲקֹב אַחֲרֵי הַדְּבָרִים שֶׁלְּךָ
□ *I couldn't follow what was going on* לֹא הִצְלַחְתִּי לַעֲקֹב אַחַר הַמִּתְרַחֵשׁ
4 (act according to) נָהַג בְּהֶתְאֵם לְ..., מִלֵּא אַחֲרֵי
□ *she followed my advice* הִיא פָּעֲלָה לְפִי עֲצָתִי
□ *one gave in and the rest followed suit* אֶחָד מֵהֶם נִכְנַע וְהָאֲחֵרִים הָלְכוּ בְּעִקְּבוֹתָיו
5 (practice profession) עָסַק (בְּמִקְצוֹעַ מְסֻיָּם)
□ *he followed the sea* הוּא בָּחַר בְּמִקְצוֹעַ יַמַּאי
6 (be necessarily true) מִשְׁתַּמֵּעַ שֶׁ..., נָבַע מִ..., פֹּעַל יוֹצֵא שֶׁל
□ *because he is good, it doesn't follow that he is wise* מֵהָעֻבְדָּה שֶׁהוּא טוֹב לֹא מִשְׁתַּמֵּעַ שֶׁהוּא גַּם נָבוֹן
—in set phrases
□ *he keeps following me about* הוּא לֹא חָדֵל מִלַּעֲקֹב אַחֲרַי
□ *go ahead, we will follow on* תֵּלֵךְ, אֲנַחְנוּ נָבוֹא אַחֲרֶיךָ
□ *he followed the instructions out* הוּא מִלֵּא אַחַר הַהוֹרָאוֹת
□ *he never followed his scheme through* הוּא לֹא הֵבִיא אֶת הַתָּכְנִית שֶׁלּוֹ לִכְלַל גְּמָר
□ *he followed up his advantage* הוּא נִצֵּל אֶת יִתְרוֹנוֹ
□ *the reporter followed up the clue* הַכַּתָּב הִמְשִׁיךְ לַחְקֹר בְּעִקְּבוֹת הַמֵּידָע הָרִאשׁוֹנִי

follower /ˈfɒləʊə(r)/ n. חָסִיד, מַעֲרִיץ, תַּלְמִיד, תּוֹמֵךְ; רוֹדֵף, עוֹקֵב
following /ˈfɒləʊɪŋ/ adj.
1 (coming after) עוֹקֵב, שֶׁבָּא מִן הַגַּב, שֶׁבָּא מֵאָחוֹר
a following wind רוּחַ גַּבִּית, רוּחַ עוֹקֶבֶת (בַּיָּם)
2 (now to be mentioned) הַבָּא, שֶׁלְּהַלָּן
—n. קְהַל־מַעֲרִיצִים, קְהַל־חֲסִידִים, קְהַל־תּוֹמְכִים
—prep. בְּעִקְּבוֹת, לְאַחַר, כְּתוֹצָאָה מִ...
follow-through /ˌfɒləʊ-ˈθruː/ n. הֶמְשֵׁךְ הַתְּנוּפָה, סִיּוּם הַחֲבָטָה (בְּגוֹלְף וְכַד', גַּם בְּהַשְׁאָלָה)
follow-up /ˈfɒləʊ-ʌp/ adj. (פְּעֻלַּת) הֶמְשֵׁךְ
□ *the salesman sent a follow-up letter after his visit* הַסּוֹכֵן הַנּוֹסֵעַ שָׁלַח מִכְתָּב כִּפְעֻלַּת הֶמְשֵׁךְ לְבִקּוּרוֹ
folly /ˈfɒlɪ/ n.
1 (foolish act, *formal*) מַעֲשֵׂה־שְׁטוּת, אִוֶּלֶת
2 (ornamental building) בִּיתָן/מִבְנֶה נוֹי (בְּגַן גָּדוֹל וְכַד')
foment /fəʊˈment/ v.t. (*formal*) עוֹרֵר, הִתְסִיס (מְרִי וְכַד')
fomentation /ˌfəʊmenˈteɪʃ(ə)n/ n. (*formal*) הִתְסָסָה, הֲסָתָה לְמֶרִי
fond /fɒnd/ adj.
1 (affectionate, doting) חַם, מְחַבֵּב, אוֹהֵב
fond of מְחַבֵּב, אוֹהֵב
□ *he is fond of whisky* הוּא אוֹהֵב וִיסְקִי

□ *she is fond of the sound of her own voice* (*iron.*) היא אוהֶבֶת לְדַבֵּר יוֹתֵר מִדַּי

2 (foolishly believing) מִשְׁתַּעֲשֵׁעַ בְּתִקְוַת־שָׁוְא

□ *I ran, in the fond hope of catching the train* רַצְתִּי בְּתִקְוָה נִכְזֶבֶת לְהַשִּׂיג אֶת הָרַכֶּבֶת

fondant /ˈfɒndənt/ n. סוּג שֶׁל סֻכָּרִיּוֹת רַכּוֹת

fondle /ˈfɒnd(ə)l/ v.t. גִּפֵּף, לִטֵּף

fondly /ˈfɒndlɪ/ adv.

1 (affectionately) בְּחִבָּה, בְּאַהֲבָה, בְּחֹם

2 (with foolish optimism) בִּתְמִימוּת, בְּתִקְוַת־שָׁוְא

□ *he fondly imagined he would win* הָיוּ לוֹ אַשְׁלָיוֹת שֶׁהוּא יוּכַל לְנַצֵּחַ

fondue /ˈfɒndjuː/ n. פוֹנְדוּ (מַאֲכָל גְּבִינָה אוֹ בָּשָׂר שְׁוֵיצָרִי);

font[1] /fɒnt/ n. אַגַּן מֵי־טְבִילָה (בַּכְּנֵסִיָּה)

font[2] /fɒnt/ n. סוּג־אוֹת (בִּדְפוּס)

food /fuːd/ n. אֹכֶל, מָזוֹן, מַאֲכָל

food chain שַׁרְשֶׁרֶת־הַמָּזוֹן

food poisoning הַרְעָלַת־קֵבָה

food processor מְעַבֵּד־מָזוֹן, "פוּד־פְּרוֹסֶסוֹר"

food value עֵרֶךְ תְּזוּנָתִי

food for thought (or **reflection**) מָזוֹן לְמַחֲשָׁבָה, חֹמֶר לְמַחֲשָׁבָה

foodie /ˈfuːdɪ/ n. (*colloq.*) "גּוּרְמֶה"

foodstuff /ˈfuːdstʌf/ n. מִצְרְכֵי־מָזוֹן, דִּבְרֵי־מַאֲכָל

fool[1] /fuːl/ n. רַפְרֶפֶת פֵּרוֹת וְקַצֶּפֶת

fool[2] /fuːl/ n. טִפֵּשׁ, שׁוֹטֶה, כְּסִיל, אֱוִיל; לֵץ, לֵיצַן־הֶחָצֵר

fool's errand מְשִׂימָה הַנִּדּוֹנָה לְכִשָּׁלוֹן

fool's paradise גַּן־עֵדֶן שֶׁל שׁוֹטִים (אֲשֶׁר שֶׁיְּסוֹדוֹ אַשְׁלָיָה)

All Fools' Day הָאֶחָד בְּאַפְּרִיל

April Fool! אֶחָד בְּאַפְּרִיל! סִדַּרְתִּי אוֹתְךָ! (נֶאֱמָר לְאַחַר מַהֲתַלָּה בְּאֶחָד בְּאַפְּרִיל)

□ *stop acting* (or *playing*) *the fool* תַּפְסִיק לְהִתְנַהֵג כְּמוֹ אִידְיוֹט

□ *he made a fool of us* הוּא שִׁטָּה בָּנוּ

□ *he's nobody's fool* אִי אֶפְשָׁר לְשַׁטּוֹת בּוֹ

□ *he made a fool of himself* הוּא הִשְׁתַּטָּה, הוּא עָשָׂה מֵעַצְמוֹ צְחוֹק

□ *fools rush in where angels fear to tread* (*Prov.*) חֲמוֹר קוֹפֵץ בָּרֹאשׁ

—v.t. שִׁטָּה בְּ..., רִמָּה, הֵתֵל בְּ...

—v.i. נָהַג בְּטִפְּשׁוּת, הִשְׁתַּטָּה; דִּבֵּר בִּצְחוֹק

□ *he was fooling* (*about*) *with a loaded gun* הוּא שִׂחֵק בְּרוֹבֶה טָעוּן; הוּא שִׂחֵק בָּאֵשׁ

foolery /ˈfuːlərɪ/ n. טִפְּשׁוּת, סִכְלוּת

foolhardy /ˈfuːlhɑːdɪ/ adj. נִמְהָר, מִסְתַּכֵּן לְלֹא צֹרֶךְ

foolish /ˈfuːlɪʃ/ adj. טִפְּשִׁי, אֱוִילִי, מְגֻחָךְ

foolproof /ˈfuːlpruːf/ adj. (תִּכְנוּן) שֶׁאֵינוֹ יָכוֹל לְהִכָּשֵׁל, בָּטוּחַ, (מַכְשִׁיר וְכַד׳) פָּשׁוּט וְקַל לְתִפְעוּל

foolscap /ˈfuːlskæp/ n. מִדַּת גֹּדֶל לְגִלְיוֹן נְיָר (בְּעֵרֶךְ 43 עַל 34 ס"מ)

foot /fʊt/ (*pl.* **feet**) n.

1 (end of leg) כַּף־רֶגֶל, רֶגֶל (רַק בְּהוֹרָאַת "כַּף־רֶגֶל")

□ *he is fleet of foot* (*poet.*) הוּא קַל־רַגְלַיִם

□ *he's fallen on his feet in his new job* (*colloq.*) הוֹלֵךְ לוֹ טוֹב בַּמִּשְׂרָה הַחֲדָשָׁה שֶׁלּוֹ (וְיֵשׁ לוֹ הַרְבֵּה מַזָּל)

□ *every hero has feet of clay* לְכָל גִּבּוֹר יֵשׁ נְקֻדַּת־תֻּרְפָּה

□ *he put his foot in it* (*colloq.*) הוּא פָּלַט שְׁטוּת אֲיֻמָּה

□ *he had the world at his feet* הָעוֹלָם הָיָה פָּרוּשׂ לְמַרְגְּלוֹתָיו

□ *she had cold feet about the scheme* (*colloq.*) הָיוּ לָהּ חֲשָׁשׁוֹת בְּקֶשֶׁר לַתָּכְנִית

□ *he got* (or *rose*) *to his feet* הוּא קָם עַל רַגְלָיו

□ *he kept his feet with difficulty* הוּא כִּמְעַט נָפַל

□ *intelligent, my foot!* (*colloq.*) חָכָם? בַּחֲלוֹמוֹת!

□ *I came on foot* בָּאתִי בָּרֶגֶל

□ *I've been on my feet all day* הָיִיתִי עַל הָרַגְלַיִם כָּל הַיּוֹם

□ *it's nice to see you on your feet again* אֲנִי שָׂמֵחַ לִרְאוֹת אוֹתְךָ שׁוּב עַל הָרַגְלַיִם

□ *he has* (*got*) *one foot in the grave* (*colloq.*) יֵשׁ לוֹ רֶגֶל אַחַת בַּקֶּבֶר

□ *put your best foot forward!* תַּעֲשֶׂה מַאֲמָץ!

□ *he was waited on hand and foot* טִפְּלוּ בּוֹ כְּמוֹ בְּבֶן־מֶלֶךְ

□ *he put his foot down at that* (*colloq.*) בִּנְקֻדָּה זוֹ הוּא הִתְנַגֵּד בְּתֹקֶף

□ *you can put your feet up now* (*colloq.*) עַכְשָׁו אַתָּה יָכוֹל לָנוּחַ קְצָת

□ *he set foot on English soil* רַגְלוֹ דָּרְכָה עַל אַדְמַת־אַנְגְּלִיָּה

□ *they set on foot a campaign* (*formal*) הֵם פָּתְחוּ בְּמַעֲרָכָה/בְּמַסַּע פִּרְסֹמֶת

□ *they sat at the guru's feet* הֵם הִתְאַבְּקוּ בַּעֲפַר רַגְלָיו שֶׁל הַגּוּרוּ

□ *he swept her off her feet* (*fig.*) הוּא כָּבַשׁ אֶת לִבָּהּ בִּסְעָרָה

□ *it was wet under foot* הָאֲדָמָה הָיְתָה לַחָה

2 (bottom) תַּחְתִּית, בָּסִיס, מַרְגְּלוֹת

□ *they lived at the foot of the mountain* הֵם גָּרוּ לְמַרְגְּלוֹת הָהָר

3 (infantry, *Hist.*) חֵיל־הָרַגְלִים

foot soldier רַגְלִי, חַיָּל רַגְלִי

4 (linear measure) רֶגֶל (מִדַּת אֹרֶךְ)

foot rule סַרְגֵּל בְּאֹרֶךְ שֶׁל רֶגֶל

□ *he is six foot two* גָּבְהוֹ 6 רַגְלַיִם וּשְׁנֵי אִינְצִ'ים (1.86 מ׳)

5 (division of verse) רֶגֶל (יְחִידַת־מִשְׁקָל בְּשִׁירָה)

—v.t. (*colloq.*)
1 (walk)
foot it רָקַד; הָלַךְ בָּרֶגֶל
2 (pay bill) שִׁלֵּם, סִלֵּק (חֶשְׁבּוֹן)
□ *can you foot the bill?* אַתָּה יָכוֹל לְשַׁלֵּם?

footage /ˈfʊtɪdʒ/ n. אֹרֶךְ (בָּרְגָלִים, שֶׁל סֶרֶט קוֹלְנוֹעַ אוֹ קֶטַע מִמֶּנּוּ)
□ *we shot some interesting footage today* צִלַּמְנוּ הַיּוֹם כַּמָּה סְצֵינוֹת (קוֹלְנוֹעַ) מְעַנְיְנוֹת

foot-and-mouth disease /fʊt-ənd-maʊθ dɪziːz/ n. מַחֲלַת־הַפֶּה־וְהַטְּלָפַיִם (שֶׁל בָּקָר)

football /ˈfʊtbɔːl/ n.
1 (ball) כַּדּוּר, כַּדּוּרֶגֶל (בִּבְרִיטַנְיָה); כַּדּוּר פוּטְבּוֹל (בְּאַרְהַ"ב)
2 (game) כַּדּוּרֶגֶל (בִּבְרִיטַנְיָה); פוּטְבּוֹל (בְּאַרְהַ"ב)
American football פוּטְבּוֹל
Association football כַּדּוּרֶגֶל
Rugby football רוֹגְבִּי

footballer /ˈfʊtbɔːlə(r)/ n. כַּדּוּרַגְלָן, שַׂחְקָן כַּדּוּרֶגֶל (בִּבְרִיטַנְיָה)

foot-bridge /ˈfʊt-brɪdʒ/ n. גֶּשֶׁר לְהוֹלְכֵי־רֶגֶל

footfall /ˈfʊtfɔːl/ n. (*poet.*) קוֹל־צְעָדִים, קוֹל טְפִיפַת־רַגְלַיִם

foot-fault /ˈfʊt-fɔːlt/ n. פְּסִיעָה פְּסוּלָה (בְּטֶנִיס)

foothill /ˈfʊthɪl/ n. (usu. in *pl.*) גְּבָעוֹת בְּשִׁפּוּלֵי־הַר

foothold /ˈfʊthəʊld/ n. מַאֲחָז לָרֶגֶל; (בְּהַשְׁאָלָה) מַאֲחָז, דְּרִיסַת־רֶגֶל

footing /ˈfʊtɪŋ/ n.
1 (place to put feet) מָקוֹם לָרֶגֶל, מַעֲמָד
□ *he lost* (or *missed*) *his footing* הוּא מָעַד
□ *he couldn't get a footing in Edinburgh society* הוּא לֹא הִצְלִיחַ לִרְכֹּשׁ מַעֲמָד בַּחֶבְרָה שֶׁל אֶדִינְבּוּרְג
2 (base) בָּסִיס, מַסָּד
□ *this incident put our relationship on a different footing* הַתַּקְרִית הַזֹּאת הֶעֱמִידָה אֶת יְחָסֵינוּ עַל בָּסִיס שׁוֹנֶה
□ *the country is on a war footing* הַמְּדִינָה בְּמַצָּב כּוֹנְנוּת לְמִלְחָמָה

footle /ˈfuːt(ə)l/ v.t. (*colloq.*) הִתְבַּטֵּל, הִתְמַזְמֵז (בְּהוֹרָאַת "הִתְבַּטֵּל" בִּלְבַד)

footlights /ˈfʊtlaɪts/ n. *pl.* זַרְקוֹרִים (בְּתַחְתִּית הַבָּמָה)

footling /ˈfuːtlɪŋ/ adj. (*derog.*) פָּעוּט, קָטָן, עָלוּב

footloose /ˈfʊtluːs/ adj. חָפְשִׁי, מְשֻׁחְרָר
footloose and fancyfree חָפְשִׁי וּמְאֻשָּׁר

footman /ˈfʊtmən/ n. שׁוֹמֵר־הַסַּף, מְשָׁרֵת בְּבִגְדֵי־שְׂרָד

footmark /ˈfʊtmɑːk/ n. טְבִיעַת כַּף־רֶגֶל

footnote /ˈfʊtnəʊt/ n. הֶעָרַת־שׁוּלַיִם

footpad /ˈfʊtpæd/ n. (*Hist.*) לִסְטִים, גַּזְלָן

footpath /ˈfʊtpɑːθ/ n. שְׁבִיל לְהוֹלְכֵי־רֶגֶל

footplate /ˈfʊtpleɪt/ n. מִשְׁטָח שֶׁעָלָיו נִצָּבִים הַנֶּהָג וְהַמַּסִּיק (בַּקַּטָּר)

footprint /ˈfʊtprɪnt/ n. עָקֵב, עֲקֵבוֹת, טְבִיעַת כַּף־רֶגֶל

foot-race /ˈfʊt-reɪs/ n. תַּחֲרוּת־רִיצָה

footsie /ˈfʊtsɪ/ n. (*colloq.*)
play footsie שִׂחֵק בְּרַגְלַיִם מִתַּחַת לַשֻּׁלְחָן

foot-slog /ˈfʊt-slɒg/v.i. (*colloq.*) "סָחַב" (צָעַד בְּמַסָּע מְעַיֵּף לְמֶרְחָק רַב)

footsore /ˈfʊtsɔː(r)/ adj. שֶׁכּוֹאֲבוֹת לוֹ הָרַגְלַיִם (מֵרֹב הֲלִיכָה)

footstep /ˈfʊtstep/ n. צַעַד, פְּסִיעָה; קוֹל צְעָדִים
□ *he became a rabbi, following in his uncle's footsteps* הוּא צָעַד בְּעִקְּבוֹת דּוֹדוֹ וְנַעֲשָׂה לְרַב

footstool /ˈfʊtstuːl/ n. שְׁרַפְרַף, הֲדוֹם

footwear /ˈfʊtweə(r)/ n. דִּבְרֵי־הַנְעָלָה

footwork /ˈfʊtwɜːk/ n. זְרִיזוּת־רַגְלַיִם (בְּאִגְרוּף, בְּרִקּוּד וְכַד')

fop /fɒp/ n. (*derog.*) גַּנְדְּרָן, טַרְזָן

foppish /ˈfɒpɪʃ/ adj. (*derog.*) מְטֻרְזָן, גַּנְדְּרָנִי

for /fə(r), strong form /fɔː(r)/ prep.
1 (because of) בִּגְלַל, מִפְּנֵי, כֵּיוָן שֶׁ..., מֵחֲמַת
□ *was he any the wiser for his adventure?* הַאִם הוּא לָמַד מַשֶּׁהוּ מִן הַהַרְפַּתְקָה שֶׁלּוֹ?
□ *one could hardly move for people* אִי אֶפְשָׁר הָיָה לָזוּז מֵרֹב אֲנָשִׁים
□ *I was very quiet for fear of waking him* נִסִּיתִי לִשְׁמֹר עַל שֶׁקֶט מֵחֲשָׁשׁ לְהָעִירוֹ
□ *but for* (or *if it hadn't been* or *had it not been for*) *his help we would have died* לְלֹא עֶזְרָתוֹ הָיִינוּ מֵתִים, אִלְמָלֵא עָזַר לָנוּ הָיִינוּ מֵתִים
2 (expressing exchange or reward or punishment) עַל, תְּמוּרַת, בְּעַד
□ *thank you for having me* תּוֹדָה עַל הָאֵרוּחַ
□ *he worked hard and got very little for all his pains* הוּא עָבַד קָשֶׁה אַךְ זָכָה לִתְמוּרָה זְעִירָה עַל כָּל מַאֲמַצָּיו
□ *he got ten years for his offence* הוּא נִדּוֹן לְעֶשֶׂר שְׁנוֹת מַאֲסָר עַל פִּשְׁעוֹ, הוּא קִבֵּל עֶשֶׂר שָׁנִים עַל פִּשְׁעוֹ
3 (as, representing)
□ *the D is for David* הָאוֹת ד' מְצַיֶּנֶת אֶת הַשֵּׁם דָּוִד
□ *he received a cheque for £500* הוּא קִבֵּל הַמְחָאָה עַל סָךְ 500 לִישׁ"ט
□ *Mr Smith, for Mr Jones, denied this* מַר סְמִית הִכְחִישׁ זֹאת בִּשְׁמוֹ שֶׁל מַר ג'וֹנְס
□ *I know it for certain* אֲנִי בָּטוּחַ בְּכָךְ
□ *he was left for dead* עֲזָבוּהוּ כִּי חָשְׁבוּ שֶׁהוּא מֵת
□ *I for one do not believe it* אֲנִי כְּשֶׁלְּעַצְמִי לֹא מַאֲמִין בְּכָךְ
□ *that'll do for a start* זֶה בְּסֵדֶר בְּתוֹר הַתְחָלָה

□ *it's impossible – for one thing, I'll be abroad* זֶה בִּלְתִּי אֶפְשָׁרִי – קֹדֶם כֹּל אֲנִי אֶהְיֶה בְּחוּ"ל

4 (expressing comparison, proportion) בְּהַשְׁוָאָה לְ...

□ *acre for acre, my farm is more productive than his* אִם לְהַשְׁווֹת דּוּנָם לְדוּנָם הַמֶּשֶׁק שֶׁלִּי יַצְרָנִי יוֹתֵר

□ *for every wise man there are twenty fools* עַל כָּל אִישׁ חָכָם תִּמְצָא עֶשְׂרִים שׁוֹטִים

□ *he is too big for his boots* הוּא מְנַסֶּה לִקְפֹּץ מֵעַל הַקַּרְקַבָּן, הוּא מִשְׁוִויץ

□ *he is very strong for his age* הוּא חָזָק מְאֹד לְגִילוֹ

□ *the brushwork is too calm for Van Gogh* מְשִׁיכוֹת־הַמִּכְחוֹל מְתוּנוֹת מִדַּי מִכְּדֵי שֶׁיִּהְיֶה זֶה צִיּוּרוֹ שֶׁל וַאן גּוֹךְ

5 (with n. or pron. and to) שֶׁ...

□ *it's time for you to go to bed* הִגִּיעַ הַזְּמַן שֶׁתֵּלֵךְ לִישֹׁן

□ *for that to happen two conditions must be met* כְּדֵי שֶׁזֶּה יִקְרֶה, יֵשׁ לְמַלֵּא אַחֲרֵי שְׁנֵי תְּנָאִים

6 (expressing suitability) לְ...

□ *this is no place for a young girl* זֶה לֹא מָקוֹם לְנַעֲרָה צְעִירָה

□ *I'm ready for my dinner* אֲנִי מוּכָן לֶאֱכֹל עַכְשָׁו אֶת אֲרוּחַת הָעֶרֶב שֶׁלִּי

□ *oh! for a cup of tea* מַה לֹּא הָיִיתִי נוֹתֵן בִּשְׁבִיל כּוֹס תֵּה!

7 (indicating destination, purpose, person affected)

□ *I was there for a conference* הָיִיתִי שָׁם לְרֶגֶל וְעִידָה

□ *she did it for me* הִיא עָשְׂתָה זֹאת לְמַעֲנִי

□ *this bus is for London* הָאוֹטוֹבּוּס הַזֶּה נוֹסֵעַ לְלוֹנְדוֹן

□ *you were punished for your own good* הָעֹנֶשׁ הָיָה לְטוֹבָתְךָ

8 (to the mind of) לְ..., בְּעֵינֵי...

□ *for a millionaire £5,000 is nothing* בְּעֵינֵי מִילְיוֹנֶר 5,000 לִישׁ"ט זֶה שׁוּם דָּבָר

9 (indicating extent) בְּמֶשֶׁךְ

□ *he said nothing for ten kilometres* הוּא לֹא אָמַר כְּלוּם בְּמֶשֶׁךְ עֲשָׂרָה קִילוֹמֶטֶר

□ *for the last time – shut up!* בַּפַּעַם הָאַחֲרוֹנָה – סְתֹם אֶת הַפֶּה!

10 (despite all) לַמְרוֹת הַכֹּל, חֶרֶף, עַל־אַף שֶׁ...

□ *for all his radical statements he is a conservative at heart* חֶרֶף כָּל הַכְרָזוֹתָיו הַקִּיצוֹנִיּוֹת, הוּא שַׁמְרָן בִּיסוֹדוֹ

11 (as regards) בְּנוֹגֵעַ לְ..., בְּקֶשֶׁר לְ..., אֲשֶׁר לְ...

□ *for myself* (or *for my part*) *I am quite indifferent* אֲשֶׁר לִי, זֶה לֹא אִכְפַּת לִי כְּלָל

12 (in favour of) בְּעַד, לְטוֹבַת

□ *are you for us or against us?* אַתָּה אִתָּנוּ אוֹ נֶגְדֵּנוּ? אַתָּה אִתָּנוּ אוֹ לֹא?

□ *are you for or against this policy?* הַאִם אַתָּה בְּעַד אוֹ נֶגֶד מְדִינִיּוּת זוֹ?

—conj. (*formal*) כִּי, שֶׁכֵּן

□ *I asked her to wait behind, for I had something to tell her* בִּקַּשְׁתִּי מִמֶּנָּה לְהִשָּׁאֵר אַחֲרֵי שֶׁהָאֲחֵרִים יֵלְכוּ, שֶׁכֵּן רָצִיתִי לְהַגִּיד לָהּ מַשֶּׁהוּ

forage /ˈfɒrɪdʒ/ n. מִסְפּוֹא

forage cap מֵעֵין כּוֹמְתָה צְבָאִית צָרָה

—v.i. חִפֵּשׂ מָזוֹן; חִטֵּט

forasmuch as /fɔːrəzˈmʌtʃ æz/ conj. (*formal*) יַעַן

foray /ˈfɒreɪ/ n. & v.i. פְּשִׁיטָה (לִשְׁטַח אוֹיֵב), גִּיחָה; פָּשַׁט (לִשְׁטַח הָאוֹיֵב, לְהַשִּׂיג מָזוֹן, לָבֹז בִּזָּה וְכַד')

forbad(e) /fəˈbæd/ past of **forbid**

forbear[1] /ˈfɔːbeə(r)/ n. (usu. in *pl.*) אָב קַדְמוֹן

forbear[2] /fɔːˈbeə(r)/ (past **forbore** /fɔːˈbɔː(r)/, past ppl. **forborne** /fɔːˈbɔːn/) v.t. & i. (*formal*) נִמְנַע, הִתְאַפֵּק (מִלַּעֲשׂוֹת דְּבַר מָה); הִבְלִיג

forbearance /fɔːˈbeərəns/ n. אֹרֶךְ־רוּחַ, הַבְלָגָה

forbid /fəˈbɪd/ (past **forbad(e)** /fəˈbæd/, **forbidden** /fəˈbɪd(ə)n/) v.t. מָנַע, אָסַר; אָסַר עַל... לְ.../אֶת

forbidden fruit מַיִם גְּנוּבִים, הַפְּרִי הָאָסוּר

□ *he forbade her the house* הוּא אָסַר עָלֶיהָ אֶת הַכְּנִיסָה לַבַּיִת

□ *God forbid!* חַס וְשָׁלוֹם! חַס וְחָלִילָה! אֱלֹהִים יִשְׁמֹר!

forbidding /fəˈbɪdɪŋ/ adj. זָעוּף, לֹא יְדִידוּתִי

□ *the island has a forbidding coast* לָאִי יֵשׁ חוֹף מַפְחִיד

forbore /fɔːˈbɔː(r)/ past of **forbear**[2]

forborne /fɔːˈbɔːn/ past ppl. of **forbear**[2]

force /fɔːs/ n.

1 (strength, violence) רוּחַ, עָצְמָה; אַלִּימוּת, כְּפִיָּה

by force of circumstances בְּכֹרַח הַנְּסִבּוֹת, בְּתֹקֶף הַנְּסִבּוֹת

□ *it was necessary to use force* הָיָה צָרִיךְ לְהִשְׁתַּמֵּשׁ בְּכֹחַ

□ *he won them over by sheer force of character* הוּא שִׁכְנֵעַ אוֹתָם בְּכֹחַ אָפְיוֹ בִּלְבַד

2 (binding power) תֹּקֶף

□ *a new law comes into force tomorrow* חֹק חָדָשׁ יִכָּנֵס לְתָקְפּוֹ מָחָר

□ *this regulation is no longer in force* תְּקָפָהּ שֶׁל הַהוֹרָאָה הַזּוֹ בָּטֵל

3 (body of men) כֹּחַ

police force הַמִּשְׁטָרָה, כֹּחוֹת הַמִּשְׁטָרָה

the (Armed) Forces הַצָּבָא, הַכֹּחוֹת הַמְּזֻיָּנִים

the labour force מֶשֶׁק־הָעוֹבְדִים, כֹּחַ הָעֲבוֹדָה בַּמֶּשֶׁק

□ *the enemy returned in force* הָאוֹיֵב חָזַר בְּכֹחוֹת מִתְגַּבְּרִים

□ *we joined forces (with them)* עָשִׂינוּ אִתָּם יָד אַחַת

4 (*Phys.*) כֹּחַ
the force of gravity כֹּחַ־הַמְּשִׁיכָה
5 (person or thing that makes great changes) כֹּחַ מֵנִיעַ, גּוֹרֵם
□ *we are all subject to the forces of nature* אֲנַחְנוּ כֻּלָּנוּ כְּפוּפִים לְחֻקֵּי הַטֶּבַע
—v.t. אִלֵּץ, הִכְרִיחַ אָנַס, כָּפָה
forced labour עֲבוֹדַת־כְּפִיָּה
forced landing נְחִיתַת־אֹנֶס
□ *they forced her to sign* הֵם הִכְרִיחוּ אוֹתָהּ לַחְתֹּם
□ *the war was forced (up)on them* הַמִּלְחָמָה נִכְפְּתָה עֲלֵיהֶם
□ *I am forced to admit that you are right* עָלַי לְהוֹדוֹת שֶׁאַתָּה צוֹדֵק, אֲנִי חַיָּב לְהוֹדוֹת שֶׁאַתָּה צוֹדֵק
□ *the burglar forced the lock* הַגַּנָּב פָּרַץ אֶת הַמַּנְעוּל
□ *she forced a smile* הִיא חִיְּכָה חִיּוּךְ מְאֻמָּץ
□ *I forced this plant* זֵרַזְתִּי אֶת צְמִיחָתוֹ שֶׁל צֶמַח זֶה
□ *my plane was forced down* אִלְּצוּ אֶת הַמָּטוֹס שֶׁלִּי לִנְחֹת
□ *the politician's hand was forced* (*formal*) הַמְּדִינַאי אֻלַּץ לִנְקֹט צַעַד מְסֻיָּם
□ *they are forcing the issue* הֵם מַפְעִילִים לַחַץ בַּנּוֹשֵׂא
□ *he was forcing the pace* הוּא הִכְתִּיב אֶת הַקֶּצֶב לָאֲחֵרִים
□ *he forced his way into my office* הוּא הִתְפָּרֵץ בְּכֹחַ לְתוֹךְ הַמִּשְׂרָד שֶׁלִּי

force-feed /fɔːs-fiːd/ v.t. הֵזִין אוֹתוֹ בְּעַל־כָּרְחוֹ; "דָּחַף" בְּכֹחַ
forceful /fɔːsf(ə)l/ adj. (אֹפִי) רַב־עָצְמָה, חָזָק; (טִעוּן) יָעִיל, מְשַׁכְנֵעַ
force majeure /ˌfɔːs mæˈʒɜː(r)/ n. כֹּחַ־עֶלְיוֹן, "פוֹרְס מַז'וֹר"
forcemeat /fɔːsmiːt/ n. מְלִית בָּשָׂר קָצוּץ וּמְתֻבָּל
forceps /fɔːseps/ n. *pl.* מֶלְקָחַיִם רְפוּאִיִּים
a forceps delivery לֵדַת־מֶלְקָחַיִם
forcible /fɔːsɪb(ə)l/ adj. בְּכֹחַ; מְשַׁכְנֵעַ
ford /fɔːd/ n. מַעְבָּרָה, מַעֲבָר רָדוּד בְּנָהָר
—v.t. צָלַח, חָצָה (נָהָר כַּנַּ"ל)
fore /fɔː(r)/ n., adj., & adv. קִדְמִי, חֲזִיתִי; בַּחֲזִית, בַּחַרְטוֹם; חַרְטוֹם (שֶׁל סְפִינָה, שֶׁל מָטוֹס)
fore and aft לְאֹרֶךְ הַסְּפִינָה, מִפָּנִים וּמֵאָחוֹר
□ *he is always to the fore with his comments* הוּא תָּמִיד קוֹפֵץ בָּרֹאשׁ עִם הֶעָרוֹתָיו
□ *a new politician has come to the fore recently* מְדִינַאי חָדָשׁ הִתְבַּלֵּט לָאַחֲרוֹנָה
forearm[1] /fɔːrɑːm/ n. אַמַּת־הַיָּד
forearm[2] /fɔːˈrɑːm/ v.t. (*formal*) חִמֵּשׁ מֵרֹאשׁ
fore warned is forearmed יְדִיעָה מֵרֹאשׁ תַּקְדִּים תְּרוּפָה לַמַּכָּה
forebear /fɔːbeə(r)/ n. אָב קַדְמוֹן

forbode /fɔːˈbəʊd/ v.t. (*formal*) בִּשֵּׂר רָעוֹת; לִבּוֹ נִבָּא לוֹ (רָעוֹת)
foreboding /fɔːˈbəʊdɪŋ/ n. נְבוּאַת־לֵב (רָעָה)
forecast /fɔːkɑːst/ (past & past ppl. **forecast(ed)** /fɔːkɑːst(ɪd)/) v.t. חָזָה (מֶזֶג אֲוִיר, תּוֹצָאוֹת וְכַד'), רָאָה מֵרֹאשׁ
—n. תַּחֲזִית (מֶזֶג הָאֲוִיר), תַּשְׁקִיף (מְכִירוֹת, תּוֹצָאוֹת וְכַד')
forecaster /fɔːkɑːstə(r)/ n. חַזַּאי
forecastle /fəʊks(ə)l/ n. קִדְמָה (מְדוֹר־הַמַּלָּחִים בָּאֳנִיָּה)
foreclose /fɔːˈkləʊz/ v.t. & i. עִקֵּל (נְכָסִים מְמֻשְׁכָּנִים וְכַד')
foreclosure /fɔːˈkləʊʒə(r)/ n. עִקּוּל (כַּנַּ"ל)
forecourt /fɔːkɔːt/ n. רְחָבָה קִדְמִית, חָצֵר קִדְמִית (שֶׁל בַּיִת גָּדוֹל)
foredoomed /fɔːˈduːmd/ adj. (*formal*) נִדּוֹן לְכִשָּׁלוֹן, שֶׁגּוֹרָלוֹ נֶחֱרַץ
forefather /fɔːfɑːðə(r)/ n. (usu.in *pl.*) אָב קַדְמוֹן
forefinger /fɔːfɪŋgə(r)/ n. אֶצְבַּע (הָאֶצְבַּע הַסְּמוּכָה לָאֲגוּדָל)
forefoot /fɔːfʊt/ n. רֶגֶל קִדְמִית (שֶׁל הוֹלֵךְ עַל אַרְבַּע)
forefront /fɔːfrʌnt/ n. חֲזִית
foregather /fɔːˈgæðə(r)/ v.i. (*formal*) הִתְכַּנֵּס
forego /fɔːˈgəʊ/ (past **forwent** /fɔːˈwent/, past ppl. **foregone** /fɔːˈgɒn/) v.t. וִתֵּר עַל
foregoing /fɔːˈgəʊɪŋ/ adj. & n. (*formal*) הַקּוֹדֵם, דִּלְעֵיל, הַנַּ"ל
foregone /fɔːgɒn/ adj.
foregone conclusion מַסְקָנָה קְבוּעָה מֵרֹאשׁ, תּוֹצָאָה קְבוּעָה מֵרֹאשׁ
foreground /fɔːgraʊnd/ n. חֲזִית, קִדְמָה (שֶׁל תְּמוּנָה)
forehand /fɔːhænd/ n., adj. & adv. חֲבָטַת "פוֹרְהֶנְד" (בְּטֶנִיס); "פוֹרְהֶנְד"; בַּחֲבָטַת "פוֹרְהֶנְד"
forehead /fɒrɪd/ n. מֵצַח
foreign /fɒrən/ adj.
1 (of another country; relating to other countries) זָר; ־חוּץ, שֶׁל יַחֲסֵי־חוּץ
foreign affairs יַחֲסֵי־חוּץ (שֶׁל מְדִינָה)
foreign currency מַטְבֵּעַ־חוּץ
foreign exchange סַחַר בְּמַטְבֵּעַ־חוּץ
Foreign Legion לִגְיוֹן הַזָּרִים
Foreign Office (*UK*) מִשְׂרַד הַחוּץ
foreign policy מְדִינִיּוּת־חוּץ
2 (not a part of, *formal*) זָר, חִיצוֹנִי, לֹא חֵלֶק טִבְעִי מִ...; לֹא קָשׁוּר לְ...
foreign body גּוּף זָר (בָּעַיִן וְכַד')
□ *dishonesty is foreign to her nature* חֹסֶר־יֹשֶׁר הוּא תְּכוּנָה זָרָה לְאָפְיָהּ

foreigner /ˈfɒrɪnə(r)/ n. נָכְרִי, זָר, אֶזְרָח זָר

foreknowledge /fɔːˈnɒlɪdʒ/ n. (*formal*) יְדִיעָה מֻקְדֶּמֶת, יְדִיעָה מֵרֹאשׁ

foreland /ˈfɔːlənd/ n. כֵּף, מָצוּק, לְשׁוֹן־יַבָּשָׁה

foreleg /ˈfɔːleg/ n. רֶגֶל קִדְמִית (שֶׁל הוֹלֵךְ עַל אַרְבַּע)

forelock /ˈfɔːlɒk/ n. תַּלְתַּל־מֵצַח

□ *take time by the forelock!* (*arch.*) אַל תַּחְמִיץ אֶת הַהִזְדַּמְּנוּת

□ *he touched his forelock* הוּא הִבִּיעַ כָּבוֹד (מֻפְרָז)

foreman /ˈfɔːmən/ n.

1 (supervisor) מְנַהֵל־עֲבוֹדָה, מַשְׁגִּיחַ

2 (leader of jury) רֹאשׁ חֶבֶר־מֻשְׁבָּעִים

foremast /ˈfɔːmɑːst/ n. תֹּרֶן קִדְמִי

foremost /ˈfɔːməʊst/ adj. & adv. הַבָּכִיר, הֶחָשׁוּב בְּיוֹתֵר; קָדִימָה

first and foremost בָּרֹאשׁ וּבָרִאשׁוֹנָה, קֹדֶם־כֹּל

□ *he went in head foremost* הוּא צָלַל צְלִילַת־רֹאשׁ; הוּא נִכְנַס עִם הָרֹאשׁ קָדִימָה

forename /ˈfɔːneɪm/ n. (*formal*) שֵׁם פְּרָטִי

forenamed /ˈfɔːneɪmd/ adj. הַנִּזְכָּר לְעֵיל, הַנַּ"ל

forenoon /ˈfɔːnuːn/ n. (*formal*) שְׁעוֹת הַבֹּקֶר (שֶׁלִּפְנֵי הַצָּהֳרַיִם)

forensic /fəˈrensɪk/ adj. הַקָּשׁוּר בִּבְדִיקָה מַדָּעִית שֶׁל עֵדֻיּוֹת מִשְׁפָּטִיּוֹת; מִשְׁפָּטִי

forensic medicine רְפוּאָה מִשְׁפָּטִית

foreordain /ˌfɔːrɔːˈdeɪn/ v.t. (*formal*) גָּזַר (גּוֹרָל) מֵרֹאשׁ

forepart /ˈfɔːpɑːt/ n. חֵלֶק קִדְמִי

foreplay /ˈfɔːpleɪ/ n. מִשְׂחָק (מִינִי) מֻקְדָּם (שֶׁלִּפְנֵי הַהִזְדַּוְּגוּת)

forerunner /ˈfɔːrʌnə(r)/ n. נוֹשֵׂא, מְבַשֵּׂר, אוֹת מְבַשֵּׂר

foresail /ˈfɔːseɪl/ n. מִפְרָשׂ קִדְמִי

foresee /fɔːˈsiː/ (past **foresaw** /fɔːˈsɔː/, past ppl. **foreseen** /fɔːˈsiːn/) v.t. חָזָה מֵרֹאשׁ, צָפָה מֵרֹאשׁ

foreseeable /fɔːˈsiːəb(ə)l/ adj. צָפוּי מֵרֹאשׁ, נִרְאֶה לָעַיִן

the foreseeable future הֶעָתִיד הַנִּרְאֶה לָעַיִן

foreshadow /fɔːˈʃædəʊ/ v.t. (*poet.*) הָיָה סִימָן לַבָּאוֹת, הֵעִיד עַל הַבָּאוֹת

foreshore /ˈfɔːʃɔː(r)/ n. שְׂפַת הַיָּם (שֶׁבֵּין קַו גֵּאוּת וָשֵׁפֶל אוֹ בֵּין הַמַּיִם וְשֶׁטַח בָּנוּי)

foreshorten /fɔːˈʃɔːt(ə)n/ v.t. צִיֵּר עַל פִּי עֶקְרוֹנוֹת הַפֶּרְסְפֶּקְטִיבָה־הַקַּוִּית

foresight /ˈfɔːsaɪt/ n. רְאִיַּת־הַנּוֹלָד

foreskin /ˈfɔːskɪn/ n. עָרְלָה

forest /ˈfɒrɪst/ n. יַעַר, חֹרֶשׁ

forestall /fɔːˈstɔːl/ v.t. סִכֵּל (תָּכְנִית) עַל יְדֵי הַעֲרָכוּת מֻקְדֶּמֶת

forester /ˈfɒrɪstə(r)/ n. יַעֲרָן

forestry /ˈfɒrɪstrɪ/ n. יַעֲרָנוּת

foretaste /ˈfɔːteɪst/ n. רֶמֶז לַבָּאוֹת, בְּשׂוֹרָה

foretell /fɔːˈtel/ (past & past ppl. **foretold** /fɔːˈtəʊld/) v.t. חָזָה, נִבָּא, הִגִּיד מֵרֹאשׁ

forethought /ˈfɔːθɔːt/ n. מַחֲשָׁבָה מֵרֹאשׁ, מַחֲשָׁבָה תְּחִלָּה

foretold /fɔːˈtəʊld/ past & past ppl. of **foretell**

forever /fəˈrevə(r)/ adv. לְעוֹלָם, לָנֶצַח, תָּמִיד, לִצְמִיתוּת

take forever לָקַח זְמַן בְּלִי סוֹף, לֹא נִגְמַר

forevermore /fəˌrevəˈmɔː(r)/ adv. (*poet.*) לְעוֹלָם־וָעֶד

forewarn /fɔːˈwɔːn/ v.t. הִזְהִיר מֵרֹאשׁ

forewoman /ˈfɔːwʊmən/ n.

1 (supervisor) מְנַהֶלֶת־עֲבוֹדָה, מַשְׁגִּיחָה

2 (leader of jury) אִשָּׁה שֶׁהִיא רֹאשׁ חֶבֶר־הַמֻּשְׁבָּעִים

foreword /ˈfɔːwɜːd/ n. הַקְדָּמָה, פֶּתַח־דָּבָר

forfeit /ˈfɔːfɪt/ n. הֶפְסֵד, דָּבָר הַנִּלְקָח כְּעֹנֶשׁ/כִּקְנָס

—v.t. אִבֵּד, הִפְסִיד (כְּעֹנֶשׁ/כִּקְנָס), חִלֵּט

forfeiture /ˈfɔːfɪtʃə(r)/ n. (*formal*) אִבּוּד, הֶפְסֵד (כַּנַּ"ל), חִלּוּט

forgather /fɔːˈgæðə(r)/ v.i. (*formal*) הִתְכַּנֵּס

forgave past of **forgive**

forge[1] /fɔːdʒ/ v.i. פָּרַץ קָדִימָה

forge ahead פָּרַץ וְהִתְקַדֵּם בִּמְהִירוּת

forge[2] /fɔːdʒ/ n. נַפָּחִיָּה, מַפָּחָה

—v.t.

1 (shape by hammering) חִשֵּׁל (גַּם בְּהַשְׁאָלָה)

forged iron בַּרְזֶל מְחֻשָּׁל

□ *their friendship was forged by shared adversity* (*formal*) יְדִידוּתָם נִתְחַשְּׁלָה עַל־יְדֵי צָרוֹת מְשֻׁתָּפוֹת

2 (imitate illegally) זִיֵּף

forger /ˈfɔːdʒə(r)/ n. זַיְּפָן

forgery /ˈfɔːdʒərɪ/ n. זִיּוּף; זַיְּפָנוּת

forget /fəˈget/ (past **forgot** /fəˈgɒt/, past ppl. **forgotten** /fəˈgɒt(ə)n/) v.t. & i. שָׁכַח

forget oneself יָצָא מִן הַכֵּלִים, שָׁכַח אֶת עַצְמוֹ

forgive and forget לִסְלֹחַ וְלִשְׁכֹּחַ

□ *forget it!* תִּשְׁכַּח מִזֶּה!

forgetful /fəˈgetf(ə)l/ adj. שַׁכְחָן, נוֹטֶה לִשְׁכֹּחַ

forget-me-not /fəˈget-mɪ-nɒt/ n. (פֶּרַח) זָכְרֵינִי, זְכָרִיָּה, אַל־תִּשְׁכָּחֵינִי

forgive /fəˈgɪv/ (past **forgave** /fəˈgeɪv/, past ppl. **forgiven** /fəˈgɪv(ə)n/) v.t. & i. סָלַח לְ..., מָחַל לְ...; סָלַח

forgiveness /fəˈgɪvnɪs/ n. סְלִיחָה, מְחִילָה

forgiving /fəˈgɪvɪŋ/ adj. סַלְחָנִי

forgo /fɔːˈgəʊ/ (past **forwent** /fɔːˈwent/, past ppl. **forgone** /fɔːˈgɒn/) v.t. (*formal*) וִתֵּר עַל, הִתְנַזֵּר מִ...

forgot /fəˈgɒt/ past of **forget**

forgotten /fəˈgɒt(ə)/ n. past ppl. of **forget**

fork /fɔːk/ n.

1 (eating instrument) מַזְלֵג

fork lunch (or **supper**) אֲרוּחַת בּוּפֶה (לְלֹא שֻׁלְחָנוֹת אֲכִילָה)

2 (divergence into two) מִזְלָג, הִסְתָּעֲפוּת

□ *we came to a fork in the road* הִגַּעְנוּ לְהִסְתָּעֲפוּת בַּכְּבִישׁ, הִגַּעְנוּ לְמִזְלָג בַּכְּבִישׁ

3 (digging instrument) קִלְשׁוֹן

garden fork קִלְשׁוֹן

—v.t. הֵרִים בְּקִלְשׁוֹן, חָפַר בְּקִלְשׁוֹן

□ *my father forked out (the money) (colloq.)* אַבָּא שֶׁלִּי נָתַן בַּסּוֹף אֶת הַכֶּסֶף

—v.i. (כְּבִישׁ) הִסְתָּעֵף; (מְכוֹנִית, אָדָם וְכַד׳) פָּנָה (לְאַחַד הַכְּבִישִׁים בַּמִּזְלָג)

forked /fɔːkt/ adj. מִסְתָּעֵף, מִתְפַּצֵּל (לִשְׁנֵי־חֲלָקִים אוֹ יוֹתֵר)

forked lightning בָּרָק מְמֻזְלָג

fork-lift truck /ˈfɔːk-lɪft trʌk/ n. מַלְגֵּזָה

forlorn /fəˈlɔːn/ adj. (*formal*) גַּלְמוּד, עָזוּב

forlorn hope תִּקְוָה אֲבוּדָה, תִּקְוָה נוֹאֶשֶׁת

form /fɔːm/ n.

1 (outward shape, visible aspect) צוּרָה, דְּמוּת

□ *I saw a form in the distance* הִבְחַנְתִּי בִּדְמוּת בַּמֶּרְחָק

2 (particular arrangement or system; variety, kind) צוּרָה, שִׁיטָה, סוּג

□ *their resistance took the form of lack of co-operation* הִתְנַגְּדוּתָם הִתְבַּטְּאָה בְּאִי־שִׁתּוּף־פְּעֻלָּה

□ *democracy is a form of government* דֵּמוֹקְרַטְיָה הִיא סוּג שֶׁל מִשְׁטָר

3 (*Gram.*) צוּרָה דִּקְדּוּקִית

4 (formality) נֹהַג רִשְׁמִי, נֹהַל

□ *it is bad form to be late* לֹא נָהוּג לְהַגִּיעַ בְּאִחוּר

□ *he says "Good morning" as a mere matter of form* הוּא אוֹמֵר "בֹּקֶר טוֹב" לָצֵאת יְדֵי חוֹבַת־נִימוּס

5 (document to be filled in) טֹפֶס

6 (good physical or mental condition) כֹּשֶׁר (גּוּפָנִי, רוּחָנִי)

□ *the athlete was off (or out of or not on) form* הָאַתְלֵט לֹא הָיָה בְּכֹשֶׁר

□ *he is in great form tonight* הוּא בְּכֹשֶׁר מְצֻיָּן הָעֶרֶב

7 (school class) כִּתָּה בְּבֵית־סֵפֶר תִּיכוֹן

sixth form (*UK*) הַשָּׁלָב הַגָּבוֹהַּ בְּיוֹתֵר בְּבֵית־סֵפֶר תִּיכוֹן בְּרִיטִי (אָרְכּוֹ שְׁנָתַיִם)

8 (bench) סַפְסָל (לְלֹא גַּב)

—v.t. & i.

1 (produce, give shape to; take shape) עִצֵּב, הִרְכִּיב, יָצַר; לָבַשׁ צוּרָה

□ *they formed a new company* הֵם הֵקִימוּ חֶבְרָה חֲדָשָׁה

□ *he formed an idea of what was happening* הוּא גִּבֵּשׁ לְעַצְמוֹ דֵּעָה עַל הַמִּתְרַחֵשׁ

□ *many factors form a child's character* גּוֹרְמִים רַבִּים מְעַצְּבִים אֹפִי שֶׁל יֶלֶד

□ *they formed us into groups* הֵם חִלְּקוּ אוֹתָנוּ לִקְבוּצוֹת

2 (constitute) הָיָה, הִוָּה

□ *this article forms part of a series* הַמַּאֲמָר הַזֶּה הוּא חֵלֶק מִסִּדְרָה

3 (*Mil.*) הִסְתַּדֵּר (בִּשְׁלָשׁוֹת, שׁוּרוֹת וְכַד׳)

□ *they formed up* הֵם הִסְתַּדְּרוּ (בְּשׁוּרָה וְכַד׳)

□ *form fours!* הִסְתַּדְּרוּ בִּרְבִיעִיּוֹת!

formal /ˈfɔːm(ə)l/ adj.

1 (in accordance with rules or convention) פוֹרְמָלִי, רִשְׁמִי, לְפִי הַנֹּהַל וְהַתַּקָּנוֹת

formal dress לְבוּשׁ רִשְׁמִי חֲגִיגִי (לְמָשָׁל טַקְסִידוֹ וַעֲנִיבַת פַּרְפַּר)

formal gardens גַּנִּים פוֹרְמָלִיִּים (בְּסִגְנוֹן גַּנֵּי וֶרְסַי לְמָשָׁל)

□ *he is very formal* הוּא מַקְפִּיד עַל הַנֹּהַל

□ *I made a formal application* הִגַּשְׁתִּי בַּקָּשָׁה רִשְׁמִית

2 (of outward appearance, *formal*) צוּרָנִי, חִיצוֹנִי

formaldehyde /fɔːˈmældɪhaɪd/ n. פוֹרְמַלְדֶהִיד (חֹמֶר מְשַׁמֵּר וּמְחַטֵּא)

formalin /ˈfɔːməlɪn/ n. פוֹרְמָלִין (תְּמִסַּת פוֹרְמַלְדֶהִיד)

formalism /ˈfɔːməlɪzəm/ n. פוֹרְמָלִיזְם (בְּעִקָּר בָּאֳמָנוּת אוֹ בְּדָת)

formality /fɔːˈmælɪtɪ/ n. פוֹרְמָלִיּוּת, רִשְׁמִיּוּת

□ *it was an occasion of great formality* זֶה הָיָה אֵרוּעַ פוֹרְמָלִי מְאֹד, זֶה הָיָה אֵרוּעַ חֲגִיגִי

□ *the formalities must be observed* יֵשׁ לְהַקְפִּיד עַל הַנֹּהַל הַמְּקֻבָּל, יֵשׁ לְהַקְפִּיד עַל גִּנּוּנֵי הַטֶּקֶס

□ *the signing of the document is a (mere) formality* הַחֲתִימָה עַל הַמִּסְמָךְ הִיא עִנְיָן פוֹרְמָלִי בִּלְבַד

formalize /ˈfɔːməlaɪz/ v.t. (*formal*) הֶעֱנִיק צוּרָה פוֹרְמָלִית לְ...; נִסֵּחַ

formally /ˈfɔːməlɪ/ adv. בְּאֹפֶן רִשְׁמִי, מִבְּחִינָה פוֹרְמָלִית

format /ˈfɔːmæt/ n. פוֹרְמָט, צוּרָה, תַּבְנִית

—v.t. (*Comput.*) הֵכִין מַאֲגַר זִכָּרוֹן (דִּיסְק וְכַד׳) לִקְלִיטַת נְתוּנִים, עָשָׂה "פוֹרְמַטִינְג"

formation /fɔːˈmeɪʃ(ə)n/ n. מַעֲרָךְ, מִבְנֶה, תְּצוּרָה; עִצּוּב, יְצִירָה

formation dancing מְחוֹלוֹת בְּמִבְנֶה

formation flying טִיסָה בְּמִבְנֶה

□ *the troops are in battle formation* הַחַיָּלִים עֲרוּכִים בְּמַעֲרָךְ קְרָבִי

□ *those are interesting rock formations* אֵלֶּה תְּצוּרוֹת־סֶלַע מְעַנְיְנוֹת

formative /ˈfɔːmətɪv/ adj. מְעַצֵּב

former /ˈfɔːmə(r)/ adj.

1 (of an earlier period) קֹדֶם, לְשֶׁעָבַר

2 (the first-mentioned of two, also pron., *formal*) הָרִאשׁוֹן (מִבֵּין שְׁנַיִם הַנִּזְכָּרִים לְעֵיל)

formerly /ˈfɔːməlɪ/ adv. לְפָנִים, לְשֶׁעָבַר
Formica /fɔːˈmaɪkə/ n. (*Prop.*) פוֹרְמַיְקָה
formidable /ˈfɔːmɪdəb(ə)l/ adj. מַטִּיל אֵימָה, רַב רֹשֶׁם; נִכָּר, כְּבַד מִשְׁקָל
formless /ˈfɔːmlɪs/ adj. חֲסַר צוּרָה
formula /ˈfɔːmjʊlə/ (*pl.* **formulas** or **formulae**) n. נֻסְחָה, פוֹרְמוּלָה; מַתְכּוֹן; (בְּאַרְהַ"ב) אַבְקַת חָלָב לְתִינוֹקוֹת
Formula One (מְכוֹנִית מֵרוֹץ מִסּוּג) פוֹרְמוּלָה אַחַת
formulate /ˈfɔːmjʊleɪt/ v.t. נִסַּח בְּדַיְּקָנוּת, קָבַע אֶת הַמַּתְכֹּנֶת שֶׁל
formulation /ˌfɔːmjʊˈleɪʃ(ə)n/ n. נִסּוּחַ, פוֹרְמוּלַצְיָה
fornicate /ˈfɔːnɪkeɪt/ v.i. (*formal*) נָאַף; קִיֵּם יַחֲסֵי מִין מִחוּץ לַנִּשּׂוּאִין
fornication /ˌfɔːnɪˈkeɪʃ(ə)n/ n. (*formal*) נִאוּף; יַחֲסֵי מִין מִחוּץ לַנִּשּׂוּאִין
forsake /fəˈseɪk/ (past **forsook** /fəˈsʊk/, past ppl. **forsaken** /fəˈseɪkən/) v.t. (*poet.*) נָטַשׁ, עָזַב, זָנַח
forsooth /fəˈsuːθ/ adv. (*arch.*) אָכֵן
forswear /fɔːˈsweə(r)/ (past **forswore** /fɔːˈswɔː(r)/, past ppl. **forsworn** /fɔːˈswɔːn/) v.t. (*formal*) נִשְׁבַּע לְוַתֵּר עַל, הִתְנַזֵּר בִּשְׁבוּעָה מִ...
fort /fɔːt/ n. מִבְצָר, מְצוּדָה
□ *he held the fort while the shopkeeper was away* (*fig.*) הוּא הִשְׁגִּיחַ עַל הַחֲנוּת בְּהֵעָדְרוֹ שֶׁל הַחֶנְוָנִי
forte[1] /ˈfɔːteɪ/ n. נְקֻדָּה חֲזָקָה (שֶׁל אָדָם), כֹּחַ
□ *mathematics is not my forte* כֹּחִי לֹא בְּמָתֵמָטִיקָה, אֵינֶנִּי חָזָק בְּמָתֵמָטִיקָה
forte[2] /ˈfɔːteɪ/ adj. & adv. (*Mus.*) פוֹרְטֶה; בְּפוֹרְטֶה, בְּקוֹל רָם וְחָזָק
forth /fɔːθ/ adv. (*formal*) הַחוּצָה, הָלְאָה, קָדִימָה, לְפָנִים
and so on and so forth וְכֵן הָלְאָה, וְכֵן הָלְאָה; וְכוּ' וְכוּ'
□ *an edict went forth* הוּצָא צַו
□ *he held forth for an hour* הוּא נָשָׂא אֶת דְּבָרָיו בְּמֶשֶׁךְ שָׁעָה שְׁלֵמָה
□ *we were friends from that forth* מֵאוֹתוֹ יוֹם וָאֵילָךְ הָפַכְנוּ לִידִידִים
forthcoming /ˌfɔːθˈkʌmɪŋ/ adj.
1 (about to appear) הַבָּא; הָעוֹמֵד לְהוֹפִיעַ; הַמִּתְמַשְׁמֵשׁ וּבָא
2 (available) בַּנִּמְצָא, מָצוּי
3 (ready to be helpful, *colloq.*) מוּכָן לְהוֹשִׁיט יָד, טוֹב־לֵב
forthright /ˈfɔːθraɪt/ adj. יָשִׁיר בְּמִנְהָגוֹ, בּוֹטֶה
forthwith /ˌfɔːθˈwɪθ/ adv. (*formal*) לְלֹא שְׁהִיּוֹת, לְלֹא שָׁהוּת
fortieth /ˈfɔːtɪəθ/ adj. & n. הָאַרְבָּעִים; הַחֵלֶק הָאַרְבָּעִים
fortification /ˌfɔːtɪfɪˈkeɪʃ(ə)n/ n. (often in *pl.*) בִּצּוּרִים, חוֹמוֹת־מָגֵן; (פְּעֻלַּת) בִּצּוּר
fortify /ˈfɔːtɪfaɪ/ v.t. בִּצֵּר
fortified wines יֵינוֹת שֶׁחֻזְּקוּ בְּאַלְכּוֹהוֹל (שֶׁרִי, פּוֹרְטוֹ וְכַד')
□ *we fortified ourselves with brandy* חִזַּקְנוּ אֶת לִבֵּנוּ בִּבְרֶנְדִּי
fortissimo fɔːˈtɪsɪməʊ/ adj. & adv. (*Mus.*) פוֹרְטִיסִימוֹ; בְּפוֹרְטִיסִימוֹ, בְּקוֹל הָרָם בְּיוֹתֵר
fortitude /ˈfɔːtɪtjuːd/ n. אֹמֶץ־לֵב
fortnight /ˈfɔːtnaɪt/ n. שְׁבוּעַיִם
fortnightly /ˈfɔːtnaɪtlɪ/ adj. & adv. דּוּ־שְׁבוּעִי; מִדֵּי־שְׁבוּעַיִם
Fortran /ˈfɔːtræn/ n. (*comput.*) פוֹרְטְרָן (שְׂפַת מַחְשֵׁב)
fortress /ˈfɔːtrɪs/ n. מְצוּדָה, מִבְצָר, עִיר מִבְצָר
fortuitous /fɔːˈtjuːɪtəs/ adj. (*formal*) מִקְרִי, בְּאַקְרַאי, שֶׁבְּמִקְרֶה
fortunate /ˈfɔːtʃənət/ adj. בַּר־מַזָּל; מַצְלִיחַ, מְאֻשָּׁר; מֵבִיא מַזָּל
fortune /ˈfɔːtʃuːn/ n.
1 (chance) מַזָּל, גּוֹרָל
fortune teller מַגִּיד־עֲתִידוֹת
the fortunes of war תַּהְפּוּכוֹת־הַמִּלְחָמָה
a soldier of fortune שְׂכִיר־חֶרֶב
2 (wealth) עֹשֶׁר, הוֹן
□ *he made a fortune* הוּא עָשָׂה הוֹן־תּוֹעָפוֹת
□ *he came into a fortune* הוּא יָרַשׁ סְכוּם כֶּסֶף גָּדוֹל
□ *that coat cost a small fortune* (*colloq.*) הַמְּעִיל הַהוּא עָלָה הוֹן־תּוֹעָפוֹת
□ *he is a fortune hunter* הוּא מְחַפֵּשׂ כַּלָּה עֲשִׁירָה
forty /ˈfɔːtɪ/ n. & adj. אַרְבָּעִים
forty winks (*colloq.*) נִמְנוּם קָצָר, "חֲרוֹפ" קָצָר
forum /ˈfɔːrəm/ n. פוֹרוּם, מְקוֹם מִפְגָּשׁ צִבּוּרִי; בָּמָה (לְהַבָּעַת־דֵּעוֹת וְהַשְׁקָפוֹת), פוֹרוּם
□ *TV is a forum for discussion* הַטֶּלֶוִיזְיָה הִיא בָּמָה לְהַחְלָפַת־דֵּעוֹת
forward /ˈfɔːwəd/ adj.
1 (towards the front or future; in the front) קָדִימָה; לְפָנִים
forward planning תִּכְנוּן לֶעָתִיד, תִּכְנוּן מֵרֹאשׁ
2 (well-advanced)
□ *we are well forward with the work* אֲנַחְנוּ מִתְקַדְּמִים יָפֶה בָּעֲבוֹדָה
3 (presumptuous) נוֹטֶה לְהִדָּחֵף
—n. (בְּכַדּוּרֶגֶל) חָלוּץ
—v.t.
1 (further) קִדֵּם
2 (dispatch; send on) שָׁלַח; הֶעֱבִיר הָלְאָה
□ *please forward (this letter)* נָא לְהַעֲבִיר (מִכְתָּב זֶה, לִכְתֹבֶת חֲדָשָׁה וְכַד')
—adv. קָדִימָה, לְפָנִים; לֶעָתִיד
look forward to מְצַפֶּה, מְקַוֶּה, מְחַכֶּה (בְּכִלְיוֹן עֵינַיִם)
forwards /ˈfɔːwədz/ adv. קָדִימָה, לְפָנִים; לֶעָתִיד

□ *go forwards, not backwards* לֵךְ קָדִימָה, לֹא אֲחוֹרָה

forwent past of **forgo**

fosse /fɒs/ n. תְּעָלַת מָגֵן

fossil /ˈfɒs(ə)l/ n. מְאֻבָּן

fossil fuel דֶּלֶק טִבְעִי (פֶּחָם, נֵפְט, גָּז, לְהַבְדִּיל מִדֶּלֶק גַּרְעִינִי וְכַד׳)

fossilize /ˈfɒsəlaɪz/ v.t. & i. אִבֵּן; הִתְאַבֵּן; נַעֲשָׂה מְיֻשָּׁן

foster /ˈfɒstə(r)/ v.t.

1 (bring up) גִּדֵּל (יֶלֶד זָר) בְּבֵיתוֹ (לִזְמַן מֻגְבָּל וּלְלֹא אִמּוּץ חֻקִּי)

2 (encourage, promote, *formal*) טִפַּח, סִיֵּעַ לְ...

□ *he fostered a desire for revenge* הוּא טִפַּח תַּאֲוַת־נָקָם

—adj. אוֹמֵן, מְאַמֵּץ; מְאֻמָּץ (אַף לְלֹא הָלִיךְ אִמּוּץ חֻקִּי)

foster-family מִשְׁפָּחָה אוֹמֶנֶת

foster-parent הוֹרֶה אוֹמֵן

fought /fɔːt/ past & past ppl. of **fight**

foul /faʊl/ adj.

1 (unpleasant) מָאוּס, מְגֻנֶּה

foul language קְלָלוֹת וְגִדּוּפִים, הִתְבַּטְּאוּת מְלֻכְלֶכֶת, נִבּוּל־פֶּה

foul weather מֶזֶג אֲוִיר גָּרוּעַ

2 (dirty, not pure) מְלֻכְלָךְ, מְזֹהָם, מְטֻנָּף

□ *the water in this lake is foul* הַמַּיִם בַּאֲגַם זֶה מְזֹהָמִים

3 (unfair) לֹא הוֹגֵן, פָּסוּל

foul play מִשְׂחָק לֹא הוֹגֵן (בְּסְפּוֹרְט); דָּבָר חָשׁוּד (בְּעִקָּר בְּמִקְרֵה מָוֶת)

by fair means or foul בְּאֶמְצָעִים כְּשֵׁרִים אוֹ פְּסוּלִים

4 fall foul of הִסְתַּבֵּךְ עִם

□ *he fell foul of the law* הוּא הִסְתַּבֵּךְ עִם הַחֹק

—n. (בְּסְפּוֹרְט) עֲבֵרָה

through foul and fair בְּטוֹב וּבְרַע, בְּכָל מַצָּב

□ *the player was cautioned after committing a foul* הַשַּׂחְקָן קִבֵּל אַזְהָרָה לְאַחַר שֶׁעָבַר עֲבֵרָה

—v.t.

1 (pollute, *formal*) זִהֵם, טִנֵּף, לִכְלֵךְ

2 (entangle) הִסְתַּבֵּךְ

□ *you fouled my plans up* (*colloq.*) קִלְקַלְתָּ לִי אֶת הַתָּכְנִיּוֹת

3 (*Sport*) עָבַר עֲבֵרָה

foul-mouthed /ˌfaʊl-ˈmaʊðd/ adj. (*derog.*) מְנַבֵּל אֶת פִּיו, בַּעַל פֶּה מְלֻכְלָךְ

found[1] /faʊnd/ past & past ppl. of **find**

found[2] /faʊnd/ v.t. יִסֵּד, בִּסֵּס, הֵקִים, כּוֹנֵן; הִשְׁתִּית

□ *his accusations are ill founded* הָאֲשָׁמוֹתָיו נְטוּלוֹת־שַׁחַר, הָאֲשָׁמוֹתָיו בִּלְתִּי־מְבֻסָּסוֹת

□ *the novel is founded on fact* הָרוֹמָן מְבֻסָּס עַל עֻבְדּוֹת

foundation /faʊnˈdeɪʃ(ə)n/ n.

1 (establishing) יִסּוּד

2 (endowed institution) מוֹסָד, קֶרֶן, קֶרֶן־מַעֲנָקִים

3 (base, basis, often in *pl.*) בָּסִיס, תַּשְׁתִּית, מַסָּד

foundation (cream) קְרֶם־בָּסִיס (קוֹסְמֶטִי, בְּצֶבַע הָעוֹר)

foundation garment מָחוֹךְ

□ *he laid the foundations of modern physics* הוּא הִנִּיחַ אֶת הַיְסוֹדוֹת לַפִיזִיקָה הַמּוֹדֶרְנִית

foundation-stone /faʊnˈdeɪʃ(ə)n-ˌstəʊn/ n. אֶבֶן־הַיְסוֹד, אֶבֶן־פִּנָּה

founder[1] /ˈfaʊndə(r)/ n. מְיַסֵּד, מֵקִים

founder[2] /ˈfaʊndə(r)/ v.i. (*formal*) עָלָה עַל שִׂרְטוֹן (כְּלִי שַׁיִט, גַּם בְּהַשְׁאָלָה)

foundling /ˈfaʊndlɪŋ/ n. (*poet.*) אֲסוּפִי

foundress /ˈfaʊndrɪs/ n. מְיַסֶּדֶת

foundry /ˈfaʊndrɪ/ n. בֵּית־יְצִיקָה

fount[1] /faʊnt/ n. (*poet.*) מַעְיָן, מְקוֹר־מַיִם; (בְּהַשְׁאָלָה) מָקוֹר

fount[2] /fɒnt/ n. סוּג־אוֹת (בִּדְפוּס)

fountain /ˈfaʊntɪn/ n. מִזְרָקָה; סִילוֹן (נוֹזֵל)

fountain-head /ˈfaʊntɪn-hed/ n. הַמָּקוֹר הָרִאשׁוֹנִי, צוּר מַחְצֶבֶת, מוֹצָא

fountain-pen /ˈfaʊntɪn-pen/ n. עֵט נוֹבֵעַ

four /fɔː(r)/ adj. & n. אַרְבָּעָה; אַרְבַּע

a four-letter word מִלָּה גַּסָּה

four-wheel drive הֲנָעָה שֶׁל אַרְבָּעָה גַּלְגַּלִּים (בִּמְכוֹנִית)

the four winds אַרְבַּע רוּחוֹת הַשָּׁמַיִם

□ *he went down on all fours* הוּא כָּרַע עַל אַרְבַּע

□ *they were dispersed to the four corners of the earth* הֵם נָפוֹצוּ לְאַרְבַּע כַּנְפוֹת תֵּבֵל

fourfold /ˈfɔːfəʊld/ adj. & adv. מֻרְכָּב מֵאַרְבָּעָה חֲלָקִים; פִּי אַרְבָּעָה

four-ply /ˈfɔː-plaɪ/ adj. (חוּט/חֶבֶל/צֶמֶר) בַּעַל אַרְבָּעָה פְּתִילִים

four-poster (bed) /fɔː-ˈpəʊstə(r) (bed)/ n. מִטַּת־אַפִּרְיוֹן

fourscore /ˈfɔːskɔː(r)/ n. & adj. (*arch.*) שְׁמוֹנִים

foursome /ˈfɔːsəm/ n. רְבִיעִיָּה (בְּסְפּוֹרְט וְכַד׳)

four-square /fɔː-ˈskweə(r)/ adj. מוּצָק, יַצִּיב, אֵיתָן; נֶחֱרָץ

fourteen /ˌfɔːˈtiːn/ adj. & n. אַרְבָּעָה־עָשָׂר; אַרְבַּע־עֶשְׂרֵה

fourteenth /ˌfɔːˈtiːnθ/ adj. & n. הָאַרְבָּעָה־עָשָׂר; הַחֵלֶק הָאַרְבָּעָה־עָשָׂר

fourth /fɔːθ/ adj. & n. הָרְבִיעִי; רֶבַע, הַחֵלֶק הָרְבִיעִי

fourth dimension הַמֵּמַד הָרְבִיעִי (זְמַן)

Fourth of July הַ־4 בְּיוּלִי, יוֹם הָעַצְמָאוּת הָאֲמֶרִיקָאִי

fowl /faʊl/ n.

1 (bird) עוֹף

wild fowl עוֹפוֹת־בָּר

2 (domestic bird) עוֹפוֹת־בַּיִת

fowl pest מַחֲלַת־עוֹפוֹת מִדַּבֶּקֶת

—v.i. צָד עוֹפוֹת־בָּר

fowling-piece /ˈfaʊlɪŋ-piːs/ n. רוֹבֶה צַיִד קַל

fox /fɒks/ n. שׁוּעָל (הַחַיָּה וּפַרְוָתָהּ); "שׁוּעָל" (אָדָם שָׁנוּן)
—v.t. (*colloq.*) בִּלְבֵּל; רִמָּה

foxglove /ˈfɒksglʌv/ n. אֶצְבְּעוֹנִית הָאַרְגָּמָן (צֶמַח בָּר)

foxhole /ˈfɒkshəʊl/ n. שׁוּחָה צְבָאִית

foxhound /ˈfɒkshaʊnd/ n. כֶּלֶב צַיִד (הַמְאֻלָּף לָצוּד שׁוּעָלִים)

foxhunt /ˈfɒkshʌnt/ n. & v.i. צַיִד שׁוּעָלִים; הִשְׁתַּתֵּף בְּצַיִד שׁוּעָלִים

fox-terrier /ˌfɒks-ˈterɪə(r)/ n. שַׁפְלָן, "פוֹקְס־טֶרְיֶר" (כֶּלֶב קָטָן וְזָרִיז)

foxtrot /ˈfɒkstrɒt/ n. & v.i. פוֹקְסְטְרוֹט (מָחוֹל וּמַנְגִּינָה); רָקַד פוֹקְסְטְרוֹט

foxy /ˈfɒksɪ/ adj. (*colloq.*) עַרְמוּמִי, "שׁוּעָל"; (בְּאַרְהַ"ב) סֶקְסִית

foyer /ˈfɔɪeɪ/ n. אוּלַם־כְּנִיסָה, פוֹאָיֶה, לוֹבִּי

fracas /ˈfrækɑː/ n. (*formal*) קְטָטָה, הִתְכַּתְּשׁוּת קוֹלָנִית

fraction /ˈfrækʃ(ə)n/ n. (בְּמָתֵמָטִיקָה) שֶׁבֶר; חֵלֶק זָעִיר, שֶׁמֶץ

fractional /ˈfrækʃən(ə)l/ adj. זָעִיר; (בְּמָתֵמָטִיקָה) שֶׁל שֶׁבֶר

fractious /ˈfrækʃəs/ adj. (*formal*) נִרְגָּז, זָעֵף, רוֹטֵן

fracture /ˈfræktʃə(r)/ n. שֶׁבֶר, סֶדֶק
—v.t. & i. גָּרַם לְשֶׁבֶר, גָּרַם לְסֶדֶק; נִשְׁבַּר, נִסְדַּק

fragile /ˈfrædʒaɪl/ adj. שָׁבִיר, שַׁבְרִירִי

fragility /frəˈdʒɪlɪtɪ/ n. שַׁבְרִירִיּוּת

fragment /ˈfrægmənt/ n. רְסִיס, שֶׁבֶר; קֶטַע קָטָן
—v.t. & i. /frægˈment/ שִׁבֵּר לִרְסִיסִים; נִשְׁבַּר לִרְסִיסִים

fragmentary /ˈfrægmənt(ə)rɪ/ adj. מְקֻטָּע, חֶלְקִי

fragmentation /ˌfrægmenˈteɪʃ(ə)n/ n. פִּצּוּל, קִטּוּעַ; הִתְפַּצְּלוּת
fragmentation bomb פְּצָצַת־רֶסֶק

fragrance /ˈfreɪgrəns/ n. נִיחוֹחַ; בֹּשֶׂם

fragrant /ˈfreɪgrən/t adj. רֵיחָנִי, מַדִּיף נִיחוֹחַ, בָּשׂוּם

frail /freɪl/ adj. חָלוּשׁ, רוֹפֵף
□ *she is rather frail* הִיא בַּעֲלַת־גּוּף חָלוּשׁ, הִיא שַׁבְרִירִית לְמַדַּי

frailty /ˈfreɪltɪ/ n. חֻלְשָׁה (גּוּפָנִית אוֹ מוּסָרִית)

frame /freɪm/ n.
1 (structure) שֶׁלֶד, מִבְנֶה
frame house צְרִיף, בַּיִת עָשׂוּי־עֵץ
cold frame אַרְגַּז שְׁתִילִים (מֵעֵין חֲמָמָה קְטַנָּה)
2 (human or animal body) גּוּף
3 (border) מִסְגֶּרֶת (לִתְמוּנָה וְכַד')
frame of reference קוֹנְטֶקְסְט, מִסְגֶּרֶת רֶפֶרֶנְצִיאָלִית
4 (state)
frame of mind הֲלַךְ־רוּחַ
5 (*Photog.*) "פְּרֵים", תְּמוּנָה
—v.t.
1 (shape) עִצֵּב
□ *he framed his question carefully* הוּא נִסַּח אֶת שְׁאֵלָתוֹ בִּזְהִירוּת
2 (set in a frame) מִסְגֵּר, קָבַע בְּמִסְגֶּרֶת
3 (make false charge against, *colloq.*) "הִלְבִּישׁ" (אַשְׁמָה) עַל (פְּלוֹנִי)

frame-up /ˈfreɪm-ʌp/ n. (*colloq.*) אַשְׁמָה מְפֻבְרֶקֶת

framework /ˈfreɪmwɜːk/ n. מִסְגֶּרֶת, מִבְנֶה יְסוֹדִי, שֶׁלֶד

franc /fræŋk/ n. פְרַנְק (מַטְבֵּעַ בְּצָרְפַת, בְּבֶּלְגְיָה, בִּשְׁוַיְץ וּבַאֲרָצוֹת אֲחֵרוֹת)

France /frɑːns/ n. צָרְפַת

franchise /ˈfræntʃaɪz/ n.
1 (right to vote) זְכוּת־הַצְבָּעָה בִּבְחִירוֹת כְּלָלִיּוֹת
2 (right to sell company's goods in a defined area) זִכָּיוֹן מִסְחָרִי (לְאֵזוֹר מְסֻיָּם)

Franciscan /frænˈsɪskən/ n. & adj. נָזִיר פְרַנְצִיסְקָנִי; פְרַנְצִיסְקָנִי

Francophile /ˈfræŋkəʊfaɪl/ n. (*formal*) פְרַנְקוֹפִיל, חוֹבֵב צָרְפַת וְתַרְבּוּתָהּ

Francophobe /ˈfræŋkəʊfəʊb/ n. (*formal*) שׂוֹנֵא צָרְפָתִים

Frank[1] /fræŋk/ n. (*Hist.*) פְרַנְקִי (בֶּן־הַשְּׁבָטִים הַגֶּרְמָנִיִּים שֶׁכָּבְשׁוּ אֶת גַּלְיָה בַּמֵּאָה הַ־6)

frank[2] /fræŋk/ adj. גְּלוּי־לֵב, פָּתוּחַ, כֵּן

frank[3] /fræŋk/ v.t. הֶחְתִּים (מִכְתָּב) בִּמְכוֹנַת בִּיּוּל
franking machine מְכוֹנַת־בִּיּוּל

frankfurter /ˈfræŋkfɜːtə(r)/ n. נַקְנִיקִיָּה (מְעֻשֶּׁנֶת), נַקְנִיקִיַּת "הוֹט דוֹג"

frankincense /ˈfræŋkɪnsens/ n. קְטֹרֶת־לְבוֹנָה

frantic /ˈfræntɪk/ adj. חָרֵד וְנִסְעָר

fraternal /frəˈtɜːn(ə)l/ adj. שֶׁל יַחֲסֵי־אַחִים; שֶׁל אַחֲוָה

fraternity /frəˈtɜːnɪtɪ/ n.
1 (brotherliness, *formal*) אַחֲוָה, אַחֲוַת־אַחִים
2 (society of like people) חֶבֶר
3 (students' society, *US*) אֲגֻדַּת סְטוּדֶנְטִים (לִגְבָרִים בִּלְבַד, אַף לְהַבְדִּיל מֵאִגּוּד הַסְּטוּדֶנְטִים הַכְּלָלִי)

fraternize /ˈfrætənaɪz/ v.i. הִתְיַדֵּד, הִתְרוֹעֵעַ; קִיֵּם קְשָׁרִים עִם הָאוֹיֵב

fratricide /ˈfrætrɪsaɪd/ n. (*formal*) רֶצַח אָח/אָחוֹת; רוֹצֵחַ (כַּנַּ"ל)

fraud /frɔːd/ n.
1 (criminal deception) הוֹנָאָה פְּלִילִית, מַעֲשֵׂה מִרְמָה, רַמָּאוּת פְּלִילִית
2 (person or thing that deceives) רַמַּאי, נוֹכֵל

fraudulent /ˈfrɔːdjʊlənt/ adj. רַמַּאי, מִרְמָה, שֶׁהֻשַּׂג בְּמִרְמָה

fraught /frɔːt/ pred. adj. מָתוּחַ; אָפוּף, זָרוּעַ, מָלֵא

□ *the situation is fraught with danger* הַמַּצָּב הֲרֵה־סַכָּנָה
□ *the situation is very fraught* (*colloq.*) הַמַּצָּב מָתוּחַ מְאֹד

fray[1] /freɪ/ n. (*poet.*) קְרָב, סִכְסוּךְ, הִתְנַגְּשׁוּת
□ *he entered into the fray* הוּא נִכְנַס לְזִירַת־הַקְּרָב

fray[2] /freɪ/ v.t. & i. רִפֵּט, בִּלָּה (שׁוּלֵי בֶּגֶד וְכַד׳); הִתְרַפֵּט, הִתְבַּלָּה
□ *his nerves were badly frayed* עֲצַבָּיו הָיוּ מְרוּטִים לַחֲלוּטִין

frazzle /ˈfræz(ə)l/ n. (*colloq.*)
worn to a frazzle עָיֵף, ״מֵת״

freak /friːk/ n. מִפְלֶצֶת; אֵרוּעַ מְשֻׁנֶּה; ״פְרִיק״, ״זָרוּק״; מְשֻׁגָּע (לְדָבָר מָה)
a freak storm סוּפַת פֶּתַע
a freak (of nature) מִפְלֶצֶת, יְצוּר לֹא־טִבְעִי (לְמָשָׁל בַּעַל מוּטַצְיָה)
—v.i.
freak out (*colloq.*) ״הִשְׁתַּגֵּעַ״, ״הִשְׁתּוֹלֵל״ (מֵרֹב תַּדְהֵמָה, כַּעַס וְכַד׳); ״נִזְרַק״ (בְּיִחוּד לְאַחַר נְטִילַת סַמִּים); יָצָא מִדַּעְתּוֹ

freckle /ˈfrek(ə)l/ n. & v.t. & i. נֶמֶשׁ; גָּרַם לִנְמָשִׁים; הִתְכַּסָּה בִּנְמָשִׁים

free /friː/ adj.
1 (at liberty; unrestricted) חָפְשִׁי, מְשֻׁחְרָר
free agent אָדָם שֶׁאֵינוֹ כָּפוּף לְאִישׁ, אָדָם בַּעַל חֹפֶשׁ פְּעֻלָּה מָלֵא
free association אָסוֹצְיָאצְיָה חָפְשִׁית, הֶקְשֵׁר־מַחֲשָׁבוֹת חָפְשִׁי
the Free Churches הַכְּנֵסִיּוֹת הַנּוֹן־קוֹנְפוֹרְמִיסְטִיּוֹת
free enterprise יָזְמָה פְּרָטִית, חֹפֶשׁ הַמִּסְחָר וְהַכַּלְכָּלָה (בְּקַפִּיטָלִיזְם)
free fall צְנִיחָה חָפְשִׁית
free fight אִגְרוּף חָפְשִׁי (לְרֹב לְלֹא כְּלָלִים)
□ *he was given a free hand by his boss* הַבּוֹס שֶׁלּוֹ נָתַן לוֹ יָד חָפְשִׁית
free house פַּאבּ עַצְמָאִי (שֶׁאֵינוֹ כָּבוּל לְרֶשֶׁת יַצְרָנֵי בִּירָה אַחַת)
free kick בְּעִיטָה חָפְשִׁית (בְּכַדּוּרֶגֶל)
free love אַהֲבָה חָפְשִׁית (מַתִּירָנוּת מִינִית)
free port נָמָל חָפְשִׁי (שֶׁבּוֹ הַסְּחוֹרָה פְּטוּרָה מִמֶּכֶס)
free speech חֹפֶשׁ־הַדִּבּוּר
free trade סַחַר חָפְשִׁי
free translation תִּרְגּוּם חָפְשִׁי (לֹא מִלּוּלִי)
free verse חָרוּז חָפְשִׁי
free will רָצוֹן חָפְשִׁי, בְּחִירָה חָפְשִׁית (הַהֵפֶךְ מִן הַגּוֹרָל שֶׁנִּקְבַּע מֵרֹאשׁ)
tax free פָּטוּר מִמַּס
□ *it's a free country* (*colloq.*) זוֹ מְדִינָה חָפְשִׁית! אֲנִי יָכוֹל לַעֲשׂוֹת כִּרְצוֹנִי!
□ *he was* (or *made*) *free with the waitresses* הוּא הִרְשָׁה לְעַצְמוֹ יוֹתֵר מִדַּי עִם הַמֶּלְצָרִיּוֹת
□ *I will be glad to be free of my debts* אֶשְׂמַח לְהִפָּטֵר מִן הַחוֹבוֹת שֶׁלִּי
□ *one of the parts has worked free* אַחַד הַחֲלָקִים הִשְׁתַּחְרֵר
□ *you are free from blame* אַתָּה חַף מִפֶּשַׁע, אַתָּה לֹא אָשֵׁם
2 (liberal, generous) נָדִיב, פַּזְרָן
3 (unoccupied) פָּנוּי
□ *my afternoons are free* אַחֲרֵי־הַצָּהֳרַיִם אֲנִי תָּמִיד חָפְשִׁי
4 (costing nothing) חִנָּם, בְּחִנָּם
free pass רִשְׁיוֹן־כְּנִיסָה לְלֹא תַּשְׁלוּם, רִשְׁיוֹן־מַעֲבָר לְלֹא תַּשְׁלוּם
□ *is this for free?* זֶה בְּחִנָּם?
—v.t. שִׁחְרֵר, הוֹצִיא לַחָפְשִׁי, פָּטַר, חִלֵּץ

free-and-easy /ˌfriː-ənd-ˈiːzɪ/ adj. חָפְשִׁי, לְלֹא גִּנּוּנִים מְיֻתָּרִים, לְלֹא־רִשְׁמִיּוּת

freebase /ˈfriːbeɪs/ v.i. (*sl.*) עָשָׂה ״פְרִי בֵּיסִינְג״ (עִשֵּׁן קוֹקָאִין מְזֻקָּק)

freebie /ˈfriːbiː/ (*colloq.*) מַתָּנָה בְּחִנָּם (הַמְצֹרֶפֶת לְמוּצָר וְכַד׳)

freeboard /ˈfriːbɔːd/ n. חֵלֶק שֶׁל צַד־הָאֳנִיָּה בֵּין קַו הַמַּיִם, וְהַסִּפּוּן

freebooter /ˈfriːbuːtə(r)/ n. שׁוֹדֵד־יָם, פִּירָט

free-born /ˈfriː-bɔːn/ adj. אָדָם שֶׁנּוֹלַד בֶּן־חוֹרִין

freedom /ˈfriːdəm/ n. חֵרוּת, חֹפֶשׁ, דְּרוֹר
□ *I gave him the freedom of my house* פָּתַחְתִּי לְפָנָיו אֶת בֵּיתִי לִרְוָחָה
□ *he was given the freedom of the city* הוּא קִבֵּל אֶזְרָחוּת־כָּבוֹד שֶׁל הָעִיר

free-for-all /ˈfriː-fər-ɔːl/ n. מְהוּמָה כּוֹלֶלֶת, הַמּוּלָה רַבָּתִי

free-hand /ˈfriː-hænd/ adj. רִשּׁוּם חָפְשִׁי (לְלֹא עֶזְרַת מַכְשִׁירִים)

freehanded /ˌfriːˈhændɪd/ adj. נָדִיב

freehold /ˈfriːhəʊld/ n. בַּעֲלוּת מְלֵאָה עַל נִכְסֵי דְלָא־נָיְדֵי (לְלֹא תְּנָאִים וּלְצְמִיתוּת)

freeholder /ˈfriːhəʊldə(r)/ n. בַּעַל נֶכֶס (כַּנַּ״ל)

freelance /ˈfriːlɑːns/ n., adj. & adv. ״פְרִילַנְס״ (בַּעַל מִקְצוֹעַ שֶׁאֵינוֹ מָעֳסָק עַל־יְדֵי מְקוֹם עֲבוֹדָה אֶחָד בְּאֹפֶן בִּלְעָדִי)
—v.i. עָבַד בְּתוֹר ״פְרִילַנְס״, עָשָׂה ״פְרִילַנְסִינְג״

freeloader /ˈfriːləʊdə(r)/ n. (*colloq.*) ״פְּרָזִיט״, ״טְרֶמְפִּיסְט״

freeman /ˈfriːmæn/ n. אֶזְרַח כָּבוֹד

Freemason /ˈfriːmeɪs(ə)n/ n. בּוֹנֶה־חָפְשִׁי (חָבֵר בְּמִסְדַּר הַבּוֹנִים הַחָפְשִׁים)

Freemasonry /ˈfriːmeɪs(ə)nrɪ/ n. תְּנוּעַת הַבּוֹנִים הַחָפְשִׁים

free-range /ˌfriː-ˈreɪndʒ/ adj. (תַּרְנְגֹלֶת, בֵּיצִים) שֶׁלֹּא מְלוּלִים אוֹטוֹמָטִיִּים

freesia /friːzɪə/ n. פְרִיזְיָה (פֶּרַח רֵיחָנִי)

free-spoken /ˌfriː-ˈspəʊk(ə)n/ adj. גְּלוּי־לֵב, חָפְשִׁי בְּדִבּוּרוֹ

free-standing /ˌfriː-ˈstændɪŋ/ adj. (פֶּסֶל, רָהִיט וְכַד׳) שֶׁאֵינוֹ קָבוּעַ בְּמָקוֹם אֶחָד

freestyle /ˈfriːstaɪl/ n. (בְּתַחֲרֻיּוֹת־שְׂחִיָּה וּבְהֵאָבְקוּת) סִגְנוֹן חָפְשִׁי

free-thinker /friːˈθɪŋkə(r)/ n אָדָם בַּעַל מַחֲשָׁבָה עַצְמָאִית (בְּעִקָּר בְּעִנְיְנֵי דָּת)

freeway /ˈfriːweɪ/ n. (*US*) כְּבִישׁ־מָהִיר, אוֹטוֹסְטְרָדָה

free-wheel /ˌfri-ˈwiːl/ v.i. הִתְגַּלְגֵּל (בְּאוֹפַנַּיִם, בִּמְכוֹנִית) לְלֹא הַעֲבָרַת כֹּחַ לַגַּלְגַּלִּים

□ *he's a free-wheeling chap* (*colloq.*) הוּא לוֹקֵחַ אֶת הַחַיִּים בְּקַלּוּת

freeze /friːz/ (past **froze** /frəʊz/, past ppl. **frozen** /ˈfrəʊz(ə)n/) v.t. & i. הִקְפִּיא; קָפָא

□ *it froze hard last night* הַטֶּמְפֶּרָטוּרָה יָרְדָה אֶמֶשׁ מִתַּחַת לָאֶפֶס

□ *I'm freezing* (or *frozen*)! אֲנִי קוֹפֵא מִקֹּר!

□ *when they heard the footsteps they froze* הֵם קָפְאוּ בִּמְקוֹמָם כְּשֶׁשָּׁמְעוּ אֶת הַצְּעָדִים

□ *he was frozen out by his neighbours* (*colloq.*) הַשְּׁכֵנִים עָשׂוּ עָלָיו חֵרֶם

□ *the sea froze over* הַיָּם הִתְכַּסָּה בְּקֶרַח

—n. פֶּרֶק־זְמַן שֶׁל מֶזֶג אֲוִיר קַר מְאֹד; הַקְפָּאָה (שֶׁל מְחִירִים וְכַד׳)

freeze-dry /ˈfriːz-draɪ/ v.t. יִבֵּשׁ בְּהַקְפָּאָה (בְּיִצּוּר קָפֶה וְכַד׳)

freezer /ˈfriːzə(r)/ n. מַקְפִּיא־מָזוֹן, פְרִיזֶר (מִתְקָן עַצְמָאִי); תָּא־הַקְפָּאָה, פְרִיזֶר (בַּמְּקָרֵר)

freeze-up /ˈfriːz-ʌp/ n. פֶּרֶק זְמַן שֶׁל מֶזֶג אֲוִיר קַר מְאֹד

freight /freɪt/ n. מַשָּׂא, מִטְעָן (מִסְחָרִי); דְּמֵי־מִטְעָן

freight car (*US*) קְרוֹן־מִטְעָן

—v.t. שָׁלַח/הוֹבִיל מִטְעָן; הִטְעִין (סְפִינָה וְכַד׳)

freighter /ˈfreɪtə(r)/ n. אֳנִיַּת־מַשָּׂא; מְטוֹס־תּוֹבָלָה

freight-train /ˈfreɪt-treɪn/ n. (*US*) רַכֶּבֶת־מַשָּׂא

French /frentʃ/ adj. צָרְפָתִי

French bean שְׁעוּעִית יְרֻקָּה

French bread לֶחֶם צָרְפָתִי, בָּגֶט

French chalk גִּיר־חַיָּטִים

French dressing רֹטֶב וִינִיגְרֶט, רֹטֶב צָרְפָתִי

French fries (or **fried potatoes**) צ׳יפְּס, טוּגָנִים

French horn קֶרֶן צָרְפָתִית (כְּלִי־נְשִׁיפָה מִמַּתֶּכֶת)

French kiss נְשִׁיקָה צָרְפָתִית (עִם הַלָּשׁוֹן)

French leave הִסְתַּלְּקוּת (מִן הָעֲבוֹדָה וְכַד׳) לְלֹא רְשׁוּת

French letter (*colloq.*) קוֹנְדּוֹם, כּוֹבָעוֹן

French polish לַכַּת־עֵץ (שְׁקוּפָה)

French toast טוֹסְט בֵּיצָה, טוֹסְט צָרְפָתִי

French window חַלּוֹנוֹת צָרְפָתִיִּים (מֵעֵין דְּלָתַיִם מְזֻכְכִית הַמּוֹבִילוֹת לְגַן אוֹ מִרְפֶּסֶת)

—n. צָרְפָתִית; הָעָם הַצָּרְפָתִי

□ *pardon my French!* (*colloq.*) אִם תִּסְלַח לִי עַל הַבִּטּוּי

Frenchman /ˈfrentʃmən/ n. צָרְפָתִי

Frenchwoman /ˈfrentʃˌwʊmən/ n. צָרְפָתִיָּה

frenetic /frəˈnetɪk/ adj. (קֶצֶב, מַצַּב־רוּחַ וְכַד׳) נִסְעָר, מְטֹרָף

frenzied /ˈfrenzɪd/ adj. אֲחוּז תְּזָזִית

frenzy /ˈfrenzɪ/ n. תְּזָזִית

frequency /ˈfriːkwənsɪ/ n.

1 (frequent recurrence, rate of recurrence) שְׁכִיחוּת, תְּדִירוּת, תְּכִיפוּת,

2 (*Phys.*) תֶּדֶר

frequency modulation אִפְנוּן־תֶּדֶר, "אֶף־אֶם"

high (or **low**) **frequency sound** צְלִיל בְּתֶדֶר גָּבוֹהַּ/נָמוּךְ

frequent /ˈfriːkwənt/ adj. תָּכוּף, תָּדִיר, שָׁכִיחַ

—v.t. /frɪˈkwent/ פָּקַד תְּכוּפוֹת, בִּקֵּר תְּכוּפוֹת בְּ...

frequently /ˈfriːkwəntlɪ/ adv. לְעִתִּים קְרוֹבוֹת, תָּדִיר, תְּכוּפוֹת

fresco /ˈfreskəʊ/ n. צִיּוּר־קִיר, פְרֶסְקוֹ

fresh /frej/ adj.

1 (new) חָדָשׁ

□ *her thesis breaks fresh ground* הַתֵּזָה שֶׁלָּהּ פּוֹתַחַת אֲפָקִים חֲדָשִׁים

□ *we made a fresh start* פָּתַחְנוּ דַּף חָדָשׁ

2 (unaltered since production) טָרִי, רַעֲנָן

□ *he was fresh from college* הוּא רַק עַכְשָׁו סִיֵּם אֶת לִמּוּדָיו בַּקּוֹלֶג׳

□ *it is fresh off the press* הַדְּיוֹ עֲדַיִן לֹא יָבְשָׁה עַל הַדַּף

□ *we cannot get fresh vegetables here* אֲנַחְנוּ לֹא יְכוֹלִים לְהַשִּׂיג יְרָקוֹת טְרִיִּים כָּאן

3 (bright) בָּהִיר, בָּרִיא

□ *she has a fresh complexion* צֶבַע פָּנֶיהָ רַעֲנָן

4 (impudent, *colloq.*) חֲצָפָנִי, גַּס (לְעִתִּים תּוֹךְ הַפְגָּנַת כַּוָּנוֹת מִינִיּוֹת)

5 (not stale; lively, vigorous) רַעֲנָן; מָלֵא חַיִּים, שׁוֹפֵעַ חִיּוּנִיּוּת

fresh air אֲוִיר צַח

□ *I feel as fresh as a daisy* אֲנִי עֵר לְגַמְרֵי, אֲנִי מַרְגִּישׁ רַעֲנָן לְגַמְרֵי

□ *a fresh wind was blowing* נָשְׁבָה רוּחַ חֲזָקָה

freshen /ˈfreʃ(ə)n/ v.t. & i. רִעֲנֵן; הִתְרַעֲנֵן

freshen up רִעֲנֵן; הִתְרַעֲנֵן (שָׁטַף פָּנִים וְיָדַיִם, סִדֵּר אֶת הַשֵּׂעָר וְכַד׳)

□ *the wind is freshening* הָרוּחַ מִתְחַזֶּקֶת

fresher /ˈfreʃə(r)/ n. (*UK colloq.*) סְטוּדֶנְט בַּשְּׁלִישׁ הָרִאשׁוֹן לְלִמּוּדָיו בָּאוּנִיבֶרְסִיטָה

freshman /ˈfrehmən/ n. (*US*) סְטוּדֶנְט בִּשְׁנָתוֹ הָרִאשׁוֹנָה בָּאוּנִיבֶרְסִיטָה

freshwater /ˈfreʃwɔːtə(r)/ adj. שֶׁל מַיִם מְתוּקִים, הַחַי בְּמַיִם מְתוּקִים

fret¹ /fret/ v.t. קִשֵּׁט בְּפִתּוּחֵי עֵץ

fret² /fret/ v.t. עִצְבֵּן, הִדְאִיג

□ *don't fret yourself* אַל תִּתְרַגֵּשׁ

—v.i. דָּאַג, הִתְרַגֵּשׁ, נַעֲשָׂה אֻמְלָל

—n. (*colloq.*) מַצָּב שֶׁל דְּאָגָה וְעַצְבָּנוּת

fret³ /fret/ n. (בְּגִיטָרָה וְכַד׳) סָרִיג, קַו־חַיִץ

fretful /ˈfretf(ə)l/ adj. רוֹטֵן וּבַכְיָן

fretsaw /ˈfretsɔː/ n. מַסּוֹרִית, מַסּוֹר־נִימָה

fretwork /ˈfretwɜːk/ n. מְלֶאכֶת עִטּוּרֵי עֵץ

Freudian /ˈfrɔɪdɪən/ adj. & n. פְרוֹיְדְיָנִי; פְּסִיכוֹלוֹג פְרוֹיְדְיָנִי

a Freudian slip טָעוּת פְרוֹיְדְיָנִית, מַעֲשֶׂה־כֶּשֶׁל פְרוֹיְדְיָנִי

friability /ˌfraɪəˈbɪlɪtɪ/ n. פְּרִיכוּת

friable /ˈfraɪəb(ə)l/ adj. פָּרִיךְ

friar /ˈfraɪə(r)/ n. נָזִיר (נוֹצְרִי, בֶּעָבָר נוֹדֵד)

friary /ˈfraɪərɪ/ n. מִנְזָר (לִנְזִירִים כַּנַּ״ל)

fricassee /ˈfrɪkəsiː/ n. פְרִיקָסֶה, רָגוּ (תַּבְשִׁיל בָּשָׂר כְּתוּת בְּרֹטֶב סָמִיךְ)

fricative /ˈfrɪkətɪv/ adj. & n. (*Phonet.*) חוֹכֵךְ; עִצּוּר חוֹכֵךְ

friction /ˈfrɪkʃ(ə)n/ n. חִכּוּךְ, שִׁפְשׁוּף

□ *there is friction between them* (*fig.*) יֵשׁ חִכּוּכִים בֵּינֵיהֶם

Friday /ˈfraɪdɪ/ n. יוֹם שִׁשִּׁי, יוֹם ו׳

Good Friday יוֹם ו׳ שֶׁלִּפְנֵי הַפִּסְחָא (יוֹם צְלִיבָתוֹ שֶׁל יֵשׁוּ)

man Friday שֵׁשֶׁת (מְשָׁרְתוֹ שֶׁל רוֹבִּינְזוֹן קְרוּזוֹ); מְשָׁרֵת נֶאֱמָן

fridge /frɪdʒ/ n. (*colloq.*) מְקָרֵר, פְרִיגִ׳ידֶר

friend /frend/ n. חָבֵר, יָדִיד

the Society of Friends אֲגֻדַּת הַקְּוֵיקֶרִים

□ *they made friends* (*with each other*) הֵם הִתְיַדְּדוּ

□ *he has friends in high places* יֵשׁ לוֹ חֲבֵרִים בַּעֲלֵי־הַשְׁפָּעָה, יֵשׁ לוֹ פְּרוֹטֶקְצְיָה

friendliness /ˈfrendlɪnɪs/ n. יְדִידוּתִיּוּת

friendly /ˈfrendlɪ/ adj. יְדִידוּתִי, חֲבֵרִי; אָדִיב, מַסְבִּיר־פָּנִים

a friendly match (or **game**) תַּחֲרוּת יְדִידוּתִית

Friendly Society אֲגֻדָּה לְבִטּוּחַ הֲדָדִי

friendship /ˈfrendʃɪp/ n. יְדִידוּת, חֲבֵרוּת

frieze /friːz/ n. אַפְרִיז, גַּמְלוֹן

frigate /ˈfrɪgət/ n. פְרִיגָטָה, סְפִינַת קְרָב קְטַנָּה

fright /fraɪt/ n. פַּחַד, אֵימָה, חֲרָדָה

□ *he took fright and ran off* הוּא נִבְהַל וּבָרַח

□ *he got* (or *had*) *a fright* הוּא נִתְקַף פַּחַד

□ *she looks a fright in that hat* (*colloq.*) הִיא נִרְאֵית זְוָעָה בַּכּוֹבַע הַזֶּה

frighten /ˈfraɪt(ə)n/ v.t. & i. הִפְחִיד, הִבְהִיל; נִבְהַל, נֶחֱרַד

□ *she frightened him into admitting it* הִיא הִפְחִידָה אוֹתוֹ כָּל־כָּךְ עַד שֶׁהוֹדָה

□ *the alarm frightened the burglar off* (or *away*) פַּעֲמוֹן־הָאַזְעָקָה הִבְרִיחַ אֶת הַגַּנָּב

□ *he doesn't frighten easily* לֹא קַל לְהַבְהִיל אוֹתוֹ, הוּא לֹא נִבְהָל בְּקַלּוּת

frightened /ˈfraɪt(ə)nd/ adj. מְבֹהָל, נִפְחָד

frightening /ˈfraɪtnɪŋ/ adj. מַבְהִיל, מַפְחִיד, מַטִּיל אֵימָה

frightful /ˈfraɪtf(ə)l/ adj.

1 (dreadful) אָיֹם וְנוֹרָא

2 (very great, *arch. colloq.*) עָצוּם, אַדִּיר, נוֹרָא

□ *he left a frightful mess* הוּא הִשְׁאִיר אַחֲרָיו בַּלָּגָן נוֹרָא

frightfully /ˈfraɪtfəlɪ/ adv. (*arch. colloq.*) לְהַפְלִיא (בִּטּוּי מְנֻפָּח וּמְיֻשָּׁן בְּמִקְצָת)

□ *she was frightfully nice about it* הִיא קִבְּלָה זֹאת יָפֶה לְהַפְלִיא

frigid /ˈfrɪdʒɪd/ adj.

1 (sexually unresponsive, of a woman) קְרִירָה מִבְּחִינָה מִינִית, פְרִיגִ׳ידִית

2 (indifferent, unsympathetic) קַר וְעוֹיֵן (מַעֲנֶה וְכַד׳)

3 (cold) צוֹנֵן בְּיוֹתֵר, קָפוּא

frigidity /frɪˈdʒɪdɪtɪ/ n. קְרִירוּת מִינִית, פְרִיגִ׳ידִיּוּת

frill /frɪl/ n. שְׂבַל מְקֻשָּׁט (שֶׁל בֶּגֶד וְכַד׳); תּוֹסֶפֶת מְיֻחֶדֶת, אַבְזָר מְיֻחָד

□ *his writing is without frills* (*colloq.*) כְּתִיבָתוֹ הִיא לְלֹא הִצְטַעֲצְעוּת

frilly /ˈfrɪlɪ/ adj. בַּעַל שְׂבַל מְקֻשָּׁט

fringe /frɪndʒ/ n.

1 (ornamental border) צִיצִית, גְּדִיל

2 (edge) קָצֶה, שׁוּלַיִם

fringe area אֵזוֹר גְּבוּל, תְּחוּם גְּבוּלִי

fringe benefits הֲטָבוֹת שׁוּלִיּוֹת

fringe group קְבוּצַת־שׁוּלַיִם

fringe medicine רְפוּאָה אַלְטֶרְנָטִיבִית (הוֹמֵאוֹפַּתְיָה וְכַד׳)

fringe theatre תֵּיאַטְרוֹן שׁוּלַיִם

the lunatic fringe קְבוּצוֹת הַשּׁוּלַיִם הַחֲרִיגוֹת (בַּפּוֹלִיטִיקָה וּבַחֶבְרָה)

3 (front part of hairstyle) ״פוֹנִי״, תַּלְתַּל שֵׂעָר עַל הַמֵּצַח

—v.t. שִׁמֵּשׁ כְּקָצֶה/שׁוּלַיִם; קִשֵּׁט בִּגְדִילִים

frippery /ˈfrɪpərɪ/ n. (*derog.*) קִשּׁוּט מְיֻתָּר (בְּעִקָּר עַל בֶּגֶד)

Frisbee /ˈfrɪzbɪ/ n. (*Prop.*) ״פְרִיזְבִּי״ (מֵעֵין צַלַּחַת מְעוֹפֶפֶת מִפְּלַסְטִיק, לְמִשְׂחָק)

frisk /frɪsk/ v.i. פִּזֵּז, כִּרְכֵּר, דִּלֵּג

—v.t. (*colloq.*) עָשָׂה חִפּוּשׂ (לִפְלוֹנִי) עַל הַגּוּף

frisky /ˈfrɪskɪ/ adj. (*colloq.*) מָלֵא־חַיִּים, מִשְׁתַּעֲשֵׁעַ

frisson /ˈfriːsɒn/ n. רֶטֶט הִתְרַגְּשׁוּת

fritter[1] /ˈfrɪtə(r)/ n. נֵתַח בָּשָׂר/יְרָקוֹת/פְּרִי מְטֻגָּן בִּבְלִילַת־קֶמַח

fritter[2] /ˈfrɪtə(r)/ v.t. (*derog.*) בִּזְבֵּז (כֶּסֶף, זְמַן)

fritter away בִּזְבֵּז (כַּנַּ"ל)

frivolity /frɪˈvɒlɪtɪ/ n. (*derog.*) קַלּוּת־רֹאשׁ, קַלּוּת־דַּעַת; הִלּוּלָה

frivolous /ˈfrɪvələs/ adj. (*derog.*) קַל־רֹאשׁ, קַל־דַּעַת

□ *he made a frivolous remark* הוּא הֵעִיר הֶעָרָה טִפְּשִׁית וּמְיֻתֶּרֶת

frizz /frɪz/ v.t. (*colloq.*) סִלְסֵל (שֵׂעָר, בְּאֹפֶן לֹא רָצוּי)

—n. סִלְסוּל (כַּנַּ"ל)

frizzle[1] /ˈfrɪz(ə)l/ v.t. & i. טִגֵּן; הִשְׁמִיעַ אִוְשַׁת טִגּוּן, רָחַשׁ

frizzle[2] /ˈfrɪz(ə)l/ v.t. & i. חָרַךְ (תַּבְשִׁיל, ע"י טִגּוּן־יֶתֶר); נֶחֱרַךְ

fro /frəʊ/ adv.

to and fro הָלוֹךְ וָשׁוֹב, קָדִימָה וַאֲחוֹרַנִּית, כֹּה וָכֹה, אָנֶה וָאָנָה

frock /frɒk/ n. (*arch.*) שִׂמְלָה

frock-coat /ˈfrɒk-kəʊt/ n. מְעִיל־חֲלִיפָה אָרֹךְ לִגְבָרִים בַּמֵּאָה הַ־19

frog /frɒg/ n. צְפַרְדֵּעַ

□ *I had a frog in my throat* (*colloq.*) נִתְקַע לִי מַשֶּׁהוּ בַּגָּרוֹן

Frog /frɒg/ n. (*racially derog.*) כִּנּוּי בּוּז בְּרִיטִי לְאָדָם צָרְפָתִי

frogman /ˈfrɒgmən/ n. אִישׁ צְפַרְדֵּעַ

frogmarch /ˈfrɒgmɑːtʃ/ v.t. הִצְעִיד (פְּלוֹנִי) כְּשֶׁיָּדָיו מֵאֲחוֹרֵי גַּבּוֹ

frolic /ˈfrɒlɪk/ v.i. הִשְׁתּוֹבֵב, הִשְׁתַּעֲשֵׁעַ, קִפֵּץ, דִּלֵּג

—n. מְשׁוּבָה, שׁוֹבְבוּת

frolicsome /ˈfrɒlɪksəm/ adj. (*poet.*) מִשְׁתּוֹבֵב וְעַלִּיז

from /frəm, *strong form* frɒm/ prep.

1 (denoting starting-point or source or origin or motive) מִ..., מִן, מֵאֵת, מִתּוֹךְ, מֵאָז

from now on מֵעַתָּה וָאֵילָךְ

□ *who is that letter from?* מִמִּי הַמִּכְתָּב הַזֶּה?

□ *this portrait was painted from life* דְּיוֹקָן זֶה צֻיַּר כְּשֶׁהַדֻּגְמָן יוֹשֵׁב מוּל הַצַּיָּר

□ *from what I heard, the car-driver was to blame* לְפִי מָה שֶׁשָּׁמַעְתִּי נַהַג הַמְּכוֹנִית אָשֵׁם

2 (denoting separation or distinction) מִ..., מִן

apart from לְבַד מִ..., חוּץ מִ..., פְּרָט לְ...

□ *can you tell an Englishman from an American?* אַתָּה יָכוֹל לְהַבְחִין בֵּין אַנְגְּלִי וַאֲמֶרִיקָאִי?

frond /frɒnd/ n. עֲלֵה דֶּקֶל, עֲלֵה שָׁרָךְ

front /frʌnt/ n.

1 (foremost part, also adj.) חֲזִית; קִדְמִי, רִאשׁוֹן

front bencher חֲבֵר פַּרְלָמֶנְט בַּעַל מִשְׂרָה בַּקַּבִּינֶט אוֹ בַּעַל תַּפְקִיד מַקְבִּיל בָּאוֹפּוֹזִיצְיָה

front line הַקַּו הָרִאשׁוֹן, קַו הַחֲזִית

front office חֲדַר־קַבָּלָה (בְּמִשְׂרָד)

front page עַמּוּד רִאשׁוֹן (בְּעִתּוֹן); עַמּוּד שַׁעַר (בְּסֵפֶר)

front runner מִתְחָרֶה בַּעַל סִכּוּי זְכִיָּה

(sea) front טַיֶּלֶת (עַל חוֹף־הַיָּם)

□ *he is in the front rank of pianists* הוּא מֵהַשּׁוּרָה הָרִאשׁוֹנָה שֶׁל הַפְּסַנְתְּרָנִים

□ *my horse was in front most of the way* הַסּוּס שֶׁלִּי הוֹבִיל רֹב הַדֶּרֶךְ

□ *do you want to sit in the front (passenger seat)?* הַאִם אַתָּה רוֹצֶה לָשֶׁבֶת בַּמּוֹשָׁב הַקִּדְמִי?

□ *she ran out in front of the car and was hit* הִיא הוֹפִיעָה בְּרִיצָה לִפְנֵי הַמְּכוֹנִית וְנִדְרְסָה

□ *he insulted her in front of us* הוּא הֶעֱלִיב אוֹתָהּ בְּנוֹכְחוּתֵנוּ

2 (appearance) חֲזִית, מַרְאִית־עַיִן

front man דּוֹבֵר, דְּמוּת יְצוּגִית (בִּלְבַד)

□ *you must put a bold front on it!* עָלֶיךָ לְהַעֲמִיד פָּנִים אַמִּיצוֹת (לַמְרוֹת הַמַּצָּב הַקָּשֶׁה)

3 (*Meteorol.*) חֲזִית

cold front חֲזִית קָרָה

4 (*Mil.*) חֲזִית

the home front הָעֹרֶף (בִּזְמַן מִלְחָמָה)

—v.t. & i. פָּנָה אֶל, נִשְׁקַף אֶל; צָפָה אֶל הַחֲזִית שֶׁל; שִׁמֵּשׁ כְּדוֹבֵר

□ *the house fronts on to the lake* הַבַּיִת נִשְׁקָף אֶל הָאֲגַם

□ *this wall is fronted with marble* הַקִּיר הַזֶּה מְצֻפֶּה שַׁיִשׁ

frontage /ˈfrʌntɪdʒ/ n. אֹרֶךְ חֲזִית בִּנְיָן

frontal /ˈfrʌnt(ə)l/ adj. חֲזִיתִי, פְרוֹנְטָלִי

full frontal nudity עֵירֹם מָלֵא

frontier /ˈfrʌntɪə(r)/ n. חֲזִית, גְּבוּל, אֵזוֹר גְּבוּל, סְפָר; (בְּהַשְׁאָלָה) חֲזִית

frontiersman /ˈfrʌntɪəzmən/ n. תּוֹשַׁב אֵזוֹר סְפָר, חָלוּץ

frontispiece /ˈfrʌntɪspiːs/ n. צִיּוּר־הַשַּׁעַר (בְּסֵפֶר)

frost /frɒst/ n. קָרָה, כְּפוֹר

Jack Frost סַבָּא־כְּפוֹר (כְּפוֹר הַמְגֻלָּם בִּדְמוּת בְּסִפּוּרֵי־יְלָדִים)

□ *the party was a frost* (*colloq.*) הַמְּסִבָּה הָיְתָה "נֵפֶל"

—v.t. & i.

1 (cover (as) with frost) כִּסָּה בִּכְפוֹר; הִתְכַּסָּה בִּכְפוֹר

□ *the windows frosted over* הַחַלּוֹנוֹת הִתְכַּסּוּ בִּכְפוֹר

frosted glass זְכוּכִית אֲטוּמָה

2 (cover with frostlike layer) צִפָּה (בְּקַרֶם, סֻכָּר וְכַד')

□ *they frosted the cake* הֵם צִפּוּ אֶת הָעוּגָה

frost-bite /ˈfrɒst-baɪt/ n. כְּוִיַּת־כְּפוֹר

frost-bound /ˈfrɒst-baʊnd/ adj. (אֲדָמָה) קְפוּאָה

frosting /ˈfrɒstɪŋ/ n. (קַרֶם) צִפּוּי לְעוּגוֹת

frosty /ˈfrɒstɪ/ adj. מְכֻסֶּה כְּפוֹר, צוֹנֵן; (בְּהַשְׁאָלָה) צוֹנֵן

froth /frɒθ/ n. קֶצֶף; הֲבָלִים

—v.i. הִקְצִיף, הֶעֱלָה קֶצֶף

frothy /ˈfrɒθɪ/ adj. מַקְצִיף, מָלֵא קֶצֶף; קַלִּיל וּמְשַׁעֲשֵׁעַ

froward /ˈfrəʊəd/ adj. (*arch.*) סַרְבָן, סוֹרֵר וּמוֹרֶה

frown /fraʊn/ v.i. כִּוֵּץ גְּבִינִים (בְּאִי־שְׂבִיעוּת־רָצוֹן, בִּפְלִיאָה וְכַד׳)

frown on לֹא רָאָה בְּעַיִן יָפָה

—n. כִּוּוּץ גְּבִינִים, מַבָּט זוֹעֵף

frowsty /ˈfraʊstɪ/ adj. (*colloq.*) מַחֲנִיק, מְעֻפָּשׁ (אֲוִיר וְכַד׳)

frowzy /ˈfraʊzɪ/ adj. מְרֻשָּׁל; מְעֻפָּשׁ

froze past of **freeze**

frozen past ppl. of **freeze**

fructify /ˈfrʌktɪfaɪ/ v.t. & i. (*formal*) הִפְרָה (גַּם בְּהַשְׁאָלָה); נָשָׂא פְּרִי (גַּם בְּהַשְׁאָלָה)

frugal /ˈfruːg(ə)l/ adj. חַסְכָן, חֶסְכוֹנִי; צָנוּעַ (בְּכַמּוּת וְכַד׳)

frugality /fruːˈgælɪtɪ/ n. חַסְכָנוּת

fruit /fruːt/ n. פְּרִי, פֵּרוֹת

(often collective as *sing.* n.)

□ *we finished the meal with fruit* סִיַּמְנוּ אֶת הָאֲרוּחָה בְּפֵרוֹת

□ *his hard work bore fruit* עֲמָלוֹ הֵנִיב פְּרִי, מַאֲמַצָּיו נָשְׂאוּ פְּרִי

fruit-cake /ˈfruːt-keɪk/ n. עוּגַת־פֵּרוֹת (מְכִילָה פֵּרוֹת מְיֻבָּשִׁים)

fruit-drop /ˈfruːt-drɒp/ n. סֻכָּרִיַּת פֵּרוֹת

fruiterer /ˈfruːtərə(r)/ n. מוֹכֵר פֵּרוֹת וִירָקוֹת

fruitful /ˈfruːtf(ə)l/ adj. פּוֹרֶה, מֵנִיב; מוֹעִיל

fruitfulness /ˈfruːtfəlnɪs/ n. פּוֹרִיּוּת; תּוֹעֶלֶת

fruition /fruːˈɪʃ(ə)n/ n. (*formal*) מִמּוּשׁ, הִתְגַּשְּׁמוּת

□ *he brought his plans to fruition* הוּא הֵבִיא אֶת תָּכְנִיּוֹתָיו לִכְלַל הַשְׁלָמָה

fruitless /ˈfruːtlɪs/ adj. שֶׁאֵינוֹ נוֹשֵׂא פְּרִי, עָקָר

fruit machine /ˈfruːt məʃiːn/ n. מְכוֹנִית הַמּוֹרִים

fruity /ˈfruːtɪ/ adj. בַּעַל טַעַם/רֵיחַ שֶׁל פְּרִי

□ *he's an actor with a fruity voice* (*colloq.*) הוּא שַׂחְקָן בַּעַל קוֹל עָמֹק וּמִתְנַגֵּן

□ *the men get together and tell fruity stories* (*colloq.*) הַגְּבָרִים נֶאֱסָפִים וּמְסַפְּרִים סִפּוּרִים עֲסִיסִיִּים

frump /frʌmp/ n. (*colloq.*) אִשָּׁה מְיֻשֶּׁנֶת וּמְשַׁעֲמֶמֶת

frustrate /frʌˈstreɪt/ v.t. תִּסְכֵּל; הִכְשִׁיל

(sexually) frustrated מְתֻסְכָּל (מִבְּחִינָה מִינִית)

frustration /frʌˈstreɪʃ(ə)n/ n. תִּסְכּוּל; כִּשָּׁלוֹן, הַכְזָבָה

fry[1] /fraɪ/ n. (*pl.* same) דְּגִיגִים; (בְּהַשְׁאָלָה) ״דְּגֵי־רְקָק״

□ *the police caught only the small fry* (*colloq.*) הַמִּשְׁטָרָה תָּפְסָה רַק אֶת דְּגֵי־הָרְקָק

fry[2] /fraɪ/ v.t. & i. טִגֵּן; טֻגַּן

frying-pan /ˈfraɪɪŋ-pæn/ n. מַחֲבַת

□ *out of the frying-pan into the fire* (*colloq.*) מִדְּחִי אֶל דְּחִי, מִן הַפַּח אֶל הַפַּחַת

fuchsia /ˈfjuːʃə/ n. נֵר־הַלַּיְלָה, פּוּקְסְיָה (פֶּרַח־נוֹי)

fuck /fʌk/ v.t. & i. (*vulg.*) זִיֵּן; הִזְדַּיֵּן

fuck about (or **around**) הִתְמַזְמֵז, ״אוֹנֵן״ (בִּזְבֵּז זְמַן)

fuck off! לֵךְ תִּזְדַּיֵּן!

fuck up (also n.) הָרַס, ״חִרְבֵּן״; ״דְּפִיקָה״, ״חָרְבּוֹן״ (כִּשָּׁלוֹן גָּדוֹל)

—n. זִיּוּן

not care (or **give**) **a fuck** לֹא שָׂם זַיִן

—int. כּוּס אִמְּךָ! כּוּס־אוֹחְתוֹ!

fuck all /fʌk ˈɔːl/ n. (*vulg.*) ״זַיִן״ (לֹא כְּלוּם, אֶפֶס)

fucker /ˈfʌkə(r)/ n. (*vulg.*) ״שַׁרְמוּטָה,״ ״שְׁמוֹק״ (אָדָם מָאוּס)

fucking /ˈfʌkɪŋ/ adj. & adv. (*vulg.*) (בִּטּוּי חָרִיף וְגַס לְהַבָּעַת כַּעַס, תִּסְכּוּל וְכַד׳) ״מַסְרִיחַ״

fuddle /ˈfʌd(ə)l/ v.t. (*colloq.*) טִשְׁטֵשׁ (אֶת הַחוּשִׁים אוֹ הַהַכָּרָה)

fuddled /ˈfʌd(ə)ld/ adj. (*colloq.*) מְבֻלְבָּל, מְטֻשְׁטָשׁ

fuddy-duddy /ˈfʌdɪ-dʌdɪ/ n. (*colloq.*) טֶמְבֶּל זָקֵן

fudge /fʌdʒ/ n.

1 (sweet) ״פַדְג׳״ (מֵעֵין מַמְתָּק רַךְ דְּמוּי קָרָמֶל)

2 (poor solution) ״מְרִיחָה״, פִּתְרוֹן זוֹל

—v.t. (*derog.*) ״מָרַח״ (נוֹשֵׂא, מְשִׂימָה וְכַד׳); ״שִׂחֵק״ עִם (הַחֶשְׁבּוֹנוֹת)

□ *they fudged the figures* הֵם סִלְּפוּ אֶת הַחֶשְׁבּוֹנוֹת

fuel /ˈfjuːl/ n. דֶּלֶק (גַּם בְּהַשְׁאָלָה)

□ *he adds fuel to the flames* (*fig.*) הוּא מוֹסִיף שֶׁמֶן לַמְּדוּרָה

—v.t. & i. תִּדְלֵק, מִלֵּא דֶּלֶק בְּ...; הִצְטַיֵּד בְּדֶלֶק

fug /fʌg/ n. (*colloq.*) עָנָן מְעֻפָּשׁ (שֶׁל עֲשַׁן סִיגָרִיּוֹת וְכַד׳)

fugitive /ˈfjuːdʒɪtɪv/ n. (*formal*) אָדָם הַנִּמְלָט מֵהַחֹק, עֲבַרְיָן נִמְלָט

—adj. נִמְלָט, חוֹלֵף, בַּר־חֲלוֹף

fugue /fjuːg/ n. (*Mus.*) פּוּגָה

fulcrum /ˈfʊlkrəm/ n נְקֻדַּת־מִשְׁעָן

fulfil(l) /fʊlˈfɪl/ v.t. הִגְשִׁים, מִמֵּשׁ, בִּצֵּעַ, מִלֵּא, קִיֵּם, הוֹצִיא לַפֹּעַל

□ *these conditions must be fulfilled* יֵשׁ לְקַיֵּם תְּנָאִים אֵלֶּה

□ *we fulfil ourselves through our children* אֲנַחְנוּ מַגְשִׁימִים אֶת עַצְמֵנוּ דֶּרֶךְ יְלָדֵינוּ

fulfil(l)ment /fʊlˈfɪlmənt/ n. הַגְשָׁמָה, מִמּוּשׁ; סִפּוּק נַפְשִׁי

full /fʊl/ adj. מָלֵא, שָׁלֵם; שָׂבֵעַ; (בֶּגֶד) רָחָב; ״מָלֵא״ (שָׁמֵן)

full board פֶּנְסְיוֹן מָלֵא

full dress מַדֵּי־יִצּוּג, מַדֵּי־טֶקֶס

full house אוּלָם מָלֵא (כָּל הַכַּרְטִיסִים נִמְכְּרוּ)

full marks מְלוֹא הַנְּקֻדּוֹת, כָּל הַנְּקֻדּוֹת הָאֶפְשָׁרִיּוֹת

full moon יָרֵחַ מָלֵא

full speed מְלוֹא הַמְּהִירוּת

full stop נְקֻדָּה (סִימַן־פָּסוּק)

□ *we have come full circle* חָזַרְנוּ לִנְקֻדַּת־הַמּוֹצָא

□ *the gas was full on* בֶּרֶז־הַגָּז הָיָה פָּתוּחַ עַד הַסּוֹף
□ *the cars met full on* הַמְּכוֹנִיּוֹת הִתְנַגְּשׁוּ חֲזִיתִית
□ *the work came to a full stop* הָעֲבוֹדָה נִפְסְקָה לַחֲלוּטִין
□ *she is full of vitality* הִיא שׁוֹפַעַת חִיּוּנִיּוּת, הִיא מְלֵאַת־מֶרֶץ
□ *he was full of the news* הוּא לֹא הִפְסִיק לְדַבֵּר עַל הַחֲדָשׁוֹת
□ *it was a full hour before he came out again* שָׁעָה שְׁלֵמָה חָלְפָה לִפְנֵי שֶׁחָזַר וְיָצָא
□ *I'm full* (*up*) (*colloq.*) אֲנִי מָלֵא, אֲנִי שָׂבֵעַ

—n.
□ *he lived life to the full* הוּא חַי חַיִּים מְלֵאִים
□ *the moon is at the full* הַלְּבָנָה מְלֵאָה

full back /ˈfʊl bæk/ n. (בְּכַדּוּרֶגֶל, בְּהוֹקִי וְכַד׳) מָגֵן

full-blooded /ˌfʊl-ˈblʌdɪd/ adj. טְהוֹר־גֶּזַע; מָלֵא, שָׁלֵם, טָהוֹר; נִמְרָץ

full-blown /ˌfʊl-ˈbləʊn/ adj. (פֶּרַח) בִּמְלוֹא פְּרִיחָתוֹ; בְּקְנֵה מִדָּה גָּדוֹל, נִרְחָב

full-bodied /fʊl-ˈbɒdɪd/ adj. (יַיִן) מָלֵא וְעָשִׁיר

full-fashioned /ˌfʊl-ˈfæʃ(ə)nd/ adj. (שָׂרִיג) מֻתְאָם לְמִבְנֵה הַגּוּף

full-grown /fʊl-ˈgrəʊn/ adj. מְגֻדָּל, מְבֻגָּר

full-length /fʊl-ˈleŋθ/ adj. בְּאֹרֶךְ מָלֵא

fullness /ˈfʊlnɪs/ n. שֹׂבַע

in the fullness of time (*formal*) בְּבוֹא הַשָּׁעָה, בְּבוֹא הָעֵת, בְּרְבוֹת־הַיָּמִים

full-page /fʊl-ˈpeɪdʒ/ adj. עַל כָּל הָעַמּוּד, בְּגֹדֶל עַמּוּד שָׁלֵם

full-scale /fʊl-ˈskeɪl/ adj. בִּתְנוּפָה מְלֵאָה, כּוֹלֵל; בְּגֹדֶל טִבְעִי

full-time /fʊl-ˈtaɪm/ adj. & adv. מָלֵא (תַּעֲסוּקָה וְכַד׳); בְּתַעֲסוּקָה מְלֵאָה

fully /ˈfʊlɪ/ adv. לְגַמְרֵי, לַחֲלוּטִין; כְּבָר, לְפָחוֹת
fully-fashioned (שָׂרִיג) מֻתְאָם לְמִבְנֵה הַגּוּף
fully-fledged (בַּעַל כָּנָף) שֶׁנּוֹצוֹתָיו צָמְחוּ; (בְּהַשְׁאָלָה) מָלֵא, שֶׁל מַמָּשׁ, בְּכָל הַמּוּבָנִים
□ *the journey will take fully two hours* הַמַּסָּע יֶאֱרַךְ לְכָל הַפָּחוֹת שְׁעָתַיִם

fulminate /ˈfʌlmɪneɪt/ v.i. (*formal*) מָחָה בְּקוֹל, זָעַק חָמָס
□ *the angry commuter fulminated against the bus company* הַנּוֹסֵעַ הַזּוֹעֵם מָחָה בְּקוֹל כְּנֶגֶד חֶבְרַת הָאוֹטוֹבּוּסִים

fulmination /ˌfʌlmɪˈneɪʃ(ə)n/ n. (*formal*) מְחָאָה קוֹלָנִית, זַעֲקַת חָמָס

fulsome /ˈfʊlsəm/ adj. (*formal*) שׁוֹפֵעַ חֲנֻפָּה

fumble /ˈfʌmb(ə)l/ v.t. & i. הִשְׁמִיט, פִּסְפֵּס; מִשֵּׁשׁ, גִּשֵּׁשׁ בְּאֹפֶן מְגֻשָּׁם

fume /fjuːm/ v.i. רָתַח מִכַּעַס (לָרֹב מִבְּלִי לְבַטֵּא זֹאת); הֶעֱלָה עָשָׁן

—v.t. פִּלֵּט (עָשָׁן)

—n. (usu. in *pl.*) אֵד (לָרֹב רָעִיל), עָשָׁן, גַּז
fume chamber (*Chem.*) מְנַדֵּף (כְּלִי מַעְבָּדָה)

fumigate /ˈfjuːmɪgeɪt/ v.t. חִטֵּא בְּאֵדִים; טִפֵּל בְּעָשָׁן בְּ... (כְּדֵי לְהִפָּטֵר מִמַּזִּיקִים וְכַד׳)

fumigation /ˌfjuːmɪˈgeɪʃ(ə)n/ n. חִטּוּי בְּאֵדִים, טִפּוּל בְּעָשָׁן

fun /fʌn/ n. כֵּיף, הֲנָאָה; צְחוֹק
□ *he said it only in fun* הוּא אָמַר זֹאת רַק בִּצְחוֹק
□ *your friend is great* (or *good*) *fun* הֶחָבֵר שֶׁלְּךָ מְשַׁעֲשֵׁעַ מְאֹד
□ *they made fun of* (or *poked fun at*) *him* הֵם שָׂמוּ אוֹתוֹ לִצְחוֹק, הֵם עָשׂוּ מִמֶּנּוּ צְחוֹק
□ *it was all good clean fun* עָשִׂינוּ חַיִּים (בְּלִי לְהַזִּיק לְאַף אֶחָד)
□ *we had fun* בִּלִּינוּ יָפֶה, עָשִׂינוּ חַיִּים

—adj. כֵּיף; מְלָאכוּתִי
□ *we had a fun time* בִּלִּינוּ נֶהְדָּר, עָשִׂינוּ כֵּיף
□ *she was wearing a fun fur* הִיא לָבְשָׁה פַּרְוָה מְלָאכוּתִית

function /ˈfʌŋkʃ(ə)n/ n.
1 (proper activity; purpose) תִּפְקוּד, תַּפְקִיד, פְּעֻלָּה
2 (formal social meeting) אֵרוּעַ (צִבּוּרִי, חֶבְרָתִי וְכַד׳)
3 (*Math.*) פוּנְקְצִיָה

—v.i. פָּעַל; תִּפְקֵד

functional /ˈfʌŋkʃən(ə)l/ adj.
1 (shaped with regard to its function) שִׁמּוּשִׁי, פוּנְקְצִיוֹנָלִי
2 (in working order) מְתַפְקֵד, תַּקִּין
3 (*Physiol.*) תִּפְקוּדִי
□ *a functional disorder* הַפְרָעָה תִּפְקוּדִית
4 (*Math.*) שֶׁל פוּנְקְצִיָה

functionary /ˈfʌŋkʃənərɪ/ n. (often *derog.*) פוּנְקְצִיוֹנֶר, פָּקִיד

fund /fʌnd/ n.
1 (stock, supply) אַסְפָּקָה, מְלַאי, אוֹצָר
□ *he has a fund of stories* יֵשׁ לוֹ אוֹצָר בִּלּוּם שֶׁל סִפּוּרִים
2 (money put to a special purpose) קֶרֶן
Jewish National Fund קֶרֶן קַיֶּמֶת לְיִשְׂרָאֵל, קק״ל
3 (in *pl.*, financial resources) מַשְׁאַבִּים כַּסְפִּיִּים
short of funds בְּקָשָׁיִים כַּסְפִּיִּים

—v.t. מִמֵּן

fundamental /ˌfʌndəˈment(ə)l/ adj. & n. יְסוֹדִי, בְּסִיסִי, עִקָּרִי; יְסוֹד, עִקָּר
□ *when you get down to fundamentals we agree* כְּשֶׁמְּדֻבָּר בְּעֶקְרוֹנוֹת הַבְּסִיסִיִּים אֲנַחְנוּ בְּדֵעָה אַחַת

fundamentalism /ˌfʌndəˈmentəlɪzəm/ n. פוּנְדָּמֶנְטָלִיזְם (אֱמוּנָה קִיצוֹנִית וּמַחְמִירָה בַּדָּת)

fundamentalist /ˌfʌndəˈmentəlɪst/ n. פוּנְדָּמֶנְטָלִיסְט (כַּנַּ״ל)

fundamentally /ˈfʌndəˈmentəlɪ/ adv. — בְּעִקָּר, בְּאֹפֶן בְּסִיסִי
□ *he's fundamentally a good chap* — בִּיסוֹדוֹ שֶׁל דָּבָר הוּא בָּחוּר טוֹב

fund-raising /ˈfʌnd-ˌreɪzɪŋ/ n. — גִּיּוּס כְּסָפִים (לִצְדָקָה וְכַד')

funeral /ˈfju:nərəl/ n. — לְוָיָה, הַלְוָיָה
funeral parlor (or **home**) (*US*) — בֵּית־לְוָיוֹת
□ *that's your funeral! (colloq.)* — זוֹ בְּעָיָה שֶׁלְּךָ!

funereal /fju:ˈnɪərɪəl/ adj. (*formal*) — עָגוּם וְקוֹדֵר

fun-fair /ˈfʌn-feə(r)/ n. — יְרִיד־שַׁעֲשׁוּעִים, לוּנָה־פַּרְק

fungicide /ˈfʌndʒisaid/ n. — (חֹמֶר) קוֹטֵל פִּטְרִיּוֹת

fungoid /ˈfʌŋgɔɪd/ adj. — פִּטְרִיָּתִי

fungus /ˈfʌŋgəs/ (*pl.* **fungi**) n. — פִּטְרִיָּה (גַּם פִּטְרִיָּה בַּקְטֶרְיָלִית)

funicular /fju:ˈnikjʊlə(r)/ n. & adj. — רַכֶּבֶת־כְּבָלִים; שֶׁל רַכֶּבֶל

funk[1] /fʌŋk/ n. — פַּחַד, מוֹרָא
□ *he was in a blue funk* — בִּרְכָּיו פָּקוּ
—v.t. — הִתְחַמֵּק מִ..., הִשְׁתַּמֵּט מִ...
□ *he funked visiting his uncle* — הוּא הִשְׁתַּמֵּט מִבִּקּוּר אֵצֶל דּוֹדוֹ

funk[2] /fʌŋk/ n. — מוּזִיקַת "פַנְק" (סוּג שֶׁל גִ'ז)

funky /ˈfʌŋkɪ/ adj. — (מוּזִיקָה) פְּשׁוּטָה וְקִצְבִּית, "פַנְקִי"; "מַדְלִיק", "מַגְנִיב"

funnel /ˈfʌn(ə)l/ n.
1 (chimney of ship) — אֲרֻבַּת־אֳנִיָּה
2 (conical device for pouring — מַשְׁפֵּךְ
—v.t. & i. — שָׁפַךְ (נוֹזְלִים) דֶּרֶךְ מַשְׁפֵּךְ; נִדְחַק (קָהָל וְכַד', דֶּרֶךְ פֶּתַח צַר)

funnily /ˈfʌnɪlɪ/ adv. — בְּאֹפֶן מוּזָר; בְּאֹפֶן מַצְחִיק
□ *funnily enough, I saw him only yesterday* — לְמַרְבֵּה הַפְּלִיאָה רָאִיתִי אוֹתוֹ אַךְ וְרַק אֶתְמוֹל

funny /ˈfʌnɪ/ adj.
1 (amusing) — מַצְחִיק, מְשַׁעֲשֵׁעַ, מְבַדֵּחַ
the funnies (*colloq.*) — עַמּוּדֵי הַקּוֹמִיקְס בָּעִתּוֹן
2 (strange) — מוּזָר, מְשֻׁנֶּה, מַפְתִּיעַ
□ *is it funny peculiar or funny ha-ha?* — הַאִם זֶה מוּזָר אוֹ מַצְחִיק?
□ *it's a funny business* — זֶה עֵסֶק מְפֻקְפָּק

funny-bone /ˈfʌnɪ-bəʊn/ n. (*colloq.*) — עֶצֶם־הַמַּרְפֵּק

fur /fɜ:(r)/ n.
1 (hair covering animals) — פַּרְוָה
□ *his accusations made the fur fly* — הַאֲשָׁמוֹתָיו גָּרְמוּ לְנִיצוֹצוֹת לְהִתְעוֹפֵף
2 (skin with hair on it; garment made from this) — פַּרְוָה; מְעִיל־פַּרְוָה
3 (coating on tongue) — שִׁכְבָה אֲפַרְפֶּרֶת עַל לָשׁוֹן חוֹלָה
4 (coating in pipes etc.) — אַבְנִית, אֶבֶן־דְּוָדִים
—v.t. & i. — גָּרַם לְמִשְׁקָע אַבְנִית (בְּקוּמְקוּם וְכַד');
fur up — הִתְכַּסָּה בְּמִשְׁקָע אַבְנִית; (לָשׁוֹן) הִתְכַּסָּה בְּשִׁכְבָה אֲפֹרָה (בְּשֶׁל מַחֲלָה)

furbish /ˈfɜ:bɪʃ/ v.t. (*formal*) — שִׁפֵּץ, חִדֵּשׁ

furious /ˈfjʊərɪəs/ adj. — זוֹעֵף; מִשְׁתּוֹלֵל, סוֹעֵר, אַלִּים
□ *the fun was fast and furious* — (בַּמְּסִבָּה וְכַד') הָיְתָה הִשְׁתּוֹלְלוּת עֲצוּמָה

furl /fɜ:l/ v.t. — קִפֵּל (דֶּגֶל, מִפְרָשׂ, מִטְרִיָּה)

furlong /ˈfɜ:lɒŋ/ n. — שְׁמִינִית הַמִּיל (201.7 מֶטֶר)

furlough /ˈfɜ:ləʊ/ n. — חֻפְשָׁה (בַּצָּבָא, בַּשֵּׁרוּת הַצִּבּוּרִי, הַדִּיפְּלוֹמָטִי וְכַד')

furnace /ˈfɜ:nɪs/ n. — כִּבְשָׁן, כּוּר; (בְּאַרְהַ"ב) תַּנּוּר הַסָּקָה (בֵּיתִי)

furnish /ˈfɜ:nɪʃ/ v.t.
1 (fit up with furniture — רִהֵט
2 (provide, *formal*) — סִפֵּק, צִיֵּד, הִמְצִיא

furnishings /ˈfɜ:nɪʃɪŋz/ n. *pl.* — רָהִיטִים, אַבְזְרֵי־בַּיִת
furnishings and fittings — אַבְזְרֵי־בַּיִת (שָׁטִיחַ, וִילוֹנוֹת וְכַד')

furniture /ˈfɜ:nɪtʃə(r)/ n. — רָהִיטִים, רִהוּט
furniture removers — חֶבְרָה לְהַעֲבָרַת־רָהִיטִים

furor(e) /fjʊˈrɔ:(rɪ)/ n. — סַעֲרַת־מְחָאוֹת, סַעֲרַת־רוּחוֹת

furrier /ˈfʌrɪə(r)/ n. — פַּרְוָן

furrow /ˈfʌrəʊ/ n. — תֶּלֶם (בָּאֲדָמָה); קֶמֶט עָמֹק (בַּמֵּצַח וְכַד')
—v.t. — קִמֵּט; חָרַץ חָרִיץ בְּ...
a furrowed brow — מֵצַח חָרוּשׁ קְמָטִים

furry /ˈfɜ:rɪ/ adj. — רַךְ וּפַרְוָתִי, שֶׁל פַּרְוָה, מְכֻסֶּה פַּרְוָה

further /ˈfɜ:ðə(r)/ adj. & adv.
1 (farther) — רָחוֹק יוֹתֵר; הָלְאָה
2 (in addition) — נוֹסָף; בְּנוֹסָף
until further notice — עַד לְהוֹדָעָה חֲדָשָׁה
without further ado — לְלֹא גִּנּוּנִים מְיֻתָּרִים; לְלֹא שְׁהִיּוֹת מְיֻתָּרוֹת
further education — חִנּוּךְ מַשְׁלִים, לִמּוּדֵי הֶמְשֵׁךְ (בְּמִסְגֶּרֶת שֶׁאֵינָהּ אוּנִיבֶרְסִיטָה)
□ *further to your letter of the 14th* (*formal*) — בְּהֶמְשֵׁךְ לְמִכְתָּבְךָ מִן הַ־14 לַחֹדֶשׁ
—v.t. (*formal*) — קִדֵּם, טִפֵּחַ

furtherance /ˈfɜ:ðərəns/ n. (*formal*) — קִדּוּם, טִפּוּחַ

furthermore /ˌfɜ:ðəˈmɔ:(r)/ adv. (*formal*) — בְּנוֹסָף, יָתֵר עַל כֵּן, נוֹסָף עַל כָּךְ

furthermost /ˈfɜ:ðəməʊst/ adj. (*poet.*) — הָרָחוֹק בְּיוֹתֵר

furthest /ˈfɜ:ðɪst/ adj. & adv. — הָרָחוֹק בְּיוֹתֵר; הָרַב בְּיוֹתֵר

furtive /ˈfɜ:tɪv/ adj. — בַּחֲשַׁאי, בַּסֵּתֶר, מִתְגַּנֵּב; (מַבָּט) חָטוּף

fury /ˈfjʊərɪ/ n. — זַעַם, כַּעַס, רֹגֶז, חֵמָה
the Furies — הַפוּרִיּוֹת, אֵלוֹת־הַנְּקָמָה (בַּמִּיתוֹלוֹגְיָה הַיְּוָנִית)
□ *she is a little fury* (*colloq.*) — הִיא מְכַשֵּׁפָה קְטַנָּה

□ *he works like fury* (*colloq.*) הוּא עוֹבֵד כְּמוֹ שֵׁד

furze /fɜːz/ n. רֹתֶם (שִׂיחַ בַּר קוֹצָנִי)

fuse[1] /fjuːz/ n. מַרְעוֹם; נַפָּץ

fuse[2] /fjuːz/ v.t. & i.

1 (melt, merge) הִתְמַזֵּג בְּהִתּוּךְ (עִם); הִשְׁתַּלֵּב, הִתְמַזֵּג

2 (*Electr.*) עָשָׂה קֶצֶר, גָּרַם לְקֶצֶר; (נָתִיךְ) נִשְׂרַף

—n. ״פְּקָק״, נָתִיךְ, ״פְּיוּז״

fuse wire חוּט־בַּרְזֶל לִפְקָקִים, תַּיִל לְנָתִיךְ

□ *the light fuse has blown* הַפְּקָק שֶׁל הָאוֹרוֹת נִשְׂרַף, הַפְּיוּז שֶׁל הַמְּנוֹרָה נִשְׂרַף

fuselage /ˈfjuːzəlɑːʒ/ n. גּוּף־הַמָּטוֹס

fusilier /ˌfjuːzɪˈlɪə(r)/ n. (*Hist.*) רוֹבַאי, קַלָּע

fusillade /ˌfjuːzɪˈleɪd/ n. מַטָּח (יְרִיּוֹת, בִּקֹּרֶת וְכַד׳)

fusion /ˈfjuːʒ(ə)n/ n. מִזּוּג בְּהַתָּכָה, הִתּוּךְ; (בְּהַשְׁאָלָה) הִתְמַזְּגוּת

nuclear fusion הִתּוּךְ גַּרְעִינִי

fuss /fʌs/ n. מְהוּמָה, ״רַעַשׁ״, פְּנִיקָה

□ *he made a fuss about such a trifling amount!* הוּא עָשָׂה הַרְבֵּה רַעַשׁ בִּגְלַל סְכוּם פָּעוּט כָּזֶה!

□ *he made a fuss of her* הוּא פִּנֵּק אוֹתָהּ

—v.t. & i. גָּרַם עַצְבָּנוּת לְ...; עָשָׂה הַרְבֵּה ״רַעַשׁ״, הֵקִים ״רַעַשׁ״

□ *don't fuss over the children so much!* תַּפְסִיק לְרַקֵּד סְבִיב הַיְלָדִים כָּל הַזְּמַן!

□ *don't fuss me!* אַל תְּנַדְנֵד לִי! תַּפְסִיק לְהָצִיק לִי!

fuss-pot /ˈfʌs-pɒt/ n. (*colloq. derog.*) אִיסְטְנִיס, נַדְנְדָן, בַּרְרָן

fussy /ˈfʌsɪ/ adj. קַפְּדָן; מְדַקְדֵּק בְּקְטַנּוֹת, אִיסְטְנִיס; מְצֻעְצָע, צַעֲקָנִי

fustian /ˈfʌstɪən/ n. אֲרִיג כֻּתְנָה גַּס; בֶּגֶד מֵאֲרִיג כַּנַּ״ל

fusty /ˈfʌstɪ/ adj. (*derog.*) (חֶדֶר וְכַד׳) לֹא מְאֻוְרָר, מַחֲנִיק, מְעֻפָּשׁ; (דֵּעָה, אָדָם) מְיֻשָּׁן

futile /ˈfjuːtaɪl/ adj. חֲסַר־תּוֹעֶלֶת, סְרָק, שָׁוְא, (וִכּוּחַ) עָקָר

futility /fjuːˈtɪlɪtɪ/ n. חֹסֶר־תּוֹעֶלֶת, חֹסֶר־טַעַם, חֹסֶר תַּכְלִית, עֲקָרוּת

futon /ˈfuːtɒn/ n. פוּטוֹן (מִזְרָן יַפָּנִי עַל בָּסִיס)

future /ˈfjuːtʃə(r)/ n. & adj. עָתִיד עֲתִידִי, בֶּעָתִיד, הַבָּא;

futures סְחוֹרוֹת עֲתִידִיּוֹת (בַּבּוּרְסָה וְכַד׳)

future life הָעוֹלָם הַבָּא

the future (tense) (*Gram.*) (זְמַן) עָתִיד

□ *have you provided for the future?* הַאִם דָּאַגְתָּ לְמָחָר?

□ *in future please give notice of your intentions* לְהַבָּא אָנָּא הוֹדַע עַל כַּוָּנוֹתֶיךָ

futurism /ˈfjuːtʃərɪzəm/ n. פוּטוּרִיזְם (זֶרֶם בָּאָמָּנוּת הַמּוֹדֶרְנִית)

futuristic /ˌfjuːtʃəˈrɪstɪk/ adj. עֲתִידָנִי; פוּטוּרִיסְטִי

fuzz[1] /fʌz/ n.

1 (fluff, *colloq.*) שֵׂעָר מְסֻלְסָל; מוֹךְ, פְּלוּמָה

2 (police, *sl.*) מִשְׁטָרָה

fuzziness /ˈfʌzɪnɪs/ n. (*colloq.*) רַכּוּת צַמְרִירִית; טִשְׁטוּשׁ

fuzzy /ˈfʌzɪ/ adj. (*colloq.*) (שֵׂעָר) פְּלוּמָתִי; מְטֻשְׁטָשׁ

FYI abbrev. (*US*) לִידִיעָתְךָ (בְּרֹאשׁ מִכְתָּב)

G g

G, g /dʒiː/ n.
1 (letter) "גְ'י" (הָאוֹת הַשְּׁבִיעִית בָּאָלֶפְבֵּית הָאַנְגְּלִי)
2 (symbol for acceleration) "גְ'י" (1 "גְ'י" שָׁוֶה לְכֹחַ הַמְּשִׁיכָה שֶׁל הָאָרֶץ עַל גּוּף נָיֵחַ)
3 (*Mus.*) סוֹל (הַצְּלִיל הַחֲמִישִׁי בְּמוּזִיקָה)

gab /gæb/ n. (*colloq.*) פִּטְפּוּט, קִשְׁקוּשׁ
the gift of the gab כֹּשֶׁר דִּבּוּר פְּנוֹמֵנָלִי

gabardine /gæbədiːn/ n. (אָרִיג) גַּבַּרְדִּין

gabble /ˈgæb(ə)l/ v.t. & i. & n. פָּלַט (מִלִּים) בִּמְהִירוּת; בִּרְבֵּר בְּקֶצֶב מָהִיר, דִּבֵּר בְּ"שׁוֹטֶפֶת"; בִּרְבּוּר מָהִיר

gabby /ˈgæbɪ/ adj. (*colloq.*) בַּרְבְּרָן

gaberdine /gæbədiːn/ n. (אָרִיג) גַּבַּרְדִּין

gable /ˈgeɪb(ə)l/ n. גַּמְלוֹן (חֵלֶק עֶלְיוֹן מְשֻׁלָּשׁ שֶׁל קִיר הַנּוֹשֵׂא אֶת הַגַּג)

gad /gæd/ v.i.
gad about (*colloq.*) שׁוֹטֵט לַהֲנָאָתוֹ, "הִתְפַּרְפֵּר"

gadabout /ˈgædəbaʊt/ n. & adj. (*colloq.*, usu. *derog.*) מְשׁוֹטֵט; מִתְהַלֵּךְ לַהֲנָאָתוֹ, "מִתְפַּרְפֵּר"

gadfly /ˈgædflaɪ/ n. זְבוּב־הַבָּקָר

gadget /ˈgædʒɪt/ n. (*colloq.*) "פַּטֶנְט", מַכְשִׁיר, אֲבִזָר

gadgetry /ˈgædʒɪtrɪ/ n. (*colloq.*) "פַּטֶנְטִים" (אֹסֶף שֶׁל אֲבִזָרִים כַּנַּ"ל)

Gael /geɪl/ n. גָּלִי/סְקוֹטִי/אִירִי

Gaelic /ˈgeɪlɪk/ n. & adj. הַשָּׂפָה הַגָּלִית; גָּלִי

gaff[1] /gæf/ n. אַנְקָל (לִמְשִׁיכַת דָּג שֶׁנִּצּוֹד לְסִירָה)

gaff[2] /gæf/ n.
blow the gaff (*arch. UK sl.*) "פָּתַח אֶת הַפֶּה" (גִּלָּה סוֹד בְּלִי כַּוָּנָה)

gaffe /gæf/ n. דִּבּוּר/מַעֲשֶׂה שֶׁאֵינוֹ בִּמְקוֹמוֹ (הַגּוֹרֵם מְבוּכָה)

gaffer /ˈgæfə(r)/ n.
1 (foreman, boss) מְנַהֵל־עֲבוֹדָה, בּוֹס
2 (old man, *colloq.*) תֶּרַח זָקֵן

gag /gæg/ n.
1 (pad to block mouth) מַחְסוֹם לַפֶּה
2 (joke, *colloq.*) בְּדִיחָה (שֶׁל בַּדְרָן עַל בָּמָה)
—v.t. סָתַם (לִפְלוֹנִי) אֶת הַפֶּה בְּמַחְסוֹם
—v.i. נֶחֱנַק, הִשְׁתַּנֵּק

gaga /ˈgɑːgɑː/ adj. (*sl. derog.*) "קוּקוּ" (מְשֻׁגָּע), "מְטֹרָף" (אָדָם וְכַד')

gage[1] /geɪdʒ/ n. (*US*) מַד, שְׁעוֹן־מְדִידָה; רֹחַב מְסִלַּת רַכֶּבֶת

gage[2] /geɪdʒ/ n. שְׁזִיף יָרֹק

gaggle /ˈgæg(ə)l/ n. לַהַק־אַוָּזִים; "אַוָּזָה", "קְצַ'קְיָה" (קְבוּצַת אֲנָשִׁים רַעֲשָׁנִית)

gaiety /ˈgeɪətɪ/ n. בְּעַלִּיזוּת, עֲלִיצוּת, חֶדְוָה

gaily /ˈgeɪlɪ/ adv. בְּעַלִּיזוּת, בְּחֶדְוָה
□ *how can you gaily throw away the opportunity of a lifetime?* אֵיךְ אַתָּה יָכוֹל לִדְחוֹת בְּקַלּוּת רֹאשׁ כָּזֹאת אֶת הַהִזְדַּמְּנוּת שֶׁל חַיֶּיךָ?

gain /geɪn/ n.
1 (profit) רֶוַח
capital gain רִוְחֵי־הוֹן
ill-gotten gains רְוָחִים לֹא־כְּשֵׁרִים
2 (increase, improvement) תּוֹסֶפֶת (כַּמּוּת, כֹּחַ), הַגְבָּרָה, שִׁפּוּר
—v.t.
1 (win, earn, obtain, increase) הִשִּׂיג, הִשְׂתַּכֵּר, הִרְוִיחַ; הִגְבִּיר, הוֹסִיף
□ *as he gained confidence, his work improved* כְּכָל שֶׁגָּבַר בִּטְחוֹנוֹ הִשְׁתַּפְּרָה עֲבוֹדָתוֹ
□ *their ideas gradually gained ground* לְאַט לְאַט כָּבְשָׁה לָהּ הַשְׁקָפָתָם מָקוֹם
□ *he gained the upper hand* יָדוֹ הָיְתָה עַל הָעֶלְיוֹנָה
□ *I've been gaining weight* בַּזְּמַן הָאַחֲרוֹן עָלִיתִי בְּמִשְׁקָל
2 (reach, attain) הִשִּׂיג, הִגִּיעַ
—v.i.
1 (profit) הִרְוִיחַ
□ *he stands to gain either way* הוּא יַרְוִיחַ בְּכָל מִקְרֶה
2 (advance) הִתְקַדֵּם
□ *the wolves are gaining on us* הַזְּאֵבִים מַשִּׂיגִים אוֹתָנוּ
□ *my watch is gaining* הַשָּׁעוֹן שֶׁלִּי מְמַהֵר

gainful /ˈgeɪnf(ə)l/ adj. (*formal*) בְּתַשְׁלוּם; מַכְנִיס
gainful employment תַּעֲסוּקָה בְּתַשְׁלוּם

gainsay /geɪnˈseɪ/ (past & past ppl. **gainsaid** /geɪnˈsed/) v.t. (*formal*) הִכְחִישׁ, שָׁלַל אֶת אֲמִתּוּת הַדָּבָר, הֵזֵם

gait /geɪt/ n. (*formal*) אֹפֶן־הֲלִיכָה, פְּסִיעָה

gaiter /ˈgeɪtə(r)/ n. (*Hist.*) (אֶחָד מִשְּׁנֵי) מוֹקַיִם

gal /gæl/ n. בַּחוּרָה (בִּטּוּי מְיֻשָּׁן בְּמִקְצָת)

gala /ˈgɑːlə/ n. (often attrib.) גָּלָה, פְּתִיחָה חֲגִיגִית (שֶׁל הַצָּגָה וְכַד')

galactic /gəˈlæktɪk/ adj. גָּלַקְטִי, שֶׁל גָּלַקְסְיָה

galantine /ˈgæləntiːn/ n. בָּשָׂר (חֲזִיר) לָבָן בְּמִקְפָּא

galaxy /ˈɡæləksɪ/ n. גָּלַקְסְיָה
the Galaxy הַגָּלַקְסְיָה (שֶׁבָּהּ כַּדּוּר־הָאָרֶץ), שְׁבִיל הֶחָלָב
□ *he assembled a galaxy of talent for the concert* הוּא אָסַף חֲבוּרָה מְפֹאֶרֶת שֶׁל בַּעֲלֵי־כִּשְׁרוֹנוֹת לִקְרַאת הַקּוֹנְצֶרְט

gale /ɡeɪl/ n. סוּפָה, סְעָרָה
□ *it's blowing a gale* סוּפָה מִשְׁתּוֹלֶלֶת
□ *we heard gales of laughter from the room next door* שָׁמַעְנוּ סַעֲרַת־צְחוֹק מִן הַחֶדֶר הַסָּמוּךְ

gall[1] /ɡɔːl/ n.
1 (bile) מָרָה
gall bladder כִּיס־הַמָּרָה
2 (impudence, *colloq.*) חֻצְפָּה
□ *he had the gall to complain* הָיְתָה לוֹ הַחֻצְפָּה לְהִתְלוֹנֵן

gall[2] /ɡɔːl/ n. פֶּצַע־חִכּוּךְ (עַל עוֹר בְּהֵמָה)
—v.t. הִשְׁפִּיל, עִקְצֵץ; "אָכַל"
□ *his behaviour galls me* הַהִתְנַהֲגוּת שֶׁלּוֹ אוֹכֶלֶת אוֹתִי

gall[3] /ɡɔːl/ n. עָפָץ (גִּדּוּל שֶׁל רִקְמוֹת הַצֶּמַח)

gallant /ˈɡælənt/ adj. (*formal*)
1 (brave) אַמִּיץ
□ *it was a gallant attempt* זֶה הָיָה נִסָּיוֹן אַמִּיץ
2 /also ɡəˈlænt/ (chivalrous) אַבִּירִי, בַּעַל נִימוּסִים (בְּעִקָּר כְּלַפֵּי נָשִׁים)
—n. אַבִּיר (כְּלַפֵּי־נָשִׁים), גֶּבֶר נְעִים־הֲלִיכוֹת

gallantry /ˈɡæləntrɪ/ n. (*formal*) גְּבוּרָה, אֹמֶץ; נִימוּסִים אַבִּירִיִּים (בְּיִחוּד אֶל נָשִׁים)

galleon /ˈɡælɪən/ n. (*Hist.*) סְפִינַת מִפְרָשִׂים סְפָרַדִּית בַּמֵּאָה הַ־15 עַד הַ־17

gallery /ˈɡælərɪ/ n.
1 (building for exhibiting works of art) גָּלֶרְיָה (לָאֳמָנוּת וְכַד')
2 (balcony in public hall or theatre) יָצִיעַ (בְּתֵיאַטְרוֹן)
play to the gallery (*derog.*) הִסְתַּגֵּל לְטַעַם הֶהָמוֹן, הִתְאִים אֶת עַצְמוֹ לְטַעַם הַקָּהָל
3 (long narrow passage or room) אוּלָם אָרֹךְ וְצַר
shooting-gallery מִטְוָח (בְּאוּלָם) סָגוּר (הַמָּקוֹם, לֹא הַפְּעִילוּת)

galley /ˈɡælɪ/ n.
1 (oared ship, *Hist.*) סְפִינַת מְשׁוֹטִים/מִפְרָשִׂים גְּדוֹלָה (שֶׁלָּרֹב חוֹתְרִים בָּהּ עֲבָדִים)
2 (ship's kitchen) מִטְבַּח־אֳנִיָּה
3 (galley proof) יְרִיעַת הַגָּהָה (לִפְנֵי עִמּוּד)

galley proof /ˈɡælɪ pruːf/ n. יְרִיעַת־הַגָּהָה (לִפְנֵי עִמּוּד)

galley-slave /ˈɡælɪ-sleɪv/ n. עֶבֶד הַחוֹתֵר בִּסְפִינַת־מְשׁוֹטִים

Gallic /ˈɡælɪk/ adj.
1 (of the Gauls) גָּלִי (בֶּן הַשֵּׁבֶט הַגֶּרְמָנִי שֶׁיָּשַׁב לְפָנִים בְּצָרְפַת)
2 (typically French) צָרְפָתִי טִיפּוּסִי

Gallicism /ˈɡælɪsɪz(ə)m/ n. מַטְבֵּעַ־לָשׁוֹן צָרְפָתִי (בְּשָׂפָה שֶׁאֵינָהּ צָרְפָתִית)

gallivant /ˌɡælɪˈvænt/ v.i. (*colloq.*) חִפֵּשׂ תַּעֲנוּגוֹת, חִפֵּשׂ בִּדּוּר

Gallo- /ˈɡæləʊ-/ pref. (תְּחִלִּית שֶׁפֵּרוּשָׁהּ) גָּלִי, צָרְפָתִי

gallon /ˈɡælən/ n.
1 (*UK*) גָּלוֹן (בְּאַנְגְּלִיָּה 4,54 לִיטְרִים)
2 (*US*) גָּלוֹן (בְּאַרְהַ"ב 3,78 לִיטְרִים)

gallop /ˈɡæləp/ v.t. & i. הִדְהִיר (סוּס) בְּ"גָלוֹפּ"; דָּהַר בְּ"גָלוֹפּ", דָּהַר בִּמְהִירוּת
galloping consumption שַׁחֶפֶת מַחֲרִיפָה, שַׁחֶפֶת דּוֹהֶרֶת
—n. "גָּלוֹפּ", דְּהָרָה מְהִירָה (שֶׁבָּהּ אַרְבַּעַת רַגְלֵי הַסּוּס מִתְרוֹמְמוֹת בָּאֲוִיר בְּבַת אַחַת)

gallows /ˈɡæləʊz/ n. *pl.* (usu. treated as *sing.*) גַּרְדּוֹם, עַמּוּד תְּלִיָּה
gallows humour (*formal*) הוּמוֹר שָׁחוֹר, הוּמוֹר מַקַבְּרִי

gallstone /ˈɡɔːlstəʊn/ n. אֶבֶן־מָרָה

Gallup poll /ˈɡæləp pəʊl/ n. מִשְׁאַל דַּעַת־קָהָל, מִשְׁאַל גָּלוֹפּ

galore /ɡəˈlɔː(r)/ adv. בְּשֶׁפַע, לְמַכְבִּיר

galoshes /ɡəˈlɒʃɪz/ n. *pl.* עַרְדָּלַיִם

galumph /ɡəˈlʌmf/ v.i. (*colloq.*) פִּזֵּז וְכִרְכֵּר בְּצַעֲדוֹ בִּכְבֵדוּת
□ *Nellie the elephant galumphed happily away* נֶלִי הַפִּילָה דִּלְּגָה לָהּ בְּעַלִּיזוּת וְנֶעֶלְמָה

galvanic /ɡælˈvænɪk/ adj. שֶׁל חַשְׁמַל (שֶׁהֻפְעַל עַל מַתֶּכֶת)
□ *the threat of sacking had a galvanic effect on him* (*fig.*) אִיּוּם הַפִּטּוּרִין הִקְפִּיץ אוֹתוֹ מִן הַמָּקוֹם

galvanize /ˈɡælvənaɪz/ v.t.
1 (coat with zinc) צִפָּה בְּאָבָץ, גִּלְוֵן (לוּחַ פַּח לְמָשָׁל)
2 (stimulate by electricity) זִעְזַע ע"י חַשְׁמַל
□ *the threat of war galvanized the nation* (*fig.*) אִיּוּם־הַמִּלְחָמָה חִשְׁמֵל אֶת הָאֻמָּה

gambit /ˈɡæmbɪt/ n. גַּמְבִּיט (הַקְרָבַת כְּלִי בְּשַׁחְמָט לְהַשָּׂגַת־יִתְרוֹן); צַעַד הַפְּתִיחָה
□ *his opening gambit was a direct attack on the Government* צַעַד הַפְּתִיחָה שֶׁלּוֹ הָיָה הַתְקָפָה יְשִׁירָה עַל הַמֶּמְשָׁלָה

gamble /ˈɡæmb(ə)l/ v.t. & i. הִמֵּר (עַל סְכוּם כֶּסֶף); (בְּהַשְׁאָלָה) סִכֵּן; הִמֵּר, עָסַק בְּהִמּוּרִים
□ *he gambled away his money at cards* הוּא הִפְסִיד אֶת כָּל כַּסְפּוֹ בְּמִשְׂחֲקֵי קְלָפִים
□ *your brother might come but I wouldn't gamble on it* יָכוֹל לִהְיוֹת שֶׁאָחִיךָ יָבוֹא, אֲבָל אֲנִי לֹא מוּכָן לְהִתְעָרֵב עַל זֶה
—n. הִמּוּר; סִכּוּן

gambler /ˈɡæmblə(r)/ n. מְהַמֵּר; אָדָם הַלּוֹקֵחַ סִכּוּנִים

gambol /gæmb(ə)l/ v.i. & n. נִתֵּר, דִּלֵּג; נִתּוּר, דִּלּוּג

game[1] /geɪm/ n.

1 (sport; recreation) מִשְׂחָק, שַׁעֲשׁוּעַ

play the game (*colloq.*) שָׁמַר עַל כְּלָלֵי הַמִּשְׂחָק, שִׂחֵק לְפִי הַכְּלָלִים (בְּהַשְׁאָלָה)

the game's up! הַמִּשְׂחָק נִגְמַר! (לֹא תּוּכַל לְהַמְשִׁיךְ בְּתַעֲלוּלִים שֶׁלְּךָ)

war games מִשְׂחֲקֵי-מִלְחָמָה (בְּעִקָּר כְּתַרְגִּיל שֶׁל קְצִינִים)

□ *bingo is a game of chance* בִּינְגוֹ הוּא מִשְׂחַק-מַזָּל

□ *the game isn't worth the candle* יָצָא שְׂכָרוֹ בְּהֶפְסֵדוֹ

□ *we beat him at his own game* שִׁלַּמְנוּ לוֹ בְּמַטְבֵּעַ שֶׁלּוֹ

□ *two can play at that game* (*fig.*) גַּם אֲנִי יוֹדֵעַ אֵיךְ מְשַׂחֲקִים אֶת הַמִּשְׂחָק הַזֶּה (גַּם אֲנִי יָכוֹל לְהִתְנַהֵג כָּךְ)

□ *he's new to the game* (*fig.*) הוּא עוֹד חָדָשׁ בָּעֵסֶק, הוּא עוֹד "יָרֹק"

□ *don't try to play games with me!* אַל תְּנַסֶּה לְשַׂחֵק אִתִּי מִשְׂחָקִים! אַל תְּנַסֶּה לְהִתְחַכֵּם אִתִּי!

2 (skill in playing game) מְיֻמָּנוּת, מֻמְחִיּוּת (בְּמִשְׂחָק)

□ *I'm off my game today* אֲנִי לֹא בְּכֹשֶׁר הַיּוֹם

3 (contest or part of contest) מִשְׂחָק, תַּחֲרוּת

□ *our team had the game in their pocket* הַנִּצָּחוֹן הָיָה מֻנָּח בַּכִּיס שֶׁל הַקְּבוּצָה שֶׁלָּנוּ

□ *I lost three games, but eventually won the set* הִפְסַדְתִּי בִּשְׁלֹשָׁה מִשְׂחָקִים, אֲבָל בַּסּוֹף נִצַּחְתִּי בַּסֶּט (בְּטֶנִיס)

4 (in *pl.*, athletic contests) תַּחֲרוּת, מִשְׂחָק

Olympic games הַמִּשְׂחָקִים הָאוֹלִימְפִּיִּים, אוֹלִימְפִּיאָדָה

5 (scheme) "מִשְׂחָק", תַּכְסִיס, תַּעֲלוּל

give the game away גִּלָּה אֶת הַסּוֹד

□ *so that's your little game!* אָז זֶה מַה שֶּׁאַתָּה מְנַסֶּה לַעֲשׂוֹת! תְּפַסְתִּי אוֹתְךָ!

6 (wild animals hunted for sport) צַיִד, חַיּוֹת-צַיִד

big game חַיּוֹת-הַצַּיִד הַגְּדוֹלוֹת (כְּגוֹן פִּילִים, אֲרָיוֹת, נְמֵרִים); מְשִׂימָה קָשָׁה

fair game שֶׁדָּמוֹ מֻתָּר, מַטָּרָה קַלָּה, טֶרֶף קַל

7 (flesh of hunted animals) בְּשַׂר-צַיִד

□ *he is licensed to sell game as well as poultry* יֵשׁ לוֹ רִשְׁיוֹן לִמְכֹּר בְּשַׂר צַיִד וְגַם עוֹפוֹת

—adj. אַמִּיץ, מוּכָן, נָכוֹן

□ *I'm game for anything* אֲנִי מוּכָן לְכָל מַה שֶּׁתַּצִּיעַ

—v.i. (*formal*) הִמֵּר

game[2] /geɪm/ adj.

a game leg רֶגֶל צוֹלַעַת

gamebird /ˈgeɪmbɜːd/ n. עוֹף-צַיִד

gamekeeper /ˈgeɪmkiːpə(r)/ n. מְפַקֵּחַ שְׁמוּרַת-צַיִד

game-licence /ˈgeɪm-laɪsəns/ n. רִשְׁיוֹן-צַיִד

gamesmanship /ˈgeɪmzmənʃɪp/ n. (*derog.*) נִצּוּל חֻקֵּי מִשְׂחָק לְרָעָה אַךְ לְלֹא בִּצּוּעַ עֲבֵרָה שֶׁל מַמָּשׁ

gamete /ˈgæmiːt/ n. גָּמֶטָה (תָּא-מִין)

gamine /gæˈmiːn/ n. נַעֲרָה שׁוֹבָבִית וּגְבוֹהָה

gamma /ˈgæmə/ n. גַּמָּה (הָאוֹת הַשְּׁלִישִׁית בָּאָלֶפְבֵּית הַיְּוָנִי); צִיּוּן "מַסְפִּיק"

gamma rays קַרְנֵי-גַּמָּה

gammon /ˈgæmən/ n. קָתֶל-חֲזִיר מְעֻשָּׁן

gammy /ˈgæmɪ/ adj. (*colloq.*) צוֹלֵעַ (בְּעִקָּר רֶגֶל צוֹלַעַת)

gamut /ˈgæmət/ n. מִכְלוֹל, תְּחוּם הַהֶקֵּף הַמָּלֵא, סֻלָּם

□ *he ran the whole gamut of crime* לֹא הָיָה פֶּשַׁע שֶׁלֹּא בִּצַּע אוֹתוֹ

gamy /ˈgeɪmɪ/ adj. (בְּשַׂר צַיִד) בַּעַל טַעַם וְנִיחוֹחַ חֲרִיפִים (כֵּיוָן שֶׁנִּתְּנוּ לוֹ לְהִתְאַוְרֵר מִסְפַּר יָמִים)

gander /ˈgændə(r)/ n. אַוָּז מִמִּין זָכָר

□ *what's sauce for the goose is sauce for the gander* (*Prov.*) מַה שֶּׁמֻּתָּר לְךָ מֻתָּר גַּם לִי, אִם זֶה טוֹב בִּשְׁבִילְךָ זֶה טוֹב בִּשְׁבִילִי גַּם כֵּן

gang /gæŋ/ n. כְּנוּפְיָה, חֲבוּרָה, קְבוּצַת-פּוֹעֲלִים

gang-bang (*vulg.*) אֹנֶס קְבוּצָתִי

—v.i. (*colloq.*)

gang up חָבַר נֶגֶד, הִתְקִיף בַּחֲבוּרָה (אֶת פְּלוֹנִי)

□ *they ganged up on him* (or *against him*) הֵם חָבְרוּ נֶגְדּוֹ

ganger /ˈgæŋə(r)/ n. מְנַהֵל צֶוֶת-עוֹבְדִים

gangling /ˈgæŋglɪŋ/ adj. (אָדָם) גָּבוֹהַּ וְגַמְלוֹנִי

ganglion /ˈgæŋglɪən/ n. (*Med.*) (*pl.* **ganglia**) מֶרְכַּז-עֲצַבִּים, גַּנְגְּלִיוֹן

gangplank /ˈgæŋplæŋk/ n. לוּחַ-עֵץ הַמְשַׁמֵּשׁ כְּכֶבֶשׁ-אֳנִיָּה

gangrene /ˈgæŋgriːn/ n. (*Med.*) נֶמֶק, גַּנְגְּרֶנָה (רֶקֶב בְּרִקְמוֹת הַגּוּף)

gangrenous /ˈgæŋgrɪnəs/ adj. (*Med.*) נָגוּעַ בְּנֶמֶק

gangster /ˈgæŋste(r)/ n. גַּנְגְּסְטֶר, אִישׁ כְּנוּפְיַת-פֶּשַׁע, פּוֹשֵׁעַ

gangway /ˈgæŋweɪ/ n.

1 (bridge between ship and shore) כֶּבֶשׁ-אֳנִיָּה (בֵּין הָאֳנִיָּה וְהָרָצִיף)

2 (passage between seats or through crowds) מַעֲבָר (בֵּין שׁוּרוֹת-כִּסְאוֹת בַּתֵּיאַטְרוֹן אוֹ בֵּין שׁוּרוֹת בְּנֵי-אָדָם)

gannet /ˈgænɪt/ n. סוּלָה (עוֹף-יָם גָּדוֹל)

gantry /ˈgæntrɪ/ n. פִּגּוּם-פְּלָדָה (לִתְמִיכָה בְּעָגוּרָן נָע, תַּמְרוּרֵי-מְסִלַּת-בַּרְזֶל וְכַד')

gaol /dʒeɪl/ n. & v.t. (*UK*) בֵּית-סֹהַר; אָסַר, הֵטִיל (אֶת פְּלוֹנִי) לְבֵית-הַכֶּלֶא

gaolbird /ˈdʒeɪlbɜːd/ n. (*UK*) אָסִיר וָתִיק

gaolbreak /ˈdʒeɪlbreɪk/ n. (*UK*) בְּרִיחָה מִבֵּית-הַכֶּלֶא

gaoler /ˈdʒeɪlə(r)/ n. (*UK*) סוֹהֵר

gap /gæp/ n. פַּעַר, פִּרְצָה, סֶדֶק, רֶוַח, הֶבְדֵּל
credibility gap פַּעַר־אֵמוּן (בֵּין מִלָּה לְמַעֲשִׂים וְכַד׳)
generation gap פַּעַר־דּוֹרוֹת
□ *after a short gap a new minister was appointed*
אַחֲרֵי זְמַן קָצָר הִתְמַנָּה שַׂר חָדָשׁ

gape /geɪp/ v.i. הָיָה פָּעוּר לִרְוָחָה; הִבִּיט בְּפֶה פָּעוּר
(מִתַּדְהֵמָה)
□ *the spear left a gaping wound* הַחֲנִית הוֹתִירָה
פֶּצַע פָּעוּר
□ *what are you gaping at?* עַל מָה אַתָּה מִסְתַּכֵּל?

garage /ˈgærɑːʒ, ˈgærɪdʒ/ n. & v.t. מוּסָךְ, גָּרָז׳; הִכְנִיס
(מְכוֹנִית) לַחֲנִיָּה
garage sale שׁוּק פִּשְׁפְּשִׁים מְאֻלְתָּר

garb /gɑːb/ n. & v.t. (*formal*) לְבוּשׁ, תִּלְבֹּשֶׁת, מַדִּים;
הִלְבִּישׁ

garbage /ˈgɑːbɪdʒ/ n. אַשְׁפָּה, זֶבֶל, פְּסֹלֶת (גַּם בְּהַשְׁאָלָה)

garbage-can /ˈgɑːbɪdʒ-ˌkæn/ n. (*US*) פַּח־אַשְׁפָּה

garble /ˈgɑːb(ə)l/ v.t. (דּוּחַ, תֵּאוּר וְכַד׳) מְבַלְבֵּל, מְסַלֵּף,
מְקֻטָּע וּמְעֻוָּת

garden /ˈgɑːd(ə)n/ n. גַּן, גִּנָּה
botanical gardens גַּן בּוֹטָנִי
zoological gardens גַּן־חַיּוֹת, בֵּיבָר
(public) gardens גַּן צִבּוּרִי
garden city עִיר גַּנִּים
garden party מְסִבַּת־גַּן
common or garden (*colloq.*) רָגִיל, שָׁכִיחַ, מִן
הַשּׁוּרָה
□ *at the beginning everything in the garden was*
lovely (*fig.*) בַּהַתְחָלָה הָלַךְ הַכֹּל לְמֵישָׁרִין
□ *he led them up the garden (path)* (*colloq.*) הוּא
הוֹלִיךְ אוֹתָם שׁוֹלָל, הוּא ״עָבַד״ עֲלֵיהֶם
—v.i. עָבַד בַּגִּנָּה, טִפֵּל בַּצְּמָחִים וּבָעֵצִים בַּגַּן

gardener /ˈgɑːdnə(r)/ n. גַּנָּן

gardenia /gɑːˈdiːnɪə/ n. גַּרְדֶּנְיָה (פֶּרַח נוֹי)

gargantuan /gɑːˈgæntjʊən/ adj. (*formal*) עֲנָקִי, עָצוּם
(עַל שֵׁם הָעֲנָק גַּרְגַּנְטוּאָה)

gargle /ˈgɑːg(ə)l/ v.t. & i. & n. גִּרְגֵּר (נוֹזֵל אַנְטִיסֶפְּטִי וְכַד׳);
גִּרְגּוּר (שֶׁל נוֹזֵל בַּפֶּה); נוֹזֵל לְגִרְגּוּר

gargoyle /ˈgɑːgɔɪl/ n. מִפְלֶצֶת אֶבֶן מְפֻסֶּלֶת לְעִטּוּר (עַל
קִיר בִּנְיָן)

garish /ˈgeərɪʃ/ adj. צַעֲקָנִי (לְבוּשׁ, צֶבַע וְכַד׳)

garland /ˈgɑːlənd/ n. & v.t. זֵר פְּרָחִים, עֲטָרָה (כִּפְרָס עַל
נִצָּחוֹן וְכַד׳); הִכְתִּיר בְּזֵר, שָׂם זֵר עַל רֹאשׁוֹ שֶׁל

garlic /ˈgɑːlɪk/ n. שׁוּם

garment /ˈgɑːmənt/ n. (*formal*) מַלְבּוּשׁ, בֶּגֶד

garner /ˈgɑːnə(r)/ v.t. (*poet.*) אִחְסֵן, אָסַף, צָבַר

garnet /ˈgɑːnɪt/ n. אֶבֶן חֲצִי־יְקָרָה שֶׁצִּבְעָהּ אָדֹם כֵּהֶה,
אֶבֶן נֹפֶךְ

garnish /ˈgɑːnɪʃ/ v.t. & n. עִטֵּר (מַאֲכָל); עִטּוּר (לְמָזוֹן,
לְמָשָׁל פֶּטְרוֹזִילְיָה)

garotte /gəˈrɒt/ v.t. & n. (also **gerrotte**) חָנַק (עַל־יְדֵי
הִדּוּק כֶּבֶל מַתֶּכֶת דַּק סְבִיב הַצַּוָּאר); כֶּבֶל־חֲנִיקָה (כַּנַּ״ל)

garret /ˈgærɪt/ n. (*poet.*) עֲלִיַּת גַּג, חֶדֶר קָטָן

garrison /ˈgærɪs(ə)n/ n. חֵיל־מַצָּב; מַחֲנֶה צְבָאִי לְחֵיל־
מַצָּב
garrison town עִיר שֶׁבָּהּ חוֹנֶה חֵיל־מַצָּב קָבוּעַ
—v.t. הִצִּיב חֵיל־מַצָּב בְּ...

garrulity /gəˈruːlɪtɪ/ n. (*formal*) רִבּוּי לַהַג, פַּטְפְּטָנוּת,
דַּבְּרָנוּת

garrulous /ˈgærələs/ adj. (*formal*) מַרְבֶּה לַהַג
פַּטְפְּטָן, דַּבְּרָן

garter /ˈgɑːtə(r)/ n. בִּירִית
knight of (the Order of) the Garter אַבִּיר
מִסְדַּר־הַבִּירִית

gas /gæs/ n.
1 (airlike substance) גָּז
2 (as domestic fuel) גָּז
gas cooker (or **stove**) תַּנּוּר גָּז (לְבִשּׁוּל)
gas fire תַּנּוּר חִמּוּם עַל גָּז
gas main צִנּוֹר גָּז מֶרְכָּזִי (בְּמַעֲרֶכֶת אַסְפָּקַת גָּז
צִבּוּרִית)
3 (as anaesthetic) גָּז הַרְדָּמָה
laughing gas גָּז צְחוֹק, גָּז הַרְדָּמָה
4 (poisonous gas) גָּז רָעִיל
gas chamber תָּא־גָּזִים (לְהוֹצָאָה לַהוֹרֵג)
gas mask מַסֵּכַת גָּז
5 (gasoline, *US colloq.*) דֶּלֶק, בֶּנְזִין
gas station תַּחֲנַת דֶּלֶק
□ *step on the gas!* תֵּן גָּז! בּוֹא נָעוּף מִפֹּה! (נֶאֱמָר עַל
יְדֵי יוֹשְׁבֵי מְכוֹנִית בִּלְבַד)
6 (empty talk, *colloq. derog.*) מִלִּים רֵיקוֹת, ״בִּרְבּוּרִים״
gas-bag נֹאד נָפוּחַ, פַּטְפְּטָן
7 (indigestion, *US*) גָּזִים (פְּלִטַת גָּזִים מִן הַמֵּעַיִם)
8 (amusing thing, *colloq.*) ״בִּדּוּר״, ״פִּצּוּץ״
□ *the party was a real gas* הַמְּסִבָּה הָיְתָה פִּצּוּץ
—v.t. הוֹצִיא לַהוֹרֵג בְּתָא־גָּזִים
—v.i. (*colloq.*) ״בִּרְבֵּר״, פִּטְפֵּט

gaseous /ˈgæsɪəs/ adj. גָּזִי, שֶׁל גָּז, בְּמַצָּב צְבִירָה גָּזִי

gas-fitter /ˈgæs-fɪtə(r)/ n. מַתְקִין גָּז בְּבִנְיָנִים

gas-fittings /ˈgæs-fɪtɪŋz/ n. *pl.* אַבְזָרֵי־גָּז (תַּנּוּרִים, צַנֶּרֶת
וְכַד׳)

gash /gæʃ/ n. & v.t. חֲתַךְ עָמֹק (בְּבָשָׂר); חָתַךְ (אֶת הָעוֹר),
פָּצַע

gasholder /ˈgæshəʊldə(r)/ n. מְכַל גָּז אֲזוֹרִי מֶרְכָּזִי
(בְּגֹדֶל בִּנְיָן)

gasification /ˌgæsɪfɪˈkeɪʃ(ə)n/ n. (*formal*) הֲפִיכָה לְגָז

gasify /ˈgæsɪfaɪ/ v.t. הָפַךְ לְגָז

gasket /ˈgæskɪt/ n. ״פְּקוּנְג״, אֶטֶם (לִמְנִיעַת בְּרִיחָה שֶׁל
גָּזִים/נוֹזְלִים בֵּין שְׁנֵי חֲלָקִים)
blow a gasket פּוֹצֵץ רֹאשׁ (שֶׁל מְנוֹעַ מְכוֹנִית);
(בְּהַשְׁאָלָה) יָצָא מִן הַכֵּלִים

gaslight /ˈgæslaɪt/ n. מְאוֹר־גָּז

gasman /ˈgæsmæn/ n. טֶכְנַאי גָּז, "הָאִישׁ מֵהַגָּז"

gasoline /ˈgæsəliːn/ n. (*US*) בֶּנְזִין, דֶּלֶק (לִמְכוֹנִיּוֹת)

gasometer /gæˈsɒmɪtə(r)/ n. מְכַל גָּז אֲזוֹרִי מֶרְכָּזִי (בְּגֹדֶל בִּנְיָן)

gas-oven /ˈgæs-ʌv(ə)n/ n.

1 (oven heated by gas) תַּנּוּר־אֲפִיָּה עַל גָּז

2 (gas chamber) תָּא־גַּזִּים, תַּנּוּר־הַשְׁמָדָה (בְּמַחֲנֵה הַשְׁמָדָה)

gasp /gɑːsp/ v.i. & t. נָשַׁם/נָשַׁף בְּמַאֲמָץ; נֶעֶתְקָה נִשְׁמָתוֹ (מֵרֹב תַּדְהֵמָה); אָמַר בְּהִתְנַשְּׁפוּת וּבְמַאֲמָץ

□ *he gasped with horror* נִשְׁמָתוֹ נֶעֶתְקָה מֵרֹב תַּדְהֵמָה וְזַעֲזוּעַ

—n. קוֹל תַּדְהֵמָה חָנוּק

at the last gasp (*fig.*) בָּרֶגַע הָאַחֲרוֹן

□ *he was at his last gasp* הוּא הָיָה עַל סַף הַמָּוֶת

gassy /ˈgæsɪ/ adj. (מַשְׁקֶה) תּוֹסֵס מִדַּי

gastric /ˈgæstrɪk/ adj. שֶׁל הַקֵּבָה, קֵבָתִי

gastric flu שַׁפַּעַת מְלֻוָּה בַּהֲקָאוֹת

gastric juices מִיצֵי־הַקֵּבָה

gastric ulcer כִּיב־קֵבָה, אוּלְקוּס

gastritis /gæˈstraɪtɪs/ n. (*Med.*) דַּלֶּקֶת־הַקֵּבָה

gastro-enteritis /ˌgæstrəʊ-ˌentəˈraɪtɪs/ n. (*Med.*) שִׁלְשׁוּל חָמוּר, דַּלֶּקֶת הַקֵּבָה וְהַמְּעַיִם

gastronome /ˈgæstrənəʊm/ n. (also **gastronomist** *US*) גַּסְטְרוֹנוֹם

gastronomic(al) /ˌgæstrəˈnɒmɪk(əl)/ adj. גַּסְטְרוֹנוֹמִי

gastronomy /gæˈstrɒnəmɪ/ n. גַּסְטְרוֹנוֹמְיָה

gasworks /ˈgæswɜːks/ n. *pl.* מִפְעַל גָּז (לְהַפָּקַת גָּז בֵּיתִי מִפֶּחָם)

gate /geɪt/ n.

1 (means of entrance or exit) שַׁעַר, פֶּתַח, דֶּלֶת

2 (number attending show or game; attendance receipts) מִסְפַּר הַצּוֹפִים (בְּהַצָּגָה אוֹ בְּמִשְׂחָק); הַכְנָסָה מִמְּכִירַת־כַּרְטִיסִים

—v.t.

1 (keep in, *UK*) אָסַר אֶת יְצִיאָתוֹ שֶׁל (סְטוּדֶנְט מִן הַקּוֹלֶג׳ וְכַד׳)

□ *he was gated as a punishment* הוּא נֶעֱנַשׁ בְּאִסּוּר לָצֵאת מִתְּחוּם הַקּוֹלֶג׳ בָּעֶרֶב

2 (close by gates) סָגַר בִּדְלָתוֹת/שְׁעָרִים

□ *the road was gated* הַכְּבִישׁ הָיָה נָעוּל בְּשַׁעַר

gateau /ˈgætəʊ/ n. (*pl.* **gateaux, gateaus**) עוּגַת קְרֶם, עוּגַת קַצֶּפֶת

gatecrash /ˈgeɪtkræʃ/ v.t. (*colloq.*) נִכְנַס (לִמְסִבָּה) בְּלִי שֶׁהֻזְמַן

gatecrasher /ˈgeɪtkræʃə(r)/ n. (*colloq.*) אָדָם שֶׁנִּכְנַס לִמְסִבָּה בְּלִי שֶׁהֻזְמַן

gate-house /ˈgeɪt-haʊs/ n. בִּקְתַּת שַׁעַר (בְּפֶתַח שֶׁטַח אֲחֻזָּה וְכַד׳)

gatepost /ˈgeɪt-pəʊst/ n. עַמּוּד־שַׁעַר

□ *between you and me and the gatepost* (*colloq.*) בֵּינֵינוּ לְבֵין עַצְמֵנוּ, בְּסוֹד גָּמוּר, שֶׁיִּשָּׁאֵר בֵּינֵינוּ

gateway /ˈgeɪtweɪ/ n. שַׁעַר, מִסְגֶּרֶת־הַשַּׁעַר

□ *this is a gateway to success* זֶה שַׁעַר לְהַצְלָחָה

gather /ˈgæðə(r)/ v.t.

1 (collect, also v.i.) אָסַף, כִּנֵּס, לִקֵּט, קִבֵּץ; הָלַךְ וְנֶאֱסַף

□ *let me gather my wits* תֵּן לִי רֶגַע לְאַרְגֵּן אֶת הַמַּחְשָׁבוֹת שֶׁלִּי

□ *he gathered his strength for a last heave* הוּא אָזַר אֶת כֹּחוֹתָיו לְמַאֲמָץ הַסּוֹפִי

□ *the birds flew inland as the storm gathered* הַצִּפּוֹרִים פָּנוּ אֶל פְּנִים הָאָרֶץ כַּאֲשֶׁר נִרְאוּ סִימָנֵי סְעָרָה קְרֵבָה

2 (understand) הִסִּיק, הֵבִין, לָמַד

□ *I gather that you are not coming* אֲנִי מֵבִין שֶׁאֵינְךָ בָּא

3 (increase) צָבַר

□ *the invalid gathered strength* כֹּחוֹתָיו שֶׁל הַחוֹלֶה הֶחֱלוּ שָׁבִים אֵלָיו

□ *the train gathered speed* הָרַכֶּבֶת צָבְרָה מְהִירוּת

4 (*Sewing*) כִּוֵּץ, עָשָׂה קְפָלִים

gathering /ˈgæðərɪŋ/ n.

1 (meeting) אֲסֵפָה, כִּנּוּס

2 (*Sewing*) קִפּוּל (בִּתְפִירָה)

gauche /gəʊʃ/ adj. נָבוֹךְ וּמְסֻרְבָּל בַּחֶבְרָה

gaucho /ˈgaʊtʃəʊ/ n. גָּאוּצ׳וֹ (בּוֹקֵר דְּרוֹם אֲמֶרִיקָאִי)

gaudy /ˈgɔːdɪ/ adj. צַעֲקָנִי (לְבוּשׁ, צֶבַע וְכַד׳)

gauge /geɪdʒ/ n.

1 (instrument or tool) שָׁעוֹן, מַד

pressure gauge מַד־לַחַץ

2 (standard measure) מִדַּת רֹחַב (שֶׁל פַּסֵּי רַכֶּבֶת, חוּטֵי־בַּרְזֶל, קְנֵה רוֹבֶה צַיִד וְכַד׳)

3 (criterion, test) אֶמְצָעֵי בְּדִיקָה, מִבְחָן

—v.t. מָדַד בְּמְדֻיָּק; הֶעֱרִיךְ, גִּבֵּשׁ דֵּעָה לְגַבֵּי

□ *he gauged the level of his audience very accurately* הוּא הֶעֱרִיךְ נְכוֹנָה אֶת רָמָתוֹ שֶׁל הַקָּהָל שֶׁלּוֹ

Gaul /gɔːl/ n. גַּלְיָה, צָרְפַת הַקְּדוּמָה

gaunt /gɔːnt/ adj. (אָדָם) רָזֶה, כָּחוּשׁ, צָנוּם; (מָקוֹם) קוֹדֵר, שׁוֹמֵם

gauntlet[1] /ˈgɔːntlɪt/ n. כְּפָפַת מָגֵן

throw down (or **pick up**) **the gauntlet** (*fig.*) הֵטִיל/הֵרִים אֶת הַכְּפָפָה, הִצִּיב אֶתְגָּר/נַעֲנָה לְאֶתְגָּר

gauntlet[2] /ˈgɔːntlət/ n.

run the gauntlet עָמַד בְּאֵשׁ צוֹלֶבֶת

gauze /gɔːz/ n. גָּזָה (לְשִׁמּוּשׁ רְפוּאִי וְכַד׳)

gave /geɪv/ past of **give**

gavel /ˈgæv(ə)l/ n. פַּטִּישׁ שֶׁל יוֹשֵׁב־רֹאשׁ/מְנַהֵל מְכִירָה פֻּמְבִּית

gavotte /gəˈvɒt/ n. גָּבוֹט (מָחוֹל וּמַנְגִּינָה)

gawk /gɔːk/ v.i. נָעַץ מַבָּט מְטֻפָּשׁ, בָּהָה בְּפֶה פָּעוּר

gawky /ˈgɔːkɪ/ adj. בַּעַל אֵבָרִים אֲרֻכִּים דַּקִּים וּמְסֻרְבָּלִים

gawp /gɔːp/ v.i. (*colloq.*) נָעַץ מַבָּט מְטֻפָּשׁ, בָּהָה בְּפֶה פָּעוּר

gay /geɪ/ adj.
1 (light-hearted) עַלִּיז, שָׂמֵחַ מָלֵא־עַלִּיזוּת
2 (homosexual, *colloq.*) הוֹמוֹסֶקְסוּאָלִי, "גֵּי"
3 (brightly coloured) בִּצְבָעִים בְּהִירִים
—n. (*colloq.*) הוֹמוֹסֶקְסוּאָל, "גֵּי"

gaze /geɪz/ v.i. & n. בָּהָה, נָעַץ מַבָּט; מַבָּט בּוֹהֶה

gazebo /gəˈziːbəʊ/ n. בִּיתָן הַמַּשְׁקִיף עַל נוֹף רָחָב

gazelle /gəˈzel/ n. צְבִי, צְבִי הַנֶּגֶב

gazette /gəˈzet/ n. עִלּוֹן רִשְׁמִי, עִתּוֹן רִשְׁמִי

gazetteer /ˌgæzəˈtɪə(r)/ n. רְשִׁימַת שְׁמוֹת גֵּיאוֹגְרָפִיִּים; מִלּוֹן גֵּיאוֹגְרָפִי

gazump /gəˈzʌmp/ v.t. & i. (*colloq.*) מָכַר (בַּיִת) בְּמַפְתִּיעַ לְקוֹנֶה שֶׁהִצִּיעַ מְחִיר גָּבוֹהַּ יוֹתֵר

GB abbrev. בְּרִיטַנְיָה הַגְּדוֹלָה

GCSE abbrev. (*UK*) סוּג בְּחִינוֹת בַּגְרוּת מֻקְדָּמוֹת

GDR abbrev. (*Hist.*) הָרֶפּוּבְּלִיקָה שֶׁל מִזְרַח גֶּרְמַנְיָה (לִפְנֵי הָאִחוּד)

gear /gɪə(r)/ n.
1 (toothed wheel; arrangement or ratio of these) גַּלְגַּל־שִׁנַּיִם, תִּשְׁלֹבֶת גַּלְגַּלֵּי־שִׁנַּיִם, מְמֻסָּרָה, "גִּיר"
in gear בְּהִלּוּךְ
□ *I was in top gear* הָיִיתִי בַּהִלּוּךְ הַגָּבוֹהַּ בְּיוֹתֵר
2 (equipment; apparel, *colloq.*) צִיּוּד; בִּגּוּד
—v.t. הִתְאִים, סִגֵּל
□ *the party is not geared up for an election* (*colloq.*) הַמִּפְלָגָה לֹא עֲרוּכָה לַבְּחִירוֹת
□ *there was no institution geared to the needs of the deaf* אַף מוֹסָד לֹא הָיָה מֻתְאָם לְצָרְכֵי הַחֵרְשִׁים

gearbox /ˈgɪəbɒks/ n. תֵּבַת־הִלּוּכִים, "גִּיר"

gear-lever /ˈgɪə-liːvə(r)/ n. (also **gear-stick**) יְדִית הִלּוּכִים

gecko /ˈgekəʊ/ n. שְׂמָמִית

gee /dʒiː/ int. (*US*) "יָהּ!", "יוּוּ!", "וִילִיוּ!"

gee-gee /ˈdʒiː-dʒiː/ n. "דְּיוֹ־דְּיוֹ" ("סוּס" בִּלְשׁוֹן יְלָדִים)

gee-up /dʒiː-ˈʌp/ int. (*UK*) "דְּיוֹ" (קְרִיאַת־זֵרוּז לְסוּס)

geese /giːs/ *pl.* of **goose** אַוָּזִים

geezer /ˈgiːzə(r)/ n. (*sl.*) תֶּרַח זָקֵן

Geiger counter /ˈgaɪgəˌkaʊntə(r)/ n. מוֹנֶה גַּיְגֶר (לִמְדִידַת קְרִינָה רַדְיוֹאַקְטִיבִית)

geisha /ˈgeɪʃə/ n. גֵּיְשָׁה (מְאָרַחַת יַפָּנִית)

gel /dʒel/ n. & v.i. גֶּ'ל, קָרִישׁ (לֹא לְמַאֲכָל); נִקְרַשׁ
hair gel גֶּ'ל לְשֵׂעָר
□ *my ideas haven't gelled yet* הָרַעְיוֹנוֹת שֶׁלִּי לֹא הִתְגַּבְּשׁוּ עֲדַיִן

gelatin(e) /ˈdʒelətiːn/ n. גֶּ'לָטִין (מִקְפָּא אוֹרְגָנִי הַמְשַׁמֵּשׁ בְּמָזוֹן, בִּרְפוּאָה וּבְצִלּוּם)

gelatinous /dʒəˈlætɪnəs/ adj. (*formal*) דְּמוּי־מִקְפָּא

geld /geld/ v.t. סֵרֵס (בַּעַל חַיִּים)

gelding /ˈgeldɪŋ/ n. סוּס מְסֹרָס; בַּעַל חַיִּים מְסֹרָס

gelignite /ˈdʒelɪgnaɪt/ n. גֶּ'לִיגְנִיט (חֹמֶר־נֶפֶץ)

gem /dʒem/ n. אֶבֶן יְקָרָה (מְלֻטֶּשֶׁת)
□ *that was a real gem!* זוֹ הָיְתָה מַמָּשׁ פְּנִינָה! (זֶה הָיָה בִּטּוּי מֻצְלָח)

Gemini /ˈdʒemɪnaɪ, ˈdʒemɪˌniː/ n. מַזַּל־תְּאוֹמִים; בֶּן מַזַּל־תְּאוֹמִים

gemstone /ˈdʒemstəʊn/ n. אֶבֶן יְקָרָה (מְלֻטֶּשֶׁת)

gen /dʒen/ (*colloq.*)
—n. יְדִיעוֹת
□ *our intelligence got the gen on the invasion plan* הַבִּיּוּן שֶׁלָּנוּ הִשִּׂיג אֶת הַחֹמֶר הַמָּלֵא עַל תָּכְנִית הַפְּלִישָׁה
—v.t. & i.
gen up עִדְכֵּן; הִתְעַדְכֵּן
□ *I genned up on economics for the interview* עָשִׂיתִי עִדְכּוּן מָהִיר בְּכַלְכָּלָה לִקְרַאת הָרֵאָיוֹן
□ *can you gen me up on progress so far?* תְּסַפֵּר לִי בְּכַמָּה מִלִּים אֵיךְ אַתֶּם מִתְקַדְּמִים

gendarme /ˈʒɒndɑːm/ n. זַ'נְדָּרְם (שׁוֹטֵר צָרְפָתִי)

gender /ˈdʒendə(r)/ n. מִין (בִּיּוֹלוֹגִי – זָכָר, נְקֵבָה); מִין (דִּקְדּוּקִי – זָכָר, נְקֵבָה, סְתָמִי)

gene /dʒiːn/ n. (*Biol.*) גֵּן

genealogical /ˌdʒiːnɪəˈlɒdʒɪk(ə)l/ adj. (*formal*) גֵּנֵאָלוֹגִי, שֶׁל הִשְׁתַּלְשְׁלוּת יוּחֲסִין
genealogical tree אִילַן־יוּחֲסִין, שַׁלְשֶׁלֶת־יוּחֲסִין

genealogy /ˌdʒiːnɪˈælədʒɪ/ n. גֵּנֵאָלוֹגְיָה, תּוֹרַת־הַיּוּחֲסִין

genera /ˈdʒenərə/ *pl. of* **genus**

general /ˈdʒen(ə)rəl/ adj. כְּלָלִי, כּוֹלֵל; לֹא מְסֻיָּם; גֶּנֶרָלִי
in general בְּאֹפֶן כְּלָלִי
general anaesthetic הַרְדָּמָה כְּלָלִית
general election בְּחִירוֹת כְּלָלִיּוֹת
general knowledge יֶדַע כְּלָלִי, הַשְׂכָּלָה כְּלָלִית
annual general meeting אֲסֵפָה כְּלָלִית שְׁנָתִית
General Post Office מִשְׂרַד הַדֹּאַר הָרָאשִׁי
general practice רְפוּאַת מִשְׁפָּחָה, רְפוּאָה כְּלָלִית
general practitioner רוֹפֵא מִשְׁפָּחָה, רוֹפֵא כְּלָלִי
general staff מַטֶּה כְּלָלִי, מַטְכָּ"ל
general strike שְׁבִיתָה כְּלָלִית
□ *the cold weather has been general* הָיָה מֶזֶג־אֲוִיר קַר בְּכָל מָקוֹם
□ *I've got the general idea* תָּפַסְתִּי אֶת הָעִקָּרוֹן
□ *the general opinion is that he's too old* הַדֵּעָה הָרוֹוַחַת הִיא שֶׁהוּא זָקֵן מִדַּי
□ *as a general rule, we are open on weekdays* בְּאֹפֶן כְּלָלִי אֲנַחְנוּ פְּתוּחִים בִּימֵי הַשָּׁבוּעַ
□ *he spoke only in general terms* הוּא דִּבֵּר רַק בְּמֻנָּחִים כְּלָלִיִּים
—n. גֶּנֶרָל, רַב־אַלּוּף

generalissimo /ˌdʒen(ə)rəlˈɪsɪməʊ/ n. גֶּנֶרָלִיסִימוֹ (מְפַקֵּד עַל חֵילוֹת־הַצָּבָא, הַצִּי וְהָאֲוִיר הַמְשֻׁלָּבִים, אוֹ עַל כַּמָּה צְבָאוֹת, מַצְבִּיא עֶלְיוֹן)

generality /ˌdʒenəˈrælɪtɪ/ n.
 1 (generalized statement) הַכְלָלָה, חַוַּת־דַּעַת סְתָמִית
 2 (majority, *formal*) רֹב, כְּלָל

generalization /ˌdʒen(ə)rəlaɪˈzeɪʃ(ə)n/ n. הַכְלָלָה
 □ *he is rather given to rash* (or *hasty*) *generalizations* הוּא נוֹטֶה לְהַכְלָלוֹת פְּזִיזוֹת

generalize /ˈdʒen(ə)rəlaɪz/ v.i. עָשָׂה הַכְלָלָה, דִּבֵּר בְּהַכְלָלוֹת

generally /ˈdʒenrəlɪ/ adv. בְּדֶרֶךְ כְּלָל, עַל פִּי רֹב, כָּרָגִיל, בְּאֹפֶן כְּלָלִי

generalship /ˈdʒen(ə)rəlʃɪp/ n. כֹּשֶׁר־מַצְבִּיאוּת

generate /ˈdʒenəreɪt/ v.t. (*formal*) חוֹלֵל, יָצַר, הֵפִיק; הֵבִיא לִידֵי־קִיּוּם, הוֹלִיד
 generating station תַּחֲנַת־כֹּחַ
 □ *the discussion generated more heat than light* (*joc.*) הַדִּיּוּן גָּרַר וִכּוּחַ לוֹהֵט אַךְ לֹא הֵאִיר אֶת הַמַּצָּב

generation /ˌdʒenəˈreɪʃ(ə)n/ n.
 1 (people of same age) דּוֹר, בְּנֵי אוֹתוֹ גִּיל
 the young generation הַדּוֹר הַצָּעִיר, הַצְּעִירִים
 the generation gap פַּעַר־הַדּוֹרוֹת (אִי־הַהֲבָנָה שֶׁנּוֹצֶרֶת בְּעִקְּבוֹת הֶבְדֵּלֵי גִּילִים)
 2 (stage of development) דּוֹר
 3 (period of time) דּוֹר, שְׁנוֹת־דּוֹר (תְּקוּפָה שֶׁל כִּשְׁלֹשִׁים שָׁנָה)
 □ *it all happened a generation ago* כָּל זֶה קָרָה לִפְנֵי דּוֹר
 4 (production; procreation) הֲפָקָה, עֲשִׂיָּה; הִתְרַבּוּת

generative /ˈdʒenərətɪv/ adj. (*formal*) מוֹלִיד, מִתְרַבֶּה; (תַּחְבִּיר) גֶּנֶרָטִיבִי

generator /ˈdʒenəreɪtə(r)/ n. גֶּנֶרָטוֹר, דִּינָמוֹ; מְחוֹלֵל

generic /dʒɪˈnerɪk/ adj.
 1 (of genus or class) שֶׁל סוּג/מִין מְסֻיָּם (בְּסִוּוּג זוֹאוֹלוֹגִי/בּוֹטָנִי)
 2 (not specific or special) טִיפּוּסִי, כְּלָלִי; (בְּאַרְהַ"ב), שֵׁם מוּצָר שֶׁאֵינוֹ מוּגָן עַל־יְדֵי שֵׁם מִסְחָרִי

generosity /ˌdʒenəˈrɒsɪtɪ/ n. נְדִיבוּת, נַדְבָנוּת, רֹחַב־לֵב

generous /ˈdʒenərəs/ adj. נָדִיב, נְדִיב־לֵב, רְחַב־לֵב; שׁוֹפֵעַ

generously /ˈdʒenərəslɪ/ adv. בְּיָד רְחָבָה, בִּנְדִיבוּת; בְּשֶׁפַע

genesis /ˈdʒenɪsɪs/ n. (*formal*) רֵאשִׁית, הַתְחָלָה
 (Book of) Genesis סֵפֶר־בְּרֵאשִׁית

genetic /dʒɪˈnetɪk/ adj. גֶּנֶטִי, תּוֹרַשְׁתִּי
 genetic engineering הַנְדָּסָה גֶּנֶטִית
 genetic fingerprinting טְבִיעַת אֶצְבָּעוֹת גֶּנֶטִית

geneticist /dʒɪˈnetɪsɪst/ n. גֶּנֶטִיקָן, חוֹקֵר תּוֹרָשָׁה

genetics /dʒɪˈnetɪks/ n. *pl.* (with *sing.* v.) גֶּנֶטִיקָה, תּוֹרַת־הַתּוֹרָשָׁה

genial /ˈdʒiːnɪəl/ adj.
 1 (jovial, kindly) מַסְבִּיר־פָּנִים, יְדִידוּתִי, אוֹהֵד
 2 (mild, warm) מֶזֶג אֲוִיר וְכַד׳ נָאֶה

geniality /ˌdʒiːnɪˈælɪtɪ/ n. חֲבִיבוּת, טוּב־לֵב

genie /ˈdʒiːnɪ/ n. שֵׁד (בְּסִפּוּרֵי אֶלֶף לַיְלָה וָלַיְלָה)

genital /ˈdʒenɪt(ə)l/ adj. שֶׁל אֵבְרֵי־הַמִּין
 —n. (in *pl.*) אֵבְרֵי הַמִּין

genitalia /ˌdʒenɪˈteɪlɪə/ n. *pl.* (*Med.*) אֵבְרֵי־הַמִּין

genitive /ˈdʒenɪtɪv/ adj. & n. (*Gram.*) (בְּדִקְדּוּק) יַחֲסַת־הַקִּנְיָן, יַחֲסַת־הַסְּמִיכוּת, מִלָּה בְּיַחֲסַת־הַקִּנְיָן; גֶּנִיטִיבִי, בְּיַחֲסַת־הַקִּנְיָן

genius /ˈdʒiːnɪəs/ n.
 1 (creative power; person endowed with this) גְּאוֹנִיּוּת; גָּאוֹן, עִלּוּי
 □ *she has a genius for languages* יֵשׁ לָהּ כִּשְׁרוֹן גְּאוֹנִי לְשָׂפוֹת
 □ *you don't have to be a genius to work this out* לֹא צָרִיךְ לִהְיוֹת גָּאוֹן כְּדֵי לְהָבִין אֶת זֶה
 2 (spirit) רוּחַ, אֹפִי
 □ *his good* (or *evil*) *genius prevailed* יֵצֶר הַטּוֹב/הָרַע שֶׁלּוֹ גָּבַר עָלָיו

genizah /geˈniːzə/ n. גְּנִיזָה

genocide /ˈdʒenəsaɪd/ n. רֶצַח־עַם

genre /ˈʒɒnr(ə)/ n. זָ׳אנֶר, סוּג בְּסִפְרוּת; סוּג

gent /dʒent/ n. (*colloq.*)
 1 (gentleman) אָדוֹן
 2 (in *pl.*, men's public lavatory)
 the Gents (*UK*) בֵּית־שִׁמּוּשׁ לִגְבָרִים

genteel /dʒenˈtiːl/ adj. מִתְיַמֵּר לִהְיוֹת מְעֻדָּן; מִמּוֹצָא חֶבְרָתִי נַעֲלֶה
 genteel poverty דַּלּוּת תַּחַת מַסְוֶה שֶׁל עֹשֶׁר

gentian /ˈdʒentʃ(ə)n/ n. עַרְבָז (פֶּרַח הָרִים כָּחֹל)

gentile /ˈdʒentaɪl/ n. & adj. גּוֹי (לֹא יְהוּדִי)

gentility /dʒenˈtɪlɪtɪ/ n. גִּנּוּנֵי־הָדָר, נִימוּס

gentle /ˈdʒent(ə)l/ adj.
 1 (mild, kind) עָדִין, רַךְ
 the gentle sex (*arch.*) הַמִּין הַחַלָּשׁ
 2 (gradual) מָתוּן
 □ *we set off up a gentle slope* הִתְחַלְנוּ לַעֲלוֹת בְּמִדְרוֹן מָתוּן
 3 (with good social position, *arch.*) מְיֻחָס, אֲצִילִי
 □ *he was of gentle birth* הוּא הָיָה בֶּן־אֲצִילִים, הוּא הָיָה בֶּן־מַעֲלָה

gentlefolk /ˈdʒent(ə)lfəʊk/ n. *pl.* בְּנֵי־טוֹבִים

gentleman /ˈdʒent(ə)lmən/ n.
 1 (man) גֶּבֶר
 □ *good evening, ladies and gentlemen* עֶרֶב טוֹב, גְּבִירוֹתַי וְרַבּוֹתַי
 2 (man of honour and fine feeling) גֶ׳נְטֶלְמֶן

a gentleman's agreement הֶסְכֵּם גֶּ׳נְטֶלְמֶנִי (שֶׁהוּא עִנְיָן שֶׁל כָּבוֹד וְאֵין לִכְפּוֹתוֹ עַל יְדֵי הַחֹק)
□ *I can see you're no gentleman* בָּרוּר שֶׁאַתָּה לֹא בּוֹחֵל בְּשׁוּם אֶמְצָעִים
3 (man of good social position, *Hist.*) בֶּן־טוֹבִים, בֶּן לְמִשְׁפָּחָה מְיֻחֶסֶת
a gentleman's gentleman מְשָׁרֵת שֶׁל גֶּ׳נְטֶלְמֶן הַגֵּאֶה בִּמְשַׁרְתוֹ

gentlemanly /ˈdʒent(ə)lmənlɪ/ adj. שֶׁל גֶּ׳נְטֶלְמֶן, גֶּ׳נְטֶלְמֶנִי

gentleness /ˈdʒent(ə)lnɪs/ n. רַכּוּת, עֲדִינוּת

gentlewoman /ˈdʒent(ə)lwʊmən/ n. (*arch.*) אִשָּׁה מְיֻחֶסֶת, בַּת־אֲצִילִים

gently /ˈdʒentlɪ/ adv.
1 (not roughly) בְּרַכּוּת, בַּעֲדִינוּת; בְּטוּב־לֵב
gently does it! בַּעֲדִינוּת!
□ *he spoke to her gently* הוּא דִּבֵּר אִתָּהּ בַּעֲדִינוּת
□ *he's very gently spoken* הוּא מְדַבֵּר בְּנֹעַם, הוּא בַּעַל לָשׁוֹן רַכָּה
2 (gradually) בְּהַדְרָגָה, לְאַט לְאַט
□ *the road slopes gently* הַדֶּרֶךְ יוֹרֶדֶת בְּמִדְרוֹן מָתוּן; הַדֶּרֶךְ עוֹלָה לְאַט־לְאַט

gentrification /ˌdʒentrɪfɪˈkeɪʃ(ə)n/ n. (*colloq.*) פִּתּוּחַ וַעֲלִיָּה בָּרָמָה (שֶׁל אֵזוֹר מְגוּרִים וְכַד׳)

gentry /ˈdʒentrɪ/ n. אֲצֻלָּה, בְּנֵי הַמַּעֲמָד הַגָּבוֹהַּ

genuflect /ˈdʒenjʊflekt/ v.i. (*formal*) כָּרַע בֶּרֶךְ

genuflection /ˌdʒenjʊˈflekʃ(ə)n/ n. (*formal*) כְּרִיעַת־בֶּרֶךְ

genuine /ˈdʒenjʊɪn/ adj. מְקוֹרִי, אֲמִתִּי; לֹא מְזֻיָּף, מַמָּשִׁי

genus /ˈdʒiːnəs/ n. (*pl.* **genera**) סוּג, גֶּנוּס (בּוֹטָנִי, זוֹאוֹלוֹגִי); מִין

geo- /ˈdʒiːəʊ-/ pref. גֵּיאוֹ־ (תְּחִלִּית שֶׁפֵּרוּשָׁהּ) אֶרֶץ

geocentric /ˌdʒiːəʊˈsentrɪk/ adj. גֵּיאוֹצֶנְטְרִי (הַמִּתְיַחֵס לָאָרֶץ כְּמֶרְכָּז)

geodesic /ˌdʒiːəʊˈdiːzɪk/ adj. גֵּיאוֹדֶזִי (מִבְנֶה וְכַד׳)

geographer /dʒɪˈɒgrəfə(r)/ n. גֵּיאוֹגְרָף

geographical /ˌdʒɪəˈgræfɪk(ə)l/ adj. גֵּיאוֹגְרָפִי

geography /dʒɪˈɒgrəfɪ/ n.
1 (science of earth's physical features) גֵּיאוֹגְרַפְיָה
2 (features of place) תְּנָאֵי הַשֶּׁטַח

geological /ˌdʒɪəˈlɒdʒɪk(ə)l/ adj. גֵּיאוֹלוֹגִי

geologist /dʒɪˈɒlədʒɪst/ n. גֵּיאוֹלוֹג

geology /dʒɪˈɒlədʒɪ/ n. גֵּיאוֹלוֹגְיָה

geometric(al) /ˌdʒɪəʊˈmetrɪk(əl)/ adj. גֵּיאוֹמֶטְרִי, הַנְדָּסִי
geometric progression טוּר הַנְדָּסִי, טוּר גֵּיאוֹמֶטְרִי

geometrician /ˌdʒɪəmeˈtrɪʃ(ə)n/ n. מֻמְחֶה בְּהַנְדָּסָה

geometry /dʒɪˈɒmətrɪ/ n. גֵּיאוֹמֶטְרְיָה, הַנְדָּסָה

geophysics /ˌdʒɪəʊˈfɪzɪks/ n. *pl.* גֵּיאוֹפִיזִיקָה

geopolitics /ˌdʒiəʊˈpɒlɪtɪks/ n. *pl.* (with *sing.* v.) גֵּיאוֹפּוֹלִיטִיקָה (חֵקֶר הַקְּשָׁרִים בֵּין גֵּיאוֹגְרַפְיָה וּפּוֹלִיטִיקָה)

georgette /dʒɔːˈdʒet/ n. אֲרִיג גּ׳וֹרְגֶ׳ט (אֲרִיג מֶשִׁי דַּק)

Georgian /ˈdʒɔːdʒən/ adj.
1 (of the time of the English kings between 1714–1840) (סִגְנוֹן וְכַד׳) גּ׳וֹרְגִ׳יאָנִי
2 (of Georgia in the Caucasus, also n.) גְּרוּזִינִי; אָדָם גְּרוּזִינִי
3 (of Georgia in U.S.A., also n.) מִמְּדִינַת גּ׳וֹרְגִ׳יָה; תּוֹשַׁב מְדִינַת גּ׳וֹרְגִ׳יָה

geranium /dʒəˈreɪnɪəm/ n. גֶּרַנְיוּם (פֶּרַח נוֹי)

gerbil /ˈdʒɜːbɪl/ n. גֶּרְבִּיל (מְכַרְסֵם קָטָן, מְשַׁמֵּשׁ לְעִתִּים כְּחַיַּת־בַּיִת)

geriatric /ˌdʒerɪˈætrɪk/ adj. גֶּרִיאַטְרִי, שֶׁל טִפּוּל בִּקְשִׁישִׁים; (בְּהַשְׁאָלָה וּבְאֹפֶן מַעֲלִיב) "עַנְתִּיקָה"

geriatrician /ˌdʒerɪəˈtrɪʃ(ə)n/ n. מֻמְחֶה לְגֶרִיאַטְרְיָה

geriatrics /ˌdʒerɪˈætrɪks/ n. *pl.* (with *sing.* v.) גֶּרִיאַטְרְיָה, טִפּוּל בִּקְשִׁישִׁים

germ /dʒɜːm/ n.
1 (microbe) חַיְדַּק, מִיקְרוֹב
germ warfare לוֹחֲמַת־חַיְדַּקִּים, לוֹחָמָה בִּיּוֹלוֹגִית
2 (seed) זֶרַע, נֶבֶט, נֵבֶג
in germ (*formal*) בִּיסוֹדוֹ, בְּתַמְצִיתוֹ שֶׁל דָּבָר; בְּרֵאשִׁית צְמִיחָתוֹ
wheat germ נֶבֶט חִטָּה
□ *I have the germ of an idea* רַעְיוֹן נוֹבֵט בְּרֹאשִׁי, רַעְיוֹן מְנַצְנֵץ בְּמֹחִי

German /ˈdʒɜːmən/ adj. גֶּרְמָנִי
German measles אַדֶּמֶת
German shepherd כֶּלֶב זְאֵב, כֶּלֶב רוֹעִים גֶּרְמָנִי
—n.
1 (person) גֶּרְמָנִי, יְלִיד־גֶּרְמַנְיָה
2 (language) גֶּרְמָנִית

germane /dʒɜːˈmeɪn/ adj. (*formal*) שַׁיָּךְ לָעִנְיָן, נוֹגֵעַ לַנּוֹשֵׂא

Germanic /dʒɜːˈmænɪk/ adj. טִיפּוּסִי לְגֶרְמַנְיָה, גֶּרְמָנִי, טֶבְטוֹנִי

germicide /ˈdʒɜːmɪsaɪd/ n. (חֹמֶר) קוֹטֵל־חַיְדַּקִּים

germinate /ˈdʒɜːmɪneɪt/ v.t. & i. הִנְבִּיט; נָבַט; נִצְנֵץ, בִּצְבֵּץ

germination /ˌdʒɜːmɪˈneɪʃ(ə)n/ n. נְבִיטָה; הֲנָצָה, בִּצְבּוּץ

gerontology /ˌdʒerɒnˈtɒlədʒɪ/ n. מַדַּע־הַזִּקְנָה, גֶּרוֹנְטוֹלוֹגְיָה

gerrymander /ˌdʒerɪˈmændə(r)/ v.t. (*derog.*) נָהַג בְּתַחְבּוּלוֹת־מִרְמָה בִּבְחִירוֹת ע״י חֲלֻקָּה שְׁרִירוּתִית שֶׁל אֲזוֹרֵי בְּחִירָה לְטוֹבַת מִפְלָגָה מְסֻיֶּמֶת

gerund /ˈdʒerənd/ n. (*Gram.*) גֶּרוּנְדִּיּוּם, שֵׁם־פְּעֻלָּה (בְּעִקָּר בְּדִקְדּוּק הַדּוֹ־אֵירוֹפִּי)

gesso /ˈdʒesəʊ/ n. גֶּ׳סוֹ (חֹמֶר לְצִפּוּי בַּד־צִיּוּר)

gestalt /gəˈstɑːlt/ n. גֶּשְׁטַלְט, מִכְלוֹל (הַשָּׁלֵם הַגָּדוֹל מִסְּכוּם חֲלָקָיו)

Gestalt (psychology) פְּסִיכוֹלוֹגְיַת גֶּשְׁטַלְט

Gestapo /gesˈtɑːpəʊ/ n. (*Hist.*) גֶּסְטָפּוֹ (הַמִּשְׁטָרָה הַחֲשָׁאִית הַנָּאצִית)

gestation /dʒesˈteɪʃ(ə)n/ n. נְשִׂיאַת־הָעֻבָּר, תְּקוּפַת־הָעִבּוּר (גַּם בְּהַשְׁאָלָה)

gesticulate /dʒesˈtɪkjʊleɪt/ v.i. הִבִּיעַ בִּתְנוּעוֹת יָדַיִם נִמְרָצוֹת

gesticulation /dʒesˈtɪkjʊleɪʃ(ə)n/ n. תְּנוּעַת יָדַיִם לְהַבָּעַת מַחֲשָׁבָה

gesture /ˈdʒestʃə(r)/ n.

1 (expressive movement of limb) מֶחֱוָה, תְּנוּעַת יָד, תְּנוּעַת רֹאשׁ

□ *he made an obscene gesture* הוּא עָשָׂה תְּנוּעָה מְגֻנָּה

2 (expressive action) ג׳ֶסְטָה, מֶחֱוָה

□ *I give you this gift as a gesture of friendship* אֲנִי נוֹתֵן לְךָ אֶת הַמַּתָּנָה הַזֹּאת כְּמֶחֱוָה שֶׁל יְדִידוּת/בְּתוֹר ג׳ֶסְטָה

—v.i. & v.t. עָשָׂה תְּנוּעוֹת בַּיָּדַיִם/בָּרֹאשׁ; סִמֵּן בִּתְנוּעָה קַלָּה לְ...

gesundheit /gəˈzʊnthaɪt/ int. (*US*) (לַמִּתְעַטֵּשׁ) לִבְרִיאוּת! אָסוּתָא!

get /get/ (past & past ppl. **got** /gɒt/, *US* past ppl. **gotten** /ˈgɒt(ə)n/ v.t.

1 (obtain, earn, win, procure קִבֵּל, הִשִּׂיג, קָלַט

get the sack (*UK colloq.*) פֻּטַּר מִן הָעֲבוֹדָה

□ *I got a slap when I kissed her* קִבַּלְתִּי סְטִירָה כְּשֶׁנִּשַּׁקְתִּי אוֹתָהּ

□ *he got six months and a £200 fine* הוּא קִבֵּל (מַאֲסָר שֶׁל) שִׁשָּׁה חֳדָשִׁים וּקְנָס שֶׁל 200 לִירוֹת שְׁטֶרְלִינְג

□ *I can get Reykjavik (on my radio)* אֲנִי יָכוֹל לִקְלֹט אֶת רֵקְיָוִיק (בְּמַכְשִׁיר הָרַדְיוֹ שֶׁלִּי)

□ *get a haircut!* לֵךְ תִּסְתַּפֵּר! לֵךְ לְהִסְתַּפֵּר!

□ *I'll come as soon as I get time* אֲנִי אָבוֹא בָּרֶגַע שֶׁיִּהְיֶה לִי זְמַן

□ *this house gets very little sunshine* הַבַּיִת הַזֶּה מְקַבֵּל רַק מְעַט שֶׁמֶשׁ (בִּגְלַל הַמִּקּוּם שֶׁלּוֹ וְכַד׳)

2 (fetch; go to reach or catch) הֵבִיא, הָלַךְ לְהָבִיא

□ *I'll get the phone* אֲנִי אֶעֱנֶה לַטֶּלֶפוֹן

□ *go and get your hat* תֵּלֵךְ וְתִקַּח אֶת הַכּוֹבַע שֶׁלְּךָ

□ *I didn't get your name* לֹא קָלַטְתִּי/שָׁמַעְתִּי אֶת הַשֵּׁם שֶׁלְּךָ

3 (contract; suffer) קִבֵּל, ״חָטַף״

□ *I always get hay fever in June* אֲנִי תָּמִיד חוֹטֵף קַדַּחַת הַשַּׁחַת בְּחֹדֶשׁ יוּנִי

□ *he got religion* (*colloq.*) הוּא פִּתְאֹם נַעֲשָׂה דָּתִי, הוּא חָזַר בִּתְשׁוּבָה (נֶאֱמַר לְגַבֵּי כָּל הַדָּתוֹת)

□ *she got the giggles at the sight of him* הִיא הִתְגַּלְגְּלָה מֵרֹב צְחוֹק בָּרֶגַע שֶׁרָאֲתָה אוֹתוֹ

□ *the criminals got the wind up when the police called* (*colloq.*) הַפּוֹשְׁעִים חָטְפוּ פַּחַד בָּרֶגַע שֶׁקָּרְאוּ לַמִּשְׁטָרָה

□ *he gets the blues in the evenings* (*colloq.*) הוּא נַעֲשֶׂה עָצוּב בָּעֲרָבִים

4 (prepare) הֵכִין

□ *sit down while I get dinner* שֵׁב בִּמְנוּחָה וְתֵן לִי לְהָכִין אֶת אֲרוּחַת הָעֶרֶב

5 (cause to reach state or place or to become)

□ *I must get my suit cleaned* אֲנִי מֻכְרָח לָתֵת אֶת הַחֲלִיפָה שֶׁלִּי לְנִקּוּי

□ *you must get your essay finished* אַתָּה מֻכְרָח לְסַיֵּם אֶת הַחִבּוּר שֶׁלְּךָ

□ *this government gets things done* הַמֶּמְשָׁלָה הַזֹּאת מַצְלִיחָה לְהָזִיז דְּבָרִים

□ *she got the supper ready* הִיא הֵכִינָה אֶת אֲרוּחַת הָעֶרֶב

□ *get dressed!* תִּתְלַבֵּשׁ! הִתְלַבֵּשׁ!

□ *you got us into this mess* אַתָּה הִכְנַסְתָּ אוֹתָנוּ לַצָּרָה הַזֹּאת

□ *flattery will get you nowhere* הַחֲנֻפָּנוּת לֹא תַּעֲזֹר לְךָ

6 (cause, induce)

□ *she got him to buy a suit* הִיא שִׁכְנְעָה אוֹתוֹ לִקְנוֹת חֲלִיפָה

□ *I'll get one of the secretaries to type it* אֲנִי אֶתֵּן אֶת זֶה לְאַחַת הַמַּזְכִּירוֹת לְהַדְפָּסָה

□ *she got the radio to work* הִיא הִצְלִיחָה לְהַפְעִיל אֶת הָרַדְיוֹ

7 have got (used for **have**, esp. *UK colloq.*) יֵשׁ

□ *they've got red hair* יֵשׁ לָהֶם שֵׂעָר אַדְמוֹנִי

□ *I've got a wife and kids to support* אֲנִי חַיָּב לְפַרְנֵס אִשָּׁה וִילָדִים

□ *I've got guests coming* בָּאִים אֵלַי אוֹרְחִים

□ *she's got a lot going for her* יֵשׁ לָהּ רְקוֹרְד מַרְשִׁים מְאֹד

□ *he's got what it takes* יֵשׁ לוֹ הַתְּכוּנוֹת הַדְּרוּשׁוֹת, יֵשׁ לוֹ מַה שֶּׁדָּרוּשׁ

□ *he's got it in for her* יֵשׁ לוֹ מַשֶּׁהוּ נֶגְדָּהּ

8 have got to (used for **must, have to**, *colloq.*) מֻכְרָח, נָחוּץ, צָרִיךְ

□ *I've got a train to catch* עָלַי לִתְפֹּס רַכֶּבֶת (בְּשָׁעָה מְסֻיֶּמֶת)

□ *she has't got to go, has she?* הִיא לֹא מֻכְרָחָה לָלֶכֶת, נָכוֹן?

9 (understand, *colloq.*) תָּפַס, הֵבִין

□ *I don't get you* אֲנִי לֹא מֵבִין אוֹתְךָ, אֲנִי לֹא תּוֹפֵס

□ *I've got it!* תָּפַסְתִּי! הֵבַנְתִּי!

10 (catch; hit, *colloq.*) תָּפַס, פָּגַע

□ *they got him on petty larceny* הֵם הוֹשִׁיבוּ אוֹתוֹ עַל עֲבֵרוֹת קְטַנּוֹת

□ the bullet got him in the stomach הַכַּדּוּר פָּגַע בּוֹ בַּבֶּטֶן
□ his enemies are out to get him הָאוֹיְבִים שֶׁלּוֹ מְחַכִּים לוֹ
□ the "get Smith" campaign failed הַנִּסָּיוֹן לִדְפּוֹק אֶת סְמִית נִכְשַׁל

11 (touch; infuriate; impress, *colloq.*) נָגַע לְ..., הִרְגִּיז, "אָכַל"
□ what gets me is her generosity מַה שֶּׁמּוֹצִיא אוֹתִי מִכֵּלַי הוּא דַּוְקָא הַנְּדִיבוּת שֶׁלָּהּ
□ what really gets me (or my goat) is her nonchalance מַה שֶּׁבֶּאֱמֶת אוֹכֵל אוֹתִי זוֹ הָאֲדִישׁוּת שֶׁלָּהּ

—v.i.

1 (come to be, succeed in reaching; become) נִכְנַס לְ..., נִהְיָה
□ he got in (or into) a muddle הוּא הִתְבַּלְבֵּל
□ her principles got in the way of her promotion הָעֶקְרוֹנוֹת שֶׁלָּהּ מָנְעוּ אֶת הַקִּדּוּם שֶׁלָּהּ
□ how did that get in there? אֵיךְ זֶה נִכְנַס לְשָׁם?
□ they are getting nowhere with their investigation הַחֲקִירָה שֶׁלָּהֶם הִגִּיעָה לְמָבוֹי סָתוּם, הַחֲקִירָה שֶׁלָּהֶם לֹא זָזָה
□ it's getting dark מַחְשִׁיךְ, הָעֶרֶב יוֹרֵד
□ it got done in the end בְּסוֹפוֹ שֶׁל דָּבָר עָשׂוּ אֶת זֶה
□ when he gets going he's very good כְּשֶׁהוּא כְּבָר מַתְחִיל הוּא טוֹב מְאֹד
□ we'd better get started on a first draft כְּדַאי שֶׁנַּתְחִיל לַעֲבֹד עַל טְיוּטָה רִאשׁוֹנָה

2 (manage)
□ do you ever get to see the boss? הַאִם יוֹצֵא לְךָ לִפְעָמִים לִרְאוֹת אֶת הַבּוֹס?

—in set phrases

get about נָע מִמָּקוֹם לְמָקוֹם; הִתְפַּשֵּׁט
□ he's getting about again after his illness הוּא שׁוּב מִתְרוֹצֵץ לְאַחַר הַמַּחֲלָה שֶׁלּוֹ
□ a rumour got about פָּשְׁטָה שְׁמוּעָה

get above חָשַׁב אֶת עַצְמוֹ
□ that new boy is getting above himself הַנַּעַר הֶחָדָשׁ חוֹשֵׁב אֶת עַצְמוֹ לְמִי־יוֹדֵעַ־מָה

get across חָצָה, עָבַר
□ we got across the river חָצִינוּ אֶת הַנָּהָר
□ the lecturer got his ideas across הַמַּרְצֶה הִצְלִיחַ לְהַעֲבִיר אֶת רַעְיוֹנוֹתָיו

get ahead הִתְקַדֵּם
□ he's getting ahead with his algebra הוּא מִתְקַדֵּם בָּאַלְגֶּבְּרָה
□ he's getting ahead of the others הוּא מַתְחִיל לַעֲלוֹת עַל הָאֲחֵרִים

get along הִתְקַדֵּם, נָע; הִסְתַּדֵּר (עִם)
□ he gets along very fast on crutches הוּא מִתְקַדֵּם מַהֵר מְאֹד בְּעֶזְרַת הַקַּבַּיִם
□ he gets along in sign language הוּא מִסְתַּדֵּר בְּעֶזְרַת שְׂפַת־חֵרְשִׁים
□ how are you getting along with your work? אֵיךְ אַתָּה מִתְקַדֵּם בַּעֲבוֹדָתְךָ?
□ my aunt and I don't get along (well with each other) אֲנִי וְדוֹדָתִי לֹא מִסְתַּדְּרִים
□ I'd better be getting along הִגִּיעַ הַזְּמַן שֶׁאָזוּז
□ get along with you! (*colloq.*) תַּפְסִיק לַעֲבֹד עָלַי! בְּחַיֶּיךָ (אֲנִי לֹא מַאֲמִין)!

get at הִגִּיעַ, מָצָא; רָמַז; נִדְנֵד
□ the investigator tried to get at the truth הַחוֹקֵר נִסָּה לְהַגִּיעַ לָאֱמֶת
□ the jury had been got at (*colloq.*) מִישֶׁהוּ הִשְׁפִּיעַ (שֶׁלֹּא כַּחֹק) עַל חֶבֶר הַמֻּשְׁבָּעִים
□ she's always getting at him to buy a new car הִיא תָּמִיד מְנַדְנֶדֶת לוֹ שֶׁיִּקְנֶה מְכוֹנִית חֲדָשָׁה
□ what exactly are you getting at? לְמָה אַתָּה חוֹתֵר? מַה בְּדִיּוּק אַתָּה מְנַסֶּה לִרְמוֹז?

get away נִמְלַט, הִצְלִיחַ לִבְרֹחַ
□ the robbers got away with their loot הַגַּנָּבִים הִסְתַּלְּקוּ עִם שְׁלָלָם
□ that child gets away with murder! לַיֶּלֶד הַזֶּה סוֹלְחִים מֵרֹאשׁ עַל הַכֹּל!
□ get away (with you)! (*colloq.*) מָה אִתְּךָ! מָה פִּתְאֹם? אַתָּה מַגְזִים; הִסְתַּלֵּק! לֵךְ מִפֹּה!
□ he needed to get away from it all הוּא הָיָה זָקוּק בִּדְחִיפוּת לְחֹפֶשׁ

get back חָזַר
□ she got back late הִיא חָזְרָה בְּשָׁעָה מְאֻחֶרֶת
□ he never got his watch back הוּא מֵעוֹלָם לֹא קִבֵּל אֶת שְׁעוֹנוֹ בַּחֲזָרָה
□ she got back at him when they got home (*colloq.*) כַּאֲשֶׁר חָזְרוּ הַבַּיְתָה הִיא נָתְנָה לוֹ עַל הָרֹאשׁ
□ I'll get back to you tomorrow אֲנִי אַחֲזִיר לְךָ תְּשׁוּבָה מָחָר
□ in the end he got his own back בְּסוֹפוֹ שֶׁל דָּבָר הוּא הִתְנַקֵּם

get by הִסְתַּדֵּר
□ the examinee got by הַנִּבְחָן עָבַר אֶת הַבְּחִינָה בְּקֹשִׁי
□ I just get by on my pension הַפֶּנְסְיָה שֶׁלִּי בְּקֹשִׁי מַסְפִּיקָה לִי
□ she can't get by without him הִיא לֹא יְכוֹלָה לִחְיוֹת בִּלְעָדָיו

get down
□ have you got that (written) down? רָשַׁמְתָּ אֶת זֶה?
□ this weather is getting me down מֶזֶג־הָאֲוִיר הַזֶּה מְדַכֵּא אוֹתִי

get even הֶחֱזִיר, הִתְנַקֵּם
□ I'll get even with you yet אֲנִי עוֹד אֶתְנַקֵּם בְּךָ

get home חָזַר הַבַּיְתָה; קָלַע לַמַּטָּרָה

□ *that remark really got home to me* הַהֶעָרָה הַזֹּאת קָלְעָה לַמַּטָּרָה (מִבְּחִינָתִי)

get in

□ *he got his joke in* הוּא הִצְלִיחַ לִדְחֹף אֶת הַבְּדִיחָה שֶׁלּוֹ פְּנִימָה, הוּא הִצְלִיחַ סוֹף סוֹף לְסַפֵּר אֶת הַבְּדִיחָה שֶׁלּוֹ

□ *we'd better get a specialist in* מוּטָב שֶׁנַּזְמִין מֻמְחֶה

□ *the train got in early* הָרַכֶּבֶת הִגִּיעָה מֻקְדָּם

□ *Labour got in with a small majority* מִפְלֶגֶת הַ"לֵּיבּוֹר" נִצְּחָה בְּרֹב קָטָן; הַ"לֵּיבּוֹר" "נִכְנְסָה" בְּרֹב קָטָן

□ *he got in with the bigwigs* הוּא הִתְיַדֵּד עִם הַ"גְּדוֹלִים"

□ *I couldn't get a word in edgeways* (*colloq.*) לֹא הִצְלַחְתִּי לְהַגִּיד אֲפִלּוּ מִלָּה אַחַת

get into

□ *she got into the habit* (or *way*) *of taking an after-lunch nap* הִיא הִתְרַגְּלָה לַחְטֹף תְּנוּמָה אַחֲרֵי אֲרוּחַת־הַצָּהֳרַיִם

□ *it's easy once you get into the way of it* זֶה קַל אַחֲרֵי שֶׁמִּתְרַגְּלִים לְכָךְ

□ *I don't know what's got into him* (*colloq.*) אֵין לִי מֻשָּׂג אֵיזֶה שֵׁד נִכְנַס בּוֹ, אֲנִי לֹא מֵבִין מַה קָּרָה לוֹ

□ *he got her into trouble, so he married her* (*colloq.*) הוּא הִכְנִיס אוֹתָהּ לְהֵרָיוֹן וְלָכֵן הִתְחַתֵּן אִתָּהּ

□ *he got her into trouble at work* הוּא הִכְנִיס אוֹתָהּ לְצָרוֹת בָּעֲבוֹדָה

□ *get it into your head that I mean what I say!* תַּכְנִיס לְךָ לָרֹאשׁ שֶׁאֲנִי מִתְכַּוֵּן לְמַה שֶּׁאֲנִי אוֹמֵר!

get off

□ *I got off at York* יָרַדְתִּי (מִן הָרַכֶּבֶת וְכַד') בְּיוֹרְק

□ *we got off before dawn* יָצָאנוּ לַדֶּרֶךְ לִפְנֵי עֲלוֹת הַשַּׁחַר

□ *I got off* (*work*) *early* גָּמַרְתִּי לַעֲבֹד מֻקְדָּם

□ *he got off lightly* הוּא יָצָא מִזֶּה בְּזוֹל

□ *his lawyer got him off* עוֹרֵךְ־הַדִּין שֶׁלּוֹ חִלֵּץ אוֹתוֹ (מִן הַמִּשְׁפָּט)

□ *I got off with her at the party* (*sl.*) הִתְחַלְתִּי אִתָּהּ בַּמְּסִבָּה

□ *I couldn't get off to sleep* לֹא הִצְלַחְתִּי לְהֵרָדֵם

□ *she told him where to get off* (*colloq.*) הִיא הֶעֱמִידָה אוֹתוֹ בִּמְקוֹמוֹ

□ *he felt better when he'd got it off his chest* הוּא הִרְגִּישׁ טוֹב יוֹתֵר אַחֲרֵי שֶׁהֵסִיר זֹאת מֵעַל מַצְפּוּנוֹ

□ *I've got that recipe off by heart* אֲנִי יוֹדֵעַ אֶת הַמַּתְכּוֹן הַזֶּה בְּעַל־פֶּה

get on

□ *he's getting on for fifty* הוּא מִתְקָרֵב לַחֲמִשִּׁים

□ *he wants to get on* (*in his job*) הוּא רוֹצֶה לְהִתְקַדֵּם (בָּעֲבוֹדָה)

□ *he got on well in the exam* לֹא הָיוּ לוֹ בְּעָיוֹת בַּבְּחִינָה, הָלַךְ לוֹ טוֹב בַּבְּחִינָה

□ *the doctor says Dad's getting on fine* הָרוֹפֵא אוֹמֵר שֶׁאַבָּא מַחֲלִים יָפֶה

□ *my parents don't get on* (*with each other*) הוֹרַי לֹא מִסְתַּדְּרִים בֵּינֵיהֶם

□ *he got on at York* הוּא עָלָה (לָרַכֶּבֶת וְכַד') בְּיוֹרְק

□ *let's get on to the next thing!* הִגִּיעַ הַזְּמַן לַעֲבֹר לַנּוֹשֵׂא הַבָּא

□ *when he gets on to cricket there's no shutting him up* כְּשֶׁהוּא מַתְחִיל לְדַבֵּר עַל קְרִיקֶט אִי אֶפְשָׁר לְהַשְׁתִּיק אוֹתוֹ

□ *get on with the job!* תַּתְחִיל לַעֲבֹד!

□ *the music got on his nerves* הַמּוּזִיקָה עָלְתָה לוֹ עַל הָעֲצַבִּים

□ *they said they would get on to the suppliers* הֵם אָמְרוּ שֶׁהֵם יִתְקַשְּׁרוּ עִם הַסַּפָּקִים

□ *people are getting on to him* (or *his tricks*) *at last* סוֹף סוֹף מִתְגַּלֶּה פַּרְצוּפוֹ הָאֲמִתִּי

□ *he's got on without a car for fifty years* הוּא הִסְתַּדֵּר בְּלִי מְכוֹנִית בְּמֶשֶׁךְ חֲמִשִּׁים שָׁנָה

get out

□ *get out!* צֵא! הִסְתַּלֵּק!

□ *the prisoner got out* הָאָסִיר נִמְלַט מִן הַכֶּלֶא

□ *it got out that she was an informer* הִתְגַּלָּה שֶׁהִיא מוֹדִיעָה/מַלְשִׁינָה

□ *the police got it* (or *a confession*) *out of him* הַמִּשְׁטָרָה הוֹצִיאָה וִדּוּי מִפִּיו

□ *what will I get out of this deal?* מַה יֵּצֵא לִי מֵהָעִסְקָה הַזֹּאת?

□ *he managed to get out a few words of thanks* הוּא בְּקשִׁי הִצְלִיחַ לִפְלֹט כַּמָּה מִלּוֹת־תּוֹדָה

□ *he tried to get out of doing his share* הוּא נִסָּה לְהִתְחַמֵּק מֵעֲשִׂיַּת חֶלְקוֹ

□ *he did it – he can't get out of it* הוּא עָשָׂה זֹאת – עָלָיו לָשֵׂאת בַּתּוֹצָאוֹת

□ *he got out before the bank went bust* (*fig.*) הוּא יָצָא לִפְנֵי שֶׁהַבַּנְק פָּשַׁט אֶת הָרֶגֶל

□ *I've got out of the habit of drinking* הִפְסַקְתִּי לִשְׁתּוֹת

□ *they got the book out on time* הֵם הוֹצִיאוּ אֶת הַסֵּפֶר לָאוֹר בַּזְּמַן

get over

□ *I'd rather get it over* (*with*) *than put it off* אֲנִי מַעֲדִיף לִגְמֹר אֶת זֶה עַכְשָׁו מֵאֲשֶׁר לִדְחוֹת אֶת זֶה

□ *she never got over his death* הִיא מֵעוֹלָם לֹא הִתְגַּבְּרָה עַל מוֹתוֹ

□ *he couldn't get over* (*his surprise at*) *the fact he won* (*colloq.*) הוּא לֹא הִצְלִיחַ לְעַכֵּל אֶת הָעֻבְדָּה שֶׁנִּצַּח

□ *she has got over her nervousness* הִיא הִתְגַּבְּרָה עַל עַצְבָּנוּתָהּ

□ *I couldn't get it over to him that I'd had enough* לֹא הִצְלַחְתִּי לְהַסְבִּיר לוֹ שֶׁזֶּה מַסְפִּיק בִּשְׁבִילִי

get round

□ *the rep got round all his customers every week* הַסּוֹכֵן הַנּוֹסֵעַ הִצְלִיחַ לְבַקֵּר אֵצֶל כָּל לָקוֹחוֹתָיו מִדֵּי שָׁבוּעַ

□ *I didn't get round to mending the roof* לֹא הִסְפַּקְתִּי עֲדַיִן לְתַקֵּן אֶת הַגַּג

□ *the lawyer got round the clause* הַפְּרַקְלִיט עָקַף אֶת הַסְּעִיף (בַּחֹק)

□ *she knows how to get round her father* הִיא יוֹדַעַת אֵיךְ לְשַׁדֵּל אֶת אָבִיהָ (כְּדֵי לְהָפִיק מִמֶּנּוּ כָּל מַה שֶּׁהִיא רוֹצָה)

get through

□ *he got us through the exam* הוּא סִיֵּעַ לָנוּ לַעֲמֹד בַּבְּחִינָה

□ *they got the proposal through* (*the committee*) הֵם הִצְלִיחוּ לְהַעֲבִיר אֶת הַהַצָּעָה (בַּוַּעֲדָה)

□ *I tried to phone but I couldn't get through* נִסִּיתִי לְטַלְפֵּן אֲבָל לֹא הִצְלַחְתִּי

□ *I can't get it through to him that he's in danger* אֲנִי לֹא מַצְלִיחַ לְשַׁכְנֵעַ אוֹתוֹ שֶׁהוּא נָתוּן בְּסַכָּנָה

get to

□ *the strain is beginning to get to him* הַמֶּתַח מַתְחִיל לָתֵת בּוֹ אֶת אוֹתוֹתָיו

get together נִפְגַּשׁ

□ *let's get together one evening this week!* בּוֹא נִפָּגֵשׁ בְּאַחַד הָעֲרָבִים הַשָּׁבוּעַ!

□ *he doesn't seem able to get himself* (or *his act*) *together* (*colloq.*) נִרְאֶה שֶׁהוּא לֹא מַצְלִיחַ לְהִתְאַרְגֵּן

get up

□ *don't get up!* אֵין צֹרֶךְ לָקוּם! לֹא לֹא, אַל תָּקוּם!

□ *I got up and got the children up* הִתְעוֹרַרְתִּי וְהֵעַרְתִּי אֶת הַיְלָדִים

□ *a strong wind got up* רוּחַ חֲזָקָה הֵחֵלָּה לִנְשֹׁב

□ *she got herself up as Cleopatra* הִיא הִתְלַבְּשָׁה כְּקְלֵיאוֹפַּטְרָה

□ *I got the topic up for the exam* (*UK arch.*) שִׁנַּנְתִּי אֶת הַנּוֹשֵׂא לִקְרַאת הַבְּחִינָה

□ *we got up to page 20 last time* בַּפַּעַם שֶׁעָבְרָה הִגַּעְנוּ לְעַמּוּד 20

□ *what will they get up to next?* מָה הֵם מְכִינִים לָנוּ עַכְשָׁו? אֵיזוֹ הַפְתָּעָה לֹא נְעִימָה הֵם מְכִינִים לָנוּ עַכְשָׁו?

get with it (*colloq.*) תַּתְחִיל לָזוּז! תָּקוּם עַל הָרַגְלַיִם!

getaway /ˈgetəweɪ/ n. (*colloq.*) בְּרִיחָה, מְנוּסָה (שֶׁל עֲבַרְיָן מִזִּירַת הַפֶּשַׁע)

get-out /ˈget-aʊt/ n. (*colloq.*) הִתְחַמְּקוּת

get-together /ˈget-təgeðə(r)/ n. (*colloq.*) מִפְגָּשׁ, מִפְגַּשׁ רֵעִים

get-up /ˈget-ʌp/ n. (*colloq.*) לְבוּשׁ יוֹצֵא דֹּפֶן

gewgaw /ˈgjuːgɔː/ n. (*derog.*) קִשּׁוּט זוֹל וְצַעֲקָנִי

geyser /ˈgiːzə(r)/ n.

1 (hot spring) גַּיְזֶר (סִילוֹן מַיִם חַמִּים הַפּוֹרֵץ מִן הָאֲדָמָה)

2 (domestic water-heater) דּוּד חִמּוּם (לְמַיִם, בַּבַּיִת)

ghastly /ˈgɑːstlɪ/ adj. זְוָעָתִי, נוֹרָאִי; חִוֵּר וְחוֹלָנִי

gherkin /ˈgɜːkɪn/ n. מְלָפְפוֹן חָמוּץ (גַּמָּדִי)

ghetto /ˈgetəʊ/ n. גֶּטוֹ

ghetto-blaster /ˈgetəʊ-ˌblæstə(r)/ n. (*sl.*) "טֵיפּ" (מַעֲרֶכֶת סְטֶרֵיאוֹ נַיֶּדֶת גְּדוֹלָה וְרוֹעֶשֶׁת הַנִּשֵּׂאת לָרֹב עַל הַכָּתֵף)

ghillie /ˈgɪlɪ/ n. נַעַל לִמְחוֹלוֹת סְקוֹטִיִּים

ghost /gəʊst/ n.

1 (phantom) רוּחַ־רְפָאִים

ghost story סִפּוּר שֵׁדִים וְרוּחוֹת

ghost town עִיר־רְפָאִים (לְעִתִּים בַּמַּעֲרָב הַפָּרוּעַ)

□ *he hasn't the ghost of a chance* (*colloq.*) אֵין לוֹ צֵל צִלּוֹ שֶׁל סִכּוּי

□ *the ghost of a smile flickered on his lips* צֵל שֶׁל חִיּוּךְ רִפְרֵף עַל שְׂפָתָיו

2 (soul) נְשָׁמָה, רוּחַ, נֶפֶשׁ

Holy Ghost רוּחַ הַקֹּדֶשׁ (בַּנַּצְרוּת)

□ *he gave* (or *yielded*) *up the ghost* (*colloq.*) הוּא נָפַח אֶת נַפְשׁוֹ

—v.t. כָּתַב בְּתוֹר סוֹפֵר־צְלָלִים

ghostly /ˈgəʊstlɪ/ adj. שֶׁל רוּחַ־רְפָאִים, ־רְפָאִים

ghost-writer /ˈgəʊst-raɪtə(r)/ n. סוֹפֵר־צְלָלִים

ghoul /guːl/ n. (בְּאַגָּדוֹת הַמִּזְרָח) שֵׁד טוֹרֵף גְּוִיּוֹת־מֵתִים; (בְּהַשְׁאָלָה) אָדָם חוֹבֵב מַרְאוֹת דָּמִים

ghoulish /ˈguːlɪʃ/ adj. (תַּאֲוָה וְכַד') לְחֶזְיוֹנוֹת דָּמִים

GI /dʒiːˈaɪ/ n. (*US*) חַיָּל (לֹא קָצִין)

giant /ˈdʒaɪənt/ n. & adj. עֲנָק; עֲנָקִי

giantess /ˈdʒaɪəntes/ n. עֲנָקִית

giant-killer /ˈdʒaɪənt-ˌkɪlə(r)/ n. (*fig.*) "דָּוִד" (הַמְנַצֵּחַ יָרִיב חָזָק פִּי כַּמָּה מִמֶּנּוּ)

gibber /ˈdʒɪbə(r)/ v.i. מִלְמֵל (בְּבֶהָלָה, בְּהֶלֶם)

gibberish /ˈdʒɪbərɪʃ/ n. שְׁטֻיּוֹת

gibbet /ˈdʒɪbɪt/ n. עֵץ־תְּלִיָּה, גַּרְדּוֹם

gibbon /ˈgɪbən/ n. גִּיבּוֹן (קוֹף קָטָן)

gibe dʒaɪb/ v.i. & n. לָעַג, לִגְלֵג; לַעַג, לִגְלוּג

giblets /ˈdʒɪblɪts/ n. *pl.* קִרְבֵי־עוֹף

giddy /ˈgɪdɪ/ adj.

1 (dizzy) סְחַרְחַר, מַרְגִּישׁ סְחַרְחֹרֶת; (גֹּבַהּ וְכַד') גּוֹרֵם סְחַרְחֹרֶת

2 (frivolous, *colloq.*) קַל־דַּעַת, שׁוֹחֵר־תַּעֲנוּגוֹת, הֲפַכְפַּךְ

play the giddy goat הִשְׁתַּטָּה

giddy-up /gɪdɪ-ˈʌp/ int. "דְּיוֹ" (קְרִיאַת זֵרוּז לְסוּס)

gift /gɪft/ n. מַתָּנָה, שַׁי, תְּשׁוּרָה; כִּשְׁרוֹן

gift token (or **voucher** or **certificate**) תְּעוּדַת־שַׁי, תְּלוּשׁ־מַתָּנָה

the gift of the gab (*colloq.*) כֹּשֶׁר דִּבּוּר וְשִׁכְנוּעַ
in one's gift (*formal*) נָתוּן לְשִׁקּוּל דַּעְתּוֹ שֶׁל, בִּתְחוּם סַמְכוּתוֹ שֶׁל
□ *this bookcase is a gift at £20* עֶשְׂרִים לִירוֹת בְּעַד הַכּוֹנָנִית הַזּוֹ זֶה מַמָּשׁ חִנָּם
□ *don't look a gift horse in the mouth* (*Prov.*) אֵין מוֹתְחִים בִּקֹּרֶת עַל מַתָּנָה, סוּס שֶׁנִּתָּן בְּמַתָּנָה אֵין בּוֹדְקִים אֶת שִׁנָּיו
gifted /ˈgɪftɪd/ adj. כִּשְׁרוֹנִי, מְכֻשָּׁר; מְחוֹנָן
gift-wrap /ˈgɪft-ræp/ v.t. עָטַף (מַתָּנָה, בִּנְיַר עֲטִיפָה צִבְעוֹנִי)
gig[1] /gɪg/ n. (*Hist.*) כִּרְכָּרָה דּוּ־אוֹפַנִּית קַלָּה
gig[2] /gɪg/ n. & v.i. (*colloq.*) הוֹפָעָה (שֶׁל לַהֲקַת קֶצֶב וְכַד'); נָתַן הוֹפָעוֹת (כַּנַּ"ל)
gigantic /dʒaɪˈgæntɪk/ adj. עָצוּם, עֲנָקִי
giggle /ˈgɪg(ə)l/ v.i. & n. צִחְקֵק; צִחְקוּק
□ *Jennie got the giggles* (*colloq.*) ג'ֶנִי חֲטָפָה הֶתְקֵף שֶׁל צִחְקוּקִים
gigolo /ˈʒɪgələʊ, ˈdʒɪgələʊ/ n. ג'יגוֹלוֹ (מְאַהֵב בְּשָׂכָר)
gild /gɪld/ v.t. צִפָּה בְּזָהָב, הִזְהִיב; צָבַע בְּצֶבַע זָהָב
gild the lily הוֹסִיף שֶׁלֹּא לְצֹרֶךְ, "כָּל הַמּוֹסִיף גּוֹרֵעַ"
gilded youth (*formal*) נֹעַר הַזָּהָב, יַלְדֵי־הַשַּׁמֶּנֶת, בְּנֵי־טוֹבִים
□ *he tried to gild the pill* הוּא נִסָּה לְהַמְתִּיק אֶת הַגְּלוּלָה
gill[1] /dʒɪl/ n. "גִּ'יל" (מִדַּת נוֹזֵל, כּ־15 סמ"ק)
gill[2] /gɪl/ n. זִים (אֵיבַר הַנְּשִׁימָה שֶׁל דָּג)
□ *he was green about the gills this morning* (*colloq.*) הוּא נִרְאָה יָרֹק לְגַמְרֵי הַבֹּקֶר
gilt /gɪlt/ n. צִפּוּי זָהָב; אִגֶּרֶת חוֹב מֶמְשַׁלְתִּית
take the gilt off the gingerbread (*UK colloq.*) קִלְקֵל אֶת הַטַּעַם שֶׁל (אֵרוּעַ, הַפְתָּעָה וְכַד')
—adj. מְצֻפֶּה זָהָב
gilt-edged /gɪlt-ˈedʒd/ **gilt-edged securities** adj. אִגְּרוֹת חוֹב מֶמְשַׁלְתִּיּוֹת
gimcrack /ˈdʒɪmkræk/ adj. "נוֹצֵץ וְזוֹל" (הַצָּעָה, סְחוֹרָה וְכַד')
gimlet /ˈgɪmlɪt/ n. מַקְדֵּחַ־יָד (פָּשׁוּט, לְלֹא מַנְגְּנוֹן)
gimmick /ˈgɪmɪk/ n. (*colloq. derog.*) גִּימִיק, טְרִיק
gimmickry /ˈgɪmɪkrɪ/ n. (*derog.*) גִּימִיקִים
gin[1] /dʒɪn/ n. & v.t. מַלְכֹּדֶת; מְנַפֶּטָה (מְכוֹנָה לְהַפְרָדַת כֻּתְנָה); לָכַד (בְּמַלְכֹּדֶת); הִפְרִיד (כֻּתְנָה)
gin[2] /dʒɪn/ n. גִּ'ין (מַשְׁקֶה אַלְכּוֹהוֹלִי)
pink gin גִּ'ין עִם אַנְגּוֹסְטוּרָה (תַּמְצִית מְרִירָה)
gin and it (or **tonic**) גִּ'ין־אֶנְד־טוֹנִיק, גִּ'ין וּמֵי־טוֹנִיק
ginger /ˈdʒɪndʒə(r)/ n. גִּ'ינְגֶ'ר, זַנְגְּבִיל
ginger beer (or **ale**) גָּזוֹז בְּטַעַם גִּ'ינְגֶ'ר, "גִּ'ינְגֶ'ר־אֵיל"
ginger nut (or **snap**) עוּגִיַּת גִּ'ינְגֶ'ר
—v.t.
ginger up עוֹרֵר, הֵפִיחַ חַיִּים בְּ...
□ *a whisky might ginger him up* אוּלַי כּוֹס וִיסְקִי תְּעוֹרֵר אוֹתוֹ קְצָת
gingerbread /ˈdʒɪndʒəˌbred/ n. עוּגַת גִּ'ינְגֶ'ר; עוּגִיַּת גִּ'ינְגֶ'ר
gingerbread man עוּגִיַּת גִּ'ינְגֶ'ר בְּצוּרַת אָדָם
gingerly /ˈdʒɪndʒəlɪ/ adv. & adj. בַּחֲשַׁשׁ רַב, בִּזְהִירוּת רַבָּה; חוֹשֵׁשׁ, זָהִיר
gingery /ˈdʒɪndʒərɪ/ adj. בְּטַעַם גִּ'ינְגֶ'ר
gingham /ˈgɪŋəm/ n. אֲרִיג כֻּתְנָה מְשֻׁבָּץ
gingivitis /ˌdʒɪndʒɪˈvaɪtɪs/ n. (*Med.*) דַּלֶּקֶת־הַחֲנִיכַיִם
ginseng /ˈdʒɪnseŋ/ n. גִּ'ינְסֶנְג (שֹׁרֶשׁ רְפוּאִי סִינִי)
gipsy /ˈdʒɪpsɪ/ n. & adj. צוֹעֲנִי; נוֹדֵד, נַוָּד
giraffe /dʒɪˈrɑːf/ n. גִּ'ירָפָה
gird /gɜːd/ (past & past ppl. **girt** /gɜːt/ or **girded** /ˈgɜːdɪd/) v.t. (*arch.*) חָגַר, שִׁנֵּס; הִקִּיף
□ *he girded up his loins for the argument* (*joc.*) הוּא חָגַר אֶת מָתְנָיו וְהִתְכּוֹנֵן לְוִכּוּחַ
girder /ˈgɜːdə(r)/ n. קוֹרָה (לָרֹב מִפְּלָדָה, בְּבִנְיָן וְכַד')
girdle[1] /ˈgɜːd(ə)l/ n. & v.t. מָחוֹךְ גָּמִישׁ (לְנָשִׁים); חֲגוֹרָה (לָרֹב בְּהַשְׁאָלָה); הִקִּיף
girdle[2] /ˈgɜːd(ə)l/ n. מַחֲבַת שְׁטוּחָה, פְּלָטָה חַמָּה (לַאֲפִיָּה וּלְטִגּוּן)
girl /gɜːl/ n.
1 (female child) יַלְדָּה, בַּת
□ *it's a girl!* זוֹ בַּת!, נוֹלְדָה לָכֶם בַּת!
2 (young woman, *colloq.*) נַעֲרָה, בַּחוּרָה (יֵשׁ הָרוֹאִים בְּבִטּוּי הָאַנְגְּלִי טַעַם לִפְגָם כְּשֶׁהוּא נֶאֱמָר עַל אִשָּׁה לְהַבְדִּיל מִיַּלְדָּה)
3 (man's girlfriend) נַעֲרָה (בִּטּוּי מְיֻשָּׁן בְּמִקְצָת)
girlfriend /ˈgɜːlfrend/ n. חֲבֵרָה (שֶׁל גֶּבֶר בְּקֶשֶׁר רוֹמַנְטִי אוֹ מִינִי); חֲבֵרָה (חָבֵר מִמִּין נְקֵבָה)
girlhood /ˈgɜːl/hʊd/ n. נְעוּרֶיהָ שֶׁל נַעֲרָה
girlie /ˈgɜːlɪ/ adj.
girlie magazine (*colloq.*) עִתּוֹן־גְּבָרִים (אֵרוֹטִי)
girlish /ˈgɜːlɪʃ/ adj. (הִתְנַהֲגוּת, צְחוֹק וְכַד') נַעֲרָתִי; (גֶּבֶר וְכַד') נָשִׁי
giro /ˈdʒaɪrəʊ/ n.
1 (computerized banking system) הַעֲבָרָה בַּנְקָאִית (מֵחֶשְׁבּוֹן בַּנְק אֶחָד לַשֵּׁנִי בְּאֶמְצָעוּת מַחְשֵׁב)
2 (unemployment payment) צֶ'ק דְּמֵי־אַבְטָלָה
girt /gɜːt/ past & past ppl. of **gird**
girth /gɜːθ/ n. (*formal*) הֶקֵּף (שֶׁל גּוּף גְּלִילִי וְכַד'); חֲגוֹרַת בֶּטֶן, חֶבֶק (לְחִזּוּק אֻכָּף וְכַד' עַל בְּהֵמָה)
gist /dʒɪst/ n. תַּמְצִית, עִקַּר־הַדְּבָרִים, קִצּוּר, סִכּוּם
give /gɪv/ (past **gave** /geɪv/, past ppl. **given** /ˈgɪv(ə)n/) v.t. נָתַן
give way נָתַן זְכוּת קְדִימָה; נִכְנַע, וִתֵּר
□ *don't give me that* (*rubbish*)*!* אַל תְּסַפֵּר לִי סִפּוּרִים!

□ *he was given the boot* (or *sack*) (*colloq.*) הֶעִיפוּ אוֹתוֹ מִן הָעֲבוֹדָה
□ *give me a ring or drop me a line!* תְּרִים לִי טֶלֶפוֹן אוֹ תִּכְתֹּב לִי כַּמָּה מִלִּים
□ *he's not giving of his best* הוּא מְסֻגָּל לְיוֹתֵר
□ *he gave his life to* (or *in*) *the cause of peace* הוּא הִקְרִיב אֶת חַיָּיו לְמַעַן הַשָּׁלוֹם, הוּא נָפַל לְמַעַן הַשָּׁלוֹם
□ *he gives as good as he gets* הוּא לֹא נִשְׁאָר חַיָּב
□ *she really gives herself to her work* הִיא בֶּאֱמֶת מִתְמַסֶּרֶת לַעֲבוֹדָתָהּ
□ *the president gave a dinner for the royal visitor* הַנָּשִׂיא עָרַךְ סְעוּדָה לִכְבוֹד הָאוֹרֵחַ הַמַּלְכוּתִי
□ *she gave no indication* (or *sign*) *of being bored* הִיא לֹא הֶרְאֲתָה שׁוּם סִימָן שֶׁל שִׁעֲמוּם
□ *I don't give a damn what you think* (*colloq.*) לֹא אִכְפַּת לִי מָה אַתָּה חוֹשֵׁב, אֲנִי לֹא שָׂם עַל מַה שֶּׁאַתָּה חוֹשֵׁב
□ *the sergeant gave us hell* (*colloq.*) הַסַּמָּל עָשָׂה לָנוּ אֶת הַמָּוֶת, הַסַּמָּל קָרַע לָנוּ אֶת הַנְּשָׁמָה
□ *give me Bach any time!* (*colloq.*) אֲנִי תָּמִיד שָׂמֵחַ לִשְׁמֹעַ אֶת בַּךְ
□ *she gave him a piece of her mind* הִיא נָתְנָה לוֹ עַל הָרֹאשׁ
□ *she gave a start* הִיא נָתְנָה קְפִיצָה (שֶׁל הַפְתָּעָה), הִיא נִרְתְּעָה בְּפִתְאֹמִיּוּת
□ *he is rather given to rash statements* יֵשׁ לוֹ נְטִיָּה לְהִתְבַּטְּאוּת פְּזִיזָה
□ *two thousand, give or take a few* אַלְפַּיִם פְּלוּס־מִינוּס, אַלְפַּיִם פָּחוֹת אוֹ יוֹתֵר

—v.i. לֹא הֶחֱזִיק מַעֲמָד, הִתְמוֹטֵט, נִשְׁבַּר
□ *his knees gave under him* בִּרְכָּיו פָּקוּ, בִּרְכָּיו כָּשְׁלוּ
□ *the bough gave but did not break* הָעָנָף הִתְכּוֹפֵף אַךְ לֹא נִשְׁבַּר
□ *woollen fabric gives when stretched* אֲרִיג־צֶמֶר מִתְאָרֵךְ כְּשֶׁמּוֹתְחִים אוֹתוֹ

—in set phrases

give away נָתַן
□ *the bride was given away by her father* אֲבִי־הַכַּלָּה נָתַן אֶת יַד בִּתּוֹ לֶחָתָן (בְּטֶקֶס־הַחֲתֻנָּה)
□ *the Mayor gave away the prizes* רֹאשׁ־הָעִיר הֶעֱנִיק אֶת הַפְּרָסִים
□ *he gave his entire fortune away* הוּא חִלֵּק אֶת כָּל הוֹנוֹ בְּמַתָּנָה
□ *he gave his accomplices away* הוּא הִסְגִּיר אֶת שֻׁתָּפָיו לִדְבַר־עֲבֵרָה (בְּכַוָּנָה אוֹ שֶׁלֹּא בְּכַוָּנָה)
□ *his accent gave him* (or *the game*) *away* הַמִּבְטָא שֶׁלּוֹ הִסְגִּיר אוֹתוֹ

give back הֶחֱזִיר
□ *an operation gave him back his sight* נִתּוּחַ הֶחֱזִיר לוֹ אֶת רְאִיָּתוֹ

give in הִגִּישׁ, מָסַר; נִכְנַע
□ *he gave in his resignation* הוּא הִגִּישׁ אֶת הִתְפַּטְּרוּתוֹ
□ *the minister gave in to pressure* הַשַּׂר נִכְנַע לַלַּחַץ

give on to נִשְׁקַף אֶל, נִבַּט אֶל
□ *the window gives on to the garden* הַחַלּוֹן נִשְׁקָף אֶל הַגַּן

give out חִלֵּק; הוֹדִיעַ בָּרַבִּים; נִגְמַר
□ *the pacifists were giving out leaflets* הַפָּצִיפִיסְטִים חִלְּקוּ כְּרוּזִים
□ *our supplies of flour gave out* מְלַאי הַקֶּמַח שֶׁלָּנוּ אָזַל
□ *he gave out that he would not be standing for re-election* הוּא הוֹדִיעַ כִּי לֹא יַעֲמֹד עוֹד לִבְחִירוֹת

give over
□ *she gave him over to the police* הִיא הִסְגִּירָה אוֹתוֹ לַמִּשְׁטָרָה
□ *give over crying, will you?* (*colloq.*) מַסְפִּיק לִבְכּוֹת כְּבָר, טוֹב?
□ *the whole plant was given over to tank production* הַמִּפְעָל כֻּלּוֹ עָבַר לְיִצּוּר טַנְקִים
□ *he gave himself over to vice* הוּא יָצָא לְתַרְבּוּת רָעָה

give up הִתְמַסֵּר; וִתֵּר; וִתֵּר עַל
□ *he gave himself up to study* הוּא הִתְמַסֵּר לְלִמּוּדִים
□ *it's no go; I give up!* זֶה לֹא יֵלֵךְ, אֲנִי מֵרִים יָדַיִם!
□ *we gave up smoking* הִפְסַקְנוּ לְעַשֵּׁן
□ *we gave up hope that she might be alive* אִבַּדְנוּ תִּקְוָה שֶׁהִיא עֲדַיִן בַּחַיִּים
□ *they gave him up for lost* הֵם הִתְיָאֲשׁוּ מִלְּחַפֵּשׂ אַחֲרָיו; הֵם הִתְיָאֲשׁוּ מִמֶּנּוּ
□ *she gave her boyfriend up* הִיא נִתְּקָה אֶת יְחָסֶיהָ עִם הֶחָבֵר שֶׁלָּהּ

—n.

give and take וִתּוּרִים הֲדָדִיִּים

give-away /ˈgɪv-əweɪ/ n. הַסְגָּרַת־סוֹד בְּלִי כַּוָּנָה; חֲצִי־חִנָּם
□ *her face was her give-away* (*colloq.*) פָּנֶיהָ גִּלּוּ אֶת סוֹדָהּ

given /ˈgɪv(ə)n/ adj. & prep. קָבוּעַ, נָתוּן (מֵרֹאשׁ); בְּהַנָּחָה שֶׁ...

given name (*US*) שֵׁם פְּרָטִי

gizzard /ˈgɪzəd/ n. זֶפֶק (שֶׁל עוֹף)
□ *it sticks in my gizzard* (*colloq.*) קָשֶׁה לִי לְעַכֵּל אֶת זֶה (בְּהַשְׁאָלָה בִּלְבַד)

glacé /ˈglæseɪ/ adj. (פְּרִי) מְסֻכָּר, מְזֻגָּג

glacial /ˈgleɪsɪəl/ adj. שֶׁל קֶרַח, שֶׁל קַרְחוֹן, שֶׁל תְּקוּפַת־הַקֶּרַח; (מַבָּט וְכַד׳) מַקְפִּיא

glacier /ˈglæsɪə(r)/ n. קַרְחוֹן

glad /glæd/ adj. שָׂמֵחַ, עַלִּיז; מְשַׂמֵּחַ

glad tidings (*poet.*) בְּשׂוֹרוֹת טוֹבוֹת

the glad eye (*UK arch. colloq.*) (עָשָׂה) "עֵינַיִם"
glad rags (*UK colloq.*) בִּגְדֵי־שַׁבָּת
gladden /ˈglæd(ə)n/ v.t. שִׂמַּח
glade /gleɪd/ n. (*poet.*) קָרַחַת־יַעַר, מַעֲרַת־יַעַר
gladiator /ˈglædɪeɪtə(r)/ n. גְלָדְיָאטוֹר, לוּדָר
gladiolus /ˌglædɪəʊləs/ n. (*pl.* **gladioli**) גְלַדְיוֹלָה, סֵיפָן (פֶּרַח נוֹי)
glamorize /ˈglæməraɪz/ v.t. הִקִּיף בְּהִלָּה שֶׁל זֹהַר, עָשָׂה (דְּבַר מָה) לְנוֹצֵץ
glamorous /ˈglæmərəs/ adj. זוֹהֵר, נוֹצֵץ, קוֹסֵם
□ *being a dancer is not as glamorous as some people think* הָרִקּוּד הוּא לֹא תָּמִיד מִקְצוֹעַ נוֹצֵץ כְּפִי שֶׁנִּדְמֶה לַאֲנָשִׁים אֲחֵרִים
glamour /ˈglæmə(r)/ n. זֹהַר, קֶסֶם
glance /glɑːns/ v.i.
1 (look quickly, also n.) הֵעִיף מַבָּט, הֵעִיף עַיִן; מַבָּט חָטוּף
□ *I knew at first glance* מִן הָרֶגַע הָרִאשׁוֹן יָדַעְתִּי, יָדַעְתִּי מִמַּבָּט רִאשׁוֹן
2 (fly off obliquely) נָגַע וְנִזְרַק הַצִּדָּה, נִתַּז הַצִּדָּה (כַּדּוּר, נִיצוֹץ וְכַד׳)
gland /glænd/ n. בַּלּוּטָה
glandular /ˈglændjʊlə(r)/ adj. שֶׁל בַּלּוּטוֹת
glandular fever דַּלֶּקֶת־הַבַּלּוּטוֹת
glare /gleə(r)/ v.i.
1 (shine) הִבְהִיק בְּבֹהַק מְסַנְוֵר, סִנְוֵר
2 (stare fiercely) נָעַץ מַבָּט נוֹקֵב
—n.
1 (strong light) בֹּהַק מְסַנְוֵר
□ *stars lead their lives in the full glare of publicity* כּוֹכָבִים מְנַהֲלִים אֶת חַיֵּיהֶם לְאוֹר זַרְקוֹרֵי־הַפִּרְסֹמֶת
2 (fierce look) מַבָּט זוֹעֵם, מַבָּט נוֹקֵב
glaring /ˈgleərɪŋ/ adj.
1 (dazzling) מְסַנְוֵר, מַבְהִיק
2 (obvious) בּוֹלֵט, בָּרוּר כַּשֶּׁמֶשׁ
□ *this is a glaring injustice* זֶהוּ עָוֶל מְשַׁוֵּעַ
□ *your argument has a glaring omission* יֵשׁ הַשְׁמָטָה בּוֹלֶטֶת בַּטִּעוּן שֶׁלְּךָ
3 (fierce) זוֹעֵם, נִזְעָם
glasnost /ˈglæznɒst/ n. (*Hist.*) גְּלַסְנוֹסְט (מְדִינִיּוּת הַפְּתִיחוּת שֶׁל בְּרִיהַ״מ הָחֵל מִשְּׁנוֹת הַ־80)
glass /glɑːs/ n.
1 (material) זְכוּכִית
glass fibre סִיבֵי־זְכוּכִית
glass wool צֶמֶר־זְכוּכִית
□ *I grow lettuces under glass* אֲנִי מְגַדֵּל חַסָּה בַּחֲמָמוֹת
2 (mirror) מַרְאָה
□ *take a look in the glass* תִּסְתַּכֵּל בָּרְאִי!
3 (glass drinking-vessel) כּוֹס
□ *this glass holds a pint* הַכּוֹס הַזֹּאת מְכִילָה פַּיְנְט
□ *he had one glass too many* (*colloq.*) הוּא שָׁתָה קְצָת יוֹתֵר מִדַּי
4 (barometer) בָּרוֹמֶטֶר
□ *the glass is falling – it will rain* הַבָּרוֹמֶטֶר יוֹרֵד, יֵרֵד גֶּשֶׁם
5 (telescope) מִשְׁקֶפֶת, טֶלֶסְקוֹפ
□ *the sailor scanned the horizon with* (or *through*) *his glass* הַמַּלָּח סָרַק אֶת הָאֹפֶק בְּמִשְׁקַפְתּוֹ
6 (lens) עֲדָשָׁה
magnifying glass זְכוּכִית מַגְדֶּלֶת
7 (in *pl.*, spectacles) מִשְׁקָפַיִם
8 (in *pl.*, binoculars) מִשְׁקֶפֶת
field glasses מִשְׁקֶפֶת שָׂדֶה
—v.t. הִתְקִין זְכוּכִית בְּ... (חַלּוֹן, צִיּוּר וְכַד׳)
□ *we decided to glass in the porch* הֶחְלַטְנוּ לִסְגֹּר אֶת הַמִּרְפֶּסֶת (בִּזְכוּכִית)
glass-blower /ˈglɑːs-bləʊə(r)/ n. נַפַּח־זְכוּכִית
glass-cutter /ˈglɑːs-kʌtə(r)/ n. חָרַט זְכוּכִית; מַכְשִׁיר לַחִתּוּךְ זְכוּכִית
glassful /ˈglɑːsfʊl/ n. מְלוֹא־הַכּוֹס, כּוֹס
glasshouse /ˈglɑːshaʊs/ n.
1 (greenhouse) חֲמָמָה
□ *people who live in glasshouses shouldn't throw stones* (*Prov.*) אִם אַתָּה פָּגִיעַ, אַל תְּשַׂחֵק מִשְׂחָקִים מְסֻכָּנִים
2 (military prison, *sl.*) כֶּלֶא צְבָאִי
glassware /ˈglɑːsweə(r)/ n. כְּלֵי זְכוּכִית
glassy /ˈglɑːsɪ/ adj. זְכוּכִיתִי, זְגוּגִי, כְּמוֹ זְכוּכִית
glassy-eyed /ˌglɑːsɪ-ˈaɪd/ adj. (עֵינַיִם) מְזֻגָּגוֹת (חַסְרוֹת הַבָּעָה)
Glaswegian /glæzˈwiːdʒ(ə)n/ n. & adj. תּוֹשַׁב הָעִיר גְּלַזְגוֹ; שֶׁל גְּלַזְגוֹ
glaucoma /glaʊˈkəʊmə/ n. (*Med.*) גְּלָאוּקוֹמָה, בַּרְקִית (מַחֲלַת־עֵינַיִם קָשָׁה)
glaze /gleɪz/ v.t.
1 (fit with glass) הִתְקִין שִׁמְשָׁה בְּ..., הִתְקִין זְכוּכִית בְּ...
double glazing זִגּוּג כָּפוּל (בַּחַלּוֹנוֹת, לִשְׁמִירַת הַחֹם וְלִמְנִיעַת רַעַשׁ)
2 (give shiny surface to, also v.i.) זִגֵּג, צִפָּה בְּצִפּוּי זְגוּגִי (כְּלֵי־חֶרֶס אוֹ דְּבַר מַאֲכָל)
□ *his eyes glazed over* עֵינָיו הִזְדַּגְּגוּ
—n. זִגּוּג, צִפּוּי זְגוּגִי
glazier /ˈgleɪzɪə(r)/ n. זַגָּג
gleam /gliːm/ v.i. & n. נִצְנֵץ, הִבְהִיק, זָהַר; נִצְנוּץ, בֹּהַק, אוֹר קָלוּשׁ; נִיצוֹץ
□ *he has a dangerous gleam in his eye* יֵשׁ לוֹ מַבָּט מְאַיֵּם, יֵשׁ נִיצוֹץ מַפְחִיד בְּעֵינָיו
□ *there is a gleam of hope* יֵשׁ נִיצוֹץ שֶׁל תִּקְוָה
glean /gliːn/ v.t. & i. לִקֵּט, קִבֵּץ
gleanings /ˈgliːnɪŋz/ n. *pl.* לֶקֶט; רְסִיסֵי מֵידָע

glee /gliː/ n. שִׂמְחָה, גִּיל, עַלִּיזוּת, רִנָּה; שִׁיר מַקְהֵלָה (בְּיִחוּד שֶׁל גְּבָרִים)

gleeful /ˈgliːf(ə)l/ adj. עַלִּיז, שָׂמֵחַ

glen /glen/ n. עָרוּץ, גַּיְא צַר (בֶּהָרִים)

glib /glɪb/ adj. (*derog.*) (אָדָם) בַּעַל לָשׁוֹן חֲלָקָה, (שֶׁקֶר וְכַד׳) חֲלַקְלַק

glide /glaɪd/ v.i. & n. גָּלַשׁ, הֶחֱלִיק; דָּאָה; גְּלִישָׁה; דְּאִיָּה

glider /ˈglaɪdə(r)/ n. דָּאוֹן

glimmer /ˈglɪmə(r)/ v.i. & n. הִבְהֵב, נִצְנֵץ; הִבְהוּב, נִצְנוּץ; נִיצוֹץ

glimpse /glɪmps/ n. & v.t. מַבָּט חָטוּף; רָאָה בְּחָטֶף

□ *I caught a glimpse of her face as she passed* רָאִיתִי אֶת פָּנֶיהָ בְּחָטֶף כְּשֶׁהִיא חָלְפָה לְפָנַי

glint /glɪnt/ v.i. & n. הִבְזִיק, הִבְהִיק, נִצְנֵץ; הַבְזָקָה, נִצְנוּץ

glissade /glɪˈseɪd/ n. גְּלִישָׁה (עַל שֶׁלֶג אוֹ קֶרַח); גְּלִישָׁה (בְּמָחוֹל)

glisten /ˈglɪs(ə)n/ v.i. נָצַץ, הִבְרִיק, הִבְלִיחַ

glitter /ˈglɪtə(r)/ v.i. & n. הִבְרִיק, נִצְנֵץ, זָהַר; בָּרָק, זֹהַר

□ *all that glitters is not gold* (*Prov.*) לֹא כָּל מַה שֶּׁנּוֹצֵץ – זָהָב; אַל תִּסְתַּכֵּל בַּקַּנְקַן אֶלָּא בְּמַה שֶּׁיֵּשׁ בּוֹ

glitzy /ˈglɪtzɪ/ adj. (*sl.*) "נוֹצֵץ" (סִגְנוֹן חַיִּים, דְּמוּת, לְבוּשׁ)

gloaming /ˈgləʊmɪŋ/ n. (*poet.*) דִּמְדּוּמִים, בֵּין הָעַרְבַּיִם

gloat /gləʊt/ v.i.

gloat over בָּחַן בְּתַאֲוָה וּבְסִפּוּק; שָׂמַח לְאֵיד

global /ˈgləʊb(ə)l/ adj.

1 (world-wide) גְּלוֹבָּלִי, כְּלַל-עוֹלָמִי, עוֹלָמִי

global warming הִתְחַמְּמוּת כַּדּוּר הָאָרֶץ (עַל-פִּי הַהַשְׁעָרָה בְּשֶׁל "אֶפֶקְט הַחֲמָמָה")

2 (embracing all of a group of items) כּוֹלֵל, גְּלוֹבָּלִי

globe /gləʊb/ n. כַּדּוּר, סְפִירָה; גְּלוֹבּוּס; כַּדּוּר-הָאָרֶץ

globe-trotter /ˈgləʊb-trɒtə(r)/ n. (*colloq.*) תַּיָּר וָתִיק

globular /ˈglɒbjʊlə(r)/ adj. כַּדּוּרִי

globule /ˈglɒbjuːl/ n. טִפָּה זְעִירָה (דְּמוּיַת כַּדּוּר), כַּדּוּרִית

glockenspiel /ˈglɒkənˌʃpiːl/ n. פַּעֲמוֹנָה (מֵעֵין קְסִילוֹפוֹן מַתֶּכֶת)

gloom /gluːm/ n.

1 (darkness) חֲשֵׁכָה, אֲפֵלוּלִית

2 (depression) קַדְרוּת, עַצְבוּת, דִּכְדּוּךְ

gloominess /ˈgluːmɪnɪs/ n. אֲפֵלוּלִית; קַדְרוּת, דִּכְדּוּךְ

gloomy /ˈgluːmɪ/ adj. אֲפֵלוּלִי, קוֹדֵר; מְדֻכְדָּךְ; מְדַכְדֵּךְ

glorification /ˌglɔːrɪfɪˈkeɪʃ(ə)n/ n. (*formal*) הַאֲדָרָה, הַעֲרָצָה, פֵּאוּר

glorify /ˈglɔːrɪfaɪ/ v.t. הֶאֱדִיר, פֵּאֵר, שִׁבֵּחַ

□ *his weekend cottage is only a glorified barn* (*colloq.*) הַקּוֹטֶג׳ שֶׁלּוֹ בַּכְּפָר הוּא בְּעֶצֶם לֹא יוֹתֵר מֵאֲשֶׁר אָסָם

glorious /ˈglɔːrɪəs/ adj. מְהֻלָּל; נֶהְדָּר, מְפֹאָר; יוֹצֵא מִן הַכְּלָל, נִפְלָא

glory /ˈglɔːrɪ/ n. תְּהִלָּה, שֶׁבַח וְהוֹדָיָה; הוֹד, הָדָר, תִּפְאֶרֶת

Old Glory (*US*) הַדֶּגֶל הָאֲמֶרִיקָאִי

—v.i. הִתְגָּאָה בְּ..., הִתְהַלֵּל בְּ...

glory in הִתְגָּאָה בְּ..., הִתְהַדֵּר בְּ...

glory-hole /ˈglɔːrɪ-həʊl/ n. (*colloq.*) חֲדַר-מַחְסָן; מְגֵרַת-שְׁמוֹנְצֶס

gloss[1] /glɒs/ n. בָּרָק (שֶׁל מֶשִׁי, סָטִין, תַּצְלוּם וְכַד׳)

gloss paint צֶבַע מַבְרִיק

—v.t.

gloss over כִּסָּה עַל, הִסְוָה

□ *her biographer glossed over her faults* הַבִּיּוֹגְרָף שֶׁלָּהּ חִפָּה עַל פְּגָמֶיהָ

gloss[2] /glɒs/ n. & v.t. פֵּרוּשׁ לְמִלָּה, הֶסְבֵּר לְמִלָּה; נָתַן פֵּרוּשׁ (לְמִלָּה)

glossary /ˈglɒsərɪ/ n. רְשִׁימַת מֻנָּחִים, רְשִׁימַת מִלִּים (עִם הֶסְבֵּרִים, לָרֹב בְּנוֹשֵׂא מְסֻיָּם אוֹ בְּהִתְיַחֵס לִיצִירָה סִפְרוּתִית מְסֻיֶּמֶת)

glossy /ˈglɒsɪ/ adj. מַבְרִיק, מַבְהִיק, חָלָק, חֲלַקְלַק

glossy magazine יַרְחוֹן/שְׁבוּעוֹן צִבְעוֹנִי (מֻדְפָּס עַל נְיָר כְּרוֹמוֹ עִם הַרְבֵּה תַּצְלוּמִים)

glottal /ˈglɒt(ə)l/ adj. סַדְקִי; שֶׁל סֶדֶק-הַקּוֹל

glottal stop (*Phonet.*) עִצּוּר סַדְקִי

glottis /ˈglɒtɪs/ n. (*Anat.*) סֶדֶק-הַקּוֹל

glove /glʌv/ n. כְּפָפָה, כְּסָיָה

glove compartment תָּא הַכְּפָפוֹת (בִּמְכוֹנִית)

□ *this sweater fits like a glove* הַסְּוֶדֶר הַזֶּה מַמָּשׁ תָּפוּר עָלַי

□ *the detective was hand in glove with the thieves* הַבַּלָּשׁ פָּעַל בְּעֵצָה אַחַת עִם הַגַּנָּבִים, הַבַּלָּשׁ עָשָׂה יָד אַחַת עִם הַגַּנָּבִים

glow /gləʊ/ v.i. & n. לָהַט, הֵפִיץ אוֹר וָחֹם (לְלֹא אֵשׁ אוֹ עָשָׁן); זָהַר; לַהַט; זֹהַר

□ *her face glowed with health and cheerfulness* פָּנֶיהָ קָרְנוּ בְּרִיאוּת וְחֶדְוָה

□ *he gave a glowing account of your progress* הוּא תֵּאֵר אֶת הַהִתְקַדְּמוּת שֶׁלְּךָ בְּמִלִּים נִלְהָבוֹת

glower /ˈglaʊə(r)/ v.i. הִבִּיט בְּכַעַס וּבְאִיּוּם, הִבִּיט בְּקַדְרוּת

glow-worm /ˈgləʊ-wɜːm/ n. זַחַל הַגַּחֲלִילִית (חָרָק חֲסַר-כְּנָפַיִם בַּעַל חֵלֶק אֲחוֹרִי זוֹהֵר)

glucose /ˈgluːkəʊs/ n. גְּלוּקוֹזָה (אֶחָד מִן הַסֻּכָּרִים הַטִּבְעִיִּים)

glue /gluː/ n. & v.t. דֶּבֶק; הִדְבִּיק

gluey /ˈgluːɪ/ adj. דִּבְקִי, דָּבִיק; מְכֻסֶּה דֶּבֶק

glum /glʌm/ adj. עָצוּב, מְדֻכְדָּךְ

glut /glʌt/ v.t. & n. גָּדַשׁ, הֵצִיף (בְּהַשְׁאָלָה בִּלְבַד); שֶׁפַע, גֹּדֶשׁ

gluten /ˈgluːt(ə)n/ n. דִּבְקִית (חֹמֶר דִּבְקִי בְּקֶמַח)

glutinous /ˈgluːtɪnəs/ adj. (*formal*) מְדַבֵּק, דָּבִיק

glutton /ˈglʌt(ə)n/ n. (*derog.*) זַלְלָן, גַּרְגְּרָן
□ *he's a glutton for punishment* (*colloq.*) הוּא שָׂשׂ לְמְשִׂימוֹת קָשׁוֹת

gluttonous /ˈglʌtənəs/ adj. (*derog.*) זַלְלָנִי, גַּרְגְּרָנִי

gluttony /ˈglʌtənɪ/ n. (*formal derog.*) זַלְלָנוּת, גַּרְגְּרָנוּת

glycerine /ˈglɪsəriːn/ n. גְּלִיצֶרִין (נוֹזֵל שָׁקוּף וּמְתַקְתַּק, לְתַעֲשִׂיַּת הַיֹּפִי וְכַד׳)

gnarled /nɑːld/ adj. (עֵץ) מְסֻקָּס; גָּרוּם (יָד וְכַד׳)

gnash /næʃ/ v.t. & i. חָרַק (שִׁנָּיו); חָרַק שִׁנַּיִם

gnat /næt/ n. יַתּוּשׁ, יַבְחוּשׁ

gnaw /nɔː/ v.t. & i. כִּרְסֵם, כָּסַס
□ *fear gnawed* (*at*) *his heart* הַפַּחַד כִּרְסֵם בְּלִבּוֹ

gnome /neʊm/ n. שֵׁדוֹן, גַּמָּד (דְּמוּת מִן הָאַגָּדוֹת)
garden gnome פַּסְלוֹן נוֹי בִּדְמוּת גַּמָּד (לַגִּנָּה וְכַד׳)

Gnostic /ˈnɒstɪk/ n. (*Relig.*) גְּנוֹסְטִיקָן

gnostic /ˈnɒstɪk/ adj. (*Relig.*) גְּנוֹסְטִי (הַשַּׁיָּךְ לְכַת נוֹצְרִית קְדוּמָה שֶׁל מִסְטִיקָנִים)

gnu /nuː/ n. גְּנוּ (מֵעֵין תְּאוֹ אַפְרִיקָאִי)

go /gəʊ/ (past **went** /went/, past ppl. **gone** /gɒn/ v.i.

1 (move, proceed, extend) הָלַךְ
go to sleep נִרְדַּם
□ *there are still ten miles to go* יֵשׁ עוֹד עֲשָׂרָה מִיל
□ *I can't go all the way with you on that* (*fig.*) אֲנִי לֹא יָכוֹל לְהַסְכִּים אִתְּךָ לְגַמְרֵי בַּנּוֹשֵׂא הַזֶּה
□ *she didn't want to go all the way with him* (*euphem.*) הִיא לֹא רָצְתָה לָלֶכֶת עַד הַסּוֹף אִתּוֹ (כְּלוֹמַר לְקַיֵּם מַגָּע מִינִי מָלֵא)
□ *this line goes very well* סִדְרַת הַמּוּצָרִים הַזּוֹ ״הוֹלֶכֶת״ מְצֻיָּן, סִדְרַת הַמּוּצָרִים הַזּוֹ נִמְכֶּרֶת טוֹב מְאֹד
□ *look what you've gone and done* (*colloq.*) עַכְשָׁו תִּרְאֶה מָה עָשִׂיתָ!
□ *£2 won't go very far* אִי אֶפְשָׁר לַעֲשׂוֹת הַרְבֵּה עִם 2 לִישׁ״ט
□ *your joining us would go a long way* אִם תִּצְטָרֵף אֵלֵינוּ זֶה יַעֲזֹר מְאֹד
□ *he had to go it alone* הוּא הָיָה צָרִיךְ לְהִסְתַּדֵּר לְבַד
□ *the real criminal went free* הַפּוֹשֵׁעַ הָאֲמִתִּי הִתְחַמֵּק מֵעֹנֶשׁ
□ *here goes!* קְרִיאָה הַנֶּאֱמֶרֶת לִפְנֵי עֲשִׂיַּת מַעֲשֶׂה שֶׁחוֹשְׁשִׁים מִמֶּנּוּ בְּמִקְצָת
□ *who goes there?* מִי שָׁם? (שְׁאֵלָה שֶׁל שׁוֹמֵר/זָקִיף)
□ *they went in fear of their lives* הֵם חָשְׁשׁוּ לְחַיֵּיהֶם
□ *they went hungry* הֵם סָבְלוּ מֵרָעָב, הֵם נֶאֶלְצוּ לִרְעֹב
□ *as industrial towns go, this one is quite clean* בְּהִתְחַשֵּׁב בְּכָךְ שֶׁזּוֹ עִיר תַּעֲשִׂיָּה, זֶה מָקוֹם נָקִי לְמַדַּי
□ *can I have two pizzas to go?* תֵּן לִי בְּבַקָּשָׁה פַּעֲמַיִם פִּיצָה לָקַחַת הַבַּיְתָה

2 (function, proceed; be suitable, fit) הָלַךְ, הִתְקַדֵּם
go Dutch (זוּג) הָלַךְ לְמִסְעָדָה וְשִׁלֵּם כָּל אֶחָד אֶת חֶלְקוֹ בְּנִפְרָד
□ *all went well* הַכֹּל הִתְקַדֵּם לְמֵישָׁרִין, הַכֹּל הָלַךְ בְּסֵדֶר
□ *it won't go in the basket – it's too big* זֶה לֹא יִכָּנֵס לַסַּל – זֶה גָּדוֹל מִדַּי
□ *how are things going?* מָה הָעִנְיָנִים? מָה הַמַּצָּב? אֵיךְ הוֹלֵךְ?
□ *she kept the shop going while I was away* הִיא נִהֲלָה אֶת הַחֲנוּת בִּתְקוּפַת הֶעְדְּרוּתִי
□ *this clock doesn't go* הַשָּׁעוֹן הַזֶּה לֹא פּוֹעֵל
□ *my car won't go* הַמְּכוֹנִית שֶׁלִּי הִתְקַלְקְלָה
□ *go easy on the sugar!* (*colloq.*) אַל תַּגְזִים עִם הַסֻּכָּר!
□ *he can go* (*for*) *years without a rest* הוּא יָכוֹל ״לָרוּץ״ שָׁנִים מִבְּלִי לָנוּחַ
□ *7 into 17 won't go* שְׁבַע־עֶשְׂרֵה לֹא מִתְחַלֵּק בְּשֶׁבַע (בְּלִי שְׁאֵרִית)
□ *violet doesn't go with green* (צֶבַע) סָגֹל לֹא הוֹלֵךְ טוֹב עִם יָרֹק
□ *what he says, goes* מָה שֶׁהוּא אוֹמֵר, הוֹלֵךְ
□ *in that group, anything goes* אֶצְלָם הַכֹּל הוֹלֵךְ, בַּקְּבוּצָה הַהִיא הַכֹּל עוֹבֵר
□ *the butter goes in the larder* הַמָּקוֹם שֶׁל הַחֶמְאָה הוּא בַּמְּזָוֶה
□ *what are the ingredients that go to make a statesman?* מָה הֵם הַחֳמָרִים שֶׁמֵּהֶם נוֹצָר מְדִינַאי?

3 (depart) הָלַךְ, עָזַב, יָצָא
□ (*ready! steady!*) *go!* (לִמְקוֹמוֹת! הִכּוֹן!) רוּץ!
□ *he's gone* (*to a better world*) (*euphem.*) הוּא עָבַר (לְעוֹלָם שֶׁכֻּלּוֹ טוֹב)
□ *my ring has gone!* אֲנִי לֹא מוֹצֵא אֶת הַטַּבַּעַת שֶׁלִּי, מִישֶׁהוּ לָקַח אֶת הַטַּבַּעַת שֶׁלִּי
□ *the money is* (*or has*) *all gone* הַכֶּסֶף נִגְמַר
□ *going! going! gone!* פַּעַם רִאשׁוֹנָה! פַּעַם שְׁנִיָּה! נִמְכַּר! (קְרִיאַת הַכָּרוֹז בִּמְכִירָה פֻּמְבִּית)

4 (fail)
□ *her sight is going* הִיא הוֹלֶכֶת וּמְאַבֶּדֶת אֶת רְאִיָּתָהּ
□ *the bulb went yesterday* הַנּוּרָה נִשְׂרְפָה אֶתְמוֹל
□ *his legs went under him* בִּרְכָּיו כָּשְׁלוּ

5 (become) הָיָה לְ..., נַעֲשָׂה, נֶהְפַּךְ לְ...
□ *he went red in the face* הוּא הִסְמִיק, הוּא נַעֲשָׂה אָדֹם בְּפָנִים
□ *Liverpool went Labour* לִיוֶרְפּוּל עָבְרָה לְהַצְבִּיעַ עֲבוּר הַ״לֵּיבּוֹר״
□ *things went wrong from the start* הַדְּבָרִים הַחֵלּוּ לְהִשְׁתַּבֵּשׁ מִן הָרֶגַע הָרִאשׁוֹן

6 (follow a pattern)
□ *dogs go "woof woof"* כְּלָבִים עוֹשִׂים ״הַב הַב״
□ *the story goes that he poisoned her* הַשְּׁמוּעוֹת אוֹמְרוֹת שֶׁהוּא הִרְעִיל אוֹתָהּ

□ *the tune goes like this* הַמַּנְגִּינָה הִיא כָּזֹאת

□ *we can't go giving refunds to every dissatisfied customer* אֲנַחְנוּ לֹא יְכוֹלִים לָתֵת הֶחְזֵר סְתָם כָּךְ לְכָל לָקוֹחַ בִּלְתִּי מְרֻצֶּה

□ *there you go (again), criticizing* שׁוּב אַתָּה מוֹתֵחַ בִּקֹּרֶת

—in set phrases

go about הִתְהַלֵּךְ, הִסְתּוֹבֵב

□ *he's been going about with Jane* בַּזְּמַן הָאַחֲרוֹן הוּא יוֹצֵא עִם גֵ'יין, לָאַחֲרוֹנָה הוּא מִסְתּוֹבֵב עִם גֵ'יין

□ *there's a rumour going about that they will get married* יֵשׁ שְׁמוּעָה שֶׁהֵם עוֹמְדִים לְהִנָּשֵׂא

□ *he went about telling everybody* הוּא סִפֵּר לְכָל מִי שֶׁפָּגַשׁ

□ *he went about (the business of) learning English methodically* הוּא נִגַּשׁ לִלְמוֹד הָאַנְגְּלִית בְּשִׁיטָתִיּוּת

□ *I was only going about my (lawful) business* אֲנִי בְּסַךְ הַכֹּל עָסַקְתִּי בְּעִנְיָנַי כָּרָגִיל

□ *the ship went about* הָאֳנִיָּה הִסְתּוֹבְבָה לְאָחוֹר

go after חִפֵּשׂ, יָצָא בְּעִקְּבוֹת

□ *he went after a job in London* הוּא חִפֵּשׂ מִשְׂרָה בְּלוֹנְדוֹן

go against נָגַד; הִתְנַגֵּד לְ..., יָצָא כְּנֶגֶד

□ *the idea goes against logic* הָרַעְיוֹן הַזֶּה נוֹגֵד אֶת הַהִגָּיוֹן

go ahead הִתְקַדֵּם; הָלַךְ רִאשׁוֹן

□ *the work is going ahead rapidly* הָעֲבוֹדָה מִתְקַדֶּמֶת בִּמְהִירוּת

□ *you can go ahead with your plans* אַתָּה רַשַּׁאי לָגֶשֶׁת לְבִצּוּעַ הַתָּכְנִיּוֹת שֶׁלְּךָ

go along

□ *go along with you!* (*colloq.*) עֲזֹב שְׁטֻיּוֹת! סַפֵּר לְסָבְתָּא!

□ *I can't go along with that at all* אֲנִי לֹא יָכוֹל לְהַסְכִּים לָזֶה בְּשׁוּם פָּנִים וָאֹפֶן

□ *you will pick up the job as you go along* אַתָּה תִּלְמַד אֶת הָעֵסֶק תּוֹךְ כְּדֵי עֲבוֹדָה

go at

□ *he really went at the problem* הוּא לֹא חָסַךְ מַאֲמָץ לְהִתְמוֹדֵד עִם הַבְּעָיָה

□ *they went at each other hammer and tongs* (*colloq.*) הֵם הִתְנַפְּלוּ זֶה עַל זֶה בְּשֶׁצֶף־קֶצֶף (בְּמִלִּים בִּלְבַד, לֹא בְּמַהֲלוּמוֹת)

go back חָזַר, נָסוֹג

□ *now we've started, there's no going back* עַכְשָׁו מִשֶּׁהִתְחַלְנוּ, אֵין שׁוּם דֶּרֶךְ חֲזָרָה

□ *he went back on his word* הוּא חָזַר בּוֹ מִדְּבָרָיו; הוּא חָזַר בּוֹ מֵהַבְטָחָתוֹ

□ *my family goes back a long way* לְמִשְׁפַּחְתִּי אִילָן־יוּחֲסִין עַתִּיק

go before עָלָה לְדִיּוּן לִפְנֵי

□ *my application goes before the committee tomorrow* בַּקָּשָׁתִי תּוּבָא לְדִיּוּן לִפְנֵי הַוַּעֲדָה מָחָר

go by חָלַף, עָבַר

□ *as the years went by* בִּמְרוּצַת־הַשָּׁנִים, בִּרְבוֹת הַיָּמִים, עִם הַשָּׁנִים הַחוֹלְפוֹת

□ *I like to watch the trains go by* אֲנִי אוֹהֵב לְהִתְבּוֹנֵן בָּרַכָּבוֹת הַחוֹלְפוֹת

□ *going (or to go) by his accent, he's a Northerner* עַל־פִּי הַמִּבְטָא שֶׁלּוֹ הוּא מִצְּפוֹן־אַנְגְּלִיָּה

□ *don't go by what he says* אַל תִּסְמֹךְ עַל דְּבָרָיו

□ *promotion goes by seniority* הַקִּדּוּם נַעֲשֶׂה עַל־פִּי הַוֶּתֶק

□ *he goes by the name of Black* הוּא יָדוּעַ בְּשֵׁם בְּלֶק

go down

□ *a fishbone went down the wrong way* עֶצֶם־דָּג נִתְקְעָה בִּקְנֵה־הַנְּשִׁימָה

□ *the joke went down well* הַבְּדִיחָה הִצְלִיחָה

□ *the sun went down* הַשֶּׁמֶשׁ שָׁקְעָה

□ *the ship went down* הַסְּפִינָה טָבְעָה

□ *he went down fighting* הוּא לֹא וִתֵּר עַד הָרֶגַע הָאַחֲרוֹן

□ *he went down on his knees* הוּא כָּרַע עַל בִּרְכָּיו, הוּא יָרַד עַל בִּרְכָּיו

□ *she went down with flu* (*colloq.*) הִיא חָלְתָה בְּשַׁפַּעַת

□ *the first volume only goes down to 1900* הַכֶּרֶךְ הָרִאשׁוֹן מַגִּיעַ רַק עַד 1900

□ *he'll go down in history as the greatest President* הוּא יִכָּנֵס לַהִסְטוֹרְיָה כִּגְדוֹל הַנְּשִׂיאִים

go for

□ *I'll go for the doctor* אֲנִי אֵלֵךְ לְהָבִיא אֶת הָרוֹפֵא

□ *he went for a run* הוּא יָצָא לָרוּץ

□ *the Georgian teapot went for a song* קֻמְקוּם־הַתֵּה הַגּ'וֹרְג'יָאנִי נִמְכַּר בִּפְרוּטוֹת (בִּמְכִירָה פֻּמְבִּית)

□ *I don't go for that kind of music* אֲנִי לֹא מִתְלַהֵב מִסּוּג הַמּוּזִיקָה הַזֶּה

□ *all my work went for nothing* כָּל עֲבוֹדָתִי יָרְדָה לְטִמְיוֹן/עָלְתָה בַּתֹּהוּ

□ *your sister's an idiot and that goes for you too!* אֲחוֹתְךָ מְטֻמְטֶמֶת וְכָךְ גַּם אַתָּה!

go forth (*formal*) יָצָא

□ *an edict went forth* צַו פֻּרְסַם בַּצִּבּוּר

go in נִכְנַס לְ.../אֶל

□ *the sun went in* הַשֶּׁמֶשׁ הִסְתַּתְּרָה מֵאֲחוֹרֵי עֲנָנִים

□ *which category does this letter go in?* לְאֵיזוֹ קָטֵגוֹרְיָה שַׁיָּךְ הַמִּכְתָּב הַזֶּה?

□ *he went in for the competition* הוּא הִשְׁתַּתֵּף בַּתַּחֲרוּת

□ *he went in for strange practices* הוּא שָׁלַח אֶת יָדוֹ בְּכָל מִינֵי עִסּוּקִים מוּזָרִים

go into נִכְנַס לְ.../אֶל

□ *let's not go into his motives here!* מוּטָב שֶׁלֹּא נִכָּנֵס לַמְּנִיעִים שֶׁלּוֹ כָּאן

□ *I won't go into details* אֲנִי לֹא אֶכָּנֵס לִפְרָטִים

□ *he went into insurance* הוּא נִכְנַס לַעֲנַף־הַבִּטּוּחַ

□ *she went into a decline* מַצָּבָהּ הֵחֵל לְהִדַּרְדֵּר

go off

□ *he went off in a huff* הוּא עָזַב בְּכַעַס, הוּא יָצָא בִּטְרִיקַת דֶּלֶת

□ *I went off to sleep at once* נִרְדַּמְתִּי מִיָּד

□ *he went off with my radio* הוּא הִסְתַּלֵּק עִם הָרַדְיוֹ שֶׁלִּי

□ *she went off* (*at*) *the deep end* הִיא יָצְאָה מִן הַכֵּלִים

□ *she went off into fits of laughter* הִיא פָּרְצָה בְּרַעֲמֵי צְחוֹק

□ *the lights* (or *electricity*) *went off* הָאוֹרוֹת כָּבוּ/הַחַשְׁמַל נִפְסַק

□ *he's gone of/his head* (*colloq.*, or *rocker, sl.*) הוּא הִשְׁתַּגֵּעַ, הוּא יָצָא מִדַּעְתּוֹ

□ *he's gone off his food* (*colloq.*) הוּא אִבֵּד אֶת הַתֵּאָבוֹן

□ *the alarm went off* הָאַזְעָקָה הִתְחִילָה לְצַלְצֵל; הַשָּׁעוֹן הַמְעוֹרֵר צִלְצֵל

□ *the bomb went off* הַפְּצָצָה הִתְפּוֹצְצָה

□ *the milk went off* הֶחָלָב הֶחְמִיץ

□ *the demonstration went off without incident* הַהַפְגָּנָה עָבְרָה בְּלִי תַּקָּלָה

go on

□ *we went on a course* לָקַחְנוּ קוּרְס, עָשִׂינוּ קוּרְס

□ *we have no real evidence to go on* אֵין לָנוּ עֵדוּת מְסֻפֶּקֶת לְהִתְבַּסֵּס עָלֶיהָ

□ *every actor is nervous before he has to go on* כָּל שַׂחְקָן עַצְבָּנִי לִפְנֵי עֲלוֹתוֹ עַל הַבָּמָה

□ *the play went on on June 3rd.* הַמַּחֲזֶה הֹעֲלָה בְּ־3 בְּיוּנִי

□ *I had to go on the dole* נֶאֱלַצְתִּי לְקַבֵּל דְּמֵי אַבְטָלָה

□ *she went on the pill* הִיא הִתְחִילָה לְהִשְׁתַּמֵּשׁ בְּגְלוּלוֹת (לִמְנִיעַת־הֵרָיוֹן)

□ *she went on a diet* הִיא הִתְחִילָה לִשְׁמֹר עַל דִּיאֶטָה/לַעֲשׂוֹת דִּיאֶטָה

□ *she's* (*fifteen*) *going on sixteen* הִיא מִתְקָרֶבֶת לְגִיל שֵׁשׁ־עֶשְׂרֵה

□ *what the hell is going on here?* (*sl.*) מָה לַעֲזָאזֵל קוֹרֶה כָּאן? מָה זֶה הַבַּרְדָּק הַזֶּה?

□ *tell me what goes on in your department* סַפֵּר לִי מָה מִתְרַחֵשׁ בַּמַּחְלָקָה שֶׁלְּךָ

□ *I went on* (*ahead*) הִמְשַׁכְתִּי הָלְאָה/קָדִימָה; אֲנִי יָצָאתִי קֹדֶם

□ *go on! I'm listening* תַּמְשִׁיךְ! אֲנִי שׁוֹמֵעַ

□ *go on with you* (*colloq.*) סַפֵּר לְסָבְתָא!

□ *he goes on and on about it* (*colloq.*) הוּא לֹא מַפְסִיק לְדַבֵּר עַל כָּךְ אַף רֶגַע

□ *he goes on as if he were God* (*colloq.*) הוּא מִתְנַהֵג כְּאִלּוּ הָיָה אֱלֹהִים

□ *she goes on at him all the time* (*colloq.*) הִיא מְנַדְנֶדֶת בְּלִי הֶרֶף

□ *have you got enough to be going on with?* (*colloq.*) הַאִם יֵשׁ לְךָ מַסְפִּיק כְּדֵי לְהִסְתַּדֵּר?

go out יָצָא

□ *who's she going out with?* עִם מִי הִיא יוֹצֵאת?

□ *he went out in style* הוּא פָּרַשׁ מִתַּפְקִידוֹ בְּקוֹל תְּרוּעָה רָמָה

□ *miniskirts went out* (*of fashion*) חֲצָאִיּוֹת־מִינִי יָצְאוּ מִן הָאָפְנָה

□ *the news went out that the King was dead* הַיְּדִיעוֹת פָּשְׁטוּ שֶׁהַמֶּלֶךְ מֵת

□ *the heat went out of the argument* הַוִּכּוּחַ דָּעַךְ

□ *the lights went out* הָאוֹרוֹת כָּבוּ

□ *our hearts went out to the victims of the earthquake* (*formal*) לִבֵּנוּ דָּאַב עַל אֲסוֹנָם שֶׁל קָרְבְּנוֹת רַעַשׁ־הָאֲדָמָה

□ *he went out like a light* (*colloq.*) הוּא אִבֵּד אֶת הַהַכָּרָה/נִרְדַּם כְּהֶרֶף עַיִן

go over עָבַר

□ *he went over to the enemy* הוּא עָבַר לְמַחֲנֵה הָאוֹיֵב

□ *we've gone over to gas* עָבַרְנוּ לְהִשְׁתַּמֵּשׁ בְּגָז

□ *his jokes went over well* הַבְּדִיחוֹת שֶׁלּוֹ הִתְקַבְּלוּ יָפֶה

□ *he went over* (*the heads of*) *his immediate superiors* הוּא עָקַף אֶת הַמְּמֻנִּים הַיְּשִׁירִים עָלָיו

□ *let's go over the pros and cons* הָבָה נִבְדֹּק אֶת הַיִּתְרוֹנוֹת וְהַחֶסְרוֹנוֹת

□ *he went over the figures* הוּא בָּדַק אֶת הַמִּסְפָּרִים/הַחֶשְׁבּוֹנוֹת

□ *we went over the house* בָּדַקְנוּ אֶת כָּל הַבַּיִת

□ *she went over the room with a duster* הִיא נִקְּתָה אֶת הַחֶדֶר בְּמַטְלִית אָבָק

go round

□ *we had to go round* (*another way*) *because of the accident* נֶאֱלַצְנוּ לַעֲשׂוֹת עִקּוּף בִּגְלַל הַתְּאוּנָה

□ *he's gone round the bend* (*colloq.*) הוּא הִשְׁתַּגֵּעַ, הוּא יָצָא מִדַּעְתּוֹ

□ *we went round the museum* בִּקַּרְנוּ בַּמּוּזֵיאוֹן

□ *my head started to go round after two glasses of sherry* רֹאשִׁי הֵחֵל לְהִסְתַּחְרֵר אַחֲרֵי שְׁתֵּי כּוֹסִיּוֹת שֶׁל שֶׁרִי

□ *there's enough coffee to go round* (*everybody*) יֵשׁ מַסְפִּיק קָפֶה לְכֻלָּם

□ *let's go round to John's!* בּוֹא נִקְפֹּץ אֶל ג'וֹן

go through

□ *the bill finally went through* הַצָּעַת־הַחֹק נִתְקַבְּלָה לְבַסּוֹף

□ *the police went through his belongings* הַשּׁוֹטְרִים עָרְכוּ חִפּוּשׂ בַּחֲפָצָיו

□ *we went through the plans* עָבַרְנוּ עַל הַתָּכְנִיּוֹת, עִיַּנּוּ בַּתָּכְנִיּוֹת

□ *he went through with his plan* הוּא מִמֵּשׁ אֶת תָּכְנִיתוֹ

□ *he's gone through his jeans again* הוּא שׁוּב בִּלָּה אֶת מִכְנְסֵי-הַגִּ'ינְס שֶׁלּוֹ
□ *they went through a lot in the war* דְּבָרִים רַבִּים עָבְרוּ עֲלֵיהֶם בִּתְקוּפַת הַמִּלְחָמָה, הֵם סָבְלוּ רַבּוֹת בַּמִּלְחָמָה
□ *Smith goes through to the third round* סְמִית עוֹבֵר לַסִּבּוּב הַשְּׁלִישִׁי

go to
□ *go to it!* קָדִימָה! לָעֲבוֹדָה!
□ *he went to great lengths* הוּא לֹא חָסַךְ בְּמַאֲמַצִּים

go under
□ *he went under for the third time* הוּא צָלַל פַּעַם שְׁלִישִׁית
□ *he went under in the recession* (*fig.*) הוּא פָּשַׁט אֶת הָרֶגֶל בִּתְקוּפַת הַמִּתּוּן

go up
□ *he went up in my estimation* עֶרְכּוֹ עָלָה בְּעֵינַי
□ *houses have gone up (in price)* מְחִירֵי הַבָּתִּים עָלוּ
□ *a new building is going up* בִּנְיָן חָדָשׁ הוֹלֵךְ וּמוּקָם, בּוֹנִים בִּנְיָן חָדָשׁ
□ *the ammunition dump went up* מִצְבּוֹר הַתַּחְמֹשֶׁת הִתְפּוֹצֵץ

go with
□ *what perks go with the job?* אֵילוּ הֲטָבוֹת נִלְווֹת לַמִּשְׂרָה?
□ *the party went with a swing* הַמְּסִבָּה הִצְלִיחָה מְאֹד

go without
□ *if there's no bread, we'll have to go without* אִם אֵין לֶחֶם, נִצְטָרֵךְ לְהִסְתַּדֵּר בִּלְעָדָיו

—n. תּוֹר (בְּמִשְׂחָק); נִסָּיוֹן
□ *(it's) your go!* (עַכְשָׁו) תּוֹרְךָ!
□ *he blew out all the candles at one go* הוּא כִּבָּה אֶת כָּל הַנֵּרוֹת בְּמַכָּה אַחַת
□ *it was all the go* (*colloq.*) זֶה הָיָה לָהִיט אָפְנָתִי
□ *I had a go at persuading him* עָשִׂיתִי נִסָּיוֹן לְשַׁכְנֵעַ אוֹתוֹ
□ *she's got plenty of (get up and) go (in her)* (*colloq.*) יֵשׁ לָהּ מֶרֶץ שֶׁל שֵׁד
□ *he's always on the go* (*colloq.*) הוּא לֹא מַפְסִיק לְהִתְרוֹצֵץ
□ *they made a go of it* (*colloq.*) הֵם הִתְגַּבְּרוּ וְהִצְלִיחוּ
□ *I tried but it was no go* (*colloq.*) נִסִּיתִי אֲבָל זֶה לֹא הָלַךְ
□ *he had a bad go of flu* (*colloq.*) הָיְתָה לוֹ הַתְקָפָה קָשָׁה שֶׁל שַׁפַּעַת
□ *it was a disaster from the word go* זוֹ הָיְתָה קַטַסְטְרוֹפָה מִן הָרֶגַע הָרִאשׁוֹן

goad /gəʊd/ n. & v.t. מַלְמָד, דָּרְבָן; הִכָּה בְּמַלְמָד, דָּחַף, גֵּרָה, הִמְרִיץ
□ *his pupils goaded him into a fury* תַּלְמִידָיו הוֹצִיאוּ אוֹתוֹ מִכֵּלָיו

go-ahead /ˈgəʊ-əhed/ adj. מִתְקַדֵּם, פְּרוֹגְרֶסִיבִי; בַּעַל יָזְמָה
—n. "אוֹר יָרֹק", אִשּׁוּר לִפְעֻלָּה, "אוֹ־קֵיי"
□ *he gave us the go-ahead* הוּא נָתַן לָנוּ אוֹר יָרֹק

goal /gəʊl/ n.
1 (purpose, destination) מַטָּרָה, תַּכְלִית, יַעַד
2 (target or score in football etc.) שַׁעַר (בַּמָּקוֹם וְהַפְּעֻלָּה), גּוֹל (הַפְּעֻלָּה)

goal-keeper /ˈgəʊl-kiːpə(r)/ n. (also **goalie**, *colloq.*) שׁוֹעֵר

goal-kick /ˌgəʊl-ˈkɪk/ n. בְּעִיטַת־שׁוֹעֵר

goalpost /ˈgəʊlpəʊst/ n. עַמּוּד הַשַּׁעַר (בְּכַדּוּרֶגֶל וְכַד')
move the goalposts (*colloq.*) שִׁנָּה מַטָּרוֹת (בְּהֶתְאֵם לַנְּסִבּוֹת)

goat /geʊt/ n. עֵז, תַּיִשׁ
□ *she really gets my goat* (*colloq.*) הִיא מְעַצְבֶּנֶת אוֹתִי, הִיא מוֹצִיאָה אוֹתִי מִן הַכֵּלִים
□ *that should sort out the sheep from the goats* (*fig.*) כָּכָה נוּכַל לְהַבְחִין בֵּין הַטּוֹבִים וְהָרָעִים

goatee /gəʊˈtiː/ n. זְקַן־תַּיִשׁ (שֶׁל אָדָם), זְקַנְקַן

gob /gɒb/ n. (*vulg.*)
1 (spit, also v.i.) (בִּלְשׁוֹן הֶהָמוֹן) יְרִיקָה; יָרַק
2 (mouth) "פֶּה גָּדוֹל"
□ *shut your gob!* סְתֹם אֶת הַפֶּה!

gobbet /ˈgɒbɪt/ n. נֵתַח (מָזוֹן)

gobble /ˈgɒb(ə)l/ (*colloq.*) v.t. זָלַל, אָכַל בְּכָל פֶּה
—v.i. קִרְקֵר (בְּקוֹלוֹ שֶׁל תַּרְנְגוֹל הֹדּוּ)

gobbledygook /ˈgɒb(ə)ldɪguːk/ n. (*colloq. derog.*) "בַּרְבֶּרֶת" (בִּטְפָסִים רִשְׁמִיִּים וְכַד')

go-between /ˈgəʊ-bɪˌtwiːn/ n. אִישׁ־בֵּינַיִם, מְתַוֵּךְ, בּוֹרֵר

goblet /ˈgɒblɪt/ n. גָּבִיעַ (לִשְׁתִיָּה)

goblin /ˈgɒblɪn/ n. שֵׁדוֹן מְרֻשָּׁע

go-cart /ˈgəʊ-kaːt/ n. קַרְטִינְג (מְכוֹנִית מֵרוֹץ קְטַנָּה עִם גַּלְגַּלִּים זְעִירִים, בְּלוּנָה־פַּרְק וְכַד')

god /gɒd/ n.
1 (supreme being) אֱלֹהִים, הָאֵל (בְּשָׁלֹשׁ הַדָּתוֹת הַמּוֹנוֹתֵיאִיסְטִיּוֹת)
God forbid! אֱלֹהִים יִשְׁמֹר!
an act of God אֶצְבַּע אֱלֹהִים
God squad (*sl.*) "עוֹשֵׂי נְפָשׁוֹת" (שֵׁם מַשְׁפִּיל כּוֹלֵל לְכִתּוֹת מַטִּיפִים דָּתִיּוֹת קִיצוֹנִיּוֹת)
God willing אִם יִרְצֶה הַשֵּׁם, בְּעֶזְרַת הַשֵּׁם
□ *he thinks he's God's gift to women* (*iron.*) הוּא חוֹשֵׁב שֶׁכָּל אִשָּׁה תִּכְרַע בֶּרֶךְ לְפָנָיו
□ *for God's sake, stop!* לְמַעַן הַשֵּׁם, חֲדַל!
□ *she's with God* (*euphem.*) הִיא הֵשִׁיבָה אֶת נַפְשָׁהּ לַבּוֹרֵא
□ *we wished them God speed* (*arch.*) אִחַלְנוּ לָהֶם דֶּרֶךְ צְלֵחָה
2 (deity, idol) אֵל, אֱלָהּ; אֱלִיל
□ *it's in the lap of the gods* זֶה נָתוּן בִּידֵי הָאֵלִים

3 (in *pl., Theatr. colloq.*) הַיָּצִיעַ הָעֶלְיוֹן בְּתֵיאַטְרוֹן
□ *we always sit in the gods* אֲנַחְנוּ תָּמִיד יוֹשְׁבִים בַּיָּצִיעַ הָעֶלְיוֹן

godchild /ˈgɒdtʃaɪld/ n. יֶלֶד שֶׁפְּלוֹנִי הוּא הַסַּנְדָּק שֶׁלּוֹ

goddamn(ed) /ˈgɒdæm(d)/ adj. (*sl.*) אָרוּר

goddaughter /ˈgɒddɔːtə(r)/ n. יַלְדָּה שֶׁפְּלוֹנִי הוּא הַסַּנְדָּק שֶׁלָּהּ

goddess /ˈgɒdɪs/ n. אֵלָה; אֱלִילָה

godfather /ˈgɒdfɑːðə(r)/ n. סַנְדָּק

godfearing /ˈgɒdfɪərɪŋ/ adj. יְרֵא שָׁמַיִם, יְרֵא אֱלֹהִים

godforsaken /ˈgɒdfəseɪk(ə)n/ adj. (*derog.*) שְׁכוּחַ־אֵל; זָנוּחַ, עָזוּב, נִדָּח

godhead /ˈgɒdhed/ n. (*formal*) אֱלֹהוּת, שְׁכִינָה

godless /ˈgɒdlɪs/ adj. (*formal*) כּוֹפֵר, שֶׁאֵין אֱלֹהִים בְּלִבּוֹ, רָשָׁע

godlike /ˈgɒdlaɪk/ adj. דְּמוּי־אֱלֹהִים

godly /ˈgɒdlɪ/ adj. (*formal*) יְרֵא שָׁמַיִם, חָסִיד, אָדוּק

godmother /ˈgɒdmʌðə(r)/ n. סַנְדָּקִית

godparent /ˈgɒdpeərənt/ n. סַנְדָּק, סַנְדָּקִית

godsend /ˈgɒdsend/ n. (*colloq.*) מַתָּנָה מִשָּׁמַיִם, חֶסֶד אֱלֹהִים

godson /ˈgɒdsʌn/ n. יֶלֶד שֶׁפְּלוֹנִי הוּא הַסַּנְדָּק שֶׁלּוֹ

goer /ˈgəʊə(r)/ n. (*colloq.*) "טִיל" (מְכוֹנִית מְהִירָה וְכַד'); "בִּצוּעִיסְט"; "נוֹתֶנֶת" (אִשָּׁה הַמִּתְמַסֶּרֶת בְּקַלּוּת)

gofer /ˈgəʊfə(r)/ n. נַעַר שְׁלִיחֻיּוֹת (בְּחֶבְרָה, בְּעִתּוֹן וְכַד')

go-getter /ˈgəʊ-getə(r)/ n. (*colloq.*) "בִּצוּעִיסְט"

goggle /ˈgɒg(ə)l/ v.i. גִּלְגֵּל עֵינַיִם, לָטַשׁ עֵינַיִם
the goggle box (*sl.*) טֶלֶוִיזְיָה

goggle-eyed /ˌgɒg(ə)l-ˈaɪd/ adj. (*colloq.*) שֶׁעֵינָיו בּוֹלְטוֹת/מִתְגַּלְגְּלוֹת

goggles /ˈgɒg(ə)lz/ n. *pl.* מִשְׁקְפֵי מָגֵן; מִשְׁקְפֵי שְׂחִיָּה; מִשְׁקְפֵי־רוּחַ

going /ˈgəʊɪŋ/ n.
1 (condition of ground etc.) תְּנָאֵי הַשֶּׁטַח
□ *the going was hard for the racehorses* תְּנָאֵי הַקַּרְקַע שֶׁל מַסְלוּל הַמֵּרוֹץ הָיוּ קָשִׁים לַסּוּסִים
□ *let's go while the going's good* נָזוּז כָּל עוֹד הַתְּנָאִים נוֹחִים
2 (progress) קֶצֶב, הִתְקַדְּמוּת
□ *100 m.p.h. isn't bad going* 100 קמ"ש הוּא קֶצֶב לֹא רַע
3 (departure) עֲזִיבָה, פְּרֵדָה
□ *with all the comings and goings I got quite confused* כָּל הַמְּהוּמָה שֶׁמִּסָּבִיב בִּלְבְּלָה אוֹתִי לְגַמְרֵי
—adj.
1 (available, existent) בַּנִּמְצָא
□ *is there any beef going today?* הַאִם יֵשׁ בְּשַׂר־בָּקָר הַיּוֹם בַּתַּפְרִיט?
□ *he is one of the best fellows going* הוּא אֶחָד הָאֲנָשִׁים הַטּוֹבִים בְּיוֹתֵר שֶׁהִכַּרְתִּי
2 (current) נוֹכְחִי, מְקֻבָּל
□ *what's the going rate for private tuition?* מַהוּ הַשָּׂכָר הַמְקֻבָּל כַּיּוֹם לְשִׁעוּרִים פְּרָטִיִּים?
3 (active) פָּעִיל, מְשַׂגְשֵׂג
a going concern מִפְעָל עוֹבֵד (לֹא סָגוּר וְלֹא שׁוֹבֵת), עֵסֶק מְשַׂגְשֵׂג

going-over /ˌgəʊɪŋ-ˈəʊvə(r)/ n. (*colloq.*) "טִפּוּל" (בְּמַכּוֹת, בַּחֲקִירָה וְכַד')
□ *the thugs gave him a real going-over* הַבִּרְיוֹנִים הִכּוּ אוֹתוֹ מַכּוֹת־רֶצַח
□ *he was given a thorough going-over by the doctor* הוּא נִבְדַּק בְּדִיקָה יְסוֹדִית עַל־יְדֵי הָרוֹפֵא

goings-on /ˌgəʊɪŋz-ˈɒn/ n. *pl.* (*colloq.*) הִתְרַחֲשֻׁיּוֹת, דְּבָרִים מְפֻקְפָּקִים, סְקַנְדָּלִים

goitre /ˈgɔɪtə(r)/ n. (*Med.*) זַפֶּקֶת (גִּדּוּל חוֹלָנִי שֶׁל בַּלּוּטַת־הַתְּרִיס)

go-kart /ˈgəʊ-kɑːt/ n. קַרְטִינְג (מְכוֹנִית מֵרוֹץ קְטַנָּה עִם גַּלְגַּלִּים זְעִירִים, בְּלוּנָה־פַּרְק וְכַד')

gold /gəʊld/ n. (often attrib.)
1 (precious metal; riches) זָהָב, פָּז; עֹשֶׁר, מָמוֹן
gold dust אַבְקַת זָהָב; דָּבָר נָדִיר
gold foil (or **leaf**) עֲלֵה־זָהָב
gold medal מֶדַלְיַת זָהָב, פְּרָס רִאשׁוֹן
□ *the child was as good as gold* (*colloq.*) הַיֶּלֶד הִתְנַהֵג לְמוֹפֵת
□ *she has a heart of gold* יֵשׁ לָהּ לֵב זָהָב, יֵשׁ לָהּ לֵב טוֹב
2 (colour) צֶבַע זָהָב

gold-digger /ˈgəʊld-dɪgə(r)/ n. (*sl.*) מְחַפֵּשׂ זָהָב; אִשָּׁה הַמְנַצֶּלֶת אֶת קְסָמֶיהָ לְהוֹצִיא כֶּסֶף מִגְּבָרִים

golden /ˈgəʊldən/ adj. שֶׁל זָהָב, זָהֹב, מֻזְהָב; יָקָר, מְצֻיָּן, חָשׁוּב
the Golden Age תּוֹר־הַזָּהָב; תְּקוּפָה שֶׁל שִׂגְשׂוּג
a golden handshake (*UK*) מַעֲנַק גִּמְלָאוֹת (הַנִּתָּן לְעוֹבֵד עִם צֵאתוֹ לְגִמְלָאוֹת)
golden jubilee יוֹבֵל הַחֲמִשִּׁים (שֶׁל עֲלִיָּה לְכֵס הַמַּלְכוּת וְכַד')
the golden mean שְׁבִיל־הַזָּהָב; חִתּוּךְ־הַזָּהָב (בְּהַנְדָּסָה)
golden oldie (*colloq.*) פִּזְמוֹן יָשָׁן וְטוֹב, פִּזְמוֹן זָהָב
□ *don't miss this golden opportunity* אַל תַּחְמִיץ אֶת הִזְדַּמְּנוּת הַפָּז הַזֹּאת
the golden rule כְּלַל־הַזָּהָב, כְּלָל בַּרְזֶל
golden syrup סִירוֹפ סֻכָּר
golden wedding חֲתֻנַּת־זָהָב (יוֹבֵל חֲמִשִּׁים לַנִּשּׂוּאִים)

goldfield /ˈgəʊldfiːld/ n. מִרְבַּץ־זָהָב

goldfinch /ˈgəʊldfɪntʃ/ n. חוֹחִית (צִפּוֹר שִׁיר קְטַנָּה)

goldfish /ˈgəʊldfɪʃ/ n. דַּג זָהָב

gold-mine /ˈgəʊld-maɪn/ n. מִכְרֵה־זָהָב
□ *his invention proved a gold-mine* (*colloq.*) הִתְבָּרֵר שֶׁהַמְצָאָתוֹ הִיא אוֹצָר בָּלוּם
gold-rush /ˈgəʊld-rʌʃ/ n. בֶּהָלָה לְזָהָב
goldsmith /ˈgəʊldsmɪθ/ n. צוֹרֵף־זָהָב
golf /gɒlf/ n. & v.i. גּוֹלְף (מִשְׂחָק); שִׂחֵק גּוֹלְף
golf ball /gɒlf bɔːl/ n. כַּדּוּר־גּוֹלְף
golf-club /ˈgɒlf-klʌb/ n.
1 (implement) אַלַּת־גּוֹלְף
2 (institution) מוֹעֲדוֹן גּוֹלְף
golfer /ˈgɒlfə(r)/ n. שַׂחְקַן־גּוֹלְף
Goliath /gəˈlaɪəθ/ n. עֲנָק
golliwog /ˈgɒlɪwɒg/ n. בֻּבָּה בַּעֲלַת פָּנִים שְׁחוֹרוֹת וְשֵׂעָר מְקֻרְזָל (מְשַׁמֵּשׁ לְעִתִּים בִּטּוּי גִּזְעָנִי לְאָדָם שָׁחוֹר)
golly /ˈgɒlɪ/ int. (*arch. colloq.*) "הוֹי"
goloshes /gəˈlɒʃɪz/ n. *pl.* עַרְדָּלַיִם
gonad /ˈgəʊnæd/ n. (*Med.*) בַּלּוּטַת מִין (שַׁחֲלָה אוֹ אֶשֶׁךְ)
gondola /ˈgɒndələ/ n. גּוֹנְדוֹלָה (סִירָה וֶנֶצְיָנִית); גּוֹנְדוֹלָה, סַל (שֶׁל כַּדּוּר פּוֹרֵחַ, סְפִינַת אֲוִיר וְכַד')
gondolier /ˌgɒndəˈlɪə(r)/ n. מַשִּׁיט הַגּוֹנְדוֹלָה (בְּוֶנֶצְיָה)
gone /gɒn/ past ppl. of **go**
□ *is she as gone on him as that* (*colloq.*) עַד כְּדֵי־כָּךְ הִיא מְאֹהֶבֶת בּוֹ?
goner /ˈgɒnə(r)/ n. (*sl.*) אָבוּד (עִנְיָן, אָדָם, וְכַד')
gong /gɒŋ/ n.
1 (metal disc giving note when struck) גּוֹנְג
2 (medal, *UK sl.*) מֵדַלְיָה
gonorrhoea /ˌgɒnəˈriːə/ n. (*Med.*) זִיבָה (מַחֲלַת־מִין)
goo /guː/ n. (*colloq.*) "דַּיְסָה" (שֵׁם כּוֹלֵל לְעִסָּה סְמִיכָה וּדְבִיקָה)
good /gʊd/ adj. (*compar.* **better** /ˈbetə(r)/, superl. **best** /best/)
1 (having the right qualities; giving satisfaction; wholesome; morally excellent) טוֹב
The Good Book כִּתְבֵי־הַקֹּדֶשׁ
□ *he is in his teacher's good books* (*colloq.*) הַמּוֹרֶה שֶׁלּוֹ מְרֻצֶּה מִמֶּנּוּ
□ *that's a good one!* זוֹ בְּדִיחָה טוֹבָה!
□ *good morning!* בֹּקֶר טוֹב! בֹּקֶר אוֹר!
□ *he's making good money* הוּא מַרְוִיחַ כֶּסֶף טוֹב
□ *don't throw good money after bad* אַל תָּשִׂים אֶת כַּסְפְּךָ עַל קֶרֶן־הַצְּבִי
□ *it's good sense to put a hat on* זֶה נָבוֹן לַחֲבֹשׁ כּוֹבַע
□ *have a good time!* תְּבַלֶּה בִּנְעִימִים! בַּלֵּה בִּנְעִימִים!
□ *we had a good time* בִּלִּינוּ יָפֶה, בִּלִּינוּ טוֹב
□ *she was in good spirits* הָיָה לָהּ מַצַּב־רוּחַ טוֹב
□ *it's just not good enough* זֶה פָּשׁוּט לֹא מַסְפִּיק
□ *it's a good thing* (or *job*) *he wasn't caught* מַזָּל שֶׁלֹּא תָּפְסוּ אוֹתוֹ, מַזָּל שֶׁהוּא לֹא נִתְפַּס

2 (efficient; able to do satisfactorily what is required; reliable) טוֹב, בָּרִיא
□ *she waved with her good arm* הִיא נוֹפְפָה בַּזְּרוֹעַ הַבְּרִיאָה שֶׁלָּהּ
3 (kind) טוֹב, טוֹב לֵב
□ *she is full of good works* (*formal*) נִזְקָפִים לִזְכוּתָהּ מַעֲשִׂים טוֹבִים רַבִּים מְאֹד
□ *Good God* (or *Lord*, or *Heavens*)*!* רִבּוֹנוֹ שֶׁל עוֹלָם! אֱלֹהִים אַדִּירִים! לֹא יְאֻמַּן! אֵלִי שֶׁבַּשָּׁמַיִם!
□ *would you be so good as* (or *good enough*) *to close that window?* (*formal*) הֲתוֹאִיל בְּטוּבְךָ לִסְגֹּר אֶת הַחַלּוֹן הַהוּא?
4 (valid; thorough; sound) תָּקֵף, בַּר־תֹּקֶף; יְסוֹדִי; וַדָּאִי
□ *your heart's good for twenty years at least* לִבְּךָ יַחֲזִיק מַעֲמָד לְכָל הַפָּחוֹת עוֹד עֶשְׂרִים שָׁנָה
□ *my licence is good for another month* הָרִשְׁיוֹן שֶׁלִּי תָּקֵף לְעוֹד חֹדֶשׁ, תֹּקֶף הָרִשְׁיוֹן שֶׁלִּי יָפוּג בְּעוֹד חֹדֶשׁ
□ *he's always good for £5* אֶפְשָׁר לִסְמֹךְ עָלָיו שֶׁיַּלְוֶה לְךָ אֵיזֶה 5 לִישׁ"ט
□ *we'll be there in good time* אֲנַחְנוּ נַגִּיעַ בְּעוֹד מוֹעֵד
□ *you'll get your money – all in good time* תְּקַבֵּל אֶת כַּסְפְּךָ בְּבוֹא הַזְּמַן – אַל תִּדְאַג
□ *what I said last night is still* (or *still holds*) *good* מַה שֶּׁאָמַרְתִּי אֶתְמוֹל בַּלַּיְלָה שָׁרִיר וְקַיָּם
□ *I've a good mind to thrash you* אַתָּה רָאוּי לְמַכּוֹת; מִתְחַשֵּׁק לִי לְהַכּוֹת אוֹתְךָ
□ *he got a good hiding* הוּא סָפַג מַכּוֹת נִמְרָצוֹת
5 (considerable in number or quantity; not less than) הַרְבֵּה, לֹא מְעַט
□ *we had a good deal of trouble* הָיוּ לָנוּ לֹא מְעַט בְּעָיוֹת
□ *it's a good hour from here* זֶה לְפָחוֹת שָׁעָה מִפֹּה
6 (with **as... as**)
□ *he as good as promised to come* הוּא בְּעֶצֶם כִּמְעַט הִבְטִיחַ שֶׁיָּבוֹא
□ *it's as good as new* זֶה כְּמוֹ חָדָשׁ
□ *he was as good as his word* (or *promise*) הוּא עָמַד בְּדִבּוּרוֹ, הוּא אָמַר וְעָשָׂה
7 (with **make**)
□ *you must make good the damage* עָלֶיךָ לְפַצּוֹת עַל הַנֶּזֶק
□ *he made good his escape* הוּא הִצְלִיחַ לִבְרֹחַ
□ *he made good in later life* הוּא הִתְקַדֵּם בַּחַיִּים בְּגִיל מְאֻחָר
□ *he made good his boast* הוּא הִצְדִּיק אֶת הִתְרַבְרְבוּתוֹ; לְהִתְרַבְרְבוּתוֹ הָיָה כִּסּוּי
—n.
1 (virtue, right action) טוֹב
□ *he's up to no good* הוּא חוֹרֵשׁ מְזִמּוֹת, הוּא זוֹמֵם מַשֶּׁהוּ
2 (good people) יְשָׁרִים, צַדִּיקִים

3 (benefit) תּוֹעֶלֶת

□ *he'll come to no good* סוֹפוֹ יִהְיֶה רַע, אַחֲרִיתוֹ תִּהְיֶה מָרָה

□ *it's no good* (or *it isn't any good*) זֶה לֹא עוֹבֵד, זֶה לֹא יַעֲזֹר, אֵין מַה לַּעֲשׂוֹת

□ *it's no good telling him off* אֵין טַעַם לִנְזֹף בּוֹ

□ *it's all to the good that he should find his limits* דַּוְקָא מוּטָב לוֹ שֶׁיַּכִּיר אֶת מִגְבְּלוֹתָיו

□ *it's for your own good that we are punishing you* אֲנַחְנוּ מַעֲנִישִׁים אוֹתְךָ לְטוֹבָתְךָ

□ *drink this! it'll do you good* שְׁתֵה אֶת זֶה! זֶה יָקֵל עָלֶיךָ

□ *we were £5 to the good after all bills were paid* אַחֲרֵי תַּשְׁלוּם כָּל הַחֶשְׁבּוֹנוֹת נִשְׁאֲרוּ לָנוּ 5 לִישׁ"ט

4 (permanency) לְתָמִיד, לְעוֹלָם

□ *he's gone for good* (*and all*) הוּא הָלַךְ לִבְלִי שׁוּב, הִסְתַּלֵּק וְלֹא יַחֲזֹר

goodbye /gʊdˈbaɪ/ int. & n. שָׁלוֹם! הֱיֵה שָׁלוֹם!, שָׁלוֹם שָׁלוֹם; אֲמִירַת שָׁלוֹם

□ *you'd better say goodbye to your investment* מוּטָב שֶׁתִּשְׁכַּח מִן הַהַשְׁקָעָה שֶׁלְּךָ

good-fellowship /gʊd-ˈfeləʊʃɪp/ n. חֲבֵרוּת, רֵעוּת

good-for-nothing /ˈgʊd-fə-nʌθɪŋ/ adj. & n. חֲסַר-עֵרֶךְ; לֹא-יִצְלַח, בַּטְלָן

good-humoured /gʊd-ˈhjuːməd/ adj. יְדִידוּתִי, טוֹב-מֶזֶג, מַסְבִּיר פָּנִים, נָעִים

goodie /ˈgʊdɪ/ n. (*colloq.*) "הַטּוֹב" (בְּמַעֲרָבוֹן וְכַד׳, הַהֵפֶךְ שֶׁל "הָרַע")

goodish /ˈgʊdɪʃ/ adj. (*colloq.*) טוֹב לְמַדַּי, סָבִיר

□ *it's a goodish way from here* זֶה מֶרְחָק הָגוּן מִכָּאן

good-looking /gʊd-ˈlʊkɪŋ/ adj. יָפֶה, נִרְאֶה טוֹב (בְּעִקָּר אָדָם)

goodly /ˈgʊdlɪ/ adj. (*arch.*) נִכָּר, גָּדוֹל

good-natured /gʊd-ˈneɪtʃəd/ adj. טוֹב-לֵב, נוֹחַ לַבְּרִיּוֹת

goodness /ˈgʊdnɪs/ n.

1 (virtue; excellence; kindness) טוּב, טוּב-לֵב, מִדָּה טוֹבָה

□ *overboiled greens lose all their goodness* יְרָקוֹת מְבֻשָּׁלִים יוֹתֵר מִדַּי מְאַבְּדִים אֶת כָּל הַטּוּב שֶׁבָּהֶם (טַעְמָם וְחֵלֶק שֶׁל הַוִּיטָמִינִים שֶׁלָּהֶם)

2 (in exclamations substituted for 'God')

□ *for goodness sake, hurry up!* לְמַעַן הַשֵּׁם, הִזָּדְרֵז!

□ *I wish to goodness he'd make up his mind* הַלְוַאי שֶׁכְּבָר יַגִּיעַ לִידֵי הַחְלָטָה

□ *goodness gracious* (*me*)! אֱלֹהִים אַדִּירִים!

□ *goodness knows I've tried* אֱלֹהִים יוֹדֵעַ שֶׁנִּסִּיתִי (וְלֹא הִצְלַחְתִּי)

□ *goodness knows how long it'll take* הַשֵּׁד יוֹדֵעַ כַּמָּה זְמַן זֶה יִמָּשֵׁךְ

□ *thank goodness you got here safely* תּוֹדָה לָאֵל שֶׁהִגַּעְתָּ הֵנָּה בְּשָׁלוֹם

goods /gʊdz/ n. *pl.* סְחוֹרָה

goods and chattels (*Law*) חֲפָצִים אִישִׁיִּים

goods train (*UK*) רַכֶּבֶת-מַשָּׂא

goods wagon (*UK*) קְרוֹן-מִטְעָן

goods yard (*UK*) אֵזוֹר הַמַּשָּׂאוֹת בְּתַחֲנַת-רַכֶּבֶת

□ *he delivered the goods* (*colloq.*) הוּא קִיֵּם אֶת הַבְטָחָתוֹ, הוּא "סִפֵּק אֶת הַסְּחוֹרָה"

good-tempered /gʊd-ˈtempəd/ adj. טוֹב מֶזֶג, בַּעַל מֶזֶג נוֹחַ

goodwill /gʊdˈwɪl/ n. רָצוֹן טוֹב; מוֹנִיטִין, שֵׁם טוֹב

□ *the goodwill of the shop was worth £10,000* הַמּוֹנִיטִין שֶׁהַחֲנוּת רָכְשָׁה לָהּ הָיוּ שָׁוִים 10,000 לִישׁ"ט

goody /ˈgʊdɪ/ (*colloq.*) n. מַטְעָם; מַמְתָּק; "צ׳וּפָּר", "דָּבָר טוֹב"

—int. "יֹפִי"

goody-goody /ˈgʊdɪ-gʊdɪ/ n. (*colloq. derog.*) "יֶלֶד טוֹב יְרוּשָׁלַיִם"

gooey /ˈguːɪ/ adj. (*colloq.*) סָמִיךְ וְדָבִיק; סֶנְטִימֶנְטָלִי וּמִשְׁתַּטֶּה

goof /guːf/ n. & v.i. (*colloq.*) "אַהֲבַל"; "פַּשְׁלָה"; עָשָׂה "פַּשְׁלָה"

goof off (*US*) "הִתְמַזְמֵז" (בִּזְבֵּז זְמַן), "יָשַׁב עַל הַתַּחַת"

goofy /ˈguːfɪ/ adj. (*colloq.*) "טְשְׁטוּשׁ", "בִּלְבּוּל"

goon /guːn/ n. (*colloq.*) טֶמְבֶּל; בִּרְיוֹן (הַנִּשְׂכָּר כְּדֵי לְאַיֵּם עַל אֲנָשִׁים)

goose /guːs/ n. (*pl.* **geese** /giːs/) אַוָּז

□ *I'll cook his goose* (*colloq.*) אֲנִי אֲסַדֵּר אוֹתוֹ

□ *he killed the goose that laid the golden eggs* הוּא כָּרַת אֶת הָעָנָף שֶׁעָלָיו הוּא יוֹשֵׁב, הוּא שָׁחַט אֶת הַתַּרְנְגֹלֶת שֶׁהֵטִילָה בֵּיצֵי-זָהָב, סָתַם מְקוֹר עָשְׁרוֹ בְּמוֹ יָדָיו

□ *he wouldn't say boo to a goose* (*colloq.*) הוּא מְפַחֵד מֵהַצֵּל שֶׁל עַצְמוֹ

gooseberry /ˈgʊzbərɪ/ n. דֻּמְדְּמָנִית (יְרֻקָּה), חֲזַרְזַר

play gooseberry (*UK colloq.*) הָיָה "פְּרִימוּס" (אָדָם שְׁלִישִׁי הַנִּמְצָא בְּחֶבְרַת זוּג)

goose-flesh /ˈguːs-fleʃ/ n. (also **goose-pimples**) "עוֹר בַּרְוָז" (כְּתוֹצָאָה מִקֹּר)

goose-step /ˈguːs-step/ n. & v.i. צְעִידָה צְבָאִית בְּרֶגֶל מוּרֶמֶת בְּתִשְׁעִים מַעֲלוֹת; צָעַד בְּאֹפֶן הַנַּ"ל

gopher /ˈgəʊfə(r)/ n. עַכְבַּר הַשַּׂק

Gordian knot /ˈgɔːdɪən not/ n. (*formal*) קֶשֶׁר גּוֹרְדִי (מַצָּב מְסֻבָּךְ)

gore[1] /gɔː(r)/ n. (*poet.*) דָּם (שָׁפוּךְ מִפֶּצַע)

gore[2] /gɔː(r)/ v.t. (לְגַבֵּי-חַיָּה) נָגַח (בְּקַרְנָיו, בְּנִיבָיו); נָעַץ אֶת קַרְנָיו בְּ...

gorge /gɔːdʒ/ n.

1 (ravine) עָרוּץ

2 (contents of stomach) תְּכוּלַת הַקֵּבָה

□ *the sight made his gorge rise* הַמַּרְאֶה עוֹרֵר בּוֹ בְּחִילָה

—v.t. & i. זָלַל; מִלֵּא אֶת כְּרֵסוֹ, הִתְפַּטֵּם

gorgeous /ˈgɔːdʒəs/ adj. נֶהְדָּר, נִפְלָא, כַּבִּיר

gorgon /ˈgɔːgən/ n. גּוֹרְגוֹנָה (מִפְלֶצֶת מִיתוֹלוֹגִית יְוָנִית)

Gorgonzola /ˌgɔːgənˈzəʊlə/ n. גּוֹרְגוֹנְזוֹלָה (גְּבִינָה אִיטַלְקִית בְּשֵׁלָה)

gorilla /gəˈrɪlə/ n. גּוֹרִילָה

gormandize /ˈgɔːmәndaɪz/ v.i. (*formal*) אָכַל בְּתַאֲוָה, אָכַל לַהֲנָאָתוֹ

gormless /ˈgɔːmlɪs/ adj. (*colloq.*) "סָתוּם"

gorse /gɔːs/ n. רֹתֶם (שִׂיחַ בָּר קוֹצָנִי בַּעַל פְּרָחִים צְהֻבִּים)

gory /ˈgɔːrɪ/ adj. מְגֹאָל בְּדָם

gosh /gɒʃ/ int. (*colloq.*) "הוֹי!"

gosling /ˈgɒzlɪŋ/ n. אֶפְרוֹחַ־אַוָּז

go-slow /ˈgəʊ-ˈsləʊ/ n. שְׁבִיתַת הָאָטָה, עִצּוּמִים (שֶׁל עוֹבְדִים)

gospel /ˈgɒsp(ə)l/ n. הָאֶוַנְגֶּלְיוֹן, סִפְרֵי הַבְּשׂוֹרָה (סִפּוּר חַיָּיו וּדְרָשׁוֹתָיו שֶׁל יֵשׁוּ)

the Gospel הָאֶוַנְגֶּלְיוֹן

gospel music מִזְמוֹרֵי כְּנֵסִיָּה שֶׁל שְׁחוֹרִים

□ *. . . and that's the gospel truth!* וְזוֹהִי הָאֱמֶת לַאֲמִתָּהּ

□ *I wouldn't take what she says as* (or *for*) *gospel* לֹא הָיִיתִי מְקַבֵּל אֶת הַדְּבָרִים כְּתוֹרָה מִסִּינַי

gossamer /ˈgɒsəmə(r)/ n. & adj. קוּרֵי־עַכָּבִישׁ; מַלְמָלָה דַּקִּיקָה; דַּק וְקַלִּיל

gossip /ˈgɒsɪp/ n.

1 (idle talk) רְכִילוּת, שְׁמוּעוֹת

gossip column טוּר רְכִילוּת (בְּעִתּוֹן)

□ *we had a good gossip* רִכַלְנוּ עַל כָּל הָעוֹלָם

2 (indiscreet talker) רַכְלָן, פַּטְפְּטָן

—v.i. רִכֵּל

got /gɒt/ past & past ppl. of **get**

Gothic /ˈgɒθɪk/ adj.

1 (*Archit.*) (סִגְנוֹן אַרְכִיטֶקְטוּרָה) גּוֹתִי (בַּעַל קְשָׁתוֹת מְחֻדָּדוֹת וְעִטּוּרִים)

2 (style of literature) (סִגְנוֹן סִפְרוּתִי) גּוֹתִי (מִן הַמֵּאָה ה־18, לָרֹב מַפְחִיד וּמִסְתּוֹרִי)

Gothic novel רוֹמָן גּוֹתִי (סִפּוּר שֶׁל אֵרוּעִים עַל־טִבְעִיִּים מַפְחִידִים וְכַד')

3 (type of printing) אוֹתִיּוֹת גּוֹתִיּוֹת (מְעֻטָּרוֹת וּכְבֵדוֹת)

gotten /ˈgɒt(ə)n/ *US* past ppl. of **get**

gouache /gʊˈɑːʃ/ n. צֶבַע־גּוּאָשׁ

Gouda /ˈgaʊdə/ n. גְּבִינַת גּוּדָה (גְּבִינָה צְהֻבָּה הוֹלַנְדִּית)

gouge /gaʊdʒ/ n. מַפְסֶלֶת קְעוּרָה (לְעֵץ)

—v.t. פִּסֵּל בְּמַפְסֶלֶת קְעוּרָה בְּ...

gouge out עָקַר, נִקֵּר (עַיִן וְכַד')

goulash /ˈguːlæʃ/ n. גּוּלַשׁ

gourd /gʊəd/ n. דְּלוּעַ, דְּלַעַת; נֹאד מִקְּלִפַּת־דְּלַעַת

gourmand /ˈgʊəmənd/ n. (*formal*) זוֹלֵל וְסוֹבֵא

gourmet /ˈgʊəmeɪ/ n. גּוּרְמֶה, אֲנִין־טַעַם (בְּמַאֲכָלִים וּבְמַשְׁקָאוֹת)

gout /gaʊt/ n. פּוֹדַגְרָה, צִנִּית (מַחֲלַת־פְּרָקִים)

govern /ˈgʌv(ə)n/ v.t. & i. שָׁלַט בְּ..., מָשַׁל בְּ..., נִהֵל; קָבַע, הִשְׁפִּיעַ עַל; הִצְרִיךְ (בְּדִקְדּוּק)

governing body הַגּוּף הַמְנַהֵל (שֶׁל מוֹסָד)

□ *don't be governed by others' opinions* אַל תִּתֵּן לְדֵעוֹת שֶׁל אֲחֵרִים לְהַשְׁפִּיעַ עָלֶיךָ

□ *this verb governs the accusative* הַפֹּעַל הַזֶּה מַצְרִיךְ אֶת יַחֲסַת הַמֻּשָּׂא

governess /ˈgʌvənɪs/ n. אוֹמֶנֶת

government /ˈgʌvənm(ə)nt/ n.

1 (action or system of governing) שִׁלְטוֹן, שִׁיטַת־שִׁלְטוֹן

2 (body of rulers) מֶמְשָׁלָה, מִמְשָׁל

the Government הַמֶּמְשָׁלָה

governmental /ˌgəv(ə)nˈment(ə)l/ adj. מֶמְשַׁלְתִּי

governor /ˈgʌvənə(r)/ n.

1 (head of state or region) מוֹשֵׁל

Governor General מוֹשֵׁל כְּלָלִי (נְצִיג הַכֶּתֶר הַבְּרִיטִי בְּקָנָדָה, בְּאוֹסְטְרַלְיָה וְכַד', לְלֹא סַמְכוּת מַעֲשִׂית)

□ *he is the Governor of California* הוּא מוֹשֵׁל מְדִינַת קָלִיפוֹרְנְיָה

2 (member of team controlling institution) חֲבֵר וַעַד הַמְנַהֲלִים

board of governors חֶבֶר הַמְנַהֲלִים

3 (head of institution) מְנַהֵל, נָגִיד

□ *he became Governor of the Bank of England* הוּא הִתְמַנָּה לִנְגִיד הַבַּנְק שֶׁל אַנְגְלִיָּה

4 (boss, father, *colloq.*) בּוֹס, אָדוֹן; "הַזָּקֵן", אַבָּא

5 (regulator, *Mech.*) וַסָּת, רֶגוּלָטוֹר, בַּקָּר

gown /gaʊn/ n.

1 (woman's dress) שִׂמְלָה (לָרֹב חֲגִיגִית)

2 (official robe) גְּלִימָה (שֶׁל שׁוֹפֵט, אֲקָדֶמַאי וְכַד'); חָלוּק (שֶׁל מְנַתֵּחַ וְכַד')

goy /gɔɪ/ n. (*pl.* **goyim** or **goys**, *derog.*) גּוֹי

grab /græb/ v.t. & i. חָטַף, תָּפַס בְּכֹחַ, נֶאֱחַז בְּ...

□ *he grabbed the opportunity of going abroad* הוּא נֶאֱחַז בַּהִזְדַּמְּנוּת לָצֵאת לְחוּץ־לָאָרֶץ

□ *how does a free holiday grab you?* (*colloq.*) מָה דַּעְתְּךָ עַל חֻפְשָׁה בְּחִנָּם?

—n.

1 (sudden snatch) חֲטִיפָה, תְּפִיסָה, אֲחִיזָה

smash and grab raid פְּרִיצָה לַחֲנוּת אַחֲרֵי נִפּוּץ חַלּוֹן־הָרַאֲוָה

up for grabs (*colloq.*) שֶׁאֶפְשָׁר לְהַשִּׂיגוֹ חִנָּם, הֶפְקֵר

2 (mechanical device) מֶלְקָחַיִם הִידְרָאוּלִיִּים (עַל מָנוֹף וְכַד')

grace /greɪs/ n.

1 (charm, elegance, courtesy) חֵן, חִנָּנִיּוּת, נֹעַם

airs and graces הִתְנַהֲגוּת מְנֻפַּחַת וִיהִירָה, "עֲשִׂיַּת רוּחַ"
□ *he had the grace to say he was sorry* הָיְתָה לוֹ הַהֲגִינוּת לְהִתְנַצֵּל
□ *he admitted defeat with good grace* הוּא הוֹדָה בִּתְבוּסָה בְּאֹפֶן מְכֻבָּד
2 (favour, mercy, *formal*) חֶסֶד, טוֹבָה, מֶחֱוָה שֶׁל רָצוֹן טוֹב
a state of grace (*Relig.*) (בַּנַּצְרוּת) מַצָּב שֶׁל חֶסֶד אֱלֹהִי (כַּאֲשֶׁר הַנֶּפֶשׁ חֲפָשִׁיָּה מֵחֵטְא)
□ *his creditors gave him a week's grace* נוֹשָׁיו נָתְנוּ לוֹ אַרְכָּה שֶׁל שָׁבוּעַ
□ *there but for the grace of God go I* לוּלֵא הָיוּ חַסְדֵי הָאֵל עִמִּי כִּי אָז אָבַדְתִּי
□ *it happened in the year of grace 1649* (*arch.*)
הַדָּבָר אֵרַע בִּשְׁנַת 1649 לְמִנְיַן שְׁנוֹת אֲדוֹנֵנוּ (יֵשׁוּ)
□ *I'm in her good graces at the moment* לְפִי שָׁעָה אֲנִי נוֹשֵׂא חֵן מִלְּפָנֶיהָ
□ *the Duke fell from grace with the King* חִנּוֹ שֶׁל הַדֻּכָּס סָר בְּעֵינֵי הַמֶּלֶךְ
3 (*Mus.*)
grace note תָּו־עִטּוּר, סָמִיךְ קָצָר
4 (*Myth.*) "גְּרַצְיָה"
the (three) Graces (בַּמִּיתוֹלוֹגְיָה) הַגְּרַצְיוֹת, שָׁלֹשׁ אֵלוֹת הַיֹּפִי, בְּנוֹת־הַחֵן
5 (thanksgiving at meal) בִּרְכַּת־הַמָּזוֹן (הַנּוֹצְרִית)
6 (title) הוֹד רוֹמְמוּתוֹ, הוֹד מַעֲלָתוֹ (תֹּאַר לְדֻכָּס, לְדֻכָּסִית אוֹ לְאַרְכִיבִּישׁוֹף)
□ *His Grace the Duke* הוֹד מַעֲלָתוֹ הַדֻּכָּס
□ *Your Grace* הוֹד רוֹמְמוּתְךָ
—v.t. (*formal*) הוֹסִיף חֵן לְ...; הֶעֱנִיק הַדְרַת־כָּבוֹד לְ...; כִּבֵּד בְּנוֹכְחוּתוֹ

graceful /ˈgreɪsf(ə)l/ adj. חִנָּנִי, מְעֻדָּן וְקַלִּיל

graceless /ˈgreɪslɪs/ adj. חֲסַר־חֵן; חֲסַר־נִימּוּסִין

gracious /ˈgreɪʃəs/ adj.
1 (polite, kind, generous) מְלֵא־חֵן, אֲצִילִי וְאָדִיב
gracious living חַיֵּי מוֹתָרוֹת
2 (merciful, benevolent) רַב־חֶסֶד, גּוֹמֵל חֶסֶד, נָדִיב; חַנּוּן, רַחוּם
□ *your gracious Majesty* הוֹד מַלְכוּתְךָ רַב־הַחֶסֶד
3 (exclamation, *arch.*)
□ *(goodness) gracious (me)!* רִבּוֹנוֹ שֶׁל עוֹלָם!

gradation /grəˈdeɪʃ(ə)n/ n. (*formal*) דֵּרוּג, שִׁנּוּי הַדְרָגָתִי

grade /greɪd/ n.
1 (level of quality) דַּרְגָּה, מַדְרֵגָה, רָמָה, סוּג
make the grade הִגִּיעַ לָרָמָה הַנְּאוֹתָה
□ *the pupil has a high grade of intelligence*
לַתַּלְמִיד יֵשׁ רָמַת מִשְׂכָּל גְּבוֹהָה
2 (mark indicating quality of student's work) צִיּוּן
3 (school class, *US*) כִּתָּה (כִּתָּה א', כִּתָּה ב' וְכַד')
grade school בֵּית סֵפֶר יְסוֹדִי
4 (slope) שִׁפּוּעַ, מוֹרָד, מִדְרוֹן
□ *business in on the up* (or *down*) *grade* הָעֲסָקִים בַּעֲלִיָּה/בִּירִידָה
—v.t. סִוֵּג, דֵּרֵג; הֶעֱנִיק צִיּוּן לְ..., בָּדַק וְנָתַן צִיּוּן לְ...

gradient /ˈgreɪdɪənt/ n. שִׁפּוּעַ; דַּרְגַּת־הַשִּׁפּוּעַ (בְּמִסְפָּר)

gradual /ˈgrædʒʊəl/ adj. הַדְרָגָתִי, מָתוּן, לְאַט־לְאַט

graduate /ˈgrædʒʊeɪt/ v.t.
1 (mark in portions) דֵּרֵג, סִמֵּן לְפִי מִדָּה, שִׁנֵּת
□ *this ruler is graduated in both inches and centimetres* הַסַּרְגֵּל הַזֶּה מְחֻלָּק לְאִינְטְשִׁים וּלְסֶנְטִימֶטְרִים
2 (admit to degree, *US*) הֶעֱנִיק תֹּאַר לְ..., הֶעֱבִיר (תַּלְמִיד)
—v.i. סִיֵּם אֶת הַלִּמּוּדִים (וְקִבֵּל תֹּאַר אֲקָדֵמִי)
—n. & adj. /ˈgrædʒʊət/ בּוֹגֵר, בּוֹגֵר אוּנִיבֶרְסִיטָה
graduate student תַּלְמִיד לְתֹאַר שֵׁנִי/שְׁלִישִׁי

graduation /ˌgrædʒʊˈeɪʃ(ə)n/ n. טֶקֶס קַבָּלַת־תֹּאַר אֲקָדֵמִי; דֵּרוּג, סִמּוּן דֵּרוּג

graffiti /grəˈfiːtɪ/ n. *pl.* גְּרָפִיטִי (שִׁרְבּוּטִים בְּמָקוֹם צִבּוּרִי)

graft[1] /grɑːft/ n. הַרְכָּבָה (בִּצְמָחִים), הַשְׁתָּלָה (בְּבַעֲלֵי חַיִּים וּבִבְנֵי־אָדָם)
□ *the skin graft took* הַשְׁתָּלַת־הָעוֹר הִצְלִיחָה
—v.t. הִרְכִּיב (צֶמַח עַל צֶמַח אַחֵר), הִשְׁתִּיל (עוֹר, אֵיבָר וְכַד')

graft[2] /grɑːft/ (*colloq.*) n. "עֲבוֹדַת פֶּרֶךְ"
—v.i. עָבַד "עֲבוֹדַת פֶּרֶךְ"

grail /greɪl/ n. (*Relig.*) גְּבִיעַ הַקֹּדֶשׁ
the Holy Grail הַגָּבִיעַ הַקָּדוֹשׁ (שֶׁמִּמֶּנּוּ שָׁתָה יֵשׁוּ בַּסְּעוּדָה הָאַחֲרוֹנָה)

grain /greɪn/ n.
1 (seed of corn) גַּרְעִין, גַּרְגֵּר
2 (corn) תְּבוּאָה, דָּגָן, בָּר
3 (particle, vestige) גַּרְגֵּר, שֶׁמֶץ, קֶרְטוֹב
□ *take what he says with a grain of salt* אַל תְּקַבֵּל אֶת דְּבָרָיו כִּפְשׁוּטָם
□ *we gained a grain of comfort from the news* זָכִינוּ בְּקֶרְטוֹב שֶׁל נֶחָמָה לִשְׁמֹעַ הַחֲדָשׁוֹת
4 (texture or pattern of fibres) מִרְקָם, מִבְנֵה הַסִּיבִים
against the grain (בְּנַגָּרוּת) נֶגֶד כִּוּוּן הַסִּיבִים (שֶׁל הָעֵץ)
□ *it goes against the grain to do what you ask* מַה שֶּׁבִּקַּשְׁתָּ מִמֶּנִּי לַעֲשׂוֹת מְנֻגָּד לִנְטִיּוֹתַי

gram /græm/ n. גְּרָם (אַלְפִּית הַקִּילוֹ)

grammar /ˈgræmə(r)/ n. דִּקְדּוּק; סֵפֶר־דִּקְדּוּק
grammar school (*UK*) בֵּית־סֵפֶר תִּיכוֹן עִיּוּנִי

grammarian /grəˈmeərɪən/ n. מֻמְחֶה בְּדִקְדּוּק, מְדַקְדֵּק

grammatical /grəˈmætɪk(ə)l/ adj. דִּקְדּוּקִי; שֶׁעַל פִּי חֻקֵּי הַדִּקְדּוּק

gramme /græm/ n. גְּרָם (אַלְפִּית הַקִּילוֹ)

gramophone /ˈgræməfəʊn/ n. (*arch.*) גְּרָמוֹפוֹן (פָּטֵיפוֹן מְיֻשָּׁן, לָרֹב לֹא חַשְׁמַלִּי)

gran /græn/ n. (*colloq.*) סַבְתָּא

granary /ˈgrænərɪ/ n. אָסָם, מַחְסַן־תְּבוּאָה, מַמְּגוּרָה
granary bread סוּג לֶחֶם שָׁחוֹר גַּס (מֵכִיל גַּרְגְּרֵי תְּבוּאָה שְׁלֵמִים)

grand /grænd/ adj.
1 (chief, great, principal) גָּדוֹל, רָאשִׁי, עִקָּרִי
Grand Duke הַדֻּכָּס הַגָּדוֹל
grand jury (*US*) חֶבֶר מֻשְׁבָּעִים מֻקְדָּם (הַקּוֹבֵעַ אִם יֵשׁ מָקוֹם לְהַעֲמִיד אֶת פְּלוֹנִי לְדִין)
grand master (*Chess*) רַב־אָמָן
grand opera אוֹפֶּרָה שֶׁכֻּלָּהּ מוּשֶׁרֶת וְאֵין בָּהּ קִטְעֵי דִּבּוּר
grand piano פְּסַנְתֵּר־כָּנָף
Grand Prix מֵרוֹץ ("גְּרַנְד־פְּרִי") לִמְכוֹנִיּוֹת (בְּדֵרוּג פוֹרְמוּלָה I)
grand slam "גְּרַנְד סְלַם" (הַשָּׂגַת מֵרַב הַנְּקֻדּוֹת בִּבְּרִידְג'), נִצָּחוֹן מַקִּיף בְּכָל הַטּוּרְנִירִים
grand total סַךְ־הַכֹּל
2 (solemn, distinguished) גָּדוֹל, דָּגוּל
□ *he is the grand old man of British theatre* הוּא הֶחָשׁוּב וְהַוָּתִיק מִבֵּין אַנְשֵׁי־הַתֵּיאַטְרוֹן הַבְּרִיטִי
□ *it's a play in the grand manner* זֶה מַחֲזֶה בְּסִגְנוֹן הַגָּדוֹל
3 (splendid, very enjoyable, *arch. colloq.*) נֶהְדָּר, כַּבִּיר, נִפְלָא
□ *we had a grand time* בִּלִּינוּ נֶהְדָּר
—n. (*sl.*) אֶלֶף (לִישׁ"ט, דּוֹלָר וְכַד')

grandchild /ˈgrændtʃaɪld/ n. נֶכֶד
granddaughter /ˈgrænddɔːtə(r)/ n. נֶכְדָּה
grandad /ˈgrændæd/ n. (*colloq.*) סַבָּא
grandee /grænˈdiː/ n. אָצִיל סְפָרַדִּי
grandeur /ˈgrændʒə(r)/ n. הוֹד וְהָדָר, פְּאֵר, יִפְעָה
delusions of grandeur שִׁגָּעוֹן גַּדְלוּת, אַשְׁלָיוֹת שֶׁל גַּדְלוּת
grandfather /ˈgrændfɑːðə(r)/ n. סַבָּא, סָב
grandfather clock אוֹרְלוֹגִין (שָׁעוֹן נִצָּב גָּדוֹל בַּעַל מְטֻטֶּלֶת)
grandiloquence /grænˈdɪləkwəns/ n. (*formal derog.*) דִּבּוּר נִמְלָץ
grandiloquent /grænˈdɪləkwənt/ adj. (*formal derog.*) נִמְלָץ, מְנֻפָּח, מְדַבֵּר גְּבוֹהָה־גְּבוֹהָה
grandiose /ˈgrændɪəʊs/ adj. (*derog.*) גְּרַנְדְּיוֹזִי, נֶהְדָּר, מְפֹאָר, מְנֻפָּח
grandma /ˈgrænmɑː/ n. (*colloq.*) סַבְתָּא
grandmother /ˈgrændmʌðə(r)/ n. סַבְתָּא
grandpa /ˈgrænpɑː/ n. (*colloq.*) סַבָּא
grandparent /ˈgrændpeərənt/ n. סָב/סַבְתָּא
grandson /ˈgrændsʌn/ n. נֶכֶד
grandstand /ˈgrændstænd/ n. יָצִיעַ, בִּימַת־קָהָל, בִּימַת צוֹפִים (בְּמִגְרַשׁ סְפּוֹרְט, בְּמַסְלוּל מֵרוֹצִים וְכַד')
grange /greɪndʒ/ n. בִּנְיְנֵי־חַוָּה, מְעוֹן כַּפְרִי, חַוָּה (גְּדוֹלָה)

granite /ˈgrænɪt/ n. שַׁחַם, גְּרָנִיט
granny /ˈgrænɪ/ n. (*colloq.*, also **grannie**) סַבְתָּא
granny knot סוּג שֶׁל "קֶשֶׁר סַבְתָּא" רוֹפֵף
grant /grɑːnt/ v.t.
1 (give; allow, *formal*) הֶעֱנִיק, נָתַן; הֶעֱנִיק (רְשׁוּת) לְ...
□ *he granted her request* הוּא נַעֲנָה לְבַקָּשָׁתָהּ
2 (admit, *formal*) הִסְכִּים שֶׁ..., הוֹדָה שֶׁ...
granted (or **granting**) **that...** אִם נַנִּיחַ שֶׁ...
3 take someone (or **something**) **for granted** הִתְיַחֵס אֶל פְּלוֹנִי/דָּבָר מָה כְּמוּבָן מֵאֵלָיו
□ *I took it for granted you would come* הִנַּחְתִּי כְּמוּבָן מֵאֵלָיו שֶׁתָּבוֹא
□ *he takes his wife for granted* הוּא מִתְיַחֵס אֶל אִשְׁתּוֹ כְּאִלּוּ הִיא נוֹלְדָה לְשָׁרֵת אוֹתוֹ
—n. מַעֲנָק, מִלְגָּה
granular /ˈgrænjʊlə(r)/ adj. גַּרְגְּרִי; מֵכִיל גַּרְעִינִים, מֵכִיל גּוּשִׁים
granulated /ˈgrænjʊleɪtɪd/ adj. גַּרְגְּרִי, בְּגַרְגְּרִים
granulated sugar סֻכָּר רָגִיל (בְּגַרְגְּרִים, לְהַבְדִּיל מֵאַבְקַת סֻכָּר, קֻבִּיּוֹת סֻכָּר וְכַד')
granule /ˈgrænjuːl/ n. גַּרְגִּירוֹן
grape /greɪp/ n. עֵנָב
sour grapes (*fig.*) "עִנְּבֵי בֹּסֶר" (לְרֹב דָּבָר שֶׁמְּזַלְזְלִים בּוֹ לְאַחַר כִּשָּׁלוֹן בְּהַשָּׂגָתוֹ)
grapefruit /ˈgreɪpfruːt/ n. (*pl.* same) אֶשְׁכּוֹלִית
grape-shot /ˈgreɪp-ʃɒt/ n. (*Hist.*) מַטַּח כַּדּוּרֵי־בַּרְזֶל (מִתּוֹתָח עַתִּיק)
grapevine /ˈgreɪpvaɪn/ n. גֶּפֶן; מַעֲרֶכֶת שְׁמוּעוֹת וּלְחִישׁוֹת
□ *I heard it on the office grapevine* מִפֶּה לְאֹזֶן נוֹדַע לִי, צִפּוֹר קְטַנָּה בַּמִּשְׂרָד לָחֲשָׁה לִי
graph /grɑːf/ n. גְּרָף, דִּיאַגְרָמָה, עֲקֻמָּה
graph paper נְיָר מִילִימֶטְרִי, נְיָר מִשְׁבְּצוֹת
graphic /ˈgræfɪk/ adj. גְּרָפִי; (תֵּאוּר וְכַד') "חַי", צִיּוּרִי
graphic design עִצּוּב גְּרָפִי
□ *his description of the battle was graphic* תֵּאוּר הַקְּרָב שֶׁלּוֹ הָיָה צִיּוּרִי מְאֹד
graphics /ˈgræfɪks/ n. *pl.* (usu. with *sing.* v.) גְּרָפִיקָה
computer graphics גְּרָפִיקַת מַחְשֵׁב
graphite /ˈgræfaɪt/ n. גְּרָפִיט; עוֹפֶרֶת עִפָּרוֹן
graphology /grəˈfɒlədʒɪ/ n. גְּרָפוֹלוֹגְיָה (נִתּוּחַ אֹפִי עַל פִּי כְּתַב־יָד)
grapnel /ˈgræpn(ə)l/ n. עֹגֶן רַב־קְרָסִים קָטָן; מוֹט בַּעַל אַנְקוֹל (לִלְפִיתַת סְפִינַת אוֹיֵב בָּעֶבֶר)
grapple /ˈgræp(ə)l/ v.i. אָחַז בִּלְפִיתָה
grapple with נֶאֱבַק עִם (גַּם בְּהַשְׁאָלָה)
□ *he grappled with the problem* הוּא נֶאֱבַק בַּבְּעָיָה
grappling-iron /ˈgræplɪŋ-ˌaɪən/ n. עֹגֶן רַב־קְרָסִים קָטָן; מוֹט בַּעַל אַנְקוֹל (לִלְפִיתַת סְפִינַת אוֹיֵב בָּעֶבֶר)
grasp /grɑːsp/ v.t. תָּפַס, לָפַת; הֵבִין

□ *I don't grasp your argument* (or *meaning*) אֲנִי לֹא יוֹרֵד לְסוֹף דַּעְתְּךָ

□ *he grasped at straws* הוּא נֶאֱחַז בְּקַשׁ

□ *she grasped the nettle* (*fig.*) הִיא אָחֲזָה אֶת הַשּׁוֹר בְּקַרְנָיו

—n. אֲחִיזָה, לְפִיתָה; הֶשֵּׂג יָד, יְכֹלֶת הַשָּׂגָה; הֲבָנָה, תְּפִיסָה

□ *it was beyond his grasp* זֶה הָיָה מֵעֵבֶר לְהַשָּׂגָתוֹ

□ *success is within his grasp* הַהַצְלָחָה בִּתְחוּם הַשָּׂגָתוֹ, הַהַצְלָחָה בְּהֶשֵּׂג יָדוֹ

grasping /ˈɡrɑːspɪŋ/ adj. (*derog.*) חַמְדָן, רוֹדֵף-בֶּצַע, קַמְּצָן, תַּאַוְתָן

grass /ɡrɑːs/ n.

1 (vegetation) עֵשֶׂב, דֶּשֶׁא, מִרְעֶה

grass snake נָחָשׁ קָטָן וְלֹא מְסֻכָּן

grass widow אַלְמְנַת-קַשׁ

□ *he doesn't let the grass grow under his feet* הוּא לֹא מַחְמִיץ שׁוּם הִזְדַּמְּנוּת; הוּא פּוֹעֵל בְּלֹא שְׁהִיּוֹת

□ *the cattle were put* (or *sent* or *turned*) *out to grass* הַבָּקָר יָצָא לַמִּרְעֶה

□ *it's time that old minister was put* (or *turned*) *out to grass* הִגִּיעַ הַזְּמַן שֶׁהַכֹּמֶר הַזָּקֵן יִפְרֹשׁ

2 (marijuana, *sl.*) "גְּרַס"

3 (criminal informer, *UK sl.*) מַלְשִׁין, מוֹדִיעַ מִשְׁטַרְתִּי

—v.t. כִּסָּה בְּעֵשֶׂב, שָׁתַל דֶּשֶׁא בְּ...

—v.i. הִלְשִׁין (לַמִּשְׁטָרָה)

□ *he grassed on his accomplices* (*UK sl.*) הוּא הִלְשִׁין עַל הַשֻּׁתָּפִים שֶׁלּוֹ

grasshopper /ˈɡrɑːshɒpə(r)/ n. חַרְגּוֹל

knee high to a grasshopper (*colloq.*) (פַּעַם, כְּשֶׁהָיִיתִי) "כָּזֶה קָטָן"

grassland /ˈɡrɑːslænd/ n. אַדְמַת מִרְעֶה טִבְעִי

grass roots /ɡrɑːs ˈruːts/ n. *pl.* קְהַל הַבּוֹחֲרִים הַפָּשׁוּט (לְהַבְדִּיל מִן הַמַּנְהִיגוּת)

□ *it sparked a grass roots rebellion* הַדָּבָר הִצִּית מְרִי בְּקֶרֶב הֶהָמוֹן הַפָּשׁוּט

grassy /ˈɡrɑːsɪ/ adj. מְכֻסֶּה עֵשֶׂב, מְדֻשָּׁא

grate¹ /ɡreɪt/ n. שְׁבָכַת הָאָח

grate² /ɡreɪt/ v.t.

1 (reduce to small particles) רִסֵּק, גֵּרֵד (בְּפַמְפִּיָּה), גֵּרֵר (בְּמִגְרֶרֶת)

grated cheese גְּבִינָה מְגֻרֶּרֶת

2 (rub with harsh noise, also v.i.) חָרַק; הִשְׁמִיעַ קוֹל חֲרִיקָה צוֹרֵם

□ *it grates on my ear* זֶה צוֹרֵם אֶת אָזְנִי

□ *his strident remarks grated on everyone's nerves*) הֶעָרוֹתָיו הַצּוֹרְמָנִיּוֹת עִצְבְּנוּ אֶת הַכֹּל

grateful /ˈɡreɪtf(ə)l/ adj. אֲסִיר-תּוֹדָה, מַכִּיר-טוֹבָה

grater /ˈɡreɪtə(r)/ n. פַּמְפִּיָּה, מִגְרֶרֶת

gratification /ˌɡrætɪfɪˈkeɪʃ(ə)n/ n. (*formal*) קֹרַת-רוּחַ, סִפּוּק נַפְשִׁי

gratify /ˈɡrætɪfaɪ/ v.t. & i. (*formal*) גָּרַם קֹרַת-רוּחַ, הֵסֵב נַחַת, הִשְׂבִּיעַ רָצוֹן

□ *we were all gratified at* (or *with*) *your success* הַצְלָחָתְךָ גָּרְמָה נַחַת-רוּחַ לְכֻלָּנוּ

grating /ˈɡreɪtɪŋ/ n. שְׂבָכָה, סוֹרֵג (עַל חַלּוֹן)

gratis /ˈɡrɑːtɪs/ adj. & adv. חִנָּם; בְּחִנָּם, לְלֹא תַּשְׁלוּם

gratitude /ˈɡrætɪtjuːd/ n. הַכָּרַת-טוֹבָה, רִגְשׁוֹת תּוֹדָה

gratuitous /ɡrəˈtjuːɪtəs/ adj. (*formal*)

1 (done without good reason, *derog.*) חֲסַר הַצְדָּקָה, חֲסַר פֵּשֶׁר, חֲסַר סִבָּה, חִנָּם

2 (free of charge) חִנָּם

gratuity /ɡrəˈtjuːɪtɪ/ n.

1 (tip, *formal*) דְּמֵי-שְׁתִיָּה (לְמֶלְצַר וְכַד')

2 (money given on retirement) מַעֲנַק-פְּרִישָׁה

grave¹ /ɡreɪv/ adj.

1 (causing worry) רְצִינִי, חָמוּר

2 (solemn) חָמוּר, חֲמוּר סֵבֶר

grave² /ɡreɪv/ n. קֶבֶר

□ *she's got one foot in the grave* (*colloq.*) הִיא עִם רֶגֶל אַחַת בַּקֶּבֶר, הִיא עַל סַף הַמָּוֶת

gravel /ˈɡræv(ə)l/ n. חָצָץ

gravel pit מַחְצֶבֶת-חָצָץ

—v.t. כִּסָּה בְּחָצָץ, סָלַל בְּחָצָץ

graven /ˈɡreɪv(ə)n/ adj. (*arch.*) חָרוּת

graven image אֱלִיל, פֶּסֶל וּמַסֵּכָה

□ *his name is graven on my heart* (or *memory*) שְׁמוֹ חָרוּת עַל לוּחַ לִבִּי

gravestone /ˈɡreɪvstəʊn/ n. מַצֵּבָה

graveyard /ˈɡreɪvjɑːd/ n. בֵּית-קְבָרוֹת, בֵּית-עָלְמִין

gravitate /ˈɡrævɪteɪt/ v.i. (*formal*) נָע (לְעֵבֶר), נִמְשַׁךְ (לְעֵבֶר)

gravitation /ˌɡrævɪˈteɪʃ(ə)n/ n.

1 (gravitating, *formal*) הִמָּשְׁכוּת

2 (gravity) כֹּחַ-הַמְּשִׁיכָה (שֶׁל גֶּרֶם שְׁמֵימִי וְכַד')

gravity /ˈɡrævɪtɪ/ n.

1 (natural force) כֹּחַ-מְשִׁיכָה, גְּרָוִיטַצְיָה

centre of gravity מֶרְכַּז-הַכֹּבֶד

specific gravity מִשְׁקָל סְגֻלִּי

2 (importance, seriousness, *formal*) חֲשִׁיבוּת; רְצִינוּת, חֻמְרָה

gravy /ˈɡreɪvɪ/ n.

1 (meat juices) רֹטֶב-בָּשָׂר

2 (easy money, *sl.*) רֶוַח קַל

□ *he got on the gravy train* (*sl.*) הוּא מָצָא דֶּרֶךְ לַעֲשׂוֹת כֶּסֶף קַל

gravy-boat /ˈɡreɪvɪ-bəʊt/ n. כְּלִי לְהַגָּשַׁת רֹטֶב-בָּשָׂר

gray /ɡreɪ/ see **GREY** אָפֹר

graze¹ /ɡreɪz/ v.t. & i. הוֹצִיא לְמִרְעֶה; רָעָה בָּאָחוּ

graze² /ɡreɪz/ v.t. שָׂרַט, שִׁפְשֵׁף, חִכֵּךְ קַלּוֹת

—n. שְׁרִיטָה, שִׁפְשׁוּף עוֹר

grazing /ˈgreɪzɪŋ/ n. אַדְמַת מִרְעֶה, שְׂדוֹת מִרְעֶה

grease /griːs/ n. שֻׁמָּן, חֵלֶב (שֶׁהוּמַס); גְּרִיז

—v.t. סָךְ, שִׁמֵּן, מָשַׁח; גֵּרֵז (מְכוֹנָה)

□ *the builder greased the councillor's palm* (*colloq.*) הַקַּבְּלָן שִׁחֵד אֶת הַפָּקִיד

□ *he moved like greased lightning* (*colloq.*) הוּא פָּעַל בִּמְהִירוּת הַבָּזָק

grease-gun /ˈgriːs-gʌn/ n. אֶקְדַּח־גְּרִיז

grease-paint /ˈgriːs-peɪnt/ n. מִשְׁחַת־צֶבַע (לְאִפּוּר שַׂחְקָנִים)

greaseproof (paper) /ˈgriːspruːf (ˈpeɪpə(r))/ n. נְיָר עָמִיד בִּפְנֵי־שֻׁמָּן, נְיַר פֶּרְגָּמֶנְט

greasy /ˈgriːsɪ/ adj. שַׁמְנוּנִי, מְשֻׁמָּן, חָלָק; (חִיּוּךְ, אֹפֶן הִתְנַהֲגוּת) חֲלַקְלַק

□ *the road was greasy* הַכְּבִישׁ הָיָה חֲלַקְלַק

great /greɪt/ adj.

1 (large, much) גָּדוֹל, חָזָק, הַרְבֵּה, רַב

Great Britain בְּרִיטַנְיָה הַגְּדוֹלָה

Greater London לוֹנְדוֹן רַבָּתִי (לוֹנְדוֹן עַל כָּל פַּרְוָרֶיהָ)

□ *he went into (it in) great detail* הוּא נִכְנַס לִפְרָטֵי־פְּרָטִים

□ *he gave me a great deal of trouble* הוּא גָּרַם לִי צָרוֹת צְרוּרוֹת

□ *he's a great friend of mine* הוּא יְדִיד קָרוֹב שֶׁלִּי

□ *the great majority are* (or *is*) *in favour* הָרֹב הַגָּדוֹל תּוֹמֵךְ בּוֹ

□ *he's a great scoundrel* הוּא בֶּן־בְּלִיַּעַל, הוּא נָבָל גָּדוֹל

□ *she is great with child* (*arch.*) הִיא מְעֻבֶּרֶת

2 (important, outstanding) חָשׁוּב, בּוֹלֵט, דָּגוּל, נוֹדָע

the Great Powers הַמַּעֲצָמוֹת

Great Scott! (*arch. colloq.*) שְׁמוֹ שָׁמַיִם!

the Great War מִלְחֶמֶת הָעוֹלָם הָרִאשׁוֹנָה

3 (splendid, *colloq.*) נִפְלָא, נֶהְדָּר, מְצֻיָּן, עָצוּם, כַּבִּיר, אַדִּיר

□ *we had a great time* עָשִׂינוּ חַיִּים, בִּלִּינוּ נִפְלָא

□ *she was just great* הִיא הָיְתָה מַמָּשׁ נֶהְדֶּרֶת

4 (as pred. adj., clever at, knowledgeable on, *colloq.*) טוֹב בְּ...

□ *she's great at tennis* הִיא טוֹבָה מְאֹד בְּטֶנִיס

5 (denoting relationship)

great-aunt דּוֹדָה שֶׁל הָאָב/הָאֵם

great-grandfather הָאָב שֶׁל הַסָּב/הַסָּבְתָּא

greatcoat /ˈgreɪtkəʊt/ n. מְעִיל עֶלְיוֹן חָרְפִּי; מְעִיל צְבָאִי

greatly /ˈgreɪtlɪ/ adv. מְאֹד, בְּמִדָּה רַבָּה, הַרְבֵּה

greatness /ˈgreɪtnɪs/ n. גְּדֻלָּה, גַּדְלוּת

grebe /griːb/ n. טַבְלָן מְצֻיָּץ (עוֹף מַיִם)

Grecian /ˈgriːʃ(ə)n/ adj. (*poet.*) יְוָנִי עַתִּיק, שֶׁל יָוָן הַקְּדוּמָה

greed /griːd/ n. (also **greediness** /ˈgriːdɪnɪs/) חַמְדָנוּת, אַהֲבַת־בֶּצַע; זַלְלָנוּת

greedy /ˈgriːdɪ/ adj. חַמְדָנִי, לָהוּט מְאֹד, רוֹדֵף־בֶּצַע; זַלְלָן

Greek /griːk/ adj. & n. יְוָנִי; (שָׂפָה) יְוָנִית; (אָדָם) יְוָנִי

it's all Greek to me (*colloq.*) בִּשְׁבִילִי זֶה סִינִית, אֲנִי לֹא מֵבִין מִלָּה מִכָּל זֶה

green /griːn/ adj.

1 (coloured like grass) יָרֹק

the green belt הַחֲגוֹרָה הַיְרֻקָּה (אֵזוֹר צִמְחִיָּה טִבְעִית סְבִיב עִיר)

Green Berets (*colloq.*) הַכֻּמְתּוֹת הַיְרֻקּוֹת (הַקּוֹמַנְדוֹ הַבְּרִיטִי/הָאֲמֶרִיקָאִי)

green fingers (or (*US*) **thumb**) (*colloq.*) כִּשְׁרוֹן גַּנָּנוּת

□ *I got the green light yesterday* (*fig.*) קִבַּלְתִּי אוֹר יָרֹק אֶתְמוֹל

□ *he was green with envy* הוּא נַעֲשָׂה יָרֹק מֵרֹב קִנְאָה

□ *he looks a bit green (about the gills)* (*colloq.*) הוּא נִרְאֶה חִוֵּר

2 (young; inexperienced) יָרֹק; "יָרֹק"

green wood עֵץ לַח, עֵץ יָרֹק

□ *a green youth is easily fooled* קַל לְשַׁטּוֹת בְּנַעַר חֲסַר נִסָּיוֹן

3 (not dried or smoked etc.) יָרֹק

green bacon בְּשַׂר חֲזִיר לֹא־מְעֻשָּׁן

green peas אֲפוּנָה יְרֻקָּה

green tea תֵּה יָרֹק

4 (concerned with the environment) "יָרֹק"

Green Party מִפְלֶגֶת "הַיְרֻקִּים"

□ *this government has few green policies* לַמֶּמְשָׁלָה הַזֹּאת אֵין הַרְבֵּה קַוֵּי־מְדִינִיּוּת בְּנוֹשְׂאֵי אֵיכוּת־הַסְּבִיבָה

—n.

1 (colour) צֶבַע יָרֹק

2 (area of grass) מִגְרַשׁ דֶּשֶׁא, מִדְשָׁאָה

village green כִּכַּר־דֶּשֶׁא בְּמֶרְכַּז כְּפָר

3 (in *pl.*, vegetables) יְרָקוֹת

greenback /ˈgriːnbæk/ n. (*US colloq.*) שְׁטַר־כֶּסֶף (בְּדוֹלָרִים)

greenery /ˈgriːnərɪ/ n. צִמְחִיָּה, צִמְחֵי נוֹי יְרֻקִּים

greenfly /ˈgriːnflaɪ/ n. (*pl.* same) כְּנִימַת־הֶעָלֶה

greengage /ˈgriːngeɪdʒ/ n. שְׁזִיף יְרַקְרַק קָטָן, "שְׁזִיף־הַמַּלְכָּה"

greengrocer /ˈgriːngrəʊsə(r)/ n. יַרְקָן

greengrocery /ˈgriːngrəʊsərɪ/ n. חֲנוּת־יְרָקוֹת

greenhorn /ˈgriːnhɔːn/ n. (*colloq.*) "יָרֹק" (אָדָם חֲסַר נִסָּיוֹן); מְהַגֵּר טָרִי (בְּאַרְהַ"ב בֶּעָבָר)

greenhouse /ˈgriːnhaʊs/ n. חֲמָמָה

the greenhouse effect תּוֹפַעַת הַחֲמָמָה, אֶפֶקְט הַחֲמָמָה

greenish /ˈgriːnɪʃ/ adj. יְרַקְרַק
Greenwich /ˈgrenɪdʒ/ n.
Greenwich Mean Time שְׁעוֹן גְּרִינִיץ'
greet /griːt/ v.t. קִדֵּם אֶת פְּנֵי, קִדֵּם בִּבְרָכָה, הִקְבִּיל אֶת פְּנֵי
□ *a pleasant vista greets the eye* (*poet.*) נוֹף נָאֶה נִגְלֶה לָעַיִן
greeting /ˈgriːtɪŋ/ n. בְּרָכָה, אִחוּלִים
greetings card כַּרְטִיס־בְּרָכָה
□ *give him my greetings* מְסֹר לוֹ דְּרִישַׁת־שָׁלוֹם מִמֶּנִּי
gregarious /grɪˈgeərɪəs/ adj. חֶבְרוּתִי, אוֹהֵב חֶבְרָה; חַי בַּעֲדָרִים
□ *the sheep is a gregarious animal* הַכֶּבֶשׂ הוּא בַּעַל־חַיִּים הַחַי בַּעֲדָרִים
gremlin /ˈgremlɪn/ n. (*sl.*) שֵׁדוֹן הַגּוֹרֵם לְתַקָּלוֹת (בְּמָנוֹעִים, בְּמָטוֹס וְכַד')
grenade /grɪˈneɪd/ n. רִמּוֹן־יָד
grenadier /ˌgrenəˈdɪə(r)/ n. (*Hist.*) רַמָּן; גְּרֶנָדִיר (חַיָּל בְּמִשְׁמַר־הַגְּרֶנָדִירִים)
grew /gruː/ past of **grow**
grey greɪ/ adj. & n. (also **gray,** *US*) אָפֹר
Grey Friar נָזִיר פְרַנְצִיסְקָנִי
grey matter הַתָּאִים הָאֲפֹרִים, "שֵׂכֶל"
a grey area אֵזוֹר בֵּינַיִם, אֵזוֹר "אָפֹר" (שֶׁבֵּין הַחֻקִּי לְלֹא־חֻקִּי וְכַד')
—v.t. & i. צָבַע בְּאָפֹר (שֵׂעָר וְכַד'); הֶאֱפִיר, נַעֲשָׂה אָפֹר
greyhound /ˈgreɪhaʊnd/ n. "גְּרֵיהָאוּנְד", זַרְזִיר־מָתְנַיִם (סוּג שֶׁל כֶּלֶב מֵרוֹץ מִקְּבוּצַת כַּלְבֵי הָרוּחַ)
greyish /ˈgreɪɪʃ/ adj. אֲפַרְפַּר
grid /grɪd/ n.
1 (grating) סוֹרֵג, שְׂבָכָה
cattle grid מַחְסוֹם בָּקָר (תְּעָלָה מְכֻסָּה סוֹרְגֵי־מַתֶּכֶת לְמַעֲבַר כְּלֵי־רֶכֶב וּלְמְנִיעַת מַעֲבַר בָּקָר)
2 (system of numbered squares) רֶשֶׁת (שֶׁל קוֹאוֹרְדִינָטוֹת עַל מַפָּה וְכַד')
3 (network of electricity cables) רֶשֶׁת־חַשְׁמַל
griddle /ˈgrɪd(ə)l/ n. מַחֲבַת שְׁטוּחָה, פְּלָטָה חַמָּה (לַאֲפִיָּה וּלְטִגּוּן)
gridiron /ˈgrɪdaɪən/ n. סוֹרֵג מַתֶּכֶת לִצְלִיָּה עַל גֶּחָלִים, אַסְכָּלָה; מִגְרָשׁ מְסֻמָּן לְמִשְׂחַק פוּטְבּוֹל אֲמֶרִיקָאִי
grief /griːf/ n. יָגוֹן, צַעַר עָמֹק
come to grief הִגִּיעַ לְסוֹף מַר
good grief! (*colloq.*) אֱלֹהִים אַדִּירִים!
grief-stricken /ˈgriːf-strɪk(ə)n/ adj. (*formal*) מֻכֵּה־יָגוֹן, אֲחוּז־צַעַר
grievance /ˈgriːv(ə)ns/ n. תְּלוּנָה, טְרוּנְיָה, תַּרְעֹמֶת
grieve /griːv/ v.t. צִעֵר, הֶעֱצִיב
—v.i. הִתְאַבֵּל
grievous /ˈgriːvəs/ adj. (*formal*) חָמוּר, קָשֶׁה
grievous bodily harm (*Law*) נֶזֶק גּוּפָנִי חָמוּר
griffin /ˈgrɪfɪn/ n. (also **griffon**) גְּרִיפִין (יְצוּר מִיתוֹלוֹגִי בַּעַל רֹאשׁ וּכְנָפַיִם שֶׁל נֶשֶׁר וְגוּף שֶׁל אַרְיֵה)
grill /grɪl/ v.t. & i. צָלָה; נִצְלָה
□ *we lay grilling in the hot sun* שָׁכַבְנוּ וְנִצְלֵינוּ בַּשֶּׁמֶשׁ
□ *the police grilled the suspect* (*colloq.*) הַמִּשְׁטָרָה חָקְרָה אֶת הֶחָשׁוּד חֲקִירַת שְׁתִי־וָעֵרֶב
—n.
1 (grilled food) צְלִי, גְּרִיל, בָּשָׂר עַל הָאֵשׁ
mixed grill צְלִי מְעֹרָב
2 (appliance for grilling) גְּרִיל (בְּתַנּוּר בֵּיתִי); "מַנְגָּל", אַסְכָּלָה
3 (place where grills are served, also **grill-room**) גְּרִיל, מִסְעֶדֶת־גְּרִיל, סְטֵקִיָּה
grille /grɪl/ n. שְׂבָכָה (שֶׁל חַלּוֹן אוֹ שַׁעַר); חֲזִית הָרַדְיָטוֹר (בִּמְכוֹנִית)
grim /grɪm/ adj.
1 (severe, forbidding) חָמוּר, קָשֶׁה; קוֹדֵר וּמַפְחִיד
the grim Reaper (*poet.*) מַלְאַךְ הַמָּוֶת
□ *the future looks pretty grim* הַסִּכּוּיִים לֶעָתִיד נִרְאִים עֲגוּמִים בְּיוֹתֵר
2 (determined) מָרִיר אַךְ נָחוּשׁ בְּדַעְתּוֹ, זוֹעֵף
□ *he gave a grim smile* הוּא חִיֵּךְ בְּזַעַף
□ *he held on like grim death* (*colloq.*) הוּא נֶאֱחַז בְּכָל כֹּחוֹתָיו
grimace /grɪˈmeɪs/ n. & v.i. הַעֲוָיָה, עֲקִימַת־פָּנִים; הֶעֱוָה פָּנִים, עִקֵּם פָּנִים
grime /graɪm/ n. זֻהֲמָה, לִכְלוּךְ, טִנֹּפֶת
grimy /ˈgraɪmɪ/ adj. מְלֻכְלָךְ, מְטֻנָּף, מְזֹהָם
grin /grɪn/ v.i. & n. חִיֵּךְ חִיּוּךְ רָחָב (חוֹשֵׂף שִׁנַּיִם); חִיּוּךְ רָחָב
grin and bear it מִכְרָחִים לְהַמְשִׁיךְ
grind /graɪnd/ v.t. & i. (past & past ppl. **ground**)
1 (crush to small particles) טָחַן, כָּתַשׁ, שָׁחַק
2 (rub gratingly)
□ *the bus ground to a halt* הָאוֹטוֹבּוּס נֶעֱצַר לְאִטּוֹ
□ *industry would grind to a halt without the co-operation of the workforce* גַּלְגַּלֵּי הַתַּעֲשִׂיָּה יֵעָצְרוּ לְלֹא שִׁתּוּף הַפְּעֻלָּה שֶׁל הָעוֹבְדִים
□ *he ground his teeth* הוּא חָרַק בְּשִׁנָּיו
3 (sharpen or polish by friction) לִטֵּשׁ, הִשְׁחִיז
□ *this is where we grind the lenses* כָּאן אָנוּ מְלַטְּשִׁים אֶת הָעֲדָשׁוֹת
□ *our knives are all ground by hand* אָנוּ מַשְׁחִיזִים אֶת כָּל הַסַּכִּינִים שֶׁלָּנוּ בַּעֲבוֹדַת יָד
□ *he has an axe to grind over this* (*colloq.*) יֵשׁ לוֹ סִבּוֹת מִשֶּׁלּוֹ בַּנּוֹשֵׂא הַזֶּה
4 grind down דִּכָּא, דִּכֵּא
□ *the peasants were ground down by poverty* הָעֹנִי הִכְבִּיד עַל הַכְּפָרִיִּים

5 (work hard, *colloq.*) "עָבַד בְּפֶרֶךְ"
□ *he ground away at his studies* הוּא "דָּגַר" עַל הַלִּמּוּדִים שֶׁלּוֹ

6 grind out (*derog.*) "יִצֵּר", "פָּלַט בְּשִׁיטַת הַסֶּרֶט הַנָּע" (סְפָרִים וְכַד׳)

—n. קִרְטוּב (מִמַּטְחֵנַת־יָד); "עֲבוֹדַת פֶּרֶךְ"
□ *this needs a grind of pepper* צָרִיךְ לִטְחֹן קְצָת פִּלְפֵּל וּלְהוֹסִיף לָזֶה
□ *learning English is a hard grind* (*colloq.*) לִמּוּד אַנְגְּלִית זוֹ עֲבוֹדַת פֶּרֶךְ

grinder /ˈgraɪndə(r)/ n.
1 (machine for grinding) מַטְחֵנָה
2 (person) מַשְׁחִיז סַכִּינִים

grindstone /ˈgraɪndstəʊn/ n. אֶבֶן מַשְׁחֶזֶת
□ *he kept his nose to the grindstone* (*colloq.*) הוּא עָבַד כְּמוֹ חֲמוֹר

gringo /ˈgrɪŋgəʊ/ n. (*derog.*) גְּרִינְגוֹ (זָר הַדּוֹבֵר אַנְגְּלִית בְּפִי מֶקְסִיקָנִי)

grip /grɪp/ n.
1 (firm hold, grasp) אֲחִיזָה, תְּפִיסָה, לְפִיתָה
□ *he got to grips with the problem* הוּא נִכְנַס בְּעֹבִי־הַקּוֹרָה, הוּא הִתְמוֹדֵד עִם הַבְּעָיָה
□ *the old politician is losing his grip* הַפּוֹלִיטִיקַאי הַזָּקֵן מַתְחִיל לְאַבֵּד אֶת הַשְּׁלִיטָה
□ *get a grip on yourself!* קַח אֶת עַצְמְךָ בַּיָּדַיִם!
2 (clasping device) יָדִית (שֶׁל מַחְבֵּט טֶנִיס וְכַד׳); סִכָּה לַשֵּׂעָר
3 (small bag) תִּיק־יָד
4 (*Cinema*) "גְּרִיפּ" (אָדָם שֶׁתַּפְקִידוֹ לְהָזִיז מַסְרֵטָה מִמָּקוֹם לְמָקוֹם)

—v.t. אָחַז, תָּפַס, לָפַת; רִתֵּק
□ *the speaker gripped the audience* הַנּוֹאֵם רִתֵּק אֶת הַקָּהָל

gripe /graɪp/ (*colloq.*) v.i. "קִטֵּר", הִתְלוֹנֵן
—n.
1 (complaint) "קִטּוּר", תְּלוּנָה
2 (in *pl.*, abdominal pains) כְּאֵב־בֶּטֶן חָרִיף

gripe-water /ˈgraɪp-wɔːtə(r)/ n. תְּרוּפָה לַהֲפָגַת כְּאֵב־בֶּטֶן שֶׁל תִּינוֹקוֹת

gripping /ˈgrɪpɪŋ/ adj. מְרַתֵּק

grisly /ˈgrɪzlɪ/ adj. מַבְעִית

grist /grɪst/ n. גַּרְעִינֵי־דָּגָן (טְחוּנִים אוֹ לֹא טְחוּנִים)
□ *it's all grist to his mill* הוּא מֵפִיק תּוֹעֶלֶת מִכָּל דָּבָר

gristle /ˈgrɪs(ə)l/ n. סְחוּס (בְּבָשָׂר מְבֻשָּׁל)

grit /grɪt/ n.
1 (particles of stone) גַּרְגְּרֵי־חוֹל, גַּרְגְּרֵי־אֶבֶן
2 (determination, *colloq.*) אֹמֶץ, "דָּם"
□ *that lad has grit* לַבָּחוּר הַזֶּה יֵשׁ דָּם

—v.t. חָרַק (שִׁנַּיִם); שָׁפַךְ חוֹל/שִׁבְרֵי־אֶבֶן (עַל דֶּרֶךְ קְפוּאָה)

gritty /ˈgrɪtɪ/ adj. מָלֵא גַּרְגְּרִים (שֶׁל חוֹל וְכַד׳)

nitty-gritty (*sl.*) "תַּכְ׳לֶס"

grizzle /ˈgrɪz(ə)l/ v.i. (*UK colloq.*) בָּכָה וְנִדְנֵד (בְּחֹסֶר שְׂבִיעוּת רָצוֹן, לָרֹב יֶלֶד)

grizzled /ˈgrɪz(ə)ld/ adj. אֲפֹר־שֵׂעָר

grizzly /ˈgrɪzlɪ/ n. (also **grizzly bear**) דֹּב גְּרִיזְלִי (דֹּב טוֹרֵף צְפוֹן־אֲמֶרִיקָאִי)

groan /grəʊn/ v.i. & n. נֶאֱנַח, נֶאֱנַק, גָּנַח; אֲנָחָה, אֲנָקָה, גְּנִיחָה
□ *the table groaned with food* הַשֻּׁלְחָן כָּרַע תַּחַת עֹמֶס הַמַּאֲכָלִים
□ *they groaned at his bad jokes* הֵם הֵגִיבוּ עַל בְּדִיחוֹתָיו בַּאֲנָחַת־בּוּז

groat /grəʊt/ n. (*Hist.*) מַטְבֵּעַ בְּרִיטִי פְּעוּט עֵרֶךְ (בֶּעָבָר)

grocer /ˈgrəʊsə(r)/ n. חֶנְוָנִי, בַּעַל חֲנוּת מַכֹּלֶת, "מַכּוֹלְתְּנִיק"
□ *I went to the grocer's (shop)* הָלַכְתִּי לַחֲנוּת־הַמַּכֹּלֶת; הָלַכְתִּי לַמַּכֹּלֶת

grocery /ˈgrəʊsərɪ/ n.
1 (provisions trade or store) חֲנוּת־מַכֹּלֶת, מַכֹּלֶת
2 (in *pl.*, provisions) מִצְרָכִים, דִּבְרֵי מַכֹּלֶת

grody /ˈgrəʊdɪ/ adj. (*US sl.*) מַגְעִיל, קוּפִי, מְכֹעָר

grog /grɒg/ n. "גְּרוֹג" (רוּם מָהוּל בְּמַיִם חַמִּים)

groggy /ˈgrɒgɪ/ adj. (*colloq.*) חַלָּשׁ וְכוֹשֵׁל (בְּעִקָּר אַחֲרֵי מַחֲלָה), תָּשׁוּשׁ

groin /grɔɪn/ n. מִפְשָׂעָה

groom /gruːm/ n.
1 (person in charge of horses) סַיָּס
2 (bridegroom) חָתָן

—v.t. נִקָּה וְסֵרַק (בַּעַל חַיִּים); טִפַּח (אֶת הוֹפָעָתוֹ הַחִיצוֹנִית)
□ *he was tall and well-groomed* הוּא הָיָה גְּבַהּ־קוֹמָה וּבַעַל חָזוּת מְטֻפַּחַת
□ *the dictator is grooming someone to succeed him* הָרוֹדָן מְטַפֵּחַ לוֹ יוֹרֵשׁ

groove /gruːv/ n. חָרִיץ; אֹרַח חַיִּים קָבוּעַ
□ *I've got stuck in a groove* שָׁקַעְתִּי בְּשִׁגְרָה

groovy /ˈgruːvɪ/ adj. (*arch. sl.*) "גְּרוּבִי" (בִּטּוּי "הִיפִּי" מְיֻשָּׁן לְצִיּוּן הִתְלַהֲבוּת)

grope /grəʊp/ v.i. & t. גִּשֵּׁשׁ (בַּחֲשֵׁכָה וְכַד׳), מִשֵּׁשׁ; גִּפֵּף, הִתְגַּפֵּף

gross¹ /grəʊs/ n. (*pl.* same) תְּרֵיסַר־תְּרֵיסָרִים (144)

gross² /grəʊs/ adj.
1 (coarse, indelicate, disgusting) גַּס, מְעוֹרֵר שְׁאָט־נֶפֶשׁ, מַבְחִיל, וּולְגָּרִי
2 (clearly wrong, inexcusable, *formal*) מַחְפִּיר
3 (without deduction) בְּרוּטוֹ
gross national product תּוֹצָר לְאֻמִּי גָּלְמִי (תַּלַ״ג)

—v.t. הִרְוִיחַ בְּרוּטוֹ
gross out (*US sl.*) "תָּקַע", "הִרְבִּיץ" (כַּמּוּת גְּדוֹלָה שֶׁל מָזוֹן); "הָרַס" (הִדְהִים וְהִדְאִיג)

grotesque /grəʊˈtesk/ adj. & n. גְּרוֹטֶסְקִי, מְשֻׁנֶּה, מוּזָר, מְגֻחָךְ; גְּרוֹטֶסְקָה

grotto /ˈgrɒtəʊ/ n. מְעָרָה צִיּוּרִית, נָקִיק, נִקְרָה

grotty /ˈgrɒtɪ/ adj. (*colloq.*) מְזֻפָּת, מְחֻרְבָּן

grouch /graʊtʃ/ v.i. & n. (*colloq.*) "קִטֵּר", רָטַן; "קִטּוּר", רִטּוּן; "קוּטֵר", רַטְנָן

grouchy /ˈgraʊtʃɪ/ adj. "מְקַטֵּר", רוֹטֵן

ground[1] /graʊnd/ past & past ppl. of **grind**

ground[2] /graʊnd/ n.

1 (surface of earth) קַרְקַע

ground control מֶרְכַּז בַּקָּרָה עַל הַקַּרְקַע (שֶׁל טִיל וְכַד')

ground floor קוֹמַת־קַרְקַע

□ *he got in on the ground floor* (*of the scheme*) הוּא הִצְטָרֵף לַתָּכְנִית כְּשֶׁהִיא הִתְחִילָה לִצְמֹחַ

ground frost כְּפוֹר (עַל פְּנֵי הַקַּרְקַע)

ground staff (or **crew**) צֶוֶת־קַרְקַע

ground swell גַּל גֵּאֶה (שֶׁל רְגָשׁוֹת, אַהֲדָה וְכַד'); גַּלִּים גְּדוֹלִים (לְאַחַר סְעָרָה)

above (or **below**) **ground** מֵעַל/מִתַּחַת פְּנֵי הַקַּרְקַע

□ *his work broke fresh* (or *new*) *ground* עֲבוֹדָתוֹ פִּלְּסָה דֶּרֶךְ חֲדָשָׁה

□ *the travellers covered a lot of ground* הַנּוֹסְעִים עָבְרוּ מֶרְחָק רַב

□ *his report covers much new ground* הַדּוּ"חַ שֶׁלּוֹ מְכַסֶּה תְּחוּמִים חֲדָשִׁים רַבִּים

□ *she cut the ground from under my feet* הִיא הִשְׁמִיטָה אֶת הַקַּרְקַע מִתַּחַת לְרַגְלַי

□ *that arrangement suited me down to the ground* הַהֶסְדֵּר הַזֶּה הִתְאִים לִי מִכָּל הַבְּחִינוֹת

□ *you are* (*treading*) *on dangerous ground when you argue on that topic* אַתָּה נִכְנָס לִשְׂדֵה־מוֹקְשִׁים כְּשֶׁאַתָּה מִתְוַכֵּחַ בְּנוֹשֵׂא זֶה

□ *he's got both feet on the ground* הוּא נִצָּב עִם שְׁתֵּי רַגְלַיִם עַל קַרְקַע הַמְּצִיאוּת, הוּא רֵיאָלִיסְט

□ *the scheme never got off the ground* הַתָּכְנִית מֵעוֹלָם לֹא הִגִּיעָה לְשָׁלָב הַבִּצּוּעַ

□ *the fox went* (or *was run*) *to ground* הַשּׁוּעָל נִמְלַט לִמְאוּרָתוֹ (בְּצַיִד שׁוּעָלִים)

□ *suitable people for the job are rather thin on the ground* קָשֶׁה לִמְצֹא מֻעֲמָדִים מַתְאִימִים לַמִּשְׂרָה

2 (position) מְקוֹם־הִמָּצְאוּת, מַצָּב

common ground עִנְיָן מְשֻׁתָּף, הֲבָנָה הֲדָדִית, קַרְקַע מְשֻׁתֶּפֶת

□ *the opposition parties are losing ground* מִפְלְגוֹת הָאוֹפּוֹזִיצְיָה נֶחֱלָשׁוֹת

□ *we forced him to give ground* הִכְרַחְנוּ אוֹתוֹ לָסֶגֶת/לְוַתֵּר

□ *we held* (or *stood*) *our ground* הֶחֱזַקְנוּ מַעֲמָד

□ *everyone feels more secure on his own* (*home*) *ground* כָּל אֶחָד חָשׁ בִּטָּחוֹן רַב יוֹתֵר בִּתְחוּם שֶׁלּוֹ

□ *he shifts his ground – he's impossible to argue with* הוּא מְשַׁנֶּה אֶת טִעוּנָיו כָּל הַזְּמַן – אִי אֶפְשָׁר לְהִתְוַכֵּחַ אִתּוֹ

3 (area) שֶׁטַח, אֵזוֹר, תְּחוּם

football (or **cricket**) **ground** מִגְרַשׁ כַּדּוּרֶגֶל/קְרִיקֶט

□ *the grounds have been fished out* מֵרֹב דַּיִג לֹא נוֹתְרוּ דָּגִים בָּאֵזוֹר זֶה

4 (basis, reason, plea) בָּסִיס, יְסוֹד, סִבָּה, גּוֹרֵם, עִלָּה

□ *he was excused on medical grounds* הוּא שֻׁחְרַר מִטְּעָמִים רְפוּאִיִּים

5 (background, underlying part) רֶקַע (שֶׁל תְּמוּנָה)

6 (in *pl.*, dregs) מִשְׁקָע (שֶׁל קָפֶה בְּתַחְתִּית סֵפֶל וְכַד')

7 (in *pl.*, land attached to building) גַּנִּים (סְבִיב בַּיִת אֲחֻזָּה וְכַד')

8 (electrical earth, *US*) הָאֲרָקָה

—v.t.

1 (run ashore, also v.i.) הֶעֱלָה (סְפִינָה) לַחוֹף; עָלָה עַל שִׂרְטוֹן

2 (prevent from flying) קִרְקַע (מָטוֹס, טַיָּס)

□ *our plane was grounded for an hour* הַמָּטוֹס שֶׁלָּנוּ אֻלַּץ לְהַמְתִּין עַל הַקַּרְקַע בְּמֶשֶׁךְ שָׁעָה

□ *my father grounded me for a week* (*US, colloq.*) אָבִי "קִרְקֵעַ" אוֹתִי לְשָׁבוּעַ (וְלֹא נָתַן לִי לָצֵאת בָּעֲרָבִים)

3 (earth electrical apparatus, *US*) הֶאֱרִיק (מַכְשִׁיר חַשְׁמַלִּי), חִבֵּר (מַכְשִׁיר חַשְׁמַלִּי) לַהֲאָרָקָה

4 (establish, base, justify) יִסֵּד, בִּסֵּס, הִצְדִּיק

□ *his arguments are grounded on* (or *in*) *practical experience* טַעֲנוֹתָיו מְבֻסָּסוֹת עַל נִסָּיוֹן מַעֲשִׂי

□ *our fears proved well-grounded* חֲשָׁשׁוֹתֵינוּ נִתְאַמְּתוּ, הִתְבָּרֵר שֶׁיֵּשׁ בָּסִיס לַחֲשָׁשׁוֹתֵינוּ

5 (instruct thoroughly in a subject) לִמֵּד (אֶת פְּלוֹנִי) אֶת הַיְּסוֹדוֹת (שֶׁל נוֹשֵׂא מְסֻיָּם)

ground-bait /ˈgraʊnd-beɪt/ n. פִּתָּיוֹן (הַמְּפֻזָּר עַל פְּנֵי הַמַּיִם כְּדֵי לִמְשֹׁךְ דָּגִים)

grounding /ˈgraʊndɪŋ/ n. לִמּוּד יְסוֹדִי, יֶדַע בְּסִיסִי

groundless /ˈgraʊndlɪs/ adj. חֲסַר־יְסוֹד, חֲסַר־בָּסִיס, בְּלִי סִבָּה

groundnut /ˈgraʊndnʌt/ n. בֹּטֶן, אֱגוֹז־אֲדָמָה

ground-plan /ˈgraʊnd-plæn/ n. תַּרְשִׁים הַתַּשְׁתִּית (שֶׁל בִּנְיָן); תִּכְנוּן כְּלָלִי

ground-rent /ˈgraʊnd-rent/ n. דְּמֵי־חֲכִירָה (שֶׁל קַרְקַע לְבִנְיָן וְכַד')

groundsheet /ˈgraʊndʃiːt/ n. יְרִיעַת רִצְפָּה (לְאֹהֶל וְכַד')

groundsman /ˈgraʊndzmən/ n. אַחֲרַאי (עַל מִגְרַשׁ סְפּוֹרְט, גַּן צִבּוּרִי וְכַד')

groundwork /ˈgraʊndwɜːk/ n. עֲבוֹדַת הֲכָנָה

group /gruːp/ n. קְבוּצָה, חֲבוּרָה, לַהֲקָה; לַהֲקַת קֶצֶב

group captain רֹאשׁ־לַהַק (בְּחֵיל־הָאֲוִיר הַבְּרִיטִי)

group dynamics דִּינָמִיקָה קְבוּצָתִית

group practice פְּרַקְטִיקָה רְפוּאִית שֶׁל קְבוּצַת רוֹפְאִים־שֻׁתָּפִים

group sex מִין קְבוּצָתִי (מִשְׁגָּל שֶׁמִּשְׁתַּתְּפִים בּוֹ יוֹתֵר מִשְּׁנֵי בְּנֵי־זוּג)

group therapy תֵּרַפְּיָה קְבוּצָתִית, רִפּוּי קְבוּצָתִי

discussion group קְבוּצַת־דִּיּוּן, צֶוֶת־דִּיּוּן

—v.t. & i. קִבֵּץ, אָסַף לִקְבוּצָה; חִלֵּק לִקְבוּצוֹת; מִיֵּן; הִתְקַבֵּץ

groupie /gru:pɪ/ n. (*sl.*) "גְּרוּפִּי", מַעֲרִיץ נִלְהָב (לָרֹב מַעֲרִיצָה צְעִירָה שֶׁל לַהֲקַת קֶצֶב הָרוֹדֶפֶת אַחֲרֵי חַבְרֵי הַלַּהֲקָה)

grouse[1] /graʊs/ n. (*pl.* same) חָגְלָה (עוֹף בָּר)

grouse[2] /graʊs/ n. & v.i. (*colloq.*) "קִטּוּר"; "קִטֵּר"

grove /grəʊv/ n. חֹרֶשׁ, מַטָּע (זֵיתִים), פַּרְדֵּס (עֲצֵי הָדָר), שְׂדֵרָה

grovel /ˈgrɒv(ə)l/ v.i. (*derog.*) הִתְרַפֵּס

grow /grəʊ/ (past **grew** /gru:/, past ppl. **grown** /grəʊn/) v.i.

1 (develop to maturity) גָּדַל, צָמַח; הִתְפַּתֵּחַ

a grown man אָדָם מְבֻגָּר

growing pains כְּאֵבֵי־גְּדִילָה, כְּאֵבֵי גִּיל הַהִתְבַּגְּרוּת (נִגְרָמִים מֵחֲמַת גִּדּוּל מָהִיר); (בְּהַשְׁאָלָה) קַשְׁיֵי הַתְחָלָה

□ *money doesn't grow on trees* (*colloq.*) הַכֶּסֶף לֹא גָּדֵל עַל הָעֵצִים

□ *it won't grow in this soil* זֶה לֹא יִגְדַּל עַל הַקַּרְקַע הַזֹּאת

□ *the child has grown out of his clothes* בִּגְדֵי־הַיֶּלֶד נַעֲשׂוּ קְטַנִּים עָלָיו

□ *do grow up!* תִּתְבַּגֵּר סוֹף־סוֹף! תַּפְסִיק לְהִתְנַהֵג כְּמוֹ יֶלֶד!

□ *it grows in Scotland* זֶה גָּדֵל בִּסְקוֹטְלַנְד

2 (gradually become) נַעֲשָׂה, נִהְיָה

□ *I grew to like him* לָמַדְתִּי לְחַבֵּב אוֹתוֹ

□ *the party grew in popularity* הַפּוֹפּוּלָרִיּוּת שֶׁל הַמִּפְלָגָה עָלְתָה

□ *life grew to be a burden to her* הַחַיִּים הָפְכוּ לְמַעֲמָסָה עָלֶיהָ

□ *he grows on you* (*colloq.*) לְאַט לְאַט מִתְרַגְּלִים אֵלָיו

□ *there is a growing tendency to selfishness* יֵשׁ נְטִיָּה גּוֹבֶרֶת לָאָנוֹכִיּוּת

□ *it grew dark* הֶחֱשִׁיךְ

—v.t. גִּדֵּל, הִצְמִיחַ

grower /ˈgrəʊə(r)/ n.

1 (plant) (צֶמַח) מְהִיר־גִּדּוּל

□ *this plant is a fast grower* צֶמַח זֶה גָּדֵל בִּמְהִירוּת

2 (person who grows fruit, etc.) מְגַדֵּל (יְרָקוֹת אוֹ פֵּרוֹת)

growl /graʊl/ v.i. & n. נָהַם; (בְּהַשְׁאָלָה) רָטַן; נְהָמָה

grown /grəʊn/ past ppl. of **grow**

grown-up adj. /grəʊn-ˈʌp/ מְבֻגָּר, בּוֹגֵר

—n. /ˈgrəʊn-ʌp (*colloq.*) מְבֻגָּר, "גָּדוֹל" (בְּפִי יְלָדִים לָרֹב)

growth /grəʊθ/ n.

1 (development, increase) צְמִיחָה, גִּדּוּל, גְּדִילָה; הִתְפַּתְּחוּת

growth industry תַּעֲשִׂיָּה הַמִּתְפַּתַּחַת בִּמְהִירוּת

□ *we look forward to a period of economic growth* אָנוּ צוֹפִים תְּקוּפָה שֶׁל צְמִיחָה כַּלְכָּלִית

2 (what has grown) צִמְחִיָּה

□ *a thick growth of weeds has smothered my flowers* צִמְחִיָּה עָבָה שֶׁל עִשְׂבֵי־בַּר חָנְקָה אֶת הַפְּרָחִים שֶׁלִּי

3 (tumour) גִּדּוּל

groyne /grɔɪn/ n. קִיר מָגֵן נָמוּךְ עַל הַחוֹף

grub /grʌb/ n.

1 (maggot) זַחַל

2 (food, *sl.*) אֹכֶל

grub's up! הָאֹכֶל מוּכָן!

—v.t. & i. חִטֵּט (לָרֹב בֶּעָפָר)

grubby /ˈgrʌbɪ/ adj. (*colloq.*) מְלֻכְלָךְ, לֹא־נָקִי

grudge /grʌdʒ/ n. טִינָה, תַּרְעֹמֶת

□ *he bears me a grudge* הוּא שׁוֹמֵר לִי טִינָה

□ *he has* (or *holds*) *a grudge against me* הוּא נוֹטֵר לִי טִינָה, הוּא רוֹחֵשׁ לִי אֵיבָה

—v.t. נָתַן בְּחֹסֶר רָצוֹן

□ *I don't grudge him his success* עֵינִי לֹא צָרָה בְּהַצְלָחָתוֹ

grudging /ˈgrʌdʒɪŋ/ adj. (שֶׁנַּעֲשָׂה) בְּאִי־רָצוֹן

gruel /ˈgru:əl/ n. דַּיְסָה דְּלִילָה (לִזְקֵנִים וּלְחוֹלִים)

gruelling /ˈgru:əlɪŋ/ adj. מַתִּישׁ, מְפָרֵךְ

gruesome /ˈgru:səm/ adj. מַבְעִית, נִתְעָב

gruff /grʌf/ adj. (קוֹל) נִחָר, צָרוּד, גַּס

grumble /ˈgrʌmb(ə)l/ v.i. & n. נָהַם, רָגַן, רָטַן; הִתְאוֹנֵן; רְטִינָה, תַּרְעֹמֶת

□ *thunder was grumbling in the distance* רַעַם הִתְגַּלְגֵּל מִמֶּרְחָק

□ *his stomach is grumbling* בִּטְנוֹ מְקַרְקֶרֶת

□ *she has a grumbling appendix* (*colloq.*) יֵשׁ לָהּ תּוֹסֶפְתָּן הַמַּכְאִיב מִדֵּי־פַּעַם (בְּלִי דַּלֶּקֶת רְצִינִית)

grumpy /ˈgrʌmpɪ/ adj. (*colloq.*) רַגְזָנִי, סַר וְזָעֵף, רוֹטֵן, רַטְנָן

grunt /grʌnt/ v.t. & i. נָאַק (כַּחֲזִיר), חִרְחֵר, נָחַר

□ *he grunted his dissent* הוּא הִבִּיעַ אֶת סֵרוּבוֹ בִּנְהָמָה עֲמוּמָה

—n. נְאָקָה, חִרְחוּר

Gruyère /ˈgru:jeə(r)/ n. גְּבִינַת־גְּרִיֶר (גְּבִינָה שְׁוֵיצָרִית חֲרִיפָה בַּעֲלַת־חוֹרִים)

gryphon /ˈgrɪfən/ n. גְּרִיפוֹן (יְצוּר מִיתוֹלוֹגִי בַּעַל רֹאשׁ וּכְנָפַיִם שֶׁל נֶשֶׁר וְגוּף שֶׁל אַרְיֵה)

G-string /ˈdʒi:-strɪŋ/ n.

1 (*Mus.*) מֵיתַר סוֹל (בִּכְלֵי־מֵיתָרִים)

2 (scanty loincloth) "סְלִיפּ מִינִימַלִי" (קָשׁוּר בְּחוּט לַמָּתְנַיִם, כְּגוֹן אֵצֶל חַשְׁפָּנִיּוֹת)

guacamole /ˌgwɑːkəˈməʊlɪ/ n. מִמְרַח אֲבוֹקָדוֹ וְתַבְלִינִים (מֶקְסִיקָנִי)

guano /ˈgwɑːnəʊ/ n. לַשְׁלֶשֶׁת (צוֹאַת צִפּוֹרִים)

guarantee /ˌgærənˈtiː/ n. אַחֲרָיוּת; עֲרֻבָּה; עֵרָבוֹן

□ *there is no guarantee his idea will work* אֵין עֲרֻבָּה שֶׁהָרַעְיוֹן שֶׁלּוֹ יַעֲבֹד

—v.t. עָרַב לְ...; עָרַב שֶׁ...; הִבְטִיחַ שֶׁ...

□ *such a plan is guaranteed to fail* (or *succeed*) תָּכְנִית כָּזֹאת מֻבְטָח לָהּ שֶׁתִּכָּשֵׁל/שֶׁתַּצְלִיחַ

guarantor /ˌgærənˈtɔː(r)/ n. (*Law*) עָרֵב

guaranty /ˈgærəntɪ/ n. (*Law*) אַחֲרָיוּת; עֲרֻבָּה; עֵרָבוֹן

guard /gɑːd/ n.

1 (watch, vigilant state) שְׁמִירָה, עֲמִידָה עַל הַמִּשְׁמָר

□ *my question caught him off guard* שְׁאֵלָתִי הִפְתִּיעָה אוֹתוֹ, הוּא לֹא הָיָה מוּכָן לִשְׁאֵלָתִי

□ *you should be on your guard against spies* עָלֶיךָ לַעֲמֹד עַל הַמִּשְׁמָר נֶגֶד מְרַגְּלִים

2 (person who guards) שׁוֹמֵר, זָקִיף; מִשְׁמָר; חֵיל־מִשְׁמָר

guard duty תּוֹרָנוּת־שְׁמִירָה

guard of honour מִשְׁמַר־כָּבוֹד

advance (or **rear**) **guard** מִשְׁמָר חָלוּץ/עָרְפִּי

Home Guard מִשְׁמַר־הַמּוֹלֶדֶת הַבְּרִיטִי (הוּקַם בְּ־1940)

the Guards חֵיל־הַמִּשְׁמָר הַמַּלְכוּתִי הַבְּרִיטִי

the Changing of the Guard חִלּוּפֵי־מִשְׁמָרוֹת, הַחְלָפַת־מִשְׁמָרוֹת (בְּיִחוּד בְּחֵיל־הַמִּשְׁמָר הַמַּלְכוּתִי)

the old guard הַגְּוַרְדִּיָה הַוָּתִיקָה; דּוֹר הַמְּיַסְּדִים; הַכֹּחוֹת הַשַּׁמְרָנִיִּים (בְּמִפְלָגָה וְכַד׳)

mount guard (over) שָׁמַר עַל

3 (railway official, *UK*) אַחֲרַאי עַל רַכֶּבֶת (נוֹסֵעַ בַּקָּרוֹן הָאַחֲרוֹן)

4 (prison official, *US*) סוֹהֵר

5 (protective device) מִכְסֶה מָגֵן, רִפּוּד מָגֵן (לַבֶּרֶךְ, לַכָּתֵף וְכַד׳)

—v.t. שָׁמַר עַל, הֵגֵן עַל, הִשְׁגִּיחַ עַל

—v.i.

guard against נִשְׁמַר מִ..., נִזְהַר מִ...

□ *he wore an amulet to guard against the evil eye* הוּא נָשָׂא קָמֵיעַ נֶגֶד עַיִן רָעָה

guarded /ˈgɑːdɪd/ adj. שָׁמוּר; זָהִיר (בְּדִבּוּר) מְסֻיָּג, דִּיסְקְרֶטִי

□ *they issued a guarded statement* הֵם פִּרְסְמוּ הַצְהָרָה זְהִירָה

guardhouse /ˈgɑːdhaʊs/ n. בֵּית־מִשְׁמָר (הַמְּשַׁמֵּשׁ גַּם כְּבֶלֶא)

guardian /ˈgɑːdɪən/ n. אַפּוֹטְרוֹפּוֹס; שׁוֹמֵר, מָגֵן

guardian angel מַלְאָךְ טוֹב (הַשּׁוֹמֵר עַל הָאָדָם וּמְשַׁמֵּשׁ לוֹ מֵלִיץ יֹשֶׁר)

guard-rail /ˈgɑːd-reɪl/ n. מַעֲקֶה (בְּמַדְרֵגוֹת וְכַד׳)

guardroom /ˈgɑːdruːm/ n. חֲדַר־מִשְׁמָר (לְשׁוֹמְרִים, הַמְּשַׁמֵּשׁ גַּם לְמַעֲצַר חַיָּלִים)

guardsman /ˈgɑːdzmən/ n. אִישׁ הַמִּשְׁמָר הַמַּלְכוּתִי

guava /ˈgwɑːvə/ n. גּוּיָבָה (עֵץ טְרוֹפִּי וּפִרְיוֹ)

gubernatorial /ˌguːbɜːnəˈtɔːrɪəl/ adj. (*US*) שֶׁל מוֹשֵׁל הַמְּדִינָה

guerrilla /gəˈrɪlə/ n. לוֹחֵם־גֵּרִילָה

guerrilla war (or **warfare**) מִלְחֶמֶת־/לוֹחֲמַת־גֵּרִילָה

guess /ges/ v.t. & i. נִחֵשׁ, שִׁעֵר

□ *keep him guessing!* תֵּן לוֹ לַעֲסֹק בְּנִחוּשִׁים! (אַל תְּגַלֶּה לוֹ אֶת הָאֱמֶת)

□ *I guess you're right* (*US colloq.*) אֲנִי מֵנִיחַ שֶׁאַתָּה צוֹדֵק

—n. נִחוּשׁ; הַשְׁעָרָה

□ *whether it'll work or not is anyone's guess* אִי אֶפְשָׁר לָדַעַת בְּוַדָּאוּת אִם זֶה יִפְעַל אוֹ לֹא

□ *at a guess I should say there were 500 people there* לְפִי אֻמְדָּנִי הָיוּ שָׁם כְּ־500 אִישׁ, אֲנִי מַעֲרִיךְ שֶׁהָיוּ שָׁם כְּ־500 אִישׁ

gues(s)timate /ˈgestɪmət/ n. (*colloq.*) נִחוּשׁ (לְגַבֵּי מִסְפָּרִים)

—v.t. /ˈgestɪmeɪt/ נִחֵשׁ (כַּנַּ״ל)

guesswork /ˈgeswɜːk/ n. נִחוּשׁ, הַשְׁעָרָה, פְּרִי הַשְׁעָרָה

guest /gest/ n. אוֹרֵחַ

be my guest! (*colloq.*) בְּבַקָּשָׁה! (בִּטּוּי הַמְצַיֵּן הַעֲנוּת לְבַקָּשָׁה)

paying guest אוֹרֵחַ בְּתַשְׁלוּם (בְּבַיִת פְּרָטִי אוֹ בְּבֵית הָאֲרָחָה)

guest artist אָמָּן אוֹרֵחַ

guest-house /ˈgest-haʊs/ n. בֵּית־הַאֲרָחָה; פֶּנְסִיוֹן פְּרָטִי

guest-room /ˈgest-ruːm/ n. חֲדַר־שֵׁנָה לְאוֹרְחִים

guffaw /gəˈfɔː/ v.i. & n. צָחַק צְחוֹק רוֹעֵם וְגַס; צְחוֹק רוֹעֵם וְגַס

guidance /ˈgaɪd(ə)ns/ n. יִעוּץ, הַנְחָיָה, הַדְרָכָה, הַכְוָנָה (בְּעִנְיָנִים אִישִׁיִּים); הַנְחָיָה (שֶׁל מַעַרְכוֹת טִילִים)

□ *this missile has an infra-red guidance system* לַטִּיל הַזֶּה מַעֲרֶכֶת הַנְחָיָה אִינְפְרָה־אֲדֻמָּה

guide /gaɪd/ n. מַדְרִיךְ; מַדְרִיךְ טִיּוּלִים, מוֹרֵה־דֶּרֶךְ; מַדְרִיךְ (סֵפֶר הַדְרָכָה לְתַיָּרִים)

(Girl) Guide (*UK*) צוֹפָה (חֲבֵרָה בִּתְנוּעַת הַצּוֹפִים)

—v.t. הִדְרִיךְ, הִנְהִיג, הוֹבִיל

guided missile טִיל מֻנְחֶה

□ *you must be guided by your moral sense* עָלֶיךָ לָלֶכֶת בְּעִקְבוֹת הַחוּשׁ הַמּוּסָרִי שֶׁלְּךָ

guidebook /ˈgaɪdbʊk/ n. מַדְרִיךְ (סֵפֶר הַדְרָכָה לְתַיָּרִים)

guide-dog /ˈgaɪd-dɒg/ n. כֶּלֶב־הַנְחָיָה (לְעִוְרִים)

guideline /ˈgaɪdlaɪn/ n. (usu. in *pl.*) קַו מַנְחֶה, קַו הַנְחָיָה

□ *you should follow the industry pay guidelines* עָלֶיךָ לִפְעֹל בְּהֶתְאֵם לַקַּוִּים הַמַּנְחִים לְגַבֵּי שָׂכָר בָּעֲנָף

guild /gɪld/ n. גִּילְדָּה; אֲגֻדָּה

guilder /ˈgɪldə(r)/ n. גִּילְדֶּר (מַטְבֵּעַ הוֹלַנְדִּי)

guildhall /gɪldˈhɔːl/ n. בֵּית הַגִּילְדָּה (הַיּוֹם בִּנְיָן צִבּוּרִי גָּדוֹל בְּעָרִים מֶרְכָּזִיּוֹת)

guile /gaɪl/ n. (*formal*) מִרְמָה, עָרְמָה

guileful /ˈgaɪlf(ə)l/ adj. (*formal*) עַרְמוּמִי, מָלֵא עָרְמָה, עָרוּם

guileless /ˈgaɪlɪs/ adj. (*formal*) תָּמִים, כֵּן

guillotine /ˈgɪlətiːn/ n.

1 (instrument of execution) גִּילְיוֹטִינָה, מַעֲרֶפֶת

2 (cutter for metal or paper) גִּילְיוֹטִינָה

3 (parliamentary procedure) קְבִיעַת שָׁעָה מְדֻיֶּקֶת לְהַצְבָּעָה (כְּדֵי לִמְנֹעַ הַמְשָׁכַת דִּיּוּן)

—v.t. עָרַף (בְּגִילְיוֹטִינָה), הוֹבִיל לְגִילְיוֹטִינָה

guilt /gɪlt/ n. אַשְׁמָה (מִשְׁפָּטִית); רֶגֶשׁ־אַשְׁמָה

guilt complex תַּסְבִּיךְ־אַשְׁמָה

guilty /ˈgɪltɪ/ adj. אָשֵׁם, חַיָּב־בְּדִין; שֶׁל אַשְׁמָה, מָלֵא אַשְׁמָה (מַבָּט, רֶגֶשׁ וְכַד׳)

□ *I have a guilty conscience* יֵשׁ לִי מַצְפּוּן לֹא־נָקִי, הַמַּצְפּוּן שֶׁלִּי מְיַסֵּר אוֹתִי

□ *who is the guilty party?* מִי הָאָשֵׁם?

□ *not guilty!* לֹא אָשֵׁם! (תְּשׁוּבַת הַנֶּאֱשָׁם לִשְׁאֵלַת הַשּׁוֹפֵט "אָשֵׁם" אוֹ "לֹא אָשֵׁם")

guinea /ˈgɪnɪ/ n. (*Hist.*) "גִּינִי" (מַטְבֵּעַ זָהָב בְּרִיטִי שֶׁיָּצָא מִשִּׁמּוּשׁ. עֶרְכּוֹ 1.05 לִישְׁ"ט)

guinea-fowl /ˈgɪnɪ-faʊl/ n. פְּנִינִיָּה (עוֹף מִמִּשְׁפַּחַת הַפַּסְיוֹנִים)

guinea-pig /ˈgɪnɪ-pɪg/ n.

1 (animal) חֲזִיר־יָם (מְכַרְסֵם קָטָן, מְשַׁמֵּשׁ כְּחַיַּת בַּיִת אוֹ לְנִסּוּיִים)

2 (experimental subject) "שְׁפַן נִסָּיוֹן" (תָּמִיד בְּהַשְׁאָלָה)

□ *they were guinea-pigs in a sociological experiment* הֵם הָיוּ שְׁפַנֵּי נִסָּיוֹן בְּנִסּוּי סוֹצְיוֹלוֹגִי

guise /gaɪz/ n. (*formal*) מַסְוֶה, אִצְטְלָה

□ *under the guise of friendship he betrayed us* בְּמַסְוֶה שֶׁל יְדִידוּת הוּא בָּגַד בָּנוּ

guitar /gɪˈtɑː(r)/ n. גִּיטָרָה

guitarist /gɪˈtɑːrɪst/ n. גִּיטָרִיסְט, נַגַּן גִּיטָרָה

lead guitarist נַגַּן גִּיטָרָה מוֹבִילָה (בְּלַהֲקַת קֶצֶב)

gulch /gʌltʃ/ n. (*US*) (בְּאַרְה"ב) גַּיְא צַר וְסַלְעִי, עָרוּץ, חָרוּץ

gulf /gʌlf/ n.

1 (area of sea partly surrounded by land) מִפְרָץ

the Gulf Stream זֶרֶם־הַגּוֹלְף

the Gulf War מִלְחֶמֶת הַמִּפְרָץ (בְּ־1991)

2 (wide difference of opinion) תְּהוֹם, פַּעַר

□ *the gulf between the two parties cannot be bridged* אִי־אֶפְשָׁר לְגַשֵּׁר עַל הַתְּהוֹם שֶׁבֵּין שְׁתֵּי הַמִּפְלָגוֹת

3 (deep hollow, *poet.*) נִקְרָה עֲמֻקָּה (בָּאֲדָמָה)

gull[1] /gʌl/ n. שַׁחַף

gull[2] /gʌl/ (*poet.*) v.t. רִמָּה, פִּתָּה

—n. פֶּתִי, תָּמִים

gullet /ˈgʌlɪt/ n. (*colloq.*) בֵּית־הַבְּלִיעָה, גָּרוֹן

gullibility /ˌgʌlɪˈbɪlɪtɪ/ n. פַּתָּיוּת, תְּמִימוּת

gullible /ˈgʌlɪb(ə)l/ adj. נוֹחַ לְהִתְפַּתּוֹת, פֶּתִי, תָּמִים, נָאִיבִי

gully /ˈgʌlɪ/ n. עָרוּץ, גַּיְא צַר (בְּיִחוּד לְרַגְלֵי הַר); תְּעָלָה, אַמַּת־מַיִם

gulp /gʌlp/ v.t. & i. לָגַם; בָּלַע בְּחִפָּזוֹן; בָּלַע אֶת רֻקּוֹ (כְּבִטּוּי לְתַדְהֵמָה אוֹ מֶתַח נַפְשִׁי)

—n. לְגִימָה; בְּלִיעָה

gum[1] /gʌm/ n. דֶּבֶק; שְׂרָף; מַסְטִיק

gum drop סֻכָּרִיַּת גּוּמִי (סֻכָּרִיָּה רַכָּה שְׁקוּפָה)

gum tree עֵץ־גּוּמִי, עֵץ־שְׂרָף; (בְּאוֹסְטְרַלְיָה) עֵץ אֶקָלִיפְּטוּס

□ *now we're really up a gum tree!* (*UK colloq.*) נָפַלְנוּ בַּפַּח!

chewing gum גּוּמִי לְעִיסָה, מַסְטִיק

—v.t. הִדְבִּיק, הִצְמִיד (בְּדֶבֶק)

□ *the works are all gummed up* (*colloq.*) הַמַּנְגָּנוֹן (שֶׁל הַשָּׁעוֹן וְכַד׳) נִתְקַע

gum[2] /gʌm/ n. חֲנִיכַיִם

gumboil /ˈgʌmbɔɪl/ n. מוּרְסַת־חֲנִיכַיִם

gumboot /ˈgʌmbuːt/ n. מַגְפֵי־גּוּמִי גְּבוֹהִים

gummy[1] /ˈgʌmɪ/ adj. דָּבִיק, צְמִיגִי

gummy[2] /ˈgʌmɪ/ adj. (*colloq.*) (חִיּוּךְ וְכַד׳) הַחוֹשֵׂף אֶת הַחֲנִיכַיִם

gumption /ˈgʌmpʃ(ə)n/ n. (*colloq.*) "שֵׂכֶל"; יָזְמָה, תּוּשִׁיָּה

gumshoe /ˈgʌmʃuː/ n. (*US*)

1 (rubber shoe) עַרְדָּל

2 (private detective, *US sl.*) בַּלָּשׁ פְּרָטִי

gun /gʌn/ n. כְּלִי יְרִיָּה (רוֹבֶה, אֶקְדָּח, תּוֹתָח)

□ *he's a big gun* (*colloq.*) הוּא תּוֹתָח כָּבֵד (הוּא אָדָם חָשׁוּב מְאֹד), הוּא קָלִיבֶּר

□ *there were ten guns out shooting pheasants* עֲשָׂרָה צַיָּדִים יָצְאוּ לָצוּד פַּסְיוֹנִים

□ *you must stick to your guns* עָלֶיךָ לַעֲמֹד עַל שֶׁלְּךָ! תַּשְׁנֶה אֶת עֶמְדָּתְךָ!

—v.t. לָחַץ עַל דַּוְשַׁת הַדֶּלֶק שֶׁל (מָנוֹעַ, מְכוֹנִית וְכַד׳)

gun down חִסֵּל בִּירִיּוֹת; פָּצַע בִּירִיּוֹת

□ *he's gunning for you* (*colloq.*) אַתָּה אֶצְלוֹ עַל הַכַּוֶּנֶת

gun-barrel /ˈgʌn-bær(ə)l/ n. קָנֶה (שֶׁל כְּלִי־יְרִיָּה)

gunboat /ˈgʌnbəʊt/ n. סְפִינַת־תּוֹתָחִים

gunboat diplomacy דִּיפְּלוֹמַטְיָה הַמְבֻסֶּסֶת עַל אִיּוּמִים בְּכֹחַ (כְּגוֹן תְּזוּזַת גְּיָסוֹת); "דִּיפְּלוֹמַטְיָה שֶׁל תּוֹתָחִים"

gun-carriage /ˈgʌn-kærɪdʒ/ n. גְּרֶרֶת־תּוֹתָח, מִרְכֶּבֶת־תּוֹתָח

gun-cotton /ˈgʌn-kɒt(ə)n/ n. כֻּתְנַת־נֶפֶץ, נִיטְרוֹ־צֶלּוּלוֹזָה (חֹמֶר־נֶפֶץ)

gunfire /ˈgʌnfaɪə(r)/ n. יְרִיּוֹת, אֵשׁ־רוֹבִים, יְרִי (הַקּוֹלוֹת אוֹ פְּעֻלַּת הַיְּרִי עַצְמָהּ)

gunge /gʌndʒ/ n. (*colloq.*) טִנֹּפֶת

gung-ho /gʌŋ-ˈhəʊ/ adj. (*colloq.*) (מְדִינִיּוּת, גִּישָׁה שֶׁל) "זְבֻּנְג וְגָמַרְנוּ"

gunman /ˈgʌnmən/ n. פּוֹשֵׁעַ מְזֻיָּן, אָדָם נוֹשֵׂא נֶשֶׁק, אָדָם חָמוּשׁ (לָרֹב פּוֹשֵׁעַ)

gun-metal /ˈgʌn met(ə)l/ n. & adj. סַגְסֹגֶת נְחֹשֶׁת וּבְדִיל/אָבָץ; (צֶבַע) כָּחֹל אֲפַרְפַּר, כָּחֹל פְּלָדָה

gunner /ˈgʌnə(r)/ n. תּוֹתְחָן

gunnery /ˈgʌnərɪ/ n. תּוֹתְחָנוּת

gunpoint /ˈgʌnpɔɪnt/ n. אִיּוּם שֶׁל רוֹבֶה

at gunpoint תַּחַת אִיּוּם בְּנֶשֶׁק

gunpowder /ˈgʌnpaʊdə(r)/ n. אֲבַק־שְׂרֵפָה

gun-running /ˈgʌn-rʌnɪŋ/ n. הַבְרָחַת־נֶשֶׁק

gunshot /ˈgʌnʃɒt/ n.

1 (shot fired from gun) יְרִיָּה

2 (range of gun) טְוַח־יְרִיָּה

gunsmith /ˈgʌnsmɪθ/ n. נַשָּׁק (מְיַצֵּר וּמְתַקֵּן כְּלֵי־נֶשֶׁק קְטַנִּים)

gunwale /ˈgʌn(ə)l/ n. (*Naut.*) לַזְבֵּזֶת (הַקָּצֶה הָעֶלְיוֹן שֶׁל דֹּפֶן סְפִינָה אוֹ סִירָה)

gurgle /ˈgɜːg(ə)l/ v.i. & n. גִּרְגֵּר, בִּעְבֵּעַ; גִּרְגּוּר, בִּעְבּוּעַ

guru /ˈgʊruː/ n. גּוּרוּ, מַנְהִיג רוּחָנִי (בְּהֹדּוּ); מוֹרֶה נַעֲרָץ

gush /gʌʃ/ v.i. פָּרַץ בְּשֶׁטֶף, זָרַם בְּשֶׁטֶף; הִבִּיעַ פֶּרֶץ רְגָשׁוֹת (לְעִתִּים מְעֻשֶּׂה)

—n. זֶרֶם עַז, פֶּרֶץ; פֶּרֶץ רְגָשׁוֹת

gusher /ˈgʌʃə(r)/ n. קִדּוּחַ מִתְפָּרֵץ, מִזְרָקָה שֶׁל נֵפְט (בִּבְאֵר קִדּוּחַ)

gushy /ˈgʌʃɪ/ adj. (*colloq.*) שׁוֹפֵעַ דִּבְרֵי־חֲלָקוֹת, מְגַלֶּה הִתְלַהֲבוּת יְתֵרָה

gusset /ˈgʌsɪt/ n. מְשֻׁלַּשׁ־בַּד (שֶׁמּוֹסִיפִים לְבֶגֶד לְחַזְּקוֹ אוֹ לְהַגְדִּילוֹ)

gust /gʌst/ n. & v.i. מַשָּׁב פִּתְאֹמִי חָזָק, פֶּרֶץ (רוּחַ וְכַד׳); נָשַׁב בְּעָצְמָה

gustatory /ˈgʌstət(ə)rɪ/ adj. (*formal*) שֶׁל חוּשׁ הַטַּעַם

gusto /ˈgʌstəʊ/ n. מֶרֶץ, חֵשֶׁק, הִתְלַהֲבוּת וַהֲנָאָה (בַּעֲשִׂיַּת דְּבַר־מָה)

gusty /ˈgʌstɪ/ adj. (יוֹם וְכַד׳) שֶׁנּוֹשְׁבוֹת בּוֹ רוּחוֹת עַזּוֹת

gut /gʌt/ n.

1 (intestine; in *pl.*, bowels) מֵעַיִם, קְרָבַיִם

gut reaction (*colloq.*) תְּגוּבָה סְפּוֹנְטָנִית, תְּגוּבָה רִאשׁוֹנָה

□ *she hates his guts* (*colloq.*) הִיא שׂוֹנֵאת אוֹתוֹ שִׂנְאַת־מָוֶת; הִיא לֹא יְכוֹלָה לִסְבֹּל אוֹתוֹ, הִיא מִתְעַבֶת אוֹתוֹ

□ *I worked* (or *sweated*) *my guts out* קָרַעְתִּי אֶת עַצְמִי בָּעֲבוֹדָה

2 (in *pl.*, courage, *colloq.*) "דָּם", אֹמֶץ

□ *this job requires guts* לְתַפְקִיד זֶה צָרִיךְ "דָּם"

□ *his speech had no guts* הַנְּאוּם שֶׁלּוֹ הָיָה בְּלִי "שִׁנַּיִם"

3 (cord) גִּיד (לְמֵיתְרֵי מַחְבֵּט טֶנִיס וְכַד׳)

—v.t. הוֹצִיא אֶת הַקְּרָבַיִם (שֶׁל דָּג וְכַד׳)

□ *the house was gutted by fire* פְּנִים הַבִּנְיָן נֶהֱרַס בִּשְׂרֵפָה (וְנִשְׁאֲרוּ רַק הַקִּירוֹת)

gutless /ˈgʌtlɪs/ adj. (*colloq.*) שֶׁאֵין לוֹ "דָּם", פַּחְדָן

gutsy /ˈgʌtsɪ/ adj. (*colloq.*) שֶׁיֵּשׁ לוֹ "דָּם", אַמִּיץ

gutter /ˈgʌtə(r)/ n. תְּעָלַת מֵי־גְּשָׁמִים (בְּצִדֵּי־הַכְּבִישׁ); מַרְזֵב, בִּיב; (בְּהַשְׁאָלָה) "אַשְׁפַּתּוֹת"

the gutter press (*derog.*) עִתּוֹנוּת־בִּיבִים, עִתּוֹנוּת צְהֻבָּה (עִתּוֹנוּת רוֹדֶפֶת סֶנְסַצְיוֹת)

—v.i. (*poet.*) הִבְהֵב, עָמַד לִדְעֹךְ (נֵר וְכַד׳)

□ *the candle was guttering* הַנֵּר הִבְהֵב לִפְנֵי דְּעִיכָתוֹ

guttersnipe /ˈgʌtəsnaɪp/ n. (*colloq. derog.*) יֶלֶד אַשְׁפַּתּוֹת (יֶלֶד עָזוּב וּמְזֻנָּח)

guttural /ˈgʌtərəl/ adj. גְּרוֹנִי

—n. (*Phonet.*) הֶגֶה גְּרוֹנִי, הֲבָרָה גְּרוֹנִית

guy[1] /gaɪ/ n. מֵיתָר, חֶבֶל (שֶׁל אֹהֶל, לְחִזּוּק)

guy[2] /gaɪ/ n.

1 (fellow, *colloq.*) "בָּחוּר" (כִּנּוּי כְּלָלִי לְגֶבֶר בְּכָל גִּיל)

wise guy חָכָם בַּלַּיְלָה

2 (effigy of Guy Fawkes, *UK*) דַּחְלִיל בִּדְמוּתוֹ שֶׁל גַּי פוֹקְס (שֶׁשּׂוֹרְפִים בְּרֹאשׁ מְדוּרָה בְּלֵיל הַ־5 בְּנוֹבֶמְבֶּר)

—int. (in *pl.*, *US sl.*) "חֶבְרֶה" (לְגַבֵּי גְּבָרִים וְנָשִׁים כְּאֶחָד)

□ *c'mon, you guys!* יַאלְלָה חֶבְרֶה!

guzzle /ˈgʌz(ə)l/ v.t. & i. זָלַל וְסָבָא, אָכַל בְּתַאַוְתָנוּת וּבְגַסּוּת

gas guzzler (*colloq.*) מְכוֹנִית הַצּוֹרֶכֶת כַּמֻּיּוֹת גְּדוֹלוֹת שֶׁל דֶּלֶק

gym /dʒɪm/ n. (*colloq.*)

1 (gymnasium) אוּלַם־הִתְעַמְּלוּת

2 (gymnastics) הִתְעַמְּלוּת

gym-shoes /ˈdʒɪm-ʃuːz/ n. *pl.* (*colloq.*) נַעֲלֵי־הִתְעַמְּלוּת

gym-slip /ˈdʒɪm-slɪp/ n. (*UK*) כֻּתֹּנֶת עֶלְיוֹנָה בְּלִי שַׁרְוּוּלִים בְּעֵרֶךְ עַד הַבִּרְכַּיִם שֶׁלּוֹבְשׁוֹת יְלָדוֹת

gymkhana /dʒɪmˈkɑːnə/ n. מוֹפָע רְכִיבָה אֲזוֹרִי

gymnasium /dʒɪmˈneɪzɪəm/ n. אוּלַם־הִתְעַמְּלוּת

gymnast /ˈdʒɪmnæst/ n. מִתְעַמֵּל

gymnastic /dʒɪmˈnæstɪk/ adj. שֶׁל הִתְעַמְּלוּת

gymnastics /dʒɪmˈnæstɪks/ n. *pl.* (with *sing.* v.) הִתְעַמְּלוּת

gynaecological /ˌgaɪnɪkəˈlɒdʒɪk(ə)l/ adj. גָּנִיקוֹלוֹגִי (שֶׁל מַחֲלוֹת־נָשִׁים)

gynaecologist /ˌgaɪnɪˈkɒlədʒɪst/ n. גָּנִיקוֹלוֹג, רוֹפֵא־נָשִׁים

gynaecology /ˌgaɪnɪˈkɒlədʒɪ/ n. גָּנִיקוֹלוֹגְיָה, רְפוּאַת־נָשִׁים

gypsum /ˈdʒɪps(ə)m/ n. גֶּבֶס

gypsy /ˈdʒɪpsɪ/ n. צוֹעֲנִי

gyrate /dʒaɪˈreɪt/ v.i. (*formal*) סָבַב עַל צִירוֹ

gyration /dʒaɪˈreɪʃ(ə)n/ n. (*formal*) סִבּוּב (כַּנַּ"ל)

gyroscope /ˈdʒaɪrəskəʊp/ n. גִּירוֹסְקוֹפּ (מַכְשִׁיר־נִוּוּט בָּאֳנִיּוֹת, בִּמְטוֹסִים וְכַד')

H h

H, h /eitʃ/ n. ״אֵיטְשׁ״ (הָאוֹת הַשְּׁמִינִית בָּאָלֶפְבֵּית הָאַנְגְּלִי)

H-bomb פִּצְצַת מֵימָן

□ *Cockneys drop their h's* הַ״קוֹקְנִיז״ (תּוֹשָׁבֵי מִזְרַח לוֹנְדוֹן) לֹא מְבַטְּאִים אֶת הָאוֹת ״ה״ בְּדִבּוּר

ha /hɑː/ int. אָהּ!, הָהּ! אֲהָהּ!

□ *ha! ha! ha!* (צְחוֹק) חָה־חָה־חָה!

habeas corpus /ˌheɪbɪəs ˌkɔːpəs/ n. (*Law*) ״הַבֵּיאָס קוֹרְפּוּס״, צַו־הֲבָאָה (צַו לַהֲבָאַת אָסִיר לְבֵית־מִשְׁפָּט לְבֵרוּר הַצְדָּקַת־מַעֲצָרוֹ)

haberdasher /ˈhæbedæʃə(r)/ n. מוֹכֵר סִדְקִית; מוֹכֵר כּוֹבָעִים וּכְפָפוֹת

haberdashery /ˈhæbədæʃərɪ/ n. סִדְקִית, חֲנוּת סִדְקִית; חֲנוּת כּוֹבָעִים וּכְפָפוֹת

habit /ˈhæbɪt/ n.

1 (settled tendency or practice) מִנְהָג, הֶרְגֵּל, נֹהַג

□ *I was in the habit of singing in the bath* הָיָה לִי מִנְהָג לָשִׁיר בָּאַמְבַּטְיָה, נָהַגְתִּי לָשִׁיר בָּאַמְבַּטְיָה

□ *don't make a habit of it!* אַל תַּהֲפֹךְ אֶת זֶה לְהֶרְגֵּל!

□ *are we all creatures of habit?* הַאִם כֻּלָּנוּ עוֹשִׂים דְּבָרִים מִכֹּחוֹ שֶׁל הֶרְגֵּל?

□ *I do it from force of habit* אֲנִי מִתְנַהֵג כָּךְ מִתּוֹךְ־הֶרְגֵּל, אֲנִי עוֹשֶׂה זֹאת מִכֹּחַ הַהֶרְגֵּל

2 (dress, esp. of religious order) גְּלִימָה (בְּיִחוּד גְּלִימַת נָזִיר אוֹ נְזִירָה)

riding habit בִּגְדֵי־רְכִיבָה

habitable /ˈhæbɪtəb(ə)l/ adj. (*formal*) רָאוּי לִמְגוּרִים

habitat /ˈhæbɪtæt/ n. סְבִיבָה טִבְעִית, בֵּית־גִּדּוּל טִבְעִי (שֶׁל צֶמַח אוֹ בַּעַל־חַיִּים)

habitation /ˌhæbɪˈteɪʃ(ə)n/ n. (*formal*) דִּיּוּר, מְגוּרִים; מְקוֹם־מְגוּרִים

□ *this hovel is not fit for human habitation* מִבְנֶה מָט־לִנְפֹּל זֶה אֵינוֹ רָאוּי לִמְגוּרֵי אָדָם

habit-forming /ˈhæbɪt-fɔːmɪŋ/ adj. גּוֹרֵם לְהִתְמַכְּרוּת (סִיגָרִיּוֹת, אַלְכּוֹהוֹל וְכַד׳)

habitual /həˈbɪtʃʊəl/ adj. רָגִיל, נָהוּג, שָׁגוּר, שָׁכִיחַ

□ *he is a habitual thief* הוּא גַּנָּב מוּעָד

habituate /həˈbɪtʃʊeɪt/ v.t. (*formal*) הִרְגִּיל

habitué /həˈbɪtʃʊeɪ/ n. מְבַקֵּר קָבוּעַ, אוֹרֵחַ קָבוּעַ, בֶּן־בַּיִת

hacienda /ˌhæsɪˈendə/ n. (בַּאֲרָצוֹת דּוֹבְרוֹת סְפָרַדִּית) אֲחֻזָּה גְּדוֹלָה, בֵּית־חַוָּה גָּדוֹל

hack[1] /hæk/ n.

1 (professional writer of low quality, *colloq.*) אָדָם הָעוֹסֵק בִּכְתִיבָה זוֹלָה וַהֲמוֹנִית

hack work עֲבוֹדָה שְׁחוֹרָה (בְּעִקָּר שֶׁל כְּתִיבָה)

2 (politician, *derog.*) ״עַסְקָן קָטָן״ (בְּמִפְלָגָה)

3 (horse) סוּס רְכִיבָה לְהַשְׂכָּרָה; סוּס זָקֵן וְעָיֵף, ״פֶּגֶר״

—v.i. רָכַב בְּקֶצֶב נִנּוֹחַ

hacking jacket מִקְטֹרֶן רְכִיבָה (עָשׂוּי טְוִיד)

hack[2] /hæk/ v.t. & i. חָתַךְ (בְּאֹפֶן גַּס), בִּקַּע, קִצֵּץ (בְּמַהֲלוּמוֹת כְּבֵדוֹת), הִכָּה מַכּוֹת חוֹתְכוֹת בְּ...; הִשְׁתַּעֵל שִׁעוּל יָבֵשׁ וְקָצָר

□ *he has a hacking cough* יֵשׁ לוֹ שִׁעוּל יָבֵשׁ וְחוֹזֵר

—n. מַהֲלוּמָה (שֶׁל גַּרְזֶן וְכַד׳)

hacker /ˈhækə(r)/ n. (*colloq.*) אָדָם שֶׁפּוֹרֵץ בְּאֹפֶן לֹא חֻקִּי לְמַחְשֵׁב

hackles /ˈhæk(ə)lz/ n. *pl.* נוֹצוֹת אֲרֻכּוֹת (עַל צַוָּארָם שֶׁל עוֹפוֹת מְסֻיָּמִים)

□ *it makes my hackles rise* זֶה מַעֲלֶה לִי אֶת לַחַץ הַדָּם (גּוֹרֵם לִי לְכַעַס רַב)

hackney-carriage /ˈhæknɪ-ˌkærɪdʒ/ n. (*formal*) כִּרְכָּרָה שְׂכוּרָה; מוֹנִית

hackneyed /ˈhæknɪd/ adj. (*derog.*) נָדוֹשׁ, שָׁחוּק (בִּטּוּי, מְלִיצָה וְכַד׳)

hacksaw /ˈhæksɔː/ n. מַסּוֹר לְמַתֶּכֶת

had /hæd/ past & past ppl. of **have**

haddock /ˈhædək/ n. סוּג שֶׁל חֲמוֹר־יָם (דַּג מַאֲכָל נָפוֹץ)

Hades /ˈheɪdiːz/ n. הָדֶס (מְחוֹז הַמֵּתִים בַּמִּיתוֹלוֹגְיָה הַיְּוָנִית וְהָאֵל הַמְּמֻנֶּה עַל מָחוֹז זֶה)

hadji /ˈhædʒɪ/ n. חַג׳ (מֻסְלְמִי שֶׁעָלָה לָרֶגֶל לְמֶכָּה)

haematology /hiːməˈtɒlədʒɪ/ n. הֶמָטוֹלוֹגְיָה (חֵקֶר הַדָּם)

haemoglobin /ˌhiːməˈgləʊbɪn/ n. הֶמוֹגְלוֹבִּין (חֹמֶר הַמָּצוּי בְּכַדּוּרִיּוֹת־הַדָּם הָאֲדֻמּוֹת)

haemophilia /ˌhiːməˈfɪlɪə/ n. הֶמוֹפִילְיָה, דַּמֶּמֶת (חֹסֶר קְרִישַׁת דָּם)

haemophiliac /ˌhiːməˈfɪlɪæk/ n. חוֹלֵה הֶמוֹפִילְיָה/דַּמֶּמֶת (כַּנַּ״ל)

haemorrhage /ˈhemərɪdʒ/ n. & v.i. שֶׁטֶף־דָּם, דִּמּוּם; דִּמֵּם

heamorrhoids /ˈhemərɔɪdz/ n. *pl.* טְחוֹרִים (הִתְרַחֲבוּת הַוְּרִידִים בַּחַלְחֹלֶת)

haft /hɑːft/ n. קַת, יָדִית (שֶׁל גַּרְזֶן וְכַד׳)

hag /hæg/ n. (*derog.*) ״מְכַשֵּׁפָה״, מִרְשַׁעַת

haggard /hægəd/ adj. (קְלַסְתֵּר־פָּנִים) עָיֵף וַחֲרוּשׁ־קְמָטִים (מֵרֹב דְּאָגָה, מַחֲלָה אוֹ חֹסֶר־שֵׁנָה)

haggis /ˈhægɪs/ n. "הָגִיס" (מַאֲכָל סְקוֹטִי, עָשׂוּי מְעִי כֶּבֶשׂ מְמֻלָּא אֵיבָרִים פְּנִימִיִּים טְחוּנִים)

haggle /ˈhæg(ə)l/ v.i. הִתְמַקֵּחַ, עָמַד עַל הַמִּקָּח

hagiographer /ˌhægɪˈɒgrəfə(r)/ n. כְּתוּבִים (הַמַּעֲרֶכֶת הַשְּׁלִישִׁית בְּסִפְרֵי הַמִּקְרָא)

hagiography /hægɪˈɒgrəfɪ/ n. סִפּוּרֵי תּוֹלְדוֹת־הַקְּדוֹשִׁים שֶׁל הַכְּנֵסִיָּה הַנּוֹצְרִית

haiku /ˈhaɪkʊ/ n. שִׁירַת "הַיְיקוּ" (סִגְנוֹן שִׁירָה יַפָּנִי קָצָר וּבַעַל מִבְנֶה קָבוּעַ)

hail[1] /heɪl/ n. בָּרָד; "מָטָר" (שֶׁל אֲבָנִים, וּבְהַשְׁאָלָה שֶׁל מַכּוֹת, גִּדּוּפִים וְכַד')

a hail of arrows בְּרַד־חִצִּים, מְטַר־חִצִּים

—v.i. נִתַּךְ (כְּמוֹ בָּרָד); יָרַד בָּרָד

—v.t. הִמְטִיר (מַכּוֹת וְכַד')

□ *they hailed (down) curses on us* הֵם הִמְטִירוּ עָלֵינוּ קְלָלוֹת

hail[2] /heil/ v.t. בֵּרֵךְ לְשָׁלוֹם; קָרָא אֶל; הֵרִיעַ לְ...

□ *hail a taxi!* תַּעֲצֹר מוֹנִית! קְרָא לְמוֹנִית!

□ *the ship was within hailing distance* הַסְּפִינָה הָיְתָה בִּטְוַח־שְׁמִיעָה

□ *we hailed him king* הֵרַעְנוּ לוֹ תְּרוּעַת־מַלְכוּת

□ *she has been hailed as a genius* הִלְלוּ אוֹתָהּ כְּגָאוֹן

—v.i.

hail from (*formal* or *joc.*) בָּא מִ...

□ *where do you hail from?* מַה הוּא מְקוֹם מוֹצָאֲךָ?

—int. (*formal*) שָׁלוֹם! בְּרָכוֹת!

hail-fellow-well-met (*derog.*) בַּעַל הִתְנַהֲגוּת חַסְרַת־גִּנּוּנִים (בְּאֹפֶן מֻפְרָז)

Hail Mary "אָוֶה מָרִיָּה" (תְּפִלָּה קָתוֹלִית הַפּוֹתַחַת בַּמִּלִּים "שָׁלוֹם לָךְ מִרְיָם!")

hailstone /ˈheɪlstəʊn/ n. גַּרְגַּר־בָּרָד

hailstorm /ˈheɪlstɔːm/ n. סוּפַת־בָּרָד, סַעֲרַת בָּרָד

hair /heə(r)/ n.

1 (single strand) שַׂעֲרָה

the hair of the dog that bit you (*joc.*) כּוֹסִית מַשְׁקֶה חָרִיף בַּ"בֹּקֶר שֶׁאַחֲרֵי" (כִּתְרוּפָה לִשְׁתִיָּה מֻפְרֶזֶת בַּלַּיְלָה הַקּוֹדֵם)

□ *he never turned a hair* הוּא שָׁמַר עַל קֹר־רוּחַ, הוּא לֹא הֵנִיד עַפְעַף

□ *you're splitting hairs* (or *this is hair-splitting on your part*) אַתָּה מִתְפַּלְפֵּל; אַתָּה מַגְזִים בְּדִקְדּוּקֵי עֲנִיּוּת

2 (*collect.*) שֵׂעָר, שְׂעָרוֹת

□ *keep your hair on!* (*colloq.*) אַל תִּתְרַגֵּשׁ! אַל תִּתְרַגֵּז!

□ *she let her hair down* (*colloq.*) הִיא הִשְׁתַּחְרְרָה, הִיא הִרְשְׁתָה לְעַצְמָהּ לְהִשְׁתּוֹלֵל

□ *his tale made my hair stand on end* הַסִּפּוּר שֶׁלּוֹ גָּרַם לְשַׂעֲרוֹתַי לִסְמֹר

hairbrush /ˈheəbrʌʃ/ n. מִבְרֶשֶׁת־שֵׂעָר

haircut /ˈheəkʌt/ n. תִּסְפֹּרֶת

hair-do /ˈheə-duː/ n. (*colloq.*) תִּסְרֹקֶת, תִּסְפֹּרֶת, סִדּוּר־שֵׂעָר (שֶׁל אִשָּׁה)

hairdresser /ˈheədresə(r)/ n. מְעַצֵּב שֵׂעָר, סַפָּר

hairdressing /ˈheədresɪŋ/ n. עִצּוּב שֵׂעָר, סַפָּרוּת

hairdrier /ˈheədraɪə(r)/ n. מְיַבֵּשׁ שֵׂעָר

hair-grip /ˈheə-grɪp/ n. סִכַּת־שֵׂעָר, מַכְבֵּנָה

hairline /ˈheəlaɪn/ n. קַו הַשֵּׂעָר

receding hairline (מֵצַח) מַקְרִיחַ, "מִפְרָצִים" עֲמֻקִּים

—adj. דַּקִּיק מְאֹד

a hairline fracture סֶדֶק בָּעֶצֶם

hairnet /ˈheənet/ n. רֶשֶׁת לְשֵׂעָר (שֶׁל אִשָּׁה)

hair-piece /ˈheə-piːs/ n. פֵּאָה נָכְרִית, קַפְלֶט (שֶׁל גֶּבֶר אוֹ אִשָּׁה)

hairpin /ˈheəpɪn/ n. סִכַּת־רֹאשׁ

hairpin bend עִקּוּל חַד (בַּכְּבִישׁ)

hair-raising /ˈheə-reɪzɪŋ/ adj. מְסַמֵּר שֵׂעָר, מַבְעִית, מְצַמְרֵר

□ *he had some hair-raising experiences* הָיוּ לוֹ הַרְפַּתְקָאוֹת מְסַמְּרוֹת שֵׂעָר

hair's breadth /heəz ˈbredθ/ n. & adj. חוּט הַשַּׂעֲרָה; כְּחוּט הַשַּׂעֲרָה, כִּפְשַׂע

□ *we had a hair's breadth escape* כִּפְשַׂע הָיָה בֵּינֵינוּ וּבֵין הַמָּוֶת

hair shirt /heə ʃɜːt/ n. כֻּתֹּנֶת גַּסָּה וְדוֹקֶרֶת (לְסַגְּפָנִים וְלִנְזִירִים)

hair-slide /ˈheə-slaɪd/ n. סִכַּת שֵׂעָר מְקֻשֶּׁטֶת

hairspring /ˈheəsprɪŋ/ n. קְפִיץ דַּקִּיק (הַמְסַיֵּעַ לְוִסּוּת מַהֲלָךְ שָׁעוֹן)

hair-style /ˈheə-staɪl/ n. תִּסְרֹקֶת, סִגְנוֹן שֵׂעָר

hair-stylist /ˈheə-staɪlɪst/ n. מְעַצֵּב שֵׂעָר

hair-trigger /ˈheə-trɪgə(r)/ n. הֶדֶק מִשְׁנֶה

hairy /ˈheərɪ/ adj. שָׂעִיר; מַפְחִיד

□ *it was a hairy experience* (*colloq.*) זוֹ הָיְתָה חֲוָיָה מַפְחִידָה

hajji /ˈhædʒɪ/ n. חַג' (מֻסְלְמִי שֶׁעָלָה לָרֶגֶל לְמֶכָּה)

hake /heɪk/ n. דַּג מַאֲכָל מִמִּשְׁפַּחַת הַשִּׁבּוּטִיִּים, דּוֹמֶה לְבַקָּלָה

halcyon /ˈhælsɪən/ adj. (*poet.*) (תְּקוּפָה, תּוֹר) שֶׁל זָהָב, אִידִילִי

hale /heɪl/ adj. (*formal*) בָּרִיא וְחָזָק

hale and hearty כֹּחוֹ בְּמָתְנָיו, בָּרִיא וְשָׁלֵם

half /hɑːf/ n., adj. & adv. חֲצִי, מַחֲצִית; לְמֶחֱצָה

half and half חֵלֶק כְּחֵלֶק, שָׁוֶה־בְּשָׁוֶה, חֲצִי חֲצִי

half as much again פִּי אֶחָד וָחֵצִי

half past שְׁלֹשִׁים דַּקּוֹת אַחֲרֵי, "וָחֵצִי" (לְצִיּוּן מַחֲצִית הַשָּׁעָה)

at half-mast (דֶּגֶל) בַּחֲצִי הַתֹּרֶן (לְאוֹת אֵבֶל וְכַד')

□ *I want no half measures* אֲנִי לֹא מוּכָן לְוִתּוּרִים

□ *the plan went off at half cock* (*derog.*) הַתָּכְנִית הֻפְעֲלָה מֻקְדָּם מִדַּי וְנִכְשְׁלָה

□ *where's your better half?* (*colloq.*) אֵיפֹה אִשְׁתְּךָ? אֵיפֹה הַגְּבֶרֶת?

□ *I want to see how the other half lives* אֲנִי רוֹצֶה לִרְאוֹת אֵיךְ הָעֲשִׁירִים חַיִּים

□ *he's not half bad* (*sl.*) הוּא בָּחוּר לֹא רַע

□ *was she mad? not half!* (*sl.*) הִיא כָּעֲסָה? מַשֶּׁהוּ לֹא נוֹרְמָלִי!

□ *they gave us some, but not half enough* (*colloq.*) קִבַּלְנוּ קְצָת, אֲבָל רָחוֹק מִמַּסְפִּיק

□ *and that's not the half of it!* (*colloq.*) וְזוֹהִי רַק דֻּגְמָה קְטַנָּה

□ *they went halves with the cost* (*colloq.*) הֵם הִתְחַלְּקוּ בַּהוֹצָאוֹת חֵלֶק כְּחֵלֶק/שָׁוֶה בְּשָׁוֶה

□ *he does nothing by halves* הוּא לֹא מוֹצִיא מִתַּחַת יָדָיו חֲצִי־עֲבוֹדָה

□ *he's too clever by half* הוּא יוֹתֵר מִדַּי פִּקֵּחַ (נֶאֱמַר בְּטוֹן שְׁלִילִי חָרִיף)

□ *that was a game and a half* (*colloq.*) זֶה הָיָה מִשְׂחָק "גָּדוֹל"

half-back /ˈhɑːf-bæk/ n. (בְּכַדּוּרֶגֶל וְכַד׳) קָשֵׁר, רָץ

half-baked /ˌhɑːf-ˈbeɪkt/ adj. (*colloq.*) לֹא רְצִינִי, לֹא בָּשֵׁל, מְטֻפָּשׁ

half-breed /ˈhɑːf-briːd/ n. (*racially derog.*) (אָדָם) בֶּן־תַּעֲרֹבֶת

half-brother /ˈhɑːf-brʌðə(r)/ n. אָח חוֹרֵג

half-caste /ˈhɑːf-kɑːst/ adj. & n. (*racially derog.*) (אָדָם) בֶּן־תַּעֲרֹבֶת

half-hearted /ˌhɑːf-ˈhɑːtɪd/ adj. לֹא בְּלֵב שָׁלֵם, לְלֹא הִתְלַהֲבוּת

half-holiday /ˌhɑːf-ˈhɒlɪdeɪ/ n. חֲצִי־יוֹם חֻפְשָׁה (מִלִּמּוּדִים וְכַד׳)

half-life /ˈhɑːf-laɪf/ n. (*Phys.*) חֲצִי־חַיִּים (שֶׁל חֹמֶר רַדְיוֹאַקְטִיבִי)

half moon /ˌhɑːf ˈmuːn/ n. יָרֵחַ חֲצִי מָלֵא; חֲצִי סַהַר

half-nelson /ˌhɑːf ˈnelsn/ n. אֲחִיזַת חֲצִי־נֶלְסוֹן (בְּהֵאָבְקוּת)

□ *he put a half nelson on him* הוּא לָפַת אוֹתוֹ בַּחֲצִי־נֶלְסוֹן

halfpenny /ˈheɪp(ə)nɪ/ n. (pl. **halfpennies, halfpence** /ˈheɪp(ə)ns/) חֲצִי פֶּנִי

three halfpence פֶּנִי וָחֵצִי; (בְּהַשְׁאָלָה) "גְּרוֹשׁ"

half-price /ˌhɑːf-ˈpraɪs/ adj. & adv. בַּחֲצִי־מְחִיר

half-sister /ˈhɑːf-sɪstə(r)/ n. אָחוֹת־חוֹרֶגֶת

half-term /ˌhɑːf-ˈtɜːm/ n. חֻפְשָׁה קְצָרָה בְּאֶמְצַע הַשְּׁלִישׁ (שֶׁל שְׁנַת־הַלִּמּוּדִים)

half-timbered /ˌhɑːf-ˈtɪmbəd/ adj. (בַּיִת) בַּעַל שֶׁלֶד עֵץ (שֶׁנִּתָּן לִרְאוֹת אֶת הַקּוֹרוֹת עַל הַקִּירוֹת הַחִיצוֹנִיִּים שֶׁלּוֹ)

half-time /ˌhɑːf-ˈtaɪm/ n.

1 (*Sport*) מַחֲצִית (הַפְסָקָה בַּחֲצִי הַמִּשְׂחָק)

2 (referring to work or pay) חֲצִי מִשְׂרָה (בַּחֲצִי מַשְׂכֹּרֶת)

half-tone /ˌhɑːf-ˈtəʊn/ adj. גְּלוּפַת רֶשֶׁת (בְּדְפוּס), (תַּהֲלִיךְ, הֶדְפֵּס) אוֹטוֹטִיפּ; (בְּאַרְהַ"ב) חֲצִי־טוֹן (בְּמוּזִיקָה)

half-truth /ˈhɑːf-truːθ/ n. אֱמֶת חֶלְקִית, חֲצִי־אֱמֶת

half-volley /ˌhɑːf-ˈvɒlɪ/ n. חֲבָטָה מִיָּד לְאַחַר קְפִיצַת הַכַּדּוּר (בְּטֶנִיס)

half-way /ˌhɑːf-ˈweɪ/ adj. & adv. בַּחֲצִי־הַדֶּרֶךְ

half-way house "שַׁעַטְנֵז" (בְּהַשְׁאָלָה בִּלְבַד); מָעוֹן מַעֲבָר (לְאָסִיר מְשֻׁחְרָר בְּטֶרֶם יַחֲזֹר לַחֶבְרָה וְכַד׳)

half-wit /ˈhɑːf-wɪt/ n. (*derog.*) מְטֻמְטָם, אִידְיוֹט

half-yearly /ˌhɑːf-ˈjɪəlɪ/ adj. & n. חֲצִי־שְׁנָתִי; חֲצִי־שְׁנָתוֹן

halibut /ˈhælɪbət/ n. לְשׁוֹנוֹן (מִין דַּג־מַאֲכָל שָׁטוּחַ, דּוֹמֶה לְפוּטִית)

halitosis /ˌhælɪˈtəʊsɪs/ n. (*formal*) רֵיחַ רַע מִן הַפֶּה

hall /hɔːl/ n.

1 (large public room) אוּלָם

2 (building) בִּנְיָן גָּדוֹל, בַּיִת גָּדוֹל; בֵּית אֲחֻזָּה כַּפְרִי

hall of residence מְעוֹן־סְטוּדֶנְטִים, "מְעוֹנוֹת"

3 (entrance room) הוֹל, חֲדַר־כְּנִיסָה

4 (corridor, *US*) פְּרוֹזְדוֹר, מִסְדְּרוֹן, הוֹל

hallelujah /ˌhælɪˈluːjə/ int. & n. הַלְלוּיָהּ

hallmark /ˈhɔːlmɑːk/ n. תָּו־צוֹרְפִים (לְסִימָן אֵיכוּתָם שֶׁל דִּבְרֵי זָהָב אוֹ כֶּסֶף); (בְּהַשְׁאָלָה) תְּכוּנָה אָפְיָנִית, מְאַפְיֵן, סִימַן־הֶכֵּר (בְּעִקָּר לְטִיב מְעֻלֶּה)

□ *such turns of phrase are his hallmark* בִּטּוּיִים כָּאֵלֶּה הֵם מִסִּימָנֵי־הַהֶכֵּר שֶׁלּוֹ

—v.t. הִטְבִּיעַ תָּו צוֹרְפִים (כַּנַּ"ל) עַל; (בְּהַשְׁאָלָה) אִפְיֵן

hallo /həˈləʊ/ int. & n. "הַלּוֹ"

□ *hallo! that's odd!* רֶגַע, רֶגַע, מַה קּוֹרֶה כָּאן?

hallow /ˈhæləʊ/ v.t. (*formal*) קִדֵּשׁ; כִּבֵּד (דָּבָר מָה) כְּמִקְדָּשׁ

□ *hallowed be Thy Name* יִתְקַדֵּשׁ שִׁמְךָ (מִתְּפִלַּת "אָבִינוּ" הַנּוֹצְרִית)

Hallowe'en /ˌhæləʊˈiːn/ n. "הָלוֹוִין" (חַג שֶׁבּוֹ מִתְחַפְּשִׂים הַיְלָדִים, בְּ־31 בְּאוֹקְטוֹבֶּר)

hall-porter /ˌhɔːl-ˈpɔːtə(r)/ n. סַבָּל (בַּכְּנִיסָה לְבֵית־מָלוֹן)

hall-stand /ˈhɔːl-stænd/ n. מַקְלֵב (מִתְקָן לְהַחְזָקַת כּוֹבָעִים, מְעִילִים, מִטְרִיּוֹת וְכַד׳)

hallucinate /həˈluːsɪneɪt/ v.t. רָאָה הֲזָיוֹת שֶׁל

—v.i. רָאָה הֲזָיוֹת, דִּמְדֵּם (בְּשֶׁל חֹם גָּבוֹהַּ, סַמִּים וְכַד׳)

hallucination /həˌluːsɪˈneɪʃ(ə)n/ n. הֲזָיָה, הָלוּצִינַצְיָה

hallucinatory /həˈluːsɪnətrɪ/ adj. (*formal*) שֶׁל הֲזָיָה, שֶׁל הָלוּצִינַצְיָה; דִּמְיוֹנִי

hallucinogenic /həˌluːsɪnəˈdʒenɪk/ adj. הָלוּצִינוֹגֵנִי, מְעוֹרֵר הֲזָיוֹת (סַם וְכַד׳)

hallway /ˈhɔːlweɪ/ n. מִסְדְּרוֹן, פְּרוֹזְדוֹר

halo /ˈheɪləʊ/ n. הִלָּה

halt[1] /hɔːlt/ v.t. עָצַר
—v.i. נֶעֱצַר
□ *halt!* עֲצֹר! עֲמֹד!
—n.
1 (stoppage) עֲצִירָה; הַפְסָקָה, הֶפְסֵק
□ *the vehicle came* (or *was brought*) *to a halt* (כְּלִי־) הָרֶכֶב נֶעֱצַר
□ *he called a halt to this bad practice* הוּא שָׂם קֵץ לַמִּנְהָג הַמְגֻנֶּה הַזֶּה
□ *the officer called a halt* (*Mil.*) הַקָּצִין עָצַר אֶת הַמַּסָּע (לַחֲנִיָּה קְצָרָה)
2 (railway stopping place) תַּחֲנַת־עֲצִירָה (שֶׁבָּהּ עוֹצֶרֶת הָרַכֶּבֶת רַק עַל־פִּי בַּקָּשָׁה)

halt[2] /hɔːlt/ v.i. (*formal*) הִסֵּס; פָּסַע בְּהִסּוּס
halt between two opinions פָּסַח עַל שְׁתֵּי־הַסְּעִפִּים
—adj. (*arch.*) פִּסֵּחַ, חִגֵּר
the halt and the blind הַפִּסְחִים וְהָעִוְרִים

halter /ˈhɔːltə(r)/ n. אַפְסָר (בְּרַתְמַת־סוּס); חֶבֶל־תְּלִיָּה
halter-neck (בֶּגֶד) עִם צַוָּארוֹן וּלְלֹא גַּב (לְאִשָּׁה)

haltingly /ˈhɔːltɪŋlɪ/ adv. (*formal*) בְּהִסּוּס
□ *he spoke haltingly* הוּא דִּבֵּר בְּהִסּוּס

halve /hɑːv/ v.t.
1 (divide into halves) חָצָה, חִלֵּק לִשְׁנֵי־חֲצָאִים שָׁוִים
2 (reduce to half) צִמְצֵם לְחֵצִי

halyard /ˈhæljəd/ n. חֶבֶל לַהֲרָמַת מִפְרָשׂ/דֶּגֶל

ham /hæm/ n.
1 (cured thigh of pig) "הֶם" (יֶרֶךְ חֲזִיר מְמֻלַּחַת אוֹ מְעֻשֶּׁנֶת)
2 (back of thigh) אֲחוֹרֵי הַיָּרֵךְ (שֶׁל בַּעַל חַיִּים אוֹ אָדָם)
3 (poor actor, *colloq.*) שַׂחְקָן גָּרוּעַ (עַל הַבָּמָה)
4 (radio amateur) חוֹבֵב־רַדְיוֹ (הַמְשַׁדֵּר וְקוֹלֵט)
—v.i. שִׂחֵק תַּפְקִיד בְּדְרָמָטִיּוּת מֻגְזֶמֶת
□ *stop hamming it up* (*colloq.*) תַּפְסִיק לַעֲשׂוֹת הַצָּגוֹת!

hamburger /ˈhæmbɜːgə(r)/ n. הַמְבּוּרְגֶר (קְצִיצַת בָּשָׂר/כָּרִיךְ וּבוֹ קְצִיצָה כַּנַּ"ל); (בְּאַרְהַ"ב) בָּשָׂר טָחוּן

ham-fisted /ˌhæm-ˈfɪstɪd/ adj. (also **ham-handed** /ˌhæm-ˈhændɪd/) (*colloq.*) "בַּעַל שְׁתֵּי יָדַיִם שְׂמָאלִיּוֹת"

hamlet /ˈhæmlɪt/ n. כְּפָר קָטָן (לָרֹב לְלֹא כְּנֵסִיָּה)

hammer /ˈhæmə(r)/ n.
1 (tool for striking) פַּטִּישׁ, קֻרְנָס, מַקֶּבֶת
hammer toe אֶצְבַּע כְּפוּפָה (בְּכַף הָרֶגֶל, לְמָשָׁל כְּתוֹצָאָה מִנְּעִילַת נַעֲלֵי־עָקֵב)
hammer and sickle פַּטִּישׁ וּמַגָּל (סֵמֶל הַקּוֹמוּנִיזְם)
□ *they went* (or *were*) *at it hammer and tongs* (*colloq.*) הֵם נִהֲלוּ וִכּוּחַ קוֹלָנִי וְסוֹעֵר
□ *the picture came under the hammer* הַתְּמוּנָה נִמְכְּרָה בִּמְכִירָה פֻּמְבִּית
2 (part of gun) פַּטִּישׁ (שֶׁבְּקַצֵּהוּ הַנּוֹקֵר)
3 (part of piano) פַּטִּישׁ, פַּטִּישׁוֹן
—v.t. & i. תָּקַע (מַסְמֵר וְכַד'); הִכָּה בְּעָצְמָה בְּ...; דָּפַק בְּפַטִּישׁ; דָּפַק בְּקוֹל
□ *we were hammered* (*colloq.*) "הִכּוּ אוֹתָנוּ", "חִסְּלוּ אוֹתָנוּ" (כְּלוֹמַר נִצְּחוּ אוֹתָנוּ בְּמִשְׂחָק וְכַד')
□ *they hammered away at the problem* הֵם הִתְיַגְּעוּ בַּבְּעָיָה
□ *the grammar was hammered into us* דָּחֲפוּ לָנוּ לָרֹאשׁ אֶת כְּלָלֵי הַדִּקְדּוּק
□ *they hammered out an agreement* בְּקֹשִׁי רַב הֵם הִצְלִיחוּ לְנַסֵּחַ הֶסְכֵּם

hammock /ˈhæmək/ n. עַרְסָל

hamper[1] /ˈhæmpə(r)/ n. סַל עִם מִכְסֶה (לְעִתִּים מִצְרָכִים, לְפִּיקְנִיק, לִכְבִיסָה וְכַד')

hamper[2] /ˈhæmpə(r)/ v.t. עִכֵּב, עָצַר, מָנַע, הִפְרִיעַ לְ..., שָׂם מִכְשׁוֹל בִּפְנֵי

hamster /ˈhæmstə(r)/ n. אוֹגֵר (מְכַרְסֵם קָטָן, מְשַׁמֵּשׁ לְעִתִּים כְּחַיַּת שַׁעֲשׁוּעִים)

hamstring /ˈhæmstrɪŋ/ (past & past ppl. **hamstrung** /ˈhæmstrʌŋ/) v.t. חָתַךְ אֶת גִּידֵי הַבֶּרֶךְ שֶׁל; (בְּהַשְׁאָלָה) שִׁתֵּק
□ *we were hamstrung by lack of funds* חֹסֶר־כְּסָפִים הִכְשִׁיל אֶת־פְּעֻלָּתֵנוּ
—n. גִּיד הַבֶּרֶךְ

hand /hænd/ n.
1 (part of arm beyond wrist) כַּף־יָד, יָד (לְהַבְדִּיל מִן הַזְּרוֹעַ)
on the one hand . . . and on the other (hand) מֵחַד גִּיסָא... וּמֵאִידָךְ..., מִצַּד אֶחָד... וּמִצַּד שֵׁנִי
(close) at hand בְּקָרוֹב, בַּפֶּתַח (צָפוּי בֶּעָתִיד הַקָּרוֹב); בְּקִרְבַת מָקוֹם
□ *the police were hand in glove with the gang* לַמִּשְׁטָרָה הָיָה הֶסְדֵּר שֶׁל "יָד רוֹחֶצֶת יָד" עִם הַכְּנוּפְיָה
□ *they were walking hand in hand* הֵם הָלְכוּ יָד בְּיָד
□ *famine and pestilence go hand in hand* רָעָב וּמַגֵּפוֹת הוֹלְכִים זֶה לְצַד זֶה
□ *hands off!* (*colloq.*) אַל תִּגְּעוּ! בְּלִי יָדַיִם! תּוֹרִיד אֶת הַיָּדַיִם!
□ *the computer course gave us hands-on experience* קוּרְס הַמַּחְשְׁבִים הֶעֱנִיק לָנוּ נִסָּיוֹן מִכְּלִי רִאשׁוֹן
□ *it is considered rather formal to shake hands* לְחִיצַת יָדַיִם נֶחְשֶׁבֶת לְדָבָר פוֹרְמָלִי לְמַדַּי
□ *hands up!* יָדַיִם לְמַעְלָה! תָּרִים יָדַיִם!
□ *I expected better treatment at your hands* צִפִּיתִי לְיַחַס טוֹב יוֹתֵר מִיָּדֶיךָ
□ *they were tied* (or *bound*) *hand and foot* הַיָּדַיִם וְהָרַגְלַיִם שֶׁלָּהֶם נִקְשְׁרוּ
□ *he hasn't done a hand's turn* (*UK colloq.*) הוּא לֹא נָקַף אֶצְבַּע
□ *the knitwear is all made by hand* הַסְּרִיג הַזֶּה עָשׂוּי כֻּלּוֹ בַּעֲבוֹדַת־יָד

□ *the letter was delivered by hand* הַמִּכְתָּב נִמְסַר בַּיָּד

□ *she had the old man eating out of her hand* (*fig.*) הִיא סוֹבְבָה אֶת הַזָּקֵן סְבִיב אֶצְבָּעָהּ

□ *she has got her hands full with the twins* הַתְּאוֹמִים מְסַפְּקִים לָהּ תַּעֲסוּקָה מְלֵאָה

□ *the children held hands to cross the road* הַיְלָדִים הֶחֱזִיקוּ יָדַיִם כַּאֲשֶׁר חָצוּ אֶת הַכְּבִישׁ

□ *I'm glad he is off my hands* אֲנִי שָׂמֵחַ שֶׁנִּפְטַרְתִּי מִמֶּנּוּ

□ *there should always be a doctor on hand* צָרִיךְ שֶׁתָּמִיד יִהְיֶה רוֹפֵא בַּנִּמְצָא

□ *the enemy is on all hands* (or *every hand*) (*poet.*) הָאוֹיֵב הִקִּיף אוֹתָנוּ מִכָּל עֵבֶר

□ *he soon had a revolt on his hands* תּוֹךְ זְמַן קָצָר הוּא מָצָא אֶת עַצְמוֹ עוֹמֵד מוּל מֶרֶד

□ *they rejected my idea out of hand* הֵם דָּחוּ אֶת הָרַעְיוֹן שֶׁלִּי כִּלְאַחַר יָד, הֵם דָּחוּ אֶת הַצָּעָתִי עַל הַסַּף

□ *things got out of hand* הַדְּבָרִים יָצְאוּ מִכְּלַל שְׁלִיטָה

□ *the matter is out of my hands* הָעִנְיָן כְּבָר לֹא נִמְצָא בְּיָדַי, הָעִנְיָן יָצָא מִשְּׁלִיטָתִי

□ *they are making money hand over fist* (*colloq.*) הֵם גּוֹרְפִים הוֹן, הֵם עוֹשִׂים כֶּסֶף בְּכַמֻּיּוֹת

□ *there is plenty of work in hand* יֵשׁ עוֹד עֲבוֹדָה דַּי וְהוֹתֵר

□ *she took the noisy children in hand* הִיא הִשְׁתַּלְּטָה עַל הַיְלָדִים הָרַעֲשָׁנִיִּים

□ *I have twenty pounds in hand* יֵשׁ לִי עֶשְׂרִים לִישׁ"ט (שֶׁאֲנִי יָכוֹל לְהִשְׁתַּמֵּשׁ בָּהֶן)

□ *the situation is in hand* הַמַּצָּב בִּשְׁלִיטָה

□ *the matter is* (or *lies*) *in your hands* הַנּוֹשֵׂא נָתוּן לְטִפּוּלְךָ, הַנּוֹשֵׂא נִמְצָא בְּיָדֶיךָ

□ *the property is in my hands now* הַנֶּכֶס נִמְצָא עַכְשָׁו בְּיָדַי, הַנֶּכֶס עָבַר לְיָדַי

□ *I play the occasional game of tennis to keep my hand in* אֲנִי מְשַׂחֵק טֶנִיס מִדֵּי פַּעַם כְּדֵי לֹא לִשְׁכֹּחַ אֶת הַמִּשְׂחָק

□ *I'm out of practice: I need to get my hand in* אֲנִי לֹא בְּכֹשֶׁר, אֲנִי צָרִיךְ לְהַתְחִיל שׁוּב לְהִתְאַמֵּן

□ *I can't tell you the exact figures off hand* אֲנִי לֹא יָכוֹל לָתֵת לְךָ אֶת הַמִּסְפָּרִים הַמְּדֻיָּקִים בְּעַל־פֶּה/מֵהַשַּׁרְווּל

□ *he got down on his hands and knees* הוּא כָּרַע עַל אַרְבַּע

□ *they were living* (*from*) *hand to mouth* הֵם חָיוּ מִן הַיָּד אֶל הַפֶּה

□ *your letter is to hand* (*formal*) מִכְתָּבְךָ מֻנָּח לְפָנַי, מִכְתָּבְךָ מֻנָּח לְנֶגֶד עֵינַי

□ *he gained* (or *got*) *the upper hand* יָדוֹ הָיְתָה עַל הָעֶלְיוֹנָה, הוּא הִשִּׂיג יִתְרוֹן

□ *she waits on* (or *serves*) *him hand and foot* הִיא מְשָׁרֶתֶת אוֹתוֹ כְּמוֹ שִׁפְחָה

□ *I washed my hands of him and his problems* נִעַרְתִּי אֶת חָצְנִי מִמֶּנּוּ וּמִן הַצָּרוֹת שֶׁלּוֹ, נִתַּקְתִּי אֶת עַצְמִי מִמֶּנּוּ וּמִן הַצָּרוֹת שֶׁלּוֹ

□ *the other team won hands down* הַקְּבוּצָה הַשְּׁנִיָּה נִצְּחָה בְּקַלּוּת

□ *don't bite the hand that feeds you* (*Prov.*) אַל תִּירֹק לַבְּאֵר שֶׁאַתָּה שׁוֹתֶה מִמֶּנָּה

□ *a certain sum of money changed hands* סְכוּם כֶּסֶף מְסֻיָּם עָבַר מִיָּד אֶל יָד

2 (handlike thing)

□ *the minute hand on a clock is longer than the hour hand* מְחוֹג הַדַּקּוֹת בַּשָּׁעוֹן אָרֹךְ יוֹתֵר מִמְּחוֹג הַשָּׁעוֹת

□ *I bought a hand of bananas* קָנִיתִי אֶשְׁכּוֹל בָּנָנוֹת

3 (authority; agent; share in action) יָד, אֶצְבַּע

(at) first hand מִכְּלִי רִאשׁוֹן, בִּלְתִּי אֶמְצָעִי

(at) second hand לֹא בְּאֹפֶן יָשִׁיר; "יָד שְׁנִיָּה" (כְּלוֹמַר מְשֻׁמָּשׁ)

□ *I detect the hand of God in this* אֲנִי רוֹאֶה בַּדָּבָר אֶצְבַּע־אֱלֹהִים/אֶת יַד־הַגּוֹרָל

□ *he had a hand in the rebellion* הָיְתָה לוֹ יָד בַּמֶּרֶד

□ *give* (or *lend*) (*me*) *a hand* נְתַן יָד, הַטֵּה שְׁכֶם

□ *he took a hand in the organizing* הוּא נָטַל יָד בָּאִרְגּוּן

□ *they gave us a free hand* הֵם נָתְנוּ לָנוּ יָד חָפְשִׁית

4 (pledge of marriage) יָד

□ *he asked for her hand in marriage* הוּא בִּקֵּשׁ אֶת יָדָהּ

5 (manual worker)

□ *all hands on deck!* כָּל הַמַּלָּחִים לַסִּפּוּן!

□ *he is a good hand at carpentry* הוּא נַגָּר לֹא רַע בִּכְלָל

□ *he's an old hand at this game* (*colloq.*) הוּא שׁוּעָל וָתִיק בַּנּוֹשֵׂא

6 (handwriting) כְּתַב־יָד, סִגְנוֹן כְּתִיבָה, חֲתִימָה

□ *she writes a good hand* יֵשׁ לָהּ כְּתַב־יָד יָפֶה

□ *he put* (or *set*) *his hand to the document* (*formal*) הוּא חָתַם עַל הַמִּסְמָךְ

□ *given under my hand this day* (*Law*) וּלְהַלָּן בָּאתִי עַל הֶחָתוּם בְּיוֹם זֶה

7 (measure of horse's height) טֶפַח (עֲשָׂרָה ס"מ)

□ *this horse stands fifteen hands* גֹּבַהּ הַסּוּס חֲמִשָּׁה עָשָׂר טְפָחִים (150 ס"מ)

8 (in card-playing) "יָד"

□ *I had a good hand* הָיְתָה לִי יָד טוֹבָה

□ *he plays a good hand at bridge* הוּא טוֹב בְּבְּרִידְג'

□ *he never shows his hand* (*fig.*) הוּא אַף פַּעַם לֹא מְגַלֶּה אֶת הַקְּלָפִים שֶׁלּוֹ

□ *she played a lone hand* (*fig.*) הִיא פָּעֲלָה בְּאֹפֶן עַצְמָאִי

9 (applause) מְחִיאוֹת כַּפַּיִם

□ *the audience gave him a big hand* הַקָּהָל מָחָא לוֹ כַּפַּיִם בְּהִתְלַהֲבוּת

—v.t. מָסַר, הֶעֱבִיר, הוֹשִׁיט לְ...

□ *the story was handed down to each succeeding generation* הַסִּפּוּר נִמְסַר מִדּוֹר לְדוֹר

□ *the court handed down a heavy sentence* בֵּית־הַמִּשְׁפָּט חָרַץ פְּסַק־דִּין חָמוּר

□ *the pupils handed in their homework* הַתַּלְמִידִים מָסְרוּ (לַמּוֹרָה) אֶת עֲבוֹדַת־הַבַּיִת שֶׁלָּהֶם

□ *the lost purse had been handed into the police* הָאַרְנָק הָאָבוּד נִמְצָא וְנִמְסַר לַמִּשְׁטָרָה

□ *the minister handed in his resignation* הַשַּׂר הִגִּישׁ אֶת מִכְתַּב־הַהִתְפַּטְּרוּת שֶׁלּוֹ

□ *hand the magazine on to someone else when you have read it!* תִּמְסֹר אֶת הָעִתּוֹן לְמִישֶׁהוּ אַחֵר כְּשֶׁתְּסַיֵּם לִקְרֹא בּוֹ

□ *he was handing out leaflets* הוּא חִלֵּק כְּרוּזִים

□ *he was handed over to the authorities* מָסְרוּ אוֹתוֹ לַשִּׁלְטוֹנוֹת, הוּא נִמְסַר לִידֵי הַשִּׁלְטוֹנוֹת

□ *hand the money over!* תֵּן אֶת הַכֶּסֶף! תָּבִיא אֶת הַכֶּסֶף!

□ *when the time came to hand over, the headteacher felt sad* כְּשֶׁהִגִּיעַ הַזְּמַן לְהַעֲבִיר אֶת הַתַּפְקִיד לַבָּא אַחֲרָיו, חָשׁ הַמְּנַהֵל עַצְבוּת

□ *she's really clever – you've got to hand it to her* (*colloq.*) הִיא בֶּאֱמֶת פִּקְחִית – אֵין מַה לְּדַבֵּר!

handbag /ˈhændbæg/ n. אַרְנָק (שֶׁל נָשִׁים)

handball /ˈhændbɔːl/ n. כַּדּוּר־יָד אֲמֶרִיקָאִי (מִשְׂחָק זוּגוֹת)

handbill /ˈhændbɪl/ n. כְּרוּז, עָלוֹן־פִּרְסֹמֶת

handbook /ˈhændbʊk/ n. סֵפֶר־עֵזֶר, מַדְרִיךְ

handbrake /ˈhændbreɪk/ n. בֶּלֶם־יָד, "אַמְבְּרֶקְס"

handcart /ˈhændkɑːt/ n. עֶגְלַת־יָד

handclap /ˈhændklæp/ n. מְחִיאַת־כַּף

□ *the audience booed and gave him a slow handclap* הַקָּהָל קָרָא לְעֶבְרוֹ קְרִיאוֹת בּוּז וּמָחָא כַּפַּיִם בְּאִטִּיּוּת (לְהַבָּעַת מֹרַת רוּחַ)

handcraft /ˈhændkrɑːft/ n. עֲבוֹדַת־יָד, אֻמָּנוּת־יָד, מְלֶאכֶת־יָד

—v.t. (*US*) עָשָׂה בַּעֲבוֹדַת־יָד

handcuff /ˈhændkʌf/ v.t. אָסַר בַּאֲזִקִּים

handcuffs /ˈhændkʌfs/ n. *pl.* אֲזִקִּים

handful /ˈhændfʊl/ n.

1 (quantity held in hand) מְלוֹא־הַחֹפֶן, מְלוֹא כַּף־הַיָּד

2 (small number) קֹמֶץ, מְעַטִּים

□ *there was a handful of demonstrators* הָיוּ שָׁם מַפְגִּינִים מְעַטִּים, הָיוּ שָׁם קֹמֶץ מַפְגִּינִים

3 (person or animal difficult to control, *colloq.)* פֶּרֶא־אָדָם, חַיַּת־פֶּרֶא

□ *he's quite a handful* הוּא פֶּרֶא־אָדָם מַמָּשׁ

hand-grenade /ˈhænd-grɪneɪd/ n. רִמּוֹן־יָד

hand-gun /ˈhænd-gʌn/ n. אֶקְדָּח

hand-hold /ˈhænd-həʊld/ n. מַאֲחָז, נְקֻדַּת אֲחִיזָה (שֶׁל מְטַפֵּס הָרִים וְכַד׳)

handicap /ˈhændɪkæp/ n. מִגְבָּלָה; נָכוּת

a handicap race תַּחֲרוּת שֶׁבָּהּ מַטִּילִים מִגְבָּלוֹת עַל מִתְחָרִים מְסֻיָּמִים כְּדֵי לְהַשְׁווֹת אֶת תְּנָאֵי הַכֹּל

□ *what is your handicap at golf?* כַּמָּה נְקֻדּוֹת־מִגְבָּלָה יֵשׁ לְךָ בְּגוֹלְף?

—v.t. הִגְבִּיל, הֵטִיל מִגְבָּלָה עַל, פָּגַם בְּ...

mentally (or **physically**) **handicapped** בַּעַל מִגְבָּלָה נַפְשִׁית/גּוּפָנִית, בַּעַל נָכוּת נַפְשִׁית/גּוּפָנִית

handicraft /ˈhændɪkrɑːft/ n. מְלֶאכֶת־יָד, אֻמָּנוּת

handiwork /ˈhændɪwɜːk/ n. מְלֶאכֶת־יָד, עֲבוֹדַת־יָד

□ *it's all my own handiwork* זֶה כֻּלּוֹ מַעֲשֵׂה־יָדַי

handkerchief /ˈhæŋkəʃɪf/ n. מִטְפַּחַת, מִטְפַּחַת־אַף, מִמְחָטָה

handle /ˈhænd(ə)l/ n. יָדִית, קַת

fly off the handle (*colloq.*) יָצָא מִן הַכֵּלִים

□ *he has a handle to his name* (*colloq.*) יֵשׁ לוֹ תֹּאַר נִכְבָּד

□ *your behaviour may give them a handle against you* (*colloq.*) הַהִתְנַהֲגוּת שֶׁלְּךָ עֲלוּלָה לְשַׁמֵּשׁ בִּידֵיהֶם נֶשֶׁק נֶגְדְּךָ

—v.t.

1 (touch with hands) נָגַע בַּיָּד בְּ...

□ *wash your hands before handling food* רְחַץ יָדֶיךָ לִפְנֵי שֶׁתִּגַּע בְּמָזוֹן בַּיָּד

□ *he was roughly handled by the crowd* הֶהָמוֹן עָשָׂה בּוֹ שְׁפָטִים

2 (deal with, control) עָסַק בְּ...; טִפֵּל בְּ...; נָהַג בְּ...; הִתְיַחֵס לְ...

3 (*commerc.*) סָחַר בְּ...

□ *we don't handle imported goods* אֲנַחְנוּ לֹא עוֹסְקִים בְּמוּצְרֵי יְבוּא

handlebar /ˈhænd(ə)lbɑː(r)/ n. (usu. in *pl.*) כִּידוֹן, הֶגֶה (שֶׁל אוֹפַנַּיִם)

handlebar moustache שָׂפָם אָרֹךְ וּמִסְתַּלְסֵל כְּלַפֵּי מַעְלָה

handler /ˈhændlə(r)/ n. מְאַלֵּף־חַיּוֹת (בְּעִקָּר כְּלָבִים)

hand-luggage /ˈhænd-lʌgɪdʒ/ n. מִטְעַן־יָד (שֶׁל נוֹסֵעַ בְּמָטוֹס)

hand-made /ˌhænd-ˈmeɪd/ adj. עֲבוֹדַת־יָד

handmaid(en) /ˈhændmeɪd((ə)n)/ n. (*arch.*) שִׁפְחָה, מְשָׁרֶתֶת

hand-me-down /ˈhænd-mɪ-daʊn/ n. בְּגָדִים מְשֻׁמָּשִׁים (לָרֹב שֶׁעָבְרוּ בִּירֻשָּׁה מִיֶּלֶד מְבֻגָּר לְיֶלֶד קָטָן מִמֶּנּוּ)

hand-out /ˈhænd-aʊt/ n.

1 (something given to beggar) מַתָּנָה בְּחִנָּם; נְדָבָה

2 (printed sheet of information) דַּף מֵידָע, עָלוֹן פִּרְסֹמֶת

hand-picked /hænd-ˈpɪkt/ adj. (אָדָם) שֶׁנִּבְחַר בְּהַקְפָּדָה (לְמַטָּרָה מְסֻיֶּמֶת)

handrail /ˈhændreɪl/ n. מַעֲקֶה (לְמַדְרֵגוֹת)

handsaw /ˈhændsɔː/ n. מַסּוֹר־יָד

handset /ˈhændset/ n. שְׁפוֹפֶרֶת־טֶלֶפוֹן

handshake /ˈhændʃeɪk/ n. לְחִיצַת־יָד

golden handshake (*UK*) מַעֲנָק פְּרִישָׁה (לָרֹב בְּעֵת הַיְצִיאָה לְגִמְלָאוֹת)

handsome /ˈhænsəm/ adj. יָפֶה (לָרֹב לְגַבֵּי גֶּבֶר); נָאֶה; נָדִיב

□ *he said some handsome things about you* הוּא אָמַר עָלֶיךָ דְּבָרִים לֹא־רָעִים

□ *he gave me a handsome reward* הוּא גָּמַל לִי בְּיָד רְחָבָה

□ *handsome is as* (or *that*) *handsome does* (*Prov.*) טִיבוֹ שֶׁל אָדָם הוּא לְפִי מַעֲשָׂיו (וְלֹא דְּבָרָיו, מַרְאֵהוּ וְכַד׳)

handsomely /ˈhænsəmlɪ/ adv. בְּצוּרָה נָאָה; בִּנְדִיבוּת רַבָּה

□ *I was handsomely rewarded for my help* הֵם גָּמְלוּ לִי בְּיָד רְחָבָה עַל עֶזְרָתִי

handstand /ˈhændstænd/ n. (הִתְעַמְּלוּת) עֲמִידַת־יָדַיִם

hand-to-hand /ˌhænd-tə-ˈhænd/ adj. & adv. (קְרָב) פָּנִים אֶל־פָּנִים

handwork /ˈhændwɜːk/ n. עֲבוֹדַת־יָדַיִם, מְלֶאכֶת־יָד

handwriting /ˈhændraɪtɪŋ/ n. כְּתַב־יָד

hand-written /ˈhænd-rɪt(ə)n/ adj. כָּתוּב בַּיָּד (רָשׁוּם), בִּכְתַב־יָד

handy /ˈhændɪ/ adj.

1 (useful) נוֹחַ לְשִׁמּוּשׁ, קַל לְשִׁמּוּשׁ, שִׁמּוּשִׁי

□ *don't throw that box away – it may come in handy* אַל תִּזְרֹק אֶת הַקּוּפְסָה הַזֹּאת, יִתָּכֵן שֶׁעוֹד נִמְצָא לָהּ שִׁמּוּשׁ

2 (clever with the hands) חָרוּץ, זָרִיז בְּיָדָיו, מְיֻמָּן, בַּעַל תְּבוּנַת־כַּפַּיִם

3 (conveniently near, *colloq.*) בְּהֶשֵּׂג יָד, זָמִין

□ *keep some pins handy* תַּחֲזִיק כַּמָּה סִכּוֹת בְּהֶשֵּׂג־יָד

□ *our house is handy for the pub* הַבַּיִת שֶׁלָּנוּ קָרוֹב לַפָּאבּ

handyman /ˈhændɪmæn/ n. פּוֹעֵל תִּקּוּנִים, "תִּקּוּנְצִ'יק" (לְתִקּוּנֵי־בַּיִת קַלִּים)

hang /hæŋ/ (past & past ppl. **hung** /hʌŋ/, sense 3 **hanged** /hæŋd/) v.t. & i.

1 (support or be supported from above) תָּלָה; נִתְלָה

□ *his fate hangs in the balance* גּוֹרָלוֹ מוּטָל עַל הַכַּף

□ *some meat needs to be hung before eating* סוּגֵי בָּשָׂר מְסֻיָּמִים צָרִיךְ לִתְלוֹת לְהַבְשָׁלָה/לְאִוְרוּר לִפְנֵי שֶׁאוֹכְלִים אוֹתָם

□ *his life is hanging by a thread* חַיָּיו תְּלוּיִים עַל חוּט הַשַּׂעֲרָה

□ *time hung heavy on his hands* הוּא חָשׁ שֶׁהַזְּמַן עוֹבֵר בְּאִטִּיּוּת מְעִיקָה/בַּעֲצַלְתַּיִם

□ *everything hangs on our success today* הַכֹּל תָּלוּי בְּהַצְלָחָתֵנוּ הַיּוֹם

2 (set up on hinges; place or be placed in position)

□ *can you hang a door?* הַאִם אַתָּה יוֹדֵעַ לְהַרְכִּיב דֶּלֶת עַל צִירֶיהָ?

□ *I learnt to hang wallpaper* לָמַדְתִּי אֵיךְ לְהַדְבִּיק טַפֵּטִים

□ *the success of the exhibition depends on how well the pictures are hung* הַצְלָחַת הַתַּעֲרוּכָה תְּלוּיָה בְּטִיב הַתְּלִיָּה שֶׁל הַתְּמוּנוֹת

3 (suspend or be suspended by the neck, esp. as capital punishment) תָּלָה; נִתְלָה

□ *he hanged himself in his cell* הוּא תָּלָה אֶת עַצְמוֹ בְּתָאוֹ

□ *for this crime he will surely hang* בִּגְלַל הַפֶּשַׁע הַזֶּה הוּא יוּבַל לַעֲמוּד הַתְּלִיָּה

4 (expression of annoyance, *colloq.*)

□ *hang it!* לַעֲזָאזֵל! (לְהַבָּעַת מֹרַת רוּחַ); נוּ, טוֹב! (לְהַבָּעַת הַסְכָּמָה שֶׁלֹּא בְּרָצוֹן)

□ *well, I'll be hanged!* שְׂכֹה אֲחִיָּה!

□ *he lets things go hang* הוּא לֹא "שָׁם"

5 ((let) droop) הִשְׁפִּיל, שָׁמַט; הָיָה שָׁמוּט

□ *he hung his head (in shame)* הוּא הִשְׁפִּיל אֶת רֹאשׁוֹ (בְּבוּשָׁה)

—in set phrases

hang about (or **around**) הִסְתּוֹבֵב (בַּחֲבֵרָה וְכַד׳)

□ *she hangs around (with) bikers* הִיא מִסְתּוֹבֶבֶת עִם אוֹפַנּוֹעָנִים

□ *beggars hang about* (or *around*) *street corners* קַבְּצָנִים מִסְתּוֹבְבִים בְּפִנּוֹת הָרְחוֹבוֹת

□ *don't hang around or you will miss the train* אַל תִּתְמַהְמֵהַּ, אַחֶרֶת תַּחְמִיץ אֶת הָרַכֶּבֶת

hang back הִסֵּס, נִרְתַּע (בְּשֶׁל חֲשָׁשׁ וְכַד׳)

□ *not one man hung back* אַף אֶחָד לֹא נִרְתַּע מִן הַמְּשִׂימָה

hang in there! (*colloq.*) תַּחֲזִיק מַעֲמָד! אַל תִּתְיָאֵשׁ! אַל תְּוַתֵּר!

hang on הֶחֱזִיק, נֶאֱחַז בְּכֹחַ (בְּ...)

□ *hang on tight! this bike really moves!* תַּחֲזִיק חָזָק, הָאוֹפַנּוֹעַ הַזֶּה הוּא מַמָּשׁ טִיל!

□ *people hang on to their religion* אֲנָשִׁים לֹא מַרְפִּים מִדָּתָם

□ *I'd hang on to those shares if I were you* אֲנִי בִּמְקוֹמְךָ, הָיִיתִי מַחֲזִיק בַּמְּנָיוֹת הַלָּלוּ (לֹא הָיִיתִי מוֹכֵר אוֹתָן)

□ *hang on! I'll just get a pencil* (*colloq.*) חַכֵּה רֶגַע! אֲנִי אָבִיא עִפָּרוֹן

□ *hang on! this doesn't make sense* (*colloq.*) רֶגַע, רֶגַע! זֶה לֹא מִתְקַבֵּל עַל הַדַּעַת

hang out
□ *where does she hang out* (*colloq.*) אֵיפֹה הִיא מִסְתּוֹבֶבֶת?
□ *she was hanging out the washing* הִיא עָמְדָה וְתָלְתָה אֶת הַכְּבִיסָה לְיִבּוּשׁ
□ *after midnight we'll let it all hang out* (*arch. sl.*) בַּחֲצוֹת אֲנַחְנוּ הוֹלְכִים לְהִזָּרֵק לְגַמְרֵי
hang over
□ *I'm feeling hung over* יֵשׁ לִי "הֶנְג־אוֹבֶר" (כְּתוֹצָאָה מִשְּׁתִיָּה מֻפְרֶזֶת בַּלַּיְלָה הַקּוֹדֵם)
□ *the threat is hanging over him* הָאִיּוּם מְרַחֵף עַל רֹאשׁוֹ
hang together
□ *if we don't hang together we'll hang separately* אֲנַחְנוּ תְּלוּיִים הָאֶחָד בַּשֵּׁנִי, אִם נִפָּרֵד יִתְלוּ אוֹתָנוּ אֶחָד אַחֲרֵי הַשֵּׁנִי
□ *his story doesn't hang together* הַסִּפּוּר שֶׁלּוֹ לֹא עִקְבִי
hang up(on)
□ *she hung up* הוּא הֵנִיחַ אֶת הַשְּׁפוֹפֶרֶת
□ *she hung up on me* (*colloq.*) הִיא טָרְקָה אֶת הַשְּׁפוֹפֶרֶת (בְּלִי לְסַיֵּם אֶת שִׂיחַת־הַטֶּלֶפוֹן אִתִּי)
□ *she hung upon his every word* הִיא בָּלְעָה בְּלַהֲיטוּת כָּל מִלָּה שֶׁאָמַר
□ *after twenty years with the company he hung up his hat* (*colloq.*) אַחֲרֵי עֶשְׂרִים שָׁנָה בַּחֲבָרָה הוּא יָצָא לְגִמְלָאוֹת
—n. הָאֹפֶן שֶׁבּוֹ בֶּגֶד "יוֹשֵׁב" עַל הַלּוֹבֵשׁ; הַ"הֶרְגֵּל"
□ *you'll soon get the hang* (*of it*) (*colloq.*) אַתָּה תִּתְרַגֵּל תּוֹךְ זְמַן קָצָר (לָעֲבוֹדָה, לַמַּכְשִׁיר וְכַד')
□ *I don't care a hang* (*colloq.*) לֹא אִכְפַּת לִי
hangar /ˈhæŋə(r)/ n. הַנְגָּר, סְכָכַת־מְטוֹסִים
hangdog /ˈhæŋdɒg/ adj. נִכְלָם, מְבֻיָּשׁ
□ *he has a very hangdog look* הוּא מִסְתּוֹבֵב עִם הַזָּנָב בֵּין הָרַגְלַיִם (מְבֻיָּשׁ וְנִכְלָם)
hanger /ˈhæŋə(r)/ n. קוֹלָב; מִתְלֶה
hanger-on /ˌhæŋər-ˈɒn/ n. "פָּרָזִיט", "טַפִּיל", גָּרוּר; מְלַחֵךְ־פִּנְכָּה
hang-glider /ˈhæŋ-glaɪdə(r)/ n. גִּלְשׁוֹן (לִדְאִיָּה)
hanging /ˈhæŋɪŋ/ n.
1 (death by hanging) תְּלִיָּה
a hanging matter פֶּשַׁע שֶׁעָנְשׁוֹ תְּלִיָּה
2 (drapery, usu. in *pl.*) וִילוֹנוֹת, טַפֵּטִים לְרִפּוּד קִירוֹת
hangman /ˈhæŋmən/ n. תַּלְיָן
hangnail /ˈhæŋneɪl/ n. עוֹר מִתְקַלֵּף בְּשׁוּלֵי צִפֹּרֶן
hang-out /ˈhæŋ-aʊt/ n. (*sl.*) מְקוֹם מִפְגָּשׁ (לַ"חֲבָרֶ'ה" וְכַד')
hangover /ˈhæŋəʊvə(r)/ n. "הֶנְג־אוֹבֶר" (כְּאֵב רֹאשׁ וּבְחִילָה בַּבֹּקֶר שֶׁאַחֲרֵי לֵיל שְׁתִיָּה מֻפְרֶזֶת)
hang-up /ˈhæŋ-ʌp/ n. (*colloq.*) "בְּעָיוֹת" (נַפְשִׁיּוֹת)
hank /hæŋk/ n. סְלִיל־צֶמֶר, פְּקַעַת־חוּטִים

hanker /ˈhæŋkə(r)/ v.i. (*colloq.*) חָלַם (עַל פִּרְסוּם, עַל כֶּסֶף וְכַד')
□ *he hankers after* (or *for*) *fame* הוּא חוֹלֵם עַל תְּהִלָּה
hanky /ˈhæŋkɪ/ n. (also **hankie**) (*colloq.*) מִמְחָטָה, מִטְפַּחַת־אַף
hanky-panky /ˌhæŋkɪ-ˈpæŋkɪ/ n. (*colloq.*) "חָכְמוֹת", הִתְחַכְּמֻיּוֹת; מְזִמּוֹת
Hansard /ˈhænsɑːd/ n. "הַנְסַארְד" (רִשְׁמוֹת דִּיּוּנֵי הַפַּרְלָמֶנְט הַבְּרִיטִי)
hansom (cab) /ˈhænsəm (kæb)/ n. (*arch.*) כִּרְכָּרָה דּוּ־אוֹפַנִּית לִשְׁנֵי נוֹסְעִים (שֶׁהָיְתָה לְפָנִים בְּשִׁמּוּשׁ בְּאַנְגְּלִיָּה)
hap /hæp/ (*arch.*) n. מַזָּל, מִקְרֶה
—v.i. קָרָה, אֵרַע, הִתְרַחֵשׁ
ha'penny /ˈheɪp(ə)nɪ/ n. & adj. חֲצִי פֶּנִי; "בִּגְרוּשׁ"
haphazard /hæpˈhæzəd/ adj. & adv. מִקְרִי, שֶׁבְּאַקְרַאי; בְּמִקְרֶה, בְּאֹפֶן מִקְרִי
hapless /ˈhæplɪs/ adj. (*formal*) חֲסַר־מַזָּל, אֻמְלָל
ha'p'orth /ˈheɪpəθ/ n. (*arch.*) שָׁוֶה חֲצִי־פֶּנִי; קְלִפַּת־הַשּׁוּם, אֲסִימוֹן שָׁחוּק
□ *it doesn't make a ha'p'orth of difference* זֶה לֹא מְשַׁנֶּה וְלֹא כְלוּם
□ *don't spoil the ship for a ha'p'orth of tar* (*Prov.*) אַל תַּשְׁחִית אֶת הַכֹּל בְּשֶׁל עִנְיָן פָּעוּט
happen /ˈhæpən/ v.i. קָרָה, אֵרַע, הִתְרַחֵשׁ
□ *if anything should happen to me...* אִם יִקְרֶה לִי מַשֶּׁהוּ...
□ *I happened to be passing* עָבַרְתִּי (בַּמָּקוֹם) בְּמִקְרֶה
□ *I happen to know that...* בְּמִקְרֶה אֲנִי יוֹדֵעַ שֶׁ... (מֵעִיד עַל מָרַת רוּחַ)
□ *as it happens, I know that...* אֲנִי בְּמִקְרֶה יוֹדֵעַ שֶׁ... (כַּנַּ"ל)
□ *I happen to be President of this company* בְּמִקְרֶה אֲנִי הוּא נְשִׂיא הַחֶבְרָה הַזֹּאת (נֶאֱמַר בְּטוֹן מְלַגְלֵג)
□ *it* (*just*) *so happened that I had no money on me* בְּמִקְרֶה לֹא הָיָה לִי כֶּסֶף בַּכִּיס
□ *I happened* (*up*)*on just the thing I'd been looking for* נִתְקַלְתִּי בְּדִיּוּק בַּדָּבָר שֶׁחִפַּשְׂתִּי
happening /ˈhæpənɪŋ/ n. הִתְרַחֲשׁוּת, אֵרוּעַ, מְאֹרָע; "הֶפֶּנִינְג", חִזָּיוֹן
happily /ˈhæpɪlɪ/ adv. בְּשִׂמְחָה, בְּעַלִּיזוּת; בְּאֹפֶן מֻצְלָח, לְמַרְבֵּה הַמַּזָּל; בְּהַצְלָחָה
□ *she was happily out when the bomb fell on her house* לְמַרְבֵּה הַמַּזָּל הִיא לֹא הָיְתָה בַּבַּיִת, כְּשֶׁהַפְּצָצָה נָפְלָה עָלָיו
□ *they are a happily married couple* הֵם זוּג נְשׂוּאֵי בְּאֹשֶׁר
happy /ˈhæpɪ/ adj.
1 (feeling or expressing contentment or pleasure) שָׂמֵחַ, מְאֻשָּׁר, שְׂבַע רָצוֹן

□ *he's as happy as the day is long* אֵין גְּבוּל לְשִׂמְחָתוֹ
□ *I'd be happy to help* אֶשְׂמַח לַעֲזוֹר
□ *I'm not at all happy with his work* אֲנִי לְגַמְרֵי לֹא מְרֻצֶּה מִן הָעֲבוֹדָה שֶׁלּוֹ
2 (fortunate) בַּר־מַזָּל
happy medium פְּשָׁרָה מֻצְלַחַת
□ *it was a happy idea* זֶה הָיָה רַעְיוֹן מֻצְלָח

happy-go-lucky /ˌhæpɪ-gəʊ-ˈlʌkɪ/ adj. נְטוּל־דְּאָגוֹת, שַׁאֲנָן

hara-kiri /ˌhærə-ˈkɪrɪ/ n. "חָרָקִירִי" (הִתְאַבְּדוּת ע"י רְטִישַׁת הַבֶּטֶן, הָיְתָה מְקֻבֶּלֶת בְּיַפָּן)

harangue /həˈræŋ/ (*formal*) n. נְאוּם אָרֹךְ וְתוֹקְפָנִי
—v.t. תָּקַף חֲרִיפוֹת בְּמִלִּים

harass /ˈhærəs/ v.t. הִטְרִיד, הֵצִיק לְ...

harassment /ˈhærəsmənt/ n. הַטְרָדָה, הֲצָקָה
sexual harassment הַטְרָדָה מִינִית (לְמָשָׁל שֶׁל נָשִׁים בִּמְקוֹם עֲבוֹדָתָן)

harbinger /ˈhɑːbɪndʒə(r)/ n. (*poet.*) כָּרוֹז, מְבַשֵּׂר; אוֹת (לַבָּאוֹת)

harbour /ˈhɑːbə(r)/ n. נָמֵל, מַעֲגָן
—v.t. גּוֹנֵן עַל, נָתַן מַחְסֶה לְ...; שָׁמַר בְּלִבּוֹ נָטַר בְּלִבּוֹ, רָחַשׁ (רַחֲשֵׁי־שִׂנְאָה)
□ *he did not know he was harbouring a criminal* הוּא לֹא יָדַע שֶׁהוּא נוֹתֵן מַחְסֶה לַעֲבַרְיָן
□ *she harboured a grudge against him* הִיא נָטְרָה לוֹ טִינָה

harbour-master /ˈhɑːbə-mɑːstə(r)/ n. מְנַהֵל־הַנָּמֵל

hard /hɑːd/ adj.
1 (firm, stiff) קָשֶׁה, נֻקְשֶׁה, מוּצָק
hard court מִשְׁטָח קָשֶׁה (לְמִגְרַשׁ טֶנִיס, לְהַבְדִּיל מִדֶּשֶׁא וְכַד')
hard as nails (אָדָם) קָשׁוּחַ
a hard nut (*colloq.*) אֱגוֹז קָשֶׁה (לְפִצּוּחַ)
hard shoulder שׁוּלַיִם קָשִׁים (לִכְבִישׁ)
2 (severe, not gentle) קָשֶׁה
be hard on
(wear something out) בִּלָּה (בֶּגֶד וְכַד')
(punish severely) הֶחְמִיר עִם
drive a hard bargain לֹא מְוַתֵּר בְּקַלּוּת, עוֹמֵד עַל שֶׁלּוֹ בְּמִקּוּחַ
a hard case מִקְרֶה קָשֶׁה; אָדָם קָשֶׁה
hard lives (or **luck** or **cheese**) חֲבָל! אֵין מַה לַּעֲשׂוֹת!
no hard feelings! אֲנִי מְקַוֶּה שֶׁאַתָּה לֹא כּוֹעֵס
a hard landing נְחִיתָה עִם קְפִיצוֹת
hard times זְמַנִּים קָשִׁים, תְּקוּפָה קָשָׁה
□ *she had to take a few hard knocks to get to the top* הָיָה עָלֶיהָ לִסְפֹּג כַּמָּה מַכּוֹת קָשׁוֹת כְּדֵי לְהַגִּיעַ לַצַּמֶּרֶת
□ *he had to learn the hard way* הוּא נֶאֱלַץ לִלְמֹד בַּדֶּרֶךְ הַקָּשָׁה
□ *it was a hard winter* זֶה הָיָה חֹרֶף קָשֶׁה
□ *hard words passed between them* בִּטּוּיִים חֲרִיפִים הֻחְלְפוּ בֵּינֵיהֶם
□ *he took a hard line with the workers* הוּא נָקַט בַּפּוֹעֲלִים בְּיָד קָשָׁה
□ *she gave him a hard time* הִיא עָשְׂתָה לוֹ צָרוֹת
3 (requiring force or effort) קָשֶׁה
hard labour עֲבוֹדַת פֶּרֶךְ
hard to please מְפֻנָּק; אָדָם שֶׁקָּשֶׁה לְסַפֵּק אֶת רְצוֹנוֹתָיו
hard sell פִּרְסוּם אַגְרֶסִיבִי
□ *she's a hard worker* הִיא יוֹדַעַת לַעֲבֹד קָשֶׁה
□ *we need to take a long hard look at costs* עָלֵינוּ לִבְחֹן הֵיטֵב וּבִזְהִירוּת אֶת הַהוֹצָאוֹת
4 (serious, actual) קָשֶׁה
hard cash מְזֻמָּנִים
hard-core
(devoted) בְּלֵב וָנֶפֶשׁ
(sexually explicit) (פּוֹרְנוֹגְרַפְיָה) קָשָׁה
hard currency מַטְבֵּעַ קָשֶׁה (שֶׁתָּמִיד יֵשׁ לוֹ בִּקּוּשׁ)
hard drugs סַמִּים קָשִׁים
hard evidence הוֹכָחוֹת
hard news חֲדָשׁוֹת עִנְיָנִיּוֹת, "בָּשָׂר" (לְהַבְדִּיל מִ"כְּתָבוֹת צֶבַע" וְכַד')
□ *he's a hard drinker* הוּא שׁוֹתֶה הַרְבֵּה (אַלְכּוֹהוֹל), הוּא שַׁתְיָן
5 hard water מַיִם קָשִׁים (מְכִילִים מִינֶרָלִים)
6 hard of hearing (*euphem.*) קְשֵׁה שְׁמִיעָה
7 hard up (*colloq.*) "לָחוּץ" (חֲסַר כֶּסֶף, אוֹבֵד עֵצוֹת וְכַד')
—adv.
1 (strongly, with effort) קָשֶׁה
□ *he's been working too hard* הוּא עוֹבֵד קָשֶׁה מִדַּי בַּזְּמַן הָאַחֲרוֹן
□ *it rained hard all night* יָרַד גֶּשֶׁם שׁוֹטֵף כָּל הַלַּיְלָה
□ *they were hard at it all day* הֵם עָבְדוּ קָשֶׁה כָּל הַיּוֹם
2 (with difficulty) קָשֶׁה
hard pressed "לָחוּץ", בְּצָרוֹת
old habits die hard קָשֶׁה לְהִפָּטֵר מֵהַרְגָּלִים יְשָׁנִים
3 (severely) קָשֶׁה
□ *I felt hard done by* הִרְגַּשְׁתִּי שֶׁהִתְנַהֲגוּ אֵלַי בְּאֹפֶן לֹא הוֹגֵן
□ *they were hit hard by inflation* הָאִינְפְלַצְיָה פָּגְעָה בָּהֶם קָשֶׁה
□ *it's gone hard with her since her husband died* מֵאָז שֶׁנִּפְטַר בַּעְלָהּ הַמַּצָּב שֶׁלָּהּ קָשֶׁה
□ *don't take it so hard* אַל תִּקַּח (אֶת זֶה) לַלֵּב
4 (near) קָרוֹב
hard by (*arch.*) בִּסְמִיכוּת לְ..., אֵצֶל

hardback /ˈhɑːdbæk/ n. & adj. סֵפֶר בִּכְרִיכָה קָשָׁה; בִּכְרִיכָה קָשָׁה

□ *it's in hardback* סֵפֶר זֶה הוֹפִיעַ בִּכְרִיכָה קָשָׁה

hard-bitten /ˌhɑːd-ˈbɪt(ə)n/ adj. וָתִיק וּמְנֻסֶּה

hardboard /ˈhɑːdbɔːd/ n. סִיבִית, לוּחַ סִיבִית

hard-boiled /ˌhɑːd-ˈbɔɪld/ adj. (בֵּיצָה) קָשָׁה, (בֵּיצָה) שְׁלוּקָה

□ *he's a hard-boiled character* (*colloq.*) הוּא טִיפּוּס קָשׁוּחַ

hardcover /ˌhɑːdˈkʌvə(r)/ n. סֵפֶר בִּכְרִיכָה קָשָׁה

hard-earned /ˌhɑːd-ˈɜːnd/ adj. שֶׁבָּא בְּמַאֲמָץ רַב, שֶׁהֻשַּׂג בְּרֹב יֶזַע

harden /ˈhɑːd(ə)n/ v.t. & i. הִקְשָׁה (לֵב, מַתֶּכֶת וְכַד׳); נַעֲשָׂה קָשׁוּחַ (לֵב); נַעֲשָׂה קָשֶׁה (מַתֶּכֶת וְכַד׳)

□ *he's a hardened criminal* הוּא פּוֹשֵׁעַ מוּעָד

□ *I hardened my heart against him* הִקְשֵׁיתִי לִבִּי כְּלַפָּיו

□ *I'm hardened to the rigours of military life* אֲנִי מְחֻסָּן בִּפְנֵי הַקְּשָׁיִים שֶׁבְּחַיֵּי־הַצָּבָא

hard-headed /ˌhɑːd-ˈhedɪd/ adj. מַעֲשִׂי, מְפֻכָּח

hard-hearted /ˌhɑːd-ˈhɑːtɪd/ adj. חֲסַר־רְגָשׁוֹת, קְשֵׁה־לֵב, קָשׁוּחַ

hardiness /ˈhɑːdɪnɪs/ n. קְשִׁיחוּת, חֹסֶן (הַכֹּשֶׁר לָשֵׂאת בִּתְלָאוֹת וּקְשָׁיִים)

hard-liner /ˌhɑːd-ˈlaɪnə(r)/ n. אָדָם קִיצוֹנִי, אָדָם בִּלְתִּי־מִתְפַּשֵּׁר

hardly /ˈhɑːdlɪ/ adv. כִּמְעַט שֶׁלֹּא, בְּקֹשִׁי

□ *he is hardly young* הוּא כְּבָר לֹא צָעִיר

□ *he is hardly fifteen* הוּא בְּקֹשִׁי בֶּן חֲמֵשׁ־עֶשְׂרֵה

□ *I need hardly say that I am innocent* לְמוֹתָר לוֹמַר שֶׁאֲנִי חַף מִפֶּשַׁע

□ *hardly anyone came* כִּמְעַט שֶׁלֹּא בָּא אַף אֶחָד; רַק אֲנָשִׁים מְעַטִּים בָּאוּ

hard-on /ˈhɑːd-ɒn/ n. (*vulg.*) זִקְפָּה, "עוֹמֵד לוֹ"

hardship /ˈhɑːdʃɪp/ n. קֹשִׁי, תְּלָאָה, סֵבֶל, מְצוּקָה

hard-top /ˈhɑːd-tɒp/ n. מְכוֹנִית עִם גַּג קָבוּעַ

hardware /ˈhɑːdweə(r)/ n. צִיּוּד; כְּלֵי בַּיִת וְצָרְכֵי בִּנְיָן בֵּיתִיִּים; חֻמְרָה (בְּמַחְשֵׁב)

(computer) hardware חֻמְרָה (לְהַבְדִּיל מִתָּכְנָה)

(military) hardware צִיּוּד לְחִימָה, צִיּוּד קְרָבִי (כּוֹלֵל רֶכֶב מְשֻׁרְיָן וְכַד׳)

hard-wearing /ˌhɑːd-ˈweərɪŋ/ adj. בִּלְתִּי מִתְבַּלֶּה, קָשׁוּחַ

hardwood /ˈhɑːdwʊd/ n. עֵץ קָשֶׁה (כְּגוֹן אַלּוֹן, הָבְנֶה, טִיק)

hard-working /ˌhɑːd-ˈwɜːkɪŋ/ adj. חָרוּץ

hardy /ˈhɑːdɪ/ adj. חָזָק, חָסֹן, אֵיתָן; (לְגַבֵּי צֶמַח) עָמִיד בִּפְנֵי כְּפוֹר; אַמִּיץ, עָשׂוּי לְלֹא־חַת

□ *the nature–nurture question is a hardy perennial* (*fig. joc.*) הַשְּׁאֵלָה מַה קּוֹבֵעַ – גֵּנִים אוֹ חִנּוּךְ – צָפָה וְעוֹלָה לְעִתִּים תְּכוּפוֹת

hare /heə(r)/ n. אַרְנָב, אַרְנֶבֶת

run with the hare and hunt with the hounds רָקַד עַל שְׁתֵּי חֲתֻנּוֹת

—v.i. (*colloq.*) הֵרִים רַגְלַיִם וּבָרַח

harebell /ˈheəbel/ n. פַּעֲמוֹנִית כְּחֻלָּה (צֶמַח בַּעַל פְּרָחִים דְּמוּיֵי־פַּעֲמוֹן)

hare-brained /ˈheə-breɪnd/ adj. פָּזִיז, נִמְהָר, קַל־דַּעַת

hare-lip /ˌheə-ˈlɪp/ n. שָׂפָה (עֶלְיוֹנָה) שְׁסוּעָה, שְׂפַת־אַרְנֶבֶת

harem /ˈhɑːriːm/ n. הַרְמוֹן; נְשׁוֹת הַהַרְמוֹן

harem pants מִכְנְסֵי הַרְמוֹן (מִכְנְסֵי נָשִׁים רְחָבִים)

haricot (bean) /ˈhærɪkəʊ (biːn)/ n. שְׁעוּעִית הַגִּנָּה, שְׁעוּעִית לְבָנָה

hark /hɑːk/ v.i.

1 (refer back to something said or done earlier) חָזַר לְ... (נוֹשֵׂא שֶׁנִּזְכַּר קֹדֶם)

□ *these old people always hark back to the good old days* זְקֵנִים אֵלֶּה תָּמִיד חוֹזְרִים וְנִזְכָּרִים בִּימֵי הֶעָבָר הָעַלִּיזִים

2 (listen, *poet.*) הִסְכִּית, הִטָּה אֹזֶן

□ *just hark at him!* (*colloq.*) אַתָּה שָׁמַעְתָּ מַה הוּא אָמַר?!

harlequin /ˈhɑːlɪkwɪn/ n. "הַרְלֶקִין", "אַרְלֶקִינוֹ" (דְּמוּת מִן הַקּוֹמֶדְיָה בִּלְבוּשׁ מִשְׁבְּצוֹת)

harlot /ˈhɑːlət/ n. (*arch.*) זוֹנָה, פְּרוּצָה, יַצְאָנִית

harm /hɑːm/ n. נֶזֶק, פְּגִיעָה, חַבָּלָה

do more harm than good יָצָא שְׂכָרוֹ בְּהֶפְסֵדוֹ

out of harm's way בִּמְקוֹם מִבְטַחִים

grievous bodily harm (*Law*) נֶזֶק גּוּפָנִי חָמוּר

□ *he will come to no harm* לֹא תְּאֻנֶּה לוֹ כָּל רָעָה, שׁוּם דָּבָר לֹא יִקְרֶה לוֹ

□ *a good beating will do him no harm* לֹא יַזִּיק לוֹ לִסְפֹּג מַלְקוֹת, לֹא יַזִּיקוּ לוֹ כַּמָּה מַכּוֹת

—v.t. הִזִּיק לְ..., גָּרַם נֶזֶק לְ..., פָּגַע בְּ..., חִבֵּל בְּ..., הֵרַע לְ...

harmful /ˈhɑːmf(ə)l/ adj. מַזִּיק, פּוֹגֵעַ

harmless /ˈhɑːmlɪs/ adj. לֹא מַזִּיק; תָּמִים

harmonic /hɑːˈmɒnɪk/ adj. & n. הַרְמוֹנִי; תָּו הַרְמוֹנִי

harmonica /hɑːˈmɒnɪkə/ n. הַרְמוֹנִיקָה, מַפּוּחִית, מַפּוּחִית־פֶּה

harmonious /hɑːˈməʊnɪəs/ adj. יְדִידוּתִי, הַרְמוֹנִי, תּוֹאֵם (יְחָסִים, דִּיּוּן, פְּעִילוּת); (צְלִיל) הַרְמוֹנִי

harmonium /hɑːˈməʊnɪəm/ n. הַרְמוֹנְיוּם (כְּלִי נְגִינָה קָטָן דּוֹמֶה לְעוּגָב)

harmonize /ˈhɑːmənaɪz/ v.t. & i.

1 (bring into agreement; agree) תֵּאֵם הִתְאִים; תָּאַם, הָיָה בְּהַרְמוֹנְיָה

2 (*Mus.*) נִגֵּן/זִמֵּר בְּהַרְמוֹנְיָה, הִרְמֵן (צְלִילִים); הָיָה בְּהַרְמוֹנְיָה

harmony /ˈhɑːmənɪ/ n.

1 (agreement; pleasing combination) הַרְמוֹנְיָה, הַסְכָּמָה הֲדָדִית, הַתְאָמָה

□ *his views are in harmony with my own* הַשְׁקָפוֹתָיו תּוֹאֲמוֹת אֶת שֶׁלִּי

2 (*Mus.*) הַרְמוֹנְיָה, הַתְאָמַת צְלִילִים

harness /ˈhɑːnɪs/ n. רִתְמָה
baby harness רִתְמָה לְתִינוֹק
□ *he died in harness* (*colloq.*) הוּא מֵת עַל מִשְׁמַרְתּוֹ, הוּא עָבַד עַד יוֹמוֹ הָאַחֲרוֹן
—v.t. רָתַם; נִצֵּל
□ *we harness the power of rivers with hydroelectric schemes* אָנוּ רוֹתְמִים אֶת כֹּחַ הַנְּהָרוֹת לְמִפְעָלִים הִידְרוֹ־חַשְׁמַלִּיִּים

harp /hɑːp/ n. נֵבֶל
—v.i.
1 (play harp) נִגֵּן בְּנֵבֶל
2 (dwell tediously on, *colloq.*) חָזַר שׁוּב וָשׁוּב עַל אוֹתוֹ הַנּוֹשֵׂא, "טָחַן", "נִדְנֵד"
□ *she's always harping on her problems* הִיא לֹא מַפְסִיקָה לְנַדְנֵד עַל בְּעָיוֹתֶיהָ

harpist /ˈhɑːpɪst/ n. נַגַּן־נֵבֶל

harpoon /hɑːˈpuːn/ n. & v.t. צִלְצָל; לָכַד בְּצִלְצָל, צָד בְּצִלְצָל

harpsichord /ˈhɑːpsɪkɔːd/ n. צֶ'מְבָּלוֹ

harpy /ˈhɑːpɪ/ n. הַרְפִּיָּה (בַּמִּיתוֹלוֹגְיָה הַיְּוָנִית: יְצוּר אַכְזָרִי בַּעַל פְּנֵי אִשָּׁה וּכְנָפַיִם וְצִפָּרְנַיִם שֶׁל עוֹף דּוֹרֵס)
□ *she's a real harpy* (*colloq.*) הִיא מִפְלֶצֶת אֲמִתִּית

harridan /ˈhærɪdən/ n. (*derog.*) זְקֵנָה אַשְׁמָאִית, "מְכַשֵּׁפָה"

harrier /ˈhærɪə(r)/ n.
1 (hound) כֶּלֶב לְצֵיד אַרְנָבוֹת; סוּג שֶׁל נֵץ (עוֹף טוֹרֵף)
2 (in *pl.*, runners) רָצִים בְּמֵרוֹצֵי שָׂדֶה

harrow /ˈhærəʊ/ n. מַשְׂדֵּדָה
—v.t. שִׂדֵּד; הֵצִיק קָשׁוֹת לְ...

harrowing /ˈhærəʊɪŋ/ adj. גּוֹרֵם יִסּוּרִים, גּוֹרֵם צָרוֹת וּמְצוּקָה

harry /ˈhærɪ/ v.t. (*poet.*)
1 (attack frequently) תָּקַף שׁוּב וָשׁוּב, עָרַךְ תְּקִיפוֹת חוֹזְרוֹת עַל
2 (harass) הֵצִיק לְ..., הִטְרִיד

harsh /hɑːʃ/ adj. (צֶבַע, אוֹר) חָזָק, עַז; (קוֹל) צוֹרֵם, צוֹרְמָנִי; קָשׁוּחַ, אַכְזָרִי
□ *it was a harsh punishment* זֶה הָיָה עֹנֶשׁ חָמוּר

hart /hɑːt/ n. צְבִי, אַיָּל (בּוֹגֵר)

harum-scarum /ˌheərəm-ˈskeərəm/ adj. & adv. (*arch. colloq.*) פָּרוּעַ; בְּאֹפֶן פָּרוּעַ

harvest /ˈhɑːvɪst/ n. קָצִיר (תְּבוּאָה), קָטִיף (פְּרִי), בָּצִיר (עֲנָבִים), מָסִיק (זֵיתִים), אָסִיף; יְבוּל
harvest festival חֲגִיגָה לְצִיּוּן הָאָסִיף/הַקָּצִיר
harvest home חֲגִיגַת־סוֹף הָאָסִיף
harvest moon יֶרַח הָאָסִיף (הַיָּרֵחַ הַמָּלֵא שֶׁל לֵיל־הַשִּׁוְיוֹן בַּסְּתָו)
□ *he reaped the harvest of his hard work* הוּא קָצַר אֶת פְּרִי עֲמָלוֹ
—v.t. קָצַר, אָסַף (תְּבוּאָה); קָטַף (פְּרִי); בָּצַר (עֲנָבִים); מָסַק (זֵיתִים)

harvester /ˈhɑːvɪstə(r)/ n.
1 (person) קוֹצֵר; קוֹטֵף; בּוֹצֵר; מוֹסֵק (כַּנַּ"ל)
2 (machine) מַקְצֵרָה
combine harvester קוֹמְבַּיְן (מְכוֹנָה קוֹצֶרֶת וְדָשָׁה)

has /hæz/ 3rd pers. sing. pres. tense of **have**

has-been /ˈhæz-biːn/ n. (*colloq.*) אָדָם/דָּבָר שֶׁעָבַר זְמַנּוֹ

hash[1] /hæʃ/ v.t. קִצֵּץ (מָזוֹן מְבֻשָּׁל) וּבִשֵּׁל שֵׁנִית
□ *she hashed up the roast meat* הִיא קִצְּצָה וּבִשְּׁלָה מֵחָדָשׁ אֶת שְׁאֵרִיּוֹת הַצָּלִי
—n. מָזוֹן קָצוּץ וּמְבֻשָּׁל בִּשְׁנִית
□ *he made a hash of it* (*colloq.*) הוּא עָשָׂה מִזֶּה "סָלָט", הוּא עָשָׂה צְחוֹק מִן הָעֲבוֹדָה
□ *I settled his hash* (*arch. colloq.*) "סִדַּרְתִּי" אוֹתוֹ

hash[2] /hæʃ/ n. (*sl.*) חֲשִׁישׁ, "נָאפָּס"

hashish /ˈhæʃiːʃ/ n. (also **hasheesh**) חֲשִׁישׁ

hasp /hɑːsp/ n. וָוִית (לִסְגִירַת דֶּלֶת/חַלּוֹן בְּאֶמְצָעוּת מַנְעוּל)

hassle /ˈhæs(ə)l/ n. & v.t. & i. (*colloq.*) "כְּאֵב רֹאשׁ", "בִּלְבּוּל מֹחַ", "סִפּוּר"; גָּרַם כְּאֵב רֹאשׁ לְ...; עָשָׂה צָרוֹת
□ *in this firm you get nowhere without a hassle* בַּחֶבְרָה הַזֹּאת עוֹשִׂים לְךָ סִפּוּר מִכָּל דָּבָר
□ *don't hassle me!* תֵּרֵד מִמֶּנִּי!

hassock /ˈhæsək/ n. כָּרִית כְּרִיעָה בִּכְנֵסִיָּה

haste /heɪst/ n. חִפָּזוֹן, מְהִירוּת
□ *more haste, less speed* (*Prov.*) מִי שֶׁמְּמַהֵר סוֹפוֹ לְאַחֵר

hasten /ˈheɪs(ə)n/ (*formal*) v.i. נֶחְפַּז, הִזְדָּרֵז
—v.t. הֵחִישׁ, הֵאִיץ, זֵרֵז

hasty /ˈheɪstɪ/ adj. חִפָּזוֹן, מָהִיר; נֶחְפָּז, נִמְהָר
□ *I'm sorry I was hasty with you* אֲנִי מִצְטַעֵר שֶׁנָּהַגְתִּי בְּךָ בְּחֹסֶר סַבְלָנוּת

hat /hæt/ n. כּוֹבַע
hat trick (בְּכַדּוּרֶגֶל) שְׁלֹשָׁה שְׁעָרִים, שְׁלֹשֶׁעַר (שֶׁל שַׂחְקָן אֶחָד)
a bad hat (*colloq.*) טִיפּוּס מְפֻקְפָּק
at the drop of a hat כְּהֶרֶף עַיִן, בִּמְקוֹם, עַל הַמָּקוֹם
□ *keep it under your hat* (*colloq.*) יָד לַפֶּה! תִּשְׁמֹר אֶת זֶה בְּסוֹד!
□ *his article is rather old hat* (*colloq. derog.*) בַּמַּאֲמָר שֶׁלּוֹ אֵין שׁוּם חָדָשׁ, הַמַּאֲמָר שֶׁלּוֹ לֹא מְחַדֵּשׁ כְּלוּם
□ *he sent* (or *passed*) *round the hat* הוּא אָסַף כֶּסֶף (לְאַחַר הוֹפָעָה אוֹ לְמַטְּרוֹת צְדָקָה)
□ *I take my hat off to him* (*colloq.*) אֲנִי מֵסִיר בְּפָנָיו אֶת הַכּוֹבַע, כָּל הַכָּבוֹד לוֹ
□ *he's talking through his hat* הוּא מְדַבֵּר שְׁטֻיּוֹת, הוּא לֹא יוֹדֵעַ עַל מָה הוּא מְדַבֵּר

□ *he wears two hats* (*fig.*) יֵשׁ לוֹ שְׁנֵי תַּפְקִידִים שׁוֹנִים

□ *hold on to your hat!* (*colloq.*) תִּתְכּוֹנֵן! (נֶאֱמַר בְּהוּמוֹר וּבְרוּחַ טוֹבָה)

□ *I have nowhere to hang my hat* (*fig.*) אֵין לִי מָקוֹם לְהָנִיחַ בּוֹ אֶת רֹאשִׁי

hat-band /ˈhæt-bænd/ n. סֶרֶט לַכּוֹבַע

hatch[1] /hætʃ/ n. אֶשְׁנָב, פִּשְׁפָּשׁ

down the hatch! (*colloq.*) לְחַיִּים!

hatch[2] /hætʃ/ v.t. & i. דָּגַר עַל; תִּכְנֵן (מְזִמָּה); בָּקַע מִן הַבֵּיצָה

□ *they hatched a plot to kill the king* הֵם חָרְשׁוּ מְזִמָּה לִרְצֹחַ אֶת הַמֶּלֶךְ

hatchback /ˈhætʃbæk/ n. "הֶצ'בֶּק" (מְכוֹנִית עִם חָמֵשׁ/שָׁלֹשׁ דְּלָתוֹת, כְּשֶׁהַדֶּלֶת הָאֲחוֹרִית נִפְתַּחַת כְּלַפֵּי מַעְלָה)

hatchery /ˈhætʃərɪ/ n. מַדְגֵּרָה

hatchet /ˈhætʃɪt/ n. גַּרְזֶן קָטָן

hatchet job (*colloq.*) "קְטִילָה", בִּקֹּרֶת קַטְלָנִית

hatchet man (*colloq.*) רוֹצֵחַ שָׂכִיר; אָדָם שֶׁנִּשְׂכָּר לְהַכְפִּישׁ אֶת שְׁמוֹ שֶׁל פְּלוֹנִי

bury the hatchet (*fig.*) הִתְפַּיֵּס, יִשֵּׁב אֶת חִלּוּקֵי הַדֵּעוֹת (בֵּינוֹ לְבֵין הַזּוּלַת)

hatchet-faced /ˈhætʃɪt-feɪst/ adj. בַּעַל תְּוֵי-פָּנִים חַדִּים

hatching /ˈhætʃɪŋ/ n. קְוָקְוִים (בְּרִשּׁוּם, בְּתַחֲרִיט וְכַד')

hatchway /ˈhætʃweɪ/ n. אֶשְׁנָב, פִּשְׁפָּשׁ

hate /heɪt/ v.t. & i. שָׂנֵא

□ *I hate to have to tell you, but it's all off* לֹא נָעִים לִי לוֹמַר לְךָ, אֲבָל הַכֹּל מְבֻטָּל

—n. שִׂנְאָה, אֵיבָה, מַשְׂטֵמָה

hateful /ˈheɪtf(ə)l/ adj. שָׂנוּא, נִתְעָב

hat-pin /ˈhæt-pɪn/ n. סִכָּה (אֲרֻכָּה) לְכוֹבַע

hatred ˈheɪtrɪd/ n. שִׂנְאָה, אֵיבָה, מַשְׂטֵמָה

□ *I have a hatred of hypocrisy* אֲנִי מְתַעֵב צְבִיעוּת

□ *his hatred for his boss is unreasonable* הַשִּׂנְאָה שֶׁלּוֹ כְּלַפֵּי הַבּוֹס שֶׁלּוֹ אֵינָהּ הֶגְיוֹנִית

hatter /ˈhætə(r)/ n. כּוֹבְעָן

as mad as a hatter (*colloq.*) מְטֹרָף לַחֲלוּטִין

haughty /ˈhɔːtɪ/ adj. יָהִיר, מִתְנַשֵּׂא, שַׁחְצָן, גַּאַוְתָן

haul /hɔːl/ v.t. & i. מָשַׁךְ, גָּרַר, סָחַב (מִטְעָן וְכַד')

□ *they hauled at* (or *on*) *the rope* הֵם מָשְׁכוּ בְּכֹחַ בַּחֶבֶל

□ *they hauled down their colours* (or *flag*) הֵם הֵרִימוּ יָדַיִם (כְּלוֹמַר וִתְּרוּ)

□ *he hauled me over the coals* הוּא נָזַף בִּי בְּאֹפֶן חָמוּר

□ *they hauled me up before a magistrate* (*colloq.*) הֵם לָקְחוּ אוֹתִי אֶל הַשּׁוֹפֵט

—n.

1 (distance something is hauled) מֶרְחָק (גָּדוֹל)

□ *it's been a long haul* (*fig.*) זֶה לָקַח הַרְבֵּה זְמַן

2 (catch, loot) שָׁלָל (שֶׁל דַּיָּג/שֶׁל גַּנָּב וְכַד')

□ *the thieves made a good haul* (*colloq.*) הַגַּנָּבִים עָשׂוּ "מַכָּה" טוֹבָה/רְצִינִית

haulage /ˈhɔːlɪdʒ/ n. הוֹבָלָה; דְּמֵי הוֹבָלָה

haulier /ˈhɔːlɪə(r)/ n. בַּעַל עִסְקֵי-תּוֹבָלָה

haunch /hɔːntʃ/ n. מֹתֶן (שֶׁל בֶּן-אָדָם); רֶגֶל אֲחוֹרִית (שֶׁל הוֹלֵךְ עַל אַרְבַּע)

haunt /hɔːnt/ v.t. רָדַף, הִטְרִיד; פָּקַד לְעִתִּים תְּכוּפוֹת

□ *the criminal was haunted by fear of discovery* הַפּוֹשֵׁעַ הָיָה רָדוּף פְּחָדִים שֶׁיִּתְגַּלֶּה

□ *this is a haunted house* זֶה בַּיִת שֶׁיֵּשׁ בּוֹ שֵׁדִים וְרוּחוֹת, זֶה בַּיִת רָדוּף שֵׁדִים וְרוּחוֹת

□ *she had a haunted look in her eyes* הָיָה לָהּ מַבָּט רָדוּף בְּעֵינַיִם

—n. מָקוֹם קָבוּעַ (שֶׁפּוֹקְדִים אוֹתוֹ לְעִתִּים תְּכוּפוֹת)

□ *he has returned to his old haunts* הוּא חָזַר לַמְּקוֹמוֹת שֶׁהִרְבָּה לִפְקֹד אוֹתָם בֶּעָבָר

□ *that pub is the haunt of criminals* הַפָּאבּ הַהוּא מְשַׁמֵּשׁ מְקוֹם מִפְגָּשׁ קָבוּעַ לְפוֹשְׁעִים

haute couture /ˌəʊt kuːˈtjʊə(r)/ n. אָפְנַת עִלִּית

haute cuisine /ˌəʊt kwɪˈziːn/ n. הַבִּשּׁוּל/הַמִּטְבָּח הַצָּרְפָתִי הַקְּלָסִי

hauteur /əʊˈtɜː(r)/ n. (*formal*) יְהִירוּת, שַׁחְצָנוּת, גַּאַוְתָנוּת

Havana /həˈvænə/ n. סִיגָר הָוָנָה (קוּבָּנִי)

have /strong form hæv, weak forms həv, əv, v/ (past & past ppl. **had**) v. aux.

□ *I have finished* גָּמַרְתִּי, סִיַּמְתִּי

□ *had I known, I would have acted differently* אִלּוּ יָדַעְתִּי, הָיִיתִי נוֹהֵג אַחֶרֶת

□ *you had better see a doctor* כְּדַאי שֶׁתֵּרָאֶה רוֹפֵא

—v.t.

1 (possess)

□ *she had John's pencil* הָעִפָּרוֹן שֶׁל ג'וֹן הָיָה אֶצְלָהּ/בִּרְשׁוּתָהּ

□ *she has a car* יֵשׁ לָהּ מְכוֹנִית

□ *she has a kind nature* יֵשׁ לָהּ לֵב טוֹב

□ *she has freckles* יֵשׁ לָהּ נְמָשִׁים

□ *would you have the kindness to pass me the book* (*formal*) הֲתוֹאִיל בְּטוּבְךָ לְהַעֲבִיר לִי אֶת הַסֵּפֶר?

□ *have mercy on him!* רַחֵם עָלָיו!

□ *there you have me* (*colloq.*) אַתָּה צוֹדֵק; אֵין לִי מֻשָּׂג

□ *I've had your sister up to here* (*sl.*) אֲחוֹתְךָ הִגִּיעָה לִי עַד לְכָאן, אֲחוֹתְךָ עוֹלָה לִי עַל הָעֲצַבִּים

□ *I'm afraid your car's had it* (*colloq.*) אֲנִי חוֹשֵׁשׁ שֶׁהַמְּכוֹנִית שֶׁלְּךָ גְּמוּרָה

□ *as far as borrowing anything from me is concerned, she's had it* (*colloq.*) בְּכָל הַנּוֹגֵעַ לְהַלְוָאוֹת מִמֶּנִּי, אֵין לָהּ סִכּוּי

□ *his remarks had nothing to do with the subject* לְהֶעָרוֹתָיו לֹא הָיָה שׁוּם קֶשֶׁר לַנּוֹשֵׂא

□ *I have the house to clean and letters to write* אֲנִי צָרִיךְ לְנַקּוֹת אֶת הַבַּיִת וְלִכְתֹּב כַּמָּה מִכְתָּבִים

2 (produce a baby) נוֹלַד לְ... (לְאִשָּׁה אוֹ לְזוּג, אַךְ לֹא לְגֶבֶר בִּלְבַד)

□ *they've had twins* נוֹלְדוּ לָהֶם תְּאוֹמִים

□ *she had a son* נוֹלַד לָהּ בֵּן

3 (hold a gathering) עָרַךְ

□ *we had a celebration* עָרַכְנוּ חֲגִיגָה

4 (eat or drink) אָכַל; שָׁתָה

□ *we had bread and cheese* אָכַלְנוּ לֶחֶם וּגְבִינָה

5 (entertain) אֵרַח

□ *we had our neighbours for* (or *to*) *dinner* אֵרַחְנוּ אֶת הַשְּׁכֵנִים לַאֲרוּחַת עֶרֶב

□ *thank you for having me!* תּוֹדָה עַל הָאֵרוּחַ!

6 (obtain)

□ *he had his way* הוּא הִשִּׂיג אֶת שֶׁלּוֹ

□ *Jones had the best* (or *worst*) *of* (*it in*) *the argument* ג'וֹנְס נִצַּח/הִפְסִיד בַּוִּכּוּחַ

□ *there were no copies of the book to be had* אִי אֶפְשָׁר הָיָה לְהַשִּׂיג עֲתָקִים שֶׁל הַסֵּפֶר

7 (order, ask, cause to, cause to be)

□ *I must have my hair cut* אֲנִי מֻכְרָח לָלֶכֶת לְסַפָּר/לְהִסְתַּפֵּר

□ *I will have this thorn out in no time* אֲנִי אוֹצִיא לְךָ אֶת הַקּוֹץ הַזֶּה תּוֹךְ רֶגַע אֶחָד

□ *what would you have me do? – kill him?* מָה אַתָּה רוֹצֶה שֶׁאֲנִי אֶעֱשֶׂה? שֶׁאַהֲרֹג אוֹתוֹ?

□ *we had them hunting high and low* גָּרַמְנוּ לָהֶם לְחַפֵּשׂ בְּכָל פִּנָּה

□ *have your chauffeur move your car out of my drive* תַּגִּיד לַנֶּהָג שֶׁלְּךָ שֶׁיּוֹצִיא אֶת הַמְּכוֹנִית מִן הַחֲנִיָּה שֶׁלִּי

8 (expressing experience)

have it off (or **away**) **with** (*sl.*) שָׁכַב עִם

□ *he has a cold* הוּא הִצְטַנֵּן

□ *they had good weather for their trip* מֶזֶג הָאֲוִיר הָיָה נָאֶה בְּמֶשֶׁךְ הַטִּיּוּל שֶׁלָּהֶם

□ *have a good time!* בַּלּוּ בְּנָעִים! תִּבָּלוּ!

□ *she had a lie down* (*colloq.*) הִיא הָלְכָה לָנוּחַ קְצָת

□ *have a try!* תְּנַסֶּה!

□ *he had his car stolen* גָּנְבוּ לוֹ אֶת הַמְּכוֹנִית

□ *I won't have you drinking!* אֲנִי לֹא מוּכָן שֶׁתִּשְׁתֶּה!

□ *I tried to explain but he wasn't having* (or *wouldn't have*) *any* (*sl.*) נִסִּיתִי לְהַסְבִּיר אֲבָל הוּא לֹא הָיָה מוּכָן לִשְׁמֹעַ כְּלוּם

□ *they had had news of him* הֵם קִבְּלוּ עָלָיו יְדִיעוֹת

9 (say)

□ *rumour* (or *the story*) *has it that he had robbed a bank* עַל־פִּי הַשְּׁמוּעָה הוּא שָׁדַד בַּנְק

□ *he will have it that it is not so* הוּא טוֹעֵן שֶׁאֵין זֶה כָּךְ

10 (with **to**, expressing compulsion)

□ *she had to go on a diet* הִיא הָיְתָה צְרִיכָה לַעֲשׂוֹת דִּיאֶטָה

□ *he doesn't have to work* הוּא לֹא צָרִיךְ לַעֲבֹד

□ *do you have to make so much noise?* הַאִם אַתָּה מֻכְרָח לְהַרְעִישׁ כָּל־כָּךְ?

□ *this has to be the worst play in town* (*colloq.*) אֵין סָפֵק שֶׁזּוֹ הַהַצָּגָה הַגְּרוּעָה בְּיוֹתֵר בָּעִיר

□ *it would have to rain on my birthday* (*colloq.*) בָּרוּר שֶׁהָיָה צָרִיךְ לָרֶדֶת גֶּשֶׁם בְּיוֹם הַהֻלֶּדֶת שֶׁלִּי

11 (trick, *colloq.*) "סִדֵּר"

□ *I'm afraid you've been had* אֲנִי חוֹשֵׁשׁ שֶׁסִּדְּרוּ אוֹתְךָ

12 (in set phrases)

have back קִבֵּל בַּחֲזָרָה, לָקַח בַּחֲזָרָה

□ *can I have my ball back?* אֲנִי יָכוֹל לְקַבֵּל בַּחֲזָרָה אֶת הַכַּדּוּר שֶׁלִּי?

have in

□ *she has it in her to be a fine actress* יֵשׁ לָהּ כִּשְׁרוֹן לִהְיוֹת שַׂחְקָנִית מְצֻיֶּנֶת

□ *they had the builders in* הַבַּנָּאִים הָיוּ אֶצְלָם בַּבַּיִת

□ *she's had it in for him for a long time* (*colloq.*) כְּבָר הַרְבֵּה זְמַן יֵשׁ לָהּ מַשֶּׁהוּ נֶגְדּוֹ

have on

□ *no, I've got nothing on on Thursday* (*colloq.*) לֹא, אֵין לִי שׁוּם דָּבָר מְתֻכְנָן לְיוֹם חֲמִישִׁי

□ *she had nothing on, not even shoes* הִיא לֹא לָבְשָׁה כְּלוּם, אֲפִלּוּ לֹא נַעֲלַיִם

□ *he was having us on* (*colloq.*) הוּא "עָבַד" עָלֵינוּ

□ *he knew the police had nothing on him* (*colloq.*) הוּא יָדַע שֶׁלַּמִּשְׁטָרָה לֹא הָיוּ שׁוּם הוֹכָחוֹת נֶגְדּוֹ

have out

□ *she decided to have it out with him* הִיא הֶחְלִיטָה לְבָרֵר אִתּוֹ אֶת הָעִנְיָן אַחַת וּלְתָמִיד

have up

□ *he was had up for loitering with intent* (*colloq.*) עָצְרוּ אוֹתוֹ עַל שׁוֹטְטוּת עִם כַּוָּנַת זָדוֹן

□ *the headmaster had us all up to his study for drinks* הַמְּנַהֵל כִּנֵּס אֶת כֻּלָּנוּ בְּמִשְׂרָדוֹ לַהֲרָמַת כּוֹסִית

—n. (in *pl.*) אֵלֶּה "שֶׁיֵּשׁ לָהֶם" (הָעֲשִׁירִים)

□ *the haves should help the have-nots* עַל אֵלֶּה "שֶׁיֵּשׁ־לָהֶם" לְסַיֵּעַ לְאֵלֶּה "שֶׁאֵין־לָהֶם"

haven /ˈheɪv(ə)n/ n. חוֹף מִבְטָחִים (לָרֹב בְּהַשְׁאָלָה), מִפְלָט, מִקְלָט; מַעֲגָן

□ *this country was a haven for refugees* אֶרֶץ זוֹ הָיְתָה מִפְלָט לַמְּהַגְּרִים

haversack /ˈhævəsæk/ n. תַּרְמִיל צַד, תַּרְמִיל גַּב

havoc /ˈhævək/ n. הֶרֶס, שַׁמּוֹת

□ *the fox played havoc with* (or *among*) *the hens* הַשּׁוּעָל עָשָׂה שַׁמּוֹת בַּתַּרְנְגוֹלוֹת

haw[1] /hɔː/ n. פְּרִי הָעֻזְרָד

haw[2] /hɔː/ v.i.

hum and haw (*derog.*) הִבִּיעַ הִסּוּסִים/ הִסְתַּיְּגֻיּוֹת

hawk[1] /hɔːk/ n.

1 (bird) נֵץ

2 (person who favours using force, esp. in politics) "נֵץ"

—v.i. צָד בְּעֶזְרַת נֵץ

hawk[2] /hɔːk/ v.t. מָכַר (סְחוֹרָה) כְּרוֹכֵל; הֵפִיץ (רַעְיוֹנוֹת, מֵידָע וְכַד')

hawk about (or **around**) מָכַר (סְחוֹרָה) כְּרוֹכֵל; הֵפִיץ (רַעְיוֹנוֹת, מֵידָע וְכַד')

□ *he hawked the gossip about* הוּא הֵפִיץ אֶת הַשְּׁמוּעוֹת

hawker /ˈhɔːkə(r)/ n. רוֹכֵל נוֹדֵד

hawk-eyed /ˌhɔːk-ˈaɪd/ adj. בַּעַל עֵין נֵץ, חַד עַיִן, חַד רְאִיָּה

hawser /ˈhɔːzə(r)/ n. כֶּבֶל סְפִינָה

hawthorn /ˈhɔːθɔːn/ n. עֻזְרָד

hay /heɪ/ n. שַׁחַת, מִסְפּוֹא

hay fever קַדַּחַת הַשַּׁחַת

hit the hay (*sl.*) הָלַךְ לִישֹׁן

a roll in the hay (*colloq. euphem.*) "סִפּוּר" (הִתְעַלְּסוּת קְצָרָה וְלֹא מְחַיֶּבֶת)

□ *they were making hay* הֵם קָצְרוּ אֶת הַשַּׁחַת וְהִנִּיחוּ אוֹתָהּ לְהִתְיַבֵּשׁ בַּשָּׂדֶה

□ *make hay while the sun shines* (*Prov.*) הַכֵּה בַּבַּרְזֶל בְּעוֹדוֹ מְלֻבָּן, נַצֵּל אֶת הָרֶגַע

haycock /ˈheɪkɒk/ n. עֲרֵמַת שַׁחַת (בַּשָּׂדֶה)

hayrick /ˈheɪrɪk/ n. עֲרֵמַת שַׁחַת (גְּדוֹלָה)

haystack /ˈheɪstæk/ n. עֲרֵמַת שַׁחַת (גְּדוֹלָה)

haywire /ˈheɪwaɪə(r)/ pred. adj. (*colloq.*) "מְשֻׁגָּע", חָסֵר כָּל סֵדֶר

□ *everything went haywire* הַכֹּל עָלָה בַּתֹּהוּ, הַכֹּל "הִשְׁתַּגֵּעַ לְגַמְרֵי"

hazard /ˈhæzəd/ n. מִפְגָּע בְּטִיחוּתִי, סַכָּנָה

health hazard מִפְגָּע בְּרִיאוּתִי

—v.t. (*formal*) הִסְתַּכֵּן וְהִצִּיעַ (הַצָּעָה וְכַד'); נָטַל סִכּוּן וְעָשָׂה (דְּבַר מָה), סִכֵּן

hazardous /ˈhæzədəs/ adj. מְסֻכָּן, כָּרוּךְ בְּסַכָּנָה

haze /heɪz/ n. אֹבֶךְ; (בְּהַשְׁאָלָה) עִרְפּוּל (נַפְשִׁי)

□ *he is in a haze* הוּא בְּמַצָּב שֶׁל עִרְפּוּל

hazel /ˈheɪz(ə)l/ n. & adj. עֵץ אִלְסָר; בְּצֶבַע חוּם אֲדַמְדַּם

hazel nut אֱגוֹז־הָאִלְסָר

□ *she has hazel eyes* עֵינֶיהָ חוּמוֹת־יְרַקּוֹת

hazy /ˈheɪzɪ/ adj. מְעֻרְפָּל (מֶזֶג אֲוִיר וְכַד'. בְּהַשְׁאָלָה לְגַבֵּי מַצָּב נַפְשִׁי וְכַד')

□ *I have only the haziest recollection of those events* יֵשׁ לִי רַק זִכְרוֹנוֹת מְעֻרְפָּלִים בְּיוֹתֵר מִן הַמְּאֹרָעוֹת הָאֵלֶּה

he /hiː/ pron.

1 (man or boy) הוּא

2 (person of either sex) כִּנּוּי גּוּף כְּלָלִי לְצִיּוּן שְׁנֵי הַמִּינִים (בְּחוּגִים מְסֻיָּמִים יֵשׁ הִתְנַגְּדוּת לְשִׁמּוּשׁ בְּצוּרַת הַזָּכָר בְּאֹפֶן זֶה)

□ *if somebody wishes to leave, he should raise his hand* אִם מִישֶׁהוּ רוֹצֶה לָצֵאת, עָלָיו לְהָרִים אֶת יָדוֹ

—n. זָכָר

head /hed/ n.

1 (uppermost or foremost part of body) רֹאשׁ

a head start "פּוֹר", יִתְרוֹן מֵרֹאשׁ (בְּמֶרְחָק אוֹ בִּזְמַן)

□ *the fugitives had a head start on their pursuers* לַנִּמְלָטִים הָיָה יִתְרוֹן מֵרֹאשׁ עַל הָרוֹדְפִים שֶׁלָּהֶם

□ *she bit my head off at that suggestion* (*colloq.*) הִיא הִתְנַפְּלָה עָלַי בְּבַת אַחַת לְמִשְׁמַע הַהַצָּעָה

□ *she has a (good) head for business* (or *figures*) יֵשׁ לָהּ רֹאשׁ טוֹב לַעֲסָקִים/לְמִסְפָּרִים

□ *she has a (good) head for alcohol* הִיא יוֹדַעַת לִשְׁתּוֹת (כְּלוֹמַר לֹא מִשְׁתַּכֶּרֶת)

□ *he plunged head first into the affair* הוּא קָפַץ לָעֵסֶק בְּלִי שִׁקּוּל־דַּעַת וּבְלִי הֲכָנָה

□ *she has a fine head of hair* יֵשׁ לָהּ שֵׂעָר שׁוֹפֵעַ

□ *he is head over heels in love with her* הוּא מְאֹהָב בָּהּ עַד הָאָזְנַיִם, הוּא אוֹהֵב אוֹתָהּ עַד רֹאשׁ הַגַּג

□ *heads will roll when the boss hears of this* כַּמָּה אֲנָשִׁים יְעוּפוּ מֵהָעֲבוֹדָה כְּשֶׁהַמְּנַהֵל יִשְׁמַע עַל זֶה

□ *she stands out head and shoulders above the rest* הִיא מִשִּׁכְמָהּ וָמַעְלָה

□ *keep your head down till the trouble blows over* תִּשְׁמֹר עַל פְּרוֹפִיל נָמוּךְ עַד שֶׁהַבְּעָיוֹת יַחְלְפוּ

□ *I can't make head or tail of his argument* אֵין לִי מֻשָּׂג עַל מָה הוּא מְדַבֵּר

□ *heads or tails?* עֵץ אוֹ פָּלִי? (בְּהַטָּלַת מַטְבֵּעַ)

□ *heads I win, tails you lose* (*joc.*) בְּכָל מִקְרֶה תָּפַס יָד, "שֶׁלִּי שֶׁלִּי, וְשֶׁלְּךָ שֶׁלִּי"

□ *his horse won by a head* הַסּוּס שֶׁלּוֹ זָכָה בַּמֵּרוֹץ בְּהֶפְרֵשׁ שֶׁל רֹאשׁ

□ *I can't get it into his head that he needs a steady job* קָשֶׁה לִי לְהַכְנִיס לוֹ לָרֹאשׁ שֶׁהוּא צָרִיךְ עֲבוֹדָה קְבוּעָה

□ *give* (or *let him have*) *his head* תֵּן לוֹ חֹפֶשׁ פְּעֻלָּה, תֵּן לוֹ קְצָת חֹפֶשׁ

□ *the wine went (straight) to his head* הַיַּיִן עָלָה לוֹ (יָשָׁר) לָרֹאשׁ

□ *he has (got) a good head on his shoulders* יֵשׁ לוֹ רֹאשׁ טוֹב עַל הַכְּתֵפַיִם

□ *he has an old head on young shoulders* הוּא אָב בְּחָכְמָה וְרַךְ בְּשָׁנִים

□ *she laughed her head off* (*colloq.*) הִיא הִתְגַּלְגְּלָה מֵרֹב צְחוֹק

□ *she lost her head and ran away* הִיא אִבְּדָה אֶת עֶשְׁתּוֹנוֹתֶיהָ וּבָרְחָה

□ *he's off his head* (*colloq.*) הוּא אִבֵּד לְגַמְרֵי אֶת הַצָּפוֹן

□ *you can try, but on your head be it if you fail* (*formal*) אַתָּה יָכוֹל לְנַסּוֹת, אֲבָל אוֹי לְךָ אִם תִּכָּשֵׁל

□ *he did it off the top of his head* (*colloq.*) הוּא עָשָׂה זֹאת כִּלְאַחַר יָד

□ *the number went* (clean) *out of my head* (*colloq.*) הַמִּסְפָּר בָּרַח לִי לְגַמְרֵי מֵהָרֹאשׁ

□ *the lecture was* (or *went*) *over my head* הַהַרְצָאָה הָיְתָה לְמַעְלָה מֵהֲבָנָתִי

□ *he was promoted over the heads of more senior colleagues* הוּא זָכָה לְקִדּוּם לִפְנֵי עֲמִיתִים בַּעֲלֵי וֶתֶק רַב יוֹתֵר

□ *the threat of redundancy hung over his head* אִיּוּם הַפִּטּוּרִין הָיָה תָּלוּי מֵעַל רֹאשׁוֹ

□ *they put their heads together to solve the problem* הֵם הִתְיָעֲצוּ זֶה בָּזֶה בְּנִסָּיוֹן לִפְתֹּר אֶת הַבְּעָיָה

□ *I could do that standing on my head* (*colloq.*) הָיִיתִי יָכוֹל לְבַצֵּעַ אֶת־זֶה בְּעֵינַיִם עֲצוּמוֹת (בְּקַלּוּת רַבָּה)

□ *he took it into his head to sell all his possessions* נִכְנַס לוֹ רַעְיוֹן לָרֹאשׁ לִמְכֹּר אֶת כָּל הַחֲפָצִים שֶׁלּוֹ

□ *who put it into his head to sell all his possessions?* מִי הִכְנִיס לוֹ לָרֹאשׁ לִמְכֹּר אֶת כָּל הַחֲפָצִים שֶׁלּוֹ?

□ *two heads are better than one* (*Prov.*) טוֹבִים הַשְּׁנַיִם מִן הָאֶחָד

2 (top part of) רֹאשׁ

□ *he sat at the head of the table* הוּא יָשַׁב בְּרֹאשׁ־הַשֻּׁלְחָן

□ *the head* (end) *of the bed should point north* מְרַאֲשׁוֹתֵי־הַמִּטָּה חַיָּבִים לִהְיוֹת בְּצַד צָפוֹן

□ *she was cutting off the dead* (flower) *heads* הִיא גָּזְמָה אֶת הַפְּרָחִים שֶׁנָּבְלוּ

□ *he was at the head of the procession* הוּא צָעַד בְּרֹאשׁ הַתַּהֲלוּכָה

3 (chief person, also attrib.) הָרֹאשׁ, הַמְנַהֵל

head office מִשְׂרָד רָאשִׁי

Head of State רֹאשׁ מְדִינָה, מַנְהִיג (רֹאשׁ מֶמְשָׁלָה, נָשִׂיא וְכַד׳)

head teacher מְנַהֵל/ת בֵּית־סֵפֶר

head waiter מֶלְצַר רָאשִׁי, רַב־מֶלְצָרִים

4 (individual) רֹאשׁ, אָדָם

□ *the meal cost £16 a head* הָאֲרוּחָה עָלְתָה 16 לִישׁ״ט לְאָדָם

□ *all the crowned heads of Europe were present* כָּל בְּנֵי מִשְׁפְּחוֹת הַמְּלוּכָה שֶׁל אֵירוֹפָּה נָכְחוּ

5 (unit of cattle, *pl.* same) רֹאשׁ

□ *this herd has 60 head* בְּעֵדֶר (בָּקָר) זֶה 60 רֹאשׁ

6 (heading) כּוֹתֶרֶת

□ *wills come under another head* צַוָּאוֹת נִכְלָלוֹת תַּחַת כּוֹתֶרֶת אַחֶרֶת

7 (headland) כֵּף, קְצֵה חֲצִי־אִי

8 (body of steam etc.; pressure of this) לַחַץ קִיטוֹר

□ *the locomotive is building up a good head of steam* הַקַּטָּר צוֹבֵר לַחַץ קִיטוֹר נִכָּר

9 (centre of boil, spot etc.) מוֹקֵד שֶׁל אֲבַעְבּוּעָה

□ *all the discontent came to a head at the meeting* (*fig.*) כָּל הַמְּרִירוּת הִצְטַבְּרָה וּפָרְצָה בַּפְּגִישָׁה

10 (froth on beer etc.) קֶצֶף (שֶׁל בִּירָה)

□ *this beer has a good head* לַבִּירָה הַזֹּאת יֵשׁ קֶצֶף בְּגָוֶן וּבְטֶקְסְטוּרָה הַנְּכוֹנָה

11 (top part of vegetable) רֹאשׁ (שֶׁל יָרָק)

□ *I bought a head of celery* קָנִיתִי רֹאשׁ סֶלֶרִי

□ *this is a fine head of cauliflower* זֶה רֹאשׁ כְּרוּבִית נָאֶה

12 (signal-converting device) רֹאשׁ (לְהַקְלָטָה, לְהַשְׁמָעָה, לִמְחִיקָה וְכַד׳)

□ *the heads on this tape-recorder need cleaning* צָרִיךְ לְנַקּוֹת אֶת הָרָאשִׁים בַּטֵּיְפּ הַזֶּה

—v.t.

1 (be at the top of) הָיָה בְּרֹאשׁ (רְשִׁימָה וְכַד׳), עָמַד בְּרֹאשׁ (חֶבְרָה וְכַד׳)

□ *Smith's name headed the list* שְׁמוֹ שֶׁל סְמִית נִמְצָא בְּרֹאשׁ הָרְשִׁימָה

□ *he heads the sales team* הוּא עוֹמֵד בְּרֹאשׁ צֶוֶת הַמְּכִירוֹת

2 (move in given direction)

□ *the sheepdog headed the sheep off* כֶּלֶב הָרוֹעִים חָתַךְ אֶת הַמַּסְלוּל שֶׁל עֵדֶר הַכְּבָשִׂים

□ *he tried to head off that subject* הוּא נִסָּה לְהָשִׁיב מֵרֹאשׁ עַל הַנּוֹשֵׂא הַזֶּה

3 (hit ball with head) נָגַח בְּ...

□ *he headed a goal* הוּא הִבְקִיעַ שַׁעַר בִּנְגִיחָה

4 (provide heading for) נָתַן כּוֹתֶרֶת לְ...

—v.i. הִתְקַדֵּם, נָע

□ *we are heading home* אֲנַחְנוּ בְּדַרְכֵּנוּ הַבַּיְתָה

□ *he headed for home* הוּא שָׂם אֶת פָּנָיו אֶל בֵּיתוֹ

□ *you are heading for trouble* אַתָּה מַכְנִיס אֶת עַצְמְךָ לְצָרוֹת

headache /ˈhedeɪk/ n. כְּאֵב־רֹאשׁ

□ *inflation is only one of the government's headaches* (*colloq.*) הָאִינְפְלַצְיָה הִיא רַק אַחַת מִן הַצָּרוֹת שֶׁל הַמֶּמְשָׁלָה

headband /ˈhedbænd/ n. סֶרֶט לַמֵּצַח

headboard /ˈhedbɔːd/ n. לוּחַ בְּרֹאשׁ מִטָּה

headcount /ˈhedkaʊnt/ n. סְפִירַת נוֹכְחִים

head-dress /ˈhed-dres/ n. קִשּׁוּט לָרֹאשׁ (לְמָשָׁל נוֹצוֹת, שֶׁל אִינְדִיאָנִי)

header /ˈhedə(r)/ n.

1 (plunge, *colloq.*) צְלִילַת־רֹאשׁ, קְפִיצַת־רֹאשׁ

2 (*Football*) נְגִיחָה

headgear /ˈhedgɪə(r)/ n. כִּסּוּי לָרֹאשׁ (כּוֹבַע, קַסְדָּה, צָעִיף וְכַד׳)

head-hunting /ˈhed-ˌhʌntɪŋ/ n.
1 (among wild tribes) צַיִד־רָאשִׁים (בְּקֶרֶב שְׁבָטִים פְּרָאִיִּים)
2 (attracting away of staff, *colloq.*) "צַיִד רָאשִׁים", צַיִד־כִּשְׁרוֹנוֹת (בַּעֲסָקִים וְכַד')

heading /ˈhedɪŋ/ n. כּוֹתֶרֶת, רֹאשׁ פֶּרֶק

headlamp /ˈhedlæmp/ n. אוֹר קִדְמִי, פַּנַּס קִדְמִי (בִּכְלִי רֶכֶב)

headland /ˈhedlənd/ n. כֵּף, חֲצִי־אִי

headlight /ˈhedlaɪt/ n. אוֹר קִדְמִי, פַּנַּס קִדְמִי (בִּכְלִי רֶכֶב)

headline /ˈhedlaɪn/ n. (בְּעִתּוֹן) כּוֹתֶרֶת; (בְּרַדְיוֹ) עִקַּר הַחֲדָשׁוֹת
□ *the story hit the headlines* (*colloq.*) הַסִּפּוּר הִגִּיעַ לְכוֹתָרוֹת־הָעִתּוֹנִים
—v.t. נָתַן מָקוֹם בַּכּוֹתָרוֹת לְ... (גַּם בְּהַשְׁאָלָה)

headliner /ˈhedˌlaɪnə(r)/ n. (*US*) "כּוֹכָב" (בְּמוֹפָע)

headlong /ˈhedlɒŋ/ adj. & adv. יָשָׁר קָדִימָה, יָשָׁר לְמַטָּה; (בְּהַשְׁאָלָה) פָּזִיז, נִמְהָר; הַיְשֵׁר; בְּאֹפֶן פָּזִיז
□ *the headlong rush towards bankruptcy must be halted* יֵשׁ לַעֲצֹר אֶת הָרִיצָה הַמְּטֹרֶפֶת לִקְרַאת פְּשִׁיטַת־רֶגֶל

headman /ˈhedmæn/ n. מַנְהִיג, רֹאשׁ (שֵׁבֶט, כְּפָר וְכַד')

headmaster /hedˈmɑːstə(r)/ n. מְנַהֵל בֵּית־סֵפֶר

headmistress /hedˈmɪstrɪs/ n. מְנַהֶלֶת בֵּית־סֵפֶר

head-on /ˌhed-ˈɒn/ adj. & adv. (הִתְנַגְּשׁוּת) חֲזִיתִית, (עֲמָדוֹת) פָּנִים אֶל פָּנִים; בְּאֹפֶן חֲזִיתִי

headphones /ˈhedfəʊnz/ n. *pl.* אָזְנִיּוֹת

headpiece /ˈhedpiːs/ n. קַסְדָּה

headquarters /ˌhedˈkwɔːtəz/ n. *pl.* (occas. with *sing.* v.) מִפְקָדָה, מַטֶּה כְּלָלִי

head-rest /ˈhed-rest/ n. מִשְׁעַן רֹאשׁ (בְּמוֹשַׁב מְכוֹנִית וְכַד')

headroom /ˈhedrʊm/ n. מִרְוַח גֹּבַהּ (בְּשַׁעַר, בְּתָא מְכוֹנִית וְכַד')

headscarf /ˈhedskɑːf/ n. צָעִיף, מִטְפַּחַת (לָרֹאשׁ)

headset /ˈhedset/ n. אָזְנִיּוֹת

headship /ˈhedʃɪp/ n. מִשְׂרַת הַמְּנַהֵל (שֶׁל אִרְגּוּן, שֶׁל בֵּית־סֵפֶר

headshrinker /ˈhedʃrɪŋkə(r)/ n. (*sl.*) פְּסִיכִיאָטֶר

headstone /ˈhedstəʊn/ n. אֶבֶן־מַצֵּבָה

headstrong /ˈhedstrɒŋ/ adj. עִקֵּשׁ, קְשֵׁה־עֹרֶף

headwater /ˈhedwɔːtə(r)/ n. (in *sing.* or *pl.*) פְּלָגִים הַמִּתְפַּצְּלִים מִמְּקוֹר שֶׁל נָהָר (וְאֵינָם זוֹרְמִים לַנָּהָר עַצְמוֹ)

headway /ˈhedweɪ/ n. הִתְקַדְּמוּת
□ *we are not making any headway with the problem* אֲנַחְנוּ לֹא מִתְקַדְּמִים בְּפִתְרוֹן הַבְּעָיָה

head wind /ˈhed wɪnd/ n. רוּחַ נֶגְדִּית

headword /ˈhedwɜːd/ n. עֵרֶךְ רָאשִׁי (בְּמִלּוֹן)

heady /ˈhedɪ/ adj. מְשַׁכֵּר (גַּם בְּהַשְׁאָלָה)

heal /hiːl/ v.t. & i. רִפֵּא; הֶחֱלִים, נִרְפָּא
□ *the wound healed up* הַפֶּצַע נִרְפָּא

healer /ˈhiːlə(r)/ n. מְרַפֵּא (לְרֹב אָדָם הַטּוֹעֵן לְכֹחוֹת רִפּוּי עַל־טִבְעִיִּים)

health /helθ/ n.
1 (state of being well) בְּרִיאוּת
health centre מִרְפָּאָה, מֶרְכָּז רְפוּאִי (לְלֹא שֵׁרוּתֵי אִשְׁפּוּז)
health certificate אִשּׁוּר רְפוּאִי, תְּעוּדַת בְּרִיאוּת
health farm חַוַּת בְּרִיאוּת (אֲתַר הַמַּצִּיעַ שֵׁרוּתֵי הַרְזָיָה, שִׁפּוּר הַכֹּשֶׁר וְכַד')
health food מְזוֹן בְּרִיאוּת
health service שֵׁרוּת בְּרִיאוּת
□ *he has* (or *enjoys*) *good health* הוּא אָדָם בָּרִיא
□ *he is in poor health* בְּרִיאוּתוֹ לְקוּיָה
2 (toast drunk in person's honour) "לְחַיִּים", הֲרָמַת כּוֹסִית, שְׁתִיָּה "לְחַיִּים"
□ *we drank his health* (or *we drank a health to him*) הֵרַמְנוּ כּוֹסִית לִכְבוֹדוֹ

healthful /ˈhelθf(ə)l/ adj. (*poet.*) טוֹב לַבְּרִיאוּת, בָּרִיא (אֲוִיר הָרִים וְכַד')

healthy /ˈhelθɪ/ adj. בָּרִיא
□ *he has a healthy disrespect for the petty regulations* יֵשׁ לוֹ נְטִיָּה בְּרִיאָה לְזַלְזֵל בִּכְלָלִים קְטַנוּנִיִּים

heap /hiːp/ n. עֲרֵמָה
□ *we've got heaps of books* (or *time*) (*colloq.*) יֵשׁ לָנוּ הָמוֹן סְפָרִים/זְמַן
—v.t. עָרַם, צָבַר, גִּבֵּב
□ *honours were heaped* (*up*)*on him* הִרְעִיפוּ כִּבּוּדִים עַל רֹאשׁוֹ
□ *the cart was heaped high with apples* הָעֲגָלָה הָיְתָה עֲמוּסָה לַעֲיֵפָה בְּתַפּוּחִים

hear /hɪə(r)/ (past & past ppl. **heard** /hɜːd/) v.t.
1 (perceive sounds) שָׁמַע
hear things (*colloq.*) הָיָה נִדְמֶה לוֹ שֶׁהוּא שׁוֹמֵעַ קוֹלוֹת (לְמָשָׁל בַּחֲשֵׁכָה)
hear! hear! כֵּן! כֵּן! (קְרִיאַת חַבְרֵי הַפַּרְלָמֶנְט הַבְּרִיטִי הַמַּבִּיעָה הַסְכָּמָה לְדִבְרֵי נוֹאֵם)
□ *I won't have your impudence, do you hear me?!* אֲנִי לֹא מוּכָן לַחֻצְפָּה שֶׁלְּךָ – אַתָּה שׁוֹמֵעַ אוֹתִי?!
2 (receive information) שָׁמַע עַל
hear tell (of) (*colloq.*) שָׁמַע שְׁמוּעוֹת עַל
□ *I wanted to reward her, but she wouldn't hear of it* רָצִיתִי לְפַצּוֹת אוֹתָהּ, אַךְ הִיא לֹא הִסְכִּימָה לִשְׁמֹעַ עַל כָּךְ
3 (listen judicially to) יָשַׁב בַּדִּין בְּ..., שָׁפַט בְּ...
□ *which judge heard the case?* אֵיזֶה שׁוֹפֵט יָשַׁב בַּדִּין בְּמִשְׁפָּט זֶה?
—v.i. שָׁמַע
hear about שָׁמַע עַל, שָׁמַע עַל אוֹדוֹת
hear from שָׁמַע מִ...

hear of שְׁמַע עַל, שָׁמַע עַל אוֹדוֹת
□ *he disappeared in 1954 and hasn't been heard of since* הוּא נֶעֱלַם בְּ־1954 וּמֵאָז לֹא שָׁמְעוּ מִמֶּנּוּ
□ *who's he? I've never heard of him* מִי הוּא? אַף פַּעַם לֹא שָׁמַעְתִּי עָלָיו
hear out שָׁמַע (אֶת פְּלוֹנִי וְכַד׳) עַד הַסּוֹף
□ *it would be only fair to hear him out* זֶה יִהְיֶה רַק הוֹגֵן לִשְׁמֹעַ אֶת דְּבָרָיו עַד הַסּוֹף

hearing /ˈhɪərɪŋ/ n.
1 (perception by ear) שְׁמִיעָה, שֵׁמַע; הַאֲזָנָה
hard of hearing קְשֵׁה שְׁמִיעָה
□ *don't mention his name in her hearing* אַל תַּזְכִּיר אֶת שְׁמוֹ בְּאָזְנֶיהָ
2 (trial, *Law*) דִּיּוּן (בֵּית מִשְׁפָּט)
□ *every view should be given a fair hearing* (*fig.*) יֵשׁ לָתֵת לְכָל הַשְׁקָפָה הִזְדַּמְּנוּת הוֹגֶנֶת

hearing-aid /ˈhɪərɪŋ-eɪd/ n. מַכְשִׁיר־שְׁמִיעָה

hearken /ˈhɑːkən/ v.i. (*arch.*) הִטָּה אֹזֶן

hearsay /ˈhɪəseɪ/ n. שְׁמוּעָה, יְדִיעָה
hearsay evidence עֵדוּת מִפִּי הַשְּׁמוּעָה
□ *I take nothing on hearsay* אֵינֶנִּי סוֹמֵךְ עַל שְׁמוּעוֹת

hearse /hɜːs/ n. מְכוֹנִית לִנְשִׂיאַת אֲרוֹן הַמֵּת

heart /hɑːt/ n.
1 (blood-pumping organ) לֵב
heart attack הֶתְקֵף־לֵב
heart disease מַחֲלַת־לֵב
heart transplant (נִתּוּחַ) הַשְׁתָּלַת לֵב
2 (seat of emotions) לֵב
broken heart לֵב שָׁבוּר
a change of heart שִׁנּוּי בְּדֵעָה, שִׁנּוּי בְּיַחַס (שֶׁל פְּלוֹנִי לְדָבָר מָה וְכַד׳)
a heart to heart (talk) שִׂיחַת נֶפֶשׁ, שִׂיחָה גְּלוּיָה
heart and soul בְּלֵב וָנֶפֶשׁ, בְּכָל מְאֹדוֹ
□ *he was hers heart and soul* הוּא הָיָה מְאֹהָב בָּהּ בְּכָל מְאֹדוֹ
to one's heart's content כְּאַוַּת נַפְשׁוֹ
□ *her heart is not in her work* לִבָּהּ לֹא נָתוּן לַעֲבוֹדָתָהּ
□ *his heart is in the right place* (*colloq.*) יֵשׁ לוֹ כַּוָּנוֹת טוֹבוֹת (אֲבָל...)
□ *her heart went out to him in his distress* (*formal*) לִבָּהּ יָצָא אֵלָיו בִּמְצוּקָתוֹ
□ *he's a man after my own heart* הוּא אָדָם כִּלְבָבִי
□ *she cried her heart out after he left* לְאַחַר שֶׁהָלַךְ, הִיא בָּכְתָה לְלֹא סוֹף
□ *have a heart!* (*colloq.*) תְּרַחֵם עָלַי! תִּהְיֶה בֶּן־אָדָם! (בַּקָּשָׁה לְרַחֲמִים)
□ *you know in your heart (of hearts) that he is right* בְּמַעֲמַקֵּי לִבְּךָ אַתָּה יוֹדֵעַ שֶׁהוּא צוֹדֵק
□ *she lost her heart to a sailor* (*poet.*) הִיא הִתְאַהֲבָה בְּמַלָּח
□ *my heart was in my mouth (or boots)* (*colloq.*) פָּחַדְתִּי פַּחַד מָוֶת
□ *she had set her heart on the job* הִיא הֶחְלִיטָה שֶׁהִיא מֻכְרָחָה לִזְכּוֹת בַּמִּשְׂרָה
□ *don't take his rebuke to heart* אַל תִּקַּח אֶת נְזִיפָתוֹ לַלֵּב
□ *she wears her heart on her sleeve* (*colloq.*) הִיא אֵינָהּ מַסְתִּירָה אֶת רִגְשׁוֹתֶיהָ
3 (centre) לֵב
□ *let's get to the heart of the matter* בּוֹא וְנִגַּשׁ לְגוּפוֹ שֶׁל עִנְיָן/לְעֶצֶם הָעִנְיָן
4 (shape representing a heart) (צוּרַת) לֵב
□ *her wallpaper has hearts on it* עַל הַטַּפֶּטִים שֶׁלָּהּ יֵשׁ דֻּגְמַת לְבָבוֹת
5 by heart בְּעַל־פֶּה
6 (*Cards*, usu. in *pl.*) סִדְרַת הַלְּבָבוֹת; "לֵב" (קְלָף מִסִּדְרַת הַלְּבָבוֹת)
7 (courage) אֹמֶץ
□ *they took heart* הֵם הִתְעוֹדְדוּ
□ *they lost heart* הֵם נוֹאֲשׁוּ, הֵם הִתְיָאֲשׁוּ
8 (condition) מַצָּב
□ *the land is in good heart* הָאֲדָמָה פּוֹרִיָּה

heartache /ˈhɑːteɪk/ n. (*poet.*) כְּאֵב־לֵב, צַעַר עָמֹק

heartbeat /ˈhɑːtbiːt/ n. פְּעִימַת־לֵב

heartbreak /ˈhɑːtbreɪk/ n. שִׁבְרוֹן־לֵב, יָגוֹן, צַעַר עָמֹק

heartbreaking /ˈhɑːtbreɪkɪŋ/ adj. שׁוֹבֵר־לְבָבוֹת, קוֹרֵעַ־לְבָבוֹת

heartbroken /ˈhɑːtbrəʊkən/ adj. שְׁבוּר־לֵב

heartburn /ˈhɑːtbɜːn/ n. צָרֶבֶת (בַּקֵּבָה)

hearten /ˈhɑːt(ə)n/ v.t. הֵפִיחַ אֹמֶץ בְּ...

heart-failure /ˈhɑːt-feɪljə(r)/ n. אִי סְפִיקַת הַלֵּב

heartfelt /ˈhɑːtfelt/ adj. (רִגְשֵׁי תּוֹדָה, הוֹקָרָה, הִתְנַצְּלוּת) מֵעֹמֶק הַלֵּב

hearth /hɑːθ/ n. אָח, תַּנּוּר

hearthrug /ˈhɑːθrʌg/ n. שְׁטִיחַ הַפָּרוּשׂ מוּל הָאָח

heartily /ˈhɑːtɪlɪ/ adv. בִּלְבָבִיּוּת; כְּאַוַּת לִבּוֹ;
□ *they drank heartily* הֵם שָׁתוּ כְּאַוַּת לִבָּם
□ *I'm heartily sick of this wet weather* מֶזֶג הָאֲוִיר הַזֶּה הָיָה לִי לְזָרָא

heartland /ˈhɑːtlænd/ n. לֵב־הָאָרֶץ, (הַשֶּׁטַח הָעִקָּרִי שֶׁבָּאֵזוֹר)

heartless /ˈhɑːtlɪs/ adj. חֲסַר־לֵב, חֲסַר־רְגָשׁוֹת, חֲסַר־רַחֲמִים

heart-rending /ˈhɑːt-rendɪŋ/ adj. קוֹרֵעַ לֵב

heart-searching /ˈhɑːt-sɜːtʃɪŋ/ n. בְּחִינַת כְּלָיוֹת וָלֵב

heartsick /ˈhɑːtsɪk/ adj. (*poet.*) שֶׁנָּקְעָה נַפְשׁוֹ בְּ...

heartstrings /ˈhɑːtstrɪŋz/ n. *pl.* מֵיתְרֵי הַלֵּב, נִימֵי הַלֵּב, רַחֲשֵׁי הַלֵּב
□ *the film tugged at my heartstrings* הַסֶּרֶט פָּרַט עַל מֵיתְרֵי לִבִּי

heart-throb /ˈhɑːt-θrɒb/ n. (*colloq.*) "אֱלִיל" (לְרֹב גֶּבֶר שֶׁנְּעָרוֹת מַעֲרִיצוֹת בְּאַהֲבַת-בֹּסֶר)

hearty /ˈhɑːtɪ/ adj. לְבָבִי (לְעִתִּים בְּמִדָּה מֻפְרֶזֶת); בָּרִיא
- ▫ *she gave us a hearty welcome* הִיא קִבְּלָה אוֹתָנוּ בִּלְבָבִיּוּת
- ▫ *he has a hearty dislike of cheats* הוּא מְתַעֵב רַמָּאִים
- ▫ *he has a hearty appetite* יֵשׁ לוֹ תֵּאָבוֹן בָּרִיא
- ▫ *she ate a hearty meal* הִיא אָכְלָה אֲרוּחָה בְּרִיאָה

heat /hiːt/ n.
- **1** (hotness) חֹם
  - **heat pump** מַשְׁאֵבַת חֹם (בְּמַעֲרֶכֶת חִמּוּם)
  - **heat shield** מָגֵן חֹם (לְרֹב בַּחֲלָלִית)
  - **prickly heat** חֲרָרָה, (מַחֲלַת עוֹר הַמְלֻוָּה פְּרִיחָה וְגֵרוּד)
  - ▫ *the thieves lay low till the heat was off* (*sl.*) הַגַּנָּבִים שָׁמְרוּ עַל פְּרוֹפִיל נָמוּךְ עַד שֶׁהָעִנְיָנִים הִתְקָרְרוּ
  - ▫ *he spoke with some heat* הוּא דִּבֵּר בְּהִתְרַגְּשׁוּת נִכֶּרֶת
  - ▫ *in the heat of the moment he said something he later regretted* מִתּוֹךְ לַהַט רֶגַע הוּא אָמַר מַשֶּׁהוּ שֶׁהִתְחָרֵט עָלָיו אַחַר-כָּךְ
- **2** (receptive period of sexual cycle) יִחוּם
  - ▫ *my bitch is on heat* הַכַּלְבָּה שֶׁלִּי מְיַחֶמֶת
- **3** (preliminary contest) מִקְצֶה (בְּתַחֲרוּת)
  - ▫ *the race finished in a dead heat* הַמֵּרוֹץ הִסְתַּיֵּם בְּנִצָּחוֹן שֶׁל שְׁנֵי רָצִים בִּזְמַן זֵהֶה
- **—**v.t. & i. חִמֵּם; הִתְחַמֵּם
  - **heat up** חִמֵּם

heated /ˈhiːtɪd/ adj. מְחֻמָּם, מְשַׁלְהָב, לוֹהֵט, נִלְהָב (דִּיּוּן וְכַד׳)
- ▫ *they had a heated argument about politics* הֵם נִהֲלוּ וִכּוּחַ לוֹהֵט בְּנוֹשֵׂא פּוֹלִיטִיקָה

heater /ˈhiːtə(r)/ n. מִתְקַן-חִמּוּם, תַּנּוּר-חִמּוּם

heath /hiːθ/ n.
- **1** (piece of open, unfarmed land) אַדְמַת בּוּר, אֵזוֹר בָּתָה
- **2** (plant) שִׂיחַ בָּתָה נָמוּךְ מִמִּשְׁפַּחַת הָאַבְרָשִׁיִּים

heathen /ˈhiːð(ə)n/ n. & adj. עוֹבֵד אֱלִילִים (מַאֲמִין בְּדָת שֶׁאֵינָהּ נִמְנֵית עַל הַדָּתוֹת הָעִקָּרִיּוֹת); שֶׁל עוֹבְדֵי אֱלִילִים; "בַּרְבָּרִי"

heathenish /ˈhiːðənɪʃ/ adj. פָּרוּעַ, "בַּרְבָּרִי" (אֹפֶן הִתְנַהֲגוּת וְכַד׳)

heather /ˈheðə(r)/ n. שִׂיחַ בָּתָה נָמוּךְ מִמִּשְׁפַּחַת הָאַבְרָשִׁיִּים

heating /ˈhiːtɪŋ/ n. חִמּוּם, הַסָּקָה

heat-stroke /ˈhiːt-strəʊk/ n. מַכַּת-חֹם, מַכַּת-שֶׁמֶשׁ

heatwave /ˈhiːtweɪv/ n. גַּל-חֹם

heave /hiːv/ (past & past ppl. **heaved** /hiːvd/ or (*Naut.*) **hove** /həʊv/) v.t.
- **1** (lift, haul) הֵרִים, מָשַׁךְ, סָחַב
  - **heave ho!** "מְ-שׁוֹךְ!" (קְרִיאַת עִדּוּד בְּעֵת מְשִׁיכָה בְּחֶבֶל)
  - ▫ *the ship is heaving anchor* הַסְּפִינָה מַעֲלָה עֹגֶן
  - ▫ *he heaved a sigh* הוּא פָּלַט אֲנָחָה
- **2** (throw, *colloq.*) זָרַק, הִשְׁלִיךְ, הֵטִיל
- **—**v.i. עָלָה וְיָרַד בִּתְנוּעוֹת סְדִירוֹת
  - **we hove to** עָצַרְנוּ אֶת הַסְּפִינָה
  - ▫ *her chest heaved with emotion* הִיא הִתְנַשְּׁמָה בְּהִתְרַגְּשׁוּת
  - ▫ *a ship hove into sight* אֳנִיָּה הוֹפִיעָה בָּאֹפֶק
  - ▫ *the sight made me heave* (*colloq.*) הַמַּרְאֶה עָשָׂה לִי בְּחִילָה

heaven /ˈhev(ə)n/ n.
- **1** (sky, *poet.*) רָקִיעַ, שָׁמַיִם
  - ▫ *the heavens opened* (*colloq.*) נִפְתְּחוּ אֲרֻבּוֹת הַשָּׁמַיִם (הֵחֵל לָרֶדֶת גֶּשֶׁם)
- **2** (God, providence) שָׁמַיִם, אֱלֹהִים, הַהַשְׁגָּחָה הָעֶלְיוֹנָה
  - **good heavens!** שֹׁמּוּ שָׁמַיִם! (קְרִיאַת הַפְתָּעָה)
  - **thank heaven(s)!** תּוֹדָה לָאֵל!
  - **Heaven forbid** יִשְׁמְרֵנוּ הָאֵל, אֱלֹהִים יִשְׁמֹר
  - ▫ *this is a heaven-sent opportunity* זוֹהִי הִזְדַּמְּנוּת מִשָּׁמַיִם
  - ▫ *will you be quiet, for heaven's sake!* תִּהְיֶה בְּשֶׁקֶט, לְמַעַן הַשֵּׁם!
  - ▫ *he moved heaven and earth to get his son promoted* הוּא הָפַךְ עוֹלָמוֹת כְּדֵי שֶׁבְּנוֹ יְקַבֵּל קִדּוּם, הוּא הִרְעִישׁ שָׁמַיִם וָאָרֶץ כְּדֵי שֶׁבְּנוֹ יְקַבֵּל קִדּוּם
- **3** (Paradise) גַּן עֵדֶן
  - **in seventh heaven** (*colloq.*) בָּרָקִיעַ הַשְּׁבִיעִי
  - ▫ *the hotel was just heaven* (*colloq.*) בֵּית הַמָּלוֹן הָיָה מַמָּשׁ גַּן עֵדֶן

heavenly /ˈhev(ə)nlɪ/ adj.
- **1** (divine) אֱלֹהִי; נֶהְדָּר, נִפְלָא
  - ▫ *what a heavenly dress!* (*colloq.*) אֵיזוֹ שִׂמְלָה מְשַׁגַּעַת!
- **2** (in the sky) שְׁמֵימִי
  - **heavenly body** גֶּרֶם שְׁמֵימִי, גּוּף שְׁמֵימִי

heavenward(s) /ˈh(ə)vənwəd(z)/ adv. (*poet.*) הַשָּׁמַיְמָה

heavily /ˈhevɪlɪ/ adv. מְאֹד; בִּכְבֵדוּת
- ▫ *I am heavily indebted to you* אֲנִי מְאֹד מְאֹד אָסִיר תּוֹדָה לְךָ

heavy /ˈhevɪ/ adj.
- **1** (of great weight) כָּבֵד
  - **heavy artillery** (or **guns**) אַרְטִילֶרְיָה כְּבֵדָה
  - **heavy goods vehicle** רֶכֶב מִסְחָרִי כָּבֵד
  - **heavy industry** תַּעֲשִׂיָּה כְּבֵדָה
  - **heavy water** מַיִם כְּבֵדִים
  - ▫ *the grass was heavy with dew* הַדֶּשֶׁא הָיָה סָפוּג טַל
  - ▫ *there was a heavy crop of apples* הָיָה יְבוּל גָּדוֹל שֶׁל תַּפּוּחִים
- **2** (severe, intensive, excessive) חָמוּר, קָשֶׁה, כָּבֵד

□ *the road is unsuitable for heavy traffic* הַכְּבִישׁ אֵינוֹ מַתְאִים לִתְנוּעָה עֲמוּסָה
□ *the traffic is very heavy now* עֹמֶס הַתְּנוּעָה עַכְשָׁו כָּבֵד מְאֹד
□ *we underwent a heavy bombardment* סָפַגְנוּ הַפְגָּזָה קָשָׁה
□ *he is a heavy drinker* הוּא שׁוֹתֶה אַלְכּוֹהוֹל בְּכַמֻּיּוֹת גְּדוֹלוֹת, הוּא שַׁתְיָן "כָּבֵד"
□ *there was heavy fighting in the hills* קְרָבוֹת קָשִׁים הִתְנַהֲלוּ בַּגְּבָעוֹת
□ *we suffered heavy losses in the battle* סָפַגְנוּ אֲבֵדוֹת קָשׁוֹת בַּקְּרָב
□ *go heavy on the sugar* (*colloq.*) אַל תַּחְסֹךְ בְּסֻכָּר
3 (difficult, oppressive)
a heavy sea יָם סוֹעֵר
a heavy sky שָׁמַיִם קוֹדְרִים
heavy soil קַרְקַע קָשָׁה; קַרְקַע קָשָׁה לְמַעֲבָר (בִּגְלַל בֹּץ וְכַד')
□ *don't make heavy weather of it* (*colloq.*) אַל תַּפְרִיז בְּקַשְׁיִים (הַכְּרוּכִים בְּבִצּוּעַ דְּבַר מָה)
□ *he played* (or *came*) *the heavy father* (*colloq.*) הוּא שִׂחֵק אֶת הָאַבָּא הַזּוֹעֵם
□ *his sermon was rather heavy going* קָשֶׁה הָיָה לַעֲקֹב אַחַר הַדְּרָשָׁה שֶׁלּוֹ (כֵּיוָן שֶׁהָיְתָה מְשַׁעֲמֶמֶת וִיבֵשָׁה)
□ *I wouldn't be too heavy on him* (*colloq.*) אַל "תֵּרֵד" עָלָיו יוֹתֵר מִדַּי

—n.
1 (*Theatr. sl.*) תַּפְקִיד גַּבְרִי גָּדוֹל וּמַשְׁמָעוּתִי (וְלָרֹב שֶׁל דְּמוּת רָעָה)
2 (thug, *colloq.*) בִּרְיוֹן, "גּוֹרִילָה"

heavy-duty /ˌhevɪ-ˈdjuːtɪ/ adj. (צִיּוּד וְכַד') מַתְאִים לַעֲבוֹדָה קָשָׁה, כָּבֵד
□ *heavy-duty carpet is needed on stairs* צָרִיךְ שָׁטִיחַ חָזָק מְאֹד עַל מַדְרֵגוֹת
□ *it was a bit of a heavy-duty occasion* (*colloq.*) זֶה הָיָה אֵרוּעַ "רְצִינִי"

heavy-handed /ˌhevɪ-ˈhændɪd/ adj. (סִגְנוֹן וְכַד') נֻקְשֶׁה, תּוֹקְפָנִי; חֲסַר-טַקְט

heavy-hearted /ˌhevɪ-ˈhɑːtɪd/ adj. (*poet.*) עָגוּם, עָצוּב, מְדֻכְדָּךְ, בְּלֵב כָּבֵד

heavyweight /ˈhevɪweɪt/ n. "תּוֹתָח כָּבֵד" (אָדָם חָשׁוּב); מִתְאַגְרֵף בְּמִשְׁקָל כָּבֵד

Hebraic /hiːˈbreɪɪk/ adj. עִבְרִי

Hebraist /ˈhiːbreɪɪst/ n. מֻמְחֶה לְעִבְרִית (לָרֹב בָּאוּנִיבֶרְסִיטָה)

Hebrew /ˈhiːbruː/ n.
1 (language) עִבְרִית, הַשָּׂפָה הָעִבְרִית
2 (person) עִבְרִי (קָדוּם)

heck /hek/ n. (*sl.*)
□ *I did it for the heck of it* עָשִׂיתִי אֶת זֶה סְתָם בִּשְׁבִיל הַכֵּיף
□ *we had a heck of a good time* עָשִׂינוּ חַיִּים לֹא נוֹרְמָלִיִּים
□ *what the heck!* (לְהַבָּעַת שִׁוְיוֹן נֶפֶשׁ) מָה אִכְפַּת לִי! (לְהַבָּעַת תַּדְהֵמָה וְכַעַס) מָה לַעֲזָאזֵל...?!
□ *it's a heck of a lot of money* זֶה סְכוּם רְצִינִי, זֶה סְכוּם לֹא קָטָן
—int. לַעֲזָאזֵל!

heckle /ˈhek(ə)l/ v.t. קָטַע בְּהֶעָרוֹת (אֶת דְּבָרָיו שֶׁל נוֹאֵם וְכַד')

heckler /ˈheklə(r)/ n. אָדָם הַקּוֹטֵעַ אֶת דִּבְרֵי הַזּוּלַת (כַּנ"ל)

hectare /ˈhekteə(r)/ n. הֶקְטָר (מִדַּת-שֶׁטַח, עֲשֶׂרֶת אֲלָפִים מֶטֶר מְרֻבָּע)

hectic /ˈhektɪk/ adj. קַדַּחְתָּנִי, הֶקְטִי, "מְטֹרָף"
□ *I had a hectic day* הָיָה לִי יוֹם מְטֹרָף

hector /ˈhektə(r)/ v.t. & i. לָחַץ עַל (פְּלוֹנִי) בְּהַטְרָדוֹת וּבְאִיּוּמִים; הִפְעִיל לַחַץ (בְּהַטְרָדוֹת וּבְאִיּוּמִים)

he'd /hiːd/ contr. of **he had, he would** (*colloq.*)

hedge /hedʒ/ n.
1 (fence of bushes) גֶּדֶר חַיָּה, גֶּדֶר שִׂיחִים
2 (protection against loss) מָגֵן
□ *diamonds are a hedge against inflation* יַהֲלוֹמִים הֵם מָגֵן מִפְּנֵי אִינְפְלַצְיָה
—v.t. הִקִּיף (שָׂדֶה וְכַד') בְּגֶדֶר חַיָּה
□ *all these regulations make me feel hedged in* כָּל הַתַּקָּנוֹת הַלָּלוּ מְצֵרוֹת אֶת צְעָדַי
□ *he hedged his bets* (*colloq.*) הוּא שָׁמַר עַל אוֹפְּצִיוֹת פְּתוּחוֹת
—v.i.
1 (make or trim hedges) שָׁתַל גֶּדֶר חַיָּה; גָּזַם גֶּדֶר חַיָּה
2 (delay, refuse to answer) הִתְחַמֵּק (מִמַּתַּן תְּשׁוּבָה יְשִׁירָה, מֵהִתְחַיְּבוּת וְכַד')

hedgehog /ˈhedʒhɒg/ n. קִפּוֹד

hedgerow /ˈhedʒrəʊ/ n. גֶּדֶר חַיָּה, גֶּדֶר שִׂיחִים

hedonism /ˈhiːdənɪzəm/ n. הֶדוֹנִיזְם, נֶהֶנְתָנוּת

hedonist /ˈhiːdənɪst/ n. הֶדוֹנִיסְט, נֶהֶנְתָן

heebie-jeebies /ˌhiːbɪ-ˈdʒiːbɪz/ n. *pl.* (*sl.*) צְמַרְמֹרֶת (מְלֻוָּה בְּפַחַד)

heed /hiːd/ (*formal*) v.t. שָׂם לֵב לְ... (לְעֵצָה, לְאַזְהָרָה וְכַד'), שָׁעָה לְ...
—n. תְּשׂוּמַת-לֵב (כַּנ"ל)
□ *he paid* (or *gave*) *no heed to her warning* הוּא לֹא שָׁעָה לִדְבָרֶיהָ, הוּא לֹא שָׂם לֵב לְאַזְהָרָתָהּ
□ *he took heed of what I said* הוּא שָׁעָה לִדְבָרַי, הוּא שָׁמַע בְּקוֹלִי

heedless /ˈhiːdlɪs/ adj. (*formal*) לֹא שָׂם לֵב; לֹא מִתְחַשֵּׁב

hee-haw /ˈhiː-hɔː/ n. & v.i. נְעִירַת חֲמוֹר; נָעַר

heel[1] /hiːl/ n.
1 (back part of foot) עָקֵב

well-heeled (*colloq.*) אָמִיד, עָשִׁיר
down-at-heel מְזֻנָּח וְלָבוּשׁ־בְּלוֹאִים
□ *the dog was at his heels* הַכֶּלֶב הָלַךְ בְּעִקְּבוֹתָיו
□ *the teacher brought the unruly class* (or *made the unruly class come*) *to heel* הַמּוֹרֶה הִשְׁלִיט סֵדֶר בַּכִּתָּה הַמִּתְפָּרַעַת
□ *the dog came to heel* הַכֶּלֶב צִיֵּת וְהָלַךְ לְצַד אֲדוֹנָיו
□ *he fell head over heels in love with her* הוּא הִתְאַהֵב בָּהּ עַד מֵעַל לְאָזְנָיו
□ *I was left kicking* (or *cooling*) *my heels for an hour* (*fig.*) הִנִּיחוּ לִי לְחַכּוֹת בְּמֶשֶׁךְ שָׁעָה
□ *famine followed on the heels of war* (*formal*) הָרָעָב בָּא בְּעִקְּבוֹת הַמִּלְחָמָה
□ *he took to his heels* הוּא בָּרַח, הוּא נָס
□ *he showed a clean pair of heels* (*arch. colloq.*) הוּא נָס, הוּא הֵרִים רַגְלַיִם וּבָרַח
□ *he turned on his heel and went* הוּא הִפְנָה אֶת גַּבּוֹ וְהָלַךְ לוֹ
□ *they lived under the heel of the tyrant* הֵם חָיוּ תַּחַת עֻלּוֹ שֶׁל הָרוֹדָן
2 (contemptible person, *US sl.*) שָׁפָל
3 (high-heeled shoe) נַעַל עַל עָקֵב (גָּבוֹהַּ)
4 (part of a sock etc. which covers heel) עָקֵב (שֶׁל גֶּרֶב)
—v.t. הִתְקִין/תִּקֵּן עֲקֵבִים לַנְּעָלִים; נָתַן בְּעִיטַת־עָקֵב (בְּמִשְׂחַק רוּגְבִּי)

heel² /hiːl/ v.i.
heel over נָטָה עַל צִדּוֹ (וְכִמְעַט נָפַל)

hefty /ˈheftɪ/ adj. (*colloq.*) גָּדוֹל, חָזָק, כָּבֵד

hegemony /hɪˈgemənɪ/ n. (*formal*) הֶגֶמוֹנְיָה (שְׁלִיטָה שֶׁל מְדִינָה אַחַת עַל מְדִינָה אַחֶרֶת)

hegira /ˈhedʒɪrə/ n. הַגִּ'רָה (בְּרִיחָתוֹ שֶׁל מֻחַמַּד מִמֶּכָּה לַמְּדִינָה)

heifer /ˈhefə(r)/ n. פָּרָה שֶׁטֶּרֶם הִמְלִיטָה

height /haɪt/ n.
1 (quality of being tall or high) גֹּבַהּ, קוֹמָה
2 (a high place) מָקוֹם גָּבוֹהַּ, רָמָה
the Golan Heights רָמַת־הַגּוֹלָן
□ *he's afraid of heights* יֵשׁ לוֹ פַּחַד־גְּבָהִים
3 (highest degree) שִׂיא (בְּהַשְׁאָלָה בִּלְבַד)
the height of folly (*formal*) שְׁטוּת שֶׁאֵין כְּדֻגְמָתָהּ

heighten /ˈhaɪt(ə)n/ v.t. & i. הִגְבִּיהַּ, הִגְבִּיר, הִגְדִּיל; גָּדַל, גָּבַר

heinous /ˈheɪnəs/ adj. (*formal*) שָׁפָל, נִתְעָב (מַעֲשֶׂה, פֶּשַׁע)

heir /eə(r)/ n. יוֹרֵשׁ
heir apparent יוֹרֵשׁ מֻחְלָט (לְהַבְדִּיל מִיּוֹרֵשׁ עַל תְּנַאי)
heir presumptive יוֹרֵשׁ עַל תְּנַאי (אִם לֹא יִוָּלֵד יוֹרֵשׁ קָרוֹב יוֹתֵר)
□ *he is heir to a large fortune* הוּא יִירַשׁ רְכוּשׁ גָּדוֹל

heiress /ˈeərɪs/ n. יוֹרֶשֶׁת (בְּעִקָּר לְעֹשֶׁר רַב)

heirloom /ˈeəluːm/ n. פְּרִיט שֶׁעוֹבֵר בִּירֻשָּׁה בַּמִּשְׁפָּחָה

heist /haɪst/ n. (*US sl.*) "מַכָּה" (שֹׁד מְזֻיָּן)

hejira /ˈhedʒɪrə/ n. see **HEGIRA** הַגִּ'רָה

held /held/ past & past ppl. of **hold**

helicopter /ˈhelɪkɒptə(r)/ n. הֶלִיקוֹפְּטֶר, מַסּוֹק

heliograph /ˈhiːlɪəgrɑːf/ n. הֶלְיוֹגְרָף (מַכְשִׁיר אִתּוּת)

heliotrope /ˈhiːlɪətrəʊp/ n. עֶקֶץ־הָעַקְרָב הָאֵירוֹפִּי (מֵעֵין פֶּרַח "זִכְרִינִי")

heliport /ˈhelɪpɔːt/ n. מִנְחַת מַסּוֹקִים, שְׂדֵה תְּעוּפָה לְמַסּוֹקִים

helium /ˈhiːlɪəm/ n. הֶלְיוּם

helix /ˈhiːlɪks/ n. סְלִיל (ד.נ.א. וְכַד')

hell /hel/ n.
1 (place where wicked people go after death) גֵּיהִנּוֹם, שְׁאוֹל, תֹּפֶת
come hell or high water בָּאֵשׁ וּבַמַּיִם, וִיהִי מָה
□ *I'll see you in hell before I go to that party!* (*sl.*) עַל גּוּפָתִי הַמֵּתָה אֲנִי אֵלֵךְ לַמְּסִבָּה הַזֹּאת! אֲנִי בַּחַיִּים לֹא אֵלֵךְ לַמְּסִבָּה הַזֹּאת!
□ *he raised hell when his wife ran away* (*colloq.*) הוּא הִרְעִישׁ עוֹלָמוֹת כְּשֶׁאִשְׁתּוֹ עָזְבָה אוֹתוֹ
□ *to hell with it!* (*sl.*) קִיבִּינִימַט! לְכָל הָרוּחוֹת!
2 (state or experience of suffering)
□ *he suffered hell* (*on earth*) *from his arthritis* (*colloq.*) הוּא סָבַל יִסּוּרֵי־תֹּפֶת מִדַּלֶּקֶת־הַפְּרָקִים שֶׁלּוֹ
□ *there'll be hell to pay if we're caught* (*colloq.*) זוֹ תִּהְיֶה צָרָה צְרוּרָה אִם נִתָּפֵס
□ *all hell broke loose* פָּרְצָה מְהוּמָה אֲיֻמָּה
□ *we gave the enemy hell* (*colloq.*) הִכְנַסְנוּ לָאוֹיֵב בְּאַבֵּי־אָבִיו
□ *he made her life hell* הוּא הָפַךְ אֶת חַיֶּיהָ לְגֵיהִנּוֹם
3 (as a swear word, to give emphasis, *sl.*)
□ *we had a* (or *one*) *hell of a good time* עָשִׂינוּ חַיִּים מְשֻׁגָּעִים
□ *we had a hell of a time finding you* הוֹצֵאנוּ אֶת הַנְּשָׁמָה לִמְצֹא אוֹתְךָ
□ *let's get the hell out of here* בּוֹאוּ נִסְתַּלֵּק מִפֹּה תֵּכֶף וּמִיָּד
□ *I owe you £50? like hell I do!* אֲנִי חַיָּב לְךָ 50 שְׁטֶרְלִינְג? תִּקְפֹּץ לִי!
□ *he ran like hell and caught the train* (*colloq.*) הוּא רָץ כְּמוֹ מְשֻׁגָּע וְתָפַס אֶת הָרַכֶּבֶת
□ *what the hell do you think you're doing?* מָה לַעֲזָאזֵל אַתָּה חוֹשֵׁב שֶׁאַתָּה עוֹשֶׂה?
4 hell for leather (*colloq.*) כְּמוֹ שֵׁד מְשַׁחַת
□ *he ran hell for leather* הוּא רָץ מַהֵר כְּמוֹ שֵׁד מְשַׁחַת, הוּא רָץ בִּמְהִירוּת הַבָּזָק
5 for the hell of it (*sl.*) סְתָם בִּשְׁבִיל הַכֵּיף

hell-bent /hel-ˈbent/ adj. (*colloq.*) נָחוּשׁ בְּדַעְתּוֹ

Hellene /ˈheliːn/ n. (*formal*) (אָדָם) יְוָנִי (בְּעִקָּר בְּיָוָן הָעַתִּיקָה)

Hellenic /heˈlenɪk/ adj. יְוָנִי (בְּעִקָּר שֶׁל יָוָן הָעַתִּיקָה)

hell-hole /ˈhel-həʊl/ n. "חוֹר נִדָּח"

hellion /ˈhelɪən/ n. (*US colloq.*) שׁוֹבָב, שֵׁד מְשַׁחֵת

hellish /ˈhelɪʃ/ (*colloq.*) adj. זְוָעָתִי, נוֹרָא

—adv. נוֹרָא

hello /həˈləʊ/ see **HALLO** "הָלוֹ"

helm[1] /helm/ n. הֶגֶה (בִּכְלִי שַׁיִט)

□ *Franco was at the helm in Spain for decades* (*formal*) פְרַנְקוֹ הֶחֱזִיק בְּהֶגֶה הַשִּׁלְטוֹן בִּסְפָרַד בְּמֶשֶׁךְ עֶשְׂרוֹת־שָׁנִים

helm[2] /helm/ n. (*arch.*) סַנְוֶרֶת, קַסְדָּה (שֶׁל אַבִּיר)

helmet /ˈhelmɪt/ n. קַסְדָּה

crash helmet קַסְדַּת־מָגֵן (לְרוֹכֵב אוֹפַנּוֹעַ)

helmsman /ˈhelmzmən/ n. הַגַּאי

help /help/ v.t.

1 (aid) עָזַר, סִיֵּעַ

□ *would aspirin help my cold?* הַאִם אַסְפִּירִין יַעֲזוֹר נֶגֶד הַהִצְטַנְּנוּת שֶׁלִּי?

□ *I had nothing to do with it, so help me (God)!* לֹא הָיְתָה לִי יָד בָּזֶה, בְּחַיַּי!

□ *could you help me with my bags?* הַאִם תּוּכַל לַעֲזוֹר לִי עִם הַסַּלִּים?

2 (serve) כִּבֵּד (בְּאֹכֶל וְכַד')

□ *help yourselves to some fruit!* הִתְכַּבְּדוּ בְּפֵרוֹת!

□ *he helped himself to my wallet* (*colloq.*) הוּא "סָחַב" לִי אֶת הָאַרְנָק

3 (prevent) נִמְנַע

□ *I had to laugh, I couldn't help it* (or *myself*) לֹא יָכֹלְתִּי לְהִתְאַפֵּק מִלִּצְחֹק, לֹא יָכֹלְתִּי שֶׁלֹּא לִצְחֹק

□ *I can't help her being a fool* זוֹ לֹא אַשְׁמָתִי שֶׁהִיא טִפְּשָׁה

□ *it can't be helped* זֶה בִּלְתִּי נִמְנָע, אֵין מַה לַּעֲשׂוֹת

—v.i.

1 (be useful) הוֹעִיל

□ *it helps to wrap up well if you have a cold* כְּדַאי לְהִתְלַבֵּשׁ הֵיטֵב, אִם אַתָּה מְצֻנָּן

2 (prevent) נִמְנַע

□ *I can't help admiring* (or *but admire*) *her* אֲנִי לֹא יָכוֹל שֶׁלֹּא לְהַעֲרִיץ אוֹתָהּ

□ *don't tell her more than you can help* אַל תַּגִּיד לָהּ יוֹתֵר מִמַּה שֶּׁאַתָּה מֻכְרָח

3 help out עָזַר, הוֹשִׁיט עֶזְרָה

—n.

1 (assistance) עֶזְרָה, סִיּוּעַ

help! הַצִּילוּ!

□ *it would be a great help if you could wash up* זוֹ תִּהְיֶה עֶזְרָה גְּדוֹלָה, אִם תּוּכַל לִרְחֹץ אֶת הַכֵּלִים

□ *he was not (of) much help to us* הוּא לֹא עָזַר לָנוּ הַרְבֵּה

□ *he came to my help* הוּא בָּא לְעֶזְרָתִי

□ *she needs help with her homework* הִיא זְקוּקָה לְעֶזְרָה בְּשִׁעוּרֵי־הַבַּיִת

2 (remedy)

□ *there's no help for it but to surrender* אֵין בְּרֵרָה אֶלָּא לְהִכָּנַע

3 (person who helps with housework, *UK*) עוֹזֶרֶת־בַּיִת

home help עוֹזֶרֶת־בַּיִת (לְקָשִׁישׁ, לְחוֹלֶה וְכַד')

helpful /ˈhelpf(ə)l/ adj. מוֹעִיל; שֶׁיֵּשׁ בּוֹ כְּדֵי לְסַיֵּעַ; מוּכָן לַעֲזוֹר

helping /ˈhelpɪŋ/ n. מָנָה

□ *a large helping of chips, please* מְנַת צִ'יפְּס גְּדוֹלָה, בְּבַקָּשָׁה

helpless /ˈhelplɪs/ adj. חֲסַר־יֶשַׁע, חֲסַר אוֹנִים

helpmate /ˈhelpmeɪt/ n. (also **helpmeet**, /ˈhelpmiːt/ *Bibl.*) עֵזֶר כְּנֶגְדּוֹ

helter-skelter /ˌheltəˈskeltə(r)/ n. מַגְלֵשָׁה לוּלְיָנִית (בְּלוּנָה־פַּרְק וְכַד')

—adv. בְּחִפָּזוֹן וּבְבִלְבּוּל

hem /hem/ n. & v.t. מִכְפֶּלֶת; תָּפַר מִכְפֶּלֶת לְ...

□ *we were hemmed around* (or *about*) *with problems* הָיִינוּ מוּצָפִים בִּבְעָיוֹת

□ *we were hemmed in by the enemy* הֻקַּפְנוּ עַל יְדֵי הָאוֹיֵב, הָאוֹיֵב הִקִּיף אוֹתָנוּ

he-man /ˈhiː-mæn/ n. (*colloq.*) גַּבְרְתָן

hemisphere /ˈhemɪsfɪə(r)/ n. חֲצִי־כַּדּוּר; חֲצִי־כַּדּוּר־הָאָרֶץ

hemispherical /ˌhemɪˈsferɪk(ə)l/ adj. בְּצוּרַת חֲצִי־כַּדּוּר

hemline /ˈhemlaɪn/ n. שׁוּלַיִם (שֶׁל חֲצָאִית/שִׂמְלָה)

□ *hemlines have risen again this year* הַשִּׂמְלוֹת הִתְקַצְּרוּ שׁוּב הַשָּׁנָה (בְּהֶתְאֵם לָאׇפְנָה)

hemlock /ˈhemlɒk/ n. רַעַל; צֶמַח־הָרוֹשׁ

hemoglobin /ˌhiːməˈgləʊbɪn/ n. הֶמוֹגְלוֹבִּין (חֹמֶר הַמָּצוּי בְּכַדּוּרִיּוֹת הַדָּם הָאֲדֻמּוֹת)

hemophilia /ˌhiːməˈfɪlɪə/ n. הֶמוֹפִילְיָה, דַּמֶּמֶת (חֹסֶר קְרִישַׁת דָּם)

hemorrhage /ˈhemərɪdʒ/ n. & v.i. שֶׁטֶף־דָּם, דִּמּוּם; דִּמֵּם

hemorrhoids /ˈhemərɔɪdz/ n. *pl.* טְחוֹרִים (הִתְרַחֲבוּת הַוְּרִידִים בַּחַלְחֹלֶת)

hemp /hemp/ n. קַנַּבּוּס (צֶמַח שֶׁמִּסִּיבָיו מְיַצְּרִים חֲבָלִים וְכַד')

Indian hemp שֵׁם כּוֹלֵל לְסַמִּים הַמּוּפָקִים מִצֶּמַח הַקַּנַּבּוּס (חֲשִׁישׁ, מָרִיחוּאָנָה וְכַד')

hempen /ˈhempən/ adj. עָשׂוּי קַנַּבּוּס, דְּמוּי קַנַּבּוּס (חֶבֶל וְכַד')

hemstitch /ˈhemstɪtʃ/ n. & v.t. תֶּפֶר נִסְתָּר (לְשׁוּלֵי בֶּגֶד); תָּפַר (בֶּגֶד) בְּתֶפֶר נִסְתָּר

hen /hen/ n.

1 (female bird) עוֹף מִמִּין נְקֵבָה

2 (female chicken) תַּרְנְגֹלֶת

3 (female crab, lobster, salmon) נְקֵבַת הַסַּרְטָן, נְקֵבַת הַלּוֹבְּסְטֶר, נְקֵבַת הָאִלְתִּית

hence /hens/ adv. (*formal*)
1 (from this place, from this time) מִכָּאן, מֵעַתָּה
□ *where will we be a week hence?* הֵיכָן נִהְיֶה בְּעוֹד שָׁבוּעַ?
2 (for this reason) מִסִּבָּה זוֹ, לָכֵן, לְפִיכָךְ, עַל כֵּן

henceforth /hensˈfɔːθ/ adv. (also **henceforward** /ˌhensˈfɔːwəd/) (*formal*) מִכָּאן וְאֵילָךְ, מֵעַתָּה וָהָלְאָה, לְהַבָּא

henchman /ˈhentʃmən/ n. (*derog.*) תּוֹמֵךְ נֶאֱמָן, "יַד־יָמִין" (נֶאֱמָר לִשְׁלִילָה)

hendiadys /henˈdaɪədɪs/ n. בִּטּוּי בַּעַל שְׁנֵי אֵיבָרִים הַמְתָאֲרִים מֻשָּׂג אֶחָד

hen-house /ˈhen-haʊs/ n. לוּל

henna /ˈhenə/ n. חִינָּה (צֶמַח וְתַכְשִׁיר קוֹסְמֶטִי מִזְרָחִי הַמּוּפָק מִצֶּמַח זֶה)

hennaed /ˈhenəd/ adj. צָבוּעַ בְּחִינָּה (שֵׂעָר וְכַד')

hen-party /ˈhen-pɑːtɪ/ n. (*colloq.*) מְסִבַּת הַכַּלָּה וִידִידוֹתֶיהָ (לִפְנֵי הַחֲתֻנָּה)

henpecked /ˈhenpekt/ adj. (אָדָם) בַּעַל אִשָּׁה נַדְנְדָנִית וּשְׁתַלְטָנִית

hep /hep/ adj. (*US sl.*) (אָדָם שֶׁהוּא) "בָּעִנְיָנִים"

hepatitis /ˌhepəˈtaɪtɪs/ n. דַּלֶּקֶת הַכָּבֵד

hepta- /ˈheptə-/ pref. (תְּחִלִּית שֶׁפֵּרוּשָׁהּ) שֶׁבַע

heptagon /ˈheptəgən/ n. מְצֻלָּע בַּעַל שֶׁבַע צְלָעוֹת, מְשֻׁבָּע

her /hə(r)/, strong form /hɜː(r)/ pron. אוֹתָהּ, לָהּ
—poss. adj. שֶׁלָּהּ

herald /ˈherəld/ n. כָּרוֹז, מְבַשֵּׂר, שָׁלִיחַ
—v.t. (*formal*) הִכְרִיז עַל, בִּשֵּׂר

heraldic /heˈrældɪk/ adj. שֶׁל סִמְלֵי מִשְׁפָּחוֹת אֲצֻלָּה, הֶרַלְדִּי

heraldry/ˈherəldrɪ/ n. מֶחְקַר סִמְלֵי מִשְׁפָּחוֹת אֲצֻלָּה

herb /hɜːb/ n. תַּבְלִין (לָרֹב לְמַאֲכָלִים לֹא־מְתוּקִים); עֵשֶׂב־מַרְפֵּא

herbaceous /hɜːˈbeɪʃəs/ adj. (*formal*) עִשְׂבִּי, שֶׁל עֵשֶׂב, דְּמוּי עֵשֶׂב

herbal /ˈhɜːb(ə)l/ adj. עִשְׂבִּי, שֶׁל עִשְׂבֵי־מַרְפֵּא; שֶׁל תַּבְלִינִים
—n. (*arch.*) מַדְרִיךְ לְעִשְׂבֵי־מַרְפֵּא

herbalist /ˈhɜːbəlɪst/ n. עֶשְׂבּוֹנַאי, מְטַפֵּל בְּעִשְׂבֵי־מַרְפֵּא

herbicide /ˈhɜːbɪsaɪd/ n. (חֹמֶר) קוֹטֵל עֲשָׂבִים

herbivorous /hɜːˈbɪvərəs/ adj. (בַּעַל חַיִּים) אוֹכֵל עֵשֶׂב

herby /ˈhɜːbɪ/ adj. (מָזוֹן) מְתֻבָּל

Herculean /ˌhɜːkjʊˈliːən/ adj. (*formal*) (מַאֲמָץ) אַדִּירִים

herd /hɜːd/ n. עֵדֶר (שֶׁל בָּקָר, עִזִּים, פִּילִים וְכַד')
the common herd (*derog.*) הֶהָמוֹן, הָאֲסַפְסוּף
the herd instinct (*derog.*) אִינְסְטִינְקְט הֶהָמוֹן, חוּשׁ הָעֵדֶר, עֶדְרִיּוּת (עַל בְּנֵי אָדָם)
—v.t. & i. אָסַף, קִבֵּץ (עֲדָרִים, בְּנֵי־אָדָם וְכַד'); רָעָה אֶת הָעֲדָרִים

herdsman /ˈhɜːdzmen/ n. רוֹעֶה

here /hɪə(r)/ adv. כָּאן, פֹּה
neither here nor there לֹא לָעִנְיָן, לֹא שַׁיָּךְ לָעִנְיָן
here goes! נוּ, קָדִימָה! (אֲמִירָה שֶׁמַּפְנֶה אָדָם לְעַצְמוֹ בְּעֵת הַתְחָלַת פְּעֻלָּה קָשָׁה)
□ *here comes John!* הִנֵּה ג'וֹן בָּא!
□ *this man here saw it all* הָאָדָם הַזֶּה כָּאן רָאָה אֶת הַכֹּל
□ *here we go again!* (*colloq.*) שׁוּב אַתָּה מַתְחִיל!
□ *here, there, and everywhere* כָּאן, שָׁם וּבְכָל מָקוֹם
□ *here's to your success!* (בְּעֵת הֲרָמַת־כּוֹסִית) לְהַצְלָחָתְךָ!
□ *here we are at last!* סוֹף סוֹף הִגַּעְנוּ!
—int. רֶגַע, רֶגַע! (לְהַבָּעַת מֹרַת רוּחַ וְהִסְתַּיְּגוּת)

hereabouts /ˌhɪərəˈbaʊts/ adv. כָּאן בַּסְּבִיבָה

hereafter /ˌhɪərˈɑːftə(r)/ adv. (*formal*) מֵעַתָּה וְאֵילָךְ, בֶּעָתִיד, לְהַבָּא
—n. הָעוֹלָם הַבָּא

hereby /hɪəˈbaɪ/ adv. (*formal*) בְּזֹאת
□ *I hereby declare this ballot closed* אֲנִי מַצְהִיר בְּזֹאת שֶׁהַהַצְבָּעָה הִסְתַּיְּמָה

hereditament /ˌherɪˈdɪtəmənt/ n. (*Law*) נֶכֶס שֶׁבִּירֻשָּׁה

hereditary /hɪˈredɪt(ə)rɪ/ adj. תּוֹרַשְׁתִּי (חֹלִי, תְּכוּנָה וְכַד'); עוֹבֵר בִּירֻשָּׁה (תֹּאַר אֲצֻלָּה וְכַד')

heredity /hɪˈredɪtɪ/ n. תּוֹרָשָׁה

herein /hɪərˈɪn/ adv. (*formal*) שֶׁנִּכְלָל בְּזֹאת, שֶׁנִּכְלָל בּוֹ; בְּזֹאת

hereinafter /ˌhɪərɪnˈɑːftə(r)/ adv. (*Law*) לְהַלָּן

hereof /hɪərˈɒv/ adv. (*formal*) אֲשֶׁר לָזֶה, בַּאֲשֶׁר לָזֶה, שֶׁל זֶה

heresy /ˈherɪsɪ/ n. כְּפִירָה, מִינוּת (גַּם בְּהַשְׁאָלָה)

heretic /ˈheretɪk/ n. כּוֹפֵר (גַּם בְּהַשְׁאָלָה)

heretical /hɪˈretɪk(ə)l/ adj. שֶׁיֵּשׁ בּוֹ כְּפִירָה, כּוֹפֵר (גַּם בְּהַשְׁאָלָה)

hereto /hɪəˈtuː/ adv. (*formal*) הַנּוֹגֵעַ לָעִנְיָן זֶה, הַשַּׁיָּךְ לָזֹאת

heretofore /ˌhɪətuːˈfɔː(r)/ adv. (*formal*) עַד כֹּה, עַד הֵנָּה (בִּזְמַן)

hereunder /hɪərˈʌndə(r)/ adv. (*formal*) לְהַלָּן

hereupon /ˌhɪərəˈpɒn/ adv. (*formal*) בְּזֹאת, לְפִיכָךְ

herewith /hɪəˈwɪθ/ adv. (*formal*) בְּמֻצְרָף, כָּלוּל בָּזֶה

heritage/ˈherɪtɪdʒ/ n. מוֹרָשָׁה

hermaphrodite /hɜːˈmæfrədaɪt/ n. & adj. אַנְדְּרוֹגִינוֹס; דּוּ־מִינִי

hermetic /hɜːˈmetɪk/ adj. הֶרְמֶטִי, אָטוּם לָאֲוִיר

hermetically /hɜːˈmetɪk(ə)lɪ/ adv. בְּאֹפֶן הֶרְמֶטִי

hermetically sealed סָגוּר בְּאֹפֶן הֶרְמֵטִי, אָטוּם לָאֲוִיר
hermit /ˈhɜːmɪt/ n. מִתְבּוֹדֵד (לָרֹב מִטְּעָמִים דָּתִיִּים)
hermitage /ˈhɜːmɪtɪdʒ/ n. מְעוֹנוֹ שֶׁל מִתְבּוֹדֵד
hernia /ˈhɜːnɪə/ n. קִילַע, שֶׁבֶר, בֶּקַע
hero /ˈhɪərəʊ/ n.
1 (illustrious warrior) גִּבּוֹר
2 (central character) גִּבּוֹר, דְּמוּת מֶרְכָּזִית (בְּסֵפֶר וְכַד׳)
3 (idolized figure) גִּבּוֹר נַעֲרָץ, אֱלִיל
hero worship פֻּלְחַן הָעֲרָצָה (לְאָדָם)
4 (type of sandwich, *US*) סֶנְדְּוִיץ׳ מִלֶּחֶם צָרְפָתִי אָרֹךְ
heroic /hɪˈrəʊɪk/ adj. נוֹעָז, אַמִּיץ, שֶׁל גְּבוּרָה, הֵרוֹאִי
heroin /ˈherəʊɪn/ n. הֶרוֹאִין (סַם נַרְקוֹטִי)
heroine /ˈherəʊɪn/ n.
1 (outstanding and admired woman) גִּבּוֹרָה
2 (central female character) גִּבּוֹרָה, דְּמוּת מֶרְכָּזִית (בְּסֵפֶר וְכַד׳)
heroism /ˈherəʊɪzəm/ n. הֵרוֹאִיּוּת, גְּבוּרָה, אֹמֶץ
heron /ˈherən/ n. אֲנָפָה (עוֹף מַיִם דְּמוּי חֲסִידָה)
herpes /ˈhɜːpiːz/ n. הֶרְפֶּס (מַחֲלַת עוֹר וִירָאלִית)
herring /ˈherɪŋ/ n. (*pl.* often same) הֶרִינְג, מָלִיחַ, דָּג־מָלוּחַ
a red herring בְּעָיָה שֶׁאֵינָהּ קְשׁוּרָה בָּעִנְיָן
herring-bone /ˈherɪŋ-bəʊn/ adj. & n. (אָרִיג) בְּדֻגְמַת זִיג־זָג צְפוּפָה; דֻּגְמָה כַּנַּ״ל
hers /hɜːz/ poss. pron. שֶׁלָּהּ
herself /həˈself, strong form hɜːˈself/ pron. (emphat. & refl. form of **she**) הִיא עַצְמָהּ, אֶת עַצְמָהּ
hertz /hɜːts/ n. (*pl.* same) הֶרְץ (יְחִידַת־תְּדִירוּת שֶׁל גַּלִּים אֶלֶקְטְרוֹמַגְנֶטִיִּים)
he's /hiːz/ contr. of **he is, he has** (*colloq.*)
hesitancy /ˈhezɪtənsɪ/ n. (also **hesitance** /ˈhezɪtəns/) הַסְסָנוּת
hesitant /ˈhezɪtənt/ adj. הַסְסָן
hesitate /ˈhezɪteɪt/ v.i. הִסֵּס
□ *he wouldn't hesitate at* (or *to commit*) *murder* הוּא לֹא יְהַסֵּס לִרְצֹחַ, הוּא לֹא יִרְתַּע מִפְּנֵי רֶצַח
hesitation /ˌhezɪˈteɪʃ(ə)n/ n. הִסּוּס
hessian /ˈhesɪən/ n. בַּד גַּס מִסִּיבֵי קַנָּבּוֹס אוֹ יוּטָה
hetero /ˈhetərəʊ n. (*colloq.*) אָדָם הֶטֶרוֹסֶקְסוּאָלִי
heterodox /ˈhetərədɒks/ adj. (*formal*) סוֹטֶה מִן הַדָּת/הַדֵּעָה הַמְקֻבֶּלֶת
heterodoxy /ˈhetərədɒksɪ/ n. סְטִיָּה מִן הַדָּת/הַדֵּעָה הַמְקֻבֶּלֶת
heterogeneous /ˌhetərəˈdʒiːnɪəs/ adj. הֶטְרוֹגֵנִי
heterosexual /ˌhetərəˈsekʃʊəl/ adj. & n. הֶטֶרוֹסֶקְסוּאָלִי, (חָשׁ מְשִׁיכָה אֶל בֶּן/בַּת הַמִּין הָאַחֵר); אָדָם הֶטֶרוֹסֶקְסוּאָלִי
het-up /het-ˈʌp/ adj. (*colloq.*) עַצְבָּנִי

heuristic /hjʊəˈrɪstɪk/ adj. (*formal*) מִשְׁתַּתֵּת עַל לִמּוּד עַצְמִי וַחֲוָיָה אִישִׁית
hew /hjuː/ (past ppl. **hewn** /hjuːn/) v.t. (*formal*) חָטַב, גָּדַע (עֵץ, בְּגַרְזֶן וְכַד׳); חָצַב (אֶבֶן)
□ *he hewed out a career for himself in electronics* הוּא עִצֵּב לְעַצְמוֹ קַרְיֶרָה בְּאֶלֶקְטְרוֹנִיקָה
□ *he hewed his way through the jungle* הוּא פִּלֵּס לוֹ דֶּרֶךְ בַּגּ׳וּנְגֶל
hex /heks/ n. & v.t. (*US*) כִּשּׁוּף; הֵטִיל כִּשּׁוּף עַל
hexa- /ˈheksə/ pref. הֶקְסָ־, (תְּחִלִּית שֶׁפֵּרוּשָׁהּ) שֵׁשׁ
hexagon /ˈheksəgən/ n. מְשֻׁשֶּׁה (מְצֻלָּע בַּעַל שֵׁשׁ צְלָעוֹת)
hexagonal /hekˈsægən(ə)l/ adj. מְשֻׁשֶּׁה (שֶׁל מְצֻלָּע בַּעַל שֵׁשׁ צְלָעוֹת)
hexagram /ˈheksəgræm/ n. צוּרַת ״מָגֵן־דָּוִד״
hexameter /hekˈsæmɪtə(r)/ n. הֶקְסָמֶטֶר (חָרוּז שִׁירִי בַּעַל שֵׁשׁ פְּעִימוֹת)
hey /heɪ/ int. (*colloq.*) ״הֵיי!״ (קְרִיאָה לַהֲסָבַת תְּשׂוּמַת לֵב, לְהַבָּעַת תִּמָּהוֹן, הַפְתָּעָה וְכַד׳)
hey presto! הוֹקוּס־פּוֹקוּס! (קְרִיאַת קוֹסֵם כְּשֶׁהִצְלִיחַ לְבַצֵּעַ קֶסֶם)
heyday /ˈheɪdeɪ/ n. ״תּוֹר הַזָּהָב״, תְּקוּפַת הַפְּרִיחָה, תְּקוּפַת הַשִּׂיא
hi /haɪ/ int. (*colloq.*) ״הַיי!״ (קְרִיאַת שָׁלוֹם בְּפֶתַח פְּגִישָׁה אוֹ שִׂיחָה)
hiatus /haɪˈeɪtəs/ n. (*formal*) הַפְסָקָה, פַּעַר; (בִּלְשׁוֹן) מִפְגָּשׁ בֵּין שְׁתֵּי תְּנוּעוֹת נִפְרָדוֹת
hibernate /ˈhaɪbəneɪt/ v.i. חָרַף (בַּעַל חַיִּים)
hibernation /ˌhaɪbəˈneɪʃ(ə)n/ n. שְׁנַת חֹרֶף
Hibernian /haɪˈbɜːnɪən/ adj. (*arch.*) אִירִי (שֶׁל אִירְלַנְד)
hiccup /ˈhɪkʌp/ n. & v.i. (also **hiccough**) שִׁהוּק; שִׁהֵק
□ *there's been a slight hiccup in the schedule* (*colloq.*) חָלָה תַּקָּלָה קַלָּה בַּתָּכְנִית
hick /hɪk/ n. (*US colloq.*) בּוּר, ״בֶּן כְּפָר״ (טִפֵּשׁ)
hickory /ˈhɪkərɪ/ n. קַרְיָה, עֵץ־אֱגוֹז אֲמֵרִיקָאִי
hide[1] /haɪd/ (past **hid** /hɪd/, past ppl. **hidden** /ˈhɪd(ə)n/ or **hid** /hɪd/) v.t. & i. הֶחְבִּיא, הִסְתִּיר, טָמַן; הִתְחַבֵּא, נֶחְבָּא, הִסְתַּתֵּר
□ *his words had a hidden meaning* לִדְבָרָיו הָיְתָה מַשְׁמָעוּת נִסְתֶּרֶת
□ *they hid out* (or *up*) *in a cave* הֵם הִסְתַּתְּרוּ בִּמְעָרָה
—n. מַחֲבוֹא (לְתַצְפִּית עַל חַיּוֹת בָּר אוֹ לְצַיִד)
hide[2] /haɪd/ n. עוֹר חַיָּה (גָּלְמִי אוֹ מְעֻבָּד); שֶׁלַח
□ *he saved his* (*own*) *hide* (*colloq.*) הוּא הִצִּיל אֶת עוֹרוֹ
□ *he threatened to tan his son's hide* (*arch. colloq.*) הוּא אִיֵּם לְהַצְלִיף בִּבְנוֹ עַד זוֹב דָּם
hide-and-seek /ˌhaɪd-ənd-ˈsiːk/ n. מִשְׂחַק ״מַחֲבוֹאִים״
hide-away /ˈhaɪd-əweɪ/ n. (*colloq.*) מָעוֹן נִסְתָּר, מִשְׁכָּן נִסְתָּר

hidebound /ˈhaɪdbaʊnd/ adj. (*derog.*) (אָדָם) צַר אֳפָקִים

hideous /ˈhɪdɪəs/ adj. מְכֹעָר, מַגְעִיל, נִתְעָב

hide-out /ˈhaɪd-aʊt/ n. (*colloq.*) מַחֲבוֹא, מְקוֹם מִסְתּוֹר

hiding[1] /ˈhaɪdɪŋ/ n. הִתְחַבְּאוּת
- □ *he went into hiding* הוּא הִסְתַּתֵּר, הוּא יָרַד לַמַּחְתֶּרֶת

hiding[2] /ˈhaɪdɪŋ/ n. (*colloq.*) מַלְקוֹת, הַלְקָאָה; תְּבוּסָה מוּחֶצֶת
- □ *he gave the boy a good hiding* הוּא הִצְלִיף בַּיֶּלֶד כַּהֹגֶן
- □ *you're on a hiding to nothing if you expect him to pay* אַתָּה חַי בְּאַשְׁלָיוֹת אִם אַתָּה מְצַפֶּה שֶׁהוּא יְשַׁלֵּם

hierarchical /haɪəˈrɑːkɪk(ə)l/ adj. הִירַרְכִי (עָרוּךְ לְפִי סֻלַּם־דְּרָגוֹת)

hierarchy /ˈhaɪərɑːkɪ/ n. הִירַרְכְיָה, סֻלַּם דְּרָגוֹת; דֵּרוּג חֶבְרָתִי

hieroglyph /ˈhaɪərəglɪf/ n. הִירוֹגְלִיף (סִימָן בִּכְתַב־חַרְטֻמִּים)

hieroglyphic /ˌhaɪərəˈglɪfɪk/ adj. הִירוֹגְלִיפִי, שֶׁל כְּתַב־חַרְטֻמִּים

—n. (usu. in *pl.*) כְּתַב־חַרְטֻמִּים

hi-fi /ˈhaɪ-faɪ/ n. "הַי־פַּי", מַעֲרֶכֶת סְטֶרֵאוֹ

higgledy-piggledy /ˌhɪg(ə)ldɪ-ˈpɪg(ə)ldɪ/ adj. & adv. (*colloq.*) מְבֻלְבָּל; בְּבִלְבּוּל

high /haɪ/ adj.

1 (tall, extending above average level) גָּבוֹהַּ
- **high chair** כִּסֵּא גָּבוֹהַּ לְתִינוֹק
- **high jump** קְפִיצָה לַגֹּבַהּ
- □ *he'll be for the high jump when his boss finds out* (*colloq.*) הוּא יַחְטֹף כַּהֹגֶן כְּשֶׁהַבּוֹס יְגַלֶּה, הוּא יַעֲלֶה עַל טִיל כְּשֶׁהַבּוֹס יְגַלֶּה
- **high water** שִׂיא הַגֵּאוּת
- □ *she hit the high water mark of her career with the American deal* הִיא הִגִּיעָה לְשִׂיא הַקַּרְיֵרָה שֶׁלָּהּ כְּשֶׁעָשְׂתָה אֶת הָעִסְקָה הָאֲמֶרִיקָאִית
- □ *he gets on his high horse too often* (*colloq.*) הוּא אוֹהֵב לַעֲשׂוֹת מֵעַצְמוֹ "מִי־יוֹדֵעַ־מָה"
- □ *the wall is four metres high* גֹּבַהּ הַחוֹמָה אַרְבָּעָה מֶטֶר
- □ *the baby has a high temperature* לַתִּינוֹק יֵשׁ חֹם גָּבוֹהַּ

2 (noble, ranking above others, important) גָּבוֹהַּ, עֶלְיוֹן
- **High Commissioner** נְצִיב עֶלְיוֹן
- **High Court** (*UK*) בֵּית־דִּין גָּבוֹהַּ
- **high society** הַחֶבְרָה הַגְּבוֹהָה
- **high street** הָרְחוֹב הָרָאשִׁי
- **high tea** (*UK*) אֲרוּחַת עֶרֶב גְּדוֹלָה בְּשָׁעָה מֻקְדֶּמֶת
- □ *he's quite high up in the Civil Service* הוּא מַחֲזִיק בְּמִשְׂרָה בְּכִירָה בְּשֵׁרוּת הַמְּדִינָה
- □ *I don't have a high opinion of him* אֲנִי לֹא מַעֲרִיךְ אוֹתוֹ
- □ *she has high principles* הִיא מַחֲזִיקָה בְּעֶקְרוֹנוֹת נַעֲלִים
- □ *there's no need to get all high and mighty* (*colloq. derog.*) תַּפְסִיק לַעֲשׂוֹת רוּחַ
- □ *he's got friends in high places* יֵשׁ לוֹ פְּרוֹטֶקְצְיָה, יֵשׁ לוֹ חֲבֵרִים בַּמְּקוֹמוֹת הַנְּכוֹנִים

3 (powerful, intense, extreme)
- **High Church** פֶּלֶג הַכְּנֵסִיָּה הָאַנְגְּלִיקָנִית הַמַּעֲנִיק חֲשִׁיבוּת רַבָּה לְטֶקֶס
- **high explosive** חֹמֶר נֶפֶץ מְרַסֵּק, חֲנַ"מ
- **high gear** הִלּוּךְ/מַהֲלָךְ גָּבוֹהַּ
- **high treason** בְּגִידָה בַּמּוֹלֶדֶת
- □ *you're in high spirits today!* אַתָּה בְּמַצַּב־רוּחַ מְרוֹמָם הַיּוֹם!
- □ *this food is high in protein* הַמָּזוֹן הַזֶּה עָשִׁיר בְּחֶלְבּוֹן

4 (drunk or drugged, *sl.*) "מְסֻטָּל"

5 (of sound) גָּבוֹהַּ
- **high frequency** תֶּדֶר גָּבוֹהַּ; בְּתֶדֶר גָּבוֹהַּ

6 (at mid or most important point) שִׂיא
- **high noon** בְּצָהֳרֵי הַיּוֹם
- □ *it's high time you settled down* הִגִּיעַ הַזְּמַן שֶׁתִּתְאַרְגֵּן בַּחַיִּים
- □ *high season travel costs more* טִיּוּלִים בְּשִׂיא הָעוֹנָה עוֹלִים יוֹתֵר
- □ *your singing was the high point of the evening* הַשִּׁירָה שֶׁלְּךָ הָיְתָה נְקֻדַּת הַשִּׂיא שֶׁל הָעֶרֶב

—n.

1 (record) שִׂיא
- □ *the stock exchange hit* (or *reached*) *a new high* בּוּרְסַת הַמְּנָיוֹת הִגִּיעָה לְשִׂיא חָדָשׁ

2 (excited state of mind, *colloq.*) "הַי" (בְּשֶׁל הִתְרַגְּשׁוּת, שִׂמְחָה, סַמִּים וְכַד')

3 **on high** (*poet.*) בָּרָקִיעַ, בַּשָּׁמַיִם (לָרֹב לְגַבֵּי הָאֱלֹהִים)

—adv. גָּבוֹהַּ, לַגֹּבַהּ
- **high and dry** (*fig.*) "עַל שִׂרְטוֹן"
- □ *we hunted high and low for her ring* חִפַּשְׂנוּ אֶת־הַטַּבַּעַת שֶׁלָּהּ בְּכָל־מָקוֹם
- □ *feelings ran high at the meeting* הָרוּחוֹת הִתְלַהֲטוּ בַּפְּגִישָׁה

highball /ˈhaɪbɔːl/ n. בְּרַנְדִּי/וִיסְקִי עִם סוֹדָה וְקֶרַח בְּכוֹס גְּבוֹהָה

high-born /ˈhaɪ-bɔːn/ adj. (*poet.*) מִמּוֹצָא אָצִיל

highbrow /ˈhaɪbraʊ/ adj. & n. אִינְטֶלֶקְטוּאָלִי, רְצִינִי; אִינְטֶלֶקְטוּאָל, אָדָם רְצִינִי

high-class /haɪ-klɑːs/ adj. מִסּוּג א', אֵיכוּתִי; שֶׁל מַעֲמָד חֶבְרָתִי גָּבוֹהַּ

highfalutin /ˌhaɪfəˈluːt(ə)n/ adj. (*colloq. derog.*) נָפוּחַ, יָמְרָנִי

high-flier /ˌhaɪ-ˈflaɪə(r)/ n. (also **high-flyer**) אָדָם שֶׁאַפְתָן וּבַעַל עָתִיד

high-flown /haɪ-ˈfləʊn/ adj. (*derog.*) יָמְרָנִי, מְנֻפָּח, מְלִיצִי

high-flying /ˌhaɪ-ˈflaɪɪŋ/ adj. (מָטוֹס) הַטָּס בְּגֹבַהּ רַב; (אָדָם) שֶׁאַפְתָן וּבַעַל עָתִיד

high-grade /haɪ-ˈgreɪd/ adj. מִדַּרְגָּה מְעֻלָּה, מֵאֵיכוּת מְעֻלָּה

high-handed /ˌhaɪ-ˈhændɪd/ adj. שְׁרִירוּתִי וְעָרִיץ

highland /ˈhaɪlənd/ adj. & n. (usu. in *pl.*) (אֵזוֹר) הֲרָרִי; חֶבֶל הַר, רָמָה

Highland dress הַלְּבוּשׁ הַסְּקוֹטִי הַמָּסָרְתִּי (כּוֹלֵל חֲצָאִית)

the Highlands (of Scotland) רָמוֹת־סְקוֹטְלַנְד

highlander /ˈhaɪləndə(r)/ n. תּוֹשַׁב רָמוֹת־סְקוֹטְלַנְד

high-level /ˌhaɪ-ˈlev(ə)l/ adj. בְּדֶרֶג גָּבוֹהַּ; בְּדַרְגָּה גְּבוֹהָה

□ *high-level talks were held between the two countries* דִּיּוּנִים בְּדֶרֶג גָּבוֹהַּ הִתְנַהֲלוּ בֵּין שְׁתֵּי הַמְּדִינוֹת

□ *Fortran is a high-level computer language* פוֹרְטְרָן הִיא שְׂפַת מַחְשֵׁב בְּדַרְגָּה גְּבוֹהָה

highlight /ˈhaɪlaɪt/ n.

1 (important part of whole) שִׂיא, נְקֻדַּת שִׂיא

□ *and now for the highlights of the match* וְעַכְשָׁו לָרְגָעִים הַמֶּרְכָּזִיִּים בַּמִּשְׂחָק

2 (light area in picture etc.) אֵזוֹר מֻדְגָּשׁ

3 (lighter area in hair) פַּסִּים בְּהִירִים בַּשֵּׂעָר

—v.t. הִבְלִיט, הִדְגִּישׁ

highlighter /ˈhaɪlaɪtə(r)/ n. עֵט טוּשׁ לְהַדְגָּשָׁה (לָרֹב בַּעַל צֶבַע זוֹהֵר)

highly /ˈhaɪlɪ/ adv. בְּמִדָּה רַבָּה, בְּיוֹתֵר, מְאֹד

□ *she spoke highly of you* הִיא דִּבְּרָה עָלֶיךָ בְּהַעֲרָכָה רַבָּה

highly-strung /ˈhaɪlɪ-strʌŋ/ adj. בַּעַל אֹפִי רָגִישׁ וּמָתוּחַ

high-minded /ˌhaɪ-ˈmaɪndɪd/ adj. אֲצִיל־רוּחַ

high-necked /ˌhaɪ-ˈnekt/ adj. בַּעַל צַוָּארוֹן גָּבוֹהַּ

Highness /ˈhaɪnɪs/ n.

His (or **Her** or **Your**) **Royal Highness** הוֹד מַעֲלָתוֹ/מַעֲלָתָהּ/מַעֲלָתְךָ/מַעֲלָתֵךְ

high-pitched /ˌhaɪ-ˈpɪtʃt/ adj.

1 (of sounds) גָּבוֹהַּ

2 (of roof) בַּעַל שִׁפּוּעַ תָּלוּל

high-powered /ˌhaɪ-ˈpaʊəd/ adj. רַב עָצְמָה (מָנוֹעַ וְכַד׳)

□ *they sent a high-powered delegation* הֵם שִׁגְּרוּ מִשְׁלַחַת שֶׁל אֲנָשִׁים רַבֵּי־עָצְמָה

high-pressure /ˌhaɪ-ˈpreʃə(r)/ adj. שֶׁל לַחַץ גָּבוֹהַּ; (סוֹכֵן מְכִירוֹת) הַמַּפְעִיל לַחַץ תְּמִידִי

high-ranking /ˌhaɪ-ˈræŋkɪŋ/ adj. (פָּקִיד) בָּכִיר

high-rise /ˈhaɪ-raɪz/ adj. & n. רַב־קוֹמוֹת; בִּנְיַן רַב־קוֹמוֹת

high road /ˈhaɪ rəʊd/ n. רְחוֹב רָאשִׁי

high school /ˈhaɪ skuːl/ n. בֵּית־סֵפֶר תִּיכוֹן

high-speed /haɪ-ˈspiːd/ adj. (כְּלִי רֶכֶב וְכַד׳) מָהִיר

high-tension /ˌhaɪ-ˈtenʃ(ə)n/ adj. (זֶרֶם חַשְׁמַלִּי) שֶׁל מֶתַח גָּבוֹהַּ

highway /ˈhaɪweɪ/ n. כְּבִישׁ רָאשִׁי (לָרֹב בֵּין־עִירוֹנִי)

Highway Code (*UK*) חֻקֵּי הַתְּנוּעָה בַּכְּבִישִׁים

highwayman /ˈhaɪweɪmən/ n. (*Hist.*) שׁוֹדֵד־דְּרָכִים

hijack /ˈhaɪdʒæk/ v.t. חָטַף (מָטוֹס וְכַד׳)

□ *he has hijacked the whole project* הוּא הִשְׁתַּלֵּט עַל כָּל הַפְּרוֹיֶקְט

—n. חֲטִיפָה, חֲטִיפַת מָטוֹס

hike /haɪk/ v.i. יָצָא לְטִיּוּל בָּרֶגֶל (בַּטֶּבַע)

—n. טִיּוּל בָּרֶגֶל

hilarious /hɪˈleərɪəs/ adj. מַצְחִיק עַד דְּמָעוֹת (בְּדִיחָה); עַלִּיז עַד מְאֹד

hilarity /hɪˈlærɪtɪ/ n. צְחוֹק גָּדוֹל (שֶׁל קְבוּצַת אֲנָשִׁים); עַלִּיזוּת

hill /hɪl/ n.

1 (raised area of land) גִּבְעָה

over the hill (*colloq.*) עָבַר זְמַנּוֹ (אָדָם), עוֹבֵר בָּטֵל

2 (slope) מִדְרוֹן, מִתְלוּל

mole hill תְּלוּלִית שֶׁל חֲפַרְפֶּרֶת

hillbilly /ˈhɪlbɪlɪ/ n. (*US colloq.*, often *derog.*) קַרְתָּן, כַּפְרִי

hillock /ˈhɪlək/ n. גִּבְעָה קְטַנָּה

hillside /ˈhɪlsaɪd/ n. צֶלַע הַגִּבְעָה

hilly /ˈhɪlɪ/ adj. הֲרָרִי

hilt /hɪlt/ n. נִצָּב (שֶׁל סַכִּין, חֶרֶב וְכַד׳)

(up) to the hilt לַחֲלוּטִין, לְגַמְרֵי

him /hɪm/ pron. אוֹתוֹ, לוֹ

himself /hɪmˈself/ pron. (emphat. & refl. form of **he**) (אֶת) עַצְמוֹ, לְעַצְמוֹ

□ *he was talking to himself* הוּא דִּבֵּר לְעַצְמוֹ

□ *I want to see Mr Smith himself* אֲנִי רוֹצֶה לִרְאוֹת אֶת מַר סְמִית עַצְמוֹ

□ *everyone should take care of himself* כָּל אֶחָד צָרִיךְ לִדְאֹג לְעַצְמוֹ

hind[1] /haɪnd/ n. צְבִיָּה

hind[2] /haɪnd/ adj. (רֶגֶל) אֲחוֹרִית (שֶׁל בַּעַל־חַיִּים הוֹלֵךְ עַל אַרְבַּע)

□ *the horse reared up on his hind legs* הַסּוּס נֶעֱמַד עַל רַגְלָיו הָאֲחוֹרִיּוֹת

hinder /ˈhɪndə(r)/ v.t. הִפְרִיעַ (לִפְלוֹנִי לַעֲשׂוֹת דְּבַר־מָה), עִכֵּב

Hindi /ˈhɪndiː/ n. הַשָּׂפָה הַהִינְדִּית

hindmost /ˈhaɪndməʊst/ adj. (*arch.*) הָאַחֲרוֹן

hindquarters /ˌhaɪndˈkwɔːtəz/ n. *pl.* אֲחוֹרַיִם (שֶׁל בַּעַל־חַיִּים)

hindrance /ˈhɪndrəns/ n. הַפְרָעָה, עִכּוּב; מִכְשׁוֹל

hindsight /ˈhaɪndsaɪt/ n. חָכְמָה שֶׁלְּאַחַר מַעֲשֶׂה/בְּדִיעֲבַד

Hindu /ˌhɪnˈduː/ n. & adj. הִינְדוּ, בֶּן הַדָּת הַהִינְדִית; שֶׁל הַדָּת הַהִינְדִית

Hinduism /ˈhɪnduːɪzəm/ n. הִינְדוּאִיזְם

hinge /hɪndʒ/ n. צִיר (שֶׁל דֶּלֶת וְכַד׳)

—v.t. קָבַע צִיר (בְּדֶלֶת וְכַד׳)

—v.i.

hinge on (or **upon**) הָיָה תָּלוּי בְּ...

□ *everything hinges on his decision* הַכֹּל תָּלוּי בְּהַחְלָטָתוֹ

hint /hɪnt/ n. רֶמֶז; עֵצָה; שֶׁמֶץ

□ *he took the hint* הוּא הֵבִין אֶת הָרֶמֶז

□ *they print hints for housewives each week* כָּל שָׁבוּעַ הֵם מְפַרְסְמִים עֵצוֹת לַעֲקֶרֶת־הַבַּיִת

□ *there was a hint of malice in his tone* בְּנִימַת דְּבָרָיו הָיָה שֶׁמֶץ זָדוֹן

—v.t. & i. רָמַז

hinterland /ˈhɪntəlænd/ n. פְּנִים הָאָרֶץ

hip[1] /hɪp/ n. אַגַּן־הַיְרֵכַיִם; מִפְרַק הַיָּרֵךְ

hip[2] /hɪp/ n. (also **rose hip**) פְּרִי הַוֶּרֶד

hip[3] /hɪp/ int.

hip, hip, hooray! ״כִּיפַּק הֵיי!״; הֵידָד!

hip[4] /hɪp/ adj. (*sl.*) (הוּא) ״בָּעִנְיָנִים״

hip-bath /ˈhɪp-bɑːθ/ n. אַמְבַּט יְשִׁיבָה

hip-flask /ˈhɪp-flɑːsk/ n. בַּקְבּוּק־מַתֶּכֶת קָטָן לִנְשִׂיאַת מַשְׁקָאוֹת חֲרִיפִים

hippie /ˈhɪpɪ/ n. הִיפִּי

hip-pocket /ˌhɪp-ˈpɒkɪt/ n. הַכִּיס הָאֲחוֹרִי; כִּיס בְּצַד הַבֶּגֶד

hippo /ˈhɪpəʊ/ n. (*colloq.*) הִיפּוֹפּוֹטָם

Hippocratic oath /ˌhɪpəkrætɪk ˈəʊθ/ n. שְׁבוּעַת הָרוֹפְאִים, שְׁבוּעַת הִיפּוֹקְרָטֶס

hippopotamus /ˌhɪpəˈpɒtəməs/ n. (*pl.* **hippopotami** /ˌhɪpəˈpɒtəmaɪ/) הִיפּוֹפּוֹטָם

hippy /ˈhɪpɪ/ n. הִיפִּי

hipsters /ˈhɪpstəz/ n. *pl.* מִכְנָסַיִם שֶׁקַּו הַחֲגוֹרָה שֶׁלָּהֶם נָמוּךְ מִן הַמֹּתֶן

hire /ˈhaɪə(r)/ v.t. שָׂכַר

—n. שְׂכִירָה, שְׂכִירוּת; דְּמֵי־שְׂכִירוּת

hire purchase (*UK*) קְנִיָּה בַּחֲכִירָה

hireling /ˈhaɪəlɪŋ/ n. (usu. *derog.*) אָדָם שֶׁמַּשְׂכִּיר אֶת שֵׁרוּתָיו (לְמַטָּרוֹת מְפֻקְפָּקוֹת)

hirsute /ˈhɜːsjuːt/ adj. (*formal*) שָׂעִיר

his /hɪz/ poss. adj. & pron. שֶׁלּוֹ

Hispanic /hɪˈspænɪk/ adj. סְפָרַדִּי

hiss /hɪs/ v.i. & t. סִנֵּן צְלִיל ס׳ מִבֵּין הַשִּׁנַּיִם; סִנֵּן (מִלִּים) מִבֵּין הַשִּׁנַּיִם

□ *they hissed him off the stage* הֵם גֵּרְשׁוּ אוֹתוֹ מֵהַבָּמָה בִּשְׁרִיקוֹת־בּוּז

—n. שְׁרִיקַת הַנָּחָשׁ, צְלִיל ״ס׳״

histamine /ˈhɪstəmiːn/ n. הִיסְטָמִין

histology /hɪˈstɒlədʒɪ/ n. הִיסְטוֹלוֹגְיָה, תּוֹרַת הָרְקָמוֹת

historian /hɪˈstɔːrɪən/ n. הִיסְטוֹרְיוֹן, חוֹקֵר דִּבְרֵי־הַיָּמִים

historic /hɪˈstɒrɪk/ adj.

1 (associated with past times) הִיסְטוֹרִי

2 (momentous) הִיסְטוֹרִי, בַּעַל חֲשִׁיבוּת מַכְרַעַת

□ *these are historic times* אֵלֶּה רְגָעִים הִיסְטוֹרִיִּים

historical /hɪˈstɒrɪk(ə)l/ adj.

1 (concerning events of the past) הִיסְטוֹרִי

historical novel רוֹמָן הִיסְטוֹרִי

2 (having to do with the study of history) שַׁיָּךְ לְחֵקֶר הַהִיסְטוֹרְיָה

historically /hɪˈstɒrɪk(ə)lɪ/ adv. מִבְּחִינָה הִיסְטוֹרִית

historicity /ˌhɪstəˈrɪsɪtɪ/ n. (*formal*) אֲמִתּוּת הִיסְטוֹרִית

historiography /hɪˌstɒrɪˈɒgrəfɪ/ n. הִיסְטוֹרְיוֹגְרַפְיָה, כְּתִיבַת דִּבְרֵי־הַיָּמִים

history /ˈhɪst(ə)rɪ/ n.

1 (study of the past) הִיסְטוֹרְיָה, דִּבְרֵי־הַיָּמִים

ancient (or **medieval** or **modern**) **history** תּוֹלְדוֹת (הִיסְטוֹרְיָה שֶׁל) הָעֵת הָעַתִּיקָה/יְמֵי־הַבֵּינַיִם/הָעֵת הַחֲדָשָׁה

□ *his discovery made history* תַּגְלִיתוֹ עָשְׂתָה הִיסְטוֹרְיָה

2 (written account of the past) סֵפֶר הִיסְטוֹרְיָה

□ *you need to buy a history of the 19th century* אַתָּה צָרִיךְ לִקְנוֹת סֵפֶר הִיסְטוֹרְיָה שֶׁל הַמֵּאָה הַ־19

3 (collection of particular past events)

□ *this knife has a history* לַסַּכִּין הַזֶּה יֵשׁ הִיסְטוֹרְיָה

□ *she has a history of lung problems* כְּבָר הָיוּ לָהּ בֶּעָבָר בְּעָיוֹת עִם הָרֵאוֹת

□ *our quarrel is all past history now* (*colloq.*) הַמְּרִיבָה שֶׁלָּנוּ הִסְתַּיְּמָה מִזְּמַן

4 □ *they met – and the rest is history* הֵם נִפְגְּשׁוּ וְהַיֶּתֶר יָדוּעַ

histrionic /ˌhɪstrɪˈɒnɪk/ adj. מְעֻשֶּׂה, תֵּיאַטְרָלִי

—n. הִתְנַהֲגוּת מְעֻשָּׂה, הִתְנַהֲגוּת תֵּיאַטְרָלִית

hit /hɪt/ (past & past ppl. **hit**) v.t.

1 (strike) פָּגַע, הִכָּה, חָבַט

hit the deck (*colloq.*) הִשְׁתַּטַּח אַרְצָה

a hit-and-run accident תְּאוּנַת פְּגַע־וּבְרַח

□ *she hit him below the belt* (*fig.*) הִיא נָתְנָה לוֹ מַכָּה מִתַּחַת לַחֲגוֹרָה

□ *her research methods are rather hit-or-miss* שִׁיטוֹת־הַמֶּחְקָר שֶׁלָּהּ מִקְרִיּוֹת בְּמִקְצָת (בִּלְתִּי־מְתֻכְנָנוֹת)

□ *her remark hit the nail on the head* הֶעָרָה שֶׁלָּהּ קָלְעָה לַמַּטָּרָה

□ *he hit the bottle after his wife left him* (*colloq.*) הוּא הִתְחִיל לִשְׁתּוֹת אַחֲרֵי שֶׁאִשְׁתּוֹ עָזְבָה אוֹתוֹ

2 (reach) הִגִּיעַ לְ...

□ *it hit the headlines* זֶה הִגִּיעַ לְכוֹתָרוֹת־הָעִתּוֹנִים
□ *shares hit a new high* הַמְּנָיוֹת הִגִּיעוּ לְשִׂיא חָדָשׁ
□ *I'd better hit the road* (*colloq.*) מוּטָב שֶׁאֵצֵא לַדֶּרֶךְ
□ *we've hit a snag* נִתְקַלְנוּ בִּבְעָיָה
□ *he hit the ceiling* (or *roof*) (*colloq.*) הוּא הִשְׁתּוֹלֵל מִכַּעַס
□ *it's time I hit the sack* (or *hay*) הִגִּיעַ הַזְּמַן שֶׁאֵלֵךְ לִישׁוֹן

3 in set phrases
hit back הֵשִׁיב מִלְחָמָה (שְׂעָרָה)
□ *he hit back at his accusers* הוּא הֵשִׁיב לְמַאֲשִׁימָיו
hit it off הִסְתַּדֵּר עִם (פְּלוֹנִי), מָצָא שָׂפָה מְשֻׁתֶּפֶת עִם
□ *they hit it off with each other* הֵם הִסְתַּדְּרוּ זֶה עִם זֶה
hit on מָצָא בְּמִקְרֶה
□ *she hit* (*up*)*on the solution* הִיא מָצְאָה בְּמִקְרֶה אֶת הַפִּתְרוֹן
hit out שִׁלַּח מַכּוֹת לְכָל עֵבֶר
□ *he hit out at his colleagues* הוּא גִּנָּה אֶת עֲמִיתָיו

—n.
1 (blow) מַכָּה, חֲבָטָה
direct hit פְּגִיעָה יְשִׁירָה
hit man (*sl.*) רוֹצֵחַ־שָׂכִיר
□ *that was a hit at me* (*fig.*) הַהֶעָרָה הַזֹּאת הָיְתָה מְכֻוֶּנֶת נֶגְדִּי
2 (success) הַצְלָחָה
hit parade מִצְעַד־הַפִּזְמוֹנִים
□ *the new play was a hit* הַמַּחֲזֶה הֶחָדָשׁ הָיָה לְהִיט
□ *she was* (or *made*) *a hit with her boyfriend's parents* הִיא עָשְׂתָה רֹשֶׁם מְצֻיָּן עַל הוֹרֵי הֶחָבֵר שֶׁלָּהּ
□ *she sang all her hit songs* הִיא שָׁרָה אֶת כָּל הַלְּהִיטִים שֶׁלָּהּ

hitch /hɪtʃ/ v.t.
1 (fasten) חִבֵּר (מְכוֹנִית לִגְרַר, קְרוֹנוֹת לְרַכֶּבֶת וְכַד')
get hitched (*colloq.*) הִתְחַתֵּן
2 (get a free ride, *colloq.*) תָּפַס טְרֶמְפּ
□ *I hitched a ride* תָּפַסְתִּי טְרֶמְפּ
—v.i.
1 (get caught) נִתְפַּס
2 (travel by asking for rides, *colloq.*) נָסַע בִּטְרֶמְפִּים
□ *he hitched all the way* הוּא עָשָׂה אֶת כָּל הַדֶּרֶךְ בִּטְרֶמְפִּים
3 hitch up לִמְשֹׁךְ לְמַעְלָה בִּתְנוּעָה מְהִירָה
—n.
1 (snag) בְּעָיָה; עִכּוּב
□ *there were a few hitches, but we still arrived on time* הָיוּ כַּמָּה עִכּוּבִים, אֲבָל בְּכָל־זֹאת, הִגַּעְנוּ בַּזְּמַן
2 (jerk) תְּנוּעַת־מְשִׁיכָה מְהִירָה לְמַעְלָה
3 (knot) קֶשֶׁר־מַלָּחִים

hitch-hike /ˈhɪtʃ-haɪk/ v.i. נָסַע בִּטְרֶמְפִּים
hitch-hiker /ˈhɪtʃ-haɪkə(r)/ n. טְרֶמְפִּיסְט
hither /ˈhɪðə(r)/ adv. (*arch.*) הֲלוֹם
hither and thither כֹּה וָכֹה
hitherto /ˌhɪðəˈtuː/ adv. (*formal*) עַד כֹּה
hive /haɪv/ n. כַּוֶּרֶת; הַדְּבוֹרִים שֶׁבַּכַּוֶּרֶת
a hive of industry מֶרְכָּז שֶׁל פְּעִילוּת קַדַּחְתָּנִית
—v.t. & i.
hive off הִפְרִיד (חֵלֶק קָטָן מִסַּךְ כּוֹלֵל); נִפְרַד (כַּנַּ"ל)
□ *the biochemistry section was hived off to form an independent department* הָפְכוּ אֶת הַמַּחְלָקָה הַבִּיּוֹכִימִית לְגוּף נִפְרָד וְעַצְמָאִי
hives /haɪvz/ n. *pl.* חָרֶלֶת (מַחֲלַת עוֹר)
h'm /hm/ int. מְ... מְ... מְ... (לְהַבָּעַת סָפֵק)
ho /həʊ/ int. הוֹ! (לִמְשִׁיכַת תְּשׂוּמֶת־לֵב)
□ *Merry Christmas, ho! ho! ho!* חַג מוֹלָד שָׂמֵחַ, הוֹ! הוֹ! הוֹ! (קְרִיאָה מָסָרְתִּית שֶׁל סַנְטָה קְלָאוּס)
hoar /hɔː(r)/ adj. (*poet.*) (שֵׂעָר) שֵׂיבָה; שֶׁשְּׂעָרוֹ שֵׂיבָה
hoard /hɔːd/ n. מַטְמוֹן
—v.t. & i. אָגַר, צָבַר
hoarding /ˈhɔːdɪŋ/ n. לוּחַ־פִּרְסֹמֶת עֲנָק (בְּצִדֵּי הַדֶּרֶךְ וְכַד')
hoarse /hɔːs/ adj. צָרוּד
hoary /ˈhɔːrɪ/ adj.
1 (grey or white with age, *poet.*) כְּסוּף־שֵׂעָר, שֶׁשְּׂעָרוֹ שֵׂיבָה
2 (old and trite) (בְּדִיחָה) יְשָׁנָה וּבָנָאלִית
hoax /həʊks/ v.t. & n. שִׁטָּה בְּ..., "מָתַח"; גָּרַם לַאֲזְעָקַת־שָׁוְא; אַזְעָקַת־שָׁוְא
hob /hɒb/ n. מִשְׁטַח הַבִּשּׁוּל שֶׁל תַּנּוּר מִטְבָּח
hobble /ˈhɒb(ə)l/ v.i. & n. צָלַע; צְלִיעָה
—v.t. קָשַׁר רַגְלֵי־סוּס (לְהַגְבִּיל אֶת תְּנוּעָתוֹ)
hobbledehoy /ˈhɒb(ə)ldɪhɔɪ/ n. (*arch.*) נַעַר מְגֻדָּל וּמְגֻשָּׁם
hobby /ˈhɒbɪ/ n. הוֹבִּי, תַּחְבִּיב
hobby-horse /ˈhɒbɪ-hɔːs/ n.
1 (toy) מַקֵּל מְטֻאטֵא עִם רֹאשׁ־סוּס (צַעֲצוּעַ)
2 (favourite theme) הַ"שִּׁגָּעוֹן" הַפְּרָטִי (שֶׁל פְּלוֹנִי)
□ *he's off on his hobby-horse* שׁוּב הוּא מְדַבֵּר עַל הַשִּׁגָּעוֹן שֶׁלּוֹ
hobgoblin /hɒbˈgɒblɪn/ n. נַנָּס זְדוֹנִי (כְּגוֹן עוּץ־לִי־גוּץ־לִי)
hob-nail /ˈhɒb-neɪl/ n. מַסְמֵר בַּעַל רֹאשׁ עָבֶה
hobnail boots מַגָּפַיִם מְסֻמְרָרִים
hobnob /ˈhɒbnɒb/ v.i. (*colloq.*) הִתְרוֹעֵעַ עִם
□ *he hobnobs with the great nowadays* בְּיָמִים אֵלֶּה הוּא מִתְרוֹעֵעַ עִם גְּדוֹלִים וַחֲשׁוּבִים
hobo /ˈhəʊbəʊ/ n. (*US colloq.*) הוֹלֵךְ בָּטֵל
Hobson's choice /ˌhɒbs(ə)nz ˈtʃɔɪs/ n. (מַצָּב שֶׁל) אֵין בְּרֵרָה

hock[1] /hɒk/ n. מִפְרָק אֶמְצָעִי בְּרַגְלוֹ הָאֲחוֹרִית שֶׁל בַּעַל־חַיִּים

hock[2] /hɒk/ n. יֵין הוֹק (יַיִן לָבָן גֶּרְמָנִי)

hock[3] /hɒk/ v.t. (*sl.*) מִשְׁכֵּן (בְּבֵית עֲבוֹט)

—n.

in hock מְמֻשְׁכָּן (כַּנַּ"ל); שָׁקוּעַ בְּחוֹבוֹת

hockey /ˈhɒkɪ/ n. הוֹקִי

hockey stick מַקֵּל הוֹקִי

hocus-pocus /ˌhəʊkəs ˈpəʊkəs/ n. אֲחִיזַת־עֵינַיִם

hod /hɒd/ n. מִתְקָן לִנְשִׂיאַת לְבֵנִים עַל הַכָּתֵף

hoe /həʊ/ v.t. & i. עָדַר

—n. מַעְדֵּר

hog /hɒg/ n. חֲזִיר (מְסֹרָס); (בְּהַשְׁאָלָה) זַלְלָן, "חֲזִיר"

go the whole hog (*colloq.*) עָשָׂה בִּשְׁלֵמוּת/כְּמוֹ שֶׁצָּרִיךְ

—v.t. (*colloq.*) הִתְנַהֵג בְּאָנוֹכִיּוּת

hogmanay /ˈhɒgməneɪ/ n. (*Scot.*) לֵיל סִילְוֶסְטֶר

hogwash /ˈhɒgwɒʃ/ n. (*colloq.*) שְׁטֻיּוֹת בְּמִיץ עַגְבָנִיּוֹת

hoi polloi /ˌhɔɪ pəˈlɔɪ/ n. (*derog.*) אֲסַפְסוּף, הָמוֹן

hoist /hɔɪst/ v.t. הֵרִים, הֵנִיף

□ *he was hoist with his own petard* (*formal*) הוּא נָפַל בַּבּוֹר שֶׁכָּרָה

—n. מָנוֹף

hoity-toity /ˌhɔɪtɪ-ˈtɔɪtɪ/ adj. (*colloq. derog.*) שַׁחְצָן, יָהִיר

hokum /ˈhəʊkəm/ n. (*US sl.*) פִּטְפּוּט רֵיק וְיָמְרָנִי

hold /həʊld/ (past & past ppl. **held** /held/) v.t.

1 (clasp) הֶחֱזִיק, אָחַז

□ *they were holding hands* הֵם הֶחֱזִיקוּ זֶה בְּיָדוֹ שֶׁל זֶה

□ *the car holds the road well* הַמְּכוֹנִית "יוֹשֶׁבֶת" טוֹב עַל הַכְּבִישׁ, לַמְּכוֹנִית יֵשׁ אֲחִיזַת־כְּבִישׁ טוֹבָה

□ *he was holding his sides* הוּא הִתְפַּקֵּעַ מִצְּחוֹק

□ *she was left holding the baby* (*colloq.*) הִיא נוֹתְרָה לְטַפֵּל בָּעִנְיָן לְבַדָּהּ

2 (maintain in position)

□ *she held her arms out* הִיא פָּשְׁטָה אֶת יָדֶיהָ

□ *he held the audience spellbound* הוּא רִתֵּק אֶת הַקָּהָל

□ *I held my hand up because I knew the answer* הֵרַמְתִּי אֶת יָדִי כִּי יָדַעְתִּי אֶת הַתְּשׁוּבָה

□ *hold your head high and don't let them frighten you* זְקֹף אֶת רֹאשְׁךָ וְאַל תַּנִּיחַ לָהֶם לְהַפְחִיד אוֹתְךָ

□ *hold it!* אַל תָּזוּז! חַכֵּה! רֶגַע!

□ *hold the line, please* (בַּטֶּלֶפוֹן) נָא לְהַמְתִּין, רַק רֶגַע בְּבַקָּשָׁה

□ *that branch will not hold your weight* הֶעָנָף הַזֶּה לֹא יִשָּׂא אֶת מִשְׁקָלְךָ

3 (contain) הֵכִיל

□ *what does the future hold for Britain?* מָה צָפוּן הֶעָתִיד לִבְרִיטַנְיָה?

□ *your argument won't hold water* טִעוּנְךָ נִתָּן לְהַפְרָכָה

□ *he can't hold his liquor* הוּא מִשְׁתַּכֵּר בְּקַלּוּת

4 (remain in possession of)

□ *the teacher held his students' attention* הַמּוֹרָה הִצְלִיחָה לְהַחֲזִיק אֶת תְּשׂוּמַת־הַלֵּב שֶׁל תַּלְמִידָיו

□ *he cannot hold so many figures in his head* הוּא לֹא יָכֹל לִזְכֹּר כָּל־כָּךְ הַרְבֵּה מִסְפָּרִים

□ *the soldiers held the city for a week* הַחַיָּלִים הֶחֱזִיקוּ בָּעִיר בְּמֶשֶׁךְ שָׁבוּעַ

□ *the deputy manager held the fort while his boss was away* סְגַן־הַמְּנַהֵל נִהֵל אֶת הָעִנְיָנִים כְּשֶׁהַמְּנַהֵל נֶעְדַּר

□ *she held her ground* הִיא עָמְדָה עַל שֶׁלָּהּ

□ *the Labour party held office at that time* מִפְלֶגֶת הַ"לֵּיבּוֹר" הָיְתָה אָז בַּשִּׁלְטוֹן

□ *the patient is holding his own* הַחוֹלֶה מַחֲזִיק מַעֲמָד

□ *she held her own in the debate* הִיא עָמְדָה עַל דַּעְתָּהּ בַּוִּכּוּחַ

□ *he held shares in an oil company* הָיוּ לוֹ מְנָיוֹת בְּחֶבְרַת־נֵפְט

5 (conduct) נִהֵל

□ *the well-known writer held court at the coffee house* הַסּוֹפֵר הַמְּפֻרְסָם יָשַׁב בְּרֹאשׁ חוּג מַעֲרִיצָיו בְּבֵית־הַקָּפֶה

□ *the boss held a party for his employees* הַמְּנַהֵל עָרַךְ מְסִבָּה לְעוֹבְדָיו

6 (restrain) עָצַר

□ *the police are holding the suspect* (*in custody*) הַמִּשְׁטָרָה מַחֲזִיקָה אֶת הֶחָשׁוּד בְּמַעֲצָר

□ *there is no holding her* אִי אֶפְשָׁר לַעֲצֹר אוֹתָהּ

□ *the crowd held their breath* הַקָּהָל עָצַר אֶת נְשִׁימָתוֹ

□ *hold your fire!* לֹא לִפְתֹּחַ בְּאֵשׁ!; נְצֹר אֵשׁ!

□ *he held his tongue* הוּא שָׁתַק, הוּא נָצַר אֶת לְשׁוֹנוֹ

7 (consider) הֶאֱמִין

□ *all that we hold dear is at risk* כָּל הַיָּקָר לָנוּ נָתוּן בְּסַכָּנָה

□ *the author held some critics in high esteem* (or *great respect*) הַסּוֹפֵר הֶעֱרִיךְ מְאֹד מְבַקְּרִים אֲחָדִים

□ *I cannot hold myself responsible for my wife's actions* אֵינֶנִּי מוּכָן לִהְיוֹת אַחֲרַאי לְמַעֲשֵׂי־אִשְׁתִּי

—v.i. הָיָה תָּקֵף, עָמַד בְּעֵינוֹ; נִמְשַׁךְ

hold good (or **true**) תָּקֵף (חֹק וְכַד')

□ *the line held* הַקַּו (שֶׁל הַהֲגַנָּה) הֶחֱזִיק מַעֲמָד

□ *will the weather hold?* הַאִם מֶזֶג־הָאֲוִיר יִשָּׁאֵר כְּפִי שֶׁהוּא? הַאִם מֶזֶג־הָאֲוִיר הַטּוֹב יִמָּשֵׁךְ?

—in set phrases

hold against זָקַף (דְּבַר־מָה) לְחוֹבַת (פְּלוֹנִי)

□ *don't hold his past behaviour against him* אַל תִּשְׁפֹּט אוֹתוֹ עַל־פִּי הִתְנַהֲגוּתוֹ בֶּעָבָר

hold back

□ *buyers are holding back* הַקּוֹנִים מְהַסְּסִים לִקְנוֹת, הַקּוֹנִים נִרְתָּעִים

□ *he's holding back some information* הוּא מַסְתִּיר מֵידָע מְסֻיָּם, הוּא מְסָרֵב לָתֵת מֵידָע אֵיזֶשֶׁהוּ

□ *his poor education is holding him back* חִנּוּכוֹ הַדַּל בְּעוֹכְרָיו

hold down

□ *the department held down expenditure* הַמַּחְלָקָה קִצְּצָה בְּהוֹצָאוֹתֶיהָ

□ *how long can the dictator hold down the masses?* כַּמָּה זְמַן יוּכַל הָרוֹדָן לְדַכֵּא אֶת הֶהָמוֹנִים?

□ *he can't hold down a job* הוּא לֹא יָכוֹל לְהַחֲזִיק מַעֲמָד בְּאַף מִשְׂרָה

hold forth (*derog.*)

□ *her father was holding forth on inflation* אָבִיהָ הִרְבָּה לָהֵג עַל הָאִינְפְלַצְיָה; אָבִיהָ דִּבֵּר עַל הָאִינְפְלַצְיָה בַּחֲשִׁיבוּת מְנֻפַּחַת

hold off

□ *his creditors held off* נוֹשָׁיו הִמְתִּינוּ

□ *the rain held off until after their walk* גְּשָׁמִים לֹא יָרְדוּ לִפְנֵי שֶׁשָּׁבוּ מִטִּיּוּלָם

□ *the small force held off the enemy for three days* הַכֹּחַ הַקָּטָן הָדַף אֶת הָאוֹיֵב בְּמֶשֶׁךְ שְׁלֹשָׁה יָמִים

hold on

□ *hold on to the rope!* הַחֲזֵק בַּחֶבֶל!

□ *hold on! not so fast!* חַכֵּה רֶגַע – אַל תְּמַהֵר כָּל־כָּךְ

□ *how long can the shipwrecked sailors hold on?* כַּמָּה זְמַן יְכוֹלִים מַלְּחֵי הָאֳנִיָּה הַטְּרוּפָה לְהַחֲזִיק מַעֲמָד?

□ *hold on to your antiques! they will appreciate* אַל תֶּחְפַּז לִמְכֹּר אֶת הָעַתִּיקוֹת שֶׁלְּךָ! מְחִירָן יַעֲלֶה

hold out

□ *he could not hold out any hope of a pay rise* הוּא לֹא הָיָה מְסֻגָּל לָתֵת שְׁבִיב שֶׁל תִּקְוָה לְגַבֵּי הַעֲלָאַת־הַשָּׂכָר

□ *the surrounded force held out* הַצָּבָא הַנָּצוּר הֶחֱזִיק מַעֲמָד, הַכֹּחַ הַצְּבָאִי הַמֻּקָּף מִכָּל צַד הֶחֱזִיק מַעֲמָד

□ *she's holding out on me* (*colloq.*) הִיא מַסְתִּירָה מַשֶּׁהוּ מִמֶּנִּי; הִיא מְסָרֶבֶת לִי

□ *how long will our food hold out?* עַד מָתַי יַסְפִּיק לָנוּ הַמָּזוֹן?

□ *they held out for their original demand* הֵם עוֹמְדִים עַל תְּבִיעָתָם הָרִאשׁוֹנָה/הַמְּקוֹרִית

hold over

□ *the final item will be held over until the next meeting* הַסְּעִיף הָאַחֲרוֹן יִדָּחֶה לַפְּגִישָׁה הַבָּאָה, הַשְּׁאֵלָה הָאַחֲרוֹנָה עַל סֵדֶר הַיּוֹם תִּדָּחֶה לַפְּגִישָׁה הַבָּאָה

□ *the management held the threat of plant closures over the workers' heads* הַהַנְהָלָה אִיְּמָה עַל הָעוֹבְדִים בִּסְגִירַת־הַמִּפְעָלִים

hold to

□ *he held to his choice* הוּא דָּבַק בִּבְחִירָתוֹ

□ *we must hold the contractors to their estimates* עָלֵינוּ לַעֲמֹד עַל כָּךְ שֶׁהַקַּבְּלָנִים יִדְבְּקוּ בְּהַעֲרָכוֹתֵיהֶם הַמְּקוֹרִיּוֹת

hold together

□ *the party could hold together no longer* חַבְרֵי־הַמִּפְלָגָה כְּבָר לֹא יָכְלוּ לְהַמְשִׁיךְ לִהְיוֹת מְאֻחָדִים

hold up

□ *the old lady held up wonderfully under pressure* הַגְּבֶרֶת הַזְּקֵנָה עָמְדָה יָפֶה מְאֹד בִּלְחָצִים

□ *he held proceedings up* הוּא עִכֵּב אֶת מַהֲלַךְ־הַיְשִׁיבָה

□ *she did not want to be held up to ridicule* הִיא לֹא רָצְתָה לִהְיוֹת לִצְחוֹק שֶׁל בִּזָּיוֹן

□ *he was held up to us as a good example* הוּא הֻצַּג בְּפָנֵינוּ כְּדֻגְמָה טוֹבָה

□ *they held up the bank* הֵם שָׁדְדוּ אֶת הַבַּנְק

hold with

□ *I don't hold with socialism* אֵינֶנִּי תּוֹמֵךְ בַּסּוֹצְיָאלִיזְם; אֲנִי מִתְנַגֵּד לַסּוֹצְיָאלִיזְם

—n. אֲחִיזָה

on hold מַמְתִּין עַל הַקַּו (בַּטֶּלֶפוֹן); מְשִׁהֶה (פְּרוֹיֶקְט וְכַד׳)

no holds barred הַכֹּל מֻתָּר

□ *she caught* (or *took*) *hold of his collar* הִיא תָּפְסָה בְּצַוָּארוֹנוֹ

□ *I've been trying to get hold of him for months* אֲנִי מְנַסֶּה לְהַשִּׂיג אוֹתוֹ כְּבָר כַּמָּה חֳדָשִׁים

□ *he has a hold over* (or *on*) *his younger brother* יֵשׁ לוֹ הַשְׁפָּעָה עַל אָחִיו הַצָּעִיר

□ *heep a hold on yourself!* רַסֵּן אֶת רִגְשׁוֹתֶיךָ!

□ *the fashion took hold* הָאָפְנָה הִשְׁתָּרְשָׁה

hold[2] /həʊld/ n. בֶּטֶן הָאֳנִיָּה, בֶּטֶן הַמָּטוֹס

holder /ˈhəʊldə(r)/ n.

1 (holder of position; owner) נוֹשֵׂא בְּתַפְקִיד; בַּעַל (רִשְׁיוֹן וְכַד׳)

office-holder נוֹשֵׂא בְּתַפְקִיד; מַחֲזִיק בְּמִשְׂרָה

2 (device for holding stated thing) שֵׁם כּוֹלֵל לְמִינֵי אֲבִזָרִים הַמְשַׁמְּשִׁים לַאֲחִיזָה

cigarette-holder פּוּמִית

holding /ˈhəʊldɪŋ/ n.

1 (owning, possessing) בַּעֲלוּת

holding company חֶבְרָה־אֵם

2 (land or stocks held) נְכָסִים (מְנָיוֹת, אֲדָמוֹת וְכַד׳)

hold-up /ˈhəʊld-ʌp/ n.

1 (delay) פְּקַק־תְּנוּעָה

2 (robbery, *colloq.*) שֹׁד מְזֻיָּן

hole /həʊl/ n. חוֹר (בְּבֶגֶד וְכַד׳); בּוֹר (בָּאֲדָמָה); פִּרְצָה (בְּגָדֵר); ״בּוֹר״ (בְּגוֹלְף)

□ *there in the bank I saw the hole of some animal* שָׁם בְּגָדַת־הַנָּהָר רָאִיתִי מְאוּרָה שֶׁל בַּעַל־חַיִּים כָּלְשֶׁהוּ

□ *do you live in this hole* (*colloq.*) אַתָּה חַי בַּחוֹר הַזֶּה?!

□ *he got me out of a hole* (*colloq.*) הוּא הוֹצִיא אוֹתִי מֵהַבֹּץ

□ *I need this like a hole in the head* (*colloq.*) רַק זֶה חָסֵר לִי

□ *the holiday made a large hole in her savings* (*colloq.*) הַחֻפְשָׁה "אָכְלָה" לָהּ חֵלֶק גָּדוֹל מִן הַחֲסָכוֹנוֹת

—v.t.

1 (make holes in) עָשָׂה חוֹר בְּ..., נִקֵּב

2 (put ball into hole, *Golf*) הִכְנִיס אֶת הַכַּדּוּר לַבּוֹר

□ *he holed in one* הוּא הִכְנִיס אֶת הַכַּדּוּר לַבּוֹר בְּמַכָּה אַחַת

—v.i. (הַכַּדּוּר) נִכְנַס לַבּוֹר (בְּגוֹלְף)

hole up (*US colloq.*) הִסְתַּתֵּר

□ *the gang had* (or *were*) *holed up somewhere in the mountains* הַכְּנוּפְיָה הִסְתַּתְּרָה אֵי שָׁם בֶּהָרִים

hole-and-corner /ˌhəʊl-ənd-ˈkɔːnə(r)/ adj. חֲשָׁאִי (וּבְדֶרֶךְ כְּלָל מְפֻקְפָּק)

holiday /ˈhɒlɪdeɪ/ n. חַג; פַּגְרָה, חֻפְשָׁה, חֹפֶשׁ (מֵעֲבוֹדָה וְכַד')

Bank Holiday (*UK*) יוֹם חֹפֶשׁ רִשְׁמִי בִּבְרִיטַנְיָה

□ *our typist is away on holiday* הַכַּתְבָנִית שֶׁלָּנוּ בְּחֹפֶשׁ

—v.i. נָפַשׁ

holiday-maker /ˈhɒlɪdeɪ-meɪkə(r)/ n. נוֹפֵשׁ

holiness /ˈhəʊlɪnɪs/ n. קְדֻשָּׁה, קֹדֶשׁ

His (or **Your**) **Holiness** הוֹד קְדֻשָּׁתוֹ/קְדֻשָּׁתְךָ (הָאַפִּיפְיוֹר)

hollandaise /ˌhɒlənˈdeɪz/ n. רֹטֶב הוֹלַנְדִּי (לְדָגִים וְכַד')

holler /ˈhɒlə(r)/ v.t. & i. (*US colloq.*) צָרַח, צָוַח

hollow /ˈhɒləʊ/ adj.

1 (empty inside) חָלוּל, נָבוּב

□ *his cheeks were hollow* לְחָיָיו הָיוּ שְׁקוּעוֹת

2 (insincere) מְעֻשֶּׂה, מְזֻיָּף

□ *he gave a hollow laugh* הוּא צָחַק צְחוֹק מְעֻשֶּׂה

□ *it was a hollow promise* זוֹ הָיְתָה הַבְטָחָה רֵיקָה מִתֹּכֶן

—adv. (*colloq.*) לַגַּמְרֵי, לַחֲלוּטִין

□ *we beat them hollow* נִצַּחְנוּ אוֹתָם נִצָּחוֹן מוֹחֵץ

—n. שֶׁקַע, שְׁקַעֲרוּרִית, גֻּמָּה

—v.t. עָשָׂה שְׁקַעֲרוּרִית בְּ...

hollow out עָשָׂה שְׁקַעֲרוּרִית בְּ...

holly /ˈhɒlɪ/ n. צִנִּית דּוֹקְרָנִית

hollyhock /ˈhɒlɪhɒk/ n. חַטְמִית תַּרְבּוּתִית

holocaust /ˈhɒləkɔːst/ n. שׁוֹאָה

the Holocaust הַשּׁוֹאָה

hologram /ˈhɒləgræm/ n. הוֹלוֹגְרָמָה

holograph /ˈhɒləgrɑːf/ n. הוֹלוֹגְרָף (חִבּוּר בִּכְתַב־יָדוֹ שֶׁל הַמְחַבֵּר)

holster /ˈhəʊlstə(r)/ n. נַרְתִּיק לְאֶקְדָּח

holy /ˈhəʊlɪ/ adj.

1 (sacred) קָדוֹשׁ, מְקֻדָּשׁ

the Holy City עִיר הַקֹּדֶשׁ (יְרוּשָׁלַיִם וְכַד')

holy day יוֹם חַג, יוֹם מוֹעֵד

the Holy Family הַמִּשְׁפָּחָה הַקְּדוֹשָׁה (יֵשׁוּ וְהוֹרָיו)

the Holy Father הָאַפִּיפְיוֹר

the Holy Ghost (or **Spirit**) רוּחַ־הַקֹּדֶשׁ

the Holy Grail הַגָּבִיעַ הַקָּדוֹשׁ

the Holy of Holies קֹדֶשׁ־הַקֳּדָשִׁים

the Holy Land אֶרֶץ־הַקֹּדֶשׁ

the Holy Office (*Hist.*) הָאִינְקְוִיזִיצְיָה

Holy Orders הַסְמָכָה לִכְמוּרָה

the Holy See (*formal*) מִשְׂרַת הָאַפִּיפְיוֹר; בֵּית־הַדִּין שֶׁל הָאַפִּיפְיוֹר

holy war מִלְחֶמֶת־קֹדֶשׁ

holy water מַיִם קְדוֹשִׁים (בַּנַּצְרוּת)

Holy Week הַשָּׁבוּעַ שֶׁלִּפְנֵי חַג־הַפַּסְחָא

Holy Writ כִּתְבֵי־הַקֹּדֶשׁ

□ *that child's a holy terror* (*colloq.*) הַיֶּלֶד הַזֶּה הוּא שֵׁד מִשַּׁחַת

2 (devoted to religion) קָדוֹשׁ, טָהוֹר

holier-than-thou (*derog.*) מִתְחַסֵּד

homage /ˈhɒmɪdʒ/ n. (*formal*) מַחֲוָה

□ *many came to pay* (or *do*) *the dead man homage* רַבִּים בָּאוּ לַחֲלֹק כָּבוֹד לַמֵּת

home /həʊm/ n.

1 (place where one lives) בַּיִת

home-bird (*colloq.*) יוֹשֵׁב־בַּיִת

home comforts תְּנָאֵי הַנּוֹחִיּוּת שֶׁיֵּשׁ בְּבַיִת

the Home Counties (*UK*) הַמְּחוֹזוֹת הַסְּמוּכִים לְלוֹנְדוֹן

home economics כַּלְכָּלַת־בַּיִת

home help מְטַפֶּלֶת, עוֹזֶרֶת (לְחוֹלִים, לִקְשִׁישִׁים וְכַד')

home movie סֶרֶט־חוֹבְבִים

the home straight (or **stretch**) הַקֶּטַע הָאַחֲרוֹן בְּמַסְלוּל־מֵרוֹצִים; סוֹף הָעֲבוֹדָה (עַל פְּרוֹיֶקְט וְכַד')

an at-home קַבָּלַת־פָּנִים בְּבַיִת

□ *where is your home town?* מַהִי עִיר הֻלַּדְתְּךָ?

□ *I'm not at home to anyone today* אֵינִי פָּנוּי לְקַבֵּל אוֹרְחִים הַיּוֹם, אֵינִי רוֹצֶה לִרְאוֹת אִישׁ הַיּוֹם

□ *make yourself at home!* תַּרְגִּישׁ כְּמוֹ בְּבַיִת!

□ *he is completely at home with business* הוּא מְאֹד מִתְמַצֵּא בַּעֲסָקִים

□ *he left home at sixteen* הוּא עָזַב אֶת הַבַּיִת בְּגִיל 16

□ *he made his home in the country* הוּא עָבַר לָגוּר בַּכְּפָר

□ *he has gone to his long* (or *last*) *home* (*formal*) הוּא הָלַךְ לְעוֹלָמוֹ

□ *their house was a home from home for me* (*UK*) הִרְגַּשְׁתִּי אֶצְלָם מַמָּשׁ כְּמוֹ בַּבַּיִת

2 (institution) מוֹסָד

children's home בֵּית־מַחְסֶה לִילָדִים

old people's home בֵּית־אָבוֹת

3 (*Sport*) קַו הַגְּמָר; נְקֻדַּת הַהַתְחָלָה וְהַסִּיּוּם (בְּבֵּיסְבּוֹל)

a home run (*US*) הַקָּפָה הַמֻּשֶּׂגֶת לְאַחַר חֲבָטָה אַחַת (בְּבֵּיסְבּוֹל)

4 (native land) מוֹלֶדֶת, מְכוֹרָה

the Home Guard (*Hist.*) הַמִּשְׁמָר הָאֶזְרָחִי (בִּבְרִיטַנְיָה בְּמֶשֶׁךְ מִלְחֶמֶת הָעוֹלָם הַ־II)

the Home Office (*UK*) מִשְׂרַד הַפְּנִים

home rule רִבּוֹנוּת, שִׁלְטוֹן עַצְמִי, עַצְמָאוּת

the Home Secretary שַׂר הַפְּנִים

□ *we sold the goods on the home market* מָכַרְנוּ אֶת הַסְּחוֹרוֹת בַּשּׁוּק הַמְּקוֹמִי

□ *the home front is as important as the battlefield* הָעוֹבְדִים בָּעֹרֶף חֲשׁוּבִים בְּדִיּוּק כְּמוֹ הַנִּלְחָמִים בַּחֲזִית

□ *she told him some home truths* הִיא אָמְרָה לוֹ כַּמָּה דְּבָרִים לַאֲשׁוּרָם

—adv.

1 (to one's home) לַבַּיִת

□ *the meal was nothing to write home about* (*colloq.*) הָאֲרוּחָה לֹא הָיְתָה "מְשַׁגַּעַת"

2 (in or at home) בַּבַּיִת

□ *we were home and dry* (*colloq.*) הִצְלַחְנוּ, יָצָאנוּ בְּשָׁלוֹם

3 (to its goal)

□ *it came* (or *was brought*) *home to him that he had no choice* הִסְתַּבֵּר לוֹ שֶׁלֹּא הָיְתָה לוֹ בְּרֵרָה

□ *he drove the nail home* הוּא תָּקַע אֶת הַמַּסְמֵר עַד הַסּוֹף

□ *he used three examples to drive the point home* הוּא הֵבִיא שָׁלֹשׁ דֻּגְמָאוֹת כְּדֵי לְהָסִיר כָּל סָפֵק

—v.i. שָׁב הַבַּיְתָה (יוֹנָה); הִתְבַּיֵּת (טִיל)

□ *this missile uses radar to home in on its target* הַטִּיל הַזֶּה מִתְבַּיֵּת לַמַּטָּרָה בְּאֶמְצָעוּת מַכָּ"ם

home-brewed /həʊm-ˈbruːd/ adj. (בִּירָה) תּוֹצֶרֶת־בַּיִת

home-coming /ˈhəʊm-kʌmɪŋ/ n. שִׁיבָה הַבַּיְתָה (לְאַחַר זְמַן מְמֻשָּׁךְ); (בְּאַרְהַ"ב) כֶּנֶס מַחֲזוֹרִים

home-grown /həʊm-ˈgrəʊn/ adj. תּוֹצֶרֶת הָאָרֶץ (יְרָקוֹת וְכַד'); גִּדּוּלֵי־גִּנָּה

homeland /ˈhəʊmlænd/ n. מוֹלֶדֶת, מְכוֹרָה

homelands (*S. Afr.*) מְדִינוֹת־חָסוּת (שֶׁל דְּרוֹם־אַפְרִיקָה)

homeless /ˈhəʊmlɪs/ adj. & n. חֲסַר־בַּיִת; אָדָם חֲסַר־בַּיִת

homely /ˈhəʊmlɪ/ adj.

1 (simple) בֵּיתִי

2 (not good-looking, *US*) לֹא נָאֶה לְמַרְאֶה, חֲסַר חֵן

home-made /həʊm-ˈmeɪd/ adj. תּוֹצֶרֶת־בַּיִת

homeopath /ˈhəʊmɪəpæθ/ n. הוֹמֵאוֹפָּת

homeopathic /ˌhəʊmɪəˈpæθɪk/ adj. הוֹמֵאוֹפָּתִי (תְּרוּפָה וְכַד')

homeopathy /ˌhəʊmɪˈɒpəθɪ/ n. הוֹמֵאוֹפַּתְיָה

homesick /ˈhəʊmsɪk/ adj. מִתְגַּעְגֵּעַ לְבֵיתוֹ

homespun /ˈhəʊmspʌn/ n. אָרִיג הַמְּיֻצָּר בַּאֲרִיגָה בֵּיתִית

—adj. (אָרִיג) הַמְּיֻצָּר כַּנַּ"ל; פָּשׁוּט

□ *she had a number of homespun virtues* הָיוּ לָהּ כַּמָּה מַעֲלוֹת פְּשׁוּטוֹת

homestead /ˈhəʊmsted/ n. אֲחֻזָּה כַּפְרִית, חַוָּה

homestyle /ˈhəʊmstaɪl/ adj. (*US*) (אֹכֶל) בְּסִגְנוֹן בֵּיתִי

homeward /ˈhəʊmwəd/ adj. הַבַּיְתָה

—adv. (also **homewards** /ˈhəʊmwədz/) הַבַּיְתָה

homework /ˈhəʊmwɜːk/ n. שִׁעוּרֵי־בַּיִת, עֲבוֹדַת־בַּיִת

□ *the minister hadn't done his homework* (*fig.*) הַשַּׂר לֹא הֵכִין אֶת שִׁעוּרֵי הַבַּיִת שֶׁלּוֹ

homey /ˈhəʊmɪ/ adj. (*US colloq.*) בֵּיתִי

homicidal /ˌhɒmɪˈsaɪd(ə)l/ adj. (*formal*) רַצְחָנִי, רוֹצֵחַ

homicide /ˈhɒmɪsaɪd/ n. (*formal*) רֶצַח; רוֹצֵחַ

homily /ˈhɒmɪlɪ/ n. הַטָּפַת־מוּסָר; דְּרָשָׁה, הַטָּפָה

homing /ˈhəʊmɪŋ/ adj. שָׁב הַבַּיְתָה, מְבַיֶּתֶת (יוֹנָה); מִתְבַּיֵּת (טִיל)

homing pigeon יוֹנַת דֹּאַר

homo /ˈhəʊməʊ/ n. (*colloq. derog.*) הוֹמוֹ

homoeopath /ˈhəʊmɪəpæθ/ n. הוֹמֵאוֹפָּת

homoeopathic /ˌhəʊmɪəˈpæθɪk/ adj. הוֹמֵאוֹפָּתִי

homoeopathy /ˌhəʊmɪˈɒpəθɪ/ n. הוֹמֵאוֹפַּתְיָה

homogeneity /ˌhɒmədʒɪˈniːətɪ/ n. הוֹמוֹגֵנִיּוּת

homogeneous /ˌhəʊməˈdʒiːnɪəs/ adj. הוֹמוֹגֵנִי

homogenize /həˈmɒdʒənaɪz/ v.t. עָשָׂה לְהוֹמוֹגֵנִי

homogenized milk חָלָב הוֹמוֹגֵנִי

homonym /ˈhɒmənɪm/ n. הוֹמוֹנִים (מִלָּה מִצֶּמֶד מִלִּים שָׁווֹת צְלִיל וְ/אוֹ כְּתִיב)

homophone /ˈhɒməfəʊn/ n. הוֹמוֹפוֹן (מִלָּה הַזֵּהָה בְּהֶגּוּיָהּ עִם מִלָּה אַחֶרֶת)

homosexual /ˌhɒməˈsekʃʊəl/ n. & adj. הוֹמוֹסֶקְסוּאָל; הוֹמוֹסֶקְסוּאָלִי

homosexuality /ˌhɒməsekʃʊˈælɪtɪ/ n. הוֹמוֹסֶקְסוּאָלִיּוּת

Hon. abbrev. כְּבוֹד־חֲבֵר הַפַּרְלָמֶנְט; תֹּאַר לְיַלְדֵי מִשְׁפָּחוֹת אֲצֻלָּה

hone /həʊn/ v.t. הִשְׁחִיז; חִדֵּד (אֶת יְדִיעוֹתָיו בְּ...), שִׁפֵּר

honest /ˈɒnɪst/ adj.

1 (candid) גְּלוּי־לֵב

□ *to be quite honest* (*about it*), *I don't know* לְהַגִּיד לְךָ אֶת הָאֱמֶת, אֵינֶנִּי יוֹדֵעַ

2 (possessing or indicating moral probity) יָשָׁר, כֵּן

make an honest living הִתְפַּרְנֵס בְּיֹשֶׁר (כְּלוֹמַר בְּאֹפֶן חֻקִּי)

earn (or **turn**) **an honest penny** הִתְפַּרְנֵס בְּיֹשֶׁר (כַּנַּ"ל)

□ *when are you going to make an honest woman of her?* (*joc.*) מָתַי כְּבָר תִּתְחַתֵּן אִתָּהּ כַּדָּת וְכַדִּין?

honesty /ˈɒnɪstɪ/ n.

1 (quality of being honest) יֹשֶׁר, כֵּנוּת

2 (plant) צֶמַח נוֹי בַּעַל תַּרְמִילִים מְעֻגָּלִים, כְּסוּפִים וּשְׁקוּפִים מְעַט

honey /ˈhʌnɪ/ n.

1 (substance produced by bees) דְּבַשׁ

honey bee דְּבוֹרָה

2 (dear, esp. *US*) מֹתֶק

honeycomb /ˈhʌnɪkəʊm/ n. חַלַּת-דְּבַשׁ

honeycombed /ˈhʌnɪkəʊmd/ adj. בְּצוּרַת חַלַּת-דְּבַשׁ

honeydew /ˈhʌnɪdjuː/ n.

honeydew melon מֶלוֹן (מָאֳרָךְ)

honeyed /ˈhʌnɪd/ adj. (*poet.*) (מִלִּים) מְתוּקוֹת כִּדְבַשׁ, נֹפֶת-צוּפִים

honeymoon /ˈhʌnɪmuːn/ n. & v.i. יֶרַח-דְּבַשׁ; יָצָא לְיֶרַח דְּבַשׁ בְּ...

□ *very soon the honeymoon was over* (*fig.*) מַהֵר מְאֹד הִסְתַּיֵּם "יֶרַח הַדְּבַשׁ"

honeysuckle /ˈhʌnɪsʌk(ə)l/ n. יַעְרָה

honk /hɒŋk/ n. צְוָחַת אַוַּז הַבָּר; צְפִירָה, צִפְצוּף (שֶׁל כְּלִי רֶכֶב)

—v.i. צָוַח; צָפַר, צִפְצֵף

honky /hɒŋkɪ/ n. (*racially derog.*) אָדָם לָבָן

honky-tonk /hɒŋkɪ-tɒŋk/ n. (*colloq.*) מוּזִיקַת "רֶג-טַיְם" מְנֻגֶּנֶת בִּפְסַנְתֵּר

honorarium /ˌɒnəˈreərɪəm/ n. (*pl.* **honoraria**) מַעֲנָק חַד-פַּעֲמִי

honorary /ˈɒnərərɪ/ adj.

1 (unpaid) שֶׁל כָּבוֹד

Honorary Secretary מַזְכִּיר-כָּבוֹד

2 (conferred as an honour) שֶׁל כָּבוֹד (תֹּאַר-כָּבוֹד בָּאוּנִיבֶרְסִיטָה וְכַד')

honorific /ˌɒnəˈrɪfɪk/ adj. & n. מַבִּיעַ כָּבוֹד; תֹּאַר-כָּבוֹד (כְּבוֹד-הָרַב וְכַד')

honour /ˈɑnə(r)/ n.

1 (high principles; nobleness) כָּבוֹד

on my word of honour בְּהֵן צִדְקִי

a point of honour עִנְיָן שֶׁל כָּבוֹד

□ *I feel* (*in*) *honour bound to pay him back* אֲנִי מַרְגִּישׁ חוֹבָה מוּסָרִית לְהַחֲזִיר לוֹ אֶת הַכֶּסֶף

□ *there is honour among thieves* (*Prov.*) יֵשׁ חֻקִּי כָּבוֹד גַּם בָּעוֹלָם הַתַּחְתּוֹן

2 (mark or sign of respect) כָּבוֹד, כִּבּוּד

His (or **Her** or **Your**) **Honour** (*Law*) כְּבוֹד-הַשּׁוֹפֵט

guard of honour מִשְׁמַר-כָּבוֹד

the Birthday Honours (*UK*) רְשִׁימַת תָּאֳרֵי-אֲצֻלָּה וְכָבוֹד הַמָּעֳנָקִים עַל-יְדֵי הַמַּלְכָּה בְּיוֹם-הֻלַּדְתָּהּ

the New Year Honours (*UK*) רְשִׁימַת תְּאָרִים (כַּנַּ"ל) הַמָּעֳנָקִים עַל-יְדֵי הַמַּלְכָּה בְּ-1 בְּיָנוּאָר

□ *he was buried with full military honours* הוּא נִקְבַּר בְּטֶקֶס צְבָאִי מָלֵא

□ *they held a dinner in his honour* הֵם עָרְכוּ אֲרוּחָה לִכְבוֹדוֹ

□ *would you do the honours* (*colloq.*) הַאִם תְּמַלֵּא אֶת חוֹבוֹתֶיךָ כִּמְאָרֵחַ?

3 (special privilege or pleasure)

maid of honour אִשָּׁה בְּשֵׁרוּתָהּ שֶׁל מַלְכָּה/נְסִיכָה; שׁוֹשְׁבִינָה (רָאשִׁית)

honours degree תֹּאַר רִאשׁוֹן (לְפִי הַנֹּסַח הַמְּקֻבָּל בִּבְרִיטַנְיָה)

□ *will you do me the honour of dancing with me?* (*formal*) הֲתוֹאִילִי לְכַבְּדֵנִי בְּרִקּוּד?

□ *he was an honour to his family* הוּא הָיָה מְקוֹר-גַּאֲוָה לְמִשְׁפַּחְתּוֹ

—v.t.

1 (feel or show special respect for, *formal*) כִּבֵּד

□ *when will you honour me with a visit* מָתַי תְּכַבְּדֵנִי בְּבִקּוּר?

2 (keep agreement etc) כִּבֵּד

□ *the bank refused to honour his cheque* הַבַּנְק סֵרֵב לְכַבֵּד אֶת הַהַמְחָאָה שֶׁלּוֹ

honourable /ˈɒnərəb(ə)l/ adj.

1 (upright, worthy of respect) נִכְבָּד, מְכֻבָּד; יָשָׁר

□ *he has honourable intensions towards her* (*formal* or *joc.*) יֵשׁ לוֹ כַּוָּנוֹת רְצִינִיּוֹת כְּלַפֶּיהָ

2 (in titles)

the Honourable gentleman כְּבוֹד חֲבֵר-הַפַּרְלָמֶנְט (בִּבְרִיטַנְיָה)

the Honourable... תֹּאַר לְיַלְדֵי מִשְׁפְּחוֹת-אֲצֻלָּה

hooch /huːtʃ/ n. (*US*) מַשְׁקֶה אַלְכּוֹהוֹל חָזָק, בְּעִקָּר וִיסְקִי

hood[1] /hʊd/ n.

1 (covering for head) בַּרְדָּס, קַפִּישׁוֹן, כּוֹבַע (שֶׁל מְעִיל וְכַד')

2 (folding roof of vehicle, *UK*) גַּג מִתְקַפֵּל

3 (engine cover, *US*) מִכְסֵה-מָנוֹעַ

hood[2] /hʊd/ n. (*US sl.*) גַּנְגְּסְטֶר, עֲבַרְיָן

hoodlum /ˈhuːdləm/ n. (*sl.*) גַּנְגְּסְטֶר, עֲבַרְיָן; חוּלִיגָן

hoodoo /ˈhuːduː/ n. (*US colloq.*) (חֵפֶץ/אִישׁ) הַמֵּבִיא מַזָּל רַע

hoodwink /ˈhʊdwɪŋk/ v.t. הוֹנָה

hooey /ˈhuːɪ/ n. (*US sl.*) שְׁטֻיּוֹת, הֲבָלִים

hoof /huːf/ n. (*pl.* **hoofs** or **hooves**) טֶלֶף

on the hoof (בָּקָר) חַי (לְפִטּוּם וְלִשְׁחִיטָה)

hook /hʊk/ n.

1 (bent attachment) וָו, אַנְקוֹל, קֶרֶס (בְּחַכָּה לְמָשָׁל)

hook and eye קֶרֶס וְלוּלָאָה
hook, line, and sinker (*colloq.*) לְגַמְרֵי, לַחֲלוּטִין
by hook or by crook (*colloq.*) בְּכָל מְחִיר, וִיהִי מָה
□ *the receiver is off the hook* שְׁפוֹפֶרֶת־הַטֶּלֶפוֹן אֵינָהּ מֻנַּחַת עַל כַּנָּהּ
□ *that let me off the hook* (*colloq.*) זֶה פָּתַר לִי אֶת הַבְּעָיָה, זֶה הוֹצִיא אוֹתִי מֵהַבֹּץ
2 (swinging blow) מַכַּת וָו (בְּאִגְרוּף)
□ *a right hook unbalanced him* מַכַּת וָו יְמָנִית עִרְעֲרָה אֶת שִׁוּוּי־מִשְׁקָלוֹ
—v.t.
1 (fasten) רָכַס
□ *she hooked her arms around my neck* הִיא כָּרְכָה אֶת זְרוֹעוֹתֶיהָ סְבִיב צַוָּארִי
2 (catch a fish) דָּג (בְּחַכָּה)
—v.i.
hook up הִתְחַבֵּר
□ *we hooked up to the American TV network* הִתְחַבַּרְנוּ לְשִׁדּוּרֵי רֶשֶׁת הַטֶּלֶוִיזְיָה הָאֲמֶרִיקָאִית
hookah /ˈhʊkə/ n. נַרְגִּילָה
hooked /hʊkt/ adj.
1 (hook-shaped) מְאֻנְקָל, מְעֻקָּל
2 (addicted to, *sl.*) מָכוּר ל...
□ *he's hooked on computer games* הוּא מָכוּר לְמִשְׂחֲקֵי־מַחְשְׁבִים
hooker /ˈhʊkə(r)/ n.
1 (*Rugby*) חָלוּץ (בְּרוֹגְבִּי)
2 (prostitute, *US sl.*) זוֹנָה
hookey /ˈhʊkɪ/ n. (*colloq.*) (also **hooky**)
play hookey הִשְׁתַּמֵּט מִבֵּית־הַסֵּפֶר, "הִתְפַּלַּח" מִבֵּית־הַסֵּפֶר
hook-nosed /hʊk-ˈnəʊzd/ adj. בַּעַל אַף מְעֻקָּל, בַּעַל אַף נִשְׁרִי
hook-up /ˈhʊk-ʌp/ n. הִתְחַבְּרוּת (לְשִׁדּוּרֵי־לַוְיָן)
hookworm /ˈhʊkwɜːm/ n. תּוֹלַעַת־וָו (מִין תּוֹלַעַת מֵעַיִם)
hooligan /ˈhuːlɪgən/ n. חוּלִיגָן
hooliganism /ˈhuːlɪgənɪzəm/ n. חוּלִיגָנִיּוּת, חוּלִיגָנִיזְם
hoop /huːp/ n. חִשּׁוּק
□ *we went through the hoop* (or *hoops*) (*fig.*) הִתְנַסִּינוּ בְּנִסְיוֹנוֹת קָשִׁים
hoop-la /ˈhuːp-lɑː/ n. מִשְׂחָק שֶׁבּוֹ יֵשׁ לְהַשְׁחִיל חִשּׁוּקֵי־עֵץ קְטַנִּים עַל דְּבַר־מָה כְּדֵי לִזְכּוֹת בּוֹ (בְּיָרִיד)
hoopoe /ˈhuːpuː/ n. דּוּכִיפַת
hooray /hʊˈreɪ/ int. כִּיפַּק־הֵי
hoot /huːt/ n. שְׁרִיקַת־יַנְשׁוּף; צְפִירָה, צִפְצוּף (שֶׁל כְּלִי רֶכֶב)
□ *I don't give* (or *care*) *a hoot* (or *two hoots*) *what you do* (*colloq.*) לֹא אִכְפַּת לִי כְּהוּא זֶה מָה תַּעֲשֶׂה
□ *it was a hoot!* (*colloq.*) זֶה הָיָה מַצְחִיק מְאֹד! אֵיזֶה קֶטַע!
—v.t. & i. שָׁרַק (יַנְשׁוּף); צָפַר, צִפְצֵף
□ *they hooted the speaker down* הֵם גֵּרְשׁוּ אֶת הַנּוֹאֵם בִּשְׁרִיקוֹת־בּוּז
hooter /ˈhuːtə(r)/ n. צוֹפָר, צְפַצֵּפָה (שֶׁל כְּלִי רֶכֶב)
□ *he's got a big hooter* (*sl.*) יֵשׁ לוֹ אַף עֲנָק
Hoover[1] /ˈhuːvə(r)/ n. (*Prop.*) שׁוֹאֵב־אָבָק
hoover[2] /ˈhuːvə(r)/ v.t. & i. שָׁאַב אָבָק מ...
hop[1] /hɒp/ v.i. & t. קָפַץ עַל רֶגֶל אַחַת, דִּלֵּג (אָדָם); נִתֵּר (צִפּוֹר); דִּלֵּג עַל רֶגֶל אַחַת מֵעַל
hop it! (*colloq.*) הִסְתַּלֵּק! הִתְנַדֵּף!
hopping mad (*colloq.*) מִשְׁתּוֹלֵל מִכַּעַס
□ *hop in and I'll give you a lift!* (*colloq.*) קְפֹץ לַמְּכוֹנִית וְאֶתֵּן לְךָ טְרֶמְפּ!
—n.
1 (jump) קְפִיצָה, נִתּוּר, דִּלּוּג
hop, skip; (or **step**) **and a jump** קְפִיצָה מְשֻׁלֶּשֶׁת
□ *it's only a short hop from London to Geneva* זֹאת רַק גִּיחָה קְטַנָּה מִלּוֹנְדוֹן לְזֶ'נֶבָה
□ *you've caught me on the hop* (*colloq.*) תָּפַסְתָּ אוֹתִי לֹא מוּכָן
□ *keep him on the hop!* (*colloq.*) תַּעֲבִיד אוֹתוֹ כְּמוֹ שֶׁצָּרִיךְ!
2 (dance, *colloq.*) מְסִבַּת רִקּוּדִים (בְּנֹסַח שְׁנוֹת הַחֲמִשִּׁים)
hop[2] /hɒp/ n. (usu. in *pl.*) כְּשׁוּת
hope /həʊp/ v.t. & i. קִוָּה
hope against hope (*formal*) קִוָּה לַמְרוֹת שֶׁאָפְסָה כָּל תִּקְוָה
□ *let's hope for the best* נְקַוֶּה לַטּוֹב
—n. תִּקְוָה
beyond (or **past**) **hope** לְאַחַר יֵאוּשׁ
hopeful /ˈhəʊpf(ə)l/ adj.
1 (having hope) מְקַוֶּה, מָלֵא תִּקְוָה
□ *I am hopeful that he will succeed* אֲנִי מָלֵא תִּקְוָה שֶׁהוּא יַצְלִיחַ
2 (giving cause for hope) מְעוֹדֵד, מְעוֹרֵר תִּקְוָה; מַבְטִיחַ
—n. שְׁאַפְתָן; בַּעַל עָתִיד מַבְטִיחַ
a young hopeful צָעִיר מַבְטִיחַ
hopefully /ˈhəʊpfəlɪ/ adv.
1 (in a hopeful manner) בְּתִקְוָה
2 (it is hoped) נְקַוֶּה שֶׁ...
□ *hopefully he will be here by noon* נְקַוֶּה שֶׁהוּא יִהְיֶה כָּאן עַד הַצָּהֳרַיִם
hopeless /ˈhəʊplɪs/ adj.
1 (giving cause for despair) חֲסַר־תִּקְוָה
□ *I'm absolutely hopeless at tennis* (*colloq.*) אֲנִי לֹא־יִצְלַח גָּמוּר בְּטֶנִּיס
2 (not having hope) חֲסַר־תִּקְוָה, מְיֹאָשׁ
hopper /ˈhɒpə(r)/ n. בֵּית־קִבּוּל לְגַרְעִינִים בְּתַבְנִית מַשְׁפֵּךְ (בְּאֲסָמִים וְכַד')

hopscotch /ˈhɒpskɒtʃ/ n. קְלָאס (מִשְׂחָק)
horde /hɔːd/ n. הָמוֹן (אֲנָשִׁים), הֲמוֹנִים
□ *there were hordes of people on the beach* הַחוֹף הָיָה הוֹמֶה אָדָם
horizon /həˈraɪz(ə)n/ n. אֹפֶק
□ *he is a man of limited horizons* הוּא אָדָם צַר־אֳפָקִים
□ *there is trouble on the horizon* מִסְתַּמְּנוֹת צָרוֹת בָּאֹפֶק
horizontal /ˌhɒrɪˈzɒnt(ə)l/ adj. & n. אָפְקִי, מְאֻזָּן; קַו מְאֻזָּן
hormonal /hɔːˈməʊn(ə)l/ adj. הוֹרְמוֹנָלִי
hormone /ˈhɔːməʊn/ n. הוֹרְמוֹן
horn /hɔːn/ n.
1 (outgrowth on animal's head) קֶרֶן
horn of plenty קֶרֶן־הַשֶּׁפַע
□ *he drew in his horns after losing his job* הוּא הִדֵּק אֶת הַחֲגוֹרָה לְאַחַר שֶׁפֻּטַּר מֵעֲבוֹדָתוֹ
□ *he was on the horns of a dilemma* (*formal*) הוּא הָיָה בֵּין הַפַּטִּישׁ וְהַסַּדָּן
2 (material of which horns are made) חֹמֶר קַרְנִי
horn rims מִסְגֶּרֶת־קֶרֶן (בְּמִשְׁקָפַיִם)
3 (musical instrument) קֶרֶן
4 (hooter of car, ship, etc.) צוֹפָר
hornet /ˈhɔːnɪt/ n. צִרְעָה גְּדוֹלָה
hornets' nest קַן־צְרָעוֹת (גַּם בְּהַשְׁאָלָה)
hornpipe /ˈhɔːnpaɪp/ n. רִקּוּד עַלִּיז שֶׁל מַלָּחִים; הַמּוּזִיקָה לְרִקּוּד הַנַּ״ל
horn-rimmed /ˈhɔːn-rɪmd/ adj. (מִשְׁקְפֵי־) קֶרֶן
horny /ˈhɔːnɪ/ adj. (*sl.*)
1 (rough and hard) קַרְנִי (עוֹר לְמָשָׁל)
2 (sexually excited, *vulg.*) (אָדָם) ״מְיֻחָם״
horoscope /ˈhɒrəskəʊp/ n. הוֹרוֹסְקוֹפּ
horrendous /həˈrendəs/ adj. אָיֹם, נוֹרָא; ״נוֹרָא״
horrible /ˈhɒrɪb(ə)l/ adj. מַחֲרִיד, מַבְעִית; אָיֹם, נוֹרָא
horrid /ˈhɒrɪd/ adj. נוֹרָא, מַגְעִיל
horrific /həˈrɪfɪk/ adj. מַחֲרִיד, מַבְעִית
horrify /ˈhɒrɪfaɪ/ v.t. הִבְעִית, זִעְזַע
horror /ˈhɒrə(r)/ n. אֵימָה, בְּעָתָה, גֹּעַל, סְלִידָה
horror film סֶרֶט־אֵימָה
□ *the sight gave him the horrors* (*colloq.*) הַמַּרְאֶה הִפְחִיד/הִגְעִיל אוֹתוֹ
□ *she has a horror of dirt* הִיא מִתְעַבֶת לִכְלוּךְ
□ *the horrors of war* אֵימֵי־הַמִּלְחָמָה
□ *this child is a little horror* (*colloq.*) הַיֶּלֶד הַזֶּה הוּא שֵׁד מִשַּׁחַת
horror-struck /ˈhɒrə-strʌk/ adj. (also **horror-stricken** /ˈhɒrə-strɪk(ə)n/) מֻבְעָת, מֻכֵּה אֵימָה
hors de combat /ˌɔː də ˈkɒmbɑː/ pred. adj. (*formal*) (סְפּוֹרְטַאי וְכַד׳) שֶׁיָּצָא מִכְּלַל פְּעֻלָּה (בִּגְלַל פְּצִיעָה וְכַד׳)
hors-d'oeuvres /ˌɔː-ˈdɜːvrə/ n. (with *sing.* or *pl.* v.) מְתַאֲבֵן

horse /hɔːs/ n.
1 (animal) סוּס
horse breaker מְאַלֵּף־סוּסִים
the horses מֵרוֹצֵי־סוּסִים
from the horse's mouth (*colloq.*) מִמָּקוֹר רִאשׁוֹן
□ *that's a horse of a different colour* (*fig.*) זֶה עִנְיָן אַחֵר לְגַמְרֵי
□ *he put the cart before the horse* הוּא הָפַךְ אֶת הַיּוֹצְרוֹת
□ *she's a dark horse* הִיא לֹא מְגַלָּה אֶת קְלָפֶיהָ
□ *don't get on your high horse with me* (*colloq. derog.*) אַל תְּשַׂחֵק לִי אֶת הַמֻּמְחֶה
□ *don't look a gift horse in the mouth* (*Prov.*) אַל תִּתְלוֹנֵן עַל דָּבָר שֶׁקִּבַּלְתָּ בְּחִנָּם
□ *you backed the wrong horse* (*fig.*) הִמַּרְתָּ עַל הַסּוּס הַלֹּא־נָכוֹן
□ *he eats like a horse* הוּא אוֹכֵל כְּמוֹ סוּס/הָמוֹן
□ *hold your horses!* (*colloq.*) רֶגַע, רֶגַע! חַכֵּה! תֵּרָגַע!
2 (*collect.*, cavalry) פָּרָשִׁים
Horse Guards (*UK*) מִשְׁמַר הַפָּרָשִׁים הַמַּלְכוּתִי
3 **clothes horse** מִתְקָן בֵּיתִי לִתְלִיַּת כְּבִיסָה לְיִבּוּשׁ
4 (vaulting block) ״סוּס״
vaulting horse ״סוּס״
5 (*heroin, sl.*) הֵרוֹאִין
—v.i.
horse around (or **about**) הִשְׁתּוֹלֵל
horseback /ˈhɔːsbæk/ n. גַּב־הַסּוּס
on horseback (רָכוּב) עַל סוּס
horseback riding (*US*) רְכִיבָה עַל סוּס
horse-box /ˈhɔːs-bɒks/ n. קְרוֹנִית נִגְרֶרֶת לְהוֹבָלַת סוּס
horse-chestnut /hɔːs-ˈtʃesnʌt/ n. עַרְמוֹנִית־הַסּוּסִים; פְּרִי הָעֵץ הַנַּ״ל
horseflesh /ˈhɔːsfleʃ/ n. (*sl.*)
□ *he's a good judge of horseflesh* הוּא מֵבִין בְּסוּסִים
horsefly /ˈhɔːsflaɪ/ n. זְבוּב־הַסּוּס
horsehair /ˈhɔːsheə(r)/ n. שְׂעַר־סוּסִים
horse-laugh /ˈhɔːs-lɑːf/ n. (*derog.*) צְחוֹק פָּרוּעַ
horseman /ˈhɔːsmən/ n. רוֹכֵב, פָּרָשׁ
horsemanship /ˈhɔːsmənʃɪp/ n. אָמָּנוּת־הָרְכִיבָה
horsemeat /ˈhɔːsmiːt/ n. בְּשַׂר־סוּסִים
horseplay /ˈhɔːspleɪ/ n. הִשְׁתּוֹלְלוּת
horsepower /ˈhɔːspaʊə(r)/ n. כֹּחַ־סוּס
horse-race /ˈhɔːs-reɪs/ n. מֵרוֹץ־סוּסִים
horseradish /ˈhɔːsrædɪʃ/ n. חֲזֶרֶת (יָרָק)
horse sense /ˈhɔːs sens/ n. (*colloq.*) שֵׂכֶל יָשָׁר
horseshoe /ˈhɔːsʃuː/ n. פַּרְסָה
horsewhip /ˈhɔːswɪp/ n. & v.t. שׁוֹט; הִצְלִיף בְּשׁוֹט
horsewoman /ˈhɔːswʊmən/ n. רוֹכֶבֶת (עַל סוּסִים)
horsey /ˈhɔːsɪ/ adj. (also **horsy**) חוֹבֵב סוּסִים; בַּעַל פַּרְצוּף סוּסִי

horticultural /ˌhɔːtɪˈkʌltʃərəl/ adj. (*formal*) שֶׁקָּשׁוּר בְּגַנָּנוּת
horticulture /ˈhɔːtɪkʌltʃə(r)/ n. (*formal*) גַּנָּנוּת
horticulturist /ˌhɔːtɪˈkʌltʃərɪst/ n. (*formal*) גַּנָּן
hosanna /həʊˈzænə/ n. (*Bibl.*) "הוֹשַׁעְנָא" (קְרִיאַת שֶׁבַח וְהוֹדָיָה לָאֵל)
hose /həʊz/ n.
1 (as *pl.*, stockings) "טִיְטְס", גַּרְבִּיּוֹן, גַּרְבַּיִם
2 (flexible tube) צִנּוֹר
—v.t.
hose down שָׁטַף בְּאֶמְצָעוּת צִנּוֹר (מְכוֹנִית לְמָשָׁל)
hosepipe /ˈhəʊzpaɪp/ n. צִנּוֹר
hosier /ˈhəʊzɪə(r)/ n. מוֹכֵר גַּרְבַּיִם וּלְבָנִים לִגְבָרִים
hosiery /ˈhəʊzɪərɪ/ n. מַחְלֶקֶת-גַּרְבַּיִם (בְּכָל-בּוֹ)
hospice /ˈhɒspɪs/ n. מוֹסָד לְחוֹלִים חֲשׂוּכֵי-מַרְפֵּא; אַכְסַנְיָה הַמְּנֻהֶלֶת עַל-יְדֵי גּוּף דָּתִי
hospitable /həˈspɪtəb(ə)l/ adj. מַכְנִיס-אוֹרְחִים, מַסְבִּיר-פָּנִים לָאוֹרֵחַ
hospital /ˈhɒspɪt(ə)l/ n. בֵּית-חוֹלִים
hospitality /ˌhɒspɪˈtælətɪ/ n. הַכְנָסַת-אוֹרְחִים, הַסְבָּרַת-פָּנִים לָאוֹרֵחַ
hospitalization /ˌhɒspɪtəlaɪˈzeɪʃ(ə)n/ n. אִשְׁפּוּז
hospitalize /ˈhɒspɪtəlaɪz/ v.t. אִשְׁפֵּז
host[1] /həʊst/ n. מִסְפָּר רַב, הָמוֹן
□ *we faced a host of problems* נִצַּבְנוּ בִּפְנֵי הָמוֹן בְּעָיוֹת
host[2] /həʊst/ n.
1 (person receiving or entertaining another) מְאָרֵחַ
□ *Los Angeles played host to the Olympic Games* לוֹס אַנְגֶ'לֶס אֵרְחָה אֶת הַמִּשְׂחָקִים הָאוֹלִימְפִּיִּים
2 (landlord of an inn) בַּעַל פֻּנְדָּק
3 (*Biol.*) פֻּנְדְּקַאי
4 (compere of TV programme etc.) מַנְחֶה
—v.t. אֵרַח
host[3] /həʊst/ n. (*Relig.*) לֶחֶם-הַקֹּדֶשׁ (בַּנַּצְרוּת)
hostage /ˈhɒstɪdʒ/ n. בֶּן-עֲרֻבָּה
□ *he gives hostages to fortune* (*formal*) הוּא קִבֵּל עַל עַצְמוֹ חוֹבוֹת שֶׁהוּא עָלוּל לְהִתְחָרֵט עֲלֵיהֶן
hostel /ˈhɒst(ə)l/ n. מְעוֹנוֹת (סְטוּדֶנְטִים וְכַד')
youth hostel אַכְסַנְיַת-נֹעַר
hosteller /ˈhɒstələ(r)/ n. מְטַיֵּל שֶׁלָּן בְּאַכְסַנְיוֹת-נֹעַר
hostelry /ˈhɒstəlrɪ/ n. (*arch.* or *joc.*) אַכְסַנְיָה, פֻּנְדָּק
hostess /ˈhəʊstɪs/ n. מְאָרַחַת; דַּיֶּלֶת
air hostess דַּיֶּלֶת
□ *she's a hostess in a night club* הִיא מְאָרַחַת בְּמוֹעֲדוֹן-לַיְלָה
hostile /ˈhɒstaɪl/ adj. עוֹיֵן; אוֹיֵב
hostility /hɒˈstɪlɪtɪ/ n.
1 (enmity) אֵיבָה, עוֹיְנוּת, שִׂנְאָה
2 (in *pl.*, warfare) פְּעֻלּוֹת-אֵיבָה
□ *the outbreak of hostilities was inevitable* פְּתִיחַת הַמִּלְחָמָה הָיְתָה בִּלְתִּי-נִמְנַעַת
hot /hɒt/ adj.
1 (of or at a high temperature) חַם
hot air (*fig.*) הֲבָלִים, שְׁטֻיּוֹת
(all) hot and bothered בְּפָנִיקָה
hot cross bun לַחְמָנִיָּה מְתוּקָה עִם צִמּוּקִים שֶׁאוֹכְלִים בַּיָּמִים שֶׁלִּפְנֵי הַפַּסְחָא
hot flush גַּל חֹם בַּגּוּף (אֵצֶל נָשִׁים בְּגִיל הַמַּעֲבָר)
hot potato (*colloq.*) נוֹשֵׂא רָגִישׁ
hot water bottle (or **bag,** *US*) בַּקְבּוּק מַיִם-חַמִּים (לְחִמּוּם הַגּוּף)
□ *I went hot and cold all over* הִרְגַּשְׁתִּי צְמַרְמֹרֶת בְּכָל הַגּוּף
□ *she got into hot water* (*colloq.*) הִיא נִכְנְסָה לְצָרוֹת
□ *he got very hot under the collar* (*colloq.*) הוּא הִתְחַמֵּם (הִתְרַגֵּז); הוּא נַעֲשָׂה נָבוֹךְ
□ *now you're getting hot – guess again!* "מִתְחַמֵּם", "מִתְחַמֵּם", תְּנַסֶּה עוֹד פַּעַם! (בְּמַחֲבוֹאִים וְכַד')
□ *it sold like hot cakes* זֶה נֶחְטַף כְּמוֹ לַחְמָנִיּוֹת טְרִיּוֹת
2 (excited, exciting, intense) "חַם"
hot gospeller (*colloq.*) מַטִּיף נִלְהָב
hot line קַו טֶלֶפוֹן יָשִׁיר (לְמִקְרֵי חֵרוּם וְכַד'), "טֶלֶפוֹן אָדֹם"
hot news חֲדָשׁוֹת לוֹהֲטוֹת
the hot seat (*colloq.*) מַצָּב לַחַץ (שֶׁבּוֹ חַיָּב אָדָם לְהִתְמוֹדֵד עִם בְּעָיוֹת סְבוּכוֹת)
hot spot אֵזוֹר רָגִישׁ (מִבְּחִינָה פּוֹלִיטִית)
too hot to handle מְסֻבָּךְ מִדַּי, מְסֻכָּן מִדַּי, רָגִישׁ מִדַּי
□ *he's a hot favourite to win* הוּא בַּעַל הַסִּכּוּיִים הַטּוֹבִים בְּיוֹתֵר לִזְכּוֹת
□ *he's hot on classical music* הוּא "יוֹדֵעַ הַכֹּל" עַל מוּזִיקָה קְלַאסִית
□ *he's had the hots for her for months* (*sl.*) הוּא דָּלוּק עָלֶיהָ כְּבָר חֳדָשִׁים
□ *that lecturer isn't so hot* (*colloq.*) הַמַּרְצֶה הַזֶּה הוּא לֹא "מִי-יוֹדֵעַ-מָה"
3 (peppery) (מָזוֹן) חָרִיף
4 (stolen, *sl.*) "חַם"
—adv. בְּלַהַט, בְּרֹגֶז
□ *they were hot on his trail* הֵם רָדְפוּ בְּעִקְבוֹתָיו
□ *famine came hot on the heels of war* (*formal*) הָרָעָב בָּא מִיָּד בְּעִקְבוֹת הַמִּלְחָמָה
—v.i.
hot up (*colloq.*) הִתְחַמֵּם (בְּהַשְׁאָלָה בִּלְבַד)
□ *things are hotting up* הַמַּצָּב הוֹלֵךְ וּמִתְחַמֵּם
hotbed /ˈhɒtbed/ n. חֲמָמָה (בְּהַשְׁאָלָה בִּלְבַד)
□ *the university is a hotbed of revolution* הָאוּנִיבֶרְסִיטָה הִיא חֲמָמָה לְמַהְפֵּכָה
hot-blooded /hɒt-ˈblʌdɪd/ adj. בַּעַל דָּם-חַם, בַּעַל אֹפִי סוֹעֵר

hotchpotch /ˈhɒtʃpɒtʃ/ n. "דַיְסָה", "סָלָט", בִּלְבּוּל
hot dog /ˈhɒt dɒg/ n. "הוֹט-דוֹג", נַקְנִיקִיָּה בְּלַחְמָנִיָּה
hotel /həʊˈtel/ n. בֵּית-מָלוֹן
hotelier /həʊˈtelɪe(r)/ n. מְלוֹנַאי
hotfoot /ˈhɒtfʊt/ adv. (*colloq.*) בִּמְהִירוּת רַבָּה
hothead /ˈhɒthed/ n. אָדָם פָּזִיז
hotheaded /hɒtˈhedɪd/ adj. פָּזִיז, חֲמוּם-מֶזֶג
hothouse /ˈhɒthaʊs/ n. חֲמָמָה
hotly /ˈhɒtlɪ/ adv. בְּרֹגֶז, בְּזַעַם; בְּנִחִישׁוּת
hotplate /ˈhɒtpleɪt/ n. פְּלָטָה שֶׁל תַּנּוּר חַשְׁמַלִּי
hotpot /ˈhɒtpɒt/ n. תַּבְשִׁיל בְּשַׂר כֶּבֶשׂ, תַּפּוּחֵי אֲדָמָה וּבְצָלִים
hot-tempered /hɒt-ˈtempəd/ adj. חַם מֶזֶג
hound /haʊnd/ n. כֶּלֶב צַיִד; כֶּלֶב (מִסּוּגִים שׁוֹנִים)
□ *we follow the hounds* (or *ride to hounds*) אֲנַחְנוּ נוֹהֲגִים לָצֵאת לְצַיִד שׁוּעָלִים
—v.t. רָדַף אַחֲרֵי, הִטְרִיד
□ *they hounded him for the money* הֵם רָדְפוּ אַחֲרָיו לְלֹא הֶפְסֵק בִּדְרִישָׁה שֶׁיִּתֵּן לָהֶם אֶת הַכֶּסֶף
hour /aʊə(r)/ n.
1 (sixty minutes) שָׁעָה
the eleventh hour הָרֶגַע הָאַחֲרוֹן, הַדַּקָּה הַ-90
hour hand מָחוֹג הַשָּׁעוֹת
□ *trains leave every hour on the hour* הָרַכָּבוֹת יוֹצְאוֹת בְּכָל שָׁעָה שְׁלֵמָה
□ *at all hours* (*of the day and night*) בְּכָל שְׁעוֹת הַיּוֹם וְהַלַּיְלָה
□ *we were up till all hours* הָיִינוּ עֵרִים עַד הַשָּׁעוֹת הַקְּטַנּוֹת
2 (in *pl.*, fixed periods) זְמַנִּים, שָׁעוֹת (שֶׁל עֲבוֹדָה וְכַד׳)
□ *the police caught them drinking after hours* הַמִּשְׁטָרָה תָּפְסָה אוֹתָם שׁוֹתִים אַחֲרֵי שְׁעַת הַסְּגִירָה (שֶׁל הַפָּאבּ)
□ *he often works after* (or *out of*) *hours* לְעִתִּים קְרוֹבוֹת הוּא מַמְשִׁיךְ לַעֲבֹד אַחֲרֵי שְׁעוֹת הָעֲבוֹדָה
□ *he keeps late hours* הוּא נוֹהֵג לָלֶכֶת לִישֹׁן מְאֻחָר
3 (a particular or present point in time) שָׁעָה
the question of the hour הַשְּׁאֵלָה הָעוֹמֶדֶת עַל הַפֶּרֶק
□ *she was there in his hour of need* הִיא עָמְדָה לְצִדּוֹ כְּשֶׁהָיָה בִּמְצוּקָה
□ *his hour of reckoning had come* הִגִּיעַ זְמַנּוֹ לָתֵת אֶת הַדִּין
hourly /ˈaʊəlɪ/ adv.
1 (every hour) מִדֵּי שָׁעָה, אַחַת לְשָׁעָה
2 (soon) בְּכָל רֶגַע
—adj. אַחַת לְשָׁעָה, מִדֵּי שָׁעָה
house n. /haʊs/ (*pl.* **houses** /ˈhaʊzɪz/)
1 (dwelling) בַּיִת
house arrest מַעֲצַר-בַּיִת
the House of God כְּנֵסִיָּה
house of ill-repute (or **ill-fame**) (*arch.*) בֵּית-בֹּשֶׁת
house martin סְנוּנִית עָרִים, טַסִּית (צִפּוֹר קְטַנָּה)
house sparrow דְּרוֹר (צִפּוֹר קְטַנָּה)
keep house נִהֵל מֶשֶׁק; מֶשֶׁק בַּיִת
open house "בַּיִת פָּתוּחַ" (אֵרוּחַ תָּכוּף)
□ *his business empire proved to be a house of cards* הִתְבָּרֵר שֶׁהָאִימְפֶּרְיָה הַכַּלְכָּלִית שֶׁלּוֹ עָמְדָה עַל כַּרְעֵי תַּרְנְגֹלֶת
□ *they get on like a house on fire* הֵם מִסְתַּדְּרִים יַחַד מְצֻיָּן
□ *the party had better put* (or *set*) *its house in order before the election* מוּטָב שֶׁהַמִּפְלָגָה תַּשְׁלִיט סֵדֶר בְּעִנְיָנֶיהָ הַפְּנִימִיִּים לִפְנֵי הַבְּחִירוֹת
□ *train travel is as safe as houses* הַנְּסִיעָה בָּרַכֶּבֶת בְּטוּחָה לְגַמְרֵי
2 (sub-division of school) "בַּיִת" (יְחִידָה אִרְגּוּנִית/חֶבְרָתִית בַּפְּנִימִיָּה)
3 (inn) פָּאבּ
on the house עַל חֶשְׁבּוֹן הַבַּיִת (מַשְׁקֶה בְּחִנָּם וְכַד׳)
4 (institution; company) בַּיִת, מוֹסָד, חֶבְרָה
fashion house בֵּית אָפְנָה
the House of Commons (or **the Lower House**) (*UK*) בֵּית-הַנִּבְחָרִים
the House of Lords (or **the Upper House**) (*UK*) בֵּית-הַלּוֹרְדִים (בְּאַנְגְּלִיָּה)
the House of Representatives (*US*) בֵּית-הַנִּבְחָרִים
□ *this house does not support capital punishment* הַפּוֹרוּם הַזֶּה אֵינוֹ תּוֹמֵךְ בְּעֹנֶשׁ מָוֶת (הַצָּעָה לְדִיּוּן, מַסְקָנָה בְּדִיּוּן פֻּמְבִּי)
5 (theatre; theatre audience) תֵּיאַטְרוֹן; קְהַל-תֵּיאַטְרוֹן
house lights אוֹרוֹת הָאוּלָם (בַּתֵּיאַטְרוֹן וְכַד׳)
□ *his remark brought the house down* (*fig.*) הֶעָרָתוֹ זָכְתָה לִתְשׁוּאוֹת סוֹעֲרוֹת
6 (dynasty) בֵּית-מְלוּכָה
—v.t. /haʊz/
1 (provide accommodation for) שִׁכֵּן, אִכְסֵן
2 (store) אִחְסֵן
houseboat /ˈhaʊsbəʊt/ n. סְפִינַת-מְגוּרִים, סְפִינַת-בַּיִת
housebound /ˈhaʊsbaʊnd/ adj. כָּבוּל לַבַּיִת (בְּשֶׁל מַחֲלָה וְכַד׳)
housebreaker (ˈhaʊsbreɪkə(r)/ n.
1 (thief) פּוֹרֵץ
2 (demolition man, *UK*) הוֹרֵס בָּתִּים יְשָׁנִים
housecoat /ˈhaʊskəʊt/ n. חֲלוּק-בַּיִת (בַּבֹּקֶר שֶׁל נָשִׁים)
housecraft /ˈhaʊskrɑːft/ n. (*UK*) כַּלְכָּלַת-בַּיִת
house-father /ˈhaʊs-fɑːðə(r)/ n. מְטַפֵּל (בִּקְבוּצַת יְלָדִים בְּבֵית מַחֲסֶה לִילָדִים וְכַד׳)
housefly /ˈhaʊsflaɪ/ n. זְבוּב הַבַּיִת
houseful /ˈhaʊsfʊl/ n. מְלוֹא הַבַּיִת
household /ˈhaʊshəʊld/ n. בְּנֵי הַבַּיִת; מֶשֶׁק-הַבַּיִת
a household word (or **name**) בִּטּוּי שָׁגוּר, מִלָּה שְׁגוּרָה (דָּבָר מֻכָּר לַכֹּל)

householder /ˈhaʊshəʊldə(r)/ n. בַּעַל־בַּיִת
house-hunting /ˈhaʊs-hʌntɪŋ/ n. חִפּוּשׂ אַחַר בַּיִת
house-husband /ˈhaʊs-hʌzbənd/ n. עֲקַר־בַּיִת
housekeeper /ˈhaʊskiːpə(r)/ n. מְנַהֶלֶת מֶשֶׁק־הַבַּיִת
housekeeping /ˈhaʊskiːpɪŋ/ n. הַנְהָלַת מֶשֶׁק־בַּיִת
the housekeeping (money) תַּקְצִיב מֶשֶׁק־הַבַּיִת
□ *the company survived because of good housekeeping* הַחֶבְרָה הִתְגַּבְּרָה עַל הַקְּשָׁיִים בִּגְלַל מְדִינִיּוּת חִסָּכוֹן
housemaid /ˈhaʊsmeɪd/ n. מְשָׁרֶתֶת
housemaid's knee (*Med.*) דַּלֶּקֶת פִּיקַּת־הַבֶּרֶךְ
houseman /ˈhaʊsmən/ n.
1 (resident doctor in hospital) רוֹפֵא הַגָּר בְּבֵית־חוֹלִים
2 (servant) מְשָׁרֵת
housemaster /ˈhaʊsmɑːstə(r)/ n. רֹאשׁ־בַּיִת (מְחַנֵּךְ הָאַחֲרַאי עַל אֶחָד מִבָּתֵּי הַפְּנִימִיָּה)
housemistress /ˈhaʊsmɪstrɪs/ n. רֹאשׁ־בַּיִת (אִשָּׁה כַּנַּ"ל)
house-mother /ˈhaʊs-mʌðə(r)/ n. מְטַפֶּלֶת (בִּקְבוּצַת יְלָדִים בְּבֵית מַחֲסֶה לִילָדִים וְכַד')
houseparent /ˈhaʊs-peərənt/ n. מְטַפֵּל/ת (כַּנַּ"ל)
house-party /ˈhaʊs-pɑːtɪ/ n. חֲבוּרַת־אוֹרְחִים הַשּׁוֹהִים כַּמָּה יָמִים בְּבַיִת כַּפְרִי
house-proud /ˈhaʊs-praʊd/ adj. מַקְפִּיד עַל מַרְאֵה הַבַּיִת
houseroom /ˈhaʊsruːm/ n.
□ *I wouldn't give him houseroom* לֹא הָיִיתִי מַכְנִיס אוֹתוֹ הַבַּיְתָה אַף פַּעַם
housetop /ˈhaʊstɒp/ n. רֹאשׁ הַגַּג
□ *don't shout it from the housetops!* אַל תַּכְרִיז עַל כָּךְ בְּרֹאשׁ־חוּצוֹת
house-trained /ˈhaʊs-treɪnd/ adj. (*UK*) (בַּעַל חַיִּים) מְאֻלָּף (שֶׁאֵינוֹ עוֹשֶׂה אֶת צְרָכָיו בַּבַּיִת)
house-warming /ˈhaʊs-wɔːmɪŋ/ n. מְסִבַּת חֲנֻכַּת־בַּיִת
housewife n.
1 /ˈhaʊswaɪf/ (mistress of house) עֲקֶרֶת־בַּיִת
2 /ˈhʌzɪf/ (needlecase) תִּיק קָטָן לִכְלֵי־תְּפִירָה
housework /ˈhaʊswɜːk/ n. עֲבוֹדוֹת־בַּיִת (נִקָּיוֹן, סִדּוּר וְכַד')
housing /ˈhaʊzɪŋ/ n.
1 (provision of houses) שִׁכּוּן, דִּיּוּר
housing association קוֹאוֹפֶּרָטִיב לְדִיּוּר
housing development (or **estate**) שִׁכּוּן (קְבוּצַת בִּנְיְנֵי מְגוּרִים)
housing project (*US*) שִׁכּוּן עֲמָמִי
2 (casing) מִכְסֶה (שֶׁל מְכוֹנָה וְכַד')
hove /həʊv/ past & past ppl. of **heave**
hovel /ˈhɒv(ə)l/ n. (*derog.*) בַּיִת עָלוּב, "מְאוּרָה"
hover /ˈhɒvə(r)/ v.i. רִחֵף
□ *he hovered between life and death* הוּא פִּרְפֵּר בֵּין הַחַיִּים וְהַמָּוֶת
hovercraft /ˈhɒvəkrɑːft/ n. רַחֶפֶת
how /haʊ/ adv.
1 (by what means; in what way; like what) אֵיךְ, כֵּיצַד
how come? (*colloq.*) לָמָּה?, מַדּוּעַ?, אֵיךְ זֶה שֶׁ...?
how's that? מָה? (בַּקָּשָׁה מִן הַדּוֹבֵר לַחֲזוֹר עַל דְּבָרָיו)
□ *how was your trip?* אֵיךְ עָבַר עָלֶיךָ הַמַּסָּע?
□ *how did you travel?* בְּאֵיזֶה דֶּרֶךְ נָסַעְתָּ? אֵיךְ נָסַעְתָּ? (בְּרַכֶּבֶת, בְּאוֹטוֹבּוּס וְכַד')
□ *how do you mean, "fair"?* הוֹגֵן? בְּאֵיזוֹ צוּרָה?
□ *how about visiting John?* מָה דַּעְתְּךָ לְבַקֵּר אֶת ג'וֹן?
□ *how about paying off your debts?* מָתַי כְּבָר תְּשַׁלֵּם אֶת הַחוֹבוֹת שֶׁלְּךָ?
□ *how is it (that) you're always late?* אֵיךְ זֶה שֶׁאַתָּה תָּמִיד מְאַחֵר?
□ *how did you (manage to) find him?* אֵיךְ הִצְלַחְתָּ לִמְצֹא אוֹתוֹ?
2 (in what state of health) בְּאֵיזֶה מַצָּב (בְּרִיאוּת)
□ *how did you find him?* בְּאֵיזֶה מַצַּב בְּרִיאוּת מָצָאתָ אוֹתוֹ?
□ *how are you? – fine, thanks!* מַה שְּׁלוֹמְךָ? טוֹב תּוֹדָה!
□ *how do you do?* (בִּשְׁעַת הַכָּרוּת בֵּין שְׁנֵי אֲנָשִׁים) נָעִים מְאֹד
□ *well, here's a pretty how-d'you-do! (colloq.)* הִנֵּה לְךָ בִּלְבּוּל־מֹחַ הָגוּן!
3 (to what extent) כַּמָּה, מָה
□ *how tall is she?* מָה הַגֹּבַהּ שֶׁלָּהּ?
□ *how dirty the house is!* כַּמָּה הַבַּיִת מְלֻכְלָךְ!
□ *how many do you want?* כַּמָּה אַתָּה רוֹצֶה?
□ *how often do you go to the cinema?* בְּאֵיזוֹ תְּכִיפוּת אַתָּה מְבַקֵּר בַּקּוֹלְנוֹעַ?
□ *how he swears!* אֵיךְ שֶׁהוּא מְקַלֵּל!
—n.
the how and the why הַהֶסְבֵּר הַמָּלֵא, הָ"אֵיךְ" וְהַ"לָּמָּה"
howbeit /haʊˈbiːɪt/ adv. (*arch.*) אַף־עַל־פִּי־כֵן
however /haʊˈevə(r)/ adv. וְאוּלָם, וּבְכָל־זֹאת; כָּל כַּמָּה שֶׁ..., כַּמָּה שֶׁלֹּא
—conj. בְּכָל דֶּרֶךְ שֶׁ...
howitzer /ˈhaʊɪtsə(r)/ n. (תּוֹתָח) הוֹבִיצֶר (לִירִיַּת פְּגָזִים בְּזָוִית גְּבוֹהָה וּלְטוֹוַח קָצָר)
howl /haʊl/ n. יְלָלָה, יְבָבָה; צְרָחָה
—v.t. & i. יִלֵּל, יִבֵּב; צָרַח
□ *they howled the speaker down* הֵם הִשְׁתִּיקוּ אֶת הַנּוֹאֵם בְּצַעֲקוֹת־בּוּז
howler /ˈhaʊlə(r)/ n. (*colloq.*) טָעוּת אֱוִילִית (לָרֹב בִּכְתָב)

howling /ˈhaʊlɪŋ/ adj. (*colloq.*)
□ *the play is a howling success* הַמַּחֲזֶה הוּא הַצְלָחָה אַדִּירָה

hoyden /ˈhɔɪd(ə)n/ n. (*poet.*) נַעֲרָה עַלִּיזָה וְקוֹלָנִית

HQ abbrev. מַטְכָּ"ל (בַּצָּבָא); מִשְׂרָד רָאשִׁי

hub /hʌb/ n. מֶרְכַּז הַגַּלְגַּל; מוֹקֵד, טַבּוּר
□ *Rome was the hub of her empire* רוֹמָא הָיְתָה לֵב הָאִימְפֶּרְיָה שֶׁלָּהּ

hubble-bubble /ˈhʌb(ə)l-bʌb(ə)l/ n. נַרְגִּילָה; קוֹל בִּעְבּוּעַ

hubbub /ˈhʌbʌb/ n. שָׁאוֹן, הֲמֻלָּה, מְהוּמָה

hubby /ˈhʌbɪ/ n. (*colloq.*) הַבַּעַל (שֶׁל אִשָּׁה), "הַזָּקֵן"

hubris /ˈhjuːbrɪs/ n. (*formal*) "הִיבְּרִיס", גַּאֲוָה מֻפְרֶזֶת (שֶׁסּוֹפָהּ אָסוֹן)

huckleberry /ˈhʌk(ə)lbərɪ/ n. מִין גַּרְגַּר יַעַר כָּחֹל

huckster /ˈhʌkstə(r)/ n. רוֹכֵל, תַּגְרָן

huddle /ˈhʌd(ə)l/ v.t. & i. עָרַם, גּוֹדֵד; הִתְגּוֹדֵד, הִצְטוֹפֵף
□ *they huddled together* הֵם הִתְגּוֹדְדוּ יַחַד
—n. הִתְגּוֹדְדוּת; הִתְגּוֹדְדוּת שַׂחְקָנִים (בְּפוּטְבּוֹל)
□ *they went into a huddle* (*colloq.*) הֵם הִסְתּוֹדְדוּ

hue[1] /hjuː/ n. גָּוֶן, צֶבַע (גַּם בְּהַשְׁאָלָה)

hue[2] /hjuː/ n.
hue and cry (*formal*) קוֹל מְהוּמָה; סְעָרָה צִבּוּרִית

huff /hʌf/ v.i.
1 (blow) נָשַׁף בִּכְבֵדוּת וּבְעָצְמָה
□ *there was a lot of (ineffectual) huffing and puffing* הָיוּ שָׁם הַרְבֵּה צְעָקוֹת חַסְרוֹת טַעַם
2 (*Draughts*) "לָקַח" חַיָּל (בְּדַמְקָה)
—n. רֹגֶז וָזַעַם (רְקִיעָה בְּרַגְלַיִם וְכַד')
□ *he went off in a huff* הוּא רָקַע בְּרַגְלַיִם בְּזַעַם וְהִסְתַּלֵּק

huffy /ˈhʌfɪ/ adj. (*derog.*) רַגְזָן; נוֹחַ לְהֵעָלֵב; זוֹעֵף

hug /hʌg/ v.t. & n. חִבֵּק, גִּפֵּף; נִצְמַד לְ...; חִבּוּק
□ *they were hugging themselves over their success* (*fig.*) הֵם יָצְאוּ מִגִּדְרָם מִשִּׂמְחָה בְּשֶׁל הַצְלָחָתָם
□ *he was hugging the shore* הוּא הִפְלִיג סָמוּךְ לַחוֹף

huge /hjuːdʒ/ adj. עָצוּם, כַּבִּיר, עֲנָקִי

hugely /ˈhjuːdʒlɪ/ adv. בְּמִדָּה עֲנָקִית, בְּמִדָּה עֲצוּמָה

hugger-mugger /ˈhʌgə-mʌgə(r)/ n. סוֹדִי-סוֹדוֹת; תֹּהוּ-וָבֹהוּ

hulk /hʌlk/ n.
1 (big, clumsy person) אָדָם מְסֻרְבָּל וּמְגֻשָּׁם
2 (old ship) סְפִינָה שֶׁיָּצְאָה מִכְּלַל שִׁמּוּשׁ, אֳנִיָּה טְרוּפָה

hulking /ˈhʌlkɪŋ/ adj. (*derog.*) מְגֻשָּׁם, גָּלְמָנִי, מְסֻרְבָּל; עֲנָקִי

hull[1] /hʌl/ v.t. קִלֵּף (אֲפוּנָה וְכַד'); הֵסִיר אֶת הַגִּבְעוֹל (שֶׁל תּוּת גִּנָּה)

hull[2] /hʌl/ n. קַעַר, דֹּפֶן (שֶׁל כְּלִי שַׁיִט)

hullabaloo /ˌhʌləbəˈluː/ n. רַעַשׁ וּמְהוּמָה

hullo /həˈləʊ/ see **HALLO** "הַלּוֹ"

hum /hʌm/ v.i. & t. זִמְזֵם, הִמְהֵם
□ *the factory was humming (with activity)* (*colloq.*) בֵּית-הַחֲרֹשֶׁת הָמָה (מִפְּעִילוּת)
□ *she was humming (a tune) to herself* הִיא זִמְזְמָה לְעַצְמָהּ (פִּזְמוֹן)
□ *he hummed and hawed over their request* (*UK derog.*) הוּא הִסֵּס וְהִתְמַהְמֵהַּ בְּמַתַּן תְּשׁוּבָה לְבַקָּשָׁתָם
—n. זִמְזוּם, הִמְהוּם

human /ˈhjuːmən/ adj. & n. אֱנוֹשִׁי; בֶּן-אֱנוֹשׁ
human being יְצוּר אֱנוֹשִׁי
human error טָעוּת אֱנוֹשׁ
human nature הַטֶּבַע הָאֱנוֹשִׁי, טֶבַע-הָאָדָם
the human race הַמִּין הָאֱנוֹשִׁי, גֶּזַע-הָאָדָם
human relations יַחֲסֵי-אֱנוֹשׁ
human rights זְכֻיּוֹת הָאָדָם

humane /hjuːˈmeɪn/ adj. הוּמָנִי, אֱנוֹשִׁי, בַּעַל רִגְשׁוֹת-אֱנוֹשׁ, רַחוּם
humane killer מַכְשִׁיר לַהֲמָתָה מִיָּדִית שֶׁל בַּעֲלֵי חַיִּים (בְּבֵית מִטְבָּחַיִם וְכַד')
humane studies (*arch.*) הַמִּקְצוֹעוֹת הַהוּמָנִיסְטִיִּים

humanism /ˈhjuːmənɪzəm/ n. הוּמָנִיזְם (מִמְּאַפְיְנֵי הָרֶנֶסַנְס); הוּמָנִיזְם (הָאֱמוּנָה בְּצָרְכֵי הָאָדָם וְלֹא בְּחֻקֵּי הַדָּת)

humanist /ˈhjuːmənɪst/ n. הוּמָנִיסְט

humanitarian /hjuːˌmænɪˈteərɪən/ adj. הוּמָנִיטָרִי

humanity /hjuːˈmænɪtɪ/ n.
1 (human beings generally) הָאֱנוֹשׁוּת, הַמִּין-הָאֱנוֹשִׁי
2 (quality of being human) אֱנוֹשִׁיּוּת
3 (in *pl.*, the Arts subjects) מַדְּעֵי-הָרוּחַ

humanize /ˈhjuːmənaɪz/ v.t. עָשָׂה לֶאֱנוֹשִׁי, הֶאֱנִישׁ

humankind /ˌhjuːmənˈkaɪnd/ n. הַמִּין הָאֱנוֹשִׁי

humanly /ˈhjuːmənlɪ/ adv. בְּאֶמְצָעִים אֱנוֹשִׁיִּים, בְּדֶרֶךְ אֱנוֹשִׁית
□ *the doctors did all that was humanly possible to save him* הָרוֹפְאִים עָשׂוּ כָּל מַאֲמָץ אֱנוֹשִׁי לְהַצִּיל אוֹתוֹ

humble /ˈhʌmb(ə)l/ adj.
1 (having a modest opinion of oneself) צָנוּעַ, עָנָו, שְׁפַל-רוּחַ
□ *(I beg to remain) your humble servant* (*arch.*) (בְּסִיּוּם מִכְתָּב רִשְׁמִי) עַבְדְּךָ הַנֶּאֱמָן
in my humble opinion לַעֲנִיּוּת-דַּעְתִּי, לְפִי דַּעְתִּי הַצְּנוּעָה
eat humble pie הוֹדָה בְּכִשָּׁלוֹן
2 (of low rank or quality) צָנוּעַ, פָּשׁוּט
□ *he was a man of humble birth* הוּא הָיָה מִפְּשׁוּטֵי-הָעָם
□ *I had a humble room* הָיָה לִי חֶדֶר צָנוּעַ
—v.t. (*formal*) הִשְׁפִּיל, הִכְנִיעַ

humbly /ˈhʌmblɪ/ adv. בְּהַכְנָעָה, בַּעֲנָוָה
humbug /ˈhʌmbʌg/ n.
1 (instance of hypocrisy; nonsense) צְבִיעוּת, הִתְחַסְּדוּת; שְׁטֻיּוֹת, הֲבָלִים
2 (dishonest or deceitful person) רַמַּאי, נוֹכֵל
3 (sweet) סֻכָּרִיַּת מֶנְטָה קָשָׁה וּמְפֻסְפֶּסֶת
humdinger /ˌhʌmˈdɪŋə(r)/ n. (*sl.*) "מַשֶּׁהוּ נִפְלָא"
humdrum /ˈhʌmdrʌm/ adj. חַדְגּוֹנִי, נָדוֹשׁ, מְשַׁעֲמֵם
humerus /ˈhjuːmərəs/ n. (*Anat.*) עֶצֶם־הַזְּרוֹעַ
humid /ˈhjuːmɪd/ adj. לַח (מֶזֶג אֲוִיר וְכַד׳)
humidifier /hjuːˈmɪdɪfaɪə(r)/ n. מַכְשִׁיר הַמַּחְדִּיר לַחוּת לַאֲוִיר הַחֶדֶר
humidify /hjuːˈmɪdɪfaɪ/ v.t. הֶחְדִּיר לַחוּת לְ...
humidity /hjuːˈmɪdɪtɪ/ n. לַחוּת (בַּאֲוִיר וְכַד׳)
humiliate /hjuːˈmɪlɪeɪt/ v.t. הִשְׁפִּיל, בִּזָּה
humiliation /hjuːˌmɪlɪˈeɪʃ(ə)n/ n. הַשְׁפָּלָה, בִּזּוּי; עֶלְבּוֹן
humility /hjuːˈmɪlɪtɪ/ n. עֲנָוָה
humming-bird /ˈhʌmɪŋ-bɜːd/ n. יוֹנֵק־דְּבַשׁ
hummock /ˈhʌmək/ n. גִּבְעָה קְטַנָּה, תְּלוּלִית
humorist /ˈhjuːmərɪst/ n. הוּמוֹרִיסְטָן (מְחַבֵּר קִטְעֵי הוּמוֹר)
humorous /ˈhjuːmərəs/ adj. מָלֵא הוּמוֹר, הוּמוֹרִיסְטִי
humour /ˈhjuːmə(r)/ n.
1 (amusing quality; capacity to feel this) הוּמוֹר
a sense of humour חוּשׁ־הוּמוֹר
2 (mood, *formal*) מַצַּב־רוּחַ (טוֹב/רַע)
out of humour שָׁרוּי בְּמַצַּב רוּחַ רַע
□ *he is in a bad (or good) humour* הוּא בְּמַצַּב־רוּחַ רַע/טוֹב
—v.t. פִּיֵּס, הִתְאַמֵּץ לְהַשְׂבִּיעַ אֶת רְצוֹנוֹ שֶׁל
hump /hʌmp/ n.
1 (lump) חֲטוֹטֶרֶת, גַּבְנוּן, דַּבֶּשֶׁת
□ *he's over the hump* הוּא עָבַר בְּשָׁלוֹם אֶת הַתְּקוּפָה הַקָּשָׁה
2 (fit of depression or irritation, *colloq.*) "מַצַּב־רוּחַ"
□ *it gives me the hump* זֶה עוֹשֶׂה לִי שָׁחוֹר עַל הַנְּשָׁמָה, זֶה מַמְאִיס עָלַי אֶת הַחַיִּים
—v.t.
1 (carry on one's back, *colloq.*) סָחַב
2 (have sex with, *vulg.*) "דָּפַק"
humpback /ˈhʌmpbæk/ n. גִּבֵּן
humpback bridge (*UK*) גֶּשֶׁר תָּלוּל
humpbacked /ˈhʌmpbækt/ adj. בַּעַל־גַּבְנוּן
humph /hʌmf/ int. רְטִינָה (לְהַבָּעַת סָפֵק אוֹ מֹרַת־רוּחַ)
humus /ˈhjuːməs/ n. רַקְבּוּבִית (שֶׁל עָלִים וְכַד׳)
hunch /hʌntʃ/ v.t. קִמֵּר (אֶת כְּתֵפָיו)
—n. חוּשׁ, נִחוּשׁ, אִינְטוּאִיצְיָה, רַעְיוֹן
□ *I have a hunch that the thief was a girl* יֵשׁ לִי חוּשׁ שֶׁהַגַּנָּב הָיָה נַעֲרָה
hunchback /ˈhʌntʃbæk/ n. גִּבֵּן
hunchbacked /ˈhʌntʃbækt/ adj. מְגֻבְנָן, בַּעַל גַּבֶּנֶת
hundred /ˈhʌndrəd/ n. & adj. מֵאָה
□ *he lived to (be) a hundred* הוּא חַי עַד מֵאָה
□ *it's a hundred to one chance* זֶה סִכּוּי שֶׁל אֶחָד לְמֵאָה
□ *he lived in the seventeen hundreds* הוּא חַי בַּמֵּאָה הַשְּׁמוֹנֶה־עֶשְׂרֵה
hundredfold /ˈhʌndrədfəʊld/ adv. & adj. (*formal*) פִּי מֵאָה
hundredth /ˈhʌndrədθ/ adj. & n. הַמֵּאָה; הַחֵלֶק הַמֵּאָה, מֵאִית
hundredweight /ˈhʌndrədweɪt/ n. (*UK*) יְחִידַת מִשְׁקָל, כְּ־50 ק״ג
hung /hʌŋ/ past & past ppl. of **hang**
hunger /ˈhʌŋgə(r)/ n. רָעָב (גַּם בְּהַשְׁאָלָה)
—v.i. (*formal*) רָעַב לְ..., הִשְׁתּוֹקֵק לְ..., הִתְאַוָּה לְ...
□ *she hungered for change* הִיא הִשְׁתּוֹקְקָה לְשִׁנּוּי
□ *I hunger after the good life* אֲנִי שׁוֹאֵף לְחַיִּים נוֹחִים וְטוֹבִים
hunger-strike /ˈhʌŋgə-straɪk/ n. שְׁבִיתַת־רָעָב
hungrily /ˈhʌŋgrɪlɪ/ adv. בְּרָעָב; בִּכְמִיהָה, בִּתְשׁוּקָה
hungry /ˈhʌŋgrɪ/ adj. רָעֵב; מִשְׁתּוֹקֵק לְ...
hunk /hʌŋk/ n.
1 (thick piece of food etc) פְּרוּסָה עָבָה (שֶׁל גְּבִינָה, לֶחֶם וְכַד׳)
2 (well-built man, *colloq.*) "חָתִיךְ"
hunkers /ˈhʌŋkəz/ n. *pl.* (*colloq.*) אֲחוֹרֵי הַיְּרֵכַיִם
□ *he sat on his hunkers* הוּא יָשַׁב בִּכְרִיעָה
hunky-dory /ˌhʌŋkɪˈdɔːrɪ/ adj. (*colloq.*) מְצֻיָּן! טוֹב מְאֹד, בְּסֵדֶר גָּמוּר (נֶאֱמָר בְּחֶדְוָה וּבַעֲלִיצוּת)
hunt /hʌnt/ v.t. & i. צָד; חִפֵּשׂ אַחַר, רָדַף אַחֲרֵי; עָסַק בְּצַיִד
□ *do you hunt?* הַאִם אַתָּה עוֹסֵק בְּצַיִד?
□ *they hunted the criminal down* הֵם רָדְפוּ אֶת הַפּוֹשֵׁעַ וְלָכְדוּ אוֹתוֹ
□ *I hunted high and low for my ring* חִפַּשְׂתִּי אֶת הַטַּבַּעַת שֶׁלִּי בְּכָל מָקוֹם
□ *she hunted out a tie for me* הִיא טָרְחָה וּמָצְאָה לִי עֲנִיבָה
□ *he hunted up the quotation in the library* הוּא חִפֵּשׂ וְגִלָּה אֶת הַצִּיטָטָה בַּסִּפְרִיָּה
□ *she has a hunted look about her* יֵשׁ לָהּ מַבָּט רָדוּף בָּעֵינַיִם
—n.
1 (search, pursuit) מִרְדָּף; חִפּוּשׂ
2 (hunting event; group of hunters) צַיִד; חֶבֶר צַיָּדִים
hunter /ˈhʌntə(r)/ n.
1 (one who hunts) צַיָּד
2 (hunting horse) סוּס־צַיִד
3 (watch with hinged metal cover over the dial) שְׁעוֹן־כִּיס בַּעַל מִכְסֶה מַתַּכְתִּי

hunting /ˈhʌntɪŋ/ n. צַיִד
□ *happy hunting ground* (*euphem.*) "יְשִׁיבָה שֶׁל מַעְלָה" (גַּן עֵדֶן)

huntress /ˈhʌntrɪs/ n. (*poet.*) צַיֶּדֶת

huntsman /ˈhʌntsmən/ n. צַיָּד; אָדָם הָאַחֲרַאי עַל כַּלְבֵי־צַיִד

hurdle /ˈhɜːd(ə)l/ n. מְשׂוּכָה (בְּמֵרוֹץ־מְשׂוּכוֹת); (בְּהַשְׁאָלָה) מִכְשׁוֹל, מַעְצוֹר
□ *you have cleared the first hurdle* (*fig.*) עָבַרְתָּ אֶת הַמִּכְשׁוֹל הָרִאשׁוֹן
—v.i. רָץ בְּמֵרוֹץ־מְשׂוּכוֹת

hurdler /ˈhɜːdlə(r)/ n. רָץ מְשׂוּכוֹת

hurdy-gurdy /ˈhɜːdɪ-gɜːdɪ/ n. (*Hist.*) תֵּבַת־נְגִינָה (שֶׁמְּנַגְּנִים בָּהּ בָּרְחוֹב בְּסִבּוּב יָדִית)

hurl /hɜːl/ v.t. זָרַק, הִשְׁלִיךְ, הֵטִיל

hurly-burly /ˈhɜːlɪ-bɜːlɪ/ n. רַעַשׁ וּמְהוּמָה, שָׁאוֹן

hurrah /hʊˈrɑː/ int. & n. הֵידָד! "כִּיפַּךְ־הֵי"!; קְרִיאַת הֵידָד

hurricane /ˈhʌrɪkən/ n. סוּפַת־הוּרִיקָן
hurricane lamp (or **lantern**) פָּנַס־רוּחַ

hurried /ˈhʌrɪd/ adj. נֶחְפָּז, מְמַהֵר, אָץ

hurry /ˈhʌrɪ/ v.t. & i. זֵרֵז, הֵאִיץ, הֵחִישׁ; נֶחְפַּז, מִהֵר
hurry up! תִּזְדָּרֵז! מַהֵר!
□ *hurry him up!* תְּזָרֵז אוֹתוֹ!
□ *if you hurry the work, it may be spoiled* אִם תְּנַסֶּה לַעֲשׂוֹת אֶת זֶה מַהֵר מִדַּי, אַתָּה עָלוּל לְקַלְקֵל אֶת הַדָּבָר
—n. חִפָּזוֹן
□ *there's no hurry* אֵין מָה לְמַהֵר, אֵין צֹרֶךְ לְהֵחָפֵז
□ *he is in a hurry to depart* הוּא רוֹצֶה לַעֲזֹב מַהֵר
□ *in his hurry, he left his luggage in the taxi* בְּחִפְּזוֹנוֹ הוּא הִשְׁאִיר אֶת הַמִּזְוָדוֹת בַּמּוֹנִית
□ *I won't invite him again in a hurry* (*colloq.*) יַעֲבֹר זְמַן רַב עַד שֶׁאַזְמִין אוֹתוֹ שׁוּב

hurt /hɜːt/ (past & past ppl. **hurt** /hɜːt/) v.t. & i.
1 (cause pain to) הִכְאִיב לְ..., פָּגַע בְּ...; כָּאַב
□ *tell me where it hurts* תַּגִּיד לִי אֵיפֹה כּוֹאֵב לְךָ
□ *the remark hurt her feelings* הַהֶעָרָה פָּגְעָה בְּרִגְשׁוֹתֶיהָ
2 (damage) הִזִּיק לְ..., פָּגַע בְּ..., פָּצַע
□ *it won't hurt to postpone the decision* (*colloq.*) לֹא יַזִּיק לִדְחוֹת אֶת הַהַחְלָטָה
□ *he hurt his leg in an accident* הוּא פָּצַע אֶת רַגְלוֹ בִּתְאוּנָה
□ *that won't hurt his chances* זֶה לֹא יִפְגַּע בְּסִכּוּיָיו
—adj. פָּצוּעַ, נֶעֱלָב, פָּגוּעַ
—n. (*formal*) פְּגִיעָה, עֶלְבּוֹן

hurtful /ˈhɜːtf(ə)l/ adj. מַכְאִיב, פּוֹגֵעַ

hurtle /ˈhɜːt(ə)l/ v.i. נָע בִּמְהִירוּת, הִטַּלְטֵל בִּמְהִירוּת

husband /ˈhʌzbənd/ n. בַּעַל (שֶׁל אִשָּׁה)
—v.t. (*formal*) נָהַג בְּחִסָּכוֹן בְּ...

husbandry /ˈhʌzbəndrɪ/ n. (*formal*) חַקְלָאוּת

hush /hʌʃ/ v.t. & i. & int. הִשְׁתִּיק, הִסָּה; נִשְׁתַּתֵּק, הֶחֱשָׁה; "שְׁ... שְׁ... שְׁ..."
□ *they tried to hush the matter up* הֵם נִסּוּ לְהַשְׁתִּיק אֶת הַפָּרָשָׁה
—n. דְּמָמָה, דּוּמִיָּה

hush-hush /hʌʃ-hʌʃ/ adj. (*colloq.*) סוֹדִי בְּהֶחְלֵט

hush-money /ˈhʌʃ-mʌnɪ/ n. (*colloq.*) דְּמֵי־שְׁתִיקָה

husk /hʌsk/ n. קְלִפָּה (בְּעִקָּר שֶׁל זַרְעֵי תְּבוּאָה)

husky[1] /ˈhʌskɪ/ adj.
1 (hoarse) (קוֹל) עָמֹק וּגְרוֹנִי
2 (robust, *colloq.*) גְּדָל־גּוּף

husky[2] /ˈhʌskɪ/ n. כֶּלֶב הַסְקִי (כֶּלֶב אֶסְקִימוֹ)

hussar /hʊˈzɑː(r)/ n. הוּסָר (חַיָּל בִּגְדוּד־פָּרָשִׁים)

hussy /ˈhʌsɪ/ n. (*arch. derog.*) אִשָּׁה חַסְרַת־בּוּשָׁה, נַעֲרָה מְחֻצֶּפֶת

hustings /ˈhʌstɪŋz/ n. *pl.* הֲכָנוֹת לִבְחִירוֹת (נְאוּמִים, רִשּׁוּם קוֹלוֹת וְכַד'); מַסַּע־בְּחִירוֹת

hustle /ˈhʌs(ə)l/ v.t. & i. דָּחַף; שִׁכְנֵעַ בְּכֹחַ וּבְרַמָּאוּת, "לָחַץ" עַל; עָסְקָה בִּזְנוּת
□ *I don't want to hustle you* (*into this*) (*colloq.*) אֲנִי לֹא רוֹצֶה לִלְחֹץ עָלֶיךָ (בַּנּוֹשֵׂא הַזֶּה)
—n. מְהוּמָה, פְּעִילוּת קַדַּחְתָּנִית
□ *he didn't enjoy the hustle and bustle of London* הוּא לֹא נֶהֱנָה מֵהֲמֻלַּת הָעִיר לוֹנְדּוֹן

hustler /ˈhʌslə(r)/ n. (*US colloq.*) סוֹכֵן חַלַקְלַק; זוֹנָה

hut /hʌt/ n. בִּקְתָּה, צְרִיף

hutch /hʌtʃ/ n. כְּלוּב אַרְנָבוֹת

hyacinth /ˈhaɪəsɪnθ/ n. יָקִינְטוֹן (פֶּרַח נוֹי רֵיחָנִי)

hyaena /haˈriːnə/ n. צָבוֹעַ

hybrid /ˈhaɪbrɪd/ n. בֶּן־כִּלְאַיִם, בֶּן־תַּעֲרֹבֶת; (מִתְקָן) מֻרְכָּב

hydra /ˈhaɪdrə/ n.
1 (mythological monster) הִידְרָה (נָחָשׁ־מִפְלֶצֶת רַב־רָאשִׁים)
2 (*Biol.*) נְחַשׁ־מַיִם

hydrangea /haɪˈdreɪndʒə/ n. בִּקְעֲצוּר, הִידְרַנְגֵיאָה (שִׂיחַ נוֹי)

hydrant /ˈhaɪdrənt/ n. בֶּרֶז־שְׂרֵפָה

hydrate/ n. /ˈhaɪdreɪt/ הִידְרָט (תִּרְכֹּבֶת כִּימִית הַמְּכִילָה מַיִם)
—v.t. /haɪˈdreɪt/ הוֹסִיף מַיִם לְתִרְכֹּבֶת כִּימִית

hydraulic /haɪˈdrɔːlɪk/ adj. הִידְרָאוּלִי

hydraulics /haɪˈdrɔːlɪks/ n. *pl.* (usu. with *sing.* v.) הִידְרָאוּלִיקָה, (מַדַּע תְּנוּעַת הַנּוֹזְלִים)

hydro- /ˈhaɪdrəʊ-/ pref. הִידְרוֹ־, (תְּחִלִּית שֶׁפֵּרוּשָׁהּ) שֶׁל מַיִם, מִפְעָל בְּמַיִם

hydrocarbon /ˌhaɪdrəˈkɑːbən/ n. פַּחְמֵימָה (תִּרְכֹּבֶת שֶׁל מֵימָן וּפַחְמָן)

hydrochloric /ˌhaɪdrəˈklɒrɪk/ adj. שֶׁל מֵימָן כְּלוֹרִי, הִידְרוֹכְלוֹרִי

hydrochloric acid חֻמְצָה הִידְרוֹכְלוֹרִית
hydroelectric /ˌhaɪdrəʊɪˈlektrɪk/ adj. הִידְרוֹאֶלֶקְטְרִי (שֶׁל חַשְׁמַל הַמּוּפָק מֵאֶנֶרְגְּיַת-מַיִם)
hydrofoil /ˈhaɪdrəfɔɪl/ n. סְפִינָה מְהִירָה הַמַּפְלִיגָה עַל סְנַפִּירִים שְׁקוּעִים בַּמַּיִם
hydrogen /ˈhaɪdrədʒən/ n. מֵימָן
hydrogen bomb פְּצָצַת-מֵימָן
hydrogenate /haɪˈdrɒdʒɪneɪt/ v.t. טָעַן בְּמֵימָן (לְמָשָׁל שֶׁמֶן, כְּדֵי לַהֲפֹךְ לְמוּצָק)
hydrophobia /ˌhaɪdrəˈfəʊbɪə/ n. הִידְרוֹפוֹבְיָה (פַּחַד חוֹלָנִי מִמַּיִם); כַּלֶּבֶת
hydroplane /ˈhaidrəpleɪn/ n. סִירַת-מָנוֹעַ מְהִירָה מְאֹד
hydroponics /ˌhaɪdrəˈpɒnɪks/ n. (usu. with sing. v.) הִידְרוֹפוֹנְיָה (גִּדּוּל צְמָחִים בְּנוֹזְלִים לְלֹא קַרְקַע)
hydroxide /haɪˈdrɒksaɪd/ n. הִידְרוֹקְסִיד, מֵימָה (תִּרְכֹּבֶת מַתַּכְתִּית)
hyena /haɪˈiːnə/ n. צָבוֹעַ
hygiene /ˈhaɪdʒiːn/ n. הִיגְיֶנָה
hygienic /haɪˈdʒiːnɪk/ adj. הִיגְיֶנִי
hymen /ˈhaɪmen/ n. קְרוּם הַבְּתוּלִין
hymn /hɪm/ n. מִזְמוֹר, הִמְנוֹן, שִׁיר הַלֵּל
□ *the film is a hymn to friendship* הַסֶּרֶט הוּא שִׁיר-הַלֵּל לִידִידוּת
—v.t. (*formal*) הִלֵּל, שִׁבַּח, גָּמַר אֶת הַהַלֵּל עַל
hymnal /ˈhɪmnəl/ n. סֵפֶר-מִזְמוֹרִים, סֵפֶר שִׁירֵי-כְּנֵסִיָּה
hype /haɪp/ n. & v.t. (*colloq.*) "רַעַשׁ" (פִּרְסוּם קוֹלָנִי וְכַד'); עָשָׂה "רַעַשׁ" בְּקֶשֶׁר לְ...
hyper- /ˈhaɪpə(r)-/ pref. הִיפֶּר-, (תְּחִלִּית שֶׁפֵּרוּשָׁהּ) -עַל, ?
hyperbola /haɪˈpɜːbələ/ n. (*Geom.*) הִיפֶּרְבּוֹלָה
hyperbole /haɪˈpɜːbəlɪ/ n. מְלִיצָה, תֵּאוּר שֶׁיֵּשׁ בּוֹ גֻּזְמָה
hyperbolic /ˌhaɪpəˈbɒlɪk/ adj.
1 (using hyperbole) מְלִיצִי הִיפֶּרְבּוֹלִי
2 (*Geom.*)
hypercritical /ˌhaɪpəˈkrɪtɪk(ə)l/ adj. בִּקָּרְתִּי יָתֵר עַל הַמִּדָּה, מַחְמִיר יָתֵר עַל הַמִּדָּה בְּבִקָּרְתּוֹ
hypermarket /ˈhaɪpəmɑːkɪt/ n. "הִיפֶּרְמַרְקֶט", הִיפֶּרְכֹּל
hypersensitive /ˌhaɪpəˈsensɪtɪv/ adj. רָגִישׁ יָתֵר עַל-הַמִּדָּה
hypertension /ˌhaɪpəˈtenʃ(ə)n/ n. (*Med.*) לַחַץ-דָּם גָּבוֹהַּ (מִן הָרָגִיל)
hyphen /ˈhaɪf(ə)n/ n. מַקָּף
hyphenate /ˈhaɪfəneɪt/ v.t. חִבֵּר בְּמַקָּף, שָׂם מַקָּף בְּ...
hypnosis /hɪpˈnəʊsɪs/ n. הִיפְּנוֹזָה
hypnotic /hɪpˈnɒtɪk/ adj. מְהַפְנֵט, הִיפְּנוֹטִי
hypnotism /ˈhɪpnətɪzəm/ n. הִיפְּנוּט
hypnotist /ˈhɪpnətɪst/ n. מְהַפְנֵט
hypnotize /ˈhɪpnətaɪz/ v.t. הִפְנֵט
hypo- /ˈhaɪpəʊ-/ pref. הִיפּוֹ-, (תְּחִלִּית שֶׁפֵּרוּשָׁהּ) תַּת-
hypochondria /ˌhaɪpəˈkɒndrɪə/ n. הִיפּוֹכוֹנְדְרִיָּה, (חֲשָׁשׁ מַתְמִיד וּמֻפְרָז מִפְּנֵי מַחֲלוֹת)
hypochondriac /ˌhaɪpəˈkɒndrɪæk/ n. הִיפּוֹכוֹנְדֶר (כַּנַּ"ל)
hypocrisy /hɪˈpɒkrɪsɪ/ n. צְבִיעוּת, הִתְחַסְּדוּת
hypocrite /ˈhɪpəkrɪt/ n. צָבוּעַ, מִתְחַסֵּד
hypocritical /ˌhɪpəˈkrɪtɪk(ə)l/ adj. צָבוּעַ, מִתְחַסֵּד
hypodermic /ˌhaɪpəˈdɜːmɪk/ adj. תַּת-עוֹרִי (מַחַט וְכַד')
hypodermic (syringe) מַזְרֵק (לִתְרוּפוֹת, לְסַמִּים וְכַד')
hypotenuse /haɪˈpɒtənjuːz/ n. (*Geom.*) יֶתֶר (בִּמְשֻׁלָּשׁ יְשַׁר-זָוִית)
hypothermia /ˌhaɪpəˈθɜːmɪə/ n. (*Med.*) מַצָּב קְלִינִי שֶׁל יְרִידַת חֹם-הַגּוּף (גּוֹרֵם לְעִתִּים לְמָוֶת)
hypothesis /haɪˈpɒθəsɪs/ n. הִיפּוֹתֵיזָה, הַשְׁעָרָה, הַנָּחָה
hypothesize /haɪˈpɒθəsaɪz/ v.t. & i. נִסַּח הַשְׁעָרָה, קָבַע בְּהַשְׁעָרַת-יְסוֹד
hypothetical /ˌhaɪpəˈθetɪk(ə)l/ adj. הִיפּוֹתֶטִי, מְשֹׁעָר
hysterectomy /ˌhɪstəˈrektəmɪ/ n. (*Med.*) כְּרִיתַת הָרֶחֶם
hysteria /hɪˈstɪərɪə/ n.
1 (disturbance of mind, *Med.*) הִיסְטֶרְיָה
2 (senseless or uncontrolled excitement) הִיסְטֶרְיָה
hysteric /hɪˈsterɪk/ n.
1 (hysterical person) חוֹלֵה הִיסְטֶרְיָה
2 (in *pl.*, fit of hysteria) הֶתְקֵף צְרָחוֹת וְהִשְׁתּוֹלְלוּת; הֶתְקֵף צְחוֹק הִיסְטֶרִי
hysterical /hɪˈsterɪk(ə)l/ adj. הִיסְטֶרִי

I i

I[1], **i** /aɪ/ n.
1 (letter) ״אַי״ (הָאוֹת הַתְּשִׁיעִית בָּאָלֶפְבֵּית הָאַנְגְּלִי)
2 (Roman numeral) הַסִּפְרָה הָרוֹמִית 1
I[2] /aɪ/ pron. (pl. **we** /wi:/) אֲנִי, אָנֹכִי
iambic /aɪˈæmbɪk/ adj. יַמְבִּי
iambic pentameter פֶּנְטַאמֶטֶר יַמְבִּי (מִשְׁקָל נָפוֹץ בַּשִּׁירָה הָאַנְגְּלִית, בִּמְיֻחָד בִּכְתָבֵי שֵׁקְסְפִּיר)
Iberian /aɪˈbɪərɪən/ adj. אִיבֶּרִי, סְפָרַדִּי
ibex /ˈaɪbeks/ n. יָעֵל
ibid. /ˈɪbɪd/ abbrev. שָׁם (בְּהֶעָרוֹת, לְצִיּוּן הַפְנָיָה לְאוֹתוֹ הַמָּקוֹם בַּטֶּקְסְט הַמְצֻטָּט)
ibis /ˈaɪbɪs/ n. אִיבִּיס (עוֹף בִּצּוֹת גָּדוֹל בָּאֲרָצוֹת הַחַמּוֹת)
ice /aɪs/ n.
1 (frozen water) קֶרַח
ice age תְּקוּפַת־הַקֶּרַח, עִדַּן־הַקֶּרַח
ice bucket מְכַל קֶרַח, דְּלִי קֶרַח (מִן הַסּוּג הַמֻּגָּשׁ בְּמִסְעָדוֹת)
ice cube קֻבִּיַּת קֶרַח
dry ice קֶרַח יָבֵשׁ
ice floe בֶּקַע־קֶרַח (מִשְׁטַח קֶרַח צָף)
ice hockey הוֹקִי קֶרַח
ice(d) lolly שַׁלְגּוֹן, ״אַרְטִיק״
ice pick דֶּקֶר (לִשְׁבִירַת קֶרַח)
ice rink רַחֲבַת הַחְלָקָה עַל קֶרַח
ice show מוֹפַע הַחְלָקָה עַל קֶרַח
break the ice ״שָׁבַר אֶת הַקֶּרַח״ (הִתְגַּבֵּר עַל מְבוּכָה); הֵפִיג אֶת הַמְּבוּכָה בַּחֶבְרָה (כִּבְמְסִבָּה וְכַד׳)
□ *you're treading on thin ice* (*fig.*) אַתָּה מִסְתַּכֵּן
□ *that cuts no ice with me* זֶה לֹא עוֹשֶׂה עָלַי שׁוּם רֹשֶׁם, אֵין לָזֶה שׁוּם הַשְׁפָּעָה עָלַי
□ *I'm keeping that plan on ice* אֲנִי מַקְפִּיא תָּכְנִית זוֹ לְפִי שָׁעָה
2 (frozen dessert) also **ice-cream** (*arch.*) גְּלִידָה
water ice שֶׁרְבֶּט (רַפְרֶפֶת שֶׁל מִיץ־פֵּרוֹת מֻקְפָּא)
—v.t.
1 (make very cold) הִקְפִּיא
iced coffee ״אַיְס־קָפֶה״ (קָפֶה קַר, לָרֹב בְּתוֹסֶפֶת גְּלִידָה)
ice(d) lolly שַׁלְגּוֹן, ״אַרְטִיק״
ice up (or **over**) כֻּסָּה בְּשִׁכְבַת קֶרַח; קָפָא
□ *the windscreen iced up* הַשִּׁמְשָׁה הַקִּדְמִית הִתְכַּסְּתָה בְּקֶרַח
2 (cover with icing) צִפָּה (דִּבְרֵי מַאֲפֶה)
iced buns לַחְמָנִיּוֹת בְּצִפּוּי מָתוֹק

iceberg /ˈaɪsbɜ:g/ n. קַרְחוֹן
□ *this problem is only the tip of the iceberg* בְּעָיָה זוֹ הִיא רַק קְצֵה־הַקַּרְחוֹן
ice-blue /aɪs-ˈblu:/ adj. כָּחֹל בָּהִיר, כָּחֹל חִוֵּר
ice-bound /ˈaɪs-baʊnd/ adj. חָסוּם בְּקֶרַח (דֶּרֶךְ, נָמֵל וְכַד׳)
ice-box /ˈaɪs-bɒks/ n.
1 (refrigerator *US*) מְקָרֵר, ״פְּרִיגִ׳ידֶר״
2 (insulated container) צֵידָנִית
ice-breaker /ˈaɪs-breɪkə(r)/ n. (סְפִינָה) בּוֹקַעַת קֶרַח, שׁוֹבֶרֶת קֶרַח
ice-cap /ˈaɪs-kæp/ n. כִּפַּת קֶרַח (בְּקָטְבֵי כַּדּוּר הָאָרֶץ)
ice-cold /ˈaɪs-kəʊld/ adj. קַר כַּקֶּרַח
ice-cream /aɪs-ˈkri:m/ n. גְּלִידָה
ice-cream soda מַשְׁקֵה סוֹדָה בִּגְלִידָה
ice-cream van מְכוֹנִית גְּלִידָה, ״אוֹטוֹ־גְּלִידָה״
iceman /ˈaɪsmæn/ n. (*US*) מוֹכֵר קֶרַח
icepack /ˈaɪspæk/ n. מְכַל קֶרַח (מִגּוּמִי וְכַד׳, לְצִנּוּן מִצְחוֹ שֶׁל חוֹלֶה), ״קוֹמְפְּרֶס״ עִם קֶרַח
ice-skate /ˈaɪs-skeɪt/ v.i. הֶחֱלִיק עַל קֶרַח
ice skates /aɪs skeɪts/ n. *pl.* מַחֲלִיקַיִם עַל קֶרַח
ice-tray /ˈaɪs-treɪ/ n. תַּבְנִית לְקֻבִּיּוֹת קֶרַח (בַּמְּקָרֵר)
icicle /ˈaɪsɪk(ə)l/ n. נְטִיף קֶרַח
icily /ˈaɪsɪlɪ/ adv. בְּצִנָּה, בְּנִימָה צוֹנֶנֶת
□ *she spoke icily to him* הִיא דִּבְּרָה אֵלָיו בְּצִנָּה מֻפְגֶּנֶת
icing /ˈaɪsɪŋ/ n. צִפּוּי (לְדִבְרֵי מַאֲפֶה מִסּוּגִים שׁוֹנִים)
butter icing צִפּוּי לְעוּגָה עַל בְּסִיס חֶמְאָה
□ *that's just the icing on the cake* (*colloq.*) אֵלֶּה הַתּוֹסָפוֹת, אֲבָל מָה הָעִקָּר?
icing-sugar /ˈaɪsɪŋ-ʃʊgə(r)/ n. (*UK*) אַבְקַת־סֻכָּר־דַּק
icky /ˈɪkɪ/ adj. (*US colloq.*) גֹּעֲלִי, ״אִיכְס״
icon /ˈaɪkɒn/ n.
1 (*Relig.*) אִיקוֹנָה (תְּמוּנַת־קְדוֹשִׁים נוֹצְרִית)
2 (*Comput.*) סִימָן מֻסְכָּם בְּתָכְנִיּוֹת־מַחְשֵׁב (לְשִׁמּוּשׁ בְּאֶמְצָעוּת ״עַכְבָּר״)
iconoclasm /aɪˈkɒnəklæzəm/ n. (*formal*) נִתּוּץ אֱמוּנוֹת, נִפּוּץ אֱלִילִים, כְּפִירָה
iconoclast /aɪˈkɒnəklæst/ n. (*formal*) מְנַתֵּץ אֱמוּנוֹת; מְנַפֵּץ אֱלִילִים, כּוֹפֵר
icy /ˈaɪsɪ/ adj. קַר, צוֹנֵן (מֶזֶג אֲוִיר, וּבְהַשְׁאָלָה – הִתְנַהֲגוּת וְכַד׳)
□ *he spoke with icy politeness* הוּא דִּבֵּר בְּנִימוּס צוֹנֵן

I'd /aɪd/ contr. of **I would, I should** (*colloq.*)

id /ɪd/ n. (*Psychol.*) אִיד (הַדְּחָפִים הָאִינְסְטִינְקְטִיבִיִּים, חֵלֶק מִן הַלֹּא־מוּדָע)

ID card /aɪdiː kɑːd/ n. תְּעוּדַת־זֶהוּת

idea /aɪˈdɪə/ n.

1 (thought) רַעְיוֹן, מַחֲשָׁבָה

□ *I have an idea for a story* יֵשׁ לִי רַעְיוֹן לְסִפּוּר

□ *where did you get that idea from?* מִנַּיִן לְךָ הָרַעְיוֹן הַזֶּה?

□ *what an* (or *the very*) *idea!* (*colloq.*) אֵיזוֹ שְׁטוּת! אֵיזֶה מִין רַעְיוֹן מְשֻׁנֶּה!

2 (plan) תָּכְנִית, רַעְיוֹן

□ *she is full of good ideas* הִיא שׁוֹפַעַת רַעְיוֹנוֹת טוֹבִים

□ *he hasn't an idea in his head* אֵין לוֹ שׁוּם רַעְיוֹן (בְּרֶגַע זֶה)

□ *the idea is to travel by night* הָרַעְיוֹן הוּא שֶׁנִּסַּע בַּלַּיְלָה, הַכַּוָּנָה לִנְסֹעַ בַּלֵּילוֹת

□ *don't get ideas!* (*colloq.*) אַל תַּכְנִיס לְעַצְמְךָ רַעְיוֹנוֹת לָרֹאשׁ!

3 (opinion) דֵּעָה

□ *he was always forcing his ideas on to others* הוּא תָּמִיד הָיָה כּוֹפֶה אֶת דֵּעוֹתָיו עַל זוּלָתוֹ

□ *they had some strange ideas about bringing up children* הָיוּ לָהֶם מֻשָּׂגִים מוּזָרִים עַל גִּדּוּל יְלָדִים

□ *that wasn't my idea of a holiday* לֹא כָּךְ תֵּאַרְתִּי לְעַצְמִי חֻפְשָׁה

4 (vague knowledge, notion) מֻשָּׂג, יְדִיעָה עֲמוּמָה, תְּחוּשָׁה

□ *I had an idea he would come* הָיְתָה לִי הַרְגָּשָׁה שֶׁהוּא יָבוֹא

□ *she has no idea of colour* אֵין לָהּ שֶׁמֶץ מֻשָּׂג עַל צְבָעִים

□ *the book gave him an idea of life in England* הַסֵּפֶר נָתַן לוֹ מֻשָּׂג עַל הַחַיִּים בְּאַנְגְלִיָּה

□ *have you any idea of his plans?* יֵשׁ לְךָ מֻשָּׂג כָּלְשֶׁהוּ עַל תָּכְנִיּוֹתָיו?

□ *I haven't the foggiest idea* (*colloq.*) אֵין לִי שׁוּם מֻשָּׂג

□ *I've* (*got*) *no idea who did it* אֵין לִי מֻשָּׂג מִי עָשָׂה זֹאת

□ *give me a rough idea of your needs* תֵּן לִי מֻשָּׂג כְּלָלִי עַל מַה שֶּׁדָּרוּשׁ לְךָ

□ *she gave me a general idea of her plans* הִיא נָתְנָה לִי מֻשָּׂג כְּלָלִי עַל תָּכְנִיּוֹתֶיהָ

□ *what's the big idea?* (*colloq.*) מָה אַתָּה חוֹשֵׁב שֶׁאַתָּה עוֹשֶׂה?

5 (*in philosophy*) אִידֵיאָה

ideal /aɪˈdɪəl/ adj. אִידֵיאָלִי, מֻשְׁלָם; קַיָּם כְּרַעְיוֹן בִּלְבַד

□ *the weather was ideal* מֶזֶג הָאֲוִיר הָיָה אִידֵיאָלִי, מֶזֶג הָאֲוִיר הָיָה נִפְלָא

□ *he was her ideal man* הוּא הָיָה הַגֶּבֶר הָאִידֵיאָלִי שֶׁלָּהּ, הוּא הָיָה גֶּבֶר חֲלוֹמוֹתֶיהָ

—n.

1 (principle) עִקָּרוֹן, אִידֵיאָל

□ *he had high ideals* הָיוּ לוֹ עֶקְרוֹנוֹת נַעֲלִים

2 (perfect example) מוֹפֵת, אִידֵיאָל

□ *the ideal of beauty* אִידֵיאָל הַיֹּפִי

idealism /aɪˈdɪəlɪz(ə)m/ n. אִידֵיאָלִיזְם

idealist /aɪˈdɪəlɪst/ n. אִידֵיאָלִיסְט (אָדָם הַשּׁוֹאֵף לַעֲרָכִים מֻחְלָטִים)

idealistic /ˌaɪdɪəˈlɪstɪk/ adj. אִידֵיאָלִיסְטִי

idealize /aɪˈdɪəlaɪz/ v.t. נִסָּה לְתָאֵר כִּכְלִיל־הַשְּׁלֵמוּת (וּלְחַפּוֹת עַל מִגְרָעוֹת)

ideally /aɪˈdɪəlɪ/ adv. עַל דֶּרֶךְ הָרָצוּי; בְּאֹפֶן אִידֵיאָלִי

□ *ideally the house would be central yet quiet* רָצוּי שֶׁהַבַּיִת יִהְיֶה בְּמֶרְכַּז הָעִיר וּבְכָל זֹאת שָׁקֵט

□ *he is ideally suited to his job* הוּא הוֹלֵם אֶת מִשְׂרָתוֹ לְהַפְלִיא

idée fixe /iːdeɪ ˈfiːks/ n. שִׁגָּעוֹן לְדָבָר אֶחָד, אוֹבְּסֶסְיָה

idem /ˈɪdem/ adv. & n. שָׁם, לְעֵיל (בְּהֶעָרוֹת, לְצִיּוּן הַפְנָיָה לְאוֹתוֹ הַמָּקוֹם בַּטֶּקְסְט הַמְצֻטָּט)

identical /aɪˈdentɪk(ə)l/ adj. זֵהֶה

identical twins תְּאוֹמִים זֵהִים

□ *no two sets of fingerprints are identical* אֵין שְׁנֵי סְטִים זֵהִים שֶׁל טְבִיעוֹת־אֶצְבָּעוֹת

□ *her dress is identical to* (or *with*) *mine* שִׂמְלָתָהּ זֵהָה לְשֶׁלִּי

identically /aɪˈdentɪklɪ/ adv. בְּאֹפֶן זֵהֶה, בְּאוֹתוֹ הָאֹפֶן

identifiable /aɪˈdentɪfaɪəb(ə)l/ adj. נִתָּן לְזִהוּי

identification /aɪˌdentɪfɪˈkeɪʃ(ə)n/ n. זִהוּי; הִזְדַּהוּת

□ *young people tend to have a strong identification with pop stars* צְעִירִים נוֹטִים לְהִזְדַּהוּת עֲמֻקּוֹת עִם כּוֹכְבֵי פּוֹפּ

identify /aɪˈdentɪˌfaɪ/ v.t.

1 (establish identity of) זִהָה

□ *the police asked him to identify himself* הַמִּשְׁטָרָה דָּרְשָׁה מִמֶּנּוּ לְהִזְדַּהוֹת

2 identify with זִהָה (אֶת פְּלוֹנִי/דְּבַר מָה) עִם

□ *I identified myself with the film's heroine* הִזְדַּהֵיתִי עִם גִּבּוֹרַת הַסֶּרֶט

□ *he was identified with the Shah's regime* זִהוּ אוֹתוֹ/הוּא זֻהָה עִם מִשְׁטַר הַשָּׁה

—v.i.

identify with הִזְדַּהָה עִם

□ *I could identify with the film's heroine* יָכֹלְתִּי לְהִזְדַּהוֹת עִם גִּבּוֹרַת הַסֶּרֶט

identikit /aɪˈdentɪkɪt/ n. קְלַסְתְּרוֹן (צִיּוּר מְשֹׁעָר שֶׁל פָּנִים עַל־פִּי תֵּאוּרֵי עֵדִים)

identity /aɪˈdentɪtɪ/ n. זֶהוּת

identity card תְּעוּדַת־זֶהוּת

identity crisis מַשְׁבֵּר זֶהוּת

identity disc דִּיסְקִית זִהוּי

identity papers מִסְמְכֵי זֵהוּי
identity parade (*UK*) מִסְדַּר זֵהוּי
□ *it is a case of mistaken identity* זֶה מִקְרֶה שֶׁל טָעוּת בְּזִהוּי

ideogram /ˈɪdɪəgræm/ n. (also **ideograph** /ˈɪdɪəgrɑːf/) אִידֵיאוֹגְרָמָה (סִימָן לְשׁוֹנִי הַמְצַיֵּן רַעְיוֹן אוֹ חֵפֶץ)

ideological /ˌɪdɪəˈlɒdʒɪk(ə)l/ adj. רַעְיוֹנִי, אִידֵיאוֹלוֹגִי

ideology /ˌɪdɪˈɒlədʒɪ/ n. אִידֵיאוֹלוֹגְיָה, הַשְׁקָפַת־עוֹלָם

idiocy /ˈɪdɪəsɪ/ n.
1 (state) אִידְיוֹטִיזְם, טִפְּשׁוּת
2 (stupid action) מַעֲשֵׂה שְׁטוּת

idiom /ˈɪdɪəm/ n. נִיב; עָגָה
□ *he spoke in an unfamiliar idiom* הוּא דִּבֵּר בְּעָגָה לֹא מֻכֶּרֶת

idiomatic /ˌɪdɪəˈmætɪk/ adj.
1 (containing idioms) אִידְיוֹמָטִי (הַכּוֹלֵל נִיב, הַנּוֹגֵעַ לְנִיב)
idiomatic expression בִּטּוּי אִידְיוֹמָטִי (לְמָשָׁל: "שִׂים לֵב" בְּעִבְרִית)
2 (sounding natural and correct) אִידְיוֹמָטִי (בְּיַחַס לְשִׁמּוּשׁ לְשׁוֹנִי רָהוּט וְעָשִׁיר בְּנִיבִים)
□ *he speaks idiomatic English* הוּא מְדַבֵּר אַנְגְּלִית אִידְיוֹמָטִית

idiosyncrasy /ˌɪdɪəˈsɪŋkrəsɪ/ n. (*formal*) מוּזָרוּת, יִחוּדִיּוּת, קַו־אֹפִי פְּרָטִי וּמְיֻחָד

idiosyncratic /ˌɪdɪəsɪŋˈkrætɪk/ adj. (*formal*) מוּזָר, יִחוּדִי, פְּרָטִי וּמְיֻחָד, אִידְיוֹסִינְקְרָטִי (בְּיַחַס לְסִגְנוֹן/הִתְנַהֲגוּת, לָרֹב לִשְׁלִילָה)

idiot /ˈɪdɪət/ n. אִידְיוֹט, מְטֻמְטָם
□ *you idiot!* (*colloq.*) אִידְיוֹט!
□ *what an idiot I was to believe her!* כַּמָּה טִפְּשִׁי מִצִּדִּי לְהַאֲמִין לָהּ

idiotic /ˌɪdɪˈɒtɪk/ adj. אִידְיוֹטִי, טִפְּשִׁי

idiotically /ˌɪdɪˈɒtɪklɪ/ adv. בְּאֹפֶן אִידְיוֹטִי, בְּאֹפֶן טִפְּשִׁי

idle /ˈaɪd(ə)l/ adj.
1 (not performing work) בָּטֵל מֵעֲבוֹדָה
the idle rich הָעֲשִׁירִים הַמְפֻנָּקִים
□ *the factories lay idle* בָּתֵּי הַחֲרֹשֶׁת שָׁבְתוּ מִמְּלָאכָה
□ *in an idle moment he drew a doodle on the page* בְּרֶגַע שֶׁל פְּנַאי, הוּא שִׁרְבֵּט עַל הַדַּף
2 (lazy) עַצְלָן, בַּטְלָן
bone idle עָצֵל מֵאֵין כָּמוֹהוּ
□ *the devil finds work for idle hands* (*Prov.*) הָעַצְלוּת מְבִיאָה לִידֵי עֲבֵרָה
3 (useless, not based on fact) חֲסַר שַׁחַר, חֲסַר תּוֹעֶלֶת
idle curiosity סַקְרָנוּת בְּעָלְמָא, סְתָם סַקְרָנוּת
idle gossip (or **talk**) רְכִילוּת לְשֵׁמָהּ
—v.i. הִתְבַּטֵּל
□ *the engine was idling* הַמָּנוֹעַ עָבַד בְּהִלּוּכֵי־סְרָק
□ *don't idle (about)!* אַל תֵּשֵׁב בְּחִבּוּק־יָדַיִם! אַל תִּתְבַּטֵּל!

idleness /ˈaɪdəlnɪs/ n. עַצְלוּת, בַּטָּלָה, אֶפֶס מַעֲשֶׂה
□ *they lived in idleness* הֵם חָיוּ חַיֵּי עַצְלוּת וּבַטָּלָה

idler /ˈaɪdlə(r)/ n. הוֹלֵךְ בָּטֵל, בַּטְלָן, עַצְלָן

idly /ˈaɪdlɪ/ adv.
1 (without doing anything, lazily) בְּאֶפֶס־מַעֲשֶׂה, בְּחִבּוּק־יָדַיִם, בְּעַצְלוּת
□ *he stood idly by* הוּא עָמַד מִן הַצַּד בְּאֶפֶס מַעֲשֶׂה
2 (without thought) מִבְּלִי לַחְשֹׁב, בְּלֹא מַחֲשָׁבָה
□ *"I really haven't the faintest idea", he replied idly* "אֵין לִי מֻשָּׂג" הוּא עָנָה כִּלְאַחַר־יָד

idol /ˈaɪd(ə)l/ n.
1 (image for worship) אֱלִיל, פְּסִיל, פֶּסֶל
2 (adored person) אֱלִיל, (כְּגוֹן כּוֹכַב קוֹלְנוֹעַ, זַמָּר וְכַד')
□ *he was a teenage idol* (*colloq.*) הוּא הָיָה אֱלִיל שֶׁל בְּנֵי הַטִּפֵּשׁ־עֶשְׂרֵה

idolater /aɪˈdɒlətə(r)/ (fem. **idolatress** /aɪˈdɒlətrɪs/) n. (*formal*) עוֹבֵד־אֱלִילִים, עַכּוּ"ם (עוֹבֵד כּוֹכָבִים וּמַזָּלוֹת)

idolatrous /aɪˈdɒlətrəs/ adj. (*formal*) שֶׁל עֲבוֹדַת־אֱלִילִים; (בְּהַשְׁאָלָה) נָגוּעַ בְּהַעֲרָצָה מֻפְרֶזֶת
□ *his admiration for the film-star verges on the idolatrous* הַעֲרָצָתוֹ לַשַּׂחְקָנִית הַקּוֹלְנוֹעַ גּוֹבֶלֶת בַּעֲבוֹדַת אֱלִילִים

idolatry /aɪˈdɒlətrɪ/ n. (*formal*) עֲבוֹדַת־אֱלִילִים; (בְּהַשְׁאָלָה) הַעֲרָצָה עִוֶּרֶת

idolize /ˈaɪdəlaɪz/ v.t. הֶעֱרִיץ הַעֲרָצָה עִוֶּרֶת, עָשָׂה (אֶת פְּלוֹנִי) לֶאֱלִיל

idyllic /ɪˈdɪlɪk/, *US* /aɪˈdɪlɪk/ adj. אִידִילִי

if /ɪf/ conj.
1 (on condition that, supposing) אִם, וְהָיָה וְ... (לְשִׁמּוּשׁ בְּמִשְׁפְּטֵי תְּנַאי)
only if רַק אִם
if and only if (*Math.*) אִם וְרַק אִם
□ *if you will wait a moment, I'll get the manager* אִם תּוֹאִיל לְהַמְתִּין רֶגַע, אֶקְרָא לַמְנַהֵל
□ *have you finished your work? if not, I'll help you* הַאִם סִיַּמְתָּ אֶת הָעֲבוֹדָה? אִם לֹא, אֶעֱזֹר לְךָ
□ *if you like, I'll repair your bicycle* אִם אַתָּה רוֹצֶה, אֲתַקֵּן אֶת הָאוֹפַנַּיִם שֶׁלְּךָ
□ *if I were* (or (*colloq.*) *was*) *you, I'd buy it* אִם הָיִיתִי בִּמְקוֹמְךָ הָיִיתִי קוֹנֶה אֶת זֶה
□ *you'll meet him, if and when he arrives* תִּפְגֹּשׁ אוֹתוֹ, אִם וְכַאֲשֶׁר יַגִּיעַ
□ *he doesn't know what to do, if you ask me* (*colloq.*) אִם אַתָּה שׁוֹאֵל אוֹתִי, הוּא לֹא יוֹדֵעַ מָה לַעֲשׂוֹת
2 (whenever) אִם, כָּל אֵימַת שֶׁ...
□ *if I eat too much, I get indigestion* כָּל אֵימַת שֶׁאֲנִי אוֹכֵל יוֹתֵר מִדַּי, אֲנִי מְקַבֵּל כְּאֵב בֶּטֶן
3 (although) אֲפִלּוּ, אֲפִלּוּ אִם, לַמְרוֹת, וְלוּ רַק (מִפְּנֵי/כְּדֵי)

□ *he stayed, if only for lack of anything better to do* הוּא נִשְׁאַר, וְלוּ רַק מִפְּנֵי שֶׁלֹּא הָיָה לוֹ מַשֶּׁהוּ טוֹב יוֹתֵר לַעֲשׂוֹת

□ *I'll do it even if it kills me* (*fig.*) אֲנִי אֶעֱשֶׂה זֹאת וִיהִי מָה

□ *he is kind-hearted, if a little brusque* הוּא טוֹב לֵב, לַמְרוֹת שֶׁהוּא מְחֻסְפָּס קְצָת

4 (whether) הַאִם, אִם (כְּמִבְחָר בֵּין שְׁתֵּי אֶפְשָׁרֻיּוֹת)

□ *do you know if she has set off yet?* אַתָּה יוֹדֵעַ אִם הִיא כְּבָר יָצְאָה? יָדוּעַ לְךָ הַאִם הִיא יָצְאָה כְּבָר?

5 (used with vbs. expressing feelings) אִם

□ *I don't care if you do hate me!* לֹא אִכְפַּת לִי אִם אַתָּה שׂוֹנֵא אוֹתִי!

□ *I'm sorry if you feel that way* צַר לִי אִם זוֹ הַרְגָּשָׁתְךָ

□ *do you mind if I smoke?* אִכְפַּת לְךָ אִם אֲעַשֵּׁן?

6 (in exclamations) לוּ רַק, אִם רַק

if only I'd known! לוּ רַק יָדַעְתִּי! אִם רַק הָיִיתִי יוֹדֵעַ!

□ *well, if it isn't Fred!* מָה אַתָּה יוֹדֵעַ, מִי זֶה אִם לֹא פְרֵד!

7 if anything לְהֶפֶךְ, אִם כְּבָר

□ *it wasn't an improvement – if anything, we were worse off* זֶה לֹא הָיָה שִׁפּוּר – אִם כְּבָר, הָיִינוּ בְּמַצָּב יוֹתֵר גָּרוּעַ

8 as if לֹא נָכוֹן שֶׁ..., זֶה לֹא שֶׁ... (בִּטּוּי הַהוֹפֵךְ אֶת מַשְׁמָעוּת מָה שֶּׁנֶּאֱמַר אַחֲרָיו)

as if you didn't know! (*colloq.*) כְּאִלּוּ לֹא יָדַעְתָּ!

□ *it isn't as if they were strangers* (*colloq.*) זֶה לֹא שֶׁהֵם לֹא מַכִּירִים אֶחָד אֶת הַשֵּׁנִי (כְּשֶׁהַכַּוָּנָה הִיא שֶׁהַשְּׁנַיִם חֲבֵרִים מְצֻיָּנִים)

—n.

no ifs and buts! בְּלִי תֵּרוּצִים!

□ *if he comes – and it's a big if – I shall meet him* אִם יָבוֹא – וְהַדָּבָר לְגַמְרֵי לֹא בָּטוּחַ – אֲנִי מוּכָן לְהִפָּגֵשׁ אִתּוֹ

iffy /ˈɪfɪ/ adj. (*colloq.*) (מַצָּב) לֹא בָּטוּחַ, לֹא בָּרוּר

igloo /ˈɪgluː/ n. אִיגְלוּ (בִּקְתַּת אֶסְקִימוֹ עֲשׂוּיָה לְבֵנִים שֶׁל קֶרַח)

igneous /ˈɪgnɪəs/ adj. (*Geol.*) (סֶלַע) שֶׁנּוֹצַר בִּפְעִלָּהווּלְקָנִית

ignite /ɪgˈnaɪt/ v.t. & i. הִצִּית, הִדְלִיק; נִצַּת, נִדְלַק

ignition /ɪgˈnɪʃ(ə)n/ n. הַצָּתָה, הַדְלָקָה

ignition key מַפְתֵּחַ מְנוֹעַ־הַמְּכוֹנִית

□ *switch on the ignition!* תַּדְלִיק אֶת הַמְּכוֹנִית! תַּתְנִיעַ!

ignoble /ɪgˈnəʊb(ə)l/ adj. (*formal*) שָׁפָל, נִקְלֶה, בָּזוּי

ignominious /ˌɪgnəˈmɪnɪəs/ adj. (*formal*) מַחְפִּיר, מֵבִישׁ, בָּזוּי, מְגֻנֶּה, מַשְׁפִּיל

ignominy /ˈɪgnəmɪnɪ/ n. (*formal*) חֶרְפָּה, קָלוֹן; מַעֲשֶׂה מֵבִישׁ/נִקְלֶה

ignoramus /ˌɪgnəˈreɪməs/ n. בּוּר וְעַם־הָאָרֶץ, נִבְעַר־מִדַּעַת, בַּעַר

ignorance /ˈɪgnərəns/ n. בּוּרוּת, בַּעֲרוּת, אִי־יְדִיעָה

ignorance is bliss הַבַּעֲרוּת הִיא בְּרָכָה, בָּעוֹלָם הַזֶּה טוֹב יוֹתֵר לֹא לָדַעַת

□ *he kept us in ignorance of our rights* הוּא הִסְתִּיר מֵאִתָּנוּ אֶת זְכֻיּוֹתֵינוּ

ignorant /ˈɪgnərənt/ adj. חֲסַר־יֶדַע; בּוּר, בַּעַר

□ *I am quite ignorant of her plans* אֵין לִי שֶׁמֶץ מֻשָּׂג עַל תָּכְנִיּוֹתֶיהָ

ignore /ɪgˈnɔː(r)/ v.t. הִתְעַלֵּם מ..., הֶעֱלִים עַיִן מ...

□ *I'll ignore your impertinence* אֶתְעַלֵּם מֵחֻצְפָּתְךָ

ikon see **ICON**

ilk /ɪlk/ n. (*colloq. & joc.*)

of that ilk מֵהַמִּין שֶׁלּוֹ, מֵאוֹתוֹ הַסּוּג

ill /ɪl/ adj.

1 (sick, in bad health) חוֹלֶה (בְּגוּפוֹ)

mentally ill חוֹלֶה בְּנַפְשׁוֹ

□ *he fell* (or *was taken*) *ill* הוּא חָלָה, הוּא נָפַל לְמִשְׁכָּב

□ *I was ill with worry* הַדְּאָגָה הֵעִיקָה עָלַי מְאֹד, הָיִיתִי חוֹלֶה מֵרֹב דְּאָגָה

2 (bad) רַע, מַזִּיק, שְׁלִילִי

ill effects תּוֹצָאוֹת שְׁלִילִיּוֹת

it's an ill wind that blows nobody any good (*Prov.*) בְּכָל רַע יֵשׁ מַשֶּׁהוּ טוֹב

□ *there was ill feeling between the brothers* יְחָסִים רָעִים שָׂרְרוּ בֵּין הָאַחִים

—adv. בְּאֹפֶן רַע, בְּאַכְזָרִיּוּת; בְּדֹחַק, בְּקֹשִׁי

ill at ease מְבוּכָה, אִי־נוֹחוּת (חֶבְרָתִית)

□ *I can ill afford the expense* אֲנִי בְּקֹשִׁי יָכוֹל לְהַרְשׁוֹת לְעַצְמִי אֶת הַהוֹצָאָה

□ *it ill becomes you to speak thus of your benefactor* (*formal*) אֵין זֶה יָאֶה לְךָ לְדַבֵּר כָּךְ עַל מֵיטִיבְךָ

—n.

1 (evil, injury) פֶּגַע, נֶזֶק

□ *she spoke ill of him* הִיא דִּבְּרָה בּוֹ סָרָה

2 (in *pl.*, misfortunes) צָרוֹת, אֲסוֹנוֹת

I'll /aɪl/ contr. of **I will, I shall** (*colloq.*)

ill-acquainted /ˌɪl-əˈkweɪntɪd/ adj. (*formal*) לֹא מִתְמַצֵּא (בְּ...), שֶׁיְּדִיעָתוֹ גְּרוּעָה

□ *he is ill-acquainted with Sanskrit* הוּא לֹא מִתְמַצֵּא בְּסַנְסְקְרִיט

ill-advised /ˌɪl-ədˈvaɪzd/ adj. טָעוּת, (מַעֲשֶׂה) לֹא חָכָם

□ *you'd be ill-advised to do that* זוֹ תִּהְיֶה טָעוּת אִם תַּעֲשֶׂה זֹאת

ill-assorted /ˌɪl-əˈsɔːtɪd/ adj. בִּלְתִּי מַתְאִימִים (זֶה לָזֶה)

ill-bred /ˌɪl-ˈbred/ adj. בַּעַל חִנּוּךְ לָקוּי, בִּלְתִּי מְחֻנָּךְ

ill-considered /ˌɪl-kənˈsɪdəd/ adj. בִּלְתִּי שָׁקוּל

ill-disposed /ˌɪl-dɪˈspəʊzd/ adj. לֹא מִתְיַחֵס בְּאַהֲדָה (לְדָבָר מָה, לְאָדָם)

□ *he seems rather ill-disposed towards me* נִרְאֶה שֶׁיַּחַסוֹ אֵלַי שְׁלִילִי לְמַדַּי, נִרְאֶה לִי שֶׁהוּא לֹא מְחַבֵּב אוֹתִי בִּמְיֻחָד

illegal /ɪˈliːg(ə)l/ adj. בִּלְתִּי־חֻקִּי

illegal immigrant מְהַגֵּר לֹא חֻקִּי

illegality /ˌɪlɪˈgælɪtɪ/ adj. אִי־חֻקִּיּוּת

illegible /ɪˈledʒɪb(ə)l/ adj. לֹא קָרִיא (כְּתַב־יָד, אוֹתִיּוֹת דְּפוּס וְכַד׳)

illegitimacy /ˌɪlɪˈdʒɪtɪməsɪ/ n. אִי־חֻקִּיּוּת (בְּיִחַס לְמַעֲמָדוֹ שֶׁל יֶלֶד)

illegitimate /ˌɪlɪˈdʒɪtɪmət/ adj.

1 (born out of wedlock) (בֵּן) בִּלְתִּי חֻקִּי

2 (contrary to law) בִּלְתִּי חֻקִּי, לֹא לֵגִיטִימִי

3 (wrongly inferred) (שִׁקּוּל, פֵּרוּשׁ) מֻטְעֶה

□ *you have drawn an illegitimate conclusion* הִגַּעְתָּ לִידֵי מַסְקָנָה מֻטְעֵית

ill-fated /ɪl-ˈfeɪtɪd/ adj. כּוֹשֵׁל, בִּלְתִּי מְמֻזָּל

ill-favoured /ɪl-ˈfeɪvəd/ adj. (*poet.*) (אָדָם) כָּעוּר, נַעֲוֵה־צוּרָה

ill-founded /ɪl-ˈfaʊndɪd/ adj. (שִׁקּוּל) חֲסַר־בָּסִיס, שֶׁיְּסוֹדוֹ בְּטָעוּת

ill-gotten /ˌɪl-ˈgɒt(ə)n/ adj.

ill-gotten gains רְוָחִים שֶׁהֻשְּׂגוּ בְּאֶמְצָעִים בִּלְתִּי־כְּשֵׁרִים

illiberal /ɪˈlɪbərəl/ adj. (*formal*) צַר אֹפֶק, בִּלְתִּי לִיבֶּרָלִי

illicit /ɪˈlɪsɪt/ adj. לֹא חֻקִּי, אָסוּר, שֶׁאֵינוֹ מֻרְשֶׁה (לְפִי הַחֹק אוֹ הַנֹּהַג)

illiteracy /ɪˈlɪtərəsɪ/ n. אִי־יְדִיעַת קְרֹא וּכְתֹב, אַנְאַלְפַבֵּתִיּוּת; בַּעֲרוּת מֻחְלֶטֶת

illiterate /ɪˈlɪtərət, ɪˈlɪtərɪt/ adj. אַנְאַלְפַבֵּית, שֶׁאֵינוֹ יוֹדֵעַ קְרֹא וּכְתֹב

—n. אָדָם שֶׁאֵינוֹ יוֹדֵעַ קְרֹא וּכְתֹב, אַנְאַלְפַבֵּית

ill-mannered /ɪl-ˈmænəd/ adj. בַּעַל נִימוּסִים רָעִים, גַּס הֲלִיכוֹת

ill-natured /ɪl-ˈneɪtʃəd/ adj. בַּעַל מֶזֶג רַע, מְרֻשָּׁע

illness /ˈɪlnɪs/ n. מַחֲלָה

illogical /ɪˈlɒdʒɪk(ə)l/ adj. בִּלְתִּי הֶגְיוֹנִי

ill-omened /ɪl-ˈəʊmənd/ adj. שֶׁיָּבִיא מַזָּל רַע, הָעוֹמֵד בְּסִימָן רַע

ill-starred /ɪl-ˈstɑːd/ adj. (*poet.*) הָעוֹמֵד בְּסִימָן רַע, בִּישׁ מַזָּל; (אָדָם) אֻמְלָל, מַר גּוֹרָל

ill-suited /ɪl-ˈsuːtɪd/ adj. שֶׁאֵינוֹ מַתְאִים, שֶׁאֵינוֹ מֻכְשָׁר (לְבִצּוּעַ דָּבָר מָה וְכַד׳)

□ *they are ill-suited* הֵם לֹא מַתְאִימִים זֶה לָזֶה

ill-tempered /ɪl-ˈtempəd/ adj. בַּעַל מֶזֶג רַע

ill-timed /ɪl-ˈtaɪmd/ adj. בִּזְמַן הַלֹּא־מַתְאִים, בְּעִתּוֹי גָּרוּעַ

ill-treat /ɪl-ˈtriːt/ v.t. הִתְאַכְזֵר אֶל/לְ..., הִתְעַלֵּל בְּ...

ill-treated /ɪl-ˈtriːtɪd/ adj. (אָדָם/בַּעַל־חַיִּים) שֶׁהִתְעַלְּלוּ בּוֹ, מֻכֶּה (יֶלֶד מֻכֶּה)

ill-treatment /ɪl-ˈtriːtmənt/ n. הִתְאַכְזְרוּת, הִתְעַלְּלוּת

illuminate /ɪˈluːmɪneɪt/ v.t.

1 (light up) הֵאִיר (מָקוֹם חָשׁוּךְ)

2 (decorate with bright lights) קִשֵּׁט בְּאוֹרוֹת

3 (decorate manuscript) אִיֵּר, עִטֵּר (כְּתַב־יָד)

4 (make clear) הִבְהִיר, הִסְבִּיר, שָׁפַךְ אוֹר עַל...

illuminating /ɪˈluːmɪneɪtɪŋ/ adj. מֵאִיר עֵינַיִם, מַבְהִיר

□ *I found his talk very illuminating* מָצָאתִי אֶת הַרְצָאָתוֹ שׁוֹפַעַת יְדִיעוֹת וּמְאִירַת עֵינַיִם

illumination /ɪˌluːmɪˈneɪʃ(ə)n/ n.

1 (giving of light) תְּאוּרָה

2 (decorating with bright lights; in *pl.*, bright lights so used) קִשּׁוּט בִּנְוּרוֹת צִבְעוֹנִין; נוּרוֹת לְקִשּׁוּט

3 (in *pl.*, manuscript decorations) אִיּוּרִים, עִטּוּרִים (שֶׁל כְּתַב־יָד)

4 (enlightenment) הֶאָרָה, הַרְחָבַת־אֳפָקִים

□ *mystics have moments of illumination* לְמִסְטִיקָנִים יֵשׁ רִגְעֵי־הֶאָרָה

illusion /ɪˈluːʒ(ə)n/ n. אַשְׁלָיָה, רַעְיוֹן שָׁוְא

optical illusion אַשְׁלָיָה חֲזוּתִית, אַשְׁלָיָה אוֹפְּטִית

□ *the room gives an illusion of space* הַחֶדֶר (הַקָּטָן) נוֹתֵן אַשְׁלָיָה שֶׁל מֶרְחָב (גָּדוֹל)

□ *he cherished the illusion that he was important* הוּא טִפֵּחַ אַשְׁלָיוֹת שֶׁהוּא חָשׁוּב

□ *I have no illusions about her honesty* אֵין לִי אַשְׁלָיוֹת לְגַבֵּי הֲגִינוּתָהּ

□ *she was under the illusion that he would marry her* הִיא הִשְׁלְתָה אֶת עַצְמָהּ שֶׁהוּא יִשָּׂא אוֹתָהּ לְאִשָּׁה

illusionist /ɪˈluːʒənɪst/ n. לַהֲטוּטָן, מְאַחֵז־עֵינַיִם

illusory /ɪˈluːsərɪ/ adj. (*formal*) שֶׁל אַשְׁלָיָה, אַשְׁלְיָתִי

illustrate /ˈɪləstreɪt/ v.t.

1 (provide book with pictures) אִיֵּר, עִטֵּר

2 (explain by examples) הִמְחִישׁ, הִדְגִּים

illustration /ˌɪləsˈtreɪʃ(ə)n/ n.

1 (picture, diagram) אִיּוּר, עִטּוּר, אִילוּסְטְרַצְיָה

2 (example; giving examples) הַמְחָשָׁה, הַדְגָּמָה

illustrative /ˈɪləstrətɪv/ adj. הֶעָשׂוּי לְשַׁמֵּשׁ כְּדֻגְמָה קוֹלַעַת

illustrator /ˈɪləstreɪtə(r)/ n. מְאַיֵּר, מְעַטֵּר

illustrious /ɪˈlʌstrɪəs/ adj. (*formal*) דָּגוּל, נוֹדָע לִתְהִלָּה

ill-will /ɪl-ˈwɪl/ n. עוֹיְנוּת, שִׂנְאָה

□ *he bore us no ill-will* הוּא לֹא רָחַשׁ לָנוּ כָּל שִׂנְאָה

I'm /aɪm/ contr. of **I am** (*colloq.*)

image /ˈɪmɪdʒ/ n.

1 (appearance; opinion) תַּדְמִית, ״אִימָג׳״

□ *the company tried to improve its image* הַחֶבְרָה נִסְּתָה לְשַׁפֵּר אֶת הַתַּדְמִית שֶׁלָּהּ

2 (picture seen in mirror, lens, etc.) בָּבוּאָה, הִשְׁתַּקְּפוּת

3 (representation, statue) צֶלֶם, צוּרָה, דְּמוּת

graven image (*Bibl.*) פֶּסֶל
□ *he is the (spitting) image of his father* הוּא וְאָבִיו דּוֹמִים כִּשְׁתֵּי טִפּוֹת מַיִם
4 (simile, metaphor) דִּמּוּי

imagery /ˈɪmɪdʒərɪ/ n. סְמָלִים וְדִמּוּיִים; שִׁמּוּשׁ סִפְרוּתִי בְּנַ"ל

imaginable /ɪˈmædʒɪnəb(ə)l/ adj. שֶׁאֶפְשָׁר לְהַעֲלוֹתוֹ עַל הַדַּעַת

imaginary /ɪˈmædʒɪnərɪ/ adj. דִּמְיוֹנִי, בִּלְתִּי-מְצִיאוּתִי, פְּרִי הַדִּמְיוֹן

imagination /ɪˌmædʒɪˈneɪʃ(ə)n/ n.
1 (ability to imagine) דִּמְיוֹן, כֹּחַ הַדִּמְיוֹן
□ *use your imagination!* תִּשְׁתַּמֵּשׁ בַּדִּמְיוֹן! הַפְעֵל אֶת דִּמְיוֹנְךָ!
□ *she let her imagination run away with her* הִיא נִשְּׂאָה עַל כַּנְפֵי דִּמְיוֹנָהּ
2 (mind) דִּמְיוֹן
□ *your problems are in your imagination – they are not real* הַבְּעָיוֹת שֶׁלְּךָ קַיָּמוֹת רַק בַּדִּמְיוֹן, הֵן לֹא מַמָּשִׁיּוֹת
3 (something imagined, *colloq.*) מַשֶּׁהוּ מְדֻמֶּה
□ *the schoolboy's illness was mere imagination* מַחֲלָתוֹ שֶׁל הַתַּלְמִיד הָיְתָה מְדֻמָּה בִּלְבַד

imaginative /ɪˈmædʒɪnətɪv/ adj. בַּעַל דִּמְיוֹן, בַּעַל שֵׂאַר-רוּחַ

imagine /ɪˈmædʒɪn/ v.t. דִּמְיֵן, הֶעֱלָה בְּדַעְתּוֹ, חָשַׁב שֶׁ...
□ *I don't imagine she'll be long* אֵינִי חוֹשֵׁב שֶׁהִיא תִּתְאַחֵר הַרְבֵּה, אֲנִי לֹא חוֹשֵׁב שֶׁזֶּה יִקַּח לָהּ עוֹד הַרְבֵּה זְמַן
□ *you can imagine how I felt* אַתָּה יָכוֹל לְשַׁעֵר אֵיךְ הִרְגַּשְׁתִּי
□ *don't imagine you can get away with it again!* אַל תַּחְשֹׁב שֶׁתּוּכַל לְהִפָּטֵר שֵׁנִית בְּלֹא עֹנֶשׁ!
□ *you're only imagining things* אַתָּה רַק רוֹאֶה דְּבָרִים בְּדִמְיוֹנְךָ, כָּל זֶה רַק בַּדִּמְיוֹן שֶׁלְּךָ
□ *he fondly imagined I would drop everything to help him* נָעִים הָיָה לוֹ לַחְשֹׁב שֶׁאֶעֱזֹב הַכֹּל וְאֵחָלֵץ לְעֶזְרָתוֹ
—int.
(just) imagine! רַק תַּחְשֹׁב! תָּאֵר לְעַצְמְךָ... (לְצִיּוּן תַּדְהֵמָה, לְחִיּוּב וּלְשְׁלִילָה)

Imam /ɪˈmɑːm/ n. אִימָאם (תֹּאַר בָּכִיר לְמַנְהִיג דָּת מֻסְלְמִי שִׁיעִי)

imbecile /ˈɪmbəsiːl/ n. מְטֻמְטָם, אִידְיוֹט; רְפֵה-שֵׂכֶל, אִימְבֶּצִיל (מִבְּחִינָה רְפוּאִית)

imbecility /ˌɪmbəˈsɪlɪtɪ/ n. (*formal*) **1?** אִידְיוֹטִיּוּת, טִמְטוּם גָּמוּר; רִפְיוֹן-שֵׂכֶל (כַּנַּ"ל)
2 (in *pl.*, stupid actions) מַעֲשֵׂי שְׁטוּת מֻפְלָגִים

imbibe /ɪmˈbaɪb/ v.t.
1 (drink, *formal* or *joc.*) הֵגִיר/הֵגִיחַ אֶל קִרְבּוֹ
□ *when he has imbibed he becomes very jocund* כְּשֶׁהוּא מֵגִיחַ כּוֹסִית אֶל גְּרוֹנוֹ הוּא נַעֲשֶׂה זְחוּחַ-דַּעַת
2 (absorb, *formal*) סָפַג
□ *children imbibe knowledge at home and at school* יְלָדִים סוֹפְגִים יֶדַע בַּבַּיִת וּבְבֵית-הַסֵּפֶר

imbroglio /ɪmˈbrəʊlɪəʊ/ n. (*formal*) תִּסְבֹּכֶת

imbue /ɪmˈbjuː/ v.t. (*formal*) הִסְפִּיג (אֶת... בְּ...)
□ *he was imbued with patriotism* הוּא הָיָה חָדוּר פַּטְרִיּוֹטִיּוּת

IMF abbrev. קֶרֶן הַמַּטְבֵּעַ הַבֵּינְלְאֻמִּית

imitate /ˈɪmɪteɪt/ v.t. חִקָּה, הָלַךְ בְּעִקְּבוֹת

imitation /ˌɪmɪˈteɪʃ(ə)n/ n. חִקּוּי
imitation fur פַּרְוָה מְלָאכוּתִית
imitation leather עוֹר מְלָאכוּתִי, "סְקַי"
□ *he did imitations of politicians* הוּא עָשָׂה חִקּוּיִים שֶׁל פּוֹלִיטִיקָאִים

imitative /ˈɪmɪtətɪv/ adj. מְחַקֶּה, חַקְיָנִי

immaculate /ɪˈmækjʊlɪt/ adj.
1 (pure, clean) טָהוֹר, לְלֹא-דֹּפִי, לְלֹא רְבָב
the Immaculate Conception (*Relig.*) הֵרָיוֹן-שֶׁבִּקְדֻשָּׁה (הֵרָיוֹנָהּ שֶׁל אֵם יֵשׁוּ)
□ *she wore immaculate white gloves* הִיא לָבְשָׁה כְּפָפוֹת צְחוֹרוֹת לְלֹא-רְבָב
2 (flawless) לְלֹא-רְבָב, מֻשְׁלָם
□ *his behaviour was immaculate* הִתְנַהֲגוּתוֹ הָיְתָה לְלֹא-רְבָב

immanent /ˈɪmənənt/ adj. (*formal*) אִימָנֶנְטִי, כָּלוּל בַּמַּהוּת, מֵעֶצֶם טִבְעוֹ שֶׁל
□ *God is immanent in the Universe* אֱלֹהִים הוּא מֵעֶצֶם טִבְעוֹ שֶׁל הַיְקוּם

immaterial /ˌɪməˈtɪərɪəl/ adj.
1 (unimportant) לֹא חָשׁוּב, שׁוּלִי
□ *what he wants is immaterial to me* מַה שֶּׁהוּא רוֹצֶה אֵינוֹ חָשׁוּב בְּעֵינַי
2 (without substance) חֲסַר-גַּשְׁמִיּוּת, שֶׁאֵין לוֹ גּוּף
□ *as immaterial as a ghost* חֲסַר-גַּשְׁמִיּוּת כְּמוֹ רוּחַ-רְפָאִים

immature /ˌɪməˈtjʊə(r)/ adj. לֹא בָּשֵׁל, לֹא בּוֹגֵר, יַלְדוּתִי
□ *his attitude is rather immature* גִּישָׁתוֹ יַלְדוּתִית בְּמִקְצָת

immaturity /ˌɪməˈtjʊərɪtɪ/ n. אִי-בְּשֵׁלוּת, הֶעְדֵּר בַּגְרוּת, יַלְדוּתִיּוּת

immeasurable /ɪˈmeʒərəb(ə)l/ adj. (*formal*) עָצוּם, לֹא יְשֻׁעַר

immeasurably /ɪˈmeʒərəblɪ/ adv. (*formal*) לְאֵין שִׁעוּר, עַד בְּלִי דַּי, מְאֹד-מְאֹד
□ *I was immeasurably heartened by his report* דִּוּוּחוֹ חִזֵּק אֶת רוּחִי בְּמִדָּה עֲצוּמָה

immediacy /ɪˈmiːdɪəsɪ/ n. מִיָּדִיּוּת, דְּחִיפוּת; חֹסֶר-אֶמְצָעִיּוּת

immediate /ɪˈmiːdɪət/ adj.
1 (direct) יָשִׁיר, מִיָּדִי

immediate family חוּג הַמִּשְׁפָּחָה הַמְצֻמְצָם (אָב, אֵם, אָח, אָחוֹת)

□ *the immediate cause of the accident was a landslide* הַסִּבָּה הַיְשִׁירָה לַתְּאוּנָה הָיְתָה מַפֹּלֶת־הָרִים

□ *we have no plans for the immediate future* אֵין לָנוּ תָּכְנִיּוֹת לֶעָתִיד הַקָּרוֹב

2 (done or occurring at once) מִיָּדִי, דּוֹחֵק

□ *my immediate thought was to stop her* מַחֲשַׁבְתִּי הַמִּיָּדִית הָיְתָה לַעֲצֹר בָּהּ

immediately /ɪˈmiːdɪətlɪ/ adv.

1 (at once) מִיָּד, תֵּכֶף וּמִיָּד

2 (directly) יְשִׁירוֹת, בְּאֹפֶן יָשִׁיר

—conj. בְּרֶגַע שֶׁ..., מִיָּד כַּאֲשֶׁר...

immemorial /ˌɪməˈmɔːrɪəl/ adj. קָדוּם

□ *the custom has existed from time immemorial* הַמִּנְהָג הַזֶּה קַיָּם מֵאָז וּמִתָּמִיד/מִקַּדְמַת־דְּנָא/מֵאָז וּמֵעוֹלָם

immense /ɪˈmens/ adj. עָצוּם, כַּבִּיר, עֲנָק

immensely /ɪˈmenslɪ/ adv. מְאֹד, בְּמִדָּה רַבָּה, בְּיוֹתֵר

□ *they enjoyed themselves immensely* הֵם נֶהֱנוּ הֲנָאָה עֲצוּמָה

immensity /ɪˈmensətɪ/ n. עֲנָקִיּוּת, כַּבִּירוּת

□ *the immensity of the crime* חֻמְרַת הַפֶּשַׁע, מְמַדָּיו הָעֲנָקִיִּים שֶׁל הַפֶּשַׁע

immerse /ɪˈmɜːs/ v.t. שִׁקַּע; הִשְׁרָה

□ *he immersed himself in his studies* הוּא שִׁקַּע אֶת עַצְמוֹ בְּלִמּוּדָיו

□ *he was immersed in a book* הוּא הָיָה שָׁקוּעַ בְּסֵפֶר

immersion /ɪˈmɜːʃ(ə)n/ n.

1 (submerging) הַשְׁרָיָה, הַטְבָּלָה

immersion heater דּוּד חַשְׁמַלִּי (לְחִמּוּם מַיִם)

2 (involvement) הִשְׁתַּקְּעוּת (בְּנוֹשֵׂא וְכַד׳)

3 (baptism by going under water, *Relig.*) הַטְבָּלָה, טְבִילָה (שֶׁל הַגּוּף כֻּלּוֹ, נְהוּגָה בְּקֶרֶב חֵלֶק מִן הַכִּתּוֹת הַנּוֹצְרִיּוֹת)

immigrant /ˈɪmɪgrənt/ n. מְהַגֵּר לְ... (לְהַבְדִּיל מִ״מְהַגֵּר מִ...״)

immigrate /ˈɪmɪgreɪt/ v.i. הִגֵּר לְ... (לְהַבְדִּיל מִ״הִגֵּר מִ...״)

immigration /ˌɪmɪˈgreɪʃ(ə)n/ n. הֲגִירָה לְ... (לְהַבְדִּיל מֵ״הֲגִירָה מִ...״)

imminence /ˈɪmɪnəns/ n. (*formal*) מַצָּב מְמַשְׁמֵשׁ וּבָא

imminent /ˈɪmɪnənt/ adj. (*formal*) (מְאֹרָע) עוֹמֵד לְהִתְרַחֵשׁ, מְמַשְׁמֵשׁ וּבָא

immobile /ɪˈməʊbaɪl/ adj. נַיָּח, שֶׁאֵינוֹ זָז מִמְּקוֹמוֹ

immobility /ˌɪməˈbɪlɪtɪ/ n. נַיָּחוּת (תְּכוּנַת חֹסֶר־הִתְזוּזָה)

immobilize /ɪˈməʊbəlaɪz/ v.t. שִׁתֵּק; מָנַע אֶפְשָׁרוּת תְּנוּעָה מִ...

immoderate /ɪˈmɒdrət/ adj. (*formal*) מֻפְרָז, קִיצוֹנִי, לֹא מָתוּן

immodest /ɪˈmɒdɪst/ adj.

1 (boastful) יְהִירִי, רַבְרְבָנִי

□ *he made immodest claims about his qualifications* הוּא טָעַן טְעָנוֹת יְהִירוֹת בְּיַחַס לִכְשׁוּרָיו

2 (indecent) בִּלְתִּי צָנוּעַ

immodesty /ɪˈmɒdɪstɪ/ n. יְהִירוּת; חֹסֶר־צְנִיעוּת

immolate /ˈɪməleɪt/ v.t. הֶעֱלָה קָרְבָּן (דְּבַר מָה/אֶת עַצְמוֹ עַל מִזְבַּח רַעְיוֹן)

immoral /ɪˈmɒrəl/ adj. בִּלְתִּי מוּסָרִי, מֻשְׁחָת

immorality /ˌɪməˈrælətɪ/ n. שְׁחִיתוּת, אִי־מוּסָרִיּוּת

immortal /ɪˈmɔːt(ə)l/ adj. נִצְחִי, בֶּן־אַלְמָוֶת

immortal fame (*poet.*) תְּהִלַּת־עוֹלָם, תְּהִלָּה בַּת־אַלְמָוֶת

—n. בֶּן־אַלְמָוֶת (אֵל/גִּבּוֹר/אָדָם)

the immortals בְּנֵי־הָאַלְמָוֶת (הָאֵלִים בְּיָוָן הַקְּדוּמָה; כִּנּוּי לְחַבְרֵי הָאָקָדֶמְיָה הַצָּרְפָתִית)

immortality /ˌɪmɔːˈtælətɪ/ n. אַלְמָוֶת; תְּהִלַּת־עוֹלָם

immortalize /ɪˈmɔːtəlaɪz/ v.t. הִנְצִיחַ, הֶעֱנִיק חַיֵּי נֶצַח לְ...

immovable /ɪˈmuːvəb(ə)l/ adj. קָבוּעַ, נָטוּעַ בִּמְקוֹמוֹ, שֶׁאֵין לַהֲזִיזוֹ

immovable property (or **immovables**, *Law*) נִכְסֵי דְּלָא־נָיְדֵי

□ *he was immovable in his resolve* הוּא הָיָה נָחוּשׁ בְּהַחְלָטָתוֹ

immune /ɪˈmjuːn/ adj. מְחֻסָּן

the immune system הַמַּעֲרֶכֶת הַחִסּוּנִית (שֶׁל הַגּוּף)

□ *we were immune against attack* הָיִינוּ מְחֻסָּנִים מִפְּנֵי הַתְקָפָה

immunity /ɪˈmjuːnətɪ/ n. חִסּוּן (רְפוּאִי); חֲסִינוּת (מִשְׁפָּטִית)

diplomatic immunity חֲסִינוּת דִּיפְּלוֹמָטִית

□ *he was granted immunity from prosecution* הָעֳנְקָה לוֹ חֲסִינוּת מִפְּנֵי הַעֲמָדָה לַדִּין

immunization /ˌɪmjʊnaɪˈzeɪʃ(ə)n/ n. חִסּוּן (מִפְּנֵי מַחֲלָה)

immunize /ˈɪmjʊnaɪz/ v.t.

immunize against חִסֵּן (מִבְּחִינָה רְפוּאִית) אֶת... מִפְּנֵי...

immunology /ˌɪmjʊˈnɒlədʒɪ/ n. אִימוּנוֹלוֹגְיָה (חֵקֶר הַחִסּוּנִים וְהַמַּעֲרֶכֶת הַחִסּוּנִית)

immure /ɪˈmjʊə(r)/ v.t. (*formal*) כָּלָא

immutability /ɪˌmjuːtəˈbɪlətɪ/ n. (*formal*) אִי־הִשְׁתַּנּוּת, אִי הָאֶפְשָׁרוּת לְהִשְׁתַּנּוֹת

immutable /ɪˈmjuːtəb(ə)l/ adj. (*formal*) לְלֹא שִׁנּוּי, לֹא נִתָּן לְשִׁנּוּי

imp /ɪmp/ n.

1 (little devil) שֵׁדוֹן

2 (mischievous child) שׁוֹבָב, שֵׁד מִשַּׁחַת

impact /ˈɪmpækt/ n.

1 (collision) כֹּחַ הַהִתְנַגְּשׁוּת; הִתְנַגְּשׁוּת

on impact בְּרֶגַע הַהִתְנַגְּשׁוּת

2 (strong effect) רֹשֶׁם רַב

□ *his book made an impact on me* סִפְרוֹ עָשָׂה עָלַי רֹשֶׁם רַב

—v.t. /ɪmˈpækt/ תָּקַע (דְּבַר־מָה) בְּעָצְמָה (בְּדָבָר אַחֵר)

□ *an impacted wisdom tooth* שֵׁן בִּינָה לְכוּדָה (הַצּוֹמַחַת לְשֵׁן אַחֶרֶת)

impair /ɪmˈpeə(r)/ v.t. פָּגַם בְּ..., קִלְקֵל, הִזִּיק לְ...

impale /ɪmˈpeɪl/ v.t. שִׁפֵּד

impalpable /ɪmˈpælpəb(ə)l/ adj. (*formal*) בִּלְתִּי מוּחָשִׁי, קָשֶׁה לַהֲבָנָה, עַרְטִילָאִי

impart /ɪmˈpɑːt/ v.t. (*formal*) הֶעֱנִיק, הֶאֱצִיל (אֹפִי, טִיב וְכַד׳); גִּלָּה (מֵידָע)

□ *the white furniture imparts a feeling of space to the room* הָרָהִיט הַלָּבָן מַאֲצִיל לַחֶדֶר תְּחוּשָׁה שֶׁל מֶרְחָב

impartial /ɪmˈpɑːʃ(ə)l/ adj. בִּלְתִּי מְשֻׁחָד, חֲסַר־פְּנִיּוֹת

impartiality /ˌɪmˌpɑːʃɪˈælɪtɪ/ n. הֶעְדֵּר מַשּׂוֹא־פָּנִים, אוֹבְּיֶקְטִיבִיּוּת

impassable /ɪmˈpɑːsəb(ə)l/ adj. בִּלְתִּי־עָבִיר, לֹא נִתָּן לַחֲצִיָּה (דֶּרֶךְ, נָתִיב וְכַד׳)

impasse /æmpɑːs/ n. מָבוֹי־סָתוּם (לָרֹב בְּהַשְׁאָלָה)

impassioned /ɪmˈpæʃənd/ adj. נִרְגָּשׁ, נִפְעָם

impassive /ɪmˈpæsɪv/ adj. חֲסַר־רֶגֶשׁ, אָדִישׁ

impatience /ɪmˈpeɪʃəns/ n. חֹסֶר־סַבְלָנוּת, קֹצֶר־רוּחַ

impatient /ɪmˈpeɪʃənt/ adj. חֲסַר־סַבְלָנוּת, קְצַר־רוּחַ

□ *he is impatient to go* הוּא רוֹצֶה מְאֹד לָלֶכֶת, הוּא קְצַר־רוּחַ לָצֵאת

impeach /ɪmˈpiːtʃ/ v.t.

1 (raise doubts about, *formal*) הֵטִיל סָפֵק בְּ..., פִּקְפֵּק בְּ...

2 (*Law*) הֶאֱשִׁים (בְּעִקָּר בְּפֶשַׁע נֶגֶד הַמְּדִינָה)

impeachment /ɪmˈpiːtʃmənt/ n.

1 (raising of doubts, *formal*) הֲטָלַת סָפֵק (בְּאָפְיוֹ/בְּמְנִיעָיו שֶׁל פְּלוֹנִי וְכַד׳)

2 (*Law*) הַאֲשָׁמָה (בְּעִקָּר בְּפֶשַׁע נֶגֶד הַמְּדִינָה)

impeccable /ɪmˈpekəb(ə)l/ adj. לְלֹא־דֹּפִי; לְלֹא־רְבָב

impecunious /ˌɪmpɪˈkjuːnɪəs/ adj. (*formal*) מְעוּט־אֶמְצָעִים; חֲסַר־כֹּל (בְּעִקָּר כְּמַצָּב מִתְמַשֵּׁךְ)

impede /ɪmˈpiːd/ v.t. עִכֵּב בְּעַד (פְּלוֹנִי/דְּבַר־מָה), הִפְרִיעַ (לִפְלוֹנִי/לְדְבַר־מָה)

impediment /ɪmˈpedɪmənt/ n. מִכְשׁוֹל, מַעְצוֹר, עִכּוּב

speech impediment לִקּוּי־דִּבּוּר

impedimenta /ˌɪmpedɪˈmentə(r)/ n. *pl.* (*fig. & joc.*) מִטְעָן, חֲפָצִים, "פֶּקְלָאוֹת"

impel /ɪmˈpel/ v.t. (*formal*) הִמְרִיץ, הֵאִיץ, זֵרֵז (אֶת פְּלוֹנִי לִפְעֻלָּה וְכַד׳)

impending /ɪmˈpendɪŋ/ adj. צָפוּי, (אִיּוּם) תָּלוּי וְעוֹמֵד

impenetrability /ˌɪmpenətrəˈbɪlɪtɪ/ n. (*formal*) אִי־חֲדִירוּת, אֲטִימוּת

impenetrable /ɪmˈpenətrəb(ə)l/ adj. (*formal*) לֹא־חָדִיר, אָטוּם; (בְּהַשְׁאָלָה) מִסְתּוֹרִי, סָתוּם

impenitent /ɪmˈpenɪtənt/ adj. (*formal*) חֲסַר חֲרָטָה, שֶׁאֵינוֹ מְגַלֶּה חֲרָטָה

imperative /ɪmˈperətɪv/ adj.

1 (*Gram.*) שֶׁל צִוּוּי

2 (essential, *formal*) דָּחוּף בְּיוֹתֵר, הֶכְרֵחִי, חִיּוּנִי

—n. (*Gram.*) פֹּעַל בְּצִוּוּי, צִוּוּי

imperceptible /ˌɪmpəˈseptəb(ə)l/ adj. בִּלְתִּי נִכָּר, שֶׁקָּשֶׁה לְהַבְחִין בּוֹ

imperfect /ɪmˈpɜːfɪkt/ adj.

1 (faulty) פָּגוּם, לָקוּי, בִּלְתִּי־מֻשְׁלָם

2 (*Gram.*) אַסְפֶּקְט פָּעֳלִי הַמְּצַיֵּן פְּעֻלָּה שֶׁלֹּא נִשְׁלְמָה

—n. (*Gram.*) צוּרַת פֹּעַל כַּנַּ"ל

imperfection /ˌɪmpəˈfekʃ(ə)n/ n. חִסָּרוֹן, חֶסְרוֹן, פְּגַם קַל, לִקּוּי קַל

□ *she overlooked his imperfections* הִיא הִתְעַלְּמָה מֵחֶסְרוֹנוֹתָיו

imperfectly /ɪmˈpɜːfɪktlɪ/ adv. בְּאֹפֶן לָקוּי, בְּאֹפֶן לֹא מֻשְׁלָם

imperial /ɪmˈpɪərɪəl/ adj.

1 (of an empire) קֵיסָרִי, שֶׁל הַקֵּיסָר

□ *imperial gallon* (4.546 Litres) הַגָּלוֹן הַתִּקְנִי הַבְּרִיטִי (4.546 לִיטֶר, לְהַבְדִּיל מִגָּלוֹן אֲמֶרִיקָאִי שֶׁהוּא 3.79 לִיטֶר)

2 (majestic, *formal*) מַלְכוּתִי, נֶהְדָּר, רַב־הוֹד

imperialism /ɪmˈpɪərɪəlɪzəm/ n.

1 (forming of an empire) אִימְפֶּרְיָאלִיזְם

2 (aggressive extending of a country's power, *derog.*) אִימְפֶּרְיָאלִיזְם

cultural imperialism אִימְפֶּרְיָאלִיזְם תַּרְבּוּתִי

imperialist /ɪmˈpɪərɪəlɪst/ n.

1 (creator of an empire) מֵקִים אִימְפֶּרְיָה, מְיַסֵּד אִימְפֶּרְיָה

2 (person who aggressively increases his power, *derog.*) אִימְפֶּרְיָאלִיסְט

imperil /ɪmˈperɪl/ v.t. (*formal*) הֶעֱמִיד בְּסַכָּנָה

□ *his reputation was imperilled* שְׁמוֹ הַטּוֹב עָמַד בְּסַכָּנָה

imperious /ɪmˈpɪərɪəs/ adj. (*formal*) רוֹדָנִי, שְׁתַלְּטָנִי

imperishable /ɪmˈperɪʃəb(ə)l/ adj. (*formal*) שֶׁאֵינוֹ מִתְקַלְקֵל; שֶׁאֵינוֹ אוֹבֵד לָעַד, נִצְחִי

impermament /ɪmˈpɜːmənənt/ adj. (*formal*) אֲרָעִי, זְמַנִּי, קִיקִיוֹנִי

impermeable /ɪmˈpɜːmɪəb(ə)l/ adj. (*formal*) אָטוּם, בִּלְתִּי חָדִיר (לְגֶשֶׁם, לְנוֹזְלִים)

impersonal /ɪmˈpɜːsən(ə)l/ adj.

1 (not involving personal feelings) לֹא אִישִׁי, לְלֹא פְּנִיּוֹת אִישִׁיּוֹת

2 (*Gram.*) (נוֹשֵׂא) סְתָמִי

impersonate /ɪmˈpɜːsəneɪt/ v.t. חִקָּה; הִתְחַזָּה לְ...

impersonation /ɪmˌpɜːsəˈneɪʃ(ə)n/ n. חִקּוּי; הִתְחַזּוּת

□ *he does impersonations* הוּא עוֹשֶׂה חִקּוּיִים (שֶׁל אֲנָשִׁים מְפֻרְסָמִים)

impersonator /ɪmˈpɜːsəneɪtə(r)/ n. חַקְיָן; מִתְחַזֶּה

female impersonator גֶּבֶר שֶׁמִּתְחַפֵּשׂ לְאִשָּׁה (עַל בָּמָה)

impertinence /ɪmˈpɜːtɪnəns/ n. עַזּוּת־מֵצַח, חֻצְפָּה

impertinent /ɪmˈpɜːtɪnənt/ adj. עַז־מֵצַח, חָצוּף

imperturbable /ˌɪmpəˈtɜːbəb(ə)l/ adj. שָׁלֵו, מָתוּן, קַר־רוּחַ

impervious /ɪmˈpɜːvɪəs/ adj. אָטוּם, בִּלְתִּי חָדִיר; (בְּהַשְׁאָלָה) עָמִיד, מְחֻסָּן

□ *she is impervious to criticism* הִיא לֹא מִתְרַשֶּׁמֶת מִבִּקֹּרֶת

impetigo /ˌɪmpɪˈtaɪgəʊ/ n. (*Med.*) סַעֶפֶת (מַחֲלַת עוֹר מִדַּבֶּקֶת)

impetuosity /ɪmˌpetʃʊˈɒsɪtɪ/ n. פְּזִיזוּת

impetuous /ɪmˈpetʃʊəs/ adj. פָּזִיז

impetus /ˈɪmpɪtəs/ n.

1 (force of moving body) תְּנוּפָה

□ *the project is gaining impetus* (*fig.*) הַפְּרוֹיֶקְט מְקַבֵּל תְּנוּפָה

2 (stimulus) דַּחַף

□ *the treaty gave an impetus to trade* הַחוֹזֶה הֶעֱנִיק תְּנוּפָה לַמִּסְחָר

impiety /ɪmˈpaɪətɪ/ n. (*formal*) הֶעְדֵּר יִרְאַת־שָׁמַיִם; מַעֲשֶׂה חֲסַר יִרְאַת־שָׁמַיִם

impinge /ɪmˈpɪndʒ/ v.i. (*formal*) הִשְׁפִּיעַ (לָרֹב לְרָעָה) עַל

impious /ˈɪmpɪəs/ adj. אֶפִּיקוֹרֶס, חֲסַר יִרְאַת־שָׁמַיִם; חֲסַר יִרְאַת־כָּבוֹד, רָשָׁע

impish /ˈɪmpɪʃ/ adj. שֵׁדִי, שׁוֹבָב

implacable /ɪmˈplækəb(ə)l/ adj. (*formal*) בִּלְתִּי מִתְפַּיֵּס; אַכְזָר, חֲסַר־רַחֲמִים

implant /ɪmˈplɑːnt/ v.t. שָׁתַל (אֵיבָר בַּגּוּף וְכַד׳)

—n. /ˈɪmplɑːnt/ אֵיבָר מֻשְׁתָּל, הַשְׁתָּלָה

silicone implant הַשְׁתָּלַת סִילִיקוֹן (לְמָשָׁל בַּחֲזֵה אִשָּׁה)

implausible /ɪmˈplɔːzəb(ə)l/ adj. לֹא מִתְקַבֵּל עַל הַדַּעַת, לֹא סָבִיר

implement /ˈɪmplɪmənt/ n. כְּלִי, מַכְשִׁיר

—v.t. /ˈɪmplɪment/ הוֹצִיא לַפֹּעַל, בִּצֵּעַ, מִמֵּשׁ, יִשֵּׂם

implicate /ˈɪmplɪkeɪt/ v.t. הֶחְשִׁיד (אֶת פְּלוֹנִי בְּבִצּוּעַ עֲבֵרָה וְכַד׳)

implication /ˌɪmplɪˈkeɪʃ(ə)n/ n.

1 (what is implied) הִשְׁתַּמְּעוּת, הַשְׁלָכָה, אִימְפְּלִיקַצְיָה

□ *this has serious implications for your future* יֵשׁ לָזֶה הַשְׁלָכוֹת חֲמוּרוֹת עַל הֶעָתִיד שֶׁלְּךָ

2 (being shown to be involved) הַחְשָׁדָה (בְּבִצּוּעַ פֶּשַׁע)

implicit /ɪmˈplɪsɪt/ adj.

1 (implied but not stated) מֻבְלָע, מְרֻמָּז

□ *there was an implicit threat in what he said* בִּדְבָרָיו הָיָה אִיּוּם חָבוּי

2 (unquestioning) (אֵמוּן וְכַד׳) מָלֵא, לְלֹא סִיָּג

implied /ɪmˈplaɪd/ adj. מֻבְלָע, מְרֻמָּז, מִשְׁתַּמֵּעַ

implore /ɪmˈplɔː(r)/ v.t. הִפְצִיר בְּ..., הִתְחַנֵּן לִפְנֵי...

imply /ɪmˈplaɪ/ v.t. רָמַז בַּעֲקִיפִין שֶׁ...

□ *his action alone implies that he knew the truth* פְּעֻלָּתוֹ כְּשֶׁלְּעַצְמָהּ מְעִידָה עַל כָּךְ שֶׁהוּא יָדַע אֶת הָאֱמֶת

impolite /ˌɪmpəˈlaɪt/ adj. לֹא מְנֻמָּס

impoliteness /ˌɪmpəˈlaɪtnɪs/ n. חֹסֶר־נִימּוּס

impolitic /ɪmˈpɒlɪtɪk/ adj. (*formal*) לֹא נָבוֹן

imponderable /ɪmˈpɒndərəb(ə)l/ adj. & n. לֹא יָדוּעַ (שֶׁאִי אֶפְשָׁר לְנַחֵשׁ אוֹתוֹ); "סִימַן שְׁאֵלָה"

□ *the future is full of imponderables* הֶעָתִיד מָלֵא סִימָנֵי שְׁאֵלָה

import /ɪmˈpɔːt/ v.t. יִבֵּא

—n. /ˈɪmpɔːt/

1 (often in *pl.*, goods from abroad) (סְחוֹרוֹת) יְבוּא

import duty מֶכֶס (עַל יְבוּא)

2 (meaning, *formal*) מַשְׁמָעוּת

□ *the import of his words was clear to me* מַשְׁמָעוּת דְּבָרָיו הָיְתָה בְּרוּרָה לִי

3 (importance, *formal*) חֲשִׁיבוּת

□ *these are matters of great import* אֵלֶּה עִנְיָנִים בַּעֲלֵי חֲשִׁיבוּת רַבָּה

importance /ɪmˈpɔːtəns/ n. חֲשִׁיבוּת

□ *he is full of his own importance* הוּא מָלֵא חֲשִׁיבוּת עַצְמוֹ

important /ɪmˈpɔːtənt/ adj. חָשׁוּב

□ *he was a fussy, important little man* (*derog.*) הוּא הָיָה אִישׁ קָטָן, טַרְחָן וּמְנֻפָּח

importation /ˌɪmpɔːˈteɪʃ(ə)n/ n. יְבוּא (שֶׁל סְחוֹרוֹת, מִנְהָגִים וְכַד׳)

importer /ɪmˈpɔːtə(r)/ n. יְבוּאָן

importunate /ɪmˈpɔːtʃʊnət/ adj. (*formal*) (אָדָם) תּוֹבְעָנִי; (עִנְיָן) דָּחוּף, דּוֹחֵק

importune /ˌɪmpəˈtjuːn/ v.t. (*formal*) הִטְרִיד בְּבַקָּשׁוֹת, הִפְצִיר בְּ...

impose /ɪmˈpəʊz/ v.t. הֵטִיל, כָּפָה, אָכַף

□ *the magistrate imposed a fine on him* הַשּׁוֹפֵט הֵטִיל עָלָיו קְנָס

—v.i. כָּפָה אֶת עַצְמוֹ (עַל); נִצֵּל לְרָעָה

□ *I'm imposing on your generosity* אֲנִי מְנַצֵּל לְרָעָה אֶת נְדִיבוּת לִבְּךָ

imposing /ɪmˈpəʊzɪŋ/ adj. מַרְשִׁים, רַב־רֹשֶׁם

imposition /ˌɪmpəˈzɪʃ(ə)n/ n. הֲטָלָה; מַעֲמָסָה, מְטָלָה (עַל הַזּוּלַת וְכַד׳)

□ *the imposition of taxes* הַטָּלַת מִסִּים
□ *I felt it was an imposition when she brought her sister* הִיא הֵבִיאָה גַּם אֶת אֲחוֹתָהּ וְזֶה הָיָה לִי לְמַעֲמָסָה

impossibility /ɪmˌpɒsəˈbɪlɪtɪ/ n. דָּבָר בִּלְתִּי אֶפְשָׁרִי; אִי־אֶפְשָׁרוּת

impossible /ɪmˈpɑsəb(ə)l/ adj. בִּלְתִּי אֶפְשָׁרִי
□ *she is impossible!* הִיא מַמָּשׁ "בִּלְתִּי אֶפְשָׁרִית"! אִי אֶפְשָׁר לְהִסְתַּדֵּר אִתָּהּ!
□ *this is an impossible situation* זֶהוּ מַצָּב בִּלְתִּי נִסְבָּל
—n. הַבִּלְתִּי־אֶפְשָׁרִי
□ *you're asking for the impossible* אַתָּה מְבַקֵּשׁ אֶת הַבִּלְתִּי־אֶפְשָׁרִי

impossibly /ɪmˈpɒsɪblɪ/ adv. בְּאֹפֶן שֶׁלֹּא יְאֻמַּן, בְּמִדָּה שֶׁלֹּא תֵּאָמֵן
□ *he is impossibly stupid* הוּא טִפֵּשׁ בְּמִדָּה שֶׁלֹּא תֵּאָמֵן

impostor /ɪmˈpɒstə(r)/ n. מִתְחַזֶּה; נוֹכֵל

imposture /ɪmˈpɒstʃə(r)/ n. (*formal*) הִתְחַזּוּת

impotence /ˈɪmpətəns/ n.
1 (powerlessness) חֹסֶר אוֹנִים, אָזְלַת־יָד
2 (inability to have sexual intercourse) אִימְפּוֹטֶנְצְיָה, חֹסֶר כֹּחַ־גַּבְרָא

impotent /ˈɪmpətənt/ adj.
1 (powerless) חֲסַר אוֹנִים, אֵין אוֹנִים
2 (of a man, unable to have sexual intercourse) אִימְפּוֹטֶנְטִי, חֲסַר כֹּחַ־גַּבְרָא

impound /ɪmˈpaʊnd/ v.t. (*Law*) הֶחֱרִים (רְכוּשׁ וְכַד׳, לִזְמַן קָצָר, וּלְמַטְּרַת שִׁחְרוּר תְּמוּרַת קְנָס וְכַד׳)
□ *he parked in the wrong place and his car was impounded* הוּא חָנָה בְּמָקוֹם אָסוּר וְהַמִּשְׁטָרָה גָּרְרָה לוֹ אֶת הַמְּכוֹנִית

impoverish /ɪmˈpɒvərɪʃ/ v.t. רוֹשֵׁשׁ, דִּלְדֵּל (מִבְּחִינָה כַּסְפִּית, גַּם בְּהַשְׁאָלָה)

impracticable /ɪmˈpræktɪkəb(ə)l/ adj. לֹא נִתָּן לְיִשּׂוּם, לֹא נִתָּן לְבִצּוּעַ

impractical /ɪmˈpræktɪk(ə)l/ adj. בִּלְתִּי מַעֲשִׂי, לֹא פְּרַקְטִי

imprecation /ˌɪmprɪˈkeɪʃ(ə)n/ n. (*formal*) קְלָלָה, גִּדּוּף, חֵרוּף

imprecise /ˌɪmprɪˈsaɪs/ adj. לֹא מְדֻיָּק

impregnable /ɪmˈpregnəb(ə)l/ adj. מִבְצָר, שֶׁאִי אֶפְשָׁר לְכָבְשׁוֹ

impregnate /ˈɪmpregneɪt/ v.t.
1 impregnate with הִסְפִּיג, הִרְוָה (חֹמֶר מְסֻיָּם בְּנוֹזֵל וְכַד׳)
2 (make pregnant, *formal*) הִפְרָה, הִכְנִיס לְהֵרָיוֹן

impresario /ˌɪmprɪˈsɑːrɪəʊ/ n. אֲמַרְגָּן, אִימְפְּרֵסַרְיוֹ

impress /ɪmˈpres/ v.t.
1 (influence deeply) הִרְשִׁים, הִשְׁאִיר רֹשֶׁם עַל
□ *she impressed me favourably* הִיא הוֹתִירָה בִּי רֹשֶׁם חִיּוּבִי
□ *he tries too hard to impress* הוּא מְנַסֶּה יוֹתֵר מִדַּי לַעֲשׂוֹת רֹשֶׁם
2 impress on (or **upon**) הִבְהִיר לְ...
□ *I impressed on him the importance of being punctual* הִבְהַרְתִּי לוֹ אֶת חֲשִׁיבוּתוֹ שֶׁל הַדִּיּוּק בִּזְמַנִּים
3 (imprint) טָבַע סִימָן (מִסּוּג זֶה אוֹ אַחֵר) בְּ...
□ *the potter impressed a pattern on the vase* הַקַּדָּר טָבַע דֻּגְמָה עַל הַכַּד
□ *his words are deeply impressed upon my memory* (*fig.*) הַמִּלִּים שֶׁלּוֹ חֲרוּטוֹת עָמֹק בְּזִכְרוֹנִי
—n. /ˈɪmpres/ (*formal*) דֻּגְמָה טְבוּעָה

impression /ɪmˈpreʃ(ə)n/ n.
1 (effect on mind or feelings) רֹשֶׁם, הִתְרַשְּׁמוּת
□ *tell me your impressions of Oxford* סַפֵּר לִי עַל רְשָׁמֶיךָ מֵאוֹקְסְפוֹרְד
□ *I was under the impression that she was going to pay* אֲנִי (לְתֻמִּי) חָשַׁבְתִּי שֶׁהִיא עוֹמֶדֶת לְשַׁלֵּם, הָיָה לִי רֹשֶׁם שֶׁהִיא עוֹמֶדֶת לְשַׁלֵּם
2 (mark made by pressing) טְבִיעָה (שֶׁל דֻּגְמָה)
3 (*Printing*) הַדְפָּסָה (מִסְפַּר עֲתָקִים שֶׁל סְפָרִים שֶׁהֻדְפְּסוּ בְּיַחַד)
4 (imitation) חִקּוּי (עַל יְדֵי בַּדְרָן)
□ *he did an impression of the Queen* הוּא עָשָׂה חִקּוּי שֶׁל הַמַּלְכָּה

impressionable/ ɪmˈpreʃənəb(ə)l/ adj. שֶׁקַּל לְהַשְׁפִּיעַ עָלָיו, תָּמִים
□ *she was at an impressionable age* הִיא הָיְתָה בְּגִיל שֶׁבּוֹ קַל לְהִתְרַשֵּׁם מִכָּל דָּבָר

impressionism /ɪmˈpreʃənɪzəm/ n. אִימְפְּרֶסְיוֹנִיזְם (זֶרֶם בָּאֳמָנוּת וּבַמּוּזִיקָה בַּמֵּאָה הַ־19)

Impressionist /ɪmˈpreʃənɪst/ n. אִימְפְּרֶסְיוֹנִיסְט (אָמָן מִן הַזֶּרֶם הַנַּ"ל)

impressionistic /ɪmˌpreʃəˈnɪstɪk/ adj.
1 (giving only a general account) שֶׁל רֹשֶׁם כְּלָלִי בִּלְבַד, אִימְפְּרֶסְיוֹנִיסְטִי
2 (of Impressionism) אִימְפְּרֶסְיוֹנִיסְטִי

impressive /ɪmˈpresɪv/ adj. מַרְשִׁים

impressiveness /ɪmˈpresɪvnɪs/ n. רֹשֶׁם (תְּכוּנַת הֱיוֹת מַרְשִׁים)

imprint /ɪmˈprɪnt/ v.t. הִטְבִּיעַ סִימָן (כָּזֶה אוֹ אַחֵר) בְּ...
—n. /ˈɪmprɪnt/ סִימָן מֻטְבָּע, טְבִיעָה; שֵׁם הַמּוֹ"ל (עַל גַּב סֵפֶר וְכַד׳)
□ *his second book was published under a different imprint* סִפְרוֹ הַשֵּׁנִי הוֹפִיעַ בְּבֵית־הוֹצָאָה שׁוֹנָה

imprison /ɪmˈprɪz(ə)n/ v.t. אָסַר, כָּלָא, הוֹשִׁיב בְּמַאֲסָר

imprisonment /ɪmˈprɪzənmənt/ n. כְּלִיאָה, מַאֲסָר,
life imprisonment מַאֲסַר עוֹלָם

improbability /ɪmˌprɒbəˈbɪlɪtɪ/ n. אִי־סְבִירוּת, חֹסֶר־סְבִירוּת

improbable /ɪmˈprɒbəb(ə)l/ adj. לֹא סָבִיר, לֹא מִתְקַבֵּל עַל הַדַּעַת

impromptu /ɪmˈprɒmptjuː/ adj. & adv. מְאֻלְתָּר; בְּמְאֻלְתָּר, לְלֹא הֲכָנָה מֵרֹאשׁ
—n. (*Mus.*) "אִימְפְּרוֹמְפְּטוּ" (חִבּוּר מוּזִיקָלִי קָצָר)

improper /ɪmˈprɒpə(r)/ adj.
1 (unsuitable) לֹא הוֹלֵם, לֹא מַתְאִים (אֹפֶן הִתְנַהֲגוּת, לְבוּשׁ וְכַד')
2 (not correct) שָׁגוּי, מֻטְעֶה; שֶׁלֹּא כַּחֹק
improper diagnosis אַבְחָנָה מֻטְעֵית
improper fraction (*Math.*) שֶׁבֶר מְדֻמֶּה (לְמָשָׁל $\frac{107}{3}$)
□ *he made improper use of the club's funds* הוּא עָשָׂה שִׁמּוּשׁ לְרָעָה בַּמַּשְׁאַבִּים הַכַּסְפִּיִּים שֶׁל הַמּוֹעֲדוֹן
3 (morally unacceptable) לֹא צָנוּעַ, מְגֻנֶּה, גַּס
□ *he made an improper suggestion to her* הוּא הִצִּיעַ לָהּ הַצָּעָה מְגֻנָּה

impropriety /ˌɪmprəˈpraɪəti/ n. (*formal*) מַצָּב/הִתְנַהֲגוּת שֶׁלֹּא כַּהֲלָכָה
□ *he committed an impropriety* הוּא נָהַג שֶׁלֹּא כַּהֲלָכָה

improve /ɪmˈpruːv/ v.t. & i. שִׁפֵּר; הִשְׁתַּפֵּר
□ *she improves on acquaintance* כְּשֶׁמַּכִּירִים אוֹתָהּ (מִקָּרוֹב) הִיא עוֹשָׂה רֹשֶׁם טוֹב יוֹתֵר
□ *the invalid is improving* מַצָּבוֹ שֶׁל הַחוֹלֶה מִשְׁתַּפֵּר
□ *can you improve on your offer?* הַאִם אַתָּה יָכוֹל לְהוֹסִיף עַל הַצָּעָתְךָ?

improvement /ɪmˈpruːvmənt/ n. שִׁפּוּר, הֲטָבָה
improvement grant מַעֲנָק שִׁפּוּצִים (לְבַעַל בַּיִת, לְרֹב מִטַּעַם הָרָשֻׁיּוֹת)
□ *there is room for improvement in your behaviour* יֵשׁ מָקוֹם לְשִׁפּוּר בְּהִתְנַהֲגוּתְךָ

improvidence /ɪmˈprɒvɪdəns/ n. (*formal*) חֹסֶר־תִּכְנוּן

improvident /ɪmˈprɒvɪdənt/ adj. (*formal*) בַּזְבְּזָן, שֶׁאֵינוֹ דּוֹאֵג לְמָחָר

improvisation /ˌɪmprəvaɪˈzeɪʃ(ə)n/ n. אִלְתּוּר, אִימְפְּרוֹבִיזַצְיָה

improvise /ˈɪmprəvaɪz/ v.t. & i. אִלְתֵּר
□ *she improvised a piano accompaniment* הִיא אִלְתְּרָה לִוּוּי בִּפְסַנְתֵּר

imprudence /ɪmˈpruːdəns/ n. פְּזִיזוּת, חֹסֶר תְּבוּנָה

imprudent /ɪmˈpruːdənt/ adj. פָּזִיז, נִמְהָר, לֹא נָבוֹן

impudence /ˈɪmpjʊdəns/ n. עַזּוּת־מֵצַח, חֻצְפָּה

impudent /ˈɪmpjʊdənt/ adj. עַז־מֵצַח, חָצוּף

impugn /ɪmˈpjuːn/ v.t. (*formal*) הֵטִיל חֲשָׁד עַל, הֵטִיל סְפֵקוֹת בְּ...

impulse /ˈɪmpʌls/ n.
1 (sudden inclination) דַּחַף, אִימְפּוּלְס
impulse buying קְנִיָּה עַל־פִּי דַּחַף (וּלְלֹא שִׁקּוּל דַּעַת)
□ *he acts on impulse* הוּא פּוֹעֵל בְּאֹפֶן אִימְפּוּלְסִיבִי
2 (stimulus) דַּחַף, הַכֹּחַ הַמֵּנִיעַ
3 (*Electr.*) דַּחַף, "פּוּלְס"
4 (*Physiol.*) דַּחַף עַצְבִּי

impulsive /ɪmˈpʌlsɪv/ adj. אִימְפּוּלְסִיבִי, פָּזִיז, נִמְהָר

impulsiveness /ɪmˈpʌlsɪvnɪs/ n. פְּזִיזוּת, אִימְפּוּלְסִיבִיּוּת

impunity /ɪmˈpjuːnɪti/ n.
with impunity (*formal*) בְּלֹא לָתֵת אֶת הַדִּין

impure /ɪmˈpjʊə(r)/ adj.
1 (mixed with something else) לֹא טָהוֹר, לֹא נָקִי, מֵכִיל חֳמָרִים זָרִים
2 (morally wrong) טָמֵא, שֶׁל טֻמְאָה

impurity /ɪmˈpjʊərɪti/ n. אִי־טָהֳרָה (שֶׁל חֹמֶר); חֹמֶר זִהוּם (בְּחֹמֶר אַחֵר); טֻמְאָה (מוּסָרִית)
□ *our water is full of impurities* הַמַּיִם שֶׁלָּנוּ מְלֵאִים חָמְרֵי זִהוּם

imputation /ˌɪmpjʊˈteɪʃ(ə)n/ n. (*formal*) טְפִילַת אַשְׁמָה
□ *I reject the imputation that I acted dishonestly* אֲנִי דּוֹחֶה אֶת הַהַאֲשָׁמָה שֶׁנָּהַגְתִּי שֶׁלֹּא בְּיֹשֶׁר

impute /ɪmˈpjuːt/ v.t. (*formal*) טָפַל אַשְׁמָה עַל...

in /ɪn/ prep.
1 (showing a position) בְּ..., בְּתוֹךְ
□ *he dipped the pen in the ink* הוּא טָבַל אֶת הָעֵט בַּדְּיוֹ
□ *they live in Israel* הֵם חַיִּים בְּיִשְׂרָאֵל
□ *I saw her face in the window* רָאִיתִי אֶת פָּנֶיהָ בַּחַלּוֹן
2 (showing an activity) בְּ...
□ *Bill is in hospital* (or (*US*) *in the hospital*) *with a broken arm* בִּיל שׁוֹכֵב בְּבֵית־הַחוֹלִים עִם יָד שְׁבוּרָה, בִּיל שָׁבַר אֶת הַיָּד וְעַכְשָׁו הוּא בְּבֵית הַחוֹלִים
□ *she is in insurance* הִיא עוֹבֶדֶת בְּבִטּוּחַ
□ *in trying to save the child, he was drowned* הוּא טָבַע בְּנִסָּיוֹן לְהַצִּיל אֶת הַיֶּלֶד
3 (showing that something is a part of something else) בְּ...
there's not much in it (*colloq.*) אֵין הַרְבֵּה הֶבְדֵּל
□ *is there a mistake in this sentence?* הַאִם יֵשׁ טָעוּת בַּמִּשְׁפָּט הַזֶּה?
□ *we're all in it together* (*colloq.*) אֲנַחְנוּ יַחַד בְּאוֹתָהּ סִירָה
□ *what's in it for us?* (*colloq.*) מָה יוֹצֵא לָנוּ מִזֶּה?
□ *he hasn't got it in him to succeed* אֵין בּוֹ מַה שֶּׁדָּרוּשׁ כְּדֵי לְהַצְלִיחַ
4 (wearing) בְּ...
□ *he is in uniform* הוּא בְּמַדִּים, הוּא לוֹבֵשׁ מַדִּים
5 (showing direction of movement)
□ *the sun is in my eyes* הַשֶּׁמֶשׁ מְסַנְוֶרֶת אוֹתִי
□ *the wind is in the west* הָרוּחַ נוֹשֶׁבֶת מִמַּעֲרָב
6 (referring to a point in time) בְּ...
□ *he was born in the sixties* הוּא נוֹלַד בִּשְׁנוֹת הַשִּׁשִּׁים
□ *in a week's time I'm going on holiday* בְּעוֹד שָׁבוּעַ אֲנִי יוֹצֵא לְחֻפְשָׁה

7 (after a length of time) תּוֹךְ
□ *I will be back in two days* אֲנִי אֶחֱזוֹר תּוֹךְ יוֹמַיִם
□ *she learnt English in six months* הִיא לָמְדָה אַנְגְּלִית תּוֹךְ שִׁשָּׁה חֳדָשִׁים
□ *I haven't seen them in years* זֶה שָׁנִים לֹא רָאִיתִי אוֹתָם

8 (showing how something is done or happens) ...בְּ
□ *in all honesty, I don't think he has much chance* בְּכָל הַכֵּנוּת, אֲנִי לֹא חוֹשֵׁב שֶׁיֵּשׁ לוֹ הַרְבֵּה סִכּוּיִים
□ *in all fairness, he tried his best* לְמַעַן הַיֹּשֶׁר, צָרִיךְ לוֹמַר שֶׁהוּא נִסָּה כְּכָל יְכָלְתּוֹ

9 (using, by means of) ...בְּ
□ *he was paid in cash* שִׁלְּמוּ לוֹ בִּמְזֻמָּן
□ *the message was written in pencil* הַהוֹדָעָה נִרְשְׁמָה בְּעִפָּרוֹן
□ *she explained her idea in just a few words* הִיא הִסְבִּירָה אֶת הָרַעְיוֹן שֶׁלָּהּ בְּמִלִּים סְפוּרוֹת בִּלְבַד

10 (showing the condition or surroundings of somebody or something) ...בְּ
□ *she was in tears* הִיא הָיְתָה בִּדְמָעוֹת, הִיא בָּכְתָה
□ *he jogs in all weathers* הוּא יוֹצֵא לָרוּץ בְּכָל מֶזֶג אֲוִיר

11 (showing division and arrangement) ...בְּ..., לְ
□ *he cut the apple in two* הוּא חָתַךְ אֶת הַתַּפּוּחַ לִשְׁנַיִם
□ *they stood in a circle* הֵם נִצְּבוּ בְּמַעְגָּל
□ *tourists queue in their thousands to see the exhibition* תַּיָּרִים עוֹמְדִים בַּתּוֹר בַּאֲלָפִים כְּדֵי לִרְאוֹת אֶת הַתַּעֲרוּכָה

12 (showing proportion) לְ..., מִתּוֹךְ
□ *they were taxed at a rate of 25 pence in the pound* גָּבוּ מֵהֶם מַס בְּשִׁעוּר שֶׁל 25 פֶּנִי לְלִישׁ"ט
□ *the gradient is one in seven* שִׁעוּר הַמִּדְרוֹן הוּא אֶחָד לְשִׁבְעָה
□ *one in thirty people voted for him* אֶחָד מִתּוֹךְ כָּל שְׁלֹשִׁים שֶׁבָּחֲרוּ הִצְבִּיעַ עֲבוּרוֹ

13 (showing reference to somebody or something) ...בְּ
□ *they lost 200 in killed and wounded* הֵם סָפְגוּ אֲבֵדוֹת שֶׁל 200 בַּהֲרוּגִים וּבִפְצוּעִים
□ *in this respect she is like her sister* בְּמוּבָן זֶה הִיא דּוֹמָה לַאֲחוֹתָהּ
□ *the plank is a metre in length* הַקּוֹרָה הִיא בְּאֹרֶךְ שֶׁל מֶטֶר
□ *that child is ahead of his friends in reading* הַיֶּלֶד הַזֶּה מַקְדִּים אֶת חֲבֵרָיו בִּקְרִיאָה
□ *he said nothing in reply* הוּא לֹא הֵשִׁיב דָּבָר

14 (introducing a particular person)
□ *you've got a good friend in him* אַתָּה תְּגַלֶּה שֶׁהוּא חָבֵר טוֹב

15 in that ...בְּמוּבָן זֶה שֶׁ..., בְּכָךְ שֶׁ
□ *I'm confused in that I do not know which course of action to take* אֲנִי בִּמְבוּכָה בְּמוּבָן זֶה שֶׁאֵינִי יוֹדֵעַ אֵיזוֹ פְּעֻלָּה לִנְקֹט

—adv.

1 (contained in or surrounded by something) בִּפְנִים
□ *open the drawer and put your socks in* תִּפְתַּח אֶת הַמְּגֵרָה וְתָשִׂים בִּפְנִים אֶת הַגַּרְבַּיִם שֶׁלְּךָ
□ *I found a pear in among the apples* מָצָאתִי אַגָּס בֵּין הַתַּפּוּחִים

2 (present, or so as to be present)
come in! !כָּנֵס! יָבוֹא! תִּכָּנֵס
□ *is your mother in?* ?אִמָּא שֶׁלְּךָ בַּבַּיִת
□ *thieves broke in while we were away* גַּנָּבִים פָּרְצוּ לַבַּיִת בִּזְמַן הֵעָדְרוּתֵנוּ
□ *is the train in yet?* ?הַאִם הָרַכֶּבֶת כְּבָר הִגִּיעָה

3 (towards a central place)
□ *the roof fell in* הַגַּג קָרַס, הַגַּג הִתְמוֹטֵט
□ *the farmer has brought the harvest in* הָאִכָּר אָסַף אֶת הַיְבוּלִים
□ *all applications must be in by tomorrow* עַל הַבַּקָּשׁוֹת לְהַגִּיעַ (לְמִשְׂרָדֵנוּ וְכַד') לֹא יְאֻחַר מִמָּחָר

4 (so as to be added or included)
□ *fill in your name and address* נָא לִרְשֹׁם אֶת הַשֵּׁם וְהַכְּתֹבֶת בַּמָּקוֹם הַמְסֻמָּן

5 (so as to be in power)
□ *the Democrats got in* הַדֵּמוֹקְרָטִים "נִכְנְסוּ" (בַּבְּחִירוֹת)

6 (so as to be fashionable) "אִין", בָּאָפְנָה
□ *long skirts are in again* חֲצָאִיּוֹת אֲרֻכּוֹת שׁוּב בָּאָפְנָה

7 (so as to be alight)
□ *is the fire still in?* ?הַאִם הָאֵשׁ עֲדַיִן בּוֹעֶרֶת

8 (on sale or available) בַּ"סְּטוֹק" בַּמְּלַאי
□ *sorry, we haven't got any blue ink in* מִצְטַעֵר אֲבָל אֵין לָנוּ דְּיוֹ כְּחֻלָּה בַּסְּטוֹק (תְּשׁוּבַת זַבָּן לְלָקוֹחַ)

9 (*Sport*) בִּפְנִים, חֻקִּי
□ *we're in to bat* (*Cricket*) תּוֹר הַקְּבוּצָה שֶׁלָּנוּ לַחְבֹּט
□ *the ball was in!* (*Tennis*) הַכַּדּוּר הָיָה בִּפְנִים (כְּלוֹמַר חֻקִּי)!

10 (back towards the shore)
□ *the tide came in* הַגֵּאוּת נִכְנְסָה
□ *I'll buy a new house when my ship comes in* (*fig. colloq.*) אֲנִי אֶקְנֶה בַּיִת חָדָשׁ אַחֲרֵי שֶׁאֲנִי אֶזְכֶּה בַּפַּיִס (כְּלוֹמַר סָבִיר שֶׁלֹּא אֶקְנֶה)

11 in at ...נָכֵחַ בְּ
□ *he was in at the finish* (*fig.*) הוּא נָכַח בָּרֶגַע הַמַּכְרִיעַ

12 in for
in for a penny, in for a pound (*Prov.*) אִם כְּבָר, אָז כְּבָר
□ *there was twenty in for the job* הָיוּ עֶשְׂרִים מֻעֲמָדִים לַמִּשְׂרָה
□ *he's in for it now!* (*sl.*) עַכְשָׁו הוּא הוֹלֵךְ "לֶאֱכֹל אוֹתָהּ"

□ *they've got it in for him* (*colloq.*) יֵשׁ לָהֶם מַשֶּׁהוּ נֶגְדּוֹ

13 be (or **get**) **in on** (*colloq.*)

□ *she was in on the deal* שִׁתְּפוּ אוֹתָהּ בָּעִסְקָה

□ *he keeps trying to get in on our act* (*fig.*) הוּא כָּל הַזְּמַן מְנַסֶּה לִדְחֹף אֶת עַצְמוֹ לַפְּרוֹיֶקְט שֶׁלָּנוּ

14 in with (*colloq.*)

□ *he's well in with the boss* יֵשׁ לוֹ קֶשֶׁר טוֹב עִם הַבּוֹס

—n.

in tray מַגַּשׁ דֹּאַר נִכְנָס

□ *he knows the ins and outs of the job* הוּא מַכִּיר אֶת הָעֵסֶק לִפְנֵי וְלִפְנִים

inability /ˌɪnəˈbɪlɪtɪ/ n. חֹסֶר־יְכֹלֶת

inaccessible /ˌɪnækˈsesɪb(ə)l/ adj. שֶׁאֵין אֵלָיו גִּישָׁה

inaccuracy /ɪnˈækjərəsɪ/ n. אִי־דִּיּוּק, חֹסֶר־דִּיּוּק; טָעוּת

inaccurate /ɪnˈækjərət/ adj. לֹא־מְדֻיָּק

inaction /ɪnˈækʃ(ə)n/ n. אִי־עֲשִׂיָּה, חֹסֶר־פְּעִילוּת

policy of inaction מְדִינִיּוּת שֶׁל "שֵׁב־וְאַל־תַּעֲשֶׂה"

inactive /ɪnˈæktɪv/ adj. לֹא פָּעִיל (מִתְקָן; סִגְנוֹן חַיִּים)

inactivity /ˌɪnækˈtɪvɪtɪ/ n. אִי־פְּעִילוּת (שֶׁל מִתְקָן); חֹסֶר פְּעִילוּת (גּוּפָנִית)

inadequacy /ɪnˈædɪkwəsɪ/ n. חֹסֶר הַתְאָמָה לַדְּרִישׁוֹת

inadequate /ɪnˈædɪkwət/ adj. לֹא עוֹנֶה עַל הַדְּרִישׁוֹת, לֹא מְסַפֵּק (אֶת הַדְּרִישׁוֹת)

inadmissible /ˌɪnədˈmɪsəb(ə)l/ adj. לֹא קָבִיל

inadmissible evidence (*Law*) עֵדוּת לֹא קְבִילָה

inadvertent /ˌɪnədˈvɜːtənt/ adj. בְּלֹא שִׂימַת לֵב; בְּשׁוֹגֵג

inadvisable /ˌɪnədˈvaɪzəb(ə)l/ adj. לֹא נָבוֹן, לֹא מֻמְלָץ, לֹא כְּדַאי

inalienable /ɪnˈeɪlɪənəb(ə)l/ adj. (*formal*) בִּלְתִּי נִתָּן לִשְׁלִילָה (זְכוּת וְכַד׳)

inamorata /ɪnˌæməˈrɑːtə/ n. (*poet.*) אֲהוּבַת־לֵב

inane /ɪˈneɪn/ adj. רֵיק מִתֹּכֶן

inanimate /ɪnˈænɪmət/ adj. (עֶצֶם) דּוֹמֵם

inanity /ɪˈnænɪtɪ/ n. הֶבֶל, טִפְּשׁוּת

inapplicable /ɪnˈæplɪkəb(ə)l/ adj. לֹא קָשׁוּר, לֹא נוֹגֵעַ (לְדָבָר מְסֻיָּם וְכַד׳)

inappropriate /ˌɪnəˈprəʊprɪət/ adj. שֶׁאֵינוֹ בִּמְקוֹמוֹ, לֹא מַתְאִים, לֹא הוֹלֵם

□ *it seems inappropriate for us to intervene* לֹא יִהְיֶה זֶה בַּמָּקוֹם אִם נִתְעָרֵב

inapt /ɪnˈæpt/ adj. (*formal*) לֹא מַתְאִים, לֹא הוֹלֵם

inarticulate /ˌɪnɑːˈtɪkjʊlət/ adj. (אֹפֶן הִתְבַּטְּאוּת) עִלֵּג

inasmuch as /ˌɪnəzˈmʌtʃ əz/ adv. (*formal*) כֵּיוָן שֶׁ... לְפִי שֶׁ...; בְּמִדָּה שֶׁ...

inattentive /ˌɪnəˈtentɪv/ adj. לֹא שָׂם לֵב, לֹא מַקְשִׁיב

inaudible /ɪnˈɔːdɪb(ə)l/ adj. בִּלְתִּי נִשְׁמָע

inaugural /ɪnˈɔːgjʊrəl/ adj. שֶׁנַּעֲשָׂה לְרֶגֶל פְּתִיחָה, חֲנֻכָּה וְכַד׳

□ *the professor's inaugural lecture was well attended* קָהָל רַב בָּא לִשְׁמֹעַ אֶת הַרְצָאַת הַפְּרוֹפֶסוֹר לְרֶגֶל קַבָּלַת הַקָּתֶדְרָה

inaugurate /ɪnˈɔːgjʊreɪt/ v.t. חָנַךְ (בִּנְיָן) פָּתַח רִשְׁמִית (אֵרוּעַ)

inauguration /ɪnˌɔːgjʊˈreɪʃ(ə)n/ n.

1 (beginning) חֲנֻכָּה, פְּתִיחָה (שֶׁל אֵרוּעַ, בִּנְיָן וְכַד׳)

2 (ceremony of introduction) טֶקֶס חֲנֻכָּה, טֶקֶס פְּתִיחָה, טֶקֶס קַבָּלַת מִשְׂרָה

inauspicious /ˌɪnɔːˈspɪʃəs/ adj. (*formal*) מְבַשֵּׂר־רָעוֹת

inboard /ˈɪnbɔːd/ adj. (*Naut.*) פְּנִימִי (מָנוֹעַ סִירָה וְכַד׳)

inborn /ˌɪnˈbɔːn/ adj. מִלֵּדָה, מִטֶּבַע בְּרִיָּתוֹ

inbred /ˌɪnˈbred/ adj. מִלֵּדָה, מִטֶּבַע בְּרִיָּתוֹ; שֶׁמְּקוֹרוֹ בְּזִוּוּג קְרוֹבֵי מִשְׁפָּחָה; שֶׁמְּקוֹרוֹ בְּהַכְלָאַת בֵּינַיִם

inbreeding /ˌɪnˈbriːdɪŋ/ n. זִוּוּג בֵּין קְרוֹבֵי מִשְׁפָּחָה; הַכְלָאַת בֵּינַיִם

inbuilt /ˌɪnˈbɪlt/ adj. מוּלָד, מִלֵּדָה

inc. abbrev. (חֶבְרָה) מְאֻגֶּדֶת

incalculable /ɪnˈkælkjʊləb(ə)l/ adj.

1 (too large to be calculated) שֶׁאֵין לוֹ שִׁעוּר, שֶׁלֹּא יְשֹׁעַר

2 (unpredictable) לֹא צָפוּי, שֶׁלֹּא יְשֹׁעַר

in camera /ɪn ˈkæmərə/ (*Law*) (דִּיּוּן וְכַד׳) בִּדְלָתַיִם סְגוּרוֹת

incandescent /ˌɪnkænˈdesənt/ adj. לוֹהֵט, זוֹהֵר בְּחֻמּוֹ

incandescent bulb נוּרַת לַהַט (נוּרָה חַשְׁמַלִּית)

incantation /ˌɪnkænˈteɪʃ(ə)n/ n. לַחַשׁ־נַחַשׁ, נֻסְחַת־קְסָמִים

incapable /ɪnˈkeɪpəb(ə)l/ adj. שֶׁאֵין בְּכֹחוֹ לְ..., לֹא מְסֻגָּל

drunk and incapable (*Law*) שִׁכּוֹר עַד אָבְדַן־חוּשִׁים

□ *he is incapable of doing anything properly* הוּא לֹא מְסֻגָּל לַעֲשׂוֹת שׁוּם דָּבָר כְּמוֹ שֶׁצָּרִיךְ

incapacitate /ˌɪnkəˈpæsɪteɪt/ v.t. הִטִּיל מוּם בְּ..., שָׁלַל (מִפְּלוֹנִי) אֶת הַכֹּשֶׁר לְ...

incarcerate /ɪnˈkɑːsəreɪt/ v.t. (*formal*) כָּלָא, עָצַר, אָסַר

incarnate /ɪnˈkɑːnɪt/ adj. (*formal*) בְּהִתְגַּלְּמוּתוֹ, "בִּכְבוֹדוֹ וּבְעַצְמוֹ"

□ *this man is the devil incarnate* אִישׁ זֶה הוּא הִתְגַּלְּמוּתוֹ שֶׁל הַשָּׂטָן

—v.t. /ɪnˈkɑːneɪt/ גִּלֵּם

□ *his wife incarnates all the virtues* אִשְׁתּוֹ הִיא כְּלִיל הַמַּעֲלוֹת, אִשְׁתּוֹ הִיא הִתְגַּלְּמוּת כָּל הַמִּדּוֹת הַטּוֹבוֹת

incarnation /ˌɪnkɑːˈneɪʃ(ə)n/ n. (*formal*) הִתְגַּשְּׁמוּת, הִתְגַּלְּמוּת; גִּלְגּוּל (נֶפֶשׁ)

the Incarnation (בַּנַּצְרוּת) הִתְגַּשְּׁמוּת הָאֵל כְּבָשָׂר וָדָם בִּדְמוּת יֵשׁוּ

incautious /ɪnˈkɔːʃ(ə)s/ adj. פָּזִיז, לֹא זָהִיר

incendiary /ɪnˈsendɪərɪ/ adj. הַגּוֹרֵם הַצָּתָה, שֶׁל תַּבְעֵרָה; מֵסִית, מַצִּית מָדוֹן

incendiary (bomb) פְּצָצַת תַּבְעֵרָה

incense[1] /ˈɪnsens/ n. קְטֹרֶת

incense[2] /ɪnˈsens/ v.t. עוֹרֵר אֶת חֲמָתוֹ שֶׁל..., הִרְגִּיז מְאֹד

incentive /ɪnˈsentɪv/ n. תַּמְרִיץ, גּוֹרֵם מְדַרְבֵּן; יָזְמָה

inception /ɪnˈsepʃ(ə)n/ n. (*formal*) רֵאשִׁית, הַתְחָלָה; הֻלֶּדֶת (הָרַעְיוֹן)

incertitude /ɪnˈsɜːtɪtjuːd/ n. (*formal*) אִי־וַדָּאוּת, אִי־בִּטָּחוֹן

incessant /ɪnˈsesənt/ adj. בִּלְתִּי פּוֹסֵק, מַתְמִיד

incest /ˈɪnsest/ n. גִּלּוּי־עֲרָיוֹת

incestuous /ɪnˈsestjʊəs/ adj.

1 (relating to incest) כָּרוּךְ בְּגִלּוּי־עֲרָיוֹת

2 (closely connected, *derog.*) הָדוּק מִדַּי בִּקְשָׁרָיו

inch /ɪntʃ/ n. אִינְץ׳, (2.54 סַנְטִימֶטְרִים)

inch by inch מְעַט מְעַט, בְּהַדְרָגָה

give him an inch and he'll take a yard (or **mile**) (*Prov.*) תֵּן לוֹ אֶצְבַּע וְהוּא יְבַקֵּשׁ אֶת כָּל הַיָּד

□ *he came within an inch of death* כִּמְעַט שֶׁ הָיָה בֵּינוֹ לְבֵין הַמָּוֶת

□ *the car missed me by inches* הַמְּכוֹנִית כִּמְעַט דָּרְסָה אוֹתִי

□ *we searched every inch of the room* חִפַּשְׂנוּ בְּכָל פִּנּוֹת הַחֶדֶר

□ *he looks every inch a king* כָּל כֻּלּוֹ אוֹמֵר מַלְכוּת

□ *he wouldn't budge an inch* (*fig.*) הוּא אֵינֶנּוּ מוּכָן לָזוּז מֵעֶמְדָּתוֹ כְּהוּא זֶה

—v.i. הִתְקַדֵּם לְאַט וּבְקשִׁי

□ *he inched (his way) forward* הוּא הִתְקַדֵּם בְּאִטִּיּוּת וּבְמַאֲמָץ

□ *prices are inching up* הַמְּחִירִים עוֹלִים בְּהַדְרָגָה

inchoate /ɪnˈkəʊeɪt/ adj. (*formal*) הַתְחָלָתִי, גָּלְמִי, הִיּוּלִי

incidence /ˈɪnsɪdəns/ n. שְׁכִיחוּת

angle of incidence (*Phys.*) זָוִית הַפְּגִיעָה (שֶׁל קֶרֶן אוֹר וְכַד׳)

□ *the incidence of the disease is increasing* שְׁכִיחוּת הַמַּחֲלָה גּוֹבֶרֶת

incident /ˈɪnsɪdənt/ n. תַּקְרִית, מִקְרֶה, מְאֹרָע

diplomatic incident תַּקְרִית דִּיפְּלוֹמָטִית

□ *they arrived without incident* הֵם הִגִּיעוּ לְלֹא תַּקָּלוֹת

incidental /ˌɪnsɪˈdent(ə)l/ adj. שׁוּלִי, מִשְׁנִי, נִלְוֶה

incidental expenses הוֹצָאוֹת צְדָדִיּוֹת

incidental music מוּזִיקַת לִוּוּי (לְמַחֲזֶה וְכַד׳)

—n. דָּבָר הַנִּקְנֶה בְּכֶסֶף הַמֻּקְצֶה לְהוֹצָאוֹת צְדָדִיּוֹת

incidentally /ˌɪnsɪˈdentəlɪ/ adv. & int. בְּדֶרֶךְ אַגַּב, בְּמִקְרֶה; אַגַּב

incinerate /ɪnˈsɪnəreɪt/ v.t. שָׂרַף לְאֵפֶר

incinerator /ɪnˈsɪnəreɪtə(r)/ n. מִשְׂרָפָה, כִּבְשָׁן

incipient /ɪnˈsɪpɪənt/ adj. (*formal*) הַתְחָלָתִי (שָׁלָב) רִאשׁוֹנִי

incipient disease (*Med.*) מַחֲלָה בִּשְׁלַבֶּיהָ הָרִאשׁוֹנִים

incision /ɪnˈsɪʒ(ə)n/ n. חֲתָךְ (בְּאִזְמֵל), חִתּוּךְ בְּנִתּוּחַ

incisive /ɪnˈsaɪsɪv/ adj. חַד, חָרִיף, שָׁנוּן, נוֹקֵב (סִגְנוֹן, אֹפֶן הִתְבַּטְּאוּת)

incisor /ɪnˈsaɪzə(r)/ n. (*Anat.*) שֵׁן חוֹתֶכֶת

incite /ɪnˈsaɪt/ v.t. הֵסִית, שִׁסָּה

incitement /ɪnˈsaɪtmənt/ n. הֲסָתָה, שִׁסּוּי

incivility /ɪnsɪˈvɪlɪtɪ/ n. (*formal*) חֹסֶר נִימוּס, גַּסּוּת־רוּחַ

inclement /ɪnˈklemənt/ adj.

inclement weather (*formal*) מֶזֶג־אֲוִיר רַע, סַגְרִיר

inclination /ˌɪnklɪˈneɪʃ(ə)n/ n. נְטִיָּה; הַטָּיָה (שֶׁל הָרֹאשׁ וְכַד׳); שִׁפּוּעַ

□ *he showed no inclination to leave* הוּא לֹא הֶרְאָה שׁוּם כַּוָּנָה לָלֶכֶת

incline /ɪnˈklaɪn/ v.t.

1 (tend to; encourage to) נוֹטֶה לְ...; עוֹרֵר נְטִיָּה לְ...

□ *she is inclined to be lazy* הִיא נוֹטָה לְעַצְלוּת

□ *his sincerity inclines me to trust him* כֵּנוּתוֹ עוֹרְרָה בִּי נְטִיָּה לִבְטֹחַ בּוֹ

□ *do you feel so (or that way) inclined?* הַאִם אַתָּה נוֹטֶה לְכָךְ?

2 (bend down) כָּפַף, הִרְכִּין, הִטָּה (רֹאשׁ/יָד וְכַד׳)

—v.i. נָטָה לְ...

□ *he inclines to meanness* יֵשׁ לוֹ נְטִיָּה לְקַמְּצָנוּת

□ *I incline to disagree with you* אֲנִי נוֹטֶה לֹא לְהַסְכִּים אִתְּךָ, אֲנִי נוֹטֶה לַחֲלֹק עָלֶיךָ

—n./ˈɪnklaɪn/ שִׁפּוּעַ, מִדְרוֹן; מִתְלוּל

inclose see **ENCLOSE**

inclosure see **ENCLOSURE**

include /ɪnˈkluːd/ v.t. כָּלַל

including /ɪnˈkluːdɪŋ/ prep. כּוֹלֵל, לְרַבּוֹת

inclusion /ɪnˈkluːʒ(ə)n/ n. הַכְלָלָה (בְּמוּבָן "הֱיוֹת כָּלוּל")

inclusive /ɪnˈkluːsɪv/ adj. כּוֹלֵל, וְעַד בִּכְלָל, כּוֹלֵל הַכֹּל

□ *is that price inclusive of V.A.T.?* הַמְּחִיר הַזֶּה כּוֹלֵל מַס־עֵרֶךְ־מוּסָף (מַע"מ)?

□ *1 May to 3 June inclusive* מִן הָאֶחָד בְּמַאי עַד הַשְּׁלֹשָׁה בְּיוּנִי וְעַד בִּכְלָל

incognito /ˌɪŋkɒgˈniːtəʊ/ adj. & adv. בְּעִלּוּם־שֵׁם, אִינְקוֹגְנִיטוֹ

incoherence /ˌɪnkəʊˈhɪərəns/ n. אִי־עִקְבִיּוּת, חֹסֶר־קוֹהֶרֶנְטִיּוּת; חֹסֶר־בְּהִירוּת, בִּלְבּוּל

incoherent /ˌɪnkəʊˈhɪərənt/ adj. לֹא־עִקְבִי, לֹא קוֹהֶרֶנְטִי; חֲסַר־בְּהִירוּת, מְבֻלְבָּל (סִגְנוֹן/דִּבּוּר וְכַד׳)

incombustible /ˌɪnkəmˈbʌstɪb(ə)l/ adj. לֹא נִתָּן לִשְׂרֵפָה

income /ˈɪnkʌm/ n. הַכְנָסָה

income tax מַס הַכְנָסָה

income tax return טֹפֶס דּוּ"חַ מַס הַכְנָסָה

middle income group קְבוּצַת בַּעֲלֵי הַכְנָסָה מְמֻצַּעַת

□ *she lives beyond her income* הִיא חַיָּה מֵעַל לְאֶמְצָעֶיהָ

incoming /ˈɪnkʌmɪŋ/ adj. נִכְנָס (דֹּאַר וְכַד׳)

incoming call שִׂיחָה נִכְנֶסֶת (בַּטֶּלֶפוֹן)

incommode /ˈɪŋkəˈməʊd/ v.t. (*formal*) הֵסֵב אִי־נְעִימוּת לְ..., גָּרַם אִי־נוֹחוּת לְ...

incommunicado /ˌɪŋkəˌmjuːnɪˈkɑːdəʊ/ adj. מְבוֹדָד, לְלֹא קֶשֶׁר עִם הָעוֹלָם הַחִיצוֹן

incomparable /ɪnˈkɒmpərəb(ə)l/ adj. שֶׁאֵין דּוֹמֶה לוֹ, שֶׁאֵין לוֹ מִתְחָרִים

incompatibility /ˌɪnkəmˌpætəˈbɪlɪtɪ/ n. אִי־הַתְאָמָה

incompatible /ˈɪŋkəmˈpætɪb(ə)l/ adj. לֹא מַתְאִים, שֶׁאֵינוֹ תּוֹאֵם

□ *PC programmes are incompatible with Macintosh computers* תָּכְנִיּוֹת שֶׁל ״פִּי־סִי״ אֵינָן מַתְאִימוֹת לְמַחְשְׁבֵי ״מֶקִינְטוֹשׁ״

incompetence /ɪnˈkɒmpɪtəns/ n. הֶעְדֵּר יְכֹלֶת; חֹסֶר־מְיֻמָּנוּת; חֹסֶר כִּשְׁרוֹן

incompetent /ɪnˈkɒmpɪtənt/ adj. חֲסַר־יְכֹלֶת; לֹא מְיֻמָּן; חֲסַר כִּשְׁרוֹן

incomplete /ˌɪŋkəmˈpliːt/ adj. לֹא מֻגְמָר, לֹא מֻשְׁלָם, לוֹקֶה־בְּחָסֵר

incomprehensible /ˌɪnkɒmprɪˈhensɪb(ə)l/ adj. לֹא מוּבָן, לֹא בָּרוּר

inconceivable /ˌɪŋkənˈsiːvəb(ə)l/ adj. שֶׁאֵין לְהַעֲלוֹתוֹ עַל הַדַּעַת

inconclusive /ˌɪŋkənˈkluːsɪv/ adj. לְלֹא מַסְקָנוֹת בְּרוּרוֹת; לֹא חַד־מַשְׁמָעִי; בִּלְתִּי מַסְפִּיק (לְהוֹכָחַת דְּבַר־מָה)

incongruity /ˌɪŋkɒŋˈgruːɪtɪ/ n. אִי־הַתְאָמָה; זָרוּת (מַצָּב, סִגְנוֹן וְכַד׳)

incongruous /ɪnˈkɒŋgrʊəs/ adj. לֹא מַתְאִים; מְגֻחָךְ; זָר וּמוּזָר

inconsequential /ɪnˌkɒnsɪˈkwenʃ(ə)l/ adj. חֲסַר חֲשִׁיבוּת; פָּעוּט (מִבְּחִינַת חֲשִׁיבוּתוֹ, תּוֹצְאוֹתָיו וְכַד׳)

inconsiderable /ˌɪŋkənˈsɪdərəb(ə)l/ adj. שֶׁאֵינוֹ רָאוּי לִתְשׂוּמֶת־לֵב, קַל־עֵרֶךְ

not inconsiderable (*euphem.*) לֹא מְבֻטָּל, גָּדוֹל

inconsiderate /ˌɪŋkənˈsɪdrət/ adj. לֹא מִתְחַשֵּׁב בַּזּוּלַת

□ *that was very inconsiderate of you* זֶה הָיָה חֹסֶר הִתְחַשְּׁבוּת מִצִּדְּךָ

inconsistency /ˈɪnkənˈsɪstənsɪ/ n. חֹסֶר עִקְבִיּוּת

inconsistent /ˌɪnkənˈsɪstənt/ adj.

1 inconsistent with סוֹתֵר, שֶׁאֵינוֹ עוֹלֶה בְּקָנֶה אֶחָד עִם..., לֹא תּוֹאֵם

□ *this is inconsistent with what she told me* זֶה נוֹגֵד אֶת מַה שֶּׁהִיא אָמְרָה לִי, אֵין זֶה עוֹלֶה בְּקָנֶה אֶחָד עִם מַה שֶּׁהִיא אָמְרָה לִי

2 (containing contradictions, erratic) לֹא עִקְבִי, לֹא אָחִיד

□ *his story was inconsistent* סִפּוּרוֹ הָיָה מָלֵא סְתִירוֹת

inconsolable /ˌɪnkənˈsəʊləb(ə)l/ adj. שֶׁאֵין לְנַחֲמוֹ

inconspicuous /ˌɪŋkənˈspɪkjʊəs/ adj. לֹא בּוֹלֵט, שֶׁקָּשֶׁה לְהַבְחִין בּוֹ, לֹא נִכָּר

inconstant /ɪnˈkɒnstənt/ adj. (*poet.*) הֲפַכְפַּךְ (מְאַהֵב וְכַד׳), לֹא יַצִּיב

incontestable /ˌɪŋkənˈtestəb(ə)l/ adj. שֶׁאֵין עָלָיו עוֹרְרִים, שֶׁאֵין לְהַפְרִיכוֹ

incontinence /ɪnˈkɒntɪnəns/ n. אִי שְׁלִיטָה בִּצְרָכָיו (מֵחֲמַת זִקְנָה וְכַד׳); אִי כְּבִישַׁת הַיֵּצֶר

incontinent /ɪnˈkɒntɪnənt/ adj. שֶׁאֵינוֹ שׁוֹלֵט בִּצְרָכָיו (כַּנַּ״ל); שֶׁאֵינוֹ כּוֹבֵשׁ אֶת יִצְרוֹ

incontrovertible /ˌɪŋkɒntrəˈvɜːtəb(ə)l/ adj. (*formal*) שֶׁאֵינוֹ שָׁנוּי בְּמַחֲלֹקֶת

inconvenience /ˌɪŋkənˈviːnɪəns/ n. אִי־נוֹחוּת, אִי־נְעִימוּת

□ *they put themselves to great inconvenience to help us* הֵם יָצְאוּ מִגִּדְרָם כְּדֵי לַעֲזֹר לָנוּ

—v.t. גָּרַם אִי־נוֹחוּת לְ...

inconvenient /ˌɪŋkənˈviːnɪənt/ adj. לֹא נוֹחַ, לֹא נָעִים

incorporate /ɪnˈkɔːpəreɪt/ v.t. כָּלַל; יִסֵּד תַּאֲגִיד, אִגֵּד (חֲבָרוֹת)

incorporated /ɪnˈkɔːpəreɪtɪd/ adj. תַּאֲגִיד

General Motors Incorporated תַּאֲגִיד ״גֶ׳נֶרַל מוֹטוֹרְס״

incorrect /ˌɪŋkəˈrekt/ adj. לֹא נָכוֹן, מֻטְעֶה

incorrigible /ɪnˈkɒrɪdʒəb(ə)l/ adj. חֲסַר־תַּקָּנָה, שֶׁאֵין לוֹ תַּקָּנָה

□ *he's just incorrigible!* הוּא פָּשׁוּט חֲסַר־תַּקָּנָה!

incorruptible /ˌɪŋkəˈrʌptɪb(ə)l/ adj. שֶׁאִי אֶפְשָׁר לְשַׁחֲדוֹ, שֶׁאִי אֶפְשָׁר לְהַשְׁחִיתוֹ (אָדָם, חֹמֶר וְכַד׳)

increase /ɪnˈkriːs/ v.t. & i. הִגְדִּיל, הִגְבִּיר, הֶעֱלָה (שָׂכָר וְכַד׳); גָּדַל, גָּבַר, עָלָה (כַּנַּ״ל)

—n. /ˈɪŋkriːs/ הַעֲלָאָה, הַגְדָּלָה, הִתְגַּבְּרוּת

□ *crime is on the increase* הַפֶּשַׁע בַּעֲלִיָּה

increasingly /ɪnˈkriːsɪŋlɪ/ adv. בְּמִדָּה גּוֹבֶרֶת, יוֹתֵר וְיוֹתֵר

incredible ɪnˈkredɪb(ə)l/ adj. לֹא יֵאָמֵן

□ *the way she behaved is incredible* (*colloq.*) קָשֶׁה לְהַאֲמִין אֵיךְ שֶׁהִיא הִתְנַהֲגָה

incredibly /ɪnˈkredɪblɪ/ adv. עַד מְאֹד, בְּמִדָּה שֶׁלֹּא תֵּאָמֵן

□ *incredibly, he won the race* בְּנִגּוּד לְכָל מַה שֶּׁאֶפְשָׁר הָיָה לַחְשֹׁב, הוּא זָכָה בַּמֵּרוֹץ

incredulity /ˌɪnkrɪˈdjuːlɪtɪ/ n. סָפֵק עָמֹק; אִי־אֵמוּן; הִשְׁתָּאוּת (שֶׁמְּקוֹרָהּ אִי־אֵמוּן)

incredulous /ɪnˈkredjʊləs/ adj. (אָדָם) מִתְקַשֶּׁה לְהַאֲמִין; (הַבָּעָה) שֶׁל הִשְׁתָּאוּת

increment /ˈɪŋkrəmənt/ n. תּוֹסֶפֶת, הַגְדָּלָה (בַּמַּשְׂכֹּרֶת וְכַד׳)

incriminate /ɪnˈkrɪmɪneɪt/ v.t. הִפְלִיל, הֶאֱשִׁים

incriminatory /ˌɪnkrɪmɪˈneɪtərɪ/ adj. מַפְלִיל, מַאֲשִׁים

incriminatory evidence עֵדוּת מַרְשִׁיעָה

incrustation /ˌɪnkrʌˈsteɪʃ(ə)n/ n. שִׁכְבַת קְרוּם קָשָׁה (שֶׁל מֶלַח וְכַד׳)

incubate /ˈɪŋkjʊbeɪt/ v.t. & i. דָּגַר עַל; הָיָה בִּתְקוּפַת דְּגִירָה (מַחֲלָה וְכַד׳)

incubation /ˌɪnkjʊˈbeɪʃ(ə)n/ n. דְּגִירָה, אִינְקוּבַּצְיָה (גַּם שֶׁל מַחֲלָה)

incubation period (*Med.*) תְּקוּפַת הָאִינְקוּבַּצְיָה (שֶׁל מַחֲלָה)

incubator /ˈɪŋkjʊbeɪtə(r)/ n. אִינְקוּבָּטוֹר (לְפַגִּים); מַדְגֵּרָה (לְעוֹפוֹת)

incubus /ˈɪŋkjʊbəs/ n. (*formal*) שֵׁד הָאוֹנֵס נָשִׁים בִּשְׁנָתָן; חֲלוֹם־בַּלָּהוֹת, סִיּוּט

inculcate /ˈɪnkʌlkeɪt/ v.t. (*formal*) שִׁנֵּן (נוֹשֵׂא וְכַד׳) לְ...

inculpate /ˈɪnkʌlpeɪt/ v.t. (*formal*) הִפְלִיל, סִבֵּךְ בְּאַשְׁמָה

incumbency /ɪnˈkʌmbənsɪ/ n. תְּקוּפָה שֶׁל מִשְׂרָה (לְרֹב שֶׁל כֹּמֶר)

incumbent /ɪnˈkʌmbənt/ adj. (*formal*) שֶׁמִּתַּפְקִידוֹ (לַעֲשׂוֹת כָּךְ וְכָךְ); הַנּוֹשֵׂא בְּמִשְׂרָה (כָּלְשֶׁהִי), הַמְכַהֵן בְּתַפְקִיד

□ *I felt it incumbent upon me to warn him* חַשְׁתִּי שֶׁמּוּטֶּלֶת עָלַי הַחוֹבָה לְהַזְהִירוֹ

—n. (*Relig.*) כֹּמֶר (בַּכְּנֵסִיָּה הָאַנְגְּלִיקָנִית) הָאַחֲרַאי לַכְּנֵסִיָּה וְלַקְּהִלָּה; בַּעַל תַּפְקִיד, נוֹשֵׂא מִשְׂרָה

incur /ɪnˈkɜː(r)/ v.t. הֵבִיא עַל עַצְמוֹ, הֵמִיט עַל רֹאשׁוֹ

□ *he incurred debts* הוּא שָׁקַע בְּחוֹבוֹת, הוּא הֵבִיא עַל עַצְמוֹ חוֹבוֹת

□ *he incurred the risk of losing his job* הוּא הִסְתַּכֵּן בְּאָבְדַן מִשְׂרָתוֹ

incurable /ɪnˈkjʊərəb(ə)l/ adj. חֲשׂוּךְ־מַרְפֵּא; לְלֹא תַּקָּנָה

□ *he is an incurable optimist* הוּא אוֹפְּטִימִיסְט לְלֹא תַּקָּנָה

—n. חוֹלֶה חֲשׂוּךְ־מַרְפֵּא

□ *she worked as a nurse in a home for incurables* הִיא עָבְדָה כְּאָחוֹת בְּמָעוֹן לַחֲשׂוּכֵי־מַרְפֵּא

incurious /ɪnˈkjʊərɪəs/ adj. חֲסַר־סַקְרָנוּת, חֲסַר־עִנְיָן בְּ...

incursion /ɪnˈkɜːʃ(ə)n/ n. (*formal*) פְּלִישָׁה, פְּשִׁיטָה, חֲדִירָה (לְרֹב צְבָאִית)

□ *the extra duty made incursions on* (or *upon*) *his leisure time* הַחוֹבוֹת הַנּוֹסָפִים גָּזְלוּ מִזְּמַנּוֹ הַפָּנוּי

indebted /ɪnˈdetɪd/ adj.

indebted to אֲסִיר תּוֹדָה לְ..., מַחֲזִיק־טוֹבָה לְ...; חַיָּב כֶּסֶף לְ...

□ *I am indebted to you for your help* אֲנִי אֲסִיר־תּוֹדָה לְךָ עַל עֶזְרָתְךָ

indecency /ɪnˈdiːsənsɪ/ n. פְּגִיעָה בַּמּוּסָר, פְּרִיצוּת, חֹסֶר צְנִיעוּת

indecent /ɪnˈdiːsənt/ adj.

1 (obscene) מְגֻנֶּה, גַּס

indecent assault (*Law*) מַעֲשֶׂה מְגֻנֶּה, תְּקִיפָה (מִינִית)

indecent exposure (*Law*) הִתְעַרְטְלוּת בְּפֻמְבֵּי

2 (unseemly) לֹא כַּהֹגֶן, לֹא יָאֶה, בִּלְתִּי הוֹלֵם

□ *he acted with indecent haste* הוּא פָּעַל בְּחִפָּזוֹן לֹא־נָאֶה

indecipherable /ˌɪndɪˈsaɪfərəb(ə)l/ adj. שֶׁאֵינוֹ נִתָּן לְפִעְנוּחַ

indecision /ˌɪndɪˈsɪʒ(ə)n/ n. חֹסֶר־הַחְלָטָה, הַסְסָנוּת, פְּסִיחָה עַל שְׁתֵּי־הַסְּעִפִּים

indecisive /ˌɪndɪˈsaɪsɪv/ adj.

1 (hesitating) הַסְסָן, פּוֹסֵחַ עַל שְׁתֵּי־הַסְּעִפִּים

2 (inconclusive) לֹא מַכְרִיעַ, לֹא מְשַׁכְנֵעַ

indecorous /ɪnˈdekərəs/ adj. (*formal*) סַר־טַעַם, חוֹרֵג מִכְּלָלֵי הַנִּימוּס

indeed /ɪnˈdiːd/ adv.

1 (as intensifier) מְאֹד, אָמְנָם, אָמְנָם כֵּן, אָכֵן

□ *the play was very good indeed* הַמַּחֲזֶה בֶּאֱמֶת הָיָה טוֹב מְאֹד

□ *thank you very much indeed!* תּוֹדָה רַבָּה לְךָ, רֹב תּוֹדוֹת לְךָ

2 (showing interest or surprise)

indeed? הַאֻמְנָם? מָה אַתָּה סָח?!

□ *he expects to win? Does he indeed!* הוּא מְצַפֶּה לְנִצָּחוֹן? בְּחַיֶּיךָ!

3 (really) אָמְנָם, אָכֵן, בֶּאֱמֶת

□ *I am indeed very tired* אֲנִי בֶּאֱמֶת עָיֵף מְאֹד

□ *she was indeed as attractive as he had said* אָכֵן, הִיא הָיְתָה מוֹשֶׁכֶת, בְּדִיּוּק כְּפִי שֶׁהוּא אָמַר

□ *if indeed he said that, he was wrong* אִם אָמְנָם הוּא אָמַר אֶת זֶה, הוּא טָעָה

4 (in fact, *formal*) לַאֲמִתּוֹ שֶׁל דָּבָר, לְמַעֲשֶׂה

□ *I was in trouble, indeed penniless* הָיִיתִי בְּצָרוֹת, מַמָּשׁ חֲסַר־כֹּל

indefatigable /ˌɪndɪˈfætɪgəb(ə)l/ adj. בִּלְתִּי־נִלְאֶה, לֹא יִיעַף

indefensible /ˌɪndɪˈfensɪb(ə)l/ adj. לֹא נִתָּן לְהַצְדָּקָה; לֹא נִתָּן לַהֲגַנָּה

indefinable /ˌɪndɪˈfaɪnəb(ə)l/ adj. לֹא נִתָּן לְהַגְדָּרָה בְּרוּרָה; מְעֻרְפָּל

indefinite /ɪnˈdefɪnɪt/ adj.

1 (vague) לֹא בָּרוּר, לֹא מֻגְדָּר בְּבֵרוּר, סְתָמִי

2 (lasting an unspecified time) לֹא מֻגְבָּל

3 (*Gram.*) סְתָמִי

indefinite article מִלַּת־יִדּוּעַ סְתָמִית (בְּאַנְגְּלִית: "a" אוֹ "an")

indefinite pronoun כִּנּוּי־גּוּף סְתָמִי

indefinitely /ɪnˈdefɪnɪtlɪ/ adv.
1 (for a long time) לִזְמַן בִּלְתִּי־מֻגְבָּל
2 (vaguely) בְּאֹפֶן לֹא־בָּרוּר, בְּעִרְפּוּל, בִּסְתָמִיּוּת

indelible /ɪnˈdelɪb(ə)l/ adj. (דְּיוֹ, סִימָן) בִּלְתִּי־נִמְחָק; (כֶּתֶם מוּסָרִי) בַּל־יִמָּחֶה

indelibly /ɪnˈdelɪblɪ/ adv. כָּךְ שֶׁאֵין לִמְחוֹת אוֹתוֹ
□ *his last words are indelibly impressed on my memory* דְּבָרָיו הָאַחֲרוֹנִים חֲקוּקִים לָנֶצַח בְּזִכְרוֹנִי

indelicacy /ɪnˈdelɪkəsɪ/ n. חֹסֶר עֲדִינוּת, הֶעְדֵּר תְּשׂוּמֶת־לֵב לְרִגְשׁוֹת הַזּוּלַת

indelicate /ɪnˈdelɪkət/ adj. חֲסַר־עֲדִינוּת, חֲסַר־נִימוּס, חֲסַר־טַקְט

indemnify /ɪnˈdemnɪfaɪ/ v.t. בִּטַּח (אֶת פְּלוֹנִי) נֶגֶד נֶזֶק/הֶפְסֵד; שִׁלֵּם (לִפְלוֹנִי) דְּמֵי־נֶזֶק
□ *the company is indemnified against loss* הַחֶבְרָה מְבֻטַּחַת נֶגֶד הֶפְסֵדִים
□ *I will indemnify him for any expenses* אֲנִי אֲפַצֶּה אוֹתוֹ עַל כָּל הַהוֹצָאוֹת שֶׁלּוֹ

indemnity /ɪnˈdemnɪtɪ/ n.
1 (insurance against damage or loss) בִּטּוּחַ
2 (payment made after damage or loss) דְּמֵי־בִּטּוּחַ, פִּצּוּיִים, שִׁלּוּמִים

indent /ɪnˈdent/ v.t.
1 (make notches in) שִׁנֵּן, חָרַץ (דְּבַר־מָה) בְּמִשְׁנָן
□ *Scotland has an indented coastline* בִּסְקוֹטְלַנְד יֵשׁ חוֹף מְשֻׁנָּן
2 (*Printing*) הִתְחִיל שׁוּרָה בְּרִחוּק מִשּׁוּלֵי הַדַּף, "הִכְנִיס" (שׁוּרָה)
—v.i. (*UK*) מִלֵּא טֹפֶס לְהַזְמָנַת־סְחוֹרָה
—n. /ˈɪndent/ (*UK*) טֹפֶס הַזְמָנַת־סְחוֹרָה

indentation /ˌɪndenˈteɪʃ(ə)n/ n. שִׁנּוּן, חָרִיץ שֶׁצּוּרָתוֹ מְשֻׁנֶּנֶת; הַתְחָלַת שׁוּרָה בְּרִחוּק מִשּׁוּלֵי הַדַּף, "הַכְנָסַת" שׁוּרָה

indentures /ɪnˈdentʃəz/ n.*pl.* חוֹזֶה מְיֻחָד שֶׁקּוֹשֵׁר שׁוּלְיָה לְמַעֲבִידוֹ

indentured /ɪnˈdentʃəd/ adj. (שׁוּלְיָה) קָשׁוּר לְמַעֲבִידוֹ בְּחוֹזֶה (כַּנַּ"ל)

independence /ˌɪndɪˈpendəns/ n. עַצְמָאוּת, אִי־תְּלוּת
Independence Day יוֹם־הָעַצְמָאוּת (בְּאַרְהַ"ב הַ־4 בְּיוּלִי)

independent /ˌɪndɪˈpendənt/ adj.
1 (self-governing) רִבּוֹנִי (בִּמְדִינִיּוּת), עַצְמָאִי
□ *Barbados is independent of Britain* בַּרְבָּדוֹס הִיא מְדִינָה רִבּוֹנִית שֶׁאֵינָהּ תְּלוּיָה עוֹד בִּבְרִיטַנְיָה
2 (not depending upon other people or things) עַצְמָאִי, בִּלְתִּי־תָּלוּי
independent suspension מַעֲרֶכֶת מִתְלִים עַצְמָאִית לְכָל גַּלְגַּל (בָּרֶכֶב)
□ *my car makes me indepedent of public transport* הַמְּכוֹנִית שֶׁלִּי מְשַׁחְרֶרֶת אוֹתִי מֵהַתְּלוּת בַּתַּחְבּוּרָה הַצִּבּוּרִית
3 (financed by private money) בִּלְתִּי תָּלוּי (בְּמָמוֹן צִבּוּרִי), עַצְמָאִי (מִבְּחִינַת הַכְנָסוֹתָיו)
independent television (רֶשֶׁת) טֶלֶוִיזְיָה בִּלְתִּי־תְּלוּיָה (כְּלוֹמַר לֹא מַמְלַכְתִּית)
independent school בֵּית־סֵפֶר פְּרָטִי (שֶׁאֵינוֹ תָּלוּי בְּמָמוֹן צִבּוּרִי)
□ *she has independent means* יֵשׁ לָהּ אֶמְצָעִים מִשֶּׁלָּהּ (הִיא אֵינָהּ תְּלוּיָה בְּהַכְנָסוֹתָיו שֶׁל מִישֶׁהוּ אַחֵר)
4 (not influenced by other people) עַצְמָאִי, בִּלְתִּי־תָּלוּי
independent candidate מֻעֲמָד עַצְמָאִי
independent opinion דֵּעָה בִּלְתִּי תְּלוּיָה/עַצְמָאִית
—n. בִּלְתִּי־מִפְלַגְתִּי, שֶׁאֵינוֹ תּוֹמֵךְ בְּמִפְלָגָה כְּלָשֶׁהִי בַּעֲקִיבוּת, "קוֹל צָף"

in-depth /ˌɪn-ˈdepθ/ adj. (מֶחְקָר) מַעֲמִיק, עָמֹק (לֹא שִׁטְחִי), יְסוֹדִי

indescribable /ˌɪndɪˈskraɪbəb(ə)l/ adj. לֹא יְתֹאַר, שֶׁאֵין לְתָאֲרוֹ, לֹא יְאֻמַּן

indescribably /ˌɪndɪˈskraɪbəblɪ/ adv. בְּאֹפֶן לֹא יְתֹאַר
□ *the play was indescribably bad* הַמַּחֲזֶה הָיָה גָּרוּעַ בְּמִדָּה שֶׁאֵין לְתָאֲרָהּ

indestructible /ˌɪndɪˈstrʌktɪb(ə)l/ adj. שֶׁאִי־אֶפְשָׁר לַהֲרְסוֹ, שֶׁאֵין לְקַעְקְעוֹ

indeterminable /ˌɪndɪˈtɜːmɪnəb(ə)l/ adj. שֶׁאִי אֶפְשָׁר לְהַגְדִּירוֹ/לְהַחְלִיט עָלָיו

indeterminate /ˌɪndɪˈtɜːmɪnət/ adj. לֹא מֻגְדָּר, לֹא בָּרוּר, סְתָמִי

index /ˈɪndeks/ n. (*pl.* **indices** or **indexes**)
1 (alphabetical list) מַפְתֵּחַ עִנְיָנִים (בְּסֵפֶר), אִינְדֶּקְס
index cards כַּרְטִיסִים (לְרִשּׁוּם)
2 (sign or system for measurement) מַדָּד, אִינְדֶּקְס
index finger אֶצְבַּע (זוֹ שֶׁבֵּין הָאֲגוּדָל וְהָאַמָּה)
cost of living index מַדַּד־יֹקֶר־הַמִּחְיָה
3 (*pl.* **indices**, *Math.*) חֶזְקָה, מַעֲרִיךְ־הַחֶזְקָה
—v.t.
1 (supply book with index) הִתְקִין מַפְתֵּחַ עִנְיָנִים (לְסֵפֶר)
2 (enter book or word or item in index) הִכְנִיס פְּרִיט כְּלָשֶׁהוּ (שֵׁם, שֵׁם סֵפֶר) לְמַפְתֵּחַ הָעִנְיָנִים

indexation /ˌɪndekˈseɪʃən/ n. הַצְמָדָה (לַמַּדָּד, לְשַׁעַר הַדּוֹלָר וְכַד')

index-linked /ˌɪndeks-ˈlɪŋkt/ adj. צָמוּד לַמַּדָּד

india rubber /ˈɪndɪə ˈrʌbə(r)/ n. (*arch.*) גּוּמִי (מִן הַסּוּג שֶׁשִּׁמֵּשׁ לְיִצּוּר צַעֲצוּעִים אוֹ מַחֲקִים לְעֶפְרוֹנוֹת)

Indian /ˈɪndɪən/ adj. & n.
1 (of India) הֹדִּי; הוֹדִי, בֶּן הֹדּוּ
Indian ink דְּיוֹ סִינִי, "טוּשׁ"
Indian tea תֵּה הוֹדִי
2 (American Indian) אִינְדִּיאָנִי

American Indian אִינְדִיאָנִי
Red Indian (*racially derog.*) אִינְדִיאָנִי, אֲדֹם־עוֹר
Indian clubs אַלּוֹת הִתְעַמְּלוּת, אַלּוֹת לַהֲטוּטָנִים (דְּמוּיוֹת בַּקְבּוּקִים)
Indian corn (*arch.*) תִּירָס
Indian file טוּר עָרְפִּי
Indian summer קַיִץ אִינְדִיאָנִי (תְּקוּפָה שֶׁל מֶזֶג־אֲוִיר יָבֵשׁ וְאָבִיךְ שֶׁלֹּא כָּרָגִיל, בְּשִׁלְהֵי הַסְּתָו); (בְּהַשְׁאָלָה) תְּקוּפַת פְּרִיחָה מְאֻחֶרֶת (בִּמְיֻחָד לִקְרַאת סוֹף חַיָּיו שֶׁל אָדָם)

indicate /ˈɪndɪkeɪt/ v.t.
1 (point to) הִצְבִּיעַ עַל, הֶרְאָה עַל
2 (show) הֶרְאָה, רָמַז עַל, אוֹתֵת
□ *the minister has indicated that he may resign* הַשַּׂר רָמַז שֶׁיִּתָּכֵן שֶׁיִּתְפַּטֵּר
□ *the speedometer indicated 80 Kilometres per hour* מַד הַמְּהִירוּת הֶרְאָה 80 קמ"ש
□ *the driver indicated left* הַנֶּהָג אוֹתֵת שְׂמֹאלָה
3 (show a need for) הִצְבִּיעַ עַל צֹרֶךְ בְּ.../לְ...
□ *his illness indicates hospitalization* מַחֲלָתוֹ מַצְבִּיעָה עַל צֹרֶךְ בְּאִשְׁפּוּז

indication /ˌɪndɪˈkeɪʃ(ə)n/ n. סִימָן, רֶמֶז
□ *he gave me some indication of what he wanted* הוּא נָתַן לִי לְהָבִין בְּעֵרֶךְ מַה הוּא רוֹצֶה
□ *there is every indication that he is right* הַכֹּל מַצְבִּיעַ עַל־כָּךְ שֶׁהוּא צוֹדֵק
□ *she had no indication that anything was wrong* לֹא הָיָה לָהּ כָּל רֶמֶז לָזֶה שֶׁמַּשֶּׁהוּ אֵינוֹ כַּשּׁוּרָה

indicative /ɪnˈdɪkətɪv/ adj.
1 (*Gram.*) דֶּרֶךְ הַחִוּוּי, אִינְדִיקָטִיבִי
2 indicative of מַצְבִּיעַ עַל, מְצַיֵּן, רוֹמֵז, מַרְאֶה
—n. (*Gram.*) פֹּעַל בְּדֶרֶךְ הַחִוּוּי
□ *this verb is in the indicative* הַפֹּעַל הַזֶּה הוּא בְּדֶרֶךְ הַחִוּוּי

indicator /ˈɪndɪkeɪtə(r)/ n. מָחוֹג, מַחְוָן; פַּנַּס אִתּוּת (בָּרֶכֶב); סִימָן־הֶכֵּר
train indicator לוּחַ רַכָּבוֹת (הַתָּלוּי בְּתַחֲנַת־רַכֶּבֶת)
□ *such poverty is an indicator of the political situation* עֹנִי כָּזֶה הוּא סִימָן־הֶכֵּר לַמַּצָּב הַפּוֹלִיטִי

indices /ˈɪndɪsiːz/ see **INDEX**

indict /ɪnˈdaɪt/ v.t. (*Law*) הֶאֱשִׁים

indictable /ɪnˈdaɪtəb(ə)l/ adj. (*Law*) (מַעֲשֶׂה) הֶעָלוּל לְהָבִיא לְהַאֲשָׁמָה בִּפְלִילִים

indictment /ɪnˈdaɪtmənt/ n. כְּתַב־אִשּׁוּם, הַאֲשָׁמָה
□ *the present state of higher education is a clear indictment of government policy* מַצָּבוֹ הַנּוֹכְחִי שֶׁל הַחִנּוּךְ הַגָּבוֹהַּ הוּא בְּגֶדֶר כְּתַב־אַשְׁמָה בָּרוּר כְּלַפֵּי מְדִינִיּוּת הַמֶּמְשָׁלָה

indifference /ɪnˈdɪfrəns/ n. אֲדִישׁוּת, שִׁוְיוֹן נֶפֶשׁ, חֹסֶר עִנְיָן
□ *it is a matter of supreme indifference to me* (*formal*) אֵין הַדָּבָר מְעַנְיֵן אוֹתִי כְּהוּא זֶה

indifferent /ɪnˈdɪfrənt/ adj.
1 indifferent to or **towards** אָדִישׁ, שְׁוֵה־נֶפֶשׁ, חֲסַר עִנְיָן
2 (not very good) בֵּינוֹנִי (בִּיכָלְתּוֹ אוֹ בְּאֵיכוּתוֹ), לֹא טוֹב וְלֹא רַע; גָּרוּעַ לְמַדַּי (בְּיַחַס לְאֵיכוּתוֹ שֶׁל דָּבָר)

indifferently /ɪnˈdɪfrəntlɪ/ adv. בַּאֲדִישׁוּת; בְּרַשְׁלָנוּת, כִּלְאַחַר יָד
□ *he did the job indifferently* הוּא בִּצַּע אֶת הַמְּשִׂימָה בְּרַשְׁלָנוּת

indigence /ˈɪndɪdʒəns/ n. (*formal*) עֹנִי, דַּלּוּת, אֶבְיוֹנוּת

indigenous /ɪnˈdɪdʒən(ə)s/ adj. יְלִיד, יְלִידִי, מְקוֹמִי, בֶּן הַמָּקוֹם
□ *this is a plant indigenous to Brazil* הַצֶּמַח הַזֶּה גָּדֵל בְּאֹפֶן טִבְעִי בִּבְרָזִיל

indigent /ˈɪndɪdʒənt/ adj. (*formal*) עָנִי, אֶבְיוֹן, דַּל, רָשׁ

indigestible /ˌɪndɪˈdʒestəb(ə)l/ adj. בִּלְתִּי נִתָּן לְעִכּוּל, קָשֶׁה לְעִכּוּל; (בְּהַשְׁאָלָה) סָתוּם, בִּלְתִּי נִתָּן לְעִכּוּל

indigestion /ˌɪndɪˈdʒestʃən/ n. הַפְרָעָה בְּעִכּוּל, קִלְקוּל קֵבָה

indignant /ɪnˈdɪgnənt/ adj. מָלֵא תַּרְעֹמֶת, נִזְעָם מֵעֶלְבּוֹן

indignation /ˌɪndɪgˈneɪʃ(ə)n/ n. תַּרְעֹמֶת, זַעַם, כַּעַס שֶׁמְּקוֹרוֹ בְּעֶלְבּוֹן

indignity /ɪnˈdɪgnɪtɪ/ n. עֶלְבּוֹן, פְּגִיעָה בְּכָבוֹד, הַשְׁפָּלָה, בִּזָּיוֹן

indigo /ˈɪndɪgəʊ/ adj. & n. בְּצֶבַע אִינְדִיגוֹ, בְּצֶבַע סָגֹל־אַרְגְּמָן; אִינְדִיגוֹ, סָגֹל־אַרְגָּמָן

indirect /ˌɪndɪˈrekt/ adj. לֹא יָשִׁיר, עָקִיף
indirect object (*Gram.*) מֻשָּׂא עָקִיף
indirect question (*Gram.*) שְׁאֵלָה עֲקִיפָה
indirect speech (*Gram.*) דִּבּוּר עָקִיף

indirectly /ˌɪndɪˈrektlɪ/ adv. בַּעֲקִיפִין
□ *I found out indirectly that she had lied to me* נוֹדַע לִי בַּעֲקִיפִין שֶׁהִיא שִׁקְּרָה לִי

indiscernible /ˌɪndɪˈsɜːnəb(ə)l/ adj. שֶׁכִּמְעַט אִי אֶפְשָׁר לְהַבְחִין בּוֹ, (כִּמְעַט) סָמוּי מִן הָעַיִן

indiscipline /ɪnˈdɪsɪplɪn/ n. חֹסֶר־מִשְׁמַעַת, אִי־צִיּוּת, מַרְדָנוּת

indiscreet /ˌɪndɪˈskriːt/ adj. שֶׁאֵינוֹ זָהִיר בִּדְבָרָיו (אוֹ בְּמַעֲשָׂיו); שֶׁאֵינוֹ שׁוֹמֵר סוֹד

indiscretion /ˌɪndɪˈskreʃ(ə)n/ n. הִתְנַהֲגוּת לֹא שְׁקוּלָה; חֹסֶר זְהִירוּת; אִי שְׁמִירַת סוֹד
youthful indiscretions חַטֹּאות־נְעוּרִים

indiscriminate /ˌɪndɪˈskrɪmɪnət/ adj. חֲסַר־הַבְחָנָה; חֲסַר־מַטָּרָה; אַקְרָאִי; מִכָּל הַבָּא לַיָּד

indiscriminately /ˌɪndɪˈskrɪmɪnətlɪ/ adv. בְּאֹפֶן חֲסַר־הַבְחָנָה/אַקְרָאִי
□ *the terrorists were shooting indiscriminately* הַטֶּרוֹרִיסְטִים יָרוּ לְלֹא הַבְחָנָה

indispensable /ˌɪndɪˈspensəb(ə)l/ adj. חִיּוּנִי, נָחוּץ בְּיוֹתֵר, שֶׁאִי אֶפְשָׁר בִּלְעָדָיו, הֶכְרֵחִי

indisposed /ˌɪndɪˈspəʊzd/ adj. (*formal*)
1 (unwell) לֹא בְּקַו־הַבְּרִיאוּת
2 indisposed to ...לֹא נוֹטֶה לְ..., לֹא רוֹצֶה לְ

indisposition /ˌɪndɪspəˈzɪʃ(ə)n/ n. (*formal*)
1 (illness) מֵחוּשׁ, מַחֲלָה קַלָּה
2 (disinclination) ...הֶעְדֵּר נְטִיָּה לְ..., נְטִיָּה שֶׁלֹּא

indisputable /ˌɪndɪˈspjuːtəb(ə)l/ adj. שֶׁאֵינוֹ מֻטָּל בְּסָפֵק, שֶׁאֵין עָלָיו עוֹרְרִין

indissoluble /ˌɪndɪˈsɒljʊb(ə)l/ adj. (*formal*) מוּצָק, אֵיתָן; בִּלְתִּי נָמֵס, לֹא מָסִיס

indistinct /ˌɪndɪˈstɪŋkt/ adj. לֹא בָּרוּר, עָמוּם, מְעֻרְפָּל

indistinguishable /ˌɪndɪˈstɪŋgwɪʃəb(ə)l/ adj. שֶׁאֵינוֹ שׁוֹנֶה בִּמְאוּמָה מִ..., שֶׁאֵין לְהַבְדִּיל בֵּינוֹ וּבֵין...; שֶׁאֵין לְהַבְחִין בּוֹ
□ *the moth is indistinguishable from the branch it rests on* אִי־אֶפְשָׁר לְהַבְדִּיל בֵּין הָעָשׁ וּבֵין הֶעָנָף שֶׁעָלָיו הוּא נָח

individual /ˌɪndɪˈvɪdjʊəl/ adj.
1 (separate) (כָּל אָדָם/דָּבָר־מָה) כְּשֶׁלְּעַצְמוֹ, בְּנִפְרָד, כָּל (אָדָם/דָּבָר־מָה) וְכֹל (אָדָם/דָּבָר־מָה)
□ *each individual flower in the vase is different* כָּל פֶּרַח וּפֶרַח בָּאֲגַרְטָל שׁוֹנֶה מִמִּשְׁנֵהוּ
2 (for or from one person) פְּרָטִי (הַנּוֹגֵעַ לְאָדָם אֶחָד)
individual portion מָנָה/חֲפִיסָה/יְחִידָה אַחַת (בְּיַחַס לְמוּצָרִים הַנִּמְכָּרִים בַּאֲרִיזוֹת שֶׁל יְחִידָה אַחַת)
3 (characteristic) ...פְּרָטִי, מְיֻחָד לְ..., אָפְיָנִי לְ
□ *she dresses in a very individual style* הִיא מִתְלַבֶּשֶׁת בְּסִגְנוֹן מְיֻחָד מְאֹד (הָאָפְיָנִי לָהּ)
—n.
1 (anyone human) יָחִיד, פְּרָט, אָדָם
2 (person, *colloq.*) בֶּן־אָדָם, בַּרְנָשׁ, טִיפּוּס

individualism /ˌɪndɪˈvɪdjʊəlɪzəm/ n.
1 (habit of being independent) אִינְדִּיוִידוּאָלִיזְם, (דְּבֵקוּת בְּעַצְמִיּוּת)
2 (social theory favouring free action) אִינְדִּיוִידוּאָלִיזְם (הַתּוֹרָה הַמַּעֲמִידָה אֶת זְכֻיּוֹת הַפְּרָט בָּרֹאשׁ)

individualist /ˌɪndɪˈvɪdjʊəlɪst/ n. אִינְדִּיוִידוּאָלִיסְט (אָדָם הַהוֹלֵךְ בְּדַרְכּוֹ הַמְיֻחֶדֶת)

individuality /ˌɪndɪvɪdjʊˈælɪtɪ/ n. אִינְדִּיוִידוּאָלִיּוּת, עַצְמִיּוּת, יִחוּד; תְּכוּנוֹת־הַפְּרָט

individually /ˌɪndɪˈvɪdjʊəlɪ/ adv. אֶחָד אֶחָד, בְּנִפְרָד, אִישִׁית
□ *he spoke to them individually* הוּא דִּבֵּר עִם כָּל אֶחָד מֵהֶם לְחוּד
□ *they are quite nice individually* כָּל אֶחָד מֵהֶם נֶחְמָד כְּשֶׁלְּעַצְמוֹ
□ *she is speaking individually* הִיא מְדַבֶּרֶת בְּשֵׁם עַצְמָהּ

indivisible /ˌɪndɪˈvɪzɪb(ə)l/ adj. שֶׁאֵינוֹ נִתָּן לַחֲלֻקָּה, שֶׁאֵינוֹ מִתְחַלֵּק

indoctrinate /ɪnˈdɒktrɪneɪt/ v.t. (*derog.*) פִּטֵּם (מִישֶׁהוּ) בְּ(דֵעוֹת, אֱמוּנוֹת וְכַד'); עָשָׂה (לִפְלוֹנִי) שְׁטִיפַת־מֹחַ
□ *the children had been indoctrinated with their parents' prejudices* הַיְלָדִים פֻּטְּמוּ בַּדֵּעוֹת הַקְּדוּמוֹת שֶׁל הוֹרֵיהֶם

indoctrination /ɪnˌdɒktrɪˈneɪʃ(ə)n/ n. (*derog.*) אִינְדּוֹקְטְרִינַצְיָה, פִּטּוּם (בְּתוֹרוֹת/דֵּעוֹת); שְׁטִיפַת מֹחַ

Indo-European /ˌɪndəʊ-jʊərəˈpɪən/ adj. הֹדּוּ־אֵירוֹפִּי

indolence /ˈɪndələns/ n. (*formal*) עַצְלוּת, נִרְפּוּת

indolent /ˈɪndələnt/ adj. (*formal*) עָצֵל, נִרְפֶּה, אוֹהֵב־בַּטָּלָה

indomitable /ɪnˈdɒmɪtəb(ə)l/ adj. (*formal*) עָשׂוּי לְלֹא חַת, שֶׁאֵין לִשְׁבֹּר אֶת רוּחוֹ

Indonesian /ˌɪndəˈniːzjən/ n. & adj. אָדָם אִינְדּוֹנֶזִי; (שָׂפָה) אִינְדּוֹנֶזִית; אִינְדּוֹנֶזִי

indoor /ˈɪndɔː(r)/ adj. שֶׁבְּתוֹךְ בִּנְיָן, שֶׁבְּתוֹךְ בַּיִת
indoor pool בְּרֵכָה סְגוּרָה

indoors /ɪnˈdɔːz/ adv. בְּתוֹךְ/לְתוֹךְ בִּנְיָן/בַּיִת
□ *I am going indoors* אֲנִי נִכְנָס הַבַּיְתָה
□ *he stayed indoors* הוּא לֹא יָצָא הַחוּצָה, הוּא נִשְׁאַר בַּבַּיִת

indorse see **ENDORSE**

indubitable /ɪnˈdjuːbɪtəb(ə)l/ adj. (*formal*) שֶׁאֵינוֹ מֻטָּל בְּסָפֵק, וַדָּאִי

indubitably /ɪnˈdjuːbɪtəblɪ/ adv. (*formal*) לְלֹא סָפֵק

induce /ɪnˈdjuːs/ v.t. (*formal*)
1 (persuade) ...שִׁכְנֵעַ, שִׁדֵּל, הִשְׁפִּיעַ (עַל פְּלוֹנִי) לְ
2 (bring about) גָּרַם, הִמְרִיץ, זֵרֵז, הֵנִיעַ
induced current (*Electr.*) (בְּחַשְׁמַל) זֶרֶם מֻשְׁרֶה
□ *labour was induced by drugs* (*Med.*) הַלֵּדָה זֹרְזָה ע"י תְּרוּפוֹת

inducement /ɪnˈdjuːsmənt/ n. תַּמְרִיץ; פִּתּוּי, שֹׁחַד
□ *they offered him £1,000 as an inducement to stay* הֵם הִצִּיעוּ לוֹ 1,000 לִישׁ"ט כְּפִתּוּי שֶׁיִּשָּׁאֵר

induct /ɪnˈdʌkt/ v.t. הִשְׁבִּיעַ לְתַפְקִיד; גִּיֵּס
□ *he was inducted into the army* (*US*) הוּא גֻּיַּס לַצָּבָא הָאֲמֶרִיקָאִי

induction /ɪnˈdʌkʃ(ə)n/ n.
1 (state or process of inducting) הַשְׁבָּעָה לְתַפְקִיד; גִּיּוּס
2 (*Electr.*) הַשְׁרָאָה (בְּחַשְׁמַל)
induction coil סְלִיל הַשְׁרָאָה
3 (bringing about of labour, *Med.*) זֵרוּז הַתְחָלַת־הַלֵּדָה בִּתְרוּפוֹת
4 (form of inference) אִינְדּוּקְצְיָה (הַסָּקָה מִן הַפְּרָט אֶל הַכְּלָל)

inductive /ɪnˈdʌktɪv/ adj.
1 (logical) אִינְדּוּקְטִיבִי (הַמַּסִּיק מִן הַפְּרָט אֶל הַכְּלָל)
2 (*Electr.*) שֶׁל הַשְׁרָאָה (בְּחַשְׁמַל), (זֶרֶם) מֻשְׁרֶה

indue see **ENDUE**

indulge /ɪnˈdʌldʒ/ v.t. פִּנֵּק, מִלֵּא מִשְׁאָלָה (שֶׁל מִישֶׁהוּ), סִפֵּק (תְּשׁוּקָה)
—v.i.
indulge in הִתְפַּנֵּק בְּ..., הִתִּיר לְעַצְמוֹ לְהִתְעַנֵּג עַל...
□ *I'm afraid I don't indulge* (*colloq.*) תּוֹדָה, אֵינֶנִּי שׁוֹתֶה (בְּיַחַס לְמַשְׁקָאוֹת חֲרִיפִים בִּלְבַד)

indulgence /ɪnˈdʌldʒəns/ n.
1 (indulging oneself) פִּנּוּק, תַּפְנוּק, "הֲנָאָה אֲסוּרָה"; מוּתָרוֹת
□ *he loves his little indulgences* הוּא אוֹהֵב אֶת הַהֲנָאוֹת הַקְּטַנּוֹת שֶׁהוּא מַרְשֶׁה לְעַצְמוֹ
2 (tolerance) סוֹבְלָנוּת וְתַרְנוּת (לְגַבֵּי פְּגָמִים)
3 (freedom from punishment, *Relig.*) (בַּכְּנֵסִיָּה הַקָּתוֹלִית) מְחִילַת עֲווֹנוֹת, מִמְחָל, כַּפָּרָה, אִינְדוּלְגֶ'נְצְיָה

indulgent /ɪnˈdʌldʒənt/ adj.
1 (inclined to indulge others) פַּנְּקָן, מְפַנֵּק
2 (ready to overlook faults) סַלְחָנִי, סוֹבְלָנִי, וַתְּרָנִי, מַעֲבִיר עַל מִדּוֹת (הַזּוּלַת)

industrial /ɪnˈdʌstrɪəl/ adj. תַּעֲשִׂיָּתִי
industrial dispute סִכְסוּךְ עֲבוֹדָה
industrial estate אֵזוֹר תַּעֲשִׂיָּה
the Industrial Revolution הַמַּהְפֵּכָה הַתַּעֲשִׂיָּתִית
□ *the workers took industrial action* הָעוֹבְדִים פָּתְחוּ בְּעִצּוּמִים
□ *the new Labour Laws led to industrial unrest* חֻקֵּי הָעֲבוֹדָה הַחֲדָשִׁים גָּרְמוּ אִי־שֶׁקֶט בַּתַּעֲשִׂיָּה

industrialist /ɪnˈdʌstrɪəlɪst/ n. תַּעֲשִׂיָּן
industrialization /ɪnˌdʌstrɪəlaɪˈzeɪʃ(ə)n/ n. תִּעוּשׁ
industrialize /ɪnˈdʌstrɪəlaɪz/ v.t. & i. תִּעֵשׁ; תֻּעַשׁ
industrious /ɪnˈdʌstrɪəs/ adj. חָרוּץ, שַׁקְדָן
industriousness /ɪnˈdʌstrɪəsnəs/ n. חָרִיצוּת, שַׁקְדָנוּת
industry /ˈɪndəstrɪ/ n.
1 (manufacture) תַּעֲשִׂיָּה
heavy industry תַּעֲשִׂיָּה כְּבֵדָה (מַתֶּכֶת, מְכוֹנוֹת וְכַד')
2 (particular branch of business) עֲנַף כַּלְכָּלִי
the hotel industry עֲנַף הַמְּלוֹנָאוּת
3 (diligence) חָרִיצוּת, שְׁקִידָה

inebriate /ɪˈniːbrɪeɪt/ v.t. (*formal*) שִׁכֵּר, בִּשֵּׂם
—n. & adj./ɪˈniːbrɪət/ שִׁכּוֹר, בִּגְלוּפִין; שָׁתוּי, מְבֻשָּׂם
inedible /ɪnˈedɪb(ə)l/ adj. לֹא רָאוּי לַאֲכִילָה, לֹא אָכִיל
ineducable /ɪnˈedjʊkəb(ə)l/ adj. שֶׁאִי אֶפְשָׁר לְחַנֵּךְ אוֹתוֹ
ineffable /ɪnˈefəb(ə)l/ adj. (*formal*) בַּל־יְתֹאַר (לְחִיּוּב)
the Ineffable Name (*Relig.*) הַשֵּׁם הַמְּפֹרָשׁ, "הַשֵּׁם"
ineffective /ˌɪnɪˈfektɪv/ adj. חֲסַר־תּוֹעֶלֶת, חֲסַר־תּוֹצָאוֹת, לֹא יָעִיל
ineffectual /ˌɪnɪˈfektʃʊəl/ adj. חֲסַר־תּוֹעֶלֶת, חֲסַר־תּוֹצָאוֹת, לֹא יָעִיל
inefficiency /ˌɪnɪˈfɪʃənsɪ/ n. חֹסֶר יְעִילוּת
inefficient /ˌɪnɪˈfɪʃənt/ adj. לֹא יָעִיל
inelegance /ɪnˈelɪgəns/ n. חֹסֶר חֵן, סְרוּת טַעַם, חֹסֶר עֲדִינוּת
inelegant /ɪnˈelɪgənt/ adj. חֲסַר חֵן, סַר טַעַם, לֹא עָדִין
ineligibility /ɪnˌelɪdʒɪˈbɪlɪtɪ/ n. אִי־כְּשֵׁרוּת, אִי־הַתְאָמָה
ineligible /ɪnˈelɪdʒəb(ə)l/ adj. פָּסוּל לְ..., בִּלְתִּי כָּשִׁיר לְ..., בִּלְתִּי רָאוּי (לְתַפְקִיד, לְשֵׁרוּת וְכַד')
□ *he is ineligible for army duty* הוּא אֵינוֹ כָּשִׁיר לְשֵׁרוּת צְבָאִי
□ *he is ineligible on account of age* הוּא נִפְסַל מֵחֲמַת גִּילוֹ

ineluctable /ˌɪnɪˈlʌktəb(ə)l/ adj. (*formal*) שֶׁאֵין מִפְלָט מִפָּנָיו (גּוֹרָל וְכַד'), בִּלְתִּי־נִמְנָע
inept /ɪˈnept/ adj.
1 (unskilful) מְגֻשָּׁם, בִּלְתִּי מְיֻמָּן
2 (not appropriate) אֱוִילִי, שֶׁאֵינוֹ בִּמְקוֹמוֹ (מַעֲשֶׂה, אֲמִירָה וְכַד')
ineptitude /ɪˈneptɪtjuːd/ n. (also **INEPTNESS** /ɪˈneptnɪs/) מְגֻשָּׁמוּת, הֶעְדֵּר־כִּשְׁרוֹן; אֱוִילוּת
inequality /ˌɪnɪˈkwɒlɪtɪ/ n. אִי־שִׁוְיוֹן
inequitable /ɪnˈekwɪtəb(ə)l/ adj. (*formal*) לֹא הוֹגֵן, לֹא צוֹדֵק, שֶׁל אֵיפָה וְאֵיפָה
inequity /ɪnˈekwɪtɪ/ n. (*formal*) אִי־צֶדֶק, חֲלֻקָּה בִּלְתִּי צוֹדֶקֶת
ineradicable /ˌɪnɪˈrædɪkəb(ə)l/ adj. (*formal*) שֶׁאִי אֶפְשָׁר לְמָחוֹתוֹ, בִּלְתִּי־נִמְחֶה
inert /ɪˈnɜːt/ adj.
1 (without power or will to move) חֲסַר תְּזוּזָה; נִרְפֶּה
2 (*Chem.*) אָדִישׁ (בִּלְתִּי פָּעִיל מִבְּחִינָה כִּימִית)
inert gas גַּז אָדִישׁ
inertia /ɪˈnɜːʃə/ n.
1 (lack of vigour, *derog.*) חֹסֶר מֶרֶץ, רִפְיוֹן; קִפָּאוֹן (מַעֲרֶכֶת וְכַד')
2 (*Phys.*) כֹּחַ הַהַתְמָדָה, אִינֶרְצְיָה
inertial reel (seat belt) חֲגוֹרַת־בְּטִיחוּת הַנִּנְעֶלֶת כְּתוֹצָאָה מִמְּשִׁיכָה/עֲצִירָה פִּתְאוֹמִית
3 **inertia selling** אַסְפָּקַת־סְחוֹרָה לַלָּקוֹחַ שֶׁלֹּא הִזְמִין אוֹתָהּ, בְּצֵרוּף הוֹרָאַת תַּשְׁלוּם לְמִקְרֶה שֶׁלֹּא תַּחֲזֹר
inescapable /ˌɪnɪˈskeɪpəb(ə)l/ adj. שֶׁאֵין מָנוֹס מִמֶּנּוּ, בִּלְתִּי נִמְנָע
inessential /ˌɪnɪˈsenʃ(ə)l/ adj. & n. לֹא הֶכְרֵחִי, לֹא־חִיּוּנִי, לֹא מַהוּתִי; דָּבָר לֹא חִיּוּנִי
inestimable /ɪnˈestɪməb(ə)l/ adj. (*formal*) עָצוּם, לֹא יְשֹׁעַר; שֶׁלֹּא יְסֻלֶּה בַּפָּז
inevitability /ɪnˌevɪtəˈbɪlɪtɪ/ n. הֶכְרֵחַ, דָּבָר בִּלְתִּי נִמְנָע
inevitable /ɪnˈevɪtəb(ə)l/ adj. הֶכְרֵחִי, בִּלְתִּי־נִמְנָע
□ *here's another tourist with his inevitable camera* הִנֵּה עוֹד תַּיָּר עִם הַמַּצְלֵמָה הַנִּצְחִית שֶׁלּוֹ

□ *I reached the inevitable conclusion that I had been wrong* הִגַּעְתִּי לַמַּסְקָנָה הַבִּלְתִּי־נִמְנַעַת שֶׁטָּעִיתִי

inexact /ˌɪnɪgˈzækt/ adj. לֹא מְדֻיָּק

inexactitude /ˌɪnɪgˈzæktɪtjuːd/ n. אִי דַּיְּקָנוּת; חֹסֶר דִּיּוּק

inexcusable /ˌɪnɪkˈskjuːzəb(ə)l/ adj. לֹא יְסֻלַּח, שֶׁאֵין לוֹ הַצְדָּקָה

inexhaustible /ˌɪnɪkˈzɔːstɪb(ə)l/ adj. בִּלְתִּי־נִדְלֶה

inexorable /ɪnˈeksərəb(ə)l/ adj. (*formal*) נֶחֱרָץ, נָחוּשׁ; שֶׁאֵין לַהֲסִיטוֹ (מִפְּעֻלָּתוֹ, מִדַּעְתּוֹ וְכַד׳)

inexpedient /ˌɪnɪkˈspiːdɪənt/ adj. (*formal*) לֹא מוֹעִיל; לֹא מְחֻכָּם

inexpensive /ˌɪnɪkˈspensɪv/ adj. לֹא־יָקָר

inexperience /ˌɪnɪkˈspɪərɪəns/ n. חֹסֶר־נִסָּיוֹן

inexperienced /ˌɪnɪkˈspɪərɪənst/ adj. לֹא מְנֻסֶּה, חֲסַר־נִסָּיוֹן

□ *he is inexperienced in business* הוּא לֹא מְנֻסֶּה בַּעֲסָקִים

inexpert /ɪnˈekspɜːt/ adj. מְגֻשָּׁם, חֲסַר־כִּשְׁרוֹן (מַעֲשֶׂה/אָדָם)

inexplicable /ˌɪnɪkˈsplɪkəb(ə)l/ adj. שֶׁאֵין לְהַסְבִּירוֹ/לַהֲבִינוֹ, לֹא־מֻסְבָּר, לֹא־מוּבָן

inexpressible /ˌɪnɪkˈspresəb(ə)l/ adj. (*formal*) שֶׁאֵין לְהַבִּיעוֹ בְּמִלִּים

inextinguishable /ˌɪnɪkˈstɪŋgwɪʃəb(ə)l/ adj. (*formal*) שֶׁאִי אֶפְשָׁר לְכַבּוֹתוֹ; שֶׁאֵין לְדַכְּאוֹ (רֶגֶשׁ וְכַד׳)

in extremis /ˌɪn ekˈstriːmɪs/ adv. (*formal*) בְּמִקְרֶה חֵרוּם, בִּשְׁעַת הַדְּחָק, בַּגָּרוּעַ שֶׁבַּמִּקְרִים

inextricable /ˌɪnɪkˈstrɪkəb(ə)l/ adj. שֶׁאֵינוֹ נִתָּן לְהַתָּרָה; שֶׁאִי אֶפְשָׁר לְהֵחָלֵץ מִמֶּנּוּ

infallibility /ɪnˌfælɪˈbɪlɪtɪ/ n. חֲסִינוּת מִשְּׁגִיאוֹת

Papal infallibility אִי־יְכָלְתּוֹ שֶׁל הָאַפִּיפְיוֹר לִטְעוֹת

infallible /ɪnˈfælɪb(ə)l/ adj. שֶׁאֵינוֹ עָלוּל לִטְעוֹת, חָסִין מִשְּׁגִיאוֹת, מֵעַל לְכָל טָעוּת

□ *this method is not infallible* הַשִּׁיטָה הַזּוֹ אֵינָהּ חֲסִינָה מִפְּנֵי טָעוּת

infallibly /ɪnˈfælɪblɪ/ adv. מֵעַל לְכָל סָפֵק, לְלֹא טָעוּת; בְּוַדָּאוּת; תָּמִיד

□ *he infallibly turns up late* (*colloq. iron.*) הוּא תָּמִיד מְאַחֵר, אֶפְשָׁר לִסְמֹךְ עָלָיו שֶׁיְּאַחֵר

infamous /ˈɪnfəməs/ adj.

1 (well-known, *derog.*) נוֹדָע לְשִׁמְצָה

2 (wicked, *formal*) נִתְעָב, מְגֻנֶּה

infamy /ˈɪnfəmɪ/ n. (*formal*)

1 (wicked behaviour) מַעֲשֶׂה מַחְפִּיר, רֶשַׁע, מַעֲשֶׂה נִבְזִי

2 (disgrace) קָלוֹן, חֶרְפָּה

infancy /ˈɪnfənsɪ/ n. גִּיל רַךְ, יַנְקוּת, יַלְדוּת; (בַּחֹק הָאַנְגְּלִי) קַטְנוּת

□ *the idea was in its infancy* הָרַעְיוֹן הָיָה בְּחִתּוּלָיו

infant /ˈɪnfənt/ n.

1 (young child) עוֹלָל, תִּינוֹק, פָּעוֹט (רַבִּים: פְּעוֹטוֹת)

infant mortality תְּמוּתַת־תִּינוֹקוֹת

infant prodigy יֶלֶד פֶּלֶא

infant school כִּתּוֹת א׳ ב׳ בְּבֵית־סֵפֶר יְסוֹדִי (בִּבְרִיטַנְיָה בִּלְבַד)

2 (minor, *Law*) (בַּחֹק הָאַנְגְּלִי) קָטִין

infanticide /ɪnˈfæntɪsaɪd/ n. (*formal*) רֶצַח־תִּינוֹקוֹת; רוֹצֵחַ תִּינוֹקוֹת

infantile //ˈɪnfəntaɪl/ adj.

1 (of infants) שֶׁל יְלָדִים, שֶׁל תִּינוֹקוֹת

infantile paralysis (*arch.*) שִׁתּוּק־יְלָדִים

2 (childish, *derog.*) יַלְדוּתִי, תִּינוֹקִי, אִינְפַנְטִילִי

infantry /ˈɪnfəntrɪ/ n. (usu. with *pl.*v.) חֵיל־רַגְלִים

infantryman /ˈɪnfəntrɪmən/ n. אִישׁ חֵיל־רַגְלִים, חַיָּל רַגְלִי

infatuated /ɪnˈfætʃʊeɪtɪd/ adj. (*derog.*) מְאֹהָב בְּאַהֲבָה עִוֶּרֶת (וְחוֹלֶפֶת)

infatuated with (or **by**) מְאֹהָב (בְּנ״ל) בְּ...

□ *he is infatuated with that idea* (*fig.*) הוּא מְאֹהָב בָּרַעְיוֹן הַזֶּה עַד שִׁגָּעוֹן

infatuation /ɪnˌfætʃʊˈeɪʃ(ə)n/ n. אַהֲבָה חוֹלֶפֶת, הִתְאַהֲבוּת עִוֶּרֶת

□ *her infatuation for him did not last* הַהִתְאַהֲבוּת שֶׁלָּהּ בּוֹ עָבְרָה מַהֵר

infect /ɪnˈfekt/ v.t.

1 (pass on disease) הִדְבִּיק (בְּמַחֲלָה); זִהֵם, אִלַּח

2 (spread views or feelings) הִדְבִּיק (בְּהִתְלַהֲבוּת, בְּדֵעָה פּוֹלִיטִית וְכַד׳)

□ *he infected us all with his enthusiasm* הוּא הִדְבִּיק אֶת כֻּלָּנוּ בְּהִתְלַהֲבוּת שֶׁלּוֹ

infection /ɪnˈfekʃ(ə)n/ n.

1 (infecting, being infected) זִהוּם, אִלּוּחַ, אִינְפֶקְצְיָה; הַדְבָּקוּת, הִתְפַּשְּׁטוּת מַחֲלָה

2 (disease) מַחֲלָה מִדַּבֶּקֶת, זִהוּם

infectious /ɪnˈfekʃəs/ adj. מִדַּבֵּק

infectious laughter (*fig.*) צְחוֹק מִדַּבֵּק

infer /ɪnˈfɜː(r)/ v.t. הִסִּיק; הֵבִין שֶׁ...

□ *should I infer from your refusal that you are angry?* הַאִם עָלַי לְהַסִּיק מִסֵּרוּבְךָ שֶׁאַתָּה כּוֹעֵס?

inference /ˈɪnfərəns/ n.

1 (act of deducing) הֶסֵּק, הוֹצָאַת מַסְקָנָה

2 (conclusion) מַסְקָנָה, מַסְקָנָה הֶגְיוֹנִית

inferential /ˌɪnfəˈrenʃ(ə)l/ adj. שֶׁעַל־פִּי הַהֶסֵּק; הַנּוֹבֵעַ/מִשְׁתַּמֵּעַ בְּאֹפֶן הֶגְיוֹנִי (מִנְּתוּנִים)

inferior /ɪnˈfɪərɪə(r)/ adj.

1 (of poor quality) פָּחוּת, בַּעַל אֵיכוּת גְּרוּעָה

□ *he makes me feel inferior* הוּא גּוֹרֵם לִי לָחוּשׁ רֶגֶשׁ־נְחִיתוּת

2 (lower, *formal*) יָרוּד, נָחוּת, נָמוּךְ בְּדַרְגָּה

□ *he is not inferior to her in ability* הוּא לֹא נוֹפֵל מִמֶּנָּה בִּיכָלְתּוֹ

—n. אָדָם נְחוּת־דַּרְגָּה/נְחוּת־מַעֲמָד/פְּחוּת עֵרֶךְ

inferiority /ɪnˌfɪərɪˈɒrɪtɪ/ n. נְחִיתוּת, פְּחִיתוּת־עֵרֶךְ

inferiority complex תַּסְבִּיךְ־נְחִיתוּת

infernal /ɪnˈfɜːn(ə)l/ adj.

1 (of hell, *formal*) שֶׁל תֹּפֶת, תָּפְתִּי

2 (very unpleasant or cruel) אָיֹם וְנוֹרָא, זְוָעָתִי

□ *he's an infernal nuisance* (*colloq.*) הוּא טַרְדָן אָיֹם וְנוֹרָא, הוּא מְשַׁגֵּעַ פִּילִים, הוּא מְמָרֵר אֶת הַחַיִּים

inferno /ɪnˈfɜːnəʊ/ n. גֵּיהִנּוֹם, שְׁאוֹל, תֹּפֶת (לָרֹב בְּהַשְׁאָלָה); תֹּהוּ וָבֹהוּ

infertile /ɪnˈfɜːtaɪl/ adj. לֹא פּוֹרֶה, עָקָר (אָדָם, אֲדָמָה, רַעְיוֹן וְכַד')

infertility /ˌɪnfəˈtɪlɪtɪ/ n. עֲקָרוּת, אִי־פּוֹרִיּוּת

infest /ɪnˈfest/ v.t. שָׁרַץ בְּ...; הֵצִיף (בְּהַשְׁאָלָה בִּלְבַד)

□ *the room was infested with children* (*joc.*) הַחֶדֶר הָיָה מוּצָף יְלָדִים, הַחֶדֶר שָׁרַץ יְלָדִים

infestation /ˌɪnfesˈteɪʃ(ə)n/ n. מַגֵּפָה, מַכָּה (שֶׁל עַכְבָּרִים, כִּנִּמַּת וְכַד')

infidel /ˈɪnfɪdəl/ n. כּוֹפֵר, אָדָם הַמַּאֲמִין בְּדָת אַחֶרֶת מִדָּתוֹ שֶׁל הַמְדַבֵּר

infidelity /ˌɪnfɪˈdelɪtɪ/ n. בְּגִידָה, "הִתְפַּרְפְּרוּת"; אִי־נֶאֱמָנוּת (לָרֹב בְּיַחַס לְנִשּׂוּאִים)

infighting /ˈɪnfaɪtɪŋ/ n. מַאֲבָק פְּנִימִי, מַאֲבָק חֲשָׁאִי (בֵּין אַנְשֵׁי קְבוּצָה, אִרְגּוּן וְכַד')

infiltrate /ˈɪnfɪltreɪt/ v.t. & i. חָדַר בַּחֲשַׁאי לְ..., הִסְתַּנֵּן לְ...

infiltration /ˌɪnfɪlˈtreɪʃən/ n. חֲדִירָה חֲשָׁאִית, הִסְתַּנְּנוּת

infiltrator /ˈɪnfɪltreɪtə(r)/ n. מִסְתַּנֵּן, סוֹכֵן שָׁתוּל, "מְשֻׁתָּל"

infinite /ˈɪnfɪnɪt/ adj. אֵינְסוֹפִי, שֶׁאֵין לוֹ קֵץ, חֲסַר גְּבוּל

□ *he took infinite pains to explain what he meant* הוּא עָשָׂה מַאֲמַצִּים אֵינְסוֹפִיִּים לְהַסְבִּיר אֶת כַּוָּנָתוֹ

□ *Mr Bogberry, in his infinite wisdom, would not let his wife drive his car* (*iron.*) מַר בּוֹגְבֶּרִי, בְּחָכְמָתוֹ כִּי רַבָּה, אֵינוֹ מַרְשֶׁה לְאִשְׁתּוֹ לִנְהֹג בִּמְכוֹנִית שֶׁלּוֹ

—n. אֵינְסוֹף

The Infinite (*Relig.*) הָאֵין־סוֹף, אֱלֹהִים

the infinite (*Math.*) הָאֵינְסוֹף

infinitely /ˈɪnfɪnɪtlɪ/ adv. בְּלִי סוֹף, לְאֵין שִׁעוּר

□ *his handwriting is infinitely better than it was* כְּתַב־יָדוֹ הִשְׁתַּפֵּר לְאֵין שִׁעוּר

infinitesimal /ˌɪnfɪnɪˈtesɪm(ə)l/ adj. (*formal*) קָטָן עַד בְּלִי־דַי, זָעִיר לְאֵין שִׁעוּר, אַפְסִי; אִינְפִינִיטֶסִימָלִי (בְּחֶשְׁבּוֹן)

infinitive /ɪnˈfɪnɪtɪv/ adj. & n. (*Gram.*) שֵׁם־הַפֹּעַל, מָקוֹר, אִינְפִינִיטִיב

infinity /ɪnˈfɪnɪtɪ/ n. אֵינְסוֹף, אֵינְסוֹפִיּוּת

infirm /ɪnˈfɜːm/ adj. חָלוּשׁ, חַלָּשׁ; תָּשׁוּשׁ (מִזִּקְנָה, מַחֲלָה וְכַד'), שֶׁבְּרִיאוּתוֹ רוֹפֶפֶת

infirm of mind רְפֵה־שֵׂכֶל (אָדָם שֶׁיְּכָלְתּוֹ הַשִּׂכְלִית נִפְגְּמָה מֵחֲמַת זִקְנָה, מַחֲלָה וְכַד'); תְּשׁוּשׁ־רוּחַ

the infirm אֵלֶּה שֶׁבְּרִיאוּתָם רוֹפֶפֶת (גּוּפָנִית/נַפְשִׁית)

infirmary /ɪnˈfɜːmərɪ/ n. בֵּית־חוֹלִים, מִרְפָּאָה; חֲדַר־חוֹלִים (בְּמוֹסָד וְכַד')

infirmity /ɪnˈfɜːmɪtɪ/ n. (*formal*) חֻלְשָׁה, תְּשִׁישׁוּת (מֵחֲמַת זִקְנָה, מַחֲלָה וְכַד'), בְּרִיאוּת רוֹפֶפֶת

infirmity of purpose הֶעְדֵּר כֹּשֶׁר־הַחְלָטָה; הֶעְדֵּר נְחִישׁוּת

□ *the infirmities of old age* חֻלְשׁוֹת הַזִּקְנָה

inflame /ɪnˈfleɪm/ v.t.

1 (cause inflammation in) גָּרַם דַּלֶּקֶת בְּ.../לְ...

□ *his eyes were inflamed* עֵינָיו הָיוּ דְּלוּקוֹת

2 (excite) שִׁלְהֵב, לִבָּה יְצָרִים; הֶחְמִיר (בְּעָיָה וְכַד')

inflammable /ɪnˈflæməb(ə)l/ adj. דָּלִיק, מִתְלַקֵּחַ

□ *it was an inflammable situation* (*fig.*) זֶה הָיָה מַצָּב עָדִין, זֶה הָיָה מַצָּב מוּעָד לְהִתְלַקְּחוּת

inflammation /ˌɪnfləˈmeɪʃ(ə)n/ n. דַּלֶּקֶת

inflammatory /ɪnˈflæmət(ə)rɪ/ adj. מְשַׁלְהֵב יְצָרִים, מֵסִית; דַּלַּקְתִּי

inflatable /ɪnˈfleɪtəb(ə)l/ adj. נִתָּן לְנִפּוּחַ, מִתְנַפֵּחַ

inflatable dinghy סִירַת־גּוּמִי מִתְנַפַּחַת

inflate /ɪnˈfleɪt/ v.t.

1 (fill with air or gas) נִפַּח, מִלֵּא בַּאֲוִיר/בְּגָז

2 (*Econ.*) גָּרַם אִינְפְלַצְיָה בְּ...

—v.i.

1 (become filled with air or gas) הִתְנַפַּח, הִתְמַלֵּא אֲוִיר/גָּז

2 (*Econ.*) הִתְנַפַּח, נַעֲשָׂה מֻפְקָע (בְּיַחַס לִמְחִירִים בִּלְבַד)

inflated /ɪnˈfleɪtɪd/ adj.

1 (filled with air or gas) מְנֻפָּח, מָלֵא אֲוִיר/גָּז

2 (exaggerated, *derog.*) מְנֻפָּח

□ *he has an inflated self-image* יֵשׁ לוֹ דִּמּוּי עַצְמִי מְנֻפָּח

3 (of price, unduly high) מֻפְקָע (בְּיַחַס לִמְחִיר בִּלְבַד)

□ *they charged ridiculously inflated prices* הֵם דָּרְשׁוּ מְחִירִים גְּבוֹהִים בְּאֹפֶן מְגֻחָךְ

inflation /ɪnˈfleɪʃ(ə)n/ n.

1 (*Econ.*) אִינְפְלַצְיָה

2 (filling with air or gas) נִפּוּחַ בַּאֲוִיר/גָּז

inflationary /ɪnˈfleɪʃənərɪ/ adj. אִינְפְלַצְיוֹנִי; גּוֹרֵם אִינְפְלַצְיָה

inflationary spiral סְחַרְחוֹר אִינְפְלַצְיוֹנִי

inflect /ɪnˈflekt/ v.t.

1 (*Gram.*) הִטָּה (בְּיַחַס לְחֶלְקֵי־דִּבֵּר בִּלְבַד)

2 (modulate voice) גִּוֵּן אֶת קוֹלוֹ

—v.i. (*Gram.*) נָטָה (כַּנַּ"ל)

inflection /ɪnˈflekʃ(ə)n/ n. (also **inflexion**)

1 (*Gram.*) נְטִיָּה, הַטָּיָה (בְּיַחַס לְחֶלְקֵי־דִּבֵּר בִּלְבַד)

2 (of voice) גּוֹן־קוֹל; גִּוּוּן דִּבּוּר

inflectional /ɪnˈflekʃən(ə)l/ adj. (*Gram.*) שֶׁל נְטִיָּה, הַטָּיָה (כַּנַּ"ל); שֶׁל גּוֹן־קוֹל, שֶׁל נִגּוּן דִּבּוּר

inflexibility /ɪnˌfleksɪˈbɪlɪtɪ/ n. נֻקְשׁוּת, אִי־גְּמִישׁוּת, קְשִׁיחוּת

inflexible /ɪnˈfleksɪb(ə)l/ adj.

1 (difficult to bend or change) לֹא גָּמִישׁ, נֻקְשֶׁה; קָשִׁיחַ (חֹמֶר, רַעְיוֹן וְכַד')

2 (unyielding, *derog.*) אָדָם לֹא־גָּמִישׁ, שֶׁקָּשֶׁה לַהֲזִיזוֹ מִדַּעְתּוֹ, עַקְשָׁן

inflexion see **INFLECTION**

inflict /ɪnˈflɪkt/ v.t. גָּרַם (רָעָה, אָסוֹן וְכַד') לְ..., הֵמִיט (שׁוֹאָה, רָעָה וְכַד') עַל; כָּפָה (דְּבַר־מָה/פְּלוֹנִי) עַל

□ *he inflicted a severe blow on him* הוּא הִנְחִית עָלָיו מַהֲלוּמָה כְּבֵדָה

□ *I am sorry to have inflicted my aunt on you* (*colloq.*) צַר לִי שֶׁכָּפִיתִי עָלֶיךָ אֶת חֶבְרָתָהּ שֶׁל דּוֹדָתִי

in-flight /ˌɪn-ˈflaɪt/ adj. בִּזְמַן־טִיסָה, כְּשֶׁהַמָּטוֹס נִמְצָא בָּאֲוִיר (בְּיַחַס לְבִדּוּר, לַאֲרוּחוֹת וְכַד')

inflow /ˈɪnfləʊ/ n. זֶרֶם נִכְנָס; כַּמּוּת נִכְנֶסֶת

□ *the inflow of tourists will bring much-needed income* הַזֶּרֶם הַנִּכְנָס שֶׁל תַּיָּרִים יָבִיא הַכְנָסָה נְחוּצָה

influence /ˈɪnflʊəns/ n. הַשְׁפָּעָה

a man of influence אָדָם בַּעַל־הַשְׁפָּעָה

□ *he is an influence for good in this town* יֵשׁ לוֹ הַשְׁפָּעָה טוֹבָה בָּעִיר הַזֹּאת

□ *can you use your influence with the manager on my behalf?* תּוּכַל לְהַפְעִיל עֲבוּרִי אֶת הַשְׁפָּעָתְךָ עַל הַמְנַהֵל?

□ *he was under the influence* (*colloq.*) הוּא הָיָה תַּחַת הַשְׁפָּעַת אַלְכּוֹהוֹל, "הוּא שָׁתָה"

—v.t. הִשְׁפִּיעַ עַל

influential /ˌɪnflʊˈenʃ(ə)l/ adj. רַב־הַשְׁפָּעָה, בַּעַל־הַשְׁפָּעָה

influenza /ˌɪnflʊˈenzə/ n. שַׁפַּעַת

influx /ˈɪnflʌks/ n. זֶרֶם, זְרִימָה; נְהִירָה (שֶׁל הוֹן, סְחוֹרוֹת, אֲנָשִׁים וְכַד')

info. /ˈɪnfəʊ/ abbrev. of **information** (*colloq.*) אִינְפוֹרְמַצְיָה, מֵידָע

inform /ɪnˈfɔːm/ v.t. (*formal*) הוֹדִיעַ, מָסַר, בִּשֵּׂר; סִפֵּק מֵידָע לְ..., הִסְבִּיר

□ *keep me informed of what's happening* תּוֹדִיעַ לוֹ עַל הַמִּתְרַחֵשׁ, תַּחֲזִיק אוֹתוֹ בַּתְּמוּנָה

—v.i. הִלְשִׁין

□ *he informed against* (or *on*) *his accomplices* הוּא הִלְשִׁין עַל שֻׁתָּפָיו לַפֶּשַׁע

informal /ɪnˈfɔːm(ə)l/ adj.

1 (without formality) לֹא פוֹרְמָלִי, לֹא רִשְׁמִי, לֹא טִקְסִי

2 informal dress לְבוּשׁ לֹא רִשְׁמִי (שֶׁלֹּא לְאֵרוּעִים רִשְׁמִיִּים לְמָשָׁל, לְלֹא עֲנִיבָה)

3 (conversational) (דִּבּוּר, סִגְנוֹן) לֹא פוֹרְמָלִי, דִּבּוּרִי

informant /ɪnˈfɔːmənt/ n. מוֹדִיעַ, מוֹסֵר יְדִיעוֹת; מְקוֹר־מֵידָע (בַּלְשָׁנִי, אַנְתְּרוֹפּוֹלוֹגִי וְכַד')

information /ˌɪnfəˈmeɪʃ(ə)n/ n. אִינְפוֹרְמַצְיָה, מֵידָע; מוֹדִיעִין

information desk דֶּלְפֵּק מוֹדִיעִין

information retrieval אִתּוּר מֵידָע (בְּכַרְטֶסֶת, בְּמַחְשֵׁב וְכַד')

information service שֵׁרוּת מוֹדִיעִין

information technology טֶכְנוֹלוֹגְיַת אִחְסוּן מֵידָע

□ *the guidebook gave me various useful pieces of information* הַמַּדְרִיךְ סִפֵּק לִי כָּל מִינֵי יְדִיעוֹת מוֹעִילוֹת

□ *for your information, the bank opens at 10 a.m.* לִידִיעָתְךָ, הַבַּנְק נִפְתָּח בְּשָׁעָה עֶשֶׂר בַּבֹּקֶר

informative /ɪnˈfɔːmətɪv/ adj. מְאַלֵּף; אִינְפוֹרְמָטִיבִי

informed /ɪnˈfɔːmd/ adj.

an informed guess נִחוּשׁ מְלֻמָּד, נִחוּשׁ שֶׁיֵּשׁ לוֹ עַל מָה לְהִתְבַּסֵּס

informed sources מְקוֹרוֹת יוֹדְעֵי־דָבָר

informer /ɪnˈfɔːmə(r)/ n. מוֹדִיעַ, מַלְשִׁין

police informer מוֹדִיעַ מִשְׁטַרְתִּי, מַלְשִׁין לַמִּשְׁטָרָה

infra- /ˈɪnfrə-/ pref. אִינְפְרָה־, (תְּחִלִּית שֶׁפֵּרוּשָׁהּ) תַּת־

infraction /ɪnˈfrækʃ(ə)n/ n. (*formal*) הֲפָרָה

infraction of the law הֲפָרַת חֹק

infra dig /ˌɪnfrə ˈdɪg/ pred. adj. (*colloq.*) מִתַּחַת לִכְבוֹדוֹ (שֶׁל פְּלוֹנִי), לֹא יָאֶה

infra-red /ˌɪnfrə-ˈred/ adj. אִינְפְרָה־אָדֹם

infrastructure /ˈɪnfrəstrʌktʃə(r)/ n. תַּשְׁתִּית

infrequency /ɪnˈfriːkwənsɪ/ n. נְדִירוּת, אִי־תְּדִירוּת

infrequent /ɪnˈfriːkwənt/ adj. נָדִיר, לֹא תָּדִיר; לֹא תָּכוּף

infringe /ɪnˈfrɪndʒ/ v.t. & i. הֵפֵר (חֹק, הֶסְכֵּם וְכַד'); פָּלַשׁ (לִתְחוּם הַפְּרָט וְכַד')

□ *do not infringe on their rights!* אַל תְּקַפַּח אֶת זְכֻיּוֹתֵיהֶם!

infringement /ɪnˈfrɪndʒmənt/ n. הֲפָרַת־חֹק, קִפּוּחַ זְכֻיּוֹת; פְּלִישָׁה (לִתְחוּם הַפְּרָט וְכַד')

infringement of patent (*Law*) שִׁמּוּשׁ בִּלְתִּי חֻקִּי בְּפָטֶנְט רָשׁוּם

infuriate /ɪnˈfjʊərɪeɪt/ v.t. עוֹרֵר חֵמָה, הִכְעִיס מְאֹד, הִרְגִּיז לְהַפְלִיא

infuriating /ɪnˈfjʊərɪeɪtɪŋ/ adj. מְעוֹרֵר חֵמָה, מַכְעִיס מְאֹד, מַרְגִּיז לְהַפְלִיא

infuse /ɪnˈfjuːz/ v.t.

1 (inspire or fill someone with emotion) הֶחְדִּיר (רֶגֶשׁ וְכַד') בְּ..., הֵפִיחַ (רֶגֶשׁ וְכַד') בְּ...

□ *he infused them with courage* הוּא הֵפִיחַ בָּהֶם אֹמֶץ

□ *he infused courage into them* הוּא הֶחְדִּיר בָּהֶם עֹז־רוּחַ

2 (leave tea leaves in hot water to make tea) חָלַט, הִשְׁרָה בְּרוֹתְחִים

□ *she infused the tea* הִיא חָלְטָה אֶת הַתֵּה
—v.i. נֶחֱלַט, הָשְׁרָה בְּרוֹתְחִים
□ *let the tea infuse for four minutes* תַּנִּיחַ לַתֵּה לְהֵחָלֵט אַרְבַּע דַּקּוֹת

infusion /ɪnˈfjuːʒ(ə)n/ n.
1 (filling) הַחְדָּרָה (שֶׁל רֶגֶשׁ וְכַד׳); הַזְרָמָה (שֶׁל דָּם, מָמוֹן וְכַד׳)
□ *the infusion of new blood into the firm (fig.)* הַזְרָמַת־דָּם חָדָשׁ לַחֲבָרָה
2 (brew) מִשְׁרֶה (שֶׁל תֵּה, צְמָחִים וְכַד׳)

ingathering /ˈɪnˌgæðərɪŋ/ n. (*formal*)
ingathering of the exiles קִבּוּץ גָּלֻיּוֹת

ingenious /ɪnˈdʒiːnɪəs/ adj. מְחֻכָּם, פִּקְחִי, מְמֻלָּח; רַב־הַמְצָאָה, רַב־תּוּשִׁיָּה

ingénue /ˈænʒeɪnjuː/ n. דְּמוּת תְּמִימָה וְנוֹגַעַת לַלֵּב; תָּמִים וְנוֹגֵעַ לַלֵּב

ingenuity /ˌɪndʒɪˈnuːɪtɪ/ n. פִּקְחוּת, תּוּשִׁיָּה, כֹּשֶׁר־הַמְצָאָה

ingenuous /ɪnˈdʒenjʊəs/ adj. תָּמִים, נָאִיבִי (נֶאֱמַר לָרֹב לִשְׁלִילָה)

ingest /ɪnˈdʒest/ v.t. (*formal*) בָּלַע (מָזוֹן)

ingle-nook /ˈɪŋg(ə)l-nʊk/ n. מֵעֵין כּוּךְ לִישִׁיבָה בְּצִדֵּי אָח

inglorious /ɪnˈglɔːrɪəs/ adj.
1 (shameful) מֵבִישׁ, מַחְפִּיר, בָּזוּי
2 (obscure, *poet.*) אַלְמוֹנִי, שֶׁלֹּא יָצָא לוֹ שֵׁם בָּעוֹלָם

ingoing /ˈɪŋgəʊɪŋ/ adj. נִכְנָס (דֹּאַר, תַּחְבּוּרָה וְכַד׳)

ingot /ˈɪŋgət/ n. מְטִיל־מַתֶּכֶת יָצוּק (לָרֹב בְּצוּרַת לְבֵנָה)

ingrained /ˌɪnˈgreɪnd/ adj. טָבוּעַ (הֶרְגֵּל, אֱמוּנָה וְכַד׳)
□ *he has deeply ingrained prejudices* יֵשׁ לוֹ דֵּעוֹת קְדוּמוֹת הַטְּבוּעוֹת עָמֹק בְּאָפְיוֹ

ingratiate /ɪnˈgreɪʃɪeɪt/ v.t. (usu. refl., *derog.*) הִתְחַנֵּף, לְחַךְ פִּנְכָּה
ingratiating behaviour הִתְנַהֲגוּת חַנְפָנִית
□ *he tried to ingratiate himself with his teacher* הוּא נִסָּה לִקְנוֹת אֶת לֵב מוֹרֵהוּ ע״י חֲנֻפָּה

ingratitude /ɪnˈgrætɪtjuːd/ n. כְּפִיּוּת־טוֹבָה, אִי־הַכָּרַת־תּוֹדָה

ingredient /ɪnˈgriːdɪənt/ n. מַרְכִּיב, יְסוֹד (בְּמַתְכּוֹן, בְּנֻסְחָה וְכַד׳)

ingress /ˈɪŋgres/ n. (*Law*) כְּנִיסָה; זְכוּת גִּישָׁה

in-group /ˈɪn-gruːp/ n. (*derog.*) ״קְלִיקָה״, ״מוֹעֲדוֹן סָגוּר״

ingrowing /ˈɪngrəʊɪŋ/ adj.
ingrowing toenail צִפֹּרֶן רֶגֶל הַצּוֹמַחַת פְּנִימָה

inhabit /ɪnˈhæbɪt/ v.t. (*formal*) שָׁכַן בְּ..., הִתְגּוֹרֵר בְּ..., חַי בְּ...; אִכְלֵס

inhabitable /ɪnˈhæbɪtəb(ə)l/ adj. (*formal*) שֶׁאֶפְשָׁר לָגוּר בּוֹ

inhabitant /ɪnˈhæbɪtənt/ n. תּוֹשָׁב

inhalation /ˌɪnhəˈleɪʃ(ə)n/ n. שְׁאִיפָה (שֶׁל עָשָׁן וְכַד׳), הַשְׁאָפָה; תְּרוּפָה הַנִּלְקַחַת בִּשְׁאִיפָה אֶל הָרֵאוֹת בְּצוּרַת אֵדִים

inhale /ɪnˈheɪl/ v.t. & i. שָׁאַף (אֲוִיר, עָשָׁן וְכַד׳)

inhalant /ɪnˈheɪlənt/ n. חֹמֶר (רְפוּאִי) לִשְׁאִיפָה

inhaler ɪnˈheɪlə(r)/ n. מַשְׁאֵף (מַכְשִׁיר רְפוּאִי, מִן הַסּוּג הַמְשַׁמֵּשׁ חוֹלֵי קַצֶּרֶת)

inharmonious /ˌɪnhɑːˈməʊnɪəs/ adj. (*formal*) לֹא הַרְמוֹנִי, צוֹרֵם, חֲסַר־תֵּאוּם

inherent /ɪnˈhɪərənt/ adj. טָבוּעַ בְּ..., מָצוּי בְּאֹפֶן טִבְעִי בְּ..., אִינְהֶרֶנְטִי
□ *there are several weaknesses inherent in the design* יֶשְׁנָם מִסְפַּר פְּגָמִים הַטְּבוּעִים בַּמִּבְנֶה

inherit /ɪnˈherɪt/ v.t. & i. יָרַשׁ, נָחַל
□ *his bad temper is inherited from his father* הוּא יָרַשׁ אֶת הָרַגְזָנוּת שֶׁלּוֹ מֵאָבִיו

inheritance /ɪnˈherɪtəns/ n.
1 (what is inherited) יְרֻשָּׁה, נַחֲלָה, עִזָּבוֹן
2 (action of inheriting) קַבָּלָה בִּירֻשָּׁה

inhibit /ɪnˈhɪbɪt/ v.t. עָצַר, עִכֵּב, בָּעַד (בְּאֹפֶן גּוּפָנִי אוֹ נַפְשִׁי)
□ *he is very inhibited* הוּא מָלֵא מַעֲצוֹרִים/עַכָּבוֹת

inhibition /ˌɪnhɪˈbɪʃ(ə)n/ n. עַכָּבָה, מַעֲצוֹר נַפְשִׁי, אִינְהִיבִּיצְיָה

inhospitable /ˌɪnhɒˈspɪtəb(ə)l/ adj. (*derog.*) (אָדָם) לֹא מַכְנִיס אוֹרְחִים, לֹא מַסְבִּיר פָּנִים; (מֶזֶג אֲוִיר) לֹא נוֹחַ, עוֹיֵן

inhuman /ɪnˈhjuːmən/ adj. לֹא אֱנוֹשִׁי, חֲסַר רְגָשׁוֹת אֱנוֹשִׁיִּים, אַכְזָרִי

inhumane /ˌɪnhjuːˈmeɪn/ adj. חֲסַר רִגְשֵׁי־חֶמְלָה, קְשֵׁה לֵב

inhumanity /ˌɪnhjuːˈmænɪtɪ/ n. חֹסֶר רֶגֶשׁ אֱנוֹשִׁי, אַכְזָרִיּוּת

inimical /ɪˈnɪmɪk(ə)l/ adj. (*formal*) עוֹיֵן, מַזִּיק, לֹא־יְדִידוּתִי

inimitable /ɪˈnɪmɪtəb(ə)l/ adj. שֶׁאֵינוֹ נִתָּן לְחִקּוּי, שֶׁאֵין כִּדְגֻמָתוֹ

iniquitous /ɪˈnɪkwɪtəs/ adj. (*formal*) לֹא צוֹדֵק, הַכָּרוּךְ בְּעָוֶל
□ *the tax rises are iniquitous* עֲלִיּוֹת הַמִּסִּים הֵן עָוֶל מְשַׁוֵּעַ

iniquity /ɪˈnɪkwɪtɪ/ n. (*formal*) עָוֶל, אִי־צֶדֶק

initial /ɪˈnɪʃ(ə)l/ adj. רִאשׁוֹנִי, הַתְחָלָתִי
□ *we are still in the initial stages of the project* אֲנַחְנוּ עֲדַיִן בַּשְּׁלַבִּים הָרִאשׁוֹנִיִּים שֶׁל הַפְּרוֹיֶקְט
—n. אוֹת רִאשׁוֹנָה (שֶׁל שֵׁם וְכַד׳)
initials הָאוֹתִיּוֹת הָרִאשׁוֹנוֹת (שֶׁל מִלִּים אוֹ רָאשֵׁי־תֵּבוֹת שֶׁל שֵׁם)
—v.t. חָתַם בְּרָאשֵׁי־תֵּבוֹת עַל (חוֹזֶה, הַמְחָאָה וְכַד׳)

initially /ɪˈnɪʃəlɪ/ adv. תְּחִלָּה, בְּשָׁלָב רִאשׁוֹן; קֹדֶם כֹּל

initiate /ɪˈnɪʃɪeɪt/ v.t. (*formal*)
1 (cause to begin) הִתְחִיל, פָּתַח בְּ...

□ *he initiated proceedings against his former partner* הוּא פָּתַח בַּהֲלִיכִים נֶגֶד שֻׁתָּפוֹ לְשֶׁעָבַר

2 (introduce) הִכְנִיס בְּסוֹד; הִשְׁבִּיעַ לְתַפְקִיד

□ *we were initiated into the sect* הֻכְנַסְנוּ בְּסוֹדָהּ שֶׁל הַכַּת, עָבַרְנוּ אֶת טִקְסֵי הַקַּבָּלָה שֶׁל הַכַּת

□ *I was initiated into the mysteries of the office filing system* (*joc.*) לִמְּדוּ אוֹתִי אֶת רָזֵי שִׁיטַת הַתִּיּוּק בַּמִּשְׂרָד

—n. /ɪˈnɪʃɪət/ אֶחָד מִיּוֹדְעֵי הַסּוֹד

initiation /ɪˌnɪʃɪˈeɪʃ(ə)n/ n.

1 (starting, *formal*) הַתְחָלָה, פְּתִיחָה (בְּשִׂיחוֹת וְכַד׳); הַכְנָסָה (שֶׁל שִׁיטָה חֲדָשָׁה וְכַד׳)

2 (of person) הַכְנָסָה בְּסוֹד; טֶקֶס קַבָּלָה (לַאֲגֻדָּה, אִרְגּוּן וְכַד׳)

initiation rite טֶקֶס קַבָּלָה, טֶקֶס הֲבָאָה בְּסוֹד

initiative /ɪˈnɪʃətɪv/ n.

1 (capacity for independent action) יָזְמָה, תּוּשִׁיָּה

□ *he did it on his own initiative* הוּא עָשָׂה אֶת זֶה בְּיָזְמָתוֹ הוּא

2 the initiative יָזְמָה

□ *she took the initiative and asked him out* הִיא נָקְטָה יָזְמָה וְהִזְמִינָה אוֹתוֹ לָצֵאת אִתָּהּ

□ *we have lost the initiative* אִבַּדְנוּ אֶת הַיָּזְמָה

3 (new proposal) יָזְמָה, תָּכְנִית לִפְעֻלָּה

□ *management has made a fresh initiative to resolve the dispute* הַהַנְהָלָה הֶעֶלְתָה הַצָּעָה חֲדָשָׁה לְפִתְרוֹן הַסִּכְסוּךְ

inject /ɪnˈdʒekt/ v.t. הִזְרִיק; הִזְרִים (כְּסָפִים, רַעְיוֹנוֹת וְכַד׳)

□ *the doctor injected me with penicillin* הָרוֹפֵא הִזְרִיק לִי פֶּנִיצִילִין

□ *she injected enthusiasm into her colleagues* הִיא נָתְנָה לַעֲמִיתֶיהָ זְרִיקַת הִתְלַהֲבוּת, הִיא הֵפִיחָה בַּעֲמִיתֶיהָ הִתְלַהֲבוּת

injection /ɪnˈdʒekʃ(ə)n/ n. זְרִיקָה; הַזְרָקָה

fuel injection הַזְרָקַת־דֶּלֶק (בְּמָנוֹעַ מְכוֹנִית)

□ *the firm needs a fresh injection of money* (*fig.*) הַחֶבְרָה זְקוּקָה לְהַזְרָמַת כְּסָפִים נוֹסֶפֶת

injudicious /ˌɪndʒuːˈdɪʃəs/ adj. (*formal*) חֲסַר שִׁקּוּל־דַּעַת, לֹא נָבוֹן

injunction /ɪnˈdʒʌŋkʃ(ə)n/ n. (*Law*) צַו מְנִיעָה

□ *he took out an injunction* הוּא הוֹצִיא צַו־מְנִיעָה

injure /ˈɪndʒə(r)/ v.t. פָּצַע, הִזִּיק לְ...; פָּגַע בְּ..., הֶעֱלִיב

□ *the rumours injured her reputation* הַשְּׁמוּעוֹת הִזִּיקוּ לִשְׁמָהּ הַטּוֹב

injured /ˈɪndʒəd/ adj.

1 (harmed) פָּצוּעַ, פָּגוּעַ; נִזּוֹק

the injured party (*Law*) הַצַּד הַנִּפְגָּע, הַצַּד הַנִּזּוֹק

2 (offended) פָּגוּעַ (בִּרְגָשׁוֹתָיו), נֶעֱלָב

injured feelings רְגָשׁוֹת פְּגוּעִים, רִגְשֵׁי עֶלְבּוֹן

—n. פָּצוּעַ, נִפְגָּע

□ *ambulances took away the injured* אַמְבּוּלַנְסִים אָסְפוּ אֶת הַפְּצוּעִים (לְבֵית־הַחוֹלִים)

injurious /ɪnˈdʒʊərɪəs/ adj. (*formal*) מַזִּיק, פּוֹגֵעַ

□ *smoking is injurious to the health* הָעִשּׁוּן מַזִּיק לַבְּרִיאוּת

injury /ˈɪndʒərɪ/ n.

1 (harm) נֶזֶק

add insult to injury (*fig.*) הוֹסִיף חֵטְא עַל פֶּשַׁע

2 (wound) פֶּצַע, פְּגִיעָה (גּוּפָנִית)

injury time (*Sport*) הַאֲרָכָה (בְּשֶׁל פְּצִיעָה בִּלְבַד)

□ *you'll do yourself an injury* (*colloq.*) אַתָּה תַּזִּיק לְעַצְמְךָ

injustice /ɪnˈdʒʌstɪs/ n. אִי־צֶדֶק, עָוֶל

□ *you do him an injustice in saying that* אַתָּה עוֹשֶׂה לוֹ עָוֶל כְּשֶׁאַתָּה אוֹמֵר זֹאת

ink /ɪŋk/ n. דְּיוֹ

—v.t. מָרַח דְּיוֹ עַל (לוּחַ דְּפוּס וְכַד׳)

ink in עָבַר בִּדְיוֹ (עַל קַוִּים שֶׁסֻּמְּנוּ בְּעִפָּרוֹן)

ink-bottle /ˈɪŋk-ˌbɒt(ə)l/ n. בַּקְבּוּק דְּיוֹ

inkling /ˈɪŋklɪŋ/ n. שֶׁמֶץ מֻשָּׂג, רֶמֶז; תְּחוּשָׁה עֲמוּמָה, חֲשַׁד קַל

ink-pad /ˈɪŋk-pæd/ n. כָּרִית־דְּיוֹ

inkstand /ˈɪŋkstænd/ n. כַּן קְסָתוֹת וְצִפָּרְנִים

inkwell /ˈɪŋkwel/ n. דְּיוֹתָה, קֶסֶת (הַנִּצֶּבֶת בְּשֶׁקַע עַל מִכְתָּבָה)

inky /ˈɪŋkɪ/ adj. מְלֻכְלָךְ בִּדְיוֹ, מָרוּחַ בִּדְיוֹ

inky darkness אֲפֵלָה גְּמוּרָה, חֹשֶׁךְ־מִצְרַיִם

inlaid /ɪnˈleɪd/ past ppl. of **inlay** מְשֻׁבָּץ (שֶׁשֻּׁבְּצוּ בּוֹ פִּסּוֹת עֵץ וְכַד׳)

inland /ˈɪnlænd/ adj. שֶׁבִּפְנִים הָאָרֶץ, מָצוּי בְּתוֹךְ הָאָרֶץ, הָרָחוֹק מִן הַיָּם אוֹ מִן הַגְּבוּל

Inland Revenue רְשׁוּת הַמִּסּוּי (לְהוֹצִיא מֶכֶס)

inland waterways רֶשֶׁת תְּעָלוֹת וּנְהָרוֹת לְתַחְבּוּרָה

—adv. /ɪnˈlænd/ בִּפְנִים הָאָרֶץ; אֶל פְּנִים הָאָרֶץ

in-laws /ˈɪn-lɔːz/ n. *pl.* (*colloq.*) הַמְּחֻתָּנִים (הוֹרֵי בֶּן/בַּת הַזּוּג); קְרוֹבֵי מִשְׁפָּחָה מִנִּשּׂוּאִין

inlay /ɪnˈleɪ/ (past ppl. **inlaid** /ɪnˈleɪd/) v.t. שִׁבֵּץ (פִּסּוֹת עֵץ צִבְעוֹנִיּוֹת וְכַד׳) בְּ...

—n. /ˈɪnleɪ/ מַעֲשֵׂה שִׁבּוּץ (כַּנַּ״ל)

inlet /ˈɪnlet/ n.

1 (creek) מִפְרָצוֹן, לְשׁוֹן־יָם

2 (way of entry) מָבוֹא, נְתִיב־כְּנִיסָה

inlet pipe צִנּוֹר־כְּנִיסָה (לְמִכַל־מַיִם וְכַד׳)

in loco parentis /ɪn ˌləʊcəʊ pəˈrentɪs/ adv. (*formal*) הַנּוֹשֵׂא בְּאַחֲרָיוּת בִּמְקוֹם הַהוֹרִים

inmate /ˈɪnmeɪt/ n. אָסִיר, שׁוֹכֵן מוֹסָד (בְּבֵית סֹהַר, בֵּית־חוֹלִים, בֵּית־אָבוֹת וְכַד׳)

in memoriam /ɪn mɪˈmɔːrɪəm/ prep. לְזֵכֶר..., לְזִכָּרוֹן (חָרוּט עַל מַצֶּבֶת־זִכָּרוֹן)

inmost /ˈɪnməʊst/ adj. הַפְּנִימִי בְּיוֹתֵר; שֶׁל סִתְרֵי־סְתָרִים

inn /ɪn/ n. פֻּנְדָּק, אַכְסַנְיָה, מָלוֹן כַּפְרִי; "פָּאבּ"
Inns of Court (*UK*) אַרְבַּע לִשְׁכּוֹת־פְּרַקְלִיטִים בְּלוֹנְדוֹן הַמֻּסְמָכוֹת לְקַבֵּל חֲבֵרִים חֲדָשִׁים לְמִקְצוֹעַ עוֹרְכֵי־הַדִּין הַמּוֹפִיעִים בְּבֵית־מִשְׁפָּט
innkeeper /ˈɪnkiːpə(r)/ n. (*arch.*) פֻּנְדְּקַאי, בַּעַל פֻּנְדָּק
innards /ˈɪnədz/ n. *pl.* (*colloq.*) קְרָבַיִם, מֵעַיִם, "קִישְׁקֶעס"
innate /ɪˈneɪt/ adj. מִלֵּדָה, מוּלָד; מֵעֶצֶם טִיבוֹ
□ *the plan had innate flaws* לַתָּכְנִית הָיוּ פְּגָמִים מוּלָדִים, הַתָּכְנִית הָיְתָה פְּגוּמָה מֵעֶצֶם טִיבָהּ
inner /ˈɪnə(r)/ adj.
1 (inside or of the inside)
inner city מִשְׁכְּנוֹת עֹנִי בְּלֵב הָעִיר (בְּחֶלְקָהּ הַיָּשָׁן יוֹתֵר)
inner tube פְּנִימִית (חֶלְקוֹ הַפְּנִימִי שֶׁל גַּלְגַּל מְכוֹנִית/אוֹפַנַּיִם)
2 (near the centre of control) פְּנִימִי (חוּג וְכַד׳); מְצֻמְצָם (קַבִּינֶט וְכַד׳)
3 (unexpressed) פְּנִימִי; סָמוּי
inner man (*poet.*) נְשָׁמָה, הַחֵלֶק הָרוּחָנִי בָּאָדָם
inner meaning הַמַּשְׁמָעוּת הָעֲמֻקָּה, הַמַּשְׁמָעוּת הַסְּמוּיָה
innermost /ˈɪnəməʊst/ adj. (also **inmost**) הַפְּנִימִי בְּיוֹתֵר; שֶׁל סִתְרֵי־סְתָרִים
inning /ˈɪnɪŋ/ n. (*Baseball*) תּוֹר שֶׁבּוֹ חוֹבֶטֶת אַחַת מִשְּׁתֵּי הַקְּבוּצוֹת בְּמִשְׂחַק בֵּיסְבּוֹל
innings /ˈɪnɪŋz/ n. *pl.* (*Cricket*) תּוֹר שֶׁבּוֹ חוֹבְטִים שַׂחְקָן יָחִיד אוֹ קְבוּצָה בְּמִשְׂחַק קְרִיקֶט
□ *he had a good innings* (*colloq.*) הוּא נֶהֱנָה מִן הַחַיִּים זְמַן רַב, הוּא עָשָׂה חַיִּים
innocence /ˈɪnəsəns/ n. חַפּוּת מִפֶּשַׁע; תְּמִימוּת; תֹּם, תָּם־לֵב
□ *he put on an air of innocence* הוּא הִתַּמֵּם, הוּא הֶעֱמִיד פְּנֵי־תָם
innocent /ˈɪnəsənt/ adj.
1 (not guilty) חַף מִפֶּשַׁע, זַכַּאי
□ *I am innocent of this crime* אֲנִי לֹא אָשֵׁם בַּפֶּשַׁע הַזֶּה
2 (harmless) שֶׁנַּעֲשָׂה בְּתֹם לֵב, תָּמִים, לְלֹא כַּוָּנַת זָדוֹן
□ *these amusements are quite innocent* הַשַּׁעֲשׁוּעִים הַלָּלוּ אֵינָם מַזִּיקִים
3 (inexperienced) תָּמִים, לֹא־מְנֻסֶּה
—n. תָּם, תָּם־לֵב; שׁוֹטֶה
□ *I am not a complete innocent* אֵינֶנִּי תָּם, יֵשׁ לִי נִסָּיוֹן כָּלְשֶׁהוּ
innocuous /ɪˈnɒkjʊəs/ adj. לֹא מַזִּיק, לֹא מְסֻכָּן
innovate /ˈɪnəveɪt/ v.i. חִדֵּשׁ, הִכְנִיס חִדּוּשִׁים
innovation /ˌɪnəˈveɪʃ(ə)n/ n. חִדּוּשׁ
innovative /ˈɪnəvətɪv/ adj. חַדְשָׁנִי
innovator /ˈɪnəveɪtə(r)/ n. חַדְשָׁן
innuendo /ˌɪnjʊˈendəʊ/ n. רֶמֶז גְּנַאי, "רֶמֶז מְלֻכְלָךְ"
innumerable /ɪˈnjuːmərəb(ə)l/ adj. רַב, שֶׁלֹּא יְסֻפַּר מֵרֹב, לְאֵין־סְפוֹר
innumerate /ɪˈnjuːmərət/ adj. שֶׁאֵין לוֹ יְדִיעוֹת בְּמָתֵמָטִיקָה, בּוּר בְּמָתֵמָטִיקָה
inoculate /ɪˈnɒkjʊleɪt/ v.t. חִסֵּן (מִפְּנֵי מַחֲלוֹת)
inoculation /ɪˌnɒkjʊˈleɪʃ(ə)n/ n. זְרִיקַת־חִסּוּן, הַרְכָּבַת־חִסּוּן; (פְּעֻלָּה שֶׁל) חִסּוּן
inoffensive /ˌɪnəˈfensɪv/ adj. לֹא מַזִּיק, לֹא מְסֻכָּן
inoperable /ɪnˈɒpərəb(ə)l/ adj.
1 (that cannot be treated) לֹא נִתָּן לְנִתּוּחַ (גִּדּוּל וְכַד׳)
2 (not practicable, *formal*) לֹא יָשִׂים, בִּלְתִּי נִתָּן לְתִפְעוּל; לֹא מַעֲשִׂי
inoperative /ɪnˈɒpərətɪv/ adj. לֹא פּוֹעֵל, לֹא מְתַפְקֵד; שֶׁאֵינוֹ בְּתֹקֶף
inopportune /ɪnˈopətjuːn/ adj. (*formal*) לֹא מַתְאִים, לֹא הוֹלֵם (בְּיַחַס לְעִתּוּי)
an inopportune moment רֶגַע לֹא מַתְאִים, זְמַן לֹא נוֹחַ
inordinate /ɪnˈɔːdɪnət/ adj. (*formal*) עָצוּם, כַּבִּיר; מֻפְרָז, מֻגְזָם
inorganic /ˌɪnɔːˈgænɪk/ adj. לֹא־אוֹרְגָּנִי, אַנְאוֹרְגָּנִי; שֶׁאֵינוֹ מְהַוֶּה חֵלֶק אוֹרְגָּנִי מִ...
in-patient /ˈɪn-peɪʃ(ə)nt/ n. חוֹלֶה מְאֻשְׁפָּז (לְהַבְדִּיל מֵחוֹלֶה הַמְבַקֵּר בְּמִרְפֶּאֶת יוֹם)
input /ˈɪnpʊt/ n.
1 (action of putting in) הַזְרָמָה (שֶׁל הוֹן וְכַד׳)
2 (thing that is put in) הַזְרָמָה (שֶׁל הוֹן וְכַד׳), תְּרוּמָה (לְמַאֲמָץ מְשֻׁתָּף וְכַד׳)
3 (*Comput.*) קֶלֶט (נְתוּנִים); הֲזָנָה
input device מִתְקַן קֶלֶט; מִתְקַן הֲזָנָה
input/output port שֶׁקַע קֶלֶט/פֶּלֶט
—v.t. (*Comput.*) הֵזִין (מֵידָע לַמַּחְשֵׁב)
inquest /ˈɪŋkwest/ n. חֲקִירָה רִשְׁמִית, חֲקִירַת מִקְרֵה־מָוֶת
□ *there will be an inquest into the disaster* תֵּעָרֵךְ חֲקִירָה רִשְׁמִית בְּנוֹגֵעַ לָאָסוֹן
□ *the football team held an inquest on their defeat* (*colloq.*) קְבוּצַת־הַכַּדּוּרֶגֶל עָרְכָה חֲקִירָה פְּנִימִית בְּקֶשֶׁר לְהֶפְסֵד בַּמִּשְׂחָק
inquietude /ɪnˈkwaɪətjuːd/ n. (*formal*) חֲרָדָה, אִי־שֶׁקֶט נַפְשִׁי
inquire /ɪnˈkwaɪə(r)/ v.i. (also **enquire**) (*formal*) חָקַר, עָרַךְ חֲקִירָה; בָּדַק, בֵּרֵר, שָׁאַל
an inquiring mind מֹחַ חַקְרָנִי, סַקְרָנִי
□ *she inquired after his wife* הִיא שָׁאֲלָה לִשְׁלוֹם אִשְׁתּוֹ
□ *I will inquire about train times* אֲנִי אֲבָרֵר בְּיַחַס לְלוּחַ הַזְּמַנִּים שֶׁל הָרַכָּבוֹת
□ *he inquired for a book* הוּא שָׁאַל אִם הַסֵּפֶר נִמְצָא

□ *the committee inquired into the matter* הַוַּעֲדָה חָקְרָה אֶת הַדָּבָר

—v.t. שָׁאַל

□ *it's a lovely hat, may I inquire where you got it?* זֶה כּוֹבַע נֶהְדָּר, מֻתָּר לִי לִשְׁאֹל אֵיפֹה קָנִיתָ אוֹתוֹ?

inquirer /ɪnˈkwaɪərə(r)/ n. חוֹקֵר

inquiry /ɪnˈkwaɪərɪ/ n.

1 (question, asking, *formal*) שְׁאֵלָה, חֲקִירָה וּדְרִישָׁה

inquiry desk דֶּלְפֵּק מוֹדִיעִין

□ *ring "Inquiries" and ask them* צַלְצֵל לַמּוֹדִיעִין וְתִשְׁאַל אוֹתָם

□ *we made inquiries about the date of the examination* בֵּרַרְנוּ אֶת מוֹעֵד־הַבְּחִינָה

2 (official investigation) חֲקִירָה רִשְׁמִית

commission of inquiry וַעֲדַת־חֲקִירָה

police inquiries חֲקִירוֹת מִשְׁטַרְתִּיּוֹת

inquisition /ˌɪnkwɪˈzɪʃ(ə)n/ n. חֲקִירָה מְפֹרֶטֶת וּקְשׁוּחָה

the Inquisition (*Hist.*) הָאִינְקְוִיזִיצְיָה

inquisitive /ɪnˈkwɪzɪtɪv/ adj. חַקְרָן, חַקְרָנִי, סַקְרָן, סַקְרָנִי

inquisitor /ɪnˈkwɪzɪtə(r)/ n. אִישׁ אִינְקְוִיזִיצְיָה; חוֹקֵר נְטוּל רַחֲמִים

inquorate /ɪnˈkwɔːreɪt/ adj. חֲסַר מִנְיָן חֻקִּי; שֶׁאֵין לוֹ קְווֹרוּם

inroad /ˈɪnrəʊd/ n. פְּשִׁיטָה צְבָאִית; כִּרְסוּם; פְּרִיצַת דֶּרֶךְ (בְּמֶחְקָר וְכַד׳)

□ *his new hobby made heavy inroads on* (or *into*) *his savings* (*fig.*) תַּחְבִּיבוֹ הֶחָדָשׁ עָלָה בְּנִתְחִים גְּדוֹלִים מֵחֶסְכוֹנוֹתָיו

□ *his research made new inroads into the subject* (*fig.*) מֶחְקָרוֹ פָּרַץ דְּרָכִים חֲדָשׁוֹת בַּנּוֹשֵׂא

insalubrious /ˌɪnsəˈluːbrɪəs/ adj. (*formal*) לֹא בָּרִיא (אַקְלִים, מָקוֹם וְכַד׳); מְפֻקְפָּק (בְּיַחַס לְחֶבְרַת אֲנָשִׁים וְכַד׳)

insane /ɪnˈseɪn/ adj. מְשֻׁגָּע, מְטֹרָף, לֹא שָׁפוּי, חוֹלֵה־רוּחַ

insanitary /ɪnˈsænɪt(ə)rɪ/ adj. חֲסַר תְּנָאֵי תַּבְרוּאָה הוֹלְמִים

insanity /ɪnˈsænɪtɪ/ n. שִׁגָּעוֹן, טֵרוּף; אִי־שְׁפִיּוּת (בִּמְיֻחָד בְּמִשְׁפָּט)

insatiable /ɪnˈseɪʃəb(ə)l/ adj. שֶׁאֵינוֹ יוֹדֵעַ שָׂבְעָה, שֶׁאֵין לַהֲבִיאוֹ עַל סִפּוּקוֹ

inscribe /ɪnˈskraɪb/ v.t. (*formal*) כָּתַב, רָשַׁם; חָקַק

□ *he inscribed the book to his friend* הוּא כָּתַב בַּסֵּפֶר הַקְדָּשָׁה לַחֲבֵרוֹ

inscription /ɪnˈskrɪpʃ(ə)n/ n. כְּתֹבֶת (חֲקוּקָה בָּאֶבֶן וְכַד׳); הַקְדָּשָׁה (בְּסֵפֶר וְכַד׳)

inscrutable /ɪnˈskruːtəb(ə)l/ adj. בִּלְתִּי נִתָּן לְפִעְנוּחַ; סָתוּם; מִסְתּוֹרִי

insect /ˈɪnsekt/ n. חֶרֶק, רֶמֶשׂ; שֶׁרֶץ

insect bite עֲקִיצַת חֶרֶק

insect repellent תַּכְשִׁיר דּוֹחֶה חֲרָקִים

insect spray תַּרְסִיס נֶגֶד חֲרָקִים

insecticide /ɪnˈsektɪsaɪd/ n. (חֹמֶר) קוֹטֵל חֲרָקִים, מַדְבִּיר חֲרָקִים

insectivorous /ˌɪnsekˈtɪvərəs/ adj. נִזּוֹן מֵחֲרָקִים, אוֹכֵל־חֲרָקִים

insecure /ˌɪnsɪˈkjʊə(r)/ adj.

1 (not safe) מְסֻכָּן

2 (not certain) לֹא בָּטוּחַ; שֶׁאֵין לִסְמֹךְ עָלָיו

3 (worried) חֲסַר בִּטָּחוֹן עַצְמִי

insecurity /ˌɪnsɪˈkjʊərɪtɪ/ n. חֹסֶר־בִּטָּחוֹן עַצְמִי; חֹסֶר בִּטָּחוֹן

financial insecurity חֹסֶר־בִּטָּחוֹן כַּלְכָּלִי

inseminate /ɪnˈsemɪneɪt/ v.t. הִפְרָה, הִזְרִיעַ; (בְּהַשְׁאָלָה) זָרַע (רַעְיוֹנוֹת וְכַד׳) בְּ...

insemination /ɪnˌsemɪˈneɪʃ(ə)n/ n. הַזְרָעָה, הַפְרָיָה; (בְּהַשְׁאָלָה) זְרִיעַת (רַעְיוֹנוֹת וְכַד׳)

artificial insemination הַזְרָעָה מְלָאכוּתִית

insensate /ɪnˈsenseɪt/ adj. (*formal*) חֲסַר רֶגֶשׁ; אָטוּם; חֲסַר תְּחוּשָׁה

insensate cruelty אַכְזְרִיּוּת חַסְרַת רֶגֶשׁ

insensibility /ɪnˌsensəˈbɪlɪtɪ/ n. (*formal*)

1 (unconsciousness, numbness) חֹסֶר־הַכָּרָה; חֹסֶר־תְּחוּשָׁה

2 (lack of feeling or emotion, *derog.*) חֹסֶר־רְגִישׁוּת, אֲדִישׁוּת, חֹסֶר־מוּדָעוּת, קְשִׁיחוּת

insensible /ɪnˈsensɪb(ə)l/ adj. (*formal*)

1 (unconscious, without sensation) חֲסַר־הַכָּרָה; חֲסַר־תְּחוּשָׁה

2 (unaware)

insensible of לֹא מוּדָע, שֶׁאֵינוֹ מַרְגִּישׁ בְּ...

3 (callous, emotionless, *derog.*) חֲסַר־רֶגֶשׁ, קָשׁוּחַ

4 (imperceptible) בִּלְתִּי מוּחָשִׁי, בִּלְתִּי מֻרְגָּשׁ, שֶׁאֵינוֹ נִכָּר כִּמְעַט

insensible change שִׁנּוּי לֹא־נִכָּר כִּמְעַט

insensitive /ɪnˈsensɪtɪv/ adj. לֹא־רָגִישׁ, חֲסַר־רֶגֶשׁ; אָטוּם, אָדִישׁ לְ...

□ *he's insensitive to criticism* (*fig.*) הוּא אָדִישׁ לְבִקֹּרֶת

insensitivity /ɪnˌsensɪˈtɪvɪtɪ/ n. חֹסֶר־רְגִישׁוּת, אֲטִימוּת, אֲדִישׁוּת לְ...

inseparable /ɪnˈsepərəb(ə)l/ adj. שֶׁאֵין לְנַתְּקוֹ מִ..., בִּלְתִּי נִפְרָד מִ...

insert /ɪnˈsɜːt/ v.t. הִכְנִיס; תָּקַע, תָּחַב

□ *he inserted the key into the lock* הוּא תָּקַע אֶת הַמַּפְתֵּחַ בַּמַּנְעוּל

□ *he inserted a new clause into the contract* הוּא הִכְנִיס סְעִיף חָדָשׁ לַחוֹזֶה

—n. /ˈɪnsɜːt/ תּוֹסֶפֶת לְסֵפֶר שֶׁלֹּא נִכְרְכָה בְּתוֹכוֹ; סֶפַח

insertion /ɪnˈsɜːʃ(ə)n/ n.

1 (act of inserting) הַכְנָסָה (שֶׁל דָּבָר מָה); הוֹסָפָה; תְּקִיעָה

2 (advertisement) יְדִיעָה/מוֹדָעָה קְטַנָּה (בָּעִתּוֹן)

in-service /ɪn-sɜːvɪs/ adj. שבמסגרת העבודה
in-service training השכשרה נוספת (של עובדים)

inset /ɪnset/ n. שבוץ (של תצלום או ציור בפנת עמוד בספר); נספח (בעתון וכד'), תוספת קשוט
—v.t. (past & past ppl. **inset**) משבץ (באבני חן וכד')

inshore /ɪnˈʃɔː(r)/ adj. בקרבת-החוף, לעבר החוף (מן הים אל החוף)
—adv. & pred. adj. /ɪnˈʃɔː(r)/ אל קרבת-החוף, אל עבר החוף (כנ"ל)

inside /ɪnˈsaɪd/ n.
1 (interior, inner side) פנים, החלק הפנימי; תוך
he overtook on the inside הוא עקף מימין
□ *he turned his jacket inside out* הוא הפך את מקטרנו עם הבטנה החוצה
□ *he knows the subject inside out* (*colloq.*) הוא מכיר את הנושא על בריו
2 (stomach, *colloq.*) קרבים, מעים
□ *he has got a pain in his inside(s)* כואבת לו הבטן, יש לו כאב מעים
—adj.
1 (forming the inner part of something) פנימי
inside lane מסלול פנימי (בכביש)
inside leg measurement מדת המכנס מצדו הפנימי
2 (from or about people with secret or special knowledge) פנימי
inside information מידע פנימי
an inside job (*colloq.*) פשע שבצע ע"י עובדי המקום שבו בצע
the inside story הספור שמאחורי הקלעים, "התמונה מבפנים"
—prep. בתוך, ב־
□ *he was standing just inside the door* הוא עמד במפתן
□ *the swimmer was well inside the record* השחין שפר בהרבה את השיא
□ *we can't finish the work inside a week* (*colloq.*) לא נגמר את העבודה בפחות משבוע
—adv. פנימה, בפנים, בתוך
□ *he's inside for three years* (*sl.*) הוא יושב (בכלא) שלש שנים, הוא "בפנים" לשלש שנים

insider /ɪnˈsaɪdə(r)/ n. יודע דבר, מצוי בענינים, "אחד משלנו"
insider dealing (or **trading**) מסחר בלתי חקי (במניות) על סמך מידע פנימי

insidious /ɪnˈsɪdɪəs/ adj. מזיק בחשאי; הרסני בארח סמוי מן העין; מכרסם; (חולי) מקנן

insight /ɪnsaɪt/ n. תובנה, ירידה לעמקו של ענין; הבנה חדשה; כשר-הבחנה, טביעת-עין
□ *I gained an insight into the problem* זכיתי בהבנה חדשה של הבעיה

insignia /ɪnˈsɪgnɪə/ n. *pl.* סימני תאר ומשרה; סימני-דרגה; תגי-יחידה (צבאית), סמל, אות, עטור

insignificance /ˌɪnsɪgˈnɪfɪkəns/ n. אי-חשיבות, פחיתות-ערך

insignificant /ˌɪnsɪgˈnɪfɪkənt/ adj. לא חשוב, של מה-בכך, פחות-ערך, פעוט (ביחס לחשיבות), בטל בששים

insincere /ˌɪnsɪnˈsɪə(r)/ adj. לא כן, צבוע, לא ישר; שאין תוכו כברו

insincerity /ˌɪnsɪnˈserɪtɪ/ n. אי כנות, צביעות, חסר ישר

insinuate /ɪnˈsɪnjʊeɪt/ v.t.
1 (suggest unpleasantly) רמז (לגנאי) בעקיפין, הפריח רמזים
2 (move stealthily) פלס לעצמו דרך בערמה; התגנב בערמה;
□ *he insinuated himself into her favour* (*formal*) הוא רכש את לבה בערמה

insinuation /ˌɪnsɪnjʊˈeɪʃ(ə)n/ n. רמז עקיף, רמיזת-השמצה, הטלת-דפי ברמיזה
□ *I reject your insinuations* אני דוחה את הרמיזות שלך, אני דוחה את ההשמצות המשתמעות מרמזיך

insipid /ɪnˈsɪpɪd/ adj. (*derog.*) תפל, חסר-טעם; (בהשאלה) משעמם

insipidity /ˌɪnsɪˈpɪdɪtɪ/ n. (*derog.*) תפלות, חסר-טעם; (בהשאלה) שעמום

insist /ɪnˈsɪst/ v.t. & i.
1 (declare firmly) עמד על (דעתו, זכותו וכד'), התעקש; תבע בתקף, טען בתקף
□ *she insists that she is innocent* היא טוענת בתקף שהיא חפה מפשע
□ *she insists on her innocence* היא עמדה על חפותה
2 (order, demand)
□ *I shan't insist if you object* אם אתה מתנגד, לא אעמד על כך
□ *I insist on your coming to the meeting* אני עומד על כך שתבוא לישיבה
□ *the boss insists on punctuality* הבוס דורש דיקנות, הבוס מקפיד על דיקנות

insistence /ɪnˈsɪstəns/ n. התעקשות, תביעה נחרצת, הפצרה; עקשנות

insistent /ɪnˈsɪstənt/ adj.
1 (demanding forcefully) מתעקש; תובע בתקף; עומד על כך ש...
□ *he was insistent that we should meet* הוא עמד על כך שנפגש, הוא התעקש שנפגש
2 (urgent; compelling attention) עקשני; תובעני

in situ /ɪn ˈsɪtjuː/ adv. במקום-המעשה, באתר-ההתרחשות

insofar /ɪnsəʊ'fɑː(r)/ conj. (*US* **in so far**)
insofar as בְּמִדָּה שֶׁ..., כְּכָל שֶׁ...
insole /'ɪnsəʊl/ n. פְּנִים הַסֻּלְיָה; "סְפִּידָה"; מִדְרָס
insolence /'ɪnsələns/ n. חֻצְפָּה, עַזּוּת־מֵצַח, שַׁחְצָנוּת
insolent /'ɪnsələnt/ adj. חָצוּף, עַז־מֵצַח, שַׁחְצָן
insoluble /ɪn'sɒljʊb(ə)l/ adj.
1 (impossible to solve) לֹא נִתָּן לְפִתְרוֹן; בִּלְתִּי פָּתִיר
2 (impossible to dissolve) שֶׁאֵינוֹ נָמֵס, בִּלְתִּי מָסִיס
insolvency /ɪn'sɒlvənsɪ/ n. (*Law*) פְּשִׁיטַת־רֶגֶל
insolvent /ɪn'sɒlvənt/ adj. (*Law*) פּוֹשֵׁט־רֶגֶל
insomnia /ɪn'sɒmnɪə/ n. נְדוּדֵי־שֵׁנָה, אִי־יְכֹלֶת לְהֵרָדֵם
insomniac /ɪn'sɒmnɪæk/ n. & adj. אָדָם הַסּוֹבֵל מִנְּדוּדֵי־שֵׁנָה, מִתְקַשֶּׁה לְהֵרָדֵם
insomuch /ˌɪnsəʊ'mʌtʃ/ conj.
insomuch as
1 (because of the fact that) מִפְּנֵי שֶׁ...
2 (to the extent that) עַד כַּמָּה שֶׁ..., בְּמִדָּה שֶׁ...; בְּמָה שֶׁנּוֹגֵעַ לְ...
insouciance /ɪn'suːsɪəns/ n. (*formal*) הֶעְדֵּר־דְּאָגָה, שַׁאֲנַנּוּת; אֲדִישׁוּת
insouciant /ɪn'suːsɪənt/ adj. (*formal*) חֲסַר־דְּאָגָה, שַׁאֲנָן; אָדִישׁ
inspect /ɪn'spekt/ v.t. בָּדַק, פִּקַּח עַל; (בַּצָּבָא) עָרַךְ מִסְדַּר נִקָּיוֹן/נֶשֶׁק; בִּקֵּר (לְמַטְּרַת־פִּקּוּחַ)
inspection /ɪn'spekʃ(ə)n/ n. בְּדִיקָה מְדֻקְדֶּקֶת; פִּקּוּחַ עַל...; (בַּצָּבָא) מִסְדַּר נִקָּיוֹן/נֶשֶׁק; בִּקּוּר (לְמַטְּרַת פִּקּוּחַ)
inspector /ɪn'spektə(r)/ n.
1 (official who inspects) מְפַקֵּחַ
2 (rank in police force, *UK*) מְפַקֵּחַ מִשְׁטָרָה
inspectorate /ɪn'spektərət/ n. סֶגֶל־פִּקּוּחַ
inspiration /'ɪnspə'reɪʃ(ə)n/ n. הַשְׁרָאָה, מְקוֹר־הַשְׁרָאָה; הַבְרָקָה
□ *the prophets spoke under divine inspiration* הַנְּבִיאִים דִּבְּרוּ בְּהַשְׁרָאַת רוּחַ הַקֹּדֶשׁ
□ *I've had an inspiration!* הָיְתָה לִי הַבְרָקָה! מָצָאתִי פִּתְרוֹן מְעֻלֶּה
□ *inspiration came, and he wrote her a love-letter* נָחָה עָלָיו הָרוּחַ וְהוּא כָּתַב לָהּ מִכְתַּב־אַהֲבָה
inspire /ɪn'spaɪə(r)/ v.t. הֶאֱצִיל הַשְׁרָאָה; עוֹרֵר/עוֹדֵד (לִפְעֻלָּה); הֵפִיחַ הִתְלַהֲבוּת
inspired guess נִחוּשׁ אִינְטוּאִיטִיבִי
□ *he inspires confidence* הוּא מְעוֹרֵר אֵמוּן
□ *Gogol was inspired by Pushkin* גּוֹגוֹל הֻשְׁפַּע מִפּוּשְׁקִין, גּוֹגוֹל שָׁאַב הַשְׁרָאָה מִפּוּשְׁקִין
□ *he gave an inspired performance* הוּא נָתַן הוֹפָעָה מְלֵאַת/רַבַּת־הַשְׁרָאָה
inspiring /ɪn'spaɪərɪŋ/ adj. מַאֲצִיל הַשְׁרָאָה; מְעוֹרֵר הִתְלַהֲבוּת; מְעוֹרֵר עִנְיָן
instability /ˌɪnstə'bɪlɪtɪ/ n. אִי־יַצִּיבוּת; הֲפַכְפְּכוּת (בִּבְנֵי אָדָם)

install /ɪn'stɔːl/ v.t.
1 (place in position; settle) הִצִּיב, קָבַע; הִתְקִין
□ *we are comfortably installed in our new house* הִסְתַּדַּרְנוּ בִּנְוֹחוּת רַבָּה בְּבֵיתֵנוּ הֶחָדָשׁ
□ *they installed electricity in their house* הֵם הִתְקִינוּ חַשְׁמַל בְּבֵיתָם
2 (place in a position of authority) הִכְתִּיר (בְּטֶקֶס) הַכְנָסָה לְתַפְקִיד שֶׁל סַמְכוּת; הִכְנִיס לְתַפְקִיד (בְּטֶקֶס)
□ *he was installed as President* הוּא הֻשְׁבַּע כְּנָשִׂיא
installation /ˌɪnstə'leɪʃ(ə)n/ n. הַכְנָסָה לְתַפְקִיד (בְּטֶקֶס), הַכְתָּרָה (כַּנַּ"ל); מִתְקָן
heating installation מִתְקַן־חִמּוּם
instalment /ɪn'stɔːlmənt/ n.
1 (one of several parts) הֶמְשֵׁךְ (חֵלֶק מִיצִירָה הַמִּתְפַּרְסֶמֶת בְּהֶמְשֵׁכִים)
□ *the book will be published in instalments* הַסֵּפֶר יוֹפִיעַ בְּהֶמְשֵׁכִים
2 (part payment) תַּשְׁלוּם (מִסְגֶּרֶת תַּשְׁלוּמִים לְשִׁעוּרִין)
instalment plan קְנִיָּה בְּתַשְׁלוּמִים (לְשִׁעוּרִין)
□ *I pay by monthly instalments* אֲנִי מְשַׁלֵּם בְּתַשְׁלוּמִים חָדְשִׁיִּים
instance /'ɪnstəns/ n. מִקְרֶה; דֻּגְמָה
for instance לְמָשָׁל
in the first instance רֵאשִׁית־כֹּל, קֹדֶם כֹּל
□ *let's take an actual instance* בּוֹא נִקַּח דֻּגְמָה מַמָּשִׁית
□ *he did it at the instance of his lawyer* (*formal*) הוּא עָשָׂה זֹאת לְפִי הַצָּעַת עוֹרֵךְ הַדִּין שֶׁלּוֹ
□ *this is an extreme instance of what we were talking about* זוֹ דֻּגְמָה קִיצוֹנִית לַנּוֹשֵׂא שֶׁדִּבַּרְנוּ עָלָיו
—v.t. (*formal*) הֵבִיא כְּדֻגְמָה
□ *as for modern artists, let me instance Monet* בְּמָה שֶׁנּוֹגֵעַ לָאֳמָנִים מוֹדֶרְנִיִּים, אָבִיא כְּדֻגְמָה אֶת מוֹנֶה
instant /'ɪnstənt/ n. רֶגַע, הֶרֶף־עַיִן
□ *the instant (that) I saw her I knew something was wrong* בָּרֶגַע שֶׁרָאִיתִי אוֹתָהּ, יָדַעְתִּי שֶׁמַּשֶּׁהוּ לֹא כַּשּׁוּרָה
□ *he did it in an instant* הוּא עָשָׂה זֹאת כְּהֶרֶף־עַיִן
□ *I am coming in an instant* אֲנִי בָּא תֵּכֶף וּמִיָּד
—adj. מִיָּדִי
instant coffee קָפֶה נָמֵס
instant food מָזוֹן מוּכָן (מָנוֹת קְפוּאוֹת וְכַד')
instant replay (הַקְרָנָה) בְּהִלּוּךְ חוֹזֵר
□ *I need instant help* נְחוּצָה לִי עֶזְרָה מִיָּדִית
instantaneous /ˌɪnstən'teɪnɪəs/ adj. מִיָּדִי; בֶּן־רֶגַע
instantly /'ɪnstəntlɪ/ adv. מִיָּד, תֵּכֶף, בּוֹ בָּרֶגַע; לְלֹא דִּחוּי
instead /ɪn'sted/ adv. בִּמְקוֹם
□ *this outing is instead of a birthday party* הַטִּיּוּל הַזֶּה בָּא בִּמְקוֹם מְסִבַּת יוֹם הֻלֶּדֶת

□ *if he isn't going, I'll go instead* אִם הוּא לֹא יֵלֵךְ, אֵלֵךְ אֲנִי בִּמְקוֹמוֹ

□ *as there were no theatre tickets available, I went to the cinema instead* כֵּיוָן שֶׁלֹּא הָיָה אֶפְשָׁר לְהַשִּׂיג כַּרְטִיסֵי־תֵּיאַטְרוֹן, הָלַכְתִּי בִּמְקוֹם זֶה לַקּוֹלְנוֹעַ.

instep /ˈɪnstep/ n.
1 (of foot) גַּב כַּף הָרֶגֶל
2 (of shoe etc.) חֵלֶק הַנַּעַל/הַגֶּרֶב הַמְכַסֶּה אֶת גַּב כַּף הָרֶגֶל

instigate /ˈɪnstɪgeɪt/ v.t. (*formal*) פָּתַח, הִתְחִיל (תַּהֲלִיךְ וְכַד׳); עוֹרֵר (מְהוּמוֹת וְכַד׳) הֵסִית לְ...

instigation /ˌɪnstɪˈgeɪʃ(ə)n/ n. (*formal*) עִדּוּד (לִפְעֻלָּה), יָזְמָה; הֲסָתָה
at the instigation of בְּיָזְמָתוֹ/בְּעִדּוּדוֹ שֶׁל...

instigator /ˈɪnstɪgeɪtə(r)/ n. (*formal*) יוֹזֵם; מֵסִית

instil /ɪnˈstɪl/ v.t. הֶחְדִּיר (רַעְיוֹן וְכַד׳) בְּ..., נָסַךְ (אֹמֶץ וְכַד׳) בְּ..., הִקְנָה (דַּעַת, מִשְׁמַעַת וְכַד׳) לְ...

instinct /ˈɪnstɪŋkt/ n. חוּשׁ טִבְעִי, יֵצֶר, נְטִיָּה
business instinct חוּשׁ עִסְקִי, חוּשׁ לַעֲסָקִים
□ *I acted on instinct* פָּעַלְתִּי לְפִי הַחוּשׁ
□ *he has an instinct for a bargain* יֵשׁ לוֹ חוּשׁ לִמְצִיאוֹת
–pred. adj. /ɪnˈstɪŋkt/
instinct with (*formal*) מָלֵא, שׁוֹפֵעַ, רָווּי
□ *a poem instinct with beauty* שִׁיר רָווּי יֹפִי

instinctive /ɪnˈstɪŋktɪv/ adj. אִינְסְטִינְקְטִיבִי, טִבְעִי

institute[1] /ˈɪnstɪtjuːt/ n. מָכוֹן, מוֹסָד, חֶבְרָה (לֹא בַּמּוּבָן הָעִסְקִי)

institute[2] /ˈɪnstɪtjuːt/ v.t. (*formal*) הֵקִים, יִסֵּד; הֵחֵל בְּ (מִנְהָג וְכַד׳); פָּתַח בְּ (הֲלִיכִים מִשְׁפָּטִיִּים וְכַד׳)
□ *he instituted a lawsuit against his employer* הוּא הִגִּישׁ תְּבִיעָה מִשְׁפָּטִית נֶגֶד מַעֲבִידוֹ

institution /ˌɪnstɪˈtjuːʃ(ə)n/ n.
1 (custom) מִנְהָג, נֹהַג
□ *the tea break is a British institution* הַפְסָקַת הַתֵּה הוּא מוֹסָד בְּרִיטִי מֻבְהָק
□ *he's worked here so long that he's become an institution* (*fig. joc.*) הוּא עָבַד פֹּה זְמַן רַב כָּל־כָּךְ עַד שֶׁנֶּהְפַּךְ לְמוֹסָד
2 (organization, its premises) מוֹסָד, אִרְגּוּן, אֲגֻדָּה (בְּעִקָּר לְמַטְּרוֹת צְדָקָה); הַבִּנְיָן שֶׁבּוֹ מְמֻקָּמִים הַנַּ״ל
3 (orphanage etc., *derog.*) מוֹסָד (בַּמּוּבָן הַשְּׁלִילִי, כְּגוֹן "מוֹסָד לַעֲבַרְיָנִים צְעִירִים")
4 (action of instituting) הֲקָמָה, יִסּוּד; הַגָּשַׁת תְּבִיעָה מִשְׁפָּטִית

institutional /ˌɪnstɪˈtjuːʃən(ə)l/ adj. מוֹסָדִי, שֶׁל מוֹסָד
institutional food מָזוֹן הַמֻּגָּשׁ בְּבֵית־תַּמְחוּי, בְּבֵית־חוֹלִים וְכַד׳

institutionalize /ˌɪnstɪˈtjuːʃənəlaɪz/ v.t.
1 (make into a custom or a normal procedure) מִסֵּד
2 (make dependent on institutions) אִשְׁפֵּז בְּמוֹסָד, הֶחֱזִיק (אֶת פְּלוֹנִי) בְּמוֹסָד

instruct /ɪnˈstrʌkt/ v.t.
1 (order) צִוָּה עַל (פְּלוֹנִי) לְ..., הוֹרָה (לִפְלוֹנִי) לְ...
2 (teach) לִמֵּד, הוֹרָה
□ *the sergeant instructed the recruits in weapon drill* הַסַּמָּל הִדְרִיךְ אֶת הַמְגֻיָּסִים בְּתַרְגִּיל הַנֶּשֶׁק
3 (inform, *formal*) הוֹדִיעַ רִשְׁמִית; הִסְבִּיר
4 (authorize, *Law*) הִסְמִיךְ
□ *they instructed counsel to represent them in court* הֵם הִסְמִיכוּ אֶת הַפְּרַקְלִיט לְהוֹפִיעַ בִּשְׁמָם בְּמִשְׁפָּט

instruction /ɪnˈstrʌkʃ(ə)n/ n.
1 (usu. in *pl.*, directions) הוֹרָאוֹת
instruction book סֵפֶר הַדְרָכָה, חוֹבֶרֶת הוֹרָאוֹת לְשִׁמּוּשׁ
□ *the instructions are in the packaging* הוֹרָאוֹת הַשִּׁמּוּשׁ כְּלוּלוֹת בָּאֲרִיזָה
□ *he gave instructions for the men to be arrested* הוּא הוֹרָה עַל מַעֲצַר הָאֲנָשִׁים, הוּא צִוָּה לַעֲצֹר אֶת הָאֲנָשִׁים
2 (teaching, *formal*) לִמּוּד, הוֹרָאָה, הַדְרָכָה; קַבָּלַת שִׁעוּרִים/הַדְרָכָה בְּ...
□ *she is under instruction* הִיא מְקַבֶּלֶת שִׁעוּרִים/הַדְרָכָה
□ *he gave me instruction in chemistry* הוּא נָתַן לִי שִׁעוּרִים בְּכִימְיָה

instructional /ɪnˈstrʌkʃən(ə)l/ adj. חִנּוּכִי

instructive /ɪnˈstrʌktɪv/ adj. מְאַלֵּף

instructor /ɪnˈstrʌktə(r)/ n. מוֹרֶה, מַדְרִיךְ
driving instructor מוֹרֶה נְהִיגָה

instructress /ɪnˈstrʌktrɪs/ n. מוֹרָה, מַדְרִיכָה

instrument /ˈɪnstrʊmənt/ n.
1 (implement) כְּלִי, מַכְשִׁיר; אֶמְצָעִי
instrument flight (*Aeron.*) טִיסַת־מַכְשִׁירִים (טִיסָה בְּעֶזְרַת־מַכְשִׁירִים בִּלְבַד)
instrument panel לוּחַ מַכְשִׁירִים
2 (*Mus.*) כְּלִי־נְגִינָה
□ *he plays two instruments* הוּא מְנַגֵּן בִּשְׁנֵי כְּלֵי־נְגִינָה
3 (person who is used by another) כְּלִי־שָׁרֵת, מַכְשִׁיר בִּידֵי...
□ *he was the unwitting instrument of a wicked man* הוּא הָיָה כְּלִי־שָׁרֵת בְּיָדָיו שֶׁל רָשָׁע בְּלֹא שֶׁיָּדַע עַל־כָּךְ
4 (document, *Law*) מִסְמָךְ, תְּעוּדָה מִשְׁפָּטִית

instrumental /ˌɪnstrʊˈment(ə)l/ adj.
1 (serving as a means) מְשַׁמֵּשׁ כִּכְלִי־עֵזֶר, מְשַׁמֵּשׁ כְּאֶמְצָעִי
□ *he was instrumental in bringing the government down* הוּא הָיָה גּוֹרֵם מַכְרִיעַ בְּהַפָּלַת־הַמֶּמְשָׁלָה
2 (*Mus.*) שֶׁל כְּלֵי־נְגִינָה, לִכְלֵי־נְגִינָה, אִינְסְטְרוּמֶנְטָלִי

instrumentalist /ˌɪnstrʊˈmentəlɪst/ n. נַגָּן

instrumentation /ˌɪnstrʊmenˈteɪʃ(ə)n/ n.
1 (*Mus.*) תִּזְמוּר, הֲכָנַת־מוּזִיקָה לְנִגּוּן בְּתִזְמֹרֶת
2 (set of measuring devices) מִכְשׁוּר, מַעֲרָךְ מַכְשִׁירִים

insubordinate /ˌɪnsəˈbɔːdɪnət/ adj. פּוֹרֵק־עֹל, סוֹרֵר, שֶׁאֵינוֹ מְקַבֵּל מָרוּת, מַרְדָן, לֹא צַיְּתָן

insubordination /ˌɪnsəˌbɔːdɪˈneɪʃ(ə)n/ n. פְּרִיקַת־עֹל, אִי קַבָּלַת־מָרוּת, אִי־צִיּוּת, מַרְדָּנוּת

insubstantial /ˌɪnsəbˈstænʃ(ə)l/ n.
1 (not solid or real) לֹא מַמָּשִׁי, חֲסַר־גַּשְׁמִיּוּת; רֵיק מִתֹּכֶן, חֲסַר־שַׁחַר
2 (unsatisfying) דַּל, עָלוּב; לֹא מַסְפִּיק (רְאָיוֹת וְכַד׳)

insufferable /ɪnˈsʌfrəb(ə)l/ adj. בִּלְתִּי נִסְבָּל, קָשֶׁה מִנְּשׂוֹא

insufficiency /ˌɪnsəˈfɪʃənsɪ/ n. (*formal*) מִדָּה לֹא מַסְפִּיקָה, מַחְסוֹר; אִי־סְפִיקָה (שֶׁל דָּם וְכַד׳)

insufficient /ˌɪnsəˈfɪʃ(ə)nt/ adj. לֹא מַסְפִּיק, לֹא דַּי; חָסֵר

insufficiently /ˌɪnsəˈfɪʃəntlɪ/ adv. בְּמִדָּה לֹא מַסְפֶּקֶת, בְּאֹפֶן דַּל מִדַּי

insular /ˈɪnsjʊlə(r)/ adj.
1 (of an island) שֶׁל אִי; שֶׁל יוֹשְׁבֵי־אִי; מְבוֹדָד וּמְנֻתָּק מֵהַשְׁפָּעוֹת־חוּץ
2 (narrow-minded, *derog.*) צַר־אֹפֶק, מֻגְבָּל; אָטוּם (לְרַעְיוֹנוֹת חֲדָשִׁים וְכַד׳)

insularity /ˌɪnsjʊˈlærɪtɪ/ n. (*derog.*) צָרוּת־אֹפֶק, מֻגְבָּלוּת; אֲטִימוּת (כַּנַּ״ל)

insulate /ˈɪnsjʊleɪt/ v.t. בִּדֵּד; אָטַם; מָנַע מַעֲבַר חַשְׁמַל/חֹם/קוֹל

insulating tape סֶרֶט־בִּדּוּד

□ *Tibet was insulated from the outside world* טִיבֵּט הָיְתָה מְבוֹדֶדֶת מִן הָעוֹלָם הַחִיצוֹן

insulation /ˌɪnsjʊˈleɪʃ(ə)n/ n.
1 (action of insulating; state of being insulated) (פְּעֻלַּת) בִּדּוּד
2 (insulating materials) (חֹמֶר) בִּדּוּד

insulator /ˈɪnsjʊleɪtə(r)/ n. מְבוֹדֵד, מְבוֹדֵד חַשְׁמַלִּי

insulin /ˈɪnsjʊlɪn/ n. אִינְסוּלִין

insult /ɪnˈsʌlt/ v.t. הֶעֱלִיב, פָּגַע בְּ..., הִלְבִּין פְּנֵי־..., בִּיֵּשׁ

□ *I do not wish to insult your intelligence* אֲנִי לֹא רוֹצֶה לְהַעֲלִיב אֶת הָאִינְטֶלִיגֶנְצְיָה שֶׁלְּךָ

—n. /ˈɪnsʌlt/ עֶלְבּוֹן, פְּגִיעָה, הַלְבָּנַת־פָּנִים

to add insult to injury (*fig.*) הוֹסִיף חֵטְא עַל פֶּשַׁע

insuperable /ɪnˈsjuːpərəb(ə)l/ adj. (*formal*) שֶׁאִי אֶפְשָׁר לְהִתְגַּבֵּר עָלָיו

insupportable /ˌɪnsəˈpɔːtəb(ə)l/ adj. (*formal*) קָשֶׁה מִנְּשׂוֹא, בִּלְתִּי־נִסְבָּל

insurable /ɪnˈʃʊərəb(ə)l/ adj. בַּר־בִּטּוּחַ, שֶׁנִּתָּן לְבַטְּחוֹ

insurance /ɪnˈʃʊərəns/ n.
1 (guarantee of compensation) בִּטּוּחַ

insurance agent (or **broker** or **salesman**) סוֹכֵן בִּטּוּחַ

an insurance (policy) פּוֹלִיסַת־בִּטּוּחַ, תְּעוּדַת־בִּטּוּחַ

insurance premium פְּרֶמְיַת־בִּטּוּחַ, תַּשְׁלוּמִים בְּעַד בִּטּוּחַ

National Insurance בִּטּוּחַ לְאֻמִּי

insurance stamp בּוּלֵי־בִּטּוּחַ לְאֻמִּי (לְפִנְקַס בִּטּוּחַ לְאֻמִּי בִּבְרִיטַנְיָה)

2 (moneys paid) דְּמֵי־בִּטּוּחַ; פִּצּוּיִים

□ *the insurance for sports cars is very high* דְּמֵי הַבִּטּוּחַ לִמְכוֹנִיּוֹת סְפּוֹרְט גְּבוֹהִים מְאֹד

□ *she received £50,000 in insurance* הִיא קִבְּלָה 50,000 לִישׁ״ט מֵהַבִּטּוּחַ

3 (safeguard, *fig.*) אַבְטָחָה, אֶמְצָעֵי בִּטָּחוֹן

□ *I've fitted window-locks as an insurance against burglary* הִתְקַנְתִּי מַנְעוּלִים עַל הַחַלּוֹנוֹת כְּאַבְטָחָה מִפְּנֵי פְּרִיצָה

insure /ɪnˈʃʊə(r)/ v.t. & i. בִּטַּח; וִדֵּא

—n.

the insured הַצַּד הַמְבֻטָּח (יָחִיד, קְבוּצָה)

insurer /ɪnˈʃʊərə(r)/ n. מְבַטֵּחַ

insurgent /ɪnˈsɜːdʒənt/ n. & adj. מוֹרֵד, מִתְקוֹמֵם

insurmountable /ˌɪnsəˈmaʊntəb(ə)l/ adj. (*formal*) שֶׁאִי אֶפְשָׁר לְהִתְגַּבֵּר עָלָיו

insurrection /ˌɪnsəˈrekʃ(ə)n/ n. מֶרִי, הִתְקוֹמְמוּת, מְרִידָה בַּשִּׁלְטוֹן

intact /ɪnˈtækt/ adj. לֹא נִזּוֹק, לְלֹא פֶּגַע, שָׁלֵם; (בְּהַשְׁאָלָה) נָקִי לְלֹא־רְבָב

□ *his reputation remained intact* שְׁמוֹ הַטּוֹב נוֹתַר נָקִי לְלֹא רְבָב

intaglio /ɪnˈtɑːlɪəʊ/ n. אֶבֶן־חֵן עִם פִּתּוּחִים לְעֹמֶק (בְּנִגּוּד לְפִתּוּחֵי־תַּבְלִיט); טֶכְנִיקַת־דְּפוּס הַמִּשְׁתַּמֶּשֶׁת בְּלוּחוֹת עִם פִּתּוּחִים לְעֹמֶק (כַּנַּ״ל)

intake /ˈɪnteɪk/ n.
1 (persons or things taken in) מִסְפַּר־הַנִּקְלָטִים (בָּאוּנִיבֶרְסִיטָה, בַּצָּבָא וְכַד׳); צְרִיכָה (שֶׁל מָזוֹן, שְׁתִיָּה וְכַד׳)

□ *his protein intake is too high* צְרִיכַת הַחֶלְבּוֹנִים שֶׁלּוֹ גְּבוֹהָה מִדַּי

2 (place of entry for fluid) פֶּתַח (שֶׁבּוֹ נִכְנָסִים נוֹזְלִים לְתוֹךְ צִנּוֹר, תְּעָלָה וְכַד׳)

intake valve שַׁסְתּוֹם־כְּנִיסָה (בְּמְנוֹעַ־מְכוֹנִית)

intangible /ɪnˈtændʒɪb(ə)l/ adj.
1 (indefinable) לֹא מוּחָשִׁי, עַרְטִילָאִי
2 **intangible assets** (*Comm.*) נְכָסִים שֶׁאֵין לָהֶם שִׁעוּר, שֶׁאֵין לְמַדֵּד אוֹתָם (כְּגוֹן כִּשְׁרוֹן)

integer /ˈɪntɪdʒə(r)/ n. (*Math.*) מִסְפָּר שָׁלֵם (לְהַבְדִּיל מִשֶּׁבֶר וּמִמִּסְפָּר מְעֹרָב)

integral /ˈɪntɪgrəl/ adj.
1 (complete) שָׁלֵם, אִינְטֶגְרָלִי
2 (being a vital constituent) חִיּוּנִי, אִינְטֶגְרָלִי, (חֵלֶק) שֶׁבִּלְעָדָיו אֵין הַדָּבָר שָׁלֵם

□ *he is an integral part of our group* הוּא חֵלֶק אִינְטֶגְרָלִי שֶׁל הַקְּבוּצָה שֶׁלָּנוּ

3 (*Math.*) אִינְטֶגְרָלִי
  integral calculus חֶשְׁבּוֹן אִינְטֶגְרָלִי

integrate /ˈɪntɪgreɪt/ v.t. כָּלַל, מִזֵּג, שִׁלֵּב, אִחֵד, צֵרֵף
  integrated circuit (*Electr.*) מַעְגָּל מְשֻׁלָּב, מַעְגָּל מֻדְפָּס
  an integrated personality אִישִׁיּוּת הַרְמוֹנִית, מְאֻזֶּנֶת
—v.i. הִשְׁתַּלֵּב
  □ *not all immigrants want to integrate into their new society* לֹא כָּל הַמְּהַגְּרִים רוֹצִים לְהִשְׁתַּלֵּב בַּחֶבְרָה הַחֲדָשָׁה שֶׁלָּהֶם

integration /ˌɪntɪˈgreɪʃ(ə)n/ n. הִתְמַזְּגוּת, מִזּוּג, אִחוּד, צֵרוּף, אִינְטֶגְרַצְיָה; (בְּמָתֵמָטִיקָה) סְכִימָה

integrity /ɪnˈtegrɪtɪ/ n.
1 (honesty) יֹשֶׁר, טֹהַר־מִדּוֹת, שְׁלֵמוּת מוּסָרִית; כֵּנוּת
  intellectual integrity יֹשֶׁר אִינְטֶלֶקְטוּאָלִי
2 (wholeness, *formal*) שְׁלֵמוּת (שֶׁל אֻמָּה וְכַד')
  territorial integrity שְׁלֵמוּת טֶרִיטוֹרְיָאלִית

integument /ɪnˈtegjʊmənt/ n. (בְּמַדְּעֵי הַטֶּבַע) כִּסּוּי חִיצוֹנִי, עוֹר, קְלִפָּה, קְרוּם, שִׁרְיוֹן

intellect /ˈɪntɪlekt/ n. אִינְטֶלֶקְט, שֵׂכֶל, בִּינָה, תְּבוּנָה

intellectual /ˌɪntɪˈlektʃʊəl/ n. & adj. אִינְטֶלֶקְטוּאָל, אִישׁ־רוּחַ; אִינְטֶלֶקְטוּאָלִי, הַנּוֹגֵעַ לְעִנְיָנִים שֶׁבָּרוּחַ

intelligence /ɪnˈtelɪdʒəns/ n.
1 (mental ability) אִינְטֶלִיגֶנְצְיָה, שֵׂכֶל, בִּינָה, תְּבוּנָה
  intelligence quotient מְנַת־מִשְׂכָּל, "אַי־קְיוּ"
  intelligence test מִבְחַן־מִשְׂכָּל, מִבְחַן "אַי־קְיוּ"
  □ *she had the intelligence to leave* הָיָה לָהּ שֵׂכֶל לַעֲזֹב, הִיא הֵבִינָה (בַּזְּמַן) שֶׁעָלֶיהָ לַעֲזֹב
2 (information) מוֹדִיעִין, מֵידָע
  intelligence department אֲגַף הַמּוֹדִיעִין
  Military Intelligence מוֹדִיעִין צְבָאִי; (בְּצַהַ"ל) "אָמַ"ן"

intelligent /ɪnˈtelɪdʒənt/ adj. אִינְטֶלִיגֶנְטִי, נָבוֹן; תְּבוּנִי
  intelligent terminal (*Comput.*) מָסוֹף בַּעַל כֹּשֶׁר עִבּוּד נְתוּנִים עַצְמָאִי

intelligentsia /ɪnˌtelɪˈdʒentsɪə/ n. אִינְטֶלִיגֶנְצְיָה, שִׁכְבַת־הַמַּשְׂכִּילִים

intelligible /ɪnˈtelɪdʒɪb(ə)l/ adj. מוּבָן, נִתָּן לַהֲבָנָה; בָּרוּר

intemperance /ɪnˈtempərəns/ n. (*formal*) שְׁתִיָּה מֻפְרֶזֶת (בְּיַחַס לְמַשְׁקָאוֹת חֲרִיפִים); חֹסֶר רִסּוּן עַצְמִי

intemperate /ɪnˈtempərət/ adj. (*formal*) חֲסַר רִסּוּן עַצְמִי; לֹא מָתוּן; מַפְרִיז בִּשְׁתִיָּה
  intemperate climate אַקְלִים קָשֶׁה

intend /ɪnˈtend/ v.t. הִתְכַּוֵּן, הִתְעַתֵּד, תִּכְנֵן; נוֹעַד, הוֹעִיד
  her intended (*joc.*) הָאָרוּס שֶׁלָּהּ
  □ *I intended no offence* לֹא הָיָה בְּדַעְתִּי לִפְגֹּעַ, לֹא הָיְתָה לִי כַּוָּנָה לִפְגֹּעַ
  □ *our intended holiday had to be cancelled* נֶאֱלַצְנוּ לְבַטֵּל אֶת הַחֻפְשָׁה הַמְּתֻכְנֶנֶת שֶׁלָּנוּ
  □ *it was intended as a compliment* זֶה נוֹעַד לִהְיוֹת מַחְמָאָה, הַכַּוָּנָה הָיְתָה לַחֲלֹק מַחְמָאָה
  □ *we intended him for the Bar* הוֹעַדְנוּ אוֹתוֹ לִהְיוֹת פְּרַקְלִיט
  □ *he intends to be a teacher* הוּא מִתְכַּוֵּן לִהְיוֹת מוֹרֶה
  □ *the bomb was intended for someone else* הַפְּצָצָה הָיְתָה מְיֹעֶדֶת לְמִישֶׁהוּ אַחֵר
  □ *do you intend marriage?* הַאִם יֵשׁ לְךָ כַּוָּנוֹת נִשּׂוּאִים?

intense /ɪnˈtens/ adj.
1 (extreme) עַז, נִמְרָץ; מָתוּחַ, אִינְטֶנְסִיבִי
2 (emotional) (לְגַבֵּי אָדָם), מָתוּחַ, פָּעִיל מִדַּי "לָחוּץ" (בְּיַחַס לְהַפְרָזָה רִגְשִׁית) בְּכָל כִּוּוּן שֶׁהוּא
  □ *she is rather intense* הִיא מְתוּחָה לְמַדַּי

intensification /ɪnˌtensɪfɪˈkeɪʃ(ə)n/ n. חִזּוּק, הַגְבָּרָה (שֶׁל מַאֲמָץ וְכַד'), הַעֲצָמָה, הַחְרָפָה

intensify /ɪnˈtensɪfaɪ/ v.t. & i. חִזֵּק, הִגְבִּיר, הֶחֱרִיף, הֶעֱצִים

intensity /ɪnˈtensɪtɪ/ n.
1 (state or quality of being extreme) עָצְמָה, עֹז, חֹזֶק, אִינְטֶנְסִיבִיּוּת
2 (strength of emotion) עֹז, עֹמֶק, עָצְמָה (בְּיַחַס לְרֶגֶשׁ, תְּחוּשָׁה וְכַד')

intensive /ɪnˈtensɪv/ adj. אִינְטֶנְסִיבִי, מְאֻמָּץ, נִמְרָץ, מְרֻכָּז
  intensive agriculture חַקְלָאוּת אִינְטֶנְסִיבִית
  intensive care (unit) יְחִידָה לְטִפּוּל נִמְרָץ; חֲדַר־הִתְאוֹשְׁשׁוּת
  □ *he took an intensive course in French* הוּא לָקַח קוּרְס מְזֹרָז/מְרֻכָּז בְּצָרְפָתִית
  □ *an intensive search revealed several clues* חִפּוּשׂ מְאֻמָּץ הֶעֱלָה כַּמָּה וְכַמָּה רְמָזִים

intent /ɪnˈtent/ n.
1 (intention) כַּוָּנָה, מַטָּרָה, מְגַמָּה
  □ *the company is to all intents and purposes bankrupt* הַחֶבְרָה פָּשְׁטָה אֶת הָרֶגֶל לְמַעֲשֶׂה, מִבְּחִינָה מַעֲשִׂית, הַחֶבְרָה כְּבָר פָּשְׁטָה אֶת הָרֶגֶל
2 (*Law*)
  loitering with intent שׁוֹטְטוּת בְּמַטָּרָה פְּלִילִית (מֻנָּח מִשְׁפָּטִי)
—adj.
1 (showing fixed attention) שָׁקוּעַ לְמַעְלָה רֹאשׁ בְּ..., מְרֻכָּז, לָהוּט
  □ *he was intent on his work* הוּא הָיָה שָׁקוּעַ בַּעֲבוֹדָתוֹ לְמַעְלָה רֹאשׁ, כָּל מַעְיָנָיו הָיוּ נְתוּנִים לַעֲבוֹדָתוֹ
3 (having a firm intention) נָחוּשׁ בְּדַעְתּוֹ
  □ *she is intent on leaving* מְנוּיָה וּגְמוּרָה עִמָּהּ לַעֲזֹב

intention /ɪnˈtenʃ(ə)n/ n. כַּוָּנָה, מְגַמָּה, מַטָּרָה, תַּכְלִית
  with the best of intentions בְּמֵיטַב הַכַּוָּנוֹת
  □ *he has no intention of staying* אֵין לוֹ כָּל כַּוָּנָה לְהִשָּׁאֵר

□ *she thinks his intentions are honourable* הִיא חוֹשֶׁבֶת שֶׁכַּוָּנוֹתָיו מְהֻגָּנוֹת

□ *he's full of good intentions, but will he do anything?* הוּא מָלֵא כַּוָּנוֹת טוֹבוֹת, אֲבָל הַאִם הוּא בֶּאֱמֶת יַעֲשֶׂה מַשֶּׁהוּ?

intentional /ɪnˈtenʃən(ə)l/ adj. מְכֻוָּן, שֶׁבְּמִתְכַּוֵּן; שֶׁבְּמֵזִיד

inter /ɪnˈtɜː(r)/ v.t. (*formal*) קָבַר, טָמַן בָּאֲדָמָה (בְּעִקָּר בְּיַחַס לִגְוִיָּה)

inter- /ˈɪntə-/ pref. אִינְטֶר־, (תְּחִלִּית שֶׁפֵּרוּשָׁהּ) בֵּין־; הֲדָדִי

interact /ˌɪntərˈækt/ v.i. פָּעֲלוּ זֶה עִם זֶה, פָּעַל הֲדָדִית, פָּעַל בְּמִשְׁתָּף עִם

interaction /ˈɪntərˈækʃ(ə)n/ n. פְּעֻלָּה הֲדָדִית, פְּעֻלַּת־גּוֹמְלִין

interactive /ˌɪntərˈæktɪv/ adj.

1 (that interacts) שֶׁל פְּעֻלַּת גּוֹמְלִין, הַפּוֹעֵל הֲדָדִית, אִינְטֶרְאַקְטִיבִי

2 (*Comput.*) אִינְטֶרְאַקְטִיבִי

inter alia /ˌɪntər ˈeɪlɪə/ adv. (*formal*) בֵּין הַיֶּתֶר, בֵּין הַשְּׁאָר

interbreed /ˌɪntəˈbriːd/ (past ppl. **interbred** /ˌɪntəˈbred/) v.t. & i. הִכְלִיא, הִצְלִיב (בַּעֲלֵי־חַיִּים אוֹ צְמָחִים); נוֹלַד/צָמַח מֵהַכְלָאָה/הַצְלָבָה

intercede /ˌɪntəˈsiːd/ v.i. (*formal*)

1 (plead) הִתְעָרֵב לְמַעַן... הִשְׁתַּדֵּל בְּעַד...

□ *she interceded with him on my behalf* הִיא הִשְׁתַּדְּלָה אֶצְלוֹ לְמַעֲנִי

2 (act as an intermediary)

intercede between תִּוֵּךְ, שִׁמֵּשׁ כְּאִישׁ־בֵּינַיִם

intercept /ˌɪntəˈsept/ v.t. עָצַר; יֵרֵט; עִכֵּב

□ *my mail had been intercepted* הַדֹּאַר שֶׁלִּי עֻכַּב (לְמַטְּרוֹת עִקּוּב)

interception /ˌɪntəˈsepʃ(ə)n/ n. עֲצִירָה; יֵרוּט; עִכּוּב; צִתּוּת, קְלִיטָה (לְמַטְּרוֹת עִקּוּב)

interceptor /ˌɪntəˈseptə(r)/ n. (*Aeron.*) מְטוֹס יֵרוּט

intercession /ˌɪntəˈseʃ(ə)n/ n. (*formal*) הִתְעָרְבוּת, הִשְׁתַּדְּלוּת, תִּוּוּךְ

intercessor /ˌɪntəˈsesə(r)/ n. (*formal*) שְׁתַדְּלָן, מֵלִיץ־יֹשֶׁר; אִישׁ בֵּינַיִם, מְתַוֵּךְ

interchange /ˌɪntəˈtʃeɪndʒ/ v.t.

1 (change round) הֶחֱלִיף זֶה בָּזֶה

2 (exchange mutually) הֶחֱלִיפוּ (רַעֲיוֹנוֹת, מְקוֹמוֹת וְכַד')

□ *we interchanged dancing partners* הֶחֱלַפְנוּ בְּנֵי זוּג (בְּרִקּוּד)

—n. /ˈɪntətʃeɪndʒ/ הַחְלָפָה (בֵּין שְׁנֵי צְדָדִים), הַחְלָפָה זֶה בָּזֶה; מֶחְלָף (בִּכְבִישִׁים)

□ *I had an angry interchange of letters with my solicitor* הָיְתָה לִי חֲלִיפַת מִכְתָּבִים נִרְגֶּזֶת עִם עוֹרֵךְ־הַדִּין שֶׁלִּי

interchangeable /ˌɪntəˈtʃeɪndʒəb(ə)l/ adj. (בְּיַחַס לִשְׁנֵי דְּבָרִים) שֶׁאֶפְשָׁר לְהַחֲלִיפָם זֶה בָּזֶה, נִתָּן לְהַחְלָפָה

inter-city /ˌɪntəˈsɪtɪ/ adj. (רַכֶּבֶת) בֵּין־עִירוֹנִית מְהִירָה

intercollegiate /ˌɪntəkəˈliːdʒɪət/ adj. בֵּין קוֹלֶג'ים (בְּיַחַס לְתַחֲרֻיּוֹת, דִּיּוּנִים וְכַד')

intercom /ˈɪntəkɒm/ n. אִינְטֶרְקוֹם, מַעֲרֶכֶת תִּקְשֹׁרֶת פְּנִימִית

intercommunicate /ˌɪntəkəˈmjuːnɪkeɪt/ v.i. תִּקְשֵׁר; הִתְחַבֵּר (חֲדָרִים, חֲצֵרוֹת וְכַד')

interconnect /ˌɪntəkəˈnekt/ v.t. & i. הִתְחַבֵּר עִם; הָיוּ קְשׁוּרִים זֶה בָּזֶה

intercontinental /ˌɪntəkɒntɪˈnent(ə)l/ adj. בֵּין־יַבַּשְׁתִּי

intercontinental ballistic missile טִיל בַּלִּיסְטִי בֵּין־יַבַּשְׁתִּי

intercourse /ˈɪntəkɔːs/ n.

1 (social dealing, dealings, *formal*) מַגָּע חֶבְרָתִי, קֶשֶׁר, שִׂיג וָשִׂיחַ, מַגָּע וּמַשָּׂא

2 (**sexual**) **intercourse** מִשְׁגָּל

interdenominational /ˌɪntədɪnɒmɪˈneɪʃən(ə)l/ adj. (*Relig.*) הַמְשֻׁתָּף לְכִתּוֹת שׁוֹנוֹת (בְּעִקָּר בַּנַּצְרוּת)

interdepartmental /ˌɪntəˌdiːpɑːtˈment(ə)l/ adj. בֵּין־מַחְלַקְתִּי

interdependence /ˌɪntədɪˈpendəns/ n. תְּלוּת הֲדָדִית, זִקַּת־גּוֹמְלִין

interdependent /ˌɪntədɪˈpendənt/ adj. תְּלוּיִים זֶה בָּזֶה, שְׁרוּיִים בִּתְלוּת הֲדָדִית, שֶׁיֵּשׁ בֵּינֵיהֶם זִקַּת־גּוֹמְלִין

interdict /ˌɪntəˈdɪkt/ v.t. (*formal*) אָסַר; הֵטִיל חֵרֶם

—n. /ˈɪntədɪkt/ אִסּוּר; חֵרֶם, נִדּוּי (בַּכְּנֵסִיָּה הַקָּתוֹלִית)

interdiction /ˌɪntəˈdɪkʃ(ə)n/ n. (*formal*) אִסּוּר; חֵרֶם, נִדּוּי (בַּכְּנֵסִיָּה הַקָּתוֹלִית)

interdisciplinary /ˌɪntəˈdɪsɪplɪnərɪ/ adj. אִינְטֶרְדִיסְצִיפְּלִינָרִי בֵּין־תְּחוּמִי; בֵּין־חוּגִי, בֵּין־מַחְלַקְתִּי

interest /ˈɪntərest/ n.

1 (concern, curiosity) הִתְעַנְיְנוּת, עִנְיָן; סַקְרָנוּת; תְּחוּם־הִתְעַנְיְנוּת, תַּחְבִּיב

□ *he takes an interest in her progress* הוּא מִתְעַנְיֵן בְּהִתְקַדְּמוּתָהּ

□ *his performance added interest to a dull play* הוֹפָעָתוֹ הוֹסִיפָה עִנְיָן לְמַחֲזֶה מְשַׁעֲמֵם

□ *her interests are horses and hunting* תְּחוּמֵי הַהִתְעַנְיְנוּת שֶׁלָּהּ הֵם סוּסִים וָצַיִד

2 (benefit, advantage) אִינְטֶרֶס, תּוֹעֶלֶת, יִתְרוֹן

□ *it is in your own interest* (or *best interests*) *to obey* לְטוֹבָתְךָ, כְּדַאי שֶׁתְּצַיֵּת

□ *such activities are not in the public interest* פְּעִילֻיּוֹת כָּאֵלֶּה אֵינָן לְטוֹבַת הַצִּבּוּר

3 (stake) (הָיָה לוֹ) עִנְיָן בְּ...

business interests עִנְיָן עִסְקִי

vested interest עִנְיָן בָּרוּר, עִנְיָן מֻבְהָק

4 (sum charged on loan) רִבִּית

compound interest רִבִּית דְּרִבִּית

□ *he returned the kindness with interest* (*fig.*) הוּא גָּמַל לוֹ עַל אֲדִיבוּתוֹ כֶּפֶל־כִּפְלַיִם

—v.t. עִנְיֵן

□ *I tried to interest him in French literature* נִסִּיתִי לְעַנְיֵן אוֹתוֹ בְּסִפְרוּת צָרְפָתִית

interested /ˈɪntərestɪd/ past ppl. of **interest** & adj. מְעֻנְיָן, מְסֻקְרָן; מִתְעַנְיֵן, מִסְתַּקְרֵן

an interested party צַד מְעֹרָב, (אָדָם) בַּעַל אִינְטֶרֶס אִישִׁי

□ *we shall consult the interested organizations* נִשְׁאַל אֶת כָּל הָאִרְגּוּנִים הַמְעֹרָבִים בַּדָּבָר

□ *he is interested in* (= likes to learn about) *shipping* הוּא מִתְעַנְיֵן

interesting /ˈɪntərestɪŋ/ adj. מְעַנְיֵן, מְעוֹרֵר עִנְיָן; מְסַקְרֵן

interestingly /ˈɪntərestɪŋlɪ/ adv. לְמַרְבֶּה הָעִנְיָן, כַּמָּה מוּזָר

□ *interestingly enough, I saw him only yesterday* כַּמָּה מוּזָר, אֲבָל בְּדִיּוּק אֶתְמוֹל רָאִיתִי אוֹתוֹ

□ *the reports seemed libellous. Interestingly enough, they were not denied.* הַדּוּחוֹת נִרְאוּ זְדוֹנִיִּים אֲבָל – לְמַרְבֵּה הָעִנְיָן/מַה שֶּׁמְּעַנְיֵן עוֹד יוֹתֵר – הֵם לֹא הֻכְחֲשׁוּ

interface /ˈɪntəfeɪs/ n.

1 (*Comput.*) "אִנְטֶרְפֵיס", אֶמְצָעֵי חִבּוּר (בְּחֻמְרָה וּבְתָכְנָה)

2 (meeting-place) תְּחוּם מִפְגָּשׁ, נְקֻדַּת מִפְגָּשׁ (שֶׁל רַעְיוֹנוֹת, מִקְצוֹעוֹת וְכַד')

—v.t. (*Comput.*) חִבֵּר, קִשֵּׁר (גַּם בְּהַשְׁאָלָה)

interfere /ˌɪntəˈfɪə(r)/ v.i. הִתְעָרֵב; הִפְרִיעַ, מָנַע; "הִתְעַסֵּק" (מִינִית) עִם

□ *do not interfere in my business* אַל תִּתְעָרֵב בָּעֵסֶק

□ *do not interfere with this machine* אַל תִּגַּע בַּמְּכוֹנָה הַזֹּאת

□ *he interfered with children* (*euphem.*) הוּא "הִתְעַסֵּק" עִם יְלָדִים (בַּמּוּבָן הַמִּינִי)

interference /ˌɪntəˈfɪərəns/ n.

1 (meddling) הִתְעָרְבוּת בְּעִנְיְנֵי הַזּוּלַת

2 (*Radio*) הַפְרָעָה בָּרַדְיוֹ/בַּטֶּלֶוִיזְיָה

interfering /ˌɪntəˈfɪərɪŋ/ adj. מִתְעָרֵב בְּעִנְיָנִים לֹא־לוֹ

□ *she is an interfering busy-body* הִיא דּוֹחֶפֶת אֶת הָאַף בְּכָל דָּבָר, הִיא חַטְטָנִית אֲיֻמָּה וְנוֹרָאָה

interferon /ˌɪntəˈfɪərɒn/ n. (*Med.*) אִינְטֶרְפֶרוֹן (סוּג שֶׁל נוֹגְדָן)

intergalactic /ˌɪntəgəˈlæktɪk/ adj. אִינְטֶר־גָּלַקְטִי, שֶׁבֵּין גָּלַקְסִיּוֹת

interim /ˈɪntərɪm/ n.

in the interim בֵּינְתַיִם, בִּתְקוּפַת הַבֵּינַיִם

interim dividends תַּשְׁלוּמֵי־בֵּינַיִם (שֶׁל רִבִּית)

interim payment תַּשְׁלוּם חֶלְקִי לִפְנֵי הַחֶשְׁבּוֹן הַסּוֹפִי

interim report דּוּ"חַ בֵּינַיִם

interior /ɪnˈtɪərɪə(r)/ n. & adj.

1 (inner part) פְּנִים, תּוֹךְ; פְּנִימִי

interior designer מְעַצֵּב פְּנִים

Minister of the Interior שַׂר הַפְּנִים

interior-sprung mattress מִזְרָן קְפִיצִי

□ *the interior of the house is painted white* פְּנִים הַבַּיִת צָבוּעַ בְּלָבָן

2 (inside of a country) פְּנִים הָאָרֶץ; לֵב הַיַּבָּשָׁה

□ *he explored the interior* הוּא חָקַר אֶת לֵב הַיַּבָּשָׁה

interject /ˌɪntəˈdʒekt/ v.t. (*formal*) נִכְנַס לְדִבְרֵי הַזּוּלַת, שִׁסַּע אֶת דִּבְרֵי הַזּוּלַת (הִכְנִיס הֶעָרַת/קְרִיאַת בֵּינַיִם)

interjection /ˌɪntəˈdʒekʃ(ə)n/ n. הִתְעָרְבוּת בְּדִבְרֵי הַזּוּלַת; הֶעָרַת/קְרִיאַת בֵּינַיִם; (בְּדִקְדּוּק) מִלַּת־קְרִיאָה

interlace /ˌɪntəˈleɪs/ v.t. & i. שִׁלֵּב, שָׁזַר; הִשְׁתַּלֵּב, הִשְׁתַּזֵּר

interlacing branches עֲנָפִים מִשְׁתָּרְגִים

interlard /ˌɪntəˈlɑːd/ v.t.

interlard with תִּבֵּל אֶת דְּבָרָיו בְּ..., שִׁבֵּץ בִּדְבָרָיו

□ *his speech was interlarded with tedious quotations* נְאוּמוֹ הָיָה מְתֻבָּל לַעֲיֵפָה בְּצִטּוּטִים מְשַׁעֲמְמִים

interleave /ˌɪntəˈliːv/ v.t. הִכְנִיס דַּפִּים חֲלָקִים (בֵּין דַּפֵּי סֵפֶר וְכַד')

□ *the exercise book has ruled pages interleaved with* (or **between**) *plain ones* בַּמַּחְבֶּרֶת יֵשׁ דַּפֵּי־שׁוּרוֹת וְדַפִּים חֲלָקִים לְסֵרוּגִין

interlibrary loan /ˌɪntəˌlaɪbrɪ ˈləʊn/ n.

1 (system) מַעֲרֶכֶת הַשְׁאָלָה בֵּין־סִפְרִיָּתִית

□ *I'll have to get the book on interlibrary loan* אֶצְטָרֵךְ לְהַשִּׂיג אֶת הַסֵּפֶר בְּהַשְׁאָלָה בֵּין־סִפְרִיָּתִית

2 (book) סֵפֶר שֶׁנִּתְקַבֵּל בְּהַשְׁאָלָה בֵּין־סִפְרִיָּתִית

interlinear /ˌɪntəˈlɪnɪə(r)/ adj. בֵּין־שׁוּרָתִי; תּוֹסֶפֶת־מִלִּים בֵּין הַשּׁוּרוֹת

interlining /ˈɪntəlaɪnɪŋ/ n. בִּטְנָה פְּנִימִית (שֶׁבֵּין הַבִּטְנָה הָרְגִילָה לָאָרִיג)

interlink /ˌɪntəˈlɪŋk/ v.t. & i. חִבֵּר, שִׁלֵּב, קִשֵּׁר

interlock /ˌɪntəˈlɒk/ v.t. & i. שִׁלֵּב זֶה בָּזֶה, שִׁבֵּץ; הִשְׁתַּלְּבוּ זֶה בָּזֶה, הִשְׁתַּבְּצוּ

—n. /ˈɪntəlɒk/ "אִינְטֶרְלוֹק" (סָרִיג עָשׂוּי בִּמְכוֹנָה)

interlocutor /ˌɪntəˈlɒkjʊtə(r)/ n. (*formal*) בֶּן־שִׂיחַ, אִישׁ־שִׂיחַ

interloper /ˈɪntələʊpə(r)/ n. (*derog.*) מִתְעָרֵב בְּעִנְיָנִים לֹא לוֹ, נִדְחָק לְעִנְיְנֵי הַזּוּלַת, חוֹדֵר בְּלִי רְשׁוּת

interlude /ˈɪntəluːd/ n. הֲפוּגָה; הַפְסָקָה (בֵּין שְׁתֵּי מַעֲרָכוֹת בְּמַחֲזֶה וְכַד'); "אִינְטֶרְלוּד"

□ *we had sunny interludes* בֵּין הַגְּשָׁמִים הָיוּ הֲפוּגוֹת שֶׁל מֶזֶג־אֲוִיר שִׁמְשִׁי

intermarriage /ˌɪntəˈmærɪdʒ/ n.

1 (marriage between members of different groups, etc.) נִשּׂוּאֵי־תַּעֲרֹבֶת

2 (marriage within a group or family) נִשּׂוּאֵי־קְרוֹבִים

intermarry /ˌɪntəˈmærɪ/ v.i.
1 (marry outside a group or family) נִשְּׂאוּ נִשּׂוּאֵי תַּעֲרֹבֶת
□ *Catholics and Protestants rarely intermarried* קָתוֹלִים וּפְרוֹטֶסְטַנְטִים נִשְּׂאוּ אֵלֶּה לְאֵלֶּה לְעִתִּים נְדִירוֹת, קָתוֹלִים וּפְרוֹטֶסְטַנְטִים הִתְחַתְּנוּ בֵּינֵיהֶם לְעִתִּים נְדִירוֹת
2 (marry within a group or family) נִשְּׂאוּ נִשּׂוּאֵי־קְרוֹבִים

intermediary /ˌɪntəˈmiːdɪərɪ/ n. מְתַוֵּךְ, אִישׁ־בֵּינַיִם; מְפַשֵּׁר
—adj. (פּוֹעֵל) כִּמְתַוֵּךְ; (אֶמְצָעִי) שֶׁל בֵּינַיִם

intermediate /ˌɪntəˈmiːdɪət/ adj. אֶמְצָעִי, תִּיכוֹנִי; בֵּינַיִם; בֵּינוֹנִי
intermediate stage שְׁלַב־בֵּינַיִם

interment /ɪnˈtɜːmənt/ n. (*formal*) קְבוּרָה

intermezzo /ˌɪntəˈmetsəʊ/ n. (*Mus.*) אִינְטֶרְמֶצוֹ

interminable /ɪnˈtɜːmɪnəb(ə)l/ adj. (*derog.*) לְלֹא־סוֹף אָרֹךְ וּמְשַׁעֲמֵם

intermingle /ˌɪntəˈmɪŋg(ə)l/ v.t. & i. מִזֵּג; הִתְעָרְבֵּב, הִתְמַזֵּג בְּ...
intermingle with הִתְמַזֵּג, הִתְעָרְבֵּב

intermission /ˌɪntəˈmɪʃ(ə)n/ n. הַפְסָקָה (בְּעֵת מוֹפָע

intermittent /ˌɪntəˈmɪtənt/ adj. (דְּבַר־מָה הַמּוֹפִיעַ) לְסֵרוּגִין

intermix /ˌɪntəˈmɪks/ v.t. & i. עֵרֵב, מִזֵּג, בָּלַל; הִתְעָרֵב, הִתְמַזֵּג, נִבְלַל

intern[1] /ɪnˈtɜːn/ v.t. עָצַר בְּמַחֲנֵה־הֶסְגֵּר (זָרִים וְכַד')

intern[2] /ˈɪntɜːn/ n. (*US*) רוֹפֵא־מִתְמַחֶה

internal /ɪnˈtɜːn(ə)l/ adj.
1 (of or on the inside) פְּנִימִי
internal combustion engine מָנוֹעַ בְּעֵרָה פְּנִימִית
internal injuries פְּצִיעוֹת פְּנִימִיּוֹת
2 (of affairs within a country) פְּנִימִי
internal affairs עִנְיָנִים פְּנִימִיִּים (בִּמְדִינִיּוּת וְכַד')
Internal Revenue Service (*US*) נְצִיבוּת הַמַּס; מִשְׂרַד מַס הַהַכְנָסָה
3 (within a group, organization, etc. itself) פְּנִימִי
internal evidence עֵדוּת פְּנִימִית, רְאָיָה הָעוֹלָה מִתּוֹךְ הַדָּבָר עַצְמוֹ
internal examiner בֹּחֵן פְּנִימִי (הַשַּׁיָּךְ לַמּוֹסָד שֶׁבּוֹ נִבְחָן הַמֻּעֲמָד)
4 (in the mind or imagination) פְּנִימִי
Hamlet's internal life is ruled by guilt הָאַשְׁמָה שׁוֹלֶטֶת בְּחַיֵּי־הַנֶּפֶשׁ שֶׁל הַמְּלֶט

internally /ɪnˈtɜːnəlɪ/ adv. בִּפְנִים, מִ/בְּתוֹכוֹ (שֶׁל דְּבַר־מָה)
□ *the medicine is not to be taken internally* הַתְּרוּפָה לְשִׁמּוּשׁ חִיצוֹנִי בִּלְבַד

internalize /ɪnˈtɜːnəlaɪz/ v.t. הִפְנִים

international /ˌɪntəˈnæʃən(ə)l/ adj. בֵּין־לְאֻמִּי, בֵּינְלְאֻמִּי
—n. תַּחֲרוּת בֵּין־לְאֻמִּית; שַׂחְקָן בְּנִבְחֶרֶת לְאֻמִּית
the First International הָאִינְטֶרְנַצְיוֹנָל הָרִאשׁוֹן, הַהִתְאַחֲדוּת הַסּוֹצְיָאלִיסְטִית הָעוֹלָמִית הָרִאשׁוֹנָה (בְּ־1864)

Internationale /ˌɪntəˌnæʃəˈnɑːl/ n. הָאִינְטֶרְנַצְיוֹנָל (הַמִּנְנוֹן הַסּוֹצְיָאלִיסְטִים הַבֵּינְלְאֻמִּי)

internationalism /ˌɪntəˈnæʃənəlɪzəm/ n. אִינְטֶרְנַצְיוֹנָלִיזְם; (עִקָּרוֹן) שִׁתּוּף בֵּין מְדִינוֹת

internationalize /ˌɪntəˈnæʃənəlaɪz/ v.t. עָשָׂה לְבֵינְלְאֻמִּי, בִּנְאֵם

interne see **INTERN**[2]

internecine /ˌɪntəˈniːsaɪn/ adj. (*formal*) שֶׁל מַאֲבָק פְּנִימִי, שֶׁל מִלְחֶמֶת־אַחִים

internee /ˌɪntɜːˈniː/ n. עָצִיר בְּמַחֲנֵה־הֶסְגֵּר

internment /ɪnˈtɜːnmənt/ n. כְּלִיאָה/מַעֲצָר בְּמַחֲנֵה־הֶסְגֵּר

interpellate /ɪnˈtɜːpeleɪt/ v.t. הִפְסִיק יְשִׁיבָה בְּבֵית־הַנִּבְחָרִים כְּדֵי לְהַגִּישׁ שְׁאִילְתָּה מִיָּדִית (בְּכַמָּה מִבָּתֵּי־הַנִּבְחָרִים הָאֵירוֹפִּיִּים וּבְיַפָּן)

interpellation /ɪnˌtɜːpəˈleɪʃ(ə)n/ n. שְׁאִילְתָּה כַּנַּ"ל

interpersonal /ˌɪntəˈpɜːsən(ə)l/ adj. בֵּין־אִישִׁי

interplanetary /ˌɪntəˈplænɪtərɪ/ adj. אִינְטֶר־פְּלָנֶטָרִי, בֵּין־כּוֹכָבִי (בְּיַחַס לְכוֹכְבֵי לֶכֶת בִּלְבַד)

interplay /ˈɪntəpleɪ/ n. פְּעֻלָּה/הַשְׁפָּעָה הֲדָדִית, פְּעֻלַּת־/הַשְׁפָּעַת־גּוֹמְלִין; מִשְׂחָק
□ *the interplay of* (or *between*) *the new governments ended the Cold War* הַפְּעֻלָּה הַהֲדָדִית שֶׁל הַמֶּמְשָׁלוֹת הַחֲדָשׁוֹת שָׂמָה קֵץ לַמִּלְחָמָה הַקָּרָה
□ *the interplay of light and shade is Vermeer's hallmark* מִשְׂחַק הָאוֹר וְהַצֵּל הוּא סִימַן הַהֶכֵּר הַמֻּבְהָק שֶׁל וֶרְמֶר

Interpol /ˈɪntəpɒl/ n. "אִינְטֶרְפּוֹל", (הַמִּשְׁטָרָה הַבֵּינְלְאֻמִּית)

interpolate /ɪnˈtɜːpəleɪt/ v.t. (*formal*) הִכְנִיס תּוֹסֶפֶת לְטֶקְסְט/לְנֹסַח; הִתְעָרֵב וְאָמַר

interpolation /ɪnˌtɜːpəˈleɪʃ(ə)n/ n. (*formal*) אִינְטֶרְפּוֹלַצְיָה

interpose /ˌɪntəˈpəʊz/ v.t. & i. (*formal*)
1 (place between) חָצַץ, נֶעֱמַד בָּאֶמְצַע (בֵּין דְּבַר־מָה לִדְבַר־מָה); הִפְרִיד בֵּין הַנִּצִּים
2 (interrupt by speaking; make an interruption) הֵטִיל הֶעָרַת־בֵּינַיִם, הִתְעָרֵב בְּשִׂיחָה וְאָמַר
□ *let me interpose an objection* יִרְשֶׁה לִי לְהַבִּיעַ הִתְנַגְּדוּת

interpret /ɪnˈtɜːprɪt/ v.t. & i.
1 (show meaning of) פֵּרֵשׁ, בֵּאֵר, פִּעְנֵחַ
□ *we interpreted his silence as a refusal* פֵּרַשְׁנוּ אֶת שְׁתִיקָתוֹ כְּסֵרוּב
□ *the actor interpreted the role of Hamlet* הַשַּׂחְקָן פֵּרֵשׁ אֶת דְּמוּתוֹ שֶׁל הַמְּלֶט (עַל הַבָּמָה)
2 (give immediate oral translation of) תִּרְגֵּם בְּעַל־פֶּה

interpretation /ɪnˌtɜːprɪˈteɪʃ(ə)n/ n. אִינְטֶרְפְּרֶטַצְיָה, פֵּרוּשׁ, בֵּאוּר; פַּרְשָׁנוּת; תִּרְגּוּם
  simultaneous interpretation תִּרְגּוּם סִימוּלְטָנִי
  □ *what interpretation do you put on his action?* מַה הוּא הַפֵּרוּשׁ שֶׁלְּךָ לְמַעֲשָׂיו?

interpreter /ɪnˈtɜːprɪtə(r)/ n. תֻּרְגְּמָן, מְתֻרְגְּמָן; פַּרְשָׁן

interpretative /ɪnˈtɜːprɪtətɪv/ adj. מַסְבִּיר, מְפָרֵשׁ, מְבָאֵר, פַּרְשָׁנִי

interracial /ˌɪntəˈreɪʃ(ə)l/ adj. בֵּין־גִּזְעִי

interregnum /ˌɪntəˈregnəm/ n. תְּקוּפַת־בֵּינַיִם בֵּין שִׁלְטוֹן לְשִׁלְטוֹן; (בְּהַשְׁאָלָה) הַפְסָקָה

interrelate /ˌɪntərɪˈleɪt/ v.t. קָשַׁר; הִתְקַשֵּׁר, הָיוּ קְשׁוּרִים זֶה בָּזֶה

interrelated /ˌɪntərɪˈleɪtɪd/ adj. שֶׁיֵּשׁ בֵּינֵיהֶם יַחַס גּוֹמְלִין

interrelation /ˌɪntərɪˈleɪʃ(ə)n/ n. זִקַּת־גּוֹמְלִין, קֶשֶׁר הֲדָדִי

interrogate /ɪnˈterəgeɪt/ v.t. חָקַר (אֶת פְּלוֹנִי), שָׁאַל, הִצִּיג שְׁאֵלוֹת לְ...

interrogation /ɪnˌterəˈgeɪʃ(ə)n/ n. חֲקִירָה, שְׁאִילַת־שְׁאֵלוֹת
  interrogation mark (*Gram.*) סִימַן שְׁאֵלָה

interrogative /ˌɪntəˈrɒgətɪv/ adj.
  1 (of inquiry, *formal)* בְּדֶרֶךְ־שְׁאֵלָה, שֶׁל חֲקִירָה, חֲקִירָתִי
  2 (*Gram.*) שֶׁל שְׁאֵלָה (מִלַּת־שְׁאֵלָה וְכַד')
  interrogative pronoun כִּנּוּי הַשְּׁאֵלָה ("מִי" וְכַד')

interrogator /ɪnˈterəgeɪtə(r)/ n. חוֹקֵר

interrogatory /ˌɪntəˈrɒgət(ə)rɪ/ adj. (*formal*) שֶׁל חֲקִירָה

interrupt /ˌɪntəˈrʌpt/ v.t.
  1 (break in on speech or action of) קָטַע, שִׁסַּע, הִפְרִיעַ לְ...
  2 (break the flow of) קָטַע, עָצַר, הִפְרִיעַ לְ...
  —v.i. נִכְנַס לִדְבָרִים (שֶׁל הַזּוּלַת)

interruption /ˌɪntəˈrʌpʃ(ə)n/ n. הַפְרָעָה, שִׁסּוּעַ, קְטִיעָה (שֶׁל רֶצֶף)

intersect /ˌɪntəˈsekt/ v.t. & i. חָצָה, חָתַךְ; הִצְטַלֵּב (קַו, כְּבִישׁ וְכַד')

intersection /ˌɪntəˈsekʃ(ə)n/ n.
  1 (act or state of intersecting) הִצְטַלְּבוּת
  2 (of roads etc.) הִצְטַלְּבוּת, צֹמֶת

intersperse /ˌɪntəˈspɜːs/ v.t. זָרָה פֹּה וָשָׁם
  □ *flower beds were interspersed among* (or *between*) *the trees* עֲרוּגוֹת פְּרָחִים הָיוּ פְּזוּרוֹת פֹּה וָשָׁם בֵּין הָעֵצִים
  □ *the speech was interspersed with witty remarks* הַנְּאוּם שֶׁלּוֹ הָיָה מְשֻׁבָּץ הֶעָרוֹת שְׁנוּנוֹת

interstate /ˌɪntəˈsteɪt/ adj. (*US*) בֵּין מְדִינוֹת (בְּאַרְהַ"ב בִּלְבַד)

interstellar /ˌɪntəˈstelə(r)/ adj. בֵּין־כּוֹכָבִי

interstice /ɪnˈtɜːstɪs/ n. (*formal*) סֶדֶק, בְּקִיעַ; מִרְוָח

intertribal /ˌɪntəˈtraɪb(ə)l/ adj. בֵּין־שִׁבְטִי

intertwine /ˌɪntəˈtwaɪn/ v.t. & i. שָׁזַר; הִשְׂתָּרֵג, הִשְׁתַּזֵּר; הָיוּ מְשֻׁלָּבִים זֶה בָּזֶה

interurban /ˌɪntərˈɜːbən/ adj. בֵּין־עִירוֹנִי

interval /ˈɪntəv(ə)l/ n.
  1 (intervening time) הַפְסָקָה, הֲפוּגָה, מִרְוַח־זְמַן
  sunny intervals הִתְבַּהֲרֻיּוֹת לִפְרָקִים
  □ *buses leave at hourly* (or *at one-hour*) *intervals* הָאוֹטוֹבּוּסִים יוֹצְאִים כָּל שָׁעָה
  □ *at intervals I wonder if it is worth it* מִפַּעַם לְפַעַם אֲנִי תּוֹהֶה אִם הַדָּבָר כְּדַאי
  □ *the play had only one interval* בַּהַצָּגָה הָיְתָה רַק הַפְסָקָה אַחַת
  2 (intervening space) מִרְוָח
  3 (difference of pitch, *Mus.*) מִרְוַח צְלִיל

intervene /ˌɪntəˈviːn/ v.i.
  1 (take preventive action) הִתְעָרֵב (בְּיַחַס לִפְעֻלָּה מוֹנַעַת)
  □ *before the fight could begin, the police intervened* הַמִּשְׁטָרָה הִתְעָרְבָה לִפְנֵי שֶׁהַקְּטָטָה הִתְלַקְּחָה
  2 (hinder) הִתְעָרֵב בָּא בֵּין... וּבֵין...; מָנַע
  3 (occur in the meantime) הִתְרַחֵשׁ בֵּין...
  □ *years intervened before the next crisis* חָלְפוּ שָׁנִים בֵּין מַשְׁבֵּר לְמַשְׁבֵּר

intervening /ˌɪntəˈviːnɪŋ/ adj. (בִּזְמַן) שֶׁבֵּין... לְ...; (דְּבַר מָה) שֶׁבֵּין... וּבֵין...

intervention /ˌɪntəˈvenʃ(ə)n/ n. הִתְעָרְבוּת (לֹא בְּיַחַס לְהַמּוֹרִים)
  armed intervention הִתְעָרְבוּת מְזֻיֶּנֶת

interview /ˈɪntəvjuː/ n. & v.t. רֵאָיוֹן "אִינְטֶרְבְיוּ"; רִאְיֵן, עָרַךְ רֵאָיוֹן

interviewee /ˌɪntəvjuːˈiː/ n. מְרֻאְיָן

interviewer /ˈɪntəvjuːə(r)/ n. מְרַאְיֵן

interweave /ˌɪntəˈwiːv/ (past **interwove** /ˌɪntəˈwəʊv/, past ppl. **interwoven** /ˌɪntəˈwəʊv(ə)n/) v.t. אָרַג זֶה בָּזֶה, שָׁזַר, שִׁלֵּב;
  □ *interwoven light and shadow* אוֹר וָצֵל שְׁזוּרִים זֶה בָּזֶה
  —v.i. נִשְׁזַר, שֻׁלַּב, הִשְׁתַּלֵּב
  □ *my life interweaves with hers* חַיַּי מִשְׁתַּלְּבִים בְּחַיֶּיהָ

intestate /ɪnˈtesteɪt/ adj. (*Law*) שֶׁלֹּא הִשְׁאִיר צַוָּאָה

intestinal /ɪnˈtestɪn(ə)l/ adj. שֶׁל הַמֵּעַיִם
  intestinal disorders הַפְרָעוֹת מֵעַיִם

intestine /ɪnˈtestɪn/ n. (usu. in *pl.*) מֵעַיִם, קְרָבַיִם
  large intestine מְעִי גַּס
  small intestine מְעִי דַּק

intimacy /ˈɪntɪməsɪ/ n.
  1 (close relationship) אִינְטִימִיּוּת, יַחֲסֵי קִרְבָה; יְדִידוּת

2 (sexual relations, *euphem.*) יַחֲסֵי־מִין, "יְחָסִים אִינְטִימִיִּים"

□ *intimacy took place* הֵם קִיְּמוּ יַחֲסֵי־מִין

3 (in *pl.*, caresses) דִּבּוּרִים/מַעֲשִׂים שֶׁל קִרְבָה

intimate /ˈɪntɪmət/ adj.

1 (having an extremely close relationship) שֶׁל אִינְטִימִיּוּת, שֶׁל יַחֲסֵי קִרְבָה; קָרוֹב

□ *he is intimate with the Director* הוּא שָׁרוּי בְּיַחֲסֵי קִרְבָה עִם הַמְּנַהֵל

□ *we have been intimate for some time* אֲנַחְנוּ קְרוֹבִים מְאֹד זֶה זְמַן מָה

□ *they are on intimate terms* הֵם יְדִידִים קְרוֹבִים

2 (encouraging a close relationship) אִינְטִימִי

3 (private and personal) אִינְטִימִי; פְּרָטִי שֶׁבִּפְרָטִי

an intimate diary יוֹמָן אִינְטִימִי

4 (detailed, *formal*) אִינְטִימִי, מִקָּרוֹב (בְּיַחַס לְיֶדַע וְכַד')

□ *he has an intimate knowledge of the subject* יֵשׁ לוֹ הֶכֵּרוּת אִינְטִימִית עִם הַנּוֹשֵׂא, הוּא מַכִּיר אֶת הַנּוֹשֵׂא מִקָּרוֹב

5 (having a sexual relationship, *euphem.*) שֶׁל "יְחָסִים", שֶׁל יַחֲסֵי־מִין

□ *the doctor had allegedly been intimate with several lady patients* הַדּוֹקְטוֹר קִיֵּם, עַל פִּי הַטַּעֲנָה, יְחָסִים עִם כַּמָּה מֵהַפַּצְיֶנְטִיּוֹת שֶׁלּוֹ

—n. /ˈɪntɪmət/ יְדִיד־נֶפֶשׁ, חָבֵר קָרוֹב

—v.t. /ˈɪntɪmeɪt/ (*formal*) הוֹדִיעַ; הִבְהִיר

intimately /ˈɪntɪmətlɪ/ adv. בְּצוּרָה יְדִידוּתִית, בִּידִידוּת

intimation /ˌɪntɪˈmeɪʃ(ə)n/ n. (*formal*) הוֹדָעָה, הַכְרָזָה, רֶמֶז

□ *he had no intimations of impending doom* לֹא הָיְתָה לוֹ כָּל יְדִיעָה עַל הָאָסוֹן הַמְּמַשְׁמֵשׁ וּבָא

intimidate /ɪnˈtɪmɪdeɪt/ v.t. הִפְחִיד; אִלֵּץ (בְּאִיּוּמִים), הִשְׁפִּיעַ עַל יְדֵי הַפְחָדָה

intimidation /ɪnˌtɪmɪˈdeɪʃ(ə)n/ n. הַפְחָדָה, אִיּוּם

into /ˈɪntə/, strong form /ˈɪntuː/ prep.

1 (indicating direction) אֶל, לְתוֹךְ

far into the night עַד שָׁעָה מְאֻחֶרֶת בַּלַּיְלָה, עַד מַעֲמַקֵּי הַלַּיְלָה

□ *she went into insurance* הִיא נִכְנְסָה לְעִסְקֵי־בִּטּוּחַ

□ *he went into the Church* הוּא הִצְטָרֵף לְשֵׁרוּת הַכְּנֵסִיָּה

□ *3 into 6 goes twice* 6 לְחַלֵּק לְ־3 הֵם 2 (נֹסַח מְקֻבָּל בְּתַרְגִּילֵי חִלּוּק לִילָדִים)

□ *he's into judo* (*colloq.*) הוּא מְשֻׁגָּע עַל ג'וּדוֹ, הוּא דָּלוּק עַל ג'וּדוֹ

□ *let's not go into details* בּוֹא לֹא נִכָּנֵס לִפְרָטִים

□ *he blundered into me and knocked me over* הוּא נִתְקַל בִּי וְהִפִּיל אוֹתִי

2 (indicating change of condition or result)

into the bargain כְּתוֹסֶפֶת חִנָּם לָעִסְקָה

□ *she burst into tears* הִיא פָּרְצָה בִּבְכִי

□ *he put it into decent English* הוּא נִסֵּחַ זֹאת בְּאַנְגְּלִית טוֹבָה

□ *the prince was turned into a frog* הַנָּסִיךְ נֶהְפַּךְ לִצְפַרְדֵּעַ

intolerable /ɪnˈtɒlərəb(ə)l/ adj. קָשֶׁה מִנְּשׂוֹא, בִּלְתִּי־נִסְבָּל

intolerance /ɪnˈtɒlərəns/ n. אִי־סוֹבְלָנוּת; קַנָּאוּת; אִי יְכֹלֶת לִסְבֹּל/לָשֵׂאת

intolerant /ɪnˈtɒlərənt/ adj. אֵין לוֹ יְכֹלֶת לִסְבֹּל אֶת...; לֹא סוֹבְלָנִי

□ *he is intolerant of young people* הוּא בִּלְתִּי סוֹבְלָנִי כְּלַפֵּי אֲנָשִׁים צְעִירִים

intonation /ˌɪntəˈneɪʃ(ə)n/ n. אִינְטוֹנַצְיָה, נִגּוּן דִּבּוּר

intone /ɪnˈtəʊn/ v.t. & i. בִּטֵּא בְּנִגּוּן (תְּפִלָּה וְכַד')

in toto /ɪn ˈtəʊtəʊ/ adv. (*formal*) בִּשְׁלֵמוּתוֹ, כֻּלּוֹ; עַל כְּרָעָיו וְעַל קִרְבּוֹ

intoxicant /ɪnˈtɒksɪkənt/ n. & adj. (*formal*) מַשְׁקֶה אַלְכּוֹהוֹלִי; (דָּבָר מָה) מְשַׁכֵּר

intoxicate /ɪnˈtɒksɪkeɪt/ v.t. שִׁכֵּר, גָּרַם שִׁכָּרוֹן

intoxicated /ɪnˈtɒksɪkeɪtɪd/ adj. שִׁכּוֹר

intoxicated with (or **by**) **success** (*formal*) שִׁכּוֹר־הַצְלָחָה

intoxicating /ɪnˈtɒksɪkeɪtɪŋ/ adj. מְשַׁכֵּר־חוּשִׁים

intoxication /ɪnˌtɒksɪˈkeɪʃ(ə)n/ n. שִׁכָּרוֹן; שִׁכְרוֹן־חוּשִׁים

intra- /ˈɪntrə-/ pref. (תְּחִלִּית שֶׁפֵּרוּשָׁהּ) בֵּין, בְּתוֹךְ

intractability /ɪnˌtræktəˈbɪlɪtɪ/ n. (*formal*) קשִׁי (בְּפִתְרוֹן); סוֹרְרוּת

intractable /ɪnˈtræktəb(ə)l/ adj. (*formal*) סוֹרֵר, שֶׁאִי אֶפְשָׁר לְהִשְׁתַּלֵּט עָלָיו; קָשֶׁה לְפִתְרוֹן/לְטִפּוּל

an intractable problem בְּעָיָה שֶׁאֵין לָהּ פִּתְרוֹן

□ *he was too intractable to be a mediator* הוּא הָיָה קָשֶׁה מִדַּי לְהִשְׁתַּלְּטוּת מִכְּדֵי לְשַׁמֵּשׁ כִּמְתַוֵּךְ

intramural /ˌɪntrəˈmjʊərəl/ adj. (פְּעִילוּת) שֶׁבֵּין כָּתְלֵי (מוֹסָד וְכַד')

intramuscular /ˌɪntrəˈmʌskjʊlə(r)/ adj. (*Med.*) בְּתוֹךְ שְׁרִיר, תּוֹךְ שְׁרִירִי (לְגַבֵּי זְרִיקָה)

intransigence /ɪnˈtrænsɪdʒəns/ n. (*formal derog.*) קְשִׁי־עֹרֶף, עַקְשָׁנוּת, אִי־פַּשְׁרָנוּת

intransigent /ɪnˈtrænsɪdʒənt/ adj. (*formal derog.*) לֹא מִתְפַּשֵּׁר, עַקְשָׁן, קְשֵׁה־עֹרֶף

intransitive /ɪnˈtrænsɪtɪv/ adj. (*Gram.*) (פֹּעַל) עוֹמֵד

intra-uterine /ˌɪntrə-ˈjuːtəraɪn/ adj. (*Med.*) תּוֹךְ רַחְמִי

intra-uterine device (abbrev. **IUD**) הֶתְקֵן תּוֹךְ־רַחְמִי (לִמְנִיעַת הֵרָיוֹן)

intravenous /ˌɪntrəˈviːnəs/ adj. (*Med.*) תּוֹךְ־וְרִידִי

intrench see **ENTRENCH**

intrepid /ɪnˈtrepɪd/ adj. (*formal*) אַמִּיץ, עַז נֶפֶשׁ, עָשׂוּי לְלֹא חַת

intricacy /ˈɪntrɪkəsɪ/ n. מֻרְכָּבוּת, סִבּוּךְ

the intricacies of the law סִבְכֵי הַחֹק

intricate /ˈɪntrɪkət/ adj. מְרֻכָּב, מְסֻבָּךְ

intrigue /ɪnˈtriːg/ v.t. עוֹרֵר עִנְיָן/סַקְרָנוּת, סִקְרֵן; מָשַׁךְ תְּשׂוּמַת לִבּוֹ שֶׁל

□ *she wore an intriguing hat* הִיא לָבְשָׁה כּוֹבַע מְעַנְיֵן

□ *I'm intrigued to know why he came* אֲנִי סַקְרָן לָדַעַת לָמָּה הוּא בָּא

—v.i. עָסַק בִּתְכָכִים, זָמַם מְזִמּוֹת, עָשָׂה קְנוּנְיוֹת; נִהֵל פָּרָשִׁיּוֹת־אֲהָבִים חֲשָׁאִיּוֹת

□ *the conspirators intrigued against the King*

—n. /ˈɪntriːg/ אִינְטְרִיגָה, תְּכָכִים, מְזִמָּה, תַּחְבּוּלָה חֲשָׁאִית, קְנוּנְיָה; פָּרָשַׁת אֲהָבִים חֲשָׁאִית

□ *he had an intrigue with a married woman* הוּא נִהֵל רוֹמָן חֲשָׁאִי עִם אִשָּׁה נְשׂוּאָה

intrinsic /ɪnˈtrɪnsɪk/ adj. (*formal*) עַצְמִי, פְּנִימִי; סְגֻלִּי; שֶׁל עֶצֶם מַהוּתוֹ

intrinsically /ɪnˈtrɪnsɪk(ə)lɪ/ adv. בִּיסוֹדוֹ, בְּעֶצֶם מַהוּתוֹ, בִּפְנִימִיּוּתוֹ; כְּשֶׁלְּעַצְמוֹ

intro /ˈɪntrəʊ/ n. (*colloq.*) מָבוֹא, הַקְדָּמָה (לְסֵפֶר וְכַד'; בִּלְשׁוֹן דִּבּוּר בִּלְבַד)

intro- /ˈɪntrəʊ/ pref. (תְּחִלִּית שֶׁפֵּרוּשָׁהּ) לְתוֹךְ, לְ־

introduce /ˌɪntrəˈdjuːs/ v.t.

1 (cause to know) הִכִּיר (אֶת פְּלוֹנִי לִפְלוֹנִי), עָרַךְ הַכָּרָה בֵּין... לְבֵין..., הִצִּיג אֶת... לְ...

□ *I introduced John to Paul* אֲנִי הִכַּרְתִּי אֶת ג'וֹן לְפּוֹל, עָשִׂיתִי הֶכֵּרוּת בֵּין ג'וֹן לְפּוֹל

□ *we haven't been introduced* לֹא הִצִּיגוּ אוֹתָנוּ (זֶה לָזֶה), לֹא עָרְכוּ בֵּינֵינוּ הַכָּרָה

□ *she introduced me to wine-tasting* דַּרְכָּהּ לָמַדְתִּי עַל טְעִימַת־יַיִן

□ *the first lecture introduces the new students to the syllabus* הַהַרְצָאָה הָרִאשׁוֹנָה מַצִּיגָה לִפְנֵי הַתַּלְמִידִים אֶת תָּכְנִית הַלִּמּוּד

2 (present) הִגִּישׁ (תָּכְנִית־רַדְיוֹ וְכַד'); הִצִּיג

□ *the next programme is introduced by Mary Davidson* אֶת הַתָּכְנִית הַבָּאָה תַּגִּישׁ אֶת מֶרִי דֵּיוִידְסוֹן

□ *he introduced a Bill before Parliament* הוּא הֵבִיא הַצָּעַת־חֹק לִפְנֵי בֵּית הַנִּבְחָרִים

3 (bring in) הִכְנִיס, הִנְהִיג

□ *computers are to be introduced in* (or *into*) *all schools* מַחְשְׁבִים יֻכְנְסוּ לְכָל בָּתֵּי־הַסֵּפֶר

□ *we introduced a ban on smoking* הִנְהַגְנוּ אִסּוּר עַל הָעִשּׁוּן

4 (begin) הִתְחִיל, הֵבִיא

□ *he introduced his talk with some slides* הוּא הִתְחִיל אֶת הַרְצָאָתוֹ בְּהַקְרָנַת שְׁקוּפִיּוֹת אֲחָדוֹת

□ *chapter three introduces the book's main theme* הַפֶּרֶק הַשְּׁלִישִׁי מַצִּיג אֶת נוֹשְׂאוֹ הָעִקָּרִי שֶׁל הַסֵּפֶר, נוֹשְׂאוֹ הָעִקָּרִי שֶׁל הַסֵּפֶר מַתְחִיל בַּפֶּרֶק הַשְּׁלִישִׁי

5 (put in, *formal*) הִכְנִיס, הֶחְדִּיר; הֶעֱלָה (נוֹשֵׂא בְּשִׂיחָה וְכַד')

□ *it was Jim who introduced the subject of money into the conversation* ג'ים הוּא שֶׁהֶעֱלָה אֶת עִנְיַן הַכֶּסֶף בַּשִּׂיחָה, ג'ים הוּא שֶׁהִכְנִיס לַשִּׂיחָה אֶת עִנְיַן הַכֶּסֶף

□ *a tube was introduced into the patient's heart* לְלִבּוֹ שֶׁל הַחוֹלֶה הֻכְנְסָה צִנּוֹרִית

introduction /ˌɪntrəˈdʌkʃ(ə)n/ n.

1 (action or instance of bringing in) הַכְנָסָה (לְשִׁמּוּשׁ), הַנְהָגָה

□ *the introduction of new technology met with resistance* הַהַכְנָסָה לְשִׁמּוּשׁ שֶׁל טֶכְנוֹלוֹגְיָה חֲדָשָׁה נִתְקְלָה בְּהִתְנַגְּדוּת

2 (action or instance of making known) הֶכֵּרוּת, עֲרִיכַת הֶכֵּרוּת, הַצָּגָה

letter of introduction מִכְתַּב הַמְלָצָה (לָרֹב פָּתוּחַ)

□ *shall I make the introductions?* תַּרְשׁוּ לִי לַעֲרֹךְ הֶכֵּרוּת

3 (written or spoken explanation) הַקְדָּמָה, מָבוֹא

4 (plant or animal brought from elsewhere) צֶמַח/בַּעַל חַיִּים שֶׁיָּבָא מֵאֶרֶץ זָרָה (וְנִקְלַט בְּאֶרֶץ אַחֶרֶת)

5 (*Mus.*) הַקְדָּמָה מוּזִיקָלִית (שֶׁל סִימְפוֹנְיָה וְכַד')

introductory /ˌɪntrəˈdʌktərɪ/ adj. שֶׁל מָבוֹא, שֶׁל הַקְדָּמָה

introductory offer הַצָּעָה מְיֻחֶדֶת לְרֶגֶל צֵאת הַמּוּצָר

introspection /ˌɪntrəˈspekʃ(ə)n/ n. הִתְבּוֹנְנוּת פְּנִימִית, אִינְטְרוֹסְפֶּקְצְיָה

introspective /ˌɪntrəˈspektɪv/ adj. אִינְטְרוֹסְפֶּקְטִיבִי, נוֹטֶה לְהִתְבּוֹנְנוּת פְּנִימִית

introversion /ˌɪntrəˈvɜːʒ(ə)n/ n. אִינְטְרוֹוֶרְסְיָה, הַפְנָמָה

introvert /ˈɪntrəvɜːt/ n. מֻפְנָם, אָדָם מְכֻנָּס בְּעַצְמוֹ, אִינְטְרוֹוֶרְט

introverted /ɪntrəvɜtɪd/ adj. מֻפְנָם, מְכֻנָּס בְּעַצְמוֹ, אִינְטְרוֹוֶרְטִי

intrude /ɪnˈtruːd/ v.i. פָּלַשׁ (לִפְרָטִיּוּת וְכַד'), חָדַר (לְלֹא הַזְמָנָה)

□ *sometimes a note of sentimentality intrudes* לְעִתִּים מִתְגַּנֶּבֶת נִימָה שֶׁל סֶנְטִימֶנְטָלִיּוּת

□ *I don't want to intrude on* (or *upon*) *you* אֲנִי לֹא רוֹצֶה לְהַכְבִּיד עָלֶיךָ

□ *am I intruding?* הַאִם אֲנִי מַפְרִיעַ?

—v.t. (*formal*) כָּפָה (דְּבַר מָה)

intruder /ɪnˈtruːdə(r)/ n. אָדָם הַחוֹדֵר שֶׁלֹּא בִּרְשׁוּת (לָרֹב לְבַיִת פְּרָטִי); פּוֹלֵשׁ

intrusion /ɪnˈtruːʒ(ə)n/ n.

1 (act of intruding) חֲדִירָה לְלֹא רְשׁוּת

2 (thing that intrudes) פְּלִישָׁה (לִרְשׁוּת הַפְּרָט וְכַד')

intrusive /ɪnˈtruːsɪv/ adj. חוֹדֵר (לִרְשׁוּת הַפְּרָט וְכַד')

intrust see **ENTRUST** הִפְקִיד (דְּבַר מָה) בִּידֵי, הִטִּיל (דְּבַר מָה) עַל

intuition /ˌɪntjʊˈɪʃ(ə)n/ n. אִינְטוּאִיצְיָה, "חוּשׁ", "חוּשׁ שִׁשִּׁי"

□ *I had an intuition that you would be here* הָיְתָה לִי תְּחוּשָׁה שֶׁתִּהְיֶה כָּאן

intuitive /ɪnˈtjuːɪtɪv/ adj. אִינְטוּאִיטִיבִי

inundate /ˈɪnʌndeɪt/ v.t. הֵצִיף (גַּם בְּהַשְׁאָלָה)

□ *we were inundated with offers of help* הוּצַפְנוּ בְּהַצָּעוֹת־עֶזְרָה

inundation /ˌɪnʌnˈdeɪʃ(ə)n/ n. שִׁטָּפוֹן, מַבּוּל, הֲצָפָה

inure /ɪˈnjʊə(r)/ v.t.

inure to הִתְרַגֵּל לְ..., הִתְחַסֵּן בִּפְנֵי

□ *he became inured to the cold* הוּא הִתְרַגֵּל לַקֹּר

invade /ɪnˈveɪd/ v.t. פָּלַשׁ לְ..., חָדַר לְ... לְפֶתַע

□ *I was suddenly invaded by doubts* נִתְקַפְתִּי סְפֵקוֹת

□ *tourists invade the city each summer* (*fig.*) כָּל קַיִץ פּוֹשְׁטִים הַתַּיָּרִים עַל הָעִיר

invader /ɪnˈveɪdə(r)/ n. פּוֹלֵשׁ

space invaders "סְפֵּיס־אִינְבֵיְדֶרְס", "פּוֹלְשִׁים מִן הֶחָלָל", (מִשְׂחַק וִידֵיאוֹ)

invalid[1] /ɪnˈvælɪd/ adj. חֲסַר תֹּקֶף, פָּסוּל, מְבֻטָּל

invalid[2] /ˈɪnvəlɪd/ n. חוֹלֶה (הַמֻּגְבָּל גּוּפָנִית בְּשֶׁל מַחֲלָתוֹ)

invalid chair כִּסֵּא־גַּלְגַּלִּים

—v.t. (*Mil.*) שִׁחְרֵר מִטְּעָמִים רְפוּאִיִּים

□ *he was invalided out of the army* הוּא שֻׁחְרַר מִן הַצָּבָא מִטְּעָמִים רְפוּאִיִּים

invalidate /ɪnˈvælɪdeɪt/ v.t. שָׁלַל תֹּקֶף שֶׁל, פָּסַל, בִּטֵּל

invalidation /ɪnˌvælɪˈdeɪʃ(ə)n/ n. בִּטּוּל, פְּסִילָה

invalidity /ˌɪnvəˈlɪdɪtɪ/ n.

1 (not being valid) חֹסֶר־תֹּקֶף

2 (state of being an invalid) מֻגְבָּלָה גּוּפָנִית בְּשֶׁל מַחֲלָה

invaluable /ɪnˈvæljʊəb(ə)l/ adj. חִיּוּנִי; שֶׁלֹּא יְסֻלָּא בַּפָּז

invariable /ɪnˈveərɪəb(ə)l/ adj. קָבוּעַ, מַתְמִיד

invariably /ɪnˈveərɪəblɪ/ adv. בְּאֹפֶן קָבוּעַ, תָּמִיד, לְלֹא שִׁנּוּי

invasion /ɪnˈveɪʒ(ə)n/ n. פְּלִישָׁה

□ *it was an invasion of my privacy* זוֹ הָיְתָה חֲדִירָה לִפְרָטִיּוּת שֶׁלִּי

invasive /ɪnˈveɪsɪv/ adj. חוֹדֵר, פּוֹלֵשׁ

invective /ɪnˈvektɪv/ n. (*formal*) נְאוּם הַתְקָפָה, נְאוּם גִּדּוּפִים

inveigh /ɪnˈveɪ/ v.i.

inveigh against (*formal*) תָּקַף בְּמִלִּים חֲרִיפוֹת, גִּנָּה בַּחֲרִיפוּת

inveigle /ɪnˈviːg(ə)l/ v.t.

inveigle into (*formal*) פִּתָּה (אֶת פְּלוֹנִי) לְ..., שִׁכְנַע בְּתַחְבּוּלוֹת (אֶת פְּלוֹנִי) לְ...

invent /ɪnˈvent / v.t.

1 (produce for the first time) הִמְצִיא

2 (make up) בָּדָה, הִמְצִיא (סִפּוּר וְכַד')

invention /ɪnˈvenʃ(ə)n/ n. הַמְצָאָה

necessity is the mother of invention (*Prov.*) הַכֹּרַח הוּא אֲבִי הַהַמְצָאָה

□ *it was sheer invention on his part* (*derog.*) הוּא בָּדָה אֶת זֶה מִלִּבּוֹ, הוּא הִמְצִיא אֶת הַכֹּל

inventive /ɪnˈventɪv/ adj. בַּעַל כֹּשֶׁר הַמְצָאָה, בַּעַל תּוּשִׁיָּה

inventor /ɪnˈventə(r)/ n. מַמְצִיא

inventory /ˈɪnvəntrɪ/ n.

1 (list) רְשִׁימַת מְצַאי

2 (stock, *US*) מְלַאי, אִינְוֶנְטָר

inverse /ɪnˈvɜːs/ adj. (*formal*) הָפוּךְ

inverse proportion יַחַס הָפוּךְ

inversion /ɪnˈvɜːʒ(ə)n/ n. הִפּוּךְ

invert /ɪnˈvɜːt/ v.t. הָפַךְ (סֵדֶר, דְּבַר מָה עַל רֹאשׁוֹ וְכַד')

inverted commas מֵרְכָאוֹת

inverted snobbery סְנוֹבִּיזְם הָפוּךְ

invertebrate /ɪnˈvɜːtɪbrət/ adj. & n. (*Biol.*) חֲסַר־חֻלְיוֹת; בַּעַל חַיִּים חֲסַר חֻלְיוֹת

invest /ɪnˈvest / v.t.

1 (use so as to make a profit) הִשְׁקִיעַ

□ *he invested time in this project* הוּא הִשְׁקִיעַ זְמַן בַּפְּרוֹיֶקְט הַזֶּה

□ *he invested all his energy in his new job* הוּא הִשְׁקִיעַ אֶת כָּל מַאֲמַצָּיו בַּמִּשְׂרָה הַחֲדָשָׁה

2 invest with (*formal*) הֶעֱנִיק (דְּבַר מָה, לִפְלוֹנִי)

□ *the old ruins were invested with romance* הֶחֳרָבוֹת הָעַתִּיקוֹת עֲטוּ הִלָּה שֶׁל רוֹמַנְטִיקָה

□ *I invested him with authority* הֶעֱנַקְתִּי לוֹ סַמְכוּת, יִפִּיתִי אֶת כֹּחוֹ

—v.i. הִשְׁקִיעַ

invest in הִשְׁקִיעַ בְּ...

□ *I've decided to invest in a good bicycle* (*colloq.*) הֶחְלַטְתִּי לְהַשְׁקִיעַ בְּאוֹפַנַּיִם טוֹבִים

investigate /ɪnˈvestɪgeɪt/ v.t. חָקַר, בָּדַק, בָּחַן

investigation /ɪnˌvestɪˈgeɪʃ(ə)n/ n. חֲקִירָה, בְּדִיקָה

□ *the matter is under investigation* הָעִנְיָן בַּחֲקִירָה/בְּבֵרוּר

investigator /ɪnˈvestɪgeɪtə(r)/ n. חוֹקֵר

private investigator בַּלָּשׁ פְּרָטִי

investiture /ɪnˈvestɪtʃə(r)/ n. טֶקֶס מַתַּן תְּאָרֵי כָּבוֹד; טֶקֶס הַעֲנָקַת סַמְכוּת/מְסִירַת־תַּפְקִיד

investment /ɪnˈvestmənt/ n. הַשְׁקָעָה (שֶׁל כֶּסֶף, וּבְהַשְׁאָלָה שֶׁל זְמַן וְכַד')

investment trust קֶרֶן־הַשְׁקָעוֹת

investor /ɪnˈvestə(r)/ n. מַשְׁקִיעַ (כַּלְכָּלִי)

inveterate /ɪnˈvetərət/ adj. (*derog.*) מַתְמִיד (בַּעַל הֶרְגֵּל שְׁלִילִי קָבוּעַ)

an inveterate liar שַׁקְרָן חֲסַר תַּקָּנָה, שַׁקְרָן פָּתוֹלוֹגִי

inveterate prejudices דֵּעוֹת קְדוּמוֹת מֻשְׁרָשׁוֹת

an inveterate smoker מְעַשֵּׁן מֻשְׁבָּע

invidious /ɪnˈvɪdɪəs/ adj. (*formal*) מְעוֹרֵר רֹגֶז, מְעוֹרֵר שִׂנְאָה

invigilate /ɪnˈvɪdʒɪleɪt/ v.t. & i. הִשְׁגִּיחַ (עַל נִבְחָנִים); עָבַד כְּמַשְׁגִּיחַ (כַּנַּ"ל)

invigilation /ɪnˌvɪdʒɪˈleɪʃ(ə)n/ n. הַשְׁגָּחָה עַל נִבְחָנִים

invigilator /ɪnˈvɪdʒɪleɪtə(r)/ n. מַשְׁגִּיחַ עַל נִבְחָנִים

invigorate /ɪnˈvɪgəreɪt/ v.t. הִמְרִיץ, רִעֲנֵן; הֵפִיחַ אֹמֶץ לֵב בְּ...

an invigorating climate אַקְלִים מַבְרִיא וּמְחַזֵּק

invincible /ɪnˈvɪnsɪb(ə)l/ adj. בִּלְתִּי־מְנֻצָּח, שֶׁאֵין לְנַצְּחוֹ

inviolable /ɪnˈvaɪələb(ə)l/ adj. (*formal*) שֶׁאֵין לְחַלְּלוֹ (נֶדֶר, זְכוּת וְכַד')

inviolate /ɪnˈvaɪələt/ adj. (*formal*) לֹא מְחֻלָּל

□ *he kept his oath inviolate* הוּא שָׁמַר עַל שְׁבוּעָתוֹ

invisibility/ ɪnˌvɪzɪˈbɪlɪtɪ/ n. אִי־הֵרָאוּת, הֵעָלְמוּת

invisible /ɪnˈvɪzɪb(ə)l/ adj. בִּלְתִּי־נִרְאֶה, סָמוּי

invisible exports יְצוּא סָמוּי (שֵׁרוּתִים לְהַבְדִּיל מִסְּחוֹרוֹת)

invisible imports יְבוּא סָמוּי (כַּנַּ"ל)

invisible ink דְּיוֹ נִסְתֶּרֶת, דְּיוֹ סְמוּיָה

invisible mending (בְּבֶגֶד) תִּקּוּן אָמָנוּתִי

invitation /ˌɪnvɪˈteɪʃ(ə)n/ n. הַזְמָנָה

standing (or **open**) **invitation** הַזְמָנָה פְּתוּחָה (לְלֹא הַגְבָּלַת זְמַן)

invite /ɪnˈvaɪt/ v.t.

1 (ask to come) הִזְמִין

□ *he invited us back*

(he suggested we should come to his house)

הוּא הִזְמִין אוֹתָנוּ אֵלָיו הַבַּיְתָה

(he asked us to visit him, after he had visited us)

הוּא גָּמַל לָנוּ בְּהַזְמָנָה לְבֵיתוֹ

□ *she invited me in* הִיא הִזְמִינָה אוֹתִי לְהִכָּנֵס

□ *they invited us down to their cottage for the weekend* הֵם הִזְמִינוּ אוֹתָנוּ לְבֵית שֶׁלָּהֶם בַּכְּפָר לְסוֹפְשָׁבוּעַ

2 (ask for) הִזְמִין (הַצָּעוֹת, הֶעָרוֹת וְכַד')

□ *the speaker invited questions* הַנּוֹאֵם הִזְמִין אֶת הַקָּהָל לִשְׁאֹל שְׁאֵלוֹת

3 (encourage) עוֹדֵד, הִזְמִין, קָרָא לְ...

□ *open windows invite burglars* חַלּוֹנוֹת פְּתוּחִים קוֹרְאִים לְגַנָּבִים

—n. /ˈɪnvaɪt/ (*colloq.*) הַזְמָנָה

inviting /ɪnˈvaɪtɪŋ/ adj. מוֹשֵׁךְ, קוֹסֵם

invocation /ˌɪnvəˈkeɪʃ(ə)n/ n. (*formal*) בַּקָּשָׁה רִשְׁמִית, קְרִיאָה לְאֵל

invoice /ˈɪnvɔɪs/ n. & v.t. חֶשְׁבּוֹנִית, חֶשְׁבּוֹן (עַל סְחוֹרָה, שֵׁרוּתִים וְכַד'); הִגִּישׁ חֶשְׁבּוֹן לְ.../עַל

□ *invoice these items separately* הַגֵּשׁ בְּבַקָּשָׁה חֶשְׁבּוֹן נִפְרָד עַל פְּרִיטִים אֵלֶּה

invoke /ɪnˈvəʊk/ v.t. (*formal*) הִסְתַּמֵּךְ עַל (חֹק וְכַד'); פָּנָה בִּקְרִיאָה (לְעֶזְרָה וְכַד') אֶל; הֶעֱלָה בָּאוֹב (כֹּחַ)

□ *he invoked vengeance on his enemies* הוּא פָּנָה לֵאלִים בִּתְחִנָּה לִנְקֹם עַל אוֹיְבָיו

involuntary /ɪnˈvɒlənt(ə)rɪ/ adj. לֹא־רְצוֹנִי

involve /ɪnˈvɒlv/ v.t. עֵרַב, סִבֵּךְ

□ *he got involved in a quarrel* הוּא הִסְתַּבֵּךְ בְּרִיב

□ *a question of principle is involved* יֵשׁ כָּאן עִנְיָן שֶׁל עִקָּרוֹן

□ *the job involved living in the country* הַמִּשְׂרָה הָיְתָה כְּרוּכָה בִּמְגוּרִים מִחוּץ לָעִיר

□ *he was not involved in the plot* הוּא לֹא הָיָה מְעֹרָב בַּמְּזִמָּה

□ *she doesn't want to get too involved with him* (*colloq.*) הִיא לֹא רוֹצָה לְהִכָּנֵס לְקֶשֶׁר רְצִינִי אִתּוֹ, הִיא לֹא רוֹצָה לְהִסְתַּבֵּךְ אִתּוֹ

involved /ɪnˈvɒlvd/ adj. מְסֻבָּךְ; מְעֹרָב (רִגְשִׁית)

involvement /ɪnˈvɒlvmənt/ n. מְעֹרָבוּת

invulnerable /ɪnˈvʌlnərəb(ə)l/ adj. לֹא פָּגִיעַ, חָסִין

□ *he seems invulnerable to criticism* נִרְאֶה שֶׁהוּא חָסִין בִּפְנֵי בִּקֹּרֶת

inward /ˈɪnwəd/ adj.

1 (situated within) פְּנִימִי

2 (moving towards the inside) כְּלַפֵּי פְּנִים, פְּנִימָה

inward-looking מֻפְנָם, אִינְטְרוֹוֶרְטִי

—adv. (also **inwards**) פְּנִימָה

inwardly /ˈɪnwədlɪ/ adv. בִּפְנִים, פְּנִימָה, בְּתוֹךְ לִבּוֹ

inwards /ˈɪnwədz/ adv. פְּנִימָה

iodine /ˈaɪədiːn/, *US* /ˈaɪədɒɪn/ n. יוֹד (יְסוֹד כִּימִי); תְּמִסַּת־יוֹד (לְחִטּוּי)

ion /ˈaɪən/ n. (*Chem. & Phys.*) יוֹן (אָטוֹם בַּעַל מִטְעָן חַשְׁמַלִּי)

Ionic /aɪˈɒnɪk/ adj. (*Archit.*) (סִגְנוֹן בְּנִיָּה) יוֹנִי

ionic /aɪˈɒnɪk/ adj. (*Chem. & Phys.*) יוֹנִי

ionization /ˌaɪənaɪˈzeɪʃ(ə)n/ n. (*Chem. & Phys.*) יוֹנִיזַצְיָה, יוֹנְנוּת (הִתְהַוּוּת שֶׁל יוֹנִים)

ionize /ˈaɪənaɪs/ v.t. (*Chem. & Phys.*) יוֹנֵן, גָּרַם יוֹנִיזַצְיָה בְּ...

ionizing radiation קְרִינָה הַגּוֹרֶמֶת לְיוֹנִים (קַרְנֵי־אִיקְס, קַרְנֵי־אַלְפָא וְכַד')

ionosphere /aɪˈɒnəsfɪə(r)/ n. יוֹנוֹסְפֵרָה (רֹבֶד שִׁכְבוֹת יוֹנִים מֵעַל לַסְּטְרָטוֹסְפֵרָה)

iota /aɪˈəʊtə/ n.

1 (smallest amount, *fig.*) קוֹצוֹ שֶׁל יוּד, קֻרְטוֹב

□ *it doesn't make an iota of difference* אֵין זֶה מַעֲלֶה אוֹ מוֹרִיד כִּמְלוֹא־הַנִּימָה

2 (Greek letter) יוֹטָה (הָאוֹת הָעֲשִׂירִית בָּאָלֶפְבֵּית הַיְּוָנִי)

IOU /ˌaɪ əʊˈjuː/ n. (abbrev. of **I owe you,** *colloq.*) פֶּתֶק שֶׁנּוֹתֵן בַּעַל חוֹב ("אֲנִי חַיָּב לְךָ")

ipso facto /ˌɪpsəʊ ˈfæktəʊ/ adv. (*formal*) מִכֹּחַ עֻבְדָּה זוֹ, מֵעֶצֶם הָעֻבְדָּה

IQ /aɪ ˈkjuː/ n. "אַי-קְיוּ", מְנַת-מִשְׂכָּל

IRA abbrev. "אַי-אַר-אֵי", הַצָּבָא הָרֶפּוּבְּלִיקָאִי הָאִירִי

irascibility /ɪˌræsɪˈbɪlətɪ/ n. (*formal*) רַתְחָנוּת, רַגְזָנוּת

irascible /ɪˈræsɪb(ə)l/ adj. (*formal*) נוֹחַ לִכְעֹס, חַם-מֶזֶג, רַתְחָן, רַגְזָן

irate /aɪˈreɪt/ adj. זוֹעֵם, רוֹתֵחַ מִכַּעַס

ire /ˈaɪə(r)/ n. (*poet.*) חֲרִי-אַף, קֶצֶף

iridescence /ˌɪrɪˈdesəns/ n. סַסְגּוֹנִיּוּת

iridescent /ˌɪrɪˈdesənt/ adj. סַסְגּוֹנִי, נוֹצֵץ בִּשְׁלַל צִבְעֵי הַקֶּשֶׁת

iridium /ɪˈrɪdɪəm/ n. (*Chem.*) אִירִידְיוּם (יְסוֹד מַתַּכְתִּי)

iris /ˈaɪərɪs/ n.
 1 (plant) אִירוּס, אִירִיס
 2 (part of eye) קֶשְׁתִּית (הָעַיִן)

Irish /ˈaɪərɪʃ/ adj. אִירִי, שֶׁל אִירְלַנְד
 Irish coffee קָפֶה אִירִי (קָפֶה עִם וִיסְקִי וְשַׁמֶּנֶת-קָפֶה)
 Irish stew נְזִיד-אִירִי (בְּשַׂר כֶּבֶשׂ, תַּפּוּחֵי אֲדָמָה וּבְצָלִים)
—n. אִירִית; הָעָם הָאִירִי

Irishman /ˈaɪərɪʃmən/ n. אִירִי, בֶּן-אִירְלַנְד

Irishwoman /ˈaɪərɪʃwʊmən/ n. אִירִית, בַּת-אִירְלַנְד

irk /ɜːk/ v.t. (*colloq.*) "אָכַל", עִצְבֵּן
 □ *it irks me to see money wasted* "אוֹכֵל" אוֹתִי לִרְאוֹת כֶּסֶף מְבֻזְבָּז

irksome /ˈɜːksəm/ adj. מַטְרִיד, מֵצִיק

iron /ˈaɪən/ n.
 1 (metal) בַּרְזֶל
 the iron and steel industry תַּעֲשִׂיַּת הַבַּרְזֶל וְהַפְּלָדָה
 an iron fist in a velvet glove אֶגְרוֹף בַּרְזֶל בְּכֻפָּפָה שֶׁל מֶשִׁי
 □ *she has an iron will* יֵשׁ לָהּ הַחְלָטָה נְחוּשָׁה, יֵשׁ לָהּ רָצוֹן שֶׁל בַּרְזֶל
 □ *he is a man of iron* הוּא תַּקִּיף וְחָזָק; הוּא בַּעַל כֹּחַ-רָצוֹן עָצוּם
 □ *he rules his family with a rod of iron* הוּא שׁוֹלֵט בְּמִשְׁפַּחְתּוֹ בְּיַד בַּרְזֶל
 2 (object made of iron) כְּלֵי-בַּרְזֶל (מְסוּגִים שׁוֹנִים)
 branding iron בַּרְזֶל לְסִמּוּן (שֶׁל בָּקָר וְכַד', בִּצְרִיבָה)
 □ *he has too many irons in the fire* (*Prov.*) הוּא עוֹסֵק בִּמְלָאכוֹת רַבּוֹת מִדַּי בְּעֵת וּבְעוֹנָה אַחַת
 □ *strike while the iron is hot* (*Prov.*) הַכֵּה בַּבַּרְזֶל בְּעוֹדוֹ חַם
 3 (for smoothing cloth) מַגְהֵץ
 4 (golf-club) אַלַּת-גּוֹלְף
 5 (in *pl.*, fetters) אֲזִקִּים
—v.t. גִּהֵץ
 non-iron fabric בַּד/אָרִיג לְלֹא גִּהוּץ
 □ *we ironed out all the difficulties* (*colloq.*) יִשַּׁרְנוּ אֶת הַהֲדוּרִים, פָּתַרְנוּ אֶת כָּל הַבְּעָיוֹת

Iron Age /ˈaɪən eɪdʒ/ n. תְּקוּפַת-הַבַּרְזֶל, עִדַּן-הַבַּרְזֶל

Iron Curtain /ˌaɪən ˈkɜːt(ə)n/ n. (*Hist.*) מָסַךְ הַבַּרְזֶל

iron-foundry /ˈaɪən-faʊndrɪ/ n. בֵּית-יְצִיקָה לְבַרְזֶל

iron-grey /ˌaɪən-ˈgreɪ/ adj. אָפֹר כֵּהֶה

ironic /aɪˈrɒnɪk/, also **ironical** /aɪˈrɒnɪk(ə)l/ adj. אִירוֹנִי

ironing /ˈaɪənɪŋ/ n.
 1 (action) גִּהוּץ
 ironing board קֶרֶשׁ-גִּהוּץ
 2 (clothes to be ironed) כְּבִיסָה לְגִהוּץ

iron lung /ˌaɪən ˈlʌŋ/ n. רֵאַת-בַּרְזֶל

ironmonger /ˈaɪənmɒŋgə(r)/ n. סוֹחֵר בִּכְלֵי-עֲבוֹדָה

ironmongery /ˈaɪənmɒŋgərɪ/ n.
 1 (shop) בֵּית מִסְחָר לִכְלֵי-עֲבוֹדָה
 2 (goods) כְּלֵי-מַתֶּכֶת, כְּלֵי-עֲבוֹדָה, מוּצְרֵי-בַּרְזֶל

iron ore /ˌaɪən ˈɔː(r)/ n. עַפְרַת בַּרְזֶל

iron rations /ˌaɪən ˈræʃ(ə)nz/ n. *pl.* מְנוֹת חֵרוּם

ironstone /ˈaɪənstəʊn/ adj. עַפְרַת-בַּרְזֶל; כְּלִי-חֶרֶס לָבָן וְגַס

ironwork /ˈaɪənwɜːk/ n. קִשּׁוּטֵי בַּרְזֶל (מַעֲקִים, שְׁעָרִים וְכַד')

ironworks /ˈaɪənwɜːks/ n. *pl.* בֵּית יְצִיקָה לְבַרְזֶל, בֵּית חֲרֹשֶׁת לְבַרְזֶל

irony /ˈaɪərənɪ/ n.
 1 (mocking) אִירוֹנְיָה
 2 (ironical event or circumstance) מִקְרֶה אִירוֹנִי
 the irony of Fate צְחוֹק הַגּוֹרָל
 dramatic irony אִירוֹנְיָה דְּרָמָטִית (כְּשֶׁהָאֱמֶת הַמָּרָה יְדוּעָה לַקָּהָל אַךְ לֹא לַדְּמֻיּוֹת)

irradiate /ɪˈreɪdɪeɪt/ v.t.
 1 (subject to light or radioactivity) חָשַׂף (דָּבָר מָה) לִקְרִינָה
 2 (shine upon *poet.*) הֵאִיר, זָרַח
 □ *his face was irradiated with joy* פָּנָיו זָרְחוּ מֵעֹנֶג

irradiation /ɪˌreɪdɪˈeɪʃ(ə)n/ n. הַקְרָנָה (בִּקְרִינָה רַדְיוֹאַקְטִיבִית)
 food irradiation הַקְרָנָה שֶׁל מָזוֹן (לְהַאֲרָכַת תְּקוּפַת הִשְׁתַּמְּרוּתוֹ)

irrational /ɪˈræʃən(ə)l/ adj. לֹא רַצְיוֹנָלִי
 irrational fears פְּחָדִים לֹא רַצְיוֹנָלִיִּים
 □ *she was quite irrational in her dislike of him* הַסְּלִידָה שֶׁלָּהּ מִמֶּנּוּ הָיְתָה לַחֲלוּטִין לֹא הֶגְיוֹנִית

irreconcilable /ɪˌrekənˈsaɪləb(ə)l/ adj.
 1 (hostile) עוֹיֵן
 2 (incompatible) סוֹתֵר, לֹא מִתְיַשֵּׁב, שֶׁאֵינוֹ עוֹלֶה בְּקָנֶה אֶחָד

irrecoverable /ˌɪrɪˈkʌvərəb(ə)l/ adj. (הֶפְסֵד, אָבְדָן) שֶׁאֵין לַהֲשִׁיבוֹ

irredeemable /ɪrɪˈdiːməb(ə)l/ adj. (*formal*)
1 (that cannot be replaced) שֶׁאֵין לַהֲשִׁיבוֹ
2 (too bad to be put right) חֲסַר תַּקָּנָה

irreducible /ˌɪrɪˈdjuːsɪb(ə)l/ adj. (*formal*) שֶׁאֵינוֹ נִתָּן לְצִמְצוּם, שֶׁאִי אֶפְשָׁר לְהַקְטִינוֹ, שֶׁאִי אֶפְשָׁר לְתָאֲרוֹ בְּאֹפֶן פָּשׁוּט יוֹתֵר
□ *expenses have been brought down to an irreducible minimum* הַהוֹצָאוֹת צֻמְצְמוּ עַד לַמִּינִימוּם הָאֶפְשָׁרִי

irrefutable /ˌɪrɪˈfjuːtɪb(ə)l/ adj. (*formal*) (טִעוּן וְכַד׳) שֶׁאִי אֶפְשָׁר לְהַפְרִיכוֹ

irregular /ɪˈregjʊlə(r)/ adj.
1 (uneven, not uniform) לֹא שָׁוֶה, לֹא אָחִיד, לֹא סִימֶטְרִי, לֹא קָבוּעַ
□ *he has only an irregular income* יֵשׁ לוֹ רַק הַכְנָסָה לֹא קְבוּעָה
□ *she comes to see us at irregular intervals* הִיא בָּאָה לְבַקֵּר אוֹתָנוּ בְּפִרְקֵי זְמַן לֹא קְבוּעִים
2 (contrary to rules, *formal*) חָרִיג, לֹא סָדִיר
3 (*Gram.*) (פֹּעַל) לֹא סָדִיר, יוֹצֵא דֹּפֶן
irregular verb פֹּעַל לֹא־סָדִיר, פֹּעַל יוֹצֵא דֹּפֶן
4 (*Mil.*) (חַיָּל) מִלּוּאִים, לֹא־סָדִיר
irregular troops (or **irregulars**) צָבָא לֹא סָדִיר, כּוֹחוֹת מִלּוּאִים

irregularity /ɪˌregjʊˈlærɪtɪ/ n.
1 (unevenness) אִי־הַתְאָמָה, אִי־סִימֶטְרִיָּה
□ *flatten the irregularities with a roller* תְּיַשֵּׁר אֶת הַתְּלוּלִיּוֹת שֶׁבַּדֶּשֶׁא בְּאֶמְצָעוּת מַכְבֵּשׁ־יָד
2 (breach of rules, *formal*) חֲרִיגָה, אִי־סְדִירוּת

irrelevance /ɪˈreləvəns/, also **irrelevancy** /ɪˈreləvənsɪ/ n. אִי שַׁיָּכוּת לָעִנְיָן, חֹסֶר קֶשֶׁר לָעִנְיָן

irrelevant /ɪˈreləvənt/ adj. לֹא רֶלֶוַנְטִי, לֹא שַׁיָּךְ לָעִנְיָן, לֹא לָעִנְיָן
□ *what you say is irrelevant to the subject* מַה שֶּׁאַתָּה אוֹמֵר אֵינוֹ נוֹגֵעַ לָעִנְיָן

irreligious /ˌɪrɪˈlɪdʒəs/ adj. (*formal*) חֲסַר אֱמוּנָה דָּתִית, לֹא דָּתִי

irremediable /ˌɪrɪˈmiːdɪəb(ə)l/ adj. (*formal*) (נֶזֶק וְכַד׳) חֲסַר תַּקָּנָה, שֶׁאֵין לוֹ תְּרוּפָה

irreparable /ɪˈrepərəb(ə)l/ adj. (נֶזֶק וְכַד׳) שֶׁאֵינוֹ נִתָּן לְתִקּוּן

irreplaceable /ˌɪrɪˈpleɪsəb(ə)l/ adj. לְלֹא תַּחֲלִיף

irrepressible /ˌɪrɪˈpresɪb(ə)l/ adj. שֶׁאִי אֶפְשָׁר לְהַדְחִיקוֹ, שֶׁאִי אֶפְשָׁר לְדַכְּאוֹ (צְחוֹק) שֶׁאִי אֶפְשָׁר לְרַסְּנוֹ

irreproachable /ˌɪrɪˈprəʊtʃəb(ə)l/ adj. (*formal*) לְלֹא דֹּפִי, לְלֹא פְּגָם

irresistible /ˌɪrɪˈzɪstɪb(ə)l/ adj. (כֹּחַ) שֶׁאֵין לַעֲמֹד בְּפָנָיו, (דַּחַף) שֶׁאֵין לְרַסְּנוֹ

irresolute /ɪˈrezəluːt/ adj. (*formal*) מְהַסֵּס, מְפַקְפֵּק, פּוֹסֵחַ עַל שְׁתֵּי הַסְּעִפִּים

irrespective /ˌɪrɪˈspectɪv/ adj.
irrespective of בְּלִי לְהִתְחַשֵּׁב בְּ... בְּלִי שִׂים־לֵב לְ...

irresponsibility /ˌɪrɪˌspɒnsɪˈbɪlɪtɪ/ n. חֹסֶר־אַחֲרָיוּת

irresponsible /ˌɪrɪˈspɒnsɪb(ə)l/ adj. לֹא אַחֲרַאִי, חֲסַר אַחֲרָיוּת

irretrievable /ˌɪrɪˈtriːvəb(ə)l/ adj. (*formal*) שֶׁאֵין לַהֲשִׁיבוֹ

irreverence /ɪˈrevərəns/ n. חֹסֶר יִרְאַת־כָּבוֹד, קַלּוּת־רֹאשׁ, זִלְזוּל בִּכְבוֹדוֹ שֶׁל

irreverent /ɪˈrevərənt/ adj. חֲסַר יִרְאַת־כָּבוֹד, חֲסַר דֶּרֶךְ־אֶרֶץ

irreversible /ˌɪrɪˈvɜːsɪb(ə)l/ adj. בִּלְתִּי הָפִיךְ

irrevocable /ɪˈrevəkəb(ə)l/ adj. (*formal*) סוֹפִי וּמֻחְלָט

irrigate /ˈɪrɪgeɪt/ v.t. הִשְׁקָה (קַרְקַע); שָׁטַף (פֶּצַע)
□ *you must irrigate the wound* עָלֶיךָ לִשְׁטֹף אֶת הַפֶּצַע בְּהַרְבֵּה מַיִם

irrigation /ˌɪrɪˈgeɪʃ(ə)n/ n. הַשְׁקָיָה

irritable /ˈɪrɪtəb(ə)l/ adj. נוֹחַ לִכְעֹס, רַגְזָן

irritant /ˈɪrɪtənt/ adj. & n. גּוֹרֵם לְגֵרוּי; חֹמֶר הַגּוֹרֵם לְגֵרוּי

irritate /ˈɪrɪteɪt/ v.t.
1 (annoy) הִרְגִּיז, עִצְבֵּן, הִכְעִיס
2 (cause to itch or hurt) גָּרַם לְגֵרוּי

irritating /ˈɪrɪteɪtɪŋ/ adj. מַרְגִּיז, מְעַצְבֵּן, מַכְעִיס
an irritating habit הֶרְגֵּל מְעַצְבֵּן

irritation /ˌɪrɪˈteɪʃ(ə)n/ n. רֹגֶז, עַצְבָּנוּת; גֵּרוּי (בְּעוֹר וְכַד׳)
□ *the traffic noise is an irritation* הָרַעַשׁ שֶׁל הַתְּנוּעָה מְעַצְבֵּן

irruption /ɪˈrʌpʃ(ə)n/ n. (*formal*) הִתְפָּרְצוּת פְּנִימָה; כְּנִיסָה פִּתְאֹמִית וּפִרְאִית

is /iz/ 3rd pers. sing. pres. of **be**

-ish /-ɪʃ/ suff. (סוֹפִית שֶׁפֵּרוּשָׁהּ) כָּלְשֶׁהוּ, בְּעֵרֶךְ בְּמִדַּת־מָה

Islam /ɪzˈlɑːm, ɪsˈlɑːm/ n.
1 (religion) אִיסְלָם, דַּת הָאִיסְלָם
2 (community) עוֹלַם הָאִיסְלָם, הָעוֹלָם הַמֻּסְלְמִי

Islamic /ɪzˈlæmɪk, ɪsˈlæmɪk/ adj. אִיסְלָמִי, מֻסְלְמִי

island /ˈaɪlənd/ n. אִי
traffic island אִי־תְּנוּעָה

islander /ˈaɪləndə(r)/ n. תּוֹשַׁב־אִי, בֶּן־אִי

isle /aɪl/ n. (*poet.* and in place names) אִי

islet /ˈaɪlət/ n. אִי קָטָן

ism /ɪzəm/ n.
isms and ologies (*colloq. derog.*) "אִיזְמִים" לְמִינֵיהֶם

isn't /ˈɪz(ə)nt/ (contr. of **is not**, *colloq.*)

isobar /ˈaɪsəbɑː(r)/ n. אִיזוֹבָּר (קַו עַל הַמַּפָּה הַבָּרוֹמֶטְרִית הַתּוֹחֵם אֲזוֹרֵי לַחַץ שָׁוֶה)

isolate /ˈaɪsəleɪt/ v.t. בּוֹדֵד; (בְּכִימְיָה) הִפְרִיד

□ *snow isolated the village (from the outside world)* הַשֶּׁלֶג בּוֹדֵד אֶת הַכְּפָר
□ *it is an isolated spot* זוֹ נְקֻדָּה מְבוֹדֶדֶת (עַל הַמַּפָּה)
□ *they have isolated the virus* הֵם בּוֹדְדוּ אֶת הַנָּגִיף

isolation /ˌaɪsəˈleɪʃ(ə)n/ n. בִּדּוּד, הַפְרָדָה
isolation hospital בֵּית־חוֹלִים לְמַחֲלוֹת מִדַּבְּקוֹת
□ *one should not look at this problem in isolation* אֵין לָדוּן בִּבְעָיָה זוֹ בְּנִפְרָד
□ *he lives in splendid* (or *glorious*) *isolation* (*joc.*) הוּא חַי בִּבְדִידוּת זוֹהֶרֶת

isolationism /ˌaɪsəˈleɪʃənɪz(ə)m/ n. (מְדִינִיּוּת שֶׁל) בַּדְלָנוּת, הִתְבַּדְּלוּת

isolationist /ˌaɪsəˈleɪʃənɪst/ n. בַּדְלָן (כַּנ"ל)

isosceles /aɪˈsɒsəliːz/ adj.
isosceles triangle מְשֻׁלָּשׁ שְׁוֵה־שׁוֹקַיִם

isotherm /ˈaɪsəθɜːm/ n. אִיזוֹתֶרְמָה (קַו עַל הַמַּפָּה הַבָּרוֹמֶטְרִית הַמְקַשֵּׁר בֵּין אֲזוֹרֵי טֶמְפֶּרָטוּרָה שָׁוָה)

isotope /ˈaɪsətəʊp/ n. אִיזוֹטוֹפּ (אֶחָד מִכַּמָּה יְסוֹדוֹת בַּעֲלֵי מִסְפָּר אֲטוֹמִי זֵהֶה וּתְכוּנוֹת שׁוֹנוֹת)

Israeli /ɪzˈreɪlɪ/ n. & adj. אָדָם יִשְׂרְאֵלִי; יִשְׂרְאֵלִי

Israelite /ˈɪzrɪəlaɪt/ n. (*Hist.*) בֶּן־יִשְׂרָאֵל (בִּתְקוּפַת הַתַּנַ"ךְ בִּלְבַד)

issue /ˈɪsjuː/ n.
1 (subject of debate) נוֹשֵׂא (לְדִיּוּן)
to cloud the issue הֶאֱפִיל עַל הָעִקָּר, הִקְהָה אֶת חֻדָּהּ שֶׁל הַבְּעָיָה
□ *what is at issue?* מַה הִיא הַשְּׁאֵלָה הָעוֹמֶדֶת לְדִיּוּן?
□ *she took issue with him on that* (*formal*) הִיא חָלְקָה עָלָיו בְּנוֹשֵׂא זֶה
□ *I don't want to make an issue of it* אֲנִי לֹא רוֹצֶה לַעֲשׂוֹת מִזֶּה עִנְיָן
□ *don't avoid the issue!* אַל תִּתְחַמֵּק מִן הַנּוֹשֵׂא
2 (thing published or supplied) גִּלָּיוֹן, מַהֲדוּרָה (שֶׁל עִתּוֹן וְכַד')
□ *I bought today's issue of the Times* קָנִיתִי אֶת גִּלְיוֹן הַ"טַיְמְס" מֵהַיּוֹם
□ *a new issue of stamps has appeared* יָצְאָה מַהֲדוּרָה חֲדָשָׁה שֶׁל בּוּלִים
3 (outcome, *formal*) תּוֹצָאָה, תּוֹלָדָה, מַסְקָנָה
□ *we await the issue* אֲנַחְנוּ מְחַכִּים לַתּוֹצָאָה
□ *we brought things to a successful issue* הֵבֵאנוּ אֶת הָעִנְיָן לִכְלַל סִיּוּם מֻצְלָח
4 (supply and distribution) הוֹצָאָה, יְצִיאָה, הֲפָצָה
□ *I bought these stamps on the day of issue* קָנִיתָ אֶת הַבּוּלִים בְּיוֹם הַהוֹצָאָה
□ *we are waiting for the issue of a new edition* אֲנַחְנוּ מַמְתִּינִים לִיצִיאַת מַהֲדוּרָה חֲדָשָׁה
5 (outflow, *formal*) פְּלִיטָה, זִיבָה, הַפְרָשָׁה (שֶׁל דָּם, מֻגְלָה וְכַד')
6 (offspring, *Law*) צֶאֱצָא
□ *he died without issue* הוּא מֵת חֲשׂוּךְ־בָּנִים

—v.t.
1 (distribute) הִנְפִּיק, הֵפִיץ, חִלֵּק, סִפֵּק
□ *the survivors were issued with warm clothing* בְּגָדִים חַמִּים נֻפְּקוּ לַנִּצּוֹלִים
2 (publish; circulate) הֵפִיץ, הוֹצִיא
□ *the minister issued a statement to the press* הַשַּׂר הוֹצִיא הוֹדָעָה לָעִתּוֹנוּת
□ *the general has issued orders* הַגֶּנֶרָל חִלֵּק פְּקֻדּוֹת

—v.i.
issue from נָבַע מִ..., זָב מִ..., עָלָה מִ..., יָצָא מִ...
□ *a cloud of black smoke issued from the window* עֲנַן עָשָׁן שָׁחוֹר הִתְאַבֵּךְ מִן הַחַלּוֹן

isthmus /ˈɪsməs/ n. מֵצַר־יַבָּשָׁה (רְצוּעָה צָרָה שֶׁל יַבָּשָׁה הַמְאַחֶדֶת שְׁתֵּי יַבָּשׁוֹת)

it /ɪt/ pron.
1 (thing, group, idea, etc. already mentioned) זֶה
□ *we've got 500 pounds; will it be enough?* יֵשׁ לָנוּ 500 לִישׁ"ט; זֶה יַסְפִּיק?
□ *he crept up on the cat and grabbed it* הוּא הִתְגַּנֵּב לְעֵבֶר הֶחָתוּל וְתָפַס אוֹתוֹ בְּיָדוֹ
□ *is it a girl or a boy?* זֶה בֵּן אוֹ בַּת?
□ *I haven't read the book; what's it all about?* לֹא קָרָאתִי אֶת הַסֵּפֶר, עַל מָה הוּא מְסַפֵּר?
2 (fact or situation already known or implied) זֶה
that's it!
(that is what is needed) זֶהוּ בְּדִיּוּק!
(that is the reason why I failed etc.) זֶה הָעִנְיָן!
(that is the end of the matter) זֶהוּ זֶה! חֲלַס!
□ *she has got it*
(she has understood) הִיא "תָּפְסָה"
(she is attractive, *colloq.*) הִיא נִרְאֵית טוֹב
□ *when the factory closes, it will mean 500 redundancies* כַּאֲשֶׁר הַמִּפְעָל יִסָּגֵר, פֵּרוּשׁ הַדָּבָר יִהְיֶה אָבְדָן שֶׁל 500 מְקוֹמוֹת עֲבוֹדָה
□ *everyone was asking me questions; it was terrible* כֻּלָּם שָׁאֲלוּ אוֹתִי שְׁאֵלוֹת; זֶה הָיָה נוֹרָא
3 (that person) זֶה
□ *who's there?– It's the postman* מִי שָׁם? – זֶה הַדַּוָּר
□ *it's me! I'm back* זֶה אֲנִי, חָזַרְתִּי
□ *was it you who put all these books on my desk?* הַאִם זֶה הָיִיתָ אַתָּה שֶׁשָּׂם אֶת כָּל הַסְּפָרִים הָאֵלֶּה עַל הַשֻּׁלְחָן שֶׁלִּי?
4 (used in statements mentioning time, distance, or weather) זֶה
□ *it is the first of May today* הַיּוֹם הוּא הָאֶחָד בְּמַאי
□ *it is now one p.m.* הַשָּׁעָה עַכְשָׁו אַחַת בַּצָּהֳרַיִם
□ *it's raining* יוֹרֵד גֶּשֶׁם
□ *it is 170 miles from Oxford to Leeds* הַמֶּרְחָק בֵּין אוֹקְסְפוֹרְד וְלִידְס הוּא 170 מַיִל
□ *it is three years since I last met you* חָלְפוּ שָׁלֹשׁ שָׁנִים מֵאָז שֶׁפָּגַשְׁתִּי אוֹתְךָ לָאַחֲרוֹנָה

5 (circumstances or conditions)
□ *if it's convenient for you, I'll call round tomorrow* אִם נוֹחַ לְךָ, אֲנִי אָבוֹא מָחָר
□ *how's it going?* (*colloq.*) מָה הַמַּצָּב? מָה הָעִנְיָנִים? אֵיךְ הוֹלֵךְ?
6 (used in various verb patterns, indicating that a longer subject or object appears later in the sentence) זֶה
□ *she finds it boring staying at home* הִיא מוֹצֵאת שֶׁזֶּה מְשַׁעֲמֵם לְהִשָּׁאֵר בַּבַּיִת
□ *does it matter what colour the bicycle is?* מָה זֶה מְשַׁנֶּה מָה צֶבַע הָאוֹפַנַּיִם?
□ *it's fun being a singer* כֵּיף לִהְיוֹת זַמָּר
□ *it's no use worrying* אֵין טַעַם לִדְאֹג
□ *I take it that you don't want to join us* אֲנִי מֵבִין (מִדְּבָרֶיךָ/מֵהִתְנַהֲגוּתְךָ) שֶׁאַתָּה לֹא מְעֻנְיָן לְהִצְטָרֵף אֵלֵינוּ
□ *it was difficult to catch the cat* קָשֶׁה הָיָה לִלְכֹּד אֶת הֶחָתוּל
□ *it is very kind of you to help us* נֶחְמָד מְאֹד מִצִּדְּךָ לַעֲזֹר לָנוּ
7 (used with **appear, happen, look,** or **seem**)
□ *it appears that he was in an intoxicated condition* (*formal*) נִרְאֶה שֶׁהוּא הָיָה בְּמַצָּב שֶׁל שִׁכְרוּת
□ *as it happens, I have an umbrella with me* בְּמִקְרֶה יֵשׁ לִי מִטְרִיָּה אִתִּי
□ *it looks as if it's going to rain* נִרְאֶה שֶׁיֵּרֵד גֶּשֶׁם
□ *it seems we have to make our own way there* נִרְאֶה שֶׁנִּצְטָרֵךְ לַעֲשׂוֹת אֶת דַּרְכֵּנוּ לְשָׁם בְּעַצְמֵנוּ
8 (used to emphasize something)
□ *it's Jim who's the clever one, not Nick* ג'ים הוּא הֶחָכָם, לֹא נִיק
□ *it was in Barnsley that I first met them* הָיָה זֶה בְּבַּרְנְסְלִי שֶׁפָּגַשְׁתִּי אוֹתָם לָרִאשׁוֹנָה
□ *it was lunch that he promised to buy* הוּא הִבְטִיחַ שֶׁיְּשַׁלֵּם בְּעַד אֲרוּחַת הַצָּהֳרַיִם (אֲבָל הוּא עָשָׂה מַשֶּׁהוּ אַחֵר)
□ *if it hadn't been for the guard-rail, he would have fallen* לוּלֵא הַמַּעֲקֶה, הוּא הָיָה נוֹפֵל
9 (used in various idioms)
□ *now you've (been and gone and) done it!* (*colloq.*) עַכְשָׁו בֶּאֱמֶת הָרַסְתָּ אֶת הַכֹּל!
□ *go for it!* (*colloq.*) "תֵּלֵךְ עַל זֶה!" (כְּלוֹמַר "תְּנַסֶּה!")
□ *he went it alone and set up his own business* הוּא פָּעַל בְּאֹפֶן עַצְמָאִי וְהֵקִים עֵסֶק מִשֶּׁלּוֹ
□ *he's got it bad* (*colloq.*) הוּא בְּמַצָּב רַע
□ *he's got it in him to do a proper job* הוּא מְסֻגָּל לַעֲשׂוֹת עֲבוֹדָה כְּמוֹ שֶׁצָּרִיךְ
□ *she's got it in for me* (*colloq.*) יֵשׁ לָהּ מַשֶּׁהוּ נֶגְדִּי
□ *you've got what it takes to succeed* יֵשׁ לוֹ אֶת כָּל מָה שֶׁדָּרוּשׁ כְּדֵי לְהַצְלִיחַ
□ *he's had it!* (*colloq.*) הוּא מְחֻסָּל! הוּא גָּמוּר!
□ *he's not really with it* (*colloq.*) הוּא לֹא לְגַמְרֵי כָּאן, הוּא לֹא לְגַמְרֵי בְּסֵדֶר (הוּא מְבֻלְבָּל וּמְטֻשְׁטָשׁ)

—n.
1 (in games)
□ *who's going to be 'it'?* מִי "סוֹפֵר" (בְּמַחֲבוֹאִים), מִי "רוֹדֵף" (בְּתוֹפֶסֶת)
2 (the most important thing)
□ *she really thinks she's it* (*colloq.*) הִיא "חוֹשֶׁבֶת אֶת עַצְמָהּ"
□ *this is it, now I have to decide* זֶהוּ זֶה, עַכְשָׁו אֲנִי מֻכְרָח לְהַחְלִיט
3 (sexual intercourse, *colloq.*)
□ *he complained he hadn't had it for months* הוּא הִתְלוֹנֵן שֶׁהוּא כְּבָר לֹא "עָשָׂה אֶת זֶה" חֳדָשִׁים

Italian /ɪ'tælɪən/ n. & adj. הַשָּׂפָה הָאִיטַלְקִית; אָדָם אִיטַלְקִי; אִיטַלְקִי

italic /ɪ'tælɪk/ adj. (אוֹת) נְטוּיָה (בִּדְפוּס)

italicize /ɪ'tælɪsaɪz/ v.t. הִדְפִּיס בְּאוֹת נְטוּיָה

italics /ɪ'tælɪks/ n. *pl.* אוֹתִיּוֹת־דְּפוּס נְטוּיוֹת
my italics הַהַדְגָּשָׁה שֶׁלִּי (וְלֹא בַּמָּקוֹר, הֶעָרָה בְּסוֹגְרַיִם מְרֻבָּעִים בְּצִיטָטָה)

itch /ɪtʃ/ n. גֵּרוּי, גֵּרוּד; חֵשֶׁק
the seven-year itch (*colloq.*) יֵצֶר הַבְּגִידָה (שֶׁל בֶּן/בַּת זוּג, לְאַחַר תְּקוּפַת נִשּׂוּאִין אֲרֻכָּה)
□ *I have an itch to travel* (*colloq.*) יֵשׁ לִי חֵשֶׁק לַעֲרֹךְ מַסָּעוֹת/לְטַיֵּל
—v.i. חָשׁ גֵּרוּי; חָשַׁק, הִשְׁתּוֹקֵק
itching powder אַבְקָה מְגָרֶדֶת (לְ"מְתִיחוֹת" וְכַד')
□ *I'm itching to tell him the truth* (*colloq.*) אֲנִי מֵת לְגַלּוֹת לוֹ אֶת הָאֱמֶת
□ *my back itches* מְגָרֵד לִי הַגַּב
□ *he has an itching palm* (*fig.*) הוּא רוֹדֵף בֶּצַע

itchy /'ɪtʃɪ/ adj. מְגָרֵד, מְגָרֶה
□ *he's got itchy feet* (*colloq.*) הוּא חֲסַר־מָנוֹחַ (מִשְׁתּוֹקֵק לְמַסָּעוֹת)
□ *he has itchy fingers* (*fig.*) הוּא גַּנָּב

it'd /'ɪtəd/ contr. of **it had, it would** (*colloq.*)

item /'aɪtəm/ n. פְּרִיט, פְּרָט; יְדִיעָה (בָּעִתּוֹן)
a news item יְדִיעַת חֲדָשׁוֹת

itemize /'aɪtəmaɪz/ v.t. פֵּרֵט בִּרְשִׁימָה, עָרַךְ רְשִׁימָה מְפֹרֶטֶת שֶׁל

itinerant /aɪ'tɪnərənt/ adj. (*formal*) נוֹדֵד, סוֹבֵב מִמָּקוֹם לְמָקוֹם

itinerary /aɪ'tɪnərərɪ/ n. תָּכְנִית מַסָּע, לוּחַ זְמַנִּים (בִּנְסִיעָה)

it'll /'ɪt(ə)l/ contr. of **it will** (*colloq.*)

its /ɪts/ possessive adj. & pron. of **it** שֶׁלּוֹ, שֶׁלָּהּ

IUD abbrev. הֶתְקֵן תּוֹךְ־רַחְמִי (אֶמְצָעִי לִמְנִיעַת הֵרָיוֹן)

it's /ɪts/ contr. of **it is, it has** (*colloq.*)

itself /ɪt'self/ pron. עַצְמוֹ, עַצְמָהּ; שֶׁל עַצְמוֹ, שֶׁל עַצְמָהּ
by itself (alone) כְּשֶׁלְּעַצְמוֹ, לְבַדּוֹ

(automatically) מֵעַצְמוֹ
□ *she is goodness itself* הִיא הִתְגַּלְּמוּת הַטּוֹב
□ *the town itself is unremarkable* הָעִיר עַצְמָהּ אֵינֶנָּה מַרְשִׁימָה בִּמְיֻחָד

I've /aɪv/ contr. of **I have** (*colloq.*)

ivied /ˈaɪvɪd/ adj. (*poet.*) מְכֻסֶּה קִיסוּס

ivory /ˈaɪvərɪ/ n.
1 (material) שֶׁנְהָב
ivory tower מִגְדַּל־שֵׁן (נִתּוּק מִן הַמְּצִיאוּת)
□ *the pianist tickled the ivories* (*colloq.*) הַפְּסַנְתְּרָן פָּרַט עַל הַפְּסַנְתֵּר
2 (colour) צֶבַע־שֶׁנְהָב

ivy /ˈaɪvɪ/ n. קִיסוּס
Ivy League (*US*) שְׁמוֹנֶה הָאוּנִיבֶרְסִיטָאוֹת הַוָּתִיקוֹת וְהַחֲשׁוּבוֹת בְּאַרְהַ״ב

J j

J, j /dʒeɪ/ n. ״גֵ׳י״ (הָאוֹת הָעֲשִׂירִית בָּאָלֶפְבֵּית הָאַנְגְּלִי)

jab /dʒæb/ v.t. & i. דָּחַק אֶת (בְּאֶצְבַּע, בְּמַרְפֵּק, בְּמַקֵּל וְכַד׳), תָּקַע מַכָּה בְּ...; תָּקַע מַכָּה לְעֵבֶר...
 □ *don't jab my eye out with your umbrella!* אַל תּוֹצִיא לִי אֶת הָעַיִן בַּמִּטְרִיָּה שֶׁלְּךָ!

—n.
 1 (blow with point or fist) נְעִיצָה, דְּקִירָה, תְּחִיבָה, תְּקִיעָה
 2 (injection, *colloq.*) זְרִיקָה (בְּמַזְרֵק)

jabber /ˈdʒæbə(r)/ v.t. & i. & n. קִשְׁקֵשׁ, לִהֵג; מִלְמֵל (מַשֶּׁהוּ); קִשְׁקוּשׁ, מִלְמוּל, לַהַג, פִּטְפּוּט

jabot /ˈʒæbəʊ/ n. ז׳בּוֹ (חֲזִית תַּחֲרָה שֶׁל חֻלְצָה)

jacaranda /ˌdʒækəˈrændə/ n. עֵץ קָרַנְדָּה, סִגָּלוֹן

jack /dʒæk/ n.
 1 Jack Frost הַכְּפוֹר (כִּנּוּי עֲמָמִי)
 jack-of-all-trades (and master of none) מֻמְחֶה לַכֹּל (בַּעֲלִיל אוֹ לִכְאוֹרָה) ״כָּלְבּוֹיְנִיק״
 Jack Tar מַלָּח, יוֹרֵד־יָם
 □ *he was away before you could say Jack Robinson* (*UK colloq.*) הוּא נֶעְלַם כְּהֶרֶף עַיִן, הוּא נֶעְלַם לִפְנֵי שֶׁהִסְפַּקְתִּי לוֹמַר ג׳ק רוֹבִּינְזוֹן
 □ *every man Jack of them did his bit* (*colloq.*) כָּל אֶחָד וְאֶחָד נָתַן אֶת חֶלְקוֹ, כֻּלָּם נָתְנוּ אֶת חֶלְקָם
 2 (*Cards*) ״נָסִיךְ״, ג׳ק (בִּקְלָפִים)
 3 (flag) דֶּגֶל לְאֻמִּי (הַמִּתְנוֹסֵס עַל תֹּרֶן סְפִינָה)
 Union Jack דֶּגֶל הַמַּמְלָכָה הַבְּרִיטִית
 4 (*Electr.*) שֶׁקַע/תֶּקַע שֶׁל אָזְנִיּוֹת, רַמְקוֹלִים וְכַד׳
 5 (*Bowls*) הַכַּדּוּר הַלָּבָן בְּמִשְׂחַק הַכַּדֹּרֶת
 6 (young pike) דַּג זְאֵב־מַיִם צָעִיר
 7 (lifting machine) גֶ׳ק, מַגְבֵּהַּ

—v.t.
 1 jack up הֵרִים (מְכוֹנִית וְכַד׳) עַל הַגֶּ׳ק
 □ *they are jacking up their prices* הֵם מַעֲלִים אֶת הַמְּחִירִים שֶׁלָּהֶם
 2 jack in (*sl.*) ״אָמַר שָׁלוֹם״ (כְּלוֹמַר הִסְתַּלֵּק)
 □ *jack it in!* חֲלַס!
 3 jack off (*vulg.*) ״עָשָׂה בַּיָּד״ (אוֹנֵן)

jackal /ˈdʒæk(ə)l/ n. תַּן

jackanapes /ˈdʒækəneɪps/ n. (*arch.*) פִּרְחָח, שׁוֹבָב

jackass /ˈdʒækæs/ n. חֲמוֹר; מְטֻמְטָם, אִידְיוֹט, ״חֲמוֹר״

jackboot /ˈdʒækbuːt/ n. מַגָּף גָּבוֹהַּ (הַמַּגִּיעַ עַד לַבֶּרֶךְ)

jackdaw /ˈdʒækdɔː/ n. עוֹרֵב הַקָּאק (עוֹף מִמִּשְׁפַּחַת הָעוֹרְבִים)

jacket /ˈdʒækɪt/ n. זַ׳קֶט, מִקְטֹרֶן, מְעִיל קָצָר; עֲטִיפָה (שֶׁל סֵפֶר, תַּקְלִיט וְכַד׳); מַעֲטֶה מָגֵן (לְחֵלֶק מְכוֹנָה וְכַד׳)
 dust jacket עֲטִיפַת־סֵפֶר, עֲטִיפַת תַּקְלִיט
 jacket potatoes תַּפּוּחֵי אֲדָמָה אֲפוּיִים בִּקְלִפָּתָם

jack-in-the-box /ˈdʒæk-ɪn-ðə-bɒks/ n. צַעֲצוּעַ בֻּבָּה הַמְּזַנֶּקֶת מִתּוֹךְ קֻפְסָה

jack-knife /ˈdʒæk-naɪf/ n.
 1 (tool) אוֹלָר (גָּדוֹל)
 2 (accidental folding of long vehicle) הִתְקַפְּלוּת (שֶׁל סֶמִיטְרֵילֶר וְכַד׳)

—v.i. הִתְקַפֵּל (כְּמוֹ אוֹלָר – לְמָשָׁל סֶמִיטְרֵילֶר)

jack-o'-lantern /ˌdʒæk-ə-ˈlæntən/ n. פַּנַּס מִדְלַעַת חֲלוּלָה שֶׁתְּוֵי פָּנִים נֶחֶרְטוּ בָּהּ; זֹהַר בִּצּוֹת

jackpot /ˈdʒækpɒt/ n. קֻפָּה (שֶׁבָּהּ זוֹכִים בְּמִשְׂחֲקֵי־הַמַּזָּל); הַפְּרָס הַגָּדוֹל
 □ *he hit the jackpot with his invention* הַמְצָאָתוֹ הֵבִיאָה לוֹ הַצְלָחָה גְּדוֹלָה

jacks /dʒæks/ n. מֵעֵין מִשְׂחָק דְּמוּי ״חָמֵשׁ אֲבָנִים״ עִם ״אֲבָנִים״ וְכַדּוּר

Jacobean /ˌdʒækəˈbiːən/ adj. יַעֲקֹבִּינִי (שֶׁל תְּקוּפַת מֶלֶךְ אַנְגְּלִיָּה גֵ׳ימְס הָרִאשׁוֹן, 1603-1625)

Jacobite /ˈdʒækəbaɪt/ n. & adj. (*Hist.*) מְנַאֲמָנֵי גֵ׳ימְס הַשֵּׁנִי (1685-1688) לְאַחַר הַדָּחָתוֹ

Jacuzzi /dʒəˈkuːzɪ/ n. (*Prop.*) גָ׳קוּזִי, אַמְבַּטְיַת גָ׳קוּזִי

jade[1] /dʒeɪd/ n. אֶבֶן יַרְקָן (סוּג אֶבֶן־טוֹבָה); צֶבַע אֶבֶן־יַרְקָן

jade[2] /dzeɪd/ n. (*arch.*) סוּס זָקֵן וְתָשׁוּשׁ; אִשָּׁה, נְקֵבָה (בְּבוּז אוֹ בְּהִתּוּל)

jaded /ˈdʒeɪdɪd/ adj. יָגֵעַ, עָיֵף, מְשֻׁעְמָם; חֲסַר־תֵּאָבוֹן
 □ *the morning after the party he looked rather jaded* הוּא נִרְאָה מְתֻשׁ בְּמִקְצָת בַּבֹּקֶר שֶׁלְּאַחַר הַמְּסִבָּה

jadeite /ˈdʒeɪdaɪt/ n. גֶ׳דָאִיט (מַחְצָב יְקַר־עֵרֶךְ, דּוֹמֶה לְאֶבֶן יַרְקָן)

jag[1] /dʒæg/ n. בְּלִיטָה חַדָּה בְּסֶלַע, שֵׁן־סֶלַע

—v.t. שִׁסַּע, סֵרֵט, קָרַע בְּ...

jag[2] /dʒæg/ n. (*sl.*) ״סִבּוּב״ (שֶׁל שְׁתִיָּה, הִתְהוֹלְלוּת)

jagged /ˈdʒægɪd/ adj. מְשֻׁנָּן, מְחֹרָץ

jaguar /ˈdʒægjʊə(r)/ n. יָגוּאָר (חַיַּת־טֶרֶף מִמִּשְׁפַּחַת הֶחָתוּלִים)

jail /dʒeɪl/ n. כֶּלֶא, בֵּית־סֹהַר

jail-bird /ˈdʒeɪl-bɜːd/ n. (*colloq.*) אָסִיר וָתִיק, אָסִיר מְנֻסֶּה

jailer /ˈdʒeɪlə(r)/ n. סוֹהֵר

jalopy /dʒəˈlɒpɪ/ n. (*colloq.*) "טַרַנְטָה", "גְּרוּטָאָה" (מְכוֹנִית יְשָׁנָה וַהֲרוּסָה)

jalousie /ʒæluːsiː/ n. תְּרִיס־רְפָפוֹת (מִזְכוּכִית, לְאִוְרוּר); תְּרִיס וֶנֶצְיָאנִי

jam¹ /dʒæm/ n. רִבָּה

money for jam (*colloq.*) רְוָחִים קַלִּים

□ *it's always jam tomorrow* (*but never jam today*) תָּמִיד אוֹמְרִים לִי שֶׁמָּחָר יִהְיֶה טוֹב (אֲבָל אֲנִי תָּמִיד בְּצָרוֹת)

jam² /dʒæm/ n. דֹּחַק, צְפִיפוּת; הָמוֹן מִצְטוֹפֵף; "צָרוֹת"

jam session "גֶ'ם סֶשְׁן" (נְגִינָה מְאֻלְתֶּרֶת בְּבִצּוּעַ לַהֲקַת נַגָּנֵי גֶ'אז)

traffic jam פְּקַק־תְּנוּעָה

□ *he helped when I was in a jam* (*colloq.*) הוּא עָזַר לִי כְּשֶׁהָיִיתִי בַּבֹּץ/כְּשֶׁהָיִיתִי בְּצָרוֹת

—v.t. & i.

1 (squeeze, wedge, cram) דָּחַק, לָחַץ, חָסַם, מִלֵּא עַד אֶפֶס־מָקוֹם; נִדְחַק

□ *he jammed on the brakes* הוּא לָחַץ עַל הַבְּלָמִים בְּבַת־אַחַת

□ *the brakes jammed* הַבְּלָמִים נִתְקְעוּ

□ *hordes of children jammed the corridors* הֲמוֹנֵי יְלָדִים מִלְּאוּ אֶת הַמִּסְדְּרוֹנוֹת עַד אֶפֶס מָקוֹם

□ *the book is jammed full of* (or *jam-full with*) *good things* הַסֵּפֶר מָלֵא וְגָדוּשׁ כָּל־טוּב

2 (*Radio*) חָסַם (שִׁדּוּר רַדְיוֹ)

jamb /dʒæm/ n. קוֹרָה אֲנָכִית בְּמִסְגֶּרֶת שֶׁל דֶּלֶת/חַלּוֹן

jamboree /ˌdʒæmbəˈriː/ n. כִּנּוּס־צוֹפִים, גֶ'מְבּוּרִי; הִלּוּלָה

jam-jar /dʒæm-dʒɑː(r)/ n. צִנְצֶנֶת רִבָּה

jammy /ˈdʒæmɪ/ adj. (*UK sl.*) בַּר־מַזָּל; (גּ'וֹבּ) טוֹב

jam-packed /dʒæm-ˈpækt/ adj. (*colloq.*) מָלֵא עַד אֶפֶס־מָקוֹם, דָּחוּס עַד כְּדֵי כָּךְ שֶׁאִי־אֶפְשָׁר לְהַכְנִיס סִכָּה

jangle /ˈdʒæŋg(ə)l/ v.t. & i. & n. הִשְׁמִיעַ קוֹל צְרִימָה מַתַּכְתִּית; קוֹל צְרִימָה מַתַּכְתִּית

□ *the noise jangled his nerves* הָרַעַשׁ עָלָה לוֹ עַל הָעֲצַבִּים

janitor /ˈdʒænɪtə(r)/ n. שַׁמָּשׁ, שָׁרַת, חַצְרָן; שׁוֹמֵר־הַסַּף; שׁוֹעֵר

January /ˈdʒænjʊərɪ/ n. יָנוּאָר (הַחֹדֶשׁ הָרִאשׁוֹן בַּשָּׁנָה הָאֶזְרָחִית)

Jap /dʒæp/ (*derog., colloq.*) כִּנּוּי מַעֲלִיב לְיַפָּנִי; "נְסִיכָה אֲמֶרִיקָאִית יְהוּדִיָּה" (כִּנּוּי לִיהוּדִיָּה אֲמֶרִיקָאִית צְעִירָה "מִבֵּית־טוֹב")

japan /dʒəˈpæn/ n. & v.t. לַכָּה יַפָּנִית; מָשַׁח בְּלַכָּה (כַּנַּ"ל)

Japanese /ˌdʒæpəˈniːz/ adj. & n. יַפָּנִי; הַשָּׂפָה הַיַּפָּנִית; אֶזְרָח יַפָּנִי

jape /dʒeɪp/ n. (*arch.*) הֲלָצָה

japonica /dʒəˈpɒnɪkə/ n. יַפּוֹנִיקָה (שִׂיחַ־נוֹי בַּעַל תִּפְרַחַת אֲדֻמָּה אוֹ לְבָנָה)

jar¹ /dʒɑː(r)/ n. כַּד, צִנְצֶנֶת

bell jar פַּעֲמוֹן זְכוּכִית, זְכוּכִית פַּעֲמוֹן

jar² /dʒɑː(r)/ v.t. צָרַם אֶת הָאֹזֶן; טִלְטֵל, זִעְזֵעַ

□ *his nerves were jarred* עֲצַבָּיו הָיוּ מְעֻרְעָרִים, הוּא הָיָה מְזֻעְזָע

—v.i. זִעְזֵעַ; לֹא הִתְאִים לְ... (לְגַבֵּי צֶבַע); צָרַם

□ *his way of laughing jars on my ears* הַצְּחוֹק שֶׁלּוֹ צוֹרֵם לִי בָּאָזְנַיִם

□ *his opinions jar with mine* הַדֵּעוֹת שֶׁלּוֹ מִתְנַגְּשׁוֹת עִם שֶׁלִּי, הַדֵּעוֹת שֶׁלָּנוּ לֹא עוֹלוֹת בְּקָנֶה־אֶחָד

—n. זַעֲזוּעַ; חֲרִיקָה, צְרִימָה

jardinière /ʒɑːdɪnɪˈeə(r)/ n. עָצִיץ גָּדוֹל לְנוֹי

jargon /ˈdʒɑːgən/ n. (usu. *derog.*)

1 (technical language) עָגָה, זַ'רְגוֹן, עָגָה מִקְצוֹעִית, לְשׁוֹן טֶכְנִית

2 (gibberish) לְשׁוֹן־עִלְּגִים, עָגָה, זַ'רְגוֹן

jarring /ˈdʒɑːrɪŋ/ adj. עָצִיץ גָּדוֹל לְנוֹי

jasmine /ˈdʒæzmɪn/ n. יַסְמִין

jasmine tea תֵּה יַסְמִין (סִינִי)

jasper /ˈdʒæspə(r)/ n. אֶבֶן־יָשְׁפֵה (אֶבֶן טוֹבָה)

jaundice /ˈdʒɔːndɪs/ n. צַהֶבֶת

jaundiced /ˈdʒɔːndɪst/ adj.

1 (of complexion) צְהַבְהַב, צָהֹב

2 (of attitude) מָרִיר, צִינִי, פֶּסִימִיסְט, צַר־עַיִן

□ *he took a jaundiced view of what I did* הוּא הִתְיַחֵס לְמַעֲשַׂי בְּטִינָה

jaunt /dʒɔːnt/ n. & v.i. טִיּוּל קָצָר (לְמַטְּרַת הֲנָאָה); יָצָא לְטִיּוּל קָצָר

jaunty /ˈdʒɔːntɪ/ adj. עַלִּיז, מָלֵא שִׂמְחַת־חַיִּים

javelin /dʒæv(ə)lɪn/ n. כִּידוֹן, רֹמַח

jaw /dʒɔː/ n.

1 (part of month) לֶסֶת; פֶּה

□ *he led them into the jaws of death* (*poet.*) הוּא הוֹלִיכָם אֶל פִּי שְׁאוֹל

2 (in *pl.*, gripping part of machine etc.) שִׂפְתֵי הַמֶּלְחָצַיִם

3 (talk, *colloq.*) פִּטְפּוּטִים, קִשְׁקוּשִׁים

—v.i. (*colloq.*) פִּטְפֵּט (בְּלִי סוֹף)

jaw-bone /ˈdʒɔː-bəʊn/ n. עֶצֶם־הַלֶּסֶת

jaw-breaker /ˈdʒɔː-breɪkə(r)/ n. (*colloq.*) מִלָּה שׁוֹבֶרֶת־שִׁנַּיִם (קָשָׁה לְהִגּוּי)

jay /dʒeɪ/ n. עוֹרְבָנִי

jay-walk /ˈdʒeɪ-wɔːk/ v.i. חֲצִיָּה לֹא זְהִירָה שֶׁל כְּבִישׁ

jay-walker /ˈdʒeɪ-wɔːkə(r)/ n. אָדָם הַחוֹצֶה כְּבִישׁ שֶׁלֹּא עַל־פִּי חֻקֵּי הַתְּנוּעָה

jazz /dʒæz/ n. גֶ'אז

and all that jazz (*colloq.*) וְכוּ' וְכוּ'..., וְכוּלֵי וְכוּלֵי...

—v.t. (*colloq.*)

jazz up נָפַח רוּחַ־חַיִּים בְּ...

jazzy /ˈdʒæzɪ/ adj.
1 (of or like jazz) בְּסִגְנוֹן ג'אז
2 (vivid) נוֹצֵץ, צַעֲקָנִי, צִבְעוֹנִי, רוֹעֵשׁ

jealous /ˈdʒeles/ adj. קַנַּאי, מְקַנֵּא, צַר־עַיִן
□ *he is jealous of his rich brother* הוּא מְקַנֵּא בְּאָחִיו הֶעָשִׁיר
□ *she was jealous of her cousin's good looks* הִיא קִנְּאָה בְּיָפְיָהּ שֶׁל בַּת־דּוֹדָתָהּ
□ *the jealous husband killed his wife's lover* הַבַּעַל הַקַּנַּאי הָרַג אֶת מְאַהֲבָהּ שֶׁל אִשְׁתּוֹ
□ *I am jealous of my rights* אֲנִי שׁוֹמֵר עַל זְכֻיּוֹתַי בְּקַנָּאוּת
□ *our God is a jealous God* אֱלֹהֵינוּ הוּא אֵל קַנָּא

jealously /ˈdʒeləslɪ/ adj. בְּקַנָּאוּת; בְּקַפְּדָנוּת
□ *the location of the gold is a jealously guarded secret* מְקוֹם הִמָּצְאוֹ שֶׁל הַזָּהָב הוּא סוֹד הַנִּשְׁמָר בְּקַנָּאוּת

jealousy /ˈdʒeləsɪ/ n. קִנְאָה

jeans /dʒiːnz/ n. *pl.* ג'ינס (מִכְנָסַיִם)
jeans jacket מְעִיל ג'ינס, זָ'קֶט ג'ינס

Jeep /dʒiːp/ n. (*Prop.*) ג'יפּ

jeer /ˈdʒɪə(r)/ v.t. & i. & n. לָעַג לְ..., קָרָא קְרִיאוֹת בּוּז לְ...; לַעַג, קָרָא קְרִיאוֹת בּוּז; לַעַג, קְרִיאוֹת־בּוּז
□ *the politician was jeered by the crowd* הַקָּהָל קָרָא קְרִיאוֹת בּוּז לְעֵבֶר הַמְּדִינַאי
□ *the actor was jeered at as soon as he entered* הַשַּׂחְקָן הִתְקַבֵּל בִּקְרִיאוֹת בּוּז מִיָּד כְּשֶׁעָלָה לַבָּמָה

Jehovah /dʒɪˈhəʊvə/ n. יהוה, הַשֵּׁם הַמְּפֹרָשׁ
Jehovah's Witnesses עֵדֵי יהוה (כַּת נוֹצְרִית)

jejune /dʒɪˈdʒuːn/ adj. יַלְדוּתִי, נָאִיבִי, פַּשְׁטָנִי; חֲסַר־עִנְיָן, מְשַׁעֲמֵם, תָּפֵל

Jekyll and Hyde /ˌdʒek(ə)l ənd ˈhaɪd/ n. ג'קֶל וְהַייד (בַּעַל אִישִׁיּוּת כְּפוּלָה, הָאַחַת "ג'קֶל" טוֹבָה, וְהַשְּׁנִיָּה "הַייד" רָעָה)

jell /dʒel/ v.t. & i. הָפַךְ לְמִקְפָּא; נֶהְפַּךְ לְמִקְפָּא; הִתְגַּבֵּשׁ (רַעְיוֹן וְכַד')
□ *our ideas began to jell* רַעְיוֹנוֹתֵינוּ הֵחֵלּוּ לְהִתְגַּבֵּשׁ

jellied /ˈdʒelɪd/ adj. (בָּשָׂר וְכַד') בְּקָרִישׁ
jellied eels קְרִישׁ־צְלוֹפָחִים

jello /ˈdʒeləʊ/ n. (*US, Prop.*) גֶ'לִי, קָרִישׁ (מָתוֹק)

jelly /ˈdʒelɪ/ n. גֶ'לִי, קָרִישׁ, מִקְפָּא
petroleum jelly וָזֶלִין
(table) jelly גֶ'לִי, מִקְפָּא (מָתוֹק)
jelly baby מַמְתָּק גֶ'לִי מְעֻצָּב בְּצוּרַת תִּינוֹק
jelly bean סֻכָּרִיַּת־גֶ'לִי

jellyfish /ˈdʒelɪfɪʃ/ n. מְדוּזָה (בַּעַל־חַיִּים יַמִּי)

jemmy /ˈdʒemɪ/ n. & v.t. (*UK*) מוֹט פְּרִיצָה, "לוֹם"; פָּרַץ בְּמוֹט פְּרִיצָה

jeopardize /ˈdʒepədaɪz/ v.t. סִכֵּן, הֶעֱמִיד בְּסַכָּנָה

jeopardy /ˈdʒepədɪ/ n. סִכּוּן, סַכָּנָה
□ *his life was in jeopardy* נִשְׁקְפָה סַכָּנָה לְחַיָּיו

jerboa /dʒɜːˈbəʊə/ n. יַרְבּוּעַ (מְכַרְסֵם קָטָן)

jeremiad /ˌdʒerɪˈmaɪæd/ n. (*formal*) קִינָה אֲרֻכָּה (ע"ש יִרְמְיָהוּ הַנָּבִיא מְחַבֵּר מְגִלַּת אֵיכָה)

jerk¹ /dʒɜːk/
—n.
1 (sudden twist or pull) מְשִׁיכָה פִּתְאֹמִית, טִלְטוּל חַד, הִתְכַּוְּצוּת מְהִירָה
physical jerks (*colloq.*) תַּרְגִּילֵי הִתְעַמְּלוּת
2 (fool, *sl.*) אִידְיוֹט, "אֶפֶס", נְמוּשָׁה
—v.t. & i. מָשַׁךְ/טִלְטֵל אֶת בְּפִתְאֹמִיּוּת; הִתְכַּוֵּץ, הִטַּלְטֵל
jerk off (*vulg.*) "עָשָׂה בַּיָּד" (אוֹנֵן)

jerk² /dʒɜːk/ v.t. שִׁמֵּר בָּשָׂר (יִבֵּשׁ רְצוּעוֹת בָּשָׂר בַּשֶּׁמֶשׁ)

jerkin /ˈdʒɜːkɪn/ n. מִקְטֹרֶן חֲסַר־שַׁרְווּלִים (בְּעָבָר עָשׂוּי עוֹר)

jerky /ˈdʒɜːkɪ/ adj. "קוֹפֵץ", מִתְנַדְנֵד בְּפִתְאֹמִיּוּת, (נְסִיעָה) לֹא חֲלָקָה

jeroboam /dʒerəˈbəʊəm/ n. (בַּקְבּוּק) "יָרָבְעָם" (מֵכִיל 4 בַּקְבּוּקִים רְגִילִים)

Jerry /ˈdʒerɪ/ n. (*Hist. sl.*) גֶּרְמָנִי (סְלַנְג בְּרִיטִי שֶׁל מִלְחֶמֶת הָעוֹלָם הַ־II)

jerry-builder /ˈdʒerɪ-bɪldə(r)/ n. מִי שֶׁבּוֹנֶה בְּנִיָּה מְרֻשֶּׁלֶת, רְעוּעָה

jerry-built /ˈdʒerɪ-bɪlt/ adj. (*derog.*) בָּנוּי בְּצוּרָה רְעוּעָה, מָט לִנְפֹּל

jerrycan /ˈdʒerɪkæn/ n. גֶ'רִיקָן, מְכַל לְנֵפְט אוֹ מַיִם

jersey /ˈdʒɜːzɪ/ n.
1 (garment) סוּדָר, אֲפֻדַּת צֶמֶר עִם שַׁרְווּלִים
2 (material) אֲרִיג גֶ'רְסִי
jersey wool צֶמֶר גֶ'רְסִי

Jersey cow /ˌdʒɜːzɪ ˈkaʊ/ n. (also **Jersey**) פָּרַת־גֶ'רְסִי

Jerusalem /dʒəˈruːsələm/ n. (בְּהַשְׁאָלָה) גַּן־עֵדֶן עֲלֵי־אֲדָמוֹת
Jerusalem artichoke אַרְטִישׁוֹק־יְרוּשָׁלַיִם, אַגָּס־הָאֲדָמָה
the New Jerusalem (*Relig.*) יְרוּשָׁלַיִם הַחֲדָשָׁה (כִּנּוּי לִמְקוֹם מִשְׁכָּנָם שֶׁל הַצַּדִּיקִים בַּשָּׁמַיִם אֵצֶל הַנּוֹצְרִים)

jest /dʒest/ n. הֲלָצָה, בְּדִיחָה
□ *the remark was made in jest* הַהֶעָרָה נֶאֶמְרָה בִּצְחוֹק
—v.i. (*formal*) הִתְבַּדֵּחַ, הִתְלוֹצֵץ

jester /ˈdʒestə(r)/ n. (*Hist.*) בַּדְּחָן, לֵיצָן, לֵץ (בַּחֲצַר הַמֶּלֶךְ)

Jesuit /ˈdʒezjʊɪt/ n. & adj. יֵשׁוּעִי, חָבֵר בְּמִסְדַּר הַיֵּשׁוּעִים; יֵשׁוּעִי

Jesuitical /ˌdʒezjʊˈɪtɪk(ə)l/ adj. יֵשׁוּעִי; עַרְמוּמִי, חֲמַקְמַק

Jesus /ˈdʒiːzəs/ n. יֵשׁוּ הַנּוֹצְרִי
Jesus freak (*colloq.*) חָסִיד שֶׁל כַּת נוֹצְרִית אֲוַנְגֶּלִית

Society of Jesus — הַמִּסְדָּר הַיֵּשׁוּעִי

jet[1] /dʒet/ n. — אֶכֶם, שְׁחוֹרִית (מִינֶרָל שָׁחוֹר קָשֶׁה)

jet[2] /dʒet/ n.

1 (stream of fluid or flame) — סִילוֹן

jet engine — מְנוֹעַ סִילוֹן

jet plane — מְטוֹס סִילוֹן

jet propulsion — הֲנָעָה סִילוֹנִית

jet stream (*Meteor.*) — רוּחַ סִילוֹן (מַשַּׁב אֲוִיר עַז בִּגְבָהִים גְּדוֹלִים)

2 (nozzle) — נְחִיר (בִּמְכוֹנִית); מַפְלֵט (בִּמְנוֹעֵי סִילוֹן)

3 (aircraft) — מְטוֹס סִילוֹן

jet fighter — מְטוֹס־קְרָב סִילוֹנִי

jet lag — "גֶ'טְלַג" (קֵהוּת וַעֲיֵפוּת לְאַחַר טִיסָה אֲרֻכָּה)

jet set (*colloq.*) — חוּג הַסִּילוֹן

—v.t. & i. — קָלַח, פָּרַץ בְּסִילוֹן; טָס בִּמְטוֹס־סִילוֹן

jet-black /dʒet-ˈblæk/ adj. — שָׁחוֹר כַּזֶּפֶת, שָׁחוֹר כַּפֶּחָם

jet-propelled /ˌdʒet-prəˈpeld/ adj. — סִילוֹנִי, מוּנָע בְּסִילוֹן

jetsam /ˈdʒetsəm/ n. — מִטְעָן מֻשְׁלָךְ מֵאֳנִיָּה בְּלֶב־יָם

jet-setter /ˈdʒet-ˌsetə/ n. (*colloq.*) — חָבֵר בְּחוּג־הַסִּילוֹן

jettison /ˈdʒetɪs(ə)n/ v.t. — הִשְׁלִיךְ מִטְעָן מֵאֳנִיָּה/מִמָּטוֹס כְּדֵי לְהָקֵל מִמִּשְׁקָלָם

□ *the party jettisoned its leader* — הַמִּפְלָגָה זָרְקָה אֶת מַנְהִיגָהּ

jetty /ˈdʒetɪ/ n. — מֵזַח, שׁוֹבֵר־גַּלִּים

jeu d'esprit /ˌʒɜː deˈspriː/ n. (*pl.* **jeux d'esprit**) — הֶעָרָה מְחֻכֶּמֶת, הַבְרָקָה

jeunesse dorée /ˌʒɜːnes ˈdɔːreɪ/ n. — נֹעַר־הַזָּהָב, בְּנֵי־טוֹבִים, "יַלְדֵי־הַשַּׁמֶּנֶת"

Jew /dʒuː/ n.

1 (person of Jewish descent) — יְהוּדִי

the Wandering Jew — הַיְּהוּדִי הַנּוֹדֵד

2 (person of Jewish religion) — יְהוּדִי, בֶּן דַּת מֹשֶׁה

3 (excessively hard bargainer, *racially derog.*) — תַּגְרָן, מִתְמַקֵּחַ (מַעֲלִיב וְגִזְעָנִי)

jewel /ˈdʒuːəl/ n.

1 (precious stone) — אֶבֶן־חֵן, אֶבֶן יְקָרָה, מַרְגָּלִית

2 (in *pl.* jewellery) — תַּכְשִׁיט

□ *his wife is a jewel* — אִשְׁתּוֹ הִיא מַמָּשׁ אוֹצָר

jeweller /ˈdʒuːələ(r)/ n. — צוֹרֵף, תַּכְשִׁיטָן

jewellery /ˈdʒuːəlrɪ/ n. (*US* **jewelry**) — תַּכְשִׁיטִים, עֲדָיִים

Jewess /ˈdʒuːɪs/ n. — יְהוּדִיָּה (לְעִתִּים מִתְפָּרֵשׁ כְּבִטּוּי מַעֲלִיב)

Jewish /ˈdʒuːɪʃ/ adj. — יְהוּדִי

Jewry /ˈdʒʊərɪ/ n. — הַיְּהוּדִים, עַם־יִשְׂרָאֵל, "הַיַּהֲדוּת" (כְּלוֹמַר הָעָם)

jew's-harp /dʒuːz ˈhɑːp/ n. — נֵבֶל עִבְרִי (מֵעֵין כְּלִי נְגִינָה קָטָן)

Jezebel /ˈdʒezəb(e)l/ n. (*fig.*) — אִשָּׁה חַסְרַת־בּוּשָׁה (עַל־פִּי דְּמוּת אִיזֶבֶל הַמַּלְכָּה)

jib /dʒɪb/ n. — מִפְרָשׂ קִדְמִי; זְרוֹעַ הָעֲגוּרָן

□ *I don't care for the cut of his jib* (*colloq.*) — אֲנִי לֹא מְחַבֵּב אוֹתוֹ; הוּא דּוֹחֶה אוֹתִי, "הָאַף שֶׁלּוֹ לֹא מוֹצֵא חֵן בְּעֵינַי"

—v.i.

1 (stop short) — (לְגַבֵּי סוּס) עָצַר לְפֶתַע, סֵרֵב לְהִתְקַדֵּם

2 jib at — סֵרֵב (לַעֲשׂוֹת דְּבַר מָה), "עִקֵּם אֶת הָאַף"

□ *he jibbed at working overtime* — הוּא סֵרֵב לַעֲבֹד שָׁעוֹת נוֹסָפוֹת

jibe /dʒaɪb/ see **GIBE**

jiffy /ˈdʒɪfɪ/ n. (*colloq.*) (also **jiff**) — רֶגַע, "חַת־שְׁתַּיִם"

jig /dʒɪg/ n.

1 (dance, music) — ג'יג (רִקּוּד עַלִּיז; מַנְגִּינַת־הָרִקּוּד)

2 (tool) — (בִּמְלָאכָה) מִתְקָן לִקְבִיעָה וְהַחְזָקַת חֶלְקֵי־עֵץ וְכַד' בִּמְקוֹמָם

—v.i. — רָקַד ג'יג; פִּזֵּז, כִּרְכֵּר

jigger[1] /ˈdʒɪgə(r)/ n. — כּוֹסִית, מִדָּה קְטַנָּה לְמַשְׁקָאוֹת חֲרִיפִים

jigger[2] /ˈdʒɪgə(r)/ n. — "הַמָּה־שְּׁמוֹ", "מְחוּתָל" (מִלָּה לְצִיּוּן כְּלִי־עֲבוֹדָה שֶׁשְּׁמוֹ נִשְׁכַּח)

jiggered /ˈdʒɪgəd/ adj. (*colloq.*) — מִלָּה הַמְשַׁמֶּשֶׁת בִּקְרִיאַת תִּמָּהוֹן

□ *well, I'll be jiggered!* — שְׁכַח אֶחָיהּ! חֵי נַפְשִׁי!

jiggery-pokery /ˌdʒɪgərɪ-ˈpəʊkərɪ/ n. (*colloq.*) — "מוּנְקִי־בִּיזְנֶס" (מַעֲשֵׂי תַּרְמִית נִסְתָּרִים)

jiggle /ˈdʒɪg(ə)l/ v.t. & i. — טִלְטֵל, נִדְנֵד; הִטַּלְטֵל, הִתְנַדְנֵד, "קָפַץ"

jigsaw /ˈdʒɪgsɔː/ n.

1 (pastime; also **jigsaw puzzle**) — פָּזֶל, תַּצְרֵף

2 (tool) — מַסּוֹר קַשְׁתִּית, מַסּוֹר נִימָה, מַסּוֹרִית

jihad /dʒɪˈhɑːd/ n. — ג'יהאד, מִלְחֶמֶת־קֹדֶשׁ (אֵצֶל הַמֻּסְלְמִים)

jilt /dʒɪlt/ v.t. (*derog.*) — נָטַשׁ, זָרַק (אָהוּב אוֹ אֲהוּבָה); הֵפֵר הַבְטָחַת נִשּׂוּאִין

Jim Crow /ˌdʒɪm ˈkrəʊ/ n. (*US, racially derog.*) — כּוּשִׁי (כִּנּוּי גִּזְעָנִי וּמַעֲלִיב)

jimmy /ˈdʒɪmɪ/ n. & v.t. (*US*) — מוֹט פְּרִיצָה, "לוֹם"; פָּרַץ בְּמוֹט־פְּרִיצָה

jingle /ˈdʒɪŋg(ə)l/ n.

1 (light ringing sound) — צִלְצוּל, קִרְקוּשׁ, קִשְׁקוּשׁ, שִׁקְשׁוּק

2 (short verse) — פִּזְמוֹן קָלִיט (בְּפִרְסוּם וְכַד'), "ג'ינְגֶל"

—v.t. & i. — קִשְׁקֵשׁ בְּ... (מַטְבְּעוֹת בַּכִּיס וְכַד'); הִשְׁמִיעַ קוֹל קִשְׁקוּשׁ

jingo /ˈdʒɪŋgəʊ/ n. (*pl.* **jingoes**) (*derog.*) — לְאֻמָּנִי קִיצוֹנִי

by jingo! — בְּחַיַּי!

jingoism /ˈdʒɪŋgəʊɪzəm/ n. (*derog.*) — לְאֻמָּנוּת מִילִיטָרִיסְטִית וּנְפוּחָה

jingoistic /ˌdʒɪŋgəʊˈɪstɪk/ adj. (*derog.*) — ג'ינְגוֹאִיסְטִי, לְאֻמָּנִי, מְחַרְחֵר־מִלְחָמָה

jink /dʒɪŋk/ v.i. — רָץ בְּזִגְזָגִים (כְּדֵי לְהִתְחַמֵּק וְכַד')

—n. תִּמְרוֹן הִתְחַמְּקוּת, "זִגְזַג" (בְּרוּגְבִּי לְמָשָׁל)
high jinks (*colloq.*) הִשְׁתּוֹלְלוּת, חִנְגָּה, הִלּוּלָה (לְמָשָׁל "קְרַב-מַגָּבוֹת", הִשְׁתּוֹלְלוּת בַּבְּרֵכָה וְכַד')

jinnee /dʒɪˈniː/ n. (pl. **jinn** /dʒɪn/) ג'ינִי, שֵׁד-בַּקְבּוּק

jinx /dʒɪŋks/ n. & v.t. (*colloq.*) "נַחְס" (אָדָם אוֹ דָּבָר הַמֵּבִיא מַזָּל רַע), עַיִן הָרַע; הֵטִיל קְלָלָה בְּ...
□ *there must be a jinx on that ship* כַּנִּרְאֶה יֵשׁ קְלָלָה עַל הָאֳנִיָּה הַזֹּאת

jitter /ˈdʒɪtə(r)/ (*colloq.*)
—v.i. רָעַד; רָטַט (בְּעַצְבָּנוּת)
—n.
1 (*Radio*) רִצּוּד (שֶׁל מְחוֹגִים בַּשָּׁעוֹן, שֶׁל זֶרֶם וְכַד')
2 **the jitters** "פַּחַד", "פַּרְפָּרִים בַּבֶּטֶן"

jitterbug /ˈdʒɪtəbʌg/ n. & v.i. (*Hist.*) רִקּוּד מָהִיר מְשֻׁנּוֹת הַ-40; רָקַד רִקּוּד כַּנַּ"ל

jittery /ˈdʒɪtərɪ/ adj. (*colloq.*) עַצְבָּנִי, "עַל סְכּוֹת"

jive /dʒaɪv/ n. & v.i. מוּזִיקַת גַ'אז מְהִירָה; רָקַד לִצְלִילֵי מוּזִיקָה מִסּוּג זֶה
jive talk (*US*) סְלֶנְג אֲמֶרִיקָאִי שָׁחוֹר; (מִלִּים שֶׁהֵן) "עֲבוֹדָה בָּעֵינַיִם"

job /dʒɒb/ n.
1 (piece of work) עֲבוֹדָה, מְשִׂימָה, מְלָאכָה, תַּפְקִיד, ג'וֹבּ
job lot חֲפָצִים שׁוֹנִים וּמְשֻׁנִּים הַמֻּצָּעִים לִמְכִירָה בַּחֲבִילָה אַחַת
just the job! (*sl.*) זֶה בְּדִיּוּק מַה שֶּׁחִפַּשְׂתִּי; בּוּל!
□ *his new Jaguar's a lovely job* (*colloq.*) הַ"יָּגוּאָר" הַחֲדָשָׁה שֶׁלּוֹ הִיא מַשֶּׁהוּ!
□ *he made a good job of it* הוּא עָשָׂה עֲבוֹדָה טוֹבָה
□ *no smoking on the job* אָסוּר לְעַשֵּׁן בָּעֲבוֹדָה
2 (criminal enterprise, *sl.*) "פְּעֻלָּה", ג'וֹבּ (לֹא-חֻקִּי)
3 (employment) תַּעֲסוּקָה, עִסּוּק, ג'וֹבּ
job centre (*UK*) מֶרְכַּז תַּעֲסוּקָה
□ *jobs for the boys* (*colloq.*) ג'וֹבִּים לַחֶבְרֶ'ה (מִשְׂרוֹת נוֹחוֹת הַמִּתְקַבְּלוֹת הוֹדוֹת לִפְרוֹטֶקְצְיָה)
□ *he's out of a job* הוּא מֻבְטָל
□ *it's more than my job's worth to let you in* אִם אֲנִי אַכְנִיס אוֹתְךָ – יְפַטְּרוּ אוֹתִי
4 (affair) עִנְיָן, עֵסֶק
□ *I gave it up as a bad job* עָזַבְתִּי אֶת הָעֵסֶק-בִּישׁ הַזֶּה
□ *he made the best of a bad job* הוּא עָשָׂה אֶת הַמֵּיטָב בִּתְנָאִים גְּרוּעִים
□ *it's a good job you had his phone number* מַזָּל שֶׁהָיָה לְךָ מִסְפַּר הַטֶּלֶפוֹן שֶׁלּוֹ
□ *it was a put-up job* (*colloq.*) הַכֹּל הָיָה מְבֻיָּם
5 (hard task, *colloq.*)
□ *I had a job finding* (or *to find*) *your house* זוֹ הָיְתָה מְשִׂימָה קָשָׁה לִמְצֹא אֶת הַבַּיִת שֶׁלְּךָ
—v.i.
1 (do jobs) בִּצֵּעַ עֲבוֹדוֹת שׁוֹנוֹת וּמְשֻׁנּוֹת
2 (act as stockbroker) שִׁמֵּשׁ כְּסוֹכֵן-בּוּרְסָה

jobber /ˈdʒɒbə(r)/ n. סוֹכֵן-בּוּרְסָה

jobbery /ˈdʒɒbərɪ/ n. שְׁחִיתוּת; נִצּוּל מִשְׂרָה צִבּוּרִית לְתוֹעֶלֶת אִישִׁית

jobbing /ˈdʒɒbɪŋ/ adj. מְבַצֵּעַ עֲבוֹדוֹת שׁוֹנוֹת בְּקַבְּלָנוּת
jobbing printer קַבְּלַן דְּפוּס, מַדְפִּיס בְּקַבְּלָנוּת

jobless /ˈdʒɒblɪs/ adj. מֻבְטָל, מְחֻסַּר-עֲבוֹדָה, חֲסַר-תַּעֲסוּקָה

jock /dʒɒk/ n.
1 (jockstrap, *colloq.*) חֲגוֹרַת-אַתְלֵט, "מַחֲזִיק-בֵּיצִים" (לִתְמִיכַת אֵיבְרֵי הַמִּין הַגַּבְרִיִּים)
2 (athlete, *US colloq.*) אַתְלֵט

jockey /ˈdʒɒkɪ/ n. ג'וֹקִי, רוֹכֵב בְּמֵרוֹץ-סוּסִים
—v.t. & i. רִמָּה, הֶעֱרִים עַל; תִּמְרֵן בְּעַרְמוּמִיּוּת
□ *he was jockeying for position* הוּא תִּמְרֵן כְּדֵי לְהַשִּׂיג יִתְרוֹן עַל מִתְחָרָיו

jockstrap /ˈdʒɒkstræp/ n. חֲגוֹרַת-אַתְלֵט, "מַחֲזִיק בֵּיצִים" (לִתְמִיכַת אֵיבְרֵי הַמִּין הַגַּבְרִיִּים)

jocose /dʒəʊˈkəʊs/ adj. (*formal*) מְבַדֵּחַ, הִתּוּלִי

jocosity /dʒəʊˈkɒsɪtɪ/ n. (*formal*) לֵיצָנוּת, הִתּוּל

jocular /ˈdʒɒkjʊlə(r)/ adj. (*formal*) לֵיצָנִי, מְבַדֵּחַ, אוֹהֵב לְהִתְלוֹצֵץ

jocularity /ˌdʒɒkjʊˈlærɪtɪ/ n. (*formal*) לֵיצָנוּת, הִתּוּל

jocund /ˈdʒɒkənd/ adj. (*poet.*) עוֹלֵץ, עַלִּיז

jocundity /dʒɒˈkʌndɪtɪ/ n. (*poet.*) עַלִּיצוּת, שָׂשׂוֹן, שִׂמְחָה וְשָׂשׂוֹן

jodhpurs /ˈdʒɒdpəz/ n. *pl.* מִכְנְסֵי-רְכִיבָה

jog /dʒɒg/ v.t. דָּחַף, נִעֵר, טִלְטֵל
□ *he jogged my memory* הוּא הִזְכִּיר לִי; הוּא גָּרַם לִי לְהִזָּכֵר
—v.i. הִטַּלְטֵל, הִתְנוֹעֵעַ; עָשָׂה "ג'וֹגִינְג" (רֶץ רִיצָה סְפּוֹרְטִיבִית)
—n.
1 (nudge) דְּחִיפָה קַלָּה, נִעוּר
2 (slow walk or run) רִיצָה קַלָּה, "סִבּוּב ג'וֹגִינְג"

jogger /ˈdʒɒgə(r)/ n. אָדָם הָעוֹשֶׂה "ג'וֹגִינְג"

jogging /ˈdʒɒgɪŋ/ n. "ג'וֹגִינְג", רִיצָה קַלָּה (לְצֹרֶךְ הִתְעַמְּלוּת)

joggle /ˈdʒɒg(ə)l/ v.t. & i. & n. (*colloq.*) נִעֵר קַלּוֹת "קִפֵּץ", הִתְנַדְנֵד; נִעוּר קַל, טִלְטוּל קַל, "קְפִיצָה"

jog-trot /ˈdʒɒg-trɒt/ v.i. & n. רִיצָה קַלָּה (שֶׁל אָדָם); דְּהָרָה קַלָּה (שֶׁל סוּס)

john /dʒɒn/ n. (*US sl.*) (בְּאַרְהַ"ב) בֵּית-שִׁמּוּשׁ

John Bull /ˌdʒɒn ˈbʊl/ n. (usu. *derog.*) אָדָם אַנְגְּלִי טִיפּוּסִי

John Doe /ˌdʒɒn ˈdəʊ/ n. פְּלוֹנִי, צַד בְּמִשְׁפָּט שֶׁשְּׁמוֹ הָאֲמִתִּי לֹא יָדוּעַ, "רְאוּבֵן בֶּן-שִׁמְעוֹן"

johnny /ˈdʒɒnɪ/ n. (*sl.*) קוֹנְדּוֹם

johnny-come-lately /ˌdʒɒnɪ-kʌm-ˈleɪtlɪ/ n. (*US colloq.*) "חָדָשׁ" (עוֹלֶה-חָדָשׁ, עָשִׁיר-חָדָשׁ וְכַד')

joie de vivre /ˌʒwɑː dəˈviːvrə/ n. שִׂמְחַת-חַיִּים, חֶדְוַת-חַיִּים

join /dʒɔɪn/ v.t.
1 (put together, connect) חִבֵּר, צֵרַף, אִחֵד
join forces שִׁתֵּף פְּעֻלָּה (עִם פְּלוֹנִי), הִתְאַחֵד (עִם פְּלוֹנִי), עָשָׂה יַד אַחַת (עִם פְּלוֹנִי)
join hands שִׁלֵּב אֶת יָדָיו (בִּידֵי אֲחֵרִים)
□ *the child joined (up) the dots in the picture-book* הַיֶּלֶד חִבֵּר אֶת הַנְּקֻדּוֹת שֶׁבַּחִידָה הַמְצֻיֶּרֶת
□ *the two armies joined battle* שְׁנֵי הַצְּבָאוֹת פָּתְחוּ בִּקְרָב
2 (become a member of) הִצְטָרֵף לְ...; נַעֲשָׂה חָבֵר בְּ... (אִגּוּד, מוֹעֲדוֹן וְכַד')
□ *he joined the army* הוּא הִתְגַּיֵּס לַצָּבָא
3 (accompany) הִצְטָרֵף לְ...
□ *will you join me in (or for) a drink?* הַאִם תִּצְטָרֵף אֵלַי לְמַשְׁקֶה?
—v.i.
1 (become one, meet) נִפְגַּשׁ, הִתְחַבֵּר
□ *the city grew up where two rivers joined* הָעִיר צָצָה בְּמָקוֹם מִפְגָּשׁ שְׁנֵי הַנְּהָרוֹת
2 (become a member) נַעֲשָׂה חָבֵר
join in הִצְטָרֵף לְ... (בְּשִׁירָה וְכַד')
join up הִתְגַּיֵּס (לַצָּבָא)
—n. (מָקוֹם) חִבּוּר
□ *the repair is good – you can't see the join* זֶה תִּקּוּן טוֹב - אִי אֶפְשָׁר לִרְאוֹת אֶת הַחִבּוּר

joiner /ˈdʒɔɪnə(r)/ n. נַגַּר-בִּנְיָן

joinery /ˈdʒɔɪnərɪ/ n. נַגָּרוּת-בִּנְיָן

joint /dʒɔɪnt/ n.
1 (place where two parts are joined) חִבּוּר, מְקוֹם-חִבּוּר
2 (place where bones meet) מִפְרָק, פֶּרֶק
out of joint נָקוּעַ; (נָתוּן) בִּמְהוּמָה
□ *the birth of a brother put her nose out of joint* (*UK colloq.*) הֻלֶּדֶת הָאָח הֵסִיטָה מִמֶּנָּה אֶת תְּשׂוּמַת-הַלֵּב וְגָרְמָה לָהּ לִרְגֹּז
□ *the first joint of his finger was painful* הַפֶּרֶק הָרִאשׁוֹן בְּאֶצְבָּעוֹ כָּאַב
3 (piece of meat) נֵתַח בָּשָׂר
4 (establishment, *sl.*) "מָקוֹם" (לְמִשְׂחֲקֵי-מַזָּל, לְעִשּׁוּן סַמִּים), "מְאוּרָה"
□ *the burglars cased the joint before breaking in* הַפּוֹרְצִים עָרְכוּ סִיּוּר מֻקְדָּם בַּמָּקוֹם לִפְנֵי הַפְּרִיצָה
5 (marijuana cigarette, *sl.*) סִיגָרִיַּת-מָרִיחוּאָנָה, "מְגֻלְגֶּלֶת", "צִינְגָּלֶה"
—adj. מְחַבֵּר, מְשֻׁתָּף, מְאֻגָּד
joint account חֶשְׁבּוֹן מְשֻׁתָּף (בְּבַנְק)
joint stock company חֶבְרַת-מְנָיוֹת
—v.t.
1 (fit with joints) הִתְקִין מִפְרָקִים בְּ...
2 (divide meat at the joints) בִּתֵּר, חָתַךְ (בָּשָׂר)

jointure /ˈdʒɔɪntʃə(r)/ n. (*Law*) נַחֲלַת הָאַלְמָנָה (הַמֻּקְצֵית לָהּ עוֹד בְּחַיֵּי בַּעְלָהּ)

joist /dʒɔɪst/ n. קוֹרָה, מַרִישׁ

jojoba /həˈhəʊbə/ n. יוֹיוֹבָּה, חוֹחוֹבָּה (צֶמַח בַּעַל תְּכוּנוֹת קוֹסְמֶטִיּוֹת)

joke /dʒəʊk/ n. בְּדִיחָה, הֲלָצָה, מַהֲתַלָּה
practical joke בְּדִיחָה מְבִיכָה, "מְתִיחָה"
□ *the joke was on him* (הוּא נִסָּה "לְסַדֵּר" מִישֶׁהוּ אַחֵר אֲבָל) הוּא "אָכַל אוֹתָהּ" בְּעַצְמוֹ
□ *things have gone beyond a joke* זֶה הִפְסִיק לִהְיוֹת בְּדִיחָה
□ *it's no joke having to camp out in this weather* זֶה לֹא מַצְחִיק לָשֶׁבֶת בְּאֹהֶל בְּמֶזֶג-אֲוִיר כָּזֶה
—v.i. הִתְבַּדֵּחַ, הִתְלוֹצֵץ
joking apart (or **aside**) צְחוֹק בַּצַּד, צְחוֹק צְחוֹק אֲבָל...
□ *you must be joking!* אַתָּה לֹא מְדַבֵּר בִּרְצִינוּת?! הִשְׁתַּגַּעְתָּ?!
□ *I was only joking* זֶה הָיָה בִּצְחוֹק

joker /ˈdʒəʊkə(r)/ n.
1 (one who jokes) לֵיצָן, בַּדְחָן, "בַּדְּרָן"
2 (*Cards*) (בִּקְלָפִים) ג'וֹקֶר
3 (fellow, *sl.*) (סְלֶנְג) בַּרְנָשׁ, "טִיפּוּס"

jokey /ˈdʒəʊkɪ/ adj. לֹא-רְצִינִי

joking /ˈdʒəʊkɪŋ/ adj. שֶׁל צְחוֹק, לִבְדִיחוֹת
□ *it's no joking matter* זֶה לֹא צְחוֹק, זֶה לֹא עִנְיָן לִבְדִיחוֹת

jollification /ˌdʒɒlɪfɪˈkeɪʃ(ə)n/ n. (*colloq.*) חֲגִיגָה

jollity /ˈdʒɒlɪtɪ/ n. שִׂמְחָה, עַלִּיצוּת

jolly /ˈdʒɒlɪ/ adj. שָׂמֵחַ, עַלִּיז
jolly boat (*Naut.*) סִירָה קְטַנָּה הַנִּשֵּׂאת עַל סִפּוּן אֳנִיָּה
Jolly Roger דֶּגֶל שׁוֹדְדֵי-הַיָּם (גֻּלְגֹּלֶת לְבָנָה וַעֲצָמוֹת צְלוּבוֹת עַל רֶקַע שָׁחוֹר)
—adv. (*colloq.*) מְאֹד, בְּיוֹתֵר, בְּהֶחְלֵט
□ *for he's a jolly good fellow!* הוּא בָּחוּר כָּאֶרֶז, הוּא בָּחוּר טוֹב
—v.t. (*colloq.*) שִׁדֵּל בְּדִבְרֵי נֹעַם
□ *they jollied him along until he agreed* הֵם שִׁדְּלוּ אוֹתוֹ לְאַט לְאַט וּבַסּוֹף הוּא הִסְכִּים

jolt /dʒəʊlt/ v.t. & i. & n. זִעְזַע, טִלְטֵל בְּפִתְאוֹמִיּוּת, נִעֵר; הִזְדַּעְזַע, טֻלְטַל בְּפִתְאוֹמִיּוּת; זַעֲזוּעַ, טִלְטוּל פִּתְאוֹמִי
□ *the cart jolted along* הָעֲגָלָה עָשְׂתָה אֶת דַּרְכָּהּ בַּחֲבָטוֹת וְטִלְטוּלִים

Jones /dʒəʊnz/ n.
keep up with the Joneses (*derog.*) לֹא פִּגֵּר אַחֲרֵי הַשְּׁכֵנִים (לְמָשָׁל: אִם לָהֶם יֵשׁ טֶלֶוִיזְיָה צִבְעוֹנִית – אָז גַּם הוּא יִקְנֶה טֶלֶוִיזְיָה צִבְעוֹנִית)

jonquil /ˈdʒɒŋkwɪl/ n. סוּג שֶׁל נַרְקִיס-בָּר

josh /dʒɒʃ/ v.t. & n. (*US sl.*) הִקְנִיט, קִנְטֵר; בְּדִיחָה בְּרוּחַ טוֹבָה

joss-stick /ˈdʒɒs-stɪk/ n. מַקְלוֹן-קְטֹרֶת

jostle /ˈdʒɒs(ə)l/ v.t. & i. סָחַף וְנִדְחַק (בְּהִתְקַהֲלוּת)
□ *the crowd jostled against the barricades* הַקָּהָל נִדְחַק כְּנֶגֶד הַמַּחְסוֹמִים

jot /dʒɒt/ n. שֶׁמֶץ

□ *there's not a jot of truth in the story* אֵין טִפָּה שֶׁל אֱמֶת בַּסִּפּוּר

—v.t. רָשַׁם בִּקְצָרָה, שִׁרְבֵּט

□ *he jotted down my phone number* הוּא לָקַח/רָשַׁם לוֹ אֶת מִסְפַּר הַטֶּלֶפוֹן שֶׁלִּי

jotter /ˈdʒɒtə(r)/ n. דַּפְדֶּפֶת; בְּלוֹק־כְּתִיבָה

jottings /ˈdʒɒtɪŋz/ n. *pl.* הֶעָרוֹת חֲפוּזוֹת, רְשִׁימוֹת חֲפוּזוֹת

joule /dʒuːl/ n. (*Phys.*) ג'אוּל (יְחִידַת אֶנֶרְגְּיָה אוֹ עֲבוֹדָה בְּפִיזִיקָה)

jounce /dʒaʊns/ v.i. & t. קוֹפֵץ מַעְלָה וּמַטָּה; הִקְפִּיץ מַעְלָה וּמַטָּה

journal /ˈdʒɜːn(ə)l/ n.

1 (newspaper or periodical) עִתּוֹן, כְּתַב־עֵת; ז'וּרְנָל

2 (diary) יוֹמָן

3 (*Mech.*) יַד־הַגַּל (גַּל אוֹ צִיר נָתוּן בְּמֵסַב)

journalese /ˌdʒɜːnəˈliːz/ n. (*derog.*) זַ'רְגוֹן עִתּוֹנָאִי, לָשׁוֹן שְׁדוּפָה וּמְנֻפַּחַת

journalism /ˈdʒɜːnəlɪzəm/ n. עִתּוֹנָאוּת

journalist /ˈdʒɜːnəlɪst/ n. עִתּוֹנַאי

journalistic /ˌdʒɜːnəˈlɪstɪk/ adj. עִתּוֹנָאִי, שֶׁל עִתּוֹנוּת

journey /ˈdʒɜːnɪ/ n. מַסָּע, נְסִיעָה, טִיּוּל

—v.i. עָרַךְ מַסָּע, נָסַע, טִיֵּל

journeyman /ˈdʒɜːnɪmən/ n. בַּעַל מְלָאכָה שָׂכִיר שֶׁעָבַר הַכְשָׁרָה אַךְ אֵינוֹ מִצְטַיֵּן בִּמְלַאכְתּוֹ

joust /dʒaʊst/ n. & v.i. קְרַב־אַבִּירִים; הִשְׁתַּתֵּף בִּקְרָב כָּזֶה

Jove /dʒəʊv/ n.

by Jove (*arch. colloq.*) (קְרִיאַת הִשְׁתָּאוּת) בְּחַיַּי!

jovial /ˈdʒəʊvɪəl/ adj. עַלִּיז, שָׂמֵחַ, עוֹלֵץ

joviality /ˌdʒəʊvɪˈælɪtɪ/ n. עַלִּיצוּת, מַצַּב־רוּחַ טוֹב, שִׂמְחָה

jowl /dʒaʊl/ n. לֶסֶת, לְחִי, פִּימָה

joy /dʒɔɪ/ n. עֹנֶג, חֶדְוָה, שִׂמְחָה; עִנּוּג

□ *we looked everywhere for shoes, but no joy* (*sl.*) חִפַּשְׂנוּ נַעֲלַיִם בְּכָל מִינֵי מְקוֹמוֹת, אֲבָל לֹא יָצָא מִזֶּה כְּלוּם

□ *I wish you joy of it* (*formal*) אֲנִי מְאַחֵל לְךָ שֶׁתֵּהָנֶה מִזֶּה

joyful /ˈdʒɔɪf(ə)l/ adj. (*formal*) שָׂמֵחַ, מָלֵא־שִׂמְחָה, עוֹלֵץ, עַלִּיז

joyless /ˈdʒɔɪlɪs/ adj. נְטוּל שִׂמְחָה, קוֹדֵר, עָגוּם, עָצֵב

joyous /ˈdʒɔɪəs/ adj. (*poet.*) שָׂמֵחַ, עַלִּיז, מְאֻשָּׁר

joy-ride /ˈdʒɔɪ-raɪd/ n. (*colloq.*) נְסִיעָה (לָרֹב פְּרוּעָה) בִּמְכוֹנִית (לָרֹב גְּנוּבָה) בְּלִי שׁוּם הִתְחַשְּׁבוּת בַּתּוֹצָאוֹת, "חֲרָקָה"

joy-rider /ˈdʒɔɪ-raɪdə(r)/ n. (*colloq.*) צָעִיר (לָרֹב חֲסַר רִשְׁיוֹן־נְהִיגָה) הַנּוֹסֵעַ לְשֵׁם הַכֵּף בִּמְכוֹנִית (לָרֹב גְּנוּבָה)

joystick /ˈdʒɔɪstɪk/ n.

1 (in a plane) מוֹט הַגּוּי (בְּמָטוֹס)

2 (*Comput.*) מוֹט בַּקָּרָה (בְּמַחְשֵׁב, בְּמִשְׂחֲקֵי מַחְשֵׁב וְכַד')

JP /dʒei ˈpiː/ n. (*colloq.*) שׁוֹפֵט־שָׁלוֹם, שׁוֹפֵט בְּבֵית מִשְׁפַּט שָׁלוֹם, שׁוֹפֵט אֲזוֹרִי

jubilant /ˈdʒuːbɪlənt/ adj. שָׂמֵחַ, צוֹהֵל, חוֹגֵג

jubilation /ˌdʒuːbɪˈleɪʃ(ə)n/ n. שִׂמְחָה, צָהֳלָה

jubilee /ˈdzuːbɪliː/ n. יוֹבֵל (בְּעִקָּר שְׁנַת הַ־50), חֲגִיגַת־יוֹבֵל, חַג

Judaic /dʒuːˈdeɪɪk/ adj. יְהוּדִי, שֶׁל יְהוּדִים; שֶׁל יַהֲדוּת

Judaica /dʒuːˈdeɪɪkə/ n. *pl.* מַדְעֵי־הַיַּהֲדוּת; חֹמֶר הַקָּשׁוּר לַיַּהֲדוּת

Judaism /ˈdʒuːdeɪzəm/ n. יַהֲדוּת; הַדָּת הַיְּהוּדִית; הָעוֹלָם הַיְּהוּדִי

Judas /ˈdʒuːdəs/ n. (*derog.*) יְהוּדָה אִישׁ־קְרִיּוֹת; (בְּהַשְׁאָלָה) בּוֹגֵד

Judas kiss "סַכִּין בַּגַּב", הֲפָרַת־אֵמוּן אַכְזָרִית

judder /ˈdʒʌdə(r)/ v.i. & n. (*UK*) רָטַט, רָעַד; רֶטֶט, רַעַד

judge /dʒʌdʒ/ n.

1 (officer of law-court) שׁוֹפֵט, דַּיָּן

2 (person who decides merit) שׁוֹפֵט (בְּחִידוֹנִים וְתַחֲרֻיּוֹת)

□ *the judges gave first prize to John* הַשּׁוֹפְטִים הֶעֱנִיקוּ אֶת הַפְּרָס הָרִאשׁוֹן לְג'וֹן

□ *I'm a poor judge of people* אֵין לִי טְבִיעַת־עַיִן לִבְנֵי־אָדָם

3 (ruler of Jews, *Bibl.*) שׁוֹפֵט (אֶחָד מִן הַשּׁוֹפְטִים בַּמִּקְרָא)

—v.t. & i. כִּהֵן כְּשׁוֹפֵט בְּ... (מִשְׁפָּט); הֶעֱרִיךְ (כִּשּׁוּרִים, יְכֹלֶת וְכַד'); שָׁפַט בְּ... (תַּחֲרוּת, חִידוֹן וְכַד'); נָתַן הַעֲרָכָה, שָׁפַט

□ *the gardening competition was judged by the mayor* רֹאשׁ־הָעִיר הָיָה הַשּׁוֹפֵט בְּתַחֲרוּת הַגִּנּוּן

□ *I judged him to be about fifty* הוּא נִרְאָה לִי בְּעֵרֶךְ בֶּן חֲמִשִּׁים

□ *one cannot judge by appearances* אִי־אֶפְשָׁר לִשְׁפֹּט לְפִי הַמַּרְאֶה

□ *he judged his moment carefully* הוּא שָׁקַל בִּזְהִירוּת אֶת הָרֶגַע הַנָּכוֹן

□ *the committee judged it better to postpone the meeting* הַוַּעֲדָה מָצְאָה לְנָכוֹן לִדְחוֹת אֶת הַיְּשִׁיבָה

□ *judging by (or from) what you say, he should succeed* אִם לְהִסְתַּמֵּךְ עַל דְּבָרֶיךָ הוּא צָרִיךְ לְהַצְלִיחַ

judgement /ˈdʒʌdʒmənt/ n. (also **judgment**)

1 (legal decision) פְּסַק־דִּין, פְּסִיקָה

the Last Judgement (*Relig.*) יוֹם הַדִּין

□ *the judgement went against him* פְּסַק־הַדִּין הָיָה לְרָעָתוֹ/לְחוֹבָתוֹ

□ *it's a judgement on him for behaving so badly!* זֶהוּ עֹנֶשׁ מִשָּׁמַיִם עַל הִתְנַהֲגוּתוֹ הָרָעָה

□ *the court passed judgement on him* בֵּית־הַמִּשְׁפָּט חָרַץ אֶת דִּינוֹ

2 (good sense, critical ability, opinion) כֹּשֶׁר־שִׁפּוּט, חוּשׁ הַבְחָנָה, חוּשׁ־בִּקֹּרֶת, דֵּעָה

□ *he's a man of (good) judgement* הוּא אָדָם בַּעַל שִׁקּוּל־דַּעַת

□ *against my better judgement, I trusted him* נָתַתִּי בּוֹ אֵמוּן, לַמְרוֹת שֶׁיָּדַעְתִּי שֶׁאֲנִי עוֹשֶׂה טָעוּת; נָתַתִּי בּוֹ אֵמוּן, בְּנִגּוּד לָאִינְטוּאִיצְיָה שֶׁלִּי

□ *it was an error of judgement to invite the divorced couple to dinner* הָיָה זֶה שִׁקּוּל־דַּעַת מֻטְעֶה לְהַזְמִין אֶת בְּנֵי־הַזּוּג הַגְּרוּשִׁים לַאֲרוּחַת עֶרֶב (מִשְׁתֶּפֶת)

judgemental /dʒʌdʒˈment(ə)l/ adj. בִּקָּרְתִּי

judicature /dʒuːdɪkətʃə(r)/ n. (*Law*)

1 (administration of justice) הַמִּנְהָל הַמִּשְׁפָּטִי, הַמַּנְגָּנוֹן הַמִּשְׁפָּטִי

2 (body of judges) חֶבֶר שׁוֹפְטִים

judicial /dʒuːˈdɪʃ(ə)l/ adj.

1 (of a judge or court) מִשְׁפָּטִי, שֶׁל בֵּית־מִשְׁפָּט, שֶׁל שׁוֹפֵט, שֶׁל פְּסַק־דִּין

judicial separation צַו־פֵּרוּד מִשְׁפָּטִי (הָאוֹסֵר עַל בְּנֵי זוּג לָגוּר יַחַד)

2 (impartial) בְּלִי מַשּׂוֹא־פָּנִים

□ *this problem requires a judicial mind* בְּעָיָה זוֹ דּוֹרֶשֶׁת מַחֲשָׁבָה שְׁקוּלָה

judiciary /dʒuːˈdɪʃərɪ/ n. הַמַּעֲרֶכֶת הַמִּשְׁפָּטִית (שֶׁל מְדִינָה)

judicious /dʒuːˈdɪʃəs/ adj. (*formal*) נָבוֹן, מָתוּן, מְיֻשָּׁב, זָהִיר, שָׁקוּל

judo /ˈdʒuːdəʊ/ n. ג'וּדוֹ

jug /dʒʌg/ n.

1 (vessel) כַּד (בִּבְרִיטַנְיָה); קַנְקַן חֶרֶס (עִם פְּקָק, בְּאַרְהָ"ב)

2 (prison, *sl.*) "קַלְבּוּשׁ", (הוּא יָשַׁב) "בִּפְנִים"

—v.t. בִּשֵּׁל (שָׁפָן אוֹ אַרְנָב) בִּכְלִי סָגוּר; שָׂם (אֶת פְּלוֹנִי) "בִּפְנִים" (כְּלוֹמַר בַּכֶּלֶא)

jugged /dʒʌgd/ adj. מְבֻשָּׁל בִּקְדֵרָה

jugged hare אַרְנֶבֶת־בָּר בִּקְדֵרָה (תַּבְשִׁיל אַרְנָבוֹת אַנְגְּלִי)

juggernaut /ˈdʒʌgənɔːt/ n.

1 (large vehicle, *UK* (*colloq.*) מַשָּׂאִית־עֲנָק

2 (unstoppable thing) דְּבַר־מָה עֲנָק וּבִלְתִּי נִתָּן לַעֲצִירָה הַמַּשְׁמִיד אֶת כָּל מַה שֶּׁבְּדַרְכּוֹ

juggins /ˈdʒʌgɪnz/ n. (*UK sl.*) טִמְבֶּל

juggle /ˈdʒʌg(ə)l/ v.t. & i. בִּצַּע לַהֲטוּט (זָרַק כַּדּוּרִים אוֹ מַקְלוֹת בָּאֲוִיר וְחָזַר וְתָפַס אוֹתָם); "שִׂחֵק" עִם (בְּמִסְפָּרִים, בִּרְגָשׁוֹת וְכַד')

juggler /ˈdʒʌglə(r)/ n. לַהֲטוּטָן, ז'וֹנְגְלֶר

Jugoslav /ˈjuːgəslɑːv/ adj. יוּגוֹסְלָבִי

jugular /ˈdʒʌgjʊlə(r)/ adj. & n. צַוָּארִי, גְּרוֹנִי, שֶׁל הַצַּוָּאר, שֶׁל הַגָּרוֹן; וְרִיד הַצַּוָּאר

jugular vein וְרִיד הַצַּוָּאר

juice /dʒuːs/ n.

1 (liquid taken from food) מִיץ, עָסִיס (שֶׁל פֵּרוֹת וִירָקוֹת); מִיץ, רֹטֶב (שֶׁל בָּשָׂר)

□ *let him stew in his own juice!* (*colloq.*) שֶׁיִּתְבַּשֵּׁל בְּמִיץ שֶׁלּוֹ!

2 (bodily liquid, esp. in stomach) מִיץ (טִבְעִי)

digestive juices מִיצֵי עִכּוּל

3 (petrol or electricity, *sl.*) דֶּלֶק (נֵפְט, בֶּנְזִין וְכַד'); כֹּחַ (בְּסוֹלְלָה וְכַד')

—v.t.

juice up (*US colloq.*) נָתַן "זְרִיקָה" לְ... (כְּלוֹמַר: הִמְרִיץ)

juicy /ˈdʒuːsɪ/ adj. עֲסִיסִי; מְעַנְיֵן, "עֲסִיסִי"

□ *he told us a juicy story* (*colloq.*) הוּא סִפֵּר לָנוּ סִפּוּר עֲסִיסִי

ju-jitsu /ˌdʒuːˈdʒɪtsuː/ n. ג'יאוּ־ג'יטְסוּ

ju-ju /ˈdʒuː-dʒuː/ n. חֵפֶץ מְכַשֵּׁף, קָמֵעַ (בְּמַעֲרַב אַפְרִיקָה)

jujube /ˈdʒuːdʒuːb/ n. מַמְתָּק דְּמוּי־מִקְפָּא; שֵׁיזָף (לְהַבְדִּיל מִשְּׁזִיף)

juke-box /ˈdʒuːk-bɒks/ n. "ג'וּק־בּוֹקְס" (אוֹטוֹמָט לְנִגּוּן תַּקְלִיטִים)

julep /ˈdʒuːlɪp/ n. מַשְׁקֶה (לְעִתִּים אַלְכּוֹהוֹלִי) עָשׂוּי סִירוֹפ, חָמְרֵי טַעַם וּמַיִם

Julian calendar /ˈʔdʒuːlɪən ˈkælɪndə(r)/ n. לוּחַ הַשָּׁנָה הַיּוּלִיאָנִי

julienne /dʒuːlɪˈen/ n. רְצוּעוֹת יְרָקוֹת; מָרָק עִם יְרָקוֹת חֲתוּכִים כַּנַּ"ל

July /dʒuːˈlaɪ/ n. יוּלִי (הַחֹדֶשׁ הַשְּׁבִיעִי בַּשָּׁנָה הָאֶזְרָחִית)

jumble /ˈdʒʌmb(ə)l/ v.t. עִרְבֵּב בְּלִי סֵדֶר; עָשָׂה מַהְפֵּכָה בְּ..., הָפַךְ

□ *these books are all jumbled (up)* הַסְּפָרִים הָאֵלֶּה מְעֹרְבָּבִים כֻּלָּם יַחַד

—n. עִרְבּוּבְיָה, בִּלְבּוּל, אִי־סֵדֶר; חֲפָצִים מְשֻׁמָּשִׁים הַנִּמְכָּרִים לְמַטְּרוֹת צְדָקָה

jumble sale שׁוּק־פִּשְׁפְּשִׁים לְמַטְּרוֹת צְדָקָה

jumbo/ ˈdʒʌmbəʊ/ adj. (*colloq.*) גַ'מְבּוֹ, עֲנָק

jumbo jet מְטוֹס־גַ'מְבּוֹ

jumbo pack אֲרִיזַת־גַ'מְבּוֹ, אֲרִיזַת־עֲנָק

—n. מְטוֹס־גַ'מְבּוֹ, גַ'מְבּוֹ

jump /dʒʌmp/ v.t.

1 (leap over or across) קָפַץ מֵעַל לְ..., קָפַץ מֵעֵבֶר לְ...

□ *the horse jumped the fence* הַסּוּס עָבַר אֶת הַגָּדֵר בִּקְפִיצָה

2 (miss out) דִּלֵּג מֵעַל, פָּסַח עַל

□ *the newsreader jumped several lines* הַקַּרְיָן דִּלֵּג עַל כַּמָּה שׁוּרוֹת

□ *the disease sometimes jumps a generation* לְעִתִּים הַמַּחֲלָה פּוֹסַחַת עַל דּוֹר אֶחָד

□ *he jumped the queue* (*UK*) הוּא נִדְחַף בְּלִי תּוֹר

3 (surprise, *colloq.*) הִפְתִּיעַ אֶת

4 (illegally or wrongly join or evade)

□ *the suspect jumped bail* הֶחָשׁוּד נִמְלַט בְּנִגּוּד לִתְנָאֵי הַשִּׁחְרוּר בְּעַרְבוּת

□ *the train jumped the rails* הָרַכֶּבֶת יָרְדָה מִן הַפַּסִּים

□ *the tramp jumped a freight train* (*US colloq.*) הַנַּוָּד תָּפַס טְרֶמְפּ עַל רַכֶּבֶת מַשָּׂא

□ *don't jump the gun!* (*colloq.*) אַל תִּקְפֹּץ לִפְנֵי הַזְּמַן!

□ *the prospector jumped a claim* (*US*) מְחַפֵּשׂ הַזָּהָב נִסָּה לִתְפֹּס לְעַצְמוֹ חֶלְקָה שֶׁלֹּא בִּזְכוּת

—v.i.

1 (leap) קָפַץ, נִתֵּר, דִּלֵּג

□ *don't jump down my throat!* (*colloq.*) תֵּן לִי לִגְמֹר לְדַבֵּר לִפְנֵי שֶׁאַתָּה מַתְקִיף!

2 (move abruptly or hastily) קָפַץ, נִתֵּר

□ *the bang made me jump* קוֹל הַנֶּפֶץ הִקְפִּיץ אוֹתִי מִמּוֹשָׁבִי

□ *they jumped to attention when the general arrived* הֵם קָפְצוּ לְדוֹם כְּשֶׁהַגֶּנֶרָל הִגִּיעַ

□ *don't go jumping to conclusions!* (*fig.*) אַל תְּמַהֵר לִקְפֹּץ לְמַסְקָנוֹת! אַל תַּסִּיק מַסְקָנוֹת בְּחִפָּזוֹן

□ *jump to it!* (*colloq.*) תַּתְחִיל לָזוּז! יַלְלָה קָדִימָה!

3 (increase suddenly) קָפַץ, עָלָה בְּפִתְאֹמִיּוּת

□ *prices jumped after the Budget* הַמְּחִירִים קָפְצוּ לְאַחַר פִּרְסוּם הַתַּקְצִיב (הַלְּאֻמִּי)

— in set phrases

jump at קִבֵּל בְּהִתְלַהֲבוּת, "קָפַץ" עַל (הַהַצָּעָה, הַמְּצִיאָה וְכַד׳)

jump in הִתְעָרֵב (בְּשִׂיחָה, דִּיּוּן וְכַד׳)

jump on

(ambush) הִתְנַפֵּל עַל

(fiercely reprimand, *colloq.*) הִתְנַפֵּל עַל

—n. קְפִיצָה, נִתּוּר, זִנּוּק

high jump קְפִיצָה לַגֹּבַהּ

□ *you'll be for the high jump when the boss finds out* (*colloq.*) אַתָּה תַּעֲלֶה עַל טִיל כְּשֶׁהַבּוֹס יְגַלֶּה (אֶת זֶה)

jump-jet מָטוֹס סִילוֹנִי הַמַּמְרִיא אֲנָכִית

jump-lead "כְּבָלִים" (לְהַתְנָעַת מְכוֹנִית שֶׁסּוֹלְלָתָהּ הִתְרוֹקְנָה)

long jump קְפִיצָה לָרֹחַק

jump-rope (*US*) חֶבֶל קְפִיצָה (בְּמִשְׂחֲקֵי יְלָדִים)

jump suit סַרְבָּל (עִם שַׁרְווּלִים אֲרֻכִּים, לָרֹב בֶּגֶד־אָפְנָה)

□ *oh! you gave me a jump!* (*colloq.*) אוֹי! הִפְחַדְתָּ אוֹתִי!

□ *there was a jump in car exports* הָיְתָה קְפִיצָה בְּיִצּוּא מְכוֹנִיּוֹת

□ *why don't you take a running jump at yourself?* (*colloq.*) לָמָּה שֶׁלֹּא תֵּלֵךְ לִרְאוֹת אִם אֲנִי נִמְצָא מֵעֵבֶר לַפִּנָּה? (כְּלוֹמַר: אֵין לִי כֹּחַ בִּשְׁבִילְךָ)

jumped up /dʒʌmpt-ˈʌp/ adj. (*colloq.*) (אָדָם) "שֶׁעָלָה לִגְדֻלָּה" (לְמָשָׁל "נוֹבוֹרִישׁ")

jumper¹ /ˈdʒʌmpə(r)/ n. קוֹפֵץ, מְנַתֵּר (חַיָּה אוֹ אָדָם)

jumper² /ˈdʒʌmpə(r)/ n.

1 (pullover, *UK*) סְוֶדֶר

2 (pinafore dress, *US*) מֵעֵין שִׂמְלָה/טוּנִיקָה לְנָשִׁים

jumping-jack /ˈdʒʌmpɪŋ-ˌdʒæk/ n. בֻּבָּה עַל חוּטִים/מַקֵּל; סוּג שֶׁל זִקּוּק־דִּי־נוּר

jumping-off /ˌdʒʌmpɪŋ-ˈɒf/ adj. (מָקוֹם, מַצָּב) שֶׁמִּמֶּנּוּ מַתְחִילִים (בִּפְעֻלָּה)

jumping-off point נְקֻדַּת הַתְחָלָה

jump-off /ˈdʒʌmp-ɒf/ n. סִבּוּב מַכְרִיעַ בֵּין מִתְחָרִים שֶׁהִגִּיעוּ לְתוֹצָאוֹת שָׁווֹת (בְּמֵרוֹצֵי סוּסִים)

□ *there was a jump-off to decide the winner* נֶעֱרַךְ סִבּוּב הַהַכְרָעָה

jump-start /dʒʌmp-ˈstɑːt/ v.t. הִתְנִיעַ (מְכוֹנִית) בְּאֶמְצָעוּת כְּבָלִים

junction /ˈdʒʌŋkʃ(ə)n/ n.

1 (joining-point) צֹמֶת, מִפְגָּשׁ, הִצְטַלְּבוּת

junction box תֵּבַת חַשְׁמַל

2 (meeting of roads or railway lines) צֹמֶת דְּרָכִים, הִצְטַלְּבוּת

juncture /ˈdʒʌŋktʃə(r)/ n. (*formal*) נְקֻדַּת־מִפְנֶה

□ *at this juncture the police intervened* בִּנְקֻדַּת־מִפְנֶה זוֹ הִתְעָרְבָה הַמִּשְׁטָרָה

June /dʒuːn/ n. יוּנִי (הַחֹדֶשׁ הַשִּׁשִּׁי בַּשָּׁנָה הָאֶזְרָחִית)

June bug (*US*) (סוּג שֶׁל) חִפּוּשִׁית

jungle /ˈdʒʌŋg(ə)l/ n. ג׳וּנְגֶל

the law of the jungle חֹק הַג׳וּנְגֶל

concrete jungle ג׳וּנְגֶל הַבֶּטוֹן (חַיֵּי הָעִיר הַמּוֹדֶרְנִיִּים)

junior /ˈdʒuːnɪə(r)/ adj. צָעִיר, קָטָן, זוּטָר

junior partner שֻׁתָּף זוּטָר

junior school מֵעֵין "חֲטִיבַת־בֵּינַיִם" בַּחִנּוּךְ הַבְּרִיטִי (לְגִילָאֵי 7-11)

John Smith Junior ג׳וֹן סְמִית הַבֵּן

—n. סְטוּדֶנְט שָׁנָה ג׳ (בְּאַרְהַ"ב); "הַבֵּן" (כְּלוֹמַר בְּנוֹ שֶׁל פְּלוֹנִי, בְּאַרְהַ"ב); צָעִיר

□ *in 1968 I was a junior* (*US*) (בְּאַרְהַ"ב) בְּ־1968 הָיִיתִי סְטוּדֶנְט בַּשָּׁנָה הַשְּׁלִישִׁית

□ *Junior was a naughty boy* (*US*) הַיֶּלֶד הִתְנַהֵג רַע מְאֹד

□ *he was twenty years my junior* הוּא הָיָה צָעִיר מִמֶּנִּי בְּעֶשְׂרִים שָׁנָה

juniper /ˈdʒuːnɪpə(r)/ n. עַרְעָר (שִׂיחַ)

junk¹ /dʒʌŋk/ n.

1 (rubbish) פְּסֹלֶת, גְּרוּטָאוֹת; שְׁמַטְעֶ׳ס

junk food (*colloq.*) "ג׳נְק־פוּד", מָזוֹן מָהִיר (וְלֹא־בָּרִיא)

junk mail (*derog.*) דֹּאַר־פִּרְסֹמֶת (חוֹזְרִים הַמּוּפָצִים בַּדֹּאַר וְכַד׳)

junk shop חֲנוּת־גְרוּטָאוֹת, חֲנוּת שְׁמָטֶע'ס, חֲנוּת יַד־שְׁנִיָּה

2 (heroin, *sl.*) הֶירוֹאִין

junk² /dʒʌŋk/ n. מִפְרָשִׂית סִינִית (שְׁטוּחַת תַּחְתִּית)

—v.t. (*colloq.*) זָרַק לַזֶּבֶל, "זָרַק"

junket /ˈdʒʌŋkɪt/ n.

1 (milk dish) חֲבִיצַת חָלָב (מְתוּקָה)

2 (outing, *colloq.*) מַסָּע, בִּקּוּר (שֶׁל עוֹבֵד מִמְשַׁלְתִּי כְּשֶׁהַהוֹצָאוֹת מְשֻׁלָּמוֹת לָרֹב מִקֻּפַּת הַצִּבּוּר)

—v.i. (*colloq.*) עָרַךְ מַסָּע כַּנַּ"ל

junkie /ˈdʒʌŋkɪ/ n. (*colloq.*) מָכוּר לְסַמִּים (בְּעִקָּר לְהֶירוֹאִין), "גִ'נְקִי"

junkyard /ˈdʒʌŋkjɑːd/ n. מִגְרַשׁ־גְרוּטָאוֹת

junta /ˈdʒʊntə/ n. חוּנְטָה, כַּת־צְבָאִית (שַׁלֶּטֶת)

Jupiter /ˈdʒuːpɪtə(r)/ n. כּוֹכַב־הֲלֶכֶת יוּפִּיטֶר, צֶדֶק; יוּפִּיטֶר (אֵל הַשָּׁמַיִם בַּמִּיתוֹלוֹגְיָה הָרוֹמִית)

juridical /dʒʊəˈrɪdɪk(ə)l/ adj. (*formal*) מִשְׁפָּטִי, חֻקִּי, יוּרִידִי

jurisdiction /ˌdʒʊərɪzˈdɪkʃ(ə)n/ n. סַמְכוּת; סַמְכוּת חֻקִּית, שִׁפּוּט, תְּחוּם־שִׁפּוּט

□ *the ship was outside European jurisdiction* הַסְּפִינָה הָיְתָה מִחוּץ לִתְחוּם הַשִּׁפּוּט הָאֵירוֹפִּי

jurisprudence /ˌdʒʊərɪsˈpruːd(ə)ns/ n. (*formal*) תּוֹרַת הַמִּשְׁפָּט, יוּרִיסְפְּרוּדֶנְצְיָה

jurist /ˈdʒʊərɪst/ n. (*formal*) מִשְׁפְּטָן, יוּרִיסְט

juror /ˈdʒʊərə(r)/ n. מֻשְׁבָּע, חָבֵר בְּחֶבֶר מֻשְׁבָּעִים

jury /ˈdʒʊərɪ/ n. חֶבֶר מֻשְׁבָּעִים, חֶבֶר שׁוֹפְטִים

jury-box /ˈdʒʊərɪ-bɒks/ n. תָּא הַמֻּשְׁבָּעִים

jury service הִשְׁתַּתְּפוּת בְּחֶבֶר־מֻשְׁבָּעִים

grand jury חֶבֶר מֻשְׁבָּעִים מֻרְחָב (הַמּוֹנֶה 12 עַד 23 מֻשְׁבָּעִים וְתַפְקִידוֹ לַחְקֹר תְּבִיעָה לְקִיּוּם מִשְׁפָּט)

juryman /ˈdʒʊərɪm(ə)n/ n. מֻשְׁבָּע, חָבֵר בְּחֶבֶר הַמֻּשְׁבָּעִים

jurywoman /ˈdʒʊərɪwʊmən/ n. מֻשְׁבַּעַת, חֲבֵרָה בְּחֶבֶר הַמֻּשְׁבָּעִים

just /dʒʌst/ adj.

1 (fair, reasonable) הוֹגֵן

2 (deserved) צוֹדֵק, רָאוּי

just deserts הַמַּגִּיעַ לוֹ

—adv.

1 (exactly) בְּדִיּוּק, בִּמְדֻיָּק

just so מַמָּשׁ כָּךְ, כָּךְ בְּדִיּוּק

□ *just as you hate snails, (so) I can't stand snakes* בְּאוֹתָהּ מִדָּה שֶׁאַתָּה שׂוֹנֵא שַׁבְּלוּלִים, אֲנִי לֹא יָכוֹל לִסְבֹּל נְחָשִׁים

□ *just as I was leaving, the phone rang* בְּדִיּוּק כְּשֶׁיָּצָאתִי צִלְצֵל הַטֶּלֶפוֹן

□ *I'm just as anxious as you (are) to avoid trouble* אֲנִי מְעֻנְיָן מַמָּשׁ כָּמוֹךָ לִמְנֹעַ צָרוֹת

□ *I'm busy just now* אֲנִי עָסוּק כָּרֶגַע

□ *come just as you are* בּוֹא בְּלִי הֲכָנוֹת מְיֻחָדוֹת, בּוֹא כְּמוֹ שֶׁאַתָּה

□ *just my luck!* דַּוְקָא! הָיָה בָּרוּר שֶׁזֶּה מַה שֶּׁיִּקְרֶה לִי!

□ *just the thing!* זֶהוּ בְּדִיּוּק! זֶה הַדָּבָר! כָּךְ!

□ *just who do you thing you are?* מִי (מָה) אַתָּה חוֹשֵׁב שֶׁאַתָּה? אֵיךְ אַתָּה מֵעֵז!

□ *just what do you want?* מָה אַתָּה רוֹצֶה מִמֶּנִּי? מָה בְּדִיּוּק אַתָּה רוֹצֶה?

2 (by a narrow margin) בְּקֹשִׁי, בָּרֶגַע הָאַחֲרוֹן

□ *I caught the train, but only just* תָּפַסְתִּי אֶת הָרַכֶּבֶת אֲבָל רַק בָּרֶגַע הָאַחֲרוֹן

□ *we have just enough money* הַכֶּסֶף יַסְפִּיק לָנוּ בְּקֹשִׁי

□ *the police came just in time* הַמִּשְׁטָרָה הִגִּיעָה בָּרֶגַע הָאַחֲרוֹן מַמָּשׁ

3 (in the immediate past or future) כָּרֶגַע, זֶה עַתָּה; בְּעוֹד רֶגַע, תֵּכֶף

just now לִפְנֵי רֶגַע, כָּרֶגַע; עַכְשָׁו, בָּרֶגַע זֶה, כָּרֶגַע

□ *I have just arrived* זֶה עַתָּה הִגַּעְתִּי, הִגַּעְתִּי כָּרֶגַע

□ *he was here just a moment ago* הוּא הָיָה כָּאן רַק לִפְנֵי רֶגַע

□ *I'm not ready just yet* אֲנִי עוֹד לֹא מוּכָן לְגַמְרֵי, תֵּכֶף אֲנִי אֶהְיֶה מוּכָן

□ *I'm just going* אֲנִי כְּבָר הוֹלֵךְ, אֲנִי הוֹלֵךְ, אֲנִי זָז

4 (only, no more than, simply) רַק, פָּשׁוּט

□ *I'm upset not just because he lied to me* אֲנִי נִסְעָר לֹא רַק כֵּיוָן שֶׁהוּא שִׁקֵּר לִי

□ *the problem was just that I couldn't stand the music* הַבְּעָיָה הָיְתָה שֶׁפָּשׁוּט לֹא יָכֹלְתִּי לָשֵׂאת אֶת הַמּוּזִיקָה

□ *I just had to leave* פָּשׁוּט הָיִיתִי מֻכְרָח לַעֲזֹב

□ *he is just a child* הוּא רַק יֶלֶד

□ *I've had just about enough of your impudence* הַחֻצְפָּה שֶׁלְּךָ נִמְאֲסָה עָלַי לַחֲלוּטִין

□ *would you walk five miles just to see a film?* הַאִם אַתָּה מוּכָן לָלֶכֶת חֲמִשָּׁה מִיל רַק כְּדֵי לִרְאוֹת סֶרֶט?

□ *I couldn't just stand there and do nothing* לֹא יָכֹלְתִּי סְתָם לַעֲמֹד שָׁם בְּחִבּוּק־יָדַיִם

5 (in commands) רַק

just a moment! רַק רֶגַע! חַכֵּה רֶגַע!

□ *just sit still!* שֵׁב בְּשֶׁקֶט!

□ *just think how much money we could save!* רַק תַּחְשֹׁב כַּמָּה כֶּסֶף יָכֹלְנוּ לַחְסֹךְ!

□ *you think you can make fun of me? Just you try!* נִדְמֶה לְךָ שֶׁאַתָּה יָכוֹל לַעֲשׂוֹת מִמֶּנִּי צְחוֹק? רַק תָּעֵז לְנַסּוֹת!

6 (absolutely, *colloq.*) בְּהֶחְלֵט, מַמָּשׁ, מְאוֹד

□ *it's just wonderful* זֶה מַמָּשׁ נִפְלָא

□ *did we have a good time? Didn't we just!* הַאִם נֶהֱנֵינוּ? וְעוֹד אֵיךְ!

justice /ˈdʒʌstɪs/ n.

1 (administration of law) מִשְׁפָּט, כֵּס הַמִּשְׁפָּט, דִּין
□ *the criminal was brought to justice* הַפּוֹשֵׁעַ הוּבָא לַדִּין

2 (fairness) צֶדֶק, יֹשֶׁר
□ *to do him justice* (or *in justice to him*), *he meant well* יֵאָמֵר לִזְכוּתוֹ שֶׁכַּוָּנָתוֹ הָיְתָה לְטוֹבָה
□ *he did not do himself justice in the exam* הוּא לֹא גִּלָּה אֶת יְכָלְתּוֹ בַּבְּחִינָה
□ *justice must be seen to be done* הַצֶּדֶק צָרִיךְ לְהֵרָאוֹת, לֹא רַק לְהֵעָשׂוֹת
□ *they did justice to the huge meal* הֵם נָתְנוּ לַסְּעוּדָה הָעֲנָקִית אֶת הַכָּבוֹד הָרָאוּי לָהּ (וְלֹא הִשְׁאִירוּ פֵּרוּר)

3 (judge, magistrate) שׁוֹפֵט, שׁוֹפֵט־שָׁלוֹם
Justice of the Peace שׁוֹפֵט־שָׁלוֹם
Lord Chief Justice (*UK*) שׁוֹפֵט עֶלְיוֹן, מְשׁוֹפְטֵי בֵּית הַמִּשְׁפָּט הַגָּבוֹהַּ

justifiable /ˌdʒʌstɪˈfaɪəb(ə)l/ adj. מֻצְדָּק, שֶׁאֶפְשָׁר לְהַצְדִּיקוֹ

justification /ˌdʒʌstɪfɪˈkeɪʃ(ə)n/ n.

1 (reason, excuse) תֵּרוּץ, הִצְטַדְּקוּת, הַצְדָּקָה
□ *there was no justification for your rudeness* לֹא הָיְתָה שׁוּם הַצְדָּקָה לְגַסּוּת שֶׁלְּךָ

2 (showing to be right or blameless) הַצְדָּקָה

justify /ˈdʒʌstɪfaɪ/ v.t.

1 (show good reason for) הִצְדִּיק, הִסְבִּיר

2 (be a good reason for) הִצְדִּיק, הִסְבִּיר
□ *does the end justify the means?* הַאִם הָאֶמְצָעִים מַצְדִּיקִים אֶת הַמַּטָּרָה?

3 (printing) (בִּדְפוּס) תֵּאֵם (אֶת אֹרֶךְ הַשּׁוּרוֹת ע״י רִווּחַ מַתְאִים)

jut /dʒʌt/ v.i.
jut out בְּלִיטָה (שֶׁל סֶלַע וְכַד׳)

jute /dʒuːt/ n. יוּטָה (סִיבִים חֲזָקִים לְשַׂקִּים, חֶבֶל וְכַד׳)

juvenile /ˈdʒuːvənaɪl/ adj. & n. צָעִיר, שֶׁל נֹעַר; אִינְפַנְטִילִי, מְטֻפָּשׁ; קָטִין (בְּעֵינֵי הַחֹק)
juvenile court בֵּית־דִּין לַעֲבַרְיָנִים צְעִירִים
juvenile delinquency עֲבַרְיָנוּת נֹעַר
juvenile delinquent עֲבַרְיָן נֹעַר, עֲבַרְיָן צָעִיר
juvenile lead הַתַּפְקִיד הַצָּעִיר הָרָאשִׁי בַּמַּחֲזֶה (לְמָשָׁל יוּלְיָה בְּ״רוֹמֵיאוֹ וְיוּלְיָה״)
□ *he has a juvenile sense of humour* (*derog.*) יֵשׁ לוֹ חוּשׁ הוּמוֹר אִינְפַנְטִילִי

juvenilia /ˌdʒuːvəˈnɪlɪə/ n. *pl.* (*formal*) יְצִירוֹת שֶׁחִבֵּר סוֹפֵר בִּנְעוּרָיו, בִּכּוּרֵי־יְצִירָה, ״עִנְּבֵי־בֹּסֶר״

juxtapose /dʒʌkstəˈpəʊz/ v.t. (*formal*) הִנִּיחַ זֶה בְּצַד זֶה, הִסְמִיךְ זֶה לָזֶה

juxtaposition /ˌdʒʌkstəpəˈzɪʃ(ə)n/ n. (*formal*) הֲנָחָה זֶה לְיַד זֶה, הַפְגָּשָׁה

K k

K, k /keɪ/ n. "קֵי" (הָאוֹת הָאַחַת־עֶשְׂרֵה בָּאָלֶפְבֵּית הָאַנְגְּלִי)

K abbrev.
1 (one thousand, in money) אֶלֶף (לִירוֹת, דּוֹלָר וְכַד')
2 (kilobyte of memory, *Comput.*) "קֵי", קִילוֹבַּיְט (מִדָּה שֶׁל קִבֹּלֶת מֵידָע)

kaftan /ˈkæftæn/ n. שִׂמְלַת־גְּלִימָה, קַפְטָן (מֵעֵין גְּלַבִּיָּה)

Kaiser /ˈkaɪzə(r)/ n. קֵיסָר גֶּרְמַנְיָה/אוֹסְטְרִיָּה (לִפְנֵי 1918)

kale /keil/ n. כְּרוּב מְסֻלְסָל

kaleidoscope /kəˈlaɪdəskəʊp/ n. קָלֵידוֹסְקוֹפּ

kaleidoscopic /kəˌlaɪdəˈskɒpɪk/ adj. קָלֵידוֹסְקוֹפִּי, מִשְׁתַּנֶּה בִּמְהִירוּת

kamikaze /ˌkæmɪˈkɑːzɪ/ n. & adj. קָמִיקָזֶה, טַיָּס מִתְאַבֵּד; (בְּהַשְׁאָלָה) הִתְאַבְּדוּת; מִתְאַבֵּד

Kampuchean /kæmpuˈtʃiːən/ n. & adj. אֶזְרָח קַמְבּוֹדִי; קַמְבּוֹדִי

kangaroo /ˌkæŋgəˈruː/ n. קֶנְגּוּרוּ
kangaroo court (*derog.*) בֵּית מִשְׁפָּט מְאֻלְתָּר (חֲסַר סַמְכוּת חֻקִּית)

kaolin /ˈkeɪəlɪn/ n. קָאוֹלִין (טִין לָבָן הַמְשַׁמֵּשׁ לַעֲשִׂיַּת חַרְסִינָה וְלַהֲכָנַת־תְּרוּפוֹת)

kapok /ˈkeɪpɒk/ n. קַפּוֹק (חֹמֶר רַךְ דְּמוּי צֶמֶר־גֶּפֶן לְמִלּוּי מִזְרָנִים וְכַד')

kaput /kəˈpʊt/ adj. (*sl.*) אָבוּד, מְחֻסָּל, גָּמוּר, "חֲלַס", "קָפּוּט", "פִּיפָן"

karate /kəˈrɑːtɪ/ n. קָרָטֶה (אֻמָּנוּת לְחִימָה יַפָּנִית מְסָרְתִּית)

karma /ˈkɑːmə/ n. קַרְמָה (בְּבּוּדְהִיזְם וּבְהִינְדוּאִיזְם: מַעֲשָׂיו שֶׁל אָדָם בְּאֶחָד מִגִּלְגּוּלָיו שֶׁעַל פִּיהֶם נִקְבָּע גּוֹרָלוֹ בַּגִּלְגּוּל הַבָּא)

karst /kɑːst/ n. (*Geol.*) אֵזוֹר קַרְסְטִי (גִּירִי)

kayak /ˈkaɪæk/ n. קַיָּק (סִירָה אֶסְקִימוֹסִית קְטַנָּה)

kebab /kɪˈbæb/ n. שִׁפּוּדִים (כּוֹלֵל קַבָּב, שִׁישְׁלִיק וְכַד'); (בִּבְרִיטַנְיָה לְעִתִּים גַּם) שָׁוַרְמָה

kedgeree /ˈkedʒərɪ/ n. קֶדְגֶ'רִי (תַּבְשִׁיל אֹרֶז וְדָגִים עִם בֵּיצִים שְׁלוּקוֹת)

keel /kiːl/ n. שִׁדְרִית (שֶׁל סְפִינָה)
on an even keel בְּיַצִּיבוּת; כְּסִדְרוֹ, מְאֻזָּן; (סְפִינוֹת) לְלֹא תְּנוּדָה לְאֶחָד מִן הַצְּדָדִים
—v.i.
keel over הִתְהַפֵּךְ (כְּלִי־שַׁיִט); צָנַח אַרְצָה (אָדָם וְכַד')
—v.t. הִטָּה עַל הַצַּד (סְפִינָה, לְשֵׁם תִּקּוּן וְכַד')

keen[1] /kiːn/ adj. לָהוּט, מִשְׁתּוֹקֵק; (תַּחֲרוּת, מַאֲבָק) עַז; (לַהַב) חַד; (חוּשׁ) חַד, חָרִיף
□ *he's very keen on classical music* הוּא לָהוּט אַחֲרֵי מוּזִיקָה קָלָסִית
□ *he's very keen on her* הוּא לָהוּט אַחֲרֶיהָ

keen[2] /kiːn/ v.i. & n. נָשָׂא קִינָה עַל, קוֹנֵן עַל; קִינָה

keen-sighted /ˌkiːn-ˈsaɪtɪd/ adj. חַד־רְאִיָּה

keep /kiːp/ (past & past ppl. **kept** /kept/) v.t.
1 (cause to remain as specified) הֶחֱזִיק
keep it up! אַל תִּתְיָאֵשׁ! תַּמְשִׁיךְ כָּךְ! אַל תַּפְסִיק!
□ *they kept him in prison* הֵם הֶחֱזִיקוּ אוֹתוֹ בְּבֵית הַסֹּהַר
□ *she kept a light on all night* הִיא הִשְׁאִירָה אוֹר דּוֹלֵק כָּל הַלַּיְלָה
□ *they kept their heads above water by selling the house* הֵם הִצְלִיחוּ לְהִתְקַיֵּם עַל יְדֵי כָּךְ שֶׁמָּכְרוּ אֶת הַבַּיִת
□ *he couldn't keep his food down* הוּא הֵקִיא אֶת כָּל מַה שֶּׁאָכַל
□ *keep your hand out of the till* אַל תִּגַּע בַּקֻּפָּה
□ *keep your hair on!* (*colloq.*) אַל תִּתְרַגֵּשׁ! אַל תִּתְרַגֵּז!
2 (maintain, contrive to have, have charge of) שָׁמַר עַל
keep an eye on פָּקַח עַיִן עַל, שָׁמַר עַל
keep an eye (or **a look**) **out for** פָּקַח עַיִן לִרְאוֹת אִם...
□ *please keep these things for me while I'm away* אָנָּא שְׁמֹר עַל הַדְּבָרִים הָאֵלֶּה בְּהֶעְדֵּרִי
□ *he kept his head in the crisis* (*fig.*) הוּא לֹא אִבֵּד אֶת הָרֹאשׁ בַּמַּשְׁבֵּר
3 (support, provide for; guard, protect) שָׁמַר עַל
□ *he keeps goal for his team* הוּא עוֹמֵד בַּשַּׁעַר הַקְּבוּצָה שֶׁלּוֹ
□ *he kept house for his mother* הוּא נִהֵל אֶת מֶשֶׁק הַבַּיִת בְּבֵית אִמּוֹ
4 (hold back, restrain)
□ *you're late – what kept you?* אֵחַרְתָּ – מָה עִכֵּב אוֹתְךָ?
□ *she kept the truth from her family* הִיא הִסְתִּירָה אֶת הָאֱמֶת מִמִּשְׁפַּחְתָּהּ
□ *keep your rude remarks to yourself!* תִּשְׁמֹר אֶת הֶעָרוֹת הַגַּסּוֹת שֶׁלְּךָ לְעַצְמְךָ!
□ *they keep themselves to themselves* הֵם שׁוֹמְרִים עַל הַפְּרָטִיּוּת שֶׁלָּהֶם

5 (own, manage, or stock, for business, etc.) הֶחֱזִיק, הָיָה בַּעַל...
□ *we keep our own hens* אֲנַחְנוּ מְגַדְּלִים תַּרְנְגוֹלוֹת לְבַד
□ *does your shop keep batteries?* הַאִם אַתֶּם מַחֲזִיקִים סוֹלְלוֹת בַּחֲנוּת, הַאִם יֵשׁ לָכֶם סוֹלְלוֹת בַּחֲנוּת?
6 (observe) שָׁמַר עַל
□ *she kept her word* הִיא הִבְטִיחָה וְקִיְּמָה, הִיא עָמְדָה בְּדִבּוּרָהּ
□ *we kept a miserable Christmas* (*arch.*) הָיָה לָנוּ קְרִיסְמֶס עָלוּב
7 (work at)
□ *many doctors keep late hours* רוֹפְאִים רַבִּים עוֹבְדִים עַד מְאֻחָר
□ *do you keep a diary?* הַאִם אַתָּה מַחֲזִיק יוֹמָן?
□ *Mrs Jones keeps the books* הַגב׳ ג׳וֹנְס מְנַהֶלֶת אֶת הַחֶשְׁבּוֹנוֹת
—v.i.
1 (remain as specified)
keep at it! אַל תְּוַתֵּר!
keep fit שְׁמֹר עַל כֹּשֶׁר
□ *I hope you're keeping well* (*arch. colloq.*) אֲנִי מְקַוֶּה שֶׁאַתָּה בְּקַו הַבְּרִיאוּת
□ *traffic in Britain keeps (to the) left* הַתְּנוּעָה בְּבְּרִיטַנְיָה נָעָה בְּצַד שְׂמֹאל שֶׁל הַכְּבִישׁ
2 (continue to do something) הִמְשִׁיךְ לְ...
□ *my shoelace keeps (on) coming undone* הַשְּׂרוֹךְ שֶׁלִּי נִפְרָם/נִפְתָּח כָּל הַזְּמַן
□ *I am not sure that the company can keep (on) going* אֲנִי לֹא בָּטוּחַ שֶׁהַחֶבְרָה יְכוֹלָה לְהַמְשִׁיךְ לְהַחֲזִיק מַעֲמָד
□ *don't keep on at me!* (*colloq.*) תֵּרֵד מִמֶּנִּי!
3 (stay fresh)
□ *will this meat keep until tomorrow?* הַאִם הַבָּשָׂר הַזֶּה יַחֲזִיק מַעֲמָד עַד מָחָר? הַאִם הַבָּשָׂר הַזֶּה יִשָּׁאֵר טָרִי עַד מָחָר?
— in set phrases
keep in with שָׁמַר עַל קֶשֶׁר טוֹב עִם, שָׁמַר עַל יְחָסִים טוֹבִים עִם
keep out! הַכְּנִיסָה אֲסוּרָה!
keep to לֹא חָרַג מִ...
keep up with לֹא פִּגֵּר אַחֲרֵי
—n.
1 (support) דְּמֵי מִחְיָה, מִחְיָה
□ *he earns his keep by working in the garden* הוּא מַרְוִיחַ אֶת דְּמֵי מִחְיָתוֹ בַּעֲבוֹדָה בַּגִּנָּה
2 (tower, *Hist.*) מִגְדָּל בִּמְצוּדָה
3 **for keeps** (*colloq.*) לְתָמִיד, לְעוֹלָם וָעֶד

keeper /ˈkiːpə(r)/ n.
1 (person who keeps or guards) בַּעַל (חֲנוּת וְכַד׳); שׁוֹמֵר־ (סַף וְכַד׳); אוֹצֵר (בְּסִפְרִיָּה וְכַד׳)
2 (*Cricket* or *Football*) שׁוֹעֵר (בְּכַדּוּרֶגֶל וְכַד׳)
3 (attachment to magnet) מוֹט מָגֵן לְמַגְנֵט

keep-fit /kiːp-ˈfɪt/ adj. לְמַטְּרוֹת כֹּשֶׁר, שֶׁל כֹּשֶׁר

keeping /ˈkiːpɪŋ/ n.
1 (custody) מִשְׁמָר, מִשְׁמֶרֶת, שְׁמִירָה
□ *the money was banked for safe keeping* הַכֶּסֶף הֻפְקַד בַּבַּנְק לְמִשְׁמֶרֶת
2 (agreement, harmony) הֶתְאֵם, הַתְאָמָה
□ *his actions are not in keeping with his promises* מַעֲשָׂיו אֵינָם עוֹלִים בְּקָנֶה אֶחָד עִם הַבְטָחוֹתָיו

keepsake /ˈkiːpseɪk/ n. מַזְכֶּרֶת, זִכָּרוֹן

keg /keg/ n. חָבִית קְטַנָּה, חָבִיּוֹנֶת
keg beer בִּירָה מֵהֶחָבִית

kelp /kelp/ n. סוּג שֶׁל אַצַּת־יָם, אַצָּה חוּמָה (טוֹבָה לְמַאֲכָל)

ken /ken/ v.t. (*Scot.*) יָדַע, הִכִּיר (בַּשָּׂפָה הַסְּקוֹטִית)
—n. (*formal*)
beyond his ken מֵעֵבֶר לְהַשָּׂגָתוֹ, מִחוּץ לִתְחוּם יְדִיעוֹתָיו

kennel /ˈken(ə)l/ n. מְלוּנַת כֶּלֶב

kept /kept/ past & past ppl. of **keep**

keratin /ˈkerətɪn/ n. קֶרָטִין (הַבָּסִיס הַכִּימִי שֶׁל צִפָּרְנַיִם, שֵׂעָר, קֶרֶן וְכַד׳)

kerb /kɜːb/ n. שְׂפַת־הַמִּדְרָכָה
kerb crawling נְסִיעָה אִטִּית בִּמְכוֹנִית בְּעִקְבוֹת אִשָּׁה תּוֹךְ הַצָּעַת הַצָּעוֹת מְגֻנּוֹת
kerb drill תַּרְגִּילֵי־בְּטִיחוּת לַחֲצִיַּת כְּבִישׁ (בְּעִקָּר לְיַלְדֵי בֵּית־סֵפֶר)

kerbstone /ˈkɜːbstəʊn/ n. אֶבֶן־שָׂפָה

kerfuffle /kəˈfʌf(ə)l/ n. (*UK colloq.*) בַּלְגָן, "הוּ־הָא"

kerchief /ˈkɜːtʃiːf/ n. (*arch.*) מִטְפַּחַת קְטַנָּה (לַצַּוָּאר, לָרֹאשׁ וְכַד׳)

kernel /ˈkɜːn(ə)l/ n. גַּרְעִין, גַּלְעִין; עִקָּרוֹ שֶׁל דָּבָר

kerosene /ˈkerəsiːn/ n. נֵפְט מְזֻקָּק, פָּרָפִין

kestrel /ˈkestrəl/ n. סוּג שֶׁל בַּז/נֵץ קָטָן

ketch /ketʃ/ n. דּוּ־תָּרְנִית (סְפִינַת מִפְרָשׂ קְטַנָּה)

ketchup /ˈketʃəp/ n. קֶטְשׁוֹפּ

kettle /ˈket(ə)l/ n. קֻמְקוּם
electric kettle קֻמְקוּם חַשְׁמַלִּי
□ *this is a pretty kettle of fish!* (*colloq.*) זֶה עֵסֶק בִּישׁ, אֵיזֶה "חֻרְבּוֹן"

kettledrum /ˈket(ə)ldrʌm/ n. תֹּף־הַדּוּד, תֹּף־טִימְפָּנוּם (בְּתִזְמֹרֶת)

key /kiː/ n.
1 (instrument for opening lock, winding clock, etc.) מַפְתֵּחַ
key money דְּמֵי־כְּנִיסָה (לְדִירָה בְּתוֹסֶפֶת לִשְׂכַר הַדִּירָה), מֵעֵין תַּשְׁלוּם דְּמֵי־מַפְתֵּחַ
2 (solution, explanation) מַפְתֵּחַ, הַמַּפְתֵּחַ לַהֲבָנַת...

□ *education is the key to progress* הַחִנּוּךְ הוּא הַמַּפְתֵּחַ לַקִּדְמָה
□ *the key overleaf explains the map* הַמַּפְתֵּחַ שֶׁמֵּעֵבֶר לַדַּף מַסְבִּיר אֶת הַמַּפָּה
3 (lever or button on musical instrument, typewriter, etc.) קָלִיד (בִּפְסַנְתֵּר); מַקָּשׁ (בִּמְכוֹנַת־כְּתִיבָה)
4 (*Mus.*) סֻלָּם מוּזִיקָלִי, מַפְתֵּחַ מוּזִיקָלִי
key signature סִימָנִית קֶבַע (לְצִיּוּן הַמַּפְתֵּחַ), צִיּוּן מַפְתֵּחַ
5 (device for completing electrical circuit) מֶתֶג, מַפְתֵּחַ (מוֹרְס וְכַד׳)
—adj. ־מַפְתֵּחַ
—v.t. הִקְלִיד; הִתְאִים אֶת... לְ...
□ *she gets very keyed up before exams* הִיא נַעֲשֵׂית מְתוּחָה מְאֹד לִפְנֵי בְּחִינוֹת

keyboard /ˈkiːbɔːd/ n. מִקְלֶדֶת
—v.t. הִקְלִיד

keyboarder /ˈkiːbɔːdə(r)/ n. קַלְדָן

keyhole /ˈkiːhəʊl/ n. חוֹר־הַמַּנְעוּל, חוֹר־הַמַּפְתֵּחַ

keynote /ˈkiːnəʊt/ n. רַעְיוֹן מֶרְכָּזִי
keynote speech הַנְּאוּם הַמֶּרְכָּזִי

keypad /ˈkiːpæd/ n. לוּחַ מַקָּשִׁים קָטָן

key-punch /ˈkiː-pʌntʃ/ n. & v.t. (*Comput., Hist.*) מְכוֹנָה לְנִקּוּב כַּרְטִיסֵי מַחְשֵׁב; נִקֵּב כַּרְטִיסֵי מַחְשֵׁב

key-ring /ˈkiː-rɪŋ/ n. מַחֲזִיק־מַפְתְּחוֹת

keystone /ˈkiːstəʊn/ n. אֶבֶן־רֹאשָׁה; רַעְיוֹן מֶרְכָּזִי

keystroke /ˈkiːstrəʊk/ n. הַקָּשָׁה (בְּמַקָּשׁ)

kg abbrev. ק״ג (קִילוֹגְרַם)

khaki /ˈkɑːkɪ/ n. & adj. חָקִי

khan /kɑːn/ n. חָן (פֻּנְדָּק בַּמִּזְרָח); חָן (מוֹשֵׁל אוֹ מֶלֶךְ בְּאַסְיָה הַמֶּרְכָּזִית)

kibble /ˈkɪb(ə)l/ v.t. טָחַן טְחִינָה גַּסָּה

kibbutz /kɪˈbʊtz/ n. (*pl.* **kibbutzim**) קִבּוּץ

kibbutznik /kɪˈbʊtznɪk/ n. קִבּוּצְנִיק

kibosh /ˈkaɪbɒʃ/ n. (*arch. sl.*)
put the kibosh on שָׂם קֵץ לְ... (תִּקְוָה), חִסֵּל אֶת (הַמִּפְעָל), דָּפַק אֶת הַסִּכּוּיִים שֶׁל

kick /kɪk/ n.
1 (blow with the foot) בְּעִיטָה
kick in the pants (*sl.*) בְּעִיטָה בַּתַּחַת
2 (recoil) רְתִיעָה, הֶרְתָּעוּת
3 (thrill, excitement, *colloq.*) הֲנָאָה, הִתְרַגְּשׁוּת, סִפּוּק
□ *he gets a kick out of long distance running* הוּא מֵפִיק הֲנָאָה גְּדוֹלָה מֵרִיצוֹת לְמֶרְחַקִּים אֲרֻכִּים
4 (in *pl.*, thrills) ״כֵּף״
□ *he just lives for kicks* הוּא חַי רַק לְמַעַן הַכֵּף
5 (strength, effect) הַשְׁפָּעָה, עָצְמָה
□ *this cocktail has a lot of kick in it* הַקּוֹקְטֵיל הַזֶּה חָרִיף מְאֹד
—v.t. & i.
1 (hit or move with the foot) בָּעַט בְּ..., בָּעַט אֶת; בָּעַט
□ *we sat kicking our heels* יָשַׁבְנוּ וְחִכִּינוּ בְּלִי סוֹף, בִּזְבַּזְנוּ זְמַן בְּהַמְתָּנָה
□ *he kicked his shoes off* הוּא הֵסִיר אֶת נְעָלָיו (בִּבְעִיטָה)
□ *I could kick myself for forgetting your birthday* אֲנִי רָאוּי לְמַכּוֹת עַל זֶה שֶׁשָּׁכַחְתִּי אֶת יוֹם הֻלַּדְתְּךָ
□ *he's kicked the bucket* (*sl.*) הוּא הִתְפַּגֵּר
□ *the MP was kicked upstairs* (*colloq.*) חֲבֵר הַכְּנֶסֶת ״הוּעַף״ לְמַעְלָה (כְּלוֹמַר הֹעֲלָה בְּדַרְגָּה כְּדֵי לְהִפָּטֵר מִמֶּנּוּ)
2 (recoil) נִרְתַּע, הִרְתִּיעַ (נֶשֶׁק חַם)
3 (get rid of a habit, *sl.*) נִפְטַר מִ... (הֶרְגֵּל)
— in set phrases
□ *the match kicked off at 3.00 p.m.* הַמִּשְׂחָק הִתְחִיל בְּשָׁלֹשׁ אחה״צ
□ *the drunken man was kicked out of the bar* (*colloq.*) הַשִּׁכּוֹר נִזְרַק מִן הַבָּאר
□ *he kicked over the traces* (*fig.*) הוּא פָּרַק כָּל עֹל, הוּא הִשְׁלִיךְ כָּל רֶסֶן
kick up (*colloq.*) גָּרַם, עוֹרֵר

kickback /ˈkɪkbæk/ n. (*sl.*) דְּמֵי־שֹׁחַד, תַּשְׁלוּם לֹא־חֻקִּי

kick-off /ˈkɪk-ɒf/ n. בְּעִיטַת הַפְּתִיחָה (רֶגַע הַפְּתִיחָה בְּכַדּוּרֶגֶל)

kick-stand /ˈkɪk-stænd/ n. ״רֶגֶל״ (שֶׁל אוֹפַנּוֹעַ, אוֹפַנַּיִם וְכַד׳)

kick-start /ˈkɪk-stɑːt/ n. & v.t. דַּוְשַׁת הַהַתְנָעָה (בְּאוֹפַנּוֹעַ), הִתְנִיעַ בְּדַוְשָׁה כַּנַּ״ל

kick-starter /ˈkɪk-ˌstɑːtə(r)/ n. דַּוְשַׁת הַהַתְנָעָה (בְּאוֹפַנּוֹעַ)

kid[1] /kɪd/ n.
1 (young goat) גְּדִי
2 (leather made from skin of young goat) עוֹר גְּדִי
□ *you must handle him with kid gloves* עָלֶיךָ לְטַפֵּל בּוֹ בִּכְפָפוֹת שֶׁל מֶשִׁי
3 (child, *colloq.*) יֶלֶד

kid[2] /kɪd/ v.t. (*sl.*) ״עָבַד״ עַל
no kidding! בְּחַיֶּיךָ! בֶּאֱמֶת?! אַתָּה עוֹבֵד עָלַי?! מָה אַתָּה אוֹמֵר?!

kiddy /ˈkɪdɪ/ n. (also **kiddie**) (*colloq.*) יֶלֶד, יַלְדּוֹן

kidnap /ˈkɪdnæp/ v.t. חָטַף (אָדָם)

kidnapper /ˈkɪdnæpə(r)/ n. חוֹטֵף

kidney /ˈkɪdnɪ/ n. כִּלְיָה
kidney bean סוּג שֶׁל שְׁעוּעִית (קְטַנָּה וַאֲדַמָּה)
kidney machine כִּלְיָה מְלָאכוּתִית, מַכְשִׁיר דִּיאָלִיזָה

kill /kɪl/ v.t.
1 (put to death, also v.i.) הָרַג, קָטַל
□ *he killed two birds with one stone* (*fig.*) הוּא הָרַג שְׁתֵּי צִפּוֹרִים בְּמַכָּה אַחַת

□ *the cat's owner was killing it with kindness* הַבְּעָלִים שֶׁל הֶחָתוּל כִּמְעַט וְהָרַג אוֹתוֹ מֵרֹב אַהֲבָה
2 (cause severe pain to, *colloq.*) "הָרַג"
□ *my feet are killing me* הָרַגְלַיִם שֶׁלִּי "הוֹרְגוֹת" אוֹתִי
3 (switch off, *colloq.*) סָגַר (אוֹר, קוֹל וְכַד')
4 (get rid of) בִּזְבֵּז (זְמַן), הָרַג (זְמַן), חִסֵּל
□ *I killed time doing the crossword* הָרַגְתִּי אֶת הַזְּמַן בְּמִלּוּי הַתַּשְׁבֵּץ
□ *let's kill off the rest of that cake* (*colloq.*) בּוֹאוּ נְחַסֵּל אֶת הָעוּגָה, בּוֹאוּ וְנִגְאַל אֶת הָעוּגָה מִיִּסּוּרֶיהָ
—n.
1 (act of killing) הֲרִיגָה, רֶגַע הַהֲרִיגָה, מַעֲשֵׂה הַהֲרִיגָה
□ *he was in at the kill* הוּא נָכַח בָּרֶגַע הַנָּכוֹן
2 (animals killed in hunting) מִסְפַּר הַחַיּוֹת שֶׁהוּמְתוּ בַּצַּיִד

killer /ˈkɪlə(r)/ n. & adj. רוֹצֵחַ; טוֹרֵף, קַטְלָנִי

killing /ˈkɪlɪŋ/ adj.
1 (amusing, *sl.*) מְשַׁגֵּעַ, מַדְלִיק, עָצוּם
2 (exhausting) מְעַיֵּף, מוֹגִיעַ, מַתִּישׁ
—n. הֲרִיגָה, רֶצַח; הַצְלָחָה גְּדוֹלָה, רֶוַח
□ *they made a killing over the sale of shares* הָיָה לָהֶם רֶוַח עָצוּם בִּמְכִירַת הַמְּנָיוֹת

kill-joy /ˈkɪl-dʒɔɪ/ n. (*derog.*) מֵפֵר שִׂמְחָה

kiln /kɪln/ n. תַּנּוּר, כִּבְשָׁן (בְּיִחוּד לִלְבֵנִים, לִכְלֵי חֶרֶס וְכַד')

kilo /ˈkiːləʊ/ n. (*pl.* **kilos**) קִילוֹגְרַם, קִילוֹ

kilo- /ˈkɪləʊ/ pref. קִילוֹ־, (תְּחִלִּית שֶׁפֵּרוּשָׁהּ) אֶלֶף

kilobyte /ˈkɪləbaɪt/ n. (*Comput.*) קִילוֹבַּיְט (יְחִידַת קִבֹּלֶת מֵידָע בְּמַחְשֵׁב)

kilocalorie /ˈkɪləˌkælərɪ/ n. (*Phys.*) קִילוֹקָלוֹרְיָה (יְחִידַת אֶנֶרְגְּיָה)

kilocycle /ˈkɪləsaɪk(ə)l/ n. (*Phys.*) קִילוֹהֶרְץ (יְחִידַת תְּנוּדָה)

kilogram /ˈkɪləgræm/ n. קִילוֹגְרַם

kilohertz /ˈkɪləhɜːts/ n. (*Phys.*) קִילוֹהֶרְץ (יְחִידַת תְּנוּדָה)

kilolitre /ˈkɪləliːtə(r)/ n. אֶלֶף לִיטְרִים

kilometre /ˈkɪləmiːtə(r)/, kɪˈlɒmɪtə(r)/ n. קִילוֹמֶטֶר

kiloton /ˈkɪlətʌn/ n. קִילוֹטוֹן (יְחִידַת מִשְׁקָל; כֹּחַ נֶפֶץ הַשָּׁוֶה 1,000 טוֹן ט.נ.ט.)

kilowatt /ˈkɪləwɒt/ n. (*Electr.*) קִילוֹוָט
kilowatt-hour קִילוֹוָט־שָׁעָה

kilt /kɪlt/ n. חֲצָאִית־גֶּבֶר סְקוֹטִית

kimono /kɪˈməʊnəʊ/ n. (*pl.* **kimonos**) קִימוֹנוֹ (בֶּגֶד מָסָרְתִּי יַפָּנִי); חֲלוּק־בַּיִת לְנָשִׁים

kin /kɪn/ n. (*formal*) קְרוֹבִים, בְּנֵי מִשְׁפָּחָה, שְׁאֵרֵי־בָשָׂר
kith and kin בָּשָׂר מִבְּשָׂרֵנוּ
next of kin בֶּן הַמִּשְׁפָּחָה הַקָּרוֹב בְּיוֹתֵר

kind /kaɪnd/ n.
1 (class, sort, variety) סוּג, מִין
human kind הָאֱנוֹשׁוּת, הַגֶּזַע הָאֱנוֹשִׁי
□ *leave? You'll do nothing of the kind!* לָלֶכֶת הַבַּיְתָה? בְּשׁוּם פָּנִים וָאֹפֶן לֹא! לָלֶכֶת הַבַּיְתָה? אַתָּה יָכוֹל לִשְׁכֹּחַ מִזֶּה!
□ *they are two of a kind* הֵם קָרְצוּ מֵאוֹתוֹ חֹמֶר
□ *stick to your own kind!* אַל תֵּצֵא לִרְעוֹת בְּשָׂדוֹת זָרִים
□ *they gave us coffee of a kind* נָתְנוּ לָנוּ מַשֶּׁהוּ הַדּוֹמֶה לְקָפֶה
2 kind of מַשֶּׁהוּ כְּמוֹ, מִין, מֵעֵין
□ *he is a kind of doctor* הוּא מֵעֵין רוֹפֵא כָּזֶה
□ *are you some kind of a nut?* (*colloq.*) אַתָּה מְשֻׁגָּע אוֹ־מָה?
□ *I kind of expected him to behave like that* (*colloq.*) פָּחוֹת אוֹ יוֹתֵר צִפִּיתִי שֶׁהוּא יִתְנַהֵג כָּכָה
3 in kind שְׁוֵה־כֶּסֶף, גְּמוּל לֹא־כַּסְפִּי
payment in kind תַּשְׁלוּם בִּשְׁוֵה־כֶּסֶף
□ *I repaid that swindler in kind* (*fig.*) גְּמַלְתִּי לָרַמַּאי בְּאוֹתָהּ מַטְבֵּעַ
—adj. טוֹב־לֵב, נָדִיב, נָעִים
□ *would you be so kind as to close the door?* הֲתוֹאִיל בְּטוּבְךָ לִסְגֹּר אֶת הַדֶּלֶת?

kindergarten /ˈkɪndəgɑːt(ə)n/ n. גַּן־יְלָדִים

kind-hearted /ˌkaɪnd-ˈhɑːtɪd/ adj. טוֹב־לֵב, (אָדָם) טוֹב

kindle /kɪnd(ə)l/ v.t. & i.
1 (catch fire; cause to catch fire) נִדְלַק; הִדְלִיק, הִבְעִיר
2 (rouse or be roused to strong feeling or interest) עוֹרֵר (סַקְרָנוּת וְכוּ'); (עִנְיָן) הִתְעוֹרֵר

kindling /ˈkɪndlɪŋ/ n. חֹמֶר־הַסָּקָה, חֹמֶר־בְּעֵרָה

kindly /ˈkaɪndlɪ/ adj. (*formal*) טוֹב־לֵב, חָבִיב, נָעִים
—adv.
1 (in a kind manner) בַּאֲדִיבוּת, בְּטוּב־לֵב, בַּחֲבִיבוּת
2 (please) אָנָּא..., הוֹאֵל בְּטוּבְךָ..., תּוֹאִיל, בְּבַקָּשָׁה...
□ *kindly close the door* אָנָּא, סְגֹר אֶת הַדֶּלֶת
3 (naturally, well) בַּחֲבִיבוּת, בְּקַלּוּת, בְּנוֹחוּת
□ *he doesn't take kindly to strangers* הוּא לֹא אוֹהֵב אֲנָשִׁים זָרִים

kindness /ˈkaɪndnɪs/ n. אֲדִיבוּת, חֲבִיבוּת, טוּב־לֵב; טוֹבָה, מַעֲשֵׂה־חֶסֶד

kindred /ˈkɪndrɪd/ n. (*arch.*) קְרוֹבֵי־מִשְׁפָּחָה; קִרְבַת־מִשְׁפָּחָה
—adj. קָרוֹב, עוֹמֵד בְּזִקָּה אֶל
kindred spirit קָרוֹב בְּרוּחַ, בַּעַל קִרְבָה רוּחָנִית

kine /kaɪn/ n. *pl.* (*arch.*) בָּקָר

kinetic /kɪˈnetɪk/ adj. קִינֶטִי, שֶׁל תְּנוּעָה
kinetic energy אֶנֶרְגְּיָה קִינֶטִית

kinetics /kɪˈnetɪks/ n. (*Phys.*) קִינֶטִיקָה, תּוֹרַת־הַתְּנוּעָה

kinfolk /ˈkɪnfəʊk/ n. (*US*) קְרוֹבֵי־מִשְׁפָּחָה

king /kɪŋ/ n.
1 (male ruler) מֶלֶךְ
king's ransom (*fig.*) הוֹן תּוֹעָפוֹת; אוֹצָר בָּלוּם
□ *he's the king of jazz* (*fig.*) הוּא מֶלֶךְ הַגַ'אז
2 (largest thing) עֲנָק
king prawn חֲסִילוֹן עֲנָק, שְׁרִימְפּ עֲנָק
3 (chess piece) מֶלֶךְ (בְּשַׁח)
4 (court card) מֶלֶךְ (בִּקְלָפִים)

kingdom /ˈkɪŋdəm/ n.
1 (country ruled by king or queen) מַמְלָכָה, מַלְכוּת
2 (division of natural world) עוֹלָם, מַמְלָכָה
the animal kingdom עוֹלַם הַחַי, מַמְלֶכֶת הַחַיּוֹת
3 (realm or province) מַמְלָכָה, תְּחוּם
□ *the kingdom of thought* תְּחוּם הֲהָגוּת
4 (spiritual reign) מַמְלָכָה, מַלְכוּת
kingdom of God מַלְכוּת שָׁמַיִם
kingdom come (*colloq.*) מַלְכוּת שָׁמַיִם; עוֹלַם הָאֱמֶת

kingfisher /ˈkɪŋfɪʃə(r)/ n. שַׁלְדָּג

kingly /ˈkɪŋlɪ/ adj. מַלְכוּתִי

kingpin /ˈkɪŋpɪn/ n. צִיר, יַד־הַסֶּרֶן (מֵכָנִיקָה); אָדָם חִיּוּנִי
□ *he's the kingpin of that organization* הוּא הָאִישׁ הַחִיּוּנִי בְּיוֹתֵר בָּאִרְגּוּן זֶה

king-size /ˈkɪŋ-saɪz/ adj. גָּדוֹל, "קִינְג־סַיְז" (מִזְרוֹן, מִמְחֶטֶת־נְיָר, סִיגָרִיּוֹת וְכַד')

kink /kɪŋk/ n.
1 (twist) עִקּוּל, כִּפּוּף (בְּכֶבֶל, בְּחוּט, בְּשֵׂעָר וְכַד')
2 (mental quirk) סְטִיָּה, מוּזָרוּת, "שִׁגָּעוֹן" (לָרֹב בְּעִנְיְנֵי מִין)
—v.t. & i. כּוֹפֵף, עִקֵּם; הִתְכּוֹפֵף, הִתְעַקֵּם

kinky /ˈkɪŋkɪ/ adj. (*colloq.*) מוּזָר, סוֹטֶה, עָקוּם (לָרֹב בְּהֶקְשֵׁר מִינִי); עָקוּם, מְכֻפָּף

kinsfolk /ˈkɪnzfəʊk/ n. *pl.* (*arch.*) קְרוֹבֵי־מִשְׁפָּחָה

kinship /ˈkɪnʃɪp/ n. קִרְבַת־מִשְׁפָּחָה; דִּמְיוֹן בֵּין...

kinsman /ˈkɪnzmən/ n. (*arch.*) קְרוֹב מִשְׁפָּחָה

kinswoman /ˈkɪnzwʊmən/ n. (*arch.*) קְרוֹבַת מִשְׁפָּחָה

kiosk /ˈkiːɒsk/ n.
1 (place for selling newspapers, etc.) דּוּכָן (לְעִתּוֹנִים, לְמָזוֹן וְכַד'), קִיוֹסְק
2 (telephone box) תָּא־טֶלֶפוֹן צִבּוּרִי

kip /kɪp/ n. & v.i. (*UK sl.*) "חְרוֹפּ"; "חָרַפּ"

kipper /ˈkɪpə(r)/ n. מָלִיחַ, דָּג מָלוּחַ מְעֻשָּׁן
—v.t. הִמְלִיחַ וְעִשֵּׁן (דָּג)

kir /ˈkɪə(r)/ n. קִיר (אַפֶּרִיטִיף שֶׁל יַיִן לָבָן וְקְרֶם־דֶה־קַסִּיס)

kirk /kɜːk/ n. (*Scot.*) כְּנֵסִיָּה (בִּסְקוֹטְלַנְד)

kirsch /ˈkɪəʃ/ n. יֵ"שׁ דֻּבְדְּבָנִים, לִיקֶר דֻּבְדְּבָנִים

kismet /ˈkɪzmet/ n. (*poet.*) גּוֹרָל, רְצוֹן אֱלֹהָה

kiss /kɪs/ v.t. & i.
1 (touch with lips) נָשַׁק; הִתְנַשֵּׁק
kiss hands נָשַׁק אֶת יַד הַמֶּלֶךְ/הַמַּלְכָּה
kiss-and-tell דִּבֵּר בִּפְמַבִּי עַל עִנְיָן שֶׁל הַפְּרָט
2 (touch gently) נָשַׁק לְ..., נָגַע קַלּוֹת בְּ...
□ *the white ball kissed the red* הַכַּדּוּר הַלָּבָן נָגַע קַלּוֹת בַּכַּדּוּר הָאָדֹם (בְּבִילְיַארְד)
—n. נְשִׁיקָה
kiss-curl תַּלְתַּל קָטָן (עַל הַמֵּצַח אוֹ הַלֶּחִי)
kiss of life הַנְשָׁמָה מִפֶּה לְפֶה
love and kisses נְשִׁיקוֹת (בְּסִיּוּם מִכְתָּב)
□ *his support is the kiss of death for the project* (*colloq.*) תְּמִיכָתוֹ מַנְחִיתָה מַכַּת־מָוֶת עַל הַתָּכְנִית

kissing-gate /ˈkɪsɪŋ-geɪt/ n. שַׁעַר הַמְאַפְשֵׁר מַעֲבָר אֲנָשִׁים (אַךְ לֹא אוֹפַנַּיִם וְכַד', לָרֹב בְּאֵזוֹר כַּפְרִי)

kissogram /ˈkɪsəgræm/ n. (*colloq.*) אִגֶּרֶת הַנִּמְסֶרֶת עַל יְדֵי שָׁלִיחַ/שְׁלִיחָה (לָרֹב בִּלְבוּשׁ סֶקְסִי) בְּצֵרוּף נְשִׁיקָה

kit /kɪt/ n.
1 (equipment needed by workman for his trade) עֶרְכָּה, מַעֲרֶכֶת כֵּלִים (לַעֲבוֹדָה)
2 (set of components for building something) מַעֲרֶכֶת לִבְנִיָּה־עַצְמִית
3 (equipment for sports, etc.) צִיּוּד סְפּוֹרְט
4 (soldier's or traveller's pack or equipment) צִיּוּד, זְוָד, עֶרְכָּה
—v.t.
kit out צִיֵּד בְּעֶרְכָּה אֶת

kitbag /ˈkɪtbæg/ n. קִטְבֵּג, תַּרְמִיל צִיּוּד שֶׁל חַיָּל

kitchen /ˈkɪtʃɪn/ n. מִטְבָּח
kitchen garden גַּן־יָרָק, גִּנַּת־יְרָקוֹת
kitchen sink drama דְּרָמָה מֵחַיֵּי מַעֲמַד הַפּוֹעֲלִים (בִּשְׁנוֹת הַחֲמִשִּׁים וְהַשִּׁשִּׁים)
kitchen unit יְחִידַת (אֲרוֹנוֹת) מִטְבָּח

kitchenette /ˌkɪtʃɪnˈet/ n. מִטְבָּחוֹן

kite /kaɪt/ n.
1 (bird) דַּיָּה
2 (toy) עֲפִיפוֹן
kite mark (*UK*) אוֹת מְכוֹן הַתְּקָנִים (הַבְּרִיטִי) תָּו־הַתֶּקֶן (הַבְּרִיטִי)

kith and kin /ˈkiθ ənd ˈkɪn/ n. (*formal*) קְרוֹבֵי מִשְׁפָּחָה

kitsch /kɪtʃ/ n. (*derog.*) קִיטְשׁ

kitten /ˈkɪt(ə)n/ n. & v.i. גּוּר חֲתוּלִים, חֲתַלְתּוּל; הִמְלִיטָה חֲתַלְתּוּלִים
□ *she's got an exam next week and she's having kittens* (*UK colloq.*) יֵשׁ לָהּ בְּחִינָה בַּשָּׁבוּעַ הַבָּא וְהִיא עַל סִכּוֹת
—adj. חֲתוּלִי; (אִשָּׁה הַמִּתְנַהֶגֶת בְּצוּרָה) חֲתוּלִית

kitty /ˈkɪtɪ/ n.
1 (joint fund, *colloq.*) קֻפָּה מְשֻׁתֶּפֶת (בְּמִשְׂחַק־קְלָפִים וְכַד')
2 (kitten, *colloq.*) חֲתַלְתּוּל

Kiwi /ˈkiːwiː/ n. (*colloq.*) תּוֹשָׁב נְיוּ־זִילַנְד

kiwi /ˈkiːwiː/ n. קִיוִי (עוֹף נְיוּ־זִילַנְדִּי שֶׁאֵינוֹ מְסֻגָּל לָעוּף)

kiwifruit /ˈkiːwiːfruːt/ n. פְּרִי הַקִּיוִי

klaxon /ˈklæks(ə)n/ n. צוֹפָר (חָזָק)

Kleenex /ˈkli:neks/ n. (*Prop.*) "קְלִינֶקְס", מִטְפַּחַת־נְיָר

kleptomania /ˌkleptəˈmeɪnɪə/ n. קְלֶפְּטוֹמַנְיָה (דַּחַף חוֹלָנִי לִגְנֵבָה)

kleptomaniac /klepteˈmeɪnɪæk/ n. & adj. קְלֶפְּטוֹמָן; קְלֶפְּטוֹמָנִי, (בַּעַל דַּחַף גְּנֵבָה חוֹלָנִי)

knack /næk/ n. (*colloq.*) כֹּשֶׁר, יְכֹלֶת (לָרֹב כְּתוֹצָאָה מִנִּסָּיוֹן)

 □ *he has the knack of annoying everyone* יֵשׁ לוֹ כֹּשֶׁר מְיֻחָד לְעַצְבֵּן אֶת כֻּלָּם

knacker /ˈnækə(r)/ n.

 1 (buyer of useless horses for slaughter) קוֹנֶה סוּסִים זְקֵנִים

 knacker's yard מִשְׁחֶטֶת סוּסִים; מִגְרַשׁ גְּרוּטָאוֹת

 2 (in *pl.*, testicles, *vulg.*) "בֵּיצִים" (אֲשָׁכִים)

 —v.t. (*in pass., UK sl.*) "הָרוּס" (כְּלוֹמַר עָיֵף מְאֹד)

knapsack /ˈnæpsæk/ n. תַּרְמִיל־גַּב

knave /neɪv/ n.

 1 (playing card) נָסִיךְ (בִּקְלָפִים)

 2 (rogue, *arch.*) נוֹכֵל, בֶּן־בְּלִיַּעַל

knavery /ˈneɪvərɪ/ n. (*arch.*) רַמָּאוּת, נוֹכְלוּת

knavish /ˈneɪvɪʃ/ adj. (*formal*) נַכְלוּלִי, שֶׁל רַמַּאי

knead /ni:d/ v.t. לָשׁ

 □ *he kneaded his bruised elbow* הוּא עִסָּה אֶת מַרְפְּקוֹ הַכּוֹאֵב

knee /ni:/ n.

 1 (part of leg) בֶּרֶךְ

 □ *he went down on his knees* הוּא כָּרַע עַל בִּרְכָּיו

 □ *the invading army forced the country to its knees* הַצָּבָא הַפּוֹלֵשׁ הִכְנִיעַ אֶת הַמְּדִינָה

 2 (part of garment covering knees) בֶּרֶךְ (שֶׁל מִכְנָס)

 —v.t. תָּקַע בֶּרֶךְ לְ...

knee-breeches /ˈni:-brɪtʃɪz/ n.pl. אַבְרְקַיִם (מִכְנָסַיִם הַמַּגִּיעִים עַד הַבִּרְכַּיִם)

kneecap /ˈni:kæp/ n. פִּקַּת־הַבֶּרֶךְ

knee-deep /ni:-ˈdi:p/ adj. & adv. (שֶׁעָמְקוֹ מַגִּיעַ) עַד לַבִּרְכַּיִם, בְּעֹמֶק הַבִּרְכַּיִם

knee-high /ni:-ˈhaɪ/ adj. (שֶׁגָּבְהוֹ) עַד גֹּבַהּ־הַבִּרְכַּיִם

knee-hole /ˈni:-həʊl/ n. מִרְוָח לַבִּרְכַּיִם (בְּשֻׁלְחַן כְּתִיבָה)

knee-jerk /ˈni:-dʒɜ:k/ n. & adj. (*derog.*) תְּגוּבַת־רֶפְלֶקְס; רֶפְלֶקְסִיבִי, אוֹטוֹמָטִי

kneel /ni:l/ (past & past ppl. **knelt** /nelt/) v.i.

 (kneel down) כָּרַע בֶּרֶךְ

kneeler /ˈni:lə(r)/ n. כָּרִית/שַׁרְפְּרַף כְּרִיעָה (לִתְפִלָּה בַּכְּנֵסִיָּה)

knell /nel/ n. & v.i. (*poet.*) צִלְצוּל־אֵבֶל בְּפַעֲמוֹן הַכְּנֵסִיָּה; סִימָן הַמְּבַשֵּׂר סוֹף; צִלְצֵל כַּנַּ"ל

knelt /nelt/ past & past ppl. of **kneel**

Knesset /k(ə)nesɪt/ n. הַכְּנֶסֶת (בְּיִשְׂרָאֵל)

knew /nju:/ past of **know**

Knickerbocker Glory /ˈnɪkəbɒkə ˈglɔ:rɪ/ n. מַעֲדָן גְּלִידָה, קַצֶּפֶת וּפֵרוֹת בְּגָבִיעַ מָאֳרָךְ

knickerbockers /ˈnɪkəbɒkəz/ n. *pl.* אַבְרְקַיִם (מִכְנָסַיִם רוֹפְפִים הַמִּתְקַשְּׁרִים עַל הַבֶּרֶךְ)

knickers /ˈnɪkəz/ n. *pl.* תַּחְתּוֹנֵי נָשִׁים

 □ *don't get your knickers in a twist* (*UK sl.*) אַל תִּסְתַּבֵּךְ, אַל תִּכָּנֵס לְפָּאנִיקָה, אַל תִּתְרַגֵּז

knick-knack /ˈnɪk-næk/ n. (*colloq.*) "שְׁמוֹנְץ", קִשּׁוּט, חֵפֶץ קָטָן וְזוֹל

knife /naɪf/ n. (*pl.* **knives** /naɪvz/) סַכִּין

 knife-pleat קֶפֶל רוֹדֵף מְגֹהָץ

 pocket-knife אוֹלָר

 twist the knife (*fig.*) זָרָה מֶלַח עַל הַפְּצָעִים

 □ *he spent three hours under the knife* (*colloq.*) הוּא הָיָה שָׁלֹשׁ שָׁעוֹת בַּחֲדַר־הַנִּתּוּחַ

 □ *he has got his knife into him* (*colloq.*) הוּא מִתְנַכֵּל לוֹ, הוּא רוֹצֶה לְהִתְנַכֵּל לוֹ

 □ *she had gone before you could say knife* (*colloq.*) הִיא נֶעֶלְמָה אַחַת שְׁתַּיִם, לִפְנֵי שֶׁהִסְפַּקְתָּ לְהוֹצִיא הֶגֶה

 —v.t. תָּקַע סַכִּין בְּ..., פָּצַע אֶת... בְּסַכִּין

knife-edge /ˈnaɪf-edʒ/ n. לַהַב; חַד־הַתַּעַר

 □ *victory hung on a knife-edge* הַנִּצָּחוֹן הָיָה עַל חוּדוֹ שֶׁל תַּעַר

knight /naɪt/ n.

 1 (title) אַבִּיר, "סֶר" (תֹּאַר אֲצֻלָּה)

 2 (man raised to honourable military rank, *Hist.*) אַבִּיר (בִּימֵי־הַבֵּינַיִם)

 white knight (*fig.*) "אַבִּיר לָבָן" (אָדָם אוֹ חֶבְרָה הַמַּצִּיל חֶבְרָה אַחֶרֶת מִנִּסְיוֹן הִשְׁתַּלְּטוּת)

 knight in shining armour (*fig.*) "הָאַבִּיר עַל הַסּוּס הַלָּבָן" (מוֹשִׁיעַ)

 3 (chess-piece) פָּרָשׁ, סוּס (בְּשַׁחְמָט)

 —v.t. הֶעֱנִיק תֹּאַר־אֲצֻלָּה לְ...

knight-errant /ˌnaɪt-ˈerənt/ n. (*Hist.*) אַבִּיר נוֹדֵד

knighthood /ˈnaɪthʊd/ n. תֹּאַר־אֲצֻלָּה, מַעֲמַד־הָאַבִּיר

knightly /ˈnaɪtlɪ/ adj. אַבִּירִי

knit /nɪt/ (past & past ppl. **knitted** /nɪtɪd/ or **knit** /nɪt/) v.t.

 1 (make garment) סָרַג

 2 (join together) חִבֵּר, אָרַג (בְּהַשְׁאָלָה)

 □ *we are a closely knit family* אֲנַחְנוּ מִשְׁפָּחָה קְרוֹבָה מְאֹד

 3 (contract the brows) קִמֵּט אֶת מִצְחוֹ

 —v.i. הִתְאַחָה (שֶׁבֶר, עֲצָמוֹת)

knitting /ˈnɪtɪŋ/ n.

 1 (the action of one who knits) סְרִיגָה

 2 (what is being knitted) סָרִיג, סְרִיגָה

 □ *I've left my knitting at home* הִשְׁאַרְתִּי אֶת הַסְּרִיגָה שֶׁלִּי בַּבַּיִת

knitting-needle /ˈnɪtɪŋ-ni:d(ə)l/ n. מַסְרֵגָה

knitwear /ˈnɪtweə(r)/ n. סְרִיגִים

knives /naɪvz/ *pl.* of **knife**

knob /nɒb/ n.

1 (rounded handle or lump) גֻּלָּה (עַל עַמּוּד, עַל מַקֵּל הֲלִיכָה); יָדִית עֲגֻלָּה (שֶׁל דֶּלֶת)

□ *same to you with (brass) knobs on (sl.)* (בְּשִׂפַת יְלָדִים) "הַכֹּל חוֹזֵר עָלֶיךָ"

2 (control on radio, etc.) כַּפְתּוֹר (בְּמַכְשִׁיר)

3 (small lump of butter, etc.) גּוּשׁ קָטָן (שֶׁל חֶמְאָה וְכַד')

knobbly /ˈnɒblɪ/ adj. גַּבְשׁוּשִׁי, שֶׁיֵּשׁ בּוֹ בְּלִיטוֹת מְעֻגָּלוֹת, מְסֻקָּס

knock /nɒk/ n.

1 (short, sharp blow) דְּפִיקָה, נְקִישָׁה

2 (bad experience, trouble, *colloq.*) צָרָה, בְּעָיָה

□ *be prepared to take some hard knocks in the theatre* תִּהְיֶה מוּכָן לַחְטֹף כָּל מִינֵי מַכּוֹת בְּחַיֵּי הַתֵּיאַטְרוֹן

—v.t. & i.

1 (strike with sharp blow) הִכָּה אֶת, דָּפַק עַל; דָּפַק

□ *please knock before entering* נָא לִדְפֹּק לִפְנֵי שֶׁנִּכְנָסִים

□ *redundancy has knocked my plans for a holiday on the head (colloq.)* הַפִּטּוּרִין הָרְסוּ לִי אֶת תָּכְנִיּוֹת הַחֻפְשָׁה

□ *she was knocked over by a car* מְכוֹנִית פָּגְעָה בָּהּ וְהִפִּילָה אוֹתָהּ

□ *you're knocking your head against a brick wall (fig.)* אַתָּה דּוֹפֵק אֶת הָרֹאשׁ בַּקִּיר

□ *you could have knocked me over with a feather (colloq.)* כִּמְעַט הִתְעַלַּפְתִּי מֵרֹב תַּדְהֵמָה

2 (make knocking sound) הִשְׁמִיעַ נְקִישׁוֹת, נָקַשׁ

anti-knock תּוֹסֶפֶת לִמְנִיעַת צִלְצוּלִים (בְּדֶלֶק מְכוֹנִיּוֹת)

3 (criticize, *colloq.*) הִשְׁמִיץ, "קָטַל"

□ *it's a good plan – don't knock it* זוֹ תָּכְנִית טוֹבָה, אַל תְּזַלְזֵל בָּהּ

□ *he was always knocking his family* הוּא תָּמִיד קָטַל אֶת הַמִּשְׁפָּחָה שֶׁלּוֹ, הוּא תָּמִיד הָיָה יוֹרֵד עַל הַמִּשְׁפָּחָה שֶׁלּוֹ

— in set phrases

knock about (*colloq.*)

(be around) "הִסְתּוֹבֵב" בְּ... "הִתְגַּלְגֵּל" בְּ...; "הִסְתּוֹבֵב" עִם

(treat roughly) הִכָּה אֶת

knock back (*colloq.*) שָׁתָה, "הוֹרִיד" (מַשְׁקֶה אַלְכּוֹהוֹלִי)

knock down

(strike to ground) הִפִּיל אַרְצָה אֶת "הִשְׁכִּיב" אֶת; הָרַס (מִבְנֶה וְכַד')

(sell at auction) מָכַר בִּמְכִירָה פֻּמְבִּית אֶת

(lower price asked by) הוֹרִיד אֶת הַמְּחִיר (עַד לְסְכוּם כָּזֶה וְכָזֶה)

knock off

(do rapidly or without effort) עָשָׂה, גָּמַר

(finish work, *colloq.*) גָּמַר לַעֲבֹד (בְּסוֹף הַיּוֹם)

(kill, *sl.*) "חִסֵּל"

(steal, *UK sl.*) "סָחַב", "הֵרִים"

(reduce) הוֹרִיד (מְחִיר, מִשְׁקָל וְכַד')

□ *he knocked 10% off the price for payment in cash* הוּא הוֹרִיד 10% מִן הַמְּחִיר עֲבוּר תַּשְׁלוּם בִּמְזֻמָּן

knock out

(render unconscious) גָּרַם (לִפְלוֹנִי) לְהִתְעַלֵּף (בְּמַכָּה)

(defeat and eliminate from competition) "חִסֵּל" (יָרִיב וְכַד')

knock together

(build hastily) עָשָׂה בְּחִפָּזוֹן אֶת, עָשָׂה כִּלְאַחַר יָד אֶת

(cause to collide) הִקִּישׁ בְּ... בְּ.../עַל

knock up

(prepare quickly) הֵכִין בְּחִפָּזוֹן אֶת...

(score, *Cricket*) הִשִּׂיג נְקֻדּוֹת (בְּקְרִיקֶט)

(practise before tennis match) הִתְאַמֵּן (לִפְנֵי מִשְׂחַק טֶנִיס)

(visit or arouse by knocking on door, *UK colloq.*) קָפַץ לְבִקּוּר; דָּפַק עַל הַדֶּלֶת (כְּדֵי לְהָעִיר אֶת פְּלוֹנִי מִשְּׁנָתוֹ)

(make pregnant, *US sl.*) הִכְנִיס לְהֵרָיוֹן אֶת

knockabout /ˈnɒkəbaʊt/ adj. (מַחֲזֶה מְקוֹמִי) רַעֲשָׁנִי, מְטֹרָף, "סְלֶפְּסְטִיק"

knock-down /ˈnɒk-daʊn/ adj. (מְחִירִים) מוּזָלִים, בְּזִיל הַזּוֹל; (טִעוּן) מוֹחֵץ

knocker /ˈnɒkə(r)/ n.

1 (device on door) מַקּוֹשׁ (עַל דֶּלֶת)

2 (in *pl.*, breasts, *vulg.*) בִּטּוּי גַּס וּמַעֲלִיב לְשָׁדַיִם

knock-kneed /nɒk-ˈniːd/ adj. בַּעַל רַגְלֵי־אִיקְס

knock-on /nɒk-ˈɒn/ n. תְּגוּבַת שַׁרְשֶׁרֶת, תְּגוּבַת דּוֹמִינוֹ

knock-out /ˈnɒk-aʊt/ n. & adj.

1 (blow that knocks out boxer) "נוֹק־אָאוּט"

knock-out drops (*colloq.*) סַם מַרְדִּים

2 (round for eliminating weaker contestants in competition) סִבּוּב נִפּוּי מִתְחָרִים (בְּתַחֲרוּת)

3 (attractive person or thing, *sl.*) (אָדָם) "מַגְנִיב", "מַדְלִיק"; (אֵרוּעַ) "פִּצּוּץ"

knock-up /ˈnɒk-ʌp/ n. "חִמּוּם" (בְּטֶנִיס וְכַד')

knoll /nəʊl/ n. תֵּל, גִּבְעָה קְטַנָּה

knot /nɒt/ n.

1 (intertwining of ropes, etc.) קֶשֶׁר (בְּחֶבֶל)

2 (difficulty, hard problem) תִּסְבֹּכֶת, בְּעָיָה סְבוּכָה

□ *he got tied up in knots trying to explain the problem (colloq.)* הוּא הִסְתַּבֵּךְ בְּנִסְיוֹנוֹ לְהַסְבִּיר אֶת הַבְּעָיָה

3 (hard lump in wood) סִקּוּס, "עַיִן" (בְּעֵץ)
4 (group of people) חֲבוּרָה
□ *a small knot of people gathered near the grave* קֹמֶץ שֶׁל אֲנָשִׁים הִתְאַסֵּף לְיַד הַקֶּבֶר
5 (measure of nautical speed) קֶשֶׁר (מְהִירוּת־שַׁיִט שֶׁל סְפִינָה)
—v.t. & i. קָשַׁר בְּקֶשֶׁר; הִסְתַּבֵּךְ
get knotted! (*UK sl.*) סְתֹם! חֲלַס!

knotty /ˈnɒtɪ/ adj. מְסֻקָּס; מְסֻבָּךְ
a knotty problem בְּעָיָה מְסֻבֶּכֶת, שְׁאֵלָה חֲמוּרָה

knout /naʊt/ n. מַגְלֵב, שׁוֹט, פַּרְגּוֹל

know /nəʊ/ (past **knew** /nju:/, past ppl. **known** /nəʊn/) v.t. & i.
1 (have in the mind, understand; be sure of) יָדַע
□ *he knows what's what in the business world* הוּא מִתְמַצֵּא בְּעוֹלַם הָעֲסָקִים
□ *he knows the ropes* (*colloq.*) הוּא בָּעִנְיָנִים
□ *I don't know he's a thief, but I suspect it* אֲנִי לֹא יוֹדֵעַ בְּוַדָּאוּת שֶׁהוּא גַּנָּב, אֲבָל אֲנִי חוֹשֵׁד בְּכָךְ
2 (be acquainted with) הִכִּיר, הִתְוַדַּע אֶל
□ *he made himself known to his teacher* הוּא הִצִּיג אֶת עַצְמוֹ לִפְנֵי מוֹרוֹ
□ *he's known to the police* הוּא מֻכָּר לַמִּשְׁטָרָה
□ *she's known to be* (or *known as*) *an excellent doctor* יָדוּעַ שֶׁהִיא רוֹפְאָה מְצֻיֶּנֶת
□ *his music is poorly known in this country* לֹא מַכִּירִים אֶת הַמּוּזִיקָה שֶׁלּוֹ הֵיטֵב בָּאָרֶץ הַזֹּאת
3 (have personal experience of) הִכִּיר, יָדַע
□ *she's known better days* הִיא יָדְעָה יָמִים טוֹבִים מֵאֵלֶּה
4 (be able to recognize) הִבְחִין, זִהָה
□ *I don't know him from Adam* (*colloq.*) אֵין לִי מֻשָּׂג מִי הוּא
5 (have information) יָדַע עַל
□ *I know of a good restaurant* יָדוּעַ לִי עַל מִסְעָדָה טוֹבָה
□ *do you know (anything) about the scandal?* הַאִם אַתָּה יוֹדֵעַ מַשֶּׁהוּ עַל הַשַּׁעֲרוּרִיָּה?
□ *I don't know Professor Smith, but I know of him* אֵינֶנִּי מַכִּיר אֶת פְּרוֹפֶסוֹר סְמִית (אִישִׁית), אַךְ יָדוּעַ לִי עָלָיו
—n.
in the know (*colloq.*) בָּעִנְיָנִים, בְּסוֹד הָעִנְיָנִים

know-all /ˈnəʊ-ɔ:l/ n. (*colloq. derog.*) "חַכְמוֹלוֹג" (שֶׁבְּעַצְם אֵינוֹ יוֹדֵעַ מְאוּמָה)

know-how /ˈnəʊ-haʊ/ n. (*colloq.*) יֶדַע, מְיֻמָּנוּת

knowing /ˈnəʊɪŋ/ adj. יוֹדֵעַ־דָּבָר
□ *he gave me a knowing look* הוּא נָתַן בִּי מַבָּט שֶׁל אָדָם יוֹדֵעַ־דָּבָר

knowingly /ˈnəʊɪŋlɪ/ adv.
1 (intentionally) בְּכַוָּנָה מוּדַעַת, בְּכַוָּנָה תְּחִלָּה
2 (in a knowing manner) בְּיוֹדְעִים, בְּמוּדָע

knowledge /ˈnɒlɪdʒ/ n. יֶדַע, דַּעַת
carnal knowledge (*formal*) יְדַע הַבְּשָׂרִים
common knowledge (דָּבָר) יָדוּעַ לַכֹּל
□ *I have no knowledge of her musical ability* אֵינֶנִּי יוֹדֵעַ מַה הִיא יְכָלְתָּהּ בִּתְחוּם הַמּוּזִיקָה
□ *it has come to my knowledge that you have been missing school* נוֹדַע לִי כִּי נֶעְדַּרְתָּ מִבֵּית־הַסֵּפֶר
□ *has he a car? Not to my knowledge* יֵשׁ לוֹ מְכוֹנִית? לֹא, כְּכָל הַיָּדוּעַ לִי
□ *he's in Paris to the best of my knowledge* הוּא בְּפָרִיז, לְפִי מֵיטַב יְדִיעָתִי

knowledgeable /ˈnɒlɪdʒəb(ə)l/ adj. יַדְעָן, בַּעַל־יְדִיעוֹת

known /nəʊn/ past ppl. of **know** & adj.
□ *he's a known drug dealer* הוּא סוֹחֵר סַמִּים יָדוּעַ/מֻכָּר

knuckle /ˈnʌk(ə)l/ n. עֶצֶם פֶּרֶק הָאֶצְבַּע
□ *your remark was rather near the knuckle* (*UK colloq.*) הַהֶעָרָה שֶׁלְּךָ הָיְתָה נוֹגַעַת לְמַדַּי
□ *he was rapped over the knuckles for his overspending* (*fig.*) נָזְפוּ בּוֹ נְזִיפָה חֲמוּרָה בְּשֶׁל הַהוֹצָאוֹת הַמֻּפְרָזוֹת
—v.i.
knuckle down שִׁנֵּס אֶת מָתְנָיו (לִקְרַאת עֲבוֹדָה קָשָׁה)
□ *they knuckled down to the task set them* הֵם נִגְּשׁוּ בִּרְצִינוּת לָעֲבוֹדָה שֶׁהֻטְּלָה עֲלֵיהֶם
knuckle under נֶאֱלַץ לְהִכָּנַע (לִפְקֻדָּה, תַּכְתִּיב וְכַד')
□ *she'll never knuckle under to him* הִיא לֹא תִּכָּנַע לוֹ לְעוֹלָם, הִיא לֹא תַּסְכִּים לְעוֹלָם לְקַבֵּל אֶת מָרוּתוֹ

knuckle-duster /ˈnʌkəl-ˌdʌstə(r)/ n. אֶגְרוֹפָן (מִתְקָן מַתַּכְתִּי לְשִׁמּוּשׁ כְּנֶשֶׁק)

knurl /nɜ:l/ n. זִיז, בְּלִיטָה (לְשִׁפּוּר הָאֲחִיזָה בְּדָבָר מָה)

KO /keɪ əʊ/ n. & v.t. "נוֹק־אָאוּט"; חִסֵּל

koala /kəʊˈɑ:lə/ n. דֹּב־קוֹאָלָה (יוֹנֵק אוֹסְטְרָלִי)

kohl /kəʊl/ n. כָּחָל, פּוּךְ (תַּמְרוּק לָעֵינַיִם)

kohlrabi /kəʊlˈrɑ:bɪ/ n. קוֹלְרַבִּי, כְּרוּב־קֶלַח

kook /ku:k/ n. (*US sl.*) "מַסְטוּל", "קוּקוּ"

kookaburra /ˈkʊkəbʌrə/ n. צִפּוֹר־קוּקַבּוּרָה (צִפּוֹר אוֹסְטְרָלִית)

kooky /ˈku:kɪ/ adj. (*US sl.*) "קוּקוּ"

Koran /kəˈrɑ:n/ n. קוֹרְאָן

kosher /ˈkəʊʃə(r)/ adj.
1 (Jewish Law) כָּשֵׁר (עַל־פִּי הַהֲלָכָה)
2 (genuine, *colloq.*) "כָּשֵׁר", בְּסֵדֶר

kowtow /kaʊˈtaʊ/ v.i. (בְּסִין) הִשְׁתַּחֲוָה אַפַּיִם אַרְצָה; הִשְׁפִּיל אֶת עַצְמוֹ לִפְנֵי...
□ *the mayor kowtowed to the invading general* (*fig.*) רֹאשׁ הָעִיר הִתְרַפֵּס לִפְנֵי הַגֶּנֶרָל הַפּוֹלֵשׁ

kraal /krɑ:l/ n. (*S.Afr.*) כְּפַר אַפְרִיקָנִי גָּדוּר סָבִיב סָבִיב

Kremlin /ˈkremlɪn/ n. הַקְּרֶמְלִין

krugerrand /ˈkruːgərænd/ n. קְרוּגֶרַאנְד (מַטְבֵּעַ זָהָב דְּרוֹם-אַפְרִיקָאִי)

kudos /ˈkjuːdɒs/ n. (*colloq.*) תְּהִלָּה, פִּרְסוּם

Ku Klux Klan /ˌkuː klʌks ˈklæn/ n. (*US*) קוּ-קְלַקְס-קְלָן (כַּת גִּזְעָנִית קִיצוֹנִית בְּאַרְהַ"ב)

kulak /ˈkuːlæk/ n. קוּלָק, אִכָּר רוּסִי עָשִׁיר (בִּימֵי הַצָּארִים)

kümmel /ˈkʊm(ə)l/ n. כַּמּוֹן, קִימֵל

kumquat /ˈkʌmkwɒt/ n. קוּמְקְוָט

kung fu /ˌkʌŋ ˈfuː/ n. קוּנְג-פוּ (אֳמָנוּת לְחִימָה סִינִית)

Kurd /kɜːd/ n. (אָדָם) כּוּרְדִי

Kurdish /ˈkɜːdɪʃ/ adj. כּוּרְדִי

L l

L, l /el/ n.

1 (letter) "אֶל" (הָאוֹת הַשְּׁתֵּים־עֶשְׂרֵה בָּאָלֶפְבֵּית הָאַנְגְּלִי)

L-driver (*UK*) נֶהָג מִתְלַמֵּד

L-plate (*UK*) שֶׁלֶט "לָמֵד" (עַל מְכוֹנִית שֶׁל נֶהָג מִתְלַמֵּד)

2 (Roman numeral, = 50) 50 (בְּסִפְרוֹת רוֹמִיּוֹת)

la /lɑː/ n. (*Mus.*) (הַתָּו) "לָה"

lab /læb/ n. (*colloq.*) מַעְבָּדָה

lab coat /læb kəʊt/ n. חָלוּק מַעְבָּדָה

label /ˈleɪb(ə)l/ n.

1 (piece of paper, etc. attached to object) תָּוִית, תָּג

2 (brief classification) תָּוִית, תָּג

□ *he disliked the label of 'idealist'* הוּא לֹא אָהַב אֶת הַתָּוִית "אִידֵיאָלִיסְט"

—v.t.

1 (give a label to) הִדְבִּיק תָּוִית עַל/לְ...

□ *the revolutionaries were labelled as terrorists* הַמַּהְפְּכָנִים זָכוּ בְּתָוִית "טֶרוֹרִיסְטִים"

2 (mark with radioactive substance) סִמֵּן בְּחֹמֶר רַדְיוֹ־אַקְטִיבִי

labial /ˈleɪbɪəl/ adj.

1 (of the lips, *formal*) שֶׁל שְׂפָתַיִם, שִׂפְתִי

2 (*Phonet.*, also n.) הֶגֶה שִׂפְתִי (כְּגוֹן אוֹתִיּוֹת בּוּמַ"ף)

labor see **LABOUR**

laboratory /ləˈbɒrət(ə)rɪ/, *US* /ˈlæbrətɔːrɪ/ n. מַעְבָּדָה

laborious /ləˈbɔːrɪəs/ adj. מְיַגֵּעַ, דּוֹרֵשׁ מַאֲמָץ רַב; (סִגְנוֹן) מְאֻלָּץ, לֹא סְפּוֹנְטָנִי

labour /ˈleɪbə(r)/ (*US* **labor**) n.

1 (work) עֲבוֹדָה, עָמָל, יְגִיעַ

□ *he got two years' hard labour* הוּא קִבֵּל שְׁנָתַיִם עֲבוֹדַת־פֶּרֶךְ

2 (task) מְשִׂימָה, מְלָאכָה

□ *repairing the old car was a labour of love* תִּקּוּן הַמְּכוֹנִית הָיָה מְלָאכָה שֶׁנֶּעֶשְׂתָה מִתּוֹךְ אַהֲבָה לַדָּבָר

3 (workers) פּוֹעֲלִים, כֹּחַ עֲבוֹדָה

Labor Day (*US*) חַג הָעֲבוֹדָה (יוֹם ב׳ הָרִאשׁוֹן בְּסֶפְּטֶמְבֶּר)

Labour Exchange (*colloq.* or *Hist.*) לִשְׁכַּת עֲבוֹדָה

labour force כֹּחַ עֲבוֹדָה

labour relations יַחֲסֵי־עֲבוֹדָה

labour unrest מְתִיחוּת בְּקֶרֶב הַפּוֹעֲלִים

4 Labour (political party) מִפְלֶגֶת־הָעֲבוֹדָה, מִפְלֶגֶת־הַפּוֹעֲלִים

□ *Labour are (or is) hoping for a big majority* מִפְלֶגֶת הָעֲבוֹדָה מְקַוָּה לְקַבֵּל רֹב גָּדוֹל

5 (childbirth) לֵדָה

labour pains צִירֵי לֵדָה, חֶבְלֵי לֵדָה

□ *she was in labour for two days* הַיּוֹלֶדֶת נִמְשְׁכָה יוֹמַיִם

—v.i.

1 (work hard) עָבַד, עָמַל, הִתְיַגֵּעַ בַּעֲבוֹדָה

2 (move with difficulty) הִתְנַהֵל בִּכְבֵדוּת, נָע בִּכְבֵדוּת, (מָנוֹעַ) נָע בְּקֹשִׁי

□ *I fear you are labouring under a delusion* (*formal*) אֲנִי חוֹשֵׁשׁ שֶׁהִנְּךָ שׁוֹגֶה בְּאַשְׁלָיָה

—v.t. הִרְחִיב אֶת הַדִּבּוּר עַל, הִתְעַכֵּב עַל

□ *he laboured the point* הוּא דָּשׁ בָּעִנְיָן

laboured /ˈleɪbəd/ adj. מְאֻלָּץ, מְצֻעְצָע, לֹא־סְפּוֹנְטָנִי

□ *her breathing was laboured* הִיא נָשְׁמָה בְּמַאֲמָץ

labourer /ˈleɪbərə(r)/ n. פּוֹעֵל (לָרֹב בַּעֲבוֹדָה פִיזִית וְ/אוֹ לְלֹא הַכְשָׁרָה)

labour-saving /ˈleɪbə-seɪvɪŋ/ adj. חוֹסֵךְ־מַאֲמָץ

Labrador /ˈlæbrədɔː(r)/ n. כֶּלֶב לַבְּרָדוֹר

laburnum /ləˈbɜːnəm/ n. עֵץ־לַבּוּרְנוּם (עֵץ נוֹי בַּעַל תִּפְרַחַת צְהֻבָּה)

labyrinth /ˈlæbərɪnθ/ n. מָבוֹךְ, לַבִּירִינְת

labyrinthine /ˌlæbɪˈrɪnθaɪn/ adj. (*formal*) מְסֻבָּךְ, שֶׁאֵין מוֹצָא מִמֶּנּוּ, עֲקַלְקַל

lace /leɪs/ n.

1 (fabric) תַּחֲרָה

lace-making רִקְמַת־תַּחֲרָה

2 (cord tying shoes, etc.) שְׂרוֹךְ

—v.t.

1 (fasten, also v.i.) קָשַׁר בִּשְׂרוֹךְ

□ *her new boots lace up at the side* לַמַּגָּפַיִם הַחֲדָשִׁים שֶׁלָּהּ יֵשׁ שְׂרוֹכִים בַּצַּד

2 (fortify) זָרָה מְעַט... בְּ..., מָזַג מְעַט... לְ...

□ *I drank a glass of milk laced with brandy* שָׁתִיתִי כּוֹס־חָלָב מְהוּלָה בִּמְעַט קוֹנְיָאק

lacerate /ˈlæsəreɪt/ v.t. (*formal* or *Med.*) רִטֵּשׁ, שִׁסַּע

laceration /ˌlæsəˈreɪʃ(ə)n/ n. (*Med.*) פֶּצַע־קְרִיעָה, קֶרַע (בָּעוֹר)

lace-up /ˈleɪs-ʌp/ adj. נִשְׂרָךְ

lace-up shoes (*colloq.* **lace-ups**) נַעֲלַיִם בַּעֲלוֹת־שְׂרוֹכִים

lachrymal /ˈlækrim(ə)l/ adj. (*Med.*) שֶׁל דְּמָעוֹת

lachrymose /ˈlækrɪməʊs/ adj. (*formal*) נוֹטֶה לִבְכִּי, שְׁטוּף־דְּמָעוֹת; מַזִּיל דְּמָעוֹת, גּוֹרֵם לִבְכִּי

lack /læk/ n. חֶסֶר, חֹסֶר, מַחְסוֹר
□ *the charges were dropped through lack of evidence* הַהַאֲשָׁמָה בֻּטְּלָה כְּתוֹצָאָה מֵחֹסֶר הוֹכָחוֹת
—v.t. & i. הָיָה חָסֵר, (דְּבַר מָה); חָסַר לְ... (פְּלוֹנִי); נִמְצָא חָסֵר
□ *he lacks judgement* חָסֵר לוֹ כֹּשֶׁר שִׁפּוּט
□ *he does not lack talent* הוּא אֵינֶנּוּ חָסֵר כִּשְׁרוֹן
□ *we lack for nothing* לֹא חָסֵר לָנוּ דָּבָר

lackadaisical /ˌlækəˈdeɪzɪk(ə)l/ adj. (*derog.*) חֲסַר־מֶרֶץ, אָדִישׁ, חֲסַר־חִיּוּנִיּוּת

lackey /ˈlækɪ/ n. (*derog.*) מְשָׁרֵת בְּבִגְדֵי שְׂרָד; אָדָם מִתְרַפֵּס

lacking /ˈlækɪŋ/ adj. חָסֵר
□ *they were lacking in persistence* חָסַר הָיָה לָהֶם כֹּחַ־הַתְמָדָה
□ *he's a bit lacking* (*sl.*) הוּא קְצָת "אִטִּי"

lack-lustre /ˈlæk-lʌstə(r)/ adj. (*derog.*) "אָפֹר", חֲסַר־נִיצוֹץ, בֵּינוֹנִי

laconic /ləˈkɒnɪk/ adj. (*formal*) לָקוֹנִי, קָצָר וּמְדֻיָּק, תַּמְצִיתִי

lacquer /ˈlækə(r)/ n. לַכָּה (לְעֵץ, לְמַתֶּכֶת)
hair lacquer סְפְּרֵי־לַשֵּׂעָר
—v.t. צִפָּה בְּלַכָּה

lacrosse /ləˈkrɒs/ n. לַקְרוֹס (מִשְׂחָק דְּמוּי הוֹקִי שֶׁמְּשַׂחֲקִים בְּעֶזְרַת מַקְלוֹת מְיֻחָדִים)

lactation /lækˈteɪʃ(ə)n/ n. (*formal*) הַפְרָשַׁת חָלָב מִשַּׁד/ מֵעֲטִין

lactic /ˈlæktɪk/ adj. שֶׁל חָלָב, הַמּוּפָק מֵחָלָב
lactic acid חֻמְצַת־הֶחָלָב

lactose /ˈlæktəʊs/ n. סֻכַּר־חָלָב, לַקְטוֹזָה

lacuna /ləˈkjuːnə/ n. (*pl.* **lacunae** or **lacunas**) (*formal*) לָקוּנָה (קֶטַע חָסֵר בְּטֶקְסְט וְכַד')

lacy /ˈleɪsɪ/ adj. שֶׁל תַּחֲרָה, דְּמוּי תַּחֲרָה, מְקֻשָּׁט בְּתַחֲרָה

lad /læd/ n. (*colloq.*) נַעַר, עֶלֶם
□ *he likes to be seen as one of the lads* (*UK*) הוּא אוֹהֵב לַעֲשׂוֹת רֹשֶׁם שֶׁל "אֶחָד מֵהַחֶבְרֶה"
□ *he's a bit of a lad* (*UK*) הוּא יוֹדֵעַ לְבַלּוֹת הֵיטֵב, הוּא יוֹדֵעַ לַעֲשׂוֹת חַיִּים

ladder /ˈlædə(r)/ n.
1 (structure for climbing) סֻלָּם
2 (flaw in tights, etc.) "רַכֶּבֶת" (בְּגֶרֶב נַיְלוֹן וְכַד')
3 (means of advancement) סֻלַּם־הַדַּרְגוֹת (בַּקַּרְיֶרָה)
—v.t. & i. עָשָׂה "רַכֶּבֶת" (בַּגֶּרֶב); (גֶּרֶב) הָיָה עִם "רַכֶּבֶת"

laddie /ˈlædɪ/ n. (*Scot. colloq.*) בָּחוּר

lade /leɪd/ v.t. (past ppl. **laden** /ˈleɪd(ə)n/) v.t. טָעַן, עָמַס
□ *he arrived laden with presents* הוּא הִגִּיעַ עָמוּס מַתָּנוֹת

la-di-da /ˌlɑː-dɪ-ˈdɑː/ adj. (*colloq.*) מִתְאַמֵּץ לְהַעֲמִיד פְּנֵי בֶּן מַעֲמָד גָּבוֹהַּ, "עוֹשֶׂה רוּחַ"

lading /ˈleɪdɪŋ/ n.
bill of lading שְׁטַר מִטְעָן

ladle /ˈleɪd(ə)l/ n. מַצֶּקֶת, תַּרְוָד
—v.t. חִלֵּק בְּמַצֶּקֶת
ladle out חִלֵּק בְּמַצֶּקֶת; פִּזֵּר עַל יָמִין וְעַל שְׂמֹאל

lady /ˈleɪdɪ/ n.
1 (woman, esp. in polite address) גְּבֶרֶת; גְּבִירָה; אִשָּׁה
lady doctor רוֹפְאָה
lady love אֲהוּבָה
lady's fingers
(okra) בָּמְיָה (יָרָק)
(biscuits) מֵעֵין עוּגַת טוֹרְט קְטַנָּה צָרָה וּמְאֻרֶכֶת
lady's maid מְשָׁרֶתֶת אִישִׁית (שֶׁל לֵיְדִי)
ladies' man חוֹבֵב־נָשִׁים
cleaning lady עוֹזֶרֶת, מְנַקָּה
□ *and how is your good lady wife?* וּמַה שְּׁלוֹם זוּגָתְךָ שֶׁתִּחְיֶה?
□ *ladies and gentlemen!* גְּבִירוֹתַי וְרַבּוֹתַי!
2 (title) לֵיְדִי (תֹּאַר); "לֵיְדִי" (אִשָּׁה בַּעֲלַת הִתְנַהֲגוּת רְאוּיָה)
Lady Bountiful (*colloq.*) גְּבֶרֶת נַדְּבָנִית
3 **Our Lady** (*Relig.*) מִרְיָם הַקְּדוֹשָׁה, גְּבִרְתֵּנוּ הַקְּדוֹשָׁה
Lady chapel חֲדַר־תְּפִלָּה לְמִרְיָם הַקְּדוֹשָׁה
Lady Day יוֹם הַבְּתוּלָה הַקְּדוֹשָׁה (25 בְּמֶרְס)
4 (in *pl.*, women's public lavatory, *UK colloq.*) שֵׁרוּתֵי־נָשִׁים

ladybird /ˈleɪdɪbɜːd/ n. (*US* **ladybug**) פָּרַת משֶׁה רַבֵּנוּ

lady-in-waiting /ˌleɪdɪ-ɪn-ˈweɪtɪŋ/ n. גְּבִירַת הַמַּלְכָּה

lady-killer /ˈleɪdɪ-kɪlə(r)/ n. (*colloq.*) דּוֹן ז'וּאָן, רוֹדֵף נָשִׁים, קוֹטֵל־נָשִׁים

ladylike /ˈleɪdɪlaɪk/ adj. כְּמוֹ גְּבֶרֶת, כְּמוֹ לֵיְדִי

ladyship /ˈleɪdɪʃɪp/ n.
your (or **her**) **ladyship** הוֹד מַעֲלָתֵךְ/מַעֲלָתָהּ הַגְּבִירָה

lag[1] /læg/ v.i. פִּגֵּר, הִשְׁתַּהָה
□ *the slower children lagged behind* הַיְלָדִים שֶׁהָלְכוּ לְאַט יוֹתֵר פִּגְּרוּ
—n.
1 (delay) פִּגּוּר, הִשְׁתַּהוּת
2 (convict, *colloq.*) אָסִיר; אָסִיר לְשֶׁעָבַר, אָסִיר מְשֻׁחְרָר

lag[2] /læg/ v.t. בִּדֵּד (לְצֹרֶךְ שְׁמִירָה עַל חֹם)

lager /ˈlɑːgə(r)/ n. לָגֶר (סוּג שֶׁל בִּירָה לְבָנָה)
lager lout (*UK*) חוּלִיגָן (שׁוֹתֵה בִּירָה)

laggard /ˈlægəd/ n. (*arch.*) אָדָם/דָּבָר הַמְפַגֵּר אַחֲרֵי...

lagging /ˈlægɪŋ/ n. בִּדּוּד, חֹמֶר בִּדּוּד

lagoon /ləˈguːn/ n. לָגוּנָה (מֵעֵין אֲגַם מֵי־יָם לְיַד הַחוֹף)

laid /leɪd/ past & past ppl. of **lay**[4]

lain /leɪn/ past ppl. of **lie**[2]

lair /leə(r)/ n. מִרְבָּץ, מְאוּרָה
laird /leəd/ n. (*Scot.*) בַּעַל קַרְקָעוֹת סְקוֹטִי
laissez-faire /ˌleɪseɪ-ˈfeə(r)/ n. & adj. (מְדִינִיּוּת) אִי־הִתְעָרְבוּת (לָרֹב בַּעֲסָקִים)
laity /ˈleɪətɪ/ n.
1 (non-clergy) הֶדְיוֹטוֹת (שֶׁלֹּא מִמַּעֲמַד הַכְּמוּרָה)
2 (non-members of a profession) הֶדְיוֹטוֹת (שֶׁלֹּא בַּעֲלֵי יֶדַע מִקְצוֹעִי מְסֻיָּם)
lake[1] /leɪk/ n. אֲגַם
the Lake District אֵזוֹר הָאֲגַמִּים (בְּאַנְגְּלִיָּה)
the Great Lakes הָאֲגַמִּים הַגְּדוֹלִים (בְּאַרְהַ״ב)
lake[2] /leɪk/ n. צֶבַע אַרְגָּמָן עָמֹק
lam /læm/ (*sl.*)
—v.t. הִרְבִּיץ מַכּוֹת לְ...; תָּקַף בְּמִלִּים אֶת
—v.i.
□ *she lammed into him over his lack of punctuality* הִיא נָתְנָה לוֹ עַל הָרֹאשׁ כֵּיוָן שֶׁתָּמִיד אֵחַר
lama /ˈlɑːmə/ n. לָמָה (כֹּמֶר טִיבֶּטִי)
lamasery /ˈlɑːməsərɪ/ n. מִנְזָר שֶׁל כְּמָרִים טִיבֶּטִיִּים
lamb /læm/ n. טָלֶה, שֶׂה
the Lamb of God (*Relig.*) שֵׂה הָאֱלֹהִים (כִּנּוּי לְיֵשׁוּ)
□ *they went like lambs to the slaughter* הֵם הָלְכוּ כְּצֹאן לַטֶּבַח
□ *my poor lamb! Have you hurt yourself?* מִסְכֵּן שֶׁלִּי, מַה קָּרָה לְךָ?
—v.i. (כִּבְשָׂה) הִמְלִיטָה (טָלֶה)
lambaste /læmˈbeɪst/ v.t. (*colloq.*) הִרְבִּיץ מַכּוֹת לְ...; תָּקַף בְּמִלִּים
lambent /ˈlæmbənt/ adj. (*formal*) מֵאִיר קַלּוֹת (אוֹר לֶהָבָה), זוֹרֵהַּ אוֹר מָתוּן וְנָעִים
lambkin /ˈlæmkɪn/ n. (*poet.*) שֵׁם חִבָּה לְטָלֶה
lambswool /ˈlæmzwʊl/ n. & adj. צֶמֶר, צֶמֶר טְלָאִים; עָשׂוּי צֶמֶר טְלָאִים
lame /leɪm/ adj.
1 (crippled) פִּסֵּחַ, צוֹלֵעַ, חִגֵּר
lame duck (*colloq.*) ״נֵפֶל״ (אָדָם אוֹ עֵסֶק כּוֹשֵׁל)
□ *the horse went lame* הַסּוּס הֵחֵל לִצְלֹעַ
2 (feeble) חַלָּשׁ, כּוֹשֵׁל, ״צוֹלֵעַ״
□ *that's a lame excuse for missing school* זֶה תֵּרוּץ צוֹלֵעַ לְהֵעָדְרוּת מִבֵּית־הַסֵּפֶר
—v.t. גָּרַם לְ... לִצְלִיעָה
lamé /ˈlɑːmeɪ/ n. לָמֶה (אָרִיג שֶׁזּוּר חוּטֵי זָהָב אוֹ כֶּסֶף)
lament /ləˈment/ n. קִינָה
—v.i. & t. קוֹנֵן, הִתְאַבֵּל; קוֹנֵן עַל, בָּכָה אֶת
□ *the late lamented Mr Smith was a fine man* (*formal*) מַר סְמִית אֲשֶׁר נִפְטַר זֶה עַתָּה הָיָה אָדָם טוֹב
lamentable /ˈlæməntəb(ə)l/ adj. (*formal*) שֶׁיֵּשׁ לְהִצְטַעֵר עָלָיו, מְצַעֵר (כְּלוֹמַר שְׁלִילִי בְּיוֹתֵר)
lamentation /ˌlæmənˈteɪʃ(ə)n. n. (*formal*) קִינָה, אֵבֶל
(the Book of) Lamentations (*Bibl.*) סֵפֶר אֵיכָה, מְגִלַּת אֵיכָה

lamina /ˈlæmɪnə/ n. (*pl.* **laminae**) לוּחִית דַּקָּה, שִׁכְבָה דַּקָּה
laminate /ˈlæmɪneɪt/ v.t. בָּנָה אֶת... בִּשְׁכָבוֹת; צִפָּה אֶת... בְּשִׁכְבָה דַּקָּה (שֶׁל פְּלַסְטִיק, מַתֶּכֶת וְכַד׳)
laminated glass זְכוּכִית בִּטָּחוֹן
laminated wood עֵץ לָבוּד, לָבִיד, דִּיקְט
—n. חֹמֶר לָבוּד, חֹמֶר עָשׂוּי שְׁכָבוֹת שְׁכָבוֹת
lamination /ˌlæmɪˈneɪʃ(ə)n/ n. לִבּוּד, הֲנָחָה בִּשְׁכָבוֹת דַּקּוֹת
lamp /læmp/ n. מְנוֹרָה
oil lamp מְנוֹרַת־נֵפְט; מְנוֹרַת שֶׁמֶן, נֵר־שֶׁמֶן
street lamp פַּנַּס רְחוֹב
lampblack /ˈlæmpblæk/ n. אַבְקַת פִּיחַ (מְשַׁמֶּשֶׁת כְּצֶבַע שָׁחוֹר)
lamplight /ˈlæmplaɪt/ n. אוֹר מְנוֹרָה
lamplighter /ˈlæmplaɪtə(r)/ n. (*Hist.*) מַדְלִיק פַּנְּסֵי־רְחוֹב
lampoon /læmˈpuːn/ n. קָרִיקָטוּרָה בִּכְתָב, סָטִירָה חֲרִיפָה
—v.t. כָּתַב סָטִירָה חֲרִיפָה, לִגְלֵג בִּכְתָב עַל
lamp-post /ˈlæmp-pəʊst/ n. עַמּוּד שֶׁל פַּנַּס רְחוֹב
lamprey /ˈlæmprɪ/ n. לַמְפֶּטְרָה (דָּג מִמִּשְׁפַּחַת הַצִּמְדִּיִּים הַנִּצְמָד לִסְלָעִים)
lampshade /ˈlæmpʃeɪd/ n. אָהִיל
LAN abbrev. (*Comput.*) רֶשֶׁת מַחְשְׁבִים (בְּבִנְיָן וְכַד׳)
lance /lɑːns/ n. כִּידוֹן, רֹמַח (שֶׁל אַבִּיר)
—v.t. (*Med.*) פָּתַח בְּאִזְמֵל־מְנַתְּחִים אֶת
lance-corporal /ˌlɑːns-ˈkɔːp(ə)r(ə)l/ n. טוּרַאי רִאשׁוֹן
lancer /ˈlɑːnsə(r)/ n. פָּרָשׁ (נוֹשֵׂא רֹמַח)
lancet /ˈlɑːnsɪt/ n.
1 (*Med.*) אִזְמֵל־מְנַתְּחִים, סַכִּין־מְנַתְּחִים
2 (*Archit.*) צֹהַר מְחֻדָּד בְּחֶלְקוֹ הָעֶלְיוֹן
land /lænd/ n.
1 (solid part of earth's surface) יַבָּשָׁה
land breeze בְּרִיזָה (רוּחַ קַלָּה הַמְּנַשֶּׁבֶת מִן הַיַּבָּשָׁה אֶל הַיָּם)
land mass גּוּשׁ יַבַּשְׁתִּי
□ *we made land after a week at sea* הִגַּעְנוּ לַיַּבָּשָׁה אַחֲרֵי שָׁבוּעַ בְּלֵב יָם
2 (terrain) שֶׁטַח
□ *we sent scouts to find out the lie of the land* (or *how the land lay*) שָׁלַחְנוּ גַּשָּׁשִׁים לְבָרֵר מַה טִּיב הַשֶּׁטַח
3 (soil; agricultural terrain) קַרְקַע, אֲדָמָה
4 (property, estates, also *pl.*) אֲדָמוֹת
5 (country) אֶרֶץ
the land of the living (*poet.* or *joc.*) אֶרֶץ־הַחַיִּים
the land of Nod (*colloq.*) אֶרֶץ הַחֲלוֹמוֹת
—v.i.
1 (disembark from ship) יָרַד לַחוֹף, יָרַד לַיַּבָּשָׁה (מִסְּפִינָה וְכַד׳)

2 (touch ground) נָחַת (מָטוֹס, אָדָם לְאַחַר קְפִיצָה וְכַד׳)
□ *he always lands on his feet* (*fig.*) הוּא יוֹצֵא בְּשָׁלוֹם מִכָּל צָרָה, הוּא תָּמִיד מִסְתַּדֵּר
3 (arrive, end up) הִגִּיעַ (לְ...)
□ *you'll land (up) in prison if you go on like this* אִם תַּמְשִׁיךְ כָּךְ תִּמְצָא אֶת עַצְמְךָ בְּבֵית־סֹהַר
—v.t.
1 (catch, get) תָּפַס
□ *he landed a top job* הוּא תָּפַס ג׳וֹב בָּכִיר
2 (strike, place, *colloq.*) תָּקַע/הִנְחִית (מַהֲלוּמָה) לְ...
□ *he landed him one in the eye* הוּא תָּקַע לוֹ אֶגְרוֹף בָּעַיִן
3 land with (*colloq.*) ״הִלְבִּישׁ״ (תַּפְקִיד) עַל
□ *he got landed with the washing up* הוּא ״נִתְקַע״ עִם הַכֵּלִים
4 (bring to land; set ashore) הִנְחִית (מָטוֹס); הֵבִיא אֶת... לַחוֹף

land-agent /ˈlænd-eɪdʒənt/ n. סוֹכֵן קַרְקָעוֹת, סוֹכֵן מְקַרְקְעִין
landau /ˈlændɔː/ n. (*Hist.*) כִּרְכָּרָה אַרְבַּע־אוֹפַנִּית וְדוּ־מוֹשָׁבִית
landed /ˈlændɪd/ adj. בַּעַל־קַרְקָעוֹת; כּוֹלֵל קַרְקַע
landed gentry אֲצֻלָּה בַּעֲלַת־קַרְקָעוֹת
landfall /ˈlændfɔːl/ n. זִהוּי יַבָּשָׁה (לְאַחַר מַסָּע אָרֹךְ בַּיָּם וְכַד׳)
landing /ˈlændɪŋ/ n.
1 (platform at head of stairs) מִשְׁטָח בְּרֹאשׁ גֶּרֶם־מַדְרֵגוֹת (לְמָשָׁל בְּכָל קוֹמָה בַּחֲדַר־מַדְרֵגוֹת)
2 (reaching or bringing to land) נְחִיתָה (שֶׁל אֳנִיָּה אוֹ מָטוֹס)
soft landing נְחִיתָה רַכָּה
landing strip מַסְלוּל נְחִיתָה
3 (place for coming ashore) רָצִיף
landing-craft /ˈlændɪŋ-krɑːft/ n. נַחֶתֶת
landing-gear /ˈlændɪŋ-gɪə(r)/ n. כַּן־הַנְּחִיתָה
landing-stage /ˈlændɪŋ-steɪdʒ/ n. רְצִיף־צָף
landlady /ˈlændleɪdɪ/ n.
1 (owner of house or land) בַּעֲלַת־בַּיִת, בַּעֲלַת הַקַּרְקָעוֹת
2 (innkeeper) פֻּנְדְּקָאִית, בַּעֲלַת־פֻּנְדָּק
land-locked /ˈlænd-lɒkt/ adj. מֻקַּף־יַבָּשָׁה (נָמָל, מֵזַח, מִפְרָץ וְכוּ׳)
landlord /ˈlænd-lɔːd/ n.
1 (owner of house or land) בַּעַל־בַּיִת, בַּעַל־הַקַּרְקָעוֹת
2 (innkeeper) פֻּנְדְּקַאי, בַּעַל פֻּנְדָּק
land-lubber /ˈlænd-lʌbə(r)/ n. (*colloq.*) ״עַכְבַּר־יַבָּשָׁה״ (כִּנּוּי לַעֲגָנִי לְאָדָם שֶׁאֵינוֹ רָגִיל לְחַיֵּי יַמָּאוּת)
landmark /ˈlændmɑːk/ n.
1 (conspicuous object) תְּוֵי נוֹף בּוֹלְטִים, סִימָן בַּשֶּׁטַח, צִיּוּן־דֶּרֶךְ
2 (outstanding event) נְקֻדַּת מִפְנֶה, מְאֹרָע חָשׁוּב בְּיוֹתֵר, צִיּוּן־דֶּרֶךְ
land-mine /ˈlænd-maɪn/ n. מוֹקֵשׁ־יַבָּשָׁה
landowner /ˈlændəʊnə(r)/ n. בַּעַל־קַרְקָעוֹת
Landrover /ˈlændrəʊvə(r)/ n. (*Prop.*) לֶנְדְּרוֹבֶר (סוּג שֶׁל ג׳יפּ)
landscape /ˈlændskeɪp/ n.
1 (scenery) נוֹף
landscape gardening עִצּוּב־נוֹף, אַדְרִיכָלוּת־נוֹף
2 (picture) תְּמוּנַת־נוֹף
3 (shape of picture or page) תְּמוּנָה/דַּף לְרֹחַב (שֶׁרָחְבָּם גָּדוֹל מֵאָרְכָּם)
—v.t. עִצֵּב (נוֹף)
landslide /ˈlændslaɪd/ n. מַפֹּלֶת־הָרִים; הַצְלָחָה סוֹחֶפֶת (בִּבְחִירוֹת)
□ *he won the election by a landslide* הוּא זָכָה בְּנִצָּחוֹן סוֹחֵף בַּבְּחִירוֹת
landslip /ˈlændslɪp/ n. מַפֹּלֶת הָרִים קְטַנָּה
landward /ˈlændw(ə)d/ adj., adv., & n. לְעֵבֶר הַיַּבָּשָׁה; נִשְׁקָף אֶל הַיַּבָּשָׁה
landwards /ˈlændw(ə)dz/ adv. לְעֵבֶר הַיַּבָּשָׁה
lane /leɪn/ n.
1 (narrow road) כְּבִישׁ צַר, דֶּרֶךְ צָרָה, שְׁבִיל צַר
□ *it's a long lane that has no turning* (*Prov.*) דְּבָרִים מִשְׁתַּנִּים בְּמֻקְדָּם אוֹ בִּמְאֻחָר
2 (*Sport*) מַסְלוּל
3 (route) נָתִיב, מַסְלוּל
□ *this river is a busy shipping lane* נָהָר זֶה הוּא נְתִיב סְפָנוּת סוֹאֵן
4 (strip of road for one line of traffic) נָתִיב, מַסְלוּל
langlauf /ˈlæŋlaʊf/ n. סְקִי־שֶׁטַח (שֶׁלֹּא בְּמוֹרַד הַר)
langoustine /ˈlãguːstiːn/ n. לֶנְגּוּסְטִין (סוּג שֶׁל חֲסִילוֹנִים)
language /ˈlæŋgwɪdʒ/ n.
1 (system of signs or symbols) לָשׁוֹן, שָׂפָה
language laboratory מַעְבָּדָה לְשׁוֹנִית (לְלִמּוּד שָׂפוֹת)
programming language (*Comput.*) שְׂפַת־תִּכְנוּת
2 (manner of speech, vocabulary) סִגְנוֹן (לְשׁוֹנִי), לָשׁוֹן, שָׂפָה
bad language מִלִּים גַּסּוֹת, הִתְבַּטְּאוּת לֹא־הוֹלֶמֶת
the language of diplomacy לְשׁוֹן דִּיפְּלוֹמָטִית
the language of the gutter לְשׁוֹן בִּיבִים, לָשׁוֹן קְלוֹקֶלֶת
□ *money? Now you're talking my language!* כֶּסֶף? עַכְשָׁו אַתָּה מְדַבֵּר בְּשָׂפָה שֶׁלִּי!
languid /ˈlæŋgwɪd/ adj. רָפֶה וְנִנּוֹחַ, חֲסַר־מֶרֶץ
languish /ˈlæŋgwɪʃ/ v.i.
1 (grow feeble; suffer increasingly) הָלַךְ וְכָלָה, הָלַךְ וְדָעַךְ; הִתְיַסֵּר
2 (feel sentimental) עָרַג לְ..., כָּמַהּ לְ..., הִתְגַּעְגַּע לְ...

languor /ˈlæŋgə(r)/ n. (*poet.*)
1 (weakness) רִפְיוֹן, חֻלְשָׁה
2 (stillness) דְּמָמָה (מְעִיקָה וְכַד׳)

languorous /ˈlæŋgərəs/ adj. (*poet.*) רָפֶה וְנוּחַ

lank /læŋk/ adj. (*derog.*) (שֵׂעָר) יָשָׁר וּמְשֻׁטָּח; (אָדָם) כָּחוּשׁ וְגָבוֹהַּ

lanky /ˈlæŋkɪ/ adj. גָּבוֹהַּ וְכָחוּשׁ

lanolin /ˈlænəlɪn/ n. לָנוֹלִין (שֶׁמֶן מוּפָק מִצֶּמֶר הַמְשַׁמֵּשׁ בְּתַמְרוּקִים)

lantern /ˈlæntən/ n. פַּנָּס

lantern-jawed /ˌlæntən-ˈdʒɔːd/ adj. (אָדָם) בַּעַל לְסָתוֹת מְאֻרָכוֹת וְדַקּוֹת וּלְחָיַיִם שְׁקוּעוֹת

lanyard /ˈlænjəd/ n. חֶבֶל קְשִׁירָה קָצָר (בִּסְפָנוּת); שְׂרוֹךְ (לְמַשְׁרוֹקִית, שְׂרוֹךְ הַדַּרְגָּה בַּצָּבָא וְכַד׳)

lap[1] /læp/ n.
1 (part of sitting person) חֵיק, בִּרְכַּיִם, יְרֵכַיִם (שֶׁל אָדָם יוֹשֵׁב בִּלְבַד)
□ *his fate is in the lap of the gods* גּוֹרָלוֹ נָתוּן בִּידֵי הָאֵלִים
□ *I was brought up in the lap of luxury* (*colloq.*) גֻּדַּלְתִּי מֻקָּף בְּמוֹתָרוֹת
2 (circuit of race, etc.) הַקָּפָה, סִבּוּב
□ *he's on the last lap* (*fig.*) הוּא בַּשָּׁלָב הָאַחֲרוֹן
3 (amount of overlap) עֹדֶף

—v.t.
1 (overtake by one or more laps) הִשִּׂיג בְּהַקָּפָה שְׁלֵמָה אֶת
2 (overlap, also v.i.) חָפַף, כִּסָּה עַל... (בְּאֹפֶן חֶלְקִי)
□ *the tiles lapped (over) one another* הָרְעָפִים חָפְפוּ זֶה לָזֶה
3 (wrap) הִקִּיף, אָפַף
□ *he lived his life lapped about by luxury* (*poet.*) הוּא חַי אֶת חַיָּיו אָפוּף־מוֹתָרוֹת

lap[2] /læp/ v.t. & i. לִקֵּק, לִחֵךְ
□ *he fairly lapped up my story* הוּא אָכַל אֶת כָּל הַלּוֹקְשִׁים שֶׁלִּי

—n. לִקּוּק, לְחִיכָה; הֲמִיָּה (שֶׁל גַּל וְכַד׳)

lap-dog /ˈlæp-dɒg/ n. כֶּלֶב־שַׁעֲשׁוּעִים

lapel /ləˈpel/ n. דַּשׁ (שֶׁל בֶּגֶד)

lapidary /ˈlæpɪdərɪ/ adj. (*formal*) חָקוּק בְּאֶבֶן; (נְאוּם, סִגְנוֹן) מְהֻקְצָע

—n. מְלַטֵּשׁ אֲבָנִים יְקָרוֹת

lapis lazuli /ˌlæpɪs ˈlæzjʊlɪ/ n. אֶבֶן־תְּכֵלֶת

lapse /læps/ n.
1 (slip; deviation) טָעוּת, שִׁבּוּשׁ, סְטִיָּה, פְּלִיטָה
□ *she suffered a lapse of memory* הִיא סָבְלָה מֵחוֹר בַּזִּכָּרוֹן
2 (interval) פֶּרֶק זְמַן
□ *after a lapse of a month he returned home* מִקֵּץ חֹדֶשׁ הוּא חָזַר הַבַּיְתָה

—v.i.
1 (fall; deviate) שָׁקַע, סָטָה, יָרַד בְּהַדְרָגָה
□ *he's a lapsed Catholic* הוּא קָתוֹלִי לְשֶׁעָבַר
□ *the guide lapsed into her own language* הַמַּדְרִיכָה עָבְרָה לְדַבֵּר בִּשְׂפָתָהּ שֶׁלָּהּ
2 (become void; elapse) פָּקַע תָּקְפּוֹ שֶׁל...

lapsus linguae /ˌlæpsəs ˈlɪŋgwaɪ/ n. (*formal*) פְּלִיטַת־פֶּה

laptop /ˈlæptɒp/ n. מַחְשֵׁב מִטַּלְטֵל, מַחְשֵׁב "לֶפְּטוֹפּ"
laptop computer מַחְשֵׁב מִטַּלְטֵל

lapwing /ˈlæpwɪŋ/ n. קִיוִית (עוֹף בִּצָּה)

larceny /ˈlɑːsənɪ/ n. (*Law*) (בְּמִשְׁפָּט) גְּנֵבָה

larch /lɑːtʃ/ n. אַרְזִית מַשִּׁירָה (עֵץ מִמִּשְׁפַּחַת הָאָרְנִיִּים)

lard /lɑːd/ n. שֻׁמַּן חֲזִיר

—v.t. תָּקַע פִּסּוֹת שֻׁמָּן בְּ... (נֵתַח בָּשָׂר, לְצֹרֶךְ בִּשּׁוּל); שִׁבֵּץ (פִּתְגָּמִים וְכַד׳ בִּנְאוּם)
□ *his speech was larded with quotations* הוּא תִּבֵּל אֶת דְּבָרָיו בְּצִיטָטוֹת

larder /ˈlɑːdə(r)/ n. מְזָוֶה

large /lɑːdʒ/ adj. גָּדוֹל; רָחָב
large intestine הַמְּעִי הַגַּס
larger than life מֻגְזָם
□ *here he is, (as) large as life* (*colloq.*) לֹא תַּאֲמִין, אֲבָל הִנֵּה הוּא

—adv.
by and large בִּכְלָל, בִּכְלָלוֹ־שֶׁל־דָּבָר, כְּלָלִית
□ *the exams loomed large* הַמִּבְחָנִים עָמְדוּ בַּפֶּתַח

—n.
at large
(in general) (בַּצִּבּוּר) הָרָחָב, (בָּעוֹלָם) הַגָּדוֹל
□ *the public at large approved of the government's actions* הַקָּהָל הָרָחָב תָּמַךְ בִּפְעֻלּוֹת הַמֶּמְשָׁלָה
(at liberty) חָפְשִׁי
□ *the criminal is still at large* הַפּוֹשֵׁעַ עוֹדֶנּוּ מִסְתּוֹבֵב חָפְשִׁי

largely /ˈlɑːdʒlɪ/ adv.
1 (to a great extent) בְּמִדָּה רַבָּה
2 (generously, widely) בְּדֶרֶךְ כְּלָל, בְּיַד רְחָבָה

large-scale /ˈlɑːdʒ-skeɪl/ adj. בְּקְנֵה־מִדָּה גָּדוֹל

largesse /lɑːˈdzes/ n. (also **largess**) נְדִיבוּת לֵב; צְדָקָה

largish /ˈlɑːdʒɪʃ/ adj. לֹא כָּל־כָּךְ קָטָן, גָּדוֹל לְמַדַּי

largo /ˈlɑːgəʊ/ adv. & n. (*Mus.*) לַרְגוֹ, בִּרְחָבוּת (בְּמוּזִיקָה, בְּאִטִּיּוּת וּבְרֹחַב)

lariat /ˈlærɪət/ n. (*US*) פַּלָּצוּר, לָסוֹ

lark[1] /lɑːk/ n. עֶפְרוֹנִי (צִפּוֹר שִׁיר)
□ *I rose with the lark* (*poet.* or *joc.*) קַמְתִּי הַשְׁכֵּם בַּבֹּקֶר

lark[2] /lɑːk/ n. (*colloq.*) שַׁעֲשׁוּעַ, מַהֲתַלָּה
□ *what a lark!* אֵיזֶה כֵּיף!

—v.i.
(usu. **lark about**) הִשְׁתַּעֲשֵׁעַ, עָשָׂה כֵּף
larkspur /ˈlɑːkspɜː(r)/ n. דָּרְבָנִית (צֶמַח מִמִּשְׁפַּחַת הַנּוּרִיתִיִּים)
larva /ˈlɑːvə/ n. (*pl.* **larvae**) זַחַל (שָׁלָב בְּהִתְפַּתְּחוּת חֶרֶק)
larval /ˈlɑːv(ə)l/ adj. שֶׁל זַחַל, בְּשָׁלָב הַזַּחַל
laryngitis /ˌlærɪnˈdʒaɪtɪs/ n. דַּלֶּקֶת הַגָּרוֹן, לָרִינְגִּיטִיס
larynx /ˈlærɪŋks/ n. (*pl.* **larynges**) לָרִינְקְס (חָלָל בַּגָּרוֹן הַמֵּכִיל אֶת מֵיתְרֵי־הַקּוֹל)
lasagne /ləˈzænjə/ n. לָזַנְיָה (מַאֲכָל פַּסְטָה וּבָשָׂר אִיטַלְקִי)
Lascar /ˈlæskə(r)/ n. סַפָּן הֹדִּי
lascivious /ləˈsɪvɪəs/ adj. (*derog.*) תַּאַוְתָנִי, שְׁטוּף־זִמָּה
laser /ˈleɪzə(r)/ n. לֵיזֶר
  laser beam קֶרֶן־לֵיזֶר
lash /læʃ/ v.t.
1 (fasten with cord) קָשַׁר, רִתֵּק אֶת
□ *everything not lashed down was blown away* כָּל מָה שֶׁלֹּא הָיָה קָשׁוּר וּמְהֻדָּק נִשָּׂא בָּרוּחַ
2 (flog) הִצְלִיף בְּשׁוֹט בְּ...
□ *he lashed the speaker with his tongue* (*fig.*) הוּא הִצְלִיף בַּדּוֹבֵר בְּשׁוֹט לְשׁוֹנוֹ
3 (excite) הִלְהִיב, שִׁלְהֵב
□ *he lashed his audience into a fury* הוּא שִׁלְהֵב אֶת חֲמַת הַקָּהָל
4 (wave violently) סִבֵּב, גִּלְגֵּל
□ *the tiger lashed its tail* הַנָּמֵר הִצְלִיף בִּזְנָבוֹ
—v.i.
1 (beat down, thrash) הִצְלִיף, הִכָּה
□ *the rain lashed at the window* הַגֶּשֶׁם הִכָּה בַּחַלּוֹן
2 lash out
(suddenly attack) הִתְנַפֵּל (עַל)
(be extravagant, *colloq.*) פִּזֵּר כְּסָפִים
—n.
1 (whip; blow of whip, etc.) שׁוֹט; מַכַּת־שׁוֹט, הַצְלָפָה
□ *I'll have a lash at that* (*Austral. colloq.*) נַעֲשֶׂה נִסָּיוֹן
2 (eyelash) רִיס
lashing /ˈlæʃɪŋ/ n.
1 (beating) הַלְקָאָה, הַצְלָפָה
2 (in *pl.*, plenty, *colloq.*) הָמוֹן, הַרְבֵּה
□ *we had cakes with lashings of cream* אָכַלְנוּ עוּגוֹת עִם הָמוֹן קַצֶּפֶת
lass /læs/ n. (also **lassie** /ˈlæsɪ/) בַּחוּרָה, עַלְמָה
lassitude /ˈlæsɪtjuːd/ n. (*formal*) לֵאוּת, עֲיֵפוּת
lasso /ləˈsuː/ n. (*pl.* **lassos**) פַּלָּצוּר, לָסוֹ
—v.t. לָכַד בְּלָסוֹ
last[1] /lɑːst/ n. אִמּוּם־סַנְדְּלָרִים
last[2] /lɑːst/ adj.
1 (final) אַחֲרוֹן
last but not least אַחֲרוֹן אַחֲרוֹן חָבִיב
last but one אֶחָד לִפְנֵי הָאַחֲרוֹן
the Last Post (*Mil.*) הַתְּרוּעָה הָאַחֲרוֹנָה (בְּטֶקֶס קְבוּרָה וְגַם בְּטְקָסִים צְבָאִיִּים)
last rites טִקְסֵי אַשְׁכָּבָה (לְאָדָם עַל עֶרֶשׂ־דְּוַי)
the last straw (*fig.*) הַקַּשׁ שֶׁשָּׁבַר אֶת גַּב הַגָּמָל
the Last Supper (*Bibl.*) הַסְּעוּדָה הָאַחֲרוֹנָה
the last trump (*poet.*) תְּרוּעַת יוֹם־הַדִּין
□ *the last thing I want is trouble* הַדָּבָר הָאַחֲרוֹן שֶׁאֲנִי רוֹצֶה זֶה בְּעָיוֹת
□ *last thing at night, lock the front door* תִּנְעַל אֶת הַדֶּלֶת - דָּבָר אַחֲרוֹן לִפְנֵי שֶׁאַתָּה הוֹלֵךְ לִישֹׁן
□ *for the last time, shut up!* בַּפַּעַם הָאַחֲרוֹנָה, תִּשְׁתֹּק!
□ *in those days the tram was the last word in transport* (*colloq.*) בַּיָּמִים הָהֵם הַחַשְׁמַלִּית הָיְתָה הַמִּלָּה הָאַחֲרוֹנָה בַּתַּחְבּוּרָה
□ *he is at his last gasp* הוּא עַל סַף הַמָּוֶת
□ *she always wants to have the last word* הִיא תָּמִיד מֻכְרָחָה לוֹמַר אֶת הַמִּלָּה הָאַחֲרוֹנָה
□ *he made a last-ditch attempt to break even* הוּא עָשָׂה נִסָּיוֹן אַחֲרוֹן לַעֲבֹר לְמַצָּב שֶׁל רְוָחִיּוּת
□ *the company is on its last legs* הַחֶבְרָה עוֹמֶדֶת לִפְנֵי חִסּוּל
2 (latest, immediately preceding) שֶׁעָבַר, הָאַחֲרוֹן
□ *we arrived the week before last* הִגַּעְנוּ בַּשָּׁבוּעַ שֶׁלִּפְנֵי הָאַחֲרוֹן, הִגַּעְנוּ לִפְנֵי שְׁבוּעַיִם
—n.
at last סוֹף סוֹף, לְבַסּוֹף
□ *she has made her mind up at long last* הִיא הֶחְלִיטָה סוֹף כָּל סוֹף
□ *she breathed her last* הִיא פָּלְטָה אֶת נִשְׁמָתָהּ הָאַחֲרוֹנָה
□ *he was courteous to the last* הוּא הָיָה אָדִיב עַד הָרֶגַע הָאַחֲרוֹן, הוּא נִשְׁאַר גֶּ'נְטֶלְמֶן עַד הַסּוֹף הַמַּר
□ *I shall never hear the last of it* לֹא יִהְיֶה לָזֶה סוֹף
□ *the last I saw of her, she was working in a hotel* כְּשֶׁרְאִיתִיהָ לָאַחֲרוֹנָה הִיא עָבְדָה בְּבֵית־מָלוֹן
—adv. לָאַחֲרוֹנָה, לְבַסּוֹף
□ *he's first and last a hard worker* בְּסַךְ־הַכֹּל הוּא יוֹדֵעַ לַעֲבֹד קָשֶׁה
□ *when did you last see your father?* מָתַי רָאִיתָ אֶת אָבִיךָ לָאַחֲרוֹנָה?
last[3] /lɑːst/ v.i. & t.
1 (stay) נִשְׁאַר, נִמְשַׁךְ, נִשְׁמַר; הֶחֱזִיק מַעֲמָד בְּמֶשֶׁךְ
□ *milk doesn't last (well) in hot weather* חָלָב אֵינוֹ נִשְׁמָר זְמַן רַב בְּמֶזֶג־אֲוִיר חַם
□ *she's too ill to last the night* הִיא חוֹלָה מִדַּי וְלֹא תַּצְלִיחַ לַעֲבֹר אֶת הַלַּיְלָה, הִיא חוֹלָה מִדַּי וְלֹא תַּחֲזִיק מַעֲמָד עַד הַבֹּקֶר

□ *I've enough money to last (me) a week* יש לי מַסְפִּיק כֶּסֶף לְשָׁבוּעַ

2 last out הֶחֱזִיק מַעֲמָד, הִסְפִּיק

□ *the wounded man won't last out the afternoon* הַפָּצוּעַ לֹא יַחֲזִיק מַעֲמָד עַד הָעֶרֶב

□ *will the petrol last out till the next town?* הַאִם הַדֶּלֶק יַסְפִּיק עַד הָעִיר הַבָּאָה?

lasting /ˈlɑːstɪŋ/ adj. קַיָּם, מַתְמִיד, קָבוּעַ

lastly /ˈlɑːstlɪ/ adv. לְבַסּוֹף

latch /lætʃ/ n. בְּרִיחַ (לְשַׁעַר); "כַּפְתּוֹר" (נִצְרָה) שֶׁל מַנְעוּל "יֵל"

□ *the door is on the latch* הַדֶּלֶת סְגוּרָה אַךְ לֹא נְעוּלָה (מַנְעוּל הַ"יֵל" פָּתוּחַ)

—v.t. סָגַר (שַׁעַר) בִּבְרִיחַ

—v.i.

latch on (*colloq.*) נִדְבַּק, נִתְפַּס בְּ...

□ *he latched on to my plan when I'd explained it* הוּא תָּפַס מָה הַתָּכְנִית שֶׁלִּי אַחֲרֵי שֶׁהִסְבַּרְתִּי אוֹתָהּ

latchkey /ˈlætʃkiː/ n. מַפְתֵּחַ לְדֶלֶת הַחִיצוֹנִית

latchkey children (*colloq.*) "יַלְדֵי מַפְתֵּחַ" (יְלָדִים שֶׁהוֹרֵיהֶם עוֹבְדִים כָּל הַיּוֹם וּלְפִיכָךְ הֵם נֶאֱלָצִים לִדְאֹג לְעַצְמָם)

latchet /ˈlætʃɪt/ n. (*arch.*) שְׂרוֹךְ נַעַל

late /leɪt/ adj.

1 (after a fixed or normal time) מְאֻחָר, בְּאִחוּר

□ *I'm sorry, but you are too late* אֲנִי מִצְטַעֵר אֲבָל הִגַּעְתָּ מְאֻחָר מִדַּי

□ *we had a late summer this year* הַקַּיִץ בָּא בְּאִחוּר הַשָּׁנָה

□ *he was a few days late in arriving* הוּא הִגִּיעַ בְּאִחוּר שֶׁל כַּמָּה יָמִים

2 (far on in time; slow to bear flowers or fruit) מְאֻחָר; שֶׁל סוֹף הָעוֹנָה

□ *in late summer she left* הִיא עָזְבָה בִּשְׁלְהֵי הַקַּיִץ

□ *we live in the late twentieth century* אָנוּ חַיִּים בְּסוֹף הַמֵּאָה הָעֶשְׂרִים

□ *he keeps late hours* הוּא מְאֻחָר לִשְׁכַּב

□ *she brought him some late roses* הִיא הֵבִיאָה לוֹ שׁוֹשַׁנִּים שֶׁל סוֹף הָעוֹנָה

□ *in later life he became more cynical* בִּשְׁנוֹתָיו הַמְּאֻחָרוֹת הוּא נַעֲשָׂה צִינִי יוֹתֵר

□ *bring it by six at the latest* הָבֵא זֹאת לְכָל הַמְּאֻחָר בְּשֵׁשׁ

3 (recent; recently dead) אַחֲרוֹן; לְשֶׁעָבַר; הַמָּנוֹחַ

of late לָאַחֲרוֹנָה, בַּזְּמַן הָאַחֲרוֹן

□ *what's the latest?* (*colloq.*) אָז מָה חָדָשׁ?

□ *the late president will be sorely missed* הַנָּשִׂיא הַמָּנוֹחַ יֶחְסַר לָנוּ מְאֹד

□ *our late colleague has moved to India* עֲמִיתֵנוּ לְשֶׁעָבַר הֶעְתִּיק אֶת מְגוּרָיו לְהֹדּוּ

—adv. בְּאִחוּר, מְאֻחָר, עַד מְאֻחָר

late in the day (*fig.*) בְּשָׁלָב מְאֻחָר, כִּמְעַט מְאֻחָר מִדַּי

late in life בְּגִיל מְאֻחָר, בִּשְׁנוֹת הַחַיִּים הָאַחֲרוֹנוֹת, לְעֵת זִקְנָה

later on לְאַחַר מִכֵּן, מְאֻחָר יוֹתֵר

late lamented (*formal*) הַמָּנוֹחַ זִכְרוֹנוֹ לִבְרָכָה

sooner or later בְּמֻקְדָּם אוֹ בִּמְאֻחָר

□ *smallpox persisted as late as the 1970s* מַחֲלַת הָאֲבַעְבּוּעוֹת הֶחֱזִיקָה מַעֲמָד עוֹד בִּשְׁנוֹת הַ־70

□ *better late than never* (*Prov.*) מוּטָב מְאֻחָר מֵאֲשֶׁר לְעוֹלָם לֹא

latecomer /ˈleɪtkʌmə(r)/ n. (אָדָם) מְאַחֵר

lately /ˈleɪtlɪ/ adv. לָאַחֲרוֹנָה

latency /ˈleɪtənsɪ/ n. (*formal*) לָטֶנְטִיּוּת

latent /ˈleɪt(ə)nt/ adj. (*formal*) לָטֶנְטִי, בְּכֹחַ (וְלֹא בְּפֹעַל), פּוֹטֶנְצְיָאלִי, כָּמוּס, חָבוּי

latent heat (*Phys.*) חֹם כָּמוּס

lateral /ˈlætərəl/ adj. (*formal*) צְדִי, צְדָדִי; רָחְבִּי

lateral thinking חֲשִׁיבָה מֶרְחָבִית (לִמְצִיאַת פִּתְרוֹן רָדִיקָלִי)

latex /ˈleɪteks/ n. גּוּמִי לָטֶקְס, שְׂרַף גּוּמִי

lath /lɑːθ/ n. פָּסִיס, לַיְסְט (פַּס עֵץ דַּק לְבִנְיָן)

lathe /leɪð/ n. מַחֲרֵטָה

lather /ˈlɑːðə(r)/ n. קֶצֶף (שֶׁל סַבּוֹן וְכוּ')

□ *there's no need to get into a lather about it* (*colloq.*) לֹא צָרִיךְ לְהִתְרַגֵּשׁ יוֹתֵר מִדַּי מִזֶּה

—v.t. סִבֵּן בְּקֶצֶף אֶת

—v.i. הֶעֱלָה קֶצֶף, הִקְצִיף

□ *soap doesn't lather easily in hard water* סַבּוֹן אֵינוֹ מַקְצִיף הֵיטֵב בְּמַיִם קָשִׁים

Latin /ˈlætɪn/ adj.

1 (of ancient Rome) לָטִינִי, רוֹמִי

2 (Spanish, Italian, Portuguese) לָטִינִי

Latin America אֲמֶרִיקָה הַדְּרוֹמִית, דְּרוֹם אֲמֶרִיקָה, אֲמֶרִיקָה הַלָּטִינִית

□ *he's a Latin type* הוּא טִיפּוּס לָטִינִי

3 (Roman Catholic) קָתוֹלִי, לָטִינִי

Latin Church הַכְּנֵסִיָּה הָרוֹמִית־קָתוֹלִית

—n.

1 (language) לָטִינִית, רוֹמִית

2 (member of a Latin people) אָדָם סְפָרַדִּי/ אִיטַלְקִי/פּוֹרְטוּגָזִי

latitude /ˈlætɪtjuːd/ n.

1 (distance from equator) מַעֲלַת־רֹחַב (בְּגֵיאוֹגְרַפְיָה)

2 (in *pl.*, zone of earth's surface) אֵזוֹר קַו־רֹחַב

3 (freedom of choice or action, *formal*) חֹפֶשׁ (בְּחִירָה וְכַד'), מֶרְחָב (פְּעֻלָּה וְכַד')

latrine /ləˈtriːn/ n. מַחֲרָאָה, בֵּית־כִּסֵּא (בְּיִחוּד בְּמַחֲנוֹת־צָבָא וְכַיּוֹ"ב)

latter /ˈlætə(r)/ adj. (*formal*) הָאַחֲרוֹן

latter end אַחֲרִית, סוֹף

□ *the latter part of the summer is often rainy* הַמַּחֲצִית הַשְּׁנִיָּה שֶׁל הַקַּיִץ הִיא לְעִתִּים קְרוֹבוֹת גְּשׁוּמָה

—n. הָאַחֲרוֹן

latter-day /ˌlætə-ˈdeɪ/ adj. חָדִישׁ, מוֹדֶרְנִי, בֶּן־יָמֵינוּ

Church of Latter-day Saints כִּנּוּי הַמּוֹרְמוֹנִים בְּפִי עַצְמָם

□ *he's a latter-day Napoleon* הוּא נַפּוֹלֵאוֹן בֶּן־יָמֵינוּ

latterly /ˈlætəlɪ/ adv. (*formal*) לָאַחֲרוֹנָה, לֹא מִכְּבָר, בְּיָמִים אֵלּוּ

lattice /ˈlætɪs/ n. סְבָכָה, סוֹרַג

lattice window חַלּוֹן הֶעָשׂוּי זְגוּגִיּוֹת מְעֻיָּנוֹת נְתוּנוֹת בְּמִסְגְּרוֹת

latticed /ˈlætɪst/ adj. עָשׂוּי זְגוּגִיּוֹת מְעֻיָּנוֹת

laud /lɔːd/ v.t. (*formal*) הִלֵּל, שִׁבַּח

laudable /ˈlɔːdəb(ə)l/ adj. (*formal*) רָאוּי לְשֶׁבַח, רָאוּי לִתְהִלָּה

laudanum /ˈlɔːdənəm/ n. מִשְׁרַת אוֹפְיוּם לְשִׁכּוּךְ כְּאֵבִים

laudatory /ˈlɔːdətərɪ/ adj. (*formal*) מְקַלֵּס, מְשַׁבֵּחַ, מְהַלֵּל

laugh /lɑːf/ v.i. צָחַק לְ..., לָעַג לְ...; צָחַק

□ *we laughed at his efforts* לָעַגְנוּ לְמַאֲמַצָּיו

□ *sex is nothing to laugh at* (or *about*) אֵין מַה לִּצְחֹק מִמִּין

□ *he laughed in my face* הוּא צָחַק לִי בַּפָּנִים

□ *I'll make him laugh on the other* (or *wrong*) *side of his face* עַכְשָׁו הוּא צוֹחֵק, אֲבָל הוּא עוֹד יִבְכֶּה אֶצְלִי!

□ *don't make me laugh!* (*sl.*) אַל תַּצְחִיק אוֹתִי!

□ *he laughed up his sleeve* (*fig.*) הוּא צָחַק בְּלִבּוֹ

□ *he who laughs last laughs longest* (*Prov.*) צוֹחֵק מִי שֶׁצּוֹחֵק אַחֲרוֹן

—v.t. צָחַק, הָיָה אֲחוּז־צְחוֹק

□ *I laughed my head off* צָחַקְתִּי עַד לִדְמָעוֹת, הִתְגַּלְגַּלְתִּי מִצְּחוֹק

□ *he laughed himself silly* הוּא הִתְגַּלְגֵּל מֵרֹב צְחוֹק

□ *we were laughed out of court* בְּבֵית הַמִּשְׁפָּט צָחֲקוּ לָנוּ בַּפָּנִים

□ *he laughed the embarrassing situation off* הוּא הִתְיַחֵס לַמַּצָּב הַמֵּבִיךְ כְּאֶל בְּדִיחָה

—n. צְחוֹק, בְּדִיחָה

□ *he had the laugh on his opponents* בַּסּוֹף הוּא צָחַק עַל יְרִיבָיו (שֶׁנִּסּוּ לִצְחֹק עָלָיו)

□ *he had the last laugh* הוּא שֶׁצָּחַק אַחֲרוֹן

□ *the laugh's on you* (*colloq.*) "אָכַלְתָּ אוֹתָהּ", סִדַּרְתָּ אֶת עַצְמְךָ

laughable /ˈlɑːfəb(ə)l/ adj. מְגֻחָךְ

laughing /ˈlɑːfɪŋ/ adj. & n. צוֹחֵק; צְחוֹק

laughing hyena צָבוֹעַ

laughing jackass צִפּוֹר־קוּקַבּוּרָה (צִפּוֹר אוֹסְטְרָלִית)

□ *once you've got the right advertising, you're laughing* (*colloq.*) מֵרֶגַע שֶׁהַפִּרְסוּמוֹת שֶׁלְּךָ בְּסֵדֶר, שִׂחַקְתָּ אוֹתָהּ

□ *it's no laughing matter* זֶה לֹא עִנְיָן שֶׁל מַה בְּכָךְ

laughing-gas /ˈlɑːfɪŋ-gæs/ n. גַּז הַצְּחוֹק (חַנְקָן חַמְצָנִי, מְשַׁמֵּשׁ לְהַרְדָּמָה)

laughingly /ˈlɑːfɪŋlɪ/ adv. בִּצְחוֹק, תּוֹךְ צְחוֹק

laughing-stock /ˈlɑːfɪŋ-stɒk/ n. מָשָׂא לְלַעַג, מַטָּרָה לִצְחוֹק

□ *you'll be the laughing-stock of the neighbourhood* אַתָּה תִּהְיֶה מַטָּרָה לִצְחוֹק בְּכָל הָאֵזוֹר

laughter /ˈlɑːftə(r)/ n. צְחוֹק

launch[1] /lɔːntʃ/ n. סִירַת מָנוֹעַ לְהוֹבָלַת נוֹסְעִים (בְּעִקָּר בִּנְהָרוֹת, בַּאֲגַמִּים וּבִנְמֵלִים)

launch[2] /lɔːntʃ/ v.t. הִשִּׁיק (אֳנִיָּה); שִׁגֵּר, שִׁלַּח (טִיל); פָּתַח בְּ... (מִבְצָע, הַתְקָפָה וְכַד'); הֵקִים (חֶבְרָה); חָנַךְ (סֵפֶר חָדָשׁ וְכַד')

□ *they launched their attack* הֵם פָּתְחוּ בְּהַתְקָפָה

—v.refl. הֵטִיל אֶת עַצְמוֹ עַל/לְעֵבֶר

—v.i. נִכְנַס לְתוֹךְ, פָּתַח בְּ..., הִתְחִיל

□ *he launched into a long description* הוּא הִפְלִיג בְּתֵאוּר אָרֹךְ

□ *she launched out into a new venture* הִיא פָּתְחָה עֵסֶק חָדָשׁ

—n. הַשָּׁקָה (שֶׁל סְפִינָה); שִׁגּוּר, שִׁלּוּחַ (טִיל); אֵרוּעַ לְצִיּוּן יְצִיאַת סֵפֶר/הֲקָמַת חֶבְרָה

launcher /ˈlɔːntʃə(r)/ n. מַשְׁגֵּר, מָטוֹל (לְטִיל, לְרִמּוֹן וְכַד')

launching-pad /ˈlɔːntʃɪŋ-pæd/ n. (also **launch-pad**) כַּן שִׁגּוּר, כַּן שִׁלּוּחַ

launder /ˈlɔːndə(r)/ v.t. & i.

1 (wash, iron, etc.) כִּבֵּס וְגִהֵץ

2 (dispose of stolen money) "כִּבֵּס" (רְוָחִים לֹא חֻקִּיִּים)

Launderette /ˌlɔːnd(ə)ret/ n. (*Prop.*, *UK*) מִכְבָּסָה לְשֵׁרוּת עַצְמִי

Laundromat /ˈlɔːndrəmæt/ n. (*Prop.*, *US*) מִכְבָּסָה לְשֵׁרוּת עַצְמִי

laundry /ˈlɔːndrɪ/ n.

1 (place for washing clothes) מַכְבֵּסָה

2 (clothes to be washed) כְּבָסִים, כְּבִיסָה

laureate /ˈlɒrɪət/ n. & adj. עֲטוּר זֵרֵי־דַּפְנָה, מְהֻלָּל

Poet Laureate (*UK*) מְשׁוֹרֵר הֶחָצֵר (בְּאַנְגְּלִיָּה)

laurel /ˈlɒrəl/ n.

1 (shrub) שִׂיחַ־דַּפְנָה

2 (emblem of victory) זֵר דַּפְנָה, זֵר נִצָּחוֹן

□ *you must look to your laurels* עָלֶיךָ לְהִזָּהֵר שֶׁלֹּא לְאַבֵּד אֶת מַעֲמָדְךָ

□ *he's resting on his laurels* (*derog.*) הוּא נָח עַל זֵרֵי־הַדַּפְנָה שֶׁלּוֹ

lav /læv/ n. (*UK colloq.*) בֵּית־שִׁמּוּשׁ, שֵׁרוּתִים

lava /lɑːvə/ n. לָבָה (הַמִּתְפָּרֶצֶת מֵהַר גַּעַשׁ)

lavatorial /ˌlævəˈtɔːrɪəl/ adj. (*derog.*) שֶׁל בֵּית־שִׁמּוּשׁ (הוּמוֹר, בִּטּוּי וְכַד׳)

lavatory /lævət(ə)rɪ/ n. בֵּית־שִׁמּוּשׁ, שֵׁרוּתִים
lavatory paper (*UK*) נְיַר־טוּאָלֶט

lave /leɪv/ v.t. (*arch.*) רָחַץ

lavender /lævəndə(r)/ n.
1 (plant) אֲזוֹבְיוֹן, לָבֶנְדֶר (הַצֶּמַח וּפְרָחָיו)
lavender-water מֵי־לָבֶנְדֶר (מֵי־בֹּשֶׂם)
2 (colour, also adj.) (צֶבַע) סָגֹל חִוֵּר, סָגֹל פַּסְטֶל
—n. כִּיּוּר־טְהָרָה; סוּג אַצַּת־יָם

lavish /lævɪʃ/ adj. בִּזְבְּזָנִי, פַּזְרָנִי
□ *he's never lavish with his praise* הוּא אֵינוֹ מְפַזֵּר מַחֲמָאוֹת בְּנָקֵל
□ *a lavish display of flowers filled the arena* תְּצוּגָה מַרְהִיבָה שֶׁל פְּרָחִים מִלְּאָה אֶת הַזִּירָה
—v.t. פִּזֵּר בְּיָד רְחָבָה (מַחֲמָאוֹת), הֶעֱנִיק בְּשֶׁפַע (חֹם, תְּשׂוּמֶת־לֵב וְכַד׳)
□ *he lavished much care on his speech* הוּא הִקְדִּישׁ תְּשׂוּמֶת־לֵב מְרֻבָּה לִנְאוּמוֹ

law /lɔː/ n.
1 (rule of conduct sanctioned by Church or State; such rules collectively) חֹק, מִשְׁפָּט; דִּין, הֲלָכָה
by law לְפִי הַחֹק, בְּהֶתְאֵם לַחֹק
law court (or (*formal*) **court of law**) בֵּית־דִּין, בֵּית־מִשְׁפָּט
□ *he tended to lay down the law about things* הָיְתָה לוֹ נְטִיָּה לִקְבֹּעַ כְּלָלִים מֻחְלָטִים, הוּא הָיָה פַּסְקָנִי בְּדֵעוֹתָיו
□ *he's a law unto himself* (*joc.*) הוּא נוֹהֵג כִּרְאוֹת עֵינָיו, הוּא עוֹשֶׂה כַּיָּשָׁר בְּעֵינָיו
□ *this clause is not enforceable at law* סְעִיף זֶה אֵינוֹ נִתָּן לַאֲכִיפָה ע״י הַחֹק
□ *the bill became law* הַצָּעַת־הַחֹק הִתְקַבְּלָה
2 (legal profession; study of this) מִשְׁפָּטִים
Law Lord (*UK*) חֲבֵר בֵּית־הַלּוֹרְדִים (בִּבְרִיטַנְיָה) בַּעַל הַכְשָׁרָה מִשְׁפָּטִית הַמִּשְׁתַּתֵּף בִּפְעִילוּתוֹ הַמִּשְׁפָּטִית שֶׁל הַבַּיִת
3 (litigation) עַרְכָּאוֹת
□ *they went to law over the will* הֵם פָּנוּ לָעַרְכָּאוֹת בְּקֶשֶׁר לַצַּוָּאָה
□ *she took the law into her own hands* הִיא לָקְחָה אֶת הַחֹק לְיָדֶיהָ
4 the law (the police, *colloq.*) הַחֹק, הַמִּשְׁטָרָה
□ *I'll have the law on you!* אֲנִי אֶקְרָא לַמִּשְׁטָרָה!
5 (rules of an art or pursuit) חֹק, כְּלָל
□ *the laws of football* חֻקֵּי הַכַּדּוּרֶגֶל
6 (rule of experience, physical explanation) כְּלָל, נֹהַג
law of gravity חֹק הַמְּשִׁיכָה
law of nature חֹק טֶבַע

law-abiding /lɔː-əbaɪdɪŋ/ adj. שׁוֹמֵר־חֹק

law-breaker /lɔː-breɪkə(r)/ n. עֲבַרְיָן, פּוֹשֵׁעַ, עוֹבֵר עַל הַחֹק

lawful /lɔːf(ə)l/ adj. חֻקִּי
□ *I was going about my lawful business* (*formal*) הָיִיתִי שָׁקוּעַ בַּעֲסוּקַי כַּחֹק

lawfully /lɔːfəlɪ/ adv. כַּחֹק

lawless /lɔːlɪs/ adj. מֻפְקָר, חֲסַר־חֹק

lawman /lɔːmən/ n. (*US*) אִישׁ־חֹק (בְּאַרְהַ״ב)

lawn[1] /lɔːn/ n. מִדְשָׁאָה
lawn mower מַכְסַחַת־דֶּשֶׁא, מְכוֹנָה לְכִסּוּחַ דֶּשֶׁא
lawn tennis מִשְׂחַק הַטֶּנִּיס עַל מִגְרַשׁ־דֶּשֶׁא (לְהַבְדִּיל מִמִּגְרַשׁ חֹמֶר וְכַד׳)

lawn[2] /lɔːn/ n. בַּד כֻּתְנָה/פִּשְׁתָּן עָדִין (לַחֲלֻצוֹת וְכַד׳)

lawsuit /lɔːsuːt/ n. תְּבִיעָה מִשְׁפָּטִית, תִּיק־מִשְׁפָּטִי

lawyer /lɔːjə(r)/ n. עוֹרֵךְ־דִּין, פְּרַקְלִיט

lax /læks/ adj. מְרֻשָּׁל, מֵקֵל רֹאשׁ (בְּ...); רִפְיוֹן (מֵעַיִם)

laxative /læksətɪv/ n. & adj. חֹמֶר מְשַׁלְשֵׁל; מְשַׁלְשֵׁל

laxity /læksɪtɪ/ n. רַשְׁלָנוּת; רִפְיוֹן, חֻלְשָׁה

lay[1] /leɪ/ n. שִׁיר, מִזְמוֹר, פִּזְמוֹן

lay[2] /leɪ/ adj. הֶדְיוֹט, לֹא־מִקְצוֹעִי; חִלּוֹנִי
lay reader אָדָם חִלּוֹנִי הַמְּכַהֵן בְּטִקְסֵי דָּת מְסֻיָּמִים
□ *his technical writing was clear even for lay readers* גַּם הַקּוֹרֵא הֶחָסֵר יֶדַע מִקְצוֹעִי יָכוֹל הָיָה לִקְרֹא בִּבְהִירוּת אֶת חִבּוּרָיו הַטֶּכְנִיִּים

lay[3] /leɪ/ (past of **lie**[2]) v.i.

lay[4] /leɪ/ (past & past ppl. **laid**) v.t.
1 (put or bring into required position, place) הֵנִיחַ, שָׂם
lay claim to טָעַן לִזְכוּת עַל, טָעַן לְבַעֲלוּת עַל
lay hold of אָחַז בְּ...
□ *don't lay the blame on me* אַל תַּטִּיל עָלַי אֶת הָאַשְׁמָה
□ *they had the carpet laid professionally* הֵם הִזְמִינוּ אַנְשֵׁי מִקְצוֹעַ כְּדֵי לְהַתְקִין אֶת הַשְּׁטִיחִים (מִקִּיר אֶל קִיר)
□ *he laid her death at my door* (*formal*) הוּא הֶאֱשִׁים אוֹתִי בְּמוֹתָהּ
□ *I've never laid eyes on her before* מֵעוֹלָם לֹא רְאִיתִיהָ לִפְנֵי־כֵן
□ *if you lay a finger on my child, I'll kill you* אִם רַק תִּגַּע בַּיֶּלֶד שֶׁלִּי, אֶהֱרֹג אוֹתְךָ
□ *he keeps everything he can lay his hands on* הוּא לוֹקֵחַ כָּל מַה שֶּׁבְּהֶשֵּׂג־יָדוֹ
□ *they laid him to rest* (*formal*) הֵם הֱבִיאוּהוּ לִמְנוּחוֹת
□ *they laid siege to the city* הֵם הֵטִילוּ מָצוֹר עַל הָעִיר
2 (cause to subside or lie flat) הִשְׁקִיט, שִׁכֵּךְ; הִשְׁכִּיב

□ *her statement laid my doubts (to rest)* הַצְהָרָתָהּ הֵפִיגָה אֶת סְפֵקוֹתַי

3 (render) הוֹתִיר, הִשְׁאִיר

□ *his treachery was laid bare* בּוֹגְדָנוּתָהּ נֶחְשְׂפָה

□ *I was laid low by flu* נָפַלְתִּי לַמִּשְׁכָּב בִּגְלַל שַׁפַּעַת

□ *his cheek was laid open* לֶחְיוֹ נֶחְתְּכָה

□ *she laid herself (wide) open to criticism* הִיא חָשְׂפָה אֶת עַצְמָהּ לְבִקֹּרֶת

□ *the enemy laid waste the land* הָאוֹיֵב שָׂם אֶת הָאָרֶץ לִשְׁמָמָה

4 (prepare, arrange, set) סִדֵּר, עָרַךְ

□ *they laid the fire* הֵם עָרְכוּ אֶת עֲצֵי־הַהַסָּקָה בָּאָח

□ *they laid an ambush for us* הֵם הֵכִינוּ לָנוּ מַאֲרָב

□ *their plans were laid in March* תָּכְנִיּוֹתֵיהֶם נֶעֶרְכוּ בְּמֶרְס

□ *they laid snares for rabbits* הֵם טָמְנוּ מַלְכּוֹדוֹת לִשְׁפַנִּים

□ *please lay the table* תַּעֲרֹךְ אֶת הַשֻּׁלְחָן בְּבַקָּשָׁה

5 (produce egg) הֵטִילָה בֵּיצָה

□ *the show laid an egg (sl., US)* הַהַצָּגָה לֹא מָצְאָה חֵן בְּעֵינֵי הַקָּהָל

6 (bet, *colloq.*) הִמֵּר, הִתְעָרֵב

□ *I'll lay you five to one he wins* אֲנִי מִתְעָרֵב אִתְּךָ חָמֵשׁ לְאֶחָד שֶׁהוּא מְנַצֵּחַ/זוֹכֶה

7 (have sex with, *vulg.*) "הִשְׁכִּיב", "דָּפַק"

8 (accumulate, save, store) הִנִּיחַ (בַּצַּד), שָׁמַר, הִנִּיחַ לְמִשְׁמֶרֶת

□ *lay in a supply now, before prices go up!* אֱגֹר עַכְשָׁו מְלַאי לִפְנֵי שֶׁיַּעֲלוּ הַמְּחִירִים!

□ *they've got a little money laid aside (or by)* יֵשׁ לָהֶם מְעַט חֶסְכוֹנוֹת בַּצַּד

—v.i. הֵטִיל (בֵּיצָה); הִתְעָרֵב; הִטָּה שֶׁכֶם לְ...

□ *he laid about him with an axe* הוּא נוֹפֵף בְּגַרְזֶן לְכָל עֵבֶר

□ *she laid into him with her tongue* הִיא שִׁלְּחָה בּוֹ אֶת לְשׁוֹנָהּ

lay off! (*colloq.*) תֵּרֵד מִמֶּנִּי!

— in set phrases

lay down

(place on ground) הִנִּיחַ (עַל הָרִצְפָּה, הָאֲדָמָה וְכַד')

(relinquish) הִקְרִיב (אֶת חַיָּיו, תִּקְוָתוֹ וְכַד')

□ *he laid down his life for his country* הוּא הִקְרִיב אֶת חַיָּיו לְמַעַן הַמּוֹלֶדֶת

(establish, formulate, set up) קָבַע, הִכְתִּיב

□ *he laid down a code of conduct* הוּא קָבַע דְּפוּסֵי־הִתְנַהֲגוּת

□ *he's always laying down the law* הוּא תָּמִיד נוֹהֵג בְּפַסְקָנוּת

(store wine, etc.) הִנִּיחַ (בַּקְבּוּקֵי יַיִן) לְמִשְׁמֶרֶת

□ *we've laid down a case* הִנַּחְנוּ שְׁנֵים־עָשָׂר בַּקְבּוּקִים לְמִשְׁמֶרֶת

lay off פִּטֵּר (עוֹבֵד, לָרֹב בְּשֶׁל מַחְסוֹר בַּעֲבוֹדָה)

□ *a thousand workers were laid off* אֶלֶף פּוֹעֲלִים פֻּטְּרוּ מֵעֲבוֹדָתָם

lay on נָתַן (דְּבַר מָה) בְּשֶׁפַע

□ *his friends laid on a party when he returned* כַּאֲשֶׁר חָזַר עָרְכוּ לוֹ חֲבֵרָיו מְסִבָּה

□ *he laid it on thick (colloq.)* הוּא הִתְחַנֵּף

□ *he laid it on with a trowel (colloq.)* הוּא "נִמְרַח" (עָלָיו), הוּא פִּזֵּר מַחְמָאוֹת לְכָל הַכִּווּנִים

lay out

(expend, also refl.) הִשְׁקִיעַ (כֶּסֶף, מַאֲמָץ וְכַד')

□ *he laid out a lot of money on his scheme* הוּא הִשְׁקִיעַ כֶּסֶף רַב בְּתָכְנִיתוֹ

□ *he laid himself out to do it well* הוּא הִתְאַמֵּץ מְאֹד לַעֲשׂוֹת זֹאת הֵיטֵב, הוּא הִשְׁקִיעַ הַרְבֵּה כְּדֵי לַעֲשׂוֹת זֹאת הֵיטֵב

(knock to ground, *colloq.*) "הִשְׁכִּיב" (בְּמַכַּת אֶגְרוֹף וְכַד')

(prepare corpse for burial) הִתְקִין (גְּוִיָּה) לִקְבוּרָה

(arrange) עָרַךְ, סִדֵּר

□ *the flower-beds were beautifully laid out* עֲרוּגוֹת הַפְּרָחִים הָיוּ עֲרוּכוֹת יָפֶה לְהַפְלִיא

lay up אָגַר (לְשִׁמּוּשׁ בֶּעָתִיד); הִפִּיל לְמִשְׁכָּב

□ *he's laid up with flu* הוּא חוֹלֶה בְּשַׁפַּעַת

□ *you're laying up trouble for yourself* אַתָּה מְזַמֵּין לְעַצְמְךָ צָרוֹת

—n.

1 (configuration, usu. of land) מַצָּב, מִקּוּם (שֶׁל שֶׁטַח וְכַד')

2 (sexual partner, *Vulg.*) "דְּפִיקָה", זִיּוּן

□ *she's an easy lay* הִיא דְּפִיקָה קַלָּה, הִיא "נוֹתֶנֶת" בְּקַלּוּת

layabout /ˈleɪəbaʊt/ n. בַּטְלָן, הוֹלֵךְ בָּטֵל

lay-by /ˈleɪ-baɪ/ n. (*UK*) נְתִיב צְדָדִי (שֶׁאֶפְשָׁר לַעֲצֹר בּוֹ בְּלִי לְהַפְרִיעַ לַתְּנוּעָה)

layer /ˈleɪə(r)/ n.

1 (thickness of matter, esp. one of several) שִׁכְבָה, רֹבֶד

layer cake עוּגַת שְׁכָבוֹת

2 (productive hen) (תַּרְנְגֹלֶת) מְטִילָה

—v.t. רִבֵּד

layette /leɪˈet/ n. בִּגּוּד, כְּלֵי מִטָּה וְאַבְזְרֵי רַחְצָה לָרַךְ הַנּוֹלָד

lay figure /ˌleɪ ˈfɪgə(r)/ n. דֶּגֶם עֵץ שֶׁל אָדָם (לְצִיּוּר), בֻּבַּת־מִפְרָקִים

layman /ˈleɪmən/ n. לֹא מֻמְחֶה, הֶדְיוֹט

lay-off /ˈleɪ-ɒf/ n. אַבְטָלָה זְמַנִּית, פִּטּוּרִין זְמַנִּיִּים (מֵעֲבוֹדָה)

layout /ˈleɪaʊt/ n. עִמּוּד (סִדּוּר הַמַּאֲמָרִים עַל־פְּנֵי הָעַמּוּד בְּעִתּוֹן); סִדּוּר (שֶׁל גַּן, חֶדֶר וְכַד')

laywoman /ˈleɪwʊmən/ n. לֹא־מֻמְחִית, הֶדְיוֹטִית

laze /leiz/ v.t. & i. הֶעֱבִיר בְּבַטָּלָה אֶת; הִתְבַּטֵּל
laze about (or **around**) הִתְבַּטֵּל, עָשָׂה "בֶּטֶן גַּב"
□ *he lazed the afternoon away* הוּא הֶעֱבִיר אֶת אַחַר־הַצָּהֳרַיִם בְּבַטָּלָה
—n. הִתְבַּטְּלוּת
laziness /ˈleɪzɪnɪs/ n. עַצְלוּת
lazy /ˈleɪzɪ/ adj. עָצֵל
lazy-bones /ˈleɪzɪ-bəʊnz/ n. עַצְלָן
lb abbrev. לִיטְרָה (454 גְּרַם)
lea /liː/ n. (*poet.*) אָחוּ, אָפָר
leach /liːtʃ/ v.t. & i. הִפְרִיד (חֹמֶר אֶחָד מֵחֹמֶר אַחֵר בְּאֶמְצָעוּת נוֹזֵל); הֻפְרַד (כַּנַּ"ל)
lead¹ /led/ n.
1 (metal) עוֹפֶרֶת
lead balloon (*colloq.*) "פַּשְׁלָה"
lead-free (petrol) (דֶּלֶק מְכוֹנִיּוֹת) נְטוּל עוֹפֶרֶת
lead shot גַּרְגְּרֵי עוֹפֶרֶת בְּכַדּוּר צַיִד
red lead צֶבַע יְסוֹד נֶגֶד חֲלֻדָּה, מִינְיוּם
2 (weight used for soundings) אֲנָךְ (מִשְׁקֹלֶת בִּקְצֵה חוּט לִמְדִידַת עֹמֶק הַמַּיִם)
3 (in *pl.*, strips of lead covering roof) לוּחוֹת עוֹפֶרֶת הַמְשַׁמְּשִׁים לְכִסּוּי גַּגּוֹת
4 (graphite in pencils) הָעוֹפֶרֶת (בְּעִפָּרוֹן), גְּרָפִיט
lead² /liːd/ (past & past ppl. **led** /led/) v.t.
1 (conduct, guide, induce to go,influence) הוֹבִיל
□ *what led you to suspect he was the thief?* מָה הֵבִיא אוֹתְךָ לִידֵי הַחֲשָׁד שֶׁהוּא הַגַּנָּב?
□ *his elder brother led him astray* אָחִיו הַמְּבֻגָּר הוֹצִיא אוֹתוֹ לְתַרְבּוּת רָעָה
□ *she led him a dance* (*colloq.*) הִיא גָּרְמָה לוֹ לְצָרוֹת
□ *they led him on* הֵם מָשְׁכוּ אוֹתוֹ וּפִתּוּ אוֹתוֹ (לַעֲשׂוֹת דְּבַר־מָה וְכַד')
□ *he's leading you up the garden path* (*colloq.*) הוּא מְסַדֵּר אוֹתְךָ, הוּא עוֹבֵד עָלֶיךָ
□ *he tried to lead the witness* הוּא נִסָּה לָשִׂים דְּבָרִים בְּפִיו שֶׁל הָעֵד
□ *he's easily led* קַל לְהַשְׁפִּיעַ עָלָיו
2 (be head of) עָמַד בְּרֹאשׁ..., נִצַּח עַל
□ *he led the Conservative Party for ten years* הוּא עָמַד בְּרֹאשׁ הַמִּפְלָגָה הַשַּׁמְרָנִית בְּמֶשֶׁךְ עֶשֶׂר שָׁנִים
□ *he led the orchestra* (בַּאֲמֶרִיקָה) הוּא נִצַּח עַל הַתִּזְמֹרֶת; (בְּאַנְגְּלִיָּה) הוּא נִגֵּן כִּנּוֹר רִאשׁוֹן
3 (be first in, be ahead of) הָלַךְ בְּרֹאשׁ... הָיָה בְּרֹאשׁ..., הוֹבִיל
□ *she led the fashion* הִיא הִנְהִיגָה אֶת הָאָפְנָה
□ *please lead the way!* אָנָּא, לֵךְ בָּרֹאשׁ!
4 (live a life) חַי (חַיִּים מִסּוּג זֶה אוֹ אַחֵר)
□ *he led a happy life* הוּא חַי חַיִּים מְאֻשָּׁרִים
—v.i.
1 (proceed; follow, ensue) הוֹבִיל לְ...
□ *this road doesn't lead anywhere* הַכְּבִישׁ הַזֶּה אֵינוֹ מוֹבִיל לְשׁוּם מָקוֹם
□ *one thing led to another* דָּבָר אֶחָד הוֹבִיל לַשֵּׁנִי
□ *what are you leading up to?* לְמָה אַתָּה חוֹתֵר?
2 (be first or ahead) הָלַךְ בָּרֹאשׁ, הוֹבִיל
□ *he's leading by a head* הוּא הִקְדִּים אוֹתוֹ בְּרֹאשׁ (בְּמֵרוֹץ סוּסִים)
3 (make the first move, begin) פָּתַח (בְּ...)
□ *the export manager led off* מְנַהֵל אֲגַף הַיְּצוּא פָּתַח (בִּדְבָרִים)
4 (play first card) שִׂחֵק אֶת הַקְּלָף הָרִאשׁוֹן (בְּמִשְׂחַק קְלָפִים)
—n.
1 (guidance, example, hint) רֶמֶז
□ *the police are following various leads* הַמִּשְׁטָרָה חוֹקֶרֶת בְּכִוּוּנִים שׁוֹנִים
2 (first place; distance by which one leads) הַמָּקוֹם הָרִאשׁוֹן (בְּטוּר רָצִים וְכַד'); "פּוֹר", מִרְוַח יִתְרוֹן
lead story מַאֲמָר רָאשִׁי (בְּעִתּוֹן וְכַד')
□ *he increased his lead in the final lap* הוּא הִגְדִּיל אֶת הַפַּעַר בֵּינוֹ לְבֵין מִתְחָרָיו בַּסִּבּוּב הָאַחֲרוֹן
□ *we gave them a lead fo five minutes* נָתַנּוּ לָהֶם "פּוֹר" שֶׁל חָמֵשׁ דַּקּוֹת
3 (leash, restraining strap) רְצוּעָה (לְכֶלֶב)
□ *dogs must be kept on a lead* אֵין לְהוֹבִיל כְּלָבִים לְלֹא רְצוּעָה
4 (wire) חוּט (חַשְׁמַל, טֶלֶפוֹן וְכַד')
5 (principal part; principal actor or actress) תַּפְקִיד רָאשִׁי; הַשַּׂחְקָן/הַשַּׂחְקָנִית בַּתַּפְקִיד הָרָאשִׁי
leaded /ˈledɪd/ adj. עָשׂוּי עוֹפֶרֶת; מֵכִיל עוֹפֶרֶת (דֶּלֶק מְכוֹנִיּוֹת לְמָשָׁל)
leaden /ˈled(ə)n/ adj. עָשׂוּי עוֹפֶרֶת, דְּמוּי עוֹפֶרֶת
leaden sky (*poet.*) שָׁמַיִם קוֹדְרִים
□ *time drags on leaden feet* (*poet.*) הַזְּמַן מִשְׁתָּרֵךְ בְּצַעֲדֵי צָב
leader /ˈliːdə(r)/ n.
1 (person in guiding or foremost position) מַנְהִיג
Leader of the House (of Commons) (*UK*) יוֹשֵׁב־רֹאשׁ בֵּית־הַנִּבְחָרִים (הַבְּרִיטִי)
2 (newspaper article) מַאֲמַר הַמַּעֲרֶכֶת
3 (*Mus.*) מְנַצֵּחַ (אַרְהַ"ב); כַּנָּר רִאשׁוֹן (בְּרִיטַנְיָה)
4 (piece of blank tape, film, etc.) "לִידֶר" (בְּסֶרֶט הַקְלָטָה, סֶרֶט קוֹלְנוֹעַ וְכַד')
5 (*Bot.*) הֶעָנָף הַמֶּרְכָּזִי (שֶׁל עֵץ)
leadership /ˈliːdəʃɪp/ n. מַנְהִיגוּת, הַנְהָגָה
leading /ˈliːdɪŋ/ adj. רָאשִׁי, עִקָּרִי, מוֹבִיל
leading article מַאֲמַר מַעֲרֶכֶת; מַאֲמָר רָאשִׁי
leading edge שְׂפַת־הַהַתְקָפָה (הַשָּׂפָה הַקִּדְמִית שֶׁל כָּנָף אוֹ מַדְחֵף)
leading lady הַשַּׂחְקָנִית הָרָאשִׁית
leading light (*colloq.*) "הַמָּאוֹר הַגָּדוֹל" (הַדְּמוּת בַּעֲלַת הַהַשְׁפָּעָה הַמַּכְרַעַת)

leading man הַשַּׂחְקָן הָרָאשִׁי
leading note (*Mus.*) הַתָּו הַמּוֹבִיל (הַתָּו הַשְּׁבִיעִי בְּסֻלָּם דִּיאָטוֹנִי)
leading question שְׁאֵלָה מַנְחָה (שְׁאֵלָה הַנִּשְׁאֶלֶת כְּדֵי לְקַבֵּל תְּשׁוּבָה מְסֻיֶּמֶת)

lead time /liːd taɪm/ n. תְּקוּפַת הַהֲכָנָה (שֶׁל מוּצָר, תָּכְנִית טֶלֶוִיזְיָה וְכַד׳)

leaf /liːf/ n. (*pl.* **leaves**)
1 (part of plant) עָלֶה
□ *the trees are in leaf* הָעֵצִים הִתְכַּסּוּ בֶּעָלִים
2 (page) דַּף
□ *he took a leaf out of his rival's book* (*fig.*) הוּא לָקַח דֻּגְמָה מִירִיבוֹ
□ *he's turned over a new leaf* (*fig.*) הוּא פָּתַח דַּף חָדָשׁ, הוּא הִתְחִיל בְּחַיִּים חֲדָשִׁים
3 (hinged portion of table or door) לוּחַ לְהַגְדָּלַת שֶׁטַח הַשֻּׁלְחָן (עִם אוֹ בְּלִי צִירִים)
4 (thin sheet of metal) עֲלֵה מַתֶּכֶת, רִקּוּעַ (זָהָב, כֶּסֶף וְכַד׳)
—v.i.
leaf through עִלְעֵל בְּ..., דִּפְדֵּף בְּ...

leaflet /liːflɪt/ n.
1 (printed paper) עָלוֹן, חוֹבֶרֶת, דַּף הַסְבָּרָה
2 (*Bot.*) עַלְעָל
—v.t. חִלֵּק עֲלוֹנֵי הַסְבָּרָה בְּ...

leaf-mould /liːf-məʊld/ n. עֲלֵי־שַׁלֶּכֶת נִרְקָבִים

leafy /liːfɪ/ adj. רַב־עָלִים; בַּעַל עֵצִים מְרֻבִּים

league¹ /liːg/ n. (*arch.*) לִיגָה (מִדַּת אֹרֶךְ, 4.8 ק״מ)

league² /liːg/ n.
1 (agreement) חֶבֶר, חֲבוּרָה, בְּרִית, לִיגָה
□ *the politicians were in league with big business* הַמְּדִינָאִים עָשׂוּ יָד אַחַת עִם בַּעֲלֵי הָעֲסָקִים הַגְּדוֹלִים
2 (group of sports clubs, etc.) לִיגָה
the Football League לִיגַת הַכַּדּוּרֶגֶל
□ *this company isn't in the big league* (*fig.*) הַחֶבְרָה הַזֹּאת לֹא בַּלִּיגָה הָרִאשׁוֹנָה

leak /liːk/ n.
1 (unintentional flow of fluid, electricity, etc.; hole, etc. which allows this) נְזִילָה, דְּלִיפָה; חוֹר
take a leak (*US sl.*) הִשְׁתִּין
□ *the ship sprang a leak* הָאֳנִיָּה הִתְחִילָה לִדְלֹף
2 (disclosure of secrets) הַדְלָפָה
—v.i. דָּלַף, נָזַל
□ *the story leaked out despite all the secrecy* הַסִּפּוּר דָּלַף הַחוּצָה לַמְרוֹת כָּל הַסּוֹדִיּוּת
—v.t. הִדְלִיף
□ *the official leaked the plans to the press* הַפָּקִיד הִדְלִיף אֶת הַתָּכְנִיּוֹת לָעִתּוֹנוּת

leakage /liːkɪdʒ/ n. נְזִילָה, דְּלִיפָה

leaky /liːkɪ/ adj. דּוֹלֵף, נוֹזֵל

lean¹ /liːn/ adj.
1 (thin) רָזֶה, כָּחוּשׁ, צָנוּם
2 (of meat, having little fat) (בָּשָׂר) רָזֶה, חֲסַר־שֻׁמָּן
3 (poor, scanty) זָעוּם
□ *through the lean years the company made economies* בַּשָּׁנִים הָרָעוֹת, הַחֶבְרָה עָשְׂתָה כָּל מִינֵי קִצּוּצִים
□ *there was a lean harvest* הַיְּבוּל הָיָה דַּל
—n. בָּשָׂר לְלֹא שֻׁמָּן

lean² /liːn/ (past & past ppl. **leaned, leant** /liːnd, lent/) v.i.
1 (incline) נָטָה, הִתְכּוֹפֵף, רָכַן
□ *he leant over* (or *across*) *to his colleague* הוּא רָכַן מֵעַל עֲמִיתוֹ
□ *I have leaned over backwards to be fair* עָשִׂיתִי שְׁמִינִיּוֹת בָּאֲוִיר כְּדֵי לִהְיוֹת הוֹגֵן
□ *don't lean out of the window!* אַל תִּתְכּוֹפֵף אֶל מִחוּץ לַחַלּוֹן!
□ *he leans to the right politically* מִבְּחִינָה פּוֹלִיטִית הוּא נוֹטֶה לַיָּמִין
2 (rest weight of body for support) נִשְׁעַן עַל
lean on
(rely on) סָמַךְ עַל
(threaten, *colloq.*) ״לָחַץ״ עַל
□ *he leant back in his chair* הוּא נִשְׁעַן אֲחוֹרָה בְּכִסְאוֹ
—v.t. הִשְׁעִין אֶת... עַל...
□ *I leaned the ladder against the wall* הִשְׁעַנְתִּי אֶת הַסֻּלָּם עַל הַקִּיר

leaning /liːnɪŋ/ n. נְטִיָּה
□ *he has pacifist leanings* יֵשׁ לוֹ נְטִיּוֹת פָּצִיפִיסְטִיּוֹת

lean-to /liːn-tuː/ n. בִּנְיָן שֶׁגַּגּוֹ נִשְׁעָן עַל בִּנְיָן סָמוּךְ גָּדוֹל יוֹתֵר

leap /liːp/ (past & past ppl. **leaped, leapt** /liːpt, lept/) v.i. קָפַץ, נִתֵּר, זִנֵּק
□ *look before you leap!* חֲשֹׁב לִפְנֵי שֶׁאַתָּה פּוֹעֵל
□ *she leaped at the opportunity* הִיא קָפְצָה עַל הַהִזְדַּמְּנוּת
—v.t. קָפַץ מֵעַל
□ *she leapt the fence* הִיא קָפְצָה מֵעַל הַגָּדֵר
—n. קְפִיצָה, נִתּוּר, זִנּוּק
□ *his action was a leap in the dark* (*fig.*) הוּא עָשָׂה זֹאת בְּלִי לָדַעַת מַה יֵּצֵא מִזֶּה
□ *he's improving by leaps and bounds* הוּא מִשְׁתַּפֵּר בְּקֶצֶב מַדְהִים

leap-frog /liːp-frɒg/ n. קְפִיצַת חֲמוֹר (מִשְׂחַק יְלָדִים)
—v.t. & i. קָפַץ קְפִיצַת־חֲמוֹר מֵעַל; קָפַץ קְפִיצַת חֲמוֹר
□ *he leap-frogged several rivals* הוּא דִּלֵּג מֵעַל מִסְפַּר יְרִיבִים (וְזָכָה לְקִדּוּם מָהִיר)

leap year /liːp jiə(r)/ n. שָׁנָה מְעֻבֶּרֶת

learn /lɜːn/ (past & past ppl. **learned, learnt** /lɜːnd, lɜːnt/) v.t.
1 (get knowledge of or skill in) לָמַד

□ *can you learn (off) the part by the end of the week?* הַאִם תּוּכַל לִלְמֹד אֶת הַתַּפְקִיד בְּעַל־פֶּה עַד סוֹף הַשָּׁבוּעַ?
□ *he learned the poem by heart* הוּא לָמַד בְּעַל־פֶּה אֶת הַשִּׁיר
2 (be informed of) לָמַד לָדַעַת שֶׁ..., שָׁמַע עַל, שָׁמַע שֶׁ..., נוֹדַע לְ... שֶׁ...
—v.i. לָמַד

learned /ˈlɜːnɪd/ adj. (*formal*) מְלֻמָּד, יַדְעָן; אֲקָדֵמִי
learner /ˈlɜːnə(r)/ n. מִתְלַמֵּד, מַתְחִיל
learner-driver נֶהָג מִתְלַמֵּד
learning /ˈlɜːnɪŋ/ n. יֶדַע, דַּעַת, חָכְמָה
lease /liːs/ n. שְׁטַר חֲכִירָה, הֶסְכֵּם חֲכִירָה, הֶסְכֵּם שְׂכִירוּת
□ *the operation gave her a new lease of life* (*UK*) הַנִּתּוּחַ הֶעֱנִיק לָהּ חַיִּים חֲדָשִׁים
—v.t. הֶחְכִּיר, הִשְׂכִּיר
leasehold /ˈliːshəʊld/ n. & adj. זְכוּת חֲכִירָה; (רְכוּשׁ) הַמֻּחְזָק עַל־פִּי זְכוּת חֲכִירָה
leaseholder /ˈliːshəʊldə(r)/ n. חוֹכֵר, שׂוֹכֵר (שֶׁל רְכוּשׁ)
leash /liːʃ/ n. רְצוּעָה (לְכֶלֶב וְכַד')
□ *our men were straining at the leash* (*fig.*) אֲנָשֵׁינוּ בִּקְשׁוּ לִפְרֹק עֹל
—v.t. קָשַׁר בִּרְצוּעָה
least /liːst/ adj. הַפָּחוּת בְּיוֹתֵר, הַקָּטָן בְּיוֹתֵר
least common denominator (*Math.*) הַמְּכַנֶּה הַמְּשֻׁתָּף הַקָּטָן בְּיוֹתֵר
□ *I haven't the least idea* אֵין לִי שֶׁמֶץ שֶׁל מֻשָּׂג
□ *do you mind? Not in the least* אִכְפַּת לְךָ? כְּלָל וּכְלָל לֹא
□ *least said, soonest mended* (*Prov.*) כַּמָּה שֶׁפָּחוֹת מִלִּים – יוֹתֵר טוֹב
—adv. בְּמִדָּה הַפְּחוּתָה בְּיוֹתֵר, בְּמִדָּה הַקְּטַנָּה בְּיוֹתֵר
at least לְפָחוֹת
□ *the blow fell when he least expected it* הַמַּכָּה נָחֲתָה עָלָיו כְּשֶׁצִּפָּה לָהּ פָּחוֹת מִכֹּל
leastways /ˈliːstweɪz/ adv. (also **leastwise** /ˈliːstwaɪz/) אוֹ לְפָחוֹת, אוֹ בְּכָל־אֹפֶן
leather /ˈleðə(r)/ n. עוֹר (מְעֻבָּד)
hell for leather (*UK colloq.*) בִּמְהִירוּת מְסַחְרֶרֶת
wash-leather "עוֹר צְבִי" (מַטְלִית עוֹר לְנִגּוּב מְכוֹנִיּוֹת וְכַד')
—v.t. הִצְלִיף בְּ..., הִכָּה אֶת... בְּמֶרֶץ
leatherette /ˌleðəˈret/ n. "סְקַי" (חִקּוּי־עוֹר מִפְּלַסְטִיק)
leather-jacket /ˈleðə-ˌdʒækɪt/ n. הַזַּחַל שֶׁל חֲרָקִים מְעוֹפְפִים מְסֻיָּמִים
leathery /ˈleðərɪ/ adj. דְּמוּי עוֹר, קָשֶׁה כְּעוֹר
□ *this meat is leathery* הַבָּשָׂר הַזֶּה קָשֶׁה כְּמוֹ סֻלְיָה שֶׁל נַעַל
leave[1] /liːv/ (past & past ppl. **left** /left/) v.t.
1 (depart from, also v.i.) עָזַב, יָצָא
□ *the train leaves London at noon* הָרַכֶּבֶת יוֹצֵאת מִלּוֹנְדוֹן בְּ־12 בַּצָּהֳרַיִם
□ *the vehicle left the road at speed* הָרֶכֶב יָרַד מֵהַכְּבִישׁ בִּמְהִירוּת
□ *it's time we left* הִגִּיעַ הַזְּמַן שֶׁנֵּלֵךְ (הַבַּיְתָה)
□ *the dead man leaves a wife and two children* הַמָּנוֹחַ הִשְׁאִיר אַחֲרָיו אִשָּׁה וּשְׁנֵי יְלָדִים
□ *he left business for the priesthood* הוּא נָטַשׁ אֶת הָעֲסָקִים וּפָנָה לִכְמוּרָה
2 (allow or cause to remain) הִשְׁאִיר
leave behind הִשְׁאִיר, הִשְׁאִיר מֵאֲחוֹרָיו, עָזַב
leave out הִשְׁמִיט, לֹא כָּלַל אֶת...
□ *she leaves things lying about* (or *around*) הִיא מַשְׁאִירָה חֲפָצִים זְרוּקִים בְּכָל פִּנָּה
□ *leave it to me!* תַּשְׁאִיר אֶת זֶה לִי
□ *three from seven leaves four* שֶׁבַע פָּחוֹת שָׁלֹשׁ הֵם אַרְבַּע
□ *there's some wine left over* נִשְׁאַר עוֹד קְצָת יַיִן
□ *these matters can be left over till next time* אֶפְשָׁר לְהַשְׁאִיר אֶת הַנּוֹשְׂאִים הָאֵלֶּה לַפַּעַם הַבָּאָה
□ *there's nothing left for me to do but resign* לֹא נוֹתַר לִי אֶלָּא לְהַגִּישׁ אֶת הִתְפַּטְּרוּתִי
□ *his behaviour leaves something to be desired* יֵשׁ מָקוֹם לְשִׁפּוּר בְּהִתְנַהֲגוּתוֹ
□ *let us leave it at that!* נַשְׁאִיר אֶת זֶה כָּכָה!
□ *modern poetry leaves me cold* שִׁירָה מוֹדֶרְנִית לֹא עוֹשָׂה לִי כְּלוּם
3 (abandon, desert) נָטַשׁ, עָזַב
□ *they left her to starve* הֵם עֲזָבוּהָ וְנָתְנוּ לָהּ לִגְוֹעַ בָּרָעָב, הֵם נָתְנוּ לָהּ לִגְוֹעַ בָּרָעָב
□ *she was left to her own devices* הִנִּיחוּ אוֹתָהּ לְנַפְשָׁהּ
□ *he started them off then left them to it* הוּא עָזַר לָהֶם בַּהַתְחָלָה וְאַחַר־כָּךְ הִנִּיחַ לָהֶם לְהִסְתַּדֵּר לְבַד
□ *I was left in the dark as to their intentions* הֵם הֶעְלִימוּ מִמֶּנִּי אֶת כַּוָּנוֹתֵיהֶם
4 (delay doing, not do; cease doing) דָּחָה; הִפְסִיק, עָזַב
□ *leave off teasing her!* (*colloq.*) תַּפְסִיק לְהִתְגָּרוֹת בָּהּ!
5 (not consume or deal with) הִשְׁאִיר
□ *you're leaving it rather late* אַתָּה מְחַכֶּה מַמָּשׁ עַד הָרֶגַע הָאַחֲרוֹן
□ *don't leave your potatoes!* אַל תַּשְׁאִיר אֶת תַּפּוּחֵי־הָאֲדָמָה (כְּלוֹמַר תֹּאכַל אוֹתָם)!
□ *leaving aside the question of cost, the plan will not work* מִבְּלִי לְהִתְיַחֵס לִבְעָיַת הַמְּחִיר, הַתָּכְנִית אֵינָהּ בַּת־בִּצּוּעַ
6 (let) עָזַב, הִנִּיחַ
□ *leave me be!* עֲזֹב אוֹתִי!
□ *leave the cat alone!* עֲזֹב אֶת הֶחָתוּל!

□ *leave well alone* אַל תְּנַסֶּה לְשַׁפֵּר אֶת מַה שֶּׁכְּבָר טוֹב מִמֵּילָא

□ *leave go* (or *hold*) *of the rope!* עֲזֹב אֶת הַחֶבֶל!

leave² /liːv/ n.

1 (permission; holiday) רְשׁוּת; חֻפְשָׁה

absent without leave (*Mil.*) נִפְקָד

leave of absence חֻפְשָׁה מְיֻחֶדֶת (בְּשֶׁל סִבָּה דְּחוּפָה וְכַד׳)

on leave בְּחֻפְשָׁה

sick leave חֻפְשַׁת מַחֲלָה

□ *he took French leave* (*arch.*) הוּא הִסְתַּלֵּק בְּלִי רְשׁוּת

□ *he took it without so much as a 'by your leave'* הוּא לָקַח אֶת זֶה בְּלִי לְבַקֵּשׁ בִּכְלָל

2 (departure) נְסִיעָה; פְּרֵדָה

□ *I must take my leave* הִגִּיעָה שְׁעָתִי לְהִפָּרֵד

□ *she took leave of her friends* הִיא נִפְרְדָה מֵחֲבֵרֶיהָ

□ *have you taken leave of your senses?* הַאִם יָצָאתָ מִדַּעְתְּךָ?

leaven /lev(ə)n/ n. שְׂאוֹר (חֳמָרִים הַגּוֹרְמִים לְתְסִיסַת הַבָּצֵק); חָמֵץ

—v.t. הִתְסִיס (בָּצֵק), הֶחְמִיץ (בָּצֵק)

□ *his solemn speech was leavened with humour* (*formal*) נְאוּמוֹ הַקָּשֶׁה הָיָה מְתֻבָּל בְּהוּמוֹר

leaves /liːvz/ *pl.* of **leaf**

leavings /liːvɪŋz/ n. *pl.* פְּסֹלֶת, שְׁיָרִים

lech /letʃ/ v.i. & n. (also **letch**, *sl.*) "הִזִּיל רִיר" (בְּשֶׁל תַּאֲוָה מִינִית); גֶּבֶר "מְיֻחָם"

lecher /letʃə(r)/ n. (*derog.*) אָדָם שְׁטוּף־זִמָּה, אָדָם "מְיֻחָם"

lecherous /letʃərəs/ adj. (*derog.*) תַּאַוְתָנִי, שְׁטוּף־זִמָּה, "מְיֻחָם"

lechery /letʃərɪ/ n. (*derog.*) זִמָּה

lectern /lektən/ n. עַמּוּד־קְרִיאָה

lecture /lektʃə(r)/ n.

1 (long talk) הַרְצָאָה

lecture theatre אוּלַם הַרְצָאוֹת, חֲדַר הַרְצָאוֹת

2 (reprimand) הַטָּפַת־מוּסָר, "נְאוּם"

□ *he gave me a lecture on obedience* הוּא נָאַם לִי "נְאוּם" עַל צַיְּתָנוּת

—v.i. הִרְצָה, נָאַם

□ *he lectures at Oxford* הוּא מַרְצֶה בָּאוּנִיבֶרְסִיטַת אוֹקְסְפוֹרְד

—v.t. הִטִּיף מוּסָר לְ..., נָזַף בְּ...

□ *he lectured me on* (or *about*) *my handwriting* הוּא נָתַן לִי "הַרְצָאָה" עַל כְּתַב־הַיָּד שֶׁלִּי

lecturer /lektʃərə(r)/ n. מַרְצֶה

lectureship /lektʃəʃɪp/ n. מִשְׂרַת־מַרְצֶה

led /led/ past & past ppl. of **lead²**

ledge /ledʒ/ n. מַדָּף צַר; סֶלַע בּוֹלֵט (בְּצוּרַת מַדָּף); סֶלַע שָׁטוּחַ מִתַּחַת לִפְנֵי הַמַּיִם קָרוֹב לַחוֹף

window ledge אֶדֶן הַחַלּוֹן

ledger /ledʒə(r)/ n. סֵפֶר חֶשְׁבּוֹנוֹת (דַּק וְאָרֹךְ) לְרִשּׁוּם עִסְקוֹת מִסְחָרִיּוֹת

ledger line (*Mus.*) קַו נוֹסָף מֵעַל/מִתַּחַת הַחֲמִשָּׁה

lee /liː/ n. (*formal*) הַצַּד הַמּוּגָן מִן הָרוּחַ (שֶׁל סְפִינָה וְכַד׳)

□ *we took shelter under the lee of the wall* מָצָאנוּ מַחֲסֶה מִפְּנֵי הָרוּחַ בְּצִדָּהּ הַמּוּגָן שֶׁל הַחוֹמָה

□ *it was on* (or *to*) *our lee* (*side*) זֶה הָיָה בַּצַּד הֶחָסוּי לָרוּחַ שֶׁלָּנוּ (בַּסְּפִינָה)

leech /liːtʃ/ n. עֲלוּקָה; (בְּהַשְׁאָלָה) "עֲלוּקָה", "פָּרָזִיט"

leek /liːk/ n. כְּרֵשָׁה (יֶרֶק מַאֲכָל, מֵעֵין בָּצָל אָרֹךְ)

leer /lɪə(r)/ (*derog.*)

—n. מַבָּט מָלֵא תַּאֲוָה; מַבָּט מְרֻשָּׁע וְנִכְלוּלִי

—v.i. נָעַץ מַבָּטֵי תַּאֲוָה (לָרֹב בְּאִשָּׁה)

leery /lɪərɪ/ adj. (*colloq.*) חוֹשֵׁשׁ מִ..., חוֹשֵׁד בְּ...

lees /liːz/ n. *pl.* מִשְׁקַע־יַיִן

leeward /liːwəd/ adj. & adv. (*Naut.*) בַּצַּד הַמּוּגָן מֵהָרוּחַ (בָּאֳנִיָּה); לְכִוּוּן הָרוּחַ

—n. הַצַּד אוֹ הַכִּוּוּן אֵלָיו נוֹשֶׁבֶת הָרוּחַ

leeway /liːweɪ/ n.

1 (allowable deviation; margin of safety) מִרְוָח, סְטִיָּה; מִרְוַח בִּטָּחוֹן

□ *the instructions gave him a certain amount of leeway* הַהוֹרָאוֹת הוֹתִירוּ לוֹ מֶרְחָב תִּמְרוּן מְסֻיָּם

2 (drift of ship) סְחִיפַת הָאֳנִיָּה (לַצַּד)

left¹ /left/ past & past ppl of **leave¹**

left² /left/ adj. & adv. שְׂמָאלִי, שְׂמֹאל; לִשְׂמֹאל, בִּשְׂמֹאל

□ *eyes left!* (*Mil.*) שְׂמֹאלָה שׁוּר!

—n. שְׂמֹאל

left-hand /left-hænd/ adj. (צַד וְכַד׳) שְׂמָאלִי, מִשְּׂמֹאל, שֶׁל־שְׂמֹאל

left-hand drive (כְּלִי־רֶכֶב) בַּעַל הֶגֶה שְׂמָאלִי (כְּלוֹמַר בְּצַד שְׂמֹאל שֶׁל הָרֶכֶב)

left-handed /ˌleft-ˈhændɪd/ adj. שְׂמָאלִי, אִטֵּר יַד־יְמִינוֹ, אִטֵּר

left-hander /ˌleft-ˈhændə(r)/ n. אָדָם שְׂמָאלִי (כְּלוֹמַר אָדָם הַמִּשְׁתַּמֵּשׁ בְּעִקָּר בְּיָדוֹ הַשְּׂמָאלִית)

left-luggage /ˌleft-ˈlʌgɪdʒ/ n. מִטְעָן הַנִּמְסָר לִשְׁמִירָה (בְּתַחֲנַת־רַכֶּבֶת וְכַד׳)

leftovers /leftəʊvəz/ n. *pl.* שְׁאֵרִיּוֹת (שֶׁל מָזוֹן וְכַד׳)

leftward /leftwəd/ adv. (also **leftwards**) & adj. לִשְׂמֹאל; שְׂמָאלִי

left-wing /left-ˈwɪŋ// n. & adj. הַשְּׂמֹאל הַפּוֹלִיטִי; קֶשֶׁר שְׂמָאלִי (בְּכַדּוּרֶגֶל וְכַד׳); שְׂמָאלָנִי (פּוֹלִיטִי); שְׂמָאלִי (בְּמִגְרָשׁ)

left-winger /ˌleft-ˈwɪŋə(r)/ n. שְׂמֹאלָנִי (פּוֹלִיטִי); קֶשֶׁר שְׂמָאלִי (בְּמִגְרָשׁ)

leg /leg/ n.

1 (limb) רֶגֶל (אַף לֹא כַּף־הָרֶגֶל)

leg before wicket (*Cricket*) "רֶגֶל" (מֵעֵין "חוּץ" בְּקְרִיקֶט)
leg-room מִרְוָח לָרַגְלַיִם (בִּמְכוֹנִית וְכַד')
□ *give me a leg up* (*UK colloq.*) תַּעֲשֶׂה לִי "סֻלָּם"! (תַּעֲזוֹר לִי לְטַפֵּס עַל סוּס, גָּדֵר וְכַד')
□ *the radio is on its last legs* (*colloq.*) הָרַדְיוֹ עוֹמֵד לְשַׁבֵּק חַיִּים
□ *he hasn't a leg to stand on* (*fig.*) אֵין לוֹ עַל מָה לְהִתְבַּסֵּס (כְּלוֹמַר תְּמִיכָה)
□ *she's only pulling my leg* הִיא סְתָם מוֹתַחַת אוֹתִי
□ *the waiters were run off their legs* הַמֶּלְצָרִים הִתְרוֹצְצוּ בְּלִי הֶרֶף
□ *shake a leg!* (*colloq.*) צָרִיךְ לְמַהֵר!
□ *we're going out to stretch our legs* אָנוּ יוֹצְאִים הַחוּצָה לְחַלֵּץ אֶת הָעֲצָמוֹת
2 (part of garment) מִכְנָס
3 (support of table or chair) רֶגֶל (שֶׁל שֻׁלְחָן וְכַד')
4 (joint of meat) יָרֵךְ (שֶׁל בְּשַׂר לְמַאֲכָל)
5 (section of route) קֶטַע שֶׁל דֶּרֶךְ
□ *the first leg of the race was 100 miles long* אָרַךְ הַקֶּטַע הָרִאשׁוֹן בַּמֵּרוֹץ הָיָה 100 מִיל
—v.t.
leg it (*sl.*) "הֵרִים רַגְלַיִם", בָּרַח

legacy /ˈlegəsɪ/ n. עִזָּבוֹן, יְרֻשָּׁה; מוֹרָשָׁה

legal /ˈliːg(ə)l/ adj.
1 (connected with law) חֻקִּי, מִשְׁפָּטִי
legal aid סַעַד מִשְׁפָּטִי
the legal profession מִשְׁפְּטָנוּת
□ *she took legal action* הִיא פָּנְתָה לַעֲרֹךְ דִּין, הִיא פָּנְתָה לְעַרְכָּאוֹת
2 (allowed by law or rule) חֻקִּי, מֻתָּר (עַל-פִּי חֹק אוֹ כְּלָל)
legal tender מַטְבֵּעַ חֻקִּי, מַטְבֵּעַ עוֹבֵר לַסּוֹחֵר

legalese /ˌliːgəˈliːz/ n. (*derog.*) זַ'רְגוֹן מִשְׁפָּטִי

legalism /ˈliːgəlɪzəm/ n. חֻמְרָה בַּדִּין, הַקְפָּדָה עַל הַחֹק כִּלְשׁוֹנוֹ

legality /liːˈgælɪtɪ/ n. חֻקִּיּוּת

legalization /ˌliːgəlaɪˈzeɪʃ(ə)n/ n. לֶגָלִיזַצְיָה, הַקְנָיַת-חֻקִּיּוּת

legalize /ˈliːgəlaɪz/ v.t. הִקְנָה חֻקִּיּוּת לְ

legally /ˈliːgəlɪ/ adv. בְּאֹפֶן חֻקִּי

legate /ˈlegət/ n. שָׁלִיחַ (בְּיִחוּד שֶׁל הָאַפִּיפְיוֹר)

legatee /ˌlegəˈtiː/ n. (*Law*) מִי שֶׁזָּכָה בְּעִזָּבוֹן, יוֹרֵשׁ

legation /lɪˈgeɪʃ(ə)n/ n. נְצִיגוּת (שֶׁל מֶמְשָׁלָה וְכַד'); בִּנְיַן הַנְּצִיגוּת

legato /ləˈgɑːtəʊ/ adj. & adv. (*Mus.*) n. (pl. **legatos**) לֶגָטוֹ (בַּעֲדִינוּת, בְּאֹפֶן חָלָק)

legend /ˈledʒənd/ n.
1 (traditional story or group of stories) אַגָּדָה
□ *he was a legend in his own lifetime* הוּא הָיָה לְאַגָּדָה בְּחַיָּיו
2 (inscription; caption) כְּתֹבֶת (עַל מַטְבֵּעַ, מַצֵּבָה וְכַד')
3 (key to signs on map) מִקְרָאָה (מַפְתֵּחַ סִימָנִים בְּמַפָּה, מִרְשָׁם וְכַד')

legendary /ˈledʒənd(ə)rɪ/ adj. אַגָּדִי, אַגַּדְתִּי

legerdemain /ˌledʒədəˈmeɪn/ n. זְרִיזוּת כַּפַּיִם; "הִתְחַכְּמוּת"

leggings /ˈlegɪŋz/ n. *pl.* מֵעֵין מִכְנְסֵי-טַיְטְס וְכַד'

leggy /ˈlegɪ/ adj. (*colloq.*) אֶרֶךְ-רַגְלַיִם

leghorn /ˈleghɔːn/ n.
1 (straw hat) כּוֹבַע לִיבוֹרְנוֹ
2 Leghorn (hen) תַּרְנְגֹלֶת לִיבוֹרְנוֹ

legible /ˈledʒɪb(ə)l/ adj. קָרִיא

legion /ˈliːdʒən/ n. לִגְיוֹן (יְחִידַת צָבָא); לִגְיוֹן (קְבוּצָה גְּדוֹלָה)
American Legion אִרְגּוּן הַחַיָּלִים הַמְשֻׁחְרָרִים בְּאָמֵרִיקָה
British Legion אִרְגּוּן הַחַיָּלִים הַמְשֻׁחְרָרִים בְּאַנְגְּלִיָּה
Foreign Legion לִגְיוֹן הַזָּרִים (שֶׁל הַצָּבָא הַצָּרְפָתִי)
Legion of Honour לִגְיוֹן הַכָּבוֹד
□ *the difficulties are legion* (*formal*) הַקְּשָׁיִים מְרֻבִּים מְאֹד

legionary /ˈliːdʒənərɪ/ n. & adj. לִגְיוֹנֵר; שֶׁל לִגְיוֹן

legionella /ˌliːdʒəˈnelə/ n. הַחַיְדַּק הַגּוֹרֵם לְ"מַחֲלַת הַלִּגְיוֹנֶרִים" (מַחֲלַת רֵאוֹת)

legionnaire /ˌliːdʒəˈneə(r)/ n. לִגְיוֹנֵר (בְּעִקָּר בְּלִגְיוֹן הַזָּרִים)
legionnaire's disease "מַחֲלַת הַלִּגְיוֹנֶרִים" (סוּג שֶׁל דַּלֶּקֶת רֵאוֹת)

legislate /ˈledʒɪsleɪt/ v.i. חוֹקֵק

legislation /ˌledʒɪsˈleɪʃ(ə)n/ n. חֲקִיקָה, תְּחִקָּה; מַעֲרֶכֶת-הַחֻקִּים

legislative /ˈledʒɪslətɪv/ adj. תְּחִקָּתִי, מְחוֹקֵק
legislative assembly מוֹעָצָה מְחוֹקֶקֶת

legislator /ˈledʒɪsleɪtə(r)/ n. מְחוֹקֵק

legislature /ˈledʒɪslətʃə(r)/ n. הָרָשׁוּת הַמְחוֹקֶקֶת

legit /lɪˈdʒɪt/ adj. (*sl.*) "כָּשֵׁר", "בְּסֵדֶר"

legitimacy /lɪˈdʒɪtɪməsɪ/ n. לֶגִיטִימִיּוּת, חֻקִּיּוּת

legitimate /lɪˈdʒɪtɪm(ə)t/ adj.
1 (lawful; valid) חֻקִּי, לֶגִיטִימִי; סָבִיר, לֶגִיטִימִי
2 (born in wedlock) (צֶאֱצָא) חֻקִּי
—v.t. /lɪˈdʒɪtɪmeɪt/ הָפַךְ אֶת... לְחֻקִּי, נָתַן לֶגִיטִימַצְיָה לְ...

legitimation /lɪˌdʒɪtɪˈmeɪʃ(ə)n/ n. לֶגִיטִימַצְיָה

legitimize /lɪˈdʒɪtɪmaɪz/ v.t. (also **legitimatize**) הָפַךְ אֶת... לְחֻקִּי, נָתַן לֶגִיטִימַצְיָה לְ...

legitimization /lɪˌdʒɪtɪmaɪˈzeɪʃ(ə)n/ n. לֶגִיטִימַצְיָה

legless /ˈleglɪs/ adj.
1 (having no legs) חֲסַר-רַגְלַיִם
2 (drunk, *colloq.*) "שִׁכּוֹר-מֵת"

leg-pull /ˈleg-pʊl/ n. (*colloq.*) "מְתִיחָה", "סִדּוּר"
legume /ˈlegjuːm/ n. קִטְנִית; תַּרְמִיל שֶׁל קִטְנִית
leguminous /lɪˈgjuːmɪn(ə)s/ adj. מִמִּשְׁפַּחַת הַקִּטְנִיּוֹת
leg-warmer /ˈleg-wɔːmə(r)/ n. מְחַמֵּם רַגְלַיִם (מֵעֵין גֶּרֶב)
legwork /ˈlegwɜːk/ n. הִתְרוֹצְצֻיּוֹת
lei /leɪ/ n. זֵר פְּרָחִים בְּנֹסַח הַוָּאִי
leisure /ˈleʒə(r)/ n. פְּנַאי, זְמַן חָפְשִׁי
leisure wear לְבוּשׁ לֹא־פוֹרְמָלִי, בֶּגֶד "סְפּוֹרְט־אֶלֶגַנְט"
□ *read it at (your) leisure* קְרָא זֹאת בִּזְמַנְּךָ הַפָּנוּי
leisured /ˈleʒəd/ adj. שֶׁאֵינָם צְרִיכִים לַעֲבֹד
leisurely ˈleʒəlɪ/ adj. & adv. מָתוּן, נִנּוֹחַ; (מִבְצָע) בְּמְתִינוּת, בְּנַחַת
leitmotiv /ˈlaitməʊtiːf/ n. (*Mus.*) (also **leitmotif**) לֵיטְמוֹטִיב, מוֹטִיב מוֹבִיל
lemma /ˈlemə/ n. (*pl.* **lemmas, lemmata**) מִשְׁפָּט (בְּטִעוּן); עֵרֶךְ מִלּוֹנִי, לֶמָּה
lemming /ˈlemɪŋ/ n. לֶמִינג (מְכַרְסֵם קָטָן מִמִּשְׁפַּחַת הַנַּבְרָנִיִּים)
lemon /ˈlemən/ n.
1 (fruit; tree) לִימוֹן; עֵץ לִימוֹן
lemon curd (or **cheese**) מֵעֵין קְרִישׁ לִימוֹן
lemon sole סוּג שֶׁל דַּג מֹשֶׁה רַבֵּנוּ (אוֹ דַּג־הַסַּנְדָּל)
lemon squeezer מַסְחֵטַת לִימוֹן, מַסְחֵטַת תַּפּוּזִים (יְדָנִית בִּלְבַד)
2 (colour) צֶבַע הַלִּימוֹן, צָהֹב־בָּהִיר
3 (useless or defective thing, *sl.*) "נֵפֶל"
lemonade /ˌleməˈneɪd/ n. לִימוֹנָדָה
lemur /ˈliːmə(r)/ n. לֶמוּר (בַּעַל־חַיִּים הַקָּרוֹב לְקוֹף, רֹאשׁוֹ דּוֹמֶה לְשׁוּעָל)
lend /lend/ (past & past ppl. **lent** /lent/) v.t.
1 (grant temporary use of) הִשְׁאִיל, הִלְוָה
lending library סִפְרִיַּת־הַשְׁאָלָה
□ *can you lend me $100?* הַאִם אַתָּה יָכוֹל לְהַלְווֹת לִי 100 דּוֹלָר? תַּלְוֶה לִי מֵאָה דּוֹלָר!
□ *lend an ear to my story!* (*poet.*) הַטֵּה נָא אֹזֶן לִדְבָרַי
□ *she lent (me) a (helping) hand with the washing* הִיא עָזְרָה (לִי) בִּכְבִיסָה
2 (add, aid) הוֹסִיף, הֶעֱנִיק
□ *these facts lend probability to your theory* עֻבְדּוֹת אֵלֶּה מוֹסִיפוֹת/מַעֲנִיקוֹת סְבִירוּת לַתֵּאוֹרְיָה שֶׁלְּךָ
□ *it lends itself to the purpose* זֶה יָכוֹל לְשָׁרֵת אֶת הַמַּטָּרָה
length /leŋθ/ n.
1 (dimension) אֹרֶךְ
2 (unit of measurement) אֹרֶךְ (שֶׁל בְּרֵכָה, סִירָה וְכַד׳)
□ *the boat won by three lengths* הַסִּירָה נִצְּחָה בְּהֶפְרֵשׁ שֶׁל שְׁלֹשָׁה אֲרָכִים
□ *he swam three lengths* הוּא שָׂחָה שָׁלֹשׁ בְּרֵכוֹת
3 (piece of material) יְרִיעָה (שֶׁל בַּד), חֲתִיכָה, קֶטַע (שֶׁל עֵץ, מַתֶּכֶת וְכַד׳)
4 (extent, distance) מֶרְחָק, טְוָח, רֹחַק
□ *she would go to any lengths to discredit him* הִיא תַּעֲשֶׂה כָּל שֶׁבִּיכָלְתָּהּ כְּדֵי לְהוֹרִיד מֵעֶרְכּוֹ
□ *she kept him at arm's length* (*fig.*) הִיא לֹא הִתִּירָה לוֹ לְהִתְקָרֵב אֵלֶיהָ
□ *he lay at full length* הוּא הִשְׂתָּרַע מְלוֹא קוֹמָתוֹ
5 (of time) פֶּרֶק (זְמַן)
at length
(for a long time) בַּאֲרִיכוּת
(eventually) בְּסוֹפוֹ שֶׁל דָּבָר
lengthen /ˈleŋθ(ə)n/ v.t. הֶאֱרִיךְ
—v.i. הִתְאָרֵךְ, נַעֲשָׂה אָרֹךְ יוֹתֵר
lengthily /ˈleŋθɪlɪ/ adv. בַּאֲרִיכוּת
lengthwise /ˈleŋθwaɪz/ adj. & adv (also **lengthways** /ˈleŋθweɪz/) בָּאֹרֶךְ; לָאֹרֶךְ
lengthy /ˈleŋθɪ/ adj. אָרֹךְ מְאֹד, אָרֹךְ מִדַּי, אַרְכָּנִי
lenience /ˈliːnɪəns/ n. (also **leniency** /ˈliːnɪənsɪ/) קֻלָּה (בַּדִּין), מְתִינוּת, רַכּוּת
lenient /ˈliːnɪənt/ adj. מֵקֵל בַּדִּין, לֹא מַחְמִיר, מָתוּן, רַךְ
lens /lenz/ n. (*pl.* **lenses** /ˈlenzɪz/) עֲדָשָׁה (אוֹפְּטִית)
contact lenses עֲדָשׁוֹת מַגָּע
lent /lent/ past & past ppl. of **lend**
Lent /lent/ n. (*Relig.*) לֶנְט, צוֹם הַלֶּנְט (בַּנַּצְרוּת, אַרְבָּעִים הַיָּמִים שֶׁלִּפְנֵי חַג הַפַּסְחָא)
Lenten /ˈlentən/ adj. (*Relig.*) שֶׁל יְמֵי הַלֶּנְט (כַּנַּ"ל)
lentil /ˈlentɪl/ n. עֲדָשָׁה (צֶמַח מַאֲכָל מִמִּשְׁפַּחַת הַקִּטְנִיּוֹת)
lento /ˈlentəʊ/ adj. & adv. (*Mus.*) לֶנְטוֹ (בְּאִטִּיּוּת)
Leo /ˈliːəʊ/ n. (מַזָּל) אַרְיֵה; בֶּן/בַּת מַזַּל אַרְיֵה
leonine /ˈliːənaɪn/ adj. (*formal*) דְּמוּי אַרְיֵה, שֶׁל אַרְיֵה
leopard /ˈlepəd/ n. נָמֵר
leotard /ˈliːətɑːd/ n. בֶּגֶד־גּוּף, לִיאוֹטֶרְד (לְלֹא כִּסּוּי לָרַגְלַיִם)
leper /ˈlepə(r)/ n. מְצֹרָע, חוֹלֵה צָרַעַת
lepidopterist /ˌlepɪˈdɒptərɪst/ n. אַסְפָן־פַּרְפָּרִים
leprechaun /ˈleprəkɔːn/ n. (בַּפוֹלְקְלוֹר הָאִירִי) שֵׁדוֹן בִּדְמוּת אָדָם זָקֵן
leprosy /ˈleprəsɪ/ n. צָרַעַת
leprous /ˈleprəs/ adj. מְצֹרָע
lepto- /ˈleptəʊ-/ pref. לֶפְּטוֹ־, (תְּחִלִּית שֶׁפֵּרוּשָׁהּ) צַר, עָדִין
lesbian /ˈlezbɪən/ n. & adj. לֶסְבִּית; לֶסְבִּי
lesbianism /ˈlezbɪənɪzəm/ n. לֶסְבִּיּוּת
lese-majesty /ˌliːz-ˈmæʒesteɪ/ n. פְּגִיעָה בְּמַלְכוּת/בְּשַׁלִּיט/בְּבַעַל־סַמְכוּת כָּלְשֶׁהוּ; (בְּהַגְזָמָה הִתּוּלִית) פְּגִיעָה בְּ"פָרָה קְדוֹשָׁה"
lesion /ˈliːʒ(ə)n/ n. (*Med.*) פְּגִיעָה בְּרִקְמוֹת־הַגּוּף
less /les/ adj. פָּחוֹת

□ *no less a person than the minister said so* הַשַּׂר בִּכְבוֹדוֹ־וּבְעַצְמוֹ אָמַר זֹאת
—adv. פָּחוֹת, בְּמִדָּה פְּחוּתָה
□ *he can hardly walk, much* (or *still*) *less run* הוּא בְּקֹשִׁי הוֹלֵךְ, לֹא כָּל שֶׁכֵּן שֶׁאֵינוֹ יָכוֹל לָרוּץ
none the less (also **nonetheless**) אַף־עַל־פִּי־כֵן
□ *he is a professor, but none the less* (or *no less*) *childish for that* הוּא פְּרוֹפֶסוֹר אֲבָל הוּא לֹא פָּחוֹת יַלְדוּתִי בִּזְכוּת הָעֻבְדָּה הַזֹּאת
□ *I don't think any the less of him for being a politician* הָעֻבְדָּה שֶׁהוּא פּוֹלִיטִיקַאי לֹא גוֹרַעַת מִן הַהַעֲרָכָה שֶׁלִּי כְּלַפָּיו
—n. פָּחוֹת
□ *it will cost less to repair* (*it*) *than I thought* זֶה יַעֲלֶה פָּחוֹת לְתַקֵּן מִכְּפִי שֶׁחָשַׁבְתִּי
□ *we saw less of her after her husband died* רָאִינוּ אוֹתָהּ לְעִתִּים רְחוֹקוֹת יוֹתֵר אַחֲרֵי פְּטִירַת בַּעְלָהּ
—prep. פָּחוֹת
□ *six less two is four* שֵׁשׁ פָּחוֹת שְׁתַּיִם הֵם אַרְבַּע

lessee /leˈsiː/ n. (*Law*) חוֹכֵר, שׂוֹכֵר

lessen /ˈles(ə)n/ v.i. נֶחֱלַשׁ, הִתְמַעֵט, פָּחַת
—v.t. הִפְחִית, הִמְעִיט, גָּרַע מִ...

lesser /ˈlesə(r)/ adj. הַקָּטָן, הַפָּחוּת
□ *she chose the lesser evil* הִיא בָּחֲרָה בָּרַע בְּמִעוּטוֹ
□ *his accountant is to a lesser degree also guilty* רוֹאֵה הַחֶשְׁבּוֹן שֶׁלּוֹ גַּם הוּא אָשֵׁם, אִם כִּי בְּמִדָּה פְּחוּתָה

lesson /ˈles(ə)n/ n.
1 (instruction, period of instruction) שִׁעוּר
2 (corrective experience) לֶקַח
□ *he has learned his lesson* הוּא לָמַד לֶקַח
3 (Biblical passage read aloud) פֶּרֶק בְּכִתְבֵי־הַקֹּדֶשׁ שֶׁקּוֹרְאִים בַּכְּנֵסִיָּה

lessor /ˈlesɔː(r)/ n. (*Law*) מַחְכִּיר מַשְׂכִּיר

lest /lest/ conj. (*arch.*) פֶּן, שֶׁמָּא, לְבַל, כְּדֵי שֶׁלֹּא

let[1] /let/ n.
1 (obstruction, *arch.*) מִכְשׁוֹל, מִכְשֵׁלָה
without let or hindrance לְלֹא מִכְשׁוֹל וּמַעֲצוֹר
2 (*Tennis*) "חָזוֹר" (כַּדּוּר פְּתִיחָה שֶׁנָּגַע בָּרֶשֶׁת אַךְ עָבַר לַצַּד הַשֵּׁנִי), חֲבָטָה חוֹזֶרֶת

let[2] /let/ (past & past ppl. **let** /let/) v.t. & i.
1 (allow to (be)) הִרְשָׁה לְ..., הִתִּיר לְ..., אִפְשֵׁר לְ...
□ *let me be!* הַנַּח לִי! עֲזֹב אוֹתִי!
□ *he let drop a hint of his intentions* הוּא רָמַז עַל כַּוָּנוֹתָיו
□ *she let the matter drop* הִיא הִרְפְּתָה מִן הַנּוֹשֵׂא
□ *he let fly a volley of oaths* הוּא פָּלַט שׁוּרָה שֶׁל קְלָלוֹת
□ *he let fly at them* הוּא תָּקַף אוֹתָם (בְּמִלִּים אוֹ מַהֲלוּמוֹת)
□ *the kidnapper let her go* הַחוֹטֵף שִׁחְרֵר אוֹתָהּ
□ *don't let go of the rope* אַל תַּעֲזֹב אֶת הַחֶבֶל! אַל תְּשַׁחְרֵר אֶת הַחֶבֶל מִיָּדְךָ!
□ *I don't agree entirely but we'll let it go at that* אֲנִי לֹא מַסְכִּים לַחֲלוּטִין, אֲבָל בּוֹא נַנִּיחַ אֶת זֶה כְּמוֹ שֶׁזֶּה
□ *the firm will have to let him go* (*euphem.*) אֵין לַחֶבְרָה בְּרֵרָה אֶלָּא לְפַטֵּר אוֹתוֹ
□ *let yourself go!* תִּשְׁתַּחְרֵר!
□ *she really let him have it* (*colloq.*) הִיא נָתְנָה לוֹ בַּאֲבִי־אָבִיו
□ *let me know what happens!* תּוֹדִיעַ לִי מָה קָרָה!
□ *she let the dog loose* הִיא שִׁחְרְרָה אֶת הַכֶּלֶב
□ *the report's poorly typed, but let it pass* הַדּוּ"חַ מֻדְפָּס בְּרַשְׁלָנוּת, אֲבָל בּוֹא נַנִּיחַ לָזֶה
□ *will you let me pass?* הַאִם תִּתֵּן לִי לַעֲבֹר?
□ *she let slip a great opportunity* הִיא נָתְנָה לְהִזְדַּמְּנוּת גְּדוֹלָה לַחֲמֹק עַל־פָּנֶיהָ
2 (sell use of room or house) הִשְׂכִּיר
to let לְהַשְׂכָּרָה (עַל שֶׁלֶט וְכַד')
3 (in commands) הָבָה, בּוֹא
□ *let us pray!* הָבָה נִתְפַּלֵּל! (הַכֹּמֶר הַנּוֹצְרִי לִקְהַל הַמַּאֲמִינִים)
□ *let me see... I think it was the 14th* רַק רֶגַע – תֵּן לִי לְהִזָּכֵר... נִדְמֶה לִי שֶׁזֶּה הָיָה בְּ־14 בַּחֹדֶשׁ
□ *let's go!* קָדִימָה! יַלְלָה! נָזוּז!
□ *don't let's* (or *let's not*) *be hasty!* בּוֹאוּ לֹא נָרוּץ!
□ *let there be light!* יְהִי אוֹר!
□ *let AB be equal to CD* (*Math.*) אִם AB שָׁוֶה לְ־CD
— in set phrases

let alone עָזַב, לֹא הִטְרִיד
□ *they let him alone* הֵם עָזְבוּ אוֹתוֹ, הֵם הִפְסִיקוּ לְהַטְרִיד אוֹתוֹ
□ *let well alone!* הַנַּח לִדְבָרִים כְּמוֹ שֶׁהֵם! (כִּי מַצָּבָם מֵנִיחַ אֶת הַדַּעַת)

let down
(deflate; lower, extend downwards) רוֹקֵן (אֶת הָאֲוִיר מִבַּלּוֹן, מִצְמִיג וְכַד'); הוֹרִיד
□ *she really let her hair down* (*fig.*) הִיא מַמָּשׁ הִשְׁתּוֹלְלָה
(disappoint, fail to satisfy or do duty to) אִכְזֵב, הִכְזִיב

let in(to)
(allow to enter, insert into) הִכְנִיס
□ *let me in!* תֵּן לִי לְהִכָּנֵס! תַּכְנִיס אוֹתִי!
□ *the roof lets in water* הַגַּג דּוֹלֵף
□ *the shelf was let into the wall* הַמַּדָּף הֻשְׁקַע בְּתוֹךְ הַקִּיר
□ *you let yourself in for it* אַתָּה הִכְנַסְתָּ אֶת עַצְמְךָ לַצָּרָה הַזֹּאת
(make acquainted with) שִׁתֵּף
□ *will you let me in on the secret?* הַאִם תְּשַׁתֵּף אוֹתִי בַּסּוֹד?

let off
(allow to alight from) הוֹרִיד (מֵאוֹטוֹבּוּס וְכַד')

(discharge, fire) יָרָה (בִּכְלִי נֶשֶׁק), הִדְלִיק (זִקּוּק)

□ *swearing is a way of letting off steam* (*colloq.*)
קְלָלוֹת הֵן דֶּרֶךְ "לְשַׁחְרֵר אֵדִים"

(not punish, be lenient with; relieve from) פָּטַר
מֵעֹנֶשׁ אֶת; פָּטַר/שִׁחְרֵר אֶת... מִ...

□ *the judge let him off* הַשּׁוֹפֵט זִכָּה אוֹתוֹ

□ *the judge let him off lightly* הַשּׁוֹפֵט פָּטַר אוֹתוֹ בְּעֹנֶשׁ קַל

□ *he was let off games* הוּא קִבֵּל שִׁחְרוּר מִשִּׁעוּרֵי־סְפּוֹרְט

□ *his offer to do it let me off the hook* (*colloq.*)
הַצָּעָתוֹ לַעֲשׂוֹת זֹאת פָּתְרָה לִי אֶת הַבְּעָיוֹת

let on (*sl.*) גִּלָּה (סוֹד)

let out שִׁחְרֵר, הוֹצִיא; פָּלַט; הִרְחִיב (בֶּגֶד); גִּלָּה (סוֹד); הִשְׂכִּיר

□ *his failure to pay the deposit let us out of the contract* כֵּיוָן שֶׁהוּא לֹא שִׁלֵּם אֶת הַמִּקְדָּמָה הָיִינוּ פְּטוּרִים מִן הַחוֹזֶה

□ *he let the cat out of the bag* (*colloq.*) הוּא גִּלָּה אֶת הַסּוֹד (שֶׁלֹּא בְּמִתְכַּוֵּן וְשֶׁלֹּא בְּעִתּוֹ)

□ *let the cat out!* תֵּן לֶחָתוּל לָצֵאת הַחוּצָה!

□ *she let out a yelp of pain* הִיא פָּלְטָה זַעֲקַת כְּאֵב

let up (*colloq.*) חָדַל, הִפְסִיק, נִגְמַר

□ *he never lets up* הוּא לֹא מַפְסִיק, הוּא לֹא גּוֹמֵר

—n. שְׂכִירוּת; נְכָסִים בִּשְׂכִירוּת

letch /letʃ/ v.i. & n. (*sl.*) "הַזִּיל רִיר" (בְּשֶׁל תַּאֲוָה מִינִית); גֶּבֶר "מְיֻחָם"

let-down /ˈlet-daʊn/ n. (*colloq.*) אַכְזָבָה

□ *it was a great let-down to be told we had failed*
הָיְתָה זוֹ בִּשְׁבִילֵנוּ אַכְזָבָה גְּדוֹלָה כְּשֶׁנֶּאֱמַר לָנוּ שֶׁנִּכְשַׁלְנוּ

lethal /ˈliːθ(ə)l/ adj. קַטְלָנִי

lethargic /ləˈθɑːdʒɪk/ adj. (*formal*) לֵתַרְגִּי, יַשְׁנוּנִי, רָדוּם

lethargy /ˈleθədʒɪ/ n. (*formal*) לֵתַרְגְּיָה, יַשְׁנוּנִיּוּת, רַדֶּמֶת

Lethe /ˈliːθɪ/ n. (*poet.*) לֵתֶה (נְהַר הַשִּׁכְחָה בַּמִּיתוֹס הַיְּוָנִי); (בְּהַשְׁאָלָה) שִׁכְחָה

let-out /ˈlet-aʊt/ n. מוֹצָא

let-out clause סְעִיף בִּטּוּל הִתְחַיְּבוּת (בְּחוֹזֶה)

□ *this gave me a let-out* זֶה נָתַן לִי תֵּרוּץ לְהִתְחַמֵּק

Lett /let/ n. אָדָם לַטְבִי

letter /ˈletə(r)/ n.

1 (alphabetical symbol) אוֹת

□ *he observed the letter of the law* (*but not its spirit*) הוּא פֵּרֵשׁ אֶת הַחֹק כִּכְתָבוֹ (אַךְ לֹא כְּרוּחוֹ)

□ *he carried out my orders to the letter* הוּא מִלֵּא אֶת פְּקֻדּוֹתַי עַד הַפְּרָט הָאַחֲרוֹן

2 (written message) מִכְתָּב, אִגֶּרֶת

letter of credit מִכְתַּב־אַשְׁרַאי

letter of introduction מִכְתַּב־הַמְלָצָה

letter quality (*Comput.*) (הַדְפָּסַת) אֵיכוּת (לְהַבְדִּיל מֵאֵיכוּת טְיוּטָה)

3 (in *pl.*, literature, *formal*) סִפְרוּת, תַּרְבּוּת

man of letters אִישׁ־סִפְרוּת

—v.t.

1 (inscribe with letters) כָּתַב בְּאוֹתִיּוֹת (מְיֻחָדוֹת)

2 (classify with letters) סִמֵּן בְּאוֹתִיּוֹת

letter-bomb /ˈletə-bɒm/ n. מַעֲטֶפֶת־נֶפֶץ

letter-box /ˈletə-bɒks/ n. (*UK*)

1 (slit in door) תֵּבַת מִכְתָּבִים, תֵּבַת־דֹּאַר (בַּבַּיִת)

2 (public container from which mail is collected) תֵּבַת מִכְתָּבִים, תֵּבַת־דֹּאַר (בָּרְחוֹב)

letter-card /ˈletə-kɑːd/ n. מֵעֵין כַּרְטִיס־בְּרָכָה דְּמוּי מִכְתָּב

lettered /ˈletəd/ adj. (*formal*) מְלֻמָּד, תַּרְבּוּתִי, יוֹדֵעַ־סֵפֶר

letterhead /ˈletəhed/ n. כּוֹתֶרֶת (שֶׁל נְיַר מִכְתָּבִים)

lettering /ˈletərɪŋ/ n. עִצּוּב אוֹתִיּוֹת, חֲרִיתָה; הָאוֹתִיּוֹת הַמְעֻצָּבוֹת

lettuce /ˈletɪs/ n. חַסָּה

let-up /ˈlet-ʌp/ n. הֲפוּגָה, מְנוּחָה

□ *there was no let-up in the storm* לֹא הָיְתָה הֲפוּגָה בַּסְּעָרָה

leucocyte /ˈluːkəsaɪt/ n. (*Med.*) תָּא־דָּם לָבָן, לֵאוּקוֹצִיט

leukaemia /luːˈkiːmɪə/ n. לֵאוּקֶמְיָה, סַרְטַן הַדָּם

Levant /lɪˈvænt/ n. לְבַנְט, הַמִּזְרָח הַקָּרוֹב

Levantine /lɪˈvæntaɪn/ adj. & n. שֶׁל הַלְּבַנְט; תּוֹשַׁב הַלְּבַנְט

levee[1] /ˈlevɪ/ n. (*arch.*) קַבָּלַת פָּנִים (שֶׁל שַׁלִּיט לְאוֹרְחָיו)

levee[2] /ˈlevɪ/ n. דָּיֵק, סוֹלְלָה (לְאֹרֶךְ גְּדַת נָהָר)

level /ˈlev(ə)l/ n.

1 (standard of quantity or quality) רָמָה

□ *he reached a high level of fluency* הוּא הִשִּׂיג רָמָה גְּבוֹהָה שֶׁל רְהִיטוּת

□ *the two achievements are not on a level* (*with each other*) שְׁנֵי הַהֶשֵּׂגִים אֵינָם בְּרָמָה אַחַת

□ *is he on the level?* (*colloq.*) הַאִם הוּא אוֹמֵר אֶת הָאֱמֶת? הַאִם הוּא לֹא עוֹבֵד עָלֵינוּ?

□ *the decision was taken at Cabinet level* הַהַכְרָעָה הִתְקַבְּלָה בְּרָמַת הַקַּבִּינֶט

□ *he eventually found his own level in the class*
בְּסוֹפוֹ שֶׁל דָּבָר מָצָא אֶת הָרָמָה הַמַּתְאִימָה לוֹ בַּכִּתָּה; בְּסוֹפוֹ שֶׁל דָּבָר הוּא מָצָא אֶת מְקוֹמוֹ בַּכִּתָּה

2 (flat surface) מִפְלָס, רָמָה

□ *the water was on a level with the banks* מִפְלַס הַמַּיִם הִגִּיעַ עַד לַגְּדוֹת

3 (measuring instrument) פֶּלֶס

spirit level פֶּלֶס־מַיִם

4 (flat piece of ground) שֶׁטַח מִישׁוֹרִי

—adj.

1 (horizontal) שָׁטוּחַ, מִישׁוֹרִי

level crossing (*UK*) מִפְגָּשׁ פַּסֵּי רַכֶּבֶת (עִם כְּבִישׁ, בַּעַל מַחְסוֹם)
2 (equal) שָׁוֶה, מְאֻזָּן
□ *we're level pegging* (*colloq.*) אֲנַחְנוּ מִתְקַדְּמִים בְּאוֹתָהּ מְהִירוּת
□ *they're drawing level* (*with us*) הֵם מַשִּׂיגִים אוֹתָנוּ (בְּרִיצָה וְכַד')
3 (even, uniform) קָבוּעַ, אָחִיד, קָצוּב
□ *he did his level best* (*colloq.*) הוּא עָשָׂה כְּמֵיטַב יְכָלְתּוֹ
—v.t.
1 (make flat or smooth; flatten by destroying) יִשֵּׁר, הֶחֱלִיק, הִשְׁוָה; הֶחֱרִיב
□ *the reorganization levelled out some injustices* הָרֶה־אִרְגּוּן תִּקֵּן כַּמָּה עַוְלוֹת
□ *the house was levelled* (*to the ground*) הַבַּיִת נֶהֱרַס עַד הַיְסוֹד
2 (aim) כִּוֵּן (רוֹבֶה וְכַד')
□ *accusations of malpractice have been levelled at me* כֻּוְּנוּ כְּלַפַּי הַאֲשָׁמוֹת שֶׁל רַשְׁלָנוּת מִקְצוֹעִית
—v.i.
1 (be frank, *colloq.*) אָמַר אֶת הָאֱמֶת
□ *I'll level with you* אֲנִי אַגִּיד לְךָ אֶת הָאֱמֶת
2 (become level) הִתְאַזֵּן, הִתְיַצֵּב
□ *prices are levelling off now* הַמְּחִירִים מִתְיַצְּבִים עַכְשָׁו
□ *we levelled out* (or *off*) *at 25,000 feet* הִתְיַצַּבְנוּ בְּגֹבַהּ 25,000 רֶגֶל

level-headed /ˌlev(ə)l-ˈhedɪd/ adj. מְפֻכָּח, מְאֻזָּן, שָׁקוּל
lever /ˈliːvə(r)/ n. יָדִית, מָנוֹף (לְהַפְעָלָה שֶׁל מַכְשִׁיר); מָנוֹף (מִתְקָן הַנְדָּסִי בְּסִיסִי)
—v.t. הֵזִיז בְּמָנוֹף/בְּמוֹט; (בְּהַשְׁאָלָה) הֵזִיז, דָּחַק
leverage /ˈliːvərɪdʒ/ n. הֲנָפָה, כֹּחַ־הֲנָפָה; (בְּהַשְׁאָלָה) הַשְׁפָּעָה
leveret /ˈlevərɪt/ n. אַרְנָבוֹן, אַרְנֶבֶת צְעִירָה
leviathan /lɪˈvaɪəθ(ə)n/ n. (*formal*) לִוְיָתָן (הַיְצוּר הַתַּנָּ"כִי הָאַגָּדִי; "מִפְלֶצֶת" (דְּבַר־מָה עֲנָקִי)
levirate /ˈlevərət/ n. יִבּוּם
Levis /ˈliːvaɪz/ n. *pl.* (*Prop.*) (מִכְנָס ג'ִינְס) "לִיוַיְס"
levitate /ˈlevɪteɪt/ v.t. & i. גָּרַם (לְדָבָר מָה) לְרַחֵף; רִחֵף
levitation /ˌlevɪˈteɪʃ(ə)n/ n. רִחוּף
Levite /ˈliːvaɪt/ n. (*Bibl.*) לֵוִי
Leviticus /lɪˈvɪtɪkəs/ n. (*Bibl.*) סֵפֶר "וַיִּקְרָא"
levity /ˈlevɪtɪ/ n. (*formal*) קַלּוּת־רֹאשׁ, קַלּוּת־דַּעַת
levy /ˈlevɪ/ n. (*pl.* **levies**)
1 (collection of money; tax) מַס, הֵטֵל
capital levy מַס רְכוּשׁ
2 (conscription) גִּיּוּס
—v.t.
1 (impose or collect compulsorily) גָּבָה מַס, הִטִּיל מַס
2 (conscript) גִּיֵּס (צָבָא); עָרַךְ מִלְחָמָה, אָסַר מִלְחָמָה

lewd /ljuːd/ adj. (*formal*) מֻפְקָר, תַּאַוְתָנִי; גַּס
lexical /ˈleksɪk(ə)l/ adj. קָשׁוּר בְּמִלִּים, קָשׁוּר בְּאוֹצַר־מִלִּים, לֶקְסִיקָלִי
lexicographer /ˌleksɪˈkɒgrəfə(r)/ n. מִלּוֹנַאי, מְחַבֵּר מִלּוֹן, לֶקְסִיקוֹגְרָף
lexicography /ˌleksɪˈkɒgrəfɪ/ n. מִלּוֹנָאוּת, לֶקְסִיקוֹגְרַפְיָה
lexicon /ˈleksɪkən/ n. לֶקְסִיקוֹן, מִלּוֹן; אוֹצַר־מִלִּים
ley /leɪ/ n. סִדְרָה שֶׁל צִיּוּנֵי־דֶּרֶךְ פְּרֵהִיסְטוֹרִיִּים
liability /ˌlaɪəˈbɪlɪtɪ/ n. חוֹבָה; אַחֲרָיוּת; נְטִיָּה; נֵטֶל
□ *he can balance his liabilities and his assets* הוּא יָכוֹל לְאַזֵּן אֶת הִתְחַיְּבוּיוֹתָיו וְאֶת נְכָסָיו
□ *his liability to disease was a disadvantage* נְטִיָּתוֹ לַחֲלוֹת הָיְתָה חִסָּרוֹן
□ *domestic pets can be a liability* חַיּוֹת־בַּיִת יְכוֹלוֹת לִהְיוֹת לְטֹרַח
liable /ˈlaɪəb(ə)l/ adj.
1 (legally responsible) נוֹשֵׂא בְּאַחֲרָיוּת (עַל־פִּי הַחֹק)
□ *he was held liable for the damage caused by his son* הוּא נֶאֱלַץ לָשֵׂאת בְּאַחֲרָיוּת עֲבוּר הַנְּזָקִים שֶׁגָּרַם בְּנוֹ
2 (subject to) עָלוּל; עָשׂוּי
□ *you will be liable to a fine* אַתָּה עָלוּל לְקַבֵּל קְנָס
3 (apt or likely) נוֹטֶה
□ *he is liable to lose his temper* הוּא נוֹטֶה לְהִתְרַגֵּז
liaise /lɪˈeɪz/ v.i. תִּוֵּךְ, קִיֵּם קֶשֶׁר, קִיֵּם מַגָּעִים
liaison /lɪˈeɪz(ə)n/ n.
1 (communication in person) תִּקְשֹׁרֶת, קְשָׁרִים, קִשּׁוּר
liaison officer קְצִין־קִשּׁוּר
2 (sexual relationship) פָּרָשַׁת־אֲהָבִים (אֲסוּרָה)
liana /lɪˈɑːnə/ n. לִיאָנָה (צֶמַח־עַד מְטַפֵּס)
liar /ˈlaɪə(r)/ n. שַׁקְרָן
lib /lɪb/ n. (*colloq.*) (קִצּוּר שֶׁל) הַתְּנוּעָה לְשִׁחְרוּר...
women's lib הַתְּנוּעָה לְשִׁחְרוּר הָאִשָּׁה
libation /laɪˈbeɪʃ(ə)n/ n. נֶסֶךְ
libber /ˈlɪbə(r)/ n. (*colloq.*) פָּעִיל בִּתְנוּעַת־שִׁחְרוּר
libel /ˈlaɪb(ə)l/ n. דִּבָּה, הוֹצָאַת־דִּבָּה (בִּכְתָב)
—v.t. (past & past ppl. **libelled**) הוֹצִיא דִּבָּה (בִּכְתָב)
libellous /ˈlaɪbələs/ adj. מוֹצִיא דִּבָּה, מַשְׁמִיץ
liberal /ˈlɪbərəl/ adj.
1 (broad-minded) לִיבֶּרָלִי, בַּעַל דֵּעוֹת פְּתוּחוֹת
2 (not rigorous) חָפְשִׁי
□ *it was a liberal translation of the poem* זֶה הָיָה תַּרְגּוּם חָפְשִׁי שֶׁל הַשִּׁיר
3 (broadening the mind) חָפְשִׁי
liberal arts הַמַּדָּעִים הַחָפְשִׁיִּים, הַמַּדָּעִים הַהוּמָנִיסְטִיִּים
4 (generous, abundant) נָדִיב, שׁוֹפֵעַ
5 (reforming) לִיבֶּרָלִי
6 Liberal (*Polit.*) לִיבֶּרָלִי (מְדִינַאי, מִפְלָגָה וְכַד')

—n.
1 (liberal person) אָדָם בַּעַל דֵּעוֹת לִיבֶּרָלִיּוֹת
2 **Liberal** (*Polit.*) לִיבֶּרָל, תּוֹמֵךְ בַּמִּפְלָגָה הַלִּיבֶּרָלִית

liberalism /ˈlɪbərəlɪzəm/ n. לִיבֶּרָלִיּוּת, חֹפֶשׁ־דֵּעוֹת סוֹבְלָנוּת; לִיבֶּרָלִיזְם

liberality /ˌlɪbəˈrælɪtɪ/ n. (*formal*) נְדִיבוּת, רֹחַב־לֵב; לִיבֶּרָלִיּוּת

liberalization /ˌlɪb(ə)rəlaɪˈzeɪʃ(ə)n/ n. לִיבֶּרָלִיזַצְיָה, הֲקָלָה בְּחֻקִּים/בִּכְלָלִים

liberalize /ˈlɪb(ə)rəlaɪz/ v.t. הֵקֵל (חֻקִּים וְכַד׳)

liberate /ˈlɪbəreɪt/ v.t.
1 (set free) שִׁחְרֵר
2 (make less inhibited) שִׁחְרֵר, קָרָא דְּרוֹר לְ...

liberated /ˈlɪbəreɪtɪd/ adj. מְשֻׁחְרָר

liberation /ˌlɪbəˈreɪʃ(ə)n/ n. שִׁחְרוּר
liberation theology תֵּיאוֹלוֹגְיָה הַהוֹלֶכֶת יָד בְּיָד עִם שִׁחְרוּר חֶבְרָתִי (לָרֹב בִּדְרוֹם אֲמֶרִיקָה)

liberator /ˈlɪbəreɪtə(r)/ n. מְשַׁחְרֵר

Liberian /laɪˈbɪərɪən/ adj. & n. לִיבֶּרִי; אָדָם לִיבֶּרִי

libertarian /ˌlɪbəˈteərɪən/ n. & adj. אָדָם לִיבֶּרְטָרִיאָנִי; לִיבֶּרְטָרִיאָנִי (הַדּוֹגֵל בְּתוֹרָה שֶׁל אִי־הִתְעָרְבוּת הַמֶּמְשָׁלָה בְּחַיֵּי הָאֶזְרָחִים)

libertine /ˈlɪbətiːn/ n. (*arch.*) אָדָם מֻפְקָר־מִדּוֹת

liberty /ˈlɪbətɪ/ n.
1 (freedom) חֹפֶשׁ, חֵרוּת
at liberty
(free from confinement) חָפְשִׁי (לֹא בַּכֶּלֶא וְכַד׳)
(not prevented חָפְשִׁי (לַעֲשׂוֹת דְּבַר־מָה)
Statue of Liberty (*US*) פֶּסֶל הַחֵרוּת (בְּאַרְהַ״ב)
2 (pemission, *formal*; in *pl.*, permitted privileges) רְשׁוּת, חֵרוּת
□ *may I take the liberty of reminding you about the meeting?* הֲיֻרְשֶׁה לִי לְהַזְכִּיר לְךָ בְּקֶשֶׁר לַפְּגִישָׁה?
□ *don't take liberties with me!* אַתָּה מַרְשֶׁה לְעַצְמְךָ יוֹתֵר מִדַּי!

libidinal /lɪˈbɪdɪn(ə)l/ adj. שֶׁל הַלִּיבִּידוֹ

libidinous /lɪˈbɪdɪnəs/ adj. (*formal*) תַּאַוְתָנִי

libido /lɪˈbiːdəʊ/ n. (*pl.* **libidos**) לִיבִּידוֹ, יֵצֶר־הַמִּין

Libra /ˈliːbrə/ n. (מַזָּל) מֹאזְנַיִם; בֵּן/בַּת מַזַּל מֹאזְנַיִם

librarian /laɪˈbreərɪən/ n. סַפְרָן

librarianship /laɪˈbreərɪənʃɪp/ n. סַפְרָנוּת

library /ˈlaɪbrərɪ/ n. סִפְרִיָּה
public library סִפְרִיָּה צִבּוּרִית

librettist /lɪˈbretɪst/ n. כּוֹתֵב לִיבְּרִית

libretto /lɪˈbretəʊ/ n. (*pl.* **libretti, -tos**) לִיבְּרִית

Librium /ˈlɪbrɪəm/ n. (*Prop.*) לִיבְּרִיוּם (סַם הַרְגָּעָה)

lice /laɪs/ *pl.* of louse כִּנִּים

licence /ˈlaɪs(ə)ns/ n.
1 (legal authorization or document) רִשָּׁיוֹן, רִשּׁוּי
licence plate מִסְפַּר רִשּׁוּי
manufactured under licence מְיֻצָּר בְּרִשָּׁיוֹן
2 (permission or leave) רְשׁוּת, זְכוּת
poetic licence ״לִיצֶנְצְיָה״ פּוֹאֶטִיקָה, חֵרוּת פּוֹאֶטִית (לַחֲרֹג מִן הַתֶּקֶן)
3 (abuse of freedom) הֶפְקֵרוּת

license /ˈlaɪs(ə)ns/ v.t. נָתַן רִשָּׁיוֹן לְ..., הִרְשָׁה לְ...

licensed /ˈlaɪsənst/ adj. מֻרְשֶׁה, בַּעַל רִשָּׁיוֹן (בְּעִקָּר לִמְכֹּר מַשְׁקָאוֹת חֲרִיפִים)

licensee /ˌlaɪsənˈsiː/ n. בַּעַל־רִשָּׁיוֹן, מֻרְשֶׁה

licentiate /laɪˈsenʃɪət/ n. בַּעַל־רִשָּׁיוֹן לַעֲסֹק בְּמִקְצוֹעַ (בְּעִקָּר מִקְצוֹעוֹת חָפְשִׁיִּים)

licentious /laɪˈsenʃ(ə)s/ adj. (*formal*) פָּרוּץ, מֻפְקָר, חֲסַר־מוּסָר

lichee /ˈlaɪtʃɪ/ n. לִי־צִ׳י (פְּרִי סִינִי)

lichen /ˈlaɪkən/ n. חֲזָזִית

lich-gate /ˈlɪtʃ-geɪt/ n. שַׁעַר מְקֹרֶה בְּחֲצַר בֵּית־הַקְּבָרוֹת, שַׁעַר הַמָּוֶת

licit /ˈlɪsɪt/ adj. (*formal*) חֻקִּי, מֻתָּר

lick /lɪk/ v.t.
1 (pass the tongue over, also v.i.) לִקֵּק, לִקְלֵק, לִחֵךְ
□ *the flames were licking (at) the roof-timbers* הַלֶּהָבוֹת לִחֲכוּ אֶת קוֹרוֹת הַגַּג
□ *he licks his boss's boots (colloq. derog.)* הוּא ״מְלַקֵּק״ לַבּוֹס שֶׁלּוֹ
□ *she licked her lips* הִיא לִקְּקָה אֶת שְׂפָתֶיהָ (בַּהֲנָאָה)
□ *he's licking his wounds (fig.)* הוּא מְלַקֵּק אֶת פְּצָעָיו
2 (beat, *colloq.*) הֵבִיס, ״שָׁבַר״, ״נִצַּח״, ״קָרַע״
□ *the sergeant licked the recruits into shape* הַסַּמָּל ״קָרַע״ אֶת הַטִּירוֹנִים, וְהָפַךְ אוֹתָם לְחַיָּלִים

—n.
1 (act of licking) לִקּוּק
□ *he gave it a lick and a promise (UK colloq.)* הוּא עָשָׂה זֹאת (בְּעִקָּר: הִתְרַחֵץ) בַּחֲטָף
□ *a lick of paint would improve the look of the fence (colloq.)* טִפַּת צֶבַע לֹא תַּזִּיק לַמַּרְאֶה שֶׁל הַגָּדֵר
2 (blow, *colloq.*) ״זַפְטָה״
3 (pace, *colloq.*) ״סְפִּיד״
□ *the old car can still go at quite a lick* הַמְּכוֹנִית הַיְּשָׁנָה עוֹד יְכוֹלָה לִנְסֹעַ בִּסְפִּיד

licking /ˈlɪkɪŋ/ n. (*colloq.*) ״טִפּוּל״ (בְּמַכּוֹת); ״קְטִילָה״ (בְּתַחֲרוּת סְפּוֹרְט וְכַד׳)

lickspittle /ˈlɪkspɪt(ə)l/ n. (*arch. derog.*) מְלַחֵךְ פִּנְכָּה, מִתְרַפֵּס

licorice /ˈlɪkərɪs/ n. ״בַּמְבְּלִיק״ (מַמְתָּק); שׁוּשׁ (צֶמַח)

lid /lɪd/ n.
1 (movable cover) מִכְסֶה
□ *that journalist has taken the lid off the whole organization* הָעִתּוֹנַאי הַהוּא חָשַׂף אֶת כָּל הָאִרְגּוּן

2 (eyelid) עַפְעַף

lido /liːdəʊ/ n. (*pl.* **lidos**) בְּרֵכַת שְׂחִיָּה לֹא מְכֻסָּה; חוֹף־רַחְצָה

lie[1] /laɪ/ (past & past ppl. **lied** /laɪd/) v.i. שִׁקֵּר

□ *he tried to lie his way out of the situation* הוּא נִסָּה לְהֵחָלֵץ מִן הַמַּצָּב בְּעֶזְרַת שְׁקָרִים

□ *he's lying in his teeth* (*colloq.*) הוּא מְשַׁקֵּר בְּלִי בּוּשָׁה, הוּא מְשַׁקֵּר בְּמֵצַח נְחוּשָׁה

—n. שֶׁקֶר, כָּזָב, בְּדָיָה

lie detector מְכוֹנַת־אֱמֶת (לִבְדִיקַת עֵדוּת וְכַד׳)

white lie שֶׁקֶר־לָבָן

□ *the new evidence gave the lie to her accusation* הָעֵדוּת הַחֲדָשָׁה הִפְרִיכָה אֶת הָאֲשָׁמוֹתֶיהָ

□ *they are living a lie* הֵם חַיִּים בְּשֶׁקֶר

lie[2] /laɪ/ (past **lay** /leɪ/, past ppl. **lain** /leɪn/) v.i.

1 (be in or assume a horizontal position; be, remain) שָׁכַב, הָיָה מֻטָּל; נִשְׁאַר, נִמְצָא, הָיָה

□ *the fleet lay off the shore* הָאֳנִיּוֹת נִמְצְאוּ בְּקִרְבַת הַחוֹף

□ *at whose door should the responsibility lie?* עַל מִי לָשֵׂאת בָּאַחֲרָיוּת?

□ *what lies behind his reluctance?* מָה עוֹמֵד מֵאֲחוֹרֵי הַהֵרָתְעוּת שֶׁלּוֹ?

□ *the truth lies* (*somewhere*) *in between* הָאֱמֶת נִמְצֵאת (בְּאֵיזֶה מָקוֹם) בָּאֶמְצַע

□ *the deed lay heavy on his conscience* הַמַּעֲשֶׂה רָבַץ בִּכְבֵדוּת עַל מַצְפּוּנוֹ

□ *here lies…* פֹּה קָבוּר..., פֹּה טָמוּן...

□ *the machinery lay idle* הַמְּכוֹנוֹת עָמְדוּ לְלֹא שִׁמּוּשׁ

□ *his strength lies in his foresight* כֹּחוֹ בִּרְאִיַּת־הַנּוֹלָד שֶׁלּוֹ

□ *the dead man is lying in state* הָאָרוֹן מֻצָּג (וְהַצִּבּוּר עוֹבֵר עַל פָּנָיו)

□ *the bandits lay in waiting for the travellers* הַשּׁוֹדְדִים אָרְבוּ לַנּוֹסְעִים

□ *the hunted man lay low* הַנִּמְלָט הִתְחַבֵּא

□ *the remedy lies with you* הַפִּתְרוֹן בְּיָדֶיךָ

□ *let sleeping dogs lie* (*Prov.*) דַּיָּהּ לַצָּרָה בִּשְׁעָתָהּ

□ *he knows where his interest lies* הוּא יוֹדֵעַ מָה טוֹב בִּשְׁבִילִי

2 (be admissible, *Law*) הָיָה קָבִיל (בְּבֵית מִשְׁפָּט)

— in set phrases

□ *don't leave things lying about* אַל תַּשְׁאִיר דְּבָרִים מְפֻזָּרִים בְּכָל מָקוֹם

□ *he's not a man to take an insult lying down* הוּא לֹא אָדָם הָעוֹבֵר בִּשְׁתִיקָה עַל עֶלְבּוֹן

□ *we lay in on Saturday* (*colloq.*) בְּשַׁבָּת קַמְנוּ מְאֻחָר

□ *they lay up by day in their lairs* הֵם מִתְחַבְּאִים בִּמְאוּרוֹת בְּמֶשֶׁךְ הַיּוֹם

—n. מַצָּב

□ *the general was spying out the lie of the land* (*UK*) הַגֶּנֶרָל בָּחַן אֶת הַמַּצָּב בַּשֶּׁטַח

□ *the minister considered the lie of the land* (*UK*) הַשַּׂר הִתְחַשֵּׁב בְּמַצַּב הַדְּבָרִים

lie-in /laɪ-ɪn/ n. (*colloq.*) שְׁכִיבָה בַּמִּטָּה עַד שָׁעָה מְאֻחֶרֶת בַּבֹּקֶר

lief /liːf/ adv. (*arch.*) בְּחֵפֶץ לֵב

liege /liːdʒ/ adj. & n. (*formal*) זַכַּאי (לְקַבֵּל) מְחֻיָּב (לָתֵת); אָדוֹן (פֵאוֹדָלִי), מוֹשֵׁל

liege lord אָדוֹן פֵאוֹדָלִי

lien /lɪən/ n. (*Law*) הַזְּכוּת לְהַחֲזִיק בִּרְכוּשׁ שֶׁשֻּׁעְבַּד בְּשֶׁל חוֹב

lieu /luː/ n.

in lieu of תַּחַת, בִּמְקוֹם, כְּתַחֲלִיף לְ...

□ *the company gave me time off in lieu* הַחֶבְרָה נָתְנָה לִי יְמֵי חֹפֶשׁ כְּתַחֲלִיף (תַּשְׁלוּם)

lieutenant /leftenənt/, *US* /luːtenənt/ n.

1 (rank in armed services) סֶגֶן

lieutenant-general (or **colonel**) רַב־אַלּוּף/סְגַן־אַלּוּף

2 (deputy) סֶגֶן

life /laɪf/ n. (*pl.* **lives** /laɪvz/)

1 (existence) חַיִּים

life cycle (*Biol.*) מַחֲזוֹר־חַיִּים

life history (or **story**) סִפּוּר־חַיִּים, תּוֹלְדוֹת־חַיִּים

life insurance בִּטּוּחַ־חַיִּים

life support system מַעֲרֶכֶת הַחִיָּאָה

□ *you'll suffer for your sins in the next life* בָּעוֹלָם הַבָּא תְּשַׁלֵּם בְּיִסּוּרִים עַל חֲטָאֶיךָ

□ *many lives were lost* רַבִּים נִסְפּוּ, אֲנָשִׁים רַבִּים מָצְאוּ אֶת מוֹתָם

□ *the seat-belt saved my life* חֲגוֹרַת הַבְּטִיחוּת הִצִּילָה אֶת חַיַּי

□ *the author brings his subject to life* הַסּוֹפֵר נוֹפֵחַ רוּחַ־חַיִּים בַּנּוֹשֵׂא שֶׁלּוֹ

□ *at the word 'whisky' he came to life* לְשֵׁמַע הַמִּלָּה "וִיסְקִי" הוּא נֵעוֹר לְחַיִּים

□ *not on your life!* (*colloq.*) הָיִיתָ מֵת!

□ *I couldn't for the life of me remember* תַּהֲרֹג אוֹתִי – לֹא יָכֹלְתִּי לִזְכֹּר!

□ *this is a matter of life and death* זֶה עִנְיָן שֶׁל חַיִּים וָמָוֶת

□ *he ran for his life* (or *for dear life*) הוּא נִמְלַט עַל נַפְשׁוֹ

□ *they had risked life and limb to save him* הֵם שָׂמוּ אֶת נַפְשָׁם בְּכַפָּם כְּדֵי לְהַצִּילוֹ

□ *have we the right to take another's life?* (*formal*) הַאִם יֵשׁ לָנוּ הַזְּכוּת לִגְזֹל אֶת חַיֵּי הַזּוּלַת?

□ *you take your life in your hands when you travel in his car* אַתָּה מְסַכֵּן אֶת חַיֶּיךָ כְּשֶׁאַתָּה נוֹסֵעַ בִּמְכוֹנִיתוֹ

□ *that's life!* (*colloq.*) כָּאֵלֶּה הַחַיִּים!

2 (living things) חַיִּים

□ *life began on earth millions of years ago* הַחַיִּים עַל כַּדּוּר־הָאָרֶץ הֵחֵלּוּ לִפְנֵי מִילְיוֹנֵי שָׁנִים

life sciences מַדְעֵי הַחַיִּים

3 (lifetime) חַיִּים; תּוֹחֶלֶת חַיִּים

for life לְמֶשֶׁךְ כָּל הַחַיִּים

life expectancy תּוֹחֶלֶת חַיִּים

life peer (*UK*) (בְּאַנְגְּלִיָּה) בַּעַל תֹּאַר אֲצֻלָּה שֶׁאֵינוֹ עוֹבֵר בִּירֻשָּׁה (חָבֵר בְּבֵית הַלּוֹרְדִים)

□ *these batteries have a life of three months* לַסּוֹלְלוֹת הָאֵלֶּה יֵשׁ חַיִּים שֶׁל שְׁלֹשָׁה חֳדָשִׁים

□ *he got a life sentence* (also (*colloq.*) *he got life*) הוּא נִדּוֹן לְמַאֲסַר עוֹלָם

□ *he devoted his life to the cause* הוּא הִקְדִּישׁ אֶת חַיָּיו לַמַּטָּרָה זוֹ

□ *in later life you'll regret your extravagance* כְּשֶׁתִּהְיֶה זָקֵן, תִּתְחָרֵט עַל אֹרַח חַיֶּיךָ הָרַאַוְתָנִי

□ *I've spent* (or *lived*) *all my life in this city* חָיִיתִי אֶת (כָּל) חַיַּי בָּעִיר זוֹ

□ *she had the time of her life* הִיא בִּלְּתָה נִפְלָא, הִיא עָשְׂתָה כֵּף

□ *at my time of life, those things seem unimportant* בְּגִילִי, דְּבָרִים אֵלֶּה נִרְאִים כַּחַסְרֵי־חֲשִׁיבוּת

4 (way of living, aspect of life) אֹרַח־חַיִּים, צוּרַת־חַיִּים, דֶּרֶךְ־חַיִּים

□ *he likes the good life* הוּא אוֹהֵב אֶת הַחַיִּים הַטּוֹבִים

□ *she leads a full life* הִיא חַיְתָה חַיִּים מְלֵאִים

□ *in public life, reputation is important* בְּחַיֵּי הַצִּבּוּר הַשֵּׁם־הַטּוֹב הוּא חָשׁוּב

□ *this is the life!* (*colloq.*) אֵלֶּה חַיִּים שֶׁאֲנִי אוֹהֵב!

5 (excitement, animation, activity) פְּעִילוּת, תְּכוּנָה, חַיִּים, מֶרֶץ

□ *there's not much life in this town* לֹא קוֹרֶה הַרְבֵּה בָּעִיר הַזֹּאת, הָעִיר הַזֹּאת "מֵתָה"

□ *there's life in the old dog yet!* (*fig.*) יֵשׁ עוֹד רוּחַ־חַיִּים בַּכֶּלֶב הַזָּקֵן הַזֶּה! (נֶאֱמַר עַל אָדָם)

□ *he's the life and soul of the party* הוּא הָרוּחַ הַחַיָּה שֶׁל הַמְּסִבָּה

6 (actuality, real life) מַמָּשׁוּת, מְצִיאוּת חַיִּים

life drawing צִיּוּר עַל־פִּי דֻּגְמָן

true to life נֶאֱמָן לַמְּצִיאוּת

□ *that's him to the life!* זֶה בְּדִיּוּק הוּא! כָּךְ בְּדִיּוּק הוּא נִרְאָה!

7 (biography) בִּיּוֹגְרַפְיָה, סִפּוּר־חַיִּים, תּוֹלְדוֹת־חַיִּים

lifebelt /ˈlaɪfbelt/ n. גַּלְגַּל־הַצָּלָה

lifeblood /ˈlaɪfblʌd/ n. רוּחַ־חַיִּים, סַם הַחַיִּים

□ *volunteers are the lifeblood of the organization* הַמִּתְנַדְּבִים הֵם סַם הַחַיִּים שֶׁל הָאִרְגּוּן

lifeboat /ˈlaɪfbəʊt/ n. סִירַת הַצָּלָה

lifebuoy /ˈlaɪfbɔɪ/ n. גַּלְגַּל הַצָּלָה

lifeguard /ˈlaɪfgɑːd/ n. מַצִּיל

Life Guards (*UK*) מִשְׁמַר הַמֶּלֶךְ (בְּאַרְמוֹן בָּקִינְגְהָם)

life-jacket /ˈlaɪf-dʒækɪt/ n. חֲגוֹרַת־הַצָּלָה

lifeless /ˈlaɪflɪs/ adj. חֲסַר־חַיִּים, נְטוּל־חַיִּים, מֵת (לָרֹב בְּהַשְׁאָלָה)

lifelike /ˈlaɪflaɪk/ adj. דּוֹמֶה־לַמְּצִיאוּת

lifeline /ˈlaɪflaɪn/ n.

1 (rope) חֶבֶל הַצָּלָה

2 (line supplying air to diver, etc.) צִנּוֹר אֲוִיר (לְצוֹלְלָן וְכַד')

3 (only means of communication) קֶשֶׁר לַחַיִּים

lifelong /ˈlaɪflɒŋ/ adj. שֶׁל כָּל הַחַיִּים

life-preserver /ˌlaɪf-prɪˌzɜːvə(r)/ n.

1 (lifebelt or life-jacket, *US*) גַּלְגַּל הַצָּלָה, חֲגוֹרַת הַצָּלָה

2 (weapon, *UK arch.*) מֵעֵין אַלָּה בַּעֲלַת גֻּלַּת בַּרְזֶל בְּרֹאשָׁהּ

lifer /ˈlaɪfə(r)/ n. (*sl.*) שֶׁל כָּל הַחַיִּים

lifesaver /ˈlaɪfseɪvə(r)/ n. גּוֹאֵל מוֹשִׁיעַ (הַמְחַלֵּץ מִמְּצוּקָה גְּדוֹלָה)

life-size(d) /ˈlaɪfsaɪz(d)/ adj. בְּגֹדֶל טִבְעִי

lifespan /ˈlaɪfspæn/ n. מֶשֶׁךְ חַיִּים, טְוַח־חַיִּים, אֹרֶךְ־חַיִּים

lifestyle /ˈlaɪfstaɪl/ n. אֹרַח־חַיִּים, סִגְנוֹן־חַיִּים

lifetime /ˈlaɪftaɪm/ n. מֶשֶׁךְ חַיִּים; תְּקוּפָה אֲרֻכָּה

□ *this is the chance of a lifetime* זוֹ הִזְדַּמְּנוּת שֶׁל פַּעַם בַּחַיִּים, זוֹ הִזְדַּמְּנוּת שֶׁאֵינָהּ חוֹזֶרֶת

□ *it was a once-in-a-lifetime experience* זוֹ הָיְתָה חֲוָיָה שֶׁאֵינָהּ חוֹזֶרֶת

lift /lɪft/ v.t.

1 (raise) הֵרִים, הֶעֱלָה

□ *could you lift down that box please?* תּוֹרִיד בְּבַקָּשָׁה אֶת הַקֻּפְסָה הַזֹּאת (מִן הַמַּדָּף הַגָּבוֹהַּ וְכַד')

□ *she had her face lifted* (*colloq.*) הִיא עָשְׂתָה מְתִיחַת־פָּנִים

□ *he won't lift a finger to help* הוּא לֹא יִנְקֹף אֶצְבַּע כְּדֵי לַעֲזֹר

□ *don't you dare lift a hand against my child!* אַל תָּעֵז לְהָרִים יָד עַל הַיֶּלֶד שֶׁלִּי!

2 (remove) הֵסִיר (חֵרֶם וְכַד')

□ *the ban on trade was lifted* חֵרֶם עַל הַסַּחַר הוּסַר

3 (steal, plagiarize, *colloq.*) סִלֵּק, "הֵרִים", "פִּלַּח", "סָחַב"

—v.i. הִתְפַּזֵּר, נָמוֹג, נֶעְלַם

□ *the clouds are lifting* הָעֲנָנִים מִתְפַּזְּרִים

lift off הִמְרִיא (טִיל בִּלְבַד)

—n.

1 (elevator, *UK*) מַעֲלִית

2 (act of conveying) טְרֶמְפּ

□ *I was given a lift* קִבַּלְתִּי טְרֶמְפּ, נָתְנוּ לִי טְרֶמְפּ

3 (act of lifting; encouragement, *fig.*) עִדּוּד, שִׁפּוּר, מַצַּב־הָרוּחַ, "זְרִיקַת־עִדּוּד"

□ *the salary increase gave her a lift* הָעֲלִיָּה בְּמַשְׂכֻּרְתָּהּ רוֹמְמָה אֶת רוּחָהּ

4 (*Aeron.*) כַּח-עִלּוּי (שֶׁל כְּנַף מָטוֹס וְכַד')

liftman /ˈlɪftmæn/ n. נַעַר-מַעֲלִית

lift-off /ˈlɪft-ɒf/ n. הַמְרָאָה (שֶׁל טִיל)

ligament /ˈlɪgəmənt/ n. גִּיד

ligature /ˈlɪgətʃə(r)/ n.

1 (*Med.*) גִּיד/שֶׁנֶץ הַמְשַׁמֵּשׁ לִקְשִׁירָה בְּנִתּוּחִים

2 (*Printing*) קְשִׁירַת אוֹתִיּוֹת (לְמָשָׁל œ וְכַד'), לִיגָטוּרָה

3 (*Mus.*) קֶשֶׁת (בְּתָוִים), לִיגָטוּרָה

light[1] /laɪt/ n.

1 (brightness, illumination; visibility) אוֹר

light bulb נוּרָה חַשְׁמַלִּית

light year שְׁנַת-אוֹר

□ *the light began to fail* הָאוֹר הֵחֵל לִדְעֹךְ

□ *my grandson is the light of my life* הַנֶּכֶד שֶׁלִּי הוּא מְאוֹר-חַיַּי

□ *from the light in her eyes I knew all had gone well* הַבָּרָק בְּעֵינֶיהָ בִּשֵּׂר לִי כִּי הַכֹּל הִתְנַהֵל כַּשּׁוּרָה

□ *the light is in my eyes* הַמְּנוֹרָה מְסַנְוֶרֶת אוֹתִי

□ *we set off at first light* יָצָאנוּ עִם אוֹר רִאשׁוֹן, יָצָאנוּ עִם שַׁחַר

□ *these facts shed new light on the matter* עֻבְדּוֹת אֵלֶּה מְאִירוֹת אֶת הַנּוֹשֵׂא בְּאוֹר חָדָשׁ

□ *it came to light when we were spring-cleaning* זֶה הִתְגַּלָּה כַּאֲשֶׁר נִקִּינוּ אֶת הַבַּיִת לִקְרַאת הָאָבִיב

□ *new facts came to light in the investigation* עֻבְדּוֹת חֲדָשׁוֹת נִתְגַּלּוּ בַּחֲקִירָה

□ *in the cold light of day* (*fig.*) בִּבְחִינָה מְפֻכַּחַת

□ *only in a good light can you see the scratches* אֶת הַשְּׂרִיטוֹת אֶפְשָׁר לִרְאוֹת רַק בְּאוֹר חָזָק

2 (aspect in which thing is viewed, *formal*) אוֹר

□ *in the light of this new information, we must revise our opinion* עָלֵינוּ לָשׁוּב וְלִבְדֹּק אֶת דַּעְתֵּנוּ לְאוֹר הַמֵּידָע הֶחָדָשׁ

□ *I cannot view your conduct in a favourable light* אֵינֶנִּי יָכוֹל לִרְאוֹת אֶת הִתְנַהֲגוּתְךָ בְּאוֹר חִיּוּבִי

3 (source of fire) אֵשׁ, לֶהָבָה

□ *have you got a light?* יֵשׁ לְךָ אֵשׁ? יֵשׁ לְךָ מַצִּית/גַּפְרוּרִים?

4 (source of illumination) אוֹר, מְנוֹרָה

light fitting אַבְזַר-תְּאוּרָה

(traffic) light רַמְזוֹר

□ *he shot the lights* (*colloq.*) הוּא עָבַר בְּאוֹר אָדֹם

□ *our boss gave us the green light* (*fig.*) הַבּוֹס שֶׁלָּנוּ נָתַן לָנוּ אוֹר יָרֹק

□ *turn the light on* (or *off* or *out*) הַדְלֵק/כַּבֵּה אֶת הָאוֹר

□ *when is 'lights out'?* מָתַי כִּבּוּי-הָאוֹרוֹת?

5 (window) צֹהַר

6 (word in crossword) פִּתְרוֹן לְרֶמֶז (בְּתַשְׁבֵּץ)

7 (in *pl.*, mental powers, *formal*) הַעֲרָכָה, דֵּעוֹת (אִישִׁיּוֹת)

—adj.

1 (bright) אוֹר

□ *it's getting light* הַשַּׁחַר עוֹלֶה, הוֹלֵךְ וְנַעֲשֶׂה יוֹם

2 (pale) בָּהִיר, חִוֵּר

□ *she wore a light blue dress* הִיא לָבְשָׁה שִׂמְלָה כְּחֻלָּה בְּהִירָה, הִיא לָבְשָׁה שִׂמְלָה בְּצֶבַע תְּכֵלֶת

□ *he has light hair* יֵשׁ לוֹ שֵׂעָר בָּהִיר

—v.t. & i. (past & past ppl. **lighted** /ˈlaɪtɪd/ or **lit** /lɪt/)

1 (cause to burn; ignite) הִדְלִיק, הִצִּית; נִדְלַק

□ *this fire won't light* הָאֵשׁ הַזּוֹ אֵינֶנָּה נִדְלֶקֶת

□ *he lit up* (*colloq.*) הוּא הִדְלִיק סִיגָרִיָּה/סִיגָר/מִקְטֶרֶת

2 (illuminate; become bright) הֵאִיר; הוּאַר

lighting-up time שְׁעַת הַדְלָקַת פַּנְסֵי-הָרְחוֹב

□ *a smile lit up his face* חִיּוּךְ קוֹרֵן הֵאִיר אֶת פָּנָיו

□ *her face lit up with pleasure* פָּנֶיהָ אוֹרוּ מֵרֹב הֲנָאָה

□ *they light up very early in winter* הֵם מַדְלִיקִים אֶת הַפַּנָּסִים מְאֹד מֻקְדָּם בִּתְקוּפַת הַחֹרֶף

3 (guide) הֵאִיר אֶת דַּרְכּוֹ שֶׁל...

light[2] /laɪt/ (past & past ppl. **lighted** /ˈlaɪtɪd/ or **lit** /lɪt/) v.i. (*arch.*) נָחַת

□ *a cat usually lights on its feet* בְּדֶרֶךְ כְּלָל נוֹפֵל הֶחָתוּל עַל כַּפּוֹת רַגְלָיו

□ *I lit upon a rare book in a secondhand bookshop* בְּמִקְרֶה מָצָאתִי סֵפֶר נָדִיר בַּחֲנוּת לִסְפָרִים מְשֻׁמָּשִׁים

light[3] /laɪt/ adj.

1 (not heavy) קַל, קַל-מִשְׁקָל

light artillery אַרְטִילֶרְיָה קַלָּה

light industry תַּעֲשִׂיָּה קַלָּה

light meal אֲרוּחָה קַלָּה

2 (gentle, moderate) קַל

light ale שֵׁכָר בַּעַל תְּכוּלַת אַלְכּוֹהוֹל נְמוּכָה

□ *I'm a light sleeper* שְׁנָתִי קַלָּה מְאֹד

□ *he has a light touch* יֵשׁ לוֹ מַגָּע רַךְ/עָדִין

□ *the traffic was light* עֹמֶס-הַתְּנוּעָה הָיָה קַל

□ *he made light work of it* הוּא עָשָׂה אֶת זֶה בְּקַלּוּת

3 (not profound or serious) קַל

light entertainment בִּדּוּר קַל

light music מוּזִיקָה קַלָּה

□ *he made light of his problems* הוּא הֵקֵל רֹאשׁ בִּבְעָיוֹתָיו

—adv.

□ *go light on the sugar!* (*colloq.*) אַל תַּגְזִים עִם הַסֻּכָּר!

□ *he travels light* הוּא נוֹסֵעַ בְּלִי מִטְעָן רַב

lighten[1] /ˈlaɪt(ə)n/ v.t. & i. הֵאִיר; הוּאַר

□ *lighten our darkness!* (*poet.*) הָאֵר אֶת מַחֲשַׁכֵּינוּ!

lighten[2] /ˈlaɪt(ə)n/ v.t. & i. הֵקֵל; נַעֲשָׂה קַל

lighter[1] /ˈlaɪtə(r)/ n. מַצֶּת, מַצִּית

lighter[2] /ˈlaɪtə(r)/ n. (*Naut.*) דּוֹבְרָה (לִפְרִיקָה וְלִטְעִינָה שֶׁל אֳנִיּוֹת)

light-fingered /ˌlaɪt-ˈfɪŋgəd/ adj. "קַל־אֶצְבָּעוֹת" (נוֹטֶה לִגְנֹב; מְנַגֵּן הֵיטֵב)

light-footed /ˌlaɪt-ˈfʊtɪd/ adj. קַל־רַגְלַיִם

light-headed /ˌlaɪt-ˈhedɪd/ adj. מְסֻחְרָר, בְּגִלּוּפִין; קַל־דַּעַת

light-hearted /ˌlaɪt-ˈhɑːtɪd/ n. עַלִּיז, נִנּוֹחַ

lighthouse /ˈlaɪthaʊs/ n. מִגְדַּלּוֹר

lighting /ˈlaɪtɪŋ/ n. תְּאוּרָה

lightly /ˈlaɪtlɪ/ adv.

1 (not heavily) בְּקַלּוּת; מְעַט

□ *it was lightly salted* זֶה הָיָה מָלוּחַ מְעַט

2 (gently) בְּרַכּוּת

3 (casually) בְּקַלּוּת, כִּלְאַחַר־יָד

□ *you can't lightly dismiss this argument* אֵינְךָ יָכוֹל לִדְחוֹת טַעֲנָה זוֹ בְּקַלּוּת

4 (without severe penalty or terrible results) בְּעֹנֶשׁ קַל; לְלֹא פְּגִיעָה חֲמוּרָה, לְלֹא תּוֹצָאוֹת חֲמוּרוֹת

□ *he got off lightly* הוּא יָצָא מִזֶּה לְלֹא תּוֹצָאוֹת חֲמוּרוֹת

lightning /ˈlaɪtnɪŋ/ n. בָּרָק

lightning conductor כַּלִיא־בָּרָק

□ *he moved at lightning speed* הוּא נָע בִּמְהִירוּת הַבָּזָק

□ *the workers staged a lightning strike* הַפּוֹעֲלִים הִכְרִיזוּ עַל שְׁבִיתַת פֶּתַע

lights /laɪts/ n. *pl.* (*arch.*) רֵאוֹת (שֶׁל בַּעֲלֵי־חַיִּים, מַאֲכָל לְחַיּוֹת אֲחֵרוֹת)

lightship /ˈlaɪtʃɪp/ n. סְפִינָה מְצֻיֶּדֶת בְּזַרְקוֹר לְסִימָן וְהַתְרָאָה

lightsome /ˈlaɪtsəm/ adj. (*arch.*) קַל

lightweight /ˈlaɪtweɪt/ adj. קַל־מִשְׁקָל, בְּמִשְׁקַל־קַל

—n. מִתְאַגְרֵף בְּמִשְׁקַל־קַל

□ *he's a lightweight politically* מִבְּחִינָה פּוֹלִיטִית הוּא בַּעַל חֲשִׁיבוּת מְעַטָּה

ligneous /ˈlɪgnɪəs/ adj. (*formal*) דְּמוּי עֵץ

lignite /ˈlɪgnaɪt/ n. פֶּחָם חוּם, לִיגְנִיט

likable /laɪkəb(ə)l/ adj. חָבִיב

like[1] /laɪk/ adj.

1 (identical; similar) כְּמוֹ; דּוֹמֶה לְ...

□ *the twins are as like as two peas* (*in a pod*) הַתְּאוֹמִים דּוֹמִים זֶה לָזֶה כִּשְׁתֵּי טִפּוֹת מַיִם

□ *like father, like son* הַתַּפּוּחַ אֵינוֹ נוֹפֵל רָחוֹק מִן הָעֵץ, כָּאָב כֵּן בְּנוֹ

□ *she replied in like manner* (*formal*) הִיא הֵשִׁיבָה בְּאֹרַח דּוֹמֶה

2 (as; in the same way as) כְּמוֹ, בְּאוֹתוֹ אֹפֶן, כָּךְ, כְּפִי שֶׁ...

□ *he doesn't drink like his father did* הוּא לֹא שׁוֹתֶה כְּמוֹ שֶׁאָבִיו שָׁתָה

□ *tell it like it is!* (*US colloq.*) תְּסַפֵּר אֶת זֶה כְּמוֹ שֶׁזֶּה בְּדִיּוּק! תַּגִּיד בְּדִיּוּק!

3 (as if, *colloq.*) כְּאִלּוּ

□ *he ate like he had starved for days* הוּא אָכַל כְּאִלּוּ הָיָה רָעֵב יָמִים רַבִּים

—prep.

1 (similar to, in the manner of) כְּמוֹ, כְּפִי

□ *he drinks like a fish* (*fig.*) הוּא שׁוֹתֶה כְּמוֹ דָּג

□ *lose? Like Hell I did!* (*colloq.*) אֲנִי הִפְסַדְתִּי? מַה קָּרָה לְךָ?

□ *I'd be there like a shot* אֲנִי הָיִיתִי מַגִּיעַ לְשָׁם כְּמוֹ טִיל

□ *don't talk like that!* אַל תְּדַבֵּר כָּכָה!

□ *I tried like anything* (or (*colloq.*) *hell*) *to make myself heard* נִסִּיתִי כְּמוֹ אֲנִי לֹא יוֹדֵעַ מָה לְהַשְׁמִיעַ אֶת קוֹלִי

□ *his cakes are nothing like as good as yours* אֵין מַה לְּהַשְׁווֹת אֶת הָעוּגוֹת שֶׁלּוֹ וְהָעוּגוֹת שֶׁלְּךָ

□ *the picture looks nothing like you* הַתְּמוּנָה לֹא דּוֹמָה לְךָ בִּכְלָל

□ *you look like a million dollars!* אַתָּה נִרְאֶה שִׁגָּעוֹן!

□ *there's nothing like beer for quenching a thirst* אֵין כְּמוֹ בִּירָה בִּשְׁבִיל לִשְׁבֹּר אֶת הַצִּמָּאוֹן

□ *the room is something like tidy now* עַכְשָׁו הַחֶדֶר בְּעֵרֶךְ מְסֻדָּר

□ *the tune goes something like this* הַמַּנְגִּינָה נִשְׁמַעַת בְּעֵרֶךְ כָּךְ

□ *this is just like old times* זֶה מַמָּשׁ כְּמוֹ פַּעַם, זֶה כְּמוֹ בַּיָּמִים הַטּוֹבִים

□ *what is Robert like?* אֵיזֶה מִין טִיפּוּס הוּא רוֹבֶּרְט?

□ *I feel like an idiot* אֲנִי מַרְגִּישׁ כְּמוֹ אִידְיוֹט

□ *a man like Jones will do anything for money* אִישׁ כְּמוֹ ג'וֹנְס יַעֲשֶׂה הַכֹּל בִּשְׁבִיל הַכֶּסֶף

□ *it was just like Bob to do that* מַתְאִים הָיָה לְבּוֹב לַעֲשׂוֹת דָּבָר כָּזֶה

2 (suggestive of; tending towards; in the mood for)

□ *is he going to agree? It looks like it* הַאִם הוּא עוֹמֵד לְהַסְכִּים? נִרְאֶה שֶׁכֵּן

□ *it looks like rain* נִרְאֶה שֶׁעוֹד מְעַט יֵרֵד גֶּשֶׁם

□ *I feel like an ice-cream* מִתְחַשֵּׁק לִי גְּלִידָה

—adv.

□ *she'll be late,* (as) *like as not* קָרוֹב לְוַדַּאי שֶׁהִיא תְּאַחֵר

□ *I was just, like, hanging around, like* (*sl.*) אֲנִי, כָּכָה, סְתָם הִסְתּוֹבַבְתִּי לִי כָּכָה

—n. דּוֹמֶה

□ *we shall not see the like*(*s*) *of him again* (or *we shall not see his like again*) לֹא נִרְאֶה עוֹד אֲנָשִׁים כְּמוֹתוֹ

□ *I never heard the like!* מֵעוֹלָם לֹא שָׁמַעְתִּי כַּדָּבָר הַזֶּה!

□ *he subsidized music, painting, and the like* הוּא תָּמַךְ בְּמוּזִיקָה, בְּצִיּוּר וְכַיּוֹצֵא בְּאֵלּוּ

like[2] /laɪk/ v.t. חִבֵּב, אָהַב; רָצָה

□ *I enjoy working with people I like* אֲנִי נֶהֱנֶה לַעֲבֹד עִם אֲנָשִׁים שֶׁאֲנִי אוֹהֵב
□ *I like lobster but it doesn't like me* (*colloq.*) אֲנִי אוֹהֵב לֶאֱכֹל סַרְטָנִים אֲבָל הֵם גּוֹרְמִים לִי לְקַלְקוּל קֵבָה
□ *I like to fill in my tax forms early in the year* אֲנִי מַעֲדִיף לְמַלֵּא אֶת טְפָסֵי הַמַּס בִּתְחִלַּת הַשָּׁנָה
□ *I didn't like to disturb you* לֹא רָצִיתִי לְהַפְרִיעַ לְךָ
□ *I'd like a cup of tea* הָיִיתִי רוֹצֶה כּוֹס תֵּה
□ *would you like me to do that?* הַאִם אַתָּה רוֹצֶה שֶׁאֲנִי אֶעֱשֶׂה זֹאת?
□ *do as you like* עֲשֵׂה כִּרְצוֹנְךָ
□ *I'll come if you like* אָבוֹא, אִם תִּרְצֶה
□ *he is shy, if you like, but not impolite* אֶפְשָׁר אוּלַי לוֹמַר שֶׁהוּא בַּיְשָׁן, אֲבָל הוּא לֹא חֲסַר־נִימוּס
□ *how do you like that for a quick reply?* נוּ, אֵיךְ זֶה בְּתוֹר תְּשׁוּבָה מְהִירָה?
□ *well, how do you like that?* (*colloq.*) מָה דַּעְתְּךָ עַל הַחֻצְפָּה הַזֹּאת?
□ *how do you like the room?* הַאִם הַחֶדֶר מוֹצֵא חֵן בְּעֵינֶיךָ?
□ *how do you like your coffee?* אֵיךְ אַתָּה שׁוֹתֶה אֶת הַקָּפֶה?
□ *well, I like that!* (*colloq.*) אֵיזוֹ חֻצְפָּה! יָפֶה, יָפֶה!
□ *how would you like it if I increased your salary?* מָה תֹּאמַר אִם אַגְדִּיל אֶת הַמַּשְׂכֹּרֶת שֶׁלְּךָ?
□ *how would you like a black eye?* אַתָּה רוֹצֶה לַחֲטֹף "פַּנָּס" בָּעַיִן?
—n. דָּבָר אָהוּב (עַל...)
□ *she knows her likes and dislikes* הִיא יוֹדַעַת מָה אָהוּב עָלֶיהָ וּמָה לֹא

likeable /ˈlaɪkəb(ə)l/ adj. חָבִיב
likelihood /ˈlaɪklɪhʊd/ n. סְבִירוּת, אֶפְשָׁרוּת
likely /ˈlaɪklɪ/ adj.
1 (probable) סָבִיר, עָלוּל (דָּבָר שְׁלִילִי), עָשׂוּי (דָּבָר חִיּוּבִי אוֹ נֵיטְרָלִי)
□ *he is likely to come* הוּא עָשׂוּי לָבוֹא
□ *a likely story!* בֶּטַח! בֶּטַח! (לְהַבָּעַת חֹסֶר אֵמוּן מֻחְלָט בַּדְּבָרִים שֶׁסֻּפְּרוּ)
□ *not likely!* (*UK sl.*) בְּשׁוּם פָּנִים וָאֹפֶן לֹא! אֲפִלּוּ לֹא בְּעוֹד אֶלֶף שָׁנָה
2 (promising) מַבְטִיחַ
□ *he's a likely lad* הוּא בָּחוּר מַבְטִיחַ
—adv. כַּנִּרְאֶה, אֶפְשָׁר שֶׁ... עָשׂוּי
as likely as not (*colloq.*) יֵשׁ סְבִירוּת שֶׁ...
□ *Jones will likely be in Vancouver next week* סָבִיר שֶׁג'וֹנְס יִהְיֶה בְּוַנְקוּבֶר בַּשָּׁבוּעַ הַבָּא
like-minded /ˌlaɪkˈmaɪndɪd/ adj. בְּדֵעָה אַחַת
liken /ˈlaɪkən/ v.t. (*formal*) הִשְׁוָה, דִּמָּה
□ *can a man be likened to a machine?* הַאִם אֶפְשָׁר לְהַשְׁווֹת אָדָם לִמְכוֹנָה?

likeness /ˈlaɪknɪs/ n.
1 (resemblance) דִּמְיוֹן (חִזוּתִי בְּעִקָּר)
□ *there is a family likeness* יֵשׁ דִּמְיוֹן מִשְׁפַּחְתִּי
2 (portrait, *arch.*) הֶעְתֵּק, תְּמוּנָה, צִלּוּם
likewise /ˈlaɪkwaɪz/ adv. (*formal*) בְּאוֹתוֹ אֹפֶן, יָתֵר עַל־כֵּן, גַּם־כֵּן
liking /ˈlaɪkɪŋ/ n. חִבָּה, טַעַם, נְטִיָּה
□ *I took a liking to her* הִיא מָצְאָה חֵן בְּעֵינַי
□ *is everything to your liking?* הַאִם הַכֹּל לְטַעַמְךָ?
lilac /ˈlaɪlək/ n. & adj. (שִׂיחַ) לִילָךְ; (צֶבַע) לִילָךְ
lilliputian /ˌlɪlɪˈpjuːʃ(ə)n/ adj. זַעֲרוּרִי
Lilo /ˈlaɪləʊ/ n. (*Prop.*) מִזְרַן־יָם
lilt /lɪlt/ v.t. & i. הִתְנוֹעֵעַ אוֹ שָׁר בְּאֹפֶן זוֹרֵם אוֹ מִתְנַגֵּן
—n. נִגּוּן (שֶׁל קוֹל הַדִּבּוּר); זְרִימָה, קֶצֶב (בַּהֲלִיכָה)
lily /ˈlɪlɪ/ n. חֲבַצֶּלֶת; שׁוֹשָׁן, שׁוֹשַׁנָּה (אַף לֹא בְּמוּבָן "וֶרֶד")
lily of the valley שׁוֹשַׁנַּת הָעֲמָקִים
lily-livered /ˈlɪlɪ-lɪvəd/ adj. (*arch. derog.*) מוּג־לֵב
lily-white /ˈlɪlɪ-waɪt/ adj. (*poet.*) צָחוֹר כַּחֲבַצֶּלֶת
lima bean /ˈliːmə biːn/ n. סוּג שְׁעוּעִית שְׁטוּחָה וּלְבָנָה
limb /lɪm/ n. (*formal*)
1 (leg, arm, or wing) אֵבָר; כָּנָף
□ *the machine is a danger to life and limb* מְכוֹנָה זוֹ מְסֻכֶּנֶת מְאֹד
□ *I'll tear you limb from limb* (*poet.*) אֲנִי אֶקְרַע אוֹתְךָ לִגְזָרִים
2 (branch) עָנָף, בַּד
out on a limb (*fig.*) לְבַד לְגַמְרֵי (בְּעִקָּר בְּוִכּוּחַ)
limber /ˈlɪmbə(r)/ adj. (*formal*) גָּמִישׁ, מִתְכּוֹפֵף בְּקַלּוּת
—v.i. **limber up** עָשָׂה תַּרְגִּילֵי חִמּוּם
□ *he limbered up before the match* הוּא הִתְחַמֵּם לִפְנֵי הַמִּשְׂחָק
limbo[1] /ˈlɪmbəʊ/ n. (*pl.* **limbos**) קַדְמַת הַגֵּיהִנּוֹם (בַּדָּת הַקָּתוֹלִית, לִנְשָׁמוֹת לֹא חוֹטְאוֹת אַךְ לֹא נוֹצְרִיּוֹת); מַצָּב שֶׁל אִי־וַדָּאוּת, מַצָּב שֶׁל הַזְנָחָה וְשִׁכָּחוֹן
□ *the idea is temporarily in limbo* הָרַעְיוֹן הֻזְנַח וְנִדְחָה לְעֵת עַתָּה
limbo[2] /ˈlɪmbəʊ/ n. (*pl.* **limbos**) מָחוֹל הַלִּימְבּוֹ (שֶׁבּוֹ מִתְכּוֹפְפִים בְּמָחוֹל מִתַּחַת לְרַף)
lime[1] /laɪm/ n. סִיד
lime-kiln מִשְׂרֶפֶת־סִיד
—v.t. הוֹסִיף סִיד (לְקַרְקַע, לְוִסּוּת חֲמִיצוּת וְכַד')
lime[2] /laɪm/ n. לַיִּים, לִימֶטָה (מֵעֵין לִימוֹן יָרֹק)
lime[3] /laɪm/ n. טִילְיָה (עֵץ נוֹי בַּעַל עָלִים דְּמוּיֵי לֵב)
lime-green יְרַק־צְהַבְהַב
lime-juice /ˈlaɪm-dʒuːs/ n. מִיץ־לַיִּים, מִיץ־לִימֶטָה
limelight /ˈlaɪmlaɪt/ n. אוֹרוֹת (כִּמְעַט תָּמִיד בְּהַשְׁאָלָה) הַבָּמָה, אוֹר הַזַּרְקוֹרִים (פִּרְסוּם צִבּוּרִי)
□ *after the scandal he was anxious to get out of the limelight* הוּא הִשְׁתַּדֵּל מְאֹד לְהִתְחַמֵּק מֵאוֹר הַזַּרְקוֹרִים לְאַחַר הַשַּׁעֲרוּרִיָּה

limerick /ˈlɪmərɪk/ n. חַמְשִׁיר
limestone/ˈlaɪmstəʊn/ n. אֶבֶן־גִּיר, אֶבֶן־סִיד
limey /ˈlaɪmɪ/ n. (*US sl.*) מַלָּח אַנְגְּלִי
limit /ˈlɪmɪt/ n. גְּבוּל, תְּחוּם, סוֹף, הַגְבָּלָה
age limit הַגְבָּלַת גִּיל
speed limit הַמְּהִירוּת הַמֻּתֶּרֶת, מְהִירוּת גְּבוּל, הַגְבָּלַת מְהִירוּת
□ *the recipe can be varied within limits* אֶפְשָׁר לְשַׁנּוֹת אֶת הַמַּתְכּוֹן בִּגְבוּלוֹת מְסֻיָּמִים
□ *he was off limits* הוּא הָיָה מִחוּץ לַתְּחוּם
□ *you are the limit!* (*colloq.*) הָרַגְתָּ אוֹתִי! (כְּלוֹמַר אֲנִי נִדְהָם לְטוֹב אוֹ לְרַע מִמַּעֲשֶׂיךָ)
—v.t. הִגְבִּיל
□ *he was limited to rejecting the allegation* לֹא הָיְתָה לוֹ אֶפְשָׁרוּת אֶלָּא לְהַכְחִישׁ אֶת הָאַשְׁמוֹת
limitation /ˌlɪmɪˈteɪʃ(ə)n/ n. מִגְבָּלָה, הַגְבָּלָה
□ *he knows his limitations* הוּא מוּדָע לְמִגְבְּלוֹתָיו
limited /ˈlɪmɪtɪd/ adj. מֻגְבָּל, מְצֻמְצָם
limited edition מַהֲדוּרָה מֻגְבֶּלֶת (שֶׁל סֵפֶר וְכַד׳)
limited war מִלְחָמָה מֻגְבֶּלֶת, מִלְחָמָה טַקְטִית (לְהַשָּׂגַת יְעָדִים מֻגְבָּלִים, לְהַבְדִּיל מִמִּלְחָמָה כּוֹלֶלֶת)
(public) limited company חֶבְרָה (צִבּוּרִית) בְּעֵרָבוֹן מֻגְבָּל
limitless /ˈlɪmɪtlɪs/ adj. לְלֹא גְּבוּל, לְלֹא מִגְבָּלָה
limn /lɪm/ v.t. (*formal*) תֵּאֵר; צִיֵּר
limo /ˈlɪməʊ/ n. (*pl.* **limos**) (*colloq.*) לִימוּזִינָה (מְכוֹנִית־שְׂרָד גְּדוֹלָה)
limousine /ˈlɪməziːn/ n. לִימוּזִינָה (מְכוֹנִית־שְׂרָד גְּדוֹלָה)
limp[1] /lɪmp/ adj. רָפֶה, לֹא־קָשֶׁה, רוֹפֵף, מְדֻלְדָּל
limp binding כְּרִיכָה רַכָּה (שֶׁל סֵפֶר)
□ *he went limp* אֵיבָרָיו נִשְׁמְטוּ, גּוּפוֹ נִשְׁמַט
limp[2] /lɪmp/ v.t.
1 (walk or move with difficulty) צָלַע, דִּדָּה
□ *the damaged ship limped home* הָאֳנִיָּה הַפְּגוּעָה הִתְנַהֲלָה בְּקֹשִׁי לְעֵבֶר נְמַל־הַבַּיִת
2 (sound clumsy, *fig.*) (שִׁירָה, נְאוּם) הָיָה קוֹפְצָנִי וְלֹא נָעִים
—n. צְלִיעָה
limpet /ˈlɪmpɪt/ n. מִין רְכִיכָה הַנִּצְמֶדֶת לִסְלָעִים וּלְקַרְקָעִית סְפִינוֹת
limpet mine מוֹקֵשׁ עֲלוּקָה
limpid /ˈlɪmpɪd/ adj. (*poet.*) צָלוּל, בָּהִיר, בָּרוּר, שָׁקוּף, זַךְ
linchpin /ˈlɪntʃpɪn/ n. פִּין־בִּטָּחוֹן (עַל סֶרֶן וְכַד׳); (בְּהַשְׁאָלָה) צִיר, עַמּוּד־הַתָּוֶךְ
□ *he is the linchpin of our organization* הוּא הַצִּיר שֶׁל הָאִרְגּוּן שֶׁלָּנוּ
linctus /ˈlɪŋktəs/ n. סִירוֹפּ שִׁעוּל
linden /ˈlɪndən/ n. (*poet.*) טִילְיָה (עֵץ נוֹי)
line[1] /laɪn/ n.
1 (long narrow mark) קַו
line drawing צִיּוּר בְּקַוִּים בִּלְבַד
□ *the old man's face is covered with lines* פָּנָיו שֶׁל הַזָּקֵן חֲרוּשֵׁי קְמָטִים
2 (border; limit) קַו, גְּבוּל
finishing line קַו הַגְּמָר
□ *he had to toe the line in the end* בַּסּוֹף הָיָה עָלָיו לְהִתְיַשֵּׁר לְפִי הַקַּו
□ *what's the bottom line?* מָה הַשּׁוּרָה הַתַּחְתּוֹנָה? מָה מִשְׁתַּמֵּעַ מִכָּל זֶה? (בְּעִקָּר בְּכָל הַנּוֹגֵעַ לְכֶסֶף)
□ *you are putting your career on the line* אַתָּה מְסַכֵּן אֶת הַקַּרְיֵרָה שֶׁלְּךָ
3 (row) שׁוּרָה, טוּר
stand in line עָמַד בַּתּוֹר, עָמַד בְּשׁוּרָה
battle lines קַוֵּי־הַמַּעֲרָכָה
in line with בְּהֶתְאֵם לְ..., בְּאוֹתוֹ קַו כְּמוֹ...
all along the line לְכָל אֹרֶךְ הַקַּו, לְכָל אֹרֶךְ הַדֶּרֶךְ
□ *he's in line for promotion* הוּא מֻעֲמָד לְקִדּוּם
4 (railway track) פַּסֵּי־רַכֶּבֶת, מְסִלַּת רַכֶּבֶת
□ *it is dangerous to cross the lines* מְסֻכָּן לַחֲצוֹת אֶת פַּסֵּי הָרַכֶּבֶת
□ *our relationship reached the end of the line* (*fig.*) יַחֲסֵינוּ הִגִּיעוּ לְסוֹף הַדֶּרֶךְ, יַחֲסֵינוּ הִגִּיעוּ לְמָבוֹי סָתוּם
5 (row of words) שׁוּרָה (בְּשִׁיר, עַל דַּף וְכַד׳)
line printer מַדְפֶּסֶת קַוִּית (לְטֶקְסְט)
read between the lines קָרָא בֵּין הַשּׁוּרוֹת
□ *drop me a line sometime* (*colloq.*) תִּכְתֹּב לִי בְּהִזְדַּמְּנוּת
□ *the actor forgot his lines* הַשַּׂחְקָן שָׁכַח אֶת הַטֶּקְסְט/הַשּׁוּרוֹת שֶׁלּוֹ
□ *the teacher gave me lines* הַמּוֹרֶה נָתַן לִי עֹנֶשׁ לִכְתֹּב אֶת אוֹתָהּ שׁוּרָה מְאוֹת פְּעָמִים
□ *can you give me a line on the manager?* מָה אַתָּה יוֹדֵעַ לְסַפֵּר לִי עַל הַמְּנַהֵל?
6 (telephone wire or connection) קַו טֶלֶפוֹן, חוּט טֶלֶפוֹן
hot line קַו פָּתוּחַ, קַו יָשִׁיר (לַמִּשְׁטָרָה וְכַד׳ לִמְטָרוֹת דְּחוּפוֹת); הַטֶּלֶפוֹן הָאָדֹם (קַו טֶלֶפוֹן יָשִׁיר בֵּין שְׁתֵּי מַעֲצָמוֹת הָעַל)
□ *please hold the line* נָא לְהַמְתִּין עַל הַקַּו, נָא לְחַכּוֹת רֶגַע
□ *the line was engaged* הַקַּו הָיָה תָּפוּס
□ *the lines are down* הַקַּוִּים לֹא פּוֹעֲלִים, הַקַּוִּים מְנֻתָּקִים
□ *we got our lines crossed* עָלִינוּ עַל שִׂיחָה שֶׁל מִישֶׁהוּ אַחֵר, מִישֶׁהוּ עָלָה לָנוּ עַל הַקַּו; נִהַלְנוּ שִׂיחָה שֶׁל חֵרְשִׁים
7 (cord, string) חֶבֶל, חוּט, כֶּבֶל
clothes line חֶבֶל כְּבִיסָה
fishing line חוּט־דַּיִג
washing line חֶבֶל כְּבִיסָה
8 (organization providing transport) קַו, שֵׁרוּת, חֶבְרָה
shipping line חֶבְרַת סַפָּנוּת, קַו סַפָּנוּת

9 (course, method of action, policy) מַסְלוּל, קַו, כִּוּוּן, דֶּרֶךְ

party line קַו הַמִּפְלָגָה, הַקַּו הַמִּפְלַגְתִּי (הַמְּדִינִיּוּת הָרִשְׁמִית שֶׁל הַמִּפְלָגָה)

on the right lines בְּכִוּוּן הַנָּכוֹן

line of sight קַו הָרְאִיָּה

□ *should the Government take a tougher line on wages?* הַאִם עַל הַמֶּמְשָׁלָה לִנְקֹט קַו נֻקְשֶׁה יוֹתֵר בְּנוֹשֵׂא הַשָּׂכָר?

□ *this line of conduct is not acceptable* צוּרַת־הִתְנַהֲגוּת זוֹ אֵינָהּ מְקֻבֶּלֶת עָלַי

□ *he took the line of least resistance* הוּא נָקַט בְּדֶרֶךְ שֶׁל הִתְנַגְּדוּת מִינִימָלִית

10 (outline) קַו מִתְאָר, קַו כְּלָלִי

□ *modern design is based on sleek lines* הָעִצּוּב הַמּוֹדֶרְנִי מְבֻסָּס עַל קַוִּים זוֹרְמִים וַחֲלָקִים

11 (area of interest or activity, *colloq.*) מִקְצוֹעַ, תְּחוּם

□ *it's not my line of business* זֶה לֹא תְּחוּם הָעִסּוּק שֶׁלִּי

□ *it was all in the line of duty* הַכֹּל הָיָה בְּמִסְגֶּרֶת מִלּוּי הַתַּפְקִיד

□ *what's your line?* בַּמֶּה אַתָּה עוֹסֵק? מַה הַמִּקְצוֹעַ שֶׁלְּךָ?

12 (type of goods) סוּג, מוֹדֶל

□ *these socks are the end of a line* הַגַּרְבַּיִם הָאֵלֶּה הֵם הָאַחֲרוֹנִים מִן הַמּוֹדֶל הַזֶּה

□ *he has a nice line in sick jokes* (*iron.*) יֵשׁ לוֹ כִּשְׁרוֹן מְיֻחָד לִבְדִיחוֹת חוֹלָנִיּוֹת

13 (family, similar set of people) שׁוֹשֶׁלֶת, מִשְׁפָּחָה

□ *there is a history of heart disease in the male line* יֵשׁ עָבָר שֶׁל מַחֲלוֹת לֵב בַּצַּד הַגַּבְרִי (שֶׁל הַמִּשְׁפָּחָה)

□ *he comes from a long line of musicians* הוּא בָּא מִמִּשְׁפָּחָה וְתִיקָה שֶׁל מוּזִיקָאִים

14 (in *pl.*, manner, condition) תְּנָאִים

hard lines! (*colloq.*) בִּישׁ מַזָּל!

□ *we want an offer along the lines of last year* אֲנַחְנוּ רוֹצִים הַצָּעָה בִּתְנָאִים שֶׁל הַשָּׁנָה שֶׁעָבְרָה

—v.t.

1 (mark with lines) מָתַח קַוִּים עַל, סִמֵּן שׁוּרוֹת עַל, סִמֵּן קַו עַל

□ *her brow was lined with worry* קִמְטֵי דְּאָגָה נִסְתַּמְּנוּ בְּמִצְחָהּ

2 line up (also v.i.) סִדֵּר בְּשׁוּרָה

□ *they've lined up some excellent entertainers* הֵם רִכְּזוּ כַּמָּה בַּדְרָנִים מְעֻלִּים

□ *they lined up for their meal* הֵם הִסְתַּדְּרוּ בְּשׁוּרָה לְקַבֵּל אֶת אֲרוּחָתָם

line[2] /laɪn/ v.t. רִפֵּד

□ *some civil servants lined their purses* (or *pockets*) (*derog.*) הָיוּ פְּקִידִים מֶמְשַׁלְתִּיִּים שֶׁמִּלְּאוּ אֶת כִּיסֵיהֶם

□ *crowds lined the streets* הֲמוֹנִים הִצְטוֹפְפוּ בָּרְחוֹבוֹת

lineage /ˈlɪnɪədʒ/ n. (*formal*) שׁוֹשֶׁלֶת יוּחֲסִין; מוֹצָא מִשְׁפַּחְתִּי

lineal /ˈlɪnɪəl/ adj. (*formal*) (מוֹצָא מִשְׁפַּחְתִּי) בְּקַו יָשָׁר

lineaments /ˈlɪnɪəmənts/ n. *pl.* (*formal*) תְּוֵי־פָּנִים; תְּוֵי־אֹפִי

linear /ˈlɪnɪə(r)/ adj. קַוִּי, לִינֵאָרִי

linear measure מִדַּת אֹרֶךְ; מַעֲרֶכֶת מִדּוֹת הָאֹרֶךְ

linear motor מָנוֹעַ (חַשְׁמַלִּי) לִינֵאָרִי

lineman /ˈlaɪnmən/ n. (*pl.* **linemen**)

1 (telephone line technician, *US*) טֶכְנַאי טֶלֶפוֹן

2 (railwayman) טֶכְנַאי מְסִלָּה (בְּרַכֶּבֶת)

linen /ˈlɪnɪn/ n.

1 (fabric) פִּשְׁתָּן, בַּד פִּשְׁתָּן

2 (sheets, tablecloths, etc.) כְּלֵי מִטָּה, מַפּוֹת וְכַד'

linen basket סַל לִכְבִיסָה (מְלֻכְלֶכֶת)

linen cupboard אֲרוֹן סְדִינִים

table linen מַפּוֹת, מַפּוֹת שֻׁלְחָן

□ *don't wash your dirty linen in public* אַל תְּכַבֵּס אֶת הַלְּבָנִים הַמְלֻכְלָכִים שֶׁלְּךָ בְּפֻמְבֵּי

liner[1] /ˈlaɪnə(r)/ n. בִּטְנָה (שֶׁל בֶּגֶד); שִׁכְבַת בִּדּוּד (שֶׁל חָתוּל וְכַד'); שַׂקִּית פְּנִימִית (שֶׁל פַּח אַשְׁפָּה וְכַד')

liner[2] /ˈlaɪnə(r)/ n. סְפִינַת נוֹסְעִים (גְּדוֹלָה)

linesman /ˈlaɪnzmən/ n. (*pl.* **linesmen**)

1 (sports official) קַוָּן

2 (telephone line technician, *UK*) טֶכְנַאי טֶלֶפוֹן

line-up /ˈlaɪn-ʌp/ n.

1 (alignment of people or states) שׁוּרָה, תּוֹר (שֶׁל אֲנָשִׁים)

2 (*Sport*) שׁוּרַת שַׂחְקָנִים הָעוֹמְדִים בַּסַּף

3 (programme) תָּכְנִית, מַעֲרֶכֶת

ling[1] /lɪŋ/ n. אַרְכָן (סוּג דָּג), לִינְג

ling[2] /lɪŋ/ n. סוּג שִׂיחַ יְרַק־עַד (מִן הָאַבְרָשִׁיִּים)

linger /ˈlɪŋgə(r)/ v.i. הִתְמַהְמַהּ, הִשְׁתַּהָה

□ *the custom lingers on* הַמִּנְהָג מַמְשִׁיךְ לְהִתְקַיֵּם (אֲבָל בְּקֹשִׁי)

lingerie /ˈlænʒəriː/ n. לְבָנִים־נָשִׁים

lingering /ˈlɪŋgərɪŋ/ adj. מִתְמַשֵּׁךְ

□ *he suffered from a lingering illness* הוּא סָבַל מִמַּחֲלָה מִתְמַשֶּׁכֶת

□ *she gave him a lingering look* הִיא נָתְנָה בּוֹ מַבָּט מְמֻשָּׁךְ

lingo /ˈlɪŋgəʊ/ n. (*derog.*) שָׂפָה; שָׂפָה מִקְצוֹעִית, עָגָה, זַ'רְגוֹן

lingua franca /lɪŋgwa ˈfræŋkə/ n. שָׂפָה הַמְשַׁמֶּשֶׁת לְקֶשֶׁר בֵּין דּוֹבְרֵי שָׂפוֹת שׁוֹנוֹת

lingual /ˈlɪŋgwəl/ adj. לְשׁוֹנִי (בַּפֶּה)

linguist /ˈlɪŋgwɪst/ n. תַּלְמִיד לְשָׂפוֹת; בַּלְשָׁן, פִּילוֹלוֹג, מֻמְחֶה לְשָׂפוֹת זָרוֹת

□ *I'm no linguist* אֲנִי לֹא חָזָק בְּשָׂפוֹת

linguistic /lɪŋˈgwɪstɪk/ adj. בַּלְשָׁנִי, שֶׁל שָׂפָה, לִינְגְּוִיסְטִי

linguistics /lɪŋˈgwɪstɪks/ n. (with *sing.* v.) בַּלְשָׁנוּת, לִינְגְוִיסְטִיקָה

liniment /ˈlɪnɪmənt/ n. מִשְׁחָה/שֶׁמֶן לִמְרִיחָה וּלְעִסּוּי הָעוֹר (נֶגֶד כְּאֵבִים)

lining /ˈlaɪnɪŋ/ n. בִּטְנָה, אֲרִיג הַבִּטְנָה; צִפּוּי פְּנִימִי
 □ *every cloud has a silver lining* (*Prov.*) מֵעַז יָצָא מָתוֹק, אֵין רַע שֶׁלֹּא יָצָא מִמֶּנּוּ מַשֶּׁהוּ טוֹב

link /lɪŋk/ n.
 1 (unit of chain) חֻלְיָה
 2 (person or thing that connects) חִבּוּר, קֶשֶׁר
  cuff link חֶפֶת
  the missing link הַחֻלְיָה הַחֲסֵרָה
 3 (transport connection) קֶשֶׁר (תַּחְבּוּרָתִי)
 —v.t. & i. קָשַׁר, חִבֵּר, שִׁלֵּב; הִתְחַבֵּר, הִשְׁתַּלֵּב
  □ *they linked arms* הֵם שִׁלְּבוּ זֶה אֶת יָדָיו בְּיָדָיו שֶׁל זֶה
  □ *I wouldn't want to be linked with them* לֹא הָיִיתִי רוֹצֶה שֶׁיְּקַשְּׁרוּ אוֹתִי אִתָּם
  □ *the two studios were linked up by satellite* שְׁנֵי הָאֻלְפָּנִים קֻשְּׁרוּ בְּאֶמְצָעוּת לַוְיָן
  □ *the allies linked up to defeat the enemy* בַּעֲלֵי־הַבְּרִית עָשׂוּ יָד אַחַת לְהָבִיס אֶת הָאוֹיֵב

linkage /ˈlɪŋkɪdʒ/ n. חִבּוּר, קֶשֶׁר, תִּשְׁלֹבֶת

linkman /ˈlɪŋkmæn/ n. (*pl.* **linkmen**) קַרְיָן רָצֵף (בְּרַדְיוֹ אוֹ בַּטֶּלֶוִיזְיָה)

links /lɪŋks/ n. (with *sing.* or *pl.* v.) מִגְרַשׁ גּוֹלְף (לָרֹב לְיַד הַיָּם)

link-up /ˈlɪŋk-ʌp/ n. חִבּוּר, קִשּׁוּר (לְמָשָׁל בֵּין אֳנִיּוֹת־חָלָל; בֵּין אֻלְפָּנֵי שִׁדּוּר)

Linnaean /lɪˈniːən/ adj. (*Bot. & Zool.*) עַל פִּי שִׁיטַת (חוֹקֵר הַטֶּבַע) לִינֵיאוּס

linnet /ˈlɪnɪt/ n. פְּרוּשׁ (צִפּוֹר שִׁיר)

lino /ˈlaɪnəʊ/ n. לִינוֹלֵאוּם
  lino-cut הֶדְפֵּס לִינוֹלֵאוּם

linoleum /lɪˈnəʊlɪəm/ n. לִינוֹלֵאוּם

Linotype /ˈlaɪnəʊtaɪp/ n. (*Prop.*) לִינוֹטַיְפּ, מְכוֹנַת־סְדָר (בִּדְפוּס)

linseed /ˈlɪnsiːd/ n. זֶרַע הַפִּשְׁתָּן
  linseed oil שֶׁמֶן פִּשְׁתָּן

linsey-woolsey /ˌlɪnzɪ-ˈwʊlzɪ/ n. בַּד חָזָק עָשׂוּי צֶמֶר וּפִשְׁתָּן אוֹ כֻּתְנָה

lint /lɪnt/ n.
 1 (material) מַעֲיַן בַּד פִּשְׁתָּן לַחֲבִישַׁת פְּצָעִים
 2 (fluff) מוֹךְ

lintel /ˈlɪnt(ə)l/ n. מַשְׁקוֹף

lion /ˈlaɪən/ n.
 1 (animal; brave person) אַרְיֵה, לָבִיא; (בְּהַשְׁאָלָה) "אַרְיֵה"
  the lion's share חֵלֶק־הָאֲרִי
  □ *we are in the lion's mouth* אֲנַחְנוּ בְּלֹעַ הָאֲרִי
 2 (celebrity) אִישִׁיּוּת נוֹדַעַת

lioness /ˈlaɪənes/ n. לְבִיאָה

lion-hearted /ˌlaɪən-ˈhɑːtɪd/ adj. (*poet.*) אַמִּיץ־לֵב

lionize /ˈlaɪənaɪz/ v.t. נָהַג בְּרֹב כָּבוֹד בְּ...

lip /lɪp/ n.
 1 (*Anat.*) שָׂפָה
  lip salve מִשְׁחָה/שִׂפְתוֹן לִמְנִיעַת הִסָּדְקוּת עוֹר הַשְּׂפָתַיִם
  lip service מַס שְׂפָתַיִם
  □ *he bit his lip* הוּא נָשַׁךְ אֶת שְׂפָתָיו (בְּרֹגֶז אַךְ בְּהִתְאַפְּקוּת)
  □ *he kept a stiff upper lip* הוּא חָרַק שִׁנַּיִם וְהֶחֱזִיק מַעֲמָד
  □ *he licked his lips* הוּא לִקֵּק אֶת שְׂפָתָיו (בְּעֹנֶג)
 2 (edge) שָׂפָה, קָצֶה
 3 (impudence, *sl.*) חֻצְפָּה, קִשְׁקוּשִׁים, הִתְחַכְּמוּת (בְּמִלִּים)

lipid /ˈlɪpɪd/ n. שֻׁמַּן חָלָב

lip-read /ˈlɪp-riːd/ v.i. קָרָא שְׂפָתַיִם (חֵרֵשׁ וְכַד')

lipstick /ˈlɪpstɪk/ n. שִׂפְתוֹן, אֹדֶם, לִיפְּסְטִיק

liquefaction /ˌlɪkwɪˈfækʃ(ə)n/ n. (*formal*) הֲפִיכָה לְנוֹזֵל

liquefy /ˈlɪkwɪfaɪ/ v.t. & i. (*formal*) הָפַךְ לְנוֹזֵל, הֶעֱבִיר חֹמֶר לְמַצַּב צְבִירָה שֶׁל נוֹזֵל; נַעֲשָׂה נוֹזֵל, עָבַר לְמַצַּב צְבִירָה שֶׁל נוֹזֵל

liqueur /lɪˈkjʊə(r), *US* lɪˈkɜːr/ n. לִיקֶר

liquid /ˈlɪkwɪd/ adj.
 1 (not solid or gas; fluid or like fluid) נוֹזֵל, נוֹזְלִי
  liquid crystal display מַצַּג גָּבִישׁ־נוֹזְלִי (בְּשָׁעוֹן דִּיגִיטָלִי וְכַד')
  liquid measure מִדַּת נוֹזְלִים
  □ *he had liquid brown eyes* (*formal*) הָיוּ לוֹ עֵינַיִם חוּמוֹת זַכּוֹת
  □ *she heard the liquid notes of a blackbird* (*formal*) הִיא שָׁמְעָה אֶת קוֹלוֹ הַזַּךְ שֶׁל הַקִּיכְלִי
 2 (*Phonet.*) (עִצּוּר) שׁוֹטֵף (L, R, M, N)
 3 (easily convertible into cash) נָזִיל
  liquid assets נְכָסִים נְזִילִים
 —n.
 1 (fluid form of matter) נוֹזֵל
 2 (*Phonet.*) עִצּוּר שׁוֹטֵף (L, R, M, N)

liquidate /ˈlɪkwɪdeɪt/ v.t.
 1 (exterminate) חִסֵּל, הִשְׁמִיד
 2 (wind up) פֵּרֵק (עֵסֶק, בְּעִקָּר לְאַחַר פְּשִׁיטַת־רֶגֶל), כִּנֵּס אֶת נִכְסֵי (הָעֵסֶק)
 3 (settle a debt) סִלֵּק חוֹב, פָּרַע חוֹב

liquidation /ˌlɪkwɪˈdeɪʃ(ə)n/ n. פֵּרוּק, חִסּוּל; כִּנּוּס נְכָסִים
  □ *the firm went into liquidation* הַחֶבְרָה פָּשְׁטָה אֶת הָרֶגֶל, לַחֶבְרָה מֻנָּה כּוֹנֵס־נְכָסִים

liquidator /ˈlɪkwɪdeɪtə(r)/ n. כּוֹנֵס־נְכָסִים

liquidity /lɪˈkwɪdɪtɪ/ n. נְזִילוּת (מַצָּב שֶׁל זְמִינוּת הוֹן בַּעֲסָקִים); נְזִילוּת (מַצָּב נוֹזְלִי)

liquidize /ˈlɪkwɪdaɪz/ v.t. הֵמֵס עַד שֶׁהַחֹמֶר הָפַךְ לְנוֹזֵל

liquidizer /ˈlɪkwɪdaɪzə(r)/ n. בְּלֶנְדֶר

liquor /ˈlɪkə(r)/ n.

1 (alcoholic drink) מַשְׁקֶה חָרִיף

hard liquor מַשְׁקֶה חָרִיף (וִיסְקִי, ווֹדְקָה וְכַד׳, לְהַבְדִּיל מִיַּיִן וּבִירָה)

in liquor שָׁתוּי

□ *he can't hold his liquor* הוּא לֹא יוֹדֵעַ "לִשְׁתּוֹת"

2 (liquid in chemical processes) תְּמִסָּה, נוֹזֵל מֻפְרָשׁ בְּתַהֲלִיךְ כִּימִי

liquorice /ˈlɪkərɪs/ n. "בְּמִבְּלִיק" (מַמְתָּק אָנִיס שָׁחוֹר); שׁוּשׁ (צֶמַח)

lira /ˈlɪərə/ n. (*pl.* **lire**) לִירָה אִיטַלְקִית

lisle /laɪl/ n. חוּט כֻּתְנָה מֻבְחָר; בַּד מְחוּט כַּנַּ״ל

lisp /lɪsp/ v.i. דִּבֵּר בְּהִגּוּי מְשֻׁבָּשׁ שֶׁל ס׳ וְז׳, דִּבֵּר בְּ"סָמֶךְ"

—n. הִגּוּי ס׳ וְז׳ מְשֻׁבָּשׁ

lissom /ˈlɪsəm/ adj. (*poet.*) אֶרֶךְ אֵיבָרִים וּמָלֵא חֵן (לָרֹב לְגַבֵּי אִשָּׁה)

list[1] /lɪst/ v.i. & n. נָטָה (לְצַד זֶה אוֹ אַחֵר); נְטִיָּה

□ *the ship was listing* (or *had a list*) *to port* הָאֳנִיָּה נָטְתָה עַל צִדָּהּ לִשְׂמֹאל

list[2] /lɪst/ n. רְשִׁימָה

list price מְחִיר מֻמְלָץ (לַצַּרְכָן)

shopping list רְשִׁימַת קְנִיּוֹת

—v.t.

1 (make a list of) עָרַךְ רְשִׁימָה שֶׁל

2 (include in list) הוֹסִיף לָרְשִׁימָה

listed building (*UK*) מִבְנֶה מוּגָן (בְּשֶׁל עֶרְכּוֹ הַהִיסְטוֹרִי)

listen /ˈlɪs(ə)n/ v.i. מַאֲזִין

listen in

(eavesdrop) הֶאֱזִין (לְשִׂיחָה פְּרָטִית)

(hear radio programme deliberately) הֶאֱזִין

listener /ˈlɪs(ə)nə(r)/ n. מַאֲזִין

□ *he's a good listener* הוּא מֵיטִיב לְהַקְשִׁיב, הוּא יוֹדֵעַ לְהַקְשִׁיב

listless /ˈlɪstlɪs/ adj. חֲסַר־מֶרֶץ, אָדִישׁ, נִרְפֶּה

lists /lɪsts/ n. *pl.* (*arch.*) זִירָה (לְהִתְמוֹדְדוּת אַבִּירִים)

lit /lɪt/ past & past ppl of **light**[1], **light**[2]

litany /ˈlɪtənɪ/ n. (*Relig.*) מֵעֵין תְּפִלַּת קְרִיאָה וּמַעֲנֶה בַּנַּצְרוּת

the Litany תְּפִלַּת קְרִיאָה וּמַעֲנֶה קְבוּעָה בַּכְּנֵסִיָּה הָאַנְגְּלִיקָנִית

litchi /ˈlaɪtʃɪ/ n. לִי־צִ׳י (פְּרִי סִינִי)

liter /ˈliːtə(r)/ n. (*US*) לִיטֶר

literacy /ˈlɪtərəsɪ/ n. (*formal*) יְדִיעַת קְרֹא וּכְתֹב

literal /ˈlɪtərəl/ adj.

1 (taking words at face value) כִּפְשׁוּטוֹ; מִלּוּלִי

□ *a literal interpretation of the text doesn't make sense* פֵּרוּשׁ מִלּוּלִי שֶׁל הַטֶּקְסְט אֵינוֹ הֶגְיוֹנִי

□ *this is the literal truth* זֹאת הָאֱמֶת כִּפְשׁוּטָהּ

2 (prosaic) "יָבֵשׁ", מְשַׁעֲמֵם

□ *she has rather a literal mind* אֵין לָהּ מָעוֹף

—n. טָעוּת דְּפוּס (בְּעִקָּר בִּכְתִיב)

literally /ˈlɪtərəlɪ/ adv.

1 (without exaggeration, actually) מַמָּשׁ, בְּדִיּוּק

2 (word for word) מִלּוּלִית, מִלָּה בְּמִלָּה, כִּפְשׁוּטוֹ

literary /ˈlɪtərərɪ/ adj. סִפְרוּתִי

literate /ˈlɪtərət/ adj. & n. יוֹדֵעַ קְרֹא וּכְתֹב; אָדָם יוֹדֵעַ קְרֹא וּכְתֹב

literati /lɪtəˈrɑːtɪ/ n. *pl.* (*formal* or *derog.*) עוֹלַם הַסּוֹפְרִים, אַנְשֵׁי־סִפְרוּת

literature /ˈlɪt(ə)rətʃə(r)/ n.

1 (written or printed material; the study of this) סִפְרוּת

2 (specialist writings) סִפְרוּת (מִקְצוֹעִית)

□ *there is an extensive literature dealing with medical ethics* קַיֶּמֶת סִפְרוּת נִרְחֶבֶת הָעוֹסֶקֶת בָּאֶתִיקָה רְפוּאִית

3 (brochures, printed matter) דִּבְרֵי־דְּפוּס, עֲלוֹנֵי־פִּרְסֹמֶת, חֹמֶר מֻדְפָּס

□ *please send me some literature on Greece* שְׁלַחוּ לִי בְּבַקָּשָׁה חֹמֶר עַל יָוָן

lithe /laɪð/ adj. גָּמִישׁ, זָרִיז

lithium /ˈlɪθɪəm/ n. לִיתְיוּם, אַבְנָן (יְסוֹד כִּימִי)

litho /ˈlaɪθəʊ/ n. (*pl.* **lithos**) לִיתוֹגְרַפְיָה, הֶדְפֵּס־אֶבֶן

lithograph /ˈlɪθəgrɑːf/ n. לִיתוֹגְרַפְיָה, הֶדְפֵּס־אֶבֶן

—v.t. הִדְפִּיס בְּשִׁיטַת לִיתוֹגְרַפְיָה

lithography /lɪˈθɒgrəfɪ/ n. (תַּהֲלִיךְ) לִיתוֹגְרַפְיָה, הַדְפָּסַת־אֶבֶן

litigant /ˈlɪtɪgənt/ n. מִתְדַּיֵּן (מְעֹרָב בִּתְבִיעָה אֶזְרָחִית)

litigate /ˈlɪtɪgeɪt/ v.i. הִתְדַּיֵּן, פָּנָה לָעַרְכָּאוֹת (הָיָה מְעֹרָב בִּתְבִיעָה אֶזְרָחִית)

litigation /ˌlɪtɪˈgeɪʃ(ə)n/ n. הִתְדַּיְּנוּת (בִּתְבִיעָה אֶזְרָחִית)

litigious /lɪˈtɪdʒəs/ adj. (*formal*) נוֹטֶה לְהִתְדַּיְּנוּת מִשְׁפָּטִית

litmus /ˈlɪtməs/ n. לִיטְמוּס, לַקְמוּס

litmus paper נְיַר לִיטְמוּס, נְיַר לַקְמוּס

litotes /laɪˈtəʊtiːz/ n. שְׁלִילָה אִירוֹנִית לְהַבָּעַת חִיּוּב (לְמָשָׁל "לֹא גָּדוֹל" בְּמַשְׁמָעוּת "קָטָן")

litre /ˈliːtə(r)/ n. (*UK*) לִיטֶר

litter /ˈlɪtə(r)/ n.

1 (rubbish) אַשְׁפָּה

litter basket (or **bin**) פַּח אַשְׁפָּה (לָרֹב צִבּוּרִי)

litter lout (*US* **litterbug**) מַשְׁלִיךְ אַשְׁפָּה (בְּצִבּוּר)

2 (bedding material) קַשׁ, תֶּבֶן (כְּמַצָּע לְבַעֲלֵי חַיִּים); "חוֹל" (לֶחָתוּל וְכַד׳, לַעֲשִׂיַּת צְרָכִים)

3 (young animals) גּוּרֵי חַיּוֹת שֶׁהֻמְלְטוּ בְּיַחַד

4 (stretcher or similar vehicle) אַפִּרְיוֹן; אֲלוּנְקָה

—v.t.

1 (make untidy, strew over) הִשְׁלִיךְ אַשְׁפָּה בְּ..., זִהֵם; זָרָה, הִשְׁלִיךְ

□ *his desk was littered with papers* שֻׁלְחָנוֹ הָיָה מְכֻסֶּה בִּנְיָרוֹת מְפֻזָּרִים

2 (give birth to) הִמְלִיטָה

3 (provide with bedding) פָּרַשׂ מַצַּע קַשׁ לְ... (סוּס וְכַד׳)

little /ˈlɪt(ə)l/ adj.

1 (not much) מְעַט

□ *there was little room to spare* הַמָּקוֹם הָיָה דָּחוּק, כִּמְעַט לֹא הָיָה מָקוֹם

□ *he knows little French* יֵשׁ לוֹ יְדִיעָה קְלוּשָׁה בִּלְבַד בְּצָרְפָתִית

□ *it caused her no little anxiety* זֶה גָּרַם לָהּ לַחֲרָדָה רַבָּה

2 (not large; not fully grown) קָטָן, זָעִיר

little finger זֶרֶת

little folk (or **people**) (*poet.*) פֵיוֹת

□ *how are your little ones?* וּמַה שְּׁלוֹם הַיְלָדִים שֶׁלְּךָ?

3 (indicating affection, irony, contempt, etc.)

□ *his boat is a little beauty* הַסִּירָה שֶׁלּוֹ יְפֵהפִיָּה מַמָּשׁ

□ *he's such a dear little man* הוּא אִישׁ חָבִיב כָּל־כָּךְ!

□ *so that's your little game!* וּבְכֵן, זֶהוּ פַּרְצוּפְךָ הָאֲמִתִּי!

—n.

1 (not much) מְעַט

little by little לְאַט לְאַט

□ *he found little to interest him* הוּא לֹא מָצָא דְּבָרִים רַבִּים הַמְעַנְיְנִים אוֹתוֹ

□ *she got little out of her marriage* הִיא הֵפִיקָה אַךְ מְעַט טוֹבָה מִנִּשּׂוּאֶיהָ

□ *I see very little of him* אֲנִי רוֹאֶה אוֹתוֹ רַק לְעִתִּים רְחוֹקוֹת

□ *I did what little I could* עָשִׂיתִי אֶת הַמְּעַט שֶׁהָיָה בִּיכָלְתִּי

□ *every little helps* כָּל תְּרוּמָה, וְלוּ הַקְּטַנָּה בְּיוֹתֵר, תַּעֲזֹר

□ *he thought little of the modern novel* הוּא לֹא הֶעֱרִיךְ אֶת הָרוֹמָן הַמּוֹדֶרְנִי

2 a little (a small amount, somewhat) מְעַט, קְצָת

□ *stay a little!* תִּשָּׁאֵר מְעַט!

□ *a little (of it) goes a long way* כַּמּוּת קְטַנָּה מַסְפִּיקָה לִזְמַן רַב

□ *she was a little anxious* הִיא הָיְתָה קְצָת מֻדְאֶגֶת

□ *she was not a little anxious* הִיא הָיְתָה חֲרֵדָה מְאֹד

□ *the impossible takes a little longer* אָנוּ מְסֻגָּלִים לְבַצֵּעַ גַּם אֶת הַבִּלְתִּי־אֶפְשָׁרִי

□ *he'll calm down in a little (while)* הוּא יֵרָגַע עוֹד מְעַט

□ *he knows a little French* הוּא יוֹדֵעַ מְעַט צָרְפָתִית

—adv. בְּמִקְצָת, כִּמְעַט לֹא

□ *I see him very little* אֲנִי רוֹאֶה אוֹתוֹ רַק לְעִתִּים רְחוֹקוֹת

□ *this is little short of lunacy* זֶה טֵרוּף מֻחְלָט

□ *he little realized* (or *little did he realize*) *how ill he was* הוּא לֹא הֵבִין לַאֲמִתּוֹ עַד כַּמָּה הָיָה חוֹלֶה

little-known /ˈlɪt(ə)l-nəʊn/ adj. לֹא מֻכָּר כִּמְעַט, יָדוּעַ אַךְ מְעַט, כִּמְעַט אַלְמוֹנִי

littoral /ˈlɪtər(ə)l/ n. & adj. (*formal*) אֵזוֹר הַחוֹף; חוֹפִי

liturgical /lɪˈtɜːdʒɪk(ə)l/ adj. לִיטוּרְגִי, פֻּלְחָנִי

liturgy /ˈlɪtədʒɪ/ n. לִיטוּרְגְיָה (סוּג שֶׁל פֻּלְחָן דָּתִי)

livable see **LIVEABLE** כָּשִׁיר לִמְגוּרִים; שֶׁנִּתָּן לִחְיוֹת עִמּוֹ

live[1] /laɪv/ adj.

1 (living; actual) חַי, מַמָּשִׁי

□ *we saw a real live steam-engine* (*colloq.*) רָאִינוּ קַטָּר־קִיטוֹר עַל אֱמֶת (וּבְגֹדֶל טִבְעִי)

2 (not recorded) בְּשִׁדּוּר חַי, חַי

live audience קְהָל חַי (הַנִּמְצָא בָּאוּלָם בִּשְׁעַת הַקְלָטָה)

3 (burning; charged with explosive or energy) חַי

live cartridge (or **round**) כַּדּוּר חַי

live wire חוּט חַשְׁמַל שֶׁזּוֹרֵם בּוֹ חַשְׁמַל

□ *she's a live wire* (*colloq.*) הִיא מַמָּשׁ שֵׁד, יֵשׁ לָהּ מֶרֶץ בְּלִי סוֹף

4 (topical, controversial) "בּוֹעֵר"

□ *abortion is a live issue* הַפָּלוֹת זֶה נוֹשֵׂא בּוֹעֵר

live[2] /lɪv/ v.i.

1 (be alive) חַי

□ *we live and learn* כָּל יוֹם לוֹמְדִים דָּבָר חָדָשׁ

□ *live and let live!* חֲיֵה וְתֵן לִחְיוֹת!

□ *he lives for the day when he can walk again* הוּא חַי בְּצִפִּיָּה לַיּוֹם שֶׁבּוֹ יוּכַל לָלֶכֶת עַל רַגְלָיו שֵׁנִית

□ *she lived to eighty* הִיא חָיְתָה עַד גִּיל שְׁמוֹנִים

□ *he's living on borrowed time* הוּא כְּבָר הָיָה צָרִיךְ לָמוּת מִזְּמַן

2 (subsist; endure) הִתְקַיֵּם, הִתְפַּרְנֵס

□ *they are living beyond their means* הֵם חַיִּים מֵעֵבֶר לְאֶמְצְעֵיהֶם

□ *he lives by* (or *on*) *his wits* הוּא מִתְפַּרְנֵס מִכָּל־מִינֵי מְלָאכוֹת מְפֻקְפָּקוֹת

□ *they learned to live off the land* הֵם לָמְדוּ לְגַדֵּל בְּעַצְמָם אֶת הַדָּרוּשׁ לְמִחְיָתָם

□ *you cannot live on hamburgers* אֵינְךָ יָכוֹל לִחְיוֹת עַל הַמְּבוּרְגֶּרִים

□ *he lives off his friends* הוּא חַי עַל חֶשְׁבּוֹן הַחֲבֵרִים שֶׁלּוֹ

□ *the bachelor lives out of tins* הָרַוָּק חַי עַל קוּפְסָאוֹת־שִׁמּוּרִים

□ *I had to learn to live with the noise* הָיָה עָלַי לִלְמֹד לִחְיוֹת עִם הָרַעַשׁ, הָיָה עָלַי לְהַשְׁלִים עִם הָרַעַשׁ

□ *he lives with arthritis* הוּא נֶאֱלָץ לְהִתְמוֹדֵד עִם דַּלֶּקֶת הַמִּפְרָקִים

3 (enjoy life) עָשָׂה חַיִּים
□ *you haven't lived till you've drunk champagne* מִי שֶׁלֹּא שָׁתָה שַׁמְפַּנְיָה מִיָּמָיו לֹא יוֹדֵעַ מַהוּ טַעַם הַחַיִּים
4 (reside) גָּר, הִתְגּוֹרֵר, חַי
live in sin (*arch.* or *joc. euphem.*) חַי בְּחֵטְא (חַיֵּי־זוּג לְלֹא נִשּׂוּאִין)
□ *they decided to live apart* הֵם הֶחְלִיטוּ לִחְיוֹת בְּנִפְרָד
□ *the caretaker lives in* הַשָּׁרָת גָּר בַּבִּנְיָן
□ *the house doesn't feel lived in* הַבַּיִת אֵינוֹ מַשְׁרֶה תְּחוּשָׁה שֶׁגָּרִים בּוֹ
5 (behave) חַי
□ *live dangerously!* תִּקַּח סִכּוּנִים!
□ *that's a lot to live up to* קָשֶׁה לִחְיוֹת לְפִי עֶקְרוֹנוֹת נַעֲלִים כָּל־כָּךְ
□ *he lived up to his principles* הוּא נָהַג בְּהֶתְאֵם לְעֶקְרוֹנוֹתָיו
□ *she lived up to her reputation* מַעֲשֶׂיהָ הִצְדִּיקוּ אֶת הַמּוֹנִיטִין שֶׁלָּהּ
6 (survive; continue to exist) הִתְקַיֵּם
□ *his memory will live on* זִכְרוֹ לֹא יִמָּחֶה
□ *he lived to see his grandchildren's children* הוּא זָכָה לִרְאוֹת נִינִים
□ *you'll live to regret this decision* עוֹד תִּצְטַעֵר עַל הַהַחְלָטָה הַזֹּאת
—v.t. חַי (חַיִּים מְסֻיָּמִים וְכַד׳)
live down הִתְנַעֵר מִן הַדִּמּוּי שֶׁל, הִשְׁכִּיחַ
live it up (*colloq.*) עָשָׂה חַיִּים
□ *she lives a quiet life* הִיא חַיָּה חַיִּים שְׁקֵטִים
□ *he's living a lie* כָּל חַיָּיו הֵם שֶׁקֶר
□ *the actor really lived the part* הַשַּׂחְקָן בֶּאֱמֶת נִכְנַס לַתַּפְקִיד
□ *the ex-king lived out the rest of his days in exile* הַמֶּלֶךְ לְשֶׁעָבַר הוֹצִיא אֶת שְׁאֵרִית יָמָיו בַּגָּלוּת

liveable /ˈlɪvəb(ə)l/ adj. (also **livable**) כָּשִׁיר לִמְגוּרִים; שֶׁאֶפְשָׁר לִחְיוֹת עִמּוֹ
□ *this house is not liveable in* אִי אֶפְשָׁר לָגוּר בַּבַּיִת הַזֶּה

livelihood /ˈlaɪvlɪhʊd/ n. פַּרְנָסָה, מְקוֹר פַּרְנָסָה

liveliness /ˈlaɪvlɪnɪs/ n. שִׂמְחָה, עַלִּיצוּת; חִיּוּנִיּוּת, מֶרֶץ

livelong /ˈlɪvlɒŋ/ adj. (*poet.*) (יוֹם/לַיְלָה) תָּמִים

lively /ˈlaɪvlɪ/ adj. מָלֵא חַיִּים, פָּעִיל, חִיּוּנִי, תּוֹסֵס
□ *he suffers from too lively an imagination* הוּא סוֹבֵל מִדִּמְיוֹן מְפֻתָּח מִדַּי
□ *he took a lively interest in architecture* הָיָה לוֹ עִנְיָן פָּעִיל בָּאַרְכִיטֶקְטוּרָה
□ *look lively!* הִתְאוֹשֵׁשׁ! קָדִימָה!

liven /ˈlaɪv(ə)n/ v.t. & i. (also **liven up**) הוֹסִיף עֵרָנוּת לְ..., הִזְרִיק מֶרֶץ לְ..., מִלֵּא חַיִּים בְּ...; הִתְמַלֵּא מֶרֶץ, הִתְמַלֵּא חַיִּים

liver[1] /ˈlɪvə(r)/ n. אָדָם (הַחַי בְּצוּרָה מְסֻיֶּמֶת)

liver[2] /ˈlɪvə(r)/ n.
1 (organ; flesh of this as food) כָּבֵד
liver fluke תּוֹלַעַת הַמְּצוּיָה בַּכָּבֵד (שֶׁל כְּבָשִׂים וְכַד׳)
liver salts מַעְיַן מַשְׁקֶה מַמְרִיץ תּוֹסֵס
2 (colour) חוּם־אָדֹם דָּהוּי

liveried /ˈlɪvərɪd/ adj. לָבוּשׁ בְּגִדֵי שְׂרָד

liverish /ˈlɪvərɪʃ/ adj. (*colloq.*) חָשׁ בְּחִילָה קַלָּה (לְמָשָׁל אַחֲרֵי שְׁתִיַּת אַלְכּוֹהוֹל); סוֹבֵל מֵהַפְרָעוֹת בַּכָּבֵד

Liverpudlian /ˌlɪvəˈpʌdlɪən/ n. & adj. תּוֹשַׁב הָעִיר לִיוֶרְפּוּל; שֶׁל לִיוֶרְפּוּל

livery /ˈlɪvərɪ/ n.
1 (clothing) מַדֵּי־שְׂרָד; צְבָעִים מְזַהִים (שֶׁל חֶבְרַת־תְּעוּפָה וְכַד׳)
livery company (*UK*) גִּילְדָּה (אִגּוּד בַּעֲלֵי מִקְצוֹעַ מְסֻיָּם)
2 (care for horses) טִפּוּל בְּסוּסִים
livery stable אֻרְוָה הַמַּעֲנִיקָה טִפּוּל בְּסוּסִים תְּמוּרַת תַּשְׁלוּם

livestock /ˈlaɪvstɒk/ n. מֶשֶׁק הַחַי (בַּחַקְלָאוּת)

livid /ˈlɪvɪd/ adj.
1 (bluish) בַּעַל צֶבַע כְּחַל־אָפֹר (לָרֹב עוֹר)
□ *her shoulders were covered in livid bruises* כְּתֵפֶיהָ הָיוּ מְכֻסּוֹת חַבּוּרוֹת כְּחֻלּוֹת
2 (angry, *colloq.*) רוֹתֵחַ מִזַּעַם

living /ˈlɪvɪŋ/ n.
1 (livelihood) מִחְיָה, פַּרְנָסָה
cost of living יֹקֶר הַמִּחְיָה
standard of living (also **living standards**) רָמַת־חַיִּים
□ *he makes* (or *earns*) *a good living out of it* הוּא מוֹצִיא מִזֶּה פַּרְנָסָה טוֹבָה
□ *it's not much, but it's a living* זֶה לֹא הַרְבֵּה, אֲבָל אֶפְשָׁר לִחְיוֹת מִזֶּה
2 (conduct, everyday life) אֹרַח חַיִּים
□ *good living has done my waistline no good* הַחַיִּים הַטּוֹבִים אֵינָם מְשַׁפְּרִים אֶת קַו־הַגִּזְרָה שֶׁלִּי
3 (clergyman's position) מִשְׂרַת כֹּמֶר
—adj. חַי
living language שָׂפָה חַיָּה
□ *this memorial honours the living and the dead* יַד־זִכָּרוֹן זוֹ הוּקְמָה לִכְבוֹד הַחַיִּים וְהַמֵּתִים
□ *it was a living death* הַחַיִּים הָאֵלֶּה הָיוּ גֵּיהִנּוֹם עֲלֵי אֲדָמוֹת
□ *he's the living image of his father* הוּא וְאָבִיו דּוֹמִים כְּמוֹ שְׁתֵּי טִפּוֹת מַיִם
□ *£50 a week is not a living wage* אִי־אֶפְשָׁר לִחְיוֹת עַל מַשְׂכֹּרֶת שֶׁל 50 לִישׁ״ט לְשָׁבוּעַ
□ *within living memory it was a flourishing town* עוֹד זוֹכְרִים אֶת הַתְּקוּפָה שֶׁבָּהּ הָיְתָה זוֹ עִיר פּוֹרַחַת
□ *I'll scare the living daylights out of him* (*colloq.*) אֲנִי אַפְחִיד אוֹתוֹ עַד מָוֶת

living-room /ˈlɪvɪŋ-ruːm/ n. חֲדַר־הָאוֹרְחִים, סָלוֹן, טְרַקְלִין

lizard /lɪzəd/ n. לְטָאָה

llama /lɑːmə/ n. לָמָה (חַיָּה דְּרוֹם־אֲמֶרִיקָאִית הַדּוֹמָה לְגָמָל)

lo /ləʊ/ int. (*arch.*) הִנֵּה! רְאֵה! שׁוּר!

lo and behold! וְהִנֵּה!

load /ləʊd/ n.

1 (burden) מַעֲמָסָה, נֵטֶל

□ *you've taken a load off my mind* הֵסַרְתָּ דְּאָגָה מִלִּבִּי

2 (amount carried) מִטְעָן

□ *the truck has shed its load* מִטְעָנָהּ שֶׁל הַמַּשָּׂאִית הִתְפַּזֵּר (עַל הַכְּבִישׁ)

3 (in *pl.*, large quantity, *colloq.*) הָמוֹן, הַרְבֵּה

□ *we've got loads of time* יֵשׁ לָנוּ הָמוֹן זְמַן

□ *we made loads of money* עָשִׂינוּ הָמוֹן כֶּסֶף

4 (work required of a machine or system) עֹמֶס, עֹמֶס עֲבוֹדָה

—v.t.

1 (put on ship; fill with freight; supply plentifully) הִטְעִין, הֶעֱמִיס

□ *we loaded the cargo* הֶעֱמַסְנוּ אֶת הַמִּטְעָן

□ *we loaded the ship with gold* הִטְעַנּוּ אֶת הַסְּפִינָה בְּזָהָב

□ *let's load the car up* בּוֹאוּ נָשִׂים אֶת הַדְּבָרִים בַּמְּכוֹנִית

□ *he loaded him with favours* הוּא הִשְׁפִּיעַ עָלָיו רֹב טוֹבָה

□ *the air was loaded with soot* הָאֲוִיר הָיָה מָלֵא פִּיחַ

2 (charge firearm or camera, also v.i.) טָעַן, הִטְעִין; נִטְעַן

3 (unbalance) הִגְדִּיל מִשְׁקָל (שֶׁל עֶצֶם מְסֻיָּם) בְּאֶמְצָעוּת עוֹפֶרֶת

loaded dice קֻבִּיּוֹת מִשְׂחָק שֶׁהוֹסִיפוּ לָהֶן מִשְׁקֹלֶת לְצֹרֶךְ הוֹנָאָה

4 (*Comput.*) טָעַן, הִטְעִין (תָּכְנָה)

loaded /ləʊdɪd/ adj.

1 (carrying hidden meaning) (בִּטּוּי, מַבָּע) טָעוּן (בְּמַשְׁמָעוּת נִסְתֶּרֶת)

loaded question שְׁאֵלָה טְעוּנָה (כַּנַּ"ל)

2 (drunk or drugged, *colloq.*) מְסֻטָּל, מְסֻמָּם

3 (rich, *colloq.*) "מָלֵא" (כֶּסֶף)

loading /ləʊdɪŋ/ n.

1 (burden, weight) מַעֲמָסָה

2 (extra insurance premium) תּוֹסֶפֶת סִכּוּן

load-line /ləʊd/-laɪn/ n. קַו־הָעֹמֶס (בִּסְפִינָה טְעוּנָה)

loadstone /ləʊdstəʊn/ n. אֶבֶן־שׁוֹאֶבֶת (בַּרְזֶל מְמֻגְנָט)

loaf[1] /ləʊf/ n. (*pl.* **loaves** /ləʊvz/)

1 (lump of bread, etc.) כִּכַּר לֶחֶם; גּוּשׁ (שֶׁל מָזוֹן מִסּוּגִים מְסֻיָּמִים)

meat loaf קְלוֹפְּס, לוּף

□ *half a loaf is better than no bread* (*Prov.*) מוּטָב מְעַט מִלֹּא־כְלוּם

2 (head, *UK sl.*) "שֵׂכֶל"

loaf[2] /ləʊf/ v.i. (*colloq.*) הִתְבַּטֵּל, בִּזְבֵּז אֶת הַזְּמַן

□ *the youths loafed about all day* הַצְּעִירִים הִסְתּוֹבְבוּ בְּבַטָּלָה כָּל הַיּוֹם כֻּלּוֹ

loafer /ləʊfə(r)/ n.

1 (idler) בַּטְלָן

2 (shoe. *Prop.*) מֵעֵין נַעַל־סִירָה

loam /ləʊm/ n. קַרְקַע פּוֹרִיָּה הַמְּכִילָה חוֹל וְטִיט

loan /ləʊn/ n. הַלְוָאָה, מִלְוֶה, הַשְׁאָלָה

loan shark (*colloq. derog.*) מַלְוֶה בְּרִבִּית קְצוּצָה, נוֹשֵׁךְ־נֶשֶׁךְ

short-term loan מִלְוֶה קְצַר־מוֹעֵד

□ *I have this book on loan* שָׁאַלְתִּי אֶת הַסֵּפֶר הַזֶּה

□ *she gave me the loan of her bicycle* הִיא הִשְׁאִילָה לִי אֶת אוֹפַנֶּיהָ

—v.t. הִלְוָה, הִשְׁאִיל

loanword /ləʊnwɜːd/ n. מִלָּה שְׁאוּלָה (מִשָּׂפָה זָרָה)

loath /ləʊθ/ pred. adj. (also **loth**) שֶׁלֹּא מֵרָצוֹן

nothing loath (*formal*) בְּחֵפֶץ לֵב

loathe /ləʊð/ v.t. תִּעֵב, שָׂנֵא, שָׂנֹא, נִגְעַל מִ...

loathing /ləʊðɪŋ/ n. תִּעוּב, גֹּעַל, גֹּעַל־נֶפֶשׁ, שִׂנְאָה

loathsome /ləʊðsəm/ adj. נִתְעָב, דּוֹחֶה

loaves /ləʊvz/ *pl.* of **loaf**[1]

lob /lɒb/ v.t. & i. (בְּטֶנִיס) שָׁלַח (כַּדּוּר) בְּמַסְלוּל קַשְׁתִּי גָּבוֹהַּ

—n. שְׁלוּחַ כַּדּוּר כַּנַּ"ל

lobby /lɒbɪ/ n.

1 (ante-room; corridor; entrance-hall) לוֹבִּי, חֲדַר־כְּנִיסָה, מִסְדְּרוֹן, פְּרוֹזְדוֹר

2 (*UK Polit.*) (בַּפַּרְלָמֶנְט הַבְּרִיטִי) חֲדַר־הַכְּנִיסָה שֶׁבּוֹ נִפְגָּשִׁים חַבְרֵי־הַפַּרְלָמֶנְט עִם הָאֶזְרָחִים

3 (pressure group) "לוֹבִּי", קְבוּצַת לַחַץ

—v.t. & i. עָסַק בְּשְׁתַּדְּלָנוּת (פּוֹלִיטִית וְכַד', לְמַעַן/נֶגֶד רַעְיוֹן, תָּכְנִית וְכַד')

lobbyist /lɒbɪɪst/ n. שְׁתַּדְּלָן

lobe /ləʊb/ n.

1 (part of ear) תְּנוּךְ הָאֹזֶן

2 (part of brain, lung, etc.) אֻנָּה

lobotomy /ləbɒtəmɪ/ n. כְּרִיתַת אֻנָּה בַּמֹּחַ (בְּמִקְרִים שֶׁל הַפְרָעוֹת נַפְשִׁיּוֹת)

lobster /lɒbstə(r)/ n. סַרְטַן־יָם

lobster-pot /lɒbstə-pɒt/ n. סַל לְצֵיד סַרְטָנִים

local /ləʊk(ə)l/ adj. מְקוֹמִי

local anaesthetic הַרְדָּמָה מְקוֹמִית

local authority (*UK*) רָשׁוּת מְקוֹמִית

local call שִׂיחַת טֶלֶפוֹן מְקוֹמִית (בְּנִגּוּד לְשִׂיחָה בֵּינְעִירוֹנִית, שִׂיחַת חוּץ וְכַד')

local colour "צֶבַע" מְקוֹמִי (תּוֹסֶפֶת פְּרָטִים "צִבְעוֹנִיִּים" לְתֵאוּר)

local government רָשׁוּת מְקוֹמִית

□ *I've bought the local paper* קָנִיתִי אֶת הָעִתּוֹן הַמְּקוֹמִי
□ *it was seven o'clock local time* הַשָּׁעָה הָיְתָה שֶׁבַע לְפִי הַשָּׁעוֹן הַמְּקוֹמִי

—n.

1 (inhabitant) תּוֹשַׁב הַמָּקוֹם, תּוֹשַׁב הָאֵזוֹר
2 (public house, *UK colloq.*) הַפָּאבּ הַשְּׁכוּנָתִי
□ *I'm off to the local for half an hour* אֲנִי קוֹפֵץ לַפָּאבּ לַחֲצִי שָׁעָה

locale /ləʊˈkɑːl/ n. (*formal*) מָקוֹם (כְּרֶקַע לְמְאֹרָעוֹת)

locality /ləʊˈkælɪtɪ/ n.
1 (position of thing) מָקוֹם
2 (region) אֵזוֹר, שְׁכוּנָה

localize /ˈləʊkəlaɪz/ v.t. הִגְבִּיל לְאֵזוֹר מְסֻיָּם, הִגְבִּיל לְתְחוּם מְסֻיָּם; מִקֵּם

localized /ˈləʊkəlaɪzd/ adj. מֻגְבָּל לְמָקוֹם מְסֻיָּם, מֻגְבָּל לִתְחוּם מְסֻיָּם
□ *there will be localized outbreaks of rain* צְפוּיִים מִמְטָרִים מְקוֹמִיִּים

locally /ˈləʊkəlɪ/ adv. בַּמָּקוֹם, בְּמָקוֹם מְסֻיָּם, בְּיַחַס לַמָּקוֹם, מִבְּחִינָה מְקוֹמִית

locate /ləʊˈkeɪt/ v.t.
1 (situate) מִקֵּם
□ *where is the factory located?* הֵיכָן מְמֻקָּם בֵּית־הַחֲרֹשֶׁת?
2 (find position of, *formal*) אִתֵּר

location /ləʊˈkeɪʃ(ə)n/ n. מָקוֹם, אֲתָר; אִתּוּר
□ *the film was shot on location* הַסֶּרֶט צֻלַּם בָּאֲתָר עַצְמוֹ ("אוֹן לוֹקֵיְשְׁן")

locative /ˈlɒkətɪv/ adj. (*Gram.*) (בְּדִקְדּוּק) יַחֲסַת־הַמָּקוֹם

loch /lɒk/ n. (*Scot.*) לוֹךְ (אֲגַם בִּסְקוֹטִית)

loci /ˈləʊsaɪ/ *pl.* of **locus** (*formal*) מְקוֹמוֹת

lock[1] /lɒk/ n. קְוֻצּוֹת־שֵׂעָר, תַּלְתַּל
ear locks פֵּאוֹת

lock[2] /lɒk/ n.
1 (fastening) מַנְעוּל, סֶגֶר
under lock and key תַּחַת מַנְעוּל וּבְרִיחַ
2 (jammed or interlocked condition) סֶתֶם, סְתִימָה, חֲסִימָה
□ *there's an air lock in this water-pipe* יֵשׁ בּוּעַת־אֲוִיר בְּצִנּוֹר הַמַּיִם הַזֶּה (הַמּוֹנַעַת אֶת זְרִימַת הַמַּיִם)
3 (section of canal, etc.) סֶכֶר כָּפוּל (קֶטַע בִּתְעָלָה הַמְשַׁמֵּשׁ לְהַעֲבָרַת סִירוֹת בֵּין שְׁנֵי מִפְלָסִים בְּעֶזְרַת שְׁנֵי סְכָרִים הַנִּפְתָּחִים לְסֵרוּגִין)
4 (steering action) נְעִילַת גַּלְגַּל קִדְמִי (זָוִית הַסִּבּוּב הַמְּרַבִּית)
□ *this car has a good lock* לַמְּכוֹנִית זוֹ יֵשׁ כֹּשֶׁר סִבּוּב מְצֻיָּן (כְּלוֹמַר הֶקֵּף סִבּוּב קָטָן)
5 (part of gun) בְּרִיחַ

lock, stock, and barrel (*fig.*) הַכֹּל בַּכֹּל מִכֹּל כֹּל, מֵ־א׳ וְעַד ת׳

—v.t.

1 (secure by means of a lock) נָעַל
□ *locking the stable door after the horse has bolted* (*Prov.*) לָשִׂים כּוֹסוֹת־רוּחַ לְמֵת, לִנְקֹט אֶמְצָעֵי־זְהִירוּת לְאַחַר מַעֲשֶׂה
□ *she locked her diary away in a drawer* הִיא נָעֲלָה אֶת יוֹמָנָהּ בִּמְגֵרָה
□ *we're locked out!* נִנְעַלְנוּ בַּחוּץ! אֲנַחְנוּ בַּחוּץ וְאֵין לָנוּ מַפְתֵּחַ!
□ *all his capital is locked up in land* כָּל הוֹנוֹ כָּבוּל בְּמְקַרְקְעִין (כְּלוֹמַר אֵינוֹ נָזִיל)
□ *you ought to be locked up* (*colloq.*) צָרִיךְ לִסְגֹּר אוֹתְךָ בַּכֶּלֶא! צָרִיךְ לָשִׂים אוֹתְךָ בְּבֵית־מְשֻׁגָּעִים!
2 (render immovable) שִׁלֵּב, תָּקַע
□ *they were locked in each other's arms* הֵם חִבְּקוּ בְּחָזְקָה זֶה אֶת זוֹ

—v.i.

1 (be lockable, have a lock) נִנְעַל
□ *this door won't lock* הַדֶּלֶת הַזּוֹ לֹא נִנְעֶלֶת
2 (become fixed) נִנְעַל; הִשְׁתַּלֵּב; נִתְקַע
□ *the missile locked onto its target* הַטִּיל נִנְעַל עַל הַמַּטָּרָה

lockable /ˈlɒkəb(ə)l/ adj. נִתָּן לִנְעִילָה

locker /ˈlɒkə(r)/ n. תָּא אִישִׁי (בְּמֶלְתָּחָה), "לוֹקֶר"
locker-room מֶלְתָּחָה (עִם תָּאִים)

locket /ˈlɒkɪt/ n. תִּלְיוֹן קוּפְסִית (שֶׁאֶפְשָׁר לָשִׂים בּוֹ תְּמוּנָה קְטַנָּה וְכַד׳)

lockjaw /ˈlɒkdʒɔː/ n. (*colloq.*) טֶטָנוּס, צַפֶּדֶת

lock-keeper /ˈlɒk-kiːpə(r)/ n. אַחֲרַאי עַל סֶכֶר (שֶׁל תְּעָלָה)

lock-out /ˈlɒk-aʊt/ n. (*derog.*) אִסּוּר שֶׁאוֹסֵר מַעֲבִיד עַל עוֹבְדָיו לָשׁוּב לַעֲבוֹדָה (לְאַחַר שְׁבִיתָה) אֶלָּא בִּתְנָאִים מְסֻיָּמִים

locksmith /ˈlɒksmɪθ/ n. חָרַשׁ־מַנְעוּלִים, מְתַקֵּן־מַנְעוּלִים

lock-up /ˈlɒk-ʌp/ n.
1 (time or process of locking up, also adj.) שְׁעַת הַנְּעִילָה; מַצָּב נָעוּל
lock-up garage מוּסָךְ שֶׁאֶפְשָׁר לִנְעֹל אוֹתוֹ
2 (jail) בֵּית־מַעֲצָר, כֶּלֶא קָטָן

loco[1] /ˈləʊkəʊ/ n. (*colloq.*) קַטָּר

loco[2] /ˈləʊkəʊ/ adj. (*US sl.*) "פְּסִיכִי", "קוּ־קוּ"

locomotion /ˌləʊkəˈməʊʃ(ə)n/ n. (*formal*) כֹּשֶׁר תְּנוּעָה

locomotive /ˌləʊkəˈməʊtɪv/ n. (*formal*) קַטָּר

locum /ˈləʊkəm/ n. מְמַלֵּא־מָקוֹם (לָרֹב בְּשֵׁרוּת הָרְפוּאִי)

locus /ˈləʊkəs/ n. (pl. **loci**) (*formal*) אֲתָר, מָקוֹם

locust /ˈləʊkəst/ n.
1 (insect) אַרְבֶּה

2 (tree or its fruit) עֵץ חָרוּב, שִׁטָּה מְדֻמָּה

locution /ləkju:ʃ(ə)n/ n. (*formal*) בִּטּוּי, נִיב, חִתּוּךְ־דִּבּוּר

lode /ləʊd/ n. עוֹרֶק (שֶׁל מַרְבְּצֵי־מַתֶּכֶת)

lodestar /ləʊdstɑ:(r)/ n. כּוֹכָב לְנִוּוּט (בְּעִקָּר כּוֹכַב־הַצָּפוֹן)

lodestone /ləʊdstəʊn/ n. אֶבֶן שׁוֹאֶבֶת (בַּרְזֶל מְמֻגְנָט)

lodge /lɒdʒ/ v.t.

1 (accommodate) הֵלִין, אִכְסֵן

2 (place) הִפְקִיד, הִנִּיחַ

□ *he lodged a complaint with the authorities* הוּא הִגִּישׁ תְּלוּנָה לַשִּׁלְטוֹנוֹת

3 (jam, fix) תָּקַע

□ *a thorn was lodged under his nail* קוֹץ נִתְקַע תַּחַת צִפָּרְנוֹ

—v.i.

1 (stay) לָן, הִתְאַכְסֵן

2 (become fixed) נִתְקַע

—n.

1 (house) בִּקְתָּה, אַכְסַנְיָה

2 (porter's room, etc.) חֲדַר־הַשּׁוֹעֵר (מֵעֵין אֶשְׁנַב קַבָּלָה בְּבִנְיָן גָּדוֹל)

3 (branch of freemasons, union, etc.; meeting-place for these) סְנִיף שֶׁל אִגּוּד/אִרְגּוּן (כְּגוֹן "בּוֹנִים חָפְשִׁיִּים")

4 (beaver's lair) קֵן שֶׁל בּוֹנֶה

lodger /lɒdʒə(r)/ n. דַּיָּר

lodging /lɒdʒɪŋ/ n. (usu. in *pl.*) מְגוּרִים, מִשְׁכָּן, דִּירָה

lodging-house /lɒdʒɪŋ-haʊs/ n. בִּנְיָן עִם חֲדָרִים לְהַשְׂכָּרָה

loess ləʊes/ n. אַדְמַת־לֵס, לֵס (סוּגֵי קַרְקַע צְהַבְהַב וְיָבֵשׁ)

loft /lɒft/ n. עֲלִיַּת־גַּג; דִּירַת־גַּג (בְּקוֹמָה עֶלְיוֹנָה שֶׁל בִּנְיָן מִסְחָרִי); גָּלֶרְיָה (בִּכְנֵסִיָּה)

—v.t. שִׁגֵּר כַּדּוּר לַגֹּבַהּ (בְּגוֹלְף, קְרִיקֶט וְכַד׳)

loftily /lɒftɪlɪ/ adv. בְּהִתְנַשְּׂאוּת

lofty /lɒftɪ/ adj.

1 (high) נִשָּׂא, רָם, נִשָּׂא וָרָם

2 (noble) נִשְׂגָּב, נַעֲלֶה

lofty sentiments רְגָשׁוֹת נַעֲלִים

3 (haughty) מִתְנַשֵּׂא, יָהִיר

log[1] /lɒg/ n.

1 (piece of wood) בּוּל עֵץ

log rolling הַשָּׁקַת בּוּלֵי עֵץ בְּמוֹרַד הַנָּהָר

□ *I slept like a log* (*colloq.*) יָשַׁנְתִּי כְּמוֹ בּוּל־עֵץ

2 (nautical apparatus) מִתְקָן לִמְדִידַת מְהִירוּת סְפִינָה (בְּעֶזְרַת בּוּל־עֵץ צָף הַקָּשׁוּר לַסְּפִינָה)

3 (journal) יוֹמַן־אֳנִיָּה

—v.t. & i.

1 (cut into logs) חָטַב עֵצִים (כְּמִקְצוֹעַ)

2 (record, make note of) רָשַׁם (בְּיוֹמַן אֳנִיָּה, בְּיוֹמָן וְכַד׳)

□ *we logged (up) 3,000 kilometres on that trip* רָשַׁמְנוּ לִזְכוּתֵנוּ כְּ־3,000 ק"מ בַּטִּיּוּל הַזֶּה

3 (*Comput.*)

log-in (or **on**) הִתְחַבֵּר לַמַּחְשֵׁב, נִכְנַס לַמַּחְשֵׁב, עָשָׂה "לוֹג אִין"

log-out (or **off**) הִתְנַתֵּק מִמַּחְשֵׁב, יָצָא מִמַּחְשֵׁב, עָשָׂה "לוֹג־אָאוּט"

log[2] /lɒg/ n. לוֹג (קִצּוּר שֶׁל לוֹגָרִיתְמוּס)

loganberry /ləʊgənbərɪ/ n. פֶּטֶל לוֹגָן (סוּג שֶׁל פֶּטֶל)

logarithm /lɒgərɪðəm/ n. (בְּמָתֶמָטִיקָה) לוֹגָרִיתְמוּס

logarithmic /ˌlɒgəˈrɪðmɪk/ adj. לוֹגָרִיתְמִי

log-book /lɒg-bʊk/ n. יוֹמַן־סִפּוּן, יוֹמַן־אֳנִיָּה

log-cabin /lɒg-kæbɪn/ n. בִּקְתַּת־עֵץ (עֲשׂוּיָה בּוּלֵי עֵץ לֹא מְהֻקְצָעִים)

loggerheads /lɒgəhedz/ n. *pl.*

at loggerheads בְּמַצָּב שֶׁל מַחֲלֹקֶת

loggia /lɒdʒə/ n. מִרְפֶּסֶת עִם גַּג הַנִּשְׁקֶפֶת לֶחָצֵר פְּנִימִית

logging /lɒgɪŋ/ n. (מִקְצוֹעַ) חֲטִיבַת עֵצִים

logic /lɒdʒɪk/ n.

1 (reasoning, study of this) לוֹגִיקָה, תּוֹרַת־הַהִגָּיוֹן

2 (argument, chain of reasoning) הִגָּיוֹן

logical /lɒdʒɪk(ə)l/ adj.

1 (of logic) לוֹגִי

2 (correctly reasoned, sensible) הֶגְיוֹנִי

logician /ləˈdʒɪʃ(ə)n/ n. לוֹגִיקָן, מֻמְחֶה בְּתוֹרַת הַהִגָּיוֹן

logistic /ləˈdʒɪstɪk/ adj. לוֹגִיסְטִי (שֶׁקָּשׁוּר בְּתִכְנוּן וְאִרְגּוּן)

logistics /leˈdʒɪstɪks/ n. *pl.* לוֹגִיסְטִיקָה (תִּכְנוּן וְאִרְגּוּן בְּקְנֵה־מִדָּה גָּדוֹל)

log-jam /lɒg-dʒæm/ n. מָבוֹי סָתוּם; הִצְטַבְּרוּת שֶׁל בּוּלֵי־עֵץ בַּנָּהָר

logo /ləʊgəʊ/ n. (*pl.* **logos**) אוֹת, סֵמֶל מִסְחָרִי, לוֹגוֹ

loin /lɔɪn/ n.

1 (in *pl.*, part of body) חֶלֶץ, מֹתֶן

□ *he girded up his loins* (*arch.*) הוּא שִׁנֵּס מָתְנָיו

□ *fruit of my loins* (*poet.*) יוֹצֵא חֲלָצַי

2 (cut of meat) יַרְכָה, נֵתַח בָּשָׂר גַּב־תַּחְתּוֹן

loincloth /lɔɪnklɒθ/ n. אֵזוֹר־חֲלָצַיִם

loiter /lɔɪtə(r)/ v.i. & t. שׁוֹטֵט, הִתְבַּטֵּל; הֶעֱבִיר אֶת (הַזְּמַן) בְּבַטָּלָה

□ *he was charged with loitering with intent* (*Law*) הוּא נֶאֱשַׁם בְּשׁוֹטְטוּת

loll /lɒl/ v.t. & i.

1 (recline) שָׁכַב בְּרִפְיוֹן, שָׁכַב סָרוּחַ, הִשְׂתָּרַע

2 (let head or tongue droop) תָּלָה (אֵבֶר מְסֻיָּם, כְּמוֹ יָד, רֹאשׁ וְכוּ׳) בְּרִפְיוֹן

□ *the dog lolled its tongue out* הַכֶּלֶב שִׁרְבֵּב לְשׁוֹנוֹ

lollipop /ˈlɒlipɒp/ n. סֻכָּרִיָּה עַל־מַקֵּל
lollipop lady (or **man**) (*UK colloq.*) אָדָם שֶׁתַּפְקִידוֹ לַעֲצֹר אֶת הַתְּנוּעָה כְּדֵי שֶׁיְּלָדִים יוּכְלוּ לַחֲצוֹת אֶת הַכְּבִישׁ
lollop /ˈlɒləp/ v.i. (*UK colloq.*) נָע בְּאֹפֶן מְגֻשָּׁם, דִּדָּה בִּכְבֵדוּת
lolly /ˈlɒlɪ/ n.
1 (lollipop, *colloq.*) סֻכָּרִיָּה עַל־מַקֵּל
2 (money, *sl.*) כֶּסֶף
lone /ləʊn/ adj. (*formal*) בּוֹדֵד, יָחִיד
lone hand פְּעֻלָּה עַצְמָאִית
lone wolf (*fig.*) זְאֵב בּוֹדֵד (הַמַּעֲדִיף לַעֲשׂוֹת דְּבָרִים לְבַדּוֹ)
loneliness /ˈləʊnlɪnɪs/ n. בְּדִידוּת
lonely /ˈləʊnlɪ/ adj. בּוֹדֵד, גַּלְמוּד
lonely hearts מְדוֹר הַשִּׁדּוּכִים (בְּעִתּוֹן)
loner /ˈləʊnə(r)/ n. מִתְבּוֹדֵד, נוֹטֶה לְהִתְבּוֹדְדוּת
lonesome /ˈləʊnsəm/ adj. (*colloq.*) גַּלְמוּד, מְדַכְדֵּךְ מֵחֲמַת בְּדִידוּת
long[1] /lɒŋ/ v.i. יִחֵל, עָרַג, הִתְגַּעְגֵּעַ
□ *she longed for him to say something* הִיא יִחֲלָה שֶׁיֹּאמַר דְּבַר־מָה
□ *the longed-for day arrived* הַיּוֹם הַמְיֻחָל הִגִּיעַ
long[2] /lɒŋ/ adj.
1 (of dimension, distance, etc.) אָרֹךְ
long division חִלּוּק תּוֹךְ פֵּרוּט כָּל הַשְּׁלַבִּים (בַּחֲלֻקַּת מִסְפָּרִים גְּדוֹלִים)
long face פַּרְצוּף חָמוּץ
long johns (*colloq.*) תַּחְתּוֹנִים אֲרֻכִּים, "גַּטְקֶס"
long jump קְפִיצָה לָרֹחַק
long odds סִכּוּיִים קְלוּשִׁים
□ *he comes of a long line of cheats* הוּא צֶאֱצָא שֶׁל מִשְׁפַּחַת נוֹכְלִים וָתִיקָה
long shot סִכּוּן, הִמּוּר (בַּעַל סִכּוּי קָלוּשׁ)
□ *not by a long shot!* (*colloq.*) זֶה אֲפִלּוּ לֹא מִתְקָרֵב! בְּשׁוּם אֹפֶן לֹא!
long sight רְאִיָּה אֲרֻכָּה (לְהַבְדִּיל מֵרְאִיָּה קְצָרָה)
long ton טוֹנָה אַנְגְּלִית (1,016.6 ק"ג)
long trousers מִכְנָסַיִם אֲרֻכִּים
long waves (*Radio*) (בְּשִׁדּוּר) גַּלִּים אֲרֻכִּים
□ *the car was four metres long* אֹרֶךְ הַמְּכוֹנִית הָיָה אַרְבָּעָה מֶטֶר
□ *it's as broad as it's long* (*colloq.*) כָּךְ אוֹ אַחֶרֶת זֶה לֹא מְשַׁנֶּה
□ *his talk was long on morality and short on humour* (*colloq.*) בִּדְבָרָיו הָיָה הַרְבֵּה מוּסָר אַךְ מְעַט מְאֹד הוּמוֹר
□ *he's getting long in the tooth* (*colloq.*) הוּא מִזְדַּקֵּן
□ *it's a long way off* זֶה עוֹד רָחוֹק, הַדֶּרֶךְ אֲרֻכָּה, עֲדַיִן עוֹד הַרְבֵּה לְפָנֵינוּ
□ *a little goes a long way* כַּמּוּת קְטַנָּה מַסְפִּיקָה לְהַרְבֵּה
□ *not by a long chalk is he another Mozart* (*colloq.*) הוּא רָחוֹק מְאֹד מִלִּהְיוֹת מוֹצַרְט שֵׁנִי
2 (of time) אָרֹךְ, מְמֻשָּׁךְ
at long last סוֹף סוֹף
long life milk חָלָב עָמִיד
in the long run לְטוֹוָח רָחוֹק, בְּטוֹוָח רָחוֹק
long vacation הַחֹפֶשׁ הַגָּדוֹל
long weekend סוֹף שָׁבוּעַ אָרֹךְ
□ *he has a long memory* יֵשׁ לוֹ זִכָּרוֹן אָרֹךְ
□ *the investment will be worth it in the long term* בַּטּוֹוָח הָאָרֹךְ הַהַשְׁקָעָה תְּשַׁתְּלֵם
□ *let's take a long view of the case* בּוֹא נִבְחַן אֶת הַשְׁלָכוֹת הַמִּקְרֶה לַטּוֹוָח הָאָרֹךְ
—adv. לִזְמַן רַב, מִזְּמַן רַב
as (or **so**) **long as**
(for so much time) כָּל עוֹד, כָּל מֶשֶׁךְ, כָּל זְמַן שֶׁ...
(if) כָּל עוֹד, כָּל זְמַן שֶׁ..., בִּתְנַאי שֶׁ...
□ *men of long ago used stone tools* בִּימֵי קֶדֶם הִשְׁתַּמְּשׁוּ אֲנָשִׁים בִּכְלֵי־אֶבֶן
□ *long live the Queen!* תְּחִי הַמַּלְכָּה!
□ *I've long wanted to meet you* מִזְּמַן רָצִיתִי לְהַכִּירְךָ
□ *I can't wait any longer* (or *can wait no longer*) אֲנִי לֹא יָכוֹל לְחַכּוֹת יוֹתֵר
□ *all day long the jets pass overhead* בְּמֶשֶׁךְ כָּל הַיּוֹם כֻּלּוֹ טָסִים מְטוֹסֵי הַסִּילוֹן מֵעַל רָאשֵׁינוּ
□ *I won't be long* (*in*) *finishing this* מִיָּד אֲסַיֵּם אֶת זֶה, לֹא יִקַּח לִי זְמַן רַב לְסַיֵּם אֶת זֶה
□ *she isn't long for this world* יָמֶיהָ סְפוּרִים
□ *she died long ago* (or *since*) הִיא מֵתָה מִזְּמַן
□ *we met long before the war* נִפְגַּשְׁנוּ זְמַן רַב לִפְנֵי הַמִּלְחָמָה
□ *not long after, I met her again* לֹא עָבַר זְמַן רַב וּפָגַשְׁתִּי בָּהּ שׁוּב
—n.
1 (long time) זְמַן רַב
before long תּוֹךְ זְמַן קָצָר
for long לִזְמַן רַב
□ *you haven't got long* (*to do it in*) אֵין לְךָ יוֹתֵר מִדַּי זְמַן (בִּשְׁבִיל לַעֲשׂוֹת זֹאת)
□ *there's not long to go* (or *wait*) *now* לֹא נִשְׁאַר הַרְבֵּה זְמַן לְחַכּוֹת
□ *the long and the short of it is that he failed* קִצּוּרוֹ שֶׁל דָּבָר, הוּא נִכְשַׁל
2 (long vowel or syllable) תְּנוּעָה אֲרֻכָּה, הֲבָרָה אֲרֻכָּה
long-awaited /lɒŋ-əˌweɪtɪd/ adj. שֶׁחִכּוּ לוֹ מִזֶּה זְמַן רַב
longboat /ˈlɒŋbəʊt/ n. סִירַת הַמָּשׁוֹט הַגְּדוֹלָה בְּיוֹתֵר הַנִּשֵּׂאת עַל סְפִינַת־מִפְרָשׂ
longbow /ˈlɒŋbəʊ/ n. קֶשֶׁת אֲרֻכָּה (נֶשֶׁק מִימֵי־הַבֵּינַיִם)
long-distance /lɒŋ-ˈdɪstəns/ adj. & adv. לְמֶרְחַקִּים אֲרֻכִּים (רִיצָה וְכַד'); לְטוֹוָח אָרֹךְ (שִׂיחַת טֶלֶפוֹן וְכַד')

□ *he was phoning long-distance* הָיְתָה לוֹ שִׂיחַת־חוּץ (בַּטֶּלֶפוֹן)

long-drawn-out /ˌlɒŋ-drɔːn-ˈaʊt/ adj. אָרֹךְ שֶׁלֹּא לְצֹרֶךְ, אַרְכָּנִי

longevity /lɒnˈdʒevətɪ/ n. (*formal*) אֲרִיכוּת־יָמִים; טְוַח הַחַיִּים

long-haired /lɒŋ-ˈheəd/ adj. אֲרֹךְ־שֵׂעָר, בַּעַל שֵׂעָר אָרֹךְ

longhand /ˈlɒŋhænd/ n. כְּתִיבַת־יָד (בְּנִגּוּד לְקַצְרָנוּת אוֹ כְּתִיבָה בִּמְכוֹנָה)

longing /ˈlɒŋɪŋ/ n. & adj. גַּעְגּוּעִים, תְּשׁוּקָה, מִשְׁאֶלֶת־לֵב; עוֹרֵג, מִתְגַּעְגֵּעַ

longitude /ˈlɒndʒɪtjuːd/ n. קַו־אֹרֶךְ (מִמִּזְרָח לְמַעֲרָב)

longitudinal /ˌlɒndʒɪˈtjuːdɪn(ə)l/ adj. (*formal*) שֶׁל קַו־אֹרֶךְ, בְּקַו־אֹרֶךְ

long-legged /lɒŋ-ˈlegd/ adj. אֲרֹךְ־רַגְלַיִם, בַּעַל רַגְלַיִם אֲרֻכּוֹת

long-lived /lɒŋ-ˈlɪvd/ adj. זָקֵן, מַאֲרִיךְ לִחְיוֹת, אֶרֶךְ יָמִים

long-playing /lɒŋ-ˈpleɪɪŋ/ adj. אָרִיךְ נָגֵן

long-range /ˈlɒŋ-reɪndʒ/ adj. אֲרֹךְ־טְוָח, לִטְוָח אָרֹךְ

longshoreman /ˈlɒŋʃɔːmən/ n. סַוָּר

long-sighted /ˌlɒŋ-ˈsaɪtɪd/ adj. מַרְחִיק רְאוּת, סוֹבֵל מֵרֹחַק רְאִיָּה

long-standing /ˌlɒŋ-ˈstændɪŋ/ adj. מְמֻשָּׁךְ, קַיָּם לְאֹרֶךְ זְמַן

long-suffering /lɒŋ-ˈsʌfərɪŋ/ adj. סַבְלָנִי, בַּעַל כֹּשֶׁר סֵבֶל

long-term /ˈlɒŋ-tɜːm/ adj. לִטְוָח אָרֹךְ, אֲרֹךְ־טְוָח

longways /ˈlɒŋweɪz/ adv. (also **longwise**) לָאֹרֶךְ, לְאָרְכּוֹ

long-winded /lɒŋ-ˈwɪndɪd/ adj. (סִגְנוֹן, אָדָם) מְנֻפָּח, נִמְלָץ, מְדַבֵּר גְּבוֹהָה־גְבוֹהָה

loo /luː/ n. (*UK colloq.*) בֵּית־שִׁמּוּשׁ, שֵׁרוּתִים

loofah /ˈluːfə/ n. לוּפָה, לִיפָה (דְּלַעַת שֶׁתָּכְנָהּ הַסִּיבִי מְשַׁמֵּשׁ כִּסְפוֹג־רַחֲצָה)

look /lʊk/ n.

1 (act of looking, glance) הִתְבּוֹנְנוּת, מַבָּט

□ *have* (or *take*) *a good look at it!* תִּסְתַּכֵּל בָּזֶה הֵיטֵב!

□ *if looks could kill!* אִילוּ מַבָּטִים רוֹשְׁפֵי־אֵשׁ!

□ *she gave him a dirty look* הִיא הִבִּיטָה בּוֹ בְּגֹעַל/בְּרֹגֶז

2 (appearance) הוֹפָעָה, מַרְאֶה חִיצוֹנִי

good looks הוֹפָעָה נָאָה

□ *she hasn't lost her looks* הִיא לֹא אִבְּדָה אֶת יָפְיָהּ

□ *the shopping centre has been given a new look* הַמֶּרְכָּז הַמִּסְחָרִי עֻצַּב מֵחָדָשׁ

□ *has the Chinese look gone out?* הַאִם הַסִּגְנוֹן הַסִּינִי כְּבָר יָצָא מִן הָאָפְנָה?

□ *I don't like the look of those clouds* הָעֲנָנִים הַלָּלוּ אֵינָם מוֹצְאִים־חֵן בְּעֵינַי

□ *the place has a European look about it* יֵשׁ מַשֶּׁהוּ אֵירוֹפִּי בְּמַרְאֵה הַמָּקוֹם

—v.t. & i.

1 (use one's sight; turn one's eyes; search; examine, regard) הִבִּיט, חִפֵּשׂ, הִסְתַּכֵּל

□ *I'll look and see if the road is clear* אֲנִי אַבִּיט וְאֶרְאֶה אִם הַכְּבִישׁ רֵיק

□ *look before you leap!* (*Prov.*) הַבֵּט הֵיטֵב לִפְנֵי שֶׁאַתָּה קוֹפֵץ

□ *no need to look further* דַּי לָנוּ בְּמַה שֶּׁיֵּשׁ, אֵין צֹרֶךְ לְחַפֵּשׂ עוֹד

□ *look here! This won't do!* שְׁמַע נָא! זֶה לֹא בְּסֵדֶר!

□ *let's look the place over* בּוֹא נָעִיף מַבָּט עַל הַמָּקוֹם

□ *he looked death in the face* כִּפְסַע הָיָה בֵּינוֹ וּבֵין הַמָּוֶת

□ *she looked me* (*straight*) *in the eye* הִיא הִישִׁירָה אֶת מַבָּטָהּ לְעֵינַי

2 (face) צוֹפֶה לְ..., נִשְׁקָף אֶל

□ *the house looks east* הַבַּיִת צוֹפֶה לַמִּזְרָח

3 (appear) נִרְאָה

□ *that dress looks well on her* הַשִּׂמְלָה הַזֹּאת הוֹלֶמֶת אוֹתָהּ

□ *she looks her best in black* הִיא נִרְאֵית בְּמֵיטָבָהּ בְּשָׁחוֹר

□ *he looks well* הוּא נִרְאֶה טוֹב

□ *look lively!* (*colloq.*) תַּתְחִיל לַעֲשׂוֹת מַשֶּׁהוּ!

□ *look sharp* (*about it*)! הִזָּהֲרוּ! מַהֵר!

□ *we made that bully look small* הֶעֱמַדְנוּ אֶת הַבִּרְיוֹן הַהוּא בִּמְקוֹמוֹ

□ *how do I look?* אֵיךְ אֲנִי נִרְאֶה?

□ *what does she look like?* אֵיךְ הִיא נִרְאֵית?

□ *it looks like rain* נִרְאֶה שֶׁעוֹמֵד לָרֶדֶת גֶּשֶׁם

□ *it looks as if we'll have to walk* נִרְאֶה שֶׁנִּצְטָרֵךְ לָלֶכֶת בָּרֶגֶל, עוֹשֶׂה רֹשֶׁם שֶׁנִּצְטָרֵךְ לָלֶכֶת בָּרֶגֶל

□ *the lead actor looks the part* הַשַּׂחְקָן הָרָאשִׁי נִרְאֶה כְּאִלּוּ נוֹעַד לַתַּפְקִיד הַזֶּה

□ *he looks his age* גִּילוֹ נִכָּר בּוֹ

□ *he's mean and he looks it* הוּא קַמְצָן/רָשָׁע וְרוֹאִים אֶת זֹאת עָלָיו

□ *I'm glad she's looking herself again* אֲנִי שָׂמֵחַ לִרְאוֹת שֶׁהִיא חוֹזֶרֶת לְעַצְמָהּ

4 (expect) צִפָּה לְ..., צָפָה לְ...

□ *I'm looking to finish my book this year* אֲנִי מְקַוֶּה לְסַיֵּם אֶת סִפְרִי הַשָּׁנָה

— in set phrases

look after הִשְׁגִּיחַ עַל, טִפֵּל בְּ...

look at הִבִּיט בְּ..., הִסְתַּכֵּל עַל, בָּחַן

□ *the hotel is not much to look at* (*colloq.*) הַמַּרְאֶה הַחִיצוֹנִי שֶׁל הַמָּלוֹן אֵינוֹ מַרְשִׁים בִּמְיֻחָד

□ *I've been looking at the evidence* בָּחַנְתִּי אֶת הָעֵדֻיּוֹת

□ *get a carpenter to look at those floorboards* הַזְמֵן נַגָּר שֶׁיִּבְדֹּק אֶת הַקּוֹרוֹת הָאֵלֶּה בָּרִצְפָּה

□ *to look at him, you wouldn't think he was a doctor* עַל־פִּי מַרְאֵהוּ לֹא הָיִיתָ חוֹשֵׁב שֶׁהוּא רוֹפֵא

look back הִבִּיט לְאָחוֹר, הִסְתַּכֵּל לְאָחוֹר; בָּחַן בְּזִכְרוֹנוֹ

□ *I looked back – she was still standing there* הִסְתַּכַּלְתִּי אֲחוֹרָה – הִיא עֲדַיִן עָמְדָה שָׁם

□ *looking back, I think I did right* בְּמַבָּט לְאָחוֹר נִרְאֶה לִי שֶׁצָּדַקְתִּי בְּמַעֲשַׂי

□ *after this success she never looked back* דַּרְכָּהּ לַצַּמֶּרֶת הָיְתָה פְּתוּחָה לְאַחַר הַהַצְלָחָה הַזֹּאת

look down הִשְׁפִּיל אֶת עֵינָיו; הִתְיַחֵס בְּזִלְזוּל אֶל

□ *she looked down in embarrassment* הִיא הִשְׁפִּילָה אֶת עֵינֶיהָ בִּמְבוּכָה

□ *she looks down her nose at people without degrees* הִיא מִסְתַּכֶּלֶת בְּבוּז עַל אֲנָשִׁים חַסְרֵי־תְּאָרִים

□ *he looks down on* (or *upon*) *idealists* הוּא מְזַלְזֵל בָּאִידֵיאָלִיסְטִים

look for חִפֵּשׂ

□ *I'm looking for a job* אֲנִי מְחַפֵּשׂ עֲבוֹדָה

□ *don't look for* (*any*) *help from that quarter!* אַל תְּצַפֶּה לְשׁוּם עֶזְרָה מִכִּוּוּן זֶה

look forward צִפָּה בְּעֹנֶג לְ..., צִפָּה בְּשִׂמְחָה לְ..., קִוָּה לְ...

□ *I look forward to hearing from you* אֲנִי מְקַוֶּה לְקַבֵּל אֶת תְּשׁוּבָתְךָ בְּקָרוֹב (בְּסִיּוּם מִכְתָּב, בְּנֹסַח עִסְקִי וְכַד')

□ *I'm looking forward to the end of term* אֲנִי מְצַפֶּה בְּכִלְיוֹן עֵינַיִם לְסוֹף שְׁלִישׁ־הַלִּמּוּדִים

look in (*colloq.*) קָפַץ לְבַקֵּר

□ *I just looked in* (*on you*) *to say hello* רַק קָפַצְתִּי לְרֶגַע לוֹמַר שָׁלוֹם

look into בָּחַן, חָקַר

look on הִבִּיט עַל, צָפָה מִן הַצַּד (בְּ...)

□ *I was content to look on* הִסְתַּפַּקְתִּי בִּצְפִיָּה מִן הַצַּד

□ *he looked unfavourably on our cause* הוּא הִתְיַחֵס לְעִנְיָנֵנוּ בְּחֹסֶר אַהֲדָה

look out

(be watchful) נִזְהַר

□ *look out!* הִזָּהֵר! תִּזָּהֵר!

□ *I'll look out for your son at the party* אֲנִי אֲנַסֶּה לִמְצֹא אֶת בִּנְךָ בַּמְּסִבָּה

(find by looking) חִפֵּשׂ וּמָצָא

□ *I must look out some things for the jumble sale* אֲנִי מֻכְרָח לִמְצֹא מַשֶּׁהוּ בִּשְׁבִיל מְכִירַת הַצְּדָקָה

(have a window) נִשְׁקַף אֶל/לְ...

□ *my room looks out over* (or *onto*) *the garden* הַחֶדֶר שֶׁלִּי נִשְׁקָף אֶל הַגַּן

look over בָּחַן, סָקַר (בִּמְהִירוּת)

□ *we looked over the house* סָקַרְנוּ אֶת הַבַּיִת

□ *I'll look your thesis over* אֲנִי אֶעֱבֹר עַל הַתֵּיזָה שֶׁלְּךָ

look round הִבִּיט הַצִּדָּה

□ *I'm looking round before committing myself* אֲנִי בּוֹחֵן אֶת הָאֶפְשָׁרֻיּוֹת לִפְנֵי שֶׁאֲנִי מִתְחַיֵּב

□ *have you looked round the town?* הַאִם כְּבָר עָרַכְתָּ סִבּוּב בָּעִיר?

□ *he looked round the door* הוּא פָּתַח אֶת הַדֶּלֶת וְהֵצִיץ פְּנִימָה

look through דִּפְדֵּף בְּ..., הִבִּיט עַל, עָבַר עַל

□ *I looked through my notes* עָבַרְתִּי עַל הָרְשִׁימוֹת שֶׁלִּי

□ *he looked straight through me* הוּא הִבִּיט בִּי כְּאִלּוּ לֹא הָיִיתִי קַיָּם, הוּא הִתְעַלֵּם מִמֶּנִּי

look to הִקְפִּיד עַל; פָּנָה אֶל

□ *look to your manners!* (*formal*) שְׁמֹר עַל נִימוּסֶיךָ!

□ *we look to you to help us* אֲנַחְנוּ פּוֹנִים אֵלֶיךָ לְעֶזְרָה

look up נָשָׂא אֶת עֵינָיו, הֵרִים אֶת מַבָּטוֹ; הִבִּיט בְּהַעֲרָצָה בְּ...

□ *she looked up from her book* הִיא נָשְׂאָה אֶת עֵינֶיהָ מִן הַסֵּפֶר

□ *many boys look up to their fathers* נְעָרִים רַבִּים מַעֲרִיצִים אֶת אֲבוֹתֵיהֶם

□ *look the number up* (or *look up the number*) *in the phone-book* חַפֵּשׂ אֶת הַמִּסְפָּר בְּסֵפֶר הַטֶּלֶפוֹנִים

□ *things are looking up for him* (*colloq.*) מַצָּבוֹ הוֹלֵךְ וּמִשְׁתַּפֵּר

□ *she looked him up and down* הִיא סָקְרָה אוֹתוֹ מִכַּף־רֶגֶל וְעַד רֹאשׁ

□ *look me up if you're in Oxford* בּוֹא לְבַקֵּר אוֹתִי אִם אַתָּה מַגִּיעַ לְאוֹקְסְפוֹרְד אֵי־פַּעַם

look-in /lʊk-ɪn/ n. (*colloq.*) הִזְדַּמְּנוּת לְהִשְׁתַּתֵּף, סִכּוּי לְהִשְׁתַּתֵּף

□ *when there was a chance of promotion I never got a look-in* כַּאֲשֶׁר נִפְתְּחָה אֶפְשָׁרוּת לְקִדּוּם, שְׁמִי אֲפִלּוּ לֹא הֹעֲלָה כְּאֶפְשָׁרוּת

looking-glass /ˈlʊkɪŋ-glɑːs/ n. (*arch.*) מַרְאָה

look-out /lʊk-aʊt/ n.

1 (act of guarding) עֲמִידָה עַל הַמִּשְׁמָר, שְׁמִירָה

□ *keep a sharp look-out for unattended packages* פְּקַח עַיִן וְהִזָּהֵר מֵחֲבִילוֹת לְלֹא־הַשְׁגָּחָה

2 (guard) שׁוֹמֵר, זָקִיף

3 (observation post) עֶמְדַּת־שְׁמִירָה

4 (prospect, *colloq.*) סִכּוּי

□ *it's a poor look-out for business* הַתַּצְפִּית לַעֲסָקִים אֵינָהּ מְעוֹדֶדֶת

□ *that's your own look-out* זֶה עִנְיָנְךָ, זֹאת הַבְּעָיָה שֶׁלְּךָ

loom[1] /lu:m/ n. נוֹל, מְכוֹנַת אֲרִיגָה

loom[2] /lu:m/ v.i. הוֹפִיעַ בְּהַדְרָגָה; אִיֵּם

□ *another ship loomed (up) out of the fog* סְפִינָה נוֹסֶפֶת צָצָה אַט אַט מִן הָעֲרָפֶל

□ *the threat of dismissal loomed large in their minds* סַכָּנַת הַפִּטּוּרִין הֵטִילָה צֵל כָּבֵד עַל רוּחָם

loony /'lu:nɪ/ adj. & n. (*sl.*) "פְּסִיכִי", "טְרָלָלָה"; (אָדָם) פְּסִיכִי

loony-bin /'lu:nɪ-bɪn/ n. (*sl.*) "מוֹסָד" (לְחוֹלֵי־רוּחַ) בֵּית־מְשֻׁגָּעִים

loop /lu:p/ n.

1 (curve crossing itself) לוּלָאָה

2 (contraceptive) סוּג שֶׁל טַבַּעַת תּוֹךְ־רַחְמִית

3 (repeating film or tape) סֶרֶט־לוּלָאָה (בְּקוֹלְנוֹעַ אוֹ בְּהַקְלָטָה, הַחוֹזֵר וּמַתְחִיל עִם סִיּוּמוֹ)

—v.t. & i. קָשַׁר בְּלוּלָאָה, קָשַׁר לוּלָאָה, הִתְפַּתֵּל כְּלוּלָאָה; (בְּטִיסָה) עָשָׂה שְׁמִינִיּוֹת בָּאֲוִיר

loop the loop (*Aeronaut.*) (הַמָּטוֹס) עָשָׂה סִבּוּב (אֲנָכִי) בָּאֲוִיר

loophole /'lu:phəʊl/ n. פִּרְצָה, סֶדֶק (בַּחֹק וְכַד'); אֶשְׁנַב יְרִי, חֲרַךְ יְרִי

loopy /'lu:pɪ/ adj. (*sl.*) מְשֻׁגָּע, "קוּקוּ", "מַזְ'נוּן"

loose /lu:s/ adj.

1 (free) מְשֻׁחְרָר, חָפְשִׁי

loose box תָּא בְּאֻרְוָה שֶׁבּוֹ הַסּוּס יָכוֹל לָנוּעַ בְּחָפְשִׁיּוּת

□ *a tiger broke loose* נָמֵר נִמְלַט מִכְּלוּבוֹ

□ *the captive was let* (or *turned*) *loose* הַשָּׁבוּי שֻׁחְרַר מִשִּׁבְיוֹ, הַשָּׁבוּי הוּצָא לַחָפְשִׁי

2 (easily separable) מְפֻזָּר, בִּתְפֻזֹּרֶת

loose change כֶּסֶף קָטָן

□ *put the apples loose in the basket* תָּשִׂים אֶת הַתַּפּוּחִים בַּסַּל בִּתְפֻזֹּרֶת

3 (not tight or firm) מְרֻוָּח, לֹא־הָדוּק, לֹא־מָתוּחַ, רוֹפֵף, רָפוּי

loose covers כִּסּוּיֵי־לְרָהִיטִים (שֶׁנִּתָּן לְהָסִיר עַל מְנָת לְנַקּוֹת)

loose ends פְּרָטִים לֹא־סְגוּרִים

loose-fitting מְרֻוָּח, לֹא־הָדוּק, רוֹפֵף (בֶּגֶד וְכַד')

□ *the wheel came loose* הַגַּלְגַּל הִתְרוֹפֵף

□ *I was at a loose end* (*UK*) לֹא הָיָה לִי מָה לַעֲשׂוֹת, לֹא הָיָה לִי מָה לַעֲשׂוֹת עִם עַצְמִי

4 (vague, inaccurate) לֹא־מְדֻיָּק, כְּלָלִי; רַשְׁלָנִי

□ *loose thinking was his downfall* מַחֲשָׁבָה חַסְרַת־דִּיּוּק גָּרְמָה לְמַפָּלְתּוֹ

5 (lax, dissolute) מֻפְקָר, חֲסַר־רֶסֶן

□ *her loose conduct shocked her parents* הִתְנַהֲגוּתָהּ הַמֻּפְקֶרֶת זִעְזְעָה אֶת הוֹרֶיהָ

□ *she was not the sort of person with whom one could play fast and loose* אִי אֶפְשָׁר הָיָה לְשַׂחֵק אִתָּהּ (לִנְהֹג בָּהּ בְּאָנוֹכִיּוּת וּבְחֹסֶר־כֵּנוּת)

□ *he has a loose tongue* אֵין רֶסֶן לִלְשׁוֹנוֹ, הוּא לֹא יוֹדֵעַ לִשְׁמֹר סוֹד

—v.t. (*formal*) שִׁחְרֵר, הִתִּיר; שִׁלַּח (חֵץ וְכַד')

□ *they loosed off a volley* הֵם שִׁלְּחוּ מְטַר יְרִיּוֹת

loose-leaf /lu:s-li:f/ adj. (אוֹגְדָן וְכַד') שֶׁאֶפְשָׁר לְהוֹסִיף לוֹ/לְהוֹצִיא מִמֶּנּוּ דַּפִּים

loose-limbed /lu:s-lɪmd/ adj. רְפוּי־אֵיבָרִים

loosely /'lu:slɪ/ adv. בְּאֹפֶן כְּלָלִי, בְּאֹפֶן רוֹפֵף

□ *loosely speaking, they are the same* בְּאֹפֶן כְּלָלִי הֵם שָׁוִים

loosen /'lu:s(ə)n/ v.t. & i. הִתִּיר, שִׁחְרֵר, רִפָּה, רוֹפֵף; הֻתַּר, הִשְׁתַּחְרֵר, הִתְרוֹפֵף, נֶחֱלַץ

□ *the athlete was loosening up* הָאַתְלֵט רִפָּה אֶת שְׁרִירָיו

loot /lu:t/ n.

1 (booty, spoil) שָׁלָל, בִּזָּה, מַלְקוֹחַ

2 (money, *sl.*) כֶּסֶף

—v.t. & i. בָּזַז, גָּזַל, שָׁדַד

lop /lɒp/ v.t.

lop off גָּזַם, כָּרַת, קָטַע

lope /ləʊp/ v.i. & n. נָע בְּצַעַד אָרֹךְ וְקַלִּיל; צַעַד אָרֹךְ וְקַלִּיל

lop-eared /lɒp-ɪəd/ adj. בַּעַל אָזְנַיִם שְׁמוּטוֹת, בַּעַל אָזְנַיִם נְפוּלוֹת

lopsided /lɒp'saɪdɪd/ adj. נוֹטֶה עַל צִדּוֹ, עָקוֹם; (בְּהַשְׁאָלָה) מְעֻוָּת

loquacious /lə'kweɪʃəs/ adj. (*formal*) מַרְבֶּה־לַהַג, מַרְבֶּה מִלִּים

loquacity /lə'kwæsɪtɪ/ n. (*formal*) הַכְבָּרַת־מִלִּים

lord /lɔ:d/ n.

1 (ruler, master) שַׁלִּיט, אָדוֹן

□ *our sovereign lord the King* אֲדוֹנֵנוּ הַמֶּלֶךְ

□ *he is my lord and master* הוּא אֲדוֹנִי (וַאֲנִי עַבְדּוֹ)

2 (the) Lord (God; Christ) אֱלֹהִים; יֵשׁוּ

Good Lord! אֱלֹהִים אַדִּירִים! רִבּוֹנוֹ שֶׁל עוֹלָם!

Lord's day (*Relig.*) יוֹם א' (בְּנַצְרוּת)

the Lord's Prayer (*Relig.*) תְּפִלַּת אָבִינוּ שֶׁבַּשָּׁמַיִם (בְּנַצְרוּת)

□ *Lord (only) knows!* (רַק) אֱלֹהִים יוֹדֵעַ!

□ *in the year of our Lord 1659* בִּשְׁנַת 1659 לְמִנְיָנֵנוּ (מִנְקֻדַּת מַבָּטוֹ שֶׁל נוֹצְרִי)

3 (nobleman; dignitary) אָצִיל, לוֹרְד

the (House of) Lords (בְּרִיטַנְיָה) בֵּית־הַלּוֹרְדִים

Lord Mayor רֹאשׁ־הָעִיר (שֶׁל עִיר גְּדוֹלָה בִּבְרִיטַנְיָה, נֶאֱמַר גַּם לְגַבֵּי אִשָּׁה)

□ *he was as drunk as a lord* הוּא הָיָה שִׁכּוֹר כְּלוֹט

—v.t.

lord it (*colloq.*) הִתְנַהֵג בְּהִתְנַשְּׂאוּת

□ *don't try to lord it over us* אַל תְּנַסֶּה לָתֵת לָנוּ פְּקֻדּוֹת
lordly /ˈlɔːdlɪ/ adj. כְּמוֹ לוֹרְד; רָאוּי לְלוֹרְד
lordship /ˈlɔːdʃɪp/ n.
your or **his Lordship** אֲדוֹנִי/כְּבוֹד הַלּוֹרְד
lore /lɔː(r)/ n. יֶדַע עֲמָמִי
lorgnette /lɔːˈnjet/ n. (*arch.*) מִשְׁקְפֵי־יָדִית
lorn /lɔːn/ adj. (*arch.*) גַּלְמוּד, נֶעֱזָב
lorry /ˈlɒrɪ/ n. מַשָּׂאִית
□ *did you get this watch off the back of a lorry?* (*UK colloq.*) קִבַּלְתָּ אֶת הַשָּׁעוֹן בְּמַתָּנָה מֵהַדּוֹד בְּאָמֶרִיקָה? (נֶאֱמַר תּוֹךְ קְרִיצָה שֶׁל שֻׁתָּפוּת לִדְבַר־עֲבֵרָה)
lose /luːz/ (past & past ppl. **lost** /lɒst/) v.t.
1 (cease to have) אִבֵּד
lose face הֻשְׁפַּל, הִתְבַּזָּה
lose ground הִפְסִיד, אִבֵּד יִתְרוֹן
lose weight יָרַד בְּמִשְׁקָל, אִבֵּד מִשְׁקָל, הִרְזָה
□ *he lost his job* הוּא פֻּטַּר מֵעֲבוֹדָתוֹ, הוּא אִבֵּד אֶת מִשְׂרָתוֹ
□ *she lost her husband in the war* הִיא הִתְאַלְמְנָה בַּמִּלְחָמָה, הִיא אִבְּדָה אֶת בַּעְלָהּ בַּמִּלְחָמָה
□ *he lost his head and made wild accusations* הוּא אִבֵּד אֶת הָרֹאשׁ וְהִשְׁמִיעַ הַאֲשָׁמוֹת פְּרוּעוֹת
□ *I didn't lose any sleep over it* זֶה לֹא הִפְרִיעַ לִי בִּכְלָל
□ *I lost my temper* (or *patience*) *with him* אִבַּדְתִּי אֶת הַסַּבְלָנוּת שֶׁלִּי אִתּוֹ
□ *he is lost to the world when he's writing* כְּשֶׁהוּא כּוֹתֵב הוּא נִמְצָא בְּעוֹלָם אַחֵר
□ *they gave him up for lost* הֵם אִבְּדוּ כָּל תִּקְוָה לְגַבָּיו
□ *all is not lost* לֹא הַכֹּל אָבוּד
□ *I'd be lost without a car* בְּלִי מְכוֹנִית לֹא הָיִיתִי יוֹדֵעַ מָה לַעֲשׂוֹת
2 (mislay) אִבֵּד
□ *we got lost* (or *lost our way*) *in the desert* אִבַּדְנוּ אֶת דַּרְכֵּנוּ בַּמִּדְבָּר, הָלַכְנוּ לְאִבּוּד בַּמִּדְבָּר
□ *his protest was lost in the general uproar* קוֹל מְחָאוֹתָיו אָבַד בַּהֲמֻלָּה הַכּוֹלֶלֶת
□ *get lost!* (*colloq.*) תָּעוּף מִפֹּה! תִּסְתַּלֵּק!
3 (fail to keep or retain) הִפְסִיד, הֶחְמִיץ
□ *he never loses an opportunity to praise her* הוּא אֵינוֹ מַחְמִיץ הִזְדַּמְּנוּת לְשַׁבֵּחַ אוֹתָהּ
□ *the subtlety of the argument was lost on him* הוּא לֹא הָיָה מְסֻגָּל לִתְפֹּס אֶת מֻרְכָּבוּת הַטִּעוּן
4 (fail to win) הִפְסִיד
□ *we are fighting a losing battle* אֲנַחְנוּ נִלְחָמִים בִּקְרָב אָבוּד
a lost cause מַטָּרָה אֲבוּדָה מֵרֹאשׁ
□ *the motion was lost* הַהַצָּעָה נָפְלָה בַּהַצְבָּעָה
5 (deprive someone of) גָּרַם לְ... לְאַבֵּד אֶת
□ *this scandal lost him the election* הַשַּׁעֲרוּרִיָּה עָלְתָה לוֹ בִּמְחִיר הַנִּצָּחוֹן בַּבְּחִירוֹת
6 (allow to depart from control; get rid of) הִתְנַעֵר מִ..., נִפְטַר מִ...
□ *we tried to lose our pursuer* נִסִּינוּ לְהִתְנַעֵר מֵרוֹדְפֵנוּ
7 (go slowly) פִּגֵּר
□ *this watch loses 2 minutes a day* שָׁעוֹן זֶה מְפַגֵּר בִּשְׁתֵּי דַּקּוֹת בַּיּוֹם
—v.i.
1 (lose money, men, resources, etc.) סָבַל הֶפְסֵדִים
lose out הִפְסִיד, נָחַל כִּשָּׁלוֹן
□ *he lost heavily on the deal* הוּא נָחַל הֶפְסֵדִים כְּבֵדִים בְּשֶׁל הָעִסְקָה
2 (not be the winner) הִפְסִיד, נָחַל מַפָּלָה
□ *with the press on your side you can't lose* כְּשֶׁהָעִתּוֹנוּת לְצִדְּךָ, אַתָּה לֹא יָכוֹל לְהַפְסִיד
loser /ˈluːzə(r)/ n.
1 (person who loses) מַפְסִיד
□ *are you a good or a bad loser?* הַאִם אַתָּה יוֹדֵעַ לְהַפְסִיד אוֹ לֹא יוֹדֵעַ לְהַפְסִיד?
2 (unlucky person, *colloq.*) מַפְסִידָן, "לוּזֶר", "נֶפֶל"
loss /lɒs/ n.
1 (act or process of losing) אָבְדָן, אִבּוּד, הֶפְסֵד
2 (lost thing or person) אֲבֵדָה, הֶפְסֵד; הֶפְסֵד כַּסְפִּי
loss adjuster שַׁמַּאי, מַעֲרִיךְ נְזָקִים (לְצָרְכֵי בִּטּוּחַ)
at a loss
(confused) נָבוֹךְ, אוֹבֵד עֵצוֹת
(not making money) בְּהֶפְסֵד (כַּסְפִּי)
□ *they sell a few products at a loss* הֵם מוֹכְרִים כַּמָּה מוּצָרִים בִּמְחִיר הֶפְסֵד
□ *we decided to cut our losses* הֶחְלַטְנוּ לְוַתֵּר עַל כָּל הָעִנְיָן (עַל מְנָת לִמְנֹעַ הֶפְסֵדִים נוֹסָפִים)
□ *he's a dead loss* (*sl.*) הוּא מִקְרֶה אָבוּד
□ *he's no great loss* הוּא לֹא אֲבֵדָה כָּל־כָּךְ גְּדוֹלָה
loss-leader /ˌlɒs-ˈliːdə(r)/ n. מוּצָר הַנִּמְכָּר בְּזוֹל עַל מְנָת לִמְשֹׁךְ קוֹנִים
loss-making /ˈlɒs-ˌmeɪkɪŋ/ adj. גּוֹרֵם הֶפְסֵדִים
lost /lɒst/ past & past ppl. of **lose**
lost cause מִקְרֶה אָבוּד, מַטָּרָה אֲבוּדָה מֵרֹאשׁ
lost property חֲפָצִים אֲבוּדִים; מִשְׂרַד לִשְׁמִירַת חֲפָצִים אֲבוּדִים
lost soul נְשָׁמָה אֲבוּדָה, נֶפֶשׁ תּוֹעָה
lot /lɒt/ n.
1 (method of making random decision) פּוּר, גּוֹרָל
draw (or **cast**) lots הִפִּיל גּוֹרָל, הֵטִיל פּוּר
2 (share, fortune, fate, destiny, *formal*) גּוֹרָל, מַזָּל, חֵלֶק
□ *I threw my lot in with them* הֶחְלַטְתִּי לַחֲלֹק אֶת גּוֹרָלִי עִמָּם
□ *it was* (or *it fell to*) *my lot to do the dirty work* הָעֲבוֹדָה הַמְלֻכְלֶכֶת נָפְלָה בְּחֶלְקִי

3 (plot of land) חֶלְקָה, מִגְרָשׁ
parking lot (*US*) מִגְרַשׁ חֲנִיָּה
4 (item, consignment) קְבוּצַת פְּרִיטִים (בִּמְכִירָה פֻּמְבִּית); מִשְׁלוֹחַ
□ *lot 46 was knocked down for £10* קְבוּצַת הַפְּרִיטִים מס׳ 46 נִמְכְּרָה תְּמוּרַת 10 לִישׁ״ט
bad lot (*arch.*) נָבָל, רָשָׁע
5 (large quantity, also in *pl.*) הַרְבֵּה
□ *there are a lot of scoundrels in this business* יֶשְׁנָם הַרְבֵּה נוֹכְלִים בְּעֵסֶק הַזֶּה
□ *I'd like lots of cream please!* הַרְבֵּה שַׁמֶּנֶת־חָלָב/קַצֶּפֶת בְּבַקָּשָׁה!
□ *I saw quite a lot of her* הִתְרָאֵיתִי עִמָּהּ לְעִתִּים תְּכוּפוֹת, רָאִיתִי אוֹתָהּ הַרְבֵּה
□ *I'm a lot better today* הַיּוֹם אֲנִי (מַרְגִּישׁ) הַרְבֵּה יוֹתֵר טוֹב
□ *a (fat) lot you care!* (*sl.*) לְךָ זֶה לֹא מֵזִיז!
6 (whole thing or group) הַכֹּל
□ *she took the (whole) lot* הִיא לָקְחָה אֶת הַכֹּל
□ *go away, the lot of you!* (*colloq.*) תֵּלְכוּ מִכָּאן, כֻּלְּכֶם!

loth /ləʊθ/ see **LOATH** שֶׁלֹּא מֵרָצוֹן

lotion /ˈləʊʃ(ə)n/ n. קֶרֶם (נוֹזְלִי), תַּרְחִיץ, תְּמִסָּה (לָרֹב לְטִפּוּל בָּעוֹר)

lottery /ˈlɒtərɪ/ n. הַגְרָלָה, ״פַּיִס״
□ *marriage is a lottery* נִשּׂוּאִין הֵם עִנְיָן שֶׁל מַזָּל

lotus /ˈləʊtəs/ n.
1 (water-lily) לוֹטוּס, מֵעֵין שׁוֹשַׁנַּת מַיִם לְבָנָה/וְרֻדָּה (מִמִּשְׁפַּחַת הַנּוּפָרִיִּים)
lotus position יְשִׁיבַת לוֹטוּס (בְּיוֹגָה)
2 (legendary plant) לוֹטוּס (צֶמַח גּוֹרֵם שִׁכְחָה בַּמִּיתוֹלוֹגְיָה הַיְּוָנִית)

lotus-eater /ˈləʊtəs-iːtə(r)/ n. אָדָם הַשָּׁקוּעַ בְּחַיֵּי בַּטָּלָה וְעִנּוּגִים

loud /laʊd/ adj.
1 (very audible; noisy) קוֹלָנִי, רַעֲשָׁנִי, צַעֲקָנִי
□ *I am receiving you loud and clear* אֲנִי קוֹלֵט אוֹתְךָ חָמֵשׁ־חָמֵשׁ
2 (obtrusive, brash) גַּס־רוּחַ, קוֹלָנִי, צַעֲקָנִי
—adv. בְּקוֹלֵי קוֹלוֹת, בְּקוֹל רָם
□ *by mistake I said out loud what I was thinking* בְּטָעוּת אָמַרְתִּי בְּקוֹל אֶת מַה שֶּׁחָשַׁבְתִּי
□ *thinking out loud helps to clarify my ideas* חֲשִׁיבָה בְּקוֹל עוֹזֶרֶת לִי לְהַבְהִיר לְעַצְמִי אֶת רַעְיוֹנוֹתַי

loud-hailer /laʊdˈheɪlə(r)/ n. מַגְפוֹן, מַגְבִּיר־קוֹל נַיָּד

loudmouth /ˈlaʊdmaʊθ/ n. (*colloq.*) אָדָם בַּעַל ״פֶּה גָּדוֹל״

loud-mouthed /laʊdˈmaʊðd/ adj. בַּעַל ״פֶּה גָּדוֹל״

loudspeaker /laʊdˈspiːkə(r)/ n. רַמְקוֹל

lough /lɒk/ n. (*Irish*) אֲגַם, יַמָּה, לְשׁוֹן־יָם

lounge /laʊndʒ/ v.i. הִשְׂתָּרַע; הִתְבַּטֵּל, יָשַׁב בְּחִבּוּק יָדַיִם, יָשַׁב בְּאֶפֶס מַעֲשֶׂה
—n.
1 (sitting-room, esp. in hotel) סָלוֹן, חֲדַר־אוֹרְחִים, אוּלַם־אוֹרְחִים, אוּלַם־הַמְתָּנָה
2 (best bar in a pub) הָאוּלָם הַטּוֹב בְּיוֹתֵר בַּפָּאבּ (מֵעֵין ״מַחְלָקָה רִאשׁוֹנָה״)
lounge bar אוּלַם כַּנַּ״ל
3 (act or process of lounging) הִתְבַּטְּלוּת, בַּטָּלָה
lounge suit חֲלִיפַת־עֲסָקִים

lour /ˈlaʊə(r)/ v.i. (also **lower**) (*formal*) זוֹעֵף, קוֹדֵר, נִרְאֶה קוֹדֵר וּמְאַיֵּם

louse /laʊs/ n. (*pl.* **lice** /laɪs/)
1 (insect) כִּנָּה
2 (unpleasant person, *sl.*) ״שֶׁרֶץ״, ״טִנֹּפֶת״
—v.t.
louse up (*sl.*) קִלְקֵל, הָרַס

lousy /ˈlaʊzɪ/ adj.
1 (infested with lice) שׁוֹרֵץ כִּנִּים, מָלֵא כִּנִּים
2 (bad, *colloq.*) ״מְזֻפָּת״, ״מְחֻרְבָּן״
3 (well-provided, *sl.*) ״מָלֵא״ (כֶּסֶף), שׁוֹרֵץ (תַּיָּרִים וְכַד׳)
□ *he's lousy with money* הוּא מָלֵא כֶּסֶף

lout /laʊt/ n. (*derog.*) בִּרְיוֹן, טִיפּוּס חֲמוּם־מֹחַ

loutish /ˈlaʊtɪʃ/ adj. חֲמוּם־מֹחַ, גַּס־רוּחַ

louvre /ˈluːvə(r)/ n. (*US* **louver**) רְפָפוֹת, תְּרִיס, פְּסִיס־אִוְרוּר

lovable /ˈlʌvəb(ə)l/ adj. חָבִיב

love /lʌv/ n.
1 (affection) אַהֲבָה, חִבָּה
□ *for the love of God!* בְּשֵׁם אֱלֹהִים! לְמַעַן הַשֵּׁם!
□ *coal is not to be had for love or money* (*colloq.*) אֵין לְהַשִּׂיג פֶּחָם בְּשׁוּם דֶּרֶךְ, אֵין לְהַשִּׂיג פֶּחָם בְּעַד כָּל הוֹן שֶׁבָּעוֹלָם
□ *he sings for the love of it* הוּא שָׁר לַהֲנָאָתוֹ
□ *give him my love* תִּמְסֹר לוֹ אֶת אַהֲבָתִי, תִּמְסֹר לוֹ ד״שׁ
□ *it was a labour of love* זוֹ הָיְתָה מְלָאכָה שֶׁנַּעַשְׂתָה מִתּוֹךְ אַהֲבָה לַדָּבָר
□ *there's no love lost between those two* (*colloq.*) אֵין אַהֲבָה יְתֵרָה בֵּין שְׁנֵי אֵלֶּה, שְׁנֵי אֵלֶּה לֹא סוֹבְלִים אֶחָד אֶת הַשֵּׁנִי
2 (passion) אַהֲבָה
make love
(court, *arch.*) חִזֵּר
(have sex) תִּנָּה אֲהָבִים, הִתְעַלֵּס
□ *he had a love-hate relationship with his father* לוֹ וּלְאָבִיו הָיוּ יַחֲסֵי אַהֲבָה־שִׂנְאָה
□ *it was love at first sight* זוֹ הָיְתָה אַהֲבָה מִמַּבָּט רִאשׁוֹן
□ *it was a love match* אֵלֶּה הָיוּ נִשּׂוּאִים מִתּוֹךְ אַהֲבָה
□ *she fell in love with him* הִיא הִתְאַהֲבָה בּוֹ

□ *he is in love with her* הוּא מְאֹהָב בָּהּ
□ *all's fair in love and war* (*Prov.*) הַכֹּל מֻתָּר בְּמִלְחָמָה וּבְאַהֲבָה
3 (as a form of address, *UK colloq.*) מֹתֶק, חֲבִיבִי
4 (zero, *Tennis*) (בְּטֶנִיס) אֶפֶס נְקֻדּוֹת
love game (*Tennis*) מִשְׂחָק שֶׁבּוֹ הַיָּרִיב לֹא הִשִּׂיג שׁוּם נְקֻדָּה
5 (beloved person) אָהוּב, אֲהוּבָה
—v.t. אָהַב; חִבֵּב
□ *I must love you and leave you* (*colloq.*) עָלַי לוֹמַר שָׁלוֹם עַתָּה
□ *I'd love to, but I'm busy tonight* בְּרָצוֹן רַב הָיִיתִי נֵעֱנָה, אֲבָל אֲנִי עָסוּק הָעֶרֶב
□ *she loved to tease him* הִיא אָהֲבָה לְקַנְטֵר אוֹתוֹ
□ *I'd love you to come with me* מְאֹד אֶשְׂמַח אִם תָּבוֹא אִתִּי

love-affair /lʌv-əfeə(r)/ n. פָּרָשַׁת אֲהָבִים, רוֹמָן

lovebird /lʌvbɜːd/ n.
1 (*bird*) תֻּכִּי
2 (person in love, *colloq.*) אֶחָד מִזּוּג נֶאֱהָבִים

love-child /lʌv-tʃaɪld/ n. (*euphem.*) יֶלֶד לֹא־חֻקִּי, פְּרִי־אֲהָבִים

loveless /lʌvlɪs/ adj. נְטוּל אַהֲבָה

love-letter /lʌv-letə(r)/ n. מִכְתַּב אַהֲבָה

loveliness /lʌvlɪnɪs/ n. יֹפִי, חֵן

lovelorn /lʌvlɔːn/ adj. (*poet.*) חוֹלֵה־אַהֲבָה

lovely /lʌvlɪ/ adj.
1 (beautiful) יָפֶה לְהַפְלִיא, מַקְסִים
2 (delightful, *colloq.*) נֶהְדָּר
□ *she's a lovely person* הִיא אָדָם נֶהְדָּר
□ *I feel lovely and warm* אֲנִי מַרְגִּישׁ חַם וְטוֹב

love-making /lʌv-meɪkɪŋ/ n. תִּנּוּי־אֲהָבִים, הִתְעַלְּסוּת

lover /lʌvə(r)/ n.
1 (sweetheart) אָהוּב, אֲהוּבָה
□ *the lovers eloped* הַנֶּאֱהָבִים נִמְלְטוּ בְּחֲשַׁאי
2 (extramarital partner in affair) מְאַהֵב, מְאַהֶבֶת
3 (devotee) חוֹבֵב, חָסִיד

lovesick /lʌvsɪk/ adj. חוֹלֵה אַהֲבָה

lovey /lʌvɪ/ n. (*UK colloq.*) מֹתֶק, חֲבִיבִי

loving /lʌvɪŋ/ adj. אוֹהֵב, מָסוּר, נֶאֱמָן
loving cup (*arch.*) גָּבִיעַ גָּדוֹל כְּפוּל־יָדִיּוֹת

loving-kindness /ˌlʌvɪŋ-kaɪndnɪs/ n. (*poet.*) חֹם וְאַהֲבָה

low[1] /ləʊ/ adj.
1 (not high in position or scale) נָמוּךְ
Low Countries אַרְצוֹת הַשְּׁפֵלָה
lowest common denominator הַמְּכַנֶּה הַמְּשֻׁתָּף הַנָּמוּךְ בְּיוֹתֵר (בְּמָתֶמָטִיקָה, גַּם בְּהַשְׁאָלָה)
low frequency תְּדִירוּת נְמוּכָה (מִתְרַחֵשׁ לְעִתִּים רְחוֹקוֹת); תֶּדֶר נָמוּךְ (בְּאֶלֶקְטְרוֹנִיקָה)
low pressure לַחַץ נָמוּךְ
low tide שֵׁפֶל
□ *we're in low gear* אֲנַחְנוּ בְּהִלּוּךְ נָמוּךְ; (בְּהַשְׁאָלָה) אֲנַחְנוּ מִתְקַדְּמִים לְאַט
□ *I have a low opinion of him* אֲנִי לֹא מַעֲרִיךְ אוֹתוֹ
□ *prices are low for fruit this month* מְחִירֵי הַפֵּרוֹת נְמוּכִים הַחֹדֶשׁ
□ *that comes low on my list of priorities* זֶה לֹא בְּרֹאשׁ סֵדֶר הָעֲדִיפֻיּוֹת שֶׁלִּי, זֶה בְּתַחְתִּית סֻלַּם הָעֲדִיפֻיּוֹת שֶׁלִּי
□ *he tried to keep a low profile* הוּא נִסָּה לִשְׁמֹר עַל פְּרוֹפִיל נָמוּךְ, הוּא נִסָּה שֶׁלֹּא לִמְשֹׁךְ תְּשׂוּמֶת לֵב
2 (not shrill; not loud) (צְלִיל) נָמוּךְ, חֲרִישִׁי
3 (of poor social class) מִמּוֹצָא נָחוּת, בֶּן פְּשׁוּטֵי־הָעָם
4 (vulgar, debased) זוֹל, גַּס, הֲמוֹנִי, שָׁפָל, בָּזוּי
low comedy סוּג שֶׁל מַחֲזֶה הַתּוֹלִי הַגּוֹבֵל בְּפָארְסָה
□ *that was a low trick* זֶה הָיָה תַּכְסִיס שָׁפָל
5 (meagre, small; feeble) יָרוּד, חַלָּשׁ, דַּל
low season הָעוֹנָה הַיְבֵשָׁה (שֶׁבָּהּ הַתַּיָּרוּת מְעַטָּה)
□ *food stocks are getting* (or *running*) *low* מְלַאי הַמָּזוֹן אוֹזֵל וְהוֹלֵךְ/מִדַּלְדֵּל
□ *they are in low spirits* מַצַּב־הָרוּחַ שֶׁלָּהֶם יָרוּד, הֵם מְדֻכְדָּכִים
□ *he's feeling low* הוּא (קְצָת) מְדֻכָּא
6 (*Relig.*) (זֶרֶם בַּכְּנֵסִיָּה הָאַנְגְּלִיקָנִית) שֶׁמְּיַחֵס חֲשִׁיבוּת פְּחוּתָה לַטֶּקֶס
Low Church זֶרֶם בַּכְּנֵסִיָּה הָאַנְגְּלִיקָנִית הַמְּיַחֵס חֲשִׁיבוּת פְּחוּתָה לַטֶּקֶס
—adv.
1 (of position) נָמוּךְ
□ *they lay low till the fuss was over* הֵם הִסְתַּתְּרוּ עַד שֶׁהַסְּעָרָה שָׁכְכָה; הֵם שָׁמְרוּ עַל פְּרוֹפִיל נָמוּךְ עַד שֶׁהָרַעַשׁ חָלַף
2 (softly) חֶרֶשׁ, בְּשֶׁקֶט, בְּקוֹל חֲרִישִׁי, בְּקוֹל נָמוּךְ
3 (for small sums) בְּזוֹל, בִּמְחִיר נָמוּךְ
□ *buy low and sell high* קְנֵה בְּזוֹל וּמְכֹר בְּיֹקֶר
—n.
1 (low level) שֵׁפֶל, נְקֻדַּת שֵׁפֶל
all-time low נְקֻדַּת הַשֵּׁפֶל הַנְּמוּכָה בְּיוֹתֵר שֶׁל כָּל הַזְּמַנִּים
□ *the shares reached a new low yesterday* הַמְּנָיוֹת הִגִּיעוּ אֶתְמוֹל לְשֵׁפֶל חָדָשׁ
2 (low-pressure area) שֵׁפֶל בָּרוֹמֶטְרִית (אֵזוֹר שֶׁל לַחַץ אַטְמוֹסְפֵירִי נָמוּךְ)

low[2] /ləʊ/ v.i. & n. (*poet.*) (בָּקָר) גָּעָה; גְּעִיַּת פָּרָה

low-born /ləʊ-bɔːn/ adj. חֲסַר יִחוּס, מִמּוֹצָא נָמוּךְ, בֶּן פְּשׁוּטֵי־הָעָם

lowbrow /ləʊbraʊ/ adj. & n. (*derog.*) (תַּרְבּוּת, סִגְנוֹן) נָמוּךְ; אָדָם חֲסַר הַשְׂכָּלָה וְעִדּוּן, עַם־הָאָרֶץ

low-down /ləʊ-daʊn/ n. (*sl.*) "הַסִּפּוּר הָאֲמִתִּי" (עַל אָדָם, אֵרוּעַ וְכַד')
□ *I got the low-down on his divorce* נוֹדְעוּ לִי הַפְּרָטִים הָאֲמִתִּיִּים עַל גֵּרוּשָׁיו

—adj. (*colloq.*) שָׁפָל, נִקְלֶה, בָּזוּי

lower[1] /ləʊə(r)/ compar. of **low**[1] יוֹתֵר נָמוּךְ

lower case (בִּדְפוּס) אוֹתִיּוֹת קְטַנּוֹת, אוֹתִיּוֹת־כְּתָב

the lower classes הַמַּעֲמָדוֹת הַנְּמוּכִים

—v.t. & i. הוֹרִיד, הִנְמִיךְ, הִקְטִין, הִשְׁפִּיל; יָרַד, נֶחֱלַשׁ, שָׁקַע

□ *he lowered her rent* הוּא הוֹרִיד אֶת שְׂכַר הַדִּירָה שֶׁלָּהּ

□ *he lowered his voice* הוּא הִנְמִיךְ אֶת קוֹלוֹ

□ *I would never lower myself by taking bribes* לְעוֹלָם לֹא אַשְׁפִּיל אֶת עַצְמִי עַד כְּדֵי קַבָּלַת שֹׁחַד

lower[2] /laʊə(r)/ see **LOUR** זוֹעֵף, קוֹדֵר, נִרְאָה קוֹדֵר וּמְאַיֵּם

low-fat /ləʊ-ˈfæt/ adj. דַּל־שֻׁמָּן

low-fat yoghurt יוֹגוּרְט דַּל־שֻׁמָּן

low-frequency /ˌləʊ-ˈfriːkwənsɪ/ adj. בִּתְדִירוּת נְמוּכָה; בַּעַל תֶּדֶר נָמוּךְ

low-grade /ləʊ-greɪd/ adj. בְּאֵיכוּת־נְמוּכָה, מֵאֵיכוּת נְמוּכָה

low-key /ləʊ-ˈkiː/ adj. מְאֻפָּק, שָׁקֵט, מְרֻסָּן

lowland /ˈləʊlənd/ n. & adj. שְׁפֵלָה, אַרְצוֹת הַשְּׁפֵלָה; שֶׁל הַשְּׁפֵלָה

the Lowlands (of Scotland) אֲזוֹרֵי הַשְּׁפֵלָה (בְּסְקוֹטְלַנְד)

lowly /ˈləʊlɪ/ adj. נָחוּת, פָּשׁוּט, הֲמוֹנִי; עָנָו, שְׁפַל־רוּחַ

low-lying /ləʊ-ˈlaɪɪŋ/ adj. נָמוּךְ (חֶבֶל אֶרֶץ, עֲנָנִים וְכַד׳)

low-rise /ləʊ-ˈraɪz/ adj. (בִּנְיָן) נָמוּךְ

low-spirited /ləʊ-ˈspɪrɪtɪd/ adj. בַּעַל מַצַּב־רוּחַ יָרוּד, עָגוּם, מְדֻכְדָּךְ

lox /lɒks/ n. (*US*) לַקְס, אִלְתִּית מְעֻשֶּׁנֶת

loyal /ˈlɔɪəl/ adj. נֶאֱמָן, מָסוּר, שׁוֹמֵר־אֱמוּנִים, לוֹיָלִי

loyalist /ˈlɔɪəlɪst/ n. & adj. נֶאֱמָן לַמִּשְׁטָר/לַשִּׁלְטוֹן הַקַּיָּם, לוֹיָלִיסְט

loyalty /ˈlɔɪəltɪ/ n. נֶאֱמָנוּת, מְסִירוּת, לוֹיָלִיּוּת

lozenge /ˈlɒzɪndʒ/ n.

1 (pastille) לוֹכְסָנִית (טַבְלִית מְמֻתֶּקֶת לִמְצִיצָה שֶׁיֵּשׁ בָּהּ תְּרוּפָה)

2 (shape) מְעֻיָּן

LP /el ˈpiː/ n. (תַּקְלִיט) אֲרִיךְ־נֶגֶן

LSD /elesˈdiː/ n. ל.ס.ד. (סַם מְעוֹרֵר הֲזָיוֹת)

Ltd/ abbrev. בְּע״מ (רָאשֵׁי־תֵּבוֹת: בְּעֵרָבוֹן מֻגְבָּל)

lubricant /ˈluːbrɪkənt/ n. & adj. חֹמֶר סִיכָה, שֶׁמֶן סִיכָה; סִיכָה

lubricate /ˈluːbrɪkeɪt/ v.t. סָךְ, שִׁמֵּן

lubrication ˌluːbrɪˈkeɪʃ(ə)n/ n. סִיכָה, שִׁמּוּן

lubricious /luˈbrɪʃəs/ adj. (*formal*) תַּאַוְתָן, מֻפְקָר, שְׁטוּף־זִמָּה

lucent /ˈluːsənt/ adj. (*formal*) מֵצִיף נֹגַהּ; שָׁקוּף

lucerne /luˈsɜːn/ n. אַסְפֶּסֶת

lucid /ˈluːsɪd/ adj.

1 (clear) צָלוּל, בָּהִיר, שָׁקוּף

2 (sane) צְלוּל־דַּעַת, שָׁפוּי, מוּבָן

□ *he has his lucid intervals* יֵשׁ לוֹ רְגָעִים שֶׁל צְלִילוּת הַדַּעַת

lucidity /luˈsɪdɪtɪ/ n. (*formal*) צְלִילוּת, בְּהִירוּת; שְׁפִיּוּת, צְלִילוּת־דַּעַת

Lucifer /ˈluːsɪfe(r)/ n.

1 (Satan) לוּצִיפֶר, הַשָּׂטָן

2 (the morning star) כּוֹכַב הַשַּׁחַר, אַיֶּלֶת־הַשַּׁחַר

luck /lʌk/ n. מַזָּל, גּוֹרָל; מַזָּל טוֹב

as luck would have it רָצָה הַמַּזָּל וְ..., רָצָה הַגּוֹרָל וְ...

good luck! בְּהַצְלָחָה!

bad (or **hard**) **luck**

(I sympathize) בִּישׁ מַזָּל

(I don't care) זוֹ הַבְּעָיָה שֶׁלְּךָ

□ *it's the luck of the draw* זֶה עִנְיָן שֶׁל מַזָּל, זוֹ יַד הַמִּקְרֶה

□ *he was down on his luck* לֹא הָיָה לוֹ מַזָּל, הַמַּזָּל לֹא הֵאִיר לוֹ פָּנִים

□ *he was in luck* הָיָה לוֹ מַזָּל

□ *he was out of luck* לֹא הָיָה לוֹ מַזָּל

□ *any food left? No such luck!* נִשְׁאַר מַשֶּׁהוּ לֶאֱכֹל? בָּרוּר שֶׁלֹּא!

□ *our language teacher came back today, worse luck* (*colloq.*) הַמּוֹרָה לְלָשׁוֹן חָזַר הַיּוֹם, כַּמָּה חֲבָל

□ *with luck he'll get through* אִם יִהְיֶה לוֹ מַזָּל, הוּא יַצְלִיחַ

luckily /ˈlʌkɪlɪ/ adj. לְמַרְבֵּה הַמַּזָּל

□ *luckily for him the bomb was not armed* לְמַזָּלוֹ הַפְּצָצָה לֹא הָיְתָה מְחֻמֶּשֶׁת

luckless /ˈlʌklɪs/ adj. (*poet.*) בִּישׁ־מַזָּל, חֲסַר־מַזָּל

lucky /ˈlʌkɪ/ adj. בַּר/בַּת־מַזָּל; מַצְלִיחַ, מֵבִיא מַזָּל

lucky dip (or **bag**) שַׂקִּית־הַגְרָלָה, שַׂקִּית־מַזָּל, שַׂק־הַפְתָּעוֹת

□ *you are lucky to be alive after that accident* מַזָּל שֶׁיָּצָאתָ בְּשָׁלוֹם מֵהַתְּאוּנָה הַזֹּאת

□ *lucky you!* (*colloq.*) בַּר־מַזָּל!

lucrative /ˈluːkrətɪv/ adj. רִוְחִי, מַכְנִיס

lucre /ˈluːkə(r)/ n. (*derog.*) בֶּצַע

filthy lucre בֶּצַע כֶּסֶף

Luddite /ˈlʌdaɪt/ n. & adj. מִתְנַגֵּד לְתִיעוּשׁ (בְּעִקָּר בַּמֵּאָה הַ־19); בַּעַל דֵּעוֹת כַּנַּ״ל

ludicrous /ˈluːdɪkrəs/ adj. מְגֻחָךְ, אֱוִילִי

ludo /ˈluːdəʊ/ n. לוּדוֹ (מִשְׂחַק יְלָדִים בְּרִיטִי עִם קֻבִּיּוֹת וְלוּחַ)

lug /lʌg/ v.t. (*colloq.*) סָחַב (בְּמַאֲמָץ)

□ *he lugged the suitcase upstairs* הוּא סָחַב אֶת הַמִּזְוָדָה בְּמַעֲלֵה הַמַּדְרֵגוֹת

—n.

1 (hard pull, *colloq.*) מְשִׁיכָה נִמְרֶצֶת

2 (projection) בְּלִיטָה
3 (ear, *colloq.*) אֹזֶן
luggage /ˈlʌgɪdʒ/ n. חֲפָצִים, מִטְעָן (שֶׁל נוֹסֵעַ), מִזְוָדוֹת, תִּיקִים, חֲבִילוֹת
luggage-rack מַדָּף לְמִטְעָן (מֵעַל הַמּוֹשָׁב בְּרַכֶּבֶת, בְּאוֹטוֹבּוּס, בְּאֲוִירוֹן וְכוּ')
luggage-van קְרוֹן מִטְעָן
lugger /ˈlʌgə(r)/ n. סִירָה קְטַנָּה (בַּעֲלַת מִפְרָשׂ מְרֻבָּע אֶחָד אוֹ יוֹתֵר)
lughole /ˈlʌghəʊl/ n. (*UK colloq.*) אֹזֶן
lugubrious /ləˈguːbrɪəs/ adj. (*formal*) נוּגֶה, אָחוּז תּוּגָה
lukewarm /ˌluːkˈwɔːm/ adj.
1 (tepid) פּוֹשֵׁר
2 (indifferent, *derog.*) פּוֹשֵׁר, חֲסַר־הִתְלַהֲבוּת, אָדִישׁ, שְׁוֵה־נֶפֶשׁ
lull /lʌl/ v.t. הִרְדִּים, יִשֵּׁן; הִרְגִּיעַ, שִׁכֵּךְ, הִשְׁקִיט
□ *he lulled the baby to sleep* הוּא הִרְדִּים אֶת הַתִּינוֹק
□ *she lulled his suspicions* הִיא שִׁכְּכָה אֶת חֲשָׁדוֹתָיו
—v.i. נִרְגַּע, שָׁקַט, שָׁכַךְ
□ *the storm gradually lulled* הַסְּעָרָה שָׁכְכָה בְּהַדְרָגָה
—n. הֲפוּגָה זְמַנִּית, הַפְסָקָה, רְגִיעָה זְמַנִּית
□ *there was a lull in the conversation* הַשִּׂיחָה פָּסְקָה לְרֶגַע
lullaby /ˈlʌləbaɪ/ n. שִׁיר־עֶרֶשׂ
lumbago /lʌmˈbeɪgəʊ/ n. מָתְנַת, לוּמְבָּגוֹ (כְּאֵב בְּשְׁרִירֵי הַמָּתְנַיִם)
lumbar /ˈlʌmbə(r)/ n. שֶׁל הַמָּתְנַיִם, שַׁיָּךְ לַמָּתְנַיִם, מָתְנִי
lumber[1] /ˈlʌmbə(r)/ n.
1 (timber, *US*) עֵץ מְנֻסָּר, קוֹרוֹת, קְרָשִׁים
2 (junk, *UK*) גְּרוּטָאוֹת
—v.t.
1 (pile up or store haphazardly) עָרַם, הֶעֱמִיס, גִּבֵּב
2 (encumber, *UK colloq.*) הִטִּיל מַעֲמָסָה עַל, הָיָה לְנֵטֶל עַל
□ *I'm sorry to lumber you with this job* צַר לִי שֶׁאֲנִי מַעֲמִיס עָלֶיךָ אֶת הַתַּפְקִיד הַזֶּה
3 (convert into timber, *US*) כָּרַת (יַעַר, עֵצִים)
lumber[2] /ˈlʌmbə(r)/ v.i. נָע בִּכְבֵדוּת, הִתְנַהֵל בִּכְבֵדוּת
lumberjack /ˈlʌmbədʒæk/ n. כּוֹרֵת־עֵצִים, חוֹטֵב־עֵצִים
lumber-room /ˈlʌmbə-ruːm/ n. (*UK*) חֲדַר־גְּרוּטָאוֹת, מַחְסָן
lumen /ˈluːmen/ n. לוּמֶן (יְחִידַת־אוֹר)
luminary /ˈluːmɪnərɪ/ n. (*formal*)
1 (body emitting light) מָאוֹר (גּוֹרֵם שְׁמֵימִי מֵפִיץ אוֹר)
2 (famous person) אִישִׁיּוּת נִכְבֶּדֶת, מָאוֹר, מַנְהִיג דָּגוּל
luminescent /ˌluːmɪˈnesənt/ adj. (*formal*) זֹהֵר, זַרְחָנִי, מַבְהִיק
luminosity /ˌluːmɪˈnɒsətɪ/ n. (*formal*) נֹגַהּ, זֹהַר
luminous /ˈluːmɪnəs/ adj. זוֹהֵר, זַרְחָנִי, מַבְהִיק
luminous paint צֶבַע זַרְחָנִי, צֶבַע זוֹהֵר
lump[1] /lʌmp/ n.
1 (mass) גּוּשׁ
lump sugar קֻבִּיּוֹת־סֻכָּר
lump sum סְכוּם כּוֹלֵל
2 (swelling) בְּלִיטָה
□ *I watched the end of the play with a lump in my throat* צָפִיתִי בְּסִיּוּם הַמַּחֲזֶה כְּשֶׁהַבֶּכִי חוֹנֵק אֶת גְּרוֹנִי
3 (heavy or dull person, *colloq.*) "גֹּלֶם", "בּוּל־עֵץ"
—v.t. הִתְיַחֵס בַּהַכְלָלָה לְ...
□ *don't lump all students together* אַל תִּשְׁפֹּט אֶת כָּל הַסְּטוּדֶנְטִים לְפִי קְנֵה מִדָּה אֶחָד
lump[2] /lʌmp/ v.t. (*colloq.*) הִשְׁלִים עִם
like it or lump it! זֶה מַה יֵּשׁ!
lumpectomy /lʌmˈpektəmɪ/ n. (*Med.*) סִלּוּק כִּירוּרְגִי שֶׁל גִּדּוּל סַרְטָנִי מִן הַשָּׁד
lumpish /ˈʌmpɪʃ/ adj. (*colloq.*) מְגֻשָּׁם; מְטֻמְטָם
lumpy /ˈlʌmpɪ/ adj. מָלֵא גּוּשִׁים
lunacy /ˈluːnəsɪ/ n. טֵרוּף, שִׁגָּעוֹן; אֱוִילוּת, טִפְּשׁוּת
lunar /ˈluːnə(r)/ adj. שֶׁל הַיָּרֵחַ, יַרְחִי
lunar eclipse לִקּוּי יָרֵחַ
lunar month חֹדֶשׁ־יָרֵחַ (עַל־פִּי מַחֲזוֹר הַיָּרֵחַ)
lunatic /ˈluːnətɪk/ n. & adj. מְטֹרָף, מְשֻׁגָּע
lunatic asylum בֵּית מְשֻׁגָּעִים
lunatic fringe מִעוּט הַמַּחֲזִיק בְּדֵעוֹת מְטֹרָפוֹת וְקִיצוֹנִיּוֹת
lunch /lʌntʃ/ n. אֲרוּחַת־צָהֳרַיִם
lunch-box תֵּבַת־אֹכֶל, שַׂקִּית אֹכֶל (הַמְּכִילָה אֶת אֲרוּחַת הַצָּהֳרַיִם)
lunch hour שְׁעַת אֲרוּחַת־הַצָּהֳרַיִם
packed lunch אֲרוּחַת צָהֳרַיִם בְּשַׂקִּית/בְּקוּפְסָה
—v.i. אָכַל אֲרוּחַת צָהֳרַיִם
luncheon /ˈlʌntʃən/ n. (*formal*) אֲרוּחַת צָהֳרַיִם (לָרֹב חֲגִיגִית)
luncheon voucher שׁוֹבַר אֲרוּחַת־צָהֳרַיִם
lung /lʌŋ/ n. רֵאָה
iron lung רֵאַת־בַּרְזֶל (מֵעֵין מַכְשִׁיר הַנְשָׁמָה)
lung cancer סַרְטַן הָרֵאָה
□ *he shouted at the top of his lungs* הוּא צָעַק בִּמְלוֹא גְּרוֹנוֹ
lunge /lʌndʒ/ v.i. זִנֵּק, קָפַץ
□ *he lunged at him* הוּא זִנֵּק לְעֶבְרוֹ
—n. זִנּוּק
lupin /ˈluːpɪn/ n. (*US* **lupine**) תֻּרְמוֹס
lurch /lɜːtʃ/ v.i. הִטַּלְטֵל וְנֶחְבַּט
—n. טַלְטֵלָה
□ *the ship gave a lurch* הָאֳנִיָּה טֻלְטְלָה, הָאֳנִיָּה הִטַּלְטְלָה

lurch[2] /lɜːtʃ/ n.

□ *he left me in the lurch* (*colloq.*) הוּא נָטַשׁ אוֹתִי בִּשְׁעַת צָרָה

lure /lʊə(r)/ n. פִּתּוּי

—v.t. פִּתָּה

Lurex /ˈljʊəreks/ n. (*Prop.*) בַּד־לוּרֶקְס (מֵעֵין בַּד נוֹצֵץ)

lurgy /ˈlɜːgɪ/ n. (*UK colloq.*) מַחֲלָה

lurid /ˈlʊərɪd/ adj. (*derog.*)

1 (highly coloured) צִבְעוֹנִי

2 (sensational) צִבְעוֹנִי

□ *he gave a lurid account of the accident* הוּא נָתַן תֵּאוּר בִּצְבָעִים חַיִּים שֶׁל הַתְּאוּנָה

lurk /lɜːk/ v.i. (*derog.*) רָבַץ בְּמַאֲרָב

□ *I have lurking doubts about his honesty* יֵשׁ לִי חֲשָׁשׁוֹת מַתְמִידִים לְגַבֵּי הַיֹּשֶׁר שֶׁלּוֹ

luscious /ˈlʌʃəs/ adj.

1 (delicious or sweet-smelling) מָתוֹק וּמְגָרֶה, טָעִים וּמְגָרֶה

2 (attractive) מְגָרֶה

lush[1] /lʌʃ/ adj. יָרֹק וְשׁוֹפֵעַ (צִמְחִיָּה וְכַד׳); מְהֻדָּר וְשׁוֹפֵעַ

lush[2] /lʌʃ/ n. (*US sl.*) שִׁכּוֹר

lust /lʌst/ (*derog.*) n. תַּאֲוָה, תְּשׁוּקָה

□ *he indulged his lust for gold* הוּא טִפַּח אֶת תְּשׁוּקָתוֹ לְזָהָב

—v.i.

lust after הִשְׁתּוֹקֵק לְ..., הִתְאַוָּה לְ..., הָיָה בַּעַל תְּשׁוּקָה לְ...

lustful /ˈlʌstf(ə)l/ adj. אֲכוּל־תַּאֲוָה, מָלֵא תְּשׁוּקָה

lustre /ˈlʌstə(r)/ n. (*US* **luster**) בָּרָק, זֹהַר; תְּהִלָּה, תִּפְאֶרֶת

lustrous /ˈlʌstrəs/ adj. (*poet.*) בּוֹהֵק, מַבְרִיק, זוֹהֵר

lusty /ˈlʌstɪ/ adj. שׁוֹפֵעַ־מֶרֶץ, מָלֵא שִׂמְחַת־חַיִּים, מָלֵא תַּאֲוַת־חַיִּים

lute /luːt/ n. לָאוּטָה, עוּד (מֵעֵין כְּלִי־מֵיתָר)

lutenist /ˈluːtənɪst/ n. נַגַּן לָאוּטָה, נַגַּן עוּד (כַּנַּ״ל)

Lutheran /ˈluːθərən/ adj. & n. לוּתֶרָנִי; מַאֲמִין לוּתֶרָנִי

luxuriance /lʌgˈʒʊərɪəns/ n. (*formal*) שֶׁפַע

luxuriant /lʌgˈʒʊərɪənt/ adj. (*formal*) שׁוֹפֵעַ

luxuriate /lʌgˈʒʊərɪeɪt/ v.i. (*formal*) הֵפִיק עֹנֶג מִ...; הִתְעַנֵּג עַל

□ *she luxuriated in the use of strange words* הִיא הֵפִיקָה עֹנֶג מִן הַשִּׁמּוּשׁ בְּמִלִּים נְדִירוֹת

luxurious /lʌgˈʒʊərɪəs/ adj. שׁוֹפֵעַ, שׁוֹפֵעַ מוֹתָרוֹת, שֶׁל פְּאֵר

luxury /ˈlʌkʃərɪ/ n.

1 (comfortable living) תַּפְנוּקִים, מוֹתָרוֹת, לוּקְסוּס

luxury goods מוֹתָרוֹת, מוּצְרֵי פְּאֵר

□ *he lives a life of luxury* הוּא חַי חַיֵּי מוֹתָרוֹת

□ *we're in the lap of luxury here* (*colloq.*) אָנוּ מֻקָּפִים כָּאן פְּאֵר

2 (special treat) פִּנּוּק, מוֹתָרוֹת

lycée /ˈliːseɪ/ n. גִּמְנַסְיָה, בֵּית־סֵפֶר תִּיכוֹן (הַמַּעֲנִיק חִנּוּךְ עַל בָּסִיס צָרְפָתִי)

lychee /laɪˈtʃɪ/ n. לִי־צִ׳י (פְּרִי סִינִי)

lych-gate /ˈlɪtʃ-geɪt/ see **LICHGATE** שַׁעַר מְקֹרֶה (הַמּוֹבִיל לְגַן סָבִיב כְּנֵסִיָּה)

Lycra /ˈlaɪkrə/ n. (*Prop.*) ״לַיְקְרָה״ (חֹמֶר אֶלַסְטִי לִבְגָדֵי־יָם, לִלְבוּשׁ סְפּוֹרְט וְכַד׳)

lye /laɪ/ n. מֵעֵין תְּמִסָּה אַלְקָלִית חֲרִיפָה (מְשַׁמֶּשֶׁת בְּיִצּוּר סַבּוֹן)

lying /ˈlaɪɪŋ/ see **LIE**[1] and **LIE**[2]

lymph /lɪmf/ n. (*Med.*) לִימְפָה

lymphatic /lɪmˈfætɪk/ adj. (*Med.*) שֶׁל הַלִּימְפָה, שֶׁל מַעֲרֶכֶת הַלִּימְפָה

lymphocyte /ˈlɪmfəsaɪt/ n. (*Med.*) כַּדּוּרִית הַלִּימְפָה, לִימְפוֹצִיט

lynch /lɪntʃ/ v.t. עָשָׂה לִינְץ׳ בְּ..., תָּלָה לְלֹא מִשְׁפָּט אֶת

lynch law מִשְׁפַּט לִינְץ׳

lynchpin /ˈlɪntʃpɪn/ see **LINCHPIN** פִּין־בִּטָּחוֹן (עַל סֶרֶן וְכַד׳); צִיר, עַמּוּד־הַתָּוֶךְ

lynx /lɪŋks/ n. לִינְקְס (מֵעֵין חֲתוּל־בָּר)

lynx-eyed (*poet.*) חַד־רְאִיָּה

lyre /ˈlaɪə(r)/ n. לִירָה (כְּלִי פְּרִיטָה בְּיָוָן הָעַתִּיקָה)

lyric /ˈlɪrɪk/ adj. לִירִי (מַבִּיעַ רֶגֶשׁ אִישִׁי חָזָק)

—n. שִׁיר לִירִי

—n. *pl.* מִלִּים (שֶׁל זֶמֶר אוֹ פִּזְמוֹן)

lyrical /ˈlɪrɪk(ə)l/ adj. לִירִי

□ *he waxed lyrical about the new building* (*formal*) הוּא הִשְׁתַּפֵּךְ בְּלָשׁוֹן פִּיּוּטִית כְּשֶׁתֵּאֵר אֶת הַבִּנְיָן הֶחָדָשׁ

M m

M, m /em/ n.
1 (letter) "אֶם" (הָאוֹת הַשְּׁלֹשׁ־עֶשְׂרֵה בָּאָלֶפְבֵּית הָאַנְגְּלִי)
2 (Roman numeral, = 1000) אֶלֶף בִּסְפָרוֹת רוֹמִיּוֹת
ma /mɑː/ n. (*colloq.*) אִמָּא
ma'am /mɑːm/ n. (*formal*) גְּבִרְתִּי
□ *yes, ma'am!* כֵּן, גְּבִרְתִּי!
mac /mæk/ n. (*colloq.*) מְעִיל מָקִינְטוֹשׁ (סוּג שֶׁל מְעִיל גֶּשֶׁם)
macabre /məˈkɑːbrə/ adj. מַקַבְּרִי
danse macabre מְחוֹל־הַמָּוֶת (תְּמוּנַת־רִקּוּד שֶׁבָּהּ מַלְאַךְ־הַמָּוֶת מוֹבִיל אֶת הַמֵּתִים לִשְׁאוֹל)
macadam /məˈkædəm/ n. אַסְפַלְט (תַּעֲרֹבֶת חָצָץ וָזֶפֶת לִסְלִילַת כְּבִישִׁים)
macadamize /məˈkædəmaɪz/ v.t. סָלַל כְּבִישׁ עִם אַסְפַלְט
Macanese /ˌmækəˈniːz/ adj. & n. שֶׁל מָקָאוֹ; תּוֹשַׁב מָקָאוֹ
macaroni /ˌmækəˈrəʊnɪ/ n. מָקָרוֹנִי (סוּג אִטְרִיּוֹת)
macaroon /ˌmækəˈruːn/ n. עוּגִיָּה עֲשׂוּיָה שְׁקֵדִים כְּתוּשִׁים
macaw /məˈkɔː/ n. תֻּכִּי־מָקָאוֹ, אָרָה, אַרְגְּוָנִית (סוּג שֶׁל תֻּכִּי טְרוֹפִּי)
mace[1] /meɪs/ n.
1 (large club) אַלַּת קְרָב מְסֻקֶּסֶת
2 (ceremonial staff) שַׁרְבִיט, מַטֶּה
□ *he carried the mayoral mace* הוּא נָשָׂא אֶת שַׁרְבִיט רֹאשׁ־הָעִיר בַּתַּהֲלוּכָה
mace[2] /meis/ n. קְלִפַּת אֱגוֹז־מוּסְקָט מְגוֹרֶרֶת (תַּבְלִין)
mace-bearer /ˈmeɪs-beərə(r)/ n. נוֹשֵׂא־הַשַּׁרְבִיט בַּתַּהֲלוּכָה חֲגִיגִית
macerate /ˈmæsəreɪt/ v.t. הִשְׁרָה (עַל מְנַת לְרַכֵּךְ)
Mach /mɑːk/ n. מָאךְ
□ *the aeroplane was flying at Mach 1.8* הַמָּטוֹס טָס בִּמְהִירוּת 1.8 מָאךְ
machete /məˈtʃetɪ/ n. סַכִּין־מַשֶּׁטִי (סַכִּין גְּדוֹלָה בַּעֲלַת לַהַב רָחָב וְכָבֵד)
machiavellian /ˌmækɪəˈvelɪən/ adj. (*derog.*)
מָקְיָוֶלִּיסְטִי, עַרְמוּמִי, חֲסַר־מַצְפּוּן; (אֹרַח נִהוּל מְדִינִיּוּת) אַכְזָרִי וּבוֹגְדָנִי
machinations /ˌmækɪˈneɪʃ(ə)nz/ n. *pl.* (*derog.*) מְזִמָּה, תַּחְבּוּלָה, עָרְמָה
□ *the machinations of the assassin's scheme*
תַּחְבּוּלוֹתָיו הַסְּבוּכוֹת שֶׁל הָרוֹצֵחַ־הַשָּׂכִיר
machine /məˈʃiːn/ n.
1 (mechanical apparatus) מְכוֹנָה
machine tool מְכוֹנָה (מִסּוּגִים שׁוֹנִים) לְעִבּוּד שְׁבָבִי
sewing machine מְכוֹנַת־תְּפִירָה
2 (computer) מַחְשֵׁב
machine code קוֹד־מַחְשֵׁב, קוֹד מְכוֹנָה
machine-readable קָרִיא (לְצָרְכֵי מַחְשֵׁב)
3 (vehicle, *colloq.*) "מְכוֹנָה", כְּלִי־רֶכֶב (מְכוֹנִית, מָטוֹס וְכַד')
4 (organization) מַנְגָּנוֹן
□ *the party machine opposed his candidature*
מַנְגְּנוֹן הַמִּפְלָגָה הִתְנַגֵּד לְמֻעֲמָדוּתִי
—v.t. יִצֵּר בִּמְכוֹנָה (מוּצְרֵי תְּפִירָה, דְּפוּס וְכַד'); עִבֵּד עִבּוּד שְׁבָבִי
machine-gun /məˈʃiːn-gʌn/ n. מִקְלָע
machinery /məˈʃiːnərɪ/ n. מַעֲרֶכֶת מְכוֹנוֹת, מַנְגְּנוֹן
□ *the machinery of government is not working well*
הַמַּנְגָּנוֹן הַמֶּמְשַׁלְתִּי אֵינוֹ פּוֹעֵל כַּשּׁוּרָה
machinist /məˈʃiːnɪst/ n. מַפְעִיל מְכוֹנָה
machismo /məˈtʃɪzməʊ/ n. מָאצִ'זְמוֹ, גַּבְרִיּוּת־יֶתֶר, הַפְגָּנָה שֶׁל גַּבְרִיּוּת
macho /ˈmætʃəʊ/ adj. "מָאצ'וֹ", מַפְגִּין גַּבְרִיּוּת־יֶתֶר
mackerel /ˈmækrəl/ n. מָקָרֶל (סוּגִים שֶׁל דַּג מַיִם־מְלוּחִים)
mackerel sky שָׁמַיִם זְרוּעִים עַנְנֵי־פַּסִּים לְבָנִים
mackintosh /ˈmækɪntɒʃ/ n.
1 (waterproof coat, abbrev. **mac(k)**) מְעִיל־מָקִינְטוֹשׁ (סוּג שֶׁל מְעִיל גֶּשֶׁם)
2 (material) בַּד אָטוּם לְמַיִם
□ *a mackintosh sheet* שַׁעֲוָנִית (בַּד אָטוּם לְמַיִם שֶׁשָּׂמִים בְּמִטַּת תִּינוֹקוֹת)
macramé /məˈkrɑːmeɪ/ n. מָקְרָמֶה (סוּג שֶׁל שְׁזִירָה אָמָּנוּתִית)
macro- /ˈmækrəʊ-/ pref. מַקְרוֹ־ (תְּחִלִּית לְצִיּוּן גֹּדֶל, הַהֵפֶךְ מִמִּיקְרוֹ־)
macrobiotic /ˌmækrəʊbɪˈɒtɪk/ adj. מַקְרוֹבְּיוֹטִי, קָשׁוּר לְתְזוּנָה מְבֻקֶּרֶת (בְּעִקָּר דְּגָנִים מְלֵאִים וִירָקוֹת, לְשִׁפּוּר הַבְּרִיאוּת)
macrocosm /ˈmækrəʊkɒzəm/ n. מַקְרוֹקוֹסְמוֹס, יְקוּם
macroeconomics /ˌmækrəʊˌiːkəˈnɒmɪks/ n.
"מַקְרוֹ"־כַּלְכָּלָה, כַּלְכָּלַת־"מַקְרוֹ"
macrophage /ˈmækrəʊfeɪdʒ/ n. מַקְרוֹפָאג (סוּג שֶׁל תָּא בַּגּוּף הַמְּעַכֵּל חֹמֶר זָר)
mad /mæd/ adj.
1 (mentally ill) מְשֻׁגָּע, מְטֹרָף, חוֹלֵה־רוּחַ
like mad (*colloq.*) כְּמוֹ מְשֻׁגָּע

□ *I ran like mad* רַצְתִּי כְּמוֹ מְשֻׁגָּע

□ *it's enough to drive you mad* דַּי בָּזֶה לְהוֹצִיא אוֹתְךָ מִן הַכֵּלִים, זֶה יָכוֹל לְשַׁגֵּעַ אוֹתְךָ

□ *what a mad thing to do!* אֵיזֶה טֵרוּף! זֶה מַמָּשׁ שִׁגָּעוֹן!

□ *he's as mad as a hatter* (*colloq.*) הוּא מְשֻׁגָּע עַל כָּל הָרֹאשׁ

2 (wildly enthusiastic, *colloq.*) מְשֻׁגָּע עַל, מֵת עַל, שָׂרוּף עַל, דָּלוּק עַל, גָּנוּב עַל

□ *she was mad about pop music* הִיא הָיְתָה מְשֻׁגַּעַת עַל מוּזִיקַת פּוֹפּ

3 (angry, *US colloq.*) מְעֻצְבָּן, מְרֻגָּז

□ *he was mad at missing his train* הוּא הִתְרַגֵּז בִּגְלַל שֶׁאִחֵר אֶת הָרַכֶּבֶת

□ *don't be mad at me!* אַל תִּכְעַס עָלַי!

madam /ˈmædəm/ n.

1 (respectful form of address) גְּבֶרֶת, גְּבִרְתִּי

2 (woman who runs brothel, *colloq.*) "מָדָאם", מְנַהֶלֶת בֵּית-זוֹנוֹת

3 (precocious little girl, *derog.*) "נְסִיכָה מְפֻנֶּקֶת", "כַּלְפֻּתָּה" (קְטַנָּה)

□ *she's a bit of a madam* הִיא נְסִיכָה עַל הָעֲדָשָׁה

Madame /məˈdɑːm/ n. מָדָאם, אִשָּׁה נְשׂוּאָה (בְּצָרְפָתִית)

madcap /ˈmædkæp/ adj. (*colloq.*) "מְטֹרָף", "מְשֻׁגָּע"

□ *the madcap antics of a schoolboy* הַתַּעֲלוּלִים הַמְּשֻׁגָּעִים שֶׁל נַעַר-הַהִתְבַּגְּרוּת

madden /ˈmæd(ə)n/ v.t. שִׁגֵּעַ, הִרְגִּיז

maddening /ˈmæd(ə)nɪŋ/ adj. מַרְגִּיז, מְעַצְבֵּן

madder /ˈmædə(r)/ n. פּוּאָה (צֶמַח בַּעַל שֹׁרֶשׁ אֲדַמְדַּם); צֶבַע אֲדַמְדַּם (לְצִיּוּר) עָשׂוּי מֵהַשֹּׁרֶשׁ הַנַּ"ל

made /meɪd/ past & past ppl. of **make**

made in Israel תּוֹצֶרֶת כָּחֹל-לָבָן, תּוֹצֶרֶת הָאָרֶץ

Madeira /məˈdɪərə/ n.

1 (wine) יֵין-מָדֵירָה (יַיִן קִנּוּחַ אָדֹם)

2 Madeira cake עוּגַת-מָדֵירָה (עוּגַת-סְפוֹג פְּשׁוּטָה)

Mademoiselle /ˌmædəmwəˈzel/ n. מָדְמוּאָזֶל, אִשָּׁה לֹא נְשׂוּאָה (בְּצָרְפָתִית)

madhouse /ˈmædhaʊs/ n. (*colloq.*) בֵּית מְשֻׁגָּעִים; "בֵּית מְשֻׁגָּעִים", בַּלָּגָן

□ *this place is a madhouse!* זֶה "בֵּית מְשֻׁגָּעִים" כָּאן!

madly /ˈmædlɪ/ adv. עַד שִׁגָּעוֹן, עַד טֵרוּף

□ *he was madly in love with her* הוּא הָיָה מְאֹהָב בָּהּ עַד טֵרוּף

madman /ˈmædmən/ n. מְטֹרָף, חוֹלֵה-רוּחַ

madness /ˈmædnɪs/ n. טֵרוּף, שִׁגָּעוֹן; "טֵרוּף", מַעֲשֶׂה "מְטֹרָף"

□ *it would be madness to go out in this storm* זֶה יִהְיֶה טֵרוּף לָצֵאת בִּסְעָרָה כָּזֹאת

madonna /məˈdɒnə/ n. הַמָּדוֹנָה, מִרְיָם הַקְּדוֹשָׁה; צִיּוּר/פֶּסֶל שֶׁל הַמָּדוֹנָה

Madonna lily סוּג שֶׁל חֲבַצֶּלֶת לְבָנָה וּגְדוֹלָה

madrigal /ˈmædrɪg(ə)l/ n. (*Mus.*) מַדְרִיגָל (זֶמֶר לְכַמָּה קוֹלוֹת לְלֹא לִוּוּי כְּלִי)

madwoman /ˈmædwʊmən/ n. מְטֹרֶפֶת, חוֹלַת-רוּחַ

maelstrom /ˈmeɪlstrɒm/ n. מְעַרְבֹּלֶת גְּדוֹלָה

□ *the government was a maelstrom of corruption* הַמֶּמְשָׁלָה סָעֲרָה כֻּלָּהּ בִּשְׁחִיתֻיּוֹת

maestro /ˈmaɪstrəʊ/ n. מָאֶסְטְרוֹ, רַב-אָמָן; מָאֶסְטְרוֹ, מְנַצֵּחַ דָּגוּל

Mae West /ˌmeɪ ˈwest/ n. (*colloq.*) חֲגוֹרַת הַצָּלָה מִתְנַפַּחַת (לְטַיָּסִים)

Mafia /ˈmæfɪə/ n. מַפְיָה (אִרְגּוּן-פֶּשַׁע); "מַפְיָה" (קְבוּצַת הַשְׁפָּעָה לֹא-פוֹרְמָלִית אוֹ סוֹדִית)

Mafioso /ˌmæfɪˈəʊsəʊ/ n. /(*pl.* **Mafiosi**) אִישׁ-הַמַּפְיָה, חֲבֵר הַמַּפְיָה

mag /mæg/ n. (*colloq.*) שְׁבוּעוֹן, יַרְחוֹן, מָגָזִין, חוֹבֶרֶת

magazine /ˌmægəˈziːn/ n.

1 (periodical publication) מָגָזִין, חוֹבֶרֶת

2 (storehouse for ammunition) מַחְסַן תַּחְמֹשֶׁת

3 (cartridge container) מַחְסָנִית

4 (*Photog.*) תָּא-סֶרֶט הַצִּלּוּם (בְּמַצְלֵמָה, בְּמַקְרֵן וְכַד')

magenta /məˈdʒentə/ n. צֶבַע אָדֹם-סָגֹל, מָגֶ'נְטָה

maggot /ˈmægət/ n. רִמָּה, זַחַל שֶׁל זְבוּב

Magi /ˈmeɪdʒaɪ/ n. pl. (*Relig.*) שְׁלֹשֶׁת חַכְמֵי הַמִּזְרָח שֶׁהֵבִיאוּ מַתָּנוֹת לַתִּינוֹק יֵשׁוּ, שְׁלֹשֶׁת הָאַמְגוּשִׁים

magic /ˈmædʒɪk/ n.

1 (witchcraft) כִּשּׁוּף, כְּשָׁפִים, קֶסֶם; מַגְיָה

black magic מַגְיָה שְׁחוֹרָה (כִּשּׁוּף בְּסִיּוּעַ שֵׁדִים)

□ *it works like magic* זֶה פּוֹעֵל נִפְלָא

2 (conjuring) לַהֲטוּטִים, קְסָמִים

3 (mysterious charm) קֶסֶם מִסְתּוֹרִי

□ *their marriage had lost its magic* הַקֶּסֶם פָּג מִנִּשּׂוּאֵיהֶם

—adj.

1 קָסוּם, מְכֻשָּׁף, מָלֵא-קֶסֶם

magic carpet מַרְבַד-הַקְּסָמִים

magic lantern פָּנַס-קֶסֶם

magic mushroom (*colloq.*) פִּטְרִיַּת-קֶסֶם, "מֶגִ'יק-מַשְׁרוּם" (סַם הֲזָיוֹת)

2 (wonderful, *UK sl.*) "שִׁגָּעוֹן"

□ *I think Pele is magic!* (שַׂחְקַן הַכַּדּוּרֶגֶל) פֶּלֶה הוּא מַמָּשׁ שִׁגָּעוֹן!

magical /ˈmædʒɪk(ə)l/ adj. קָסוּם

□ *the effect was magical* זֶה פָּעַל כְּבְמַטֵּה קְסָמִים

magician /məˈdʒɪʃ(ə)n/ n. קוֹסֵם (בִּדְרָן); מְכַשֵּׁף ("אֲמִתִּי")

magisterial /ˌmædʒɪsˈtɪərɪəl/ adj. (*formal*) (סִגְנוֹן) סַמְכוּתִי, "מַלְכוּתִי"; שֶׁל שׁוֹפֵט-שָׁלוֹם

magistracy /ˈmædʒɪstrəsɪ/ n. מִשְׂרַת הַשּׁוֹפֵט; כְּלַל צִבּוּר הַשּׁוֹפְטִים (בְּבָתֵּי-הַמִּשְׁפָּט הַנְּמוּכִים)

magistrate /ˈmædʒɪstreɪt/ n. שׁוֹפֵט-שָׁלוֹם

maglev /ˈmæglev/ n. (מִתְקָן, לְמָשָׁל כְּלִי־רֶכֶב) הַפּוֹעֵל עַל עִקָּרוֹן שֶׁל רִחוּף מַגְנֶטִי

Magna Carta /ˌmægnə ˈkɑːtə/ n. (*Hist.*) מַגְנָה־כַּרְטָה (מְגִלַּת זְכֻיּוֹת הָאֶזְרָח שֶׁהֶעֱנִיק ג׳וֹן מֶלֶךְ אַנְגְּלִיָּה בְּ־1215)

magnanimity /ˌmægnəˈnɪmɪtɪ/ n. (*formal*) אֲצִילוּת־רוּחַ, נְדִיבוּת־לֵב

magnanimous /mægˈnænɪməs/ adj. (*formal*) אֲצִיל־נֶפֶשׁ, רְחַב־לֵב, נְדִיב־לֵב

magnate /ˈmægneɪt/ n. אֵיל־הוֹן

magnesia /mægˈniːzɪə/ n. אַבְקַת־מַגְנֶזְיָה, תַּחְמֹצֶת שֶׁל מַגְנֶזְיוּם

milk of magnesia חֲלֵב מַגְנֶזְיָה (תְּרוּפָה אַנְטִי־חֻמְצָתִית)

magnesium /mægˈniːzɪəm/ n. מַגְנֶזְיוּם (יְסוֹד כִּימִי מַתַּכְתִּי)

magnet /ˈmægnɪt/ n. מַגְנֵט (חֹמֶר בַּעַל תְּכוּנָה מַגְנֶטִית; (בְּהַשְׁאָלָה) מוֹקֵד־מְשִׁיכָה

magnetic /mægˈnetɪk/ adj. מַגְנֶטִי

1 (*Phys.*, etc.)

magnetic field שָׂדֶה מַגְנֶטִי

magnetic mine מוֹקֵשׁ מַגְנֶטִי (לְשִׁמּוּשׁ תַּת־יַמִּי)

magnetic north הַצָּפוֹן הַמַּגְנֶטִי (הַנְּקֻדָּה שֶׁמַּחַט־הַמַּצְפֵּן מַצְבִּיעָה עָלֶיהָ)

magnetic storm סְעָרָה מַגְנֶטִית

magnetic tape סֶרֶט מַגְנֶטִי (בְּמַכְשִׁיר הַקְלָטָה)

2 (*fig.*) שׁוֹבֶה לֵב, מַקְסִים, מַגְנֶטִי

□ *she has a magnetic smile* יֵשׁ לָהּ חִיּוּךְ מַקְסִים

magnetism /ˈmægnətɪzəm/ n. תּוֹרַת־הַמַּגְנֶטִיּוּת; קֶסֶם אִישִׁי

personal magnetism (*fig.*) כָּרִיזְמָה, קֶסֶם אִישִׁי

magnetize /ˈmægnətaɪz/ v.t. מִגְנֵט; הִקְסִים בְּקִסְמוֹ הָאִישִׁי

magneto /mægˈniːtəʊ/ n. מַגְנֶטוֹ (מַנְגָּנוֹן הַצָּתָה בְּמָנוֹעַ)

magnetron /ˈmægnɪtrɒn/ n. (*Electr.*) מַגְנֶטְרוֹן (שְׁפוֹפֶרֶת אֶלֶקְטְרוֹנִית לִיצִירַת גַּלֵּי־רַדְיוֹ קְצָרִים בְּיוֹתֵר)

Magnificat /mægˈnɪfɪkæt/ n. (*Mus.*) מַגְנִיפִיקַט (הִמְנוֹן שֶׁבַח דָּתִי)

magnification /ˌmægnɪfɪˈkeɪʃ(ə)n/ n. הַגְדָּלָה (בְּאוֹפְּטִיקָה וְכַד׳)

magnificence /mægˈnɪfɪs(ə)ns/ n. תִּפְאֶרֶת, פְּאֵר, הָדָר

magnificent /mægˈnɪfɪs(ə)nt/ adj. נֶהְדָּר, נִפְלָא, מַרְשִׁים

magnify /ˈmægnɪfaɪ/ v.t.

1 (make appear larger) הִגְדִּיל (בְּאֶמְצָעוּת עֲדָשָׁה)

2 (exaggerate) הִגְזִים, ״נִפֵּחַ״ אֶת

3 (extol, *arch.*) רוֹמֵם, שִׁבַּח, הִלֵּל, הִגְדִּיל בְּשִׁבְחֵי פְּלוֹנִי

magnifying glass זְכוּכִית מַגְדֶּלֶת

magniloquence /mægˈnɪləkwəns/ n. (*formal*) דִּבּוּר גְּבוֹהַּ־גְּבוֹהַּ

magniloquent /mægˈnɪləkwənt/ adj. (*formal*) (סִגְנוֹן) נָפוּחַ, מְלִיצִי, (דִּבּוּר) גְּבוֹהַּ־גְּבוֹהַּ

magnitude /ˈmægnɪtjuːd/ n.

1 (importance) חֲשִׁיבוּת רַבָּה

□ *it was an affair of the first magnitude* זֶה הָיָה עִנְיָן בַּעַל חֲשִׁיבוּת מִמַּדְרֵגָה עֶלְיוֹנָה

2 (large size) גֹּדֶל נִכָּר

3 (comparative brightness of a star) זֹהַר יַחֲסִי שֶׁל כּוֹכָב

magnolia /mægˈnəʊlɪə/ n. & adj. מַגְנוֹלְיָה (עֵץ נוֹי בַּעַל פְּרָחִים לְבָנִים, וְרֻדִּים אוֹ צְהֻבִּים); צֶבַע קְרֵם

magnox /ˈmægnɒks/ n. חֹמֶר בִּדּוּד לְמוֹטוֹת דֶּלֶק גַּרְעִינִיִּים

magnum /ˈmægnəm/ n. מַגְנוּם, בַּקְבּוּק גָּדוֹל לְיַיִן (תְּכוּלָתוֹ 2 בַּקְבּוּקִים רְגִילִים)

magnum opus /ˌmægnəmˈəʊpʊs/ n. יְצִירַת מוֹפֵת, ״מַגְנוּם־אוֹפּוּס״ (יְצִירָתוֹ הַחֲשׁוּבָה בְּיוֹתֵר שֶׁל אָמָן), פְּאֵר יְצִירָתוֹ (שֶׁל אָמָן)

magpie /ˈmægpaɪ/ n.

1 (bird) עוֹרֵב־הַנְּחָלִים, עַקְעָק

2 (*fig.*) אַסְפָן שְׁמוֹנְצֶ׳ס

Magyar /ˈmægjɑː(r)/ n. & adj. הוּנְגָּרִי, מַגְיָארִי; הַשָּׂפָה הַהוּנְגָּרִית

maharajah /ˌmɑːhəˈrɑːdʒə/ n. (*Hist.*) מַהֲרָגָ׳ה, נְסִיךְ הֹדִּי

maharanee /ˌmɑːhəˈrɑːniː/ n. (*Hist.*) מַהֲרָגִ׳ית (אֵשֶׁת מַהֲרָגָ׳ה), נְסִיכָה הֹדִּית

maharishi /ˌmɑːhəˈrɪʃɪ/ n. מַהֲרִישִׁי, סוּג שֶׁל גּוּרוּ, חָכָם הֹדִּי

mahatma /məˈhætmə/ n. מַהַטְמָה (תֹּאַר הַנִּתָּן בְּהֹדּוּ לְחָכָם הַנֶּחְשָׁב לְבַעַל־כֹּחוֹת עַל־טִבְעִיִּים וּבַעַל־אַהֲבָה גְּדוֹלָה לָאֱנוֹשׁוּת)

mah-jong /mɑː-ˈdʒɒŋ/ n. מַהְיוֹנְג (מִשְׂחָק סִינִי לְאַרְבָּעָה מִשְׁתַּתְּפִים וּ־144 כֵּלִים עֲשׂוּיִים עֵץ, עֶצֶם וְשֶׁנְהָב)

mahogany /məˈhɒgənɪ/ n. תּוֹלַעֲנָה, מַהֲגוֹנִי

Mahomet /məˈhɒmɪt/ see **MUHAMMED**

□ *if the mountain won't come to Mahomet, then Mahomet must go to the mountain* (*Prov.*) אִם הָהָר לֹא בָּא אֶל מוּחַמַד, מוּחַמַד צָרִיךְ לָבוֹא אֶל הָהָר

mahout /məˈhaʊt/ n. פַּיָּל, נוֹהֵג פִּילִים (הֹדִּי)

maid /meɪd/ n.

1 (female servant) עוֹזֶרֶת, מְשָׁרֶתֶת

2 (girl, *arch.*) עַלְמָה

3 (unmarried woman, *arch.*) רַוָּקָה, בְּתוּלָה

old maid בְּתוּלָה זְקֵנָה

maid of honour שׁוֹשְׁבִינִית; שׁוֹשְׁבִינַת הַמַּלְכָּה

maiden /ˈmeɪd(ə)n/ n. (*arch.*) בְּתוּלָה, עַלְמָה

—attrib. adj.

1 (unmarried) לֹא נְשׂוּאָה

maiden aunt דּוֹדָה רַוָּקָה (וְלָרֹב זְקֵנָה)

maiden name שֵׁם הַמִּשְׁפָּחָה (שֶׁל אִשָּׁה) שֶׁלִּפְנֵי הַנִּשּׂוּאִין

2 (first or earliest) הָרִאשׁוֹן/הַקָּדוּם בְּיוֹתֵר

maiden speech נְאוּם־בְּכוֹרָה
maiden voyage הַפְלָגַת בְּכוֹרָה, הַפְלָגַת בְּתוּלִין
3 (*Cricket*)
□ *he bowled a maiden over* תּוֹר בְּקְרִיקֶט שֶׁבּוֹ אֵין זוֹכֶה הַחוֹבֵט בִּנְקֻדּוֹת
4 (of girl or woman) שֶׁל בְּתוּלָה, תָּמִים, טָהוֹר

maidenhair /ˈmeɪdənheə(r)/ n. שַׂעֲרוֹת־שׁוּלַמִּית (שָׁרָךְ רַב שְׁנָתִי)

maidenhead /meɪd(ə)nˌhed/ n. (*poet.*) בְּתוּלִים, קְרוּם־הַבְּתוּלִים

maidenly /ˈmeɪd(ə)nlɪ/ adj. (*poet.*) כְּדֶרֶךְ הָעֲלָמוֹת

maidservant /ˈmeɪdˌsɜːv(ə)nt/ n. מְשָׁרֶתֶת

mail[1] /meɪl/ n. חֶלְיַת־שַׁרְשֶׁרֶת בַּשִּׁרְיוֹן, שִׁרְיוֹן קַשְׂקַשִּׂים

mail[2] /meɪl/ n.
1 (system of transporting letters and parcels דֹּאַר
mail order (חֶבְרָה, מוּצָרִים וְכַד׳) לִמְכִירָה בַּדֹּאַר, בְּאֶמְצָעוּת קָטָלוֹג
□ *put this envelope in the mail* תִּזְרֹק אֶת הַמַּעֲטָפָה הַזֹּאת לַתֵּבָה (שֶׁל הַדֹּאַר), תָּשִׂים אֶת הַמַּעֲטָפָה הַזֹּאת בְּתֵבַת־הַדֹּאַר
airmail letter מִכְתַּב דֹּאַר־אֲוִיר
2 (letters or parcels conveyed by post) מִכְתָּבִים וְדִבְרֵי־דֹּאַר, דֹּאַר
□ *this letter arrived in this morning's mail* הַמִּכְתָּב הַזֶּה הִגִּיעַ הַבֹּקֶר בַּדֹּאַר
—v.t. (*US*) שָׁלַח בַּדֹּאַר

mail-bag /ˈmeɪl-bæg/ n. שַׂק־דֹּאַר

mail-box /ˈmeɪl-bɒks/ n. (*US*) תֵּבַת־דֹּאַר, תֵּבַת־מִכְתָּבִים

mailing-list /ˈmeɪlɪŋ-lɪst/ n. רְשִׁימַת־נִמְעָנִים (כְּגוֹן לָקוֹחוֹת וְכַד׳ שֶׁל עֵסֶק אוֹ אֲגֻדָּה)

mail-train /ˈmeɪl-treɪn/ n. רַכֶּבֶת־דֹּאַר

maim /meɪm/ v.t. הֵטִיל מוּם, גָּרַם נָכוּת

main /meɪn/ adj.
1 (principal) עִקָּרִי, יְסוֹדִי, חָשׁוּב בְּיוֹתֵר, רָאשִׁי
□ *the main thing is to repair the car* הָעִקָּר הוּא לְתַקֵּן אֶת הַמְּכוֹנִית
the main chance (*UK colloq.*) הָאֶפְשָׁרוּת לְהָפִיק רְוָחִים, הָאֶפְשָׁרוּת לְהַרְוִיחַ
□ *main line trains do not stop here* רַכָּבוֹת בַּקַּוִּים הָרָאשִׁיִּים לֹא עוֹצְרוֹת כָּאן
2 (exerted to the full) נִצּוּל כָּל הַיְכֹלֶת
by main force בְּכָל כֹּחוֹ
—n.
1 (principal channel for gas or water) צִנּוֹר אַסְפָּקָה עִקָּרִי לְגַז, לְמַיִם וְכוּ׳
□ *main drainage* מַעֲרֶכֶת־הַנִּקּוּז הַכְּלָלִית, בִּיּוּב עִירוֹנִי
2 (in *pl.*, electricity supply) אַסְפָּקָה רָאשִׁית (מַיִם, חַשְׁמַל וְכַד׳)
3 (physical force)
with might and main בְּכָל הַכֹּחוֹת
4 (principal part) עִקָּר
□ *in the main his statements were true* עִקָּר טַעֲנוֹתָיו הָיוּ נְכוֹנוֹת

mainframe /ˈmeɪnfreɪm/ n. & adj. (*Comput.*) מַחְשֵׁב מֶרְכָּזִי; (מַחְשֵׁב) מֶרְכָּזִי

mainland /ˈmeɪnlænd/ n. הַיַּבֶּשֶׁת (בְּנִגּוּד לְאִיִּים אוֹ לַחֲצָאֵי־אִיִּים)

mainline /meɪnlaɪn/ v.t. & i. (*US sl.*) "הִזְרִיק" (סַם קָשֶׁה)

mainliner /meɪnˈlaɪnə(r)/ n. (*US sl.*) "מַזְרִיק" (סַמִּים קָשִׁים)

mainly /ˈmeɪnlɪ/ adv. בְּעִקָּר
□ *the students are mainly from overseas* הַסְּטוּדֶנְטִים בָּאִים בְּעִקָּר מִחוּץ לָאָרֶץ

mainmast /ˈmeɪnmɑːst/ n. תֹּרֶן רָאשִׁי (שֶׁל סְפִינָה)

mainsail /ˈmeɪns(ə)l/ n. מִפְרָשׂ רָאשִׁי (עַל הַתֹּרֶן הָרָאשִׁי)

mainspring /ˈmeɪnsprɪŋ/ n. קְפִיץ רָאשִׁי (בְּשָׁעוֹן וְכוּ׳); הַגּוֹרֵם הַמַּפְעִיל
□ *self-interest is the mainspring of politics* הָאִינְטֶרֶס הָאִישִׁי הוּא הַכֹּחַ הַמֵּנִיעַ שֶׁמֵּאֲחוֹרֵי הַפּוֹלִיטִיקָה

mainstay /ˈmeɪnsteɪ/ n. עַמּוּד הַתָּוֶךְ (שֶׁל עֵסֶק, פְּעִילוּת וְכַד׳); כַּבֶּל רָאשִׁי (הַתּוֹמֵךְ בַּתֹּרֶן הָרָאשִׁי)

mainstream /ˈmeɪnstriːm/ n. הַמְּגַמָּה הַשַּׁלֶּטֶת, הַדֵּעָה הַשְּׁגוּרָה
□ *his ideas reflect the mainstream of economic thought* רַעְיוֹנוֹתָיו מְשַׁקְּפִים אֶת הַזֶּרֶם הָעִקָּרִי שֶׁל הַתֵּאוֹרְיָה הַכַּלְכָּלִית
□ *the band played mainstream jazz* הַלַּהֲקָה נִגְּנָה גֶ'ז מָסָרְתִּי

maintain /meɪnˈteɪn/ v.t.
1 (keep up, sustain) שָׁמַר עַל, הִמְשִׁיךְ בְּ...
2 (provide for) פִּרְנֵס
□ *he maintained his sister throughout her pregnancy* הוּא פִּרְנֵס אֶת אֲחוֹתוֹ בְּמַהֲלַךְ הַהֵרָיוֹן שֶׁלָּהּ
3 (keep in repair) תִּחְזֵק (מְכוֹנִית וְכַד׳)
4 (defend) עָמַד עַל, הִמְשִׁיךְ לְהַחֲזִיק בְּ...
□ *I maintain my right to complain* אֲנִי שׁוֹמֵר עַל זְכוּתִי לְהִתְלוֹנֵן
5 (assert as true) טָעַן (בְּוִכּוּחַ וְכַד׳)
□ *he maintained that he was innocent* הוּא טָעַן שֶׁהוּא חַף מִפֶּשַׁע

maintenance /ˈmeɪntənəns/ n.
1 (keeping in working order) אַחְזָקָה, תַּחְזוּקָה (שֶׁל בַּיִת אוֹ מְכוֹנִית וְכַד׳)
2 (means of support) דְּמֵי מְזוֹנוֹת, דְּמֵי־כַּלְכָּלָה, דְּמֵי אַחֲזָקָה

□ *the court ordered him to pay his ex-wife maintenance* בֵּית הַמִּשְׁפָּט הוֹרָה לוֹ לְשַׁלֵּם דְּמֵי־מְזוֹנוֹת לְאִשְׁתּוֹ לְשֶׁעָבַר
3 (upholding) קִיּוּם
□ *maintenance of the law is important* קִיּוּמוֹ שֶׁל הַחֹק הוּא חָשׁוּב
maisonette /ˌmeɪzəˈnet/ n. דִּירָה נִפְרֶדֶת (בַּת 2 קוֹמוֹת, בְּבַיִת גָּדוֹל)
maître d'hotel /ˌmetrə dəʊˈtel/ n. רַב־הַמֶּלְצָרִים, הַמֶּלְצָר הָרָאשִׁי (בְּמִסְעָדָה מְהֻדֶּרֶת)
maize /meɪz/ n. תִּירָס
majestic /məˈdʒestɪk/ adj. מַלְכוּתִי; נַעֲלֶה, נִשְׂגָּב
majestically /məˈdʒestɪkəlɪ/ adv. בְּאֹפֶן מַלְכוּתִי; בְּאֹפֶן נִשְׂגָּב
majesty /ˈmædʒɪstɪ/ n.
1 (splendour) הוֹד וְהָדָר, תִּפְאֶרֶת
2 (royal power) מַלְכוּת
□ *their Majesties the King and Queen were present* הוֹד מַלְכוּתָם, הַמֶּלֶךְ וְהַמַּלְכָּה נָכְחוּ
majolica /məˈdʒɒlɪkə/ n. סוּג שֶׁל כְּלֵי־חֶרֶס אִיטַלְקִי מְזֻגָּג
major /ˈmeɪdʒə(r)/ n.
1 (army rank) רַב־סֶרֶן; מֵיוֹר
2 (main subject in course of study, *US*) מַסְלוּל רָאשִׁי (בְּלִמּוּדֵי ב.א. בָּאוּנִיבֶרְסִיטָה)
—adj.
1 (large or most important) מֶרְכָּזִי, רָאשִׁי, עִקָּרִי
major road כְּבִישׁ רָאשִׁי
□ *there was a major accident in London yesterday* אֶתְמוֹל הָיְתָה בְּלוֹנְדוֹן תְּאוּנָה חֲמוּרָה
□ *Smith Major excelled in cricket at Harrow* סְמִית הַבָּכִיר (כְּלוֹמַר הָאָח הַמְּבֻגָּר מִבֵּין שְׁנַיִם) הִצְטַיֵּן בְּקְרִיקֶט בְּהָאֶרוֹ
2 (*Mus.*) (בְּמוּזִיקָה) סֻלָּם מָג'וֹר
—v.i. (*US*) לָקַח כְּמַסְלוּל רָאשִׁי אֶת, לָקַח כְּמִקְצוֹעַ רָאשִׁי אֶת (בְּלִמּוּדִים לְתֹאַר ב.א.)
□ *she majored in chemistry* הִיא לָקְחָה כִּימְיָה כְּמַסְלוּל רָאשִׁי (בָּאוּנִיבֶרְסִיטָה)
major-domo /ˌmeɪdʒə-ˈdəʊməʊ/ n. (*pl.* **major-domos**) רֹאשׁ־הַמְשָׁרְתִים (בְּבֵית אֲצִילִים)
major-general /ˌmeɪdʒe-ˈdʒenər(ə)l/ n. רַב־אַלּוּף
majority /məˈdʒɒrɪtɪ/ n.
1 (the greater part) רֹב
2 (the greater or greatest number of votes) הָרֹב, רֹב הַקּוֹלוֹת (בִּבְחִירוֹת)
□ *the party won an overall majority* בְּחִשּׁוּב הַכּוֹלֵל הַמִּפְלָגָה זָכְתָה בְּרֹב
□ *we're certainly in the majority* בְּלִי שׁוּם סָפֵק אֲנַחְנוּ הָרֹב
□ *the jury returned a majority verdict* חֶבֶר־הַשּׁוֹפְטִים הִכְרִיז עַל פְּסַק־דִּין רֹב (לְהַבְדִּיל מִפְּסַק דִּין פֶּה־אֶחָד)
3 (full legal age) בַּגְרוּת, בְּגִירוּת (הֶהָפֵךְ מִן קְטִינוּת)
□ *he has attained* (or *reached*) *his majority* הוּא הִגִּיעַ לְבַגְרוּת חֻקִּית (בְּאַנְגְּלִיָּה לְגִיל שְׁמוֹנֶה עֶשְׂרֵה)
4 (rank of major) דַּרְגַּת רַב־סֶרֶן
make /meɪk/ (past & past ppl. **made** /meɪd/) v.t.
1 (construct, prepare, produce) עָשָׂה, הֵכִין, הִתְקִין
□ *I made myself a cup of tea* הֵכַנְתִּי לְעַצְמִי כּוֹס תֵּה
□ *he made quite a name for himself* יָצָא לוֹ שֵׁם שֶׁל...
□ *we'd better make a start* כְּדַאי שֶׁנַּתְחִיל, כְּדַאי שֶׁנֵּצֵא לַדֶּרֶךְ
□ *let's see what you're made of* (*colloq.*) בּוֹא נִרְאֶה מָה אַתָּה יוֹדֵעַ לַעֲשׂוֹת
□ *who made this ridiculous set of rules?* מִי הִמְצִיא אֶת הַחֻקִּים הַמְגֻחָכִים הָאֵלֶּה?
□ *I am not made for army life* אֲנִי לֹא בָּנוּי לְחַיֵּי צָבָא
2 (create, bring about, compose) עָשָׂה, יָצַר, חִבֵּר
make room (for) פִּנָּה מָקוֹם לְ...
□ *he made a speech* הוּא נָשָׂא נְאוּם
□ *my mother is making a new will* אִמִּי עוֹרֶכֶת צַוָּאָה חֲדָשָׁה
□ *that actress was made for the part* הַתַּפְקִיד תָּפוּר בְּדִיּוּק עַל הַשַּׂחְקָנִית הַזּוֹ
□ *John and Mary were just made for each other* יוֹחָנָן וּמִרְיָם נוֹצְרוּ זֶה עֲבוּר זוֹ
□ *we could make beautiful music together* (*colloq.*) אַתְּ וַאֲנִי זֶה מַמָּשׁ "פִּצּוּץ"
□ *the purchase made quite a hole in $100* לֹא נִשְׁאַר הַרְבֵּה עֹדֶף מִ־100 $ אַחֲרֵי הַקְּנִיָּה
□ *he was making a dreadful noise* הוּא עָשָׂה רַעַשׁ נוֹרָא
3 (earn, score, win) הִרְוִיחַ, זָכָה בְּ..., "עָשָׂה"
make a living הִתְפַּרְנֵס
□ *he made a huge profit on the sale* הוּא הִרְוִיחַ רְוָחִים עֲצוּמִים מִן הַמְּכִירָה
□ *she made her name or reputation as a film director* הִיא זָכְתָה בְּמוֹנִיטִין כְּבַמָּאִית סְרָטִים
□ *the batsman made his first century* (*Cricket*) הַחוֹבֵט הִגִּיעַ לְמֵאָה "הַסִּבּוּבִים" הָרִאשׁוֹנִים
□ *the ace is bound to make a trick* הָאָס יִזְכֶּה בְּ"סִבּוּב" (בִּקְלָפִים)
4 (cause or ensure success of) "עָשָׂה", זָכָה בְּ...
□ *the news of my promotion has made my day* הַיְּדִיעָה עַל הַקִּדּוּם שֶׁלִּי "עָשְׂתָה לִי אֶת הַיּוֹם"
□ *now that the record is selling, we've got it made* (*colloq.*) "שִׁחַקְנוּ אוֹתָהּ", הַתַּקְלִיט הִתְחִיל לָרוּץ
5 (achieve, manage) זָכָה בְּ..., הִגִּיעַ לְ...
□ *the story made the front page* הַיְּדִיעָה הִתְנוֹסְסָה בָּעַמּוּד הָרִאשׁוֹן שֶׁל הָעִתּוֹנִים
□ *we've made good time* אֲנַחְנוּ בַּזְּמַן
□ *can you make Thursday?* הַאִם אַתָּה יָכוֹל לְהַגִּיעַ בְּיוֹם חֲמִישִׁי?

□ *the album made the charts* הַתַּקְלִיט תָּפַס מָקוֹם בְּמִצְעַד־הַפִּזְמוֹנִים

□ *he'll make a good waiter* הוּא יִהְיֶה מֶלְצַר טוֹב

□ *they made Paris by noon* הֵם הִגִּיעוּ לְפָּרִיז בַּצָּהֳרַיִם

6 (equal, amount to) הָיָה

□ *100 centimetres make a metre* 100 ס"מ הֵם מֶטֶר אֶחָד

□ *this will make a good present* זוֹ (תִּהְיֶה) מַתָּנָה טוֹבָה

□ *this makes the fifth time you've arrived late* זוֹ הַפַּעַם הַחֲמִישִׁית שֶׁאַתָּה מְאַחֵר

□ *one swallow doesn't make a summer* (*Prov.*) סְנוּנִית אַחַת אֵינָהּ מְבִיאָה אֶת הָאָבִיב

7 (other simple uses of the v.t.)

□ *he made a hasty lunch* הוּא חָטַף מַשֶּׁהוּ לַאֲרוּחַת הַצָּהֳרַיִם

□ *I made him an offer for the car* הִצַּעְתִּי לוֹ מְחִיר עֲבוּר הַמְּכוֹנִית

□ *I'll never make that girl* (*US sl.*) אֲנִי בְּחַיִּים לֹא אַשִּׂיג אֶת הַבַּחוּרָה הַזֹּאת

8 (with particular nouns)

make amends פִּיֵּס, עָשָׂה דָּבָר מָה כְּדֵי לְפַיֵּס אֶת

make (a) book הִסְדִּיר הַמּוֹרִים (בְּתוֹר סוֹכֵן וְכַד')

make eyes (at) "עָשָׂה עֵינַיִם"

make heavy weather (of) "סִבֵּךְ אֶת הַחַיִּים" (עָשָׂה דָּבָר פָּשׁוּט לִמְסֻבָּךְ)

make love (to) "עָשָׂה אַהֲבָה"

make love (*arch.*) חִזֵּר אַחֲרֵי...

make sense הָיָה הֶגְיוֹנִי

make time פִּנָּה זְמַן לְ..., מָצָא זְמַן לְ...

□ *she made time to visit her sick friend* הִיא הִתְפַּנְּתָה לְבַקֵּר אֶת יְדִידָהּ הַחוֹלָה

make water

(leak, *Naut.*) דָּלַף (מַיִם לְתוֹךְ סְפִינָה)

(urinate) הֵטִיל מֵימָיו

9 (with noun and complement)

(cause to be)

□ *the news made her happy* הַיְּדִיעוֹת שִׂמְּחוּ אוֹתָהּ

□ *if you help me, I'll make it worth your while* אִם תַּעֲזֹר לִי, אֶדְאַג לְכָךְ שֶׁתִּזְכֶּה לְפִצּוּי הוֹלֵם

□ *he made himself useful about the house* הוּא עָזַר בְּכָל מִינֵי עֲבוֹדוֹת בַּבַּיִת

□ *make yourself comfortable* (or *at home*)*!* תַּרְגִּישׁ כְּמוֹ בַּבַּיִת

(elect)

□ *they made him king* הֵם הִמְלִיכוּ אוֹתוֹ, הֵם הִכְתִּירוּ אוֹתוֹ כְּמֶלֶךְ

(estimate) הֶעֱרִיךְ

□ *what time do you make it?* מָה הִיא הַשָּׁעָה לְפִי דַּעְתְּךָ?

□ *he made the height to be 6 metres* לְפִי הַעֲרָכָתוֹ הַגֹּבַהּ הָיָה 6 מֶטֶר

10 (with noun and verb)

(cause, compel, persuade) גָּרַם

□ *what makes the grass grow?* מָה גּוֹרֵם לַדֶּשֶׁא לִצְמֹחַ?

□ *his attitude made my blood boil* הַגִּישָׁה שֶׁלּוֹ מוֹצִיאָה אוֹתִי מֵהַכֵּלִים

□ *ghost stories make my hair stand on end* סִפּוּרֵי שֵׁדִים וְרוּחוֹת גּוֹרְמִים לַשְּׂעָרוֹת שֶׁלִּי לִסְמֹר, סִפּוּרֵי שֵׁדִים וְרוּחוֹת עוֹשִׂים לִי צְמַרְמֹרֶת

(represent as doing something)

□ *the author makes the villain commit suicide* הַמְחַבֵּר גָּרַם לָאִישׁ הָרַע בְּסִפְרוֹ שֶׁיִּתְאַבֵּד

—in set phrases

make after רָדַף

□ *he made after her with a knife* הוּא רָדַף אַחֲרֶיהָ עִם סַכִּין בַּיָּד

make as if

□ *he made as if to strike me* הוּא עָשָׂה תְּנוּעָה כְּאִלּוּ הוּא מִתְכַּוֵּן לְהַכּוֹת אוֹתִי

make away with (*arch. colloq.*)

□ *he made away with my jewellery* הוּא נִמְלַט עִם תַּכְשִׁיטַי

□ *he made away with three of his wives* הוּא חִסֵּל כְּבָר שָׁלֹשׁ מִנְּשׁוֹתָיו

make believe (*colloq.*) שִׂחֵק כְּאִלּוּ, הֶעֱמִיד פָּנִים שֶׁ...

□ *let's make believe we're rich* בּוֹא נַעֲמִיד פָּנִים שֶׁאֲנַחְנוּ עֲשִׁירִים; בּוֹא נַחְשֹׁב מָה הָיִינוּ עוֹשִׂים עִם הַכֶּסֶף אִם הָיִינוּ עֲשִׁירִים

make do (*colloq.*) הִסְתַּפֵּק בְּ..., הִסְתַּדֵּר עִם

□ *you'll have to make do with what there is* תִּצְטָרֵךְ לְהִסְתַּפֵּק בְּמָה שֶׁיֵּשׁ, "זֶה מָה יֵּשׁ"

□ *it's a case of make do and mend* תִּצְטָרֵךְ לְהִסְתַּפֵּק בְּמָה שֶׁיֵּשׁ, "זֶה מָה יֵּשׁ"

make for

□ *they made for Khartoum* הֵם יָצְאוּ לְכִוּוּן חַרְטוּם

□ *the bull made for them as they crossed the field* הַשּׁוֹר הִתְחִיל לִרְדֹּף אוֹתָם כְּשֶׁעָבְרוּ אֶת הַשָּׂדֶה

□ *a spirit of give-and-take makes for harmony in marriage* וִתּוּרִים הֲדָדִיִּים מַשְׁרִים הַרְמוֹנְיָה בְּחַיֵּי־הַנִּשּׂוּאִין

make good עָשָׂה שִׁפּוּצִים (בְּבִנְיָן)

□ *you must make good the damage* תִּצְטָרֵךְ לְשַׁלֵּם עֲבוּר הַנְּזָקִים

make into הָפַךְ לְ...

□ *the huts can be made into a temporary hospital* הַצְּרִיפִים יְכוֹלִים לְשַׁמֵּשׁ כְּבֵית־חוֹלִים זְמַנִּי

make it הִצְלִיחַ (לְהַגִּיעַ, לְהַשִּׂיג, לְבַצֵּעַ וְכַד')

□ *can we make it in time?* הַאִם נַצְלִיחַ לְהַגִּיעַ בַּזְּמַן?

□ *he bought a Rolls when he made it to the big time* (*colloq.*) הוּא קָנָה רוֹלְס־רוֹיְס כְּשֶׁהַהַצְלָחָה הֵאִירָה לוֹ פָּנִים

make like (*US colloq.*) "עָשָׂה כְּמוֹ"

□ *make like a rabbit! Scram!* תָּרִים אֶת הָרַגְלַיִם וְתָעוּף מִפֹּה!

make of עָשָׂה... מִ...

□ *they wanted to make a doctor of him* הֵם רָצוּ שֶׁהוּא יִהְיֶה רוֹפֵא, הֵם רָצוּ לַעֲשׂוֹת מִמֶּנּוּ רוֹפֵא

□ *the judge made an example of the pickpocket* הַשּׁוֹפֵט הֶעֱנִישׁ אֶת הַכַּיָּס "לְמַעַן יִרְאוּ וְיִירָאוּ"

□ *don't make a habit of telling lies* אַל תַּהֲפֹךְ אֶת הַשְּׁקָרִים לְהֶרְגֵּל

□ *he made a fool of himself* הוּא עָשָׂה מֵעַצְמוֹ צְחוֹק

□ *life is what you make of it* הַגּוֹרָל שֶׁלְּךָ בְּיָדֶיךָ

□ *shall we make a day (or night) of it?* בּוֹא נַמְשִׁיךְ אֶת זֶה כָּל הַיּוֹם/הַלַּיְלָה

□ *the painter failed to make anything of his subject* הַצַּיָּר לֹא הִצְלִיחַ לְהַגִּיעַ לְעֹמֶק הַנּוֹשֵׂא שֶׁלּוֹ

□ *she made a mess of the job* הִיא "פִּישְׁלָה"

□ *what do you make of his behaviour?* מַה דַּעְתְּךָ עַל הִתְנַהֲגוּתוֹ?

make off בָּרַח

□ *the thieves made off in a stolen car* הַגַּנָּבִים בָּרְחוּ בִּמְכוֹנִית גְּנוּבָה

□ *the burglar made off with the jewels* הַגַּנָּב הִסְתַּלֵּק עִם הַתַּכְשִׁיטִים

make out הִבְחִין בְּ...; פִּעְנַח, הֵבִין; נִסָּה לִטְעֹן; תֵּאֵר; הִסְתַּדֵּר; "הִתְמַזְמֵז"

□ *I can just make out a flag on the summit* (*colloq.*) בְּקֹשִׁי אֲנִי יָכוֹל לְהַבְחִין בְּדֶגֶל עַל הַפִּסְגָּה

□ *the foreigner couldn't make out what she meant* (*colloq.*) הַנָּכְרִי לֹא הָיָה מְסֻגָּל לְהָבִין אֶת דְּבָרֶיהָ

□ *how do you make that out (from the evidence)?* אֵיךְ הִגַּעְתָּ לְמַסְקָנָה הַזֹּאת (לְאוֹר הָרְאָיוֹת)?

□ *I could never quite make him out* (*colloq.*) מֵעוֹלָם לֹא יָכֹלְתִּי לְהָבִין אוֹתוֹ לְגַמְרֵי

□ *he made out that he'd been badly treated* (*colloq.*) הוּא נִסָּה לִטְעֹן שֶׁהִתְיַחֲסוּ אֵלָיו בְּצוּרָה גְּרוּעָה

□ *the papers made him out to be a villain* (*colloq.*) בָּעִתּוֹנוּת נִצְטַיְּרָה דְּמוּתוֹ כִּנְבָל

□ *he's made out a strong case for assistance* הוּא נִמֵּק הֵיטֵב אֶת הַבַּקָּשָׁה לְעֶזְרָה

□ *make the cheque out to me* תִּכְתֹּב אֶת הַצֶּ'ק עַל שְׁמִי

□ *how are things making out?* (*colloq.*) אֵיךְ אַתָּה מִסְתַּדֵּר? מָה הוֹלֵךְ אֶצְלְךָ? מָה הָעִנְיָנִים אֶצְלְךָ?

□ *how is she making out in her new job?* (*colloq.*) אֵיךְ הִיא מִסְתַּדֶּרֶת בָּעֲבוֹדָה הַחֲדָשָׁה שֶׁלָּהּ?

□ *they were making out in the back seat of the car* (*US colloq.*) הֵם הִתְמַזְמְזוּ בַּמּוֹשָׁב הָאֲחוֹרִי שֶׁל הַמְּכוֹנִית

make over הֶעֱבִיר (לָרֹב בְּאֹרַח חֻקִּי) לִידֵי

□ *he made over the whole of his property to the state* הוּא הֶעֱבִיר אֶת הַבַּעֲלוּת עַל כָּל רְכוּשׁוֹ לִידֵי הַמְּדִינָה

make sure וִדֵּא, דָּאַג לְכָךְ שֶׁ...

□ *you'd better make sure (that) no-one is about* כְּדַאי שֶׁתִּבְדֹּק שֶׁאֵין שָׁם אַף־אֶחָד

make up הִשְׁלִים; הִמְצִיא, בָּדָה; מִלֵּא (מִרְשָׁם, הַזְמָנָה וְכַד'); צָרַר, אָסַף; סִדֵּר (מִטָּה); הִתְפַּיֵּס; פִּצָּה; הִתְאַפֵּר; "לִקֵּק"

kiss and make up הִתְפַּיֵּס, הִשְׁלִים עִם (בְּעִקָּר יְלָדִים וְזוּגוֹת נֶאֱהָבִים)

□ *we still need £5 to make up the sum* דְּרוּשׁוֹת לָנוּ עוֹד חָמֵשׁ לִירוֹת לְהַשְׁלָמַת הַסְּכוּם

□ *he made up a story for the children* הוּא הִמְצִיא סִפּוּר בִּשְׁבִיל הַיְלָדִים

□ *the chemist made up the prescription* הָרוֹקֵחַ מִלֵּא אֶת הַמִּרְשָׁם (הָרֶצֶפְּט) לִתְרוּפָה, הָרוֹקֵחַ סִפֵּק אֶת הַתְּרוּפָה שֶׁבַּמִּרְשָׁם

□ *they made up the clothes into a bundle* הֵם אָסְפוּ אֶת הַבְּגָדִים בִּצְרוֹר אֶחָד

□ *we'll make up a bed for you if you want to stay overnight* נְסַדֵּר לְךָ מִטָּה, אִם אַתָּה רוֹצֶה לְהִשָּׁאֵר לִישֹׁן

□ *he couldn't make up his mind which car to have* הוּא לֹא הִצְלִיחַ לְהַחְלִיט אֵיזוֹ מְכוֹנִית לִקְנוֹת

□ *he drove fast to make up (for) lost time* הוּא נָהַג מַהֵר כְּדֵי לְהַחֲזִיר לְעַצְמוֹ אֶת הַזְּמַן שֶׁאָבַד

□ *hard work can often make up for stupidity* הַתְמָדָה עֲשׂוּיָה לְעִתִּים לְחַפּוֹת עַל טִפְּשׁוּת

□ *I'll try and make it up to you somehow* אֲנִי אֶשְׁתַּדֵּל לְפַצּוֹת אוֹתְךָ אֵיכְשֶׁהוּ

□ *she made up her face* הִיא הִתְאַפְּרָה, הִיא שָׂמָה "מֵיק־אַפּ"

□ *he's always making up to important people* (*derog.*) הוּא תָּמִיד מְלַקֵּק לַאֲנָשִׁים חֲשׁוּבִים

—n. תּוֹצֶרֶת, מוּצָר מִתּוֹצֶרֶת מְסֻיֶּמֶת

□ *they keep all makes of refrigerator* יֵשׁ לָהֶם בַּסְּטוֹק מְקָרְרִים מִתּוֹצֶרֶת כָּל הַחֲבָרוֹת

□ *he's always on the make* (*sl. derog.*) הוּא לֹא יַחְמִיץ הִזְדַּמְּנוּת לְהַרְוִיחַ

make-believe /ˈmeɪk-bɪliːv/ n. & adj. הַעֲמָדַת פָּנִים, מִשְׂחָק בְּ"כְאִלּוּ"; מְדֻמֶּה, "כְּאִלּוּ"

maker /ˈmeɪkə(r)/ n. בּוֹרֵא, יוֹצֵר; עוֹשֶׂה

□ *he's gone to meet his Maker* הוּא הָלַךְ לְעוֹלָמוֹ, הוּא נֶאֱסַף אֶל אֲבוֹתָיו

makeshift /ˈmeɪkʃɪft/ n. & adj. תַּחֲלִיף אֲרָעִי; אִלְתּוּר; אֲרָעִי, מְאֻלְתָּר

make-up /ˈmeɪk-ʌp/ n.

1 (temperament) אֹפִי

2 (cosmetics) אִפּוּר, "מֵיק־אַפּ"

makeweight /ˈmeɪkweɪt/ n. תּוֹסֶפֶת מִשְׁקָל לְצָרְכֵי אִזּוּן; (בְּהַשְׁאָלָה) מִשְׁקָל עוֹדֵף, מִטְעָן־עוֹדֵף

making /ˈmeɪkɪŋ/ n. יְצִירָה; תַּהֲלִיךְ הַיְּצִירָה

□ *he is a politician in the making* הוּא פּוֹלִיטִיקַאי "בַּדֶּרֶךְ"

□ *we saw history in the making* רָאִינוּ אֶת הַהִיסְטוֹרְיָה בְּהִתְהַוּוּתָהּ

□ *it will be the making of him* זֶה יַעֲשֶׂה מִמֶּנּוּ בֶּן־אָדָם

□ *he has the makings of a good musician* יָכוֹל לָצֵאת מִמֶּנּוּ מוּזִיקַאי טוֹב, יֵשׁ לוֹ הַנְּתוּנִים לִהְיוֹת מוּזִיקַאי טוֹב

mal- /mæl-/ pref. (תְּחִלִּית שֶׁפֵּרוּשָׁהּ שְׁלִילָה) תַּת־, אִי־, חֹסֶר־ וְכַד׳

malacca /məˈlækə/ n. דֶּקֶל־מַלָּקָה (עֵץ אַסְיָאתִי)

malacca cane מַקֵּל־מַלָּקָה (מַקֵּל הֲלִיכָה, מַקֵּל "סַבָּא")

malachite /ˈmæləkaɪt/ n. מַלְכִּיט (מַחְצָב יְרַקְרַק, מְשַׁמֵּשׁ לְעִתִּים בְּתַכְשִׁיטִים)

maladjusted /ˌmæləˈdʒʌstɪd/ adj. (אָדָם) בַּעַל קְשָׁיֵי הִסְתַּגְּלוּת

maladjustment /ˌmæləˈdʒʌstmənt/ n. חֹסֶר־הִסְתַּגְּלוּת (לַסְּבִיבָה), קְשָׁיֵי הִסְתַּגְּלוּת

maladministration /ˌmælədˌmɪnɪˈstreɪʃ(ə)n/ n. נִהוּל לָקוּי, הִתְרַשְּׁלוּת בְּמִלּוּי תַּפְקִיד (לְרֹב צִבּוּרִי)

maladroit /ˈmælədrɔɪt/ adj. (*formal*) לֹא־יִצְלָח, גָּלְמָנִי; חוֹבְבָנִי

malady /ˈmælədɪ/ n. (*formal*) חֳלִי, פֶּגַע, מַחֲלָה

malaise /mæˈleɪz/ n. תְּחוּשַׁת מוּעָקָה (גּוּפָנִית אוֹ נַפְשִׁית)

malapropism /ˈmæləprɒpɪzəm/ n. שִׁמּוּשׁ לְשׁוֹנִי מְטֹעֶה (וּבְעִקָּר הַחְלָפַת מִלָּה בְּמִלָּה הַדּוֹמָה לָהּ בְּאֹרַח מְגֻחָךְ)

malapropos /ˌmælæprəˈpəʊ/ adj. & adv. (*formal*) שֶׁלֹּא לָעִנְיָן, שֶׁלֹּא בִּמְקוֹמוֹ, שֶׁלֹּא מַתְאִים

malaria /məˈleərɪə/ n. מָלַרְיָה, קַדַּחַת־בִּצּוֹת

malarial /məˈleərɪəl/ adj. שֶׁל קַדַּחַת, שֶׁל מָלַרְיָה

Malay /məˈleɪ/ n. & adj. תּוֹשַׁב מָלַזְיָה; הַשָּׂפָה הַמָּלָאִית; מָלָאִי

Malaysian /məˈleɪʒ(ə)n/ n. & adj. תּוֹשַׁב מָלַזְיָה; הַשָּׂפָה הַמָּלָאִית; מָלָאִי

malcontent /ˈmælkəntent/ n. & adj. (*formal*) חֲסַר שְׂבִיעוּת־רָצוֹן; עוֹשֶׂה צָרוֹת, מִתְנַגֵּד

male /meɪl/ n. זָכָר, גֶּבֶר

—adj.

1

□ *her workplace was a very male environment* הִיא עָבְדָה בִּסְבִיבָה גַּבְרִית מְאֹד

male chauvinist (pig) (*colloq. derog.*) "חֲזִיר שׁוֹבִינִיסְטִי", שׁוֹבִינִיסְט גַּבְרִי

2 (*Mech.*) זָכָר

malediction /ˌmælɪˈdɪkʃ(ə)n/ n. (*formal*) מְאֵרָה, קְלָלָה

maledictory /ˌmælɪˈdɪktərɪ/ adj. (*formal*) מְקַלֵּל, מְחָרֵף

malefaction /ˌmælɪˈfækʃ(ə)n/ n. (*formal*) מַעֲשֵׂה רִשְׁעוּת, מַעֲשֵׂה נְבָלָה

malefactor /ˈmælɪfæktə(r)/ n. (*formal*) רָשָׁע, עוֹשֵׂה רַע, נָבָל; פּוֹשֵׁעַ, עֲבַרְיָן

malevolence /məˈlevələns/ n. (*formal*) כַּוָּנַת־זָדוֹן, זָדוֹן, כַּוָּנַת־רֶשַׁע

malevolent /məˈlevələnt/ adj. (*formal*) עוֹיֵן, בַּעַל כַּוָּנוֹת־זָדוֹן, רַע־לֵב

malformation /ˌmælfɔːˈmeɪʃ(ə)n/ n. עֲוִית־צוּרָה, צוּרָה לְקוּיָה

malformed /mælˈfɔːmd/ adj. מְעֻוָּת, בַּעַל צוּרָה מְעֻוֶּתֶת

malfunction /mælˈfʌŋkʃ(ə)n/ n. תַּקָּלָה, תִּפְקוּד לָקוּי, שִׁבּוּשׁ; מוּם

—v.i. (מַכְשִׁיר) פָּעַל שֶׁלֹּא כַּשּׁוּרָה

malic acid /mælɪk ˈæsɪd/ n. (*Chem.*) חֻמְצָה מָאלִית

malice /ˈmælɪs/ n. זָדוֹן

malice aforethought (*Law*) כַּוָּנַת־זָדוֹן

□ *he bore her no malice* לֹא הָיָה לוֹ שׁוּם רָצוֹן לְהַזִּיק לָהּ

□ *he ruined the company out of malice towards his boss* הוּא גָּרַם לְהֶרֶס הַחֶבְרָה בְּשֶׁל הַשִּׂנְאָה שֶׁחָשׁ כְּלַפֵּי הַבּוֹס שֶׁלּוֹ

malicious /məˈlɪʃəs/ adj. זְדוֹנִי, מְרֻשָּׁע, רַע־לֵב

maliciously /məˈlɪʃəslɪ/ adv. בְּאֹפֶן זְדוֹנִי, בְּרִשְׁעוּת

malign /məˈlaɪn/ adj. (*poet.*) מַזִּיק, רַע

—v.t. הוֹצִיא דִּבָּה, דִּבֵּר סָרָה בְּ..., הִלְעִיז עַל

□ *I am a much maligned man* הַכֹּל מַשְׁמִיצִים אוֹתִי, הַכֹּל מוֹצִיאִים אֶת דִּבָּתִי

malignancy /məˈlɪgnənsɪ/ n. רֹעַ, זָדוֹן; (בִּרְפוּאָה) מַמְאִירוּת

malignant /məˈlɪgnənt/ adj.

1 (showing hatred) מְרֻשָּׁע, זְדוֹנִי

2 (*Med.*) (גִּדּוּל) מַמְאִיר

malignity /məˈlɪgnɪtɪ/ n. זָדוֹן, רֶשַׁע

malinger /məˈlɪŋgə(r)/ v.i. (*derog.*) הִתְחַלָּה, הִשְׁתַּמֵּט בְּתוֹאֲנַת מַחֲלָה

malingerer /məˈlɪŋgərə(r)/ n. (*derog.*) מִתְחַלֶּה, "אַרְטִיסְט"

mallard /ˈmælɑːd/ n. בְּרַכִיָּה, בַּרְוַז־הַבָּר

malleability /ˌmælɪəˈbɪlɪtɪ/ n. תְּכוּנַת הֱיוֹת נִתָּן לְחִשּׁוּל (מַתֶּכֶת); תְּכוּנַת הֱיוֹת נִתָּן לְהַשְׁפָּעָה (אֹפִי)

malleable /ˈmælɪəb(ə)l/ adj. נִתָּן לְחִשּׁוּל וּלְרִקּוּעַ (מַתֶּכֶת); נָתוּן לְהַשְׁפָּעוֹת, נִתָּן לְהַשְׁפָּעָה (אֹפִי), חֲלַשׁ־אֹפִי

mallet /ˈmælɪt/ n.

1 (kind of hammer) פַּטִּישׁ־עֵץ, מַקֶּבֶת

2 (stick used in croquet or polo) פַּטִּישׁ־קְרוֹקֶט, פַּטִּישׁ־פּוֹלוֹ

mallow /ˈmæləʊ/ n. חַלָּמִית, חֻבֵּזָה (עֵשֶׂב חַד־שְׁנָתִי בַּעַל פְּרָחִים וְרֻדִּים, סְגֻלִּים אוֹ לְבָנִים)

malmsey /ˈmɑːlmzɪ/ n. יֵין חָרִיף וּמָתוֹק מִיָּוָן/סְפָרַד

malnourished /mælˈnʌrɪʃt/ adj. סוֹבֵל מִתַּת־תְּזוּנָה

malnourishment /mælˈnʌrɪʃmənt/ n. תַּת-תְּזוּנָה, תְּזוּנָה לְקוּיָה

malnutrition /ˌmælnjuːˈtrɪʃ(ə)n/ n. תַּת-תְּזוּנָה, תְּזוּנָה לְקוּיָה

malodorous /mælˈəʊdərəs/ adj. (*formal*) מַבְאִישׁ, מַסְרִיחַ

malpractice /mælˈpræktɪs/ n. רַשְׁלָנוּת פּוֹשַׁעַת
□ *she sued her doctor for malpractice* הִיא תָּבְעָה אֶת הָרוֹפֵא שֶׁלָּהּ עַל טִפּוּל רַשְׁלָנִי

malt /mɔːlt/ n. לֶתֶת, שְׂעוֹרַת-שֵׁכָר
malt whisky וִיסְקִי "מַאלְט"
—v.t.
1 (prepare grain for brewing) הָפַךְ שְׂעוֹרָה לְלֶתֶת, הֵכִין לֶתֶת
2 (prepare with malt) הֵכִין עִם לֶתֶת
malted milk מַשְׁקֶה חָלָב עִם לֶתֶת (נִמְכָּר בְּעִקָּר בְּצוּרַת אַבְקָה)

Maltese /ˌmɔːlˈtiːz/ adj. & n. שֶׁל מַלְטָה; תּוֹשַׁב מַלְטָה; לְשׁוֹן מַלְטָה
Maltese cross צְלַב-מַלְטָה (בַּעַל אַרְבָּעָה גַּפַּיִם שָׁוִים, הַמִּתְרַחֲבִים כְּלַפֵּי-חוּץ וּמִתְפַּשְּׂקִים בִּקְצוֹתֵיהֶם)

Malthusian /mælˈθjuːzɪən/ adj. תּוֹמֵךְ בְּרַעְיוֹנוֹתָיו שֶׁל מַלְתוּס (כְּלוֹמַר: הַהִתְרַבּוּת הַטִּבְעִית שֶׁל הָאֻכְלוֹסִיָּה תִּגְרֹם לְמַחְסוֹר עוֹלָמִי בְּמָזוֹן)

maltreat /mælˈtriːt/ v.t. נָהַג בְּאַכְזְרִיּוּת בְּ..., הִתְעַלֵּל בְּ...; נָהַג בְּגַסּוּת בְּ...

maltreatment /mælˈtriːtmənt/ n. הִתְאַכְזְרוּת, הִתְעַלְּלוּת

maltster /ˈmɔːltstə(r)/ n. מְיַצֵּר-לֶתֶת

malversation /ˌmælvəˈseɪʃ(ə)n/ n. (*formal*) מְעִילָה בְּאֵמוּן הַצִּבּוּר, שְׁחִיתוּת; מִנְהָל מֻשְׁחָת

mama /ˈmɑːmə/ n. (*US colloq.*) אִמָּא

mamba /ˈmæmbə/ n. מַמְבָּה, נָחָשׁ אַפְרִיקָאִי אַרְסִי

mambo /ˈmæmbəʊ/ n. רִקּוּד הַמַּמְבּוֹ

mamillary /ˈmæmɪlərɪ/ adj. (*Physiol.*) פִּטְמָתִי

mamma /məˈmɑː/ n. (*arch.*) אִמָּא "מָאמָאן" (נֶאֱמַר ע"י הַיְלָדִים עַל אִמָּם)

mamma mia! /ˌmæmə ˈmɪə/ int. "מָאמָה-מִיָּה"! "יָא-בַּ-יָּה"!

mammal /ˈmæm(ə)l/ n. יוֹנֵק

mammalian /məˈmeɪlɪən/ adj. (*Biol.*) מִמִּשְׁפַּחַת הַיּוֹנְקִים

mammary /ˈmæmərɪ/ adj. (*Physiol.*) שֶׁל הַשָּׁדַיִם

Mammon /ˈmæmən/ n. (*derog.*) בֶּצַע, תַּאֲוַת-בֶּצַע, מָמוֹן

mammoth /ˈmæməθ/ n. מָמוּתָה (פִּיל עֲנָק קַדְמוֹן שֶׁנִּכְחַד)
—adj. עֲנָקִי, עָצוּם

man /mæn/ n. (*pl.* **men** /men/)
1 (male adult human, masculine person) גֶּבֶר, אִישׁ
best man שׁוֹשְׁבִין
man about town אָדָם הַמִּסְתּוֹבֵב בַּחוּגִים הַנְּכוֹנִים, אִישׁ הַחֶבְרָה הַנּוֹצֶצֶת
man of God (*formal*) אִישׁ הָאֱלֹהִים, אִישׁ-דָּת
□ *he's very much his own man* הוּא אָדוֹן לְעַצְמוֹ
□ *I've worked here man and boy* (*arch.*) עָבַדְתִּי כָּאן מִשַּׁחַר נְעוּרַי
□ *this will separate the men from the boys!* עַכְשָׁו נִרְאֶה מִי פֹּה גֶּבֶר!
□ *she's more of a man than he is* (*fig.*) הִיא לוֹבֶשֶׁת אֶת הַמִּכְנָסַיִם אֶצְלָם
□ *are you man enough for the job?* נִרְאֶה אוֹתְךָ גֶּבֶר!
2 (human being, person) אָדָם, אִישׁ
man in the street (*fig.*) הָאָדָם הַפָּשׁוּט, הָאִישׁ שֶׁבָּרְחוֹב
man of letters (*formal*) אִישׁ-רוּחַ, אִישׁ-סְפָרוּת
every man for himself! כָּל אָדָם לְעַצְמוֹ! אִישׁ אִישׁ לְעַצְמוֹ!
□ *the crowd shouted as one man* הַקָּהָל שָׁאַג בְּקוֹל אֶחָד
□ *as a man of his word he always kept appointments* הוּא תָּמִיד קִיֵּם הַבְטָחוֹת וְהִגִּיעַ לִפְגִישׁוֹת
□ *you're a man of the world* אַתָּה אִישׁ הָעוֹלָם הַגָּדוֹל
□ *they fought to the last man* הֵם נִלְחֲמוּ עַד אַחֲרוֹן הַלּוֹחֲמִים
□ *they were agreed to a man* הֵם כֻּלָּם הָיוּ בְּדֵעָה אַחַת
□ *he was a benefactor to his fellow men* הוּא חִלֵּק מִמָּמוֹנוֹ לָאֲנוֹשׁוּת
□ *he took his radio to the repair man* הוּא לָקַח אֶת הָרַדְיוֹ לַטֶּכְנַאי
3 (the human race) הָאֱנוֹשׁוּת, הָאָדָם, הַגֶּזַע-הָאֱנוֹשִׁי
4 (husband) בַּעַל, אִישׁ
□ *can I bring the old man?* (*colloq.*) אֶפְשָׁר לְהָבִיא אֶת הַבַּעַל?
□ *they lived together as man and wife* (*formal*) הֵם חָיוּ יַחַד כְּבַעַל וְאִשְׁתּוֹ
5 (employee, workman) הָאִישׁ, הָאִישׁ מֵהַ...
□ *the manager spoke to the men* הַמְּנַהֵל דִּבֵּר עִם הָעוֹבְדִים
□ *on Monday the gas man came* בְּיוֹם שֵׁנִי בָּא הָאִישׁ מֵהַגָּז (כְּלוֹמַר סוֹכֵן חֶבְרַת-הַגָּז)
6 (in *pl.*, soldiers of low rank) חַיָּל, חוֹגֵר
officers and men קְצִינִים וְחוֹגְרִים
7 (piece in chess) חַיָּל-שַׁח
8 (in exclamations, *sl.*)
□ *man, that was tasty!* שְׁמַע, זֶה הָיָה טָעִים!
□ *hey, that's real cool, man!* וָלֶה, זֶה שִׁגָּעוֹן! הַי, בֶּן-אָדָם, זֶה מַמָּשׁ "קוּל"!
—v.t. אִיֵּשׁ

□ *they manned all the exits* הֵם אִיְּשׁוּ אֶת דַּלְתוֹת־הַיְצִיאָה

manacle /ˈmænək(ə)l/ n. אֲזִקִּים (לַיָּדַיִם אוֹ לָרַגְלַיִם)

—v.t. כָּבַל, שָׂם בַּאֲזִקִּים

manage /ˈmænɪdʒ/ v.t.

1 (control) נִהֵל, שָׁלַט

□ *the project was managed by a team of three* צֶוֶת שֶׁל שְׁלֹשָׁה אֲנָשִׁים נִהֵל אֶת הַפְּרוֹיֶקְט

managing director מְנַהֵל־כְּלָלִי, מַנְכָּ"ל

2 (cope with) הִתְמוֹדֵד עִם, טִפֵּל בְּ..., עָלָה בְּיָדוֹ לְ...

□ *he couldn't manage the stairs because of his limp* הוּא לֹא הָיָה יָכוֹל לְהִסְתַּדֵּר עִם הַמַּדְרֵגוֹת בְּשֶׁל צְלִיעָתוֹ

□ *I can't manage any more* (*colloq.*) אֲנִי לֹא מְסֻגָּל לֶאֱכֹל יוֹתֵר

—v.i. הִסְתַּדֵּר, הִצְלִיחַ

□ *I managed to get away* הִצְלַחְתִּי לָצֵאת מִשָּׁם

□ *I can't manage without help* אֲנִי לֹא יָכוֹל (לַעֲשׂוֹת אֶת זֶה) בְּלִי עֶזְרָה

□ *don't bother, I can manage* אַל תִּטְרַח, אֲנִי יָכוֹל לְהִסְתַּדֵּר לְבַד, עֲזֹב, אֲנִי מִסְתַּדֵּר לְבַד

manageable /ˈmænɪdʒəb(ə)l/ adj. שֶׁאֶפְשָׁר לְהִתְמוֹדֵד אִתּוֹ, שֶׁאֶפְשָׁר לְטַפֵּל בּוֹ בְּקַלּוּת

management /ˈmænɪdʒəmənt/ n.

1 (controlling, handling) נִהוּל, טִפּוּל, תִּפְעוּל

□ *the failure was due to bad management* הַכִּשָּׁלוֹן נָבַע מִנִּהוּל לָקוּי

2 (controlling body, collectively) הַנְהָלָה

□ (*the*) *management refused to negotiate* הַהַנְהָלָה סֵרְבָה לְקַיֵּם מַשָּׂא וּמַתָּן

manager /ˈmænɪdʒə(r)/ n. מְנַהֵל, מְנַהֶלֶת

□ *she is a good manager* הִיא מְנַהֶלֶת טוֹבָה, הִיא מְנַהֵל טוֹב; הִיא אֵשֶׁת־חַיִל

manageress /ˌmænɪdʒəˈres/ n. מְנַהֶלֶת

managerial /ˌmænɪˈdʒɪərɪəl/ adj. שֶׁל הַנְהָלָה

mañana /mænˈjɑːnə/ adv. מָחָר! יֵשׁ זְמַן מָחָר!

man-at-arms /ˌmæn-ət-ˈɑːmz/ n. (*Hist.*) פָּרָשׁ חָמוּשׁ וּמְשֻׁרְיָן (בֶּעָבָר)

Mancunian /mænˈkjuːnɪən/ n. & adj. תּוֹשַׁב הָעִיר מַנְצֶ'סְטֶר; שֶׁל מַנְצֶ'סְטֶר

mandarin /ˈmændərɪn/ n.

1 (influential bureaucrat) פָּקִיד בָּכִיר (נֶאֱמַר לָרֹב בִּשְׁלִילָה)

2 (Chinese official, *Hist.*) מַנְדָּרִין, פָּקִיד סִינִי רָם־מַעֲלָה

3 Mandarin (official language of China) הַשָּׂפָה הַמַּנְדָּרִינִית

4 (tangerine orange) מַנְדָּרִינָה (פְּרִי־הָדָר)

mandatary /ˈmændətərɪ/ n. (*formal*) בַּעַל־מַנְדָּט

mandate /ˈmændeɪt/ n. מַנְדָּט, יִפּוּי־כֹּחַ

□ *the new government has a mandate to cut taxes* לַמֶּמְשָׁלָה הַחֲדָשָׁה יֵשׁ מַנְדָּט לְקַצֵּץ בְּמִסִּים

—v.t. הֶעֱנִיק מַנְדָּט, נָתַן יִפּוּי־כֹּחַ

□ *the territory was mandated to Britain* בְּרִיטַנְיָה קִבְּלָה מַנְדָּט עַל הָאֵזוֹר

□ *the people have mandated us to fight drugs* הָעָם נָתַן לָנוּ מַנְדָּט לְהֵאָבֵק בְּנֶגַע־הַסַּמִּים

mandatory /ˈmændətərɪ/ adj. (*formal*) הֶכְרֵחִי, חוֹבָה; מַנְדָּטוֹרִי (שַׁיָּךְ לְשִׁלְטוֹן מַנְדָּט)

mandible /ˈmændɪb(ə)l/ n. לֶסֶת; מִצְבָּט (שֶׁל סַרְטָן אוֹ חֶרֶק)

mandolin /ˌmændəˈlɪn/ n. מַנְדּוֹלִינָה (כְּלִי־נְגִינָה בַּעַל אַרְבָּעָה זוּגוֹת שֶׁל מֵיתָרִים)

mandrake /ˈmændreɪk/ n. (צֶמַח) דּוּדָאִים

mandrill /ˈmændrɪl/ n. מַנְדְּרִיל (קוֹף גָּדוֹל מִסּוּג הַבַּבּוּן הַמָּצוּי בְּמַעֲרַב־אַפְרִיקָה)

mane /meɪn/ n. רַעְמָה (שֶׁל סוּס אוֹ אַרְיֵה)

man-eater /ˌmæn-iːtə(r)/ n. (*colloq.*) אוֹכֵל־אָדָם, טוֹרֵף אָדָם; (אִשָּׁה) טוֹרֶפֶת גְּבָרִים

manège /məˈneɪʒ/ n. בֵּית־סֵפֶר לִרְכִיבָה

maneuver /məˈnuːvə(r)/ (*US*) see **MANOEUVRE**

manful /ˈmænf(ə)l/ adj. אַמִּיץ, נְחוּשׁ־הַחְלָטָה

manfully /ˈmænfəlɪ/ adv. בְּאֹמֶץ־לֵב, בִּגְבוּרָה

□ *he struggled manfully* הוּא נֶאֱבַק בְּאֹמֶץ לֵב

manganese /ˌmæŋgəˈniːz/ n. מַנְגָּן (יְסוֹד מַתַּכְתִּי אָפֹר בָּהִיר)

mange /meɪndʒ/ n. שְׁחִין (בְּעִקָּר אֵצֶל כְּלָבִים וַחֲתוּלִים)

mangel-wurzel /ˈmæŋg(ə)l-wɜːz(ə)l/ n. סֶלֶק בְּהֵמוֹת, סֶלֶק מִסְפּוֹא

manger /ˈmeɪndʒə(r)/ n. אֵבוּס

□ *don't be a dog in the manger* (*Prov.*) אַל תִּמְנַע מֵחֲבֵרְךָ מַה שֶּׁלֹּא יוֹעִיל לְךָ

mangle /ˈmæŋg(ə)l/ n. מַעְגִּילָה (מַכְבֵּשׁ שֶׁמַּעֲבִירִים בּוֹ כְּבָסִים בֵּין שְׁנֵי גְּלִילִים לְשֵׁם־יִבּוּשׁ)

—v.t.

1 (press washing in a mangle) סָחַט בְּמַעְגִּילָה

2 (mutilate) רִטֵּשׁ, הִשְׁחִית צוּרָה

□ *the editor has mangled the original text* הָעוֹרֵךְ הִתְעַלֵּל בַּטֶּקְסְט הַמְּקוֹרִי

mango /ˈmæŋgəʊ/ n. מַנְגּוֹ

mangrove /ˈmæŋgrəʊv/ n. מַנְגְּרוֹב, רִיזוֹפוֹרָה (עֵץ הַצּוֹמֵחַ בְּאֵזוֹרֵי בִּצּוֹת, וְעַל גְּדוֹת נְהָרוֹת וַאֲגַמִּים)

mangy /ˈmeɪndʒɪ/ adj. נְגוּעַ־שְׁחִין

manhandle /ˈmænhænd(ə)l/ v.t.

1 (move by brute force) טִלְטֵל

2 (treat roughly) נָהַג (בִּפְלוֹנִי) בְּאַלִּימוּת, טִפֵּל בְּכֹחַ בְּ...

manhatten /mænˈhæt(ə)n/ n. קוֹקְטֵיל מַנְהֶטֶן (וִיסְקִי עִם וֶרְמוּט)

manhole /ˈmænhəʊl/ n. פֶּתַח־בִּיּוּב (בּוֹר כְּנִיסָה לְמַעֲרֶכֶת הַבִּיּוּב, לְשִׁמּוּשׁ טֶכְנָאִים)

manhood /ˈmænhʊd/ n.
1 (state of being a man) גַּבְרוּת, גַּבְרִיּוּת
2 (sexual potency) בַּגְרוּת, גַּבְרִיּוּת
3 (courage) אֹמֶץ־לֵב, גְּבוּרָה
4 (men of a country) הַגְּבָרִים שֶׁבַּמְּדִינָה

man-hour /ˈmæn-aʊə(r)/ n. שְׁעַת־עֲבוֹדָה (כִּיחִידַת חִשּׁוּב תַּמְחִיר לְמָשָׁל)

man-hunt /ˈmæn-hʌnt/ n. מָצוֹד, מָצוֹד־מִשְׁטַרְתִּי

mania /ˈmeɪnɪə/ n.
1 (violent madness) מַחֲלַת־רוּחַ, מַחֲלַת־נֶפֶשׁ, מַאנְיָה
2 (great enthusiasm, craze) שִׁגָּעוֹן־לְדָבָר־אֶחָד
□ *he had a mania for ancient coins* הוּא הָיָה מְשֻׁגָּע לְמַטְבְּעוֹת עַתִּיקִים

maniac /ˈmeɪnɪæk/ n. מְשֻׁגָּע, מְטֹרָף, מֻכֵּה־שִׁגָּעוֹן, מַנְיָאק

maniacal /məˈnaɪək(ə)l/ adj. מְטֹרָף, שֶׁל מְטֹרָף

manic /ˈmænɪk/ adj. בַּעַל נְטִיּוֹת מַאנִיּוֹת; פָּרוּעַ, "מְטֹרָף"

manic-depressive /ˌmænɪk-dɪˈpresɪv/ adj. & n. שֶׁל טֵרוּף־דִּכָּאוֹן, מַאנִי־דֶּפְּרֶסִיבִי; חוֹלֵה טֵרוּף־דִּכָּאוֹן, חוֹלֵה מַאנְיָה־דֶּפְּרֶסְיָה

manicure /ˈmænɪkjʊə(r)/ n. & v.t. מָנִיקוּר; עָשָׂה מָנִיקוּר

manicurist /ˈmænɪkjʊərɪst/ n. מָנִיקוּרִיסְט, מָנִיקוּרִיסְטִית

manifest /ˈmænɪfest/ adj. (*formal*) בָּרוּר וְגָלוּי לָעַיִן, גָּלוּי לְעֵין־כֹּל
—v.t. & refl. הֶרְאָה בְּצוּרָה בְּרוּרָה, חָשַׂף (תְּכוּנָה וְכַד')
□ *she doesn't manifest much desire to leave home* הִיא לֹא מְגַלָּה רָצוֹן רַב לַעֲזֹב אֶת בֵּית־הוֹרֶיהָ
□ *the disease soon manifested itself* תּוֹךְ זְמַן קָצָר הוֹפִיעוּ סִימָנֵי הַמַּחֲלָה
—n. שְׁטַר־מִטְעָן, רְשִׁימַת הַסְּחוֹרוֹת בָּאֳנִיָּה לְשִׁמּוּשׁ הַמֶּכֶס

manifestation /ˌmænɪfesˈteɪʃ(ə)n/ n. (*formal*) גִּלּוּי, הוֹפָעָה, הִתְגַּלְּמוּת; הַפְגָּנָה

manifesto /ˌmænɪˈfestəʊ/ n. (*pl.* **manifestos**) מָנִיפֶסְט, מִנְשָׁר, הַצְהָרָה (מֶמְשַׁלְתִּית), גִּלּוּי־דַּעַת פּוֹלִיטִי, הוֹדָעָה פֻּמְבִּית

manifold /ˈmænɪfəʊld/ adj. (*formal*) רַב־פָּנִים, רַב־מַשְׁמָעִי, מְגֻוָּן
—n. סַעֶפֶת (מַעֲרָךְ צִנּוֹרוֹת מִתְפַּלְּגִים בְּמָנוֹעַ מְכוֹנִית)

manikin /ˈmænɪkɪn/ n. גַּמָּד; דֶּגֶם (אָדָם) אֲנָטוֹמִי (לְהוֹרָאָה בִּרְפוּאָה וּבָאֳמָנוּת); בֻּבַּת רַאֲוָה; אִמּוּם, בֻּבַּת־חַיָּט

manila /məˈnɪlə/ n. (also **manilla**) נְיַר חוּם פָּשׁוּט
Manila hemp סִיבֵי מָנִילָה (לַעֲשִׂיַּת חֲבָלִים, מַחְצָלוֹת וְכַד')
manila envelope מַעֲטָפַת נְיַר־חוּם

manipulate /məˈnɪpjʊleɪt/ v.t.
1 (handle or treat with skill) הִפְעִיל, טִפֵּל בִּזְרִיזוּת
2 (manage craftily, *derog.*) סִדֵּר דְּבָרִים לְטוֹבָתוֹ, שָׁלַט בְּ...
□ *the media can manipulate public opinion* אֶמְצְעֵי־הַתִּקְשֹׁרֶת מְסֻגָּלִים לְעַצֵּב אֶת דַּעַת הַקָּהָל וְלִשְׁלֹט בָּהּ
3 (massage, *Med.*) הֵשִׁיב (עֶצֶם) לִמְקוֹמוֹ בְּאֶמְצָעוּת הַיָּדַיִם

manipulation /məˌnɪpjʊˈleɪʃ(ə)n/ n. טִפּוּל, נִהוּל; מָנִיפּוּלַצְיָה, פְּעֻלָּה מְגַמָּתִית וְעַרְמוּמִית, פְּעֻלָּה שְׁתַלְטָנִית

manipulative /məˈnɪpjʊlətɪv/ adj. שְׁתַלְטָנִי, מָנִיפּוּלָטִיבִי

manipulator /məˈnɪpjʊleɪtə(r)/ n. מָנִיפּוּלָטוֹר, אָדָם עַרְמוּמִי וְתַכְכָן; זְרוֹעַ־מְכָנִית

mankind /ˌmænˈkaɪnd/ n.
1 (human species) הָאֱנוֹשׁוּת, הַמִּין הָאֱנוֹשִׁי
2 (men collectively) הַמִּין הַגַּבְרִי

manky /ˈmæŋkɪ/ adj. (*colloq.*) גָּרוּעַ

manlike /ˈmænlaɪk/ adj. בְּאֹפֶן־גַּבְרִי, אָפְיָנִי לִגְבָרִים

manly /ˈmænlɪ/ adj. גַּבְרִי, בְּאֹפֶן גַּבְרִי, בְּאֹפֶן רָאוּי לְגֶבֶר

manna /ˈmænə/ n. (*Bibl.*) מָן (הַמָּזוֹן שֶׁאָכְלוּ בְּנֵי־יִשְׂרָאֵל בַּמִּדְבָּר)
□ *the new credit scheme was like manna from heaven to consumers* תָּכְנִית הָאַשְׁרַאי הַחֲדָשָׁה הָיְתָה עֶזְרָה מִן הַשָּׁמַיִם לַצַּרְכָנִים

mannequin /ˈmænɪkɪn/ n. בֻּבַּת־רַאֲוָה; בֻּבַּת־חַיָּטִים, אִמּוּם; (בֶּעָבָר) דֻּגְמָנִית

manner /ˈmænə(r)/ n.
1 (way in which a thing is done) נֹהַג, אֹפֶן
□ *she's a hostess to the manner born* (*formal*) הִיא מְאָרַחַת מִבֶּטֶן וּמִלֵּדָה
2 (behaviour) הִתְנַהֲגוּת, אֹפֶן הִתְנַהֲגוּת
bedside manner אֹפֶן הַדִּבּוּר אֶל הַחוֹלֶה (בְּעִקָּר שֶׁל רוֹפֵא)
□ *his manner is unpleasantly aggressive* הוּא מִתְנַהֵג בְּאֹפֶן אַגְרֶסִיבִי וְלֹא נָעִים
3 (in *pl.*, social behaviour, etiquette) נִימוּסִים, נִימוּסִין, חִנּוּךְ (בְּעִנְיְנֵי נִימוּס בִּלְבַד, לֹא הַשְׂכָּלָה)
table manners נִימוּסֵי־שֻׁלְחָן
□ *it is bad manners to speak with your mouth full* זֶה לֹא מְנֻמָּס לְדַבֵּר בְּפֶה מָלֵא
□ *he has bad manners* הוּא לֹא מְחֻנָּךְ
4 (style or method in art) סִגְנוֹן (בָּאֳמָנוּת)
□ *the painting was in the manner of Rembrandt* הָיָה זֶה צִיּוּר בְּסִגְנוֹן רֶמְבְּרַנְדְט
5 (kind or sort) סוּג, מִין, טִיפּוּס
in a manner of speaking כִּבְיָכוֹל, לִכְאוֹרָה
by no manner of means (*formal*) בְּשׁוּם פָּנִים וָאֹפֶן, לַגַּמְרֵי לֹא, בְּהֶחְלֵט לֹא
□ *all manner of people came to the party* אֲנָשִׁים מִכָּל סוּג בָּאוּ לַמְּסִבָּה

mannered /ˈmænəd/ adj.
1 (showing mannerisms, *formal*) סִגְנוֹן מְעֻשֶּׂה, מְעֻצְעָץ

□ *the essay is in a mannered style* הַחִבּוּר כָּתוּב בְּסִגְנוֹן מְעֻשֶּׂה

2 ill- (or **well-**)**mannered** לֹא מְנֻמָּס/מְנֻמָּס, חֲסַר־/בַּעַל־נִימוּסִים

mannerism /ˈmænərɪzəm/ n. הֶרְגֵּל (מוּזָר), מָנֵירִיזְם, גִּנּוּנִים

mannerly /ˈmænəlɪ/ adj. אָדִיב, נִימוּסִי, מְנֻמָּס

mannish /ˈmænɪʃ/ adj. (*derog.*) (לְגַבֵּי אִשָּׁה לִגְנַאי) מִתְנַהֶגֶת כְּגֶבֶר, גַּבְרִית

manoeuvrable /məˈnuːvrəb(ə)l/ adj. קַל לְנְהִיגָה (בְּעִקָּר מְכוֹנִית)

manoeuvre /məˈnuːvə(r)/ n. (*US* **maneuver**)

1 (military planned movement) תִּמְרוֹן צְבָאִי, תִּמְרוֹנִים

□ *the Army was on manoeuvres* הַצָּבָא הָיָה בְּתִמְרוֹנִים

2 (skilful plan) תִּמְרוֹן, תַּחְבּוּלָה, תַּכְסִיס

—v.i. תִּמְרֵן (בִּכְלִי רֶכֶב לְמָשָׁל); תִּמְרֵן, נָקַט בְּתַחְבּוּלוֹת, נָקַט בְּתַכְסִיסִים

—v.t.

1 (cause troops to perform manoeuvres) תִּמְרֵן אֶת צְבָאוֹ (לְעֶמְדָּה טוֹבָה יוֹתֵר)

2 (force by contrivance) תִּמְרֵן, הוֹלִיךְ שׁוֹלָל

□ *they manoeuvred the piano upstairs* הֵם הִצְלִיחוּ לְתַמְרֵן וּלְהַעֲלוֹת אֶת הַפְּסַנְתֵּר בַּמַּדְרֵגוֹת

3 (direct, drive) תִּמְרֵן, נָהַג

□ *she manoeuvred her car well* הִיא שָׁלְטָה הֵיטֵב בִּמְכוֹנִיתָהּ

man-of-war /ˌmæn-əv-ˈwɔː(r)/ n. (pl. **men-of-war**) (*Hist.*) אֳנִיַּת־מִלְחָמָה (עִם מִפְרָשִׂים)

manometer /məˈnɒmɪtə(r)/ n. מָנוֹמֶטֶר, מַד־לַחַץ לְגַזִּים

manor /ˈmænə(r)/ n. אֲחֻזָּה, אֲחֻזָּה כַּפְרִית

lord (or **lady**) **of the manor** בַּעַל/בַּעֲלַת הָאֲחֻזָּה, אָדוֹן/גְּבֶרֶת הָאֲחֻזָּה

manor-house /ˈmænə-haʊs/ n. בֵּית־הָאֲחֻזָּה

manorial /məˈnɔːrɪəl/ adj. שֶׁל אֲחֻזָּה

manpower /ˈmænpaʊə(r)/ n. כֹּחַ־אָדָם

mansard /ˈmænsɑːd/ n. (also **mansard roof**) גַּג שֶׁלְּכָל־אַחַת מִפְּאוֹתָיו שְׁנֵי שִׁפּוּעִים (הַתַּחְתּוֹן מְשֻׁפָּע יוֹתֵר מִן הָעֶלְיוֹן)

manse /mæns/ n. מִשְׁכָּנוֹ שֶׁל הַכֹּמֶר בִּפְלָגִים מְסֻיָּמִים שֶׁל הַכְּנֵסִיָּה

manservant/ˈmænsɜːvənt/ n. מְשָׁרֵת, שַׁמָּשׁ

mansion /ˈmænʃ(ə)n/ n.

1 (large house) בֵּית־אֲחֻזָּה, טִירָה, אַרְמוֹן

2 (in *pl.*, as name of block of flats, *UK*) בִּנְיַן־דִּירוֹת גָּדוֹל

man-size /ˈmæn-saɪz/ adj. גָּדוֹל בִּמְיֻחָד (כְּיָאֶה לְגֶבֶר)

man-size tissues מִמְחָטוֹת־נְיָר אֶקְסְטְרָה־לַארְג'

manslaughter/ˈmænslɔːtə(r)/ n. (*Law*) הֲרִיגָה (לְלֹא כַּוָּנָה)

mantelpiece /ˈmæntəlpiːs/ n. (also **mantel**) מַדָּף מֵעַל הָאָח

mantilla /mænˈtɪlə/ n. מִטְפַּחַת רֹאשׁ סְפָרַדִּית (לָרֹב עֲשׂוּיָה תַּחֲרָה שְׁחוֹרָה)

mantis /ˈmæntɪs/ n.

praying mantis גְּמַל־שְׁלֹמֹה (חֶרֶק טוֹרֵף)

mantle /ˈmænt(ə)l/ n.

1 (loose cloak) אַדֶּרֶת, מְעִיל קַל, גְּלִימָה

take over the mantle (*poet.*) (פְּלוֹנִי) נָטַל אֶת שַׁרְבִיט הַנִּצּוּחַ (מֵאַלְמוֹנִי) (כְּלוֹמַר נָטַל אֶת הַהַנְהָגָה לְאַחַר מוֹתוֹ/פְּרִישָׁתוֹ שֶׁל אַחֵר)

□ *a mantle of ivy covered the wall* (*poet.*) מַעֲטֵה קִיסוֹס כִּסָּה אֶת הַקִּיר

2 (cover for gas lamp flame) מַבְעֵר/"כּוֹבַע" בִּמְנוֹרַת־גַּז

—v.t.

(cover with a mantle, *poet*) עָטַף, עָטָה

□ *the hills were mantled with cloud* מַעֲטֵה עֲנָנִים נִפְרַשׂ עַל הַגְּבָעוֹת

mantrap /ˈmæntræp/ n. מַלְכֹּדֶת, מוֹקֵשׁ

manual /ˈmænjʊəl/ n.

1 (book of instructions, handbook) מַדְרִיךְ, סֵפֶר־עֵזֶר, חוֹבֶרֶת הוֹרָאוֹת־הַפְעָלָה

2 (keyboard of organ) מִקְלֶדֶת שֶׁל עוּגָב

—adj. (שִׁמּוּשׁ) יָדָנִי, לֹא מֵיכָנִי

manual labour עֲבוֹדָה גּוּפָנִית, עֲבוֹדַת־כַּפַּיִם

manufacture /ˌmænjʊˈfæktʃə(r)/ n. יִצּוּר

—v.t. (produce from raw material, fabricate) יִצֵּר

□ *he manufactured a plausible explanation of his absence* (*derog.*) הוּא הִמְצִיא הֶסְבֵּר מִתְקַבֵּל עַל הַדַּעַת לְהֵעָדְרוּתוֹ

manufacturer /ˌmænjʊˈfæktʃərə(r)/ n. יַצְרָן

manure /məˈnjʊə(r)/ n. & v.t. זֶבֶל, דֶּשֶׁן; זִבֵּל, דִּשֵּׁן

manuscript /ˈmænjʊskrɪpt/ n. כְּתַב־יָד

manuscript paper דַּפִּים לְמוּזִיקָה (נְיָר מְסֻמָּן בַּחֲמִשּׁוֹת)

Manx /mæŋks/ adj. & n. שֶׁל הָאִי מָאן שֶׁבֵּין אַנְגְּלִיָּה לְאִירְלַנְד; תּוֹשַׁב הָאִי מָאן; הַלָּשׁוֹן הַקֶּלְטִית שֶׁהָיְתָה שְׁגוּרָה בֶּעָבָר בָּאִי מָאן

Manx cat סוּג חָתוּל חֲסַר־זָנָב

many /ˈmenɪ/ adj. הַרְבֵּה; רַבִּים

many a time פְּעָמִים רַבּוֹת, לְעִתִּים קְרוֹבוֹת

a good (or **great**) **many** מִסְפָּר לֹא מְבֻטָּל

□ *you can have as many sweets as you like* אַתָּה יָכוֹל לֶאֱכֹל כַּמָּה מַמְתַּקִּים שֶׁתִּרְצֶה

□ *she lost the keys three times in as many months* הִיא אִבְּדָה אֶת הַמַּפְתְּחוֹת שָׁלֹשׁ פְּעָמִים בְּמֶשֶׁךְ שְׁלֹשָׁה חֳדָשִׁים

□ *many's the time I've had to help him out* כַּמָּה וְכַמָּה פְּעָמִים הָיָה עָלַי לַעֲזֹר לוֹ

□ *he's had one too many* (*colloq.*) הוּא שָׁתָה קְצָת יוֹתֵר מִדַּי (אַלְכּוֹהוֹל)

□ *we took twice as many shirts as we needed* לָקַחְנוּ פִּי שְׁנַיִם חֻלְצוֹת מִכְּפִי שֶׁהָיִינוּ צְרִיכִים

—n. רַבִּים

□ *many have gone there and not returned* רַבִּים יָצְאוּ לְשָׁם לִבְלִי שׁוּב

many-sided /ˌmenɪˈsaɪdɪd/ adj. רַב־צְדָדִי; בַּעַל אַסְפֶּקְטִים רַבִּים

□ *his talents are many-sided* הוּא בַּעַל כִּשְׁרוֹנוֹת מְגֻוָּנִים

Maoism /ˈmaʊɪzəm/ n. מָאוֹאִיזְם, תּוֹרָתוֹ שֶׁל מָאוֹ־צֶ'ה־דּוּן (זֶרֶם בַּקּוֹמוּנִיזְם)

Maoist /ˈmaʊɪst/ n. & adj. מָאוֹאִיסְט, חָסִיד תּוֹרַת מָאוֹ־צֶ'ה־דּוּן

Maori /ˈmaʊri/ n. & adj. מָאוֹרִי; שֶׁל הַמָּאוֹרִי (תּוֹשָׁבֵי נְיוּ־זִילַנְד הַמְּקוֹרִיִּים)

map /mæp/ n. מַפָּה גֵּיאוֹגְרָפִית, מַפָּה (אַךְ לֹא מַפַּת־שֻׁלְחָן)

□ *this book put him on the map* (*colloq.*) הַסֵּפֶר הַזֶּה הֶעֱלָה אֶת שְׁמוֹ עַל הַמַּפָּה

□ *this place is rather off the map* (*colloq.*) כִּמְעַט שֶׁאֵין גִּישָׁה לַמָּקוֹם זֶה

—v.t. מִפָּה

mapping pen עֵט שִׂרְטוּט דַּק מְאֹד

map out עָרַךְ וְתִכְנֵן בִּמְפֹרָט

□ *I've got my career all mapped out* הַקַּרְיֶרָה שֶׁלִּי מְסֻדֶּרֶת

maple /ˈmeɪp(ə)l/ n. אֶדֶר (עֵץ מִמִּשְׁפַּחַת הָאֶדְרִיִּים), מֵיפֶּל

maple syrup סִירוֹפ־מֵיפֶּל

mapping /mæpɪŋ/ n. (*Math.*) הֶעְתֵּק, הַעְתָּקָה (בְּתוֹרַת־הַקְּבוּצוֹת)

maquette /məˈket/ n. דֶּגֶם רִאשׁוֹנִי מְקֻטָּן, מָקֶט

maquis /ˈmæki:/ n. אַדְמַת־שִׂיחִים; מָאקִי, חָבֵר בִּתְנוּעַת "הָרֶזִיסְטַנְס" הַצָּרְפָתִית

mar /mɑ:(r)/ v.t. (*poet.*) פָּגַם בְּ..., פָּגַם בְּצוּרָתוֹ שֶׁל, פָּגַם בְּיָפְיוֹ שֶׁל

make or mar הִצְלִיחַ מְאֹד אוֹ הִכְשִׁיל מְאֹד

maraschino /ˌmærəˈski:nəʊ/ n. מַרַסְקִינוֹ, לִיקֶר דֻּבְדְּבָנֵי־בָּר אִיטַלְקִי

maraschino cherry דֻּבְדְּבָן קוֹקְטֵיל, מֵעֵין דֻּבְדְּבָן מְסֻכָּר

marathon /ˈmærəθən/ n. מֵרוֹץ מָרָתוֹן; מָרָתוֹן (שֶׁל רִקּוּדִים, שִׁירִים וְכַד')

□ *the meeting was a bit of a marathon* (*colloq.*) הַפְּגִישָׁה נִמְשְׁכָה בְּלִי סוֹף

maraud /məˈrɔ:d/ v.i. פָּשַׁט עַל, הִסְתַּעֵר לְשֵׁם שֹׁד וּבִזָּה

□ *marauding bands of tribesmen harassed the village* כְּנוּפְיוֹת־שׁוֹדְדִים שֶׁל בְּנֵי הַשֵּׁבֶט תָּקְפוּ שׁוּב וָשׁוּב אֶת הַכְּפָר

marauder /məˈrɔ:də(r)/ n. פּוֹשֵׁט, שׁוֹדֵד, גַּזְלָן

marble[1] /ˈmɑ:b(ə)l/ n.

1 (limestone) שַׁיִשׁ

2 (in *pl.*, collection of statues) אֹסֶף פִּסְלֵי־שַׁיִשׁ

3 (child's toy; in *pl.*, game with these) גֻּלּוֹת; מִשְׂחַק גֻּלּוֹת

□ *he's lost his marbles* (*colloq.*) הוּא מְטֹרָף עַל כָּל הָרֹאשׁ, "נָפְלָה לוֹ לְבֵנָה עַל הָרֹאשׁ"

marble[2] /ˈmɑ:b(ə)l/ v.t. צָבַע בְּדֻגְמִיּוֹת שַׁיִשׁ

□ *the book has marbled endpapers* הַדַּף הָרִאשׁוֹן וְהָאַחֲרוֹן בַּסֵּפֶר הַזֶּה עֲשׂוּיִים בְּדֻגְמַת־שַׁיִשׁ

marcasite /ˈmɑ:kəsaɪt/ n. מַרְקָזִיט (מַחְצָב, מְשַׁמֵּשׁ לְעִתִּים בְּתַכְשִׁיטִים זוֹלִים)

March /mɑ:tʃ/ n. מַרְס (הַחֹדֶשׁ הַשְּׁלִישִׁי בַּשָּׁנָה הָאֶזְרָחִית)

□ *he's as mad as a March hare* יֵשׁ לוֹ צִפֳּרִים בָּרֹאשׁ

march[1] /mɑ:tʃ/ n.

1 (military movement, procession) מִצְעָד, צְעָדָה; מַסָּע, הֲלִיכָה־בְּסָךְ

forced march מַסָּע מָהִיר בִּשְׁעַת־חֵרוּם, מַסָּע מוּאָץ

□ *I went on a march against nuclear power* יָצָאתִי לְמִצְעַד הַפְגָּנָה נֶגֶד הַשִּׁמּוּשׁ בְּכֹחַ־גַּרְעִינִי

□ *they stole a march on him* הֵם הִפְתִּיעוּ אוֹתוֹ וְזָכוּ בְּיִתְרוֹן

2 (progress) הִתְקַדְּמוּת

□ *the march of events overtook us* (*formal*) הִשְׁתַּלְשְׁלוּת הַמְּאֹרָעוֹת חָלְפָה עַל פָּנֵינוּ וְעָבְרָה

3 (piece of music) שִׁיר־לֶכֶת, מַרְשׁ

dead march מוּזִיקַת־אֵבֶל (לָרֹב בְּמַסַּע־לְוָיָה)

—v.t. & i. צָעַד, הָלַךְ; צָעַד בְּקֶצֶב; הוֹלִיךְ בְּכֹחַ

quick march! בְּקֶצֶב מָהִיר צְעַד!

□ *she marched off in disgust* הִיא פָּנְתָה לָהּ וְהָלְכָה בְּשְׁאָט נֶפֶשׁ

□ *the prisoner was marched away* (or *off*) הַשּׁוֹטְרִים לָקְחוּ אֶת הָאָסִיר

□ *he was given his marching orders* גֵּרְשׁוּ אוֹתוֹ, סִלְּקוּ אוֹתוֹ, פִּטְּרוּ אוֹתוֹ

march[2] /mɑ:tʃ/ n., usu. in *pl.* (*Hist.*) גְּבוּל

—v.i. (*formal*) גָּבַל

□ *our territory marches with theirs* הָאֵזוֹר שֶׁלָּנוּ גּוֹבֵל בְּשֶׁלָּהֶם

marchioness /ˌmɑ:ʃəˈnes/ n. מַרְקִיזָה

Mardi Gras /ˌmɑ:dɪ ˈgrɑ:/ n. קַרְנִיבָל; הַקַּרְנִיבָל הַנֶּעֱרָךְ לִפְנֵי הַיּוֹם הָרִאשׁוֹן שֶׁל לֶנְט (בַּנַּצְרוּת)

mare /ˈmeə(r)/ n. סוּסָה; (בְּהַשְׁאָלָה, בִּטּוּי מַעֲלִיב לְאִשָּׁה) "כַּלְבָּה"

mare's-nest תַּגְלִית שֶׁאֵין לָהּ שַׁחַר, עוֹרְבָא פָּרַח, הֶבֶל וָרִיק

mare's tail שְׁבַטְבָּט (סוּג שֶׁל שְׂרָכִים); עָנָן הַדּוֹמֶה בְּצוּרָתוֹ לִזְנַב סוּס

margarine /ˌmɑːdʒəˈriːn/ n. מַרְגָּרִינָה

margarita /ˌmɑːgəˈriːtə/ n. מַרְגָּרִיטָה (קוֹקְטֵיל טָקִילָה וּמִיץ לִימוֹן)

marge /mɑːdʒ/ n. (*colloq.*) מַרְגָּרִינָה

margin /ˈmɑːdʒɪn/ n.

1 (edge or border of surface) קָצֶה, גְּבוּל, תְּחוּם, שָׂפָה, שֹׁבֶל

2 (space round printed page) שׁוּלַיִם

3 (difference between buying and selling price) מֶתַח־הָרְוָחִים, הֶפְרֵשׁ־הָרְוָחִים

4 (extra amount above estimated minimum) יִתְרָה, שׁוּלַיִם

margin of safety (or **error**) מִרְוַח־בְּטִיחוּת

□ *he escaped defeat by a narrow margin* הוּא נִצַּל מִתְּבוּסָה בְּרֹב זָעוּם שֶׁל קוֹלוֹת

marginal /ˈmɑːdʒɪn(ə)l/ adj. שׁוּלִי

marginal (constituency) (*UK*) אֵזוֹר בְּחִירוֹת שֶׁלֹּא יָדוּעַ מֵרֹאשׁ אֵיזוֹ מִפְלָגָה תִּזְכֶּה בּוֹ

marginally /ˈmɑːdʒɪnəlɪ/ adv. בְּאֹפֶן שׁוּלִי

marguerite /ˌmɑːgəˈriːt/ n. (פֶּרַח) מַרְגָּנִית, חַרְצִית, כְּרִיזַנְטֶמָה

marigold /ˈmærɪgəʊld/ n. (פֶּרַח) צִפָּרְנֵי־הֶחָתוּל

marijuana /ˌmærɪˈhwɑːnə/ n. מָרִיחוּאָנָה, קַנַּבִּיס, "גְּרָס" (צֶמַח נַרְקוֹטִי)

marimba /məˈrɪmbə/ n. מָרִימְבָּה, כְּלִי נְגִינָה דְּרוֹם־אֲמֶרִיקָאִי דְּמוּי קְסִילוֹפוֹן

marina /məˈriːnə/ n. מָרִינָה, מַעֲגָן לְסִירוֹת־נֹפֶשׁ

marinade /ˌmærɪˈneɪd/ n. רֹטֶב־הַשְׁרָיָה (לְבָשָׂר), מָרִינָדָה, תַּחְמִיץ

—v.t. (also **marinate** /ˈmærɪneɪt/) הִשְׁרָה (בָּשָׂר) בְּרֹטֶב אוֹ בְּתַחְמִיץ, הִשְׁרָה בְּמָרִינָדָה

marine /məˈriːn/ adj.

1 (of the sea) שֶׁל הַיָּם, יַמִּי, לְיַד הַיָּם

2 (of shipping) שֶׁל סַפָּנוּת

—n.

1 (soldier serving on warship) נֶחָת, חַיָּל הַמְשָׁרֵת בַּצִּי, מָרִין (ר' מָרִינְס)

□ *tell that to the marines!* (*arch. sl.*) סַפֵּר לְסַבְתָּא!

2 (shipping) סַפָּנוּת

the merchant marine צִי הַסּוֹחֵר

mariner /ˈmærɪnə(r)/ n. יוֹרֵד־יָם, מַלָּח, סַפָּן

marionette /ˌmærɪəˈnet/ n. מָרִיוֹנֶטָה, בֻּבָּה בְּתֵיאַטְרוֹן־בֻּבּוֹת

marital /ˈmærɪt(ə)l/ adj. שֶׁל נִשּׂוּאִין, שֶׁל חַיֵּי הַזּוּג, שֶׁל הַבַּעַל

marital status מַצָּב אִישִׁי (רַוָּק, נָשׂוּי, גָּרוּשׁ, אַלְמָן)

maritime /ˈmærɪtaɪm/ adj.

1 (connected with the sea or navigation) יַמִּי, שֶׁל סַפָּנוּת

2 (situated near the sea) עַל שְׂפַת הַיָּם, עַל חוֹף־הַיָּם

marjoram /ˈmɑːdʒər(ə)m/ n. אֵזוֹבִית (תַּבְלִין רֵיחָנִי)

mark[1] /mɑːk/ n.

1 (spot or stain or trace left by something) כֶּתֶם

□ *he left his mark on American politics* הוּא הִשְׁאִיר אֶת חוֹתָמוֹ עַל הַפּוֹלִיטִיקָה הָאֲמֶרִיקָאִית

2 (sign, indication) סִימָן, צִיּוּן, אוֹת, תָּו

punctuation mark סִימַן פִּסּוּק

□ *modesty is the mark of greatness* הָעֲנָוָה הִיא סִימָנוֹ שֶׁל אָדָם גָּדוֹל

□ *make a mark if you can't sign your name* אִם אַתָּה לֹא יוֹדֵעַ אֵיךְ לַחְתֹּם אֶת שִׁמְךָ, תְּסַמֵּן אִיקְס

□ *he made his mark as a comedian* (*colloq.*) הוּא זָכָה לִתְשׂוּמַת לֵב כְּקוֹמִיקַאי

□ *the shops closed as a mark of respect* הַחֲנֻיּוֹת נִסְגְּרוּ מִתּוֹךְ כָּבוֹד (לַנָּשִׂיא הַמֵּת וְכַד')

3 (unit of merit; award) צִיּוּן, הַעֲרָכָה

full marks עֶשֶׂר עַל עֶשֶׂר, כָּל הַנְּקֻדּוֹת הָאֶפְשָׁרִיּוֹת (בְּדֵרוּג)

4 (visual designation of target) מַטָּרָה, בּוּל

□ *the guess was wide of the mark* הַנִּחוּשׁ בִּכְלָל לֹא קָלַע לַמַּטָּרָה, הַנִּחוּשׁ הֶחֱטִיא לְגַמְרֵי

□ *you certainly hit the mark there* (*fig.*) קָלַעְתָּ בּוּל

5 (standard) הָרָמָה הַדְּרוּשָׁה

□ *his work is not up to the mark* אֵיכוּת הָעֲבוֹדָה שֶׁלּוֹ אֵינָהּ עוֹנָה עַל הַדְּרִישׁוֹת

6 (starting-point for a race) קַו־הַזִּנּוּק (בְּמֵרוֹץ)

on your marks! לִמְקוֹמוֹת (הִכּוֹן... רוּץ!)

□ *you're quick off the mark* (*colloq.*) אַתָּה תּוֹפֵשׂ מַהֵר

7 (model or type number) דֶּגֶם, מוֹדֶל

□ *she drove a Mark X Jaguar* הִיא הֶחֱזִיקָה מְכוֹנִית יָגוּאָר דֶּגֶם־X

—v.t.

1 (indicate, distinguish) צִיֵּן, הִבְחִין, סִמֵּן

□ *they marked the price up* (or *down*) הֵם הֶעֱלוּ/הוֹרִידוּ אֶת הַמְּחִיר

□ *he marked off the building plot* הוּא סִמֵּן אֶת גְּבוּלוֹת מִגְרַשׁ־הַבְּנִיָּה

□ *they marked out the tennis court* הֵם סִמְּנוּ אֶת הַקַּוִּים עַל מִגְרַשׁ־הַטֶּנִיס

□ *he is marked (out) for promotion* הוּא מֻעֲמָד לְקִדּוּם

□ *she's marking time in that job* (*fig.*) בַּמִּשְׂרָה הַזֹּאת אֵין לָהּ הַרְבֵּה סִכּוּיִים לְקִדּוּם, הִיא צוֹעֶדֶת בִּמְקוֹם בַּמִּשְׂרָה הַזֹּאת

□ *he is a marked man* גּוֹרָלוֹ נֶחֱרַץ, הוּא אָבוּד

2 (be a distinguishing feature of) אִפְיֵן, סִמֵּן, צִיֵּן

□ *his term of office was marked by several scandals* תְּקוּפַת כְּהֻנָּתוֹ הִתְאַפְיְנָה עַל יְדֵי כַּמָּה וְכַמָּה שַׁעֲרוּרִיּוֹת

□ *what marks a great leader?* מַה מְּאַפְיֵן מַנְהִיג דָּגוּל?
□ *his death marks the end of an era (formal)* מוֹתוֹ מְצַיֵּן אֶת סוֹפָהּ שֶׁל תְּקוּפָה
3 (assess merit of) נָתַן צִיּוּן לְ..., דֵּרֵג
□ *he marked the papers* הוּא נָתַן צִיּוּנִים לַבְּחִינוֹת, הוּא בָּדַק אֶת הַבְּחִינוֹת
4 (indicate something by putting a mark) צִיֵּן עַל-יְדֵי סִמּוּן
□ *the teacher marked John absent* הַמּוֹרֶה צִיֵּן בַּיּוֹמָן שֶׁג'וֹן נֶעְדַּר, הַמּוֹרֶה רָשַׁם לְג'וֹן חִסּוּר בַּיּוֹמָן
5 (pay attention to, notice) שָׂם לֵב לְ...
□ *mark my words! (arch.)* שִׂים לֵב לִדְבָרַי! תִּזְכֹּר מַה אָמַרְתִּי!
□ *there was a marked improvement in productivity* הָיָה שִׁפּוּר נִכָּר בִּיעִילוּת-הַתְּפוּקָה
6 (stain, disfigure, also v.i.) הִכְתִּים, פָּגַם, הִשְׁאִיר סִימָנִים

mark² /mɑːk/ n. מַארְק (מַטְבֵּעַ גֶּרְמָנִי)
markdown /ˈmɑːkdaʊn/n. הֲנָחָה (בַּמְּחִיר)
marked /mɑːkt/ adj. מְסֻמָּן; מֻכְתָּם; בָּרוּר
markedly /ˈmɑːkɪdlɪ/ adv. בְּאֹפֶן נִכָּר
marker /ˈmɑːkə(r)/ n.
1 (tool or person that makes marks) מַכְשִׁיר סִמּוּן, עֵט סִמּוּן; סַמָּן
marker pen עֵט-טוּשׁ, עֵט סִמּוּן, "מַרְקֶר"
2 (thing denoting place or function) סִימָן, צִיּוּן, תַּמְרוּר, דֶּגֶל, סִמּוּן
marker buoy מָצוֹף-סִמּוּן
market /ˈmɑːkɪt/ n.
1 (public place for buying and selling) שׁוּק, יָרִיד
□ *the farmer went to market* הָאִכָּר הָלַךְ לַשּׁוּק
market town (*UK*) עִיר-שׁוּק
2 (trade) מִסְחָר, שׁוּק
market price (or **value**) מְחִיר-הַשּׁוּק
stock market בּוּרְסַת-הַמְּנָיוֹת, שׁוּק-הַמְּנָיוֹת
□ *the market was steady* הַשּׁוּק הָיָה יַצִּיב
3 (demand for goods) שׁוּק, בִּקּוּשׁ
□ *there's no market for art today* אֵין הַיּוֹם שׁוּק לָאֳמָנוּת
□ *we must find a new market for our products* עָלֵינוּ לִמְצֹא שׁוּק חָדָשׁ לְמוּצָרֵינוּ
4 (buying and selling) קְנִיָּה וּמְכִירָה
market research מֶחְקַר-שְׁוָקִים, סֶקֶר-שְׁוָקִים
□ *they put their house on the market* הֵם הִצִּיעוּ אֶת בֵּיתָם לִמְכִירָה
□ *there's a lot of cosmetics on the market* יֵשׁ הַרְבֵּה מוּצְרֵי קוֹסְמֶטִיקָה בַּשּׁוּק
□ *he's in the market for girlfriends (fig.)* הוּא "מְחַפֵּשׂ" (בַּחוּרוֹת); הוּא "פָּנוּי" (כְּלוֹמַר, רַוָּק)
□ *they played the market* הֵם "שִׂחֲקוּ" בַּבּוּרְסָה, הֵם הִמְּרוּ בַּבּוּרְסָה

—v.t. & i. שִׁוֵּק
marketable /ˈmɑːkɪtəb(ə)l/ adj. נִתָּן לְשִׁוּוּק; מַכְנִיס
market-day /ˈmɑːkit-deɪ/ n. יוֹם-הַשּׁוּק
market garden /ˌmɑːkɪt ˈgɑːd(ə)n/ n. שֶׁטַח לְגִדּוּל יְרָקוֹת אוֹ פֵּרוֹת
marketing /ˈmɑːkɪtɪŋ/ n. שִׁוּוּק
market-place /ˈmɑːkɪt-pleɪs/ n. הַשּׁוּק, כִּכַּר-הַשּׁוּק
marksman /ˈmɑːksmən/ n. (*pl.* **marksmen**) צַלָּף, קַלָּע
marksmanship /ˈmɑːksmənʃɪp/ n. צַלָּפוּת, קַלָּעוּת
mark-up /ˈmɑːk-ʌp/ n. שִׁעוּר הָרֶוַח, פַּעַר בֵּין מְחִיר-קְנִיָּה וְהַמְּחִיר הַמְסֻמָּן
marl /mɑːl/ n. אַדְמַת-סִיד (לְזִבּוּל)
marlin /ˈmɑːlɪn/ n. דַּג-חֶרֶב
marmalade /ˈmɑːməleɪd/ n. מַרְמֶלָדָה, רִבַּת-הֲדָרִים (מְרִירָה)
marmoreal /mɑːˈmɔːrɪəl/ adj. (*poet.*) עָשׂוּי שַׁיִשׁ; דְּמוּי-שַׁיִשׁ
marmoset /ˈmɑːməzet/ n. קוֹף סְנָאִי, מַרְמוֹסֶט
marmot /ˈmɑːmət/ n. מַרְמִיטָה, חֲזִיר-יַעַר
marocain /ˈmærəkeɪn/ n. בַּד-מָרוֹקֵין
Maronite /ˈmærənaɪt/ n. & adj. מָרוֹנִי (בֶּן הַכְּנֵסִיָּה הַנּוֹצְרִית-סוּרִית, בְּעִקָּר בִּלְבָנוֹן); מָרוֹנִי
maroon¹ /məˈruːn/ adj. & n. (צֶבַע) חוּם עַרְמוֹנִי; זִקּוּק-אַתְרָעָה
maroon² /məˈruːn/ v.t. נָטַשׁ (אָדָם) עַל חוֹף אִי שׁוֹמֵם (לָרֹב לְמַטְּרַת-עֲנִישָׁה)
marquee /mɑːˈkiː/ n. אֹהֶל גָּדוֹל לִמְסִבַּת-גַּן, לְתַעֲרוּכָה, לְקִרְקָס וְכַד'
marquess /ˈmɑːkwɪs/ n. מַרְקִיז, רוֹזֵן
marquetry /ˈmɑːkɪtrɪ/ n. עֲבוֹדַת תַּשְׁבֵּץ סְסְגוֹנִי בְּעֵץ-רָהִיטִים אוֹ בְּשֶׁנְהָב
marquis /ˈmɑːkwɪs/ n. מַרְקִיז, רוֹזֵן
marquise /mɑːˈkiːz/ n. מַרְקִיזָה, רוֹזֶנֶת; אֶבֶן יְקָרָה הַחֲתוּכָה בְּצוּרַת שָׁקֵד
marriage /ˈmærɪdʒ/ n. נִשּׂוּאִים; כְּלוּלוֹת, טֶקֶס נִשּׂוּאִים, חֲתֻנָּה
marriage certificate (or **lines**) תְּעוּדַת נִשּׂוּאִים
□ *there was a true marriage of minds* זֶה הָיָה שִׁלּוּב מֻשְׁלָם (לְצָרְכֵי עֲבוֹדָה, שֶׁל רְגָשׁוֹת וְכַד')
marriageable /ˈmærɪdʒəb(ə)l/ adj. שֶׁהִגִּיעַ לְפִרְקוֹ, בָּשֵׁל לְנִשּׂוּאִים
married /ˈmærid/ adj. נָשׂוּי
marrons glacés /ˌmærɒn ˈglɑːseɪ/ n. *pl.* עַרְמוֹנִים מְסֻכָּרִים
marrow /ˈmærəʊ/ n.
1 (soft central part of bone) לְשַׁד-עֲצָמוֹת
□ *I was chilled to the marrow* קָפָאתִי מִקֹּר
2 (vegetable) דְּלַעַת הַגִּנָּה, מֵעֵין קִשּׁוּא גָּדוֹל
marrowbone /ˈmærəʊbəʊn/ n. עֶצֶם עִם לְשַׁד (לְבִשּׁוּל)
marrowfat /ˈmærəʊfæt/ n. סוּג שֶׁל אֲפוּנָה גְּדוֹלָה

marry /mærɪ/ v.t.
1 (take as husband or wife) הִתְחַתֵּן, נָשָׂא
□ *until he married money he was a poor man* הוּא הָיָה עָנִי עַד שֶׁהִתְחַתֵּן עִם אִשָּׁה עֲשִׁירָה
2 (unite, give in marriage) הִשִּׂיא, זִוֵּג, חִתֵּן
—v.i. הִתְחַתֵּן
□ *he married into a good family* הוּא הִתְחַתֵּן עִם בַּת־טוֹבִים

Mars /mɑːz/ n.
1 (planet) מַאֲדִים (כּוֹכַב הַלֶּכֶת)
2 (god of war) מַרְס, אֵל־הַמִּלְחָמָה הָרוֹמִי

Marsala /mɑːˈsɑːlə/ n. יֵין־מַרְסָלָה (יַיִן מָתוֹק וּמְשַׁכֵּר)

Marseillaise /ˌmɑːseɪˈjeɪz/ n. הַמַּארְסֵיֶז, הַהִמְנוֹן הַלְאֻמִּי הַצָּרְפָתִי

marsh /mɑːʃ/ n. בִּצָּה
marsh mallow חָטְמִית רְפוּאִית (צֶמַח מִמִּשְׁפַּחַת הַחֶלְמִיתִיִּים)

marshal /ˈmɑːʃ(ə)l/ n.
1 (rank in armed forces) מַרְשָׁל (קְצִין צָבָא גָּבוֹהַּ מְאֹד)
2 (official) קְצִין מִנְהָלִי שִׁפּוּטִי, קְצִין מִשְׁטָרָה, פְּקִיד בֵּית־דִּין, קְצִין טֶקֶס
—v.t. עָרַךְ בְּסֵדֶר, סִדֵּר; הוֹבִיל
marshalling yard שֶׁטַח אִחְסוּן קְרוֹנוֹת, שֶׁטַח תִּמְרוּן (בְּתַחֲנַת רַכֶּבֶת)
□ *he marshalled his facts* הוּא עָרַךְ אֶת הָעֻבְדּוֹת כַּשּׁוּרָה

marsh gas /ˈmɑːʃ gæs/ n. גַּז־בִּצּוֹת

marshmallow /ˌmɑːʃˈmæləʊ/ n. "מַרְשְׁמֶלוֹ" (מַמְתַּק קְצִיפָתִי)

marshy /ˈmɑːʃɪ/ adj. בִּצָּתִי

marsupial /mɑːˈsuːpɪəl/ n. & adj. (*Zool.*) חַיַּת־כִּיס; שֶׁל חַיַּת־כִּיס

mart /mɑːt/ n. שׁוּק; חֲדַר־מְכִירוֹת פֻּמְבִּיּוֹת; מֶרְכָּז מִסְחָרִי

Martello tower /mɑːˌteləʊ ˌtaʊə/ n. (*Hist.*) מִגְדַּל בִּצּוּרִים עָגֹל (לָרֹב עַל הַחוֹף)

marten /ˈmɑːtɪn/ n. דָּלָק (חַיָּה טוֹרֶפֶת קְטַנָּה)

martial /ˈmɑːʃ(ə)l/ adj.
1 (associated with war) צְבָאִי, מִלְחַמְתִּי, שֶׁל לְחִימָה
martial arts אֳמָנֻיּוֹת־הַלְּחִימָה (קָרָטֶה, קוּנְג־פוּ וְכַד׳)
martial law מִשְׁטָר צְבָאִי
2 (warlike) אוֹהֵב מִלְחָמָה, אַמִּיץ

Martian /ˈmɑːʃ(ə)n/ n. & adj. אִישׁ־הַמַּאֲדִים; שֶׁל הַמַּאֲדִים

martin /ˈmɑːtɪn/ n. סְנוּנִית

martinet /ˌmɑːtɪˈnet/ n. (*derog.*) קַפְדָן, מֵטִיל וְתוֹבֵעַ מִשְׁמַעַת־בַּרְזֶל

martini /mɑːˈtiːnɪ/ n. וֶרְמוּט־מַרְטִינִי (שֵׁם מִסְחָרִי שֶׁל וֶרְמוּט); קוֹקְטֵיל־מַרְטִינִי (תַּעֲרֹבֶת שֶׁל גִ׳ין וּוֶרְמוּט)

martyr /ˈmɑːtə(r)/ n. קָדוֹשׁ מְעֻנֶּה, מְקַדֵּשׁ־הַשֵּׁם
□ *she was a martyr to rheumatism* הִיא סָבְלָה קָשׁוֹת מִשִּׁגָּרוֹן
—v.t. (usu. in pass.) עִנָּה (אֶת פְּלוֹנִי, בְּשֶׁל אֱמוּנָתוֹ), הוֹצִיא לַהוֹרֵג בְּעִנּוּיִים קָשִׁים

martyrdom /ˈmɑːtədəm/ n. מוֹת־קְדוֹשִׁים, קִדּוּשׁ הַשֵּׁם, עִנּוּיֵי־קָדוֹשׁ

marvel /ˈmɑːv(ə)l/ n. פֶּלֶא, דָּבָר נִפְלָא
□ *her room's a marvel of neatness* הַחֶדֶר שֶׁלָּהּ מְסֻדָּר לְהַפְלִיא
—v.i. הִתְפַּלֵּא עַל, הִתְפַּעֵל מ...
□ *the ship was a sight to marvel at* מַרְאֵה הַסְּפִינָה הָיָה מֻפְלָא

marvellous /ˈmɑːvələs/ adj. נֶהְדָּר, נִפְלָא, מַפְלִיא

Marxism /ˈmɑːksɪzəm/ n. מַרְקְסִיזְם

Marxist /ˈmɑːksɪst/ n. & adj. מַרְקְסִיסְט, חָסִיד הַמַּרְקְסִיזְם; מַרְקְסִיסְטִי

marzipan /ˈmɑːzɪpæn/ n. מַרְצִיפָּן (מִמְרָח עָשׂוּי שְׁקֵדִים כְּתוּשִׁים וְסֻכָּר)

Masai /ˈmɑːsaɪ/ n. בֶּן שֵׁבֶט הַמַּסָּאִים, מַסָּאִי

mascara /mæsˈkɑːrə/ n. מַסְקָרָה, אִפּוּר לְרִיסֵי־הָעֵינַיִם

mascot /ˈmæskət/ n. קָמֵיעַ, סֵמֶל (לָרֹב חַיָּה, פְּחָלָץ, חַיַּת פַּרְוָה וְכַד׳)

masculine /ˈmæskjʊlɪn/ adj.
1 (male, manly) גַּבְרִי, זְכָרִי; חָזָק, נִמְרָץ
2 (*Gram.*) (בְּדִקְדּוּק) מִין זָכָר

masculinity /ˌmæskjʊˈlɪnɪtɪ/ n. זַכְרוּת, גַּבְרִיּוּת

maser /ˈmeɪzə(r)/ n. "מֵיזֶר", מִתְקָן לַהֲפָקַת אוֹ הַגְדָּלַת גַּלֵּי־מִיקְרוֹ

mash /mæʃ/ n.
1 (bran or grain cooked in water) בְּלִיל (לְסוּסִים מְבֻשָּׁל בְּמַיִם)
2 (crushed and softened substance) מְחִית, בְּלִיל, פִּירֶה
□ *we had bangers and mash for tea* (*UK colloq.*) אָכַלְנוּ נַקְנִיקִיּוֹת וּפִירֶה לַאֲרוּחַת עֶרֶב
3 (for brewing) לֶתֶת עִם מַיִם חַמִּים שֶׁמִּשְׁתַּמְּשִׁים בּוֹ בְּיִצּוּר בִּירָה
—v.t. מָעַךְ, עָשָׂה מְחִית מ...
mashed potatoes מְחִית תַּפּוּחֵי־אֲדָמָה, פִּירֶה

masher /ˈmæʃə(r)/ n. מַמְחֶה, כְּלִי־מִטְבָּח לִמְעִיכַת תַּפּוּחֵי־אֲדָמָה לִמְחִית

mask /mɑːsk/ n. מַסֵּכָה; מַסְוֶה, מַעֲטֶה
death mask מַסֵּכַת־מָוֶת
gas mask מַסֵּכַת־גָּז
□ *he wore a mask of indifference* (*fig.*) הוּא עָטָה עַל פָּנָיו אֲרֶשֶׁת אֲדִישׁוּת
—v.t. הִסְתִּיר, הִסְוָה; שָׂם מַסֵּכָה עַל (לָרֹב בְּהוֹרָאָה סְבִילָה)
masked ball נֶשֶׁף מַסֵּכוֹת
masking tape סֶרֶט־דָּבִיק, "מַסְקִינְג־טֵיפּ"

□ *he masked his enmity under a cloak of friendship* הוּא הִסְתַּתֵּר מֵאֲחוֹרֵי מַסְוֶה שֶׁל יְדִידוּת

masochism /ˈmæsəkɪzəm/ n. מָזוֹכִיזְם, הֲפָקַת הֲנָאָה (לָרֹב מִינִית) מִסֵּבֶל־עַצְמִי

masochist /ˈmæsəkɪst/ n. מָזוֹכִיסְט, מִי שֶׁנֶּהֱנֶה לְהִתְאַכְזֵר לְעַצְמוֹ

masochistic /ˌmæsəˈkɪstɪk/ adj. מָזוֹכִיסְטִי (כַּנַּ"ל)

mason /ˈmeɪs(ə)n/ n.
1 (worker in stone) סַתַּת־אֶבֶן אֻמָּן, בַּנַּאי־אֻמָּן
2 (freemason; usu. **Mason**) בּוֹנֶה חָפְשִׁי

Mason–Dixon line /ˌmeɪs(ə)n–ˈdiks(ə)n ˌlain/ n. (*US*) קַו הַגְּבוּל בֵּין פֶּנְסִילְבַנְיָה וּמֶרִילֶנְד שֶׁהִפְרִיד בֵּין הַמְּדִינוֹת שֶׁבָּהֶן הָיְתָה הָעַבְדוּת מֻתֶּרֶת אוֹ אֲסוּרָה לִפְנֵי מִלְחֶמֶת הָאֶזְרָחִים

Masonic /meˈsɒnɪk/ adj. שֶׁל הַבּוֹנִים הַחָפְשִׁיִּים

masonry /ˈmeɪsənrɪ/ n.
1 (stonework) אֶבֶן־בִּנְיָן; בְּנִיָּה־בְּאֶבֶן
2 (job of a mason) בְּנִיָּה־בְּאֶבֶן, מְלַאכְתּוֹ שֶׁל בַּנַּאי אֻמָּן

masque /mɑːsk/ n. (*Hist.*) מַחֲזֶה בַּחֲרוּזִים בְּלִוְיַת מוּזִיקָה; מָחוֹל מַסֵּכוֹת שֶׁהֻצַּג בְּעִקָּר בְּאַנְגְלִיָּה בַּמֵּאוֹת הַ־16 וְהַ־17

masquerade /ˌmɑːskəˈreɪd/ n. נֶשֶׁף־מַסֵּכוֹת, הִתְחַפְּשׂוּת; הַעֲמָדַת־פָּנִים, הִתְחַזּוּת
□ *his interest was a mere masquerade* (*derog.*) הַהִתְעַנְיְנוּת שֶׁלּוֹ הָיְתָה לֹא יוֹתֵר מֵאֲשֶׁר הַעֲמָדַת־פָּנִים
—v.i. (*derog.*) הִתְחַזָּה, הֶעֱמִיד פָּנִים
□ *he masqueraded as an expert* הוּא הִתְחַזָּה לְמֻמְחֶה

Mass /mæs/ n. מִיסָה, תְּפִלָּה קָתוֹלִית; מוּזִיקַת הַמִּיסָה

mass /mæs/ n.
1 (*Phys.*) מַסָּה
2 (aggregation, body) הִצְטַבְּרוּת, גּוּשׁ, כַּמּוּת שֶׁל
3 (large number) מִסְפָּר גָּדוֹל
□ *there was a mass walkout* הָיְתָה הַפְסָקַת־עֲבוֹדָה הֲמוֹנִית
□ *he is a mass of bruises* (*colloq.*) הוּא כֻּלּוֹ שְׂרִיטָה וְחַבּוּרָה
□ *he got masses of awards* (*colloq.*) הוּא קִבֵּל הָמוֹן פְּרָסִים
—v.t. & i. כִּנֵּס, הִקְהִיל; הִתְאַסֵּף
□ *the troops were massing for battle* הַצָּבָא הֵחֵל לְהֵעָרֵךְ לִקְרַאת הַקְּרָב

massacre /ˈmæsəkə(r)/ n. טֶבַח, רֶצַח הֲמוֹנִי, הַשְׁמָדָה, הֶרֶג; (בְּהַשְׁאָלָה) "שְׁחִיטָה"
—v.t. טָבַח, רָצַח, הִשְׁמִיד; (בְּהַשְׁאָלָה) "שָׁחַט"

massage /ˈmæsɑːʒ/ n. עִסּוּי, מַסָּז'
massage parlour מְכוֹן־עִסּוּי; "מְכוֹן עִסּוּי" (בֵּית־זוֹנוֹת)
—v.t.
1 (give massage to) עִסָּה, עָשָׂה מַסָּז'
2 (manipulate, *derog.*) "שִׂחֵק" עִם
□ *the government have been massaging the unemployment figures* הַמֶּמְשָׁלָה "שִׂחֲקָה" עִם נְתוּנֵי הָאַבְטָלָה

masses /ˈmæsɪz/ n. *pl.* הֲמוֹנִים, הֶהָמוֹן, הָעָם־הַפָּשׁוּט
□ *the masses wouldn't appreciate the film* הַהֲמוֹנִים לֹא יָדְעוּ לְהַעֲרִיךְ אֶת הַסֶּרֶט

masseur /mæˈsɜː(r)/ n. מְעַסֶּה, מַסָּז'יסְט

masseuse /mæˈsɜːz/ n. מְעַסָּה, מַסָּז'יסְטִית

massif /mæˈsiːf/ n. גּוּשׁ־הָרִים, רִכְסֵי־הָרִים הַיּוֹצְרִים גּוּשׁ מְלֻכָּד

massive /ˈmæsɪv/ adj. מַסִּיבִי, מוּצָק וְכָבֵד, עָבֶה וְחָזָק, עָצוּם

mass media /ˌmæs ˈmiːdɪə/ n. אֶמְצָעֵי תִּקְשֹׁרֶת הֲמוֹנִים (רַדְיוֹ, טֶלֶוִיזְיָה, עִתּוֹנוּת)

mass-produce /ˌmæs-prəˈdjuːs/ v.t. יִצֵּר יִצּוּר הֲמוֹנִי

mass production /ˌmæs prəˈdʌkʃ(ə)n/ n. יִצּוּר הֲמוֹנִי

mast /mɑːst/ n.
1 (support for ship's sail) תֹּרֶן (סְפִינָה)
2 (tall pole for flag) תֹּרֶן (לְדֶגֶל)
□ *the flag was at half mast* הַדֶּגֶל הוּרַד לַחֲצִי־הַתֹּרֶן (לְסִימַן־אֵבֶל)
3 radio (or **television**) **mast** תֹּרֶן־טֶלֶוִיזְיָה, הַמִּתְקָן שֶׁעָלָיו נִצֶּבֶת אַנְטֶנָּה לְשִׁדּוּר טֶלֶוִיזְיָה

mastectomy /mæˈstektəmɪ/ n. (*Med.*) כְּרִיתַת־שַׁד (לָרֹב בְּטִפּוּל נֶגֶד סַרְטָן)

master /ˈmɑːstə(r)/ n.
1 (person in control) אָדוֹן, שַׁלִּיט, מוֹשֵׁל, נָגִיד, רֹאשׁ
Master of Ceremonies שַׂר הַטֶּקֶס, הַמְנַצֵּחַ עַל הַטֶּקֶס
□ *I am the master of this house* אֲנִי בַּעַל־הַבַּיִת בְּבַיִת הַזֶּה
□ *I'm master of my own fate again* אֲנִי שׁוּב פַּעַם אָדוֹן לְגוֹרָלִי; אֲנִי שׁוּב פַּעַם אָדוֹן לְעַצְמִי
□ *the dog knew his master's voice* הַכֶּלֶב הִכִּיר אֶת קוֹל אֲדוֹנָיו
2 (person of great ability, expert) אֻמָּן, מֻמְחֶה
master builder בַּנַּאי־אֻמָּן, סַתַּת־אֻמָּן
Master of Arts תֹּאַר מֻסְמָךְ לְמַדָּעֵי הָרוּחַ, תֹּאַר מַסְטֶר בְּמַדָּעֵי הָרוּחַ; בַּעַל תֹּאַר כַּנַּ"ל
Master of Science תֹּאַר מֻסְמָךְ לְמַדָּעִים, תֹּאַר מַסְטֶר בְּמַדָּעִים; בַּעַל תֹּאַר כַּנַּ"ל
□ *he became a master of concealment* הוּא לָמַד אֶת כָּל רָזֵי הַהַסְוָאָה
3 (male teacher) מוֹרֶה
4 (title of young boy *arch.*) כִּנּוּי כָּבוֹד לְבָחוּר צָעִיר
5 (head of college, etc.) מַסְטֶר, כִּנּוּי לְרֹאשׁ־הַקּוֹלֶג' בְּמוֹסָדוֹת לְהַשְׂכָּלָה גְּבוֹהָה מְסֻיָּמִים
6 (ship's captain) רַב־חוֹבֵל, קַבַּרְנִיט
7 (great artist) אֳמָן דָּגוּל, אָמָן גָּדוֹל
Old Masters הַצַּיָּרִים הַמְּהֻלָּלִים (בְּעִקָּר אֵלּוּ מִן הַמֵּאוֹת הַ־13 עַד הַ־17); צִיּוּרֵיהֶם שֶׁל צַיָּרִים אֵלּוּ

8 (original from which copies are made) מַסְטֵר, הַמְּקוֹרִי

—adj. רָאשִׁי, מַסְטֵר

—v.t.

1 (control) גָּבַר עַל, הִשְׁתַּלֵּט עַל, כָּבַשׁ, מָשַׁל בְּרוּחוֹ

2 (become skilful at) הִשְׁתַּלֵּט עַל, רָכַשׁ שְׁלִיטָה בְּ..., רָכַשׁ מֻמְחִיּוּת בְּ..., לָמַד אֶת... עַל בֻּרְיוֹ

masterclass /ˈmɑːstəklɑːs/ n. כִּתַּת־אָמָן

masterful /ˈmɑːstəf(ə)l/ adj. מְיֻמָּן מְאֹד, סַמְכוּתִי, שְׁתַלְטָן

master-key /ˈmɑːstə-kiː/ n. מַפְתֵּחַ־רָאשִׁי, מַפְתֵּחַ־מַסְטֵר

masterly /ˈmɑːstəli/ n. עָשׂוּי בְּמְיֻמָּנוּת מֻפְלֶגֶת

□ *the sonata is a small but masterly work* הַסּוֹנָטָה הִיא יְצִירָה קְטַנָּה אַךְ מְצֻיֶּנֶת

mastermind /ˈmɑːstəmaɪnd/ n. הַמֹּחַ הַמְתַכְנֵן

—v.t. (*colloq.*) הָיָה הַמֹּחַ הַמְתַכְנֵן מֵאֲחוֹרֵי..., הָיָה הָרוּחַ הַחַיָּה בְּתִכְנוּן (דְּבַר מָה)

masterpiece /ˈmɑːstəpiːs/ n. יְצִירַת־מוֹפֵת

mastership /ˈmɑːstəʃɪp/ n. אֲדוֹנוּת; דַּרְגַּת־אָמָן; מֻמְחִיּוּת, סַמְכוּת

masterstroke /ˈmɑːstəstrəʊk/ n. צַעַד גְּאוֹנִי

mastery /ˈmɑːstəri/ n.

1 (supremacy) שְׁלִיטָה, עֶלְיוֹנוּת

2 (thorough knowledge) מֻמְחִיּוּת, בְּקִיאוּת, יְדִיעָה מֻשְׁלֶמֶת

masthead /ˈmɑːsthed/ n. רֹאשׁ־הַתֹּרֶן; (בְּעִתּוֹן) מִפְרַט־כּוֹתֶרֶת

masticate /ˈmæstɪkeɪt/ v.t. (*formal*) לָעַס, כָּתַשׁ בְּשִׁנָּיו, לָעַס בְּפֶה

mastication /ˌmæstɪˈkeɪʃ(ə)n/ n. (*formal*) לְעִיסָה, כְּתִישָׁה בְּשִׁנַּיִם

mastiff /ˈmæstɪf/ n. מַסְטִיף, כֶּלֶב־שְׁמִירָה אַנְגְּלִי גָּדוֹל וְחָזָק

mastitis /mæˈstaɪtɪs/ n. (*Med.*) דַּלֶּקֶת־הַשַּׁד

mastodon /ˈmæstədɒn/ n. (*Zool.*) מַסְטוֹדוֹן, סוּג שֶׁל פִּילִים קַדְמוֹנִים

mastoid /ˈmæstɔɪd/ n. (*Anat.*) הַזִּיז הַפִּטְמָתִי (עֶצֶם בַּחֶלְקָה הָאֲחוֹרִית שֶׁל הָאֹזֶן)

masturbate /ˈmæstəbeɪt/ v.t. & i. אוֹנֵן

masturbation /ˌmæstəˈbeɪʃ(ə)n/ n. אוֹנָנוּת

masturbatory ˌmæstəˈbeɪtəri/ adj. שֶׁל אוֹנָנוּת

mat¹ /mæt/ n.

1 (floor covering) מַחְצֶלֶת, שָׁטִיחַ

□ *wipe your feet on the mat* תְּנַגֵּב אֶת הָרַגְלַיִם עַל הַמַּחְצֶלֶת בַּכְּנִיסָה

□ *he was on the mat* (*colloq.*) הוּא קִבֵּל עַל הָרֹאשׁ, הוּא נִנְזַף

2 place mat פְּלֶטָה/מַחְצֶלֶת קְטַנָּה הַמֻּנַּחַת עַל הַשֻּׁלְחָן מוּל הַסּוֹעֵד, וְעָלֶיהָ שָׂמִים אֶת צַלַּחְתּוֹ

3 (tangled mass) סְבַךְ

—v.t. & i. גָּרַם שֶׁיִּהְיֶה סָבוּךְ; הָיָה סָבוּךְ

matted hair שֵׂעָר סָבוּךְ

mat² see **MATT**

matador /ˈmætədɔː(r)/ n. מָטָדוֹר, לוֹחֵם־שְׁוָרִים

match¹ /mætʃ/ n. גַּפְרוּר

match² /mætʃ/ n.

1 (contest) תַּחֲרוּת, הִתְחָרוּת, מִשְׂחָק

2 (equal; counterpart) יָרִיב שְׁוֵה־עֵרֶךְ; בֶּן־זוּג

□ *he has met his match* הוּא מָצָא יָרִיב הַמְסֻגָּל לְהִתְמוֹדֵד עִמּוֹ

□ *our team was no match for the visitors* הַקְּבוּצָה שֶׁלָּנוּ לֹא הָיְתָה יָרִיב שָׁקוּל לַקְּבוּצָה הָאוֹרַחַת

3 (something that corresponds exactly) דָּבָר הַמַּתְאִים בְּדִיּוּק

□ *her hat was a good match for her coat* הַכּוֹבַע שֶׁלָּהּ תָּאַם אֶת הַמְּעִיל שֶׁלָּהּ

4 (marriage) נִשּׂוּאִין, שִׁדּוּךְ, זוּג

5 (person considered from marriageable point of view) "שִׁדּוּךְ"

□ *she is a good match* הִיא שִׁדּוּךְ טוֹב

—v.t.

1 (bring into competition) הֵבִיא לִידֵי תַּחֲרוּת

□ *I am matched against you in the final* אֲנַחְנוּ נְשַׂחֵק זֶה מוּל זֶה בַּגְּמָר

2 (correspond or be equal to) הִתְאִים לְ..., הָיָה מִשְׁקַל־נֶגֶד לְ..., הָיָה שְׁוֵה־עֵרֶךְ לְ...

well (or **ill**) **matched** זוּג מֻצְלָח/כּוֹשֵׁל

—v.i. תָּאַם, הָיָה מַתְאִים

□ *he bought a tie and handkerchief to match* הוּא קָנָה עֲנִיבָה וּמִטְפַּחַת תּוֹאֶמֶת

matchbox /ˈmætʃbɒks/ n. קוּפְסַת־גַּפְרוּרִים

matchless /ˈmætʃlɪs/ adj. (*formal*) שֶׁאֵין דּוֹמֶה לוֹ, שֶׁאֵין שֵׁנִי לוֹ, שֶׁאֵין כָּמוֹתוֹ

matchmaker /ˈmætʃmeɪkə(r)/ n. שַׁדְּכָן, שַׁדְּכָנִית

match point /ˌmætʃ ˈpɔɪnt/ n. הַנְּקֻדָּה הַמַּכְרַעַת בְּמִשְׂחָק, "מֶץ'־פּוֹיְנְט" (בְּעִקָּר בְּטֶנִיס)

matchstick /ˈmætʃstɪk/ n. גַּפְרוּר (בְּעִקָּר מְשֻׁמָּשׁ)

matchwood ˈmætʃwʊd/ n. שִׁבְבֵי עֵץ, קִיסָמִים

mate¹ /meɪt/ n. (*Chess*) מָט (בְּשַׁחְמָט)

mate² /meɪt/ n.

1 (companion, fellow worker, *colloq.*) עָמִית, חָבֵר, רֵעַ, שֻׁתָּף

□ *I had lunch with my mates* אָכַלְתִּי אֲרוּחַת צָהֳרַיִם עִם הַחֶבְרֶ'ה (מֵהָעֲבוֹדָה)

□ *hi there, mate!* אַהֲלָן! (נֶאֱמַר ע"י גֶּבֶר לְגֶבֶר אַחֵר)

2 (one of a pair of animals) בֶּן־זוּג, בַּת־זוּג (שֶׁל בַּעַל־חַיִּים בִּלְבַד)

3 (partner in marriage, *colloq.*) בֶּן־זוּג, בַּת־זוּג (לְנִשּׂוּאִין), בַּעַל, אִשָּׁה

4 (assistant) עוֹזֵר, מִתְלַמֵּד, שׁוּלְיָה

first mate (*Naut.*) חוֹבֵל־רִאשׁוֹן

plumber's mate עוֹזֵר אִינְסְטָלָטוֹר, עוֹזֵר שְׁרַבְרָב
—v.t. & i. זִוֵּג (בַּעֲלֵי חַיִּים); הִזְדַּוֵּג (בַּעַל־חַיִּים); נָתַן מָט (בְּשַׁחְמָט)

material /məˈtɪərɪəl/
—n.
1 (constituent element) חֹמֶר
raw materials חָמְרֵי־גֶּלֶם
2 (cloth) בַּד, אָרִיג
3 (in *pl.*, resources) חֹמֶר, חֳמָרִים
□ *he collected the materials for his history of England* הוּא אָסַף חֹמֶר עֲבוּר סִפְרוֹ עַל הַהִיסְטוֹרְיָה שֶׁל אַנְגְלִיָּה
—adj.
1 (of matter) חָמְרִי; שֶׁל חֹמֶר (וְלֹא שֶׁל רוּחַ)
the material world הָעוֹלָם הַחָמְרִי
2 (physical, worldly) גַּשְׁמִי, חָמְרָנִי
□ *his material needs were modest* צְרָכָיו הַגַּשְׁמִיִּים לֹא הָיוּ מְרֻבִּים
3 (essential, relevant) עִקָּרִי, מַהוּתִי, חָשׁוּב, שַׁיָּךְ לָעִנְיָן, רֶלֶוַנְטִי
material evidence (*Law*) עֵדוּת חִיּוּנִית
□ *the details are not material to the case* הַפְּרָטִים אֵינָם רֶלֶוַנְטִיִּים לַמִּשְׁפָּט

materialism /məˈtɪərɪəlɪzəm/ n.
1 (worldliness) חָמְרָנוּת
2 (*Philos.*) מָטֶרְיָאלִיזְם
dialectical materialism מָטֶרְיָאלִיזְם דִּיאָלֶקְטִי

materialist /məˈtɪərɪəlɪst/ n. & adj. אָדָם חָמְרָנִי, מָטֶרְיָאלִיסְט

materialistic /məˌtɪərɪəˈlɪstɪk/ adj. חָמְרָנִי, מָטֶרְיָאלִיסְטִי

materialization /məˌtɪərɪəlaɪˈzeɪʃ(ə)n/ n. הַגְשָׁמָה, מִמּוּשׁ

materialize /məˈtɪərɪəlaɪz/ v.t. & i. הִגְשִׁים, בִּצַּע; הִתְמַמֵּשׁ, הִתְגַּשֵּׁם, קִבֵּל צוּרָה מוּחָשִׁית; הוֹפִיעַ
□ *the proposed party did not materialize* הַמְּסִבָּה הַמְּתֻכְנֶנֶת לֹא יָצְאָה אֶל הַפֹּעַל

materially /məˈtɪərɪəlɪ/ adv. בְּאֹפֶן חָמְרִי; בְּאֹפֶן גַּשְׁמִי, בְּאֹפֶן חָמְרָנִי; בְּאֹפֶן מַהוּתִי
□ *his plans were not materially changed by her arrival* תָּכְנִיּוֹתָיו לֹא הִשְׁתַּנּוּ בְּאֹפֶן עֶקְרוֹנִי עִם בּוֹאָהּ

maternal /məˈtɜːn(ə)l/ adj. אִמָּהִי; מִצַּד־הָאֵם
□ *my maternal grandmother died yesterday* סָבָתִי מִצַּד־אִמִּי נִפְטְרָה אֶמֶשׁ

maternity /məˈtɜːnɪtɪ/ n. אִמָּהוּת
maternity gown (or **dress**) שִׂמְלַת־הֵרָיוֹן
maternity leave חֻפְשַׁת לֵדָה
maternity ward מַחְלֶקֶת־יוֹלְדוֹת, אֲגַף־יוֹלְדוֹת

matey /ˈmeɪtɪ/ adj. (*UK colloq.*) יְדִידוּתִי, חַבְרוּתִי
—n. "חָבוּב"
□ *so long, matey!* בַּי! בַּי חֲבִיבִי! צ'אוֹ! תִּ'רָאוֹת!

math /mæθ/ n. (*US*) מָתֵמָטִיקָה

mathematical /ˌmæθəˈmætɪk(ə)l/ adj. מָתֵמָטִי

mathematician /ˌmæθəməˈtɪʃ(ə)n/ n. מָתֵמָטִיקַאי

mathematics /mæθəˈmætɪks/ n. *pl.* מָתֵמָטִיקָה
pure (or **applied**) **mathematics** מָתֵמָטִיקָה טְהוֹרָה/שִׁמּוּשִׁית

maths /mæθs/ n. (*UK colloq.*) מָתֵמָטִיקָה

matinée /ˈmætɪneɪ/ n. יוֹמִית, הַצָּגָה יוֹמִית (בְּתֵיאַטְרוֹן, בְּקוֹלְנוֹעַ)
matineé coat (or **jacket**) בֶּגֶד קָצָר עָשׂוּי צֶמֶר (לְתִינוֹקוֹת)

matins /ˈmætɪnz/ n. *pl.* (*Relig.*) תְּפִלַּת־שַׁחֲרִית בְּנַצְרוּת

matriarch /ˈmeɪtrɪɑːk/ n. מַטְרִיאַרְךְ (אִשָּׁה הָעוֹמֶדֶת בְּרֹאשׁ קְבוּצָה, בְּעִקָּר יְחִידָה מִשְׁפַּחְתִּית)

matriarchal /ˌmeɪtrɪˈɑːk(ə)l/ adj. מַטְרִיאַרְכָלִי (שֶׁל מַעֲרֶכֶת חֶבְרָתִית שֶׁבָּהּ הַנְּקֵבָה שׁוֹלֶטֶת)

matriarchy /ˈmeɪtrɪɑːkɪ/ n. מַטְרִיאַרְכְיָה (מַעֲרֶכֶת חֶבְרָתִית שֶׁבָּהּ הַנְּקֵבָה שׁוֹלֶטֶת)

matricide /ˈmætrɪsaɪd/ n. (*formal*)
1 (crime) רֶצַח־אֵם, הֲרִיגַת־אֵם
2 (criminal) רוֹצֵחַ־אֵם

matriculate /məˈtrɪkjʊleɪt/ v.t. & i. קִבֵּל רִשְׁמִית לְמוֹסָד לְהַשְׂכָּלָה גְּבוֹהָה; הִתְקַבֵּל (כַּנ"ל); סִיֵּם בְּחִינוֹת בַּגְרוּת (בְּסוֹף בֵּי"ס תִּיכוֹן)

matriculation /məˌtrɪkjʊˈleɪʃ(ə)n/ n. קַבָּלָה רִשְׁמִית לְמוֹסָד לְהַשְׂכָּלָה גְּבוֹהָה; בְּחִינוֹת בַּגְרוּת (בְּסוֹף בֵּי"ס תִּיכוֹן)

matrilineal /ˌmætrɪˈlɪnɪəl/ adj. הָעוֹבֵר בִּירֻשָּׁה דֶּרֶךְ הָאֵם; שֶׁמּוֹצָאוֹ בְּמִשְׁפַּחַת הָאֵם

matrimonial /ˌmætrɪˈməʊnɪəl/ adj. (*formal*) שֶׁל נִשּׂוּאִים

matrimony /ˈmætrɪmənɪ/ n. (*formal*) נִשּׂוּאִים, חֲתֻנָּה, כְּלוּלוֹת

matrix /ˈmeɪtrɪks/ (*pl.* **matrices**) n.
1 (*Math.*) מַטְרִיצָה, אִמָּה
2 (original environment) מַאֲרָג (תַּרְבּוּתִי, חֶבְרָתִי, פּוֹלִיטִי וְכַד')
3 (*Geol.*) רֶפֶד (הָאֶבֶן אֲשֶׁר בָּהּ נוֹצָרִים יַהֲלוֹמִים וְאַבְנֵי־חֵן)
4 (*Comput.*)
matrix printer מַדְפֶּסֶת סִכּוֹת

matron /ˈmeɪtrən/ n.
1 (married woman) אִשָּׁה נְשׂוּאָה, אַלְמָנָה, מַטְרוֹנָה
2 (domestic supervisor in school) מַשְׁגִּיחָה אוֹ אֵם־בַּיִת בְּבֵית סֵפֶר
3 (woman supervisor in hospital) אָחוֹת רָאשִׁית בְּבֵית־חוֹלִים
4 (woman prison warder, *US*) סוֹהֶרֶת, מַשְׁגִּיחָה

matronly /ˈmeɪtrənlɪ/ adj. כְּמַטְרוֹנִית, כְּבֵדַת־בָּשָׂר וַהֲדוּרָה

matt /mæt/ adj. (also **mat**) מָאט, (צֶבַע) עָמוּם, כֵּהֶה, בִּלְתִּי שָׁקוּף

matte /mæt/ n. נְיַר־צִלּוּם מָאט, נְיַר צִלּוּם לֹא־מַבְרִיק

matted /ˈmætɪd/ adj. סָבוּךְ

matter /ˈmætə(r)/ n.

1 (subject, affair) דָּבָר, עִנְיָן
as a matter of course כְּדָבָר מוּבָן מֵאֵלָיו, כְּדָבָר טִבְעִי
as a matter of fact לַאֲמִתּוֹ שֶׁל דָּבָר, בְּעֶצֶם...,
לְמַעֲשֶׂה
for that matter כְּכָל שֶׁהַדְּבָרִים נוֹגְעִים בְּכָךְ, לַאֲמִתּוֹ שֶׁל דָּבָר
□ *that's a matter of opinion* זֶה תָּלוּי בְּהַשְׁקָפָתְךָ; עַל טַעַם וְעַל רֵיחַ אֵין לְהִתְוַכֵּחַ
□ *it was a matter of a few dollars* זֶה הָיָה עִנְיָן שֶׁל (בְּסַךְ הַכֹּל) כַּמָּה דּוֹלָרִים
□ *he is strict in the matter of discipline* הוּא קַפְּדָן בְּכָל מַה שֶּׁקָּשׁוּר לְמִשְׁמַעַת
□ *it's no laughing matter* צְחוֹק בַּצַּד, זֶה רְצִינִי, צְחוֹק צְחוֹק אֲבָל...
□ *his attempt to help only made matters worse* נִסְיוֹנוֹתָיו לַעֲזֹר רַק הֵרֵעוּ אֶת הַמַּצָּב
□ *she'll be here in a matter of minutes* הִיא תַּגִּיעַ לְכָאן תּוֹךְ מִסְפַּר דַּקּוֹת

2 (thing of importance or concern) דָּבָר בַּעַל חֲשִׁיבוּת
□ *is there anything the matter?* הַאִם הַכֹּל בְּסֵדֶר?
□ *don't trust him, no matter what he says* הוּא יָכוֹל לוֹמַר מַה שֶּׁהוּא רוֹצֶה – אַל תִּסְמֹךְ עָלָיו
□ *what's the matter with him?* מַה אוֹכֵל אוֹתוֹ? מָה הַסִּפּוּר שֶׁלּוֹ? מַה יֵּשׁ לוֹ?

3 (physical substance) חֹמֶר
reading matter חֹמֶר קְרִיאָה
mind over matter כֹּחַ-רָצוֹן
□ *use your grey matter!* (*colloq.*) תִּשְׁתַּמֵּשׁ בָּרֹאשׁ! תַּפְעִיל אֶת הַתָּאִים הָאֲפֹרִים שֶׁלְּךָ!

4 (material; content of book) נוֹשֵׂא, תֹּכֶן (שֶׁל סֵפֶר)
subject matter נוֹשֵׂא

5 (pus) מֻגְלָה

—v.i. הָיָה חָשׁוּב, הָיָה בַּעַל חֲשִׁיבוּת, הָיָה מְשַׁנֶּה
□ *it doesn't matter to me what your religion is* לֹא מְשַׁנֶּה לִי בֶּן אֵיזוֹ דָּת אַתָּה

matter-of-fact /ˌmætər-əv-ˈfækt/ adj. עִנְיָנִי וְיָבֵשׁ, עֻבְדָּתִי

matting /ˈmætɪŋ/ n. מַחְצֶלֶת

mattock /ˈmætək/ n. מַכּוֹשׁ

mattress /ˈmætrɪs/ n. מִזְרָן, מַצָּע

maturation /ˌmætjʊˈreɪʃ(ə)n/ n. הַבְשָׁלָה; (בְּיוֹלוֹגְיָה) גְּמַר-הִתְפַּתְּחוּת הַתָּא

mature /məˈtʃʊə(r)/ adj.

1 (fully grown, ripe) בָּשֵׁל

2 (sensible, adult) מְבֻגָּר, בָּשֵׁל
□ *his views were mature* דֵּעוֹתָיו הָיוּ מְבֻגָּרוֹת

3 (of a bill, due for payment) (שְׁטָר) שֶׁחָל זְמַן פֵּרָעוֹנוֹ

—v.t. & i. הֵבִיא לִכְלַל הַבְשָׁלָה, בִּכֵּר, גָּרַם לְהִתְבַּגְּרוּת; הִבְשִׁיל, הִתְבַּגֵּר

maturity /məˈtjʊərɪtɪ/ n. בַּגְרוּת; בְּשֵׁלוּת חֲלוּת (מוֹעֵד פֵּרָעוֹן שְׁטָר אוֹ פִּקָּדוֹן בַּנְקָאִי)

matzo /ˈmɑːtsəʊ/ n. (also **matzoh**) מַצָּה

maudlin /ˈmɔːdlɪn/ adj. (*derog.*) רַגְשָׁנִי, סֶנְטִימֶנְטָלִי; בַּכְיָנִי (בְּעִקָּר בְּמַצָּב שֶׁל שִׁכְרוּת)

maul /mɔːl/ v.t. רִטֵּשׁ; "שָׁלַח יָדַיִם"; הִתְנַפֵּל עַל
□ *his new film received a mauling from the critics* הַמְבַקְּרִים קָטְלוּ אֶת סִרְטוֹ הֶחָדָשׁ

—n. מַקֶּבֶת, פַּטִּישׁ עֵץ כָּבֵד

maulstick /ˈmɔːlstɪk/ n. (*Art.*) מִשְׁעַן עֵץ לַצַּיָּר, לַעֲבוֹדַת-מִכְחוֹל עֲדִינָה

maunder /ˈmɔːndə(r)/ v.i. (*derog.*) בִּרְבֵּר (וְהִתְלוֹנֵן) בְּלִי סוֹף

Maundy money /ˈmɔːndɪ ˌmʌnɪ/ n. (*UK*) צְדָקָה לַעֲנִיִּים שֶׁנּוֹתֶנֶת הַמַּלְכָּה הַבְּרִיטִית בְּיוֹם חֲמִישִׁי שֶׁלִּפְנֵי חַג הַפַּסְחָא

mausoleum /ˌmɔːsəˈliːəm/ n. מָאוּזוֹלֵיאוּם; אֲחֻזַּת-קֶבֶר מְפֹאֶרֶת

mauve /məʊv/ adj. & n. אַרְגְּמָן וְחִוֵּר, סְגַלְגַּל; צֶבַע כַּנַּ"ל

maverick /ˈmævərɪk/ n.

1 (independent person) אָדָם (בְּעִקָּר מְדִינַאי) הַפּוֹעֵל בְּאֹפֶן עַצְמָאִי (וּפָרוּעַ)

2 (*US*) בְּהֵמָה לְלֹא סִימַן בַּעֲלוּת

maw /mɔː/ n. לוֹעַ (בְּעִקָּר שֶׁל טוֹרֵף); פֶּתַח פָּעוּר

mawkish /ˈmɔːkɪʃ/ adj. (*derog.*) רַגְשָׁנִי וּמִתְחַנְחֵן, רַגְשָׁנִי עַד בְּחִילָה

maxim /ˈmæksɪm/ n. פִּתְגָּם, מָשָׁל, אִמְרָה, כְּלַל הִתְנַהֲגוּת

maximal /ˈmæksɪm(ə)l/ adj. מְרַבִּי, מַקְסִימָלִי

maximize /ˈmæksɪmaɪz/ v.t. הִכְבִּיר, הִשִּׂיג/עָשָׂה אֶת הַמֵּרַב

maximum /ˈmæksɪməm/ n. (*pl.* **maxima**) & adj. מֵרַב, מַקְסִימוּם; מְרַבִּי, מַקְסִימָלִי

May /meɪ/ n. מַאי (הַחֹדֶשׁ הַחֲמִישִׁי בַּשָּׁנָה הָאֶזְרָחִית)
May Day אֶחָד בְּמַאי
May Queen נַעֲרָה שֶׁהֻכְתְּרָה כְּמַלְכַּת אֶחָד בְּמַאי

may[1] /meɪ/ n. עֻזְרָר, עֻזְרָד (שִׂיחַ בַּר קוֹצָנִי בַּעַל פְּרָחִים לְבָנִים)

may[2] /meɪ/ (past **might** /maɪt/) v.aux.

1 (expressing possiblity) עָשׂוּי (נֶאֱמָר בְּאֹפֶן חִיּוּבִי אוֹ נֵיטְרָלִי); עָלוּל (נֶאֱמָר בְּאֹפֶן שְׁלִילִי), יָכוֹל
□ *he may come today* אֶפְשָׁר שֶׁיָּבוֹא הַיּוֹם

2 (expressing permission) מֻתָּר
if I may say so אִם מֻתָּר לִי לוֹמַר
□ *may I come in?* מֻתָּר לְהִכָּנֵס?

3 (expressing uncertainty) יִתָּכֵן, יָכוֹל לִהְיוֹת, אֶפְשָׁר
□ *you may be right* יִתָּכֵן שֶׁאַתָּה צוֹדֵק

4 (indicating that there is good reason) אָכֵן, אָמְנָם
□ *you may well laugh* צְחַק, צְחַק... אֲבָל...

□ *you may as well stay where you are* אַתָּה יָכוֹל כְּבָר לְהִשָּׁאֵר בַּמָּקוֹם

5 (expressing wish or hope or purpose) הַלְוַאי, מִי יִתֵּן, יְהִי רָצוֹן שֶׁ...

□ *may the fleas of a thousand camels nest in your armpits!* מִי יִתֵּן וְאֶלֶף אַלְפֵי פִּשְׁפְּשִׁים יִפְשׂוּ בְּגוּפְךָ! (קְלָלָה עַרְבִית)

□ *he reads in order that he may learn* הוּא קוֹרֵא עַל מְנָת לִרְכֹּשׁ דַּעַת

6 (expressing a request)

□ *you might at least offer to help* אַתָּה יָכוֹל לְפָחוֹת לְהַצִּיעַ עֶזְרָה

maybe /ˈmeɪbiː/ adv. אוּלַי, יִתָּכֵן, אֶפְשָׁר

mayday /ˈmeɪdeɪ/ n. "מֵיְדֵי", קְרִיאַת "אֶס.אוֹ.אֶס", קְרִיאָה לְהַצָּלָה

mayfly /ˈmeɪflaɪ/ n. זְבוּב־הָאָבִיב

mayhem /ˈmeɪhem/ n. מְהוּמָה

mayonnaise /ˌmeɪəˈneɪz/ n. (also **mayo** /ˈmeɪəʊ/, *colloq.*) מְיוֹנִית, מָיוֹנֵז

mayor /meə(r)/ n. רֹאשׁ־הָעִיר

mayoral /ˈmeərəl/ adj. שֶׁל רֹאשׁ הָעִיר

mayoress /ˌmeəˈres/ n. רֹאשׁ־עִיר (אִשָּׁה); אֵשֶׁת רֹאשׁ־הָעִיר

maypole /ˈmeɪpəʊl/ n. עַמּוּד מַאי, עַמּוּד גָּבוֹהַּ מְקֻשָּׁט סְרָטִים צִבְעוֹנִיִּים שֶׁרוֹקְדִים סְבִיבוֹ בְּאֶחָד בְּמַאי

maze /meɪz/ n.

1 (labyrinth) לַבִּירִינְט, מָבוֹךְ

□ *the building was a maze of corridors* הַבִּנְיָן הָיָה מָבוֹךְ שֶׁל מִסְדְּרוֹנוֹת

2 (confusion) מְבוּכָה

□ *I'm all in a maze* (*fig.*) אִבַּדְתִּי אֶת הַצָּפוֹן, אֲנִי מְבֻלְבָּל

mazurka /məˈzɜːkə/ n. מָזוּרְקָה (רִקּוּד פּוֹלָנִי עַלִּיז)

McCoy /məˈkɔɪ/ n. (*sl.*) הָאֲמִתִּי, הַטּוֹב שֶׁבְּסוּגוֹ, הַדָּבָר בְּה' הַיְדִיעָה

□ *that whisky's the real McCoy* זֶהוּ הַוִּיסְקִי בְּה' הַיְדִיעָה

me /miː/ oblique case of pron. **I**

dear me! רִבּוֹנוֹ שֶׁל עוֹלָם! אֵלִי שֶׁבַּשָּׁמַיִם! בֶּאֱמֶת?!

□ *it's only me!* זֶה רַק אֲנִי!

mea culpa /ˌmeɪə ˈkʌlpə/ int. & n. (*formal & joc.*) זוֹ אַשְׁמָתִי, אֲנִי הָאָשֵׁם

mead /miːd/ n. יֵין־דְּבַשׁ, תְּמֶד (מַשְׁקֶה אַלְכּוֹהוֹלִי עַל בְּסִיס דְּבַשׁ); אָחוּ, אָפָר

meadow /ˈmedəʊ/ n. (also **mead**, *poet.*) אָחוּ, אָפָר

meagre /ˈmiːgə(r)/ adj. דַּל, זָעוּם

meal[1] /miːl/ n. אֲרוּחָה, סְעֻדָּה; מָזוֹן, אֹכֶל

meals on wheels שֵׁרוּת אַסְפָּקַת אֲרוּחוֹת לְבֵיתָם שֶׁל קְשִׁישִׁים

meal[2] /miːl/ n. קֶמַח גַּס

meal-ticket /ˈmiːl-tɪkɪt/ n. תְּלוּשׁ־אֲרוּחוֹת (בְּהַנְחָה, בְּמִסְעָדוֹת מְסֻיָּמוֹת)

□ *some students see their degree as a meal-ticket* (*fig.*) יֵשׁ סְטוּדֶנְטִים הָרוֹאִים בַּתֹּאַר אֶמְצָעִי קִיּוּם בִּלְבַד

mealtime /ˈmiːltaɪm/ n. שְׁעַת־הָאֲרוּחָה

mealy /ˈmiːlɪ/ adj. מֵכִיל קֶמַח, קִמְחִי, (תַּפּוּחֵי־אֲדָמָה) שֶׁצִּבְעָם בָּהִיר וְטַעְמָם אַבְקִי

mealy-mouthed /ˌmiːlɪ-ˈmaʊðd/ adj. (*derog.*) מַחֲלִיק־לָשׁוֹן, מְדַבֵּר בִּשְׂפַת־חֲלָקוֹת, נִמְנָע מִלָּשׁוֹן בִּלְתִּי־נְעִימָה

mean[1] /miːn/ adj.

1 (unkind, vicious) שָׁפָל, נִקְלֶה

□ *he has a mean streak in him* יֵשׁ מַשֶּׁהוּ מְרֻשָּׁע בְּאָפְיוֹ שֶׁלּוֹ

2 (inferior; humble, *poet.*) עֲלוּב־מַרְאֶה, פָּעוּט, חֲסַר־חֲשִׁיבוּת, מִסְכֵּן

□ *it was no mean feat* (*formal*) זֶה הָיָה הֶשֵּׂג רְצִינִי, זֶה הָיָה הֶשֵּׂג לֹא־מְבֻטָּל

3 (unworthy) מֵבִישׁ, מַשְׁפִּיל, לֹא־רָאוּי

□ *it was mean of you to take the last chocolate from the children* זֶה לֹא הָיָה יָפֶה מִצִּדְּךָ לָקַחַת אֶת הַשּׁוֹקוֹלָד הָאַחֲרוֹן מִן הַיְלָדִים

4 (miserly) קַמְצָן, צַר־עַיִן

mean[2] /miːn/ n. אֶמְצַע, תָּוֶךְ, מְמֻצָּע; אֶמְצָעִי

golden mean שְׁבִיל הַזָּהָב

—adj. בֵּינוֹנִי, אֶמְצָעִי

Greenwich Mean Time שְׁעוֹן גְּרִינִיץ', זְמַן גְּרִינִיץ'

mean[3] /miːn/ (past & past ppl. **meant** /ment/) v.t.

1 (signify, indicate) צִיֵּן; רוֹצֶה לוֹמַר; הָיָה בַּעַל חֲשִׁיבוּת לְ...

□ *these new orders will mean a lot of overtime* הַהַזְמָנוֹת הַחֲדָשׁוֹת הָאֵלֶּה פֵּרוּשָׁן שָׁעוֹת־נוֹסָפוֹת רַבּוֹת

□ *what do you mean by coming in here unannounced?* אֵיךְ אַתָּה מֵעֵז לְהִכָּנֵס לְכָאן בְּלִי לְהוֹדִיעַ עַל בּוֹאֲךָ?

□ *her happiness means a lot to me* הָאֹשֶׁר שֶׁלָּהּ חָשׁוּב לִי מְאֹד

2 (intend) הִתְכַּוֵּן, יִעֵד, רָצָה

□ *we meant to go to France last year but we were too busy* רָצִינוּ לִנְסֹעַ לְצָרְפַת בַּשָּׁנָה שֶׁעָבְרָה אֲבָל הָיִינוּ עֲסוּקִים מִדַּי

□ *I mean to get to the bottom of this mystery* יֵשׁ בְּדַעְתִּי לָרֶדֶת לְשֹׁרֶשׁ הַתַּעֲלוּמָה הַזֹּאת

□ *do you mean to say you honestly like that traitor?* אַתָּה רוֹצֶה לוֹמַר שֶׁהַבּוֹגֵד הַזֶּה בֶּאֱמֶת מוֹצֵא חֵן בְּעֵינֶיךָ?

□ *he means no harm* יֵשׁ לוֹ כַּוָּנוֹת טוֹבוֹת, הוּא לֹא יַעֲשֶׂה לְךָ שׁוּם דָּבָר רַע

□ *he means well* יֵשׁ לוֹ כַּוָּנוֹת טוֹבוֹת

meander /mɪˈændə(r)/ v.i. & n. הִתְפַּתֵּל, הִתְעַקֵּל, שׁוֹטֵט; פִּתּוּל, עִקּוּל (בְּנָהָר, בִּכְבִישׁ וְכַד')

meaning /ˈmiːnɪŋ/ n. מַשְׁמָע, מַשְׁמָעוּת, מוּבָן, כַּוָּנָה
□ *he's a psychopath in the full meaning of the word* הוּא פְּסִיכוֹפָּט בִּמְלוֹא מוּבַן הַמִּלָּה
—adj. שֶׁל חֲשִׁיבוּת, עוֹשֶׂה רֹשֶׁם חָשׁוּב, בַּעַל אֲרֶשֶׁת שֶׁל חֲשִׁיבוּת

meaningful /ˈmiːnɪŋf(ə)l/ adj. מַשְׁמָעוּתִי, בַּעַל־מַשְׁמָעוּת

meaningless /ˈmiːnɪŋlɪs/ adj. חֲסַר־מַשְׁמָעוּת, בִּלְתִּי מוּבָן, חֲסַר־טַעַם

means /miːnz/ n.
1 (method) אֶמְצָעִים
ways and means דְּרָכִים עֲקִיפוֹת (לְבִצּוּעַ דְּבַר מָה)
□ *this exercise is a means to an end* הַתַּרְגִּיל הַזֶּה הוּא אֶמְצָעִי לְצֹרֶךְ מַטָּרָה
□ *does the end justify the means?* הַאִם הַמַּטָּרָה מְקַדֶּשֶׁת אֶת הָאֶמְצָעִים?
□ *by all means use my name* בְּהֶחְלֵט, תַּזְכִּיר אֶת שְׁמִי
□ *he is by no means the worst of them* יֵשׁ עוֹד גְּרוּעִים מִמֶּנּוּ, הוּא בְּשׁוּם אֹפֶן לֹא הַגָּרוּעַ מִכֻּלָּם
□ *he escaped by means of a rope* הוּא נִמְלַט בְּעֶזְרַת חֶבֶל
□ *I'll get what I want by fair means or foul* כָּךְ אוֹ אַחֶרֶת אַשִּׂיג אֶת מְבֻקָּשִׁי
2 (in *pl.*, resources) אֶמְצָעִים, מַשְׁאַבִּים, רְכוּשׁ, נְכָסִים
means test בְּדִיקַת מְקוֹרוֹת הַהַכְנָסָה (שֶׁל מְבַקֵּשׁ סַעַד מִן הַמֶּמְשָׁלָה אוֹ מִן הָרָשֻׁיּוֹת הַמְּקוֹמִיּוֹת)
□ *he's living beyond* (or *within*) *his means* הוּא חַי בְּרָמָה שֶׁהִיא מֵעֵבֶר לִיכָלְתּוֹ/בְּמִסְגֶּרֶת אֶפְשָׁרֻיּוֹתָיו
□ *he's a man of means* הוּא בַּעַל אֶמְצָעִים
□ *he's a man of slender means* (*formal*) הוּא דַּל־אֶמְצָעִים

meant /ment/ past & past ppl. of **mean**³

meantime n. /ˈmiːntaɪm/
in the meantime בֵּינְתַיִם
—adv. /miːnˈtaɪm/ (also **meanwhile** /miːnˈwaɪl/) בֵּינְתַיִם

measles /ˈmiːz(ə)lz/ n. חַצֶּבֶת

measly /ˈmiːzlɪ/ adj. (*colloq.*) עָלוּב, דַּל, מִסְכֵּן, חֲסַר־עֵרֶךְ, זָעוּם

measurable /ˈmeʒərəb(ə)l/ adj. נִתָּן לִמְדִידָה, מָדִיד

measure /ˈmeʒə(r)/ n.
1 (size, quantity, degree; system or way of stating or determining size) גֹּדֶל, כַּמּוּת, מִדָּה, מְדִידָה, מִשְׁקָל
beyond measure מֵעֵבֶר לְכָל מִדָּה; מִתַּחַת לְכָל בִּקֹּרֶת
made-to-measure עָשׂוּי לְפִי הַזְמָנָה
□ *he had a* (or *some*) *measure of success* הוּא זָכָה בְּמִדָּה מְסֻיֶּמֶת שֶׁל הַצְלָחָה
□ *his success was in large measure due to good planning* הַצְלָחָתוֹ נָבְעָה בְּמִדָּה רַבָּה מִתִּכְנוּן יָעִיל
□ *the long peace which followed was a measure of his success* הַשָּׁלוֹם הָאָרֹךְ שֶׁבָּא אַחַר־כָּךְ הָיָה בִּבְחִינַת עֵדוּת לְהַצְלָחָתוֹ
□ *I have the measure of you now* עַכְשָׁו אֲנִי יוֹדֵעַ מִי אַתָּה (כְּלוֹמַר מָה טִיבְךָ)
□ *he gave me short measure* הוּא נָתַן לִי פָּחוֹת מִן הַמַּגִּיעַ לִי
□ *there were no half measures at Jane's party* בַּמְּסִבָּה שֶׁל גֵּ'ין לֹא חָסְכוּ בְּשׁוּם דָּבָר
□ *the car dealer threw in a tankful of petrol for good measure* סוֹחֵר־הַמְּכוֹנִיּוֹת כָּלַל בָּעִסְקָה מְכַל מָלֵא דֶּלֶק "עַל חֶשְׁבּוֹן הַבָּרוֹן"
□ *weights and measures* מִדּוֹת וּמִשְׁקָלוֹת
2 (thing used for measuring) אַמַּת־מִדָּה, סַרְגֵּל־מִדָּה, סֶרֶט־מִדָּה
3 (metre, rhythm) מִשְׁקָל, קֶצֶב, מִקְצָב
4 (course of action) אֶמְצָעִי, פְּעֻלָּה
□ *she took measures to ensure that no further harassment took place* הִיא נָקְטָה אֶמְצָעִים לְהַבְטִיחַ שֶׁהַהַטְרָדוֹת לֹא יִשָּׁנוּ
—v.t. & i. מָדַד; מִדּוֹתָיו הָיוּ
□ *he measured out 2 litres of wine* הוּא מָזַג שְׁנֵי לִיטֶר יַיִן
□ *he measured off 5 metres of cloth* הוּא מָדַד וְגָזַר חֲמִשָּׁה מֶטֶר בַּד
□ *I was measured up for a new suit* לָקְחוּ אֶת מִדּוֹתַי עַל מְנַת לִתְפֹּר לִי חֲלִיפָה חֲדָשָׁה
□ *he tripped and measured his length* (*fig.*) הוּא מָעַד וְנָפַל מְלוֹא קוֹמָתוֹ אַרְצָה
□ *he didn't measure up to the job* לֹא הָיוּ לוֹ כִּשּׁוּרִים מַסְפִּיקִים לְבִצּוּעַ הַמְּשִׂימָה
□ *they measured each other up* (*fig.*) הֵם אָמְדוּ אִישׁ אֶת רֵעֵהוּ (לִפְנֵי הָעִמּוּת)
□ *it measures six feet by two* אָרְכּוֹ שִׁשָּׁה רֶגֶל וְרָחְבּוֹ שְׁנֵי רֶגֶל

measured /ˈmeʒəd/ adj. מָדוּד, שָׁקוּל, קָצוּב
□ *his measured tread could be heard in the room below* אֶפְשָׁר הָיָה לִשְׁמֹעַ אֶת צַעֲדוֹ הַקָּצוּב בַּחֶדֶר לְמַטָּה

measureless /ˈmezəlɪs/ adj. אֵינְסוֹפִי, מֵעֵבֶר לְכָל מִדָּה

measurement /ˈmeʒəmənt/ n. מְדִידָה; מִדָּה (שֶׁל אֹרֶךְ, רֹחַב וְכַד׳)

meat /miːt/ n. בָּשָׂר
□ *war and destruction were meat and drink to him* מִלְחָמָה וְהֶרֶס הָיוּ מְקוֹר חַיִּים עֲבוּרוֹ
□ *one man's meat is another man's poison* (*Prov.*) סַם־הַחַיִּים לִרְאוּבֵן הוּא סַם מָוֶת לְשִׁמְעוֹן
□ *that was a clever speech, but it didn't have much meat in it* (*colloq.*) זֶה הָיָה נְאוּם מְחֻכָּם, אֲבָל בְּלִי "בָּשָׂר"

meatball /ˈmiːtbɔːl/ n. כַּדּוּר־בָּשָׂר

meaty /ˈmiːtɪ/ adj. מָלֵא בָּשָׂר; עֲשִׁיר־תֹּכֶן

mecca /ˈmekə/ n. מוֹקֵד עֲלִיָּה לָרֶגֶל
□ *Las Vegas is a mecca for gamblers* לָאס וֶגָאס הִיא מוֹקֵד עֲלִיָּה־לָרֶגֶל לִמְהַמְּרִים
mechanic /mɪˈkænɪk/ n. מְכוֹנַאי
mechanical /mɪˈkænɪk(ə)l/ adj. מְכָנִי, אוֹטוֹמָטִי
□ *the performance was mechanical* (*derog.*) זוֹ הָיְתָה הוֹפָעָה לְלֹא נְשָׁמָה
mechanically /mɪˈkænɪk(ə)lɪ/ adv. בְּאֹפֶן מְכָנִי; בְּאֹפֶן אוֹטוֹמָטִי
□ *he does his job mechanically* (*derog.*) הוּא עוֹשֶׂה אֶת עֲבוֹדָתוֹ בְּלִי לַחְשֹׁב בִּכְלָל, הוּא מְבַצֵּעַ אֶת פְּעֻלּוֹתָיו בְּאֹפֶן אוֹטוֹמָטִי
□ *I'm not mechanically minded* אֵין לִי רֹאשׁ לִמְכוֹנוֹת
mechanics /mɪˈkænɪks/ n.pl.
1 (technical details) הַפְּרָטִים הַטֶּכְנִיִּים
□ *I won't go into the mechanics of his dismissal* אֲנִי לֹא אֶכָּנֵס לְפִרְטֵי הַפִּטּוּרִין שֶׁלּוֹ
2 (as *sing.*, *Phys.*) מְכָנִיקָה
mechanism /ˈmekənɪzəm/ n. מַנְגְּנוֹן
mechanistic /ˌmekəˈnɪstɪk/ adj. שֶׁל תּוֹרַת־הַמְּכָנִיּוּת; מֶכָנִיסְטִי
mechanization /ˌmekənaɪˈzeɪʃ(ə)n/ n. מִכּוּן
mechanize /ˈmekənaɪz/ v.t. מִכֵּן
medal /ˈmed(ə)l/ n. מֶדַלְיָה, עִטּוּר־הִצְטַיְּנוּת, אוֹת־כָּבוֹד
medallion /mɪˈdælɪən/ n. מֶדַלְיוֹן
medallist /ˈmedəlɪst/ n. אָדָם שֶׁזָּכָה בְּעִטּוּר עַל הִצְטַיְּנוּתוֹ בִּסְפּוֹרְט, בְּסִפְרוּת, בָּאֳמָנוּת, הַזּוֹכֶה בְּמֶדַלְיָה
meddle /ˈmed(ə)l/ v.i. (*derog.*) הִתְעָרֵב בְּעִנְיָן לֹא לוֹ, דָּחַק חָטְמוֹ לְ...
□ *don't meddle with that machine!* אַל תְּשַׂחֵק עִם הַמְּכוֹנָה הַזֹּאת!
meddlesome /ˈmedəlsəm/ adj. (*derog.*) מִתְעָרֵב בְּעִנְיָנִים לֹא לוֹ, חַטְטָן
media /ˈmiːdɪə/ n.
1 (mass communications, with *sing.* or *pl.* v.) אֶמְצָעֵי־תִּקְשֹׁרֶת
media event אֵרוּעַ תִּקְשָׁרְתִּי
2 (*pl.* of **medium 1**) אֶמְצָעִים
mediaeval /ˌmedrˈiːv(ə)l/ adj. (also **medieval**) שֶׁל יְמֵי־הַבֵּינַיִם
□ *the punishments were medieval in their ferocity* הָעֳנָשִׁים הָיוּ אַכְזָרִיִּים מַמָּשׁ כְּמוֹ בִּימֵי־הַבֵּינַיִם
mediaevalist /ˌmedrˈiːvəlɪst/ n. (also **medievalist**) חוֹקֵר תַּרְבּוּת/תּוֹלְדוֹת יְמֵי־הַבֵּינַיִם
medial /ˈmiːdɪəl/ adj. אֶמְצָעִי; בֵּינוֹנִי, מְמֻצָּע
median /ˈmiːdɪən/ adj.
—n.
1 (*Statistics*) חֶצְיוֹן, הַמְּמֻצָּע הַסְּטָטִיסְטִי, נְקֻדַּת הָאֶמְצַע הַסְּטָטִיסְטִית
2 (*Geom.*) תִּיכוֹן
mediate /ˈmiːdɪeɪt/ v.i. & t. תִּוֵּךְ, פִּשֵּׁר, גִּשֵּׁר בֵּין; הִשִּׂיג (דָּבָר מָה) בְּאֶמְצָעוּת תִּוּוּךְ
mediation /ˌmiːdrˈeɪʃ(ə)n/ n. תִּוּוּךְ, פִּשּׁוּר
mediator /ˈmiːdɪeɪtə(r)/ n. מְתַוֵּךְ, מְפַשֵּׁר (מְנַסֶּה לִמְצֹא דֶּרֶךְ לְהַשְׁלָמָה בֵּין יְרִיבִים)
medic /ˈmedɪk/ n. (*colloq.*) כִּנּוּי לְסְטוּדֶנְט רְפוּאָה/ רוֹפֵא בְּבֵית־חוֹלִים; חוֹבֵשׁ־צְבָאִי
medical /ˈmedɪk(ə)l/ adj. רְפוּאִי, שֶׁל רְפוּאָה
medical certificate תְּעוּדַת בְּרִיאוּת, אִשּׁוּר־רְפוּאִי
medical examination בְּדִיקָה רְפוּאִית
□ *medical opinion is that smoking is dangerous* דַּעַת הָרוֹפְאִים הַיּוֹם הִיא כִּי הָעִשּׁוּן מְסֻכָּן לַבְּרִיאוּת
—n. (*colloq.*) בְּדִיקָה־רְפוּאִית כּוֹלֶלֶת
medicament /məˈdɪkəmənt/ n. (*formal*) תַּכְשִׁיר־רְפוּאִי, תְּרוּפָה
Medicare /ˈmedɪkeə(r)/ n. (*US*) טִפּוּל רְפוּאִי מֶמְשַׁלְתִּי חִנָּם לִזְקֵנִים (בְּאַרְהַ"ב)
medicated /ˈmedɪkeɪtɪd/ adj. רְפוּאִי (מֵכִיל חֳמָרִים רְפוּאִיִּים)
medication /ˌmedrˈkeɪʃ(ə)n/ n. תְּרוּפָה; טִפּוּל רְפוּאִי
medicinal /məˈdɪsɪn(ə)l/ adj. רְפוּאִי, שֶׁל תְּרוּפָה
medicine /ˈmeds(ə)n, ˈmedɪsɪn/ n.
1 (science) רְפוּאָה, תּוֹרַת הָרְפוּאָה
Doctor of Medicine דּוֹקְטוֹר לִרְפוּאָה (תֹּאַר אֲקָדֶמִי לְרוֹפֵא)
2 (curative substance) תְּרוּפָה, סַם־מַרְפֵּא, תַּכְשִׁיר־רְפוּאִי
□ *the bully got a taste of his own medicine* (*colloq.*) הַבִּרְיוֹן זָכָה לְ"טִפּוּל" בְּשִׁיטוֹת שֶׁלּוֹ
medicine man /ˈmeds(ə)n mæn/ n. רוֹפֵא־אֱלִיל
medico /ˈmedɪkəʊ/ n. (*colloq.*) רוֹפֵא/סְטוּדֶנְט לִרְפוּאָה
medieval /ˌmedrˈiːv(ə)l/ see **MEDIAEVAL** שֶׁל יְמֵי־הַבֵּינַיִם
mediocre /ˌmiːdrˈəʊkə(r)/ adj. בֵּינוֹנִי
mediocrity /ˌmiːdrˈɒkrɪtɪ/ n. בֵּינוֹנִיּוּת
□ *the Cabinet are all mediocrities* חַבְרֵי הַקַּבִּינֶט הֵם כֻּלָּם אֲנָשִׁים אֲפוֹרִים
meditate /ˈmedɪteɪt/ v.t. & i. הִרְהֵר בְּ...; שָׁקַל בְּדַעְתּוֹ, הָגָה בְּ...; עָסַק בִּמֶדִיטַצְיָה
meditation /ˌmedrˈteɪʃ(ə)n/ n. הִרְהוּר, הִתְבּוֹנְנוּת; מֶדִיטַצְיָה
meditative /ˈmedɪtətɪv/ adj. הֲגוּתִי, מְהַרְהֵר
Mediterranean /ˌmedɪtəˈreɪnɪən/ adj. & n. יָם־תִּיכוֹנִי; הַיָּם הַתִּיכוֹן
medium /ˈmiːdɪəm/ n.
1 (agency, means, vehicle; *pl.* often **media** /ˈmiːdɪə/) מֶדְיוּם, אֶמְצָעִי

□ *oils are a very different medium from water-colour* ציּוּרֵי־שֶׁמֶן הֵם מֶדְיוּם שׁוֹנֶה לְגַמְרֵי מִצִּיּוּרֵי־מַיִם
□ *millions saw the event through the medium of television* מִילְיוֹנִים צָפוּ בָּאֵרוּעַ בְּאֶמְצָעוּת הַטֶּלֶוִיזְיָה
2 (person claiming contact with the dead) מֶדְיוּם
3 (middle state) מַצָּב בֵּינַיִם, פְּשָׁרָה
□ *we try to strike a happy medium* אֲנַחְנוּ מְנַסִּים לִמְצֹא אֶת שְׁבִיל הַזָּהָב
—adj. בֵּינוֹנִי
medium dry חֲצִי־יָבֵשׁ (יַיִן, וֶרְמוּט וְכַד׳)
medium wave גַּלִּים בֵּינוֹנִיִּים (בְּשִׁדּוּרֵי רַדְיוֹ)

medley /ˈmedlɪ/ n. ״פְּסִיפָס״ (שֶׁל אֲנָשִׁים אוֹ שֶׁל דְּבָרִים מְסוּגִים שׁוֹנִים), תַּעֲרֹבֶת; מַחֲרֹזֶת (מוּזִיקָלִית)

meek /miːk/ adj. כָּנוּעַ, שְׁפַל־רוּחַ, רַךְ וְצַיְּתָן

meerschaum /ˈmɪəʃəm/ n. מִקְטֶרֶת חֵמָר לְבָנָה

meet /miːt/ (past & past ppl. **met** /met/) v.t.
1 (encounter, come into contact with) פָּגַשׁ אֶת, פָּגַשׁ בְּ..., קִדֵּם אֶת פְּנֵי..., קִבֵּל אֶת פְּנֵי...
□ *pleased to meet you* נָעִים מְאֹד (לְהַכִּירְךָ)
□ *I'll meet your train* אֲנִי אֶהְיֶה שָׁם כְּשֶׁהָרַכֶּבֶת שֶׁלְּךָ תַּגִּיעַ
□ *he met him half way* (*fig.*) הוּא הִגִּיעַ לִידֵי פְּשָׁרָה אִתּוֹ
□ *there's more to this than meets the eye* זֶה לֹא מַה שֶּׁזֶּה נִרְאֶה
2 (satisfy) הִשְׂבִּיעַ אֶת רְצוֹנוֹ שֶׁל, סִפֵּק אֶת
□ *she met the demands of the kidnappers* הִיא מִלְּאָה אַחַר דְּרִישׁוֹת הַחוֹטְפִים
□ *this will meet the legal requirements* זֶה עוֹנֶה עַל הַדְּרִישָׁה שֶׁבַּחֹק
—v.i. נִפְגַּשׁ עִם
□ *the chess club meets on Fridays* הַחוּג לְשַׁחְמָט מִתְכַּנֵּס בְּכָל יוֹם שִׁשִּׁי
□ *his efforts met with success* מַאֲמַצָּיו נָשְׂאוּ פְּרִי
□ *he met with an accident* אֵרְעָה לוֹ תְּאוּנָה
□ *they arranged to meet up in town* (*US*) הֵם קָבְעוּ לְהִפָּגֵשׁ בָּעִיר
□ *when can we meet with Jones?* (*US*) מָתַי נוּכַל לְהִפָּגֵשׁ עִם ג׳וֹנְס?
—n.
1 (hunting meeting) הִתְכַּנְּסוּת רוֹכְבִים וְכַלְבֵי־צַיִד בְּמָקוֹם קָבוּעַ לִפְנֵי הַיְצִיאָה לְצֵיד־שׁוּעָלִים
2 (railway junction, *US*) צֹמֶת פַּסֵּי־רַכֶּבֶת, חֲצִיַּת פַּסֵּי־רַכֶּבֶת

meeting /ˈmiːtɪŋ/ n. פְּגִישָׁה, הִתְכַּנְּסוּת, הִתְוַעֲדוּת; עֲצֶרֶת

meeting-house /ˈmiːtɪŋ-haʊs/ n. בֵּית־תְּפִלָּה שֶׁל הַקְּוֵיקֶרִים

meeting-place /ˈmiːtɪŋ-pleɪs/ n. מְקוֹם־מִפְגָּשׁ

mega- /ˈmegə-/ pref. מֶגָה־ (תְּחִלִּית שֶׁפֵּרוּשָׁהּ) עָצוּם; (בְּפִיסִיקָה) מִילְיוֹן

megabuck /ˈmegəbʌk/ n. (*US colloq.*) הוֹן

megabyte /ˈmegəbaɪt/ n. (*Comput.*) ״מֶגָבַּיְט״ (יְחִידַת אִחְסוּן מֵידָע אֶלֶקְטְרוֹנִי)

megalith /ˈmegəlɪθ/ n. גּוּשׁ אֶבֶן עֲנָק (לָרֹב בַּאֲתַר פְּרֶהִיסְטוֹרִי), מֶגָלִית

megalithic /ˌmegəˈlɪθɪk/ adj. מֶגָלִיתִי, עָשׂוּי גּוּשֵׁי־אֶבֶן עֲנָקִיִּים; פְּרֵיהִיסְטוֹרִי

megalomania /ˌmegələˈmeɪnɪə/ n. מֶגָלוֹמַנְיָה, שִׁגְעוֹן־הַגַּדְלוּת

megalomaniac /ˌmegələˈmeɪnɪæk/ n. & adj. מֶגָלוֹמָן, חוֹלֵה שִׁגְעוֹן־גַּדְלוּת; מֶגָלוֹמָנִי

megalopolis /ˌmegəˈlɒpəlɪs/ n. כְּרַךְ־עֲנָק, כְּרַךְ־עַל

megaphone /ˈmegəfəʊn/ n. מֶגָפוֹן, רַמְקוֹל־יָד

megastar /ˈmegəstɑː(r)/ n. (*colloq.*) כּוֹכַב־עַל (אָדָם)

megaton /ˈmegətʌn/ n. מֶגָטוֹן (כֹּחַ נֶפֶץ שֶׁעָצְמָתוֹ שָׁוָה לְמִילְיוֹן טוֹן שֶׁל ט.נ.ט.)

megawatt /ˈmegəwɒt/ n. מֶגָוָאט, מִילְיוֹן וָאט

meiosis /maɪˈəʊsɪs/ n. (*Biol.*) מֵיוֹזָה, סוּג שֶׁל חֲלֻקַּת גַּרְעִין הַתָּא

melamine /ˈmeləˌmiːn/ n. מֶלָמִין (חֹמֶר פְּלַסְטִי קָשִׁיחַ לְצַלָּחוֹת וְכַד׳)

melancholia /ˌmelənˈkəʊlɪə/ n. (*formal*) מֶלַנְכוֹלְיָה, מָרָה שְׁחוֹרָה, דִּכְדּוּךְ־נֶפֶשׁ

melancholic /ˌmelənˈkɒlɪk/ adj. (*formal*) מְדֻכָּא, נוּגֶה, קוֹדֵר, מֶלַנְכוֹלִי

melancholy /ˌmelənkɒlɪ/ (*formal*) n. עַצְבוּת, מָרָה שְׁחוֹרָה
—adj.

mélange /meɪˈlɑːnʒ/ n. תַּעֲרֹבֶת

melanoma /ˌmeləˈnəʊmə/ n. (*Med.*) מֶלָנוֹמָה (סוּג שֶׁל סַרְטַן־עוֹר)

Melba sauce /ˌmelbə ˈsɔːs/ n. מֵעֵין סִירוֹפ־פֶּטֶל (לִגְלִידָה לְמָשָׁל)

Melba toast /ˌmelbə ˈtəʊst/ n. טוֹסְט־מֶלְבָּה, טוֹסְט דַּקִּיק

meld /meld/ v.t. & i. (*US*) הִכְרִיז בְּמִשְׂחַק־קְלָפִים

mêlée /ˈmeleɪ/ n. מְהוּמָה רַבָּתִי, הִתְכַּתְּשׁוּת הֲמוֹנִית

mellifluous /meˈlɪflʊəs/ adj. (*formal*) (קוֹל) עָרֵב לָאֹזֶן, מָתוֹק

mellow /ˈmeləʊ/ adj. (פְּרִי) בָּשֵׁל, רַךְ, מָתוֹק; (צֶבַע) רַךְ וּמְעֻדָּן; (אָדָם) נִנּוֹחַ, מָתוּן
□ *he was feeling mellow after the excellent meal* לְאַחַר הַסְּעֻדָּה הַמְצֻיֶּנֶת מִלְּאָה אֶת לִבּוֹ תְּחוּשָׁה שֶׁל שַׁלְוַת־נֶפֶשׁ
—v.t. & i. רִכֵּךְ; עִדֵּן, מִתֵּן; הִתְרַכֵּךְ, נַעֲשָׂה נִנּוֹחַ וְשָׁלֵו

melodeon /mɪˈləʊdɪən/ n. מֶלוֹדְיוֹן, מֵעֵין אוֹרְגָן קָטָן

melodic /mɪˈlɒdɪk/ adj. מֶלוֹדִי; עָרֵב (מוּזִיקָה)

melodically /mɪˈlɒdɪk(ə)lɪ/ adv. בְּאֹפֶן מֶלוֹדִי

melodious /mɪˈləʊdɪəs/ adj. מֶלוֹדִי

melodize /ˈmlədaɪz/ v.t. & i. שָׁר/נִגֵּן/חִבֵּר מֶלוֹדְיָה (לְמִלִּים וְכַד׳); שָׁר/חִבֵּר/נִגֵּן מֶלוֹדְיָה

melodrama /ˈmelədrɑːmə/ n. מֶלוֹדְרָמָה, מַחֲזֶה רַגְשָׁנִי וּמְתַקְתַּק

melodramatic /ˌmelədrəˈmætɪk/ adj. מֶלוֹדְרָמָטִי, רַגְשָׁנִי וּמָתוֹק; בַּעַל רְגָשׁוֹת מֻגְזָמִים

melody /ˈmelədɪ/ n. מֶלוֹדְיָה; לַחַן
□ *I played the melody on the flute, while the others harmonized* נִגַּנְתִּי אֶת הַמֶּלוֹדְיָה בֶּחָלִיל וְהַשְּׁאָר נִגְּנוּ אֶת הַהַרְמוֹנְיָה

melon /ˈmelən/ n. מֶלוֹן
cut a (or **the**) **melon** (*US sl.*) הִתְחַלֵּק בָּרְוָחִים

melt /melt/ v.i.
1 (become liquefied by heat; dissolve) נָמַס, הִתִּיךְ
□ *this cake melts in the mouth* הָעוּגָה הַזֹּאת נִמּוֹחָה בַּפֶּה, הָעוּגָה הַזֹּאת נְמַסָּה בַּפֶּה
□ *butter wouldn't melt in her mouth* (*colloq.*) הִיא מַעֲמִידָה פְּנֵי תְּמִימָה גְּמוּרָה
2 (fade, change) נָמוֹג
□ *the robbers melted (away) into the undergrowth* הַשּׁוֹדְדִים נֶעֶלְמוּ בֵּין הַשִּׂיחִים
3 (be softened, become tender) הִתְרַכֵּךְ (בְּאָפְיוֹ)
—v.t. הִתִּיךְ, הֵמֵס; רִכֵּךְ
□ *they melted down their jewellery to make a golden statue* הֵם הִתִּיכוּ אֶת תַּכְשִׁיטֵיהֶם לַעֲשׂוֹת פֶּסֶל זָהָב

meltdown /ˈmeltdaʊn/ n. תְּאוּנָה בְּכוּר גַּרְעִינִי כַּאֲשֶׁר מוֹטוֹת הַדֶּלֶק־הַגַּרְעִינִי נִתָּכִים וּמַתִּיכִים אֶת מַעֲטֶה הַמָּגֵן שֶׁל הַכּוּר

melting /ˈmeltɪŋ/ adj. נָמֵס, נָמוֹג, מִתְמוֹגֵג, מִתְרַכֵּךְ
□ *the dog gave him a melting look* הַכֶּלֶב נָתַן בּוֹ מַבָּט שֶׁהֵמֵס אֶת לִבּוֹ

melting point /ˈmeltɪŋ pɔɪnt/ n. נְקֻדַּת־הַהַתָּכָה, נְקֻדַּת־הַתִּתּוּךְ

melting-pot /ˈmeltɪŋ-pɒt/ n. כּוּר־הַתִּתּוּךְ (גַּם בְּהַשְׁאָלָה)
□ *the system is in the melting-pot* (*fig.*) הַמַּעֲרֶכֶת (הַפּוֹלִיטִית וְכַד׳) עֲדַיִן בְּשָׁלְבֵי הַכָּנָה
□ *America is a great melting-pot of peoples* אַרְצוֹת־הַבְּרִית הִיא כּוּר הִתּוּךְ עֲנָק לִבְנֵי עַמִּים שׁוֹנִים

member /ˈmembə(r)/ n.
1 (person belonging to group or society) חָבֵר (בַּאֲגֻדָּה, בְּמִפְלָגָה וְכַד׳)
Member of Parliament (*UK*) חֲבֵר בֵּית־הַנִּבְחָרִים (בִּבְרִיטַנְיָה); חֲבֵר הַכְּנֶסֶת (בְּיִשְׂרָאֵל)
2 (part of body) אֵבֶר, אֵבָר, גַּף
3 (penis, *euphem.*) ״אֵבֶר״

membership /ˈmembəʃɪp/ n.
1 (state of being a member) חֲבֵרוּת (בַּאֲגֻדָּה אוֹ בְּמוֹסָד כָּלְשֶׁהוּ)
2 (number or body of members) מִסְפַּר הַחֲבֵרִים

membrane /ˈmembreɪn/ n. קְרוּם, מֶמְבְּרָנָה

membranous /ˈmembrənəs/ adj. קְרוּמִי

memento /mɪˈmentəʊ/ n. (*pl.* **mementoes**) מַזְכֶּרֶת
memento mori (*formal*) תִּזְכֹּרֶת־הַמָּוֶת (לְמָשָׁל גֻּלְגֹּלֶת)

memo /ˈmeməʊ/ n. (*pl.* **memos**) תִּזְכֹּרֶת, מִזְכָּר, תַּזְכִּיר

memoir /ˈmemwɑː(r)/ n. זִכָּרוֹן, זֵכֶר; חִבּוּר לַמַּדָּנִי
□ *he wrote a memoir of his father* הוּא כָּתַב חִבּוּר עַל זִכְרוֹנוֹתָיו מֵחַיֵּי אָבִיו
□ *he's just published his memoirs* הוּא פִּרְסֵם אֶת זִכְרוֹנוֹתָיו זֶה עַתָּה

memorable /ˈmemərəb(ə)l/ adj. רָאוּי לְצִיּוּן, בִּלְתִּי־נִשְׁכָּח

memorandum /ˌmeməˈrændəm/ n. (*pl.* **memoranda**) (*formal*) תִּזְכֹּרֶת, מִזְכָּר, תַּזְכִּיר

memorial /mɪˈmɔːrɪəl/ n. & adj. אַזְכָּרָה, זִכָּרוֹן; מַצֶּבֶת־זִכָּרוֹן, אַנְדַּרְטָה, יַד־זִכָּרוֹן
memorial service טֶקֶס־אַזְכָּרָה
war memorial אַנְדַּרְטַת־זִכָּרוֹן לְחַלְלֵי־מִלְחָמָה

memorize /ˈmeməraɪz/ v.t. לָמַד בְּעַל־פֶּה, שִׁנֵּן

memory /ˈmemərɪ/ n.
1 (ability to remember; thing remembered) זִכָּרוֹן, זֵכֶר
□ *the spy committed the code to memory* (*formal*) הַמְרַגֵּל לָמַד אֶת הַצֹּפֶן בְּעַל־פֶּה
□ *speaking from memory, I'd say it was about 40 metres long* עַל סְמַךְ הַזִּכָּרוֹן בִּלְבַד, הָיִיתִי אוֹמֵר שֶׁאָרְכּוֹ הָיָה 40 מֶטֶר
□ *he has a long memory* הוּא לְעוֹלָם לֹא יִשְׁכַּח דָּבָר
□ *a plaque in memory of J.K. Smith was set up* לוּחִית לְזִכְרוֹ שֶׁל ג׳.ק. סְמִית נִקְבְּעָה בַּמָּקוֹם
□ *Welsh was still spoken here within living memory* יֶשְׁנָם עֲדַיִן אֲנָשִׁים הַזּוֹכְרִים אֶת הַיָּמִים בָּהֶם דִּבְּרוּ וָלְשִׁית בָּאֵזוֹר
□ *let's take a trip down memory lane* (*colloq.*) בּוֹאוּ נָשִׁיב אֶת הַזְּמַן לְאָחוֹר וְנִזָּכֵר
2 (*Comput.*) זִכָּרוֹן
memory bank מַאֲגַר זִכָּרוֹן

memsahib /ˈmemˌsɑːb/ n. (*UK*) אֵשֶׁת הַדֵּית/ אֵירוֹפִּית מִמַּעֲמָד גָּבוֹהַּ (בְּשִׁלְטוֹן הָרָאג׳ הַבְּרִיטִי)

men /men/ *pl.* of **man**

menace /ˈmenəs/ n.
1 (danger) אִיּוּם, סַכָּנָה, הַפְחָדָה
□ *he threatened her with menaces* הוּא הִמְטִיר עָלֶיהָ אִיּוּמִים
□ *reckless drivers are a public menace* נֶהָגִים פְּרוּעִים מְהַוִּים סַכָּנָה לַצִּבּוּר
2 (nuisance, *colloq.*) פֶּגַע־רַע
—v.t. סִכֵּן, אִיֵּם, הִפְחִיד, הָיָה אִיּוּם

menacing /ˈmenəsɪŋ/ adj. מְאַיֵּם

ménage /meɪˈnɑːʒ/ n. בַּיִת, בְּנֵי־הַבַּיִת

ménage a trois "מֶנָז'־אַ־טְרוּאָה" (הֶסְדֵּר לְפִיו שְׁלוֹשָׁה אֲנָשִׁים, זוּג וְהַמְאַהֵב(ת) שֶׁל אֶחָד מִבְּנֵי הַזּוּג, גָּרִים יַחְדָּו)

menagerie /mɪˈnædʒərɪ/ n. בֵּיבָר, גַּן־חַיּוֹת, אֹסֶף שֶׁל חַיּוֹת־פֶּרֶא (בְּעִקָּר שֶׁל קִרְקָס נוֹדֵד)

mend /mend/ v.t. & i. תִּקֵּן, שִׁפֵּר, שִׁפֵּץ
□ *you must mend your ways* עָלֶיךָ לְשַׁפֵּר אֶת הִתְנַהֲגוּתְךָ, עָלֶיךָ לְתַקֵּן אֶת דְּרָכֶיךָ
□ *that won't mend matters* זֶה לֹא יְשַׁפֵּר אֶת הַמַּצָּב
—n. תִּקּוּן, שִׁפּוּר, הַשְׁבָּחָה
□ *he's on the mend* (*colloq.*) בְּרִיאוּתוֹ מִשְׁתַּפֶּרֶת, הוּא הוֹלֵךְ וּמַבְרִיא

mendacious /menˈdeɪʃəs/ adj. (*formal*) כּוֹזֵב, שַׁקְרִי; שַׁקְרָן

mendacity /menˈdæsɪtɪ/ n. (*formal*) שַׁקְרָנוּת, נְטִיָּה־לְשַׁקֵּר

mendicancy /ˈmendɪkənsɪ/ n. (*formal*) קַבְּצָנוּת, פְּשִׁיטַת־יָד

mendicant /ˈmendɪkənt/ n. & adj. (*formal*) קַבְּצָן, פּוֹשֵׁט־יָד, מְבַקֵּשׁ נְדָבוֹת; קַבְּצָנִי

mending /ˈmendɪŋ/ n. תִּקּוּן, הַטְלָאָה (בְּגָדִים וְכַד'), אִחוּי

menfolk /ˈmenfəʊk/ n. *pl.* (*colloq.*) הַגְּבָרִים (בְּעִקָּר בְּנֵי אוֹתָהּ מִשְׁפָּחָה)

menial /ˈmiːnɪəl/ adj. (*derog.*) בָּזוּי, נָחוּת (עֲבוֹדָה)
—n. מְשָׁרֵת, שַׁמָּשׁ

meningitis /ˌmenɪnˈdʒaɪtɪs/ n. (*Med.*) דַּלֶּקֶת־קְרוּם־הַמֹּחַ, מֶנִינְגִיטִיס

menopausal /ˌmenəˈpɔːz(ə)l/ adj. שֶׁל תְּקוּפַת הַפְסָקַת־הַוֶּסֶת

menopause /ˈmenəpɔːz/ n. הַפְסָקָה סוֹפִית שֶׁל הַוֶּסֶת (בְּעֵרֶךְ בְּגִיל 50)

menstrual /ˈmenstrʊəl/ adj. וִסְתִּי, שֶׁל־וֶסֶת

menstruate /ˈmenstrʊeɪt/ v.i. דִּמְּמָה (כְּתוֹצָאָה מִוֶּסֶת), קִבְּלָה וֶסֶת

menstruation /ˌmenstrʊˈeɪʃ(ə)n/ n. וֶסֶת

mensurable /ˈmensjʊrəb(ə)l/ adj. (*formal*) מָדִיד

mensuration /ˌmensjʊˈreɪʃ(ə)n/ n. (*formal*) מְדִידָה (שֶׁל חָלָל)

mental /ˈment(ə)l/ adj.
1 (of the mind) שִׂכְלִי, רוּחָנִי, מֶנְטָלִי
mental age גִּיל שִׂכְלִי
mental arithmetic חֶשְׁבּוֹן בְּעַל־פֶּה
mental defective מְפַגֵּר (בִּטּוּי הַכּוֹלֵל לְעִתִּים קְרוֹבוֹת טוֹן מְבַזֶּה)
mental handicap פִּגּוּר שִׂכְלִי
mental home (or **hospital**) בֵּית־חוֹלִים לְחוֹלֵי־נֶפֶשׁ
mental patient חוֹלֵה־נֶפֶשׁ
□ *I made a mental note not to trust him* גָּמַרְתִּי בְּלִבִּי לֹא לִסְמֹךְ עָלָיו

2 (mentally disordered, *sl.*) דָּפוּק בָּרֹאשׁ, "חוֹלֶה" (נֶפֶשׁ)

mentality /menˈtælɪtɪ/ n. הֲלָךְ־רוּחַ, דֶּרֶךְ־מַחֲשָׁבָה, כֹּשֶׁר שִׂכְלִי, מֶנְטָלִיּוּת

menthol /ˈmenθɒl/ n. מֶנְתּוֹל

mentholated /ˈmenθəleɪtɪd/ adj. שֶׁיֵּשׁ בּוֹ רֵיחַ/טַעַם שֶׁל מֶנְתּוֹל (סִיגַרְיוֹת לְמָשָׁל)

mention /ˈmenʃ(ə)n/ n. אִזְכּוּר, רִמּוּז, צִיּוּן
□ *the biography makes no mention of her sex life* הַבִּיּוֹגְרַפְיָה אֵינָהּ כּוֹלֶלֶת כָּל רֶמֶז לְחַיֵּי הַמִּין שֶׁלָּהּ
—v.t. הִזְכִּיר, רָמַז, צִיֵּן
□ *don't mention it!* (*colloq.*) עַל לֹא דָּבָר! אֵין עַל מָה!
□ *you mustn't mention this to anyone* אַל תְּסַפֵּר אֶת זֶה לְאַף אֶחָד
□ *accidents cost money, not to mention the grief they cause* תְּאוּנוֹת גּוֹרְמוֹת לְהוֹצָאוֹת גְּדוֹלוֹת, שֶׁלֹּא לְדַבֵּר עַל הַצַּעַר הַכָּרוּךְ בַּדָּבָר
□ *the above-mentioned incident took place on the 12th* (*formal*) הַתַּקְרִית הַנַּ"ל אֵרְעָה בּ־12 לַחֹדֶשׁ

mentor /ˈmentɔː(r)/ n. יוֹעֵץ נֶאֱמָן, חוֹנֵךְ

menu /ˈmenjuː/ n.
1 (list of food) תַּפְרִיט
2 (*Comput.*) תַּפְרִיט (בְּמַחְשֵׁב)
menu-driven מֻפְעָל עַל פִּי תַּפְרִיט (בְּמַחְשֵׁב)

Mephistophelean /ˌmefɪstəˈfiːlɪən/ adj. נוֹהֵג כִּמְפִיסְטוֹפֶלֶס (הַשָּׂטָן בְּאַגָּדַת פָאוּסְט), שְׂטָנִי

mercantile /ˈmɜːkəntaɪl/ adj. (*formal*) מִסְחָרִי
mercantile marine צִי הַסּוֹחֵר

mercenary /ˈmɜːsɪn(ə)rɪ/ adj. תְּאַב־בֶּצַע, שֶׁפּוֹעֵל בְּשֶׁל בֶּצַע־כֶּסֶף
—n. חַיָּל שָׂכִיר (בְּשֵׁרוּת מְדִינָה לֹא שֶׁלּוֹ), שְׂכִיר־חֶרֶב

mercer /ˈmɜːsə(r)/ n. (*UK*) סוֹחֵר בְּבַדֵּי־אֵיכוּת

merchandise /ˈmɜːtʃəndaiz/ n. סְחוֹרוֹת, סְחוֹרָה, טוּבִין, מִצְרָכִים
—v.t. סָחַר בְּ..., שִׁוֵּק אֶת

merchandising /ˈmɜːtʃənˌdaɪzɪŋ/ n. שִׁוּוּק (וְכָל הָעֲנָפִים הַנִּלְוִים לוֹ)

merchant /ˈmɜːtʃənt/ n. סוֹחֵר (לָרֹב סִיטוֹנַאי)
wine merchant סוֹחֵר־יֵינוֹת
merchant bank בַּנְק־סַחַר, בַּנְק־לְמִסְחָר
merchant navy צִי הַסּוֹחֵר
merchant ship אֳנִיַּת־סוֹחֵר, אֳנִיַּת־מַשָּׂא

merchantman /ˈmɜːtʃəntmən/ n. אֳנִיַּת־סוֹחֵר (לְהַבְדִּיל מִסְּפִינַת־מִלְחָמָה)

merciful /ˈmɜːsɪf(ə)l/ adj. רַחוּם, רַחֲמָנִי

merciless /ˈmɜːsɪlɪs/ adj. חֲסַר־רַחֲמִים, אַכְזָר

mercurial /mɜːˈkjʊrɪəl/ adj. מִשְׁתַּנֶּה, לֹא עִקְבִי; בַּעַל שֵׂכֶל מָהִיר, בַּעַל מַחֲשָׁבָה תּוֹסֶסֶת

Mercury /ˈmɜːkjʊrɪ/ n. מֶרְקוּרִי (כּוֹכַב־הַלֶּכֶת הַקָּרוֹב בְּיוֹתֵר לַשֶּׁמֶשׁ)

mercury /ˈmɜːkjʊrɪ/ n. כַּסְפִּית

mercy /ˈmɜːsɪ/ n. רַחֲמִים, חֶמְלָה, חֶסֶד
mercy killing רֶצַח מִתּוֹךְ רַחֲמִים
□ *the ship lay at the mercy of the storm* הַסְּפִינָה הָיְתָה נְתוּנָה לְחַסְדֵי הַסְּעָרָה
□ *we should be thankful for small mercies* יָכוֹל הָיָה לִהְיוֹת יוֹתֵר גָּרוּעַ
□ *death came as a mercy* הַמָּוֶת גָּאַל אוֹתוֹ מִיסּוּרָיו
□ *it's a mercy we weren't badly hurt* תּוֹדָה לָאֵל שֶׁלֹּא נִפְצַעְנוּ בְּאֹפֶן חָמוּר
□ *mercy on us!* (*colloq.*) רִבּוֹנוֹ שֶׁל עוֹלָם!
□ *he was left to the tender mercies of the judge* (*joc.*) הוּא נָפַל לְיָדָיו שֶׁל הַשּׁוֹפֵט

mere[1] /mɪə(r)/ n. (*poet.*) אֲגַם קָטָן, בְּרֵכָה
mere[2] /mɪə(r)/ adj. לֹא יוֹתֵר מֵאֲשֶׁר, סְתָם
□ *it's a mere nothing* (or *trifle*) זֶה שׁוּם דָּבָר! שׁוּם כְּלוּם!

merely /ˈmɪəlɪ/ adv. בִּלְבַד, רַק, פָּשׁוּט, בְּפַשְׁטוּת
meretricious /ˌmerɪˈtrɪʃəs/ adj. (*formal*) בַּעַל בָּרָק כּוֹזֵב; מִתְחַנְחֵן
merge /mɜːdʒ/ v.t. & i. מִזֵּג; הִתְמַזֵּג
□ *twilight merged into darkness* הַדִּמְדּוּמִים הָפְכוּ אַט אַט לַחֲשֵׁכָה
merger /ˈmɜːdʒə(r)/ n. מִזּוּג (שֶׁל שְׁתֵּי חֲבָרוֹת עִסְקִיּוֹת)
merger & acquisition מִזּוּג וּרְכִישָׁה (עָנָף בִּבְנְקָאוּת וּסְחַר־בּוּרְסָה)

meridian /məˈrɪdɪən/ n.
1 (circle of longitude) קַו אֹרֶךְ
Greenwich meridian קַו־גְּרִינִיץ', קַו־הָאֹרֶךְ גְּרִינִיץ'
2 (highest point, *formal*) מִצְהָר, שִׂיא־הַגֹּבַהּ שֶׁל כּוֹכָב
□ *his meridian came late in life* הַהַצְלָחָה הֵאִירָה לוֹ פָּנִים בְּגִיל מְאֻחָר

meridional /məˈrɪdɪən(ə)l/ adj. דְּרוֹמִי
meringue /məˈræŋ/ n. מִקְצֶפֶת (עוּגָה קְטַנָּה עֲשׂוּיָה קַצֶּפֶת וְכוּ')
merino /məˈriːnəʊ/ n. (*pl.* **merinos**) כֶּבֶשׂ־מֶרִינוֹ; צֶמֶר־מֶרִינוֹ (צֶמֶר מְשֻׁבָּח); בַּד מִצֶּמֶר־מֶרִינוֹ
merit /ˈmerɪt/ n. עֵרֶךְ, הִצְטַיְּנוּת, זְכוּת, סְגֻלָּה, מַעֲלָה, יִתְרוֹן
□ *the class list was arranged in order of merit* רְשִׁימַת הַתַּלְמִידִים הָיְתָה מְסֻדֶּרֶת עַל־פִּי הֶשֵּׂגֵיהֶם
□ *each application for a grant will be judged on its merits* כָּל בַּקָּשָׁה לְמִלְגָּה תִּדּוֹן לְגוּפָהּ
—v.t. הָיָה זַכַּאי לְ..., הָיָה רָאוּי לְ...
meritocracy /ˌmerɪˈtɒkrəsɪ/ n. מִשְׁטָר שֶׁבּוֹ הַשִּׁלְטוֹן נָתוּן בִּידֵי בַּעֲלֵי־הַכִּשּׁוּרִים
meritorious /ˌmerɪˈtɔːrɪəs/ adj. (*formal*) רָאוּי לְשֶׁבַח, זַכַּאי לְגָמוּל
merlin /ˈmɜːlɪn/ n. בַּז־גַּמָּדִי
mermaid /ˈmɜːmeɪd/ n. בְּתוּלַת־יָם
merrily /ˈmerɪlɪ/ adv. בַּעֲלִיזוּת, בַּעֲלִיצוּת

merriment /ˈmerɪmənt/ n. שִׂמְחָה, עַלִּיזוּת
merry /ˈmerɪ/ adj.
1 עַלִּיז, שָׂמֵחַ
□ *Christmas is a time to make merry* חַג־הַמּוֹלָד הוּא זְמַן לְעֹנֶג
2 (slightly drunk, *colloq.*) קְצָת שִׁכּוֹר
merry-go-round /ˈmerɪ-gəʊ-raʊnd/ n. סְחַרְחֵרָה, סְחַרְחֶרֶת
merry-making /ˈmerɪ-meɪkɪŋ/ n. הִלּוּלָה, שִׂמְחָה וְשָׂשׂוֹן
mesa /ˈmeɪsə/ n. (הַר) שֻׁלְחָן
mésalliance /ˌmeɪˈzælɪɑːns/ n. נִשּׂוּאִים/שִׁדּוּךְ עִם בֶּן־זוּג מִמַּעֲמָד חֶבְרָתִי נָחוּת, זִוּוּג לֹא מֻצְלָח
mescal /ˈmeskæl/ n. (*US*) מֶסְקָל (קַקְטוּס); מֶסְקָל (מַשְׁקֶה אַלְכּוֹהוֹלִי)
mescaline /ˈmeskəlɪn/ n. מֶסְקָלִין (סַם הֲלוּצִינוֹגֵנִי)
mesh /meʃ/ n.
1 (of a net) לוּלָאַת־רֶשֶׁת, עֵינִית
2 (net) רֶשֶׁת
3 (*Mech.*) שִׁלּוּב גַּלְגַּלֵּי־שִׁנַּיִם
—v.t. & i. שִׁלֵּב (הִלּוּכִים, גַּלְגַּלֵּי־שִׁנַּיִם וְכַד'); הִשְׁתַּלֵּב
mesmeric /mezˈmerɪk/ adj. מֶסְמֶרִי, הִיפְּנוֹטִי; "מְהַפְנֵט"
mesmerism /ˈmezmərɪzəm/ n. (*arch.*) מֶסְמֶרִיזְם, הִיפְּנוֹזָה
mesmerist /ˈmezmərɪst/ n. (*arch.*) מְהַפְנֵט, מֻמְחֶה לְהִיפְּנוֹזָה
mesmerize /ˈmezməraɪz/ v.t. הִקְסִים, רִתֵּק לִמְקוֹמוֹ, "הִפְנֵט"; הִפְנֵט
□ *he mesmerized his audience with his account of the climb* הוּא הִפְנֵט אֶת קְהַל שׁוֹמְעָיו בְּדִוּוּחוֹ עַל הַטִּפּוּס לָהָר
meso- /ˈmesəʊ-/ pref. מְזוֹ־, (תְּחִלִּית שֶׁפֵּרוּשָׁהּ) שֶׁל תְּקוּפַת/מַצָּב בֵּינַיִם
mesolithic /ˌmesəʊˈlɪθɪk/ adj. מְזוֹלִיתִי (שֶׁלְּב בִּתְקוּפַת־הָאֶבֶן הַקְּדוּמָה)
meson /ˈmiːzɒn/ n. (*Phys.*) מֵזוֹן (חֶלְקִיק אֶלֶמֶנְטָרִי)
Mesozoic /ˌmesəʊˈzəʊɪk/ adj. & n. מְזוֹזוֹאִי; מְזוֹזוֹאִיקוֹן (עִדָּן קָדוּם שֶׁבּוֹ חָיוּ הַדִּינוֹזָאוּרִים)
mess /mes/ n.
1 (muddle) אִי־סֵדֶר, אַנְדְּרָלָמוּסְיָה
□ *he made a mess of the job* הוּא קִלְקֵל אֶת הָעִנְיָן
□ *what a mess you're in!* אֵיךְ הִסְתַּבַּכְתָּ! אַתָּה בְּצָרוֹת!
2 (faeces, *euphem.*) טִנֹּפֶת
□ *the dog made a mess on the carpet* הַכֶּלֶב חִרְבֵּן עַל הַשָּׁטִיחַ
3 (*Mil.*) חֲדַר־אֹכֶל (צְבָאִי בִּלְבַד)
—v.t.
□ *don't mess me about* (or *around*) (*colloq.*) אַל תְּשַׂחֵק אִתִּי מִשְׂחָקִים
□ *he messed up the theatre bookings* הוּא בִּלְבֵּל אֶת הַזְמָנַת הַכַּרְטִיסִים לַתֵּיאַטְרוֹן

—v.i.
1 (behave foolishly or with no definite aim, *colloq.*) הִתְבַּטֵּל, בִּזְבֵּז אֶת זְמַנּוֹ
□ *he messed about all day* הוּא הִתְבַּטֵּל בְּמֶשֶׁךְ כָּל הַיּוֹם
□ *he's always messing around with his computer* הוּא תָּמִיד מִתְעַסֵּק עִם הַמַּחְשֵׁב שֶׁלּוֹ
□ *he was caught messing around with the boss's wife* תָּפְסוּ אוֹתוֹ כְּשֶׁהוּא מִתְעַסֵּק עִם אִשְׁתּוֹ שֶׁל הַבּוֹס
2 (take meals, *Mil.*) אָכַל בִּצְוָתָּא עִם (בַּצָּבָא בִּלְבַד)

message /ˈmesɪdʒ/ n. הוֹדָעָה, תִּשְׁדֹּרֶת, שֶׁדֶר, מֶסֶר; שְׁלִיחוּת
□ *this is a book with a message* זֶה סֵפֶר עִם מֶסֶר
□ *don't say any more – I've got the message* (*colloq.*) אַתָּה לֹא צָרִיךְ לְהוֹסִיף כְּלוּם, הֵבַנְתִּי אוֹתְךָ; דַּי תַּפְסִיק, הֵבַנְתִּי אוֹתְךָ

messenger /ˈmesɪndʒə(r)/ n. שָׁלִיחַ; מְבַשֵּׂר

Messiah /mɪˈsaɪə/ n. הַמָּשִׁיחַ

messianic /ˌmesɪˈænɪk/ adj. מְשִׁיחִי; שֶׁל יְמֵי הַמָּשִׁיחַ

messmate /ˈmesmeɪt/ n. (*Mil.*) אָדָם הַסּוֹעֵד בַּחֲדַר־אֹכֶל צְבָאִי (שֶׁל חוֹגְרִים, קְצִינִים וְכַד')

Messrs. /ˈmesəz/ *pl.* of **Mr.**

messy /ˈmesɪ/ adj. פָּרוּעַ, מְבֻלְבָּל, מְלֻכְלָךְ, מְטֻנָּף

mestizo /meˈstiːzəʊ/ n. מֶסְטִיצוֹ (בֶּן־תַּעֲרֹבֶת שֶׁל סְפָרַדִּי וְאִנְדִּיאָנִי בְּאָמֶרִיקָה הַדְּרוֹמִית)

met /met/ past & past ppl. of **meet**

meta- /ˈmetə-/ pref. מֶטָה־, (תְּחִלִּית שֶׁפֵּרוּשָׁהּ) ־עַל

metabolic /ˌmetəˈbɒlɪk/ adj. (*Physiol.*) מֶטַבּוֹלִי, שֶׁל חִלּוּף־חֳמָרִים

metabolism /mɪˈtæbəlɪzəm/ n. (*Physiol.*) מֶטַבּוֹלִיזְם, חִלּוּף־חֳמָרִים

metal /ˈmet(ə)l/ n.
1 (a class of chemical substances; one of this class) מַתֶּכֶת
2 (broken stone; also v.t., *arch.*) חָצָץ, שִׁבְרֵי־אֲבָנִים בְּחָצָץ

metallic /mɪˈtælɪk/ adj. מַתַּכְתִּי, שֶׁל מַתֶּכֶת, מֶטָלִי

metallize /ˈmetəlaɪz/ v.t. צִפָּה בְּצִפּוּי דַּק שֶׁל מַתֶּכֶת

metallurgical /ˌmetəˈlɜːdʒɪk(ə)l/ adj. מֶטַלוּרְגִי; שֶׁל תּוֹרַת־הַמַּתָּכוֹת

metallurgist /mɪˈtælədʒɪst/ n. מֶטַלוּרְגִיסְט, עוֹסֵק אוֹ מֻמְחֶה בְּתוֹרַת־מַתָּכוֹת

metallurgy /mɪˈtælədʒɪ/ n. מֶטַלוּרְגְיָה, תּוֹרַת־הַמַּתָּכוֹת; תַּעֲשִׂיַּת־מַתָּכוֹת

metalwork /ˈmet(ə)lwɜːk/ n. מַתֶּכֶת מְעֻבֶּדֶת; עִבּוּד־מַתָּכוֹת

metalworker /ˈmet(ə)lwɜːkə(r)/ n. עוֹבֵד בְּעִבּוּד־מַתָּכוֹת

metamorphic /ˌmetəˈmɔːfɪk/ adj. מֶטָמוֹרְפִי, שֶׁל שִׁנּוּי צוּרָה; מֶטָמוֹרְפִי (בְּגֵיאוֹלוֹגְיָה)

metamorphose /ˌmetəˈmɔːfəʊz/ v.t. & i. הָפַךְ אֶת... לְ... (בְּעִקָּר בְּאֶמְצָעוּת קֶסֶם); הָפַךְ לְ..., לָבַשׁ צוּרַת..., עָבַר מֶטָמוֹרְפוֹזָה

metamorphosis /ˌmetəˈmɔːfəsɪs/ n. (*pl.* **metamorphoses**) מֶטָמוֹרְפוֹזָה, שִׁנּוּי צוּרָה

metaphor /ˈmetəfə(r)/ n. מֶטָפוֹרָה
mixed metaphor מֶטָפוֹרָה מְעֹרֶבֶת (הַכּוֹלֶלֶת דִּמּוּיִים מִכַּמָּה וְכַמָּה תְּחוּמִים)

metaphorical /ˌmetəˈfɒrɪk(ə)l/ adj. מֶטָפוֹרִי

metaphysical /ˌmetəˈfɪzɪk(ə)l/ adj. מֶטָפִיזִי, שֶׁל מֶטָפִיזִיקָה; עַרְטִילָאִי; מֶטָפִיזִי (שֶׁל הַשִּׁירָה הָאַנְגְּלִית בַּמֵּאָה הַ־17)

metaphysics /ˌmetəˈfɪzɪks/ n. (with *sing. v.*) מֶטָפִיזִיקָה (עָנָף בְּפִילוֹסוֹפְיָה)

mete /miːt/ v.t.
mete out (*arch.*) חִלֵּק, הִקְצִיב בְּמִדָּה, גָּמַל
□ *God metes out rewards and punishments* הָאֵל גּוֹמֵל שָׂכָר וָעֹנֶשׁ

meteor /ˈmiːtɪɔː(r)/ n. מֶטָאוֹר

meteoric /ˌmiːtɪˈɒrɪk/ adj. מֶטָאוֹרִי
□ *his rise to fame was meteoric* הוּא הִתְפַּרְסֵם בִּמְהִירוּת מְסַחְרֶרֶת, הוּא זָכָה לְפִרְסוּם מֶטָאוֹרִי

meteorite /ˈmiːtɪəraɪt/ n. מֶטָאוֹרִיט, מֶטָאוֹר שֶׁנָּפַל לָאָרֶץ

meteoritic /ˌmiːtɪəˈrɪtɪk/ adj. מֶטָאוֹרִיטִי, שֶׁל מֶטָאוֹרִיט

meteorological /ˌmiːtɪərəˈlɒdʒɪk(ə)l/ adj. מֶטָאוֹרוֹלוֹגִי, שֶׁל מֶזֶג־הָאֲוִיר

meteorologist /ˌmiːtɪəˈrɒlədʒɪst/ n. מֶטָאוֹרוֹלוֹג, חַזַּאי

meteorology /ˌmiːtɪəˈrɒlədʒɪ/ n. מֶטָאוֹרוֹלוֹגְיָה, חַזָּאוּת

meter /ˈmiːtə(r)/ n.
1 (measuring apparatus) מוֹנֶה, מוֹדֵד, מַד־(חַשְׁמַל וְכַד')
meter maid (*US colloq.*) שׁוֹטֶרֶת־תְּנוּעָה
parking meter מַדְחָן
2 (*US*) see **METRE** מֶטֶר (יְחִידַת אֹרֶךְ)
—v.t. מָדַד בְּאֶמְצָעוּת מוֹנֶה, סִפֵּק בְּאֶמְצָעוּת מוֹנֶה

methadone /ˈmeθəˌdəʊn/ n. (*Med.*) מֶתָדוֹן (סַם סִינְתֶטִי, מְשַׁמֵּשׁ תַּחֲלִיף לְהֵירוֹאִין)

methane /ˈmiːθeɪn/ n. גַּז־מֶתָן, גַּז־בִּצּוֹת

methinks /miːˈθɪŋks/ (past **methought** /miːˈθɔːt/) v.i. (*arch.*) סְבוּרַנִי, דּוֹמַנִי, כִּסְבוּרַנִי

method /ˈmeθəd/ n.
1 (way) שִׁיטָה, מֶתוֹדָה, דֶּרֶךְ
2 (orderliness) שִׁיטָתִיּוּת, אֹפֶן שִׁיטָתִי
□ *there's method in his madness* (*colloq.*) יֵשׁ הִגָּיוֹן בַּטֵּרוּף שֶׁלּוֹ

methodical /mɪˈθɒdɪk(ə)l/ adj. שִׁיטָתִי, עָשׂוּי לְפִי סֵדֶר, מֶתוֹדִי

Methodism /ˈmeθədɪzəm/ n. תּוֹרַת־הַמֶּתוֹדִיסְטִים (כַּת דָּתִית נוֹצְרִית)

Methodist /ˈmeθədɪst/ n. & adj. מֶתוֹדִיסְט, חֲבֵר הַכַּת הַמֶּתוֹדִיסְטִית

methodology /ˌmeθəˈdɒlədʒɪ/ n. מֶתוֹדוֹלוֹגְיָה (מַעֲרָךְ הַשִּׁיטוֹת שֶׁבָּהֶן נַעֲשֶׂה שִׁמּוּשׁ)

methought /miːˈθɔːt/ see **METHINKS**

meths /meθs/ n. (*colloq.*) כֹּהַל מְפֻגָּל

methylated spirits /ˌmeθəleɪtɪd ˈspɪrɪts/ n. *pl.* כֹּהַל מְפֻגָּל

meticulous /mɪˈtɪkjʊləs/ adj. דַּיְקָן, דַּקְדְּקָן, קַפְּדָן

métier /ˈmetɪeɪ/ n. (*formal*) מִקְצוֹעַ, אֻמָּנוּת, מִשְׁלַח־יָד

metonymy /mɪˈtɒnɪmɪ/ n. מֶטוֹנִימְיָה

metre /ˈmiːtə(r)/ n. (*US* **meter**)
1 (unit length) מֶטֶר (יְחִידַת אֹרֶךְ)
2 (rhythm in verse or music) מִקְצָב, קֶצֶב, מִשְׁקָל (בְּשִׁיר)

metric /ˈmetrɪk/ adj. מֶטְרִי; לְפִי הַשִּׁיטָה הַמֶּטְרִית
metric system הַשִּׁיטָה הַמֶּטְרִית
□ *we're going metric* (*colloq.*) אָנוּ מַחֲלִיפִים הַשִּׁיטָה הַיְשָׁנָה בַּשִּׁיטָה הַמֶּטְרִית

metrical /ˈmetrɪk(ə)l/ adj.
1 (composed in metre) (שִׁיר) מְחֻבָּר בְּמִקְצָב (בְּנִגּוּד לִפְרוֹזָה); שֶׁל מִקְצָב, שֶׁל מִשְׁקָל
2 (involving measurement) קָשׁוּר בִּמְדִידָה

metrication /ˌmetrɪˈkeɪʃ(ə)n/ n. הֲמָרָה לַשִּׁיטָה־הַמֶּטְרִית

metro /ˈmetrəʊ/ n. מֶטְרוֹ, הָרַכֶּבֶת הַתַּחְתִּית (בְּפָּרִיז, בְּלֶנִינְגְרַד וְכַד׳)

metronome /ˈmetrənəʊm/ n. מַדְקֶצֶב, מֶטְרוֹנוֹם (בְּמוּזִיקָה)

metropolis /məˈtrɒpəlɪs/ n. עִיר בִּירָה מֶטְרוֹפּוֹלִין; מוֹקֵד (עִירוֹנִי, שֶׁל עֲסָקִים, תַּיָּרוּת וְכַד׳)

metropolitan /ˌmetrəˈpɒlɪtən/ adj. שֶׁל עִיר הַבִּירָה; עִירוֹנִי, מֶטְרוֹפּוֹלִיטָנִי
—n. (*Relig.*) מֶטְרוֹפּוֹלִיט (אַרְכִיבִּישׁוֹף, בְּעִקָּר בַּכְּנֵסִיָּה הָרוּסִית־הָאוֹרְתּוֹדוֹקְסִית)

mettle /ˈmet(ə)l/ n. (*formal*) נְחִישׁוּת, מֶרֶץ, כֹּחַ־הִתְמַדָּה
□ *the challenge put him on his mettle* הָאֶתְגָּר דִּרְבֵּן אוֹתוֹ לִפְעֹל בִּמְלוֹא יְכָלְתּוֹ

mettlesome /ˈmet(ə)lsəm/ adj. (סוּס) מָלֵא מֶרֶץ וְאֹמֶץ, נִמְרָץ

meunière /mɜːˈnjeə(r)/ adj. מֻגָּשׁ בְּרֹטֶב חֶמְאָה, פֶּטְרוֹזִילְיָה וּמִיץ־לִימוֹן

mew /mjuː/ v.i. & n. (חָתוּל) יִלֵּל, עָשָׂה "מְיָאוּ"; יִלְלַת־חָתוּל, "מְיָאוּ"

mews /mjuːz/ n. (with *sing. v.*) סִמְטָה (בְּמָקוֹר חָצֵר עִם אֻרְווֹת סוּסִים וּבְיָמֵינוּ כּוֹלֵל בָּתֵּי־מְגוּרִים מֵאֻרְווֹת שֻׁפְּצוּ)

mezzanine /ˈmezəniːn/ n. & adj. קוֹמַת־בֵּינַיִם; הַיָּצִיעַ הַנָּמוּךְ בְּיוֹתֵר בְּאוּלַם־תֵּיאַטְרוֹן

mezzo /ˈmetsəʊ/ adv. (*Mus.*) מֶצּוֹ, בֵּינוֹנִי, אֶמְצָעִי; חֲצִי
mezzo forte (or **piano**) מֶצּוֹ־פוֹרְטֶה/פְּיָנוֹ (בְּעָצְמָה חֲצִי־חֲזָקָה/חַלָּשָׁה)

mezzo-soprano /ˌmetsəʊ-səˈprɑːnəʊ/ n. (*Mus.*) מֶצּוֹ־סוֹפְּרָנוֹ, קוֹל אִשָּׁה בֵּין קוֹנְטְרַלְטוֹ וְסוֹפְּרָנוֹ

mezzotint /ˈmetsəʊtɪnt/ n. הַדְפָּסָה מְגֻלּוֹפָה שֶׁשֻּׁיְּפָה בִּמְיֻחָד לְהַשָּׂגַת גּוֹנֵי אוֹר וָצֵל

mi /miː/ n. (*Mus.*) מִי (תָּא בַּסֻּלָּם הַמּוּזִיקָלִי)

miaow /miːˈaʊ/ v.i. & n. (חָתוּל) יִלֵּל, עָשָׂה "מְיָאוּ"; יִלְלַת־חָתוּל, "מְיָאוּ"

miasma /mɪˈæzmə/ n. (*formal*) עֲרָפֶל כָּבֵד וְרָעִיל; הַשְׁפָּעָה מַזִּיקָה

mica /ˈmaɪkə/ n. מִיקָה, נָצִיץ (מַחְצָב הַמִּתְפַּצֵּל לֶעָלִים הַמְשַׁמֵּשׁ בְּמַכְשִׁירִים חַשְׁמַלִּיִּים)

mice /maɪs/ *pl.* of **mouse**

Michaelmas /ˈmɪk(ə)lməs/ n. חַג נוֹצְרִי בְּ־29 בְּסֶפְּטֶמְבֶּר, חַג הַמַּלְאָךְ מִיכָאֵל

mickey /ˈmɪkɪ/ n. (*sl.*)
□ *I feel someone is taking the mickey* (*out of me*) נִדְמֶה לִי שֶׁמִּישֶׁהוּ צוֹחֵק עָלַי
Mickey Finn (*sl.*) מַשְׁקֶה אַלְכּוֹהוֹלִי מְעֹרָב בְּסַם־הַרְדָּמָה

Mickey Mouse /ˈmɪkɪ ˈmaʊs/ attrib. adj. (*colloq. derog.*) "צַעֲצוּעַ", לֹא־רְצִינִי

micro- /ˈmaɪkrɒ/ *pref.*
1 (denoting small) מִיקְרוֹ־
2 (denoting factor of one millionth) אֶחָד חֶלְקֵי מִילְיוֹן, מִילְיוֹנִית

micro /ˈmaɪkrəʊ/ n. (*colloq.*) "מִיקְרוֹ", מַחְשֵׁב־מִיקְרוֹ, מַחְשֵׁב־אִישִׁי

microbe /ˈmaɪkrəʊb/ n. חַיְדַּק, מִיקְרוֹב

microbiology /ˌmaɪkrəʊbaɪˈɒlədʒɪ/ n. מִיקְרוֹבִּיּוֹלוֹגְיָה

microchip /ˈmaɪkrəʊˌtʃɪp/ n. מִיקְרוֹ־שְׁבָב (רְכִיב אֶלֶקְטְרוֹנִי)

microcomputer /ˌmaɪkrəʊkəmˈpjuːtə(r)/ n. מִיקְרוֹ־מַחְשֵׁב

microcosm /ˈmaɪkrəʊkɒzəm/ n. מִיקְרוֹקוֹסְמוֹס, עוֹלָם בִּזְעֵיר אַנְפִּין

microdot /ˈmaɪkrəʊdɒt/ n. צִלּוּם שֶׁל מִסְמָךְ מֻקְטָן לְגֹדֶל שֶׁל נְקֻדָּה

microeconomics /ˌmaɪkrəʊˌiːkəˈnɒmɪks/ n. (with *sing.* v.) כַּלְכָּלַת־מִיקְרוֹ (מֶחְקָר בְּכַלְכָּלָה הָעוֹסֵק בְּשִׁטְחֵי פְּעִילוּת אִינְדִּיבִידוּאָלִיִּים)

microfiche /ˈmaɪkrəʊfiːʃ/ n. מִיקְרוֹפִישׁ (שִׁיטַת אֲגִירַת נְתוּנִים עַל דַּף מִיקְרוֹפִילְם)

microfilm /ˈmaɪkrəʊfɪlm/ n. & v.t. מִיקְרוֹפִילְם (תַּצְלוּם זָעִיר שֶׁל דַּפֵּי־מֵידָע); צִלֵּם בַּנַּ"ל

microgram /ˈmaɪkrəʊˌgræm/ n. מִיקְרוֹגְרַם, אֶחָד חֶלְקֵי מִילְיוֹן הַגְּרַם

microlight /ˈmaɪkrəʊˌlaɪt/ n. מָטוֹס זָעִיר

micromesh /ˈmaɪkrəʊˌmeʃ/ n. אָרִיג לְגַרְבּוֹנִים

micrometer /maɪˈkrɒmɪtə(r)/ n. מִיקְרוֹמֶטֶר, מַכְשִׁיר לִמְדִידַת גְּדָלִים זְעִירִים

micron /ˈmaɪkrɒn/ n. מִיקְרוֹן, אַלְפִּית־הַמִּילִימֶטֶר

micro-organism /ˌmaɪkrəʊ-ˈɔːgənɪzəm/ n. מִיקְרוֹאוֹרְגָנִיזְם (יְצוּר חַי שֶׁנִּתָּן לִרְאוֹתוֹ רַק בְּאֶמְצָעוּת מִיקְרוֹסְקוֹפּ)

microphone /ˈmaɪkrəfəʊn/ n. מִיקְרוֹפוֹן

microscope /ˈmaɪkrəskəʊp/ n. מִיקְרוֹסְקוֹפּ

microscopic /ˌmaɪkrəˈskɒpɪk/ adj.

1 (too small to be seen by the naked eye) מִיקְרוֹסְקוֹפִּי, זָעִיר

2 (of a microscope) שֶׁל מִיקְרוֹסְקוֹפּ, מִיקְרוֹסְקוֹפִּי

microscopy /maɪˈkrɒskəpɪ/ n. מִיקְרוֹסְקוֹפִּיָּה, שִׁמּוּשׁ בְּמִיקְרוֹסְקוֹפּ, בְּדִיקָה מִיקְרוֹסְקוֹפִּית

microsurgery /ˈmaɪkrəʊˌsɜːdʒərɪ/ n. מִיקְרוֹ־כִירוּרְגְיָה

microwave /ˈmaɪkrəʊweɪv/ n. מִיקְרוֹגַל

microwave oven תַּנּוּר־מִיקְרוֹגַל

mid /mɪd/ adj. & pref. אֶמְצַע, שֶׁבְּאֶמְצַע

□ *he's in his mid seventies* הוּא בְּאֶמְצַע שְׁנוֹת הַשִּׁבְעִים שֶׁלּוֹ

mid-air /mid-ˈeə(r)/ n. & attrib. adj. בָּאֲוִיר

Midas /ˈmaɪdəs/ n.

□ *he has the Midas touch* כָּל מַה שֶּׁהוּא נוֹגֵעַ בּוֹ הוֹפֵךְ לְזָהָב

midday /ˌmɪdˈdeɪ/ n. & adj. צָהֳרַיִם; שֶׁל צָהֳרַיִם

midden /ˈmɪd(ə)n/ n. עֲרֵמַת־זֶבֶל

middle /ˈmɪd(ə)l/ n. אֶמְצַע, תִּיכוֹן, תָּוֶךְ

□ *I'm in the middle of an argument* אֲנִי בְּאֶמְצַע וִכּוּחַ

□ *he's a bit fat round the middle* יֵשׁ לוֹ כֶּרֶס

—adj. אֶמְצָעִי, תִּיכוֹנִי, בֵּינוֹנִי

middle age גִּיל הָעֲמִידָה

Middle Ages יְמֵי־הַבֵּינַיִם

Middle America

1 (average Americans) שִׁכְבַת הַמַּעֲמָד הַבֵּינוֹנִי בְּאָמֶרִיקָה

2 (the Midwest) הַמַּעֲרָב הַתִּיכוֹן בְּאָמֶרִיקָה

Middle C (*Mus.*) תָּו דּוֹ הָאֶמְצָעִי בְּמוּזִיקָה

Middle East הַמִּזְרָח הַתִּיכוֹן

middle management מְנַהֲלִים בְּדֶרֶג־בֵּינוֹנִי

middle school כִּתּוֹת בֵּית־סֵפֶר לְתַלְמִידִים בֵּין גִּיל תֵּשַׁע וּשְׁלֹשׁ עֶשְׂרֵה

□ *the government took a middle course* הַמֶּמְשָׁלָה נָקְטָה דֶּרֶךְ שֶׁל פְּשָׁרָה

□ *she is a middle distance runner* הִיא אַצָּנִית לְמֶרְחַקִּים בֵּינוֹנִיִּים

□ *he could see a house in the middle distance* הוּא הִבְחִין בְּבַיִת לֹא רָחוֹק וְלֹא קָרוֹב

□ *the politicians are competing for the middle ground* הַפּוֹלִיטִיקָאִים מִתְחָרִים לְהַשָּׂגַת פְּשָׁרָה

□ *kindness is his middle name* (*colloq.*) טוּב־לֵב זֶה אֶצְלוֹ בַּדָּם

middle-aged /ˌmɪd(ə)l-ˈeɪdʒd/ adj. שֶׁבְּגִיל הָעֲמִידָה

middle-aged spread כַּרְסְתָנוּת שֶׁל גִּיל־הָעֲמִידָה

middle-class /ˌmɪd(ə)l-ˈklɑːs/ adj. & n. שֶׁל הַמַּעֲמָד הַבֵּינוֹנִי; הַמַּעֲמָד הַבֵּינוֹנִי

middleman /ˈmɪdəlmæn/ n. מְתַוֵּךְ (בֵּין הַיַּצְרָן לַצַּרְכָן)

middle-of-the-road /ˌmɪd(ə)l-əv-ðə-ˈrəʊd/ adj. בֵּינוֹנִי, מְמֻצָּע, מָתוּן

□ *he's very middle-of-the-road in his politics* בְּעִנְיְנֵי פּוֹלִיטִיקָה הוּא פָּחוֹת אוֹ יוֹתֵר הוֹלֵךְ בַּתֶּלֶם

middleweight /ˈmɪd(ə)lweɪt/ adj. & n. מִתְאַגְרֵף בְּמִשְׁקָל בֵּינוֹנִי; מִשְׁקָל בֵּינוֹנִי (בְּאִגְרוּף)

middling /ˈmɪdlɪŋ/ adj. & adv. בֵּינוֹנִי לְמַדַּי

fair to middling (*colloq.*) כָּכָה כָּכָה

midfield /ˌmɪdˈfiːld/ n. & adj. אֶמְצַע הַמִּגְרָשׁ (בִּסְפּוֹרְט); שֶׁל אֶמְצַע־הַמִּגְרָשׁ, בְּאֶמְצַע־הַמִּגְרָשׁ

midge /mɪdʒ/ n. יַבְחוּשׁ, יַתּוּשׁ

midget /ˈmɪdʒɪt/ n. & attrib. adj. גַּמָּד, נַנָּס; גַּמָּדִי, נַנָּסִי, מִינְיָאטוּרִי

midland /ˈmɪdlənd/ n. & adj. פְּנִים־הָאָרֶץ; שֶׁבִּפְנִים־הָאָרֶץ

the Midlands (*UK*) הַמְּחוֹזוֹת הַפְּנִימִיִּים שֶׁל אַנְגְּלִיָּה

mid-life crisis /ˌmɪd-laɪf ˈkraɪsɪs/ n. מַשְׁבֵּר גִּיל הַ־50, מַשְׁבֵּר גִּיל הַמַּעֲבָר

midmost /ˈmidməʊst/ adj. (*poet.*) מוֹקֵד, לֵב

midnight /ˈmɪdnaɪt/ n. & adj. חֲצוֹת, חֲצוֹת־הַלַּיְלָה; שֶׁבַּחֲצוֹת הַלַּיְלָה

midnight sun שֶׁמֶשׁ חֲצוֹת (הַנִּרְאֵית בָּאֲזוֹרֵי הַקֹּטֶב)

□ *he's burning the midnight oil* (*colloq.*) הוּא עוֹבֵד עַד מְאֻחָר בַּלַּיְלָה; הוּא עוֹשֶׂה לֵילוֹת כְּיָמִים

mid-off /ˌmɪd-ˈɒf/ n. (*Cricket*) שַׂחְקַן מָגֵן בְּקְרִיקֶט שֶׁעוֹמֵד לְצִדּוֹ הַשְּׂמָאלִי שֶׁל זוֹרֵק הַכַּדּוּר

mid-on /ˌmɪd-ˈɒn/ n. (*Cricket*) שַׂחְקַן מָגֵן בְּקְרִיקֶט שֶׁעוֹמֵד לְצִדּוֹ הַיְּמָנִי שֶׁל זוֹרֵק הַכַּדּוּר

midriff /ˈmɪdrɪf/ n. סַרְעֶפֶת

midshipman /ˈmɪdʃɪpmən/ n. צוֹעֵר בַּצִּי הַבְּרִיטִי

midst /mɪdst/ n. אֶמְצַע, קֶרֶב, תּוֹךְ

□ *there is a traitor in our midst* יֵשׁ בּוֹגֵד בְּקִרְבֵּנוּ

midstream /mɪdˈstriːm/ n. אֶמְצַע הַזֶּרֶם

□ *you shouldn't change horses in midstream* (*Prov.*) אַל תְּשַׁנֶּה כִּוּוּן בְּאֶמְצַע הַדֶּרֶךְ

midsummer /mɪdˈsʌmə(r)/ n. & adj. עִצּוּמוֹ שֶׁל הַקַּיִץ; הַיּוֹם הָאָרֹךְ בְּיוֹתֵר בַּקַּיִץ (22 בְּיוּנִי); שֶׁל עִצּוּמוֹ שֶׁל הַקַּיִץ, בְּעִצּוּמוֹ שֶׁל הַקַּיִץ

Midsummer('s) Day הַ־24 בְּיוּנִי

midsummer madness (*colloq.*) הִשְׁתַּטּוּת, הִתְנַהֲגוּת חַסְרַת־הִגָּיוֹן

midterm /mɪdˈtɜːm/ attrib. adj. שֶׁבְּאֶמְצַע כְּהֻנָּתוֹ; שֶׁבְּאֶמְצַע סֶמֶסְטֶר/טְרִימֶסְטֶר

midway /ˌmɪdˈweɪ/ adj. & adv. שֶׁבַּחֲצִי הַדֶּרֶךְ, שֶׁבְּאֶמְצַע הַדֶּרֶךְ; בַּחֲצִי הַדֶּרֶךְ, בְּאֶמְצַע

Midwest /ˌmɪdˈwest/ n. (*US*) הַמַּעֲרָב הַתִּיכוֹן בְּאַרְהַ"ב

midwife /ˈmɪdwaɪf/ n. (*pl.* **midwives**) מְיַלֶּדֶת

midwifery /ˈmɪdwɪfərɪ/ n. מְיַלְּדוּת

mien /miːn/ n. (*poet.*) הַבָּעַת־פָּנִים, הוֹפָעָה אִישִׁית, הִתְנַהֲגוּת

miffed /mɪft/ adj. (*colloq.*) מְעֻצְבָּן

might[1] /maɪt/ n. כֹּחַ, עָצְמָה, חֹזֶק
□ *he tried with* (*all his*) *might and main* (*formal*) הוּא נִסָּה בְּכָל כֹּחוֹתָיו

might[2] /maɪt/ past of **may**[2]

mighty /ˈmaɪtɪ/ adj. רַב־עָצְמָה, אַדִּיר־כֹּחַ, עָצוּם, אַדִּיר
□ *she was very high and mighty about it* (*colloq.*) הִיא נָהֲגָה בִּיהִירוּת רַבָּה בַּנּוֹשֵׂא
—adv. (*colloq.*) מְאֹד־מְאֹד

migraine /ˈmiːgreɪn, ˈmaɪgreɪn/ n. מִגְרֶנָה, צִלְחָה

migrant /ˈmaɪgrənt/ n. & adj. צִפּוֹר־נוֹד; (עוֹף) נוֹדֵד, (פּוֹעֵל, רוֹעֶה וְכַד׳) נוֹדֵד, נָע־וָנָד
migrant worker פּוֹעֵל־נוֹדֵד, פּוֹעֵל זָר

migrate /maɪˈgreɪt/ v.i. נָדַד

migration /maɪˈgreɪʃ(ə)n/ n. נְדִידָה

migratory /ˈmaɪgrət(ə)rɪ/ adj. נוֹדֵד, שֶׁל נְדִידָה

mikado /mɪˈkɑːdəʊ/ n. (*pl.* **mikados**) מִיקָאדוֹ (תֹּאֲרוֹ שֶׁל קֵיסַר יַפָּן בֶּעָבָר)

mike /maɪk/ n. (*colloq.*) (קִצּוּר שֶׁל) מִיקְרוֹפוֹן

milady mɪˈleɪdɪ/ n. (*arch.*) גְּבִרְתִּי, גְּבִרְתִּי הָאֲצִילָה

milch /mɪltʃ/ adj. (נְקֵבָה שֶׁל בְּהֵמָה מְבֻיֶּתֶת) נוֹתֶנֶת חָלָב, חוֹלֶבֶת
milch cow פָּרָה חוֹלֶבֶת; (בְּהַשְׁאָלָה) ״מִכְרֵה זָהָב״

mild /maɪld/ adj. מָתוֹן, רַךְ, עָדִין, קַל, נוֹחַ
mild and bitter (*UK*) תַּעֲרֹבֶת שֶׁל בִּירָה קַלָּה וּבִירָה ״בִּיטֶר״
mild steel פְּלָדָה הַמְיֻצֶּרֶת מִבַּרְזֶל הַמָּתָךְ עִם כַּמּוּת קְטַנָּה מְאֹד שֶׁל פַּחְמָן
□ *it was a mild day* זֶה הָיָה יוֹם נָאֶה, הָיָה מֶזֶג־אֲוִיר נוֹחַ

mildew /ˈmɪldjuː/ n. & v.i. קִמָּחוֹן, חִלָּדוֹן (מַחֲלַת־צְמָחִים); טַחַב; הָיָה נָגוּעַ בְּנ״ל

mildewed /ˈmɪldjuːd/ adj. מֻכֵּה בְּקִמָּחוֹן/חִלָּדוֹן; טָחוּב, נָגוּעַ בְּטַחַב

mildly /ˈmaɪldlɪ/ adv. בְּרַכּוּת, בְּנֹעַם, בְּצוּרָה נוֹחָה, בְּמִקְצָת
□ *he was furious, to put it mildly* הוּא זָעַם, אִם לְהִתְבַּטֵּא בַּעֲדִינוּת

mile /maɪl/ n. מִיל, מִיל (מִדַּת אֹרֶךְ, 1,609 מֶטֶר)
nautical mile מִיל יַמִּי (מִדַּת אֹרֶךְ, 1,852 מֶטֶר)
□ *a miss is as good as a mile* (*Prov.*) טָעוּת גְּדוֹלָה – טָעוּת קְטַנָּה – זֶה הַיְנוּ־הָךְ כָּךְ אוֹ אַחֶרֶת
□ *sorry, I was miles away* (*colloq.*) מִצְטַעֵר, לֹא הָיִיתִי מְרֻכָּז
□ *nobody comes within a mile of him as a tennis player* אַף אֶחָד לֹא מַגִּיעַ לְקַרְסֻלָּיו שֶׁלּוֹ בְּטֶנִיס
□ *he's miles better than the rest* (*colloq.*) הוּא פִּי אֶלֶף יוֹתֵר טוֹב מִן הָאֲחֵרִים

mileage /ˈmaɪlɪdʒ/ n. קִילוֹמֶטְרַז׳; הַמֶּרְחָק שֶׁבֵּין שְׁנֵי מְקוֹמוֹת; תַּשְׁלוּם לִק״מ
□ *there's a lot of mileage for a politician in visiting a disaster* לְפּוֹלִיטִיקָאִים יֵשׁ מַה לְּהַרְוִיחַ מִן הַבִּקּוּר בְּאֵזוֹרֵי־אָסוֹן

mileometer /maɪˈlɒmɪtə(r)/ n. מוֹנֵה מִילִים

miler /ˈmaɪlə(r)/ n. אָצָן לְמֶרְחָק שֶׁל מִיל אֶחָד; סוּס בְּמִקְצֶה לְמִיל אֶחָד

milestone /ˈmaɪlstəʊn/ n. צִיּוּן־דֶּרֶךְ, אֶבֶן־דֶּרֶךְ
□ *Marconi's message was a milestone in the history of communications* הַשֶּׁדֶר שֶׁל מַרְקוֹנִי הָיָה צִיּוּן־דֶּרֶךְ בְּתוֹלְדוֹת הַתִּקְשֹׁרֶת

milieu /ˈmiːljɜː/ n. (*formal*) מִילְיֶה, סְבִיבָה, חוּג (חֶבְרָתִי), אֲוִירָה (חֶבְרָתִית)

militancy /ˈmɪlɪtənsɪ/ n. נְכוֹנוּת לְהִלָּחֵם, מִילִיטַנְטִיּוּת

militant /ˈmɪlɪtənt/ adj. & n. נָכוֹן־לְהִלָּחֵם, מִילִיטַנְטִי; מִילִיטַנְט, אָדָם מִילִיטַנְטִי

militarism /ˈmɪlɪtərɪzəm/ n. מִילִיטָרִיזְם

militarist /ˈmɪlɪtərɪst/ n. מִילִיטָרִיסְט

militaristic /ˌmɪlɪtəˈrɪstɪk/ adj. מִלִיטָרִיסְטִי, דּוֹגֵל בִּצְבָאִיּוּת

military /ˈmɪlɪt(ə)rɪ/ adj. צְבָאִי, שֶׁל חַיָּלִים, שֶׁל צָבָא
military band (*Mus.*) תִּזְמֹרֶת צְבָאִית
—n. הַצָּבָא, הַכֹּחוֹת הַמְזֻיָּנִים
□ *the demonstration got out of hand and the military were called in* הַהַפְגָּנָה יָצְאָה מִכְּלַל שְׁלִיטָה וְכֹחוֹת הַצָּבָא הֻפְעֲלוּ

militate /ˈmɪlɪteɪt/ v.i. (*formal*)
□ *several factors combined to militate against our success* מִסְפַּר גּוֹרְמִים חָבְרוּ יַחַד נֶגֶד הַצְלָחָתֵנוּ

militia /mɪˈlɪʃə/ n. מִילִיצְיָה, מִשְׁמָר אֶזְרָחִי

militiaman /mɪˈlɪʃəmən/ n. אִישׁ הַמִּילִיצְיָה, אִישׁ הַמִּשְׁמָר־הָאֶזְרָחִי

milk /mɪlk/ n. חָלָב
milk chocolate שׁוֹקוֹלָד־חָלָב
milk float (*UK*) מְכוֹנִית חָלָב, קְרוֹנִית חָלָב
milk of magnesia חֲלֵב־מַגְנֶזְיָה (תְּרוּפָה אַנְטִי־חֻמְצָתִית)
milk run (*colloq.*) מַסְלוּל נְסִיעָה קָבוּעַ (שֶׁנּוֹסְעִים בּוֹ לְעִתִּים תְּכוּפוֹת)
milk shake מִילְק־שֵׁיק
milk tooth שֵׁן־חָלָב
□ *he hasn't any of the milk of human kindness* הוּא חָסֵר כָּל רֶגֶשׁ אֱנוֹשִׁי
□ *it's no use crying over spilt milk* (*Prov.*) אֵין טַעַם לִבְכּוֹת עַל חָלָב שֶׁנִּשְׁפַּךְ
—v.t. חָלַב; נָתַן חָלָב (פָּרָה וְכַד׳); ״חָלַב״ (כֶּסֶף, מֵידָע וְכַד׳)

□ *he milked the situation for all he could* הוּא סָחַט מִן הַמַּצָּב אֶת כָּל מַה שֶּׁרַק הָיָה אֶפְשָׁר

milk-churn /ˈmɪlk-tʃɜːn/ n. כַּד מַתֶּכֶת גָּדוֹל לְחָלָב, כַּד־חָלָב

milkmaid /ˈmɪlkmeɪd/ n. חוֹלֶבֶת־פָּרוֹת

milkman /ˈmɪlkmən/ n. חַלְבָן, מְחַלֵּק־חָלָב

milk-round /ˈmɪlk-raʊnd/ n. מַסְלוּלוֹ שֶׁל מְחַלֵּק־חָלָב

milksop /ˈmɪlksɒp/ n. (*arch.*) (בָּחוּר) רַכְרוּכִי, מְפֻנָּק

milky /ˈmɪlkɪ/ adj. שֶׁל־חָלָב, מֵכִיל־חָלָב, דְּמוּי־חָלָב

Milky Way שְׁבִיל הֶחָלָב

mill[1] /mɪl/ n. אַלְפִּית שֶׁל דּוֹלָר/מֶטֶר

mill[2] /mɪl/ n.

1 (machinery for grinding, building containing this) טַחֲנָה

□ *the recruits were certainly put through the mill by the training officer* הַקָּצִין "טִרְטֵר" אֶת הַטִּירוֹנִים

2 (factory) בֵּית־חֲרֹשֶׁת, מִפְעָל

3 (small grinding-machine) מַטְחֵנָה (קְטַנָּה)

coffee mill מַטְחֵנַת־קָפֶה

—v.t.

1 (grind) טָחַן

2 (mark edge of coin) חָרַץ (אֶת שׁוּלָיו שֶׁל מַטְבֵּעַ)

—v.i.

mill about (or **around**) (*colloq.*) (קָהָל) שׁוֹטֵט, "הִסְתּוֹבֵב"

millennial /mɪˈlenɪəl/ adj. שֶׁל אֶלֶף שָׁנִים

millennium /mɪˈlenɪəm/ (*pl.* **millennia**) n.

1 (period of 1000 years) תְּקוּפַת אֶלֶף שָׁנָה, אֶלֶף

2 (time of future happiness) יְמוֹת הַמָּשִׁיחַ

millepede /ˈmɪlɪpiːd/ n. (also **millipede**) מַרְבֵּה־רַגְלַיִם

miller /ˈmɪlə(r)/ n. טוֹחֵן

millet /ˈmɪlɪt/ n. דֹּחַן, מִסְפּוֹא/מָזוֹן מִמִּשְׁפַּחַת־הַדְּגָנִיִּים

milli- /ˈmɪlɪ-/ pref. אַלְפִּית־

milliard /ˈmɪlɪɑːd/ n. מִילְיַארְד; (בְּאַנְגְּלִיָּה) אֶלֶף מִילְיוֹן

millibar /ˈmɪlɪˌbɑː(r)/ n. מִילִיבָּר (יְחִידַת־לַחַץ)

milliner /ˈmɪlɪnə(r)/ n. כּוֹבְעָן לְנָשִׁים

millinery /ˈmɪlɪn(ə)rɪ/ n. יִצּוּר כּוֹבְעֵי־נָשִׁים, כּוֹבְעָנוּת

million /ˈmɪljən/ n. & adj. מִילְיוֹן

□ *he made his first million before he was 21* הוּא עָשָׂה אֶת הַמִּילְיוֹן הָרִאשׁוֹן שֶׁלּוֹ לִפְנֵי שֶׁהִגִּיעַ לְגִיל 21

□ *thanks a million!* (*sl.*) אַלְפֵי תּוֹדוֹת!

□ *I got millions of birthday presents* (*colloq.*) קִבַּלְתִּי אַלְפֵי מַתָּנוֹת לְיוֹם הַהֻלֶּדֶת

millionaire /ˌmɪljəˈneə(r)/ n. מִילְיוֹנֶר

millionairess /ˌmɪlɪəˌneəˈres/ n. מִילְיוֹנֶרִית

millipede /ˈmɪlɪpiːd/ see **MILLEPEDE** מַרְבֵּה־רַגְלַיִם

mill-pond /ˈmɪl-pɒnd/ n. בְּרֵכָה שֶׁל טַחֲנַת־מַיִם

□ *the see was like a mill-pond* פְּנֵי הַיָּם הָיוּ חֲלָקִים כְּמוֹ רְאִי

mill-race /ˈmɪl-reɪs/ n. הַתְּעָלָה הַמּוֹבִילָה אֶל הַגַּלְגַּל שֶׁל טַחֲנַת־מַיִם וּמִמֶּנּוּ

millstone /ˈmɪlstəʊn/ n. אֶבֶן־רֵחַיִם; מַשָּׂא כָּבֵד

□ *the mortgage was a millstone round his neck* הַמַּשְׁכַּנְתָּא רָבְצָה כְּאֶבֶן־רֵחַיִם עַל צַוָּארוֹ

mill-wheel /ˈmɪl-wiːl/ n. גַּלְגַּל בְּטַחֲנַת־מַיִם

milord /mɪˈlɔːd/ n. (*arch.*) אֲדוֹנִי, אֲדוֹנִי הָאָצִיל

milt /mɪlt/ n. טְחוֹל (אֲנָטוֹמְיָה); זֶרַע־דָּגִים; בַּלּוּטַת־הַמִּין שֶׁל דָּג־זָכָר

mime /maɪm/ n.

1 (gesture performance) פַּנְטוֹמִימָה

2 (performer using gestures) פַּנְטוֹמִימַאי

mime artist פַּנְטוֹמִימַאי

—v.t. & i. חִקָּה, הִצִּיג לְלֹא מִלִּים

□ *the pop group mimed their new hit* חַבְרֵי הַלַּהֲקָה שָׁרוּ בְּלִי־קוֹל (עַל הַמָּסָךְ) לְרֶקַע הַלָּהִיט הֶחָדָשׁ שֶׁלָּהֶם

mimeograph /ˈmɪmɪəgrɑːf/ n. & v.t. (*US*) מְכוֹנַת־שִׁכְפּוּל; שִׁכְפֵּל

mimetic /mɪˈmetɪk/ adj. מְחַקֶּה, מִימֶטִי

mimic /ˈmɪmɪk/ n. חַקְיָן (הַמְחַקֶּה מִישֶׁהוּ עַל מְנָת לְהַצְחִיק)

—v.t. חִקָּה

mimicry /ˈmɪmɪkrɪ/ n. חִקּוּי, חַקְיָנוּת; הַסְוָאָה הֲגַנָּתִית

mimosa /mɪˈməʊzə/ n. מִימוֹזָה (שִׂיחַ בַּעַל תִּפְרַחַת צְהֻבָּה)

mina /ˈmaɪnə/ see **MYNAH**

minaret /ˌmɪnəˈret/ n. מִינָרֶט, צְרִיחַ הַמִּסְגָּד

minatory /ˈmɪnətərɪ/ adj. (*formal*) מְאַיֵּם, עוֹיֵן

mince /mɪns/ n. (*UK*) בָּשָׂר טָחוּן

—v.t. טָחַן, קִצֵּץ, רִסֵּק

□ *he doesn't mince* (*his*) *words* הוּא לֹא מְבַזְבֵּז מִלִּים

—v.i. (גֶּבֶר) הִתְהַלֵּךְ כְּטַוָּס; (אִשָּׁה) צָעֲדָה בִּצְעָדִים קְצַרְצָרִים (עַל עֲקֵבִים גְּבוֹהִים)

mincemeat /ˈmɪnsmiːt/ n. מִלּוּי מָתוֹק לְעוּגוֹת, עָשׂוּי תַּפּוּחִים, צִמּוּקִים וּפֵרוֹת מְסֻכָּרִים

□ *he made mincemeat of his opponent* (*colloq.*) הוּא עָשָׂה מִן הַיָּרִיב שֶׁלּוֹ קְצִיצוֹת

mince pie /ˈmɪns ˈpaɪ/ n. מַאֲפֶה קָטָן מְמֻלָּא תַּפּוּחִים, צִמּוּקִים וּפֵרוֹת מְסֻכָּרִים

mincer /ˈmɪnsə(r)/ n. מַטְחֵנַת־בָּשָׂר

mincing /ˈmɪnsɪŋ/ adj. מִתְגַּנְדֵּר

mind /maɪnd/ n.

1 (seat of thought, etc.) תּוֹדָעָה, הַכָּרָה, מַחֲשָׁבָה, רָצוֹן, רֶגֶשׁ

□ *she has a sharp mind* הִיא תּוֹפֶסֶת מַהֵר

□ *it was a case of mind over matter* זֶה הָיָה עִנְיָן שֶׁל כֹּחַ־רָצוֹן

□ *he claimed that he could read minds* הוּא טָעַן שֶׁהוּא יָכוֹל לִקְרֹא מַחֲשָׁבוֹת

□ *he's changed his mind about coming* הוּא שִׁנָּה אֶת דַּעְתּוֹ וְהֶחְלִיט שֶׁהוּא בָּא/לֹא בָּא

□ *she doesn't give her mind to the job* הִיא לֹא מַקְדִּישָׁה תְּשׂוּמֶת־לֵב לַמְּשִׂימָה

□ *he was in two minds about it* הוּא הִתְקַשָּׁה לְקַבֵּל הַחְלָטָה לְכָאן אוֹ לְכָאן בַּנּוֹשֵׂא

□ *I have (it) in mind to give you a pay rise* יֵשׁ בְּדַעְתִּי לְהַעֲלוֹת אֶת שְׂכָרְךָ

□ *I have a good (or half) a mind to fire you* מִתְחַשֵּׁק לִי לְפַטֵּר אוֹתְךָ

□ *make up your mind!* תַּחְלִיט! תַּחְלִיט כְּבָר!

□ *the uncertainty is not good for my peace of mind* חֹסֶר־הַוַּדָּאוּת נוֹטֵל מִמֶּנִּי אֶת שַׁלְוַת־הַנֶּפֶשׁ

□ *he was in an uneasy state of mind* הוּא הָיָה בְּמַצָּב שֶׁל אִי־שֶׁקֶט נַפְשִׁי

□ *she has something on her mind* הִיא מֻדְאֶגֶת בִּגְלַל מַשֶּׁהוּ, מַשֶּׁהוּ מַדְאִיג אוֹתָהּ

□ *he's out of his mind (or not in his right mind)* הוּא יָצָא מִדַּעְתּוֹ

□ *he doesn't know his own mind* הוּא לֹא יוֹדֵעַ מָה הוּא רוֹצֶה; הוּא לֹא מַפְסִיק לְהַסֵּס וּלְפַקְפֵּק

□ *it's all in the mind* זֶה הַכֹּל בָּרֹאשׁ, זֶה הַכֹּל עִנְיָן שֶׁל כֹּחַ־רָצוֹן

□ *a full-time job might take her mind off her troubles* מִשְׂרָה מְלֵאָה תּוּכַל לְהַסִּיחַ אֶת דַּעְתָּהּ מִן הַצָּרוֹת שֶׁלָּהּ

□ *Mozart really blows my mind! (sl.)* אֲנִי מַמָּשׁ "תּוֹפֵס רֹאשׁ" עִם מוֹצַרְט

2 (remembrance) זִכָּרוֹן, מַחֲשָׁבָה

□ *I'll bear (or keep) that in mind* אֲנִי אָבִיא אֶת זֶה בְּחֶשְׁבּוֹן

□ *his name doesn't come (or spring) to mind* שְׁמוֹ לֹא עוֹלֶה בְּזִכְרוֹנִי

□ *the date has slipped my mind* הַתַּאֲרִיךְ פָּרַח מִזִּכְרוֹנִי

□ *out of sight, out of mind (Prov.)* רָחוֹק מִן הָעַיִן – רָחוֹק מִן הַלֵּב

□ *we've spent Christmas in Spain (since) time out of mind* מֵאָז וּמִתָּמִיד אֲנַחְנוּ מְבַלִּים אֶת חַג הַמּוֹלָד בִּסְפָרַד

□ *that puts me in mind of something my father said* זֶה מַזְכִּיר לִי דָּבָר שֶׁאָמַר לִי אָבִי

3 (opinion) דֵּעָה, נְטִיָּה, הֲלָךְ־רוּחַ

□ *they are of one (or the same) mind* הֵם תְּמִימֵי־דֵּעִים

□ *he spoke his mind* הוּא אָמַר אֶת אֲשֶׁר עַל לִבּוֹ

□ *she gave him a piece of her mind* הִיא אָמְרָה לוֹ בְּדִיּוּק מָה הִיא חוֹשֶׁבֶת עָלָיו

—v.t. & i.

1 (look after, attend, take care of) שָׁמַר עַל, דָּאַג לְ...., טִפֵּל בְּ...., הִשְׁגִּיחַ עַל

□ *she minded the baby in the afternoon* הִיא עָשְׂתָה "בֵּיבִּיסִיטִינְג" אַחֲרֵי הַצָּהֳרַיִם, הִיא הִשְׁגִּיחָה עַל הַתִּינוֹק אַחֲרֵי־הַצָּהֳרַיִם

□ *he had to mind the shop while his boss was away* הָיָה עָלָיו לְהַשְׁגִּיחַ עַל הַחֲנוּת בְּהֵעָדְרוֹ שֶׁל הַבּוֹס

□ *mind the step!* תָּשִׂים לֵב, יֵשׁ כָּאן מַדְרֵגָה!

□ *mind (out)!* תִּזָּהֵר!

□ *you'd better mind your p's and q's* (*colloq.*) כְּדַאי שֶׁתִּתְנַהֵג בְּדִיּוּק כְּמוֹ שֶׁצָּרִיךְ

□ *mind you write to me!* אַל תִּשְׁכַּח לִכְתֹּב לִי!

□ *mind you, I'd have made the same mistake* תִּרְאֶה, גַּם אֲנִי הָיִיתִי עוֹשֶׂה אֶת הַטָּעוּת הַזֹּאת

□ *mind your own business!* אַל תִּדְחֹף אֶת הָאַף! זֶה לֹא עִנְיָנְךָ!

□ *I'm annoyed, never mind (about) anyone else* אוֹתִי זֶה מַרְגִּיז, שֶׁלֹּא לְדַבֵּר עַל הָאֲחֵרִים

□ *never mind, it's not too serious* אֵין דָּבָר – זֶה לֹא כָּל־כָּךְ חָמוּר

□ *never you mind!* (*colloq.*) זֶה לֹא עִנְיָנְךָ!

2 (object; care) הָיָה אִכְפַּת (לִפְלוֹנִי)

□ *if you don't mind, I'll be off now* אִם לֹא אִכְפַּת לְךָ, אֲנִי זָז

□ *I don't mind your smoking* (הֶרְגֵּל) הָעִשּׁוּן שֶׁלְּךָ לֹא מַפְרִיעַ לִי

□ *I don't mind you smoking* לֹא אִכְפַּת לִי שֶׁתְּעַשֵּׁן (כָּאן וְעַכְשָׁו)

□ *I wouldn't mind a coffee* לֹא הָיִיתִי מִתְנַגֵּד לְכוֹס קָפֶה

mind-bending /ˈmaɪnd-bendɪŋ/ adj. (*colloq.*) מַדְהִים, לֹא־יְאֻמַּן, בִּלְתִּי־נִתְפָּס

mind-blowing /ˈmaɪnd-bləʊɪŋ/ adj. (*colloq.*) "פְּצָצָה", "פָּגָז"

mind-boggling /ˈmaɪnd-bɒg(ə)lɪŋ/ adj. (*colloq.*) בִּלְתִּי־נִתְפָּס, מַדְהִים, לֹא־יְאֻמַּן

minded /ˈmaɪndɪd/ adj.

1 (disposed) נוֹטֶה

□ *I'm minded to fire you* יֵשׁ לִי חֵשֶׁק לְפַטֵּר אוֹתְךָ

□ *I'm not mechanically minded* אֲנִי לֹא מֵבִין בִּמְכוֹנָאוּת, אֵין לִי רֹאשׁ לִמְכוֹנוֹת

2 (in compounds) בַּעַל דֵּעָה, בַּעַל נְטִיָּה, בַּעַל מַחֲשָׁבָה

□ *they were a very religiously-minded family* הֵם הָיוּ מִשְׁפָּחָה בַּעֲלַת זִקָּה עֲמֻקָּה לַדָּת

minder /ˈmaɪndə(r)/ n. שׁוֹמֵר־רֹאשׁ (לָרֹב בָּעוֹלָם הַתַּחְתּוֹן)

mindful /ˈmaɪndf(ə)l/ adj. (*formal*) זָהִיר, נוֹתֵן דַּעְתּוֹ לְ...

□ *please be mindful of your grandmother's age* אַל תִּשְׁכַּח בַּת כַּמָּה סַבְתָּא שֶׁלְּךָ (כְּלוֹמַר שֶׁהִיא זְקֵנָה מְאֹד)

mindless /ˈmaɪndlɪs/ adj. לְלֹא מַחֲשָׁבָה, נְטוּל־חֲשִׁיבָה; בְּלִי לַחְשֹׁב עַל

□ *the film was full of mindless violence* (*derog.*)
הַסֶּרֶט הָיָה מָלֵא בְּאַלִּימוּת חַסְרַת טַעַם
□ *he ran through the forest mindless of danger*
הוּא רָץ דֶּרֶךְ הַיַּעַר בְּלֹא לַחְשֹׁב עַל הַסַּכָּנָה

mind-reader /ˈmaɪnd-riːdə(r)/ n. קוֹרֵא־מַחֲשָׁבוֹת

mine[1] /maɪn/ poss. pron. שֶׁלִּי

mine[2] /maɪn/ n.
1 (excavation; also v.t. & i.) מִכְרֶה; כָּרָה; עָסַק בִּכְרִיָּה
□ *he's a mine of information* הוּא אוֹצָר בָּלוּם שֶׁל מֵידָע
2 (explosive device; also v.t.) מוֹקֵשׁ; מִקֵּשׁ

mine-detector /ˈmaɪn-dɪtektə(r)/ n. מְגַלֵּה־מוֹקְשִׁים

minefield /ˈmaɪnfiːld/ n. שְׂדֵה־מוֹקְשִׁים
□ *the subject is a minefield* הַנּוֹשֵׂא הַזֶּה הוּא שְׂדֵה מוֹקְשִׁים

miner /ˈmaɪnə(r)/ n. כּוֹרֶה

mineral /ˈmɪnərəl/ n. & adj. מַחְצָב, מִינֶרָל; מִינֶרָלִי, מַחְצָבִי
mineral water מַיִם מִינֶרָלִיִּים

mineralogist /ˌmɪnəˈrælədʒɪst/ n. מִינֶרָלוֹג, מֻמְחֶה לְמַחְצָבִים

mineralogy /ˌmɪnəˈrælədʒɪ/ n. מִינֶרָלוֹגְיָה, תּוֹרַת־הַמַּחְצָבִים

minestrone /ˌmɪnɪˈstrəʊnɪ/ n. מָרָק, מִינֶסְטְרוֹנֶה, מְרַק יְרָקוֹת אִיטַלְקִי

minesweeper /ˈmaɪnswiːpə(r)/ n. סְפִינָה שׁוֹלֶת־מוֹקְשִׁים

mingle /ˈmɪŋg(ə)l/ v.t. & i. עֵרֵב; בָּא בֵּין הַבְּרִיּוֹת, הִשְׁתַּלֵּב, "הִסְתּוֹבֵב"

mingy /ˈmɪndʒɪ/ adj. (*colloq.*) קַמְצָן, כִּילַי; (מָנָה) זְעוּמָה, בְּצִמְצוּם

mini /ˈmɪnɪ/ n. (*colloq.*) מִינִי (הַקָּטָן בְּיוֹתֵר מִסּוּגוֹ, לְמָשָׁל מְכוֹנִית, חֲצָאִית קְצַרְצָרָה וְכַד')

mini- /ˈmɪnɪ-/ pref. מִינִי־ (הַקָּטָן בְּיוֹתֵר מִסּוּגוֹ), זָעִיר, נַנָּסִי

miniature /ˈmɪnətʃə(r)/ n. מִינְיָאטוּרָה; צִיּוּר בְּגֹדֶל זָעִיר (לָרֹב פּוֹרְטְרֶט)
□ *you can see a country in miniature if you visit this tiny state* אִם תְּבַקֵּר בִּמְדִינָה קְטַנְטֹנֶת זוֹ תּוּכַל לִרְאוֹת אֶרֶץ בִּזְעֵיר־אַנְפִּין
—adj. קְטַנְטֹן, זָעִיר, מִינְיָאטוּרִי, בִּזְעֵיר־אַנְפִּין

miniaturist /ˈmɪnɪtʃərɪst/ n. צַיַּר־מִינְיָאטוּרוֹת

miniaturization /ˌmɪnətʃəraɪˈzeɪʃ(ə)n/ n. מִזְעוּר, מִינְיָאטוּרִיזַצְיָה

minibus /ˈmɪnɪbʌs/ n. מִינִיבּוּס, אוֹטוֹבּוּס קָטָן (לְהַסָּעַת מִסְפָּר קָטָן שֶׁל נוֹסְעִים)

minicab /ˈmɪnɪkæb/ n. מוֹנִית אַל־חוּט (שֶׁמַּזְמִינִים בַּטֶּלֶפוֹן אַךְ לֹא עוֹצְרִים בָּרְחוֹב)

minicomputer /ˌmɪnɪkəmˈpjuːtə(r)/ n. מַחְשֵׁב־מִינִי (מַחְשֵׁב בְּגֹדֶל בֵּינוֹנִי לְשִׁמּוּשׁ בָּתֵּי עֵסֶק גְּדוֹלִים וַחֲבָרוֹת)

minim /ˈmɪnɪm/ n. (בְּמוּזִיקָה) חֲצִי־תָו

minimal /ˈmɪnɪməl/ adj. מִינִימָלִי, מִזְעָרִי
□ *the cooking facilities were minimal* הַתְּנָאִים לְבִשּׁוּל בַּמָּקוֹם הָיוּ בְּסִיסִיִּים בִּלְבַד

minimalism /ˈmɪnɪməlɪzəm/ n. מִינִימָלִיזְם (זֶרֶם בָּאָמָּנוּת)

minimalist /ˈmɪnɪməlɪst/ n. & adj. אֳמָן מִינִימָלִיסְטִי; מִינִימָלִיסְטִי

minimize /ˈmɪnɪmaɪz/ v.t.
1 (reduce as far as possible) צִמְצֵם כְּכָל הָאֶפְשָׁר
2 (under-estimate) מִעֵט בְּעֶרְכּוֹ שֶׁל

minimum /ˈmɪnɪməm/ n. & adj. (*pl.* **minima**) מִינִימוּם, מִזְעָר; הַקָּטָן בְּיוֹתֵר, מִינִימָלִי, מִזְעָרִי

mining /ˈmaɪnɪŋ/ n. כְּרִיָּה

minion /ˈmɪnjən/ n. (*derog.*) מְשָׁרֵת, עֶבֶד נִרְצָע; בֶּן־טִפּוּחִים

miniseries /ˈmɪnɪsɪəriːz/ n. סִדְרַת טֶלֶוִיזְיָה קְצָרָה (בַּת 3 אוֹ 4 פְּרָקִים)

miniskirt /ˈmɪnɪskɜːt/ n. חֲצָאִית "מִינִי"

minister /ˈmɪnɪstə(r)/ n.
1 (head of government department) שַׂר־מֶמְשָׁלָה
Minister without Portfolio שַׂר בְּלִי תִּיק
2 (diplomatic representative) צִיר, נְצִיג דִּיפְּלוֹמָטִי (שֶׁדַּרְגָּתוֹ נְמוּכָה מִשַּׁגְרִיר)
3 (clergyman) כֹּהֵן־דָּת, כֹּמֶר
—v.i.
minister to סִפֵּק אֶת צְרָכָיו שֶׁל, שֵׁרֵת אֶת, עָזַר לְ...

ministerial /ˌmɪnɪˈstɪərɪəl/ adj. שֶׁל שַׂר מֶמְשַׁלְתִּי; שֶׁל כֹּהֵן דָּת; שֶׁל צִיר דִּיפְּלוֹמָטִי

ministration /ˌmɪnɪˈstreɪʃ(ə)n/ n. (*formal*) עֶזְרָה, טִפּוּל; שֵׁרוּת כֹּהֵן דָּת

ministry /ˈmɪnɪstrɪ/ n.
1 (*Polit.*) מִשְׂרָד מֶמְשַׁלְתִּי, מִינִיסְטֶרְיוֹן
□ *Britain joined the Common Market during the Heath ministry* בְּרִיטַנְיָה הִצְטָרְפָה לַשּׁוּק הָאֵירוֹפִּי הַמְשֻׁתָּף בִּתְקוּפַת כְּהֻנָּתוֹ שֶׁל אֶדְוַארְד הִית'
2 (*Relig.*) כְּהֻנָּה, כְּמוּרָה
□ *he entered the ministry* הוּא נַעֲשָׂה כֹּהֵן, הוּא נַעֲשָׂה כֹּמֶר

mink /mɪŋk/ n. חָרְפָּן; פַּרְוַת חָרְפָּן

minnow /ˈmɪnəʊ/ n. סוּגִים שׁוֹנִים שֶׁל דְּגִיג־נָהָר, דַּג־רְקָק; (בְּהַשְׁאָלָה) דַּג־רְקָק

minor /ˈmaɪnə(r)/ adj.
1 (less in size or importance) קָטָן, מִשְׁנִי, קַל, פָּעוּט, זָעִיר
□ *he received minor injuries* הוּא נִפְגַּע פְּגִיעוֹת קַלּוֹת
□ *Smith minor excelled in cricket at Eton* סְמִית הַצָּעִיר (כְּלוֹמַר הָאָח הַקָּטָן מִבֵּין שְׁנַיִם) הִצְטַיֵּן בְּקְרִיקֶט בְּאִיטוֹן
2 (*Mus.*) מִינוֹרִי

□ *this tune is in a minor key* הַלַּחַן הַזֶּה הוּא בְּסֻלָּם מִינוֹרִי

—n.

1 (young person, *Law*) קָטִין (עַל־פִּי הַגְדָּרַת הַחֹק)

2 (subsidiary, subject, *US*) מַסְלוּל מִשְׁנִי (בְּלִמּוּדֵי בֵּי־אֵי בָּאוּנִיבֶרְסִיטָה)

minority /maɪˈnɒrɪtɪ/ n.

1 (state of being under age) קְטִינוּת

2 (smaller part or number) מִעוּט

□ *we are in the minority* אֲנַחְנוּ בְּמִעוּט

□ *they formed a minority government* הֵם הֵקִימוּ מֶמְשֶׁלֶת מִעוּט

□ *the government has a duty to protect minority groups* (or *minorities*) חוֹבַת־הַמֶּמְשָׁלָה לְהָגֵן עַל מִעוּטִים

minster /ˈmɪnstə(r)/ n. (*UK*) כְּנֵסִיָּה רָאשִׁית הַשַּׁיֶּכֶת לִפְעָמִים לְמִנְזָר

minstrel /ˈmɪnstrəl/ n. (*Hist.*) זַמָּר נוֹדֵד (בִּימֵי הַבֵּינַיִם שֶׁהָיָה מְלַוֶּה בַּלָּדוֹת וְכַד׳ בִּכְלֵי נְגִינָה)

minstrelsy /ˈmɪnstrəlsɪ/ n. (*poet.*) אֳמָנוּת הַזַּמָּר הַנּוֹדֵד וְשִׁירָתוֹ

mint[1] /mɪnt/ n. מִטְבָּעָה

□ *his invention made him a mint* (*colloq.*) הַמַּצָּאָתוֹ הִכְנִיסָה לוֹ הָמוֹן כֶּסֶף

—adj. (בְּמַצָּב) חָדָשׁ

□ *this car is in mint condition* מְכוֹנִית זוֹ הִיא בְּמַצָּב כְּמוֹ־חָדָשׁ

—v.t. טָבַע (מַטְבְּעוֹת); טָבַע (מַטְבֵּעַ־לָשׁוֹן)

mint[2] /mɪnt/ n. & adj. מִנְתָּה, נַעְנָע (צֶמַח תַּבְלִין); מֻנְתָּה (טַעַם)

minty /ˈmɪntɪ/ adj. בַּעַל טַעַם מִנְתָּה

minuet /ˈmɪnjʊet/ n. מִינוּאֶט (רִקּוּד מִן הַמֵּאָה הַ־17 אוֹ הַמַּנְגִּינָה הַמַּתְאִימָה לוֹ)

minus /ˈmaɪnəs/ prep. & adj. מִינוּס, פָּחוֹת

minus sign סִימַן הַחִסּוּר

□ *he was given a B minus for his essay* הוּא קִבֵּל כִּמְעַט טוֹב עַל הַחִבּוּר שֶׁלּוֹ

□ *eight minus five is three* שְׁמוֹנֶה פָּחוֹת חָמֵשׁ הֵם שָׁלֹשׁ

□ *on the minus side, we will have to buy new uniforms* אַחַד הַחֶסְרוֹנוֹת הוּא שֶׁיִּהְיֶה עָלֵינוּ לִקְנוֹת מַדִּים חֲדָשִׁים

□ *the temperature was minus ten (degrees)* הַטֶּמְפֶּרָטוּרָה הָיְתָה מִינוּס עֶשֶׂר (מַעֲלוֹת)

□ *I'm minus a shoe* (*colloq.*) חֲסֵרָה לִי נַעַל

minuscule /ˈmɪnəskjuːl/ adj. קְטַנְטֹן, זָעִיר, זַעֲרוּרִי, דַּקִּיק

—n.

1 (small scale) קְנֵה־מִדָּה זָעִיר

2 (small letters) אוֹתִיּוֹת זְעִירוֹת, אוֹתִיּוֹת־מִינוּסְקוּלָה

minute[1] /ˈmɪnɪt/ n.

1 (unit of time) דַּקָּה, רֶגַע

minute steak אֻמְצָה הַנִּצְלֵית בִּזְמַן קָצָר

□ *I'll be with you in a minute* תֵּכֶף אָבוֹא, אֲנִי בַּדֶּרֶךְ, אֲנִי אֶהְיֶה אֶצְלְךָ תּוֹךְ רֶגַע

□ *the train arrived at five o'clock to the minute* הָרַכֶּבֶת הִגִּיעָה בְּשָׁעָה חָמֵשׁ בְּדִיּוּק

□ *I'll give him your message the minute (that) he arrives* אֶמְסֹר לוֹ אֶת הוֹדָעָתְךָ בְּרֶגַע שֶׁיַּגִּיעַ

□ *the radio gives up-to-the-minute news coverage* הָרַדְיוֹ מְשַׁדֵּר חֲדָשׁוֹת מְעֻדְכָּנוֹת

2 (unit of angular measure, *Geom.*) דַּקָּה

3 (memorandum) תַּזְכִּיר

4 (in *pl.*, summary of proceedings) פְּרוֹטוֹקוֹל, פְּרָטֵי־כֹּל (שֶׁל יְשִׁיבָה וְכַד׳)

take minutes רָשַׁם פְּרוֹטוֹקוֹל

—v.t. רָשַׁם בַּפְּרוֹטוֹקוֹל

minute[2] /maɪˈnjuːt/ adj. זָעִיר, מְדַקְדֵּק

□ *he gave a minute description of the house* (*formal*) הוּא תֵּאֵר אֶת הַבַּיִת בִּפְרָטֵי־פְּרָטִים

minute-book /ˈmɪnɪt-bʊk/ n. סֵפֶר (לְרִשּׁוּם) הַפְּרוֹטוֹקוֹל

minute hand /ˈmɪnɪt hænd/ n. מְחוֹג הַדַּקּוֹת (בְּשָׁעוֹן), הַמָּחוֹג הַגָּדוֹל (בְּשָׁעוֹן)

minutiae /maɪˈnjuːʃiː/ n. *pl.* (*formal*) פְּרָטִים שֶׁל מַה־בְּכָךְ, פְּרָטֵי־פְּרָטִים

minx /mɪŋks/ n. (*arch. derog.*) נַעֲרָה תּוֹסֶסֶת וַחֲצוּפָה מְעַט

miracle /ˈmɪrək(ə)l/ n. נֵס, פֶּלֶא, מוֹפֵת

miracle play מַחֲזֶה דָּתִי בִּימֵי הַבֵּינַיִם הַמְּבֻסָּס עַל סִפּוּרֵי־הַתַּנַ״ךְ, חַיֵּי הַקְּדוֹשִׁים הַנּוֹצְרִים (מֵעֵין מִיסְטֶרְיָה)

□ *Japan underwent an economic miracle* נֵס כַּלְכָּלִי אֵרַע לְיַפָּן

□ *the doctors tried out a new miracle drug* הָרוֹפְאִים נִסּוּ סַם־פֶּלֶא חָדָשׁ

miraculous /mɪˈrækjʊleːs/ adj. מַפְלִיא, בְּדֶרֶךְ נֵס, בְּאֹפֶן עַל־טִבְעִי

□ *his escape was nothing short of miraculous* הוּא נִצַּל מַמָּשׁ בְּנֵס

mirage /mɪˈrɑːʒ/ n. מַרְאֵה תַּעְתּוּעִים, חִזָּיוֹן שָׁוְא, ״פָטָה־מוֹרְגָנָה״

mire /ˈmaɪə(r)/ (*poet.*) n. טִיט, רֶפֶשׁ, אַדְמַת־בִּצָּה

□ *they dragged his name through the mire* הֵם רִבְּבוּ אֶת שְׁמוֹ בְּרֶפֶשׁ, הֵם הִכְפִּישׁוּ אֶת שְׁמוֹ

—v.t. רִבֵּב, לִכְלֵךְ בְּבֹץ; (בְּהַשְׁאָלָה) הִכְפִּישׁ, רִבֵּב

mirror /ˈmɪrə(r)/ n. רְאִי, מַרְאָה

mirror image בָּבוּאַת־רְאִי

□ *p is the mirror image of q* הָאוֹת ״p״ הִיא בָּבוּאַת רְאִי שֶׁל הָאוֹת ״q״

□ *the novel holds up a mirror to modern society* הָרוֹמָן הוּא בָּבוּאָה שֶׁל הַחֶבְרָה הַמּוֹדֶרְנִית

—v.t. שִׁקֵּף, הֶרְאָה כְּבָרְאִי

mirth /mɜːθ/ n. (*formal*) עַלִּיזוּת, עֲלִיצוּת, שִׂמְחָה, צְחוֹק

mirthful /ˈmɜːθf(ə)l/ adj. (*formal*) עַלִּיז, שָׂמֵחַ; צוֹחֵק

mirthless /ˈmɜːθlɪs/ adj. (*formal*) חֲסַר־שִׂמְחָה, עָצוּב

miry /maɪərɪ/ adj. (*poet.*) מְרֻפָּשׁ, מְכֻסֶּה בֹּץ

mis- /mɪs-/ pref. תְּחִלִּית שְׁלִילָה

misadventure /ˌmɪsədˈventʃə(r)/ n. תַּקָּלָה, מַזָּל־בִּישׁ, תְּאוּנָה

death by misadventure (*Law*) מָוֶת בִּתְאוּנָה (מֻנָּח מִשְׁפָּטִי)

misalliance /ˌmɪsəˈlaɪəns/ n. זִוּוּג לֹא־מֻצְלָח

misanthrope /ˈmɪzənθrəʊp/ n. (*formal derog.*) מִיזַנְתְּרוֹפּ, שׂוֹנֵא־אָדָם

misanthropic /ˌmɪzənˈθrɒpɪk/ adj. (*formal derog.*) מִיזַנְתְּרוֹפִּי, שֶׁל שִׂנְאַת־הַבְּרִיּוֹת

misanthropy /mɪˈzænθrəpɪ/ n. (*formal derog.*) מִיזַנְתְּרוֹפְּיָה, שִׂנְאַת־הַבְּרִיּוֹת

misapplication /ˌmɪsæplɪˈkeɪʃ(ə)n/ n. שִׁמּוּשׁ לְרָעָה; שִׁמּוּשׁ מֻטְעֶה

misapply /ˌmɪsəˈplaɪ/ v.t. הִשְׁתַּמֵּשׁ לְרָעָה בְּ...; עָשָׂה שִׁמּוּשׁ מֻטְעֶה בְּ...

misapprehend /ˌmɪsæprɪˈhend/ v.t. (*formal*) הֵבִין שֶׁלֹּא כַּהֲלָכָה, לֹא הֵבִין

misapprehension /ˌmɪsæprɪˈhenʃ(ə)n/ n. (*formal*) טָעוּת בַּהֲבָנָה

□ *you are (labouring) under a misapprehension* אַתָּה פּוֹעֵל עַל יְסוֹד הֲבָנָה לְקוּיָה

misappropriate /ˌmɪsəˈprəʊprɪeɪt/ v.t. (*formal*) מָעַל בִּכְסָפִים

misappropriation /ˌmɪsəprəʊprɪˈeɪʃ(ə)n/ n. (*formal*) מְעִילָה בִּכְסָפִים

misbegotten /ˌmɪsbɪˈgɒt(ə)n/ adj. (*formal*) אָבוּד, שֶׁגּוֹרָלוֹ נֶחֱרַץ מֵרֹאשׁ; נֶאֱלָח

misbehave /ˌmɪsbɪˈheɪv/ v.i. & refl. הִתְנַהֵג לֹא כַּהֲלָכָה, הִשְׁתּוֹבֵב, הִשְׁתּוֹלֵל

misbehaviour /ˌmɪsbɪˈheɪvjə(r)/ n. הִתְנַהֲגוּת רָעָה, שׁוֹבְבוּת

misbelief /ˌmɪsbɪˈliːf/ n. אֱמוּנָה (דָּתִית) מֻטְעֵית, אֱמוּנַת־שָׁוְא

miscalculate /ˌmɪsˈkælkjʊleɪt/ v.t. & i. טָעָה בְּחִשּׁוּב, חִשֵּׁב בְּאֹפֶן מֻטְעֶה

miscalculation /ˌmɪskælkjʊˈleɪʃ(ə)n/ n. טָעוּת בְּחִשּׁוּב, חִשּׁוּב מֻטְעֶה

□ *it was a miscalculation on my part to think that he would agree to come* הָיְתָה זֹאת טָעוּת מִצִּדִּי לַחְשֹׁב שֶׁהוּא יַסְכִּים לָבוֹא

miscall /ˌmɪsˈkɔːl/ v.t. (*formal*) קָרָא בְּשֵׁם לֹא נָכוֹן

miscarriage /ˌmɪsˈkærɪdʒ/ n. הַפָּלָה (טִבְעִית)

□ *his acquittal was a miscarriage of justice* הַזִּכּוּי שֶׁלּוֹ הָיָה עִוּוּת הַדִּין

miscarry /ˌmɪsˈkærɪ/ v.i.

1 (fail, go astray, *formal*) נִכְשַׁל, בֻּצַּע שֶׁלֹּא כַּהֲלָכָה

2 (lose child before birth) הִפִּילָה, אִבְּדָה אֶת הַוָּלָד (בְּאֹפֶן טִבְעִי)

miscast /mɪsˈkɑːst/ (past & past ppl. **miscast** /mɪsˈkɑːst/) v.t. הֶעֱנִיק (לְשַׂחְקָן) תַּפְקִיד לֹא מַתְאִים

miscegenation /ˌmɪsɪdʒɪˈneɪʃ(ə)n/ n. (*formal derog.*) הֻלֶּדֶת צֶאֱצָאִים מִנִּשּׂוּאֵי תַּעֲרֹבֶת (לָרֹב בֵּין לָבָן וְלֹא־לָבָן)

miscellanea /ˌmɪsəˈleɪnɪə/ n. *pl.* (*formal*) שׁוֹנוֹת, אֹסֶף שֶׁל דְּבָרִים שׁוֹנִים

miscellaneous /ˌmɪsəˈleɪnɪəs/ adj. מְעֹרָב, מִקְרִי

miscellany mɪˈselənɪ/ n. אֲסֻפָּה, קֹבֶץ

mischance /mɪsˈtʃɑːns/ n. (*formal*) בִּישׁ מַזָּל, בִּישׁ גַּדָּא

mischief /ˈmɪstʃɪf/ n.

1 (harm) נֶזֶק, פְּגִיעָה

□ *you'll do yourself a mischief with that razor-blade* אַתָּה תִּפְצַע אֶת עַצְמְךָ בְּסַכִּין הַגִּלּוּחַ הַזֶּה

2 (annoying behaviour, esp. of children) שׁוֹבְבוּת, מַעֲשֵׂה קֻנְדֵּס

□ *those kids are up to some mischief* הַיְלָדִים הַלָּלוּ מִתְכַּוְּנִים לְעוֹלֵל מַשֶּׁהוּ

□ *try to keep out of mischief!* אַל תִּשְׁתּוֹלֵל! (נֶאֱמַר לְיֶלֶד)

3 (playful malice) קֻנְטוֹר, הַקְנָטָה

□ *I tied her shoelaces together out of pure mischief* קָשַׁרְתִּי לָהּ אֶת שְׂרוֹכֵי הַנַּעֲלַיִם כְּדֵי לְהַכְעִיס

mischief-maker /ˈmɪstʃɪf-ˌmeɪkə(r)/ n. עוֹשֵׂה־צָרוֹת, סַכְסְכָן

mischievous /ˈmɪstʃɪvəs/ adj. שׁוֹבָב

miscible /ˈmɪsɪb(ə)l/ adj. נִתָּן לְעִרְבּוּב

misconceive /ˌmɪskənˈsiːv/ v.t. תָּפַס שֶׁלֹּא כַּהֲלָכָה; תִּכְנֵן שֶׁלֹּא כַּהֲלָכָה

□ *the whole plan was misconceived* הַתָּכְנִית הָיְתָה מֻטְעֵית מִיסוֹדָהּ

misconception /ˌmɪskənˈsepʃ(ə)n/ n. מֻשָּׂג מֻטְעֶה, אִי־הֲבָנָה

misconduct /mɪsˈkɒndʌkt/ n. (*formal*) הִתְנַהֲגוּת פְּסוּלָה, נִהוּל כּוֹשֵׁל

misconstruction /ˌmɪskənˈstrʌkʃ(ə)n/ n. (*formal*) הֲבָנָה לְקוּיָה, טָעוּת בַּהֲבָנָה

misconstrue /ˌmɪskənˈstruː/ v.t. (*formal*) הֵבִין שֶׁלֹּא כַּהֲלָכָה

miscount /mɪsˈkaʊnt/ v.t. & i. טָעָה בִּסְפִירָה

—n. /ˈmɪskaʊnt/ טָעוּת בִּסְפִירָה

miscreant /ˈmɪskrɪənt/ n. & adj. (*arch.*) נָבָל, מְנֻוָּל

misdate /mɪsˈdeɪt/ v.t. תִּאֲרֵךְ לֹא נָכוֹן

misdeed /mɪsˈdiːd/ n. (*formal*) חֵטְא, עָוֹן, רָעָה

misdemeanour /ˌmɪsdɪˈmiːnə(r)/ n. (*formal*) עֲבֵרָה קַלָּה

misdial /mɪsˈdaɪəl/ v.t. & i. חִיֵּג (מִסְפָּר) לֹא נָכוֹן; טָעָה בְּחִיּוּג

misdirect /ˌmɪsdɪˈrekt, ˌmɪsdaɪˈrekt/ v.t. (*formal*) הִנְחָה הַנְחָיָה מֻטְעֵית

□ *the judge misdirected the jury* הַשּׁוֹפֵט נָתַן לְחֶבֶר־הַמֻּשְׁבָּעִים הַנְחָיוֹת לְקוּיוֹת

misdirection /ˌmɪsdɪˈrekʃ(ə)n/ n. (*formal*) הַנְחָיָה מַטְעָה

mise en scène /ˌmiːz ɒn ˈsen/ n. תַּפְאוּרָה, עִצּוּב בָּמָה, מִיזַנְצֶנָה; (בְּהַשְׁאָלָה) "תַּפְאוּרָה"

miser /ˈmaɪzə(r)/ n. (*derog.*) קַמְצָן, כִּילַי

miserable /ˈmɪz(ə)rəb(ə)l/ adj. מִסְכֵּן, אֻמְלָל, עָלוּב; מְדַכְדֵּךְ, אֻמְלָל

□ *the millionaire left his wife a miserable pittance* הַמִּילְיוֹנֶר הִשְׁאִיר לְאִשְׁתּוֹ קִצְבָּה עֲלוּבָה

□ *what miserable sinners you are!* אוֹי, אוֹי, אֵיזֶה חוֹטְאִים אַתֶּם!

□ *we had miserable weather on holiday* הָיָה לָנוּ מֶזֶג אֲוִיר מְזֻפָּת בַּחֹפֶשׁ

miserly /ˈmaɪzəlɪ/ adj. קַמְצָנִי, שֶׁל כִּילַי

misery /ˈmɪzərɪ/ n. אֻמְלָלוּת, מִסְכֵּנוּת, עֲלִיבוּת; סֵבֶל, יִסּוּרִים

□ *they put the wounded animal out of its misery* (*euphem.*) הֵם גָּאֲלוּ אֶת הַבְּהֵמָה הַפְּצוּעָה מִיִּסּוּרֶיהָ

□ *you misery, you!* (*colloq.*) אַתָּה תָּמִיד יוֹדֵעַ אֵיךְ לַהֲרֹס לַאֲחֵרִים אֶת הַשִּׂמְחָה!

misfire /mɪsˈfaɪə(r)/ v.i. יָרָה יְרִיַּת־נֵפֶל; נִכְשַׁל

□ *our plans misfired* תָּכְנִיּוֹתֵינוּ נִכְשְׁלוּ

misfit /ˈmɪsfɪt/ n. חָרִיג, אָדָם שֶׁאֵינוֹ מִשְׁתַּלֵּב בִּסְבִיבָתוֹ

misfortune /mɪsˈfɔːtʃuːn/ n. אָסוֹן, צָרָה, מַזָּל רַע

misgive /mɪsˈgɪv/ (past **misgave** /mɪsˈgeɪv/, past ppl. **misgiven** /mɪsˈgɪv(ə)n/) v.t. חָשַׁשׁ

misgiving /mɪsˈgɪvɪŋ/ n. חֲשָׁשׁ, תְּחוּשָׁה שֶׁל סָפֵק

□ *I have severe misgivings about this idea* יֵשׁ לִי חֲשָׁשׁוֹת כְּבֵדִים בְּקֶשֶׁר לְרַעְיוֹן זֶה

misgovern /mɪsˈgʌv(ə)n/ v.t. שָׁלַט בְּאֹפֶן כּוֹשֵׁל, הִנְחָה בְּאֹפֶן כּוֹשֵׁל

misgovernment /mɪsˈgʌv(ə)nmənt/ n. שִׁלְטוֹן כּוֹשֵׁל, הַנְחָיָה כּוֹשֶׁלֶת

misguided /mɪsˈgaɪdɪd/ adj. מֻטְעֶה מִיסוֹדוֹ, מֻטְעֶה; אֱוִילִי

□ *his misguided attempts to help only made her more angry* נִסְיוֹנוֹתָיו הַכּוֹשְׁלִים לַעֲזֹר רַק הִגְבִּירוּ אֶת כַּעְסָהּ

mishandle /mɪsˈhænd(ə)l/ v.t. טִפֵּל טִפּוּל כּוֹשֵׁל (בְּמַצָּב); נָהַג בְּגַסּוּת בְּ...

mishap /ˈmɪshæp/ n. תַּקָּלָה, תְּאוּנָה

mishear /mɪsˈhɪə(r)/ (past & past ppl. **misheard** /mɪsˈhɜːd/) v.t. שָׁמַע לֹא נָכוֹן

mishit /mɪsˈhɪt/ (past & past pl. **mishit/** /mɪsˈhɪt/) v.t. הִכָּה בְּכַדּוּר מַכָּה כּוֹשֶׁלֶת

—n. /ˈmɪshɪt/ הַחְטָאָה/מַכָּה כּוֹשֶׁלֶת (בְּמִשְׂחֲקֵי־כַּדּוּר)

mishmash /ˈmɪʃmæʃ/ n. (*colloq.*) מִשְׁמַשׁ, עִרְבּוּבְיָה, אִי־סֵדֶר

misinform /ˌmɪsɪnˈfɔːm/ v.t. סִפֵּק מֵידָע מֻטְעֶה, הִטְעָה, סִפֵּק מֵידָע כּוֹזֵב

□ *if you thought there was a meeting tonight, you've been misinformed* אִם חָשַׁבְתָּ שֶׁיֵּשׁ הָעֶרֶב פְּגִישָׁה, כַּנִּרְאֶה הִטְעוּ אוֹתְךָ

misinformation /ˌmɪsɪnfəˈmeɪʃ(ə)n/ n. מֵידָע כּוֹזֵב

misinterpret /ˌmɪsɪnˈtɜːprɪt/ v.t. פֵּרֵשׁ פֵּרוּשׁ מֻטְעֶה, הֵבִין שֶׁלֹּא כַּהֲלָכָה

misjudge /mɪsˈdʒʌdʒ/ v.t. טָעָה בְּשִׁפּוּט, הֶעֱרִיךְ שֶׁלֹּא כָּרָאוּי

misjudged /mɪsˈdʒʌdʒd/ adj. לֹא מְעֹרָךְ כַּהֲלָכָה

misjudgement /mɪsˈdʒʌdʒmənt/ n. טָעוּת בְּהַעֲרָכָה, טָעוּת בְּשִׁפּוּט

mislay /mɪsˈleɪ/ (past & past ppl. **mislaid** /mɪsˈleɪd/) v.t. אִבֵּד, שָׁכַח הֵיכָן הִנִּיחַ אֶת

mislead /mɪsˈliːd/ (past & past ppl. **misled** /mɪsˈled/) v.t. הוֹלִיךְ (אֶת פְּלוֹנִי) שׁוֹלָל, הִטְעָה

misleading /mɪsˈliːdɪŋ/ adj. מַטְעֶה, כּוֹזֵב

mismanage /mɪsˈmænɪdʒ/ v.t. נִהֵל נִהוּל כּוֹשֵׁל

mismanagement /ˌmɪsˈmænɪdʒmənt/ n. נִהוּל כּוֹשֵׁל

mismated /mɪsˈmeɪtɪd/ adj. שֶׁזֻּוַּג שֶׁלֹּא־כַּהֲלָכָה

misnomer /mɪsˈnəʊmə(r)/ n. שִׁמּוּשׁ מֻטְעֶה בְּשֵׁם/בְּמֻשָּׂג

misogynist /mɪˈsɒdʒɪnɪst/ n. שׂוֹנֵא־נָשִׁים

misogyny /mɪˈsɒdʒɪnɪ/ n. (*formal*) שִׂנְאַת־נָשִׁים

misplace /mɪsˈpleɪs/ v.t. שָׂם בְּמָקוֹם לֹא נָכוֹן

□ *my confidence in him was misplaced* טָעִיתִי בְּכָךְ שֶׁנָּתַתִּי בּוֹ אֵמוּן

misprint /ˈmɪsprɪnt/ n. טָעוּת־דְּפוּס

—v.t. /mɪsˈprɪnt/ הִדְפִּיס עִם טָעוּת, הִדְפִּיס בְּאֹפֶן מֻטְעֶה

misprision /mɪsˈprɪʒ(ə)n/ n.

1 (*Law*) הַזְנָחָה בְּמִלּוּי תַּפְקִיד, הַעֲלָמַת מֵידָע

2 (misunderstanding, *arch.*) הַמְעָטָה בְּעֶרְכּוֹ שֶׁל

mispronounce /ˌmɪsprəˈnaʊns/ v.t. בִּטֵּא לֹא נָכוֹן, בִּטֵּא שֶׁלֹּא כַּהֲלָכָה

mispronunciation /ˌmɪsprəˌnʌnsɪˈeɪʃ(ə)n/ n. הִגּוּי מֻטְעֶה

misquote /mɪsˈkwəʊt/ v.t. צִטֵּט לֹא נָכוֹן

misread /mɪsˈriːd/ (past & past ppl. **misread** /mɪsˈred/) v.t. טָעָה בִּקְרִיאַת טֶקְסְט; הֵבִין שֶׁלֹּא כַּהֲלָכָה, פֵּרֵשׁ שֶׁלֹּא כַּהֲלָכָה

misremember /ˌmɪsrɪˈmembə(r)/ v.t. זָכַר לֹא בִּמְדֻיָּק

misreport /ˌmɪsrɪˈpɔːt/ v.t. מָסַר דּוּ"חַ כּוֹזֵב, מָסַר דּוּ"חַ מֻטְעֶה

misrepresent /ˌmɪsreprɪˈzent/ v.t. תֵּאֵר בְּאֹפֶן מְסֻלָּף, מָסַר דּוּחַ מְסֻלָּף שֶׁל

misrepresentation /ˌmɪsreprɪzenˈteɪʃ(ə)n/ n. תֵּאוּר מְסֻלָּף, דּוּחַ מְסֻלָּף

misrule /mɪsˈruːl/ n. שִׁלְטוֹן לֹא־צוֹדֵק, שִׁלְטוֹן כּוֹשֵׁל (בִּמְדִינָה); מְהוּמָה

—v.t. שָׁלַט בְּאֹפֶן לֹא־צוֹדֵק, שָׁלַט בְּאֹפֶן כּוֹשֵׁל

miss[1] /mɪs/ n. הָעַלְמָה (סְמִית ג׳וֹנְס וְכוּ׳, כְּלוֹמַר – אִשָּׁה לֹא־נְשׂוּאָה); עַלְמָתִי (בִּפְנִיָּה לְאִשָּׁה לֹא־נְשׂוּאָה); מוֹרָתִי (פְּנִיַּת תַּלְמִיד לְמוֹרָה, גַּם כַּאֲשֶׁר זוֹ נְשׂוּאָה)

Miss World מִיס תֵּבֵל

miss[2] /mɪs/ n. הַחְטָאָה, הַחְמָצָה, פִּסְפּוּס

□ *a miss is as good as a mile* (*Prov.*) טָעוּת גְּדוֹלָה, טָעוּת קְטַנָּה, זֶה הַיְנוּ הָךְ; כָּךְ אוֹ אַחֶרֶת

□ *I'll give the dessert a miss* (*colloq.*) אֲנִי מוּכָן לְוַתֵּר עַל הַלִּפְתָּן

□ *that was a near miss* נִצַּלְנוּ בְּמַזָּל; זֶה כִּמְעַט שֶׁהִצְלִיחַ

—v.t. & i.

1 (fail to hit, reach, catch, perceive, etc.) הֶחֱטִיא, הֶחְמִיץ, פִּסְפֵּס

□ *we missed that concert* הֶחְמַצְנוּ אֶת הַקּוֹנְצֶרְט הַזֶּה

□ *he missed his footing* הוּא מָעַד

□ *he fired but missed (his target)* הוּא יָרָה אַךְ הֶחֱטִיא (אֶת הַמַּטָּרָה)

□ *we only just missed having a very nasty accident* רַק בְּנֵס נִצַּלְנוּ מִתְּאוּנָה חֲמוּרָה

□ *he missed the point* הוּא לֹא תָּפַס אֶת הָעִנְיָן

□ *she missed the plane* הִיא אֵחֲרָה לַטִּיסָה

□ *they missed the boat as far as this year's grant is concerned* (*colloq.*) הֵם "אֵחֲרוּ אֶת הָרַכֶּבֶת" בְּנוֹגֵעַ לַמִּלְגָּה הַשָּׁנָה

□ *she doesn't miss a thing* דָּבָר לֹא נֶעְלָם מֵעֵינֶיהָ

□ *he missed his turn* הוּא הִפְסִיד אֶת תּוֹרוֹ

□ *it's a purple house – you can't miss it* זֶה בַּיִת בְּצֶבַע סָגֹל – אַתָּה כְּבָר תִּרְאֶה

□ *my heart missed a beat* לִבִּי נָדַם לְרֶגַע

2 (lack) חָסֵר

□ *this table is missing a leg (or has got a leg missing)* חֲסֵרָה רֶגֶל לַשֻּׁלְחָן הַזֶּה

3 (realize loss of; regret absence of) חָשׁ בְּחֶסְרוֹנוֹ שֶׁל; הִתְגַּעְגֵּעַ לְ...

□ *when did you miss your handbag?* מָתַי הִרְגַּשְׁתְּ שֶׁאִבַּדְתְּ אֶת הַתִּיק?

4 (overlook) לֹא שָׂם לֵב לְ...

□ *the editor missed five printing errors* הָעוֹרֵךְ לֹא הִבְחִין בְּחָמֵשׁ טָעֻיּוֹת־דְּפוּס

miss out הֶחְמִיץ; הִשְׁמִיט (שֶׁלֹּא בְּכַוָּנָה)

□ *I missed out on his offer of a holiday in Spain* הֶחְמַצְתִּי אֶת הַצָּעָתוֹ לְחֻפְשָׁה בִּסְפָרַד

□ *he missed out three words* הוּא הִשְׁמִיט שָׁלֹשׁ מִלִּים

missal /ˈmɪs(ə)l/ n. (*Relig.*) סִדּוּר תְּפִלּוֹת (בַּכְּנֵסִיָּה הַקָּתוֹלִית)

misshapen /mɪsˈʃeɪpən/ adj. עָקוּם, מְעֻוָּת

missile /ˈmɪsaɪl/ n. טִיל, קָלַע

ballistic missile טִיל בַּלִּיסְטִי

guided missile טִיל מֻנְחֶה

missing /ˈmɪsɪŋ/ adj. חָסֵר, נֶעְדָּר

missing link הַחֻלְיָה הַחֲסֵרָה

□ *he was listed as missing* שְׁמוֹ נִרְשַׁם בֵּין הַנֶּעְדָּרִים

□ *she went missing for ten days* אִישׁ לֹא יָדַע עַל מְקוֹם הִמָּצְאָהּ בְּמֶשֶׁךְ עֲשָׂרָה יָמִים

mission /ˈmɪʃ(ə)n/ n.

1 (task, errand) מְשִׂימָה

□ *her mission in life was teaching* יִעוּדָהּ בַּחַיִּים הָיָה הַהוֹרָאָה

2 (military operation) מְשִׂימָה (צְבָאִית, שֶׁל רִגּוּל וְכַד׳)

mission control חֲדַר הַפִּקּוּחַ הַמֶּרְכָּזִי שֶׁל מִבְצָע טִיסָה בֶּחָלָל

3 (body of emissaries) נְצִיגוּת, מִשְׁלַחַת

4 (missionary establishment) מִיסְיוֹן, אִרְגּוּן שֶׁמְּשִׂימָתוֹ לְהָפִיץ אֶת הַנַּצְרוּת

missionary /ˈmɪʃ(ə)n(ə)rɪ/ n. & adj. מִיסְיוֹנֵר; שֶׁל מְשִׂימַת־הַמִּיסְיוֹנֵר, שֶׁל מִיסְיוֹנֵר

missionary position "תְּנוּחַת הַמִּיסְיוֹנֵר", תְּנוּחַת פָּנִים־אֶל־פָּנִים (תְּנוּחָה בְּיַחֲסֵי־מִין)

missis /ˈmɪsɪz/ n. (*sl.*) "הָאִשָּׁה", "הַגְּבֶרֶת"

missive /ˈmɪsɪv/ n. (*formal*) אִגֶּרֶת, מִכְתָּב אָרֹךְ

misspell /ˌmɪsˈspel/ (past & past ppl. **misspelled** or **misspelt** /ˌmɪsˈspelt/) v.t. עָשָׂה טָעוּת כְּתִיב, כָּתַב עִם שְׁגִיאוֹת כְּתִיב

misspent /ˌmɪsˈspent/ adj. מְבֻזְבָּז

□ *he regretted his misspent youth* צַר הָיָה לוֹ עַל נְעוּרָיו שֶׁבִּזְבְּזוּ לָרִיק

misstate /mɪsˈsteɪt/ v.t. מָסַר הוֹדָעָה כּוֹזֶבֶת

misstatement /mɪsˈsteɪtmənt/ n. הוֹדָעָה כּוֹזֶבֶת

missus /ˈmɪsɪz/ n. (*sl.*) "הָאִשָּׁה", "הַגְּבֶרֶת"

□ *how's the missus?* מַה שְּׁלוֹם הָאִשָּׁה?

mist /mɪst/ n.

1 (kind of weather) עֲרָפֶל, אֵד

2 (fine spray, haze) דּוֹק שֶׁל, תַּרְסִיס שֶׁל

—v.t. & i. עִרְפֵּל; הִתְעַרְפֵּל

□ *my glasses have misted over* הַמִּשְׁקָפַיִם שֶׁלִּי הִתְכַּסּוּ בְּאֵדִים

□ *the windows are misted up with condensation* הַחַלּוֹנוֹת הִתְכַּסּוּ בְּאֵדִים שֶׁהִתְעַבּוּ

mistake /mɪˈsteɪk/ (past **mistook** /mɪˈstʊk/, past ppl. **mistaken** /mɪˈsteɪkən/) v.t. חָשַׁב בְּטָעוּת שֶׁ... טָעָה וְחָשַׁב שֶׁ...

□ *I mistook you for someone I know* חָשַׁבְתִּי בְּטָעוּת שֶׁאַתָּה מִישֶׁהוּ שֶׁאֲנִי מַכִּיר

□ *there's no mistaking his sincerity* אִי אֶפְשָׁר לִטְעוֹת בְּכֵנוּתוֹ

□ *we mistook the way* תָּעִינוּ בַּדֶּרֶךְ

—n. שְׁגִיאָה, מִשְׁגֶּה, טָעוּת; הֲבָנָה מֻטְעֵית

□ *I took your bag by mistake* לָקַחְתִּי אֶת הַתִּיק שֶׁלְּךָ בְּטָעוּת

□ *I won't stand for this – make no mistake!* אַתָּה יָכוֹל לִהְיוֹת בָּטוּחַ שֶׁאֲנִי לֹא אַסְכִּים לָזֶה! תֵּדַע לְךָ שֶׁאֲנִי לֹא מוּכָן לִסְבֹּל אֶת זֶה!

□ *there is* (or *must be*) *some mistake* מֻכְרָחָה לִהְיוֹת טָעוּת, זוֹ בְּוַדַּאי טָעוּת

mistaken /mɪˈsteɪk(ə)n/ adj. & past ppl. of **mistake**

1 (wrong in opinion; in error) טוֹעֶה

□ *if I'm not mistaken, that's your mother* אִם אֵינִי טוֹעֶה, זוֹהִי אִמְּךָ

2 (ill-judged) מֻטְעֶה, לֹא נָכוֹן, בְּטָעוּת, שֶׁל שִׁפּוּט מֻטְעֶה

□ *it was a case of mistaken identity* זֶה הָיָה מִקְרֶה שֶׁל טָעוּת בְּזִהוּי

mister /ˈmɪstə(r)/ n. אָדוֹן, מַר

mistime /mɪsˈtaɪm/ v.t. עָשָׂה (דְּבַר־מָה) שֶׁלֹּא בְּעִתּוֹ, עָשָׂה בִּזְמַן הַלֹּא נָכוֹן

mistle thrush /ˈmɪs(ə)l θrʌʃ/ n. קִיכְלִי גָּדוֹל (צִפּוֹר בָּר)

mistletoe /ˈmɪs(ə)ltəʊ/ n. דִּבְקוֹן לָבָן (צֶמַח טַפִּיל הַמְשַׁמֵּשׁ לְקִשּׁוּטֵי חַג־הַמּוֹלָד)

mistook /mɪˈstʊk/ past of **mistake**

mistral /ˈmɪstrəl/ n. מִסְטְרָל (רוּחַ־סוּפָה צְפוֹנִית הַנּוֹשֶׁבֶת בִּדְרוֹם צָרְפַת)

mistranslate /ˌmɪstrænsˈleɪt/ v.t. תִּרְגֵּם לֹא־נָכוֹן

mistreat /mɪsˈtriːt/ v.t. נָהַג שֶׁלֹּא כַּשּׁוּרָה עִם

mistress /ˈmɪstrɪs/ n.

1 (female extramarital sexual partner) מְאַהֶבֶת

2 (woman teacher) מוֹרָה

3 (woman in control or command) גְּבִירָה, בַּעֲלַת־הַבַּיִת; שַׁלִּיטָה

□ *she was mistress of the situation* הִיא שָׁלְטָה בַּמַּצָּב

□ *she ought to be her own mistress* עָלֶיהָ לִהְיוֹת גְּבֶרֶת לְעַצְמָהּ

mistrial /mɪsˈtraɪəl/ n. (*Law*) מִשְׁפָּט שֶׁבֻּטַּל בִּגְלַל מִשְׁגֶּה בַּהֲלִיכִים הַמִּשְׁפָּטִיִּים

mistrust /mɪsˈtrʌst/ n. & v.t. חֹסֶר־אֵמוּן, אִי־אֵמוּן; לֹא נָתַן אֵמוּן בְּ..., לֹא בָּטַח בְּ...

mistrustful /mɪsˈtrʌstf(ə)l/ adj. חֲסַר־אֵמוּן, חַשְׁדָנִי

misty /ˈmɪstɪ/ adj. מְעֻרְפָּל

misunderstand /ˌmɪsʌndəˈstænd/ (past & past ppl. **misunderstood** /ˌmɪsʌndəˈstʊd/) v.t. הֵבִין לֹא נָכוֹן, טָעָה בַּהֲבָנָה

misunderstanding /ˌmɪsʌndəˈstændɪŋ/ n. אִי־הֲבָנָה

misuse /mɪsˈjuːs/ n. שִׁמּוּשׁ לֹא נָכוֹן; שִׁמּוּשׁ לְמַטָּרָה לֹא הֲגוּנָה, שִׁמּוּשׁ לְרָעָה

—v.t. /mɪsˈjuːz/ הִשְׁתַּמֵּשׁ שֶׁלֹּא כַּהֲלָכָה; עָשָׂה שִׁמּוּשׁ לֹא הָגוּן בְּ...; נָהַג שֶׁלֹּא כַּהֲלָכָה בְּ...

mite /maɪt/ n.

1 (tiny animal like spider) קַרְצִית

2 (small child, *arch.*) "פַּסְפּוּס"

3 (small amount, *colloq.*) מְעַט, קָרְטוֹב, קֹמֶץ, טִיף־טִפָּה

widow's mite (*Bibl.*) תְּרוּמָה דַּלָּה, תְּרוּמָה צְנוּעָה

□ *I think he was a mite annoyed* (*colloq.*) נִדְמֶה לִי שֶׁהוּא קָצַת כָּעַס

□ *he contributed his mite to the collection for the poor* הוּא תָּרַם אֶת תְּרוּמָתוֹ הַצְּנוּעָה לְמַעַן הָעֲנִיִּים

mitigate /ˈmɪtɪgeɪt/ v.t. (*formal*) שִׁכֵּךְ, הֵקֵל, הֵפִיג

mitigation /ˌmɪtɪˈgeɪʃ(ə)n/ n. (*formal*) הֲקַלָּה, שִׁכּוּךְ, רִכּוּךְ, הֲפָגָה

□ *have you anything to say in mitigation?* הַאִם יֵשׁ לְךָ מַשֶּׁהוּ לוֹמַר לַהֲגַנָּתְךָ?

mitre /ˈmaɪtə(r)/ n.

1 (bishop's headdress) מִצְנֶפֶת גְּבוֹהָה שֶׁל הֶגְמוֹן אוֹ בִּישׁוֹף

2 (wood joint; also v.t.) מַחְבָּר זָוִיתִי; חִבֵּר בְּאֶמְצָעוּת מַחְבָּר זָוִיתִי

mitt /mɪt/ n.

1 (baseball glove) כְּפָפַת־בֵּיסְבּוֹל

2 (mitten) כְּפָפָה (לְלֹא הַפְרָדָה שֶׁל הָאֶצְבָּעוֹת), כְּסִיָּה

3 (fingerless glove) כְּפָפָה קְצוּצָה – שֶׁאֵינָהּ מְכַסָּה אֶת הָאֶצְבָּעוֹת

4 (hand or fist, *sl.*) יָד, אֶגְרוֹף

□ *put your mitts up!* תָּרִים אֶת הָאֶגְרוֹפִים!

mitten /ˈmɪt(ə)n/ n. כְּפָפָה (לְלֹא הַפְרָדָה שֶׁל הָאֶצְבָּעוֹת), כְּסִיָּה

mix /mɪks/ v.i.

1 (socialize, associate) הִתְחַבֵּר עִם, הִתְרוֹעֵעַ עִם

□ *I don't mix with that sort of person* אֲנִי לֹא מִתְרוֹעֵעַ עִם אֲנָשִׁים כָּאֵלֶּה

2 (blend) הִתְעַרְבֵּב

□ *oil and water do not mix* מַיִם וְשֶׁמֶן לֹא מִתְעַרְבְּבִים

—v.t. עֵרֵב, בָּחַשׁ, מִזֵּג, מָהַל

□ *mix me a drink!* תָּכִין לִי מַשְׁקֶה! תִּמְזֹג לִי מַשְׁקֶה!

□ *don't mix your drinks!* אַל תְּעַרְבֵּב מַשְׁקָאוֹת! (כְּלוֹמַר אַל תִּשְׁתֶּה כַּמָּה סוּגֵי אַלְכּוֹהוֹל בְּאוֹתָהּ הִזְדַּמְּנוּת)

□ *don't mix business and* (or *with*) *pleasure* אַל תְּעַרְבֵּב עֲסָקִים וּבִלּוּיִים

□ *he always mixes me up with my brother* הוּא תָּמִיד מְבַלְבֵּל בֵּינִי לְבֵין אָחִי

□ *the porter got the passengers' bags mixed up* הַסַּבָּל הֶחֱלִיף אֶת הַמִּזְוָדוֹת שֶׁל הַנּוֹסְעִים זוֹ בְּזוֹ

□ *he was mixed up in some drugs racket* הוּא הָיָה מְעֹרָב בְּעִסְקֵי־סַמִּים

□ *don't get mixed up with that crowd* אַל תִּתְחַבֵּר עִם הַטִּיפּוּסִים הַלָּלוּ

—n. תַּעֲרֹבֶת, בְּלִיל

cake mix תַּעֲרֹבֶת (מוּכָנָה מֵרֹאשׁ) לְעוּגָה

□ *there's quite a mix of people here tonight* יֵשׁ פֹּה מִגְוָן מְעַנְיֵן שֶׁל אֲנָשִׁים הָעֶרֶב

mixed /mɪkst/ adj.

1 (assorted) מְעֹרָב, מְעֹרְבָּב

mixed blessing יִתְרוֹנוֹת וְחֶסְרוֹנוֹת בְּצִדָּם

mixed farming מֶשֶׁק מְעֹרָב (בַּעַל כַּמָּה סוּגֵי עֲנָפִים)

mixed feelings רְגָשׁוֹת מְעֹרָבִים

mixed grill גְּרִיל מְעֹרָב (מִסּוּגֵי-בָּשָׂר שׁוֹנִים)

mixed marriage נִשּׂוּאֵי-תַּעֲרֹבֶת

mixed metaphor מֶטָפוֹרָה מְעֹרֶבֶת (מְכִילָה דִּמּוּיִים מִתְחוּמִים שׁוֹנִים)

□ *the candidates are a very mixed bag* (*colloq.*) הַמֻּעֲמָדִים הֵם מֵאֵיכוּת לֹא-שָׁוָה

2 (involving both sexes) מְעֹרָב, שֶׁל גְּבָרִים וְנָשִׁים יַחַד

mixed school בֵּית-סֵפֶר לְבָנִים וּלְבָנוֹת

mixed-up /ˌmɪkst-ˈʌp/ adj. מְבֻלְבָּל, מְטֻשְׁטָשׁ

mixer /ˈmɪksə(r)/ n.

1 (something which mixes) מְעַרְבֵּל, מִיקְסֶר

cement mixer מְעַרְבֵּל בֶּטוֹן

2 (socializer, *colloq.*) אָדָם חֶבְרוּתִי, אִישׁ רֵעִים

□ *he's a good* (or *bad*) *mixer* הוּא טִיפּוּס חֶבְרוּתִי/לֹא חֶבְרוּתִי

3 (drink) מַשְׁקֶה קַל לְעִרְבּוּב עִם מַשְׁקֶה אַלְכּוֹהוֹלִי (לְמָשָׁל מֵי-טוֹנִיק, מִיץ תַּפּוּזִים, מִיץ עַגְבָנִיּוֹת וְכַד׳)

4 (*Electronics*) מִיקְסֶר (בְּאֻלְפַּן הַקְלָטוֹת)

mixture /ˈmɪkstʃə(r)/ n. תַּעֲרֹבֶת

cough mixture סִירוֹפּ לְשִׁעוּל

mix-up /ˈmɪks-ʌp/ n. (*colloq.*) טָעוּת, "פַּשְׁלָה"

mizzen-mast /ˈmɪz(ə)n-mɑːst/ n. (*Naut.*) תֹּרֶן-הַיַּרְכָתַיִם בִּסְפִינָה

mnemonic /nɪˈmɒnɪk/ adj. & n. מְסַיֵּעַ לַזִּכָּרוֹן; עֵזֶר לַזִּכָּרוֹן (לְמָשָׁל "בג"ד כפ"ת")

moan /məʊn/ n. אֲנָחָה, אֲנָקָה

—v.i. נֶאֱנַח, נֶאֱנַק

moaner /ˈməʊnə(r)/ n. (*colloq. derog.*) "קוּטֵר"

moat /məʊt/ n. תְּעָלַת-מָגֵן (שֶׁל מִבְצָר לְמָשָׁל, לָרֹב מְלֵאָה מַיִם)

moated /ˈməʊtɪd/ adj. (אַרְמוֹן, כְּלוּב בְּגַן-חַיּוֹת) מֻקָּף תְּעָלַת-מָגֵן

mob /mɒb/ n. הָמוֹן, אֲסַפְסוּף, הָמוֹן פָּרוּעַ

mob rule (*derog.*) אַנַרְכְיָה (לֹא בַּמּוּבָן הַטֶּכְנִי)

—v.t. הִסְתָּעֵר בַּהֲמוֹנָיו עַל

mobile /ˈməʊbaɪl/ adj.

1 (movable) לֹא קָבוּעַ; נָע, נַיָּד, מִטַּלְטֵל

upwardly mobile מְטַפֵּס בְּסֻלַּם הַחֶבְרָתִי

mobile home קָרָוָן, קְרוֹן-מְגוּרִים, מְעוֹנוֹעַ

2 (of face) מִשְׁתַּנֶּה, מַחֲלִיף הַבָּעוֹת

—n. "מוֹבַּיְל" (מֵעֵין קִשּׁוּט עָשׂוּי חוּטֵי מַתֶּכֶת וְכַד׳ הַמִּתְנוֹעֵעַ בָּרוּחַ)

mobility /məʊˈbɪlɪtɪ/ n. (*formal*) נַיָּדוּת, אִי-קְבִיעוּת

social mobility נַיָּדוּת חֶבְרוּתִית, מוֹבִּילִיּוּת חֶבְרָתִית

mobility allowance קִצְבָּה מֶמְשַׁלְתִּית לְנָכֶה הַמִּתְקַשֶּׁה לָנוּעַ מִמָּקוֹם לְמָקוֹם בְּשֶׁל מַצָּבוֹ

mobilization /ˌməʊbɪlaɪˈzeɪʃ(ə)n/ n. גִּיּוּס כֹּחוֹת; רִכּוּז כֹּחוֹת

mobilize /ˈməʊbɪlaɪz/ v.t. & i. גִּיֵּס, רִכֵּז כֹּחוֹת; הִתְרַכֵּז (כֹּחַ צְבָאִי)

□ *the leader was unable to mobilize his support soon enough to avoid being unseated* הַמַּנְהִיג לֹא הָיָה מְסֻגָּל לְגַיֵּס תְּמִיכָה מַהֵר דֵּי הַצֹּרֶךְ לִמְנֹעַ אֶת כִּשְׁלוֹנוֹ בַּבְּחִירוֹת

mobster /ˈmɒbstə(r)/ n. (*sl.*) אִישׁ-כְּנוּפְיָה, גַּנְגְּסְטֶר

moccasin /ˈmɒkəsɪn/ n. מוֹקָסִין, נַעַל עוֹר רַכָּה (בַּמָּקוֹר אִינְדִּיאָנִית)

mocha /ˈmɒkə/ n. קָפֶה מוֹקָה; מוֹקָה (תַּעֲרֹבֶת קָפֶה וְקָקָאוֹ)

mock /mɒk/ adj. מְדֻמֶּה, מְבֻיָּם, מְזֻיָּף, סִימוּלַצְיָה שֶׁל

mock battle קְרַב מְדֻמֶּה; קְרַב תִּרְגּוּל, קְרַב סִימוּלַצְיָה

mock modesty צְנִיעוּת מְדֻמָּה

mock orange פִּילָדֶלְפוּס (שִׂיחַ נוֹי)

mock turtle soup מְרַק-צָב מְדֻמֶּה (עָשׂוּי מֵרֹאשׁ עֵגֶל)

—v.t. & i. עָשָׂה צְחוֹק מִ..., לִגְלֵג עַל, בָּז לְ...

□ *don't mock!* תַּפְסִיק לַעֲשׂוֹת צְחוֹק! תַּפְסִיק לִצְחוֹק!

□ *they mocked at my fears* הֵם לִגְלְגוּ עַל חֲשָׁשׁוֹתַי

mockery /ˈmɒkərɪ/ n. לִגְלוּג, לַעַג-וָבוּז, חוּכָא וְאִטְלוּלָא

□ *his trial was a mockery* (*of justice*) מִשְׁפָּטוֹ הָיָה בִּזָּיוֹן הַצֶּדֶק

mock-heroic /ˌmɒk-hɪˈrəʊɪk/ adj. מִתְנַפֵּחַ, יֻמְרָנִי, רַבְרְבָנִי וּמְגֻחָךְ; מְחַקֶּה (בְּגִחוּךְ) אֶת הַסִּגְנוֹן הַהֵרוֹאִי (בְּסִפְרוּת)

mocking /ˈmɒkɪŋ/ adj. לַעֲגָנִי, מְלַגְלֵג

mockingbird /ˈmɒkɪŋbɜːd/ n. צִפּוֹר אֲמֶרִיקָאִית הַמְחַקָּה קוֹלוֹת צִפּוֹרִים אֲחֵרוֹת

mock-up /ˈmɒk-ʌp/ n.

1 (full scale model) דֶּגֶם בְּגֹדֶל טִבְעִי

2 (layout for printing) (סֵפֶר) דֶּמֶה (לְצָרְכֵי עִמּוּד)

mod[1] /mɒd/ adj. (*colloq.*) מוֹדֶרְנִי

□ *it was a house with all mod cons* זֶה הָיָה בַּיִת מְצֻיָּד בְּכָל אַבְזְרֵי הַנּוֹחִיּוּת הַמּוֹדֶרְנִיִּים

mod[2] /mɒd/ n. (*UK*) אָפְנָה וְסִגְנוֹן שֶׁל צְעִירִים בִּבְרִיטַנְיָה בִּשְׁנוֹת הַ-60, "מוֹדְס"

modal /ˈməʊd(ə)l/ adj.

1 (of general form or structure) מוֹדָלִי, שֶׁל אֹפֶן אוֹ צוּרָה

2 (*Gram.*) מוֹדָלִי

modal verb (can, may, will פֹּעַל-עֵזֶר מוֹדָלִי (לְמָשָׁל

3 (*Mus.*) מוֹדָלִי (עַל-פִּי אֶחָד הַמּוֹדוּסִים הַמּוּזִיקָלִיִּים)

modality /məʊˈdælɪtɪ/ n. מוֹדָלִיּוּת, אָפְנִיּוּת

mode /məʊd/ n.
1 (manner) אֹרַח, אֹפֶן, נֹהַג, נֹסַח, דֶּרֶךְ
□ *I'm in party mode* (*colloq.*) אֲנִי בְּמַצַּב רוּחַ לִמְסִבּוֹת
2 (fashion in dress, *formal*) אָפְנָה, מוֹדָה
3 (*Mus.*) מוֹדוּס

model /ˈmɒd(ə)l/ n.
1 (small-scale replica) מוֹדֶל, דֶּגֶם
model aircraft דֶּגֶם מָטוֹס (שֶׁמַּרְכִּיבִים מֵחֲלָקֵי פְּלַסְטִיק); טִיסָן (דֶּגֶם מָטוֹס הַמְסֻגָּל לָטוּס)
2 (object copied; perfect example) דֻּגְמָה, מוֹפֵת
□ *he was a model student* הוּא הָיָה סְטוּדֶנְט לְמוֹפֵת
3 (one of a distinctive series of products) דֶּגֶם, מוֹדֶל
□ *this is the 1984 model* זֶה מוֹדֶל 84'
4 (person who poses for artists or photographers) דֻּגְמָנִית, דֻּגְמָן, מוֹדֶל
—v.t.
1 (fashion, shape) עִצֵּב, פִּסֵּל בְּחֹמֶר רַךְ, צָר צוּרָה בְּחֹמֶר רַךְ
□ *she models heads in clay* הִיא מְפַסֶּלֶת רָאשִׁים בְּחֵמָר
□ *he modelled himself on his father* הוּא עִצֵּב אֶת הִתְנַהֲגוּתוֹ עַל־פִּי דֻּגְמַת אָבִיו
2 (display clothes) הִצִּיג (בְּגָדִים) כְּדֻגְמָן
—v.i. דִּגְמֵן, עָבַד כְּדֻגְמָן

modelling /ˈmɒd(ə)lɪŋ/ n. (*US* **modeling**)
1 (displaying clothes) דֻּגְמָנוּת
2 (making models) עֲשִׂיַּת־דְּגָמִים
modelling clay פְּלַסְטֶלִינָה

moderate /ˈmɒdərət/ adj. מָתוּן, שָׁקוּל, מְיֻשָּׁב, מְאֻפָּק; מְמֻצָּע, צָנוּעַ
—n. /ˈmɒdərət/ אָדָם בַּעַל דֵּעוֹת (לָרֹב פּוֹלִיטִיּוֹת) מְתוּנוֹת
—v.t. & i. /ˈmɒdəreɪt/ רִכֵּךְ, מִתֵּן, שִׁכֵּךְ; תִּוֵּךְ; הִתְרַכֵּךְ, הִתְמַתֵּן
□ *could you moderate your language?* הֲתוּכַל לְרַכֵּךְ אֶת אֹפֶן הִתְבַּטְּאוּתְךָ?
□ *he moderated between the opposing sides* הוּא תִּוֵּךְ בֵּין הַיְרִיבִים

moderation /ˌmɒdəˈreɪʃ(ə)n/ n. מְתִינוּת, הִתְאַפְּקוּת, יִשּׁוּב־דַּעַת; הַמְּנָעוּת מֵהַפְרָזָה, מִתּוּן
□ *is alcohol harmful even if taken in moderation?* הַאִם אַלְכּוֹהוֹל מַזִּיק גַּם כְּשֶׁשּׁוֹתִים אוֹתוֹ בְּמִדָּה?

moderator /ˈmɒdəreɪtə(r)/ n. מַנְחֶה (בְּדִיּוּן); מְפַקֵּחַ עַל בְּחִינוֹת; אַב בֵּית־דִּין (בַּכְּנֵסִיָּה הַפְּרֶסְבִּיטֶרְיָאנִית)

modern /ˈmɒd(ə)n/ adj. מוֹדֶרְנִי, חָדִישׁ, חָדָשׁ, עַכְשָׁוִי
modern languages שָׂפוֹת מוֹדֶרְנִיּוֹת (בְּנִגּוּד לַשָּׂפוֹת הַמֵּתוֹת הַקְּלָסִיּוֹת)
secondary modern (school) (*UK*) בֵּית־סֵפֶר תִּיכוֹן

modernism /ˈmɒdənɪzəm/ n. מוֹדֶרְנִיזְם (זֶרֶם בְּסִפְרוּת וּבָאֳמָנוּת)

modernist /ˈmɒdənɪst/ n. & adj. מוֹדֶרְנִיסְטִי (כַּנַּ"ל), חַדְשָׁנִי

modernity /məˈdɜːnɪtɪ/ n. מוֹדֶרְנִיּוּת

modernization /ˌmɒdənaɪˈzeɪʃ(ə)n/ n. מוֹדֶרְנִיזַצְיָה, חִדּוּשׁ, עִדְכּוּן

modernize /ˈmɒdənaɪz/ v.t. עָשָׂה מוֹדֶרְנִי, חִדֵּשׁ, עִדְכֵּן, סִגֵּל לִצְרָכִים עַכְשָׁוִיִּים

modest /ˈmɒdɪst/ adj.
1 (having moderate opinion of oneself) צָנוּעַ, עָנָו, לֹא־מִתְנַשֵּׂא
2 (not exciting sexual feelings) (לְבוּשׁ, הִתְנַהֲגוּת) צָנוּעַ (כְּלוֹמַר לֹא מְעוֹרֵר אֶת הַיֵּצֶר)
3 (moderate) מָתוּן, מְמֻצָּע, מֻגְבָּל
□ *he's a man of modest means* הוּא לֹא אָדָם עָשִׁיר

modesty /ˈmɒdɪstɪ/ n. עֲנָוָה, צְנִיעוּת
false modesty עֲנָוָה מְזֻיֶּפֶת, עֲנָוָה שֶׁאֵינָהּ בִּמְקוֹמָהּ

modicum /ˈmɒdɪkəm/ n. (*formal*) כַּמּוּת קְטַנָּה, מִדָּה מְצֻמְצֶמֶת, שֶׁמֶץ

modification /ˌmɒdɪfɪˈkeɪʃ(ə)n/ n. שִׁנּוּי; תִּקּוּן; רִכּוּךְ

modifier /ˈmɒdɪfaɪə(r)/ n. (*Gram.*) (בְּדִקְדּוּק) מַגְבִּיל, מְאַיֵּךְ

modify /ˈmɒdɪfaɪ/ v.t.
1 (make less severe) רִכֵּךְ, מִתֵּן
2 (alter) שִׁנָּה, הִתְאִים, הִכְנִיס שִׁנּוּיִים
3 (*Gram.*) (בְּדִקְדּוּק) הִגְבִּיל, אִיֵּךְ (כְּגוֹן תֹּאַר בְּיַחַס לַשֵּׁם)

modish /ˈməʊdɪʃ/ adj. אָפְנָתִי, שֶׁבַּמּוֹדָה

modular /ˈmɒdjʊlə(r)/ adj. מוֹדוּלָרִי

modulate /ˈmɒdjʊleɪt/ v.t. & i.
1 (regulate, vary) כִּוֵּן, וִסֵּת, שִׁנָּה; הִשְׁתַּנָּה
2 (change key, *Mus.*) (מוּזִיקָה) עָבַר/הֶעֱבִיר מִסֻּלָּם לְסֻלָּם
3 (*Phys.*) אִפְנֵן

modulation /ˌmɒdjʊˈleɪʃ(ə)n/ n. מוֹדוּלַצְיָה, סִלְסוּל; אִפְנוּן

module /ˈmɒdjuːl/ n.
1 (standard component) יְחִידָה
2 (self-contained part of machine, vehicle, etc.) מַרְכִּיב, תָּא (־הַפִּקּוּד, ־הַנְּחִיתָה, בַּחֲלָלִית), יְחִידָה

modus operandi /ˌməʊdəs ɒpəˈrændɪ/ n. דֶּרֶךְ פְּעֻלָּה, "מוֹדוּס אוֹפֶּרַנְדִי"

modus vivendi /ˌməʊdəs vɪˈvendɪ/ n. "מוֹדוּס וִיוֶנְדִי", הֶסְדֵּר

moggie /ˈmɒgɪ/ n. (*UK colloq.*; also **mog**) חֲתוּלָה

mogul /ˈməʊg(ə)l/ n. אֵיל־ (הוֹן, נֵפְט, קוֹלְנוֹעַ וְכַד'), "בָּרוֹן"

mohair /ˈməʊheə(r)/ n. & adj. מוֹהֵיר, צֶמֶר־עִזֵּי־אַנְגּוֹרָה; עָשׂוּי צֶמֶר עִזֵּי־אַנְגּוֹרָה

Mohammed /məˈhæmɪd/ see **MUHAMMAD**

moiety /ˈmɔɪətɪ/ n. (*Law* or *poet.*) חֵלֶק אֶחָד מִתּוֹךְ שְׁנַיִם (מֻנָּח מִשְׁפָּטִי), הַמַּחֲצִית

moil /mɔɪl/ v.i. (*arch.*) עָמַל עַל; טָרַח עַל

Moiré /ˈmwɑːreɪ/ n. בַּד טַפְטָה עִם סִימָנֵי מַיִם, אָרִיג מוֹאָרֶה

moist /mɔɪst/ adj. לַח

moisten /ˈmɔɪs(ə)n/ v.t. הִרְטִיב, לְחָלַח

moisture /ˈmɔɪstʃə(r)/ n. לַחוּת, לַחְלוּחִיּוּת

moisturize /ˈmɔɪstʃəraɪz/ v.t. הוֹסִיף לַחוּת לְ...; מָרַח קְרֶם-לַחוּת

moke /məʊk/ n. (*UK colloq.*) חֲמוֹר, "חֲמוֹרִיקוֹ"

molar /ˈməʊlə(r)/ adj. & n. שֵׁן טוֹחֶנֶת; (שֵׁן) טוֹחֶנֶת

molasses /məˈlæsɪz/ n. דִּבְשָׁה (נוֹזֵל מָתוֹק וְסָמִיךְ שֶׁצִּבְעוֹ כֵּהֶה, הַנִּשְׁאָר אַחֲרֵי יִצּוּר סֻכָּר מִסֶּלֶק אוֹ מִקְּנֵה-סֻכָּר)

mold /məʊld/ n. (*US*) see **MOULD**

mole[1] /məʊl/ n. שׁוּמָה (כֶּתֶם עַל גּוּפוֹ שֶׁל אָדָם)

mole[2] /məʊl/ n. שׁוֹבֵר-גַּלִּים; נָמֵל מְלָאכוּתִי

mole[3] /məʊl/ n. חֲפַרְפֶּרֶת; (בְּהַשְׁאָלָה) "חֲפַרְפֶּרֶת" (סוֹכֵן שֶׁנִּשְׁתַּל בְּאִרְגּוּן זָר)

mole[4] /məʊl/ n. (*Chem.*) מו"ל (יְחִידַת כַּמּוּת בְּכִימְיָה, חֲלִיפִית לִגְרַם-אֲטוֹמִי וְכַד')

molecular /məˈlekjʊlə(r)/ adj. מוֹלֶקוּלָרִי, שֶׁל-פְּרוּדָה, פְּרוּדָתִי

Molecular weight (*Phys.*) מִשְׁקָל מוֹלֶקוּלָרִי

molecule /ˈmɒlɪkjuːl/ n. מוֹלֶקוּלָה, פְּרוּדָה

molehill /ˈməʊlhɪl/ n. תְּלוּלִית שֶׁל חֲפַרְפֶּרֶת, תֵּל חֲפַרְפֶּרֶת

□ *you're making a mountain out of a molehill* אַתָּה עוֹשֶׂה פִּיל מִזְּבוּב

moleskin /ˈməʊlskɪn/ n. & attrib. adj. עוֹר-חֲפַרְפֶּרֶת; עָשׂוּי עוֹר-חֲפַרְפֶּרֶת

molest /məˈlest/ v.t. (*derog.*) הִטְרִיד, הֵצִיק (לְעִתִּים קְרוֹבוֹת בְּהֶקְשֵׁר מִינִי)

molestation /ˌmɒlɪsˈteɪʃ(ə)n/ n. (*formal*) הַטְרָדָה; הַטְרָדָה מִינִית

moll /mɒl/ n. (*sl.*) חֲבֶרְתּוֹ שֶׁל גַּנְגְּסְטֶר

mollification /ˌmɒlɪfɪˈkeɪʃ(ə)n/ n. הַרְגָּעָה, שִׁכּוּךְ (שֶׁל כַּעַס, הִתְרַגְּשׁוּת וְכַד')

mollify /ˈmɒlɪfaɪ/ v.t. הִרְגִּיעַ, שִׁכֵּךְ (אֶת כַּעֲסוֹ שֶׁל פְּלוֹנִי)

mollusc /ˈmɒləsk/ n. רַכִּיכָה

mollycoddle /ˈmɒlɪkɒd(ə)l/ v.t. (*colloq. derog.*) פִּנֵּק, עִנֵּג, טִפַּח (אֶת יַלְדָּהּ הַיָּקָר) —n. "הַיֶּלֶד שֶׁל אִמָּא", יֶלֶד מְפֻנָּק

molten /ˈməʊlten/ adj. & past ppl. of **melt** מֻתָּךְ; יָצוּק

molto /ˈmɒlteʊ/ adv. (*Mus.*) מוֹלְטוֹ, (בְּמוּזִיקָה) מְאֹד, בְּיוֹתֵר

molybdenum /məˈlɪbdɪnəm/ n. מוֹלִיבְּדֶנוּם (יְסוֹד מַתַּכְתִּי)

moment /ˈməʊmənt/ n.

1 (instant) רֶגַע, דַּקָּה

at the (present) moment בַּמַּצָּב הַנּוֹכְחִי, בְּרֶגַע זֶה

moment of truth רֶגַע-הָאֱמֶת, הָרֶגַע הַמַּכְרִיעַ

□ *he jumped just at the right moment* הוּא קָפַץ בְּדִיּוּק בָּרֶגַע הַנָּכוֹן

□ *just a moment!* רֶגַע! רַק רֶגַע!

□ *I'll come the moment I'm free* אֲנִי אָבוֹא בְּרֶגַע שֶׁאֶתְפַּנֶּה

□ *the play had its moments* הָיוּ כַּמָּה קְטָעִים טוֹבִים בַּמַּחֲזֶה

□ *not for a moment did I suppose you did it on purpose* אַף לְרֶגַע לֹא הֶעֱלֵיתִי בְּדַעְתִּי שֶׁעָשִׂיתָ זֹאת בְּכַוָּנָה

□ *Jones is (the) man of the moment* ג'וֹנְס הוּא אִישׁ-הַשָּׁעָה, ג'וֹנְס הוּא חֲתַן-הַיּוֹם

2 (*Phys.*) מוֹמֶנְט, מִדַּת-הִתְנַגְּדוּתוֹ שֶׁל גּוּף (מֶכָנִיקָה)

3 (importance, *formal*) חֲשִׁיבוּת

□ *it is a matter of great moment* זֶה עִנְיָן בַּעַל חֲשִׁיבוּת גְּדוֹלָה

momentary /ˈməʊmənt(ə)rɪ/ adj. רִגְעִי, אֲרָעִי, בֶּן-חֲלוֹף

momentous /məˈmentəs/ adj. מַכְרִיעַ, בַּעַל חֲשִׁיבוּת מַכְרַעַת

momentum /məˈmentəm/ n. מוֹמֶנְטוּם, תֶּנֶע, תְּנוּפָה

momma /ˈmɒmə/ n. (*US colloq.*) אִמָּאל'ה

monarch /ˈmɒnək/ n. מוֹנַרְךְ, מֶלֶךְ, שַׁלִּיט יָחִיד

monarchical /məˈnɑːkɪk(ə)l/ adj. מוֹנַרְכִי, שֶׁל שִׁלְטוֹן יָחִיד

monarchism /ˈmɒnəkɪzəm/ n. מוֹנַרְכִיזְם

monarchist /ˈmɒnəkɪst/ n. מוֹנַרְכִיסְט, דּוֹגֵל בְּשִׁיטַת מִמְשָׁל מוֹנַרְכִית

monarchy /ˈmɒnəkɪ/ n. מוֹנַרְכְיָה, שִׁלְטוֹן יָחִיד

monastery /ˈmɒnəst(ə)rɪ/ n. מִנְזָר

monastic /məˈnæstɪk/ adj. נְזִירִי, שֶׁל מִנְזָר

monasticism /məˈnæstɪsɪzəm/ n. נְזִירוּת

Monday /ˈmʌndɪ/ n. יוֹם שֵׁנִי, יוֹם ב'

monetarism /ˈmʌnɪtərɪzəm/ n. מוֹנֶטָרִיזְם (הַתּוֹרָה הַכַּלְכָּלִית הַדּוֹגֶלֶת בְּהַכְוָנַת הַכַּלְכָּלָה בְּאֶמְצָעוּת שְׁלִיטָה בְּשׁוּק הַהוֹן)

monetarist /ˈmʌnɪtərɪst/ n. & adj. מוֹנֶטָרִיסְט (דּוֹגֵל בְּשִׁיטָה הַנַּ"ל)

monetary /ˈmʌnɪt(ə)rɪ/ adj. מוֹנֶטָרִי; כַּסְפִּי

money /ˈmʌnɪ/ n.

1 (currency, payment, etc.) כֶּסֶף, מַטְבֵּעַ, מָמוֹן

□ *that's money for jam* (or *old rope*) (*colloq.*) זֶה רֶוַח קַל

□ *is there money in it?* הַאִם אֶפְשָׁר לְהַרְוִיחַ מִזֶּה?

□ *money talks* (*colloq.*) הַכֶּסֶף יַעֲנֶה עַל הַכֹּל, לַכֶּסֶף יֵשׁ הַשְׁפָּעָה

□ *he's the man for my money* (*colloq.*) הוּא הָאִישׁ שֶׁלִּי, הָיִיתִי מְהַמֵּר עָלָיו

□ *I got my money's worth* קִבַּלְתִּי תְּמוּרָה מְלֵאָה

□ *that horse had a lot of money riding on it* הַרְבֵּה אֲנָשִׁים הִמְרוּ עַל הַסּוּס הַזֶּה; הַרְבֵּה אֲנָשִׁים הִשְׁקִיעוּ בָּזֶה (*colloq.*)
□ *he's in the money* (*colloq.*) הוּא עוֹשֶׂה הוֹן
2 (sum of money; *pl.* **moneys** or **monies**) כֶּסֶף, סְכוּם

money-box /ˈmʌnɪ-bɒks/ n. קֻפַּת־חִסָּכוֹן

money-changer /ˈmʌnɪ-tʃeɪndʒə(r)/ n. חַלְפָן

moneyed /ˈmʌnɪd/ adj. (*formal*) עָשִׁיר, בַּעַל־הוֹן

money-grubbing /ˈmʌnɪ-ɡrʌbɪŋ/ adj. (*derog.*) רוֹדֵף־בֶּצַע

moneylender /ˈmʌnɪlendə(r)/ n. מַלְוֶה בְּרִבִּית, מַלְוֵה־כְּסָפִים

money market /ˈmʌnɪ mɑːkɪt/ n. שׁוּק־הַכְּסָפִים, שׁוּק הַהוֹן

money order /ˈmʌnɪ ɔːdə(r)/ n. הַמְחָאַת־דֹּאַר

money spider /ˈmʌnɪ ˌspaɪdə(r)/ n. עַכָּבִישׁ קָטָן שֶׁנּוֹכְחוּתוֹ מְבַשֶּׂרֶת, ע״פ הָאֱמוּנָה הַטְּפֵלָה, רְוָחִים

money-spinner /ˈmʌnɪ-spɪnə(r)/ n. (*colloq.*) ״בּוֹר־שֶׁמֶן״, ״מִכְרֵה־זָהָב״

Mongol /ˈmɒŋɡ(ə)l/ n. מוֹנְגוֹלִי

mongol /ˈmɒŋɡ(ə)l/ n. (usu. *derog.*) מוֹנְגוֹלוֹאִיד (בִּטּוּי מַשְׁפִּיל)

Mongolian /mɒŋˈɡəʊlɪən/ adj. מוֹנְגוֹלִי

mongolism /ˈmɒŋɡ(ə)lɪzəm/ n. (*derog.*) מוֹנְגוֹלוֹאִידִיּוּת (מֻנָּח מַשְׁפִּיל לְסִנְדְּרוֹם־דָּאוּן)

mongoose /ˈmɒŋɡuːs/ n. מוֹנְגוּז, נְמִיָּה הֹדִּית

mongrel /ˈmʌŋɡrəl/ n. & adj. כֶּלֶב בֶּן־כִּלְאַיִם; בֶּן־תַּעֲרֹבֶת (בַּעַל־חַיִּים, לָרֹב כֶּלֶב)

monies /ˈmʌnɪz/ *pl.* of **money** 2 כְּסָפִים (מֻנָּח מִשְׁפָּטִי); סְכוּם כֶּסֶף

monitor /ˈmɒnɪtə(r)/ n.
1 (senior pupil) תּוֹרָן (הָאַחֲרַאי לַסֵּדֶר בְּבֵית סֵפֶר)
2 (visual display screen) מוֹנִיטוֹר, מָסָךְ (טֶלֶוִיזְיָה)
3 (person providing surveillance, etc.) קַשָּׁב, בַּקָּר, פַּקָּח
—v.t. פִּקֵּחַ עַל, בִּקֵּר אֶת, הֶאֱזִין לְ... (שִׁדּוּרִים וְכַד׳), צָפָה בְּ... (תַּשְׁדִּירִים, בְּמְגַמָּה לִבְחֹן אוֹתָם)

monk /mʌŋk/ n. נָזִיר

monkey /ˈmʌŋkɪ/ n.
1 (animal) קוֹף
monkey business (*colloq.*) עֲסָקִים אֲפֵלִים, ״מוֹנְקִי־בִּיזְנֶס״
monkey suit (*US sl.*) טוֹקְסִידוֹ
□ *she was a little monkey as a toddler* הִיא הָיְתָה שֵׁד מְשַׁחַת כְּשֶׁהִיא הָיְתָה קְטַנָּה
2 (£500, *sl.*) חֲמֵשׁ־מֵאוֹת לִישְׁ״ט
—v.i.
monkey about (or **around**) (*colloq.*) הִתְעַסֵּק עִם
□ *stop monkeying about with those tools!* תַּפְסִיק לְשַׂחֵק בַּמַּכְשִׁירִים הָאֵלֶּה!

monkey-nut /ˈmʌŋkɪ-nʌt/ n. (*UK arch.*) בָּטְן

monkey-wrench /ˈmʌŋkɪ-rentʃ/ n. מַפְתֵּחַ שְׁוֶדִי, מַפְתֵּחַ מִתְכַּוְנֵן (כְּלִי עֲבוֹדָה)

monkish /ˈmʌŋkɪʃ/ adj. נְזִירִי (בִּנְימָה מְלַגְלֶגֶת)

mono /ˈmɒnəʊ/ adj. & n. מוֹנוֹ, הַקְלָטַת־מוֹנוֹ, צְלִיל־מוֹנוֹ

mono- /ˈmɒnəʊ-/ pref. מוֹנוֹ־, (תְּחִלִּית שֶׁפֵּרוּשָׁהּ) חַד־

monochromatic /ˌmɒnəkrəˈmætɪk/ adj. מוֹנוֹכְרוֹמָטִי, שְׁחוֹר־לָבָן

monochrome /ˈmɒnəkrəʊm/ adj. מוֹנוֹכְרוֹם, שְׁחוֹר־לָבָן (טֶלֶוִיזְיָה, צִיּוּר, תַּצְלוּם), בְּצֶבַע־אֶחָד (מוֹדָעָה, צִיּוּר וְכַד׳)

monocle /ˈmɒnək(ə)l/ n. מוֹנוֹקֶל, מִשְׁקָף

monogamous /məˈnɒɡəməs/ adj. מוֹנוֹגָמִי (אָדָם, חֶבְרָה וְכַד׳)

monogamy /məˈnɒɡəmɪ/ n. מוֹנוֹגַמְיָה, נִשּׂוּאֵי־יָחִיד, קֶשֶׁר עִם בֶּן־זוּג אֶחָד

monogram /ˈmɒnəɡræm/ n. מוֹנוֹגְרָמָה, מִשְׁלֶבֶת, (דֻּגְמָה הַמֻּרְכֶּבֶת מֵהָאוֹתִיּוֹת הָרִאשׁוֹנוֹת שֶׁל שְׁמוֹ שֶׁל פְּלוֹנִי)

monograph /ˈmɒnəɡrɑːf/ n. מוֹנוֹגְרַפְיָה (חִבּוּר עַל נוֹשֵׂא אֶחָד)

monolith /ˈmɒnəlɪθ/ n. מוֹנוֹלִית (מַצֶּבֶת־אֶבֶן עֲשׂוּיָה גּוּשׁ אֶחָד)

monolithic /ˌmɒnəˈlɪθɪk/ adj. מוֹנוֹלִיטִי, עָשׂוּי מִקְשָׁה אַחַת

monologue /ˈmɒnəlɒɡ/ n. מוֹנוֹלוֹג (עַל הַבָּמָה וּמִחוּצָה לָהּ)

monomania /ˌmɒnəʊˈmeɪnɪə/ n. שִׁגָּעוֹן לְדָבָר אֶחָד

monomaniac /ˌmɒnəʊˈmeɪnɪæk/ n. & adj. מְשֻׁגָּע לְדָבָר אֶחָד

monophonic /ˌmɒnəˈfɒnɪk/ adj. מוֹנוֹפוֹנִי, מוֹנוֹ

monoplane /ˈmɒnəpleɪn/ n. מָטוֹס חַד־כְּנָפִי

monopolist /məˈnɒpəlɪst/ n. בַּעַל מוֹנוֹפּוֹל, בַּעַל זְכוּת בִּלְעָדִית

monopolize /məˈnɒpəlaɪz/ v.t. הִשִּׂיג מוֹנוֹפּוֹל עַל; הִשְׁתַּלֵּט עַל
□ *he monopolized the conversation* (*derog.*) הוּא הִשְׁתַּלֵּט עַל־הַשִּׂיחָה

monopoly /məˈnɒpəlɪ/ n. מוֹנוֹפּוֹל, חֲזָקָה, זְכוּת בִּלְעָדִית

monorail /ˈmɒnəʊreɪl/ n. מוֹנוֹרֵיל, רַכֶּבֶת חַד־פַּסִּית; מְסִלָּה עִם פַּס אֶחָד

monosodium glutamate/ ˌmɒnəʊˌsəʊdɪəm/–ˈɡluːtəmeɪt/ n. מוֹנוֹסוֹדְיוּם גְּלוּטָמָט, מַבְלִיט־טַעַם (מְלָאכוּתִי)

monosyllabic /ˌmɒnəsɪˈlæbɪk/ adj. (*Gram.*) חַד־הֲבָרָתִי

monosyllable /ˈmɒnəsɪləb(ə)l/ n. (*Gram.*) מִלָּה חַד־הֲבָרָתִית

monotheism /ˈmɒnəʊθiːɪzəm/ n. מוֹנוֹתֵאִיזְם, אֱמוּנָה בְּאֵל־אֶחָד

monotheist /ˈmɒnəʊθiːɪst/ n. מוֹנוֹתֵיאִיסְט, מַאֲמִין בְּאֵל אֶחָד

monotone /ˈmɒnətəʊn/ n. צְלִיל חַד־גּוֹנִי, צְלִיל מוֹנוֹטוֹנִי

monotonous /məˈnɒtənəs/ adj. (*derog.*) חַדְגּוֹנִי, מוֹנוֹטוֹנִי, מְשַׁעֲמֵם

monotony /məˈnɒtənɪ/ n. (*derog.*) חַדְגּוֹנִיּוּת, שִׁעֲמוּם, שִׁמָּמוֹן

monoxide /mɒˈnɒksaɪd/ n. (*Chem.*) חַד־תַּחְמֹצֶת

monsieur /məˈsjɜː(r)/ (*pl.* **messieurs** /meɪˈsjɜː(r)/) n. מָר, אֲדוֹנִי (בְּצָרְפָתִית, ר׳: רַבּוֹתַי)

Monsignor /mɒnˈsiːnjə(r)/ n. מוֹנְסֶנְיוֹר (כִּנּוּי לְכֹמֶר קָתוֹלִי רָם מַעֲלָה)

monsoon /mɒnˈsuːn/ n. מוֹנְסוּן (סוּפַת גְּשָׁמִים עַזָּה)

mons pubis /mɒnz ˈpjuːbɪs/ n. (*Anat.*) גִּבְעַת־וֶנוּס

monster /ˈmɒnstə(r)/ n. & attrib. adj. מִפְלֶצֶת, מִפְלָץ

□ *he grew a monster tomato* הוּא גִּדֵּל עַגְבָנִיָּה עֲנָקִית

monstrance /ˈmɒnstrəns/ n. (*Relig.*) גְּבִיעַ לֶחֶם הַקֹּדֶשׁ (בַּטֶּקֶס הַנּוֹצְרִי קָתוֹלִי)

monstrosity /mɒnˈstrɒsɪtɪ/ n. מִפְלֶצֶת (לְרֹב חֵפֶץ דּוֹמֵם, פְּעֻלָּה וְכַד׳)

monstrous /ˈmɒnstrəs/ adj.

1 (enormous) עֲנָקִי, מִפְלַצְתִּי

2 (outrageous) מִפְלַצְתִּי, מַחֲרִיד

mons veneris /mɒnz ˈvenərɪs/ n. (*Anat.*) גִּבְעַת וֶנוּס

montage /mɒnˈtɑːʒ/ n. מוֹנְטָז׳ (חִבּוּר/הַדְבָּקָה שֶׁל כַּמָּה חֲלָקִים שׁוֹנִים בְּקוֹלְנוֹעַ, סִפְרוּת וְכַד׳)

month /mʌnθ/ n. חֹדֶשׁ, יֶרַח

monthly /ˈmʌnθlɪ/ adv. מִדֵּי חֹדֶשׁ

—adj. חָדְשִׁי

—n. יַרְחוֹן

monument /ˈmɒnjʊmənt/ n. מַצֶּבֶת, מַצֶּבֶת זִכָּרוֹן; מִבְנֶה הִיסְטוֹרִי

□ *his book is a monument to his learning* סִפְרוֹ הוּא עֵדוּת מְפֹאֶרֶת לְלַמְדָנוּתוֹ

monumental /ˌmɒnjʊˈment(ə)l/ adj. מוֹנוּמֶנְטָלִי, עָצוּם, חָשׁוּב מְאֹד

monumental mason סַתָּת מַצֵּבוֹת

□ *he made a monumental blunder* (*colloq.*) הוּא שָׁגָה שְׁגִיאָה מַחֲרִידָה

moo /muː/ v.i. & n. גָּעָה, עָשָׂה "מוּ"; גְּעִיַּת פָּרָה, "מוּ"

mooch /muːtʃ/ v.i. (*colloq.*) הָלַךְ בָּטֵל, הִסְתּוֹבֵב בְּבַטָּלָה

□ *we mooched about* (or *around*) *all day* הִסְתּוֹבַבְנוּ כָּל הַיּוֹם בְּלִי לַעֲשׂוֹת כְּלוּם

mood[1] /muːd/ n. מַצַּב־רוּחַ, הֲלָךְ־רוּחַ

□ *I'm not in the mood for loud music* אֵין לִי חֵשֶׁק לִשְׁמֹעַ מוּזִיקָה רוֹעֶשֶׁת

□ *he's in a bad mood* יֵשׁ לוֹ מַצַּב־רוּחַ

mood[2] /muːd/ n. (*Gram.*) (בְּדִקְדּוּק) אֹפֶן, דֶּרֶךְ (לְמָשָׁל צִוּוּי, אִינְדִּיקָטִיב וְכַד׳)

moody /ˈmuːdɪ/ adj. נָתוּן לְמַצְּבֵי־רוּחַ

moon /muːn/ n. יָרֵחַ, לְבָנָה

moon boot מַגַּף־שֶׁלֶג

new moon מוֹלַד־הַיָּרֵחַ, רֹאשׁ־חֹדֶשׁ

once in a blue moon (*colloq.*) פַּעַם בְּיוֹבֵל

□ *he promised me the moon* (*colloq.*) הוּא הִבְטִיחַ לִי שָׁמַיִם וָאָרֶץ

□ *she was over the moon (with joy)* (*colloq.*) הִיא הָיְתָה בָּרָקִיעַ הַשְּׁבִיעִי (מֵרֹב אֹשֶׁר)

—v.i. (*colloq.*)

moon about (or **around**) הִסְתּוֹבֵב כְּסַהֲרוּרִי

moon over חָלַם עַל (בְּהַשְׁאָלָה – לְמָשָׁל עַל אֱלִיל־זֶמֶר)

moonbeam /ˈmuːnbiːm/ n. קֶרֶן־יָרֵחַ

mooncalf /ˈmuːnkɑːf/ n. (*derog.*) מִפְלֶצֶת; טִמְבֵּל

Moonie /ˈmuːnɪ/ n. (*colloq.*) חָבֵר כַּת הַמּוּנִי׳ז (חֲסִיד הַכֹּמֶר סוּן אִיל מוּן)

moonlight /ˈmuːnlaɪt/ n. אוֹר־הַיָּרֵחַ

moonlight flit (*UK colloq.*) מְנוּסָה חֲשָׁאִית (לְמָשָׁל בְּלִי לְשַׁלֵּם שְׂכַר־דִּירָה)

—v.i. (*colloq.*) עָשָׂה חַלְטוּרָה, הִשְׂתַּכֵּר מִן הַצַּד

moonlit /ˈmuːnlɪt/ adj. מוּאָר בְּאוֹר הַיָּרֵחַ

moonscape /ˈmuːnskeɪp/ n. נוֹף־יָרֵחַ

moonshine /ˈmuːnʃaɪn/ n.

1 (moonlight) אוֹר־הַיָּרֵחַ, נֹגַהּ־הַיָּרֵחַ

2 (foolish talk) שְׁטֻיּוֹת

3 (illicit liquor, *US*) מַשְׁקֶה חָרִיף שֶׁיֻּצַּר בְּאֹפֶן לֹא־חֻקִּי

moonshot /ˈmuːnʃɒt/ n. שִׁלּוּחַ חֲלָלִית לְעֵבֶר הַיָּרֵחַ

moonstone /ˈmuːnstəʊn/ n. אֶבֶן־חֵן חֲצִי־יְקָרָה לְבַנְבַּנָּה

moonstruck /ˈmuːnstrʌk/ adj. (*colloq.*) סַהֲרוּרִי, מֻכֵּה־יָרֵחַ

moony /ˈmuːnɪ/ adj. (*colloq.*) פְלֶגְמָטִי, אָדִישׁ, שֶׁלֹּא אִכְפַּת לוֹ

Moor /mʊə(r)/ n. מוּרִי (בֶּן עַם מֻסְלְמִי שֶׁבִּצְפוֹן־אַפְרִיקָה)

moor[1] /mɔː(r)/ n. אַדְמַת־בּוּר מְכֻסָּה שִׂיחִים

moor[2] /mɔː(r)/ v.t. & i. קָשַׁר (סִירָה, סְפִינָה) אֶל הַחוֹף; נִקְשַׁר אֶל הַחוֹף (כְּלִי־שַׁיִט)

moorhen /ˈmɔːhen/ n. סוּפִית (עוֹף־מַיִם שָׁחוֹר)

mooring /ˈmɔːrɪŋ/ n. (usu. in *pl.*) מַרְתֵּק, מְקוֹם קְשִׁירַת הַסְּפִינָה; חַבְלֵי־רִתּוּק־הַסְּפִינָה

Moorish /ˈmʊərɪʃ/ adj. מוּרִי (שֶׁל עַם הַמּוּרִים)

moorland /ˈmɔːlənd/ n. אַדְמַת בּוּר עִם שִׂיחִים

moose /muːs/ n. (*pl.* same) אַיַּל־הַקּוֹרֵא (מִין אַיָּל גָּדוֹל שֶׁקַּרְנָיו מְסֹעָפוֹת הַחַי בְּקָנָדָה וְאַלַסְקָה)

moot /muːt/ adj.

□ *a moot point* עִנְיָן מְפֻקְפָּק, מֻטָּל בְּסָפֵק

—n. (*Law* or *Hist.*) מִשְׁפַּט־דֶּמֶה (שֶׁעוֹרְכִים תַּלְמִידֵי מִשְׁפָּטִים לְצֹרֶךְ תִּרְגּוּל)

—v.t. הֶעֱלָה בְּעָיָה/הַצָּעָה לְדִיּוּן

mop /mɒp/ n. מַטְאֲטֵא־סְחָבוֹת (מֵעֵין סְחָבָה עַל מַקֵּל); רַעְמַת־שֵׂעָר (פְּרוּעָה); נִגּוּב (לָרִצְפָּה)

□ *I gave the floor a mop* עָבַרְתִּי עַל הָרִצְפָּה (כְּדֵי לְנַקּוֹתָהּ) בִּמְהִירוּת

—v.t. שָׁטַף אֶת הָרִצְפָּה בִּסְחָבָה; נִגֵּב בְּמַטְלִית; נִגֵּב, מָחָה

□ *he mopped his brow* הוּא מָחָה אֶת מִצְחוֹ

□ *I'm fed up with mopping up after you* (*fig.*) נִמְאַס לִי לְנַקּוֹת אַחֲרֶיךָ

□ *she mopped the floor with him in the debate* הִיא עָשְׂתָה מִמֶּנּוּ קְצִיצוֹת בַּוִּכּוּחַ

□ *the victorious army mopped up the remaining pockets of resistance* הַצָּבָא הַמְנַצֵּחַ חִסֵּל אֶת כִּסֵּי־הַהִתְנַגְּדוּת הַנּוֹתָרִים

mope /məʊp/ v.i. (*derog.*) הָיָה עָצוּב וּמְדֻכְדָּךְ; שָׁקַע בְּהִרְהוּרִים נוּגִים

moped /ˈməʊped/ n. "טוּס־טוּס"

Moquette /mɒˈket/ n. אֲרִיג־מוֹקֶט, אֲרִיג־שְׁטִיחִים

moraine /mɒˈreɪn/ n. מִרְבַּץ אֲדָמָה וְשִׁבְרֵי־סְלָעִים בְּשׁוּלֵי קַרְחוֹן

moral /ˈmɒrəl/ adj. מוּסָרִי, אֶתִּי

□ *that would hardly be moral* זֶה לֹא בְּדִיּוּק מוּסָרִי

□ *he gave me moral support* הוּא נָתַן לִי תְּמִיכָה מוּסָרִית

□ *we won a moral victory at least* לְפָחוֹת זָכִינוּ בְּנִצָּחוֹן מוּסָרִי, לְפָחוֹת הוֹכַחְנוּ שֶׁאֲנַחְנוּ צוֹדְקִים

—n.

1 (teaching or message of a story) מוּסַר־הַשֵּׂכֶל

2 (in *pl.*, standards of behaviour) אַמּוֹת מִדָּה מוּסָרִיּוֹת, הִתְנַהֲגוּת (בְּכָל הַקָּשׁוּר לְמוּסָר), עֶקְרוֹנוֹת

morale /məˈrɑːl/ n. מוֹרָל

moralist /ˈmɒrəlɪst/ n. אִישׁ־מוּסָר, אָדָם הַדּוֹגֵל בַּעֲרָכִים מוּסָרִיִּים וּמַטִּיף לָהֶם

moralistic /ˌmɒrəˈlɪstɪk/ adj. (*derog.*) שֶׁל הַטָּפַת־מוּסָר, מוֹרָלִיסְטִי, מוּסְרָנִי

morality /məˈrælɪtɪ/ n. עֶקְרוֹנוֹת־הַמּוּסָר, מוּסָרִיּוּת

morality play (*Hist.*) מַחֲזֵה־מוּסָר (מֵעֵין חִזָּיוֹן בִּימֵי־הַבֵּינַיִם שֶׁבּוֹ כָּל דְּמוּת מְיַצֶּגֶת עֵרֶךְ מוּסָרִי וְכַד')

□ *his action was of dubious morality* מַעֲשָׂיו הָיוּ מְפֻקְפָּקִים מִבְּחִינָה מוּסָרִית

□ *according to our morality, war is not murder* לְפִי עֶקְרוֹנוֹת הַמּוּסָר שֶׁלָּנוּ הַמִּלְחָמָה אֵינֶנָּה רֶצַח

moralize /ˈmɒrəlaɪz/ v.i. (*derog.*) הִטִּיף־מוּסָר

moralizer /ˈmɒrəlaɪzə(r)/ n. (*derog.*) מַטִּיף־מוּסָר

morally /ˈmɒrəlɪ/ adv. בְּאֹפֶן מוּסָרִי

□ *morally, at least, we won* לְפָחוֹת זָכִינוּ בְּנִצָּחוֹן מוּסָרִי

□ *the plan is morally bound to fail* הַתָּכְנִית מוּעֶדֶת לְכִשָּׁלוֹן

morass /məˈræs/ n. אַדְמַת־בִּצָּה; (בְּהַשְׁאָלָה) סְבַךְ, מַצָּב סָבוּךְ

moratorium /ˌmɒrəˈtɔːrɪəm/ n. (*pl.* **moratoriums**) מוֹרָטוֹרְיוּם, דְּחִיָּה זְמַנִּית (רִשְׁמִית) שֶׁל חוֹבוֹת אוֹ הִתְחַיְּבֻיּוֹת

morbid /ˈmɔːbɪd/ adj.

1 (unwholesome, gloomy) חוֹלָנִי, קוֹדֵר, מוֹרְבִּידִי, "שָׁחוֹר"

2 (*Med.*) חוֹלָנִי

mordant /ˈmɔː(də)nt/ adj. צוֹרֵב, סַרְקַסְטִי וְאַכְזָרִי

more /mɔː(r)/ adj. & n. יוֹתֵר, עוֹד

□ *any more of this and I'll lose my temper* עוֹד מְעַט וַאֲנִי מִתְפּוֹצֵץ/אֶתְפּוֹצֵץ

□ *I've got more than you* לִי יֵשׁ יוֹתֵר מִלְּךָ

□ *would anyone like some more? (or any more?)* מִישֶׁהוּ רוֹצֶה תּוֹסֶפֶת? מִישֶׁהוּ רוֹצֶה עוֹד?

□ *I can't take it any more* אֲנִי לֹא מְסֻגָּל יוֹתֵר, אֲנִי לֹא יָכוֹל יוֹתֵר

□ *your dog barks too much, and, what is more, it has dug up my roses* הַכֶּלֶב שֶׁלְּךָ נוֹבֵחַ יוֹתֵר מִדַּי, וּבְנוֹסָף לְכָךְ, הוּא עָקַר אֶת הַשּׁוֹשַׁנִּים שֶׁלִּי

□ *the more the merrier* כַּמָּה שֶׁיּוֹתֵר, יוֹתֵר טוֹב

□ *the more he gets, the more he wants* נוֹתְנִים לוֹ אֶצְבַּע וְהוּא רוֹצֶה אֶת כָּל הַיָּד

□ *there's more to marriage than love* נִשּׂוּאִין זֶה לֹא רַק אַהֲבָה

—adv. יוֹתֵר, עוֹד

□ *firemen are just as brave as policemen, if not more so* כַּבָּאִים אַמִּיצִים לְפָחוֹת כְּמוֹ שׁוֹטְרִים, אִם לֹא יוֹתֵר

□ *the debate became more and more heated as time passed* כְּכָל שֶׁעָבַר הַזְּמַן הָלַךְ הַדִּיּוּן וְנַעֲשָׂה סוֹעֵר

□ *the more fool you for trusting him!* בְּדִיּוּק בְּשֶׁל כָּךְ זוֹ הָיְתָה שְׁטוּת לָתֵת בּוֹ אֵמוּן!

□ *the judge let him keep his licence, more's the pity* (*colloq.*) לְמַרְבֵּה הַצַּעַר הַשּׁוֹפֵט לֹא שָׁלַל אֶת רִשְׁיוֹנוֹ

□ *she's more or less recovered* הִיא פָּחוֹת אוֹ יוֹתֵר שָׁבָה לְאֵיתָנָהּ

□ *it's cheating, neither more nor less!* זוֹ רַמָּאוּת, לֹא פָּחוֹת וְלֹא יוֹתֵר!

□ *he's more of a businessman than I am* יֵשׁ לוֹ רֹאשׁ יוֹתֵר טוֹב מִמֶּנִּי לַעֲסָקִים

□ *she's more an actress than a singer* הִיא יוֹתֵר שַׂחְקָנִית מֵאֲשֶׁר זַמֶּרֶת

□ *I'm more than grateful* (*formal*) אֲנִי אָסִיר תּוֹדָה, אֲנִי מַכִּיר לְךָ טוֹבָה

□ *this more than makes up for your blunder* זֶה דַּי וְהוֹתֵר כְּדֵי לְכַפֵּר עַל הַטָּעוּת שֶׁלְּךָ

□ *more than one ship has been wrecked on that reef* עַל הַשּׁוּנִית הַזֹּאת הִתְנַפְּצוּ לֹא פַּעַם אֳנִיּוֹת

□ *this setback makes it all the more important to economize* תַּקָּלָה זוֹ רַק מַדְגִּישָׁה אֶת הַצֹּרֶךְ בְּחִסָּכוֹן

□ *he was angry with him – all the more so as it wasn't the first time* הוּא כָּעַס עָלָיו – מַה גַּם שֶׁלֹּא הָיְתָה זוֹ הַפַּעַם הָרִאשׁוֹנָה

moreish /ˈmɔːrɪʃ/ adj. (*colloq.*) יֵשׁ בָּזֶה טַעַם שֶׁל עוֹד

morel /məˈrel/ n. פִּטְרִיּוֹת־כְּמֵהִין (סוּג שֶׁל פִּטְרִיַּת־בָּר הַנִּתָּנוֹת לְמַאֲכָל)

morello /məˈreləʊ/ n. (*pl.* **morellos**) מֵעֵין דֻּבְדְּבָן חֲמַצְמַץ

moreover /mɔːˈrəʊvə(r)/ adv. (*formal*) יָתֵר עַל כֵּן, נוֹסָף עַל כָּךְ

mores /ˈmɔːreɪz/ n. *pl.* (*formal*) מִנְהָגִים, מִדּוֹת־מוּסָר

morganatic /ˌmɔːgəˈnætɪk/ adj.

morganatic marriage נִשּׂוּאֵי אָדָם מִמַּעֲמָד הַמְּלוּכָה לְאִשָּׁה מִפְּשׁוּטֵי־הָעָם, שֶׁבָּהֶם אֵין הַצֶּאֱצָאִים יוֹרְשִׁים אֶת מַעֲמַד הָאָב

morgue /mɔːg/ n. חֲדַר־מֵתִים

moribund /ˈmɒrɪbʌnd/ adj. (*formal*) גּוֹסֵס (גַּם בְּהַשְׁאָלָה); הוֹלֵךְ וְנֶעְלָם

Mormon /ˈmɔːmən/ n. מוֹרְמוֹנִי

morn /mɔːn/ n. (*poet.*) אוֹר־הַבֹּקֶר, צַפְרָא

morning /ˈmɔːnɪŋ/ n. בֹּקֶר

good morning! בֹּקֶר טוֹב!

the morning after (*colloq.*) "הַבֹּקֶר שֶׁאַחֲרֵי", "הַנְגְאוֹבֶר" (הַתּוֹצָאוֹת הַמָּרוֹת שֶׁל לֵיל הוֹלְלוּת)

morning-after pill גְּלוּלָה מְיֻחֶדֶת לִמְנִיעַת הֵרָיוֹן (הַנִּלְקַחַת תּוֹךְ 72 שָׁעוֹת מִקִּיּוּם הַמַּגָּע הַמִּינִי)

morning coat מְעִיל בֹּקֶר (מְעִיל גְּבָרִים פוֹרְמָלִי, אָפֹר אוֹ שָׁחוֹר)

morning dress חֲלִיפַת בֹּקֶר (חֲלִיפַת גְּבָרִים פוֹרְמָלִית, כּוֹלֵל כּוֹבַע צִילִינְדֶּר)

morning glory לְפוּפִית (מֵעֵין פֶּרַח)

morning sickness בְּחִילָה הַתּוֹקֶפֶת נָשִׁים בַּבְּקָרִים בְּרֵאשִׁית הַהֵרָיוֹן

morning star אַיֶּלֶת־הַשַּׁחַר, כּוֹכַב־הַשַּׁחַר

□ *I'm busy in the morning* בַּבֹּקֶר אֲנִי עָסוּק

□ *see you in the morning!* לְהִתְרָאוֹת בַּבֹּקֶר!

morocco /məˈrɒkəʊ/ n. & adj. עוֹר מָרוֹקוֹ; עָשׂוּי עוֹר מָרוֹקוֹ (עוֹר רַךְ וּמְשֻׁבָּח)

moron /ˈmɔːrɒn/ n. (*sl.*) דְּבִיל, אַהֲבָל

moronic /məˈrɒnɪk/ adj. (*derog.*) דְּבִילִי

morose /məˈrəʊs/ adj. (*derog.*) קוֹדֵר, סַר וְזָעֵף

morpheme /ˈmɔːfiːm/ n. (*Gram.*) צוֹרָן, מוֹרְפֵמָה (יְחִידַת הַמַּשְׁמָעוּת הַקְּטַנָּה בְּיוֹתֵר בַּלָּשׁוֹן)

morphia /ˈmɔːfɪə/ n. (*arch.*) מוֹרְפְיוּם

morphine /ˈmɔːfiːn/ n. מוֹרְפְיוּם

morphological /ˌmɔːfəˈlɒdʒɪk(ə)l/ adj. (*Gram.*) צוֹרָנִי, מוֹרְפוֹלוֹגִי

morphology /mɔːˈfɒlədʒɪ/ n.

1 (*Biol.*) מוֹרְפוֹלוֹגְיָה (עָנָף בַּבִּיּוֹלוֹגְיָה)

2 (*Gram.*) מוֹרְפוֹלוֹגְיָה, תּוֹרַת הַהֶגֶה וְהַצּוּרוֹת (בִּבַלְשָׁנוּת)

morris dancing /ˈmɒrɪs ˌdɑːnsɪŋ/ n. (*UK*) מָחוֹל עַם מָסָרְתִּי אַנְגְּלִי

morrow /ˈmɒrəʊ/ n. (*poet.*) יוֹם הַמָּחֳרָת, לְמָחֳרָת

Morse code /mɔːs ˈkəʊd/ n. צֹפֶן מוֹרְס

morsel /ˈmɔːs(ə)l/ n. נֵתַח, נְגִיסָה, פֵּרוּר

mortal /ˈmɔːt(ə)l/ adj. בֶּן־תְּמוּתָה; קַטְלָנִי, פָּטָלִי

mortal sin (*Relig.*) (בַּנַּצְרוּת) חֵטְא־מָוֶת (חֵטְא הַשּׁוֹלֵל מִן הַנְּשָׁמָה אֶת הַגְּאֻלָּה)

□ *he struck him a mortal blow* הוּא הִכָּה בּוֹ מַכַּת־מָוֶת

□ *they were locked in mortal combat* הֵם נִלְחֲמוּ לַחַיִּים וְלַמָּוֶת

□ *they are mortal enemies* הֵם אוֹיְבִים בְּלֵב וָנֶפֶשׁ

□ *he lives in mortal fear of the Mafia* הוּא חַי בְּפַחַד מָוֶת מִן הַמַּאפְיָה

□ *her mortal remains lie in the churchyard* (*formal*) עַצְמוֹתֶיהָ טְמוּנוֹת בַּחֲצַר־הַכְּנֵסִיָּה

—n. אָדָם בֶּן־תְּמוּתָה, בֶּן־תְּמוּתָה

mortality /mɔːˈtælɪtɪ/ n.

1 (being subject to death) הֱיוֹת בֶּן־תְּמוּתָה

2 (incidence of death) תְּמוּתָה

mortality rate שִׁעוּר־תְּמוּתָה

mortality table טַבְלַת־שִׁעוּרֵי־הַתְּמוּתָה

mortally /ˈmɔːtəlɪ/ adv. בְּאֹפֶן אָנוּשׁ, בְּאֹפֶן קַטְלָנִי; עַד עִמְקֵי נִשְׁמָתוֹ (שֶׁל פְּלוֹנִי)

□ *she was mortally offended by what he said* הִיא נִפְגְּעָה עַד עִמְקֵי נִשְׁמָתָהּ מִדְּבָרָיו

mortar /ˈmɔːtə(r)/ n.

1 (building material) מֶלֶט (תַּעֲרֹבֶת שֶׁל סִיד, חוֹל וּמַיִם)

□ *he turned his savings into bricks and mortar* (*fig.*) הוּא הִשְׁקִיעַ אֶת חֶסְכוֹנוֹתָיו בִּקְנִיַּת־בַּיִת

2 (weapon) מַרְגֵּמָה

3 (pounding bowl) מַכְתֵּשׁ

—v.t. חִבֵּר לְבֵנִים בְּמֶלֶט

mortarboard /ˈmɔːtəbɔːd/ n.

1 (square cap) כּוֹבַע אֲקָדֵמִי (בַּעַל לוּחַ מְרֻבָּע וְעָלָיו גְּדִיל)

2 (builder's tool) לוּחַ טַיָּחִים (לוּחַ מְרֻבָּע בַּעַל יָדִית מִתַּחְתָּיו לְהַחְזָקַת מֶלֶט אוֹ טִיחַ)

mortgage /ˈmɔːgɪdʒ/ n. מַשְׁכַּנְתָּה

mortgage rate שִׁעוּר הַמַּשְׁכַּנְתָּה

—v.t. מִשְׁכֵּן

mortgagee /ˌmɔːgɪˈdʒiː/ n. מַלְוֶה תְּמוּרַת־מַשְׁכַּנְתָּה

mortgagor /ˌmɔːgɪˈdʒɔː(r)/ n. (also *Law*) מְקַבֵּל־הַמַּשְׁכַּנְתָּה

mortice /ˈmɔːtɪs/ see **MORTISE**

mortician /mɔːˈtɪʃ(ə)n/ n. (*US*) קַבְּרָן, בַּעַל בֵּית־לְוָיוֹת

mortification /ˌmɔːtɪfɪˈkeɪʃ(ə)n/ n. סִגּוּף, סַגְּפָנוּת (לְרֹב בְּדָת); נֶמֶק (בִּרְפוּאָה); הַעֲלָבָה צוֹרֶבֶת

mortify /ˈmɔːtɪfaɪ/ v.t.
1 (wound, humiliate) הִשְׁפִּיל, הֶעֱלִיב, הוֹבִישׁ
2 (chasten by self-denial) הִסְתַּגֵּף, סִגֵּף אֶת בְּשָׂרוֹ, סִגֵּף אֶת נַפְשׁוֹ
□ *some ascetics mortify the flesh* יֵשׁ סַגְּפָנִים שֶׁמְּעַנִּים אֶת גּוּפָם
—v.i. נָמַק

mortise /ˈmɔːtɪs/ n. (also **mortice**) גֶּרֶז, שֶׁקַע בָּעֵץ (כְּעֵין תְּעָלָה שֶׁבְּתוֹכוֹ תּוֹקְעִים אֶת הַסִּין לְשֵׁם חִבּוּר)
mortise lock מַנְעוּל שָׁקוּעַ (שֶׁבּוֹ הַמַּנְגָּנוֹן נָתוּן בְּתוֹךְ הַדֶּלֶת עַצְמָהּ)
mortise and tenon גֶּרֶז וָסִין (בְּחִבּוּר שֶׁגַּם בָּעֵץ)
—v.t. חִבֵּר בְּגֶרֶז וָסִין

mortuary /ˈmɔːtʃərɪ/ n. חֲדַר־מֵתִים
—adj. שֶׁל מֵתִים, שֶׁל קְבוּרָה

Mosaic /məʊˈzeɪɪk/ adj. (*Bibl.*) שֶׁל מֹשֶׁה (רַבֵּנוּ)
Mosaic Law תּוֹרַת מֹשֶׁה

mosaic /məʊˈzeɪɪk/ n. פְּסֵיפָס, מוֹזָאִיקָה

moselle /məʊˈzel/ n. יֵין־מוֹזֶל (יַיִן לָבָן גֶּרְמָנִי)

mosey /ˈməʊzɪ/ v.i. (*US colloq.*) שׁוֹטֵט, הִתְהַלֵּךְ

Moslem /ˈmɒzləm/ n. & adj. מֻסְלְמִי, בֶּן דַּת־הָאִסְלָאם; מֻסְלְמִי

mosque /mɒsk/ n. מִסְגָּד

mosquito /məˈskiːtəʊ/ n. יַתּוּשׁ

mosquito-net /məˈskiːtəʊ-net/ n. כִּילָה

moss /mɒs/ n.
1 (plant) אֵזוֹב, טַחַב
□ *a rolling stone gathers no moss* (*Prov.*) אָדָם הַקּוֹפֵץ מִמָּקוֹם לְמָקוֹם לֹא יַגִּיעַ לְעוֹלָם לְהֶשֵּׂגִים
2 (swamp) בִּצָּה, אֵזוֹר־בִּצּוֹת

moss-grown /ˈmɒs-grəʊn/ adj. מְכֻסֶּה אֵזוֹב; עַתִּיק־יוֹמִין

mossy /ˈmɒsɪ/ adj. מְכֻסֶּה אֵזוֹב; דְּמוּי אֵזוֹב

most /məʊst/ adj. & n.
1 (superlative of **much** or **many**) בְּיוֹתֵר, יוֹתֵר מִכֹּל..., הֲכִי
make the most of נִצֵּל אֶת (כְּלוֹמַר עָשָׂה שִׁמּוּשׁ מֵיטָבִי בְּ...)
2 (larger part, majority) הָרֹב, רֹב
for the most part בְּעִקָּר, בְּרֻבּוֹ, בְּסַךְ הַכֹּל, עַל־פִּי רֹב
□ *we were away (for) most of last week* בַּשָּׁבוּעַ שֶׁעָבַר נֶעְדַּרְנוּ מִן הַבַּיִת רֹב הַזְּמַן
—adv.
1 (in the highest degree) בְּיוֹתֵר, הֲכִי
at most לְכָל הַיּוֹתֵר
□ *what pleased me most was her constant good humour* מַה שֶּׁמָּצָא חֵן בְּעֵינַי בְּיוֹתֵר הוּא שֶׁתָּמִיד הִיא הָיְתָה בְּמַצַּב רוּחַ טוֹב
2 (very, exceedingly, *formal*) מְאֹד, בְּיוֹתֵר
□ *I am most happy to see you* אֲנִי שָׂמֵחַ בְּיוֹתֵר לִרְאוֹתְךָ

mostly /ˈməʊstlɪ/ adv. עַל־פִּי רֹב, לָרֹב

mote /meʊt/ n. (*poet.*) גַּרְגַּר־אָבָק

motel /məʊˈtel/ n. מוֹטֶל, מְלוֹן־דְּרָכִים זוֹל

motet/ məʊˈtet/ n. (*Mus.*) מוֹטֶט (מִזְמוֹר פּוֹלִיפוֹנִי)

moth /mɒθ/ n. עָשׁ; פַּרְפַּר לַיְלָה

mothball /ˈmɒθbɔːl/ n. כַּדּוּר־נַפְטָלִין
—v.t. גָּנַז, שָׂם בַּמְּגֵרָה
□ *the government mothballed the project* הַמֶּמְשָׁלָה גָּנְזָה אֶת הַתָּכְנִית

moth-eaten /ˈmɒθ-iːt(ə)n/ adj. אֲכוּל־עָשׁ; מְיֻשָּׁן; (מְכוֹנִית) גְּרוּטָאָה; (דֵּעוֹת) שֶׁאָבַד עֲלֵיהֶן הַכֶּלַח

mother /ˈmʌðə(r)/ n.
1 (female parent; person resembling this) אֵם, אִמָּא
mother country מוֹלֶדֶת, אֶרֶץ הַמּוֹלֶדֶת; אֶרֶץ הָאֵם (לְמָשָׁל לְאַנְגְּלִיָּה בְּיַחַס לְמוֹשְׁבוֹתֶיהָ לְשֶׁעָבַר)
Mother's Day יוֹם־הָאֵם
mother earth אִמָּא אֲדָמָה
mother figure דְּמוּת־אֵם
Mother Goose אִמָּא־אַוָּזָה
mother lode (בְּמִרְבָּצִים) עוֹרֶק־רָאשִׁי, עוֹרֶק־אָב
Mother of God מִרְיָם הַבְּתוּלָה (אִמּוֹ שֶׁל יֵשׁוּ)
Mother's ruin ג'ִין
mother ship סְפִינַת־הָאֵם
Mother Superior אֵם הַמִּנְזָר
mother tongue שְׂפַת־אֵם
mother wit הַשֵּׂכֶל הַיָּשָׁר
□ *necessity is the mother of invention* (*Prov.*) הַכֹּרַח הוּא אֲבִי הַהַמְצָאָה
□ *every mother's son of them was slaughtered* (*poet.*) כֻּלָּם נִטְבְּחוּ לְלֹא יוֹצֵא מִן הַכְּלָל
2 (*US vulg.*) "שַׁרְמוּטָה" (קְלָלָה חֲרִיפָה מְאֹד)
—v.t. טִפְּלָה כְּאֵם; פִּנֵּק
Mothering Sunday (*UK*) יוֹם־הָאֵם (בִּבְרִיטַנְיָה)

motherfucker /ˈmʌðəˌfʌkə(r)/ n. (*US vulg.*) "שַׁרְמוּטָה" (קְלָלָה חֲרִיפָה מְאֹד)

motherhood /ˈmʌðəhʊd/ n. אִמָּהוּת

mother-in-law /ˈmʌðər-ɪn-lɔː/ n. (*pl.* **mothers-in-law**) חוֹתֶנֶת, חָמוֹת

motherland /ˈmʌðəlænd/ n. מוֹלֶדֶת, מְכוֹרָה

motherly /ˈmʌðəlɪ/ adj. אִמָּהִי

mother-of-pearl /ˌmʌðər-əv-ˈpɜːl/ n. & adj. אֵם־הַפְּנִינָה (חֹמֶר זוֹהֵר הַמָּצוּי בְּתוֹךְ קוֹנְכִיּוֹת מְסֻיָּמוֹת)

mothproof /ˈmɒθpruːf/ adj. & v.t. חָסִין כְּנֶגֶד עָשׁ; חִסֵּן כְּנֶגֶד עָשׁ

motif /meʊˈtiːf/ n.
1 (dominant idea) מוֹטִיב, נוֹשֵׂא
2 (piece of decoration; also **motive**) מוֹטִיב, דֶּגֶם חוֹזֵר
3 (*Mus.*, also (*US*) **motive**) מוֹטִיב מוּזִיקָלִי, נוֹשֵׂא מוּזִיקָלִי

motion /ˈməʊʃ(ə)n/ n.
1 (moving, movement) תְּנוּעָה
motion picture (*US*) סֶרֶט קוֹלְנוֹעַ
slow motion "סְלוֹאוּ־מוֹשֵׁן" (קוֹלְנוֹעַ), הִלּוּךְ אִטִּי
□ *they set judicial proceedings in motion* הֵם הִפְעִילוּ הֲלִיכִים מִשְׁפָּטִיִּים
□ *the lawyer went through the motions of protesting at his client's sentence* (*colloq.*) עוֹרֵךְ הַדִּין מָחָה כְּמוֹ לָצֵאת יְדֵי חוֹבָה כְּנֶגֶד גְּזַר הַדִּין שֶׁל מַרְשׁוֹ
□ *he did a time and motion study of the whole process* הוּא נִתֵּחַ אֶת הַתַּהֲלִיךְ כֻּלּוֹ עַל מְנָת לְיַעֵל אוֹתוֹ
2 (proposal at a debate) הַצָּעָה לְסֵדֶר־יוֹם, הַצָּעָה לְדִיּוּן
3 (evacuation of the bowels, *UK formal*) קָבָה, צוֹאָה
—v.t. & i. אוֹתֵת בִּתְנוּעַת יָד, הֶחֱוָה
□ *she motioned the children to follow her* הִיא עָשְׂתָה לַיְלָדִים סִימָן לָלֶכֶת אַחֲרֶיהָ

motionless /ˈməʊʃənlɪs/ adj. בְּלֹא נִיעַ, לְלֹא־תְּנוּעָה, חֲסַר־תְּנוּעָה

motivate /ˈməʊtɪveɪt/ v.t. הֵנִיעַ, הִמְרִיץ, גָּרַם

motivation /ˌməʊtɪˈveɪʃ(ə)n/ n. מוֹטִיבַצְיָה, הֲנָעָה, סִבָּה

motive /ˈməʊtɪv/ n.
1 (reason) מֵנִיעַ, גּוֹרֵם־מֵנִיעַ, סִבָּה
2 (motif) מוֹטִיב; נוֹשֵׂא מוּזִיקָלִי
—adj. (*formal*) מֵנִיעַ
motive power כֹּחַ־מֵנִיעַ

mot juste /ˌməʊ ˈʒuːst/ n. בִּטּוּי קוֹלֵעַ

motley /ˈmɒtlɪ/ adj. & n. מְגֻוָּן, רַבְגּוֹנִי, מְעֹרָב; לְבוּשׁ רַבְגּוֹנִי, בִּגְדֵי־לֵיצָן

motocross /ˈməʊtəʊkrɒs/ n. "מוֹטוֹקְרוֹס", מֵרוֹץ שֶׁטַח לְאוֹפַנּוֹעִים

motor /ˈməʊtə(r)/ n. & adj. מָנוֹעַ; (בְּסְלֶנְג) "גַּלְגַּלִּים" (מְכוֹנִית); מוֹטוֹרִי, מֵנִיעַ
motor nerve עֶצֶב מוֹטוֹרִי
motor vehicle (*formal*) רֶכֶב מְמֻנָּע, רֶכֶב מְנוֹעִי
—v.i. נָסַע בִּמְכוֹנִית (לַהֲנָאָתוֹ)

motorbike /ˈməʊtəbaɪk/ n. (*colloq.*) אוֹפַנּוֹעַ

motor-boat /ˈməʊtə-bəʊt/ n. סִירַת־מָנוֹעַ

motorcade /ˈməʊtəkeɪd/ n. שַׁיֶּרֶת מְכוֹנִיּוֹת

motorcar /ˈməʊtəkɑː(r)/ n. (*formal*) מְכוֹנִית

motor-cycle /ˈməʊtə-saɪk(ə)l/ n. אוֹפַנּוֹעַ

motorist /ˈməʊtərɪst/ n. נַהַג מְכוֹנִית

motorize /ˈməʊtəraɪz/ v.t. צִיֵּד בְּרֶכֶב מְנוֹעִי

motorized /ˈməʊtəraɪzd/ adj. מְמֻנָּע (לְמָשָׁל צִיּוּד שֶׁל כֹּחוֹת צָבָא)

motorway /ˈməʊtəweɪ/ n. (*UK*) כְּבִישׁ מָהִיר (לִמְכוֹנִיּוֹת), אוֹטוֹסְטְרָדָה

mottled /ˈmɒt(ə)ld/ adj. בָּרֹד, מְנֻמָּר

motto /ˈmɒtəʊ/ n. (*pl.* **mottoes**) מוֹטוֹ, אִמְרָה קְצָרָה, סִיסְמָה

mould[1] /məʊld/ n. עֹבֶשׁ

mould[2] /məʊld/ n. תַּבְנִית, צוּרָה, דְּפוּס, דֶּגֶם
□ *I was not cast in the heroic mould* לֹא קֹרַצְתִּי מֵחֹמֶר־גִּבּוֹרִים
—v.t. עִצֵּב, צָר (צוּרָה), גִּבֵּשׁ

mould[3] /məʊld/ n. אֲדָמָה תְּחוּחָה, אֲדָמָה רַכָּה וּפוֹרִיָּה, רַקְבּוּבִית

moulder /ˈməʊldə(r)/ v.i. הִתְפּוֹרֵר, נִרְקַב

moulding /ˈməʊldɪŋ/ n. כַּרְכֹּב מְקֻשָּׁט, פַּסִּיס

mouldy /ˈməʊldɪ/ adj.
1 (decayed) מְעֻפָּשׁ, עָבֵשׁ; מְקֻלְקָל
2 (*UK sl.*) מְיֻשָּׁן, קַטְנוּנִי, שֶׁל מָה בְּכָךְ

moult /məʊlt/ v.i. & n. (צִפּוֹר) הִשִּׁיר נוֹצוֹת, (בַּעֲלֵי חַיִּים, לְמָשָׁל חָתוּל אוֹ כֶּלֶב) הִשִּׁיר שְׂעָרוֹת; עוֹנַת הַשָּׁרַת הַנּוֹצוֹת/שְׂעָרוֹת; תַּהֲלִיךְ הַשָּׁרַת הַנּוֹצוֹת/שְׂעָרוֹת

mound /maʊnd/ n. & v.t. תֵּל, תְּלוּלִית, עֲרֵמַת אֲדָמָה; עָרַם עֲרֵמָה

mount /maʊnt/ v.t.
1 (climb up onto; also v.i.) עָלָה עַל (סוּס וְכַד')
□ *he mounted (his horse)* הוּא עָלָה עַל סוּסוֹ
□ *tension was mounting* הַמֶּתַח גָּבַר מִשָּׁעָה לְשָׁעָה
□ *bills soon mount up at hotels* הַחֶשְׁבּוֹנוֹת נוֹטִים לְהִצְטַבֵּר בִּמְהִירוּת בְּבָתֵּי־מָלוֹן
□ *the lion mounted his mate* הָאַרְיֵה הִזְדַּוֵּג עִם הַלְּבִיאָה
2 (put in fixed position) קָבַע, הִצִּיב
□ *they mounted their guns* הֵם קָבְעוּ אֶת תּוֹתְחֵיהֶם בִּמְקוֹם
3 (organize) אִרְגֵּן, סִדֵּר, עָרַךְ; הֶעֱלָה (הַפָּקָה בַּתֵּיאַטְרוֹן)
□ *two soldiers mounted guard over the prisoners* שְׁנֵי חַיָּלִים הֻצְּבוּ לִשְׁמִירָה עַל הָאֲסִירִים
□ *the society mounted a publicity campaign* הָאֲגֻדָּה עָרְכָה מַסַּע־פִּרְסוּם
—n.
1 (mountain) הַר, גִּבְעָה
2 (margin, framework) בָּסִיס (שֶׁל תְּמוּנָה, פֶּסֶל וְכַד'), מִסְגֶּרֶת (שֶׁל תְּמוּנָה)
3 (horse) בֶּהֱמַת־רְכִיבָה (סוּס, חֲמוֹר, גָּמָל וְכַד')

mountain /ˈmaʊntɪn/ n. הַר, גִּבְעָה
mountain range רֶכֶס־הָרִים

mountaineer /ˌmaʊntɪˈnɪə(r)/ n. & v.i. מְטַפֵּס־הָרִים, אַלְפִּינִיסְט; טִפֵּס עַל הָרִים

mountaineering /ˌmaʊntɪˈnɪərɪŋ/ n. טִפּוּס־הָרִים

mountainous /ˈmaʊntɪnəs/ adj. הֲרָרִי; כַּבִּיר, עָצוּם, עֲנָקִי

mountainside /ˈmaʊntɪnsaɪd/ n. צֶלַע הָהָר

mountebank /ˈmaʊntɪbæŋk/ n. (*poet. derog.*) נוֹכֵל; שַׁרְלָטָן

mounted /ˈmaʊntɪd/ adj. רָכוּב, רְכוּב־עַל־סוּס

Mountie /ˈmaʊntɪ/ n. (*colloq.*) פָּרָשׁ בְּמִשְׁטֶרֶת־הָרוֹכְבִים הַקַּנָדִית

mounting /ˈmaʊntɪŋ/ n. בָּסִיס, כַּן; הַצָּבָה, הַרְכָּבָה

mourn /mɔːn/ v.t. & i. הִתְאַבֵּל עַל, קוֹנֵן עַל, בָּכָה אֶת; הִתְאַבֵּל, הָיָה בְּאֵבֶל

mourner /ˈmɔːnə(r)/ n. אָבֵל (הַמִּשְׁתַּתֵּף בַּלְוָיָה)

mournful /ˈmɔːnf(ə)l/ adj. עָגוּם, עָצוּב

mourning /ˈmɔːnɪŋ/ n.

1 (grief) אֵבֶל, אֲבֵלוּת, יָגוֹן

2 (black clothes) בִּגְדֵי־אֲבֵלוּת, בִּגְדֵי־אֵבֶל

mouse /maʊs/ (*pl.* **mice** /maɪs/) n.

1 (small animal) עַכְבָּר

□ *are you a man or a mouse?* (*colloq.*) אַתָּה גֶּבֶר אוֹ "שָׁפָן"?

2 (*Comput.*) עַכְבָּר (מִתְקָן לְמִקּוּם הַסַּמָּן וְכַד' בְּמַחְשֵׁב)

3 (black eye, *sl.*) "פַּנָּס" בָּעַיִן

mouser /ˈmaʊsə(r)/ n. (חָתוּל) צַיַּד־עַכְבָּרִים

mousetrap /ˈmaʊstræp/ n.

1 (instrument for catching mice) מַלְכֹּדֶת־עַכְבָּרִים

2 (cheap cheese, *UK sl.*) גְּבִינָה מֵאֵיכוּת זוֹלָה

moussaka /muːˈsɑːkə/ n. מוּסָקָה

mousse /muːs/ n.

1 (food) מוּס, מִקְצֶפֶת

2 (substance applied to hair) מוּס־שֵׂעָר, קֶצֶף־לַשֵּׂעָר

moustache /məˈstɑːʃ/ n. שָׂפָם

moustachioed /məˈstɑːʃɪəʊd/ adj. בַּעַל־שָׂפָם

mousy /ˈmaʊsɪ/ adj. אֲפֹר־חוּם; חֲסַר־יִחוּד וְאָפֹר, נֶחְבָּא אֶל הַכֵּלִים

mouth /maʊθ/ n. (*pl.* **mouths** /maʊðz/)

1 (part of head) פֶּה

mouth-to-mouth resuscitation הַנְשָׁמָה מִפֶּה לְפֶה

□ *she's all mouth* (*sl.*) הִיא כֻּלָּהּ דִּבּוּרִים, הִיא מַבְטִיחָה וְלֹא מְקַיֶּמֶת

□ *don't look a gift horse in the mouth* (*Prov.*) מַתָּנוֹת לֹא בּוֹדְקִים

□ *she's rather down in the mouth* (*colloq.*) הִיא בְּדִכָּאוֹן

□ *the story was passed down from mouth to mouth* הַסִּפּוּר עָבַר מִפֶּה לְאֹזֶן

2 (place where river meets sea) שֶׁפֶךְ (שֶׁל נָהָר)

—v.t. /maʊð/ חִקָּה בַּפֶּה אֶת תְּנוּעוֹת הַדִּבּוּר (לְלֹא קוֹל); חָזַר כְּמוֹ תֻּכִּי עַל

mouthful /ˈmaʊθf(ə)l/ n. מְלֹא הַפֶּה; כַּמּוּת מֻגְזֶמֶת

□ *that long name is certainly a mouthful* (*colloq.*) אֶפְשָׁר לִשְׁבֹּר אֶת הַשִּׁנַּיִם עִם הַשֵּׁם הַזֶּה; הַשֵּׁם הַזֶּה אָרֹךְ כְּאֹרֶךְ הַגָּלוּת

mouth-organ /ˈmaʊθ-ɔːgən/ n. מַפּוּחִית־פֶּה

mouthpiece /ˈmaʊθpiːs/ n. פִּיָּה, פּוּמִית, דּוֹבֵר

□ *that religious leader is just a mouthpiece of the regime* (*derog.*) הַמַּנְהִיג הַדָּתִי הַזֶּה אֵינוֹ אֶלָּא שׁוֹפָר שֶׁל הַמִּשְׁטָר

mouthwash /ˈmaʊθwɒʃ/ n. נוֹזֵל לִשְׁטִיפַת־הַפֶּה

mouth-watering /ˈmaʊθ-wɔːtərɪŋ/ adj. מְעוֹרֵר תֵּאָבוֹן, טָעִים מְאֹד

movable /ˈmuːvəb(ə)l/ adj. נַיָּד, מִתְנוֹעֵעַ, שֶׁאֶפְשָׁר לַהֲנִיעוֹ

□ *Easter is a movable feast* פַּסְחָא הוּא חַג שֶׁתַּאֲרִיכוֹ מִשְׁתַּנֶּה מִשָּׁנָה לְשָׁנָה

—n. *pl.* (*Law*) נִכְסֵי דְּנָיְדֵי, מִטַּלְטְלִים

move /muːv/ n.

1 (act of moving) תְּנוּעָה, תְּזוּזָה

□ *he made a move to go* הוּא פָּנָה לָלֶכֶת

□ *they're on the move* הֵם בִּתְנוּעָה, הֵם נָעִים בִּדְרָכִים

□ *get a move on!* (*colloq.*) תַּתְחִיל לָזוּז!

2 (moving of piece in boardgames, step taken) מַהֲלָךְ, צַעַד (בְּשַׁחְמָט, בְּדַמְקָה וְכַד'); פְּעֻלָּה

□ *have you made your move?* הַאִם עָשִׂיתָ אֶת הַמַּהֲלָךְ שֶׁלְּךָ?

3 (change of abode or premises) הַעֲבָרַת דִּירָה, הַעֲבָרַת מִשְׂרָד

—v.t.

1 (change position of, set in motion) הֵנִיעַ, הֵזִיז

move house עָבַר דִּירָה

□ *he moved heaven and earth to get her the job she wanted* הוּא הִרְעִישׁ עוֹלָמוֹת כְּדֵי לְהַשִּׂיג לְמַעֲנָהּ אֶת הַמִּשְׂרָה שֶׁבָּהּ רָצְתָה

□ *the general moved up fresh troops* הָאַלּוּף קִדֵּם כֹּחוֹת חֲדָשִׁים

2 (affect with emotion, rouse) רִגֵּשׁ, הִסְעִיר

□ *the sad story moved us deeply* הַסִּפּוּר הֶעָצוּב רִגֵּשׁ אוֹתָנוּ מְאֹד

□ *I was moved to speak of his difficult case* זֶה גָּרַם לִי לְהַזְכִּיר אֶת הַמִּקְרֶה הֶחָמוּר שֶׁלּוֹ

□ *do whatever the spirit moves you to do* עֲשֵׂה כַּטּוֹב וְכַיָּשָׁר בְּעֵינֶיךָ

—v.i.

1 (change position, commence motion) זָז, נָע

move over פַּנֵּה מָקוֹם, זוּז

□ *move along, please!* הִתְקַדְּמוּ בְּבַקָּשָׁה!

□ *his party failed to move with the times* הַמִּפְלָגָה שֶׁלּוֹ לֹא צָעֲדָה עִם רוּחַ הַזְּמַן

□ *they move in the best circles* הֵם מִתְקַבְּלִים בְּחוּגֵי־הַצַּמֶּרֶת

□ *this line (of goods) is moving rather slowly* הַסְּחוֹרָה הַזֹּאת לֹא נִמְכֶּרֶת טוֹב

□ *things move slowly in that department* בַּמַּחְלָקָה הַזֹּאת הַדְּבָרִים לֹא זָזִים

2 (change place of residence) עָבַר (דִּירָה, מִשְׂרָדִים וְכַד')

move in נִכְנַס לַדִּירָה; נִכְנַס לָגוּר (בַּבַּיִת)

move out עָזַב דִּירָה; עָזַב אֶת הַבַּיִת

3 (propose) הִגִּישׁ הַצָּעָה

□ *I move that the money be spent on library books* אֲנִי מַצִּיעַ שֶׁהַכֶּסֶף יוּצָא עַל סְפָרִים לַסִּפְרִיָּה
□ *his lawyer moved for a retrial* הַפְּרַקְלִיט שֶׁלּוֹ פָּנָה בְּבַקָּשָׁה לַעֲרֹךְ מִשְׁפָּט-חוֹזֵר

movement /ˈmuːvmənt/ n.
1 (moving, being moved; activity) תְּנוּעָה, תְּנוּדָה, פְּעִילוּת
□ *the police are monitoring his movements* הַמִּשְׁטָרָה עוֹקֶבֶת אַחֲרֵי כָּל תְּנוּעָה מִתְּנוּעוֹתָיו
2 (moving part or parts) מַנְגָּנוֹן
□ *his watch needed a new movement* הַשָּׁעוֹן שֶׁלּוֹ הָיָה זָקוּק לְמַנְגָּנוֹן חָדָשׁ
3 (effort, committed body of people) תְּנוּעָה
□ *she's an enthusiastic worker within the Labour Movement* הִיא פְּעִילָה נִלְהֶבֶת בִּתְנוּעַת-הָעֲבוֹדָה
4 (*Mus.*) פֶּרֶק (בְּמוּזִיקָה)

movie /ˈmuːvɪ/ n. (*colloq.*) סֶרֶט (קוֹלְנוֹעַ)
□ *we went to the movies* הָלַכְנוּ לַקּוֹלְנוֹעַ, הָלַכְנוּ לְסֶרֶט

moving /ˈmuːvɪŋ/ adj.
1 (disturbing, affecting) מְרַגֵּשׁ, מַפְעִים
2 (activating) מַפְעִיל, פָּעִיל
□ *he is the moving spirit in the enterprise* הוּא הָרוּחַ הַחַיָּה בַּמִּפְעָל

mow /məʊ/ (past ppl. **mowed** /məʊd/ or **mown** /məʊn/) v.t. & i. כִּסַּח, קָצַר; קָצַר
□ *the attackers were mown down by our machine-guns* הַתּוֹקְפִים נִקְצְרוּ בְּאֵשׁ מַקְלְעֵינוּ

mower /ˈməʊə(r)/ n. מְכַסַּחַת-דֶּשֶׁא, מַכְסֵחָה; קוֹצֵר

mowing-machine /ˈməʊɪŋ-məʃiːn/ n. מְכַסַּחַת-דֶּשֶׁא, מַכְסֵחָה

mozzarella /ˌmɒtsəˈrelə/ n. גְּבִינַת-מוֹצָרֶלָּה (גְּבִינָה אִיטַלְקִית, לְפִיצָה לְמָשָׁל)

MP /em ˈpiː/ n. (*UK*) חֲבֵר פַּרְלָמֶנְט (בִּבְרִיטַנְיָה)

Mr /ˈmɪstə(r)/ n. אָדוֹן, מַר, "מִיסְטֶר"

Mrs /ˈmɪsɪz/ n. גב' (גְּבֶרֶת), מָרַת, "מִיסִיז" (תֹּאַר לְאִשָּׁה נְשׂוּאָה)

Ms /mɪz/ n. "מִיס" (תֹּאַר לְאִשָּׁה לְלֹא אַבְחָנָה בְּמַצָּבָהּ הַמִּשְׁפַּחְתִּי)

much /mʌtʃ/ adj. & n. רַב, הַרְבֵּה, מְאֹד, הָמוֹן
make much of פִּנֵּק (יֶלֶד); הִגְזִים; הֵבִין
□ *I don't see much point in waiting* מִבְּחִינָתִי אֵין טַעַם לְחַכּוֹת
□ *I don't see much of him* אֲנִי לֹא רוֹאֶה אוֹתוֹ לְעִתִּים קְרוֹבוֹת
□ *I thought as much!* זֶה מַה שֶּׁחָשַׁבְתִּי!
□ *I don't eat much lunch* אֲנִי לֹא אוֹכֵל הַרְבֵּה לַאֲרוּחַת צָהֳרַיִם
□ *I could have eaten as much again* יָכֹלְתִּי לֶאֱכֹל פִּי שְׁנַיִם
□ *she as much as told him he was a thief* הִיא פָּחוֹת אוֹ יוֹתֵר אָמְרָה לוֹ שֶׁהוּא גַּנָּב
□ *it was as much as I could do not to burst out laughing* בְּקֹשִׁי הִתְאַפַּקְתִּי מִלִּפְרֹץ בִּצְחוֹק
□ *there wasn't as* (or *so*) *much as a sausage left on the plate* לֹא נוֹתְרָה שָׁם אֲפִלּוּ נַקְנִיקִיָּה אַחַת לִרְפוּאָה
□ *how much sugar do you want?* כַּמָּה סֻכָּר אַתָּה רוֹצֶה?
□ *how much is sugar?* כַּמָּה עוֹלֶה סֻכָּר?
□ *he's not much of a singer* הוּא לֹא זַמָּר גָּדוֹל
□ *I'm not much of a theatre-goer* אֲנִי לֹא מַרְבֶּה לָלֶכֶת לְתֵיאַטְרוֹן
□ *there's not much in it between the competitors* הַפַּעַר בֵּין הַמִּתְחָרִים אֵינוֹ גָּדוֹל
□ *his work isn't up to much* הָעֲבוֹדָה שֶׁלּוֹ לֹא יוֹצֵאת-מִן-הַכְּלָל
□ *so much for their neutrality!* זֶה מַה שֶּׁהַנֵּיטְרָלִיּוּת שֶׁלָּהֶם שָׁוָה!
□ *one can only stomach so much bureaucracy* יֵשׁ גְּבוּל לְמִדַּת הַבִּירוֹקְרַטְיָה שֶׁאָדָם מְסֻגָּל לָשֵׂאת
□ *I don't think much of his work* אֵינֶנִּי מַחְשִׁיב בְּיוֹתֵר אֶת עֲבוֹדָתוֹ
□ *he thinks too much of himself* הוּא מַפְרִיז בְּעֶרֶךְ עַצְמוֹ
□ *I will say this much in his favour* זֹאת אוּכַל לוֹמַר לִזְכוּתוֹ
□ *that book on relativity was too much for me* הַסֵּפֶר הַזֶּה עַל תּוֹרַת-הַיַּחֲסוּת הָיָה קָשֶׁה מִדַּי בִּשְׁבִילִי
□ *he left without so much as shaking hands* הוּא הִסְתַּלֵּק אֲפִלּוּ בְּלִי לִלְחֹץ יָדַיִם

—adv.
1 (greatly, often, well) בְּמִדָּה רַבָּה, לְעִתִּים קְרוֹבוֹת, הֵיטֵב
□ *how much do you like her?* עַד כַּמָּה אַתָּה מְחַבֵּב/אוֹהֵב אוֹתָהּ?
□ *I like this country very much* אֲנִי אוֹהֵב מְאֹד אֶת הָאָרֶץ הַזֹּאת
□ *his much-vaunted confidence seems to have deserted him* קֹר-רוּחוֹ הַמְּהֻלָּל נָטַשׁ אוֹתוֹ כְּכָל הַנִּרְאֶה
□ *I don't drink much* אֲנִי לֹא שׁוֹתֶה הַרְבֵּה
□ *they're very similar – so much so that it's hard to tell them apart* הֵם דּוֹמִים זֶה לָזֶה כָּל-כָּךְ עַד שֶׁקָּשֶׁה לְהַבְחִין בֵּינֵיהֶם
□ *much as I'd like to, I'm afraid I can't come* כְּכָל שֶׁהָיִיתִי רוֹצֶה חוֹשְׁשַׁנִי שֶׁלֹּא אוּכַל לָבוֹא
□ *I'm very much afraid we'll be too late to see her* אֲנִי חוֹשֵׁשׁ מְאֹד שֶׁלֹּא נָבוֹא בַּזְּמַן לִרְאוֹת אוֹתָהּ
2 (considerably) הַרְבֵּה יוֹתֵר
so much the better מוּטָב כָּךְ
□ *he works much faster than his brother* הוּא עוֹבֵד הַרְבֵּה יוֹתֵר מַהֵר מֵאָחִיו
□ *he's not much the worse for the accident* הַתְּאוּנָה כִּמְעַט שֶׁלֹּא הִזִּיקָה לוֹ

□ *I didn't even speak to him, much less discuss your problems with him* לֹא דִּבַּרְתִּי אִתּוֹ, וְעַל אַחַת כַּמָּה וְכַמָּה שֶׁלֹּא דַּנְתִּי אִתּוֹ בִּבְעָיוֹת שֶׁלְּךָ
3 (almost, nearly) כִּמְעַט, בְּעֵרֶךְ, כְּמוֹ
□ *the patient is much the same (as before)* מַצָּבוֹ שֶׁל הַחוֹלֶה בְּעֵרֶךְ כְּפִי שֶׁהָיָה
□ *they're much of a size* יֵשׁ לָהֶם בְּעֵרֶךְ אוֹתָן מִדּוֹת
□ *they're much of a muchness* (*UK colloq.*) בְּסוֹפוֹ שֶׁל דָּבָר הֵם שָׁוִים זֶה לָזֶה

mucilage /ˈmjuːsɪlɪdʒ/ n. תְּמִסַּת־דֶּבֶק הַמּוּפֶקֶת מִצְּמָחִים

muck /mʌk/ n.
1 (manure) זֶבֶל־בְּהֵמוֹת
2 (filth, *colloq.*) לִכְלוּךְ, טִנֹּפֶת
□ *where there's muck there's brass* (*Prov.*) בִּשְׁבִיל לְהִתְעַשֵּׁר צָרִיךְ לְלַכְלֵךְ אֶת הַיָּדַיִם
—v.t.
□ *I don't like being mucked about* (*colloq.*) אֲנִי לֹא אוֹהֵב שֶׁמְּשַׂחֲקִים אִתִּי
□ *she's mucking out the stables* הִיא מְנַקָּה אֶת הָאֻרְוֹת
□ *he mucked everything up by his carelessness* (*colloq.*) הוּא הָרַס אֶת הַכֹּל בְּרַשְׁלָנוּתוֹ
—v.i. (*colloq.*)
muck about הִתְבַּטֵּל
□ *stop mucking about and get down to serious work!* תַּפְסִיק לְהִתְמַזְמֵז וְתַתְחִיל לַעֲבֹד בִּרְצִינוּת!
muck in (*UK*) תָּרַם אֶת חֶלְקוֹ (בַּעֲבוֹדָה וְכַד׳)

muck-heap /ˈmʌk-hiːp/ n. עֲרֵמַת זֶבֶל־פָּרוֹת

muck-rake /ˈmʌk-reɪk/ v.i. הֵפִיץ שְׁמוּעוֹת מַשְׁמִיצוֹת, הֵפִיץ רְכִילוּת

muck-raking /ˈmʌk-reɪkɪŋ/ n. & adj. פִּרְסוּם סְקַנְדָּלִים, "חִטּוּט־בַּזֶּבֶל"; מַשְׁמִיץ, "מְחַטֵּט־בַּזֶּבֶל"

mucky /ˈmʌkɪ/ adj. (*colloq.*) מְלֻכְלָךְ; (מֶזֶג אֲוִיר) מַחֲרִבָּן, מְזֻפָּת

mucous /ˈmjuːkəs/ adj. רִירִי
mucous membrane קְרוּם רִירִי

mucus /ˈmjuːkəs/ n. רִיר

mud /mʌd/ n. בֹּץ, רֶפֶשׁ
□ *your explanation is as clear as mud* (*colloq.*) הַהֶסְבֵּר שֶׁלְּךָ צוֹלֵעַ
□ *my name is mud with those customers* (*colloq.*) אִבַּדְתִּי אֶת הַמּוֹנִיטִין שֶׁלִּי אֵצֶל הַלָּקוֹחוֹת הַלָּלוּ

mud-bath /ˈmʌd-bɑːθ/ n. אַמְבַּטְיַת־בֹּץ (טִפּוּל בְּרִיאוּתִי)

muddle /ˈmʌd(ə)l/ n. & v.t. בִּלְבּוּל; בִּלְבֵּל
□ *you've muddled everything up* בִּלְבַּלְתָּ אֶת הַכֹּל
□ *I was muddling you up with your sister* הִתְבַּלְבַּלְתִּי בֵּינֵךְ לְבֵין אֲחוֹתֵךְ
—v.i.
□ *he's still muddling along* הוּא עֲדַיִן מַמְשִׁיךְ אֵיכְשֶׁהוּ
□ *we always muddle through (in the end)* בְּסוֹפוֹ שֶׁל דָּבָר אֲנַחְנוּ מִסְתַּדְּרִים

muddle-headed /ˌmʌd(ə)l-ˈhedɪd/ adj. מְטֻשְׁטָשׁ

muddy /ˈmʌdɪ/ adj. בִּצָּנִי, בִּצִּי
□ *your ideas are rather muddy* רַעְיוֹנוֹתֶיךָ מְעֻרְפָּלִים לְמַדַּי
—v.t. זִהֵם, לִכְלֵךְ בְּבֹץ (מַגָּפַיִם וְכַד׳)

mudguard /ˈmʌdgɑːd/ n. כָּנָף, מָגֵן־בֹּץ (בִּכְלֵי־רֶכֶב)

mud-pack /ˈmʌd-pæk/ n. מַסֵּכַת בֹּץ (טִפּוּל קוֹסְמֶטִי)

mud-pie /mʌd-ˈpaɪ/ n. עוּגַת־בֹּץ (שֶׁיְּלָדִים עוֹשִׂים בְּמִשְׂחָק)

mud-slinging /ˈmʌd-slɪŋɪŋ/ n. & adj. הַכְפָּשָׁה, הֲטָחַת הַשְׁמָצוֹת וְהַאֲשָׁמוֹת; מַכְפִּישׁ, מַשְׁמִיץ
□ *mud-slinging lowers the tone of an election* הֲטָחַת הַשְׁמָצוֹת מַשְׁפִּילָה אֶת הַטּוֹן שֶׁל הַבְּחִירוֹת

muesli /ˈmjuːzlɪ/ n. מוּזְלִי (מִין דַּיְסָה קָרָה לַאֲרוּחַת הַבֹּקֶר)

muezzin /muːˈezɪn/ n. מוּאַזִּין (הַקּוֹרֵא אֶת הַמֻּסְלְמִים לִתְפִלָּה)

muff[1] /mʌf/ n. גְּלִיל פַּרְוָה לְחִמּוּם הַיָּדַיִם

muff[2] /mʌf/ v.t. (*colloq.*) הֶחֱטִיא, פִּסְפֵּס
□ *he muffed the catch* (or *his lines*) הוּא נִכְשַׁל בִּתְפִיסַת־הַכַּדּוּר, שַׂחְקַן הַתֵּיאַטְרוֹן הִתְבַּלְבֵּל בַּטֶּקְסְט שֶׁלּוֹ

muffin /ˈmʌfɪn/ n.
1 (*UK*) מָאפִין (מֵעֵין לַחְמָנִיָּה קְטַנָּה, עֲגֻלָּה וּשְׁטוּחָה)
2 (*US*) מֵעֵין מַאֲפֶה מָתוֹק לְעִתִּים עִם פֵּרוֹת

muffle /ˈmʌf(ə)l/ v.t.
1 (wrap up for warmth) כִּסָּה, עָטַף (לְשֵׁם חִמּוּם)
2 (deaden sound of) עִמֵּם, אָטַם אֶת קוֹלוֹ שֶׁל
□ *the wall muffled their voices* הַקִּיר עִמֵּם אֶת קוֹלוֹתֵיהֶם

muffler /ˈmʌflə(r)/ n.
1 (scarf) צָעִיף
2 (silencer, *US*) עַמָּם, מַשְׁתִּיק (חֶלְקוֹ שֶׁל צִנּוֹר הַפְּלִיטָה בִּמְכוֹנִית הַמַּשְׁתִּיק אֶת הָרְעָשִׁים)

mufti[1] /ˈmʌftɪ/ n. תִּלְבֹּשֶׁת אֶזְרָחִית שֶׁל אִישׁ־צָבָא

mufti[2] /ˈmʌftɪ/ n. מוּפְתִּי (כֹּהֵן דָּת מֻסְלְמִי רָאשִׁי)

mug[1] /mʌg/ n.
1 (container) סֵפֶל, "מַג" (כּוֹס גְּדוֹלָה עִם יָדִית הַמֻּגֶּשֶׁת בְּלֹא צַלּוֹחִית)
2 (face, *sl.*) פַּרְצוּף
3 (gullible person, *sl.*) טֶמְבֶּל, מְטֻמְטָם
□ *it's a mug's game* זוֹ בְּרָכָה לְבַטָּלָה, זֶה טֹרַח לָרִיק

mug[2] /mʌg/ v.t.
mug up (*UK colloq.*) "דָּגַר" (לִקְרַאת בְּחִינָה)

mug[3] /mʌg/ v.t. הִתְנַפֵּל כְּדֵי לִשְׁדֹּד

mugger /ˈmʌgə(r)/ n. שׁוֹדֵד אַלִּים (הַמִּתְנַפֵּל עַל אֲנָשִׁים בָּרְחוֹב לְמָשָׁל)

muggins /ˈmʌgɪnz/ n. (*UK sl.*) "סַחְבַּק"

muggy /ˈmʌgɪ/ adj. (*colloq.*) חַם וּמַחֲנִיק

mug-shot /ˈmʌg-ʃɒt/ n. (*sl.*) צִלּוּם (פַּרְצוּף) מִשְׁטַרְתִּי; צִלּוּם "פּוֹטוֹ-רֶצַח"

Muhammad /məˈhæmɪd/ n. (also **Mohammed**) מֻחַמַּד

Muhammadan /məˈhæmɪd(ə)n/ adj. & n. (also **Mohammedan**) מֻסְלְמִי

Muhammadanism /məˈhæmɪdənɪzəm/ n. (also **Mohammedanism**) אִיסְלָאם

mujaheddin /ˌmuːdʒɑːhɪˈdiːn/ n. *pl.* מוּגַ'הִידִין (אִרְגּוּן מוֹרֵד בְּאַפְגָנִיסְטָן)

mulatto /mjuːˈlætəʊ/ n. & adj. מוּלַטוֹ (בֶּן תַּעֲרֹבֶת שֶׁל כּוּשִׁי וְלָבָן); מוּלַטִּי

mulberry /ˈmʌlberɪ/ n. עֵץ-הַתּוּת; תּוּת-עֵץ; צֶבַע אָדֹם-שָׁחוֹר

mulch /mʌltʃ/ n. & v.t. רַקְבּוּבִית שֶׁשָּׂמִים מִסָּבִיב לַשָּׁרָשִׁים לַהֲגַנָּה וְלַהֲזָנָה; כִּסָּה בְּרַקְבּוּבִית

mulct /mʌlkt/ v.t. (*formal, arch.*) קָנַס, גָּזַל מִ...., שָׁלַל מִ....

mule[1] /mjuːl/ n.
1 (animal) פֶּרֶד, פִּרְדָּה
2 (stubborn person, *colloq.*) "פֶּרֶד", עַקְשָׁן
3 (spinning machine) מְכוֹנַת-טְוִיָּה (מִסּוּג מְסֻיָּם)

mule[2] /mjuːl/ n. נַעַל-בַּיִת שְׁטוּחָה, "פַּנְטוּפְלָךְ" (לְלֹא תְּמִיכָה בַּחֵלֶק הָאֲחוֹרִי)

muleteer /ˌmjuːləˈtɪə(r)/ n. נַהַג-פְּרָדוֹת

mulish /ˈmjuːlɪʃ/ adj. (*derog.*) עַקְשָׁן, קְשֵׁה-עֹרֶף

mull[1] /mʌl/ v.t. הֵכִין מַשְׁקֶה חַם מִיַּיִן/מִבִּירָה מְהוּלִים בְּתַבְלִין
mulled wine יַיִן חַם (עִם סֻכָּר)

mull[2] /mʌl/ v.t.
mull over הִרְהֵר עֲמֻקּוֹת, שָׁקַל שׁוּב וָשׁוּב

mullah /ˈmʌlə/ n. מוּלָה (חָכָם דָּת מֻסְלְמִי)

mullet /ˈmʌlɪt/ n. מוּלִית, "בּוּרִי", קִיפוֹן (דַּג יָם קָטָן לְמַאֲכָל)

mulligatawny /ˌmʌlɪgəˈtɔːnɪ/ n. מָרָק מוּלִיגַטוֹנִי (מָרָק הֹדִּי חָרִיף)

mullion /ˈmʌlɪən/ n. מְחִצָּה אֲנָכִית עֲשׂוּיָה אֶבֶן בֵּין חֶלְקֵי-חַלּוֹן

multi- /ˈmʌltɪ-/ pref. מוּלְטִי- (תְּחִלִּית שֶׁפֵּרוּשָׁהּ הַרְבֵּה, רַב-

multicellular /ˌmʌltɪˈseljʊlə(r)/ adj. רַב-תָּאִי

multichannel /ˌmʌltɪˈtʃæn(ə)l/ attrib. adj. רַב-עֲרוּצִי

multicoloured /ˈmʌltɪkʌləd/ adj. רַב-גּוֹנִי, רַב-צְבָעִים

multicultural /ˌmʌltɪˈkʌltʃərəl/ adj. רַב-תַּרְבּוּתִי (הַמַּקִּיף מִסְפַּר תַּרְבֻּיּוֹת שׁוֹנוֹת)

multifarious /ˌmʌltɪˈfeərɪəs/ adj. (*formal*) רַבְגּוֹנִי, מְגֻוָּן (פְּעִילוּת וְכַד')

multiform /ˈmʌltɪfɔːm/ adj. (*formal*) רַב-צוּרוֹת

multifunctional /ˌmʌltɪˈfʌŋkʃən(ə)l/ adj. רַב-תַּכְלִיתִי

multigrade /ˈmʌltɪgreɪd/ n. שֶׁמֶן מָנוֹעַ רַב-צְמִיגוּת

multilateral /ˌmʌltɪˈlætərəl/ adj. רַב-צְדָדִי (בֵּין מְדִינוֹת אוֹ קְבוּצוֹת גְּדוֹלוֹת)

multilingual /ˌmʌltɪˈlɪŋgwəl/ adj. רַב-לְשׁוֹנִי

multimedia /ˌmʌltɪˈmiːdɪə/ adj. "מוּלְטִימֶדְיָה"

multi-millionaire /ˌmʌltɪ-miljəˈneə(r)/ n. מוּלְטִי-מִילְיוֹנֶר

multinational /ˌmʌltɪˈnæʃ(ə)n(ə)l/ adj. רַב-לְאֻמִּי, (אִרְגּוּן) בֵּין לְאֻמִּי
—n. אִרְגּוּן בֵּי"ל, חֶבְרָה בֵּי"ל

multiple /ˈmʌltɪp(ə)l/ adj. בַּעַל חֲלָקִים רַבִּים, מֻרְכָּב
multiple sclerosis טָרֶשֶׁת נְפוֹצָה (מַחֲלַת שְׁרִירִים מְנַוֶּנֶת)
□ *he received multiple injuries* נִגְרְמוּ לוֹ פְּצִיעוֹת מִסּוּגִים שׁוֹנִים/בַּחֲלָקִים שׁוֹנִים בְּגוּפוֹ
—n. (*Math.*) כְּפוּלָה (בְּחֶשְׁבּוֹן)
□ *lowest* (or *least*) *common multiple* הַכְּפוּלָה הַמְּשֻׁתֶּפֶת הַנְּמוּכָה בְּיוֹתֵר

multiple-choice /ˌmʌltɪp(ə)l-ˈtʃɔɪs/ adj. (בְּחִינָה) שֶׁבָּהּ חַיָּב הַנִּבְחָן לִבְחֹר בְּאַחַת מִמִּסְפַּר אֶפְשָׁרֻיּוֹת, (בְּחִינָה) "אֲמֶרִיקָאִית"

multiplex /ˈmʌltɪpleks/ adj. מְרֻבֵּה חֲלָקִים, מֻרְכָּב

multiplicand /ˌmʌltɪplɪˈkænd/ n. (*Math.*) (הַמִּסְפָּר) הַמֻּכְפָּל

multiplication /ˌmʌltɪplɪˈkeɪʃ(ə)n/ n. כֶּפֶל; הַכְפָּלָה; הִתְרַבּוּת
long multiplication כֶּפֶל שֶׁל מִסְפָּרִים מֵעַל 10
multiplication sign סִימַן-כֶּפֶל
multiplication table לוּחַ-הַכֶּפֶל

multiplicity /ˌmʌltɪˈplɪsɪtɪ/ n. (*formal*) רִבּוּי, גִּוּוּן
□ *the conference was attended by a multiplicity of professionals* בַּוְּעִידָה הָיוּ סוּגִים רַבִּים שֶׁל בַּעֲלֵי-מִקְצוֹעַ

multiplier /ˈmʌltɪplaɪə(r)/ n.
1 (*Math.*) כּוֹפֵל, מַכְפִּיל
2 (*Electr.*) מִתְקָן לְהַגְבָּרַת זֶרֶם חַשְׁמַלִּי (לְשֵׁם מְדִידַת עָצְמָתוֹ)

multiply /ˈmʌltɪplaɪ/ v.t. כָּפַל, הִכְפִּיל; רִבָּה
—v.i. רָבָה, הִתְרַבָּה

multipurpose /ˌmʌltɪˈpɜːpəs/ adj. רַב-תַּכְלִיתִי

multiracial /ˌmʌltɪˈreɪʃ(ə)l/ adj. רַב-גִּזְעִי

multistorey /ˌmʌltɪˈstɔːrɪ/ adj. רַב-קוֹמָתִי
multistorey car park חֲנִיוֹן רַב-קוֹמָתִי

multitude /ˈmʌltɪtjuːd/ n. קָהָל, הָמוֹן; הַרְבֵּה
the multitude(s) הֶהָמוֹן, הֲמוֹנִים

multitudinous /ˌmʌltɪˈtjuːdɪnəs/ adj. (*formal*) גָּדוֹל מְאֹד, רַב מְאֹד

multi-user /ˌmʌltɪ-juːzə(r)/ attrib. adj. (מַחְשֵׁב) הַמְּאַפְשֵׁר גִּישָׁה לְמִסְפַּר מִשְׁתַּמְּשִׁים בְּעֵת וּבְעוֹנָה אַחַת

multiversity /ˌmʌltɪˈvɜːsɪtɪ/ n. (*US*) אוּנִיבֶרְסִיטַת-עָל (מַעֲרָךְ אוּנִיבֶרְסִיטָאִי עֲנָקִי)

mum[1] /mʌm/ n. (*colloq.*) אִמָּא

mum[2] /mʌm/ adj. (*colloq.*) שְׁתִיקָה

□ *mum's the word!* יָד לַפֶּה!

mumble /ˈmʌmb(ə)l/ v.t. & i. מִלְמֵל

—n. מִלְמוּל

mumbo-jumbo /ˌmʌmbəʊ-ˈdʒʌmbəʊ/ n. (*derog.*) פֻּלְחָן חֲסַר־תֹּכֶן; מְלִיצוֹת נְבוּבוֹת

mummer /ˈmʌmə(r)/ n. (*arch.*) שַׂחְקַן פַּנְטוֹמִימָה

mummery /ˈmʌmərɪ/ n. (*arch.*) פַּנְטוֹמִימָה; (בְּהַשְׁאָלָה) טֶקֶס מְנֻפָּח וְרֵיק־מִתֹּכֶן

mummify /ˈmʌmɪfaɪ/ v.t. חָנַט

mummy[1] /ˈmʌmɪ/ n. (*UK colloq.*) אִמָּא, אִמָּאלֶ'ה

mummy's boy (*derog.*) "הַיֶּלֶד שֶׁל אִמָּא", יֶלֶד מְפֻנָּק

mummy[2] /ˈmʌmɪ/ n. מוּמְיָה

mumps /mʌmps/ n. *pl.* (with *sing.* v.) חַזֶּרֶת

munch /mʌntʃ/ v.t. & i. לָעַס (תּוֹךְ הַשְׁמָעַת קוֹל)

mundane /mʌnˈdeɪn/ adj. שֶׁל הָעוֹלָם הַזֶּה, שֶׁל חֹל (לְהַבְדִּיל מִקֹּדֶשׁ)

mundanity /mʌnˈdænɪtɪ/ n. יוֹם יוֹמִי, בָּנָלִי

municipal /mjuːˈnɪsɪp(ə)l/ adj. עִירוֹנִי, מוּנִיצִיפָּלִי

municipality /ˌmjuːnɪsɪˈpælɪtɪ/ n. עִירִיָּה

munificence /mjuːˈnɪfɪs(ə)ns/ n. (*formal*) נְדִיבוּת־לֵב

munificent /mjuːˈnɪfɪs(ə)nt/ adj. (*formal*) נְדִיב־לֵב, שׁוֹפֵעַ

muniments /ˈmjuːnɪmənts/ n. *pl.* (*Law*) תְּעוּדוֹת־זְכֻיּוֹת, שְׁטָרֵי־קִנְיָן

munitions /mjuːˈnɪʃənz/ n. *pl.* נֶשֶׁק וְתַחְמֹשֶׁת

muon /ˈmjuːɒn/ n. (*Phys.*) מוּאוֹן (חֲלִקִּיק אֶלֶמֶנְטָרִי)

Muppet /ˈmʌpɪt/ n. חֲבַבָּה (סוּג שֶׁל בֻּבָּה עַל חוּט, לְמָשָׁל קֶרְמִיט הַצְּפַרְדֵּעַ)

mural /ˈmjʊərəl/ n. & adj. צִיּוּר־קִיר, פְּרֶסְקוֹ; שֶׁל קִיר

murder /ˈmɜːdə(r)/ n. רֶצַח, מַעֲשֵׂה־רֶצַח, קֶטֶל

murder mystery סִפּוּר בַּלָּשִׁים (הַכּוֹלֵל רֶצַח בַּעֲלִילָתוֹ)

□ *murder will out* (*Prov.*) סוֹף גַּנָּב לִתְלִיָּה

□ *he was screaming blue murder* (*colloq.*) הוּא צָעַק חָמָס, הוּא הִרְעִישׁ עוֹלָמוֹת

□ *he lets his son get away with murder* (*colloq.*) הוּא מַרְשֶׁה לַבֵּן שֶׁלּוֹ הַכֹּל

□ *this book is murder to translate* (*colloq.*) קָשֶׁה לְהַחֲרִיד לְתַרְגֵּם אֶת הַסֵּפֶר הַזֶּה

—v.t. רָצַח; "רָצַח"

□ *this pianist showed us how to murder Beethoven* (*colloq.*) הַפְּסַנְתְּרָן הַזֶּה הֶרְאָה לָנוּ אֵיךְ רוֹצְחִים אֶת בֶּטְהוֹבֶן

□ *I could murder a steak* (*colloq.*) הָיִיתִי יוֹרֵד עַכְשָׁו עַל אֵיזֶה סְטֵיק קָטָן, הָיִיתִי מַרְבִּיץ עַכְשָׁו אֵיזֶה סְטֵיק

murderer /ˈmɜːdərə(r)/ n. רוֹצֵחַ

murderess /ˈmɜːdərɪs/ n. רוֹצַחַת

murderous /ˈmɜːdərəs/ adj. רַצְחָנִי

murk /mɜːk/ n. (*poet.*) אֲפֵלָה, עַגְמוּמִיּוּת

murky /ˈmɜːkɪ/ adj. אָפֵל, חָשׁוּךְ, עַגְמוּמִי

murmur /ˈmɜːmə(r)/ v.t. & i. מִלְמֵל, לְחֵשֵׁשׁ, רִשְׁרֵשׁ

—n. מִלְמוּל, אִוְשָׁה, לַחַשׁ, רִשְׁרוּשׁ

□ *he has a heart murmur* יֵשׁ לוֹ אִוְשָׁה בַּלֵּב, יֵשׁ לוֹ רִשְׁרוּשׁ בַּלֵּב

murmuring /ˈmɜːmərɪŋ/ n. מִלְמוּל, רִשְׁרוּשׁ

murrain /ˈmʌrɪn/ n. (*arch.*) מַגֵּפַת בָּקָר ("דֶּבֶר" בַּתַּנַ"ךְ)

Murphy's law /ˈmɜːfɪz lɔː/ n. (*colloq.*) "חֹק מֶרְפִי" (לְמָשָׁל: אִם יָצָאתָ מִן הַבַּיִת עִם מִטְרִיָּה, לֹא יֵרֵד גֶּשֶׁם)

Muscadet /ˈmʌskədeɪ/ n. יֵין־מוּסְקָט

muscat /ˈmʌskət/ n. עֵנָב מוּסְקָט

muscatel /ˌmʌskəˈtel/ n. יֵין־מוּסְקָט

muscle /ˈmʌs(ə)l/ n. שְׁרִיר; כֹּחַ, עָצְמָה

□ *he couldn't move a muscle* הוּא לֹא הָיָה מְסֻגָּל לְהָנִיעַ אֵבֶר

□ *this stomach is solid muscle* אַתָּה רוֹאֶה אֶת הַבֶּטֶן שֶׁלִּי? זֶה הַכֹּל שְׁרִירִים

□ *this committee has no muscle* (*fig.*) לַוַּעֲדָה הַזּוֹ אֵין שִׁנַּיִם

—v.i.

muscle in on (*colloq.*) הִצְלִיחַ לְהִדָּחֵף לְ...

□ *they tried to muscle in on their rivals' racket* הֵם נִסּוּ לַחְטֹף נֵתַח מִן הַכְּנוּפְיָה הַיְרִיבָה

muscle-bound /ˈmʌs(ə)l-baʊnd/ adj. תְּפוּחַ־שְׁרִירִים (וְלָרֹב גַּם חֲסַר גְּמִישׁוּת כְּתוֹצָאָה מִכָּךְ)

muscle-man /ˈmʌs(ə)l-mæn/ n. בִּרְיוֹן (לָרֹב כְּתוֹצָאָה מֵאִמּוּן), בִּרְיוֹן שׁוֹמֵר־רֹאשׁ (לָרֹב שֶׁל פּוֹשֵׁעַ בָּכִיר)

muscular /ˈmʌskjʊlə(r)/ adj. שְׁרִירִי

muscular dystrophy נִוּוּן־שְׁרִירִים

muscularity /ˌmʌskjʊˈlærɪtɪ/ n. שְׁרִירִיּוּת

musculature /ˈmʌskjʊlətʃə(r)/ n. מַעֲרֶכֶת־שְׁרִירִים

muse[1] /mjuːz/ n. מוּזָה, הַשְׁרָאָה

□ *the poet's muse deserts him sometimes* לְעִתִּים נִטֶּלֶת מִן הַמְשׁוֹרֵר הַהַשְׁרָאָה

muse[2] /mjuːz/ v.i. שָׁקַע בְּהִרְהוּרִים, חָלַם בְּהָקִיץ

museum /mjuːˈziːəm/ n. מוּזֵיאוֹן, בֵּית־נְכוֹת

museum piece (*colloq.*) "עַנְטִיקָה"

mush[1] /mʌʃ/ n. צִיפָּה, דַּיְסָה; דַּיְסַת־תִּירָס (אֲמֶרִיקָאִית); (בְּהַשְׁאָלָה) רַכְרוּכִיּוּת, (בְּסִפְרוּת) סֶנְטִימֶנְטָלִיּוּת

mush[2] /mʌʃ/ int. (*Canad.*) קָדִימָה! (קְרִיאַת עִדּוּד לְכַלְבֵי־מִגְלָשָׁה בַּצָּפוֹן)

mush[3] /mʌʃ/ int. (*UK sl.*) "יָא מַנְיָאק" (נֶאֱמַר בְּטוֹן חָבִיב לָרֹב)

mushroom /ˈmʌʃrʊm/ n. פִּטְרִיָּה

mushroom cloud עֲנַן־פִּטְרִיָּה

—v.i.

1 (spring up rapidly) הִתְרַבָּה בִּמְהִירוּת; תָּפַח

2 (gather mushrooms) לִקֵּט פִּטְרִיּוֹת

mushy /ˈmʌʃɪ/ adj. סָמִיךְ וְלַח; סֶנְטִימֶנְטָלִי, מִתְקַתַּק

music /ˈmjuːzɪk/ n.
1 (art of combining sounds) מוּזִיקָה
2 (sound(s) so produced) מוּזִיקָה, צְלִילִים
music centre מַעֲרֶכֶת מוּזִיקָה (מַגְבֵּר, רַמְקוֹלִים, פָּטִיפוֹן וְכוּ׳)
□ *the words were set* (or *put*) *to music by Schubert* הַמִּלִּים הֻלְחֲנוּ עַל־יְדֵי שׁוּבֶּרְט
□ *the sound of the artillery was music to our ears* רַעַם הַתּוֹתָחִים עָרַב לְאָזְנֵינוּ
□ *the runaway boy decided to return home and face the music* (*colloq.*) הַיֶּלֶד שֶׁבָּרַח מִן הַבַּיִת הֶחְלִיט לַחֲזֹר וְלָשֵׂאת בַּתּוֹצָאוֹת

musical /ˈmjuːzɪk(ə)l/ adj. מוּזִיקָלִי
musical box תֵּבַת־נְגִינָה (זְעִירָה)
musical chairs כִּסְאוֹת מוּזִיקָלִיִּים
□ *the Prime Minister is playing musical chairs with the Cabinet* (*fig.*) רֹאשׁ הַמֶּמְשָׁלָה מְשַׁנֶּה תָּדִיר אֶת תַּפְקִידֵי־הַשָּׂרִים
musical comedy מַחֲזֶמֶר
□ *is your child musical?* הַאִם הַיֶּלֶד שֶׁלְּךָ מוּזִיקָלִי?
—n. מַחֲזֶמֶר

music-box /ˈmjuːzɪk-bɒks/ n. תֵּבַת־נְגִינָה (זְעִירָה)

music-hall /ˈmjuːzɪk-hɔːl/ n. הוֹפָעַת־וָרְיֶטֶה, הוֹפָעַת וֹודְוִיל; אוּלָם לְהוֹפָעָה כַּנַּ״ל

musician /mjuːˈzɪʃ(ə)n/ n. מוּזִיקַאי

musicianship /mjuːˈzɪʃənʃɪp/ n. כִּשּׁוּרִים מוּזִיקָלִיִּים, יְכֹלֶת מוּזִיקָלִית

musicology /ˌmjuːzɪˈkɒlədʒɪ/ n. מוּזִיקוֹלוֹגְיָה, תּוֹרַת הַמּוּזִיקָה

music-stand /ˈmjuːzɪk-stænd/ n. כַּן־לְתָוִים

musk /mʌsk/ n. מוֹשְׁק (אַיָּל שֶׁמִּבַּלּוּטוֹתָיו מֻפְרָשׁ חֹמֶר הַמְשַׁמֵּשׁ בְּתַעֲשִׂיַּת־הַבְּשָׂמִים)
musk-deer אַיַּל־מוֹשְׁק
musk-rose וֶרֶד מְטַפֵּס רֵיחָנִי

musket /ˈmʌskɪt/ n. (*Hist.*) רוֹבֶה־מוּסְקֶט אֲרָךְ־קָנֶה (סוּג שֶׁל רוֹבֶה עַתִּיק)

musketeer /ˌmʌskəˈtɪə(r)/ n. (*Hist.*) מוּסְקֶטָר

musketry /ˈmʌskɪtrɪ/ n. (*Hist.*) שִׁמּוּשׁ בְּנֶשֶׁק קַל בִּקְרָב

musky /ˈmʌskɪ/ adj. בַּעַל נִיחוֹחַ מוֹשְׁק

Muslim /ˈmʊzlɪm/ n. & adj. (also **Moslem**) מֻסְלְמִי

muslin /ˈmʌzlɪn/ n. מַסְלִין, מַלְמָלָה

muss /mʌs/ (*US colloq.*) v.t. פָּרַע (אֶת הַשֵּׂעָר וְכַד׳)
□ *now my hair's all mussed up!* עַכְשָׁו כָּל הַתִּסְרֹקֶת הִתְקַלְקְלָה לִי!
—n. בַּלָּגָן, אִי־סֵדֶר

mussel /ˈmʌs(ə)l/ n. צִדְפַּת מַאֲכָל

must[1] /mʌst/ n. תִּירוֹשׁ, עֲסִיס־עֲנָבִים

must[2] /mʌst/ (*colloq. neg.* **mustn't** /ˈmʌsənt/) v. aux. הָיָה צָרִיךְ, הָיָה מֻכְרָח, הָיָה חַיָּב, הָיָה עָלָיו לְ...
□ *it must be found* מֻכְרָחִים לִמְצֹא אֶת זֶה
□ *he said he must go* הוּא אָמַר שֶׁעָלָיו לָלֶכֶת
□ *I must be in New York by 3 o'clock* עָלַי לִהְיוֹת בְּנְיוּ־יוֹרְק עַד שָׁלֹשׁ
□ *she must have arrived safely, or we'd have heard* הִיא הִגִּיעָה בְּשָׁלוֹם, אַחֶרֶת כְּבָר הָיִינוּ שׁוֹמְעִים
□ *must you make such a din?* הַאִם אַתָּה מֻכְרָח לְהַרְעִישׁ?
□ *if you must know, I did it out of sheer cowardice* אִם לְהוֹדוֹת בֶּאֱמֶת, עָשִׂיתִי אֶת זֶה פָּשׁוּט מִתּוֹךְ פַּחְדָּנוּת
□ *I must ask you to retract that* אֲנִי עוֹמֵד עַל כָּךְ שֶׁתַּחֲזֹר בְּךָ מִדְּבָרֶיךָ
□ *well, I must say, I don't like it; but if we must, we must* וּבְכֵן, עָלַי לְהוֹדוֹת שֶׁזֶּה לֹא מוֹצֵא חֵן בְּעֵינַי
□ *if needs must, take a taxi* אִם אֵין בְּרֵרָה – קַח מוֹנִית
□ *he must be in New York by now* הוּא בְּוַדַּאי כְּבָר בְּנְיוּ־יוֹרְק
□ *you must be joking!* מַה פִּתְאֹם! הִשְׁתַּגַּעְתָּ? הָיִיתָ מֵת!
□ *sell my diamond for £20? You must be crazy!* לִמְכֹּר אֶת הַיַּהֲלוֹם שֶׁלִּי בְּעַד עֶשְׂרִים לִי״שׁ!? הִשְׁתַּגַּעְתָּ!
□ *by his accent he must be English* לְפִי מִבְטָאוֹ הוּא בְּוַדַּאי אַנְגְּלִי
□ *if Jack's on holiday, it must be his identical twin, Paul* אִם ג׳ק בְּחֻפְשָׁה זֶה וַדַּאי פּוֹל, אָחִיו הַתְּאוֹם
□ *you must have learned a lot of English in ten years in England* וַדַּאי לָמַדְתָּ הַרְבֵּה אַנְגְּלִית בְּמֶשֶׁךְ עֶשֶׂר שָׁנוֹת שֶׁהוּתְךָ בְּאַנְגְּלִיָּה
—n. (*colloq.*) ״חוֹבָה״
□ *that film is a must* זֶהוּ סֶרֶט חוֹבָה, אַתָּה מֻכְרָח לִרְאוֹת אֶת הַסֶּרֶט הַזֶּה

mustache /ˈmʌstæʃ/ n. (*US*) שָׂפָם

mustachioed /məˈstɑːʃɪəʊd/ adj. מְשֻׂפָּם, בַּעַל־שָׂפָם

mustang /ˈmʌstæŋ/ n. מוּסְטַנְג (סוּס פֶּרֶא אוֹ פֶּרֶא לְמֶחֱצָה)

mustard /ˈmʌstəd/ n. חַרְדָּל
mustard gas גַּז־חַרְדָּל (אֶמְצָעִי־לוֹחָמָה כִּימִי)
(as) keen as mustard (*UK colloq.*) נִלְהָב נוֹרָא

muster /ˈmʌstə(r)/ n. מִפְקָד (שֶׁל חַיָּלִים); הִתְכַּנְּסוּת, זִמּוּן
pass muster עָמַד בַּדְּרִישׁוֹת
—v.t. & i.
1 (assemble, bring together, *formal*) אָסַף, קִבֵּץ
□ *he mustered* (*up*) *all his strength for a final effort* הוּא אָזַר אֶת כָּל כֹּחוֹ לְמַאֲמָץ אַחֲרוֹן
2 (round up sheep, *Austral.*) כִּנֵּס, אָסַף (עֶדְרֵי כְּבָשִׂים)

musty /ˈmʌstɪ/ adj. עָבֵשׁ, מְעֻפָּשׁ (לְמָשָׁל בַּיִת יָשָׁן)

mutability /ˌmjuːtəˈbɪlɪtɪ/ n. (*formal*) כֹּשֶׁר־הִשְׁתַּנּוּת

mutable /ˈmjuːtəb(ə)l/ adj. (*formal*) מִשְׁתַּנֶּה, עָשׂוּי לְהִשְׁתַּנּוֹת

mutant /ˈmjuːtənt/ n. & adj. מוּטַנְט, תּוֹצָר שֶׁל מוּטַצְיָה; מוּטַצְיוֹנִי

mutate /mjuːˈteɪt/ v.t. & i. שִׁנָּה, גָּרַם לְמוּטַצְיָה; הִשְׁתַּנָּה, עָבַר מוּטַצְיָה

mutation /mjuːˈteɪʃ(ə)n/ n.
1 (change, alteration) שִׁנּוּי, תְּמוּרָה, מוּטַצְיָה
2 (*Biol.*) מוּטַצְיָה
3 (*Gram.*) וָרִיאַנְט, שִׁנּוּי

mutatis mutandis /muːˌtɑːtɪs muːˈtændɪs/ adv. (*formal*) בְּשִׁנּוּי נְתוּנִים, בְּשִׁנּוּיִים מְסֻיָּמִים

mute /mjuːt/ adj. שׁוֹתֵק, אִלֵּם
mute swan הַבַּרְבּוּר הָאֵירוֹפִּי הַמָּצוּי (שֶׁאֵינוֹ מַשְׁמִיעַ קוֹלוֹת רָמִים)
—n.
1 (dumb person) אִלֵּם
deaf mute חֵרֵשׁ־אִלֵּם
2 (Mus.) עַמָּם צְלִיל
—v.t. עִמְעֵם

muted /ˈmjuːtɪd/ adj. מְעֻמְעָם; רַךְ (צֶבַע לְמָשָׁל); בְּקוֹל עָנוֹת חֲלוּשָׁה (מְחָאָה וְכַד׳)

mutilate /ˈmjuːtɪleɪt/ v.t. הִטִּיל מוּם בְּ..., הִתְעַלֵּל בְּ... (גְּוִיָּה וְכַד׳), קִצֵּץ (אֵבָרִים), הִשְׁחִית

mutilation /ˌmjuːtɪˈleɪʃ(ə)n/ n. הַטָּלַת־מוּם, הַשְׁחָתָה

mutineer /ˌmjuːtɪˈnɪə(r)/ n. מֵפֵר־פְּקֻדָּה, מִתְמָרֵד (לָרֹב חַיָּל בִּמְפַקְּדוֹ)

mutinous /ˈmjuːtɪnəs/ adj. מַרְדָּנִי

mutiny /ˈmjuːtɪnɪ/ n. & v.i. מֶרֶד, הִתְמָרְדוּת (לָרֹב עַל סְפִינָה); הִתְמָרֵד

mutt /mʌt/ n. (*colloq.*)
1 (dog, *US*) כֶּלֶב בֶּן־כִּלְאַיִם (בְּאַרְהַ״ב)
2 (idiot) טִמְטוּם, טִמְבֵּל

mutter /ˈmʌtə(r)/ v.t. & i. מִלְמֵל, רָטַן
—n. מִלְמוּל, רִטּוּן

muttering /ˈmʌtərɪŋ/ n. מִלְמוּל, רִטּוּן
□ *pay no attention to Jeremy's mutterings* אַל תָּשִׂים לֵב לְרִטּוּנִים שֶׁל יִרְמְיָהוּ

mutton /ˈmʌt(ə)n/ n. בְּשַׂר־כֶּבֶשׂ (לְהַבְדִּיל מִבְּשַׂר־טָלֶה)
mutton-chops צַלְעוֹת־כֶּבֶשׂ
mutton-head (*colloq.*) טִפֵּשׁ כְּמוֹ חֲמוֹר
mutton dressed as lamb (*colloq. derog.*) זְקֵנָה הַמִּתְלַבֶּשֶׁת כִּצְעִירָה
□ *he's as dead as mutton* הוּא מֵת בְּרַבּוּעַ

mutual /ˈmjuːtʃʊəl/ adj. הֲדָדִי; מְשֻׁתָּף
mutual insurance company קֻפַּת בִּטּוּחַ מְשֻׁתֶּפֶת
□ *the feeling is mutual!* זוֹ תְּחוּשָׁה הֲדָדִית!
□ *those two are a mutual admiration society* (*joc.*) הֵם שְׁנֵיהֶם הֵקִימוּ ״מוֹעֲדוֹן־מַעֲרִיצִים״ הֲדָדִי, הֵם כָּל הַזְּמַן מִתְעַסְּקִים אֶחָד עִם הַשֵּׁנִי

Muzak /ˈmjuːzæk/ n. (*Prop.*) ״מוּזִיקַת־מַעֲלִיּוֹת״

muzzle /ˈmʌz(ə)l/ n.
1 (animal's nose and mouth) זַרְבּוּבִית (שֶׁל כֶּלֶב לְמָשָׁל)
2 (cage surrounding animal's mouth) זְמָם, מַחְסוֹם (לְכֶלֶב לְמָשָׁל)
3 (open end of firearm) לֹעַ (שֶׁל כְּלִי־יְרִי)
muzzle-loader תּוֹתָח הַנִּטְעָן מִן הַלֹּעַ
—v.t. שָׂם מַחְסוֹם עַל (כֶּלֶב לְמָשָׁל); הִשְׁתִּיק
□ *the press has been muzzled by this legislation* הַחֹק הַזֶּה חָסַם אֶת פִּי־הָעִתּוֹנוּת

muzzy /ˈmʌzɪ/ adj. מְטֻשְׁטָשׁ, ״טִשְׁטוּשׁ״, מְבֻלְבָּל

my /maɪ/ poss. adj.
1 (belonging to me) שֶׁלִּי, שַׁיָּךְ לִי
□ *my Johnny's ill again* ג׳וֹנִי שֶׁלִּי שׁוּב חוֹלֶה
2 (form of address)
□ *my dear Henry* (etc.) הֶנְרִי יַקִּירִי, הֶנְרִי חֲבִיבִי
□ *my lord Essex will not eat dinner* הַלּוֹרְד אֶסֶקְס אֵינוֹ חָפֵץ לִסְעֹד (אָמַר הַמְשָׁרֵת)
3 (exclamation)
my God! אֱלֹהִים אַדִּירִים!
my goodness! אוֹי־וָוי־וָוי! (בְּהַפְתָּעָה)
my word! בְּחַיַּי! חֵי־נַפְשִׁי!
oh my! אֵי־יַי־יַי! (בְּהַפְתָּעָה)

myalgic encephalomyelitis /maɪˌældʒɪk enˌsefələʊmaɪɪˈlaɪtɪs/ n. (*Med.*) עֲיֵפוּת קְלִינִית (הַנִּגְרֶמֶת עַל־יְדֵי נָגִיף)

myasthenia gravis /maɪəsˌθiːnɪə ˈɡrɑːvɪs/ n. (*Med.*) הִתְנַוְּנוּת־שְׁרִירִים

mycology /maɪˈkɒlədʒɪ/ n. חֵקֶר־הַפִּטְרִיּוֹת

myelin /ˈmaɪɪlɪn/ n. (*Med.*) מִיאֶלִין (מַעֲטֶה שֻׁמָּנִי שֶׁל עֲצַבִּים בַּגּוּף)

mynah /ˈmaɪnə/ n. (also **myna, mina**) מִין זַרְזִיר אַסְיָאתִי (הַמְסֻגָּל לְחַקּוֹת קוֹלוֹת דִּבּוּר)

myopia /maɪˈəʊpɪə/ n. קֹצֶר־רְאִיָּה, קֹצֶר־רְאוּת

myopic /maɪˈɒpɪk/ adj. קְצַר־רְאִיָּה, קְצַר־רְאוּת

myriad /ˈmɪrɪəd/ n. רְבָבָה; מִסְפָּר עָצוּם, ״אֵינְסוֹף״, ״אֶלֶף״
□ *I still have a myriad things to do before Christmas* יֵשׁ לִי עוֹד אֶלֶף דְּבָרִים לַעֲשׂוֹת לִפְנֵי חַג־הַמּוֹלָד

myrrh /mɜː(r)/ n. מוֹר (שִׂיחַ רֵיחָנִי)

myrtle /ˈmɜːt(ə)l/ n. הֲדַס

myself /maɪˈself/ reflex. & emphatic pron. (אֲנִי) עַצְמִי
□ *I don't feel myself* (or *I'm not myself*) *today* אֲנִי לֹא מַרְגִּישׁ טוֹב הַיּוֹם, אֲנִי מַרְגִּישׁ מוּזָר הַיּוֹם
□ *I was by myself* הָיִיתִי לְבַדִּי
□ *I can do it* (by) *myself* אֲנִי יָכוֹל לַעֲשׂוֹת זֹאת בְּעַצְמִי (נֶאֱמַר עַל יְדֵי מְבֻגָּר); אֲנִי יָכוֹל לְבַד (נֶאֱמַר עַל יְדֵי יֶלֶד קָטָן)
□ *in this job I can really be myself* הַתַּפְקִיד הַזֶּה מְאַפְשֵׁר לִי לְהִתְנַהֵג כְּפִי שֶׁאֲנִי

□ *(for) myself, I don't care* כְּשֶׁלְּעַצְמִי, לֹא אִכְפַּת לִי

□ *many people believe this, including myself* (or *myself included*) אֲנָשִׁים רַבִּים, וַאֲנִי בֵּינֵיהֶם, מַאֲמִינִים בָּזֶה

mysterious /mɪˈstɪərɪəs/ adj. מִסְתּוֹרִי, נִסְתָּר, סוֹדִי, חֲשָׁאִי

mystery /ˈmɪstərɪ/ n.

1 (obscurity, secrecy, something strange; also attrib.) מִסְתּוֹרִין, סְתִימוּת, חֲשָׁאִיּוּת; תַּעֲלוּמָה

mystery tour מַסַּע־הַפְתָּעָה (שֶׁבּוֹ הַנּוֹסְעִים אֵינָם יוֹדְעִים אֶת יַעַד הַנְּסִיעָה)

2 (religious truth or rite) עִקָּר־דָּתִי נִשְׂגָּב; מִיסְטֶרְיָה, פֻּלְחָן דָּתִי סָגוּר, פֻּלְחָן דָּתִי סוֹדִי

mystery play (*Hist.*) מִיסְטֶרְיָה, מַחֲזֶה מִסְתּוֹרִין (בִּימֵי הַבֵּינַיִם לָרֹב)

□ *the Resurrection is one of the central mysteries of Christianity* תְּחִיַּת־יֵשׁוּ הִיא אֶחָד מֵעִקָּרֵי־הַנַּצְרוּת

□ *the priest celebrated the Mysteries* הַכֹּהֵן נִהֵל אֶת פֻּלְחֲנוֹת־הַמִּסְתּוֹרִין

3 (detective story) סִפּוּר־מֶתַח, סִפּוּר בַּלָּשִׁי, "בַּלָּשׁ"

mystic /ˈmɪstɪk/ adj. (also **mystical**) מִיסְטִי, נִסְתָּר, טָמִיר

—n. מִיסְטִיקָן

mysticism /ˈmɪstɪsɪzəm/ n. מִיסְטִיצִיזְם, תּוֹרַת־הַסּוֹד, תּוֹרַת־הַנִּסְתָּר

mystification /ˌmɪstɪfɪˈkeɪʃ(ə)n/ n. (*formal*) הַטְעָיָה, אֲחִיזַת עֵינַיִם

mystify /ˈmɪstɪfaɪ/ v.t. הִטְעָה, הוֹלִיךְ שׁוֹלָל; עָשָׂה מִיסְטִיפִיקַצְיָה שֶׁל

mystique /mɪˈstiːk/ n. קֶסֶם, סוֹד, מִסְתּוֹרִין

myth /mɪθ/ n.

1 (legend) מִיתוֹס

2 (fictitious person or thing or idea) "אַגָּדָה"; דָּבָר/אָדָם/רַעְיוֹן בָּדוּי

mythical /ˈmɪθɪk(ə)l/ adj. מִיתִי, אַגָּדִי

mythological /ˌmɪθəˈlɒdʒɪk(ə)l/ adj. מִיתוֹלוֹגִי

mythology /mɪˈθɒlədʒɪ/ n. מִיתוֹלוֹגְיָה

N n

N, n /en/ n.
1 (letter) "אֶן" (הָאוֹת הַ־14 בָּאָלֶפְבֵּית הָאַנְגְּלִי)
2 (indefinite number, *Math.*) מִסְפָּר לֹא מֻגְדָּר, n
□ *it was boring to the nth degree* (*colloq.*) זֶה הָיָה מְשַׁעֲמֵם בְּרִבּוּעַ

Naafi /ˈnæfɪ/ n. (*UK*) שֶׁקֶ"ם (בַּצָּבָא הַבְּרִיטִי)

nab /næb/ v.t. (*sl.*) תָּפַס, עָצַר בִּשְׁעַת מַעֲשֶׂה, תָּפַס "עַל חַם"

nabob /ˈneɪbɒb/ n. (*arch.*) מוֹשֵׁל אַנְגְּלִי שֶׁל אַחַד הַמְּחוֹזוֹת בְּהֹדּוּ; כִּנּוּי לְאַנְגְּלִי שֶׁהִתְעַשֵּׁר מְאֹד בְּהֹדּוּ וְחָזַר לְבְרִיטַנְיָה; כִּנּוּי גְּנַאי לְאָדָם עָשִׁיר וְרַאַוְתָנִי

nacre /ˈneɪkə(r)/ n. אֵם־פְּנִינָה

nadir /ˈneɪdɪə(r)/ n. נְקֻדַּת שֵׁפֶל, נָדִיר (הַנְּקֻדָּה הַנֶּגְדִּית לְזֵנִית)

naff /næf/ adj. (*UK sl.*) תָּפֵל וּמְטֻפָּשׁ, חֲסַר־טַעַם
—v.i.
naff off! הִתְחַפֵּף!

nag[1] /næg/ n. (*colloq.*) סוּס שֶׁכֻּלּוֹ עוֹר וַעֲצָמוֹת

nag[2] /næg/ v.t. & i. (*derog.*) הִטְרִיד, הֵצִיק, "נִדְנֵד"
□ *he nagged (at) her all day long* הוּא נִדְנֵד לָהּ כָּל הַיּוֹם
—n. (*colloq.*) נוּדְנִיק

nagging /ˈnægɪŋ/ adj. (אָדָם) מְנַדְנֵד; (כְּאֵב, מַחֲשָׁבָה) מֵצִיק

nail /neɪl/ n.
1 (appendage to finger or toe) צִפֹּרֶן
□ *they fought tooth and nail* הֵם נִלְחֲמוּ בְּשִׁנַּיִם וּבְצִפָּרְנַיִם
2 (metal spike) מַסְמֵר
hard as nails (*colloq.*)
(physically tough) קָשֶׁה כְּמוֹ אֶבֶן
(pitiless) חֲסַר־רַחֲמִים, חֲסַר־לֵב, קָשׁוּחַ
□ *that's another nail in his coffin* הַדָּבָר מַחִישׁ אֶת קִצּוֹ
□ *he hit the nail on the head* הוּא קָלַע בּוּל לַמַּטָּרָה, הוּא נָתַן תְּשׁוּבָה קוֹלַעַת
□ *he paid on the nail* (*colloq.*) הוּא שִׁלֵּם עַל הַמָּקוֹם, שִׁלֵּם לְלֹא דִּחוּי
—v.t. מִסְמֵר, הִתְקִין/חִזֵּק בְּמַסְמְרִים
□ *he nailed his colours to the mast* (*fig.*) הוּא הִצְהִיר עַל עֶקְרוֹנוֹתָיו וְעַל נְכוֹנוּתוֹ לְהֵאָבֵק לְמַעֲנָם
□ *he nailed me in the hall* (*colloq.*) הוּא עָצַר אוֹתִי בַּכְּנִיסָה וְלֹא הִנִּיחַ לִי
□ *I managed to nail him down about his plans* הִצְלַחְתִּי לְהַכְרִיחַ אוֹתוֹ לְהַגִּיד מָה הֵם תָּכְנִיּוֹתָיו
□ *we nailed down the carpet* חִבַּרְנוּ אֶת הַשָּׁטִיחַ לִרְצְפַּת־הָעֵץ בְּמַסְמְרִים

nail-biting /ˈneɪl-ˌbaɪtɪŋ/ adj. מוֹתֵחַ

nail-brush /ˈneɪl-brʌʃ/ n. מִבְרֶשֶׁת צִפָּרְנַיִם

nail-file /ˈneɪl-faɪl/ n. מְשׁוֹף/פְּצִירָה לְצִפָּרְנַיִם

nail-scissors /ˈneɪl-sɪzəz/ n. *pl.* מִסְפָּרַיִם לְצִפָּרְנַיִם

nail-varnish /ˈneɪl-vɑːnɪʃ/ n. לַכָּה לְצִפָּרְנַיִם

naïve /naɪˈiːv/ adj. נָאִיבִי, תָּמִים

naïveté /naɪˈiːv(ə)tɪ/ n. נָאִיבִיּוּת, תְּמִימוּת

naked /ˈneɪkɪd/ adj. עֵירֹם, מְעֻרְטָל; חָשׂוּף
□ *can it be seen with the naked eye?* אֶפְשָׁר לִרְאוֹת אֶת זֶה בְּעַיִן בִּלְתִּי מְזֻיֶּנֶת?
□ *don't use naked lights when filling your car up* אַל תַּדְלִיק לֶהָבָה חֲשׂוּפָה כְּשֶׁאַתָּה מְמַלֵּא אֶת הַמְּכוֹנִית בְּדֶלֶק
□ *he told the naked truth* הוּא סִפֵּר אֶת הָאֱמֶת בְּמַעַרְמֻיהָ

namby-pamby /ˌnæmbɪ-ˈpæmbɪ/ adj. & n. (*derog.*) רַגְשָׁנִי בְּמִדָּה יְתֵרָה, רַכְרוּכִי, "יוֹרָמִי"; "יוֹרָם", חֲסַר אֹפִי, "סַבּוֹן"

name /neɪm/ n.
1 (title) שֵׁם
big (or **famous**) **name** שֵׁם מְפֻרְסָם
proper name שֵׁם־עֶצֶם פְּרָטִי
□ *I know him by name only* שָׁמַעְתִּי אֶת שְׁמוֹ אַךְ אֵינֶנִּי מַכִּיר אוֹתוֹ
□ *she knows all her class by name* הִיא מַכִּירָה אֶת כָּל תַּלְמִידֶיהָ בִּשְׁמוֹתֵיהֶם
□ *he goes by the name of Sanders* הוּא מֻכָּר בְּשֵׁם סַנְדֶּרְס
□ *don't call me names* אַל תִּקְרָא לִי בְּשֵׁמוֹת גְּנַאי
□ *in the name of mercy, I beg you to stop!* (*poet.*) לְמַעַן הַשֵּׁם, אֲנִי מְבַקֵּשׁ מִמְּךָ לַחְדֹּל! לְמַעַן הַשֵּׁם, חֲדַל!
□ *he hasn't a penny to his name* אֵין לוֹ פְּרוּטָה עַל הַנְּשָׁמָה, הוּא תַּפְרָן גָּמוּר
□ *Dodgson wrote under the name of Lewis Carroll* דּוֹדְג'סוֹן כָּתַב תַּחַת הַשֵּׁם הַבָּדוּי לוּאִיס קָרוֹל
2 (reputation) מוֹנִיטִין, פִּרְסוּם, שֵׁם־טוֹב
□ *his corruption gave journalism a bad name* הַשְׁחִיתוּת שֶׁלּוֹ פָּגְעָה בְּמוֹנִיטִין שֶׁל מִקְצוֹעַ הָעִתּוֹנָאוּת
□ *he made a name (for himself) in racing* הוּא עָשָׂה לְעַצְמוֹ שֵׁם בְּמֵרוֹצִים, שְׁמוֹ הוֹלֵךְ לְפָנָיו בְּמֵרוֹצִים, הוּא הִצְלִיחַ לְהִתְפַּרְסֵם בִּתְחוּם הַמֵּרוֹצִים

—v.t.

1 (give a name to) נָתַן שֵׁם לְ...

□ *he named me after* (or (*US*) *for*) *my grandfather* הוּא קָרָא לִי עַל שֵׁם סַבָּא שֶׁלִּי

2 (specify) פֵּרֵט, נָקַב (יוֹם, סְכוּם כֶּסֶף וְכַד׳), קָבַע

□ *name your price!* רַק תַּגִּיד כַּמָּה!

□ *they decided to name the day* הֵם הֶחְלִיטוּ לִקְבֹּעַ אֶת הַיּוֹם (לַחֲתֻנָּה, לִנְסִיעָה וְכוּ׳)

3 (appoint, nominate) מִנָּה

name-day /ˈneɪm-deɪ/ n. יוֹם שֶׁל קָדוֹשׁ (נוֹצְרִי) שֶׁעַל שְׁמוֹ נִקְרָא אָדָם מְסֻיָּם בִּשְׁעַת טְבִילָתוֹ

name-dropping /ˈneɪm-drɒpɪŋ/ n. (*colloq. derog.*) הַזְכָּרַת שֵׁמוֹת מְפֻרְסָמִים כְּדֵי לְהַרְשִׁים וּלְהִתְרַבְרֵב

nameless /ˈneɪmlɪs/ adj.

1 (without a name) חֲסַר־שֵׁם, שֶׁשְּׁמוֹ אֵינוֹ יָדוּעַ, אַלְמוֹנִי

2 (too bad or difficult to be named) אָיֹם וְנוֹרָא

namely /ˈneɪmlɪ/ adv. כְּלוֹמַר, זֹאת אוֹמֶרֶת, דְּהַיְנוּ

nameplate /ˈneɪmpleɪt/ n. טַבְלַת־שֵׁם (עַל קִיר־בִּנְיָן, דֶּלֶת, חֶדֶר וְכַד׳)

namesake /ˈneɪmseɪk/ n. בַּעַל אוֹתוֹ שֵׁם

nan /næn/ n. (*colloq.*) (also **nanna**) סַבְתָּא

nanny /ˈnænɪ/ n.

1 (nurse) אוֹמֶנֶת, מְטַפֶּלֶת

2 (grandmother, *colloq.*) סַבְתָּא

nanny-goat /ˈnænɪ-gəʊt/ n. עֵז

nano- /ˈnænəʊ/ pref. נָנוֹ־, (תְּחִלִּית שֶׁפֵּרוּשָׁהּ) אַלְפִּית הַמִּילְיוֹן שֶׁל

nap[1] /næp/ n. תְּנוּמָה, נִמְנוּם, שֵׁנָה קַלָּה

—v.i. נִמְנֵם

□ *I caught him napping* (*colloq.*) הִפְתַּעְתִּי אוֹתוֹ, תָּפַסְתִּי אוֹתוֹ בְּקַלְקָלָתוֹ

nap[2] /næp/ n. פְּלוּמָה רַכָּה (עַל אָרִיג אוֹ עוֹר)

nap[3] /næp/ n. נָאפּ (מִשְׂחַק־קְלָפִים)

napalm /ˈneɪpɑːm/ n. נַפָּלְם (חֹמֶר דָּלִיק הַמְשַׁמֵּשׁ בִּפְצָצוֹת תַּבְעֵרָה)

nape /neɪp/ n. עֹרֶף

naphthalene /ˈnæfθəˌliːn/ n. נַפְטָלִין (חֹמֶר נֶגֶד עָשׁ)

napkin /ˈnæpkɪn/ n

1 (serviette) מַפִּית שֻׁלְחָן

napkin-ring טַבַּעַת־לְמַפִּית־שֻׁלְחָן (שֶׁמְּקַפְּלִים לְתוֹכָהּ אֶת הַמַּפִּית)

2 (for a baby) חִתּוּל

nappy /ˈnæpɪ/ n. (*UK colloq.*) חִתּוּל

nappy rash גֵּרוּי עוֹר שֶׁל תִּינוֹקוֹת (כְּתוֹצָאָה מֵחִתּוּלִים רְטֻבִּים)

narcissism /ˈnɑːsɪsɪz(ə)m/ n. נַרְקִיסִיזְם

narcissistic /ˌnɑːsɪˈsɪstɪk/ adj. נַרְקִיסִיסְטִי

narcissus /nɑːˈsɪsəs/ n. (*pl.* **narcissi**) נַרְקִיס (צֶמַח־בָּר)

narcosis /nɑːˈkəʊsɪs/ n. הַרְדָּמָה, נַרְקוֹזָה

narcotic /nɑːˈkɒtɪk/ n. & adj. סַם מְמַכֵּר וּמְשַׁכֵּר; נַרְקוֹטִי, בַּעַל תְּכוּנוֹת מְמַכְּרוֹת/מְשַׁכְּרוֹת

nark /nɑːk/ n. מַלְשִׁין מִשְׁטַרְתִּי, סוֹכֵן מִשְׁטַרְתִּי שָׁתוּל

—v.t. (*UK*) עִצְבֵּן, הִכְעִיס, הִרְגִּיז, הֶעֱלִיב; עָבַד כְּסוֹכֵן מִשְׁטָרָה שָׁתוּל

□ *we were a bit narked to find our seats taken* זֶה הָיָה קְצָת מְעַצְבֵּן כְּשֶׁגִּלִּינוּ שֶׁלָּקְחוּ לָנוּ אֶת הַמְּקוֹמוֹת

narrate /nəˈreɪt/ v.t. (*formal*) סִפֵּר, תֵּאֵר

narration /nəˈreɪʃ(ə)n/ n. (*formal*) סִפּוּר/תֵּאוּר הָעֲלִילָה, סִפּוּר, נָרַצְיָה

narrative /ˈnærətɪv/ n. & attrib. adj.

1 (story; of a narration) סִפּוּר, סִפּוּר עֲלִילָה; סִפּוּרִי, נָרָטִיבִי, תֵּאוּרִי

2 (in literary criticism) נָרָטִיבִי; מְלֶאכֶת/אָמָּנוּת הַסִּפּוּר; מִבְנֵה הָעֲלִילָה (בְּטֶקְסְט סִפְרוּתִי)

narrator /nəˈreɪtə(r)/ n. מְסַפֵּר; קַרְיָן

narrow /ˈnærəʊ/ adj.

1 (restricted in breadth) צַר, מֻגְבָּל

narrow gauge מְסִלַּת רַכֶּבֶת צָרָה מִן הָרָגִיל

□ *he is very narrow in his outlook* הוּא צַר־אֳפָקִים מְאֹד, הוּא מֻגְבָּל מְאֹד

2 (with a small margin) כִּמְעַט שֶׁלֹּא, בְּקֹשִׁי

narrow squeak (*colloq.*) הֶחָלְצוּת בְּנֵס

□ *the opposition has gained a narrow majority* הָאוֹפּוֹזִיצְיָה זָכְתָה בְּרֹב זָעוּם

—n. *pl.* מֵצַר

—v.t. & i. הֵצַר, הִגְבִּיל, צִמְצֵם; נַעֲשָׂה צַר

□ *the police have narrowed the search down to a small area* הַמִּשְׁטָרָה צִמְצְמָה אֶת הַחִפּוּשִׂים לְאֵזוֹר קָטָן

narrow boat /ˈnærəʊ bəʊt/ n. (*UK*) סִירַת־תְּעָלוֹת (לְרֹב גְּדוֹלָה דַּיָּהּ לְשַׁמֵּשׁ לִמְגוּרִים)

narrowly /ˈnærəʊlɪ/ adv. בְּקֹשִׁי, בְּצִמְצוּם, בְּדֹחַק; בְּאֹפֶן יְסוֹדִי

□ *they narrowly missed colliding with the lorry* רַק בְּמַזָּל הֵם לֹא הִתְנַגְּשׁוּ בַּמַּשָּׂאִית

narrow-minded /ˌnærəʊ-ˈmaɪndɪd/ adj. צַר־אֹפֶק, צַר־מֹחִין, מֻגְבָּל בְּדֵעוֹתָיו

narwhal /ˈnɑːwəl/ n. נַרְוָאל (לִוְיָתָן אַרְקְטִי, לַזָּכָר חַט־שֶׁנְהָב אָרֹךְ)

nasal /ˈneɪz(ə)l/ adj. שֶׁל הָאַף; מְאֻנְפָּף; חָטְמִי, נָזָלִי (צְלִיל, קוֹל וְכַד׳)

□ *his voice sounded very nasal* קוֹלוֹ נִשְׁמַע מְאֹד מְאֻנְפָּף

—n. (*Phonet.*) עִצּוּר נָזָלִי

nascent /ˈnæsənt/ adj. (*formal*) הוֹלֵךְ וּמִתְהַוֶּה, מֵנֵץ, בְּחִתּוּלָיו

nasturtium /nəˈstɜːʃ(ə)m/ n. כּוֹבַע הַנָּזִיר (צֶמַח נוֹי בַּעַל פְּרָחִים צִבְעוֹנִיִּים)

nasty /ˈnɑːstɪ/ adj.
1 (unpleasant) לֹא נָעִים, מַגְעִיל, מַבְחִיל, דּוֹחֶה; מְרֻשָּׁע; גַּס, "מְלַכְלֵךְ"
□ *they suddenly turned nasty on us* הֵם פִּתְאֹם נַעֲשׂוּ מְאֹד לֹא נְעִימִים
□ *he's a nasty piece of work* לֹא כְּדַאי לְהִתְעַסֵּק אִתּוֹ, תִּזָּהֵר מִמֶּנּוּ
2 (dangerous) מְסֻכָּן, חָמוּר, "רְצִינִי"
□ *that's a nasty corner for a car travelling fast* זוֹ פִּנָּה מְסֻכֶּנֶת לִמְכוֹנִית הַנּוֹסַעַת בִּמְהִירוּת גְּבוֹהָה

natal /ˈneɪt(ə)l/ adj. שֶׁל לֵדָה; מִלֵּדָה
nation /ˈneɪʃ(ə)n/ n. אֻמָּה, לְאֹם, עַם
national /ˈnæʃ(ə)n(ə)l/ adj. לְאֻמִּי
national anthem הַמִּנְנוֹן לְאֻמִּי
national debt הַחוֹב הַלְּאֻמִּי
national grid רֶשֶׁת הַחַשְׁמַל הַלְּאֻמִּית (בִּבְרִיטַנְיָה)
National Guard (*US*) הַמִּשְׁמָר הַלְּאֻמִּי
national insurance (*UK*) בִּטּוּחַ לְאֻמִּי
national park פַּארְק לְאֻמִּי
national service (*UK*) גִּיּוּס-חוֹבָה (בִּבְרִיטַנְיָה)
National Trust (*UK*) הַחֶבְרָה לִשְׁמוֹר וְהַגָּנָה עַל מִבְנִים וַאֲתָרִים הִיסְטוֹרִיִּים (בִּבְרִיטַנְיָה)
—n. נָתִין, בֶּן־אֶרֶץ (מְסֻיֶּמֶת), אֶזְרָח
□ *no British nationals were injured in the explosion* בַּהִתְפּוֹצְצוּת לֹא נִפְגְּעוּ אֶזְרָחִים בְּרִיטִיִּים

nationalism /ˈnæʃ(ə)nəlɪz(ə)m/ n. לְאֻמָּנוּת; לְאֻמִּיּוּת
nationalist /ˈnæʃ(ə)nəlɪst/ n. לְאֻמָּן
nationalistic /ˌnæʃ(ə)nəˈlɪstɪk/ adj. לְאֻמָּנִי
nationality /ˌnæʃəˈnælɪtɪ/ n. אֶזְרָחוּת, נְתִינוּת; לְאֹם
□ *what is your nationality?* אֵיזוֹ אֶזְרָחוּת יֵשׁ לְךָ? בֶּן אֵיזֶה לְאֹם אַתָּה?
nationalization /ˌnæʃ(ə)nəlaɪˈzeɪʃ(ə)n/ n. הַלְאָמָה
nationalize /ˈnæʃ(ə)nəlaɪz/ v.t. הִלְאִים
nationhood /ˈneɪʃ(ə)nhʊd/ n. הֱיוֹת אֻמָּה; אֹפִי־לְאֻמִּי; מַעֲמָד שֶׁל אֻמָּה
nationwide /neɪʃənˈwaɪd/ adj. & adv. כְּלָל־אַרְצִי, כְּלָל־לְאֻמִּי, אַרְצִי

native /ˈneɪtɪv/ adj.
1 (belonging to one by birth) מִלֵּדָה
□ *he left his native land* הוּא עָזַב אֶת אֶרֶץ מוֹלַדְתּוֹ
2 (indigenous) שֶׁל מוֹלֶדֶת, שֶׁל יְלִיד, שֶׁל בֶּן־הַמָּקוֹם
□ *the peacock is not native to this country* הַטַּוָּס אֵינוֹ חַי בָּאָרֶץ זוֹ בְּאֹפֶן טִבְעִי
□ *he went native* (*colloq.*) הוּא חַי כִּבְנֵי־הַמָּקוֹם, הוּא אִמֵּץ לְעַצְמוֹ אֶת מִנְהַג בְּנֵי־הַמָּקוֹם
3 (innate) טִבְעִי, שֶׁמִּלֵּדָה, מוּלָד
native speaker אָדָם שֶׁשָּׂפָה מְסֻיֶּמֶת הִיא שְׂפַת־אִמּוֹ
native English-speaker דּוֹבֵר אַנְגְּלִית
—n. יְלִיד; "מְקוֹמִי", "נֵיטִיב" (בִּטּוּי מַעֲלִיב וּמְבַזֶּה)
□ *I am a native of Brazil* אֲנִי יְלִיד בְּרָזִיל
□ *the natives are restless tonight* (*derog.*) "הַנֵּיטִיבְס" מִשְׁתּוֹלְלִים הַלַּיְלָה (אֹפֶן הִתְבַּטְּאוּת מַשְׁפִּיל וּמְבַזֶּה בְּיוֹתֵר)

nativity /nəˈtɪvɪtɪ/ n. (*formal*) לֵדָה (בְּעִקָּר לֵדַת יֵשׁוּ); תְּמוּנָה/דֶּגֶם שֶׁל מַעֲמַד לֵדַת־יֵשׁוּ
nativity play מַחֲזֶה הַמְתָאֵר אֶת לֵדַת יֵשׁוּ (בְּדֶרֶךְ כְּלָל מְבֻצָּע עַל יְדֵי יְלָדִים בְּחַג הַמּוֹלָד)
NATO /ˈneɪtəʊ/ abbrev. (בְּרִית) נָאטוֹ
natter /ˈnætə(r)/ v.i. (*colloq.*) פִּטְפֵּט, קִשְׁקֵשׁ
—n. פִּטְפּוּט, קִשְׁקוּשׁ; שִׂיחָה קְצָרָה
natty /ˈnætɪ/ adj. (*colloq.*) הָדוּר, מִצְחְצָח
natural /ˈnætʃ(ə)r(ə)l/ adj.
1 (of or provided by nature) טִבְעִי
natural childbirth לֵדָה טִבְעִית (לְלֹא הִתְעָרְבוּת רְפוּאִית)
natural gas גָּז טִבְעִי
natural history בּוֹטָנִיקָה וְזוֹאוֹלוֹגְיָה
natural law הַחֹק הַטִּבְעִי (לְהַבְדִּיל מִן הַמַּעֲרֶכֶת הַחֻקִּית הָרִשְׁמִית)
natural philosophy (*arch.*) (בֶּעָבָר) מַדָּע (בִּמְיֻחָד פִיזִיקָה)
natural resources מַשְׁאַבִּים טִבְעִיִּים
natural science מַדְּעֵי הַטֶּבַע (בִּיּוֹלוֹגְיָה, כִּימְיָה, פִיזִיקָה וְכוּ')
natural selection בְּרֵרָה טִבְעִית
□ *he has three natural children* נוֹלְדוּ לוֹ שְׁלֹשָׁה יְלָדִים (לְהַבְדִּיל מִילָדִים שֶׁאִמֵּץ)
2 (innate, instinctive) מִלֵּדָה, מִבֶּטֶן וּמִלֵּדָה
□ *she is a natural orator* הִיא נוֹאֶמֶת מִבֶּטֶן וּמִלֵּדָה
3 (normal) טִבְעִי
□ *it's only natural to suppose that…* רַק טִבְעִי הוּא לְהַנִּיחַ שֶׁ...
□ *he was sentenced to prison for the term of his natural life* (*formal*) הוּא נִדּוֹן לְמַאֲסָר לְמֶשֶׁךְ כָּל יְמֵי חַיָּיו
4 (unaffected, lifelike) טִבְעִי, אֲמִתִּי
□ *just act natural* (*colloq.*) פָּשׁוּט תִּתְנַהֵג בְּטִבְעִיּוּת
5 (*Mus.*) (סִימָן) סַלְקָה, בֶּקָר (♮)
—n.
1 (natural person, *colloq.*) אָדָם הַמַּתְאִים בְּאֹפֶן טִבְעִי לְ...
□ *he's a natural for the part* הַתַּפְקִיד מַמָּשׁ גָּזוּר בִּשְׁבִילוֹ
2 (*Mus.*) סַלְקָה, בֶּקָר (♮)

naturalism /ˈnætʃ(ə)rəlɪz(ə)m/ n.
1 (*Art*) נָטוּרָלִיזְם (אַסְכּוֹלָה בְּסִפְרוּת וּבְאָמָּנוּת שֶׁבָּאָה לְתָאֵר אוֹ לְיַצֵּג אֶת הַמְּצִיאוּת כְּפִי שֶׁהִיא, לְלֹא כָּחָל וָשָׂרָק)
2 (*Phil.*) (פִילוֹסוֹפְיָה) נָטוּרָלִיזְם (תּוֹרָה הַמִּשְׁתַּתֶּתֶת עַל הַטֶּבַע וְדוֹחָה אֶת הָעַל־טִבְעִי וְאֶת הַגִּלּוּי הָאֱלֹהִי)

naturalist /ˈnætʃ(ə)rəlɪst/ n.
1 (student of natural history) נָטוּרָלִיסְט, חוֹקֵר־טֶבַע (בּוֹטָנִיקָאִי אוֹ זוֹאוֹלוֹג, לָרֹב בַּשָּׂדֶה)
2 (*Art*) אֳמָן נָטוּרָלִיסְטִי, נָטוּרָלִיסְט
3 (*Philos.*) פִילוֹסוֹף נָטוּרָלִיסְטִי, נָטוּרָלִיסְט

naturalistic /ˌnætʃ(ə)rəˈlɪstɪk/ adj. נָטוּרָלִיסְטִי

naturalize /ˈnætʃ(ə)rəlaɪz/ v.t.
1 (adopt, introduce) אִמֵּץ (מִלָּה מִשָּׂפָה אַחֶרֶת); הֶעֱבִיר (בַּעַל־חַיִּים, צֶמַח) מֵאֵזוֹר אֶחָד לְאֵזוֹר אַחֵר, אִקְלֵם
2 (admit to citizenship) אִזְרֵחַ, הֶעֱנִיק אֶזְרָחוּת לְ...; הִתְאַזְרֵחַ, קִבֵּל אֶזְרָחוּת
□ *he became a naturalized German citizen* הוּא הָפַךְ לְאֶזְרָח גֶּרְמָנִי

naturally /ˈnætʃ(ə)rəlɪ/ adv.
1 (by nature) בְּאֹפֶן טִבְעִי, מִטִּבְעוֹ, מִלֵּדָה
□ *she's naturally musical* הִיא מוּזִיקָלִית מִטִּבְעָהּ
□ *his hair curls naturally* יֵשׁ לוֹ תַּלְתַּלִּים טִבְעִיִּים
2 (without affectation) בְּטִבְעִיּוּת, בְּאֹפֶן טִבְעִי
□ *try to behave naturally* תְּנַסֶּה לְהִתְנַהֵג בְּטִבְעִיּוּת
3 (of course) כַּמּוּבָן, בְּדֶרֶךְ הַטֶּבַע
□ *naturally, I was surprised by this* כַּמּוּבָן שֶׁזֶּה הִפְתִּיעַ אוֹתִי

nature /ˈneɪtʃə(r)/ n.
1 (kind, quality, essence) טֶבַע, מַהוּת, אֹפִי
human nature הַטֶּבַע הָאֱנוֹשִׁי, טֶבַע הָאָדָם
□ *it is in the nature of things* זֶה מִטֶּבַע הַדְּבָרִים
□ *her question was in the nature of a demand* בַּקָּשָׁתָהּ נָשְׂאָה אֹפִי שֶׁל תְּבִיעָה
2 (disposition) טֶבַע, מֶזֶג, אֹפִי
□ *he has a very placid nature* הוּא בַּעַל מֶזֶג שָׁלֵו בְּיוֹתֵר
□ *true to his nature* נֶאֱמָן לְטִבְעוֹ, נֶאֱמָן לְעַצְמוֹ
□ *it goes against my nature* הַדָּבָר מְנֻגָּד לְאֹפִי שֶׁלִּי
□ *don't try my good nature too far* יֵשׁ גְּבוּל לְטוּב־הַלֵּב שֶׁלִּי (כְּלוֹמַר: אַל תַּגְזִים)
3 (the non-human world) עוֹלַם הַטֶּבַע
nature cure רִפּוּי טִבְעִי
nature reserve שְׁמוּרַת־טֶבַע
nature study טֶבַע (נוֹשֵׂא הַלִּמּוּד בְּבֵית־סֵפֶר)
nature trail מַסְלוּל מְסֻמָּן בִּשְׁמוּרַת־טֶבַע
call of nature (*colloq.*) "עִנְיָן חָשׁוּב", "יְשִׁיבָה חֲשׁוּבָה" (הַצֹּרֶךְ לָלֶכֶת לְבֵית־הַשִּׁמּוּשׁ)
□ *many advocated a return to nature* רַבִּים תָּמְכוּ בִּשְׁבִיבָה אֶל הַטֶּבַע

naturism /ˈneɪtʃərɪz(ə)m/ n. נוּדִיזְם

naturist /ˈneɪtʃərɪst/ n. נוּדִיסְט

naught /nɔːt/ n. (*arch.*) לֹא־כְלוּם, לֹא־מְאוּמָה

naughty /ˈnɔːtɪ/ adj.
1 (disobedient) (יֶלֶד) שׁוֹבָב, לֹא מְמֻשְׁמָע, סוֹרֵר, פּוֹרֵק עֹל
2 (improper) (שָׂפָה, הִתְנַהֲגוּת וְכוּ') גַּס; עוֹשֶׂה דְּבָרִים שֶׁאָסוּר לַעֲשׂוֹת (בְּעִקָּר בְּכָל הַקָּשׁוּר לְמִין)

nausea /ˈnɔːsɪə/ n. בְּחִילָה; גֹּעַל, תִּעוּב

nauseate /ˈnɔːsɪeɪt/ v.t. גָּרַם בְּחִילָה; הִגְעִיל

nauseating /ˈnɔːsɪeɪtɪŋ/ adj. גּוֹרֵם בְּחִילָה; מַבְחִיל, מַגְעִיל

nauseous /ˈnɔːsɪəs/ adj. חָשׁ בְּחִילָה

nautical /ˈnɔːtɪk(ə)l/ adj. יַמִּי, שֶׁקָּשׁוּר לְיוֹרְדֵי־יָם, לְנִוּוּט אוֹ לִסְפִינוֹת
nautical mile מִיל יַמִּי (1,852 מ')

nautilus /ˈnɔːtɪləs/ n. נָאוּטִילוּס (סוּג רַכִּיכָה בַּעֲלַת קוֹנְכִיָּה סְפִּירָלִית)

naval /ˈneɪv(ə)l/ adj. שֶׁל הַצִּי, שֶׁל חֵיל־הַיָּם, יַמִּי

nave /neɪv/ n. סְפִינָה (הָאוּלָם הַמֶּרְכָּזִי בִּכְנֵסִיָּה)

navel /ˈneɪv(ə)l/ n. טַבּוּר
navel orange טַבּוּרִית (סוּג שֶׁל תַּפּוּז חֲסַר גַּרְעִינִים)

navigability /ˌnævɪgəˈbɪlɪtɪ/ n. יְכֹלֶת הַשִּׁיּוּט; כְּשֵׁרוּת הַנִּוּוּט (לְגַבֵּי נָהָר)

navigable /ˈnævɪgəb(ə)l/ adj. (נָהָר, יָם וְכוּ') כָּשִׁיר לְמַעֲבַר כְּלֵי־שַׁיִט; (כְּלִי שַׁיִט) כָּשִׁיר לְהַפְלָגָה

navigate /ˈnævɪgeɪt/ v.t. & i. הִשִּׁיט, נִוֵּט, נָהַג בִּסְפִינָה; שָׁט, הִפְלִיג; נִוֵּט
□ *I navigated a course through the crowd* פִּלַּסְתִּי אֶת דַּרְכִּי בֶּהָמוֹן

navigation /ˌnævɪˈgeɪʃ(ə)n/ n.
1 (act or science of navigating) נִוּוּט
2 (transport by water) הַפְלָגָה, שִׁיּוּט, הֲשָׁטַת סְפִינָה

navigational /ˈnævɪgeɪʃ(ə)n(ə)l/ adj. שֶׁל נִוּוּט

navigator /ˈnævɪgeɪtə(r)/ n. נַוָּט

navvy /ˈnævɪ/ n. (*colloq., UK*) פּוֹעֵל שָׁחוֹר (בְּעִקָּר בְּבִנְיָן, בִּכְבִישׁ, בִּמְסִלַּת־הַבַּרְזֶל וְכַד')

navy /ˈneɪvɪ/ n. צִי, חֵיל־הַיָּם, יַמִּיָּה
□ *she wore a navy (blue) dress* הִיא לָבְשָׁה שִׂמְלָה כְּחֻלָּה כֵּהָה

nay /neɪ/ int.
1 (no, *arch.*) לֹא
2 (indeed, *formal*) יָתֵר עַל־כֵּן, וְלֹא עוֹד אֶלָּא
□ *the audience responded warmly, nay rapturously* הַקָּהָל הִתְלַהֵב, לֹא, מוּטָב כִּי נֹאמַר שֶׁיָּצָא מִגִּדְרוֹ

Nazi /ˈnɑːtsɪ/ n. & adj. (*Hist.*) נָאצִי

Nazism /ˈnɑːtsɪz(ə)m/ n. (*Hist.*) נָאצִיזְם

NB abbrev. לִתְשׂוּמֶת לִבְּכֶם (בְּמִכְתָּב וְכַד')

NCO abbrev. מַשַּׁ"ק (מְפַקֵּד שֶׁאֵינוֹ קָצִין)

Neanderthal /niːˈændətɑːl/ adj. נֵיאַנְדֶּרְטָלִי (אֶחָד מִשְּׁלַבֵּי הָאָדָם הַקַּדְמוֹן)

neap tide /ˈniːp taɪd/ n. שֵׁפֶל, יְרִידָה שֶׁל מֵי־הַיָּם

Neapolitan /ˌnɪəˈpɒlɪt(ə)n/ adj. & n. שֶׁל נָפּוֹלִי, מִנָּפּוֹלִי; תּוֹשַׁב נָפּוֹלִי

Neapolitan ice-cream גְּלִידָה בַּעֲלַת שָׁלֹשׁ צְבָעִים וּטְעָמִים, גְּלִידָה נַפּוֹלִיטָנָה

near /ˈnɪə(r)/ adj.

1 (close to) קָרוֹב, קָרוֹב לְ..., סָמוּךְ

near miss כִּמְעַט פְּגִיעָה, כִּמְעַט קְלִיעָה; כִּמְעַט הִתְנַגְּשׁוּת

□ *it is visible in the near distance* נִתָּן לְהַבְחִין בָּזֶה בַּמֶּרְחָק הַקָּרוֹב

□ *Sicily is near to Italy* סִיצִילְיָה קְרוֹבָה לְאִיטַלְיָה

□ *he travelled in the Near East* הוּא טִיֵּל בַּמִּזְרָח הַקָּרוֹב (כְּלוֹמַר טוּרְקִיָּה, צְפוֹן־אַפְרִיקָה וְכַד׳)

□ *that was a near thing!* (*colloq.*) נֶחֱלַצְנוּ בְּנֵס!, נִצַּלְנוּ בְּמַזָּל!

2 (close in relation or affection) קָרוֹב; אָהוּב, יָקָר

□ *he spent Christmas among his nearest and dearest* הוּא בִּלָּה אֶת חַג הַמּוֹלָד בְּקֶרֶב בְּנֵי מִשְׁפַּחְתּוֹ

□ *I have no near relations* אֵין לִי קְרוֹבֵי מִשְׁפָּחָה (חוּץ אוּלַי מִקְּרוֹבֵי מִשְׁפָּחָה רְחוֹקִים)

—adv. & prep. קָרוֹב, סָמוּךְ; בְּהֶשֵּׂג־יָד

□ *come and sit near the fire* בּוֹא תֵּשֵׁב לְיַד הָאָח

□ *their second album is nowhere near as good as their first one* (*colloq.*) הָאַלְבּוֹם הַשֵּׁנִי שֶׁלָּהֶם לֹא מַגִּיעַ לַקַּרְסֻלַּיִם שֶׁל הָאַלְבּוֹם הָרִאשׁוֹן

□ *she's nowhere near as clever as her sister* (*colloq.*) אֵין לָהּ אֲפִלּוּ חֲצִי מֵהַשֵּׂכֶל שֶׁל אֲחוֹתָהּ

□ *he came near to losing his temper* הוּא כִּמְעַט אִבֵּד אֶת הַשְּׁלִיטָה בְּרוּחוֹ

□ *the post office is near at hand* סְנִיף הַדֹּאַר נִמְצָא בְּקִרְבַת מָקוֹם

□ *they searched far and near for the lost dog* הֵם חִפְּשׂוּ אַחַר הַכֶּלֶב הָאוֹבֵד בְּכָל מָקוֹם

—v.t. הִתְקָרֵב אֶל, קָרַב לְ...

□ *we are now nearing Glasgow* אֲנַחְנוּ מִתְקָרְבִים כָּעֵת לְגְלַזְגוֹ

nearby /ˈnɪəbaɪ/ adj. קָרוֹב, סָמוּךְ

—adv. /ˌnɪəˈbaɪ/ קָרוֹב, לֹא רָחוֹק, בְּקִרְבַת מָקוֹם

nearly /ˈnɪəlɪ/ adv. כִּמְעַט, בְּקָרוֹב

□ *this essay is not nearly good enough* הַחִבּוּר הַזֶּה אֵינוֹ מַגִּיעַ לָרָמָה הַנִּדְרֶשֶׁת

nearside /ˈnɪəsaɪd/ n. & adj. הַצַּד (שֶׁל מְכוֹנִית, וְכוּ׳) הַסָּמוּךְ לִשְׂפַת הַמִּדְרָכָה; שְׂמָאלִי, בַּצַּד הַשְּׂמָאלִי

□ *the nearside wing-mirror was broken* הַמַּרְאָה הַצִּדְדִית הַשְּׂמָאלִית הָיְתָה שְׁבוּרָה

near-sighted /ˌnɪəˈsaɪtɪd/ adj. קְצַר־רֹאִי, קְצַר־רְאוּת

neat[1] /niːt/ adj.

1 (tidy) מְסֻדָּר, נָקִי, פָּשׁוּט

2 (well-proportioned, well-executed) נָאֶה, פִּקְחִי; ״לְעִנְיָן״

□ *that was a neat turn of phrase* מִלִּים כִּדְרָבָנוֹת! זֶה הָיָה מִשְׁפָּט לְעִנְיָן

3 (undiluted) לֹא מָהוּל (לְגַבֵּי מַשְׁקָאוֹת חֲרִיפִים)

□ *I take my whisky neat* אֲנִי שׁוֹתֶה וִיסְקִי בְּלִי כְּלוּם

4 (good, *US sl.*) ״מַדְלִיק״, ״מַגְנִיב״

neaten /ˈniːt(ə)n/ v.t. סִדֵּר, הֵיטִיב

nebula /ˈnebjʊlə/ n. (*pl.* **nebulae**) עֲרָפִלִית

nebulous /ˈnebjʊləs/ adj. (*derog.*) עֲרָפִלִּי; מְעֻרְפָּל

necessaries /ˈnesəsərɪz/ n. *pl.* הַדְּבָרִים הַדְּרוּשִׁים (לְמַטָּרָה מְסֻיֶּמֶת)

necessarily /ˌnesəˈserɪlɪ/ adv. בְּהֶכְרֵחַ

□ *that is not necessarily true* זֶה לֹא בְּהֶכְרֵחַ נָכוֹן

necessary /ˈnesəsərɪ/ adj.

1 (inevitable, indispensable) נָחוּץ, הֶכְרֵחִי, חִיּוּנִי

□ *sleep is necessary for health* הַשֵּׁנָה נְחוּצָה לַבְּרִיאוּת

2 (compulsory) הֶכְרֵחִי

□ *is it necessary for you to obtain a visa?* הַאִם אַתָּה מֻכְרָח לְהַשִּׂיג וִיזָה?

necessitate /nɪˈsesɪteɪt/ v.t. הִצְרִיךְ, חִיֵּב לְ...

necessitous /nɪˈsesɪtəs/ adj. (*formal*) נִזְקָק, נִצְרָךְ (כְּלוֹמַר עָנִי)

necessity /nɪˈsesɪtɪ/ n.

1 (indispensability, inevitability) הֶכְרֵחַ, נְחִיצוּת

□ *it follows, of necessity, that...* נוֹבֵעַ מִכָּאן בְּהֶכְרֵחַ שֶׁ...

2 (compulsion, *formal*) כֹּרַח, הֶכְרֵחַ

□ *he's making a virtue of necessity* הוּא קִבֵּל עָלָיו אֶת הַהֶכְרֵחַ בְּנֶפֶשׁ חֲפֵצָה

□ *I find myself here by necessity* אֲנִי מוֹצֵא אֶת עַצְמִי כָּאן מִכֹּרַח הַנְּסִבּוֹת

□ *necessity is the mother of invention* (*Prov.*) הַהֶכְרֵחַ הוּא אֲבִי הַהַמְצָאָה

3 (necessary thing) צֹרֶךְ, צֹרֶךְ בְּסִיסִי

neck /nek/ n.

1 (part of body) צַוָּאר

neck and neck (*colloq.*) בִּנְקֻדָּה זוֹ הֵם הָיוּ בְּמַצָּב שֶׁל שִׁוְיוֹן

□ *he won* (or *lost*) *by a neck* (*colloq.*) הוּא נִצַּח/הִפְסִיד בְּהֶפְרֵשׁ זָעוּם

□ *I've got the boss breathing down my neck all the time* (*colloq.*) הַבּוֹס שֶׁלִּי נוֹשֵׁף בְּעָרְפִּי כָּל הַזְּמַן

□ *he got it in the neck* (*colloq.*) הוּא ״אָכַל״ אוֹתָהּ, הוּא סָפַג מָנָה רְצִינִית

□ *he may be able to save his neck* (*colloq.*) הוּא עָשׂוּי לְהַצִּיל אֶת עוֹרוֹ

□ *he broke his neck to finish the work on time* (*colloq.*) הוּא עָבַד כְּמוֹ חֲמוֹר כְּדֵי לִגְמֹר אֶת הָעֲבוֹדָה בַּזְּמַן

□ *he stuck his neck out to defend his friend* (*colloq.*) הוּא נָטַל עַל עַצְמוֹ סִכּוּן כְּדֵי לְהָגֵן עַל חֲבֵרוֹ

2 (object resembling neck) (בְּהַשְׁאָלָה) צַוָּאר

□ *the neck of a bottle* צַוַּאר הַבַּקְבּוּק

□ *what are you doing in this neck of the woods?* (*colloq.*) מָה אַתָּה עוֹשֶׂה בָּאֵזוֹר הַזֶּה? ״מָה לְכֹהֵן בְּבֵית־הַקְּבָרוֹת?״

3 (part of garment) צַוָּארוֹן

4 (impudence, *colloq.*) חֻצְפָּה

□ *that's enough of your neck!* נִמְאַס לִי מֵהַחֻצְפָּה שֶׁלְּךָ!

—v.i. (*colloq.*) הִתְגַּפֵּף, הִתְעַלֵּס, "הִתְמַזְמֵז"

necklace /ˈneklɪs/ n. מַחֲרֹזֶת, עֲנָק

necklet /ˈneklɪt/ n. מַחֲרֹזֶת קְטַנָּה, קְצָרָה

neckline /neklaɪn/ n. קַו הַצַּוָּאר (בִּבְגָדִים); מַחְשׂוֹף

necktie /ˈnektaɪ/ n. (*US*) עֲנִיבָה

necromancer /ˈnekrəʊmænsə(r)/ n. (*formal*) בַּעַל אוֹב, דּוֹרֵשׁ אֶל הַמֵּתִים, מְכַשֵּׁף

necromancy /ˈnekrəʊmænsɪ/ n. (*formal*) אוֹבוֹת, דְּרִישָׁה אֶל הַמֵּתִים, כִּשּׁוּף

necrophilia /ˌnekrəˈfɪlɪə/ n. נֶקְרוֹפִילְיָה (מְשִׁיכָה מִינִית חוֹלָנִית לִגְוִיּוֹת)

necrophiliac /ˌnekrəˈfɪlɪæk/ n. נֶקְרוֹפִיל (כַּנַּ"ל)

necropolis /nɪˈkrɒpəlɪs/ n. (*arch.*) עִיר־מֵתִים, נֶקְרוֹפּוֹלִיס (שֶׁטַח קְבוּרָה נִרְחָב, בְּעִקָּר בְּעֵת הָעַתִּיקָה)

nectar /ˈnektə(r)/ n.

1 (*Bot.*) צוּף

2 (*Myth.*) נֶקְטָר, מַשְׁקֵה הָאֵלִים; (בְּהַשְׁאָלָה) מַשְׁקֶה עָרֵב לַחֵךְ

nectarine /ˈnektərɪn/ n. אֲפַרְשְׁזִיף, נֶקְטָרִינָה

née /neɪ/ adj. לְבֵית־ (שֵׁם מִשְׁפַּחְתָּהּ הַמְּקוֹרִי שֶׁל הָאִשָּׁה לִפְנֵי נִשּׂוּאֶיהָ)

□ *Mrs. J. Smith née Brown* גב' ג'י סְמִית לְבֵית בְּרָאוּן

need[1] /niːd/ n.

1 (requirement) צֹרֶךְ

□ *in this town there is a need for a good gymnasium* צָרִיךְ אוּלַם הִתְעַמְּלוּת טוֹב בָּעִיר הַזֹּאת

□ *she is in need of somewhere to live* אֵין לָהּ אֵיפֹה לָגוּר

□ *if need be, you can ring me* הִתְקַשֵּׁר אֵלַי אִם יִהְיֶה צֹרֶךְ בְּכָךְ

□ *I hope this will meet your needs* אֲנִי מְקַוֶּה שֶׁהַדָּבָר יַעֲנֶה עַל צְרָכֶיךָ

□ *there is no need (for you) to worry about the matter* אֵינְךָ צָרִיךְ לִדְאֹג בְּקֶשֶׁר לְכָךְ

2 (poverty, state of requiring something) מְצוּקָה, עֵת־צָרָה

□ *a friend in need is a friend indeed* (*Prov.*) חָבֵר אֲמִתִּי נִכָּר בִּשְׁעַת צָרָה

—v.t.

1 (require) הִצְטָרֵךְ, הָיָה זָקוּק לְ...

□ *do you need any help?* אַתָּה זָקוּק לְעֶזְרָה?

2 (be obliged) צָרִיךְ, מֻכְרָח, חַיָּב

□ *do we need to tell her about it?* אֲנַחְנוּ חַיָּבִים לְסַפֵּר לָהּ עַל כָּךְ?

3 (deserve, *colloq.*) מַגִּיעַ לְ...

□ *what he needs is a good telling off!* לֹא הָיְתָה מַזִּיקָה לוֹ נְזִיפָה כְּמוֹ שֶׁצָּרִיךְ!

—v.aux. (*irregular*) הָיָה צָרִיךְ לְ..., הָיָה הֶכְרֵחַ שֶׁ...

□ *you needn't come, but need I go?* אַתָּה לֹא חַיָּב לָבוֹא, אֲבָל הַאִם אֲנִי חַיָּב לָלֶכֶת?

□ *the police need not have hurried* הַמִּשְׁטָרָה לֹא הָיְתָה צְרִיכָה לָבוֹא מַהֵר כָּל־כָּךְ

needful /ˈniːdf(ə)l/ adj. נָחוּץ

needle /ˈniːd(ə)l/ n.

1 (implement for sewing) מַחַט

□ *it's like looking for a needle in a haystack* (*Prov.*) זֶה כְּמוֹ לְחַפֵּשׂ מַחַט בַּעֲרֵמַת שַׁחַת

2 (pointed object) (חֵפֶץ דְּמוּי) מַחַט

gramophone needle מַחַט שֶׁל פַּטֵּיפוֹן

hypodermic needle מַחַט־מַזְרֵק

knitting needle מַסְרֵגָה

pine needle מַחַט אֹרֶן

3 (pointer on compass, etc.) מַחַט (מַצְפֵּן); מַחַט, מָחוֹג (בִּשְׁעוֹן־מְדִידָה)

compass needle מַחַט־הַמַּצְפֵּן

4 (pointed rock, peak) אוֹבֶּלִיסְק; עַמּוּד־אֶבֶן (טִבְעִי)

—v.t. (*colloq.*) עָלָה עַל הָעֲצַבִּים (שֶׁל פְּלוֹנִי)

needle game (or **match**) (*UK*) תַּחֲרוּת עֲקִיצוֹת

needlecord /ˈniːd(ə)lkɔːd/ n. אֲרִיג קוֹרְדְּרוֹי עִם פַּסִּים צָרִים

needless /ˈniːdlɪs/ adj. מְיֻתָּר, חֲסַר־טַעַם

needless to say לְמוֹתָר לְצַיֵּן, אֵין צֹרֶךְ לוֹמַר, בָּרוּר מֵאֵלָיו שֶׁ...

needlewoman /ˈniːd(ə)lwʊm(ə)n/ n. תּוֹפֶרֶת

needlework /ˈniːd(ə)lwɜːk/ n. תְּפִירָה, רִקְמָה

needs /niːdz/ adv.

if needs must (*formal*) אִם מִן הַהֶכְרֵחַ הוּא...

□ *he must needs go away just when I needed him* (*arch.*) דַּוְקָא בְּעֵת שֶׁנִּזְקַקְתִּי לוֹ – הָלַךְ

needy /ˈniːdɪ/ adj. נִצְרָךְ, נִזְקָק, רָעֵב לְלֶחֶם

ne'er /neə(r)/ adv. (*poet.*) לְעוֹלָם לֹא

ne'er-do-well /ˈneə-duː-wel/ n. לֹא יִצְלַח, חוֹשֵׁשׁ, גֹּלֶם

nefarious /nɪˈfeərɪəs/ adj. (*formal*) מַרְשִׁיעַ

negate /nɪˈgeɪt/ v.t. (*formal*) שָׁלַל, בִּטֵּל; כָּפַר בְּ...; הִכְחִישׁ

negation /nɪˈgeɪʃ(ə)n/ n. (*formal*) שְׁלִילָה, הַכְחָשָׁה, בִּטּוּל, כְּפִירָה; נִגּוּד

negative /ˈnegətɪv/ adj.

1 (opposite of affirmative) שְׁלִילִי

□ *he gave a negative reply* הוּא הֵשִׁיב תְּשׁוּבָה שְׁלִילִית

2 (not constructive) שְׁלִילִי

□ *a negative attitude doesn't make negotations easy* גִּישָׁה שְׁלִילִית אֵינָהּ מְקַלָּה עַל הַמַּשָּׂא־וּמַתָּן

3 (*Electr.*) שְׁלִילִי

4 (*Math.*) (מִסְפָּר) שְׁלִילִי

—n.

1 (denial, refusal) שְׁלִילָה

□ *his reply was in the negative* הוּא הֵשִׁיב בִּשְׁלִילָה

2 (*Photog.*) נֶגָטִיב, תַּשְׁלִיל

3 (a word which negates) מִלַּת-שְׁלִילָה

□ *'no' is a negative* "לֹא" הִיא מִלַּת-שְׁלִילָה

—v.t. שָׁלַל, דָּחָה (הַצָּעָה וְכַד')

—int. (*Mil.*) שְׁלִילִי (מַעֲנֶה לִשְׁלִילָה, לָרֹב בְּקֶשֶׁר אַלְחוּטִי)

neglect /nɪˈglekt/ v.t. הִזְנִיחַ, הִתְרַשֵּׁל בְּ..., לֹא הִקְדִּישׁ תְּשׂוּמֶת לֵב לְ..., שָׁכַח

□ *he neglected to lock the door when he left* הוּא שָׁכַח לִנְעֹל אֶת הַדֶּלֶת כְּשֶׁעָזַב

—n. הַזְנָחָה, רַשְׁלָנוּת, שִׁכְחָה; עֲזוּבָה

neglected /nɪgˈlektɪd/ adj. מֻזְנָח

neglectful /nɪˈglektf(ə)l/ adj. רַשְׁלָנִי, מַזְנִיחַ

□ *you were neglectful of your responsibilities as a host* הִתְרַשַּׁלְתָּ בְּמִלּוּי חוֹבוֹתֶיךָ כִּמְאָרֵחַ

negligée /ˈneglɪʒeɪ/ n. חֲלוּק-בַּיִת (לָרֹב אֶלֶגַנְטִי, לְאִשָּׁה)

negligence /ˈneglɪdʒəns/ n. הַזְנָחָה, רַשְׁלָנוּת, רִשּׁוּל

negligent /ˈneglɪdʒənt/ adj. רַשְׁלָנִי, לֹא זָהִיר, מְרַשֵּׁל

negligible /ˈneglɪdʒɪb(ə)l/ adj. לֹא מַשְׁמָעוּתִי, מְבֻטָּל, זָעוּם, אַפְסִי

negotiable /nɪˈgəʊʃɪəb(ə)l/ adj.

1 (open to bargaining) פָּתוּחַ לְמַשָּׂא וּמַתָּן

□ *is your offer negotiable?* הַאִם הַצָּעָתְךָ פְּתוּחָה לְמַשָּׂא-וּמַתָּן?

2 (passable) שֶׁאֶפְשָׁר לַעֲבֹר בּוֹ, עָבִיר

□ *the track is negotiable only in fine weather* אֶפְשָׁר לַעֲבֹר בַּמַּסְלוּל זֶה בְּמֶזֶג אֲוִיר נָאֶה בִּלְבַד

3 (legally transferrable) סָחִיר, בַּר-הֲמָרָה

negotiate /nɪˈgəʊʃɪeɪt/ v.t.

1 (agree upon, arrange) נִהֵל מַשָּׂא וּמַתָּן עַל, נָשָׂא וְנָתַן עַל, סָחַר בְּ..., הִגִּיעַ לְהֶסְדֵּר בְּנוֹשֵׂא

2 (get past) עָבַר

—v.i. נִהֵל מַשָּׂא-וּמַתָּן

negotiation /nɪˌgəʊʃɪˈeɪʃ(ə)n/ n. מַשָּׂא-וּמַתָּן

□ *negotiations have broken down* הַמַּשָּׂא-וּמַתָּן הִתְפּוֹצֵץ

negotiator /nɪˈgəʊʃɪeɪtə(r)/ n. מְנַהֵל מַשָּׂא-וּמַתָּן

Negress /ˈniːgres/ n. (often *derog.*) כּוּשִׁית (בִּטּוּי מַעֲלִיב)

negro /ˈniːgrəʊ/ n. & attrib. adj. (*derog.*) כּוּשִׁי (בִּטּוּי מַעֲלִיב)

negroid /ˈniːgrɔɪd/ adj. נֶגְרוֹאִידִי, בַּעַל תָּוֵי פָּנִים אַפְרִיקָנִיִּים

neigh /neɪ/ v.i. & n. (סוּס) צָהַל; צָהֳלָה (שֶׁל סוּס)

neighbour /ˈneɪbə(r)/ n. (also (*US*) **neighbor**) שָׁכֵן

—v.i. הָיָה שָׁכֵן, גָּבַל בְּ...

□ *Canada neighbours on* (or *upon*) *the US* קָנָדָה גּוֹבֶלֶת בְּאַרְהַ"ב

neighbourhood /ˈneɪbəhʊd/ n. שְׁכוּנָה; סְבִיבָה, אֵזוֹר

neighbourhood watch שְׁמִירָה שְׁכוּנָתִית (נֶגֶד גַּנָּבִים, שֶׁל שָׁכֵן אֶחָד עַל בֵּית הַשֵּׁנִי)

□ *he lost a sum in the neighbourhood of £500* הוּא אִבֵּד מַשֶּׁהוּ כְּמוֹ 500 לִישְׁ"ט

neighbourly /ˈneɪbəlɪ/ adj. יְדִידוּתִי, אָדִיב, כְּמוֹ שָׁכֵן טוֹב

neither /ˈnaɪðə(r), ˈniːðə(r)/ adj. & pron. אַף אֶחָד מִ...; לֹא זֶה וְלֹא זֶה

—adv. גַּם לֹא

□ *I neither know nor care what happens* אֲנִי לֹא יוֹדֵעַ וְגַם לֹא אִכְפַּת לִי מַה יִּהְיֶה

□ *I don't know, and neither do you* אֲנִי לֹא יוֹדֵעַ, וְגַם אַתָּה לֹא

nelson /ˈnelsən/ n. "נֶלְסוֹן" (אֲחִיזָה בְּהֵאָבְקוּת)

nem. con. /nem ˈkɒn/ adv. פֶּה אֶחָד, לְלֹא הִתְנַגְּדוּת

□ *the resolution was carried nem. con.* הַהַחְלָטָה הִתְקַבְּלָה פֶּה אֶחָד

nemesis /ˈneməsɪs/ n. (*poet.*) נֶמֶסִיס (אֵלַת הַנְּקָמָה בַּמִּיתוֹלוֹגְיָה הַיְּוָנִית); נְקָמָה, גְּמוּל עַל חֵטְא

neo- /ˈniːəʊ/ pref. נֵיאוֹ-, (תְּחִלִּית שֶׁפֵּרוּשָׁהּ) חָדָשׁ

neoclassical /ˌniːəʊˈklæsɪk(ə)l/ adj. נֵיאוֹקְלַסִּי

neoclassicism /ˌniːəʊˈklæsɪsɪz(ə)m/ n. נֵיאוֹקְלַסִּיצִיזְם

neocolonialism /ˌniːəʊkəˈləʊnɪəlɪz(ə)m/ n. נֵיאוֹקוֹלוֹנְיָאלִיזְם (שְׁלִיטָה כַּלְכָּלִית בִּמְדִינוֹת מִתְפַּתְּחוֹת לְלֹא שִׁמּוּשׁ בְּכֹחַ צְבָאִי)

neolithic /ˌnɪəˈlɪθɪk/ adj. נֵיאוֹלִיתִי, שֶׁל תְּקוּפַת הָאֶבֶן הַמְּאֻחֶרֶת

neologism /nɪˈɒlədʒɪz(ə)m/ n. נֵיאוֹלוֹגִיזְם, חִדּוּשׁ לְשׁוֹנִי

neon /ˈniːɒn/ n. נֵיאוֹן

neon light אוֹר-נֵיאוֹן

neon sign שֶׁלֶט-נֵיאוֹן

neonate /ˈniːəneɪt/ n. (*formal*) יִלּוֹד

neophyte /ˈniːəfaɪt/ n. (*formal*) אָדָם שֶׁהֵמִיר דָּתוֹ לָאַחֲרוֹנָה; פֶּרַח כְּמוּרָה; חָנִיךְ, טִירוֹן

Neozoic /niːəˈzəʊɪk/ adj. נֵיאוֹזוֹאִי (שֶׁל הָעִדָּן שֶׁאַחֲרֵי הַמֵּזוֹזוֹאִיקוֹן וְעַד יָמֵינוּ)

nephew /ˈnevju, ˈnefju/ n. אַחְיָן, בֶּן אָח/אָחוֹת

nephritic /nɪˈfrɪtɪk/ adj. שֶׁל הַכְּלָיוֹת

nephritis /nɪˈfraɪtɪs/ n. דַּלֶּקֶת הַכְּלָיוֹת

nepotism /ˈnepətɪz(ə)m/ n. (*derog.*) נֶפּוֹטִיזְם (הַעֲדָפַת קְרוֹבֵי מִשְׁפָּחָה), פְּרוֹטֶקְצְיָה לִקְרוֹבֵי מִשְׁפָּחָה (בְּעִקָּר בִּמְקוֹמוֹת עֲבוֹדָה)

nepotistic /nepəˈtɪstɪk/ adj. (*derog.*) נֶפּוֹטִיסְטִי (כָּרוּךְ בְּהַעֲדָפָה כַּנַּ"ל)

Neptune /ˈneptjuːn/ n.

1 (planet) נֶפְטוּן (כּוֹכַב-לֶכֶת בְּמַעֲרֶכֶת הַשֶּׁמֶשׁ)

2 (*Myth.*) נֶפְטוּן, אֵל הַיָּם בַּמִּיתוֹלוֹגְיָה הָרוֹמִית

nerd /nɜːd/ n. (*sl.*) "יוֹרָם", "בּוּק"

nereid /ˈnɪərɪɪd/ n. בְּתוּלַת־יָם, נִמְפַת־יָם

nerve /nɜːv/ n.

1 (*Anat.*) עָצָב

□ *he strained every nerve to succeed* (*poet.*) הוּא עָשָׂה אֶת כָּל הַמַּאֲמַצִּים לְהַצְלִיחַ

□ *he gets on my nerves* (*colloq.*) הוּא מְעַצְבֵּן אוֹתִי, הוּא עוֹלֶה לִי עַל הָעֲצַבִּים

2 (in *pl.*, anxiety, *colloq.*) עֲצַבִּים, מֶתַח, עַצְבָּנוּת

□ *he suffers very much from nerves* יֵשׁ לוֹ תָּמִיד פַּרְפָּרִים בַּבֶּטֶן

□ *he conducted a war of nerves in the office* הוּא נִהֵל מִלְחֶמֶת עֲצַבִּים בַּמִּשְׂרָד

3 (courage) עֹז, אֹמֶץ

□ *she has lost her nerve* הִיא אִבְּדָה אֶת הַבִּטָּחוֹן

4 (impudence, *colloq.*) חֻצְפָּה, עַזּוּת־מֵצַח, הֶעָזָה, "דָּם"

□ *he had the nerve to suggest I was lying* הָיְתָה לוֹ הַחֻצְפָּה לִרְמֹז שֶׁאֲנִי מְשַׁקֵּר

□ *he's got a nerve!* יֵשׁ לוֹ חֻצְפָּה!

—v.t. אָזַר עֹז, אָזַר כּוֹחוֹת

□ *he nerved himself for the coming trial* הוּא אָזַר אֶת כּוֹחוֹתָיו לִקְרַאת הַמִּבְחָן הַבָּא/הַמִּשְׁפָּט הַקָּרֵב

nerve centre /ˈnɜːv sentə(r)/ n. מֶרְכַּז עֲצַבִּים

nerve gas /ˈnɜːv gæs/ n. גַּז־עֲצַבִּים

nerveless/ˈnɜːvlɪs/ adj. מוּג־לֵב, פַּחְדָן; קַר־רוּחַ

nerve-racking /ˈnɜːv-rækɪŋ/ adj. (*colloq.*) מוֹרֵט עֲצַבִּים

nervous /ˈnɜːvəs/ adj.

1 (anxious, timid) עַצְבָּנִי, מָתוּחַ; חַשְׁשָׁנִי

□ *the financial scandal made the markets nervous* הַשַּׁעֲרוּרִיָּה הַכַּסְפִּית זִעְזְעָה אֶת הַשּׁוּק

2 (pertaining to nerves) שֶׁל הָעֲצַבִּים

nervous breakdown הִתְמוֹטְטוּת עֲצַבִּים

nervous system מַעֲרֶכֶת הָעֲצַבִּים

3 (highly-strung) קוֹפְצָנִי, נִמְרָץ

nervy /ˈnɜːvɪ/ adj. (*UK sl.*) עַצְבָּנִי

ness /nes/ n. כֵּף, שֵׁן־סֶלַע, צוּק

-ness /nɪs/ suff. סוֹפִית לְשֵׁם־עֶצֶם הַמְצַיֵּן מַצָּב/תְּכוּנָה

nest /nest/ n.

1 (place in which bird lays eggs) קֵן; (בְּהַשְׁאָלָה) בַּיִת

hornet's nest קֵן צְרָעוֹת; (בְּהַשְׁאָלָה) "קֵן צְרָעוֹת", קֻפַּת־שְׁרָצִים

□ *she diverted company money to feather her own nest* (*derog.*) הִיא נִצְּלָה אֶת כַּסְפֵּי הַחֶבְרָה לְצָרְכֶיהָ שֶׁלָּהּ

2 (interlocking set of tables, etc.) מַעֲרֶכֶת (לְמָשָׁל, שֶׁל שֻׁלְחָנוֹת הַמִּשְׁתַּלְּבִים זֶה תַּחַת זֶה)

3 (favourable surroundings) קֵן, מְאוּרָה

□ *the palace was a nest of intrigue* הָאַרְמוֹן הָיָה מְאוּרַת תְּכָכִים

4 (protected position for weapon) עֶמְדָּה

machine-gun nest עֶמְדָּה שֶׁל מְכוֹנוֹת־יְרִיָּה, מֻצָּב שֶׁל מַקְלְעִים

—v.i. קִנֵּן, בָּנָה קֵן

—v.t. הִנִּיחַ (דְּבַר־מָה) בְּתוֹךְ (דְּבַר־מָה)

nested /ˈnestɪd/ adj. הַמַּתְאִימִים אֶחָד בְּתוֹךְ הַשֵּׁנִי

nest-egg /ˈnest-eg/ n. חִסָּכוֹן

nestle /ˈnes(ə)l/ v.i. & t. שָׁכַב בִּנְוֹחִיּוּת, הִשְׂתָּרֵעַ, הִתְרַפֵּק; הִנִּיחַ (בְּהִתְרַפְּקוּת)

□ *she nestled down in the cushions* הִיא הִתְכַּרְבְּלָה לָהּ בֵּין הַכָּרִיּוֹת

□ *the cottage nestled among* (or *amid*) *the hills* הַבַּיִת הָיָה חָבוּי בֵּין הַגְּבָעוֹת

□ *the child nestled up against* (or *to*) *her mother* הַיַּלְדָּה הִתְרַפְּקָה עַל אִמָּהּ

nestling /ˈnestlɪŋ/ n. גּוֹזָל

net[1] /net/ n.

1 (mesh) רֶשֶׁת, מִכְמֹרֶת

net curtains וִילוֹן תַּחֲרָה דַּק

2 (piece of mesh for trapping or enclosing) רֶשֶׁת

□ *he hit the ball into the net* הוּא חָבַט בַּכַּדּוּר אֶל תּוֹךְ הָרֶשֶׁת

□ *the fugitive slipped through the police net* (*fig.*) הַנִּמְלָט חָמַק מִבַּעַד לִמְצוֹד הַמִּשְׁטָרָה

—v.t. לָכַד בְּרֶשֶׁת; כִּסָּה בְּרֶשֶׁת, רִשֵּׁת

net[2] /net/ adj. נֶטוֹ, נָקִי; סוֹפִי

—v.t. הִרְוִיחַ נֶטוֹ

□ *he netted £2,000 from the deal* הוּא הִרְוִיחַ מֵהָעִסְקָה 2000 לִישׁ"ט

netball /ˈnetbɔːl/ n. כַּדּוּר־רֶשֶׁת (מִשְׂחָק נָשִׁים דְּמוּי כַּדּוּרְסַל)

nether /ˈneðə(r)/ adj. (*formal*) תַּחְתּוֹן, שֶׁמִּתַּחַת לִפְנֵי הָאֲדָמָה; שֶׁמִּתַּחַת, נָמוּךְ יוֹתֵר

nether regions עוֹלַם הַמֵּתִים, שְׁאוֹל, שְׁאוֹל־תַּחְתִּיּוֹת; "דְּרוֹם הַבֶּטֶן" (כְּלוֹמַר אֵזוֹר הַמִּפְשָׂעָה)

Netherlander /ˈneðəlændə(r)/ n. הוֹלַנְדִּי, יְלִיד/תּוֹשַׁב הוֹלַנְד

Netherlands /ˈneðələndz/ n. *pl.* הוֹלַנְד

nethermost /ˈneðəməʊst/ adj. (*poet.*) שֶׁבְּתַחְתִּית, תַּחְתִּיּוֹת

nett /net/ adj. נֶטוֹ, (מִשְׁקָל, רֶוַח) נָקִי

netting /ˈnetɪŋ/ n. הַתְקָנַת רְשָׁתוֹת; רִשּׁוּת

nettle /ˈnet(ə)l/ n. סִרְפָּד

grasp the nettle (*fig.*) חָרַק שִׁנַּיִם וּבִצַּע אֶת הַהֶכְרֵחִי

—v.t. הִרְגִּיז, עִצְבֵּן, "עִקְצֵץ"

nettle-rash /ˈnet(ə)l-ræʃ/ n. סִרְפֶּדֶת (גֵּרוּי־עוֹר)

network /ˈnetwɜːk/ n.

1 (complex system) מַעֲרֶכֶת, רֶשֶׁת

□ *rural communities are served by a network of small hospitals* מַעֲרֶכֶת שֶׁל בָּתֵּי־חוֹלִים קְטַנִּים מְשָׁרֶתֶת אֶת הָאֻכְלוּסִיָּה הַכַּפְרִית
2 (arrangement of intersecting lines) רֶשֶׁת, מַעֲרֶכֶת
3 (interconnected group of computers, TV stations, etc.) רֶשֶׁת (מַחְשְׁבִים); רֶשֶׁת (שִׁדּוּר); רֶשֶׁת (קְשָׁרִים בֵּין אֲנָשִׁים)
old-boy network (*derog.*) פְּרוֹטֶקְצְיָה (כְּתוֹצָאָה מִקְּשָׁרִים מִימֵי בֵּית־הַסֵּפֶר, הָאוּנִיבֶרְסִיטָה וְכַד׳)
—v.t. חִבֵּר (מַחְשְׁבִים) לְרֶשֶׁת; שִׁדֵּר (בְּכַמָּה תַּחֲנוֹת) בְּרֶשֶׁת שִׁדּוּר; יָצַר וְנִצֵּל מַעֲרֶכֶת קְשָׁרִים אִישִׁיִּים

networking /ˈnetwɜːkɪŋ/ n. בְּנִיָּה וְנִצּוּל שֶׁל מַעֲרֶכֶת קְשָׁרִים אִישִׁיִּים (בִּטּוּי נִיטְרָלִי); חִבּוּר לְרֶשֶׁת (שֶׁל מַחְשְׁבִים וְכַד׳)

neural /ˈnjʊər(ə)l/ adj. עִצְבִּי, שֶׁל הָעֲצַבִּים

neuralgia /njʊəˈrældʒə/ n. נוֹירַלְגְּיָה, כְּאֵב־עֲצַבִּים

neurasthenia /ˌnjʊərəsˈθiːnɪə/ n. נוֹירַסְתֶּנְיָה, חֻלְשַׁת־עֲצַבִּים, הַפְרָעָה בְּמַעֲרֶכֶת הָעֲצַבִּים

neuritis /njʊəˈraɪtɪs/ n. נוֹירִיטִיס, דַּלֶּקֶת עֲצַבִּים

neuro- /ˈnjʊərəʊ-/ pref. נוֹירוֹ־, (תְּחִלִּית שֶׁפֵּרוּשָׁהּ) שֶׁל הָעֲצַבִּים

neurological /ˌnjʊərəˈlɒdʒɪk(ə)l/ adj. נוֹירוֹלוֹגִי, שֶׁל הָעֲצַבִּים; שֶׁל נוֹירוֹלוֹגְיָה

neurologist /njʊəˈrɒlədʒɪst/ n. נוֹירוֹלוֹג, רוֹפֵא עֲצַבִּים

neurology /njʊəˈrɒlədʒɪ/ n. נוֹירוֹלוֹגְיָה, תּוֹרַת הָעֲצַבִּים

neurosis /njʊəˈrəʊsɪs/ n. (*pl.* **neuroses**) (*Med.*) נוֹירוֹזָה, הַפְרָעָה נַפְשִׁית (מְתוּנָה יַחֲסִית)

neurotic /njʊəˈrɒtɪk/ n. & adj. נוֹירוֹטִי; חוֹלֵה נוֹירוֹזָה

neurotransmitter /ˈnjʊərəʊtrænsˌmɪtə(r)/ n. מַעֲבִיר־עִצְבִּי (חֹמֶר כִּימִי הַמַּעֲבִיר תִּשְׁדוֹרוֹת עִצְבִּיּוֹת)

neuter /ˈnjuːtə(r)/ adj.
1 (*Gram.*) (בְּדִקְדּוּק) שֶׁשַּׁיָּךְ לְמִין סְתָמִי, לֹא נְקֵבָה וְלֹא זָכָר
2 (*Biol.*) שֶׁשַּׁיָּךְ לְבַעַל־חַיִּים/לְצֶמַח עָקָר, חֲסַר אֵיבְרֵי מִין אוֹ בַּעַל אֵיבְרֵי מִין לֹא מְפֻתָּחִים
—v.t. סֵרֵס (בַּעַל־חַיִּים)

neutral /ˈnjuːtrəl/ adj.
1 (impartial, not committed) נִיטְרָלִי, מִי שֶׁאֵינוֹ צַד וְאֵינוֹ תּוֹמֵךְ בְּשׁוּם צַד
□ *Sweden was a neutral power in World War II* שְׁבֶדְיָה הָיְתָה מְדִינָה נֵיטְרָלִית בְּמִלְחֶמֶת הָעוֹלָם הַשְּׁנִיָּה
2 (undifferentiated) נִיטְרָלִי, לֹא־מֻגְדָּר, סְתָמִי
□ *the room was decorated in neutral colours* הַחֶדֶר רֻהַט בִּצְבָעִים נִיטְרָלִיִּים
3 (*Electr.*) נֵיטְרָלִי (לֹא חִיּוּבִי וְלֹא שְׁלִילִי)
4 (*Chem.*) נֵיטְרָלִי (לֹא חֻמְצִי וְלֹא בְּסִיסִי)
—n.
1 (neutral country) מְדִינָה נֵיטְרָלִית
2 (gear of vehicle) הִלּוּךְ סְרָק, ״נִיוּטְרָל״
□ *he put the car into neutral* הוּא הִכְנִיס אֶת הַמְּכוֹנִית לְהִלּוּךְ־סְרָק, הוּא הֶעֱבִיר ל״נִיוּטְרָל״

neutrality /njuːˈtrælɪtɪ/ n. נֵיטְרָלִיּוּת

neutralize /ˈnjuːtrəlaɪz/ v.t. עָשָׂה לְנֵיטְרָלִי; נִטְרֵל; פֵּרֵז

neutrino /njuːˈtriːnəʊ/ n. (*Phys.*) נְיוּטְרִינוֹ (חֶלְקִיק אֶלֶמֶנְטָרִי)

neutron /ˈnjuːtrɒn/ n. (*Phys.*) נְיוּטְרוֹן (חֶלְקִיק נְטוּל מִטְעָן חַשְׁמַלִּי בְּגַרְעִין הָאָטוֹם)

never /ˈnevə(r)/ adv.
1 (at no time) אַף פַּעַם לֹא, לְעוֹלָם לֹא
□ *never say die!* (*colloq.*) אַל יֵאוּשׁ!
□ *he bought it on the never-never* (*colloq.*) הוּא קָנָה אֶת זֶה בְּתַשְׁלוּמִים
□ *he lives in never-never land* הוּא חַי בְּעוֹלָם שֶׁל דִּמְיוֹנוֹת, הוּא חַי בְּאֶרֶץ הַחֲלוֹמוֹת
□ *it's now or never!* עַכְשָׁו אוֹ לְעוֹלָם לֹא! אִם לֹא עַכְשָׁו, אֵימָתַי?
2 (not at all) כְּלָל לֹא
□ *never mind!* אֵין דָּבָר! אַל תִּדְאַג! לֹא חָשׁוּב!
□ *he failed to finish the first lap, never mind the whole race* הוּא לֹא סִיֵּם אֶת הַסִּבּוּב הָרִאשׁוֹן, שֶׁלֹּא לְדַבֵּר עַל הַמֵּרוֹץ כֻּלּוֹ
□ *it would never do to forget about the dinner party* אָסוּר בְּשׁוּם אֹפֶן לִשְׁכֹּחַ לָבוֹא לַאֲרוּחַת־הָעֶרֶב הַחֲגִיגִית
□ *well, I never (did)!* (*colloq.*) בֶּאֱמֶת! בְּחַיֶּיךָ! לֹא יֵאָמֵן!/יֵאָמֵן!
3 (surely not!) שְׁטֻיּוֹת!

never-ending /ˌnəvər-ˈendɪŋ/ adj. אֵינְסוֹפִי, לֹא־פּוֹסֵק, נִצְחִי

nevermore /ˌnevəˈmɔː(r)/ adv. (*poet.*) לֹא עוֹד

nevertheless /ˌnevəðəˈles/ adv. בְּכָל־זֹאת, אַף־עַל־פִּי־כֵן

new /njuː/ adj.
1 (of recent origin, discovery, etc.) חָדָשׁ
new blood (*fig.*) ״דָּם חָדָשׁ״, ״זְרִיקַת־מֶרֶץ״
new moon מוֹלַד הַיָּרֵחַ; רֹאשׁ־חֹדֶשׁ
new potatoes בִּכּוּרֵי תַּפּוּחֵי־אֲדָמָה
New Testament הַבְּרִית הַחֲדָשָׁה
New Wave הַגַּל־הֶחָדָשׁ (זֶרֶם בַּקּוֹלְנוֹעַ; זֶרֶם בַּמּוּזִיקָה)
New World אֲמֶרִיקָה, הָעוֹלָם הֶחָדָשׁ
New Year's Day הָאֶחָד בְּיָנוּאָר, רֹאשׁ הַשָּׁנָה הָאֶזְרָחִית
New Year's Eve לֵיל סִילְבֶסְטֶר
□ *it's as good as new* זֶה כְּמוֹ חָדָשׁ
2 (fresh, unfamiliar) חָדָשׁ, טָרִי
□ *I am new to this town* אֲנִי חָדָשׁ בָּעִיר
□ *it's a new one on me* (*colloq.*) זֶה חָדָשׁ בִּשְׁבִילִי
□ *he started a new life* הוּא פָּתַח בְּחַיִּים חֲדָשִׁים
□ *after his holiday he felt a new man* אַחֲרֵי הַחֻפְשָׁה הוּא הִרְגִּישׁ כְּמוֹ חָדָשׁ

newborn /ˈnjuːbɔːn/ adj. & n. שֶׁנּוֹלַד זֶה עַתָּה; הָרַךְ הַנּוֹלָד

newcomer /ˈnjuːkʌmə(r)/ n. אָדָם שֶׁהִגִּיעַ זֶה עַתָּה אוֹ שֶׁהִצְטָרֵף זֶה עַתָּה

newfangled /ˌnjuːˈfæŋg(ə)ld/ adj. חָדָשׁ (לָרֹב תּוֹךְ בִּקֹּרֶת)

new-laid /ˈnjuː-leɪd/ adj. (בֵּיצָה) שֶׁהוּטְלָה זֶה עַתָּה

newly /ˈnjuːlɪ/ adv. לָאַחֲרוֹנָה; בְּצוּרָה חֲדָשָׁה, מֵחָדָשׁ; זֶה עַתָּה

newlyweds /ˈnjuːlɪwedz/ n. *pl.* זוּג טָרִי (שֶׁזֶּה עַתָּה נִשְּׂאוּ)

newness /ˈnjuːnɪs/ n. חַדְשָׁנוּת, הֱיוֹת חָדָשׁ

news /njuːz/ n. חֲדָשׁוֹת, יְדִיעוֹת, בְּשׂוֹרוֹת; מַהֲדוּרַת חֲדָשׁוֹת, חֲדָשׁוֹת

□ *this event has news value* לָאֵרוּעַ הַזֶּה יֵשׁ עֵרֶךְ חֲדָשׁוּתִי

□ *have you had any news of your aunt?* שָׁמַעְתָּ מַשֶּׁהוּ בְּקֶשֶׁר לַדּוֹדָה שֶׁלְּךָ?

□ *no news is good news* (*Prov.*) אִם לֹא שָׁמַעְנוּ כְּלוּם, סִימָן שֶׁהַכֹּל בְּסֵדֶר

□ *the miners are in the news again* הַכּוֹרִים עָלוּ שׁוּב לַכּוֹתָרוֹת

□ *that's* (*no*) *news to me* זֶה (לֹא) חֲדָשׁוֹת בִּשְׁבִילִי

□ *we heard it on the news* שָׁמַעְנוּ אֶת זֶה בַּחֲדָשׁוֹת

newsagent /ˈnjuːzeɪdʒənt/ n. מוֹכֵר עִתּוֹנִים

newscaster /ˈnjuːzkɑːstə(r)/ n. שַׁדְרַן חֲדָשׁוֹת, קַרְיַן חֲדָשׁוֹת

newsflash /ˈnjuːzflæʃ/ n. מִבְזָק חֲדָשׁוֹת

newsletter /ˈnjuːzletə(r)/ n. דַּף מֵידָע, עָלוֹן

newspaper /ˈnjuːspeɪpə(r)/ n.

1 (journal) עִתּוֹן

2 (newsprint) נְיַר־עִתּוֹנִים

newsprint /ˈnjuːzprɪnt/ n. נְיַר־עִתּוֹנִים

newsreader /ˈnjuːzriːdə(r)/ n. שַׁדְרַן חֲדָשׁוֹת, קַרְיַן חֲדָשׁוֹת

newsreel /ˈnjuːzriːl/ n. יוֹמַן־חֲדָשׁוֹת

newsroom /ˈnjuːzruːm/ n. חֲדַר־חֲדָשׁוֹת

news-stand /ˈnjuːz-stænd/ n. דּוּכַן עִתּוֹנִים

newsworthy /ˈnjuːzwɜːðɪ/ adj. רָאוּי לְפִרְסוּם, חֲדָשׁוּתִי

newsy /ˈnjuːzɪ/ adj. (*colloq.*) מָלֵא בְּכָל הָרְכִילוּת הָאַחֲרוֹנָה

newt /njuːt/ n. טְרִיטוֹן הַפַּסִּים (דּוּחִי מִמִּשְׁפַּחַת הַסַּלָמַנְדְּרָה)

next /nekst/ adj. הַבָּא

□ *I'll see you next Friday* אֲנִי אֶפְגֹּשׁ אוֹתְךָ בְּיוֹם שִׁשִּׁי זֶה/הַבָּא

□ *I'll see you on Friday next* אֲנִי אֶרְאֶה אוֹתְךָ בְּיוֹם שִׁשִּׁי בְּעוֹד שָׁבוּעַ

□ *the next most popular animals after the giraffes are the elephants* אַחֲרֵי הַגִּ'ירָפוֹת, הַפִּילִים הֵם הַחַיָּה הֲכִי פּוֹפּוּלָרִית (בְּקֶרֶב הַמְבַקְּרִים בְּגַן־הַחַיּוֹת)

□ *the people next door have just moved in* הַשְּׁכֵנִים בַּבַּיִת הַסָּמוּךְ עָבְרוּ לָגוּר כָּאן זֶה עַתָּה

□ *he lives next door to a restaurant* בַּבַּיִת הַסָּמוּךְ לְבֵיתוֹ יֵשׁ מִסְעָדָה

□ *next year I shall go to France* בַּשָּׁנָה הַבָּאָה אֶסַּע לְצָרְפַת

next to nothing כִּמְעַט וְלֹא כְּלוּם

next but one שְׁנַיִם אַחֲרֵי, הַשֵּׁנִי, שְׁנַיִם מ...

—adv.

1 (nearest in time) עַכְשָׁו; אַחַר־כָּךְ

□ *what*(*ever*) *next?* וּמָה עַכְשָׁו? וּמָה הָלְאָה?

□ *what came next after the events of 1968?* מָה קָרָה אַחֲרֵי אֵרוּעֵי 1968?

□ *next we shall consider the Renaissance* וְאַחַר כָּךְ נִתְיַחֵס לִתְקוּפַת הָרֶנֶסַנְס; וְעַכְשָׁו נִתְיַחֵס לִתְקוּפַת הָרֶנֶסַנְס

2 (nearest in space)

next to קָרוֹב, לְיַד

□ *I want to sit next to you* אֲנִי רוֹצָה לָשֶׁבֶת לְיָדְךָ

—n. הַבָּא (אַחֲרָיו), הַבָּאִים (אַחֲרֵי־כֵן)

□ *we spent 5 months in Florence and the next in Rome* בִּלִּינוּ חֲמִשָּׁה חֳדָשִׁים בְּפִירֶנְצֶה, וְאֶת חֲמֵשֶׁת הֶחֳדָשִׁים הַבָּאִים בִּלִּינוּ בְּרוֹמָא

next-of-kin /ˌnekst-əv-ˈkɪn/ n. (*pl.* unchanged) שְׁאֵר־בָּשָׂר, קָרוֹב

nexus /ˈneksəs/ n. (*formal*) קֶשֶׁר

NHS abbrev. (*UK*) שֵׁרוּת הַבְּרִיאוּת הַצִּבּוּרִי (בִּבְרִיטַנְיָה)

niacin /ˈnaɪəsɪn/ n. חֻמְצָה נִיקוֹטִינִית (סוּג שֶׁל וִיטָמִין B)

nib /nɪb/ n. צִפֹּרֶן שֶׁל עֵט

his nibs (*sl.*) "הוֹד מַעֲלָתוֹ" (נֶאֱמָר בְּזִלְזוּל)

nibble /ˈnɪb(ə)l/ n. & vt. & i. כִּרְסוּם, נְגִיסָה קַלָּה; אֲרוּחָה חֲטוּפָה; גִּשּׁוּשׁ; כִּרְסֵם, נָגַס

nice /naɪs/ adj.

1 (pleasant, agreeable) נָעִים, חָבִיב, נֶחְמָד

□ *it's nice and warm in front of the fire* (*colloq.*) חַם וְנָעִים מוּל הָאָח הַבּוֹעֶרֶת

□ *this is a nice mess you've got us into!* (*colloq.*) הִכְנַסְתָּ אוֹתָנוּ לְיֹפִי שֶׁל בֹּץ! דַּיְסָה נָאָה בִּשַּׁלְתָּ לָנוּ!

□ *nice to meet you* (*colloq.*) נָעִים מְאֹד, נָעִים לְהַכִּירְךָ

□ *nice shot!* יֹפִי שֶׁל קְלִיעָה! יֹפִי שֶׁל מַכָּה! כָּל הַכָּבוֹד!

2 (kind, friendly) נֶחְמָד

3 (precise, fastidious, *formal*) מְדֻיָּק, עָדִין; דַּקְדְּקָנִי

□ *you have made a nice distinction* עָשִׂיתָ אַבְחָנָה דַּקָּה

nicely /ˈnaɪslɪ/ adv. הֵיטֵב, יָפֶה

□ *orange juice will do nicely, thank you* מִיץ תַּפּוּזִים זֶה מְצֻיָּן, תּוֹדָה רַבָּה

□ *he's doing nicely after his operation* הוּא הוֹלֵךְ וּמִשְׁתַּפֵּר לְאַחַר הַנִּתּוּחַ, הוּא מִתְקַדֵּם יָפֶה לְאַחַר הַנִּתּוּחַ

nicety /ˈnaɪsətɪ/ n. פְּרָט; אַבְחָנָה דַּקָּה, הֶבְדֵּל דַּק
□ *I'm not used to the niceties of a formal dinner* אֲנִי לֹא רָגִיל לְכָל גִּנּוּנֵי הַטֶּקֶס שֶׁל אֲרוּחוֹת־עֶרֶב רִשְׁמִיּוֹת
□ *the temperature was regulated to a nicety* הַטֶּמְפֶּרָטוּרָה וֻסְּתָה בְּדַיְּקָנוּת נֶחֱרֶצֶת

niche /niːʃ, nɪtʃ/ n. גֻּמְחָה, נִישָׁה; פִּנָּה (מִשֶּׁלוֹ)
□ *he found his niche in high finance* הוּא מָצָא אֶת הַפִּנָּה שֶׁלּוֹ בְּעִסְקֵי בַּנְקָאוּת

Nick /nɪk/ n.
Old Nick (*colloq.*) הַשָּׂטָן

nick /nɪk/ n.
1 (notch) חָרִיץ, חָתָךְ דַּק
in the nick of time "בְּדַקָּה הַתִּשְׁעִים", בָּרֶגַע הָאַחֲרוֹן
2 (prison, *UK colloq.*) "קָלַבּוּשׁ", "בִּפְנִים"
3 (condition, *UK colloq.*) מַצָּב (טוֹב/רַע)
□ *this car is in good nick* הַמְּכוֹנִית הַזֹּאת בְּמַצָּב טוֹב
—v.t.
1 (make notch in) חָרַץ, עָשָׂה חָתָךְ דַּק בְּ...
2 (steal, *UK colloq.*) "סָחַב", "הֵרִים", גָּנַב
3 **nick off** (*sl.*) "זָז" (עָזַב)
4 (arrest, *UK sl.*) (שׁוֹטֵר) עָצַר, תָּפַס (הִכְנִיס לַמַּעֲצָר)

nickel /ˈnɪk(ə)l/ n.
1 (metal) נִיקֶל
2 (five cent coin, *US*) (בְּאַרְה"ב וּבְקָנָדָה) נִיקֶל, מַטְבֵּעַ שֶׁל חֲמִשָּׁה סֶנְט

nickelodeon /ˌnɪk(ə)lˈəʊdɪən/ n. (*US*) בֵּית־קוֹלְנוֹעַ בֶּעָבָר (שֶׁדְּמֵי הַכְּנִיסָה בּוֹ לָרֹב חֲמִשָּׁה סֶנְט); "ג'וּקְבּוֹקְס", מְכוֹנַת־תַּקְלִיטִים

nickname /ˈnɪkneɪm/ n. & v.t. כִּנּוּי, כִּנּוּי חִבָּה, כִּנּוּי גְּנַאי; הִדְבִּיק כִּנּוּי לְ... כִּנָּה

nicotine /ˈnɪkətiːn/ n. נִיקוֹטִין

nictitate /ˈnɪktɪteɪt/ v.i. (*formal*) קָרַץ

niece /niːs/ n. אַחְיָנִית, בַּת אָח/אָחוֹת

niff /nɪf/ n. (*UK colloq.*) סִרְחוֹן

nifty /ˈnɪftɪ/ adj. (*colloq.*) "לֹא רַע" (כְּלוֹמַר טוֹב מְאֹד); מְחֻכָּם

niggard /ˈnɪgəd/ n. (*derog.*) קַמְצָן (בְּכֶסֶף, מַחֲמָאוֹת וְכַד')

niggardly /ˈnɪgədlɪ/ adj. (*derog.*) לֹא נָדִיב, קַמְצָן, כִּילַי (בְּכֶסֶף, מַחֲמָאוֹת וְכַד')

nigger /ˈnɪgə(r)/ n. (*racially derog.*) כּוּשׁוֹן

niggle /ˈnɪg(ə)l/ v.i. & t. נָהַג בְּטַרְחָנוּת, נִדְנֵד; נִדְנֵד לְ...

niggling /ˈnɪglɪŋ/ adj. מֵצִיק, טוֹרְדָנִי; טַרְחָנִי

nigh /naɪ/ adv. (*poet.*) סָמוּךְ, קָרוֹב
□ *it is well nigh impossible to forge this banknote* כִּמְעַט בִּלְתִּי־אֶפְשָׁרִי לְזַיֵּף שְׁטָר זֶה

night /naɪt/ n. לַיְלָה

night owl (*colloq.*) "צִפּוֹר לַיְלָה" (אָדָם הַמִּתְפַּקֵּד טוֹב יוֹתֵר בַּלֵּילוֹת מֵאֲשֶׁר בַּיָּמִים)
night safe כַּסֶּפֶת לַיְלָה
night school בֵּית־סֵפֶר עֶרֶב, לִמּוּדֵי עֶרֶב
□ *he worked night and day on the project* הוּא עָבַד יוֹמָם וָלַיְלָה עַל הַפְּרוֹיֶקְט
□ *she had a bad night* שְׁנָתָהּ נָדְדָה כָּל הַלַּיְלָה, הִיא לֹא יָשְׁנָה הֵיטֵב בַּלַּיְלָה
□ *the thieves came by night* הַגַּנָּבִים הִגִּיעוּ בַּלַּיְלָה
□ *my husband works nights* בַּעְלִי עוֹבֵד בַּלֵּילוֹת
□ *she works on the night shift* הִיא עוֹבֶדֶת בְּמִשְׁמֶרֶת לַיְלָה
□ *let's make a night of it* (*colloq.*) בּוֹא נִשְׁתּוֹלֵל כָּל הַלַּיְלָה
□ *when I woke it was already night* כְּשֶׁהִתְעוֹרַרְתִּי כְּבָר הָיָה חֹשֶׁךְ

nightcap /ˈnaɪtkæp/ n.
1 (headgear) מִצְנֶפֶת־שֵׁנָה
2 (drink) מַשְׁקֶה (בְּדֶרֶךְ כְּלָל אַלְכּוֹהוֹלִי) שֶׁשּׁוֹתִים לִפְנֵי הַשֵּׁנָה

nightclub /ˈnaɪtklʌb/ n. מוֹעֲדוֹן־לַיְלָה

nightdress /ˈnaɪtdres/ n. כְּתֹנֶת־לַיְלָה

nightfall /ˈnaɪtfɔːl/ n. רֶדֶת הַחֲשֵׁכָה, רֶדֶת הַלַּיְלָה, רֶדֶת הָעֶרֶב

nightgown /ˈnaɪtgaʊn/ n. כְּתֹנֶת לַיְלָה

nightie /ˈnaɪtɪ/ n. (*colloq.*) כְּתֹנֶת לַיְלָה

nightingale /ˈnaɪtɪŋgeɪl/ n. זָמִיר

nightjar /ˈnaɪtdʒɑː(r)/ n. תַּחְמָס (עוֹף־לַיְלָה שׁוֹכֵן יְעָרוֹת)

night-life /ˈnaɪt-laɪf/ n. חַיֵּי־לַיְלָה

nightlight /ˈnaɪt-laɪt/ n. מְנוֹרַת־לַיְלָה

nightline /ˈnaɪtlaɪn/ n. חַכָּה שֶׁהַדַּיָּגִים מַשְׁאִירִים עִם פִּתָּיוֹן, כְּדֵי לִתְפֹּס דָּגִים בְּמֶשֶׁךְ הַלַּיְלָה

nightlong /ˌnaɪtˈlɒŋ/ adv. שֶׁנִּמְשָׁךְ כָּל הַלַּיְלָה

nightly /ˈnaɪtlɪ/ adj. & adv. לֵילִי; בַּלַּיְלָה; מִדֵּי לַיְלָה

nightmare /ˈnaɪtmeə(r)/ n. חֲלוֹם בַּלָּהוֹת, סִיּוּט

nightmarish /ˈnaɪtmeərɪʃ/ adj. סִיּוּטִי

nightshade /ˈnaɪtʃeɪd/ n. סוֹלָנוּם (צֶמַח רַעִיל מִמִּשְׁפַּחַת הַסּוֹלָנִיִּים)
deadly nightshade סוֹלָנוּם

nightshirt /ˈnaɪtʃɜːt/ n. חֲלוּק שֵׁנָה

nightspot /ˈnaɪtspɒt/ n. מְקוֹם־בִּלּוּי (לֵילִי: כְּגוֹן בַּאר, מוֹעֲדוֹן וְכַד')

night-stick /ˈnaɪt-stɪk/ n. (*US*) אַלַּת־מִשְׁטָרָה

night-time /ˈnaɪt-taɪm/ n. שְׁעוֹת הַלַּיְלָה

night watchman /naɪt ˈwɒtʃm(ə)n/ n. שׁוֹמֵר לַיְלָה

nighty /ˈnaɪtɪ/ n. (*colloq.*) כְּתֹנֶת־לַיְלָה

nihilism /ˈnaɪɪlɪz(ə)m/ n. נִיהִילִיזְם

nihilist /ˈnaɪɪlɪst/ n. נִיהִילִיסְט

nihilistic /ˌnaɪɪˈlɪstɪk/ adj. נִיהִילִיסְטִי

nil /nɪl/ n. אֶפֶס
□ *the team lost two–nil in the final* הַקְּבוּצָה הִפְסִידָה שְׁתַּיִם־אֶפֶס בַּגְּמָר

nimble /ˈnɪmb(ə)l/ adj. זָרִיז, מָהִיר, קַל־תְּנוּעָה; שָׁנוּן, מְהִיר־תְּפִיסָה

nimbly /ˈnɪmblɪ/ adv. בִּזְרִיזוּת, בִּמְהִירוּת; בְּשְׁנִינוּת

nimbus /ˈnɪmbəs/ n. (*pl.* **nimbi** or **nimbuses**) עָנָן קוֹדֵר; עֲנַן־גֶּשֶׁם; עֲטֶרֶת־קְדוֹשִׁים; ״בֵּיגֶלֶה״

nincompoop /ˈnɪŋkəmpuːp/ n. (*arch. colloq.*) מְטֻמְטָם, אַהֲבַל, שׁוֹטֶה, ״יְרַחְמִיאֵל״

nine /naɪn/ adj. & n. תֵּשַׁע, תִּשְׁעָה
nine days' wonder פֶּלֶא חוֹלֵף
□ *it works nine times out of ten* זֶה עוֹבֵד כִּמְעַט תָּמִיד
□ *I have an ordinary nine-to-five job* אֲנִי עוֹבֵד בְּמִשְׂרָה רְגִילָה לְגַמְרֵי
□ *he was dressed up to the nines* (*colloq.*) הוּא הָיָה לָבוּשׁ בְּהִדּוּר

ninefold /ˈnaɪnfəʊld/ adj. & adv. פִּי תִּשְׁעָה

ninepins /ˈnaɪnpɪnz/ n. *pl.* מִשְׂחָק דּוֹמֶה לְכַדֹּרֶת, שֶׁבּוֹ מְגַלְגְּלִים כַּדּוּר־עֵץ לְעֵבֶר תֵּשַׁע בֻּבּוֹת עֵץ בְּמַטָּרָה לְהַפִּיל אוֹתָן

nineteen /naɪnˈtiːn/ adj. & n. תִּשְׁעָה־עָשָׂר, תְּשַׁע־עֶשְׂרֵה
□ *he was chatting nineteen to the dozen with his friend* (*colloq.*) הוּא פִּטְפֵּט עִם חֲבֵרוֹ לְלֹא הַפְסָקָה

nineteenth /naɪnˈtiːnθ/ adj. & n. הַתִּשְׁעָה־עָשָׂר; הַחֵלֶק הַתִּשְׁעָה־עָשָׂר
the nineteenth hole (*Golf sl.*) (בְּהוּמוֹר) הַמָּקוֹם שֶׁשַּׂחְקָנֵי הַגּוֹלְף מִתְאַסְּפִים בּוֹ לְאַחַר גְּמַר הַמִּשְׂחָק, בְּד״כ הַבַּאר שֶׁל מוֹעֲדוֹן הַגּוֹלְף (בְּמִגְרַשׁ גּוֹלְף סְטַנְדַּרְטִי יֵשׁ 18 חוֹרִים)

ninetieth /ˈnaɪntɪəθ/ adj. & n. הַחֵלֶק הַתִּשְׁעִים, הַתִּשְׁעִים

ninety /ˈnaɪntɪ/ adj. & n. תִּשְׁעִים
□ *the temperature rose into the nineties* הַחֹם הִגִּיעַ לְתִשְׁעִים־מֵאָה מַעֲלוֹת (פָרֶנְהַיְט)

ninja /ˈnɪndʒə/ n. נִינְגָ'ה (אָמָן לְחִימָה יַפָּנִי)

ninny /ˈnɪnɪ/ n. (*pl.* **ninnies**) טִפֵּשׁ, גֹּלֶם, טֶמְבֶּל

ninth /naɪnθ/ adj. & n. תְּשִׁיעִי; תְּשִׁיעִית, הַחֵלֶק הַתְּשִׁיעִי

Nip[1] /nɪp/ n. (*racially derog.*) יַפּוֹנִי (כִּנּוּי מְזַלְזֵל לְיַפָּנִי)

nip /nɪp/ v.t. צָבַט
□ *we must nip this plot in the bud* עָלֵינוּ לְחַסֵּל אֶת הַקֶּשֶׁר הַזֶּה בְּעוֹדוֹ בְּאִבּוֹ
—v.i. (*colloq.*) ״קָפַץ״, עָבַר לְרֶגַע
□ *I'll nip on ahead and open the door* אֲנִי אָרוּץ קָדִימָה וְאֶפְתַּח אֶת הַדֶּלֶת
—n. צְבִיטָה
nip and tuck (*colloq.*) זֶה לְצַד זֶה
□ *there's a nip in the air tonight* קְצָת קָרִיר הָעֶרֶב

nip[2] /nɪp/ n. (*colloq.*) לְגִימָה

nipper /ˈnɪpə(r)/ n.
1 (claw; in *pl.*, pincers) צְבָת, מִצְבָּטַיִם, מֶלְקָחַיִם
2 (child, *UK sl.*) יֶלֶד

nipple /ˈnɪp(ə)l/ n. פִּטְמָה

nippy /ˈnɪpɪ/ adj. (*colloq.*)
1 (chilly) קָרִיר, צוֹנֵן
2 (nimble) זָרִיז

nirvana /nɪəˈvɑːnə/ n. נִרְוָנָה (בַּבּוּדְהִיזְם וְהַהִינְדוּאִיזְם, שַׁלְוַת נֶפֶשׁ עִלָּאִית)

nisi /ˈnaɪsaɪ/ conj. (*Law*)
decree nisi צַו גֵּרוּשִׁין עַל־תְּנַאי

Nissen hut /ˈnɪs(ə)n hʌt/ n. (*UK*) מַחֲסֶה דְּמוּי מִנְהָרָה עָשׂוּי לוּחַ פְּלָדָה גַּלִּי מֵעַל רִצְפַּת בֵּטוֹן

nit /nɪt/ n.
1 (insect's egg) בֵּיצַת־כִּנָּה
2 (fool, *sl.*) טִפֵּשׁ, מְטֻמְטָם, דֶּבִּיל

nit-picking /ˈnɪt-pɪkɪŋ/ n. (*colloq.*) הִתְעַסְּקוּת בְּזוּטוֹת, חִטּוּט בְּזוּטוֹת, בִּקֹּרֶת קַנְטְרָנִית

nitrate /ˈnaɪtreɪt/ n. (*Chem.*) חַנְקָה

nitre /ˈnaɪtə(r)/ n. (*Chem.*) מְלַחַת (מֶלַח גְּבִישִׁי לָבָן, אַשְׁלְגָן חַנְקָנִי)

nitric acid /ˌnaɪtrɪk ˈæsɪd/ n. (*Chem.*) חֻמְצָה חַנְקָתִית

nitro- /ˈnaɪtrəʊ-/ pref. נִיטְרוֹ־

nitrogen /ˈnaɪtrədʒ(ə)n/ n. חַנְקָן

nitrogenous /naɪˈtrɒdʒɪnəs/ adj. (*Chem.*) חַנְקָנִי

nitroglycerine /ˌnaɪtrəʊglɪsəriːn/ n. נִיטְרוֹגְלִיצֶרִין

nitrous /ˈnaɪtrəs/ adj. (*Chem.*) חַנְקָנִי, שֶׁל חַנְקָן
nitrous oxide דּוּ־חַנְקָן חַמְצָנִי (גַּז שֶׁמִּשְׁתַּמְּשִׁים בּוֹ לְהַרְדָּמָה כְּלָלִית בְּעִקָּר בְּיִלּוּד וּבִרְפוּאַת שִׁנַּיִם), ״גַּז הַצְּחוֹק״

nitty-gritty /ˌnɪtɪ-ˈgrɪtɪ/ n. & adj. (*colloq.*) ״תַּכְלֶס״
□ *let's get down to the nitty-gritty* בּוֹא נְדַבֵּר ״תַּכְלֶס״

nitwit /ˈnɪtwɪt/ n. (*colloq.*) אִידְיוֹט, טֶמְבֶּל, אַהֲבַל, שׁוֹטֶה

no /nəʊ/ n. לֹא, לָאו
□ *she wouldn't take no for an answer* אֵין אֶצְלָהּ ״לֹא״, הִיא לֹא מַשְׁלִימָה עִם סֵרוּב
□ *was that mumbled word a yes or a no?* הַמִּלְמוּל הַזֶּה – זֶה כֵּן אוֹ לֹא?
□ *the noes have it* אוֹמְרֵי הַלָּאו נִצְּחוּ, הַמִּתְנַגְּדִים נִצְּחוּ

—adj.
1 (not one; not any) אַף אֶחָד לֹא, אֵין
□ *there's no knowing what the maniac will do next* אֵין לָדַעַת מָה הַמְּטֹרָף יַעֲשֶׂה עַכְשָׁו, מִי יוֹדֵעַ מָה הַמְּטֹרָף הַזֶּה יַעֲשֶׂה עַכְשָׁו
□ *one might have expected sun in July, but no such luck!* אֶפְשָׁר הָיָה לְצַפּוֹת לְשֶׁמֶשׁ בְּיוּלִי – אֲבָל כַּמּוּבָן שֶׁזֶּה לֹא קָרָה!
□ *he has no time for stupidity* אֵין לוֹ סַבְלָנוּת לְטִפְּשִׁים

□ *no two people think alike* אֵין שְׁנֵי אֲנָשִׁים שֶׁיְּכוֹלִים תָּמִיד לְהַסְכִּים בֵּינֵיהֶם

□ *it's no use* (or *no good*) *crying over spilt milk* (*Prov.*) אֵין טַעַם לִבְכּוֹת עַל חָלָב שֶׁנִּשְׁפַּךְ

□ *no waiting* (or *smoking*) הַהַמְתָּנָה אֲסוּרָה; אָסוּר לְעַשֵּׁן

□ *we'll have you in hospital in no time* (*colloq.*) אַל תִּדְאַג, אֲנַחְנוּ נָבִיא אוֹתְךָ לְבֵית הַחוֹלִים מַהֵר מְאֹד

□ *take no notice of his rudeness* אַל תָּשִׂים לֵב לַחֲצְפָּה שֶׁלּוֹ

□ *the battle is by no means over* הַקְּרָב בְּשׁוּם אֹפֶן לֹא נִגְמַר

2 (not a) לֹא

□ *that's no way to speak to your uncle* לֹא מְדַבְּרִים כָּכָה אֶל הַדּוֹד (שֶׁלְּךָ)

□ *she told him off in no uncertain terms* הִיא נָזְפָה בּוֹ בְּאֹפֶן שֶׁלֹּא מִשְׁתַּמֵּעַ לִשְׁתֵּי פָּנִים

□ *he's no fool* הוּא בִּכְלָל לֹא טִפֵּשׁ

□ *no wonder he was angry!* אֵין פֶּלֶא שֶׁהוּא כָּעַס

3 (in special phrases)

no-claims bonus הֲטָבָה בְּגִין הֶעְדֵּר־תְּבִיעוֹת (בְּבִטּוּחַ)

no matter לֹא חָשׁוּב

no problem(s) (*colloq.*) אֵין בְּעָיוֹת

no sweat (*sl.*) אֵין בְּעָיוֹת

no way (*colloq.*) בְּשׁוּם אֹפֶן לֹא

—adv. לֹא

□ *Mr Smith is no longer a member of our staff* מַר סְמִית כְּבָר לֹא/אֵינֶנּוּ עוֹבֵד אֶצְלֵנוּ

□ *he's no more a murderer than I am* אִם הוּא רוֹצֵחַ אָז אֲנִי רוֹצֵחַ

□ *no sooner had he left the building than it collapsed* הַבִּנְיָן הִתְמוֹטֵט מִיָּד בְּרֶגַע שֶׁהוּא עָזַב

□ *you didn't ask whether smoking was permitted or no* לֹא שָׁאַלְתָּ אִם מֻתָּר לְעַשֵּׁן כָּאן אוֹ לֹא

no. abbrev. מס' (קִצּוּר שֶׁל "מִסְפָּר")

Noah's ark /ˌnəʊəz ˈɑːk/ n. תֵּבַת־נֹחַ

nob[1] /nɒb/ n. (*sl.*) רֹאשׁ

nob[2] /nɒb/ n. (*sl.*) בֶּן/בַּת הַמַּעֲמָד הַגָּבוֹהַּ, אָדָם עָשִׁיר אוֹ בַּעַל מַעֲמָד חֶבְרָתִי גָּבוֹהַּ, גְּבִיר

no-ball /nəʊ-ˈbɔːl/ n. (*cricket*) זְרִיקַת הַכַּדּוּר לַחוֹבֵט בְּאֹפֶן הַנּוֹגֵד אֶת חֻקֵּי הַמִּשְׂחָק

nobble /ˈnɒb(ə)l/ v.t. (*sl.*)

1 (interfere with) "טִפֵּל" (בְּסוּס מֵרוֹץ לְמָשָׁל, כְּדֵי שֶׁיַּפְסִיד בַּתַּחֲרוּת)

2 (catch, steal) תָּפַס, לָכַד (לְעִתִּים בְּאֹפֶן לֹא־יָשָׁר)

nobility /nəʊˈbɪlɪtɪ/ n.

1 (fineness of character) אֲצִילוּת־נֶפֶשׁ

2 (nobles collectively) אֲצֻלָּה

noble /ˈnəʊb(ə)l/ adj.

1 (of aristocratic rank) אֲצִילִי; אָצִיל

□ *he is of noble birth* הוּא נוֹלַד לְמִשְׁפַּחַת אֲצֻלָּה

2 (of fine character or quality) אֲצִיל־נֶפֶשׁ

noble metal מַתֶּכֶת אֲצִילָה

□ *this is a noble wine* זֶה יַיִן מְשֻׁבָּח

—n. בֶּן־אֲצִילִים, אָצִיל

nobleman /ˈnəʊbəl/mən/ n. בֶּן־אֲצִילִים, אָצִיל

noblesse oblige /nəʊˌbles əˈbliːʒ/ n. נוֹבְּלֶס אוֹבְּלִיז', הָאֲצִילוּת מְחַיֶּבֶת

noblewoman /ˈnəʊb(ə)lˌwʊmən/ n. בַּת־אֲצִילִים, אֲצִילָה

nobly /ˈnəʊblɪ/ adv. בַּאֲצִילוּת, בְּאֹפֶן מַרְשִׁים, כְּאָצִיל; בַּאֲצִילוּת נֶפֶשׁ

nobody /ˈnəʊbədɪ/ pron. אַף אֶחָד (לֹא), שׁוּם אִישׁ (לֹא)

—n. (עַל אָדָם) "אֶפֶס", סְתָם אֶחָד

nock /nɒk/ n. חָרִיץ (בִּזְנַב חֵץ)

nocturnal /nɒkˈtɜːn(ə)l/ adj. לֵילִי

nocturne /ˈnɒktɜːn/ n. נוֹקְטוּרְנָה (יְצִירָה מוּזִיקָלִית לָרֹב לִפְסַנְתֵּר)

nod /nɒd/ v.t. & i. הֵנִיד רֹאשׁ, הֵנְהֵן, סִמֵּן בְּרֹאשׁוֹ

□ *he nodded* (*his*) *agreement* הוּא הֵנְהֵן לְאוֹת הַסְכָּמָה

□ *he has nodded off* הוּא נִרְדַּם, הוּא נִמְנֵם

□ *I have a nodding acquaintance with Latin* יֵשׁ לִי יְדִיעָה שִׁטְחִית בְּלָטִינִית

—n. נִדְנוּד בָּרֹאשׁ, הִנְהוּן

the land of Nod (*colloq.*) אֶרֶץ הַחֲלוֹמוֹת

on the nod (*colloq.*) בְּלִי הֲלִיכִים פוֹרְמָלִיִּים

□ *a nod's as good as a wink* (*Prov.*) דַּי לְחַכִּימָא בִּרְמִיזָא

nodal /ˈnəʊd(ə)l/ adj. (*formal*) שֶׁל צֹמֶת, שֶׁל מִפְגָּשׁ

noddle /ˈnɒd(ə)l/ n. (*arch. sl.*) קָדְקֹד (רֹאשׁ)

node /nəʊd/ n.

1 (intersection of lines in network) מִפְגָּשׁ, צֹמֶת, מִסְעָף, הִצְטַלְּבוּת; מִפְרָק

2 (swelling on plant or person) בְּלִיטָה, גֻּלָּה קְטַנָּה, גּוּשִׁישׁ

nodular /ˈnɒdjʊlə(r)/ adj. (*formal*) קִשְׁרִירִי, קָשְׁרִיתִי

nodule /ˈnɒdjuːl/ n. בְּלִיטָה, גֻּלָּה קְטַנָּה, גּוּשִׁישׁ

Noel /nəʊˈel/ n. (*poet.*) חַג הַמּוֹלָד

no-frills /ˈnəʊ-ˌfrɪlz/ attrib. adj. (*colloq.*) לְלֹא תּוֹסָפוֹת; "דּוּגְרִי"

noggin /ˈnɒgɪn/ n.

1 (small amount of liquor) כַּמּוּת קְטַנָּה שֶׁל מַשְׁקֶה אַלְכּוֹהוֹלִי

2 (head, *sl.*) קָדְקֹד (רֹאשׁ)

no-go /ˌnəʊ-ˈgəʊ/ adj. (*colloq.*) (אֵזוֹר) סָגוּר (מִשִּׁקּוּלֵי בִּטָּחוֹן וְכו'); בִּלְתִּי־אֶפְשָׁרִי

□ *the town centre is a no-go area because of snipers* מֶרְכַּז הָעִיר הוּא אֵזוֹר סָגוּר בְּשֶׁל הַצַּלָּפִים

Noh /nəʊ/ n. תֵּאַטְרוֹן נוֹ (תֵּיאַטְרוֹן יַפָּנִי)

nohow /ˈnəʊhaʊ/ adv. (*colloq.*) בְּשׁוּם אֹפֶן לֹא, בְּשׁוּם פָּנִים וָאֹפֶן (לֹא), כְּלָל לֹא

noise /nɔɪz/ n.
1 (sound, esp. loud or unpleasant one) רַעַשׁ, קוֹל
noise pollution זִהוּם־רַעַשׁ
2 (undesired signal) הַפְרָעוֹת (בְּשִׁדּוּר)
—v.t.
noise abroad הֵפִיץ יְדִיעוֹת (שֶׁעֲשׂוּיוֹת לִהְיוֹת לֹא נְכוֹנוֹת)
□ *it was noised abroad that he had resigned* הַשְּׁמוּעוֹת אָמְרוּ שֶׁהוּא הִתְפַּטֵּר

noiseless /ˈnɔɪzlɪs/ adj. דּוֹמֵם, שֶׁאֵינוֹ מַשְׁמִיעַ קוֹל
noiselessly /ˈnɔɪzlɪslɪ/ adv. בִּדְמָמָה, בְּשֶׁקֶט, לְלֹא קוֹל
noisome /ˈnɔɪsəm/ adj. (*formal*) מַגְעִיל, דּוֹחֶה (בְּעִקָּר לְגַבֵּי רֵיחַ)
noisy /ˈnɔɪzɪ/ adj. רוֹעֵשׁ, רַעֲשָׁנִי, צַעֲקָנִי, קוֹלָנִי
nomad /ˈnəʊmæd/ n. נַוָּד, בֶּן־שֵׁבֶט נַוָּדִים
nomadic /nəʊˈmædɪk/ adj. נוֹדֵד, שֶׁל שְׁבָטִים נוֹדְדִים, נוֹמָדִי
no-man's-land /ˈnəʊ-mænz-lænd/ n. שֶׁטַח הֶפְקֵר
nom de plume /ˌnæm də pluːm/ n. פְּסֶבְדּוֹנִים, שֵׁם־עֵט, כִּנּוּי סִפְרוּתִי, שֵׁם בָּדוּי
nomenclature /nəˈmenklətʃə(r)/ n. (*formal*) נוֹמֶנְקְלָטוּרָה, מִנּוּחַ, רְשִׁימַת מֻנָּחִים בְּמִקְצוֹעַ מְסֻיָּם (בְּעִקָּר מַדָּעִי)
nominal /ˈnɒmɪn(ə)l/ adj.
1 (in name only) לַהֲלָכָה, בְּשֵׁם בִּלְבַד, נוֹמִינָלִי, נָקוּב
□ *the nominal value of the shares is £1* עֶרְכָּן הַנָּקוּב שֶׁל הַמְּנָיוֹת הוּא 1 לִישׁ״ט
2 (of little value or importance) סִמְלִי
□ *I pay a nominal rent* אֲנִי מְשַׁלֵּם שְׂכַר־דִּירָה סִמְלִי בִּלְבַד
3 (*Gram.*) שֵׁמָנִי
nominally /ˈnɒmɪnəlɪ/ adv. בְּאֹפֶן נוֹמִינָלִי, לַהֲלָכָה
nominate /ˈnɒmɪneɪt/ v.t. הִצִּיעַ כְּמֻעֲמָד; מִנָּה
□ *he was nominated for President* הִצִּיעוּ אוֹתוֹ כְּמֻעֲמָד לִנְשִׂיאוּת
□ *he was nominated to the presidency* הוּא הִתְמַנָּה לְתַפְקִיד הַנָּשִׂיא
nomination /ˌnɒmɪˈneɪʃ(ə)n/ n. הַצָּעַת־מֻעֲמָד; מִנּוּי
nominative /ˈnɒmɪnətɪv/ adj. & n. (*Gram.*) שֶׁל נוֹמִינָטִיב, שֶׁל יַחֲסַת הַנּוֹשֵׂא; נוֹמִינָטִיב, יַחֲסַת הַנּוֹשֵׂא
nominator /ˈnɒmɪneɪtə(r)/ n. מַצִּיעַ הַמֻּעֲמָד; מְמַנֶּה
nominee /ˌnɒmɪˈniː/ n. אָדָם שֶׁהֻצַּע לְמֻעֲמָדוּת
non- /nɒn-/ pref. לֹא, אִי־, אַל־
nonage /ˈnəʊnɪdʒ/ n. (*formal*) קַטְנוּת, מַעֲמַד הַקָּטִין
nonagenarian /ˌnɒnədʒɪˈneərɪən/ n. אָדָם בִּשְׁנוֹת הַתִּשְׁעִים לְחַיָּיו
non-aggression /ˌnɒn-əˈgreʃ(ə)n/ n. אִי־הִתְקָפָה
□ *the nations signed a non-aggression treaty* הַמְּדִינוֹת חָתְמוּ עַל הֶסְכֵּם אִי־הִתְקָפָה

non-aligned /ˌnɒn-əˈlaɪnd/ adj. (הַמְּדִינוֹת) הַבִּלְתִּי־מִזְדַּהוֹת (שֶׁאֵינָן בַּעֲלוֹת־בְּרִית, בְּעִקָּר שֶׁל מַעֲצָמוֹת עַל)
non-alignment /ˌnɒn-əˈlaɪnmənt/ n. אִי־הִזְדַּהוּת (שֶׁל מְדִינָה עִם מַעֲצָמוֹת־הָעַל)
non-belligerent /ˈnɒn-bəˈlɪdʒərənt/ adj. שֶׁאֵינוֹ נוֹטֵל חֵלֶק בְּמִלְחָמָה
nonce /nɒns/ n.
for the nonce (*formal*) לְפִי שָׁעָה, לְצֹרֶךְ הַנְּסִבּוֹת הַנּוֹכְחִיּוֹת
nonce-word מִלָּה חַד־פַּעֲמִית שֶׁהֻמְצְאָה לְצֹרֶךְ הַנְּסִבּוֹת
nonchalance /ˈnɒnʃələns/ n. נוֹנְשָׁלַנְטִיּוּת; אִי־אִכְפַּתִיּוּת, אֲדִישׁוּת
nonchalant /ˈnɒnʃələnt/ adj. נוֹנְשָׁלַנְטִי; לֹא־אִכְפַּתִּי, אָדִישׁ, חֲסַר־עִנְיָן
non-combatant /ˌnɒn-ˈkɒmbətənt/ n. & adj. חַיָּל לֹא־קְרָבִי; לֹא־קְרָבִי
non-commissioned /ˌnɒn-kəˈmɪʃənd/ adj. שֶׁאֵינוֹ קָצִין
non-commissioned officer מְפַקֵּד שֶׁאֵינוֹ קָצִין, מַשַּׁ״ק
non-committal /ˌnɒn-kəˈmɪt(ə)l/ adj. לֹא מְחַיֵּב, לֹא מִתְחַיֵּב
□ *she gave a non-committal answer* הִיא נָתְנָה תְּשׁוּבָה לֹא מְחַיֶּבֶת
non compos mentis /ˌnɒn ˌkɒmpəs ˌmentɪs/ adj. לֹא־שָׁפוּי, לֹא אַחֲרַאי לְמַעֲשָׂיו (מֻנָּח מִשְׁפָּטִי הַנֶּאֱמָר לְעִתִּים בְּהוּמוֹר) (*Law*)
non-conductor /ˌnɒn-kənˈdʌktə(r)/ n. לֹא מוֹלִיךְ (חֹם אוֹ חַשְׁמַל)
nonconformist /ˌnɒnkənˈfɔːmɪst/ adj. & n. נוֹנְקוֹנְפוֹרְמִיסְט, לֹא מְקַבֵּל אֶת הַמֻּסְכָּמוֹת, לֹא הוֹלֵךְ בַּתֶּלֶם; אָדָם מֵאַחַת הַכִּתּוֹת הַפְּרוֹטֶסְטַנְטִיּוֹת שֶׁפָּרְשׁוּ מֵהַכְּנֵסִיָּה הָאַנְגְּלִיקָנִית
nonconformity /ˌnɒnkənˈfɔːmɪtɪ/ n. נוֹנְקוֹנְפוֹרְמִיסְטִיּוּת, אִי קַבָּלַת הַמֻּסְכָּמוֹת, אִי־הֲלִיכָה בַּתֶּלֶם
non-contributory /ˌnɒn-kənˈtrɪbjʊt(ə)rɪ/ adj. (קֶרֶן גֶּמֶל אוֹ בִּטּוּחַ) שֶׁמְּשַׁלֵּם הַמַּעֲסִיק בִּלְבַד (וְלֹא הָעוֹבֵד)
nondescript /ˈnɒndɪskrɪpt/ adj. (אָדָם, דָּבָר) לְלֹא אֹפִי מֻגְדָּר, חֲסַר־יִחוּד, ״סְתָם״
non-destructive /ˌnɒn-dɪsˈtrʌktɪv/ adj. לֹא־הַרְסָנִי
non-drip /nɒn-ˈdrɪp/ attrib. adj. לֹא־נוֹזֵל (צֶבַע וְכַד׳)
none /nʌn/ pron.
1 (no one, nothing) אַף לֹא אֶחָד; כְּלָל לֹא
□ *none could have foreseen his sudden death* אִישׁ לֹא יָכוֹל הָיָה לִצְפּוֹת אֶת מוֹתוֹ הַפִּתְאוֹמִי

□ *I was hoping for many birthday presents, but received none* קִוִּיתִי לְקַבֵּל הַרְבֵּה מַתָּנוֹת לְיוֹם הַהֻלֶּדֶת, אַךְ לֹא קִבַּלְתִּי אַף אַחַת

□ *the guest was none other than the President* הָאוֹרֵחַ הָיָה לֹא אַחֵר אֶלָּא הַנָּשִׂיא

2 (not any) (לֹא) שׁוּם, (לֹא) כְּלוּם

□ *let's have none of your silly jokes this holiday!* בּוֹא נִרְאֶה אִם נַצְלִיחַ לַעֲבֹר אֶת הַחֻפְשָׁה הַזֹּאת בְּלִי הַבְּדִיחוֹת הַטִּפְּשִׁיּוֹת שֶׁלְּךָ

□ *I suggested retreat but he would have none of it* (*formal*) אֲנִי הִצַּעְתִּי שֶׁנִּסּוֹג, אֲבָל הוּא סֵרֵב בְּתֹקֶף לִשְׁמֹעַ עַל כָּךְ

—adv. לֹא

□ *he was none the worse for his fall* לֹא נִגְרַם לוֹ כָּל נֵזֶק כְּתוֹצָאָה מִן הַנְּפִילָה שֶׁלּוֹ

□ *the dog's a mongrel, but none the less engaging for that* זֶה כֶּלֶב בֶּן־כִּלְאַיִם, אֲבָל בְּכָל זֹאת חָמוּד

□ *he's none too well today* הוּא מַרְגִּישׁ לְגַמְרֵי לֹא טוֹב הַיּוֹם

nonentity /nəˈnentɪtɪ/ n. (*derog.*) "אֶפֶס", אָדָם חֲסַר חֲשִׁיבוּת/אֳפִי/כִּשּׁוּרִים

nones /nəʊnz/ n. *pl.* (*Relig.*) אֶחָד מִזְּמַנֵּי הַתְּפִלָּה הַקָּתוֹלִית (3 אחה"צ)

nonesuch /ˈnɒnsʌtʃ/ n. (*formal*) אֶחָד וְיָחִיד, אֶחָד וְאֵין דּוֹמֶה לוֹ, יָחִיד בְּמִינוֹ

nonetheless /ˌnʌnðəˈles/ adv. בְּכָל־זֹאת

non-event /ˌnɒn-ɪˈvent/ n. "אֵרוּעַ מֵת" (אֵרוּעַ מְשַׁעֲמֵם וּמְאַכְזֵב)

non-existence /ˌnɒn-ɪɡˈzɪst(ə)ns/ n. אִי־קִיּוּמוּת

non-existent /ˌnɒn-ɪɡˈzɪstənt/ adj. לֹא־קַיָּם

non-fattening /ˌnɒn-ˈfæt(ə)nɪŋ/ adj. לֹא־מַשְׁמִין

non-fiction /ˌnɒn-ˈfɪkʃ(ə)n/ n. סִפְרוּת עִיּוּנִית, סִפְרוּת לֹא־בִּדְיוֹנִית

non-flammable /ˌnɒn-ˈflæməb(ə)l/ adj. לֹא־דָּלִיק

non-interference /ˌnɒn-ɪntəˈfɪərəns/ n. אִי־הִתְעָרְבוּת

non-intervention /ˌnɒn-ɪntəˈvenʃ(ə)n/ n. אִי־הִתְעָרְבוּת

no-nonsense /nəʊ-ˈnɒns(ə)ns/ adj. "דּוּגְרִי", "נוֹ־נוֹנְסֶנְס", בְּלִי חָכְמוֹת

nonpareil /ˌnɒnpəˈreɪl/ n. (*poet.*) אֶחָד וְיָחִיד, אֶחָד וְאֵין דּוֹמֶה לוֹ, יָחִיד בְּמִינוֹ

non-payment /ˌnɒn-ˈpeɪmənt/ n. אִי־פֵּרָעוֹן, אִי־תַּשְׁלוּם

nonplus /nɒnˈplʌs/ v.t. הִכָּה בְּתַדְהֵמָה, הִפְתִּיעַ, הִדְהִים

non-profit-making /ˌnɒn-ˈprɒfɪt-meɪkɪŋ/ adj. (אִרְגּוּן) שֶׁלֹּא לְמַטְּרוֹת רְוָחִים

non-reader /ˌnɒn-ˈriːdə(r)/ n. (יֶלֶד) מִתְקַשֶּׁה־בִּקְרִיאָה, אָדָם בַּעַל קַשְׁיֵי־קְרִיאָה

non-resident /ˌnɒn-ˈrezɪdənt/ n. לֹא מִתְגּוֹרֵר בַּמָּקוֹם; שֶׁאֵינוֹ מִתְאַכְסֵן בְּמָלוֹן (זֶה)

non-scientific /ˌnɒn-saɪənˈtɪfɪk/ adj. לֹא־מַדָּעִי

nonsense /ˈnɒns(ə)ns/ n. שְׁטֻיּוֹת, הֲבָלִים

nonsense verse שִׁירַת "נוֹנְסֶנְס" (שִׁירָה בַּעֲלַת תֹּכֶן וְ/אוֹ מִלִּים אַבְּסוּרְדִיּוֹת)

□ *this new evidence makes nonsense of his theory* הָעֵדוּת הַחֲדָשָׁה הַזֹּאת מַפְרִיכָה אֶת הַתֵּיאוֹרְיָה שֶׁלּוֹ מִכֹּל וָכֹל

□ *economically speaking, this proposal is a nonsence* (or *makes nonsence*) מִבְּחִינָה כַּלְכָּלִית הַהַצָּעָה הַזֹּאת הִיא שְׁטוּת

□ *I won't stand for any nonsense* אֲנִי לֹא מוּכָן לִסְבֹּל שׁוּם מִשְׂחָקִים

—int. שְׁטֻיּוֹת!

nonsensical /nɒnˈsensɪk(ə)l/ adj. שְׁטוּתִי, אַבְּסוּרְדִי, אִידְיוֹטִי

non-sequitur /ˌnɒn-ˈsekwɪtə(r)/ n. (*formal*) מַסְקָנָה שֶׁאֵינָהּ נוֹבַעַת מֵהַהַנָּחוֹת, מַסְקָנָה לֹא הֶגְיוֹנִית

non-skid /ˌnɒn-ˈskɪd/ adj. (צְמִיג) לְלֹא־הַחְלָקָה, לֹא מַחֲלִיק

non-smoker /ˌnɒn-ˈsməʊkə(r)/ n. מָקוֹם שֶׁאָסוּר לְעַשֵּׁן בּוֹ; לֹא מְעַשֵּׁן

non-specialist /ˌnɒn-ˈspeʃəlɪst/ n. אָדָם בַּעַל הַכְשָׁרָה מִקְצוֹעִית כְּלָלִית

non-starter /ˌnɒn-ˈstɑːtə(r)/ n. תָּכְנִית/רַעְיוֹן אָבוּד מֵרֹאשׁ, אָדָם חֲסַר־סִכּוּי, אָדָם חֲסַר־תַּקָּנָה

non-stick /ˌnɒn-ˈstɪk/ adj. (סִיר אוֹ מַחֲבַת) מְצֻפֶּה בְּחֹמֶר (כְּגוֹן טֶפְלוֹן) הַמּוֹנֵעַ הִדָּבְקוּת מָזוֹן

non-stop /ˌnɒn-ˈstɒp/ adj. & adv. לְלֹא הֶפְסֵק, "נוֹן־סְטוֹפּ"

nonsuch /ˈnʌnsʌtʃ/ n. אֶחָד וְיָחִיד, יָחִיד בְּמִינוֹ, אֶחָד וְאֵין דּוֹמֶה לוֹ

non-toxic /ˌnɒn-ˈtɒksɪk/ adj. לֹא רָעִיל

non-U /ˌnɒn-ˈjuː/ adj. (*UK*) לֹא מִשְׁתַּיֵּךְ לַמַּעֲמָד הָעֶלְיוֹן

non-violence /ˌnɒn-ˈvaɪələns/ n. אִי־שִׁמּוּשׁ בָּאַלִּימוּת

noodle[1] /ˈnuːd(ə)l/ n. אִטְרִיָּה (לָרֹב אֲרֻכָּה וְדַקָּה)

noodle[2] /ˈnuːd(ə)l/ n. (*colloq.*)

1 (simpleton) טִפֵּשׁ, רֹאשׁ־כְּרוּב

2 (head, *US*) רֹאשׁ, קָדְקֹד

nook /nʊk/ n. מָקוֹם מְבֻדָּד, פִּנָּה נִסְתֶּרֶת

□ *we searched every nook and cranny* חִפַּשְׂנוּ בְּכָל פִּנָּה, חִפַּשְׂנוּ בְּנֵרוֹת

nookie /ˈnʊkɪ/ n. (also **nooky**) (*sl.*) זִיּוּנִים, "דְּפִיקָה" (נֶאֱמַר בְּטוֹן יְדִידוּתִי)

noon /nuːn/ n. צָהֳרַיִם

noonday /ˈnuːndeɪ/ n. & adj. צָהֳרַיִם, צָהֳרֵי יוֹם

no-one /ˈnəʊ-wʌn/ pron. אַף אֶחָד (לֹא), אַף לֹא אֶחָד, אִישׁ (לֹא)

□ *no-one came to the party* אִישׁ לֹא בָּא לַמְּסִבָּה

noose /nuːs/ n. לוּלָאַת־חֶבֶל, לוּלָאָה; לוּלָאַת הַתְּלִיָּה

—v.t. לָכַד בְּלוּלָאָה, קָשַׁר בְּלוּלָאָה

nor /nɔː(r)/ conj. וְלֹא

□ *neither the soup nor the salad is to his liking* גַּם הַמָּרָק וְגַם הַסָּלָט לֹא מוֹצְאִים חֵן בְּעֵינָיו

□ *I don't like it, nor do my friends* זֶה לֹא מוֹצֵא חֵן בְּעֵינַי, וְגַם לֹא בְּעֵינֵי הַחֲבֵרִים שֶׁלִּי

Nordic /ˈnɔːdɪk/ adj. נוֹרְדִּי, סְקַנְדִּינָבִי, צְפוֹנִי

norm /nɔːm/ n. נוֹרְמָה, תֶּקֶן, הַדָּבָר הַמְקֻבָּל; מִכְסָה

□ *she lived in a society where corruption was the norm* הִיא חָיְתָה בְּחֶבְרָה שֶׁבָּהּ הַשְּׁחִיתוּת הָיְתָה נוֹרְמָה

normal /ˈnɔːm(ə)l/ adj. & n. נוֹרְמָלִי, רָגִיל, תַּקִּין; הַמַּצָּב הָרָגִיל

normal distribution/curve (*Statistics*) הִתְפַּלְּגוּת נוֹרְמָלִית

□ *the situation is back to normal* הַמַּצָּב חָזַר לְתִקְנוֹ, הַמַּצָּב חָזַר לְקַדְמוּתוֹ

normality /nɔːˈmælɪtɪ/ n. (also (*US*) **normalcy**) נוֹרְמָלִיּוּת

normalize /ˈnɔːməlaɪz/ v.t. & i. הֶחֱזִיר לְתִקְנוֹ, עָשָׂה לְנוֹרְמָלִי, נִרְמֵל; הֵבִיא לְנוֹרְמָלִיזַצְיָה; הִגִּיעַ לְמַצָּב שֶׁל נוֹרְמָלִיזַצְיָה

normally /ˈnɔːməlɪ/ adv. בְּדֶרֶךְ כְּלָל; בְּאֹפֶן נוֹרְמָלִי

Norman /ˈnɔːm(ə)n/ n. & adj. (אָדָם) נוֹרְמָנִי; נוֹרְמָנִי, שֶׁל נוֹרְמַנְדְיָה

Norman arch קֶשֶׁת נוֹרְמָנִית (חֲצִי־עֲגֻלָּה)

normative /ˈnɔːmətɪv/ adj. (*formal*) נוֹרְמָטִיבִי, תִּקְנִי, הַמַּכְתִּיב תֶּקֶן מְסֻיָּם

Norse /nɔːs/ n. & adj. (לָשׁוֹן) סְקַנְדִּינָבִית עַתִּיקָה; קְבוּצַת הַשָּׂפוֹת הַסְּקַנְדִּינָבִיּוֹת; הַנּוֹרְוֶגִים; שֶׁל סְקַנְדִּינַבְיָה הָעַתִּיקָה, שֶׁל הַוִּיקִינְגִים

north /nɔːθ/ n., adj. & adv. צָפוֹן; צְפוֹנִי; צָפוֹנָה, בַּצָּפוֹן, צְפוֹנִית

□ *a strong north wind was blowing* רוּחַ צְפוֹנִית חֲזָקָה נָשְׁבָה

□ *Canada is north of the U.S.A.* קָנָדָה נִמְצֵאת צְפוֹנִית לְאַרְצוֹת־הַבְּרִית

□ *Chicago is in the north of the U.S.A.* שִׁיקָגוֹ נִמְצֵאת בִּצְפוֹן אַרְצוֹת־הַבְּרִית

□ *the room has a north-facing window* לַחֶדֶר יֵשׁ חַלּוֹן הַפּוֹנֶה צָפוֹנָה

northbound /ˈnɔːθbaʊnd/ adj. שֶׁפָּנָיו צָפוֹנָה, שֶׁפָּנָיו לַצָּפוֹן; הַמּוֹבִיל צָפוֹנָה

northeast /nɔːθˈiːst/ n. & adj. צְפוֹן־מִזְרָח; צְפוֹנִי־מִזְרָחִי

north-easter /nɔːθˈiːstə(r)/ n. רוּחַ מִכִּוּוּן צְפוֹן־מִזְרָח

north-easterly /nɔːθˈiːstəlɪ/ adj. צְפוֹנִי־מִזְרָחִי, בְּכִוּוּן צְפוֹן־מִזְרָח

north-eastern /nɔːθˈiːst(ə)n/ adj. צְפוֹנִי־מִזְרָחִי, מִצְּפוֹן־מִזְרָח

northerly /ˈnɔːðəlɪ/ adj. צְפוֹנִי, מִכִּוּוּן צָפוֹן

northern /ˈnɔːð(ə)n/ adj. צְפוֹנִי

northern lights הַזֹּהַר הַצְּפוֹנִי, הַזֹּהַר הַקָּטְבִּי

northerner /ˈnɔːðənə(r)/ n. (אָדָם) יְלִיד אוֹ תּוֹשַׁב הַחֵלֶק הַצְּפוֹנִי שֶׁל אֵזוֹר/אֶרֶץ

northernmost /ˈnɔːðənməʊst/ adj. הַצְּפוֹנִי בְּיוֹתֵר, בִּקְצֵה צָפוֹן

North Pole /nɔːθ ˈpəʊl/ n. הַקֹּטֶב הַצְּפוֹנִי

North Star /nɔːθ ˈstɑː(r)/ n. כּוֹכַב הַצָּפוֹן

northward /ˈnɔːθwəd/ adj. & n. צְפוֹנִי, בְּכִוּוּן צָפוֹן; צָפוֹן

—adv. (also **northwards**) צָפוֹנָה

north-west /nɔːθˈwest/ n. & adj. צְפוֹן־מַעֲרָב; צְפוֹנִי־מַעֲרָבִי

north-wester /nɔːθˈwestə(r)/ n. רוּחַ מִכִּוּוּן צְפוֹן־מַעֲרָב

north-western /nɔːθˈwest(ə)n/ adj. צְפוֹנִי־מַעֲרָבִי, מִצְּפוֹן־מַעֲרָב

Norwegian /nɔːˈwiːdʒən/ n. & adj. אָדָם יְלִיד/תּוֹשַׁב נוֹרְוֶגְיָה; הַשָּׂפָה הַנּוֹרְוֶגִית; נוֹרְוֶגִי, מִנּוֹרְוֶגְיָה

nose nəʊz/ n.

1 (part of body) אַף, חֹטֶם

□ *you've always got your nose in a book* אַתָּה תָּמִיד עִם הָאַף תָּקוּעַ בְּסֵפֶר

□ *she cut off her nose to spite her face* (*fig.*) הִיא נִסְּתָה לִנְקֹם אֲבָל בְּסַךְ־הַכֹּל גָּרְמָה נֶזֶק רַק לְעַצְמָהּ

□ *he kept his nose to the grindstone* (*colloq.*) הוּא דָּגַר עַל מְלַאכְתּוֹ, הוּא עָבַד כְּמוֹ חֲמוֹר

□ *he managed to keep his nose clean throughout the financial scandal* (*colloq.*) הוּא הִצְלִיחַ שֶׁלֹּא לְלַכְלֵךְ אֶת יָדָיו בְּמֶשֶׁךְ כָּל תְּקוּפַת הַשַּׁעֲרוּרִיָּה הַכַּלְכָּלִית

□ *snobs look down their noses at ordinary people* סְנוֹבִּים מִסְתַּכְּלִים עַל אֲנָשִׁים אֲחֵרִים מִלְמַעְלָה

□ *you pay through the nose at that restaurant* (*colloq.*) בַּמִּסְעָדָה הַזֹּאת פּוֹשְׁטִים לְךָ אֶת הָעוֹר

□ *don't poke* (or *stick*) *your nose into other people's business* אַל תִּדְחֹף אֶת הָאַף לְעִנְיָנִים שֶׁאֵינָם שֶׁלְּךָ

□ *the arrival of a baby sister put the child's nose out of joint* (*colloq.*) הֻלֶּדֶת הָאָחוֹת הַקְּטַנָּה עָשְׂתָה לַיֶּלֶד מַצַּב־רוּחַ

□ *just because you won seven games there's no need to rub my nose in it* (*colloq.*) רַק בִּגְלַל שֶׁנִּצַּחְתָּ בְּשִׁבְעָה מִשְׂחָקִים אַתָּה לֹא צָרִיךְ לְהַזְכִּיר לִי אֶת זֶה כָּל הַזְּמַן

□ *she turned up her nose at his efforts to please her* (*colloq.*) הִיא עִקְּמָה אֶת הָאַף כְּשֶׁנִּסָּה לְהַשְׂבִּיעַ אֶת רְצוֹנָהּ

□ *that reporter gets right up my nose* (*UK colloq.*) הַכַּתָּב הַזֶּה עוֹלֶה לִי עַל הָעֲצַבִּים

□ *the car was stolen from under its owner's (very) nose* (*colloq.*) הַמְּכוֹנִית נִגְנְבָה מַמָּשׁ מִתַּחַת לְחָטְמוֹ שֶׁל בְּעָלֶיהָ

2 (sense of smell, flair) "חוּשׁ־רֵיחַ", "כִּשְׁרוֹן"

□ *she has a nose for a bargain* יֵשׁ לָהּ חוּשׁ לִ"מְצִיאוֹת"

3 (protuberance; front portion) חַרְטוֹם

4 (odour) אֲרוֹמָה (שֶׁל יַיִן)

—v.t. רחְרַח וגִלָּה, הֵרִיחַ; דָּחַק בְּאַפּוֹ אֶת; חָכַךְ אֶת... בְּאַפּוֹ

—v.i. רחְרַח; חִטֵּט בְּ..., חִפֵּשׂ בְּ...; הִתְקַדֵּם בִּזְהִירוּת וּבְאִטִּיּוּת

□ *the car nosed (out) into the main road* הַמְּכוֹנִית פָּנְתָה בְּאִטִּיּוּת אֶל תּוֹךְ הַכְּבִישׁ הָרָאשִׁי

□ *he was nosing about among my letters (colloq.)* הוּא חִטֵּט בְּמִכְתָּבִים שֶׁלִּי

nosebag /ˈnəʊzbæɡ/ n. שַׂק־מִסְפּוֹא (הַתָּלוּי עַל רֹאשׁ בְּהֵמָה)

nosebleed /ˈnəʊzbliːd/ n. דִּמּוּם מֵהָאַף

nose-cone /ˈnəʊz-kəʊn/ n. קוֹנוּס הַחַרְטוֹם (שֶׁל טִיל וְכַד')

nosedive /ˈnəʊzdaɪv/ n. & v.i. צְלִילָה, נְפִילָה, צְנִיחָה (מָטוֹס, מְחִירִים וְכוּ'); צָלַל, נָפַל, צָנַח

nosegay /ˈnəʊzɡeɪ/ n. זֵר פְּרָחִים קָטָן (לְמָשָׁל לְדַשׁ בֶּגֶד־אִשָּׁה)

nosey /ˈnəʊzɪ/ see **NOSY** סַקְרָנִי, חַטְטָנִי

nosh /nɒʃ/ n. & v.i. (*UK sl.*) חֲטִיף, אֲרוּחָה קַלָּה, אֲרוּחָה; אָכַל, זָלַל

nosh-up /ˈnɒʃ-ʌp/ n. (*UK sl.*) זְלִילָה

nostalgia /nɒˈstældʒə/ n. נוֹסְטַלְגְּיָה

nostalgic /nɒˈstældʒɪk/ adj. נוֹסְטַלְגִּי

nostril /ˈnɒstrɪl/ n. נְחִיר

nostrum /ˈnɒstrəm/ n. תְּרוּפַת אֱלִיל, תְּרוּפַת־פֶּלֶא; (בְּהַשְׁאָלָה) תְּרוּפָה, פִּתְרוֹן (לִבְעָיָה)

nosy /ˈnəʊzɪ/ adj. (also **nosey**) חַטְטָן, סַקְרָן, דּוֹחֵף אֶת הָאַף

nosy parker (*colloq.*) אִישׁ חַטְטָן

not /nɒt/ adv. לֹא, שֶׁלֹּא, אֵין

not at all! (*formal*) לְגַמְרֵי לֹא, כְּלָל לֹא, בִּכְלָל לֹא; אֵין בְּעַד מָה

not guilty (*Law*) לֹא אָשֵׁם, זַכַּאי

not half (*sl.*) "בְּרִבּוּעַ"; וְעוֹד אֵיךְ

not likely! (*colloq.*) בְּשׁוּם אֹפֶן לֹא

□ *I don't know whether or not he speaks Russian* אֲנִי לֹא יוֹדֵעַ אִם הוּא מְדַבֵּר רוּסִית אוֹ לֹא

□ *you're coming (whether you) like it or not* אַתָּה בָּא בֵּין שֶׁאַתָּה רוֹצֶה וּבֵין שֶׁאַתָּה לֹא רוֹצֶה

□ *she loves me, she loves me not (arch.)* אוֹהֶבֶת, לֹא־אוֹהֶבֶת (נֶאֱמָר תּוֹךְ תְּלִישַׁת עֲלֵי פֶּרַח – כְּשֶׁהֶעָלֶה הָאַחֲרוֹן הוּא הַקּוֹבֵעַ)

□ *are you going to take the money or not?* אַתָּה רוֹצֶה אֶת הַכֶּסֶף אוֹ לֹא?

□ *not a leaf stirred in the forest* אַף לֹא עָלֶה זָע בַּיַּעַר

□ *was he sorry? Not a bit of it* הַאִם הוּא הִצְטַעֵר? בִּכְלָל לֹא

□ *he failed – not that he tried very hard* הוּא נִכְשַׁל – לֹא שֶׁהוּא נִסָּה כָּל־כָּךְ קָשֶׁה

□ *not only did he break a vase, he also stained the carpet* לֹא רַק שֶׁהוּא שָׁבַר אֲגַרְטָל, הוּא גַּם הִכְתִּים אֶת הַשָּׁטִיחַ

□ *you say he's trustworthy, but I'm not so sure* אַתָּה אוֹמֵר שֶׁאֶפְשָׁר לִסְמֹךְ עָלָיו, אֲבָל אֲנִי לֹא כָּל־כָּךְ בָּטוּחַ

□ *I warned you not to play with matches* אָמַרְתִּי לְךָ שֶׁלֹּא תְּשַׂחֵק בְּגַפְרוּרִים

□ *it's not so warm, is it?* דֵּי קָרִיר, לֹא?

□ *I had hoped for a pay rise, but it was not to be* קִוִּיתִי לְהַעֲלָאָה בַּמַּשְׂכֹּרֶת, אֲבָל לֹא כָּךְ עָתִיד הָיָה לִקְרוֹת

□ *they have a large country house, not to mention a flat in London* יֵשׁ לָהֶם בַּיִת גָּדוֹל בַּכְּפָר, שֶׁלֹּא לְדַבֵּר עַל דִּירָה בְּלוֹנְדוֹן

□ *not to put too fine a point on it, he stole those clothes* בְּלִי לְהִתְפַּלְמֵס יוֹתֵר מִדַּי בּוֹא נֹאמַר פָּשׁוּט שֶׁהוּא גָּנַב אֶת הַבְּגָדִים הָאֵלֶּה

□ *not a few lost their lives in that battle (formal)* לֹא מְעַטִּים אִבְּדוּ אֶת חַיֵּיהֶם בַּקְּרָב הַזֶּה

□ *can you come to supper? I'm afraid not* הַאִם אַתָּה יָכוֹל לָבוֹא לַאֲרוּחַת־עֶרֶב? אֲנִי חוֹשֵׁשׁ שֶׁלֹּא

□ *is it going to snow? I hope not* הַאִם יֵרֵד שֶׁלֶג? אֲנִי מְקַוֶּה שֶׁלֹּא

□ *he'll be at home now, as likely as not (or like as not)* סָבִיר שֶׁהוּא כְּבָר בַּבַּיִת עַכְשָׁו

□ *shall I ask him? Better not* לִשְׁאֹל אוֹתוֹ? עָדִיף שֶׁלֹּא

nota bene /ˌnəʊtə ˈbeneɪ/ imper. שִׂים לֵב, עַיֵּן הֵיטֵב (בְּמִכְתָּב וְכַד')

notability /ˌnəʊtəˈbɪlɪtɪ/ n. אִישִׁיּוּת נִכְבֶּדֶת; נִכְבָּדוּת

notable /ˈnəʊtəb(ə)l/ adj. & n. בּוֹלֵט, נִכְבָּד, רָאוּי לְצִיּוּן; אִישִׁיּוּת חֲשׁוּבָה

notably /ˈnəʊtəblɪ/ adv. בִּמְיֻחָד, בְּצוּרָה בּוֹלֶטֶת

notarial /nəʊˈteərɪ(ə)l/ adj. נוֹטַרְיוֹנִי; שֶׁל נוֹטַרְיוֹן

notarize /ˈnəʊtəraɪz/ v.t. (*formal*) נָתַן אִשּׁוּר נוֹטַרְיוֹנִי

notary /ˈnəʊtərɪ/ n. נוֹטַרְיוֹן

notation /nəʊˈteɪʃ(ə)n/ n. סִמּוּן, שִׁיטַת סִימָנִים/סְמָלִים

notch /nɒtʃ/ n. & v.t. חָרִיץ; חָרַץ, סִמֵּן חָרִיץ

□ *our team notched up another victory (colloq.)* הַקְּבוּצָה שֶׁלָּנוּ רָשְׁמָה לִזְכוּתָהּ נִצָּחוֹן נוֹסָף

note /nəʊt/ n.

1 (record, short letter or comment) רְשִׁימָה, אִגֶּרֶת קְצָרָה, פֶּתֶק, הֶעָרָה

□ *he made a note of the registration number* הוּא רָשַׁם לְעַצְמוֹ אֶת מִסְפַּר הָרִשּׁוּי

□ *two journalists were taking notes during the speech* שְׁנֵי עִתּוֹנָאִים רָשְׁמוּ הֶעָרוֹת בְּמַהֲלַךְ הַנְּאוּם

2 (*Mus.*) תָּו, צְלִיל, נִימָה, טוֹן

□ *he sounded a note of caution in his speech* הוּא הִשְׁמִיעַ נִימָה שֶׁל אַזְהָרָה בִּנְאוּמוֹ
□ *the play ends on a quiet note* הַמַּחֲזֶה נִגְמָר בְּטוֹן שָׁקֵט
□ *his introductory remarks struck the right note with the audience* הֶעָרוֹת הַפְּתִיחָה שֶׁלּוֹ רָכְשׁוּ אֶת לֵב הַקָּהָל
□ *his remark struck a false note* הֶעָרָתוֹ צָרְמָה אֶת הָאֹזֶן, הֶעָרָתוֹ הָיְתָה שֶׁלֹּא בִּמְקוֹמָהּ
3 (piece of paper money) שְׁטַר־כֶּסֶף, שְׁטָר
4 (attention) תְּשׂוּמֶת־לֵב
□ *take note of what he says* שִׂים לֵב לְמָה שֶׁהוּא אוֹמֵר
□ *it is worthy of note that he stole only the bread* רָאוּי לְצַיֵּן שֶׁהוּא גָּנַב אֶת הַלֶּחֶם בִּלְבַד
5 (eminence, *formal*) חֲשִׁיבוּת, מַעֲמָד
□ *they are a family of note* הֵם מִשְׁפָּחָה חֲשׁוּבָה
—v.t.
1 (notice, *formal*) שָׂם לֵב לְ...
2 (record) רָשַׁם לְפָנָיו רָשַׁם, צִיֵּן
□ *I noted down the list of figures* רָשַׁמְתִּי אֶת הַמִּסְפָּרִים

notebook /ˈnəʊtbʊk/ n. פִּנְקָס, מַחְבֶּרֶת
notebook computer מַחְשֵׁב "נוֹטְבּוּק", מַחְשֵׁב נַיָּד קָטָן
notecase /ˈnəʊtkeɪs/ n. אַרְנָק (לְהַחְזָקַת שִׁטְרֵי־כֶּסֶף)
noted /ˈnəʊtɪd/ adj. מְפֻרְסָם, יָדוּעַ, בַּעַל־מוֹנִיטִין
□ *he's not noted for his sense of humour* חוּשׁ הַהוּמוֹר זֶה לֹא הַצַּד הֶחָזָק שֶׁלּוֹ
notelet /ˈnəʊtlɪt/ n. מֵעֵין כַּרְטִיס בְּרָכָה
notepaper /ˈnəʊtpeɪpə(r)/ n. נְיַר־מִכְתָּבִים
noteworthy /ˈnəʊtwɜːðɪ/ adj. רָאוּי לְצִיּוּן, חָשׁוּב, רָאוּי לִתְשׂוּמֶת־לֵב
nothing /ˈnʌθɪŋ/ pron. & n. כְּלָל לֹא; לֹא כְּלוּם, שׁוּם דָּבָר
nothing doing! (*colloq.*) לֹא בָּא בְּחֶשְׁבּוֹן!
sweet nothings מִלְמוּלֵי אֲהָבִים, "פּוּצִינְיוּ מוּצִינְיוּ"
□ *I got it for nothing* קִבַּלְתִּי אֶת זֶה בְּחִנָּם
□ *not for nothing had she slaved at her Hebrew for fifteen years* לֹא לַשָּׁוְא הִיא הִתְיַגְּעָה עַל (לִמּוּד) הָעִבְרִית בְּמֶשֶׁךְ חֲמֵשׁ־עֶשְׂרֵה שָׁנִים
□ *all his friends and acquaintances were there, to say nothing of gate-crashers* כָּל חֲבֵרָיו וּמְיֻדָּעָיו הָיוּ שָׁם, שֶׁלֹּא לְדַבֵּר עַל כָּל אֵלֶּה שֶׁהִתְפַּלְּחוּ (לַמְּסִבָּה)
□ *he is nothing but trouble* הוּא עוֹשֶׂה רַק צָרוֹת
□ *there was nothing for it but to move house yet again* לֹא נוֹתַר אֶלָּא שׁוּב לַעֲבֹר דִּירָה; אֵין בְּרֵרָה אֶלָּא שׁוּב לַעֲבֹר דִּירָה
□ *she was nothing if not keen* הִיא הָיְתָה מְאֹד מְאֹד מְעֻנְיֶנֶת
□ *I swear that there is nothing between myself and Alice* אֲנִי נִשְׁבָּע שֶׁשּׁוּם דָּבָר לֹא קוֹרֶה בֵּינִי וּבֵין אָלִיס
□ *there's nothing between them* (or *nothing in it*) *as regards speed* אֵין בֵּינֵיהֶם הֶבְדֵּלִים בִּמְהִירוּת
□ *there's nothing like a good steak* אֵין דָּבָר כְּמוֹ סְטֵיק טוֹב
□ *he has nothing to do* אֵין לוֹ מַה לַּעֲשׂוֹת
□ *I will have nothing to do with it* אֲנִי לֹא מוּכָן בִּכְלָל לִשְׁמֹעַ עַל זֶה
□ *whether I divorce him has* (or *is*) *nothing to do with you* בֵּין שֶׁאֲנִי אֶתְגָּרֵשׁ מִמֶּנּוּ וּבֵין שֶׁלֹּא, זֶה לֹא קָשׁוּר בְּךָ/זֶה לֹא נוֹגֵעַ לְךָ
□ *he burst into the room with nothing on* הוּא הִתְפָּרֵץ אֶל הַחֶדֶר עֵרֹם כְּבְיוֹם הִוָּלְדוֹ
□ *I have nothing on this weekend* (*colloq.*) אֵין לִי שׁוּם דָּבָר בְּתִכְנוּן לְסוֹף הַשָּׁבוּעַ הַזֶּה, אֵין לִי תָּכְנִיּוֹת לְסוֹף הַשָּׁבוּעַ
□ *they will stop at nothing to gain their ends* הֵם מוּכָנִים לַעֲשׂוֹת הַכֹּל בִּכְדֵי לְהַשִּׂיג אֶת הַמַּטָּרוֹת שֶׁלָּהֶם
□ *there's nothing to it* אֵין שׁוּם בְּעָיָה; אֵין אֱמֶת בַּדָּבָר
□ *his plays have nothing to them* (or *there's nothing to his plays*) אֵין שׁוּם דָּבָר מְיֻחָד בְּמַחֲזוֹת שֶׁלּוֹ
—adv.
□ *nothing daunted, the soldier dashed forward* (*poet.*) מִבְּלִי לְהַסֵּס זִנֵּק הַחַיָּל קָדִימָה
□ *the house is nothing like as large as we expected* (*colloq.*) גָּדְלוֹ שֶׁל הַבַּיִת אֲפִלּוּ לֹא מִתְקָרֵב לְמָה שֶׁצִּפִּינוּ
□ *it is nothing less than monstrous* זֶה נוֹרָא בִּמְלוֹא מוּבַן הַמִּלָּה

nothingness /ˈnʌθɪŋnɪs/ n. אַפְסוּת, חִדָּלוֹן, רֵיקָנוּת
notice /ˈnəʊtɪs/ n.
1 (written or printed announcement) מוֹדָעָה; מוֹדַעַת־לוּחַ (בְּעִתּוֹן)
2 (attention) תְּשׂוּמֶת־לֵב
□ *their insults should be beneath your notice* הָעֶלְבּוֹנוֹת שֶׁלָּהֶם אֵינָם רְאוּיִים לִתְשׂוּמַת־לִבְּךָ
□ *who brought the theft to your notice?* מִי הֵבִיא אֶת הַגְּנֵבָה לִידִיעָתְךָ?
□ *take no notice of that show-off!* אַל תָּשִׂים לֵב לַשְּׁוִיצֶר הַזֶּה!
3 (warning, information) הוֹדָעָה, הַתְרָאָה
until further notice עַד לְהוֹדָעָה נוֹסֶפֶת, עַד לְהוֹדָעָה חֲדָשָׁה
□ *the receptionist has given* (or *handed in*) *his notice* פְּקִיד־הַקַּבָּלָה מָסַר הוֹדָעָה עַל הִתְפַּטְּרוּתוֹ
□ *I gave a week's notice* (*of my intention to quit*) נָתַתִּי הַתְרָאָה שֶׁל שָׁבוּעַ עַל כַּוָּנָתִי לְהִתְפַּטֵּר
□ *I gave the cleaner a week's notice* הוֹדַעְתִּי לָעוֹזֶרֶת שֶׁהִיא מְפֻטֶּרֶת תּוֹךְ שָׁבוּעַ
□ *she took on the job at short notice* הִיא נִכְנְסָה לַתַּפְקִיד בְּהַתְרָאָה קְצָרָה
4 (review) בִּקֹּרֶת, מַאֲמַר בִּקֹּרֶת, רֶצֶנְזְיָה

□ *the play received bad notices* הַמַּחֲזֶה זָכָה לְבִקּוֹרוֹת שְׁלִילִיּוֹת

—v.t. הִבְחִין שֶׁ..., הִבְחִין בְּ..., שָׂם לֵב שֶׁ...

noticeable /ˈnəʊtɪsəb(ə)l/ adj. בּוֹלֵט לָעַיִן, נִכָּר, שֶׁקַּל לְהַבְחִין בּוֹ

noticeably /ˈnəʊtɪsəblɪ/ adv. בְּאֹפֶן בּוֹלֵט, בְּאֹפֶן נִכָּר, בְּאֹפֶן בָּרוּר

notice-board /ˈnəʊtɪs-bɔːd/ n. לוּחַ־מוֹדָעוֹת

notifiable /ˈnəʊtɪfaɪəb(ə)l/ adj. שֶׁיֵּשׁ לְהוֹדִיעַ עָלָיו (עַל פִּי חֹק, לְמָשָׁל הַנְּגָעוֹת בְּמַחֲלָה)

notification /ˌnəʊtɪfɪˈkeɪʃ(ə)n/ n. (*formal*) הוֹדָעָה, דִּוּוּחַ

notify /ˈnəʊtɪfaɪ/ v.t. הוֹדִיעַ לְ... שֶׁ..., דִּוֵּחַ לְ... שֶׁ...

notion /ˈnəʊʃ(ə)n/ n. מֻשָּׂג, רַעְיוֹן, דֵּעָה

□ *he has no notion of tact* אֵין לוֹ מֻשָּׂג מַה זֶּה טַקְט

—n. *pl.* (*US*) סִדְקִית, גָּלַנְטֶרְיָה, חֲפָצֵי תְּפִירָה וְרִקְמָה

notional /ˈnəʊʃən(ə)l/ adj. תֵּאוֹרֶטִי, שֶׁקַּיָּם רַק בְּמַחֲשָׁבָה וְלֹא בְּמַעֲשֶׂה; בַּעַל דִּינוֹטַצְיָה (לְהַבְדִּיל מִמַּשְׁמָעוּת תַּחְבִּירִית לְמָשָׁל)

notoriety /ˌnəʊtəˈraɪətɪ/ n. פִּרְסוּם לְשִׁמְצָה, פִּרְסוּם לִגְנַאי

notorious /nəʊˈtɔːrɪəs/ adj. יָדוּעַ לְשִׁמְצָה, יָדוּעַ לִגְנַאי

notwithstanding /ˌnɒtwɪθˈstændɪŋ/ (*formal*) adv. אַף־עַל־פִּי־כֵן, עִם זֹאת

—prep. & conj. לַמְרוֹת, חֶרֶף, מִבְּלִי לְהָבִיא בְּחֶשְׁבּוֹן שֶׁ...

□ *his courage notwithstanding* (or *notwithstanding his courage*), *he's a fool* חֶרֶף כָּל הָאֹמֶץ שֶׁלּוֹ הוּא שׁוֹטֶה

nougat /ˈnuːgɑː, ˈnʌgət/ n. נוּגָט (סוּג מַמְתָּק)

nought /nɔːt/ n.

1 (zero) אֶפֶס

noughts and crosses מִשְׂחָק "אִיקְס־מִיקְס־דְּרִיקְס"

2 (nothing, *poet*) לֹא־כְלוּם

□ *all our efforts came to nought* כָּל מַאֲמַצֵּינוּ עָלוּ בַּתֹּהוּ

□ *I set his threats at nought* אִיּוּמָיו הָיוּ בְּעֵינַי כִּקְלִפַּת הַשּׁוּם

noun /naʊn/ n. שֵׁם־עֶצֶם

nourish /ˈnʌrɪʃ/ v.t. הֵזִין, כִּלְכֵּל; טִפַּח

nourishing /ˈnʌrɪʃɪŋ/ adj. מֵזִין

nourishment /ˈnʌrɪʃmənt/ n. (*formal*) מָזוֹן; דְּבַר־מָזוֹן

nous /naʊs/ n. (*colloq.*) "רֹאשׁ", (בְּמוּבַן תְּבוּנָה בִּלְבַד), שֵׂכֶל

nouveau riche /nuːvəʊ ˈriːʃ/ n. נוּבוֹרִישׁ, עָשִׁיר־חָדָשׁ

nouvelle cuisine /nuːˈvel kwɪˈziːn/ n. הַמִּטְבָּח (הַצָּרְפָתִי) הֶחָדָשׁ (בִּשּׁוּל קַל יוֹתֵר מִן הַבִּשּׁוּל הַצָּרְפָתִי הַקְּלַסִּי)

nova /ˈnəʊvə/ n. (*Astron.*) נוֹבָה (כּוֹכָב מִתְפּוֹצֵץ)

novel ˈnɒv(ə)l/ adj. חָדָשׁ, מוּזָר

—n. רוֹמָן

novelette /ˈnɒvəlet/ n. רוֹמָן קָצָר (לָרֹב סֶנְטִימֶנְטָלִי); נוֹבֶלָה

novelist /ˈnɒvəlɪst/ n. מְחַבֵּר רוֹמָנִים, סוֹפֵר

novelization /nɒvəlaɪzeɪʃ(ə)n/ n. עָשָׂה רוֹמָן מִ..., כָּתַב אֶת הַסֵּפֶר עַל פִּי (סֶרֶט, הַצָּגָה וְכַד')

novella /nɒvelə/ n. נוֹבֶלָה

novelty /ˈnɒv(ə)ltɪ/ n.

1 (newness) חִדּוּשׁ

2 (new or unusual thing) "שְׁמוֹנְץ", "פֶּטֶנְט" (חֵפֶץ קָטָן, "חָמוּד", מְשֻׁנֶּה וְזוֹל הַנִּתָּן לָרֹב כְּמַתָּנָה הִתּוּלִית)

November /nəʊˈvembə(r)/ n. חֹדֶשׁ נוֹבֶמְבֶּר

novice /ˈnɒvɪs/ n. פֶּרַח־נְזִירוּת (נָזִיר/נְזִירָה לִפְנֵי שֶׁנָּדְרוּ אֶת נֶדֶר הַנְּזִירוּת); מַתְלַמֵּד

novitiate /nəˈvɪʃɪət/ n. הַתְּקוּפָה שֶׁלִּפְנֵי נְדִירַת הַנְּדָרִים בְּחַיָּיו שֶׁל פֶּרַח־נְזִירוּת

now /naʊ/ adv.

1 (at the present time) עַכְשָׁו, כָּעֵת, עַתָּה

just now זֶה עַתָּה, כָּרֶגַע

□ *I'm busy just now but I'll be round later* אֲנִי עָסוּק כָּרֶגַע אֲבָל אֲנִי אֶקְפֹּץ אַחַר־כָּךְ

□ *as of now the situation is unclear* בְּשָׁעָה זוֹ הַמַּצָּב לֹא בָּרוּר

□ *he must have arrived by now* הוּא בְּוַדַּאי כְּבָר הִגִּיעַ

□ *I've had enough for now* דַּי לִי בָּזֶה לְעַכְשָׁו

□ *from now on* (or *as from now*) *you'll have to support yourself* מֵעַכְשָׁו תִּצְטָרֵךְ לְפַרְנֵס אֶת עַצְמְךָ

□ *it's now or never* עַכְשָׁו אוֹ לְעוֹלָם לֹא, אִם לֹא עַכְשָׁו, אֵימָתַי?

□ *now you see it, now you don't* הִנֵּה זֶה, וְעַכְשָׁו זֶה אֵינֶנּוּ (דִּבְרֵי קוֹסֵם)

□ **(every)** *now and then* (or *again*) *he goes a little crazy* מִדֵּי פַּעַם/מִפַּעַם לְפַעַם הוּא קְצָת מִשְׁתַּגֵּעַ

2 (after this) וְעַכְשָׁו

□ *now for a long cool drink* וְעַכְשָׁו, כּוֹס גְּדוֹלָה וְצוֹנֶנֶת שֶׁל מַשְׁקֶה

□ *now to test the brakes* וְעַכְשָׁו בּוֹאוּ נְנַסֶּה אֶת הַבְּלָמִים

□ *now we'll see what happens* עַכְשָׁו נִרְאֶה מַה יִּקְרֶה

3 (used at start or end of sentence without reference to time) וּבְכֵן

□ *now, what happened was this* וּבְכֵן, מַה שֶּׁקָּרָה זֶה שֶׁ...

□ *now then, what's the matter?* וּבְכֵן, מַה הַבְּעָיָה? וּבְכֵן, מַה קָּרָה?

□ *let me see now, when was that bad storm?* תֵּן לִי לַחְשֹׁב, מָתַי הָיְתָה הַסְּעָרָה הַקָּשָׁה הַהִיא?

□ *no talking now!* שֶׁיִּהְיֶה שֶׁקֶט!

□ *come now!* נוּ, בֶּאֱמֶת...!

□ *now, now!* רֶגַע, רֶגַע, רֶגַע! (בִּטּוּי שֶׁמַּשְׁמָעוֹ – אַל תִּתְרַגֵּשׁ, תַּקְשִׁיב טוֹב וְכַד')

—conj. כְּעֵת שֶׁ..., עַכְשָׁו שֶׁ...

□ *now (that) you mention it, I do remember that programme* עַכְשָׁו כְּשֶׁאַתָּה מַזְכִּיר לִי, אֲנִי כֵּן זוֹכֵר אֶת הַתָּכְנִית הַהִיא

—n. הָעַכְשָׁו

□ *now is the time for us to take our leave* עַכְשָׁו בְּדִיּוּק זֶה הָרֶגַע לַעֲזֹב

nowadays /ˈnaʊədeɪz/ adv. כַּיּוֹם, בְּיָמֵינוּ

nowhere /ˈnəʊweə(r)/ adv. & n. בְּשׁוּם מָקוֹם לֹא; שׁוּם־מָקוֹם

□ *it was nowhere to be found* לֹא הָיָה אֶפְשָׁר לִמְצֹא אֶת זֶה בְּשׁוּם מָקוֹם

□ *this house is in the middle of nowhere* הַבַּיִת הַזֶּה תָּקוּעַ בְּסוֹף הָעוֹלָם

□ *flattery will get you nowhere* חֲנֻפָּה לֹא תַּעֲזֹר לְךָ

□ *my English is nowhere near as good as hers* הָאַנְגְּלִית שֶׁלִּי רְחוֹקָה מִלִּהְיוֹת טוֹבָה כְּשֶׁלָּהּ, הָאַנְגְּלִית שֶׁלִּי לֹא מִתְקָרֶבֶת לְשֶׁלָּהּ

□ *he came nowhere in the competition* הוּא לֹא זָכָה בִּפְרָס (בְּתַחֲרוּת)

nowise /ˈnəʊwaɪz/ adv. (*arch.*) בְּשׁוּם אֹפֶן לֹא, בְּשׁוּם פָּנִים וָאֹפֶן (לֹא)

noxious /ˈnɒkʃ(ə)s/ adj. (*formal*) רָעִיל

nozzle /ˈnɒz(ə)l/ n. נְחִיר, זַרְבּוּבִית

nuance /ˈnjuːɑːns/ n. גָּוֶן; גָּוֶן דַּק, הֶבְדֵּל דַּק, נִיוּאַנְס

nub /nʌb/ n. לֵב הָעִנְיָן, שֹׁרֶשׁ הַדָּבָר, עִקָּר, תַּמְצִית

nubile /ˈnjuːbaɪl/ adj. (*formal*) (אִשָּׁה צְעִירָה) מְפַתָּה וּמוֹשֶׁכֶת

nuclear /ˈnjuːklɪə(r)/ adj. גַּרְעִינִי, שֶׁל הַגַּרְעִין

nuclear bomb פְּצָצַת גַּרְעִין, פְּצָצָה גַּרְעִינִית

nuclear disarmament פֵּרוּק־נֶשֶׁק גַּרְעִינִי

nuclear energy אֶנֶרְגִּיָּה גַּרְעִינִית

nuclear family מִשְׁפָּחָה גַּרְעִינִית (אָב, אֵם וְצֶאֱצָאִים בִּלְבַד)

nuclear-free (אֵזוֹר) שֶׁבּוֹ אָסוּר הַשִּׁמּוּשׁ בְּנֶשֶׁק/בָּאֶנֶרְגִּיַּת גַּרְעִין

nuclear physics פִיזִיקָה גַּרְעִינִית

nuclear power כֹּחַ־גַּרְעִינִי, הֲנָעָה גַּרְעִינִית

nuclear waste פְּסֹלֶת גַּרְעִינִית

nuclear winter "חֹרֶף גַּרְעִינִי" (תּוֹצָאָה הַרְסָנִית חֲזוּיָה שֶׁל הִתְפּוֹצְצוּת גַּרְעִינִית בְּקְנֵה מִדָּה גָּדוֹל)

nucleic acid /njuːkliːɪk ˈæsɪd/ n. (*Genetics*) חֻמְצָה גַּרְעִינִית (ד.נ.א. וְר.נ.א.)

nucleus /ˈnjuːklɪəs/ n. (*pl.* **nuclei**) גַּרְעִין (שֶׁל אָטוֹם, שֶׁל תָּא, בְּהַשְׁאָלָה, אַךְ לֹא שֶׁל פְּרִי)

nude /njuːd/ adj. עֵירֹם, מְעֻרְטָל

—n. צִיּוּר עֵירֹם, רִשּׁוּם עֵירֹם, פֶּסֶל עֵירֹם, תַּצְלוּם עֵירֹם

□ *he swam in the nude* הוּא שָׂחָה בְּעֵירֹם

nudge /nʌdʒ/ v.t.

1 (push gently) דָּחַק, דָּחַף קַלּוֹת, דָּחַק בְּמַרְפֵּק

2 (almost reach) כִּמְעַט הִגִּיעַ

—n. דְּחִיקָה קַלָּה (לְמָשָׁל בְּמַרְפֵּק)

nudism /ˈnjuːdɪzəm/ n. נוּדִיזְם

nudist /ˈnjuːdɪst/ n. נוּדִיסְט

nudity /ˈnjuːdɪtɪ/ n. עֵירֹם

nugatory /ˈnjuːgətərɪ/ adj. (*formal*) חֲסַר־עֵרֶךְ

nugget /ˈnʌgɪt/ n. גּוּשׁ (שֶׁל מַתֶּכֶת גָּלְמִית)

nuisance /ˈnjuːs(ə)ns/ n. מִטְרָד; טַרְדָן

□ *his attacks have nuisance value only* הַתְקָפוֹתָיו מְסֻגָּלוֹת לְהַטְרִיד בִּלְבַד

□ *that dog is a public nuisance* הַכֶּלֶב הַזֶּה הוּא מִטְרָד צִבּוּרִי

□ *what a nuisance!* אֵיזֶה נוּדְנִיק! כַּמָּה מַרְגִּיז!

nuke /njuːk/ n. & v.t. (*sl.*) "הַפְּצָצָה" (הַגַּרְעִינִית); חִסֵּל בְּנֶשֶׁק גַּרְעִינִי

null /nʌl/ adj. (*formal* or *Law*) בָּטֵל, חֲסַר־תֹּקֶף

null and void בָּטֵל וּמְבֻטָּל

nullification /ˌnʌlɪfɪˈkeɪʃ(ə)n/ n. (*formal* or *Law*) בִּטּוּל (מִשְׁפָּטִי)

nullify /ˈnʌlɪfaɪ/ v.t. (*formal* or *Law*) בִּטֵּל, הִכְרִיז עַל... כְּבָטֵל וּמְבֻטָּל

nullity /ˈnʌlɪtɪ/ n. (*formal* or *Law*) הֱיוֹת בָּטֵל, הֱיוֹת חֲסַר־תֹּקֶף, אַפְסוּת (הַקִּיּוּם וְכַד׳)

numb /nʌm/ adj. & v.t. קֵהֶה־חוּשִׁים; חֲסַר־תְּחוּשָׁה (אֵיבָר בַּגּוּף לְמָשָׁל); הִקְהָה חוּשִׁים; הִקְהָה (כְּאֵב)

number /ˈnʌmbə(r)/ n.

1 (numeral) מִסְפָּר; סִפְרָה

number crunching (*colloq.*) עִבּוּד מָהִיר שֶׁל נְתוּנִים מִסְפָּרִיִּים (ע״י מַחְשֵׁב לְמָשָׁל)

□ *she's got the boss's number* (*colloq.*) הַבּוֹס אֶצְלָהּ בַּכִּיס הַקָּטָן

□ *I thought my number was up* (*UK colloq.*) חָשַׁבְתִּי שֶׁאֲנִי הוֹלֵךְ לָמוּת, חָשַׁבְתִּי שֶׁאֲנִי אָבוּד

□ *you must look after number one* (*colloq.*) תִּדְאַג קֹדֶם כֹּל לְעַצְמְךָ

□ *the British Prime Minister lives at Number 10 (Downing Street)* רֹאשׁ מֶמְשֶׁלֶת בְּרִיטַנְיָה גָּר בְּמִסְפָּר 10 (בְּרְח׳ דָּאוּנִינְג)

2 (more than 1; large quantity) מִסְפָּר, כַּמָּה; מִסְפָּר רַב שֶׁל...

□ *I have a number of objections to this plan* יֵשׁ לִי מִסְפַּר הַשָּׂגוֹת עַל תָּכְנִית זוֹ

□ *he gave me any number of reasons for not coming* הוּא נָתַן לִי בְּלִי סוֹף תֵּרוּצִים לְהֵעָדְרוּתוֹ

□ *there's safety in numbers* כַּמּוּת גְּדוֹלָה/הֶהָמוֹן מַעֲנִיק/ה בִּטָּחוֹן

□ *by force of numbers they overwhelmed the enemy* הֵם גָּבְרוּ עַל הָאוֹיֵב בְּכֹחַ מִסְפָּרָם (הָעוֹדֵף)

□ *times without number I corrected him* תִּקַּנְתִּי אֶת טָעֻיּוֹתָיו פְּעָמִים אֵין־סְפוֹר

3 (item, specimen, individual)
(the Book of) Numbers (*Bibl.*) סֵפֶר ״בְּמִדְבַּר״ (בַּתַּנַ״ךְ)
□ *I've been hunting through back numbers of several weekly magazines* אֲנִי חִפַּשְׂתִּי בְּגִלְיוֹנוֹת קוֹדְמִים שֶׁל כַּמָּה שְׁבוּעוֹנִים
□ *the foreign minister met his opposite number* שַׂר הַחוּץ פָּגַשׁ אֶת עֲמִיתוֹ (מִן הַמְּדִינָה הַשְּׁנִיָּה)
□ *the opening number of the show was a spectacular dance* הַקֶּטַע הָרִאשׁוֹן בַּהוֹפָעָה הָיָה מָחוֹל מַרְשִׁים
4 (*Gram.*) מִסְפָּר (יָחִיד, רַבִּים, זוּגִי)
—v.t.
1 (give a number to) מִסְפֵּר
□ *his days as Prime Minister are numbered* (*fig.*) יָמָיו כְּרֹאשׁ מֶמְשָׁלָה הֵם סְפוּרִים
2 (consider, reckon) מָנָה, הֶחְשִׁיב אֶת... בֵּין
□ *she numbers the President among her friends* הִיא מוֹנָה אֶת הַנָּשִׂיא בֵּין יְדִידֶיהָ
3 (amount to) מָנָה
□ *the committee numbers 14* הַוַּעֲדָה מוֹנָה 14 חֲבֵרִים

numberless /ˈnʌmbəlɪs/ adj. (*poet.*) לְלֹא־סְפוֹר
number-plate /ˈnʌmbə-pleɪt/ n. לוּחִית־זִהוּי, לוּחִית־רִשּׁוּי, ״מִסְפָּר״
numbskull /ˈnʌmskʌl/ n. (*colloq.*) טִמְטוּם
numerable /ˈnjuːmərəb(ə)l/ adj. (*formal*) שֶׁאֶפְשָׁר לִסְפֹּר אוֹתָם
numeracy /ˈnjuːmərəsɪ/ n. יְדִיעַת מִסְפָּרִים, יְכֹלֶת בְּחֶשְׁבּוֹן
numeral /ˈnjuːmər(ə)l/ n. & adj. סִפְרָה; שֶׁל סִפְרָה; מִסְפָּרִי
arabic numerals סְפָרוֹת עַרְבִיּוֹת
roman numerals סְפָרוֹת רוֹמִיּוֹת
numerate /ˈnjuːmərət/ adj. בַּעַל יְכֹלֶת חֶשְׁבּוֹנִית
numeration /ˌnjuːməˈreɪʃ(ə)n/ n. (*formal*) מַעֲרֶכֶת סְפִירָה; תַּהֲלִיךְ סְפִירָה
numerator /ˈnjuːməreɪtə(r)/ n. (*Math.*) (בִּשְׁבָרִים חֶשְׁבּוֹנִיִּים) מוֹנֶה
numerical /njuːˈmerɪk(ə)l/ adj. סִפְרָתִי; חֶשְׁבּוֹנִי; מִסְפָּרִי
numerology /njuːməˈrɒlədʒɪ/ n. חֵקֶר מַשְׁמָעוּתָם הַנִּסְתֶּרֶת שֶׁל מִסְפָּרִים (לְמָשָׁל גִּימַטְרִיָּה)
numerous /ˈnjuːmərəs/ adj. רַב, רַבִּים, הַרְבֵּה
numinous /ˈnjuːmɪnəs/ n. (*formal*) מִסְתּוֹרִי, מֵטִיל־יִרְאָה, נִשְׂגָּב
numismatic /njuːmɪzˈmætɪk/ adj. נוּמִיסְמָטִי, שֶׁל חֵקֶר־הַמַּטְבְּעוֹת
nuimismatics /ˌnjuːmɪzmætɪks/ n. (with *sing.* v.) נוּמִיסְמָטִיקָה, חֵקֶר־הַמַּטְבְּעוֹת וְהַמֶּדַלְיוֹת
numskull /ˈnʌmskʌl/ n. (*colloq.*) טִמְטוּם
nun /nʌn/ n. נְזִירָה
nuncio /ˈnʌnsɪəʊ/ n. (*pl.* **nuncios**) שְׁלִיחַ הָאַפִּיפְיוֹר; נוּנְצִיוֹ

nunnery /ˈnʌnərɪ/ n. מִנְזַר־נָשִׁים
nuptial /ˈnʌpʃ(ə)l/ adj. (*formal*) שֶׁל כְּלוּלוֹת
nuptials /ˈnʌpʃ(ə)l/ n. *pl.* (*formal*) כְּלוּלוֹת, נִשּׂוּאִין
nurse /nɜːs/ n.
1 (person trained to care for the sick) אָחוֹת, אָחוֹת רַחֲמָנִיָּה
male nurse אָח (בְּבֵית־חוֹלִים וְכַד׳)
2 (woman looking after baby or young children) מְטַפֶּלֶת, אוֹמֶנֶת
wet nurse מֵינֶקֶת
—v.t. & i.
1 (suckle) הֵינִיקָה; יָנַק
nursing mother אֵם מֵנִיקָה, אִשָּׁה מֵנִיקָה
2 (tend) טִפֵּל
□ *the footballer lay nursing his ankle* הַכַּדּוּרַגְלָן שָׁכַב וְלִטֵּף אֶת קַרְסֻלּוֹ הַפָּגוּעַ
□ *I'm nursing a cold* אֲנִי מְטַפֵּל בַּהִצְטַנְּנוּת שֶׁלִּי
□ *he nursed a grievance against his aunt* הוּא נָטַר טִינָה לְדוֹדָתוֹ

nursemaid /ˈnɜːsmeɪd/ n. מְטַפֶּלֶת, אוֹמֶנֶת
nursery /ˈnɜːsərɪ/ n.
1 (room or place for children) חֲדַר־יְלָדִים; פָּעוֹטוֹן
day nursery פָּעוֹטוֹן, גַּנּוֹן, מְעוֹן־יוֹם
nursery rhyme שִׁיר־יְלָדִים
nursery school גַּן־יְלָדִים, גַּנּוֹן
nursery slopes מִדְרוֹן סְקִי לְמִתְלַמְּדִים
2 (place for young plants) מִשְׁתָּלָה
nurseryman /ˈnɜːsərɪmən/ n. בַּעַל מִשְׁתָּלָה
nursing /ˈnɜːsɪŋ/ n. סִעוּד, מִקְצוֹעַ־הָאֲחָיוֹת
nursing home בֵּית־חוֹלִים פְּרָטִי קָטָן; בֵּית־חוֹלִים סִעוּדִי
nursling /ˈnɜːslɪŋ/ n. (*poet.*) עוֹלָל
nurture /ˈnɜːtʃə(r)/ n. (*formal*) טִפּוּחַ, חִנּוּךְ, אִמּוּן
□ *is intelligence nature or nurture?* אִינְטֶלִיגֶנְצְיָה הִיא תּוֹצָר שֶׁל טֶבַע אוֹ שֶׁל חִנּוּךְ?
—v.t. (*poet.*) טִפַּח, גִּדֵּל בְּאַהֲבָה
nut /nʌt/ n.
1 (dry fruit or seed with hard shell) אֱגוֹז
□ *he's a tough* (or *hard*) *nut to crack* הוּא אֱגוֹז קָשֶׁה לְפִצּוּחַ
2 (*Mech.*) אֹם
□ *the nuts and bolts of the case are fairly simple* (*fig.*) הַפְּרָטִים הַבְּסִיסִיִּים שֶׁל הַמִּקְרֶה אֵינָם מֻרְכָּבִים
3 (*head, sl.*) רֹאשׁ
□ *he's off his nut* הוּא הִשְׁתַּגֵּעַ, חָסֵר לוֹ בֹּרֶג
□ *my mum'll do her nut* אִמָּא שֶׁלִּי תֵּצֵא מִדַּעְתָּהּ, אִמָּא שֶׁלִּי תִּתְפּוֹצֵץ
4 (crazy or enthusiastic person, *sl.*) ״קוּקוּ״, פְּסִיכִי; מְשֻׁגָּע (עַל...)
□ *I'm a bit of a tennis nut* לְהַגִּיד אֶת הָאֱמֶת, אֲנִי שָׂרוּף עַל טֶנִיס

5 (small lump of coal, butter, etc.) גּוּשׁ קָטָן
6 (in *pl.*, testicles, *US*) "בֵּיצִים" (אֲשָׁכִים)
nut-brown /nʌt-ˈbraʊn/ adj. בַּעַל צֶבַע חוּם־אֲדַמְדַּם, חוּם כֵּהֶה
nutcase /ˈnʌtkeɪs/ n. (*colloq.*) פְּסִיכִי, "קוּקוּ"
nutcracker /ˈnʌtkræke(r)/ n. מַפְצֵחַ־אֱגוֹזִים
nuthatch /ˈnʌthætʃ/ n. סִיטָה (סוּג שֶׁל צִפּוֹר קְטַנָּה)
nutmeg /ˈnʌtmeg/ n. אֱגוֹז מוּסְקָט
nutria /ˈnjuːtrɪə/ n. פַּרְוַת שְׁפַן־בָּר
nutrient /ˈnjuːtrɪənt/ adj. & n. מֵזִין; דָּבָר מֵזִין, חֹמֶר־מָזוֹן
nutriment /ˈnjuːtrɪmənt/ n. (*formal*) מָזוֹן
nutrition /njuːˈtrɪʃ(ə)n/ n. תְּזוּנָה; הֲזָנָה
nutritionist /njuːˈtrɪʃənɪst/ n. תְּזוּנַאי/ת
nutritious /njuːˈtrɪʃəs/ adj. מֵזִין
nutritive /ˈnjuːtrɪtɪv/ adj. מֵזִין, תְּזוּנָתִי
nuts /nʌts/ adj. (*colloq.*) מְשֻׁגָּע
—int. (*sl.*) (קְרִיאַת אַכְזָבָה, סֵרוּב, בּוּז וְכַד') "כּוּס־אוֹחְתוֹ"
nutshell /ˈnʌtʃel/ n. קְלִפַּת־אֱגוֹז
in a nutshell (*colloq.*) בִּקְצָרָה, עַל רֶגֶל אַחַת
nutter /ˈnʌtə(r)/ n. (*UK sl.*) "קוּקוּ", פְּסִיכִי
nutty /ˈnʌtɪ/ adj.
1 (of or like nuts) שֶׁל אֱגוֹזִים, בַּעַל טַעַם שֶׁל אֱגוֹזִים
2 (crazy, *sl.*) מְשֻׁגָּע
nuzzle /ˈnʌz(ə)l/ v.t. & i. חִכֵּךְ אֶת הָאַף (בְּמִישֶׁהוּ אוֹ מַשֶּׁהוּ), בְּחִבָּה, הִתְרַפֵּק עַל, הִתְחַכֵּךְ בְּ...
nylon /ˈnaɪlɒn/ n. (אָרִיג אוֹ חוּט) נַיְלוֹן (אֲבָל לֹא שַׂקִּית אוֹ עֲטִיפָה)
—n. *pl.* גַּרְבֵּי נַיְלוֹן
nymph /nɪmf/ n.
1 (*Myth.*) נִימְפָה (אֵלַת־טֶבַע בַּמִּיתוֹלוֹגְיָה הַיְּוָנִית וְהָרוֹמִית)
2 (*Zool.*) (זוֹאוֹלוֹגְיָה) גֹּלֶם שֶׁל חֶרֶק
nympho /ˈnɪmfəʊ/ n. (*colloq.*) נִימְפוֹמָנִית
nymphomania /ˌnɪmfəˈmeɪnɪə/ n. נִימְפוֹמַנְיָה (תַּאֲוָה מִינִית בְּאִשָּׁה חוֹלָנִית)
nymphomaniac /ˌnɪmfəˈmeɪnɪæk/ n. & adj. נִימְפוֹמָנִית

O o

O[1] /əʊ/ (*pl.* **O's**) n. "אוֹ" (הָאוֹת הַחֲמֵשׁ־עֶשְׂרֵה בָּאָלֶפְבֵּית הָאַנְגְּלִי)

O[2] /əʊ/ int. (*arch.*) הוֹ! הוֹי!

O' /ə/ prep. (*arch.* or *poet.*) שֶׁל

O Level /ˈəʊ ˌlevəl/ n. (*Hist.*) (בֶּעָבָר) בְּחִינוֹת־גְּמָר בְּרָמָה נְמוּכָה בְּבָתֵּי סֵפֶר תִּיכוֹנִיִּים בִּבְרִיטַנְיָה

oaf /əʊf/ n. (*derog.*) אַהְבָל, גֹּלֶם

oafish /ˈəʊfɪʃ/ adj. (*derog.*) גַּס־רוּחַ, חֲסַר־נִימוּסִים; מְגֻשָּׁם

oak /əʊk/ n. & adj. אַלּוֹן; עָשׂוּי עֵץ־אַלּוֹן

oak-apple /ˈəʊk-æp(ə)l/ n. עָפָץ, בַּלּוּט

oak-gall /ˈəʊk-gɔːl/ n. עָפָץ, בַּלּוּט

oaken /ˈəʊkən/ adj. (*formal*) עָשׂוּי עֵץ־אַלּוֹן

oakum /ˈəʊkəm/ n. נְעֹרֶת־חֲבָלִים (הַמְּשַׁמֶּשֶׁת לִסְתִימַת סְדָקִים בִּסְפִינָה)

oar /ɔː(r)/ n. מָשׁוֹט

□ *he's always putting his oar in* (*colloq.*) הוּא תָּמִיד מֻכְרָח לְהָעִיר מַשֶּׁהוּ

oarsman /ˈɔːzmən/ n. חוֹתֵר, תּוֹפֵס־מָשׁוֹט

oarswoman /ˈɔːzwʊmən/ n. חוֹתֶרֶת, תּוֹפֶסֶת־מָשׁוֹט

oasis /əʊˈeɪsɪs/ (*pl.* **oases**) n. נְוֵה־מִדְבָּר, אוֹאָזִיס

oast-house /ˈəʊst-haʊs/ n. (*UK*) מִבְנֶה הַמְשַׁמֵּשׁ לְיִבּוּשׁ כְּשׁוּת (לְבִירָה)

oat /əʊt/ n. שִׁבֹּלֶת־שׁוּעָל, גַּרְגִּיר שֶׁל שִׁבֹּלֶת שׁוּעָל

□ *he sowed his* (*wild*) *oats before settling down* (*fig.*) הוּא עָשָׂה קְצָת חַיִּים לִפְנֵי שֶׁהִתְחַתֵּן (לָשׁוֹן סֶקְסִיסְטִית בְּמֻבְהָק)

□ *did you get your oats last night?* (*sl.*) זִיַּנְתָּ אֶתְמוֹל? (בִּטּוּי זוֹל אַךְ לֹא תָּמִיד מַשְׁפִּיל)

oatcake /ˈəʊtkeɪk/ n. עוּגַת שִׁבֹּלֶת־שׁוּעָל (בְּלִי שְׁמָרִים)

oaten /ˈəʊtən/ adj. (*arch.*) עָשׂוּי שִׁבֹּלֶת־שׁוּעָל, מֵכִיל שִׁבֹּלֶת־שׁוּעָל

oath /əʊθ/ n. (*pl.* **oaths** /əʊðz/)

1 (sworn statement) נֶדֶר, שְׁבוּעָה

on my oath (*formal*) אֲנִי נִשְׁבָּע

□ *she put him under oath* הִיא הִשְׁבִּיעָה אוֹתוֹ (בְּבֵית־מִשְׁפָּט אוֹ אֵצֶל נוֹטַרְיוֹן)

2 (swear-word, curse) אָלָה, קְלָלָה

oatmeal /ˈəʊtmiːl/ n. פְּתִיתֵי שִׁבֹּלֶת שׁוּעָל, "קְוָאקֶר"

obbligato /ˌɒblɪˈgɑːtəʊ/ adj. & n. (*Mus.*) אוֹבְּלִיגָטוֹ (סוּג שֶׁל לִוּוּי מוּזִיקָלִי, לָרֹב בִּכְלִי בּוֹדֵד); חוֹבָה, מְחַיֵּב

obduracy /ˈɒbdjʊərəsɪ/ n. (*formal*) קַשְׁיוּת־עֹרֶף, עַקְשָׁנוּת

obdurate /ˈɒbdjʊərət/ adj. (*formal*) קְשֵׁה־עֹרֶף, עַקְשָׁנִי

obedience /əˈbiːdɪəns/ n. צִיּוּת; צַיְּתָנוּת

obedient /əˈbiːdɪənt/ adj. צַיְּתָן, מְמֻשְׁמָע

obeisance /əʊˈbeɪs(ə)ns/ n. (*formal*) קִדָּה עֲמֻקָּה; כָּבוֹד, מַתַּן־כָּבוֹד

obelisk /ˈɒbəlɪsk/ n. אוֹבֶּלִיסְק, מַצֶּבֶת־מַחַט

obese /əʊˈbiːs/ adj. (*formal*) עַב־בָּשָׂר, כַּרְסְתָנִי

obesity /əʊˈbiːsɪtɪ/ n. (*formal*) שַׁמְנוּת־יְתֵרָה, שַׁמְנוּת־חוֹלָנִית

obey /əˈbeɪ/ v.t. & i. צִיֵּת לְ..., שָׁמַע בְּקוֹל..., נִשְׁמַע לְ...; צִיֵּת

obfuscate /ˈɒbfʌskeɪt/ v.t. (*formal*) הֶאֱפִיל, הִקְשָׁה, סִבֵּךְ (בְּכַוָּנָה)

obiter dicta /ˌəʊbɪtə ˈdɪktə/ n. *pl.* (*formal*) הֶעָרוֹת אַגַּב

obituary /əˈbɪtʃʊərɪ/ n. & adj. מַאֲמַר־הֶסְפֵּד; מוֹדַעַת פְּטִירָה (בְּעִתּוֹן); שֶׁל פְּטִירָה

object /ˈɒbdʒɪkt/ n.

1 (material thing) חֵפֶץ, עֶצֶם, גּוּף

object glass אוֹבְּיֶקְטִיב, עַצְמִית, הָעֲדָשָׁה הַקְּרוֹבָה לָאוֹבְּיֶקְט בְּמַעֲרֶכֶת עֲדָשׁוֹת

2 (aim, goal) מַטָּרָה, תַּכְלִית, מְגַמָּה, אוֹבְּיֶקְט

□ *I don't want to be an object of pity* אֵינֶנִּי רוֹצֶה שֶׁיְּרַחֲמוּ עָלַי

□ *the object of the game is to score as many goals as possible* מַטְּרַת הַמִּשְׂחָק הִיא לְהַבְקִיעַ כַּמָּה שֶׁיּוֹתֵר שְׁעָרִים

3 (*Gram.*) מֻשָּׂא (בְּתַחְבִּיר)

4 no object (זֹאת) לֹא בְּעָיָה, (זֶה) לֹא מִכְשׁוֹל

money no object! כֶּסֶף זֶה לֹא בְּעָיָה!

5 object lesson לֶקַח

—v.i. /əbˈdʒekt/ הִתְנַגֵּד (לְ...), הִבִּיעַ הִתְנַגְּדוּת (לְ...), מָחָה (כְּנֶגֶד...), הִסְתַּיֵּג (מִ...)

□ *I object to the severity of my punishment* אֲנִי מִתְנַגֵּד לְחֻמְרַת הָעֹנֶשׁ שֶׁהֻטַּל עָלַי

objection /əbˈdʒekʃ(ə)n/ n. הִתְנַגְּדוּת, הִסְתַּיְּגוּת

□ *I've no objection to unexpected guests* אֵין לִי שׁוּם הִתְנַגְּדוּת לְאוֹרְחִים בִּלְתִּי צְפוּיִים

take objection נֶעֱלַב, נִפְגַּע מִן

objectionable /əbˈdʒekʃənəb(ə)l/ adj. מְעוֹרֵר הִתְנַגְּדוּת; לֹא־רָצוּי, לֹא־נָעִים, דּוֹחֶה

objective /əbˈdʒektɪv/ adj.

1 (actually existing) מַמָּשִׁי, קַיָּם

2 (impersonal, impartial, not subjective) אוֹבְּיֶקְטִיבִי, לֹא־מְשֻׁחָד, עִנְיָנִי

3 (*Gram.*) שֶׁל הַמֻּשָּׂא, שֶׁל יַחֲסַת הַפָּעוּל
—n.
1 (aim) מַטָּרָה, יַעַד, תַּכְלִית
2 (lens) אוֹבְּיֶקְט, הָעֲדָשָׁה שֶׁבִּקְצֵה הַמִּיקְרוֹסְקוֹפּ/הַטֶּלֶסְקוֹפּ, עַצְמִית

objectivity /ˌɒbdʒekˈtɪvɪtɪ/ n. אוֹבְּיֶקְטִיבִיּוּת, עִנְיָנִיּוּת

objector /əbˈdʒektə(r)/ n. מִתְנַגֵּד
conscientious objector סָרְבָן־מִלְחָמָה (מִטַּעֲמֵי־מַצְפּוּן)

objet d'art /ˌɒbʒeɪ ˈdɑː/ n. מְלֶאכֶת מַחֲשֶׁבֶת, (בְּרַבִּים:) חֶפְצֵי אֳמָנוּת

objurgate /ˈɒbdʒɜːgeɪt/ v.t. (*formal*) הוֹקִיעַ, נָזַף בְּחֻמְרָה

oblate /ˈɒbleɪt/ adj. פָּחוּס (מְשֻׁטָּח בַּקְּטָבִים, לְמָשָׁל כַּדּוּר־הָאָרֶץ)

oblation /əˈbleɪʃ(ə)n/ n. (*Relig.*) מִנְחָה; הַלֶּחֶם וְהַיַּיִן בִּסְעֻדַּת הַקֹּדֶשׁ שֶׁל הַנּוֹצְרִים; הַעֲלָאַת מִנְחָה כַּנַּ"ל

obligate /ˈɒblɪgeɪt/ v.t. (*US* or *formal*) חִיֵּב

obligation /ˌɒblɪˈgeɪʃ(ə)n/ n.
1 (duty) חוֹבָה, הִתְחַיְּבוּת
2 (indebtedness) הַכָּרַת־טוֹבָה
□ *I am under an obligation to* (or *towards*) *my rescuers* אֲנִי אֲסִיר תּוֹדָה לְמוֹשִׁיעַי

obligatory /əˈblɪgət(ə)rɪ/ adj. (*formal*) הֶכְרֵחִי, חוֹבָה, שֶׁל חוֹבָה

oblige /əˈblaɪdʒ/ v.t.
1 (constrain, compel) הִכְרִיחַ, חִיֵּב, כָּפָה עַל
2 (do a favour to) עָשָׂה טוֹבָה לְ..., הוֹאִיל בְּטוּבוֹ
□ *could you oblige me with the loan of your car?* הֲתוֹאִיל בְּטוּבְךָ לְהַשְׁאִיל לִי אֶת הַמְּכוֹנִית שֶׁלְּךָ?
□ *sorry, I can't oblige* צַר לִי, אֵינֶנִּי יָכוֹל לְהֵעָנוֹת לְבַקָּשָׁתְךָ
□ *(I'm) much obliged (to you)* אֲנִי אֲסִיר תּוֹדָה (לְךָ)
□ *I would be obliged if you could give me the information* אוֹדֶה לְךָ אִם תּוּכַל לִמְסֹר לִי אֶת הַמֵּידָע

obliging /əˈblaɪdʒɪŋ/ adj. תָּמִיד מוּכָן לַעֲזֹר, נַעֲנֶה בְּרָצוֹן לְבַקָּשׁוֹת הַזּוּלַת

oblique /əˈbliːk/ adj.
1 (slanting) אֲלַכְסוֹנִי
oblique stroke קַו־אֲלַכְסוֹנִי, לוֹכְסָן (סִימָן בִּכְתִיבָה)
2 (indirect) עָקִיף, לֹא יָשִׁיר
3 (*Gram.*) (בִּנְטִיַּת הַשֵּׁם) שֶׁלֹּא בְּיַחֲסַת הַנּוֹמִינָטִיב אוֹ הַווֹקָטִיב
—n. קַו־אֲלַכְסוֹנִי, לוֹכְסָן (סִימָן בִּכְתִיבָה)

obliquity /əˈblɪkwɪtɪ/ n. (*formal*) סְטִיָּה (מוּסָרִית); סְטִיָּה (גֵּיאוֹמֶטְרִית: מִן הַנִּצָּב אוֹ הַמַּקְבִּיל)

obliterate /əˈblɪtəreɪt/ v.t. מָחַק, הִשְׁמִיד, הִכְחִיד

obliteration /əˌblɪtəˈreɪʃ(ə)n/ n. מְחִיקָה, הַשְׁמָדָה, הַכְחָדָה

oblivion /əˈblɪvɪən/ n. שִׁכְחָה, נְשִׁיָּה, תְּהוֹם הַנְּשִׁיָּה

oblivious /əˈblɪvɪəs/ adj. אֵינוֹ עֵר לְ..., אֵינוֹ מוּדָע לְ...

oblong /ˈɒblɒŋ/ adj. & n. מַלְבֵּנִי, מָאֳרָךְ; מַלְבֵּן

obloquy /ˈɒbləkwɪ/ n. (*formal*) חֶרְפָּה, גִּנּוּי, קָלוֹן; גִּדּוּף

obnoxious /əbˈnɒkʃ(ə)s/ adj. (*formal*) דּוֹחֶה, נִתְעָב, נִבְזֶה

oboe /ˈəʊbəʊ/ n. אַבּוּב (כְּלִי נְשִׁיפָה)

oboist /ˈəʊbəʊɪst/ n. אַבּוּבָן, נַגָּן אַבּוּב

obscene /əbˈsiːn/ adj. מְגֻנֶּה, שֶׁל זִמָּה, שֶׁל נִבּוּל־פֶּה, גַּס, "מְלַכְלֵךְ"

obscenity /əbˈsenɪtɪ/ n.
1 (offensiveness or indecency) נִבּוּל־פֶּה, גַּסּוּת, חֹסֶר־צְנִיעוּת, "לִכְלוּךְ"
2 (obscene word) גִּדּוּף, מִלָּה־גַּסָּה

obscurantism /ˌɒbskjʊəˈræntɪzəm/ n. (*formal derog.*) הִתְנַגְּדוּת לַהֲפָצַת דַּעַת וְהַשְׂכָּלָה

obscurantist /ˌɒbskjʊəˈræntɪst/ adj. & n. (*formal derog.*) מִתְנַגֵּד לַהֲפָצַת דַּעַת וְהַשְׂכָּלָה

obscure /əbˈskjʊə(r)/ adj.
1 (hard to understand) סָתוּם, לֹא בָּרוּר, מְעֻרְפָּל
2 (humble, little-known) שָׁכוּחַ, נִשְׁכָּח, אַלְמוֹנִי
3 (dark, dim) אָפֵל, חָשׁוּךְ, עָמוּם
—v.t. הֶחְשִׁיךְ, הֶאֱפִיל, עִרְפֵּל
□ *don't obscure the issue* אַל תְּטַשְׁטֵשׁ אֶת הָעִנְיָן

obscurity /əbˈskjʊərɪtɪ/ n. אֲפֵלָה, "עֲרָפֶל"; אַלְמוֹנִיּוּת

obsequies /ˈɒbsɪkwɪz/ n. *pl.* (*formal*) טֶקֶס־קְבוּרָה

obsequious /əbˈsiːkwɪəs/ adj. (*formal*) מִתְרַפֵּס, מִתְחַזֶּה כְּצָנוּעַ, כָּנוּעַ

observable /əbˈzɜːvəb(ə)l/ adj. נִתָּן לְהַבְחָנָה

observance /əbˈzɜːvəns/ n.
1 (custom, ritual) מִנְהָג, נֹהַג
2 (complying with rule) שְׁמִירַת חֹק; קִיּוּם מִצְווֹת

observant /əbˈzɜːvənt/ adj. בַּעַל טְבִיעַת עַיִן, בַּעַל עַיִן בּוֹחֶנֶת; שׁוֹמֵר מִצְווֹת

observation /ˌɒbzəˈveɪʃ(ə)n/ n.
1 (act of observing, surveillance) הִתְבּוֹנְנוּת, הִסְתַּכְּלוּת; מַעֲקָב
observation car קְרוֹן תַּצְפִּית (בְּרַכֶּבֶת, בַּעַל חַלּוֹנוֹת רְחָבִים)
observation post מִצְפֶּה־תַּצְפִּית, עֶמְדַּת תַּצְפִּית
□ *the patient is under observation after her operation* הַחוֹלָה בְּמַעֲקָב לְאַחַר הַנִּתּוּחַ
□ *her powers of observation are very acute* יֵשׁ לָהּ טְבִיעַת־עַיִן חַדָּה
2 (remark) הֶעָרָה

observatory /əbˈzɜːvət(ə)rɪ/ n. מִצְפֵּה־כּוֹכָבִים, מִצְפֶּה

observe /əbˈzɜːv/ v.t.
1 (perceive, watch) הִבְחִין בְּ...; בָּחַן אֶת; הִתְבּוֹנֵן בְּ..., צָפָה בְּ..., עָקַב אַחֲרֵי
2 (obey) שָׁמַר, קִיֵּם
□ *we observed the proper formalities when we met* שָׁמַרְנוּ עַל גִּנּוּנֵי הַטֶּקֶס בְּעֵת הַמִּפְגָּשׁ
3 (remark) הֵעִיר

observer /əbˈzɜːvə(r)/ n. מַשְׁקִיף; מִתְבּוֹנֵן

obsess /əbˈses/ v.t. אָחַז וְלֹא הִרְפָּה (מִפְּלוֹנִי); אָחַז בְּ... כְּדִבּוּק, הֵצִיק (רַעְיוֹן וְכַד') לְ...
□ *he's obsessed with computers* יֵשׁ לוֹ אוֹבְּסֶסְיָה לְמַחְשְׁבִים

obsession /əbˈseʃ(ə)n/ n. אוֹבְּסֶסְיָה, שִׁגָּעוֹן (לְדָבָר אֶחָד), שִׁגָּיוֹן

obsessional /əbˈseʃ(ə)n(ə)l/ adj. אוֹבְּסֶסִיבִי, כְּפִיָּתִי (בְּיַחַס לְמַשֶּׁהוּ מְסֻיָּם)

obsessive /əbˈsesɪv/ adj. אוֹבְּסֶסִיבִי, כְּפִיָּתִי (בְּיַחַס לְמַשֶּׁהוּ מְסֻיָּם)

obsolescence /ˌɒbsəˈles(ə)ns/ n. הִתְיַשְּׁנוּת, יְצִיאָה מִשִּׁמּוּשׁ
built-in obsolescence הִתְבַּלּוּת מְתֻכְנֶנֶת (עַל מְנַת שֶׁמּוּצָר יֵצֵא מִכְּלַל שִׁמּוּשׁ לְאַחַר פֶּרֶק זְמַן מְסֻיָּם)

obsolescent /ˈɒbsəˈles(ə)nt/ adj. מִתְיַשֵּׁן, יוֹצֵא־מִשִּׁמּוּשׁ

obsolete /ˈɒbsəliːt/ adj. מְיֻשָּׁן, נִכְחָד, שֶׁאָבַד עָלָיו כֶּלַח

obstacle /ˈɒbstək(ə)l/ n. מִכְשׁוֹל, תַּקָּלָה, עִכּוּב
obstacle race מֵרוֹץ־מִכְשׁוֹלִים

obstetrical /əbˈstetrɪk(ə)l/ adj. (*Med.*) שֶׁל מְיַלְּדוּת

obstetrician /ˌɒbstəˈtrɪʃ(ə)n/ n. (*Med.*) רוֹפֵא־מְיַלֵּד

obstetrics /əbˈstetrɪks/ n. (*Med.*) מְיַלְּדוּת, אוֹבְּסְטֶטְרִיקָה

obstinacy /ˈɒbstɪnəsɪ/ n. עַקְשָׁנוּת, עִקְּשׁוּת

obstinate /ˈɒbstɪnət/ adj. עַקְשָׁן, קְשֵׁה־עֹרֶף

obstreperous /əbˈstrepərəs/ adj. (*formal*) מַרְעִישׁ, צַעֲקָן; שׁוֹבָב, פָּרוּעַ

obstruct /əbˈstrʌkt/ v.t. חָסַם, עִכֵּב, מָנַע; הִסְתִּיר

obstruction /əbˈstrʌkʃ(ə)n/ n. מִכְשׁוֹל, מַחְסוֹם; חֲסִימָה, הַפְרָעָה

obstructionist /əbˈstrʌkʃ(ə)nɪst/ n. & attrib. adj. מִתְנַגֵּד פָּעִיל (לָרֹב כְּנֶגֶד חֹק וְכַד')

obstructive /əbˈstrʌktɪv/ adj. מַפְרִיעַ, מַכְשִׁיל, חוֹסֵם (בְּמִתְכַּוֵּן)

obtain /əbˈteɪn/ v.t. הִשִּׂיג, רָכַשׁ, קִבֵּל
—v.i. (*formal*) הָיָה מְקֻבָּל, נָהוּג

obtrude /əbˈtruːd/ v.t. & i. (*formal*) שִׁרְבֵּב הַחוּצָה; כָּפָה אֶת דַּעְתּוֹ (עַל הַזּוּלַת), כָּפָה אֶת נוֹכְחוּתוֹ; דָּחַף עַצְמוֹ

obtrusive /əbˈtruːsɪv/ adj. נִדְחָף, נִדְחָק, מִתְפָּרֵץ, פּוֹלֵשׁ

obtuse /ɒbˈtjuːs/ adj.
1 (*Geom.*) קֵהָה (זָוִית)
2 (stupid, esp. deliberately so) אָטוּם, סָתוּם

obverse /ˈɒbvɜːs/ n. (*formal*) צַד הַפָּנִים (שֶׁל מַטְבֵּעַ אוֹ מֶדַלְיָה, שֶׁעָלָיו חָקוּק הַדְּיוֹקָן אוֹ הַדֶּגֶם הָעִקָּרִי); הַהֵפֶךְ הַהֶכְרֵחִי שֶׁל

obviate /ˈɒbvɪeɪt/ v.t. (*formal*) מָנַע (סַכָּנָה), סִלֵּק (קְשָׁיִים וְכַד')

obvious /ˈɒbvɪəs/ adj. בָּרוּר, מוּבָן מֵאֵלָיו, נִרְאֶה לָעַיִן

obviously /ˈɒbvɪəslɪ/ adv. כַּמּוּבָן, מוּבָן מֵאֵלָיו שֶׁ...

ocarina /ˌɒkəˈriːnə/ n. אוֹקָרִינָה (כְּלִי נְשִׁיפָה עֲמָמִי)

occasion /əˈkeɪʒ(ə)n/ n. הִזְדַּמְּנוּת; אֵרוּעַ; סִבָּה, עִלָּה
on occasion (*formal*) מִדֵּי פַּעַם, מִפַּעַם לְפַעַם
□ *on the occasion of his marriage* לְרֶגֶל נִשּׂוּאָיו...
□ *I will make a speech should the occasion so demand* אִם יְחַיְּבוּ זֹאת הַנְּסִבּוֹת, אֶשָּׂא נְאוּם
□ *he rose to the occasion* הוּא עָמַד בַּמִּבְחָן
□ *she has a fine sense of occasion* יֵשׁ לָהּ חוּשׁ לְמַצָּבִים חֶבְרָתִיִּים
□ *there is no occasion for alarm* (*formal*) אֵין סִבָּה לִדְאָגָה
—v.t. (*formal*) גָּרַם לְ..., הֵבִיא לְ...

occasional /əˈkeɪʒən(ə)l/ adj. מִזְדַּמֵּן, אַקְרָאִי, שֶׁמֵּעֵת לְעֵת
occasional table שֻׁלְחָן נַיָּד קָטָן
occasional verses (*arch.*) שִׁיר שֶׁחֻבַּר לִכְבוֹד אֵרוּעַ מְסֻיָּם; שִׁיר לְעֵת־מְצוֹא

occasionally /əˈkeɪʒənəlɪ/ adv. לִפְעָמִים, לְעִתִּים, מִזְּמַן לִזְמַן, מִפַּעַם לְפַעַם, מִדֵּי פַּעַם

Occident /ˈɒksɪdənt/ n. (*poet.*) (אַרְצוֹת־) הַמַּעֲרָב

occidental /ˌɒksɪˈdent(ə)l/ adj. (*poet.*) שֶׁל אַרְצוֹת הַמַּעֲרָב, מַעֲרָבִי

occiput /ˈɒksɪˌpʌt/ n. (*Anat.*) חֶלְקָהּ הָאֲחוֹרִי שֶׁל הַגֻּלְגֹּלֶת

occlude /əˈkluːd/ v.t. (*formal*) חָסַם, עָצַר, מָנַע מִבַּעַד

occluded /əˈkluːdɪd/ adj. (*Meteor.*) (אֲוִיר חַם) שֶׁנִּדְחַק לְמַעְלָה (ע"י אֲוִיר קַר)

occlusion /əˈkluːʒ(ə)n/ n. חֲסִימָה; (בְּמֶטֶאוֹרוֹלוֹגְיָה) הַגְּבוּל שֶׁבֵּין אֲוִיר חַם לַאֲוִיר קַר

occult /ɒˈkʌlt/ adj. & n. נִסְתָּר, סוֹדִי, מִסְתּוֹרִי; חָכְמַת־הַנִּסְתָּר

occultist /ɒˈkʌltɪst/ n. אָדָם הַמִּתְעַנְיֵן בְּחָכְמַת־הַנִּסְתָּר

occupancy /ˈɒkjʊpənsɪ/ n. (*formal*) (תְּקוּפַת) מְגוּרִים, דִּיּוּר, הִשְׁתַּכְּנוּת

occupant /ˈɒkjʊpənt/ n. דַּיָּר, מַחֲזִיק בְּדִירָה; נוֹסֵעַ (בִּמְכוֹנִית)

occupation /ˌɒkjʊˈpeɪʃ(ə)n/ n.
1 (business, employment) עִסּוּק, מִקְצוֹעַ, מִשְׁלַח־יָד
2 (holding or taking possession) כִּבּוּשׁ־צְבָאִי, כִּבּוּשׁ; תְּפִיסָה

occupational /ˌɒkjʊˈpeɪʃən(ə)l/ adj. מִקְצוֹעִי, שֶׁל תַּעֲסוּקָה
occupational disease מַחֲלָה מִקְצוֹעִית (הַנִּגְרֶמֶת כְּתוֹצָאָה מֵעִסּוּק מְסֻיָּם)
occupational hazard סִכּוּן מִקְצוֹעִי
occupational therapy רִפּוּי בְּעִסּוּק

occupier /ˈɒkjʊpaɪə(r)/ n. דַּיָּר; הַמַּחֲזִיק (בְּדִירָה, בְּמִשְׂרָד וְכַד')

occupy /ˈɒkjʊpaɪ/ v.t.
1 (be or reside in) הִתְגּוֹרֵר בְּ..., גָּר בְּ..., שָׁכַן בְּ...
2 (take possession of) כָּבַשׁ; תָּפַס

3 (fill or keep busy with recreation) הֶעֱסִיק אֶת עַצְמוֹ בְּ...
□ *the baby kept me* (or *my mind*) *fully occupied* הַתִּינוֹק הֶעֱסִיק אוֹתִי כָּל הַיּוֹם/כָּל הַזְּמַן

occur /əˈkɜː(r)/ v.i. (past **occurred**)
1 (happen) קָרָה, אֵרַע, הִתְרַחֵשׁ
2 (exist, be found) נִמְצָא, הָיָה מָצוּי, הָיָה קַיָּם
3 (come to mind) עָלָה בְּדַעְתּוֹ שֶׁל
□ *the idea of stealing the money had never occurred to me* מֵעוֹלָם לֹא עָלָה בְּדַעְתִּי לִגְנֹב אֶת הַכֶּסֶף

occurrence /əˈkʌrəns/ n. מִקְרֶה, מְאֹרָע, אֵרוּעַ, הִתְרַחֲשׁוּת

ocean /ˈəʊʃ(ə)n/ n. אוֹקְיָנוֹס
□ *I lost sight of him in an ocean of faces* אִבַּדְתִּי אוֹתוֹ בְּקֶרֶב הָמוֹן שֶׁל פַּרְצוּפִים

oceanic /ˌəʊʃɪˈænɪk/ adj. שֶׁל אוֹקְיָנוֹס

oceanographer /ˌəʊʃəˈnɒgrəfə(r)/ n. אוֹקְיָנוֹגְרָף

oceanography /ˌəʊʃəˈnɒgrəfɪ/ n. אוֹקְיָנוֹגְרַפְיָה, חֵקֶר־הָאוֹקְיָנוֹסִים

ocelot /ˈɒsɪˌlɒt/ n. אוֹצֶלוֹט (מֵעֵין חָתוּל־בַּר מְנֻמָּר)

ochre /ˈəʊkə(r)/ n. (*US* **ocher**) אוֹכְּרָה (צֶבַע צְהַבְהַב אוֹ אֲדַמְדַּם)

o'clock /əˈklɒk/ adv. שָׁעָה...
□ *it is one o'clock* הַשָּׁעָה אַחַת

octa- /ˈɒktə/ pref. (תְּחִלִּית שֶׁפֵּרוּשָׁהּ) שְׁמוֹנֶה

octagon /ˈɒktəgən/ n. מְתֻמָּן

octagonal /ɒkˈtægən(ə)l/ adj. מְתֻמָּן, אוֹקְטָגוֹנָלִי, בַּעַל שְׁמוֹנֶה צְלָעוֹת שָׁווֹת

octahedral /ˌɒktəˈhiːdr(ə)l/ adj. בַּעַל שְׁמוֹנֶה פָּנִים שָׁווֹת, אוֹקְטָהֶדְרָלִי

octahedron /ˌɒktəˈhiːdrən/ n. תְּמָנִיּוֹן (מִבְנֶה תְּלַת־מְמַדִּי)

octane /ˈɒkteɪn/ n. אוֹקְטָן (דַּרְגַּת אֵיכוּת הַבֶּנְזִין)
high-octane אוֹקְטָן־גָּבוֹהַּ

octave /ˈɒktɪv/ n. אוֹקְטָבָה (בְּמוּזִיקָה, בְּשִׁירָה)

octavo /ɒkˈteɪvəʊ/ n. (*pl.* **octavos**) פּוֹרְמָט אוֹקְטָבוֹ (גֹּדֶל דַּפֵּי־סֵפֶר, ⅞ ½ גִּלְיוֹן דְּפוּס); סֵפֶר בְּפוֹרְמָט זֶה

octet /ɒkˈtet/ n. שְׁמִינִיָּה, אוֹקְטֶט (קְבוּצָה שֶׁל מְנַגְּנִים אוֹ זַמָּרִים; יְצִירָה לִקְבוּצָה שֶׁל שְׁמוֹנָה)

octo- /ˈɒktəʊ/ pref. (תְּחִלִּית שֶׁפֵּרוּשָׁהּ) שְׁמוֹנֶה

October /ɒkˈtəʊbə(r)/ n. אוֹקְטוֹבֶּר

octogenarian /ˌɒktədʒɪˈneərɪən/ n. & adj. אָדָם בִּשְׁנוֹת הַשְּׁמוֹנִים לְחַיָּיו; "מְתוּשֶׁלַח"; בֶּן־שְׁמוֹנִים

octopus /ˈɒktəpəs/ n. (*pl.* **octopuses**) תְּמָנוּן (בַּעַל־חַיִּים יַמִּי)

ocular /ˈɒkjʊlə(r)/ adj. (*formal*) שֶׁל הָעַיִן, שֶׁל רְאִיָּה, חֲזוּתִי; דְּמוּי עַיִן

oculist /ˈɒkjʊlɪst/ n. רוֹפֵא מֻמְחֶה לְמַחֲלוֹת־עֵינַיִם

OD /əʊˈdiː/ n. & v.i. (*sl.*) מִנּוּן־יֶתֶר, "אוֹבֶרְדּוֹז" (שֶׁל סַמִּים, לָרֹב קַטְלָנִי); לָקַח מְנַת־יֶתֶר שֶׁל סַם, לָקַח "אוֹבֶרְדּוֹז"

odd /ɒd/ adj.
1 (not even) לֹא־זוּגִי, פֶּרֶט
2 (left over, remaining, spare) נוֹתָר, מְיֻתָּר
odd man out הַיּוֹצֵא מִן הַכְּלָל, הַשּׁוֹנֶה; "גַּלְגַּל חֲמִישִׁי"
□ *there were 500-odd people at the party* הָיוּ בִּסְבִיבוֹת חֲמֵשׁ־מֵאוֹת אֲנָשִׁים בַּנֶּשֶׁף
□ *there were only some odd volumes of the encyclopaedia left* רַק כְּרָכִים בּוֹדְדִים שֶׁל הָאֶנְצִיקְלוֹפֶּדְיָה נִשְׁאֲרוּ
□ *the odd rose was still in bloom in winter* פֹּה וָשָׁם עֲדַיִן פָּרַח לוֹ וֶרֶד בַּחֹרֶף
3 (casual) מִזְדַּמֵּן, מִקְרִי, זֶה אוֹ אַחֵר
odd-job man בַּעַל מְלָאכוֹת שׁוֹנוֹת, "כָּלְבּוֹיְנִיק"
4 (extraordinary, strange) מְשֻׁנֶּה, מוּזָר
□ *how odd that you should have missed each other!* מוּזָר שֶׁהֶחְמַצְתֶּם זֶה אֶת זֶה

oddball /ˈɒdbɔːl/ n. & adj. (*colloq.*) תִּמְהוֹנִי, "אַסְטְרוֹנָאוּט"

oddity /ˈɒdɪtɪ/ n. זָרוּת, מוּזָרוּת; תְּכוּנָה מְשֻׁנָּה

oddly /ˈɒdlɪ/ adv. בְּאֹפֶן מוּזָר, לְמַרְבֵּה הַפֶּלֶא
□ *do you remember John? – Yes, oddly enough I saw him yesterday* הַאִם אַתָּה זוֹכֵר אֶת ג'וֹן? כֵּן, כְּכָל שֶׁזֶּה נִשְׁמָע מוּזָר, רָאִיתִי אוֹתוֹ אֶתְמוֹל

oddment /ˈɒdmənt/ n. (often *pl.*) שְׁאֵרִיּוֹת (שֶׁל בַּד וְכַד'), "שְׁמוֹנְצֶעס"

odds /ɒdz/ n. *pl.*
1 (chances, stakes) סִכּוּיִים, שִׁעוּר הַסִּכּוּיִים
long odds סִכּוּיִים קְלוּשִׁים
over the odds יוֹתֵר מִכְּפִי שֶׁנִּתָּן הָיָה לְצַפּוֹת, יוֹתֵר מִדַּי
□ *the odds are that the price of bread will rise soon* כָּל־הַסִּכּוּיִים שֶׁמְּחִיר הַלֶּחֶם יַעֲלֶה בְּקָרוֹב
□ *I'd lay odds of ten to one on X being the next president* אֲנִי מוּכָן לְהַמֵּר עֲשָׂרָה כְּנֶגֶד אֶחָד שֶׁפְּלוֹנִי יִהְיֶה הַנָּשִׂיא הַבָּא
□ *it makes no odds* זֶה לֹא מְשַׁנֶּה
2 (variance) מַחֲלֹקֶת, סִכְסוּךְ
□ *those two are always at odds (with one another)* שְׁנֵי אֵלֶּה תָּמִיד מְסֻכְסָכִים זֶה עִם זֶה
3 **odds and ends** (or *UK sl.*) **odds and sods**) שְׁאֵרִיּוֹת, זוּטוֹת

odds-on /ˌɒdz-ˈɒn/ adj. בַּעַל הַסִּכּוּיִים הַטּוֹבִים לְנַצֵּחַ
□ *the odds-on favourite won* הַסּוּס בַּעַל הַסִּכּוּיִים נִצַּח, הַ"פֵיבוֹרִיט" נִצַּח

ode /əʊd/ n. (*formal*) אוֹדָה, שִׁיר־תְּהִלָּה

odious /ˈəʊdɪəs/ adj. (*formal*) מָאוּס, נִתְעָב

odium /ˈəʊdɪəm/ n. (*formal*) שִׂנְאָה, תִּעוּב, גִּנּוּי

odontology /ˌəʊdɒnˈtɒlədʒɪ/ n. אוֹדוֹנְטוֹלוֹגְיָה, מַדְּעֵי-הַשֵּׁן

odoriferous /ˌəʊdəˈrɪfərəs/ adj. (*formal*) מַדִּיף נִיחוֹחוֹת (עֲרֵבִים)

odorous /ˈəʊdərəs/ adj. (*formal*) מַדִּיף רֵיחַ (נָעִים אוֹ לֹא נָעִים)

odour /ˈəʊdə(r)/ n. (*US* **odor**) רֵיחַ
- □ *he put me in bad odour with my boss* הוּא יָצַר אֵצֶל הַבּוֹס דֵּעָה שְׁלִילִית עָלַי

odyssey /ˈɒdɪsɪ/ n. "אוֹדִיסֵיאָה", מַסָּע אָרֹךְ וּמְפָרֵךְ (גַּם בְּהַשְׁאָלָה)

oedema /ɪˈdiːmə/ n. (*Med.*) בַּצֶּקֶת

Oedipal /ˈiːdɪp(ə)l/ adj. (*Psychol.*) אֶדִיפָּלִי

Oedipus complex /ˈiːdɪpəs ˌkɒmpleks/ n. (*Psychol.*) תַּסְבִּיךְ-אֶדִיפּוּס

oesophagus /iːˈsɒfəg(ə)s/ n. וֶשֶׁט

oestrogen /ˈiːstrədʒən/ n. אֶסְטְרוֹגֶן (הוֹרְמוֹן נָשִׁי)

oestrus ˈiːstrəs/ n. (*Zool.*) תְּקוּפַת-הַיִּחוּם (בִּנְקֵבַת בַּעַל-חַיִּים)

of /ɒv/ prep.

1 (belonging to, connected with) שֶׁל (לְעִתִּים קְרוֹבוֹת מְתֻרְגָּם כְּצֵרוּף סְמִיכוּת)
- □ *the colour of the dress is purple* צֶבַע הַשִּׂמְלָה הוּא סָגֹל
- □ *the Queen of England* מַלְכַּת אַנְגְּלִיָּה
- □ *the works of Homer* יְצִירָתוֹ שֶׁל הוֹמֵרוֹס

2 (made from) מִ..., שֶׁל (לְעִתִּים קְרוֹבוֹת מְתֻרְגָּם כְּצֵרוּף סְמִיכוּת)
- □ *his shoes were of Italian leather* נְעָלָיו הָיוּ (עֲשׂוּיוֹת) מֵעוֹר אִיטַלְקִי

3 (containing) שֶׁל (לְעִתִּים קְרוֹבוֹת מְתֻרְגָּם כְּצֵרוּף סְמִיכוּת)
- □ *I bought two bags of rice* קָנִיתִי שְׁתֵּי חֲבִילוֹת אֹרֶז

4 (part of a whole) שֶׁל (לְעִתִּים קְרוֹבוֹת מְתֻרְגָּם כְּצֵרוּף סְמִיכוּת)
- □ *he went home for the rest of the day* הוּא הָלַךְ הַבַּיְתָה לְמֶשֶׁךְ שְׁאֵרִית הַיּוֹם
- □ *six of us went swimming* שִׁשָּׁה מֵאִתָּנוּ הָלְכוּ לִשְׂחוֹת

5 (in dates) בְּ...
- □ *I get paid on the first of the month* אֲנִי מְקַבֵּל מַשְׂכֹּרֶת בְּאֶחָד לַחֹדֶשׁ

6 (giving further detail) (לָרֹב מְתֻרְגָּם כְּצֵרוּף סְמִיכוּת) שֶׁל
- □ *the art of photography* אֱמָנוּת הַצִּלּוּם
- □ *the city of Jerusalem* הָעִיר יְרוּשָׁלַיִם
- □ *we had a whale of a time* (*colloq.*) עָשִׂינוּ שִׁגָּעוֹן שֶׁל חַיִּים

7 (indicating quality) שֶׁל, בַּעַל- (לְעִתִּים קְרוֹבוֹת מְתֻרְגָּם כְּצֵרוּף סְמִיכוּת)
- □ *his objection was of no consequence* הִתְנַגְּדוּתוֹ הָיְתָה חַסְרַת הַשְׁפָּעָה
- □ *she is a person of firm beliefs* הִיא אָדָם בַּעַל דֵּעוֹת נֶחֱרָצוֹת

8 (showing origin) מִ..., מִן
- **a woman of China** אִשָּׁה סִינִית, אִשָּׁה מִסִּין

9 (felt or done to) שֶׁל (לְעִתִּים קְרוֹבוֹת מְתֻרְגָּם כְּצֵרוּף סְמִיכוּת)
- □ *The President condemned the killing of innocent civilians* הַנָּשִׂיא גִּנָּה אֶת הֲרִיגָתָם שֶׁל אֶזְרָחִים חַפִּים מִפֶּשַׁע

10 (felt or done by) שֶׁל (לְעִתִּים קְרוֹבוֹת מְתֻרְגָּם כְּצֵרוּף סְמִיכוּת)
- □ *the sound of the waves was soothing* רַחַשׁ הַגַּלִּים הָיָה מַרְגִּיעַ

11 (showing cause) מִ..., מִתּוֹךְ
- □ *she did it of her own free will* הִיא עָשְׂתָה זֹאת מֵרְצוֹנָהּ הַחָפְשִׁי

12 (in set phrases)
- **of course** כַּמּוּבָן, בְּוַדַּאי
- **of itself** מֵעַצְמוֹ
- **of necessity** בְּהֶכְרֵחַ
- **of my** (or **your** or **his** etc.) **own** מִשֶּׁלִּי/שֶׁלְּךָ/שֶׁלּוֹ וְכוּ׳
- □ *she had a room of her own* הָיָה לָהּ חֶדֶר מִשֶּׁלָּהּ
- **of an age** בְּגִיל זֶהָה, בְּאוֹתוֹ גִּיל
- **what of it?** אָז מָה?
- □ *of all the impudence!* אֵיזוֹ חֻצְפָּה!
- □ *what do you do of a Sunday?* (*arch.*) מָה אַתָּה עוֹשֶׂה בְּיוֹם א׳ בַּשָּׁבוּעַ?
- □ *it was good of you to come* תּוֹדָה רַבָּה לְךָ שֶׁבָּאתָ

off /ɒf/ adv.

1 (away; at or to a distance)
- □ *I'm off to post a letter* אֲנִי נִגָּשׁ לָשִׂים מִכְתָּב בְּתֵבַת הַדֹּאַר
- □ *when are you off to Paris?* מָתַי אַתָּה יוֹצֵא לְפָרִיז?
- □ *he saw his sister off at the station* הוּא לִוָּה אֶת אֲחוֹתוֹ לַתַּחֲנָה וְנִפְרַד מִמֶּנָּה
- □ *the runners are off!* הָרָצִים יָצְאוּ לַדֶּרֶךְ
- □ *be off with you!* הִסְתַּלֵּק מִכָּאן!

2 (out of position, loose, separate)
- □ *off with his head!* קִצְצוּ אֶת רֹאשׁוֹ! לִכְרֹת לוֹ אֶת הָרֹאשׁ!
- □ *please take your coat off* תָּסִיר בְּבַקָּשָׁה אֶת הַמְּעִיל שֶׁלְּךָ

3 (removed in time or distance)
- □ *the start of term is still a few days off* הַשְּׁלִישׁ מַתְחִיל רַק בְּעוֹד יָמִים אֲחָדִים
- □ *he's still a long way off* הוּא עֲדַיִן רָחוֹק מְאֹד

4 (stopped, not working, not no)
- **day off** יוֹם חֹפֶשׁ, יוֹם חָפְשִׁי (לְלֹא עֲבוֹדָה)

on and off (or **off and on**) פַּעַם כֵּן פַּעַם לֹא, לְסֵרוּגִין
□ *I get the afternoon off so we can shopping* אֲנִי חָפְשִׁי (מֵהָעֲבוֹדָה) אַחֲרֵי הַצָּהֳרַיִם כָּךְ שֶׁאֲנַחְנוּ יְכוֹלִים לָלֶכֶת לַעֲשׂוֹת קְנִיּוֹת
□ *he turned off the heating* הוּא כִּבָּה אֶת הַחִמּוּם
□ *she turned off the tap* הִיא סָגְרָה אֶת הַבֶּרֶז
□ *the deal is off* הָעִסְקָה מְבֻטֶּלֶת
5 (so as to be complete)
straight off מִיָּד, יָשָׁר, לְלֹא דִּחוּי, תֵּכֶף וּמִיָּד
□ *she paid off all her bills* הִיא שִׁלְּמָה אֶת כָּל הַחֶשְׁבּוֹנוֹת שֶׁלָּהּ
□ *don't worry, the lions will finish him off* אַל תִּדְאַג, הָאֲרָיוֹת כְּבָר יְחַסְּלוּ אוֹתוֹ
6 (indicating state as regards money, supplies, etc.)
□ *she is very well off* הִיא בְּמַצָּב כַּלְכָּלִי מְצֻיָּן
7 (beginning to decay, *UK*)
□ *the meet is off* הַבָּשָׂר מְקֻלְקָל
□ *the milk is off* הֶחָלָב הֶחְמִיץ
—prep.
1 (away/up/down from)
off limits מִחוּץ לַתְּחוּם
□ *I told him to keep off my land* אָמַרְתִּי לוֹ שֶׁלֹּא יַעֲבֹר דֶּרֶךְ הָאֲדָמוֹת שֶׁלִּי
□ *she pushed him off the cliff* הִיא דָּחֲפָה אוֹתוֹ אֶל מֵעֵבֶר לַצּוּק
□ *he made up an estimate off the top of his head* הוּא שָׁלַף הַעֲרָכָה מִן הַשַּׁרְווּל
□ *the car turned off the main road* הַמְּכוֹנִית יָרְדָה מִן הַכְּבִישׁ הָרָאשִׁי
□ *the battle was fought off Cape Trafalgar* הַקְּרָב נֶעֱרַךְ אֶל מוּל חוֹפֵי כֵּף טְרַפַלְגַּר
2 (free from, not doing)
off duty שֶׁלֹּא בְּתַפְקִיד
3 (removed from)
off the peg (בֶּגֶד) קוֹנְפֶקְצְיָה, מוּכָן מֵרֹאשׁ (וְלֹא לְפִי מִדָּה)
off the record שֶׁלֹּא לְצִטּוּט
off the wall (*US sl.*) "חָסֵר לוֹ בֹּרֶג"
□ *she is off her head* (or *rocker*) (*colloq.*) "חָסֵר לָהּ בֹּרֶג"
□ *I have been off my head with worry about him* (*colloq.*) יָצָאתִי מִדַּעְתִּי מֵרֹב דְּאָגָה לוֹ
□ *he has gone off the rails* (*colloq.*) הוּא "יָרַד מִן הַפַּסִּים"
□ *he got some money off his parents* הוּא הוֹצִיא קְצָת כֶּסֶף מֵהוֹרָיו
4 (no longer wanting)
□ *I've gone off the idea* הָרַעְיוֹן הַזֶּה כְּבָר לֹא נִרְאֶה לִי
—adj.
1 (bad, not good)
□ *everyone has his off days* לְכָל אֶחָד יֵשׁ הַיָּמִים הָרָעִים שֶׁלּוֹ
2 (on the right-hand side) יְמָנִי
□ *the off (side) wheel had to be replaced* הָיָה צָרִיךְ לְהַחֲלִיף אֶת הַגַּלְגַּל הַיְמָנִי
3 (Cricket) הַצַּד שֶׁמּוּל הַחוֹבֵט, וְלִימִינוֹ
4 off season שֶׁלֹּא בָּעוֹנָה (בְּעִקָּר לְגַבֵּי תַּיָּרוּת)
5 on the off chance בְּתִקְוָה שֶׁ..., בַּמִּקְרֶה הַלֹּא־סָבִיר שֶׁ...

offal /ˈɒf(ə)l/ n. אֵיבָרִים פְּנִימִיִּים שֶׁל בַּעַל חַיִּים (בְּאִטְלִיז); פְּסֹלֶת

offbeat /ɒfˈbi:t/ adj. (*colloq.*) יוֹצֵא דֹּפֶן, שֶׁלֹּא־בַּתֶּלֶם

off colour /ɒf ˈkʌlə(r)/ adj. לֹא בְּקַו הַבְּרִיאוּת; גַּס

offcut /ˈɒfkʌt/ n. שְׁאֵרִיּוֹת (שֶׁל בָּשָׂר, שֶׁל קְרָשִׁים, שֶׁל בַּד וְכַד')

offence /əˈfens/ n. (*US* **offense**)
1 (misdemeanour, crime) עֲבֵרָה (לְרֹב לְהַבְדִּיל מִפֶּשַׁע)
2 (injury to feelings) פְּגִיעָה בִּרְגָשׁוֹת, הַעֲלָבָה
□ *her joke gave offence to the ambassador* בְּדִיחָתָהּ הָיְתָה מַעֲלִיבָה בְּעֵינֵי הַשַּׁגְרִיר
□ *there's no need to take offence* לֹא צָרִיךְ לְהֵעָלֵב
□ *no offence (meant)!* אֲנִי מְקַוֶּה שֶׁלֹּא נֶעֱלַבְתָּ/תֵּעָלֵב!

offend /əˈfend/ v.t. פָּגַע בְּ..., הֶעֱלִיב אֶת
□ *(the sight of) this building offends the eye* הַבִּנְיָן הַזֶּה צוֹרֵם אֶת הָעַיִן
—v.i. (*formal*)
offend against פָּגַע בְּ...

offender /əˈfendə(r)/ n. עֲבַרְיָן
first offender עֲבַרְיָן שֶׁהֻרְשַׁע בַּפַּעַם הָרִאשׁוֹנָה

offense /əˈfens/ n. (*US*) see **OFFENCE** עֲבֵרָה

offensive /əˈfensɪv/ adj.
1 (disagreeable, insulting) פּוֹגֵעַ, מַעֲלִיב, דּוֹחֶה
2 (attacking) הֶתְקֵפִי, אוֹפֶנְסִיבִי
—n. מִתְקָפָה, אוֹפֶנְסִיבָה
□ *the defending army is now on the offensive* הַצָּבָא עָבַר מִמְּגוֹנְנָה לְמִתְקָפָה

offer /ˈɒfə(r)/ v.t. הִצִּיעַ
□ *this picture is offered for sale at £10,000* תְּמוּנָה זוֹ מֻצַּעַת לִמְכִירָה בַּעֲשֶׂרֶת אֲלָפִים לי"שט
□ *he offered me his umbrella* הוּא הִצִּיעַ לִי אֶת הַמִּטְרִיָּה שֶׁלּוֹ, הוּא הוֹשִׁיט לִי אֶת הַמִּטְרִיָּה שֶׁלּוֹ
□ *the criminals offered no resistance* הַפּוֹשְׁעִים לֹא גִּלּוּ הִתְנַגְּדוּת כָּלְשֶׁהִי
□ *Moses offered (up) a sacrifice to God* מֹשֶׁה הֶעֱלָה קָרְבָּן לֵאלֹהִים
—v.i. הִצִּיעַ
□ *I offered to help* הִצַּעְתִּי אֶת עֶזְרָתִי, הִצַּעְתִּי לַעֲזֹר

—n. הַצָּעָה; הַצָּעַת מְחִיר
□ *the house is on offer at £150,000* הַבַּיִת מֻצָּע לִמְכִירָה בְּמֵאָה וַחֲמִשִּׁים אֶלֶף לי״שט
□ *make me an offer!* תַּצִּיעַ אַתָּה מְחִיר!

offering /ˈɒf(ə)rɪŋ/ n. קָרְבָּן, תְּרוּמָה, מַתָּן

offertory /ˈɒfətrɪ/ n. (*Relig.*) תְּרוּמוֹת הַנֶּאֱסָפוֹת בַּכְּנֵסִיָּה בִּזְמַן טֶקֶס דָּתִי

offhand /ɒfˈhænd/ adj. & adv.
1 (without preparation) עַל־הַמָּקוֹם, לְלֹא הֲכָנָה, לְלֹא בְּדִיקָה
2 (casual) כִּלְאַחַר יָד; חֲסַר־גִּנּוּנִים

office /ˈɒfɪs/ n.
1 (place or room for working or business) מִשְׂרָד
box office קֻפָּה (בְּתֵיאַטְרוֹן וְכַד׳)
booking office קֻפָּה (בְּתֵיאַטְרוֹן וְכַד׳)
office block בִּנְיַן מִשְׂרָדִים
office boy נַעַר שָׁלִיחַ
office hours שְׁעוֹת־הַפְּתִיחָה, שְׁעוֹת הָעֲבוֹדָה (שֶׁל מִשְׂרָד)
2 (department) מִשְׂרָד (מֶמְשַׁלְתִּי וְכַד׳)
Home Office (*UK*) מִשְׂרַד הַפְּנִים
Foreign Office (*UK*) מִשְׂרַד הַחוּץ
3 (position) מִשְׂרָה
□ *the minister took office in 1993* הַשַּׂר נִכְנַס לְתַפְקִידוֹ בְּ־1993
□ *the minister held office* (or *was in office*) *for two years* הַשַּׂר כִּהֵן בְּתַפְקִידוֹ שְׁנָתַיִם
4 (form of worship) טֶקֶס
5 (in *pl.*, actions performed for another) שֵׁרוּתִים (לָרֹב מוֹעִילִים)
□ *I got the job through the good offices of my cousin* זָכִיתִי בְּתַפְקִיד בְּעֶזְרָתוֹ הָאֲדִיבָה שֶׁל בֶּן־דּוֹדִי

office-bearer /ˈɒfɪs-beərə(r)/ n. נוֹשֵׂא־מִשְׂרָה

officer /ˈɒfɪsə(r)/ n.
1 (functionary, official) פָּקִיד; נוֹשֵׂא־מִשְׂרָה
officer of the law שׁוֹטֵר, אִישׁ־חֹק
2 (in armed services or police) קָצִין
non-commissioned officer מְפַקֵּד שֶׁאֵינוֹ קָצִין, מַשַּׁ״ק

official /əˈfɪʃ(ə)l/ adj. רִשְׁמִי, מֻסְמָךְ
—n. פָּקִיד, נוֹשֵׂא־מִשְׂרָה

officialdom /əˈfɪʃ(ə)ld(ə)m/ n. (*derog.*) פְּקִידוּת, בִּירוֹקְרַטְיָה

officialese /əfɪʃəˈliːz/ n. (*colloq. derog.*) לְשׁוֹן־הַבִּירוֹקְרַטְיָה, עֲגַת־הַבִּירוֹקְרַטְיָה

officially /əˈfɪʃ(ə)lɪ/ adv. בְּאֹפֶן רִשְׁמִי

officiate /əˈfɪʃɪeɪt/ v.i. מִלֵּא חוֹבוֹת תַּפְקִיד, נָשָׂא בְּתַפְקִיד; נִהֵל אֶת הַטֶּקֶס

officious /əˈfɪʃ(ə)s/ adj. (*derog.*) שְׁתַלְטָנִי, מַפְגִּין סַמְכוּת, ״מְנֻפָּח״

offing /ˈɒfɪŋ/ n.
in the offing מְמַשְׁמֵשׁ וּבָא

off-key /ɒf-ˈkiː/ adv. & adj. צוֹרֵם, בְּטוֹן הַלֹּא־נָכוֹן (בְּמוּסִיקָה)

off-licence /ˈɒf-laɪs(ə)ns/ n. (*UK*) חֲנוּת לְמִמְכַּר אַלְכּוֹהוֹל (אַף לְלֹא רִשְׁיוֹן לִצְרִיכַת אַלְכּוֹהוֹל בַּמָּקוֹם)

offload /ɒfˈləʊd/ v.t. (*UK*) פֵּרֵק (לָרֹב בְּהַשְׁאָלָה)

off-peak /ɒf-ˈpiːk/ adj. בִּשְׁעוֹת הַצְּרִיכָה הַנְּמוּכָה (שֶׁל חַשְׁמַל וְכַד׳)

offprint /ˈɒfprɪnt/ n. תַּדְפִּיס (שֶׁל מַאֲמָר וְכַד׳)

off-putting /ˈɒf-pʊtɪŋ/ adj. דּוֹחֶה, מַגְעִיל

off-screen /ɒf-ˈskriːn/ adj. & adv. שֶׁלֹּא לָאוֹר הַזַּרְקוֹרִים, שֶׁלֹּא אֶל מוּל הַמַּצְלֵמוֹת

offset /ˈɒfset, ɒfˈset/ v.t. (past & past ppl. **offset**) קִזֵּז, פִּצָּה
—n. /ˈɒfset/ פִּצּוּי, אִזּוּן
offset printing הַדְפָּסַת ״אוֹפְסֶט״

offshoot /ˈɒfʃuːt/ n. נֵצֶר, חֹטֶר; שְׁלוּחָה

offshore /ɒfʃɔː(r)/ adj. יַמִּי, בַּיָּם (לְמָשָׁל קִדּוּחַ)

offside /ɒfsaɪd/ adj. & adv. (בְּכַדּוּרֶגֶל) נִבְדָּל, ״אוֹפְסַיְד״; בְּנִבְדָּל, בְּ״אוֹפְסַיְד״

offspring /ˈɒfsprɪŋ/ n. צֶאֱצָא, נֵצֶר

offstage /ɒfˈsteɪdʒ/ adv. & adj. מִחוּץ לַבָּמָה

off-street /ˈɒf-striːt/ adj. שֶׁלֹּא בָּרְחוֹב הָרָאשִׁי
off-street parking חֲנִיָּה בִּרְחוֹבוֹת צְדָדִיִּים

off-the-cuff /ˌɒf-ðə-ˈkʌf/ adj. & adv. ״מִן הַשַּׁרְווּל״, מֵאִלְתּוּר

off-the peg /ɒf-ðə-ˈpeg/ adj. (בֶּגֶד וְכַד׳) מוּכָן מֵרֹאשׁ, קוֹנְפֶקְצְיָה

off-the-record /ɒf-ðə-ˈrekɔːd/ adj. לֹא־לְפִרְסוּם, לֹא לְצִטּוּט

off-the-wall /ɒf-ðə-ˈwɔːl/ adj. (*US colloq.*) מְטֹרְלָל

off-white /ɒf-ˈwaɪt/ n. & adj. לְבַן־קְרֶם, לְבַן־אֲפַרְפַּר

oft /ɒft/ adv. (*arch.*) תְּכוּפוֹת
□ *many a time and oft* (*poet.*) תְּכוּפוֹת

often /ˈɒf(ə)n/ adv. לְעִתִּים קְרוֹבוֹת
□ *the dustbins are emptied as often as three times a week* לְעִתִּים אוֹסְפִים אֶת הַזֶּבֶל שָׁלֹשׁ פְּעָמִים בְּשָׁבוּעַ
□ *as often as not she's home before midnight* עַל־פִּי רֹב הִיא מַגִּיעָה הַבַּיְתָה לִפְנֵי חֲצוֹת
□ *his guesses are right, more often than not* נִיחוּשָׁיו קוֹלְעִים עַל־פִּי רֹב
□ *every so often we get a heavy rainstorm* מִדֵּי פַּעַם בְּפַעַם מִתְרַחֶשֶׁת סוּפַת גֶּשֶׁם רְצִינִית
□ *he took liberties once too often* הוּא הִגְדִּישׁ אֶת הַסְּאָה

ogive /ˈəʊdʒaɪv/ n. (*Archit.*) קֶשֶׁת מְחֻדֶּדֶת

ogle /ˈəʊg(ə)l/ v.t. & i. (*derog.*) נָעַץ מַבָּטִים בְּ..., הִפְשִׁיט בְּעֵינַיִם

ogre /ˈəʊgə(r)/ n. עֲנָק רָשָׁע; (בְּהַשְׁאָלָה) מִפְלֶצֶת

ogress /əʊgrɪs/ n. עֲנָקִית מְרֻשַּׁעַת; (בְּהַשְׁאָלָה) מִפְלֶצֶת

oh /əʊ/ int. הוֹ! הוֹי! הֵי!

ohm /əʊm/ n. אוֹם (יְחִידַת הִתְנַגְּדוּת חַשְׁמַלִּית)

oil /ɔɪl/ n.

1 (viscous fatty liquid) שֶׁמֶן (מִסּוּגִים שׁוֹנִים, כּוֹלֵל לְמַאֲכָל)

oil paint צֶבַע־שֶׁמֶן

oil painting צִיּוּר־שֶׁמֶן, תְּמוּנַת־שֶׁמֶן

□ *while studying, he burned the midnight oil every night* (*colloq.*) בִּתְקוּפַת לִמּוּדָיו הוּא שָׁקַד עַל סְפָרָיו עַד מְאֻחָר כָּל לַיְלָה וָלַיְלָה

□ *he tried to pour oil on troubled waters* (*fig.*) הוּא נִסָּה לְהַרְגִּיעַ אֶת הָרוּחוֹת

2 (petroleum) נֵפְט־גָּלְמִי

□ *he struck oil with his invention* (*fig.*) הוּא הִתְעַשֵּׁר מֵהַמְצָאָתוֹ

3 (in *pl.*, oil paints or paintings) צִבְעֵי־שֶׁמֶן; תְּמוּנוֹת־שֶׁמֶן, שְׁמָנִים

—v.t. שִׁמֵּן, סָךְ בְּשֶׁמֶן

□ *he oiled the manager's palm to get the contract* (*colloq.*) הוּא שִׁחֵד אֶת הַמְּנַהֵל כְּדֵי לְהַשִּׂיג אֶת הַחוֹזֶה

oil-cake /ɔɪl-keɪk/ n. כֻּסְפָּה (גַּרְעִינִים, לְמָשָׁל פִּשְׁתָּן, לְאַחַר שֶׁנִּסְחַט מֵהֶם הַשֶּׁמֶן; מְשַׁמְּשִׁים לָרֹב לְמַאֲכַל־בְּהֵמוֹת)

oilcan /ɔɪlkæn/ n. מְשַׁמֶּנֶת (מְכָל בַּעַל זַרְבּוּבִית לְשִׁמּוּן מְכוֹנוֹת וְכַד')

oilcloth /ɔɪlklɒθ/ n. שַׁעֲוָנִית

oiled /ɔɪld/ adj. מְשֻׁמָּן

well oiled (*colloq.*) "מָלֵא" (בְּאַלְכּוֹהוֹל, כְּלוֹמַר שָׁתוּי)

oilfield /ɔɪlfiːld/ n. שְׂדֵה־נֵפְט

oil-fired /ɔɪl-faɪəd/ adj. (מַעֲרֶכֶת הַסָּקָה, דּוּד) מֻסָּק בְּשֶׁמֶן, מֻסָּק בְּסוֹלָר

oil-rig /ɔɪl-rɪg/ n. מִתְקַן קִדּוּחַ (לָרֹב יַמִּי)

oilskin /ɔɪlskɪn/ n. בַּד מְגֻפָּר; מְעִיל עָשׂוּי בַּד מְגֻפָּר

oil-slick /ɔɪl-slɪk/ n. כֶּתֶם־נֵפְט (בַּיָּם, לָרֹב כְּתוֹצָאָה מִטְּבִיעַת מְכָלִית־נֵפְט)

oil-tanker /ɔɪl-tæŋkə(r)/ n. מְכָלִית־נֵפְט

oil-well /ɔɪl-wel/ n. בְּאֵר־נֵפְט

oily /ɔɪlɪ/ adj. שַׁמְנוּנִי; מִתְחַנֵּף, חֲלַקְלַק

□ *I disliked his oily manner* (*derog.*) הִתְנַהֲגוּתוֹ הַחַנְפָנִית לֹא מָצְאָה חֵן בְּעֵינַי

ointment /ɔɪntmənt/ n. מִשְׁחָה

OK /əʊkeɪ/ int., n., adj. & v.t. (also **okay**) "אוֹקֵי"; נָתַן "אוֹקֵי", נָתַן אִשּׁוּר לְ...

□ *they got the OK for the project* קִבְּלוּ אֶת הָאִשּׁוּר לַפְּרוֹיֶקְט

□ *the plan was okayed* (or *OKed*) *by the manager* הַתָּכְנִית אֻשְּׁרָה עַל־יְדֵי־הַמְּנַהֵל

okra /əʊkrə/ n. בָּמְיָה (יָרָק)

old /əʊld/ adj.

1 (advanced in years) זָקֵן, קָשִׁישׁ, יָשִׁישׁ

□ *he's as old as the hills* הוּא זָקֵן מֻפְלָג

2 (of a certain age) בְּגִיל־, בֶּן־/בַּת־

□ *my son is two years old* בְּנִי בֶּן שְׁנָתַיִם

3 (long-standing, experienced) וָתִיק, מְנֻסֶּה

□ *she's an old friend* הִיא חֲבֵרָה וָתִיקָה, הִיא חֲבֵרָה מִזֶּה שָׁנִים

□ *he's old in the ways of the world* (*formal*) הוּא בָּקִיא בַּהֲוָיוֹת הָעוֹלָם

4 (previous, former) וָתִיק, יָשָׁן

□ *he took up his old position* הוּא חָזַר לַמִּשְׂרָה הַיְשָׁנָה שֶׁלּוֹ

□ *he's an old Etonian* הוּא מִבּוֹגְרֵי־אִיטוֹן, הוּא אֶחָד מֵהֶחָבְרֶ'ה מֵאִיטוֹן

□ *in the good old days we always drank beer* בַּיָּמִים הַטּוֹבִים תָּמִיד שָׁתִינוּ בִּירָה

□ *he's an actor of the old school* הוּא (שַׂחְקָן) בֶּן הַדּוֹר שֶׁבּוֹ שַׂחְקָנִים הָיוּ שַׂחְקָנִים

□ *he took the opportunity to settle old scores* הוּא נִצֵּל אֶת הַהִזְדַּמְּנוּת לְסַלֵּק חֶשְׁבּוֹנוֹת יְשָׁנִים

5 (implying familiarity or casualness, *colloq.*)

any old how (*colloq.*) אֵיךְ שֶׁבָּא לוֹ, לֹא חָשׁוּב אֵיךְ; בְּבַלָּגָן

□ *any old thing will do* (*colloq.*) לֹא חָשׁוּב מָה

□ *good old John* ג'וֹן הֶחָבִיב וְהַטּוֹב, יְדִידֵנוּ ג'וֹן

6 (with particular nouns)

old age זִקְנָה

old age pensioner גִּמְלַאי, פֶּנְסְיוֹנֶר

Old Bailey (*UK*) "אוֹלְד בֵּילִי" (בֵּית הַמִּשְׁפָּט הַפְּלִילִי הַמֶּרְכָּזִי שֶׁל אַנְגְלִיָּה, בְּלוֹנְדוֹן)

Old Bill (*UK sl.*) הַמִּשְׁטָרָה

old boy (or **girl**) (בַּהֲוִי הַבְּרִיטִי) חָבֵר וָתִיק לְסַפְסַל הַלִּמּוּדִים בְּבֵית־הַסֵּפֶר אוֹ בָּאוּנִיבֶרְסִיטָה (בְּעִקָּר בְּבֵית סֵפֶר פְּרָטִי)

Old English אַנְגְּלִית עַתִּיקָה

old fogey (*derog.*) "אַלְטֶע קַקֶר", "טֶרַנְטֶה"

Old Glory (*US*) דֶּגֶל אַרְהַ"ב

old gold צֶבַע זָהָב כֵּהֶה

old guard הַגְּוַרְדְּיָה הַיְשָׁנָה, הַדּוֹר הַיָּשָׁן

old hand "שׁוּעָל וָתִיק"

old hat (*colloq.*) (דָּבָר מָה שֶׁהוּא כְּבָר) "לֹא סְחוֹרָה"

old maid

(spinster) בְּתוּלָה־זְקֵנָה

(prim or cautious person, *colloq.*) "בְּתוּלָה־זְקֵנָה"

old man

(father, husband, etc., *colloq.*) "הַזָּקֵן"

(familiar form of address) "בָּחוּר"

old master צַיָּר קְלַסִּי (לָרֹב בֶּן הַמֵּאָה הַ־14 עַד הַ־18); צִיּוּר מִשֶּׁל צַיָּר כַּנַּ"ל

Old Nick (*sl.*) הַשָּׂטָן

the old order הַדּוֹר הַיָּשָׁן, הַסֵּדֶר הַיָּשָׁן

old school tie עֲנִיבַת בֵּית-סֵפֶר (חֵלֶק מִמַּדִּים); מַעֲרָךְ הַפְּרוֹטֶקְצְיָה שֶׁבֵּין חֲבֵרִים וְתִיקִים לְסַפְסַל הַלִּמּוּדִים
Old Testament הַתַּנַ"ךְ
old wives' tale סִפּוּר סַבְתָּא
old woman
(wife, *colloq.*) "הַזְּקֵנָה"
(fussy person, *colloq.*) "יַחְנָה"
Old World הָעוֹלָם הַיָּשָׁן (חֲצִי הַכַּדּוּר הַמִּזְרָחִי)
—n. הֶעָבָר
□ *the king lived here in days of old* (*formal*) כָּאן חַי הַמֶּלֶךְ בְּיָמִים עָבָרוּ
□ *I know your father of old* (*poet.*) אֲנִי מַכִּיר אֶת אָבִיךָ מִשָּׁנִים

olden /ˈəʊld(ə)n/ adj. (*arch.*) עָבָר, יָשָׁן-נוֹשָׁן
olde-worlde /əʊldɪ-ˈwɜːldɪ/ adj. (*UK colloq.*) בְּנֹסַח הָעוֹלָם-הַיָּשָׁן, "בְּטַעַם שֶׁל פַּעַם"
old-fashioned /ˌəʊld-ˈfæʃ(ə)nd/ adj. מְיֻשָּׁן, שֶׁיָּצָא מִן הָאָפְנָה
□ *she gave him an old-fashioned look* (*UK colloq.*) הִיא נָעֲצָה בּוֹ מַבָּט מַחְמִיר
oldie /ˈəʊldiː/ n. (*colloq.*) לָהִיט הֶעָבָר (פִּזְמוֹן יָשָׁן וְטוֹב); דָּבָר יָשָׁן וְטוֹב
oldish /ˈəʊldɪʃ/ adj. מְזֻדְקָן
oldster /ˈəʊldstə(r)/ n. (*US colloq.*) קָשִׁישׁ, זָקֵן
old-time /ˈəʊld-taɪm/ adj. הֶעָבָר, בְּסִגְנוֹן הֶעָבָר, בְּנֹסַח יָשָׁן
old-timer /əʊld-ˈtaɪmə(r)/ n. וָתִיק
olé /əʊˈleɪ/ int. "אוֹלֶה" (קְרִיאַת עִדּוּד לְמָטָדוֹר)
oleaginous /ˌəʊlɪˈædʒɪnəs/ adj. (*formal*) שַׁמְנוּנִי, מֵכִיל שֶׁמֶן
oleander /əʊlɪˈændə(r)/ n. הַרְדּוּף (שִׂיחַ בַּעַל-פְּרָחִים)
O-level /ˈəʊ-lev(ə)l/ n. (*Hist.*) (בֶּעָבָר) בְּחִינוֹת גְּמַר בְּרָמָה נְמוּכָה, בְּבָתֵּי סֵפֶר תִּיכוֹנִיִּים בִּבְרִיטַנְיָה
olfactory /ɒlˈfæktərɪ/ adj. (*formal*) שֶׁל חוּשׁ-הָרֵיחַ
oligarchy /ˈɒlɪgɑːkɪ/ n. אוֹלִיגַרְכְיָה
olive /ˈɒlɪv/ n.
1 (oil-bearing fruit or its tree) עֵץ זַיִת; זַיִת (הַפְּרִי)
olive branch (*fig.*) עֲנַף-עֵץ-זַיִת (כְּאוֹת לְשָׁלוֹם)
olive oil שֶׁמֶן זַיִת
2 (colour; also adj.) צֶבַע זַיִת
Olympiad /əˈlɪmpɪæd/ n. אוֹלִימְפִּיאָדָה
Olympian /əˈlɪmpɪən/ adj. שׁוֹכֵן אוֹלִימְפּוּס (אֶחָד מֵאֵלֵי יָוָן); שֶׁל אֵלֵי הָאוֹלִימְפּוּס
Olympic /əˈlɪmpɪk/ adj. אוֹלִימְפִּי
Olympic Games /əˌlɪmpɪk geɪmz/ n. *pl.* (also **Olympics**) הַמִּשְׂחָקִים הָאוֹלִימְפִּיִּים
ombudsman /ˈɒmbʊdzmən/ n. (*pl.* **ombudsmen**) נְצִיב-תְּלוּנוֹת, נְצִיב תְּלוּנוֹת הַצִּבּוּר, אוֹמְבּוּדְסְמָן
omega /ˈəʊmɪgə/ n. אוֹמֶגָה (הָאוֹת הָאַחֲרוֹנָה בָּאָלֶפְבֵּית הַיְּוָנִי, אַךְ לֹא מִתְקַן "אוֹמֶגָה")

omelette /ˈɒmlɪt/ n. (also (*US*) **omelet**) n. חֲבִיתָה, אוֹמְלֶט
omen /ˈəʊmen/ n. אוֹת מְבַשֵּׂר, סִימָן לַבָּאוֹת
ominous /ˈɒmɪnəs/ adj. מְבַשֵּׂר-רָעוֹת, מְאַיֵּם
omission /əˈmɪʃ(ə)n/ n. הַשְׁמָטָה
omit /əˈmɪt/ v.t. הִשְׁמִיט, הִזְנִיחַ
omni- /ˈɒmnɪ-/ pref. אוֹמְנִי- (תְּחִלִּית שֶׁפֵּרוּשָׁהּ) כָּל, כְּלַל-
omnibus /ˈɒmnɪbəs/ n.
1 (compendium) אֲסֻפָּה, יַלְקוּט כְּתָבִים, קֹבֶץ כְּתָבִים; תַּשְׁדִּיר הַכּוֹלֵל כַּמָּה פִּרְקֵי סִדְרָה
2 (bus, *formal*) אוֹטוֹבּוּס
omnipotence /ɒmˈnɪpətəns/ n. (*formal*) הֱיוֹת כֹּל-יָכוֹל
omnipotent /ɒmˈnɪpətənt/ adj. (*formal*) כֹּל-יָכוֹל
omnipresence /ˌɒmnɪˈprez(ə)ns/ adj. (*formal*) הֱיוֹת מָצוּי-בַּכֹּל
omnipresent /ˌɑmnɪˈprez(ə)nt/ n. (*formal*) מָצוּי-בַּכֹּל
omniscience /ɒmˈnɪsɪəns/ n. (*formal*) הֱיוֹת יוֹדֵעַ-הַכֹּל
omniscient /ɒmˈnɪsɪənt/ adj. (*formal*) יוֹדֵעַ-הַכֹּל
omnivorous /ɒmˈnɪvərəs/ adj. אוֹכֵל-הַכֹּל (כְּלוֹמַר נִזּוֹן מִבָּשָׂר וּמִצְּמָחִים כְּאֶחָד)
□ *he's an omnivorous reader* הוּא בּוֹלֵעַ סְפָרִים, בּוֹלֵעַ כָּל מִינֵי סְפָרִים

on /ɒn/ prep.
1 (above and in contact with) עַל
□ *on your head be it!* (*fig.*) אַתָּה תִּשָּׂא בַּתּוֹצָאוֹת!
□ *the expedition suffered disaster on disaster* (*fig.*) מִשְׁלַחַת הַמֶּחְקָר סָבְלָה מֵאָסוֹן אַחַר אָסוֹן
2 (attached to, adjoining, involved with, etc.) בְּ..., עַל
□ *you and I live on the same street* אַתָּה וַאֲנִי גָּרִים בְּאוֹתוֹ רְחוֹב
□ *I have no money on me* לֹא לָקַחְתִּי אִתִּי כֶּסֶף, אֵין לִי עָלַי כֶּסֶף
□ *I was on the committee for a year* יָשַׁבְתִּי בַּוַּעֲדָה בְּמֶשֶׁךְ שָׁנָה
□ *the doctor put me on tablets* הָרוֹפֵא רָשַׁם לִי כַּדּוּרִים
□ *she's on the telephone at the moment* הִיא בַּטֶּלֶפוֹן כָּרֶגַע
□ *we're not on the phone yet* אֵין לָנוּ עֲדַיִן קַו, אֲנַחְנוּ עֲדַיִן לֹא מְחֻבָּרִים לָרֶשֶׁת
□ *the coffee-jug is on your right* קַנְקַן הַקָּפֶה נִמְצָא מִימִינְךָ
□ *on the one hand, . . . , but on the other hand, . . .* מֵחַד גִּיסָא... וּמֵאִידָךְ..., מִצַּד אֶחָד... אֲבָל מִצַּד שֵׁנִי...
□ *the drinks are on me* (*colloq.*) אֲנִי מְשַׁלֵּם (עֲבוּר הַמַּשְׁקָאוֹת)
□ *millions of dollars are riding on this question* (*colloq.*) מִילְיוֹנֵי דּוֹלָרִים תְּלוּיִים בַּשְּׁאֵלָה הַזֹּאת

3 (in direction of, towards) עַל, לְעֵבֶר
□ *he was on my trail* הוּא עָלָה עַל עִקְּבוֹתַי
□ *the army marched on Moscow* הַצָּבָא יָצָא לְהִתְקָפָה עַל מוֹסְקְוָה
4 (concerning, about) עַל, בְּקֶשֶׁר לְ...
□ *I have information on the strike* יֵשׁ בְּיָדַי מֵידָע עַל הַשְּׁבִיתָה
5 (by means of, supported by) עַל פִּי
□ *he did it on his own initiative* הוּא עָשָׂה זֹאת בְּיָזְמָתוֹ
□ *I can make dinner on my own* אֲנִי יָכוֹל לְהָכִין אֲרוּחַת עֶרֶב בְּעַצְמִי
□ *it was an error on my part* זוֹ הָיְתָה טָעוּת מִצִּדִּי
6 (as a result of, after, during) בְּעִקְבוֹת, עַל־פִּי, כְּשֶׁ...
on balance לְאַחַר עִיּוּן בַּדָּבָר, לְאַחַר בְּחִינַת הָאֶפְשָׁרֻיּוֹת
on principle בְּאֹפֶן עֶקְרוֹנִי, בְּעִקָּרוֹן
on reflection לְאַחַר מַחֲשָׁבָה, לְאַחַר הִרְהוּר בַּדָּבָר
□ *on hearing the news, she fainted* הִיא הִתְעַלְּפָה כְּשֶׁשָּׁמְעָה אֶת הַיְדִיעוֹת
7 (during, at the time of) בְּ...
□ *he came on Sunday* הוּא בָּא בְּיוֹם רִאשׁוֹן
8 (other uses)
on duty תּוֹרָן (קָצִין, רוֹפֵא וְכַד׳)
on loan (נִתָּן) בְּהַשְׁאָלָה
on sale מֻצָּע לִמְכִירָה
on the cheap (*derog.*) בְּזוֹל
on the house עַל חֶשְׁבּוֹן הַבַּיִת
on the point of עַל סַף...
on the sly (*colloq.*) מִתַּחַת לַשֻּׁלְחָן, בְּעַרְמוּמִיּוּת
□ *we travelled on foot* (or *wheels* or *horseback*) עָרַכְנוּ אֶת הַמַּסָּע בָּרֶגֶל/בִּמְכוֹנִית/בִּרְכִיבָה
□ *sales are on the up* (and *up*) הַמְּכִירוֹת בִּקְרוֹ־עֲלִיָּה
□ *how can I survive on this salary?* אֵיךְ אֲנִי יָכוֹל לְהִתְקַיֵּם עַל הַמַּשְׂכֹּרֶת הַזֹּאת? אֵיךְ אֲנִי יָכוֹל לִחְיוֹת מִן הַמַּשְׂכֹּרֶת הַזֹּאת?
□ *he heard the news on the radio* הוּא שָׁמַע אֶת זֶה בָּרַדְיוֹ; הוּא שָׁמַע אֶת הַחֲדָשׁוֹת בָּרַדְיוֹ

—adv.
1 (onwards) הָלְאָה, קָדִימָה
and so on וְכַדּוֹמֶה, וְכַד׳, וְכַיּוֹצֵא בָּזֶה, וְכַיּוֹ״ב
on and on בְּלִי הֶפְסֵק, בְּלִי סוֹף, עוֹד וָעוֹד
□ *on with the show!* (*colloq.*) צָרִיךְ לְהַמְשִׁיךְ! יַלְּלָה קָדִימָה!
2 (occurring, in operation, proposed)
on and off מִדֵּי פַּעַם בְּפַעַם, לִפְרָקִים
□ *I switched the light on* (or *switched on the light*) הִדְלַקְתִּי אֶת הָאוֹר
□ *the strike is still on* הַשְּׁבִיתָה עֲדַיִן נִמְשֶׁכֶת
□ *have you anything on this week?* (*colloq.*) יֵשׁ לְךָ תָּכְנִיּוֹת הַשָּׁבוּעַ?
□ *what's on at the cinema?* אֵיזֶה סֶרֶט יֵשׁ/מֻקְרָן עַכְשָׁו בַּקּוֹלְנוֹעַ?
□ *when is the news on?* מָתַי יֵשׁ חֲדָשׁוֹת?
□ *I'm on from 7.00 until 9.00* אֲנִי עוֹבֵד מִ־7 עַד 9
3 (in a position)
head on חֲזִיתִי; בְּאֹפֶן חֲזִיתִי
right-on (*US colloq.*) עַל־הַכֵּיפָק
spot on (*UK colloq.*) בּוּל
□ *you're on!* עָשִׂינוּ עֵסֶק!
□ *you're having me on!* (*colloq.*) אַתָּה עוֹבֵד עָלַי!
□ *it's not on to borrow books without asking* (*colloq.*) לֹא לוֹקְחִים סְפָרִים בְּלִי לְבַקֵּשׁ
4 (other senses)
□ *he had nothing on* הוּא לֹא לָבַשׁ כְּלוּם, הוּא הָיָה עָרֹם
□ *he's getting on for sixty* הוּא מִתְקָרֵב לְגִיל שִׁשִּׁים
□ *he's well on in years* הוּא כְּבָר לֹא צָעִיר

—adj.
□ *she has her on days and her off days* יֵשׁ לָהּ יָמִים טוֹבִים וְיָמִים פָּחוֹת טוֹבִים

onager /ˈɒnəge(r)/ n. עָרוֹד, חֲמוֹר־בָּר

onanism /ˈəʊnənɪz(ə)m/ n. (*formal*) אוֹנָנוּת

once /wʌns/ adv.
1 (on one occasion only) פַּעַם, פַּעַם אַחַת
once and for all אַחַת וּלְתָמִיד, פַּעַם אַחַת וּלְתָמִיד
once more (or **again**) עוֹד פַּעַם, שׁוּב, פַּעַם נוֹסֶפֶת
cousin once removed בֶּן/בַּת שֶׁל בֶּן־דּוֹד; אָב/אֵם שֶׁל בֶּן־דּוֹד
once-in-a-lifetime chance הִזְדַּמְּנוּת בִּלְתִּי־חוֹזֶרֶת, הִזְדַּמְּנוּת שֶׁל פַּעַם אַחַת בַּחַיִּים
□ *I only have a free evening once in a blue moon* (*colloq.*) יֵשׁ לִי עֶרֶב פָּנוּי רַק פַּעַם בְּיוֹבֵל
□ *once bitten, twice shy* (*Prov.*) הַנִּכְוֶה בְּרוֹתְחִין, נִזְהָר בְּפוֹשְׁרִין
□ *I meet my ex-wife for lunch once in a while* אֲנִי נִפְגָּשׁ עִם אִשְׁתִּי לְשֶׁעָבַר לַאֲרוּחַת צָהֳרַיִם מִדֵּי פַּעַם
2 (on a past occasion) פַּעַם
once upon a time הָיֹה הָיָה פַּעַם (בִּפְתִיחַת סִפּוּרֵי אַגָּדוֹת)

—n.
at once בְּבַת אַחַת, תֵּכֶף וּמִיָּד; בְּבַת אַחַת, בְּיַחַד; כְּאַחַת
□ *don't all ask questions at once!* אַל תִּשְׁאֲלוּ שְׁאֵלוֹת כֻּלְּכֶם בְּבַת אַחַת!
□ *this book is at once useful and entertaining* סֵפֶר זֶה הוּא שִׁמּוּשִׁי וּמְהַנֶּה כְּאַחַת
□ *come here at once!* בּוֹא הֵנָּה מִיָּד!
□ *just for once I'd like not to be interrupted* הָיִיתִי שָׂמֵחַ אִם אוּכַל לְסַיֵּם לְפָחוֹת פַּעַם אַחַת בְּלִי הַפְרָעוֹת

—conj. אַחֲרֵי שֶׁ..., כַּאֲשֶׁר
□ *once you've done this, you may go* אַחֲרֵי שֶׁתִּגְמֹר אֶת זֶה, אַתָּה יָכוֹל לָלֶכֶת

□ *once he had been promised the reward, he told them everything* מִשֶּׁהֻבְטַח לוֹ הַפְּרָס הוּא סִפֵּר לָהֶם הַכֹּל

once-over /ˈwʌns-əʊvə(r)/ n. (*colloq.*) מַבָּט מָהִיר וּבוֹחֵן; נִקּוּי מָהִיר וְשִׁטְחִי

□ *he gave the car a once-over before his son bought it* הוּא בָּדַק אֶת הַמְּכוֹנִית בְּדִיקָה מְהִירָה וְשִׁטְחִית לִפְנֵי שֶׁבְּנוֹ קָנָה אוֹתָהּ

oncology /ɒnˈkɒlədʒɪ/ n. אוֹנְקוֹלוֹגְיָה חֵקֶר מַחֲלַת־הַסַּרְטָן

oncoming /ˈɒnkʌmɪŋ/ adj. מִתְקָרֵב, מִמַּשְׁמֵשׁ וּבָא; (תְּנוּעָה) חֲזִיתִית

one /wʌn/ numeral adj. אֶחָד, אַחַת

number one (*colloq.*) אֲנִי

back to square one (חָזַר) חֲזָרָה לִנְקֻדַּת הַמּוֹצָא (כְּלוֹמַר לֹא הִשִּׂיג שׁוּם תּוֹצָאוֹת)

□ *one man, one vote* בְּחִירוֹת שָׁווֹת לַכֹּל

□ *the chances* (or *odds*) *are ten to one that you will crash* הַסִּכּוּיִים הֵם עֶשֶׂר לְאֶחָד שֶׁתִּתְרַסֵּק

□ *I can't help you – for one thing, I have no money* אֲנִי לֹא יָכוֹל לַעֲזֹר לְךָ – קֹדֶם כֹּל, אֵין לִי כֶּסֶף

□ *what with one thing and another I haven't had the time to write to him* עִם כָּל הַבִּלְבּוּל לֹא הִסְפַּקְתִּי לִכְתֹּב לוֹ

□ *the crowd cheered as one voice* (*formal*) הַקָּהָל הֵרִיעַ כְּאִישׁ אֶחָד

□ *we all had one and the same attitude to the war* כֻּלָּנוּ הָיִינוּ בְּאוֹתָהּ דֵּעָה עַצְמָהּ בְּקֶשֶׁר לַמִּלְחָמָה

□ *one day I will travel to Moscow* בְּאַחַד הַיָּמִים אֶסַּע לְמוֹסְקְבָה

□ *the one thing that worries me is flying* הַדָּבָר הַיָּחִיד שֶׁמַּדְאִיג אוֹתִי זֶה לָטוּס

□ *is there any one book you'd like for your birthday?* הַאִם יֵשׁ אֵיזֶה סֵפֶר מְיֻחָד שֶׁאַתָּה רוֹצֶה לְיוֹם הַהֻלֶּדֶת?

—pron.

1 (one thing or person) אֶחָד

one after another אֶחָד אַחֲרֵי הַשֵּׁנִי

one and all כֻּלָּם כְּאֶחָד

one at a time אֶחָד אֶחָד

one by one בָּזֶה אַחַר זֶה, אֶחָד אַחַר הַשֵּׁנִי

one-on-one (*US*) אֶחָד־עַל־אֶחָד, (הוֹרָאָה, יִעוּץ וְכַד') פְּרָטִי

one-to-one אֶחָד־עַל־אֶחָד, (הוֹרָאָה, יִעוּץ וְכַד') פְּרָטִי

one of these days בְּאַחַד הַיָּמִים, בְּיוֹם מִן הַיָּמִים

□ *it was just one of those things* זֶה פָּשׁוּט קָרָה

□ *is he one of us?* הַאִם הוּא אֶחָד מִשֶּׁלָּנוּ?

□ *good evening to one and all!* עֶרֶב טוֹב לְכֻלְּכֶם!

□ *we are as one on this matter* (*formal*) אֲנַחְנוּ בְּדֵעָה אַחַת בְּנוֹשֵׂא זֶה

□ *I'm at one with you on this* (*formal*) אֲנִי תְּמִים דֵּעִים אִתְּךָ בָּזֶה

□ *I for one disagree with you* אֲנִי, לְמָשָׁל, חוֹלֵק עַל דַּעְתְּךָ

□ *he's not one to complain* לֹא תִּרְאֶה אוֹתוֹ מִתְלוֹנֵן, הוּא לֹא הַטִּיפּוּס שֶׁמִּתְלוֹנֵן

□ *that was daring, but I'll go one better* זֶה הָיָה נוֹעָז, אֲבָל אֲנִי אֵלֵךְ צַעַד אֶחָד יוֹתֵר רָחוֹק

□ *that's one in the eye for him* (*colloq.*) הוּא "אָכַל אוֹתָהּ"

□ *you are one up on me* אֶחָד אֶפֶס לְטוֹבָתְךָ (בְּהַשְׁאָלָה)

2 (any person) (הַכִּנּוּי הַסְּתָמִי) "אַתָּה", "אֲנַחְנוּ" (וְכֵן גּוּף שְׁלִישִׁי רַבִּים בִּנְטִיָּה)

□ *one crosses the road to find the museum* אַתָּה חוֹצֶה אֶת הַכְּבִישׁ כְּדֵי לְהַגִּיעַ לַמּוּזֵיאוֹן, אֲנַחְנוּ חוֹצִים אֶת הַכְּבִישׁ כְּדֵי לְהַגִּיעַ לַמּוּזֵיאוֹן, חוֹצִים אֶת הַכְּבִישׁ כְּדֵי לְהַגִּיעַ לַמּוּזֵיאוֹן

3 (I, *formal*) אֲנַחְנוּ, אֲנִי

□ *one wishes one didn't have to invite him* הָיִיתִי שָׂמֵחַ מְאֹד אִלּוּ יָכֹלְתִּי שֶׁלֹּא לְהַזְמִינוֹ

—n. דָּבָר אֶחָד מ...

the Evil One (*poet.*) הַשָּׂטָן

have you heard the one about... שָׁמַעְתָּ/אַתָּה מַכִּיר אֶת הַבְּדִיחָה עַל...

□ *you are a one!* (*colloq.*) אַתָּה מִסְפָּר! מַמְזֵר שֶׁכָּמוֹךָ!

□ *let's have a quick one* (*colloq.*) נִשְׁתֶּה אֵיזוֹ כּוֹסִית?

□ *the little ones are getting hungry* הַקְּטַנִּים מַתְחִילִים לִהְיוֹת רְעֵבִים

□ *that man is the one for me* זֶה הוּא הַגֶּבֶר בִּשְׁבִילִי

□ *I'm not much of a one for night-clubs* אֵינֶנִּי חָסִיד שֶׁל מוֹעֲדוֹנֵי־לַיְלָה, אֲנִי לֹא מֵת עַל מוֹעֲדוֹנֵי־לַיְלָה

one-armed /ˈwʌn-ɑːmd/ adj. בַּעַל־זְרוֹעַ אַחַת, גִּדֵּם

one-armed bandit (*UK*) מְכוֹנַת־הִמּוּר (בַּעֲלַת־יָדִית)

one-eyed /ˈwʌn-aɪd/ adj. שְׁתוּם־עַיִן, עִוֵּר בְּעַיִן אַחַת

one-horse /ˈwʌn-hɔːs/ adj. פְּרִימִיטִיבִי, נֶחֱשָׁל, לֹא מְפֻתָּח

□ *this is a one-horse town* (*colloq.*) זוֹ עֲיָרָה לֹא מְפֻתַּחַת

one-liner /ˌwʌn-ˈlaɪnə(r)/ n. (*colloq.*) בְּדִיחָה/עֲקִיצָה בְּמִשְׁפָּט אֶחָד

one-man /ˈwʌn-mæn/ adj. מְאֻיָּשׁ בְּאִישׁ אֶחָד

one-man band תִּזְמֹרֶת שֶׁל אִישׁ אֶחָד

oneness /ˈwʌnnɪs/ n. (*formal*) אַחְדּוּת, הַרְמוֹנְיָה

one-night stand /ˌwʌn-naɪt ˈstænd/ n. (*colloq.*) רוֹמָן שֶׁל לַיְלָה אֶחָד; הוֹפָעָה חַד־פַּעֲמִית

one-off /ˌwʌn-ˈɒf/ adj. חַד־פַּעֲמִי

one-parent family /ˌwʌn-peərənt ˈfæmɪlɪ/ n. מִשְׁפָּחָה חַד־הוֹרִית

onerous /ˈɒnərəs/ adj. (*formal*) מַכְבִּיד, מַקְשֶׁה, מֵעִיק

oneself /wʌnˈself/ pron. עַצְמִי, עַצְמוֹ

one-sided /wʌn-ˈsaɪdɪd/ adj. חַד־צְדָדִי
□ *his view of politics was very one-sided* גִּישָׁתוֹ לְפּוֹלִיטִיקָה הָיְתָה מְאֹד חַד־צְדָדִית

one-time /ˈwʌn-taɪm/ adj. בִּזְמַנּוֹ

one-track /ˈwʌn-træk/ adj.
one-track mind מְשֻׁגָּע לְדָבָר אֶחָד (לָרֹב לְיַחֲסֵי־מִין)

one-upmanship /ˌwʌn-ˈʌpmənʃɪp/ n. הַשָּׂגַת עֶלְיוֹנוּת (לְלֹא מַעֲשֵׂי מִרְמָה)

one-way /wʌn-ˈweɪ/ adj. חַד־סִטְרִי
one-way street רְחוֹב חַד־סִטְרִי
one-way ticket כַּרְטִיס לְכִוּוּן אֶחָד, כַּרְטִיס הָלוֹךְ

ongoing /ˈɒngəʊɪŋ/ adj. נִמְשָׁךְ, נִמְצָא בְּעִצּוּמוֹ

onion /ˈʌnɪən/ n. בָּצָל
□ *he knows his onions* (*colloq.*) הוּא בָּעִנְיָנִים

onlooker /ˈɒnlʊkə(r)/ n. צוֹפֶה, מִסְתַּכֵּל מִן הַצַּד, מִתְבּוֹנֵן

only /ˈəʊnlɪ/ adv. רַק, אַךְ וְרַק
not only... but also... לֹא רַק..., אֶלָּא גַּם..., לֹא זוֹ בִּלְבַד שֶׁ..., אֶלָּא גַּם שֶׁ...
□ *I've only just arrived* זֶה עַתָּה הִגַּעְתִּי
□ *I'll be only too pleased to come* אֶשְׂמַח מְאֹד לָבוֹא
□ *if only you knew how much I love you* לוּ יָדַעְתָּ כַּמָּה אֲנִי אוֹהֶבֶת אוֹתְךָ
—adj. יָחִיד
only child בֵּן יָחִיד, בַּת יְחִידָה
□ *he's the only man for the job* הוּא הָאָדָם הַיָּחִיד הַמְסֻגָּל לְבַצֵּעַ זֹאת, הוּא הַיָּחִיד הַמַּתְאִים לַמִּשְׂרָה
—conj. רַק שֶׁ..., אֶלָּא שֶׁ...

o.n.o. abbrev. (בְּסְכוּם הַמֻּצָּע) אוֹ הַהַצָּעָה הַקְּרוֹבָה בְּיוֹתֵר לְסְכוּם זֶה

onomastics /ˌɒnəˈmæstɪks/ n. חֵקֶר־הַשֵּׁמוֹת, אוֹנוֹמַסְטִיקָה

onomatopoeia /ˌɒnəˌmætəˈpɪə/ n. אוֹנוֹמָטוֹפֵּיאָה (מִלָּה הַמְחַקָּה צְלִיל טִבְעִי, לְמָשָׁל "בַּקְבּוּק")

onomatopoeic /ˌɒnəˌmætəˈpɪɪk/ adj. אוֹנוֹמָטוֹפֵּאִי (כַּנַּ"ל)

onrush /ˈɒnrʌʃ/ n. הִתְפָּרְצוּת עַזָּה, זְרִימָה חֲזָקָה

onset /ˈɒnset/ n. הַתְחָלָה, פְּתִיחָה; הַתְקָפָה, הִסְתָּעֲרוּת

onshore /ˈɒnʃɔː(r)/ adj. & adv. חוֹפִי (מַשַּׁב־רוּחַ; מִתְקָן לְהַפָּקַת נֵפְט); שֶׁעַל הַחוֹף

onslaught /ˈɒnslɔːt/ n. הַתְקָפָה עַזָּה

onto /ˈɒntə, strong form ˈɒntuː/ prep. אֶל, עַל, עַל גַּבֵּי...
□ *the police are onto him* הַמִּשְׁטָרָה עָלְתָה עַל עִקְבוֹתָיו

ontological /ˌɒntəˈlɒdʒɪk(ə)l/ adj. אוֹנְתּוֹלוֹגִי, שֶׁל תּוֹרַת־הַיֵּשׁ (בְּפִילוֹסוֹפְיָה)

ontology /ɒnˈtɒlədʒɪ/ n. אוֹנְתּוֹלוֹגְיָה, תּוֹרַת־הַיֵּשׁ (בְּפִילוֹסוֹפְיָה)

onus /ˈəʊnəs/ n. (*formal*) נֵטֶל, כֹּבֶד
□ *the onus of proof rests on you* חוֹבַת הַהוֹכָחָה עָלֶיךָ

onward /ˈɒnwəd/ adj. קָדִימָה
—adv. (also **onwards**) קָדִימָה

onyx /ˈɒnɪks/ n. שֹׁהַם (מַחְצָב הַמְשַׁמֵּשׁ לְתַכְשִׁיטִים וְכַד')

oodles /ˈuːd(ə)lz/ n. *pl.* (*sl.*) "הָמוֹן", "בּוּכְטָה"
□ *he's got oodles of money* יֵשׁ לוֹ בּוּכְטָה שֶׁל כֶּסֶף

oofy /ˈuːfɪ/ adj. (*sl.*) "מַלְיָן" (עָשִׁיר מְאֹד)

ooh /uː/ int. יוּ! יָהּ! (קְרִיאַת הִתְפַּעֲלוּת וְעֹנֶג)
□ *they oohed and ahed over the baby* הֵם עָשׂוּ לַתִּינוֹק "פּוּצִי־פּוּצִי"

oomph /ʊmf/ n. (*sl.*) "מֶרֶץ", "כֹּחַ", "שְׁווּנְג"

ooze /uːz/ n. בֹּץ נוֹזְלִי
—v.t. & i. נָטַף, זָב, נָזַל (זְרִימַת נוֹזֵל סָמִיךְ, גַּם בְּהַשְׁאָלָה)
□ *that lawyer positively oozes self-confidence* הַפְּרַקְלִיט הַזֶּה מַמָּשׁ שׁוֹפֵעַ בִּטָּחוֹן עַצְמִי
□ *their courage was oozing away* אֹמֶץ־לִבָּם הָלַךְ וְאָזַל

oozy /ˈuːzy/ adj. בִּצִּי

op /ɒp/ n. (*colloq.*) נִתּוּחַ (רְפוּאִי)

opacity /əʊˈpæsɪtɪ/ n. אֲטִימוּת, עֲמִימוּת (לָאוֹר)

opal /ˈəʊp(ə)l/ n. לֶשֶׁם, אוֹפָּל

opalescent /ˌəʊpəˈles(ə)nt/ adj. שֶׁצְּבָעָיו מִשְׁתַּנִּים תָּדִיר; דְּמוּי לֶשֶׁם

opaline /ˈəʊpəlaɪn/ adj. דְּמוּי לֶשֶׁם

opaque /əʊˈpeɪk/ adj. אָטוּם, עָמוּם, לֹא שָׁקוּף (לָאוֹר); סָתוּם (לַהֲבָנָה)

op art /ˈɒp ɑːt/ n. אָמָנוּת "אוֹפּ", אֳמָנוּת אוֹפְּטִית (זֶרֶם בְּהִיסְטוֹרְיָה שֶׁל הָאֳמָנוּת הַמּוֹדֶרְנִית)

op. cit. /ɒp ˈsɪt/ adv. בַּיְּצִירָה הַנַּ"ל (הַפְּנִיָּה בְּהֶעָרוֹת שׁוּלַיִם וְכַד')

open /ˈəʊp(ə)n/ adj.
1 (not closed, not locked, etc.) פָּתוּחַ
open-door policy מְדִינִיּוּת שֶׁל "דֶּלֶת־פְּתוּחָה"
open vowel (*Gram.*) תְּנוּעָה פְּתוּחָה
□ *he is keeping an open mind on this issue* הוּא מְנַסֶּה לְהִשָּׁאֵר פָּתוּחַ לְכָל מִינֵי רַעְיוֹנוֹת בַּנּוֹשֵׂא
□ *his face is like an open book* פָּנָיו הֵם כְּסֵפֶר פָּתוּחַ
□ *they keep open house* הֵם מַסְבִּירִים פָּנִים לְכָל אוֹרֵחַ
□ *she welcomed him with open arms* הִיא קִבְּלָה אוֹתוֹ בִּזְרוֹעוֹת פְּתוּחוֹת
2 (uncovered, accessible, public) פָּתוּחַ, גָּלוּי
open fire אָח (לְחִמּוּם וְכַד'); אֵשׁ (לְמָשָׁל שֶׁל מְדוּרָה)
open letter מִכְתָּב גָּלוּי (כְּלוֹמַר שֶׁתָּכְנוֹ מְפֻרְסָם בָּרַבִּים)
open prison בֵּית־כֶּלֶא פָּתוּחַ, "מַעֲשִׂיָּהוּ" (בֵּית־כֶּלֶא בַּעַל סוּג בִּטָּחוֹנִי נָמוּךְ)

open secret סוֹד גָּלוּי
3 (exposed) חָשׂוּף, פָּתוּחַ
the open air הָאֲוִיר הַפָּתוּחַ
open boat סִירָה פְּתוּחָה
open country מֶרְחָב פָּתוּחַ, הַמֶּרְחָבִים
open sandwich כָּרִיךְ עַל פְּרוּסַת־לֶחֶם אַחַת בִּלְבַד
open sea לֵב־הַיָּם
□ *I laid myself open to criticism* חָשַׂפְתִּי אֶת עַצְמִי לְבִקֹּרֶת
4 (unrestricted, not exclusive) לֹא־מֻגְבָּל, פָּתוּחַ, חָפְשִׁי
open cheque צֶ'ק פָּתוּחַ
open day יוֹם הוֹרִים (בְּבֵית סֵפֶר)
open scholarship מִלְגָּה פְּתוּחָה, מִלְגָּה לְלֹא מִגְבָּלוֹת מֻעֲמָדוּת מְיֻחָדוֹת
open season עוֹנַת־הַצַּיִד, עוֹנַת־הַדַּיִג (הַמֻּתֶּרֶת בַּחֹק)
open shop מְקוֹם עֲבוֹדָה שֶׁאֵינוֹ מְחַיֵּב חֲבֵרוּת בְּאִגּוּד־מִקְצוֹעִי מְסֻיָּם
Open University (*UK*) הָאוּנִיבֶרְסִיטָה הַפְּתוּחָה
□ *what's it worth on the open market?* כַּמָּה זֶה שָׁוֶה בַּשּׁוּק?
5 (not settled) פָּתוּחַ, לֹא מֻכְרָע, לֹא מְיֻשָּׁב
open question שְׁאֵלָה פְּתוּחָה
open verdict פְּסַק דִּין פָּתוּחַ, פְּסַק דִּין לְלֹא הַכְרָעָה (בַּחֲקִירַת מִקְרֵה מָוֶת, הַקּוֹבֵעַ אֶת הַמָּוֶת אַךְ לֹא מְפָרֵט)
6 (frank) פָּתוּחַ, גָּלוּי, גְּלוּי־לֵב
□ *let me be open with you* תֵּן לִי לוֹמַר לְךָ בְּגָלוּי, בּוֹא נְדַבֵּר גְּלוּיוֹת
—n. הָאֲוִיר הַפָּתוּחַ
in (or **into**) **the open** הַחוּצָה
—v.t. & i.
1 (make or become open, unfold) פָּתַח; נִפְתַּח
2 (begin) הִתְחִיל, פָּתַח בְּ...; נִפְתַּח, הֵחֵל
□ *the show opened to poor reviews* הַהַצָּגָה זָכְתָה בְּבִקֹּרוֹת לֹא־אוֹהֲדוֹת כְּשֶׁהֶעָלְתָה לָרִאשׁוֹנָה
□ *the enemy opened fire* הָאוֹיֵב פָּתַח בָּאֵשׁ
□ *the mayor opened the music festival* רֹאשׁ־הָעִיר פָּתַח רִשְׁמִית אֶת פֶסְטִיבַל הַמּוּזִיקָה

open-air /ˌəʊp(ə)n-ˈeə(r)/ adj. תַּחַת כִּפַּת־הַשָּׁמַיִם, בָּאֲוִיר הַפָּתוּחַ

open-and-shut /ˌəʊp(ə)n-ənd-ˈʃʌt/ adj.
open-and-shut case מִקְרֶה בָּרוּר לַגַּמְרֵי

opencast /ˈəʊp(ə)n-kɑːst/ adj.
opencast mining כְּרִיַּת־פֶּחָם שֶׁעַל פְּנֵי הַשֶּׁטַח, כְּרִיַּת־שֶׁטַח

open-ended /ˌəʊp(ə)n-ˈendɪd/ adj. פָּתוּחַ מִשְּׁנֵי הַצְּדָדִים; לְלֹא מִגְבָּלוֹת
□ *we had an open-ended discussion* נִהַלְנוּ שִׂיחָה לְלֹא מִגְבָּלוֹת

opener /ˈəʊp(ə)nə(r)/ n. פּוֹתְחַן קֻפְסָאוֹת, פּוֹתְחָן
for openers (*colloq.*) "בְּתוֹר מָנָה רִאשׁוֹנָה" (בְּהַשְׁאָלָה)

open-handed /ˌəʊp(ə)n-ˈhændɪd/ adj. נָדִיב, שֶׁיָּדוֹ פְּתוּחָה

open-hearted /ˌəʊp(ə)n-ˈhɑːtɪd/ adj. נְדִיב־לֵב

open-heart surgery /ˌəʊp(ə)n-hɑːt ˈsɜːdʒərɪ/ n. נִתּוּחַ לֵב פָּתוּחַ

opening /ˈəʊp(ə)nɪŋ/ n.
1 (gap, opportunity) פֶּתַח, פְּתִיחָה, מִרְוָח; הִזְדַּמְּנוּת; מִשְׂרָה פְּנוּיָה
2 (beginning) הַתְחָלָה, פְּתִיחָה; הַצָּגַת בְּכוֹרָה, "פְּתִיחָה" (שֶׁל תַּעֲרוּכָה וְכַד')
—adj. שֶׁל פְּתִיחָה
opening hours שְׁעוֹת הַפְּתִיחָה
opening night לֵיל הַבְּכוֹרָה
opening time שְׁעַת־הַפְּתִיחָה (לָרֹב שֶׁל פָּאבּ)
□ *the chairman's opening remarks were brief* דִּבְרֵי הַפְּתִיחָה שֶׁל הַיּוֹשֵׁב רֹאשׁ הָיוּ קְצָרִים

openly /ˈəʊp(ə)nlɪ/ adv. בְּגָלוּי, בְּפַרְהֶסְיָה

open-minded /ˌəʊp(ə)n-ˈmaɪndɪd/ adj. בַּעַל רֹאשׁ פָּתוּחַ, רְחַב אֳפָקִים

open-mouthed /ˌəʊp(ə)n-ˈmaʊðd/ adj. פְּעוּר־פֶּה, הָמוּם, נִדְהָם

open-plan /ˌəʊp(ə)n-ˈplæn/ adj. (מִשְׂרָד וְכַד') לְלֹא חֲדָרִים (עִם מְחִצּוֹת בִּלְבַד)

open-work /ˈəʊp(ə)n-wɜːk/ n. צוּרַת עִבּוּד (שֶׁל מַתֶּכֶת, רִקְמָה וְכַד') בַּעֲלַת חוֹרִים/מִרְוָחִים (לְמָשָׁל גַּרְבֵּי רֶשֶׁת)

opera[1] /ˈɒp(ə)rə/ n. אוֹפֶּרָה
opera-glasses מִשְׁקֶפֶת אוֹפֶּרָה
opera hat כּוֹבַע־צִילִינְדֶּר מִתְקַפֵּל
opera house בֵּית־אוֹפֶּרָה

opera[2] n. *pl.* see **OPUS** יְצִירוֹת (סִפְרוּת, מוּזִיקָה וְכַד')

operable /ˈɒpərəb(ə)l/ adj.
1 (workable) נִתָּן לְתִפְעוּל
2 (treatable by surgery) נִתָּן לְנִתּוּחַ, נִתָּן לְטִפּוּל בְּנִתּוּחַ

operate /ˈɒpəreɪt/ v.t. הִפְעִיל, תִּפְעֵל
—v.i.
1 (function) פָּעַל
2 (perform a surgical operation) נִתַּח

operatic /ˌɒpəˈrætɪk/ adj. אוֹפֶּרָאִי

operatics /ˌɒpəˈrætɪks/ n. *pl.* (*colloq.*) "הַצָּגוֹת" (כְּלוֹמַר: הִתְנַהֲגוּת דְּרָמָתִית מֻגְזֶמֶת)

operating system /ˈɒpəˌreɪtɪŋ ˌsɪstəm/ n. מַעֲרֶכֶת־הַפְעָלָה (בְּמַחְשֵׁב, לְמָשָׁל "דּוֹס")

operating theatre /ˈɒpəreɪtɪŋ ˌθɪətə(r)/ n. חֲדַר־נִתּוּחַ

operation /ˌɒpəˈreɪʃ(ə)n/ n.
1 (effect, working) פְּעֻלָּה, הַפְעָלָה, תִּפְעוּל; תֹּקֶף
□ *the new law comes into operation next month* הַחֹק הֶחָדָשׁ נִכְנָס לְתָקְפּוֹ בַּחֹדֶשׁ הַבָּא
2 (performance of surgery) נִתּוּחַ

3 (planned campaign) מִבְצָע (צְבָאִי אוֹ כְּמוֹ־צְבָאִי)
operations room חֲדַר־מִבְצָעִים

operational /ˌɒpəˈreɪʃən(ə)l/ adj.
1 (ready for use) פּוֹעֵל, בִּפְעֻלָּה, מְתֻפְקָד, עוֹבֵד
2 (*Mil.*) מִבְצָעִי

operative /ˈɒpərətɪv/ adj. (חֹק) תָּקֵף; פּוֹעֵל, פָּעִיל; כִּירוּרְגִי; (מִלָּה) מַהוּתִית
—n. פּוֹעֵל, עוֹבֵד (בְּבֵית חֲרֹשֶׁת וְכַד׳); סוֹכֵן (שֶׁל שֵׁרוּת חֲשָׁאִי וְכַד׳)

operator /ˈɒpəreɪtə(r)/ n. מַפְעִיל; מְרַכֵּזָן (בְּמֶרְכָּזִיַּת טֶלֶפוֹן)
□ *he's a smooth operator* (*colloq.*) הוּא "שׁוּעָל"

operetta /ˌɒpəˈretə/ n. אוֹפֶּרֶטָה

ophthalmia /ɒfˈθælmɪə/ n. (*Med.*) דַּלֶּקֶת־הָעַיִן

ophthalmic /ɒfˈθælmɪk/ adj. שֶׁל הָעֵינַיִם; נָגוּעַ בְּדַלֶּקֶת עֵינַיִם
ophthalmic optician אוֹפְּטִיקַאי מֻסְמָךְ

ophthalmology /ˌɒfθælˈmɒlədʒɪ/ n. (*Med.*) תּוֹרַת הָעֵינַיִם, אוֹפְתַּלְמוֹלוֹגְיָה

opiate /ˈəʊpɪət/ n. סַם מֵכִיל אוֹפְּיוּם (לְשִׁכּוּךְ כְּאֵבִים, שֵׁנָה וְכַד׳); דָּבָר מַרְדִּים/מַשְׁקִיט/מְטַשְׁטֵשׁ

opine /əˈpaɪn/ v.i. (*formal*) סָבַר, הִבִּיעַ דֵּעָה שֶׁ...
□ *she opined that I was unwise to lend him money* הִיא הִבִּיעָה אֶת הַסְּבָרָה שֶׁעָשִׂיתִי מִשְׁגֶּה בְּכָךְ שֶׁהִלְוֵיתִי לוֹ כְּסָפִים

opinion /əˈpɪnɪən/ n.
1 (view or belief) דֵּעָה, סְבָרָה
opinion poll מִשְׁאָל, מִשְׁאַל דַּעַת־קָהָל, סֶקֶר דַּעַת־קָהָל
matter of opinion עִנְיָן שֶׁל הַשְׁקָפָה, דָּבָר שֶׁאֵין לְגַבָּיו הַסְכָּמָה
□ *in my opinion the deal was very unwise* לְפִי דַּעְתִּי הָיְתָה זוֹ עִסְקָה מְאֹד לֹא נְבוֹנָה
□ *I'm entirely of your opinion* אֲנִי תּוֹמֵךְ בְּדַעְתְּךָ לַחֲלוּטִין, אֲנִי מַסְכִּים אִתְּךָ לְגַמְרֵי
public opinion דַּעַת־הַקָּהָל
2 (advice) חַוַּת־דַּעַת, עֵצָה, הַעֲרָכָה
□ *you must take* (or *get*) *a second opinion* עָלֶיךָ לְקַבֵּל/לִשְׁמֹעַ חַוַּת־דַּעַת שְׁנִיָּה

opinionated /əˈpɪnɪəneɪtɪd/ adj. (*derog.*) בַּעַל דֵּעוֹת נֶחֱרָצוֹת, פַּסְקָנִי

opium /ˈəʊpɪəm/ n. אוֹפְּיוּם

opossum /əˈpɒsəm/ n. אוֹפּוֹסוּם (חַיַּת־כִּיס בְּיַבֶּשֶׁת אֲמֶרִיקָה)

opponent /əˈpəʊnənt/ n. מִתְנַגֵּד, יָרִיב

opportune /ˈɒpətjuːn/ adj. בְּעִתּוֹ, מַתְאִים, בְּשָׁעָה הַכֹּשֶׁר
□ *he arrived at an opportune moment* הוּא הִגִּיעַ בְּעִתּוֹ

opportunism /ˌɒpəˈtjuːnɪzəm/ n. (*derog.*) אוֹפּוֹרְטוּנִיזְם

opportunist /ˌɒpəˈtjuːnɪst/ n. (*derog.*) אוֹפּוֹרְטוּנִיסְט, נַצְלָן, סְתַגְלָן

opportunity /ˌɒpəˈtjuːnɪtɪ/ n. הִזְדַּמְּנוּת, אֶפְשָׁרוּת
□ *I haven't had the opportunity to congratulate you* עֲדַיִן לֹא הָיְתָה לִי הִזְדַּמְּנוּת לְבָרֵךְ אוֹתְךָ
□ *America is a land of opportunity* אֲמֶרִיקָה הִיא אֶרֶץ הָאֶפְשָׁרֻיּוֹת (הַבִּלְתִּי־מֻגְבָּלוֹת)

oppose /əˈpəʊz/ v.t. הִתְנַגֵּד לְ..., חָלַק עַל; עָמַד כְּנֶגֶד...
□ *the opposing team were formidable* הַקְּבוּצָה הַיְרִיבָה הָיְתָה חֲזָקָה מְאֹד

opposed /əˈpəʊzd/ adj. מְנֻגָּד לְ...; מִתְנַגֵּד לְ...
as opposed to בְּנִגּוּד לְ..., לְעֻמַּת...

opposite /ˈɒpəzɪt/ adj.
1 (facing) שֶׁמִּמּוּל, שֶׁבַּצַּד הַשֵּׁנִי
opposite number עָמִית
□ *the Foreign Minister is in Tokyo visiting his opposite number* שַׂר הַחוּץ מְבַקֵּר אֵצֶל עֲמִיתוֹ הַיַּפָּנִי בְּטוֹקְיוֹ
the opposite sex הַמִּין הָאַחֵר
2 (different, of contrary kind) שׁוֹנֶה מִסּוּג אַחֵר, הָפוּךְ
□ *they departed in opposite directions* הֵם פָּנוּ לְכִוּוּנִים הֲפוּכִים
—n. הֵפֶךְ, נִגּוּד
□ *they were hardly enemies – quite the opposite, in fact* הֵם לֹא הָיוּ אוֹיְבִים, לְמַעַן הָאֱמֶת, הַהֵפֶךְ הוּא הַנָּכוֹן
—adv. & prep. מוּל, מִמּוּל, שֶׁמִּמּוּל

opposition /ˌɒpəˈzɪʃ(ə)n/ n. הִתְנַגְּדוּת; אוֹפּוֹזִיצְיָה (מִפְלָגָה וְכַד)
the Opposition (*Polit.*) הָאוֹפּוֹזִיצְיָה
□ *this proposal met with opposition* הַצָּעָה זוֹ נִתְקְלָה בְּהִתְנַגְּדוּת
□ *my party was in opposition for many years* מִפְלַגְתִּי הָיְתָה בָּאוֹפּוֹזִיצְיָה שָׁנִים רַבּוֹת

oppress /əˈpres/ v.t. דִּכָּא (דִּכֵּא) אֶת, עָשַׁק אֶת; הֵעִיק עַל, הִכְבִּיד עַל

oppression /əˈpreʃ(ə)n/ n.
1 (unjust treatment) דִּכּוּי
2 (mental distress) מוּעָקָה נַפְשִׁית

oppressive /əˈpresɪv/ adj. (שִׁלְטוֹן וְכַד׳) שֶׁל דִּכּוּי, מְדַכֵּא; (מֶזֶג אֲוִיר וְכַד׳), מֵעִיק, מַכְבִּיד

oppressor /əˈpresə(r)/ n. רוֹדָן, עָרִיץ

opprobrious /əˈprəʊbrɪəs/ adj. (*formal*) מְגֻנֶּה; מַחְפִּיר, מֵבִישׁ

opprobrium /əˈprəʊbrɪəm/ n. (*formal*) גְּנַאי, עֶלְבּוֹן, בּוּשָׁה, בּוּז

oppugn /əˈpjuːn/ v.t. (*formal*) הֵטִיל בְּסָפֵק אֶת

opt /ɒpt/ v.i. בָּחַר
opt for בָּחַר בְּ..., הֶעֱדִיף אֶת, הֶחְלִיט עַל
opt out (of) (*colloq.*) פָּרַשׁ (מִ...)

optative /ɒpˈteɪtɪv/ adj. & n. (*Gram.*) אוֹפְּטָטִיבִי; אוֹפְּטָטִיב

optic /ˈɒptɪk/ adj. אוֹפְּטִי, שֶׁל הָעַיִן, שֶׁל חוּשׁ הָרְאִיָּה

optical /ˈɒptɪk(ə)l/ adj. אוֹפְּטִי

optical character recognition סְרִיקַת טֶקְסְט אוֹפְּטִית (עַל־יְדֵי מְכוֹנָה)

optical fibre סִיב אוֹפְּטִי

optical illusion אַשְׁלָיָה אוֹפְּטִית

optician /ɒpˈtɪʃ(ə)n/ n. אוֹפְּטִיקַאי

optics /ˈɒptɪks/ n. אוֹפְּטִיקָה, תּוֹרַת הָאוֹר וְהָרְאִיָּה

optimal /ˈɒptɪm(ə)l/ adj. (*formal*) אוֹפְּטִימָלִי, מֵיטָבִי

optimism /ˈɒptɪmɪzəm/ n. אוֹפְּטִימִיּוּת, אוֹפְּטִימִיזְם

optimist /ˈɒptɪmɪst/ n. אוֹפְּטִימִיסְט

optimistic /ˌɒptɪˈmɪstɪk/ adj. אוֹפְּטִימִי

optimize /ˈɒptɪmaɪz/ v.t. יִעֵל בְּאֹפֶן מֵיטָבִי אֶת

optimum /ˈɒptɪməm/ n. (*pl.* **optima**) & adj. הַמֵּיטָב; טוֹב בְּיוֹתֵר, אוֹפְּטִימָלִי

option /ˈɒpʃ(ə)n/ n. בְּרֵרָה, אֶפְשָׁרוּת, אוֹפְּצְיָה; (בְּמִסְחָר) אוֹפְּצְיָה; אַבְזָר נוֹסָף (לָרֹב בְּתַשְׁלוּם, כְּתוֹסֶפֶת לְמִתְקָן)

□ *he got an option on the house* הוּא קִבֵּל אוֹפְּצְיָה לִרְכִישַׁת הַבַּיִת

□ *he had no option but to leave his country* לֹא הָיְתָה לוֹ בְּרֵרָה אֶלָּא לַעֲזֹב אֶת אַרְצוֹ

□ *I left (or kept) my options open* שָׁמַרְתִּי עַל כָּל הָאֶפְשָׁרֻיּוֹת

optional /ˈɒpʃən(ə)l/ adj. (נוֹשֵׂא, בְּחִינַת) רְשׁוּת, שֶׁל בְּחִירָה, לֹא חוֹבָה; (אַבְזָר) נוֹסָף, לֹא־סְטַנְדַּרְטִי

opulence /ˈɒpjʊləns/ n. עֹשֶׁר מֻפְלָג, שֶׁפַע

opulent /ˈɒpjʊlənt/ adj. שׁוֹפֵעַ, עָשִׁיר מֻפְלָג

opus /ˈəʊpəs/ n. (*pl.* **opera**) אוֹפּוּס, יְצִירָה מוּזִיקָלִית מְמֻסְפֶּרֶת

magnum opus גֻּלַּת־הַכּוֹתֶרֶת בִּיצִירוֹתָיו שֶׁל פְּלוֹנִי

or /ɔː(r)/ conj. אוֹ

somewhere or other בְּמָקוֹם כָּלְשֶׁהוּ, בְּמָקוֹם זֶה אוֹ אַחֵר

or else וְלֹא..., שֶׁאִם לֹא כֵן..., אַחֶרֶת...

□ *I'm sending you to Brazil whether you like it or not* אִם תִּרְצֶה וְאִם לָאו, אֲנִי שׁוֹלֵחַ אוֹתְךָ לִבְרָזִיל

□ *rain or no rain, I'm going for a walk* בֵּין שֶׁיּוֹרֵד גֶּשֶׁם וּבֵין שֶׁלֹּא, אֲנִי יוֹצֵא לְטַיֵּל

□ *the journey took an hour or so* הַמַּסָּע אָרַךְ כְּשָׁעָה

□ *I gave her twenty or so roses* נָתַתִּי לָהּ בְּעֵרֶךְ עֶשְׂרִים שׁוֹשַׁנִּים

oracle /ˈɒrək(ə)l/ n. אוֹרַקְל (מָקוֹר לְמֵידָע מִן הָאֵל); (בְּהַשְׁאָלָה) "אוּרִים וְתֻמִּים"

oracular /əˈrækjʊlə(r)/ adj. (*formal*) נְבוּאִי; מְעֻרְפָּל, דּוּ־מַשְׁמָעִי

oral /ˈɔːr(ə)l/ adj.

1 (verbal) בְּעַל־פֶּה, אוֹרָלִי

□ *I passed the oral exam* עָבַרְתִּי אֶת הַבְּחִינָה שֶׁבְּעַל־פֶּה

2 (of the mouth) שֶׁל הַפֶּה, אוֹרָלִי

oral hygiene הִיגְיֶנַת פֶּה (צִחְצוּחַ שִׁנַּיִם וְכַד׳)

oral sex סֶקְס אוֹרָלִי, מִין אוֹרָלִי

3 (*Psychol.*) (שָׁלָב) אוֹרָלִי (בְּהִתְפַּתְּחוּתוֹ הַנַּפְשִׁית שֶׁל הַיֶּלֶד)

—n. (*colloq.*) בְּחִינָה בְּעַל־פֶּה

orally /ˈɔːrəlɪ/ adv.

1 (by spoken word) בְּעַל־פֶּה

□ *the results were communicated orally* הַתּוֹצָאוֹת נִתְּנוּ בְּעַל־פֶּה

2 (by the mouth) דֶּרֶךְ הַפֶּה

□ *this liquid is not to be taken orally* נוֹזֵל זֶה אֵינוֹ לִצְרִיכָה דֶּרֶךְ הַפֶּה

orange /ˈɒrɪndʒ/ n. תַּפּוּז, תַּפּוּחַ־זָהָב

orange stick קֵיסָם עֵץ לְטִפּוּל בְּצִפָּרְנַיִם (בְּמָנִיקוּר)

—adj. כָּתֹם; (צֶבַע) תַּפּוּז

orangeade /ˌɒrɪndʒˈeɪd/ n. אוֹרַנְגָ׳דָה (מַשְׁקֶה קַל עָשׂוּי מִמִּיץ תַּפּוּזִים)

orangery /ˈɒrɪndʒərɪ/ n. חֲמָמָה (לְגִדּוּל תַּפּוּזִים); מִבְנֶה דְּמוּי חֲמָמָה כְּחֵלֶק מִבֵּית־מְגוּרִים גָּדוֹל

orang-utan /ɔːræŋ-uːˈtæn/ n. (also **orang-outang**) אוֹרַנְג־אוּטַנְג (קוֹף אֲדַמְדַּם גָּדוֹל)

oration /ɔːˈreɪʃ(ə)n/ n. (*formal*) נְאוּם, פַּמְבִּי

orator /ˈɒrətə(r)/ n. אוֹרָטוֹר, נוֹאֵם

oratorical /ˌɒrəˈtɒrɪk(ə)l/ adj. (*formal*) (בְּסִגְנוֹן) נְאוּמִי, נִמְלָץ, אוֹרָטוֹרִי

oratorio /ˌɒrəˈtɔːrɪəʊ/ n. (*pl.* **oratorios**) (*Mus.*) אוֹרָטוֹרְיָה (יְצִירָה מוּסִיקָלִית)

oratory /ˈɒrət(ə)rɪ/ n.

1 (public speaking, eloquent language) אָמָנוּת הַנְּאוּם; מְלִיצָה, צַחוּת לָשׁוֹן

2 (private chapel *Relig.*) בֵּית־תְּפִלָּה (נוֹצְרִי) קָטָן

orb /ɔːb/ n.

1 (sphere) צוּרָה כַּדּוּרִית, כַּדּוּרִי; גֶּרֶם־שְׁמֵימִי

2 (royal object) בֵּיצָה מַלְכוּתִית (חֵלֶק מִתַּכְשִׁיטֵי הַמְּלוּכָה)

3 (eye, *poet.*) גַּלְגַּל הָעַיִן

orbit /ˈɔːbɪt/ n.

1 (circuit of planet, etc.) מַסְלוּל (שֶׁל כּוֹכָב לֶכֶת, לַוְיָן וְכַד׳)

2 (region of influence) חוּג, תְּחוּם הַשְׁפָּעָה

□ *I came within the orbit of the famous writer* חָדַרְתִּי לְחוּגוֹ שֶׁל הַסּוֹפֵר הַנּוֹדָע

—v.t. & i. נָע בְּמַסְלוּל סְבִיב...; הִקִּיף בְּמַסְלוּל

orbital /ˈɔːbɪt(ə)l/ adj. מַסְלוּלִי, שֶׁל מַסְלוּל; הֶקֵּפִי

orbital road כְּבִישׁ הֶקֵּפִי

orbital sander מְשַׁיֵּף סִבּוּבִי

Orcadian /ɔːˈkeɪdɪən/ n. & adj. תּוֹשַׁב אִיֵּי אוֹרְקְנִי (מוּל חוֹפֵי סְקוֹטְלַנְד); שֶׁל אִיֵּי אוֹרְקְנִי

orchard /ɔːtʃəd/ n. בֻּסְתָּן עֲצֵי־פְּרִי, מַטַּע עֲצֵי־פְּרִי, פַּרְדֵּס (שֶׁל עֲצֵי־פְּרִי, אַךְ לֹא שֶׁל פְּרִי־הָדָר)

orchestra /ɔːkistrə/ n. תִּזְמֹרֶת
  orchestra pit בּוֹר הַתִּזְמֹרֶת (בְּאוּלַם תֵּיאַטְרוֹן)

orchestral /ɔːˈkestr(ə)l/ adj. תִּזְמָרְתִּי

orchestrate /ɔːkɪstreɪt/ v.t.
 1 (*Mus.*) תִּזְמֵר
 2 (co-ordinate) תֵּאֵם, אִרְגֵּן, סִדֵּר

orchid /ɔːkɪd/ n. סַחְלָב, אוֹרְכִידֵיאָה

ordain /ɔːˈdeɪn/ v.t.
 1 (decree, *formal*) צִוָּה שֶׁ..., פָּסַק שֶׁ..., הוֹרָה שֶׁ..., גָּזַר שֶׁ...
 2 (appoint to Christian ministry) הִסְמִיךְ לִכְמוּרָה אֶת

ordeal /ɔːˈdiːl/ n. נִסָּיוֹן קָשֶׁה, מִבְחָן

order /ɔːdə(r)/ n.
 1 (sequence, proper arrangement) סֵדֶר
  alphabetical order סֵדֶר אַלְפָבֵּיתִי
  law and order חֹק וּמִשְׁפָּט
  Order! אֲנִי קוֹרֵא אֶת הַפַּרְלָמֶנְט לְסֵדֶר!
  order paper (*UK*) רְשִׁימַת הַנּוֹשְׂאִים לְסֵדֶר הַיּוֹם (בַּפַּרְלָמֶנְט הַבְּרִיטִי)
  out of order
  (not working) מְקֻלְקָל, לֹא־תַּקִּין
  (disarranged) הָפוּךְ, שֶׁלֹּא בַּסֵּדֶר הַנָּכוֹן
  (unacceptable, *UK sl.*) (מְסֻמָּךְ) לֹא־תַּקִּין, שֶׁלֹּא־כְּהִלְכָתוֹ; (הִתְנַהֲגוּת וְכַד') לֹא־בְּסֵדֶר
  □ *he can't keep his class in order* הוּא אֵינוֹ יָכוֹל לְהִשְׁתַּלֵּט עַל הַכִּתָּה שֶׁלּוֹ
  □ *the chairman called the meeting to order* הַיּוֹ"ר קָרָא אֶת הָאֲסֵפָה לְסֵדֶר
  □ *the secretary raised a point of order* הַמַּזְכִּיר הֵעִיר הֶעָרָה בַּאֲשֶׁר לְתַּקָּנוֹן
  □ *interruptions seem to be the order of the day* נִדְמֶה שֶׁהַהַפְרָעוֹת לְדִבְרֵי־הַזּוּלַת נַעֲשׂוּ לְדָבָר שֶׁבְּשִׁגְרָה
  □ *the old order has to make way for the new* (*formal*) הַמִּשְׁטָר הַיָּשָׁן חַיָּב לְפַנּוֹת אֶת מְקוֹמוֹ לַמִּשְׁטָר הֶחָדָשׁ
 2 (class, grade, degree, *formal*) מַעֲמָד, מִסְדָּר
  order of magnitude סֵדֶר גֹּדֶל
  Order of the British Empire מִסְדַּר הָאִמְפֶּרְיָה הַבְּרִיטִית (תֹּאַר כָּבוֹד)
  somewhere of (or **in**) **the order of...** בְּעֵרֶךְ
  □ *his crime was fraud of a high order* פִּשְׁעוֹ הָיָה רַמָּאוּת בְּקָנֶה מִדָּה גָּדוֹל
 3 (instruction) הוֹרָאָה, פְּקֻדָּה, צַו; הַזְמָנָה (שֶׁל סְחוֹרָה וְכַד')
  money order (*US*) הַמְחָאַת־דֹּאַר
  postal order (*UK*) הַמְחָאַת־דֹּאַר
  standing order הוֹרָאַת קֶבַע (בַּבַּנְק)
  □ *I'm not taking any orders from you* אֲנִי לֹא מוּכָן לְקַבֵּל מִמְּךָ פְּקֻדּוֹת
  □ *that book is on order* הַסֵּפֶר הַזֶּה כְּבָר הֻזְמַן
  □ *we can build a boat to order* אֲנַחְנוּ יְכוֹלִים לִבְנוֹת סִירָה עַל־פִּי הַזְמָנָה
  □ *that's rather a tall order!* (*colloq.*) זוֹ דְּרִישָׁה קְצָת מֻגְזֶמֶת!
  □ *the horses are under starter's orders* הַסּוּסִים עוֹמְדִים לְזַנֵּק (בַּמֵּרוֹץ)
 4 (purpose, intention) מַטָּרָה, כַּוָּנָה
  in order that (*formal*) עַל מְנָת שֶׁ..., כְּדֵי שֶׁ...
  in order to לְמַעַן..., כְּדֵי שֶׁ..., עַל מְנָת שֶׁ...
 5 (in *pl.*, *Relig.*) חוֹבוֹת הַכְּמוּרָה, מִשְׂרַת הַכְּמוּרָה
  □ *he took (holy) orders* הוּא הֻסְמַךְ לְכֹמֶר
 6 (*Biol.*) מַחְלָקָה
 7 (*Archit.*) סִגְנוֹן בְּנִיָּה (בִּמְיֻחָד סִגְנוֹן קְלַסִּי)
—v.t.
 1 (command) פָּקַד עַל, הוֹרָה לְ..., צִוָּה עַל
  □ *I ordered him to leave the room* פָּקַדְתִּי עָלָיו לַעֲזֹב אֶת הַחֶדֶר
  □ *he ordered her about* (*derog.*) הוּא לֹא חָדַל לְטַרְטֵר אוֹתָהּ
 2 (request supply of) הִזְמִין (סְחוֹרָה, אֲרוּחָה וְכַד'), שָׁלַח הַזְמָנָה שֶׁל
  □ *are you ready to order yet?* הַאִם אַתֶּם מוּכָנִים לְהַזְמִין? (מֶלְצַר לְסוֹעֲדִים)
 3 (arrange, regulate) סִדֵּר, אִרְגֵּן
  order arms! (*Mil.*) הַצֵּג נֶשֶׁק!

order-book /ɔːdə-bʊk/ n. סֵפֶר־הַזְמָנוֹת

order-form /ɔːdə-fɔːm/ n. טֹפֶס־הַזְמָנָה

orderly /ɔːdəlɪ/ adj.
 1 (tidy) מְסֻדָּר
 2 (peaceful, well-behaved) מִתְנַהֵג כָּרָאוּי, מְמֻשְׁמָע, שָׁקֵט
 3 (*Mil.*)
  orderly officer קְצִין תּוֹרָן
  orderly room מִשְׂרַד הַיְחִידָה (בַּצָּבָא)
—n. חַיָּל תּוֹרָן; מְשָׁרֵת שֶׁל קָצִין
  medical orderly אָח (בְּבֵית חוֹלִים), סָנִיטָר

ordinal /ɔːdɪn(ə)l/ adj. & n. סִדּוּרִי; מִסְפָּר סִדּוּרִי

ordinance /ɔːdɪnəns/ n. (*formal*) פְּקֻדָּה, צַו, תַּקָּנָה

ordinand /ɔːdɪnənd/ n. מֻעֲמָד לִכְמוּרָה, פִּרְחֵי־כְּמוּרָה

ordinary /ɔːdɪn(ə)rɪ/ adj. רָגִיל, פָּשׁוּט, מְקֻבָּל, שָׁכִיחַ, יוֹם־יוֹמִי
  ordinary level (*Hist.*) מֵעֵין בְּחִינַת בַּגְרוּת בְּדַרְגָּה נְמוּכָה (בִּבְרִיטַנְיָה, בֶּעָבָר)
  out of the ordinary יוֹצֵא מִן־הַכְּלָל, בִּלְתִּי רָגִיל
  ordinary leave (*Mil.*) חֻפְשָׁה רְגִילָה, "רְגִילָה"
  □ *he is just an ordinary fellow* הוּא סְתָם בָּחוּר רָגִיל

ordination /ɔːdɪˈneɪʃ(ə)n/ n. הַסְמָכָה לִכְמוּרָה

ordnance /ɔːdnəns/ n. צִיּוּד צְבָאִי, נֶשֶׁק וְתַחְמֹשֶׁת

Ordnance Survey (*UK*) מַחְלֶקֶת־הַמְּדִידוֹת הַמֶּמְשַׁלְתִּית (בִּבְרִיטַנְיָה)

ordure /ˈɔːdjʊə(r)/ n. (*formal*) צוֹאָה, זֶבֶל; טִנֹּפֶת

ore /ɔː(r)/ n. עַפְרָה

iron ore עַפְרַת־בַּרְזֶל

oregano /ˌɒrɪˈgɑːnəʊ/ n. אוֹרֶגָנוֹ (תַּבְלִין אִיטַלְקִי)

organ /ˈɔːgən/ n.

1 (*Biol.*) אֵיבָר

2 (medium of communication) בִּטָּאוֹן (שֶׁל תְּנוּעָה, אִרְגּוּן וְכַד׳)

3 (musical instrument) עוּגָב, אוֹרְגָן

mouth organ מַפּוּחִית־פֶּה

4 (penis, *euphem.*) ״אֵיבָר״

organdie /ˈɔːgəndɪ/ n. אוֹרְגַנְדִּין (אֲרִיג כֻּתְנָה דַּק מְעֻמְלָן, מִין מַלְמָלָה)

organ-grinder /ˈɔːgən-graɪndə(r)/ n. מַפְעִיל תֵּבַת־נְגִינָה

organic /ɔːˈgænɪk/ adj.

1 (of living things; of body organs) אוֹרְגָנִי, שֶׁל הַחַי וְהַצּוֹמֵחַ; שֶׁל אֵיבְרֵי הַגּוּף

organic disease מַחֲלָה אוֹרְגָנִית

2 (forming a system or part of a system) אוֹרְגָנִי, אִינְטֶגְרָלִי

3 (*Chem.*) אוֹרְגָנִי (הַמְּבֻסָּס עַל תִּרְכּוֹבוֹת פַּחְמָן, לְהַבְדִּיל מֵאַנְאוֹרְגָנִי)

4 (grown without artificial chemicals) אוֹרְגָנִי

organic food מָזוֹן אוֹרְגָנִי

organically /ɔːˈgænɪklɪ/ adv. בְּאֹפֶן אוֹרְגָנִי

organism /ˈɔːgənɪzəm/ n. אוֹרְגָנִיזְם, יְצוּר חַי

organist /ˈɔːgənɪst/ n. נַגַּן עוּגָב, עוּגָבַאי

organization /ˌɔːgənaɪˈzeɪʃ(ə)n/ n.

1 (system, society) אִרְגּוּן, אֲגֻדָּה, הִסְתַּדְּרוּת, מַנְגָּנוֹן

2 (ordering, formation) (פְּעֻלַּת) אִרְגּוּן, סִדּוּר

organizational /ˌɔːgənɪˈzeɪʃ(ə)n(ə)l/ adj. אִרְגּוּנִי, שֶׁל אִרְגּוּן

organize /ˈɔːgənaɪz/ v.t. אִרְגֵּן, סִדֵּר

□ *he's very well organized* הוּא אָדָם מְאֻרְגָּן הֵיטֵב

□ *she organized the children into small groups* הִיא סִדְּרָה אֶת הַיְלָדִים בִּקְבוּצוֹת קְטַנּוֹת

—v.i. הִתְאַגֵּד, הֵקִים אִגּוּד

organ-loft /ˈɔːgən-lɒft/ n. יְצִיעַ־הָעוּגָב (בִּכְנֵסִיָּה)

organ-stop /ˈɔːgən-stɒp/ n. מִשְׁלָם, רֶגִיסְטֶר (בְּעוּגָב)

orgasm /ˈɔːgæzəm/ n. & v.i. אוֹרְגַזְמָה, שִׂיא־מִינִי; הִגִּיעַ לְאוֹרְגַזְמָה

orgasmic /ɔːˈgæzmɪk/ adj. אוֹרְגַזְמִי, שֶׁל אוֹרְגַזְם; מַטְרִיף, ״לֹא־נוֹרְמָלִי״

orgiastic /ˌɔːdʒɪˈæstɪk/ adj. שֶׁל אוֹרְגְיָה, שֶׁל הִשְׁתּוֹלְלוּת יְצָרִים

orgy /ˈɔːdʒɪ/ n. אוֹרְגְיָה; הִשְׁתּוֹלְלוּת פְּרוּעָה

oriel /ˈɔːrɪəl/ n. (*Archit.*) גַּבְלִית (חַלּוֹן קָטָן הַבּוֹלֵט מִקִּיר הַמִּבְנֶה כְּלַפֵּי חוּץ)

Orient /ˈɔːrɪənt/ n. (*poet.*) הַמִּזְרָח

orient /ˈɔːrɪent/ v.t. & refl. מִקֵּם, כִּוֵּן, הִפְנָה; מִקֵּם (אֶת עַצְמוֹ), אִתֵּר אֶת מְקוֹמוֹ

oriental /ˌɔːrɪˈent(ə)l/ adj. & n. מִזְרָחִי, שֶׁל אַרְצוֹת הַמִּזְרָח; בֶּן־הַמִּזְרָח

Orientalist /ˌɔːrɪˈentəlɪst/ n. מִזְרְחָן; אוֹרְיֶנְטָלִיסְט

orientate /ˈɔːrɪənteɪt/ v.t. & refl. מִקֵּם, כִּוֵּן, הִפְנָה; מִקֵּם (אֶת עַצְמוֹ), אִתֵּר אֶת מְקוֹמוֹ

□ *it took him some time to orientate himself in his new job* לָקַח לוֹ זְמַן לְהִתְאַקְלֵם בַּמִּשְׂרָה הַחֲדָשָׁה שֶׁלּוֹ

orientation /ˌɔːrɪənˈteɪʃ(ə)n/ n.

1 (position, attitude) מִקּוּם אוֹרְיֶנְטַצְיָה; כִּוּוּן

sexual orientation זֶהוּת מִינִית

2 (act of orienting) הִתְמַצְּאוּת, אוֹרְיֶנְטַצְיָה

3 (briefing, *N. Amer.*) דִּוּוּחַ, הֶסְבֵּר

orienteering /ˌɔːrɪənˈtɪərɪŋ/ n. נִוּוּט בַּשֶּׁטַח (בְּעֶזְרַת מַפָּה וּמַצְפֵּן)

orifice /ˈɒrɪfɪs/ n. (*formal*) נֶקֶב (אֶחָד מִפִּתְחֵי הַגּוּף); פֶּתַח

origami /ˌɒrɪˈgɑːmɪ/ n. אוֹרִיגָמִי (אָמָנוּת קִפּוּל־הַנְּיָר הַיַּפָּנִית)

origin /ˈɒrɪdʒɪn/ n. מָקוֹר, מוֹצָא

original /əˈrɪdʒɪn(ə)l/ adj.

1 (existing from the first, primary) רִאשׁוֹנִי, רִאשׁוֹן

original sin (*Relig.*) הַחֵטְא הַקַּדְמוֹן

2 (not derivative, novel) מְקוֹרִי אוֹרִיגִינָלִי

3 (creative) מְקוֹרִי, אוֹרִיגִינָלִי

—n.

1 (primary thing or form) אַבְטִיפּוּס, מָקוֹר, אוֹרִיגִינָל

□ *he reads Homer in the original* הוּא קוֹרֵא אֶת הוֹמֵרוֹס בַּמָּקוֹר (הַיְּוָנִי)

□ *this painting is a copy – the original is in the Louvre* זֶה הֶעְתֵּק – הַצִּיּוּר הַמְּקוֹרִי נִמְצָא בַּלּוּבְר

2 (eccentric, *colloq.*) (אָדָם) תִּמְהוֹנִי

originality /əˌrɪdʒɪˈnælɪtɪ/ n. מְקוֹרִיּוּת, אוֹרִיגִינָלִיּוּת

originate /əˈrɪdʒɪneɪt/ v.t. & i. יִסֵּד אֶת, הֵקִים אֶת; מְקוֹרוֹ (הָיָה) בְּ...

originator /əˈrɪdʒɪneɪtə(r)/ n. יוֹצֵר, מַמְצִיא מְחַדֵּשׁ; מְיַסֵּד, מֵקִים

oriole /ˈɔːrɪəʊl/ n. זַהֲבָן (צִפּוֹר מִמִּשְׁפַּחַת הָעוֹרְבָנִיִּים)

Orion /əˈraɪən/ n. כְּסִיל, אוֹרְיוֹן (קְבוּצַת כּוֹכָבִים)

ormolu /ˈɔːməluː/ n. תַּעֲרֹבֶת מַתָּכוֹת (שֶׁאֵינָהּ מְכִילָה זָהָב) בְּצֶבַע זָהָב

ornament n. /ˈɔːnəment/ קִשּׁוּט, עִטּוּר, אוֹרְנָמֶנְט; עִטּוּר מוּזִיקָלִי

—v.t. /ˈɔːnəment/ קִשֵּׁט, עִטֵּר

ornamental /ˌɔːnəˈment(ə)l/ adj. לְנוֹי, אוֹרְנָמֶנְטָלִי

ornamentation /ˌɔːnəmenˈteɪʃ(ən)/ n. קִשּׁוּט

ornate /ɔːˈneɪt/ adj. מְקֻשָּׁט; מְצֻעְצָע

ornithological /ˌɔːnɪθəˈlɒdʒɪk(ə)l/ adj. אוֹרְנִיתוֹלוֹגִי, שֶׁל חֵקֶר הַצִּפֳּרִים

ornithologist /ˌɔːnɪˈθɒlədʒɪst/ n. אוֹרְנִיתוֹלוֹג, חוֹקֵר צִפֳּרִים

ornithology /ˌɔːnɪˈθɒlədʒɪ/ n. אוֹרְנִיתוֹלוֹגְיָה, חֵקֶר־הַצִּפֳּרִים

orotund /ˈɒrətʌnd/ adj. (*formal*) (צְלִיל) מָלֵא; (סִגְנוֹן, אָדָם) מְנֻפָּח

orphan /ˈɔːf(ə)n/ n. יָתוֹם, יְתוֹמָה

—v.t. יִתֵּם

orphanage /ˈɔːfənɪdʒ/ n. מוֹסַד־יְתוֹמִים, בֵּית־יְתוֹמִים

orphaned /ˈɔːfənd/ adj. מְיֻתָּם

orrery /ˈɒrərɪ/ n. דֶּגֶם/מַנְגָּנוֹן קָדוּם הַמַּדְגִּים אֶת תְּנוּעַת־הַכּוֹכָבִים

ortho- /ˈɔːθəʊ-/ pref. אוֹרְתוֹ־, (תְּחִלִּית שֶׁפֵּרוּשָׁהּ) יָשָׁר, נָכוֹן

orthodontics /ˌɔːθəˈdɒntɪks/ n. יִשּׁוּר־שִׁנַּיִם, אוֹרְתוֹדוֹנְטְיָה

orthodox /ˈɔːθədɒks/ adj. (זֶרֶם בַּדָּת, חָסִיד זֶרֶם כַּנַּ"ל) אוֹרְתוֹדוֹקְסִי; (רַעְיוֹן תּוֹרָה) אוֹרְתוֹדוֹקְסִי שַׁמְרָנִי, מְקֻבָּל

Orthodox Church הַכְּנֵסִיָּה הָאוֹרְתוֹדוֹקְסִית

orthodoxy /ˈɔːθədɒksɪ/ n. אֲדִיקוּת, שַׁמְרָנוּת

orthographic /ˌɔːθəˈgræfɪk/ adj. אוֹרְתוֹגְרָפִי, שֶׁל כְּתִיב (נָכוֹן)

orthography /ɔːˈθɒgrəfɪ/ n. אוֹרְתוֹגְרַפְיָה, כְּתִיב נָכוֹן

orthopaedic /ˌɔːθəˈpiːdɪk/ adj. (*US*) אוֹרְתוֹפֶּדִי, שֶׁל רְפוּאַת עֲצָמוֹת וּשְׁרִירִים

orthopaedic surgeon מְנַתֵּחַ אוֹרְתוֹפֶּדִי, אוֹרְתוֹפֵּד

orthopaedics /ˌɔːθəˈpiːdɪks/ n. אוֹרְתוֹפֶּדְיָה, רְפוּאַת עֲצָמוֹת וּשְׁרִירִים

Oscar /ˈɒskə(r)/ n. "אוֹסְקָר", פְּרַס־אוֹסְקָר

□ *he won an Oscar for his performance in that film* הוּא קִבֵּל פְּרַס־אוֹסְקָר עַל מִשְׂחָקוֹ בַּסֶּרֶט הַזֶּה

oscillate /ˈɒsɪleɪt/ v.i. נָע בִּתְנוּעוֹת קְצוּבוֹת מִצַּד לְצַד

oscillation /ˌɒsɪˈleɪʃ(ə)n/ n. תְּנוּדָה, אוֹסִילַצְיָה (בְּאֶלֶקְטְרוֹנִיקָה וְכַד')

oscillator /ˈɒsɪleɪtə(r)/ n. מַתְנֵד, אוֹסִילָטוֹר (בְּאֶלֶקְטְרוֹנִיקָה)

oscillograph /əˈsɪləgrɑːf/ n. רוֹשֵׁם־תְּנוּדוֹת, אוֹסִילוֹגְרָף

oscilloscope /ɒˈsɪləskəʊp/ n. מַשְׁקֵף־תְּנוּדוֹת, אוֹסִילוֹסְקוֹפּ

osculate /ˈɒskjʊleɪt/ v.i. (*formal*) נִשֵּׁק (בִּטּוּי נָפוּחַ, לָרֹב נֶאֱמָר בְּהִתּוּל)

osier /ˈəʊzɪə(r)/ n. עֲרָבָה (שֶׁמֵּעֲנָפֶיהָ קוֹלְעִים סַלִּים וְכַד')

osmium /ˈɒzmɪəm/ n. אוֹסְמִיּוּם (יְסוֹד כִּימִי מַתַּכְתִּי כָּבֵד)

osmosis /ɒzˈməʊsɪs/ n. דִּיּוּת, אוֹסְמוֹזָה, פִּעְפּוּעַ (חֲדִירָה אִטִּית שֶׁל נוֹזֵל לְתוֹךְ חֹמֶר אַחֵר)

osmotic /ɒzˈmɒtɪk/ adj. שֶׁל דִּיּוּת, אוֹסְמוֹטִי

osprey /ˈɒspreɪ/ n. שָׁלָךְ (עוֹף הַטּוֹרֵף דָּגִים)

ossify /ˈɒsɪfaɪ/ v.t. & i. הִתְגָּרֵם, הִתְקַשָּׁה; נַעֲשָׂה דְּמוּי־עֶצֶם; (בְּהַשְׁאָלָה, לְגַבֵּי רַעְיוֹנוֹת, תּוֹרוֹת וְכַד') הִתְאַבֵּן

osso bucco /ˈɒsəʊ ˈbʊkəʊ/ n. "אוֹסוֹ־בּוּקוֹ" (מַאֲכָל בְּשַׂר־עֵגֶל אִיטַלְקִי)

ossuary /ˈɒsjʊərɪ/ n. גְּלוֹסְקָמָה (תֵּבָה לְעַצְמוֹת־מֵתִים); אֲתַר שֶׁבּוֹ נִשְׁמָרוֹת עַצְמוֹת מֵתִים

ostensible /ɒˈstensɪb(ə)l/ adj. לִכְאוֹרָה, לְמַרְאִית־עַיִן, כִּבְיָכוֹל

ostensibly /ɒˈstensɪblɪ/ adv. לְמַרְאִית־עַיִן, לִכְאוֹרָה

ostensive /ɒˈstensɪv/ adj. לִכְאוֹרָה; (הַגְדָּרָה) בְּאֶמְצָעוּת דֻּגְמָה

ostentation /ˌɒstənˈteɪʃ(ə)n/ n. (*derog.*) שַׁחְצָנוּת, הִתְרַבְרְבוּת, הִתְפָּאֲרוּת, רַאַוְתָנוּת

ostentatious /ˌɒstənˈteɪʃ(ə)s/ adj. (*derog.*) שַׁחְצָנִי, רַבְרְבָן, מִתְפָּאֵר, רַאַוְתָן

osteo- /ˈɒstɪəʊ-/ pref. אוֹסְטֵאוֹ־, (תְּחִלִּית שֶׁפֵּרוּשָׁהּ) שֶׁל עֶצֶם, גַּרְמִי

osteoarthritis /ˌɒstɪəʊɑːˈθraɪtɪs/ n. (*Med.*) דַּלֶּקֶת מִפְרָקִים מְנֻוֶּנֶת

osteopath /ˈɒstɪəpæθ/ n. אוֹסְטֵאוֹפָּת (מְרַפֵּא בְּאוֹסְטֵאוֹפַּתְיָה)

osteopathy /ˌɒstɪˈɒpəθɪ/ n. אוֹסְטֵאוֹפַּתְיָה (טִפּוּל רְפוּאִי בְּעִסּוּי וּבִלְחִיצוֹת)

ostler /ˈɒslə(r)/ n. (*arch.*) סַיָּס; נַעַר אֻרְוָה

ostracism /ˈɒstrəsɪzəm/ n. הַחְרָמָה, נִדּוּי

ostracize /ˈɒstrəsaɪz/ v.t. הֶחֱרִים, נִדָּה

ostrich /ˈɒstrɪtʃ/ n. יָעֵן, בַּת־יַעֲנָה

other /ˈʌðə(r)/ adj. אַחֵר, שׁוֹנֶה; שֵׁנִי

other half (*sl.*) בֶּן־זוּג, בַּת־זוּג

other ranks (*Mil. UK*) חוֹגְרִים (כְּלוֹמַר לֹא־קְצִינִים)

the other world הָעוֹלָם הַבָּא

on the other hand מִצַּד שֵׁנִי, מֵאִידָךְ גִּיסָא

□ *I saw her (just) the other day* רָאִיתִי אוֹתָהּ לֹא מִזְּמַן

□ *my other car is a Porsche* הַמְּכוֹנִית הַשְּׁנִיָּה שֶׁלִּי הִיא פּוֹרְשֶׁה

□ *other things being equal, I would prefer a female boss* בְּחִשּׁוּב הַסּוֹפִי/בְּסוֹפוֹ שֶׁל דָּבָר, אֲנִי מַעְדִּיף בּוֹס־אִשָּׁה

□ *every other word is misspelt* יֵשׁ שְׁגִיאַת כְּתִיב בְּכָל מִלָּה שְׁנִיָּה

—pron. & n. הָאַחֵר, הַשֵּׁנִי זֶה (לָזֶה)

someone or other זֶה אוֹ אַחֵר, מִישֶׁהוּ

□ *we gave each other a hug* חִבַּקְנוּ זֶה אֶת זֶה

□ *the guest was none other than his father* הָאוֹרֵחַ הָיָה אָבִיו וְלֹא אַחֵר

□ *if you vote yes, the others will do likewise* אִם אַתָּה תַּצְבִּיעַ בְּעַד, הָאֲחֵרִים יַעֲשׂוּ כָּמוֹךָ

—adv.

□ *I cannot do other than go* אֵין בְּרֵרָה, עָלַי לָלֶכֶת, אֵינִי יָכוֹל אֶלָּא לָלֶכֶת

otherness /ˈʌðənɪs/ n. (*formal*) שׁוֹנוּת, הֱיוֹת אַחֵר

otherwise /ˈʌðəwaɪz/ adv.

1 (in a different way, differently) אַחֶרֶת, בְּאֹפֶן אַחֵר

□ *David, otherwise known as Dan* דָּוִיד הַיָּדוּעַ גַּם בְּשֵׁם דָּן

□ *I was ill – otherwise I would have called you* הָיִיתִי חוֹלֶה – אַחֶרֶת הָיִיתִי מִתְקַשֵּׁר אֵלֶיךָ

□ *he was otherwise engaged that evening* הָיוּ לוֹ הִתְחַיְּבֻיּוֹת אֲחֵרוֹת בְּאוֹתוֹ עֶרֶב

2 (or else, if not) שֶׁאִם לֹא, שֶׁאִם לֹא כֵּן

3 (in other respects) אֲבָל חוּץ מִזֶּה, אֲבָל פְּרָט לְכָךְ

other-worldly /ˌʌðəˈwɜːldlɪ/ adj. בֵּן לְעִנְיְנֵי הָעוֹלָם הַזֶּה, שֶׁל הָעוֹלָם הַבָּא; "עִם הָרֹאשׁ בָּעֲנָנִים"

otiose /ˈəʊtɪəʊs/ adj. (*formal*) מְיֻתָּר

oto- /ˈəʊtəʊ-/ pref. (תְּחִלִּית שֶׁפֵּרוּשָׁהּ) שֶׁל הָאֹזֶן

otter /ˈɒtə(r)/ n. לוּטְרָה, כֶּלֶב־נָהָר

ottoman /ˈɒtəmən/ n. תֵּבָה בַּעֲלַת מִכְסֶה מְרֻפָּד (לִישִׁיבָה וְכַד')

oubliette /ˌuːblɪˈet/ n. (*Hist.*) בּוֹר־צִינוֹק (בַּעַל פֶּתַח עֶלְיוֹן בִּלְבַד)

ouch /aʊtʃ/ int. אַי (קְרִיאַת כְּאֵב)

ought /ɔːt/ v.aux. (past **ought;** reg. **ought not,** *colloq.* **oughtn't**)

1 (expressing duty) צָרִיךְ, מִן הָרָאוּי שֶׁ..., מֻכְרָח, חַיָּב

□ *I ought to write to my father* עָלַי לִכְתֹּב לְאָבִי

2 (expressing advisability or desirability) מֻכְרָח, חַיָּב, צָרִיךְ, כְּדַאי לְ...

□ *you ought to see that new film* כְּדַאי לְךָ לִרְאוֹת אֶת הַסֶּרֶט הֶחָדָשׁ הַזֶּה

□ *oughtn't you to have gone by now?* הַאִם לֹא הָיִיתָ צָרִיךְ כְּבָר לָלֶכֶת?

3 (expressing probability) צָרִיךְ, אָמוּר

□ *this method ought to work* הַשִּׁיטָה הַזֹּאת אֲמוּרָה לְהַצְלִיחַ

Ouija board /ˈwiːdʒə bɔːd/ n. (*Prop.*) לוּחַ אוֹתִיּוֹת (לְסֵיאָנְס סְפִּירִיטוּאָלִיסְטִי)

ounce /aʊns/ n. אוּנְקִיָּה (יְחִידַת מִשְׁקָל); (בְּהַשְׁאָלָה) קַרְטוֹב, קֹרֶט

our /ˈaʊə(r)/ adj. שֶׁלָּנוּ

ours /ˈaʊəz/ pron. שֶׁלָּנוּ

ourselves /aʊəˈselvz/ pron. עַצְמֵנוּ

oust /aʊst/ v.t. גֵּרֵשׁ; נִשֵּׁל

out /aʊt/ adv. & adj.

1 (away, not in (usual) state or position) בַּחוּץ, מִחוּץ לְ...

far out (*sl.*) "מַדְלִיק", "לֹא נוֹרְמָלִי" (סְלֶנְג הִיפִּי)

night out "בִּלּוּי", עֶרֶב שֶׁל בִּלּוּיִים, "יְצִיאָה"

out and about "עַל הָרַגְלַיִם" (לְאַחַר מַחֲלָה וְכַד')

way out

(exit) יְצִיאָה (עַל שֶׁלֶט וְכַד')

(weird, *sl.*) "לֹא־נוֹרְמָלִי"; "סוּפֶּר־מוֹדֶרְנִי"

□ *my house was burgled while I was out* פָּרְצוּ אֶל הַבַּיִת שֶׁלִּי בְּהֶעְדֵּרִי

□ *we ate out because there was no food in the house* אָכַלְנוּ בְּמִסְעָדָה מִפְּנֵי שֶׁלֹּא הָיָה מַה לֶּאֱכֹל בַּבַּיִת

□ *they're out on strike* הֵם בִּשְׁבִיתָה

□ *out! out! out!* (*sl.*) הַבַּיְתָה! הַבַּיְתָה! הַבַּיְתָה! (קְרִיאַת מְחָאָה נֶגֶד אָדָם וְכַד')

□ *out with Jones!* (or *Jones out!*) ג'וֹנְס הַבַּיְתָה! הָלְאָה ג'וֹנְס!

□ *she cried her eyes out* (*colloq.*) הִיא בָּכְתָה בְּכִי תַּמְרוּרִים

□ *he saw his visitors out* הוּא לִוָּה אֶת אוֹרְחָיו לַדֶּלֶת

□ *there is no way out* אֵין שׁוּם פִּתְרוֹן, אֵין כָּל מוֹצָא

□ *steam engines were on their way out by that time* בְּאוֹתָן הַשָּׁנִים כְּבָר הֵחֵלּוּ קַטָּרִים מוּנָעִים בְּקִיטוֹר לָצֵאת מִשִּׁמּוּשׁ

2 (inaccurate, not fashionable) לֹא מְדֻיָּק, מֻטְעֶה; "אָאוּט", "מֵת", לֹא בָּאָפְנָה

□ *my estimate was out by a few seconds* הַהַעֲרָכָה שֶׁלִּי הָיְתָה מֻטְעֵית בְּכַמָּה שְׁנִיּוֹת

□ *black is 'out' this year* הַשָּׁנָה שָׁחוֹר לֹא בָּאָפְנָה

3 (into the open, into sight) בְּגָלוּי, הַחוּצָה

□ *his new book is out* הַסֵּפֶר הֶחָדָשׁ שֶׁלּוֹ יָצָא (לָאוֹר)

□ *come on, out with it!* (*colloq.*) נוּ, תַּגִּיד כְּבָר (אֶת מַה שֶּׁאַתָּה רוֹצֶה לְהַגִּיד)!

□ *the secret is out* יָצָא הַסּוֹד

□ *it sticks* (or *stands*) *out a mile that she's unhappy* זֶה בּוֹלֵט מְאֹד שֶׁהִיא לֹא מְאֻשֶּׁרֶת

□ *she spoke out against racism* הִיא דִּבְּרָה בְּאֹמֶץ נֶגֶד גִּזְעָנוּת

□ *she had it out with him* הִיא בֵּרְרָה אִתּוֹ אֶת הָעִנְיָן בְּאֹפֶן יְסוֹדִי

□ *the roses are out* הַוְּרָדִים פָּרְחוּ

□ *murder will out* (*Prov.*) אִי אֶפְשָׁר לְהַסְתִּיר רֶצַח, כָּל רֶצַח סוֹפוֹ שֶׁיִּתְגַּלֶּה

4 (extinguished, obliterated) כָּבוּי, מְכֻבֶּה; מָחוּק

lights out כִּבּוּי־אוֹרוֹת

out (cold) חֲסַר־הַכָּרָה

out for the count קִבֵּל מַכָּה נִצַּחַת (בְּאִגְרוּף); הָיָה "מֵת" (מֵעֲיֵפוּת)

□ *the fire is out now* הָאֵשׁ כְּבָר כָּבְתָה

□ *the name on the door had been scratched out* הַשֵּׁם עַל הַדֶּלֶת הָיָה מָחוּק

5 (to or at an end) עַד הַסּוֹף

□ *he's worn out* הוּא בְּאַפְסַת־כֹּחוֹת, הוּא מֻתָּשׁ

□ *we'll know before the week is out* נֵדַע לִפְנֵי סוֹף הַשָּׁבוּעַ

□ *he saw the party out* הוּא נִשְׁאַר עַד סוֹף הַמְּסִבָּה

6 (having a purpose) שׁוֹאֵף לְ...
□ *he's out for what he can get* הוּא שְׁאַפְתָּנִי וַחֲסַר-מַעֲצוֹרִים
□ *we are out to double profits this year* מַטְּרָתֵנוּ לְהַכְפִּיל אֶת הָרְוָחִים בַּשָּׁנָה הַזֹּאת
7 (in phrase **out of,** prep.)
(away from, not in) בַּחוּץ, מִחוּץ לְ...
□ *he feels out of it* הוּא מַרְגִּישׁ אֶת עַצְמוֹ זָר
□ *you're well out of it!* טוֹב שֶׁיָּצָאתָ מִזֶּה!
□ *I tried to talk him out of the robbery* נִסִּיתִי לְהָנִיא אוֹתוֹ מִן הַשֹּׁד
□ *his behaviour was way out of line* (*colloq.*) הַהִתְנַהֲגוּת שֶׁלּוֹ הָיְתָה מִתַּחַת לְכָל בִּקֹּרֶת
□ *that injury puts him out of the running* הַפְּצִיעָה מוֹצִיאָה אוֹתוֹ מִן הַמִּשְׂחָק
□ *out of sight, out of mind* (*Prov.*) רָחוֹק מִן הָעַיִן, רָחוֹק מִן הַלֵּב
(from among) מִבֵּין, מִקֶּרֶב...
□ *out of all the candidates there was only one honest man* מִבֵּין כָּל הַמֻּעֲמָדִים הָיָה רַק אָדָם יָשָׁר אֶחָד
(without) בְּלִי, בְּלֹא
□ *he was out of breath* הוּא הָיָה חֲסַר-נְשִׁימָה
□ *we're out of cocoa* נִגְמַר לָנוּ הַקָּקָאוֹ
(because of) בְּשֶׁל, בִּגְלַל, כְּתוֹצָאָה מִ...
□ *he killed her out of jealousy* הוּא הָרַג אוֹתָהּ מִתּוֹךְ קִנְאָה
(originating from) מִ..., מִן
□ *this cloth is woven out of lambswool* הַבַּד הַזֶּה אָרוּג מִצֶּמֶר
(with set nouns)
out of date שֶׁפָּג תָּקְפּוֹ, שֶׁעָבַר זְמַנּוֹ, מְיֻשָּׁן
out of doors בַּחוּץ, בָּאֲוִיר הַפָּתוּחַ
out of pocket (*UK*) מְרוֹשָׁשׁ, דַּלְפוֹן, חֲסַר פְּרוּטָה; (הוֹצָאוֹת) בִּמְזֻמָּן (שֶׁמְּקַבְּלִים עֲלֵיהֶן לָרֹב הֶחְזֵר)
out of sorts (*colloq.*) לֹא בְּקַו הַבְּרִיאוּת; מֻטְרָד
out of the way מְרֻחָק מִמְּקוֹם יִשּׁוּב

out-and-out /ˈaʊt-(ə)n-ˈaʊt/ adj. "גָּמוּר", מֻחְלָט
outback /ˈaʊtbæk/ n. (*Austral.*) הָאֲזוֹרִים הַנִּדָּחִים בְּעַרְבוֹת אוֹסְטְרַלְיָה
outbid /aʊtˈbɪd/ (past & past ppl. **outbid** /aʊtˈbɪd/) v.t. הִצִּיעַ מְחִיר גָּבוֹהַּ יוֹתֵר
outboard motor /ˈaʊtbɔːd ˈməʊtə(r)/ n. מָנוֹעַ חִיצוֹנִי (הַמֻּתְקָן בְּיַרְכְּתֵי סִירָה)
outbreak /ˈaʊtbreɪk/ n. הִתְפָּרְצוּת, פְּרוֹץ-...
outbreed /ˈɔʊtbriːd/ (past & past ppl. **outbred** /ˈaʊtbred/) v.i. & t. הִתְרַבָּה מַהֵר יוֹתֵר מִ...; הִכְלִיא בַּעֲלֵי חַיִּים שׁוֹנִים זֶה מִזֶּה
outbuilding /ˈaʊtbɪldɪŋ/ n. מִבְנֶה הַשַּׁיָּךְ לְבִנְיָן רָאשִׁי
outburst /ˈaʊtbɜːst/ n. הִתְפָּרְצוּת
outcast /ˈaʊtkɑːst/ n. & adj. מְנֻדֶּה, מֻחְרָם, מְחֻרָם, מְנֻדָּה
outclass /aʊtˈklɑːs/ v.t. הָיָה מִשְׁכְמוֹ וָמַעְלָה מִ...
outcome /ˈaʊtkʌm/ n. תּוֹצָאָה, תּוֹלָדָה, מַסְקָנָה, פֹּעַל-יוֹצֵא
outcrop /ˈaʊtkrɒp/ n. גּוּשׁ סֶלַע הַבּוֹלֵט מִן הַקַּרְקַע
outcry /ˈaʊtkraɪ/ n. זַעֲקַת מְחָאָה
outdated /aʊtˈdeɪtɪd/ adj. מְיֻשָּׁן, שֶׁאָבַד עָלָיו כֶּלַח
outdistance /aʊtˈdɪstəns/ v.t. הִשְׁאִיר מֵאֲחוֹרָיו, עָבַר אֶת
outdo /aʊtˈduː/ (past **outdid** /aʊtˈdɪd/, past ppl. **outdone** /aʊtˈdʌn/) v.t. עָלָה עַל
outdoor /ˈaʊtdɔː(r)/ adj. שֶׁבַּחוּץ, בַּחוּץ
□ *he likes the outdoor life* הוּא אוֹהֵב אֶת הַחַיִּים בְּחֵיק-הַטֶּבַע
outdoors /aʊtˈdɔːz/ adj. תַּחַת כִּפַּת-הַשָּׁמַיִם
—n.
the great outdoors חֵיק הַטֶּבַע
outer /ˈaʊtə(r)/ adj. חִיצוֹנִי, קִיצוֹנִי
outer space הֶחָלָל הַחִיצוֹן
outermost /ˈaʊtəməʊst/ adj. הַמְרֻחָק בְּיוֹתֵר, הַקִּיצוֹנִי
outface /aʊtˈfeɪs/ v.t. עָמַד בְּאֹמֶץ מוּל; נָעַץ אֶת מַבָּטוֹ אֶל (וְנִצַּח בְּהִתְמוֹדְדוּת שֶׁבֵּין הַמַּבָּטִים)
outfall /ˈaʊtfɔːl/ n. שֶׁפֶךְ, פִּיו שֶׁל נָהָר/אֲגַם; מוֹצָא שֶׁל צִנּוֹר-שְׁפָכִים
outfield /ˈaʊtfiːld/ n. הַתְּחוּם הַקִּיצוֹנִי (בְּבֵּיסְבּוֹל וּקְרִיקֶט וְכַד')
outfight /aʊtˈfaɪt/ (past & past ppl. **outfought** /aʊtˈfɔːt/ v.t. נִלְחַם (בִּפְלוֹנִי) וְנִצַּח
outfit /ˈaʊtfɪt/ n.
1 (set of equipment or clothes) צִיּוּד, סֶט, מַעֲרֶכֶת (לְמַטָּרָה מְסֻיֶּמֶת); חֲלִיפַת לְבוּשׁ (לְמָשָׁל חֲלִיפַת לְבוּשׁ לָעֶרֶב, חֲלִיפַת קָאוּבּוֹי וְכַד')
2 (organization, *colloq.*) עֵסֶק, אִרְגּוּן, מַעֲרֶכֶת
—v.t. הִתְקִין חֲלִיפַת לְבוּשׁ לְ...; צִיֵּד (מִשְׁלַחַת וְכַד')
outfitter /ˈaʊtfɪtə(r)/ n. בַּעַל חֲנוּת לְבִגְדֵי-גְּבָרִים
outflank /aʊtˈflæŋk/ v.t. אִגֵּף וְתָקַף; הִשִּׂיג יִתְרוֹן בְּאֶמְצָעוּת מַהֲלָךְ לֹא צָפוּי
outflow /ˈaʊtfləʊ/ n. זְרִימָה
outfox /aʊtˈfɒks/ v.t. הֶעֱרִים עַל
outgoing /ˈaʊtgəʊɪŋ/ adj.
1 (leaving office) (הַשַּׂר, הַשּׁוֹפֵט, הַמְנַהֵל, הַמָּטוֹס) הַיּוֹצֵא
2 (friendly) חֲבֵרוּתִי
outgoings /ˈaʊtgəʊɪŋz/ n. *pl.* הוֹצָאוֹת
outgrow /aʊtˈgrəʊ/ (past **outgrew** /aʊtˈgruː/, past ppl. **outgrown** /aʊtˈgrəʊn/) v.t. נַעֲשָׂה גָּדוֹל מִדַּי בִּשְׁבִיל; נַעֲשָׂה מְבֻגָּר מִדַּי בִּשְׁבִיל; גָּדַל מַהֵר יוֹתֵר מִ...
□ *he outgrew his clothes* הוּא נַעֲשָׂה גָּדוֹל מִדַּי עֲבוּר כָּל הַבְּגָדִים שֶׁלּוֹ
□ *he outgrew the habit of biting his nails* הוּא נִגְמַל מִן הַהֶרְגֵּל שֶׁל כְּסִיסַת צִפָּרְנָיו
outgrowth /ˈaʊtgrəʊθ/ n. תּוֹלָדָה, תּוֹצָאָה; דָּבָר מָה שֶׁצָּמַח

outhouse /ˈaʊthaʊs/ n. מִבְנֶה קָטָן הַשַּׁיָּךְ לְבִנְיָן רָאשִׁי
outing /ˈaʊtɪŋ/ n. טִיּוּל, בִּלּוּי־מְאֻרְגָּן, "יְצִיאָה"
outlandish /aʊtˈlændɪʃ/ adj. (*derog.*) שֶׁלֹּא נִשְׁמָע כִּדְגֻמָתוֹ, זָר וּמוּזָר
outlast /aʊtˈlɑːst/ v.t. (דָּבָר מָה) הִתְמִיד לְאַחַר, הִתְקַיֵּם לְאַחַר
outlaw /ˈaʊtlɔː/ v.t. הֶחֱרִים, נִדָּה, הִפְקִיר; הִכְרִיז עַל... שֶׁאֵינֶנּוּ חֻקִּי
—n. מֵפֵר־חֹק
outlay /ˈaʊtleɪ/ n. הוֹצָאָה, הוֹצָאוֹת
outlet /ˈaʊtlet/ n.
1 (means of exit) מוֹצָא; פֻּרְקָן
□ *he uses drama as an outlet for his feelings* הוּא מוֹצֵא בַּדְּרָמָה פֻּרְקָן לְרִגְשׁוֹתָיו
2 (*Comm.*) נְקֻדַּת הֲפָצָה (לְמָשָׁל חֲנוּת), סוֹכֵן לַהֲפָצָה
outline /ˈaʊtlaɪn/ n.
1 (line enclosing a plane figure) קַו־מִתְאָר
2 (summary) רָאשֵׁי־פְּרָקִים, סְקִירָה, תֵּאוּר כְּלָלִי
—v.t. רָשַׁם מִתְאָר, מָתַח קַוֵּי־מִתְאָר; כָּתַב רָאשֵׁי פְּרָקִים; תֵּאֵר בְּקַוִּים כְּלָלִיִּים
outlive /aʊtˈlɪv/ v.t. הֶאֱרִיךְ יָמִים אַחַר
outlook /ˈaʊtlʊk/ n.
1 (view, prospect) מַרְאֶה, נוֹף; תַּשְׁקִיף, תַּחֲזִית; סִכּוּיִים
2 (point of view) נְקֻדַּת־מַבָּט, הַשְׁקָפָה
outlying /ˈaʊtlaɪɪŋ/ adj. מְרֻחָק
outmanoeuvre /ˌaʊtməˈnuːvə(r)/ v.t. (*US* **outmaneuver**) נִצַּח בְּתִמְרוּן אֶת; הֶעֱרִים עַל
outmatch /aʊtˈmætʃ/ v.t. עָלָה עַל (בְּתַחֲרוּת אוֹ בְּהִתְמוֹדְדוּת)
outmoded /aʊtˈməʊdɪd/ adj. מְיֻשָּׁן, שֶׁיָּצָא מִן הָאָפְנָה
outnumber /aʊtˈnʌmbə(r)/ v.t. עָלָה בְּמִסְפָּר עַל, הָיָה רַב מִ...
outpatient /ˈaʊtpeɪʃ(ə)nt/ n. חוֹלֵה־חוּץ (חוֹלֶה שֶׁאֵינוֹ נִשְׁאָר לִישֹׁן בְּבֵית־הַחוֹלִים)
outperform /ˌaʊtpəˈfɔːm/ v.t. עָלָה בְּבִצּוּעָיו עַל
outplay /aʊtˈpleɪ/ v.t. נִצַּח (בְּמִשְׂחָק), גָּבַר עַל
outpost /ˈaʊtpəʊst/ n. מֻצָּב; מוֹשָׁבָה מְרֻחֶקֶת (מְבֻסֶּסֶת לָרֹב עַל סַחַר אוֹ כֹּחוֹת צָבָא)
outpouring /ˈaʊtpɔːrɪŋ/ n. הִשְׁתַּפְּכוּת (שֶׁל נוֹזְלִים); הִשְׁתַּפְּכוּת (שֶׁל הַנֶּפֶשׁ, בִּכְתִיבָה אוֹ בְּדִבּוּר)
output /ˈaʊtpʊt/ n.
1 (amount produced) תְּפוּקָה, הֶסְפֵּק
2 (*Comput.*) פֶּלֶט (מַחְשֵׁב וְכַד')
—v.t. (מַחְשֵׁב) הוֹצִיא פֶּלֶט
outrage /ˈaʊtreɪdʒ/ n.
1 (atrocity, insult) מַעֲשֶׂה זְוָעָה; שַׁעֲרוּרִיָּה, סְקַנְדָּל
2 (fierce anger) רִגְשׁוֹת חֵמָה וְעֶלְבּוֹן
—v.t. פָּגַע חֲמוּרוֹת בְּ... (חֹק, מוּסָר, צֶדֶק), עוֹרֵר שַׁעֲרוּרִיָּה, זִעֲזַע
outrageous /aʊtˈreɪdʒəs/ adj. מְזַעְזֵעַ, שַׁעֲרוּרִיָּתִי; (בְּהוּמוֹר) "שַׁעֲרוּרִיָּתִי"

outrank /aʊtˈræŋk/ v.t. הָיָה בַּעַל דַּרְגָּה גְּבוֹהָה יוֹתֵר מִ...
outré /ˈuːtreɪ/ adj. (*derog.*) זָר וּמוּזָר, "שֶׁלֹּא מִן הָעוֹלָם הַזֶּה"
outrider /ˈaʊtraɪdə(r)/ n. רוֹכֵב מְלַוֶּה, שׁוֹטֵר־לִוּוּי (עַל סוּס אוֹ אוֹפַנּוֹעַ, לִמְכוֹנִית אָח"מ לְמָשָׁל)
outrigger /ˈaʊtrɪgə(r)/ n. מְצוֹף־יִצּוּב (מַקְבִּיל לַסִּירָה); סִירָה בַּעֲלַת מָצוֹף כַּנַּ"ל
outright adv. /aʊtˈraɪt/
1 (completely) לַחֲלוּטִין, לְגַמְרֵי, בְּבַת אַחַת
2 (unreservedly) יָשָׁר, בְּגָלוּי, לְלֹא כָּחָל וְשָׂרָק; לְלֹא הַסּוּסִים, לְלֹא שְׁהִיּוֹת
—adj. /ˈaʊtraɪt/ מֻחְלָט, גָּמוּר
outrun /aʊtˈrʌn/ (past **outran** /aʊtˈræn/, past ppl. **outrun** /aʊtˈrʌn/) v.t. עָבַר בְּרִיצָה אֶת; נִמְשַׁךְ מֵעֵבֶר לְ...
outsell /aʊtˈsel/ (past & past ppl. **outsold** /aʊtˈsəʊld/) v.t. מָכַר יוֹתֵר מִ...; נִמְכַּר יוֹתֵר מִ...
outset /ˈaʊtset/ n. תְּחִלָּה, רֵאשִׁית
outshine /aʊtˈʃaɪn/ (past & past ppl. **outshone** /aʊtˈʃɒn/) v.t. הִבְרִיק יוֹתֵר מִ...; שָׂם בַּצֵּל אֶת
outshoot /aʊtˈʃuːt/ (past & past ppl. **outshot** /aʊtˈʃɒt/) v.t. יָרָה/קָלַע יוֹתֵר טוֹב מִ...
outside /aʊtˈsaɪd/ adv. בַּחוּץ; הַחוּצָה
outside of (*US*) פְּרָט לְ...
—prep.
(to or on the outside of) מִחוּץ לְ...
(beyond, apart from) מֵעֵבֶר לְ..., מִחוּץ לְ...
—n. הַחוּץ
at the outside לְכָל הַיּוֹתֵר
—adj.
1 (of, on, or nearer the exterior) חִיצוֹנִי, שֶׁנִּמְצָא בַּחוּץ
outside broadcast שִׁדּוּר־חוּץ (שֶׁלֹּא מִן הָאֻלְפָּן)
outside interest תַּחְבִּיב, תְּחוּם הִתְעַנְיְנוּת שׁוּלִי
□ *our group will need outside help* הַחֲבוּרָה שֶׁלָּנוּ תִּזְדַּקֵּק לְעֶזְרָה מִבַּחוּץ
2 (greatest possible or probable) אַחֲרוֹן
□ *there's an outside chance that the Russian will beat the Italian* יֵשׁ סִכּוּי קָלוּשׁ שֶׁהָרוּסִי יְנַצַּח אֶת הָאִיטַלְקִי
3 (not belonging) מִן הַחוּץ, חִיצוֹנִי
outsider /aʊtˈsaɪdə(r)/ n.
1 (competitor unlikely to win) מִתְחָרֶה שֶׁסִּכּוּיָיו בִּלְתִּי־יְדוּעִים
2 (non-member of a group) אָדָם מִבַּחוּץ, זָר, "אָאוּטְסַיְדֶּר"
outsize /ˈaʊtsaɪz/ adj. & n. (בְּגָדִים) בְּמִדּוֹת גְּדוֹלוֹת; מִדָּה גְּדוֹלָה בִּמְיֻחָד
outskirts /ˈaʊtskɜːts/ n. *pl.* שׁוּלַיִם (שֶׁל יִשּׁוּב, אֵזוֹר, קְבוּצָה וְכַד')

outsmart /aʊtˈsmɑːt/ v.t. (*colloq.*) הֶעֱרִים עַל־, "סִדֵּר", חִבֵּל תַּחְבּוּלוֹת נֶגֶד

outspoken /aʊtˈspəʊk(ə)n/ adj. יָשָׁר, גְּלוּי־לֵב

outspread /aʊtˈspred/ adj. פָּרוּשׂ; (זְרוֹעוֹת) מוּשָׁטוֹת

outstanding /aʊtˈstændɪŋ/ adj.

1 (prominent) בּוֹלֵט, מִצְטַיֵּן, מִשְׁכְּמוֹ וָמַעְלָה

2 (still unsettled) (חוֹב) שֶׁלֹּא נִפְרַע, תָּלוּי וְעוֹמֵד

outstay /aʊtˈsteɪ/ v.t. נִשְׁאַר לְאַחַר (לְכְתָּם שֶׁל הָאֲחֵרִים, לְמָשָׁל)

□ *I hope I haven't outstayed my welcome* אֲקַוֶּה שֶׁלֹּא הֶאֱרַכְתִּי לָשֶׁבֶת יָתֵר עַל הַמִּדָּה

outstretch /aʊtˈstretʃ/ v.t. מָתַח, פָּשַׁט, פָּתַח (זְרוֹעוֹת וְכַד׳)

outstretched /aʊtˈstretʃt/ adj. (יָד, זְרוֹעַ) מוּשֶׁטֶת; שָׁרוּעַ

outstrip /aʊtˈstrɪp/ v.t. עָלָה עַל, גָּבַר עַל, עָבַר אֶת

out-take /ˈaʊt-teɪk/ n. קֶטַע סֶרֶט שֶׁנִּפְסַל לְהַקְרָנָה (כֵּיוָן שֶׁצֻּלְּמָה בּוֹ "פַּשְׁלָה")

out-tray /ˈaʊt-treɪ/ n. מַגַּשׁ דֹּאַר־יוֹצֵא (בְּמִשְׂרָד וְכַד׳)

outvote /aʊtˈvəʊt/ v.t. הִצְבִּיעַ בְּמִסְפָּר רַב יוֹתֵר שֶׁל מַצְבִּיעִים מ...

□ *the motion was outvoted* הַהַצָּעָה נִדְחֲתָה בְּהַצְבָּעָה

outward /ˈaʊtwəd/ adj.

1 (directed towards outside) חִיצוֹנִי, שֶׁכְּלַפֵּי חוּץ

2 (physical or external) נִרְאֶה לָעַיִן, חִיצוֹנִי, שֶׁכְּלַפֵּי חוּץ

3 (going away) הַיּוֹצֵא, הָלוֹךְ (לְהַבְדִּיל מ"שׁוֹב")

outward journey הַנְּסִיעָה הָלוֹךְ, הַדֶּרֶךְ הָלוֹךְ

—adv. כְּלַפֵּי חוּץ, הַחוּצָה, אֶל הַחוּץ

outward bound (רַכֶּבֶת, טִיסָה, מָטוֹס) יוֹצֵא, בְּכִוּוּן הָלוֹךְ

outwardly /ˈaʊtwədlɪ/ adv. כְּלַפֵּי חוּץ, לְמַרְאִית־עַיִן

outwards /ˈaʊtwədz/ adv. כְּלַפֵּי חוּץ, הַחוּצָה, אֶל הַחוּץ

outwear /aʊtˈweə(r)/ (past **outwore** /aʊtˈwɔː(r)/, past ppl. **outworn** /aʊtˈwɔːn/) v.t. (אָרִיג, מִתְקָן וְכַד׳) הֶחֱזִיק מַעֲמָד זְמַן רַב יוֹתֵר מ...

outweigh /aʊtˈweɪ/ v.t. (*formal*) עָלָה בְּמִשְׁקָל עַל; הָיָה כָּבֵד מ...; הָיָה בַּעַל מִשְׁקָל רַב יוֹתֵר מ... (שִׁקּוּלִים וְכַד׳)

outwit /aʊtˈwɪt/ v.t. הֶעֱרִים עַל

outwork /ˈaʊtwɜːk/ n.

1 (outer part of site) עֶמְדַּת חוּץ מִבְצֶרֶת, מִגְנְנֵי שָׂדֶה, בִּצּוּרֵי־שָׂדֶה

2 (work done outside) עֲבוֹדוֹת־חוּץ

outworn /aʊtˈwɔːn/ see **OUTWEAR**

ouzo /ˈuːzəʊ/ n. אוּזוֹ (מַשְׁקֶה אָנִיס אַלְכּוֹהוֹלִי יְוָנִי)

ova /ˈəʊvə/ *pl.* of **ovum**

oval /ˈəʊv(ə)l/ adj. & n. דְּמוּי־בֵּיצָה, סְגַלְגַּל, אֶלִיפְּסִי; חֵפֶץ סְגַלְגַּל

Oval Office (*US*) לִשְׁכַּת־נְשִׂיא אַרְהַ"בּ

Ovaltine /ˈəʊv(ə)ltiːn/ n. (*UK Prop.*) מַשְׁקָה לֶתֶת בְּרִיטִי

ovary /ˈəʊvərɪ/ n. שַׁחֲלָה

ovation /əˈveɪʃ(ə)n/ n. תְּשׁוּאוֹת, מְחִיאוֹת כַּפַּיִם

standing ovation מְחִיאוֹת כַּפַּיִם סוֹעֲרוֹת (כְּשֶׁהַקָּהָל עוֹמֵד עַל רַגְלָיו)

oven /ˈʌv(ə)n/ n. תַּנּוּר

□ *she's got a bun in the oven* (*arch. joc.*) הִיא בְּהֵרָיוֹן

ovenproof /ˈʌv(ə)npruːf/ adj. (כְּלִי בִּשּׁוּל) חֲסִין־אֵשׁ

oven-ready /ˈʌvən-ˈredɪ/ adj. מוּכָן לַאֲפִיָּה, מוּכָן לְבִשּׁוּל

ovenware /ˈʌv(ə)nweə(r)/ n. כְּלֵי־בִּשּׁוּל חֲסִינֵי־אֵשׁ

over /ˈəʊvə(r)/ prep.

1 (above, higher than) מֵעַל, מֵעַל לְ..., מֵעֵבֶר לְ...

over and above מֵעַל וּמֵעֵבֶר לְ...

□ *prayers were said over the grave* תְּפִלּוֹת נֶאֶמְרוּ מֵעַל הַקֶּבֶר

□ *over my dead body!* עַל גּוּפָתִי הַמֵּתָה! "אוֹבֶר מַי דֶּד בּוֹדִי"!

□ *he ruled over a large kingdom* הוּא מָשַׁל עַל מַמְלָכָה גְּדוֹלָה

□ *it was over my head* זֶה הָיָה מְסֻבָּךְ מִדַּי בִּשְׁבִילִי

2 (above, covering) מֵעַל, מֵעַל לְ..., מֵעֵבֶר לְ...

□ *she put the cloth over the jug* הִיא כִּסְּתָה אֶת הַכַּד בְּמַטְלִית, הִיא הֵנִיחָה אֶת הַמַּטְלִית עַל הַכַּד

□ *I can't think what came over me* אֲנִי לֹא יוֹדֵעַ אֵיזוֹ רוּחַ־שְׁטוּת נִכְנְסָה בִּי

3 (on or to the other side of) מֵעֵבֶר לְ...

□ *he escaped over the frontier* הוּא נִמְלַט אֶל מֵעֵבֶר לַגְּבוּל

□ *Mr Jones lives over the way* מַר ג'וֹנְס גָּר מִמּוּל

□ *we should be over the worst very soon* תּוֹךְ זְמַן קָצָר הַגָּרוּעַ מִכֹּל יִהְיֶה מֵאֲחוֹרֵינוּ

4 (down across the edge of) מֵעֵבֶר לְ...

□ *he threw the bottle over the cliff* הוּא הִשְׁלִיךְ אֶת הַבַּקְבּוּק מֵעֵבֶר לַתְּהוֹם

5 (in all parts of) בְּכָל...

□ *there were clothes and papers all over the place* בְּגָדִים וְדַפֵּי־נְיָר הָיוּ זְרוּקִים בְּכָל פִּנָּה

□ *there were strikes all over the country* שְׁבִיתוֹת פָּרְצוּ בְּכָל רַחֲבֵי הַמְּדִינָה

6 (more than) יוֹתֵר מ..., מֵעַל לְ..., מֵעֵבֶר לְ..., לְמַעְלָה מ...

□ *there were over 10,000 demonstrators* הָיוּ שָׁם לְמַעְלָה מ־10,000 מַפְגִּינִים

□ *you have to be over 18 to vote* כְּדֵי לְהַצְבִּיעַ יֵשׁ לִהְיוֹת בֶּן 18 וָמַעְלָה

7 (during, while doing) בְּמֶשֶׁךְ..., בְּמַהֲלַךְ...

□ *it's been raining over the last few days* יָרַד גֶּשֶׁם בְּמַהֲלַךְ הַיָּמִים הָאַחֲרוֹנִים

□ *will you be at home over the holidays?* הַאִם תִּהְיֶה בַּבַּיִת בַּחַגִּים?
□ *let's discuss it over lunch* בּוֹא נְדַבֵּר עַל זֶה בְּמֶשֶׁךְ אֲרוּחַת־צָהֳרַיִם, בּוֹא נְדַסְקֵס אֶת זֶה עַל אֲרוּחַת צָהֳרַיִם

8 (using, via) בְּ...
□ *she laughed at him over the telephone* הִיא צָחֲקָה עָלָיו בַּטֶּלֶפוֹן
□ *the announcement was broadcast over the radio* הַהוֹדָעָה שֻׁדְּרָה בָּרַדְיוֹ

9 (concerning) בַּאֲשֶׁר לְ..., בְּקֶשֶׁר לְ..., בְּנוֹגֵעַ לְ...
□ *we disagreed over several points* הָיִינוּ חֲלוּקִים בְּדֵעוֹתֵינוּ בְּמִסְפַּר נְקֻדּוֹת

—adv.

1 (downwards)
□ *I fell over on the way to work* בַּדֶּרֶךְ לָעֲבוֹדָה נָפַלְתִּי (אַרְצָה)

2 (across, from one point to another)
boil over (תַּבְשִׁיל, חָלָב) גָּלַשׁ
over and out עָבוֹר סוֹף! (בְּשִׁדּוּר אַלְחוּט)
over here כָּאן
over there שָׁם
over to you! תּוֹרְךָ! בַּחֲזָרָה אֵלֶיךָ!
□ *now over to our correspondent in Madrid* וְעַכְשָׁו נַעֲבֹר לְכַתָּבֵנוּ בְּמַדְרִיד
□ *they handed the terrorist over to the police* הֵם הִסְגִּירוּ אֶת הַטֶּרוֹרִיסְט לַמִּשְׁטָרָה

3 (so that another side is shown)
please turn over נָא לַהֲפֹךְ אֶת הַדַּף
□ *the dog rolled over on the carpet* הַכֶּלֶב הִתְגַּלְגֵּל עַל הַשָּׁטִיחַ

4 (more than, too much, remaining)
□ *candidates must be 18 or over* עַל הַמֻּעֲמָדִים לִהְיוֹת בְּגִיל 18 וָמַעְלָה
□ *his over-enthusiasm nearly cost us the deal* הִתְלַהֲבוּת־הַיֶּתֶר שֶׁלּוֹ כִּמְעַט וְגָרְמָה לְכָךְ שֶׁהִפְסַדְנוּ אֶת הָעִסְקָה
□ *we bought the car, but didn't have much left over* רָכַשְׁנוּ אֶת הַמְּכוֹנִית אַךְ לֹא נִשְׁאַר לָנוּ הַרְבֵּה עֹדֶף

5 (so as to be covered, throughout, completely)
cloud over הִתְכַּסָּה בַּעֲנָנִים
□ *he's wet all over* הוּא רָטֹב כֻּלּוֹ
□ *that's John all over!* (*colloq.*) זֶה בְּדִיּוּק ג'וֹן! רַק ג'וֹן מְסֻגָּל לָזֶה!

6 (again)
□ *I told him over and over what would happen* אָמַרְתִּי לוֹ שׁוּב וָשׁוּב מָה יִקְרֶה
□ *I'd like to think it over* הָיִיתִי רוֹצֶה לַחְשֹׁב עַל זֶה
□ *I had to do my homework over* (*US*) הָיִיתִי צָרִיךְ לַחֲזֹר וְלַעֲשׂוֹת אֶת שִׁעוּרֵי הַבַּיִת שֶׁלִּי

—adj. גָּמוּר

over and done with (*colloq.*) סָגוּר, גָּמוּר, נִגְמַר
□ *the party's over* הַחֲגִיגָה נִגְמְרָה

—n. (*Cricket*) סִדְרָה שֶׁל 6-8 זְרִיקוֹת־כַּדּוּר בְּקְרִיקֶט

over- /ˌəʊvə(r)/ pref. (תְּחִלִּית, הַמּוֹפִיעָה לְעִתִּים בְּעִבְרִית כְּסוֹפִית, בְּמַשְׁמָעוּת) ־יֶתֶר, ־עַל

overact /ˌəʊvərˈækt/ v.i. & t. שִׂחֵק (תַּפְקִיד עַל הַבָּמָה) בְּאֹפֶן מֻגְזָם

over-age /ˌəʊvər-ˈeɪdʒ/ adj. מְבֻגָּר מִדַּי (לְמַטָּרָה מְסֻיֶּמֶת)

overage /ˈəʊvərɪdʒ/ n. עֹדֶף, עֳדָפִים

overall /ˌəʊvərˈɔːl/ adj. כּוֹלֵל, מַקִּיף
overall majority רֹב כּוֹלֵל
—adv. /ˌəʊvərˈɔːl/ בְּסַךְ הַכֹּל
—n. /ˈəʊvərɔːl/ מְעִיל עֲבוֹדָה (שֶׁל פּוֹעֵל נִקָּיוֹן, זַבָּן וְכַד׳)

overalls /ˈəʊvərɔːlz/ n. *pl.* (*UK*) סַרְבָּל, "אוֹבֶרוֹל"

overarm /ˈəʊvərɑːm/ adv. & adj. (זְרִיקַת כַּדּוּר) בְּיָד מוּרֶמֶת מֵעַל לַכָּתֵף

overawe /ˌəʊvərˈɔː/ v.t. הֵטִיל מוֹרָא עַל, הִדְהִים אֶת

overbalance /ˌəʊvəˈbæləns/ v.t. & i. אִבֵּד אֶת שִׁוּוּי הַמִּשְׁקָל (וְנָפַל); הֵפֵר אֶת הָאִזּוּן שֶׁל

overbear /ˌəʊvəˈbeə(r)/ (past **overbore** /ˌəʊvəˈbɔː(r)/, past ppl. **overborne** /ˌəʊvəˈbɔːn/) v.t. (*formal*) נָהַג בְּשְׁתַלְּטָנוּת, כָּפָה רְצוֹנוֹ עַל אַחֵר

overbearing /ˌəʊvəˈbeərɪŋ/ adj. שְׁתַלְּטָנִי, כּוֹפֶה רְצוֹנוֹ עַל אַחֵר

overbid /ˌəʊvəˈbɪd/ (past & past ppl. **overbid** /ˌəʊvəˈbɪd/) v.t. & i. הִצִּיעַ מְחִיר גָּבוֹהַּ יוֹתֵר מִ... (בִּמְכִירָה פֻּמְבִּית, בַּעֲסָקִים)

overblown /ˌəʊvəˈbləʊn/ adj. (מַחֲמָאוֹת, אֹפֶן הִתְבַּטְּאוּת) מְנֻפָּח

overboard /ˈəʊvəbɔːd/ adv. (נָפַל) הַיָּמָּה (מִן הַסְּפִינָה)
□ *one of the passengers on the liner fell overboard* אֶחָד מִן הַנּוֹסְעִים בָּאֳנִיָּה נָפַל הַיָּמָּה
□ *man overboard!* מִישֶׁהוּ נָפַל לַמַּיִם! (קְרִיאָה תִּקְנִית שֶׁל יַמָּאִים)
□ *let's not go overboard with these celebrations* (*colloq.*) בּוֹא לֹא נַגְזִים עִם הַחֲגִיגוֹת הָאֵלֶּה

overbook /ˌəʊvəˈbʊk/ v.t. & i. מָכַר יוֹתֵר כַּרְטִיסִים מִכְּפִי שֶׁיֶּשְׁנָם מְקוֹמוֹת (בְּמָלוֹן, בְּתֵיאַטְרוֹן, בְּמָטוֹס וְכַד׳)

overburden /ˌəʊvəˈbɜːd(ə)n/ v.t. הֶעֱמִיס יוֹתֵר מִדַּי עַל, הִכְבִּיד עַל

overcast /ˌəʊvəˈkɑːst/ adj.
1 (cloudy) מְעֻנָּן, מְכֻסֶּה־עֲנָנִים
2 (*Sewing*) תֶּפֶר שׁוּלֵי בֶּגֶד (לִמְנִיעַת פְּרִימָה)

overcharge /ˌəʊvəˈtʃɑːdʒ/ v.t. & i.
1 (charge too high a price) הִפְקִיעַ מְחִיר, לָקַח מְחִיר מֻפְרָז
2 (put too much into) הִטְעִין יֶתֶר עַל הַמִּדָּה

overcoat /ˈəʊvəkəʊt/ n. מְעִיל עֶלְיוֹן

overcome /ˌəʊvəˈkʌm/ (past **overcame** /ˌəʊvəˈkeɪm/, past ppl. **overcome** /ˌəʊvəˈkʌm/) v.t. גָּבַר עַל, הִתְגַּבֵּר עַל, הִכְרִיעַ אֶת, הֵמַם אֶת

□ *she was overcome with shame at what she had done* הִיא בּוֹשָׁה וְנִכְלְמָה עַל מַה שֶּׁעוֹלְלָה

overcompensate /ˌəʊvəˈkɒmpenseɪt/ v.i. כִּסָּה עַל (דְּבַר מָה) בְּכָךְ שֶׁהִגְזִים בְּ... (דְּבַר מָה אַחֵר)

overcook /ˌəʊvəˈkʊk/ v.t. בִּשֵּׁל/הִרְתִּיחַ/צָלָה/טִגֵּן יוֹתֵר מִדַּי

overcrowded /ˌəʊvəˈkraʊdɪd/ adj. צָפוּף מִדַּי (אוֹטוֹבּוּס, עִיר וְכַד׳)

overcrowding /ˌəʊvəˈkraʊdɪŋ/ n. צְפִיפוּת־יֶתֶר

overdevelop /ˌəʊvədɪˈveləp/ v.t. פִּתֵּחַ (סֶרֶט צִלּוּם וְכַד׳) יָתֵר עַל הַמִּדָּה

overdo /ˌəʊvəˈduː/ (past **overdid** /ˌəʊvəˈdɪd/, past ppl. **overdone** /ˌəʊvəˈdʌn/) v.t. הִגְזִים, הִפְרִיז; בִּשֵּׁל יוֹתֵר מִדַּי

overdose /ˈəʊvədəʊs/ n. מְנַת־יֶתֶר, מָנָה מֻפְרֶזֶת, ״אוֹבֶרְדוֹז״

□ *she died of an overdose* הִיא מֵתָה מִנְּטִילַת מְנַת־יֶתֶר (שֶׁל סַמִּים, כַּדּוּרִים וְכַד׳)

overdraft /ˈəʊvədrɑːft/ n. מְשִׁיכַת־יֶתֶר, ״אוֹבֶרְדְרַפְט״

overdraw /ˌəʊvəˈdrɔː/ (past **overdrew** /ˌəʊvəˈdruː/, past ppl. **overdrawn** /ˌəʊvəˈdrɔːn/) v.t. מָשַׁךְ מְשִׁיכַת־יֶתֶר (מֵחֶשְׁבּוֹנוֹ בַּבַּנְק)

□ *I'm £1000 overdrawn* חֶשְׁבּוֹנִי בְּחוֹבָה שֶׁל 1000 לי״שט

overdress /ˌəʊvəˈdres/ v.t. & i. הִתְלַבֵּשׁ בְּאֹפֶן פוֹרְמָלִי מִדַּי (בְּיַחַס לָאֵרוּעַ); לָבוּשׁ בִּגְנְדְּרָנוּת

overdrive /ˈəʊvədraɪv/ n. הִלּוּךְ־יֶתֶר, ״אוֹבֶרְדְרַיְב״ (בִּמְכוֹנִית)

go into overdrive (*fig.*) ״עָבַר לְהִלּוּךְ גָּבוֹהַּ״ (כְּלוֹמַר הֵחֵל לִפְעֹל בְּמֶרֶץ רַב)

overdue /ˌəʊvəˈdjuː/ adj. שֶׁעָבַר זְמַן פֵּרָעוֹנוֹ; שֶׁאֵחַר, שֶׁלֹּא הִגִּיעַ בִּזְמַן (מָטוֹס, רַכֶּבֶת וְכַד׳); זָקוּק לְ... (נִקּוּי, טִפּוּל וְכַד׳)

overestimate /ˌəʊvəˈrestɪmeɪt/ v.t. הֶעֱרִיךְ יוֹתֵר מִדַּי אֶת, הֶעֱרִיךְ בְּאֹפֶן מֻגְזָם אֶת

—n. /ˌəʊvəˈrestɪmət/ הַעֲרָכָה גְּבוֹהָה מִדַּי (שֶׁל עֵרֶךְ, מְחִיר וְכַד׳)

overexertion /ˌəʊvərɪgˈzɜːʃ(ə)n/ n. מַאֲמָץ־יֶתֶר (נַפְשִׁי אוֹ גּוּפָנִי)

over-expose /ˌəʊvər-ɪkˈspəʊz/ v.t. חָשַׂף יָתֵר עַל הַמִּדָּה

□ *the film was over-exposed* סֶרֶט־הַצִּלּוּם נֶחְשַׂף יָתֵר עַל הַמִּדָּה

over-exposure /ˌəʊvər-ɪkˈspəʊʒə(r)/ n. חֲשִׂיפַת־יֶתֶר (בְּצִלּוּם)

overflow /ˌəʊvəˈfləʊ/ v.t. & i. עָלָה עַל גְּדוֹתָיו, עָבַר עַל גְּדוֹתָיו, גָּלַשׁ; גָּלַשׁ מֵעֵבֶר לְ...

□ *the jug was full to overflowing* הַכַּד הָיָה מָלֵא עַד שְׂפָתָיו

□ *she's overflowing with kindness* הִיא שׁוֹפַעַת טוּב־לֵב

—n. /ˈəʊvəfləʊ/ צִנּוֹר מוֹצָא לְעֹדֶף נוֹזְלִים (בְּמִכָל)

overgrown /ˌəʊvəˈgrəʊn/ adj. מְכֻסֶּה עִשְׂבֵי־בָּר; מְגֻדָּל

overhand /ˈəʊvəhænd/ adj. (כַּדּוּר) הַנִּזְרָק מֵעַל לַכָּתֵף

overhang /ˌəʊvəˈhæŋ/ (past & past ppl. **overhung** /ˌəʊvəˈhʌŋ/) v.t. & i. הִתְנַשֵּׂא מֵעַל, בָּלַט מֵעַל (צוּק וְכַד׳)

—n. /ˈəʊvəhæŋ/ צוּק מִתְנַשֵּׂא (מֵעַל דֹּפֶן הַר)

overhaul /ˌəʊvəˈhɔːl/ v.t.

1 (examine thoroughly, repair) עָרַךְ שִׁפּוּץ כְּלָלִי לְ... (מְכוֹנִית וְכַד׳), עָרַךְ בֶּדֶק, עָשָׂה ״אוֹבֶרְהוֹל״

2 (overtake) הִשִּׂיג וְעָבַר, חָלַף עַל פְּנֵי

—n. /ˈəʊvəhɔːl/ שִׁפּוּץ כְּלָלִי, בֶּדֶק, ״אוֹבֶרְהוֹל״

overhead /ˌəʊvəˈhed/ adv. שֶׁמֵּעַל לָרֹאשׁ, עִלִּי

—adj. /ˈəʊvəhed/ שֶׁמֵּעַל לָרֹאשׁ, עִלִּי

overhead projector מְטוֹל שְׁקָפִים

overheads /ˈəʊvəhedz/ n.pl. הוֹצָאוֹת שׁוֹטְפוֹת (בְּעֵסֶק), הוֹצָאוֹת כְּלָלִיּוֹת

overhear /ˌəʊvəˈhɪə(r)/ (past & past ppl. **overheard** /ˌəʊvəˈhɜːd/) v.t. שָׁמַע בְּמִקְרֶה, שָׁמַע שֶׁלֹּא בְּמִתְכַּוֵּן

overheat /ˌəʊvəˈhiːt/ v.i. & t. הִתְחַמֵּם יָתֵר עַל הַמִּדָּה (מָנוֹעַ וְכַד׳); חִמֵּם יָתֵר עַל הַמִּדָּה

overjoyed /ˌəʊvəˈdʒɔɪd/ adj. מְאֻשָּׁר מְאֹד

overkill /ˈəʊvəkɪl/ n. הַגְזָמָה; כֹּשֶׁר הַשְׁמָדָה מֵעֵבֶר לַנִּדְרָשׁ (שֶׁל נֶשֶׁק)

overlaid /əʊvəˈleɪd/ see **OVERLAY**

overland /ˈəʊvəlænd/ adj. יַבַּשְׁתִּי, בְּדֶרֶךְ הַיַּבָּשָׁה

overlap /ˌəʊvəˈlæp/ v.t. & i. חָפַף (אַךְ לֹא בַּמּוּבָן הַטֶּכְנִי בְּהַנְדָּסָה)

□ *our periods of duty overlapped* שְׁעוֹת־הָעֲבוֹדָה שֶׁלָּנוּ חָפְפוּ חֶלְקִית

—n. /ˈəʊvəlæp/ חֲפִיפָה חֶלְקִית

overlay /ˌəʊvəˈlei/ (past & past ppl. **overlaid** /ˌəʊvəˈleɪd/) v.t. צִפָּה, כִּסָּה (חֹמֶר אֶחָד בְּחֹמֶר אַחֵר); כִּסָּה (עַל הִתְנַהֲגוּת וְכַד׳) בְּ...

—n. /ˈəʊvəleɪ/ צִפּוּי, כִּסּוּי

overleaf /ˌəʊvəˈliːf/ adv. מֵעֵבֶר לַדַּף

overload /ˌəʊvəˈləʊd/ v.t. הֶעֱמִיס יָתֵר עַל הַמִּדָּה עַל

—n. /ˈəʊvələʊd/ עֹמֶס־יֶתֶר, מִטְעַן־יֶתֶר

overlook /ˌəʊvəˈlʊk/ v.t.

1 (look down or out on) נִשְׁקַף עַל, נִשְׁקַף אֶל עֵבֶר

2 (fail to observe; tolerate) לֹא הִבְחִין, הִתְעַלֵּם (שֶׁלֹּא בְּכַוָּנָה) מִ...; הֶעֱלִים עַיִן מִ...

3 (supervise) הִשְׁגִּיחַ עַל, פִּקַּח עַל

overlord /ˈəʊvəlɔːd/ n. שַׁלִּיט פֵיאוֹדָלִי (הַמּוֹשֵׁל עַל שַׁלִּיטִים אֲחֵרִים)

overly /ˈəʊvəlɪ/ adv. בְּמִדָּה מֻפְלֶגֶת

overman /ˌəʊvəˈmæn/ v.t. אִיֵּשׁ יָתֵר עַל הַמִּדָּה אֶת

overmuch /ˌəʊvəˈmʌtʃ/ adj. & adv. יוֹתֵר מִדַּי, יָתֵר עַל הַמִּדָּה

overnight /ˌəʊvəˈnaɪt/ adv. (נִשְׁאַר) בְּמֶשֶׁךְ הַלַּיְלָה; בִּן־לַיְלָה

—adj. /ˈəʊvənaɪt/ לְלַיְלָה אֶחָד, לַלַּיְלָה

overnight bag תִּיק/מִזְוָדָה קְטַנָּה

overnight stop חֲנִיַּת לַיְלָה

—v.i. /ˈəʊvənaɪt/ עָרַךְ חֲנִיַּת לַיְלָה

overpaid /ˌəʊvəˈpeɪd/ see **OVERPAY**

overpass /ˈəʊvəpɑːs/ n. (*US*) מֶחְלָף עִלִּי

overpay /ˌəʊvəˈpeɪ/ (past & past pl. **overpaid** /ˌəʊvəˈpeɪd/) v.t. שִׁלֵּם יוֹתֵר מִדַּי (לָרֹב מַשְׂכֹּרֶת)

overplay /ˌəʊvəˈpleɪ/ v.t. יָצַר דִּמּוּי מֻגְזָם שֶׁל, נוֹפֵף בְּ...

□ *the opposition overplayed its hand* הָאוֹפּוֹזִיצְיָה פִּזְּרָה יוֹתֵר הַבְטָחוֹת מִכְּפִי שֶׁהָיָה בְּיָדָהּ לְקַיֵּם

overpower /ˌəʊvəˈpaʊə(r)/ v.t. הִתְגַּבֵּר עַל, גָּבַר עַל

□ *there was an overpowering smell of decay in the room* רֵיחַ עַז שֶׁל רִקָּבוֹן אָפַף אֶת הַחֶדֶר

overpriced /ˌəʊvəpraɪst/ adj. יָקָר מִדַּי, יָקָר־בְּלִי־סִבָּה

overprint /ˌəʊvəˈprɪnt/ v.t. הִדְפִּיס עַל דַּף מֻדְפָּס; הִדְפִּיס יוֹתֵר מִדַּי עֳתָקִים

—n. /ˈəʊvəprɪnt/ הַדְפָּסָה עַל גַּבֵּי נְיָר מֻדְפָּס

over-produce /ˌəʊvə-prəˈdjuːs/ v.t. יִצֵּר בְּכַמֻּיּוֹת גְּדוֹלוֹת מִדַּי

overproduction /ˌəʊvəprəˈdʌkʃ(ə)n/ n. יִצּוּר־יֶתֶר

overqualified /ˌəʊvəˈkwɒlɪfaɪd/ adj. בַּעַל כִּשּׁוּרֵי־יֶתֶר

overrate /ˌəʊvəˈreɪt/ v.t. הִפְרִיז בְּעֶרְכּוֹ שֶׁל, הֶעֱרִיךְ יוֹתֵר מִדַּי אֶת

□ *I think Haydn's music is much overrated* לְדַעְתִּי הַמּוּזִיקָה שֶׁל הַיְדְן זוֹכָה לְהַעֲרָכָה מֻפְרֶזֶת

overreach /ˌəʊvəˈriːtʃ/ v.t. נָטַל עַל עַצְמוֹ דָּבָר מַה שֶּׁהוּא מֵעֵבֶר לְכֹחוֹתָיו

□ *in trying to write a tragedy this writer has overreached himself* בְּנַסְיוֹנוֹ לְחַבֵּר טְרָגֶדְיָה נָטַל עַל עַצְמוֹ סוֹפֵר זֶה מְשִׂימָה שֶׁהִיא לְמַעְלָה מִכֹּחוֹתָיו

over-react /ˌəʊvə-rɪˈækt/ v.i. הֵגִיב תְּגוּבָה מֻפְרֶזֶת

over-reaction /ˌəʊvə-rɪˈækʃ(ə)n/ n. תְּגוּבָה מֻפְרֶזֶת

override /ˌəʊvəˈraɪd/ (past **overrode** /ˌəʊvəˈrəʊd/, past ppl. **overridden** /ˌəʊvəˈrɪd(ə)n/) v.t. בִּטֵּל תָּקְפּוֹ שֶׁל (צַו קוֹדֵם וְכַד'), הִכְרִיעַ אֶת הַכַּף, פָּעַל תּוֹךְ הִתְעַלְּמוּת מִ... (הַצָּעָה, פְּקֻדָּה וְכַד')

□ *cost is the overriding consideration* הַמְּחִיר הוּא הַשִּׁקּוּל הַמַּכְרִיעַ

over-ripe /ˌəʊvə-ˈraɪp/ adj. בָּשֵׁל יוֹתֵר מִדַּי (וּמַתְחִיל לְהֵרָקֵב)

overrule /ˌəʊvəˈruːl/ v.t. הִפְרִיךְ, סָתַר, דָּחָה (הַחְלָטָה וְכַד', בְּתֹקֶף סַמְכוּת)

overrun /ˌəʊvəˈrʌn/ (past **overran** /ˌəʊvəˈræn/, past ppl. **overrun** /ˌəʊvəˈrʌn/) v.t. פָּשַׁט עַל... בַּהֲמוֹנָיו

—v.i. עָבַר אֶת הַזְּמַן הַקָּצוּב לוֹ

overseas /ˌəʊvəˈsiːz/ adj. & adv. ־חוּץ, זָר; מֵעֵבֶר/אֶל מֵעֵבֶר לַיָּם, בְּ/לְחוּץ לָאָרֶץ

oversee /ˌəʊvəˈsiː/ (past **oversaw** /ˌəʊvəˈsɔː/, past ppl. **overseen** /ˌəʊvəˈsiːn/) v.t. הִשְׁגִּיחַ עַל; פִּקֵּחַ עַל

oversell /ˌəʊvəˈsel/ (past & past ppl. **oversold** /ˌəʊvəˈsəʊld/) v.t. הִפְרִיז בְּשִׁבְחָיו שֶׁל

overseer /ˈəʊvəsɪə(r)/ n. מַשְׁגִּיחַ, מְפַקֵּחַ, מְנַהֵל־עֲבוֹדָה

oversew /ˈəʊvəˌsəʊ/ (past ppl. **oversewn** /ˌəʊvəˈsəʊn/) v.t. תָּפַר שׁוּלַיִם לִמְנִיעַת פְּרִימָה

oversexed /ˌəʊvəˈsekst/ adj. בַּעַל תַּאֲוַת־מִין מֻפְרֶזֶת

overshadow /ˌəʊvəˈʃædəʊ/ v.t. הֶעֱמִיד בַּצֵּל אֶת, הֶאֱפִיל עַל, הֵעִיב עַל

□ *the holiday was overshadowed by my mother's illness* מַחֲלָתָהּ שֶׁל אִמִּי הֶאֱפִילָה עַל הַחֻפְשָׁה

overshoe /ˈəʊvəʃuː/ n. עַרְדָּל

overshoot /ˌəʊvəˈʃuːt/ (past & past ppl. **overshot** /ˌəʊvəˈʃɒt/) v.t. & i. חָלַף מֵעֵבֶר (לַמַּטָּרָה וְכַד'), הֶחֱטִיא

□ *the plane overshot the runway* הַמָּטוֹס הֶחֱטִיא אֶת הַמַּסְלוּל וְחָלַף עַל פָּנָיו

oversight /ˈəʊvəsaɪt/ n. טָעוּת מִתּוֹךְ הֶסַּח הַדַּעַת, מֶחְדָּל; פִּקּוּחַ, הַשְׁגָּחָה

oversimplify /ˌəʊvəˈsɪmplɪfaɪ/ v.t. פִּשֵּׁט יוֹתֵר־מִדַּי

oversleep /ˌəʊvəˈsliːp/ (past & past ppl. **overslept** /ˌəʊvəˈslept/) v.i. הִתְעוֹרֵר מְאֻחָר, יָשַׁן זְמַן רַב מִדַּי

overspend /ˌəʊvəˈspend/ (past & past ppl. **overspent** /ˌəʊvəˈspent/) v.t. & i. בִּזְבֵּז יוֹתֵר מִ... (סְכוּם מְסֻיָּם); עָבַר אֶת הַתַּקְצִיב, בִּזְבֵּז יוֹתֵר מִן הַתַּקְצִיב

overspill /ˈəʊvəspɪl/ n. אֻכְלוּסִיָּה הַנִּדְחֶקֶת מִמֶּרְכַּז הָעִיר לַפַּרְבָרִים בְּשֶׁל חֹסֶר מָקוֹם

overspread /ˌəʊvəˈspred/ (past & past ppl. **overspread** /ˌəʊvəˈspred/) v.t. כִּסָּה עַל, כִּסָּה אֶת

overstate /ˌəʊvəˈsteɪt/ v.t. נִסַּח בְּאֹפֶן מֻגְזָם

overstatement /ˌəʊvəˈsteɪtmənt/ n. הַגְזָמָה, הַפְרָזָה בְּהִתְבַּטְּאוּת

overstay /ˌəʊvəˈsteɪ/ v.t. נִשְׁאַר מֵעֵבֶר לַזְּמַן הָרָאוּי/הָרָצוּי/הַנָּתוּן

overstep /ˌəʊvəˈstep/ v.t. (בְּהַשְׁאָלָה) חָרַג מִגְּבוּל..., הִרְחִיק לֶכֶת מִ...

□ *he overstepped the mark* הוּא חָרַג מִן הַמֻּתָּר

overstock /ˌəʊvəˈstɒk/ v.t. הֶחֱזִיק מְלַאי (שֶׁל סְחוֹרָה) גָּדוֹל מִן הַדָּרוּשׁ

overstrung /ˌəʊvəˈstrʌŋ/ adj.

1 (too sensitive, nervous) מָתוּחַ מְאֹד, עַצְבָּנִי

2 (of upright piano) (פְּסַנְתֵּר זָקוּף) בַּעַל סְדָרוֹת מֵיתָרִים אֲלַכְסוֹנִיּוֹת

oversubscribed /ˌəʊvəsəbˈskraɪbd/ adj. (הַנְפָּקָה) שֶׁהַבִּקּוּשׁ לָהּ עָלָה עַל הַהֶצֵּעַ

overt /ˈəʊvɜːt/ adj. (*formal*) גָּלוּי

overtake /ˌəʊvəˈteɪk/ (past **overtook** /ˌəʊvəˈtʊk/, past ppl. **overtaken** /ˌəʊvəˈteɪkən/) v.t.
1 (catch up and pass) הִשִּׂיג וְעָבַר אֶת, עָקַף אֶת
2 (come suddenly upon) נָחַת עַל
□ *disaster overtook them* אָסוֹן נָפַל עֲלֵיהֶם בַּחֲטָף

overtax /ˌəʊvəˈtɑks/ v.t.
1 (tax too heavily) הִטִּיל מִסִּים כְּבֵדִים מִדַּי עַל
2 (strain) הִטִּיל מַעֲמָסָה כְּבֵדָה מִדַּי עַל, אִמֵּץ יוֹתֵר מִדַּי אֶת
□ *he overtaxed his heart* הוּא אִמֵּץ אֶת שְׁרִירֵי לִבּוֹ יוֹתֵר מִדַּי

over-the-counter /əʊvə-ðə-kaʊnte(r)/ adv. & adj. (אִגְּרוֹת-חוֹב) לֹא נִסְחָרוֹת בְּשׁוּק הַמְּנָיוֹת; (תְּרוּפָה) לְלֹא-מִרְשָׁם

over-the-top /əʊvə-ðə-ˈtɒp/ adj. (*colloq.*) מֻגְזָם, מֻפְרָז

overthrow /ˌəʊvəˈθrəʊ/ past **overthrew** (/ˌəʊvəˈθruː/, past ppl. **overthrown** /ˌəʊvəˈθrəʊn/) v.t. הִפִּיל (שִׁלְטוֹן, בְּהַפֵּכָה); הֵבִיס; הִשְׁתַּחְרֵר מִ..., הִתְנַעֵר מִ... (מִנְהָגִים קוֹדְמִים וְכַד')
—n. /ˈəʊvəθrəʊ/ הַפָּלָה (שֶׁל מִשְׁטָר)

overtime /ˈəʊvətaɪm/ adv. & n. שְׁעוֹת-נוֹסָפוֹת (בַּעֲבוֹדָה)

overtly /əʊˈvɜːtlɪ/ adv. (*formal*) בְּגָלוּי, בְּפַרְהֶסְיָה

overtone /ˈəʊvətəʊn/ n.
1 (subtle extra quality) נִימַת לְוַאי, צְלִיל לְוַאי
□ *his speech had revolutionary overtones* בִּנְאוּמוֹ נִשְׁמְעוּ נִימוֹת לְוַאי מַהְפְּכָנִיּוֹת
2 (*Mus.*) צְלִיל עִלִּי, טוֹן עִלִּי

overtop /ˌəʊvəˈtɒp/ v.t. (*formal*) עָלָה עַל (בִּיכָלְתּוֹ, בְּאֵיכוּתוֹ וְכַד')

overtrump /ˌəʊvəˈtrʌmp/ v.t. & i. הִשִּׂיג "טְרַמְפּ", (בְּמִשְׂחַק קְלָפִים) עִם "טְרַמְפּ" בַּעַל עֵרֶךְ גָּבוֹהַּ יוֹתֵר

overture /ˈəʊvətjʊə(r)/ n.
1 (*Mus.*) פְּתִיחָה, אוֹבֶרְטוּרָה (קֶטַע פְּתִיחָה לִיצִירָה מוּזִיקָלִית אֲרֻכָּה)
2 (start of negotiations) גִּשּׁוּשִׁים, מַגָּעֵי פְּתִיחָה
make overtures גִּשֵּׁשׁ, קִיֵּם מַגָּעֵי פְּתִיחָה

overturn /ˌəʊvəˈtɜːn/ v.t. & i. הָפַךְ; הִתְהַפֵּךְ

overview /ˈəʊvəvjuː/ n. מַבָּט-עַל, מַבָּט-כּוֹלֵל

overweening /ˌəʊvəˈwiːnɪŋ/ adj. (*formal*) מִתְנַשֵּׂא, יָהִיר, גְּבַהּ-לֵב

overweight /ˌəʊvəˈweɪt/ adj. שׁוֹקֵל יוֹתֵר מִדַּי, שָׁמֵן
—n. מִשְׁקָל-עוֹדֵף (שֶׁל מִטְעָן וְכַד')

overwhelm /ˌəʊvəˈwelm/ v.t. הִכְנִיעַ, הִכְרִיעַ; הָמַם, הִדְהִים; כִּסָּה לַחֲלוּטִין, הֵצִיף
□ *she was quite overwhelmed with joy* הִיא לֹא יָדְעָה אֶת נַפְשָׁהּ מֵרֹב שִׂמְחָה

overwhelmingly /ˌəʊvəˈwelmɪŋlɪ/ adv. בְּמִדָּה מַכְרַעַת
□ *the students came overwhelmingly from the middle class* הַסְּטוּדֶנְטִים בָּאוּ רֻבָּם כְּכֻלָּם מִן הַמַּעֲמָד הַבֵּינוֹנִי

overwind /ˌəʊvəˈwaɪnd/ (past & past ppl. **overwound** /ˌəʊvəˈwaʊnd/) v.t. מָתַח (שָׁעוֹן) מֵעֵבֶר לַמִּדָּה

overwinter /ˌəʊvəˈwɪntə(r)/ v.i. חָרַף בְּ..., בִּלָּה אֶת הַחֹרֶף בְּ...

overwork /ˌəʊvəˈwɜːk/ v.t. & i. הֶעֱבִיד קָשֶׁה מִדַּי; עָבַד קָשֶׁה מִדַּי
—n. /ˈəʊvəwɜːk/ עֲבוֹדַת-יֶתֶר (הַגּוֹרֶמֶת תְּשִׁישׁוּת)

overwrite /ˌəʊvəˈraɪt/ (past **overwrote** /ˌəʊvəˈrəʊt/, past ppl., **overwritten** /ˌəʊvəˈrɪt(ə)n/) v.t. (בְּמַחְשְׁבִים) כָּתַב וּמָחַק אֶת הַמֵּידָע הַקּוֹדֵם

overwrought /ˌəʊvəˈrɔːt/ adj. נִרְגָּשׁ, מָתוּחַ

oviduct /ˈəʊvɪdʌkt/ n. (*Zool.*) צִנּוֹר-הַשְׁחָלָה (בְּבַעֲלֵי חַיִּים)

oviform /ˈəʊvɪfɔːm/ adj. (*formal*) סְגַלְגַּל, בַּעַל צוּרַת-בֵּיצָה

ovine /ˈəʊvaɪn/ adj. (*formal*) שֶׁל כְּבָשִׂים, דְּמוּי כֶּבֶשׂ

oviparous /əʊˈvɪpərəs/ adj. (*Zool.*) מֵטִיל-בֵּיצִים

ovoid /ˈəvɔɪd/ n. & adj. עֶצֶם דְּמוּי-בֵּיצָה; דְּמוּי בֵּיצָה, בֵּיצִי

ovulate /ˈɒvjʊleɪt/ v.i. בִּיֵּץ

ovulation /ˌɒvjʊˈleɪʃ(ə)n/ n. בִּיּוּץ

ovum /ˈəʊvəm/ n. (*pl.* **ova**) בֵּיצִית (תָּא מִין)

ow /əʊ/ int. "אַי" (קְרִיאַת כְּאֵב פִּתְאֹמִית)

owe /əʊ/ v.t. & i. הָיָה חַיָּב, חָב
□ *I owe you for that last drink* אֲנִי חַיָּב לְךָ עֲבוּר הַמַּשְׁקֶה הַהוּא
□ *he owes his success to his good luck* הוּא חַיָּב אֶת-הַצְלָחָתוֹ לְמַזָּלוֹ הַטּוֹב

owing /ˈəʊɪŋ/ adj. (הַסְּכוּם) הַמַּגִּיעַ מֵחוֹב
□ *he's paid all that was owing* הוּא שִׁלֵּם אֶת כָּל הַמַּגִּיעַ
owing to מִפְּנֵי, בְּשֶׁל, בִּגְלַל, מִפְּאַת, מֵחֲמַת
□ *the concert is cancelled owing to illness* הַקּוֹנְצֶרְט מְבֻטָּל בְּשֶׁל מַחֲלָה

owl /aʊl/ n. יַנְשׁוּף

owlish /ˈaʊlɪʃ/ adj. (אָדָם) בַּעַל פָּנִים דְּמוּיֵי-יַנְשׁוּף; בַּעַל גִּנּוּנִים לַמְדָנִיִּים

own /əʊn/ adj. & n. מִשֶּׁלּוֹ, שֶׁלּוֹ, שֶׁלּוֹ עַצְמוֹ
□ *she has a charm all of her own* (or *which is all her own*) יֵשׁ לָהּ חֵן מְיֻחָד מִשֶּׁלָּהּ
□ *I saw the explosion with my own eyes* רָאִיתִי אֶת הַהִתְפּוֹצְצוּת בְּמוֹ עֵינַי
□ *he's his own master* הוּא אֲדוֹן לְעַצְמוֹ
□ *he did it of his own free will* הוּא עָשָׂה זֹאת מֵרְצוֹנוֹ הַחָפְשִׁי
□ *I'll get my own back on you* אֲנִי עוֹד אֶנְקֹם בְּךָ
□ *is that pen your own?* הַאִם הָעֵט הַזֶּה שַׁיָּךְ לְךָ?
□ *it's all my own work* כָּל זֹאת עָשִׂיתִי בְּמוֹ יָדַי
□ *she's (all) on her own* הִיא (שְׁרוּיָה) לְבַדָּהּ, אֵין לָהּ אַף אֶחָד

□ *he came into his own with the publication of his third novel* הוא זָכָה לַהַכָּרָה הָרְאוּיָה לוֹ עִם פִּרְסוּם הָרוֹמָן הַשְּׁלִישִׁי שֶׁלּוֹ

□ *this car can hold its own against all comers* מְכוֹנִית זוֹ מְסֻגֶּלֶת לְהִתְמוֹדֵד בְּהַצְלָחָה עִם כָּל מִתְחָרוֹתֶיהָ

□ *he's a man after my own heart* הוּא אָדָם כִּלְבָבִי

—v.t.

1 (possess) הָיָה בַּעַל (נֶכֶס), הָיָה לוֹ..., הֶחֱזִיק בִּבְעָלוּתוֹ (דְּבַר מָה)

2 (acknowledge, *formal*) הוֹדָה שֶׁ..., הוֹדָה בְּ..., נָטַל עַל עַצְמוֹ אַחֲרָיוּת לְ...

□ *I own my part in the crime* אֲנִי מוֹדֶה בְּחֶלְקִי בַּפֶּשַׁע

—v.i.

own up הוֹדָה שֶׁ..., הוֹדָה בְּ...

□ *he owned up to having broken the window* הוּא הוֹדָה שֶׁשָּׁבַר אֶת הַחַלּוֹן

owner /ˈəʊnə(r)/ n. בְּעָלִים (בְּרַבִּים, גַּם לְצִיּוּן הַיָּחִיד), בַּעַל (נֶכֶס)

□ *who is the owner of this car?* מִי הוּא בַּעַל הַמְּכוֹנִית הַזּוֹ? מִי הֵם הַבְּעָלִים שֶׁל הַמְּכוֹנִית הַזּוֹ?

owner-driver /ˌəʊnə-ˈdraɪvə(r)/ n. נֶהָג שֶׁהוּא גַּם הַבְּעָלִים שֶׁל הַמְּכוֹנִית

owner-occupier /ˌəʊnər-ˈɒkjʊpaɪə(r)/ n. בַּעַל-בַּיִת הַמִּתְגּוֹרֵר בְּדִירָתוֹ שֶׁלּוֹ

ownership /ˈəʊnəʃɪp/ n. בַּעֲלוּת

ox /ɒks/ n. (*pl.* **oxen**) שׁוֹר (פַּר מְסֹרָס)

oxbow lake /ˌɒksbəʊ ˈleɪk/ n. (*Geog.*) אֲגַם-פַּרְסָה (שֶׁנּוֹצַר כְּתוֹצָאָה מִפִּתּוּלֵי נָהָר)

Oxbridge /ˈɒksbrɪdʒ/ n. "אוֹקְסְבְּרִידְג'" (כִּנּוּי לְאוּנִיבֶרְסִיטָאוֹת אוֹקְסְפוֹרְד וְקֵימְבְּרִידְג' בְּנִגּוּד לְאוּנִיבֶרְסִיטָאוֹת בְּרִיטִיּוֹת אֲחֵרוֹת)

oxen /ˈɒks(ə)n/ *pl.* of **ox**

oxidation /ˌɒksɪˈdeɪʃ(ə)n/ n. חִמְצוּן, הִתְחַמְצְנוּת

oxide /ˈɒksaɪd/ n. תַּחְמֹצֶת

oxidization /ˌɒksɪdaɪˈzeɪʃ(ə)n/ n. חִמְצוּן, הִתְחַמְצְנוּת

oxidize /ˈɒksɪdaɪz/ v.t. & i. חִמְצֵן; צִפָּה בְּתַחְמֹצֶת; הִתְחַמְצֵן; הֶחֱלִיד

Oxo /ˈɒksəʊ/ n. (*Prop.*) מֵעֵין קֻבִּיַּת-מָרָק (בְּרִיטִית)

oxtail /ˈɒksteɪl/ n. זְנַב שׁוֹר (בְּיִחוּד הַמְשַׁמֵּשׁ לְבִשּׁוּל)

oxtail soup מְרַק זְנַב-שׁוֹר

oxy-acetylene /ˌɒksɪ-əˈsetəliːn/ n. אוֹקְסִיאָצֶטִילִין (תַּעֲרֹבֶת חַמְצָן וַאֲצֶטִילִין לְרִתּוּךְ)

oxygen /ˈɒksɪdʒ(ə)n/ n. חַמְצָן

oxygen mask מַסֵּכַת-חַמְצָן

oxygen tent אֹהֶל-חַמְצָן

oxygenate /ˈɒksɪdʒəˌneɪt/ v.t. חִמְצֵן, הוֹסִיף חַמְצָן לְ... (בְּעִקָּר דָּם)

oxymoron /ˌɒksɪˈmɔːrɒn/ n. (*Gram.*) אוֹקְסִימוֹרוֹן (צֵרוּף שֶׁל הֲפָכִים, לְמָשָׁל "קָרוֹב-רָחוֹק")

oy vey /ɔɪ ˈveɪ/ int. "אוֹי-וֵי" (קְרִיאָה לְהַבָּעַת צַעַר)

oyez /əʊˈjez/ int. (*arch.*) הַאֲזִינוּ! (קְרִיאַת הַכָּרוֹז)

oyster /ˈɔɪstə(r)/ n. צִדְפָּה

oyster-pink וֹרֹד-פְּנִינָה (בַּעַל אֵיכוּת פְּנִינִית)

□ *the world is her oyster* הַכֹּל מֻנָּח לְפָנֶיהָ עַל מַגָּשׁ שֶׁל כֶּסֶף

oyster-bed /ˈɔɪstə-bed/ n. חֶלְקָה תַּת-מֵימִית לְגִדּוּל צְדָפוֹת

oyster-catcher /ˈɔɪstə-kætʃə(r)/ n. שׁוֹלֵה-צְדָפוֹת (עוֹף יַמִּי)

Oz /ɒz/ n. (*Austral. sl.*) אוֹסְטְרַלְיָה

ozone /ˈəʊzəʊn/ n. אוֹזוֹן (אַחַת מִצּוּרוֹת הַחַמְצָן)

ozone layer שִׁכְבַת הָאוֹזוֹן (הַמְגִנָּה עַל כַּדּוּר הָאָרֶץ מִפְּנֵי קְרִינָה אוּלְטְרָה סְגֻלָּה)

ozone friendly שֶׁאֵינוֹ מַזִּיק לְשִׁכְבַת הָאוֹזוֹן (תָּוִית עַל גַּבֵּי מִכְלֵי תַּרְסִיס וְכַד')

P p

P, p /piː/ n.
1 (letter) "פִּי" (הָאוֹת הַשֵּׁשׁ־עֶשְׂרֵה בָּאָלֶפְבֵּית הָאַנְגְּלִי)
□ *you'll have to mind* (or *watch*) *your P's & Q's there* (*colloq.*) תִּצְטָרֵךְ לְהִתְנַהֵג שָׁם יָפֶה
2 (penny, pence) "פִּי" (קִצּוּר שֶׁל פֶּנִי, הַמַּטְבֵּעַ הָאַנְגְּלִי)
p abbrev. עַמ' (בְּהַפְנָיוֹת לְמַרְאֵה מָקוֹם וְכַד')
pa /pɑː/ n. (*colloq.*) אַבָּא
PA /ˌpiː ˈeɪ/ n.
1 (personal assistant) עוֹזֵר אִישִׁי
2 (public address) מַעֲרֶכֶת הַגְבָּרַת־קוֹל, מַעֲרֶכֶת כְּרִיזָה פְּנִימִית

pace[1] /peɪs/ n.
1 (single step; this distance) צַעַד, פְּסִיעָה
2 (rate of progress) קֶצֶב־הִתְקַדְּמוּת
□ *the first runner set the pace* הָרָץ הָרִאשׁוֹן הִכְתִּיב אֶת הַקֶּצֶב
□ *he can't keep pace with the new developments* הוּא לֹא מַצְלִיחַ לְהִסְתַּגֵּל לַהִתְפַּתְּחֻיּוֹת הַחֲדָשׁוֹת
3 (way of walking or running) אֹפֶן הֲלִיכָה, אֹפֶן רִיצָה
□ *they put the recruit through his paces* הֵם בָּחֲנוּ אֶת יְכָלְתּוֹ שֶׁל הַטִּירוֹן
—v.t. & i.
1 (measure by walking; walk regularly) מָדַד בִּצְעָדִים; פָּסַע, צָעַד בְּצַעַד מָדוּד
□ *they paced out the length of the platform* הֵם מָדְדוּ אֶת אֹרֶךְ הָרָצִיף בִּצְעָדִים
□ *he paced up and down* הוּא הִתְהַלֵּךְ הֵנָּה וָהֵנָּה
2 (set pace for, *Sports*) קָבַע אֶת הַקֶּצֶב (עֲבוּר רָץ בְּאִמּוּן וְכַד')
pace[2] /peɪsɪ/ prep. עִם כָּל הַכָּבוֹד לְ... (נֶאֱמַר בְּחֹסֶר הַסְכָּמָה מְנֻמָּס)
pacemaker /peɪsmeɪkə(r)/ n. הָרָץ הַמּוֹבִיל (הַמַּכְתִּיב אֶת הַקֶּצֶב בַּמֵּרוֹץ); קֹצֶב־לֵב
pachyderm /ˈpækɪdɜːm/ n. (*Zool.*) יוֹנֵק עַב־עוֹר (פִּיל, קַרְנַף וְכַד')
pacific /pəˈsɪfɪk/ adj. (*formal*) מַרְגִּיעַ; רָגוּעַ, אוֹהֵב שָׁלוֹם, רוֹדֵף שָׁלוֹם
the Pacific (Ocean) הָאוֹקְיָנוֹס הַשָּׁקֵט
pacification /ˌpæsɪfɪˈkeɪʃ(ə)n/ n. (*formal*) פִּיּוּס, הַשְׁכָּנַת שָׁלוֹם, הַרְגָּעַת הָרוּחוֹת
pacifier /ˈpæsɪfaɪə(r)/ n.
1 (baby's dummy, *US*) מוֹצֵץ
2 (person) מְפַיֵּס, מַשְׁכִּין שָׁלוֹם, מַרְגִּיעַ אֶת הָרוּחוֹת

pacifism /ˈpæsɪfɪzəm/ n. פָּצִיפִיזְם, הִתְנַגְּדוּת עֶקְרוֹנִית לְמִלְחָמָה
pacifist /ˈpæsɪfɪst/ n. פָּצִיפִיסְט (כַּנַּ"ל)
pacify /ˈpæsɪfaɪ/ v.t. הִרְגִּיעַ, פִּיֵּס; הִשְׁכִּין שָׁלוֹם
pack[1] /pæk/ n.
1 (bundle tied up for carrying) חֲבִילָה, צְרוֹר; תַּרְמִיל־גַּב
□ *it's all a pack of lies* זֶה אֹסֶף שֶׁל שְׁקָרִים, זֶה צְרוֹר שְׁקָרִים
2 (group) חֲבוּרָה, לַהֲקָה
□ *wolves hunt in packs* הַזְּאֵבִים מְשַׁחֲרִים לְטֶרֶף בַּחֲבוּרוֹת
3 (people at the front, *Rugby & Running*) הַקְּבוּצָה הַמּוֹבִילָה (בְּרִיצָה וְכַד')
4 (set of cards) חֲפִיסָה (שֶׁל קְלָפִים)
5 (package) חֲבִילָה, אֲרִיזָה
economy pack אֲרִיזַת חִסָּכוֹן
six-pack שֵׁשׁ פַּחִיּוֹת (לָרֹב שֶׁל בִּירָה) בַּאֲרִיזָה אַחַת
6 (*Med.*) קוֹמְפְּרֶס
ice pack כָּרִית קֶרַח
7 (compact mass) גּוּשׁ
pack ice גּוּשֵׁי קֶרַח צָפִים בַּיָּם
—v.t.
1 (put into box or suitcase) אָרַז (בְּתֵבָה, בִּמְזְוָדָה)
packed lunch אֲרוּחַת צָהֳרַיִם מֵהַבַּיִת (שֶׁל תַּלְמִיד, עוֹבֵד וְכַד')
□ *remember to pack your towel* אַל תִּשְׁכַּח לֶאֱרֹז בַּמִּזְוָדָה מַגֶּבֶת
2 (fill with personal belongings) אָרַז (אֶת חֲפָצָיו בִּמְזְוָדָה)
□ *she packed her bags* הִיא אָרְזָה אֶת הַמִּזְוָדוֹת
3 (fill tightly) דָּחַס, מִלֵּא עַד אֶפֶס מָקוֹם
□ *they were packed into the bus like sardines* הֵם הָיוּ דְּחוּקִים בָּאוֹטוֹבּוּס כְּמוֹ סַרְדִּינִים
□ *the theatre was packed* הַתֵּיאַטְרוֹן הָיָה מָלֵא מִפֶּה לְפֶה
4 (deliver or send, *colloq.*) שִׁלַּח, שָׁלַח
□ *he packs a good punch* יֵשׁ לוֹ מַכָּה חֲזָקָה
□ *the boy was packed off to bed* הַיֶּלֶד נִשְׁלַח לְמִטָּתוֹ
5 pack it in (*colloq.*)
□ *let's pack it in for today* דַּי לְהַיּוֹם! מַסְפִּיק לְהַיּוֹם
□ *pack it in!* דַּי כְּבָר! דַּי, דַּי!, מַסְפִּיק!
—v.i.
1 (prepare one's luggage) אָרַז (לִקְרַאת נְסִיעָה וְכַד')

2 (crowd closely) הִתְקַהֵל, נִדְחַק, הִצְטוֹפֵף
□ *the crowd packed round her* הֶהָמוֹן נִדְחַק סְבִיבָהּ
3 (in set phrases)
pack in (*sl.*) "הָלַךְ קַפּוּט"; הִפְסִיק
□ *my car has packed in* הַמְּכוֹנִית שֶׁלִּי "הָלְכָה פַּיְפֵן"
pack up
(prepare to leave) הִתְכּוֹנֵן לְסִיּוּם, עָמַד לַעֲזֹב
(stop; break down) הִפְסִיק, הִתְקַלְקֵל
send packing (*colloq.*) סִלֵּק, "הֵעִיף"
pack² /pæk/ v.t. (*Law*) בָּחַר חֶבֶר מֻשְׁבָּעִים אוֹהֵד
package /ˈpækɪdʒ/ n.
1 (parcel; container) חֲבִילָה; אֲרִיזָה
2 (complete unit sold as one item) חֲבִילָה
package deal עִסְקַת חֲבִילָה
package holiday (or **tour**) חֲבִילַת תִּיּוּר
software package תָּכְנִית מַחְשֵׁב
—v.t. אָרַז לְשׁוּק
packaging /ˈpækɪdʒɪŋ/ n. אֲרִיזַת-שִׁוּוּק
pack-drill /ˈpæk-drɪl/ n. "טִרְטוּר" (תִּרְגּוּל-עֳנָשִׁין בַּחֲגוֹר מָלֵא)
packer /ˈpækə(r)/ n. (אָדָם) אוֹרֵז, מְכוֹנַת אֲרִיזָה
packet /ˈpækɪt/ n.
1 (parcel, package) חֲפִיסָה, חֲבִילָה קְטַנָּה
2 (lot of money, *sl.*) "הוֹן", "בּוֹכְטָה"
3 (boat) מֵעֵין סְפִינַת-דֹּאַר
packhorse /ˈpækhɔːs/ n. סוּס מַשָּׂא
packing /ˈpækɪŋ/ n.
1 (making a parcel) אֲרִיזַת חֲבִילָה
2 (filling suitcases) אֲרִיזַת מִזְוָדוֹת
3 (material used to protect contents) אֲרִיזָה, אֲרִיזַת-מָגֵן
packing-case /ˈpækɪŋ-keɪs/ n. אַרְגָּז, תֵּבַת אֲרִיזָה
pact /pækt/ n. אֲמָנָה, הֶסְכֵּם, חוֹזֶה
pad¹ /pæd/ n.
1 (small cushion) כָּרִית מָגֵן, כָּרִית
shoulder pads כָּרִיּוֹת לִכְתֵפַיִם (שֶׁל בֶּגֶד)
2 (number of sheets of paper)
writing pad בְּלוֹק כְּתִיבָה, בְּלוֹק מִכְתָּבִים, דַּפְדֶּפֶת
3 (sponge containing ink) כָּרִית-חוֹתָמוֹת
4 (part of foot, *Zool.*) כָּרִית-הָרֶגֶל (שֶׁל בַּעַל-חַיִּים)
5 (platform for aircraft, etc.) כַּן, מִשְׁטַח הַמַּרְאָה וּנְחִיתָה
launching pad כַּן שִׁלּוּחַ
6 (residence, *sl.*) דִּירָה, חֶדֶר
7 (*Med.*) פַּד, אֶגֶד
—v.t. רִפֵּד
padded cell תָּא מְרֻפָּד (בְּבֵית חוֹלִים פְּסִיכִיאַטְרִי)
□ *he padded (out) his essay with quotations* הוּא מִלֵּא אֶת הַחִבּוּר בְּצִטּוּטִים מְיֻתָּרִים
pad² /pæd/ v.i.
pad along צָעַד בְּרַכּוּת, (חָתוּל וְכַד׳) צָעַד חֲרִישִׁית

padding /ˈpædɪŋ/ n. רִפּוּד, מִלּוּי
paddle¹ /ˈpæd(ə)l/ n. מָשׁוֹט (לְסִירַת-גּוּמִי, קָיָאק וְכַד׳)
—v.t. & i. חָתַר בְּ... (סִירָה, דּוּגִית וְכַד׳); חָתַר בִּמְשׁוֹטִים
□ *he's always paddled his own canoe* (*colloq.*) הוּא תָּמִיד הִסְתַּדֵּר בְּעַצְמוֹ, הוּא תָּמִיד פָּעַל בְּאֹפֶן עַצְמָאִי
paddle² /ˈpæd(ə)l/ v.i. הָלַךְ בְּמַיִם רְדוּדִים, דִּשְׁדֵּשׁ בְּמַיִם
—n. הֲלִיכָה בְּמַיִם רְדוּדִים, דִּשְׁדּוּשׁ בְּמַיִם
paddle-steamer /ˈpæd(ə)l-stiːmə(r)/ n. סְפִינַת-נָהָר הַמּוּנַעַת בְּגַלְגַּל מְשׁוֹטִים
paddle-wheel /ˈpæd(ə)l-wiːl/ n. גַּלְגַּל-מְשׁוֹטִים
paddling-pool /ˈpæd(ə)lɪŋ-puːl/ n. בְּרֵכַת מִשְׂחָקִים רְדוּדָה (לִילָדִים, לְעִתִּים מִתְנַפַּחַת)
paddock /ˈpædək/ n.
1 (field) שָׂדֶה מְגֻדָּר לְסוּסִים
2 (part of racecourse) רַחֲבַת-דֶּשֶׁא מְגֻדֶּרֶת עַל יַד מַסְלוּל מֵרוֹץ לְסוּסִים
paddy /ˈpædɪ/ n. (*UK colloq.*) הִשְׁתּוֹלְלוּת, "קְרִיזָה"
paddy-field /ˈpædɪ-fiːld/ n. (also **paddy**) שְׂדֵה אֹרֶז
padlock /ˈpædlɒk/ n. מַנְעוּל תָּלוּי (שֶׁאֵינוֹ חֵלֶק בִּלְתִּי-נִפְרָד מִדֶּלֶת וְכַד׳)
—v.t. נָעַל בְּמַנְעוּל תָּלוּי
padre /ˈpɑːdreɪ/ n. (*colloq.*) כֹּמֶר צְבָאִי
paean /ˈpiːən/ n. (*poet.*) הִמְנוֹן, שִׁיר הַלֵּל, שִׁיר נִצָּחוֹן
paediatric /ˌpiːdɪˈætrɪk/ adj. (*US* **pediatric**) פֶּדִיאַטְרִי, שֶׁל רְפוּאַת יְלָדִים
paediatrician /ˌpiːdɪəˈtrɪʃ(ə)n/ n. (*US* **pediatrician**) רוֹפֵא-יְלָדִים
paediatrics /ˌpiːdɪˈætrɪks/ n. (*US* **pediatrics**) רְפוּאַת-יְלָדִים
paedophile /ˈpiːdəfaɪl/ n. (*US* **pedophile**) פֶּדוֹפִיל (אָדָם בַּעַל מְשִׁיכָה מִינִית חוֹלָנִית לִילָדִים)
paedophilia /ˌpiːdəˈfɪlɪə/ n. (*US* **pedophilia**) פֶּדוֹפִילְיָה (מְשִׁיכָה כַּנַּ"ל)
paella /paɪˈelə/ n. מַאֲכַל אֹרֶז סְפָרַדִּי
pagan /ˈpeɪgən/ n. & adj. עוֹבֵד אֱלִילִים, עכו"ם; פָּגָנִי
paganism /ˈpeɪgənɪzəm/ n. הָאֱמוּנָה בְּדָת פָּגָנִית, עֲבוֹדַת-אֱלִילִים
page¹ /peɪdʒ/ n. דַּף, עַמּוּד (שֶׁל סֵפֶר)
page² /peɪdʒ/ n. נַעַר לָבוּשׁ בִּגְדֵי שְׂרָד (הַמְשָׁרֵת בְּמָלוֹן וְכַד׳); פַּז׳, מְשָׁרְתוֹ שֶׁל אַבִּיר
—v.t. קָרָא (לִפְלוֹנִי) בְּרַמְקוֹל (בִּשְׂדֵה תְּעוּפָה וְכַד׳)
pageant /ˈpædʒənt/ n. תְּצוּגָה, תַּהֲלוּכָה סַסְגּוֹנִית וּמְפֹאֶרֶת
pageantry /ˈpædʒəntrɪ/ n. טְקָסִים, הֲדַר שֶׁבַּטֶּקֶס
pager /ˈpeɪdʒə(r)/ n. אִתּוּרִית, "בִּיפֶּר"
pagination /pædʒɪˈneɪʃ(ə)n/ n. מִסְפּוּר עַמּוּדִים, סִפְרוּר
pagoda /pəˈgəʊdə/ n. פָּגוֹדָה (מִקְדָּשׁ בַּמִּזְרָח הָרָחוֹק)
pah /pɑː/ int. קְרִיאַת בּוּז/בִּטּוּל

paid /peɪd/ past & past ppl. of **pay**
paid-up member חָבֵר שֶׁשִּׁלֵּם אֶת כָּל חוֹבוֹתָיו לָאֲגֻדָּה
□ *the accident put paid to his hopes of winning* הַתְּאוּנָה שָׂמָה קֵץ לְתִקְווֹתָיו לִזְכּוֹת בְּנִצָּחוֹן
pail /peɪl/ n. דְּלִי
paillasse /pælɪ'æs/ n. (*US, arch.*) מִזְרַן קַשׁ
pain /peɪn/ n.
1 (hurt, suffering) כְּאֵב, כְּאֵבִים; סֵבֶל
□ *he feels no pain* הוּא לֹא חָשׁ כְּאֵב, הוּא לֹא מַרְגִּישׁ כְּאֵבִים
□ *I woke up with stomach pains* הִתְעוֹרַרְתִּי עִם כְּאֵב-בֶּטֶן
□ *he's a pain in the neck* (*colloq.*) הוּא נוּדְנִיק
2 (punishment, *formal*) עֹנֶשׁ
□ *they were sworn to secrecy on pain of death* הֵם הֻשְׁבְּעוּ לִשְׁמֹר סוֹד תּוֹךְ אִיּוּם בְּהוֹצָאָה לַהוֹרֵג
3 (in *pl.*, trouble; childbirth) מַאֲמַצִּים, יִסּוּרִים; חֶבְלֵי-לֵדָה
□ *she spared no pains to entertain them* הִיא לֹא חָסְכָה מַאֲמַצִּים לְאָרֵחַ אוֹתָם
□ *he was at pains to make his meaning clear* הוּא הִתְאַמֵּץ לְהַסְבִּיר אֶת כַּוָּנָתוֹ
—v.t. (*formal*) גָּרַם כְּאֵב לְ..., הִכְאִיב לְ...
pained /peɪnd/ adj. כָּאוּב (מַבָּט וְכַד')
painful /'peɪnf(ə)l/ adj. כּוֹאֵב, מַכְאִיב; מְצַעֵר
□ *it is my painful duty to refuse* לְצַעֲרִי עָלַי לְסָרֵב, חוֹבָתִי הַמְצַעֶרֶת הִיא לְסָרֵב
painfully /'peɪnfəlɪ/ adv. בִּכְאֵב, בְּאֹפֶן מַכְאִיב, עַד כְּדֵי כְּאֵב
□ *she is painfully shy* הִיא בֶּאֱמֶת מְאֹד בַּיְשָׁנִית
painkiller /'peɪnkɪlə(r)/ n. תְּרוּפָה לְשִׁכּוּךְ כְּאֵבִים, כַּדּוּר נֶגֶד כְּאֵבִים
painless /'peɪnlɪs/ adj. נְטוּל-כְּאֵבִים; בְּקַלּוּת מַפְתִּיעָה
painstaking /'peɪnzteɪkɪŋ/ adj. קַפְּדָנִי, מְדַקְדֵּק
paint /peɪnt/ n. צֶבַע
—v.t. & i. צָבַע, צִיֵּר
□ *they painted the house* הֵם צָבְעוּ אֶת הַבַּיִת, הֵם סִיְּדוּ אֶת הַבַּיִת
□ *they painted the town red* (*colloq.*) הֵם הִתְהוֹלְלוּ כַּהֹגֶן
□ *he painted a black picture of the future* הוּא תֵּאֵר אֶת הֶעָתִיד בִּצְבָעִים קוֹדְרִים
□ *he's not as black as he is painted* הוּא לֹא נוֹרָא כְּמוֹ שֶׁמְּתָאֲרִים אוֹתוֹ
□ *he paints in oils* הוּא מְצַיֵּר בְּצִבְעֵי-שֶׁמֶן
□ *the artist painted in the background* הָאָמָן צִיֵּר אֶת הָרֶקַע (לְאַחַר שֶׁכְּבָר צִיֵּר אֶת הַשְּׁאָר)
paintbox /'peɪntbɒks/ n. תֵּבַת צְבָעִים, קֻפְסַת צְבָעִים
paintbrush /'peɪntbrʌʃ/ n. מִבְרֶשֶׁת (צִיּוּר), מִכְחוֹל

painter[1] /'peɪntə(r)/ n.
1 (artist) צַיָּר, אָמָן
2 (decorator) צַבָּע
painter[2] /'peɪntə(r)/ n. (*Naut.*) חֶבֶל (בְּחַרְטוֹם הַסִּירָה, לְקְשִׁירָה)
painterly /'peɪntəlɪ/ adj. בַּעַל אֵיכוּת צִבְעוֹנִית, בַּעַל אֹפִי צִיּוּרִי, אֲמָנוּתִי
painting /'peɪntɪŋ/ n.
1 (using paint) צְבִיעָה, צִיּוּר
2 (picture) תְּמוּנָה, צִיּוּר
paint-stripper /'peɪnt-strɪpə(r)/ n. (חֹמֶר) מֵסִיר צֶבַע
paintwork /'peɪntwɜːk/ n. (הַתּוֹצָאָה שֶׁל פְּעֻלָּה שֶׁל צְבִיעָה
pair /peə(r)/ n.
1 (set of two) זוּג, צֶמֶד
pair of shoes זוּג נַעֲלַיִם
□ *I've only one pair of hands* יֵשׁ לִי רַק שְׁתֵּי יָדַיִם
2 (article consisting of 2 parts) זוּג
pair of scissors זוּג מִסְפָּרַיִם
pair of tights זוּג גַּרְבּוֹנִים
pair of trousers זוּג מִכְנָסַיִם
3 (man & wife, etc.) זוּג נְשׂוּי
□ *the happy pair are to be married next month* הַזּוּג הַמְּאֻשָּׁר עוֹמֵד לְהִנָּשֵׂא בַּחֹדֶשׁ הַבָּא
4 (*UK Polit.*) הַסְכָּמָה בֵּין שְׁנֵי חַבְרֵי פַּרְלָמֶנְט מְסִיעוֹת יְרִיבוֹת עַל הֶעְדְּרוּת הֲדָדִית מֵהַצְבָּעָה
—v.t. & i. זִוֵּג
□ *the MP for Oxford was paired that day* חָבֵר הַפַּרְלָמֶנְט מֵאוֹקְסְפוֹרְד נֶעְדַּר בְּאוֹתוֹ יוֹם עַל-פִּי הֶסְכֵּם הֲדָדִי עִם יְרִיבוֹ
□ *John was paired (off) with Ruth at the dance* בַּמְּסִבָּה הִצְמִידוּ אֶת ג'וֹן לְרוּת
paisley /'peɪzlɪ/ n. אֲרִיג פֵּיזְלִי (עַל שֵׁם מָקוֹם בִּסְקוֹטְלַנְד)
pajamas /pə'dʒɑːməz/ n. *pl.* (*US*) פִּיגָ'מָה, חֲלִיפַת-שֵׁנָה
pakeha /'pɑːkɪˌhɑː/ n. (*NZ*) תּוֹשָׁב נְיוּ-זִילַנְד שֶׁאֵינוֹ מָאוֹרִי
Pakistani /ˌpɑːkɪ'stɑːnɪ/ n. & adj. (also *racially derog.* **Paki**) אָדָם פָּקִיסְטָנִי; פָּקִיסְטָנִי
pal /pæl/ n. (*colloq.*) חָבֵר, חָבֵר קָרוֹב
—v.i.
pal up הִתְחַבֵּר עִם, הִתְיַדֵּד עִם
□ *he palled up with the new boy* הוּא הִתְיַדֵּד עִם הַנַּעַר הֶחָדָשׁ
palace /'pælɪs/ n. אַרְמוֹן
paladin /'pælədɪn/ n. (*Hist.*) אֶחָד מִ-12 אַבִּירָיו שֶׁל קַרְל הַגָּדוֹל
palaeo- /'pælɪəʊ-/ pref. (*US* **paleo-**) פָּלֵיאוֹ-, (תְּחִלִּית שֶׁפֵּרוּשָׁהּ) קֶדֶם
palaeography /ˌpælɪ'ɒgrəfɪ/ n. פָּלֵיאוֹגְרַפְיָה (חֵקֶר כְּתוֹבוֹת עַתִּיקוֹת)

palaeolithic /ˌpælɪəʊˈlɪθɪk/ adj. פָּלֵיאוֹלִיתִי (שֶׁל תְּקוּפַת־הָאֶבֶן הַמֻּקְדֶּמֶת בְּיוֹתֵר)

palaeontologist /ˌpælɪɒnˈtɒlədʒɪst/ n. פָּלֵיאוֹנְטוֹלוֹג, חוֹקֵר מְאֻבָּנִים

palaeontology /ˌpælɪɒnˈtɒlədʒɪ/ n. פָּלֵיאוֹנְטוֹלוֹגְיָה, חֵקֶר הַמְּאֻבָּנִים

Palaeozoic /ˌpælɪəʊˈzəʊɪk/ adj. (*Geol.*) פָּלֵיאוֹזוֹאִי (שֶׁל עִדַּן הַחַי הַמֻּקְדָּם)

palanquin /ˌpælənˈkiːn/ n. אַפִּרְיוֹן

palatable /ˈpælətəb(ə)l/ adj. (*formal*) עָרֵב לַחֵךְ; מִתְקַבֵּל עַל הַדַּעַת

palatal /ˈpælət(ə)l/ n. & adj. (*Phonet.*) עִצּוּר חִכִּי; חִכִּי

palate /ˈpælət/ n. חֵךְ

cleft palate חֵךְ שָׁסוּעַ, שֶׁסַע הַחֵךְ

□ *she has a palate for good wines* יֵשׁ לָהּ טַעַם מְפֻתָּח בְּיֵינוֹת

palatial /pəˈleɪʃ(ə)l/ adj. גָּדוֹל וּמְפֹאָר, הָדוּר

palaver /pəˈlɑːvə(r)/ n. (*colloq.*) הֶבֶל הֲבָלִים, "טִרְטוּרִים"

□ *what a palaver!* (*colloq.*) אֵיזֶה קִשְׁקוּשׁ! אֵיזֶה סִפּוּר!

pale[1] /peɪl/ adj. חִוֵּר, בָּהִיר

pale ale סוּג שֶׁל בִּירָה לְבָנָה (בְּאַנְגְּלִיָּה)

pale blue כָּחֹל בָּהִיר, תְּכֵלֶת

□ *he turned pale at the news* הוּא הֶחֱוִיר לְמִשְׁמַע הַחֲדָשׁוֹת

—v.i. הֶחֱוִיר

□ *my news pales into insignificance before yours* הַחֲדָשׁוֹת שֶׁלִּי הֵן כְּאַיִן וּכְאֶפֶס לְעֻמַּת שֶׁלְּךָ

pale[2] /peɪl/ n. גְּבוּל, מִסְגֶּרֶת

beyond the pale עוֹבֵר אֶת הַגְּבוּל, מִחוּץ לַמִּסְגֶּרֶת

paleface /ˈpeɪlfeɪs/ n. (*derog.*) "חִוֵּר־פָּנִים" (הָאָדָם־הַלָּבָן אֵצֶל הָאִינְדִיאָנִים)

paleo- /ˈpælɪəʊ-/ (*US*) see **PALAEO-** פָּלֵיאוֹ־, (תְּחִלִּית שֶׁפֵּרוּשָׁהּ) קְדַם־

paleography /ˌpælɪˈɒgrəfɪ/ (*US*) see **PALAEOGRAPHY** פָּלֵיאוֹגְרַפְיָה (חֵקֶר כְּתוּבוֹת עַתִּיקוֹת)

paleolithic /ˌpælɪəʊˈlɪθɪk/ (*US*) see **PALAEOLITHIC** פָּלֵיאוֹלִיתִי (שֶׁל תְּקוּפַת הָאֶבֶן הַמֻּקְדֶּמֶת בְּיוֹתֵר)

paleontologist /ˌpælɪɒnˈtɒlədʒɪst/ (*US*) see **PALAEONTOLOGIST** פָּלֵיאוֹנְטוֹלוֹג, חוֹקֵר מְאֻבָּנִים

paleontology /ˌpælɪɒnˈtɒlədʒɪ/ (*US*) see **PALAEONTOLOGY** פָּלֵיאוֹנְטוֹלוֹגְיָה, חֵקֶר הַמְּאֻבָּנִים

Palestinian /ˌpælɪˈstɪnɪən/ adj. & n. פָּלֶסְטִינָאִי; פָּלֶסְטִינִי

palette /ˈpælɪt/ n. פָּלֶטָה (טַבְלַת־צְבָעִים שֶׁל צַיָּר)

palette knife סַכִּין צַיָּרִים (לִמְרִיחַת־צֶבַע); מֵעֵין מַחְתָּה לְבִשּׁוּל

palimpsest /ˈpælɪmpsest/ n. פָּלִימְפְּסֶסְט (קְלַף כְּתִיבָה מָחוּק לְשִׁמּוּשׁ חוֹזֵר)

palindrome /ˈpælɪndrəʊm/ n. פָּלִינְדְּרוֹם (מִלָּה אוֹ מִלִּים שֶׁאֶפְשָׁר לִקְרֹאָן מִשְּׁנֵי הַכִּוּוּנִים)

paling /ˈpeɪlɪŋ/ n. גֶּדֶר־כְּלוֹנְסָאוֹת; כְּלוֹנָס

palisade /ˌpælɪˈseɪd/ n. גֶּדֶר הֲגַנָּה עֲשׂוּיָה מוֹטוֹת מְחֻדָּדִים

pall[1] /pɔːl/ n. כִּסּוּי־אֵבֶל (לַאֲרוֹן־מֵתִים); (בְּהַשְׁאָלָה) מַעֲטֶה כֵּהֶה

pall-bearer נוֹשְׂאֵי אֲרוֹן־מֵתִים

□ *a pall of smoke covered the town* מַעֲטֵה עָשָׁן כִּסָּה אֶת הָעִיר

pall[2] /pɔːl/ v.i. הִתְחִיל לְשַׁעֲמֵם, שִׁעֲמֵם

□ *his long lecture palled on me* הַרְצָאָתוֹ הַמִּמֻשֶּׁכֶת הִתְחִילָה לְיַגֵּעַ אוֹתִי

Palladian /pəˈleɪdɪən/ adj. (*Archit.*) (סִגְנוֹן בְּנִיָּה) פַּלַּדְיָאנִי (בְּאִיטַלְיָה בַּמֵּאָה הַ־16, בְּאַנְגְּלִיָּה בַּמֵּאָה הַ־18)

pallet[1] /ˈpælɪt/ n. מִזְרָן קַשׁ, מַצָּע גַּס

pallet[2] /ˈpælɪt/ n. בְּסִיס־עֵץ לְמִטְעָנִים (עֲבוּר מַלְגֵּזָה)

palliasse /ˈpælɪæs/ n. (*US* **paillasse**) מִזְרָן קַשׁ

palliate /ˈpælɪeɪt/ v.t. (*formal*) רִכֵּךְ (חֻמְרָה, הַשְׁפָּעָה וְכַד׳) הֵקֵל בְּעָנְשׁוֹ שֶׁל

palliation /ˌpælɪˈeɪʃ(ə)n/ n. (*formal*) רִכּוּךְ, הֲקַלָּה (בְּעֹנֶשׁ)

palliative /ˈpælɪətɪv/ n. & adj. (*formal*) מְשַׁכֵּךְ־כְּאֵבִים; מַרְגִּיעַ

pallid /ˈpælɪd/ adj. חִוֵּר, חִוַּרְוַר

pallor /ˈpælə(r)/ n. חִוָּרוֹן

pally /ˈpælɪ/ adj. (*colloq.*) יְדִידוּתִי, חֲבֵרוּתִי, פָּתוּחַ

palm /pɑːm/ n.

1 (part of hand) כַּף־הַיָּד

□ *she had to grease* (or *oil*) *his palm* (*colloq.*) הִיא הָיְתָה צְרִיכָה לְשַׁחֵד אוֹתוֹ

□ *he has itchy palms* (*colloq. derog.*) הוּא תָּמִיד מְחַכֶּה לְמַשֶּׁהוּ מִן הַצַּד

□ *I have him in the palm of my hand* הוּא אֶצְלִי בַּכִּיס

2 (tree; leaf of this) דֶּקֶל, תָּמָר

Palm Sunday (*Relig.*) יוֹם א׳ שֶׁלִּפְנֵי חַג הַפַּסְחָא (יוֹם־חַג נוֹצְרִי)

□ *he carried off the palm* (*formal*) הוּא זָכָה בְּנִצָּחוֹן

—v.t. הֶעֱלִים (בְּקֶסֶם כִּבְיָכוֹל) בְּכַף יָדוֹ

palm off (*colloq.*) מָכַר בְּמִרְמָה, "סִדֵּר"

□ *he palmed the faulty gadget off on him* הוּא הִצְלִיחַ לְרַמּוֹת אוֹתוֹ וּמָכַר לוֹ אֶת הַמַּכְשִׁיר הַמְקֻלְקָל

palmist /ˈpɑːmɪst/ n. קוֹרֵא בְּכַף־יָד (אֶת הֶעָתִיד)

palmistry /ˈpɑːmɪstrɪ/ n. תּוֹרַת הַקְּרִיאָה בְּכַף־יָד

palmy /ˈpɑːmɪ/ adj. שֶׁיֵּשׁ בּוֹ דְּקָלִים; מַצְלִיחַ

palomino /ˌpæləˈmiːnəʊ/ n. (*pl.* **palominos**) סוּס פָּלוֹמִינוֹ (בָּז׳ בָּהִיר)

palpable /ˈpælpəb(ə)l/ adj. מוּחָשִׁי; בָּרוּר, גָּלוּי

palpate /pælˈpeɪt/ v.t. (*Med.*) בָּחַן בְּאֶמְצָעוּת מַגַּע־יָד

palpitate /ˈpælpɪteɪt/ v.i. (*formal*) הָלַם (לֵב); רָעַד (מִפַּחַד)

palpitation /ˌpælpɪˈteɪʃ(ə)n/ n. הַלְמוּת לֵב, דְּפִיקוֹת־לֵב

palsied /pɔːlzɪd/ adj. (*formal*) אֵיבָר רוֹעֵד (כְּתוֹצָאָה מִלִּקּוּי עֶצְבִּי)

palsy /ˈpɔːlzɪ/ n. שִׁתּוּק, רַעַד עֶצְבִּי

paltry /ˈpɔːltrɪ/ adj. (*derog.*) (סְכוּם וְכַד') מְבֻטָּל, נִקְלֶה, פָּעוּט

pampas /ˈpæmpəs/ n. פַּמְפָּס (עַרְבוֹת הָעֵשֶׂב בִּדְרוֹם אֲמֶרִיקָה)

pampas grass עֵשֶׂב גָּבוֹהַּ (בַּעַל קְצָווֹת חַדִּים וְתִפְרַחַת כְּסוּפָה)

pamper /ˈpæmpə(r)/ v.t. פִּנֵּק

pamphlet /ˈpæmflɪt/ n. חוֹבֶרֶת, קוּנְטְרֶס

pamphleteer /ˌpæmflɪˈtɪə(r)/ n. מְחַבֵּר קוּנְטְרֵסִים מִקְצוֹעִי

Pan /pæn/ n. פַּן (אֵל־טֶבַע בַּמִּיתוֹלוֹגְיָה הַקְּלָסִית, לָרֹב בִּדְמוּת חֲצִי־אָדָם וַחֲצִי תַּיִשׁ)

pan[1] /pæn/ n.

1 (flat cooking pot) מַחֲבַת, סִיר (עִם יָדִית אֲרֻכָּה)

2 (receptacle)

bed pan סִיר לְשִׁמּוּשׁ בְּמִטָּה (לְחוֹלֶה)

brain pan (*arch.*) גֻּלְגֹּלֶת

lavatory pan אַסְלָה

a flash in the pan הַצְלָחָה רִגְעִית, הַצְלָחָה חַד־פַּעֲמִית (בִּלְבַד)

3 (hollow in ground) אַגָּן

salt pan מִשְׁקַע־מֶלַח, אַגַּן מֶלַח, בְּרֵכַת־מֶלַח

—v.i. שָׁטַף (עָפָר) בִּקְעָרָה (לְהַפָּקַת הַמַּחְצָבִים)

□ *they were panning for gold* הֵם חִפְּשׂוּ זָהָב בִּשְׁטִיפַת עֲפָרוֹת

□ *how did things pan out?* (*colloq.*) אֵיךְ הִסְתַּדֵּר הָעִנְיָן?

—v.t. (*colloq.*) קָטַל בְּבִקֹּרֶת

pan[2] /pæn/ v.t. & i. & n. (*Photog.*) הֵסִיט אֶת הַמַּצְלֵמָה עַל צִירָהּ בְּמַאֲזָן וּבִמְאֻנָּךְ; "פַּן"

pan- /pæn-/ pref. פַּן־, (תְּחִלִּית שֶׁפֵּרוּשָׁהּ כָּל־, כְּלָל

Pan-African כָּל־אַפְרִיקָאִי, פַּן־אַפְרִיקָאִי

Pan-American כָּל־אֲמֶרִיקָאִי, פַּן־אֲמֶרִיקָאִי

panacea /ˌpænəˈsɪə/ n. תְּרוּפַת פֶּלֶא, תְּרוּפָה לְכָל דָּבָר

panache /pæˈnæʃ/ n. (אֹפֶן הִתְנַהֲגוּת) קַלִּיל וּבוֹטֵחַ

panama (hat) /ˈpænəmɑː (hæt)/ n. כּוֹבַע פָּנָמָה, כּוֹבַע קַשׁ

panatella /ˌpænəˈtelə/ n. סִיגָר פַּנַטֶלָּה (צַר וְאָרֹךְ)

pancake /ˈpænkeɪk/ n. חֲבִיתִית, פַּנְקֵיק

Pancake Day (*UK colloq.*) (יוֹם שְׁלִישִׁי, 40 יוֹם לִפְנֵי חַג הַפַּסְחָא (חַג נוֹצְרִי)

pancake landing נְחִיתַת־אֹנֶס שְׁטוּחָה

□ *as flat as a pancake* (*colloq.*) שָׁטוּחַ כְּמוֹ בָּלָטָה

pancreas /ˈpæŋkrɪəs/ n. לַבְלָב

panda /ˈpændə/ n. פַּנְדָּה (דֹּב סִינִי שָׁחוֹר־לָבָן)

panda car (*UK*) נַיֶּדֶת־מִשְׁטָרָה

pandemic /pænˈdemɪk/ adj. & n. (*formal*) מַקִּיף, כּוֹלֵל (מַחֲלָה, נֶגַע וְכַד')

pandemonium /ˌpændɪˈməʊnɪəm/ n. הֲמֻלָּה, מְהוּמָה

pander /ˈpændə(r)/ v.i.

pander to (*derog.*) נַעֲנָה לְ..., טִפֵּחַ

□ *she pandered to his every whim* הִיא נַעַנְתָה לְכָל שִׁגְעוֹנוֹתָיו

pane /peɪn/ n. שִׁמְשָׁה, זְגוּגִית

panegyric /ˌpænɪˈdʒɪrɪk/ n. (*formal*) שִׁיר הַלֵּל, דִּבְרֵי שֶׁבַח

panel /ˈpæn(ə)l/ n.

1 (distinct piece of surface) לוּחַ, דֹּפֶן, לוּחִית, סִפּוּן

2 (surface holding controls, etc.) לוּחַ בַּקָּרָה

instrument panel לוּחַ מַכְשִׁירִים, לוּחַ בַּקָּרָה, לוּחַ שְׁעוֹנִים

3 (group of people) פָּנֶל, צֶוֶת

panel game מִשְׂחַק צֶוֶת (בָּרַדְיוֹ, בַּטֶּלֶוִיזְיָה)

—v.t. סִפֵּן, צִפָּה קִיר בִּסְפִינֵי־עֵץ

panelling /ˈpæn(ə)lɪŋ/ n. צִפּוּי־עֵץ (לְקִירוֹת)

panellist /ˈpænəlɪst/ n. חָבֵר בְּצֶוֶת, חָבֵר בְּפָּנֶל

pang /pæŋ/ n. יִסּוּרִים, מַכְאוֹב

birth pangs חֶבְלֵי לֵדָה

conscience pangs נְקִיפוֹת מַצְפּוּן, מוּסַר כְּלָיוֹת

hunger pangs יִסּוּרֵי־רָעָב

panhandle /ˈpænhænd(ə)l/ v.t. & i. (*US colloq.*) קִבֵּץ נְדָבוֹת

panic /ˈpænɪk/ n. חֲרָדָה, פָּנִיקָה, תַּבְהֵלָה

panic button כַּפְתּוֹר אַזְעָקָה

□ *it was panic stations when the alarm went* (*colloq.*) כְּשֶׁנִּשְׁמְעָה הָאַזְעָקָה פָּרְצָה בֶּהָלָה כְּלָלִית

—v.t. & i. הֶחֱרִיד, זָרַע בֶּהָלָה בְּקֶרֶב; נִבְהַל, נִכְנַס לְפָנִיקָה

□ *she was panicked into confessing* מֵרֹב בֶּהָלָה הִיא הוֹדְתָה

□ *don't panic!* אַל תִּכָּנֵס לְפָנִיקָה! אַל תִּבָּהֵל!

panicky /ˈpænɪkɪ/ adj. (*colloq.*) מְבֹהָל, נִפְחָד

panic-stricken /ˈpænɪk-strɪk(ə)n/ adj. אֲחוּז־חֲרָדָה, אֲחוּז אֵימָה

panjandrum /pænˈdʒændrəm/ n. (*joc.*) כִּנּוּי מְבֻדָּח לְמִי שֶׁהוּא כִּבְיָכוֹל "מֶלֶךְ הַמְּלָכִים"

pannier /ˈpænɪə(r)/ n. אֶחָד מִזּוּג שַׂקִּים (בְּצִדֵּי בֶּהֱמַת מַשָּׂא); סַל־צַד (לָאוֹפַנַּיִם אוֹ לָאוֹפַנּוֹעַ)

panoply /ˈpænəplɪ/ n. (*formal*) מַעֲרָךְ מַרְשִׁים (בְּטֶקֶס וְכַד')

panorama /ˌpænəˈrɑːmə/ n. פָּנוֹרָמָה, מַרְאֶה רָחָב וּמַקִּיף; סְקִירָה כְּלָלִית

panoramic /ˌpænəˈræmɪk/ adj. פָּנוֹרָמִי, מַקִּיף וּמַרְהִיב

panpipes /ˈpænpaɪps/ n. *pl.* כְּלִי נְשִׁיפָה מֻרְכָּב מִמַּעֲרֶכֶת חֲלִילִים אוֹ קָנִים

pansy /ˈpænzɪ/ n.

1 (flower) אַמְנוֹן וְתָמָר

2 (effeminate or feeble man, *derog.*) "הוֹמוֹ", "עָלִיז"

pant /pænt/ v.t. & i. אָמַר בְּהִתְנַשְּׁפוּת; הִתְנַשֵּׁף
□ *he panted out the message* הוּא מָסַר אֶת הַהוֹדָעָה מִתְנַשֵּׁם וּמִתְנַשֵּׁף
□ *he panted along behind* הוּא הִשְׁתָּרֵךְ מֵאָחוֹר בְּקֹצֶר נְשִׁימָה
—n. הִתְנַשְּׁפוּת

pantaloon /ˌpæntəˈluːn/ n.
1 (in *pl.*, trousers, *Hist.*) סוּג שֶׁל מִכְנָסַיִם הֲדוּקִים
2 (*Theatr.*) "פַּנְטָלוֹנֶה" (דְּמוּת הַזָּקֵן הַנִּלְעָג בַּקּוֹמֶדְיָה דֶּל־אַרְטֶה)

pantechnicon /pænˈteknɪkən/ n. (*UK arch.*) מַשָּׂאִית לְהוֹבָלַת רָהִיטִים

pantheism /ˈpænθiːɪzəm/ n. פַּנְתֵּיאִיזְם (הַתּוֹרָה הַדּוֹגֶלֶת בְּזֶהוּתוֹ שֶׁל הָאֱלֹהִים עִם הַיְקוּם)

pantheist /ˈpænθiːɪst/ n. פַּנְתֵּיאִיסְט (אָדָם הַמַּאֲמִין בַּתּוֹרָה הַנַּ"ל)

pantheon /ˈpænθɪən/ n. (פַּנְתֵּיאוֹן, כְּלַל הָאֵלִים בְּיָוָן אוֹ רוֹמָא); מִקְדָּשׁ לִכְלַל הָאֵלִים; מִבְנֶה זִכָּרוֹן לְאִישִׁים דְּגוּלִים

panther /ˈpænθə(r)/ n. פַּנְתֵּר, נָמֵר

panties /ˈpæntɪz/ n. *pl.* (*colloq.*) תַּחְתּוֹנִים קְצָרִים (לְנָשִׁים אוֹ לִילָדוֹת)

pantile /ˈpæntaɪl/ n. סוּג שֶׁל רַעֲפֵי־חֵמָר

panto /ˈpæntəʊ/ n. (*colloq.*) (קִצּוּר שֶׁל) פַּנְטוֹמִימָה

pantograph /ˈpæntəɡrɑːf/ n. פַּנְטוֹגְרָף (מַכְשִׁיר לְהַגְדָּלַת/הַקְטָנַת תַּרְשִׁימִים וּמַפּוֹת) גְּלַפְכָּל

pantomime /ˈpæntəmaɪm/ n.
1 (*UK*) חִזָּיוֹן לִילָדִים (לָרֹב אַגָּדָה) הַמֻּצָּג בִּתְקוּפַת חַג־הַמּוֹלָד בְּאַנְגְלִיָּה
2 (acting without words) פַּנְטוֹמִימָה, הַצָּגָה לְלֹא מִלִּים

pantry /ˈpæntrɪ/ n. מְזָוֶה; מַחְסָן לִכְלֵי־שֻׁלְחָן (בְּמָלוֹן וְכַד׳)

pants /pænts/ n. *pl.*
1 (trousers, *US*) מִכְנָסַיִם
□ *she bored the pants off him* (*sl.*) הִיא שִׁעֲמְמָה אוֹתוֹ עַד מָוֶת
□ *the enemy was caught with its pants down* (*joc.*) הָאוֹיֵב נִתְפַּס עִם הַתַּחְתּוֹנִים לְמַטָּה
□ *she wears the pants in that family* הִיא לוֹבֶשֶׁת הַמִּכְנָסַיִם בַּמִּשְׁפָּחָה הַהִיא, הִיא הַגֶּבֶר בַּבַּיִת הַהוּא
2 (undergarment) תַּחְתּוֹנִים

pantyhose /ˈpæntɪhəʊz/ n. (*US*) גַּרְבּוֹנִים, גַּרְבֵּי־טַיְטְס

pap[1] /pæp/ n. דַּיְסָה, רֶסֶק (לְתִינוֹקוֹת, לְחוֹלִים); חֹמֶר בִּדּוּר חֲסַר־עֵרֶךְ

pap[2] /pæp/ n. (*arch.*) פִּטְמָה

papa /pəˈpɑː/ n. (*UK arch.*) אַבָּא

papacy /ˈpeɪpəsɪ/ n. אַפִּיפְיוֹרוּת

papal /ˈpeɪp(ə)l/ adj. אַפִּיפְיוֹרִי

paparazzo /ˌpæpəˈrɑːtsəʊ/ n. (*pl.* **paparazzi**) צַלָּם "סֶלֶבְּרִיטִיז" (הַמְצַלֵּם כּוֹכְבֵי קוֹלְנוֹעַ וְכַד׳)

paper /ˈpeɪpə(r)/ n.
1 (substance) נְיָר
paper chain שַׁרְשֶׁרֶת־נְיָר (לְקִשּׁוּט)
paper chase מֵרוֹץ שֶׁבּוֹ מַשְׁאִירִים הַנִּרְדָּפִים שְׁבִיל שֶׁל פִּסּוֹת נְיָר עֲבוּר הָרוֹדְפִים
paper money שְׁטָרוֹת־כֶּסֶף
paper tiger (*fig.*) נָמֵר שֶׁל נְיָר (אוֹיֵב לֹא מְסֻכָּן)
rice paper נְיַר אֹרֶז (לְצִיּוּר); חֹמֶר דְּמוּי־נְיָר (לְמַאֲכָל)
□ *the scheme looks good on paper* הַתָּכְנִית נִרְאֵית טוֹב עַל הַנְּיָר
□ *he hasn't yet put pen to paper* הוּא עֲדַיִן לֹא הִתְיַשֵּׁב לִכְתֹּב
2 (newspaper) עִתּוֹן
paper boy (or **girl**) נַעַר/נַעֲרָה מְחַלֵּק עִתּוֹנִים
paper round מַסְלוּל חֲלֻקַּת עִתּוֹנִים
3 (in *pl.*, documents) נְיָרוֹת, מִסְמָכִים, תְּעוּדוֹת
□ *are your papers in order?* הַאִם הַנְּיָרוֹת שֶׁלְּךָ בְּסֵדֶר?
4 (examination) מִבְחָן, בְּחִינָה
5 (essay) חִבּוּר, מַאֲמָר, הַרְצָאָה
□ *he gave a paper on modern poetry* הוּא נָתַן הַרְצָאָה עַל שִׁירָה מוֹדֶרְנִית
—v.t. צִפָּה בִּנְיָר, כִּסָּה בִּנְיָר
□ *after their argument they papered over the cracks* (*fig.*) לְאַחַר שֶׁרָבוּ – הִשְׁלִימוּ הֵם יִשְּׁרוּ אֶת הַהֲדוּרִים בֵּינֵיהֶם

paperback /ˈpeɪpəbæk/ n. & adj. סֵפֶר בִּכְרִיכָה רַכָּה; בִּכְרִיכָה רַכָּה

paperclip /ˈpeɪpəklɪp/ n. מְהַדֵּק (לִנְיָרוֹת), אָטָב

paperhanger /ˈpeɪpəhæŋə(r)/ n. מַדְבִּיק טַפֵּטִים מִקְצוֹעִי

paper-knife /ˈpeɪpə-naɪf/ n. סַכִּין לִנְיָרוֹת, סַכִּין לִפְתִיחַת מַעֲטָפוֹת

paperweight /ˈpeɪpəweɪt/ n. מִשְׁקֹלֶת (שֶׁשָּׂמִים עַל נְיָרוֹת לְהַחֲזִיק אוֹתָם בִּמְקוֹמָם)

paperwork /ˈpeɪpəwɜːk/ n. נַיֶּרֶת

papier-mâché /ˌpæpɪeɪ-ˈmæʃeɪ/ n. "פַּפְּיֶה־מַשֶּׁה", עִסַּת־נְיָר (תַּעֲרֹבֶת נְיָר וְדֶבֶק)

papist /ˈpeɪpɪst/ n. & adj. (*derog.*) קָתוֹלִי (כִּנּוּי פּוֹגֵעַ)

papoose /pəˈpuːs/ n. תִּינוֹק אִינְדִּיאָנִי (בַּאֲמֶרִיקָה הַצְּפוֹנִית); תַּרְמִיל־גַּב לִנְשִׂיאַת תִּינוֹק

paprika /ˈpæprɪkə/ n. פַּפְּרִיקָה, פִּלְפֶּלֶת

Pap test /ˈpæp test/ n. (*Med.*) בְּדִיקַת פַּפּ (בְּדִיקָה מִיקְרוֹסְקוֹפִית לְגִלּוּי מֻקְדָּם שֶׁל סַרְטָן)

papyrus /pəˈpaɪərəs/ (*pl.* **papyri**) n. פַּפִּירוּס

par /pɑː(r)/ n.
1 (normality; equality) הָרָמָה הַמְּמֻצַּעַת, הַמַּצָּב הָרָגִיל; שִׁוְיוֹן
□ *I'm feeling below par today* (*colloq.*) אֵינֶנִּי בְּקַו הַבְּרִיאוּת הַיּוֹם

□ *his successes were on a par with those of his friend* הַצְלָחוֹתָיו הָיוּ שָׁווֹת לְהַצְלָחוֹתֵיהֶם

2 (*Golf*) מִסְפַּר הַחֲבָטוֹת הַדְּרוּשׁוֹת לְשַׂחְקָן מְמֻצָּע לְהַשְׁלָמַת מַסְלוּל גּוֹלְף

par for the course (*fig.*) (דָּבָר) רָגִיל, (דָּבָר) שֶׁאֶפְשָׁר לְצַפּוֹת לוֹ

para /ˈpærə/ n. (קִצּוּר) צַנְחָן; פִּסְקָה, סְעִיף

para- /ˈpærə-/ pref. (תְּחִלִּית שֶׁפֵּרוּשָׁהּ) מֵעֵבֶר לְ־; לְצַד; חוֹרֵג מִן; עוֹזֵר לְ...

parable /ˈpærəb(ə)l/ n. מָשָׁל

parabola /pəˈræbələ/ n. פָּרַבּוֹלָה (עֲקֻמָּה גֵּיאוֹמֶטְרִית קְמוּרָה)

paracetamol /ˌpærəˈsiːtəmɒl/ n. פָּרָצֶטָמוֹל (סוּג שֶׁל אֲקָמוֹל)

parachute /ˈpærəʃuːt/ n. מַצְנֵחַ

—v.t. & i. הִצְנִיחַ; צָנַח

parachutist /ˈpærəˌʃuːtɪst/ n. צַנְחָן

parade /pəˈreɪd/ n.

1 (display, military assembly) מִצְעָד, מִסְדָּר, תַּהֲלוּכָה

parade ground מִגְרַשׁ מִסְדָּרִים

□ *the troops were on parade* הַחַיָּלִים נִצְּבוּ בְּמִסְדָּר

□ *he made a parade of his wealth* (*derog.*) הוּא הִצִּיג אֶת עָשְׁרוֹ לְרַאֲוָה

2 (row of shops) שׁוּרַת חֲנֻיּוֹת

—v.i. צָעַד בְּמִסְדָּר, נִצַּב בְּמִסְדָּר

—v.t. הוֹצִיא לְמִסְדָּר; הִצִּיג לְרַאֲוָה

paradigm /ˈpærədaɪm/ n. דֻּגְמָה מֻבְהֶקֶת, מוֹפֵת פָּרָדִיגְמָה; לוּחַ־נְטִיּוֹת (בְּדִקְדּוּק)

paradise /ˈpærədaɪs/ n. גַּן־עֵדֶן

fool's paradise גַּן־עֵדֶן שֶׁל שׁוֹטִים

an earthly paradise גַּן עֵדֶן עֲלֵי־אֲדָמוֹת

bird of paradise צִפּוֹר גַּן־עֵדֶן (צִפּוֹר טְרוֹפִּית)

paradox /ˈpærədɒks/ n. פָּרָדוֹקְס, אֲמִירָה לֹא סְבִירָה לִכְאוֹרָה; סְתִירָה (לַמֻּסְכָּם, אוֹ לַשֵּׂכֶל הַיָּשָׁר)

paradoxical /ˌpærəˈdɒksɪk(ə)l/ adj. פָּרָדוֹקְסָלִי (כַּנַּ"ל)

paraffin /ˈpærəfɪn/ n. נֵפְט (מְזֻקָּק, לְחִמּוּם וּמָאוֹר), פָּרָפִין

liquid paraffin (*Med.*) שֶׁקֶוִי־פָּרָפִין (סַם מְשַׁלְשֵׁל)

paraffin lamp מְנוֹרַת־רוּחַ, מְנוֹרַת־פָּרָפִין, מְנוֹרַת־נֵפְט

paraffin wax שַׁעֲוַת־פָּרָפִין

paragon /ˈpærəgən/ n. דֻּגְמָה, מוֹפֵת, כְּלִיל הַשְּׁלֵמוּת

□ *he was a paragon of virtue* הוּא הָיָה "טַלִּית שֶׁכֻּלָּהּ תְּכֵלֶת", הוּא הָיָה צַדִּיק מֻשְׁלָם

paragraph /ˈpærəgrɑːf/ n. פִּסְקָה, סְעִיף; קֶטַע

—v.t. סִמֵּן סְעִיפִים, חִלֵּק לִסְעִיפִים

parakeet /ˈpærəkiːt/ n. תֻּכִּי־הַצַּוָּארוֹן

parallax /ˈpærəlæks/ n. פָּרַלַקְסָה (הֶעְתֵּק מְדֻמֶּה שֶׁל מַצָּב בְּשֶׁל שִׁנּוּי מְקוֹמוֹ שֶׁל הַצּוֹפֶה)

parallel /ˈpærəlel/ adj. מַקְבִּיל

parallel bars מַקְבִּילִים

□ *the railway runs parallel to the road* מְסִלַּת־הַבַּרְזֶל נִמְשֶׁכֶת בְּמַקְבִּיל לַכְּבִישׁ

—n.

1 (*Geog.*) קַו רֹחַב

2 (something precisely similar) מַקְבִּילָה

□ *her career is without parallel* הַקַּרְיֶרָה שֶׁלָּהּ חַסְרַת־תַּקְדִּים

3 (comparison) הַקְבָּלָה, הַשְׁוָאָה

□ *he drew a parallel between recent events and those of 1789* הוּא עָרַךְ הַקְבָּלָה בֵּין הָאֵרוּעִים הָאַחֲרוֹנִים וְאֵרוּעֵי 1789

—v.t. הִקְבִּיל לְ...; הָיָה מַקְבִּיל לְ...

□ *his experiences parallel mine* חֲוָיוֹתָיו מַקְבִּילוֹת לְשֶׁלִּי

parallelism /ˈpærəlelɪzəm/ n. מַקְבִּילוּת, הַקְבָּלָה; תַּקְבֹּלֶת (בְּשִׁירַת הַמִּקְרָא וְכַד')

parallelogram /ˌpærəˈleləgræm/ n. מַקְבִּילִית (מְרֻבָּע שֶׁצְּלָעוֹתָיו הַנֶּגְדִּיּוֹת מַקְבִּילוֹת וְשָׁווֹת)

paralyse /ˈpærəlaɪz/ v.t. שִׁתֵּק

paralysis /pəˈræləsɪs/ n. שִׁתּוּק (גַּם בְּהַשְׁאָלָה)

infantile paralysis שִׁתּוּק־יְלָדִים, פּוֹלְיוֹ

paralytic /ˌpærəˈlɪtɪk/ adj. & n. מְשַׁתֵּק; חוֹלֵה שִׁתּוּק, מְשֻׁתָּק

□ *he came home paralytic* (*UK colloq.*) הוּא חָזַר הַבַּיְתָה מְסֻטָּל לַגַּמְרֵי

paramedic /ˌpærəˈmedɪk/ n. (also **paramedical**) חוֹבֵשׁ

parameter /pəˈræmɪtə(r)/ n. פָּרָמֶטֶר, מֵצַד (בְּמָתֶמָטִיקָה); גּוֹרֵם; מִגְבָּלָה

□ *he had to work within the parameters set by his client* הָיָה עָלָיו לַעֲבֹד בְּמִסְגֶּרֶת שֶׁקָּבַע הַלָּקוֹחַ שֶׁלּוֹ

paramilitary /ˌpærəˈmɪlɪt(ə)rɪ/ adj. כְּמוֹ־צְבָאִי

paramount /ˈpærəmaʊnt/ adj. (*formal*) עִלָּאִי, עֶלְיוֹן

paramour /ˈpærəmʊə(r)/ adj. (*arch.*) מְאַהֶבֶת, מְאַהֵב

paranoia /ˌpærəˈnɔɪə/ n. פָּרָנוֹיָה, מַחֲלַת־הָרְדִיפָה; "שִׁגָּעוֹן"

paranoiac /ˌpærəˈnɔɪæk/ adj. & n. (also **paranoic**) פָּרָנוֹאִידִי; חוֹלֵה פָּרָנוֹיָה, חוֹלֵה מַחֲלַת־הָרְדִיפָה

paranoid /ˈpærənɔɪd/ adj. פָּרָנוֹאִידִי

paranormal /ˌpærəˈnɔːm(ə)l/ adj. עַל־טִבְעִי (שֶׁמִּחוּץ לְהֶסְבֵּר רַצְיוֹנָלִי אוֹ מַדָּעִי)

parapet /ˈpærəpɪt/ n.

1 (*Archit.*) מַעֲקֶה

2 (*Mil.*) תֵּל עָפָר בַּחֲזִית תְּעָלַת מָגֵן

paraphernalia /ˌpærəfəˈneɪlɪə/ n. *pl.* אֹסֶף מְגֻוָּן שֶׁל פְּרִיטֵי צִיּוּד (לְמַטָּרָה מְסֻיֶּמֶת)

□ *the paraphernalia of getting a visa* כָּל הַסִּדּוּרִים הַכְּרוּכִים בְּקַבָּלַת וִיזָה

paraphrase /ˈpærəfreɪz/ v.t. מָסַר אֶת הַתֹּכֶן בְּמִלִּים אֲחֵרוֹת

—n. פַּרַפְרָזָה, נֹסַח בְּמִלִּים אֲחֵרוֹת

paraplegia /ˌpærəˈpliːdʒə/ n. שִׁתּוּק מַחֲצִית הַגּוּף הַתַּחְתּוֹן

paraplegic /ˌpærəˈpliːdʒɪk/ adj. & n. מְשֻׁתָּק (כַּנַּ"ל); אָדָם מְשֻׁתָּק (כַּנַּ"ל)

parapsychology /ˌpærəsaɪˈkɒlədʒɪ/ n. פָּרַפְּסִיכוֹלוֹגְיָה (חֵקֶר תּוֹפָעוֹת עַל-טִבְעִיּוֹת שֶׁל חַיֵּי הַנֶּפֶשׁ)

paraquat /ˈpærəkwɒt/ n. (*Prop.*) קוֹטֵל עֲשָׂבִים רָעִיל בְּיוֹתֵר

parascending /ˈpærəˌsendɪŋ/ n. רִחוּף בְּאֶמְצָעוּת מַצְנֵחַ נִגְרָר

parasite /ˈpærəsaɪt/ n.
1 (*Biol.*) טַפִּיל, פַּרְזִיט
2 (lazy hanger-on) "טַפִּיל", "פַּרְזִיט"

parasitic(al) /ˌpærəˈsɪtɪk(ə)l/ adj. טַפִּילִי, פַּרְזִיטִי

parasitology /ˌpærəsaɪˈtɒlədʒɪ/ n. פָּרָזִיטוֹלוֹגְיָה; חֵקֶר הַטַּפִּילִים

parasol /ˈpærəsɒl/ n. שִׁמְשִׁיָּה; סוֹכֵךְ שֶׁמֶשׁ

paratrooper /ˈpærətruːpə(r)/ n. צַנְחָן

paratroops /ˈpærətruːps/ n. *pl.* (חֵיל) הַצַּנְחָנִים, חֵיל-רַגְלִים מֻצְנָח

paratyphoid /ˌpærəˈtaɪfɔɪd/ n. פָּרָטִיפוּס (מַחֲלַת-מֵעַיִם קַלָּה)

par avion /ˌpɑːr æˈvjɔ̃/ adv. בְּדֹאַר אֲוִיר

parboil /ˈpɑːbɔɪl/ v.t. בִּשֵּׁל בִּשּׁוּל חֶלְקִי (בְּמַיִם רוֹתְחִים)

parcel /ˈpɑːs(ə)l/ n.
1 (package) חֲבִילָה
parcel bomb חֲבִילָה מְמֻלְכֶּדֶת, חֲבִילַת נֶפֶץ
parcels office מִשְׂרַד (לְמִשְׁלוֹחַ) חֲבִילוֹת
parcel post דֹּאַר חֲבִילוֹת
part and parcel of חֵלֶק בִּלְתִּי נִפְרָד מ...
2 (piece of land) חֶלְקַת אֲדָמָה
—v.t.
parcel out חִלֵּק לַחֲלָקִים (לְשֵׁם מְסִירָה)
parcel up אָרַז בַּחֲבִילָה, אָרַז בַּחֲבִילוֹת

parch /pɑːtʃ/ v.t. יִבֵּשׁ לַחֲלוּטִין הִצְחִיחַ
□ *he was parched after his long walk* גְּרוֹנוֹ נִחַר בַּצָּמָא לְאַחַר הַהֲלִיכָה הַמְּמֻשֶּׁכֶת

parchment /ˈpɑːtʃmənt/ n. קְלָף; גְּוִיל; נְיָר מְשֻׁבָּח

pardon /ˈpɑːd(ə)n/ n. סְלִיחָה, מְחִילָה; חֲנִינָה
free pardon חֲנִינָה (לְאַחַר בִּטּוּל הַהַרְשָׁעָה)
□ *I beg your pardon!* סְלִיחָה! סְלַח לִי!; סְלִיחָה, לֹא שָׁמַעְתִּי!
—v.t. סָלַח, מָחַל; חָנַן
□ *pardon me for asking, but where have you been?* סְלַח לִי עַל הַשְּׁאֵלָה, אֲבָל אֵיפֹה הָיִיתָ?
□ *it's a balls-up, if you'll pardon the expression* זֶהוּ חֻרְבּוֹן, תִּסְלַח לִי עַל הַבִּטּוּי

pardonable /ˈpɑːd(ə)nəb(ə)l/ adj. שֶׁאֶפְשָׁר לִסְלֹחַ לוֹ/עָלָיו, נִתָּן לִסְלִיחָה

pare /peə(r)/ v.t.
1 (peel; trim) קִלֵּף; קִצֵּץ
2 (reduce) קִצֵּץ, הִקְטִין
□ *they pared down their expenses* הֵם קִצְּצוּ בְּהוֹצְאוֹתֵיהֶם

parent /ˈpeərənt/ n. הוֹרֶה
parent company חֶבְרַת-הָאֵם
parent-teacher association וַעַד הַהוֹרִים וְהַמּוֹרִים

parentage /ˈpeərəntɪdʒ/ n. מוֹצָא, יִחוּס

parental /pəˈrent(ə)l/ adj. שֶׁל הוֹרִים

parenthesis /pəˈrenθəsɪs/ n. (*pl.* **parentheses**)
1 (inserted word or phrase) הֶסְגֵּר, מַאֲמָר מֻסְגָּר
2 (in *pl.*, brackets) סוֹגְרַיִם

parenthetical /ˌpærənˈθetɪk(ə)l/ adj. בְּמֻסְגָּר, בְּמַאֲמָר מֻסְגָּר; בְּסוֹגְרַיִם

parenthood /ˈpeərənthʊd/ n. הוֹרוּת

par excellence /ˌpɑːreksəlɑːns/ adv. בְּמֻבְהָק, בְּה' הַיְדִיעָה, בִּמְלוֹא מוּבַן הַמִּלָּה

pariah /pəˈraɪə/ n. (*formal*) פָּרְיָה, בֶּן כַּת-הַמְּנוּדִּים בְּהֹדּוּ; מֻחְרָם, מְנֻדֶּה

paring /ˈpeərɪŋ/ n. חֲתִיכוֹת קְלִפָּה (שֶׁהוּסְרוּ מִפְּרִי וְכַד'); גְּזִירָה (שֶׁל צִפָּרְנַיִם)

parish /ˈpærɪʃ/ n. קְהִלָּה נוֹצְרִית (עִם כְּנֵסִיָּה וּכֹמֶר מִשֶּׁלָּהּ); אֵזוֹר/פֶּלֶךְ מִנְהָלִי
parish council מוֹעֶצֶת אֵזוֹר/פֶּלֶךְ (שֶׁיֵּשׁ לָהּ שִׁלְטוֹן מְקוֹמִי)
parish hall אוּלָם צְדָדִי בִּכְנֵסִיָּה (לְאֵרוּעִים וְכַד')
parish register פִּנְקַס-רִשּׁוּם לֵדוֹת וּפְטִירוֹת בַּקְּהִלָּה
on the parish (*Hist.*) חַי מִצְּדָקָה, נִתְמָךְ ע"י הַקְּהִלָּה

parishioner /pəˈrɪʃənə(r)/ n. בֶּן-קְהִלָּה מְסֻיֶּמֶת

Parisian /pəˈrɪzɪən/ adj. & n. שֶׁל פָּרִיז; פָּרִיזָאִי

parity /ˈpærɪtɪ/ n. שִׁוְיוֹן; שִׁוְיוֹן-עֵרֶךְ (בֵּין יְחִידוֹת מַטְבֵּעַ שֶׁל שְׁתֵּי מְדִינוֹת)

park /pɑːk/ n. פַּארְק, גַּן צִבּוּרִי
car park מִגְרַשׁ חֲנִיָּה, חַנְיוֹן-מְכוֹנִיּוֹת
national park גַּן-לְאֻמִּי; שְׁמוּרַת-טֶבַע
safari park חַי-בָּר, שְׁמוּרַת סָפָרִי, פַּארְק סָפָרִי
park keeper פַּקָּח בַּפַּארְק, שׁוֹמֵר בַּפַּארְק
—v.t. & i. הֶחֱנָה; חָנָה
□ *where can I park (the car)?* אֵיפֹה אוּכַל לַחֲנוֹת? לְהַחֲנוֹת אֶת הַמְּכוֹנִית?
□ *he parked himself in a chair* (*colloq.*) הוּא הִתְמַקֵּם בְּכֻרְסָה
□ *they've parked their children on us again* (*colloq.*) הֵם שׁוּב "הִלְבִּישׁוּ" עָלֵינוּ אֶת הַיְלָדִים שֶׁלָּהֶם

parka /ˈpɑːkə/ n. פַּרְקָה, מְעִיל אָטוּם לְמַיִם עִם בַּרְדָּס

parking /ˈpɑːkɪŋ/ n. חֲנִיָּה
no parking אֵין חֲנִיָּה
parking lights (*US*) פָּנָסִים צְדָדִיִּים (בִּמְכוֹנִית)
parking lot (*US*) חַנְיוֹן, מִגְרַשׁ-חֲנִיָּה

parking meter מַדְחָן, מַד־חֲנִיָּה
parking ticket
(permit) תָּוִית חֲנִיָּה
(notice of fine) דו״חַ עַל חֲנִיָּה בְּמָקוֹם אָסוּר

parkway /ˈpɑːkweɪ/ n. (*US*) כְּבִישׁ רָאשִׁי רָחָב שֶׁלִּצְדָּיו דֶּשֶׁא/עֵצִים

parky /ˈpɑːkɪ/ adj. (*UK colloq.*) צוֹנֵן, קָרִיר (מֶזֶג אֲוִיר וְכַד׳)

parlance /ˈpɑːləns/ n. (*formal*) סִגְנוֹן דִּבּוּר, נֹסַח דִּבּוּר; נִיב, עָגָה

parley /ˈpɑːlɪ/ n. & v.i. מַשָּׂא־וּמַתָּן (עִם הָאוֹיֵב); נָשָׂא וְנָתַן (עִם הָאוֹיֵב)

parliament /ˈpɑːləmənt/ n. פַּרְלָמֶנְט, בֵּית־נִבְחָרִים
Member of Parliament חֲבֵר הַפַּרְלָמֶנְט

parliamentarian /ˌpɑːləmənˈteərɪən/ n. פַּרְלָמֶנְטָר (חֲבֵר פַּרְלָמֶנְט וָתִיק וּמְנֻסֶּה)

parliamentary /ˌpɑːləˈment(ə)rɪ/ adj. שֶׁל הַפַּרְלָמֶנְט, פַּרְלָמֶנְטָרִי

parlour /ˈpɑːlə(r)/ n. (*US* **parlor**) חֲדַר אוֹרְחִים, סָלוֹן
parlour game מִשְׂחַק־חֶבְרָה (שֶׁמְּשַׂחֲקִים בְּבַיִת, לֹא בַּחוּץ)
beauty parlour סָלוֹן לְיֹפִי

parlous /ˈpɑːləs/ adj. (*arch.*) (מַצָּב אוֹ פְּעֻלָּה) לֹא־יַצִּיב וּמְסֻכָּן

Parmesan /ˈpɑːmɪzæn/ n. פַּרְמֶזָן (גְּבִינָה אִיטַלְקִית)

parochial /pəˈrəʊkɪəl/ adj. קְהִלָּתִי; קַרְתָּנִי, פְּרוֹבִינְצְיָאלִי, צַר־אֳפָקִים

parody /ˈpærədɪ/ n. פָּרוֹדְיָה; חִקּוּי וָלַעַג
—v.t. עָשָׂה פָּרוֹדְיָה עַל

parole /pəˈrəʊl/ n. שִׁחְרוּר (שֶׁל אָסִיר) עַל־תְּנַאי; תְּקוּפַת הַשִּׁחְרוּר (כַּנַּ״ל)
□ *he was released on parole* הוּא שֻׁחְרַר עַל־תְּנַאי
—v.t. שִׁחְרֵר עַל־תְּנַאי

paroxysm /ˈpærəksɪzəm/ n. הֶתְקֵף (שֶׁל צְחוֹק, כַּעַס אוֹ כְּאֵב), עֲוִית

parquet /ˈpɑːkeɪ/ n. & v.t. רִצְפַּת פַּרְקֶט (עֲשׂוּיָה לוּחִיּוֹת עֵץ בְּדֻגְמָה)

parricide /ˈpærɪsaɪd/ n. (*formal*) רֶצַח אָב/אֵם (אוֹ קָרוֹב מִשְׁפָּחָה); רוֹצֵחַ (כַּנַּ״ל)

parrot /ˈpærət/ n. תֻּכִּי
□ *he recited the poem parrot fashion* (*derog.*) הוּא דִּקְלֵם אֶת הַשִּׁיר כְּמוֹ תֻּכִּי
—v.t. (past & past ppl. **parroted**) חִקָּה כְּתֻכִּי

parry /ˈpærɪ/ v.t. & n. הָדַף (מַכָּה, אַלָּה וְכַד׳; גַּם בְּהַשְׁאָלָה); הֲדִיפָה (כַּנַּ״ל)

parse /pɑːz/ v.t. נִתַּח/הִגְדִּיר מִלָּה (בְּדִקְדּוּק), נִתַּח מִשְׁפָּט לַחֲלָקָיו (בְּתַחְבִּיר)

parsimonious /ˌpɑːsɪˈməʊnɪəs/ adj. (*formal*) קַמְצָנִי

parsimony /ˈpɑːsɪmənɪ/ n. (*formal*) קַמְצָנוּת, חַסְכָנוּת מֻפְרֶזֶת

parsley /ˈpɑːslɪ/ n. פֶּטְרוֹסִילְיָה, פֶּטְרוֹסְלִינוֹן

parsnip /ˈpɑːsnɪp/ n. גֶּזֶר לָבָן (סוּג שֶׁל יָרָק)

parson /ˈpɑːs(ə)n/ n. כֹּמֶר, כֹּהֵן (בַּכְּנֵסִיָּה הָאַנְגְּלִיקָנִית), אִישׁ כְּמוּרָה
parson's nose (*Cookery*) קְצֵה הָאֲחוֹרַיִם שֶׁל עוֹף מְבֻשָּׁל

parsonage /ˈpɑːs(ə)nɪdʒ/ n. בֵּית הַכֹּמֶר

part[1] /pɑːt/ n.
1 (portion; not all) חֵלֶק
private parts (*colloq.*) אֵיבְרֵי הַמִּין
spare parts חֲלָפִים, חֶלְקֵי־חִלּוּף
part exchange עִסְקַת־חֲלִיפִין חֶלְקִית (הַחְלָפַת מְשֻׁמָּשׁ בְּחָדָשׁ תּוֹךְ הוֹסָפַת תַּשְׁלוּם)
□ *the greater part of what he said is untrue* הַחֵלֶק הַגָּדוֹל שֶׁל דְּבָרָיו הוּא שֶׁקֶר, רֹב הַדְּבָרִים שֶׁאָמַר הֵם שֶׁקֶר
□ *for the most part, I agree with you* בְּעִקָּרוֹ שֶׁל דָּבָר אֲנִי מַסְכִּים אִתְּךָ
□ *closing the shop was part and parcel of his plan to save money* סְגִירַת הַחֲנוּת הָיְתָה חֵלֶק בִּלְתִּי נִפְרָד מִתָּכְנִיתוֹ לַחְסֹךְ כֶּסֶף
□ *the robbery is only part of the story* הַשֹּׁד הוּא רַק חֵלֶק קָטָן מֵהַסִּפּוּר
□ *add 3 parts milk to one of water* הוֹסֵף 3 חֲלָקִים חָלָב לְכָל חֵלֶק מַיִם
2 (in *pl.*, district) אֵזוֹר, סְבִיבָה
□ *the people are friendly in these parts* בִּסְבִיבָה זוֹ הָאֲנָשִׁים מַסְבִּירִים פָּנִים, הָאֲנָשִׁים בָּאֵזוֹר הֵם יְדִידוּתִיִּים
3 (role, musical line) תַּפְקִיד (בְּתֵיאַטְרוֹן); קוֹל, פַּרְטִית (בִּיצִירָה מוּזִיקָלִית)
□ *he acted his part well* הוּא שִׂחֵק אֶת תַּפְקִידוֹ הֵיטֵב
□ *he certainly looks the part in his new suit* הַחֲלִיפָה הַחֲדָשָׁה שֶׁלּוֹ נוֹתֶנֶת לוֹ אֶת הַמַּרְאֶה הַמַּתְאִים לְמַעֲמָדוֹ
□ *will you take part in the discussion?* הַאִם תִּשְׁתַּתֵּף בַּדִּיּוּן?
□ *I want no part of this* אֵינִי רוֹצֶה שׁוּם חֵלֶק בָּזֶה, אֵינִי רוֹצֶה שׁוּם קֶשֶׁר לָזֶה
□ *he's a man of many parts* (*formal*) הוּא אָדָם בַּעַל כִּשְׁרוֹנוֹת מְגֻוָּנִים
4 (side in a dispute) צַד (בְּוִכּוּחַ)
□ *he always takes his brother's part* הוּא תָּמִיד מְצַדֵּד בְּאָחִיו
□ *for my part, I am quite happy* כְּשֶׁלְּעַצְמִי אֲנִי מְרֻצֶּה לְמַדַּי
□ *there was no objection on his part* לֹא הָיְתָה כָּל הִתְנַגְּדוּת מִצִּדּוֹ
□ *he took the joke in good part* (*arch.*) הוּא קִבֵּל אֶת הַבְּדִיחָה בְּרוּחַ טוֹבָה
5 (*Gram.*)
parts of speech חֶלְקֵי הַדִּבֵּר

principal parts צוּרוֹת־הַיְּסוֹד שֶׁל הַפֹּעַל (בִּשְׂפוֹת הַהֹדוּ־אֵירוֹפִּיּוֹת)

part[2] /pɑːt/ v.t. & i.

1 (separate) הִפְרִיד

□ *he tried to part the fighters* הוּא נִסָּה לְהַפְרִיד בֵּין הַנִּצִּים

□ *let's part friends* בּוֹא נִפָּרֵד כִּידִידִים

□ *the picture and its frame parted company when she dropped it* הַמִּסְגֶּרֶת נִתְּקָה מֵהַתְּמוּנָה לְאַחַר שֶׁהִיא הִפִּילָה אוֹתָהּ

□ *she parted the curtains and looked out* הִיא הֵסִיטָה אֶת הַוִּילוֹנוֹת וְהֵצִיצָה הַחוּצָה

2 part with נִפְרַד מ..., וִתֵּר עַל

□ *he won't part with his money* הוּא לֹא יִפָּרֵד מִן הַכֶּסֶף שֶׁלּוֹ

3 (arrange hair) עָשָׂה "שְׁבִיל" (בַּשֵּׂעָר), פִּסֵּק (אֶת הַשֵּׂעָר)

□ *she parts her hair on the left* הַ"שְּׁבִיל" בִּשְׂעָרָהּ הוּא מִצַּד שְׂמֹאל

partake /pɑːˈteɪk/ (past **partook** /pɑːˈtʊk/, past ppl. **partaken** /pɑːˈteɪk(ə)n/) v.i. (*formal*) הִשְׁתַּתֵּף בְּ..., לָקַח חֵלֶק בְּ...; הִתְחַלֵּק עִם

□ *they partook of (or in) our simple meal* הִתְחַלְּקוּ אִתָּם בַּאֲרוּחָתֵנוּ הַדַּלָּה

□ *her manner partook of insolence* הִתְנַהֲגוּתָהּ גָּבְלָה בְּחֻצְפָּה

parterre /pɑːˈteə(r)/ n. חֶלְקַת־נוֹי עִם שְׁבִילִים בֵּין הָעֲרוּגוֹת

parthenogenesis /ˌpɑːθɪnəʊˈdʒenəsɪs/ n. (*Zool. & Bot.*) רְבִיַּת בְּתוּלִים פַּרְתֶנוֹגֶנֶזָה (רְבִיָּה אַ־מִינִית)

partial /ˈpɑːʃ(ə)l/ adj.

1 (not complete) חֶלְקִי

partial eclipse לִקּוּי חֶלְקִי (שֶׁל חַמָּה אוֹ לְבָנָה)

2 (showing favour, *derog.*) בַּעַל מַשּׂוֹא־פָּנִים, נוֹטֶה לְצַד אֶחָד, חַד־צְדָדִי

3 partial to (*colloq.*) שֶׁיֵּשׁ לוֹ חֻלְשָׁה לְ...

□ *I'm very partial to whisky* יֵשׁ לִי חֻלְשָׁה לְוִיסְקִי

partiality /pɑːʃɪˈælɪtɪ/ n.

1 (bias, *derog.*) מַשּׂוֹא־פָּנִים, חַד צְדָדִיּוּת

2 (fondness) "חֻלְשָׁה" לְ...

partially /ˈpɑːʃəlɪ/ adv.

1 (not completely) חֶלְקִית, בְּאֹפֶן חֶלְקִי, בְּחֶלְקוֹ

□ *the road is partially blocked* הַכְּבִישׁ חָסוּם בְּחֶלְקוֹ

2 (with bias, *derog.*) בְּמַשּׂוֹא פָּנִים, בְּאֹפֶן חַד־צְדָדִי

participant /pɑːˈtɪsɪpənt/ n. (*formal*) מִשְׁתַּתֵּף, לוֹקֵחַ חֵלֶק בְּ...

participate /pɑːˈtɪsɪpeɪt/ v.i. (*formal*) הִשְׁתַּתֵּף בְּ..., לָקַח חֵלֶק בְּ...

participation /pɑːˌtɪsɪˈpeɪʃ(ə)n/ n. (*formal*) הִשְׁתַּתְּפוּת, לְקִיחַת־חֵלֶק

paticipial /ˌpɑːtɪˈsɪpɪəl/ adj. (*Gram.*) שֶׁל בֵּינוֹנִי

participle /ˈpɑːtɪsɪp(ə)l/ n. (*Gram.*) בֵּינוֹנִי

particle /ˈpɑːtɪk(ə)l/ n.

1 (very small piece) חֶלְקִיק

□ *he hasn't a particle of sense* אֵין לוֹ טִפָּה שֶׁל שֵׂכֶל, אֵין לוֹ שֵׂכֶל בְּקָדְקֳדוֹ

2 (*Gram.*) מִלִּית

particoloured /ˈpɑːtɪkʌləd/ adj. רַב־גּוֹנִי, מְגֻוָּן

particular /pəˈtɪkjʊlə(r)/ adj.

1 (specific) מְסֻיָּם, מֻגְדָּר

□ *for no particular reason, he began to cry* בְּלִי שׁוּם סִבָּה מְיֻחֶדֶת הוּא הֵחֵל לִבְכּוֹת

2 (special) מְיֻחָד

□ *he is a particular friend of mine* הוּא חָבֵר מְיֻחָד שֶׁלִּי

3 (difficult to satisfy) בַּרְרָן, אֲנִין־טַעַם

□ *she's particular about what she eats* הִיא בַּרְרָנִית בְּמַאֲכָלֶיהָ

—n.

1 (*formal*) פְּרָט

2 in particular בִּפְרָט, בִּמְיֻחָד

particularity /pəˌtɪkjʊˈlærətɪ/ n. (*formal*) דִּיּוּק, דַּיְּקָנוּת; פְּרָט; יִחוּד, יְחוּדִיּוּת

particularize /pəˈtɪkjʊləraɪz/ v.t. (*formal*) פֵּרֵט

particularly /pəˈtɪkjʊləlɪ/ adv. בִּמְיֻחָד, בִּפְרָט

parting /ˈpɑːtɪŋ/ n.

1 (division in hair) פִּסְקָה, "שְׁבִיל" (בַּשֵּׂעָר)

2 (leave-taking) פְּרֵדָה, אֲמִירַת שָׁלוֹם

—adj. שֶׁל פְּרֵדָה, שֶׁל סִיּוּם

parting shot מִשְׁפַּט סִיּוּם חָרִיף וְעוֹיֵן

parti pris /ˌpɑːtɪ ˈpriː/ n. (*formal*) דֵּעָה מֻקְדֶּמֶת, דֵּעָה קְדוּמָה

partisan /ˌpɑːtɪˈzæn/ n.

1 (adherent of cause) חָסִיד נִלְהָב

2 (guerrilla) פַּרְטִיזָן

—adj. (*derog.*) נִלְהָב, מְשֻׁבָּע

□ *his loyalties are too partisan* הוּא חָסִיד נִלְהָב מִדַּי

partita /pɑːˈtiːtə/ n. (*Mus.*) פַּרְטִיטָה (מֵעֵין סְוִיטָה מוּזִיקָלִית)

partition /pɑːˈtɪʃ(ə)n/ n.

1 (division) חֲלֻקָּה

□ *Pakistan was created by the partition of India* פָּקִיסְטָן נוֹצְרָה כְּתוֹצָאָה מֵחֲלֻקַּת הֹדּוּ

2 (thing dividing up space, etc.) חַיִץ, קִיר דַּק, מְחִצָּה

partition wall מְחִצָּה, קִיר מַפְרִיד

—v.t. חָצַץ בֵּין, חִלֵּק

partitive /ˈpɑːtɪtɪv/ adj. & n. (*Gram.*) פַּרְטִיטִיבִי; מִלָּה פַּרְטִיטִיבִית

partly /ˈpɑːtlɪ/ adv. בְּאֹפֶן חֶלְקִי, בְּחֶלְקוֹ, בְּמִקְצָת, בְּמִדַּת־מָה

partner /ˈpɑːtnə(r)/ n.

1 (ally; companion in business, etc.) שֻׁתָּף

junior partner שֻׁתָּף זוּטָר

senior partner שֻׁתָּף בָּכִיר

2 (person sharing activity) בֶּן־זוּג
dancing partner בֶּן זוּג לְרִקּוּדִים
3 (other person in relationship) בֶּן־זוּג
—v.t. זִוֵּג; הָיָה בֶּן זוּג לְ...

partnership /ˈpɑːtnəʃɪp/ n. שֻׁתָּפוּת
□ *he entered into partnership with his brother* הוּא נִכְנַס לְשֻׁתָּפוּת עִם אָחִיו

partook /pɑːˈtʊk/ past of **partake**

part-ownership /ˌpɑːt-ˈəʊnəʃɪp/ n. בַּעֲלוּת חֶלְקִית

partridge /ˈpɑːtrɪdʒ/ n. חָגְלָה

part-time /ˌpɑːt-ˈtaɪm/ adj. & adv. (מִשְׂרָה) חֶלְקִית; בְּמִשְׂרָה חֶלְקִית

parturition /ˌpɑːtjʊˈrɪʃ(ə)n/ n. (*formal*) לֵדָה; הַמְלָטָה

party /ˈpɑːtɪ/ n.
1 (social gathering) מְסִבָּה
dinner party אֲרוּחַת־עֶרֶב חֲגִיגִית (לָרֹב בִּמְסִבּוֹת פְּרָטִיּוֹת)
□ *she gave a party* הִיא עָשְׂתָה מְסִבָּה
2 (group) קְבוּצָה
advance party יְחִידַת־סִיּוּר, יְחִידַת־חָלוּץ
rescue party צֶוֶת־הַצָּלָה, צֶוֶת־חִלּוּץ, יְחִידַת־מִלּוּט
working party וַעֲדַת אַד הוֹק, וַעֲדָה מִקְצוֹעִית
3 (*Polit.*) מִפְלָגָה
party line קַו הַמִּפְלָגָה
party politics פּוֹלִיטִיקָה מִפְלַגְתִּית
party system שִׁיטַת־הַמִּפְלָגוֹת, מַעֲרֶכֶת מִפְלַגְתִּית
4 (*Law*) צַד
innocent party הַצַּד הַחַף מִפֶּשַׁע
third party צַד שְׁלִישִׁי (בְּבִטּוּחַ)
□ *I won't be* (a) *party to any dishonesty* אֲנִי לֹא אֶקַּח חֵלֶק בְּשׁוּם מַעֲשֶׂה לֹא הָגוּן
—v.i. (*colloq.*) הָלַךְ לִמְסִבּוֹת, בִּלָּה בִּמְסִבּוֹת

party-line /ˈpɑːtɪ-laɪn/ n. קַו (טֶלֶפוֹן) מְשֻׁתָּף

party-wall /ˌpɑːtɪ-ˈwɔːl/ n. קִיר מְשֻׁתָּף (בֵּין שְׁנֵי חֲדָרִים אוֹ בָּתִּים)

parvenu /ˈpɑːvənjuː/ n. (fem. **parvenue**) "עֶבֶד כִּי יִמְלֹךְ", מִי שֶׁעָלָה לִגְדֻלָּה מִן הָאַשְׁפַּתּוֹת

Pascal /pæˈskɑːl/ n. (*Comput.*) פַּסְקָל (שְׂפַת תִּכְנוּת לְמַחְשֵׁב)

pascal /ˈpæsk(ə)l/ n. (*Phys.*) יְחִידַת־פַּסְקָל (יְחִידַת לַחַץ)

paschal /ˈpæsk(ə)l/ adj. שֶׁל פֶּסַח, שֶׁל קָרְבַּן־הַפֶּסַח; שֶׁל הַפַּסְחָא

pasha /ˈpɑːʃə/ n. (*Hist.*) פֶּחָה

pass¹ /pɑːs/ abbrev. (*Gram.*) סָבִיל

pass² /pɑːs/ n.
1 (act of moving past) (פְּעֻלַּת) מַעֲבָר (עַל פְּנֵי דָּבָר מָה)
2 (permit, entry ticket) רִשְׁיוֹן מַעֲבָר, תְּעוּדַת מַעֲבָר, "פַּס"
3 (success in examination) עֲמִידָה בְּמִבְחָן, צִיּוּן "עוֹבֵר"
pass degree תֹּאַר אֲקָדֶמִי בְּצִיּוּן "מַסְפִּיק בְּקֹשִׁי"
4 (*Football*) מְסִירָה
5 (path in mountains) מִשְׁעוֹל, מַעֲבַר־הָרִים
6 make a pass at (*colloq.*) נִסָּה "לְהַתְחִיל" עִם
7 (situation, *arch.*) מַצָּב בִּישׁ
□ *things have reached a pretty pass!* הַדְּבָרִים הִגִּיעוּ לִכְלַל מַצָּב בִּישׁ!
—v.i.
1 (proceed) עָבַר
□ *let me pass!* תֵּן לִי לַעֲבֹר!
2 (elapse) עָבַר, חָלַף
□ *how time passes!* אֵיךְ הַזְּמַן רָץ!
3 (be successful in examination) עָמַד, עָבַר (בִּבְחִינָה)
4 (take place; continue to an end) קָרָה, הִתְרַחֵשׁ, עָבַר
□ *much passed between them* (*formal*) הַרְבֵּה דְּבָרִים קָרוּ בֵּינֵיהֶם
□ *I never thought this would come to pass* (*formal*) מֵעוֹלָם לֹא חָשַׁבְתִּי שֶׁהַדְּבָרִים אָכֵן יִקְרוּ
□ *the dinner passed off well* אֲרוּחַת הָעֶרֶב עָבְרָה בְּהַצְלָחָה
□ *my toothache has passed off* כְּאֵב הַשִּׁנַּיִם שֶׁלִּי חָלַף
5 (be accepted) נִרְאָה כְּ...
□ *she could pass for 20* הִיא נִרְאֵית כְּמוֹ בַּת־עֶשְׂרִים
□ *I could have objected to his rudeness, but I let it pass* יָכֹלְתִּי לִמְחוֹת עַל גַּסּוּת הָרוּחַ שֶׁלּוֹ, אַךְ הֶעֱדַפְתִּי לְהַנִּיחַ לָזֶה
6 (in card games) "פַּס"
7 (*Football*) מָסַר כַּדּוּר, הֶעֱבִיר כַּדּוּר
8 (change; be transferred) הִתְחַלֵּף, הִשְׁתַּנָּה; עָבַר לִידֵי, עָבַר לְבַעֲלוּת
□ *my mood passed from anxiety into anger* מַצַּב רוּחִי הִתְחַלֵּף מִדְּאָגָה לְכַעַס
□ *the estate passed to her brother* הַיְרֻשָּׁה עָבְרָה לְבַעֲלוּת אָחִיהָ
9 pass away (or **on**) (*euphem.*) נִפְטַר
pass out
(lose consciousness) הִתְעַלֵּף
(leave college, etc.) סִיֵּם לִמּוּדִים (בְּבֵית־סֵפֶר צְבָאִי וְכַד')
pass over דִּלֵּג עַל פְּנֵי, פָּסַח עַל
—v.t.
1 (go past) עָבַר, חָלַף עַל פְּנֵי
□ *no words passed her lips* אַף מִלָּה לֹא יָצְאָה מִפִּיהָ
□ *we passed three buses* חָלַפְנוּ עַל פְּנֵי שְׁלֹשָׁה אוֹטוֹבּוּסִים
□ *after passing the station, turn left* אַחֲרֵי שֶׁתַּעֲבֹר אֶת הַתַּחֲנָה פְּנֵה שְׂמֹאלָה

2 (get through) עָמַד בְּ..., זָכָה בְּאִשּׁוּר שֶׁל
□ *she passed her driving-test* הִיא עָבְרָה אֶת הַטֶּסְט
□ *the film passed the censor* הַסֶּרֶט קִבֵּל אֶת אִשּׁוּר הַצֶּנְזוֹר
3 (spend time) בִּלָּה, הֶעֱבִיר (זְמַן)
□ *how shall we pass the evening?* אֵיךְ נְבַלֶּה אֶת הָעֶרֶב
4 (dispense) מָסַר, נָתַן
□ *he passed round some snacks* הוּא חִלֵּק חֲטִיפִים
□ *pass the salt, please!* תַּעֲבִיר לִי בְּבַקָּשָׁה אֶת הַמֶּלַח!
5 (allow) הִתִּיר, אִשֵּׁר
□ *the censor passed the film* הַצֶּנְזוֹר אִשֵּׁר אֶת הַסֶּרֶט
□ *he was passed fit for work* הוּא נִמְצָא כָּשִׁיר לַעֲבוֹדָה
6 (give out) הִשְׁמִיעַ
pass judgement נָתַן פְּסַק דִּין; מָתַח בִּקֹּרֶת עַל, שָׁפַט
□ *don't pass remarks about me!* אַל תִּמְתַּח עָלַי בִּקֹּרֶת (בִּפְנֵי אֲחֵרִים)!
□ *the judge passed sentence* הַשּׁוֹפֵט הוֹצִיא פְּסַק־דִּין
7 (cause to move) הֶעֱבִיר
□ *pass the soup through the sieve* סִנֵּן אֶת הַמָּרָק
8 (*Football*, etc.) הֶעֱבִיר (אֶת הַכַּדּוּר), מָסַר (אֶת הַכַּדּוּר)
9 (surpass, *arch.*) הִתְעַלָּה עַל
□ *what you have done passes understanding* מַה שֶּׁעָשִׂיתָ נִפְלָא מִבִּינָתִי
10 (*Med.*) פָּלַט, הוֹצִיא
pass water הִשְׁתִּין
□ *she was passing blood* הָיָה דָּם בַּשֶּׁתֶן שֶׁלָּהּ
11 **pass off** הִתְחַזָּה (לְ...), הֶעֱמִיד פָּנִים
□ *he passed himself off as a doctor* הוּא הִצִּיג אֶת עַצְמוֹ כְּרוֹפֵא (לַמְרוֹת שֶׁלֹּא הָיָה כָּזֶה)
pass on מָסַר, הֶעֱבִיר (יְדִיעָה וְכַד׳)
□ *he passed on his knowledge to his assistant* הוּא הֶעֱבִיר אֶת הַמֵּידָע שֶׁלּוֹ לְעוֹזְרוֹ
□ *pass it on!* תַּעֲבִיר הָלְאָה! (בִּשְׂפַת יְלָדִים)
pass up (*colloq.*) הֶחְמִיץ
□ *he passed up his chances* הוּא הֶחְמִיץ אֶת הַהִזְדַּמְּנוּת שֶׁלּוֹ

passable /ˈpɑːsəb(ə)l/ adj.
1 (open to traffic) עָבִיר, נִתָּן לְמַעֲבָר
2 (acceptable, average) נִסְבָּל, בְּסֵדֶר

passacaglia /ˌpæsəˈkɑːlɪə/ n. (*Mus.*) פַּסַּקַלְיָה (יְצִירָה מוּזִיקָלִית בְּקֶצֶב מָחוֹל אִטִּי)

passage /ˈpæsɪdʒ/ n.
1 (passing; transition) מַעֲבָר, מַהֲלָךְ
bird of passage צִפּוֹר־נוֹד; תּוֹשָׁב זְמַנִּי
2 (journey) מַסָּע
□ *I booked my passage* הִזְמַנְתִּי אֶת הַכַּרְטִיס, נִרְשַׁמְתִּי לַנְּסִיעָה
□ *he's working his passage* הוּא מְשַׁלֵּם אֶת כַּרְטִיס הַנְּסִיעָה בַּעֲבוֹדָה
3 (extract) פִּסְקָה, קֶטַע (מִסֵּפֶר וְכַד׳)
4 (way through; corridor) סִמְטָה, מִסְדְּרוֹן, מַעֲבָר צַר

passageway /ˈpæsɪdʒweɪ/ n. מַעֲבָר (אָרֹךְ וְצַר)

passbook /ˈpɑːsbʊk/ n.
1 (book of money transactions) פִּנְקָס חוֹבָה וּזְכוּת (בְּבַנְק וְכַד׳)
2 (permit, *S. Afr.*) מֵעֵין אִשּׁוּר־מַעֲבָר (בְּשִׁיטַת הָאַפַּרְטְהַיְד הַדְּרוֹם אַפְרִיקָאִית, בֻּטַּל 1987)

passé /ˈpæseɪ/ adj. "פָּסֶה", שֶׁיָּצָא מִן הָאָפְנָה

passenger /ˈpæsɪndʒə(r)/ n. נוֹסֵעַ
□ *he's just a passenger on the team* הוּא לֹא תּוֹרֵם כְּלוּם לַעֲבוֹדַת־הַצֶּוֶת, הוּא גַּלְגַּל חֲמִישִׁי בָּעֲגָלָה

passepartout /ˌpæspɑːˈtuː/ n.
1 (key) מַפְתֵּחַ־גַּנָּבִים
2 (frame; method of framing) פַּסְפַּרְטוּרָה, מִסְגֶּרֶת קַרְטוֹן לִתְמוּנוֹת; מִסְגּוּר תְּמוּנוֹת בְּקַרְטוֹן

passer-by /ˌpɑːsəˈbaɪ/ n. (*pl.* **passers-by**) עוֹבֵר־אֹרַח (עוֹבְרִים־וְשָׁבִים)

passim /ˈpæsɪm/ adv. (*formal*) וְעוֹד בְּכַמָּה מְקוֹמוֹת (צִיּוּן כְּלָלִי לְהַפְנָיוֹת)

passing /ˈpɑːsɪŋ/ adj. עוֹבֵר, בֶּן־חֲלוֹף
□ *it was just a passing fancy* הָיָה זֶה רַק שִׁגָּעוֹן חוֹלֵף
passing shot (*Tennis*) חֲבָטָה צְדָדִית (בְּטֶנִיס, מֵעֵבֶר לְהֶשֵּׂג יָדוֹ שֶׁל הַיָּרִיב)
—n. פְּטִירָה
—adv. (*arch.*) מְאֹד, בְּיוֹתֵר
□ *the tale was passing strange* הַסִּפּוּר הָיָה מוּזָר בְּיוֹתֵר

passion /ˈpæʃ(ə)n/ n.
1 (strong feeling of anger, rage or desire) סְעָרַת רְגָשׁוֹת; פֶּרֶץ רְגָשׁוֹת; כַּעַס, זַעַם; תַּאֲוָה
□ *passions were running high* הָרוּחוֹת סָעֲרוּ
□ *she flew into a passion* הִיא יָצְאָה מִכֵּלֶיהָ
2 **the Passion** (*Relig.*) יִסּוּרֵי יֵשׁוּ הַנּוֹצְרִי, "פַּסְיוֹן"
Passion play מַחֲזֶה "פַּסְיוֹן" (הַצָּגָה עַל צְלִיבַת יֵשׁוּ)

passionate /ˈpæʃənət/ adj. נִסְעָר, נִלְהָב

passionately /ˈpæʃənətlɪ/ adv. בִּסְעָרַת־רְגָשׁוֹת, בְּהִתְלַהֲבוּת גְּדוֹלָה, בְּלַהַט
□ *he is passionately opposed to that idea* הוּא מִתְנַגֵּד לָרַעְיוֹן הַהוּא בְּלַהַט

passion-flower /ˈpæʃ(ə)n-flaʊə(r)/ n. שְׁעוֹנִית, פַּסִּיפְלוֹרָה

passion-fruit /ˈpæʃ(ə)n-fruːt/ n. פְּרִי־הַשְּׁעוֹנִית, פְּרִי הַפַּסִּיפְלוֹרָה

passive /ˈpæsɪv/ adj. סָבִיל, פַּסִּיבִי
1 (not active, submissive) סָבִיל, פַּסִּיבִי
passive resistance הִתְנַגְּדוּת סְבִילָה, הִתְנַגְּדוּת פַּסִּיבִית

passive smoking עִשּׁוּן סָבִיל (שְׁאִיפַת עָשָׁן מְסִיגָרִיּוֹת שֶׁל אֲחֵרִים)

2 (*Gram.*, also n.) סָבִיל; צוּרַת הַסָּבִיל

passivity /pæˈsɪvətɪ/ n. פַּסִּיבִיּוּת, סְבִילוּת

pass-key /ˈpɑːs-kiː/ n. מַפְתֵּחַ־גַּנָּבִים

Passover /ˈpɑːsəʊvə(r)/ n. פֶּסַח, חַג־הַפֶּסַח

passport /ˈpɑːspɔːt/ n. דַּרְכּוֹן, פַּסְפּוֹרְט

□ *expensive education is not a passport to success* חִנּוּךְ יָקָר אֵינוֹ מַפְתֵּחַ לְהַצְלָחָה

password /ˈpɑːswɜːd/ n.

1 (secret word to gain access) סִיסְמָה

2 (*Comput.*) סִיסְמָה (הַמְאַפְשֶׁרֶת שִׁמּוּשׁ בְּמַחְשֵׁב)

past /pɑːst/ adj. שֶׁל הֶעָבָר; שֶׁעָבַר, הַחוֹלֵף

past master רַב־אָמָן, מֻמְחֶה מִמַּדְרֵגָה רִאשׁוֹנָה

past president נָשִׂיא לְשֶׁעָבַר

past tense (*Gram.*) זְמַן עָבָר, עָבָר

□ *I've been ill for the past few days* הָיִיתִי חוֹלֶה בְּמֶשֶׁךְ הַיָּמִים הָאַחֲרוֹנִים

—n. עָבָר

□ *she lives in the past* הִיא חַיָּה בֶּעָבָר

□ *servants are things of the past* מְשָׁרְתִים הֵם נַחֲלַת־הֶעָבָר

□ *his past has caught up with him* הוּא נֶאֱלַץ לָשֵׂאת בְּתוֹצָאוֹת חַיָּיו בֶּעָבָר, עֲבָרוֹ הִשִּׂיג אוֹתוֹ

—prep.

1 (later or older than) אַחֲרֵי, לְאַחַר

□ *the time is ten past six* הַשָּׁעָה שֵׁשׁ וָעֶשֶׂר דַּקּוֹת, הַשָּׁעָה עֶשֶׂר דַּקּוֹת אַחֲרֵי שֵׁשׁ

□ *she's past forty* הִיא כְּבָר עָבְרָה אֶת (גִּיל) הָאַרְבָּעִים

2 (beyond in space) אַחֲרֵי

□ *he lives just past the station* הוּא גָּר מִיָּד אַחֲרֵי הַתַּחֲנָה, הוּא גָּר מַמָּשׁ אַחֲרֵי הַתַּחֲנָה

3 (beyond the limits of) מֵעֵבֶר לְ...

□ *the pain was past bearing* הַכְּאֵב הָיָה כָּבֵד מִנְּשׂוֹא

□ *I'm past caring* כְּבָר לֹא אִכְפַּת לִי

□ *he's a bit past it now* (*colloq.*) הוּא כְּבָר לֹא מָה שֶׁהָיָה פַּעַם

□ *I wouldn't put it past him* לֹא הָיִיתִי מִתְפַּלֵּא עָלָיו (אִם הָיָה מְרַמֶּה וְכַד׳), הוּא בְּהֶחְלֵט מְסֻגָּל לְ...

4 (in front of) עַל פְּנֵי

□ *he hurried past me* הוּא חָלַף עַל פָּנַי בִּמְהִירוּת

—adv. עַל פְּנֵי

pasta /ˈpæstə/ n. פַּסְטָה (אִטְרִיּוֹת אוֹ מַאַכְלֵי־אִטְרִיּוֹת אִיטַלְקִיִּים)

paste /peɪst/ n.

1 (moist stiff mixture) עִסָּה, מִשְׁחָה; מִמְרָח

2 (adhesive) דֶּבֶק

3 (dough) עִסַּת בָּצֵק

4 (imitation jewellery) תַּכְשִׁיטֵי זְכוּכִית (תַּחֲלִיף לַאֲבָנִים טוֹבוֹת, עֲשׂוּיֵי זְכוּכִית וְכַד׳)

—v.t.

1 (cover or fix with paste) הִדְבִּיק

paste up (*Printing*) עִמּוּד

2 (beat, thrash, *sl.*) ״מָרַח״

pasteboard /ˈpeɪstbɔːd/ n. קַרְטוֹן לִכְרִיכָה

pastel /ˈpæst(ə)l/ n. פַּסְטֶל (צְבָעִים)

pastel shades גּוֹנֵי־פַּסְטֶל (גְּוָנִים בְּהִירִים וְרַכִּים)

pasteurization /ˌpæstʃəraɪˈzeɪʃ(ə)n/ n. פִּסְטוּר

pasteurize /ˈpæstʃəraɪz/ v.t. פִּסְטֵר

pastiche /pæˈstiːʃ/ n. פַּסְטִיץ׳, ״דַּיְסָה״ מוּזִיקָלִית; חִקּוּי סִגְנוֹנִי, עֵרֶב־רַב שֶׁל מְקוֹרוֹת

pastille /ˈpæstɪl/ n. טַבְלִית, סֻכָּרִיַּת־מְצִיצָה רְפוּאִית

pastime /ˈpɑːstaɪm/ n. תַּחְבִּיב, עִסּוּק לִשְׁעוֹת־הַפְּנַאי

pasting /ˈpeɪstɪŋ/ n. (*colloq.*) ״מַכּוֹת״

□ *they gave him a pasting* הֵם הִכְנִיסוּ לוֹ מַכּוֹת

pastis /pæˈstiːs/ n. פַּסְטִיס (מַשְׁקֵה אָנִיס אַלְכּוֹהוֹלִי)

pastor /ˈpɑːstə(r)/ n. כֹּמֶר; רוֹעֶה רוּחָנִי

pastoral /ˈpɑːstərəl/ adj.

1 (rural) פַּסְטוֹרָלִי, כַּפְרִי וְשָׁלֵו

2 (*Relig.*) שֶׁל הַכֹּמֶר

pastoral care תְּמִיכָתוֹ הָרוּחָנִית שֶׁל הַכֹּמֶר

—n.

1 (rural or rustic work) פַּסְטוֹרָלָה

2 (*Relig.*) אִגֶּרֶת מִן הַכֹּמֶר לְצֹאן מַרְעִיתוֹ

pastrami /pæˈstrɑːmɪ/ n. פַּסְטְרָמָה (סוּג שֶׁל בְּשַׂר־בָּקָר מְעֻשָּׁן)

pastry /ˈpeɪstrɪ/ n.

1 (paste of flour and fat for baking) בָּצֵק

puff pastry בְּצֵק־עָלִים

2 (cake containing this) מַאֲפֶה; כָּל אֶחָד מִסּוּגִים שׁוֹנִים שֶׁל עוּגוֹת קְטַנּוֹת וּמְהֻדָּרוֹת

pastrycook /ˈpeɪstrɪ-kʊk/ n. (*arch.*) אוֹפֶה־עוּגוֹת

pasturage /ˈpɑːstʃərɪdʒ/ n. (*formal*) מִרְעֶה

pasture /ˈpɑːstʃe(r)/ n. & v.t. & i. מִרְעֶה; רָעָה, הוֹצִיא לַמִּרְעֶה; רָעָה

pasty[1] /ˈpeɪstɪ/ adj. דָּבִיק, בְּצֵקִי; חִוֵּר לְמַרְאֶה

pasty-faced בַּעַל פָּנִים חִוְּרִים וְחוֹלָנִיִּים

pasty[2] /ˈpæstɪ/ n. כִּיס־בָּצֵק מְמֻלָּא יְרָקוֹת וּבָשָׂר

Cornish pasty כִּיס־בָּצֵק מְמֻלָּא תַּפּוּחֵי־אֲדָמָה וּבָשָׂר

pat /pæt/ v.t. טָפַח עַל;

—n.

1 (touch) טְפִיחָה

□ *he deserves a pat on the back* (*fig.*) מַגִּיעַ לוֹ טְפִיחָה עַל הַשֶּׁכֶם

2 (small piece of butter, etc.) חֲתִיכָה קְטַנָּה, כַּמּוּת קְטַנָּה

cow pat גּוּשׁ שֶׁל גְּלָלֵי־פָּרוֹת (עַל הָאֲדָמָה)

—adv. (*derog.*) מִיָּדִי

□ *he had his excuse pat* הוּא שָׁלַף תֵּרוּץ מִיָּד

—adj. (*derog.*) מוּכָן מֵרֹאשׁ (תֵּרוּץ, מַעֲנֶה וְכַד׳)

patch /pætʃ/ n.
1 (covering for hole or tear) טְלַאי
patch pocket כִּיס תָּפוּר עַל צִדּוֹ הַחִיצוֹנִי שֶׁל בֶּגֶד
□ *he's not a patch on his father* (*colloq.*) הוּא לֹא מַגִּיעַ לַקַּרְסֻלַּיִם שֶׁל אָבִיו
2 (*Med.*) רְטִיָּה
eye patch רְטִיָּה לָעַיִן
3 (small area or period) כֶּתֶם, פִּסָּה, תְּקוּפָה
cabbage patch עֲרוּגַת־הַכְּרוּב
□ *it was a black horse with white patches* זֶה הָיָה סוּס שָׁחוֹר עִם כְּתָמִים לְבָנִים
□ *he's going through a bad patch* (*fig.*) הוּא עוֹבֵר תְּקוּפָה קָשָׁה
—v.t. הִטְלִיא
□ *the coat was patched together from old rags* הַמְּעִיל הָיָה עָשׂוּי טְלָאִים וּסְמַרְטוּטִים
□ *they patched up their differences* הֵם הִצְלִיחוּ לְהַגִּיעַ לְפִשָּׁרָה, הֵם הִטְלִיאוּ אֶת חִלּוּקֵי הַדֵּעוֹת בֵּינֵיהֶם
patchboard /ˈpætʃbɔːd/ n. (*Electr.*) לוּחַ חִבּוּרִים
patchwork /ˈpætʃwɜːk/ n. מַעֲשֵׂה־טְלָאִים
patchwork quilt שְׂמִיכַת־טְלָאִים
patchouli /pəˈtʃuːlɪ/ n. פַּצ'וּלִי (צֶמַח בֹּשֶׂם הֹדִּי)
patchy /ˈpætʃɪ/ adj. לֹא־אָחִיד, לֹא סָדִיר, מְקֻטָּע
pate /peɪt/ n. (*arch. & joc.*) קָדְקֹד, רֹאשׁ
pâté /ˈpæteɪ/ n. פָּטֶה, מִמְרַח־כָּבֵד (וּבְשָׂרִים אֲחֵרִים)
patella /pəˈtelə/ n. (*pl.* **patellae**) (*Anat.*) פִּקַּת־הַבֶּרֶךְ
patent adj. /ˈpeɪt(ə)nt/
1 (obvious, *formal*) נִכָּר בַּעֲלִיל, גָּלוּי לָעַיִן, בָּרוּר
□ *this was patent dishonesty* זֹאת הָיְתָה רַמָּאוּת גְּלוּיָה
2 (protected legally) מוּגָן בְּפָטֶנְט
patent medicine תְּרוּפָה הָרְשׁוּמָה כְּפָטֶנְט
Letters Patent (*Law*) כְּתַב־זִכָּיוֹן (לְנִצּוּל הַמְצָאָה וְכַד')
3 patent leather עוֹר־לַכָּה (לִנְעָלַיִם וְכַד')
—n. /ˈpætənt/ פָּטֶנְט
Patent Office מִשְׂרַד הַפָּטֶנְטִים
—v.t. הִשִּׂיג זְכֻיּוֹת־פָּטֶנְט עַל, רָשַׁם כְּפָטֶנְט
patentee /ˌpeɪt(ə)nˈtiː/ n. בַּעַל פָּטֶנְט, בַּעַל זְכֻיּוֹת פָּטֶנְט
paterfamilias /ˌpeɪtəfəˈmɪlɪæs/ n. (*formal*) בַּעַל בְּעַמָּיו, בַּעַל־בַּיִת
paternal /pəˈtɜːn(ə)l/ adj. אַבָּהִי; מִצַּד הָאָב
paternal grandfather הַסָּב מִצַּד הָאָב
paternalism /pəˈtɜːnəlɪzəm/ n. פָּטֶרְנָלִיזְם (גִּישָׁה אַבָּהִית וּשְׁתַּלְּטָנִית)
paternalistic /pəˌtɜːnəˈlɪstɪk/ adj. פָּטֶרְנָלִיסְטִי (כַּנ"ל)
paternity /pəˈtɜːnɪtɪ/ n. (*formal & Law*) אַבָהוּת
paternoster /ˌpætəˈnɒstə(r)/ n. (*Relig.*) "פָּטֶר־נוֹסְטֶר", תְּפִלַּת "אָבִינוּ" (בַּנַּצְרוּת)

path /pɑːθ/ n.
1 (road or footway) שְׁבִיל, מִשְׁעוֹל
2 (course followed) מַסְלוּל, נָתִיב, דֶּרֶךְ
pathetic /pəˈθetɪk/ adj.
1 (woeful) פָּתֶטִי, מְעוֹרֵר־חֶמְלָה, עָלוּב, עָצוּב
2 (ludicrously bad, *UK colloq.*) פָּתֶטִי, עָלוּב, מְגֻחָךְ
pathetically /pəˈθetɪk(ə)lɪ/ adv. בְּצוּרָה מְעוֹרֶרֶת רַחֲמִים
pathfinder /ˈpɑːθfaɪndə(r)/ n. חָלוּץ, מוֹרֵה דֶּרֶךְ
pathogen /ˈpæθədʒ(ə)n/ n. (חַיְדַּק וְכַד') גּוֹרֵם מַחֲלָה
pathological /ˌpæθəˈlɒdʒɪk(ə)l/ adj. פָּתוֹלוֹגִי, חוֹלָנִי
□ *she's a pathological liar* הִיא שַׁקְרָנִית פָּתוֹלוֹגִית
pathologist /pəˈθɒlədʒɪst/ n. פָּתוֹלוֹג
pathology /pəˈθɒlədʒɪ/ n. פָּתוֹלוֹגְיָה
pathos /ˈpeɪθɒs/ n. פָּתוֹס
patience /ˈpeɪʃ(ə)ns/ n.
1 (endurance) סַבְלָנוּת, אֹרֶךְ־רוּחַ
□ *I lost my patience* סַבְלָנוּתִי פָּקְעָה, אִבַּדְתִּי אֶת סַבְלָנוּתִי
□ *I have no patience with him* אֵין לִי סַבְלָנוּת אֵלָיו
2 (card game) "פַּסְיָנְס"
patient /ˈpeɪʃ(ə)nt/ adj. בַּעַל־סַבְלָנוּת, סַבְלָנִי
□ *be patient!* סַבְלָנוּת!; לְאַט לְאַט!
—n. (*Med.*) חוֹלֶה, פַּצְיֶנְט
patina /ˈpætɪnə/ n. פָּטִינָה (שִׁכְבָה יְרֻקָּה הַמּוֹפִיעָה עַל פְּנֵי חֲפָצֵי אָרָד עַתִּיקִים); בָּרָק שֶׁל חֲפָצֵי עֵץ עַתִּיקִים
patio /ˈpætɪəʊ/ n. (*pl.* **patios**) פַּטְיוֹ, חָצֵר פְּנִימִית
patisserie /pəˈtiːsərɪ/ n. קוֹנְדִּיטוֹרְיָה, מִגְדָּנִיָּה, חֲנוּת עוּגוֹת
patois /ˈpætwɑː/ n. (*pl.* **patois**) עָגָה מְקוֹמִית (לָרֹב שֶׁל שִׁכְבוֹת אֻכְלוּסִיָּה נְמוּכוֹת)
patriarch /ˈpeɪtrɪɑːk/ n.
1 (male head of family, etc.) רֹאשׁ מִשְׁפָּחָה, פַּטְרִיאַרְךְ
2 (*Bibl.*) כָּל אֶחָד מִשְּׁלֹשֶׁת הָאָבוֹת (אַבְרָהָם, יִצְחָק וְיַעֲקֹב)
3 (*Relig.*) פַּטְרִיאַרְךְ (בַּכְּנֵסִיָּה הַמִּזְרָחִית)
patriarchal /ˌpeɪtrɪˈɑːk(ə)l/ adj. פַּטְרִיאַרְכָלִי
patriarchate /ˈpeɪtrɪɑːkeɪt/ n. (*Relig.*) פַּטְרִיאַרְכִיָּה (מְחוֹז שִׁפּוּט הַפַּטְרִיאַרְךְ)
patriarchy /ˈpeɪtrɪɑːkɪ/ n. פַּטְרִיאַרְכִיָּה (מִבְנֶה־חֶבְרָתִי שֶׁבּוֹ הַסַּמְכוּת מְרֻכֶּזֶת בִּידֵי הַגְּבָרִים)
patrician /pəˈtrɪʃ(ə)n/ n. בֶּן־אֲצֻלָּה, פַּטְרִיקִי
patricide /ˈpætrɪsaɪd/ n. (*formal*) רֶצַח־אָב; רוֹצֵחַ אָבִיו
patrimony /ˈpætrɪmənɪ/ n. (*formal*) נַחֲלַת־אָבוֹת, יְרֻשָּׁה, מוֹרֶשֶׁת
patriot /ˈpætrɪət/ n. פַּטְרִיּוֹט
patriotic /ˌpætrɪˈɒtɪk/ adj. פַּטְרִיּוֹטִי
patriotism /ˈpætrɪətɪzəm/ n. פַּטְרִיּוֹטִיּוּת
patrol /pəˈtrəʊl/ n. סִיּוּר, מִשְׁמָר, פַּטְרוֹל
patrol car נַיֶּדֶת (מִשְׁטָרָה)
patrol leader מְפַקֵּד סִיּוּר

—v.t. & i. סִיֵּר בְּ..., עָרַךְ סִיּוּר בְּ..., פִּטְרֵל בְּ...; סִיֵּר, עָרַךְ סִיּוּר, פִּטְרֵל

patrolman /pəˈtrəʊlmən/ n. (*US*) שׁוֹטֵר מַקּוֹף; מַפְעִיל נַיֶּדֶת־חִלּוּץ בַּדְּרָכִים

patron /ˈpeɪtrən/ n.
1 (customer) לָקוֹחַ קָבוּעַ (בַּחֲנוּת, בְּמִסְעָדָה); אוֹרֵחַ (בְּמָלוֹן); מְבַקֵּר (בְּבֵית־הַקּוֹלְנוֹעַ)
2 (supporter) פַּטְרוֹן, מְצֶנֶּט, מֵיטִיב
patron saint הַקָּדוֹשׁ הַמְּיֻחָד (לְמָקוֹם, לְסוּג פְּעִילוּת מְסֻיָּם וְכַד')

patronage /ˈpætrənɪdʒ/ n.
1 (support of patron) פַּטְרוֹנוּת, תְּמִיכָה, חָסוּת
2 (*Polit.*) הַזְּכוּת לְהַעֲנִיק מִשְׂרוֹת מֶמְשַׁלְתִּיּוֹת
3 (*Relig.*) הַזְּכוּת לְהַצִּיעַ מֻעֲמָד לְמִשְׂרָה פְּנוּיָה בַּכְּנֵסִיָּה הָאַנְגְּלִיקָנִית
4 (patronizing behaviour, *derog.*) הִתְנַהֲגוּת מִתְנַשֵּׂאת

patronize /ˈpætrənaɪz/ v.t.
1 (support) תָּמַךְ, נָתַן חָסוּת (לָאֳמָן, סוֹפֵר וְכַד'); פָּקַד בִּקְבִיעוּת (כְּלָקוֹחַ)
2 (treat as inferior, *derog.*) נָהַג בְּהִתְנַשְּׂאוּת בְּ..., הִבִּיט מִגָּבוֹהַּ עַל

patronizing /ˈpætrənaɪzɪŋ/ adj. (*derog.*) מִתְנַשֵּׂא, מַבִּיט מִגָּבוֹהַּ

patronymic /ˌpætrəˈnɪmɪk/ n. שֵׁם מִשְׁפָּחָה הַנִּגְזָר מִשֵּׁם הָאָב אוֹ מִשְּׁמוֹ שֶׁל אָב קָדוּם

patten /ˈpæt(ə)n/ n. (*Hist.*) מֵעֵין נַעַל־עֵץ מֻגְבַּהַת

patter[1] /ˈpætə(r)/ n. תְּפִיפָה, רַחַשׁ
□ *the patter of tiny feet* (*joc.*) בִּקּוּר הַחֲסִידָה (נֶאֱמַר בְּהֶקְשֵׁר שֶׁל צִפִּיָּה לְהֻלֶּדֶת יְלָדִים)
—v.i. טָפַף

patter[2] /ˈpætə(r)/ n. לַהַג, גִּבּוּב מִלִּים
patter song שִׁיר "שׁוֹבֵר שִׁנַּיִם"
sales patter לַהַג שֶׁל סוֹכְנֵי־מְכִירוֹת
—v.t. & i. פִּטְפֵּט, לִהֵג; הִשְׁמִיעַ בְּלַהוּג

pattern /ˈpæt(ə)n/ n.
1 (design) תַּבְנִית, שִׂרְטוּט, צוּרָה
geometrical pattern תַּבְנִית גֵּיאוֹמֶטְרִית, שִׂרְטוּט גֵּיאוֹמֶטְרִי
□ *is there a pattern to these attacks?* הַאִם יֵשׁ אֵיזוֹ שֶׁהִיא תַּבְנִית קְבוּעָה לְהַתְקָפִים אֵלֶּה?
2 (model for manufacture) דֶּגֶם, דֻּגְמָה
dress pattern דֻּגְמָה לְשִׂמְלָה
3 (standardized form) מַתְכֹּנֶת, דֶּגֶם, דְּפוּס
behaviour pattern דְּפוּסֵי־הִתְנַהֲגוּת
□ *their meetings always followed the same pattern* פְּגִישׁוֹתֵיהֶם הִתְנַהֲלוּ תָּמִיד עַל פִּי אוֹתָהּ מַתְכֹּנֶת
4 (sample of cloth, etc.) דֻּגְמָה
—v.t.
1 (design) עִצֵּב, קִשֵּׁט
2 (model) חִקָּה
□ *he patterns himself on you* הוּא מְחַקֶּה אֶת הַהִתְנַהֲגוּת שֶׁלְּךָ

patty /ˈpætɪ/ n. כִּיס־בָּצֵק מְמֻלָּא

paucity /ˈpɔːsɪtɪ/ n. (*formal*) מַחְסוֹר, מִעוּט (מִסְפָּרִי אוֹ כַּמּוּתִי)

paunch /pɔːntʃ/ n. (*derog.*) כֶּרֶס, כָּרֵס

paunchy /ˈpɔːntʃɪ/ adj. (*derog.*) כַּרְסְתָנִי

pauper /ˈpɔːpə(r)/ n. אֶבְיוֹן

pause /pɔːz/ n.
1 (interval) הֲפוּגָה, פֶּסֶק־זְמַן, הַפְסָקָה קְצָרָה
□ *the size of the house gave her pause (for thought)* גָּדְלוֹ שֶׁל הַבַּיִת גָּרַם לָהּ לַעֲצֹר לְרֶגַע (וְלַחְשֹׁב)
2 (halt in speech, etc.) שְׁתִיקָה קְצָרָה
3 (*Mus.*) פָּאוּזָה, דְּמִימָה
—v.i. הִפְסִיק לְרֶגַע, עָצַר לְרֶגַע, עָמַד לְרֶגַע

pavan /ˈpæv(ə)n/ n. (also **pavane** /pəˈvɑːn/) פָּוָאן (מָחוֹל אִטִּי מִן הַמֵּאָה הַ־16 וְהַ־17, וְהַמּוּזִיקָה לְמָחוֹל זֶה)

pave /peɪv/ v.t. סָלַל, רִצֵּף
□ *his work with the company paved the way for great changes* עֲבוֹדָתוֹ בַּחֶבְרָה סָלְלָה אֶת הַדֶּרֶךְ לְשִׁנּוּיִים מַרְחִיקֵי לֶכֶת
□ *the road to hell is paved with good intentions* (*Prov.*) הַדֶּרֶךְ לַגֵּיהִנּוֹם רְצוּפָה כַּוָּנוֹת טוֹבוֹת

pavement /ˈpeɪvmənt/ n. מִדְרָכָה, רִצּוּף (בִּבְרִיטַנְיָה); חֶלְקוֹ הַסָּלוּל שֶׁל כְּבִישׁ (בְּאַרְהַ"ב)

pavilion /pəˈvɪlɪən/ n.
1 (building) בִּיתָן, פָּבִילְיוֹן (לְיַד מִגְרַשׁ סְפּוֹרְט)
2 (tent) אֹהֶל חֲגִיגִי (לְאֵרוּעֵי סְפּוֹרְט, מְסִבּוֹת־גַּן וְכַד'), מִבְנֶה אֵרוּעִים זְמַנִּי

paving /ˈpeɪvɪŋ/ n. רִצּוּף, חֹמֶר רִצּוּף
crazy paving רִצּוּף שִׁבְרֵי לוּחוֹת־אֶבֶן וּבֵטוֹן
paving stone מַרְצֶפֶת, אֶבֶן־מַרְצֶפֶת

pavlova /pævˈləʊvə/ n. קִנּוּחַ פֵּרוֹת עַל בְּסִיס מִקְצֶפֶת

Pavlovian /pævˈləʊvɪən/ adj. (רֶפְלֶקְס) פַּבְלוֹבִי

paw /pɔː/ n. כַּפָּה; (בְּהַשְׁאָלָה) כַּף־יָד
□ *take your paws off me!* (*colloq.*) בְּלִי יָדַיִם!
—v.t. & i.
1 (of animals, touch with foot) רָקַע בָּרֶגֶל, בָּטַשׁ (בַּעַל־חַיִּים)
□ *the horse pawed at the ground* הַסּוּס בָּטַשׁ בַּקַּרְקַע
2 (handle or touch in unpleasant way) טִפֵּל בְּיָד גַּסָּה; "דָּחַף יָדַיִם"

pawky /ˈpɔːkɪ/ adj. מִתְחַכֵּם (לְמָשָׁל אֲמִירָה שֶׁאֵין יוֹדְעִים אִם נֶאֶמְרָה בִּרְצִינוּת אוֹ בִּצְחוֹק)

pawl /pɔːl/ n. תֶּפֶס, זִיז־בְּלִימָה (הַמְאַפְשֵׁר לְגַלְגַּל שִׁנַּיִם לְהִסְתּוֹבֵב בְּכִוּוּן אֶחָד בִּלְבַד), צִפֹּרֶן חוֹגֶרֶת

pawn[1] /pɔːn/ n. רַגְלִי, פִּיּוֹן (בְּשַׁחְמָט)

□ *he's just a pawn in the game* הוּא רַק בֹּרֶג קָטָן בַּמְּכוֹנָה

pawn² /pɔːn/ v.t. מִשְׁכֵּן, נָתַן בַּעֲבוֹט

—n. מַשְׁכּוֹן, עֲבוֹט, עֵרָבוֹן

in pawn מְמֻשְׁכָּן

pawn ticket קַבָּלָה עַל מַשְׁכּוֹן

pawnbroker /ˈpɔːnbrəʊkə(r)/ n. מַשְׁכּוֹנַאי, מַלְוֶה בְּמַשְׁכּוֹן

pawnshop /ˈpɔːnʃɒp/ n. בֵּית־עֲבוֹט

pawpaw /ˈpɔːpɔː/ n. פַּפָּיָה

pay /peɪ/ n. תַּשְׁלוּם, מַשְׂכֹּרֶת

back pay תַּשְׁלוּם רֶטְרוֹאַקְטִיבִי

half pay מַשְׂכֹּרֶת מְקֻטֶּנֶת (לְקָצִין־צָבָא בְּגִמְלָאוֹת אוֹ שֶׁלֹּא בְּשֵׁרוּת־פָּעִיל)

pay claim תְּבִיעַת־שָׂכָר (שֶׁל עוֹבְדִים)

□ *she's in the pay of the secret police* הִיא מְקַבֶּלֶת מַשְׂכֹּרֶת מִן הַמִּשְׁטָרָה הַחֲשָׁאִית

—v.t. & i. (past & past ppl. **paid** /peɪd/)

1 (give what is due) שִׁלֵּם

pay-as-you-earn נִכּוּי מַס בַּמָּקוֹר

□ *can you pay cash (down)?* אַתָּה יָכוֹל לְשַׁלֵּם בִּמְזֻמָּן?

□ *I paid dearly for my mistake* שִׁלַּמְתִּי בְּיֹקֶר עַל הַטָּעוּת שֶׁלִּי

□ *he paid for his crime in full* הוּא נֶעֱנַשׁ בְּכָל חֻמְרַת־הַדִּין

□ *you'll pay for this!* (*fig.*) אַתָּה תְּשַׁלֵּם בְּעַד זֶה! זֶה יַעֲלֶה לְךָ בְּיֹקֶר!

□ *she paid on the nail* (*colloq.*) הִיא שִׁלְּמָה בּוֹ בַּמָּקוֹם

□ *he paid his way* הוּא שִׁלֵּם בִּמְזֻמָּן (וְלֹא לָקַח בְּהַקָּפָה)

□ *he paid the penalty for his rashness* הוּא שִׁלֵּם אֶת הַמְּחִיר עַל הַפְּזִיזוּת שֶׁלּוֹ

□ *she paid through the nose* (*colloq.*) הִיא שִׁלְּמָה מְחִיר אַסְטְרוֹנוֹמִי

□ *the guests paid up and left* הָאוֹרְחִים שִׁלְּמוּ וְנָסְעוּ

□ *his illness put paid to their holiday* מַחֲלָתוֹ הֵבִיאָה לְבִטּוּל חֻפְשָׁתָם

□ *he who pays the piper calls the tune* (*Prov.*) בַּעַל הַמֵּאָה הוּא בַּעַל הַדֵּעָה

2 (render, bestow) נָתַן, חִלֵּק, הִקְדִּישׁ

□ *pay attention!* זְהִירוּת! שִׂים לֵב!

□ *they paid a call on her* הֵם בָּאוּ לְבַקֵּר אוֹתָהּ

□ *he paid her a compliment* הוּא חִלֵּק לָהּ מַחֲמָאָה

□ *I paid my last respects to him* (*formal*) לִוִּיתִי אוֹתוֹ לִמְנוּחָתוֹ הָאַחֲרוֹנָה

□ *he paid tribute to her success* הוּא חִלֵּק שְׁבָחִים לְהַצְלָחָתָהּ, הוּא הֶעֱלָה עַל נֵס אֶת הַצְלָחָתָהּ

3 (be profitable) הִשְׁתַּלֵּם, הָיָה כְּדַאי

□ *it pays to advertise* הַפִּרְסֹמֶת מִשְׁתַּלֶּמֶת

□ *crime doesn't pay* הַפֶּשַׁע לֹא מִשְׁתַּלֵּם

4 (in set phrases)

pay back פָּרַע חוֹב, הֶחֱזִיר (כֶּסֶף)

□ *he paid back what he owed* הוּא הֶחֱזִיר אֶת חוֹבוֹ

□ *she paid back for his unkindness* הִיא הֶחֱזִירָה לוֹ עַל חֹסֶר טוּב־לִבּוֹ

pay in הִפְקִיד (כֶּסֶף, הַמְחָאוֹת וְכַד׳)

pay off שִׁלֵּם לְ...; הִשְׁתַּלֵּם

□ *he paid off his creditors* הוּא פָּרַע/סִלֵּק אֶת חוֹבוֹ לְנוֹשָׁיו

□ *eventually her hard work paid off* בְּסוֹפוֹ שֶׁל דָּבָר נָשְׂאָה עֲבוֹדָתָהּ הַמְּאֻמֶּצֶת פְּרִי

□ *he was paid off at the end of the week* בְּסוֹף הַשָּׁבוּעַ נָתְנוּ לוֹ אֶת הַכֶּסֶף וּפִטְּרוּ אוֹתוֹ

pay out שִׁחְרֵר (חֶבֶל); שִׁלֵּם

□ *he paid out the rope* הוּא שִׁחְרֵר חֶבֶל

□ *the company paid out their dividend* הַחֶבְרָה חִלְּקָה דִּיבִידֶנְדוֹת

payable /ˈpeɪəb(ə)l/ adj. לְתַשְׁלוּם

pay-day /ˈpeɪ-deɪ/ n. יוֹם־הַמַּשְׂכֹּרֶת

payee /peɪˈiː/ n. מוּטָב, מְקַבֵּל הַתַּשְׁלוּם

paying /ˈpeɪɪŋ/ adj. מְשַׁלֵּם, בְּתַשְׁלוּם; מִשְׁתַּלֵּם

paying guest דַּיָּר מִתְאַכְסֵן בְּבַיִת פְּרָטִי/ בְּאַכְסַנְיָה

payload /ˈpeɪləʊd/ n. מִטְעָן, מִשְׁקַל מִטְעָן (בִּכְלִי טַיִס וְכַד׳, כּוֹלֵל נוֹסְעִים, חָמְרֵי נֶפֶץ, מִכְשׁוּר וְכַד׳)

paymaster /ˈpeɪmɑːstə(r)/ n. שַׁלָּם, פְּקִיד־תַּשְׁלוּמִים

Paymaster General (*UK*) מֵעֵין שַׂר בְּלִי־תִּיק (בַּמֶּמְשָׁלָה הַבְּרִיטִית)

payment /ˈpeɪmənt/ n.

1 (act of paying) תַּשְׁלוּם

2 (amount paid) תַּשְׁלוּם

□ *either payment in full or 10 monthly payments* תַּשְׁלוּם בִּמְזֻמָּן אוֹ בַּעֲשָׂרָה תַּשְׁלוּמִים חָדְשִׁיִּים

pay-off /ˈpeɪ-ɒf/ n. (*sl.*) תַּשְׁלוּם (שֶׁל שָׂכָר, חוֹבוֹת, רִוְחֵי־הַמּוֹרִים); תַּשְׁלוּם (לְאָדָם שֶׁהֶעֱסֵק לְמַטָּרָה מְפֻקְפֶּקֶת, לְרוֹצֵחַ שָׂכִיר); סִיּוּם מַפְתִּיעַ (לִבְדִיחָה, סִפּוּר)

payola /peɪˈəʊlə/ n. (*US*) תַּשְׁלוּם מִתַּחַת לַשֻּׁלְחָן, "בַּקְשִׁישׁ"

pay-packet /ˈpeɪ-pækɪt/ n. מַעֲטֶפֶת מַשְׂכֹּרֶת (וּבְתוֹכָהּ הַכֶּסֶף)

payphone /ˈpeɪfəʊn/ n. טֶלֶפוֹן צִבּוּרִי

payroll /ˈpeɪrəʊl/ n. רְשִׁימַת מְקַבְּלֵי הַמַּשְׂכֹּרֶת

pay-slip /ˈpeɪ-slɪp/ n. תְּלוּשׁ־מַשְׂכֹּרֶת

PC /piː ˈsiː/ abbrev.

1 (police constable, *UK*) שׁוֹטֵר מָקוֹף (בְּרִיטִי)

2 (personal computer) "פִּי־סִי", מַחְשֵׁב אִישִׁי

PE /piːˈiː/ n. שִׁעוּר הִתְעַמְּלוּת, שְׁעַת סְפּוֹרְט (בְּבֵית־סֵפֶר)

pea /piː/ n. אֲפוּן, אֲפוּנָה

split pea אֲפוּנִים מְיֻבָּשִׁים (חֲצוּיִים וּלְלֹא קְלִפָּה)

sweet pea אֲפוּנָה רֵיחָנִית (פֶּרַח)

□ *they're as like as two peas (in a pod)* הֵם דּוֹמִים כְּמוֹ שְׁתֵּי טִפּוֹת מַיִם

peace /piːs/ n.
1 (not war) שָׁלוֹם
peace movement תְּנוּעַת שָׁלוֹם
peace offering מַתְּנַת־פִּיּוּס, אוֹת שֶׁל רָצוֹן־טוֹב; זֶבַח־שְׁלָמִים
peace treaty חוֹזֵה שָׁלוֹם
pipe of peace מִקְטֶרֶת־הַשָּׁלוֹם (אֵצֶל אִינְדִּיאָנִים)
□ *he made his peace with her* הוּא הִשְׁלִים אִתָּהּ, הוּא הִתְפַּיֵּס אִתָּהּ
2 (calm) שַׁלְוָה
peace and quiet שֶׁקֶט וְשַׁלְוָה
peace of mind שֶׁקֶט נַפְשִׁי
□ *may he rest in peace* (*formal*) עָלָיו הַשָּׁלוֹם, יָנוּחַ בְּשָׁלוֹם עַל מִשְׁכָּבוֹ
□ *hold your peace!* (*arch.*) אַל תֹּאמַר מְאוּמָה! אַל תֹּאמַר דָּבָר!
□ *peace be with you* שָׁלוֹם לְךָ; הֱיֵה שָׁלוֹם
□ *he gives me no peace* הוּא לֹא נוֹתֵן לִי מָנוֹחַ
3 (civil order) הַסֵּדֶר הַצִּבּוּרִי
breach of the peace הֲפָרַת הַסֵּדֶר הַצִּבּוּרִי
Justice of the Peace שׁוֹפֵט שָׁלוֹם
□ *you must keep the peace* עָלֶיךָ לִשְׁמֹר עַל הַסֵּדֶר הַצִּבּוּרִי

peaceable /ˈpiːsəb(ə)l/ adj. הוֹלֵךְ בְּדַרְכֵי שָׁלוֹם, שָׁלֵו, יְדִידוּתִי

peaceful /ˈpiːsf(ə)l/ adj. שָׁלֵו; לֹא־אַלִּים
peaceful coexistence דּוּ־קִיּוּם בְּשָׁלוֹם

peacekeeping /ˈpiːsˌkiːpɪŋ/ adj. & n. שׁוֹמֵר עַל שָׁלוֹם; שְׁמִירָה עַל שָׁלוֹם
peacekeeping force כֹּחַ־הַשָּׁלוֹם (כֹּחוֹת צָבָא נֵיטְרָלִיִּים לִשְׁמִירָה עַל הַשָּׁלוֹם)

peacemaker /ˈpiːsˌmeɪkə(r)/ n. מַשְׁכִּין שָׁלוֹם

peacetime /ˈpiːstaɪm/ n. יְמֵי־שָׁלוֹם, עִתּוֹת־שָׁלוֹם, שָׁלוֹם

peach[1] /piːtʃ/ n.
1 (fruit; tree) אֲפַרְסֵק
peach Melba אֲפַרְסֵק בִּגְלִידָה וְסִירוֹפּ פֶּטֶל
2 (excellent specimen, *sl.*) "יֹפִי"
□ *I've got a peach of a job* יֵשׁ לִי יֹפִי שֶׁל עֲבוֹדָה

peach[2] /piːtʃ/ v.i. (*sl. derog.*) הַלְשִׁין
□ *don't peach on me!* אַל תַּלְשִׁין עָלַי, אַל תַּגִּיד אוֹתִי לַמּוֹרָה

peacock /ˈpiːkɒk/ n. טַוָּס
peacock blue (צֶבַע) טוּרְקִיז כֵּהֶה

pea-green /ˌpiːˈgriːn/ adj. יָרֹק בָּהִיר וְחָזָק (כְּצֶבַע אֲפוּנִים)

peahen /ˈpiːhen/ n. נְקֵבַת־הַטַּוָּס, טַוָּסָה

pea-jacket /ˈpiːˌdʒækɪt/ n. מְעִיל־מַלָּחִים קָצָר עָשׂוּי צֶמֶר גַּס

peak /piːk/ n.
1 (pointed top) פִּסְגָּה, שִׂיא
2 (highest point) פִּסְגָּה, שִׂיא
□ *he is at the peak of his career* הוּא בְּשִׂיא הַקַּרְיֶרָה שֶׁלּוֹ
□ *off-peak flights are cheaper* טִיסוֹת שֶׁלֹּא בִּשְׁעוֹת הַשִּׂיא זוֹלוֹת יוֹתֵר
□ *this is the peak time for births* אֵלּוּ תַּאֲרִיכֵי הַשִּׂיא (בְּמַהֲלַךְ הַשָּׁנָה) לְלֵדוֹת
3 (part of cap) מִצְחִיָּה

peaked /piːkt/ adj. (כּוֹבַע) עִם מִצְחִיָּה; חִוֵּר, כָּחוּשׁ

peaky /ˈpiːkɪ/ adj. (*colloq.*) חִוֵּר, כָּחוּשׁ

peal /piːl/ n. צִלְצוּל, דִּנְדּוּן
peal of bells דִּנְדּוּן פַּעֲמוֹנִים, צִלְצוּל שֶׁל מַעֲרֶכֶת פַּעֲמוֹנִים
peal of thunder קוֹל רַעַם חָזָק
peals of laughter רַעֲמֵי־צְחוֹק
—v.t. & i. צִלְצֵל (בְּפַעֲמוֹן), הִשְׁמִיעַ (קוֹל רַעַם); הִצְטַלְצֵל, הִרְעִים

peanut /ˈpiːnʌt/ n.
1 (plant or its seed) בֹּטֶן, אֱגוֹז־אֲדָמָה
peanut butter חֶמְאַת־בָּטְנִים
peanut oil שֶׁמֶן־בָּטְנִים
2 (in *pl.*, small amount, *sl.*) "כֶּסֶף קָטָן"

pear /peə(r)/ n. אַגָּס

pearl /pɜːl/ n. פְּנִינָה, מַרְגָּלִית
mother-of-pearl צֶדֶף פְּנִינָה
pearl barley גְּרִיסֵי־שְׂעוֹרִים, גְּרִיסֵי־פְּנִינָה
pearl grey אֲפֹר־פְּנִינָה
pearl onion בְּצַלְצַל, בָּצָל גַּמָּדִי
pearls of wisdom (*formal* or *joc.*) פְּנִינֵי־חָכְמָה, אִמְרֵי שֶׁפֶר
□ *don't cast your pearls before swine* (*Prov.*) אַל תִּזְרֶה חָכְמָה לָרִיק, אַל תַּשְׁלִיכוּ אֶת פְּנִינֵיכֶם לִפְנֵי הַחֲזִירִים

pearl-diver /ˈpɜːlˌdaɪvə(r)/ n. דּוֹלֵה־פְּנִינִים

pearly /ˈpɜːlɪ/ adj. פְּנִינִי
the Pearly Gates (*poet.*) שַׁעֲרֵי שָׁמַיִם
pearly king (or **queen**) (*Hist.*) רוֹכְלִים בְּלוֹנְדּוֹן הַלּוֹבְשִׁים חֲלִיפָה מְקֻשֶּׁטֶת כַּפְתּוֹרֵי־צֶדֶף

peasant /ˈpez(ə)nt/ n.
1 (worker on the land) אִכָּר פָּשׁוּט עוֹבֵד אֲדָמָה
2 (rustic or rough person, *colloq.*) "בֶּן־כְּפָר", עַם־הָאָרֶץ

peasantry /ˈpez(ə)ntrɪ/ n. (מַעֲמַד) הָאִכָּרִים

pease-pudding /ˌpiːzˈpʊdɪŋ/ n. מְחִית אֲפוּנָה־מְיֻבֶּשֶׁת

pea-shooter /ˈpiːˌʃuːtə(r)/ n. רוֹבֶה אֲפוּנִים (קָנֶה שֶׁיּוֹרִים בּוֹ אֲפוּנִים בִּנְשִׁיפָה)

pea-soup /ˌpiːˈsuːp/ n. מְרַק אֲפוּנָה

pea-souper /ˌpiː-ˈsuːpə(r)/ n. (*UK colloq.*) עֲרָפֶל צְהַבְהַב סָמִיךְ וְעָכוּר (בֶּעָבָר בְּעִקָּר בְּלוֹנְדוֹן)

peat /piːt/ n. (אַדְמַת) כָּבוּל; גּוּשֵׁי כָּבוּל לְהַסָּקָה

peat bog אֵזוֹר בִּצּוֹת כָּבוּל

peaty /ˈpiːtɪ/ adj. מֵכִיל אַדְמַת כָּבוּל

pebble /ˈpeb(ə)l/ n. חַלּוּק־נַחַל, חַלּוּק־אֶבֶן

pebble dash (*UK*) צִפּוּי קִיר חִיצוֹנִי בְּאַבְנֵי חָצָץ שֶׁהֻטְבְּעוּ בְּטִיחַ

□ *you're not the only pebble on the beach* (*colloq.*) יֵשׁ עוֹד אֲנָשִׁים חוּץ מִמְּךָ

pebbly /ˈpeb(ə)lɪ/ adj. (חוֹף) זָרוּעַ חַלּוּקֵי־אֶבֶן

pecan /ˈpiːkæn/ n. עֵץ/אֱגוֹז פֶּקָאן

peccadillo /ˌpekəˈdɪləʊ/ n. (*formal*) חֻלְשָׁה, פְּגָם קַל (בְּאֹפִי אוֹ בְּהִתְנַהֲגוּת)

peck[1] /pek/ n. מִדַּת נֶפַח יָבֵשׁ

peck[2] /pek/ n.

1 (blow from beak) נִקּוּר (מַכָּה חֲפוּזָה בַּמַּקּוֹר)

2 (quick kiss, *colloq.*) נְשִׁיקָה חֲפוּזָה

—v.t. & i.

1 (strike with beak) נִקֵּר, נָקַשׁ בַּמַּקּוֹר

pecking order הַסֻּלָּם הַחֶבְרָתִי (לָרֹב בְּהֶקְשֵׁר קְטַנּוּנִי), סִדְרֵי קְדִימָה חֶבְרָתִיִּים

2 (eat in small amounts) "נִקֵּר"

□ *she pecked at her food* הִיא "נִקְּרָה" בַּמָּזוֹן שֶׁלְּפָנֶיהָ

pecker /ˈpekə(r)/ n.

1 (*US sl.*) "שְׁמוֹק", "זוּבִּי"

2 □ *keep your pecker up!* (*UK colloq.*) תַּחֲזִיק מַעֲמָד! אַל תִּתְיָאֵשׁ! אַל תִּשָּׁבֵר!

peckish /ˈpekɪʃ/ adj. (*colloq.*) קְצַת רָעֵב

pectin /ˈpektɪn/ n. פֶּקְטִין (חֹמֶר קְרִישִׁי הַמָּצוּי בְּפֵרוֹת בְּשֵׁלִים)

pectoral /ˈpektərəl/ adj. שֶׁל הֶחָזֶה (לָרֹב בְּאֲנָטוֹמְיָה)

pectoral cross (*Relig.*) תִּלְיוֹן־צְלָב (שֶׁל בִּישׁוֹף)

—n. שְׁרִיר־הֶחָזֶה

peculation /ˌpekjʊˈleɪʃ(ə)n/ n. (*formal*) מְעִילָה

peculator /ˈpekjʊleɪtə(r)/ n. (*formal*) מוֹעֵל

peculiar /pɪˈkjuːlɪə(r)/ adj.

1 (strange, odd) מְשֻׁנֶּה, מוּזָר

2 **peculiar to** מְיֻחָד לְ...

□ *the custom is not peculiar to this tribe* הַמִּנְהָג אֵינוֹ מְיֻחָד לְשֵׁבֶט זֶה

3 (special, particular) מְיֻחָד, יָחִיד בְּמִינוֹ

□ *a matter of peculiar importance* עִנְיָן בַּעַל חֲשִׁיבוּת מְיֻחֶדֶת

peculiarity /pɪˌkjuːlɪˈærɪtɪ/ n.

1 (distinctive feature, oddity) יִחוּד, תְּכוּנָה מְיֻחֶדֶת; תְּכוּנָה מְשֻׁנָּה

2 (being peculiar) מוּזָרוּת, שֹׁנִי

pecuniary /pɪˈkjuːnɪərɪ/ adj. (*formal*) כַּסְפִּי, שֶׁל מָמוֹן

pedagogic /ˌpedəˈgɒdʒɪk/ adj. (also **pedagogical**) (*formal*) פֵּדָגוֹגִי, שֶׁל חִנּוּךְ

pedagogue /ˈpedəgɒg/ n. (*formal*) פֵּדָגוֹג, אִישׁ־חִנּוּךְ

pedagogy /ˈpedəgɒdʒɪ/ n. (*formal*) פֵּדָגוֹגְיָה, הוֹרָאָה, חִנּוּךְ

pedal[1] /ˈped(ə)l/ n. דַּוְשָׁה, פֶּדָל

pedal bin פַּח־אַשְׁפָּה הַנִּפְתָּח בִּלְחִיצַת דַּוְשָׁה

pedal boat סִירַת פֶּדָלִים

pedal cycle אוֹפַנַּיִם

pedal[2] /ˈpiːd(ə)l/ v.t. & i. הֵנִיעַ (אוֹפַנַּיִם, סִירָה) בְּדַוְשׁוֹת; הִפְעִיל אֶת הַדַּוְשׁוֹת, נָסַע בְּאוֹפַנַּיִם

pedalo /ˈpedələʊ/ n. סִירַת־פֶּדָלִים

pedant /ˈped(ə)nt/ n. (*derog.*) קַפְדָן, דַּקְדְּקָן, פֶּדַנְט

pedantic /pɪˈdæntɪk/ adj. (*derog.*) פֶּדַנְטִי, קַפְדָנִי

pedantry /ˈpedəntrɪ/ n. (*derog.*) פֶּדַנְטִיּוּת, קַפְדָנוּת מֻפְרֶזֶת

peddle /ˈped(ə)l/ v.t. & i. מָכַר (כְּרוֹכֵל); עָסַק בִּרְוֹכְלוּת

□ *she likes to peddle gossip* הִיא אוֹהֶבֶת לְרַכֵל

peddler /ˈpedlə(r)/ n. (*US*) see **PEDLAR** רוֹכֵל

pederast /ˈpedəræst/ n. פֶּדֶרַסְט (גֶּבֶר הַמְקַיֵּם יְחָסִים מִינִיִּים עִם נְעָרִים)

pederasty /ˈpedəræstɪ/ n. (*formal*) פְּעִילוּת פֶּדֶרַסְטִית (כַּנַּ"ל)

pedestal /ˈpedɪst(ə)l/ n. (*formal*) כַּן, בָּסִיס

□ *he has put her on a pedestal* (*fig.*) הוּא הִתְיַחֵס אֵלֶיהָ כְּאִלּוּ הִיא מֻשְׁלֶמֶת, הוּא הָיָה לְגַמְרֵי מְסֻנְוָר מִמֶּנָּה

pedestrian /pɪˈdestrɪən/ n. הוֹלֵךְ־רֶגֶל

pedestrian crossing מַעֲבַר הוֹלְכֵי־רֶגֶל, מַעֲבַר חֲצִיָּה

pedestrian precinct מִדְרְחוֹב

—adj.

1 (for pedestrians) שֶׁל הוֹלְכֵי־רֶגֶל

2 (uninspired) חֲסַר־הַשְׁרָאָה, לְלֹא מָעוֹף, פֶּדֶסְטְרִי

pediatric, -ician, -ics (*US*) see **PAED-**

pedicure /ˈpedɪkjʊə(r)/ n. פֶּדִיקוּר (טִפּוּל קוֹסְמֶטִי לָרַגְלַיִם)

pedigree /ˈpedɪgriː/ n. יִחוּס, שַׁלְשֶׁלֶת יוּחֲסִין

—adj. מְיֻחָס, בַּעַל שׁוֹשֶׁלֶת יוּחֲסִין, בַּעַל תְּעוּדוֹת יוּחֲסִין

pediment /ˈpedɪmənt/ n. (*Archit.*) גַּמְלוֹן (קְלַסִּי)

pedlar /ˈpedlə(r)/ n. (also (*US*) **peddler**) רוֹכֵל

pedometer /pɪˈdɒmɪtə(r)/ n. פֶּדוֹמֶטֶר, מַד־צְעָדִים

pedophile, -philia (*US*) see **PAEDO-**

pee /piː/ n. & v.i. (*colloq.*) פִּיפִּי; עָשָׂה פִּיפִּי, הִשְׁתִּין

peek /piːk/ n. & v.i. הֲצָצָה; הֵצִיץ

peek-a-boo /ˌpiːk-ə-ˈbuː/ n. "קוּקוּ" (מִשְׂחַק הֲצָצָה לָרֹב עִם תִּינוֹק)

—adj. (בֶּגֶד) בַּעַל "חוֹרֵי הֲצָצָה"; שָׁקוּף

peel /piːl/ n. קְלִפָּה

candied peel קְלִפּוֹת מְסֻכָּרוֹת

—v.t. קִלֵּף

□ *keep your eyes peeled!* (*colloq.*) תִּפְתַּח אֶת הָעֵינַיִם!

—v.i. הִתְקַלֵּף

□ *after sunbathing her skin peeled* לְאַחַר הַשִּׁזּוּף הָעוֹר שֶׁלָּהּ הִתְקַלֵּף

□ *the paint peeled away* הַצֶּבַע הִתְקַלֵּף

□ *the aircraft peeled off* זֶה אַחַר זֶה יָצְאוּ הַמְּטוֹסִים מִן הַמִּבְנֶה

□ *it was so hot we all peeled off* (*colloq.*) הָיָה כָּל־כָּךְ חַם שֶׁכֻּלָּנוּ הִתְפַּשַּׁטְנוּ

peeler[1] /ˈpiːlə(r)/ n. קוֹלֵף, מְקַלֵּף תַּפּוּחֵי־אֲדָמָה

peeler[2] /ˈpiːlə(r)/ n. (*arch. UK sl.*) שׁוֹטֵר

peelings /ˈpiːlɪŋz/ n. *pl.* קְלִפּוֹת (שֶׁל פֵּרוֹת, יְרָקוֹת וְכַד')

peep[1] /piːp/ n. הֲצָצָה

□ *she had a peep at her present* הִיא הֵצִיצָה בַּמַּתָּנָה שֶׁלָּהּ

□ *a peep of light showed through the curtains* קֶרֶן אוֹר חָדְרָה מִבַּעַד לַוִּילוֹן

—v.i.

1 (look furtively) הֵצִיץ

peeping Tom מֵצִיץ, מְצִיצָן

2 (be or become partly visible) הֵצִיץ, בִּצְבֵּץ

□ *her feet peeped out from under the blanket* רַגְלֶיהָ בִּצְבְּצוּ מִתַּחַת לַשְּׂמִיכָה

peep[2] /piːp/ n. & v.i. צִפְצוּף, "פִּיפְּס"; צִפְצֵף, הִשְׁמִיעַ "פִּיפְּס"

□ *one peep out of you and you've had it!* (*colloq.*) צִפְצוּף אֶחָד וְגָמַרְתָּ!

peep-hole /ˈpiːp-həʊl/ n. חוֹר־הֲצָצָה, חֲרִיר־הֲצָצָה

peep-show /ˈpiːp-ʃəʊ/ n. מוֹפָע פּוֹרְנוֹגְרָפִי שֶׁצּוֹפִים בּוֹ מִתָּא הֲצָצָה

peep-toe /ˈpiːp-təʊ/ adj. (נַעַל נָשִׁים) בַּעֲלַת "בֹּהֶן פְּתוּחָה"

peer[1] /pɪə(r)/ n.

1 (equal, *formal*) שְׁוֵה־מַעֲמָד

peer group קְבוּצַת בְּנֵי מַעֲמָד/גִּיל שָׁוֶה

□ *her peers thought highly of her* הִיא זָכְתָה לְהַעֲרָכָה בְּקֶרֶב עֲמִיתֶיהָ

2 (noble, *UK*) אָצִיל; חֲבֵר בֵּית הַלּוֹרְדִים

life peer אָדָם בַּעַל תֹּאַר אֲצֻלָּה שֶׁאֵינוֹ עוֹבֵר בִּירֻשָּׁה

peer of the realm אָדָם הַזַּכַּאי לְמוֹשָׁב בְּבֵית הַלּוֹרְדִים

peer[2] /pɪə(r)/ v.i. לָטַשׁ עֵינַיִם, לָטַשׁ מַבָּט

□ *he peered at the book* הוּא אִמֵּץ אֶת עֵינָיו וְהִתְבּוֹנֵן בַּסֵּפֶר

□ *he peered anxiously at his watch* הוּא שָׁלַח מַבָּטִים מֻדְאָגִים לְעֵבֶר הַשָּׁעוֹן שֶׁלּוֹ

peerage /ˈpɪərɪdʒ/ n. תֹּאַר אֲצֻלָּה; מַעֲמַד הָאֲצֻלָּה

peeress /ˈpɪəres/ n. אֲצִילָה; חַבְרַת בֵּית הַלּוֹרְדִים; אִשְׁתּוֹ/אַלְמְנָתוֹ שֶׁל חֲבֵר בֵּית הַלּוֹרְדִים

peerless /ˈpɪəlɪs/ adj. (*formal*) שֶׁאֵין דּוֹמֶה לוֹ, שֶׁאֵין מִי שֶׁיִּשְׁוֶה לוֹ

peeve /piːv/ v.t. (*colloq.*) עִצְבֵּן, הִרְגִּיז

peeved /piːvd/ adj. (*colloq.*) מְעֻצְבָּן, מֻרְגָּז

peevish /ˈpiːvɪʃ/ adj. רַגְזָן, נוֹחַ לִכְעֹס

peewit /ˈpiːwɪt/ n. קִיוִית (צִפּוֹר קְטַנָּה)

peg /peg/ n.

1 (fastening object; hook) יָתֵד, מוֹט (קָטָן); וָו (לִתְלִיָּה)

clothes peg מַקֵּל כְּבִיסָה, אֶטֶב

peg board לוּחַ עֵץ מְחֹרָר

peg leg (*sl.*) רֶגֶל־עֵץ

off the peg (בֶּגֶד) מוּכָן מֵרֹאשׁ (וְלֹא תָּפוּר לְפִי מִדָּה), קוֹנְפֶקְצִיָּה

□ *he needs to be taken down a peg* (or *two*) (*colloq.*) צָרִיךְ לְהוֹרִיד לוֹ (קְצָת) אֶת הָאַף

□ *I feel like a square peg in a round hole* אֲנִי מַרְגִּישׁ לְגַמְרֵי בַּמָּקוֹם הַלֹּא נָכוֹן

2 (small drink, *UK*) כּוֹסִית (שֶׁל מַשְׁקֶה חָרִיף)

—v.t.

1 (fasten with peg, etc.) חִבֵּר בִּיתֵדוֹת; תָּלָה (כְּבִיסָה)

2 (keep stable) שָׁמַר (עַל מְחִיר קָבוּעַ, עַל שַׁעַר קָבוּעַ)

□ *prices & wages should be pegged* צָרִיךְ לְיַצֵּב אֶת הַמְּחִירִים וְהַשָּׂכָר

3 (in set phrases)

peg away (*colloq.*) עָבַד "כְּמוֹ חֲמוֹר"

□ *she's pegging away at her German* הִיא דּוֹגֶרֶת עַל הַגֶּרְמָנִית שֶׁלָּהּ

peg down

(secure) חִזֵּק (לַקַּרְקַע) בִּיתֵדוֹת

(commit to a course of action) הִכְרִיחַ (אֶת פְּלוֹנִי) לְהַסְכִּים

peg out

(mark with pegs) סִמֵּן בְּמוֹטוֹת (שֶׁטַח וְכַד')

(die, *colloq.*) "הָלַךְ", הִתְפַּגֵּר

pegging /ˈpegɪŋ/ n.

level pegging (מֵרוֹץ) צָמוּד

peignoir /ˈpeɪnwɑː(r)/ n. חֲלוּק־בַּיִת לְנָשִׁים

pejorative /pɪˈdʒɒrətɪv/ adj. & n. (*formal*) מִשְׁתַּמֵּעַ לִגְנַאי, פֵּיוֹרָטִיבִי; מִלַּת גְּנַאי

peke /piːk/ n. (*colloq.*) כֶּלֶב פֶּקִינֶזִי

Pekinese /ˌpiːkɪˈniːz/ n. (also **Pekingese**)

1 (dog) פֶּקִינֶז (כֶּלֶב סִינִי קָטָן וְשָׂעִיר)

2 (language) (שָׂפָה) סִינִית מַנְדָּרִינִית

pelf /pelf/ n. (*derog.*) מָמוֹן, בֶּצַע

pelican /ˈpelɪkən/ n. פֶּלִיקָן, שַׂקְנַאי

pelican crossing (*UK*) מַעֲבַר חֲצִיָּה עִם לַחְצָן

pelisse /peˈliːs/ n. מְעִיל נָשִׁים בַּעַל שׁוּלֵי פַּרְוָה

pellet /ˈpelɪt/ n.

1 (small round lump) כַּדּוּר קָטָן (מֵחֹמֶר רַךְ)

2 (small shot) כַּדּוּר מַתֶּכֶת קָטָן (בְּרוֹבֵה אֲוִיר וְכֵן בְּרוֹבֶה־צַיִד בִּתְפֹזֶרֶת)

pell-mell /pel-ˈmel/ adv. (*arch.*) בְּעִרְבּוּבְיָה, לְלֹא סֵדֶר
pellucid /peˈluːsɪd/ adj. (*poet.*) זַךְ, צָלוּל
pelmet /ˈpelmɪt/ n. קוֹרָה הַמַּסְתִּירָה אֶת מְסִלַּת הַוִּילוֹן אוֹ הַמּוֹטוֹת שֶׁלּוֹ
pelt¹ /pelt/ n. עוֹר בַּעַל חַיִּים (אַחֲרֵי שֶׁהוּסַר וְלִפְנֵי שֶׁעֻבַּד)
pelt² /pelt/ v.t. רָגַם, הִמְטִיר (בַּאֲבָנִים, בְּעַגְבָנִיּוֹת וְכַד')
□ *they were pelted with abuse* הִמְטִירוּ עֲלֵיהֶם גִּדּוּפִים
—v.i. יָרַד (מַבּוּל)
□ *it's pelting (down) with rain* יוֹרֵד גֶּשֶׁם שׁוֹטֵף
—n.
(at) full pelt בְּשִׂיא הַמְּהִירוּת
pelvic /ˈpelvɪk/ adj. שֶׁל אַגַּן הַיְרֵכַיִם
pelvic girdle אַגַּן הַיְרֵכַיִם
pelvis /ˈpelvɪs/ n. אַגַּן־הַיְרֵכַיִם, הָאַגָּן
pemmican /ˈpemɪkən/ n. כְּתִיתוֹת בָּשָׂר מְיֻבָּשׁ
pen¹ /pen/ n.
pen name פְּסֶבְדוֹנִים, כִּנּוּי סִפְרוּתִי
pen pusher (*derog.*) "פְּקִידוֹן" (כִּנּוּי זִלְזוּל לְפָקִיד)
□ *the pen is mightier than the sword* (*Prov.*) גָּדוֹל כֹּחָהּ שֶׁל קֶסֶת מִכֹּחָהּ שֶׁל קֶשֶׁת
□ *he lives by his pen* הוּא מִתְפַּרְנֵס מֵהַכְּתִיבָה שֶׁלּוֹ
□ *he never puts pen to paper* הוּא לְעוֹלָם לֹא מַעֲלֶה דְּבָרִים עַל הַכְּתָב
—v.t. (*arch.*) הֶעֱלָה עַל הַכְּתָב
pen² /pen/ n. דִּיר, מִכְלָאָה
play pen לוּל לְתִינוֹק
—v.t. סָגַר בְּמִכְלָאָה (צֹאן וְכַד'); כָּלָא
□ *I feel penned in working at this desk* אֲנִי מַרְגִּישׁ כְּמוֹ אָסִיר לְיַד הַשֻּׁלְחָן הַזֶּה
pen³ /pen/ n. נְקֵבַת הַבַּרְבּוּר
penal /ˈpiːn(ə)l/ adj. שֶׁל עֳנָשִׁין
penal code חֹק־הָעֳנָשִׁין
penal colony מוֹשֶׁבֶת עֳנָשִׁין (מָקוֹם נִדָּח שֶׁאֵלָיו מַגְלִים אֲסִירִים)
penal servitude (*formal*) מַאֲסָר עִם עֲבוֹדַת־פֶּרֶךְ
penalize /ˈpiːnəlaɪz/ v.t. הֶעֱנִישׁ, קָנַס, הֵטִיל עֳנָשִׁים עַל
□ *he was penalized for cheating* הוּא נֶעֱנַשׁ עַל כָּךְ שֶׁרִמָּה
penalty /ˈpen(ə)ltɪ/ n.
1 (punishment) עֹנֶשׁ, קְנָס
under penalty of death תַּחַת אִיּוּם בְּהוֹצָאָה לַהוֹרֵג
penalty clause סְעִיף בְּחוֹזֶה הַקּוֹבֵעַ אֶת הַקְּנָס עַל אִחוּר בְּהַשְׁלָמַת הָעֲבוֹדָה
□ *he paid the penalty* הוּא שִׁלֵּם אֶת הַמְּחִיר
2 (compensation for illegal play, *Football*, etc.) עֹנֶשׁ (בְּסְפּוֹרְט), פֶּנְדֵּל
penalty area רְחָבַת־הָעֳנָשִׁין
□ *he scored with a penalty (kick)* הוּא הִבְקִיעַ בִּבְעִיטַת־עֳנָשִׁין/בְּפֶנְדֵּל

3 (unpleasant result) תּוֹפָעַת לְוַאי, תּוֹצָאָה (לֹא נְעִימָה)
penance /ˈpenəns/ n. סִגּוּפֵי חֲזָרָה בִּתְשׁוּבָה, עֹנֶשׁ חֲזָרָה בִּתְשׁוּבָה (לָרֹב בַּנַּצְרוּת)
pence see **PENNY**
penchant /ˈpɑ̃ʃɑ̃/ n. חִבָּה יְתֵרָה, חֻלְשָׁה מְיֻחֶדֶת, נְטִיָּה
□ *he has a penchant for exaggeration* יֵשׁ לוֹ נְטִיָּה מְיֻחֶדֶת לְהַגְזָמָה
pencil /ˈpens(ə)l/ n. עִפָּרוֹן
pencil case קַלְמָר
eyebrow pencil עִפְּרוֹן אִפּוּר לְגַבּוֹת
□ *a pencil of light shone from his torch* אֲלֻמַּת אוֹר בָּקְעָה מִן הַפַּנָּס שֶׁלּוֹ
—v.t. רָשַׁם בְּעִפָּרוֹן
□ *he pencilled in the background* הוּא שִׂרְטֵט אֶת הָרֶקַע בְּעִפָּרוֹן
□ *I'll pencil you in for next week* (*fig.*) אֲנִי אֶרְשֹׁם אוֹתְךָ בַּיּוֹמָן לַשָּׁבוּעַ הַבָּא
pendant /ˈpendənt/ n. עֲנָק, תִּלְיוֹן, עֲדִי תָּלוּי בְּשַׁרְשֶׁרֶת, עֲדִילְיוֹן
pendent /ˈpendənt/ adj. (*formal*) תָּלוּי, בּוֹלֵט
pending /ˈpendɪŋ/ (*formal*) adj. תָּלוּי וְעוֹמֵד
pending tray מַגַּשׁ עִנְיָנִים לְטִפּוּל
patent pending בַּהֲלִיכִים לִרְשׁוּם פָּטֶנְט
—prep.
1 (until) עַד לְ..., עַד אֲשֶׁר
□ *I left a meal in the oven pending his return* הִשְׁאַרְתִּי אֲרוּחָה בַּתַּנּוּר, עַד אֲשֶׁר יַגִּיעַ
2 (during) בְּמֶשֶׁךְ, בְּמַהֲלַךְ
□ *the strike was halted pending negotiations* הַשְּׁבִיתָה הֻפְסְקָה לְמֶשֶׁךְ הַמַּשָּׂא וּמַתָּן
pendulous /ˈpendjʊləs/ adj. (*formal*) תָּלוּי בְּרִפְיוֹן, גָּדוֹל וּמִתְנַדְנֵד
pendulum /ˈpendjʊləm/ n. מְטֻטֶּלֶת
the pendulum of public opinion הַתַּהְפּוּכוֹת בְּדַעַת הַקָּהָל
penetrable /ˈpenɪtrəb(ə)l/ adj. חָדִיר
penetrate /ˈpenɪtreɪt/ v.t. & i. חָדַר לְ..., "עָבַר" (רַעְיוֹן וְכַד')
□ *we soon penetrated his disguise* תּוֹךְ זְמַן קָצָר חָשַׂפְנוּ אֶת הַמַּסְוֶה שֶׁלּוֹ
penetrating /ˈpenɪtreɪtɪŋ/ adj.
1 (clear) חַד, בָּרוּר, צָלוּל
□ *he had a penetrating voice* הָיָה לוֹ קוֹל חַד וְצָלוּל
2 (quick to understand) חָרִיף, מַעֲמִיק
□ *she has a penetrating mind* יֵשׁ לָהּ שֵׂכֶל חָרִיף, יֵשׁ לָהּ מַחֲשָׁבָה מַעֲמִיקָה
penetration /ˌpenɪˈtreɪʃ(ə)n/ n.
1 (piercing) חֲדִירָה
2 (insight) חֲרִיפוּת

penetrative /ˈpenɪtrətɪv/ adj. חוֹדֵר; חָרִיף; (יַחֲסֵי מִין) כּוֹלֵל חֲדִירָה

penfriend /ˈpenfrend/ n. (also **penpal**) עֲמִית־לְעֵט

penguin /ˈpeŋgwɪn/ n. פִּינְגְּוִין

penicillin /ˌpenɪˈsɪlɪn/ n. פֶּנִיצִילִין

peninsula /pəˈnɪnsjʊlə/ n. חֲצִי־אִי

penis /ˈpiːnɪs/ n. אֵיבַר־הַמִּין הַזְּכָרִי, פִּין

penitence /ˈpenɪtəns/ n. חֲרָטָה מֻצְהֶרֶת בְּמִסְגֶּרֶת הַדָּת, תְּשׁוּבָה

penitent /ˈpenɪtənt/ adj. & n. שֶׁל חֲרָטָה; אָדָם הַמִּתְיַסֵּר בְּיִסּוּרֵי חֲזָרָה בִּתְשׁוּבָה (בְּעִקָּר בַּנַּצְרוּת)

penitential /ˌpenɪˈtenʃ(ə)l/ adj. שֶׁל תְּשׁוּבָה (דָּתִית)

penitentiary /ˌpenɪˈtenʃərɪ/ n. (*US*) בֵּית כֶּלֶא

penknife /ˈpennaɪf/ n. אוֹלָר

penmanship /ˈpenmənʃɪp/ n. (*formal*) אֳמָנוּת הַכְּתִיבָה הַתַּמָּה

pennant /ˈpenənt/ n. דִּגְלוֹן, דֶּגֶל, נֵס (לָרֹב עַל תֹּרֶן הַסְּפִינָה)

penniless /ˈpenɪlɪs/ adj. חֲסַר־פְּרוּטָה

penny /ˈpenɪ// (*pl.* **pence** /pens/ **pennies** /ˈpenɪz/) n. פֶּנִי (בִּבְרִיטַנְיָה); סֶנְט (בְּאַרְהַ"ב)

  penny dreadful (*Hist.*) רוֹמָן זוֹל (בַּמֵּאָה הַ־19)

  penny farthing (*Hist.*) דֶּגֶם אוֹפַנַּיִם נָפוֹץ בַּמֵּאָה הַ־19

  penny-in-the-slot machine אוֹטוֹמָט (לִמְכִירַת מַמְתַּקִּים וְכַד')

  □ *it cost a pretty penny* (*colloq.*) זֶה עָלָה סְכוּם לֹא קָטָן

  □ *in for a penny, in for a pound* (*Prov.*) הַמַּתְחִיל בְּמִצְוָה אוֹמְרִים לוֹ גְּמֹר

  □ *penny wise and pound foolish* (*Prov.*) חַסְכָן בְּקָטָן וּפַזְּרָן בְּגָדוֹל

  □ *look after the pence and the pounds will look after themselves* (*Prov.*) שְׁמֹר עַל הַגְּרוּשִׁים וְהַכֶּסֶף כְּבָר יָבוֹא לְבַד

  □ *he hasn't a penny to his name* אֵין לוֹ גְּרוּשׁ בַּכִּיס

  □ *he hasn't two pennies to rub together* (*colloq.*) אֵין לוֹ מִיל עַל הַנְּשָׁמָה

  □ *a penny for your thoughts!* (*colloq.*) עַל מָה אַתָּה חוֹשֵׁב? מַה מַּטְרִיד אוֹתְךָ?

  □ *the penny dropped* (*UK colloq.*) הוּא סוֹף סוֹף תָּפַס

  □ *she spent a penny* (*UK colloq.*) הִיא יָצְאָה לְבֵית הַשִּׁמּוּשׁ

  □ *he keeps on turning up like a bad penny* (*UK colloq.*) הוּא נִדְבַּק כְּמוֹ מַסְטִיק, אִי אֶפְשָׁר לְהִפָּטֵר מִמֶּנּוּ

penny-pinching /ˈpenɪ-pɪntʃɪŋ/ adj. קַמְּצָן

pennyweight /ˈpenɪweɪt/ n. יְחִידַת־מִשְׁקָל קְטַנָּה

penologist /piːˈnɒlədʒɪst/ n. מֻמְחֶה לְדַרְכֵי־עֲנִישָׁה

penology /piːˈnɒlədʒɪ/ n. חֵקֶר דַּרְכֵי־עֲנִישָׁה (עָנָף בַּקְּרִימִינוֹלוֹגְיָה)

pension[1] /ˈpenʃ(ə)n/ n. פֶּנְסְיָה, גִּמְלָאוֹת, קִצְבַּת־זִקְנָה

  pension book פִּנְקַס קִצְבָּה

  pension scheme תָּכְנִית חִסָּכוֹן לְפֶנְסְיָה

—v.t.

  pension off הוֹצִיא לְגִמְלָאוֹת

  □ *you can be pensioned off long before retirement* הֵם יְכוֹלִים לְהוֹצִיא אוֹתְךָ לְגִמְלָאוֹת הַרְבֵּה לִפְנֵי גִּיל הַפְּרִישָׁה

pension[2] /pɑ̃sjɔ̃/ n. פֶּנְסְיוֹן

pensionable /ˈpenʃ(ə)nəb(ə)l/ adj. זַכַּאי לְקִצְבָּה; נוֹשֵׂא קִצְבָּה

pensioner /ˈpenʃ(ə)nə(r)/ n. פֶּנְסְיוֹנֶר, גִּמְלַאי

  old age pensioner מְקַבֵּל קִצְבַּת זִקְנָה

pensive /ˈpensɪv/ adj. (*formal*) מְהֻרְהָר, שָׁקוּעַ בְּמַחֲשָׁבוֹת

penta- /ˈpentə-/ pref. (תְּחִלִּית שֶׁפֵּרוּשָׁהּ) חָמֵשׁ

pentacle /ˈpentək(ə)l/ n. כּוֹכָב בַּעַל חָמֵשׁ פִּנּוֹת

pentagon /ˈpentəgən/ n. (*Geom.*) מְחֻמָּשׁ

  the Pentagon (*US*) פֶּנְטָגוֹן (מִשְׂרַד הַהֲגָנָה שֶׁל אַרְהַ"ב)

pentagonal /penˈtægən(ə)l/ adj. (*Geom.*) מְחֻמָּשׁ

pentagram /ˈpentəˌgræm/ n. כּוֹכָב בַּעַל חָמֵשׁ פִּנּוֹת

pentameter /penˈtæmɪtə(r)/ n. פֶּנְטָמֶטֶר (מִשְׁקָל שִׁירִי)

Pentateuch /ˈpentətjuːk/ n. (*Bibl.*) חֻמָּשׁ, חֲמִשָּׁה חֻמְשֵׁי תּוֹרָה, תּוֹרָה

pentathlon /penˈtæθlən/ n. קְרַב־חֲמִשָּׁה (תַּחֲרוּת בַּחֲמִשָּׁה עַנְפֵי סְפּוֹרְט)

Pentecost /ˈpentɪkɒst/ n. (*Bibl.*) חַג־הַשָּׁבוּעוֹת

penthouse /ˈpenthaʊs/ n. פֶּנְטְהָאוּז (דִּירַת גַּג יֻקְרָתִית)

pent-up /pent-ˈʌp/ adj. (כַּעַס) עָצוּר, כָּבוּשׁ

penultimate /peˈnʌltɪmət/ adj. (*formal*) שֶׁלִּפְנֵי הָאַחֲרוֹן

penumbra /pɪˈnʌmbrə/ n. (*pl.* **penumbrae**) הָאֵזוֹר הָאָפֹר שֶׁבֵּין צֵל וָאוֹר (בִּמְיֻחָד עַל פְּנֵי הַיָּרֵחַ וְכַד'); אַפְלוּלִית, "הָאֵזוֹר הָאָפֹר"

penurious /pɪˈnjʊrɪəs/ adj. (*formal*) דַּל, עָנִי מָרוּד, חֲסַר־כֹּל

penury /ˈpenjʊrɪ/ n. (*formal*) מַחְסוֹר, חַיֵּי־מַחְסוֹר

peon /ˈpiːən/ n. שְׂכִירֵי־יוֹם (בִּדְרוֹם אָמֶרִיקָה); מְשָׁרֵת (בְּתַת־יַבֶּשֶׁת הֹדּוּ)

peony /ˈpiːənɪ/ n. אַדְמוֹנִית

people /ˈpiːp(ə)l/ n. עַם, אֲנָשִׁים

  □ *the British people* הָעָם הַבְּרִיטִי

  □ *many peoples have lived here* עַמִּים רַבִּים חַיּוּ כָּאן בֶּעָבָר

  □ *what will people think?* מַה יַּחְשְׁבוּ אֲנָשִׁים!? מַה יַּחְשְׁבוּ עָלֵינוּ!?

  □ *he is a man of the people* הוּא אֶחָד מִבְּנֵי הָעָם

□ *I am writing to my people* (*colloq.*) אֲנִי כּוֹתֵב לַזְּקֵנִים שֶׁלִּי
—v.t. אִכְלֵס
□ *the island is peopled with escaped prisoners* הָאִי מְיֻשָּׁב בַּאֲסִירִים נִמְלָטִים

pep /pep/ n. (*colloq.*) מֶרֶץ
pep pill כַּדּוּר מֶרֶץ
pep talk שִׂיחַת־עִדּוּד (לְמָשָׁל לִקְבוּצַת כַּדּוּרְסַל לִפְנֵי מִשְׂחָק)
—v.t.
pep up הִמְרִיץ, דִּרְבֵּן, הִלְהִיב, נָתַן זְרִיקַת מֶרֶץ לְ...
□ *this business needs pepping up* הָעֵסֶק זָקוּק לִזְרִיקַת מֶרֶץ

peperoni /pepəˈrəʊnɪ/ n. נַקְנִיק פֶּפֶּרוֹנִי (אִיטַלְקִי)

pepper /ˈpepə(r)/ n.
1 (spice used for flavouring) פִּלְפֵּל חָרִיף
pepper-and-salt (אָרִיג) בְּדֻגְמַת שָׁחוֹר־לָבָן עֲדִינָה מְאֹד, בַּעַל נְקֻדּוֹת שְׁחוֹרוֹת וּלְבָנוֹת
pepper mill מַטְחֲנַת פִּלְפֵּל
2 (fruit) פִּלְפֵּל
—v.t.
1 (add pepper to) הוֹסִיף פִּלְפֵּל לְ...
2 (throw things at) הִמְטִיר עַל...
□ *the audience peppered him with questions* הַקָּהָל הִמְטִיר עָלָיו שְׁאֵלוֹת

peppercorn /ˈpepəkɔːn/ n. גַּרְגְּרֵי־פִּלְפֵּל
peppercorn rent שְׂכַר־דִּירָה סִמְלִי

peppermint /ˈpepəmɪnt/ n.
1 (plant) שִׂיחַ מֶנְתָּה
peppermint oil שֶׁמֶן מֶנְתָּה
2 (confectionery) סֻכָּרִיּוֹת מֶנְתָּה

pepperpot /ˈpepəpɒt/ n. כְּלִי לְפִלְפֵּל, מַבְזֶקֶת־פִּלְפֵּל

peppery /ˈpepərɪ/ adj.
1 (spicy) מְפֻלְפָּל
2 (short-tempered) רַגְזָן, רַתְחָן

pepsin /ˈpepsɪn/ n. פֶּפְּסִין (אֶנְזִים מְסַיֵּעַ לְעִכּוּל)

peptic /ˈpeptɪk/ adj. שֶׁל הָעִכּוּל, שַׁיָּךְ לְעִכּוּל
peptic ulcer כִּיב בְּדַרְכֵי הָעִכּוּל

per /pɜː(r)/ prep.
1 (for each) לְכָל..., לְכָל־אֶחָד
per annum לְשָׁנָה
per capita לְאָדָם
per cent לְמֵאָה (אָחוּז)
□ *this car does 30 miles per gallon* הַמְּכוֹנִית הַזֹּאת עוֹשָׂה 30 מַיִל לְגָלוֹן
□ *our speed is 100 kilometres per hour* הַמְּהִירוּת שֶׁלָּנוּ הִיא 100 קמ״ש
□ *the cost is $10 per person per day* הַמְּחִיר הוּא 10 דּוֹלָר לְאָדָם לְיוֹם
2 (by means of) בְּאֶמְצָעוּת, עַל יְדֵי
per pro (חֲתִימָה מֻסְמֶכֶת) בְּשֵׁם
as per usual (*colloq.*) כָּרָגִיל כְּמוֹ תָּמִיד
□ *I sent you three chairs, as per invoice* שָׁלַחְתִּי לְךָ שְׁלֹשָׁה כִּסְאוֹת, כְּפִי הַמְּצֻיָּן בַּחֶשְׁבּוֹן

peradventure /perədˈventʃə(r)/ adv. (*arch.*) יִתָּכֵן, בְּמִקְרֶה שֶׁ...

perambulate /pəˈræmbjʊleɪt/ v.i. & t. (*formal*) סָבַב בְּ..., הָלַךְ בְּ...

perambulator /pəˈræmbjʊleɪtə(r)/ n. (*formal*) עֶגְלַת־תִּינוֹק, עֶגְלַת־יְלָדִים

perceive /pəˈsiːv/ v.t. (*formal*)
1 (see) הִבְחִין בְּ...
2 (understand) תָּפַס, הֵבִין

percentage /pəˈsentɪdʒ/ n.
1 (rate per hundred; proportion) אֲחוּזִים, שִׁעוּר (בַּאֲחוּזִים)
2 (advantage, *colloq.*) יִתְרוֹן, עֵרֶךְ

perceptible /pəˈseptɪb(ə)l/ adj. (*formal*) נִכָּר; נִרְאֶה לָעַיִן, שֶׁאֶפְשָׁר לִרְאוֹת אוֹתוֹ

perceptibly /pəˈseptɪblɪ/ adv. (*formal*) בְּאֹפֶן נִכָּר; בְּאֹפֶן בָּרוּר

perception /pəˈsepʃ(ə)n/ n.
1 (vision) תְּפִיסָה חֲזוּתִית, פֶּרְסֶפְּצְיָה
2 (understanding) תְּפִיסָה שֶׁבְּמַחֲשָׁבָה, כֹּשֶׁר־הַבְחָנָה
3 (view) תְּפִיסָה, רְאִיָּה

perceptive /pəˈseptɪv/ adj. חַד־הַבְחָנָה, מְהִיר תְּפִיסָה

perch[1] /pɜːtʃ/ n. אוֹקוּנוֹס (דַּג נְהָרוֹת טוֹרֵף)

perch[2] /pɜːtʃ/ n.
1 (alighting place for bird) מַקֵּל/עָנָף אֲשֶׁר עֲלֵיהֶם יְכוֹלוֹת צִפֳּרִים לַעֲמֹד
□ *his failure knocked him off his perch* (*colloq.*) הַכִּשָּׁלוֹן הוֹרִיד לוֹ אֶת הָאַף
2 (measure of length, *UK*) יְחִידַת אֹרֶךְ, 5.029 מ׳
—v.i. & t. (צִפּוֹר, עוֹף) יָשַׁב עַל עָנָף (וְכַד׳); נִמְצָא בְּמָקוֹם גָּבוֹהַּ
□ *a village perched on the mountainside* כְּפָר הַיּוֹשֵׁב עַל צֶלַע־הָהָר

perchance /pəˈtʃɑːns/ adv. (*arch.*) אֶפְשָׁר, אֶפְשָׁר שֶׁ..., שֶׁמָּא

percipience /pəˈsɪpɪəns/ n. (*formal*) כֹּשֶׁר־הַבְחָנָה

percipient /pəˈsɪpɪənt/ adj. (*formal*) בַּעַל כֹּשֶׁר־הַבְחָנָה

percolate /ˈpɜːkəleɪt/ v.t. & i. גָּרַם (לְנוֹזֵל) לְחַלְחֵל; חִלְחֵל
□ *the seriousness of the news slowly percolated to him* חֻמְרַת הַיְּדִיעוֹת חָדְרָה לְאַט־לְאַט לְתוֹדָעָה שֶׁלּוֹ

percolator /ˈpɜːkəleɪtə(r)/ n. פֶּרְקוֹלָטוֹר (סוּג שֶׁל מְכוֹנַת קָפֶה)

percussion /pəˈkʌʃ(ə)n/ n. הַקָּשָׁה
1 (striking forcibly) הַקָּשָׁה
percussion cap פִּקָּה (בְּתַחְמֹשֶׁת)
percussion instrument כְּלִי הַקָּשָׁה
2 (*Mus.*) הַקָּשָׁה

percussionist /pəˈkʌʃənɪst/ n. נַגַּן כְּלֵי־הַקָּשָׁה

percussive /pəˈkʌsɪv/ adj. (*formal*) הַקָּשָׁתִי, נְקִישָׁתִי

perdition /pəˈdɪʃ(ə)n/ n. (*formal*) אֲבַדּוֹן

peregrination /ˌperɪgrɪˈneɪʃ(ə)n/ n. (*formal*) נְדוּדִים, מַסָּעוֹת

peregrine falcon /ˌperɪgrɪn ˈfɔːlk(ə)n/ n. בַּז נוֹדֵד (עוֹף טוֹרֵף)

peremptory /pəˈremptərɪ/ adj. (*formal*) פַּסְקָנִי, הֶחְלֵטִי, נִמְרָץ וְחָרִיף

perennial /pəˈrenɪəl/ adj.
1 (continuing through all seasons) רַב־עוֹנָתִי
2 (long-lasting, lasting forever) תְּמִידִי, נִמְשָׁךְ, בִּלְתִּי־פּוֹסֵק
3 (lasting more than two years, of a plant) רַב־שְׁנָתִי
—n. צֶמַח רַב־שְׁנָתִי

perennially /pəˈrenɪəlɪ/ adv. לְלֹא סוֹף, בְּאֹפֶן תְּמִידִי

perestroika /ˌpereˈstrɔɪkə/ n. (*Hist.*) פֶּרֶסְטְרוֹיקָה (מְדִינִיּוּת הָאִרְגּוּן מֵחָדָשׁ שֶׁל הַכַּלְכָּלָה וְהַפּוֹלִיטִיקָה שֶׁל בריה"מ הֵחֵל מִ־1985)

perfect /ˈpɜːfɪkt/ adj.
1 (faultless) מֻשְׁלָם, כְּלִיל הַשְּׁלֵמוּת
□ *she planned the perfect murder* הִיא תִּכְנְנָה רֶצַח מֻשְׁלָם (בְּלִי לְהַשְׁאִיר כָּל עֲקֵבוֹת)
2 (flawless, lacking in no essential detail) מֻשְׁלָם, שָׁלֵם
□ *that was a perfect meal* הָיְתָה זוֹ אֲרוּחָה מֻשְׁלֶמֶת
3 (exact) מְדֻיָּק
perfect pitch (*Mus.*) שְׁמִיעָה אַבְּסוֹלוּטִית
□ *this dress is a perfect fit* הַשִּׂמְלָה הַזֹּאת מַתְאִימָה בְּמֵאָה אָחוּז
4 (absolute, entire) גָּמוּר, שָׁלֵם, מֻשְׁלָם, מֻחְלָט
□ *he is a perfect gentleman* הוּא גֶ'נְטֶלְמֶן מֻשְׁלָם
□ *I felt a perfect fool* הִרְגַּשְׁתִּי כְּמוֹ אִידְיוֹט גָּמוּר
□ *he was a perfect stranger* הוּא הָיָה זָר לַחֲלוּטִין
5 (*Gram.*) פֶּרְפֶקְט (צוּרַת זְמַן הַמְצַיֶּנֶת פְּעֻלָּה שֶׁנִּשְׁלְמָה)
present perfect צוּרַת זְמַן מֻרְכֶּבֶת הַמְצַיֶּנֶת פְּעֻלָּה שֶׁהִתְחִילָה בֶּעָבָר וְנִמְשֶׁכֶת לְתוֹךְ הַהֹוֶה
past perfect צוּרַת זְמַן מֻרְכֶּבֶת הַמְצַיֶּנֶת עָבָר בֶּעָבָר
6 (*Mus.*) שָׁלֵם
perfect cadence קָדֶנְצְיָה שְׁלֵמָה, תְּנָח שָׁלֵם
perfect interval רֶוַח שָׁלֵם
—v.t. /pəˈfekt/ שִׁכְלֵל, שִׁפֵּר
□ *he perfected his knowledge of Hebrew* הוּא שִׁפֵּר אֶת יְדִיעוֹתָיו בְּעִבְרִית

perfection /pəˈfekʃ(ə)n/ n. שְׁלֵמוּת, כְּלִיל הַשְּׁלֵמוּת; הַשְׁלָמָה, שִׁכְלוּל

perfectionism /pəˈfekʃ(ə)nɪzəm/ n. פֶּרְפֶקְצְיוֹנִיזְם, חֲתִירָה לִשְׁלֵמוּת

perfectionist /pəˈfekʃ(ə)nɪst/ n. פֶּרְפֶקְצְיוֹנִיסְט, אָדָם הַשּׁוֹאֵף (לְעִתִּים בְּאֹפֶן לֹא־מְצִיאוּתִי) לִשְׁלֵמוּת

perfectly /ˈpɜːfɪktlɪ/ adv.
1 (faultlessly, exactly) בְּאֹרַח מֻשְׁלָם, בְּצוּרָה מֻשְׁלֶמֶת
□ *the colours match perfectly* הַצְּבָעִים מַתְאִימִים בְּאֹפֶן מֻשְׁלָם
2 (quite, entirely) לַחֲלוּטִין, לְגַמְרֵי
□ *to be perfectly frank, I don't like it* לוֹמַר לְךָ בְּכָל הַכֵּנוּת, זֶה לֹא מוֹצֵא חֵן בְּעֵינַי
□ *this wine is perfectly dreadful* הַיַּיִן הַזֶּה אָיֹם וְנוֹרָא
□ *I'm perfectly satisfied* אֲנִי מְרֻצֶּה לַחֲלוּטִין

perfervid /pəˈfɜːvɪd/ adj. (*formal*) מְשֻׁלְהָב

perfidious /pəˈfɪdɪəs/ adj. (*formal*) בּוֹגְדָנִי

perfidy /ˈpɜːfɪdɪ/ n. (*arch.*) בּוֹגְדָנוּת

perforate /ˈpɜːfəreɪt/ v.t.
1 (pierce) נִקֵּב
perforated eardrum עוֹר־תֹּף (בָּאֹזֶן) קָרוּעַ
2 (make a series of holes in) חִרֵר, נִקֵּב

perforation /ˌpɜːfəˈreɪʃ(ə)n/ n.
1 (piercing) נִקּוּב
2 (each of a series of holes) נִקּוּב, חוֹר (אֶחָד מֵרַבִּים)
□ *there are no perforations on this sheet of stamps* אֵין נִקּוּב בְּדַף־בּוּלִים זֶה

perforce /pəˈfɔːs/ adv. (*arch.*) בְּהֶכְרֵחַ, בְּאֹנֶס, בְּעַל־כָּרְחוֹ

perform /pəˈfɔːm/ v.t. & i.
1 (carry out) בִּצַּע, קִיֵּם, מִלֵּא
□ *he performed his duty satisfactorily* הוּא מִלֵּא אֶת תַּפְקִידוֹ בְּאֹפֶן מַשְׂבִּיעַ רָצוֹן
2 (carry out, execute; act or sing, etc.) בִּצַּע (פְּעֻלָּה מְסֻיֶּמֶת, תַּרְגִּיל אַקְרוֹבָּטִי וְכַד'); הוֹפִיעַ (עַל בָּמָה)
performing arts אָמָנֻיּוֹת הַבָּמָה
□ *the children performed at the concert* הַיְלָדִים הוֹפִיעוּ בְּקוֹנְצֶרְט
□ *the drama society will perform 'Hamlet'* הַחוּג הַדְּרָמָטִי יַצִּיג אֶת הַמַּחֲזֶה "הַמְלֶט"
□ *the child performed a somersault* הַיֶּלֶד בִּצַּע "סַלְטָה"
□ *the circus included a performing seal* הַקִּרְקָס כָּלַל כֶּלֶב־יָם מְאֻלָּף
3 (achieve desired standard, *colloq.*) "בִּצּוּעַ"
□ *I just hope I shall be able to perform* אֲנִי מְקַוֶּה שֶׁאוּכַל לָתֵת "הוֹפָעָה כְּמוֹ שֶׁצָּרִיךְ"

performance /pəˈfɔːməns/ n.
1 (carrying out) בִּצּוּעַ הוֹצָאָה לַפֹּעַל; מִלּוּי (תַּפְקִיד)
□ *the policeman was killed in the performance of his duties* הַשּׁוֹטֵר נֶהֱרַג בִּשְׁעַת מִלּוּי תַּפְקִידוֹ
2 (execution of music or play) בִּצּוּעַ; הוֹפָעָה (עַל בָּמָה)
public performance בִּצּוּעַ פֻּמְבִּי
□ *she was more nervous in the rehearsal than in the performance* הִיא הָיְתָה עַצְבָּנִית יוֹתֵר בַּחֲזָרָה מֵאֲשֶׁר בְּהוֹפָעָה

3 (mechanical standard of operation) בִּצּוּעִים
□ *will this oil improve the car's performance?* הַאִם הַשֶּׁמֶן הַזֶּה יְשַׁפֵּר אֶת הַבִּצּוּעִים שֶׁל הַמְּכוֹנִית?
4 (tedious process, *colloq.*) "מִבְצָע", "סִפּוּר"
□ *what a performance it was to get a visa!* זֶה הָיָה מִבְצָע שָׁלֵם לְהַשִּׂיג וִיזָה!

performer /pəˈfɔːmə(r)/ n. מְבַצֵּעַ

perfume /ˈpɜːfjuːm/ n.
1 (pleasant smell) נִיחוֹחַ, בֹּשֶׂם
2 (cosmetic) בֹּשֶׂם
—v.t. /pəˈfjuːm/ בִּשֵּׂם, הִזָּה בֹּשֶׂם עַל..., מִלֵּא בְּרֵיחַ נִיחוֹחַ

perfumery /pəˈfjuːmərɪ/ n. פַּרְפוּמֶרְיָה, חֲנוּת-תַּמְרוּקִים, תַּמְרוּקִיָּה

perfunctory /pəˈfʌŋktərɪ/ adj. (*formal*) כִּלְאַחַר-יָד, לָצֵאת יְדֵי-חוֹבָה (בִּלְבַד)

pergola /ˈpɜːgələ/ n. פֶּרְגוֹלָה, עָרִיס (לִצְמָחִים מְטַפְּסִים)

perhaps /pəˈhæps/ adv. אוּלַי אֶפְשָׁר, יִתָּכֵן שֶׁ...
□ *perhaps you could open the door for me* אוּלַי תּוּכַל בְּבַקָּשָׁה לִפְתֹּחַ בִּשְׁבִילִי אֶת הַדֶּלֶת

peri- /ˈperɪ-/ pref. (תְּחִלִּית שֶׁפֵּרוּשָׁהּ) סָבִיב; בְּקִרְבַת

perigee /ˈperɪdʒiː/ n. פְּרִיגֵיאָה (הַנְּקֻדָּה הַקְּרוֹבָה בְּיוֹתֵר לְכַדּוּר הָאָרֶץ בְּמַסְלוּלוֹ שֶׁל כּוֹכַב-לֶכֶת

perihelion /ˌperɪˈhiːlɪən/ n. (*pl.* **perihelia**) פֶּרִיהֶלְיוֹן (הַנְּקֻדָּה הַקְּרוֹבָה בְּיוֹתֵר לַשֶּׁמֶשׁ בְּמַסְלוּלוֹ שֶׁל כּוֹכַב-לֶכֶת)

peril /ˈperɪl/ n. (*formal*) סַכָּנָה (גְּדוֹלָה)
□ *he went in peril of his life* הוּא הָלַךְ תּוֹךְ סִכּוּן חַיָּיו
□ *you do so at your peril* אַתָּה עוֹשֶׂה אֶת זֶה עַל אַחֲרָיוּתְךָ בִּלְבַד

perilous /ˈperɪləs/ adj. (*formal*) מָלֵא סַכָּנָה, בְּחֶזְקַת סַכָּנָה, מְסֻכָּן

perilously /ˈperɪləslɪ/ adv. (*formal*) בְּסִכּוּן רַב, בְּצוּרָה מְסֻכֶּנֶת
□ *the book came perilously close to being libellous* הַסֵּפֶר הִתְקָרֵב בְּצוּרָה מְסֻכֶּנֶת לְהוֹצָאַת דִּבָּה

perimeter /pəˈrɪmɪtə(r)/ n.
1 (outer boundary) הֶקֵּף
perimeter fence גֶּדֶר הֶקֵּפִית, גָּדֵר מַקִּיפָה (שֶׁל מַחֲנֶה וְכַד')
2 (*Geom.*) הֶקֵּף

period /ˈpɪərɪəd/ n.
1 (portion of time) פֶּרֶק-זְמַן
teaching period שְׁעַת-לִמּוּד, שְׁעַת-הוֹרָאָה, "שָׁעָה", "שִׁעוּר"
2 (an age of past time) תְּקוּפָה (הִיסְטוֹרִית וְכַד')
□ *she lived during the period of the Civil War* הִיא חָיְתָה בִּתְקוּפַת מִלְחֶמֶת הָאֶזְרָחִים
3 (menstruation) וֶסֶת, מַחֲזוֹר
4 (length of a cycle) תְּקוּפָה
5 (sentence) (בְּתַחְבִּיר) מַחֲזֹרֶת, פִּסְקָה
6 (full stop, *US*) נְקֻדָּה (סִימַן פִּסּוּק)
□ *I'm not going, period!* אֲנִי לֹא הוֹלֵךְ, נְקֻדָּה!
—adj. אָפְיָנִי לִתְקוּפָה, שֶׁל תְּקוּפָה מְסֻיֶּמֶת
period piece יְצִירָה/חֵפֶץ אָפְיָנִי לִתְקוּפָה

periodic /ˌpɪərɪˈɒdɪk/ adj. מַחֲזוֹרִי
periodic table (*Chem.*) הַטַּבְלָה הַמַּחֲזוֹרִית (שֶׁל הַיְסוֹדוֹת)

periodical /ˌpɪərɪˈɒdɪk(ə)l/ n. & adj. כְּתַב-עֵת; תְּקוּפָתִי, מַחֲזוֹרִי

periodically /ˌpɪərɪˈɒdɪk(ə)lɪ/ adv. בְּמַחֲזוֹרִיּוּת; לִפְרָקִים, מִדֵּי פַּעַם

periodontics /ˌpɪərɪəˈdɒntɪks/ n. (*Med.*) רְפוּאַת-חֲנִיכַיִם

peripatetic /ˌperɪpəˈtetɪk/ adj. (*formal*) נָע וָנָד; פֶּרִיפָּטֶטִי

peripheral /pəˈrɪfərəl/ adj. שׁוּלִי, מִשְׁנִי; שֶׁנִּמְצָא בַּשּׁוּלַיִם
—n. (*Comput.*) צִיּוּד הֶקֵּפִי (לְמַחְשֵׁב, כְּגוֹן מַדְפֶּסֶת וְכַד')

periphery /pəˈrɪfərɪ/ n. (*formal*) פֶּרִיפֶרְיָה, שׁוּלַיִם

periphrasis /pəˈrɪfrəsɪs/ n. (*pl.* **periphrases**) (*formal*) הִתְבַּטְּאוּת עֲקִיפָה (וְלָרֹב מְסֻרְבֶּלֶת)

periphrastic /ˌperɪˈfræstɪk/ adj. (*formal*) עָקִיף בַּאֲרִיכוּת-לָשׁוֹן; (בְּדִקְדּוּק) פֶּרִיפְרַסְטִי

periscope /ˈperɪskəʊp/ n. פֶּרִיסְקוֹפּ

perish /ˈperɪʃ/ v.i.
1 (die, be destroyed) נִשְׁמַד, אָבַד, נִכְחַד, נִסְפָּה
□ *perish the thought!* חַס וְשָׁלוֹם! אֱלֹהִים יִשְׁמֹר!
2 (decay) הִתְקַלְקֵל, הִתְבַּלָּה
—v.t.
perished (*colloq.*) "מֵת" מִקֹּר
□ *(I am perished with cold* אֲנִי מֵת מִקֹּר

perishable /ˈperɪʃəb(ə)l/ adj. מִתְבַּלֶּה, מִתְקַלְקֵל
perishable goods (also **perishables,** n. *pl.*) מוּצָרִים מִתְכַּלִּים, סְחוֹרָה מִתְכַּלָּה

perisher /ˈperɪʃə(r)/ n. (*arch. colloq.*) "מַמְזֵר", "מַזִּיק"
□ *stop that at once, you little perisher!* תַּפְסִיק אֶת זֶה מִיָּד, מַמְזֵר שֶׁכָּמוֹךָ!

perishing /ˈperɪʃɪŋ/ adj.
1 (extremely cold, *colloq.*) (קֹר) זְוָעָתִי
□ *it's perishing outside* בַּחוּץ קֹר כְּלָבִים
2 (objectionable, *sl.*) מַחְרְבָן
□ *this perishing car won't go* הַמְּכוֹנִית הַדְּפוּקָה הַזֹּאת לֹא זָזָה

peristyle /ˈperɪstaɪl/ n. (*Archit.*) שְׁדֵרַת-עַמּוּדִים (סָבִיב מִקְדָּשׁ אוֹ חָצֵר), אַכְסַדְרַת עַמּוּדִים

peritoneum /ˌperɪtəˈniːəm/ n. (*Anat.*) צֶפֶק, קְרוּם חֲלַל-הַבֶּטֶן

peritonitis /ˌperɪtəˈnaɪtɪs/ n. (*Med.*) צַפֶּקֶת, דַּלֶּקֶת הַצֶּפֶק

periwig /ˈperɪwɪg/ n. הַפֵּאָה־הַנָּכְרִית שֶׁל עוֹרֵךְ־דִּין (בִּבְרִיטַנְיָה)

periwinkle /ˈperɪwɪŋk(ə)l/ n.
1 (plant) וִינְקָה (שִׂיחַ נוֹי)
2 (mollusc) לִיטוֹרִינָה (חִלָּזוֹן־יָם לְמַאֲכָל)

perjure /ˈpɜːdʒə(r)/ v.refl. (*formal* or *Law*) הֵעִיד עֵדוּת שֶׁקֶר, נִשְׁבַּע שְׁבוּעַת שֶׁקֶר
□ *he perjured himself* הוּא הֵעִיד עֵדוּת־שֶׁקֶר, הוּא נִשְׁבַּע שְׁבוּעַת־שֶׁקֶר

perjury /ˈpɜːdʒərɪ/ n. (*formal* or *Law*) עֵדוּת שֶׁקֶר, שְׁבוּעַת שֶׁקֶר

perk[1] /pɜːk/ v.t. & i.
(usu. **perk up,** *colloq.*) אוֹשֵׁשׁ, עוֹדֵד; הִתְאוֹשֵׁשׁ, הִתְעוֹדֵד
□ *trade perks up in the summer* הַמִּסְחָר מִתְעוֹרֵר לְחַיִּים בַּקַּיִץ
□ *a large drink perked me up no end* כּוֹס שְׁתִיָּה גְּדוֹלָה הֶחֱזִירָה אוֹתִי לַחַיִּים

perk[2] /pɜːk/ n. (*colloq.*) הֲטָבָה, "צִ'וּפָּר"
□ *the perks of the job included the use of a car* הַהֲטָבוֹת הַמִּשְׂרָה כָּלְלוּ מְכוֹנִית צְמוּדָה

perky /ˈpɜːkɪ/ adj. (*colloq.*) (אָדָם) תּוֹסֵס, עֵרָנִי, עַלִּיז

perm[1] /pɜːm/ n. & v.t. (*colloq.*) סִלְסוּל תְּמִידִי, פֶּרְמָנֶנְט; עָשָׂה סִלְסוּל תְּמִידִי, עָשָׂה פֶּרְמָנֶנְט

perm[2] /pɜːm/ n. & v.t. (*colloq.*) צֵרוּפִים שׁוֹנִים (בְּטֹפֶס שֶׁל טוֹטוֹ); רָשַׁם צֵרוּפִים שׁוֹנִים (בְּטֹפֶס הַטּוֹטוֹ)

permafrost /ˈpɜːməfrɒst/ n. כְּפוֹר־עַד (בְּשִׁכְבַת אֲדָמָה בַּאֲזוֹרֵי הַקֹּטֶב)

permanence /ˈpɜːmənəns/ n. תְּמִידוּת, קֶבַע, קְבִיעוּת

permanency /ˈpɜːmənənsɪ/ n. קְבִיעוּת; מִשְׂרָה קְבוּעָה

permanent /ˈpɜːmənənt/ adj. תְּמִידִי, קָבוּעַ
permanent press (בֶּגֶד) לְלֹא גִּהוּץ, כַּבֵּס וּלְבַשׁ
permanent wave פֶּרְמָנֶנְט, סִלְסוּל תְּמִידִי (בְּשֵׂעָר)
permanent way מְסִלַּת־בַּרְזֶל

permanganate /pəˈmæŋgəneɪt/ n. (*Chem.*) מֶלַח עַל־מַנְגָּנָתִי

permeability /ˌpɜːmɪəˈbɪlɪtɪ/ n. חֲדִירוּת (לְנוֹזְלִים)

permeable /ˈpɜːmɪəb(ə)l/ adj. חָדִיר (לְנוֹזְלִים)

permeate /ˈpɜːmɪeɪt/ v.t. & i. חִלְחֵל לְ..., הִתְפַּשֵּׁט בְּ...; חִלְחֵל, הִתְפַּשֵּׁט
□ *new ideas permeated amongst the people* רַעְיוֹנוֹת חֲדָשִׁים הִתְפַּשְּׁטוּ בְּקֶרֶב הָעָם

permissible /pəˈmɪsəb(ə)l/ adj. (*formal*) מֻתָּר, שֶׁאֶפְשָׁר לְהַרְשׁוֹתוֹ

permission /pəˈmɪʃ(ə)n/ n. רְשׁוּת, הֶתֵּר
□ *he had permission to leave the camp* הָיָה לוֹ אִשּׁוּר יְצִיאָה מִן הַמַּחֲנֶה

permissive /pəˈmɪsɪv/ adj. מַתִּירָנִי
the permissive society הַחֶבְרָה הַמַּתִּירָנִית

permit /pəˈmɪt/ v.t. הִרְשָׁה, הִתִּיר
□ *permit me to say that I do not like this action* תַּרְשֶׁה לִי לוֹמַר שֶׁפְּעֻלָּה זוֹ אֵינָהּ לְרוּחִי
—v.i. /pɜːˈmɪt/ (*formal*) אִפְשֵׁר, הִתִּיר
□ *the party will be outdoors, weather permitting* הַמְּסִבָּה תִּתְקַיֵּם בַּחוּץ, אִם תְּנָאֵי מֶזֶג־הָאֲוִיר יְאַפְשְׁרוּ זֹאת
□ *my business permits of no delay* עִנְיָנַי אֵינָם סוֹבְלִים דִּחוּי
—n. /ˈpɜːmɪt/ רִשְׁיוֹן, הֶתֵּר
□ *he had a permit to visit the factory* הָיָה לוֹ רִשְׁיוֹן לְבִקּוּר בַּמִּפְעָל

permutation /ˌpɜːmjuːˈteɪʃ(ə)n/ n. תְּמוּרָה, חִלּוּף סֵדֶר פְּרִיטִים (בְּצֵרוּף אוֹתִיּוֹת אוֹ מִסְפָּרִים)

permute /pəˈmjuːt/ v.t. עָרַךְ חִלּוּפֵי סֵדֶר, נִסָּה צֵרוּפִים שׁוֹנִים (כַּנַּ"ל)

pernicious /pəˈnɪʃəs/ adj. (*formal*) מַרְשִׁיעַ; מַזִּיק, קַטְלָנִי, הַרְסָנִי
pernicious anaemia (*Med.*) אֲנֶמְיָה מַמְאִירָה

pernickety /pəˈnɪkətɪ/ adj. (*colloq.*) מַקְפִּיד עַל כָּל שְׁטוּת

Pernod /ˈpeənəʊ/ n. (*Prop.*) פֶּרְנוֹ (מַשְׁקֶה אָנִיס אַלְכּוֹהוֹלִי)

peroration /ˈperəˈreɪʃ(ə)n/ n. (*formal*) סִכּוּם (בְּסוֹף נְאוּם); נְאוּם מְיַגֵּעַ וְרֵיק מִתֹּכֶן

peroxide /pəˈrɒksaɪd/ n. (*Chem.*) מֵי־חַמְצָן
hydrogen peroxide דּוּ־תַּחְמֹצֶת הַמֵּימָן, מֵי־חַמְצָן
peroxide blonde בְּלוֹנְדִּינִית מְחֻמְצֶנֶת
—v.t. חִמְצֵן (שֵׂעָר)

perpendicular /ˌpɜːpənˈdɪkjʊlə(r)/ adj.
1 (at right angles) נִצָּב
□ *the wall runs perpendicular to the road* הַחוֹמָה עוֹמֶדֶת בְּנִצָּב לַדֶּרֶךְ
2 (vertical; very steep) אֲנָכִי, זָקוּף, תָּלוּל
3 Perpendicular (*Archit.*) בְּסִגְנוֹן בְּנִיָּה בְּרִיטִי גּוֹתִי מְאֻחָר
—n. נִצָּב

perpetrate /ˈpɜːpɪtreɪt/ v.t. (*formal*) בִּצַּע (פֶּשַׁע וְכַד')

perpetration /ˌpɜːpɪˈtreɪʃ(ə)n/ n. (*formal*) בִּצּוּעַ (כַּנַּ"ל)

perpetrator /ˈpɜːpɪtreɪtə(r)/ n. (*formal*) מְבַצֵּעַ, אָשֵׁם (כַּנַּ"ל)

perpetual /pəˈpetʃʊəl/ adj. תְּמִידִי, נִצְחִי
perpetual motion "פֶּרְפֶּטוּאוּם מוֹבִּילֶה", "תְּנוּעָה נִצְחִית"

perpetuate /pəˈpetʃʊeit/ v.t. (*formal*) שִׁמֵּר (מַצָּב), הִנְצִיחַ (זֵכֶר)
□ *the error was perpetuated from one book to the next* הַטָּעוּת עָבְרָה מִסֵּפֶר אֶחָד לַשֵּׁנִי וְהִשְׁתַּמְּרָה

perpetuation /pəˌpetʃʊˈeɪʃ(ə)n/ n. (*formal*) שִׁמּוּר (מַצָּב); הַנְצָחָה

perpetuity /ˌpɜːpɪˈtjuːɪtɪ/ n. (*formal*) נֶצַח, עַד
in perpetuity (*Law*) לִצְמִיתוּת

perpetuum mobile /pɜːˌpetjuːəm ˈməʊbɪlɪ/ n. "פֶּרְפֶּטוּאוּם מוֹבִּילֶה", "תְּנוּעָה נִצְחִית"

perplex /pəˈpleks/ v.t. (*formal*) הֵבִיךְ, בִּלְבֵּל

perplexed /pəˈplekst/ adj. (*formal*) נָבוֹךְ, מְבֻלְבָּל

perplexity /pəˈpleksɪtɪ/ n. (*formal*) מְבוּכָה, בִּלְבּוּל

perquisite /ˈpɜːkwɪzɪt/ n. (*formal*) הֲטָבָה שׁוּלִית, תּוֹסֶפֶת לַשָּׂכָר הַקָּבוּעַ

perry /ˈperɪ/ n. מַשְׁקֶה אַגָּסִים אַלְכּוֹהוֹלִי, שֵׁכַר אַגָּסִים

per se /ˌpɜː ˈseɪ/ adv. (*formal*) לְכְשֶׁעַצְמוֹ, "פֶּר־סֶה"

persecute /ˈpɜːsɪkjuːt/ v.t.

1 (ill-treat constantly) רָדַף אֶת

2 (harass) הֵצִיק לְ..., הִטְרִיד

persecution /ˌpɜːsɪˈkjuːʃ(ə)n/ n. רְדִיפָה; הֲצָקָה, הַטְרָדָה

persecution complex (or **mania**) תַּסְבִּיךְ/שִׁגְעוֹן רְדִיפָה

persecutor /ˈpɜːsɪkjuːtə(r)/ n. רוֹדֵף, מֵצִיק, מַטְרִיד

perseverance /ˌpɜːsɪˈvɪərəns/ n. הַתְמָדָה; כֹּחַ־הַתְמָדָה

persevere /ˌpɜːsɪˈvɪə(r)/ v.i. הִתְמִיד (בְּמַאֲמָצִים וְכַד')

Persian /ˈpɜːʃ(ə)n/ adj. & n. פַּרְסִי; הַשָּׂפָה הַפַּרְסִית

Persian cat חָתוּל פַּרְסִי

Persian lamb כֶּבֶשׂ הַקָּרָקוּל; פַּרְוַת קָרָקוּל (שְׁחוֹרָה וּמְסֻלְסֶלֶת)

persiflage /ˈpɜːsɪflɑːʒ/ n. (*formal* or *joc.*) קִנְטוּר בְּרוּחַ טוֹבָה, עוֹקְצָנוּת

persimmon /pɜːˈsɪmən/ n. אֲפַרְסְמוֹן

persist /pəˈsɪst/ v.i. הִתְמִיד, נִמְשַׁךְ בְּעַקְשָׁנוּת, לֹא חָדַל; עָמַד עַל כָּךְ שֶׁ...

□ *he persisted with his studies* הוּא לֹא חָדַל מִלִּמּוּדָיו (לַמְרוֹת הַקְּשָׁיִים)

□ *the rain persisted all afternoon* הַגֶּשֶׁם לֹא הִפְסִיק כָּל אַחֲרֵי־הַצָּהֳרַיִם

persistence /pəˈsɪstəns/ n. הַתְמָדָה, עַקְשָׁנוּת

persistent /pəˈsɪstənt/ adj.

1 (continuing to do something) מַמְשִׁיךְ בְּעַקְשָׁנוּת, שׁוֹקֵד עַל

□ *she was persistent in her efforts to meet him* הִיא נִסְּתָה בְּעַקְשָׁנוּת לִפְגֹּשׁ אוֹתוֹ

2 (continual, esp. of pain or illness) בִּלְתִּי־פּוֹסֵק, מַתְמִיד, עַקְשָׁנִי

□ *she suffered from persistent attacks of malaria* הִיא סָבְלָה מֵהֶתְקֵפִים חוֹזְרִים (וְנִשְׁנִים) שֶׁל מָלַרְיָה

person /ˈpɜːs(ə)n/ n.

1 (human being, *pl.* **people**) בֶּן־אָדָם, אָדָם; אִישִׁיּוּת

person-to-person (שִׂיחַת טֶלֶפוֹן) אִישִׁית

□ *murder by person or persons unknown* רֶצַח בִּידֵי אַלְמוֹנִי אוֹ אַלְמוֹנִים

2 (physical body, *pl.* **persons**, *formal*) גּוּף

crime against the person (*Law*) פֶּשַׁע שֶׁל פְּגִיעָה גּוּפָנִית

□ *drugs were found on his person* סַמִּים נִמְצְאוּ עַל גּוּפוֹ

□ *she came in person* הִיא בָּאָה בְּאֹפֶן אִישִׁי

□ *he found an ally in the person of his teacher* הוּא מָצָא לוֹ בַּעַל־בְּרִית בִּדְמוּת הַמּוֹרֶה שֶׁלּוֹ

3 (*Gram.*) גּוּף

first person singular גּוּף־רִאשׁוֹן יָחִיד

persona /pəˈsəʊnə/ n. (*pl.* **personae**) (*formal*) דְּמוּת (בִּיצִירָה סִפְרוּתִית); סַמְמָנֵי הָאֹפִי (הַחִיצוֹנִיִּים)

persona grata אִישִׁיּוּת רְצוּיָה

persona non grata אִישִׁיּוּת בִּלְתִּי־רְצוּיָה

personable /ˈpɜːsənəb(ə)l/ adj. בַּעַל הוֹפָעָה נָאָה; סִימְפָּתִי

personage /ˈpɜːsənɪdʒ/ n. (*formal*) אִישִׁיּוּת חֲשׁוּבָה, דְּמוּת (הִיסְטוֹרִית וְכַד')

personal /ˈpɜːsən(ə)l/ adj.

1 (for oneself, belonging to a person; individual) אִישִׁי, פְּרָטִי

personal assistant עוֹזֵר אִישִׁי; מַזְכִּירָה אִישִׁית

personal computer מַחְשֵׁב אִישִׁי

personal property (*Law*) רְכוּשׁ אִישִׁי, רְכוּשׁ פְּרָטִי

personal stereo טֵיפּ קַסֶּטוֹת אִישִׁי, "ווֹקְמֶן"

□ *those are my personal belongings* אֵלֶּה הַחֲפָצִים הָאִישִׁיִּים שֶׁלִּי

2 (involving an individual; in person) אִישִׁי

personal column מָדוֹר מוֹדָעוֹת אִישִׁיּוֹת (בְּעִתּוֹן וְכַד')

□ *candidates will be selected by personal interview* הַמֻּעֲמָדִים יִבָּחֲרוּ בְּרֵאָיוֹן אִישִׁי

□ *the minister suffered personal abuse* הַשַּׂר סָפַג עֶלְבּוֹנוֹת אִישִׁיִּים

□ *the envelope was marked 'personal'* עַל הַמַּעֲטָפָה הָיָה רָשׁוּם "אִישִׁי"

□ *he has great personal charm* יֵשׁ לוֹ קֶסֶם אִישִׁי רַב

3 (intimate; presuming to be intimate) אִישִׁי

□ *may I ask you a personal question?* מֻתָּר לִי לִשְׁאֹל אוֹתְךָ שְׁאֵלָה אִישִׁית?

□ *let's not get personal about this* (*colloq.*) בּוֹא לֹא נִקַּח אֶת זֶה לַלֵּב

4 (*Gram.*) אִישִׁי

personal pronoun כִּנּוּי־גּוּף אִישִׁי (אֲנִי, אַתָּה וְכַד')

personality /ˌpɜːsəˈnælɪtɪ/ n.

1 (being; identity; character) אִישִׁיּוּת, עַצְמִיּוּת; זֶהוּת, יִחוּד, אֹפִי

dual personality אִישִׁיּוּת כְּפוּלָה

split personality אִישִׁיּוּת מְפֻצֶּלֶת

□ *she's got great personality* יֵשׁ לָהּ אִישִׁיּוּת בּוֹלֶטֶת

2 (person of character or importance) אָדָם חָשׁוּב, אִישִׁיּוּת

personality cult פֻּלְחַן אִישִׁיּוּת

□ *she is a television personality* הִיא אִישִׁיּוּת טֶלֶוִיזְיוֹנִית

personalize /ˈpɜːsənəlaɪz/ v.t. עָשָׂה לְאִישִׁי; סִמֵּן אֶת הַשֵּׁם עַל

personalized /ˈpɜːsənəlaɪzd/ adj. (עֵט, מִמְחָטָה וְכַד׳) שֶׁשֵּׁם הַבְּעָלִים רָשׁוּם עָלָיו

personally /ˈpɜːsənəlɪ/ adv. אִישִׁית, בְּאֹפֶן אִישִׁי, בְּעַצְמוֹ

□ *I was personally involved in the transaction* הָיִיתִי מְעֹרָב אִישִׁית בָּעִסְקָה

□ *I met him personally* פָּגַשְׁתִּי אוֹתוֹ אִישִׁית

□ *personally, I don't think that is a good idea* אִישִׁית אֲנִי לֹא חוֹשֵׁב שֶׁזֶּה רַעְיוֹן טוֹב

□ *don't take his criticisms personally* אַל תְּקַבֵּל אֶת הַבִּקֹּרֶת שֶׁלּוֹ בְּאֹפֶן אִישִׁי

personification /pəˌsɒnɪfɪˈkeɪʃ(ə)n/ n. הַאֲנָשָׁה, אִנּוּשׁ (יִחוּס תְּכוּנוֹת אֱנוֹשׁ לְ...); הִתְגַּלְּמוּת

personify /pəˈsɒnɪfaɪ/ v.i.

1 (represent as a person) הֶאֱנִישׁ, אִנֵּשׁ, גִּלֵּם כִּדְמוּת אֱנוֹשִׁית

□ *the forces of nature are personified in myth* בַּמִּיתוֹלוֹגְיָה יֵשׁ הַאֲנָשָׁה שֶׁל כֹּחוֹת הַטֶּבַע

2 (typify) גִּלֵּם, סִמֵּל

□ *she is kindness personified* הִיא סֵמֶל טוּב־הַלֵּב, הִיא הִתְגַּלְּמוּת טוּב־הַלֵּב

personnel /ˌpɜːsəˈnel/ n. סֶגֶל, פֶּרְסוֹנָל, מַנְגָּנוֹן, כֹּחַ־אָדָם

personnel department אֲגַף כֹּחַ־אָדָם, אֲגַף סֶגֶל

perspective /pəˈspektɪv/ n.

1 (method of drawing) פֶּרְסְפֶּקְטִיבָה (בְּצִיּוּר וְכַד׳)

2 (relationship, proportion) פֶּרְסְפֶּקְטִיבָה, יַחַס נָכוֹן (בֵּין הַפְּרָטִים לַכְּלָל וְכַד׳)

□ *you must try to see things in perspective* אַתָּה צָרִיךְ לְנַסּוֹת לִרְאוֹת אֶת הַדְּבָרִים בַּפֶּרְסְפֶּקְטִיבָה הַנְּכוֹנָה

3 (view, vista) מַבָּט רָחָב (עַל נוֹף), מַרְאֶה

Perspex /ˈpɜːspeks/ n.. (*Prop.*) פֶּרְסְפֶּקְס (חֹמֶר פְּלַסְטִי שָׁקוּף)

perspicacious /ˌpɜːspɪˈkeɪʃəs/ adj. (*formal*) חַד־תְּפִיסָה

perspicuous /pəˈspɪkjʊəs/ adj. (*formal*) בָּהִיר, בָּרוּר, צַח (סִגְנוֹן וְכַד׳)

perspiration /ˌpɜːspəˈreɪʃ(ə)n/ n. זֵעָה, הַזָּעָה

perspire /pəˈspaɪə(r)/ v.i. הִזִּיעַ

persuade /pəˈsweɪd/ v.t. שִׁכְנֵעַ

□ *he wouldn't be persuaded out of his hideout* לֹא הִצְלִיחוּ לְשַׁכְנֵעַ אוֹתוֹ לָצֵאת מִמַּחֲבוֹאוֹ

persuasion /pəˈsweɪʒ(ə)n/ n.

1 (action of persuading) שִׁכְנוּעַ

2 (belief, esp. religious; inclination, *formal*) אֱמוּנָה, הַכָּרָה דָּתִית; דֵּעָה

persuasive /pəˈsweɪsɪv/ adj. מְשַׁכְנֵעַ, בַּעַל כֹּחַ־שִׁכְנוּעַ

pert /pɜːt/ adj. מְחֻצָּף וְחָמוּד, שׁוֹבָב

pertain pəˈteɪn/ v.i. (*formal*) הָיָה שַׁיָּךְ לְ..., נָגַע לְ..., הִתְיַחֵס לְ...

□ *anything pertaining to seafood makes me ill* כָּל מַה שֶּׁקָּשׁוּר לְמַאַכְלֵי־יָם גּוֹרֵם לִי לִבְחִילָה

pertinacious /ˌpɜːtɪˈneɪʃəs/ adj. (*formal*) נָחוּשׁ בְּדַעְתּוֹ, דָּבֵק בְּעַקְשָׁנוּת (בְּדֵעָה, בְּקַו־פְּעֻלָּה)

pertinacity /ˌpɜːtɪˈnæsɪtɪ/ n. (*formal*) נְחִישׁוּת־דַּעַת, דְּבֵקוּת עַקְשָׁנִית

pertinent /ˈpɜːtɪnənt/ adj. (*formal*) נוֹגֵעַ לָעִנְיָן, שַׁיָּךְ לָעִנְיָן, רֶלֶוַנְטִי

perturb /pəˈtɜːb/ v.t. (*formal*) הִדְאִיג, גָּרַם לְ... אִי־שֶׁקֶט נַפְשִׁי, עִרְעֵר אֶת שַׁלְוַת־נַפְשׁוֹ שֶׁל

□ *I was greatly perturbed by* (or *at*) *the news* הַחֲדָשׁוֹת הֵסֵבּוּ לִי דְּאָגָה רַבָּה

perturbation /ˌpɜːtəˈbeɪʃ(ə)n/ n. (*formal*) חֲרָדָה, אִי־שֶׁקֶט נַפְשִׁי

peruke /pəˈruːk/ n. (*Hist.*) פֵּאַת גְּבָרִים אֲרֻכָּה וּמְתֻלְתֶּלֶת (בִּתְקוּפַת הָרֶסְטוֹרַצְיָה)

perusal /pəˈruːz(ə)l/ n. (*formal*) קְרִיאָה בְּעִיּוּן, קְרִיאָה מְדֻקְדֶּקֶת

peruse /pəˈruːz/ v.t. (*formal*) קָרָא בְּעִיּוּן; קָרָא

Peruvian /pəˈruːvɪən/ adj. & n. פֵּרוּאָנִי; אָדָם פֵּרוּאָנִי

Peruvian bark קְלִפַּת עֵץ הַכִּינִין

perv /pɜːv/ n. (*sl. derog.*) סוֹטֶה־מִין, פֶּרְוֶרְט

pervade /pəˈveɪd/ v.t. (*formal*) פָּשַׁט בְּכֹל, פָּשָׂה בְּ..., פִּעְפַּע בְּ...

pervasive /pəˈveɪsɪv/ adj. (*formal*) חוֹדֵר, מִתְפַּשֵּׁט, מְפַעְפֵּעַ, פּוֹשֶׂה

perverse /pəˈvɜːs/ adj. מִתְנַגֵּד וְעַקְשָׁן, עַקְשָׁן לְהַכְעִיס, סוֹתֵר

perversion /pəˈvɜːʃ(ə)n/ n.

1 (distortion) סִלּוּף, עִוּוּת, הַשְׁחָתָה

□ *the trial was a complete perversion of justice* הַמִּשְׁפָּט הָיָה עִוּוּת־דִּין מֻחְלָט

2 (sexual abnormality) סְטִיָּה־מִינִית, פֶּרְוֶרְסְיָה

perversity /pəˈvɜːsɪtɪ/ n. עַקְשָׁנוּת

pervert /pəˈvɜːt/ v.t.

1 (misapply, change, twist) עָשָׂה שִׁמּוּשׁ מְסֻלָּף בְּ; סִלֵּף

□ *pervert the course of justice* (*Law*) גָּרַם לְהַפְרָעָה בִּפְעִילוּתוֹ הַתַּקִּינָה שֶׁל הַחֹק

2 (deprave) הִטָּה מִדֶּרֶךְ הַיָּשָׁר, הִשְׁחִית, קִלְקֵל אֶת מִדּוֹתָיו שֶׁל

□ *he has a perverted sense of humour* יֵשׁ לוֹ חוּשׁ־הוּמוֹר מְעֻוָּת

—n. /ˈpɜːvɜːt/ (*derog.*) סוֹטֶה־מִין, פֶּרְוֶרְט

pervious /ˈpɜːrvɪəs/ adj. חָדִיר לְנוֹזְלִים; פָּתוּחַ (לְרַעְיוֹנוֹת וְכַד׳)

peseta /pəˈseɪtə/ n. פֶּזֶטָה (מַטְבֵּעַ סְפָרַדִּי)

pesky /ˈpeskɪ/ adj. (*colloq.*) מְעַצְבֵּן

peso /ˈpeɪsəʊ/ n. (*pl.* **pesos**) פֶּזוֹ (מַטְבֵּעַ דְּרוֹם־אֲמֵרִיקָאִי)

pessary /ˈpesərɪ/ n. קַפְסוּלָה, "נֵר" רְפוּאִי (לָרֹב גִּינֵיקוֹלוֹגִי)

pessimism /ˈpesɪmɪzəm/ n. פֶּסִימִיזְם, פֶּסִימִיּוּת, רְאִיַּת שְׁחוֹרוֹת

pessimist /ˈpesɪmɪst/ n. פֶּסִימִיסְט, רוֹאֶה שְׁחוֹרוֹת

pessimistic /ˌpesɪˈmɪstɪk/ adj. פֶּסִימִי, שֶׁל רְאִיַּת־שְׁחוֹרוֹת

pest /pest/ n.
- 1 (destructive insect, animal, etc.) מַזִּיק
- 2 (nuisance, *colloq.*) טַרְדָן, נוּדְנִיק

pester /ˈpestə(r)/ v.t. (*colloq.*) נִטְפַּל לְ..., הִטְרִיד לְלֹא הֶפְסֵק

pesticide /ˈpestɪsaɪd/ n. חֹמֶר הַדְבָּרָה, מַדְבִּיר (מַזִּיקִים), קוֹטֵל־מַזִּיקִים

pestilence /ˈpestɪləns/ n. (*formal*) מַגֵּפָה (בְּיִחוּד שֶׁל אֲבַעְבּוּעוֹת שְׁחוֹרוֹת), דֶּבֶר

pestilential /ˌpestɪˈlenʃ(ə)l/ adj. (*formal*) גּוֹרֵם מַגֵּפָה, קַטְלָנִי; גּוֹרֵם נֶזֶק

pestle /ˈpes(ə)l/ n. עֱלִי

pet[1] /pet/ n.
- 1 (tame animal) חַיַּת־בַּיִת, חַיַּת־שַׁעֲשׁוּעִים, חַיַּת־מַחְמָד
- 2 (favourite) חָבִיב, בֶּן־טִפּוּחִים
  - **teacher's pet** (*derog.*) הַתַּלְמִיד הֶחָבִיב עַל הַמּוֹרֶה, "יֶלֶד טוֹב יְרוּשָׁלַיִם"

—adj. אָהוּב בִּמְיֻחָד, חָבִיב
  - **pet name** כִּנּוּי חִבָּה
  - □ *whisky is my pet aversion* יֵשׁ לִי שִׂנְאָה מְיֻחֶדֶת לְוִיסְקִי, אֲנִי סוֹלֵד בִּמְיֻחָד מִוִּיסְקִי

—v.t.
- 1 (touch affectionately) לִטֵּף, גִּפֵּף (יֶלֶד, חַיַּת בַּיִת וְכַד')
- 2 (fondle sexually) לִטֵּף, מִשֵּׁשׁ

pet[2] /pet/ n. (*arch.*) הַתְקָפַת רֹגֶז (עַל דָּבָר שֶׁל מַה־בְּכָךְ)

petal /ˈpet(ə)l/ n. עֲלֵה־כּוֹתֶרֶת (שֶׁל פֶּרַח)

petard /peˈtɑːd/ n.
  - **hoist with one's own petard** (*arch.*) בּוֹר כָּרָה וַיַּחְפְּרֵהוּ (נִפְגַּע מִתַּכְסִיסֵי עַצְמוֹ)

Peter /ˈpiːtə(r)/ n.
  - **the Blue Peter** (*Naut.*) דֶּגֶל־הַפְלָגָה (דֶּגֶל כָּחֹל קָטָן וּבְאֶמְצָעוֹ רִבּוּעַ לָבָן)
  - **rob Peter to pay Paul** (*fig.*) לָוָה כֶּסֶף מֵרְאוּבֵן כְּדֵי לִפְרֹעַ אֶת חוֹבוֹ לְשִׁמְעוֹן

peter /ˈpiːtə(r)/ v.i.
  - **peter out** הָלַךְ וְנֶעֱלַם, הָלַךְ וְנָמוֹג

petersham /ˈpiːtəʃəm/ n. אָרִיג נֻקְשֶׁה (לַחֲגוֹרוֹת, לְחִזּוּק בַּדִּים וְכַד')

petit /ˈpetɪ/ adj. קָטָן, זָעִיר, פָּעוּט
  - **petit bourgeois** בּוּרְגָּנִי זָעִיר
  - **petits fours** "פֶּטִי־פוּר" (עוּגִיָּה קְטַנָּה וּמְצֻפָּה)

petite /pəˈtiːt/ adj. (אִשָּׁה) קְטַנָּה וַעֲנֻגָּה, קְטַנָּה וַחֲטוּבָה

petition /pəˈtɪʃ(ə)n/ n.
- 1 (request signed by many people) עֲצוּמָה, פֶּטִיצְיָה
- 2 (written request; prayer, *formal*) עֲתִירָה; תְּפִלָּה

—v.t. & i. הִגִּישׁ עֲצוּמָה (לְ...) עָתַר (לְ...)

petitioner /pəˈtɪʃənə(r)/ n. מַגִּישׁ עֲצוּמָה; עוֹתֵר לְגֵרוּשִׁין, מַגִּישׁ בַּקָּשַׁת גֵּרוּשִׁין

petrel /ˈpetrəl/ n. יַסְעוּרוֹן אַטְלַנְטִי (עוֹף־יָם)
  - **stormy petrel** יַסְעוּרוֹן אַטְלַנְטִי; גּוֹרֵם סִכְסוּכִים

Petri dish /ˈpetrɪ dɪʃ/ n. צַלּוֹחִית פֶּטְרִי (צַלּוֹחִית שְׁטוּחָה לְגִדּוּל תַּרְבִּיּוֹת)

petrified /ˈpetrɪfaɪd/ adj. מְשֻׁתָּק מִפַּחַד; מְאֻבָּן

petrify /ˈpetrɪfaɪ/ v.t. & i.
- 1 (frighten) שִׁתֵּק מֵרֹב פַּחַד, הִקְפִּיא מִפַּחַד
- 2 (turn to stone) הָפַךְ לְאֶבֶן, אִבֵּן; הִתְאַבֵּן

petrifaction /ˌpetrɪˈfækʃ(ə)n/ n. הִתְאַבְּנוּת

petrochemical /ˌpetrəʊˈkemɪk(ə)l/ n. & adj. תּוֹצָר פֶּטְרוֹכִימִי; פֶּטְרוֹכִימִי

petrodollar /ˈpetrəʊˌdɒlə(r)/ n. פֶּטְרוֹדוֹלָר; דּוֹלָר־נֵפְט

petrol /ˈpetrəl/ n. (*UK*) דֶּלֶק (בֶּנְזִין וְסוֹלֶר לִמְנוֹעֵי בְּעֵרָה פְּנִימִית)
  - **petrol bomb** בַּקְבּוּק מוֹלוֹטוֹב, פִּצְצַת תַּבְעֵרָה
  - **petrol pump** מַשְׁאֵבַת דֶּלֶק
  - **petrol station** תַּחֲנַת דֶּלֶק
  - **petrol tank** מְכַל־דֶּלֶק

petroleum /pəˈtrəʊlɪəm/ n. נֵפְט (גָּלְמִי)
  - **petroleum jelly** וָזֶלִין

petrology /pəˈtrɒlɪdʒɪ/ n. פֶּטְרוֹלוֹגְיָה, תּוֹרַת־הַסְּלָעִים

petticoat /ˈpetɪkəʊt/ n. תַּחְתּוֹנִית, שִׂמְלָה תַּחְתּוֹנָה, חֲצָאִית

pettifogger /ˈpetɪfɒgə(r)/ n. (*derog.*) קַטְנוּנִי, מְדַקְדֵּק בִּפְרָטִים קְטַנִּים

pettifogging /ˈpetɪfɒgɪŋ/ adj. (*derog.*) (אָדָם) קַטְנוּנִי; (דָּבָר) פְּחוּת־עֵרֶךְ

pettiness /ˈpetɪnɪs/ n. קַטְנוּנִיּוּת

petting /ˈpetɪŋ/ n. לִטּוּפִים, לִטּוּף

pettish /ˈpetɪʃ/ adj. (*derog.*) מִתְרַגֵּז עַל קְטַנּוֹת

petty /ˈpetɪ/ adj.
- 1 (minor, on a small scale) זוּטָא, פָּעוּט, קַל־עֵרֶךְ
  - **petty bourgeoisie** בּוּרְגָּנוּת זְעִירָה
  - **petty cash** קֻפָּה קְטַנָּה
  - **petty officer** מַשַּׁ"ק בְּחֵיל־הַיָּם (מַקְבִּיל לְסַמָּל בְּחֵיל־הַיַּבָּשָׁה)
  - **petty larceny** (*Law*) גְּנֵבָה פְּעוּטָה
- 2 (mean, small-minded) צַר־אֹפֶק, צַר־מֹחַ, קַטְנוּנִי, צַר־עַיִן

petulance /ˈpetjʊləns/ n. (*formal*) קֹצֶר רוּחַ יַלְדוּתִי, רַגְזָנוּת יַלְדוּתִית

petulant /ˈpetjʊlənt/ adj. (*formal*) יַלְדוּתִי וּקְצַר רוּחַ, רַגְזָן וְיַלְדוּתִי

petunia /pəˈtjuːnɪə/ n. פֶּטוּנְיָה (פֶּרַח נוֹי)

pew /pjuː/ n.
- 1 (seat in church) סַפְסָל כְּנֵסִיָּה
- 2 (any seat, *joc.*) מוֹשָׁב
  - □ *take a pew!* קַח לְךָ כִּסֵּא!

pewit /ˈpiːwɪt/ קִיוִית (עוֹף בִּצָּה)

pewter /ˈpjuːtə(r)/ n. נֶתֶךְ שֶׁל בְּדִיל וְעוֹפֶרֶת; כֵּלִים מִנֶּתֶךְ כַּנַּ"ל

peyote /peɪˈəʊtɪ/ n. קַקְטוּס הַפֵּיוֹטִי (מְקוֹר לְסַם־הֲזָיוֹת); סַם הַפֵּיוֹטִי (כַּנַּ"ל)

pfennig /ˈfenɪg/ n. פֶנִיג (מֵאִית הַמַּרְק)

phagocyte /ˈfægəsaɪt/ n. (*Med.*) פָגוֹצִיט (לְמָשָׁל תָּא דָם לָבָן)

phalanx /ˈfælæŋks/ n.

1 (united body of persons or opinion) קְבוּצָה מְלֻכֶּדֶת

2 (line of battle, *Hist.*) פְּלַנְגָּה (יְחִידַת חַיָּלִים צְפוּפָה בַּצָּבָא הַמֻּקְדוֹנִי)

phallic /ˈfælɪk/ adj. פָאלִי

phallic symbol סֵמֶל פָאלִי

phallus /ˈfæləs/ n. פָאלוּס (דֶּגֶם טִקְסִי שֶׁל אֵיבַר הַזַּכְרוּת); אֵיבַר הַזַּכְרוּת

phantasm /ˈfæntæzəm/ n. (*formal*) יְצוּר הַדִּמְיוֹן

phantasmagoria /ˌfæntæzməˈgɔːrɪə/ n. (*poet.*) חֶזְיוֹן־תַּעְתּוּעִים

phantasmagoric /ˌfæntæzməˈgɒrɪk/ adj. (*poet.*) שֶׁל חֶזְיוֹן תַּעְתּוּעִים

phantasmal /ˌfænˈtæzm(ə)l/ adj. (*formal*) דִּמְיוֹנִי

phantom /ˈfæntəm/ n. & adj. רוּחַ־רְפָאִים; יְצִיר הַדִּמְיוֹן; דִּמְיוֹנִי, שָׁוְא

phantom limb אֵבָר מְדֻמֶּה (אֵיבָר כָּרוּת, שֶׁהַחוֹלֶה עֲדַיִן "מַרְגִּישׁ")

phantom pregnancy הֵרָיוֹן מְדֻמֶּה

Pharaoh /ˈfeərəʊ/ n. פַּרְעֹה

pharisaic(al) /ˌfærɪˈseɪɪk((ə)l)/ adj. (*formal derog.*) מִתְחַסֵּד; פְּרוּשִׁי, שֶׁל הַפְּרוּשִׁים;

Pharisee /ˈfærɪsiː/ n.

1 (member of ancient sect) פְּרוּשִׁי

2 (hypocrite) צָבוּעַ, מִתְחַסֵּד (בַּמָּסֹרֶת הַנּוֹצְרִית)

pharmaceutical /ˌfɑːməˈsjuːtɪk(ə)l/ adj. שֶׁל־רוֹקְחוּת, שֶׁל חָמְרֵי־רְפוּאָה, פַּרְמָצֶבְטִי

pharmaceuticals /ˌfɑːməˈsjuːtɪk(ə)lz/ n. *pl.* חָמְרֵי רְפוּאָה, חֳמָרִים פַּרְמָצֶבְטִיִּים

pharmacist /ˈfɑːməsɪst/ n. רוֹקֵחַ

pharmacological /ˌfɑːməkəˈlɒdʒɪk(ə)l/ adj. פַּרְמָקוֹלוֹגִי, תְּרוּפָתִי

pharmacologist /ˌfɑːməˈkɒlədʒɪst/ n. פַּרְמָקוֹלוֹג

pharmacology /ˌfɑːməˈkɒlədʒɪ/ n. פַּרְמָקוֹלוֹגְיָה, תּוֹרַת הַתְּרוּפוֹת

pharmacopoeia /ˌfɑːməkəˈpiːə/ n. סֵפֶר תְּרוּפוֹת, רְשִׁימַת תְּרוּפוֹת רִשְׁמִית (הַמֻּתָּרוֹת לְשִׁמּוּשׁ בִּמְדִינָה מְסֻיֶּמֶת)

pharmacy /ˈfɑːməsɪ/ n.

1 (chemist's shop; dispensary) בֵּית־מִרְקַחַת

2 (the dispensing of drugs) רוֹקְחוּת

pharyngeal /ˌfærɪnˈdʒiːəl/ adj. (*Anat.*) לֹעִי, שֶׁל הַלֹּעַ

pharynges *pl.* of **pharynx**

pharyngitis /ˌfærɪnˈdʒaɪtɪs/ n. (*Med.*) דַּלֶּקֶת־הַלֹּעַ

pharynx /ˈfærɪŋks/ n. (*pl.* **pharynges** /fəˈrɪndiːz/, *Anat.*) לֹעַ

phase /feɪz/ n.

1 (stage of development) דַּרְגָּה, שָׁלָב, מַצָּב (בְּהִתְפַּתְּחוּת)

2 (aspect of moon or planet) מוֹפָע, פָּזָה

3 (fraction of cycle, *Phys.*) פָּזָה

in phase בְּתֵאוּם; מְתֹאָמִים (זֶה עִם זֶה), בְּפָזָה

out of phase שֶׁלֹּא בְּתֵאוּם, לֹא בְּפָזָה

4 (form of matter, *Chem.*) פָּזָה

—v.t. שִׁלֵּב, עָרַךְ בְּפָזָה

□ *we want to phase him out of the programme* אֲנַחְנוּ רוֹצִים לְהוֹצִיא אוֹתוֹ בְּהַדְרָגָה מִן הַתָּכְנִית

□ *the new method will be phased in gradually* הַשִּׁיטָה הַחֲדָשָׁה תֻּנְהַג בְּהַדְרָגָה

□ *we carried out a phased withdrawal* נְסוֹגוֹנוּ בִּשְׁלַבִּים

Ph.D. abbrev. תֹּאַר דּוֹקְטוֹר לְפִילוֹסוֹפְיָה; דּוֹקְטוֹרָט, עֲבוֹדַת דּוֹקְטוֹרָט

pheasant /ˈfez(ə)nt/ n. פַּסְיוֹן (עוֹף בָּר, מְשַׁמֵּשׁ לְצַיִד)

phenol /ˈfiːnɒl/ n. (*Chem.*) פֶנוֹל, חֻמְצָה קַרְבּוֹלִית

phenomena / *pl.* of **phenomenon**

phenomenal /fɪˈnɒmɪn(ə)l/ adj.

1 (extraordinary, esp. in size) בִּלְתִּי רָגִיל, מֻפְלָא, פֶנוֹמֶנָלִי

2 (relating to natural phenomena) שֶׁל תּוֹפָעוֹת־טֶבַע

phenomenon /fɪˈnɒmɪnən/ n. (*pl.* **phenomena**)

1 (anything observable; unusual event) תּוֹפָעָה, פֶנוֹמֶן

natural phenomena תּוֹפָעוֹת־טֶבַע

2 (unusual person or thing) פֶנוֹמֶן, דָּבָר לֹא רָגִיל

□ *this pianist is a phenomenon* הַפְּסַנְתְּרָן הַזֶּה הוּא גָּאוֹן

phew /fjuː/ int. "אוּף" (לְהַבָּעַת הֲקַלָּה); "פוּי", "אִיכְּס" (לְהַבָּעַת גֹּעַל)

phial /ˈfaɪəl/ n. בַּקְבּוּקוֹן (לִתְרוּפוֹת)

Phi Beta Kappa /ˌfaɪ ˌbiːtə ˈkæpə/ n. (*US*) אֲגֻדַּת פִי־בֵּתָה־קָפָּה (אֲגֻדַּת מְצֻטָּיָּנִים אוּנִיבֶרְסִיטָאִית בְּאַרְהַ"ב)

philander /fɪˈlændə(r)/ v.i. (*arch.*) עָגַב עַל, פִלִירְטֵט

philanderer /fɪˈlændərə(r)/ n. (*arch.*) עוֹגֵב, מְפַלְרְטֵט

philanthropic /ˌfɪlənˈθrɒpɪk/ adj. (*formal*) פִילַנְתְּרוֹפִּי, נַדְבָנִי

philanthropist /fɪˈlænθrəpɪst/ n. (*formal*) פִילַנְתְּרוֹפּ, נַדְבָן

philanthropy /fɪˈlænθrəpɪ/ n. (*formal*) פִילַנְתְּרוֹפְּיָה, נַדְבָנוּת

philatelist /fɪˈlætəlɪst/ n. פִילָטֶלִיסְט; אַסְפַן בּוּלִים

philately /fɪˈlætəlɪ/ n. פִילָטֶלְיָה, בּוּלָאוּת

philharmonic /ˌfɪlhɑːˈmɒnɪk/ adj. פִילְהַרְמוֹנִי

-philia /-ˈfɪlɪə/ suff. (סִיֹּמֶת שֶׁפֵּרוּשָׁהּ) נְטִיָּה (חוֹלָנִית) לְ...
philippic /fɪˈlɪpɪk/ n. (*formal*) נְאוּם הַתְקָפָה חָרִיף
philistine /ˈfɪlɪstaɪn/ n.
1 (person hostile to culture) אָדָם "בַּרְבָּרִי" (שֶׁאֵין לוֹ כָּל יַחַס לְתַרְבּוּת), עַם הָאָרֶץ
2 **Philistine** פְּלִשְׁתִּי
—adj. "בַּרְבָּרִי" (כַּנַּ"ל)
philological /ˌfɪləˈlɒdʒɪk(ə)l/ adj. פִילוֹלוֹגִי
philologist /fɪˈlɒlədʒɪst/ n. פִילוֹלוֹג
philology /fɪˈlɒlədʒɪ/ n. פִילוֹלוֹגְיָה, חֵקֶר לָשׁוֹן (בְּעִקָּר מִבְּחִינָה הִתְפַּתְּחוּתִית וְהַשְׁוָאָתִית)
philosopher /fɪˈlɒsəfə(r)/ n.
1 (student or teacher of philosophy) תַּלְמִיד לְפִילוֹסוֹפְיָה; פִילוֹסוֹף
philosopher's stone (*arch.*) אֶבֶן הַחֲכָמִים (בָּאַלְכִּימְיָה, אֲמוּרָה לַהֲפֹךְ הַכֹּל לְזָהָב)
2 (person of even temperament) אָדָם בַּעַל שַׁלְוַת נֶפֶשׁ
philosophic(al) /ˌfɪləˈsɒfɪk((ə)l)/ adj.
1 (relating to philosophy) פִילוֹסוֹפִי
2 (calm) מְיֻשָּׁב, סְטוֹאִי, פִילוֹסוֹפִי
□ *he was philosophic about his losses* הוּא קִבֵּל אֶת הֶפְסֵדָיו בְּשַׁלְוָה פִילוֹסוֹפִית/סְטוֹאִית
philosophize /fɪˈlɒsəfaɪz/ v.i. הָגָה בְּאֹפֶן פִילוֹסוֹפִי; הִתְפַּלְסֵף
philosophy /fɪˈlɒsəfɪ/ n.
1 (study of meaning of existence, etc.; one such system of study) פִילוֹסוֹפְיָה
2 (attitude) גִּישָׁה לַחַיִּים, "פִילוֹסוֹפְיָה"
□ *her philosophy was one of tolerance* הַפִילוֹסוֹפְיָה שֶׁלָּהּ הָיְתָה הַסּוֹבְלָנוּת, הִיא דָּגְלָה בְּסוֹבְלָנוּת
3 (serenity) שַׁלְוָה פִילוֹסוֹפִית, שַׁלְוָה סְטוֹאִית
philtre /ˈfɪltə(r)/ n. (*US* **philter**) שִׁקּוּי־אַהֲבָה
phizog /ˈfɪzɒg/ n. (*UK sl.*) פַּרְצוּף
phlebitis /flɪˈbaɪtɪs/ n. (*Med.*) דַּלֶּקֶת־הַוְּרִידִים
phlebotomy /flɪˈbɒtəmɪ/ n. (*Med.*) חִתּוּךְ וָרִיד לְצֹרֶךְ הַקָּזַת־דָּם
phlegm /flem/ n.
1 (mucus) כִּיחַ, לֵחָה
2 (calmness; sluggishness, *formal*) פְלֶגְמָטִיּוּת, אֲדִישׁוּת, לֹא־אִכְפַּתִיּוּת; כְּבֵדוּת (בִּתְנוּעָה)
phlegmatic /ˌflegˈmætɪk/ adj. (*formal*) קַר תְּגוּבָה, פְלֶגְמָטִי
phlox /flɒks/ n. שַׁלְהָב (פֶּרַח נוֹי רֵיחָנִי)
phobia /ˈfəʊbɪə/ n. פוֹבְּיָה, פַּחַד חוֹלָנִי, בַּעַת
phoenix /ˈfi:nɪks/ n. עוֹף הַחוֹל (צִפּוֹר אַגָּדִית הַנִּשְׂרֶפֶת וְקָמָה לִתְחִיָּה כָּל חֲמֵשׁ מֵאוֹת שָׁנִים)
phone /fəʊn/ n. & v.t. (*colloq.*) טֶלֶפוֹן; צִלְצֵל אֶל/לְ..., טִלְפֵּן אֶל/לְ...
phone book סֵפֶר טֶלֶפוֹנִים
phone booth תָּא טֶלֶפוֹן
phone box תָּא טֶלֶפוֹן
phonecard /ˈfəʊnkɑ:d/ n. כַּרְטִיס טֶלֶפוֹן (כַּרְטִיס מַגְנֵטִי לְהַפְעָלַת טֶלֶפוֹן צִבּוּרִי)
phone-in /ˈfəʊn-ɪn/ n. שִׁדּוּר עִם קַו (טֶלֶפוֹנִי) פָּתוּחַ
phoneme /ˈfəʊni:m/ n. (*Gram.*) פוֹנֵמָה, הֶגֶה (יְחִידַת הֲגִיָּה יְסוֹדִית שֶׁל שָׂפָה)
phonetic /fəˈnetɪk/ adj. פוֹנֶטִי, שֶׁל הַגּוּי
phonetic alphabet אָלֶף־בֵּית פוֹנֶטִי
phonetically /fəˈnetɪk(ə)lɪ/ adv. בְּאֹפֶן פוֹנֶטִי
phonetics /fəˈnetɪks/ n. *pl.* פוֹנֶטִיקָה (חֵקֶר צְלִילֵי הַדִּבּוּר)
phoney /ˈfəʊnɪ/ adj. & n. (*colloq.*) מְזֻיָּף; אָדָם מְזַיֵּף
phonic /ˈfɒnɪk/ adj. קוֹלִי, צְלִילִי, פוֹנִי
phono- /ˈfəʊnəʊ-/ pref. פוֹנוֹ־, (תְּחִלִּית שֶׁפֵּרוּשָׁהּ) קוֹל
phonograph /ˈfəʊnəgrɑ:f/ n. (*US*) פָּטֵיפוֹן, מָקוֹל
phonology /fəˈnɒlədʒɪ/ n. פוֹנוֹלוֹגְיָה, תּוֹרַת־הַהֲגָה (חֵקֶר הַהֲגָאִים שֶׁל לָשׁוֹן)
phosgene /ˈfɒzdʒi:n/ n. (*Chem.*) פוֹסְגֶן (גַּז רָעִיל)
phosphate /ˈfɒsfeɪt/ n. (*Chem.*)
1 (salt of phosphoric acid) פוֹסְפָט, זַרְחָה, מֶלַח שֶׁל חֻמְצַת זַרְחָן
2 (usu. in *pl.*, fertilizer composed of various phosphates) דֶּשֶׁן זַרְחָנִי
phosphor /ˈfɒsfə(r)/ n. (*Chem.*) זַרְחָן
phosphorescence /ˌfɒsfəˈres(ə)ns/ n. זְהִירָה, זֹהַר
phosphorescent /ˌfɒsfəˈres(ə)nt/ adj. (אוֹר) זַרְחָנִי, זוֹהֵר
phosphoric /fɒsˈfɒrɪk/ adj. (*Chem.*) זַרְחָנִי
phosphorus /ˈfɒsfərəs/ n. (*Chem.*) זַרְחָן
photo- /ˈfəʊtəʊ-/ pref. פוֹטוֹ־ (תְּחִלִּית שֶׁפֵּרוּשָׁהּ) אוֹר, צִלּוּם
photo finish "פוֹטוֹ פִינִישׁ" (מַצְלֵמָה לִקְבִיעַת הַמְּנַצֵּחַ בַּמֵּרוֹץ)
photo /ˈfəʊtəʊ/ n. (*pl.* **photos**) תְּמוּנָה, תַּצְלוּם, צִלּוּם
photo-call /ˈfəʊtəʊ-kɔ:l/ n. פְּגִישָׁה (שֶׁל אִישִׁיּוּת וְכַד') עִם צַלָּמֵי־עִתּוֹנוּת
photocopier /ˈfəʊtəʊkɒpɪə(r)/ n. מְכוֹנָה לְצִלּוּם מִסְמָכִים, מְכוֹנַת צִלּוּם
photocopy /ˈfəʊtəʊkɒpɪ/ v.t. צִלֵּם (מִסְמָכִים), עָשָׂה פוֹטוֹקוֹפִּי שֶׁל
—n. צִלּוּם (הֶעְתֵּק מְצֻלָּם)
photoelectric /ˌfəʊtəʊɪˈlektrɪk/ adj. פוֹטוֹ־אֶלֶקְטְרִי, פוֹטוֹ־חַשְׁמַלִּי
photoelectric cell תָּא פוֹטוֹ־אֶלֶקְטְרִי
photofit /ˈfəʊtəʊˌfɪt/ n. עֶרְכָּה (מִשְׁטַרְתִּית) לְהַרְכָּבַת קְלַסְתְּרוֹן
photogenic /ˌfəʊtəʊˈdʒenɪk/ adj. פוֹטוֹגֶנִי
photograph /ˈfəʊtəgrɑ:f/ n. צִלּוּם, תַּצְלוּם, תְּמוּנָה
—v.t. צִלֵּם
—v.i. הִצְטַלֵּם

□ *she always photographs badly* הִיא תָּמִיד יוֹצֵאת רַע בְּצִלּוּם

photographer /fəˈtɒgrəfə(r)/ n. צַלָּם

photographic /ˌfəʊtəˈgræfɪk/ adj. שֶׁל צִלּוּם, פוֹטוֹגְרָפִי

photographic memory זִכָּרוֹן פוֹטוֹגְרָפִי, זִכָּרוֹן מֻחְלָט

photography /fəˈtɒgrəfɪ/ n. אֳמָנוּת הַצִּלּוּם, צִלּוּם

photogravure /ˌfəʊtəʊgrəˈvjʊə(r)/ n. פוֹטוֹגְרָווּרָה, הַדְפָּסָה בִּדְפוּס־שֶׁקַע; תְּמוּנָה שֶׁנִּדְפְּסָה בְּשִׁיטָה הַנַּ"ל

photolithography /ˌfəʊtəʊlɪˈθɒgrəfɪ/ n. פוֹטוֹלִיתוֹגְרַפְיָה (הֶדְפֵּס אֶבֶן מְבֻסָּס עַל נֶגָטִיב שֶׁל צִלּוּם)

photon /ˈfəʊtɒn/ n. (*Phys.*) פוֹטוֹן (יְחִידָה בְּסִיסִית שֶׁל קְרִינָה אֶלֶקְטְרוֹמַגְנֵטִית)

photosensitive /ˌfəʊtəʊˈsensɪtɪv/ adj. רָגִישׁ לָאוֹר

Photostat /ˈfəʊtəstæt/ n. (*Prop.*) צִלּוּם (הֶעְתֵּק מְצֻלָּם שֶׁל מִסְמָךְ); מְכוֹנַת צִלּוּם

photosynthesis /ˌfəʊtəʊˈsɪnθəsɪs/ n. פוֹטוֹסִינְתֵּיזָה

phrasal /ˈfreɪz(ə)l/ adj. (*Gram.*) שֶׁל צֵרוּף מִלִּים, שֶׁל צֶרֶף

phrasal verb צֵרוּף פָּעֳלִי, צֶרֶף פָּעֳלִי (לְמָשָׁל get out)

phrase /freɪz/ n.

1 (group of words, *Gram.*; specific expression) צֵרוּף מִלִּים, צֵרוּף; בִּטּוּי

to coin a phrase (*iron.*) אִם תִּסְלַח לִי עַל הַבָּנָלִיּוּת שֶׁבִּדְבָרַי

□ *how can I express her beauty in a few brief phrases?* אֵיךְ אֲנִי יָכוֹל לְבַטֵּא אֶת הַיֹּפִי שֶׁלָּהּ בְּכַמָּה מִלִּים קְצָרוֹת?

2 (*Mus.*) פְרָזָה, פָּסוּק (קֶטַע מוּזִיקָלִי קָצָר)

—v.t. נִסֵּחַ

□ *how shall I phrase this?* אֵיךְ לוֹמַר זֹאת (בַּעֲדִינוּת)?

phrasebook /ˈfreɪzbʊk/ n. שִׂיחוֹן; נִיבוֹן

phraseology /ˌfreɪzɪˈɒlɪdʒɪ/ n. פְרַזֵיאוֹלוֹגְיָה, נִסּוּחַ, הִתְבַּטְּאוּת

phrasing /ˈfreɪzɪŋ/ n. (*Mus.*) פִּסּוּק (מוּזִיקָלִי)

phrenetic /frəˈnetɪk/ adj. (*formal*) מְשֻׁלְהָב, נִרְגָּשׁ בְּיוֹתֵר

phrenology /frəˈnɒldʒɪ/ n. (*Hist.*) פְרֶנוֹלוֹגְיָה (קְבִיעַת תְּכוּנוֹת הָאָדָם לְפִי צוּרַת גֻּלְגָּלְתּוֹ)

phthisis /ˈθaɪsɪs/ n. (*Med.*) שַׁחֶפֶת

phut /fʌt/ n. (*colloq.*) קוֹל הִתְפּוֹצְצוּת עָמוּם, "פִּיף", "פַף"

□ *his property deal has gone phut* עִסְקַת־הָרְכוּשׁ שֶׁלּוֹ "הָלְכָה"

phylactery /fɪˈlæktərɪ/ n. *pl.* (*Relig.*) תְּפִלִּין, טוֹטָפוֹת

physic /ˈfɪzɪk/ n. (*arch.*) רְפוּאָה, תְּרוּפָה; סַם מַרְפֵּא (בְּיִחוּד סַם מְשַׁלְשֵׁל)

physical /ˈfɪzɪk(ə)l/ adj.

1 (relating to matter) גַּשְׁמִי, חָמְרִי, פִיזִיקָלִי

physical sciences הַמַּדָּעִים הַפִיזִיקָלִיִּים (פִיזִיקָה, כִּימְיָה, אַסְטְרוֹנוֹמְיָה וְכַד')

2 (relating to the natural features of the world) פִיזִי

physical geography גֵּיאוֹגְרַפְיָה פִיזִית

3 (relating to the body) גּוּפָנִי, פִיזִי

physical jerks (*colloq.*) תַּרְגִּילֵי הִתְעַמְּלוּת

physical training אִמּוּן גּוּפָנִי

□ *he wanted to get physical with me* (*colloq.*) הוּא רָצָה לָתֵת לִי מַכּוֹת

—n. בְּדִיקָה רְפוּאִית כְּלָלִית

physician /fɪˈzɪʃ(ə)n/ n. (*formal*) רוֹפֵא (בְּיִחוּד בְּנִגּוּד לִמְנַתֵּחַ)

physicist /ˈfɪzɪsɪst/ n. פִיזִיקַאי

physics /ˈfɪzɪks/ n. פִיזִיקָה

physio /ˈfɪzɪəʊ/ n. (*colloq.*) פִיזְיוֹתֵרַפִּיסְט

physiognomy /ˌfɪzɪˈɒnəmɪ/ n. (*formal*)

1 (judging character from facial features) פִיזְיוֹנוֹמְיָה (הֲבָנַת הָאֹפִי ע"פ מַרְאֶה חִיצוֹנִי)

2 (face) חָזוּת, אַרֶשֶׁת פָּנִים, מַבָּע

3 (appearance) חָזוּת

physiological /ˌfɪzɪəˈlɒdʒɪk(ə)l/ adj. פִיזְיוֹלוֹגִי

physiologist /ˌfɪzɪˈɒlədʒɪst/ n. פִיזְיוֹלוֹג

physiology /ˌfɪzɪˈɒlədʒɪ/ n. פִיזְיוֹלוֹגְיָה (חֵקֶר פְּעִילוּת הַגּוּף)

physiotherapist /ˌfɪzɪəʊˈθerəpɪst/ n. פִיזְיוֹתֶרַפִּיסְט

physiotherapy /ˌfɪzɪəʊˈθerəpɪ/ n. פִיזְיוֹתֶרַפְּיָה

physique /fɪˈziːk/ n. מִבְנֵה גּוּף

pi /paɪ/ n. "פַּי", π (סִימָן מָתֵימָטִי, הַיַּחַס בֵּין הֶקֵּף הַמַּעְגָּל וְקָטְרוֹ, 3.142.)

pia mater /ˌpaɪə ˈmeɪtə(r)/ n. (*Anat.*) קְרוּם הַמֹּחַ הַפְּנִימִי

pianissimo /pɪəˈnɪsɪməʊ/ adv. (*Mus.*) פִּיאָנִיסִימוֹ, בַּחֲרִישִׁיּוּת רַבָּה

pianist /ˈpɪənɪst/ n. פְּסַנְתְּרָן

piano[1] /ˈpjɑːnəʊ/ adv. (*Mus.*) פִּיאָנוֹ, בַּחֲרִישִׁיּוּת

piano[2] /pɪˈænəʊ/ n. (*pl.* **pianos**) פְּסַנְתֵּר

piano accordion אֲקוֹרְדְיוֹן

piano stool דַּרְגָּשׁ לִפְסַנְתֵּר, כִּסֵּא לִפְסַנְתֵּר

pianoforte /ˌpɪænəʊˈfɔːtɪ/ n. (*formal*) פְּסַנְתֵּר (בִּשְׁמוֹ הַמָּלֵא הַמְּקוֹרִי), פִּיאָנוֹפוֹרְטֶה

Pianola /pɪəˈnəʊlə/ n. (*Prop.*) פִּיאָנוֹלָה (סוּג שֶׁל פְּסַנְתֵּר אוֹטוֹמָטִי)

piastre /pɪˈæstə(r)/ n. פִּיאַסְטֶר (גְּרוּשׁ טוּרְקִי/מִצְרִי)

piazza /pɪˈætsə/ n. כִּכָּר רְחָבָה, פִּיאָצָה

pic /pɪk/ n. (*colloq.*) צִלּוּם, תְּמוּנָה

picador /ˈpɪkədɔː(r)/ n. פִּיקָדוֹר (פָּרָשׁ בְּמִלְחֶמֶת־שְׁוָרִים)

picaresque /ˌpɪkəˈresk/ adj. (רוֹמָן) פִּיקָרֶסְקִי (הַמְּתָאֵר אֶת עֲלִילוֹתָיו שֶׁל נוֹכֵל עַלִּיז)

piccalilli /ˌpɪkəˈlɪlɪ/ n. פִּיקָלִילִי (חֲמוּצִים בְּחַרְדָּל)

piccolo /ˈpɪkələʊ/ n. (*pl.* **piccolos**) חֲלִיל פִּיקוֹלוֹ

pick[1] /pɪk/ n.
1 (sharp digging tool) מַכּוֹשׁ
2 (pointed instrument) מַחְצֵץ שִׁנַּיִם, קֵיסָם; דֶּקֶר (לִשְׁבִירַת קֶרַח וְכַד׳)
3 (plectrum) מַפְרֵט (לִכְלִי־פְּרִיטָה)

pick[2] /pɪk/ n.
1 (selection) מִבְחָר
□ *take your pick* תִּבְחַר
□ *I have first pick* לִי יֵשׁ זְכוּת בְּחִירָה רִאשׁוֹנָה
2 (best part) הַטּוֹב מִכֹּל, הַמֻּבְחָר
□ *she is the pick of the bunch* הִיא הַטּוֹבָה מִכֻּלָּם

—v.t.
1 (select) בָּחַר
pick a quarrel חִפֵּשׂ רִיב
□ *he likes to pick and choose his staff* הוּא אוֹהֵב לִבְחֹר בְּקַפְּדָנוּת אֶת הַצֶּוֶת שֶׁלּוֹ
2 (gather flowers or fruit) קָטַף (פְּרִי); לִקֵּט (פְּרָחִים)
pick-your-own ״קְטֹף וְשַׁלֵּם״ (רְשׁוּת בְּתַשְׁלוּם לִקְטֹף פֵּרוֹת)
3 (probe with finger or pointed instrument) חִטֵּט בְּ... (שִׁנַּיִם, אַף), חָצַץ בְּ... (שִׁנַּיִם)
□ *I picked holes in his argument* מָצָאתִי חוֹרִים בַּטִּעוּן שֶׁלּוֹ
□ *the thief picked the lock* הַגַּנָּב פָּרַץ אֶת הַמַּנְעוּל (בְּעֶזְרַת מַחַט פְּרִיצָה)
□ *someone picked my pocket* מִישֶׁהוּ כִּיֵּס אוֹתִי
4 (remove meat from bone) גֵּרֵם (עֶצֶם)
□ *I have a bone to pick with you* (*fig.*) יֵשׁ לִי מַשֶּׁהוּ לְהַגִּיד לְךָ (כְּלוֹמַר, אֲנִי לֹא לְגַמְרֵי מְרֻצֶּה, וְרוֹצֶה לְבָרֵר זֹאת)
pick at נִקֵּר בְּ...
□ *he picked at his lunch* הוּא אָכַל רַק מְעַט מֵאֲרוּחַת הַצָּהֳרַיִם שֶׁלּוֹ וּבְלֹא חֶמְדָּה
□ *don't keep picking at the child* אַל תְּנַדְנֵד לַיֶּלֶד
pick off חִסֵּל (בִּירִיָּה) אֶחָד אֶחָד
□ *the sniper picked off three of the defenders* הַצַּלָּף הוֹרִיד בָּזֶה אַחַר זֶה שְׁלֹשָׁה מִן הַמְּגִנִּים
pick on בָּחַר; נִטְפַּל לְ...
□ *she picked on Tuesday as the most convenient day* הִיא בָּחֲרָה אֶת יוֹם ג׳ כַּיּוֹם הַנּוֹחַ בְּיוֹתֵר
□ *the teacher always picks on Simon* (*colloq.*) הַמּוֹרָה תָּמִיד נִטְפֶּלֶת לְשִׁמְעוֹן
pick out
(select; recognize) הִבְחִין בְּ..., זִהָה
□ *I'd pick him out anywhere as a leader* אֲנִי תָּמִיד הָיִיתִי מַצְבִּיעַ עָלָיו כְּמַנְהִיג
□ *can you pick out her face?* (הַאִם) תּוּכַל לְהַכִּיר אוֹתָהּ (בֵּין אֲחֵרִים)?
(make clear) הִבְלִיט
□ *the letters were white picked out in black* הָאוֹתִיּוֹת הָיוּ לְבָנוֹת וּבוֹלְטוֹת עַל רֶקַע שָׁחֹר
(play simply) נִגֵּן בְּאֶצְבַּע אַחַת
□ *he picked out the tune with one finger* הוּא נִגֵּן אֶת הַמַּנְגִּינָה (עַל הַפְּסַנְתֵּר) בְּאֶצְבַּע אַחַת
pick up
(raise) הֵרִים
□ *he picked himself up off the ground* הוּא הִתְרוֹמֵם מִן הָאָרֶץ
□ *pick your feet up!* זוּז! תַּתְחִיל לְהָרִים אֶת הָרַגְלַיִם!
(collect in a vehicle) אָסַף
□ *I picked him up at the crossroads* אָסַפְתִּי אוֹתוֹ בְּהִצְטַלְּבוּת־הַדְּרָכִים
□ *she was picked up by the police* הִיא נֶעֶצְרָה ע״י הַמִּשְׁטָרָה
□ *the bus stops here to pick up (passengers)* הָאוֹטוֹבּוּס עוֹצֵר כָּאן לֶאֱסֹף נוֹסְעִים
(acquire) מָצָא (״מְצִיאָה״), קָלַט
□ *he picked up a bargain in the market* הוּא מָצָא מְצִיאָה בַּשּׁוּק
□ *did you pick up any Italian in Rome?* (הַאִם) הִצְלַחְתָּ לִקְלֹט קְצָת אִיטַלְקִית בְּרוֹמָא?
□ *the child picked up some bad habits at school* הַיֶּלֶד סִגֵּל לְעַצְמוֹ כַּמָּה הֶרְגֵּלִים רָעִים בְּבֵית הַסֵּפֶר
□ *he picked up a cold in the train* הוּא חָטַף הִצְטַנְּנוּת בָּרַכֶּבֶת
(get to know, usu. for casual sex) תָּפַס, מָצָא
□ *he picked up a girl at the party* הוּא תָּפַס בַּחוּרָה בַּמְּסִבָּה
(detect) קָלַט
□ *this radio can pick up foreign stations* רַדְיוֹ־טְרַנְזִיסְטוֹר זֶה מְסֻגָּל לִקְלֹט תַּחֲנוֹת חוּץ
(return to desired level) הִתְאוֹשֵׁשׁ
□ *after the slump business began to pick up again* אַחֲרֵי הַשֵּׁפֶל הִתְחִילוּ הָעֲסָקִים לְהִתְאוֹשֵׁשׁ

pick-a-back /ˈpɪk-ə-bæk/ n. & adj. & adv. ״שַׂק קֶמַח״ עַל הַגַּב (נְשִׂיאַת יֶלֶד עַל הַגַּב)

pickaxe /ˈpɪkæks/ n. מַכּוֹשׁ

picket /ˈpɪkɪt/ n.
1 (worker(s) on strike trying to persuade others not to work) מִשְׁמֶרֶת שֶׁל שׁוֹבְתִים בִּמְקוֹמוֹת עֲבוֹדָה שֶׁאֵינָם שֶׁלָּהֶם
flying picket מִשְׁמָר (שֶׁל מַחֲנֶה)
picket line שַׁרְשֶׁרֶת שׁוֹבְתִים
2 (body of troops) מִשְׁמָר (שֶׁל מַחֲנֶה)
3 (stake) כְּלוֹנָס (שֶׁל גָּדֵר), מוֹט מְחֻדָּד

—v.t.
1 (guard; be a picket outside) שָׁמַר עַל (מַחֲנֶה); עָרַךְ מִשְׁמֶרֶת מְחָאָה שֶׁל שׁוֹבְתִים מוּל
2 (secure with stakes) הִקִּיף בִּיתֵדוֹת/מוֹטוֹת

picketer /ˈpɪkɪtə(r)/ n. מִשְׁתַּתֵּף בְּמִשְׁמֶרֶת שׁוֹבְתִים

pickings /ˈpɪkɪŋz/ n. *pl.*
1 (scraps) שְׁאֵרִיּוֹת, שִׁירַיִם
2 (extra benefits) הֲטָבוֹת שׁוּלִיּוֹת, הַכְנָסוֹת צְדָדִיּוֹת

pickle /ˈpɪk(ə)l/ n.
1 (vegetable sauce; liquid for preserving vegetables) מַעֲין רֹטֶב/מִמְרַח חֲמוּצִים, מַעֲין "צַ'טְנִי"; מֵי מֶלַח, תַּחְמִיץ
2 (in *pl.*, vegetables in vinegar) חֲמוּצִים, יְרָקוֹת כְּבוּשִׁים
3 (plight, *colloq.*) "בֹּץ", צָרוֹת
□ *he was in a pickle* הוּא הָיָה בַּבֹּץ
—v.t. כָּבַשׁ, הֶחְמִיץ (יְרָקוֹת וְכַד')

pickled /ˈpɪk(ə)ld/ adj. & past ppl.
1 (preserved in pickle) חָמוּץ, כָּבוּשׁ
2 (drunk, *colloq.*) שָׁתוּי

pick-me-up /ˈpɪk-mɪ-ʌp/ n. (*colloq.*) מַשְׁקֶה/סַם מְחַזֵּק

pickpocket /ˈpɪkpɒkɪt/ n. כַּיָּס

pick-up /ˈpɪk-ʌp/ n.
1 (light van) טֶנְדֶּר, מִטְעָנִית, מַשָּׂאִית קַלָּה
2 (tone arm of record-player) זְרוֹעַ הַפָּטֵיפוֹן
3 (casual acquaintance) בַּחוּרָה/בָּחוּר שְׁפָלוֹנִי/פְּלוֹנִית "תָּפַס/ה"

picky /ˈpɪkɪ/ adj. (*colloq. derog.*) בַּרְרָנִי

picnic /ˈpɪknɪk/ n.
1 (outdoor meal) פִּיקְנִיק
2 (something easily done, *colloq.*) "פִּיקְנִיק", "מִשְׂחַק יְלָדִים"
□ *the climb was no picnic* הַטִּפּוּס עַל הָהָר לֹא הָיָה "פִּיקְנִיק"
—v.i. (past & past ppl. **picnicked** /ˈpɪknɪkt/) עָשָׂה פִּיקְנִיק, הִשְׁתַּתֵּף בְּפִיקְנִיק

pictorial /pɪkˈtɔːrɪəl/ adj. בִּתְמוּנוֹת; תְּמוּנָתִי

picture /ˈpɪktʃə(r)/ n.
1 (drawing, painting, photograph) תְּמוּנָה, צִיּוּר, תַּצְלוּם
picture book סֵפֶר מְצֻיָּר (עַל-פִּי רֹב לִילָדִים)
picture postcard גְּלוּיָה צִבְעוֹנִית, גְּלוּיָה מְצֻיֶּרֶת
picture window חַלּוֹן נִשְׁקָף אֶל נוֹף צִיּוּרִי, חַלּוֹן-נוֹף (גָּדוֹל)
picture writing כְּתַב-צִיּוּרִים
2 (beautiful object, perfection) שִׂיא הַיֹּפִי, סֵמֶל הַיֹּפִי
□ *you look a picture!* אַתָּה נִרְאֶה יָפֶה/נֶהְדָּר
□ *she is the picture of health* הִיא הַבְּרִיאוּת בְּהִתְגַּלְּמוּתָהּ, הִיא סֵמֶל הַבְּרִיאוּת
3 (pattern of events) תְּמוּנַת מַצָּב
□ *the economic picture is gloomy* מַצַּב הַכַּלְכָּלָה עָגוּם
□ *I get the picture* (*colloq.*) תָּפַסְתִּי (אֶת הָעִנְיָן)
□ *please put me in the picture* תַּכְנִיס אוֹתִי בְּבַקָּשָׁה לַתְּמוּנָה
4 (in *pl.*, cinema) קוֹלְנוֹעַ
5 (image on screen; movie) תְּמוּנָה; סֶרֶט
moving pictures סִרְטֵי קוֹלְנוֹעַ
—v.t. צִיֵּר; תֵּאֵר

picturesque /ˌpɪktʃəˈresk/ adj. צִיּוּרִי
□ *she had a picturesque vocabulary* (*euphem.*) הָיְתָה לָהּ לָשׁוֹן עֲסִיסִית

piddle /ˈpɪd(ə)l/ v.i.
1 (urinate, *colloq.*) עָשָׂה פִּיפִי
2 (work triflingly) "שִׂחֵק"

piddling /ˈpɪdlɪŋ/ adj. (*colloq.*) חֲסַר עֵרֶךְ, טִפְּשִׁי

pidgin /ˈpɪdʒɪn/ adj. & n. (*Linguistics*) שֶׁל זַ'רְגּוֹן מְעֹרָב; זַ'רְגּוֹן מְעֹרָב, "פִּידְגִ'ין"
pidgin English "פִּידְגִ'ין" (זַ'רְגּוֹן אַנְגְּלִי-סִינִי, אַנְגְּלִי-קְרֵאוֹלִי וְכַד')

pie[1] /paɪ/ n.
1 (fruit or meat covered with pastry) פַּאי
apple-pie bed מִטָּה שֶׁבָּהּ מְסַדְּרִים הַסְּדִינִים כָּךְ שֶׁאִי-אֶפְשָׁר לְהִכָּנֵס אֵלֶיהָ (כְּתַעֲלוּל)
apple-pie order (*colloq.*) סֵדֶר לְמוֹפֵת
pie chart תַּרְשִׁים סְטָטִיסְטִי עָגֹל, תַּרְשִׁים עוּגָה
shepherd's pie בְּשַׂר קָצוּץ מְכֻסֶּה מְחִית תַּפּוּחֵי-אֲדָמָה (אֲפוּיִים)
pie in the sky (*colloq. iron.*) "מִגְדָּלִים פּוֹרְחִים בָּאֲוִיר", "הָרִים וּגְבָעוֹת"
easy as pie (*colloq.*) שִׂיא-הַקַּלּוּת
□ *he has a finger in every pie* (*colloq.*) הוּא מִתְעָרֵב בַּכֹּל, יָדוֹ בַּכֹּל

pie[2] /paɪ/ n. עוֹרֵב הַנְּחָלִים, עַקְעָק (צִפּוֹר מִמִּשְׁפַּחַת הָעוֹרְבִים)

piebald /ˈpaɪbɔːld/ adj. & n. טָלוּא, בָּרֹד; סוּס טָלוּא, סוּס בָּרֹד

piece piːs/ n.
1 (portion, fragment) חֲתִיכָה, חֵלֶק, פְּרוּסָה (שֶׁל לֶחֶם וְכַד') פִּסָּה (שֶׁל סַבּוֹן, שֶׁל בַּד וְכַד')
(all) in one piece (דָּבָר) שָׁלֵם וְתַקִּין; (אָדָם) שָׁלֵם וּבָרִיא
piece by piece חֲתִיכָה אַחֲרֵי חֲתִיכָה, בְּהַדְרָגָה
all of a piece חֵלֶק בִּלְתִּי נִפְרָד, חֵלֶק אָפְיָנִי
□ *he broke the bread into pieces* הוּא בָּצַע אֶת הַלֶּחֶם לַחֲתִיכוֹת
□ *he's gone to pieces since his accident* (*colloq.*) אַחֲרֵי הָאָסוֹן הוּא נִשְׁבַּר לְגַמְרֵי
□ *it was a piece of cake* (*colloq.*) זֶה הָלַךְ חָלָק, לֹא הָיוּ שׁוּם בְּעָיוֹת
□ *I'm going to give her a piece of my mind* (*colloq.*) אֲנִי הוֹלֵךְ לְהַגִּיד לָהּ בְּדִיּוּק מָה שֶׁאֲנִי חוֹשֵׁב
2 (instance, example) "חֲתִיכָה" שֶׁל, דֻּגְמָה שֶׁל
□ *now she's said her piece, she'll feel better* עַכְשָׁו שֶׁאָמְרָה אֶת שֶׁלָּהּ הִיא תַּרְגִּישׁ יוֹתֵר טוֹב
□ *what a piece of impertinence!* אֵיזוֹ חֻצְפָּה!
□ *that was a piece of luck!* אֵיזֶה מַזָּל!
□ *he's a nasty piece of work* הוּא חֲתִיכַת-נְבֵלָה
3 (separate item) חֵלֶק, פְּרִיט
three piece suit חֲלִיפַת-שְׁלֹשָׁה-חֲלָקִים (מִכְנָסַיִם, מְעִיל וַחֲזִיָּה)

three piece suite מַעֲרֶכֶת שְׁלֹשָׁה חֲלָקִים לַסָּלוֹן (הַכּוֹלֶלֶת סַפָּה וּשְׁתֵּי כֻּרְסָאוֹת)
4 (coin) מַטְבֵּעַ
piece of eight (*Hist.*) מַטְבֵּעַ דּוֹלָר סְפָרַדִּי יָשָׁן
5 (composition) עֲבוֹדָה (צִיּוּר, פֶּסֶל, יְצִירָה מוּזִיקָלִית); מַאֲמָר (בְּעִתּוֹן וְכַד')
6 (gun) כְּלִי יְרִיָּה, תּוֹתָח
7 (*Chess*) כְּלִי שַׁחְמָט
8 (woman, *sl.*) "נְקֵבָה"
—v.t.
piece together חִבֵּר אֶת הַפְּרָטִים שֶׁל, אִחָה אֶת הַשְּׁבָרִים שֶׁל
□ *he pieced together the events of the night* הוּא שִׁחְזֵר אֶת אֵרוּעֵי־הַלַּיְלָה
pièce de résistance /pjes də reˈzistɑːns/ n. מָנָה עִקָּרִית; יְצִירָה עִקָּרִית
piecemeal /ˈpiːsmiːl/ adv. & adj. חֲלָקִים חֲלָקִים, בַּחֲלָקִים
piece-rate /ˈpiːs-reɪt/ n. שְׂכַר לִיחִידָה (בַּעֲבוֹדָה בְּקַבְּלָנוּת)
piece-work /ˈpiːs-wɜːk/ n. עֲבוֹדָה בְּקַבְּלָנוּת (הַמְשֻׁלֶּמֶת לְפִי יְחִידוֹת הַתְּפוּקָה וְלֹא לְפִי הַזְּמַן)
pied /paɪd/ adj. (בַּעַל־חַיִּים) טָלוּא
pied-à-terre /ˌpjeɪd-ɑː-ˈteə(r)/ n. (*pl.* **pieds-à-terre**) בַּיִת־שֵׁנִי (לָרֹב בָּעִיר אוֹ בְּאֶרֶץ זָרָה)
pier /pɪə(r)/ n.
1 (structure projecting into sea) מֵזַח
2 (support for bridge; pillar) עַמּוּד תְּמִיכָה (לְגֶשֶׁר וְכַד')
3 (wall between windows) חֵלֶק הַקִּיר שֶׁבֵּין שְׁנֵי חַלּוֹנוֹת
pier glass מַרְאָה גְּדוֹלָה (עַל קִיר כַּנַּ"ל)
pierce /pɪəs/ v.t. (*formal*) נִקֵּב, נָקַב, פִּלַּח, חָדַר
□ *the cold pierced him to the marrow* (*fig.*) הַקֹּר חָדַר לְעַצְמוֹתָיו
piercing /ˈpɪəsɪŋ/ adj.
1 (of a look) נוֹקֵב, חוֹדֵר
2 (of a voice) נוֹקֵב, חַד
3 (of a wind) חוֹדֵר
pietà /ˌpiːeˈtɑː/ n. פִּיאֶטָה (דְּמוּת מִרְיָם הַמַּחֲזִיקָה אֶת גּוּפַת יֵשׁוּ)
pietism /ˈpaɪətɪzəm/ n. אֲדִיקוּת מֻפְרֶזֶת, הִתְחַסְּדוּת
piety /ˈpaɪətɪ/ n. יִרְאַת שָׁמַיִם, אֲדִיקוּת, חֲסִידוּת
filial piety (*formal*) כִּבּוּד־הוֹרִים
piezoelectric /piːˌeɪzəʊɪˈlektrɪk/ adj. פְּיֶזוֹאֶלֶקְטְרִי (הַיּוֹצֵר חַשְׁמַל בִּלְחִיצָה)
piffle /ˈpɪf(ə)l/ n. (*colloq.*) שְׁטוּת, שְׁטֻיּוֹת; דִּבֵּר שְׁטֻיּוֹת
piffling /ˈpɪflɪŋ/ adj. (*colloq.*) אַפְסִי, אִידְיוֹטִי
pig /pɪg/ n.
1 (animal) חֲזִיר
pig's breakfast (*colloq.*) "עֲרֵמַת זֶבֶל", "סָלָט גָּדוֹל אֶחָד"
□ *pigs might fly* (*Prov.*) אִלּוּ לְסַבְתָּא הָיוּ גַּלְגַּלִּים...; כֵּן, וַאֲנִי צִנְצֶנֶת
□ *he bought a pig in a poke* (*colloq.*) הוּא קָנָה חָתוּל בַּשַּׂק
2 (greedy person, *colloq.*) "חֲזִיר", גַּרְגְּרָן, זַלְלָן
3 (dirty person, *colloq.*) "חֲזִיר"
—v.i.
pig out (*colloq.*) זָלַל, "הִרְבִּיץ" אֹכֶל
pigeon /ˈpɪdʒɪn/ n.
1 (bird) יוֹנָה
pigeon-chested שֶׁעַצְם חָזֵהוּ מֻבְלֶטֶת שֶׁלֹּא כָּרָגִיל
clay pigeon דִּיסְקִית־חֶרֶס (מַטָּרָה מְעוֹפֶפֶת לְרוֹבֵה־צַיִד)
put the cat among the pigeons (*fig.*) זָרַע מְרִיבָה
2 (responsibility, *colloq.*) עִנְיָן, בְּעָיָה (דָּבָר שֶׁהוּא בִּתְחוּם אַחֲרָיוּתוֹ שֶׁל פְּלוֹנִי)
pigeonhole /ˈpɪdʒɪnhəʊl/ n. & v.t. תָּא דֹּאַר (בָּאָרוֹן תָּאִים); סִוֵּג, מִיֵּן בְּקַפְּדָנוּת
pigeon-toed /ˈpɪdʒɪn-təʊd/ adj. שֶׁבְּהוֹנוֹת רַגְלָיו מֻפְנוֹת פְּנִימָה
piggery /ˈpɪgərɪ/ n. חַוָּה לְגִדּוּל חֲזִירִים
piggish /ˈpɪgɪʃ/ adj. (*derog.*) כְּמוֹ חֲזִיר, חֲזִירִי, מְטֻנָּף, זַלְלָן
piggy /ˈpɪgɪ/ n. חֲזִירוֹן, חֲזַרְזִיר
piggy in the middle מִשְׂחַק כַּדּוּר לִשְׁלֹשָׁה (יְלָדִים); מִתְוַךְ בְּעַל כָּרְחוֹ
piggyback /ˈpɪgɪbæk/ n. "שַׂק קֶמַח" (נְשִׂיאָה עַל הַגַּב)
piggy-bank /ˈpɪgɪ-bæŋk/ n. קֻפַּת־חִסָּכוֹן (שֶׁל יְלָדִים בִּדְמוּת חֲזִיר
pigheaded /ˌpɪgˈhedɪd/ adj. (*derog.*) "רֹאשׁ פֶּרֶד", עַקְשָׁן, עִקֵּשׁ
pig-iron /ˈpɪg-aɪən/ n. בַּרְזֶל גָּלְמִי, בַּרְזֶל־יְצִיקָה
piglet /ˈpɪglɪt/ n. חֲזַרְזִיר, חֲזִירוֹן
pigment /ˈpɪgmənt/ n. חֹמֶר־צֶבַע, צֶבַע, פִּיגְמֶנְט (לְצִיּוּר וְכַד'); פִּיגְמֶנְט, צִבְעָן (חֹמֶר צֶבַע בְּגוּף הַחַי)
pigmentation /ˌpɪgmenˈteɪʃ(ə)n/ n. (*formal*) גּוֹן הָעוֹר, פִּיגְמֶנְטַצְיָה
pigmy /ˈpɪgmɪ/ see **PYGMY** פִּיגְמִי (בֶּן שֵׁבֶט נַנָּסִים אַפְרִיקָאִי); נַנָּסִי
pigskin /ˈpɪgskɪn/ n. עוֹר־חֲזִיר (מְעֻבָּד)
pig-sticking /ˈpɪg-stɪkɪŋ/ n. (*Hist.*) צֵיד־חֲזִירֵי־בַּר בְּהֹדּוּ (עַל־יְדֵי חֲנִיתוֹת, בִּרְכִיבָה)
pigsty /ˈpɪgstaɪ/ n. דִּיר־חֲזִירִים
□ *his room was a pigsty* (*fig.*) הַחֶדֶר שֶׁלּוֹ הָיָה דִּיר־חֲזִירִים מַמָּשׁ
pigswill /ˈpɪgswɪl/ n. דַּיְסַת שְׁיָרֵי אֹכֶל לַהֲזָנַת חֲזִירִים; מָזוֹן מַגְעִיל
pigtail /ˈpɪgteɪl/ n. "זְנַב סוּס" (צַמָּה קְטַנָּה, לְעִתִּים קְלוּעָה)
pike /paɪk/ n.
1 (fish) זְאֵב־הַמַּיִם (דַּג נְהָרוֹת טוֹרֵף)

2 (spear) רֹמַח

pikestaff /ˈpaɪkstɑːf/ n. מוֹט־הָרֹמַח

□ *it's as plain as pikestaff* (*colloq.*) זֶה בָּרוּר כַּשֶּׁמֶשׁ, בָּרוּר כַּבֹּקֶר

pilaff /pɪˈlæf/ n. (also **pilau, pilaw** /pɪˈlaʊ/) פִּילָאף (מַאֲכַל אֹרֶז וּבָשָׂר)

pilaster /pɪˈlæstə(r)/ n. עַמּוּד קָשׁוּט מְדֻמֶּה (לָרֹב מְרֻבָּע, בְּקִיר בִּנְיָן)

pilau, pilaw see **PILAFF**

pilchard /ˈpɪltʃəd/ n. סַרְדִּינָה (סוּג שֶׁל מָלִיחַ)

pile[1] /paɪl/ n.

1 (heap) עֲרֵמָה

2 (large amount of money, etc., *colloq.*) הוֹן־תּוֹעָפוֹת, הֲמוֹן כֶּסֶף

□ *he made his pile in nickel* הוּא עָשָׂה הוֹן בְּמִסְחָר בְּנִיקֶל

3 (imposing building) בִּנְיָן גָּבוֹהַּ; גּוּשׁ בִּנְיָנִים גְּבוֹהִים

4 (*Phys.*) כּוּר

atomic pile כּוּר גַּרְעִינִי

5 (*Electr.*) מַעְיַן סוֹלְלָה מֻקְדֶּמֶת

—v.t. עָרַם, צָבַר

□ *pile up the dishes – we'll wash them later* תָּשִׂים אֶת הַכֵּלִים יַחַד, נִשְׁטֹף אוֹתָם אַחַר־כָּךְ

□ *don't pile on the agony* (*colloq.*) תַּפְסִיק לְהַגְזִים בְּתֵאוּר הַסֵּבֶל!

—v.i. נֶעֱרַם, הִצְטַבֵּר, נֶאֱסַף

□ *the work piles up relentlessly* הָעֲבוֹדָה מִצְטַבֶּרֶת בְּלִי הַפְסָקָה

□ *the cars piled up on the motorway* הַמְּכוֹנִיּוֹת בָּאוֹטוֹסְטְרָדָה הִתְנַגְּשׁוּ זוֹ בָּזוֹ (בִּתְאוּנַת שַׁרְשֶׁרֶת)

□ *six people piled into the car* שִׁשָּׁה אֲנָשִׁים נִדְחֲקוּ לְתוֹךְ הַמְּכוֹנִית

pile[2] /paɪl/ n. כְּלוֹנָס, עַמּוּד־תּוֹמֵךְ (לְבִנְיָן, גֶּשֶׁר וְכַד')

pile[3] /paɪl/ n. הַצַּד הָרַךְ/הַשָּׂעִיר (שֶׁל שָׁטִיחַ וְכַד')

pile-driver /ˈpaɪl-ˌdraɪvə(r)/ n. פַּטִּישׁ מַכָּנִי לִתְקִיעַת כְּלוֹנְסָאוֹת

piles /paɪlz/ n. *pl.* (*colloq.*) טְחוֹרִים

pile-up /ˈpaɪl-ʌp/ n. תְּאוּנַת שַׁרְשֶׁרֶת (שֶׁל מְכוֹנִיּוֹת)

pilfer /ˈpɪlfə(r)/ v.t. & i. "סָחַב", גָּנַב (דְּבַר מָה בַּעַל עֵרֶךְ פָּעוּט)

pilferage /ˈpɪlfərɪdʒ/ n. "סְחִיבָה", גְּנֵבָה קַלָּה

pilgrim /ˈpɪlgrɪm/ n. עוֹלֶה רֶגֶל, צַלְיָן

the Pilgrim Fathers נוֹסְעֵי הָאֳנִיָּה "מֵיפְלָאוּר", מְיַסְּדֵי הַמּוֹשָׁבָה הָאֲמֶרִיקָאִית הָרִאשׁוֹנָה

pilgrimage /ˈpɪlgrɪmɪdʒ/ n. עֲלִיָּה לָרֶגֶל, צַלְיָנוּת

Pilipino /ˌpɪlɪˈpiːnəʊ/ n. & adj. הַלָּשׁוֹן הַפִּילִיפִּינִית; פִּילִיפִּינִי

pill /pɪl/ n. גְּלוּלָה, כַּדּוּר (תְּרוּפָה)

□ *it is a bitter pill to swallow* (*fig.*) זוֹהִי גְּלוּלָה מָרָה לִבְלִיעָה

□ *try to sugar the pill* (*fig.*) תְּנַסֶּה לְהַמְתִּיק אֶת הַגְּלוּלָה

□ *is she on the pill?* (*colloq.*) הַאִם הִיא לוֹקַחַת גְּלוּלוֹת (לִמְנִיעַת הֵרָיוֹן)?

pillage /ˈpɪlɪdʒ/ n. לְקִיחַת שָׁלָל, בִּזָּה

—v.t. & i. שָׁלַל, בָּזַז

pillar /ˈpɪlə(r)/ n. עַמּוּד

□ *a pillar of smoke rose after the explosion* עַמּוּד עָשָׁן הִתְאַבֵּךְ אַחֲרֵי הַהִתְפּוֹצְצוּת

□ *they chased him from pillar to post* (*arch.*) הֵם רָדְפוּ אַחֲרָיו מִמָּקוֹם לְמָקוֹם

□ *she was a pillar of the church* הִיא הָיְתָה אֶחָד מֵעַמּוּדֵי הַתָּוֶךְ שֶׁל הַקְּהִלָּה

pillar-box /ˈpɪlə-bɒks/ n. תֵּבַת מִכְתָּבִים, תֵּבַת דֹּאַר (בָּרְחוֹב, לִזְרִיקַת מִכְתָּבִים)

pillbox /ˈpɪlbɒks/ n.

1 (container for pills) קֻפְסִית לִגְלוּלוֹת

pillbox hat כּוֹבַע "פִּילְבּוֹקְס" (לְנָשִׁים)

2 (round shelter, *Mil.*) "פִּילְבּוֹקְס", מִצְדִּית

pillion /ˈpɪlɪən/ n. מוֹשָׁב אֲחוֹרִי, כִּסֵּא אֲחוֹרִי (מֵאֲחוֹרֵי הַנֶּהָג, בְּאוֹפַנּוֹעַ)

□ *he rides pillion on her motor-bike* הוּא רוֹכֵב עַל הַמּוֹשָׁב הָאֲחוֹרִי שֶׁל הָאוֹפַנּוֹעַ שֶׁלָּהּ

pillock /ˈpɪlək/ n. (*UK vulg.*) "שְׁמוֹק" (אָדָם טִפֵּשׁ וּמְעַצְבֵּן)

pillory /ˈpɪlərɪ/ n. (*Hist.*) סַד־עֳנָשִׁין, עַמּוּד־קָלוֹן

—v.t. (*fig.*) הוֹקִיעַ בָּרַבִּים

pillow /ˈpɪləʊ/ n. כַּר־שֵׁנָה

pillow talk (*colloq.*) שִׂיחַת־לַיְלָה, שִׂיחַת־כָּרִים (בֵּין בְּנֵי־זוּג בַּמִּטָּה)

—v.t. הִשְׁעִין (אֶת רֹאשׁוֹ, עַל דְּבַר מָה)

pillow-case /ˈpɪləʊ-keɪs/ n. (also **pillow-slip** /ˈpɪləʊ-slɪp/) צִפִּית, צִפָּה לְכַר

pilot /ˈpaɪlət/ n.

1 (*Aeron.*) טַיָּס

2 (*Naut.*) נַתָּב

3 (experimental model, also adj.) "פַּיְלוֹט" (תָּכְנִית נִסְיוֹנִית)

pilot project (or **scheme**) פְּרוֹיֶקְט נִסְיוֹנִי

—v.t.

1 (guide a person) הִדְרִיךְ, הִנְחָה

2 (steer vessel or aircraft) הֵטִיס (מָטוֹס); נִתֵּב (סְפִינָה)

pilot-light /ˈpaɪlət-laɪt/ n. לֶהָבַת־תָּמִיד, לֶהָבַת־פַּיְלוֹט (בְּתַנּוּר גַּז וְכַד')

pimento /pɪˈmentəʊ/ n. (*pl.* **pimentos**) פִּלְפֵּל גָ'מַיְקָה, פִּימֶנְטוֹ

pimp /pɪmp/ (*derog.*) n. סַרְסוּר, רוֹעֵה זוֹנוֹת

—v.i. הָיָה סַרְסוּר, הָיָה רוֹעֵה זוֹנוֹת

pimpernel /ˈpɪmpənel/ n. מַרְגָּנִית (פֶּרַח בַּר)

pimple /ˈpɪmp(ə)l/ n. פֶּצַע־בַּגְרוּת, פִּצְעוֹן

pimply /ˈpɪmplɪ/ adj. מְכֻסֶּה פִּצְעֵי בַּגְרוּת

pin /pɪn/ n.
1 (sharp instrument) סִכָּה
□ *I have pins and needles in my foot* (*colloq.*) "נִרְדְּמָה" לִי הָרֶגֶל, יֵשׁ לִי "נְמָלִים"
□ *you could have heard a pin drop* (*colloq.*) יָכֹלְתָּ לִשְׁמֹעַ קוֹל סִכָּה נוֹפֶלֶת
2 (metal or wooden peg; skittle) יָתֵד, פִּין; יָתֵד (בְּכַדֹּרֶת)
3 (in *pl.*, legs, *colloq.*) רַגְלַיִם
□ *the old man was weak on his pins* הַזָּקֵן דָּדָה עַל רַגְלָיו
4 (*Golf*) יָתֵד (לְדִגְלוֹן)
—v.t. הִדֵּק בְּסִכָּה, הִצְמִיד בְּסִכּוֹת, תָּקַע בְּסִכּוֹת; תָּלָה
□ *he pinned his faith on the treaty* הוּא תָּלָה אֶת כָּל תִּקְווֹתָיו בָּאֲמָנָה
□ *the troops were pinned down by enemy gunfire* הַחַיָּלִים רֻתְּקוּ לִמְקוֹמָם עַל־יְדֵי אֵשׁ־הָאוֹיֵב
□ *he's very difficult to pin down about dates* קָשֶׁה מְאֹד לְאַלֵּץ אוֹתוֹ לְהִתְחַיֵּב לְתַאֲרִיכִים
PIN /pɪn/ n. (*Comm.*) קוֹד כַּסְפּוֹמָט אִישִׁי
piña colada /ˌpiːnə kəˈlɑːdə/ n. פִּינָקוֹלָדָה (קוֹקְטֵיל אַלְכּוֹהוֹלִי)
pinafore /ˈpɪnəfɔː(r)/ n. סִנָּר
pinball /ˈpɪnbɔːl/ n. "פִּינְבּוֹל" (סוּג שֶׁל מִשְׂחָק בִּמְכוֹנַת־מִשְׂחָקִים)
pince-nez /ˈpæns-neɪ/ n. (*pl.* same) מִשְׁקְפֵי־צֶבֶט, מִצְבָּטַיִם (מִשְׁקָפַיִם בְּלִי זְרוֹעוֹת הָרוֹכְבִים עַל הָאַף)
pincer /ˈpɪnsə(r)/ n.
1 (claw) צְבָת (שֶׁל סַרְטָן וְכַד')
pincer movement (*Mil.*) תְּנוּעַת־מֶלְקָחַיִם
2 (in *pl.*, tool) צְבָת
pinch /pɪntʃ/ v.t. & i
1 (squeeze between finger and thumb, etc.) תָּפַס בֵּין אֶצְבַּע וַאֲגוּדָל, צָבַט
2 (cause pain by pressure) צָבַט
□ *she pinched her finger in the door* הָאֶצְבַּע שֶׁלָּהּ נִתְפְּסָה בַּדֶּלֶת
□ *that's where the shoe pinches* (*colloq.*) כָּאן נִמְצֵאת הַבְּעָיָה, כָּאן קָבוּר הַכֶּלֶב
3 (shrivel, nip) עִוֵּת
□ *her face was pinched with cold* פָּנֶיהָ הָיוּ מְעֻוָּתִים (מִכְּאֵב) בְּשֶׁל הַקֹּר
4 (stint, be niggardly) קִמֵּץ, חָסַךְ
□ *I've always had to pinch and scrape* תָּמִיד הָיִיתִי מֻכְרָח לְקַמֵּץ וְלַחְסֹךְ
5 (steal, *colloq.*) "סָחַב", "פִּלַּח"
6 (arrest, *sl.*) תָּפַס וְעָצַר (עֲבַרְיָן וְכַד')
□ *he was pinched for larceny* הוּא נִתְפַּס וְנֶעֱצַר עַל גְּנֵבָה
—n.
1 (nip) צְבִיטָה
2 (stress) לַחַץ, מְצוּקָה
□ *this will do, at a pinch* (*UK*) בְּלֵית בְּרֵרָה, זֶה יַסְפִּיק
3 (small amount) קֹמֶץ, קֹרֶט
□ *I took his tale with a pinch of salt* (*colloq.*) שָׁמַעְתִּי אֶת הַסִּפּוּר שֶׁלּוֹ מִתּוֹךְ יְדִיעָה שֶׁיֵּשׁ לוֹ נְטִיָּה לְהַגְזִים
pinchbeck /ˈpɪntʃbek/ n. נֶתֶךְ שֶׁל נְחֹשֶׁת וְאָבָץ (כְּחִקּוּי לְזָהָב)
—adj. מְזֻיָּף, מְלָאכוּתִי
pincushion /ˈpɪnkʊʃ(ə)n/ n. כָּרִית לְסִכּוֹת
pine[1] /paɪn/ n.
1 (tree) אֹרֶן
pine cone אִצְטְרֻבָּל
pine kernel (or **nut**) צְנוֹבָר
2 (timber) (קוֹרוֹת/לוּחוֹת שֶׁל) עֵץ אֹרֶן
pine[2] /paɪn/ v.i. הִשְׁתּוֹקֵק לְ..., עָרַג לְ...
□ *she's pining for home* הִיא מִתְגַּעְגַּעַת לְבֵיתָהּ
□ *he pined away and died* הוּא נָמַק בְּצַעֲרוֹ (אוֹ בְּמַחֲלָתוֹ) וְגָוַע
pineal /ˈpaɪnɪəl/ adj.
pineal gland בַּלּוּטַת הָאִצְטְרֻבָּל (בַּמֹּחַ)
pineapple /ˈpaɪnæp(ə)l/ n. אֲנָנָס
pine-needle /ˈpaɪn-niːd(ə)l/ n. מַחַט־אֹרֶן
ping /pɪŋ/ (*colloq.*) n. "פִּינְג" (קוֹל צִלְצוּל חַד וְקָצָר)
—v.i. הִשְׁמִיעַ "פִּינְג" (כַּנַּ"ל)
Ping-Pong /ˈpɪŋ-pɒŋ/ n. (*Prop.*) טֶנִיס־שֻׁלְחָן, פִּינְג־פּוֹנְג
pinhead /ˈpɪnhed/ n. רֹאשׁ־סִכָּה; "שׁוֹטֶה"
pinhole camera /ˈpɪnhəʊl ˈkæmrə/ n. מַצְלֵמַת־חָרִיר
pinion[1] /ˈpɪnjən/ n.
1 (part of wing) נוֹצַת־הַקָּצֶה בַּכָּנָף, אֶבְרָה
2 (wing, *poet.*) אֶבְרָה, כָּנָף
—v.t.
1 (cut off bird's wing tip) קִצֵּץ (קְצֵה) כְּנַף שֶׁל עוֹף
2 (restrain by binding arms) קָשַׁר (יְדֵי אָדָם) בְּחָזְקָה
pinion[2] /ˈpɪnjən/ n. סַבֶּבֶת, גַּלְגַּל שִׁנַּיִם קָטָן
rack and pinion מִמְסֶרֶת פַּס־שִׁנַּיִם
pink[1] /pɪŋk/ n.
1 (colour) וָרֹד
2 (plant) סוּג פֶּרַח צִפֹּרֶן קָטָן
3 in the pink (*colloq.*) בְּשִׂיא הַבְּרִיאוּת
—adj.
1 (pale red) וָרֹד
2 (mildly socialist, sl.) "וָרֹד", סוֹצְיָאלִיסְט לְמֶחֱצָה
pink[2] /pink/ v.i. (מָנוֹעַ מְכוֹנִית) "צִלְצֵל", הִשְׁמִיעַ "צִלְצוּלִים"
pinking-shears /ˈpɪŋkɪŋ-ʃɪəz/ n. *pl.* מִסְפָּרַיִם מְשֻׁנָּנִים (לִגְזִירַת שׁוּלֵי אָרִיג בְּזִגְזַג)
pinko /ˈpɪŋkəʊ/ n. (*US derog.*) שְׂמָאלָנִי, קוֹמוּנִיסְט

pin-money /ˈpɪn-mʌnɪ/ n. (*colloq.*) כֶּסֶף לְהוֹצָאוֹת קְטַנּוֹת (שֶׁמַּרְוִיחָה אִשָּׁה נְשׂוּאָה לְהוֹצָאוֹתֶיהָ הַפְּרָטִיּוֹת)

pinnace /ˈpɪnəs/ n. סִירַת מָנוֹעַ קְטַנָּה (לְקֶשֶׁר בֵּין הַסְּפִינָה וְהַנָּמֵל)

pinnacle /ˈpɪnək(ə)l/ n.
1 (rocky peak; highest point) רֹאשׁ צוּק, פִּסְגָּה, שִׂיא (גַּם בְּהַשְׁאָלָה)
□ *at the pinnacle of his career, his health failed* בְּשִׂיא הַקַּרְיֶרָה שֶׁלּוֹ בְּרִיאוּתוֹ הִתְרוֹפְפָה
2 (*Archit.*) צְרִיחוֹן מְחֻדָּד

pinnate /ˈpɪneɪt/ adj. (*Bot.*) (עָלֶה מֻרְכָּב) מְנֻצָּה (שֶׁעֲלְעָלָיו עֲרוּכִים זֶה כְּנֶגֶד זֶה מִשְּׁנֵי צִדֵּי הַצִּיר); דְּמוּי־נוֹצָה

pinny /ˈpɪnɪ/ n. (*colloq.*) סִנָּר

pinpoint /ˈpɪnpɔɪnt/ n. חֹד שֶׁל סִכָּה, נְקֻדָּה זְעִירָה
—v.t. אִתֵּר בְּמְדֻיָּק, זִהָה בִּמְדֻיָּק

pinprick /ˈpɪnprɪk/ n. דְּקִירַת סִכָּה; הַקְנָטָה

pin-stripe /ˈpɪnstraɪp/ n. דֻּגְמַת פַּסִּים דַּקִּים (לְמָשָׁל בַּחֲלִיפַת עֲסָקִים)

pint /paɪnt/ n.
1 (unit of volume) מִדַּת קִבּוּל לְנוֹזְלִים, 1/8 גָּלוֹן
2 (beer, *UK colloq.*) כּוֹס בִּירָה, "בִּירָה גְּדוֹלָה"

pinta /ˈpaɪntə/ n. (*UK colloq.*) בַּקְבּוּק־חָלָב; חָלָב

pin-table /ˈpɪn-teɪb(ə)l/ n. מְכוֹנָה לְמִשְׂחַק "פִּינְבּוֹל"
—n.

pint-sized /ˈpaɪnt-saɪzd/ adj. (*colloq.*) גַּמָּדִי, "קָטַנְצִ'יק"

pin-up /ˈpɪn-ʌp/ n. פְּלַקָט שֶׁל נַעֲרַת־זֹהַר/כּוֹכָב; נַעֲרַת־זֹהַר/כּוֹכָב

pinwheel /ˈpɪnwiːl/ n. גַּלְגִּלּוֹן רוּחַ, "טַחֲנַת־רוּחַ" (צַעֲצוּעַ)

pioneer /ˌpaɪəˈnɪə(r)/ n.
1 (explorer; early researcher) חָלוּץ, סוֹלֵל דֶּרֶךְ
□ *he was a pioneer in the field of medicine* הוּא הָיָה חָלוּץ בִּשְׂדֵה הָרְפוּאָה
2 (*Mil.*) חָלוּץ; פַּלָּס, חַפָּר
pioneer corps חֵיל הַחַפָּרִים
—v.t. הָיָה חָלוּץ בִּתְחוּם
□ *she pioneered the new treatment* הִיא הָיְתָה חֲלוּצַת הַשִּׁיטָה הַחֲדָשָׁה בְּרִפּוּי

pious /ˈpaɪəs/ adj.
1 (devout, dutiful) אָדוּק, דָּתִי, חָרֵד; מָסוּר
pious fraud הוֹנָאָה לְמַטָּרָה טוֹבָה
pious hope תִּקְוַת שָׁוְא
2 (hypocritically religious) מִתְחָרֵד; מִתְחַסֵּד

pip[1] /pɪp/ n. חַרְצָן, גַּלְעִין, גַּרְעִין

pip[2] /pɪp/ n. "פִּיפְּס" (בְּרַדְיוֹ)

pip[3] /pɪp/ n.
1 (*Cards*, etc.) נְקֻדָּה (עַל דּוֹמִינוֹ, קְלָף וְכַד')
2 (*Mil.*) כּוֹכַב דַּרְגָּה (סֵמֶל מַתַּכְתִּי עַל הַכּוֹתֶפֶת שֶׁל קָצִין)

pip[4] /pɪp/ n. (*colloq.*) מַצַּב רוּחַ יָרוּד, "עֲצַבִּים", דִּיפְּרֶסְיָה
□ *his bad manners give me the pip* הִתְנַהֲגוּתוֹ הַגַּסָּה עוֹלָה לִי עַל הָעֲצַבִּים

pip[5] /pɪp/ v.t. (*colloq.*) נִצַּח בָּרֶגַע הָאַחֲרוֹן
□ *he was pipped at the post* הוּא הֶחְמִיץ אֶת הַנִּצָּחוֹן בָּרֶגַע הָאַחֲרוֹן מַמָּשׁ

pipe /paɪp/ n.
1 (tube) צִנּוֹר
2 (musical instrument) חָלִיל (רוֹעִים וְכַד'); מַשְׁרוֹקִית (שֶׁל רַב־הַמַּלָּחִים בַּצִּי)
organ pipe צִנּוֹר־עוּגָב, קְנֵה־עוּגָב
pipes (*Scot.*) חֵמַת־חֲלִילִים
3 (for smoking) מִקְטֶרֶת
pipe of peace מִקְטֶרֶת שָׁלוֹם (אִינְדִיאָנִית)
□ *put that in your pipe and smoke it!* (*colloq.*) תַּחְשֹׁב עַל מַה שֶּׁאָמַרְתִּי וּכְדַאי שֶׁתַּשְׁלִים עִם זֶה
4 (liquid measure) חָבִית יַיִן (105 גָּלוֹנִים בְּקֵרוּב)
—v.i.
1 (play pipe) שָׁרַק (בְּמַשְׁרוֹקִית); נִגֵּן (בֶּחָלִיל); חִלֵּל (בַּחֲלִיל רוֹעִים וְכַד')
2 (make shrill noise) צִפְצֵף, צִיֵּץ
pipe down! (*colloq.*) שֶׁקֶט, שְׁתֹק!
□ *the child's voice piped up in protest* הַיֶּלֶד הִשְׁמִיעַ קוֹל צִיּוּץ בִּמְחָאָה
—v.t.
1 (convey by pipe) הִזְרִים בְּצִנּוֹר, הֶעֱבִיר בְּצִנּוֹר
□ *there was piped music in the bar* מוּזִיקַת־רֶקַע נִשְׁמְעָה בַּבָּאר
2 (decorate dress or cake) עִטֵּר (שׁוּלֵי בֶּגֶד) בְּסֶרֶט בַּד; קִשֵּׁט (עוּגָה בְּסִלְסוּלֵי קֶרֶם)
3 (lead with pipe music) קִדֵּם (אֶת פָּנָיו שֶׁל אוֹרֵחַ עַל סְפִינָה) בִּשְׁרִיקַת מַשְׁרוֹקִית
□ *the bo'sun piped the captain aboard* רַב־הַמַּלָּחִים קִדֵּם אֶת הַקַּבַּרְנִיט עַל הַסִּפּוּן בִּשְׁרִיקַת כָּבוֹד

pipe-cleaner /ˈpaɪp-ˌkliːnə(r)/ n. מְנַקֶּה מִקְטָרוֹת

pipe-dream /ˈpaɪp-driːm/ n. אַשְׁלָיָה, הֲזָיָה, "חֲלוֹם בְּאַסְפַּמְיָה"

pipeline /ˈpaɪplaɪn/ n. צִנּוֹר, קַו צִנּוֹרוֹת (לְהַעֲבָרַת נֵפְט אוֹ מַיִם)
□ *there is a new deal in the pipeline* (*fig.*) "מִתְבַּשֶּׁלֶת" עִסְקָה חֲדָשָׁה

piper /ˈpaɪpə(r)/ n. חֲלִילָן, מְחַלֵּל (בֶּחָלִיל אוֹ חֵמַת־חֲלִילִים)
□ *he who pays the piper calls the tune* (*Prov.*) בַּעַל הַמֵּאָה הוּא בַּעַל הַדֵּעָה

pipette /pɪˈpet/ n. פִּיפֶּטָה, פִּיפִית

piping /ˈpaɪpɪŋ/ n.
1 (playing on a pipe) חִלּוּל, נְגִינָה בֶּחָלִיל
2 (decoration on dress) סֶרֶט עִטּוּר (בְּשׁוּלֵי בֶּגֶד)

3 (line of icing on cake) קִשּׁוּטֵי קֶרֶם
4 (length of pipe, system of pipes) צַנֶּרֶת, מַעֲרֶכֶת צִנּוֹרוֹת
—adv.
piping hot חַם מְאֹד
pippin /ˈpɪpɪn/ n. סוּג שֶׁל תַּפּוּחֵי־עֵץ
pipsqueak /ˈpɪpskwiːk/ n. (*derog.*) "אֶפֶס נְפוּחַ"
piquancy /ˈpiːkənsɪ/ n. פִּיקַנְטִיּוּת, חֲרִיפוּת נְעִימָה
piquant /ˈpiːkənt/ adj. פִּיקַנְטִי, חָרִיף מְעַט, מְגָרֶה
pique /piːk/ n. טִינָה, נְטִירַת אֵיבָה
□ *he did it out of pique* הוּא עָשָׂה זֹאת מִתּוֹךְ טִינָה
—v.t. פָּגַע בִּכְבוֹדוֹ שֶׁל
□ *his curiosity was piqued by the letter* הַמִּכְתָּב עוֹרֵר אֶת סַקְרָנוּתוֹ
piqué /ˈpiːkeɪ/ n. פִּיקֶה (אָרִיג כֻּתְנָה מְכֻלָּב)
piquet /pɪˈket/ n. פִּיקֶה, מִשְׂחַק קְלָפִים לִשְׁנַיִם
piracy /ˈpaɪərəsɪ/ n.
1 (robbery at sea) פִּירָטִיּוּת, שׁוֹד יַמִּי
2 (breach of copyright) גְּנֵבָה (סִפְרוּתִית וְכַד׳) הַעְתָּקָה (שֶׁל פָּטֶנְט וְכַד׳)
piranha /pɪˈrɑːnjə/ n. פִּירָנָה (דָּג טוֹרֵף דְּרוֹם אֲמֶרִיקָאִי)
pirate /ˈpaɪərət/ n.
1 (sea-robber) שׁוֹדֵד־יָם, פִּירָט
2 (infringer of copyright) מַעְתִּיק (שֶׁל סֵפֶר, תַּקְלִיט וְכַד׳) לְלֹא רְשׁוּת
pirate radio station תַּחֲנַת רַדְיוֹ פִּירָטִית
—v.t. הוֹצִיא (סֵפֶר, תַּקְלִיט וְכַד׳) לְלֹא הֶתֵּר הַיּוֹצְרִים
□ *his book was pirated in many countries* סִפְרוֹ יָצָא בְּלִי הֶתֵּר בְּהַרְבֵּה מְדִינוֹת
piratical /ˌpaɪəˈrætɪk(ə)l/ adj. פִּירָטִי, שֶׁל שׁוֹדֵד־יָם
pirouette /ˌpɪrʊˈet/ n. פִּירוּאֵט (סִבּוּב בְּבַלֶּט)
—v.i. עָשָׂה פִּירוּאֵט
piscatorial /ˌpɪskəˈtɔːrɪəl/ adj. (*formal*) שֶׁל דַּיִג
Pisces /ˈpaɪsiːz/ n. *pl.* מַזַּל־דָּגִים; בֶּן מַזַּל־דָּגִים
piss /pɪs/ n. & v.i. (*vulg.*) שֶׁתֶן; הִשְׁתִּין
piss about הִתְמַזְמֵז
piss artist (*UK*) שִׁכּוֹר
piss off
(go away) "עֳף", הִסְתַּלֵּק
(annoy) בֵּאֵס, עִצְבֵּן
pissed /pɪst/ adj. (*vulg.*) מַסְטוּל, שָׁתוּי; מְבֻאָס, מְעֻצְבָּן לְגַמְרֵי
piss-up /ˈpɪs-ʌp/ n. (*UK vulg.*) מְסִבַּת־שִׁכּוֹרִים
pistachio /pɪˈstɑːʃɪəʊ/ n. (*pl.* **pistachios**) פִּסְטוּק
piste /piːst/ n. מַסְלוּל סְקִי (בְּמוֹרָד)
pistil /ˈpɪst(ə)l/ n. (*Bot.*) עֱלִי (בְּפֶרַח)
pistol /ˈpɪst(ə)l/ n. אֶקְדָּח
pistol grip יָדִית (בְּסִגְנוֹן יְדִית־אֶקְדָּח, בְּמַקְדֵּחַ וְכַד׳)
pistol-whip הִכָּה בִּידִית אֶקְדָּח; תָּקַף בְּאַלִּימוּת
piston /ˈpɪstən/ n.
1 (part of engine) בֻּכְנָה
piston engine מְנוֹעַ־בֻּכְנוֹת
piston ring טַבַּעַת הַבֻּכְנָה, "רִינְג" (בְּמָנוֹעַ)
piston rod מוֹט הַבֻּכְנָה (בְּמָנוֹעַ)
2 (part of trumpet) שַׁסְתּוֹם (בִּכְלִי נְשִׁיפָה מִמַּתֶּכֶת)
pit[1] /pɪt/ n. (*US*) גַּרְעִין, גַּלְעִין (שֶׁל אֲפַרְסֵק, שָׁזִיף, דֻּבְדְּבָן)
pit[2] /pɪt/ n.
1 (hole in ground) בּוֹר, חוֹר גָּדוֹל (בָּאֲדָמָה)
2 (coal-mine, etc.) מִכְרֶה (לְרֹב פֶּחָם)
pit pony פּוֹנִי הַמּוֹבִיל קְרוֹנִיּוֹת בְּמִכְרֶה
□ *he works down the pit* הוּא כּוֹרֶה־פֶּחָם
3 (trap for animals) פַּחַת, שַׁחַת, שׁוּחָה (לִלְכִידַת חַיּוֹת)
a pit for the unwary (*formal*) מַלְכֹּדֶת פְּתָאִים
4 (cavity; bottom, *Anat.*) שֶׁקַע בַּגּוּף (בֵּית הַשֶּׁחִי וְכַד׳); תַּחְתִּית (שֶׁל חֵלֶק בַּגּוּף)
□ *I had a sinking feeling in the pit of my stomach* הִרְגַּשְׁתִּי שְׁקִיעָה מִתְכַּוֶּצֶת מֵרֹב פַּחַד
5 (arena for fighting animals) זִירָה (לִקְרַב תַּרְנְגוֹלִים וְכַד׳)
6 (part of theatre) בּוֹר הַתִּזְמֹרֶת (בָּאוּלָם); הַחֵלֶק הָאֲחוֹרִי בְּאוּלָם תֵּאַטְרוֹן
7 (scar) שֶׁקַע צַלַּקְתִּי קָטָן
8 (place for examination or repair of cars) בּוֹר תִּקּוּנִים (בְּמוּסָךְ); נְקֻדַּת עֲצִירָה וְתִדְלוּק (בְּמַסְלוּל מֵרוֹצֵי מְכוֹנִיּוֹת)
9 the pits (*sl. derog.*) "אָסוֹן", "זְוָעָה" הַדָּבָר הַגָּרוּעַ בְּיוֹתֵר)
—v.t.
1 pit against הֶעֱמִיד (אֶת פְּלוֹנִי) לִקְרָב נֶגֶד (אַלְמוֹנִי)
□ *he pitted his strength against the champion* הוּא יָצָא לִקְרָב כְּנֶגֶד הָאַלּוּף
2 (make small holes in surface) חֵרֵר, נִקֵּב, עָשָׂה גֻּמּוֹת בְּ...
□ *his face was pitted with smallpox* פָּנָיו הָיוּ זְרוּעִים צַלָּקוֹת שֶׁל אֲבַעְבּוּעוֹת
pita /piːtə/ n. פִּתָּה
pit-a-pat /ˌpɪt-ə-ˈpæt/ n. & adv. "פִּיט־פַּט" (קוֹל נְקִישׁוֹת מָהִיר); בְּקוֹל (כַּנַּ"ל), קוֹל הַלְמוּת
□ *my heart went pit-a-pat* לִבִּי הָלַם בְּקוֹל וּבִמְהִירוּת
□ *she heard the pit-a-pat of raindrops* הִיא שָׁמְעָה אֶת קוֹל טִפְטוּף הַגֶּשֶׁם
pitch[1] /pɪtʃ/ n. זֶפֶת, עִטְרָן
□ *the night was pitch black* הַלַּיְלָה הָיָה שָׁחוֹר כַּזֶּפֶת
□ *it is pitch dark outside* חֹשֶׁךְ מִצְרַיִם בַּחוּץ
—v.t. זִפֵּת, כִּסָּה בְּזֶפֶת
pitch[2] /pɪtʃ/ n.
1 (area for games) מִגְרָשׁ, דֶּשֶׁא
cricket pitch "הַדֶּשֶׁא" (בְּמִגְרַשׁ הַקְּרִיקֶט)
2 (place where street trader or entertainer operates) מָקוֹם קָבוּעַ לְרוֹכֵל אוֹ לְנַגַּן־רְחוֹב

□ *his actions queered my pitch* (*colloq.*) הַפְּעֻלּוֹת שֶׁלּוֹ הָרְסוּ לִי אֶת הַסִּכּוּיִים

3 (height, intensity) גֹּבַהּ, רָמָה; עָצְמָה

fever pitch שִׂיא הַהִתְלַהֲבוּת, שִׂיא הַהִתְרַגְּשׁוּת

□ *matters reach such a pitch that he could no longer work* מַצַּב הָעִנְיָנִים הִגִּיעַ לְשָׁלָב כָּזֶה שֶׁשּׁוּב לֹא יָכוֹל הָיָה לַעֲבֹד

4 (*Mus.*) גֹּבַהּ צְלִיל

5 (slope of roof) מִדַּת הַשִּׁפּוּעַ, זָוִית־נְטִיָּה

6 (distance between successive ridges, etc., *Mech.*) מַעֲלֵה הַתַּבְרִיג, עֹמֶק הַתַּבְרִיג

7 (throwing a ball) זְרִיקַת־כַּדּוּר לְחוֹבֵט (בְּקְרִיקֶט אוֹ בְּבֵּיסְבּוֹל)

8 (plunging action of ship) תְּנוּעַת טִלְטוּל (מַעְלָה מַטָּה) שֶׁל סְפִינָה

—v.t.

1 (fix and erect, set up) נָטָה (אֹהֶל), הֵקִים (מַחֲנֶה), תָּקַע (דֶּגֶל)

□ *he pitched his tent* הוּא נָטָה אֶת אָהֳלוֹ

2 (throw) זָרַק, הִשְׁלִיךְ (כַּדּוּר וְכַד׳)

3 (set at certain height, *Mus.*) קָבַע אֶת גֹּבַהּ הַצְּלִיל, קָבַע סֻלָּם

□ *the pig emitted a high-pitched squeal* הַחֲזִיר הִשְׁמִיעַ צְרִיחָה חַדָּה

4 (describe in a given way, *colloq.*) סִפֵּר סִפּוּר (לְפִי רָמַת הַשּׁוֹמְעִים)

□ *pitch it strong when you tell him the story!* כְּדַאי שֶׁתְּיַפֶּה אֶת הַסִּפּוּר שֶׁלְּךָ כְּשֶׁאַתָּה מְסַפֵּר אוֹתוֹ לוֹ

—v.i.

1 (fall heavily, fling oneself) נָפַל עַל פָּנָיו, הִפִּיל אֶת עַצְמוֹ (אַרְצָה)

pitch in
(contribute) תָּרַם אֶת חֶלְקוֹ
(begin with vigour) הִתְחִיל בְּמֶרֶץ (לֶאֱכֹל, לַעֲבֹד), נִרְתַּם בְּמֶרֶץ (לַעֲבוֹדָה)

□ *he pitched forward onto the floor* הוּא נָפַל מְלוֹא קוֹמָתוֹ אַרְצָה

2 (plunge, *Naut. & Aeron.*) (סְפִינָה, מָטוֹס) הִתְנַדְנֵד (מִן הַחַרְטוֹם אֶל הַיַּרְכָתַיִם), עָלָה וְיָרַד

pitchblende /ˈpɪtʃblend/ n. עַפְרַת אוּרַנְיוּם וְרַדְיוּם

pitched /pɪtʃt/ adj. נָטוּי, בְּשִׁפּוּעַ

pitched battle קְרָב עַז, מִלְחָמָה עַזָּה

pitcher[1] /ˈpɪtʃə(r)/ n. כַּד (גָּדוֹל)

pitcher plant כַּדָּנִית (צֶמַח טוֹרֵף חֲרָקִים)

□ *little pitchers have long ears* (*Prov.*) הִזָּהֵר בְּדִבּוּרְךָ בְּנוֹכְחוּת יְלָדִים

pitcher[2] /ˈpɪtʃə(r)/ n. זוֹרֵק הַכַּדּוּר (בְּבֵּיסְבּוֹל), מַגִּישׁ

pitchfork /ˈpɪtʃfɔːk/ n. קִלְשׁוֹן

—v.t. הִשְׁלִיךְ בְּקִלְשׁוֹן, הֶעֱמִיס בְּקִלְשׁוֹן

□ *he was pitchforked into the job of washing up* (*colloq.*) הוּא נִדְחַק בְּעַל כָּרְחוֹ וְנֶאֱלַץ לִשְׁטֹף אֶת הַכֵּלִים

pitch-pine /ˈpɪtʃ-paɪn/ n. אֹרֶן־בִּצּוֹת

pitch-pipe /ˈpɪtʃ-paɪp/ n. קָנֶה צְלִיל (מְשַׁמֵּשׁ לִקְבִיעַת הַצְּלִיל בְּזִמְרָה אוֹ בִּנְגִינָה)

piteous /ˈpɪtɪəs/ adj. (*formal*) מְעוֹרֵר רַחֲמִים, רָאוּי לְחֶמְלָה

pitfall /ˈpɪtfɔːl/ n. מַלְכֹּדֶת, פַּחַת (גַּם בְּהַשְׁאָלָה)

pith /pɪθ/ n.

1 (of plants) "הַלָּבָן" שֶׁל פְּרִי־הָדָר; רִקְמָה סְפוֹגִית לְבָנָה בְּגִבְעוֹל

pith helmet כּוֹבַע־שֶׁמֶשׁ, כּוֹבַע פְּקָק

2 (chief part, *formal*) תַּמְצִית

□ *the pith of his argument* תַּמְצִית טִעוּנוֹ

pithead /ˈpɪthed/ n. הַכְּנִיסָה לְמִכְרֵה־פֶּחָם

pithy /ˈpɪθɪ/ adj. קָצָר וְקוֹלֵעַ; תַּמְצִיתִי

pitiable /ˈpɪtɪəb(ə)l/ adj. (*formal*) רָאוּי לְרַחֲמִים; עָלוּב, מִסְכֵּן

pitiful /ˈpɪtɪf(ə)l/ adj.

1 (causing pity) מְעוֹרֵר רַחֲמִים, רָאוּי לְרַחֲמִים, אֻמְלָל

2 (contemptible) עָלוּב, בָּזוּי, אֻמְלָל

pitiless /ˈpɪtɪlɪs/ adj. חֲסַר־רַחֲמִים, אַכְזָרִי

pitman /ˈpɪtmən/ n. כּוֹרֶה, פּוֹעֵל מִכְרֶה (פֶּחָם)

piton /ˈpiːtɒn/ n. יָתֵד־טִפּוּס (לִמְטַפְּסֵי הָרִים וְכַד׳)

pitta /ˈpɪtə/ n. פִּיתָה

pittance /ˈpɪt(ə)ns/ n. תַּשְׁלוּם עָלוּב, "פְּרוּטוֹת", "גְּרוּשִׁים"

pitted /ˈpɪtɪd/ adj. מְחֻטָּט, מְכֻסֶּה צַלָּקוֹת (שֶׁל אֲבַעְבּוּעוֹת וְכַד׳) מְגֻמָּם; (פְּרִי וְכַד׳) שֶׁהַגַּרְעִין הוּצָא מִמֶּנּוּ

pitted olives זֵיתִים בְּלִי גַּרְעִינִים

pituitary /pɪˈtjuːɪtərɪ/ n. & adj. (*Med.*) בַּלּוּטַת יוֹתֶרֶת־הַמֹּחַ; שֶׁל הַבַּלּוּטָה הַנַּ"ל

pituitary gland בַּלּוּטַת יוֹתֶרֶת־הַמֹּחַ

pity /ˈpɪtɪ/ n.

1 (compassion) רַחֲמִים, רַחֲמָנוּת, חֶמְלָה

□ *I feel pity for him* אֲנִי מִצְטַעֵר עָלָיו, צַר לִי עָלָיו

□ *for pity's sake!* לְמַעַן הַשֵּׁם!

□ *she took pity on the beggar* הִיא רִחֲמָה עַל הַקַּבְּצָן

2 (cause for compassion) צָרָה, מַצָּב־בִּישׁ; חֲבָל

more's the pity (*colloq.*) לְמַרְבֵּה הַצַּעַר

□ *what a pity!* חֲבָל!, כַּמָּה חֲבָל! מַה צַּר!

□ *the pity of it is that he nearly won the match* הַצָּרָה הִיא שֶׁהוּא כִּמְעַט זָכָה בַּתַּחֲרוּת

—v.t. רִחֵם עַל, חָמַל עַל

□ *he is much to be pitied* הוּא רָאוּי לְרַחֲמִים רַבִּים

pivot /ˈpɪvət/ n. צִיר

—v.i. הִסְתּוֹבֵב (מִסָּבִיב לַצִּיר) סָבַב עַל צִיר

□ *the shelf is pivoted at the back* לַמַּדָּף יֵשׁ צִיר בְּחֶלְקוֹ הָאֲחוֹרִי

□ *everything pivots on his not being late* הַכֹּל תָּלוּי בְּכָךְ שֶׁלֹּא יְאַחֵר

pivotal /ˈpɪvət(ə)l/ adj. שֶׁל צִיר; מֶרְכָּזִי, עִקָּרִי

pixel /ˈpɪksel/ n. (*Comput.*) ״פִּיקְסֶל״ (יְחִידַת צֶבַע וְעָצְמָה בְּצַג־וִידֵיאוֹ)

pixie /ˈpɪksɪ/ n. (also **pixy**) שֵׁדוֹן, פֵיָה קְטַנָּה

pixie hood כִּפָּה מְחֻדֶּדֶת, בַּרְדָּס מְחֻדָּד (לִילָדִים, לָרֹב מְחֻבָּר לִמְעִיל)

pizazz /pɪˈzæz/ n. (*colloq.*) ״פִּלְפֵּל״ (מֶרֶץ וְחִיּוּנִיּוּת)

pizza /ˈpiːtsə/ n. פִּיצָה

pizza parlour פִּיצֶרִיָּה

pizzeria /ˌpiːtsəˈrɪə/ n. פִּיצֶרִיָּה

pizzicato /ˌpɪtsɪˈkɑːtəʊ/ adv. & adj. (*Mus.*) פִּיצִיקָטוֹ (פְּרִיטָה בְּאֶצְבַּע עַל כְּלִי קֶשֶׁת)

—n. (*pl.* **pizzicatos**) פִּיצִיקָטוֹ (כַּנַּ״ל)

placable /ˈplækəb(ə)l/ adj. (*formal*) סַלְחָנִי, נוֹחַ לִרְצוֹת

placard /ˈplækɑːd/ n. כְּרָזָה, פְּלַקָט

—v.t. הִדְבִּיק כְּרָזָה (עַל לוּחַ מוֹדָעוֹת וְכַד׳) בְּאֶמְצָעוּת כְּרָזָה

placate /pləˈkeɪt/ v.t. (*formal*) הִרְגִּיעַ, פִּיֵּס

placatory /pləˈkeɪtərɪ/ adj. (*formal*) מַרְגִּיעַ, מְפַיֵּס

place /pleɪs/ n.

1 (location of person or thing) מָקוֹם

place card פֶּתֶק־מָקוֹם (הַמְצַיֵּן מְקוֹמוֹ שֶׁל הָאוֹרֵחַ לְיַד הַשֻּׁלְחָן)

place setting מָקוֹם עָרוּךְ לְאָדָם אֶחָד לְיַד הַשֻּׁלְחָן

take place לִקְרוֹת, לְהִתְרַחֵשׁ

□ *she marked the place in pencil* הִיא סִמְּנָה אֶת הַמָּקוֹם (הַמְיֻעָד) בְּעִפָּרוֹן

□ *she had a place for everything and everything in its place* הִיא הָיְתָה מְסֻדֶּרֶת בְּצוּרָה קִיצוֹנִית

□ *Michael came in place of Simon* מִיכָאֵל בָּא בִּמְקוֹם שִׁמְעוֹן, מִיכָאֵל הֶחֱלִיף אֶת שִׁמְעוֹן

□ *in your place, I would refuse* אֲנִי בִּמְקוֹמְךָ הָיִיתִי מְסָרֵב

□ *she put the boy in his place* הִיא נָזְפָה בַּיֶּלֶד, הִיא הֶעֱמִידָה אֶת הַיֶּלֶד בִּמְקוֹמוֹ

□ *she set* (or *laid*) *an extra place for the newcomer* הִיא הֵנִיחָה כְּלֵי אֹכֶל נוֹסָפִים לָאוֹרֵחַ הֶחָדָשׁ

□ *an aristocrat has no place in a communist society* אֵין מָקוֹם לַאֲרִיסְטוֹקְרָטִים בְּחֶבְרָה קוֹמוּנִיסְטִית

□ *that remark was out of place* הֶעָרָה זֹאת לֹא הָיְתָה בִּמְקוֹמָהּ

□ *their son's photograph has pride of place* תְּמוּנָתוֹ שֶׁל בְּנָם זָכְתָה לַמָּקוֹם הַמְכֻבָּד בְּיוֹתֵר

□ *can margarine take the place of butter?* (הַאִם) מַרְגָּרִינָה יְכוֹלָה לָבוֹא בִּמְקוֹם חֶמְאָה?

□ *take your places!* לִמְקוֹמוֹת בְּבַקָּשָׁה! נָא לָגֶשֶׁת לִמְקוֹמוֹתֵיכֶם!

2 (specific locality) מָקוֹם (מְסֻיָּם)

all over the place בְּכָל פִּנָּה; בְּאִי־סֵדֶר

□ *he'll go places* (*colloq.*) הוּא עָתִיד לְהַצְלִיחַ, הוּא יֵלֵךְ רָחוֹק

□ *there's no place like home* (*Prov.*) אֵין מָקוֹם טוֹב יוֹתֵר מִן הַבַּיִת

□ *they visited the places of interest* הֵם בִּקְּרוּ בִּמְקוֹמוֹת שֶׁכְּדַאי לְבַקֵּר בָּהֶם, הֵם בִּקְּרוּ בַּאֲתָרִים מְעַנְיְנִים

3 (spot devoted to specific purpose) מָקוֹם (לְמַטָּרָה מְסֻיֶּמֶת); אֵזוֹר

market place כִּכַּר הַשּׁוּק

place of worship מְקוֹם פֻּלְחָן

4 (position, ranking) מָקוֹם (יַחֲסִי בְּתַחֲרוּת אוֹ בְּמִבְחָן)

in the first place

(as first point or argument) רֵאשִׁית כֹּל, קֹדֶם כֹּל

(in any case) מִלְּכַתְּחִלָּה

□ *he backed the horse for a place* הוּא הִמֵּר עַל הַסּוּס שֶׁיִּתָּפֵס אֶחָד מִשְּׁלֹשֶׁת הַמְּקוֹמוֹת הָרִאשׁוֹנִים

□ *he took first place* הוּא זָכָה בַּמָּקוֹם הָרִאשׁוֹן, הוּא נִצַּח

5 (entry to a university) מָקוֹם

□ *she won a place at Cambridge* הִיא הִתְקַבְּלָה לָאוּנִיבֶרְסִיטַת קֵימְבְּרִידְג׳

6 (rank, station, duty) מָקוֹם, תַּפְקִיד

□ *it's not the maid's place to clean shoes* אֵין זֶה מִתַּפְקִידָהּ שֶׁל הָעוֹזֶרֶת לְצַחְצֵחַ נַעֲלַיִם

□ *the old porter knew his place* הַשּׁוֹעֵר הַזָּקֵן יָדַע אֶת מְקוֹמוֹ (בְּיַחַס לַאֲנָשִׁים הַחֲשׁוּבִים מִמֶּנּוּ)

7 (home) מָקוֹם, בַּיִת

□ *he bought a small place in the country* הוּא קָנָה בַּיִת קָטָן בַּכְּפָר

□ *come round to my place tomorrow!* בּוֹאוּ אֵלַי הַבַּיְתָה מָחָר

□ *your place or mine?* אֶצְלְךָ אוֹ אֶצְלִי?

8 (square in town) כִּכָּר (בָּעִיר)

9 (position of figure, *Math.*) מָקוֹם בְּסִדְרָה/בְּטוּר מָתֵמָטִי

decimal place מָקוֹם עֶשְׂרוֹנִי

—v.t.

1 (put) שָׂם, הֵנִיחַ

□ *place your bets!* נָא לְהַמֵּר! (בְּמִשְׂחַק רוּלֶטָה)

2 (arrange in order; assign position to) הֵנִיחַ לְפִי סֵדֶר; הִצִּיב, מִקֵּם

□ *the horse was not placed* הַסּוּס לֹא הָיָה בֵּין שְׁלֹשֶׁת הָרִאשׁוֹנִים בַּמֵּרוֹץ

3 (recognize, recall) נִזְכַּר בְּ...

□ *I can't place his face* (or *place him*) אֲנִי לֹא יָכוֹל לִזְכֹּר מֵאֵיפֹה אֲנִי מַכִּיר אוֹתוֹ (לַמְרוֹת שֶׁאֲנִי מְזַהֶה אֶת פָּנָיו)

4 (find job or place for) מִנָּה, הֵשִׂים, מָצָא מָקוֹם (לִפְלוֹנִי)

5 (give order to firm) מָסַר, עָרַךְ (הַזְמָנָה לִסְחוֹרָה וְכַד׳)

□ *she placed an order for the magazine with the local bookshop* הִיא הִזְמִינָה אֶת כְּתַב הָעֵת בַּחֲנוּת הַסְּפָרִים הַמְּקוֹמִית

placebo /pləˈsiːbəʊ/ n. (*pl.* **placebos**) (*Med.*) תְּרוּפָה מְדֻמָּה (שֶׁנּוֹעֲדָה לְהָנִיחַ אֶת דַּעְתּוֹ שֶׁל הַחוֹלֶה)

place-kick /ˈpleɪs-kɪk/ n. בְּעִיטַת קַרְקַע (בְּכַדּוּרֶגֶל וְכַד׳)

place-mat /ˈpleɪs-mæt/ n. מַפִּית־תַּחְתִּית (לִסְעוּד אֶחָד) מַחְצֶלֶת מִתַּחַת לְצַלַּחַת

placement /ˈpleɪsmənt/ n. הַנָּחָה, הַשָּׂמָה; מְצִיאַת תַּעֲסוּקָה, הַשָּׂמָה

place-name /ˈpleɪs-neɪm/ n. שֵׁם־מָקוֹם

placenta /pləˈsentə/ n. (*Anat.*) שִׁלְיָה

placid /ˈplæsɪd/ adj. שָׁקֵט, שָׁלֵו

placidity /pləˈsɪdɪtɪ/ n. שֶׁקֶט, שַׁלְוָה

plagiarism /ˈpleɪdʒərɪzəm/ n. פְּלַגְיָט

plagiarist /ˈpleɪdʒərɪst/ n. פְּלַגְיָטוֹר, גַּנָּב סִפְרוּתִי

plagiarize /ˈpleɪdʒəraɪz/ v.t. גָּנַב גְּנֵבָה סִפְרוּתִית, עָשָׂה פְּלַגְיָט

plague /pleɪg/ n.
 1 (disease) מַגֵּפָה; דֶּבֶר
 2 (infestation) מַכָּה, מַגֵּפָה
  □ *a plague of locusts destroyed the crop* מַכַּת־אַרְבֶּה הִשְׁמִידָה אֶת הַיְבוּל
 3 (troublesome person or thing, *colloq.*) ״צָרָה צְרוּרָה״, ״אָסוֹן״
  □ *that child is the plague of my life* הַיֶּלֶד הוּא אָסוֹן חַיַּי
—v.t. הֵצִיק
  □ *we are plagued with tourists here* יֵשׁ כָּאן מַגֵּפָה שֶׁל תַּיָּרִים, אֲנַחְנוּ מֻטְרָדִים כָּאן ע״י תַּיָּרִים

plaice /pleɪs/ n. דַּג־סַנְדָּל (דַּג־יָם שָׁטוּחַ, סוּג דַּג מֹשֶׁה־רַבֵּנוּ)

plaid /plæd/ n. & adj. אָרִיג מִשְׁבְּצוֹת סְקוֹטִי; בַּעַל דֻּגְמָה כַּנַּ״ל

plain[1] /pleɪn/ adj.
 1 (simple, ordinary) פָּשׁוּט, רָגִיל
  plain clothes (בַּלָּשׁ, שׁוֹטֵר) לָבוּשׁ אֶזְרָחִית
 2 (clear) בָּרוּר בָּהִיר, פָּשׁוּט
  plain sailing (*colloq.*) (בְּהַשְׁאָלָה בִּלְבַד) דֶּרֶךְ לְלֹא מִכְשׁוֹלִים
 3 (candid, forthright) גָּלוּי, כֵּן, יָשָׁר
  □ *her anger was plain to see* הָרֹגֶז שֶׁלָּהּ הָיָה בָּרוּר
  □ *I will be plain with you* אֲנִי אֲדַבֵּר אִתְּךָ בְּגָלוּי
  □ *I made it plain that I disapproved* הִבְהַרְתִּי שֶׁהַדָּבָר לֹא מָצָא חֵן בְּעֵינַי
 4 (not added to) רָגִיל, פָּשׁוּט, נָקִי
  plain chocolate שׁוֹקוֹלָד מָרִיר
  plain flour קֶמַח רָגִיל (לֹא קֶמַח תּוֹפֵחַ)
 5 (not pretty; unattractive, *US*) לֹא יָפֶה, מְשַׁעֲמֵם, חֲסַר יִחוּד
  plain Jane נַעֲרָה רְגִילָה (חַסְרַת יֹפִי וְיִחוּד)
—n.
 1 (flat area) מִישׁוֹר, עֲרָבָה
 2 (knitting stitch) (בִּסְרִיגָה) עַיִן רְגִילָה, ״יָמִין״, ״יָמִין שְׂמֹאל״

plainsong /ˈpleɪnsɒŋ/ n. זֶמֶר כְּנֵסִיָּתִי מִן הַמֵּאָה הַשֵּׁשׁ־עֶשְׂרֵה (מוּשָׁר בְּבָמָה קוֹלוֹת לְלֹא לִוּוּי שֶׁל עוּגָב)

plain-spoken /ˌpleɪn-ˈspəʊk(ə)n/ adj. מְדַבֵּר גְּלוּיוֹת, גְּלוּי־לֵב

plaint /pleɪnt/ n.
 1 (lament, *poet.*) קִינָה
 2 (accusation, *Law*) הַאֲשָׁמָה, קְבָלָה, תְּלוּנָה

plaintiff /ˈpleɪntɪf/ n. (*Law*) תּוֹבֵעַ, בַּעַל־תְּבִיעָה, קוֹבֵל, מִתְלוֹנֵן

plaintive /ˈpleɪntɪv/ adj. מָלֵא עֶצֶב, נוּגֶה

plait /plæt/ n. צַמָּה
—v.t. קָלַע (שֵׂעָר וְכַד׳) לְצַמָּה

plan /plæn/ n.
 1 (intended method or procedure) תָּכְנִית
  five-year plan תָּכְנִית חֹמֶשׁ
  plan of campaign תָּכְנִית, מִבְצָע
  □ *the reception went according to plan* קַבָּלַת־הַפָּנִים הִתְנַהֲלָה בְּהֶתְאֵם לַתָּכְנִית
 2 (diagram of building or area) תָּכְנִית; תַּרְשִׁים, שִׂרְטוּט
  ground plan תָּכְנִית קוֹמַת־הַקַּרְקַע; תָּכְנִית־יְסוֹד תָּכְנִית כְּלָלִית
—v.t. & i.
 1 (design) תִּכְנֵן, עָרַךְ תָּכְנִית
 2 (scheme, intend) תִּכְנֵן, הָיָה בְּדַעְתּוֹ לְ..., הִתְכַּוֵּן לְ...
  planned economy כַּלְכָּלָה מְתֻכְנֶנֶת

planchette /plɑːnˈʃet/ n. מֵעֵין לוּחִית עַל גַּלְגַּלּוֹת שֶׁסְּפִּירִיטוּאָלִיסְטִים מַאֲמִינִים כִּי נִתָּן לְקַיֵּם בְּעֶזְרָתָהּ תִּקְשֹׁרֶת עִם עוֹלַם הַמֵּתִים

plane[1] /pleɪn/ n. (עֵץ) דֹּלֶב

plane[2] /pleɪn/ n. מַקְצוּעָה
—v.t. הִקְצִיעַ

plane[3] /pleɪn/ n.
 1 (surface) מִישׁוֹר, מִשְׁטָח מִישׁוֹרִי
  inclined plane מִשְׁטָח מְשֻׁפָּע
 2 (level) רָמָה, מִישׁוֹר
  □ *he lives on a different plane from the rest of us* הוּא חַי בְּרָמָה הַשּׁוֹנָה מִשֶּׁלָּנוּ; הוּא חַי בְּמָקוֹם אַחֵר
 3 (aeroplane) מָטוֹס
—adj. (*formal*) שָׁטוּחַ, מִישׁוֹרִי, יָשָׁר
  plane surface שֶׁטַח יָשָׁר

planet /ˈplænɪt/ n. כּוֹכַב לֶכֶת, פְּלָנֶטָה
  the planets כַּדּוּר־הָאָרֶץ

planetarium /ˌplænɪˈteərɪəm/ n. (*pl.* **planetariums**) פְּלָנֶטַרְיוּם

planetary /ˈplænɪt(ə)rɪ/ adj. שֶׁל כּוֹכְבֵי־לֶכֶת

plangent /ˈplændʒənt/ adj. (*poet.*) מְקוֹנֵן, מָלֵא יָגוֹן (קוֹל וְכַד׳)

plank /plæŋk/ n.
1 (piece of timber) קֶרֶשׁ, לוּחַ עֵץ, נֶסֶר (גָּדוֹל)
walk the plank (*Hist.*) אֻלַּץ לִצְעֹד אֶל מֵעֵבֶר לַסִּפּוּן וְלִקְפֹּץ לַיָּם (עֹנֶשׁ בְּקֶרֶב שׁוֹדְדֵי הַיָּם)
2 (item on programme) סְעִיף (בְּמַצָּע פּוֹלִיטִי וְכַד׳)
□ *eliminating poverty was the main plank in his election platform* חִסּוּל הָעֹנִי הָיָה הַסְּעִיף הָעִקָּרִי בְּמַצַּע הַבְּחִירוֹת שֶׁלּוֹ
—v.t.
1 (cover with planks) כִּסָּה בִּקְרָשִׁים, רִצֵּף בִּקְרָשִׁים
2 plank down (*colloq.*) שִׁלֵּם עַל הַמָּקוֹם, שָׂם (כֶּסֶף עַל הַשֻּׁלְחָן)

planking /ˈplæŋkɪŋ/ n. רִצּוּף עֵץ, כִּסּוּי בִּקְרָשִׁים

plankton /ˈplæŋktən/ n. פְּלַנְקְטוֹן (מִיקְרוֹאוֹרְגָנִיזְמִים בַּמַּיִם)

planner /ˈplænə(r)/ n.
1 (person who plans) מְתַכְנֵן
2 (calendar, etc.) לוּחַ־שָׁנָה, יוֹמָן

planning /ˈplænɪŋ/ n. תִּכְנוּן
planning permission רִשְׁיוֹן בְּנִיָּה

plant /plɑːnt/ n.
1 (vegetable organism; small item grown in garden) צֶמַח; שָׁתִיל, נֶטַע
2 (fixtures in industrial process) צִיּוּד (לְתַעֲשִׂיָּה), מִתְקָנִים, מַעֲרֶכֶת מְכוֹנוֹת
3 (factory) בֵּית־חֲרֹשֶׁת, מִפְעָל תַּעֲשִׂיָּתִי
power plant תַּחֲנַת כֹּחַ
4 (trap, *sl.*) הַשְׁתָּלָה (בְּכַוָּנָה לְהַכְשִׁיל אֶת פְּלוֹנִי בִּפְלִילִים וְכַד׳)
5 (person introduced to carry out subversive activity) סוֹכֵן שָׁתוּל
—v.t.
1 (set in ground to grow) שָׁתַל (שָׁתִיל), זָרַע (זְרָעִים), נָטַע (עֵץ)
□ *he planted the lettuce* הוּא שָׁתַל אֶת הַחַסָּה
□ *he planted the idea in the student's mind* הוּא נָטַע אֶת הָרַעְיוֹן בְּמֹחוֹ שֶׁל הַסְּטוּדֶנְט
2 (cover with plants) זָרַע (שָׂדֶה), שָׁתַל עֵצִים (בְּשֶׁטַח וְכַד׳), נָטַע שְׁתִילִים (בְּשֶׁטַח וְכַד׳)
3 (fix, place in position) הִצִּיב, קָבַע בַּמָּקוֹם, נָטַע; "שָׁתַל"
□ *he planted his feet firmly on the path* הוּא הִצִּיג אֶת רַגְלָיו בְּבִטָּחוֹן עַל הַשְּׁבִיל
□ *she planted a fist on his nose* הִיא תָּקְעָה לוֹ אֶגְרוֹף בָּאַף
□ *they planted a spy in their rival's office* הֵם שָׁתְלוּ מְרַגֵּל בְּמִשְׂרָדוֹ שֶׁל הַמִּתְחָרָה שֶׁלָּהֶם
4 (conceal, *colloq.*) הִטְמִין, הִצִּיב בַּסֵּתֶר, "שָׁתַל"
□ *the policeman planted the drugs on the suspect* הַשּׁוֹטֵר שָׁתַל אֶת הַסַּמִּים בְּכִיסוֹ שֶׁל הַנֶּאֱשָׁם (כְּדֵי לְהַפְלִילוֹ)

plantain[1] /ˈplæntɪn/ n. לֶחֶךְ (צֶמַח בַּר חַד־שְׁנָתִי)

plantain[2] /ˈplæntɪn/ n. מוֹז (סוּג שֶׁל בָּנָנָה יְרֻקָּה)

plantation /plænˈteɪʃ(ə)n/ n.
1 (area planted with trees) מַטָּע
2 (estate) אֲחֻזָּה, חַוָּה לְגִדּוּלֵי כֻּתְנָה/טַבָּק/תֵּה וְכַד׳
plantation song שִׁירֵי הָעֲבָדִים הַכּוּשִׁיִּים (שֶׁהָעֳסְקוּ בְּמַטָּעִים בִּזְמַן הָעַבְדוּת בְּאַרְהַ"ב)
3 (colony, *Hist.*) מוֹשֶׁבֶת־מַטָּעִים

planter /ˈplɑːntə(r)/ n.
1 (person or machine that plants; owner of plantation) נוֹטֵעַ, שׁוֹתֵל; מְכוֹנַת־שְׁתִילָה; בַּעַל מַטָּע
2 (container for house plants) עֲצִיץ־נוֹי

plaque /plɑːk, plæk/ n.
1 (memorial tablet on wall) טַבְלָה, לוּחַ, לוּחִית
2 (film on teeth) אֶבֶן־שִׁנַּיִם (קְרוּם שֶׁל בַּקְטֶרְיוֹת עַל־פְּנֵי הַשִּׁנַּיִם גּוֹרֵם לְעַשֶּׁשֶׁת)

plasma /ˈplæzmə/ n.
1 (component of blood) פְּלַסְמָה
2 (*Phys.*) פְּלַסְמָה

plaster /ˈplɑːstə(r)/ n.
1 (quick-hardening mixture) גֶּבֶס; טִיחַ
plaster cast "גֶּבֶס" (עַל רֶגֶל שְׁבוּרָה וְכַד׳); יְצִיקַת גֶּבֶס
plaster of Paris גֶּבֶס
□ *her leg is in plaster* הָרֶגֶל שֶׁלָּהּ בְּגֶבֶס, יֵשׁ לָהּ גֶּבֶס עַל הָרֶגֶל
2 (cover on cut, etc.) פְּלַסְטֶר, אִסְפְּלָנִית
adhesive (or **sticking**) **plaster** פְּלַסְטֶר, אִסְפְּלָנִית
—v.t.
1 (cover with plaster) טִיֵּחַ, כִּסָּה (קִיר) בְּטִיחַ
2 (cover thickly) מָרַח (שִׁכְבָה עָבָה שֶׁל קֶרֶם וְכַד׳)
□ *she plastered her face with cream* הִיא מָרְחָה שִׁכְבָה עָבָה שֶׁל קֶרֶם עַל פָּנֶיהָ

plasterboard /ˈplɑːstəbɔːd/ n. לוּחַ גֶּבֶס (מְשַׁמֵּשׁ לְבִנְיַן מְחִצּוֹת וְכַד׳)

plastered /ˈplɑːstəd/ adj. (*sl.*) מַסְטוּל (מֵאַלְכּוֹהוֹל בִּלְבַד)

plasterer /ˈplɑːstərə(r)/ n. טַיָּח

plastic /ˈplæstɪk/ n.
1 (synthetic substance) פְּלַסְטִיק
2 (credit card, *colloq.*) "כַּרְטִיס" (כַּרְטִיס אַשְׁרַאי וְכַד׳)
—adj.
1 (made of plastic) פְּלַסְטִי, שֶׁל פְּלַסְטִיק
plastic bag שַׂקִּית נַיְלוֹן, שַׂקִּית פְּלַסְטִיק
plastic bullet כַּדּוּר פְּלַסְטִי, כַּדּוּר גּוּמִי (שֶׁל כְּלֵי יְרִיָּה בִּלְבָד)
2 (artificial, *colloq.*) מְלָאכוּתִי, "מְפֻלְסְטָק", "פְּלַסְטִיקִי"
□ *all you can get these days is plastic food* הַיּוֹם כָּל מַה שֶּׁאַתָּה מְקַבֵּל זֶה מָזוֹן סִינְתֶטִי
3 (flexible) (חֹמֶר) גָּמִישׁ
plastic explosive חֹמֶר־נֶפֶץ פְּלַסְטִי
4 (related to modelling) פְּלַסְטִי

plastic art אָמָנוּת פְּלַסְטִית
plastic surgery נִתּוּחַ פְּלַסְטִי
Plasticine /ˈplæstɪsiːn/ n. (*Prop.*) פְּלַסְטֵלִינָה
plasticity /plæˈstɪsɪtɪ/ n. פְּלַסְטִיּוּת, גְּמִישׁוּת (שֶׁל חֹמֶר)
plasticize /ˈplæstɪˌsaɪz/ v.t. צִפָּה בְּפְלַסְטִיק
plate /pleɪt/ n.
1 (shallow vessel for food, etc.) צַלַּחַת, קְעָרִית, פְּלָטָה
dinner plate צַלַּחַת גְּדוֹלָה (לַמָּנָה הָעִקָּרִית)
□ *I've got a lot on my plate* (*colloq.*) אֲנִי עָסוּק, יֵשׁ לִי הַרְבֵּה דְּאָגוֹת
2 (metal tableware, collectively) כְּלֵי שֻׁלְחָן (צַלָּחוֹת גְּבִיעִים וְכַד׳) מִמַּתֶּכֶת (לָרֹב יְקָרָה)
collection plate קְעָרִית לְאִסּוּף כְּסָפִים (בִּכְנֵסִיָּה וְכַד׳)
□ *pass the plate round* אָסַף תְּרוּמָה בִּקְעָרִית (תּוֹךְ הַעֲבָרָתָהּ מֵאִישׁ לְאִישׁ, בִּכְנֵסִיָּה וְכַד׳)
3 (electroplated objects) כֵּלִים מְצֻפִּים בְּכֶסֶף וְכַד׳ (בְּתַהֲלִיךְ חַשְׁמַלִּי)
□ *it is not solid silver, only plate* זֶה לֹא כֶּסֶף טָהוֹר, רַק צִפּוּי
4 (flat thin sheet) לוּחַ, לוּחִית, פְּלָטָה
armour plate לוּחַ שִׁרְיוֹן
plate glass לוּחַ זְכוּכִית (לְחַלּוֹן רַאֲוָה וְכַד׳)
steel plate פְּלָדָה לוּחִית
5 (*Photog.*) לוּחַ־צִלּוּם
6 (*Printing*) לוּחַ־דְּפוּס, פְּלָטָה
7 (book illustration) תְּמוּנָה (בְּסֵפֶר)
list of plates רְשִׁימַת־הַתְּמוּנוֹת
8 (part of denture) פְּלָטָה (לְשִׁנַּיִם תּוֹתָבוֹת)
—v.t. צִפָּה בְּכֶסֶף/בְּזָהָב (בְּתַהֲלִיךְ חַשְׁמַלִּי); כִּסָּה בְּלוּחוֹת מַתֶּכֶת
□ *this fork is silver-plated* מַזְלֵג זֶה מְצֻפֶּה בְּכֶסֶף
plateau /ˈplætəʊ/ n. (*pl.* **plateaux,** *Geog.*) רָמָה, מִישׁוֹר גָּבוֹהַּ; (בְּהַשְׁאָלָה) מִישׁוֹר, רָמָה
□ *unemployment has reached a plateau* הָאַבְטָלָה הִתְיַצְּבָה בְּרָמָה מְסֻיֶּמֶת
plateful /ˈpleɪtfʊl/ n. מְלוֹא הַצַּלַּחַת
□ *I've had a plateful!* (*colloq.*) זֶה הִגִּיעַ לִי עַד כָּאן! (לְהַבָּעַת כַּעַס)
platelayer /ˈpleɪtleɪə(r)/ n. פּוֹעֵל מְסִלַּת־בַּרְזֶל (הַמַּנִּיחַ וּמְתַחְזֵק אֶת פַּסֵּי הַמְּסִלָּה)
platelet /ˈpleɪtlɪt/ n. (*Med.*) טְסִית־דָּם (לְסִיּוּעַ בִּקְרִישָׁה)
platen /ˈplæt(ə)n/ n. מַגְרֵדָה (בִּמְכוֹנַת־כְּתִיבָה); גְּלִיל־דְּיוֹת (בְּמַכְבֵּשׁ דְּפוּס)
plate-rack /ˈpleɪt-ræk/ n. כַּן לְיִבּוּשׁ צַלָּחוֹת (לְיַד הַכִּיּוֹר)
platform /ˈplætfɔːm/ n.
1 (raised surface used as support) בָּמָה, דּוּכָן, פְּלַטְפוֹרְמָה
platform shoe נַעַל פְּלַטְפוֹרְמָה (נַעַל בַּעֲלַת סֻלְיָה גְּבוֹהָה מְאֹד)
□ *he took the platform* הוּא נָטַל אֶת רְשׁוּת הַדִּבּוּר; הוּא עָלָה לַבָּמָה
2 (part of railway station) רְצִיף, פְּלַטְפוֹרְמָה
platform ticket כַּרְטִיס רָצִיף (כַּרְטִיס כְּנִיסָה לָרְצִיף הַתַּחֲנָה, לֹא לִנְסִיעָה)
3 (oil rig) מִתְקַן־קִדּוּחַ יַמִּי, פְּלַטְפוֹרְמַת־קִדּוּחַ יַמִּית
4 (politician's programme) מַצָּע מְדִינִי, פְּלַטְפוֹרְמָה
plating /ˈpleɪtɪŋ/ n. צִפּוּי מַתֶּכֶת (כֶּסֶף, זָהָב וְכַד׳)
platinum /ˈplætɪnəm/ n. פְּלָטִינָה (מַתֶּכֶת יְקָרָה)
platinum blonde בְּלוֹנְדִּינִית מְחֻמְצֶנֶת; בְּלוֹנְדִּינִית (טִבְעִית) "לְבָנָה"
platitude /ˈplætɪtjuːd/ n. (*derog.*) אֲמִירָה נְדוֹשָׁה, אֲמִירָה בְּנָלִית
platitudinous /ˌplætɪˈtjuːdɪnəs/ adj. (*derog.*) נָדוֹשׁ, בְּנָלִי; סַר־טַעַם
Platonic /pləˈtɒnɪk/ adj.
1 (of Plato) אַפְּלָטוֹנִי, שֶׁל תּוֹרַת אַפְּלָטוֹן
2 platonic (relationship without sex) אַפְּלָטוֹנִי
□ *is their relationship purely platonic?* הַאִם הַיְחָסִים שֶׁבֵּינֵיהֶם הֵם אַפְּלָטוֹנִיִּים בִּלְבַד?
platoon /pləˈtuːn/ n. (*Mil.*) מַחְלָקָה (בַּצָּבָא)
platter /ˈplætə(r)/ n. מַגָּשׁ, צַלַּחַת הַגָּשָׁה גְּדוֹלָה
platypus /ˈplætɪpəs/ n. בַּרְוָזָן (יוֹנֵק אוֹסְטְרָלִי קָטָן בַּעַל מַקּוֹר כְּשֶׁל בַּרְוָז)
plaudit /ˈplɔːdɪt/ n. תְּשׁוּאוֹת, תִּשְׁבָּחוֹת
plausible /ˈplɔːzɪb(ə)l/ adj.
1 (of argument) (טִעוּן) מְשַׁכְנֵעַ, סָבִיר (לִכְאוֹרָה)
2 (of persons) מַצְלִיחַ לַעֲשׂוֹת רֹשֶׁם שֶׁל דּוֹבֵר אֱמֶת, מְהֵימָן לִכְאוֹרָה
play /pleɪ/ n.
1 (amusement, recreation) מִשְׂחָק, שַׁעֲשׁוּעַ, בִּדּוּר
child's play (*fig.*) "מִשְׂחַק־יְלָדִים" (דָּבָר קַל לְבִצּוּעַ)
in play בִּצְחוֹק, בְּהִתּוּל
play on words לָשׁוֹן נוֹפֵל עַל לָשׁוֹן, מִשְׂחַק מִלִּים
2 (act or manner of playing) מִשְׂחָק
fair play מִשְׂחָק הוֹגֵן, "פֵיר פְּלֵי", הֲגִינוּת
foul play מִשְׂחָק לֹא־הוֹגֵן, עֲבֵרָה עַל חֻקֵּי הַמִּשְׂחָק; מַעֲשִׂים לֹא כְּשֵׁרִים, "לִכְלוּךְ"
□ *do the police suspect foul play?* הַאִם הַמִּשְׁטָרָה חוֹשֶׁדֶת בְּמַעֲשֵׂה פֶּשַׁע?
□ *the ball is still in play* הַכַּדּוּר עֲדַיִן בְּמִשְׂחָק (בְּשָׁלָב פָּעִיל שֶׁל הַמִּשְׂחָק)
3 (move in game) תּוֹר (בְּמִשְׂחָק כְּגוֹן שַׁחְמָט)
4 (dramatic work) מַחֲזֶה
5 (light, quick movement) מִשְׂחָק, רִצּוּד
□ *the play of shadows on the wall* מִשְׂחַק הַצְּלָלִים עַל הַקִּיר
□ *the play of light on the water* רִצּוּד הָאוֹרוֹת עַל הַמַּיִם
6 (free movement) חֹפֶשׁ תִּמְרוּן, חֹפֶשׁ תְּנוּעָה; (בִּמְכוֹנוֹת וְכַד׳) "שְׁפִּיל"

□ *he gave full play to his imagination* הוּא נָתַן חֹפֶשׁ לְדִמְיוֹנוֹ

—v.i.

1 (amuse oneself) שִׂחֵק, הִשְׁתַּעֲשַׁע

□ *why won't you play with me?* לָמָּה אַתָּה לֹא רוֹצֶה לְשַׂחֵק אִתִּי?

□ *he's playing with the idea of emigrating* הוּא מְשַׂחֵק בְּרַעְיוֹן שֶׁל הֲגִירָה

2 (pretend for fun) שִׂחֵק (כְּאִלּוּ)

□ *let's play at cops and robbers* בּוֹאוּ נְשַׂחֵק בְּשׁוֹטְרִים וְגַנָּבִים

□ *they're only playing at running a business* (*fig.*) הֵם רַק מְשַׂחֲקִים כְּאִלּוּ הֵם מְנַהֲלִים עֵסֶק

3 (take part in a game) שִׂחֵק, הִשְׁתַּתֵּף בְּמִשְׂחָק

play fair שִׂחֵק בַּהֲגִינוּת, שִׂחֵק מִשְׂחָק הוֹגֵן

□ *he plays for England* הוּא מְשַׂחֵק בִּנְבְחֶרֶת הָאַנְגְּלִית

□ *he plays in goal* הוּא מְשַׂחֵק בַּשַּׁעַר, הוּא הַשּׁוֹעֵר

4 (perform music, drama, etc.) שִׂחֵק, נִגֵּן, זִמֵּר

□ *he can play by ear* הוּא יָכוֹל לְנַגֵּן לְפִי שְׁמִיעָה

5 (move lightly) שִׂחֵק, רִיצֵּד

□ *a smile played on her lips* בַּת־שְׂחוֹק רִצְּדָה עַל פָּנֶיהָ

6 (behave in a particular way) שִׂחֵק

□ *my opponent played into my hands* הַיָּרִיב שֶׁלִּי שִׂחֵק לְיָדַי, הַיָּרִיב שֶׁלִּי עָשָׂה בְּדִיּוּק מַה שֶּׁנּוֹחַ לִי

□ *she played hard to get* (*colloq.*) הִיא שִׂחֲקָה אִתּוֹ מִשְׂחֲקִים, הִיא פְלִירְטְטָה אִתּוֹ (מִבְּלִי לְהִתְחַיֵּב)

7 (in set phrases)

play along הֶעֱמִיד פָּנִים כְּמַסְכִּים (לְדַעְתּוֹ שֶׁל אַחֵר), "הָלַךְ" עִם

□ *let's play along with her scheme for a while* בּוֹא נֵלֵךְ עִם הַתָּכְנִית שֶׁלָּהּ לְפִי שָׁעָה

play on (or **upon**) נִצֵּל, שִׂחֵק בְּ... (רְגָשׁוֹת, מִלִּים וְכַד')

□ *Shakespeare plays (up)on words frequently* שֶׁקְסְפִּיר מְשַׂחֵק לְעִתִּים קְרוֹבוֹת בְּמִלִּים

play up

(function erratically, be painful, *UK colloq.*) עָשָׂה בְּעָיוֹת, עָשָׂה קוּנְצִים שִׂחֵק מִשְׂחָקִים

(aim to be pleasing) הֶחֱנִיף, הִתְחַנֵּף

□ *he plays up to his boss all the time* הוּא מִתְחַנֵּף לַבּוֹס שֶׁלּוֹ כָּל הַזְּמַן

—v.t.

1 (perform or render music, recording, etc.) בִּצֵּעַ (נְגִינָה, הַקְלָטוֹת), נִגֵּן

□ *he plays the piano* הוּא מְנַגֵּן בְּפְסַנְתֵּר

□ *he played back the recording* הוּא הִשְׁמִיעַ אֶת הַהַקְלָטָה

□ *he won't play second fiddle to anyone* (*colloq.*) הוּא לֹא מַסְכִּים לְנַגֵּן כִּנּוֹר שֵׁנִי, הוּא מְסָרֵב לִהְיוֹת מִסְפָּר שְׁנַיִם

2 (perform or act the part of) מִלֵּא תַּפְקִיד שֶׁל, שִׂחֵק בְּתַפְקִיד, שִׂחֵק כְּ...

play the fool הִשְׁתַּטָּה, הִתְנַהֵג בְּטִפְּשׁוּת

□ *he played the Prince in Hamlet* הוּא מִלֵּא אֶת תַּפְקִיד הַנָּסִיךְ בְּהַמְלֶט

□ *play the man!* תִּהְיֶה גֶּבֶר!

3 (take part in game) הִשְׁתַּתֵּף בְּמִשְׂחָק, שִׂחֵק

play ball (*colloq.*) קְרִיאַת הַשּׁוֹפֵט בְּבֵּיסְבּוֹל הַמַּקְבִּילָה לִשְׁרִיקַת־הַפְּתִיחָה; שִׁתֵּף פְּעֻלָּה

play the game (*fig.*) שִׂחֵק אֶת הַמִּשְׂחָק, הִתְאִים אֶת עַצְמוֹ לַכְּלָלִים

4 (stroke or move in a game) שִׂחֵק (כַּדּוּר וְכַד')

□ *she played a long shot* הִיא חָבְטָה חֲבָטָה אֲרֻכָּה

□ *you didn't play your cards right* (*colloq.*) לֹא נִצַּלְתָּ נָכוֹן אֶת הַקְּלָפִים שֶׁהָיוּ בְּיָדְךָ

5 (have as opponent, *Sport*) שִׂחֵק נֶגֶד

6 (carry out)

□ *he played a dirty trick on me* הוּא עָשָׂה לִי טְרִיק מְלֻכְלָךְ

□ *my eyes are playing tricks* הָעֵינַיִם שֶׁלִּי מְשַׁטּוֹת בִּי; אֲנִי לֹא מַאֲמִין לְמַרְאֵה עֵינַי

7 (*Angling*)

□ *he played the salmon for over an hour* הוּא נֶאֱבַק עִם הָאִלְתִּית (שֶׁנִּלְכְּדָה בְּחַכָּתוֹ) לְמַעְלָה מִשָּׁעָה

8 (point in various directions)

□ *I played my torch over her face* נִפְנַפְתִּי בְּאוֹר הַפַּנָּס עַל הַפָּנִים שֶׁלָּהּ

□ *the firemen played the hoses on the fire* הַכַּבָּאִים הִזְרִימוּ מַיִם עַל הָאֵשׁ בְּנִפְנוּפִים שֶׁל צִנּוֹרוֹת הַכִּבּוּי

9 (in set phrases)

play down הִמְעִיט בַּחֲשִׁיבוּתוֹ/בְּעֶרְכּוֹ שֶׁל (דְּבַר מָה)

play off הֵסִית (שְׁנֵי יְרִיבִים) זֶה מוּל זֶה; שִׂחֵק מִשְׂחַק "פְּלֵי־אוֹף"

□ *I played off one rival against the other and so won the contest* הֵסַתִּי יָרִיב אֶחָד כְּנֶגֶד הַשֵּׁנִי וְכָךְ זָכִיתִי בַּתַּחֲרוּת

play out (usu. in pass.) מִצָּה, הִמְשִׁיךְ עַד הַסּוֹף

□ *the struggle between the two factions is not yet played out* הַמַּאֲבָק בֵּין שְׁנֵי הַפְּלָגִים עֲדַיִן לֹא הִסְתַּיֵּם

play up הִגְבִּיר אֶת חֲשִׁיבוּת/עֶרְכּוֹ שֶׁל (דְּבַר מָה)

play-acting /ˈpleɪ-ˌæktɪŋ/ n. (*derog.*) הִתְחַזּוּת, הַעֲמָדַת־פָּנִים

□ *her grief is all play-acting* הָעֶצֶב שֶׁלָּהּ הוּא כֻּלּוֹ הַעֲמָדַת פָּנִים

playback /ˈpleɪbæk/ n. "פְּלֵיבֶּק" (סֶרֶט שֶׁהַשֶּׁמַע/הַקֶּרֶן מִיָּד לְאַחַר הַקְלָטָתוֹ)

playbill /ˈpleɪbɪl/ n. מוֹדָעָה עַל הַצָּגַת מַחֲזֶה

playboy /ˈpleɪbɔɪ/ n. פְּלֵיבּוֹי, נַעַר־שַׁעֲשׁוּעִים

player /ˈpleɪə(r)/ n.

1 (one who plays a game; actor) שַׂחְקָן

strolling player (*Hist.*) שַׂחְקָן נוֹדֵד (בֶּעָבָר)

2 (performer of music) נַגָּן, מְנַגֵּן
player piano פְּסַנְתֵּר אוֹטוֹמָטִי
record player פָּטֵיפוֹן, מָקוֹל
playfellow /ˈpleɪfeləʊ/ n. חָבֵר לְמִשְׂחָקִים (בְּיַלְדוּת)
playful /ˈpleɪf(ə)l/ adj. עַלִּיז; הִתּוּלִי
playgoer /ˈpleɪgəʊə(r)/ n. צוֹפֶה תֵּיאַטְרוֹן (לָרֹב קָבוּעַ)
playground /ˈpleɪgraʊnd/ n. מִגְרַשׁ מִשְׂחָקִים, חָצֵר לְמִשְׂחָקִים בְּבֵית־סֵפֶר
play-group /ˈpleɪ-gruːp/ n. גַּנּוֹן, גַּן־יְלָדִים
playhouse /ˈpleɪhaʊs/ n. תֵּיאַטְרוֹן; בַּיִת קָטָן לְמִשְׂחֲקֵי יְלָדִים
playing-card /ˈpleɪɪŋ-kɑːd/ n. קְלָף, קְלַף־מִשְׂחָקִים
playing-field /ˈpleɪɪŋ-fiːld/ n. (*UK*) מִגְרַשׁ־סְפּוֹרְט (לְכַדּוּרֶגֶל וְכַד')
playlet /ˈpleɪlɪt/ n. מַחֲזֶה קָצָר
playmate /ˈpleɪmeɪt/ n. חָבֵר לְמִשְׂחָקִים (בְּיַלְדוּת)
play-off /ˈpleɪ-ɒf/ n. מִשְׂחָק גּוֹמְלִין, "פְּלֵי־אוֹף"
playpen /ˈpleɪpen/ n. לוּל לְתִינוֹקוֹת
playroom /ˈpleɪruːm/ n. חֲדַר מִשְׂחָקִים
playschool /ˈpleɪskuːl/ n. גַּנּוֹן, גַּן־יְלָדִים
plaything /ˈpleɪθɪŋ/ n. צַעֲצוּעַ; כְּלִי מִשְׂחָק (בִּידֵי פְּלוֹנִי)
playtime /ˈpleɪtaɪm/ n. הַפְסָקָה (בְּבֵית סֵפֶר)
playwright /ˈpleɪraɪt/ n. מַחֲזַאי
plaza /ˈplɑːzə/ n. כִּכָּר, פְּלָזָה (בְּעִקָּר בְּאֶרֶץ דּוֹבֶרֶת סְפָרַדִּית); קַנְיוֹן (לִקְנִיּוֹת)
PLC /ˌpiː el ˈsiː/ abbrev. חֶבְרָה צִבּוּרִית בְּעֵ"מ (שֶׁמְּנָיוֹתֶיהָ נִסְחָרוֹת בַּצִּבּוּר)
plea /pliː/ n.
1 (*Law*) טַעֲנָה
plea bargaining עֲשִׂיַּת עִסְקַת־טִעוּן (בְּבֵית מִשְׁפָּט)
2 (entreaty, appeal, *formal*) בַּקָּשָׁה, עֲתִירָה; תְּחִנָּה
3 (excuse, argument, *formal*) תֵּרוּץ, אֲמַתְלָה
plead /pliːd/ v.i.
1 (address a court) טָעַן בְּבֵית הַמִּשְׁפָּט (כְּסַנֵּיגוֹר/כְּקַטֵּיגוֹר) הִרְצָה אֶת טַעֲנוֹתָיו
2 (make entreaties) בִּקֵּשׁ, עָתַר
□ *he pleaded with her to relent* הוּא הִפְצִיר בָּהּ לְהִתְרַכֵּךְ
—v.t.
1 (advance plea of) הוֹדָה/כָּפַר (בְּאַשְׁמָה), טָעַן לְ...
□ *he pleaded guilty* (or *not guilty*) הוּא הוֹדָה/כָּפַר בָּאַשְׁמָה
□ *he pleaded ignorance* הוּא טָעַן שֶׁלֹּא יָדַע
2 (argue in favour of) טָעַן לְטוֹבַת...
□ *he pleaded his friend's cause* הוּא טָעַן לְטוֹבַת יְדִידוֹ, הוּא תָּמַךְ בְּגִרְסַת יְדִידוֹ
pleading /ˈpliːdɪŋ/ n.
1 (action of making pleas) טִעוּן
special pleading טִעוּן הַמִּתְעַלֵּם מֵעֻבְדּוֹת לֹא־נוֹחוֹת
2 (in *pl.*, statements made before trial) כְּתַב־טַעֲנָה, פְּרוֹטוֹקוֹל הַטִּעוּן
pleasant /ˈplez(ə)nt/ adj. נָעִים, מְהַנֶּה
pleasantry /ˈplez(ə)ntrɪ/ n. (*formal*) גִּנּוּנֵי־טֶקֶס, הֲלִיכוֹת־נִימוּסִין
please /pliːz/ v.i. רָצָה
as you please כִּרְצוֹנְךָ, כְּפִי רְצוֹנְךָ
if you please אָנָּא, בְּטוּבְךָ, הוֹאֵל נָא
□ *then, if you please, he had the cheek to ask for money* וְאָז, תַּאֲמִין אוֹ לֹא, הָיְתָה לוֹ הַחֻצְפָּה לְבַקֵּשׁ מִמֶּנִּי כֶּסֶף
□ *I did as I pleased on holiday* עָשִׂיתִי כְּכָל הָעוֹלֶה עַל רוּחִי בִּזְמַן הַחֻפְשָׁה
—v.t. הִשְׂבִּיעַ אֶת רְצוֹנוֹ שֶׁל (פְּלוֹנִי); מָצָא חֵן בְּעֵינָיו שֶׁל (פְּלוֹנִי), גָּרַם הֲנָאָה לְ...
please God אִם יִרְצֶה הַשֵּׁם, בְּעֶזְרַת הַשֵּׁם
□ *you may please yourself what you do* עֲשֵׂה כִּרְצוֹנְךָ (לֹא אִכְפַּת לִי)
□ *the picture pleases the eye* הַתְּמוּנָה מְהַנָּה אֶת הָעַיִן
□ *may it please your Majesty* אִם טוֹב הַדָּבָר בְּעֵינֵי הוֹד־מַלְכוּתְךָ
—int. & adv. בְּבַקָּשָׁה
yes please כֵּן בְּבַקָּשָׁה, בְּבַקָּשָׁה
pleased /pliːzd/ past ppl. & adj. מְרֻצֶּה, שְׂבַע־רָצוֹן
□ *I am pleased to say you have won first prize* אֲנִי שָׂמֵחַ לְהוֹדִיעַ לְךָ שֶׁזָּכִיתָ בַּפְּרָס הָרִאשׁוֹן
□ *I am pleased with him* אֲנִי שְׂבַע־רָצוֹן מִמֶּנּוּ, אֲנִי מְרֻצֶּה מִמֶּנּוּ
pleasing /ˈpliːzɪŋ/ adj. מְהַנֶּה, גּוֹרֵם נַחַת, נָעִים, נֶחְמָד
pleasingly /ˈpliːzɪŋlɪ/ adv. בְּאֹפֶן מַשְׂבִּיעַ רָצוֹן, בְּאֹפֶן מְעַנֵּג
pleasurable /ˈpleʒərəb(ə)l/ adj. (*formal*) מְהַנֶּה, גּוֹרֵם הֲנָאָה, נָעִים
pleasure /ˈpleʒə(r)/ n.
1 (enjoyment, delight) עֹנֶג, תַּעֲנוּג, הֲנָאָה
with pleasure בְּרָצוֹן, בְּעֹנֶג רַב
□ *do me the pleasure of lunching with me* אֶשְׂמַח מְאֹד אִם תּוֹאִיל לִסְעֹד אִתִּי
□ *may I have the pleasure of this dance?* תַּרְשִׁי לִי לְהַזְמִין אוֹתָךְ לָרִקּוּד הַזֶּה
□ *she takes pleasure in contradicting me* הִיא נֶהֱנֵית לַחֲלֹק עַל דַּעְתִּי
2 (will, desire, *formal*)
□ *you may go or stay at your pleasure* תּוּכַל לָלֶכֶת אוֹ לְהִשָּׁאֵר כְּפִי רְצוֹנְךָ
□ *he was detained at Her Majesty's pleasure* הוּא נִשְׁלַח לְמַאֲסָר
pleasure-boat /ˈpleʒə-bəʊt/ n. סְפִינַת־תַּעֲנוּגוֹת
pleasure-seeker /ˈpleʒə-ˌsiːkə(r)/ n. רוֹדֵף תַּעֲנוּגוֹת, נֶהֱנְתָן

pleat /pliːt/ n. קֶפֶל, קִפּוּל
—v.t. עָשָׂה קְפָלִים בְּ...
pleb /pleb/ n. & adj. (*colloq. derog.*) אָדָם הֲמוֹנִי וְגַס
plebeian /plɪˈbiːən/ adj. (*formal*) פְּלֶבֶּאִי; אִישׁ הֶהָמוֹן הַפָּשׁוּט; הֲמוֹנִי
plebiscite /ˈplebɪsɪt/ n. מִשְׁאַל־עָם (לְהַכְרָעָה בְּנוֹשֵׂא לְאֻמִּי וְכַד׳)
plectrum /ˈplektrəm/ n. מַפְרֵט (לְגִיטָרָה וְכַד׳)
pledge /pledʒ/ n.
1 (thing given as security; token) עֵרָבוֹן, מַשְׁכּוֹן, עֲבוֹט
□ *take this ring as a pledge of my love* קַח טַבַּעַת זוֹ כְּאוֹת לְאַהֲבָתִי
2 (agreement; promise) הֶסְכֵּם; הַבְטָחָה
3 (drinking of health) הֲרָמַת כּוֹסִית "לְחַיִּים"
4 (vow) שְׁבוּעָה, נֶדֶר
□ *he took the pledge* הוּא נָדַר בִּכְתָב לְהִתְנַזֵּר מִשְּׁתִיַּת מַשְׁקָאוֹת חֲרִיפִים
—v.t.
1 (give as security, pawn) מִשְׁכֵּן, נָתַן כְּמַשְׁכּוֹן
2 (avow, profess) נִשְׁבַּע אֱמוּנִים (וְכַד׳)
□ *I pledge allegiance to the flag* אֲנִי נִשְׁבָּע שְׁבוּעַת אֱמוּנִים לַדֶּגֶל (שְׁבוּעַת אֱמוּנִים לַמְּדִינָה, בְּאַרְהַ״ב)
3 (commit with a vow) הִבְטִיחַ בִּשְׁבוּעָה לְהַעֲנִיק (דָּבָר מָה, לָרֹב כֶּסֶף)
4 (drink the health of) שָׁתָה לְחַיֵּי
Pleiades /ˈplaɪədiːz/ n. *pl.* הַפְּלֵיאָדוֹת, כּוֹכְבֵי הַכִּימָה
plenary /ˈpliːnərɪ/ adj. שֶׁל הַמְּלִיאָה
plenary session יְשִׁיבַת מְלִיאָה
plenipotentiary /ˌplenɪpəˈtenʃərɪ/ n. & adj. (*formal*) נְצִיג מֻסְמָךְ; בַּעַל סַמְכוּת
plenitude /ˈplenɪtjuːd/ n. (*formal*) שֶׁפַע, מְלֵאוּת
plenteous /ˈplentɪəs/ adj. (*formal*) שׁוֹפֵעַ
plentiful /ˈplentɪf(ə)l/ adj. מָצוּי בְּשֶׁפַע
plenty /ˈplentɪ/ n. הַרְבֵּה, שֶׁפַע
horn of plenty קֶרֶן הַשֶּׁפַע
□ *we've got plenty of time* יֵשׁ לָנוּ הַרְבֵּה זְמַן
□ *there was food and drink in plenty* הָיוּ מַאֲכָלִים וּמַשְׁקָאוֹת בְּשֶׁפַע
—adv. (*colloq.*)
□ *it's plenty big enough* זֶה גָּדוֹל מַסְפִּיק; זֶה גָּדוֹל מַמָּשׁ
pleonasm /ˈpliːənæzəm/ n. (*formal*) פְּלֵיאוֹנַזְם, יִתּוּר־לָשׁוֹן (בִּטּוּי חוֹזֵר עַל עַצְמוֹ)
pleonastic /ˌpliːəˈnæstɪk/ adj. (*formal*) פְּלֵיאוֹנַסְטִי (כַּנַּ״ל)
plethora /ˈpleθərə/ n. (*formal*) גֹּדֶשׁ, שִׁפְעָה
pleurisy /ˈplʊərɪsɪ/ n. (*Med.*) דַּלֶּקֶת קְרוּם הֶחָזֶה
plexus /ˈpleksəs/ n. (*Anat.*) מִקְלַעַת (כְּלֵי־דָּם, עֲצַבִּים)
pliable /ˈplaɪəb(ə)l/ adj. גָּמִישׁ, כָּפִיף; נוֹחַ לְהַשְׁפָּעָה
pliant /ˈplaɪənt/ adj. גָּמִישׁ, כָּפִיף; נוֹחַ לְהַשְׁפָּעָה

pliers /ˈplaɪəz/ n. *pl.* פְּלַיֶּר
plight[1] /plaɪt/ n. מְצוּקָה, מַצָּב קָשֶׁה, מַצָּב חָמוּר
plight[2] /plaɪt/ v.t. (*arch.*)
□ *they plighted their troth* הֵם נִשְׁבְּעוּ לְהִנָּשֵׂא זֶה לָזֶה
plimsoll /ˈplɪmsəl/ n. נַעַל הִתְעַמְּלוּת (בַּעֲלַת סֻלְיוֹת גּוּמִי)
Plimsoll line /ˈplɪmsəl laɪn/ n. (also **Plimsoll mark**) קַו־הַמַּיִם (עַל דֹּפֶן סְפִינָה לְצִיּוּן שְׁקִיעָה מְרַבִּית)
plinth /plɪnθ/ n. אֶדֶן, בָּסִיס (לְעַמּוּד, פֶּסֶל וְכַד׳)
PLO /ˌpiː el ˈəʊ/ abbrev. אַשָּׁ״ף
plod /plɒd/ v.i. עָשָׂה אֶת דַּרְכּוֹ בִּכְבֵדוּת, צָעַד בִּכְבֵדוּת
plodder /ˈplɒdə(r)/ n. (*derog.*) אָדָם הָעוֹבֵד בְּאִטִּיּוּת אֲבָל בְּהַתְמָדָה
plonk[1] /plɒŋk/ (*colloq.*) v.t. זָרַק, הִשְׁלִיךְ
—n. "טְרַח" (קוֹלוֹ שֶׁל חֵפֶץ נוֹפֵל)
plonk[2] /plɒŋk/ n. (*colloq.*) יַיִן זוֹל
plonker /ˈplɒŋkə(r)/ n. (*UK sl.*) "שְׁמֶגֶג" (אָדָם טִפֵּשׁ וּמְגֻשָּׁם)
plop /plɒp/ (*colloq.*) v.i. הִשְׁמִיעַ "פְּלוֹפּ" (אֶבֶן נוֹפֶלֶת לַמַּיִם וְכַד׳)
—n. & adv. "פְּלוֹפּ" (קוֹל כַּנַּ״ל); בְּקוֹל "פְּלוֹפּ"
plosive /ˈpləʊsɪv/ adj. & n. (*Phonet.*) עִצּוּר פּוֹצֵץ; פּוֹצֵץ (מֻנָּח בְּתוֹרַת הַהֲגִיָּה)
plot /plɒt/ n.
1 (piece of land) מִגְרָשׁ, חֶלְקַת־אֲדָמָה
vegetable plot חֶלְקַת־יְרָקוֹת
2 (plan of novel or play) עֲלִילָה
3 (secret or illegal plan) קֶשֶׁר, מְזִמָּה
—v.t.
1 (secretly devise; also v.i.) קָשַׁר (קֶשֶׁר), זָמַם; הִתְנַכֵּל
2 (make plan, graph, etc. of) שִׂרְטֵט (תָּכְנִית/תַּרְשִׁים/מַפָּה)
□ *we have the area plotted out* עָרַכְנוּ שִׂרְטוּט שֶׁל הָאֵזוֹר
3 (mark position on map or diagram) הִתְוָה (נָתִיב וְכַד׳)
plotter /ˈplɒte(r)/ n.
1 (maker of secret plan) קוֹשֵׁר קֶשֶׁר
2 (type of computer printer) "פְּלוֹטֶר"
plough /plaʊ/ n. (*US* **plow**) מַחֲרֵשָׁה
the Plough הָעֲגָלָה הַגְּדוֹלָה, הַדֻּבָּה הַגְּדוֹלָה (קְבוּצַת כּוֹכָבִים)
snow plough מַפְנֵה־שֶׁלֶג, "חָתוּל שֶׁלֶג"
□ *having put her hand to the plough, she did not turn back* (*fig.*) מֵרֶגַע שֶׁהִיא נִגְּשָׁה לַמְּלָאכָה הִיא לֹא הִזְנִיחָה אוֹתָהּ
—v.t.
1 (use plough on) חָרַשׁ
□ *he is ploughing a lonely furrow* (*fig.*) הוּא הוֹלֵךְ בְּדֶרֶךְ עַצְמָאִית

□ *the fields were ploughed up after the harvest* הַשָּׂדוֹת נֶחְרְשׁוּ אַחֲרֵי הַקָּצִיר

2 plough back הִשְׁקִיעַ רְוָחִים בַּחֲזָרָה (בְּעֵסֶק)

□ *they ploughed the profits back into the business* הֵם הִשְׁקִיעוּ אֶת רִוְחֵיהֶם מֵחָדָשׁ בָּעֵסֶק

—v.i.

1 (turn earth with plough) חָרַשׁ

2 (advance or make one's way like a plough) הִתְקַדֵּם בְּקֹשִׁי, עָשָׂה דַּרְכּוֹ בְּמַאֲמַצִּים

□ *the racing car ploughed into the crowd* מְכוֹנִית הַמֵּרוֹץ נִתְקְעָה הַיְשֵׁר בִּקְהַל הַצּוֹפִים

□ *he ploughed on with his work despite the difficulties* הוּא הִמְשִׁיךְ בִּמְלַאכְתּוֹ בְּמַאֲמָץ לַמְרוֹת הַקְּשָׁיִים

□ *he ploughed through all his set books* הוּא "חָרַשׁ" אֶת כָּל הַבִּיבְּלִיּוֹגְרַפְיָה שֶׁלּוֹ לַבְּחִינוֹת

ploughman /ˈplaʊmən/ n. חוֹרֵשׁ

ploughman's lunch (*UK*) אֲרוּחָה קַלָּה שֶׁל גְּבִינָה, לֶחֶם וַחֲמוּצִים

ploughshare /ˈplaʊʃeə(r)/ n. לַהַב הַמַּחֲרֵשָׁה

plover /ˈplʌvə(r)/ n. חוֹפְמִי (עוֹף-מַיִם)

plow see **PLOUGH** מַחֲרֵשָׁה

ploy /plɔɪ/ n. תַּכְסִיס, מְזִמָּה

pluck /plʌk/ v.t. מָרַט (נוֹצוֹת וְכַד'); פָּרַט עַל (מֵיתָר וְכַד')

□ *she plucked the chicken* הִיא מָרְטָה אֶת הַנּוֹצוֹת שֶׁל הַתַּרְנְגֹלֶת

□ *the child plucked at its mother's skirts* הַיֶּלֶד מָשַׁךְ בְּשִׂמְלַת אִמּוֹ

□ *he plucked his guitar* הוּא פָּרַט עַל הַגִּיטָרָה שֶׁלּוֹ

□ *she plucked up her courage* הִיא אָזְרָה אֹמֶץ

—n. (*colloq.*) אֹמֶץ

pluckily /ˈplʌkɪlɪ/ adv. (*colloq.*) בְּאֹמֶץ

plucky /ˈplʌkɪ/ adj. (*colloq.*) אַמִּיץ

plug /plʌg/ n.

1 (stopper) פְּקָק, מְגוּפָה

2 (*Electr.*) תֶּקַע

pull the plug on (*colloq.*) שָׂם קֵץ פִּתְאֹמִי (לְדָבָר מָה)

3 (spark-plug) מַצָּת, "פְּלָג"

4 (tobacco) טַבַּק לְעִיסָה

5 (favourable public mention, *colloq.*) אִזְכּוּר בְּפַמְבִּי

□ *his new book got a plug on primetime TV* הַסֵּפֶר הֶחָדָשׁ שֶׁלּוֹ זָכָה לְאִזְכּוּר בִּשְׁעַת-שִׂיא בִּצְפִיָּה בַּטֶּלֶוִיזְיָה

—v.t.

1 (close with stopper) פָּקַק, סָתַם בִּפְקָק

2 plug in (*Electr.*) חִבֵּר (מַכְשִׁיר) לְזֶרֶם

□ *she's very plugged in about the environment* (*colloq.*) הִיא מְאֹד בָּעִנְיָנִים בְּכָל מַה שֶּׁקָּשׁוּר לְאֵיכוּת הַסְּבִיבָה

3 (advertise by reiteration, *colloq.*) "דָּחַף", עָשָׂה פִּרְסוּם לְ... (מוּצָר, סֵפֶר וְכַד')

4 (shoot, *sl.*) תָּקַע כַּדּוּר בְּ...

—v.i.

plug away (*colloq.*) עָבַד "כְּמוֹ חֲמוֹר"

□ *he plugged away at his revision* הוּא חָזַר עַל הַחֹמֶר (לַבְּחִינָה) מִן הַבֹּקֶר עַד הָעֶרֶב

plughole /ˈplʌghəʊl/ n. חוֹר-הַפְּקָק

plug-ugly /ˈplʌg-ʌglɪ/ adj. & n. (*colloq.*) מְכֹעָר כְּמוֹ קוֹף; "גּוֹרִילָה" (בִּרְיוֹן מְכֹעָר)

plum /plʌm/ n.

1 (fruit; tree) שָׁזִיף

2 (raisin used in pudding or cake) צִמּוּק בְּעוּגָה

plum pudding "פּוּדִינְג חַג-הַמּוֹלָד" (מְמֻלָּא בְּצִמּוּקִים וּפֵרוֹת מְיֻבָּשִׁים)

3 (prize, delicacy) "צִמּוּק"

—adj. (*colloq.*) יָפֶה, נֶהְדָּר

□ *she's got a plum job* יֵשׁ לָהּ יֹפִי שֶׁל גּ'וֹבּ

plumage /ˈpluːmɪdʒ/ n. נוֹצוֹת

plumb /plʌm/ n.

1 (lead weight on line) מִשְׁקֹלֶת שֶׁל אֲנָךְ

2 (verticality) אֲנָכִיּוּת

out of plumb בִּלְתִּי מְאֻנָּךְ, נָטוּי

—adj. מְאֻנָּךְ, אֲנָכִי

1 (exactly) בְּדִיּוּק

2 (utterly, *US colloq.*) לְגַמְרֵי

□ *this is a plumb crazy scheme* זוֹהִי תָּכְנִית מְטֹרֶפֶת לְגַמְרֵי

—v.t.

1 (measure depth of, find bottom of) יָרַד לְעָמְקוֹ שֶׁל (רַעְיוֹן וְכַד')

2 (reach down to) הִדַּרְדֵּר לְ...

□ *this newspaper has plumbed new depths* (*derog.*) הָעִתּוֹן הַזֶּה הִדַּרְדֵּר לְרָמָה חֲדָשָׁה (שֶׁל טִמְטוּם וְכַד')

3 (install, plumbing in) הִתְקִין צַנֶּרֶת בְּ...

plumber /ˈplʌmə(r)/ n. שְׁרַבְרַב, אִינְסְטָלָטוֹר

plumbing /ˈplʌmɪŋ/ n.

1 (work of plumber) שְׁרַבְרָבוּת אִינְסְטָלַצְיָה

2 (water system) צַנֶּרֶת

□ *the village had no modern plumbing* לֹא הָיָה בִּיּוּב מוֹדֶרְנִי בַּכְּפָר

plumb-line /ˈplʌm-laɪn/ n. אֲנָךְ

plumbous /ˈplʌmbəs/ adj. (*Chem.*) שֶׁל עוֹפֶרֶת; מֵכִיל עוֹפֶרֶת

plume /pluːm/ n.

1 (feather; feather-like object) נוֹצָה; עֲנָנָה

□ *a plume of smoke rose into the air* תִּימְרַת עָשָׁן עָלְתָה לַשָּׁמַיִם

2 (feathery ornament) צִיצָה, נוֹצָה (לְקִשּׁוּט כּוֹבַע וְכַד')

—v.t. (עוֹף) הֶחֱלִיק אֶת נוֹצוֹתָיו

plummet /ˈplʌmɪt/ v.i. צָנַח, צָלַל (גַּם בְּהַשְׁאָלָה)

□ *share prices plummeted* הָיְתָה יְרִידָה תְּלוּלָה בְּשַׁעֲרֵי הַמְּנָיוֹת

plummy /ˈplʌmɪ/ adj. (*colloq.*) (מִשְׂרָה) "שְׁמֵנָה"; (טוֹן דִּבּוּר בְּרִיטִי) מְהֻדָּר

plump /plʌmp/ adj. שְׁמַנְמַן, עֲגַלְגַּל

—v.t. הִתְפִּיחַ (כַּר וְכַד׳)

□ *I plumped (up) the pillow* הִתְפַּחְתִּי אֶת הַכָּרִית

—v.i.

1 (drop or fall abruptly and heavily) צָנַח בִּכְבֵדוּת

2 plump for (*UK colloq.*) הֶחְלִיט עַל, בָּחַר בְּ...

plunder /ˈplʌndə(r)/ v.t. & i. שָׁדַד, בָּזַז; עָסַק בְּבִזָּה

—n.

1 (looting) שֹׁד, בִּזָּה

2 (goods looted) שָׁלָל, בִּזָּה

3 (profit, *sl.*) רְוָחִים

plunge /plʌndʒ/ v.t. הֵטִיל (דָּבָר מָה לְתוֹךְ/מֵעֵבֶר לְ...)

□ *I was plunged in thought* הָיִיתִי שָׁקוּעַ בְּמַחֲשָׁבוֹת

□ *the room was plunged into darkness* חֲשֵׁכָה פִּתְאֹמִית נָפְלָה עַל הַחֶדֶר

—v.i.

1 (move violently) הִטַּלְטֵל

2 (dive) צָלַל מַטָּה

—n. צְלִילָה, נְפִילָה (לָרֹב לַמַּיִם)

□ *I took the plunge and left home* עָשִׂיתִי אֶת הַצַּעַד הַמַּכְרִיעַ וְעָזַבְתִּי אֶת הַבַּיִת, הֶחְלַטְתִּי "לִקְפֹּץ לַמַּיִם", וְעָזַבְתִּי אֶת הַבַּיִת

plunger /ˈplʌndʒə(r)/ n.

1 (part of mechanism) מַנְגְּנוֹן מֵיכָנִי עוֹלֶה־יוֹרֵד מִסּוּגִים שׁוֹנִים

2 (rubber cup on handle) "פּוֹמְפָּה" (לִפְתִיחַת סְתִימָה בְּכִיּוֹר וְכַד׳)

plunging /ˈplʌndʒɪŋ/ adj. (מַחְשׂוֹף) עָמֹק

pluperfect /ˌpluːˈpɜːfɪkt/ adj. & n. (*Gram.*) שֶׁל זְמַן עָבָר בֶּעָבָר; זְמַן כַּנַּ״ל

plural /ˈplʊərəl/ adj. (*Gram.*) שֶׁל רַבִּים, בְּמִסְפַּר רַבִּים

—n. צוּרַת רַבִּים, רִבּוּי

pluralism /ˈplʊərəlɪzəm/ n. פְּלוּרָלִיזְם (רִבּוּי דֵּעוֹת, עֶקְרוֹנוֹת וְכַד׳)

pluralistic /ˌplʊərəˈlɪstɪk/ adj. פְּלוּרָלִיסְטִי (כַּנַּ״ל)

plurality /plʊəˈrælɪtɪ/ n.

1 (state of being plural) רִבּוּי

2 (majority) רֹב

plus /plʌs/ prep. וְעוֹד, פְּלוּס

—adj.

1 (extra) פְּלוּס (בְּדֵרוּג הֶשֵּׂגִים)

□ *he got a B plus for his essay* הוּא קִבֵּל "טוֹב פְּלוּס" עַל חִבּוּרוֹ

2 (positive, *Math. & Electr.*) חִיּוּבִי, פְּלוּס

plus point (*colloq.*) נְקֻדַּת יִתְרוֹן

plus sign סִימַן הַחִבּוּר, סִימַן "וְעוֹד"

—n.

1 (the symbol +) סִימַן הַחִבּוּר, פְּלוּס, +

2 (additional quality, *colloq.*) "פְּלוּס", מַעֲלָה, יִתְרוֹן

□ *his willingness to help is a definite plus* רְצוֹנוֹ לַעֲזֹר הוּא בְּהֶחְלֵט מַעֲלָה

—conj. (*colloq.*) וְחוּץ מִזֶּה גַּם...., "פְּלוּס"

plus-fours /ˌplʌs-ˈfɔːz/ n. *pl.* מִכְנְסֵי שְׁלֹשֶׁת־רִבְעֵי הַנִּרְכָּסִים מִתַּחַת לַבֶּרֶךְ (לִגְבָרִים)

plush /plʌʃ/ n. אֲרִיג קְטִיפָה (לָרֹב לְרָהִיטִים וּלְוִילוֹנוֹת)

—adj. (*colloq.*) מְפֹאָר, הָדוּר; שֶׁל קְטִיפָה (כַּנַּ״ל)

□ *the ambassador stayed in a plush hotel* הַשַּׁגְרִיר הִתְגּוֹרֵר בְּמָלוֹן פְּאֵר

plushy /ˈplʌʃɪ/ adj. (*colloq.*) מְפֹאָר, הָדוּר; שֶׁל קְטִיפָה (כַּנַּ״ל)

Pluto /ˈpluːtəʊ/ n.

1 (planet) פְּלוּטוֹ (כּוֹכַב־הַלֶּכֶת הַחִיצוֹנִי בְּמַעֲרֶכֶת הַשֶּׁמֶשׁ)

2 (god) פְּלוּטוֹ (אֵל הַשְּׁאוֹל הָרוֹמִי)

plutocracy /pluːˈtɒkrəsɪ/ n. פְּלוּטוֹקְרַטְיָה, שִׁלְטוֹן בַּעֲלֵי־הַהוֹן

plutocrat /ˈpluːtəkræt/ n. פְּלוּטוֹקְרָט (כַּנַּ״ל); אֵיל־הוֹן

plutonium /pluːˈtəʊnɪəm/ n. פְּלוּטוֹנְיוּם (מַתֶּכֶת רַדְיוֹאַקְטִיבִית)

ply[1] /plaɪ/ n.

1 (layer of cloth or wood) שִׁכְבָה

□ *three-ply wood* לוּחַ עֵץ לָבוּד בַּעַל שָׁלֹשׁ שְׁכָבוֹת

2 (strand of wool or hemp) פְּתִיל, גְּדִיל

□ *three-ply wool* צֶמֶר שָׁזוּר מִשְּׁלֹשָׁה פְּתִילִים

ply[2] /plaɪ/ v.t.

1 (use vigorously) עָבַד בַּחֲרִיצוּת/בְּמֶרֶץ בְּ... (כְּלִי עֲבוֹדָה וְכַד׳)

2 (work at, *arch.*) עָסַק בְּ... (מְלָאכָה, מִסְחָר וְכַד׳)

□ *he plies his trade in the market-place* הוּא עָסַק בְּמִסְחָרוֹ בְּכִכַּר הַשּׁוּק

3 (beset, supply, repeatedly) הִמְטִיר, תָּקַף

□ *I plied him with questions* הִתְקַפְתִּי אוֹתוֹ בִּשְׁאֵלוֹת

□ *they plied us with food and drink* הֵם הִגִּישׁוּ לָנוּ מָזוֹן וּמַשְׁקֶה בְּשֶׁפַע

—v.i.

1 (go to and fro) נָע בֵּין לְבֵין, הִפְלִיג בֵּין לְבֵין

□ *the ferry plied between Greece and Italy* הַמַּעְבֹּרֶת הִפְלִיגָה הָלוֹךְ וָשׁוֹב בֵּין יָוָן לְאִיטַלְיָה

2 (regularly await custom) הִמְתִּין לִלְקוֹחוֹת (בְּמָקוֹם מְסֻיָּם)

□ *the taxis ply for hire at the railway station* הַמּוֹנִיּוֹת מַמְתִּינוֹת לַנּוֹסְעִים בְּתַחֲנַת הָרַכֶּבֶת

plywood /ˈplaɪwʊd/ n. עֵץ לָבוּד, לָבִיד, דִּיקְט

PM /piː ˈem/ abbrev. רה״מ (רֹאשׁ הַמֶּמְשָׁלָה)

pm /piː ˈem/ abbrev. אַחֲה״צ (אַחַר הַצָּהֳרַיִם)

pneumatic /njuːˈmætɪk/ adj. פְּנֵאוּמָטִי, מֻפְעָל בִּדְחִיסַת אֲוִיר; שֶׁל אֲוִיר דָּחוּס

pneumatic tyre צְמִיג פְּנֵאוּמָטִי

pneumonia /nju:ˈməʊnɪə/ n. דַּלֶּקֶת-רֵאוֹת

poach /pəʊtʃ/ v.t. & i.

1 (catch game illegally) צָד/דָּג בְּאֹפֶן בִּלְתִּי חֻקִּי

□ *you are poaching on my preserves* (*fig.*) אַתָּה בַּשֶּׁטַח שֶׁלִּי

2 (cook by simmering) שָׁלַק (בִּשֵּׁל בְּמַיִם חַמִּים עַל סַף-רְתִיחָה)

poached eggs בֵּיצִים שְׁלוּקוֹת

poacher /ˈpəʊtʃə(r)/ n. צַיָּד/דַּיָּג שֶׁלֹּא עַל פִּי הַחֹק

pock /pɒk/ n. אֲבַעְבּוּעָה

pock-marked /ˈpɒk-mɑ:kt/ adj. מְחֻטָּט, מְגֻמָּם, שֶׁעוֹרוֹ מְכֻסֶּה חֲטָטִים

pocket /ˈpɒkɪt/ n.

1 (receptacle in clothing; pouch inside other container) כִּיס

□ *he had the colonel in his pocket* (*colloq.*) הַקּוֹלוֹנֶל הָיָה מֻנָּח אֶצְלוֹ בַּכִּיס הַקָּטָן

□ *he picked the tourist's pocket* הוּא כִּיֵּס אֶת הַתַּיָּר

□ *he was asked to put his hand in his pocket for the cause* (*colloq.*) הוּא נִתְבַּקֵּשׁ לִתְרֹם מִכִּיסוֹ לְמַעַן הַמַּטָּרָה

2 (miniature, *attrib.*) -כִּיס

pocket battleship אֳנִיַּת מִלְחָמָה קְטַנָּה (כְּלוֹמַר אֳנִיָּה אֲמִתִּית)

pocket camera מַצְלֵמַת-כִּיס

3 (money resources, *UK*) אֶמְצָעִים כַּסְפִּיִּים

in pocket בְּרֶוַח

out of pocket בְּהֶפְסֵד

□ *I was given ten pounds for out of pocket expenses* קִבַּלְתִּי אִשּׁוּר לְהוֹצָאוֹת מְיֻחָדוֹת בְּסַךְ עֶשֶׂר לִירוֹת

4 (cavity, *Geol.*) מִרְבָּץ

air pocket כִּיס אֲוִיר

5 (pouch on billiard table) אֶחָד מִשֵּׁשֶׁת הַחוֹרִים בְּשֻׁלְחַן-בִּילְיַרְד

6 (isolated area occupied by enemy, *Mil.*) כִּיס, "אִי"

□ *small pockets of resistance remained* נוֹתְרוּ כִּיסֵי-הִתְנַגְּדוּת קְטַנִּים

—v.t.

1 (put into one's pocket) שָׂם בְּכִיסוֹ, הִכְנִיס לַכִּיס

□ *you'll have to pocket your pride* יִהְיֶה עָלֶיךָ לִמְחֹל עַל כְּבוֹדְךָ

2 (take, usu. dishonestly) לָקַח לְעַצְמוֹ (שֶׁלֹּא בְּיֹשֶׁר), שִׁלְשֵׁל לְכִיסוֹ

□ *the waitress pocketed the change* הַמֶּלְצָרִית שִׁלְשְׁלָה אֶת הָעֹדֶף לְכִיסָהּ

pocketbook /ˈpɒkɪtbʊk/ n. (בְּאַרְהַ"ב) אַרְנַק נָשִׁים; סֵפֶר-כִּיס

pocket-knife /ˈpɒkɪt-naɪf/ n. אוֹלָר

pocket-money /ˈpɒkɪt-mʌnɪ/ n. כֶּסֶף-כִּיס, דְּמֵי-כִּיס

pod /pɒd/ n.

1 (seed container) תַּרְמִיל (אֲפוּנָה, שְׁעוּעִית וְכַד')

2 (part of aircraft, etc.) כַּן (נְחִיתָה); מְכַל חִיצוֹנִי (לְדֶלֶק וְכַד')

—v.t. קִלֵּף תַּרְמִילִים (שֶׁל אֲפוּנָה, שְׁעוּעִית)

-pod /-pɒd/ suff. (סוֹפִית שֶׁפֵּרוּשָׁהּ) -רֶגֶל

podgy /ˈpɒdʒɪ/ adj. (*colloq. derog.*) שְׁמַנְמַן

podium /ˈpəʊdɪəm/ n. (*pl.* **podia**) דּוּכָן, בִּימָה קְטַנָּה (לִמְנַצֵּחַ בִּתְזֹמֹרֶת, לְנוֹאֵם)

poem /ˈpəʊɪm/ n. שִׁיר, פּוֹאֶמָה

poesy /ˈpəʊɪzɪ/ n. (*arch.*) פַּיְטָנוּת; פִּיּוּט

poet /ˈpəʊɪt/ n. מְשׁוֹרֵר, פַּיְטָן

Poet Laureate (*UK*) מְשׁוֹרֵר הֶחָצֵר הַבְּרִיטִי

poetaster /ˌpəʊɪˈtæstə(r)/ n. (*derog.*) מַעֲמִיד פְּנֵי מְשׁוֹרֵר

poetess /ˈpəʊɪtes/ n. מְשׁוֹרֶרֶת, פַּיְטָנִית

poetic /pəʊˈetɪk/ adj. פּוֹאֶטִי, שִׁירִי; פִּיּוּטִי, לִירִי

poetic justice גְּמוּל צוֹדֵק, שָׂכָר/עֹנֶשׁ מִשָּׁמַיִם

poetic licence חֵרוּת פּוֹאֶטִית

poetical /pəʊˈetɪk(ə)l/ adj. פּוֹאֶטִי, שִׁירִי; פִּיּוּטִי, לִירִי

poetry /ˈpəʊɪtrɪ/ n.

1 (art or work of poet) שִׁירָה, פִּיּוּט, אָמָנוּת הַפִּיּוּט

2 (poems collectively) שִׁירָה

3 (poetic quality) אֵיכוּת שִׁירִית

□ *the racehorse's stride was poetry in motion* תְּנוּעוֹתָיו שֶׁל סוּס-הַמֵּרוֹץ הָיוּ מַמָּשׁ שִׁיר

po-faced /ˈpəʊ-feɪst/ adj. (*colloq.*) בְּלִי לְחַיֵּךְ, בַּעַל פַּרְצוּף חָמוּר, בַּעַל פַּרְצוּף "אָרֹךְ"

pogo /ˈpəʊgəʊ/ n. (*pl.* **pogos**) רִקּוּד בִּקְפִיצוֹת (בְּסִגְנוֹן פַּנְק)

pogo stick /ˈpəʊgəʊ stɪk/ n. מַקֵּל-קְפִיצָה (מֵעֵין צַעֲצוּעַ, מַקֵּל עִם רַגְלִיּוֹת וּקְפִיץ)

pogrom /ˈpɒgrəm (*US* /pəˈgrɒm/)/ n. פּוֹגְרוֹם, פְּרָעוֹת

poignancy /ˈpɔɪnjənsɪ/ n. (*formal*) חֲרִיפוּת, חַדּוּת (שֶׁל רְגָשׁוֹת, זִכְרוֹנוֹת)

poignant /ˈpɔɪnjənt/ adj. (*formal*) חַד, חָרִיף, צוֹרֵב (צַעַר, הַרְגָּשָׁה וְכַד')

poinsettia /pɔɪnˈsetɪə/ n. פּוֹינְסֶטְיָה (צֶמַח נוֹי טְרוֹפִּי בַּעַל עָלִים אֲדֻמִּים)

point /pɔɪnt/ n.

1 (sharp end, tip) חֹד

not to put too fine a point on it (*colloq.*) אִם לְדַבֵּר בְּאֹפֶן יָשִׁיר

2 (headland) כֵּף, לְשׁוֹן יַבָּשָׁה

3 (dot; period) נְקֻדָּה

decimal point נְקֻדָּה עֶשְׂרוֹנִית

point of intersection (*Geom.*) נְקֻדַּת-חִתּוּךְ

4 (precise spot or moment) נְקֻדָּה

point of departure נְקֻדַּת-מוֹצָא

point of sale תְּצוּגַת מְכִירוֹת (לְמוּצָר מְסֻיָּם, בְּחַלּוֹן רַאֲוָה וְכַד')

point of view נְקֻדַּת-מַבָּט, נְקֻדַּת-הַשְׁקָפָה, נְקֻדַּת-רְאוּת

□ *I was on the point of saying that* בְּדִיּוּק עָמַדְתִּי לוֹמַר אֶת זֶה

□ *she found a point of contact with the visitor* הִיא מָצְאָה לָשׁוֹן מְשֻׁתֶּפֶת עִם הָאוֹרֵחַ

□ *at this point I fainted* בִּנְקֻדָּה זֹאת הִתְעַלַּפְתִּי, בְּרֶגַע זֶה הִתְעַלַּפְתִּי

□ *she was at* (or *on*) *the point of death* הִיא הָיְתָה עַל סַף־הַמָּוֶת

□ *he reached the point of no return* הוּא הִגִּיעַ לִנְקֻדָּה שֶׁאֵין לַחֲזֹר מִמֶּנָּה

5 (stage, degree) נְקֻדָּה, דַּרְגָּה, מִדָּה

boiling (or **freezing** or **melting**) **point** נְקֻדַּת־הָרְתִיחָה; נְקֻדַּת־הַקִּפָּאוֹן; נְקֻדַּת־הַהִתּוּךְ

□ *I agree with you up to a point* אֲנִי מַסְכִּים אִתְּךָ עַד לִנְקֻדָּה מְסֻיֶּמֶת

6 (particular) נְקֻדָּה, טַעֲנָה, עִנְיָן

in point of fact לַאֲמִתּוֹ שֶׁל דָּבָר

□ *I refuted his argument point by point in my article* הִפְרַכְתִּי אֶת טַעֲנוֹתָיו אַחַת לְאַחַת בַּמַּאֲמָר שֶׁלִּי

□ *his punctuality is a point in his favour* הַדַּיְּקָנוּת שֶׁלּוֹ הִיא נְקֻדָּה לִזְכוּתוֹ

□ *a point of honour was involved in his refusal* בְּסֵרוּבוֹ הָיָה עִנְיָן שֶׁל כָּבוֹד

□ *they stopped the debate on a point of order* הֵם הִפְסִיקוּ אֶת הַוִּכּוּחַ מִטַּעֲמֵי־נֹהַל

□ *that's a point!* יֵשׁ בָּזֶה מַשֶּׁהוּ!

7 (unit of marking or scoring) נְקֻדָּה

□ *he gave away points to his competitors, but still won* הוּא הִפְסִיד נְקֻדּוֹת לְטוֹבַת מִתְחָרָיו וְאַף־עַל־פִּי־כֵן נִצַּח

□ *she scored a point off her heckler* הִיא נָתְנָה תְּשׁוּבָה נִצַּחַת לָאָדָם שֶׁקָּטַע אֶת דְּבָרֶיהָ

□ *he won on points after failing to knock his opponent out* הוּא נִצַּח בִּנְקֻדּוֹת לְאַחַר שֶׁלֹּא הִצְלִיחַ לְהַכְרִיעַ אֶת יְרִיבוֹ בְּנוֹק־אָאוּט

8 (characteristic) נְקֻדָּה, צַד, תְּכוּנָה

□ *map-reading is his strong point* קְרִיאַת מַפָּה הִיא הַצַּד הֶחָזָק שֶׁלּוֹ

□ *the boy has his good points* לַיֶּלֶד יֵשׁ צְדָדִים טוֹבִים (בְּאָפְיוֹ)

9 (purpose, substance, issue) טַעַם

□ *what's the point of* (or *in*) *worrying?* מַה טַּעַם לִדְאֹג?

□ *there's no point in complaining* אֵין טַעַם לְהִתְלוֹנֵן

□ *the old man's remarks lacked point* הֶעָרוֹת שֶׁל הַזָּקֵן לֹא הָיוּ לָעִנְיָן

□ *he spoke very much to the point* הוּא דִּבֵּר בְּהֶחְלֵט לָעִנְיָן

□ *this is a case in point* זוֹ דֻּגְמָה מְצֻיֶּנֶת

□ *he made a point of being punctual* הוּא הִקְפִּיד בִּמְיֻחָד לָבוֹא תָּמִיד בַּזְּמַן

□ *he made his point and left the lecture hall* הוּא הִשְׁמִיעַ אֶת טִעוּנוֹ וְהִסְתַּלֵּק מֵאוּלַם הַהַרְצָאוֹת

□ *I'll stretch a point for you this time* אֲנִי אֶתְיַחֵס אֶל הַמִּקְרֶה שֶׁלְּךָ כְּיוֹצֵא מִן הַכְּלָל הַפַּעַם

□ *they missed the point of the joke* הֵם לֹא תָּפְסוּ אֶת הַבְּדִיחָה

□ *that remark was beside* (or *off*) *the point* הַהֶעָרָה הַזֹּאת לֹא הָיְתָה לָעִנְיָן, הַהֶעָרָה הַזֹּאת לֹא הָיְתָה רֶלֶוַנְטִית

□ *that's just the point!* זֶהוּ הָעִנְיָן

10 (*Printing*) "פּוֹיְנְט" (יְחִידַת גֹּדֶל לְאוֹתִיּוֹת דְּפוּס)

11 (division of compass) אַחַת מֵרוּחוֹת הַשָּׁמַיִם, כִּוּוּן (בַּמַּצְפֵּן)

points of the compass שְׁלֹשִׁים וּשְׁנַיִם צִיּוּנֵי הַכִּוּוּנִים שֶׁעַל מְחוּג הַמַּצְפֵּן

12 (in *pl.*, on railways) מָסוֹט (בִּמְסִלַּת־בַּרְזֶל)

13 (*Electr.*) שֶׁקַע חַשְׁמַלִּי, נְקֻדַּת חַשְׁמַל

14 (*Ballet*) "אֶצְבָּעוֹת" (בְּבַלֶּט קְלַסִּי)

—v.i.

1 (indicate direction) הִצְבִּיעַ לְ...; הִצְבִּיעַ עַל, הֶרְאָה עַל

□ *the fuel gauge needle pointed to empty* הַמָּחוֹג שֶׁל מַד־הַדֶּלֶק הֶרְאָה עַל "רֵיק"

□ *he pointed at the hole in the wall* הוּא הִצְבִּיעַ אֶל הַחוֹר בַּקִּיר

□ *his unease points to his guilt* חֹסֶר־הַשַּׁלְוָה שֶׁלּוֹ מוֹרֶה עַל אַשְׁמָתוֹ

2 (of dog) (כֶּלֶב צַיִד) הִצְבִּיעַ עַל מְקוֹם הַצַּיִד (בַּעֲמִידָה קְפוּאָה)

—v.t.

1 (direct, aim) כִּוֵּן

□ *they point their fingers at* (or *towards*) *him* הֵם מַצְבִּיעִים עָלָיו בְּאֶצְבַּע; הֵם מַפְנִים לְעֶבְרוֹ אֶצְבַּע מַאֲשִׁימָה

2 point out צִיֵּן שֶׁ...; הִצְבִּיעַ עַל

□ *may I point out that I haven't been paid yet?* תַּרְשֶׁה לִי לְצַיֵּן שֶׁעֲדַיִן לֹא שִׁלְּמוּ לִי

□ *she pointed out her house on the photograph* הִיא הִצְבִּיעָה עַל הַבַּיִת שֶׁלָּהּ בַּתַּצְלוּם

3 (give force to) הִדְגִּישׁ

□ *his life-story points the moral* סִפּוּר חַיָּיו מַטְעִים אֶת מוּסַר־הַהַשְׂכֵּל

4 (sharpen) חִדֵּד

5 (fill in joints of brickwork) סָתַם בְּמֶלֶט (סְדָקִים שֶׁבֵּין הַלְּבֵנִים)

6 (indicate vowels of Arabic or Hebrew text) נִקֵּד (אֶת הָאוֹתִיּוֹת בְּעִבְרִית אוֹ בְּעַרְבִית)

7 point up (*formal*) הִדְגִּישׁ

point-blank /pɔɪnt-blæŋk/ adj. (יְרִיָּה) מִטְּוָח קָרוֹב, מִמֶּרְחָק קָצָר, יָשָׁר בַּפָּנִים

□ *they shot him at point-blank range* הֵם יָרוּ בּוֹ מִטְּוָח קָצָר

□ *he gave her a point-blank refusal* הוּא נָתַן לָהּ תְּשׁוּבָה שְׁלִילִית חַד־מַשְׁמָעִית וּמִיָּדִית

—adv. מִקָּרוֹב, יָשָׁר בַּפָּנִים; "דּוּגְרִי", בְּגִלּוּי־לֵב

□ *ask him point-blank if he'll help* תִּשְׁאַל אוֹתוֹ בְּגְלוּיוֹת אִם הוּא מוּכָן לַעֲזֹר

point-duty /ˈpɔɪnt-djuːtɪ/ n. תַּפְקִיד הַכְוָנַת הַתְּנוּעָה בִּנְקֻדָּה מְסֻיֶּמֶת (ע"י שׁוֹטֵר)

pointed /ˈpɔɪntɪd/ adj. & past ppl.

1 (tapering sharply) מְחֻדָּד, מְשֻׁפָּד

2 (trenchant, cutting) עוֹקְצָנִי, שָׁנוּן

□ *she made a pointed remark about his lateness* הִיא הִשְׁמִיעָה הֶעָרָה עוֹקְצָנִית עַל אִחוּרוֹ

pointer /ˈpɔɪntə(r)/ n.

1 (indicator; rod used to point) מָחוֹג, מַחַט (שֶׁל מַצְפֵּן), מַחֲוָן

2 (breed of dog) כֶּלֶב פּוֹיְנְטֶר (סוּג שֶׁל כַּלְבֵי צַיִד מְאֻמָּנִים לְכַוֵּן אֶת בַּעֲלֵיהֶם אֶל הַצַּיִד)

3 (hint) עֵצָה

pointless /ˈpɔɪntlɪs/ adj.

1 (aimless, purposeless) חֲסַר־תַּכְלִית, חֲסַר־טַעַם, חֲסַר־מַשְׁמָעוּת

□ *it was pointless to continue* לֹא הָיָה טַעַם לְהַמְשִׁיךְ

2 (without points) לְלֹא תּוֹצָאוֹת, בְּלִי הַכְרָעָה

□ *the match ended in a pointless draw* הַמִּשְׂחָק הִסְתַּיֵּם בְּתֵיקוּ־אֶפֶס

points /ˈpɔɪnts/ n. *pl.* (בִּמְסִלַּת רַכֶּבֶת) מָסוֹט (בְּמָנוֹעַ וְכַד') "פְּלַטִינוֹת"

pointsman /ˈpɔɪntsmən/ n. מַפְעִיל מָסוֹט בִּמְסִלַּת־בַּרְזֶל

point-to-point /ˌpɔɪnt-tə-ˈpɔɪnt/ n. מֵרוֹץ שָׂדֶה לְסוּסִים (שֶׁמַּסְלוּלוֹ מְסֻמָּן ע"י דְּגָלִים בִּנְקֻדּוֹת מְסֻיָּמוֹת)

poise[1] /pɔɪz/ v.t. & i. הֶחֱזִיק בְּשִׁוּוּי מִשְׁקָל; הָיָה בְּשִׁוּוּי מִשְׁקָל

—n.

1 (stance) יְצִיבָה

2 (self-possession) שְׁלִיטָה עַצְמִית, שִׁוּוּי־מִשְׁקָל נַפְשִׁי

poise[2] /pɔɪz/ n. יְחִידַת צְמִיגוּת (שֶׁל נוֹזֵל/גָּז)

poised /pɔɪzd/ adj. מִתְנוֹדֵד, תָּלוּי (בֵּין לְבֵין); מוּכָן, נָכוֹן (לִפְעֻלָּה)

poison /ˈpɔɪz(ə)n/ n. רַעַל, אֶרֶס

poison ivy קִיסוֹס רָעִיל (גּוֹרֵם לְגֵרוּי עוֹר חָרִיף)

poison-pen letter מִכְתְּבֵי שִׂטְנָה אַרְסִיִּים (אֲנוֹנִימִיִּים)

□ *he hates his brother like poison* הוּא שׂוֹנֵא אֶת אָחִיו שִׂנְאַת־מָוֶת

□ *what's your poison?* (*colloq.*) מָה אַתָּה שׁוֹתֶה? (אֵיזֶה מַשְׁקֶה חָרִיף?)

—v.t.

1 (give poison to, kill by poison) הִרְעִיל, נָתַן רַעַל לְ...

2 (taint with poison) הִרְעִיל, שָׂם רַעַל בְּ...

3 (corrupt) הִשְׁחִית, הִרְעִיל

□ *it was an experience which poisoned his whole life* זוֹ הָיְתָה חֲוָיָה שֶׁנָּתְנָה טַעַם מַר לְכָל חַיָּיו

□ *rumours poisoned the mind of the new employee* הַשְּׁמוּעוֹת הִרְעִילוּ אֶת מֹחוֹ שֶׁל הָעוֹבֵד הֶחָדָשׁ

poisonous /ˈpɔɪzənəs/ adj.

1 (toxic) רָעִיל

2 (malicious) אַרְסִי

poke[1] /pəʊk/ v.t. תָּקַע, תָּחַב, נָעַץ

□ *he poked fun at his father* הוּא לִגְלֵג עַל אָבִיו

□ *she was always poking her nose into other people's business* הִיא תָּמִיד נָהֲגָה לִדְחֹף אֶת הָאַף לְעִנְיְנֵי הַזּוּלַת

□ *he poked his friend in the ribs* הוּא תָּקַע לַחֲבֵרוֹ מַרְפֵּק בַּצְּלָעוֹת

□ *he poked the fire* הוּא הָפַךְ אֶת הַגֶּחָלִים בָּאָח

—v.i.

poke about חִטֵּט

□ *I was poking about in the cupboard* פִּשְׁפַּשְׁתִּי בָּאָרוֹן

—n. תְּקִיעָה (שֶׁל חֵפֶץ מְחֻדָּד בְּדָבָר מָה)

poke[2] /pəʊk/ n.

pig in a poke (*colloq.*) חָתוּל בַּשַּׂק (סְחוֹרָה שֶׁלֹּא נִבְדְּקָה)

poker[1] /ˈpəʊkə(r)/ n. מוֹט מַתֶּכֶת לַהֲפִיכַת גֶּחָלִים בָּאָח

poker work צְרִיבָה אָמָּנוּתִית (בְּבַרְזֶל מְלֻבָּן) עַל עֵץ

poker[2] /ˈpəʊkə(r)/ n. פּוֹקֶר (מִשְׂחַק קְלָפִים)

poker dice קֻבִּיּוֹת פּוֹקֶר (עִם צִיּוּר שֶׁל מֶלֶךְ, מַלְכָּה, נָסִיךְ וְכַד' בִּמְקוֹם נְקֻדּוֹת)

poker-face /ˈpəʊkə-feɪs/ n. פְּנֵי פּוֹקֶר (שֶׁאֵינָן מַסְגִּירוֹת דָּבָר)

poky /ˈpəʊkɪ/ adj. (*colloq.*) (חֶדֶר וְכַד') קָטָן, צָפוּף וּמְכֹעָר

polar /ˈpəʊlə(r)/ adj.

1 (near or belonging to North or South Pole) קָטְבִּי, שֶׁל הַקֹּטֶב

polar bear דֹּב־הַקֹּטֶב, דֹּב לָבָן

2 (*Phys & Chem.*) קָטְבִּי, פּוֹלָרִי

3 (directly opposed, *formal*) מֻחְלָט, גָּמוּר

4 (*Math.*) פּוֹלָרִי

polarity /pəˈlærɪtɪ/ n.

1 (tendency to diverge) קִטּוּב

2 (possession of two poles) קָטְבִּיּוּת

3 (*Electr.*) קָטְבִּיּוּת

polarization /ˌpəʊləraɪˈzeɪʃ(ə)n/ n. פּוֹלָרִיזַצְיָה, קִטּוּב

polarize /ˈpəʊləraɪz/ v.t. & i.

1 (*Phys.*) קִטֵּב

2 (divide into factions) קִטֵּב

Polaroid /ˈpəʊlərɔɪd/ n. & adj. (*Prop.*) מַצְלֵמָה/תַּצְלוּם פּוֹלָרוֹאִיד; פּוֹלָרוֹאִיד

Polaroid camera מַצְלֵמַת־פּוֹלָרוֹאִיד

Polaroid sunglasses מִשְׁקְפֵי פּוֹלָרוֹאִיד

Pole /pəʊl/ n. פּוֹלָנִי

pole[1] /pəʊl/ n.
1 (long, rounded piece of wood) מוֹט, עַמּוּד
up the pole (*UK sl.*) קְצָת מְשֻׁגָּע
2 (measure of length) יְחִידַת אֹרֶךְ, כּ־5 מֶטֶר
—v.t. הֵשִׁיט (סִירָה) בְּעֶזְרַת מוֹט, הֶחֱלִיק (עַל מִגְלְשֵׁי־סְקִי) בְּעֶזְרַת מַקְלוֹת־סְקִי
□ *they poled the boat upstream* הֵם דָּחֲפוּ אֶת הַסִּירָה בְּמוֹט בְּמַעֲלֵה הַזֶּרֶם

pole[2] /pəʊl/ n.
1 (either end of axis of earth, etc.) קֹטֶב
2 (*Electr.*) קֹטֶב (חִיּוּבִי/שְׁלִילִי)
3 (direct opposite) הֵפֶךְ גָּמוּר, נִגּוּד גָּמוּר
□ *they are poles apart in character* הֵם רְחוֹקִים זֶה מִזֶּה בְּאָפְיָם כְּרָחוֹק מִזְרָח מִמַּעֲרָב

pole-axe /ˈpəʊl-æks/ n.
1 (weapon) גַּרְזֶן־קְרָב (קָדוּם)
2 (butcher's implement) גַּרְזֶן־קַצָּבִים
—v.t. הִפִּיל בְּמַהֲלוּמָה
□ *he was pole-axed by the news* הוּא קִבֵּל הֶלֶם כְּשֶׁשָּׁמַע אֶת הַחֲדָשׁוֹת

polecat /ˈpəʊlkæt/ n. חָמוּס (טוֹרֵף בַּר קָטָן)

polemic /pəˈlemɪk/ (*formal*) adj. (also **polemical**) פֻּלְמוּסִי
—n. פֻּלְמוּס, חִבּוּר פֻּלְמוּסִי

pole-star /ˈpəʊl-stɑː(r)/ n. כּוֹכַב־הַצָּפוֹן

pole-vault /ˈpəʊl-vɔːlt/ n. קְפִיצַת־מוֹט, קְפִיצָה בְּמוֹט

pole-vaulter /ˈpəʊl-ˌvɔːltə(r)/ n. קוֹפֵץ בְּמוֹט

police /pəˈliːs/ n. מִשְׁטָרָה
police constable שׁוֹטֵר
police dog כֶּלֶב מִשְׁטָרָה
police force כֹּחַ מִשְׁטָרָה
police-officer שׁוֹטֵר
police state מְדִינַת מִשְׁטָרָה
police station תַּחֲנַת־מִשְׁטָרָה
□ *the police have been informed* הַדָּבָר דֻּוַּח לַמִּשְׁטָרָה
—v.t. שִׁטֵּר

policeman /pəˈliːsmən/ n. שׁוֹטֵר

policewoman /pəˈliːs-ˌwʊmən/ n. שׁוֹטֶרֶת

policy[1] /ˈpɒlɪsɪ/ n. מְדִינִיּוּת, קַו־פְּעֻלָּה, דֶּרֶךְ נִהוּל
foreign policy מְדִינִיּוּת חוּץ
□ *what is your country's policy on terrorism?* מַה הִיא הַמְּדִינִיּוּת שֶׁל הָאָרֶץ שֶׁלְּךָ בְּנוֹשֵׂא הַטֵּרוֹר?

policy[2] /ˈpɒlɪsɪ/ n. פּוֹלִיסָה, תְּעוּדַת־בִּטּוּחַ

policyholder /ˈpɒlɪsɪhəʊldə(r)/ n. בַּעַל־פּוֹלִיסָה

polio /ˈpəʊlɪəʊ/ n. (also **poliomyelitis**, *formal*) שִׁתּוּק־יְלָדִים, פּוֹלְיוֹ

Polish /ˈpəʊlɪʃ/ adj. פּוֹלָנִי; הַשָּׂפָה הַפּוֹלָנִית

polish /ˈpɒlɪʃ/ v.t.
1 (make glossy) צִחְצֵחַ, לִטֵּשׁ (מַתֶּכֶת), מֵרֵק
2 (make elegant or cultured) לִטֵּשׁ, עִדֵּן
□ *he gave a polished performance* הוּא נָתַן בִּצּוּעַ מְלֻטָּשׁ
3 polish off (*colloq.*) גָּמַר בִּמְהִירוּת
4 polish up לִטֵּשׁ; שִׁפֵּר (יֶדַע וְכַד')
—v.i.
—n.
1 (powder, paste, or liquid used to produce gloss) חֹמֶר הַבְרָקָה, חֹמֶר לְצִחְצוּחַ, "פּוֹלִישׁ"
2 (smooth, bright surface) בָּרָק, "פּוֹלִישׁ"
3 (refinement) לִטּוּשׁ, עִדּוּן

polisher /ˈpɒlɪʃə(r)/ n.
1 (person) מְלַטֵּשׁ
2 (machine) מְכוֹנַת לִטּוּשׁ, מַכְשִׁיר הַבְרָקָה

polite /pəˈlaɪt/ adj.
1 (having good manners; cultured) מְנֻמָּס, אָדִיב
2 (refined, elegant) מְעֻדָּן, מְנֻמָּס
polite society חֶבְרָה מְעֻדֶּנֶת, חֶבְרָה מְנֻמֶּסֶת

politeness /pəˈlaɪtnɪs/ n. נִימוּס, אֲדִיבוּת

politic /ˈpɒlɪtɪk/ adj. (*formal*)
1 (prudent) זָהִיר וְנָבוֹן
2 the body politic הַמְּדִינָה, יֵשׁוּת מְדִינִית

political /pəˈlɪtɪk(ə)l/ adj.
1 (of or relating to politics) מְדִינִי, פּוֹלִיטִי
political asylum מִקְלָט מְדִינִי
political economy כַּלְכָּלָה מְדִינִית
political prisoner אָסִיר מְדִינִי
political science מַדַּע הַמְּדִינָה
2 (involved in politics) מְעֹרָב בְּפּוֹלִיטִיקָה

politician /ˌpɒlɪˈtɪʃ(ə)n/ n. מְדִינַאי, פּוֹלִיטִיקַאי

politicize /pəˈlɪtɪsaɪz/ v.t. & i. עָשָׂה לְפּוֹלִיטִי; עָסַק בְּפּוֹלִיטִיקָה

politics /ˈpɒlɪtɪks/ n.
1 (political affairs) פּוֹלִיטִיקָה
2 (science of government) מַדַּע־הַמְּדִינָה
3 (as *pl.*, political views) דֵּעוֹת פּוֹלִיטִיּוֹת, דֵּעוֹת מְדִינִיּוֹת

polity /ˈpɒlɪtɪ/ n. (*formal*) גּוּף מְדִינִי, מִבְנֶה מְדִינִי

polka /ˈpɒlkə/ n. פּוֹלְקָה (מָחוֹל וּמוּזִיקָה)

polka-dot /ˈpɒlkə-dɒt/ n. נְקֻדָּה עֲגֻלָּה (בְּדֶגֶם אָרִיג נְקֻדּוֹת)

poll /pəʊl/ n.
1 (survey) מִשְׁאָל
public opinion poll מִשְׁאַל דַּעַת־קָהָל
2 (voting; number of votes) הַצְבָּעָה, שִׁעוּר הַצְבָּעָה
the polls הַבְּחִירוֹת, הַ"קַּלְפִּי" (כְּלוֹמַר הַבְּחִירוֹת)
3 (head, *arch.*) רֹאשׁ
—v.t.
1 (achieve vote of) זָכָה (בְּמִסְפָּר מְסֻיָּם שֶׁל קוֹלוֹת בַּבְּחִירוֹת)
□ *he polled over ten thousand votes* הוּא קִבֵּל יוֹתֵר מֵעֲשֶׂרֶת אֲלָפִים קוֹלוֹת בַּבְּחִירוֹת
2 (take sample of) עָרַךְ מִשְׁאָל בְּקֶרֶב (אֻכְלוּסִיָּה)

3 (trim head or top of) גָּזַם (עֵץ), נִסֵּר (קַרְנַיִם), גָּזַז (שֵׂעָר)

pollard /ˈpɒləd/ v.t. גָּזַם (עֵץ, כְּדֵי לְחַזֵּק אֶת הָעֲנָפִים הַנּוֹתָרִים)

pollen /ˈpɒlən/ n. אַבְקָה (בְּפֶרַח בִּלְבַד)

pollen count מְדִידַת רִכּוּז אַבְקוֹת הַפְּרָחִים

pollinate /ˈpɒlɪneɪt/ v.t. הֶאֱבִיק, הִפְרָה (פֶּרַח) בְּאַבְקָה

pollination /ˌpɒlɪˈneɪʃ(ə)n/ n. הַאֲבָקָה, הַפְרָיָה (שֶׁל פֶּרַח בְּאַבְקָה)

polling-booth /ˈpəʊlɪŋ-buːð/ n. תָּא קַלְפִּי, תָּא הַצְבָּעָה

polling-day /ˈpəʊlɪŋ-deɪ/ n. יוֹם בְּחִירוֹת

polling-station /ˈpəʊlɪŋ-steɪʃ(ə)n/ n. תַּחֲנַת־הַצְבָּעָה

poll-tax /ˈpəʊl-tæks/ n. מַס גֻּלְגֹּלֶת (מַס הַמֻּטָּל עַל הַפְּרָט)

pollutant /pəˈluːtənt/ n. גּוֹרֵם־זִהוּם

pollute /pəˈluːt/ v.t. זִהֵם

pollution /pəˈluːʃ(ə)n/ n. זִהוּם

polo /ˈpəʊləʊ/ n. פּוֹלוֹ (מִשְׂחַק כַּדּוּר לִקְבוּצוֹת רוֹכְבִים)

polo shirt חֻלְצַת פּוֹלוֹ (חֻלְצַת טְרִיקוֹ עִם צַוָּארוֹן)

water polo כַּדּוּר־מַיִם

polonaise /ˌpɒləˈneɪz/ n. פּוֹלוֹנֶז (מָחוֹל אִטִּי וּמוּזִיקָה)

polo-neck /ˈpəʊləʊ-nek/ n. & adj. חֻלְצַת גּוֹלְף; (בֶּגֶד) בַּעַל צַוָּארוֹן גּוֹלְף

polonium /pəˈləʊnɪəm/ n. (*Chem.*) פּוֹלוֹנְיוּם (יְסוֹד כִּימִי רַדְיוֹאַקְטִיבִי)

polony /pəˈləʊnɪ/ n. (סוּג שֶׁל) נַקְנִיק בְּשַׂר־חֲזִיר

poltergeist /ˈpɒltəgaɪst/ n. רוּחַ־רְפָאִים שׁוֹבֶבָה

poltroon /pɒlˈtruːn/ n. (*arch.*) מוּג־לֵב

poly- /ˈpɒlɪ-/ pref. פּוֹלִי־, (תְּחִלִּית שֶׁפֵּרוּשָׁהּ) רַב־

poly /ˈpɒlɪ/ n. (*colloq.*) טֶכְנִיּוֹן, פּוֹלִיטֶכְנִיּוֹן

polyamide /ˌpɒlɪˈæmaɪd/ n. (*Chem.*) פּוֹלִיאָמִיד (סִיב סִינְתֶטִי)

polyandry /ˈpɒlɪændrɪ/ n. רִבּוּי בְּעָלִים (לְאִשָּׁה אַחַת)

polyanthus /pɒlɪˈænθəs/ n. בְּכוֹר־אָבִיב (פֶּרַח־נוֹי)

polyester /ˌpɒlɪˈestə(r)/ n. פּוֹלְיֶסְטֶר (חֹמֶר פְּלַסְטִי הַמְשַׁמֵּשׁ לִבְגָדִים וְכַד')

polygamous /peˈlɪgəməs/ adj. פּוֹלִיגָמִי (שֶׁל רִבּוּי נָשִׁים לְבַעַל אֶחָד)

polygamy /pəˈlɪgəmɪ/ n. פּוֹלִיגַמְיָה, רִבּוּי־נָשִׁים

polyglot /ˈpɒlɪglɒt/ adj. & n. (*formal*) רַב־לְשׁוֹנִי; פּוֹלִיגְלוֹט (אָדָם דּוֹבֵר שָׂפוֹת רַבּוֹת)

polygon /ˈpɒlɪgən/ n. (*Geom.*) מְצֻלָּע

polymath /ˈpɒlɪmæθ/ n. (*formal*) אִישׁ־אֶשְׁכּוֹלוֹת, יַדְעָן

polymer /ˈpɒlɪmə(r)/ n. פּוֹלִימֶר (סוּג חֳמָרִים סִינְתֶטִיִּים)

polymorphic /ˌpɒlɪˈmɔːfɪk/ adj. (*formal*) פּוֹלִימוֹרְפִי, רַב־צוּרוֹת

polymorphous /ˌpɒlɪˈmɔːfəs/ adj. (*formal*) פּוֹלִימוֹרְפִי, רַב־צוּרוֹת

polynomial /ˌpɒlɪˈnəʊmɪəl/ n. & adj. (*Math.*) פּוֹלִינוֹמִי; פּוֹלִינוֹם

polyp /ˈpɒlɪp/ n.

1 (*Zool.*) פּוֹלִיפּ, שׁוֹשַׁנַּת־יָם

2 (*Med.*) פּוֹלִיפּ (גִּדּוּל בְּרִקְמָה הָרִירִית)

polyphonic /ˌpɒlɪˈfɒnɪk/ adj. (*Mus.*) פּוֹלִיפוֹנִי (לְמִסְפַּר קוֹלוֹת)

polyphony /pəˈlɪfənɪ/ n. (*Mus.*) פּוֹלִיפוֹנְיָה (כַּנַּ"ל)

polystyrene /ˌpɒlɪˈstaɪriːn/ n. פּוֹלִיסְטִירֶן (חֹמֶר סִינְתֶטִי קַל); "קַל־קַר"

expanded polystyrene "קַל־קַר" (קֶצֶף פְּלַסְטִי לְכוֹסוֹת וְכַד')

polysyllabic /ˌpɒlɪsɪˈlæbɪk/ adj. רַב־הֲבָרָתִי, פּוֹלִיסִילַבִּי

polysyllable /ˈpalɪsɪləb(ə)l/ n. מִלָּה רַב־הֲבָרָתִית

polytechnic /ˌpɒlɪˈteknɪk/ n. טֶכְנִיּוֹן, פּוֹלִיטֶכְנִיּוֹן

polytheism /ˈpɒlɪθiːɪzəm/ n. פּוֹלִיתֵיאִיזְם (אֱמוּנָה בְּיוֹתֵר מֵאֵל אֶחָד)

polytheist /ˈpɒlɪθiːɪst/ n. פּוֹלִיתֵאִיסְט (כַּנַּ"ל)

polytheistic /ˌpɒlɪθiːˈɪstɪk/ adj. פּוֹלִיתֵאִיסְטִי (כַּנַּ"ל)

polythene /ˈpɒlɪθiːn/ n. פּוֹלִיתֶן (סוּג פְּלַסְטִיק נָפוֹץ)

polythene bag שַׂקִּית־נַיְלוֹן, שַׂקִּית פְּלַסְטִיק

polyunsaturated /ˌpɒlɪʌnˈsætʃəreɪtɪd/ adj. (שֶׁמֶן, שֻׁמָּן) רַב־קְשָׁרִים לֹא־רָווּי (טוֹב לַבְּרִיאוּת)

polyurethane /ˌpɒlɪˈjʊərəθeɪn/ n. פּוֹלִיאוּרֶטָן (סוּג פְּלַסְטִיק נָפוֹץ, בְּעִקָּר בִּצְבָעִים)

polyvinyl chloride /ˌpɒlɪˌvaɪnɪl ˈklɔːraɪd/ n. (*Chem.*) פִּי־וִי־סִי (סוּג פְּלַסְטִיק נָפוֹץ)

pom /pɒm/ n. (*Austral. sl.*) בְּרִיטִי (בְּפִי תּוֹשָׁב אוֹסְטְרַלְיָה אוֹ נְיוּ־זִילַנְד)

pomade /pəˈmeɪd/ n. & v.t. בְּרִילְיַנְטִין, שֶׁמֶן לַשֵּׂעָר; שָׂם בְּרִילְיַנְטִין בְּ...

pomander /pəˈmændə(r)/ n. קֻפְסָה קְטַנָּה לְתַעֲרֹבֶת עָלִים מְבֻשֶּׂמֶת (לַאֲרוֹן לְבָנִים וְכַד')

pomegranate /ˈpɒmɪgrænɪt/ n. רִמּוֹן (עֵץ, פְּרִי)

pomelo /ˈpɒmɪləʊ/ n. פּוֹמֶלָה (פְּרִי הָדָר גָּדוֹל)

pommel /pɒm(ə)l/ n.

1 (rounded knob on sword-hilt) גֻּלַּת הַנִּצָּב (שֶׁל חֶרֶב וְכַד')

2 (part of saddle) תְּפוּס (חֶלְקוֹ הַקִּדְמִי הַמֻּבְלָט שֶׁל אֻכָּף)

pommel horse "חֲמוֹר" (מִתְקַן הִתְעַמְּלוּת־קַרְקַע עִם יָדִיּוֹת)

—v.t. הִכָּה (בְּאֶגְרוֹפָיו) מַכּוֹת נִמְרָצוֹת

pommy /ˈpɒmɪ/ n. & adj. (*Austral sl.*) בְּרִיטִי (בְּפִי תּוֹשַׁב אוֹסְטְרַלְיָה אוֹ נְיוּ־זִילַנְד)

pomp /pɒmp/ n. טֶקְסִיּוּת (יְתֵרָה), פְּאֵר, הָדָר

pomp and circumstance רַב פְּאֵר וְהָדָר, פְּאֵר מַלְכוּת

pompom /ˈpɒmpɒm/ n.

1 (fluffy ball, also **pompon**) פּוֹנְפּוֹן

2 (automatic quick-firing gun) תּוֹתָח אוֹטוֹמָטִי דּוּ־קָנִי נֶגֶד מְטוֹסִים

pomposity /pɒmˈpɒsɪtɪ/ n. (*formal*) חֲשִׁיבוּת עַצְמִית מְנֻפַּחַת

pompous /ˈpɒmpəs/ adj. מְנֻפָּח, יָהִיר, "פּוֹמְפּוֹזִי"

poncho /ˈpɒntʃəʊ/ n. (*pl.* **ponchos**) פּוֹנְצ'וֹ (בֶּגֶד דְּרוֹם אֲמֶרִיקָאִי פָּשׁוּט)

ponce /pɒns/ n. (*UK sl.*)
 1 (effeminate man) גֶּבֶר נָשִׁי, "סִיסִי"
 2 (pimp) סַרְסוּר
 —v.i.
  ponce about הִסְתּוֹבֵב כְּמוֹ טַוָּס (גֶּבֶר בִּלְבַד)

poncy /ˈpɒnsɪ/ adj. (*derog. sl.*) מִתְגַּנְדֵּר וְנָשִׁי (לְגַבֵּי גֶּבֶר)

pond /pɒnd/ n. בְּרֵכָה (טִבְעִית) אֲגַם קָטָן

ponder /ˈpɒndə(r)/ v.t. & i. הִרְהֵר בְּ..., שָׁקַל בְּדַעְתּוֹ אֶת; הִרְהֵר

ponderous /ˌpɒndərəs/ adj.
 1 (heavy; slow, *formal*) רַב־מִשְׁקָל, כָּבֵד וּמְגֻשָּׁם
 2 (unwieldy) מְסֻרְבָּל, מְגֻשָּׁם
 3 (tedious) מְשַׁעֲמֵם, מְיַגֵּעַ

pondweed /ˈpɒndwiːd/ n. צִמְחִית־מַיִם (בְּמַיִם עוֹמְדִים, כְּגוֹן בִּבְרֵכוֹת)

pong /pɒŋ/ n. & v.i. (*sl.*) סַרְחוֹן; הִסְרִיחַ

pongy /ˈpɒŋɪ/ adj. (*sl.*) מַסְרִיחַ

poniard /ˈpɒnjəd/ n. (*Hist.*) פִּגְיוֹן

pontiff /ˈpɒntɪf/ n.
 1 (pope) אַפִּיפְיוֹר
 2 (bishop) בִּישׁוֹף, הֶגְמוֹן

pontifical /pɒnˈtɪfɪk(ə)l/ adj. שֶׁל אַפִּיפְיוֹר; שֶׁל בִּישׁוֹף

pontificate n. /pɒnˈtɪfɪkət/ כְּהֻנַּת־אַפִּיפְיוֹר, אַפִּיפְיוֹרוּת
 —v.i. /pɒnˈtɪfɪkeɪt/ (*derog.*) הִטִּיף, "הִרְצָה" (לָרֹב בְּטוֹן דִּידַקְטִי)
  □ *he likes pontificating about the economy* הוּא אוֹהֵב לִפְסֹק הֲלָכוֹת בְּכַלְכָּלָה

pontoon[1] /pɒnˈtuːn/ n.
 1 (floating support to temporary bridge) מָצוֹף (בְּגֶשֶׁר צָף)
  pontoon bridge גֶּשֶׁר צָף, גֶּשֶׁר סִירוֹת
 2 (small, flat-bottomed boat) סִירָה שְׁטוּחָה, אַרְבָּה

pontoon[2] /pɒnˈtuːn/ n. (*Cards*) "עֶשְׂרִים וְאֶחָד" (מִין מִשְׂחַק קְלָפִים)

pony /ˈpəʊnɪ/ n.
 1 (small horse) פּוֹנִי (סוּס לֹא גָּדוֹל)
  Shetland pony פּוֹנִי שֶׁטְלַנְדִּי (סוּס גַּמָּדִי)
 2 (£25, *UK sl.*) 25 לִישׁ"ט

pony-tail /ˈpəʊnɪ-teɪl/ n. "קוּקוּ" (סוּג תִּסְפֹּרֶת)

pony-trekking /ˈpəʊnɪ-trekɪŋ/ n. רְכִיבָה עַל סוּסִים (כִּפְעִילוּת נֹפֶשׁ)

poodle /ˈpuːd(ə)l/ n. כֶּלֶב פּוּדֶל

poof /pʊf/ n. (*UK derog. sl.*) "מִתְרוֹמֵם", הוֹמוֹ

pooh /puː/ int. "אִיכְס", "פִּיכְס"

pooh-pooh /puː-ˈpuː/ v.t. (*colloq.*) לִגְלֵג עַל, זִלְזֵל בְּ...
  □ *he pooh-poohed the idea* הוּא בִּטֵּל בְּזִלְזוּל אֶת הָרַעְיוֹן

pool[1] /puːl/ n.
 1 (expanse of water; puddle of any size) בְּרֵכָה; מִקְוֵה־מַיִם; שְׁלוּלִית
  □ *the murdered man lay in a pool of blood* הַנִּרְצָח שָׁכַב בִּשְׁלוּלִית שֶׁל דָּם
  □ *our pool is heated* הַבְּרֵכָה שֶׁלָּנוּ מְחֻמֶּמֶת

pool[2] /puːl/ n.
 1 (common fund or supply) "פּוּל", מַאֲגָר מְשֻׁתָּף
  car pool "פּוּל" הַסָּעוֹת; מַאֲגַר רֶכֶב מְשֻׁתָּף (שֶׁל חֶבְרָה וְכַד')
  typing pool "פּוּל" כַּתְבָנִיּוֹת, מַאֲגַר כַּתְבָנִיּוֹת מְשֻׁתָּף
 2 (*Gambling*) קֻפַּת הַהִמּוּרִים (הַזְּכִיָּה בְּמִשְׂחַק קְלָפִים וְכַד')
  the (football) pools טוֹטוֹ (כַּדּוּרֶגֶל)
 3 (game like billiards)
  shoot pool
 —v.t. רִכֵּז, שִׁלֵּב (מַשְׁאַבִּים וְכַד', לְתוֹעֶלֶת הַכְּלָל)
  □ *they pooled their resources to build the factory* הֵם צֵרְפוּ אֶת מַשְׁאַבֵּיהֶם כְּדֵי לְהָקִים אֶת הַמִּפְעָל

poolroom /ˈpuːlruːm/ n. (*US*) אוּלָם בִּילְיַארְד

poop /puːp/ n. (*Naut.*) בֵּית־אַחֲרָה (מִבְנֶה בְּיַרְכָתֵי סְפִינָה)
  poop deck אַחֲרָה, סִפּוּן־אַחֲרָה

pooped /puːpt/ adj. (*US*) "הָרוּס", "מְחֻסָּל" (מֵרֹב עֲיֵפוּת)

poor /pɔː(r)/ adj.
 1 (needy) עָנִי
  poor law חֹק הָעֲנִיִּים (חֻקִּים סוֹצְיָאלִיִּים בְּרִיטִיִּים יְשָׁנִים)
  □ *you might call this poor man's caviare* זֶה קַוְיָאר לָעֲנִיִּים (כְּלוֹמַר תַּחֲלִיף זוֹל)
 2 (unfortunate) מִסְכֵּן, אֻמְלָל, עָלוּב
  □ *poor thing, he's very ill* הַמִּסְכֵּן, הוּא חוֹלֶה מְאֹד
 3 (inferior, not good) גָּרוּעַ, רַע
  □ *he is in poor health* בְּרִיאוּתוֹ לְקוּיָה, הוּא לֹא בְּקַו־הַבְּרִיאוּת
  □ *that was a poor show!* (*colloq.*) זֶה הָיָה נִסָּיוֹן מֵבִישׁ! זֹאת הָיְתָה מַמָּשׁ שַׁעֲרוּרִיָּה!
  □ *the soil here is poor* הַקַּרְקַע כָּאן לֹא פּוֹרִיָּה
  □ *she was in poor spirits after the accident* הִיא הָיְתָה בְּמַצַּב רוּחַ יָרוּד אַחֲרֵי הַתְּאוּנָה
 4 (meagre; not well supplied) דַּל, זָעוּם
  □ *this region is poor in minerals* הָאֵזוֹר הַזֶּה דַּל בְּמַחְצָבִים
  □ *vegetables are in poor supply this winter* הַהֶצֵּעַ הַיְּרָקוֹת דַּל מְאֹד בַּחֹרֶף הַזֶּה
 —n. *pl.*
  the poor הָעֲנִיִּים, שִׁכְבוֹת הַמְּצוּקָה

poor-box /ˈpɔː-bɒks/ n. קֻפַּת צְדָקָה

poor-house /ˈpɔː-haʊs/ n. (*Hist.*) בֵּית־מַחֲסֶה לָעֲנִיִּים

poorly /ˈpɔːlɪ/ pred. adj. לֹא בְּקַו הַבְּרִיאוּת, רַע
—adv. בְּאֹפֶן גָּרוּעַ, בְּאֹפֶן לֹא טוֹב
poorly off בְּמַצָּב כַּסְפִּי גָּרוּעַ
□ *the murder took place in a poorly lit street* הָרֶצַח קָרָה בִּרְחוֹב חָשׁוּךְ כִּמְעַט לַחֲלוּטִין

pop[1] /pɒp/ n.
1 (sound) פִּצְפּוּץ, קוֹל נֶפֶץ קַל
2 (fizzy drink, *colloq.*) מַשְׁקֶה תּוֹסֵס, גָּזוֹז
3 (pawn, *UK sl.*) מֻחְזָק כְּמַשְׁכּוֹן, מְמֻשְׁכָּן (חֵפֶץ, אַךְ לֹא בַּיִת)
in pop אַבָּא, "הַזָּקֵן"
—adv. בְּפִצְפּוּץ
—v.i.
1 (make short, slight explosive sound) הִשְׁמִיעַ קוֹל פִּצְפּוּץ, פִּצְפֵּץ
2 (move rapidly, *colloq.*) "קָפַץ" (לְבִקּוּר), נִכְנַס (לְבִקּוּר חָטוּף)
□ *he popped in to see us* הוּא קָפַץ לִרְאוֹת אוֹתָנוּ
□ *I don't intend to pop off just yet* (*fig.*) אֵין לִי שׁוּם כַּוָּנָה לְהִסְתַּלֵּק מִן הָעוֹלָם בְּרֶגַע זֶה
□ *he popped up in London recently* הוּא הוֹפִיעַ פִּתְאֹם בְּלוֹנְדוֹן בַּזְּמַן הָאַחֲרוֹן
—v.t.
1 (cause to make explosive sound) פּוֹצֵץ (בָּלוֹן וְכַד')
□ *they popped the balloons after the party* הֵם פּוֹצְצוּ אֶת הַבָּלוֹנִים אַחֲרֵי הַמְּסִבָּה
2 (place rapidly) דָּחַף, זָרַק (בְּחִפָּזוֹן)
□ *when will he pop the question?* (*colloq.*) מָתַי הוּא יִשְׁאַל אֶת הַשְּׁאֵלָה הַחֲשׁוּבָה (כְּלוֹמַר יַצִּיעַ נִשּׂוּאִין)?
3 (pawn, *UK sl.*) נָתַן בַּעֲבוֹט, מִשְׁכֵּן

pop[2] /pɒp/ adj. פּוֹפּ
pop art אָמָנוּת פּוֹפּ
pop concert קוֹנְצֶרְט פּוֹפּ, הוֹפָעָה (שֶׁל לַהֲקַת פּוֹפּ)
pop festival פֶסְטִיבַל פּוֹפּ
pop music מוּזִיקַת פּוֹפּ
pop star כּוֹכַב פּוֹפּ
—n. מוּזִיקַת פּוֹפּ

pop[3] /pɒp/ n. (*sl.*) אַבָּא, "הַזָּקֵן"

popcorn /ˈpɒpkɔːn/ n. פּוֹפְּקוֹרְן, גַּרְעִינֵי תִּירָס קְלוּיִים

pope /pəʊp/ n. אַפִּיפְיוֹר

popery /ˈpəʊpərɪ/ n. (*derog.*) קָתוֹלִיּוּת (עַל פִּי רֹב בְּבוּז)

pop-eyed /ˈpɒp-aɪd/ adj. (*colloq.*) שֶׁעֵינָיו בּוֹלְטוֹת (מִתַּדְהֵמָה/מֵהִתְרַגְּשׁוּת)

pop-gun /ˈpɒp-gʌn/ n. רוֹבֵה־פְּקָקִים

popinjay /ˈpɒpɪndʒeɪ/ n. (*arch.*) גַּנְדְּרָן, טַרְזָן

popish /ˈpəʊpɪʃ/ adj. (*derog.*) קָתוֹלִי (בְּבוּז)

poplar /ˈpɒplə(r)/ n. עֵץ צַפְצָפָה

poplin /ˈpɒplɪn/ n. פּוֹפְּלִין (אֲרִיג כֻּתְנָה חָזָק)

poppadom /ˈpɒpədəm/ n. פּוֹפָּדוֹם (סוּג שֶׁל פִּיתָה הֹדִּית, עֲגֻלָּה וּפְרִיכָה)

popper /ˈpɒpə(r)/ n.
1 (device for making popcorn) מַקְלֶה פּוֹפְּקוֹרְן
2 (press stud) לָחִיץ, לַחְצָנִית

poppet /ˈpɒpɪt/ n. (*colloq.*) "בֻּבָּה", "מֹתֶק"; בֻּבַּת וּודוּ

poppy /ˈpɒpɪ/ n. פֶּרֶג, פָּרָג
Poppy Day (*UK*) יוֹם הַפֶּרֶג (יוֹם הַזִּכָּרוֹן לְחַלְלֵי הַמִּלְחָמוֹת, שֶׁבּוֹ עוֹנְדִים פִּרְחֵי פֶּרֶג מְלָאכוּתִיִּים לְזֵכֶר הַנּוֹפְלִים)

poppycock /ˈpɒpɪkɒk/ n. (*colloq. derog.*) שְׁטֻיּוֹת, שְׁטוּיוֹת בְּמִיץ־עַגְבָנִיּוֹת

Popsicle /ˈpɒpsɪk(ə)l/ n. (*Prop.*) שַׁלְגּוֹן, "קַרְטִיב"

popsy /ˈpɒpsɪ/ n. (*UK colloq.*) "בֻּבָּה" (כִּנּוּי מְיֻשָּׁן מְעַט לְנַעֲרָה)

populace /ˈpɒpjʊləs/ n. (*formal*) הֲמוֹנֵי הָעָם, הֶהָמוֹן הַפָּשׁוּט

popular /ˈpɒpjʊlə(r)/ adj.
1 (of or carried on by the people) עֲמָמִי, פּוֹפּוּלָרִי
popular culture תַּרְבּוּת עֲמָמִית
by popular demand עַל פִּי דְּרִישַׁת הַצִּבּוּר
2 (adapted to needs of people in general) עֲמָמִי, פּוֹפּוּלָרִי, מֻתְאָם לַצִּבּוּר הָרָחָב
the popular press הָעִתּוֹנוּת הָעֲמָמִית, הָעִתּוֹנוּת הַזּוֹלָה
3 (liked or admired by people) אָהוּד, מְקֻבָּל, פּוֹפּוּלָרִי,
□ *he is popular at work* הוּא אָהוּד וּמְקֻבָּל עַל חֲבֵרָיו בָּעֲבוֹדָה
□ *you won't be popular if you forget her birthday* (*joc.*) אַתָּה לֹא תִּמְצָא חֵן בְּעֵינֶיהָ אִם תִּשְׁכַּח אֶת יוֹם הַהוּלֶּדֶת שֶׁלָּהּ

popularity /ˌpɒpjʊˈlærɪtɪ/ n. פּוֹפּוּלָרִיּוּת

popularization /ˌpɒpjʊləraɪˈzeɪʃ(ə)n/ n. פּוֹפּוּלָרִיזַצְיָה, הַקְנָיָה (שֶׁל יֶדַע וְכַד') לָעָם, פִּשּׁוּט (כְּדֵי לְהַתְאִים דְּבַר מָה לַהֲבָנַת הַצִּבּוּר הָרָחָב)

popularize /ˈpɒpjʊləraɪz/ v.t. הֵפִיץ בָּעָם, עָשָׂה לְפּוֹפּוּלָרִי

populate /ˈpɒpjʊleɪt/ v.t. אִכְלֵס

population /ˌpɒpjʊˈleɪʃ(ə)n/ n.
1 (total number of inhabitants) אֻכְלוּסִיָּה, אֻכְלוּסִין
2 (inhabitants or a section of them) אֻכְלוּסִיָּה (מְסֻיֶּמֶת)

populism /ˈpɒpjʊlɪzəm/ n. פּוֹפּוּלִיזְם (מְדִינִיּוּת אוֹ שִׁלְטוֹן הַמְּבֻסָּסִים עַל פְּנִיָּה לְרִגְשׁוֹת שֶׁל הָעָם הַפָּשׁוּט)

populist /ˈpɒpjʊlɪst/ n. פּוֹפּוּלִיסְט (כַּנַּ"ל)

populous /ˈpɒpjʊləs/ adj. (*formal*) מְאֻכְלָס בִּצְפִיפוּת, צָפוּף בְּאֻכְלוּסִים

porcelain /ˈpɔːsəlɪn/ n. חַרְסִינָה, פּוֹרְצֶלָן

porch /pɔːtʃ/ n. כְּנִיסָה מְקֹרָה לִפְנֵי דֶּלֶת הַבַּיִת; אַכְסַדְרָה; מִרְפֶּסֶת

porcine /ˈpɔːsaɪn/ adj. (*formal*) חֲזִירִי, שֶׁל חֲזִיר, דּוֹמֶה לַחֲזִיר

porcupine /ˈpɔːkjʊpaɪn/ n. דָּרְבָּן
  porcupine fish דַּג הַקִּפּוֹד, קִפּוֹדָג
pore[1] /pɔː(r)/ n. נַקְבּוּבִית-עוֹר, נַקְבּוּבִית-זֵעָה
  □ *he exuded charm at every pore* (*iron.*) הוּא נָטַף מְתִיקוּת
pore[2] /pɔː(r)/ v.i. בָּחַן בִּקְפִידָה, עִיֵּן בִּקְפִידָה בְּ...
  pore over
pork /pɔːk/ n. בְּשַׂר-חֲזִיר
  pork pie פַּאי בְּשַׂר-חֲזִיר
  pork pie hat מִגְבַּעַת גְּבָרִים קְטַנָּה וּשְׁטוּחָה (שֶׁשּׁוּלֶיהָ מְקֻפָּלִים כְּלַפֵּי מַעְלָה)
  pork scratchings פִּסּוֹת שֶׁל עוֹר חֲזִיר צָלוּי
pork-butcher /ˈpɔːk-bʊtʃə(r)/ n. קַצָּב לִבְשַׂר חֲזִיר
porker /ˈpɔːkə(r)/ n. חֲזִיר מְפֻטָּם
porky /ˈpɔːkɪ/ adj. (*colloq.*) שְׁמַנְמַן
porn /pɔːn/ n. (*colloq.*) פּוֹרְנוֹגְרַפְיָה
  hard porn פּוֹרְנוֹגְרַפְיָה קָשָׁה
  soft porn פּוֹרְנוֹגְרַפְיָה רַכָּה
pornographic /ˌpɔːnəˈgræfɪk/ adj. פּוֹרְנוֹגְרָפִי
pornography /pɔːˈnɒgrəfɪ/ n. פּוֹרְנוֹגְרַפְיָה, חֹמֶר זִמָּה
porosity /pɔːˈrɒsɪtɪ/ n. (*formal*) נַקְבּוּבִיּוּת
porous /ˈpɔːrəs/ adj. נַקְבּוּבִי
porphyry /ˈpɔːfɪrɪ/ n. פּוֹרְפִיר, בַּהַט (אֶבֶן חֲצִי-יְקָרָה)
porpoise /ˈpɔːpəs/ n. יוֹנֵק דּוֹמֶה לְדוֹלְפִין
porridge /ˈpɒrɪdʒ/ n.
 1 (food) דַּיְסַת-קְוָאקֶר, (דַּיְסַת שִׁבֹּלֶת שׁוּעָל בְּחָלָב אוֹ בְּמַיִם)
  □ *save your breath to cool your porridge* (*Prov.*) חֲבָל עַל הַדִּבּוּרִים! עֲזֹב אֶת הַדִּבּוּרִים!
 2 do porridge (*sl.*) "יָשַׁב" (בְּכֶּלֶא), "הָיָה בִּפְנִים"
port[1] /pɔːt/ n.
 1 (harbour) נָמָל, נָמֵל
 2 (town or city with harbour) עִיר-נָמֵל
  free port נָמֵל חָפְשִׁי
  home port נְמַל-בַּיִת
port[2] /pɔːt/ n. (also **port wine**) יֵין פּוֹרְטוֹ, יֵין אוֹפּוֹרְטוֹ
port[3] /pɔːt/ n. (*Naut.*) צַד שְׂמֹאל שֶׁל אֳנִיָּה (בְּכִוּוּן הַתְּנוּעָה)
port[4] /pɔːt/ v.t. (*Mil.*)
  port arms! טוֹל שָׁק!
portable /ˈpɔːtəb(ə)l/ adj. & n. מִטַּלְטֵל, נַיָּד; מַכְשִׁיר נַיָּד
  portable (computer) מַחְשֵׁב נַיָּד
  portable (television) טֶלֶוִיזְיָה נַיֶּדֶת
  portable pension פֶּנְסְיָה נַיֶּדֶת (שֶׁעוֹבֵד יָכוֹל לְהַעֲבִיר אוֹתָהּ מִמְּקוֹם עֲבוֹדָה אֶחָד לְמִשְׁנֵהוּ)
  portable (typewriter) מְכוֹנַת-כְּתִיבָה נַיֶּדֶת
portage /ˈpɔːtɪdʒ/ n. הוֹבָלָה יַבַּשְׁתִּית שֶׁל כְּלֵי-שַׁיִט/מִטְעָן
Portakabin /ˈpɔːtəˌkæbɪn/ n. (*Prop.*) מִבְנֶה נַיָּד

portal /ˈpɔːt(ə)l/ n. (*formal*) שַׁעַר גָּדוֹל וּמְפֹאָר; מִפְתָּן, סַף
portcullis /pɔːtˈkʌlɪs/ n. (*Hist.*) סוֹרֵג חוֹסֵם (הַמּוּרָד לִפְנֵי שַׁעַר-מִבְצָר)
portend /pɔːˈtend/ v.t. (*formal*) בִּשֵּׂר (רָעוֹת)
portent /ˈpɔːtent/ n. (*formal*) סִימָן לַבָּאוֹת, אוֹת מְבַשֵּׂר רָע
portentous /pɔːˈtentəs/ adj. (*formal*)
 1 (ominous) מְבַשֵּׂר רָעוֹת
 2 (pompous) מָלֵא חֲשִׁיבוּת עַצְמִית, נָפוּחַ
porter[1] /ˈpɔːtə(r)/ n. סַבָּל; שׁוֹעֵר,
  porter's lodge תָּא הַשּׁוֹעֵר, בִּיתַן הַשּׁוֹעֵר (בְּבֵית דִּירוֹת גָּדוֹל וְכַד')
porter[2] /ˈpɔːtə(r)/ n. (*UK Hist.*) בִּירַת פּוֹרְטֶר (בִּירָה חוּמָה כֵּהָה)
porterage /ˈpɔːtərɪdʒ/ n. סַבָּלוּת, דְּמֵי סַבָּלוּת
porterhouse steak /ˌpɔːtə(r)haʊs ˈsteɪk/ n. סְטֵיק גָּדוֹל מִבְּשַׂר-בָּקָר מֻבְחָר
portfolio /pɔːtˈfəʊlɪəʊ/ n. (*pl.* **portfolios**)
 1 (case for keeping loose sheets of paper) תִּיק לִנְיָרוֹת
 2 (office of minister of state) תִּיק, מִשְׂרָד (מֶמְשַׁלְתִּי)
  Minister without portfolio שַׂר בְּלִי תִּיק
 3 (list of investments) תִּיק הַשְׁקָעוֹת, פּוֹרְטְפוֹלְיוֹ
 4 (sample of artist's work) תִּיק עֲבוֹדוֹת, פּוֹרְטְפוֹלְיוֹ
porthole /ˈpɔːthəʊl/ n. אֶשְׁנָב (לָרֹב עָגֹל, בִּסְפִינָה, בְּמָטוֹס וְכַד')
portico /ˈpɔːtɪkəʊ/ n. (*pl.* **porticoes**) סְטָיו, אַכְסַדְרָה שֶׁל עַמּוּדִים, מָבוֹא מְקֹרֶה
portion /ˈpɔːʃ(ə)n/ n.
 1 (section of a whole) חֵלֶק
 2 (share of property, esp. as dowry) נְדוּנְיָה
 3 (amount of food served to one person) מָנָה
 4 (destiny, *formal*) גּוֹרָל, מְנַת הַגּוֹרָל
—v.t.
  portion out חִלֵּק (בְּמָנוֹת)
  □ *the work must be portioned out between the secretaries* יֵשׁ לְחַלֵּק אֶת הָעֲבוֹדָה בֵּין הַמַּזְכִּירוֹת
portly /ˈpɔːtlɪ/ adj. (*euphem.*) שְׁמַנְמַן, מָלֵא (בְּגוּפוֹ), "בָּרִיא"
portmanteau /pɔːtˈmæntəʊ/ n. (*pl.* **portmanteaus, portmanteaux**) אַרְגַּז נְסִיעוֹת
  portmanteau word מִלַּת-כִּלְאַיִם, מִלַּת-עֵרוּב ("תַּקְלִיטוֹר", "תַּקְלִיט" וְ"אוֹר")
portrait /ˈpɔːtreɪt/ n.
 1 (likeness, description) דְּיוֹקָן, פּוֹרְטְרֶט
 2 (shape of picture or page) תְּמוּנָה/דַּף לָאֹרֶךְ (שֶׁאָרְכּוֹ גָּדוֹל מֵרָחְבּוֹ)
portraiture /ˈpɔːtrɪtʃə(r)/ n. אָמָנוּת הַדְּיוֹקָן (בְּצִיּוּר/בְּצִלּוּם)
portray /pɔːˈtreɪ/ v.t. תֵּאֵר, תֵּאֵר אֶת דְּיוֹקְנוֹ שֶׁל, הִצִּיג

portrayal /pɔːˈtreɪəl/ n. תֵּאוּר; בִּצּוּעַ (שֶׁל דְּמוּת בַּתֵּיאַטְרוֹן)

Portuguese /ˌpɔːtjʊˈgiːz/ adj. & n. פּוֹרְטוּגָזִי; תּוֹשָׁב פּוֹרְטוּגָל; פּוֹרְטוּגָזִית (הַשָּׂפָה)

pose /pəʊz/ v.i.
1 (assume certain position) עָמַד/יָשַׁב בִּתְנוּחָה מְסֻיֶּמֶת (מוּל צַיָּר/מַצְלֵמָה)
2 (set oneself up falsely) הֶעֱמִיד פָּנִים שֶׁל, הִתְחַזָּה לְ...
□ *the burglars posed as repairmen* הַפּוֹרְצִים הִתְחַזּוּ לְטֶכְנָאִים
3 (be pretentious) הִתְיַמֵּר לִהְיוֹת, עָשָׂה פּוֹזָה
—v.t.
1 (put forward) הִצִּיג, הֶעֱמִיד, הֶעֱלָה
□ *he posed several awkward questions* הוּא הִצִּיג כַּמָּה שְׁאֵלוֹת מְבִיכוֹת
2 (arrange in certain position) הוֹשִׁיב/הִצִּיב בְּעֶמְדָּה/בִּתְנוּחָה מַתְאִימָה לְצִיּוּר/לְצִלּוּם
—n.
1 (position taken up) פּוֹזָה, תְּנוּחָה, מַצָּב
2 (affectation, pretence) "פּוֹזָה"

poser /ˈpəʊzə(r)/ n. (*colloq.*) בְּעָיָה קָשָׁה, שְׁאֵלָה קָשָׁה; אָדָם הָעוֹשֶׂה "פּוֹזָה" שֶׁל חָשׁוּב

poseur /pəʊˈzɜː(r)/ n. (fem. **poseuse**) (*derog.*) אָדָם הָעוֹשֶׂה "פּוֹזָה" שֶׁל חָשׁוּב

posh /pɒʃ/ adj. (*colloq.*) שֶׁל עֲשִׁירִים, יָקָר וּמְהֻדָּר

posit /ˈpɒzɪt/ v.t. (*formal*) הִנִּיחַ (הַנָּחָה), קָבַע כְּהַנָּחָה בְּסִיסִית

position /pəˈzɪʃ(ə)n/ n.
1 (place occupied by person or thing) עֶמְדָּה, מָקוֹם, מִקּוּם
□ *is everyone in position for the photograph?* הַאִם כָּל אֶחָד בַּמָּקוֹם לִקְרַאת הַצִּלּוּם?
□ *that ornament is out of position* הַקִּשּׁוּט הַזֶּה זָז מִן הַמָּקוֹם
□ *they manoeuvred for position* הֵם נִסּוּ לְהַשִּׂיג יִתָּרוֹן
2 (bodily attitude) תְּנוּחָה, עֲמִידָה, יְצִיבָה
3 (mental attitude, way of reasoning) עֶמְדָּה, גִּישָׁה
□ *what's your position on this new plan?* מַה הִיא עֶמְדָּתְךָ לְגַבֵּי תָּכְנִית חֲדָשָׁה זוֹ?
4 (set of circumstances) מַצָּב, נְסִבּוֹת
□ *your refusal has put me in a difficult position* הַסֵּרוּב שֶׁלְּךָ הֶעֱמִיד אוֹתִי בְּמַצָּב קָשֶׁה
□ *I am not in a position to decide* זֶה לֹא אֲנִי שֶׁמַּחְלִיט; אֲנִי לֹא בְּמַצָּב שֶׁמְּאַפְשֵׁר לִי לְהַחְלִיט
□ *in your position I would stay here* אֲנִי בִּמְקוֹמְךָ, הָיִיתִי נִשְׁאָר כָּאן
5 (employment, *formal*) מִשְׂרָה
positions vacant מִשְׂרוֹת פְּנוּיוֹת
6 (rank, status) מַעֲמָד, עֶמְדָּה
□ *he is a person of position* הוּא אָדָם בַּעַל עֶמְדָּה (חֲשׁוּבָה)
—v.t. מִקֵּם, הִצִּיב, הֶעֱמִיד

positional /pəˈzɪʃən(ə)l/ adj. שֶׁל עֶמְדָּה, שֶׁל מִקּוּם

positive /ˈpɒsɪtɪv/ adj.
1 (definite, unquestionable) בָּרוּר, מְפֹרָשׁ
proof positive הוֹכָחָה מַכְרַעַת, הוֹכָחָה חַד־מַשְׁמָעִית
2 (not negative) חִיּוּבִי
positive thinking מַחֲשָׁבָה קוֹנְסְטְרוּקְטִיבִית
positive discrimination אַפְלָיָה לְחִיּוּב
3 (confident, sure) בָּטוּחַ
4 (*Gram.*) שֶׁל הָעֵרֶךְ הַפָּשׁוּט (שֶׁל שֵׁם־תֹּאַר), דַּרְגַּת הַמֻּחְלָט (בִּשְׁמוֹת־תֹּאַר)
5 (real, absolute, downright, *colloq.*) מֻחְלָט, גָּמוּר
□ *she is a positive help in a crisis* הִיא בְּלִי סָפֵק מְקוֹר תְּמִיכָה בִּשְׁעַת מַשְׁבֵּר
□ *he is a positive fool* הוּא שׁוֹטֶה גָּמוּר
6 (dealing only with matters of fact) עֻבְדָּתִי (מְבֻסָּס עַל עֻבְדוֹת בִּלְבַד)
7 (of quantity greater than zero, *Math.*) (מִסְפָּר) חִיּוּבִי
8 (*Electr.*) חִיּוּבִי
positive charge מִטְעָן (חַשְׁמַלִּי) חִיּוּבִי
9 (*Photog.*) (שֶׁל) פּוֹזִיטִיב
positive print הֶדְפֵּס הַצִּלּוּם מִן הַנֶּגָטִיב
—n. פּוֹזִיטִיב (בְּצִלּוּם); שֵׁם תֹּאַר בָּעֵרֶךְ הַפָּשׁוּט

positively /ˈpɒzɪtɪvlɪ/ adv. בְּחִיּוּב, בְּהֶחְלֵט
□ *he reacted positively to my suggestion* הוּא הֵגִיב בְּחִיּוּב לְהַצָּעָתִי
□ *I was positively certain I saw him yesterday* (*colloq.*) הָיִיתִי בָּטוּחַ בְּהֶחְלֵט שֶׁרָאִיתִי אוֹתוֹ אֶתְמוֹל

positivism /ˈpɒsɪtɪvɪzəm/ n. פּוֹזִיטִיבִיזְם (גִּישָׁה פִילוֹסוֹפִית הַמְבֻסֶּסֶת אַךְ וְרַק עַל עֻבְדוֹת וְטִעוּנִים שֶׁאֶפְשָׁר לְהוֹכִיחַ אוֹתָם)

positron /ˈpɒzɪtrɒn/ n. (*Phys.*) פּוֹזִיטְרוֹן (חֶלְקִיק אֶלֶמֶנְטָרִי)

posse /ˈpɒsɪ/ n. פְּלֻגַּת אֶזְרָחִים הָעוֹמֶדֶת לִפְקֻדַּת הַשֶּׁרִיף (בַּעֲיָרוֹת צְפוֹן־אָמֶרִיקָה)

possess /pəˈzes/ v.t.
1 (own) הָיָה בְּעָלָיו שֶׁל, הָיָה לוֹ (כְּקִנְיָן), הֶחֱזִיק בְּ...
2 (keep control over; occupy) שָׁלַט בְּ...
□ *he was possessed with the idea of finding gold* הַתִּקְוָה שֶׁיִּמְצָא זָהָב לֹא הִרְפְּתָה מִמֶּנּוּ
□ *he acted like a man possessed* הוּא הִתְנַהֵג כְּמִי שֶׁכְּפָאוֹ שֵׁד
□ *what can have possessed her to say that?* מַה קָּרָה לָהּ שֶׁהִיא הִתְבַּטְּאָה כָּךְ?
—v.refl. (*arch.*) רָכַשׁ לְעַצְמוֹ
□ *he possessed himself of a house* הוּא רָכַשׁ לְעַצְמוֹ בַּיִת

possession /pəˈzeʃ(ə)n/ n. בַּעֲלוּת, קִנְיָן; חֲזָקָה, תְּפִיסָה, אֲחִיזָה

1 (act of possessing)
□ *possession is nine points of the law* (*Prov.*) גְּדוֹלָה חֲזָקָה מִטַּעֲנָה
□ *he came into possession of a great estate* הוּא קִבֵּל בִּירֻשָּׁה אֲחֻזָּה גְּדוֹלָה
□ *he was in possession of a fortune* הָיָה בִּרְשׁוּתוֹ הוֹן רַב
□ *the house was for sale with vacant possession* (*Law*) הַבַּיִת עָמַד לִמְכִירָה כְּשֶׁהוּא רֵיק מִדַּיָּרִים
□ *he took possession of the jewellery* הוּא לָקַח לְיָדָיו אֶת הַתַּכְשִׁיטִים
2 (in *pl.*, property) נְכָסִים, רְכוּשׁ
personal possessions חֲפָצִים אִישִׁיִּים
3 (dominions, occupancy) מוֹשָׁבָה, נַחֲלָה (קוֹלוֹנְיָאלִית)
□ *the British possessions overseas* הַמּוֹשָׁבוֹת הַבְּרִיטִיּוֹת מֵעֵבֶר לַיָּם

possessive /pəˈzesɪv/ adj.
1 (relating to possession) שֶׁל בַּעֲלוּת, שֶׁל קִנְיָן
2 (jealous) תּוֹבְעָנִי, קַנַּאי, רְכוּשָׁנִי (בְּעִנְיְנֵי רְגָשׁוֹת)
3 (*Gram.*, also n.) (כִּנּוּי, שֵׁם־תֹּאַר, יַחֲסָה) שֶׁל קִנְיָן
possessive pronoun כִּנּוּי־קִנְיָן

possessor /pəˈzesə(r)/ n. (*formal*) בְּעָלִים, בַּעַל

possibility /ˌpɒsɪˈbɪlɪtɪ/ n.
1 (likelihood) אֶפְשָׁרוּת
□ *there is no possibility of winning* אֵין כָּל סִכּוּי לְנִצָּחוֹן, אֵין שׁוּם אֶפְשָׁרוּת לְנַצֵּחַ
□ *success is within the range of possibility* הַהַצְלָחָה הִיא בִּגְבוּל הָאֶפְשָׁרִי, הַהַצְלָחָה נִרְאֵית אֶפְשָׁרִית
2 (thing that may exist or happen; in *pl.*, potential) אֶפְשָׁרוּת, סִכּוּי; פּוֹטֶנְצִיאָל
□ *she has great possibilities as an actress* יֵשׁ לָהּ פּוֹטֶנְצִיאָל גָּדוֹל כְּשַׂחְקָנִית

possible /ˈpɒsɪb(ə)l/ adj.
1 (of that which can be done or may exist) אֶפְשָׁרִי
as soon as possible בְּהֶקְדֵּם הָאֶפְשָׁרִי
□ *rain is possible today* יִתָּכֵן שֶׁיֵּרֵד גֶּשֶׁם הַיּוֹם, הַיּוֹם יִתָּכֵן גֶּשֶׁם
2 (reasonable, intelligent) מִתְקַבֵּל עַל הַדַּעַת, אֶפְשָׁרִי
□ *this is a possible solution* זֶה פִּתְרוֹן מִתְקַבֵּל עַל הַדַּעַת
—n. אָדָם/דָּבָר אֶפְשָׁרִי, אֶפְשָׁרוּת

possibly /ˈpɒsɪblɪ/ adv.
1 (in accordance with possibility) בְּמִדַּת־הָאֶפְשָׁר, עַד כַּמָּה שֶׁאֶפְשָׁר
□ *the firemen did all they possibly could to save the child* הַכַּבָּאִים עָשׂוּ כָּל מַה שֶּׁבִּיכָלְתָּם לְהַצִּיל אֶת הַיֶּלֶד
2 (perhaps) יָכוֹל לִהְיוֹת, אוּלַי, אֶפְשָׁר שֶׁ...
□ *I may possibly be late* אוּלַי אֲאַחֵר, אֶפְשָׁר שֶׁאֲאַחֵר

possum /ˈpɒsəm/ n. אוֹפּוֹסוּם (חַיַּת־כִּיס קְטַנָּה)
play possum (*colloq.*) הֶעֱמִיד פְּנֵי יָשֵׁן
2 (*Austral., colloq.*) טֶמְבֶּל, "סָתוּם"

post[1] /pəʊst/ n.
1 (place of duty or business) תַּחֲנָה, עֶמְדָּה, מֻצָּב, בָּסִיס
first-aid post תַּחֲנַת עֶזְרָה־רִאשׁוֹנָה
trading post תַּחֲנַת מִסְחָר (בְּאֵזוֹר גְּבוּל)
□ *the soldier deserted his post* הַחַיָּל נָטַשׁ אֶת עֶמְדָּתוֹ
2 (position of employment) מִשְׂרָה
□ *he applied for a post in London* הוּא נִסָּה לְקַבֵּל מִשְׂרָה בְּלוֹנְדוֹן
3 (bugle-call, *Mil.*)
last post תְּרוּעַת אֵבֶל; תְּרוּעַת הוֹרָדַת־הַדֶּגֶל
—v.t. הִצִּיב
□ *he was posted to a base in the desert* הִצִּיבוּ אוֹתוֹ בְּבָסִיס בַּמִּדְבָּר

post[2] /pəʊst/ n. דֹּאַר
Post Office (*UK*) מִשְׂרַד־הַדֹּאַר (הַכְּלָל־אַרְצִי)
post office מִשְׂרַד־דֹּאַר, סְנִיף דֹּאַר
post room חֲדַר־דֹּאַר
parcel post דֹּאַר־חֲבִילוֹת
□ *she caught the post* הִיא הִסְפִּיקָה לִשְׁלֹחַ אֶת הַמִּכְתָּב (לִפְנֵי זְמַן הָאִסּוּף)
□ *when does the post go?* מָתַי יוֹצֵא הַדֹּאַר?
—v.t.
1 (consign to postal service) שָׁלַח בַּדֹּאַר
2 (inform) עִדְכֵּן
□ *keep me posted!* תַּמְשִׁיךְ לְדַוֵּחַ לִי! תְּעַדְכֵּן אוֹתִי בְּמָה שֶׁקּוֹרֶה!
3 (*Book-keeping*) הֶעֱבִיר (נְתוּנִים מִסֵּפֶר חֶשְׁבּוֹנוֹת אֶחָד לְסֵפֶר חֶשְׁבּוֹנוֹת כְּלָלִי)
□ *he posted the ledger* הוּא הֶעֱבִיר אֶת הַנְּתוּנִים לְסֵפֶר הַחֶשְׁבּוֹנוֹת הַכְּלָלִי

post[3] /pəʊst/ n.
1 (upright support) עַמּוּד, קוֹרָה (אֲנָכִית)
2 (pole marking position) עַמּוּד
finishing post נְקֻדַּת סִיּוּם, קַו גְּמַר
first-past-the-post (מַצָּב שֶׁל) רִאשׁוֹן־זוֹכֶה
—v.t. פִּרְסֵם בָּרַבִּים; הִדְבִּיק מוֹדָעָה שֶׁל
□ *the news was posted up all over town* הַיְּדִיעוֹת פֻּרְסְמוּ בְּכָל רַחֲבֵי הָעִיר

post- /pəʊst-/ pref. פּוֹסְט־, (תְּחִלִּית שֶׁפֵּרוּשָׁהּ) אַחֲרֵי־, שֶׁלְּאַחַר־, בָּתַר־

postage /ˈpəʊstɪdʒ/ n. דְּמֵי־דֹּאַר
postage stamp בּוּל־דֹּאַר

postal /ˈpəʊst(ə)l/ adj. שֶׁל דֹּאַר, הַנִּשְׁלָח בְּדֹאַר
postal order (*Austral.* **postal note**) הַמְחָאַת־דֹּאַר
postal package חֲבִילָה הַנִּשְׁלַחַת בַּדֹּאַר, חֲבִילַת־דֹּאַר, צְרוֹר־דֹּאַר

postbag /ˈpəʊstbæg/ n. שַׂק־דֹּאַר; תַּרְמִיל שֶׁל נוֹשֵׂא־מִכְתָּבִים; דֹּאַר (כְּלַל הַמִּכְתָּבִים הַמַּגִּיעַ לְמַעַן אֶחָד בִּזְמַן אֶחָד)
□ *the editor had a varied postbag each day* עוֹרֵךְ הָעִתּוֹן הָיָה מְקַבֵּל מִכְתָּבִים מִמִּכְתָּבִים שׁוֹנִים בְּכָל יוֹם

post-box /ˈpəʊst-bɒks/ n. תֵּבַת־מִכְתָּבִים, תֵּבַת־דֹּאַר (בָּרְחוֹב לְמִשְׁלוֹחַ מִכְתָּבִים בִּלְבַד)

postcard /ˈpəʊstkɑːd/ n. גְּלוּיָה

postcode /ˈpəʊstkəʊd/ n. מִקּוּד

post-coital /ˌpəʊst-ˈkəʊɪt(ə)l/ adj. שֶׁלְּאַחַר הַמִּשְׁגָּל

postdate /ˌpəʊstˈdeɪt/ v.t. רָשַׁם תַּאֲרִיךְ דָּחוּי (לְשֶׁ״ק), תֵּאֲרֵךְ בְּאִחוּר
□ *I postdated the cheque* רָשַׁמְתִּי תַּאֲרִיךְ מְאֻחָר יוֹתֵר (מִן הַתַּאֲרִיךְ שֶׁל אוֹתוֹ יוֹם) עַל הַשֶּׁ״ק

postdoctoral /pəʊstˈdɒktər(ə)l/ adj. (מִלְגָּה וְכַד׳) שֶׁלְּאַחַר (סִיּוּם) הַדּוֹקְטוֹרָט

poster /ˈpəʊstə(r)/ n. כְּרָזָה, פְּלָקָט, פּוֹסְטֶר, מוֹדָעָה
poster paint סוּג שֶׁל צֶבַע גּוּאָשׁ (בְּצְבָעִים חֲזָקִים)

poste restante /ˌpəʊst ˈrestɑːnt/ n. דֹּאַר שָׁמוּר, ״פּוֹסְט רֶסְטַנְט״

posterior /pɒˈstɪərɪə(r)/ adj. (*formal*)
1 (later) מְאֻחָר יוֹתֵר
2 (placed behind) אֲחוֹרִי, שֶׁמְּאַחֲרֵי
—n. (*joc.*) אֲחוֹרַיִם, יַשְׁבָן, עַכּוּז

posterity /pɒˈsterɪtɪ/ n. (*formal*) הַדּוֹרוֹת הַבָּאִים

postern /ˈpɒstən/ n. (*arch.*) כְּנִיסָה צְדָדִית/אֲחוֹרִית; כְּנִיסָה נִסְתֶּרֶת

post-free /pəʊst-ˈfriː/ adj. & adv. פָּטוּר מִדְּמֵי־דֹּאַר

postgraduate /ˌpəʊstˈgrædʒʊət/ n. & adj. סְטוּדֶנְט בּוֹגֵר (לְתֹאַר שֵׁנִי וּשְׁלִישִׁי); שֶׁל סְטוּדֶנְט/תָּכְנִית־לִמּוּדִים כַּנַּ״ל

post-haste /pəʊst-ˈheɪst/ adv. (*arch.*) בְּחִפָּזוֹן רַב, בִּמְהִירוּת הָאֶפְשָׁרִית

posthumous /ˈpɒstjʊməs/ adj. שֶׁלְּאַחַר הַמָּוֶת
posthumous child יֶלֶד שֶׁנּוֹלַד אַחַר מוֹת אָבִיו

posthumously /ˈpɒstjʊməslɪ/ adv. (דָּבָר שֶׁנַּעֲשָׂה) לְאַחַר הַמָּוֶת
□ *her last novel was published posthumously* הָרוֹמָן הָאַחֲרוֹן שֶׁלָּהּ הִתְפַּרְסֵם לְאַחַר מוֹתָהּ

postillion /pɒˈstɪlɪən/ n. (*Hist.*) רַכָּב (הָרוֹכֵב עַל אַחַד הַסּוּסִים הַמּוֹבִילִים מֶרְכֶּבֶת־פְּאֵר)

posting /ˈpəʊstɪŋ/ n. (*Mil.*) הַצָּבָה (שֶׁל חַיָּל)

postman /ˈpəʊstmən/ n. דַּוָּר
postman's knock מִשְׂחַק יְלָדִים (שֶׁבּוֹ אַחַד הַיְלָדִים מַעֲמִיד פָּנִים כְּמוֹסֵר מִכְתָּב לְיַלְדָּה וּמְקַבֵּל בִּתְמוּרָה נְשִׁיקָה)

postmark /ˈpəʊstmɑːk/ n. & v.t. חוֹתֶמֶת־דֹּאַר; הֶחְתִּים בְּחוֹתֶמֶת־דֹּאַר

postmaster /ˈpəʊstmɑːstə(r)/ n. מְנַהֵל סְנִיף־דֹּאַר

post-meridiem /pəʊst-məˈrɪdɪəm/ adv. (*formal*) אַחַר־הַצָּהֳרַיִם (מִן הַצָּהֳרַיִם וְעַד חֲצוֹת)

postmistress /ˈpəʊstmɪstrɪs/ n. מְנַהֶלֶת סְנִיף־דֹּאַר

postmodernism /ˌpəʊstˈmɒdənɪzəm/ n. פּוֹסְט־מוֹדֶרְנִיזְם (גִּישָׁה מְשַׂגֶּת בְּמַחֲצִית הַשְּׁנִיָּה שֶׁל הַמֵּאָה הָ־20)

post-mortem /ˌpəʊst-ˈmɔːtəm/ n.
1 (*Med.*) נְתִיחָה שֶׁלְּאַחַר הַמָּוֶת, ״פּוֹסְט מוֹרְטֶם״
2 (discussion of completed event) נִתּוּחַ (שֶׁל מַצָּב) לְאַחַר מַעֲשֶׂה

postnatal /ˌpəʊstˈneɪt(ə)l/ adj. שֶׁלְּאַחַר הַלֵּדָה

postpone /pəˈspəʊn/ v.t. דָּחָה

postponement /pəˈspəʊnmənt/ n. דְּחִיָּה, דִּחוּי

postprandial /pəʊstˈprændɪəl/ adj. (*formal*) שֶׁלְּאַחַר סְעֻדָּה (לָרֹב מְפֹאֶרֶת)

postscript /ˈpəʊstskrɪpt/ n. נ״ב (לְצִיּוּן הֶעָרָה בְּסוֹף מִכְתָּב)

postulant /ˈpɒstjʊlənt/ n. (*Relig.*) מֻעֲמָד לְמִסְדָּר דָּתִי

postulate /ˈpɒstjʊleɪt/ v.t. (*formal*) הִנִּיחַ (לְצֹרֶךְ וִכּוּחַ אוֹ כְּבָסִיס לְהַשְׁעָרָה)
—n. /ˈpɒstjʊlət/ הַנָּחַת־יְסוֹד, פּוֹסְטוּלָט

posture /ˈpɒstʃə(r)/ n.
1 (carriage, attitude of body) יְצִיבָה; תְּנוּחָה
2 (attitude of mind) עֶמְדָּה, גִּישָׁה
—v.i. (*derog.*) ״עָשָׂה פּוֹזָה״, ״עָשָׂה רוּחַ״
□ *he said she was just posturing* הוּא אָמַר שֶׁהִיא רַק עוֹשָׂה אֶת עַצְמָהּ

post-war /pəʊst-ˌwɔː(r)/ adj. שֶׁלְּאַחַר מִלְחֶמֶת הָעוֹלָם (הָרִאשׁוֹנָה/הַשְּׁנִיָּה)

postwoman /ˈpəʊstwʊmən/ n. דַּוֶּרֶת, נוֹשֵׂאת מִכְתָּבִים

posy[1] /ˈpəʊzɪ/ n. צְרוֹר פְּרָחִים קָטָן

posy[2] /ˈpəʊzɪ/ adj. (*sl.*) עָשָׂה ״רוּחַ״, ״דָּאוִינֶר״

pot[1] /pɒt/ n.
1 (vessel) סִיר, קְדֵרָה; קֻנְקָן
pot roast צְלִי בִּקְדֵרָה
□ *the pot calling the kettle black* (*colloq.*) כָּל הַפּוֹסֵל בְּמוּמוֹ פּוֹסֵל
□ *come home and take pot luck with us this evening!* בּוֹא אֵלֵינוּ הַבַּיְתָה הָעֶרֶב וְתֹאכַל אִתָּנוּ מַה שֶּׁבְּכָלְנוּ אוֹכְלִים
□ *his plans went (all) to pot* (*colloq.*) כָּל הַתָּכְנִיּוֹת שֶׁלּוֹ ״הָלְכוּ״
□ *a watched pot never boils* (*Prov.*) אַל תַּעֲשֶׂה יוֹתֵר מִמַּה שֶּׁצָּרִיךְ, אַחֶרֶת הַדְּבָרִים לֹא יַצְלִיחוּ
2 (full contents of a pot) (תְּכוּלַת) סִיר; (תְּכוּלַת) קֻנְקָן
□ *I ordered a pot of tea* הִזְמַנְתִּי קֻנְקַן־תֵּה (לָרֹב לְאָדָם אֶחָד אוֹ שְׁנַיִם)
3 (large sum of money, *colloq.*) הוֹן עָתֵק, הוֹן תּוֹעָפוֹת
4 (pot-belly, *derog.*) כֶּרֶס

—v.t.
1 (plant in pot) שָׁתַל בְּעָצִיץ
potting shed צְרִיף קָטָן בְּגִנָּה (לִכְלֵי עֲבוֹדָה וְכַד׳)
2 (*Billiards*) הִכְנִיס לַחוֹר (כַּדּוּר בִּילְיַרְד)
3 (shoot; get by shooting) יָרָה בְּ... (צַיִד), צָד
—v.i.
pot at יָרָה בְּ... (בַּעַל חַיִּים)

pot² /pɒt/ n. (*colloq.*) "נַאפְּס" (חֲשִׁישׁ)

potable /ˈpəʊtəb(ə)l/ adj. (*formal*) רָאוּי לִשְׁתִיָּה

potash /ˈpɒtæʃ/ n. אַשְׁלָג, פּוֹטַשׁ
caustic potash אַשְׁלָג מְאַכֵּל

potassium /pəˈtæsɪəm/ n. אַשְׁלְגָן

potation /pəʊˈteɪʃ(ə)n/ n. (*formal*) שְׁתִיָּה (בְּיִחוּד שֶׁל מַשְׁקֶה חָרִיף); "מַשְׁקֶה" (חָרִיף)

potato /pəˈteɪtəʊ/ n. (*pl.* **potatoes**) תַּפּוּחַ־אֲדָמָה, תַּפּוּ"ד
small potatoes (*sl.*) עִנְיָן "לֹא־רְצִינִי", "מִשְׂחָק"
□ *he's dropped all his old friends like hot potatoes* (*colloq.*) הוּא הִתְכַּחֵשׁ לְכָל יְדִידָיו מִן הֶעָבָר

pot-bellied /ˌpɒt-ˈbelɪd/ adj. (*derog.*) בַּעַל כֶּרֶס, כַּרְסְתָן (מֵרֹב אֲכִילָה וּשְׁתִיָּה); בַּעַל בֶּטֶן נְפוּחָה (מֵרָעָב)

pot-belly /ˈpɒt-belɪ/ n. (*derog.*) כֶּרֶס

pot-boiler /ˈpɒt-bɔɪlə(r)/ n. (*derog.*) יְצִירָה סִפְרוּתִית אוֹ אָמָּנוּתִית זוֹלָה (שֶׁנִּכְתְּבָה בְּחִפָּזוֹן כְּדֵי לְהַכְנִיס רְוָחִים מְהִירִים)

poteen /pɒˈtiːn/ n. (*Irish*) וִיסְקִי אִירִי (שֶׁהוּכַן בַּחֲשַׁאי וּבְאֹפֶן לֹא־חֻקִּי)

potency /ˈpəʊt(ə)nsɪ/ n. עָצְמָה, אוֹן, כֹּחַ, חֹזֶק; כֹּחַ־גַּבְרָא

potent /ˈpəʊt(ə)nt/ adj.
1 (powerful) רַב־עָצְמָה, שֶׁיֵּשׁ בּוֹ כֹּחַ, חָזָק
2 (sexually able, of a man) בַּעַל כֹּחַ־גַּבְרָא
3 (influential, *formal*) חָזָק, רַב־עָצְמָה, בַּעַל הַשְׁפָּעָה חֲזָקָה

potentate /ˈpəʊt(ə)nteɪt/ n. שַׁלִּיט, רוֹדָן

potential /pəˈtenʃ(ə)l/ adj.
1 (latent) פּוֹטֶנְצִיאָלִי, שֶׁבְּכֹחַ, גָּלוּם
potential energy אֶנֶרְגִּיָה פּוֹטֶנְצִיאָלִית
2 (*Gram.*) פּוֹטֶנְצִיאָלִי
potential mood דֶּרֶךְ־הַפּוֹטֶנְצִיאָל (כְּגוֹן בְּשָׂפוֹת קְלָאסִיּוֹת)
—n.
1 (latent ability) פּוֹטֶנְצִיאָל
2 (latent energy) אֶנֶרְגִּיָה פּוֹטֶנְצִיאָלִית
3 (electrical force) מֶתַח חַשְׁמַלִּי, פּוֹטֶנְצִיאָל

potentiality /pəˌtenʃɪˈælɪtɪ/ n. (*formal*)
1 (latent ability) פּוֹטֶנְצִיאָלִיּוּת, עָצְמָה שֶׁבְּכֹחַ
2 (in *pl.*, latent intellectual powers) כִּשּׁוּרִים אִינְטֶלֶקְטוּאָלִיִּים גְּלוּמִים

pother /ˈpɒðə(r)/ n. (*arch.*) סְעָרָה בְּכוֹס מַיִם, מְהוּמָה שֶׁלֹּא לְצֹרֶךְ

pot-herb /ˈpɒt-hɜːb/ n. צֶמַח תַּבְלִין (בְּבִשּׁוּל)

pot-hole /ˈpɒt-həʊl/ n. בּוֹר, מַהֲמוֹרָה (בַּכְּבִישׁ); פִּיר (בְּסֶלַע)
1 (depression in road) מַהֲמוֹרָה, בּוֹר בַּכְּבִישׁ
2 (fissure in rock) נִקְבָּה אֲנָכִית; מַעֲרֶכֶת מְעָרוֹת

pot-holer /ˈpɒt-həʊlə(r)/ n. חוֹבֵב סִיּוּרֵי־מְעָרוֹת

pot-holing /ˈpɒt-həʊlɪŋ/ n. סִיּוּר בִּמְעָרוֹת (כְּתַחְבִּיב)

pot-hook /ˈpɒt-hʊk/ n. וָו לְסִיר (לַהֲרָמָה אוֹ לִתְלִיָּה)

potion /ˈpəʊʃ(ə)n/ n. (*poet.*) שִׁקּוּי (לָרֹב בַּעַל תְּכוּנוֹת מָגִיּוֹת)

pot-pourri /ˌpəʊ-ˈpʊərɪ/ n.
1 (scented mixture) תַּעֲרֹבֶת רֵיחָנִית שֶׁל עָלִים יְבֵשִׁים (לְאָרוֹן סְדִינִים וְכַד׳)
2 (medley) עֵרֶב רַב

potsherd /ˈpɒtʃɜːd/ n. שֶׁבֶר חֶרֶס, חֶרֶס (בַּחֲפִירָה אַרְכֵיאוֹלוֹגִית)

pot-shot /ˈpɒt-ʃɒt/ n. (*colloq.*) יְרִיָּה בְּאַקְרַאי; הֶעָרָה בְּקָרְתִית בְּאַקְרַאי

pottage /ˈpɒtɪdʒ/ n. (*arch.*) נְזִיד־עֲדָשִׁים
□ *he sold his birthright for a mess of pottage* (*formal*) הוּא מָכַר אֶת בְּכוֹרָתוֹ בִּנְזִיד עֲדָשִׁים

potted /ˈpɒtɪd/ adj.
1 (in a pot) בְּעָצִיץ
potted meat מִמְרַח בָּשָׂר
2 (poorly summarized, *derog.*) מְקֻצָּץ (חִבּוּר סִפְרוּתִי וְכַד׳)
potted biography בִּיּוֹגְרַפְיָה קְצָרָה; בְּכַמָּה שׁוּרוֹת

potter¹ /ˈpɒtə(r)/ v.i. (*colloq.*) "הִסְתּוֹבֵב"
□ *the old man pottered about in the garden* הַזָּקֵן עָשָׂה כַּמָּה עֲבוֹדוֹת קְטַנּוֹת בַּגַּן

potter² /ˈpɒtə(r)/ n. קַדָּר
potter's wheel אָבְנַיִם

pottery /ˈpɒtərɪ/ n.
1 (earthenware) כְּלֵי חֶרֶס
2 (making of earthenware) קַדָּרוּת
3 (place where pottery is made) בֵּית הַיּוֹצֵר (שֶׁל קַדָּר)

potty¹ /ˈpɒtɪ/ adj. (*colloq.*)
1 (foolish, mad) מְשֻׁגָּע
□ *he was pot about his new girlfriend* הוּא הָיָה מְשֻׁגָּע עַל הַחֲבֵרָה הַחֲדָשָׁה שֶׁלּוֹ
2 (insignificant) חֲסַר עֵרֶךְ, לֹא שָׁוֶה כְּלוּם
□ *he insists on discussing every potty little detail* הוּא מִתְעַקֵּשׁ לְבָרֵר כָּל פְּרָט קְטַנְטַן וַחֲסַר עֵרֶךְ

potty² /ˈpɒtɪ/ n. (*colloq.*) סִיר (לְיֶלֶד, לַעֲשִׂיַּת צְרָכָיו)
potty-training לִמּוּד יֶלֶד לַעֲשׂוֹת (אֶת צְרָכָיו) בְּסִיר

pouch /paʊtʃ/ n.
1 (small bag; pocket) כִּיס, נַרְתִּיק, תִּיק
tobacco pouch נַרְתִּיק לְטַבָּק
2 (receptacle for young of marsupial) כִּיס (שֶׁל חַיַּת־כִּיס)

pouf /puːf/ n. (also **pouffe**)
1 (large cushion used as seat) "פּוּף"
2 (male homosexual, *sl. derog.*) "מִתְרוֹמֵם"

poulterer /ˈpəʊltərə(r)/ n. (*arch.*) מוֹכֵר עוֹפוֹת

poultice /ˈpəʊltɪs/ n. קוֹמְפְּרֶס חַם
—v.t. שָׂם קוֹמְפְּרֶס חַם עַל

poultry /ˈpəʊltrɪ/ n. עוֹפוֹת

pounce /paʊns/ v.i. קָפַץ עַל, נִתֵּר עַל, זִנֵּק עַל
□ *she pounced on the chance of a weekend in France* הִיא קָפְצָה עַל הַהִזְדַּמְּנוּת לְבַלּוֹת סוֹף-שָׁבוּעַ בְּצָרְפַת
—n. זִנּוּק, נִתּוּר, קְפִיצָה

pound[1] /paʊnd/ n.
1 (measure of weight) לִיטְרָה, לִיבְּרָה
□ *he always exacts his pound of flesh* (*formal*) הוּא תָּמִיד דּוֹרֵשׁ אֶת שֶׁלּוֹ
2 (unit of money) לִירָה (בְּרִיטִית וְכַד'), לִישְׁ"ט
pound sign סִימָן £ (לְצִיּוּן "לִישְׁ"ט")
pound sterling לִירָה שְׁטֶרְלִינְג
□ *in for a penny, in for a pound* (*Prov.*) אִם כְּבָר, אָז כְּבָר

pound[2] /paʊnd/ n. מִכְלָאָה
dog pound מִכְלָאַת כְּלָבִים, "כַּלְבִּיָּה"
—v.t.
pound up כָּלָא בְּמִכְלָאָה

pound[3] /paʊnd/ v.t.
1 (crush) כָּתַשׁ, מָעַךְ
2 (thump, pummel) הָלַם בְּ..., הִכָּה בְּ...
3 (walk repeatedly along) צָעַד לְאָרְכּוֹ וּלְרָחְבּוֹ שֶׁל
—v.i. הָלַם (בְּעֹז)

poundage /ˈpaʊndɪdʒ/ n. תַּעֲרִיף לְלִיטְרָה/לְלִישְׁ"ט

pounding /ˈpaʊndɪŋ/ n.
1 (noise) קוֹל הֲלְמוּת, קוֹל מַהֲלוּמוֹת
2 (series of blows; heavy defeat) מַהֲלוּמוֹת כְּבֵדוֹת; מַכָּה קָשָׁה, מַהֲלוּמָה כְּבֵדָה
□ *the British team took a severe pounding in the second round* הַקְּבוּצָה הַבְּרִיטִית סָפְגָה מַכָּה קָשָׁה בַּסִּבּוּב הַשֵּׁנִי

pour /pɔː(r)/ v.t. מָזַג, שָׁפַךְ
□ *he poured cold water on the plan* (*colloq.*) הוּא צִנֵּן אֶת הַהִתְלַהֲבוּת מִן הַתָּכְנִית
□ *she poured oil on the troubled waters* (*fig.*) הִיא הִצְלִיחָה לְהַרְגִּיעַ אֶת הָרוּחוֹת
□ *she poured (out) the tea* הִיא מָזְגָה אֶת הַתֵּה
□ *shall I pour (the tea)?* לִמְזֹג (לְךָ תֵּה)?
□ *she poured scorn on his ideas* הִיא שָׁפְכָה קִיתוֹן שֶׁל בּוּז עַל הָרַעֲיוֹנוֹת שֶׁלּוֹ
□ *I poured out my troubles to my sister* שָׁטַחְתִּי אֶת צָרוֹתַי בְּאָזְנֵי אֲחוֹתִי
—v.i. נָזַל, יָרַד, זָלַג, נִשְׁפַּךְ
□ *sweat poured down his cheek* הַזֵּעָה נִגְּרָה מִלְּחָיוֹ
□ *it never rains but it pours* (*Prov.*) זֶה תָּמִיד קוֹרֶה בְּגָדוֹל
□ *it poured (down) during the night* יָרַד מַבּוּל בְּמֶשֶׁךְ הַלַּיְלָה
□ *the crowd poured out of the stadium* הַקָּהָל זָרַם מִן הָאִצְטַדְיוֹן

pout /paʊt/ v.t. & i. עִוָּה (אֶת שְׂפָתוֹ הַתַּחְתּוֹנָה); עָשָׂה פַּרְצוּף (כַּנַּ"ל)
—n. עִוּוּי פָּנִים (כַּנַּ"ל)

poverty /ˈpɒvətɪ/ n. עֹנִי, דַּלּוּת
poverty line קַו הַדַּלּוּת, סַף הַדַּלּוּת
poverty trap מַלְכֹּדֶת הַדַּלּוּת

poverty-stricken /ˈpɒvətɪ-strɪk(ə)n/ n. מֻכֵּה-דַּלּוּת, מֻכֵּה-עֹנִי

POW /ˈpiː əʊ ˈdʌb(ə)ljuː/ abbrev. שְׁבוּי מִלְחָמָה

pow /paʊ/ int. (*colloq.*) "בּוּם", "טְרָאח"

powder /ˈpaʊdə(r)/ n.
1 (fine, dry ground particles; medicine or cosmetic in this form) אַבְקָה
face powder פּוּדְרָה לְפָנִים
powder blue תְּכֵלֶת, כָּחֹל בָּהִיר
talcum powder אַבְקַת טַלְק
2 (gunpowder) אֲבַק-שְׂרֵפָה
□ *the whole affair is not worth powder and shot* (*arch.*) כָּל הָעִנְיָן אֵינוֹ שָׁוֶה וְלֹא כְּלוּם
—v.t. & i.
1 (reduce to powder) הָפַךְ לְאַבְקָה
powdered milk אַבְקַת-חָלָב
2 (put powder on) זָרָה אַבְקָה עַל, אִבֵּק, פִּדֵּר
□ *may I powder my nose?* (*euphem.*) אוּלַי אַתָּה יָכוֹל לוֹמַר לִי בְּבַקָּשָׁה הֵיכָן הַשֵּׁרוּתִים? (נֶאֱמַר עַל יְדֵי אִשָּׁה בִּלְבַד)

powder-keg /ˈpaʊdə-keg/ n. חָבִית אֲבַק-שְׂרֵפָה, חָבִית חֹמֶר-נֶפֶץ (גַּם בְּהַשְׁאָלָה)

powder-puff /ˈpaʊdə-pʌf/ n. כָּרִית פּוּדְרָה (לְפָנִים, לַגּוּף)

powder-room /ˈpaʊdə-ruːm/ n. שֵׁרוּתֵי נָשִׁים (בְּבִנְיָן מְהֻדָּר)

powdery /ˈpaʊdərɪ/ adj. דְּמוּי אַבְקָה, בְּצוּרַת אַבְקָה

power /ˈpaʊə(r)/ n.
1 (ability) כֹּחַ, יְכֹלֶת
purchasing power כֹּחַ קְנִיָּה
□ *it is not in my power to help you* אֵין בְּכֹחִי לַעֲזֹר לְךָ
2 (in *pl.*, faculties) כֹּחוֹת נַפְשִׁיִּים, יְכֹלֶת שִׂכְלִית
□ *the old man was losing his powers* הַזָּקֵן הֵחֵל לְאַבֵּד אֶת כִּשְׁרוֹנָיו הַשִּׂכְלִיִּים
3 (force, strength) כֹּחַ
power politics פּוֹלִיטִיקָה בְּאִיּוּמִים צְבָאִיִּים
□ *the balance of power has shifted* מַאֲזַן הַכֹּחוֹת הִשְׁתַּנָּה

□ *more power to your elbow!* (*colloq.*) שֶׁיִּהְיֶה בְּהַצְלָחָה!

4 (mechanical or electrical energy; electricity supply) כֹּחַ; חַשְׁמַל

power cut הַפְסָקַת זֶרֶם, הַפְסָקַת חַשְׁמַל

power line כֶּבֶל מֶתַח גָּבוֹהַּ

power plant תַּחֲנַת־כֹּחַ, תַּחֲנַת־חַשְׁמַל

power steering הֶגֶה־כֹּחַ

power tool כְּלִי עֲבוֹדָה מְכָנִי (עִם מְנוֹעַ חַשְׁמַל, בֶּנְזִין וְכַד׳)

5 (authority, influence) הַשְׁפָּעָה, כֹּחַ, סַמְכוּת

in power בַּשִּׁלְטוֹן

□ *I have no power to judge this case* אֵין לִי סַמְכוּת לִשְׁפֹּט בְּנוֹשֵׂא זֶה

□ *he has full powers to re-organize the firm* יֵשׁ לוֹ סַמְכֻיּוֹת מְלֵאוֹת לְבַצֵּעַ אִרְגּוּן־מֵחָדָשׁ בַּחֶבְרָה

□ *he was in the power of the blackmailers* הוּא הָיָה נָתוּן לַחֲסָדֵיהֶם שֶׁל הַסַּחְטָנִים

6 (influential country) מַעֲצָמָה

the superpowers מַעֲצָמוֹת הָעַל

7 (someone or something of great influence) כֹּחַ

the powers above (*formal*) הַשָּׁמַיִם (בְּמֻבָּן "הָאֵל")

the powers that be (*colloq.*) "הַבּוֹס", "הַחֲשׁוּבִים"

8 (*Math.*) חֶזְקָה

9 (magnifying capacity of lens) כֹּחַ הַגְדָּלָה, כֹּשֶׁר הַגְדָּלָה

10 (large amount, *colloq.*)

□ *this medicine will do you a power of good* (*colloq.*) הַתְּרוּפָה הַזֹּאת תַּעֲזֹר לְךָ יָפֶה

—v.t. הֵנִיעַ, הִפְעִיל

—v.i. (*colloq.*) "טָס"

□ *the car powered off down the track* הַמְּכוֹנִית טָסָה לְאֹרֶךְ הַמַּסְלוּל

powerboat /ˈpaʊəbəʊt/ n. סִירַת־מָנוֹעַ, סִירַת־מֵרוֹץ (עִם מָנוֹעַ)

powerful /ˈpaʊəf(ə)l/ adj. רַב־עָצְמָה, חָזָק

powerhouse /ˈpaʊəhaʊs/ n. "מְקוֹר כֹּחַ" (אָדָם, מוֹסָד וְכַד׳); תַּחֲנַת כֹּחַ

powerless /ˈpaʊəlɪs/ adj. חֲסַר אוֹנִים, קְצַר־יָד

□ *we were powerless to help her* יָדֵנוּ קָצְרָה מִלַּעֲזֹר לָהּ

power-pack /ˈpaʊə-pæk/ n. סַפָּק־כֹּחַ

power-point /ˈpaʊə-pɔɪnt/ n. שֶׁקַע חַשְׁמַלִּי

power-station /ˈpaʊə-steɪʃ(ə)n/ n. תַּחֲנַת־כֹּחַ, תַּחֲנַת חַשְׁמַל

pow-wow /ˈpaʊ-waʊ/ n.

1 (conference of N. Amer. Indians) הִתְכַּנְּסוּת בְּנֵי־שְׁבָטִים אִינְדִיאָנִים

2 (any conference, *colloq.*) פְּגִישָׁה, כֶּנֶס

pox /pɒks/ n. (*sl.*) סִיפִלִיס

poxy /ˈpɒksɪ/ adj. (*sl.*) "דָּפוּק" (בִּטּוּי הַמַּבִּיעַ חֹסֶר שְׂבִיעוּת רָצוֹן קִיצוֹנִי)

PP /piː ˈpiː/ abbrev. עמ׳, עֲמוּדִים (קִצּוּר בְּהַפְנָיוֹת לְמַרְאֵה מָקוֹם וְכַד׳)

PPS /piː piː ˈes/ abbrev.

1 (parliamentary aide) עוֹזֵר/מַזְכִּיר פַּרְלָמֶנְטָרִי אִישִׁי

2 (note at end of letter) נִסְפָּח לְנ״ב, נ״ב שֵׁנִי

PR /piː ˈɑː(r)/ abbrev.

1 (public relations) יַחֲסֵי צִבּוּר

2 (proportional representation) בְּחִירוֹת יַחֲסִיּוֹת

practicability /ˌpræktɪkəˈbɪlɪtɪ/ n. (*formal*) הֱיוֹת בַּר בִּצּוּעַ

practicable /ˈpræktɪkəb(ə)l/ adj. מַעֲשִׂי, בַּר־בִּצּוּעַ

practical /ˈpræktɪk(ə)l/ adj.

1 (involving action as opposed to theory) מַעֲשִׂי, פְּרַקְטִי

practical examination בְּחִינָה מַעֲשִׂית

practical joke מַעֲשֶׂה קֻנְדֵּס, בְּדִיחָה מַמָּשִׁית

2 (able to be done) מַעֲשִׂי, פְּרַקְטִי

□ *it may be possible but it's not practical* זֶה אֶפְשָׁרִי אַךְ לֹא מַעֲשִׂי

□ *from a practical point of view it is a difficult task* מִנְּקֻדַּת מַבָּט מַעֲשִׂית זוֹ מְשִׂימָה קָשָׁה

□ *for all practical purposes the scheme is abandoned* מִבְּחִינָה מַעֲשִׂית הַתָּכְנִית נִנְטְשָׁה

3 (able to or preferring to do things) מַעֲשִׂי, פְּרַקְטִי

4 (virtual) לְמַעֲשֶׂה

□ *this is a practical impossibility* זֶה לְמַעֲשֶׂה בִּלְתִּי אֶפְשָׁרִי

—n. בְּחִינָה מַעֲשִׂית

practically /ˈpræktɪk(ə)lɪ/ adv.

1 (almost) כִּמְעַט

□ *I have practically finished the work* כִּמְעַט סִיַּמְתִּי אֶת הָעֲבוֹדָה

2 (in a practical manner) בְּאֹפֶן מַעֲשִׂי, בְּאֹפֶן פְּרַקְטִי

practice /ˈpræktɪs/ n.

1 (action as opposed to theory) מַעֲשֶׂה

sharp practice (*derog.*) תִּמְרוּנִים (לֹא יְשָׁרִים אֲבָל חֻקִּיִּים)

□ *theory and practice are two different things* הַתֵּיאוֹרְיָה וְהַמַּעֲשֶׂה הֵם שְׁנֵי דְּבָרִים שׁוֹנִים

□ *he put the new methods into practice* הוּא יִשֵּׂם אֶת הַשִּׁיטוֹת הַחֲדָשׁוֹת

2 (systematic repetition) אִמּוּן, אִמּוּנִים, תִּרְגּוּל, תִּרְגֹּלֶת

out of practice לֹא בְּכֹשֶׁר

□ *practice makes perfect* (*Prov.*) צָרִיךְ לְהִתְאַמֵּן כְּדֵי לְהַגִּיעַ לְהֶשֵּׂגִים

3 (habit, custom) הֶרְגֵּל, נֹהַג

□ *it is our practice to leave a tip for the waiter* מִמִּנְהָגֵנוּ לְהַשְׁאִיר טִיפ/תֶּשֶׁר לַמֶּלְצַר

4 (business of doctor or lawyer) מִשְׂרָד (שֶׁל עוֹרֵךְ־דִּין); מִרְפָּאָה (שֶׁל רוֹפֵא אֶחָד)

general practice מִרְפָּאָה מְשֻׁתֶּפֶת (לְכַמָּה רוֹפְאִים)

practise /ˈpræktɪs/ v.t.
1 (do regularly to acquire skill; also v.i.) הִתְאַמֵּן בְּ..., תִּרְגֵּל
2 (pursue profession) עָסַק (בִּרְפוּאָה, עֲרִיכַת דִּין וְכַד׳)
□ *he is a practising lawyer* הוּא עוֹרֵךְ־דִּין פָּעִיל
3 (do habitually, *formal*) נָהַג לַעֲשׂוֹת, בִּצֵּעַ, יִשֵּׂם
□ *why don't you practise what you preach?* מַדּוּעַ שֶׁלֹּא תְּיַשֵּׂם אֶת הָעֶקְרוֹנוֹת שֶׁאַתָּה מַטִּיף לָהֶם?
4 (be active as) הָיָה פָּעִיל
□ *they are practising Christians* הֵם נוֹצְרִים בְּפֹעַל

practised /ˈpræktɪst/ adj. מְאֻמָּן, מְנֻסֶּה; מִקְצוֹעִי (וּלְפִיכָךְ לֹא סְפּוֹנְטָנִי)

practitioner /prækˈtɪʃənə(r)/ n. רוֹפֵא; עוֹרֵךְ־דִּין
general practitioner רוֹפֵא כְּלָלִי, רוֹפֵא מִשְׁפָּחָה

pragmatic /prægˈmætɪk/ adj. מַעֲשִׂי, פְּרַגְמָטִי

pragmatics /prægmætɪks/ n. *pl.* פְּרַגְמָטִיקָה (חֵקֶר הַשָּׂפָה בְּשִׁמּוּשׁ)

pragmatism /prægmətɪzəm/ n.
1 (matter-of-fact attitude) מַעֲשִׂיּוּת, פְּרַגְמָטִיּוּת
2 (*Philos.*) פְּרַגְמָטִיזְם (זֶרֶם בַּפִילוֹסוֹפְיָה הַחֲדָשָׁה)

pragmatist /ˈprægmətɪst/ n. אָדָם פְּרַגְמָטִי; פִילוֹסוֹף פְּרַגְמָטִיסְטִי

prairie /ˈpreərɪ/ n. עֲרָבָה (בִּצְפוֹן אֲמֶרִיקָה)
prairie dog מַרְמוּטָה כַּלְבִּית (מְכַרְסֵם הַחַי בָּעֲרָבוֹת)
prairie oyster מַשְׁקֶה בֵּיצָה לֹא מְבֻשֶּׁלֶת (נֶגֶד כְּאֵב־רֹאשׁ כְּתוֹצָאָה מִשְּׁתִיָּה מֻפְרֶזֶת)

praise /preɪz/ v.t.
1 (speak highly of) שִׁבַּח, דִּבֵּר בְּשִׁבְחוֹ שֶׁל
□ *he praised his pupils to the headmaster* הוּא שִׁבַּח אֶת הַתַּלְמִידִים שֶׁלּוֹ לִפְנֵי הַמְנַהֵל
2 (glorify, worship) הִלֵּל
—n.
1 (commendation, glorifying) שֶׁבַח, הַלֵּל
□ *their bravery is beyond praise* אֹמֶץ הַלֵּב שֶׁלָּהֶם הוּא מֵעַל וּמֵעֵבֶר
□ *praise be!* (*arch.*) בָּרוּךְ הַשֵּׁם!
2 (in *pl.*, expressions of approval) דִּבְרֵי שֶׁבַח, תִּשְׁבָּחוֹת
□ *he was singing his boss's praises all through lunch* הוּא לֹא הִפְסִיק לְשַׁבֵּחַ אֶת הַבּוֹס שֶׁלּוֹ בְּמֶשֶׁךְ כָּל אֲרוּחַת הַצָּהֳרַיִם

praiseworthy /ˈpreɪzwɜːðɪ/ adj. רָאוּי לְשֶׁבַח

praline /ˈprɑːliːn/ n. פְּרָלִין

pram /præm/ n. עֶגְלַת־תִּינוֹקוֹת

prance /prɑːns/ v.i. קִפֵּץ וְנִתֵּר, דִּלֵּג
□ *the children pranced about in their new clothes* הַיְלָדִים קִפְּצוּ וְדִלְּגוּ בִּבְגָדִים הַחֲדָשִׁים שֶׁלָּהֶם
—n.

prank /præŋk/ n. תַּעֲלוּל, מַעֲשֵׂה קֻנְדָּס

prat /præt/ n. (*sl.*)
1 (fool) ״אִידְיוֹט״
2 (buttocks) תַּחַת

prate /preɪt/ v.i. (*arch.*) בִּרְבֵּר

prattle /ˈpræt(ə)l/ (*colloq.*) v.t. & i. פִּטְפֵּט, קִשְׁקֵשׁ
—n. פִּטְפּוּט, קִשְׁקוּשׁ

prawn /prɔːn/ n. חֲסִילוֹן (גָּדוֹל)
prawn cracker קְרָקֶר חֲסִילוֹנִים

pray /preɪ/ v.i. הִתְפַּלֵּל
□ *pray for the souls of the departed* הִתְפַּלְּלוּ לְמַעַן נִשְׁמוֹת הַנִּפְטָרִים
—v.t. (*arch.*)
□ *who told you to do that, pray?* וּמִי, בְּמָטוּתָא, הוֹרָה לְךָ לַעֲשׂוֹת זֹאת?
□ *pray silence for the Lord Mayor!* (נֻסְחָה פוֹרְמָלִית לְבַקָּשַׁת שֶׁקֶט) אָנָּא, שֶׁקֶט לִקְרַאת דְּבַר רֹאשׁ הָעִיר!

prayer /preə(r)/ n.
1 (act of addressing God) תְּפִלָּה
2 (words used in such address) תְּפִלָּה
the Lord's Prayer תְּפִלַּת ״אָבִינוּ שֶׁבַּשָּׁמַיִם״ (בַּנַּצְרוּת)

prayer-book /ˈpreə-bʊk/ n. סֵפֶר־תְּפִלּוֹת, סִדּוּר

prayer-mat /ˈpreə-mæt/ n. מַחְצֶלֶת תְּפִלָּה, שְׁטִיחַ תְּפִלָּה (מֻסְלְמִי)

prayer-meeting /ˈpreə-miːtɪŋ/ n. כִּנּוּס־תְּפִלָּה (בַּכְּנֵסִיָּה הַפְּרוֹטֶסְטַנְטִית)

prayer-shawl /ˈpreə-ʃɔːl/ n. טַלִּית

prayer-wheel /ˈpreə-wiːl/ n. גַּלְגַּל־תְּפִלָּה (בּוּדְהִיסְטִי)

praying mantis /ˌpreɪɪŋ ˈmæntɪs/ n. גְּמַל שְׁלֹמֹה (חָרָק)

pre- /priː-/ pref. פְּרֶה־, (תְּחִלִּית שֶׁפֵּרוּשָׁהּ) לִפְנֵי, קֹדֶם

preach /priːtʃ/ v.i.
1 (deliver a sermon) נָשָׂא דְּרָשָׁה, הִטִּיף
2 (give moral advice, *derog.*) הִטִּיף מוּסָר
—v.t.
1 (deliver a sermon) נָשָׂא (דְּרָשָׁה)
2 (urge) הִטִּיף לְ... קָרָא לְ...

preacher /ˈpriːtʃə(r)/ n. מַטִּיף (נוֹצְרִי)

preaching /ˈpriːtʃɪŋ/ n. נְשִׂיאַת דְּרָשָׁה (בַּנַּצְרוּת); הַטָּפַת מוּסָר

preamble /priːˈæmb(ə)l/ n. (*formal*) הַצְהָרַת פְּתִיחָה, הַכְרָזַת פְּתִיחָה (בִּנְאוּם)

preamplifier /priːˈæmplɪfaɪə(r)/ n. פְּרֶה־אַמְפְּלִיפַיֶּר (סוּג שֶׁל מַגְבֵּר קוֹל בַּמַּעֲרֶכֶת)

prearrange /ˌpriːəˈreɪndʒ/ v.t. קָבַע מֵרֹאשׁ
□ *they met at a prearranged time* הֵם נִפְגְּשׁוּ בִּזְמַן שֶׁנִּקְבַּע מֵרֹאשׁ

prebend /ˈprebənd/ n. (*Relig.*) תַּשְׁלוּם שֶׁמְּשַׁלְּמִים לִכְמַר רָם־מַעֲלָה

prebendary /ˈprebənd(ə)rɪ/ n. (*Relig.*) כֹּמֶר רָם־מַעֲלָה הַמְקַבֵּל תַּשְׁלוּם כַּנַּ״ל

precarious /prɪˈkeərɪəs/ adj.
1 (dangerous) מְסֻכָּן, רַב־סַכָּנָה
2 (uncertain; dependent on chance) לֹא בָּטוּחַ, חֲסַר־בָּסִיס, לֹא יַצִּיב
precariously /prɪˈkeərɪəslɪ/ adv. בְּאֹפֶן לֹא יַצִּיב; בְּאֹפֶן מְסֻכָּן
□ *the joke came precariously close to being offensive* הַבְּדִיחָה הִתְקָרְבָה בְּאֹפֶן מְסֻכָּן לְעֶלְבּוֹן
precast /ˌpriːˈkɑːst/ adj. (בֶּטוֹן) יָצוּק מֵרֹאשׁ, מוּכָן לְהַצָּבָה בַּמָּקוֹם
precaution /prɪˈkɔːʃ(ə)n/ n.
1 (action taken to avoid risk) אֶמְצָעֵי זְהִירוּת
□ *what precautions were taken?* אֵילוּ אֶמְצָעֵי זְהִירוּת נִנְקְטוּ?
2 (foresight) זְהִירוּת
precautionary /prɪˈkɔːʃən(ə)rɪ/ adj. שֶׁל זְהִירוּת
precede /prɪˈsiːd/ v.t. (*formal*) קָדַם לְ...
precedence /ˈpresɪdəns/ n. (*formal*)
1 (priority in time or succession) קְדִימוּת
□ *age took precedence over rank* הַגִּיל זָכָה לִקְדִימוּת בְּיַחַס לַדַּרְגָּה
2 (right to precede others) זְכוּת־קְדִימָה
precedent /ˈpresɪdənt/ n. תַּקְדִּים
□ *this verdict sets a precedent* פְּסַק דִּין זֶה קוֹבֵעַ תַּקְדִּים
□ *the event was without precedent* הָאֵרוּעַ הָיָה לְלֹא תַּקְדִּים
preceding /prɪˈsiːdɪŋ/ adj. & n. (*formal*) קֹדֶם; הַנַּ"ל, הַקּוֹדֵם
precept /ˈpriːsept / n. (*formal*)
1 (rule) עִקָּרוֹן, צַו
2 (writ, warrant) צַו (בִּכְתָב)
precinct /ˈpriːsɪŋkt/ n.
1 (part of town) סְבִיבָה
pedestrian precinct מִדְרְחוֹב, אֵזוֹר לְהוֹלְכֵי־רֶגֶל בִּלְבַד
shopping precinct אֵזוֹר קְנִיּוֹת
2 (space within boundaries) תְּחוּם
□ *she lived within the precincts of the cathedral* הִיא גָּרָה בִּתְחוּם (שִׁטְחֵי) הַקָּתֶדְרָלָה
3 (small electoral or police district, *US*) מְחוֹז־מִשְׁנֶה
preciosity /ˌpreʃɪˈɒsɪtɪ/ n. (*formal*) דַּקְדְּקָנוּת (בְּעִקָּר בְּהִגּוּי וּבְמִבְטָא)
precious /ˈpreʃəs/ adj.
1 (of great value) יָקָר, יְקַר־עֵרֶךְ
precious stone אֶבֶן יְקָרָה
2 (affectedly refined, *derog.*) (אֹפֶן הִתְנַהֲגוּת, אָדָם) נָפוּחַ וּמַרְגִּיז
—adv. (*colloq.*)
□ *there was precious little food left* כִּמְעַט שֶׁלֹּא נִשְׁאַר מָזוֹן

precipice /ˈpresɪpɪs/ n. מָצוֹק, צוּק תָּלוּל
precipitate /prɪˈsɪpɪteɪt/ v.t. & i.
1 (hasten occurrence of, *formal*) זֵרֵז
2 (throw down headlong, *formal*) הִשְׁלִיךְ, הֵטִיל
3 (*Chem.*) שִׁקַּע (הִפְרִיד מוּצָק מִנּוֹזֵל)
4 (*Meteorol.*, also v.i.) הוֹרִיד כְּמִשְׁקָע; יָרַד כְּמִשְׁקָע (גֶּשֶׁם, שֶׁלֶג וְכַד')
—adj. /prɪˈsɪpɪtət/ (*formal*)
1 (falling steeply) תָּלוּל וּמְסֻכָּן
2 (hasty, rash) נֶחְפָּז, נִמְהָר
—n. /prɪˈsɪpɪteɪt/ (*Chem.*) מִשְׁקָע, שִׁכְבָה
precipitation /prɪˌsɪpɪˈteɪʃ(ə)n/ n.
1 (hasty action, *formal*) פְּעֻלָּה נִמְהֶרֶת, מַעֲשֶׂה נֶחְפָּז
2 (*Chem.*) שְׁקִיעָה; מִשְׁקָע, שִׁכְבָה
3 (*Meteorol.*) מִשְׁקָע (גֶּשֶׁם, שֶׁלֶג וְכַד')
precipitous /prɪˈsɪpɪtəs/ adj. (*formal*) תָּלוּל וּמְסֻכָּן; נֶחְפָּז, נִמְהָר
précis /ˈpreɪsiː/ n. (*pl.* **précis**) תַּקְצִיר
—v.t. עָשָׂה תַּקְצִיר, עָרַךְ תַּקְצִיר
precise /prɪˈsaɪs/ adj.
1 (exact in form, detail, etc.) מְדֻיָּק
2 (particular) בְּדִיּוּק, מְדֻיָּק
□ *at that precise moment she arrived* בְּדִיּוּק בְּאוֹתוֹ רֶגַע הִיא הִגִּיעָה
3 (correct, in behaviour) קַפְּדָן, דַּקְדְּקָן
precisely /prɪˈsaɪslɪ/ adv.
1 (exactly) בְּדִיּוּק
precisely (so)! בְּדִיּוּק כָּךְ! זֶהוּ בְּדִיּוּק!
2 (accurately) בְּדַיְּקָנוּת
precision /prɪˈsɪʒ(ə)n/ n. דִּיּוּק, דַּיְּקָנוּת
—attrib. adj. מְדֻיָּק, עָדִין
preclinical /ˌpriːˈklɪnɪk(ə)l/ adj. פְּרֶה־קְלִינִי, קְדַם־קְלִינִי
preclude /prɪˈkluːd/ v.t. (*formal*) חָסַם, מָנַע, עִכֵּב, הוֹצִיא (דָּבָר מָה) מִכְּלַל אֶפְשָׁרוּת
precocious /prɪˈkəʊʃəs/ adj. (יֶלֶד) בַּעַל מַחֲשָׁבָה מְפֻתַּחַת מִדַּי לְגִילוֹ (לְעִתִּים נֶאֱמָר בְּבִקֹּרֶת)
precocity /prɪˈkɒsɪtɪ/ n. (*formal*) מַצָּב שֶׁל הִתְפַּתְּחוּת שִׂכְלִית מְהִירָה מִדַּי (כַּנַּ"ל)
precognition /ˌpriːkɒgˈnɪʃ(ə)n/ n. (*formal*) כֹּשֶׁר רְאִיַּת הַנּוֹלָד; תְּחוּשָׁה לְגַבֵּי הֶעָתִיד
preconceive /ˌpriːkənˈsiːv/ v.t. גִּבֵּשׁ (דֵּעוֹת) מֵרֹאשׁ, לְלֹא בְּדִיקָה
□ *he has preconceived ideas about women* יֵשׁ לוֹ דֵּעוֹת מְגֻבָּשׁוֹת מֵרֹאשׁ לְגַבֵּי נָשִׁים
preconception /ˌpriːkənˈsepʃ(ə)n/ n. דֵּעָה שֶׁגֻּבְּשָׁה מֵרֹאשׁ, דֵּעָה קְדוּמָה
precondition /ˌpriːkənˈdɪʃ(ə)n/ n. תְּנַאי־מֻקְדָּם
precursor /ˌpriːˈkɜːsə(r)/ n. (*formal*)
1 (forerunner) מְבַשֵּׂר, אוֹת לַבָּאוֹת
2 (preceding person in job, etc.) הַקּוֹדֵם, הָאָדָם הַקּוֹדֵם בַּתַּפְקִיד

pre-date /priː-ˈdeɪt/ v.t. קָדַם (בְּתַאֲרִיךְ) לְ...
predator /ˈpredətə(r)/ n. (בַּעַל חַיִּים) טוֹרֵף; (אָדָם) חַמְסָן
predatory /ˈpredət(ə)rɪ/ adj. טוֹרֵף; חַמְסָן
predecease /ˌpriːdɪˈsiːs/ v.t. (*Law*) נִפְטַר לִפְנֵי
predecessor /ˈpriːdɪsesə(r)/ n.
1 (former holder of office) הַקּוֹדֵם, הָאָדָם הַקּוֹדֵם בַּתַּפְקִיד
2 (thing now supplanted or succeeded) קוֹדֵם
3 (ancestor) אָב (אֶחָד מֵאֲבוֹתָיו שֶׁל פְּלוֹנִי)
predestination /ˌpriːdestɪˈneɪʃ(ə)n/ n.
1 (doctrine of God's foreordaining) הָאֱמוּנָה (הַנּוֹצְרִית) בִּגְאוּלָּה שֶׁנִּקְבְּעָה מֵרֹאשׁ
2 (fate) גּוֹרָל שֶׁנִּקְבַּע מֵרֹאשׁ
predestine /ˌpriːˈdestɪn/ v.t. (*formal*) הוֹעִיד מֵרֹאשׁ, קָבַע אֶת גּוֹרָלוֹ שֶׁל (פְּלוֹנִי) מֵרֹאשׁ
predetermination /ˌpriːdɪtɜːmɪˈneɪʃ(ə)n/ n. (*formal*) קְבִיעָה מֵרֹאשׁ
predetermine /ˌpriːdɪˈtɜːmɪn/ v.t. קָבַע מֵרֹאשׁ
□ *the doors will open at a predetermined time* הַדְּלָתוֹת יִפָּתְחוּ בִּזְמַן קָבוּעַ מֵרֹאשׁ
predicament /prɪˈdɪkəmənt/ n. מַצָּב סָבוּךְ, תִּסְבֹּכֶת
predicate /ˈpredɪkeɪt/ v.t. (*formal*)
1 (declare or assume in argument) קָבַע, טָעַן
2 (make dependent) הִדְרִיךְ
□ *that theory is predicated on the existence of God* הַתֵּיאוֹרְיָה הַזּוֹ מְשֻׁתֶּתֶת עַל קִיּוּם הָאֵל
—n. /ˈpredɪkət/
1 (given fact, etc.) פְּרֶדִיקָט
2 (*Gram.*) נָשׂוּא
predication /ˌpredɪˈkeɪʃ(ə)n/ n. (*formal*) פְּרֶדִיקַצְיָה
predicative /prɪˈdɪkətɪv/ adj. (*Gram.*) (שֵׁם) נְשׂוּאִי, הַמְשַׁמֵּשׁ נָשׂוּא
predict /prɪˈdɪkt/ v.t. חָזָה, צָפָה מֵרֹאשׁ, נִבָּא
predictable /prɪˈdɪktəb(ə)l/ adj. צָפוּי מֵרֹאשׁ, נִתָּן לְחִזּוּי; חֲסַר הַפְתָּעוֹת
prediction /prɪˈdɪkʃ(ə)n/ n. תַּחֲזִית, חִזּוּי
predilection /ˌpriːdɪˈlekʃ(ə)n/ n. (*formal*) אַהֲבָה מְיֻחֶדֶת, נְטִיָּה מְיֻחֶדֶת
□ *she has a predilection for fast cars* יֵשׁ לָהּ חִבָּה מְיֻחֶדֶת לִמְכוֹנִיּוֹת מְהִירוֹת
predispose /ˌpriːdɪˈspəʊz/ v.t. (*formal*) גָּרַם לִנְטִיָּה מְיֻחֶדֶת
□ *I'm not predisposed to believe in astrology* אֲנִי לֹא נוֹטֶה לְהַאֲמִין בְּאַסְטְרוֹלוֹגְיָה
predisposition /ˌpriːdɪspəˈzɪʃ(ə)n/ n. נְטִיָּה (נַפְשִׁית)
predominance /prɪˈdɒmɪnəns/ n. (*formal*) שְׁלִיטָה; עֲדִיפוּת
predominant /prɪˈdɒmɪnənt/ adj. (*formal*) שַׁלִּיט; עָדִיף
predominantly /prɪˈdɒmɪnəntlɪ/ adv. (*formal*) לָרֹב, בְּעִקָּר
predominate /prɪˈdɒmɪneɪt/ v.i.
1 (have or exercise control) הָיָה בַּעַל שְׁלִיטָה, שָׁלַט
2 (prevail) הָיָה בַּעַל עֲדִיפוּת
3 (overwhelm numerically) הָיָה רַב מִ...
pre-eminence /ˌpriː-ˈemɪnəns/ n. (*formal*) הִצְטַיְּנוּת; רוֹמְמוּת
pre-eminent /ˌpriː-ˈemɪnənt/ adj. (*formal*) דָּגוּל, מִשִּׁכְמוֹ וָמַעְלָה
pre-empt /priː-ˈempt/ v.t.
1 (forestall) מָנַע מֵרֹאשׁ, נָקַט פְּעֻלַּת מְנַע נֶגֶד
2 (take over) הִשְׁתַּלֵּט עַל
□ *the movement was pre-empted by a lunatic fringe* קְבוּצַת שׁוּלַיִם לֹא־שְׁפוּיָה הִשְׁתַּלְּטָה עַל הַתְּנוּעָה
pre-emption /ˌpriː-ˈempʃ(ə)n/ n. מְנִיעָה מֵרֹאשׁ
pre-emptive /ˌpri-ˈemptɪv/ adj. (מַעֲשֶׂה) מְקַדֵּם (שֶׁמַּטְּרָתוֹ לָרֹב מְנִיעָה שֶׁל דְּבַר מָה), מוֹנֵעַ
pre-emptive bid (*Bridge*) הַכְרָזַת מְנִיעָה מְקַדֶּמֶת
pre-emptive strike (*Mil.*) מַכַּת־מְנַע מְקַדֶּמֶת
preen /priːn/ v.t. (בַּעַל כָּנָף) הֶחֱלִיק נוֹצוֹת (בְּמַקּוֹר)
—v.refl.
1 (make oneself smart) הִתְגַּנְדֵּר, הִתְיַפָּה
2 (show self-satisfaction) הִתְהַדֵּר, הִתְפָּאֵר
□ *he preens himself on his doctorate* הוּא מִתְהַדֵּר בְּתֹאַר הַדּוֹקְטוֹר שֶׁלּוֹ
pre-exist /ˌpriː-ɪgˈzɪst/ v.i. (*formal*) הָיָה קַיָּם בְּגִלְגּוּל קוֹדֵם (נְשָׁמָה)
pre-existence /priː-ɪgˈzɪstəns/ n. (*formal*) קִיּוּם בְּגִלְגּוּל קוֹדֵם
prefab /ˈpriːfæb/ n. (*colloq.*) מִבְנֶה טְרוֹמִי (מוּכָן מֵרֹאשׁ)
prefabricate /ˌpriːˈfæbrɪkeɪt/ v.t. יִצֵּר חֲלָקִים טְרוֹמִיִּים (שֶׁל מִבְנֶה וְכַד')
preface /ˈprefɪs/ n. הַקְדָּמָה (שֶׁל סֵפֶר וְכַד'); (בְּהַשְׁאָלָה) הַקְדָּמָה, מַהֲלָךְ רִאשׁוֹן בַּדֶּרֶךְ לְ...
—v.t. הִקְדִּים הַקְדָּמָה (לְסֵפֶר וְכַד'); הָיָה הַקְדָּמָה לְ...
□ *she prefaced her speech with some jokes* הִיא הִקְדִּימָה כַּמָּה בְּדִיחוֹת לִנְאוּם שֶׁלָּהּ
prefatory /ˈprefət(ə)rɪ/ adj. (*formal*) מַקְדִּים, שֶׁל הַקְדָּמָה (הֶעָרָה וְכַד')
prefect/ ˈpriːfekt/ n.
1 (French official, etc.) פְּרֶפֶקְט (מֵעֵין מַנְכַּ"ל מַחְלָקָה מֶמְשַׁלְתִּית)
2 (senior pupil with authority) תַּלְמִיד אַחֲרַאי
prefecture /ˈprɪːfektʃʊə(r)/ n.
1 (district under prefect) פְּרֶפֶקְטוּרָה
2 (office or tenure of prefect) פְּרֶפֶקְטוּרָה
prefer /prɪˈfɜː(r)/ v.t.
1 (like better) הֶעְדִּיף, בִּכֵּר

□ *I prefer not to say anything now* אֲנִי מַעֲדִיף שֶׁלֹּא לוֹמַר דָּבָר עַכְשָׁו
□ *she prefers jazz to classical music* הִיא מַעֲדִיפָה גֵ'ז עַל מוּזִיקָה קְלָסִית
2 (submit for consideration, *formal*) הִגִּישׁ (תְּלוּנָה מִשְׁפָּטִית וְכַד׳)
□ *he preferred charges of trespass against his neighbours* הוּא הִגִּישׁ תְּלוּנָה עַל הַסָּגַת־גְּבוּל נֶגֶד שְׁכֵנָיו
3 (promote, *formal*) הֶעֱלָה בְּדַרְגָּה (בְּסֻלַּם הַתַּפְקִידִים הַכְּנֵסִיָּתִי)

preferable /ˈpref(ə)rəb(ə)l/ adj. עָדִיף
preferably /ˈpref(ə)rəblɪ/ adv. עָדִיף, מוּטָב
preference /ˈpref(ə)rəns/ n.
1 (liking of one thing better than another) הַעֲדָפָה
□ *he has a preference for reading* יֵשׁ לוֹ הַעֲדָפָה לִקְרִיאָה, הוּא מַעֲדִיף לִקְרֹא
2 (something which one prefers) עֲדִיפוּת, הַעֲדָפָה, בְּחִירָה מֻעֲדֶפֶת
□ *please state your preference on the order form* נָא לְצַיֵּן אֶת הָעֲדִיפֻיּוֹת עַל טֹפֶס הַהַזְמָנָה
3 (favouring of one person or country before others) עֲדִיפוּת
4 (*Commerc.*)
preference share מְנָיָה מֻעֲדֶפֶת
preferential /ˌprefəˈrenʃ(ə)l/ adj. מֻעֲדָף, עָדִיף
preferential treatment טִפּוּל מֻעֲדָף
preferment /prɪˈfɜːmənt/ n. (*formal*) הַעֲלָאָה בְּדַרְגָּה (בַּכְּנֵסִיָּה)
prefigure /priːˈfigə(r)/ v.t. (*formal*) הָיָה סִימָן (לַבָּאוֹת)
prefix /ˈpriːfiks/ n. תְּחִלִּית (בְּלָשׁוֹן); קִדֹּמֶת (שֶׁל מִסְפַּר טֶלֶפוֹן); תֹּאַר מַקְדִּים לְשֵׁם ("ד"ר", "מַר", "הוֹד מַעֲלָתוֹ" וְכַד׳)
—v.t. /priːˈfiks/ הִקְדִּים
pregnancy /ˈpregnənsɪ/ n. הֵרָיוֹן, תְּקוּפַת הֵרָיוֹן
pregnant /ˈpregnənt/ adj.
1 (with child) בְּהֵרָיוֹן
2 (significant) (בִּטּוּי) טָעוּן, טָעוּן מַשְׁמָעוּת
pregnant pause שְׁתִיקָה מַשְׁמָעוּתִית
□ *the remark was pregnant with hidden meaning* (*formal*) הַהֶעָרָה הָיְתָה טְעוּנָה בְּמַשְׁמָעוּת נִסְתֶּרֶת
prehensile /ˌpriːˈhensaɪl/ adj. (*formal*) (אֵבָר כְּגוֹן יָד אוֹ זָנָב) בַּעַל כֹּשֶׁר לְפִיתָה
prehistoric /ˌpriːhɪˈstɒrɪk/ adj. פְּרֶהִיסְטוֹרִי, קְדַם־הִיסְטוֹרִי
prehistory /ˌpriːˈhɪst(ə)rɪ/ n. פְּרֶהִיסְטוֹרְיָה, קְדַם־הִיסְטוֹרְיָה
prejudge /ˌpriːˈdʒʌdʒ/ v.t. (*formal*) גִּבֵּשׁ דֵּעָה מֻקְדֶּמֶת עַל, עָרַךְ שִׁפּוּט מֻקְדָּם שֶׁל
prejudgement /ˌpriːˈdʒʌdʒmənt/ n. (*formal*) גִּבּוּשׁ דֵּעָה מֻקְדֶּמֶת, קְבִיעַת עֶמְדָּה מֵרֹאשׁ

prejudice /ˈpredʒʊdɪs/ n.
1 (preconceived opinion, bias) דֵּעָה קְדוּמָה, אַפְלָיָה
racial prejudice אַפְלָיָה גִּזְעִית
2 (harm, *formal*) נֶזֶק, פְּגִיעָה
□ *his thoughtless speech was to the prejudice of the negotiations* נְאוּמוֹ הַפָּזִיז גָּרַם נֶזֶק לַמַּשָּׂא־וּמַתָּן
without prejudice (*Law*) מִבְּלִי לִפְגֹּעַ (בִּזְכֻיּוֹת וְכַד׳)
—v.t.
1 (influence) הִשְׁפִּיעַ עַל (דֵּעָה וְכַד׳)
□ *you must not let her bad record prejudice your decision* אָסוּר לָךְ לָתֵת לְהֶשֵּׂגֶיהָ הַנְּמוּכִים לְהַשְׁפִּיעַ עַל הַהַחְלָטוֹת שֶׁלָּךְ
2 (damage) פָּגַע בְּ..., הִזִּיק לְ...
□ *his carelessness prejudices his chances in the examination* הָרַשְׁלָנוּת שֶׁלּוֹ פּוֹגַעַת בְּסִכּוּיָיו לְהַצְלִיחַ בַּבְּחִינָה
prejudiced /ˈpredʒʊdɪst/ adj. בַּעַל דֵּעוֹת קְדוּמוֹת, מְפַלֶּה
prejudicial /ˌpredʒʊˈdɪʃ(ə)l/ adj. (*formal*) מַזִּיק, פּוֹגֵעַ
prelacy /ˈpreləsɪ/ n. מִשְׂרַת כְּמוּרָה בְּכִירָה (בַּנַּצְרוּת)
prelate /ˈprelət/ n. כֹּמֶר (נוֹצְרִי) בָּכִיר
preliminary /prɪˈlɪmɪnərɪ/ adj. רִאשׁוֹנִי, מַקְדִּים, שֶׁל הַקְדָּמָה
—n. הַקְדָּמָה, צַעַד מֻקְדָּם, סִדּוּר מֻקְדָּם
the preliminaries הַצְּעָדִים הַמֻּקְדָּמִים
preliterate /priːˈlɪtərət/ adj. פְּרֶה־אַלְפָבֵּיתִי, קְדַם־אַלְפָבֵּיתִי (חֶבְרָה בְּשָׁלָב שֶׁלִּפְנֵי הִתְפַּתְּחוּת הַכְּתָב)
prelude /ˈpreljuːd/ n.
1 (*Mus.*) פְּרֶלוּד
2 (introduction) מָבוֹא, הַקְדָּמָה
premarital /priːˈmærɪt(ə)l/ adj. שֶׁלִּפְנֵי הַנִּשּׂוּאִין (יַחֲסֵי מִין)
premature /ˈprematjʊə(r)/ adj. מֻקְדָּם מִדַּי, שֶׁלִּפְנֵי זְמַנּוֹ
premature baby פַּג
premature ejaculation שְׁפִיכָה מֻקְדֶּמֶת
premed /priːˈmed/ (*colloq.*) n. כַּדּוּר הַרְגָּעָה לִפְנֵי הַרְדָּמָה כְּלָלִית
premedical /ˌpriːˈmedɪk(ə)l/ adj. שֶׁל מְכִינָה רְפוּאִית, קְדַם־רְפוּאִי (קוּרְס, תַּלְמִיד וְכַד׳)
premedication /ˌpriːmedɪˈkeɪʃ(ə)n/ n. כַּדּוּר הַרְגָּעָה לִפְנֵי הַרְדָּמָה כְּלָלִית
premeditated /ˌpriːˈmedɪteɪtɪd/ adj. בְּכַוָּנָה תְּחִלָּה, מְתֻכְנָן מֵרֹאשׁ
premeditation /ˌpriːmedɪˈteɪʃ(ə)n/ n. כַּוָּנָה תְּחִלָּה, תִּכְנוּן מֵרֹאשׁ (שֶׁל פֶּשַׁע וְכַד׳)
premenstrual tension /priˌmenstrʊəl ˈtenʃ(ə)n/ n. מֶתַח נַפְשִׁי בַּיָּמִים שֶׁלִּפְנֵי הַוֶּסֶת
premier /ˈpremɪə(r)/ adj. (*formal*) בָּכִיר
—n. רֹאשׁ מֶמְשָׁלָה

première /premɪeə(r)/ n. הַצָּגַת בְּכוֹרָה, פְּרֶמְיֶרָה

premise /'premɪs/ n. (also **premiss**) הַנָּחָה, הַנָּחַת־יְסוֹד

premises /'premɪsɪz/ n. *pl.* מָקוֹם, שֶׁטַח, אֵזוֹר, בִּנְיָן; חֲדָרִים
□ *the management installed new recreation facilities on the premises* הַהַנְהָלָה הוֹסִיפָה מִתְקְנֵי סְפּוֹרְט וּבִדּוּר חֲדָשִׁים בַּבִּנְיָן
□ *no alcohol may be consumed on the premises* צְרִיכַת אַלְכּוֹהוֹל אֲסוּרָה בְּהֶחְלֵט בְּמָקוֹם זֶה (כְּלוֹמַר בַּחֲנוּת וְכַד')

premium /'priːmɪəm/ n.
1 (reward, prize) פְּרָס, סְכוּם זְכִיָּה
Premium (Savings) Bond (*UK*) מַעֲיַן לוֹטוֹ מֶמְשַׁלְתִּי
□ *I put a premium on efficiency* אֲנִי מַעֲנִיק חֲשִׁיבוּת רַבָּה לִיעִילוּת
2 (amount payable under insurance policy) פְּרֶמְיָה
3 (bonus payment) בּוֹנוּס, תּוֹסֶפֶת מְיֻחֶדֶת, תַּשְׁלוּם נוֹסָף
4 (*Comm.*) מְחִיר גָּבוֹהַּ מִן הָרָגִיל
□ *the shares are selling at a premium* הַמְּנָיוֹת נִמְכָּרוֹת בִּמְחִיר גָּבוֹהַּ מִן הָרָגִיל
□ *good manners are at a premium in the hotel business* נִימוּסִים טוֹבִים הֵם מִצְרָךְ יָקָר בְּעִסְקֵי הַמְּלוֹנָאוּת

premonition /ˌpriːmə'nɪʃ(ə)n/ n. תְּחוּשַׁת אָסוֹן מִתְקָרֵב, תְּחוּשָׁה מַזְהִירָה

premonitory /prɪ'mɒnɪtərɪ/ adj. (*formal*) מַתְרָה

prenatal /ˌpriː'neɪt(ə)l/ adj. קְדַם־לֵדָה, שֶׁלִּפְנֵי הַלֵּדָה

preoccupation /priːˌɒkjʊ'peɪʃ(ə)n/ n. טִרְדָּה, מַחֲשָׁבָה מַטְרִידָה; פִּזּוּר נֶפֶשׁ (בִּגְלַל טְרָדוֹת מְרֻבּוֹת)

preoccupy /priː'ɒkjʊpaɪ/ v.t. טָרַד אֶת מַחֲשַׁבְתּוֹ שֶׁל
□ *she was too preoccupied to notice* הִיא הָיְתָה טְרוּדָה מִכְּדֵי שֶׁתַּרְגִּישׁ בַּדָּבָר

preordain /ˌpriːɔː'deɪn/ v.t. (*formal*) קָבַע מֵרֹאשׁ (אֱלֹהִים, הַגּוֹרָל)

prep /prep/ n. (*colloq.*)
1 (homework, *UK*) שִׁעוּרֵי־בַּיִת
2 prep school
(*UK*) בֵּית סֵפֶר יְסוֹדִי פְּרָטִי
(*US*) בֵּית סֵפֶר תִּיכוֹן פְּרָטִי

preparation /ˌprepə'reɪʃ(ə)n/ n.
1 (preparing, being prepared) הֲכָנָה
2 (in *pl.*, things done in readiness for something) הֲכָנוֹת
□ *they made preparations for the meal* הֵם עָרְכוּ הֲכָנוֹת לִקְרַאת הָאֲרוּחָה
3 (substance specially prepared) תַּכְשִׁיר
pharmaceutical preparation תַּכְשִׁיר רְפוּאִי, תַּכְשִׁיר פַּרְמָצֶבְטִי

preparatory /prɪ'pærət(ə)rɪ/ adj. (*formal*) שֶׁל הֲכָנָה, מֻקְדָּם
preparatory school
(*UK*) בֵּית סֵפֶר יְסוֹדִי פְּרָטִי
(*US*) בֵּית סֵפֶר תִּיכוֹן פְּרָטִי
—adv. כַּהֲכָנָה, כְּהַקְדָּמָה
□ *we redecorated the attic preparatory to inviting you to stay* עָשִׂינוּ שִׁפּוּצִים בַּעֲלִיַּת הַגַּג לִפְנֵי שֶׁהִזְמַנּוּ אוֹתְךָ לְהִתְאָרֵחַ בְּבֵיתֵנוּ

prepare /prɪ'peə(r)/ v.t. & i. הֵכִין, עָרַךְ; הִתְכּוֹנֵן, נֶעֱרַךְ
□ *she prepared him for the shock* הִיא הֵכִינָה אוֹתוֹ לִקְרַאת הַהֶלֶם
□ *he prepared the child for the examination* הוּא הֵכִין אֶת הַיֶּלֶד לִקְרַאת הַבְּחִינָה/הַבְּדִיקָה
□ *be prepared!* הֱיֵה נָכוֹן! (סִיסְמַת הַצּוֹפִים)
□ *I'm quite prepared to queue for hours for this concert* אֲנִי בְּהֶחְלֵט מוּכָן לַעֲמֹד בַּתּוֹר בְּמֶשֶׁךְ שָׁעוֹת כְּדֵי לְהִכָּנֵס לַקּוֹנְצֶרְט הַזֶּה

preparedness /prɪ'peərɪdnɪs/ n. מַצָּב שֶׁל הֲכָנוּת שֶׁהֻשְׁלְמוּ

prepay /priː'peɪ/ (past & past ppl. **prepaid** /priː'peɪd/) v.t. שִׁלֵּם מֵרֹאשׁ

prepayment /ˌpriː'peɪmənt/ n. תַּשְׁלוּם מֵרֹאשׁ

preponderance /prɪ'pɒndərens/ n. (*formal*) כַּמּוּת יֶתֶר, יִתְרוֹן, עֲדִיפוּת
□ *there's a preponderance of girls among the new pupils* יֶשְׁנָהּ עֲדִיפוּת מִסְפָּרִית שֶׁל בָּנוֹת בְּקֶרֶב הַתַּלְמִידִים הַחֲדָשִׁים

preponderate /prɪ'pɒndəreɪt/ v.i. (*formal*) הָיָה בְּמַצָּב שֶׁל עֲדִיפוּת

preposition /ˌprepə'zɪʃ(ə)n/ n. (*Gram.*) מִלַּת־יַחַס

prepositional /ˌprepə'zɪʃən(ə)l/ adj. (*Gram.*) הַכּוֹלֵל מִלַּת־יַחַס

prepossess /ˌpriːpə'zes/ v.t. (*formal*) הִרְשִׁים; טָרַד

prepossessing /ˌpriːpə'zesɪŋ/ adj. (*formal*) מְצוֹדֵד, מוֹשֵׁךְ, מַרְשִׁים

preposterous /prɪ'pɒstərəs/ adj. (*formal*) חֲסַר שַׁחַר, שֶׁלֹּא נִרְאָה/נִשְׁמַע כְּדֻגְמָתוֹ, אֱוִילִי

preppy /'prepɪ/ n. & adj. (*US*) לָבוּשׁ בְּהִדּוּר (כְּמוֹ תַּלְמִיד בְּבֵית סֵפֶר פְּרָטִי)

prepuce /'priːpjuːs/ n. (*Med.*) עָרְלָה

prerecord /ˌpriːrɪ'kɔːd/ v.t. הִקְלִיט מֵרֹאשׁ (מוּזִיקָה,/מֶלֶל)

prerequisite /ˌpriː'rekwɪzɪt/ n. (*formal*) תְּנַאי מֻקְדָּם, תְּנַאי בְּסִיסִי

prerogative /prɪ'rɒgətɪv/ n. (*formal*) זְכוּת מְיֻחֶדֶת (בְּתֹקֶף תַּפְקִיד)

presage (*formal*) /'presɪdʒ/ n. תְּחוּשַׁת אָסוֹן מִתְקָרֵב, תְּחוּשָׁה מַזְהִירָה
—v.t. also /prɪ'seɪdʒ/ בִּשֵּׂר (רָעוֹת)

presbyter /'prezbɪtə(r)/ n. זְקַן־עֵדָה פְּרֶסְבִּטֶרְיָאנִי

Presbyterian /ˌprezbɪˈtɪərɪən/ adj. & n. פְּרֶסְבִּטֶרְיָאנִי; חָבֵר בַּכְּנֵסִיָּה הַפְּרֶסְבִּטֶרְיָאנִית

presbytery /ˈprezbɪtrɪ/ n.
1 (eastern part of church beyond choir) הַצַּד הַמִּזְרָחִי בַּכְּנֵסִיָּה
2 (court of presbyters; district it represents) עֲדַת זִקְנֵי הַפְּרֶסְבִּטֶרְיָאנִים; אֵזוֹר הַמְּיֻצָּג עַל־יְדֵי עֵדָה כַּנַּ"ל
3 (residence of Roman Catholic priest) מְעוֹן־כֹּמֶר (קָתוֹלִי)

preschool /ˌpriːˈskuːl/ adj. קֹדֶם בֵּית־סֵפֶר, שֶׁלִּפְנֵי גִּיל בֵּית־הַסֵּפֶר

prescience /ˈpresɪəns/ n. (*formal*) רְאִיַּת הַנּוֹלָד, כֹּשֶׁר חִזּוּי

prescient /ˈpresɪənt/ adj. (*formal*) רוֹאֶה אֶת הַנּוֹלָד, בַּעַל כֹּשֶׁר חִזּוּי

prescribe /prɪˈskraɪb/ v.t. & i.
1 (lay down as rule or directions) קָבַע (כְּלָלִים, הַנְחָיוֹת וְכַד')
2 (*Med.*) רָשַׁם (תְּרוּפָה), הִמְלִיץ עַל (טִפּוּל וְכַד')
□ *the doctor prescribed a course of injections* הָרוֹפֵא הִמְלִיץ עַל סִדְרָה שֶׁל זְרִיקוֹת

prescript /ˈpriːskrɪpt/ n. (*formal*) צַו, הַנְחָיָה קְבוּעָה

prescription /prɪˈskrɪpʃ(ə)n/ n.
1 (doctor's direction, *Med.*) מִרְשָׁם
□ *the chemist made up the prescription* הָרוֹקֵחַ הֵכִין אֶת הַמִּרְשָׁם
□ *I can only get these tablets on prescription* אֲנִי יָכוֹל לְקַבֵּל אֶת הַכַּדּוּרִים הָאֵלֶּה רַק לְפִי מִרְשָׁם
2 (limitation of time within which action may be taken, *Law*) חֲזָקָה

prescriptive /prɪˈskrɪptɪv/ adj. (*formal*) קוֹבֵעַ, מַכְתִּיב
prescriptive grammar דִּקְדּוּק פְּרֶסְקְרִיפְּטִיבִי (בְּנִגּוּד לְדֶסְקְרִיפְּטִיבִי)
prescriptive right זְכוּת חֲזָקָה (בְּרוֹחַ הַזְּמַן)

presence /ˈprez(ə)ns/ n.
1 (state of being present) נוֹכְחוּת
presence of mind מַחֲשָׁבָה מְפֻכַּחַת
□ *your presence is requested at dinner* (*formal*) נוֹכְחוּתְךָ מִתְבַּקֶּשֶׁת בַּאֲרוּחַת הָעֶרֶב
□ *the ceremony was performed in the presence of the mayor* הַטֶּקֶס נֶעֱרַךְ בְּנוֹכְחוּת רֹאשׁ הָעִיר
2 (group of people in specific place) נוֹכְחוּת
□ *there was a strong police presence at the demonstration* הָיְתָה נוֹכְחוּת מִשְׁטַרְתִּית חֲזָקָה בַּהַפְגָּנָה
3 (impressive appearance or manner) נוֹכְחוּת
stage presence נוֹכְחוּת בִּימָתִית, נוֹכְחוּת עַל בָּמָה
4 (supernatural influence) מַהוּת עַל טִבְעִית
□ *we sensed a presence in the old house* חָשַׁנוּ בְּנוֹכְחוּת שֶׁל מַהוּת עַל־טִבְעִית בַּבַּיִת הַיָּשָׁן

present[1] /ˈprez(ə)nt/ adj.
1 (being in or near this place) נוֹכֵחַ
□ *all present and correct!* הַכֹּל נוֹכְחִים וּמוּכָנִים! הַכֹּל עָרוּךְ וּמוּכָן!
□ *I've never heard a better singer – present company excepted* אַף פַּעַם לֹא שָׁמַעְתִּי זַמָּר טוֹב יוֹתֵר – מִבְּלִי לְהָבִיא בְּחֶשְׁבּוֹן אֶת הַנּוֹכְחִים כַּמּוּבָן
2 (now under consideration, existing, occurring) נוֹכְחִי
at the present time בְּשָׁעָה זוֹ, בַּזְּמַן הַנּוֹכְחִי, לְפִי שָׁעָה
□ *the present century is nearly over* הַמֵּאָה הַנּוֹכְחִית עוֹמֶדֶת לְהִסְתַּיֵּם
3 (denoting action now going on, *Gram.*) הוֹוֶה
present participle בֵּינוֹנִי
present tense זְמַן הוֹוֶה

—n.
1 (the time now passing) הוֹוֶה
at present בַּמַּצָּב הַנּוֹכְחִי, כָּעֵת
for the present לְעֵת עַתָּה, לְפִי שָׁעָה
□ *there's no time like the present* (*Prov.*) אַל תִּדְחֶה לְמָחָר אֶת מַה שֶּׁאֶפְשָׁר לַעֲשׂוֹת הַיּוֹם

present[2] /ˈprez(ə)nt/ n. מַתָּנָה

present[3] /prɪˈzent/ v.t.
1 (confer, offer as gift) הֶעֱנִיק, נָתַן, הִגִּישׁ בְּמַתָּנָה
□ *they presented a clock to the retiring manager* הֵם הִגִּישׁוּ לַמְּנַהֵל הַפּוֹרֵשׁ שָׁעוֹן בְּמַתָּנָה
2 (be the cause of) גָּרַם לְ..., הִצִּיב (דְּבַר מָה) בִּפְנֵי
□ *this presents us with a problem* זֶה מַצִּיב בְּפָנֵינוּ בְּעָיָה
3 (submit, put forward, *formal*) הִגִּישׁ
□ *he presented the bill* הוּא הִגִּישׁ אֶת הַחֶשְׁבּוֹן
□ *the barrister presented the case in court* עוֹרֵךְ הַדִּין הִצִּיג אֶת הַתִּיק לִפְנֵי בֵּית הַמִּשְׁפָּט
□ *please present my compliments to the doctor* אָנָּא מְסֹר אֶת אִחוּלַי לָרוֹפֵא
4 (introduce, *formal*) הִצִּיג (אֶת פְּלוֹנִי) בְּאֹפֶן רִשְׁמִי
□ *the girl was presented at Court by her aunt* הַנַּעֲרָה הֻצְּגָה בְּאֹפֶן רִשְׁמִי בַּחֲצַר הַמֶּלֶךְ בִּידֵי דּוֹדָתָהּ
5 (cause to appear on stage; introduce show) הִצִּיג
□ *the local theatre is presenting a comedy this week* הַתֵּיאַטְרוֹן הַמְּקוֹמִי מַצִּיג קוֹמֶדְיָה הַשָּׁבוּעַ
6 (exhibit, show) הִצִּיג
present arms! (*Mil.*) הַצֵּג נֶשֶׁק!
□ *she presents a serene front to the world* הִיא מַצִּיגָה חֲזוּת שְׁלֵוָה בִּפְנֵי הָעוֹלָם

—v.refl.
1 (happen suddenly) הוֹפִיעַ, הִזְדַּמֵּן
2 (attend, *formal*) הִתְיַצֵּב

—v.i. (*Med.*) הוֹפִיעַ (סִימַן מַחֲלָה וְכַד')

presentable /prɪˈzentəb(ə)l/ adj. רָאוּי לְהֵרָאוֹת בַּצִּבּוּר; נָאֶה

presentation /ˌprez(ə)nˈteɪʃ(ə)n/ n.
1 (conferring of award or reward) חֲלֻקָּה (שֶׁל מַתָּנוֹת, פְּרָסִים, תְּאָרִים וְכַד׳)
presentation copy עֹתֶק חִנָּם (שֶׁל סֵפֶר)
2 (method of setting out) הַגָּשָׁה, הַצָּגָה, פְּרֶזֶנְטַצְיָה
3 (performance; short talk) הַצָּגָה; סְקִירָה בְּעַ״פ (לְעִתִּים בְּסִיּוּעַ עֲזָרִים אוֹר־קוֹלִיִּים)

presenter /prɪˈzentə(r)/ n. מַגִּישׁ (בָּרַדְיוֹ וּבַטֶּלֶוִיזְיָה)

presentiment /prɪˈzentɪmənt/ n. (*formal*) תְּחוּשַׁת אָסוֹן מִתְקָרֵב, תְּחוּשָׁה מַזְהִירָה

presently /ˈprez(ə)ntlɪ/ adv.
1 (soon) בְּקָרוֹב, תּוֹךְ זְמַן קָצָר
2 (at present, *US & Scot.*) כָּעֵת, בְּרֶגַע זֶה, בַּמַּצָּב הַנּוֹכְחִי

preservation /ˌprezəˈveɪʃ(ə)n/ n.
1 (act of preserving) שְׁמִירָה, שִׁמּוּר
preservation order צַו־מְנִיעַת הֲרִיסָה
2 (condition of being preserved) מַצַּב־שִׁמּוּר
□ *the painting was in a good state of preservation* הַתְּמוּנָה הָיְתָה שְׁמוּרָה בְּמַצָּב טוֹב, הַתְּמוּנָה הָיְתָה בְּמַצָּב שִׁמּוּר טוֹב

preservative /prɪˈzɜːvətɪv/ n. חֹמֶר־מְשַׁמֵּר, חֹמֶר־שִׁמּוּר
—adj. מְשַׁמֵּר

preserve /prɪˈzɜːv/ v.t.
1 (keep safe or alive or in good condition) שָׁמַר, שָׁמַר עַל
□ *Heaven preserve us!* (*formal*) אֱלֹהִים יִשְׁמֹר!
2 (keep from decay) שִׁמֵּר
3 (maintain) שָׁמַר עַל, שִׁמֵּר
□ *she preserved a complete silence* הִיא שָׁמְרָה עַל שְׁתִיקָה מֻחְלֶטֶת
—n.
1 (in *pl.*, fruit which has been preserved) רִבָּה, קוֹנְפִיטוּרָה
2 (reserved area) שְׁמוּרַת־צַיִד, שְׁמוּרַת־דַּיִג
□ *she looked on the kitchen as her preserve* הִיא הִתְיַחֲסָה אֶל הַמִּטְבָּח כְּאֶל שִׁטְחָהּ הַפְּרָטִי

preset /ˌpriːˈset/ adj. & n. קָבוּעַ מֵרֹאשׁ; כַּפְתּוֹר לְתַחֲנָה קְבוּעָה מֵרֹאשׁ (בְּמַקְלֵט רַדְיוֹ/טֶלֶוִיזְיָה)

pre-shrunk /priː-ˈʃrʌŋk/ adj. (זוּג מִכְנְסֵי ג׳ינְס וְכַד׳) לֹא־מִתְכַּוֵּץ (כְּלוֹמַר, שֶׁכְּבָר כֻּוַּץ בִּכְבִיסָה)

preside /prɪˈzaɪd/ v.i. (*formal*) יָשַׁב רֹאשׁ, הָיָה יוֹשֵׁב רֹאשׁ, נִהֵל

presidency /ˈprezɪdənsɪ/ n.
1 (office) נְשִׂיאוּת
2 (period of office) תְּקוּפַת הַכְּהֻנָּה כְּנָשִׂיא, תְּקוּפַת הַנְּשִׂיאוּת

president /ˈprezɪdənt/ n.
1 (elected head of state) נָשִׂיא
2 (head of other institution) נָשִׂיא

presidential /ˌprezɪˈdenʃ(ə)l/ adj. נְשִׂיאוּתִי, שֶׁל הַנָּשִׂיא

presidium /prɪˈsɪdɪəm/ n. (*Hist.*) נְשִׂיאוּת, מוֹעָצָה עֶלְיוֹנָה; פְּרֶזִידְיוּם (הַמּוֹעָצָה הָאֶקְזֶקוּטִיבִית שֶׁל הַסּוֹבְיֶט הָעֶלְיוֹן)

press /pres/ v.t.
1 (exert force or weight upon; squeeze; flatten) לָחַץ, לָחַץ עַל
□ *press my trousers, please!* גַּהֵץ בְּבַקָּשָׁה אֶת הַמִּכְנָסַיִם שֶׁלִּי!
□ *grapes are pressed for wine* סוֹחֲטִים עֲנָבִים כְּדֵי לְהָפִיק יַיִן
□ *he pressed her hand affectionately* הוּא לָחַץ אֶת יָדָהּ בְּחֹם
2 (urge) דָּחַק בְּ..., הֵאִיץ בְּ..., לָחַץ עַל
□ *he pressed me for more information* הוּא לָחַץ עָלַי לָתֵת לוֹ מֵידָע נוֹסָף
□ *he pressed his claim to the estate* הוּא הִמְשִׁיךְ לִתְבֹּעַ אֶת זְכוּתוֹ עַל הַיְרֻשָּׁה
3 (constrain) לָחַץ
□ *I am very pressed for time* אֲנִי לָחוּץ מְאֹד בִּזְמַן
—v.i.
1 (be urgent) דָּחַק, הֵאִיץ, לָחַץ
□ *time is pressing* (*colloq.*) הַזְּמַן דּוֹחֵק
□ *they pressed for reform* הֵם לָחֲצוּ לְהַנְהָגַת שִׁנּוּיִים
2 (move in a body) נִדְחַק
□ *the crowd pressed up against the gate* הַקָּהָל נִדְחַק אֶל הַשַּׁעַר
3 (continue with determination) הִמְשִׁיךְ לְלֹא לֵאוּת
press on
—n.
1 (act of pressing) לְחִיצָה
2 (device for pressing) מַכְבֵּשׁ
garlic press כְּלִי לִכְתִישַׁת שׁוּם, כּוֹתֵשׁ שׁוּם
trouser press מִתְקָן (בֵּיתִי) לְגִהוּץ מִכְנָסַיִם
3 (crowd) קָהָל, הָמוֹן
□ *the doctor forced his way through the press round the accident* הָרוֹפֵא פִּלֵּס לוֹ בְּכֹחַ דֶּרֶךְ בֶּהָמוֹן שֶׁהִקִּיף אֶת מְקוֹם הַתְּאוּנָה
4 (machine for printing; printing or publishing house) מַכְבֵּשׁ דְּפוּס; בֵּית הוֹצָאָה, הוֹצָאָה לָאוֹר
□ *the book has gone to press* הַסֵּפֶר נִמְסַר לִדְפוּס
5 (newspapers; their publication; those concerned with it) עִתּוֹנוּת
press agent סוֹכֵן פִּרְסֹמֶת, סוֹכֵן עִתּוֹנוּת
press conference מְסִבַּת עִתּוֹנָאִים
press release דַּף מֵידָע לְעִתּוֹנָאִים, קוֹמוּנִיקֶט
gutter press עִתּוֹנוּת צְהֻבָּה
□ *the opera had a good press* הָאוֹפֶּרָה קִבְּלָה בִּקֹּרוֹת טוֹבוֹת

press-cutting /ˈpres-ˌkʌtɪŋ/ n. גְּזִיר־עִתּוֹנוּת

press-gallery /ˈpres-ˌgælərɪ/ n. יְצִיעַ הָעִתּוֹנָאִים

press-gang /ˈpres-gæŋ/ n. (*Hist.*) כְּנוּפְיַת מַלָּחִים שֶׁתַּפְקִידָהּ הָיָה לַחְטֹף אֲנָשִׁים לְשֵׁרוּת בַּצִּי
—v.t. (*colloq.*) לָחַץ עַל (פְּלוֹנִי לַעֲשׂוֹת דְּבַר־מָה)
□ *I was press-ganged into being in the team* (*colloq.*) דְּחָפוּ אוֹתִי בְּכֹחַ לַקְּבוּצָה

pressing /ˈpresɪŋ/ adj.
1 (urgent) דּוֹחֵק, דָּחוּף
□ *there is a pressing need for more hospitals* יֶשְׁנוֹ צֹרֶךְ דָּחוּף בְּבָתֵּי־חוֹלִים נוֹסָפִים
2 (insistent) לוֹחֵץ, עַקְשָׁנִי

pressman /ˈpresmən/ n. (*UK colloq.*) עִתּוֹנַאי

pressmark /ˈpresmɑːk/ n. מִסְפָּר/סִמּוּן סִפְרִיָּה (בְּסֵפֶר)

press-stud /ˈprestʌd/ n. לַחְצָנִית, "טִיק־טָק"

press-up /ˈpres-ʌp/ n. כְּפִיפַת סְמִיכָה (תַּרְגִּיל הִתְעַמְּלוּת)

pressure /ˈpreʃə(r)/ n.
1 (act of pressing, force exerted by pressing) לַחַץ
pressure point נְקֻדַּת לַחַץ (לַחֲסִימָה חִיצוֹנִית שֶׁל זְרִימַת הַדָּם בַּגּוּף)
□ *he exerted pressure on the staff* הוּא לָחַץ עַל צֶוֶת הָעוֹבְדִים
2 (conditions of difficulty or urgency) לַחַץ, מֶתַח
pressure group קְבוּצַת לַחַץ
□ *the surgical team worked at high pressure* צֶוֶת חֲדַר־הַנִּתּוּחַ עָבַד תַּחַת לַחַץ כָּבֵד
□ *he works best under pressure* הוּא עוֹבֵד בְּצוּרָה הַטּוֹבָה בְּיוֹתֵר תַּחַת לַחַץ
3 (force etc. per unit area) לַחַץ
pressure gauge מַד־לַחַץ
pressure suit חֲלִיפַת־לַחַץ
—v.t. לָחַץ עַל, הִפְעִיל לַחַץ עַל

pressure-cooker /ˈpreʃə-ˌkʊkə(r)/ n. סִיר־לַחַץ

pressurize /ˈpreʃəraɪz/ v.t. וִסֵּת אֶת הַלַּחַץ (בְּתָא מָטוֹס וְכַד'); לָחַץ עַל (פְּלוֹנִי לַעֲשׂוֹת דְּבַר מָה וְכַד')

pressurized /ˈpreʃəraɪzd/ adj. תַּחַת לַחַץ, בַּעַל לַחַץ מְבֻקָּר; (בְּהַשְׁאָלָה, אָדָם) תַּחַת לַחַץ

prestidigitator /ˌprestɪˈdɪdʒɪteɪtə(r)/ n. (*formal* or *joc.*) עוֹשֵׂה לַהֲטוּטִים

prestige /preˈstiːʒ/ n. יְקָרָה, פְּרֶסְטִיזָ'ה

prestigious /preˈstɪdʒəs/ adj. יֻקְרָתִי

prestissimo /preˈstɪsɪməʊ/ adj., adv., & n. (*Mus.*) פְּרֶסְטִיסִימוֹ (בִּמְהִירוּת הַרְבֵּה בְּיוֹתֵר)

presto /ˈprestəʊ/ adj. & adv. פְּרֶסְטוֹ (בִּמְהִירוּת רַבָּה)
hey presto! הוֹקוּס פּוֹקוּס!

prestressed /priːˈstrest/ adj. (בֵּטוֹן) מְזֻיָּן

presumably /prɪˈzjuːməblɪ/ adv. יֵשׁ לְהַנִּיחַ

presume /prɪˈzjuːm/ v.t. הִנִּיחַ שֶׁ..., סָבַר שֶׁ...
missing, presumed dead (חַיָּל) שֶׁנֶּעְדַּר וְנֶחְשָׁב כְּמִי שֶׁנֶּהֱרַג
□ *a man is presumed innocent until proven guilty* אָדָם נֶחְשָׁב לְחַף מִפֶּשַׁע עַד שֶׁהוּכְחָה אַשְׁמָתוֹ
—v.i. הִתִּיר לְעַצְמוֹ, הִתְיַמֵּר
□ *he presumed upon his friend's kindness* (*formal*) הוּא נִצֵּל אֶת טוּב לִבּוֹ שֶׁל חֲבֵרוֹ
□ *I wouldn't presume to advise you about a job* (*formal*) אֲנִי לֹא אֶתְיַמֵּר לִיעֹץ לְךָ בְּקֶשֶׁר לַעֲבוֹדָה

presumption /prɪˈzʌmpʃ(ə)n/ n.
1 (act of taking for granted) הַנָּחָה, סְבָרָה
□ *he borrowed the car on the presumption that his father would not mind* הוּא שָׁאַל אֶת הַמְּכוֹנִית מִתּוֹךְ הַנָּחָה שֶׁאָבִיו לֹא יִתְנַגֵּד
2 (arrogance, taking of liberties, *formal*) חֵרוּת יְתֵרָה, יֻמְרָה

presumptive /prɪˈzʌmptɪv/ adj. (*formal*) בְּחֶזְקַת־, מְשֹׁעָר
heir presumptive יוֹרֵשׁ מְשֹׁעָר

presumptuous /prɪˈzʌmptʃʊəs/ adj. (*derog.*) שַׁחֲצָן, יָהִיר, מִתְיַמֵּר

presuppose /priːsəˈpəʊz/ v.t.
1 (assume beforehand, *formal*) הִנִּיחַ שֶׁ..., הִנִּיחַ מֵרֹאשׁ שֶׁ...
2 (imply) חִיֵּב, דָּרַשׁ כִּתְנַאי הֶכְרֵחִי

presupposition /ˌpriːsʌpəˈzɪʃ(ə)n/ n. (*formal*) הַנָּחָה מֻקְדֶּמֶת, הַנָּחָה מֵרֹאשׁ

pre-tax /priː-tæks/ adj. שֶׁלִּפְנֵי מַס, (רֶוַח) בְּרוּטוֹ

pretence /prɪˈtens/ n.
1 (pretending, make-believe) הַעֲמָדַת־פָּנִים, אֲחִיזַת עֵינַיִם; תֵּרוּץ
false pretences טַעֲנוֹת שָׁוְא
2 (claim) טַעֲנָה, יֻמְרָה, הִתְיַמְּרוּת
□ *he makes pretences to scholarship* יֵשׁ לוֹ יֻמְרוֹת לְלַמְדָנוּת
3 (showiness, *derog.*) רַאַוְתָנוּת, יַמְרָנוּת

pretend /prɪˈtend/ v.t. & i.
1 (behave in deceiving manner) הֶעֱמִיד פָּנִים, עָשָׂה אֶת עַצְמוֹ כְּאִלּוּ
□ *he pretended to be angry* הוּא הֶעֱמִיד פָּנִים שֶׁהוּא כּוֹעֵס
2 (make believe) דִּמְיֵן, הִנִּיחַ, שִׂחֵק "כְּאִלּוּ"
□ *let's pretend that we're in Italy* בּוֹא נַנִּיחַ שֶׁאֲנַחְנוּ בְּאִיטַלְיָה, בּוֹא נְדַמְיֵן שֶׁאֲנַחְנוּ בְּאִיטַלְיָה
3 (claim) הִתְיַמֵּר
□ *I don't pretend to be an expert* אֲנִי לֹא מִתְיַמֵּר לִהְיוֹת מֻמְחֶה
□ *he doesn't pretend to intelligence* הוּא לֹא מִתְיַמֵּר לִהְיוֹת חָכָם
—adj. (*colloq.*) רַק "כְּאִלּוּ" (לָרֹב בִּשְׂפַת יְלָדִים)

pretender /prɪˈtendə(r)/ n. תּוֹבֵעַ הַזְּכוּת (לַמַּלְכוּת וְכַד')

pretension /prɪˈtenʃ(ə)n/ n.
1 (claim) יֻמְרָה, פְּרֶטֶנְזְיָה
□ *he has pretensions to culture* יֵשׁ לוֹ יֻמְרוֹת לִהְיוֹת תַּרְבּוּתִי

2 (conceit, *formal*) יְמְרָנוּת

pretentious /prɪˈtenʃəs/ adj. (*derog.*) יְמְרָנִי, נָפוּחַ

preterite /ˈpretərɪt/ adj. & n. (*Gram.*) שֶׁל צוּרַת עָבָר, שֶׁל זְמַן עָבָר; זְמַן עָבָר

preternatural /ˌpriːtəˈnætʃ(ə)rəl/ adj. (*formal*) עַל-טִבְעִי

pretext /ˈpriːtekst/ n. תֵּרוּץ, אֲמַתְלָה
- □ *what pretext have you for this intrusion?* אֵיזֶה תֵּרוּץ יֵשׁ לְךָ לְהִכָּנֵס הֵנָּה?
- □ *on the pretext of a headache she left the party* בַּאֲמַתְלָה שֶׁל כְּאֵב־רֹאשׁ הִיא עָזְבָה אֶת הַמְּסִבָּה

prettify /ˈprɪtɪfaɪ/ v.t. (*derog.*) יִפָּה, קִשֵּׁט

prettily /ˈprɪtɪlɪ/ adv. בְּאֹפֶן חָמוּד, בְּאֹפֶן נֶחְמָד

pretty /ˈprɪtɪ/ adj.

1 (attractive but less than beautiful) נָאֶה, נֶחְמָד

sitting pretty (*colloq.*) "יוֹשֵׁב טוֹב", נִמְצָא בְּמַצָּב נוֹחַ

2 (fine, *iron.*) "נָאֶה", "נֶחְמָד", "רְצִינִי"
- □ *you've made a pretty mess!* בִּשַּׁלְתָּ תִּסְבֹּכֶת לֹא קְטַנָּה! עָשִׂיתָ דַּיְסָה רְצִינִית!
- □ *that's a pretty kettle of fish* (*colloq.*) זֶה עֵסֶק בִּישׁ!

3 (fairly large, *colloq.*) לֹא קָטָן, "הָגוּן"
- □ *this will cost you a pretty penny* זֶה יַעֲלֶה לְךָ סְכוּם הָגוּן!

—adv. (*colloq.*) לְמַדַּי, דַּי־
- □ *his health is pretty much the same as it was* בְּרִיאוּתוֹ כִּמְעַט כְּמוֹ שֶׁהָיְתָה בֶּעָבָר
- □ *we've pretty well finished the assignment* כִּמְעַט גָּמַרְנוּ אֶת הַשִּׁעוּרִים!
- □ *prices here are pretty reasonable* הַמְּחִירִים כָּאן סְבִירִים לְמַדַּי

pretty-pretty /ˈprɪtɪˌprɪtɪ/ adj. (*colloq. derog.*) מְיֻפְיָף

prevail /prɪˈveɪl v.i. (*formal*)

1 (be victorious) גָּבַר עַל, נִצַּח
- □ *she prevailed over* (or *against*) *her rival* הִיא גָּבְרָה עַל יְרִיבָתָהּ

2 (exist, become widespread) שָׂרַר, הָיָה רוֹוֵחַ, הָיָה שָׁכִיחַ

prevailing winds הָרוּחוֹת הַמְּצוּיוֹת
- □ *silence prevailed in the room* דְּמָמָה שָׁלְטָה בַּחֶדֶר
- □ *prevailing opinion is against his case* הַדֵּעָה הָרוֹוַחַת הִיא נֶגֶד הַטִּעוּן שֶׁלּוֹ

3 (prevail (up)on) שִׁכְנַע
- □ *she prevailed upon him to take her* הִיא שִׁכְנְעָה אוֹתוֹ לָקַחַת אוֹתָהּ אִתּוֹ

prevalence /ˈprevələns/ n. (*formal*) הֱיוֹת נָפוֹץ, נְפִיצוּת, שְׁכִיחוּת

prevalent /ˈprevələnt/ adj. (*formal*) נָפוֹץ, רוֹוֵחַ, שָׁכִיחַ

prevaricate /prɪˈværɪkeɪt/ v.i. (*formal*) דִּבֵּר בִּלְשׁוֹן חֲמַקְמַקָּה, הִסְתִּיר אֶת הָאֱמֶת, הִתְפַּתֵּל

prevarication /prɪˌværɪˈkeɪʃ(ə)n/ n. (*formal*) דִּבּוּר חֲלַקְלַק, הִתְחַמְּקוּת מִלּוֹמַר אֶת הָאֱמֶת

prevent /prɪˈvent/ v.t.

1 (stop from doing something) מָנַע מִ...
- □ *her illness prevented her from visiting me* הַמַּחֲלָה שֶׁלָּהּ מָנְעָה מִמֶּנָּה לְבַקֵּר אוֹתִי

2 (take measures to stop, hinder) מָנַע אֶת
- □ *he did his best to prevent bloodshed* הוּא עָשָׂה כְּמֵיטַב יְכָלְתּוֹ כְּדֵי לִמְנֹעַ שְׁפִיכוּת דָּמִים

preventative /prɪˈventətɪv/ see **PREVENTIVE** מוֹנֵעַ, שֶׁל מֶנַע

prevention /prɪˈvenʃ(ə)n/ n. מְנִיעָה, מֶנַע

crime prevention מְנִיעַת פֶּשַׁע
- □ *prevention is better than cure* (*Prov.*) מְנִיעַת מַחֲלָה עֲדִיפָה עַל רְפוּאָהּ

preventive /prɪˈventɪv/ adj. (also **preventative**) מוֹנֵעַ, שֶׁל מֶנַע

preventive medicine רְפוּאָה מוֹנַעַת
- □ *they took preventive measures* הֵם נָקְטוּ בְּאֶמְצָעֵי מֶנַע

—n. אֶמְצָעֵי מֶנַע, אֶמְצָעֵי נֶגֶד

preview /ˈpriːvjuː/ (*US* **prevue**) n. הַצָּגָה מֻקְדֶּמֶת (מַחֲזֶה, סֶרֶט, תַּעֲרוּכָה וְכַד׳)

—v.t. כָּתַב בִּקֹּרֶת מֻקְדֶּמֶת, סָקַר מֵרֹאשׁ (הַצָּגָה, סֶרֶט, תַּעֲרוּכָה וְכַד׳)

previous /ˈpriːvɪəs/ adj.

1 (happening earlier, preceding) קֹדֶם
- □ *we had met her on a previous occasion* פָּגַשְׁנוּ אוֹתָהּ בְּהִזְדַּמְּנוּת קוֹדֶמֶת

2 (hasty, *colloq.*) נֶחְפָּז
- □ *it's a bit previous to talk about getting the job before you've even applied for it* קְצָת מֻקְדָּם לְדַבֵּר עַל מִשְׂרָה לִפְנֵי שֶׁהִגַּשְׁתָּ בַּקָּשָׁה לְקַבֵּל אוֹתָהּ

3 **previous to** (prep., *formal*) קֹדֶם, לִפְנֵי
- □ *previous to our conversation, he'd discussed the matter with others* לִפְנֵי שִׂיחָתֵנוּ, הוּא שׂוֹחַח עַל הַדָּבָר עִם אֲחֵרִים

previously /ˈpriːvɪəslɪ/ adv. קֹדֶם, לִפְנֵי־כֵן

prevue (*US*) see **PREVIEW** הַצָּגָה מֻקְדֶּמֶת (מַחֲזֶה, סֶרֶט, תַּעֲרוּכָה וְכַד׳)

pre-war /priːˈwɔː(r)/ adj. שֶׁלִּפְנֵי מִלְחֶמֶת־הָעוֹלָם

prey /preɪ/ n. טֶרֶף

beast of prey חַיַּת־טֶרֶף

bird of prey עוֹף טוֹרֵף, עוֹף דּוֹרֵס
- □ *he was an easy prey for the trickster* הוּא הָיָה טֶרֶף קַל לַנּוֹכֵל, הוּא הָיָה קָרְבָּן קַל לַנּוֹכֵל
- □ *she fell prey to his flattery* (*formal*) הִיא נָפְלָה קָרְבָּן לַחֲנֻפּוֹתָיו

—v.i.

prey (up)on נָהַג לִטְרֹף; עָשָׂה רְוָחִים עַל חֶשְׁבּוֹן (פְּלוֹנִי); טָרַד
- □ *the villagers preyed on the tourists* (*derog.*) הַכַּפְרִיִּים עָשׂוּ רְוָחִים עַל חֶשְׁבּוֹן הַתַּיָּרִים

□ *the accident preyed on his mind* הַתְּאוּנָה הִדְרִיכָה אֶת מְנוּחָתוֹ

price /praɪs/ n.
1 (money paid or asked for something) מְחִיר
asking price הַמְּחִיר הַנִּדְרָשׁ, הַמְּחִיר הַמְּבֻקָּשׁ
price tag (or **ticket**) תָּוִית־מְחִיר
price war מִלְחֶמֶת מְחִירִים (בֵּין בָּתֵּי־עֵסֶק שׁוֹנִים)
□ *we must have peace at any price* עָלֵינוּ לְהַשִּׂיג שָׁלוֹם בְּכָל מְחִיר
□ *the sheriff put a price on the bandit's head* הַשֶּׁרִיף קָבַע פְּרָס עַל רֹאשׁ הַשּׁוֹדֵד
□ *every man has his price* לְכָל אָדָם יֵשׁ מְחִיר
□ *he achieved his goal – at a price* הוּא הִשִּׂיג אֶת מַה שֶּׁבִּקֵּשׁ – אֲבָל שִׁלֵּם מְחִיר
2 (value, worth) עֵרֶךְ, מְחִיר
□ *her loyalty is beyond price* נֶאֱמָנוּתָהּ לֹא תְּסוּלָּא בַּפָּז
3 (odds) סִכּוּיֵי־הַהִמּוּרִים
—v.t.
1 (mark price of) סִמֵּן מְחִיר עַל
□ *he priced himself out of the market* הוּא דָּרַשׁ סְכוּם מֻגְזָם
2 (inquire price of, *colloq.*) בֵּרֵר אֶת הַמְּחִיר שֶׁל
3 (estimate price of) הֶעֱרִיךְ אֶת הַמְּחִיר שֶׁל

priceless /ˈpraɪslɪs/ adj.
1 (invaluable) שֶׁאֵין לוֹ עֲרוֹךְ, יְקַר עֵרֶךְ
2 (very amusing, *sl.*) מַגְחִיךְ, מַצְחִיק בְּיוֹתֵר
□ *he told some priceless stories* הוּא סִפֵּר סִפּוּרִים מַדְהִימִים וּמַצְחִיקִים

price-list /ˈpraɪs-lɪst/ n. מְחִירוֹן, תַּעֲרִיפוֹן, רְשִׁימַת מְחִירִים

pricey /ˈpraɪsɪ/ adj. (*colloq.*) יָקָר מְאֹד, יַקְרָן

prick /prɪk/ n.
1 (small sharp pain) דְּקִירָה
□ *I felt the prick of conscience* מַצְפּוּנִי הֵצִיק לִי, הִרְגַּשְׁתִּי מוּסַר כְּלָיוֹת
2 (small thorn) קוֹץ
□ *he gave up kicking against the pricks* (*formal*) הוּא חָדַל לְהַשְׁמִיעַ קוֹלוֹת מְחָאָה
3 (penis; idiot, *vulg.*) זַיִן; שְׁמוֹק; (אָדָם) "שְׁמוֹק"
—v.t.
1 (pierce) דָּקַר
□ *she pricked her finger* הִיא דָּקְרָה אֶת הָאֶצְבַּע (בְּמַחַט וְכַד')
2 prick up one's ears (*fig.*) זָקַף אָזְנָיו; הֶאֱזִין בִּדְרִיכוּת
3 prick out שָׁתַל (שָׁתִיל בְּגֻמָּה)
—v.i. דָּקַר
□ *this sweater pricks* הַסְּוֶדֶר הַזֶּה דּוֹקֵר

prickle /ˈprɪk(ə)l/ n.
1 (thorn, spine) קוֹץ
2 (pricking sensation) דִּקְרוּר, עִקְצוּץ
—v.i. הִרְגִּישׁ דִּקְרוּרוֹת, חָשׁ עִקְצוּצִים

prickly /ˈprɪklɪ/ adj.
1 (covered with prickles) קוֹצִי, מְכֻסֶּה בְּקוֹצִים
prickly pear (צֶמַח) צַבָּר, סַבְּרֶס
2 (having or giving a prickling sensation) דּוֹקֵר, מְגָרֵד
prickly heat דַּלֶּקֶת בַּלּוּטוֹת הַזֵּעָה
3 (easily offended, *colloq.*) רַגְזָן

pride /praɪd/ n.
1 (feeling of satisfaction) גַּאֲוָה
□ *I take (a) pride in my work* אֲנִי גֵּאֶה בַּעֲבוֹדָתִי
2 (conceit, *derog.*) הִתְנַשְּׂאוּת, יְהִירוּת
□ *pride goes before a fall* (*Prov.*) לִפְנֵי שֶׁבֶר גָּאוֹן
3 (self-respect) כָּבוֹד עַצְמִי
4 (most valued person or thing) מְקוֹר סִפּוּק, מְקוֹר גַּאֲוָה, תִּפְאֶרֶת, עֲטֶרֶת
pride of place מְקוֹם הַכָּבוֹד, מָקוֹם בָּרֹאשׁ
□ *the garden is her pride and joy* הִיא גֵּאָה בַּגִּנָּה, גַּאֲוָתָהּ עַל הַגָּן שֶׁלָּהּ
5 (group of lions) לַהֲקָה (שֶׁל אֲרָיוֹת)
—v.refl. הָיָה גֵּאֶה בְּ..., הִתְגָּאָה בְּ...
□ *he prides himself (up)on his ability to keep calm* הוּא גֵּאֶה עַל יְכָלְתּוֹ לִשְׁמֹר עַל קֹר רוּחַ

priest /priːst/ n. כֹּהֵן־דָּת; כֹּמֶר

priestess /ˈpriːstes/ n. כֹּהֶנֶת (בְּדָתוֹת שׁוֹנוֹת אַךְ לֹא בַּנַּצְרוּת)

priesthood /ˈpriːsthʊd/ n. כְּהֻנַּת־דָּת; כְּמוּרָה
the priesthood הַכְּמוּרָה, כְּלַל הַכְּמָרִים

priestly /ˈpriːstlɪ/ adj. (*formal*) שֶׁל כֹּמֶר

prig /prɪg/ n. (*derog.*) מִתְחַסֵּד, דַּקְדְּקָן בְּעִנְיְנֵי מוּסָר

priggish /ˈprɪgɪʃ/ adj. (*derog.*) קַפְדָנִי, דַּקְדְּקָנִי (בְּעִנְיְנֵי מוּסָר)

prim /prɪm/ adj. (מַרְאֶה, אֹפֶן הִתְנַהֲגוּת) מְסֻדָּר, פוֹרְמָלִי, "מְכֻפְתָּר"

prima ballerina /ˌpriːmə ˌbæləˈriːnə/ n. פְּרִימָה בָּלֶרִינָה, רַקְדָנִית רָאשִׁית (בְּבָלֶט)

prima donna /ˌpriːmə ˈdɒnə/ n.
1 (leading female singer) פְּרִימָה דּוֹנָה, זַמֶּרֶת רָאשִׁית (בְּאוֹפֶּרָה)
2 (temperamental person, *colloq.*) "פְּרִימָדוֹנָה"

primacy /ˈpraɪməsɪ/ n. (*formal*)
1 (highest position) בְּכוֹרָה, רִאשׁוֹנוּת (בַּמַּעֲלָה), קְדִימָה
2 (office of archbishop) מִשְׂרַת אַרְכִיבִּישׁוֹף

primaeval /praɪˈmiːv(ə)l/ see **PRIMEVAL** בְּרֵאשִׁיתִי, קַמָּאִי

prima facie /ˌpraɪmə ˈfeɪʃɪ/ adj. & adv. (*Law*) לִכְאוֹרָה

primal /ˈpraɪm(ə)l/ adj. (*formal*) רִאשׁוֹנִי; בְּרֵאשִׁיתִי, קַמָּאִי

primarily /ˈpraɪmərɪlɪ, praɪˈmeərɪlɪ/ adv. (*formal*) בְּרֹאשׁ וּבְרִאשׁוֹנָה, קֹדֶם כֹּל

primary /ˈpraɪmərɪ/ adj.
1 (earliest, primitive) רִאשׁוֹנִי, קַמָּאִי
2 (elementary) יְסוֹדִי, בְּסִיסִי, אֶלֶמֶנְטָרִי
primary colour צֶבַע יְסוֹד (אָדֹם, כָּחֹל אוֹ צָהֹב)
primary education חִנּוּךְ יְסוֹדִי
primary school בֵּית־סֵפֶר יְסוֹדִי
3 (chief, of first importance) רִאשׁוֹן בְּמַעֲלָה, רִאשׁוֹן בַּחֲשִׁיבוּתוֹ, רָאשִׁי, עִקָּרִי
□ *literacy is a matter of primary importance* יְדִיעַת קְרֹא־וּכְתֹב הִיא עִנְיָן רִאשׁוֹן בְּמַעֲלָה
—n.
1 (bird's feather, *Zool.*) אֶבְרַת־יָד (כָּל אַחַת מֵהַנּוֹצוֹת הַחִיצוֹנִיּוֹת בִּכְנַף־צִפּוֹר)
2 (early election, *US*) מֻקְדָּמוֹת (בְּחִירוֹת לְמִנּוּי מֻעֲמָדִים)
3 (primary school) בֵּית־סֵפֶר יְסוֹדִי

primate /ˈpraɪmeɪt/ n.
1 (archibishp) אַרְכִיבִּישׁוֹף
2 (*Zool.*) יוֹנֵק עִלָּאִי, פְּרִימָט

prime¹ /praɪm/ adj.
1 (chief, principal) רָאשִׁי, עִקָּרִי
prime meridian קַו־גְּרִינִיץ'
Prime Minister רֹאשׁ־מֶמְשָׁלָה
2 (excellent) מְשֻׁבָּח, מֻבְחָר
prime beef בְּשַׂר־בָּקָר מֻבְחָר
prime time שְׁעוֹת הַשִּׂיא (שֶׁל צְפִיָּה בַּטֶּלֶוִיזְיָה)
3 (primary, fundamental) רִאשׁוֹנִי, יְסוֹדִי, בְּסִיסִי
prime mover הַכֹּחַ הַמֵּנִיעַ, הָרוּחַ הַחַיָּה (אָדָם הַמְקַדֵּם פְּרוֹיֶקְט וְכַד'); הַמֵּנִיעַ הַבִּלְתִּי מוּנָע (הַכֹּחַ הָרִאשׁוֹנִי בַּטֶּבַע, אֱלֹהִים)
prime number (*Math.*) מִסְפָּר רִאשׁוֹנִי (שֶׁאֵינוֹ מִתְחַלֵּק לְשׁוּם מִסְפָּר אַחֵר, כְּגוֹן 3, 7, 11)
—n.
1 (best part) מֻבְחָר, מֵיטָב
□ *I feel in the prime of life* אֲנִי מַרְגִּישׁ אֶת עַצְמִי בְּשִׂיא פְּרִיחָתִי
□ *she's in her prime* הִיא בְּמֻבְחַר שְׁנוֹתֶיהָ
2 (prime number, *Math.*) מִסְפָּר יְסוֹדִי

prime² /praɪm/ v.t.
1 (get ready for use) הֵכִין לִפְעֻלָּה, הֵכִין לְשִׁמּוּשׁ
□ *he primed the antique gun* הוּא טָעַן אֶת הָרוֹבֶה הָעַתִּיק בְּאֲבַק־שְׂרֵפָה
□ *she primed the pump* הִיא הִתְחִילָה אֶת פְּעֻלַּת הַמַּשְׁאֵבָה; (בְּהַשְׁאָלָה) הִיא נָתְנָה (לָעֵסֶק) "פּוּשׁ"
2 (provide with food or drink for a purpose) הֶאֱכִיל וְהִשְׁקָה (לִפְנֵי טִיּוּל, תַּחֲרוּת וְכַד')
□ *he is unsociable unless you prime him well with alcohol* הוּא לֹא מִתְנַהֵג בַּחֲבִיבוּת, אֶלָּא אִם כֵּן מַשְׁקִים אוֹתוֹ בְּאַלְכּוֹהוֹל
3 (supply with information) סִפֵּק יְדִיעוֹת לְ..., סִפֵּק אִינְפוֹרְמַצְיָה לְ... עִדְכֵּן
□ *she was well primed for the interview* הִיא הָיְתָה מְעֻדְכֶּנֶת יָפֶה לִקְרַאת הָרֵאָיוֹן
4 (cover surface with first coat of paint) צִפָּה בְּשִׁכְבַת־צֶבַע רִאשׁוֹנָה, מָרַח שִׁכְבַת־יְסוֹד עַל

primer¹ /ˈpraɪmə(r)/ n. סֵפֶר לִמּוּד יְסוֹדִי (לְמַתְחִילִים)

primer² /ˈpraɪmə(r)/ n.
1 (first coat of paint) צֶבַע יְסוֹד
2 (explosive charge) נַפָּץ, תְּחָל

primeval /praɪˈmiːv(ə)l/ adj. (also **primaeval**) בְּרֵאשִׁיתִי, קַמָּאִי

primitive /ˈprɪmɪtɪv/ adj.
1 (earliest) קַדְמוֹן, פְּרִימִיטִיבִי
primitive man הָאָדָם הַקַּדְמוֹן
2 (simple, unsophisticated) פְּרִימִיטִיבִי
□ *the plumbing is primitive* הַצַּנֶּרֶת פְּרִימִיטִיבִית
—n.
1 (primitive person) אָדָם פְּרִימִיטִיבִי
2 (*Art*) אָמָּן מִלִּפְנֵי הָרֶנֶסַנְס; יְצִירָה שֶׁל אָמָּן כָּזֶה
□ *she looked at the Italian primitives in the Louvre* הִיא הִסְתַּכְּלָה בִּצִיּוּרֵיהֶם שֶׁל הָאָמָּנִים הָאִיטַלְקִיִּים שֶׁמִּלִּפְנֵי תְּקוּפַת־הָרֶנֶסַנְס

primitivism /ˈprɪmɪtɪvɪsəm/ n. פְּרִימִיטִיבִיזְם (אֱמוּנָה בְּעֶלְיוֹנוּת אֹרַח הַחַיִּים הַפְּרִימִיטִיבִי עַל הַמּוֹדֶרְנִי)

primogeniture /ˌpraɪməʊˈdʒenɪtʃə(r)/ n. (*formal*) בְּכוֹרָה, זְכוּת בְּכוֹרָה, מִשְׁפַּט בְּכוֹרָה

primordial /praɪˈmɔːdɪəl/ adj. (*formal*) קַדְמוֹן, בְּרֵאשִׁיתִי, הִיּוּלִי

primrose /ˈprɪmrəʊz/ n.
1 (flower) בְּכוֹר אָבִיב צָהֹב (פֶּרַח בָּר)
the primrose path (*formal*) דֶּרֶךְ הַתַּעֲנוּגוֹת (שֶׁסּוֹפָהּ אֲבַדּוֹן)
2 (colour) צֶבַע צְהַבְהַב (כְּצֶבַע הַפֶּרַח הַנַּ"ל)

primula /ˈprɪmjʊlə/ n. בְּכוֹר־אָבִיב (צֶמַח נוֹי בִּצְבָעִים שׁוֹנִים)

Primus /ˈpraɪməs/ n. (*Prop.*) פְּרִימוּס
Primus stove פְּרִימוּס

prince /prɪns/ n.
1 (male member of royal family) נָסִיךְ, בֶּן־מֶלֶךְ
Prince Charming (*colloq.*) נְסִיךְ הַחֲלוֹמוֹת, אַבִּיר הַחֲלוֹמוֹת
prince consort בַּעְלָהּ שֶׁל מַלְכָּה
Prince of Wales הַנָּסִיךְ מוֹיְלְס (יוֹרֵשׁ־הָעֶצֶר הַבְּרִיטִי)
prince regent נְסִיךְ עוֹצֵר
2 (ruler) נָסִיךְ (רֹאשׁ מְדִינָה קְטַנָּה), שַׁלִּיט
prince of the Church קַרְדִּינָל
prince of darkness (*poet.*) הַשָּׂטָן
Prince of Peace (*Bibl.*) יֵשׁוּ, הַמָּשִׁיחַ
3 (someone distinguished in certain sphere) "נָסִיךְ", "מֶלֶךְ"

princedom /ˈprɪnsdəm/ n. (*formal*) נְסִיכוּת

princely /ˈprɪnslɪ/ adj.
1 (relating to a prince) נְסִיכִי, שֶׁל נָסִיךְ; יָאֶה לְנָסִיךְ, אֲצִילִי, מְפֹאָר
2 (generous, *formal*) נָדִיב, כְּיַד הַמֶּלֶךְ
princess /prɪnˈses/ n. נְסִיכָה, בַּת־מֶלֶךְ, אֵשֶׁת־נָסִיךְ
princess royal הַנְּסִיכָה הַבְּכִירָה (בִּבְרִיטַנְיָה)
principal /ˈprɪnsɪp(ə)l/ adj. רָאשִׁי, עִקָּרִי
principal boy (*UK Theatr.*) הַדְּמוּת הַגַּבְרִית הָרָאשִׁית בְּפַנְטוֹמִימָה (בְּדֶרֶךְ־כְּלָל מְבֻצַּעַת ע״י אִשָּׁה)
principal parts (*Gram.*) צוּרוֹת הַיְסוֹד שֶׁל הַפֹּעַל
—n.
1 (head of college or organization) מְנַהֵל (מוֹסָד אוֹ אִרְגּוּן), רֹאשׁ מוֹסָד
2 (person for whom agent acts) שָׁלוּחַ, שׁוֹלֵחַ (אָדָם שֶׁמִּנָּה נָצִיג עִסְקִי וְכַד׳)
3 (leading actor or singer) נַגָּן/שַׂחְקָן/זַמָּר רָאשִׁי
4 (sum of money in loan or investment) סְכוּם־הַקֶּרֶן
principality /ˌprɪnsɪˈpælɪtɪ/ n. נְסִיכוּת
the Principality (*UK*) חֶבֶל־וֵלְס
principally /ˈprɪnsɪplɪ/ adv. בְּעִקָּר
principle /ˈprɪnsɪp(ə)l/ n.
1 (basis of reasoning; physical law) עִקָּרוֹן, פְּרִינְצִיפּ; חֹק (טֶבַע)
the principle of relativity עִקְרוֹן הַיַּחֲסוּת
□ *on this principle we can make various deductions* עַל־סְמַךְ עִקָּרוֹן זֶה נוּכַל לְהַסִּיק מַסְקָנוֹת שׁוֹנוֹת
2 (moral law, guide to conduct) עִקָּרוֹן (מוּסָרִי)
□ *it is against his principles to borrow money* בַּקָּשַׁת הַלְוָאָה הִיא בְּנִגּוּד לְעֶקְרוֹנוֹתָיו
□ *he is a man of principle* הוּא אָדָם בַּעַל עֶקְרוֹנוֹת
□ *I refuse on principle to give money to beggars* אֲנִי מְסָרֵב בְּעִקָּרוֹן לְהַעֲנִיק נְדָבוֹת לְקַבְּצָנִים
principled /ˈprɪnsɪp(ə)ld/ adj. מֻשְׁתָּת עַל עֶקְרוֹנוֹת
print /prɪnt/ n.
1 (mark made on surface by pressure) טְבִיעָה (שֶׁל אֶצְבָּעוֹת, שֶׁל כַּף־רֶגֶל, שֶׁל צְמִיג וְכַד׳)
□ *they took his (finger-) prints* הֵם נָטְלוּ מִמֶּנּוּ טְבִיעַת־אֶצְבָּעוֹת
2 (mark made by inked type, etc.) דְּפוּס, הַסִּימָן הַמֻּדְפָּס
in print נִמְצָא בִּדְפוּס
out of print אָזַל, לֹא נִמְצָא בִּדְפוּס
print run מַהֲדוּרָה, הַדְפָּסָה
□ *is her article in print yet?* הַאִם הַמַּאֲמָר שֶׁלָּהּ כְּבָר נִדְפַּס?
3 (picture made from block or plate) הֶדְפֵּס
4 (picture made from photographic negative) הַגְדָּלָה
5 (printed fabric) אָרִיג מֻדְפָּס
print dress שִׂמְלָה מֵאָרִיג מֻדְפָּס
—v.t.
1 (mark by pressure) הִטְבִּיעַ; טָבַע (סִימָן)
2 (impress on paper by type) הִדְפִּיס
3 (write letters like printed characters) כָּתַב בְּאוֹתִיּוֹת דְּפוּס
4 (*Photog.*) הִדְפִּיס (תַּצְלוּם מְנֶּגָטִיב)
□ *I printed off several copies* הִדְפַּסְתִּי מִסְפַּר הֶעְתֵּקִים
printed /ˈprɪntɪd/ adj. מֻדְפָּס
printed circuit (*Electr.*) מַעְגָּל מֻדְפָּס
printed matter דִּבְרֵי־דְּפוּס
printer /ˈprɪntə(r)/ n.
1 (person employed in printing) דַּפָּס; מַדְפִּיס
printer's devil (*arch.*) שׁוּלְיָה שֶׁל מַדְפִּיס
printer's ink דְּיוֹ דְּפוּס
2 (owner of printing business) בַּעַל בֵּית־דְּפוּס, הַמַּדְפִּיס
3 (device that prints) מַדְפֶּסֶת (לְמַחְשֵׁב וְכַד׳)
printing /ˈprɪntɪŋ/ n.
1 (production of printed material) הַדְפָּסָה
2 (amount printed at one time) הַדְפָּסָה
printing-press /ˈprɪntɪŋ-pres/ n. מְכוֹנַת־דְּפוּס, מַכְבֵּשׁ דְּפוּס
printout /ˈprɪntaʊt/ n. (*Comput.*) תַּדְפִּיס (מִמַּחְשֵׁב)
prior /ˈpraɪə(r)/ adj. & adv.
1 (antecedent) קֹדֶם
□ *I have a prior engagement* יֵשׁ לִי הִתְחַיְּבוּת קוֹדֶמֶת
□ *prior to 1967 abortion was illegal in Britain* (*formal*) קֹדֶם לְ־1967 הַפָּלוֹת לֹא הָיוּ חֻקִּיּוֹת בִּבְרִיטַנְיָה
2 (of more importance) עוֹלֶה בַּחֲשִׁיבוּתוֹ, חָשׁוּב יוֹתֵר
□ *she has prior claim to her mother's fortune* יֵשׁ לָהּ תְּבִיעוֹת מַכְרִיעוֹת עַל רְכוּשׁ אִמָּהּ
—n. (*Relig.*) רֹאשׁ מִסְדָּר (דָּתִי); סְגַן לְרֹאשׁ מִנְזָר
prioress /ˈpraɪərɪs/ n. (*Relig.*) מְנַהֶלֶת מִסְדָּר־דָּתִי; סְגָנִית לַנְּזִירָה הָרָאשִׁית
prioritize /praɪˈɒrɪtaɪz/ v.t. נָתַן עֲדִיפוּת לְ...
priority /praɪˈɒrɪtɪ/ n. עֲדִיפוּת, זְכוּת קְדִימָה, קְדִימוּת
□ *you must get your priorities right* עָלֶיךָ לְהַחְלִיט עַל סֻלַּם הָעֲדִיפוּת שֶׁלְּךָ
□ *these letters take priority over all other tasks* לְמִכְתָּבִים אֵלֶּה עֲדִיפוּת עַל כָּל מְשִׁימָה אַחֶרֶת
□ *accommodation for the elderly is to have top priority* שִׁכּוּן לִקְשִׁישִׁים עוֹמֵד בְּרֹאשׁ כָּל הָעֲדִיפֻיּוֹת
priory /ˈpraɪərɪ/ n. (*Relig.*) מִסְדָּר דָּתִי קָטָן; מִנְזָר קָטָן
prise /praɪz/ v.t. (also **prize**) פָּתַח/מָשַׁךְ (דְּבַר מָה) בְּכֹחַ
prism /ˈprɪzəm/ n.
1 (*Phys.*) מִנְסָרָה, פְּרִיזְמָה
2 (solid figure) מִנְסָרָה, פְּרִיזְמָה

prismatic /prɪzˈmætɪk/ adj.
1 (shaped like a prism) בְּצוּרַת מִנְסָרָה, פְּרִיזְמָטִי
2 (operating by means of a prism) פְּרִיזְמָטִי
3 (of colours) רַב־גּוֹנִי, סַסְגּוֹנִי

prison /ˈprɪz(ə)n/ n. בֵּית־סֹהַר, כֶּלֶא
□ *he was sent to* (or *put in*) *prison* הוּא נִשְׁלַח לַכֶּלֶא

prisoner /ˈprɪz(ə)nə(r)/ n.
1 (someone in confinement) אָסִיר
prisoner of conscience אֲסִיר מַצְפּוּן
prisoner of war שְׁבוּי־מִלְחָמָה, שָׁבוּי
□ *I was taken prisoner* נִלְקַחְתִּי בַּשֶּׁבִי, נִשְׁבֵּיתִי
□ *she is a prisoner of her own determination* (*fig.*) הִיא שְׁבוּיָה בִּידֵי הַהַחְלָטִיּוּת שֶׁלָּהּ
2 (someone under arrest) עָצִיר, אָסִיר
the prisoner at the bar (*Law*) הֶעָצִיר (בְּדוֹכַן הַנֶּאֱשָׁמִים) הַנֶּאֱשָׁם

prissy /ˈprɪsɪ/ adj. (*colloq.*) דַּקְדְּקָנִי, נוֹטֶה לְדַקְדְּקָנוּת (בְּהִתְנַהֲגוּתוֹ), קַפְּדָנִי

pristine /ˈprɪstiːn/ adj. (*formal*) טָהוֹר, קַמָּאִי

privacy /ˈprɪvəsɪ, ˈpraɪvəsɪ/ n.
1 (state of being private) פְּרָטִיּוּת, צִנְעָה
□ *this is an invasion of privacy* זוֹהִי חֲדִירָה לִתְחוּם הַפְּרָט
2 (secrecy) סוֹדִיּוּת, חֲשָׁאִיּוּת
□ *the funeral took place in strict privacy* הַהַלְוָיָה נֶעֶרְכָה בַּחֲשָׁאִיּוּת מֻחְלֶטֶת

private /ˈpraɪvət/ adj.
1 (personal, not public) פְּרָטִי, אִישִׁי
private detective בַּלָּשׁ פְּרָטִי
private enterprise יָזְמָה פְּרָטִית, קַפִּיטָלִיזְם
private eye (*colloq.*) בַּלָּשׁ פְּרָטִי
private income (or **means**) הַכְנָסָה פְּרָטִית, הַכְנָסָה אִישִׁית
private life חַיִּים פְּרָטִיִּים (לְהַבְדִּיל מֵחַיֵּי־צִבּוּר)
private school בֵּית־סֵפֶר פְּרָטִי (שֶׁבּוֹ מְשַׁלְּמִים שְׂכַר־לִמּוּד, בְּנִגּוּד לְבָתֵּי־סֵפֶר מַמְלַכְתִּיִּים)
2 (not holding official position or public office) פְּרָטִי
private member's bill (*UK*) הַצָּעַת חֹק פְּרָטִית (שֶׁל חֲבֵר בֵּית־הַנִּבְחָרִים שֶׁאֵינֶנּוּ חָבֵר בַּמֶּמְשָׁלָה)
private soldier (*Mil.*) טוּרָאִי
3 (not open to the public) פְּרָטִי
private view תְּצוּגָה (שֶׁל תַּעֲרוּכָה) לַמְּזֻמָּנִים בִּלְבַד
4 (secret) סוֹדִי, חֲשָׁאִי
in private בִּיחִידוּת
private parts (*euphem.*) מְבוּשִׁים
—n. (*Mil.*) טוּרָאִי

privation /praɪˈveɪʃ(ə)n/ n. (*formal*) מַחְסוֹר

privatize /ˈpraɪvətaɪz/ v.t. הֶעֱבִיר (חֶבְרָה מֶמְשַׁלְתִּית וְכַד׳) לְבַעֲלוּת פְּרָטִית

privet /ˈprɪvɪt/ n. לִיגוּסְטְרוּם מָצוּי (שִׂיחַ לְגֶדֶר־חַיָּה)

privilege /ˈprɪvɪlɪdʒ/ n.
1 (special advantage) זְכוּת מְיֻחֶדֶת, זְכוּת־יֶתֶר, פְּרִיוִילֶגְיָה
2 (favour, benefit) טוֹבַת־הֲנָאָה
□ *it was a privilege to talk to her* הָיְתָה זוֹ זְכוּת מְיֻחֶדֶת לְדַבֵּר אִתָּהּ
3 (state of being privileged) מַעֲמָד (מְיֻחָד)

privileged /ˈprɪvɪlɪdʒd/ adj. בַּעַל זְכֻיּוֹת־יֶתֶר, מְיֻחָס

privily /ˈprɪvɪlɪ/ adv. (*formal*) בַּחֲשַׁאי

privy /ˈprɪvɪ/ adj. (*formal*)
1 (secluded, secret; knowing a secret) חֲשַׁאי, נִסְתָּר; שֻׁתָּף לְסוֹד
□ *he was privy to the plot* (*formal*) הוּא שֻׁתָּף בְּסוֹד הַקֶּשֶׁר
2 Privy Council מוֹעֶצֶת הַכֶּתֶר, יוֹעֲצֵי הַמַּלְכוּת
Privy Purse הַקִּצְבָּה שֶׁמַּעֲנִיקָה הַמֶּמְשָׁלָה לַמֶּלֶךְ
—n. (*arch.*) בֵּית־שִׁמּוּשׁ, בֵּית־כִּסֵּא

prize[1] /praɪz/ n.
1 (reward in lottery or competition, for victor, etc.) פְּרָס
2 (thing sought after) דָּבָר נִכְסָף
—adj. מֻבְחָר, מְשֻׁבָּח; שֶׁל פְּרָס
prize cattle בָּקָר מֻבְחָר
prize money סְכוּם הַפְּרָס, סְכוּם הַזְּכִיָּה
□ *he's a prize idiot* (*colloq.*) הוּא אִידְיוֹט גָּמוּר
—v.t. הֶעֱרִיךְ מְאֹד

prize[2] /praɪz/ n. שָׁלָל

prize[3] /praɪz/ see **PRISE** פָּתַח/מָשַׁךְ (דְּבַר מָה) בְּכֹחַ

prize-fight /ˈpraɪz-faɪt/ n. תַּחֲרוּת אֶגְרוֹפִים (בֶּעָבָר) לְלֹא כְּפָפוֹת

prize-fighter /ˈpraɪz-ˌfaɪtə(r)/ n. מִתְאַגְרֵף (כַּנַּ״ל)

prize-money /ˈpraɪz-ˌmʌnɪ/ n. סְכוּם הַפְּרָס, סְכוּם הַזְּכִיָּה

prizewinner /ˈpraɪzwɪnə(r)/ n. זוֹכֶה בַּפְּרָס

pro[1] /prəʊ/ prep. בְּעַד

pro[2] /prəʊ/ n. (*pl.* **pros**)
1 (professional, *colloq.*) מִקְצוֹעָן, אָדָם מִקְצוֹעִי
2 (prostitute, *sl.*) ״נַעֲרָה עוֹבֶדֶת״
3 (argument in favour) (טִעוּן) ״בְּעַד״
□ *they discussed the pros and cons of the plan* הֵם דָּנוּ בְּיִתְרוֹנוֹת הַתָּכְנִית וּבְחֶסְרוֹנוֹתֶיהָ, הֵם דָּנוּ בַּ״בְּעַד״ וּבַ״נֶּגֶד״ שֶׁל הַתָּכְנִית

pro- /prəʊ-/ pref. פְּרוֹ־, (תְּחִלִּית שֶׁפֵּרוּשָׁהּ) בְּעַד
pro-British פְּרוֹ־בְּרִיטִי

probability /ˌprɒbəˈbɪlɪtɪ/ n.
1 (likelihood) סְבִירוּת, סִכּוּיִים
in all probability עַל־פִּי כָּל הַסְּבִירוּת
2 (chance of event occurring, *Math.*) הִסְתַּבְּרוּת
3 (probable thing) אֶפְשָׁרוּת סְבִירָה

probable /ˈprɒbəb(ə)l/ adj. מִסְתַּבֵּר, קָרוֹב לְוַדַּאי, סָבִיר
—n. (*colloq.*) מֻעֲמָד בָּטוּחַ

probably /ˈprɒbəblɪ/ adv. בְּכָל הַנִּרְאֶה, כַּנִּרְאֶה
probate /ˈprəʊbeɪt/ n. (*Law*) אִשּׁוּר צַוָּאָה; צַוָּאָה מְאֻשֶּׁרֶת
probation /prəˈbeɪʃ(ə)n/ n.
1 (*Law*) תְּקוּפַת מִבְחָן
on probation בְּמִבְחָן
probation officer קְצִין מִבְחָן
2 (testing of person's conduct or character) נִסָּיוֹן
probationary /prəˈbeɪʃ(ə)n(ə)rɪ/ adj. שֶׁל מִבְחָן; שֶׁל נִסָּיוֹן
probationer /prəˈbeɪʃənə(r)/ n.
1 (person training on probation) מֻעֲמָד בִּתְקוּפַת נִסָּיוֹן
2 (offender on probation, *Law*) עֲבַרְיָן בִּתְקוּפַת מִבְחָן
probe /prəʊb/ n.
1 (tool) מִבְחָן, מַכְשִׁיר לִבְחִינָה
2 (act of probing, investigation) בְּדִיקָה, בְּחִינָה
3 (type of rocket) טִיל־מֶחְקָר לֹא־מְאֻיָּשׁ (לֶחָלָל)
—v.t. עָרַךְ בְּחִינָה לְעֹמֶק שֶׁל
□ *he probed her innermost thoughts* הוּא בָּחַן אֶת מַחְשְׁבוֹת לִבָּהּ
probing /ˈprəʊbɪŋ/ adj. (מַבָּט וְכַד׳) חוֹדֵר
probity /ˈprəʊbɪtɪ/ n. (*formal*) כֵּנוּת גְּמוּרָה, יֹשֶׁר־לֵבָב
problem /ˈprɒbləm/ n.
1 (exercise set for solution) בְּעָיָה, תַּרְגִּיל (בְּחֶשְׁבּוֹן וְכַד׳)
2 (perplexing question) בְּעָיָה
3 (source of difficulty) בְּעָיָה, קֹשִׁי
no problem (*colloq.*) אֵין בְּעָיוֹת
problem child יֶלֶד בְּעָיָתִי
□ *he has a drinking problem* יֵשׁ לוֹ בְּעָיָה שֶׁל שְׁתִיָּה
problematic(al) /ˌprɒbləˈmætɪk((ə)l)/ adj. בְּעָיָתִי, פְּרוֹבְּלֶמָטִי
proboscis /prəˈbɒsɪs/ n. (*pl.* **proboscides**)
1 (*Zool.*) חֶדֶק (שֶׁל פִּיל וְכַד׳)
2 (feature of insects) חֶדֶק (שֶׁל חֶרֶק)
procedural /prəˈsiːdʒərəl/ adj. נָהֳלִי, פְּרוֹצֶדוּרָלִי
procedure /prəˈsiːdʒə(r)/ n. נֹהַל, סֵדֶר, פְּרוֹצֶדוּרָה
□ *let's observe the procedure* בּוֹא וְנִשְׁמֹר עַל הַנֹּהַל הַתַּקִּין
proceed /prəˈsiːd/ v.i.
1 (make one's way, *formal*) הִתְקַדֵּם, עָשָׂה אֶת דַּרְכּוֹ
□ *she proceeded towards the exit* הִיא עָשְׂתָה אֶת דַּרְכָּהּ לְעֵבֶר הַיְצִיאָה
2 (continue, go further) הִתְקַדֵּם
3 (take legal proceedings, *formal*) נָקַט בַּהֲלִיכִים מִשְׁפָּטִיִּים
□ *I will not proceed against you* אֲנִי לֹא אֶנְקֹט בַּהֲלִיכִים נֶגְדְּךָ
4 (arise, originate, *formal*) נָבַע מ..., הוּפַק מ...
□ *the profits proceeding from this will go to charity* הָרְוָחִים שֶׁיֻּפְקוּ יֻקְדְּשׁוּ לְמַטְּרוֹת צְדָקָה
proceedings /prəˈsiːdɪŋz/ n. *pl.*
1 (things done) הִתְרַחֲשׁוּת, אֵרוּעַ
□ *the proceedings at the meeting were disorderly* הַפְּגִישָׁה הִתְנַהֲלָה בְּאֹרַח חֲסַר־סֵדֶר
2 (legal action) הֲלִיכִים (מִשְׁפָּטִיִּים)
□ *he started (legal) proceedings against his employer* הוּא פָּתַח בַּהֲלִיכִים (מִשְׁפָּטִיִּים) נֶגֶד הַמַּעֲבִיד שֶׁלּוֹ
3 (records of learned society) רְשׁוּמוֹת
proceeds /ˈprəʊsiːdz/ n. *pl.* הַכְנָסוֹת
process[1] /ˈprəʊses/ n.
1 (progress, course) תַּהֲלִיךְ
□ *the building is in the process of construction* הַבִּנְיָן נִמְצָא בְּתַהֲלִיךְ בְּנִיָּה
□ *in the process of time I'll forget her* בְּמֶשֶׁךְ הַזְּמַן אֶשְׁכַּח אוֹתָהּ
2 (series of natural changes) תַּהֲלִיךְ
process of digestion תַּהֲלִיךְ הָעִכּוּל
3 (method of operation) תַּהֲלִיךְ
□ *this is a new industrial process* זֶה תַּהֲלִיךְ תַּעֲשִׂיָּתִי חָדָשׁ
4 (series of operations) תַּהֲלִיךְ
□ *it was a tedious process to get a visa* זֶה הָיָה תַּהֲלִיךְ מְיַגֵּעַ לְהַשִּׂיג וִיזָה
5 (action at law, writ, summons) הָלִיךְ (מִשְׁפָּטִי)
6 (outgrowth, *Biol.*) זִיז
—v.t.
1 (treat industrially) עִבֵּד
processed cheese גְּבִינָה מְעֻבֶּדֶת
2 (*Photog.*) הִדְפִּיס הַגְדָּלוֹת (מִנֶּגָטִיב)
3 (*Comput.*) עִבֵּד (מִסְפָּרִים, נְתוּנִים, תַּמְלִילִים) בְּמַחְשֵׁב
4 (put through procedure) טִפֵּל בְּ...
□ *your application is being processed* הַפְּנִיָּה שֶׁלְּךָ בְּטִפּוּל
process[2] /prəˈses/ v.i. (*colloq.*) צָעַד בַּחֲגִיגִיּוּת
procession /prəˈseʃ(ə)n/ n.
1 (body of persons proceeding in orderly succession) תַּהֲלוּכָה
2 (act of doing this) צְעִידָה בְּתַהֲלוּכָה
processional /prəˈseʃən(ə)l/ adj. (*Relig.*) שֶׁל תַּהֲלוּכָה
—n. מִזְמוֹר־תַּהֲלוּכָה; סֵפֶר מִזְמוֹרֵי תַּהֲלוּכָה
processor /ˈprəʊsesə(r)/ n.
1 (machine that processes) מְעַבֵּד
food processor מְעַבֵּד מָזוֹן, "פוּד־פְּרוֹסֶסוֹר"
2 (*Comput.*) יְחִידַת עִבּוּד־נְתוּנִים, "פְּרוֹסֶסוֹר"
proclaim /prəˈkleɪm/ v.t.
1 (announce) הִכְרִיז, הִצְהִיר
2 (show, reveal, *formal*) חָשַׂף, גִּלָּה

□ *his accent proclaimed him a Scot* הַמִּבְטָא שֶׁלּוֹ הֵעִיד עַל הָעֻבְדָּה שֶׁהוּא סְקוֹטִי
□ *her bloodstained hands proclaimed her guilt* יָדֶיהָ הַמֻּכְתָּמוֹת בְּדָם חָשְׂפוּ אֶת פִּשְׁעָהּ
proclamation /ˌprɒkləˈmeɪʃ(ə)n/ n. הַכְרָזָה, הַצְהָרָה
proclivity /prəˈklɪvɪtɪ/ n. (*formal*) נְטִיָּה טִבְעִית (לְרֹב לְדָבָר רַע)
procrastinate /prəʊˈkræstɪneɪt/ v.i. (*formal*) דָּחָה לְמָחָר
procrastination /prəʊˌkræstɪˈneɪʃ(ə)n/ n. (*formal*) דְּחִיָּה לְמָחָר
□ *procrastination is the thief of time* (*Prov.*) מִי שֶׁדּוֹחֶה לְמָחָר מַפְסִיד זְמַן
procreate /ˈprəʊkrɪeɪt/ v.t. & i. (*formal*) הוֹלִיד; פָּרָה וְרָבָה
procreation /ˌprəʊkrɪˈeɪʃ(ə)n/ n. (*formal*) הוֹלָדָה, פְּרִיָּה וּרְבִיָּה
Procrustean /prəʊˈkrʌstɪən/ adj. (*formal*) שֶׁל "מִטַּת סְדוֹם"
proctor /ˈprɒktə(r)/ n. פְּרוֹקְטוֹר (אָדָם הָאַחֲרַאי עַל מִשְׁמַעַת בְּמוֹסָדוֹת אֲקָדֵמִיִּים)
procurator /ˈprɒkjʊreɪtə(r)/ n.
procurator fiscal (*Scot. Law*) תּוֹבֵעַ מְחוֹזִי בִּסְקוֹטְלַנְד
procure /prəˈkjʊə(r)/ v.t. (*formal*)
1 (obtain) הִשִּׂיג, רָכַשׁ
2 (act as pimp, *derog.*) סִרְסֵר
—v.i. (*derog.*) חַי חַיֵּי סַרְסוּר
procurement /prəˈkjʊəmənt/ n. (*formal*) הַשָּׂגָה, רְכִישָׁה; סַרְסָרוּת
procurer /prəˈkjʊərə(r)/ n. סַרְסוּר
procuress /prəˈkjʊərɪs/ n. סַרְסוּרִית
prod /prɒd/ v.t. & i.
1 (poke) דָּחַק בְּ..., דָּקַר; דָּקַר בְּמַלְמָד
2 (urge into action) דָּחַק בְּ... הֵאִיץ בְּ... דִּרְבֵּן
□ *she had to prod his memory occasionally* הָיָה עָלֶיהָ לְעוֹרֵר אֶת זִכְרוֹנוֹ לְעִתִּים
—n. מַלְמָד; דְּקִירָה
cattle prod מַלְמַד בָּקָר
prodigal /ˈprɒdɪg(ə)l/ adj. (*formal*) בַּזְבְּזָנִי, שׁוֹפֵעַ עַד לְהַדְהִים
the prodigal son (*Bibl.*) הַבֵּן הָאוֹבֵד
—n. (*colloq.*) אָדָם רוֹדֵף תַּעֲנוּגוֹת
prodigious /prəˈdɪdʒəs/ adj. (*formal*) עָצוּם, מֻפְלָא
prodigy /ˈprɒdɪdʒɪ/ n.
1 (exceptional person) עִלּוּי, גָּאוֹן
child prodigy יֶלֶד פֶּלֶא
2 (strange phenomenon) פֶּלֶא, תּוֹפָעָה מוּזָרָה
produce /prəˈdjuːs/ v.t.
1 (bring forward for inspection) הִצִּיג, חָשַׂף
□ *the policeman produced the evidence* הַשּׁוֹטֵר הִצִּיג אֶת הָעֵדֻיּוֹת
2 (bring before the public) הֵפִיק
□ *she produced the play* הִיא הֵפִיקָה אֶת הַמַּחֲזֶה
3 (*Geom.*) הִמְשִׁיךְ (קַו יָשָׁר)
4 (manufacture) יִצֵּר
5 (yield, bear) הֵפִיק, נָתַן, הֵנִיב
6 (cause, bring into being) הֵפִיק, גָּרַם לְ..., הֵבִיא לְ...
□ *his words produced an unexpected effect* דְּבָרָיו גָּרְמוּ לִתְגוּבָה לֹא־צְפוּיָה
—v.i. /prəˈdjuːs/ עָשָׂה/עָשְׂתָה יְלָדִים
—n. /ˈprɒdjuːs/ תְּנוּבָה, תּוֹצֶרֶת חַקְלָאִית
producer /prəˈdjuːsə(r)/ n.
1 (one who produces an article of consumption) יַצְרָן
2 (one who presents a play or film) מֵפִיק
product /ˈprɒdʌkt/ n.
1 (thing produced) מוּצָר, תּוֹצָר
2 (result) תּוֹצָאָה
3 (*Math.*) מַכְפֵּלָה
production /prəˈdʌkʃ(ə)n/ n.
1 (act of producing; amount produced) יִצּוּר; תְּפוּקָה
mass production יִצּוּר הֲמוֹנִי
production line קַו־יִצּוּר
2 (play, film, etc.) הֲפָקָה
□ *let's not make a production out of this* (*colloq.*) בּוֹא לֹא נַעֲשֶׂה מִזֶּה עִנְיָן
productive /prəˈdʌktɪv/ adj.
1 (producing in large quantities) פּוֹרֶה
2 (producing results) יַצְרָנִי, פְּרוֹדוּקְטִיבִי, יָעִיל
productive labour עֲבוֹדָה יַצְרָנִית
□ *office work is often not productive* עֲבוֹדָה מִשְׂרָדִית לְעִתִּים קְרוֹבוֹת אֵינָהּ יְעִילָה
productivity /ˌprɒdʌkˈtɪvɪtɪ/ n. פִּרְיוֹן, פּוֹרִיּוּת, פְּרוֹדוּקְטִיבִיּוּת
Prof. /prɒf/ abbrev. פְּרוֹפ׳ (קִצּוּר רִשְׁמִי לִפְרוֹפֶסוֹר)
prof /prɒf/ n. (*sl.*) כִּנּוּי יְדִידוּתִי לִפְרוֹפֶסוֹר
profanation /ˌprɒfəˈneɪʃ(ə)n/ n. (*formal*) חִלּוּל, חִלּוּל־קֹדֶשׁ
profane /prəˈfeɪn/ adj.
1 (not sacred, *formal*) לֹא קָדוֹשׁ, חִלּוֹנִי
2 (irreverent, blasphemous) כּוֹפֵר, מְחַלֵּל קֹדֶשׁ
—v.t. חִלֵּל קֹדֶשׁ
profanity /prəˈfænɪtɪ/ n. חִלּוּל קֹדֶשׁ; חֵרוּפִים וְגִדּוּפִים
profess /prəˈfes/ v.t. (*formal*)
1 (claim falsely, pretend) הִתְיַמֵּר לִהְיוֹת; הִצִּיג אֶת עַצְמוֹ כְּ...
□ *he professes to know all about science* הוּא מִתְיַמֵּר לָדַעַת הַכֹּל עַל אוֹדוֹת הַמַּדָּע
2 (declare) הִכְרִיז עַל, הִצְהִיר עַל

3 (affirm faith in or allegiance to, *Relig.*) הָיָה בַּעַל אֱמוּנָה (דָּתִית מְסֻיֶּמֶת); הָלַךְ בְּדַרְכֵי (הַנַּצְרוּת, הָאִיסְלָם, הַיַּהֲדוּת וְכַד׳)

professed /prəˈfest/ past ppl. & adj.
1 (self-declared) מֻצְהָר
□ *she is a professed Christian* הִיא נוֹצְרִיָּה מֻצְהֶרֶת
2 (supposed) לִכְאוֹרָה, כִּבְיָכוֹל
□ *our professed allies may prove untrustworthy* אֲנַחְנוּ עֲלוּלִים לְגַלּוֹת שֶׁאִי אֶפְשָׁר לִסְמֹךְ עַל מִי שֶׁהֵם לִכְאוֹרָה בַּעֲלֵי־בְּרִיתֵנוּ

professedly /prəˈfesɪdlɪ/ adv. לִכְאוֹרָה, כִּבְיָכוֹל

profession /prəˈfeʃ(ə)n/ n.
1 (vocation, calling) מִקְצוֹעַ; חֶבֶר אַנְשֵׁי־הַמִּקְצוֹעַ (הַמֻּסְמָכִים)
the oldest profession (*joc.*) הַמִּקְצוֹעַ הָעַתִּיק בְּיוֹתֵר בָּעוֹלָם (זְנוּת)
the profession (*Theatr. colloq.*) ״הַבָּמָה״ (מִקְצוֹעוֹת הַתֵּיאַטְרוֹן)
2 (declaration, avowal, *formal*) הַצְהָרָה
profession of faith הַצְהָרַת אֱמוּנָה, הָ״אֲנִי מַאֲמִין״ (שֶׁל פְּלוֹנִי)

professional /prəˈfeʃən(ə)l/ adj.
1 (relating to a profession) מִקְצוֹעִי, פְּרוֹפֶסְיוֹנָלִי
professional etiquette כְּלָלֵי הַמִּקְצוֹעַ
2 (practising as full-time occupation) מִקְצוֹעִי, פְּרוֹפֶסְיוֹנָלִי
3 (*Sport,* etc.) מִקְצוֹעִי, מִקְצוֹעָן
professional foul (*Football*) עֲבֵרָה בְּמִתְכַּוֵּן
professional sportsman סְפּוֹרְטַאי מִקְצוֹעִי (לֹא חוֹבֵב)
□ *he turned professional last season* הוּא הָפַךְ לִסְפּוֹרְטַאי מִקְצוֹעִי בָּעוֹנָה שֶׁעָבְרָה
—n.
1 (one whose job is a profession) אִישׁ־מִקְצוֹעַ
2 (professional player) סְפּוֹרְטַאי מִקְצוֹעִי, מִקְצוֹעָן

professionalism /prəˈfeʃənəlɪzəm/ n.
1 (qualities of a profession) מִקְצוֹעִיּוּת, פְּרוֹפֶסְיוֹנָלִיּוּת
2 (practice of employing professionals in sport) מִקְצוֹעָנוּת

professor /prəˈfesə(r)/ n.
1 (holder of university chair) פְּרוֹפֶסוֹר בַּעַל קָתֶדְרָה
2 (university teacher, *US*) פְּרוֹפֶסוֹר
3 (teacher) מוֹרֶה (לְרִקּוּד, לִנְגִינָה)

professorial /ˌprɒfɪˈsɔːrɪəl/ adj. שֶׁל פְּרוֹפֶסוֹר; בְּדַרְגַּת פְּרוֹפֶסוֹר

professorship /prəˈfesəʃɪp/ n. פְּרוֹפֶסוּרָה, דַּרְגַּת פְּרוֹפֶסוֹר

proffer /ˈprɒfə(r)/ v.t. (*formal*) הִצִּיעַ

proficiency /prəˈfɪʃ(ə)nsɪ/ n. מְיֻמָּנוּת, מֻמְחִיּוּת, בְּקִיאוּת

proficient /prəˈfɪʃ(ə)nt/ adj. מְיֻמָּן, מֻמְחֶה, בָּקִי

profile /ˈprəʊfaɪl/ n.
1 (outline in side view, esp. of human face) פְּרוֹפִיל, צְדוּדִית, קַו
□ *seen in profile he is quite attractive* הוּא נִרְאֶה לֹא רַע בְּפְרוֹפִיל
2 (brief biography) קַוִּים לִדְמוּתוֹ שֶׁל (פְּלוֹנִי), סְקִירָה בִּיּוֹגְרָפִית קְצָרָה
3 (summary of facts about a company, etc.) סְקִירָה תַּמְצִיתִית, דּוּ״חַ תַּמְצִיתִי
—v.t. תֵּאֵר בְּקַוִּים כְּלָלִיִּים; צִיֵּר פְּרוֹפִיל שֶׁל

profit /ˈprɒfɪt/ n.
1 (money earned) רֶוַח
operating profits רְוָחִים תִּפְעוּלִיִּים
profit and loss account חֶשְׁבּוֹן רֶוַח וְהֶפְסֵד
marginal profit רֶוַח שׁוּלִי
profit margin מֶתַח רְוָחִים
□ *the company made* (or *turned*) *a profit* הַחֶבְרָה עָשְׂתָה רְוָחִים
2 (benefit, *formal*) תּוֹעֶלֶת
□ *it was to his profit to change jobs* הַחְלָפַת מְקוֹם עֲבוֹדָתוֹ הוֹעִילָה לוֹ
—v.t. (*formal*) הוֹעִיל לְ...; הֵבִיא תּוֹעֶלֶת לְ...
□ *it profited him nothing* זֶה לֹא הֵבִיא לוֹ שׁוּם תּוֹעֶלֶת
—v.i. הֵפִיק תּוֹעֶלֶת
□ *I profited from* (or *by*) *the change of job* הֵפַקְתִּי תּוֹעֶלֶת מֵהַחְלָפַת מְקוֹם־הָעֲבוֹדָה

profitable /ˈprɒfɪtəb(ə)l/ adj.
1 (making money) רִוְחִי
a profitable business עֵסֶק רִוְחִי
2 (beneficial, *formal*) מוֹעִיל, פּוֹרֶה

profiteer /ˌprɒfɪˈtɪə(r)/ n. (*derog.*) סַפְסָר (בְּמִצְרָכִים חִיּוּנִיִּים בִּשְׁעַת מִלְחָמָה וְכַד׳)
—v.i. עָסַק בְּסַפְסָרוּת (כַּנַּ״ל), הֵפִיק רְוָחִים (כַּנַּ״ל)

profiterole /prəˈfiːtərəʊl/ n. פַּחְזָנִית (קְטַנָּה וַעֲגֻלָּה), פְּרוֹפִיטְרוֹל

profit-making /ˈprɒfɪtˌmeɪkɪŋ/ adj. רִוְחִי, מֵפִיק רְוָחִים

profit-sharing /ˈprɒfɪtˌʃeərɪŋ/ n. חֲלֻקַּת־רְוָחִים

profligacy /ˈprɒflɪgəsɪ/ n. (*formal*) בַּזְבְּזָנוּת; רַאַוְתָנוּת; הֶפְקֵרוּת מוּסָרִית

profligate /ˈprɒflɪgət/ adj. (*formal*)
1 (immoral) מֻפְקָר (מוּסָרִית)
2 (recklessly extravagant) בַּזְבְּזָנִי, רַאַוְתָנִי
—n. אָדָם בַּזְבְּזָנִי וְרַאַוְתָן; אָדָם מֻפְקָר

pro forma /ˌprəʊ ˈfɔːmə/ adj. & adv. (חֶשְׁבּוֹנִית וְכַד׳) פְּרוֹפוֹרְמָה, לְהֶסְדֵּר תַּשְׁלוּם מֵרֹאשׁ
—n. חֶשְׁבּוֹנִית פְּרוֹפוֹרְמָה

profound /prəˈfaʊnd/ adj. עָמֹק; נִשְׂגָּב (רַעְיוֹן וְכַד׳)
profound sleep שֵׁנָה עֲמֻקָּה

profoundly /prəˈfaʊndlɪ/ adv. מִקֶּרֶב הַלֵּב; מְאֹד
profoundly deaf חֵרֵשׁ לְגַמְרֵי

profundity /prəˈfʌndɪtɪ/ n. (*formal*) עֹמֶק (לְרֹב בְּהַשְׁאָלָה)

profuse /prəˈfjuːs/ adj.
1 (lavish) שׁוֹפֵעַ, נָדִיב מְאֹד
□ *he was profuse in bestowing compliments* הוּא חִלֵּק מַחֲמָאוֹת בִּנְדִיבוּת רַבָּה
2 (plentiful) שׁוֹפֵעַ

profusion /prəˈfjuːʒ(ə)n/ n. (*formal*) שֶׁפַע, רִבּוּי

progenitor /prəʊˈdʒenɪtə(r)/ n. (*formal*) אָב־קָדוּם; מְקוֹר קָדוּם

progeny /ˈprɒdʒənɪ/ n. (*formal*) צֶאֱצָאִים

progesterone /ˌprəˈdʒestərəʊn/ n. פְּרוֹגֶסְטֵרוֹן (הוֹרְמוֹן נָשִׁי)

prognosis /prɒgˈnəʊsɪs/ n. (*pl.* **prognoses**) (*Med.*) פְּרוֹגְנוֹזָה, תַּחֲזִית

prognostic /prɒgˈnɒstɪk/ (*formal*) adj. אוֹת לַבָּאוֹת
—adj. מְנַבֵּא, פְּרוֹגְנוֹסְטִי

prognosticate /prɒgˈnɒstɪkeɪt/ v.t. (*formal* or *joc.*) הָיָה אוֹת לְ...

programme /ˈprəʊgræm/ n. (also (*US & Comput.*) **program**)
1 (coded information for computer) תָּכְנִית מַחְשֵׁב
2 (printed guide) תָּכְנִיָּה
□ *I bought a programme at the entrance to the theatre* קָנִיתִי תָּכְנִיָּה בַּכְּנִיסָה לַתֵּיאַטְרוֹן
3 (television or radio broadcast) תָּכְנִית־טֶלֶוִיזְיָה, תָּכְנִית־רַדְיוֹ
4 (plan, scheme) תָּכְנִית
□ *there is a programme to develop the city centre* יֵשׁ תָּכְנִית לְפַתֵּחַ אֶת מֶרְכַּז הָעִיר
□ *what's the programme for today?* מָה הַתָּכְנִית לְהַיּוֹם? מָה הַתָּכְנִיּוֹת לְהַיּוֹם?
—v.t. קָבַע אֶת הַתָּכְנִית שֶׁל; תִּכְנֵת (מַחְשֵׁב וְכַד׳)
□ *she programmed the computer* הִיא תִּכְנְתָה אֶת הַמַּחְשֵׁב
programmed learning לִמּוּד בִּיחִידוֹת

programmer /ˈprəʊgræmə(r)/ n. (*Comput.*) מְתַכְנֵת־מַחְשְׁבִים

progress /ˈprəʊgres/ n.
1 (development, movement, advance) הִתְקַדְּמוּת, הִתְפַּתְּחוּת; קִדְמָה
progress report דּוּ״חַ הִתְקַדְּמוּת
□ *he made slow progress* הוּא הִתְקַדֵּם בְּאִטִּיּוּת
in progress מִתְקַיֵּם, בְּעִצּוּמוֹ
2 (procession, *arch.*) תַּהֲלוּכָה
—v.i. /prəˈgres/ הִתְקַדֵּם, הִתְפַּתֵּחַ

progression /prəˈgreʃ(ə)n/ n.
1 (act of forward motion) הִתְקַדְּמוּת
□ *the crab's mode of progression is rather curious* צוּרַת הַהִתְקַדְּמוּת שֶׁל הַסַּרְטָן מוּזָרָה לְמַדַּי
2 (*Math.*) טוּר
arithmetical progression טוּר חֶשְׁבּוֹנִי, טוּר אֲרִיתְמֶטִי
geometric progression טוּר הַנְדָּסִי, טוּר גֵּיאוֹמֶטְרִי

progressive /prəˈgresɪv/ adj.
1 (favouring progress or reform) מִתְקַדֵּם, פְּרוֹגְרֶסִיבִי
2 (increasing step by step) פְּרוֹגְרֶסִיבִי, מְדֹרָג
progressive taxation מִסּוּי פְּרוֹגְרֶסִיבִי
3 (moving forward) מִתְקַדֵּם בְּהַדְרָגָה
progressive dance רִקּוּד עִם בְּהַחְלָפַת זוּגוֹת
—n. אָדָם בַּעַל דֵּעוֹת פְּרוֹגְרֶסִיבִיּוֹת

progressively /prəˈgresɪvlɪ/ adv. בְּהַדְרָגָה, בְּאֹפֶן פְּרוֹגְרֶסִיבִי
□ *the climb became progressively more dangerous* הַטִּפּוּס הָפַךְ בְּהַדְרָגָה לְיוֹתֵר מְסֻכָּן

prohibit /prəˈhɪbɪt/ v.t. (*formal*) אָסַר (פְּעֻלָּה מְסֻיֶּמֶת וְכַד׳)
□ *smoking is prohibited* הָעִשּׁוּן אָסוּר

prohibition /ˌprəʊhɪˈbɪʃ(ə)n/ n.
1 (act of prohibiting) אִסּוּר
2 (legislation which prohibits, *formal*) אִסּוּר, חֹק מוֹנֵעַ
3 Prohibition (*US Hist.*) תְּקוּפַת הַ״יֹּבֶשׁ״, תְּקוּפַת הַצֶּנַע (1920-1933 בְּאַרְהַ״ב)

prohibitionist /ˌprəʊhɪˈbɪʃ(ə)nɪst/ n. אָדָם הַדּוֹגֵל בְּאִסּוּר מְכִירָה וְיִצּוּר שֶׁל אַלְכּוֹהוֹל

prohibitive /prəˈhɪbɪtɪv/ adj.
1 (that prohibits) אוֹסֵר
2 (of prices) יָקָר מִכְּדֵי שֶׁאֶפְשָׁר יִהְיֶה לְשַׁלֵּם אוֹתוֹ

project /prəˈdʒekt/ v.t.
1 (cause light or shadow to fall onto a surface) הִקְרִין, הֵטִיל
2 (throw, propel) הִשְׁלִיךְ, הֵטִיל
3 (plan, contrive) עָרַךְ תַּצְפִּית לֶעָתִיד, תִּכְנֵן
□ *our projected profits will be high* הָרְוָחִים הַצְּפוּיִים שֶׁלָּנוּ יִהְיוּ גְּבוֹהִים
4 (*Psychol.*) עָשָׂה הַשְׁלָכָה, עָשָׂה פְּרוֹיֶקְצְיָה
5 (*Geom.*) עָשָׂה הֵטֵל
6 (*Geog.*) עָשָׂה הַשְׁלָכָה
—v.i. /prəˈdʒekt/ בָּלַט
—n. /ˈprɒdʒekt/
1 (scene, plan) תָּכְנִית, פְּרוֹיֶקְט
2 (exercise) עֲבוֹדָה (הַמֻּטֶּלֶת עַל תַּלְמִיד בֵּית סֵפֶר)

projectile /prəˈdʒektaɪl/ n. & adj. קָלִיעַ; טִיל; שֶׁבְּהַטָּלָה

projection /prəˈdʒekʃ(ə)n/ n.
1 (protrusion, protruding thing) בְּלִיטָה, חֵלֶק בּוֹלֵט
2 (estimate) הַעֲרָכָה לֶעָתִיד, תַּצְפִּית
3 (display of film) הַקְרָנָה; הַתְּמוּנָה הַמֻּקְרֶנֶת עַל הַמָּסָךְ
4 (*Geom.*) הֵטֵל
5 (*Geog.*) הַשְׁלָכָה
Mercator's projection מַפַּת הָעוֹלָם הַמְחֻלֶּקֶת לְרִבּוּעִים שָׁוִים וְלָכֵן לֹא־פְּרוֹפּוֹרְצְיוֹנָלִית

6 (*Psychol.*) הַשְׁלָכָה, פְּרוֹיֶקְצְיָה

projectionist /prəˈdʒekʃənɪst/ n. (אָדָם) מַקְרִין־סְרָטִים

projector /prəˈdʒektə(r)/ n. מַקְרֵן־קוֹלְנוֹעַ, מְכוֹנַת־הַקְרָנָה (לִסְרָטִים)

prolapse /ˈprəʊlæps/ v.i. (*Med.*) צְנִיחָה (שֶׁל אֵיבָר פְּנִימִי)

prolapse of the uterus צְנִיחַת־הָרֶחֶם

prolegomena /ˌprəʊlɪˈgɒmɪnə/ n. *pl.* (*formal*) דִּבְרֵי מָבוֹא

proletarian /ˌpreʊlɪˈteərɪən/ adj. & n. שֶׁל הַפּוֹעֲלִים, פְּרוֹלֶטָרִי; פְּרוֹלֶטָר, חֲבֵר מַעֲמַד הַפּוֹעֲלִים

proletariat /ˌprəʊlɪˈteərɪət/ n. מַעֲמַד הַפּוֹעֲלִים, פְּרוֹלֶטַרְיוֹן

pro-life /ˌprəʊ-ˈlaɪf/ adj. מִתְנַגֵּד לְהַפָּלוֹת מְלָאכוּתִיּוֹת

proliferate /prəˈlɪfəreɪt/ v.t. & i הֵפִיץ בְּרַבִּים; הִתְפַּשֵּׁט בִּמְהִירוּת; הִתְרַבָּה בִּמְהִירוּת, צָמַח בִּמְהִירוּת

proliferation /prəˌlɪfəˈreɪʃ(ə)n/ n. הִתְפַּשְּׁטוּת מְהִירָה, גִּדּוּל מָהִיר

prolific /prəˈlɪfɪk/ adj.

1 (producing much writing, etc.) פּוֹרֶה, שׁוֹפֵעַ

2 (producing many young) פּוֹרֶה

prolix /ˈprəʊlɪks/ adj. (*formal*) גִּבְבָנִי, אַרְכָנִי, רַב־מֶלֶל

prologue /ˈprəʊlɒg/ n. מָבוֹא, הַקְדָּמָה, פְּרוֹלוֹג

□ *the meal was a prologue to a pleasant evening* הָאֲרוּחָה הָיְתָה הַקְדָּמָה לְעֶרֶב נָעִים

prolong /prəˈlɒŋ/ v.t. הֶאֱרִיךְ

□ *tell us at once and don't prolong the agony* תְּסַפֵּר לָנוּ מִיָּד, וְאַל תַּאֲרִיךְ אֶת הַסֵּבֶל

prolongation /ˌpreʊlɒŋˈgeɪʃ(ə)n/ n. הַאֲרָכָה

prom /prɒm/ n. (*colloq.*)

1 (concert, *UK*) קוֹנְצֶרְט (לָרֹב בַּעֲמִידָה)

2 (big party, *US*) מְסִבָּה פוֹרְמָלִית לִסְטוּדֶנְטִים

promenade /ˌprɒməˈnɑːd, prɒmənɑːd/ n.

1 (walk taken for pleasure or social ceremony) טִיּוּל קָצָר

promenade concert (*UK*) קוֹנְצֶרְט בַּעֲמִידָה (שֶׁל מוּזִיקָה קַלָּסִית)

2 (place suitable for walking at seaside, etc.) טַיֶּלֶת

promenade deck סִפּוּן טִיּוּלִים

—v.t. & i. הִפְגִּין לְרַאֲוָה; טִיֵּל בְּנַחַת, הָלַךְ לְאִטּוֹ

prominence /ˈprɒmɪnəns/ n.

1 (being prominent) חֲשִׁיבוּת, מַעֲמָד בָּכִיר

□ *the newspaper gave prominence to the murder* הָעִתּוֹן הֶעֱנִיק מָקוֹם חָשׁוּב לָרֶצַח

2 (something that projects, *formal*) בְּלִיטָה, דָּבָר בּוֹלֵט

prominent /ˈprɒmɪnənt/ adj.

1 (jutting out) בּוֹלֵט

2 (conspicuous) בּוֹלֵט לָעַיִן

3 (well-known) חָשׁוּב, דָּגוּל, יָדוּעַ, בּוֹלֵט

promiscuity /ˌprɒmɪsˈkjuːɪtɪ/ n. הֶפְקֵרוּת מִינִית

promiscuous /prəˈmɪskjʊəs/ adj.

1 (having many sexual partners) מֻפְקָר מִינִית, בַּעַל גִּישָׁה מַתִּירָנִית מְאֹד לְמִין

2 (indiscriminate, casual, *formal*) מִקְרִי, אַקְרָאִי

3 (confused, unsorted, *formal*) מִקְרִי

promise /ˈprɒmɪs/ n.

1 (assurance given) הַבְטָחָה

□ *will you be able to keep this promise?* הַאִם תּוּכַל לַעֲמֹד בַּהַבְטָחָה הַזּוֹ?

□ *she broke her promise to avoid the subject* הִיא הֵפֵרָה אֶת הַהַבְטָחָה שֶׁלָּהּ לֹא לְהַזְכִּיר אֶת הַנּוֹשֵׂא

2 (cause of hope for success) כִּשָּׁרוֹן, סִימָנִים לֶעָתִיד

□ *this composer shows great promise* לַמַּלְחִין זֶה צָפוּי עָתִיד מַזְהִיר

—v.t. & i.

1 (give assurance of) הִבְטִיחַ; קִבֵּל עַל עַצְמוֹ, הִתְחַיֵּב

the Promised Land הָאָרֶץ הַמֻּבְטַחַת

□ *the early settlers found their promised land in the west* הַמִּתְיַשְּׁבִים הָרִאשׁוֹנִים בְּאַרְהַ"ב מָצְאוּ אֶת הַגַּן גַּן הָעֵדֶן שֶׁלָּהֶם בַּמַּעֲרָב

□ *promise me that you will write* (or *to write*) *to your sister* תַּבְטִיחַ לִי שֶׁתִּכְתֹּב לַאֲחוֹתְךָ

□ *I have promised myself a new coat* הִבְטַחְתִּי לְעַצְמִי מְעִיל חָדָשׁ

□ *I promise you that we won't be able to agree* אֲנִי מַבְטִיחַ לְךָ שֶׁלֹּא נוּכַל לְהַסְכִּים

2 (give cause of expecting) הִבְטִיחַ

□ *my new secretary promises well* מַזְכִּירָתִי הַחֲדָשָׁה מַבְטִיחָה טוֹבוֹת

□ *the weather promises to be fine tomorrow* מֶזֶג הָאֲוִיר מַבְטִיחַ לִהְיוֹת נָאֶה מָחָר

promising /ˈprɒmɪsɪŋ/ adj. מְבַשֵּׂר גְּדוֹלוֹת

promissory note /ˈprɒmɪsərɪ nəʊt/ n. שְׁטַר־חוֹב

promo /ˈprəʊməʊ/ n. (*colloq.*) פִּרְסֹמֶת (לָרֹב סִרְטוֹן)

promontory /ˈprɒməntrɪ/ n. לְשׁוֹן יַבָּשָׁה, כַּף יַבַּשְׁתִּי, צוּק חוֹף

promote /prəˈməʊt/ v.t.

1 (advance to higher position) הֶעֱלָה בְּדַרְגָּה, קִדֵּם בְּדַרְגָּה

□ *he was promoted to* (*the rank of*) *colonel* הוּא הֹעֲלָה לְדַרְגַּת סְגַן־אַלּוּף

2 (publicize, market) פִּרְסֵם, שִׁוֵּק, קִדֵּם (מוּצָר)

□ *the film promoted several brands of soft drink* הַסִּרְטוֹן פִּרְסֵם כַּמָּה סוּגִים שֶׁל מַשְׁקֶה קַל

3 (help forward, support) קִדֵּם

□ *dialogue helps to promote peace* דּוּ־שִׂיחַ מְסַיֵּעַ לְקִדּוּם הַשָּׁלוֹם

promoter /prəˈməʊtə(r)/ n. יַזָּם, מְקַדֵּם עֲסָקִים

promotion /prəˈməʊʃ(ə)n/ n.

1 (publicizing) פִּרְסֹמֶת, פִּרְסוּם, "פְּרוֹמוֹשְׁן"

sales promotion קִדּוּם־מְכִירוֹת

2 (advancement to higher rank) קִדּוּם, הַעֲלָאָה בְּדַרְגָּה

promotional /prəˈməʊʃən(ə)l/ adj. פִּרְסוּמִי

prompt /prɒmpt/ adj.

1 (done at once) מִיָּדִי, לְלֹא דִּחוּי

□ *prompt action will be required* יְהִיֶה צֹרֶךְ בִּפְעֻלָּה מִיָּדִית

2 (punctual) דַּיְּקָן, מְדַיֵּק (בִּזְמַן בִּלְבַד)

—adv. בְּדִיּוּק (בִּזְמַן)

—v.t.

1 (move to action) גָּרַם (לִפְלוֹנִי לִפְעֹל בְּצוּרָה מְסֻיֶּמֶת וְכַד׳)

□ *on hearing of the disaster I was prompted to start a collection* הַיְּדִיעָה עַל אוֹדוֹת הָאָסוֹן דָּחֲפָה אוֹתִי לְהַתְחִיל בְּהַתְרָמָה

2 (remind actor of line) לָחַשׁ (מִלִּים לְשַׂחְקַן תֵּיאַטְרוֹן עַל בָּמָה)

□ *he remembered to bring the present without prompting* הוּא זָכַר בְּעַצְמוֹ לְהָבִיא אֶת הַמַּתָּנָה (מִבְּלִי שֶׁהָיוּ צְרִיכִים לְהַזְכִּיר לוֹ אֶת זֹאת)

—n. לַחְשָׁן (בַּתֵּיאַטְרוֹן); לַחַשׁ (שֶׁל לַחְשָׁן)

prompter /ˈprɒmptə(r)/ n. (*Theatr.*) לַחְשָׁן

promptness /ˈprɒmptnɪs/ n. דַּיְּקָנוּת (בִּזְמַן)

promulgate /ˈprɒməlgeɪt/ v.t. (*formal*) הֵפִיץ, פִּרְסֵם בָּרַבִּים (רַעְיוֹן וְכַד׳)

prone /prəʊn/ adj.

1 (lying face downwards) שָׁכוּב עַל פָּנָיו

2 (disposed, liable) נוֹטֶה לְ..., נָתוּן לְ..., נִמְשָׁךְ לְ...

□ *he is prone to violence* (or *to be violent*) יֵשׁ לוֹ נְטִיָּה לָאַלִּימוּת

prong /prɒŋ/ n. שֵׁן (שֶׁל מַזְלֵג, קִלְשׁוֹן וְכַד׳)

pronged /prɒŋd/ adj. (מַזְלֵג, קִלְשׁוֹן וְכַד׳) בַּעַל שִׁנַּיִם

□ *we launched a two-pronged attack* עָרַכְנוּ מִתְקֶפֶת-מֶלְקָחַיִם

pronominal /prəʊˈnɒmɪn(ə)l/ adj. (*Gram.*) שֶׁל כִּנּוּי-גוּף, פְּרוֹנוֹמִינָלִי

pronoun /ˈprəʊnaʊn/ n. (*Gram.*) כִּנּוּי-גוּף

demonstrative pronoun כִּנּוּי-הֶרְמֵז, כִּנּוּי רוֹמֵז

interrogative pronoun כִּנּוּי-שְׁאֵלָה

possessive pronoun כִּנּוּי-קִנְיָן

pronounce /prəˈnaʊns/ v.t.

1 (utter, make the sounds of speech) בִּטֵּא, הָגָה

pronouncing dictionary מִלּוֹן-הִגּוּי

2 (declare as one's opinion) הִצְהִיר שֶׁ..., הִכְרִיז שֶׁ...

□ *he pronounced the food excellent* הוּא הִכְרִיז שֶׁהַמָּזוֹן מְצֻיָּן

3 (*Law*) נָתַן (פְּסַק דִּין), הִכְרִיז שֶׁ...

□ *the judge pronounced sentence* הַשּׁוֹפֵט נָתַן פְּסַק דִּין

pronounceable /prəˈnaʊnsəb(ə)l/ adj. נִתָּן לְבִטּוּי

pronounced /prəˈnaʊnst/ adj. בּוֹלֵט, נִכָּר, בָּרוּר

□ *she had a pronounced limp* הָיְתָה לָהּ צְלִיעָה בּוֹלֶטֶת

pronouncement /prəˈnaʊnsmənt/ n. הַצְהָרָה, הַכְרָזָה

pronto /ˈprɒntəʊ/ adv. (*colloq.*) חַת-שְׁתַּיִם׳

pronunciation /prəˌnʌnsɪˈeɪʃ(ə)n/ n. הִגּוּי, מִבְטָא

proof /pruːf/ n.

1 (evidence to establish a fact) עֵדוּת, הוֹכָחָה

□ *have you proof of your identity?* הַאִם יֵשׁ לְךָ מִסְמָכִים מְזַהִים?

2 (demonstration) עֵדוּת, הוֹכָחָה

□ *his performance gives proof of his training* הַבִּצּוּעַ שֶׁלּוֹ מֵעִיד עַל אִמּוּן

3 (test) בְּחִינָה, מִבְחָן

□ *the soldier's courage was put to the proof in the battle* אֹמֶץ לִבּוֹ שֶׁל הַחַיָּל הָעֳמַד בְּמִבְחָן בַּקְּרָב

□ *the proof of the pudding is in the eating* (*Prov.*) בְּלִי לִבְדֹּק אִי אֶפְשָׁר לָדַעַת מַה טִּיבוֹ שֶׁל הַדָּבָר

4 (*Printing*) הַגָּהָה (עֹתֶק שֶׁל סֵפֶר וְכַד׳ לִפְנֵי תִּקּוּנֵי הַגָּהָה)

□ *the author added a footnote in proof* הַמְחַבֵּר הוֹסִיף הֶעָרָה בְּשָׁלָב הַהַגָּהוֹת

5 (standard of strength of alcoholic liquor) דַּרְגַּת חֹזֶק (תְּכוּלַת אַלְכּוֹהוֹל בְּמַשְׁקֶה חָרִיף)

98 proof 49 אָחוּז (אַלְכּוֹהוֹל)

—adj. מְחֻסָּן (בִּפְנֵי פִּתּוּי וְכַד׳)

□ *are you proof against the temptation to take drugs?* הַאִם אַתָּה מְחֻסָּן בִּפְנֵי הַפִּתּוּי שֶׁל סַמִּים?

—v.t. אָטַם בִּפְנֵי (מַיִם וְכַד׳)

-proof /-pruːf/ suff. חֲסִין-

proof-read /ˈpruːf-riːd/ v.t. הִגִּיהַּ

proof-reader /ˈpruːf-ˌriːdə(r)/ n. מַגִּיהַּ

prop[1] /prɒp/ n.

1 (support) תְּמוּכָה, סְמוּכָה, מִשְׁעָן, מִשְׁעֶנֶת (גַּם בְּהַשְׁאָלָה)

2 (*Rugby*) שַׂחְקָן קִדְמִי

—v.t. תָּמַךְ בְּ...

□ *the invalid was propped up in bed* הַחוֹלֶה יָשַׁב בַּמִּטָּה כְּשֶׁהוּא שָׁעוּן עַל כָּרִיּוֹת

□ *the window was propped open with a book* הַסֵּפֶר הֶחֱזִיק אֶת הַחַלּוֹן פָּתוּחַ

prop[2] /prɒp/ n. (*colloq.*) מַדְחֵף (שֶׁל מָטוֹס וְכַד׳)

prop[3] /prɒp/ n. (*Theatr.*) אֲבִזְרַר בָּמָה

propaganda /ˌprɒpəˈgændə/ n. תַּעֲמוּלָה, פְּרוֹפָּגַנְדָּה

propagandist /ˌprɒpəˈgændɪst/ n. & adj. תּוֹעַמְלָן, תּוֹעַמְלָנִי

propagandize /ˌprɒpəˈgændaɪz/ v.i. & t. (*derog.*) עָשָׂה תַּעֲמוּלָה (לְ), עָשָׂה פְּרוֹפָּגַנְדָּה (לְ...)

propagate /ˈprɒpəgeɪt/ v.t.

1 (multiply specimens of, also v.refl.) רִבָּה בְּרִבּוּי טִבְעִי, הִתְרַבָּה

2 (disseminate; extend) הֵפִיץ בָּרַבִּים; הֵפִיץ, פִּזֵּר (חֹם וְכַד')
□ *we must propagate the news as quickly as possible* עָלֵינוּ לְהָפִיץ אֶת הַיְדִיעוֹת בָּרַבִּים מַהֵר כְּכָל הָאֶפְשָׁר
□ *this chemical reaction propagates heat* הַתְּגוּבָה הַכִּימִית הַזּוֹ מְפִיצָה חֹם
—v.i הִתְרַבָּה בְּהִתְרַבּוּת טִבְעִית, פָּרָה וְרָבָה

propagation /ˌprɒpəˈgeɪʃ(ə)n/ n. הִתְרַבּוּת, פְּרִיָּה וּרְבִיָּה; הֲפָצָה, פִּזּוּר (שֶׁל חֹם וְכַד')

propane /ˈprəʊpeɪn/ n. גַּז־בִּשּׁוּל

propel /prəˈpel/ v.t. דָּחַף
propelling pencil עִפָּרוֹן מֵכָנִי

propellant /prəˈpelənt/ n. חֹמֶר הֶדֶף (בְּפַגָּז תּוֹתָח, בְּמָנוֹעַ טִיל, בְּמִכַל תַּרְסִיס וְכַד')

propeller /prəˈpelə(r)/ n. מַדְחֵף

propensity /prəˈpensɪtɪ/ n. (*formal*) נְטִיָּה
□ *you have a remarkable propensity for exaggeration* יֵשׁ לְךָ נְטִיָּה מַדְהִימָה לְהַגְזָמוֹת

proper /ˈprɒpə(r)/ adj.
1 (fit, suitable, correct) מַתְאִים, נָכוֹן, כָּשֵׁר
□ *is a cage the proper place for a wild animal?* הַאִם כְּלוּב הוּא הַמָּקוֹם הַנָּכוֹן לְחַיַּת בָּר?
□ *this is not a court in the proper sense of the word* זֶה לֹא בֵּית מִשְׁפָּט בַּמּוּבָן הַמְקֻבָּל שֶׁל הַמִּלָּה
2 (decent, conventional; excessively formal) מְסֻדָּר, הָגוּן, מְקֻבָּל; שַׁמְרָנִי בַּהֲלִיכוֹתָיו
□ *it's not proper to wear shorts to a formal dinner* לְגַמְרֵי לֹא מְקֻבָּל לִלְבֹּשׁ מִכְנָסַיִם קְצָרִים בַּאֲרוּחַת עֶרֶב רִשְׁמִית
3 (strictly so-called) בַּמּוּבָן הַצַּר, "פְּרוֹפֶּר"
proper fraction (*Math.*) שֶׁבֶר אֲמִתִּי
□ *history of science is a discipline apart from history proper* הַהִיסְטוֹרְיָה שֶׁל הַמַּדָּע הִיא דִּיסְצִיפְּלִינָה נִפְרֶדֶת מִן הַהִיסְטוֹרְיָה "פְּרוֹפֶּר"
4 (belonging especially to, *formal*) שַׁיָּךְ, נוֹגֵעַ
□ *is your point proper to the subject under discussion?* הַאִם הַהֶעָרָה שֶׁלְּךָ נוֹגַעַת לַנּוֹשֵׂא הַנִּדּוֹן?
5 (thorough, *UK colloq.*) "מַמָּשׁ", "אֲמִתִּי"
□ *he made a proper mess of the job* הוּא עָשָׂה מַמָּשׁ "סָלָט" מִן הָעֵסֶק
6 proper name (*Gram.*) שֵׁם עֶצֶם פְּרָטִי

properly /ˈprɒpəlɪ/ adv.
1 (correctly) כָּרָאוּי, כַּדָּרוּשׁ, כַּיָּאוּת
□ *behave properly!* תִּתְנַהֵג כְּמוֹ שֶׁצָּרִיךְ! הִתְנַהֵג כָּרָאוּי!
□ *she very properly refused to honour the cheque* הִיא סֵרְבָה בְּצֶדֶק רַב לְכַבֵּד אֶת הַשֶּׁ'ק
2 (thoroughly, *UK colloq.*) כַּהֹגֶן, כְּמוֹ שֶׁצָּרִיךְ
□ *now we're properly stuck* עַכְשָׁו אֲנַחְנוּ תְּקוּעִים כַּהֹגֶן

propertied /ˈprɒpətɪd/ adj. בַּעַל נִכְסֵי דְּלָא־נָיְדֵי, בַּעַל קַרְקָעוֹת

property /ˈprɒpətɪ/ n.
1 (thing owned, possession(s)) רְכוּשׁ, קִנְיָן
2 (building, land) נִכְסֵי דְּלָא־נָיְדֵי, מְקַרְקְעִין
a man of property אָדָם בַּעַל קַרְקָעוֹת
□ *his daughter inherited the property* בִּתּוֹ קִבְּלָה בִּירֻשָּׁה אֶת הַבַּיִת
3 (attribute) תְּכוּנָה
4 (in *pl.*, *Theatr. formal*) אַבִזְרֵי בָּמָה
5 (owning, being owned) בְּעָלוּת
□ *property has its obligations* מַרְבֶּה נְכָסִים מַרְבֶּה דְּאָגָה

prophecy /ˈprɒfəsɪ/ n. נְבוּאָה

prophesy /ˈprɒfɪsaɪ/ v.t. & i. נִבָּא שֶׁ..., חָזָה; הִתְנַבֵּא

prophet /ˈprɒfɪt/ n.
1 (divinely inspired teacher) נָבִיא
the Prophets (*Bibl.*) הַנְּבִיאִים; סִפְרֵי הַנְּבִיאִים
2 (one who foretells) חוֹזֶה, מַגִּיד עֲתִידוֹת
weather prophet אָדָם הַחוֹזֶה אֶת מֶזֶג הָאֲוִיר (אַךְ לֹא חַזַּאי)

prophetic /prəˈfetɪk/ adj. נְבוּאִי

prophylactic /ˌprɒfɪˈlæktɪk/ adj. (*formal*) שֶׁל מְנִיעָה (שֶׁל מַחֲלוֹת)
—n.
1 (preventive drug, etc.) סַם מוֹנֵעַ
2 (condom, *US*) קֻנְדּוֹם

prophylaxis /ˌprɒfɪˈlæksɪs/ n. (pl. **prophylaxes**) (*formal*) טִפּוּל מוֹנֵעַ

propinquity /prəˈpɪŋkwɪtɪ/ n. (*formal*) קִרְבָה

propitiate /prəˈpɪʃɪeɪt/ v.t. (*formal*) פִּיֵּס, רִצָּה, חִלָּה אֶת פְּנֵי

propitiatory /prəˈpɪʃɪət(ə)rɪ/ adj. (*formal*) שֶׁל פִּיּוּס

propitious /prəˈpɪʃəs/ adj. (*formal*) מְבַשֵּׂר טוֹבוֹת; נוֹחַ

proponent /prəˈpəʊnənt/ n. דּוֹגֵל, תּוֹמֵךְ

proportion /prəˈpɔːʃ(ə)n/ n.
1 (comparative part, share) חֵלֶק, אָחוּז
□ *a high proportion of the profits came from the new product* חֵלֶק גָּדוֹל שֶׁל הָרְוָחִים נָבַע מִן הַמּוּצָר הֶחָדָשׁ
2 (comparative relation, ratio) יַחַס, פְּרוֹפּוֹרְצְיָה
□ *the proportion of births to deaths is high* הַיַּחַס בֵּין לֵדוֹת לְמִיתוֹת גָּבוֹהַּ, הַיַּחַס בֵּין לֵדָה לִתְמוּתָה גָּבוֹהַּ
3 (correct or pleasing relation between parts) פְּרוֹפּוֹרְצְיָה, יַחַס נָכוֹן
a sense of proportion חוּשׁ מִדָּה
out of all proportion מֵעֵבֶר לְכָל מִדָּה
4 (equality of ratio, *Math.*) יַחַס, פְּרוֹפּוֹרְצְיָה
in proportion
(by equivalent amounts) בְּיַחַס יָשָׁר לְ...

□ *he spends in proportion to his income* הוּא מוֹצִיא בְּהֶתְאֵם לְהַכְנָסָתוֹ
(without exaggerating) בַּמִּדָּה הַנְּכוֹנָה
5 (in *pl.*, dimensions) מִדּוֹת, מְמַדִּים
—v.t. (*formal*) קָצַב, הִתְאִים, עִצֵּב
well proportioned בַּעַל מִבְנֶה טוֹב/נָעִים
proportional /prəˈpɔːʃən(ə)l/ adj. יַחֲסִי, פְּרוֹפּוֹרְצְיוֹנָלִי
proportional representation בְּחִירוֹת יַחֲסִיּוֹת, יִצּוּג יַחֲסִי
proportionate /prəˈpɔːʃənət/ adj. מֻתְאָם בְּיַחַס לְ..., יַחֲסִי
proposal /prəˈpəʊz(ə)l/ n.
1 (offer of marriage) הַצָּעַת נִשּׂוּאִין
2 (scheme of action) הַצָּעָה, תָּכְנִית פְּעֻלָּה
3 (act of proposing something) הַצָּעָה
propose /prəˈpəʊz/ v.t. הִצִּיעַ
□ *he proposed the motion and I seconded it* הוּא הִגִּישׁ אֶת הַהַצָּעָה לְהַצְבָּעָה וַאֲנִי תָּמַכְתִּי בּוֹ
□ *she proposed a toast to absent friends* הִיא הִצִּיעָה לִשְׁתּוֹת לְחַיֵּי יְדִידִים שֶׁשּׁוּב אֵינָם עִמָּנוּ
—v.i.
1 (intend) הִתְכַּוֵּן
□ *I propose to visit my mother tomorrow* בְּכַוָּנָתִי לְבַקֵּר אֶת אִמִּי מָחָר
□ *man proposes, God disposes* (*Prov.*) רַבּוֹת מַחֲשָׁבוֹת בְּלֶב אִישׁ, וַעֲצַת ה' הִיא תָקוּם
2 (offer marriage) הִצִּיעַ נִשּׂוּאִין
proposer /prəˈpəʊzə(r)/ n. מַצִּיעַ
proposition /ˌprɒpəˈzɪʃ(ə)n/ n.
1 (statement) מִשְׁפָּט, טַעֲנָה
2 (*Math.*) מִשְׁפָּט, תֵּאוֹרֶמָה
3 (proposal) הַצָּעָה
□ *the climb was a tough proposition* (*colloq.*) הַטִּפּוּס הָיָה לֹא קַל
—v.t. (*colloq.*) הִצִּיעַ הַצָּעוֹת מְגֻנּוֹת
propound /prəˈpaʊnd/ v.t. (*formal*) הִגִּישׁ הַצָּעָה, הִצִּיב (בְּעָיָה)
proprietary /prəˈpraɪət(ə)rɪ/ adj. (מוּצָר וְכַד') בַּעַל שֵׁם מִסְחָרִי; (אָדָם) פּוֹזֶסִיבִי, מִתְנַהֵג כְּבַעַל בַּעֲמִיו
proprietary medicine תְּרוּפָה בַּעֲלַת שֵׁם מִסְחָרִי
proprietary name שֵׁם מִסְחָרִי
proprietor /prəˈpraɪətə(r)/ n. בְּעָלִים, בַּעַל־בַּיִת (שֶׁל עֵסֶק, מָלוֹן וְכַד')
proprietorial /prəˌpraɪəˈtɔːrɪəl/ adj. (אָדָם) פּוֹזֶסִיבִי, מִתְנַהֵג כְּבַעַל בַּעֲמִיו
proprietress /prəˌpraɪəˈtrɪs/ n. בְּעָלִים, בַּעֲלַת־בַּיִת (שֶׁל עֵסֶק, מָלוֹן וְכַד')
propriety /prəˈpraɪətɪ/ n. (*formal*)
1 (correctness) הִתְנַהֲגוּת נְאוֹתָה, צִדּוּק, נְאוֹתוּת
□ *the propriety of his request for money was dubious* הַיֹּשֶׁר שֶׁל הַבַּקָּשָׁה שֶׁלּוֹ לְכֶסֶף הָיָה מֻטָּל בְּסָפֵק
2 (in *pl.*, details of correct conduct) כְּלָלֵי הַהִתְנַהֲגוּת הַמְקֻבָּלִים
□ *he observed the proprieties in his courtship* הוּא פָּעַל בְּחִזּוּרָיו בְּהֶתְאֵם לְגִנּוּנֵי הַנִּימוּס הַנְּאוֹתִים
props /prɒps/ n. *pl.* (*colloq.*) אַבְזְרֵי בָּמָה
propulsion /prəˈpʌlʃ(ə)n/ n. דַּחַף, הֲנָעָה
jet propulsion הֲנָעָה סִילוֹנִית
propulsive /prəˈpʌlsɪv/ adj. שֶׁל דַּחַף, שֶׁל הֲנָעָה, מֵנִיעַ
pro rata /ˌprəʊ ˈrɑːtə/ adv. בְּאֹפֶן יַחֲסִי, "פְּרוֹ רָטָה"
prorogation /ˌprəʊrəˈgeɪʃ(ə)n/ n. (*formal*) סִיּוּם מוֹשָׁב שֶׁל בֵּית הַנִּבְחָרִים
prorogue /prəˈrəʊg/ v.t. (*formal*) סִיֵּם/סָגַר מוֹשָׁב שֶׁל בֵּית הַנִּבְחָרִים
prosaic /prəˈzeɪɪk/ adj. פְּרוֹזָאִי, "אָפֹר", מְשַׁעֲמֵם, יוֹם־יוֹמִי
proscenium /prəˈsiːnɪəm/ n. (*pl.* **prosceniums, proscenia**) הַקֶּשֶׁת הַקִּדְמִית שֶׁל הַבָּמָה (שֶׁמִּמֶּנָּה מוּרָד הַמָּסָךְ)
prosciutto /prəʊˈʃuːtəʊ/ n. מַעֲדַן בְּשַׂר־חֲזִיר מְעֻשָּׁן (אִיטַלְקִי)
proscribe /prəˈskraɪb/ v.t. (*formal*) אָסַר (עַל דְּבַר מָה, לָרֹב עַל־פִּי חֹק); הוֹצִיא אֶל מִחוּץ לַחֹק
proscription /prəˈskrɪpʃ(ə)n/ n. אִסּוּר (כַּנַּ"ל); הוֹצָאָה אֶל מִחוּץ לַחֹק
prose /prəʊz/ n.
1 (non-metrical language) פְּרוֹזָה
prose poem שִׁירָה בִּפְרוֹזָה
2 (passage for translation into another language) תַּרְגּוּם לְשָׂפָה־זָרָה
prosecute /ˈprɒsɪkjuːt/ v.t.
1 (institute legal proceedings against, also v.i.) הֶעֱמִיד לַדִּין, תָּבַע, הִגִּישׁ תְּבִיעָה נֶגֶד; שִׁמֵּשׁ בְּתוֹר תּוֹבֵעַ (בְּמִשְׁפָּט)
□ *trespassers will be prosecuted* מַסִּיגֵי־גְבוּל יָעֳמְדוּ לַדִּין
2 (carry on, *formal*) הִמְשִׁיךְ, הוֹצִיא לַפֹּעַל
□ *he prosecuted the inquiry with energy* הוּא הִמְשִׁיךְ בַּחֲקִירָה בְּמֶרֶץ
prosecution /ˌprɒsɪˈkjuːʃ(ə)n/ n.
1 (party prosecuting in court) תְּבִיעָה, קַטֵּגוֹר
counsel for the prosecution תּוֹבֵעַ, קַטֵּגוֹר
2 (carrying out, *formal*) הוֹצָאָה לַפֹּעַל, מִלּוּי
prosecutor /ˈprɒsɪkjuːtə(r)/ n. תּוֹבֵעַ, קַטֵּגוֹר
Public Prosecutor פְּרַקְלִיט הַמְּדִינָה, הַתּוֹבֵעַ מִטַּעַם הַמְּדִינָה
proselyte /ˈprɒsəlaɪt/ n. (*formal*) גֵּר־צֶדֶק
proselytize /ˈprɒsəlɪtaɪz/ v.t. & i. (*formal*) צָד נְפָשׁוֹת (לְמַעַן דָּת מְסֻיֶּמֶת); פָּעַל כְּמִיסְיוֹנֶר
prosit /ˌprəʊzɪt/ int. לְחַיִּים!
prosody /ˈprɒsədɪ/ n. פְּרוֹזוֹדְיָה

prospect n. /ˈprɒspekt/
1 (expectation) סִכּוּי, צִפִּיָּה, תִּקְוָה
□ *the job has good prospects* בַּמִּשְׂרָה הַזּוֹאת יֵשׁ סִכּוּיִים טוֹבִים (לְקִדּוּם וְכַד׳)
2 (wide view) מַרְאֶה פָּנוֹרָמִי, נוֹף
3 (place giving possibility of mineral deposits, *Mining*) אֵזוֹר בַּעַל סִימָנִים שֶׁל מִרְבְּצֵי מִינֶרָלִים
4 (possible customer) מֻעֲמָד
—v.i. /prəˈspekt/ חִפֵּשׂ (מִרְבְּצֵי זָהָב, כֶּסֶף, נֵפְט וְכַד׳)
prospective /prəˈspektɪv/ adj. (קוֹנֶה, מֻעֲמָד) אֶפְשָׁרִי
prospector /prəˈspektə(r)/ n. מְחַפֵּשׂ מִרְבָּצִים (שֶׁל זָהָב, כֶּסֶף וְכַד׳)
prospectus /prəˈspektəs/ n. פְּרוֹסְפֶּקְט, תַּשְׁקִיף, דַּף מֵידָע
prosper /ˈprɒspə(r)/ v.i שִׂגְשֵׂג, פָּרַח
□ *the business prospered* הָעֵסֶק פָּרַח
—v.t. (*arch.*) הִצְלִיחַ (אֶת דַּרְכּוֹ שֶׁל פְּלוֹנִי)
□ *may God prosper you!* יַצְלִיחַ ה׳ דַּרְכְּךָ!
prosperity /prɒˈsperɪtɪ/ n. שִׂגְשׂוּג, הַצְלָחָה (לָרֹב כַּלְכָּלִית)
prosperous /ˈprɒspərəs/ adj.
1 (rich, successful) (אָדָם) מַצְלִיחַ, עָשִׁיר
2 (thriving) (עֵסֶק) מְשַׂגְשֵׂג, מַצְלִיחַ
prostate /ˈprɒsteɪt/ n. (also **prostate gland**) עַרְמוֹנִית, פְּרוֹסְטָטָה
prosthesis /prɒsˈθiːsɪs/ n. (*pl.* **prostheses**) אֵיבָר מְלָאכוּתִי, פְּרוֹטֶזָה
prosthetic /prɒsˈθetɪk/ adj. (אֵיבָר) מְלָאכוּתִי
prostitute /ˈprɒstɪtjuːt/ n. זוֹנָה, יַצְאָנִית, פְּרוּצָה
male prostitute זוֹנָה מִמִּין זָכָר
—v.t. (*formal*) מָכַר (כִּשְׁרוֹן וְכַד׳, וְהִשְׁפִּיל אֶת עַצְמוֹ תְּמוּרַת כֶּסֶף)
□ *he prostituted his artistic talent* הוּא הִשְׁפִּיל אֶת עַצְמוֹ וּמָכַר אֶת הַכִּשְׁרוֹן הָאָמָנוּתִי שֶׁלּוֹ
—v.refl. (*formal*) עָסַק בִּזְנוּת; הִשְׁפִּיל אֶת עַצְמוֹ תְּמוּרַת כֶּסֶף
prostitution /ˌprɒstɪˈtjuːʃ(ə)n/ n. זְנוּת
prostrate /ˈprɒstreɪt/ adj.
1 (lying face downwards) אַפַּיִם אַרְצָה, שָׁכוּב עִם הַפָּנִים לַקַּרְקַע
2 (exhausted) מֻתָּשׁ, לְלֹא כֹּחוֹת
□ *he was prostrate with grief* הַיָּגוֹן הִשְׁפִּיל אוֹתוֹ עַד עָפָר
—v.t. /prɒˈstreɪt/
1 (put flat on the ground, also v.refl.) הִשְׁכִּיב; הִשְׁתַּטֵּחַ
□ *the slave prostrated himself before his master* הָעֶבֶד הִשְׁתַּטֵּחַ לִפְנֵי אֲדוֹנָיו
2 (reduce to extreme physical weakness) הִתִּישׁ
□ *the runners were prostrated by the heat* הַחֹם הִתִּישׁ אֶת הָרָצִים
prostration /prɒˈstreɪʃ(ə)n/ n. תְּשִׁישׁוּת, אֲפִיסַת־כֹּחוֹת
nervous prostration אֲפִיסַת־כֹּחוֹת נַפְשִׁית
prosy /ˈprəʊzɪ/ adj. (*derog.*) (נְאוּם, חִבּוּר וְכַד׳) "אָפֹר", אָרֹךְ וּמְשַׁעֲמֵם
protagonist /prəˈtægənɪst/ n.
1 (chief or leading individual) גִּבּוֹר (רָאשִׁי), דְּמוּת רָאשִׁית
2 (advocate, champion) מַנְהִיג, דְּמוּת מוֹבִילָה
protean /ˈprəʊtɪən/ adj. (*poet.*) הֲפַכְפַּךְ, פּוֹשֵׁט וְלוֹבֵשׁ צוּרָה
protect /prəˈtekt/ v.t.
1 (keep safe) הֵגֵן עַל, שָׁמַר עַל
protected species סוּג (בַּעֲלֵי־חַיִּים, צְמָחִים) מוּגָן (בְּשֶׁל סַכָּנַת הַכְחָדָה)
□ *her eyes were protected from sparks by goggles* מִשְׁקְפֵי־הַמָּגֵן שָׁמְרוּ עַל עֵינֶיהָ מִפְּנֵי הַנִּיצוֹצוֹת
2 (guard against foreign competition) הֵגֵן עַל (יִצּוּר מְקוֹמִי מִפְּנֵי יְבוּא)
protection /prəˈtekʃ(ə)n/ n.
1 (action or state of protecting) הֲגַנָּה, שְׁמִירָה
protection money "פְּרוֹטֶקְשְׁ'ן", דְּמֵי־חָסוּת
protection racket עִסְקֵי "פְּרוֹטֶקְשְׁ'ן"
□ *the girl was placed under* (or *in*) *the protection of her aunt* הַיַּלְדָּה נִמְסְרָה לְאַפּוֹטְרוֹפְּסוּת שֶׁל דּוֹדָתָהּ
2 (person or thing that protects) אָדָם/דָּבָר מֵגֵן
□ *protection must be worn on the building site* יֵשׁ לִלְבֹּשׁ בִּגְדֵי מָגֵן בַּאֲתַר הַבְּנִיָּה
3 (system of protecting home industries) שִׁיטַת הֲגַנָּה עַל מוּצָרִים מְקוֹמִיִּים מִפְּנֵי תַּחֲרוּת מִמּוּצְרֵי יְבוּא
protectionism /prəˈtekʃənɪzəm/ n. שִׁיטַת הֲגַנָּה עַל מוּצָרִים מְקוֹמִיִּים מִפְּנֵי תַּחֲרוּת מִמּוּצְרֵי יְבוּא
protective /prəˈtektɪv/ adj. שֶׁל מָגֵן, מְגוֹנֵן; (גִּישָׁה, הֲלָךְ־רוּחַ) מְגוֹנֵן
protective clothing בִּגְדֵי מָגֵן
protective colouring צִבְעֵי הַסְוָאָה
protective custody מַעֲצַר מָגֵן
protector /prəˈtekte(r)/ n.
1 (person who protects) מֵגֵן, מַעֲנִיק חָסוּת
2 (regent in charge of kingdom) אַפּוֹטְרוֹפּוֹס הַמֶּלֶךְ (כַּאֲשֶׁר הַמֶּלֶךְ יֶלֶד אוֹ כַּאֲשֶׁר הַמֶּלֶךְ חוֹלֶה)
Lord Protector (*UK Hist.*) אוֹלִיבֶר קְרוֹמְוֶל; רִיצַ'רְד קְרוֹמְוֶל (בְּנוֹ שֶׁל הַנַּ"ל)
3 (thing or device that protects) מָגֵן
protectorate /prəˈtektərət/ n.
1 (state protected by stronger one) מְדִינַת־חָסוּת
2 (protectorship of weaker state) חָסוּת (מְדִינִית)
3 (office of protector of kingdom) תְּקוּפַת אַפּוֹטְרוֹפְּסוּת הַמֶּלֶךְ (כַּנַּ"ל)
protectress /prəˈtektrɪs/ n. מַעֲנִיקַת חָסוּת, מַעֲנִיקַת מָגֵן
protégé /ˈprɒtɪʒeɪ/ (fem. **protégée**) n. בֶּן־חָסוּת, בֶּן־טִפּוּחַ
protein /ˈprəʊtiːn/ n. חֶלְבּוֹן, פְּרוֹטֶאִין

pro tem /ˈprəʊ ˈtem/ adv. בְּאֹפֶן זְמַנִּי, בְּאֹפֶן אֲרָעִי

protest /ˈprəʊtest/ n. מְחָאָה
  protest march מִצְעַד מְחָאָה
  protest vote הַצְבָּעַת מְחָאָה
  under protest תּוֹךְ הַבָּעַת מְחָאָה
—v.t. /prəˈtest/ טָעַן בְּתֹקֶף שֶׁ..., הִצְהִיר עַל
  □ *he protested his innocence* הוּא טָעַן בְּתֹקֶף לְחַפּוּתוֹ
—v.i. /prəˈtest/ מָחָה (עַל), עִרְעֵר (עַל), קָבַל (כְּנֶגֶד)
  □ *I protest strongly at* (or against) *this action* אֲנִי מוֹחֶה בְּתֹקֶף עַל פְּעֻלָּה זוֹ

Protestant /ˈprɒtɪstənt/ n. & adj. פְּרוֹטֶסְטַנְטִי

protestation /ˌprɒtəˈsteɪʃ(ə)n/ n. (*formal*) הַצְהָרָה, הַכְרָזָה, גִּלּוּי דַּעַת; מְחָאָה
  protestations of innocence טְעָנוֹת עַל חַפּוּת מִפֶּשַׁע

proto- /ˈprəʊtəʊ-/ pref. פְּרוֹטוֹ־, קֶדֶם־, (תְּחִלִּית שֶׁפֵּרוּשָׁהּ) מֻקְדָּם

protocol /ˈprəʊtəkɒl/ n.
  1 (diplomatic etiquette) פְּרוֹטוֹקוֹל, גִּנּוּנֵי־הַטֶּקֶס
  2 (procedure) פְּרוֹטוֹקוֹל
  3 (original draft) זִכְרוֹן דְּבָרִים, פְּרוֹטוֹקוֹל

proton /ˈprəʊtɒn/ n. (*Phys.*) פְּרוֹטוֹן (חֶלְקִיק תַּת־אֲטוֹמִי)

protoplasm /ˈprəʊtəplæzəm/ n. (*Biol.*) פְּרוֹטוֹפְּלַזְמָה (חֹמֶר הַיְסוֹד שֶׁל הַחַי וְהַצּוֹמֵחַ)

prototype /ˈprəʊtətaɪp/ n. אַבְטִיפּוּס, פְּרוֹטוֹטִיפּ

protozoa /ˌprəʊtəˈzəʊə/ n. pl. (*Zool.*) פְּרוֹטוֹזוֹאָה, יְצוּרִים חַד־תָּאִיִּים, אַבְחַיִּים

protract /prəˈtrækt/ v.t.
  1 (prolong) הֶאֱרִיךְ, הִמְשִׁיךְ; הִשְׁהָה, עִכֵּב
  2 (draw to scale) שִׂרְטֵט (וְהִגְדִּיל/הִקְטִין) בְּעֶזְרַת מַד־זָוִית

protracted /prəˈtræktɪd/ adj. מִתְמַשֵּׁךְ

protractor /prəˈtræktə(r)/ n. מַד־זָוִית

protrude /prəˈtruːd/ v.i. בָּלַט

protrusion /prəˈtruːʒ(ə)n/ n. בְּלִיטָה

protrusive /prəˈtruːsɪv/ adj. (*formal*) בּוֹלֵט

protuberance /prəˈtjuːbərəns/ n. (*formal*) בְּלִיטָה, תְּפִיחָה

protuberant /prəˈtjuːbərənt/ adj. (*formal*) בּוֹלֵט

proud /praʊd/ adj.
  1 (feeling satisfaction) גֵּאֶה
  □ *he is proud of his daughter's success* הוּא גֵּאֶה מְאֹד בְּהַצְלָחָה שֶׁל בִּתּוֹ
  2 (feeling oneself honoured) גֵּאֶה
  □ *I shall be proud to accept the ambassador's invitation* לְכָבוֹד יֵחָשֵׁב לִי לְקַבֵּל אֶת הַזְמָנַת הַשַּׁגְרִיר
  3 (having high self-esteem, *derog.*) גֵּאֶה, גַּאַוְתָן, מִתְנַשֵּׂא
  □ *she was too proud to accept charity* הִיא הָיְתָה גֵּאָה מִדַּי כְּדֵי לְקַבֵּל צְדָקָה
  4 (giving cause for pride) מְעוֹרֵר גַּאֲוָה
  □ *it was a proud moment when he received the Nobel Prize* הָיָה זֶה רֶגַע מְעוֹרֵר גַּאֲוָה כַּאֲשֶׁר הוּא קִבֵּל פְּרָס נוֹבֶּל
  5 (projecting slightly) בּוֹלֵט בְּמִקְצָת
  □ *the box stood proud of the edge of the table* הַקֻּפְסָה בָּלְטָה מְעַט מִקְּצֵה הַשֻּׁלְחָן
—adv. (*colloq.*)
  □ *they did us proud at the dinner* הֵם עָשׂוּ לָנוּ סְעֻדָּה מַמָּשׁ יָפָה

provable /ˈpruːvəb(ə)l/ adj. נִתָּן לְהוֹכָחָה

prove /pruːv/ (past ppl. **proved** /pruːvd/ or **proven** /pruːv(ə)n/) v.t.
  1 (establish) הוֹכִיחַ
  □ *events proved his prediction wrong* הַמְּאֹרָעוֹת הוֹכִיחוּ שֶׁהַשְׁעָרָתוֹ הָיְתָה מֻטְעֵית
  2 (establish validity of a will, *Law*) אִמֵּת, קָבַע/אִשֵּׁר אֶת הַתְּקֵפוּת שֶׁל
  3 (show truth of, *Math.*) הוֹכִיחַ
—v.refl. הוֹכִיחַ אֶת עַצְמוֹ
—v.i. הִתְבָּרֵר, הוֹכִיחַ אֶת עַצְמוֹ
  □ *the whole exercise proved useless* כָּל הַמַּאֲמַצִּים הִתְבָּרְרוּ כְּחַסְרֵי עֵרֶךְ
  □ *Tuesday proved* (to be) *a fine day* יוֹם שְׁלִישִׁי הָיָה יוֹם יָפֶה בְּסוֹפוֹ שֶׁל דָּבָר

provenance /ˈprɒvənəns/ n. (*formal*) מָקוֹר, מְקוֹם־מוֹצָא

Provençal /ˌprɒvɒnˈsɑːl/ n. & adj. תּוֹשַׁב פְּרוֹבַנְס; פְּרוֹבַנְסָלִי

provender /ˈprɒvɪndə(r)/ n. (*arch.*) מָזוֹן (לִבְהֵמוֹת וְלִבְנֵי־אָדָם)

proverb /ˈprɒvɜːb/ n. מָשָׁל, פִּתְגָּם
  (Book of) Proverbs (*Bibl.*) (סֵפֶר) מִשְׁלֵי

proverbial /prəˈvɜːbɪəl/ adj.
  1 (widely known) נוֹדָע
  □ *his hospitality is proverbial* הַכְנָסַת הָאוֹרְחִים שֶׁלּוֹ הָיְתָה לְמָשָׁל/לְשֵׁם דָּבָר
  2 (relating to proverbs) שֶׁל מָשָׁל

provide /prəˈvaɪd/ v.t. & i. סִפֵּק; (חֹק) קָבַע; (אָדָם) דָּאַג לְ...
  □ *he provided me with cash for expenses* הוּא סִפֵּק לִי מְזֻמָּנִים לְהוֹצָאוֹת
  □ *have you provided against theft?* הַאִם דָּאַגְתָּ לְאַבְטָחָה מִפְּנֵי גְּנֵבָה
  □ *is your family provided for if you die?* הַאִם פַּרְנָסַת הַמִּשְׁפָּחָה שֶׁלְּךָ מֻבְטַחַת בְּמִקְרֶה שֶׁתָּמוּת?

provided /prəˈvaɪdɪd/ conj. (also **provided that** /prəˈvaɪdɪd ðæt/) בִּתְנַאי שֶׁ...

providence /ˈprɒvɪdəns/ n.
  1 (beneficent care of God) הַהַשְׁגָּחָה הָעֶלְיוֹנָה
  2 (foresight, thrift) דְּאָגָה לֶעָתִיד

provident /prɒvɪdənt/ adj. דּוֹאֵג לֶעָתִיד (בְּיִחוּד עַל־יְדֵי חִסָּכוֹן)

providential /ˌprɒvɪˈdenʃ(ə)l/ adj. (*formal*) כְּמוֹ נֵס מִשָּׁמַיִם

providing /prəˈvaɪdɪŋ/ conj. (also **providing that** /prəˈvaɪdɪŋ ðæt/) בִּתְנַאי שֶׁ...

province /ˈprɒvɪns/ n.
1 (administrative division of country) מָחוֹז, גָּלִיל, נָפָה
2 (in *pl.*, all parts of a country outside the capital) מְחוֹזוֹת, עָרֵי־הַשָּׂדֶה
3 (*Relig.*) מְחוֹז הָאַרְכִיבִּישׁוֹף
4 (sphere of action) תְּחוּם
□ *the arrangements for the dance are outside my province* הַסִּדּוּרִים לְעֶרֶב־הָרִקּוּדִים הֵם מִחוּץ לִתְחוּם הָאַחֲרָיוּת שֶׁלִּי

provincial /prəˈvɪnʃ(ə)l/ adj. & n.
1 (of the provinces) שֶׁל מָחוֹז, מִמָּחוֹז
2 (countrified, unsophisticated, *derog.*) פְּרוֹבִינְצְיָאלִי, קַרְתָּנִי
—n. אָדָם פְּרוֹבִינְצְיָאלִי

provincialism /prəˈvɪnʃəlɪzəm/ n. פְּרוֹבִינְצְיָאלִיּוּת, קַרְתָּנוּת

provision /prəˈvɪʒ(ə)n/ n.
1 (act of providing) מַתָּן, הַעֲנָקָה
□ *have you made any provision for the future?* הַאִם עָשִׂיתָ אֶת הַנִּדְרָשׁ כְּדֵי לְהַבְטִיחַ אֶת הֶעָתִיד?
2 (in *pl.*, supplies of food, etc.) צֵידָה, אַסְפָּקָה
3 (legal clause mentioning something) תְּנַאי, סָעִיף

provisional /prəˈvɪʒən(ə)l/ adj.
1 (temporary, contingent) זְמַנִּי, אֲרָעִי
2 Provisional IRA (*UK*) הָאֲגַף הַקִּיצוֹנִי שֶׁל הַצָּבָא הָאִירִי הָרֶפּוּבְּלִיקָאִי (וּלְמַעֲשֶׂה הַיּוֹם שֵׁם חִלּוּפִי לָאִרְגּוּן כֻּלּוֹ)

proviso /prəˈvaɪzəʊ/ n. תְּנַאי מַגְבִּיל, סְיָג
with the proviso that בִּתְנַאי שֶׁ...

provisory /prəˈvaɪzərɪ/ adj. שֶׁיֵּשׁ בּוֹ מִשּׁוּם סְיָג, שֶׁיֵּשׁ בּוֹ תְּנַאי

provocation /ˌprɒvəˈkeɪʃ(ə)n/ n. פְּרוֹבוֹקַצְיָה, הִתְגָּרוּת, הַקְנָטָה
□ *he hit his brother only under great provocation* הוּא הִכָּה אֶת אָחִיו רַק לְאַחַר הִתְגָּרוּת קָשָׁה

provocative /prəˈvɒkətɪv/ adj. פְּרוֹבוֹקָטִיבִי, מִתְגָּרֶה, מַקְנִיט
□ *he enjoyed making provocative remarks to his opponents* הוּא נֶהֱנָה לְהַשְׁמִיעַ הֶעָרוֹת מַקְנִיטוֹת כְּלַפֵּי מִתְנַגְּדָיו
□ *her dress has a very provocative neck-line* לַשִּׂמְלָה שֶׁלָּהּ יֵשׁ מַחְשׂוֹף נוֹעָז מְאֹד

provoke /prəˈvəʊk/ v.t. הִתְגָּרָה בְּ..., הִקְנִיט; גָּרַם לְ... עוֹרֵר
□ *his words provoked an angry response* דְּבָרָיו עוֹרְרוּ תְּגוּבוֹת נִזְעָמוֹת
□ *don't provoke the dog* אַל תִּתְגָּרֶה בַּכֶּלֶב

provoking /prəˈvəʊkɪŋ/ adj. מַרְגִּיז, מֵסִית, מְעוֹרֵר מְחָאָה
□ *how provoking of him to be late!* כַּמָּה מַרְגִּיז שֶׁהוּא מְאַחֵר

provost /ˈprɒvəst/ n.
1 (head of college, part of cathedral, etc.) פְּרוֹבוֹסְט
2 (highly placed administrative officer, *Scot.*) רֹאשׁ מוֹעָצָה עִירוֹנִית בִּסְקוֹטְלַנְד

prow /praʊ/ n. חַרְטוֹם (שֶׁל סְפִינָה)

prowess /ˈpraʊɪs/ n. (*formal*)
1 (skill) כִּשְׁרוֹן, כִּשָּׁרוֹן, כֹּשֶׁר
2 (gallantry) אֹמֶץ־לֵב

prowl /praʊl/ v.t. & i. שׁוֹטֵט בְּ..., הִתְגַּנֵּב לְאֹרֶךְ (רְחוֹב וְכַד'); שִׁחֵר לְטֶרֶף, הִתְגַּנֵּב, שׁוֹטֵט
—n. שִׁחוּר לְטֶרֶף, שִׁטּוּט, הִתְגַּנְּבוּת
on the prowl מְשַׁחֵר לְטֶרֶף (גַּם בְּהַשְׁאָלָה)

proximate /ˈprɒksɪmət/ adj. (*formal*) הַקָּרוֹב בְּיוֹתֵר; הַיָּשִׁיר

proximity /prɒkˈsɪmɪtɪ/ n. (*formal*) קִרְבָה
□ *the cloakroom is in close proximity to his office* הַמֶּלְתָּחָה נִמְצֵאת בְּקִרְבַת הַמִּשְׂרָד שֶׁלּוֹ

proximo /ˈprɒksɪməʊ/ adv. (*formal*) שֶׁל הַחֹדֶשׁ הַבָּא

proxy /ˈprɒksɪ/ n.
1 (agency of substitute) יִפּוּי־כֹּחַ
proxy vote הַצְבָּעָה בְּאֶמְצָעוּת בָּא־כֹּחַ
2 (person authorized to act for another) מְיֻפֵּה־כֹּחַ, בָּא־כֹּחַ, מֻרְשֶׁה
□ *he stood proxy for his friend* הוּא הָיָה מֻרְשֶׁה לִפְעֹל מִטַּעַם יְדִידוֹ

prude /pruːd/ n. (*derog.*) מִתְחַסֵּד (לָרֹב בְּעִנְיְנֵי מִין)

prudence /ˈpruːd(ə)ns/ n. תְּבוּנָה, מְתִינוּת, פִּקְחוּת, זְהִירוּת

prudent /ˈpruːd(ə)nt/ adj. מָתוּן, נָבוֹן, פִּקֵּחַ, זָהִיר

prudential /pruːˈdenʃ(ə)l/ adj. (*formal*) שֶׁל מְתִינוּת, שֶׁל תְּבוּנָה, שֶׁל פִּקְחוּת, שֶׁל זְהִירוּת

prudery /ˈpruːdərɪ/ n. (*derog.*) הִתְחַסְּדוּת (לָרֹב בְּעִנְיְנֵי מִין)

prudish /ˈpruːdɪʃ/ adj. (*derog.*) מִתְחַסֵּד (לָרֹב בְּעִנְיְנֵי מִין)

prune[1] /pruːn/ n. שְׁזִיף מְיֻבָּשׁ

prune[2] /pruːn/ v.t. גָּזַם, (שִׂיחַ וְכַד'); קִצֵּץ, קִצֵּר (מַאֲמָר וְכַד')

pruning-hook /ˈpruːnɪŋ-hʊk/ n. מַזְמֵרָה

prurience /ˈprʊərɪəns/ n. (*formal*) תַּאַבְתָּנוּת מִינִית

prurient /ˈprʊərɪənt/ adj. (*formal*) אֲכוּל־תַּאֲוָה, תַּאַבְתָּן (בְּעִנְיְנֵי מִין)

prussian /ˈprʌʃ(ə)n/ adj. & n. פְּרוּסִי
Prussian blue כָּחֹל פְּרוּסִי (כָּחֹל כֵּהֶה)

prussic /ˈprʌsɪk/ adj.
prussic acid חֻמְצַת־צִיאָן (קַטְלָנִית בְּיוֹתֵר)

pry[1] /praɪ/ v.i. (*derog.*) חִטֵּט, נִדְחַף
□ *don't pry into my private letters!* אַל תְּחַטֵּט בְּמִכְתָּבִים הַפְּרָטִיִּים שֶׁלִּי!

pry[2] /praɪ/ v.t. (*US*) פָּתַח בְּכֹחַ, מָשַׁךְ בְּכֹחַ
□ *she tried to pry the secret out of him* הִיא נִסְּתָה לִמְשֹׁךְ מִמֶּנּוּ אֶת הַסּוֹד בְּעֶזְרַת שִׁדּוּלִים

PS /piː ˈes/ abbrev. (בְּסוֹף מִכְתָּב) נ״ב

psalm /sɑːm/ n. מִזְמוֹר; מִזְמוֹר תְּהִלִּים (מִן הַתַּנַ״ךְ)
(Book of) Psalms (*Bibl.*) (סֵפֶר) תְּהִלִּים

psalmist /ˈsɑːmɪst/ n. מְחַבֵּר מִזְמוֹרִים
the Psalmist מְחַבֵּר סֵפֶר תְּהִלִּים; דָּוִד הַמֶּלֶךְ

psalter /ˈsɔːltə(r)/ n. סֵפֶר מִזְמוֹרִים, סֵפֶר זְמִירוֹת (בַּכְּנֵסִיָּה)

psaltery /ˈsɔːltərɪ/ n. (*Hist.*) כְּלִי־מֵיתָר עַתִּיק (״נֵבֶל״)

psephologist /seˈfɒlədʒɪst/ n. חוֹקֵר מַהֲלְכֵי־בְּחִירוֹת

psephology /seˈfɒlədʒɪ/ n. חֵקֶר מַדָּעִי שֶׁל מַהֲלְכֵי־בְּחִירוֹת

pseud /sjuːd/ n. (*colloq.*) עוֹשֶׂה ״פּוֹזוֹת״ (אִינְטֶלֶקְטוּאָלִיּוֹת)

pseudo- /ˈsjuːdəʊ-/ pref. פְּסֵאוּדוֹ־, ־דֶּמֶה, (תְּחִלִּית שֶׁפֵּרוּשָׁהּ) כְּאִלּוּ

pseudonym /ˈsjuːdənɪm/ n. שֵׁם בָּדוּי, פְּסֵאוּדוֹנִים

pseudonymous /sjuːˈdɒnɪməs/ adj. בַּעַל שֵׁם בָּדוּי, בַּעַל פְּסֵאוּדוֹנִים

psittacosis /sɪtəˈkəʊsɪs/ n. (*Med.*) דַּרְדֶּרֶת (מַחֲלָה וִירָלִית)

psoriasis /səˈraɪəsɪs/ n. (*Med.*) סַפַּחַת, פְּסוֹרִיאָזִיס (מַחֲלַת עוֹר)

ps(s)t /pst/ int. פְּסְס... (קְרִיאַת לַחַשׁ)

psych /saɪk/ v.t. (*colloq.*)
□ *are you psyched up for the race* הַאִם אַתָּה מוּכָן נַפְשִׁית לַמֵּרוֹץ?
□ *I can't psych him out at all* כָּל הַתַּרְגִּילִים הַפְּסִיכוֹלוֹגִיִּים שֶׁלִּי לֹא עוֹבְדִים עָלָיו; אֲנִי לֹא קוֹלֵט אוֹתוֹ בִּכְלָל

psyche /ˈsaɪkɪ/ n. (*formal*) נֶפֶשׁ הָאָדָם; נְשָׁמָה

psychedelic /ˌsaɪkɪˈdelɪk/ adj.
1 (expanding the mind) פְּסִיכוֹדֶלִי, מְעוֹרֵר הֲזָיוֹת
psychedelic drug סַם פְּסִיכוֹדֶלִי, סַם־הֲזָיוֹת
2 (vivid, bizarre) פְּסִיכוֹדֶלִי

psychiatric /ˌsaɪkɪˈætrɪk/ adj. פְּסִיכִיאַטְרִי

psychiatrist /saɪˈkaɪətrɪst/ n. פְּסִיכִיאָטֶר

psychiatry /saɪˈkaɪətrɪ/ n. פְּסִיכִיאַטְרִיָּה, רְפוּאַת־נֶפֶשׁ

psychic /ˈsaɪkɪk/ n. & adj. מֶדְיוּם־פְּסִיכִי; בַּעַל כֹּשֶׁר רְאִיָּה עַל טִבְעִי

psychical /ˈsaɪkɪk(ə)l/ adj.
1 (of phenomena apparently outside physical law) (תּוֹפָעָה) נַפְשִׁית עַל טִבְעִית
2 (of the soul or mind) שֶׁל הַנֶּפֶשׁ, נַפְשִׁי

psycho /ˈsaɪkəʊ/ n. (*colloq.*) פְּסִיכִי, ״חוֹלֶה״ (לְרֹב לְגַבֵּי אָדָם מְסֻכָּן), מַנְיָאק

psycho- /ˈsaɪkəʊ-/ pref. פְּסִיכוֹ־, (תְּחִלִּית שֶׁפֵּרוּשָׁהּ) שֶׁל הַנֶּפֶשׁ

psychoanalyse /ˌsaɪkəʊˈænəlaɪz/ v.t. עָשָׂה פְּסִיכוֹאֲנָלִיזָה לְ...

psychoanalysis /ˌsaɪkəʊəˈnælɪsɪs/ n. פְּסִיכוֹאֲנָלִיזָה (טִפּוּל נַפְשִׁי פְרוֹיְדְיָאנִי)

psychoanalyst /ˌsaɪkəʊˈænəlɪst/ n. פְּסִיכוֹאֲנָלִיטִיקָן, פְּסִיכוֹאֲנָלִיטִיקַאי (אָדָם בַּעַל הַכְשָׁרָה בְּטִפּוּל פְרוֹיְדְיָאנִי, כַּנַּ״ל)

psychological /ˌsaɪkəˈlɒdʒɪk(ə)l/ adj. פְּסִיכוֹלוֹגִי
psychological warfare לוֹחֲמָה פְּסִיכוֹלוֹגִית, מִלְחָמָה פְּסִיכוֹלוֹגִית
□ *we must wait for the psychological moment* (*colloq.*) עָלֵינוּ לְהַמְתִּין לָרֶגַע הַנָּכוֹן

psychologist /saɪˈkɒlədʒɪst/ n. פְּסִיכוֹלוֹג

psychology /saɪˈkɒlədʒɪ/ n. פְּסִיכוֹלוֹגְיָה (תּוֹרַת הַנֶּפֶשׁ); פְּסִיכוֹלוֹגְיָה (הֲלָךְ־מַחֲשָׁבָה)

psychopath /ˈsaɪkəʊpæθ/ n. פְּסִיכוֹפָּט, חוֹלֵה־נֶפֶשׁ מְסֻכָּן

psychopathic /ˌsaɪkəʊˈpæθɪk/ adj. פְּסִיכוֹפָּטִי

psychosis /saɪˈkəʊsɪs/ n. (*pl.* **psychoses**) פְּסִיכוֹזָה (מַחֲלַת־נֶפֶשׁ קָשָׁה הַכְּרוּכָה בְּאָבְדַן חוּשׁ הַמְּצִיאוּת)

psychosomatic /ˌsaɪkəʊsəˈmætɪk/ adj. פְּסִיכוֹסוֹמָטִי

psychotherapy /ˌsaɪkəʊˈθerəpɪ/ n. פְּסִיכוֹתֵרַפְּיָה (טִפּוּל־נַפְשִׁי פְרוֹיְדְיָאנִי)

psychotic /saɪˈkɒtɪk/ adj. & n. פְּסִיכוֹטִי; אָדָם פְּסִיכוֹטִי

PT /piː ˈtiː/ n. שִׁעוּר הִתְעַמְּלוּת (בְּבֵית סֵפֶר); אִמּוּן גּוּפָנִי, תִּרְגֹּלֶת גּוּפָנִית

ptarmigan /ˈtɑːmɪgən/ n. שִׂכְוִי־הַיַּעַר

pterodactyl /terəˈdæktɪl/ n. פְּטֶרוֹדַקְטִיל (עוֹף פְּרֶהִיסְטוֹרִי)

PTO /piː tiː ˈəʊ/ abbrev. (בְּתַחְתִּית הָעַמּוּד) ״נָא לַהֲפֹךְ אֶת הַדַּף״

ptomaine /ˈtəʊmeɪn/ n. פְּטוֹמָאִין (חֹמֶר רָעִיל הַנּוֹצָר בְּבָשָׂר נִרְקָב)

pub /pʌb/ n. (*UK colloq.*) פָּאבּ

pub-crawl /ˈpʌb-krɔːl/ n. (*UK sl.*) סִבּוּב־פָּאבִּים (שֶׁבּוֹ שׁוֹתִים כּוֹס בְּכָל פָּאבּ)

puberty /ˈpjuːbətɪ/ n. בַּגְרוּת־מִינִית

pubes /ˈpjuːbiːz/ n. (*Anat.*) עֶרְוָה; שְׂעַר הָעֶרְוָה

pubescent /pjuːˈbes(ə)nt/ n. (*formal*) מִתְבַּגֵּר (מִינִית) בְּשָׁלָב הַהִתְבַּגְּרוּת הַמִּינִית

pubic /ˈpjuːbɪk/ adj. שֶׁל הָעֶרְוָה
pubic hair שְׂעַר־הָעֶרְוָה

public /ˈpʌblɪk/ adj. צִבּוּרִי, שֶׁל קָהָל, פֻּמְבִּי
in public בְּפֻמְבִּי, בְּצִבּוּר

public address system מַעֲרֶכֶת הַגְבָּרָה, מַעֲרֶכֶת רַמְקוֹלִים
public convenience (*UK euphem.*) שֵׁרוּתִים צִבּוּרִיִּים
public house פָּאבּ
public lending right תַּמְלוּגִים עֲבוּר שִׁמּוּשׁ בְּסֵפֶר בְּסִפְרִיָּה
public nuisance (*Law*) מִפְגָּע צִבּוּרִי
public opinion poll מִשְׁאַל דַּעַת־קָהָל
public ownership בַּעֲלוּת שֶׁל הַמְּדִינָה
public prosecutor הַתּוֹבֵעַ הַכְּלָלִי, פְּרַקְלִיט הַמְּדִינָה
Public Record Office (*UK*) אַרְכִיּוֹן הַמֶּמְשָׁלָה, הָאַרְכִיּוֹן הַלְּאֻמִּי
public relations יַחֲסֵי צִבּוּר
public school
(*UK*) בֵּית סֵפֶר פְּרָטִי
(*US, Scot.*) בֵּית סֵפֶר מֶמְשַׁלְתִּי
public sector הַמִּגְזָר הַצִּבּוּרִי, הַסֶּקְטוֹר הַצִּבּוּרִי
public speaking אָמָּנוּת הַנְּאוּם
public transport תַּחְבּוּרָה צִבּוּרִית
public utilities שֵׁרוּתִים עִירוֹנִיִּים (מַיִם, חַשְׁמַל וְכַד׳)
Joe Public הָאָדָם הַפָּשׁוּט, הָאִישׁ שֶׁבָּרְחוֹב
□ *his report to the police was in the public interest* הַדּוּ״חַ שֶׁלּוֹ לַמִּשְׁטָרָה הָיָה לְתוֹעֶלֶת הַכְּלָל
□ *it is too soon to make our plans public* מֻקְדָּם מִדַּי לְפַרְסֵם אֶת תָּכְנִיּוֹתֵינוּ בָּרַבִּים
□ *the company has gone public* הַחֶבְרָה הִנְפִּיקָה מְנָיוֹת לַצִּבּוּר

—n.
1 (the people as a whole) צִבּוּר, כְּלָל, קָהָל
2 (particular section of the community) צִבּוּר, קָהָל
□ *the cinema-going public* קְהַל הַמְבַקְּרִים בְּבָתֵּי־הַקּוֹלְנוֹעַ, צִבּוּר הַצּוֹפִים בְּסִרְטֵי־קוֹלְנוֹעַ

publican /ˈpʌblɪkən/ n. (*formal*) בַּעַל פָּאבּ

publication /ˌpʌblɪˈkeɪʃ(ə)n/ n.
1 (issuing of book or journal) הוֹצָאָה, יְצִיאָה לָאוֹר
2 (book or journal so issued) פִּרְסוּם
3 (making publicly known) פִּרְסוּם בָּרַבִּים

publicist /ˈpʌblɪsɪst/ n. אִישׁ פִּרְסֹמֶת, פִּרְסוּמַאי

publicity /pʌbˈlɪsɪtɪ/ n.
1 (public attention; attracting this) פִּרְסֹמֶת, פִּרְסוּם
□ *he likes to court publicity* הוּא אוֹהֵב לַחֲזֹר אַחֲרֵי הַפִּרְסֹמֶת
□ *there is no such thing as bad publicity* אֵין דָּבָר כָּזֶה כְּמוֹ פִּרְסֹמֶת רָעָה
2 (information used to interest the public) פִּרְסוּם

publicize /ˈpʌblɪsaɪz/ v.t. הֵפִיץ בָּרַבִּים, פִּרְסֵם

publicly /ˈpʌblɪklɪ/ adv. בָּרַבִּים, בְּצִבּוּר, בַּקָּהָל הָרָחָב

public-spirited /ˌpʌblɪk-ˈspɪrɪtɪd/ adj. בַּעַל תּוֹדָעָה צִבּוּרִית, מָסוּר לְעִנְיְנֵי הַכְּלָל

publish /ˈpʌblɪʃ/ v.t.
1 (issue copies of book for sale to the public) הוֹצִיא לָאוֹר
2 (make generally known) הֵפִיץ בָּרַבִּים

published /ˈpʌblɪʃt/ adj. (חֹמֶר) מֻדְפָּס, שֶׁנִּמְצָא בַּדְּפוּס; (מְחַבֵּר) שֶׁפִּרְסֵם בִּדְפוּס, בַּעַל פִּרְסוּמִים
□ *she is a published playwright* יֵשׁ לָהּ מַחֲזוֹת בִּדְפוּס

publisher /ˈpʌblɪʃə(r)/ n. מוֹצִיא לָאוֹר, מו״ל

puce /pjuːs/ adj. & n. בְּצֶבַע אָדֹם כֵּהֶה; צֶבַע אָדֹם כֵּהֶה

puck¹ /pʌk/ n. שֵׁדוֹן שׁוֹבָב

puck² /pʌk/ n. דִּסְקִית גּוּמִי לְהוֹקִי־קֶרַח, ״כַּדּוּר״ הוֹקִי־קֶרַח

pucker /ˈpʌkə(r)/ v.t. & i. קִמֵּט; הִתְקַמֵּט
—n. קֶמֶט, קֶפֶל

puckish /ˈpʌkɪʃ/ adj. (*poet.*) שׁוֹבָב

pud /pʊd/ n. (*UK colloq.*) מָנָה אַחֲרוֹנָה

pudding /ˈpʊdɪŋ/ n.
1 (mixture of food boiled, steamed, baked, etc.)
steak and kidney pudding מַאֲכַל בְּשַׂר־בָּקָר בְּבָצֵק (מְבֻשָּׁל בְּמַיִם רוֹתְחִים)
rice pudding דַּיְסַת אֹרֶז, רַפְרֶפֶת אֹרֶז
Yorkshire pudding פּוּדִינְג־יוֹרְקְשִׁיר (מַאֲפֶה בְּלִילָה בְּרִיטִי מָסָרְתִּי לֹא מָתוֹק שֶׁאוֹכְלִים לָרֹב עִם צְלִי בָּקָר)
2 (sweet course of meal, *UK*) מָנָה אַחֲרוֹנָה
□ *what's for pudding?* מַה יֵּשׁ בְּתוֹר מָנָה אַחֲרוֹנָה?
3 (kind of sausage) סוּג שֶׁל נַקְנִיק־דָּם
black pudding נַקְנִיק־דָּם

puddle /ˈpʌd(ə)l/ n. שְׁלוּלִית
—v.i. נֶאֱסַף בִּשְׁלוּלִית, נִקְוָה בִּשְׁלוּלִית

pudenda /pjuːˈdendə/ n. *pl.* (*formal*) אֵיבְרֵי הַמִּין הַחִיצוֹנִיִּים (לָרֹב שֶׁל אִשָּׁה)

pudgy /ˈpʌdʒɪ/ adj. (*colloq.*) שְׁמַנְמַן

pueblo /ˈpweblәʊ/ n. כְּפַר דְּרוֹם אֲמֶרִיקָאִי, פּוּאֶבְּלוֹ

puerile /ˈpjʊəraɪl/ adj. (*formal*) אִינְפַנְטִילִי

puerperal /pjuːˈɜːpərəl/ adj. (*Med.*) שֶׁל הַלֵּדָה
puerperal fever קַדַּחַת הַלֵּדָה

puff /pʌf/ n.
1 (short emission of breath, wind, steam, smoke, etc.) נְשִׁיפָה; שְׁאִיפָה; עֲנָנָה קְטַנָּה
2 (soft, round object) כַּדּוּר (צֶמֶר גֶּפֶן וְכַד׳), כָּרִית (אִפּוּר)
powder puff כָּרִית לְפוּדְרָה (לְאִבּוּק בַּפָּנִים)
puff sleeve שַׁרְווּל נָפוּחַ
3 (piece of dough) עוּגַת בָּצֵק עָלִים מְמֻלֵּאת
jam puff עוּגַת בְּצֵק עָלִים עִם רִבָּה
puff pastry בְּצֵק עָלִים
4 (laudatory advertisement or review, *derog.*) דִּבְרֵי שֶׁבַח
5 (breath, *colloq.*) נְשִׁימָה
out of puff מִתְנַשֵּׁם וּמִתְנַשֵּׁף

—v.t. & i.
1 (blow out in puffs, pant) הִתְנַשֵּׁף
2 (blow out or up, inflate) נִפַּח; הִתְנַפֵּחַ
□ *he was puffed up with conceit* הוּא הָיָה נָפוּחַ מֵרֹב הִתְנַשְּׂאוּת
3 (advertise with exaggerated praise, *derog.*) חָלַק שְׁבָחִים (לְ...)

puff-adder /ˈpʌf-ædə(r)/ n. בִּיטִיס (נָחָשׁ אַפְרִיקָאִי אַרְסִי)

puffed /pʌfd/ adj.
1 (formed into a puff) נָפוּחַ
puffed sleeve שַׁרְווּל נָפוּחַ
2 (out of breath, *colloq.*) מִתְנַשֵּׁם וּמִתְנַשֵּׁף

puffin /ˈpʌfɪn/ n. פְּרַטֶּרְקוּלָה (עוֹף יָם קָטָן)

puffy /ˈpʌfɪ/ adj.
1 (short of breath) מִתְנַשֵּׁם וּמִתְנַשֵּׁף
2 (swollen) נָפוּחַ

pug /pʌg/ n. כֶּלֶב דּוֹמֶה לְבּוּלְדוֹג

pugilism /ˈpjuːdʒɪlɪzəm/ n. (*formal*) אִגְרוּף, הִתְאַגְרְפוּת

pugilist /ˈpjuːdʒɪlɪst/ n. (*formal*) מִתְאַגְרֵף

pugnacious /pʌgˈneɪʃəs/ adj. (*formal*) מְחַרְחֵר־רִיב, אִישׁ מָדוֹן

pug-nosed /pʌg-nəʊzd/ adj. בַּעַל אַף פָּחוּס

puissance /pjuːsəns/ n. (*arch.*) כֹּחַ, עָצְמָה (שֶׁל מֶלֶךְ וְכַד׳)

puissant /ˈpjuːɪs(ə)nt/ adj. (*arch.*) בַּעַל עָצְמָה (כַּנַּ״ל)

puke /pjuːk/ v.t. & i. (*sl.*) הֵקִיא
—n. קִיא

pukka /ˈpʌkə/ adj. (*UK colloq.*) ״כְּמוֹ שֶׁצָּרִיךְ״

pulchritude /ˈpʌlkrɪtjuːd/ n. (*formal*) יִפְעָה

pull /pʊl/ v.t.
1 (opposite of **push**) מָשַׁךְ, גָּרַר, סָחַב
□ *she pulled a coat on over her nightdress* הִיא לָבְשָׁה מַהֵר מְעִיל עַל הֶחָלוּק שֶׁלָּהּ
□ *he pulled the trigger* הוּא לָחַץ עַל הַהֶדֶק
□ *pull over a chair from the next table* תִּקַּח לְךָ כִּסֵּא מִן הַשֻּׁלְחָן הַקָּרוֹב
□ *he pulled strings to get his son into college* (*colloq.*) הוּא מָשַׁךְ בַּחוּטִים כְּדֵי לְהַכְנִיס אֶת בְּנוֹ לַקּוֹלֶג׳
□ *she pulled my argument to pieces* (*colloq.*) הִיא נִפְּצָה אֶת הַטִּעוּן שֶׁלִּי לִרְסִיסִים
□ *are you pulling my leg?* (*colloq.*) אַתָּה עוֹבֵד עָלַי?
□ *pull the other one!* (*sl.*) כֵּן, כֵּן וַאֲנִי צִנְצֶנֶת/צוֹלֶלֶת/קוּגְלָגֶר! (כְּלוֹמַר: אֲנִי לֹא מַאֲמִין לְאַף מִלָּה)
2 (perform by pulling)
□ *the barmaid pulled a glass of lager* הַבַּרְמָנִית מָזְגָה כּוֹס בִּירָה מֵהֶחָבִית
□ *the dentist pulled my tooth* רוֹפֵא הַשִּׁנַּיִם עָקַר לִי אֶת הַשֵּׁן
□ *I'm going to pull the plug on this whole scheme* (*colloq.*) אֲנִי הוֹלֵךְ לְפוֹצֵץ אֶת כָּל הָעִנְיָן הַזֶּה
3 (do, perform; obtain, *colloq.*)
pull a fast one ״עָבַד״ עַל, ״סִדֵּר״ אֶת
□ *they pulled a robbery* הֵם עָשׂוּ ״גּ׳וֹבּ״ (מִצְלָח)
□ *he pulled a long face* הוּא עָשָׂה ״פַּרְצוּף״
□ *he is always trying to pull new women* הוּא תָּמִיד מְנַסֶּה לָצוּד נָשִׁים חֲדָשׁוֹת
4 (hold back)
□ *the article was pulled at the last minute* הוֹצִיאוּ אֶת הַמַּאֲמָר הָאַחֲרוֹן (כְּלוֹמַר הוּא לֹא פֻּרְסַם)
□ *the manager never pulls his punches* (*fig.*) הַמְנַהֵל תָּמִיד מַכֶּה בְּלִי כְּפָפוֹת
5 (strain) מָתַח
□ *I have pulled a muscle skiing* מָתַחְתִּי שְׁרִיר כְּשֶׁעָשִׂיתִי סְקִי
6 (move boat by oars) חָתַר בְּ... (סִירָה)
□ *you will have to pull your weight in your new job* (*fig.*) יִהְיֶה עָלֶיךָ לַעֲבֹד קָשֶׁה בַּמִּשְׂרָה הַחֲדָשָׁה
7 (*Printing*) הִדְפִּיס
8 (in set phrases)
pull apart
(destroy by pulling) קָרַע לִגְזָרִים, שִׁסַּע
(dismantle) פֵּרֵק, הָרַס, שָׁבַר
pull down
(demolish) הָרַס (בִּנְיָן)
(lower health of) פָּגַע בִּבְרִיאוּת שֶׁל
pull in
(harvest as a catch) לָכַד, דָּג (דָּגִים וְכַד׳)
(attract into theatre, etc.) מָשַׁךְ (קָהָל)
(arrest, *colloq.*) עָצַר (לַחֲקִירָה וְכַד׳)
(earn, *colloq.*) ״הֵבִיא הַבַּיְתָה״ (מַשְׂכֹּרֶת)
pull off (*colloq.*) הִצְלִיחַ לַעֲשׂוֹת, עָשָׂה בְּהַצְלָחָה (דְּבַר מָה)
pull out
(extract) הוֹצִיא
(withdraw, *Mil.*) עָזַב, יָצָא, הוֹצִיא (כֹּחוֹת צָבָא, מֵאֵזוֹר וְכַד׳)
pull round (or **through**) עָזַר (לִפְלוֹנִי) לְהִתְגַּבֵּר (עַל מַחֲלָה וְכַד׳)
pull together (v. refl.) לָקַח אֶת עַצְמוֹ בַּיָּדַיִם, ״הִתְאַרְגֵּן״
pull up
(remove from ground, uproot) עָקַר
(rebuke) גָּעַר בְּ...
□ *she pulled him up sharply for his rudeness* הִיא גָּעֲרָה בּוֹ בַּחֲרִיפוּת עַל הַהִתְנַהֲגוּת הַגַּסָּה שֶׁלּוֹ
□ *the boy pulled up his socks and passed the exam* (*colloq.*) הַיֶּלֶד לָקַח אֶת עַצְמוֹ בַּיָּדַיִם וְעָבַר אֶת הַבְּחִינָה

—v.i.
1 (exert drawing force; proceed with effort) מָשַׁךְ, סָחַב
□ *the car pulls well* הַמְּכוֹנִית סוֹחֶבֶת טוֹב
2 (draw breath through cigarette, etc.) מָצַץ (סִיגָרִיָּה, מִקְטֶרֶת וְכַד׳)
□ *he pulled contentedly at his pipe* הוּא מָצַץ אֶת מִקְטַרְתּוֹ בִּשְׂבִיעוּת רָצוֹן
3 (in set phrases)
pull away הִתְרַחֵק, יָצָא לְדַרְכּוֹ
□ *the horse began to pull away from the others in the race* הַסּוּס הִתְחִיל לְהִתְרַחֵק מִשְּׁאָר הַסּוּסִים בַּמֵּרוֹץ
pull back נָסוֹג
pull in
(arrive at destination) נִכְנַס, הִגִּיעַ (לַתַּחֲנָה וְכַד׳)
(leave stream of traffic to park, etc.) נִכְנַס (מִן הַכְּבִישׁ לַחֲנִיָּה וְכַד׳), יָרַד מִן הַכְּבִישׁ
pull out
(leave station) יָצָא, עָזַב
(move into lane of traffic) יָצָא (מֵחֲנָיָה וְכַד׳), עָלָה לַכְּבִישׁ
pull over יָרַד מִן הַכְּבִישׁ
pull round (or **through**) הִתְגַּבֵּר (עַל מַחֲלָה וְכַד׳)
pull up
(stop suddenly) עָצַר
(draw level) הִתְקַדֵּם עַד אֵל (פְּלוֹנִי)
□ *the horse pulled up with the leaders in the race* הַסּוּס הִתְקַדֵּם עַד לַסּוּסִים הַמּוֹבִילִים בַּמֵּרוֹץ
—n.
1 (act of pulling) מְשִׁיכָה, סְחִיבָה
2 (force, influence; advantage, *colloq.*) כֹּחַ מְשִׁיכָה, כֹּחַ סְחִיבָה; פְּרוֹטֶקְצְיָה; יִתְרוֹן
□ *he has some pull over his rival* יֵשׁ לוֹ יִתְרוֹן מְסֻיָּם עַל הַיָּרִיב שֶׁלּוֹ
□ *he has pull at the school – his father is headteacher* יֵשׁ לוֹ פְּרוֹטֶקְצְיָה בְּבֵית הַסֵּפֶר, אָבִיו הוּא הַמְּנַהֵל
3 (act of sucking on pipe or of drinking) מְצִיצָה (שֶׁל סִיגָרִיָּה, מִקְטֶרֶת); לְגִימָה
4 (handle or lever to be pulled) יְדִית מְשִׁיכָה, חֶבֶל מְשִׁיכָה (לְצִלְצוּל בְּפַעֲמוֹן וְכַד׳)
5 (effort of climbing) טִפּוּס (הָרִים וְכַד׳) קָשֶׁה
□ *it's a long pull to the summit* זֶה טִפּוּס לֹא קַל עַד לַפִּסְגָּה
6 (rough proof, *Printing*) הַגָּהָה רִאשׁוֹנִית

pullet /ˈpʊlɪt/ n. פַּרְגִּית (בַּשָּׁנָה הָרִאשׁוֹנָה לְהַטָּלַת בֵּיצִים)

pulley /ˈpʊlɪ/ n. גַּלְגֶּלֶת

pull-in /ˈpʊl-ɪn/ n. (*UK colloq.*) מִזְנוֹן־דְּרָכִים

Pullman /ˈpʊlmən/ n. (*Prop.*) קְרוֹן־שֵׁנָה, קְרוֹן פּוּלְמָן
Pullman coach (or **car**) קְרוֹן־שֵׁנָה, קְרוֹן פּוּלְמָן

pull-out /ˈpʊl-aʊt/ adj. & n. (מוּסָף בְּעִתּוֹן וְכַד׳) ״הַפְרֵד וּשְׁמֹר״; מוּסָף (כַּנַּ״ל)
pull-out supplement מוּסָף מְיֻחָד (שֶׁמַּפְרִידִים מִשְּׁאָר חֶלְקֵי הָעִתּוֹן)

pullover /ˈpʊləʊvə(r)/ n. סְוֶדֶר, פּוּלְאוֹבֶר, אֲפֻדָּה

pull-through /ˈpʊl-θruː/ n. מִשְׁחֶלֶת (לְנִקּוּי קְנֵה רוֹבֶה וְכַד׳)

pullulate /ˈpʌljʊleɪt/ v.i. (*formal*) הִתְרַבָּה בִּמְהִירוּת וּבְכַמֻּיּוֹת גְּדוֹלוֹת

pull-up /ˈpʊl-ʌp/ n. כְּפִיפוֹת יָדַיִם (מִמּוֹט)

pulmonary /ˈpʌlmənərɪ/ adj. (*Med.*) שֶׁל הָרֵאָה

pulp /pʌlp/ n.
1 (fleshy part of fruit) בְּשַׂר הַפְּרִי
2 (soft or fleshy substance resembling this) עִסָּה
pulp literature (*derog.*) סִפְרוּת־זֶבֶל
wood pulp עִסַּת־נְיָר
—v.t. עָשָׂה (דְּבַר מָה) לְעִסָּה

pulpit /ˈpʊlpɪt/ n. בִּימַת הַמַּטִּיף, דּוּכַן הַמַּטִּיף; הַכְּמוּרָה

pulpy /ˈpʌlpɪ/ adj. דְּמוּי־עִסָּה

pulsar /ˈpʌlsɑː(r)/ n. (*Astron.*) פּוּלְסָר (גֶּרֶם שְׁמֵימִי)

pulsate /pʌlˈseɪt/ v.t. & i. פָּעַם, רָטַט
□ *the whole hall was pulsating with excitement* הָאוּלָם כֻּלּוֹ רָטַט בְּהִתְרַגְּשׁוּת

pulsation /pʌlˈseɪʃ(ə)n/ n. רְטִיטָה, פְּעִימָה

pulse[1] /pʌls/ n.
1 (throbbing of arteries) דֹּפֶק
□ *the old man still kept his finger on the pulse of events* הַזָּקֵן עֲדַיִן הֶחֱזִיק אֶצְבַּע עַל הַדֹּפֶק שֶׁל הָאֵרוּעִים
□ *the bugle call stirred the pulses of the hearers (fig.)* הַחֲצוֹצְרָה הִרְעִידָה אֶת לִבָּם שֶׁל הַשּׁוֹמְעִים
2 (single vibration) רֶטֶט, פְּעִימָה, ״פּוּלְס״
pulse code modulation אִפְנוּן קוֹד בְּפוּלְסִים (פּוֹרְמַט תִּקְשֹׁרֶת אֶלֶקְטְרוֹנִית)
—v.i. פָּעַם, רָטַט

pulse[2] /pʌls/ n. (*pl.* **pulse**) קִטְנִיּוֹת

pulverize /ˈpʌlvəraɪz/ v.t.
1 (reduce to powder or dust) כָּתַשׁ לְאָבָקָה
2 (demolish; injure seriously) חִסֵּל
□ *he pulverized his opponent (colloq.)* הוּא עָשָׂה קְצִיצוֹת מִן הַיָּרִיב שֶׁלּוֹ

puma /ˈpjuːmə/ n. פּוּמָה (סוּג שֶׁל אַרְיֵה הָרִים)

pumice /ˈpʌmɪs/ n. אֶבֶן־סְפוֹג
pumice stone אֶבֶן־סְפוֹג

pummel /ˈpʌm(ə)l/ v.t. הִכָּה בְּאֶגְרוֹפִים בְּ..., חָבַט בְּאֶגְרוֹפִים בְּ...

pump[1] /pʌmp/ n. מַשְׁאֵבָה
bicycle pump מַשְׁאֵבָה לְאוֹפַנַּיִם
pump action shotgun סוּג שֶׁל רוֹבֵה־צַיִד מְטַעֵן
stomach pump (*Med.*) מַשְׁאֵבַת קֵבָה

—v.t. שָׁאַב, הִכְנִיס בִּשְׁאִיבָה

pump iron (*colloq.*) הֵרִים מִשְׁקוֹלוֹת (בְּתוֹר סְפּוֹרְט)

pump out רוֹקֵן (בְּמַשְׁאֵבָה)

pump up נִפַּח (גַּלְגַּל אוֹפַנַּיִם וְכַד׳)

□ *he tried to pump knowledge into his class* הוּא נִסָּה לִדְחֹס יֶדַע לְרָאשֵׁי הַתַּלְמִידִים שֶׁלּוֹ

□ *in spite of pumping him, she could get no more information* (*colloq.*) לַמְרוֹת שֶׁנִּסְּתָה "לַחְלֹב" אוֹתוֹ, לֹא הִצְלִיחָה לְהוֹצִיא מִמֶּנּוּ מֵידָע נוֹסָף

—v.i. הִפְעִיל מַשְׁאֵבָה; פָּעַם

□ *blood was pumping from the wound* הַדָּם פָּרַץ בִּסְדִירוּת מִן הַפֶּצַע

□ *his heart pumped furiously* לִבּוֹ הָלַם בְּעָצְמָה

pump[2] /pʌmp/ n. נַעַל סְפּוֹרְט

pumpernickel /ˈpʌmpənɪk(ə)l/ n. פּוּמְפֶּרְנִיקֶל

pumpkin /ˈpʌmpkɪn/ n. דְּלַעַת

pump-room /ˈpʌmp-ruːm/ n. חֲדַר לִשְׁתִיַּת מַיִם מִינֶרָלִיִּים (בְּאֲתַר מַעְיָנוֹת רְפוּאִיִּים)

pun /pʌn/ n. מִשְׂחַק־מִלִּים

—v.i. עָשָׂה מִשְׂחַק מִלִּים

Punch /pʌntʃ/ n. מַר פַּנְץ׳ (דְּמוּת בֻּבָּה קוֹמִית)

Punch and Judy פַּנְץ׳־אֶנְד־ג׳וּדִי (מוֹפָע בֻּבּוֹת קוֹמִי מָסָרְתִּי)

□ *he was as pleased as Punch with his present* הוּא הָיָה מְאֻשָּׁר עַד הַגַּג בִּגְלַל הַמַּתָּנָה

punch /pʌntʃ/ n.

1 (tool) מְחוֹרֵר, מְנַקֵּב חוֹרִים

punch card כַּרְטִיס מַחְשֵׁב (כַּרְטִיס נְיַר מְחוֹרָר, אֶמְצָעִי מְיֻשָּׁן לַאֲגִירַת מֵידָע מְמֻחְשָׁב)

2 (blow with fist) מַכַּת־אֶגְרוֹף

3 (forcefulness, *colloq.*) "כֹּחַ", "מִיץ"

□ *his writing lacks punch* אֵין כֹּחַ בִּכְתִיבָה שֶׁלּוֹ

—v.t.

1 (pierce or stamp with punch) נִקֵּב, חוֹרֵר

2 (strike with fist) הִכָּה בְּאֶגְרוֹף, "תָּקַע" אֶגְרוֹף לְ.../בְּ...

punch[2] /pʌntʃ/ n. פּוּנְץ׳ (מַשְׁקֶה אַלְכּוֹהוֹלִי קַר)

punch-ball /ˈpʌntʃ-bɔːl/ n. כַּדּוּר לְאִמּוּנֵי־אִגְרוּף

punch-bowl /ˈpʌntʃ-bəʊl/ n. קְעָרָה לְפּוּנְץ׳ (גְּדוֹלָה וּמְהֻדֶּרֶת)

punch-drunk /ˈpʌntʃ-drʌŋk/ adj. (מִתְאַגְרֵף) בַּעַל פְּגִיעָה מֹחִית (בְּשֶׁל הַמַּכּוֹת); (בְּהַשְׁאָלָה) חָבוּל וְחָבוּט

punch-line /ˈpʌntʃ-laɪn/ n. "עֹקֶץ" (שֶׁל בְּדִיחָה)

punch-up /ˈpʌntʃ-ʌp/ n. (*UK colloq.*) "מַכּוֹת"

punchy /ˈpʌntʃɪ/ adj. (*colloq.*) עִם "פִּלְפֵּל", עִם "מִיץ"

punctilio /pʌŋkˈtɪlɪəʊ/ n. (*pl.* **punctilios**) (*formal*) הַקְפָּדָה עַל כָּל פְּרָט, דַּקְדְּקָנוּת

punctilious /pʌŋkˈtɪlɪəs/ adj. (*formal*) דַּקְדְּקָנִי, מַקְפִּיד עַל כָּל פְּרָט

punctual /ˈpʌŋktʃʊəl/ adj. דַּיְקָן (בִּזְמַן בִּלְבַד)

punctuality /ˌpʌŋktʃʊˈælɪtɪ/ n. דַּיְקָנוּת (בִּזְמַן בִּלְבַד)

punctuate /ˈpʌŋktʃʊeɪt/ v.t.

1 (complete sentence with punctuation marks) פִּסֵּק (מִשְׁפָּט)

2 (interrupt at intervals) קָטַע מִדֵּי פַּעַם

□ *his speech was punctuated by cheers* נְאוּמוֹ נִקְטַע לִפְרָקִים עַל־יְדֵי תְּרוּעוֹת הֵידָד

punctuation /ˌpʌŋktʃʊˈeɪʃ(ə)n/ n. פִּסּוּק

punctuation mark סִימַן פִּסּוּק

puncture /ˈpʌŋktʃə(r)/ n. נֶקֶר, תֶּקֶר, פַּנְצֶ׳ר

—v.t. & i. גָּרַם נֶקֶר (בִּצְמִיג); נִקֵּב; הִתְפַּנְצֶ׳ר (צְמִיג וְכַד׳)

□ *she punctured his conceit* הִיא פּוֹצְצָה בְּבַת אַחַת אֶת הַיְּהִירוּת שֶׁלּוֹ

pundit /ˈpʌndɪt/ n.

1 (learned person, expert) חָכָם, מְלֻמָּד; מֻמְחֶה

2 (wise Hindu) מְלֻמָּד הִדִּי, לַמְדָן הִדִּי (בְּסַנְסְקְרִיט, בְּדָת וּבְפִילוֹסוֹפְיָה הַהִדִּית)

pungency /ˈpʌndʒənsɪ/ n. חֲרִיפוּת

pungent /ˈpʌndʒənt/ adj.

1 (having strong sharp taste or smell) חָרִיף, חָזָק (בְּרֵיחַ אוֹ טַעַם)

2 (sharp, biting, *fig.*) צוֹרֵב, חָרִיף

□ *he made some pungent remarks* הוּא הֵעִיר מִסְפַּר הֶעָרוֹת חֲרִיפוֹת

punish /ˈpʌnɪʃ/ v.t.

1 (inflict penalty on someone; inflict penalty for something) עָנַשׁ, הֶעֱנִישׁ; הֶעֱנִישׁ עַל

2 (defeat, *Sport*) הִכָּה קָשׁוֹת, מָחַץ (בְּהַשְׁאָלָה בִּלְבַד)

□ *the home team punished the opposition* קְבוּצַת־הַבַּיִת הִכְּתָה קָשׁוֹת אֶת הַיָּרִיב

punishing /ˈpʌnɪʃɪŋ/ adj. (*colloq.*) מְיַגֵּעַ

punishment /ˈpʌnɪʃmənt/ n. עֹנֶשׁ; עֲנִישָׁה, הַעֲנָשָׁה

punitive /ˈpjuːnɪtɪv/ adj. שֶׁל עֹנֶשׁ, שֶׁל עֲנִישִׁין; חָמוּר בְּיוֹתֵר

punk[1] /pʌŋk/ n.

1 (style of pop music; fan of this) מוּזִיקַת "פַּנְק"; "פַּנְקִיסְט"

punk rock מוּזִיקַת "פַּנְק"

punk rocker "פַּנְקִיסְט"

2 (worthless person, *US sl.*) "אֶפֶס"; בֶּן־זוֹנָה קָטָן

punk[2] /pʌŋk/ n. (*US*) עֵץ רָקוּב (לְהַצָּתָה)

punkah /ˈpʌnkə/ n. מְנִיפַת אִוְרוּר גְּדוֹלָה (בְּהֹדּוּ, תְּלוּיָה מִן הַתִּקְרָה)

punkah-wallah מְשָׁרֵת הַמַּפְעִיל מְנִיפָה כַּנַּ"ל (ע"י מְשִׁיכָה בְּחֶבֶל)

punnet /ˈpʌnɪt/ n. (*UK*) סַלְסִלָּה קְטַנָּה (לְתוּתִים וְכַד׳)

punster /ˈpʌnstə(r)/ n. מְשַׂחֵק בְּמִלִּים, מַרְבֶּה לְהִשְׁתַּמֵּשׁ בְּלָשׁוֹן נוֹפֵל עַל לָשׁוֹן

punt[1] /pʌnt/ n. "פַּנְט" (מִין סִירָה שְׁטוּחָה וּמַלְבְּנִית הַנִּדְחֶפֶת בְּמוֹט)

—v.t. & i. דָּחַף פַּנְט בְּמוֹט, הִסִּיעַ בְּפַנְט; שָׁט בְּפַנְט

punt² /pʌnt/ v.t. (*Football*) בָּעַט בְּכַדּוּר (שֶׁנִּזְרַק בַּיָּד) בְּעוּדוֹ בָּאֲוִיר
—n. בְּעִיטָה בְּכַדּוּר (כַּנַּ״ל)

punt³ /pʌnt/ v.i. שִׂחֵק נֶגֶד הַקֻּפָּה (בְּמִשְׂחַק קְלָפִים)

punter /ˈpʌntə(r)/ n.
1 (gambler) מְהַמֵּר
2 (customer, *colloq.*) לָקוֹחַ
3 (prostitute's client, *sl.*) לָקוֹחַ (שֶׁל פְּרוּצָה), קְלַיֶּנְט

puny /ˈpjuːnɪ/ adj. ״מִסְכֵּן״ (לֹא מְפֻתָּח אוֹ לֹא אֶפֶקְטִיבִי)

pup /pʌp/ n.
1 (young dog, seal, etc.) גּוּר (כְּלָבִים, כַּלְבֵי־יָם וְכַד׳)
2 (conceited young man, *UK*) צָעִיר שַׁחְצָן וְטִפֵּשׁ
3 (worthless purchase, *colloq.*) ״זֶבֶל״, סְחוֹרָה ״שָׁוֶה־לְזֶבֶל״
□ *he discovered that he had been sold a pup* הוּא גִּלָּה שֶׁמָּכְרוּ לוֹ ״זֶבֶל״

pupa /ˈpjuːpə/ n. (*pl.* **pupae**) גֹּלֶם (שֶׁל חֶרֶק בְּתוֹךְ פְּקַעַת)

pupate /pjuːˈpeɪt/ v.i. (חֶרֶק) נַעֲשָׂה גֹּלֶם, הִתְגַּלֵּם

pupil /ˈpjuːp(ə)l/ n.
1 (someone under instruction) תַּלְמִיד
2 (opening in centre of eye) אִישׁוֹן (שֶׁל הָעַיִן)

pupillage /ˈpjuːpɪlɪdʒ/ n. תְּקוּפַת סְטָג׳ (אֵצֶל בָּרִיסְטֶר)

puppet /ˈpʌpɪt/ n. בֻּבָּה, בֻּבַּת־מִשְׂחָק, מַרְיוֹנֶטָה
glove puppet בֻּבַּת־כְּסָיָה
puppet show תֵּיאַטְרוֹן־בֻּבּוֹת
puppet state מְדִינַת־בֻּבָּה

puppeteer /ˌpʌpɪˈtɪə(r)/ n. מַפְעִיל בֻּבּוֹת (בְּתֵיאַטְרוֹן), שַׂחְקָן עִם בֻּבּוֹת

puppy /ˈpʌpɪ/ n.
1 (young dog) כְּלַבְלַב
puppy fat (*UK colloq.*) שֻׁמָּן שֶׁל רֵאשִׁית הַהִתְבַּגְּרוּת
puppy love אַהֲבַת בֹּסֶר, אַהֲבַת נְעוּרִים (תְּמִימָה)
2 (conceited young man, *arch.*) צָעִיר שַׁחְצָן

purblind /ˈpɜːblaɪnd/ adj. (*formal*) נִקְשֶׁה, אָטוּם (אָדָם, גִּישָׁה וְכַד׳)

purchase /ˈpɜːtʃəs/ n.
1 (buying, *formal*) קְנִיָּה, רְכִישָׁה
purchase tax (*UK*) מַס־קְנִיָּה
2 (thing bought, *formal*) קְנִיָּה
3 (hold, grip, leverage) נְקֻדַּת אֲחִיזָה (כְּדֵי לְהָרִים אוֹ לִמְשֹׁךְ דְּבַר־מָה), מַאֲחָז
□ *he lost his purchase on the rock-face and fell* הוּא אִבֵּד אֶת אֲחִיזָתוֹ בַּסֶּלַע וְנָפַל
—v.t. (*formal*) קָנָה, רָכַשׁ
□ *the purchasing power of the pound has fallen* כֹּחַ הַקְּנִיָּה שֶׁל הַלִּירָה שְׁטֶרְלִינְג יָרַד

purdah /ˈpɜːdə/ n. שִׁיטַת הַפּוּרְדָה (בִּדּוּד מֻחְלָט שֶׁל נָשִׁים מֵעֵין הַצִּבּוּר בְּהֹדּוּ)

pure /pjʊə(r)/ adj.
1 (unmixed, unadulterated; of unmixed descent) טָהוֹר; זַךְ, צָרוּף; מִמּוֹצָא טָהוֹר, טְהוֹר גֶּזַע
pure water מַיִם טְהוֹרִים, מַיִם צְלוּלִים, מַיִם זַכִּים
2 (guiltless) טָהוֹר לְלֹא חֵטְא, תָּמִים
the pure in heart בָּרֵי־הַלֵּבָב, הַטְּהוֹרִים בְּלִבָּם
3 (sexually undefiled) פָּרוּשׁ (מֵחַיֵּי מִין), בָּתוּל, בְּתוּלָה
4 (mere, simple) פָּשׁוּט, מַמָּשׁ, לְגַמְרֵי
pure and simple וְתוּ לֹא, וְזֶהוּ זֶה
□ *I met him by pure chance* פָּגַשְׁתִּי אוֹתוֹ לְגַמְרֵי בְּמִקְרֶה
□ *this story is pure nonsense* הַסִּפּוּר הַזֶּה הוּא שְׁטוּת גְּמוּרָה
5 (theoretical, not applied) טָהוֹר (לֹא שִׁמּוּשִׁי), עִיּוּנִי
pure mathematics מָתֵמָטִיקָה טְהוֹרָה, מָתֵמָטִיקָה עִיּוּנִית

purée /ˈpjʊəreɪ/ n. & v.t. (past & past ppl. **puréed**) רֶסֶק, מְחִית, תַּמְחִית; פִּירֶה; עָשָׂה רֶסֶק שֶׁל, הֵכִין מְחִית מ...

purely /ˈpjʊəlɪ/ adv.
1 (entirely; merely) לְגַמְרֵי; אַךְ וְרַק, בִּלְבַד
□ *this is purely a business transaction* זוֹהִי רַק עִסְקָה מִסְחָרִית
2 (in a pure manner) בְּצוּרָה טְהוֹרָה

purgation /pɜːˈgeɪʃ(ə)n/ n. (*formal*)
1 (purification from sin) טִהוּר (מֵחֵטְא)
2 (cleansing of bowels) הֲרָקַת־מֵעַיִם בְּאֶמְצָעוּת סַם מְשַׁלְשֵׁל

purgative /ˈpɜːgətɪv/ adj. & n. מְשַׁלְשֵׁל, גּוֹרֵם שִׁלְשׁוּל; סַם מְשַׁלְשֵׁל

purgatorial /ˌpɜːgəˈtɔːrɪəl/ adj. שֶׁל מְקוֹם־מְטַהֵר; שֶׁל יִסּוּרֵי תֹּפֶת

purgatory /ˈpɜːgət(ə)rɪ/ n. פּוּרְגָטוֹרְיוּם, מְקוֹם טִהוּר הַנְּפָשׁוֹת (לְאַחַר הַמָּוֶת, לְפִי הָאֱמוּנָה הַקָּתוֹלִית)
□ *it was purgatory to have to wait so long* (*colloq.*) זֶה הָיָה מַמָּשׁ עִנּוּי לְחַכּוֹת כָּל־כָּךְ הַרְבֵּה זְמַן

purge /pɜːdʒ/ v.t.
1 (make physically or spiritually clean) טִהֵר; צֵרַף; נִקָּה
2 (empty bowels by use of purgative) הֵרִיק מֵעַיִם ע״י שִׁמּוּשׁ בְּסַם־מְשַׁלְשֵׁל
3 (eliminate undesirable people from) ״עָרַף־רָאשִׁים״, עָרַךְ ״טִהוּר״ בְּ..., ״טִהֵר״
□ *the objectors were purged from the committee* הַמִּתְנַגְּדִים סֻלְּקוּ מִן הַוַּעֲדָה
4 (atone for offence or sentence by expiation, *Law*) מֵרֵק, כִּפֵּר עַל (חֵטְא, בְּיִחוּד עַל בִּזָּיוֹן בֵּית־הַמִּשְׁפָּט)
—n.
1 (act of purging people) ״טִהוּר״, ״עֲרִיפַת רָאשִׁים״
2 (purgative medicine) (סַם) מְשַׁלְשֵׁל

purification /ˌpjʊərɪfɪˈkeɪʃ(ə)n/ n. טִהוּר; זִכּוּךְ, צֵרוּף

purify /ˈpjʊərɪfaɪ/ v.t. טִהֵר, זִכֵּךְ, צֵרֵף

purism /ˈpjʊərɪzəm/ n. פּוּרִיזְם, טַהֲרָנוּת

purist /ˈpjʊərɪst/ n. פּוּרִיסְט, טַהֲרָן

puritan /ˈpjʊərɪtən/ adj. & n. פּוּרִיטָנִי, מַחְמִיר (בְּעִנְיְנֵי מוּסָר); אָדָם פּוּרִיטָנִי; חָבֵר בְּכַת הַפּוּרִיטָנִים

the Puritans הַפּוּרִיטָנִים (חַבְרֵי הַתְּנוּעָה הַדָּתִית בְּאַנְגְּלִיָּה בַּמֵּאוֹת הַ־16 וְהַ־17 שֶׁדָּגְלוּ בְּפַשְׁטוּת יֶתֶר בְּמִנְהֲגֵי הַדָּת)

puritanical /ˌpjʊərɪˈtænɪk(ə)l/ adj. (*derog.*) פּוּרִיטָנִי, מַחְמִיר מְאֹד בְּעִנְיְנֵי מוּסָר

puritanism /ˈpjʊərɪtənɪzəm/ n. פּוּרִיטָנִיּוּת, חֻמְרָה בְּעִנְיְנֵי מוּסָר

purity /ˈpjʊərɪtɪ/ n. טֹהַר, טַהֲרָה

purl[1] /pɜːl/ n. & v.t. סְרִיגַת־שְׂמֹאל, "עַיִן הֲפוּכָה" בִּסְרִיגָה; סָרַג כַּנַּ"ל

purl[2] /pɜːl/ v.i. (*poet.*) זָרַם וְהָמָה, פִּכְפֵּךְ (מֵי נַחַל)

purlieus /ˈpɜːljuːz/ n. *pl.* (*formal*) סְבִיבָה, פַּרְוָרִים

purloin /pəˈlɔɪn/ v.t. (*formal*) שָׁלַח יָדוֹ בְּ..., קָנָה בִּמְשִׁיכָה

purple /ˈpɜːp(ə)l/ n.

1 (colour) סָגֹל; אַרְגָּמָן

2 (robes or rank of emperor or cardinal) בִּגְדֵי אַרְגָּמָן (גַּם בְּהַשְׁאָלָה, לְצִיּוּן מְלוּכָה וְכַד׳)

—adj.

1 (of the colour purple) (בְּצֶבַע) סָגֹל; (בְּצֶבַע) אַרְגָּמָן

purple heart לֵב הָאַרְגָּמָן (עִטּוּר גְּבוּרָה בְּאַרְה"ב); סוּג שֶׁל כַּדּוּר־מֶרֶץ אָסוּר

□ *he turned purple with fury* הוּא הִסְמִיק מֵרֹב חֵמָה

2 (vivid, grandiosely written) מְלִיצִי בְּיוֹתֵר

purple passage (or **patch**) קֶטַע מְלִיצִי

purport (*formal*) /ˈpɜːpət/ n. כַּוָּנָה, מַשְׁמָעוּת

—v.t. & i. /pəˈpɔːt/ נָתַן לְהָבִין שֶׁ..., יָצַר רֹשֶׁם שֶׁ..., רוֹמֵז שֶׁ...

□ *I have no idea what his words purport* אֵין לִי מֻשָּׂג מַה דְּבָרָיו מְרַמְּזִים

□ *the book purports to be a translation but it is really an adaptation* הַסֵּפֶר מִתְיַמֵּר לִהְיוֹת תַּרְגּוּם, אֲבָל לְמַעֲשֶׂה הוּא עִבּוּד

purpose /ˈpɜːpəs/ n.

1 (object, intention) מַטָּרָה, תַּכְלִית

on purpose בְּמִתְכַּוֵּן, בְּכַוָּנָה; דַּוְקָא

□ *he toils all day to no* (or *little*) *purpose* כָּל הַיּוֹם הוּא טוֹרֵחַ לְחִנָּם

□ *this statement is more to the purpose* (*formal*) הַצְהָרָה זוֹ הִיא יוֹתֵר לָעִנְיָן

□ *this will serve the purpose* זֶה יְשַׁמֵּשׁ אֶת הַמַּטָּרָה, הַדָּבָר יַעֲנֶה עַל הַדְּרִישָׁה

2 (resolution, determination) נְחִישׁוּת, הַחְלָטָה נְחוּשָׁה, הַחְלָטִיּוּת

—v.t. (*formal*) הִתְכַּוֵּן (לַעֲשׂוֹת)

purpose-built /ˌpɜːpəs-ˈbɪlt/ adj. בָּנוּי לְתַכְלִית מְיֻחֶדֶת

purposeful /ˈpɜːpəsf(ə)l/ adj. נִמְרָץ; תַּכְלִיתִי

purposeless /ˈpɜːpəslɪs/ adj. חֲסַר־מַטָּרָה, חֲסַר תַּכְלִית

purposely /ˈpɜːpəslɪ/ adv. בְּכַוָּנָה, בְּמִתְכַּוֵּן

purposive /ˈpɜːpəsɪv/ adj. (*formal*) בַּעַל תַּכְלִית

purr /pɜː(r)/ v.t. & i. נָהַם (חָתוּל וְכַד׳); דִּבֵּר בְּנַהֲמַת תַּעֲנוּג; עָבַד בְּשֶׁקֶט וּבִיעִילוּת (מָנוֹעַ וְכַד׳)

□ *she purred her acceptance of his offer* הִיא נֶעֶנְתָה לְהַצָּעָתוֹ בְּקוֹל מָלֵא תַּעֲנוּג

□ *the car purred round the corner* הַמְּכוֹנִית הוֹפִיעָה בִּנְהָמָה מֵעֵבֶר לַפִּנָּה

—n. נְהָמָה (שֶׁל תַּעֲנוּג וְכַד׳)

purse /pɜːs/ n.

1 (pouch for money) אַרְנַק נָשִׁים

2 (money) כֶּסֶף, כְּסָפִים

the public purse קֻפַּת־הַצִּבּוּר, כַּסְפֵּי הַצִּבּוּר

3 (sum collected as reward or gift) פְּרָס (כַּסְפִּי)

□ *there was a purse of £10,000 for the boxing match* פְּרָס (כַּסְפִּי) שֶׁל 10,000 £ הֻקְצַב לַמְנַצֵּחַ בִּקְרַב הָאִגְרוּף

4 (handbag, *US*) תִּיק־נָשִׁים

—v.t. & i. כִּוֵּץ, קִמֵּץ (שְׂפָתַיִם וְכַד׳); הִתְכַּוֵּץ, נִקְמַץ

□ *he pursed* (*up*) *his lips in annoyance* הוּא קִמֵּץ/עִוֵּת אֶת שְׂפָתָיו בְּאִי־רָצוֹן

purser /ˈpɜːsə(r)/ n. כַּלְכָּל, גִּזְבָּר (בָּאֳנִיָּה, בַּמָּטוֹס)

purse-strings /ˈpɜːs-strɪŋz/ n. *pl.* כְּסָפִים

□ *she holds the purse-strings in that family* הִיא הַקּוֹבַעַת בְּעִנְיְנֵי כְּסָפִים בְּמִשְׁפָּחָה זוֹ

pursuance /pəˈsjuːəns/ n. (*formal*) בִּצּוּעַ

□ *he was shot in pursuance of his duties* הוּא נוֹרָה בִּשְׁעַת מִלּוּי תַּפְקִידוֹ

pursuant /pəˈsjuːənt/ adj. (*formal*) בְּהֶתְאֵם לְ... בְּהֶמְשֵׁךְ לְ..., בְּעִקְבוֹת

□ *procedures will be adjusted pursuant to the new law* הַנְּהָלִים יְשֻׁנּוּ בְּהֶתְאֵם לַחֹק הֶחָדָשׁ

pursue /pəˈsjuː/ v.t.

1 (hunt with intent to capture or kill) רָדַף, דָּלַק אַחֲרֵי

2 (follow) עָסַק בְּ..., רָדַף (תַּעֲנוּגוֹת וְכַד׳); הִמְשִׁיךְ בְּ...

□ *he does nothing but pursue pleasure* אֵין הוּא עוֹשֶׂה דָּבָר זוּלַת רְדִיפַת תַּעֲנוּגוֹת

□ *she is pursuing her studies in medical school* הִיא מַמְשִׁיכָה בְּלִמּוּדֶיהָ בְּבֵית־סֵפֶר לִרְפוּאָה

□ *the government is pursuing a suicidal policy* הַמֶּמְשָׁלָה נוֹקֶטֶת מְדִינִיּוּת שֶׁל הִתְאַבְּדוּת

□ *the detective pursued his inquiries* הַבַּלָּשׁ הִמְשִׁיךְ בַּחֲקִירוֹתָיו

pursuit /pəˈsjuːt/ n.

1 (act of pursuing) רְדִיפָה, דְּלִיקָה אַחֲרֵי, מִרְדָּף

□ *the truck disappeared with the police car in hot pursuit* הַמַּשָּׂאִית נֶעֶלְמָה כְּשֶׁמְּכוֹנִית הַמִּשְׁטָרָה רוֹדֶפֶת אַחֲרֶיהָ בִּמְהִירוּת

2 (occupation, study, hobby) מִשְׁלַח־יָד, עִסּוּק

purulent /ˈpjuːrʊlənt/ adj. (*Med.*) מֻגְלָתִי

purvey /pəˈveɪ/ v.t. (*formal*) סִפֵּק (סְחוֹרָה בְּאֹפֶן מִסְחָרִי לְצָרְכָן)

purveyor /pəˈveɪə(r)/ n. (*formal*) סַפָּק (כַּנַּ"ל)

purview /ˈpɜːvjuː/ n. (*formal*) תְּחוּם (פְּעֻלָּה/עִסּוּק/תְּחוּלָה/רְאִיָּה)

pus /pʌs/ n. מֻגְלָה

push /pʊʃ/ v.t.

1 (exert force on, move thus) דָּחַף, דָּחַק

□ *he's pushing 50* (*colloq.*) הוּא מִתְקָרֵב לְגִיל הַחֲמִשִּׁים

□ *she pushed the door to* הִיא הָדְפָה אֶת הַדֶּלֶת (כְּדֵי שֶׁתִּסָּגֵר)

□ *he pushed his way through the mob* הוּא פִּלֵּס לוֹ דֶּרֶךְ בְּתוֹךְ הֶהָמוֹן

□ *she's really pushed the boat out for this party* (*colloq.*) הִיא עָשְׂתָה כָּל מַאֲמָץ כְּדֵי שֶׁהַמְּסִבָּה תִּהְיֶה מֻצְלַחַת

□ *you'll be pushing up daisies if you don't drive more carefully* (*colloq.*) אִם לֹא תִּנְהַג יוֹתֵר בִּזְהִירוּת תַּגִּיעַ לְבֵית הַקְּבָרוֹת

2 (constrain; cause difficulty for) לָחַץ עַל

□ *don't push me too far!* אַל תִּלְחַץ עָלַי יוֹתֵר מִדַּי!

□ *I'm pushed for money* (*colloq.*) אֲנִי קְצָת בְּצָרוֹת (כַּסְפִּיּוֹת)

3 (impel, urge, *colloq.*) דָּחַק בְּ..., הֵאִיץ בְּ...

□ *there's a campaign to push this book* מִתְנַהֵל מַסָּע פִּרְסֹמֶת לְקַדֵּם אֶת מְכִירַת הַסֵּפֶר

4 (sell drugs, etc. illegally, *colloq.*) מָכַר סַמִּים, סִפֵּק סַמִּים

—v.i.

1 (move forcefully) נִדְחַף, נִדְחַק

push off

(begin to move) דָּחַף אֶת עַצְמוֹ (בְּסִירָה, מִן הַמֵּזַח)

(go away, *sl.*) "עוּף"

□ *push off!* עוּף מִפֹּה!

push on הִתְקַדֵּם, הִמְשִׁיךְ (בִּמְשִׂימָה, בִּנְסִיעָה)

2 (make demands) לָחַץ

□ *let us push for more pay* בּוֹא נִלְחַץ לְמַשְׂכֹּרֶת גְּבוֹהָה יוֹתֵר

—n.

1 (act of pushing, force exerted thus) דְּחִיפָה

□ *at a push we can fit you into our car* אִם לֹא תִּהְיֶה בְּרֵרָה, נוּכַל לִדְחֹף אוֹתְךָ לַמְּכוֹנִית

□ *he got the push from his job* (*colloq.*) זָרְקוּ אוֹתוֹ מֵהָעֲבוֹדָה, אָמְרוּ לוֹ "שָׁלוֹם" בָּעֲבוֹדָה

2 (enterprise, determination, *colloq.*) מֶרֶץ, יָזְמָה, "מַרְפְּקִים"

□ *as a reporter he needed a lot of push* כְּעִתּוֹנַאי הוּא הָיָה זָקוּק לְמַרְפְּקִים

3 (offensive, *Mil*; vigorous effort) מִתְקָפָה

push-bike /ˈpʊʃ-baɪk/ n. (*colloq.*) אוֹפַנַּיִם, אוֹפַנֵּי־דַּוְשָׁה

push-button /ˈpʊʃ-ˌbʌt(ə)n/ attrib. adj. בַּעַל לְחִיצִים, בַּעַל כַּפְתּוֹרֵי־לְחִיצָה

push-cart /ˈpʊʃ-kɑːt/ n. (*US*) עֶגְלַת־יָד

pushchair /ˈpʊʃtʃeə(r)/ n. עֶגְלַת־יְלָדִים

pusher /ˈpʊʃə(r)/ n.

1 (seller of illegal drugs) "פּוּשֶׁר", סַפָּק סַמִּים, סוֹחֵר סַמִּים

2 (assertive or opportunist person, *colloq.*) אָדָם בַּעַל "מַרְפְּקִים"

pushing /ˈpʊʃɪŋ/ adj. (*colloq.*) נִדְחָף, קוֹפֵץ בָּרֹאשׁ

pushover /ˈpʊʃ-əʊvə(r)/ n. (*sl.*) "מִשְׂחַק יְלָדִים", דָּבָר קַל; יָרִיב קַל (שֶׁאֶפְשָׁר לְהָבִיס אוֹתוֹ בְּקַלּוּת)

pushy /ˈpʊʃɪ/ adj. (*colloq.*) נִדְחָף, קוֹפֵץ בָּרֹאשׁ

pusillanimity /ˌpjuːsɪləˈnɪmɪtɪ/ n. (*formal*) מֹרֶךְ־לֵב

pusillanimous /ˌpjuːsɪˈlænɪməs/ adj. (*formal*) רַךְ־לֵבָב, מוּג־לֵב

puss /pʊs/ n. (*colloq.*) חָתוּל, "פּוּסִי"

pussy /ˈpʊsɪ/ n.

1 (cat) חָתוּל

2 (vagina, *vulg.*) כּוּס

pussyfoot /ˈpʊsɪfʊt/ v.i. (*colloq.*) נָהַג בְּחַמְקָנוּת; פָּסַע בַּעֲדִינוּת (בְּהַשְׁאָלָה בִּלְבַד)

□ *you'll have to pussyfoot round that topic* יִהְיֶה עָלֶיךָ לְטַפֵּל בַּנּוֹשֵׂא הַזֶּה בִּכְפָפוֹת שֶׁל מֶשִׁי

pussy willow /ˈpʊsɪ wɪləʊ/ n. עֲרָבָה (בִּתְקוּפַת הָאָבִיב)

pustule /ˈpʌstjuːl/ n. (*Med.*) אֲבַעְבּוּעָה מֻגְלָתִית

put /pʊt/ v.t. (past & past ppl. **put** /pʊt/)

1 (move into or cause to be in a certain position, condition, relation, etc.) שָׂם, הֵנִיחַ; הִצִּיג

□ *put the book back (where you found it)* תָּשִׂים אֶת הַסֵּפֶר בַּחֲזָרָה (בַּמָּקוֹם שֶׁבּוֹ מָצָאתָ אוֹתוֹ)

□ *he put his affairs in order* הוּא הִכְנִיס סֵדֶר בַּעֲסָקָיו, הוּא הִסְדִּיר אֶת עִנְיָנָיו

□ *I must put the children to bed* עָלַי לְהַשְׁכִּיב אֶת הַיְלָדִים לִישֹׁן

□ *I can put that crate to good use* יֵשׁ לִי מָה לַעֲשׂוֹת בָּאַרְגָּז הַהוּא

□ *he really put me through the mill (or through it)* (*colloq.*) הוּא לֹא עָשָׂה לִי חַיִּים קַלִּים

□ *the murmur of the sea put her to sleep* לַחַשׁ גַּלֵּי הַיָּם הִרְדִּים אוֹתָהּ

□ *we had to have the old cat put to sleep* (*euphem.*) יִהְיֶה עָלֵינוּ "לְהַרְדִּים" אֶת הֶחָתוּל הַזָּקֵן

□ *you put me in mind of your mother* אַתָּה מַזְכִּיר לִי אֶת אִמָּא שֶׁלְּךָ

□ *we can soon put that difficulty right* תֵּכֶף נְסַדֵּר אֶת הַבְּעָיָה הַזּוֹ

2 (provide, supply; impose; set) סִפֵּק; הִטִּיל

□ *one can't put a price on leisure* אִי־אֶפְשָׁר לִקְבֹּעַ מְחִיר לַפְּנַאי

□ *the headteacher put an end to hooliganism*
הַמְנַהֵל שָׂם קֵץ לַהִשְׁתּוֹלְלוּת הַפְּרוּעָה

3 (write) כָּתַב, רָשַׁם

put paid to (*fig.*) חִסֵּל, שָׂם קֵץ לְ..., שָׂם לְאַל

□ *she put her name to the agreement* הִיא חָתְמָה עַל הַהֶסְכֵּם

4 (hurl, *Athletics*) הָדַף (כַּדּוּר־בַּרְזֶל)

□ *he put the shot 10 metres* הוּא הָדַף כַּדּוּר בַּרְזֶל לְמֶרְחָק שֶׁל 10 מ׳

5 (express, explain; translate) בִּטֵּא, נִסַּח, הִסְבִּיר; תִּרְגֵּם

□ *can you put the Hebrew into English?* הַאִם אַתָּה יָכוֹל לְתַרְגֵּם אֶת הַנֹּסַח הָעִבְרִי לְאַנְגְּלִית?

□ *I will put the facts to you as clearly as possible*
אֲנִי אַצִּיג בְּפָנֶיךָ אֶת הָעֻבְדּוֹת בָּרוּר כְּכָל הָאֶפְשָׁר

□ *to put it bluntly, she made a mess of it* אִם לְדַבֵּר בְּגָלוּי, הִיא קִלְקְלָה אֶת הָעִנְיָן

□ *to say that I'm angry is putting it mildly* לְהַגִּיד שֶׁאֲנִי כּוֹעֵס זוֹ לְשׁוֹן הַמְעָטָה

6 (submit) הִצִּיג, הִצִּיעַ

□ *he put a question to the witness* הוּא הִצִּיג שְׁאֵלָה לָעֵד

□ *he put the proposal to the vote* הוּא הֶעֱמִיד אֶת הַהַצָּעָה לְהַצְבָּעָה

□ *I put it to you that your entire story is a lie* אֲנִי טוֹעֵן שֶׁהַסִּפּוּר שֶׁלְּךָ כֻּלּוֹ שֶׁקֶר (וְקוֹרֵא לְךָ לְנַסּוֹת וּלְהוֹכִיחַ אֶת הַהֵפֶךְ)

7 (in set phrases)

put about הֵפִיץ (שְׁמוּעָה)

put across הֶעֱבִיר (מֶסֶר) בְּהַצְלָחָה

□ *he's good at putting his ideas across* הוּא מַצְלִיחַ לְהַעֲבִיר אֶת רַעְיוֹנוֹתָיו לַאֲחֵרִים

□ *it's no good trying to put one across me* (*colloq.*)
לֹא תַּצְלִיחַ לַעֲבֹד עָלַי. לֹא תּוּכַל לִמְכֹּר לִי סִפּוּרִים

put aside

(save up) חָסַךְ, שָׂם בַּצַּד

(disregard) הִנִּיחַ בַּצַּד, שָׂם בַּצַּד, הִנִּיחַ לְ...

put away

(return to proper place) הֶחֱזִיר לַמָּקוֹם, שָׂם בַּמָּקוֹם

(save) חָסַךְ, שָׂם בַּצַּד

(lock up) כָּלָא בְּמוֹסָד לְחוֹלֵי־רוּחַ

□ *his behaviour was so strange that he had to be put away* (*euphem.*) הִתְנַהֲגוּתוֹ הָיְתָה כָּל־כָּךְ מוּזָרָה עַד שֶׁהָיָה צָרִיךְ לְאַשְׁפֵּז אוֹתוֹ

(eat, *colloq.*) ״חִסֵּל״ (מָזוֹן)

□ *the children put away an enormous meal* הַיְּלָדִים חִסְּלוּ אֲרוּחָה עֲנָקִית

put back הֵשִׁיב לִמְקוֹמוֹ, הֶחֱזִיר לִמְקוֹמוֹ

□ *she put the hands of the clock back an hour* הִיא הֵזִיזָה אֶת מְחוֹגֵי הַשָּׁעוֹן שָׁעָה אַחַת לְאָחוֹר

□ *the fire put back the production of the new car*
הַשְּׂרֵפָה עִכְּבָה אֶת יִצּוּר הַמְּכוֹנִית הַחֲדָשָׁה

put by חָסַךְ, שָׂם בַּצַּד

put down

(place on ground, etc.) הוֹרִיד, הִנִּיחַ לָאָרֶץ; הִנְחִית (מָטוֹס)

□ *the bus will put down passengers here*
הָאוֹטוֹבּוּס יוֹרִיד כָּאן נוֹסְעִים

(suppress) דִּכָּא, דִּכֵּא, הִכְנִיעַ

□ *the revolt was put down by the army* הַמֶּרֶד דֻּכָּא עַל־יְדֵי הַצָּבָא

(kill humanely) הֵמִית (בְּצוּרָה אֱנוֹשִׁית), ״גָּאַל מִיִּסּוּרָיו״

□ *the injured horse had to be put down* (*euphem.*)
הָיָה צָרִיךְ לְהָמִית אֶת הַסּוּס הַפָּצוּעַ

(record in writing) רָשַׁם, צִיֵּן, הֶעֱלָה בִּכְתָב

□ *let me put that number down* תֵּן לִי לִרְשֹׁם אֶת הַמִּסְפָּר

□ *please put it down to my account* בְּבַקָּשָׁה תִּרְשֹׁם זֹאת עַל חֶשְׁבּוֹנִי

□ *she put the visitor down as a foreigner* הִיא צִיְּנָה לְעַצְמָהּ שֶׁהַמְבַקֵּר הוּא מחוּ״ל

(commit) רָשַׁם

□ *put me down for £5 towards the gift* תִּרְשֹׁם אֶת חֶלְקִי בְּסַךְ 15 לי״ש כִּתְרוּמָה (יַחַד עִם אֲחֵרִים) לְמַתָּנָה

(attribute) יִחֵס לְ...

□ *he always puts his lateness down to the traffic*
תָּמִיד הוּא מְיַחֵס אֶת אִחוּרוֹ לִקְשָׁיִים בַּתַּחְבּוּרָה

put forward

(nominate) הִצִּיעַ אֶת הַשֵּׁם (שֶׁל פְּלוֹנִי) כְּמֻעֲמָד

(propose) הִצִּיעַ

put in

(install) הִתְקִין

(formally present) הִגִּישׁ

□ *he has put in a claim for expenses* הוּא הִגִּישׁ תְּבִיעָה לְהוֹצָאוֹת

□ *he put in a good word for his brother* הוּא אָמַר מִלָּה טוֹבָה עַל אָחִיו

(spend time) הִשְׁקִיעַ (זְמַן)

□ *she put in an hour's work on the essay* הִיא הִשְׁקִיעָה שָׁעָה בִּכְתִיבַת הָעֲבוֹדָה

put off

(postpone) דָּחָה

□ *he put off going to the doctor* הוּא דָּחָה אֶת בִּקּוּרוֹ אֵצֶל הָרוֹפֵא

(repel, disconcert) דָּחָה

□ *the illness has put me off my food* הַמַּחֲלָה קִלְקְלָה לִי אֶת הַתֵּאָבוֹן

(avoid commitment to) דָּחָה

□ *I had invited my brother for the weekend but I've put him off* הִזְמַנְתִּי אֶת אָחִי לְסוֹף־שָׁבוּעַ אֲבָל שִׁנִּיתִי אֶת דַּעְתִּי וְאָמַרְתִּי לוֹ לֹא לָבוֹא

put on

(clothe oneself with) לָבַשׁ

□ *he is putting on weight* הוּא מַשְׁמִין, הוּא עוֹלֶה בַּמִּשְׁקָל

(cause to take place or operate) עָרַךְ, קִיֵּם (מוֹפָע וְכַד׳); הִדְלִיק (אוֹר)

(wager) הִמֵּר עַל, שָׂם כֶּסֶף עַל

(pretend) הֶעֱמִיד פָּנִים, עָשָׂה אֶת עַצְמוֹ

□ *when she says she's ill she's only putting it on* כְּשֶׁהִיא אוֹמֶרֶת שֶׁהִיא חוֹלָה הִיא רַק עוֹשָׂה אֶת עַצְמָהּ

put out

(extinguish) כִּבָּה

(dislocate) נָקַע

□ *he put his shoulder out* הוּא נָקַע אֶת כְּתֵפוֹ

(send outside) הוֹצִיא

□ *don't forget to put the cat out!* אַל תִּשְׁכַּח לְהוֹצִיא אֶת הֶחָתוּל

□ *he put out the flags to welcome her home* הוּא עָרַךְ מְסִבָּה גְּדוֹלָה לִקְרַאת בּוֹאָהּ

(annoy) הִרְגִּיז, עִצְבֵּן

□ *he was very put out to miss the train* הוּא הִתְרַגֵּז מְאֹד עַל כָּךְ שֶׁאֵחַר אֶת הָרַכֶּבֶת

(delegate) מָסַר, הֶעֱבִיר

□ *the tailor put out his ironing to a woman in the village* הַחַיָּט מָסַר אֶת עֲבוֹדַת הַגִּהוּץ שֶׁלּוֹ לְאִשָּׁה מִן הַכְּפָר

(invest) הִשְׁקִיעַ, שָׂם

□ *he has £5,000 put out at ten per cent* יֵשׁ לוֹ בַּבַּנְק 5,000 לִי״שׁ בְּרִבִּית שֶׁל עֲשָׂרָה אֲחוּזִים

(of a woman, be willing to have sex, *US sl.*) ״נִתְּנָה״

put over הֶעֱבִיר (מָסַר) בְּהַצְלָחָה

□ *he's trying to put one over on me* (*colloq.*) הוּא מְנַסֶּה לַעֲבֹד עָלַי

put through

(connect by telephone) קִשֵּׁר, חִבֵּר

(cause to experience) גָּרַם (לִפְלוֹנִי) שֶׁיִּחְוֶה (חֲוָיָה מְסֻיֶּמֶת, לָרֹב לֹא נְעִימָה)

put together חִבֵּר, אָסַף

□ *the police put two and two together* (*colloq.*) הַמִּשְׁטָרָה חִבְּרָה אֶת הָעֻבְדּוֹת

□ *we hurriedly put together a few sandwiches* הֵכַנּוּ כַּמָּה כְּרִיכִים בִּמְהִירוּת

put up

(increase) הִגְדִּיל, הֶעֱלָה

(propose, offer) הִצִּיעַ

□ *they put him up for (election as) mayor* הֵם הִצִּיעוּ אוֹתוֹ לְתַפְקִיד רֹאשׁ־הָעִיר

□ *we will put our house up for sale* אֲנַחְנוּ נַצִּיעַ אֶת הַבַּיִת שֶׁלָּנוּ לִמְכִירָה

(accommodate) אֵרַח (לְשֵׁנָה)

□ *if you want to stay, we can put you up for the night* אִם אַתָּה רוֹצֶה לְהִשָּׁאֵר, נוּכַל לְסַדֵּר לְךָ מִטָּה לַלַּיְלָה

(erect) הֵקִים, בָּנָה

(incite) הֵסִית

□ *he put the children up to mischief* הוּא הֵסִית אֶת הַיְלָדִים לְמַעֲשֵׂי־שׁוֹבָבוּת

put upon (only as past ppl.) ״הִלְבִּישׁ״ (דְּבַר מָה) עַל (פְּלוֹנִי), נִצֵּל

—v.i.

1 (manoeuvre, *Naut.*)

□ *the ship put about and returned to port* הָאֳנִיָּה הָפְכָה כִּוּוּן וְחָזְרָה לַנָּמֵל

□ *the boat put in at Dover* הַסְּפִינָה עָגְנָה בְּדוֹבֶר

□ *the yacht put out to sea* הַיַּכְטָה יָצְאָה לַיָּם

2 (in set phrases)

put in for הִגִּישׁ בַּקָּשָׁה (רִשְׁמִית) לְ...

put up with (*colloq.*) הִשְׁלִים עִם, הִסְכִּים לְ...

putative /ˈpjuːtətɪv/ adj. (*formal*) מְשֹׁעָר

put-down /ˈpʊt-daʊn/ n. (*colloq.*) הַשְׁפָּלָה, בִּזּוּי

put-on /ˈpʊt-ɒn/ n. (*US colloq.*) ״עֲבוֹדָה״, ״בִּצְחוֹק״

□ *I'm sorry you are angry, it was only a put-on* אֲנִי מִצְטַעֵר שֶׁאַתָּה כּוֹעֵס, זֶה הָיָה רַק בִּצְחוֹק

putrefaction /ˌpjuːtrɪˈfækʃ(ə)n/ n. (*formal*) תַּהֲלִיךְ רִקָּבוֹן

putrefy /ˈpjuːtrɪfaɪ/ v.t. & i. (*formal*) גָּרַם רִקָּבוֹן לְ..., הִרְקִיב; נִרְקַב, הִרְקִיב

putrescence /pjuːˈtres(ə)ns/ n. (*formal*) רָקָב, רִקָּבוֹן

putrescent /pjuːˈtres(ə)nt/ adj. (*formal*) מַרְקִיב

putrid /ˈpjuːtrɪd/ adj. מַעֲלֶה סַרְחוֹן; (בְּהַשְׁאָלָה) מַסְרִיחַ (כְּלוֹמַר רַע מְאֹד)

putsch /pʊtʃ/ n. פּוּטְשׁ, נִסָּיוֹן הֲפִיכָה

putt /pʌt/ v.t. & i. (*Golf*) נָתַן ״פַּט״ לְ..., הִכָּה מַכָּה קַלָּה בְּ...; חָבַט מַכַּת ״פַּט״

—n. מַכַּת ״פַּט״ (בְּאַלַּת גּוֹלְף קַלָּה לְמֶרְחַקִּים קְצָרִים)

puttee /ˈpʌtɪ/ n. (*Hist.*) חוֹתֶלֶת (לְרַגְלֵי חַיָּל בֶּעָבָר)

putter[1] /ˈpʌtə(r)/ n. (*Golf*) אַלַּת ״פַּט״ (אַלָּה קַלָּה לְמֶרְחַקִּים קְצָרִים); חוֹבֵט ״פַּט״ מֻמְחֶה

putter[2] /ˈpʌtə(r)/ v.i. (*US colloq.*) ״הִסְתּוֹבֵב״, הִתְהַלֵּךְ אָנֶה וָאָנָה

putting-green /ˈpʌtɪŋ-griːn/ n. (*Golf*) רַחֲבַת דֶּשֶׁא שְׁטוּחָה סְבִיב ״חוֹר״ בְּמִגְרַשׁ גּוֹלְף

putty /ˈpʌtɪ/ n. מֶרֶק, קִית

—v.t. שָׂם מֶרֶק (סְבִיב שִׁמְשָׁה בְּחַלּוֹן וְכַד׳)

put-up /ˈpʊt-ʌp/ adj. (*colloq.*) ״מְבֻשָּׁל״, ״מָכוּר״

put-up job ״מִשְׂחָק מָכוּר״ (מַצָּב שֶׁתּוֹצָאָתוֹ נִקְבְּעָה מֵרֹאשׁ בְּאֹפֶן לֹא הָגוּן)

puzzle /ˈpʌz(ə)l/ n.

1 (perplexing question) בְּעָיָה, חִידָה

2 (problem or toy to exercise ingenuity) תַּשְׁבֵּץ, מִשְׂחַק הַרְכָּבָה, פָּזֶל

crossword puzzle תַּשְׁבֵּץ, מִלִּים

jigsaw puzzle פָּזֶל

—v.t. & i. הֵבִיךְ, בִּלְבֵּל; הִתְלַבֵּט

□ *he puzzled his brains* הוּא הִתְלַבֵּט, הוּא ״שָׁבַר אֶת הָרֹאשׁ״ (מַה לַּעֲשׂוֹת)

□ *she puzzled it out* הִיא יָשְׁבָה וְחָשְׁבָה וּבַסּוֹף מָצְאָה אֶת הַפִּתְרוֹן

□ *he puzzled over the problem* הוּא יָשַׁב וְחָשַׁב עַל הַבְּעָיָה

puzzlement /pʌzəlmənt/ n. בִּלְבּוּל, מְבוּכָה

puzzler /ˈpʌzlə(r)/ n. (*colloq.*) בְּעָיָה קָשָׁה

PVC /piː viː ˈsiː/ abbrev. פִּי־וִי־סִי (סוּג פְּלַסְטִיק נָפוֹץ)

pygmy /ˈpɪgmɪ/ n. & adj. (also **pigmy**) פִּיגְמִי (בֶּן שֵׁבֶט נַנָּסִים אַפְרִיקָאִי); נַנָּסִי

pyjamas /pəˈdʒɑːməz/ n. *pl.* (*US* **pajamas**)
1 (sleeping-suit) פִּיגָ'מָה, חֲלִיפַת שֵׁנָה
2 (loose trousers worn in India and Pakistan) מִכְנָסַיִם הֲדוּקִים

pylon /ˈpaɪlən/ n.
1 (tall structure holding cables, etc.) עַמּוּד חַשְׁמַל, עַמּוּד טֶלֶפוֹן (גָּדוֹל)
2 (gateway to ancient temple) שַׁעַר מִקְדָּשׁ

pyorrhoea /ˌpaɪəˈrɪə/ n. (*Med.*) דַּלֶּקֶת מַכְתְּשֵׁי־הַשִּׁנַּיִם

pyramid /ˈpɪrəmɪd/ n.
1 (solid figure) פִּירָמִידָה
2 (stone monument of this shape) פִּירָמִידָה
3 (organizational structure) פִּירָמִידָה

pyramidal /pɪˈræmɪd(ə)l/ adj. בְּצוּרַת פִּירָמִידָה

pyre /ˈpaɪə(r)/ n. מְדוּרַת־קְבוּרָה

pyrethrum /paɪəˈriːθrəm/ n.
1 (flower) בֶּן־חַרְצִית (סוּג שֶׁל כְּרִיזַנְטֵמָה)
2 (insecticide) סוּג שֶׁל קוֹטֵל חֲרָקִים אוֹרְגָנִי (מוּפָק מִן הַפֶּרַח הַנַּ"ל)

pyrex /ˈpaɪreks/ n. (*Prop.*) פַּיְרֶקְס (זְכוּכִית חֲסִינַת־אֵשׁ)

pyro /ˈpaɪrəʊ/ n. (*sl.*) פִּירוֹמָן (מַצִּית־אֵשׁ חוֹלָנִי)

pyrogen /ˈpaɪrədʒən/ n. פִּירוֹגֶן (חֹמֶר הַגּוֹרֵם לְ"חֹם" בַּגּוּף)

pyromaniac /ˌpaɪrəʊˈmeɪnɪæk/ n. & adj. פִּירוֹמָן (מַצִּית־אֵשׁ חוֹלָנִי); פִּירוֹמָנִי (כַּנַּ"ל)

pyrotechnic /ˌpaɪrəˈteknɪk/ adj. (*formal*) פִּירוֹטֶכְנִי

pyrotechnics /ˌpaɪrəˈteknɪks/ n. *pl.*
1 (art of making fireworks) פִּירוֹטֶכְנִיקָה
2 (display of fireworks, *formal*) מוֹפַע זִקּוּקֵי דִּי־נוּר

□ *the oration was more notable for pyrotechnics than good sense* (*fig.*) אֶפְשָׁר הָיָה לְצַיֵּן אֶת הַהַבְרָקוֹת בַּנְּאוּם אֲבָל הָיָה חָסֵר בּוֹ הִגָּיוֹן בָּרִיא

Pyrrhic victory /ˌpɪrɪk ˈvɪktərɪ/ n. "נִצָּחוֹן פִּירוּס" (נִצָּחוֹן בִּמְחִיר כָּבֵד לַמְנַצֵּחַ)

Pythagorean /paɪˌθægəˈriːən/ adj. פִּיתָגוֹרָאִי, שֶׁל פִּיתָגוֹרַס

python /ˈpaɪθ(ə)n/ n. נְחַשׁ־חֶנֶק, פִּיתוֹן

Pythonesque /ˈpaɪθəˈnesk/ adj. (*UK colloq.*) (הוּמוֹר) מְטֹרָף לְגַמְרֵי (בְּנֹסַח "מוֹנְטִי פַּיְיתוֹן", תָּכְנִית קוֹמִית בְּרִיטִית נְפוֹצָה)

pyx /pɪks/ n. (*Relig.*) תֵּבַת לֶחֶם־הַקֹּדֶשׁ (בַּכְּנֵסִיָּה הַנּוֹצְרִית)

Q q

Q, q /kjuː/ n. ״קְיוּ״ (הָאוֹת הַשְּׁבַע־עֶשְׂרֵה בָּאָלֶף־בֵּית הָאַנְגְּלִי)

QED /ˌkjuː iː ˈdiː/ abbrev. מָשׁ״ל (״מַה שֶּׁרָצִינוּ לְהוֹכִיחַ״ בְּסוֹף מִשְׁפָּט בַּגֵּיאוֹמֶטְרִיָּה)

qua /kweɪ/ conj. בְּתוֹר־, בְּתוֹרַת־, כְּ־
□ *they criticize the Church, not qua church but as part of the Establishment* הֵם מוֹתְחִים בִּקֹּרֶת עַל הַכְּנֵסִיָּה, לֹא בְּתוֹר כְּנֵסִיָּה אֶלָּא כְּחֵלֶק מֵהַמִּמְסָד

quack¹ /kwæk/ n. & v.i. ״קְוָאק״, קִרְקוּר, גִּעְגּוּעַ (שֶׁל בַּרְוָז); קִרְקֵר, גִּעְגַּע

quack² /kwæk/ n. (*colloq.*) רוֹפֵא אֱלִיל; נוֹכֵל (הַמִּתְיַמֵּר לִהְיוֹת רוֹפֵא)

quackery /ˈkwækərɪ/ n. (*derog.*) רְפוּאַת־אֱלִיל; רַמָּאוּת (שֶׁל מִי שֶׁמִּתְיַמֵּר לִהְיוֹת רוֹפֵא)

quad¹ /kwɒd/ n. (*colloq.*) חָצֵר פְּנִימִית

quad² /kwɒd/ n. (*colloq.*) אֶחָד מֵרְבִיעִיַּת יְלוֹדִים

quadrangle /ˈkwɒdræŋg(ə)l/ n.
1 (courtyard) חָצֵר פְּנִימִית
2 (four-sided figure) מְרֻבָּע

quadrangular /kwɒˈdræŋgʊlə(r)/ adj. מְרֻבָּע

quadrant /ˈkwɒdrənt/ n.
1 (quarter of full circle) רְבִיעַ
2 (measuring instrument) קְוַדְרַנְט

quadraphonic /ˌkwɒdrəˈfɒnɪk/ adj. קְוַדְרוֹפוֹנִי

quadratic /kwɒˈdrætɪk/ adj. (*Math.*) רִבּוּעִי
quadratic equation מִשְׁוָאָה רִבּוּעִית

quadrilateral /ˌkwɒdrɪˈlætər(ə)l/ adj. & n. אַרְבַּע־קָוִי; מְרֻבָּע

quadrille /kwəˈdrɪl/ n. קְוַדְרִיל (רִקּוּד צָרְפָתִי לְאַרְבָּעָה זוּגוֹת)

quadriplegic /ˌkwɒdrɪˈpliːdʒɪk/ adj. & n. (*Med.*) (שֶׁל) שִׁתּוּק (אַרְבַּעַת) הַגַּפַּיִם; מְשֻׁתָּק בְּאַרְבַּעַת גַּפָּיו

quadruped /ˈkwɒdrʊped/ n. (*Zool.*) (בַּעַל־חַיִּים) הוֹלֵךְ עַל אַרְבַּע

quadruple /kwɒˈdruːp(ə)l/ adj. בַּעַל אַרְבָּעָה חֲלָקִים; גָּדוֹל פִּי אַרְבָּעָה
quadruple alliance בְּרִית מְרֻבַּעַת (שֶׁיֵּשׁ לָהּ אַרְבָּעָה צְדָדִים)
—v.t. & i. הִכְפִּיל פִּי אַרְבָּעָה, רִבַּע; נִכְפַּל פִּי אַרְבָּעָה

quadruplet /ˈkwɒdruːplɪt/ n. אֶחָד מֵרְבִיעִיַּת יְלוֹדִים

quadruplicate /kwɒˈdruːplɪkət/ adj. & n. בַּעַל אַרְבָּעָה חֲלָקִים; אֶחָד מֵרְבִיעִיָּה
in quadruplicate בְּאַרְבָּעָה עֲתָקִים

quaff /kwɒf/ v.t. & i. (*poet.*) גָּמַע, לָגַם (עֲמֻקּוֹת)

quagmire /ˈkwægmaɪə(r)/ n. אַדְמַת בִּצָּה, בִּצָּה טוֹבְעָנִית (גַּם בְּהַשְׁאָלָה)

quail¹ /kweɪl/ v.i. (*formal*) חָרַד, פָּחַד

quail² /kweɪl/ n. (*pl.* **quail**) שְׂלָו

quaint /kweɪnt/ adj. מְיֻשָּׁן וּמְצוֹדֵד אֶת הַלֵּב

quake /kweɪk/ v.i. רָטַט, הִתְחַלְחֵל
—n. (*colloq.*) רְעִידַת־אֲדָמָה

Quaker /ˈkweɪkə(r)/ n. ״קְוֵיקֶר״ (חָבֵר בְּכַת ״הַקְּוֵיקֶרִים״ הַנּוֹצְרִית)

qualification /ˌkwɒlɪfɪˈkeɪʃ(ə)n/ n.
1 (required accomplishment, quality, etc.) כִּשּׁוּר
□ *a degree is an essential qualification for this post* תֹּאַר אֲקָדֵמִי הוּא כִּשּׁוּר הֶכְרֵחִי לְמִשְׂרָה זֹאת
2 (modification, reservation) הִסְתַּיְּגוּת, הַסָּגָה, הַגְבָּלָה

qualify /ˈkwɒlɪfaɪ/ v.t.
1 (limit, modify) הִגְבִּיל, סִיֵּג; הִגְבִּיר; אִיֵּךְ
qualified approval אִשּׁוּר מְסֻיָּג
2 (render fit) הִסְמִיךְ, הֶעֱנִיק הַסְמָכָה לְ...; הִכְשִׁיר
□ *I am a qualified doctor* אֲנִי רוֹפֵא מֻסְמָךְ
□ *the qualifying exam is difficult* בְּחִינַת הַהַסְמָכָה קָשָׁה
3 (*Gram.*) תֵּאֵר
—v.i. הֻסְמַךְ, קִבֵּל הַסְמָכָה
□ *he qualified in 1992* הוּא הֻסְמַךְ בְּ־1992

qualitative /ˈkwɒlɪtətɪv/ adj. אֵיכוּתִי

quality /ˈkwɒlɪtɪ/ n.
1 (excellence; high rank) אֵיכוּת (מַעֲלָה), טִיב (מְעֻלֶּה)
2 (faculty, characteristic) כֹּשֶׁר (שִׂכְלִי אוֹ טִבְעִי), סְגֻלָּה, מַעֲלָה

qualm /kwɑːm/ n. (הִרְהוּר) סָפֵק, הִסּוּס; נְקִיפַת־מַצְפּוּן
□ *you need have no qualms about this* אֵין צֹרֶךְ שֶׁתְּהַסֵּס בְּנוֹשֵׂא זֶה

quandary /ˈkwɒndərɪ/ n. (מַצָּב שֶׁל) מְבוּכָה, חֹסֶר וַדָּאוּת, אִי־הַחְלָטָה; דִּילֶמָּה

quango /ˈkwæŋgəʊ/ n. (*pl.* **quangos**) וַעֲדָה אוֹטוֹנוֹמִית לְמֶחֱצָה

quanta *pl.* of **quantum**

quantify /ˈkwɒntɪfaɪ/ v.t. (*formal*) מָדַד אֶת הַכַּמּוּת שֶׁל, כִּמֵּת

quantitative /ˈkwɒntɪtətɪv/ adj. כַּמּוּתִי

quantity /ˈkwɒntɪtɪ/ n.
1 (measurable amount or number) כַּמּוּת, גֹּדֶל, מִדָּה, שִׁעוּר; סִכּוּם, מִסְפָּר

quantity surveyor מְמַחֶה לְאֻמְדַּן הוֹצָאוֹת בְּנִיָּה

2 (large amount or number) כַּמּוּת גְּדוֹלָה, כַּמֻּיּוֹת נִכָּרוֹת

□ *she bought quantities of wine* (or *wine in quantity*) *for the party* הִיא קָנְתָה כַּמֻּיּוֹת גְּדוֹלוֹת שֶׁל יַיִן לִקְרַאת הַמְּסִבָּה

3 (*Math.*) כַּמּוּת

unknown quantity נֶעְלָם; (בְּהַשְׁאָלָה, לְגַבֵּי אָדָם וְכַד׳) ״נֶעְלָם״

4 (relative length of vowel sound) אֹרֶךְ (שֶׁל תְּנוּעָה, בְּפוֹנֶטִיקָה, בְּמֶטְרִיקָה וְכַד׳)

quantum /ˈkwɒntəm/ n. (*pl.* **quanta**) קְוַנְט, קְוַנְטוּם (מִדָּה קְבוּעָה קְטַנָּה בְּעִקָּר בְּפִיזִיקָה)

quantum jump (or **leap**) דִּלּוּג נַחְשׁוֹלִי, הִתְקַדְּמוּת מַהְפְּכָנִית

quantum mechanics (or **theory**) (*Phys.*) מֶכָנִיקַת הַקְוַנְטִים, תּוֹרַת הַקְוַנְטִים

quarantine /ˈkwɒrəntiːn/ n. & v.t. הֶסְגֵּר, בִּדּוּד (לִמְנִיעַת הִתְפַּשְּׁטוּת מַחֲלָה); הֵטִיל הֶסְגֵּר עַל־, שָׂם בְּהֶסְגֵּר

quark[1] /kwɑːk/ n. (*Phys.*) קְוַרְק (חֶלְקִיק תַּת־אֲטוֹמִי)

quark[2] /kwɑːk/ n. גְּבִינָה לְבָנָה (גֶּרְמָנִית)

quarrel /ˈkwɒrəl/ n. מְרִיבָה, רִיב, קְטָטָה

—v.i. הִתְקוֹטֵט, רָב

□ *I can't quarrel with that* אֲנִי מֻכְרָח לְהַסְכִּים

quarrelsome /ˈkwɒrəlsəm/ adj. (*derog.*) נוֹחַ לִכְעֹס, נִרְגָּן

quarry[1] /ˈkwɒrɪ/ n. (*formal*) הַנִּרְדָּף, הַנִּצּוֹד (אָדָם אוֹ בַּעַל חַיִּים)

quarry[2] /ˈkwɒrɪ/ n. מַחְצָבָה

—v.t. & i. חָצַב, כָּרָה

quarryman /ˈkwɒrɪmən/ n. פּוֹעֵל מַחְצָבָה, חוֹצֵב

quart /kwɔːt/ n. רֶבַע גַּלּוֹן (שְׁנֵי פַּיְנְטִים, כְּ־1.1 לִיטֶר)

□ *he's trying to put a quart into a pint pot* (*colloq.*) הוּא מְנַסֶּה לִקְפֹּץ מֵעַל הַפּוּפִּיק, הוּא מְנַסֶּה לַעֲשׂוֹת אֶת הַבִּלְתִּי אֶפְשָׁרִי

quarter /ˈkwɔːtə(r)/ n.

1 (fourth part) רֶבַע, רְבִיעִית, רְבִיעַ

quarter note (*US Mus.*) רֶבַע־תָּו

□ *the time is (a) quarter to six* הַשָּׁעָה רֶבַע לְשֵׁשׁ

2 (period of 3 months) רִבְעוֹן (שֶׁל הַשָּׁנָה)

quarter sessions מוֹשָׁב רֶבַע־שְׁנָתִי (שֶׁל בֵּית־דִּין מְקוֹמִי בַּעַל סַמְכוּת־שִׁפּוּט מֻגְבֶּלֶת)

3 (25 cent coin, *US*) רֶבַע־דּוֹלָר

4 (point of compass, direction) כִּוּוּן

□ *they came at us from all quarters* הֵם הִתְקַדְּמוּ לְעֶבְרֵנוּ מִכָּל עֵבֶר

5 (28 lb (*UK*) or (*US*) 25 lb) יְחִידַת מִשְׁקָל (בִּבְרִיטַנְיָה כְּ־12½ קִילוֹ, בְּאַרְהַ״ב כְּ־12 קִילוֹ)

6 (locality; district) אֵזוֹר; רֹבַע

□ *it's rumoured in official quarters that he's ready to resign* בְּחוּגִים רִשְׁמִיִּים נְפוֹצָה הַשְּׁמוּעָה, שֶׁהוּא מוּכָן לְהִתְפַּטֵּר

□ *we live in the Chinese quarter* אֲנַחְנוּ גָּרִים בָּרֹבַע הַסִּינִי

7 (in *pl.*, accommodation) מְגוּרִים, מְעוֹנוֹת

at close quarters בְּטוֹוָח קָצָר, בְּמֶרְחָק קָטָן

married quarters מְגוּרֵי־מִשְׁפָּחוֹת, מְגוּרִים לְזוּגוֹת

8 (mercy, *formal*) רַחֲמִים

□ *the bandits gave no quarter* הַשּׁוֹדְדִים לֹא גִּלּוּ רַחֲמִים

—v.t.

1 (divide into four) חִלֵּק לְאַרְבָּעָה חֲלָקִים, חִלֵּק לִרְבָעִים

2 (accommodate) אִכְסֵן, שִׁכֵּן (חַיָּלִים וְכַד׳)

quarterback /ˈkwɔːtəbæk/ n. (*US*) ״קְווֹרְטֶרְבֶּק״ (מֵעֵין רַכָּז מִשְׂחָק בְּפוּטְבּוֹל אֲמֶרִיקָאִי)

quarter-day /ˈkwɔːtə-deɪ/ n. הַיּוֹם הָרִאשׁוֹן שֶׁל רִבְעוֹן־הַשָּׁנָה הָרִשְׁמִי

quarterdeck /ˈkwɔːtədek/ n. סִפּוּן־אֲחֹרָה (בֵּין הַתֹּרֶן הָאֲחוֹרִי לַחַרְטוֹם)

quarter-final /ˌkwɔːtə-ˈfaɪn(ə)l/ n. תַּחֲרוּת רֶבַע־גְּמָר

quarter-light /ˈkwɔːtə-laɪt/ n. (*UK*) חַלּוֹן קָטָן מְשֻׁלָּשׁ בִּמְכוֹנִית

quarterly /ˈkwɔːtəlɪ/ adv. & adj. אַחַת לְרֶבַע־שָׁנָה; רֶבַע־שְׁנָתִי

—n. רִבְעוֹן

quartermaster /ˈkwɔːtəmɑːstə(r)/ n.

1 (army officer) קְצִין־אַפְסְנָאוּת (גְּדוּדִי)

2 (ship's officer) הַגַּאי

quarter-plate /ˈkwɔːtə-pleɪt/ n. לוּחַ־צִלּוּם (בְּגֹדֶל 8.3×108 ס״מ)

quarterstaff /ˈkwɔːtəstɑːf/ n. (*Hist.*) מוֹט אָרֹךְ (שִׁמֵּשׁ לְפָנִים כְּנֶשֶׁק בִּידֵי אִכָּרִים)

quartet /kwɔːˈtet/ n.

1 (*Mus.*) קְוַרְטֶט, רְבִיעִיָּה (שֶׁל נַגָּנִים/זַמָּרִים)

2 (group of four) רְבִיעִיָּה

quarto /ˈkwɔːtəʊ/ n. (*Printing*) קְוַרְטוֹ (תַּבְנִית וְגֹדֶל שֶׁל גִּלָּיוֹן נְיָר)

quartz /kwɔːts/ n. קְוַרְץ (גָּבִישׁ טִבְעִי)

quartz clock שְׁעוֹן־קְוַרְץ

quasar /ˈkweɪzɑː(r)/ n. (*Astron.*) ״קְוֵיזָר״ (גּוּף שְׁמֵימִי בָּהִיר שֶׁטִּבְעוֹ הַמְּדֻיָּק אֵינוֹ יָדוּעַ)

quash /kwɒʃ/ v.t. (*formal*) בִּטֵּל (פְּסַק־דִּין); דִּכֵּא (מֶרֶד)

□ *his conviction was quashed* בִּטְּלוּ אֶת הַהַרְשָׁעָה שֶׁלּוֹ

quasi- /ˈkweɪzaɪ-/ pref. ״קְוָזִי־״, (תְּחִלִּית שֶׁפֵּרוּשָׁהּ) כְּמוֹ־, כִּבְיָכוֹל

quatercentenary /ˌkwɒtəsenˈtiːnərɪ/ n. יוֹבֵל הָ־400

quatrain /ˈkwɒtreɪn/ n. שִׁיר/בַּיִת בֶּן אַרְבַּע שׁוּרוֹת

quaver /ˈkweɪvə(r)/ v.i. (קוֹל) רָטַט, רָעַד; דִּבֵּר בְּקוֹל רוֹעֵד

—n.
1 (trembling sound) קול רוטט, קול רועד; רַעַד (בְּדִבּוּר)
□ *there was a quaver in her voice* נִשְׁמַע רַעַד בְּקוֹלָהּ
2 (*Mus.*) שְׁמִינִית־תָּו
quay /kiː/ n. רָצִיף, מֵזַח
quayside /ˈkiːsaɪd/ n. אֵזוֹר הָרָצִיף, אֵזוֹר הַמֵּזַח
queasy /ˈkwiːzɪ/ adj. (*colloq.*) (תְּחוּשָׁה שֶׁל) בְּחִילָה; סְלִידָה (מִבִּצּוּעַ דְּבַר מָה וְכַד׳)
queen /kwiːn/ n.
1 (female monarch) מַלְכָּה
beauty queen מַלְכַּת־יֹפִי
(God Save) the Queen (*UK*) "אֱלֹהִים נְצֹר הַמַּלְכָּה" (הַהִמְנוֹן הַבְּרִיטִי)
queen bee מַלְכָּה (שֶׁל דְּבוֹרִים)
queen mother הַמַּלְכָּה הָאֵם
Queen's Counsel יוֹעֵץ הַמַּלְכָּה (תֹּאַר לְעוֹרֵךְ־דִּין רָם מַעֲלָה)
2 (*Chess*) מַלְכָּה
3 (*Cards*) מַלְכָּה
4 (male homosexual, *derog. sl.*) הוֹמוֹ (בִּטּוּי מַעֲלִיב, לָרֹב לְהוֹמוֹסֶקְסוּאָל מִזְדַּקֵּן)
—v.t.
1 (*Chess*) "עָשָׂה מַלְכָּה" (עַל יְדֵי כָּךְ שֶׁהִגִּיעַ עִם חַיָּל פָּשׁוּט לְצִדּוֹ הַשֵּׁנִי שֶׁל לוּחַ הַשַּׁחְמָט)
2 queen it (*colloq. derog.*) "שִׂחֲקָה אֶת הַמַּלְכָּה"
queenly /ˈkwiːnlɪ/ adj. כְּמוֹ מַלְכָּה, יָאֶה לְמַלְכָּה, מַלְכוּתִי
Queensberry Rules /ˌkwiːnzbərɪ ˈruːlz/ n. *pl.* כְּלָלֵי הָאִגְרוּף הָרִשְׁמִיִּים
queer /kwɪə(r)/ adj.
1 (odd, strange) מוּזָר, מְשֻׁנֶּה, תִּמְהוֹנִי
2 (slightly ill; giddy, *colloq.*) "לֹא טוֹב"
□ *she's feeling a bit queer* הִיא מַרְגִּישָׁה קְצָת לֹא טוֹב (חָשָׁה בְּחִילָה וְכַד׳)
3 (homosexual, *derog. sl.*) "מִתְרוֹמֵם" (בִּטּוּי מַעֲלִיב בְּיוֹתֵר)
4 (suspect) מְפֻקְפָּק
in Queer Street (*sl.*) שָׁקוּעַ בְּבֹץ כַּלְכָּלִי, שָׁקוּעַ בְּצָרוֹת כַּסְפִּיּוֹת
—n. (*derog. sl.*) "מִתְרוֹמֵם" (בִּטּוּי מַעֲלִיב בְּיוֹתֵר)
—v.t. קִלְקֵל, שִׁבֵּשׁ, שָׂם לְאַל
□ *his decision to resign rather queered my pitch* (*colloq.*) הַהַחְלָטָה שֶׁלּוֹ לְהִתְפַּטֵּר קִלְקְלָה לִי אֶת הַתָּכְנִיּוֹת
quell /kwel/ v.t. דִּכֵּא, הִדְבִּיר, הִכְנִיעַ
quench /kwentʃ/ v.t. כִּבָּה (אֵשׁ); רִוָּה (צִמָּאוֹן); צִנֵּן (בְּמַיִם קָרִים)
□ *he quenched his thirst* הוּא רִוָּה אֶת צִמְאוֹנוֹ
querulous /ˈkwerjʊləs/ adj. (*formal derog.*) מָלֵא טְרוּנְיוֹת, נִרְגָּן

query /ˈkwɪərɪ/ n.
1 (question) שְׁאֵלָה, קֻשְׁיָה
□ *he raised a query* הוּא הֶעֱלָה שְׁאֵלָה, הוּא עוֹרֵר סָפֵק (בְּיַחַס לְ־)
2 (question mark) סִימַן־שְׁאֵלָה
—v.t. הִצִּיג שְׁאֵלָה לְגַבֵּי, שָׁאַל, הֵטִיל סָפֵק בְּ...
quest /kwest/ n. (*formal*) חִפּוּשׂ, מַסָּע בְּעִקְבוֹת (דְּבַר מָה)
□ *she went off in quest of butter* הִיא יָצְאָה לְחִפּוּשׂ אַחַר חֶמְאָה
question /ˈkwestʃən/ n.
1 (interrogatory remark) שְׁאֵלָה
question time (*UK Polit.*) שְׁעַת שְׁאִלְתּוֹת, שְׁעַת שְׁאֵלוֹת וּתְשׁוּבוֹת (בַּפַּרְלָמֶנְט, לְרֹאשׁ הַמֶּמְשָׁלָה)
2 (doubt) סָפֵק, פִּקְפּוּק
beyond all question לְמַעְלָה מִכָּל סָפֵק, בְּלִי כָּל סָפֵק
□ *his honesty is open to question* הַיֹּשֶׁר שֶׁלּוֹ מֻטָּל בְּסָפֵק
3 (problem, matter etc. under discussion) (הָעִנְיָן) הַנִּדּוֹן, הַשְּׁאֵלָה
beg the question הִנִּיחַ מֵרֹאשׁ אֶת הַתְּשׁוּבָה לַשְּׁאֵלָה, הִנִּיחַ דָּבָר לִפְנֵי שֶׁהוּכַח
out of the question לֹא בָּא בְּחֶשְׁבּוֹן
□ *it's only a question of time before we catch him* זוֹ רַק שְׁאֵלָה שֶׁל זְמַן עַד שֶׁנִּתְפֹּס אוֹתוֹ
□ *it's not a question of her being lazy* הָעִנְיָן הוּא לֹא בְּכָךְ שֶׁהִיא עַצְלָה
□ *there's no question of letting him borrow my car* לֹא בָּא בְּחֶשְׁבּוֹן שֶׁהוּא יִשְׁאַל אֶת הַמְּכוֹנִית שֶׁלִּי
□ *the person in question is Michael* הָאִישׁ שֶׁבּוֹ מְדֻבָּר הוּא מִיכָאֵל
—v.t.
1 (ask a person questions) חָקַר, הִצִּיג שְׁאֵלוֹת לְ...
2 (throw doubt on) הֵטִיל סָפֵק בְּ..., פִּקְפֵּק בְּ...
questionable /ˈkwestʃənəb(ə)l/ adj. מֻטָּל בְּסָפֵק, מְפֻקְפָּק
question-mark /ˈkwestʃən-mɑːk/ n. סִימַן־שְׁאֵלָה
question-master /ˈkwestʃən-ˌmɑːstə(r)/ n. מַנְחֶה (שֶׁל חִידוֹן)
questionnaire /ˌkwestʃəˈneə(r)/ n. שְׁאֵלוֹן
queue /kjuː/ n.
1 (line in which to wait) תּוֹר
□ *he jumped the queue* הוּא נִדְחַק לְרֹאשׁ הַתּוֹר, הוּא לֹא עָמַד בַּתּוֹר
2 (plait of hair, pigtail) צַמָּה, "זְנַב־סוּס"
—v.i. עָמַד בַּתּוֹר, הִתְיַצֵּב בַּתּוֹר
□ *they queued (up) for tickets* הֵם עָמְדוּ בַּתּוֹר לְכַרְטִיסִים, הֵם יָצְרוּ תּוֹר לְכַרְטִיסִים
quibble /ˈkwɪb(ə)l/ n. & v.i. (*derog.*) דִּקְדּוּקֵי עֲנִיּוֹת, הִתְפַּלְפְּלוּת; דִּקְדֵּק דִּקְדּוּקֵי עֲנִיּוֹת, הִתְפַּלְפֵּל
quiche /kiːʃ/ n. "קִישׁ", חֲמִיטָה

quick /kwɪk/ adj.
1 (rapid; lively, intelligent) מָהִיר, זָרִיז; עֵרָנִי, מְמֻלָּח
□ *be quick or you'll miss the train* תְּמַהֵר, אַחֶרֶת תְּאַחֵר אֶת הָרַכֶּבֶת
□ *she has a quick ear* יֵשׁ לָהּ אֹזֶן חַדָּה
□ *have you time for a quick one?* (*colloq.*) יֵשׁ לְךָ דַּקָּה לִשְׁתּוֹת אִתִּי כּוֹסִית?
quick march (*Mil.*) צְעִידָה מְהִירָה
2 (alive, *arch.*) חַי
the quick and the dead (*Bibl.*) הַחַיִּים וְהַמֵּתִים
—adv. מַהֵר
—n. בָּשָׂר/עוֹר סְבִיב הַצִּפָּרְנַיִם
□ *he was stung* (or *cut*) *to the quick by her remarks* הוּא נִפְגַּע קָשׁוֹת מֵהֶעָרוֹתֶיהָ, הוּא נֶעֱלַב עַד עֹמֶק לִבּוֹ מֵהֶעָרוֹתֶיהָ

quicken /ˈkwɪkən/ v.t. & i.
1 (make or become faster) הֵאִיץ, זֵרֵז, הֵחִישׁ; נַעֲשָׂה מָהִיר יוֹתֵר
2 (start to show signs of life, *poet.*) הֵחֵל לְהַפְגִּין סִימָנֵי חַיִּים
□ *the child quickened in her womb* הִיא חָשָׁה לָרִאשׁוֹנָה בִּתְנוּעוֹת הַוָּלָד שֶׁבְּרַחְמָהּ

quick-fire /ˈkwɪk-ˈfaɪə(r)/ adj. בְּקֶצֶב מָהִיר, בְּקֶצֶב רַצְחָנִי (שְׁאֵלוֹת וְכַד׳)

quickie /ˈkwɪkɪ/ n. (*colloq.*) (דָּבָר) "אֶחָד מָהִיר"

quicklime /ˈkwɪklaɪm/ n. סִיד (טִבְעִי)

quickly /ˈkwɪklɪ/ adv. & int. מַהֵר, בִּמְהִירוּת, מַהֵר!

quicksand /ˈkwɪksænd/ n. חוֹל טוֹבְעָנִי

quicksilver /ˈkwɪksɪlvə(r)/ n. (*arch.*) כַּסְפִּית

quickstep /ˈkwɪkstep/ n. קְוִיקְסְטֶפּ (רִקּוּד סָלוֹנִי מְהִיר קֶצֶב)

quick-tempered /ˌkwɪk-ˈtempəd/ adj. נוֹחַ לִכְעֹס, מְהִיר-חֵמָה

quick-witted /ˌkwɪk-ˈwɪtɪd/ adj. חֲרִיף-שֵׂכֶל, מְמֻלָּח, שָׁנוּן, מְהִיר-מַחֲשָׁבָה

quid[1] /kwɪd/ n. (*UK sl.*) לִירָה שְׁטֶרְלִינְג
quids in (הִרְוִיחַ) הוֹן-תּוֹעָפוֹת

quid[2] /kwɪd/ n. גּוּשׁ טַבָּק (לָעוּס)

quid pro quo /ˌkwɪd prəʊ ˈkwəʊ/ n. דָּבָר תְּמוּרַת דָּבָר

quiescence /kwɪˈes(ə)nt/ n. (*formal*) שַׁלְוָה, דְּמָמָה, דּוּמִיָּה (לָרֹב חוֹלֶפֶת)

quiescent /kwɪˈes(ə)nt/ adj. (*formal*) שָׁלֵו, דּוֹמֵם (לָרֹב בְּאֹפֶן זְמַנִּי בִּלְבַד)

quiet /ˈkwaɪət/ adj.
1 (with little or no sound or motion; not obvious or vigorous) דּוֹמֵם, שָׁקֵט
be quiet! תִּהְיֶה בְּשֶׁקֶט! שְׁתֹק!
on the quiet (*colloq.*) בַּסֵּתֶר, בְּסוֹד, בַּחֲשַׁאי
□ *he kept quiet about it* (or *kept it quiet*) הוּא שָׁמַר זֹאת בְּסוֹד, הוּא לֹא דִּבֵּר עַל זֶה
□ *I was enjoying a quiet drink in my room* יָשַׁבְתִּי לִי בְּשֶׁקֶט בַּחֶדֶר וְשָׁתִיתִי כּוֹסִית
□ *anything for a quiet life!* הַכֹּל וּבִלְבַד שֶׁיִּהְיֶה לָנוּ קְצָת שֶׁקֶט!
2 (gentle, tranquil, subdued, not bright) שָׁקֵט, (אוֹר) עָמוּם, (קוֹל) חֲרִישִׁי
—n. שֶׁקֶט, דְּמָמָה, רְגִיעָה
—v.t. & i. הִשְׁתִּיק, הִשְׁקִיט, הִרְגִּיעַ; הִשְׁתַּתֵּק, נִרְגַּע

quieten /ˈkwaɪət(ə)n/ v.t. & i. הִשְׁתִּיק, הִשְׁקִיט; שִׁכֵּךְ; הִשְׁתַּתֵּק
□ *the children soon quietened down* תּוֹךְ זְמַן קָצָר הַיְלָדִים הִשְׁתַּתְּקוּ

quietism /ˈkwaɪɪtɪzəm/ n. שַׁתְקָנוּת (כְּחֵלֶק מֵאֱמוּנָה דָּתִית); קַבָּלַת הַדְּבָרִים בְּדוּמִיָּה

quietist /ˈkwaɪɪtɪst/ n. שַׁתְקָן (כַּנַּ״ל)

quietude /ˈkwaɪɪtjuːd/ n. (*formal*) מַרְגּוֹעַ, דּוּמִיָּה, שַׁלְוָה

quietus /ˌkwaɪˈiːtəs/ n. (*poet.*) דְּעִיכָה, מִיתָה; הֲבָאָה (שֶׁל דְּבַר מָה) לִכְלַל סִיּוּם

quiff /kwɪf/ n. (*UK*) בְּלוֹרִית

quill /kwɪl/ n.
1 (part of feather; item made from this) נוֹצָה; עֵט נוֹצָה, קֻלְמוֹס
quill pen (*Hist.*) עֵט נוֹצָה, קֻלְמוֹס
2 (spine of porcupine) דָּרְבּוֹן

quilt /kwɪlt/ n. שְׂמִיכַת פּוּךְ, כֶּסֶת
—v.t. תָּפַר (שְׂמִיכָה וְכַד׳) עִם רִפּוּד (רַךְ וְעָבֶה)

quin /kwɪn/ n. (*UK colloq.*) אֶחָד מֵחֲמִישִׁיַּת יְלוּדִים

quince /kwɪns/ n. חַבּוּשׁ (הָעֵץ וְהַפְּרִי)

quincentenary /ˌkwɪnsenˈtiːnərɪ/ n. יוֹבֵל הַ־500

quinine /kwɪˈniːn/ n. כִּינִין (תְּרוּפָה נֶגֶד מָלַרְיָה)

quinquennial /kwɪŋˈkwenɪəl/ adj. חֲמֵשׁ-שְׁנָתִי, נִמְשָׁךְ חָמֵשׁ שָׁנִים; חָל אַחַת לְחָמֵשׁ שָׁנִים

quinsy /ˈkwɪnzɪ/ n. (*Med.*) דַּלֶּקֶת שְׁקֵדִים קָשָׁה

quintal /ˈkwɪnt(ə)l/ n. קְוִינְטַל (יְחִידַת-מִשְׁקָל: 100 ק״ג)

quintessence /kwɪnˈtes(ə)ns/ n. (*formal*) עִקָּר, תַּמְצִית, עֶצֶם; הִתְגַּלְּמוּת
□ *she's the quintessence of elegance* הִיא הָאֶלֶגַנְטִיּוּת בְּהִתְגַּלְּמוּתָהּ

quintessential /ˌkwɪntɪˈsenʃ(ə)l/ adj. (*formal*) תַּמְצִיתִי, מַהוּתִי, (דָּבָר) בְּהִתְגַּלְּמוּתוֹ

quintet /kwɪnˈtet/ n.
1 (*Mus.*) קְוִינְטֶט, חֲמִישִׁיָּה (שֶׁל נַגָּנִים/זַמָּרִים)
2 (group of five) חֲמִישִׁיָּה

quintuple /ˈkwɪntjʊp(ə)l/ adj., v.i. & n.

quintuplet /ˈkwɪnˈtjuːplɪt/ n. אֶחָד מֵחֲמִישִׁיַּת יְלוּדִים

quip /kwɪp/ n. & v.i. הֶעָרָה שְׁנוּנָה, "עֲקִיצָה"; הִשְׁמִיעַ הֶעָרָה שְׁנוּנָה, "עָקַץ"

quire /ˈkwaɪə(r)/ n. 24 גִּלְיוֹנוֹת נְיָר

quirk /kwɜːk/ n. קַפְּרִיזָה, "שִׁגָּעוֹן"; תּוֹפָעָה מוּזָרָה, צֵרוּף מִקְרִים (מוּזָר)
□ *one of his quirks is sleeping with his socks on* אֶחָד מִשִּׁגְעוֹנוֹתָיו הוּא לִישֹׁן בְּגַרְבַּיִם

quisling /ˈkwɪzlɪŋ/ n. (*derog.*) "קְוִיזְלִינְג", בּוֹגֵד, מְשַׁתֵּף פְּעֻלָּה עִם הַכּוֹבֵשׁ

quit /kwɪt/ (past & past ppl.) **quit** or **quitted** /kwɪt or ˈkwɪtɪd/) v.t. & i.
1 (leave, resign) עָזַב, נָטַשׁ; הִתְפַּטֵּר
□ *his landlady gave him notice to quit* בַּעֲלַת־הַבַּיִת שֶׁלּוֹ הוֹדִיעָה לוֹ לְפַנּוֹת אֶת הַדִּירָה
2 (stop; give up) הִפְסִיק, חָדַל מ...; וִתֵּר עַל
—pred. adj פָּטוּר מ..., מְשֻׁחְרָר מ...
□ *she was well quit of him* הִיא שְׂמֵחָה לְהִפָּטֵר מִמֶּנּוּ

quite /kwaɪt/ adv.
1 (entirely; completely) לְגַמְרֵי, כָּלִיל, לַחֲלוּטִין
quite! (int.) נָכוֹן! בְּהֶחְלֵט! בְּדִיּוּק!
quite right! נָכוֹן בְּהֶחְלֵט!
quite so! מַמָּשׁ כָּךְ!
□ *it's quite another thing to kill civilians* זֶה עִנְיָן אַחֵר לְגַמְרֵי לַהֲרֹג אֶזְרָחִים
□ *she's quite as competent as you* הִיא מֻכְשֶׁרֶת מַמָּשׁ כָּמוֹךָ
□ *he was quite dead* הוּא הָיָה מֵת לְגַמְרֵי
□ *the meal was quite excellent* הָאֲרוּחָה הָיְתָה יוֹצֵאת מִן הַכְּלָל
□ *I haven't quite finished* עוֹד לֹא מַמָּשׁ גָּמַרְתִּי
2 (to a certain extent; to a considerable extent) בְּמִדָּה מְסֻיֶּמֶת; בְּמִדָּה נִכֶּרֶת
quite a few (*colloq.*) לֹא מְעַט
□ *I have quite a bit* (or *lot*) *of time* יֵשׁ לִי לֹא מְעַט זְמַן, יֵשׁ לִי זְמַן רַב לְמַדַּי
□ *you're quite a bit* (or *lot*) *bigger* אַתָּה הַרְבֵּה יוֹתֵר גָּדוֹל
□ *I'll be quite a while, I'm afraid* אֲנִי חוֹשֵׁשׁ שֶׁזֶּה יִקַּח לִי קְצָת זְמַן/זְמַן מָה
□ *she's quite a beauty* הִיא מַמָּשׁ יְפֵהפִיָּה
□ *I go quite often* אֲנִי הוֹלֵךְ לְעִתִּים תְּכוּפוֹת לְמַדַּי
□ *it's quite something to be asked to sing such a part* זֶה מַשֶּׁהוּ לֹא רָגִיל כְּשֶׁמְּבַקְשִׁים מִמְּךָ לָשִׁיר תַּפְקִיד כָּזֶה

quits /kwɪts/ pred. adj. (*colloq.*) תֵּיקוּ, בְּמַצָּב שֶׁל שִׁוְיוֹן
double or quits (הִמּוּר) כָּפוּל אוֹ לֹא כְּלוּם
□ *let's call it quits* בּוֹא נַפְסִיק כָּאן; בּוֹא נִסְגֹּר עִנְיָן

quittance /ˈkwɪt(ə)ns/ n. (*arch.* or *Law*) פְּטוֹר, שִׁחְרוּר; תְּעוּדַת פְּטוֹר

quitter /ˈkwɪtə(r)/ n. (*colloq. derog.*) נוֹטֵשׁ בְּקַלּוּת (אֶת עֲבוֹדָתוֹ, תַּפְקִידוֹ)

quiver[1] /ˈkwɪvə(r)/ v.i. & n. רָעַד, רָטַט; רַעַד, רֶטֶט
□ *she was quivering with rage* הִיא רָעֲדָה כֻּלָּהּ מֵחֵמָה

quiver[2] /kwɪvə(r)/ n. אַשְׁפַּת־חִצִּים

qui vive /ˌkiː ˈviːv/ n.
on the qui vive (*colloq.*) "בִּכוֹנְנוּת"

quixotic /kwɪkˈsɒtɪk/ adj. דוֹן־קִישׁוֹטִי, "לוֹחֵם בְּטַחֲנוֹת־רוּחַ"

quiz /kwɪz/ n. (*pl.* **quizzes**) בֹּחַן, חִידוֹן
—v.t. בָּחַן, הִצִּיג שְׁאֵלוֹת לְ...

quiz-master /ˈkwɪz-mɑːstə(r) n. מַנְחֶה (שֶׁל חִידוֹן)

quizzical /ˈkwɪzɪk(əl)l/ adj. מֵרִים גַּבָּה (בִּתְמִהוֹן אוֹ בְּלִגְלוּג), מְשַׁעֲשֵׁעַ

quoit /kɔɪt/ n. טַבַּעַת (בְּמִשְׂחַק טַבָּעוֹת הַנִּזְרָקוֹת עַל יְתֵדוֹת); מִשְׂחַק טַבָּעוֹת

quondam /ˈkwɒndæm/ adj. (*formal*) לְשֶׁעָבַר, לְפָנִים, מִקֹּדֶם, מִי שֶׁהָיָה

quorate /ˈkwɔːreɪt/ adj. (אֲסֵפָה, כִּנּוּס, מוֹשָׁב) בַּעַל קְוֹורוּם

quorum /ˈkwɔːrəm/ n. קְוֹורוּם, מִנְיָן (מִינִימָלִי)

quota /ˈkwəʊtə/ n. מִכְסָה

quotation /kwəʊˈteɪʃ(ə)n/ n.
1 (citing; passage cited) צִטּוּט, הֲבָאַת מוּבָאָה; צִיטָטָה, מוּבָאָה, צִטּוּט
quotation marks מֵרְכָאוֹת
2 (statement or estimate of price) הַעֲרָכַת מְחִיר, הַצָּעַת מְחִיר

quote /kwəʊt/ v.t.
1 (refer to, cite) צִטֵּט, הֵבִיא מוּבָאָה
□ *she's often quoting ((passages) from) Karl Marx* הִיא מְצַטֶּטֶת אֶת קַרְל מַרְקְס לְעִתִּים קְרוֹבוֹת
□ *is he, quote, safe, unquote?* הַאִם הוּא פְּתַח מֵרְכָאוֹת, בְּסֵדֶר, סְגֹר מֵרְכָאוֹת?
2 (give as example) הֵבִיא בְּתוֹר דֻּגְמָה
3 (state or estimate value etc.) נָתַן הַעֲרָכַת מְחִיר, נָתַן הַצָּעַת מְחִיר
□ *he quoted a price for the job* הוּא נָתַן לִי הַעֲרָכַת מְחִיר לְבִצּוּעַ הָעֲבוֹדָה
□ *the shares are quoted at £5.00* הָעֵרֶךְ הַנָּקוּב שֶׁל הַמְּנָיוֹת הוּא 5 לִי"שְׁט
—n.
1 (quotation, *colloq.*) צִיטָטָה, מוּבָאָה, צִטּוּט
2 (in *pl.*, quotation marks) מֵרְכָאוֹת
3 (quoted price) הַצָּעַת מְחִיר

quoth /kwəʊθ/ v.t. (*arch.*) אָמַר

quotidian /kwɒˈtɪdɪən/ adj. (*formal*) יוֹם־יוֹמִי

quotient /ˈkwəʊʃ(ə)nt/ n. (*Math.*) מָנָה (תּוֹצָאָה שֶׁל פְּעֻלַּת חִלּוּק)

q.v. abbrev. ע"ש (עַיֵּן שָׁם), ע"ע (עַיֵּן עֵרֶךְ)

qwerty /ˈkwɜːtɪ/ adj. (לוּחַ מַקָּשִׁים) בַּעַל סֵדֶר אוֹתִיּוֹת מְקֻבָּל לִכְתִיבָה בַּשָּׂפָה הָאַנְגְּלִית (לְהַבְדִּיל מִלּוּחַ מַקָּשִׁים צָרְפָתִי, גֶּרְמָנִי וְכַד')

R r

R, r /ɑː(r)/ n. "אָר", (הָאוֹת הַשְּׁמוֹנֶה-עֶשְׂרֵה בָּאָלֶף-בֵּית הָאַנְגְּלִי)

the three R's (reading, (w)riting and (a)rithmetic) קְרִיאָה, כְּתִיבָה וְחֶשְׁבּוֹן (שְׁלֹשֶׁת מִקְצוֹעוֹת הַיְסוֹד בְּבֵית-הַסֵּפֶר הָעֲמָמִי)

rabbi /ˈræbaɪ/ n. רַבִּי, רַב

rabbinical /rəˈbɪnɪk(ə)l/ adj. רַבָּנִי

rabbit /ˈræbɪt/ n.

1 (rodent) אַרְנָבוֹן, שָׁפָן, אַרְנָב ("אַרְנָבוֹן" עַל-פִּי הַמַּגְדִּיר, "שָׁפָן" וְ"אַרְנָב": שֵׁמוֹת חִלּוּפִיִּים נְפוֹצִים)

2 (meat or fur of above) בְּשַׂר שָׁפָן; פַּרְוַת שָׁפָן

3 (poor performer, *UK colloq.*) לֹא יִצְלַח (בְּעִקָּר בִּסְפּוֹרְט)

—v.i.

1 (hunt rabbits) צָד שְׁפַנִּים

2. (talk excessively, *UK colloq.*) דִּבֵּר בְּלִי סוֹף

rabbit-hutch /ˈræbɪt-hʌtʃ/ n. שְׁפַנִּיָּה, כְּלוּב לִשְׁפַנִּים, דִּיר אַרְנָבוֹת

rabbit-punch /ˈræbɪt-pʌntʃ/ n. מַהֲלוּמַת קָרָטֶה עַל הָעֹרֶף

rabbit-warren /ˈræbɪt-ˌwɒrən/ n. מַעֲרֶכֶת מְחִלּוֹת שְׁפַנִּים (בַּטֶּבַע)

□ *the old town was a rabbit-warren of narrow streets* חֶלְקָהּ הַיָּשָׁן שֶׁל הָעִיר הָיָה מָבוֹךְ שֶׁל סִמְטָאוֹת צָרוֹת

rabble /ˈræb(ə)l/ n. (*derog.*) אֲסַפְסוּף, הָמוֹן פָּרוּעַ

rabble-rouser /ˈræb(ə)l-ˌraʊzə(r)/ n. (*derog.*) מֵסִית אֲסַפְסוּף

rabble-rousing /ˈræb(ə)l-ˌraʊzɪŋ/ adj. מֵסִית אֶת הֶהָמוֹן, מְלַבֶּה יְצָרִים

Rabelaisian /ˌræbəˈleɪzɪən/ adj. רַבֶּלְזִי, בְּסִגְנוֹן גַּס, פָּרוּעַ וּמְלַבֵּב

rabid /ˈræbɪd/ adj.

1 (fanatical, *derog.*) קַנַּאי, בַּעַל דְּבֵקוּת עִוֶּרֶת

2 (affected with rabies) נָגוּעַ בְּכַלֶּבֶת

rabies /ˈreɪbiːz/ n. כַּלֶּבֶת

raccoon /rəˈkuːn/ see **RACOON** רָקוּן (מְכַרְסֵם צְפוֹן אֲמֶרִיקָאִי קָטָן בַּעַל זָנָב מְהֻדָּר); פַּרְוַת רָקוּן

race[1] /reɪs/ n.

1 (contest) מֵרוֹץ, תַּחֲרוּת

the Boat Race (*UK*) תַּחֲרוּת הַסִּירוֹת הַשְּׁנָתִית בֵּין אוֹקְסְפוֹרְד וְקֵימְבְּרִידְג' (עַל נְהַר הַתֶּמְזָה)

race meeting תַּחֲרוּת סוּסִים

□ *it will be a race against time* (*fig.*) זֶה יִהְיֶה מֵרוֹץ נֶגֶד הַזְּמַן

□ *we enjoyed our day at the races* בִּלִּינוּ יוֹם מְהַנֶּה בְּמֵרוֹצֵי הַסּוּסִים

2 (current; channel) זֶרֶם (חָזָק וּמָהִיר)

mill race זֶרֶם/תְּעָלָה הַמְּנִיעִים גַּלְגַּל שֶׁל תַּחֲנַת מַיִם

—v.t. & i. הִתְחָרָה בְּמֵרוֹצִים שֶׁל (סוּסִים, מְכוֹנִיּוֹת וְכַד'), בְּתוֹר רוֹכֵב, נֶהָג, בְּעָלִים וְכַד'); הִתְחָרָה בִּמְהִירוּת עִם; הִשְׁתַּתֵּף בְּמֵרוֹץ

□ *he raced the engine of the car* הוּא הֵרִיץ אֶת מְנוֹעַ הַמְּכוֹנִית (בְּשָׁעָה שֶׁהַמְּכוֹנִית עָמְדָה)

□ *I'll race you to the corner* אֲנִי אֶעֱשֶׂה אִתְּךָ תַּחֲרוּת עַד לַפִּנָּה

□ *the boy raced through his dinner* הַיֶּלֶד אָכַל בְּחִפָּזוֹן אֶת הָאֲרוּחָה שֶׁלּוֹ

race[2] /reɪs/ n. גֶּזַע; עַם

the human race הַמִּין הָאֱנוֹשִׁי, הַגֶּזַע הָאֱנוֹשִׁי

race relations יַחֲסֵי גֶּזַע, יְחָסִים בֵּין-גִּזְעִיִּים

race riot מְהוּמוֹת בֵּין-גִּזְעִיּוֹת

racecourse /ˈreɪskɔːs/ n. מַסְלוּל-מֵרוֹצִים

racehorse /ˈreɪshɔːs/ n. סוּס-מֵרוֹץ

racer /ˈreɪsə(r)/ n. סוּס/כֶּלֶב/מְכוֹנִית מֵרוֹץ

racetrack /ˈreɪstræk/ n. מַסְלוּל-מֵרוֹצִים

racial /ˈreɪʃ(ə)l/ adj. גִּזְעִי

racial discrimination הַפְלָיָה גִּזְעִית

racialism /ˈreɪʃəlɪzəm/ n. גִּזְעָנוּת

racialist /ˈreɪʃəlɪst/ n. & adj. גִּזְעָן; גִּזְעָנִי

racing /ˈreɪsɪŋ/ n. & adj. מֵרוֹצִים; שֶׁל מֵרוֹץ, שֶׁל מֵרוֹצִים

racing-car /ˈreɪsɪŋ-kɑː(r)/ n. מְכוֹנִית-מֵרוֹץ

racism /ˈreɪsɪzəm/ n. גִּזְעָנוּת

racist /ˈreɪsɪst/ n. & adj. גִּזְעָן; גִּזְעָנִי

rack[1] /ræk/ n.

1 (slotted holder, shelf) מַדָּף, כַּן

hat rack מַדָּף לְכוֹבָעִים, מִתְלֶה לְכוֹבָעִים

luggage rack מַדָּף עִלִּי לִמְזְוָדוֹת (בְּאוֹטוֹבּוּס, בְּרַכֶּבֶת וְכַד')

plate rack מַדָּף לְצַלָּחוֹת (לְיַד הַכִּיּוֹר)

roof rack כַּן לִמְזְוָדוֹת (עַל גַּג מְכוֹנִית וְכַד'), "גַּג" לִמְזְוָדוֹת

2 (instrument of torture, *Hist.*) סַד מְתִיחָה (מִתְקַן עִנּוּיִים)

3 (cogged bar or rail) מוֹט מְשֻׁנָּן, פַּס מְשֻׁנָּן (מֻתְאָמִים לְגַלְגַּל-שִׁנַּיִם)

—v.t.

1 (forment; shake violently) עִנָּה, יִסֵּר; טִלְטֵל בְּעֹז

□ *he racked his brains for the answer* הוּא הוֹגִיעַ אֶת מֹחוֹ בְּנִסָּיוֹן לִמְצֹא פִּתְרוֹן

□ *she was racked with pain* הִיא הִתְיַסְּרָה בִּכְאֵבִים

2 rack up (amass) צָבַר (נְקֻדּוֹת בְּתַחֲרוּת וְכַד׳)

rack² /ræk/ n. נֵתַח הַצְּלָעוֹת הַקִּדְמִיּוֹת שֶׁל בְּשַׂר כֶּבֶשׂ

rack and ruin /ˌræk ənd ˈruːɪn/ n. הֶרֶס וְחֻרְבָּן

racket¹ /ˈrækɪt/ n. (also **racquet**) מַחְבֵּט, רַקֶּטָה

racket² /ˈrækɪt/ n. (*colloq.*)

1 (excitement, din) הֲמֻלָּה, מְהוּמָה, הִתְרוֹצְצוּת

2 (scheme for making money dishonestly, *sl.*) "עֲסָקִים" (לֹא חֻקִּיִּים)

3 (game, line of business) "עֵסֶק"

□ *he left the psychology racket* הוּא יָצָא מֵעִסְקֵי הַפְּסִיכוֹלוֹגְיָה

—v.i. הִשְׁמִיעַ רַעַשׁ אַדִּיר, עָשָׂה רַעַשׁ

racketeer /ˌrækəˈtɪə(r)/ n. (*derog.*) נוֹכֵל

rackets /ˈrækɪts/ n. *pl.* מִשְׂחַק רַקֶּטוֹת (בְּמִגְרָשׁ סָגוּר)

raconteur /ˌrækɒnˈtɜː(r)/ n. מְסַפֵּר סִפּוּרִים (בְּעִקָּר זִכְרוֹנוֹת וְצִ׳יזְבָּטִים)

racoon /rəˈkuːn/ n. (also **raccoon**) רָקוּן (מְכַרְסֵם צְפוֹן אֲמֶרִיקָאִי בַּעַל זָנָב מְהֻדָּר); פַּרְוַת רָקוּן

racquet /ˈrækɪt/ see **RACKET¹** מַחְבֵּט, רַקֶּטָה

racy /ˈreɪsɪ/ adj. מָלֵא־חַיִּים, נִמְרָץ; "עֲסִיסִי" (סִפּוּר וְכַד׳)

radar /ˈreɪdɑː(r)/ n. מַכָּ"ם, רָדָאר

radar trap רָדָאר מִשְׁטַרְתִּי, מַלְכֹּדֶת מְהִירוּת בַּכְּבִישׁ (עִם רָדָאר מְהִירוּת)

raddled /ˈræd(ə)ld/ adj. בָּלֶה, "סָחוּט" (בְּעִקָּר מַרְאֶה שֶׁל אָדָם)

radial /ˈreɪdɪəl/ adj. רַדְיָאלִי (בַּעַל קַוִּים הַיּוֹצְאִים מִן הַמֶּרְכָּז)

radial engine מָנוֹעַ רַדְיָאלִי

radial (tyre) צְמִיג רַדְיָאלִי

radiance /ˈreɪdɪəns/ n. קְרִינָה, זֹהַר, נֹגַהּ; קְרִינָה (עַל פְּנֵי אָדָם)

radiant /ˈreɪdɪənt/ adj.

1 (emitting rays) קוֹרֵן, זוֹהֵר

radiant heat קְרִינַת חֹם אִינְפְרָה אֲדֻמָּה

2 (dazzling; filled with joy) קוֹרֵן, זוֹהֵר

radiate /ˈreɪdɪeɪt/ v.t. & i. הִקְרִין, קָרַן, הֵפִיץ; קָרַן, נִפְרַשׂ

□ *happiness radiated from her eyes* הָאֹשֶׁר קָרַן מֵעֵינֶיהָ

□ *the avenues radiate from the Arc de Triomphe* הַשְּׂדֵרוֹת מִסְתָּעֲפוֹת מִשַּׁעַר הַנִּצָּחוֹן

radiation /ˌreɪdɪˈeɪʃ(ə)n/ n. הַקְרָנָה; קְרִינָה; קְרִינָה רַדְיוֹאַקְטִיבִית

radiation sickness מַחֲלַת הַקְּרִינָה (כְּתוֹצָאָה מֵחֲשִׂיפָה לִקְרִינָה רַדְיוֹאַקְטִיבִית)

radiator /ˈreɪdɪeɪtə(r)/ n.

1 (heating appliance) רַדְיָאטוֹר, מַקְרֵן

2 (cooling device in engine) רַדְיָאטוֹר, מַקְרֵן

radical /ˈrædɪk(ə)l/ adj.

1 (basic) יְסוֹדִי, בְּסִיסִי, שָׁרְשִׁי

2 (*Polit.*) רָדִיקָלִי, קִיצוֹנִי

3 (of a root) שָׁרְשִׁי, שֶׁל שֹׁרֶשׁ

—n.

1 (*Polit.*) קִיצוֹנִי

2 (*Chem.*) רָדִיקָל

3 (*Math.*) רָדִיקָל (בִּטּוּי מָתֵמָטִי הַמֵּכִיל סִימַן שֹׁרֶשׁ רִבּוּעִי)

radicalism /ˈrædɪkəlɪzəm/ n. רָדִיקָלִיּוּת, קִיצוֹנִיּוּת (בְּהַשְׁקָפָה פּוֹלִיטִית)

radically /ˈrædɪk(ə)lɪ/ adv. בִּיסוֹדִיּוּת, בְּאֹרַח יְסוֹדִי, מִן הַשֹּׁרֶשׁ, בְּאֹפֶן רָדִיקָלִי

radicchios /rəˈdiːkɪəʊ/ n. (*pl.* **radicchios**) רָדִיצִ׳יוֹ (סוּג חַסָּה אֲדֻמָּה)

radices *pl.* of **radix**

radii /ˈreɪdɪaɪ/ *pl.* of **radius**

radio /ˈreɪdɪəʊ/ n.

1 (form of communication) תִּקְשֹׁרֶת אַלְחוּט, תִּקְשֹׁרֶת רַדְיוֹ

radio astronomy רַדְיוֹ־אַסְטְרוֹנוֹמְיָה

radio ham אַלְחוּטַאי חוֹבֵב

radio telescope רַדְיוֹ־טֶלֶסְקוֹפּ

2 (apparatus) מַכְשִׁיר רַדְיוֹ (מַקְלֵט/מַשְׁדֵּר)

3 (broadcasting) רַדְיוֹ, שִׁדּוּרֵי רַדְיוֹ

—v.t. & i. שִׁדֵּר בְּאַלְחוּט

radio- /ˈreɪdɪəʊ-/ pref. רַדְיוֹ־

radioactive /ˌreɪdɪəʊˈæktɪv/ adj. רַדְיוֹאַקְטִיבִי

radioactivity /ˌreɪdɪəʊækˈtɪvɪtɪ/ n. רַדְיוֹאַקְטִיבִיּוּת

radiocarbon dating /ˌreɪdɪəʊ ˌkɑːbən ˈdeɪtɪŋ/ n. קְבִיעַת גִּיל (שֶׁל מִמְצָא אַרְכֵיאוֹלוֹגִי) בְּעֶזְרַת פַּחְמָן־14

radiogram /ˈreɪdɪəʊgræm/ n.

1 (wireless telegram) מִבְרָק אַלְחוּטִי, רַדְיוֹגְרָמָה

2 (combined wireless set and gramophone, *UK*) רַדְיוֹ־פָּטֵיפוֹן (מִסּוּג מְיֻשָּׁן מְאֹד)

radiograph /ˈreɪdɪəʊgrɑːf/ n. תַּצְלוּם־רֶנְטְגֶן

radiographer /ˌreɪdɪˈɒgrəfə(r)/ n. טֶכְנַאי רֶנְטְגֶן; רַדְיוֹלוֹג (מֻמְחֶה לְטִפּוּל בִּקְרִינָה)

radiography /ˌreɪdɪˈɒgrəfɪ/ n. צִלּוּם בְּקַרְנֵי רֶנְטְגֶן, רַדְיוֹגְרַפְיָה

radioisotope /ˌreɪdɪəʊˈaɪsətəʊp/ n. (*Phys.*) רַדְיוֹ־אִיזוֹטוֹפּ, אִיזוֹטוֹפּ רַדְיוֹאַקְטִיבִי

radiologist /ˌreɪdɪˈɒlədʒɪst/ n. רַדְיוֹלוֹג

radiology /ˌreɪdɪˈɒlədʒɪ/ n. רַדְיוֹלוֹגְיָה, חֵקֶר הַקְּרִינָה (בִּמְיֻחָד לְמַטְּרוֹת רִפּוּי)

radiotherapy /ˌreɪdɪəʊˈθerəpɪ/ n. טִפּוּל בִּקְרִינָה, רַדְיוֹתֵרַפְּיָה (לְחוֹלֵי סַרְטָן)

radish /ˈrædɪʃ/ n. צְנוֹנִית (לְעִתִּים רְחוֹקוֹת גַּם "צְנוֹן")

radium /ˈreɪdɪəm/ n. רַדְיוּם (יְסוֹד רַדְיוֹאַקְטִיבִי)

radius /ˈreɪdɪəs/ n. (*pl.* **radii**)
  1 (line from centre to edge of circle) רַדְיוּס
  2 (distance from centre) רַדְיוּס
    □ *all windows within a radius of half a mile shattered* כָּל הַחַלּוֹנוֹת בְּרַדְיוּס שֶׁל חֲצִי מַיְל הִתְנַפְּצוּ
  3 (*Anat.*) עֶצֶם הֶחָשׁוּר (אַחַת מֵעַצְמוֹת הָאַמָּה)
radix /ˈreɪdɪks/ n. (*pl.* **radices**) (*Math.*) בָּסִיס
radon /ˈreɪdɒn/ n. גַּז רָדוֹן (גַּז רַדְיוֹאַקְטִיבִי טִבְעִי)
raffia /ˈræfɪə/ n. רַפְיָה
raffish /ˈræfɪʃ/ adj. (*poet.*) מֻפְקָר וְנוֹעָז
raffle /ˈræf(ə)l/ n. הַגְרָלָה (לָרֹב לְמַטְּרוֹת צְדָקָה)
  raffle ticket כַּרְטִיס בְּהַגְרָלָה
—v.t. הֶעֱמִיד לְהַגְרָלָה (כִּפְרָס)
raft /rɑːft/ n. רַפְסוֹדָה, דּוֹבְרָה
  life raft סִירַת הַצָּלָה מְגוּמֶּית
rafter /ˈrɑːftə(r)/ n. קוֹרָה אֲלַכְסוֹנִית (בְּגַג)
rag[1] /ræg/ n.
  1 (scrap of cloth) סְמַרְטוּט, סְחָבָה; "שְׁמַטֶּע" (בֶּגֶד מְרֻפָּט)
  rag doll בֻּבַּת בַּד, בֻּבַּת סְמַרְטוּטִים
  the rag trade (*colloq.*) עֲנַף הַהַלְבָּשָׁה
    □ *we put on our glad rags* (*UK arch.*) לָבַשְׁנוּ אֶת בִּגְדֵי הַשַּׁבָּת שֶׁלָּנוּ
    □ *his is a rags-to-riches story* הוּא עָלָה מִן הָאַשְׁפַּתּוֹת לִמְרוֹמֵי הַהַצְלָחָה
    □ *that joke was like a red rag to a bull* (*colloq.*) הַבְּדִיחָה הַזֹּאת הִשְׁפִּיעָה כְּמוֹ (נִפְנוּף) מִטְפַּחַת אֲדֻמָּה לִפְנֵי שׁוֹר
  2 (newspaper, *derog.*) עִתּוֹן זוֹל
    □ *why do you read that dreadful rag?* לָמָּה אַתָּה קוֹרֵא אֶת הַזֶּבֶל הַזֶּה?
rag[2] /ræg/ n. (*UK*) מֵעֵין "יוֹם הַסְּטוּדֶנְט" בִּבְרִיטַנְיָה (שֶׁלָּרֹב נֶאֱסָפוֹת בּוֹ תְּרוּמוֹת לִצְדָקָה)
  Rag Day "יוֹם הַסְּטוּדֶנְט" (כַּנַּ"ל)
—v.t. & i. הֵצִיק לְ..., הִקְנִיט; הִשְׁתּוֹבֵב, הִתְהוֹלֵל
ragamuffin /ˈrægəmʌfɪn/ n. (*poet.*) יֶלֶד אַשְׁפַּתּוֹת
rag-bag /ræg-bæg/ n.
  1 (bag for scraps) שַׂק לִשְׁאֵרִיּוֹת שֶׁל אָרִיג, שַׂק סְמַרְטוּטִים
  2 (miscellany) עֵרֶב־רַב
rage /reɪdʒ/ n.
  1 (fury, violence) זַעַם, חֵמָה
  2 (passion, enthusiasm, *colloq.*) "הַצְּעָקָה הָאַחֲרוֹנָה"
    □ *mini-skirts were all the rage then* חֲצָאִיּוֹת מִינִי הָיוּ הַצְּעָקָה הָאַחֲרוֹנָה בְּאוֹתָהּ תְּקוּפָה
—v.i. זָעַם, הִשְׁתּוֹלֵל מִזַּעַם; הִשְׁתּוֹלֵל (סוּפָה, חַיַּת פֶּרֶא וְכַד')
    □ *the storm raged all night* הַסְּעָרָה הִשְׁתּוֹלְלָה כָּל הַלַּיְלָה
    □ *the teacher raged at the class* הַמּוֹרָה הִתְפָּרֵץ עַל הַכִּתָּה בְּזַעַם

    □ *I have a raging thirst* יֵשׁ לִי צִמָּאוֹן נוֹרָא
ragged /ˈrægɪd/ adj.
  1 (torn, frayed; unkempt) קָרוּעַ, מְרֻפָּט, בָּלוּי; מֻזְנָח
  2 (lacking polish or uniformity) לֹא מֻגְמָר, לֹא מְלֻטָּשׁ, לֹא אָחִיד
raglan /ˈræglən/ adj.
  raglan sleeve שַׁרְווּל רַגְלָן (שֶׁאֵינוֹ מֻפְרָד בְּתֶפֶר מִגּוּף הַבֶּגֶד)
ragout /ˈræguː/ n. "רָגוּ" (תַּבְשִׁיל מְפֻלְפָּל שֶׁל בָּשָׂר וִירָקוֹת)
ragtag /ˈrægtæg/ n.
  ragtag and bobtail אַרְחֵי־פַּרְחֵי
ragtime /ˈrægtaɪm/ n. "רֶג־טַיְם" (מוּזִיקַת רִקּוּדִים עֲשִׁירָה בְּסִינְקוֹפּוֹת, קָדְמָה לְג'ז)
raid /reɪd/ n.
  1 (surprise attack) פְּשִׁיטָה צְבָאִית
  2 (sudden visit by police) פְּשִׁיטַת מִשְׁטָרָה
—v.t. פָּשַׁט עַל, עָרַךְ פְּשִׁיטָה עַל
    □ *the children raided the larder* הַיְלָדִים פָּשְׁטוּ עַל הַמְּזָוֶה (וְרוֹקְנוּ אוֹתוֹ)
rail[1] /reɪl/ n.
  1 (bar forming barrier or support) פַּס (שֶׁל מַחְסוֹם); פַּס הָאֲחִיזָה (בְּמַעֲקֶה)
  towel rail מִתְלֶה לְמַגָּבוֹת
  2 (element of railway track) פַּס מְסִלַּת־בַּרְזֶל, פַּס רַכֶּבֶת
    □ *he has gone off the rails* (*fig.*) הוּא יָרַד מֵהַפַּסִּים
  3 (railway transport) רַכֶּבֶת (כְּאֶמְצְעִי תּוֹבָלָה)
—v.t. הִקִּיף מַעֲקֶה
    □ *he railed in his garden* הוּא הִקִּיף אֶת הַגַּן בְּמַעֲקֶה (שֶׁל מוֹטוֹת בַּרְזֶל)
rail[2] /reɪl/ v.i. (*formal*) הִתְאוֹנֵן, הִבִּיעַ תְּלוּנָה
    □ *he railed against his misfortune* הוּא הִתְאוֹנֵן עַל מַר גּוֹרָלוֹ
railcard /ˈreɪlkɑːd/ n. (*UK*) תְּעוּדַת הֲנָחָה לְנוֹסֵעַ בָּרַכֶּבֶת (נִרְכֶּשֶׁת בְּתַשְׁלוּם)
railhead /ˈreɪlhed/ n. סוֹף הַקַּו (שֶׁל הָרַכֶּבֶת)
railing /ˈreɪlɪŋ/ n. (usu. in *pl.*) מַעֲקֶה (שֶׁל מוֹטוֹת בַּרְזֶל), "בַּרְזִלִּים"
raillery /ˈreɪlərɪ/ n. (*formal*) קִנְטוּר בְּרוּחַ טוֹבָה
railroad /ˈreɪlrəʊd/ n. (*US*) מְסִלַּת־בַּרְזֶל
—v.t. (*colloq.*) הֶעֱבִיר בְּחִפָּזוֹן (חֹק, הַחְלָטָה וְכַד'); דָּחַף (אֶת פְּלוֹנִי לַעֲשׂוֹת דְּבַר מָה)
railway /ˈreɪlweɪ/ n. מְסִלַּת־בַּרְזֶל
railwayman /ˈreɪlweɪmən/ n. עוֹבֵד מְסִלַּת־הַבַּרְזֶל, עוֹבֵד רַכֶּבֶת
raiment /ˈreɪmənt/ n. (*arch.*) לְבוּשׁ, כְּסוּת
rain /reɪn/ n. גֶּשֶׁם, מָטָר
  come rain or shine תָּמִיד, לְעוֹלָם וָעֶד
  take a rain check (*US colloq.*) דָּחָה הַחְלָטָה לִזְמַן קָצָר

rain forest יַעַר טְרוֹפִּי (שֶׁבּוֹ לַחוּת כְּבֵדָה כָּל הַשָּׁנָה)

—v.t. & i. הִמְטִיר (מַחְמָאוֹת, סַבָּרִיּוֹת וְכַד׳), הוֹרִיד מָטָר שֶׁל; יָרַד גֶּשֶׁם, יָרַד מָטָר

□ *the match was rained off* (or (*US*) *out*) הַמִּשְׂחָק הֻפְסַק/בֻּטַּל בִּגְלַל הַגֶּשֶׁם

□ *the storm rained itself out* סוּפַת הַגְּשָׁמִים שָׁכְכָה

□ *it's raining cats and dogs* (*colloq.*) יוֹרֵד מַבּוּל

□ *he rained blows on his opponent* הוּא הִמְטִיר מַהֲלוּמוֹת עַל יְרִיבוֹ

rainbow /ˈreɪnbəʊ/ n. קֶשֶׁת בֶּעָנָן, קֶשֶׁת

rainbow trout טְרוּטָה סַסְגוֹנִית (דַּג מַאֲכָל)

raincoat /ˈreɪnkəʊt/ n. מְעִיל גֶּשֶׁם

raindrop /ˈreɪndrɒp/ n. טִפַּת גֶּשֶׁם

rainfall /ˈreɪnfɔːl/ n. כַּמּוּת גְּשָׁמִים, כַּמּוּת מִשְׁקָעִים (בְּאֵזוֹר מְסֻיָּם)

rain-gauge /ˈreɪn-ɡeɪdʒ/ n. מַד־גֶּשֶׁם

rainproof /ˈreɪn-pruːf/ adj. אָטוּם לְגֶשֶׁם, עָמִיד בִּפְנֵי גֶּשֶׁם

rainstorm /ˈreɪnstɔːm/ n. סוּפַת גֶּשֶׁם, סוּפַת גְּשָׁמִים

rainwater /ˈreɪnwɔːtə(r)/ n. מֵי־גְּשָׁמִים

rainy /ˈreɪnɪ/ adj. גָּשׁוּם

□ *I suggest you keep some of the money for a rainy day* (*fig.*) אֲנִי מַצִּיעַ שֶׁתָּשִׂים בַּצַּד חֵלֶק מִן הַכֶּסֶף לִשְׁעַת צָרָה/לְיוֹם סַגְרִיר

raise /reɪz/ v.t.

1 (lift, erect, cause to rise) הֵרִים, הִגְבִּיהַּ; הֵקִים

□ *he never raised his hand against a pupil* הוּא מֵעוֹלָם לֹא הֵרִים אֶת יָדוֹ עַל תַּלְמִיד

□ *he raised his hat in greeting* הוּא הֵרִים אֶת כּוֹבָעוֹ לְאוֹת בְּרָכָה

□ *they raised a monument to those who died in the war* הֵם הֵקִימוּ מַצֶּבֶת־זִכָּרוֹן לְחַלְלֵי הַמִּלְחָמָה

□ *they raised the roof when the results were announced* (*colloq.*) הֵם הִרְעִישׁוּ עוֹלָמוֹת כְּשֶׁנּוֹדְעוּ הַתּוֹצָאוֹת, הֵם יָצְאוּ מֵהַכֵּלִים לְמִשְׁמַע הַתּוֹצָאוֹת

□ *it was she who raised the alarm* הִיא שֶׁהִשְׁמִיעָה אֶת אוֹת הָאַזְעָקָה

□ *they raised the siege after one month* הֵם הֵסִירוּ אֶת הַמָּצוֹר לְאַחַר חֹדֶשׁ

□ *I fear you have raised my hopes in vain* חוֹשְׁשַׁנִי שֶׁעוֹרַרְתָּ בִּי תִּקְווֹת שָׁוְא

□ *there's no need to raise your voice* אֵין צֹרֶךְ שֶׁתָּרִים אֶת קוֹלְךָ, אַתָּה לֹא צָרִיךְ לִצְעֹק

2 (grow, rear; bring into being) גִּדֵּל

raised hell (*colloq.*) הִרְעִישׁ עוֹלָמוֹת

□ *this farmer raises wheat* אִכָּר זֶה מְגַדֵּל חִטָּה

□ *she raised a family during the Depression* הִיא גִּדְּלָה מִשְׁפָּחָה בִּשְׁנוֹת הַשֵּׁפֶל

□ *the music is loud enough to raise the dead* הַמּוּזִיקָה הַזֹּאת מְסֻגֶּלֶת לְהָקִים מֵתִים מִקִּבְרָם

□ *the comedian was hard put to it to raise a laugh* הַבַּדְּרָן הִתְקַשָּׁה מְאֹד לְעוֹרֵר צְחוֹק

3 (bring into consideration, cause to be thought) הֶעֱלָה

□ *his reply raised doubts about his sincerity* תְּשׁוּבָתוֹ עוֹרְרָה סְפֵקוֹת בְּנוֹגֵעַ לְכֵנוּתוֹ

□ *he raised a new point in the debate* הוּא הֶעֱלָה נְקֻדָּה חֲדָשָׁה בַּוִּכּוּחַ

4 (levy, procure, collect) הֵטִיל (מַס), הִשִּׂיג (הַלְוָאָה), אָסַף (כְּסָפִים)

□ *he raised a loan with difficulty* הוּא הִשִּׂיג הַלְוָאָה בְּקֹשִׁי רַב

5 (establish communication with) הִשִּׂיג בְּקֶשֶׁר, הִשִּׂיג בָּאַלְחוּט

6 (*Math.*) הֶעֱלָה בְּחֶזְקָה (מִסְפָּר)

7 (*Cards*) הִגְבִּיהַּ אֶת סְכוּם הַהִמּוּר (בְּהַשְׁוָאָה לְשַׂחְקָן אַחֵר)

—n.

1 (rise in salary, *US*) הַעֲלָאָה בְּמַשְׂכֹּרֶת

2 (increase of stake or bid) עֲלִיָּה (בִּדְמֵי־הַמּוֹרִים, בְּהַצָּעַת מְחִיר בְּמִכְרָז וְכוּ׳)

raisin /ˈreɪz(ə)n/ n. צִמּוּק

raison d'être /ˌreɪzɒn ˈdetrə/ n. (*pl.* **raisons d'être**) סִבַּת קִיּוּם, הַצְדָּקָה לְקִיּוּם

raj /rɑːdʒ/ n. (*Hist.*) שִׁלְטוֹן הָרָג׳ (שֶׁל הַבְּרִיטִים בְּהֹדּוּ עַד 1947)

rajah /ˈrɑːdʒə/ n. (also **raja**) רָגָ׳ה (נָסִיךְ, מוֹשֵׁל בְּהֹדּוּ)

rake[1] /reɪk/ n. מַגְרֵפָה

—v.t.

1 (use rake on) גָּרַף, עָרַם בְּמַגְרֵפָה, אָסַף בְּמַגְרֵפָה

2 (examine or fire at in sweeping movement) סָקַר (בְּמַבָּט מַקִּיף); "רִסֵּס" (בְּכַדּוּרִים)

□ *he raked the trench with machine-gun fire* הוּא רִסֵּס אֶת הַחֲפִירָה בְּאֵשׁ מַקְלֵעַ

3 rake up (*colloq.*) חִטֵּט וּמָצָא, גִּלָּה; אָסַף, מָצָא, "גָּרַד" (סְכוּם כֶּסֶף וְכַד׳)

4 rake in (*colloq.*) "עָשָׂה הוֹן"

—v.i. חָלַף בְּעֵינָיו עַל פְּנֵי

□ *her eyes raked across the scene* עֵינֶיהָ חָלְפוּ עַל פְּנֵי הַמַּרְאֶה

rake[2] /reɪk/ n. הוֹלֵל, אָדָם מָסוּר לְתַאֲווֹתָיו, מֻפְקָר

rake's progress חַיֵּי הוֹלְלוּת, חַיֵּי זִמָּה וְיַיִן

rake[3] /reɪk/ v.t. & i. הִטָּה בְּשִׁפּוּעַ; הֻטָּה בְּשִׁפּוּעַ

□ *the stage was steeply raked* הַבָּמָה נָטְתָה בְּשִׁפּוּעַ תָּלוּל לְכִוּוּן הַקָּהָל

—n. נְטִיָּה, שִׁפּוּעַ (כַּנַּ"ל)

rake-off /ˈreɪk-ɒf/ n. (*colloq.*) "אֲחוּזִים" (תַּשְׁלוּם לֹא רִשְׁמִי)

rakish /ˈreɪkɪʃ/ adj.

1 (dissolute) הוֹלֵל, מֻפְקָר

□ *he was a person of rakish appearance* הָיְתָה לוֹ חֲזוּת שֶׁל אָדָם מֻפְקָר

2 (jaunty) מַפְגִּין עַלִּיזוּת וּבִטָּחוֹן

□ *he set his hat at a rakish angle* הוּא הִטָּה אֶת כּוֹבָעוֹ בְּזָוִית שׁוֹבֵבָה

rallentando /ˌrælənˈtændəʊ/ adj. & adv. (*Mus.*) מוּאָט; בַּהֲאָטָה

rally /ˈrælɪ/ v.t. & i.
1 (assemble) כִּנֵּס, קִבֵּץ, אָסַף; הִתְכַּנֵּס, נִקְבַּץ, נֶאֱסַף
□ *they rallied round him in the crisis* הֵם הִתְלַכְּדוּ סְבִיבוֹ בִּשְׁעַת הַמַּשְׁבֵּר
□ *they rallied to the flag* הֵם נֶאֶסְפוּ אֶל הַדֶּגֶל
2 (revive) אוֹשֵׁשׁ, כִּנֵּס מֵחָדָשׁ; הִתְאוֹשֵׁשׁ, אָסַף אֶת כֹּחוֹתָיו
□ *the politician rallied her supporters after the defeat* הַפּוֹלִיטִיקָאִית אָסְפָה מֵחָדָשׁ אֶת תּוֹמְכֶיהָ לְאַחַר הַתְּבוּסָה
□ *the market rallied after a slow start* הַשּׁוּק הִתְאוֹשֵׁשׁ לְאַחַר הַפְּתִיחָה הַחַלָּשָׁה
—n.
1 (organized assembly) עֲצֶרֶת, כִּנּוּס הֲמוֹנִי
2 (exchange of strokes, *Tennis*) רֶצֶף חֲבָטוֹת בְּמִשְׂחֲקֵי מַחְבֵּט, "רָאלִי"
3 (reunion; revival) הִתְאוֹשְׁשׁוּת
4 (motor competition) מֵרוֹץ "רָאלִי" (הַנֶּעֱרָךְ עַל כְּבִישִׁים רְגִילִים)

ram /ræm/ n.
1 (male sheep) אַיִל
2 (implement, *Hist.*) אֵיל נִגּוּחַ, אֵיל בַּרְזֶל
battering ram אֵיל-בַּרְזֶל
—v.t.
1 (beat or drive firmly) דָּחַף בְּחָזְקָה, תָּקַע, דָּחַק לְתוֹךְ
□ *he rammed his point home until his audience understood* הוּא תָּקַע אֶת הַדָּבָר בְּפַטִּישׁ לְרָאשֵׁי הַקָּהָל שֶׁלּוֹ
2 (strike, crash into) נִגַּח, הָלַם בְּ-, הִתְנַגֵּשׁ בְּכֹחַ בְּ...
□ *the police car rammed (into) the get-away van* מְכוֹנִית הַמִּשְׁטָרָה נִגְּחָה אֶת הַמַּשָּׂאִית הַנִּמְלֶטֶת

RAM /ræm/ n. (*Comput.*) זִכָּרוֹן "רָאם" (בְּמַחְשֵׁב, זִכָּרוֹן זְמַנִּי מָהִיר)

Ramadan /ˈræmədæn/ n. (*Relig.*) רַמָדָאן (חֹדֶשׁ הַצּוֹם הַמֻּסְלְמִי)

ramble /ˈræmb(ə)l/ v.i.
1 (wander, walk for pleasure) שׁוֹטֵט, נָדַד לְלֹא מַטָּרָה, טִיֵּל לַהֲנָאָתוֹ
2 (stray in speech or writing) סָטָה מִן הַנּוֹשֵׂא, הִתְרַחֵק מִן הַנּוֹשֵׂא
—n. שִׁטּוּט לְלֹא מַטָּרָה, טִיּוּל קָצָר (לָרֹב בַּטֶּבַע)
nature ramble טִיּוּל בַּטֶּבַע

rambler /ˈræmblə(r)/ n.
1 (person who rambles) סַיָּר חוֹבֵב, מְשׁוֹטֵט, חוֹבֵב טִיּוּלֵי-טֶבַע
2 (rose) וֶרֶד מְטַפֵּס

rambling /ˈræmblɪŋ/ adj. מְשׁוֹטֵט, נוֹדֵד; מִשְׂתָּרֵעַ לְכָל עֵבֶר; (נְאוּם, חִבּוּר) חֲסַר כִּוּוּן
□ *she made a rambling speech* הִיא נָשְׂאָה נְאוּם לֹא מְאֻרְגָּן/מְבֻלְבָּל
□ *the old house was large and rambling* הַבַּיִת הָיָה רְחַב-יָדַיִם וּבָנוּי לְלֹא תָּכְנִית

rambunctious /ræmˈbʌŋkʃəs/ adj. (*US colloq.*) פָּרוּעַ וְנִלְהָב

ramekin /ˈræməkɪn/ n. כְּלִי חֶרֶס קָטָן חֲסִין-אֵשׁ (לַהֲכָנַת "קְרֶם-בְּרוּלֶה" וְכַד')

ramification /ˌræmɪfɪˈkeɪʃ(ə)n/ n. (*formal*) הַשְׁלָכָה; הִסְתַּעֲפוּת
□ *I haven't worked out the ramifications of this decision* לֹא חִשַּׁבְתִּי אֶת הַהַשְׁלָכוֹת שֶׁל הַהַחְלָטָה הַזּוֹ

ramify /ˈræmɪfaɪ/ v.t. & i. (*formal*) סִעֵף, פִּלֵּג; הִסְתָּעֵף, הִתְפַּלֵּג

ramjet /ˈræmdʒet/ n. (מָנוֹעַ) מַגַּח-סִילוֹן

ramp[1] /ræmp/ n.
1 (slope) כֶּבֶשׁ, "רַמְפָּה"
2 (ridge in road, *UK*) בְּלִיטָה בַּכְּבִישׁ (בְּשֶׁל תִּקּוּנִים וְכַד')

rampage /ˈræmpeɪdʒ/ n. הִשְׁתּוֹלְלוּת, זְרִיעַת הֶרֶס וְחֻרְבָּן
□ *the escaped lion went on the rampage* הָאַרְיֵה שֶׁבָּרַח מִכְּלוּבוֹ זָרַע מֵאֲחוֹרָיו הֶרֶס וְחֻרְבָּן
—v.i. /ræmˈpeɪdʒ/ הִשְׁתּוֹלֵל, הִתְרוֹצֵץ בַּחֲמַת-זַעַם, זָרַע הֶרֶס וְחֻרְבָּן

rampant /ˈræmpənt/ adj.
1 (*Heraldry*) עוֹמֵד עַל רַגְלָיו הָאֲחוֹרִיּוֹת (סוּס, אַרְיֵה, בְּשִׁלְטֵי-אַבִּירִים אוֹ סִמְלֵי-מְלוּכָה)
2 (widespread) מִשְׁתּוֹלֵל, מִתְפַּשֵּׁט לְלֹא בַּקָּרָה
□ *drug-abuse is rampant in some areas* הַשִּׁמּוּשׁ בְּסַמִּים מַגִּיעַ לְדַרְגַּת מַגֵּפָה בָּאֲזוֹרִים מְסֻיָּמִים
3 (wild or extravagant) מִשְׁתּוֹלֵל

rampart /ˈræmpɑːt/ n. סוֹלְלָה, דָּיֵק; חוֹמַת-מָגֵן

ramrod /ˈræmrɒd/ n. מוֹט-טְעִינָה (שִׁמֵּשׁ בֶּעָבָר לִטְעִינַת הָרוֹבֶה דֶּרֶךְ הַקָּנֶה)
□ *his back is as straight as a ramrod* הוּא זָקוּף כְּאִלּוּ בָּלַע מַטְאֲטֵא

ramshackle /ˈræmʃæk(ə)l/ adj. רָעוּעַ, מָט לִנְפֹּל

ran /ræn/ past of **run**

ranch /rɑːntʃ/ n.
1 (farm, breeding establishment) חַוָּה (לָרֹב לְבָקָר אוֹ סוּסִים)
2 (single-storey house, *US*) בַּיִת חַד-קוֹמָתִי

rancher /ˈrɑːntʃə(r)/ n. חַוַּאי, בַּעַל-חַוָּה

rancid /ˈrænsɪd/ adj. מַבְאִישׁ, מְעֻפָּשׁ (חֶמְאָה, שֶׁמֶן אוֹ מָזוֹן שָׁמֵן בִּלְבַד)

rancorous /ˈræŋkərəs/ adj. (*formal*) אֲכוּל טִינָה, מָלֵא שִׂטְנָה, מָלֵא מַשְׂטֵמָה

rancour /ˈræŋkə(r)/ n. (*formal*) טִינָה, שִׂטְנָה, מַשְׂטֵמָה

rand /rænd/ n. (*S. Afr.*) רַנְד (מַטְבֵּעַ דְּרוֹם-אַפְרִיקָאִי)

R and B /ˌɑːr ənd ˈbiː/ n. מוּזִיקַת רִיתְ'ם־אֶנְד־בְּלוּז (סוּג מוּזִיקַת קֶצֶב אֲמֶרִיקָאִית)

random /ˈrændəm/ adj. מִקְרִי, שֶׁבְּאַקְרַאי
—n.
at random בְּאַקְרַאי, בְּלִי הַבְחָנָה

randomize /ˈrændəmaɪz/ v.t. עָרַךְ סִימוּלַצְיָה אַקְרָאִית שֶׁל (מִדְגָּם וְכַד')

randy /ˈrændɪ/ adj. (*colloq.*) "חַרְמָן"

rang /ræŋ/ past of **ring**

range /reɪndʒ/ n.
1 (region between limits; extent of diversity, etc.) טְוָח, תְּחוּם; מִגְוָן
dynamic range טְוָח תְּדִירֻיּוֹת (שֶׁל רַמְקוֹל, מַכְשִׁיר הַקְלָטָה וְכַד')
□ *this car is the top of the range* הַמְּכוֹנִית הַזּוֹ הִיא הַדֶּגֶם הַמְּפֹאָר בְּיוֹתֵר מִבֵּין הַדְּגָמִים הַמְּיֻצָּרִים
2 (distance from target, operating distance) טְוָח
at close (or **short**) **range** מִטְוָח קָרוֹב/רָחוֹק
out of range מִחוּץ לַטְּוָח
3 (row, line) רֶכֶס, שַׁרְשֶׁרֶת
mountain range שַׁרְשֶׁרֶת הָרִים
4 (area for practice) מִטְוָח
rifle range מִטְוַח־יְרִי
5 (stove) תַּנּוּר־בִּשּׁוּל, כִּירַיִם
kitchen range כִּירַיִם
6 (area of land for grazing, etc.) חַוָּה
—v.t.
1 (order, align) עָרַךְ בְּשׁוּרָה/בְּמִבְנֶה
□ *he ranged himself with the opposition* הוּא הִתְיַצֵּב בְּשׁוּרוֹת הָאוֹפּוֹזִיצְיָה
2 (wander over) נָדַד עַל־פְּנֵי, נָע וָנָד עַל־פְּנֵי, תָּעָה עַל פְּנֵי
—v.i.
1 (extend) הִתְפַּשֵּׁט, הִשְׂתָּרַע, נָע בֵּין לְבֵין
□ *prices ranged from £1 to £5* הַמְּחִירִים נָעוּ בֵּין לִירָה אַחַת לְחָמֵשׁ לִירוֹת
2 (wander) נָדַד, נָע וָנָד, שׁוֹטֵט, תָּעָה
□ *his researches ranged over a wide field* מֶחְקָרָיו הִתְפַּשְּׁטוּ עַל־פְּנֵי תְּחוּמִים נִרְחָבִים

rangefinder /ˈreɪndʒfaɪndə(r)/ n. מַד־טְוָח (בְּמַצְלֵמָה וְכַד')

ranger /ˈreɪndʒə(r)/ n.
1 (keeper of land) שׁוֹמֵר יְעָרוֹת, פַּקַּח טֶבַע
2 (type of soldier, *US*) אִישׁ סַיֶּרֶת, אִישׁ קוֹמַנְדּוֹ

rank[1] /ræŋk/ n.
1 (grade, class) דַּרְגָּה, מַדְרֵגָה, מַעֲלָה
pull rank (*colloq.*) נִצֵּל אֶת זְכוּתוֹ בְּתֹקֶף מַעֲמָדוֹ
2 (line of soldiers) שׁוּרָה; הַחַיָּלִים מִן הַשּׁוּרָה, הַטּוּרָאִים
break ranks שָׁבַר שׁוּרָה, יָצָא מִן הַשּׁוּרָה
close ranks סָגַר שׁוּרָה, צִמְצֵם שׁוּרָה; (בְּהַשְׁאָלָה) הִתְלַכֵּד
rank and file (*fig.*) הֶהָמוֹן הַפָּשׁוּט, "הַחַיָּלִים הַפְּשׁוּטִים"
□ *he was reduced to the ranks* הוּא הוּרַד לְדַרְגַּת טוּרַאי
□ *their present colonel rose from the ranks* הַקּוֹלוֹנֶל הַנּוֹכְחִי הִתְחִיל כְּטוּרַאי וְעָלָה בְּסֻלַּם הַדְּרָגוֹת
3 (row) שׁוּרָה, טוּר
taxi rank (*UK*) תַּחֲנַת מוֹנִיּוֹת
—v.t. & i. דֵּרֵג, סִוֵּג; דֻּרַג כְּ...; עָרַךְ בְּשׁוּרָה; תָּפַס מָקוֹם (מְסֻיָּם) בְּדֵרוּג
□ *this ranks as a masterpiece* זֶה נֶחְשָׁב כִּיצִירַת־מוֹפֵת

rank[2] /ræŋk/ adj.
1 (foul-smelling) מַבְאִישׁ, מַסְרִיחַ
2 (luxuriant, overgrown) גָּדֵל פֶּרֶא
3 (flagrant, gross) מַחְפִּיר, מֵבִישׁ
□ *this is a rank impertinence* זוֹהִי חֻצְפָּה מִמַּדְרֵגָה רִאשׁוֹנָה

ranker /ˈræŋkə(r)/ n. בַּעַל־דַּרְגָּה (שֶׁעָלָה מִן הַשּׁוּרוֹת)

ranking /ˈræŋkɪŋ/ adj. (*US*) בַּעַל הַדַּרְגָּה הַבְּכִירָה בְּיוֹתֵר

rankle /ˈræŋk(ə)l/ v.i. צָרַב בְּלִבּוֹ (הַכְּאֵב, הַקִּנְאָה), כִּרְסֵם בּוֹ

ransack /ˈrænsæk/ v.t. הָפַךְ בְּחִפּוּשִׂים; בָּזַז

ransom /ˈrænsəm/ n. כֹּפֶר־נֶפֶשׁ, פִּדְיוֹן־נֶפֶשׁ
□ *he held the prisoner to ransom* הוּא דָּרַשׁ כֹּפֶר עֲבוּר שִׁחְרוּר הַשָּׁבוּי
□ *this painting is worth a king's ransom* הַצִּיּוּר הַזֶּה שָׁוֶה הוֹן־תּוֹעָפוֹת
—v.t.
1 (cause to be released) שִׁלֵּם כֹּפֶר בְּעַד, פָּדָה
2 (hold to ransom) דָּרַשׁ כֹּפֶר בְּעַד

rant /rænt/ v.i. & n. (*derog.*) דִּבֵּר בְּלַהַט (מֻפְרָז); דְּבָרִים מְלֻהָטִים, דִּבּוּר מְנֻפָּח

rap[1] /ræp/ n.
1 (light blow) טְפִיחָה, מַכָּה קַלָּה
□ *I gave him a rap on* (or *over*) *the knuckles for his impertinence* גָּעַרְתִּי בּוֹ עַל חֻצְפָּתוֹ
2 (blame, punishment, *colloq.*)
beat the rap (*US*) "יָצָא נָקִי" (כְּלוֹמַר הִתְחַמֵּק מֵעֹנֶשׁ)
□ *I took the rap – but it was his fault* (*sl.*) אֲנִי "אָכַלְתִּי אוֹתָהּ" – אֲבָל זוֹ הָיְתָה אַשְׁמָתוֹ
3 (monologue recited to music) "רֶפּ", "רֶפִּינְג"
rap (music) מוּזִיקַת "רֶפּ"
—v.t. דָּפַק קַלּוֹת עַל/בְּ..., טָפַח עַל
□ *he rapped out his orders and left* הוּא זָרַק פְּקֻדּוֹת וְהִסְתַּלֵּק

rap[2] /ræp/ n. (*colloq.*) "גְּרוּשׁ"
it's not worth a rap זֶה לֹא שָׁוֶה אֲגוֹרָה שְׁחוּקָה
I don't care a rap זֶה לֹא מֵזִיז לִי

rapacious /rəˈpeɪʃəs/ adj. (*formal*) חַמְסָן, גַּזְלָן

rapacity /rəˈpæsɪtɪ/ n. (*formal*) חַמְסָנוּת, גַּזְלָנוּת

rape[1] /reɪp/ v.t. אָנַס

—n.

1 (forced sexual intercourse; assault) אֹנֶס

2 (desecration, *formal*) "חִלּוּל קֹדֶשׁ", חָמָס, בִּזָּה, הֶרֶס

rape[2] /reɪp/ n. כְּרוּב־הַנָּפוּס

rape-seed oil שֶׁמֶן זַרְעֵי־נָפוּס (שֶׁמֶן מַאֲכָל זוֹל)

rapid /ˈræpɪd/ adj. מָהִיר, זָרִיז, חָפוּז

rapid-fire /ˌræpɪd-ˈfaɪə(r)/ adj. (כְּלִי־נֶשֶׁק) מְהִיר יְרִיָּה; (שְׁאֵלוֹת) בְּקֶצֶב מָהִיר

rapidity /rəˈpɪdɪtɪ/ n. מְהִירוּת

rapids /ˈræpɪdz/ n. *pl.* אֲשֵׁדוֹת (אֵזוֹר מַיִם גּוֹעֲשִׁים וּמְהִירִים בְּנָהָר)

shoot the rapids נוּט (בְּקָנוּ אוֹ בְּסִירַת גּוּמִי) דֶּרֶךְ אֲשֵׁדוֹת נָהָר

rapier /ˈreɪpɪə(r)/ n. סַיִף, דֶּקֶר (חֶרֶב סַיִף אֲרֻכָּה וּכְפוּלַת לַהַב)

rapine /ˈreɪpaɪn/ n. (*arch.*) שֹׁד, גֶּזֶל, חָמָס

rapist /ˈreɪpɪst/ n. אַנָּס

rapport /ræˈpɔː(r)/ n. "הֲבָנָה", קֶשֶׁר בִּלְתִּי אֶמְצָעִי

rapprochement /ræˈprɒʃmɒŋ/ n. (*formal*) הִתְקָרְבוּת, הִתְפַּיְּסוּת

rapt /ræpt/ adj. מְרֻתָּק, שָׁקוּעַ

□ *the audience listened with rapt attention* הַקָּהָל הֶאֱזִין לוֹ בְּקֶשֶׁב רַב, הַקָּהָל הָיָה מְרֻתָּק (לִדְבָרָיו, לִנְגִינָתוֹ וְכַד')

rapture /ˈræptʃə(r)/ n. (*formal*) חֶדְוָה, חֶדְוָה עִלָּאִית

□ *she went into raptures over her new car* הַמְּכוֹנִית הַחֲדָשָׁה שֶׁלָּהּ מִלְּאָה אוֹתָהּ חֶדְוָה

rapturous /ˈræptʃərəs/ adj. (*formal*) נִלְהָב וּמִתְפַּעֵל

rare[1] /reə(r)/ adj.

1 (unusual) נָדִיר, לֹא רָגִיל, יוֹצֵא מִגֶּדֶר הָרָגִיל

rare earth (*Chem.*) (תַּחְמֹצֶת שֶׁל) עֲפָרָה נְדִירָה

2 (excellent, *colloq.*) "לֹא רָגִיל", נִפְלָא

□ *they had a rare old time* הָיָה לָהֶם בִּלּוּי "לֹא רָגִיל", הֵם עָשׂוּ חַיִּים מְשֻׁגָּעִים

3 (not dense) דָּלִיל, קָלוּשׁ

rare[2] /reə(r)/ adj. צָלוּי רַק מְעַט, "רֵיר" (סְטֵיק/אֻמְצָה וְכַד')

rarebit /ˈreəbɪt/ n. (*UK*)

Welsh rarebit גְּבִינָה מֻתֶּכֶת עַל טוֹסְט, טוֹסְט גְּבִינָה (עִם פְּרוּסָה אַחַת בִּלְבַד)

rarefaction /ˌreərɪˈfækʃ(ə)n/ n. (*formal*) דִּלּוּל; זִכּוּךְ

rarefied /ˈreərɪfaɪd/ adj. (*formal*) (אֲוִיר וְכַד') דָּלִיל, קָלוּשׁ; מְעֻדָּן

rarely /ˈreəlɪ/ adv. לְעִתִּים רְחוֹקוֹת

raring /ˈreərɪŋ/ adj. (*colloq.*) מִשְׁתּוֹקֵק, לָהוּט

□ *I'm raring to go!* אֲנִי "מֵת" לָלֶכֶת! אֲנִי נוֹרָא רוֹצֶה לָלֶכֶת!

rarity /ˈreərɪtɪ/ n.

1 (rareness) נְדִירוּת

2 (uncommon thing) דָּבָר נָדִיר, דָּבָר יְקַר מְצִיאוּת

rascal /ˈrɑːsk(ə)l/ n. שׁוֹבָב, מַמְזֵר; נוֹכֵל, נָבָל

rash[1] /ræʃ/ adj. (*derog.*) נֶחְפָּז, פָּזִיז

rash[2] /ræʃ/ n. פְּרִיחָה, תִּפְרַחַת (עַל הָעוֹר), גֵּרוּי־עוֹר

□ *a rash of new houses appeared along the country road* בָּתִּים חֲדָשִׁים צָצוּ לְאֹרֶךְ הַדֶּרֶךְ הַכַּפְרִית כִּפְטְרִיּוֹת אַחֲרֵי הַגֶּשֶׁם

rasher /ˈræʃə(r)/ n. פַּס דַּק/רְצוּעָה דַּקָּה שֶׁל בְּשַׂר חֲזִיר

rasp /rɑːsp/ n. מָשׁוֹף, שׁוֹפִין; קוֹל שִׁיּוּף

—v.t. & i. שִׁיֵּף, שִׁפְשֵׁף (בְּמָשׁוֹף); חָרַק (קוֹל־אָדָם וְכַד')

□ *he gave his orders in a rasping voice* הוּא נָתַן אֶת פְּקֻדּוֹתָיו בְּקוֹל צוֹרֵם

raspberry /ˈrɑːzb(ə)rɪ/ n.

1 (plant; its fruit) פֶּטֶל

2 (rude sound or reaction, *colloq.*) קוֹל נְפִיחָה גַּס בַּשְּׂפָתַיִם וּבַלָּשׁוֹן (לְהַבָּעַת בּוּז, לַעַג וְכַד')

Rastafarian /ˌræstəˈfeərɪən/ n. & adj. רַסְטָפָרִי (תּוֹשָׁב שָׁחוֹר מֵאִיֵּי־מַעֲרַב הֹדּוּ); שֶׁל רַסְטָפָרִי (שֶׁל תּוֹשָׁב/תַּרְבּוּת כַּנַּ"ל)

rat /ræt/ n.

1 (rodent) חֻלְדָּה, עַכְבְּרוֹשׁ

rats! (*colloq. int.*) אוּף! (קְרִיאַת תִּסְכּוּל)

□ *all seemed in order, but he smelled a rat* (*colloq.*) הַכֹּל נִרְאָה טוֹב וְיָפֶה, אַךְ הוּא חָשַׁד שֶׁמַּשֶּׁהוּ רָקוּב

□ *many people move to the country to avoid the rat race* אֲנָשִׁים רַבִּים עוֹבְרִים לָגוּר בַּכְּפָר כְּדֵי לָצֵאת מִ"מֵּרוֹץ הָעַכְבָּרִים"

2 (deserter, traitor) בּוֹגֵד, שַׁקְרָן, "מְלַכְלֵךְ"

—v.i.

1 (hunt or kill rats) צָד חֻלְדּוֹת, הֵמִית חֻלְדּוֹת

2 rat on (*colloq.*) נָטַשׁ (חָבֵר בִּשְׁעַת צָרָה וְכַד'), בָּגַד בְּ...

ratafia /ˌrætəˈfiːə/ n. רְקִיק שְׁקֵדִים; לִיקֶר שְׁקֵדִים

rat-a-tat /ˌræt-ə-ˈtæt/ n. "טַח־טַח", "טוּק־טוּק" (קוֹל נְקִישָׁה, עַל דֶּלֶת, קוֹל מְכוֹנַת־יְרִיָּה וְכַד')

ratatouille /ˌrætəˈtuːiː/ n. "רָטָטוּי" (תַּבְשִׁיל יְרָקוֹת)

ratbag /ˈrætbæg/ n. (*sl.*) "חֲמוֹר" (אָדָם לֹא נָעִים וְטִפֵּשׁ)

rat-catcher /ˈræt-ˌkætʃə(r)/ n. לוֹכֵד־עַכְבָּרִים, מַשְׁמִיד־חֻלְדּוֹת

ratchet /ˈrætʃɪt/ n. מַחְגֵּר־שִׁנַּיִם (מִתְקַן הַבְרָגָה הַמְאַפְשֵׁר סִבּוּב בְּכִוּוּן אֶחָד בִּלְבַד)

rate /reɪt/ n.

1 (numerical proportion) שִׁעוּר, מִדָּה

birth rate שִׁעוּר הַיְלוּדָה

exchange rate שַׁעַר־חֲלִיפִין

interest rate שַׁעַר הָרִבִּית

rate of climb שִׁעוּר נְסִיקָה (שֶׁל מָטוֹס)

at this (or that) rate בְּקֶצֶב הַזֶּה/הַהוּא

2 (speed) מְהִירוּת, קֶצֶב

3 (price, charge) מְחִיר, תַּעֲרִיף

□ *are you being paid the going rate?* הַאִם מְשַׁלְּמִים לְךָ עַל פִּי הַתַּעֲרִיף הַמְּקֻבָּל?

4 at any rate בְּכָל אֹפֶן, מִכָּל מָקוֹם, עַל־כָּל־פָּנִים

5 (local tax, *UK*) מִסִּים עִירוֹנִיִּים, אַרְנוֹנָה

rate-capping הַגְבָּלַת תַּעֲרִיפֵי הָאַרְנוֹנָה (עַל יְדֵי הַמֶּמְשָׁלָה)

6 (class)

first-rate סוּג א'

second-rate סוּג ב'

third-rate סוּג ג'; "סוּג ז'"

—v.t.

1 (estimate, consider) הֶעֱרִיךְ, הֶחְשִׁיב

□ *I don't rate his chances very high* אֲנִי לֹא מַעֲרִיךְ אֶת סִכּוּיָיו כִּגְבוֹהִים

2 (deserve) הָיָה רָאוּי לְ...

3 (subject to or assess for payment of rates, *UK*) קָבַע אֶת שִׁעוּר הָאַרְנוֹנָה עַל, הֵטִיל אַרְנוֹנָה עַל

□ *the house was rated at £500 per annum* שִׁעוּר הַמַּס עַל הַבַּיִת נִקְבַּע לְ־500 לִישׁ"ט

—v.i. דֻּרַג כְּ..., נֶחְשַׁב לְ...

rateable /ˈreɪtəb(ə)l/ adj. (also **ratable**) חַיָּב בְּמַס עִירוֹנִי, חַיָּב בְּאַרְנוֹנָה (בִּנְיָן בִּלְבַד)

rateable value (*UK*) עֵרֶךְ לְצָרְכֵי מַס עִירוֹנִי/אַרְנוֹנָה

ratepayer /ˈreɪtpeɪə(r)/ n. (*UK*) מְשַׁלֵּם־מִסִּים עִירוֹנִיִּים, מְשַׁלֵּם אַרְנוֹנָה

rather /ˈrɑːðə(r)/ adv.

1 (more willingly) בְּיֶתֶר רָצוֹן, מוּטָב שֶׁ..., הֶעְדִּיף שֶׁ...

□ *I would rather not say where the money came from* אֲנִי מַעְדִּיף לֹא לוֹמַר מֵהֵיכָן בָּא הַכֶּסֶף, הָיִיתִי מַעְדִּיף לֹא לוֹמַר מֵהֵיכָן בָּא הַכֶּסֶף

2 (a little; a lot) בְּמִדַּת־מָה, כְּלְשֶׁהוּ, בְּמִדָּה מְסֻיֶּמֶת; מְאֹד, לְמַדַּי

□ *he's rather a bore* הוּא קְצָת מְשַׁעֲמֵם

□ *it became rather dark before the thunderstorm* נַעֲשָׂה חָשׁוּךְ לְמַדַּי לִפְנֵי שֶׁהֵחֵלָּה סוּפַת־הָרְעָמִים

3 (more truly; more precisely) יוֹתֵר מֵאֲשֶׁר, לְיֶתֶר דִּיּוּק

□ *this book is dull rather than difficult* סֵפֶר זֶה מְשַׁעֲמֵם יוֹתֵר מִשֶּׁהוּא קָשֶׁה

□ *I'm an author, or rather, an aspiring author* אֲנִי סוֹפֵר, אוֹ לְיֶתֶר דִּיּוּק רוֹצֶה לִהְיוֹת סוֹפֵר

4 (certainly, *UK colloq.*) בְּוַדַּאי! בְּהֶחְלֵט! (בִּתְשׁוּבָה)

□ *would you like some more wine? – Rather!* הַאִם אַתָּה רוֹצֶה עוֹד מְעַט יַיִן? בְּשִׂמְחָה!

ratification /ˌrætɪfɪˈkeɪʃ(ə)n/ n. (*formal*) אִשְׁרוּר, אִשּׁוּר (שֶׁל הֶסְכֵּם)

ratify /ˈrætɪfaɪ/ v.t. (*formal*) אִשְׁרֵר, אִשֵּׁר (הֶסְכֵּם)

rating /ˈreɪtɪŋ/ n.

1 (classification; ranking) סִוּוּג; דֵּרוּג

□ *the TV documentary did well in the ratings* בְּדֵרוּג הַצְּפִיָּה קִבְּלָה הַתָּכְנִית הַתַּעֲוּדִית הַרְבֵּה נְקֻדּוֹת

2 (ordinary seaman, *UK Naut.*) מַלָּח פָּשׁוּט (שֶׁאֵינוֹ קָצִין)

3 (valuation of property for municipal tax) קְבִיעַת שִׁעוּר הַמַּס הָעִירוֹנִי/הָאַרְנוֹנָה

ratio /ˈreɪʃɪəʊ/ n. (*pl.* **ratios**) יַחַס מִסְפָּרִי, יַחַס

ratiocination /ˌrætɪˌɒsɪˈneɪʃ(ə)n/ n. (*formal*) (תַּהֲלִיךְ שֶׁל) חֲשִׁיבָה לוֹגִית

ration /ˈræʃ(ə)n/ n.

1 (limited amount per person, etc.) מָנָה (קִצְבָּה, שֶׁל מִצְרָכִים וְכַד')

ration book (or **card**) פִּנְקָס/כַּרְטִיס שֶׁל תְּלוּשֵׁי מָזוֹן

2 (in *pl.*, food) מָזוֹן

iron rations מְנַת־חֵרוּם (בַּעֲלַת עֵרֶךְ תְּזוּנָתִי גָּבוֹהַּ)

short rations מְנוֹת מָזוֹן מְצֻמְצָמוֹת, מְנוֹת דָּחָק

—v.t. חִלֵּק בְּקִצּוּב, קָצַב (מִצְרָכִים)

□ *we rationed out the last bar of chocolate* חִלַּקְנוּ אֶת חֲפִיסַת הַשּׁוֹקוֹלָד הָאַחֲרוֹנָה לִמְנוֹת קְצוּבוֹת

rational /ˈræʃ(ə)n(ə)l/ adj.

1 (endowed with reason; involving reasoning) נָבוֹן, בַּעַל תְּבוּנָה, רַצְיוֹנָלִי

2 (sensible) הֶגְיוֹנִי, סָבִיר, מִתְקַבֵּל עַל הַדַּעַת, רַצְיוֹנָלִי

rationale /ˌræʃəˈnɑːl/ n. (*formal*) רַצְיוֹנָל, הִגָּיוֹן, עִקָּרוֹן

rationalism /ˈræʃ(ə)nəlɪzəm/ n. רַצְיוֹנָלִיזְם (שִׁיטָה פִילוֹסוֹפִית)

rationalist /ˈræʃ(ə)nəlɪst/ n. רַצְיוֹנָלִיסְט, שִׂכְלְתָן

rationalistic /ˌræʃ(ə)nəˈlɪstɪk/ adj. רַצְיוֹנָלִיסְטִי

rationalization /ˌræʃ(ə)nəlaɪˈzeɪʃ(ə)n/ n. רַצְיוֹנָלִיזַצְיָה (הַצְדָּקָה); יִעוּל

rationalize /ˈræʃ(ə)nəlaɪz/ v.t.

1 (explain rationally) עָשָׂה רַצְיוֹנָלִיזַצְיָה לְ..., הִצְדִּיק

2 (organize) יִעֵל

rationally /ˈræʃ(ə)nəlɪ/ adv. בְּאֹפֶן שָׁקוּל, בְּאֹפֶן הֶגְיוֹנִי, בְּאֹפֶן רַצְיוֹנָלִי

ratter /ˈrætə(r)/ n.

1 (animal that catches rats) (בַּעַל חַיִּים) צַיַּד חֻלְדּוֹת

2 (betrayer, *sl.*) בּוֹגֵד, שַׁקְרָן

rattle /ˈræt(ə)l/ v.t.

1 (shake noisily) שִׁקְשֵׁק, טִלְטֵל

2 (fluster, *colloq.*) גָּרַם לְ... "לְשַׁקְשֵׁק", זִעְזַע

□ *it's a false alarm – don't get rattled!* זוֹהִי אַזְעָקַת שָׁוְא – אַל תְּשַׁקְשֵׁק!

—v.i. טִרְטֵר, שִׁקְשֵׁק

□ *the car rattled along at a good speed* הַמְּכוֹנִית עָשְׂתָה דַּרְכָּהּ בִּמְהִירוּת וּבְטִרְטוּרִים

□ *he rattled off the poem* הוּא פָּלַט אֶת הַשִּׁיר בְּקֶצֶב מָהִיר

□ *she rattled away (or on) without thinking* הִיא פִּטְפְּטָה (קִשְׁקְשָׁה) בְּלִי הֶפְסֵק וּבְלִי לָתֵת אֶת הַדַּעַת (עַל מַה שֶּׁהִיא מְדַבֶּרֶת)

—n.

1 (sound) טִרְטוּר, שִׁקְשׁוּק, נְקִישָׁה, קִשְׁקוּשׁ, תְּפִיפָה

death-rattle חִרְחוּרֵי־גְּסִיסָה

2 (toy or similar device) רַעֲשָׁן, קַשְׁקְשָׁן

rattler /ˈrætlə(r)/ n. (*US colloq.*) נְחַשׁ הַפַּעֲמוֹנִים (נְחַשׁ מִדְבָּר אַרְסִי)

rattlesnake /ˈræt(ə)lsneɪk/ n. נְחַשׁ־הַפַּעֲמוֹנִים (נְחַשׁ מִדְבָּר אַרְסִי)

rattletrap /ˈræt(ə)ltræp/ n. (*colloq.*) "גְּרוּטָאָה", "טָרַנְטָה" (בְּעִקָּר מְכוֹנִית)

rattling /ˈrætlɪŋ/ adj. & adv. (*colloq.*) נֶהְדָּר, מְצֻיָּן; מְאֹד

□ *they had a rattling good time at the circus* הֵם בִּלּוּ נֶהְדָּר בַּקִּרְקָס

ratty /ˈrætɪ/ adj. (*colloq.*) מְעֻצְבָּן, בְּמַצַּב־רוּחַ מְזֻפָּת

raucous /ˈrɔːkəs/ adj. (*derog.*) צוֹרְמָנִי, צָרוּד, גַּס (קוֹל, צְחוֹק)

raunchy /ˈrɔːntʃɪ/ adj. (*colloq.*) סֶקְסִי וּפָרוּעַ

ravage /ˈrævɪdʒ/ v.t. הָרַס, הִשְׁחִית, עָשָׂה שַׁמּוֹת בְּ...

ravages /ˈrævɪdʒɪz/ n. *pl.* תּוֹצְאוֹת־הֶרֶס, מַעֲשֵׂי־הֶרֶס

□ *the old woman's face shows the ravages of time* אוֹתוֹת הַזְּמַן נִכָּרִים בְּבֵרוּר עַל־פְּנֵי הַזְּקֵנָה

rave /reɪv/ v.i. דִּבֵּר בְּטֵרוּף

□ *she raved about the food she'd enjoyed in France* (*colloq.*) הִיא הִפְלִיגָה בְּשִׁבְחָם שֶׁל הַמַּאֲכָלִים שֶׁאָכְלָה בְּצָרְפַת

—n. (*colloq.*) שֶׁבַח נִלְהָב; "הַצְּעָקָה הָאַחֲרוֹנָה"

□ *the play attracted rave notices* הַמַּחֲזֶה זָכָה לְבִקּוֹרוֹת נִלְהָבוֹת, הַמַּחֲזֶה זָכָה לִשְׁבָחִים נִלְהָבִים

ravel /ˈræv(ə)l/ v.t. & i. סִבֵּךְ; הִתִּיר; הִסְתַּבֵּךְ; נִפְרַם (חֶבֶל וְכַד')

raven /ˈreɪv(ə)n/ n. עוֹרֵב שָׁחוֹר

—adj. (*poet.*) שָׁחוֹר כָּעוֹרֵב

□ *her raven locks were cut short* תַּלְתַּלֶּיהָ הַשְּׁחוֹרִים נִגְזְזוּ

ravening /ˈrævənɪŋ/ adj. (*formal*) מְזֵה־רָעָב, פִּרְאִי, חַמְסָנִי (מֵחֲמַת רָעָב)

□ *a pack of ravening wolves attacked the camp* לַהֲקַת זְאֵבִים מְשַׁחֲרִים לַטֶּרֶף תָּקְפָה אֶת הַמַּחֲנֶה

ravenous /ˈrævənəs/ adj. רָעֵב בְּיוֹתֵר

raver /ˈreɪvə(r)/ n. (*colloq.*) "בַּלְיָן"

rave-up /ˈreɪv-ʌp/ n. (*colloq.*) מְסִבָּה רוֹעֶשֶׁת

ravine /rəˈviːn/ n. גַּיְא (עֵמֶק וְצַר)

raving /ˈreɪvɪŋ/ n. דִּבּוּר מְטֹרָף, צַעֲקוֹת טֵרוּף

□ *these letters are the ravings of a madman* מִכְתָּבִים אֵלֶּה הֵם פְּרִי עֵטוֹ שֶׁל מְטֹרָף

—adj. & adv. (*colloq.*) מְטֹרָף לְגַמְרֵי; בְּטֵרוּף גָּמוּר

□ *he behaved like a raving lunatic* הוּא הִתְנַהֵג כְּמוֹ מְטֹרָף מֻחְלָט

ravioli /ˌrævɪˈəʊlɪ/ n. רַבְיוֹלִי (כִּיסָנֵי בָּשָׂר אִיטַלְקִיִּים)

ravish /ˈrævɪʃ/ v.t. (*poet.*)

1 (delight) הִקְסִים, לִבֵּב, שָׁבָה לֵב

2 (rape) אָנַס; גָּזַל

ravishing /ˈrævɪʃɪŋ/ adj. מַקְסִים, מְלַבֵּב, שׁוֹבֵה־לֵב

raw /rɔː/ adj.

1 (uncooked) לֹא־מְבֻשָּׁל, חַי, (בָּשָׂר) נָא

2 (in the natural state; unfinished) גָּלְמִי, טִבְעִי, לֹא מְעֻבָּד

raw material (s) חָמְרֵי־גֶּלֶם

raw spirit אַלְכּוֹהוֹל טָהוֹר (לֹא מָהוּל)

□ *the raw text of the play needs editing* צָרִיךְ לַעֲרֹךְ אֶת הַטְּיוּטָה שֶׁל הַמַּחֲזֶה

3 (inexperienced) לֹא מְנֻסֶּה, חֲסַר־נִסָּיוֹן

raw recruit "בָּשָׂר טָרִי" (טִירוֹן)

4 (unhealed; unfinished) (פֶּצַע) חָשׂוּף, מֻגְלֶה, פָּתוּחַ; לְלֹא גִּמּוּר (בַּד וְכַד')

□ *the piece of cloth had raw edges* שׁוּלֵי הַבַּד הָיוּ לְלֹא גִּמּוּר

5 (bleak, wretched; harsh) קוֹדֵר, סַגְרִירִי; קָשֶׁה, אַכְזָרִי

raw deal (*colloq.*) יַחַס קָשֶׁה

□ *it was a raw February morning* זֶה הָיָה בֹּקֶר סַגְרִירִי שֶׁל פֶבְּרוּאָר

—n. פֶּצַע חָשׂוּף, פִּסַּת עוֹר רָגִישׁ וְכוֹאֵב

□ *their allegations touched him on the raw* (*fig.*) טַעֲנוֹתֵיהֶם פָּגְעוּ בּוֹ בִּנְקֻדָּה הָרְגִישָׁה

□ *you will experience life in the raw out here* כָּאן תִּרְאֶה מַה זֶּה הַחַיִּים בֶּאֱמֶת

raw-boned /rɔː-bəʊnd/ adj. רָזֶה וְכָחוּשׁ, גְּרוּם עֲצָמוֹת

rawhide /ˈrɔːhaɪd/ n. עוֹר בִּלְתִּי־מְעֻבָּד, שֶׁלַח

ray[1] /reɪ/ n.

1 (beam of light or other radiation) קֶרֶן (שֶׁל אוֹר אוֹ קְרִינָה)

cosmic rays (*Astron.*) קְרִינָה קוֹסְמִית, קַרְנַיִם קוֹסְמִיּוֹת

gamma rays (*Phys.*) קַרְנֵי גַּמָּה

□ *there is a ray of hope in the midst of this tragedy* יֵשׁ שְׁבִיב שֶׁל תִּקְוָה בְּלֵב הַטְּרָגֶדְיָה הַזּוֹ

2 (line from a point, *Geom.*) קֶרֶן

ray[2] /reɪ/ n. תְּרִיסָנִית (דַּג־יָם בַּעַל רֹאשׁ וְגוּף מְשֻׁטָּחִים)

rayon /ˈreɪɒn/ n. רֵיוֹן (אֲרִיג דְּמוּי־מֶשִׁי עָשׂוּי מִתָּאִית)

raze /reɪz/ v.t. (*formal*) מָחָה מֵעַל־פְּנֵי הָאֲדָמָה, הָרַס עַד הַיְסוֹד, הֶחֱרִיב

razor /ˈreɪzə(r)/ n. תַּעַר; מַגְלֵחַ, מַכְשִׁיר־גִּלּוּחַ

□ *he is on a razor's edge* הוּא נָתוּן בְּסַכָּנָה

razor blade /ˈreɪzə-bleɪd/ n. סַכִּין־גִּלּוּחַ

razzamatazz /ˈræz(ə)məˌtæz/ n. (also **razzmatazz**) (*sl.*) "קַרְנִיבָל", אֲוִירַת קַרְנִיבָל

razzle /ˈræz(ə)l/ n. (*UK colloq.*) "חַיִּים מְשֻׁגָּעִים", בִּלּוּי פָּרוּעַ, בִּלּוּי מְשֻׁגָּע

on the razzle (יָצָא) לַעֲשׂוֹת חַיִּים

razzle-dazzle /ˈræz(ə)l-ˌdæz(ə)l/ n. (*sl.*) "קַרְנִיבָל", אֲוִירַת קַרְנִיבָל

re /riː/ prep. (*formal*) בְּנוֹגֵעַ לְ..., לְגַבֵּי

□ *I am writing to you re your recent promotion* אֲנִי כּוֹתֵב אֵלֶיךָ בְּנוֹגֵעַ לְקִדּוּמְךָ בָּאַחֲרוֹנָה

re- /riː-/ pref. "רֶה־", (תְּחִלִּית שֶׁפֵּרוּשָׁהּ) שֵׁנִית, מֵחָדָשׁ

reach /riːtʃ/ v.t. & i.

1 (stretch, extend) הוֹשִׁיט, שָׁלַח (יָד)

□ *he reached out his hand for his pen* הוּא הוֹשִׁיט אֶת יָדוֹ לָקַחַת אֶת הָעֵט

□ *there was sand as far as the eye could reach* הַחוֹלוֹת הִשְׂתָּרְעוּ לְכָל עֵבֶר בְּטֹוַח הָרְאִיָּה

2 (hand, pass) הוֹשִׁיט וְנָתַן, הִגִּישׁ

□ *he reached* (across, etc.) *for the salt* הוּא שָׁלַח אֶת יָדוֹ אֶל הַמֶּלַח

□ *just reach me that book, please* הַגֵּשׁ לִי בְּבַקָּשָׁה אֶת הַסֵּפֶר הַהוּא

□ *he reached the pot down from the top shelf* הוּא (הוֹשִׁיט יָדוֹ) וְהוֹרִיד אֶת הַסִּיר מִן הַמַּדָּף הָעֶלְיוֹן

3 (get as far as, attain) הִגִּיעַ לְ...; הִגִּיעַ עַד; הִשִּׂיג

□ *the speaker was unable to reach his audience* הַנּוֹאֵם לֹא הִצְלִיחַ לִיצֹר קֶשֶׁר עִם שׁוֹמְעָיו

□ *he'll never reach the top* הוּא לְעוֹלָם לֹא יַגִּיעַ לַפִּסְגָּה

4 (make contact by with telephone, etc.) הִשִּׂיג, יָצַר קֶשֶׁר (טֶלֶפוֹנִי וְכַד׳) עִם

—n.

1 (ability to reach or attain) הֶשֵּׂג־יָד, טְוַח־הַגָּעָה, תְּחוּם הַשָּׂגָה

out of reach מִחוּץ לְהֶשֵּׂג־יָד

within reach בְּהֶשֵּׂג־יָד, בִּתְחוּם הַהַשָּׂגָה

□ *that boxer has a very long reach* לַמִּתְאַגְרֵף הַהוּא יֵשׁ זְרוֹעוֹת אֲרֻכּוֹת

2 (stretch of river or canal) קֶטַע יָשָׁר שֶׁל נָהָר בֵּין שְׁנֵי נַפְתּוּלִים, יִשְׁרַת נָהָר

react /rɪækt/ v.i.

1 (respond) הֵגִיב, נַעֲנָה

□ *how did she react to the news?* אֵיךְ הִיא קִבְּלָה אֶת הַחֲדָשׁוֹת? אֵיךְ הִיא הֵגִיבָה לַחֲדָשׁוֹת?

2 (*Chem.*) הֵגִיב

□ *sodium reacts violently with water* נַתְרָן מֵגִיב בְּצוּרָה קִיצוֹנִית לְמַיִם

3 (have an effect) הִשְׁפִּיעַ, פָּעַל, גָּרַם לִתְגוּבָה

□ *they react upon* (or *on*) *each other* הֵם מַשְׁפִּיעִים זֶה עַל זֶה

reaction /rɪækʃ(ə)n/ n.

1 (responsive action or feeling) תְּגוּבָה, הֲגָבָה; פְּעֻלַּת־גּוֹמְלִין

□ *her heartbeat speeded up in reaction to the drug* קֶצֶב פְּעִימוֹת הַלֵּב שֶׁלָּהּ גָּבַר בִּתְגוּבָה לִתְרוּפָה

□ *what is your reaction to the news?* מָה דַּעְתְּךָ עַל הַחֲדָשׁוֹת?

2 (return to former condition or tendency; conservatism) רֵיאַקְצְיָה (חֶבְרָתִית וְכַד׳)

3 (*Chem., Phys.*) תְּגוּבָה, רֵיאַקְצְיָה

reactionary /rɪækʃən(ə)rɪ/ n. & adj. (*derog.*) רֵיאַקְצְיוֹנֶר; רֵיאַקְצְיוֹנֶרִי

reactivate /rɪæktɪveɪt/ v.t. הִפְעִיל מֵחָדָשׁ, הָפַךְ שׁוּב לְפָעִיל; חָזַר לִפְעֻלָּה

reactive /rɪæktɪv/ adj. (*Chem.*) מֵגִיב, רֵיאַקְטִיבִי

reactor /rɪæktə(r)/ n. מְכַל לִתְגוּבָה כִּימִית; כּוּר גַּרְעִינִי

nuclear reactor כּוּר גַּרְעִינִי

read /riːd/ (past & past ppl. **read** /red/) v.t.

1 (reproduce mentally or vocally the written or printed words of) קָרָא (טֶקְסְט כָּתוּב)

read out קָרָא בְּקוֹל

□ *the minutes were taken as read* הַפְּרוֹטוֹקוֹל אֻשַּׁר מִבְּלִי שֶׁהֻקְרָא הֲלָכָה לְמַעֲשֶׂה

□ *he read himself hoarse* הוּא הִצְטָרֵד מֵרֹב קְרִיאָה בְּקוֹל רָם

□ *I read myself to sleep* קָרָאתִי עַד שֶׁנִּרְדַּמְתִּי

2 (interpret, understand) קָרָא, הֵבִין

□ *he can read Morse code* הוּא מְסֻגָּל לְהָבִין סִימָנֵי מוֹרְס

□ *he reads music* הוּא יָכוֹל לִקְרֹא תָּוִים

□ *how would you read this omen?* אֵיךְ הָיִיתָ מְפָרֵשׁ אֶת הָאוֹת הַזֶּה?

□ *I can read you like a book* אֲנִי רוֹאֶה בְּדִיּוּק מָה אַתָּה חוֹשֵׁב, הַכֹּל כָּתוּב לְךָ עַל הַמֵּצַח

3 (learn by reading; study) קָרָא, לָמַד; לָמַד לִקְרַאת תֹּאַר בְּ...

read up עָבַר עַל חֹמֶר כָּתוּב, קָרָא עַל (נוֹשֵׂא)

□ *she read in the newspapers that he had died* הִיא קָרְאָה בְּעִתּוֹן שֶׁהוּא נִפְטַר, הִיא לָמְדָה מִן הָעִתּוֹן שֶׁהוּא נִפְטַר

□ *he read medicine* הוּא לָמַד רְפוּאָה, הוּא לָמַד לִקְרַאת תֹּאַר בִּרְפוּאָה

4 (interpret in a particular way; deduce) פֵּרֵשׁ, הֵבִין (דְּבַר מָה) כְּ...

□ *he read more into her remarks than she intended* הוּא יִחֵס לְהֶעָרוֹת שֶׁלָּהּ מַשְׁמָעֻיּוֹת שֶׁהִיא לֹא הִתְכַּוְּנָה לָהֶן

□ *I read his reply as a refusal* פֵּרַשְׁתִּי אֶת הַתְּגוּבָה שֶׁלּוֹ כְּסֵרוּב

5 (indicate a reading of) הֶרְאָה עַל

□ *the thermometer reads 30°* הַמַּדְחֹם מַרְאֶה עַל 30°

6 (transfer data; communicate with) קָרָא; שָׁמַע

read-only memory (*Comput.*) זִכָּרוֹן לִקְרִיאָה בִּלְבַד, זִכָּרוֹן לֹא־נִמְחָק (בְּמַחְשֵׁב)

□ *do you read me?* הַאִם אַתָּה שׁוֹמֵעַ אוֹתִי? (בְּתִקְשֹׁרֶת אַלְחוּט)

—v.i.

1 (look at writing, etc.) קָרָא (טֶקְסְט כָּתוּב)

read between the lines (*fig.*) קָרָא בֵּין הַשּׁוּרוֹת (הֵבִין מַשְׁמָעוּת נִסְתֶּרֶת)

□ *did you read about the hurricane?* הַאִם קָרָאתָ עַל הַהוֹרִיקָן?

2 (be read in a particular way)

□ *this novel reads like a play* הָרוֹמָן הַזֶּה נִקְרָא כְּמוֹ מַחֲזֶה, הָרוֹמָן הַזֶּה יוֹצֵר רֹשֶׁם שֶׁל מַחֲזֶה

□ *the two manuscripts read differently* יֵשׁ גִּרְסָאוֹת נִפְרָדוֹת בִּשְׁנֵי כִּתְבֵי הַיָּד

—n. קְרִיאָה; חֹמֶר קְרִיאָה

□ *have a quick read of this!* תָּעִיף מַבָּט עַל זֶה! (כְּלוֹמַר עַל טֶקְסְט כָּתוּב)

□ *this is an exciting read* זֶה חֹמֶר קְרִיאָה מְרַתֵּק

readable /ˈriːdəb(ə)l/ adj.

1 (agreeably written) נָעִים לִקְרִיאָה, קָרִיא

2 (legible) קָרִיא, נִתָּן לִקְרִיאָה

reader /ˈriːdə(r)/ n.

1 (person who reads) קוֹרֵא

lay reader (*Relig.*) אָדָם שֶׁאֵינוֹ כֹּמֶר הַמַּקְרִיא קְטָעִים מִן הַתְּפִלָּה (בַּכְּנֵסִיָּה הַפְּרוֹטֶסְטַנְטִית)

□ *in this library you will need a reader's ticket* בַּסִּפְרִיָּה הַזּוֹ תִּצְטָרֵךְ כַּרְטִיס־קוֹרֵא

2 (rank of university teacher, *UK*) "רִידֶר" (דַּרְגָּה בְּכִירָה בְּאוּנִיבֶרְסִיטָאוֹת בְּרִיטִיּוֹת)

3 (machine for reading) סוֹרֵק טֶקְסְט אֶלֶקְטְרוֹנִי

4 (*Printing*) מַגִּיהַּ; "רִידֶר" (אָדָם שֶׁתַּפְקִידוֹ לִקְרֹא וּלְהַעֲרִיךְ חֹמֶר הַמְיֹעָד לִדְפוּס)

5 (reading instruction book) מִקְרָאָה (סֵפֶר קְרִיאָה לְמַתְחִילִים)

readership /ˈriːdəʃɪp/ n. קְהַל הַקּוֹרְאִים, מִסְפַּר הַקּוֹרְאִים

readily /ˈredɪlɪ/ adv.

1 (willingly) בִּנְכוֹנוּת רַבָּה, בְּרָצוֹן רַב

2 (easily) בְּלִי קֹשִׁי, בְּקַלּוּת

readiness /ˈredɪnɪs/ n. נְכוֹנוּת

□ *the table is laid in readiness for tomorrow* הַשֻּׁלְחָן עָרוּךְ לִקְרַאת מָחָר

reading /ˈriːdɪŋ/ n.

1 (act of scanning) קְרִיאָה

reading age כֹּשֶׁר קְרִיאָה (עַל פִּי סְטַנְדַּרְטִים שֶׁל גִּיל נָתוּן)

reading room חֲדַר קְרִיאָה (בְּסִפְרִיָּה וְכַד')

□ *the story makes alarming reading* הַסִּפּוּר הוּא חֹמֶר קְרִיאָה מְזַעְזֵעַ

□ *she gave a reading of her poetry* הִיא הִקְרִיאָה מִשִּׁירֶיהָ (בְּמוֹפָע מְיֻחָד לְצֹרֶךְ זֶה), הִיא עָרְכָה הַקְרָאָה שֶׁל שִׁירֶיהָ

2 (figures shown on instrument) קְרִיאָה (שֶׁל מוֹנֶה, עַל שְׁעוֹן מְדִידָה וְכַד')

3 (interpretation) פֵּרוּשׁ

4 (word(s) in a text; text for reading aloud) גִּרְסָה (שֶׁל מִלָּה בְּטֶקְסְט וְכַד'); קֶטַע־קְרִיאָה (לְהַקְרָאָה בְּטֶקֶס וְכַד')

5 (presentation of bill in Parliament) קְרִיאָה (שֶׁל חֹק בְּבֵית הַנִּבְחָרִים)

readjust /ˌrɪəˈdʒʌst/ v.t. & i. עָרַךְ תֵּאוּם/שִׁנּוּי (בְּהֶתְאֵם לַמַּצָּב); הֶחֱזִיר לַמַּצָּב הָרִאשׁוֹנִי; הִתְאַקְלֵם, הִסְתַּגֵּל

□ *he readjusted (himself) to the new circumstances* הוּא הִסְתַּגֵּל לַנְּסִבּוֹת הַחֲדָשׁוֹת

readjustment /ˌriːəˈdʒʌstmənt/ n. שִׁנּוּיִים (לְצֹרֶךְ הַתְאָמָה לְמַצָּב חָדָשׁ וְכַד'); הִתְאַקְלְמוּת, הִסְתַּגְּלוּת

readmit /ˌriːədˈmɪt/ v.t. הִכְנִיס שֵׁנִית (לִפְגִישָׁה, לְאוּלָם וְכַד'); אִשְׁפֵּז מֵחָדָשׁ

ready /ˈredɪ/ adj. מוּכָן, נָכוֹן (לִפְעֻלָּה וְכַד')

make ready הֵכִין

ready money כֶּסֶף זָמִין, כֶּסֶף מוּכָן (שֶׁאֶפְשָׁר לְנַצְּלוֹ בְּלִי הַמְתָּנָה)

ready, steady (or **get set**), **go!** מוּכָנִים, הִכּוֹן, רוּץ!

ready to hand בְּהֶשֵּׂג יָד

□ *he is ready for anything* הוּא מוּכָן לַכֹּל

□ *she got the bedroom ready for the visitors* הִיא הֵכִינָה אֶת הַחֶדֶר לְבוֹאָם שֶׁל הָאוֹרְחִים

□ *the idea found ready acceptance* הָרַעְיוֹן נָפַל עַל אָזְנַיִם קַשּׁוּבוֹת

□ *he has a ready wit* יֵשׁ לוֹ לָשׁוֹן חַדָּה

—n.

at the ready נָכוֹן, מוּכָן

—adv. מוּכָן מֵרֹאשׁ

ready-made /ˌredɪˈmeɪd/ adj. מוּכָן מֵרֹאשׁ

□ *all his ideas come ready-made* כָּל הָרַעְיוֹנוֹת שֶׁלּוֹ נִלְקָחוּ כְּמוֹ שֶׁהֵם מִמָּקוֹר אַחֵר

□ *his suit was ready-made* הַחֲלִיפָה שֶׁלּוֹ הָיְתָה מוּכָנָה מֵרֹאשׁ (וְלֹא תְּפוּרָה לְפִי מִדָּה), הוּא לָבַשׁ חֲלִיפַת קוֹנְפֶקְצְיָה

reaffirm /ˌriːəˈfɜːm/ v.t. אִשֵּׁר מֵחָדָשׁ

reagent /riːˈeɪdʒənt/ n. (*Chem.*) רֵיאַגֶּנְט, חֹמֶר־תְּגוּבָה

real[1] /rɪəl/ adj.

1 (actual, genuine) אֲמִתִּי, מַמָּשִׁי, רֵיאָלִי

real ale בִּירָה "אֲמִתִּית" (מְיֻצֶּרֶת בְּשִׁיטָה מָסָרְתִּית, וְלֹא בְּכַמֻּיּוֹת בְּשִׁיטָה תַּעֲשִׂיָּתִית)

real tennis מִשְׂחַק מַחְבֵּט בְּאוּלָם, (מֵעֵין טֶנִיס קָדוּם)

□ *there is no substitute for the real thing* אֵין תַּחֲלִיף לַמָּקוֹר

□ *people don't behave like that in real life* אֲנָשִׁים לֹא מִתְנַהֲגִים כָּךְ בֶּאֱמֶת בַּחַיִּים

□ *we saw a real live tiger* (*colloq.*) רָאִינוּ נָמֵר "עַל אֱמֶת"

□ *give me the real reason for your absence* תַּגִּיד לִי מָה הַסִּבָּה בֶּאֱמֶת לְהֵעָדְרוּת שֶׁלְּךָ

2 (*Commerc.*) (בְּחִשּׁוּב) רֵיאָלִי (לְאַחַר קִזּוּז שִׁעוּרֵי אִינְפְלַצְיָה וְכַד')

real income הַכְנָסָה רֵיאָלִית

□ *expenditure has increased in real terms* הַהוֹצָאוֹת עָלוּ בְּמֻנָּחִים רֵיאָלִיִּים

3 (*Law*) דְּלָא־נַיְדֵי, שֶׁל מְקַרְקְעִין

real estate נִכְסֵי דְּלָא־נַיְדֵי, מְקַרְקְעִין

4 (*Math.*) (מִסְפָּר) אֲמִתִּי, רֵיאָלִי
—adv. (*US colloq. & Scot.*) "מַמָּשׁ"
□ *that was real nice!* זֶה הָיָה מַמָּשׁ טוֹב! זֶה הָיָה "מַשֶּׁהוּ"!

real² /reɪˈɑːl/ n. (*Hist.*) רֵיאָל (מַטְבֵּעַ סְפָרַדִּי קָדוּם)

realign /ˌriːəˈlaɪn/ v.t. & i. יִשֵּׁר (דְּבַר מָה בְּיַחַס לִדְבַר מָה אַחֵר); אִרְגֵּן מֵחָדָשׁ; הִתְאַרְגֵּן מֵחָדָשׁ

realism /ˈrɪəlɪzəm/ n.
1 (matter-of-fact attitude) מְצִיאוּתִיּוּת, רֵיאָלִיּוּת
2 (in art or literature) רֵיאָלִיזְם
3 (*Philos.*) רֵיאָלִיזְם

realist /ˈrɪəlɪst/ n. אִישׁ הַמְּצִיאוּת, רֵיאָלִיסְט; צַיָּר רֵיאָלִיסְטִי; פִילוֹסוֹף רֵיאָלִיסְטִי

realistic /ˌrɪəˈlɪstɪk/ n.
1 (true to life) נֶאֱמָן לַמְּצִיאוּת, רֵיאָלִיסְטִי
2 (practical) מְצִיאוּתִי, רֵיאָלִיסְטִי, מַעֲשִׂי
□ *we must find a realistic answer to the question* עָלֵינוּ לִמְצֹא תְּשׁוּבָה רֵיאָלִיסְטִית לַבְּעָיָה

realistically /ˌrɪəˈlɪstɪk(ə)lɪ/ adv. בְּאֹפֶן נֶאֱמָן לַמְּצִיאוּת; בְּאֹפֶן רֵיאָלִיסְטִי, בְּאֹפֶן מְצִיאוּתִי

reality /rɪˈælɪtɪ/ n. מְצִיאוּת, הֲוָיָה; רֵיאָלִיּוּת
in reality בַּמְּצִיאוּת, לְמַעֲשֶׂה
□ *he now realized the full reality of her poverty* עַתָּה הֵבִין עַד כַּמָּה הִיא הָיְתָה עֲנִיָּה בֶּאֱמֶת

realization /ˌrɪəlaɪˈzeɪʃ(ə)n/ n. (פְּעֻלָּה שֶׁל) הַכָּרָה, הֲבָנָה, תְּפִיסָה; הַגְשָׁמָה, מִמּוּשׁ; הִתְגַּשְּׁמוּת

realize /ˈrɪəlaɪz/ v.t.
1 (perceive) הֵבִין, תָּפַס
□ *I soon realized my mistake* תּוֹךְ זְמַן קָצָר הֲבַנְתִּי אֶת טָעוּתִי
2 (attain, accomplish; give reality to) הִגְשִׁים, מִמֵּשׁ, בִּצַּע
□ *he realized all his ambitions* הוּא הִגְשִׁים אֶת כָּל שְׁאִיפוֹתָיו
□ *his crop realized a good figure* הַיְבוּלִים שֶׁלּוֹ הִשִּׂיגוּ מְחִירִים טוֹבִים
□ *the story was vividly realized on stage* הַסִּפּוּר הֻצַּג בְּעָצְמָה רַבָּה עַל הַבָּמָה
3 (convert into money) מִמֵּשׁ (נְכָסִים)
□ *he was compelled to realize his assets* הוּא נֶאֱלַץ לְמַמֵּשׁ אֶת נְכָסָיו, הוּא נֶאֱלַץ לְהָמִיר אֶת נְכָסָיו בְּכֶסֶף

really /ˈrɪəlɪ/ adv.
1 (genuinely, very) בֶּאֱמֶת, בְּכֵנוּת, לַאֲמִתּוֹ שֶׁל דָּבָר
2 (indeed) אָכֵן, בֶּאֱמֶת, מַמָּשׁ
□ *this really is delicious* זֶה אָכֵן טָעִים מְאֹד
—int. בֶּאֱמֶת! בִּרְצִינוּת!

realm /relm/ n.
1 (sphere, domain) תְּחוּם, אֵזוֹר
□ *we are moving into the realms of fantasy* (*derog.*) אָנוּ עוֹבְרִים לְמַמְלֶכֶת הַדִּמְיוֹן
2 (kingdom) מַמְלָכָה
coin of the realm מַטְבֵּעַ רִשְׁמִי (שֶׁל מְדִינָה)

realtor /ˈrɪəltə(r)/ n. (*US*) סוֹכֵן מְקַרְקְעִין, סוֹכֵן נִכְסֵי דְּלָא־נַיְדֵי

realty /ˈrɪəltɪ/ n. (*Law*) נִכְסֵי דְּלָא־נַיְדֵי, מְקַרְקְעִין

ream¹ /riːm/ n. 480 גִּלְיוֹנוֹת (בִּבְרִיטַנְיָה); 500 גִּלְיוֹנוֹת (בְּאַרְהַ"ב); (בְּהַשְׁאָלָה) כַּמֻּיּוֹת נְיָר
□ *he wrote reams in the exam* (*colloq.*) הוּא כָּתַב "רוֹמָן שָׁלֵם" בַּבְּחִינָה

ream² /riːm/ v.t. הִגְדִּיל נֶקֶב/חוֹר

reamer /ˈriːmə(r)/ n. מַכְשִׁיר לְהַרְחָבַת נֶקֶב/חוֹר

reap /riːp/ v.t. קָצַר (גַּם בְּהַשְׁאָלָה)
□ *he reaped the benefits of his hard work* הוּא קָצַר אֶת רִוְחֵי עֲמָלוֹ

reaper /ˈriːpə(r)/ n.
1 (person) קוֹצֵר
the (grim) Reaper (*poet.*) מַלְאַךְ הַמָּוֶת (שֶׁבְּיָדָיו חֶרְמֵשׁ)
2 (machine) מַקְצֵרָה

reappear /ˌriːəˈpɪə(r)/ v.i. הוֹפִיעַ מֵחָדָשׁ, הוֹפִיעַ שׁוּב, צָץ וְעָלָה מֵחָדָשׁ

reappearance /ˌriːəˈpɪərəns/ n. הוֹפָעָה מֵחָדָשׁ, הוֹפָעָה חוֹזֶרֶת, הִשָּׁנוּת

reappraisal /ˌriːəˈpreɪz(ə)l/ n. (*formal*) הַעֲרָכָה מֵחָדָשׁ

reappraise /ˌriːəˈpreɪz/ v.t. (*formal*) הֶעֱרִיךְ מֵחָדָשׁ

rear¹ /rɪə(r)/ n.
1 (back part of anything) אָחוֹר, חֵלֶק אֲחוֹרִי, עֹרֶף
in the rear מֵאָחוֹר
rear light (or **lamp**) אוֹר אֲחוֹרִי, פַּנַּס אֲחוֹרִי (בִּמְכוֹנִית וְכַד')
rear view mirror מַרְאָה אֲחוֹרִית
2 (*Mil.*) עֹרֶף (בְּנִגּוּד לַחֲזִית); מְאַסֵּף (שֶׁל טוּר)
□ *the older children are bringing up the rear* הַיְלָדִים הַמְבֻגָּרִים יוֹתֵר צוֹעֲדִים בְּסוֹף הַטּוּר
3 (buttocks, *colloq.*) אֲחוֹרַיִם, יַשְׁבָן

rear² /rɪə(r)/ v.t.
1 (bring up, breed) גִּדֵּל (יֶלֶד, בַּעַל חַיִּים וְכַד')
□ *she reared her family alone* הִיא גִּדְּלָה אֶת מִשְׁפַּחְתָּהּ לְבַדָּהּ
□ *he rears cattle* הוּא מְגַדֵּל בָּקָר
2 (raise, set upright) הֵרִים, נָשָׂא
□ *the lion reared its head* הָאַרְיֵה הֵרִים אֶת רֹאשׁוֹ
□ *prejudice has once again reared its (ugly) head* הַדֵּעוֹת הַקְּדוּמוֹת שׁוּב נָשְׂאוּ אֶת רֹאשָׁן בְּגַאֲוָה
—v.i. הִזְדַּקֵּף (לְפֶתַע) עַל רַגְלָיו הָאֲחוֹרִיּוֹת (סוּס וְכַד')

rear-admiral /ˌrɪər-ˈædmərəl/ n. תַּת־אַדְמִירָל

rearguard /ˈrɪəɡɑːd/ n. מְאַסֵּף
□ *they fought a rearguard action* הֵם נִלְחֲמוּ בִּקְרַב־נְסִיגָה; הֵם נִלְחֲמוּ קְרָב נוֹאָשׁ וְאַחֲרוֹן (גַּם בְּהַשְׁאָלָה)

rearm /riːˈɑːm/ v.t. & i. חִמֵּשׁ מֵחָדָשׁ; הִתְחַמֵּשׁ מֵחָדָשׁ

rearmament /riːˈɑːməmənt/ n. חִמּוּשׁ מֵחָדָשׁ (שֶׁל מְדִינָה)

rearmost /ˈrɪəməʊst/ adj. הָאֲחוֹרִי, שֶׁנִּמְצָא בַּקָּצֶה הָאֲחוֹרִי

rearrange /ˌriːəˈreɪndʒ/ v.t. סִדֵּר מֵחָדָשׁ, אִרְגֵּן מֵחָדָשׁ, עָרַךְ מֵחָדָשׁ

rearrangement /ˌriːəˈreɪndʒmənt/ n. סִדּוּר מֵחָדָשׁ, עֲרִיכָה מֵחָדָשׁ

rearward /ˈrɪəwəd/ n. & adj. מְאַסֵּף; אֲחוֹרִי
—adv. (also **rearwards** /ˈrɪəwədz/) לְאָחוֹר

reason /ˈriːz(ə)n/ n.
1 (cause, motive) סִבָּה, טַעַם, נִמּוּק
□ *he is exempted by reason of his office* הוּא פָּטוּר בְּתֹקֶף תַּפְקִידוֹ
□ *there is no reason to be angry* אֵין כָּל סִבָּה לִכְעֹס
□ *he protested, and with good reason* הוּא הִבִּיעַ מְחָאָה, וּבְצֶדֶק
2 (intellectual faculty) הִגָּיוֹן, תְּבוּנָה
□ *he lost his reason* הוּא אִבֵּד אֶת עֶשְׁתּוֹנוֹתָיו
□ *it stands to reason* זֶה הֶגְיוֹנִי, זֶה סָבִיר
3 (good sense; moderation) הִגָּיוֹן, תְּבוּנָה, שִׁקּוּל דַּעַת; מִדָּה נְכוֹנָה, מִדָּה הֶגְיוֹנִית, מִדָּה סְבִירָה
□ *you can spend anything, within reason* אַתָּה יָכוֹל לְהוֹצִיא כָּל סְכוּם הָעוֹלֶה עַל הַדַּעַת, אַךְ בִּגְבוּל הַסָּבִיר
□ *you must listen to reason* עָלֶיךָ לְהִשָּׁמַע לְקוֹל הַתְּבוּנָה
□ *until they see reason they must be forced to obey the law* עַד שֶׁיַּתְחִילוּ לְהִתְנַהֵג בְּהִגָּיוֹן, יֵשׁ לִכְפּוֹת עֲלֵיהֶם לְצַיֵּת לַחֹק
—v.t. & i. הֶעֱרִיךְ, הִגִּיעַ לְמַסְקָנָה שֶׁ..., חָשַׁב עַל בְּסִיס הַהִגָּיוֹן כִּי; דִּבֵּר בְּהִגָּיוֹן
□ *he reasoned out the answer to his problem* הוּא שָׁקַל בְּהִגָּיוֹן אֶת הַפִּתְרוֹן לִבְעָיָה שֶׁלּוֹ
□ *you can't reason with her* אִי אֶפְשָׁר לְדַבֵּר אִתָּהּ בְּהִגָּיוֹן
□ *she reasoned that the cause of death was pneumonia* הִיא הִגִּיעָה לְמַסְקָנָה כִּי סִבַּת הַמָּוֶת הָיְתָה דַּלֶּקֶת רֵאוֹת
□ *he reasoned his friend out of his fears* הוּא שִׁכְנֵעַ אֶת חֲבֵרוֹ בְּטִעוּנִים הֶגְיוֹנִיִּים שֶׁאֵין לְפַחָדִים שֶׁלּוֹ יְסוֹד

reasonable /ˈriːz(ə)nəb(ə)l/ adj.
1 (ready to listen to reason, moderate) הֶגְיוֹנִי, (אָדָם) שֶׁאֶפְשָׁר לְדַבֵּר אִתּוֹ בְּהִגָּיוֹן
2 (fair, acceptable) סָבִיר, הֶגְיוֹנִי, הוֹגֵן, מִתְקַבֵּל עַל הַדַּעַת
3 (not expensive) (מְחִיר) סָבִיר

reasonably /ˈriːz(ə)nəblɪ/ adv. בְּאֹפֶן סָבִיר, בְּאֹפֶן מִתְקַבֵּל עַל הַדַּעַת; לְמַדַּי
□ *I can't reasonably be expected to put up with that* לֹא מִתְקַבֵּל עַל הַדַּעַת לְצַפּוֹת מִמֶּנִּי לְהַשְׁלִים עִם זֶה

reasoned /ˈriːz(ə)nd/ adj. (טִעוּן וְכַד׳) שָׁקוּל, הֶגְיוֹנִי

reasoning /ˈriːzənɪŋ/ n. שִׁקּוּל-דַּעַת, הַנְמָקָה, אֹפֶן טִעוּן
□ *his reasoning is sound* הַהִגָּיוֹן שֶׁלּוֹ נָכוֹן, הַחֲשִׁיבָה שֶׁלּוֹ הֶגְיוֹנִית

reassemble /ˌriːəˈsemb(ə)l/ v.i. & t. נֶעֱרַךְ מֵחָדָשׁ, נֶאֱסַף מֵחָדָשׁ; עָרַךְ מֵחָדָשׁ, אָסַף מֵחָדָשׁ

reassert /ˌriːəˈsɜːt/ v.t. & refl. הוֹכִיחַ בַּשֵּׁנִית; שָׁב וְעָלָה

reassess /ˌriːəˈses/ v.t. הֶעֱרִיךְ מֵחָדָשׁ, נָתַן הַעֲרָכָה מְחֻדֶּשֶׁת לְ...

reassessment /ˌriːəˈsesmənt/ n. הַעֲרָכָה מֵחָדָשׁ, שִׁקּוּל חוֹזֵר

reassurance /ˌriːəˈʃɔːrəns/ n. עֲרֵבוּת, הַבְטָחָה, דִּבְרֵי הַרְגָּעָה

reassure /ˌriːəˈʃɔː(r)/ v.t. הִרְגִּיעַ אֶת חֲשָׁשׁוֹתָיו שֶׁל

reassuring /ˌriːəˈʃɔːrɪŋ/ adj. מְנַחֵם, מַרְגִּיעַ, מְעוֹדֵד

rebarbative /rɪˈbɑːbətɪv/ adj. (*formal*) מַבְעִית וְדוֹחֶה

rebate /ˈriːbeɪt/ n. & v.t. הֶחְזֵר (שֶׁל מַס, שֶׁל תַּשְׁלוּם עוֹדֵף וְכַד׳); נָתַן הֶחְזֵר

rebel /ˈreb(ə)l/ n. & adj. מוֹרֵד; מִתְמָרֵד
—v.i. /rɪˈbel/ מָרַד, הִתְמָרֵד
□ *they rebelled against the new tax* הֵם הִתְמָרְדוּ כְּנֶגֶד הַמַּס הֶחָדָשׁ

rebellion /rɪˈbelɪən/ n. מְרִידָה, מֶרֶד; מְרִי, מֶרִי

rebellious /rɪˈbelɪəs/ adj. מִתְמָרֵד, מוֹרֵד, מַרְדָּנִי

rebirth /riːˈbɜːθ/ n. (*formal*) תְּחִיָּה, לֵדָה מֵחָדָשׁ, הִתְחַדְּשׁוּת

reboot /riːˈbuːt/ v.t. (*Comput.*) כִּבָּה וְהִפְעִיל מֵחָדָשׁ (מַחְשֵׁב)

reborn /riːˈbɔːn/ adj. (*formal*) שֶׁנּוֹלַד מֵחָדָשׁ, שֶׁקָּם לִתְחִיָּה

rebound /rɪˈbaʊnd/ v.i. נִזְרַק בַּחֲזָרָה, קָפַץ בַּחֲזָרָה, נִתַּר בַּחֲזָרָה
□ *his deception rebounded upon him* הַתַּרְמִית פָּגְעָה בְּסוֹפוֹ שֶׁל דָּבָר בּוֹ עַצְמוֹ
—n. /ˈriːbaʊnd/ (בְּסְפּוֹרְט) כַּדּוּר חוֹזֵר, ״רִיבָּאוּנְד״; קְפִיצָה חֲזָרָה
□ *he caught the ball on the rebound* הוּא קָלַט אֶת הַכַּדּוּר הַחוֹזֵר
□ *she married him on the rebound* (*fig.*) הִיא נִשְּׂאָה לוֹ בִּתְגוּבָה לְאַהֲבָה נִכְזֶבֶת

rebuff /rɪˈbʌf/ n. (*formal*) דְּחִיָּה, סֵרוּב (לָרֹב קָצָר וְלֹא נָעִים)
—v.t. סֵרֵב (כַּנַּ״ל), הֵשִׁיב רֵיקָם אֶת פְּנֵי

rebuild /riːˈbɪld/ v.t. (past & past ppl. **rebuilt** /riːˈbɪlt/) בָּנָה מֵחָדָשׁ, הִרְכִּיב מֵחָדָשׁ

rebuke /rɪˈbjuːk/ n. (*formal*) נְזִיפָה, גְּעָרָה
—v.t. נָזַף בְּ..., גָּעַר בְּ...

rebus /ˈriːbəs/ n. חִידַת־צִיּוּרִים וּמִלִּים
rebut /rɪˈbʌt/ v.t. (*formal*) הִפְרִיךְ, סָתַר
rebuttal /rɪˈbʌt(ə)l/ n. (*formal*) הַפְרָכָה, סְתִירָה
recalcitrance /rɪˈkælsɪtrəns/ n. (*formal*) מְרִי, סָרְבָנוּת
recalcitrant /rɪˈkælsɪtrənt/ adj. (*formal*) מַמְרֶה, סָרְבָנִי וְעִקֵּשׁ, סוֹרֵר

recall /rɪˈkɔːl/ v.t.
1 (remember) נִזְכַּר בְּ..., זָכַר
2 (bring back) הֶחֱזִיר, קָרָא בַּחֲזָרָה לְ...
3 (be a reminder of) הִזְכִּיר
—n. כֹּשֶׁר זִכָּרוֹן, כֹּשֶׁר זְכִירָה; הַחֲזָרָה
beyond (or **past**) **recall** (נְקֻדָּה, מַצָּב) שֶׁאֵין מִמֶּנּוּ חֲזָרָה
total recall (*Psychol.*) זִכָּרוֹן טוֹטָלִי, זִכָּרוֹן מֻשְׁלָם

recant /rɪˈkænt/ v.t. & i. (*formal*) חָזַר בּוֹ מִ... (דֵּעָה, אֱמוּנָה), הִתְכַּחֵשׁ לְ...; הִתְכַּחֵשׁ בְּפַמְבִּי
recantation /ˌriːkænˈteɪʃ(ə)n/ n. (*formal*) הִתְכַּחֲשׁוּת (לֶאֱמוּנָה קוֹדֶמֶת וְכַד׳)
recap /ˈriːkæp/ v.t. & i. (*colloq.*) סִכֵּם (אֶת דְּבָרָיו שֶׁל פְּלוֹנִי וְכַד׳); עָרַךְ סִכּוּם
—n.
recapitulate /ˌriːkəˈpɪtʃʊleɪt/ v.t. & i. סִכֵּם (כַּנַּ״ל); עָרַךְ סִכּוּם
recapitulation /ˌriːkəˌpɪtʃʊˈleɪʃ(ə)n/ n. סִכּוּם, סִכּוּם בְּרָאשֵׁי־פְּרָקִים
recapture /riːˈkæptʃə(r)/ v.t. שָׁב וְלָכַד, כָּבַשׁ מֵחָדָשׁ
□ *it is not possible to recapture the first thrill of discovery* בִּלְתִּי אֶפְשָׁרִי לִלְכֹּד בַּשֵּׁנִית אֶת הָרֶטֶט הַקָּסוּם שֶׁל רֶגַע הַתַּגְלִית

recast /riːˈkɑːst/ (past & past ppl. **recast** /riːˈkɑːst/) v.t.
1 (reshape; rearrange) יָצַק מֵחָדָשׁ; עִצֵּב מֵחָדָשׁ; עָרַךְ מֵחָדָשׁ
2 (change the cast of a play; change the part of an actor) שִׁנָּה אֶת הַתַּפְקִידִים בְּ... (מַחֲזֶה וְכַד׳); הֶעֱבִיר (שַׂחְקָן) לְתַפְקִיד אַחֵר

recce /ˈrekɪ/ n. & v.i. (*colloq.*) סִיּוּר הֲכָנָה; עָרַךְ סִיּוּר הֲכָנָה
recede /rɪˈsiːd/ v.i. נָסוֹג לְאָחוֹר
receding chin סַנְטֵר מְכֻנָּס
receding hairline (or **hair**) מֵצַח הוֹלֵךְ וְגָדֵל (בְּשֶׁל נְשִׁירַת שֵׂעָר), ״מִפְרָצִים״

receipt /rɪˈsiːt/ n.
1 (written acknowledgement of money, etc.) קַבָּלָה, אִשּׁוּר קַבָּלָה
2 (in *pl.*, money received) תַּקְבּוּלִים
3 (act of receiving, *formal*) קַבָּלָה
□ *we are in receipt of your letter* קִבַּלְנוּ אֶת מִכְתָּבְךָ
□ *I will pay you on receipt of the goods* אֲשַׁלֵּם לְךָ בְּמוֹעֵד קַבָּלַת הַסְּחוֹרָה

receive /rɪˈsiːv/ v.t.
1 (take into possession, be given; accept delivery of) קִבֵּל
□ *he was accused of having received stolen goods* הוּא הֻאֲשַׁם בְּקַבָּלַת רְכוּשׁ גָּנוּב
□ *she was at* (or *on*) *the receiving end of a lot of criticism* הִיא סָפְגָה בִּקּוֹרוֹת רַבּוֹת
2 (greet, welcome) קִבֵּל אֶת פְּנֵי
□ *she was received into the Catholic Church* הִיא הִתְקַבְּלָה לִזְרוֹעוֹת הַכְּנֵסִיָּה הַקָּתוֹלִית
□ *he received the guests* הוּא קִבֵּל אֶת פְּנֵי הָאוֹרְחִים
3 (detect radio or TV signal) קָלַט שִׁדּוּר
□ *are you receiving me?* הַאִם אַתָּה שׁוֹמֵעַ אוֹתִי? הַאִם אַתָּה קוֹלֵט אֶת הַשִּׁדּוּר שֶׁלִּי?

received /rɪˈsiːvd/ adj. (*formal*) שָׁגוּר, מְקֻבָּל
received opinion הַדֵּעָה הַמְקֻבֶּלֶת, הַדֵּעָה הַשְּׁגוּרָה
received pronunciation (also **Received Standard**) הַהִגּוּי הַסְּטַנְדַּרְטִי (בְּאַנְגְּלִית: ״אַנְגְּלִית שֶׁל הַ־בִּי.בִּי.סִי״)

receiver /rɪˈsiːvə(r)/ n.
1 (device for receiving) אֲפַרְכֶּסֶת, שְׁפוֹפֶרֶת טֶלֶפוֹן; מַקְלֵט רַדְיוֹ (לְלֹא מַגְבֵּר)
telephone receiver שְׁפוֹפֶרֶת טֶלֶפוֹן
2 (person who receives) הַמְקַבֵּל
3 (person who administers property of bankrupt company, etc, *Law*) כּוֹנֵס נְכָסִים
official receiver כּוֹנֵס נְכָסִים רִשְׁמִי (מִטַּעַם בֵּית הַמִּשְׁפָּט)
4 (one who buys stolen goods) אָדָם הַסּוֹחֵר בִּרְכוּשׁ גָּנוּב

receivership /rɪˈsiːvəʃɪp/ n. (*Law*) מַצָּב שֶׁל פְּשִׁיטַת רֶגֶל וּמִנּוּי כּוֹנֵס־נְכָסִים (לְחֶבְרָה)
recent /ˈriːs(ə)nt/ adj. שֶׁל הָעֵת הָאַחֲרוֹנָה, שֶׁלָּאַחֲרוֹנָה
recently /ˈriːs(ə)ntlɪ/ adv. לָאַחֲרוֹנָה
receptacle /rɪˈseptək(ə)l/ n. (*formal*) כְּלִי קִבּוּל

reception /rɪˈsepʃ(ə)n/ n.
1 (receiving, admittance; greeting) קַבָּלָה; (פְּעֻלָּה שֶׁל) קַבָּלַת פָּנִים
reception committee קַבָּלַת פָּנִים רִשְׁמִית
□ *you can always be sure of a friendly reception here* אַתָּה יוֹדֵעַ שֶׁתָּמִיד תִּתְקַבֵּל כָּאן בִּבְרָכָה
□ *the book had a favourable reception* הַסֵּפֶר זָכָה לְבִקּוֹרוֹת אוֹהֲדוֹת
2 (formal gathering) (אֵרוּעַ שֶׁל) קַבָּלַת־פָּנִים
reception room חֲדַר אוֹרְחִים, חֲדַר אֵרוּחַ
□ *a reception was held in the minister's honour* נֶעֶרְכָה קַבָּלַת פָּנִים לִכְבוֹד הַשַּׂר
3 (part of hotel, etc.) קַבָּלָה, דּוּכַן קַבָּלָה, דֶּסֶק קַבָּלָה
reception desk דֶּסֶק קַבָּלָה
4 (*Radio*) קְלִיטָה

receptionist /rɪˈsepʃənɪst/ n. פְּקִיד קַבָּלָה

receptive /rɪˈseptɪv/ adj. פָּתוּחַ (לְרַעְיוֹנוֹת חֲדָשִׁים)

receptivity /ˌriːsepˈtɪvɪtɪ/ n. פְּתִיחוּת (לְרַעְיוֹנוֹת חֲדָשִׁים)

receptor /rɪˈseptə(r)/ n. (*Biol.*) (תָּא) קוֹלֵט, רֶצֶפְּטוֹר (בְּמַעֲרֶכֶת הָעֲצַבִּים וְכַד׳)

recess /rɪˈses/ n.
1 (niche) גֻּמְחָה, שֶׁקַע, "נִישָׁה"
2 (in *pl.*, secret place) מַעֲמַקִּים, תּוֹכְכֵי־ (מְעָרָה, הַנֶּפֶשׁ וְכַד׳)
□ *he knew in the innermost recesses of his mind that he was wrong* הוּא יָדַע בְּתוֹכְכֵי לִבּוֹ שֶׁהוּא טוֹעֶה
3 (vacation) פַּגְרָה, חֻפְשָׁה
□ *Parliament went into recess* הַפַּרְלָמֶנְט יָצָא לְפַגְרָה
4 (break between lessons, *US*) הַפְסָקָה (בֵּין שִׁעוּרִים בְּבֵית סֵפֶר)
—v.t. הֵנִיחַ בְּגֻמְחָה; שִׁקַּע, יָצַר גֻּמְחָה בְּ..
—v.i. (*US*) יָצָא לְהַפְסָקָה

recessed /rɪˈsest/ adj. שָׁקוּעַ, מְשֻׁקָּע

recession /rɪˈseʃ(ə)n/ n.
1 (economic setback) הָאָטָה כַּלְכָּלִית, מִתּוּן, שֵׁפֶל כַּלְכָּלִי
2 (withdrawal) נְסִיגָה

recessional /rɪˈseʃən(ə)l/ n. (*Relig.*) הִמְנוֹן יְצִיאָה (בִּכְנֵסִיָּה)

recessive /rɪˈsesɪv/ adj.
1 (*Biol.*) רֶצֶסִיבִי
recessive gene גֵּן רֶצֶסִיבִי
2 (tending to recede) נָסוֹג

rechargeable /riːˈtʃɑːdʒəb(ə)l/ adj. נִטְעָן, נִתָּן לִטְעִינָה מֵחָדָשׁ (סוֹלְלָה חַשְׁמַלִּית וְכַד׳)

recherché /rəˈʃeəʃeɪ/ adj. (*formal*) מְפַגֵּין תִּחְכּוּם וְעִדּוּן

recidivism /rɪˈsɪdɪvɪzəm/ n. (*formal*) פְּנִיָּה חוֹזֶרֶת וְנִשְׁנֵית לְפֶשַׁע, רֶצִידִיבִיזְם

recidivist /rɪˈsɪdɪvɪst/ n. (*formal*) פּוֹשֵׁעַ הַחוֹזֵר לְסוּרוֹ, רֶצִידִיבִיסְט

recipe /ˈresɪpɪː/ n. מַתְכּוֹן, מִרְשָׁם (גַּם בְּהַשְׁאָלָה)
□ *the relationship was a recipe for disaster* הַקֶּשֶׁר הָיָה מִרְשָׁם בָּטוּחַ לְאָסוֹן

recipient /rɪˈsɪpɪənt/ n. (*formal*) מְקַבֵּל; זוֹכֶה (בִּפְרָס וְכַד׳)

reciprocal /rɪˈsɪprək(ə)l/ adj. (*formal*) הֲדָדִי, שֶׁל גּוֹמְלִין
—n. (*Math.*) מִסְפָּר הָפְכִּי

reciprocate /rɪˈsɪprəkeɪt/ v.t. & i. (*formal*) גָּמַל עַל, הֶחֱזִיר (כְּמַעֲנֶה עַל דְּבַר מָה); נָע הָלוֹךְ וָשׁוֹב
□ *his feelings were reciprocated* רִגְשׁוֹתָיו נַעֲנוּ בִּרְגָשׁוֹת דּוֹמִים

reciprocation /rɪˌsɪprəˈkeɪʃ(ə)n/ n. (*formal*) יַחֲסֵי גּוֹמְלִין, הֵעָנוּת הֲדָדִית

reciprocity /ˌresɪˈprɒsɪtɪ/ n. (*formal*) הֲדָדִיּוּת, יַחֲסֵי גּוֹמְלִין

recital /rɪˈsaɪt(ə)l/ n.
1 (musical performance) רֶסִיטָל, מוֹפָע יָחִיד, קוֹנְצֶרְט יָחִיד; הַקְרָאַת שִׁירָה
2 (account, relation) סִפּוּר, דִּין וְחֶשְׁבּוֹן (מְפֹרָט)

recitation /ˌresɪˈteɪʃ(ə)n/ n. דִּקְלוּם (הַפְּעֻלָּה; הַטֶּקְסְט הַמְדֻקְלָם)

recitative /ˌresɪtəˈtiːv/ n. (*Mus.*) רֶצִ׳יטָטִיב (זִמְרָה מְדֻקְלֶמֶת בְּאוֹפֶּרָה, אוֹפֶּרֶטָה וְכַד׳)

recite /rɪˈsaɪt/ v.t. & i.
1 (declaim) דִּקְלֵם
2 (enumerate, narrate) סִפֵּר (בִּפְרוּט), מָנָה
□ *he recited a list of his grievances* הוּא מָנָה אֶת תְּלוּנוֹתָיו (אַחַת לְאַחַת)

reckless /ˈreklɪs/ adj. (*derog.*) פָּרוּעַ, פָּזִיז, שֶׁאֵינוֹ מִתְחַשֵּׁב בְּתוֹצָאוֹת

reckon /ˈrekən/ v.t. & i.
1 (calculate, *formal*) סִכֵּם, חִשֵּׁב, חִשְׁבֵּן
□ *the waiter reckoned up the bill* הַמֶּלְצַר סִכֵּם אֶת הַחֶשְׁבּוֹן
□ *they will have to reckon with the enemy's sympathizers* יִהְיֶה עֲלֵיהֶם לְהִתְחַשֵּׁב בִּידִידֵי הָאוֹיֵב
□ *he is a man to be reckoned with* הוּא אָדָם שֶׁאֵין לְזַלְזֵל בּוֹ
2 (rely) סָמַךְ עַל
□ *may I reckon on your support?* הַאִם מֻתָּר לִי לִסְמֹךְ עַל תְּמִיכָתְךָ?
3 (suppose, consider, *colloq.*) הֵנִיחַ, סָבַר, שִׁעֵר, חָשַׁב שֶׁ...
□ *I reckon her to be a good leader* לְדַעְתִּי יֵשׁ לָהּ כֹּשֶׁר מַנְהִיגוּת
□ *I reckon it won't rain* אֲנִי חוֹשֵׁב שֶׁלֹּא יֵרֵד גֶּשֶׁם

reckoning /ˈrekənɪŋ/ n.
1 (calculation) חִשּׁוּב, חֶשְׁבּוֹן
dead reckoning נִוּוּט שֶׁלֹּא עַל־פִּי תַּצְפִּיּוֹת
□ *he's out in his reckoning* הוּא טָעָה בְּחִשּׁוּב (בְּמִסְפָּרִים אוֹ בְּהַעֲרָכָה כּוֹלֶלֶת)
2 (bill, settlement of accounts) חֶשְׁבּוֹן
□ *the day of reckoning is near* יוֹם הַדִּין קָרֵב

reclaim /rɪˈkleɪm/ v.t. בִּקֵּשׁ הַחְזָר עַל; גָּאַל (אַדְמַת מִדְבָּר וְכַד׳)
□ *we reclaimed our baggage* אָסַפְנוּ אֶת הַמִּזְוָדוֹת (בִּשְׂדֵה הַתְּעוּפָה, לְאַחַר הַנְּחִיתָה וְכַד׳)
□ *they reclaimed the marshland* הֵם הִכְשִׁירוּ אֶת אַדְמַת הַבִּצּוֹת לְחַקְלָאוּת
□ *he is a reclaimed criminal* (*formal*) הוּא עֲבַרְיָן שֶׁחֻזַּר לְמוּטָב

reclamation /ˌrekləˈmeɪʃ(ə)n/ n. הַכְשָׁרַת קַרְקַע; נִצּוּל פְּסֹלֶת; הַחְזָרָה לְמוּטָב

recline /rɪˈklaɪn/ v.i. & t. (*formal*) נִשְׁעַן לְאָחוֹר; הִטָּה לְאָחוֹר (מִשְׁעֶנֶת מוֹשָׁב וְכַד׳)

recluse /rɪˈklu:s/ n. מִתְבּוֹדֵד, פָּרוּשׁ

recognition /ˌrekəgˈnɪʃ(ə)n/ n. הַכָּרָה; הוֹקָרָה

beyond (or **out of**) **all recognition** לְלֹא הַכֵּר

□ *she was awarded the Nobel Prize in recognition of her discovery* הִיא זָכְתָה בִּפְרַס נוֹבֶּל כְּהַכָּרָה בְּתַגְלִיתָהּ

recognizable /ˈrekəgnaɪzəb(ə)l/ adj. שֶׁנִּתָּן לְהַכִּירוֹ; מֻכָּר

recognizance /rɪˈkɒgnɪz(ə)ns/ n. (*formal*) עַרְבוּת (הִתְחַיְּבוּת כְּנֶגֶד עֵרָבוֹן לְהוֹפִיעַ בְּבֵית־דִּין)

recognize /ˈrekəgnaɪz/ v.t.

1 (know again; realize) זִהָה, הִכִּיר

2 (admit) הִכִּיר בְּ..., הוֹדָה בְּ...

□ *he recognized his own faults* הוּא הוֹדָה בְּטָעֻיּוֹת שֶׁלּוֹ

3 (acknowledge claims of) הִכִּיר בְּטַעֲנוֹתָיו שֶׁל, קִבֵּל אֶת טַעֲנוֹתָיו שֶׁל

□ *he should have recognized the lawful heir* הָיָה עָלָיו לְהַכִּיר בְּיוֹרֵשׁ הַחֻקִּי

4 (acknowledge) הֶעֱנִיק אוֹת הַכָּרָה לְ...

□ *his services to the state were recognized last year* שֵׁרוּתָיו לְמַעַן הַמּוֹלֶדֶת זָכוּ לְהַכָּרָה בַּשָּׁנָה שֶׁעָבְרָה

recoil v.i. /rɪˈkɔɪl/

1 (draw back in disgust, etc.) נָסוֹג בְּבַעֲתָה, נִרְתַּע לְאָחוֹר; נִרְתַּע מִ...

2 (of a gun) נִרְתַּע לְאָחוֹר

—n. /ˈri:kɔɪl/ רֶתַע (שֶׁל כְּלִי יָרִי); רְתִיעָה (נַפְשִׁית וְכַד׳)

recollect /ˌrekəˈlekt/ v.t. (*formal*) הֶעֱלָה בְּזִכְרוֹנוֹ, נִזְכַּר בְּ...

recollection /ˌrekəˈlekʃ(ə)n/ n. (*formal*) הִזָּכְרוּת, הַעֲלָאָה בַּזִּכָּרוֹן; זִכָּרוֹן

□ *to the best of my recollection this has never happened before* לְפִי מֵיטַב זִכְרוֹנִי דָּבָר כָּזֶה לֹא קָרָה בֶּעָבָר

recommend /ˌrekəˈmend/ v.t.

1 (praise; suggest as suitable) הִמְלִיץ עַל

□ *I recommend this hotel* אֲנִי מַמְלִיץ עַל הַמָּלוֹן הַזֶּה

□ *doctors recommend limiting dietary fat* הָרוֹפְאִים מַמְלִיצִים עַל הַגְבָּלַת הַשְּׁמָנִים בַּמָּזוֹן

2 (show to be desirable) הֵעִיד עַל (פְּלוֹנִי/דְּבַר מָה) לְטוֹבָה

□ *her diligence recommends her for the job* הַשַּׁקְדָנוּת שֶׁלָּהּ מְעִידָה כִּי הִיא מַתְאִימָה לַתַּפְקִיד

recommendation /ˌrekəmenˈdeɪʃ(ə)n/ n. הַמְלָצָה

recompense /ˈrekəmpens/ (*formal*) v.t. פִּצָּה, שִׁלֵּם פִּצּוּי לְ...

—n. פִּצּוּי, פִּצּוּיִים, שִׁלּוּמִים

reconcile /ˈrekənsaɪl/ v.t. פִּיֵּס בֵּין לְבֵין, פִּשֵּׁר בֵּין לְבֵין

□ *he was reconciled with his mother after 20 years* לְאַחַר עֶשְׂרִים שָׁנָה הוּא הִתְפַּיֵּס עִם אִמּוֹ

□ *I could not reconcile his story with the facts known to me* לֹא יָכֹלְתִּי לְיַשֵּׁב אֶת סִפּוּרוֹ עִם הָעֻבְדּוֹת הַיְּדוּעוֹת לִי

□ *a monk is reconciled to a life of poverty* נְזִירִים מַשְׁלִימִים עִם חַיֵּי עֹנִי

reconciliation /ˌrekənsɪlɪˈeɪʃ(ə)n/ n. פִּיּוּס, הַשְׁלָמָה

reconciliatory /ˌrekənˈsɪlɪət(ə)rɪ/ adj. (*formal*) שֶׁל הַשְׁלָמָה, שֶׁל פִּיּוּס

recondite /ˈrekəndaɪt/ adj. (*formal*) נִסְתָּר, מֻפְלָא, שֶׁמּוּבָן לִיחִידֵי סְגֻלָּה בִּלְבַד

recondition /ˌri:kənˈdɪʃ(ə)n/ v.t. שִׁפֵּץ (מְנוֹעַ מְכוֹנִית וְכַד׳)

reconnaissance /rɪˈkɒnɪs(ə)ns/ n. סִיּוּר; אִסּוּף מֵידָע מֻקְדָּם

reconnoitre /ˌrekəˈnɔɪtə(r)/ v.t. & i. עָרַךְ סִיּוּר בְּ...; אָסַף מֵידָע מֻקְדָּם

reconsider /ˌri:kənˈsɪdə(r)/ v.t. & i. שָׁקַל מֵחָדָשׁ; שָׁקַל בִּשְׁנִית

reconstitute /ˌri:ˈkɒnstɪtju:t/ v.t. אִרְגֵּן מֵחָדָשׁ, עָרַךְ מֵחָדָשׁ (אִרְגּוּן, מוֹסָד וְכַד׳); שִׁחְזֵר (חָמְרֵי מָזוֹן)

reconstruct /ˌri:kənˈstrʌkt/ v.t. שִׁקֵּם (בִּנְיָנִים); שִׁחְזֵר (פֶּשַׁע, רֶצֶף אֵרוּעִים)

□ *the police reconstructed the crime* הַמִּשְׁטָרָה שִׁחְזְרָה אֶת הַפֶּשַׁע

reconstruction /ˌri:kənˈstrʌkʃ(ə)n/ n. שִׁקּוּם (שֶׁל בִּנְיָנִים); שִׁחְזוּר (שֶׁל פֶּשַׁע וְכַד׳)

record /rɪˈkɔ:d/ v.t.

1 (write down) רָשַׁם, תִּעֵד בִּכְתָב

2 (take impression of sound, image, etc.) הִקְלִיט

3 (give reading of) הֶרְאָה עַל

□ *the thermometer recorded 40°* הַמַּדְחֹם הֶרְאָה עַל 40°

—n. /ˈrekɔ:d/

1 (written witness or account) רְשִׁימָה, רְשׁוּמָה, עֵדוּת

the (Public) Record Office אַרְכִיוֹן הַמְּדִינָה, גַּנְזַךְ הַמְּדִינָה (הַבְּרִיטִי)

for the record לְמַעַן הַסֵּדֶר הַטּוֹב

off the record (*colloq.*) לֹא לְפִרְסוּם, לֹא לְצִטּוּט, בְּאֹפֶן לֹא רִשְׁמִי

put the record straight פָּעַל כְּדֵי לְסַלֵּק אִי־הֲבָנוֹת

□ *you went on record as being in favour of the project* אַתָּה הוֹדַעְתָּ בְּגָלוּי עַל תְּמִיכָתְךָ בַּפְּרוֹיֶקְט

□ *it was the coldest night on record* זֶה הָיָה הַלַּיְלָה הַקַּר בְּיוֹתֵר שֶׁנִּרְשַׁם אֵי־פַּעַם

2 (gramophone disc) תַּקְלִיט

long-playing record תַּקְלִיט אֲרִיךְ־נֶגֶן

3 (best performance, also attrib.) שִׂיא

□ *he set up a new record for the 100 metres* הוּא קָבַע שִׂיא חָדָשׁ בְּרִיצַת 100 מֶטֶר

□ *the concert drew a record crowd* הַקּוֹנְצֶרְט מָשַׁךְ קְהַל שִׂיא
4 (*Law*) תַּקְצִיר, פְּרוֹטוֹקוֹל (שֶׁל הָלִיךְ מִשְׁפָּטִי)
5 (collection of facts about the past of a person, company, etc.) תִּיק
□ *he has a criminal record* יֵשׁ לוֹ עָבָר פְּלִילִי
□ *this government has a record of overspending* לַמֶּמְשָׁלָה זוֹ יֵשׁ הִיסְטוֹרְיָה שֶׁל חֲרִיגוֹת מִן הַתַּקְצִיב

record-breaking /ˈrekɔːd-ˌbreɪkɪŋ/ adj. שׁוֹבֵר שִׂיאִים

recorder /rɪˈkɔːdə(r)/ n.
1 (machine for recording) מַכְשִׁיר הַקְלָטָה
tape recorder רְשַׁמְקוֹל, טֵיפּ־רֶקוֹרְדֶר; טֵיפּ־קַסֶּטוֹת
2 (magistrate, *UK*) שׁוֹפֵט רָאשִׁי (בְּבָתֵּי דִּין מְסֻיָּמִים בִּבְרִיטַנְיָה וְאַרְהַ"ב)
3 (musical instrument) חֲלִילִית

recording /rɪˈkɔːdɪŋ/ n. הַקְלָטָה
recording studio אֻלְפַּן הַקְלָטוֹת

record-player /ˈrekɔːd-pleɪə(r)/ n. פָּטֵיפוֹן, מָקוֹל

recount[1] /rɪˈkaʊnt/ v.t. (*formal*) תֵּאֵר בְּפֵרוּט, סִפֵּר בְּפֵרוּט

recount[2] /riːˈkaʊnt/ v.t. סָפַר בַּשֵּׁנִית, חָזַר וְסָפַר
—n. /ˈriːkaʊnt/ סְפִירָה חוֹזֶרֶת (שֶׁל קוֹלוֹת בְּהַצְבָּעָה)
□ *after a recount, he was elected President* לְאַחַר סְפִירָה מֵחָדָשׁ שֶׁל הַקּוֹלוֹת, הוּא נִבְחַר נָשִׂיא

recoup /rɪˈkuːp/ v.t. הֶחֱזִיר לְעַצְמוֹ, הִשִּׂיג בַּחֲזָרָה
□ *he tried to recoup his losses* הוּא נִסָּה לְהַחֲזִיר לְעַצְמוֹ אֶת הֶפְסֵדָיו
—v.refl. פִּצָּה אֶת עַצְמוֹ

recourse /rɪˈkɔːs/ n. (*formal*) מִפְלָט, הִזְדַּקְּקוּת
□ *he had recourse to sleeping pills* הוּא נֶאֱלַץ לְהִשְׁתַּמֵּשׁ בְּכַדּוּרֵי שֵׁנָה
□ *his only recourse was legal action* הַמּוֹצָא הַיָּחִיד שֶׁנּוֹתַר לוֹ הָיָה לִנְקֹט בִּצְעָדִים מִשְׁפָּטִיִּים

recover /rɪˈkʌvə(r)/ v.t. & i. הִשִּׂיג בַּחֲזָרָה; הִבְרִיא, הִתְאוֹשֵׁשׁ, הֶחֱלִים
□ *he recovered lost time* הוּא הִשְׁלִים אֶת הַזְּמַן שֶׁאָבַד
□ *he almost fell but quickly recovered (himself)* הוּא כִּמְעַט שֶׁנָּפַל אַךְ הִתְאוֹשֵׁשׁ בִּמְהִירוּת
□ *after his illness he recovered slowly* לְאַחַר מַחֲלָתוֹ הוּא הֶחֱלִים בְּאִטִּיּוּת

re-cover /ˌriː-ˈkʌvə(r)/ v.t. צִפָּה מֵחָדָשׁ
□ *the sofa was re-covered* צִפּוּ מֵחָדָשׁ אֶת הַסַּפָּה

recoverable /rɪˈkʌvərəb(ə)l/ adj. נִתָּן לְהַשָּׂגָה בַּחֲזָרָה

recovery /rɪˈkʌvərɪ/ n.
1 (getting back possession) קַבָּלָה בַּחֲזָרָה, הַחֲזָרָה
2 (restoration to health) הִתְאוֹשְׁשׁוּת, הַחְלָמָה, הַבְרָאָה

re-create /ˌriː-krɪˈeɪt/ v.t. שִׁחְזֵר, הֵקִים לִתְחִיָּה

recreation /ˌrekrɪˈeɪʃ(ə)n/ n. שַׁעֲשׁוּעִים, בִּדּוּר; נֹפֶשׁ
recreation ground מִגְרַשׁ מִשְׂחָקִים

recriminate /rɪˈkrɪmɪneɪt/ v.i. (*formal*) הֵטִיל אַשְׁמָה נֶגְדִּית בְּ...

recrimination /rɪˌkrɪmɪˈneɪʃ(ə)n/ n. (*formal*) אַשְׁמָה נֶגְדִּית, הַאֲשָׁמַת נֶגֶד
□ *let's not have any recriminations* בּוֹאוּ לֹא נִגָּרֵר לְהַאֲשָׁמוֹת הֲדָדִיּוֹת

recriminatory /rɪˈkrɪmɪnət(ə)rɪ/ adj. (*formal*) שֶׁל אַשְׁמַת נֶגֶד

recrudescence /ˌriːkruːˈdes(ə)ns/ n. (*formal*) הִתְפָּרְצוּת מְחֻדֶּשֶׁת (שֶׁל מַגֵּפָה וְכַד')

recrudescent /ˌriːkruːˈdes(ə)nt/ adj. (*formal*) פּוֹרֵץ מֵחָדָשׁ (כַּנַּ"ל)

recruit /rɪˈkruːt/ n. טִירוֹן (בַּצָּבָא); עוֹבֵד/חָבֵר חָדָשׁ (בְּחֶבְרָה בַּאֲגֻדָּה וְכַד')
—v.t. גִּיֵּס

recruitment /rɪˈkruːtmənt/ n. גִּיּוּס (בַּצָּבָא, אַךְ גַּם בִּתְחוּמִים אֲחֵרִים)

rectal /ˈrekt(ə)l/ adj. (*Med.*) שֶׁל הָרֶקְטוּם, שֶׁל הַחַלְחֹלֶת

rectangle /ˈrektæŋg(ə)l/ n. מַלְבֵּן

rectangular /rekˈtæŋgjʊlə(r)/ adj. מַלְבְּנִי

rectifiable /ˈrektɪfaɪəb(ə)l/ adj. (*formal*) בַּר־תִּקּוּן

rectifier /ˈrektɪfaɪə(r)/ n. (*Electr.*) מְיַשֵּׁר־זֶרֶם

rectify /ˈrektɪfaɪ/ v.t.
1 (correct, *formal*) הִסְדִּיר, תִּקֵּן
2 (*Chem.*) זִקֵּק
3 (*Electr.*) יִשֵּׁר (זֶרֶם חַשְׁמַלִּי)

rectilinear /ˌrektɪˈlɪnɪə(r)/ adj. (*formal*) שֶׁל קַו יָשָׁר, יְשַׁר קַוִּים

rectitude /ˈrektɪtjuːd/ n. (*formal*) יֹשֶׁר, הֲגִינוּת

recto /ˈrektəʊ/ n. (*pl.* **rectos**) הַצַּד הַיְמָנִי שֶׁל הַדַּף, עַמּוּד יָמִין

rector /ˈrektə(r)/ n.
1 (*Relig.*) כֹּמֶר קְהִלָּתִי, רֶקְטוֹר
2 (university rank) רֶקְטוֹר (מִשְׂרַת הָרֶקְטוֹר הַבְּרִיטִית אֵינָהּ מַקְבִּילָה לַמִּשְׂרָה בְּיִשְׂרָאֵל)

rectory /ˈrektərɪ/ n. בֵּית הָרֶקְטוֹר (הַכֹּמֶר הַקְּהִלָּתִי)

rectum /ˈrektəm/ n. (*Med.*) רֶקְטוּם, חַלְחֹלֶת

recumbent /rɪˈkʌmbənt/ adj. (*formal*) שָׂרוּעַ, שָׁכוּב עַל גַּבּוֹ/צִדּוֹ

recuperate /rɪˈkuːpəreɪt/ v.i. & t. הֶחֱלִים, הִבְרִיא, שָׁב לְאֵיתָנוֹ; הֵשִׁיב לְעַצְמוֹ (אֶת כֹּחוֹתָיו)

recuperation /rɪˌkuːpəˈreɪʃ(ə)n/ n. הַחְלָמָה, הַבְרָאָה, הִתְאוֹשְׁשׁוּת

recuperative /rɪˈkuːpərətɪv/ adj. (*formal*) שֶׁל הַחְלָמָה, שֶׁל הַבְרָאָה

recur /rɪˈkɜː(r)/ v.i.
1 (occur again) נִשְׁנָה, שָׁב וְקָרָה
recurring decimal (*Math.*) שֶׁבֶר עֶשְׂרוֹנִי מַחֲזוֹרִי (לְמָשָׁל ...3.33333)

2 (come to mind again) שָׁב וְעָלָה (בְּמַחֲשָׁבָה, בְּזִכָּרוֹן וְכַד׳)

recurrence /rɪˈkʌrəns/ n. הִשָּׁנוּת, הוֹפָעָה חוֹזֶרֶת (שֶׁל מַחֲלָה וְכַד׳)

recurrent /rɪˈkʌrənt/ adj. חוֹזֵר וְנִשְׁנֶה

recycle /ˌriːˈsaɪk(ə)l/ v.t. מִחְזֵר, עָשָׂה שִׁמּוּשׁ חוֹזֵר בְּ...

recycling /ˌriːˈsaɪklɪŋ/ n. מִחְזוּר, שִׁמּוּשׁ חוֹזֵר

red /red/ adj.

1 (colour) אָדֹם

red carpet שְׁטִיחַ אָדֹם (לָרֹב בְּהַשְׁאָלָה)

Red Cross הַצְּלָב הָאָדֹם

Red Ensign דֶּגֶל צִי־הַסּוֹחֵר הַבְּרִיטִי

red eyes עֵינַיִם אֲדֻמּוֹת (מֵעֲיֵפוּת, מִבְּכִי וְכַד׳)

red flag

(symbol of revolution) דֶּגֶל הַמַּהְפֵּכָה

(danger warning) דֶּגֶל אָדֹם, דֶּגֶל אַזְהָרָה

red hair שֵׂעָר גִּינְגִ׳י, שֵׂעָר אַדְמוֹנִי

red herring פְּרִיט מִשְׁנִי וְחָסֵר חֲשִׁיבוּת (הַמּוֹשֵׁךְ תְּשׂוּמֶת לֵב מִן הָעִקָּר)

Red Indian (*racially derog.*) אִינְדִיאָנִי (הַבִּטּוּי הָאַנְגְּלִי נֶחְשָׁב לְמַעֲלִיב)

red lead עוֹפֶרֶת אֲדֻמָּה (תַּחְמֹצֶת עוֹפֶרֶת)

red light אוֹר אָדֹם (בְּרַמְזוֹר); אוֹת אַזְעָקָה, אוֹת אַזְהָרָה

red-light district אֵזוֹר הָאוֹרוֹת הָאֲדֻמִּים (אֵזוֹר הַזּוֹנוֹת)

red meat בָּשָׂר אָדֹם

red pepper פִּלְפֵּל אָדֹם

red rag (to a bull) (*colloq.*) (כְּמוֹ) סְמַרְטוּט אָדֹם לְשׁוֹר

Red Sea הַיָּם הָאָדֹם, יַם סוּף

red shift (*Astron.*) הֶסֵּטָה לָאָדֹם (תְּזוּזָה לְכִוּוּן הָאָדֹם בַּסְּפֶּקְטְרוּם, כְּתוֹצָאָה מֵאֶפֶקְט דּוֹפְּלֶר)

red tape (*derog.*) "נְיֶרֶת", "בִּירוֹקְרַטְיָה"

□ *they painted the town red after their exams* (*colloq.*) הֵם יָצְאוּ לִסְבוּב פְּרוּעַ בָּעִיר אַחֲרֵי הַבְּחִינוֹת

□ *she saw red when she discovered her smashed windows* (*fig.*) הַדָּם עָלָה לָהּ לָרֹאשׁ כְּשֶׁהִיא רָאֲתָה אֶת הַחַלּוֹנוֹת הַמְנֻפָּצִים שֶׁלָּהּ

2 (blushing) מַסְמִיק, סָמוּק

3 (communist, socialist) "אָדֹם", קוֹמוּנִיסְטִי, שְׂמָאלָנִי

Red Army הַצָּבָא הָאָדֹם, הַצָּבָא הַסּוֹבְיֶטִי

Red Guard הַמִּשְׁמָרוֹת הָאֲדֻמִּים (בְּסִין)

—n.

1 (colour) אָדֹם

in the red (*fig.*) בְּאוֹבֶרְדְרַפְט, בְּמַצָּב שֶׁל מְשִׁיכַת־יֶתֶר

2 (communist, socialist) "אָדֹם", קוֹמוּנִיסְט, שְׂמָאלָנִי

□ *he's always seeing reds under the bed* (*colloq.*) תָּמִיד נִדְמֶה לוֹ שֶׁהוּא מֻקָּף קוֹמוּנִיסְטִים

redbreast /ˈredbrest/ n. (*poet.*) אֲדֹם הֶחָזֶה (צִפּוֹר קְטַנָּה)

redbrick /ˈredbrɪk/ adj. (*UK*)

redbrick university אוּנִיבֶרְסִיטָה חֲדָשָׁה (שֶׁהוּקְמָה בַּמֵּאוֹת הַ־19 וְהַ־20 בִּבְרִיטַנְיָה)

redcoat /ˈredkəʊt/ n. (*Hist.*) חַיָּל בְּרִיטִי (בְּעִקָּר בַּמֵּאוֹת הַ־18 וְהַ־19)

redcurrant /ˌredˈkʌrənt/ n. דֻּמְדְּמָנִית אֲדֻמָּה

redden /ˈred(ə)n/ v.t. & i. הֶאְדִּים; נַעֲשָׂה סָמוּק

reddish /ˈredɪʃ/ adj. אֲדַמְדַּם

redecorate /riːˈdekəreɪt/ v.t. שִׁפֵּץ (בַּיִת, חֶדֶר וְכַד׳)

redeem /rɪˈdiːm/ v.t. (*formal*)

1 (buy back, convert into cash, etc.) פָּדָה

□ *he redeemed his watch from the pawn shop* הוּא פָּדָה אֶת שְׁעוֹנוֹ מִבֵּית־הָעֲבוֹט

2 (rescue, deliver from sin; make up for) הוֹשִׁיעַ, גָּאַל, הִצִּיל; כִּפֵּר עַל

□ *cheerfulness is his redeeming feature* הָעַלִּיזוּת הִיא הַמַּעֲלָה שֶׁלּוֹ הַמְכַפֶּרֶת עַל חֶסְרוֹנוֹתָיו

□ *he failed to redeem himself in her eyes* הוּא לֹא הִצְלִיחַ לְשַׁפֵּר אֶת הַדִּמּוּי שֶׁלּוֹ בְּעֵינֶיהָ

Redeemer /rɪˈdiːmə(r)/ n. (*Relig.*) הַגּוֹאֵל (יֵשׁוּ הַנּוֹצְרִי)

redefine /ˌriːdɪˈfaɪn/ v.t. הִגְדִּיר מֵחָדָשׁ

redemption /rɪˈdempʃ(ə)n/ n.

1 (*Commerc.*) פִּדְיוֹן (שֶׁל סְחוֹרָה מִבֵּית עֲבוֹט וְכַד׳)

2 (*Relig.*) גְּאֻלָּה

redeploy /ˌriːdɪˈplɔɪ/ v.t. מִקֵּם מֵחָדָשׁ (כֹּחוֹת צְבָאִיִּים וְכַד׳)

redeployment /ˌriːdɪˈplɔɪmənt/ n. מִקּוּם מֵחָדָשׁ (כַּנַּ"ל)

redevelop /ˌriːdɪˈveləp/ v.t. פִּתֵּחַ, פִּתֵּחַ מֵחָדָשׁ (אֵזוֹר עִירוֹנִי, רֹבַע וְכַד׳)

red-handed /ˌred-ˈhændɪd/ adj. בִּשְׁעַת מַעֲשֶׂה, "עַל חַם", בְּקַלְקָלָתוֹ

□ *they caught him red-handed* הֵם תָּפְסוּ אוֹתוֹ בִּשְׁעַת מַעֲשֶׂה

redhead /ˈredhed/ n. (*colloq.*) בַּעַל שֵׂעָר גִּ׳ינְגִ׳י (לָרֹב אִשָּׁה), בַּעַל שֵׂעָר אַדְמוֹנִי

red-hot /ˌred-ˈhɒt/ adj. אָדֹם לוֹהֵט

□ *their enthusiasm was red-hot* הֵם בָּעֲרוּ מֵרֹב הִתְלַהֲבוּת

redirect /ˌriːdɪˈrekt, ˌriːdaɪˈrekt/ v.t. הִפְנָה (תְּנוּעַת כְּלֵי־רֶכֶב, מַשְׁאַבִּים, מִכְתָּב לִכְתֹבֶת חֲדָשָׁה וְכַד׳)

red-letter day /ˌred-ˈletə deɪ/ n. יוֹם חַג (לָרֹב לֹא חַג מַמָּשׁ, אֶלָּא אֵרוּעַ מְשַׂמֵּחַ וְכַד׳)

redneck /ˈrednek/ n. (*US derog.*) בֶּן־כְּפָר (לָרֹב עִקֵּשׁ וְאָטוּם)

redness /ˈrednɪs/ n. אַדְמוּמִיּוּת

redo /riːˈduː/ v.t. (past **redid** /riːˈdɪd/, past. ppl. **redone** /riːˈdʌn/)

1 (do again) עָשָׂה מֵחָדָשׁ

2 (redecorate) שִׁפֵּץ, עָשָׂה שִׁפּוּצִים בְּ...

redolent /ˈredələnt/ adj. (*formal*) מַדִּיף נִיחוֹחַ/רֵיחַ שֶׁל... (גַּם בְּהַשְׁאָלָה)
□ *the kitchen was redolent with* (or *of*) *spice* הַמִּטְבָּח הִדִּיף נִיחוֹחוֹת שֶׁל תַּבְלִינִים

redouble /riːˈdʌb(ə)l/ v.t. הִכְפִּיל, הִגְבִּיר, הִגְדִּיל
□ *we redoubled our efforts* הִכְפַּלְנוּ אֶת מַאֲמַצֵּינוּ

redoubt /rɪˈdaʊt/ n. (*Mil.*) מָעֹז (מִתְחָם מְבֻצָּר קָטָן)

redoubtable /rɪˈdaʊtəb(ə)l/ adj. (*formal*) מֵטִיל אֵימָה, אֵימְתָנִי

redound /rɪˈdaʊnd/ v.i. (*formal*) נִזְקַף (לִזְכוּת)
□ *his efforts redounded greatly to his credit* מַאֲמַצָּיו נִזְקְפוּ לִזְכוּתוֹ

redress /rɪˈdres/ v.t. (*formal*) תִּקֵּן אֶת הָעָוֶל שֶׁל, כִּפֵּר עַל

redress the balance תִּקֵּן אֶת הַמְּעֻוָּת, הֵשִׁיב אֶת הָאִזּוּן

—n. תַּקָּנָה, כַּפָּרָה, פִּצּוּי
□ *he suffered a wrong for which there was no redress* נַעֲשָׂה לוֹ עָוֶל שֶׁאֵין לוֹ כַּפָּרָה/תַּקָּנָה

redskin /ˈredskɪn/ n. (*racially derog.*) אֲדֹם־עוֹר

reduce /rɪˈdjuːs/ v.t.
1 (decrease, bring down; make cheaper) צִמְצֵם, הִפְחִית; הוֹרִיד (מְחִיר)
□ *the sergeant was reduced to the ranks* הַסַּמָּל הוּרַד לְדַרְגַּת טוּרַאי
2 (simplify, convert) הָפַךְ
□ *the fire reduced the house to ashes* הַלֶּהָבוֹת הָפְכוּ אֶת הַבַּיִת לְגַל אֵפֶר
3 (bring by force) הֵבִיא (אֶת פְּלוֹנִי, דְּבַר מָה) לְמַצָּב שֶׁל, הִכְרִיחַ
□ *poverty has reduced me to begging* הָעֹנִי הִכְרִיחַ אוֹתִי לְקַבֵּץ נְדָבוֹת
□ *she was reduced to tears* הִיא פָּרְצָה בִּבְכִי
4 (cause liquid to evaporate) אִדָּה נוֹזְלִים מִ...
5 (*Med.*) הֶחֱזִיר לִמְקוֹמוֹ (אֵיבָר נָקוּעַ), אִחָה (עֶצֶם שְׁבוּרָה)
□ *the surgeon reduced the fracture* הַמְּנַתֵּחַ אִחָה אֶת הַשֶּׁבֶר
—v.i. פָּחַת, שָׁכַח, יָרַד

reducible /rɪˈdjuːsəb(ə)l/ adj. נִתָּן לְצִמְצוּם, מִצְטַמְצֵם

reductio ad absurdum /rɪˌdʌktɪəʊ æd əbˈsɜːdəm/ n. הֲבָאָה לִכְלַל אַבְּסוּרְד (שֶׁל טִעוּן וְכַד')

reduction /rɪˈdʌkʃ(ə)n/ n.
1 (act of reducing) צִמְצוּם, הַפְחָתָה, פִּשּׁוּט
2 (amount taken off price) הֲנָחָה, הוֹרָדָה בִּמְחִיר

reductionism /rɪˈdʌkʃ(ə)nɪzəm/ n. הַפְשָׁטָה (מֻגְזֶמֶת)

redundancy /rɪˈdʌndənsɪ/ n. פִּטּוּרִין; כְּפִילוּת

redundant /rɪˈdʌndənt/ adj. מְפֻטָּר; עֹדֶף, מְיֻתָּר, כָּפוּל
□ *she was made redundant last year* הִיא פֻּטְּרָה בַּשָּׁנָה שֶׁעָבְרָה

reduplicate /rɪˈdjuːplɪkeɪt/ v.t. (*formal*) חָזַר עַל, כָּפַל, הִכְפִּיל (לֹא בְּמָתֶמָטִיקָה)

reduplication /rɪˌdjuːplɪˈkeɪʃ(ə)n/ n. (*formal*) חֲזָרָה; הַכְפָּלָה (לֹא בְּמָתֶמָטִיקָה)

redwing /ˈredwɪŋ/ n. קִיכְלִי לְבֶן־גַּבּוֹת (צִפּוֹר קְטַנָּה)

redwood /ˈredwʊd/ n. עֵץ הַסֶּקְוֹיָה (עֵץ עֲנָק)

re-echo /ˌriː-ˈekəʊ/ v.i. & t. הִדְהֵד; עָנָה בְּקוֹל הֵד עַל

reed /riːd/ n.
1 (kind of plant; its stem) קְנֵה־סוּף, אַגְמוֹן
□ *she's a broken reed in times of stress* (*formal*) הִיא "מִשְׁעֶנֶת קָנֶה רָצוּץ" בְּעֵת צָרָה
2 (*Mus.*) לְשׁוֹנִית (בְּפוּמִית שֶׁל כְּלִי נְשִׁיפָה מֵעֵץ)

reed-pipe /ˈriːd-paɪp/ n. קְנֵה עוּגָב

re-educate /ˌriː-ˈedjʊkeɪt/ v.t. חִנֵּךְ מֵחָדָשׁ

reedy /ˈriːdɪ/ adj.
1 (abounding in reeds) מָלֵא קְנֵי־סוּף
2 (thin- or sharp-sounding) דַּק, צִיְּצָנִי (קוֹל)

reef[1] /riːf/ n. שֻׁנִּית אַלְמֻגִּים, "רִיף"

reef[2] /riːf/ n. (*Naut.*) צוּמָה (חֵלֶק שֶׁל הַמִּפְרָשׂ הַנִּתָּן לְצִמְצוּם)
—v.t. צִמְצֵם (אֶת צֹמֶת הַמִּפְרָשׂ)

reefer /ˈriːfə(r)/ n.
1 (cigarette containing marijuana, *sl.*) סִיגָרִיַּת מָרִיחוּאָנָה
2 (jacket) מְעִיל מַלָּחִים, זִיג מַלָּחִים (עָבֶה וּמְהֻדָּק לַגּוּף)

reef-knot /ˈriːf-nɒt/ n. קֶשֶׁר מְפָרְשִׂים שָׁטוּחַ

reek /riːk/ v.i. (*derog.*) הִדִּיף סַרְחוֹן, הִסְרִיחַ, הִצְחִין (גַּם בְּהַשְׁאָלָה)
□ *this administration reeks of corruption* מִנְהָל זֶה מַדִּיף רֵיחַ שֶׁל שְׁחִיתוּת
—n.
1 (foul smell, vapour, etc.) סַרְחוֹן, צַחֲנָה
2 (smoke, *Scot.*) עָשָׁן

reel /riːl/ n.
1 (spool) סְלִיל, גָּלִיל
2 (dance) רִיל (רִקּוּד סְקוֹטִי)
—v.t. גָּלַל, כָּרַךְ (חוּטִים עַל סְלִיל)
□ *he reeled off a list of names* הוּא מָנָה בָּזֶה אַחַר זֶה רְשִׁימָה שֶׁל שֵׁמוֹת
□ *he reeled in his line and cast again* הוּא גִּלְגֵּל וְאָסַף אֶת חוּט הַחַכָּה, וְהֵטִיל שֵׁנִית
—v.i. הִתְנוֹדֵד מִצַּד אֶל צַד, הָיָה סְחַרְחַר
□ *his mind reeled when he heard the news* הוּא הָיָה הָמוּם כְּשֶׁשָּׁמַע אֶת הַחֲדָשׁוֹת
□ *the drunk reeled down the street* הַשִּׁכּוֹר הִתְנוֹדֵד לוֹ בְּמוֹרַד הָרְחוֹב

re-elect /ˌriː-ɪˈlekt/ v.t. בָּחַר מֵחָדָשׁ

re-emerge /riː-ɪˈmɜːdʒ/ v.i. צָץ וְעָלָה מֵחָדָשׁ, הוֹדִיעַ מֵחָדָשׁ

re-entry /ˌriː-ˈentrɪ/ n. כְּנִיסָה מֵחָדָשׁ; חֲזָרָה לָאַטְמוֹסְפֵירָה (שֶׁל רֶכֶב חָלָל)

□ *the spacecraft's re-entry was timed for noon* חֲזֹרַת הַחֲלָלִית לָאַטְמוֹסְפֵירָה תֻּכְנְנָה לִשְׁעַת הַצָּהֳרַיִם

ref /ref/ n. (*colloq.*) שׁוֹפֵט (בִּסְפּוֹרְט)

refectory /rɪˈfekt(ə)rɪ/ n. חֲדַר־אֹכֶל (בְּמִנְזָר אוֹ בְּקוֹלֶג')

refectory table שֻׁלְחַן־אֹכֶל (אָרֹךְ וְצַר, לְשׁוּרַת סוֹעֲדִים אֲרֻכָּה)

refer /rɪˈfɜː(r)/ v.t.

1 (direct, commit) הִפְנָה אֶל, הֶעֱבִיר לְ...

□ *the motion was referred back* הַצָּעַת הַחֹק הֻחְזְרָה לַוַּעֲדָה (אוֹ נִדְחֲתָה לְמוֹעֵד אַחֵר)

2 (send to specialist, etc.) הִפְנָה (לְרוֹפֵא מֻמְחֶה וְכַד')

—v.i.

1 (have recourse) הִסְתַּמֵּךְ עַל, הִזְדַּקֵּק לְ־

□ *you may need to refer to a dictionary* יִתָּכֵן שֶׁתִּצְטָרֵךְ לִפְנוֹת לְעֶזְרַת הַמִּלּוֹן

2 (allude) רָמַז לְ..., אִזְכֵּר

□ *she referred in her speech to unemployment* הִיא הִזְכִּירָה אֶת הָאַבְטָלָה בִּנְאוּם שֶׁלָּהּ

referee /ˌrefəˈriː/ n.

1 (person to whom reference can be made) מַמְלִיץ

□ *applicants must give the names of three referees* הַמֻּעֲמָדִים חַיָּבִים לְצַיֵּן אֶת שְׁמוֹתֵיהֶם שֶׁל שְׁלֹשָׁה מַמְלִיצִים

2 (umpire at games) שׁוֹפֵט (בְּמִשְׂחָק)

3 (arbitrator) בּוֹרֵר, מְתַוֵּךְ

—v.t. & i. שָׁפַט בְּ... (מִשְׂחָק); שִׁמֵּשׁ בּוֹרֵר בְּ... (סִכְסוּךְ)

reference /ˈref(ə)rəns/ n.

1 (referring to authority for decision or injunction; consultation of a book, etc.) הַפְנָיָה, הַעֲבָרָה, מְסִירָה; עֵזֶר, עִיּוּן

□ *he acted without reference to his boss* הוּא פָּעַל בְּלִי אִשּׁוּר שֶׁל מַעֲבִידוֹ

□ *she used the dictionary for reference* הִיא הִסְתַּיְּעָה בַּמִּלּוֹן

2 with reference to (*formal*) בְּהִתְיַחֵס לְ..., בְּהִסְתַּמֵּךְ עַל

3 (allusion) רְמִיזָה, רִמּוּז, אִזְכּוּר

□ *you have made no reference to your criminal record* שָׁכַחְתָּ לְצַיֵּן אֶת עֲבָרְךָ הַפְּלִילִי

□ *his book is full of references to places I know well* סִפְרוֹ מָלֵא אִזְכּוּרִים לִמְקוֹמוֹת שֶׁאֲנִי מַכִּיר

4 (direction to another book, etc.) מַרְאֵה מָקוֹם, הַפְנָיָה, אַסְמַכְתָּא

cross-reference הַפְנָיָה (לְמָקוֹם נוֹסָף בְּאוֹתוֹ סֵפֶר לְצֹרֶךְ הַשְׁוָאָה)

reference book סֵפֶר עֵזֶר, סֵפֶר עִיּוּן

reference library סִפְרִיַּת עִיּוּן (לְלֹא שֵׁרוּתֵי הַשְׁאָלָה)

5 (testimonial; person supplying this) (מִכְתַּב־) הַמְלָצָה (לָרֹב סָגוּר); מַמְלִיץ

□ *he has an excellent reference from his last employer* יֵשׁ לוֹ מִכְתַּב־הַמְלָצָה מְצֻיָּן מִמַּעֲבִידוֹ הָאַחֲרוֹן

referendum /ˌrefəˈrendəm/ n. (*pl.* **referenda**) מִשְׁאַל־עַם

referral /rɪˈfɜːrəl/ n. (*formal*) הַפְנָיָה

refill /riːˈfɪl/ v.t. מִלֵּא (מְכָל רֵיק)

—n. /ˈriːfɪl/ מִלּוּי (שֶׁל עֵט כַּדּוּרִי, שֶׁל מְכַל גָּז וְכַד'), תּוֹסֶפֶת (שֶׁל מַשְׁקֶה וְכוֹס וְכַד')

refine /rɪˈfaɪn/ v.t. זִקֵּק (חֹמֶר בְּתַהֲלִיךְ כִּימִי); עִדֵּן, פִּתֵּחַ, לִטֵּשׁ

refined /rɪˈfaɪnd/ adj.

1 (purified) מְזֻקָּק

2 (genteel) בַּעַל־נִימוּסִים, נְעִים־הֲלִיכוֹת, מְעֻדָּן (בְּהִתְנַהֲגוּת)

refinement /rɪˈfaɪnmənt/ n.

1 (purifying) זִקּוּק

2 (fineness of feeling or taste) עִדּוּן, לִטּוּשׁ

3 (instance of subtlety or delicacy) שִׁפּוּר, שִׁכְלוּל; דַּקּוּת

□ *the cottage has few refinements* יֵשׁ רַק שִׁכְלוּלִים מְעַטִּים בְּבֵית הַכַּפְרִי

refinery /rɪˈfaɪnərɪ/ n. בֵּית־זִקּוּק

refit /riːˈfɪt/ v.t. & i. שִׁפֵּץ, עָשָׂה בֶּדֶק בְּ... (סְפִינָה וְכַד'); עָבַר שִׁפּוּץ, עָבַר בֶּדֶק

—n. /ˈriːfɪt/ שִׁפּוּץ, בֶּדֶק (שֶׁל סְפִינָה וְכַד')

reflate /riːˈfleɪt/ v.t. בִּצַּע רֶפְלַצְיָה (הִגְדִּיל אֶת אַסְפָּקַת הַכֶּסֶף לַמֶּשֶׁק)

reflation /riːˈfleɪʃ(ə)n/ n. רֶפְלַצְיָה (כַּנ"ל)

reflect /rɪˈflekt/ v.t.

1 (throw back; mirror) שִׁקֵּף (דְּמוּת בְּמַרְאָה וְכַד'); הֶחֱזִיר (אוֹר)

□ *his performance reflected credit on his class* הֶשֵּׂגוֹ הֵבִיא כָּבוֹד לְכִתָּתוֹ

□ *my face was reflected in the water* פָּנַי הִשְׁתַּקְּפוּ בַּמַּיִם

2 (express, give proof of) שִׁקֵּף, בִּטֵּא, נָתַן בִּטּוּי לְ...

□ *her sad looks reflected her thoughts* מַרְאֵה פָּנֶיהָ הֶעָצוּב שִׁקֵּף אֶת מַחְשְׁבוֹתֶיהָ

—v.i.

1 (meditate) הִרְהֵר, חָשַׁב, שָׁקַל, עִיֵּן (בְּדָבָר)

2 (have an effect, usually bad) הֵטִיל דֹּפִי בְּ..., הִכְתִּים אֶת שְׁמוֹ הַטּוֹב

□ *your rude behaviour reflects only on* (or *upon*) *yourself* הִתְנַהֲגוּתְךָ הַגַּסָּה מַטִּילָה דֹּפִי רַק בְּךָ

reflection /rɪˈflekʃ(ə)n/ n. (also **reflexion**)

1 (reflected light or image) הִשְׁתַּקְּפוּת, דְּמוּת נִשְׁקֶפֶת (בְּמַרְאָה וְכַד'), בָּבוּאָה; הֶחְזֵר (שֶׁל קַרְנֵי אוֹר)

2 (consideration; in *pl.*, thoughts) הִרְהוּר, עִיּוּן

□ *after some reflection he changed his mind* לְאַחַר הִרְהוּר־מָה הוּא שִׁנָּה אֶת דַּעְתּוֹ

3 (discredit) דֹּפִי, גְּנוּת
□ *this criticism is no reflection on your sincerity* דִּבְרֵי בִּקֹּרֶת אֵלֶּה אֵינָם מְכֻוָּנִים לִגְרֹעַ מִכֵּנוּתְךָ

reflective /rɪˈflektɪv/ adj.
1 (thoughtful) מְהַרְהֵר, שָׁקוּעַ בְּמַחֲשָׁבוֹת
2 (giving a reflection) מְשַׁקֵּף, מַחֲזִיר (קַרְנֵי־אוֹר), רֶפְלֶקְטִיבִי

reflector /rɪˈflektə(r)/ n. מַחֲזִירוֹר, רֶפְלֶקְטוֹר

reflex /ˈriːfleks/ adj.
1 (independent of will, automatic) רֶפְלֶקְסִיבִי, אוֹטוֹמָטִי
2 (*Geom.*) (זָוִית) קְמוּרָה
—n.
1 (involuntary action) רֶפְלֶקְס
conditioned reflex רֶפְלֶקְס מֻתְנֶה
2 (reflection) הֶחְזֵר קַרְנֵי אוֹר, רֶפְלֶקְס
reflex camera מַצְלֵמַת רֶפְלֶקְס

reflexion /rɪˈflekʃ(ə)n/ see **REFLECTION**

reflexive /rɪˈfleksɪv/ adj. & n. (*Gram.*) רֶפְלֶקְסִיבִי, חוֹזֵר (בְּדִקְדּוּק); פֹּעַל חוֹזֵר; כִּנּוּי גּוּף חוֹזֵר

reflexology ˌriːflekˈsɒlədʒɪ/ n. רֶפְלֶקְסוֹלוֹגְיָה

reform /rɪˈfɔːm/ v.t. & i. עָרַךְ רֶפוֹרְמָה בְּ...; חָזַר לְמוּטָב
Reformed Church הַכְּנֵסִיָּה הַפְּרוֹטֶסְטַנְטִית הַקַּלְוִינִיסְטִית
□ *he's a reformed character these days* הוּא חָזַר לְמוּטָב לָאַחֲרוֹנָה
—n. רֶפוֹרְמָה, תִּקּוּן וְעִצּוּב מֵחָדָשׁ
Reform Judaism יַהֲדוּת רֶפוֹרְמִית (קַיָּם הֶבְדֵּל בֵּין הַזֶּרֶם הַבְּרִיטִי וְהָאֲמֶרִיקָאִי)
reform school מוֹסָד לְנֹעַר עֲבַרְיָן

re-form /ˌriː-fɔːm/ v.t. & i. עָרַךְ מֵחָדָשׁ, אִרְגֵּן שֵׁנִית בְּמַעֲרָךְ; נֶעֱרַךְ מֵחָדָשׁ, הִתְאַרְגֵּן שֵׁנִית בְּמַעֲרָךְ

reformation /ˌrefəˈmeɪʃ(ə)n/ n. פְּעֻלַּת רֶפוֹרְמַצְיָה, עִצּוּב וְאִרְגּוּן מֵחָדָשׁ; חֲזָרָה לְמוּטָב
the Reformation (*Relig.*) תְּנוּעַת הָרֶפוֹרְמַצְיָה (שֶׁל הַכְּנֵסִיָּה בַּמֵּאָה הַ־16 בְּאֵירוֹפָּה)

re-formation /ˌriː-fɔːˈmeɪʃ(ə)n/ n. הֵעָרְכוּת מֵחָדָשׁ (שֶׁל כֹּחוֹת צָבָא וְכַד')

reformatory /rɪˈfɔːmət(ə)rɪ/ adj. מְתַקֵּן; שֶׁל רֶפוֹרְמוֹת
—n. (*US*) מוֹסָד לַעֲבַרְיָנִים צְעִירִים, מוֹסָד לְנֹעַר עֲבַרְיָן

reformer /rɪˈfɔːmə(r)/ n. מְתַקֵּן, רֶפוֹרְמָטוֹר

refract /rɪˈfrækt/ v.t. שָׁבַר (קַרְנֵי אוֹר)

refraction /rɪˈfrækʃ(ə)n/ n. שְׁבִירָה (שֶׁל קַרְנֵי אוֹר), רֶפְרַקְצְיָה

refractive index /rɪˌfræktɪv ˈɪndeks/ n. (*Phys.*) מְקַדֵּם שְׁבִירַת קְרָנַיִם

refractory /rɪˈfræktərɪ/ adj. (*formal*) סַרְבָנִי, מְסָרֵב לְקַבֵּל מָרוּת, מַמְרֶה, עַקְשָׁנִי

refrain[1] /rɪˈfreɪn/ v.i. (*formal*) נִמְנַע, הִתְאַפֵּק
□ *she refrained from commenting on the matter* הִיא נִמְנְעָה מִלְּהָעִיר עַל הַנּוֹשֵׂא

refrain[2] /rɪˈfreɪn/ n. פִּזְמוֹן חוֹזֵר

refresh /rɪˈfreʃ/ v.t. רִעֲנֵן
□ *he refreshed his memory* הוּא רִעֲנֵן אֶת זִכְרוֹנוֹ

refresher /rɪˈfreʃə(r)/ n. דָּבָר מְרַעֲנֵן; מַשְׁקֶה מְרַעֲנֵן
refresher course קוּרְס רִעֲנוּן

refreshing /rɪˈfreʃɪŋ/ adj.
1 (invigorating) מְרַעֲנֵן, מֵשִׁיב נֶפֶשׁ, "מְחַיֶּה נְפָשׁוֹת"
2 (pleasantly rare; unexpected) מַפְתִּיעַ לְטוֹבָה, גּוֹרֵם קֹרֶת רוּחַ, מְרַעֲנֵן

refreshment /rɪˈfreʃmənt/ n.
1 (act of refreshing) רִעֲנוּן, הִתְרַעַנְנוּת
2 (in *pl.*, food or drink) כִּבּוּד קַל, תִּקְרֹבֶת

refrigerant /rɪˈfrɪdʒərənt/ n. חֹמֶר קֵרוּר

refrigerate /rɪˈfrɪdʒəreɪt/ v.t. קֵרֵר

refrigeration /rɪˌfrɪdʒəˈreɪʃ(ə)n/ n. קֵרוּר

refrigerator /rɪˈfrɪdʒəreɪtə(r)/ n. מְקָרֵר (מַקְרֵר), "פְּרִיגִ'ידֶר"

refuel /riːˈfjʊəl/ v.t. & i. תִּדְלֵק, מִלֵּא דֶּלֶק בְּ...; תִּדְלֵק, דָּלַק

refuge /ˈrefjuːdʒ/ n. מִפְלָט, מִקְלָט, מַחֲסֶה (גַּם בְּהַשְׁאָלָה)

refugee /ˌrefjʊˈdʒiː/ n. פָּלִיט

refulgent /rɪˈfʌldʒənt/ adj. (*formal*) זוֹהֵר, מַבְהִיק

refund /rɪˈfʌnd/ v.t. הֶחֱזִיר (כֶּסֶף)
—n. /ˈriːfʌnd/ הֶחְזֵר (שֶׁל כֶּסֶף)

refundable /rɪˈfʌndəb(ə)l/ adj. נִתָּן לְהַחְזָרָה (תַּשְׁלוּם מֵרֹאשׁ וְכַד')

refurbish /ˌriːˈfɜːbɪʃ/ v.t. שִׁפֵּץ, עָרַךְ שִׁפּוּצִים בְּ...

refurbishment /ˌriːˈfɜːbɪʃmənt/ n. שִׁפּוּץ, שִׁפּוּצִים (בְּבִנְיָן וְכַד')

refurnish /ˌriːˈfɜːnɪʃ/ v.t. רִהֵט מֵחָדָשׁ; צִיֵּד מֵחָדָשׁ

refusal /rɪˈfjuːz(ə)l/ n. סֵרוּב, מֵאוּן, דְּחִיָּה
□ *may I have first refusal if you decide to sell?* הַאִם יֵשׁ לִי עֲדִיפוּת רִאשׁוֹנָה אִם תַּחְלִיט לִמְכֹּר?

refuse[1] /rɪˈfjuːz/ v.t. & i. סֵרֵב לְ..., דָּחָה (אֶת); מֵאֵן, סֵרֵב

refuse[2] /ˈrefjuːs/ n. (*formal*) פְּסֹלֶת, אַשְׁפָּה

refusenik /rɪˈfjuːznɪk/ n. מְסֹרַב־עֲלִיָּה, "סֵרוּבְנִיק"

refutation /ˌrefjuːˈteɪʃ(ə)n/ n. (*formal*) סְתִירָה (שֶׁל טִעוּן), הַפְרָכָה

refute /rɪˈfjuːt/ v.t. (*formal*) סָתַר, הִפְרִיךְ

regain /rɪˈgeɪn/ v.t. קִבֵּל בַּחֲזָרָה, שָׁב וְהִשִּׂיג; הִגִּיעַ שׁוּב לְ...
□ *he slipped but regained his footing* הוּא מָעַד אַךְ שָׁב וְעָמַד עַל רַגְלָיו
□ *she died without regaining consciousness* הִיא נִפְטְרָה מִבְּלִי שֶׁהַכָּרָתָהּ חָזְרָה אֵלֶיהָ
□ *his boat capsized but he soon regained dry land* סִירָתוֹ הִתְהַפְּכָה אֲבָל עַד מְהֵרָה הוּא שָׁב לַיַּבָּשָׁה

regal /ˈriːg(ə)l/ adj. מַלְכוּתִי; מְפֹאָר

regale /rɪˈgeɪl/ v.t. (*formal*) עִנֵּג, גָּרַם הֲנָאָה לְ..., שִׂמַּח לֵב־ (בְּמַאֲכָלִים וּבְמַשְׁקָאוֹת)
□ *we were regaled with a fascinating lecture* הִתְעַנַּגְנוּ בְּהַרְצָאָה מְרַתֶּקֶת

regalia /rɪˈgeɪlɪə/ n. *pl.* סִמְלֵי מַלְכוּת, אוֹתוֹת מַלְכוּת (כְּגוֹן שַׁרְבִיט, כֶּתֶר); סִמְלֵי מִסְדָּר

regard /rɪˈgɑːd/ v.t.
1 (consider) הֶעֱרִיךְ, הֶחְשִׁיב; הִתְיַחֵס אֶל כְּ...
2 (look steadily at, *formal*) הִתְבּוֹנֵן בְּ..., הִסְתַּכֵּל עַל
3 (give heed to, *formal*) שָׂם לֵב לְ..., הִתְיַחֵס לְ..., הִקְשִׁיב לְ...
4 (concern, relate to, *formal*) נָגַע לְ..., הִתְיַחֵס לְ...
as regards בְּנוֹגֵעַ לְ..., (בַּ)אֲשֶׁר לְ...
—n.
1 (esteem) הַעֲרָכָה, הוֹקָרָה
□ *he held his teacher in high regard* הוּא הֶעֱרִיךְ בְּיוֹתֵר אֶת הַמּוֹרֶה שֶׁלּוֹ
2 (gaze, *formal*) מַבָּט
3 (attention, heed, *formal*) שִׂימַת־לֵב, תְּשׂוּמֶת־לֵב
□ *more regard must be paid to safety on the roads* יֵשׁ לְהַקְדִּישׁ יֶתֶר תְּשׂוּמֶת־לֵב לְבְטִיחוּת בַּדְּרָכִים
4 (relation, respect, *formal*) יַחַס, בְּחִינָה
with (or **in**) **regard to** בְּקֶשֶׁר לְ..., בְּיַחַס לְ...
5 (in *pl.*, compliments) דְּרִישַׁת־שָׁלוֹם
kind regards בִּדְרִישַׁת שָׁלוֹם לְבָבִית (בְּסוֹף מִכְתָּב עֲסָקִים יְדִידוּתִי)
□ *give him my regards when you next see him* אָנָּא דְּרֹשׁ בִּשְׁלוֹמוֹ בִּשְׁמִי כְּשֶׁתִּרְאֶה אוֹתוֹ, אָנָּא מְסֹר לוֹ דְּרִישַׁת שָׁלוֹם בִּשְׁמִי כְּשֶׁתִּרְאֶה אוֹתוֹ

regardful /rɪˈgɑːdf(ə)l/ adj. (*formal*) קָשׁוּב, צַיְּתָן

regarding /rɪˈgɑːdɪŋ/ prep. (*formal*) בְּקֶשֶׁר לְ..., בְּנוֹגֵעַ לְ...

regardless /rɪˈgɑːdlɪs/ adj. מִבְּלִי לְהִתְחַשֵּׁב בְּ..., בְּלִי שִׂים לֵב לְ...; לַמְרוֹת; בְּלִי כָּל קֶשֶׁר לְ...
□ *he spoke his mind regardless of the consequences* הוּא הִבִּיעַ דַּעְתּוֹ מִבְּלִי לְהִתְחַשֵּׁב בַּתּוֹצָאוֹת
—adv. (*colloq.*) לַמְרוֹת הַכֹּל
□ *they carried on regardless* הֵם הִמְשִׁיכוּ לַמְרוֹת הַכֹּל

regatta /rɪˈgætə/ n. מֵרוֹץ סִירוֹת, תַּחֲרוּת שַׁיִט (בְּסִירוֹת מָשׁוֹט אוֹ בְּסִירוֹת מִפְרָשׂ)

regency /ˈriːdʒənsɪ/ n. (תְּקוּפַת) כְּהֻנָּתוֹ שֶׁל עוֹצֵר, עוֹצְרוּת
(the) Regency תְּקוּפַת הָ"רִיגֶ'נְסִי" (בְּבְּרִיטַנְיָה, 1820-1811); בְּסִגְנוֹן הַנַּ"ל

regenerate /rɪˈdʒenəreɪt/ v.t. & i.
1 (generate again) בָּרָא מֵחָדָשׁ, יָצַר מֵחָדָשׁ; גָּדַל מֵחָדָשׁ
2 (improve spiritually or morally) חִדֵּשׁ פָּנָיו, הֵפִיחַ רוּחַ חֲדָשָׁה בְּ...; הִתְחַדֵּשׁ
—adj. /rɪˈdʒenərət/ (*formal*) שֶׁל הִתְחַדְּשׁוּת, שֶׁל צְמִיחָה מֵחָדָשׁ

regeneration /rɪˌdʒenəˈreɪʃ(ə)n/ n. הִתְחַדְּשׁוּת, תְּחִיָּה; צְמִיחָה מֵחָדָשׁ, הִוָּצְרוּת מֵחָדָשׁ

regent /ˈriːdʒənt/ n.
1 (acting head of state) עוֹצֵר
Prince Regent הַנָּסִיךְ הָעוֹצֵר (בִּבְרִיטַנְיָה, יוֹרֵשׁ הָעֶצֶר הַמְמַלֵּא זְמַנִּית אֶת תַּפְקִידֵי הַמֶּלֶךְ בְּחַיֵּי אָבִיו)
2 (university official, *US*) חֲבֵר הַוַּעַד הַמְּנַהֵל שֶׁל אוּנִיבֶרְסִיטָה

reggae /ˈregeɪ/ n. "רֶגֵּי" (מוּזִיקָה קִצְבִּית שֶׁמְּקוֹרָהּ בְּאִיֵּי הֹדּוּ הַמַּעֲרָבִית)

regicide /ˈredʒɪsaɪd/ n.
1 (killing a king) הִתְנַקְּשׁוּת בַּמֶּלֶךְ, הֲרִיגַת מֶלֶךְ
2 (killer of a king) מִתְנַקֵּשׁ בְּמֶלֶךְ, הוֹרֵג מֶלֶךְ

regime /reɪˈʒiːm/ n. (also **régime**) מִשְׁטָר (מְדִינִי); מִשְׁטַר חַיִּים (שֶׁל אָדָם פְּרָטִי)

regimen /ˈredʒɪmən/ n. (*Med.*) מִשְׁטַר חַיִּים (בְּכָל הַנּוֹגֵעַ לַבְּרִיאוּת וְכַד')

regiment /ˈredʒɪmənt/ n. רֶגִ'ימֶנְט, גְּדוּד, חֲטִיבָה (בְּפִקּוּד קוֹלוֹנֶל); (בְּהַשְׁאָלָה) גְּדוּד (שֶׁל נְמָלִים וְכַד')
—v.t. (*derog.*) כָּפָה מִשְׁמַעַת עַל
□ *a teacher's life is very regimented* חַיָּיו שֶׁל מוֹרֶה עֲרוּכִים בְּסֵדֶר קַפְּדָנִי

regimental /ˌredʒɪˈment(ə)l/ adj. שֶׁל רֶגִ'ימֶנְט, גְּדוּדִי, חֲטִיבָתִי
—n. *pl.* מַדֵּי הָרֶגִ'ימֶנְט, מַדֵּי הַיְחִידָה

regimentation /ˌredʒɪmenˈteɪʃ(ə)n/ n. (*derog.*) מִשְׁטוּר, אִרְגּוּן (כְּמוֹ־) צְבָאִי

Regina /rɪˈdʒaɪnə/ n. הַמַּלְכָּה (הַשַּׁלֶּטֶת); (בִּתְבִיעָה מִשְׁפָּטִית בִּבְרִיטַנְיָה) הַמְּדִינָה

region /ˈriːdʒən/ n. אֵזוֹר, מָחוֹז
in the region of בְּקֵרוּב, בִּגְבוּלוֹת שֶׁל, בִּסְבִיבוֹת
nether regions
(hell) גֵּיהִנֹּם, שְׁאוֹל תַּחְתִּיּוֹת
(*joc.*) "דְּרוֹם הַבֶּטֶן" (אֵזוֹר הַמִּפְשָׂעָה)

regional /ˈriːdʒən(ə)l/ adj. אֲזוֹרִי, מְחוֹזִי

register /ˈredʒɪstə(r)/ n.
1 (list, book, record) רִשּׁוּם, רְשׁוּמָה, רְשִׁימָה (מַאֲגַר מֵידָע רִשְׁמִי וְכַד')
electoral register רְשִׁימַת הַבּוֹחֲרִים
register office (*UK*) מִשְׂרַד רִשּׁוּם (לְלֵדוֹת, פְּטִירוֹת, נִשּׂוּאִין וְכַד')
2 (mechanical recording device) מַכְשִׁיר רִשּׁוּם, מוֹנֶה
cash register קֻפָּה רוֹשֶׁמֶת
3 (range of voice or instrument, *Mus.*) מִשְׁלָב, רֶגִיסְטֶר
4 (form of language used in particular situation) רָמָה לְשׁוֹנִית, רֶגִיסְטֶר לְשׁוֹנִי
5 (correct alignment or relative position) הֶתְאֵם (בְּהַדְפָּסָה)

—v.t.

1 (record; notice) צִיֵּן, רָשַׁם (בְּפִנְקָס וְכַד׳), הִכְנִיס לִרְשִׁימָה; קָלַט

□ *he registered his letter* הוּא שָׁלַח אֶת מִכְתָּבוֹ בְּדֹאַר רָשׁוּם

□ *his mind did not register the fact* מֹחוֹ לֹא קָלַט אֶת הָעֻבְדָּה

2 (express facially) הֶרְאָה סִימָנִים שֶׁל (אַכְזָבָה וְכַד׳), פָּנָיו הִבִּיעוּ (אַכְזָבָה וְכַד׳)

□ *he (or his face) registered surprise* פָּנָיו הִבִּיעוּ הַפְתָּעָה

—v.i.

1 (become registered) נִרְשַׁם

□ *she registered at the hotel* הִיא נִרְשְׁמָה בְּבֵית־הַמָּלוֹן

□ *he registered for national service* הוּא הִתְגַּיֵּס לְשֵׁרוּת לְאֻמִּי

2 (make an impression, *colloq.*) נִקְלַט, הוּבַן, הִשְׁאִיר רֹשֶׁם

registrar /ˌredʒɪˈstrɑː(r)/ n.

1 (official record-keeper) רַשָּׁם, פְּקִיד־רִשּׁוּם

Registrar of Births, Deaths, and Marriages רַשָּׁם לֵדוֹת, פְּטִירוֹת וְנִשּׂוּאִין

2 (university official) רַשַּׁם הָאוּנִיבֶרְסִיטָה

3 (*Med.*) רוֹפֵא מִתְמַחֶה (בְּבֵית־חוֹלִים)

□ *he was appointed registrar of the surgical unit* הוּא נִתְמַנָּה לְרוֹפֵא מִתְמַחֶה בַּמַּחְלָקָה הַכִּירוּרְגִית

registration /ˌredʒɪˈstreɪʃ(ə)n/ n. רִשּׁוּם, הַרְשָׁמָה, מִרְשָׁם

registration mark (or **number**) מִסְפַּר־רִשּׁוּי, מִסְפַּר־רִשּׁוּם (שֶׁל מְכוֹנִית וְכַד׳)

registry /ˈredʒɪstrɪ/ n.

1 (place where official records are kept; office of registrar) מִשְׂרַד מִרְשַׁם הַתּוֹשָׁבִים; אַרְכִיּוֹן (מִסְמָכִים), גִּנְזָךְ; מִשְׂרַד הָרַשָּׁם

registry office מִשְׂרַד רִשּׁוּם לֵדוֹת, פְּטִירוֹת וְנִשּׂוּאִין

2 (registration, *formal*) רִשּׁוּם, הַרְשָׁמָה

Regius professor /ˌriːdʒəs prəˈfesə(r)/ n. (*UK*) פְּרוֹפֶסוֹר בַּעַל מִנּוּי מַלְכוּתִי (בְּיִחוּד בְּאוֹקְסְפוֹרְד אוֹ בְּקֵימְבְּרִידְג׳)

regress /rɪˈgres/ v.i. נָסוֹג (לְאָחוֹר), הָיָה בִּרְגְרֶסְיָה

—n. נְסִיגָה (לְאָחוֹר), רֶגְרֶסְיָה

regression /rɪˈgreʃ(ə)n/ n.

1 (return to previous state) נְסִיגָה (לְאָחוֹר), רֶגְרֶסְיָה

2 (*Statistics*) רֶגְרֶסְיָה

regressive /rɪˈgresɪv/ adj. (*formal*) מַרְאֶה נְסִיגָה, רֶגְרֶסִיבִי

regret /rɪˈgret/ v.t. הִצְטַעֵר עַל, הִתְחָרֵט עַל

□ *their absence will be deeply regretted* הֶעְדֵּרוּתָם תִּגְרֹם לְצַעַר רַב

□ *I regret to say he does take drugs* צַר לִי לוֹמַר שֶׁהוּא אָכֵן נוֹטֵל סַמִּים

—n. צַעַר, חֲרָטָה

□ *he had no regrets about resigning* הוּא לֹא חָשׁ כָּל חֲרָטָה עַל כָּךְ שֶׁהִתְפַּטֵּר

□ *we couldn't come, so we sent our regrets* לֹא יָכֹלְנוּ לְהַגִּיעַ וְלָכֵן שָׁלַחְנוּ אֶת הִתְנַצְּלוּתֵנוּ

regretful /rɪˈgretf(ə)l/ adj. מִצְטַעֵר, מִתְחָרֵט

regrettable /rɪˈgretəb(ə)l/ adj. (*euphem.*) מְצַעֵר, שֶׁיֵּשׁ לְהִצְטַעֵר עָלָיו, מַעֲצִיב

regrettably /rɪˈgretəblɪ/ adv. בְּאֹפֶן מְצַעֵר; לְמַרְבֵּה הַצַּעַר

regroup /riːˈgruːp/ v.t. & i. כִּנֵּס מֵחָדָשׁ בִּקְבוּצוֹת; הִתְכַּנֵּס מֵחָדָשׁ בִּקְבוּצוֹת

regular /ˈregjʊlə(r)/ adj.

1 (systematic; according to convention) שִׁיטָתִי, סָדִיר, קָבוּעַ

□ *I keep regular hours even when not working* אֲנִי שׁוֹמֵר עַל לוּחַ זְמַנִּים גַּם מִחוּץ לָעֲבוֹדָה

2 (symmetrical) סִימֶטְרִי, מְתֹאָם יָפֶה; (בְּגֵיאוֹמֶטְרִיָּה) שְׁוֵה־צְלָעוֹת

regular polygon (*Math.*) מְצֻלָּע שְׁוֵה־צְלָעוֹת

□ *he has regular features* יֵשׁ לוֹ תְּוֵי־פָּנִים מְאֻזָּנִים

3 (ordinary, standard) רָגִיל, "רֶגִיוּלָר"

□ *regular or large?* אַתָּה רוֹצֶה (מָנָה) רְגִילָה אוֹ גְּדוֹלָה?

4 (properly qualified professional) סָדִיר, שֶׁל קֶבַע

□ *she has no regular profession* אֵין לָהּ כִּשּׁוּרִים מִקְצוֹעִיִּים

5 (*Gram.*) סָדִיר (נְטִיָּה שֶׁל פֹּעַל וְכַד׳)

6 (thorough, out-and-out, *colloq.*) "גָּמוּר", "מֻשְׁלָם"

□ *he's a regular menace behind the wheel* הוּא מַמָּשׁ סַכָּנָה כְּשֶׁהוּא מֵאֲחוֹרֵי הַהֶגֶה

7 (having satisfactory bowel movements or menstruation) סָדִיר (יְצִיאָה, מַחֲזוֹר וֶסֶת)

—n.

1 (habitual customer, *colloq.*) לָקוֹחַ קָבוּעַ

2 (professional soldier) חַיַּל קֶבַע, חַיָּל מִקְצוֹעִי, חַיָּל סָדִיר

regularity /ˌregjʊˈlærɪtɪ/ n. קְבִיעוּת, סְדִירוּת; סִימֶטְרִיָּה

regularize /ˈregjʊləraɪz/ v.t. הִסְדִּיר, הֶאֱחִיד; הָפַךְ לְרִשְׁמִי (מַצָּב קַיָּם)

regularly /ˈregjʊləlɪ/ adv. בְּאֹפֶן סָדִיר, בִּקְבִיעוּת; בְּאֹפֶן סִימֶטְרִי

regulate /ˈregjʊleɪt/ v.t.

1 (control by rule) פִּקֵּחַ (ע״י תַּקָּנוֹת וְכַד׳), הִסְדִּיר (בְּתַקָּנוֹת וְכַד׳), בִּקֵּר

□ *this state's economy is strictly regulated* כַּלְכָּלַת מְדִינָה זוֹ מְבֻקֶּרֶת בְּקַפְּדָנוּת

2 (adapt, adjust) הִתְאִים, תֵּאֵם; כִּוֵּן, וִסֵּת

□ *you can regulate the speed of this machine* אַתָּה יָכוֹל לְוַסֵּת אֶת הַמְּהִירוּת שֶׁל הַמְּכוֹנָה הַזֹּאת

regulation /ˌregjʊˈleɪʃ(ə)n/ n.
1 (control; adjustment) פִּקּוּחַ, בַּקָּרָה; וִסּוּת, הַתְאָמָה
2 (rule, order) תַּקָּנָה, צַו, כְּלָל
—attrib. adj. תִּקְנִי

regulator /ˈregjʊleɪtə(r)/ n. וַסָּת, מְכַוֵּן

regulo /ˈregjʊləʊ/ n. דַּרְגַּת־חֹם (בְּתַנּוּר בִּשּׁוּל, מ־1 עַד 9)

regurgitate /rɪˈgɜːdʒɪteɪt/ v.t. (*formal*) הֶעֱלָה (מָזוֹן וְכַד׳) שֵׁנִית לַפֶּה, הֵקִיא (גַּם בְּהַשְׁאָלָה)
□ *the exam required me to regurgitate everything I had learned* בַּבְּחִינָה הָיָה עָלַי לִפְלֹט אֶת כָּל מַה שֶּׁלָּמַדְתִּי

rehabilitate /ˌriːhəˈbɪlɪteɪt/ v.t. שִׁקֵּם; הֶחֱזִיר (לִפְלוֹנִי) אֶת שְׁמוֹ הַטּוֹב

rehabilitation /ˌriːhəbɪlɪˈteɪʃ(ə)n/ n. שִׁקּוּם; הַחְזָרַת שֵׁם טוֹב

rehash /riːˈhæʃ/ v.t. (*colloq. derog.*) עִבֵּד מֵחָדָשׁ (חֹמֶר יָשָׁן)
—n. /ˈriːhæʃ/ עִבּוּד מֵחָדָשׁ
□ *this play is just a rehash of 'Macbeth'* הַמַּחֲזֶה הַזֶּה הוּא לֹא יוֹתֵר מֵאֲשֶׁר גִּרְסָה נוֹסֶפֶת לְמַקְבֶּת

rehearsal /rɪˈhɜːs(ə)l/ n. חֲזָרָה (בְּתֵיאַטְרוֹן, בְּתִזְמֹרֶת וְכַד׳)

rehearse /rɪˈhɜːs/ v.t. &i.
1 (practise) עָרַךְ חֲזָרָה
2 (give account of, *formal*) מָסַר פְּרָטִים עַל, דִּוַּח עַל
□ *that evening he rehearsed the events of the day* בְּאוֹתוֹ עֶרֶב הוּא דִּוַּח עַל אֵרוּעֵי הַיּוֹם

reheat /riːˈhiːt/ v.t. חִמֵּם שֵׁנִית, חִמֵּם מֵחָדָשׁ (מָזוֹן וְכַד׳)

rehouse /riːˈhaʊz/ v.t. שִׁכֵּן מֵחָדָשׁ

Reich /raɪk, raɪx/ n. (*Hist.*) הָרַיְךְ (הַמַּמְלָכָה הַגֶּרְמָנִית)
the Third Reich הָרַיְךְ הַשְּׁלִישִׁי (הַמִּשְׁטָר הַנָּאצִי)

reign /reɪn/ n. מַלְכוּת, שִׁלְטוֹן; תְּקוּפַת מַלְכוּת
the Reign of Terror (*Hist.*) שִׁלְטוֹן הַטֶּרוֹר (בַּמַּהְפֵּכָה הַצָּרְפָתִית, 1789)
—v.i. מָלַךְ, שָׁלַט, מָשַׁל
□ *silence reigned* (*formal*) דְּמָמָה שָׂרְרָה

reigning /ˈreɪnɪŋ/ adj. הַשּׁוֹלֵט (מֶלֶךְ וְכַד׳); הַנּוֹכְחִי (אַלּוּף, מַלְכַּת יֹפִי וְכַד׳)

reimburse /ˌriːɪmˈbɜːs/ v.t. (*formal*) פִּצָּה (אֶת פְּלוֹנִי עַל הוֹצָאוֹתָיו וְכַד׳); הֶחֱזִיר לְ... אֶת כַּסְפּוֹ

reimbursement /ˌriːɪmˈbɜːsmənt/ n. (*formal*) הֶחְזֵר (הוֹצָאוֹת); פִּצּוּי כַּסְפִּי

rein /reɪn/ n.
1 (strap controlling horse; in *pl.*, controls, *fig.*) מוֹשְׁכוֹת, מוֹסֵרוֹת, רֶסֶן; (בְּהַשְׁאָלָה) רֶסֶן
□ *he drew rein to look at the view* הוּא עָצַר בְּסוּסוֹ כְּדֵי שֶׁיּוּכַל לְהִסְתַּכֵּל בַּנּוֹף
□ *she gave free rein to her imagination* הִיא קָרְאָה דְּרוֹר לְדִמְיוֹנָהּ, הִיא הִפְלִיגָה עַל כַּנְפֵי הַדִּמְיוֹן
□ *his wife holds the reins* (*fig.*) אִשְׁתּוֹ הִיא הַמּוֹשֶׁלֶת בַּבַּיִת, אִשְׁתּוֹ הִיא הָאוֹחֶזֶת בָּרֶסֶן
□ *we must all keep a tight rein on expenditure* עָלֵינוּ לְרַסֵּן אֶת הַהוֹצָאוֹת בְּקַפְּדָנוּת
2 (child restraint) רִתְמָה לְיֶלֶד
—v.t. רִסֵּן, בָּלַם, עָצַר בְּ... (סוּס וְכַד׳)
rein in רִסֵּן, בָּלַם, עָצַר בְּ... (סוּס וְכַד׳)

reincarnate /ˌriːɪnˈkɑːneɪt/ v.t. הֶעֱנִיק גּוּף חָדָשׁ לְ... (נְשָׁמָה וְכַד׳)

reincarnation /ˌriːɪnkɑːˈneɪʃ(ə)n/ n. גִּלְגּוּל שֵׁנִי (שֶׁל הַנֶּפֶשׁ)

reindeer /ˈreɪndɪə(r)/ n. אַיַּל הַצָּפוֹן (בְּלַפְּלַנְד וְכַד׳)

reinforce /ˌriːɪnˈfɔːs/ v.t. תִּגְבֵּר (כֹּחוֹת וְכַד׳); חִזֵּק (חֹמֶר וְכַד׳)
reinforced concrete בֵּטוֹן מְזֻיָּן

reinforcement /ˌriːɪnˈfɔːsmənt/ n.
1 (strengthening) חִזּוּק, תְּמִיכָה
2 (in *pl.*, extra people, etc.) תִּגְבֹּרֶת

reinstate /ˌriːɪnˈsteɪt/ v.t. הֵשִׁיב עַל כַּנּוֹ, הֶחֱזִיר לְקַדְמוּתוֹ, הֵשִׁיב לְתַפְקִידוֹ

reinstatement /ˌriːɪnˈsteɪtmənt/ n. (*formal*) הֲשָׁבָה לְקַדְמוּת, הַחְזָרָה לְתַפְקִיד

reinsurance /ˌriːɪnˈʃʊərəns/ n. בִּטּוּחַ מִשְׁנֶה

reinsure /ˌriːɪnˈʃʊə(r)/ v.t. בִּטַּח בִּטּוּחַ־מִשְׁנֶה

reintroduce /ˌriːɪntrəˈdjuːs/ v.t. הִפְעִיל מֵחָדָשׁ, הֶחֱזִיר (חֹק, מַס וְכַד׳)

reinvest /ˌriːɪnˈvest/ v.t. הִשְׁקִיעַ מֵחָדָשׁ

reissue /riːˈɪʃuː/ v.t. הוֹצִיא לָאוֹר מֵחָדָשׁ, הִדְפִּיס מֵחָדָשׁ
—n. הַדְפָּסָה מְחֻדֶּשֶׁת, הַדְפָּסָה חֲדָשָׁה (לְאַחַר שֶׁהַסֵּפֶר אָזַל וְכַד׳)
□ *this is not a reissue but a new edition* אֵין זוֹ הַדְפָּסָה חֲדָשָׁה אֶלָּא מַהֲדוּרָה חֲדָשָׁה (בְּשִׁנּוּיִים וְתִקּוּנִים)

reiterate /riːˈɪtəreɪt/ v.t. (*formal*) חָזַר וְאָמַר, שָׁב וְהִדְגִּישׁ

reiteration /riːˌɪtəˈreɪʃ(ə)n/ n. (*formal*) חֲזָרָה (עַל דְּבָרִים שֶׁנֶּאֶמְרוּ), חֲזָרָה שׁוּב וָשׁוּב

reject /rɪˈdʒekt/ v.t.
1 (send back as faulty, etc.) נִפָּה וְהוֹצִיא (סְחוֹרָה סוּג ב׳ וְכַד׳)
2 (refuse to believe) דָּחָה (רַעְיוֹן וְכַד׳)
3 (*Med.*) דָּחָה (אֵיבָר שָׁתוּל וְכַד׳)
—n. /ˈriːdʒekt/ (מוּצָר/סְחוֹרָה) סוּג ב׳ (עִם פְּגָמֵי יִצּוּר וְכַד׳)

rejection /rɪˈdʒekʃ(ə)n/ n. דְּחִיָּה; פְּסִילָה
rejection slip מִכְתַּב דְּחִיָּה

rejig /riːˈdʒɪg/ v.t. צִיֵּד מֵחָדָשׁ (בֵּית־חֲרֹשֶׁת לְשֵׁם תִּפְקוּד שׁוֹנֶה וְכַד׳)

rejoice /rɪˈdʒɔɪs/ v.i. שָׂמַח, עָלַז

□ *she rejoiced in their happiness* הִיא שָׂמְחָה בְּאָשְׁרָם
□ *he rejoices in the name of Archibald* (*joc.*) הוּא זָכָה, בְּרָצוֹן אוֹ שֶׁלֹּא בְּרָצוֹן, בַּשֵּׁם אַרְצִ'יבַּלְד

rejoicing /rɪˈdʒɔɪsɪŋ/ n. (*formal*) שִׂמְחָה וְשָׂשׂוֹן, חֶדְוָה, גִּיל

rejoin[1] /riːˈdʒɔɪn/ v.t.
1 (join together again) חִבֵּר בְּשֵׁנִית, חִבֵּר מֵחָדָשׁ
2 (return to) שָׁב אֶל, חָזַר אֶל, הִצְטָרֵף שֵׁנִית לְ...

rejoin[2] /rɪˈdʒɔɪn/ v.t. & i. (*formal*) עָנָה, הֵשִׁיב עַל (טַעֲנָה וְכַד')

rejoinder /rɪˈdʒɔɪndə(r)/ n. (*formal*) תְּשׁוּבָה חֲרִיפָה, תְּשׁוּבָה נִצַּחַת

rejuvenate /rɪˈdʒuːvəneɪt/ v.t. חִדֵּשׁ אֶת נְעוּרָיו שֶׁל; (בְּהַשְׁאָלָה) הִזְרִיק דָּם חָדָשׁ לְ...

rejuvenation /rɪˌdʒuːvəˈneɪʃ(ə)n/ n. חִדּוּשׁ נְעוּרִים; הִתְחַדְּשׁוּת

rekindle /ˌriːˈkɪnd(ə)l/ v.t. & i. הִצִּית מֵחָדָשׁ; הִלְהִיב מֵחָדָשׁ; שָׁב וְנִצַּת
□ *our hopes rekindled* (or *were rekindled*) תִּקְוֹתֵינוּ נֵעוֹרוּ מֵחָדָשׁ

relapse /rɪˈlæps/ v.i. חָזַר לְ... (הֶרְגֵּל, הִתְנַהֲגוּת וְכַד'); שָׁב וְחָלָה
relapsing fever קַדַּחַת חוֹזֶרֶת (מַחֲלָה טְרוֹפִּית)
□ *he relapsed into silence* הוּא שָׁב לִשְׁתִיקָתוֹ
—n. חֲזָרָה לְמַצָּב קוֹדֵם; חֲזָרָה לְמַצַּב מַחֲלָה

relate /rɪˈleɪt/ v.t.
1 (recount, narrate, *formal*) סִפֵּר
2 (in pass., be connected by blood or marriage) הָיָה קָרוֹב (מִשְׁפַּחְתִּי) שֶׁל
3 (show connection between) הִצְבִּיעַ עַל קֶשֶׁר (בֵּין דָּבָר מָה לְדָבָר אַחֵר), קִשֵּׁר (בֵּין שְׁנֵי דְּבָרִים)
—v.i.
relate to
(concern) הִתְיַחֵס לְ..., נָגַע לְ..., הָיָה קָשׁוּר בְּ...
(accept, *colloq.*) "הִסְתַּדֵּר" עִם

related /rɪˈleɪtɪd/ adj. מִקָּרָב (מִשְׁפַּחְתִּי), קָרוֹב (מִשְׁפַּחְתִּי); קָשׁוּר

relation /rɪˈleɪʃ(ə)n/ n.
1 (relative, kin) קָרוֹב, קְרוֹב־מִשְׁפָּחָה, שְׁאֵר־בָּשָׂר
relation by marriage קָרוֹב מִנִּשּׂוּאִין
□ *all their friends and relations attended the wedding* כָּל יְדִידֵיהֶם וּקְרוֹבֵיהֶם נָכְחוּ בְּטֶקֶס הַנִּשּׂוּאִין
2 (in *pl.* dealings; feelings) יְחָסִים, קְשָׁרִים
diplomatic relations יְחָסִים דִּיפְּלוֹמָטִיִּים, קְשָׁרִים דִּיפְּלוֹמָטִיִּים
public relations יַחֲסֵי צִבּוּר
sexual relations יְחָסִים מִינִיִּים, קֶשֶׁר מִינִי
3 (connection) שַׁיָּכוּת, קֶשֶׁר, זִקָּה
□ *I have nothing to say in relation to that subject* (*formal*) אֵין לִי מַה לוֹמַר בְּקֶשֶׁר לַנּוֹשֵׂא הַזֶּה
□ *the answer bore no relation to the question* לַתְּשׁוּבָה לֹא הָיָה קֶשֶׁר לַשְּׁאֵלָה, הַתְּשׁוּבָה לֹא נָגְעָה לַשְּׁאֵלָה

relational /rɪˈleɪʃ(ə)n(ə)l/ adj. (בְּדִקְדּוּק) הַמְצַיֵּן קְשָׁרִים וְלֹא מַשְׁמָעוּת
relational database (*Comput.*) מַאֲגַר מֵידָע מְחֻלָּק לְ"שָׂדוֹת"

relationship /rɪˈleɪʃ(ə)nʃɪp/ n.
1 (involvement between two people) קֶשֶׁר, יְחָסִים
2 (being related; kinship) קֶשֶׁר, קִרְבָה

relative /ˈrelətɪv/ adj.
1 (compared, comparative) יַחֲסִי
□ *everything is relative* הַכֹּל יַחֲסִי
□ *this is an improvement relative to last year* זֶה שִׁפּוּר יַחֲסִי לְעֻמַּת הַשָּׁנָה שֶׁעָבְרָה
□ *my age gives me a relative advantage* הַגִּיל שֶׁלִּי מַעֲנִיק לִי יִתְרוֹן יַחֲסִי
2 (relevant, *formal*) בַּעַל נְגִיעָה לְ...
3 (*Gram.*) כִּנּוּי זִקָּה (לְמָשָׁל "אֲשֶׁר")
—n. קָרוֹב, קְרוֹב־מִשְׁפָּחָה

relatively /ˈrelətɪvlɪ/ adv. בְּאֹפֶן יַחֲסִי, יַחֲסִית

relativistic /ˌrelətɪˈvɪstɪk/ adj. (*Phys.*) רֶלָטִיבִיסְטִי

relativity /ˌreləˈtɪvɪtɪ/ n. (*Phys.*) יַחֲסוּת, רֶלָטִיבִיּוּת
general theory of relativity תּוֹרַת הַיַּחֲסוּת הַכְּלָלִית
special theory of relativity תּוֹרַת הַיַּחֲסוּת הַפְּרָטִית

relax /rɪˈlæks/ v.t. & i. הִרְפָּה, הֶחֱלִישׁ; רָפָה, נֶחֱלַשׁ; הִתְרַגֵּעַ
□ *he was so tense he could not relax* הוּא הָיָה כָּל־כָּךְ מָתוּחַ עַד שֶׁלֹּא יָכוֹל הָיָה לְהֵרָגַע
□ *if you relax discipline the price is high* מִשְׁמַעַת רְפוּיָה עֲלוּלָה לַעֲלוֹת בְּיֹקֶר
□ *we must not relax our efforts* אֲנַחְנוּ לֹא יְכוֹלִים לְרַפּוֹת אֶת מַאֲמַצֵּינוּ

relaxant /rɪˈlæks(ə)nt/ n. (*Med.*) חֹמֶר כִּימִי הַמַּרְגִּיעַ אֶת הַשְּׁרִירִים

relaxation /ˌriːlækˈseɪʃ(ə)n/ n.
1 (loosening) הַרְפָּיָה, הֲקַלָּה
2 (recreation) בִּדּוּר, שַׁעֲשׁוּעִים, מְנוּחָה

relay /ˈriːleɪ/ n.
1 (fresh team or supply) מִשְׁמֶרֶת (חֲדָשָׁה שֶׁל עוֹבְדִים); מִשְׁלוֹחַ חָדָשׁ (שֶׁל אַסְפָּקָה)
relay race מֵרוֹץ שְׁלִיחִים
□ *they worked at the rescue operation in relays* בְּמִבְצַע הַהַצָּלָה הֵם עָבְדוּ בְּמִשְׁמָרוֹת
2 (*Electr.*) מִמְסָר, הַעֲבָרָה
relay station תַּחֲנַת מִמְסָר, תַּחֲנַת הַעֲבָרָה
—v.t. /rɪˈleɪ/ הֶעֱבִיר, מָסַר
□ *I relayed the information to my manager* הֶעֱבַרְתִּי אֶת הַמֵּידָע לַמְּנַהֵל שֶׁלִּי

re-lay /riːˈleɪ/ v.t. הִנִּיחַ מֵחָדָשׁ (כֶּבֶל, שָׁטִיחַ וְכַד')

release /rɪˈliːs/ v.t.
1 (set free) שִׁחְרֵר

□ *the prisoner was released yesterday* הָאָסִיר שֻׁחְרַר אֶתְמוֹל

2 (make available) הוֹצִיא

□ *the film was released yesterday* הַסֶּרֶט יָצָא אֶל הַמָּסַכִּים אֶתְמוֹל

□ *the news was released at last* בְּסוֹפוֹ שֶׁל דָּבָר הִתִּירוּ לְפַרְסֵם אֶת הַחֲדָשׁוֹת

—n.

1 (setting free) שִׁחְרוּר

□ *his death was a happy release* (*formal*) הַמָּוֶת גָּאַל אוֹתוֹ מִיִּסּוּרָיו

2 (mechanism) כַּפְתּוֹר הַפְעָלָה (מִסּוּגִים שׁוֹנִים)

3 (publishable document) הוֹדָעָה (בַּצִּבּוּר)

press release הוֹדָעָה לָעִתּוֹנוּת

4 (putting film or record on sale; film or record made available) הוֹצָאָה לַשּׁוּק, הוֹצָאָה לַמָּסַכִּים; תַּקְלִיט/סֶרֶט (שֶׁיָּצָא זֶה עַתָּה)

relegate /ˈrelɪgeɪt/ v.t. הוֹרִיד (לְלִיגָה נְמוּכָה יוֹתֵר; הֶעֱבִיר לְדַרְגָּה נְמוּכָה יוֹתֵר

□ *the team was relegated to the Second Division* הַקְּבוּצָה הוּרְדָה לְלִיגָה ב׳

□ *the old furniture was relegated to the attic* הָרָהִיטִים הַיְשָׁנִים סֻלְּקוּ לַעֲלִיַּת הַגַּג

relegation /ˌrelɪˈgeɪʃ(ə)n/ n. הוֹרָדָה, יְרִידָה (לְלִיגָה נְמוּכָה יוֹתֵר); הַעֲבָרָה/יְרִידָה לְדַרְגָּה נְמוּכָה יוֹתֵר

relent /rɪˈlent/ v.i. הִתְרַכֵּךְ, הִתְמַתֵּן (בִּרְגָשׁוֹתָיו, בְּעֶמְדָּתוֹ וְכַד׳)

relentless /rɪˈlentlɪs/ adj. חֲסַר רַחֲמִים, אַכְזָרִי וּמַתְמִיד; בִּלְתִּי־פּוֹסֵק

relevance /ˈreləvəns/ n. שַׁיָּכוּת לָעִנְיָן, נְגִיעָה לָעִנְיָן, רֶלֶוַנְטִיּוּת

relevant /ˈreləvənt/ adj. רֶלֶוַנְטִי, שַׁיָּךְ לָעִנְיָן, נוֹגֵעַ לָעִנְיָן

reliability /rɪˌlaɪəˈbɪlɪtɪ/ n. מְהֵימָנוּת

reliable /rɪˈlaɪəb(ə)l/ adj. מְהֵימָן, אָמִין

reliably /rɪˈlaɪəblɪ/ adv. בִּמְהֵימָנוּת, בְּאֹפֶן אָמִין; בְּוַדָּאוּת

reliance /rɪˈlaɪəns/ n. אֵמוּן, מַתַּן אֵמוּן/בִּטָּחוֹן; הִסְתַּמְּכוּת

reliant /rɪˈlaɪənt/ adj. תָּלוּי, בּוֹטֵחַ, סוֹמֵךְ

□ *I'm reliant on you for advice* אֲנִי תָּלוּי בַּעֲצוֹתֶיךָ

relic /ˈrelɪk/ n.

1 (ancient or significant object) שָׂרִיד

holy relic שָׂרִיד מֵעַצְמוֹתָיו/שְׂעָרוֹ/לְבוּשׁוֹ שֶׁל קָדוֹשׁ

2 (surviving custom) מִנְהָג קָדוּם (שֶׁשָּׂרַד בַּהוֹוֶה)

relict /ˈrelɪkt/ n. שָׂרִיד

relief /rɪˈliːf/ n.

1 (alleviation of pain, anxiety, etc.; assistance) הֲקַלָּה, רְוָחָה, הֲפוּגָה

comic relief אַתְנַחְתָּא קוֹמִית (בַּעֲלִילָה, לַהֲפָגַת הַמֶּתַח וְכַד׳)

famine relief סַעַד לְנִפְגְּעֵי בַּצֹּרֶת

poor relief עֶזְרָה לַנִּצְרָכִים, עֶזְרָה לַנִּזְקָקִים

relief road כְּבִישׁ שֶׁמַּטְּרָתוֹ לְהָקֵל עַל הַתְּנוּעָה בִּכְבִישׁ אַחֵר

□ *to my great relief the difficulties were overcome* רָוַח לִי כְּשֶׁהִתְגַּבְּרוּ עַל הַקְּשָׁיִים

2 (replacement) מַחֲלִיף, מִשְׁמֶרֶת מַחֲלִיפָה

□ *the relief guard arrived punctually* הַמִּשְׁמֶרֶת הַמַּחֲלִיפָה הִגִּיעָה בַּזְּמַן הַמְּדֻיָּק

3 (inequalities of level) תַּבְלִיט

high relief תַּבְלִיט עָמֹק (לְמָשָׁל דְּמֻיּוֹת מְגֻלָּפוֹת עַל קִיר בִּנְיָן)

low relief תַּבְלִיט שָׁטוּחַ (לְמָשָׁל עַל פְּנֵי מַטְבֵּעַ)

relief map מַפַּת תַּבְלִיט

4 (vivid contrast) נִגּוּד (בּוֹלֵט)

□ *her death threw the facts into sharp relief* מוֹתָהּ הִבְלִיט אֶת הָעֻבְדּוֹת בַּחֲרִיפוּת

relieve /rɪˈliːv/ v.t.

1 (make less painful, tedious, etc.) הֵקֵל עַל

□ *she relieved her feelings by bursting into tears* הִיא נָתְנָה פֻּרְקָן לִרְגָשׁוֹתֶיהָ עַל־יְדֵי דְּמָעוֹת

□ *I relieved myself in the bushes* (*formal euphem.*) עָשִׂיתִי אֶת צְרָכַי בֵּין הַשִּׂיחִים

2 (take the place of) הֶחֱלִיף, לָקַח אֶת מְקוֹמוֹ שֶׁל

□ *he relieved me* (*on guard*) *at midnight* הוּא הֶחֱלִיף אוֹתִי (בִּשְׁמִירָה) בַּחֲצוֹת

3 (take from) נָטַל מ..., הֵסִיר (מַשָּׂא וְכַד׳) מִ...

□ *he relieved me of my heavy suitcase* הוּא נָטַל מִמֶּנִּי אֶת מִזְוָדָתִי הַכְּבֵדָה

□ *the pickpocket relieved him of his wallet* (*joc.*) הַכַּיָּס סִלֵּק אֶת הָאַרְנָק שֶׁלּוֹ

4 (*Mil.*) שִׁחְרֵר (עִיר, מִבְצָר וְכַד׳) מִכֹּחוֹת אוֹיֵב

relieved /rɪˈliːvd/ adj.

□ *I was relieved to hear of her safe arrival* הִרְגַּשְׁתִּי הֲקַלָּה כְּשֶׁשָּׁמַעְתִּי שֶׁהִגִּיעָה בְּשָׁלוֹם

religion /rɪˈlɪdʒən/ n. דָּת; אֱמוּנָה

religiose /rɪˈlɪdʒɪəʊs/ adj. (*formal*) אָדוּק בְּאֹפֶן מֻפְרָז

religious /rɪˈlɪdʒəs/ adj.

1 (relating to religion) דָּתִי

2 (conscientious, scrupulous) מַצְפּוּנִי, אָדוּק, קַפְּדָנִי בְּיוֹתֵר

religiously /rɪˈlɪdʒəslɪ/ adv. בַּאֲדִיקוּת, בְּכַוָּנָה אֲדוּקָה, בְּקַפְּדָנוּת

□ *she religiously put everything back in its place* הִיא הֵנִיחָה הַכֹּל חֲזָרָה בַּמָּקוֹם בְּקַפְּדָנוּת מֻפְלֶגֶת

reline /riːˈlaɪn/ v.t. הִתְקִין בִּטְנָה חֲדָשָׁה בְּ... (בֶּגֶד וְכַד׳)

relinquish /rɪˈlɪŋkwɪʃ/ v.t. (*formal*) וִתֵּר עַל, זָנַח, נָטַשׁ

reliquary /ˈrelɪkwərɪ/ n. (*Relig.*) תֵּבַת־שְׂרִידִים (תֵּבָה וּבָהּ שְׂרִידֵי עַצְמוֹתָיו שֶׁל קָדוֹשׁ וְכַד׳)

relish /ˈrelɪʃ/ n.

1 (enjoyment) הֲנָאָה, עֹנֶג

□ *she ate her sandwiches with relish* הִיא אָכְלָה אֶת הַכְּרִיכִים שֶׁלָּהּ בְּתֵאָבוֹן

□ *he has no relish for hard study* אֵין לוֹ שׁוּם חִבָּה לְלִמּוּדִים קָשִׁים

2 (piquant sauce or spread) רֹטֶב/מִמְרָח פִּיקַנְטִי ("פִּיקָלִילִי", "צָ'טְנִי" וְכַד')

—v.t. נֶהֱנָה מִ..., הֵפִיק הֲנָאָה מִ..., הִתְעַנֵּג עַל

relive /riːˈlɪv/ v.t. חָוָה מֵחָדָשׁ (לָרֹב בְּמֹחוֹ)

□ *it was an experience I should not like to relive* זוֹהִי חֲוָיָה שֶׁלֹּא הָיִיתִי רוֹצֶה לַעֲבֹר פַּעַם נוֹסֶפֶת

reload /riːˈləʊd/ v.t. טָעַן (כְּלִי נֶשֶׁק) מֵחָדָשׁ

relocate /ˌriːləʊˈkeɪt/ v.t. & i. יִשֵּׁב מֵחָדָשׁ (אֻכְלוּסִין); הֶעֱבִיר (עֵסֶק) לְמִבְנִים חֲדָשִׁים, מוּקַם מֵחָדָשׁ; עָבַר (לְמִשְׂרָדִים חֲדָשִׁים וְכַד')

relocation /ˌriːləʊˈkeɪʃ(ə)n/ n. יִשּׁוּב מֵחָדָשׁ; מִקּוּם מֵחָדָשׁ (כַּנַּ"ל)

reluctance /rɪˈlʌktəns/ n. אִי־חֵשֶׁק, חֹסֶר־רָצוֹן, חֹסֶר נְטִיָּה (לִפְעֹל)

reluctant /rɪˈlʌktənt/ adj. לֹא נוֹטֶה (לִפְעֹל), חֲסַר־רָצוֹן, חֲסַר־הִתְלַהֲבוּת

reluctantly /rɪˈlʌktəntlɪ/ adv. בְּחֹסֶר רָצוֹן, בְּאִי־חֵשֶׁק

rely /rɪˈlaɪ/ v.i. סָמַךְ עַל, בָּטַח בְּ...; הִסְתַּמֵּךְ עַל

□ *you can rely on* (or *upon*) *us to support you* אַתָּה יָכוֹל לִסְמֹךְ עַל תְּמִיכָתֵנוּ

remain /rɪˈmeɪn/ v.i. נִשְׁאַר, נוֹתַר

□ *the result remains to be seen* הַתּוֹצָאוֹת עֲדַיִן אֵינָן יְדוּעוֹת

□ *I remain, yours truly* (*formal*) אֲנִי כְּתָמִיד, שֶׁלְּךָ בֶּאֱמוּנוּת (סִיּוּם נִימוּסִין, בְּמִכְתָּב)

remainder /rɪˈmeɪndə(r)/ n.

1 (what is left over) שְׁאֵרִית, שְׁאָר

2 (*Math.*) שְׁאֵרִית, יִתְרָה

3 (unsold copy of a book) עֹתֶק (שֶׁל סֵפֶר) שֶׁלֹּא נִמְכַּר

—v.t. מָכַר בְּזוֹל (עֳדָפִים שֶׁל סֵפֶר)

remains /rɪˈmeɪnz/ n. *pl.*

1 (what is left) שְׂרִידִים, שְׁיָרִים, שִׁירַיִם

□ *the remains of a meal were on the table* שְׁאֵרִיּוֹת הָאֲרוּחָה הָיוּ מֻנָּחוֹת עַל הַשֻּׁלְחָן

□ *the remains of the abbey were a tourist attraction* הֲרִיסוֹת הַמִּנְזָר הָיוּ מוֹקֵד מְשִׁיכָה לְתַיָּרִים

2 (dead body, *formal*) שְׂרִידִים (שֶׁל גּוּפָה), עַצְמוֹת הַנִּפְטָר

□ *his remains were flown back to his home town* עַצְמוֹתָיו הוּטְסוּ בַּחֲזָרָה לַעֲיַרַת הֻלַּדְתּוֹ

mortal remains גּוּפַת הַנִּפְטָר, עַצְמוֹת הַנִּפְטָר

remake /riːˈmeɪk/ v.t. (past & past ppl. **remade** /riːˈmeɪd/) עָשָׂה גִּרְסָה חֲדָשָׁה שֶׁל (סֶרֶט וְכַד')

—n. /ˈriːmeɪk/ גִּרְסָה חֲדָשָׁה (כַּנַּ"ל)

remand /rɪˈmɑːnd/ v.t. (*Law*) הֶאֱרִיךְ אֶת הַמַּעֲצָר, הֶחֱזִיר לְמַעֲצָר (עַד לְהֶמְשֵׁךְ הַהֲלִיכִים הַמִּשְׁפָּטִיִּים)

remanded in custody (עָצִיר) שֶׁמַּעֲצָרוֹ הָאֳרַךְ (עַד לְחִדּוּשׁ הַמִּשְׁפָּט)

—n. הַאֲרָכַת מַעֲצָר

on remand בְּמַעֲצָר (כַּנַּ"ל)

remand centre (*UK*) בֵּית־מַעֲצָר (בְּיִחוּד לַעֲבַרְיָנִים צְעִירִים)

remark /rɪˈmɑːk/ n.

1 (comment) הֶעָרָה

2 (notice, *formal*) תְּשׂוּמֶת לֵב, צִיּוּן

□ *we saw nothing worthy of remark* לֹא רָאִינוּ שׁוּם דָּבָר הָרָאוּי לְצִיּוּן

—v.t. & i.

1 (say) הֵעִיר

2 (make an observation about) צִיֵּן, הֵעִיר

□ *I remarked on the odd smell* הֶעֱרַתִּי הֶעָרָה עַל הָרֵיחַ הַמְּשֻׁנֶּה

remarkable /rɪˈmɑːkəb(ə)l/ adj. רָאוּי לְצִיּוּן, רָאוּי לִתְשׂוּמֶת לֵב; יוֹצֵא מִן הַכְּלָל, יוֹצֵא דֹּפֶן

remarkably /rɪˈmɑːkəblɪ/ adv. בְּאֹפֶן יוֹצֵא מִן הַכְּלָל; לְהַפְלִיא, לְמַרְבֶּה הַפֶּלֶא

remarriage /ˌriːˈmærɪdʒ/ n. נִשּׂוּאִים חוֹזְרִים

remarry /ˌriːˈmærɪ/ v.t. & i. נִשָּׂא שֵׁנִית לְ...; נִשָּׂא בַּשֵּׁנִית

rematch /ˈriːmætʃ/ n. מִשְׂחָק חוֹזֵר, תַּחֲרוּת חוֹזֶרֶת

remedial /rɪˈmiːdɪəl/ adj. לְשִׁפּוּר הַבְּרִיאוּת, מְתַקֵּן, מְסַיֵּעַ

remedial teaching הוֹרָאָה מְסַיַּעַת

remedy /ˈremədɪ/ n.

1 (cure; countermeasure) רְפוּאָה, מַרְפֵּא; תְּרוּפָה

□ *the remedy seems worse than the disease* הַתְּרוּפָה נִרְאֵית גְּרוּעָה יוֹתֵר מֵאֲשֶׁר הַמַּחֲלָה

2 (redress) תִּקּוּן (הַמְּעֻוָּת), תַּקָּנָה

□ *his only remedy was to go to law* לֹא נוֹתַר לוֹ אֶלָּא לִפְנוֹת לָעַרְכָּאוֹת

—v.t. (*formal*) תִּקֵּן (אֶת הַמְּעֻוָּת), פָּתַר (מַצָּב בְּעָיָתִי)

remember /rɪˈmembə(r)/ v.t. זָכַר, נִזְכַּר בְּ...

□ *remember where you are!* אַל תִּשְׁכַּח אֵיפֹה אַתָּה נִמְצָא! (הִתְנַהֵג בְּהֶתְאֵם!)

□ *remember to call me when you arrive* אַל תִּשְׁכַּח לְצַלְצֵל אֵלַי כְּשֶׁתַּגִּיעַ!

□ *remember me to your mother!* מְסֹר לְאִמְּךָ שָׁלוֹם בִּשְׁמִי

□ *I was remembered in his will* הוּא זָכַר אוֹתִי בְּצַוָּאָתוֹ (וְהוֹרִישׁ לִי דְּבַר מָה)

—v.refl. (*formal*) זָכַר

remembrance /rɪˈmembrəns/ n.

1 (remembering) זְכִירָה, זִכָּרוֹן

Remembrance Day יוֹם הַזִּכָּרוֹן (בִּבְרִיטַנְיָה; יוֹם הַזִּכָּרוֹן לְחַלְלֵי שְׁתֵּי מִלְחֲמוֹת הָעוֹלָם, בְּיוֹם א' הַסָּמוּךְ לְ־11 בְּנוֹבֶמְבֶּר)

□ *to the best of my remembrance, I've never met him* לְפִי מֵיטַב זִכְרוֹנִי, לֹא פָּגַשְׁתִּי אוֹתוֹ מֵעוֹלָם

2 (souvenir, keepsake) מַזְכֶּרֶת

remind /rɪˈmaɪnd/ v.t. הִזְכִּיר

□ *that reminds me of home* זה מזכיר לי את הבית שלי

□ *that reminds me, I must buy some wine* זה מזכיר לי, עלי לקנות יין

reminder /rɪˈmaɪndə(r)/ n. תזכרת

final reminder תזכרת אחרונה (לפני קנס וכד׳)

reminisce /ˌremɪˈnɪs/ v.i. ספר זכרונות, העלה זכרונות

reminiscence /ˌremɪˈnɪs(ə)ns/ n. זכרונות

reminiscent /ˌremɪˈnɪs(ə)nt/ adj.

1 (reminding) מזכיר, מעורר זכרונות

□ *the view was reminiscent of a graveyard* המראה הזכיר בית קברות

2 (remembering) הוגה בעבר, מעלה זכרונות

remiss /rɪˈmɪs/ adj. (*formal*) רשלני

remission/rɪˈmɪʃ(ə)n/ n.

1 (forgiveness; reduction of punishment, *Law*) הפחתת ענש, המתקת דין

□ *the prisoner earned a remission for good behaviour* האסיר זכה בהפחתת מאסר בגלל התנהגות טובה

2 (diminution of effect, *formal*) הפוגה, הקלה

□ *the noise continued without remission* הרעש נמשך ללא הפוגה

□ *the ill man had a remission* החולה זכה לתקופת הקלה במחלה

remit /rɪˈmɪt/ v.t.

1 (cancel, refrain from; moderate) הפחית, בטל (ענש, חוב וכד׳)

2 (send money, *formal*) שלח תשלום (בדאר)

3 (refer to authority) העביר, החזיר (נושא לועדה לדיון וכד׳)

4 (forgive, *Relig.*) מחל (על), סלח (על)

—n. /ˈriːmɪt/ (*formal*) תחום סמכיות, היקף סמכיות; תחום עסוק

remittance /rɪˈmɪt(ə)ns/ n. תשלום בדאר (הסכום והפעלה)

remittent /rɪˈmɪt(ə)nt/ adj. (קדחת, טיפוס וכד׳) שוכך מדי פעם, מופיע לסרוגין

remix /ˈriːmɪks/ v.t. & n. עשה ״מיקס״ חדש ל... (פזמון וכד׳); ״מיקס״ חדש (כנ״ל)

remnant /ˈremnənt/ n. שארית (קטנה), שריד; שארית־בד

remodel /riːˈmɒd(ə)l/ v.t. עצב מחדש

remonstrance /rɪˈmɒnstrəns/ n. (*formal*) מחאה, תוכחה

remonstrate /ˈremənstreɪt/ v.i. (*formal*) מחה כנגד (רעיון וכד׳), הוכיח (את פלוני על התנהגות), גער ב...

□ *he remonstrated with the sentries* הוא נהל ויכוח קולני עם הזקיפים

remorse /rɪˈmɔːs/ n. חרטה, נקיפת מצפון, מוסר כליות

remorseful /rɪˈmɔːsf(ə)l/ adj. שמצפונו מיסרו, חש רגשות חרטה

remorseless /rɪˈmɔːslɪs/ adj. חסר חרטה, חסר נקיפת מצפון; חסר רחמים

remortgage /ˌriːˈmɔːgɪdʒ/ v.t. & n. משכן מחדש; משכון נוסף

remote /rɪˈməʊt/ adj.

1 (distant, far removed) מרחק, רחוק

remote control שליטה מרחוק; שלט־רחוק

remote-controlled נשלט מרחוק, בעל בקרה מרחוק (טיל וכד׳); עם שלט רחוק (טלויזיה וכד׳)

□ *she's a remote cousin* היא בת־דודה מרחקת

2 (slight, faint) קלוש, קל

□ *there is only a remote possibility of rain* קימת רק אפשרות קלה לירידת גשם

□ *I haven't the remotest idea what time it is* אין לי שום מושג מה השעה עכשו!

3 (aloof, unsociable) מנתק, מרחק, קר

remould /riːˈməʊld/ v.t. עצב מחדש; צר מחדש

—n. /ˈriːməʊld/ צמיג מחדש (שהוא זול יותר מצמיג חדש)

remount /ˌriːˈmaʊnt/ v.t. שב ועלה (על סוס, אופנים וכד׳); מסגר מחדש (תמונה)

—n. /ˈriːmaʊnt/ סוס רכיבה רענן

removal /rɪˈmuːv(ə)l/ n. סלוק, הסרה, העברה; עקירה (לדירה חדשה)

removal men אנשי ההובלה

remove /rɪˈmuːv/ v.t.

1 (move or take away; get rid of) סלק, הסיר, העביר

2 (in pass., be distant) היה רחוק

—v.i. (*formal*) עבר, עקר (דירה), העתיק את מקום מגוריו

□ *he removed from London to Oxford* הוא עקר מלונדון לאוקספורד

—n.

1 (distance; stage or degree away) דרגת רחוק

□ *his statement is at only one remove from libel* הצהרתו כמעט גובלת בהוצאת דבה

2 (class in school, *UK*) כתת בינים (לתלמידים גבוליים בשלב מעבר)

removed /rɪˈmuːvd/ adj. בדרגת קרבה של

□ *she is his first cousin once removed* היא בת דודתו מדרגה שניה, היא הבת של בן/בת דודו/דודתו

remover /rɪˈmuːvə(r)/ n. (חמר) מסיר, מסלק

nail polish remover מסיר לכה לצפרנים

remunerate /rɪˈmjuːnəreɪt/ v.t. (*formal*) העניק גמול כספי ל...

remuneration /rɪˌmjuːnəˈreɪʃ(ə)n/ n. (*formal*) תשלום־שכר, גמול, פצוי כספי

remunerative /rɪ'mju:nərətɪv/ adj. (*formal*) מְשַׁתְּלֵם, מַכְנִיס (שָׂכָר), כְּדָאִי, שֶׁיֵּשׁ בּוֹ פִּצּוּי כַּסְפִּי הוֹלֵם

renaissance /rɪ'neɪs(ə)ns/ n. תְּחִיָּה (תַּרְבּוּתִית), רֶנֶסַנְס
 the Renaissance (*Hist.*) הָרֶנֶסַנְס (בְּאֵירוֹפָּה, בַּמֵּאוֹת הַ־14־16)

renal /'ri:n(ə)l/ adj. (*Med.*) שֶׁל הַכְּלָיוֹת

rename /ri:'neɪm/ v.t. קָרָא לְ... בְּשֵׁם חָדָשׁ, הֶחֱלִיף אֶת הַשֵּׁם שֶׁל

renascence /rɪ'næs(ə)ns/ n. (*formal*) תְּחִיָּה

rend /rend/ (past & past ppl. **rent** /rent/) v.t. (*formal*) קָרַע לִגְזָרִים, שִׁסַּע, בִּקַּע
 □ *this country is rent by civil war* מִלְחֶמֶת אֶזְרָחִים שִׁסְּעָה אֶת הָאָרֶץ הַזֹּאת לִגְזָרִים
 □ *a harsh cry rent the air* קוֹל צְעָקָה נִחָר פִּלַּח אֶת הָאֲוִיר

render /'rendə(r)/ v.t. (*formal*)
 1 (cause to be) גָּרַם לְ... (פְּלוֹנִי) לִהְיוֹת
 □ *age had rendered him peevish* הַגִּיל הָפַךְ אוֹתוֹ לְרַגְזָן
 2 (give back, pay in return) הֵשִׁיב, גָּמַל לְ...; מָסַר
 □ *he rendered good for evil* הוּא הֵשִׁיב טוֹבָה תַּחַת רָעָה
 3 (perform a service) בִּצַּע, עָשָׂה
 4 (submit; send in) הִגִּישׁ, מָסַר, הִצִּיג (דּוּ"חַ וְכַד')
 5 (represent character of, *Theatr.*) הִצִּיג (עַל הַבָּמָה), בִּצַּע (תַּפְקִיד)
 6 (translate) תִּרְגֵּם
 7 render down הֵמֵס, הֵמִיס (שֻׁמָּן)
 8 (*Building*) טִיֵּחַ (קִיר)

rendering /'rendərɪŋ/ n.
 1 (performance) בִּצּוּעַ, פֵּרוּשׁ (שֶׁל תַּפְקִיד עַל הַבָּמָה)
 2 (translation) תַּרְגּוּם, גִּרְסָה (בְּשָׂפָה שׁוֹנָה)
 3 (*Building*) טִיחַ (רִאשׁוֹנִי עַל לְבֵנִים)

rendezvous /'rɒndɪvu:/ n. (*pl.* same) מִפְגָּשׁ, פְּגִישָׁה (בְּמָקוֹם שֶׁנִּקְבַּע מֵרֹאשׁ), "רֶנְדֶּוּוּ"
 —v.i. (past & past ppl. **redezvoused**) נִפְגַּשׁ עִם (בְּמָקוֹם שֶׁנִּקְבַּע מֵרֹאשׁ)

rendition /ren'dɪʃ(ə)n/ n. בִּצּוּעַ, פֵּרוּשׁ (שֶׁל יְצִירָה)

renegade /'renɪgeɪd/ n. & attrib. adj. מוּמָר; בּוֹגֵד (בְּמִפְלַגְתּוֹ וְכַד')

renege /rɪ'ni:g, rɪ'neɪg/ v.i. (also **renegue**) הֵפֵר הֶסְכֵּם/הַבְטָחָה
 □ *he has reneged on his contract* הוּא הֵפֵר אֶת הַחוֹזֶה

renew /rɪ'nju:/ v.t. חִדֵּשׁ
 □ *she renewed the water in the vase* הִיא הֶחֱלִיפָה אֶת הַמַּיִם בָּאֲגַרְטָל
 □ *you must renew your passport* אַתָּה חַיָּב לְחַדֵּשׁ אֶת הַדַּרְכּוֹן שֶׁלְּךָ, אַתָּה חַיָּב לְחַדֵּשׁ אֶת תָּקְפּוֹ שֶׁל הַדַּרְכּוֹן שֶׁלְּךָ

renewable /rɪ'nju:əb(ə)l/ adj. נִתָּן לְחִדּוּשׁ, שֶׁנִּתָּן לְחַדְּשׁוֹ

renewal /rɪ'nju:əl/ n. חִדּוּשׁ (שֶׁל פְּעִילוּת אוֹ מַצָּב); הַאֲרָכַת תֹּקֶף

renewed /rɪ'nju:d/ adj. מְחֻדָּשׁ
 □ *he worked with renewed energy* הוּא עָבַד בְּמֶרֶץ מְחֻדָּשׁ

rennet /'renɪt/ n. "רֶנֶט", מְסוֹ (חֹמֶר לְהַקְשָׁיַת חָלָב בְּתַעֲשִׂיַּת הַגְּבִינוֹת וְכַד')

renounce /rɪ'naʊns/ v.t. (*formal*) וִתֵּר (רִשְׁמִית) עַל, הִסְתַּלֵּק מִן (זְכוּת, תְּבִיעָה); נָטַשׁ (דָּת), כָּפַר
 □ *she took the veil and renounced the world* הִיא נַעַשְׂתָה נְזִירָה וּפָרְשָׁה מֵהַבְלֵי הָעוֹלָם הַזֶּה

renovate /'renəveɪt/ v.t. שִׁפֵּץ, חִדֵּשׁ, עָשָׂה "רֶמוֹנְט"

renovation /ˌrenə'veɪʃ(ə)n/ n. שִׁפּוּץ, חִדּוּשׁ, בֶּדֶק, "רֶמוֹנְט"

renown /rɪ'naʊn/ n. פִּרְסוּם, מוֹנִיטִין

renowned /rɪ'naʊnd/ adj. מְפֻרְסָם, שֶׁיָּצְאוּ לוֹ מוֹנִיטִין, נוֹדָע

rent[1] /rent/ past & past ppl. of **rend**

rent[2] /rent/ n. קֶרַע, שֶׁסַע (בְּבַד וְכַד')

rent[3] /rent/ n. שְׂכַר־דִּירָה, דְּמֵי־חֲכִירָה/אֲרִיסוּת
 for rent (*US*) לְהַשְׂכָּרָה
 —v.t.
 1 (pay for use of, etc.) שָׂכַר, חָכַר
 2 (make available for payment) הִשְׂכִּיר, הֶחְכִּיר
 —v.i. הֻצַּע לְהַשְׂכָּרָה (בְּסְכוּם מְסֻיָּם)

rental /'rent(ə)l/ n. שְׂכִירָה; דְּמֵי־שְׂכִירוּת; שְׂכַר־דִּירָה
 rental library (*US*) סִפְרִיַּת הַשְׁאָלָה בְּתַשְׁלוּם

rent-boy /'rent-bɔɪ/ n. (*colloq.*) נַעַר הַמְּעֻסָּק בִּזְנוּת

rent-free /rent-'fri:/ adj. לְלֹא דְּמֵי־שְׂכִירָה; בְּלִי לְשַׁלֵּם שְׂכַר־דִּירָה

rentier /'rɑ̃tɪeɪ/ n. (*derog.*) בַּעַל הַכְנָסוֹת מֵרְכוּשׁ אוֹ מֵהַשְׁקָעוֹת (שֶׁאֵינוֹ חַיָּב לַעֲבֹד לְמִחְיָתוֹ); מִתְפַּרְנֵס מֵרְכוּשׁוֹ

renumber /ri:'nʌmbə(r)/ v.t. מִסְפֵּר מֵחָדָשׁ

renunciation /rɪˌnʌnsɪ'eɪʃ(ə)n/ n. (*formal*) וִתּוּר, הִסְתַּלְּקוּת, פְּרִישָׁה
 □ *he signed a renunciation of his claim* הוּא חָתַם עַל כְּתַב־וִתּוּר עַל תְּבִיעָתוֹ

reoccur /ˌri:ə'kɜ:(r)/ v.i. חָזַר וְקָרָה, אֵרַע בַּשֵּׁנִית

reopen /ˌri:'əʊp(ə)n/ v.t. & i. פָּתַח מֵחָדָשׁ; נִפְתַּח מֵחָדָשׁ (תִּיק מִשְׁפָּטִי וְכַד')

reorder /ˌri:'ɔ:də(r)/ v.t. & n. הִזְמִין (סְחוֹרָה) מֵחָדָשׁ; עָרַךְ בְּסֵדֶר חָדָשׁ; הַזְמָנָה שְׁנִיָּה (שֶׁל סְחוֹרָה וְכַד')

reorganization /rɪˌɔ:gənaɪ'zeɪʃ(ə)n/ n. אִרְגּוּן מֵחָדָשׁ, רֵאוֹרְגָנִיזַצְיָה, רֵה־אִרְגּוּן

reorganize /ˌri:'ɔ:gənaɪz/ v.t. אִרְגֵּן מֵחָדָשׁ, עָשָׂה רֵאוֹרְגָנִיזַצְיָה בְּ..., עָשָׂה רֵה־אִרְגּוּן שֶׁל

reorient /riːˈɔːrɪent/ v.t. & i. (also **reorientate**) שַׁנֵּה כִּוּוּן (שֶׁל דֵּעוֹת, אִרְגּוּן וְכַד'), עָשָׂה רֵאוֹרְיֶנְטַצְיָה

reorientation /ˌriːɔːrɪənˈteɪʃ(ə)n/ n. שִׁנּוּי כִּוּוּן, מִקּוּם מֵחָדָשׁ, רֵאוֹרְיֶנְטַצְיָה

rep¹ /rep/ n. (also **repp**) אָרִיג צַלְעִי (לְרִפּוּד)

rep² /rep/ n. (*colloq.*)
 1 (sales representative) נְצִיג מְכִירוֹת
 2 (repertory theatre) תֵּיאַטְרוֹן רֶפֶּרְטוּאָרִי

repackage /riːˈpækɪdʒ/ v.t. אָרַז בַּאֲרִיזָה חֲדָשָׁה (גַּם בְּהַשְׁאָלָה, לְגַבֵּי הֶסְכֵּמִים וְכַד')

repaid /riːˈpeɪd/ past & past ppl. of **repay**

repair¹ /rɪˈpeə(r)/ v.t. תִּקֵּן
 □ *he repaired the wrong he did her* (*formal*) הוּא תִּקֵּן אֶת הָעָוֶל שֶׁעָשָׂה לָהּ
—n.
 1 (mending, restoration; result of this) תִּקּוּן
 □ *the bridge is in need of repair* צָרִיךְ לְבַצֵּעַ תִּקּוּנִים בַּגֶּשֶׁר
 2 (condition) מַצַּב תַּקִּינוּת (טוֹב/לָקוּי)

repair² /rɪˈpeə(r)/ v.i. (*formal*) שָׂם אֶת פְּעָמָיו (אֶל מָקוֹם מְסֻיָּם)

repairman /rɪˈpeəmæn/ n. טֶכְנַאי תִּקּוּנִים

reparable /ˈrepərəb(ə)l/ adj. נִתָּן לְתִקּוּן

reparation /ˌrepəˈreɪʃ(ə)n/ n. (*formal*) פִּצּוּי, שִׁלּוּמִים
 reparations פִּצּוּיִים (לְמָשָׁל שֶׁל גֶּרְמַנְיָה לְקָרְבְּנוֹת הַנָּאצִים)

repartee /ˌrepɑːˈtiː/ n. שִׂיחָה מְהִירָה וּשְׁנוּנָה; תְּגוּבָה שְׁנוּנָה

repast /rɪˈpɑːst/ n. (*formal*) סְעֻדָּה

repatriate /riːˈpætrɪeɪt/ v.t. (*formal*) הֵשִׁיב לְאֶרֶץ מוֹצָאוֹ
—n. אָדָם שֶׁחָזַר/הוּשַׁב לְאֶרֶץ מוֹצָאוֹ

repatriation /ˌriːpætrɪˈeɪʃ(ə)n/ n. (*formal*) חֲזָרָה/הַחְזָרָה לְאֶרֶץ הַמּוֹצָא, רֶפַּטְרִיאַצְיָה

repay /rɪˈpeɪ/ v.t. (past & past ppl. **repaid** /rɪˈpeɪd/)
 1 (pay back; return) פָּרַע (חוֹב), הֶחֱזִיר (הַלְוָאָה); גָּמַל לְ...
 2 (be worth) הִשְׁתַּלֵּם (לַעֲשׂוֹת דְּבַר מָה)
 □ *this book repays close study* מִשְׁתַּלֵּם לִקְרֹא בְּעִיּוּן אֶת הַסֵּפֶר הַזֶּה

repayment /rɪˈpeɪmənt/ n. פֵּרָעוֹן (חוֹב), הֶחְזֵר (הַלְוָאָה); גְּמוּל

repeal /rɪˈpiːl/ v.t. בִּטֵּל (חֹק וְכַד')
—n. בִּטּוּל (כַּנַּ"ל)

repeat /rɪˈpiːt/ v.t.
 1 (say or do again) חָזַר עַל (מַעֲשֶׂה, דְּבָרִים וְכַד')
 □ *he is always repeating himself* תָּמִיד הוּא חוֹזֵר עַל עַצְמוֹ
 □ *history often repeats itself* הַהִיסְטוֹרְיָה חוֹזֶרֶת עַל עַצְמָהּ לְעִתִּים קְרוֹבוֹת
 □ *this machine repeats the process* מְכוֹנָה זוֹ חוֹזֶרֶת עַל הַתַּהֲלִיךְ
 2 (recite) דִּקְלֵם בְּעַל־פֶּה, חָזַר עַל (דְּבָרִים)
—v.i.
 1 (occur again) קָרָה שֵׁנִית, נִשְׁנָה, חָזַר וְנִשְׁנָה
 2 (be tasted again, *colloq.*) (מָזוֹן) הִשְׁאִיר אֶת טַעְמוֹ בַּפֶּה (לְאַחַר גִּהוּק וְכַד')
 □ *onions and radishes tend to repeat (on me)* זְמַן מָה לְאַחַר שֶׁאָכַלְתִּי בָּצָל וּצְנוֹן אֲנִי מַרְגִּישׁ אֶת טַעְמָם לְעִתִּים בַּפֶּה
—n. בִּצּוּעַ חוֹזֵר; סִימַן חֲזָרָה (בַּמּוּזִיקָה)
 repeat performance הַצָּגָה חוֹזֶרֶת

repeatable /rɪˈpiːtəb(ə)l/ adj. נִתָּן לְבִצּוּעַ חוֹזֵר; שֶׁאֶפְשָׁר לַחֲזֹר עָלָיו (בְּדִבּוּר וְכַד')

repeatedly /rɪˈpiːtɪdlɪ/ adv. פַּעַם אַחֲרֵי פַּעַם, שׁוּב וָשׁוּב

repeater /rɪˈpiːtə(r)/ n.
 1 (watch) שְׁעוֹן הַמַּכְרִיז בְּצִלְצוּל עַל שָׁעוֹת מְלֵאוֹת/רִבְעֵי הַשָּׁעָה
 2 (firearm) כְּלִי יְרִי מִטְעָן

repeating /rɪˈpiːtɪŋ/ adj.
 1 (*Math.*) (שֶׁבֶר) חוֹזֵר
 2 (capable of firing several shots) (כְּלִי יְרִי) מִטְעָן

repel /rɪˈpel/ v.t.
 1 (drive off or away) הָדַף, דָּחָה; הִרְחִיק מֵעַצְמוֹ
 2 (disgust) דָּחָה, הִגְעִיל

repellent /rɪˈpelənt/ adj. דּוֹחֶה; מַגְעִיל
—n. חֹמֶר דּוֹחֶה
 insect repellent דּוֹחֶה חֲרָקִים

repent /rɪˈpent/ v.t. & i. (*formal*) הִתְחָרֵט, הִבִּיעַ חֲרָטָה, חָשׁ חֲרָטָה

repentance /rɪˈpentəns/ n. חֲרָטָה, תְּשׁוּבָה (בְּיוֹם הַכִּפּוּרִים וְכַד')

repentant /rɪˈpentənt/ adj. מִתְחָרֵט, מַבִּיעַ חֲרָטָה, חָשׁ חֲרָטָה

repercussion /ˌriːpəˈkʌʃ(ə)n/ n. "הֵד" (לָרֹב בְּהַשְׁאָלָה)
 □ *his dismissal created repercussions throughout the union* פִּטּוּרָיו עוֹרְרוּ הֵדִים בְּכָל סְנִיפֵי הָאִגּוּד הַמִּקְצוֹעִי; לְפִטּוּרָיו הָיוּ הַשְׁלָכוֹת בְּכָל סְנִיפֵי הָאִגּוּד הַמִּקְצוֹעִי

repertoire /ˈrepətwɑː(r)/ n. רֶפֶּרְטוּאָר (רְשִׁימַת יְצִירוֹת לְבִצּוּעַ וְכַד')

repertory /ˈrepət(ə)rɪ/ n.
 1 (store or collection of facts, etc.) אֹסֶף, מְלַאי
 2 (repertoire of plays) רֶפֶּרְטוּאָר
 repertory company לַהֲקַת תֵּיאַטְרוֹן רֶפֶּרְטוּאָרִית
 repertory theatre תֵּיאַטְרוֹן רֶפֶּרְטוּאָרִי

répétiteur /reˌpetɪˈtɜː(r)/ n. (*Mus.*) מַדְרִיךְ שֶׁל זַמָּרֵי־אוֹפֶּרָה

repetition /ˌrepɪˈtɪʃ(ə)n/ n. חֲזָרָה (עַל פְּעֻלָּה), הִשָּׁנוּת

repetitious /ˌrepɪˈtɪʃəs/ adj. (*derog.*) חוֹזֵר שׁוּב וָשׁוּב, חוֹזֵר עַל עַצְמוֹ

repetitive /rɪˈpetɪtɪv/ adj. (*derog.*) חוֹזֵר וְנִשְׁנֶה; חוֹזֵר עַל עַצְמוֹ

rephrase /riːˈfreɪz/ v.t. נִסַּח מֵחָדָשׁ

replace /rɪˈpleɪs/ v.t.
1 (put back) הֶחֱזִיר, הֵשִׁיב לִמְקוֹמוֹ
2 (find or act as substitute for) הֶחֱלִיף
□ *she replaced the cup she had broken* הִיא הֶחֱלִיפָה אֶת הַסֵּפֶל שֶׁשָּׁבְרָה בְּסֵפֶל חָדָשׁ
□ *who can replace the chairman who has resigned?* מִי יוּכַל לְמַלֵּא אֶת מְקוֹם הַיּוֹשֵׁב־רֹאשׁ שֶׁהִתְפַּטֵּר?

replaceable /rɪˈpleɪsəb(ə)l/ adj. שֶׁנִּתָּן לִמְצֹא לוֹ תַּחְלִיף, שֶׁיֵּשׁ לוֹ תַּחְלִיף

replacement /rɪˈpleɪsmənt/ n.
1 (replacing) הַחֲזָרָה לַמָּקוֹם
2 (substitute) תַּחְלִיף; מְמַלֵּא מָקוֹם; הַחְלָפָה

replay v.t. /riːˈpleɪ/ שִׂחֵק שֵׁנִית (מַהֲלָךְ בְּמִשְׂחָק); הִשְׁמִיעַ/הִקְרִין שֵׁנִית (סֶרֶט הַקְלָטָה)
—n. /ˈriːpleɪ/ מִשְׂחָק חוֹזֵר
action replay הִלּוּךְ חוֹזֵר אִטִּי (שֶׁל מַהֲלָךְ בִּסְפּוֹרְט, בַּטֶּלֶוִיזְיָה וְכַד׳)

replenish /rɪˈplenɪʃ/ v.t. (*formal*) חָזַר וּמִלֵּא, חִדֵּשׁ מְלַאי
□ *he kept her glass replenished* הוּא מִלֵּא אֶת כּוֹסָהּ שׁוּב וָשׁוּב

replete /rɪˈpliːt/ adj. (*formal*) מָלֵא וְגָדוּשׁ, שׁוֹפֵעַ

replica /ˈreplɪkə/ n. הֶעְתֵּק מְדֻיָּק, רֶפְּלִיקָה

replicate /ˈreplɪkeɪt/ v.t. חָזַר בְּדַיְקָנוּת עַל (נִסּוּי וְכַד׳)

reply /rɪˈplaɪ/ v.t. & i. עָנָה עַל, הֵשִׁיב לְ...; עָנָה, הֵשִׁיב
—n. תְּשׁוּבָה, מַעֲנֶה
□ *what you can say in reply?* מָה אַתָּה יָכוֹל לְהַגִּיד בִּתְשׁוּבָה? אֵיזוֹ תְּשׁוּבָה אַתָּה יָכוֹל לָתֵת?

report /rɪˈpɔːt/ v.t.
1 (give an account of, describe) מָסַר דִּין וְחֶשְׁבּוֹן עַל, מָסַר תֵּאוּר שֶׁל
reported speech (*Gram.*) דִּבּוּר עָקִיף, דִּבּוּר נִמְסָר (לְהַבְדִּיל מִדִּבּוּר יָשִׁיר)
2 (cover for newspaper, TV, etc.) דִּוַּח עַל (בְּתוֹר כַּתָּב)
3 (notify) דִּוַּח עַל
□ *he reported the robbery to the police* הוּא דִּוַּח עַל הַתְּאוּנָה לַמִּשְׁטָרָה
—v.i.
1 (present oneself) הִתְיַצֵּב
□ *you are to report for duty at midnight* עָלֶיךָ לְהִתְיַצֵּב לַתַּפְקִיד בַּחֲצוֹת
2 (work as reporter) עָבַד בְּתוֹר כַּתָּב, דִּוַּח
3 (pass on information) דִּוַּח
report back מָסַר דּוּ״חַ
—n.
1 (description of event by reporter) דִּוּוּחַ עִתּוֹנָאִי
2 (statement, account) דִּין־וְחֶשְׁבּוֹן, דּוּ״חַ, דִּוּוּחַ; הוֹדָעָה
school report תְּעוּדַת בֵּית־סֵפֶר
3 (sound of explosion, *formal*) קוֹל נֶפֶץ
4 (rumour) שְׁמוּעָה
□ *there is no truth in the report of his death* אֵין אֱמֶת בַּשְּׁמוּעָה עַל מוֹתוֹ

reportage /ˌrepɔːˈtɑːʒ/ n. דִּוּוּחַ, כַּתָּבָה, רֶפּוֹרְטָז׳ה; סִגְנוֹן דִּוּוּחַ

reportedly /rɪˈpɔːtɪdlɪ/ adv. לְפִי הַשְּׁמוּעָה, כְּפִי שֶׁנִּמְסַר

reporter /rɪˈpɔːtə(r)/ n. כַּתָּב, סוֹפֵר (שֶׁל עִתּוֹן)

repose[1] /rɪˈpəʊz/ v.t. (*formal*) שָׂם, הִנִּיחַ
□ *he reposed confidence in his friend* הוּא שָׂם אֶת מִבְטָחוֹ בַּחֲבֵרוֹ

repose[2] /rɪˈpəʊz/ v.i. (*formal*) נָח, שָׁכַב בִּמְנוּחָה
—n. מְנוּחָה, מַרְגּוֹעַ; שַׁלְוָה

repository /rɪˈpɒzɪt(ə)rɪ/ n. בֵּית־קִבּוּל; בֵּית־גְּנִיזָה, גַּנְזָךְ
□ *she's a repository of useless information* הִיא אוֹצָר שֶׁל מֵידָע חֲסַר־שִׁמּוּשׁ

repossess /ˌriːpəˈzes/ v.t. לָקַח בַּחֲזָרָה (נְכָסִים), הִשְׁתַּלֵּט שֵׁנִית עַל (נֶכֶס)

repossession /ˌriːpəˈzeʃ(ə)n/ n. לְקִיחָה בַּחֲזָרָה (כַּנַּ״ל)

repot /riːˈpɒt/ v.t. הֶעֱבִיר (צֶמַח) לְעָצִיץ אַחֵר

repp see **REP**[1] אָרִיג צַלְעִי (לְרִפּוּד)

reprehend /ˌreprɪˈhend/ v.t. (*formal*) נָזַף בְּ..., גָּעַר בְּ...; גִּנָּה; מָצָא דֹּפִי בְּ...

reprehensible /ˌreprɪˈhensɪb(ə)l/ adj. (*formal*) רָאוּי לִגְנַאי

represent /ˌreprɪˈzent/ v.t.
1 (stand for, correspond to; appear or act on behalf of) יִצֵּג
□ *he represented his country at hockey* הוּא יִצֵּג אֶת מְדִינָתוֹ בְּהוֹקִי
□ *that represents my feelings exactly* זֶה מְיַצֵּג בְּדִיּוּק אֶת רְגָשׁוֹתַי
2 (portray) תֵּאֵר, שִׁקֵּף, גִּלֵּם, סִמֵּל, הִצִּיג
□ *this painting represents a hunting scene* צִיּוּר זֶה מְתָאֵר מַחֲזֵה צַיִד
□ *I don't want to be represented as a hero* אֲנִי לֹא רוֹצֶה שֶׁיְּתָאֲרוּ אוֹתִי כְּגִבּוֹר
□ *the actor represented Faith in the play* הַשַּׂחְקָן גִּלֵּם אֶת דְּמוּת "הָאֱמוּנָה" בַּמַּחֲזֶה
3 (tell, *formal*) הִבִּיעַ; הִבְהִיר; הִסְבִּיר
□ *I represented to her the risks she ran* הִבְהַרְתִּי לָהּ אֶת הַסַּכָּנוֹת הָעוֹמְדוֹת בְּפָנֶיהָ

representation /ˌreprɪzenˈteɪʃ(ə)n/ n. יִצּוּג, תֵּאוּר, רֶפְּרֶזֶנְטַצְיָה
proportional representation יִצּוּג יַחֲסִי, יִצּוּג פְּרוֹפּוֹרְצְיוֹנָלִי (בַּבְּחִירוֹת)

□ *he made representations to the appropriate authorities* (*formal*) הוּא הִגִּישׁ עֲצוּמוֹת לַשִּׁלְטוֹנוֹת הַמַּתְאִימִים

representational /ˌreprɪzenˈteɪʃ(ə)n(ə)l/ adj. (*formal*) תֵּאוּרִי, יִצּוּגִי

representational art אָמָּנוּת יִצּוּגִית, אָמָּנוּת תֵּאוּרִית (בְּעִקָּר רֵיאָלִיסְטִית)

representative /ˌreprɪˈzentətɪv/ adj.

1 (typical; symbolic) יִצּוּגִי, טִיפּוּסִי

□ *the exhibition included a representative selection of her work* הַתַּעֲרוּכָה כָּלְלָה מִבְחָר מְיַצֵּג מֵעֲבוֹדוֹתֶיהָ

2 (*Politics*) (מִמְשָׁל) בְּאֶמְצָעוּת נְצִיגִים נִבְחָרִים

representative government מֶמְשָׁלָה נִבְחֶרֶת

—n. נָצִיג, בָּא־כֹּחַ; סוֹכֵן

House of Representatives (*US*) בֵּית־הַנִּבְחָרִים הָאֲמֶרִיקָאִי (הַבַּיִת הַתַּחְתּוֹן שֶׁל הַקּוֹנְגְּרֶס)

sales representative נְצִיג מְכִירוֹת

repress /rɪˈpres/ v.t.

1 (restrain, quell) דִּכֵּא, דִּכָּא, בָּלַם

2 (*Psychol.*) הִדְחִיק (דַּחַף, יֵצֶר וְכַד׳), עָשָׂה רֶפְּרֶסְיָה שֶׁל

repressed /rɪˈprest/ adj. מֻדְחָק

repression /rɪˈpreʃ(ə)n/ n.

1 (restraint) דִּכּוּי, בְּלִימָה

2 (*Psychol.*) הַדְחָקָה, רֶפְּרֶסְיָה

repressive /rɪˈpresɪv/ adj. מְדַכֵּא, שֶׁל דִּכּוּי

reprieve /rɪˈpriːv/ v.t. (*Law*) דָּחָה/בִּטֵּל (עֹנֶשׁ מָוֶת)

—n.

1 (lightening of punishment, *Law*) דְּחִיָּה/בִּטּוּל (שֶׁל צַו הוֹצָאָה לַהוֹרֵג)

2 (respite) הֲקָלָה

reprimand /ˈreprɪmɑːnd/ v.t. (*formal*) נָזַף בְּ..., גִּנָּה

—n. נְזִיפָה, גִּנּוּי

reprint /riːˈprɪnt/ v.t. הִדְפִּיס מֵחָדָשׁ, הוֹצִיא בְּהַדְפָּסָה חֲדָשָׁה

—n. /ˈriːprɪnt/ הַדְפָּסָה חֲדָשָׁה

reprisal /rɪˈpraɪz(ə)l/ n. (פְּעֻלַּת־) תַּגְמוּל, נָקָם

reprise /rɪˈpriːz/ n. (*Mus.*) חֲזָרָה (עַל מוֹטִיב וְכַד׳)

reproach /rɪˈprəʊtʃ/ v.t. הִבִּיעַ מְחָאָה וְאַכְזָבָה בִּפְנֵי

—n. הַבָּעַת מְחָאָה וְאַכְזָבָה

above (or **beyond**) **reproach** לְלֹא דֹּפִי

reproachful /rɪˈprəʊtʃf(ə)l/ adj. (מַבָּט וְכַד׳) שֶׁל תּוֹכָחָה

reprobate /ˈreprəbeɪt/ n. (*formal*) אָדָם מֻפְקָר, אָדָם מֻשְׁחָת

—adj. מֻפְקָר, מֻשְׁחָת

reprocess /ˌriːˈprəʊses/ v.t. עִבֵּד לְשֵׁם נִצּוּל חוֹזֵר

reproduce /ˌriːprəˈdjuːs/ v.t.

1 (produce copy of) יָצַר עֹתֶק שֶׁל, הֶעְתִּיק, שִׁעְתֵּק

2 (recreate in sound or vision) שִׁחְזֵר (בִּתְמוּנָה/בְּקוֹל), עָשָׂה רֶפְּרוֹדוּקְצְיָה שֶׁל

—v.i.

1 (produce offspring) הִתְרַבָּה, רָבָה

2 (be reprinted, etc.) עָבַר (טוֹב/רַע) בְּהַעְתָּקָה, הָיָה מַתְאִים לְהַעְתָּקָה

□ *the picture reproduces badly* תְּמוּנָה זוֹ לֹא עוֹבֶרֶת טוֹב בְּהַעְתָּקָה

reproducible /ˌriːprəˈdjuːsɪb(ə)l/ adj. שֶׁנִּתָּן לְשַׁחְזְרוֹ, שֶׁנִּתָּן לְהַעְתִּיק אוֹתוֹ

reproduction /ˌriːprəˈdʌkʃ(ə)n/ n.

1 (act or instance of reproducing; production of offspring) הַעְתָּקָה; שִׁעְתּוּק; הִתְרַבּוּת, רְבִיָּה

2 (copy of work of art) רֶפְּרוֹדוּקְצְיָה

reproductive /ˌriːprəˈdʌktɪv/ adj. שֶׁל רְבִיָּה; שֶׁל שִׁעְתּוּק

reprogram /ˌriːˈprəʊgræm/ v.t. (*Comput.*) תִּכְנֵת מֵחָדָשׁ

reproof /rɪˈpruːf/ n. (*formal*) תּוֹכָחָה, הַטָּפַת מוּסָר

reprove /rɪˈpruːv/ v.t. (*formal*) הוֹכִיחַ, הִטִּיף מוּסָר לְ...

reptile /ˈreptaɪl/ n. זוֹחֵל

□ *what a reptile he is!* (*derog.*) אֵיזֶה שֶׁרֶץ בָּזוּי הוּא!

reptilian /repˈtɪlɪən/ adj. זוֹחֵל, שַׁיָּךְ לְמַחְלֶקֶת הַזּוֹחֲלִים; "שֶׁרֶץ"

republic /rɪˈpʌblɪk/ n. רֶפּוּבְּלִיקָה

republican /rɪˈpʌblɪkən/ adj. & n. רֶפּוּבְּלִיקָנִי; אָדָם רֶפּוּבְּלִיקָנִי

Republican Party (*US*) הַמִּפְלָגָה הָרֶפּוּבְּלִיקָנִית (בְּאַרְהַ"בּ)

repudiate /rɪˈpjuːdɪeɪt/ v.t. (*formal*) כָּפַר בְּ..., הִתְכַּחֵשׁ לְ...; הִתְנַכֵּר לְ...; סֵרֵב לְ...

□ *he repudiated authorship of the article* הוּא הִכְחִישׁ אֶת הֱיוֹתוֹ מְחַבֵּר הַמַּאֲמָר

repudiation /rɪˌpjuːdɪˈeɪʃ(ə)n/ n. (*formal*) כְּפִירָה (בְּעֻבְדָּה), הִתְכַּחֲשׁוּת; סֵרוּב לְשַׁלֵּם חוֹב

repugnance /rɪˈpʌgnəns/ n. (also **repugnancy**) (*formal*) דְּחִיָּה, סְלִידָה, שְׁאָט־נֶפֶשׁ

repugnant /rɪˈpʌgnənt/ adj. (*formal*) מְעוֹרֵר סְלִידָה, מַבְחִיל

repulse /rɪˈpʌls/ (*formal*) v.t. הָדַף; דָּחָה (בְּגַסּוּת), הֵשִׁיב רֵיקָם

□ *his friendly overtures were repulsed* נִסְיוֹנוֹת הַהִתְקָרְבוּת הַיְּדִידוּתִיִּים שֶׁלּוֹ הוּשְׁבוּ רֵיקָם

□ *I was repulsed by the creature's smell* רֵיחוֹ שֶׁל הַיְּצוּר דָּחָה אוֹתִי

—n. הֲדִיפָה; דְּחִיָּה, הֲשָׁבָה רֵיקָם

repulsion /rɪˈpʌlʃ(ə)n/ n.

1 (disgust) גֹּעַל נֶפֶשׁ, תִּעוּב

2 (*Phys.*) דְּחִיָּה (מַגְנֶטִית וְכַד׳)

repulsive /rɪˈpʌlsɪv/ adj.

1 (disgusting) מַגְעִיל, מְעוֹרֵר שְׁאָט נֶפֶשׁ

2 (*Phys.*) דּוֹחֶה

reputable /ˈrepjʊtəb(ə)l/ adj. בַּעַל מוֹנִיטִין, בַּעַל שֵׁם טוֹב, מְכֻבָּד וְהָגוּן

reputation /ˌrepjʊˈteɪʃ(ə)n/ n.
1 (what is said or believed about a person, etc.) מוֹנִיטִין, שֵׁם
□ *he has a reputation for meanness* הוּא יָדוּעַ בְּקַמְצָנוּת שֶׁלּוֹ, יֵשׁ לוֹ שֵׁם שֶׁל קַמְצָן
2 (being well thought of) מוֹנִיטִין, שֵׁם טוֹב

repute /rɪˈpjuːt/ n. (*formal*) מוֹנִיטִין, פִּרְסוּם, שֵׁם
house of ill repute (*euphem.*) בֵּית בֹּשֶׁת
—v.t. (in pass.) הָיָה בַּעַל מוֹנִיטִין שֶׁל, הָיָה מְפֻרְסָם כְּ...
□ *he is reputed to be a good organizer* יָצְאוּ לוֹ מוֹנִיטִין כִּמְאַרְגֵּן טוֹב, הוּא יָדוּעַ כִּמְאַרְגֵּן טוֹב

reputedly /rɪˈpjuːtɪdlɪ/ adv. לְפִי הַשְּׁמוּעָה

request /rɪˈkwest/ v.t. בִּקֵּשׁ, שָׁאַל
—n.
1 (act of asking; petition) בַּקָּשָׁה, מִשְׁאָלָה
by (or **on**) **request** עַל־פִּי בַּקָּשָׁה
request stop (*UK*) תַּחֲנַת עֲצִירָה לְפִי־בַּקָּשָׁה (שֶׁל אוֹטוֹבּוּס)
2 (thing asked for) בַּקָּשָׁה, מִשְׁאָלָה
3 (letter or telephone call asking for particular record) בַּקָּשָׁה (שֶׁל מַאֲזִין בְּתָכְנִית "כְּבַקָּשָׁתְךָ")
request(s) programme תָּכְנִית "כְּבַקָּשָׁתְךָ" (בָּרַדְיוֹ וְכַד')

requiem /ˈrekwɪəm/ n. "רֶקְוִיאֶם" (תְּפִלַּת־אַשְׁכָּבָה קָתוֹלִית; יְצִירַת־אֵבֶל מוּזִיקָלִית)

require /rɪˈkwaɪə(r)/ v.t.
1 (need) הָיָה זָקוּק לְ..., הָיָה צָרִיךְ לְ...; הִצְרִיךְ, חִיֵּב
2 (demand, *formal*) דָּרַשׁ, תָּבַע; צִוָּה

requirement /rɪˈkwaɪəmənt/ n. דְּרִישָׁה; צֹרֶךְ

requisite /ˈrekwɪzɪt/ adj. (*formal*) דָּרוּשׁ, נָחוּץ, הֶכְרֵחִי
□ *have you filled in the requisite forms?* הַאִם מִלֵּאתָ אֶת הַטְּפָסִים הַדְּרוּשִׁים?
—n. (often in *pl.*) צְרָכִים
toilet requisites צָרְכֵי טוּאָלֶט

requisition /ˌrekwɪˈzɪʃ(ə)n/ v.t. הִפְקִיעַ, הֶחֱרִים (לִצְרָכִים צְבָאִיִּים וְכַד')
—n. דְּרִישַׁת הַפְקָעָה, דְּרִישַׁת הַחְרָמָה
requisition order צַו הַפְקָעָה, צַו הַחְרָמָה

requital /rɪˈkwaɪt(ə)l/ n. (*formal*) גְּמוּל

requite /rɪˈkwaɪt/ v.t. (*formal*) הֵשִׁיב, שִׁלֵּם
□ *he requited kindness with cruelty* הוּא הֵשִׁיב עַל הַחֶסֶד בְּאַכְזְרִיּוּת
□ *will she ever requite my love?* הַאִם הִיא תַּחֲזִיר לִי אֵי־פַּעַם אַהֲבָה?

reran see **RERUN**

reread /riːˈriːd/ v.t. (past & ppl. **reread** /riːˈred/) קָרָא שׁוּב, קָרָא שֵׁנִית (כְּתָב)

reredos /ˈrɪədɒs/ n. (*Relig.*) קִיר מְעֻטָּר (מֵאֲחוֹרֵי הַמִּזְבֵּחַ בַּכְּנֵסִיָּה)

re-route /riːˈruːt/ v.t. נִתֵּב מֵחָדָשׁ, הִפְנָה לְנָתִיב אַחֵר

rerun /riːˈrʌn/ v.t. (past & past ppl. **reran** /riːˈræn/) הֶעֱלָה מֵחָדָשׁ (מַחֲזֶה); שִׁדֵּר מֵחָדָשׁ (תָּכְנִית בָּרַדְיוֹ וְכַד')
—n. /ˈriːʌn/ הַצָּגָה מְחֻדֶּשֶׁת; שִׁדּוּר חוֹזֵר

resale /ˈriːseɪl/ n. מְכִירָה מֵחָדָשׁ

resat /riːˈsæt/ past & past ppl. of **resit**

rescind /rɪˈsɪnd/ v.t. (*formal*) בִּטֵּל (הַחְלָטָה, חֹק)

rescue /ˈreskjuː/ v.t. חִלֵּץ, הִצִּיל, מִלֵּט, שִׁחְרֵר
—n. חִלּוּץ, הַצָּלָה, מִלּוּט, שִׁחְרוּר
□ *he mounted a rescue operation for the business* הוּא עָרַךְ מִבְצַע הַצָּלָה לָעֵסֶק

research /rɪˈsɜːtʃ/ n. מֶחְקָר
research and development מֶחְקָר וּפִתּוּחַ
□ *I continued my researches at home* הִמְשַׁכְתִּי אֶת מֶחְקָרַי בַּבַּיִת
—v.i. & t. עָסַק בְּמֶחְקָר; עָרַךְ מֶחְקָר עַל, חָקַר
□ *she's researching in(to) genetics* הִיא עוֹרֶכֶת מֶחְקָר בְּגֶנֶטִיקָה

researcher /rɪˈsɜːtʃə(r)/ n. חוֹקֵר

resemblance /rɪˈzembləns/ n. דִּמְיוֹן
□ *there is a slight resemblance between the two dogs* יֵשׁ דִּמְיוֹן קַל בֵּין שְׁנֵי הַכְּלָבִים

resemble /rɪˈzemb(ə)l/ v.t. דָּמָה לְ..., הָיָה דּוֹמֶה לְ...

resent /rɪˈzent/ v.t. הִרְגִּישׁ נִפְגָּע מִ..., הִתְמַרְמֵר עַל; חָשׁ תַּרְעֹמֶת עַל
□ *I resent that accusation* הַהַאֲשָׁמָה הַזֹּאת מַרְגִּיזָה וּמַעֲלִיבָה אוֹתִי
□ *he resented having to apologize* הוּא הִתְמַרְמֵר עַל כָּךְ שֶׁהָיָה צָרִיךְ לְהִתְנַצֵּל

resentful /rɪˈzentf(ə)l/ adj. מָלֵא תַּרְעֹמֶת, מְמֻרְמָר, שׁוֹמֵר טִינָה

resentment /rɪˈzentmənt/ n. תַּרְעֹמֶת, מְרִירוּת, טִינָה, כַּעַס (עַל פְּגִיעָה וְקִפּוּחַ)

reservation /ˌresəˈveɪʃ(ə)n/ n.
1 (act of reserving) (פְּעֻלָּה שֶׁל) הַזְמָנָה מֵרֹאשׁ, הַזְמָנַת מָקוֹם
2 (booking) מָקוֹם שָׁמוּר, כַּרְטִיס שָׁמוּר (זְכוּת מֵרֹאשׁ לְמָקוֹם בְּרַכֶּבֶת, בְּתֵיאַטְרוֹן וְכַד')
□ *the travel agent made our reservations* סוֹכֵן הַנְּסִיעוֹת הִסְדִּיר לָנוּ מְקוֹמוֹת שְׁמוּרִים
3 (doubt about agreement, etc.) הִסְתַּיְגוּת
□ *do you have any reservations about signing the treaty?* הַאִם יֵשׁ לְךָ הִסְתַּיְגֻיּוֹת בַּאֲשֶׁר לַחֲתִימַת הַהֶסְכֵּם?
4 (reserved area; land reserved for occupation by certain people) שְׁמוּרָה
central reservation (*UK*) שֶׁטַח בֵּינַיִם (בֵּין שְׁנֵי מַסְלוּלִים בִּכְבִישׁ רָאשִׁי)

reserve /rɪˈzɜːv/ v.t.
1 (keep back, postpone use of) דָּחָה לְמוֹעֵד מְאֻחָר; שָׁמַר לְמוֹעֵד מְאֻחָר, שָׁמַר בַּעֲתוּדָה

reserve judgement דָּחָה הַחְלָטָה, דָּחָה שִׁפּוּט
2 (secure in advance) הִזְמִין מֵרֹאשׁ (מָקוֹם בְּמָלוֹן וְכַד׳)
□ *is this seat reserved?* (הַאִם) הַמָּקוֹם הַזֶּה שָׁמוּר?
3 (retain, make certain) שָׁמַר
all rights reserved כָּל הַזְּכֻיּוֹת שְׁמוּרוֹת
□ *I reserve the right to make changes later* אֲנִי שׁוֹמֵר עַל הַזְּכוּת לְהַכְנִיס שִׁנּוּיִים מְאֻחָר יוֹתֵר
□ *a great future is reserved for him* עָתִיד גָּדוֹל נוֹעַד לוֹ
—n.
1 (extra supply, stock) עֲתוּדָה, רֶזֶרְבָה
gold reserves עֲתוּדוֹת זָהָב, רֶזֶרְבוֹת זָהָב
□ *he had a little money in reserve* הָיָה לוֹ סְכוּם כֶּסֶף קָטָן לְרֶזֶרְבָה
2 (restriction) סִיג, הַגְבָּלָה; הִסְתַּיְּגוּת
reserve price מְחִיר מִינִימוּם (בִּמְכִירָה פֻּמְבִּית וְכַד׳)
□ *we accept your statement without reserve* (*formal*) אֲנַחְנוּ מְקַבְּלִים אֶת הַצְהָרָתְךָ בְּלִי הִסְתַּיְּגוּת
3 (self-restraint, reticence) אִפּוּק, הִתְאַפְּקוּת
4 (restricted area) שְׁמוּרָה
nature reserve שְׁמוּרַת־טֶבַע
5 (extra player, substitute; in *pl.*, reinforcing troops, *Mil.*) שַׂחְקָן מִלּוּאִים; כֹּחוֹת מִלּוּאִים
reserve duty שֵׁרוּת מִלּוּאִים
□ *he is first reserve* (*player*) *for the match* הוּא שַׂחְקַן הַמִּלּוּאִים הָרִאשׁוֹן שֶׁיִּכָּנֵס לַמִּשְׂחָק (בְּמִקְרֵה פְּצִיעָה שֶׁל אַחַד הַשַּׂחְקָנִים)
□ *the Naval Reserves were mobilized* עֲתוּדַאי הַצִּי נִקְרְאוּ לְשֵׁרוּת, אַנְשֵׁי הַמִּלּוּאִים שֶׁל הַצִּי גֻּיְּסוּ

reserved /rɪˈzɜːvd/ adj.
1 (reticent; uncommunicative) מְסֻיָּג, מְאֻפָּק
2 (set apart, earmarked) שָׁמוּר, מְיֹעָד (לְמַטָּרָה מְסֻיֶּמֶת), יָעוּד

reservist /rɪˈzɜːvɪst/ n. אִישׁ־מִלּוּאִים, חַיַּל־מִלּוּאִים

reservoir /ˈrezəvwɑː(r)/ n.
1 (artificial lake) מַאֲגַר מַיִם, מִקְוֵה מַיִם
2 (any receptacle for fluid) מְכָל, מַאֲגָר
□ *there is a reservoir of talent in the department* יֵשׁ מַאֲגָר/מְלַאי־כִּשְׁרוֹנוֹת בַּמַּחְלָקָה

reset /riːˈset/ (past & past ppl. **reset** /ˌriːˈset/) v.t. כִּוֵּן מֵחָדָשׁ (שָׁעוֹן וְכַד׳); סִדֵּר (טֶקְסְט) מֵחָדָשׁ (לִדְפוּס); שִׁבֵּץ (אֶבֶן טוֹבָה) מֵחָדָשׁ

resettle /ˌriːˈset(ə)l/ v.t. & i. יִשֵּׁב מֵחָדָשׁ; הִתְיַשֵּׁב מֵחָדָשׁ (בְּמָקוֹם שֶׁנֶּעֱזַב קֹדֶם לָכֵן)

reshape /riːˈʃeɪp/ v.t. עִצֵּב מֵחָדָשׁ

reshuffle /ˌriːˈʃʌf(ə)l/ v.t. עִרְבֵּב מֵחָדָשׁ, טָרַף מֵחָדָשׁ (קְלָפִים); אִרְגֵּן מֵחָדָשׁ (צֶוֶת וְכַד׳), עָרַךְ חִלּוּפֵי תַּפְקִידִים
—n. חִלּוּפֵי תַּפְקִידִים (בְּצֶוֶת וְכַד׳)
□ *there was a Cabinet reshuffle yesterday* הָיוּ אֶתְמוֹל חִלּוּפֵי־גַבְרֵי בַּקַּבִּינֶט, נֶעֶרְכוּ אֶתְמוֹל שִׁנּוּיִים בַּקַּבִּינֶט

reside /rɪˈzaɪd/ v.i. (*formal*)
1 (dwell) גָּר, דָּר, שָׁכַן
2 (be present or inherent) הָיָה בִּידֵי, הָיָה מָצוּי בְּ... (סַמְכוּת, זְכוּת וְכַד׳)
□ *responsibility resides in the chairman* הַסַּמְכוּת נְתוּנָה בִּידֵי הַיּוֹשֵׁב־רֹאשׁ

residence /ˈrezɪdəns/ n. (*formal*)
1 (act of residing) מְגוּרִים, יְשִׁיבָה
□ *he took up residence in the new house* הוּא הִשְׁתַּכֵּן בַּבַּיִת הֶחָדָשׁ
□ *the ambassador is now in residence* הַשַּׁגְרִיר נִכְנַס לִמְעוֹנוֹ הָרִשְׁמִי
2 (home) מָעוֹן, מְגוּרִים

resident /ˈrezɪdənt/ adj. תּוֹשָׁב, מְקוֹמִי
resident physician (*formal*) רוֹפֵא מִשְׁתַּלֵּם (בְּבֵי״ח)
—n.
1 (one who normally resides) תּוֹשָׁב; דַּיָּר
□ *in summer the visitors outnumber the residents* בַּקַּיִץ גָּדוֹל מִסְפַּר הַמְבַקְּרִים מִמִּסְפַּר הַתּוֹשָׁבִים
2 (guest in hotel, etc.) אוֹרֵחַ
3 (*US Med.*) רוֹפֵא מִשְׁתַּלֵּם (בְּבֵי״ח)

residential /ˌrezɪˈdenʃ(ə)l/ adj. שֶׁל מְגוּרִים
□ *this is a residential suburb* זוֹ שְׁכוּנַת מְגוּרִים (בְּנִגּוּד לְאֵזוֹר מִסְחָרִי)
□ *he took a residential course in theatre* הוּא לָקַח קוּרְס־פְּנִימִיָּה בְּתֵיאַטְרוֹן

residual /rɪˈzɪdjʊəl/ adj. (*formal*) שֶׁנּוֹתַר; שְׁיוֹרִי

residue /ˈrezɪdjuː/ n. מִשְׁקָע (גַּם בְּהַשְׁאָלָה); יִתְרַת עִזָּבוֹן (לְאַחַר תַּשְׁלוּם חוֹבוֹת)

resign /rɪˈzaɪn/ v.i. הִתְפַּטֵּר, הִגִּישׁ אֶת הִתְפַּטְּרוּתוֹ
—v.t. הִתְפַּטֵּר מ...
—v.refl. הִשְׁלִים עִם (רַעְיוֹן וְכַד׳)
□ *he had to resign himself to doing without a car* הָיָה עָלָיו לְהַשְׁלִים עִם כָּךְ שֶׁלֹּא תִּהְיֶה לוֹ מְכוֹנִית

resignation /ˌrezɪɡˈneɪʃ(ə)n/ n.
1 (giving up one's job) הִתְפַּטְּרוּת
□ *she handed in her resignation yesterday* הִיא הִגִּישָׁה אֶת מִכְתַּב הַהִתְפַּטְּרוּת שֶׁלָּהּ אֶתְמוֹל
2 (uncomplaining attitude) הַשְׁלָמָה, כְּנִיעָה, קַבָּלַת הַדִּין

resigned /rɪˈzaɪnd/ adj. נִכְנָע לְגוֹרָלוֹ, מַשְׁלִים עִם מַצָּבוֹ
□ *we were resigned to a long wait* הִשְׁלַמְנוּ עִם כָּךְ שֶׁיִּהְיֶה עָלֵינוּ לְחַכּוֹת זְמַן רַב

resilience /rɪˈzɪlɪəns/ n. קְפִיצִיּוּת, גְּמִישׁוּת; כֹּשֶׁר הִתְאוֹשְׁשׁוּת

resilient /rɪˈzɪlɪənt/ adj. קְפִיצִי, גָּמִישׁ; בַּעַל כֹּשֶׁר הִתְאוֹשְׁשׁוּת

resin /ˈrezɪn/ n.
1 (gummy extract of pine, etc.) שְׂרָף
2 (synthetic substance) שְׂרָף פְּלַסְטִי

resinous /ˈrezɪnəs/ adj. שְׂרָפִי, מֵכִיל שְׂרָף

resist /rɪˈzɪst/ v.t. & i. הִתְנַגֵּד לְ..., עָמַד בִּפְנֵי; גִּלָּה הִתְנַגְּדוּת
□ *I couldn't resist telling my daughter* לֹא יָכֹלְתִּי לְהִתְאַפֵּק מִלְּסַפֵּר לְבִתִּי
□ *she can't resist chocolates* הִיא לֹא יְכוֹלָה לַעֲמֹד בִּפְנֵי הַפִּתּוּי שֶׁל שׁוֹקוֹלָד

resistance /rɪˈzɪstəns/ n.
1 (opposition; power of resisting) הִתְנַגְּדוּת; כֹּשֶׁר הִתְנַגְּדוּת
resistance (movement) תְּנוּעַת מֶרִי, "רֶזִיסְטַנְס"
□ *the enemy offered* (or *put up*) *no resistance* הָאוֹיֵב לֹא גִּלָּה (סִימָנֵי) הִתְנַגְּדוּת
□ *he took the line of least resistance* הוּא נָקַט בְּקַו שֶׁל הַהִתְנַגְּדוּת הַקַּלָּה בְּיוֹתֵר, הוּא בָּחַר בַּדֶּרֶךְ הַקַּלָּה בְּיוֹתֵר
2 (*Electr.*) הִתְנַגְּדוּת (חַשְׁמַלִּית)

resistant /rɪˈzɪstənt/ adj. חָסִין, עָמִיד בִּפְנֵי
□ *these are resistant strains of mosquitoes* אֵלֶּה מִינִים עֲמִידִים שֶׁל יַתּוּשִׁים

resistible /rɪˈzɪstɪb(ə)l/ adj. (*joc.*) "שֶׁאֶפְשָׁר לְהִסְתַּדֵּר גַּם בִּלְעָדָיו"

resistor /rɪˈzɪstə(r)/ n. (*Electr.*) נַגָּד (חַשְׁמַלִּי)

resit /riːˈsɪt/ v.t. (past & past ppl. **resat** /riːˈsæt/) נִגַּשׁ פַּעַם נוֹסֶפֶת לְ... (בְּחִינָה)
—n. /ˈriːsɪt/

resolute /ˈrezəluːt/ adj. (*formal*) הֶחְלֵטִי, נָחוּשׁ הַחְלָטָה, תַּקִּיף בְּדַעְתּוֹ

resolution /ˌrezəˈluːʃ(ə)n/ n.
1 (firmness of purpose) הֶחְלֵטִיּוּת, נְחִישׁוּת הַחְלָטָה
2 (decision) הַחְלָטָה, הַכְרָעָה
New Year('s) resolution הַחְלָטָה שֶׁאָדָם מַחְלִיט בְּלִבּוֹ בְּלֵיל הַסִּילְבֶסְטֶר לְגַבֵּי הַשָּׁנָה הַבָּאָה (כְּגוֹן: הַפְסָקַת עִשּׁוּן וְכַד')
3 (solving) פִּתְרוֹן, הַתָּרָה
□ *the resolution of his doubts was a great relief to him* הַתָּרַת סְפֵקוֹתָיו הֵקֵלָּה עָלָיו מְאֹד
□ *the problem defies resolution* הַבְּעָיָה אֵינָהּ נִתֶּנֶת לְפִתְרוֹן
4 (separation into two parts; analysis) הַפְרָדָה, פֵּרוּק (בְּכִימְיָה וְכַד')
5 (*Mus.*) פְּרִיקָה
6 (smallest interval measurable by an instrument) דַּרְגַּת הַפְרָדָה

resolve /rɪˈzɒlv/ v.t. & i.
1 (decide) הֶחְלִיט; בָּא לִכְלַל הַחְלָטָה, גָּמַר בְּלִבּוֹ
□ *I resolved* (or *I was resolved*) *to beat my opponent* גָּמַרְתִּי בְּלִבִּי לְהַכְרִיעַ אֶת הַיָּרִיב שֶׁלִּי
2 (analyse, solve, separate) הִפְרִיד, פֵּרֵק; הִתִּיר, פָּתַר; הִתְפָּרֵק
3 (*Mus.*) פֵּרֵק
4 (*Optics*) הִפְרִיד
resolving power כֹּשֶׁר הַפְרָדָה

—n. (*formal*) נְחִישׁוּת

resolved /rɪˈzɒlvd/ adj. נָחוּשׁ בְּדַעְתּוֹ

resonance /ˈrezənəns/ n. הִדְהוּד, תְּהוּדָה

resonant /ˈrezənənt/ adj. מְהַדְהֵד

resonate /ˈrezəneɪt/ v.i. הִדְהֵד

resort /rɪˈzɔːt/ v.i.
1 (have recourse) נָקַט בְּ..., אָחַז בְּ... (כִּבְרֵרָה אַחֲרוֹנָה)
□ *he resorted to abuse when discussion failed* הוּא הֵחֵל לְקַלֵּל כַּאֲשֶׁר הַדִּיּוּן הִגִּיעַ לְמָבוֹי סָתוּם
2 (visit, *formal*) בִּקֵּר לְעִתִּים קְרוֹבוֹת, פָּקַד
□ *we resorted to a doctor* פָּקַדְנוּ אֶת הָרוֹפֵא
—n.
1 (expedient measure, *formal*) אֶמְצָעִי, אֶמְצָעִי עֵזֶר; תַּחְבּוּלָה אוֹ פְּעֻלָּה (לְהַשָּׂגַת מַשֶּׁהוּ)
in the (or **as a**) **last resort** כְּאֶמְצָעִי אַחֲרוֹן
□ *we must reach agreement without resort to threats* עָלֵינוּ לְהַגִּיעַ לְהֶסְכֵּם מִבְּלִי לַעֲשׂוֹת שִׁמּוּשׁ בְּאִיּוּמִים
2 (place much visited in summer, etc.) אֲתַר נֹפֶשׁ; אֲתַר מַרְגּוֹעַ
health resort אֲתַר בְּרִיאוּת

re-sort /riːˈsɔːt/ v.t. סִדֵּר מֵחָדָשׁ (בְּסֵדֶר אָלֶפְבֵּיתִי, מִסְפָּרִי וְכַד')

resound /rɪˈzaʊnd/ v.i. הִדְהֵד, הִשְׁמִיעַ הֵד
□ *the theatre resounded with* (or *to the*) *applause* אוּלַם הַתֵּיאַטְרוֹן הִדְהֵד בְּקוֹל מְחִיאוֹת הַכַּפַּיִם
□ *the evening was a resounding success* הָעֶרֶב הָיָה הַצְלָחָה סוֹעֶרֶת

resource /rɪˈzɔːs, rɪˈsɔːs/ n. (esp. in *pl.*) אֶמְצָעִי, מַשְׁאָב, מָקוֹר (טִבְעִי, כַּסְפִּי וְכַד'); תּוּשִׁיָּה
inner resources כֹּחוֹת נַפְשִׁיִּים
natural resources אוֹצְרוֹת טֶבַע; מַשְׁאַבִּים טִבְעִיִּים
□ *he is a man of great resource* הוּא אָדָם בַּעַל תּוּשִׁיָּה רַבָּה
□ *I am at the end of my resources* אֲנִי אוֹבֵד עֵצוֹת
□ *we had to rely on our own resources* נֶאֱלַצְנוּ לְהִסְתַּמֵּךְ עַל כֹּחוֹתֵינוּ בִּלְבַד
—v.t. (usu. in pass.) הָיָה בַּעַל מַשְׁאַבִּים
□ *this school is poorly resourced* לְבֵית סֵפֶר זֶה מַשְׁאַבִּים דַּלִּים

resourceful /rɪˈzɔːsf(ə)l/ adj. בַּעַל תּוּשִׁיָּה

respect /rɪˈspekt/ n.
1 (regard, attention; esteem) הוֹקָרָה, כָּבוֹד, הִתְחַשְּׁבוּת, יַחַס
□ *he paid his respects to his hostess* (*formal*) הוּא הִתְיַצֵּב לִפְנֵי הַמְאָרַחַת וּבֵרֵךְ אוֹתָהּ (פוֹרְמָלִית)
□ *the terrorists showed no respect for age or illness* הַטֶּרוֹרִיסְטִים לֹא גִּלּוּ כָּל הִתְחַשְּׁבוּת בְּגִיל אוֹ בְּמַצַּב בְּרִיאוּת
□ *with* (*all due*) *respect, I think that's a stupid idea* עִם כָּל הַכָּבוֹד, אֲנִי חוֹשֵׁב שֶׁזֶּה רַעְיוֹן מְטֻפָּשׁ
2 (reference, relation) זִקָּה, יַחַס, בְּחִינָה

in respect of (*formal*) בְּנוֹגֵעַ לְ..., בְּעִנְיָן
in this respect מִבְּחִינָה זֹאת, בְּעִנְיָן זֶה
with respect to בְּנוֹגֵעַ לְ...
—v.t.
1 (esteem, regard with deference) הִתְיַחֵס בְּכָבוֹד לְ..., כִּבֵּד, הוֹקִיר
2 (be careful about) כִּבֵּד
□ *I shall respect your feelings* אֲנִי אֲכַבֵּד אֶת רְגָשׁוֹתֶיךָ

respectability /rɪˌspektəˈbɪlɪtɪ/ n. דִּמּוּי מְכֻבָּד בַּצִּבּוּר

respectable /rɪˈspektəb(ə)l/ adj.
1 (deserving respect; decent, well thought of) נִכְבָּד; הָגוּן, מְכֻבָּד
2 (not bad; sizeable, *colloq.*) "מְכֻבָּד", "הָגוּן"
□ *a respectable number attended his lecture* מִסְפָּר הָגוּן שֶׁל אֲנָשִׁים נָכְחוּ בַּהַרְצָאָה
3 (primly conventional, *derog.*) מְהֻגָּן, מַקְפִּיד עַל דִּמּוּי מְהֻגָּן

respectably /rɪˈspektəblɪ/ adv. בְּאֹפֶן מְכֻבָּד, בְּאֹפֶן מְהֻגָּן
□ *I'm a respectably married man!* אֲנִי אָדָם נָשׂוּי וּמְכֻבָּד!

respectful /rɪˈspektf(ə)l/ adj. מַחְשִׁיב, מוֹקִיר, מִתְיַחֵס בְּכָבוֹד אֶל

respectfully /rɪˈspektfəlɪ/ adv. תּוֹךְ הַפְגָּנַת יַחַס שֶׁל כָּבוֹד

respecting /rɪˈspektɪŋ/ prep. (*formal*) בְּיַחַס לְ..., בְּנוֹגֵעַ לְ..., בְּעִנְיָן

respective /rɪˈspektɪv/ adj. שֶׁל כָּל אֶחָד לְחוּד
□ *the two boxers went to their respective corners* שְׁנֵי הַמִּתְאַגְרְפִים פָּנוּ אִישׁ אִישׁ לְפִנָּתוֹ

respectively /rɪˈspektɪvlɪ/ adv. כָּל אֶחָד לְחוּד וּלְפִי הַסֵּדֶר שֶׁבּוֹ נִזְכְּרוּ
□ *Jane and Susan are studying French and physics respectively* ג'ין וְסוּזָן לוֹמְדוֹת זוֹ צָרְפָתִית וְזוֹ פִיזִיקָה

respell /riːˈspel/ v.t. (past & past ppl. **respelt** or **respelled** /riːˈspelt/ or /riːˈspeld/) אִיֵּת מֵחָדָשׁ, כָּתַב שֵׁנִית (בִּכְתִיב נָכוֹן)

respiration /ˌrespəˈreɪʃ(ə)n/ n.
1 (breathing, *formal*) נְשִׁימָה
artificial respiration הַנְשָׁמָה מְלָאכוּתִית
2 (*Biol.*) תַּהֲלִיךְ פֵּרוּק הַמָּזוֹן לְאֶנֶרְגִּיָה

respirator /ˈrespəreɪtə(r)/ n. מַסֵּכַת נְשִׁימָה (כְּגוֹן שֶׁל טַיָּסִים, שֶׁל כַּבָּאִים)

respiratory /rɪˈspaɪərət(ə)rɪ/ adj. (*Med.*) שֶׁל נְשִׁימָה; שֶׁל דַּרְכֵי הַנְּשִׁימָה

respire /rɪˈspaɪə(r)/ v.i. (*Med.*) נָשַׁם, שָׁאַף וְנָשַׁף אֲוִיר

respite /ˈrespɪt/ n. הֲפוּגָה, אַרְכָּה (לִפְנֵי בִּצּוּעַ גְּזַר־הַדִּין); מְנוּחָה

resplendence /rɪˈsplendəns/ n. (also **resplendency** /rɪˈsplendənsɪ/) (*formal*) בָּרָק, זֹהַר, נֹגַהּ; הוֹד, יִפְעָה

resplendent /rɪˈsplendənt/ adj. (*formal*) מַבְרִיק, מַזְהִיר, זוֹהֵר; מָלֵא הוֹד

respond /rɪˈspɒnd/ v.i.
1 (reply) עָנָה, הֵשִׁיב
2 (react) הֵגִיב
□ *the dog responded well to kindness* הַכֶּלֶב הֵגִיב הֵיטֵב עַל יַחַס חַם

respondent /rɪˈspɒndənt/ n. (*Law*) נִתְבָּע (בְּיִחוּד בְּמִשְׁפַּט גֵּרוּשִׁין)

response /rɪˈspɒns/ n.
1 (reply) תְּשׁוּבָה, מַעֲנֶה
2 (reaction) תְּגוּבָה
3 (*Relig.*) מַעֲנֵה הַקָּהָל (חֵלֶק הַתְּפִלָּה הַנִּקְרָא אוֹ מוּשָׁר ע"י הַקָּהָל בַּכְּנֵסִיָּה)

responsibility /rɪˌspɒnsəˈbɪlɪtɪ/ n. אַחֲרָיוּת

responsible /rɪˈspɒnsəb(ə)l/ adj.
1 (answerable for one's actions) אַחֲרַאי
□ *the vice-chairman is responsible to the chairman* סְגַן הַיּוֹ"ר אַחֲרַאי לִפְנֵי הַיּוֹ"ר
□ *who's responsible for this mess?* מִי אַחֲרַאי לַבַּלָּגָן הַזֶּה?
2 (dependable) מְהֵימָן, אַחֲרַאי
3 (involving responsibility) אַחֲרַאי, בַּעַל אַחֲרָיוּת, דּוֹרֵשׁ אַחֲרָיוּת
□ *he has a responsible post on the committee* יֵשׁ לוֹ תַּפְקִיד אַחֲרַאי בַּוַּעֲדָה

responsive /rɪˈspɒnsɪv/ adj. מֵגִיב (בְּחִיּוּב אוֹ בְּאַהֲדָה), נַעֲנֶה

rest[1] /rest/ n. שְׁאֵרִית, שְׁאָר, יֶתֶר
□ *we drank the rest of the wine after the party* שָׁתִינוּ אֶת שְׁאָר הַיַּיִן לְאַחַר הַמְּסִבָּה

rest[2] /rest/ n.
1 (repose) מְנוּחָה; הַפְסָקָה (לִמְנוּחָה)
at rest
(motionless) נַיָּח, דּוֹמֵם, לְלֹא תְּנוּעָה
(untroubled) בִּמְנוּחָה, נָח, נִנּוֹחַ, שָׁלֵו
(dead, *euphem.*) הִגִּיעַ לִמְנוּחָתוֹ, יָשֵׁן שְׁנַת נֶצַח
□ *try to get a good night's rest* לֵךְ וְתִנָּסֶה לִישֹׁן טוֹב הַלַּיְלָה
□ *he was laid to rest in the old churchyard* (*euphem.*) הוּא הוּבָא לִמְנוּחוֹת בַּחֲצַר הַכְּנֵסִיָּה הָעַתִּיקָה
□ *I hope that sets your mind at rest* אֲנִי מְקַוֶּה שֶׁזֶּה מַרְגִּיעַ אֶת חֲשָׁשׁוֹתֶיךָ
2 (prop, support) מִשְׁעָן, מִסְעָד
3 (*Mus.*) הֶפְסֵק, דְּמִימָה
—v.t.
1 (give repose or relief to) נָתַן מְנוּחָה לְ..., הֵנִיחַ לְ...
God rest his soul יָנוּחַ בְּשָׁלוֹם עַל מִשְׁכָּבוֹ!
2 (place, base) הִנִּיחַ עַל, הִשְׁעִין עַל
□ *I rest my case* (*Law*) בְּזֹאת סִיַּמְתִּי לְהַצִּיג אֶת טִעוּנַי

□ *he rested all his hopes on promotion* הוּא תָּלָה כָּל תִּקְווֹתָיו בַּעֲלִיָּה בְּדַרְגָּה

—v.i.

1 (abstain from action, enjoy repose or sleep) נָח

□ *the new professor won't be allowed to rest on her laurels* (*derog.*) לֹא יַנִּיחוּ לַפְּרוֹפֶסוֹר הֶחָדָשׁ לָנוּחַ עַל זֵרֵי הַדַּפְנָה שֶׁלָּהּ

□ *he will not rest until he discovers the truth* הוּא לֹא יָנוּחַ וְלֹא יִשְׁקֹט עַד אֲשֶׁר יְגַלֶּה אֶת הָאֱמֶת

2 (remain, be fixed) נִשְׁאַר (בְּמַצָּב מְסֻיָּם)

□ *you can rest assured that I will do it properly* אַתָּה יָכוֹל לִהְיוֹת סָמוּךְ וּבָטוּחַ שֶׁאֶעֱשֶׂה זֹאת כָּרָאוּי

□ *the decision rests with you* הַהַחְלָטָה תְּלוּיָה בְּךָ

□ *they let the matter rest* הֵם הֵנִיחוּ לָעִנְיָן

3 (alight) נָח עַל

□ *her eyes rested on me* עֵינֶיהָ נָחוּ עָלַי

4 (be supported or based) הִתְבַּסֵּס עַל, הִסְתַּמֵּךְ עַל

□ *the case for the defence rests on his evidence alone* (*formal*) טַעֲנַת הַסַּנֵּגוֹרְיָה מִתְבַּסֶּסֶת עַל עֵדוּת הַנֶּאֱשָׁם בִּלְבַד

restate /riːˈsteɪt/ v.t. אָמַר שֵׁנִית, צִיֵּן שׁוּב; אָמַר בְּצוּרָה שׁוֹנָה

restaurant /ˈrest(ə)rɒnt/ n. מִסְעָדָה

restaurateur /ˌrestərəˈtɜː(r)/ n. מִסְעֲדָן, בַּעַל מִסְעָדָה

rest-cure /ˈrest-kjʊə(r)/ n. רִפּוּי בִּמְנוּחָה

rest-day /ˈrest-deɪ/ n. יוֹם מְנוּחָה, יוֹם־שַׁבָּתוֹן

restful /ˈrestf(ə)l/ adj. מַרְגִּיעַ; רָגוּעַ, שָׁלֵו

rest-home /ˈrest-həʊm/ n. מְעוֹן קְשִׁישִׁים; בֵּית הַבְרָאָה

resting-place /ˈrestɪŋ-pleɪs/ n. מְקוֹם מְנוּחָה (לָרֹב "הַמְּנוּחָה הָאַחֲרוֹנָה")

restitution /ˌrestɪˈtjuːʃ(ə)n/ n. (*formal*) פִּצּוּי, שִׁלּוּמִים; הֲשָׁבָה (שֶׁל חֵפֶץ אוֹ זְכוּת) לִבְעָלִים

make restitution פִּצָּה

restive /ˈrestɪv/ adj. (סוּס, אָדָם) עַצְבָּנִי, סַרְבָן, קָשֶׁה לִשְׁלִיטָה

restless /ˈrestlɪs/ adj. חֲסַר־מְנוּחָה, לֹא שָׁקֵט, עַצְבָּנִי

restock /riːˈstɒk/ v.t. חִדֵּשׁ מְלַאי, הִשְׁלִים מְלַאי

□ *they restocked the lake with trout* הֵם שָׁבוּ וְאִכְלְסוּ אֶת הָאֲגַם בְּדִגֵי טְרוּטָה

restoration /ˌrestəˈreɪʃ(ə)n/ n. שִׁקּוּם, בִּנּוּי, שִׁחְזוּר, רֶסְטוֹרַצְיָה; הַחְזָרָה; הַנְהָגָה מֵחָדָשׁ (מִנְהָג וְכַד')

the Restoration (*UK Hist.*) הָרֶסְטוֹרַצְיָה (חִדּוּשׁ הַמְּלוּכָה בְּאַנְגְלִיָּה בַּמֵּאָה הַ־17)

restorative /rɪˈstɔːrətɪv/ adj. (*formal*) מְאוֹשֵׁשׁ, מַבְרִיא, שֶׁיֵּשׁ בְּכֹחוֹ לְהַחֲזִיר אָדָם לְאֵיתָנוֹ

—n. תְּרוּפָה/מָזוֹן (כַּנַּ"ל)

restore /rɪˈstɔː(r)/ v.t.

1 (give or bring back) הֶחֱזִיר, הֵשִׁיב

2 (bring back to original state) הֶחֱזִיר לְקַדְמוּתוֹ, שִׁחְזֵר; שִׁקֵּם

□ *he is now restored to health* הוּא שָׁב לְאֵיתָנוֹ (לְאַחַר מַחֲלָה)

3 (repair by guesswork) שִׁחְזֵר (טֶקְסְט, תְּמוּנָה וְכַד')

restorer /rɪˈstɔːrə(r)/ n. מְשַׁחְזֵר (תְּמוּנוֹת), מְשַׁפֵּץ רָהִיטִים עַתִּיקִים

restrain /rɪˈstreɪn/ v.t. בָּלַם, עָצַר, רִסֵּן

—v.refl. הִתְאַפֵּק

restraint /rɪˈstreɪnt/ n.

1 (check, restriction) רֶסֶן, מַעֲצוֹר

□ *the madman was put under restraint* הִכְנִיסוּ אֶת הַמְּטֹרָף לְבֵי"ח לְחוֹלֵי נֶפֶשׁ

2 (self-control, reserve) רִסּוּן, הִתְאַפְּקוּת, אִפּוּק

restrict /rɪˈstrɪkt/ v.t.

1 (limit) הִגְבִּיל, צִמְצֵם

□ *I am restricted to one drink per week* אֲנִי מֻגְבָּל לְכוֹסִית מַשְׁקֶה חָרִיף אַחַת בְּשָׁבוּעַ

2 (withhold from general circulation) הִגְבִּיל, שָׂם הַגְבָּלוֹת עַל

restriction /rɪˈstrɪkʃ(ə)n/ n. הַגְבָּלָה, תְּנַאי מַגְבִּיל; צִמְצוּם

restrictive /rɪˈstrɪktɪv/ adj. מַגְבִּיל, מְצַמְצֵם, מְסַיֵּג

restrictive practices (*UK*) הַגְבָּלוֹת עַל תְּנָאֵי עֲבוֹדָה (מִטַּעַם אִגּוּד מִקְצוֹעִי וְכַד')

rest-room /ˈrest-ruːm/ n. (*US*) שֵׁרוּתִים

restructure /riːˈstrʌktʃə(r)/ v.t. אִרְגֵּן מֵחָדָשׁ, עָרַךְ מֵחָדָשׁ

result /rɪˈzʌlt/ n. תּוֹצָאָה

□ *that kind of encouragement gets results* תְּמִיכָה מִן הַסּוּג הַזֶּה מְבִיאָה לְתוֹצָאוֹת

—v.i. נָבַע, קָרָה, הִתְרַחֵשׁ (כְּתוֹצָאָה מִדָּבָר מָה)

□ *her death resulted from overwork* מוֹתָהּ נָבַע מֵעֲבוֹדָה מְאֻמֶּצֶת מִדַּי

□ *the accident resulted in two deaths* הַתְּאוּנָה גָּרְמָה לְשְׁנֵי הֲרוּגִים, תּוֹצְאוֹת הַתְּאוּנָה הָיוּ שְׁנֵי הֲרוּגִים

resultant /rɪˈzʌltənt/ adj. (*formal*) (שֶׁ)בָּא כְּתוֹצָאָה, תּוֹצָאָה, "פֹּעַל־יוֹצֵא"

—n. (*Math.*) מְרַכֵּב

resume /rɪˈzjuːm/ v.t. (*formal*)

1 (begin again) הִתְחִיל מֵחָדָשׁ; חִדֵּשׁ

2 (reoccupy) שָׁב לִמְקוֹמוֹ

résumé /ˈrezjuːmeɪ/ n.

1 (summary) סִכּוּם, קִצּוּר, תַּמְצִית

2 (curriculum vitae, *US*) תּוֹלְדוֹת־חַיִּים, "קוּרִיקוּלוּם־וִיטַי"

resumption /rɪˈzʌmpʃ(ə)n/ n. (*formal*) הַתְחָלָה מֵחָדָשׁ; חִדּוּשׁ, הִתְחַדְּשׁוּת

resurface /ˌriːˈsɜːfɪs/ v.t. צִפָּה מֵחָדָשׁ (מִשְׁטָח); סָלַל מֵחָדָשׁ (כְּבִישׁ)

—v.i. צָץ וְעָלָה בַּשֵּׁנִית

resurgence /rɪˈsɜːdʒəns/ n. (*formal*) תְּחִיָּה; הִתְחַדְּשׁוּת

resurgent /rɪˈsɜːdʒənt/ adj. (*formal*) שֶׁקָּם לִתְחִיָּה
resurrect /ˌrezəˈrekt/ v.t.
1 (bring back into use, etc., *colloq.*) הֵקִים לִתְחִיָּה (רַעְיוֹן, מִנְהָג וְכַד׳)
2 (take from the grave; bring back to life) הֶחֱזִיר לַחַיִּים, הֵקִים לִתְחִיָּה
resurrection /ˌrezəˈrekʃ(ə)n/ n. (*formal*) תְּחִיָּה, הִתְחַדְּשׁוּת; (בַּיַּהֲדוּת) תְּחִיַּת הַמֵּתִים
the Resurrection (בַּנַּצְרוּת) תְּחִיָּתוֹ שֶׁל יֵשׁוּ (הַיּוֹם הַשְּׁלִישִׁי שֶׁלְּאַחַר צְלִיבָתוֹ); תְּחִיַּת הַמֵּתִים
resuscitate /rɪˈsʌsɪteɪt/ v.t. עָשָׂה הַנְשָׁמָה מְלָאכוּתִית לְ..., הִנְשִׁים; הֶחֱיָה, הֶחֱזִיר לַחַיִּים
resuscitation /rɪˌsʌsɪˈteɪʃ(ə)n/ n. הַנְשָׁמָה מְלָאכוּתִית; הַחֲיָאָה
retail /ˈriːteɪl/ n. קִמְעוֹנוּת
—adj. & adv. קִמְעוֹנִי; בְּקִמְעוֹנוּת
retail price index מַדַּד הַמְּחִירִים לַצַּרְכָן, "הַמַּדָּד"
—v.t. (also /rɪˈteɪl/)
1 (sell by retail) מָכַר בְּקִמְעוֹנוּת; נִמְכַּר בְּקִמְעוֹנוּת
2 (recount, spread, *formal*) סִפֵּר (רְכִילוּת לְכָל פְּרָטֶיהָ)
—v.i. נִמְכַּר (לַצַּרְכָן בִּמְחִיר מְסֻיָּם)
□ *this retails for $99* הַמְּחִיר שֶׁל זֶה הוּא 99 דּוֹלָר
retailer /ˈriːteɪlə(r)/ n. קִמְעוֹנַאי
retain /rɪˈteɪn/ v.t.
1 (keep; remember) שָׁמַר, הֶחֱזִיק בְּ...; שָׁמַר בְּזִכְרוֹנוֹ
□ *she retains a clear memory of her schooldays* הִיא זוֹכֶרֶת בִּבְהִירוּת אֶת יְמֵי בֵּית הַסֵּפֶר שֶׁלָּהּ
2 (hold in place) הֶחֱזִיק (דָּבָר מָה) בִּמְקוֹמוֹ
retaining wall קִיר תּוֹמֵךְ
3 (secure the services of) שָׂכַר אֶת שֵׁרוּתָיו שֶׁל
retaining fee שְׂכַר־טִרְחָה מֵרֹאשׁ (לְעוֹרֵךְ־דִּין וְכַד׳)
□ *a prominent barrister was retained for the defence* עוֹרֵךְ־דִּין חָשׁוּב נִשְׂכַּר לַהֲגָנַת הַנֶּאֱשָׁם
retainer /rɪˈteɪnə(r)/ n.
1 (servant, *arch.*) מְשָׁרֵת
2 (retaining fee) שְׂכַר־טִרְחָה מֵרֹאשׁ (לְעוֹרֵךְ־דִּין וְכַד׳)
retake /riːˈteɪk/ v.t. (past **retook** /riːˈtuk/, past ppl. **retaken** /riːˈteɪkən/ לָכַד בַּשֵּׁנִית (עִיר, בְּמִלְחָמָה וְכַד׳); צִלֵּם "טֵיק" נוֹסָף (בְּסֶרֶט וְכַד׳)
—n. /ˈriːteɪk/ "טֵיק" חוֹזֵר (כַּנַּ"ל)
retaliate /rɪˈtælɪeɪt/ v.t. נָקַם, פָּעַל (בְּאֹפֶן עוֹיֵן) בִּתְגוּבָה
retaliation /rɪtælɪˈeɪʃ(ə)n/ n. תַּגְמוּל, נְקָמָה
retaliatory /rɪˈtælɪət(ə)rɪ/ adj. שֶׁל תַּגְמוּל, שֶׁל נְקָמָה
retard /rɪˈtɑːd/ v.t. (*formal*) עִכֵּב, הִשְׁהָה, הֵאֵט (הִתְפַּתְּחוּת וְכַד׳)
retardant /rɪˈtɑːd(ə)nt/ adj. & n. מְעַכֵּב, מַשְׁהֶה; חֹמֶר מְעַכֵּב, חֹמֶר מַשְׁהֶה, חֹמֶר מְדַכֵּא
retarded /rɪˈtɑːdɪd/ adj. מְפַגֵּר (בְּשִׂכְלוֹ)
retch /retʃ/ v.i. הִתְאַמֵּץ לְהָקִיא, עָמַד לְהָקִיא

retell /riːˈtel/ v.t. (past & past ppl. **retold** /riːˈteʊld/) סִפֵּר שׁוּב
retention /rɪˈtenʃ(ə)n/ n. (*formal*) הַחְזָקָה, שְׁמִירָה; כֹּשֶׁר זְכִירָה
retentive /rɪˈtentɪv/ adj. (*formal*) (זִכָּרוֹן) מְדַיֵּק
□ *he has a retentive memory* יֵשׁ לוֹ כֹּחַ זִכָּרוֹן מְעֻלֶּה
rethink /riːˈθɪŋk/ v.t. & v.i. (past & past ppl. **rethought** /riːˈθɔːt/) שָׁב וְהִרְהֵר (בְּדָבָר), חָזַר וְשָׁקַל בְּדַעְתּוֹ
reticence /ˈretɪs(ə)ns/ n. אִפּוּק בְּדִבּוּר, הִתְבַּטְּאוּת לֹא חָפְשִׁיָּה
reticent /ˈretɪs(ə)nt/ adj. מְאֻפָּק בְּדִבּוּר, מְמַעֵט־בְּדִבּוּר, שַׁתְקָנִי; סָגוּר
reticulate /rɪˈtɪkjʊleɪt/ v.t. & i. רִשֵּׁת; עָשָׂה מַעֲשֵׂה רֶשֶׁת
—adj. /rɪˈtɪkjʊlət/ בַּעַל דֻּגְמַת רֶשֶׁת
reticulation /rɪˌtɪkjʊˈleɪʃ(ə)n/ n. דֻּגְמָה דְּמוּיַת־רֶשֶׁת
reticule /ˈretɪkjuːl/ n. (*arch.*) אַרְנַק נָשִׁים קָטָן (נִרְכָּס בִּשְׂרוֹךְ)
retina /ˈretɪnə/ n. (*pl.* **retinas, retinae**) רִשְׁתִּית (בָּעַיִן)
retinue /ˈretɪnjuː/ n. בְּנֵי־לְוָיָה, פָּמַלְיָה
retire /rɪˈtaɪə(r)/ v.i.
1 (cease one's occupation) יָצָא לְגִמְלָאוֹת, פָּרַשׁ מִן הָעֲבוֹדָה, יָצָא לְפֶנְסְיָה
retiring age גִּיל הַפְּרִישָׁה, גִּיל הַפֶּנְסְיָה
2 (withdraw, depart, *formal*) פָּרַשׁ, הִסְתַּלֵּק
□ *he retired from the world* הוּא פָּרַשׁ מֵהֲבְלֵי הָעוֹלָם הַזֶּה
□ *he retired into himself* הוּא הִתְכַּנֵּס בְּתוֹךְ עַצְמוֹ, הוּא הִסְתַּגֵּר בְּתוֹךְ עַצְמוֹ
3 (go to bed, *formal*) הָלַךְ לִישֹׁן
—v.t.
1 (cause to stop work) הוֹצִיא לְגִמְלָאוֹת; הוֹצִיא מִשִּׁמּוּשׁ
2 (*Mil.*) נָסוֹג (לְצֹרֶךְ הַעֲרָכוּת מְחֻדֶּשֶׁת)
retired /rɪˈtaɪəd/ adj.
1 (secluded) מְבוֹדָד, מְרֻחָק (בַּיִת וְכַד׳)
2 (no longer working) בְּגִמְלָאוֹת, בְּפֶנְסְיָה, גִּמְלַאי
retirement /rɪˈtaɪəmənt/ n. פְּרִישָׁה, יְצִיאָה לְגִמְלָאוֹת, יְצִיאָה לְפֶנְסְיָה
retirement pension (*UK*) דְּמֵי בִּטּוּחַ לְאֻמִּי (לְגִמְלָאִי), פֶּנְסְיָה (שֶׁל הַמְּדִינָה)
retiring /rɪˈtaɪərɪŋ/ adj. נֶחְבָּא אֶל הַכֵּלִים, בַּיְשָׁן, "לְלֹא מַרְפְּקִים"
retold /riːˈtəʊld/ past & past ppl. of **retell**
retook /riːˈtʊk/ past of **retake**
retort[1] /rɪˈtɔːt/ n. אַבִּיק (מְכַל זְכוּכִית בַּעַל צַוָּאר אָרֹךְ וּמְעֻקָּם)
retort[2] /rɪˈtɔːt/ n. תְּשׁוּבָה כַּהֲלָכָה, תְּשׁוּבָה קוֹלַעַת
—v.t. & i. הֵשִׁיב בִּשְׁנִינוּת, עָנָה בַּחֲרִיפוּת
retouch /riːˈtʌtʃ/ v.t. עָשָׂה "רֶטוּשׁ" לְ..., רִטֵּשׁ
retrace /riːˈtreɪs/ v.t. שִׁחְזֵר (בְּמַחְשָׁבָה); חָזַר עַל עִקְּבוֹתָיו

□ *we retraced our steps* חָזַרְנוּ עַל עִקְבוֹתֵינוּ
□ *he retraced the events prior to her arrival* הוּא שִׁחְזֵר אֶת הַמְּאֹרָעוֹת שֶׁקָּדְמוּ לְבוֹאָהּ

retract /rɪˈtrækt/ v.t. & i.
1 (withdraw statement, etc., *formal*) חָזַר בּוֹ מ... (הַצְהָרָה רִשְׁמִית וְכַד׳)
2 (bring back in) הִכְנִיס, קִפֵּל (כַּף־נְחִיתָה לְגוּף מָטוֹס, צִפָּרְנַיִם לְכַפָּה וְכַד׳); הִתְכַּנֵּס, הִתְקַפֵּל (כַּנ״ל)

retractable /rɪˈtræktəb(ə)l/ adj. (also **retractile**) מִתְכַּנֵּס, מִתְקַפֵּל (כַּף־נְחִיתָה, צִפָּרְנַיִם וְכַד׳)

retraction /rɪˈtrækʃ(ə)n/ n. חֲזָרָה מ..., הִסְתַּלְּקוּת מ... (הַצְהָרָה רִשְׁמִית וְכַד׳); קִפּוּל, הִתְכַּנְּסוּת (שֶׁל כַּף נְחִיתָה, צִפָּרְנַיִם וְכַד׳)

retread /rɪˈtred/v.t. (past **retrod** /riːˈtrɒd/, past ppl. **retrodden** /riːˈtrɒd(ə)n/)
1 (tread again) צָעַד מֵחָדָשׁ עַל פְּנֵי/בְּ...
2 (put fresh tread on tyre) הִתְקִין סֻלְיָה מְחֻדֶּשֶׁת לְצָמִיג
—n. /ˈriːtred/ צְמִיג בַּעַל סֻלְיָה מְחֻדֶּשֶׁת

retreat /rɪˈtriːt/ n.
1 (withdrawal) נְסִיגָה
□ *we beat a hasty retreat* עָרַכְנוּ נְסִיגָה מְהִירָה, נְסוֹגוֹנוּ בִּמְהִירוּת
□ *the retreat was sounded (Mil.)* תְּקִיעַת הַנְּסִיגָה הֻשְׁמְעָה
2 (place of seclusion) מְקוֹם הִתְבּוֹדְדוּת
3 (period of seclusion for prayer, etc.) תְּקוּפַת הִתְבּוֹדְדוּת, פֶּרֶק זְמַן לְהִרְהוּרֵי־נֶפֶשׁ
—v.i. נָסוֹג

retrench /rɪˈtrentʃ/ v.t. & i. (*formal*) עָרַךְ צִמְצוּמִים/קִצּוּצִים (בְּ...)

retrenchment /rɪˈtrentʃmənt/ n. (*formal*) צִמְצוּמִים, קִצּוּצִים; מְדִינִיּוּת קִצּוּצִים

retrial /riːˈtraɪəl/ n. מִשְׁפָּט חוֹזֵר

retribution /ˌretrɪˈbjuːʃ(ə)n/ n. (*formal*) תַּגְמוּל, עֹנֶשׁ (הַבָּא כְּתַגְמוּל), נָקָם

retributive /rɪˈtrɪbjʊtɪv/ adj. (*formal*) שֶׁל תַּגְמוּל, שֶׁל עֹנֶשׁ, שֶׁל נָקָם

retrieval /rɪˈtriːv(ə)l/ n. הַשָּׂגָה בַּחֲזָרָה

retrieve /rɪˈtriːv/ v.t.
1 (regain possession or memory of) הִשִּׂיג בַּחֲזָרָה, חָזַר וּמָצָא
2 (repair, salvage) הִשִּׂיג בַּחֲזָרָה (צִיּוּד שֶׁאָבַד אוֹ נִזּוֹק), הִצִּיל (מַצָּב וְכַד׳)
3 (*Comput.*) שָׁלַף (מֵידָע מִמַּאֲגַר זִכָּרוֹן וְכַד׳)
—n.
beyond (or **past**) **retrieve** לְלֹא תַּקָּנָה, אָבוּד

retriever /rɪˈtriːvə(r)/ n. כֶּלֶב "רֶטְרִיבֶר" (סוּג שֶׁל כַּלְבֵי צַיִד)

retro- /ˈretrəʊ-/ pref. רֶטְרוֹ־, (תְּחִלִּית שֶׁפֵּרוּשָׁהּ) לְאָחוֹר, בַּחֲזָרָה

retroactive /ˌretrəʊˈæktɪv/ adj. (*formal*) רֶטְרוֹאַקְטִיבִי, לְמַפְרֵעַ (בַּעַל תֹּקֶף לְגַבֵּי הֶעָבָר)

retrod /reːˈtrɒd/ past of **retread 1**

retrodden /reːˈtrɒd(ə)n/ past ppl. of **retread 1**

retrograde /ˈretrəgreɪd/ adj. (*formal*) נָסוֹג, לְאָחוֹר, נָסוֹג לַמַּצָּב הַקּוֹדֵם

retrogress /ˌretrəˈgres/ v.i. (*formal*) נָסוֹג לְאָחוֹר, נָסוֹג לְמַצָּב קוֹדֵם

retrogressive /ˌretrəˈgresɪv/ adj. (*formal*) נָסוֹג לְאָחוֹר, נָסוֹג לְמַצָּב קוֹדֵם

retro-rocket /ˈretrəʊ-ˌrɒkɪt/ n. רֶטְרוֹ־רַקֶּטָה, רַקֶּטֶת־בְּלִימָה

retrospect /ˈretrəspekt/ n. מַבָּט לְאָחוֹר, מַבָּט רֶטְרוֹסְפֶּקְטִיבִי
in retrospect בְּמַבָּט לְאָחוֹר, בְּמַבָּט רֶטְרוֹסְפֶּקְטִיבִי

retrospection /ˌretrəˈspekʃ(ə)n/ n. הִתְבּוֹנְנוּת אֶל הֶעָבָר, הִרְהוּר עַל הֶעָבָר

retrospective /ˌretrəˈspektɪv/ adj. רֶטְרוֹסְפֶּקְטִיבִי, תָּקֵף לְגַבֵּי הֶעָבָר; מַבִּיט לְאָחוֹר
□ *the wage increase was retrospective from 1 January* תּוֹסֶפֶת הַשָּׂכָר הָיְתָה לְמַפְרֵעַ מִן הָאֶחָד בְּיָנוּאָר
—n. רֶטְרוֹסְפֶּקְטִיבָה, תַּעֲרוּכָה מְסַכֶּמֶת (שֶׁל יְצִירוֹת אָמָן וְכַד׳)

retrospectively /ˌretrəˈspektɪvlɪ/ adv. בְּאֹפֶן רֶטְרוֹסְפֶּקְטִיבִי, לְמַפְרֵעַ

retroussé /rəˈtruːseɪ/ adj. (חֹטֶם) סוֹלֵד

retsina /retˈsiːnə/ n. רֶצִינָה (יַיִן יְוָנִי הַמֵּכִיל שְׂרַף אֲרָנִים)

return /rɪˈtɜːn/ v.i. שָׁב, חָזַר
—v.t.
1 (bring, put, or send back) הֶחֱזִיר, הֵשִׁיב; הֵשִׁיב לִמְקוֹמוֹ
□ *she returned the favour by giving me a lift to work* הִיא הֵשִׁיבָה לִי טוֹבָה, וְנָתְנָה לִי טְרֶמְפּ לָעֲבוֹדָה
2 (yield interest) הֵנִיב רִבִּית
3 (reply) עָנָה, הֵשִׁיב
4 (elect to parliament) בָּחַר לַפַּרְלָמֶנְט
returning officer (*UK*) פְּקִיד בְּחִירוֹת, קְצִין בְּחִירוֹת (הַמַּכְרִיז עַל הַמֻּעֲמָד הַנִּבְחָר)
5 (*Sport*) הֵשִׁיב עַל (חֲבָטָה, בְּטֶנִיס וְכַד׳)
—n.
1 (coming back) שִׁיבָה, חֲזָרָה
many happy returns (of the day)! יוֹם הֻלֶּדֶת שָׂמֵחַ!
point of no return הַנְּקֻדָּה שֶׁאֵין מִמֶּנָּה דֶּרֶךְ חֲזָרָה
return ticket (*UK*, also **return**) כַּרְטִיס הָלוֹךְ־חָזוֹר
□ *please reply by return (of post)* נָא לַעֲנוֹת בְּדֹאַר חוֹזֵר
2 (act of giving back; countermeasure) הַחְזָרָה, הֲשָׁבָה; תְּמוּרָה, תְּגוּבָה
return match (or **game**) מִשְׂחַק־גּוֹמְלִין

□ *she congratulated me, and I wished her luck in return* הִיא בֵּרְכָה אוֹתִי וּבִתְמוּרָה אִחַלְתִּי לָהּ מַזָּל
3 (in *pl.*, proceeds, profit) הַכְנָסָה, רֶוַח; תְּשׁוּאָה
4 (report) דּוּ"חַ (רִשְׁמִי), פֵּרוּט (הַכְנָסוֹת וְכַד')
income-tax return דּוּ"חַ מַס-הַכְנָסָה
retype /riːˈtaɪp/ v.t. הִדְפִּיס מֵחָדָשׁ
reunification /ˌriːjuːnɪfɪˈkeɪʃ(ə)n/ n. אִחוּד מֵחָדָשׁ
reunion /riːˈjuːnɪən/ n.
1 (reuniting) אִחוּד מֵחָדָשׁ
2 (social gathering) מִפְגָּשׁ (לְמָשָׁל שֶׁל בְּנֵי מַחֲזוֹר אֶחָד בְּבֵי"ס)
reunite /riːjuːˈnaɪt/ v.t. & i. אִחֵד מֵחָדָשׁ; הִתְאַחֵד מֵחָדָשׁ
reuse /riːˈjuːz/ v.t. הִשְׁתַּמֵּשׁ שֵׁנִית בְּ..., עָשָׂה שִׁמּוּשׁ מְחֻדָּשׁ בְּ...
rev /rev/ v.t. (*colloq.*) הֶעֱלָה (מָנוֹעַ) לְ"טוּרִים" גְּבוֹהִים
□ *I revved up the engine* נָתַתִּי גַּז (לֹא בִּנְסִיעָה)
—v.i. (מָנוֹעַ) עָלָה לְ"טוּרִים" גְּבוֹהִים
—n. סִבּוּבֵי מָנוֹעַ, "טוּרִים"
□ *at 3,000 revs a minute this car is very quiet* בְּ-3000 סָל"ד הַמְּכוֹנִית הַזּוֹ שְׁקֵטָה מְאֹד
revaluation /ˌriːvæljuːˈeɪʃ(ə)n/ n. הַעֲרָכָה מֵחָדָשׁ; תִּסּוּף (שֶׁל שַׁעַר מַטְבֵּעַ)
revalue /riːˈvæljuː/ v.t. הֶעֱרִיךְ מֵחָדָשׁ; תִּסֵּף (מַטְבֵּעַ)
revamp /riːˈvæmp/ v.t. (*colloq.*) "הִטְלִיא", שִׁפֵּץ; אִרְגֵּן מֵחָדָשׁ בְּאֹפֶן יְסוֹדִי
Revd abbrev. כֹּמֶר
reveal /rɪˈviːl/ v.t. חָשַׂף, גִּלָּה
revealed religion דָּת שֶׁנִּמְסְרָה בְּהִתְגַּלּוּת אֱלֹהִית
revealing /rɪˈviːlɪŋ/ adj. חוֹשְׂפָנִי, חוֹשְׂפָנִי; מַסְגִּיר סוֹד
reveille /rɪˈvælɪ/ n. (*Mil.*) הַשְׁכָּמָה, תְּרוּעַת-הַשְׁכָּמָה
revel /ˈrev(ə)l/ v.i.
1 (be festive) חָגַג, הִתְהוֹלֵל
2 (indulge with delight) הִתְעַנֵּג עַל
□ *he revels in attention* הוּא מִתְמוֹגֵג כְּשֶׁהוּא זוֹכֶה לִתְשׂוּמֶת לֵב
—n. (*arch.*) חֲגִיגָה, הִלּוּלָה
revelation /ˌrevəˈleɪʃ(ə)n/ n. חֲשִׂיפָה, גִּלּוּי (שֶׁל שַׁעֲרוּרִיָּה וְכַד'); גִּלּוּי מַפְתִּיעַ; הִתְגַּלּוּת אֱלֹהִית
Revelation (*colloq.* **Revelations**, *Bibl.*) חֲזוֹן יוֹחָנָן (בַּבְּרִית הַחֲדָשָׁה)
reveller /ˈrevələ(r)/ n. חוֹגֵג, מִתְהוֹלֵל
revelry /ˈrevəlrɪ/ n. חֲגִיגָה, הִלּוּלָה
revels /ˈrev(ə)lz/ n. pl. (*arch.*) חֲגִיגָה, הִלּוּלָה
revenge /rɪˈvendʒ/ n. נָקָם, נְקָמָה
revenge match (or **game**) מִשְׂחַק גּוֹמְלִין
—v.t. נָקַם
—v.refl. הִתְנַקֵּם
revengeful /rɪˈvendʒf(ə)l/ adj. נוֹקֵם וְנוֹטֵר, נַקְמָנִי
revenue /ˈrevənjuː/ n. הַכְנָסָה, הַכְנָסוֹת (לָרֹב מֶמְשַׁלְתִּיּוֹת)

Inland Revenue (*UK*) מַחְלֶקֶת הַמַּס (בִּבְרִיטַנְיָה)
reverb /rɪˈvɜːb/ n. (*Mus. colloq.*) הִדְהוּד, "רֶוֶרְבּ"
reverberate /rɪˈvɜːbəreɪt/ v.i. & t. הִדְהֵד (גַּם בְּהַשְׁאָלָה)
reverberation /rɪˌvɜːbəˈreɪʃ(ə)n/ n. הִדְהוּד, הֲדִים (גַּם בְּהַשְׁאָלָה)
revere /rɪˈvɪə(r)/ v.t. (*formal*) הוֹקִיר, הֶעֱרִיץ, רָחַשׁ כָּבוֹד לְ...
reverence /ˈrevərəns/ (*formal*) n. הוֹקָרָה, הַעֲרָצָה
hold in reverence הוֹקִיר, הֶעֱרִיץ
Your Reverence אֲדוֹנִי הַכֹּמֶר (בִּפְנִיָּה לְכֹמֶר פָּשׁוּט); הוֹד קְדֻשָּׁתְךָ (בִּפְנִיָּה לְכֹמֶר רָם מַעֲלָה, בְּישׁוּף וְכַד')
—v.t. הוֹקִיר, הֶעֱרִיץ, רָחַשׁ כָּבוֹד לְ...
reverend /ˈrevərənd/ adj.
1 (priest's title) הַכֹּמֶר (בְּצֵרוּף שֵׁם, לְמָשָׁל "הַכֹּמֶר סְמִית")
Reverend Mother אִמֵּנוּ הַכְּבוּדָה (בִּפְנִיָּה לְאֵם הַמִּנְזָר)
2 (worthy of reverence, *formal*) נִכְבָּד, נַעֲרָץ, רָאוּי לְהַעֲרָצָה
—n. כֹּמֶר
reverent /ˈrevərənt/ adj. מוֹקִיר, מַעֲרִיץ
reverential /ˌrevəˈrenʃ(ə)l/ adj. (*formal*) מוֹקִיר, מַעֲרִיץ, מַפְגִּין רְגָשׁוֹת כָּבוֹד
reverie /ˈrevərɪ/ n. (*formal*) חֲלוֹם בְּהָקִיץ
revers /rɪˈvɪə(r)/ n. דַּשׁ הַבֶּגֶד (לְעִתִּים בְּצֶבַע שׁוֹנֶה מִן הַבֶּגֶד עַצְמוֹ)
reversal /rɪˈvɜːs(ə)l/ n. הִפּוּךְ, הֲפִיכָה, מַהְפָּךְ; כִּשָּׁלוֹן
reverse /rɪˈvɜːs/ n.
1 (opposite) הַהֵפֶךְ, הַנֶּגֶד; הָפוּךְ, מְנֻגָּד
in reverse order בְּסֵדֶר הָפוּךְ
□ *I'm not disappointed – quite the reverse* אֲנִי לֹא מְאֻכְזָב, דַּוְקָא הַהֵפֶךְ
2 (reversing mechanism) הִלּוּךְ אֲחוֹרִי, "רֶוֶרְס"
□ *he put the car into reverse (gear)* הוּא הִכְנִיס אֶת הַמְּכוֹנִית לְהִלּוּךְ אֲחוֹרִי/לְ"רֶוֶרְס"
3 (back of coin, etc.) הַצַּד הָאֲחוֹרִי, גַּב, "פָּלִי"
4 (setback, *formal*) תַּקָּלָה, הַפְרָעָה; כִּשָּׁלוֹן
—v.t.
1 (turn round or inside out, invert) הָפַךְ (פָּנִים לְאָחוֹר), הִפְנָה לְאָחוֹר
reverse the charges (*UK*) הִתְקַשֵּׁר בְּשִׂיחַת גּוּבַיְנָה, הִתְקַשֵּׁר "קוֹלֶקְט"
2 (move backwards) הִפְנָה לְאָחוֹר, הִסִּיעַ בְּ"רֶוֶרְס"
□ *he reversed the car into the parking space* הוּא הִסִּיעַ אֶת הַמְּכוֹנִית בְּ"רֶוֶרְס" לְתוֹךְ הַחֲנָיָה
3 (revoke, annul) בִּטֵּל, הָפַךְ (הַחְלָטָה, פְּסִיקָה וְכַד')
□ *the court decision was reversed on appeal* הַחְלָטַת בֵּית-הַמִּשְׁפָּט בֻּטְּלָה בְּעִרְעוּר
—v.i. נָסַע אֲחוֹרַנִּית (בִּמְכוֹנִית וְכַד'), נָסַע בְּ"רֶוֶרְס"
reversible /rɪˈvɜːsəb(ə)l/ adj. (תַּהֲלִיךְ) הָפִיךְ; (מְעִיל וְכַד') דּוּ-צְדָדִי

□ *I'm wearing a reversible coat* אֲנִי לוֹבֵשׁ מְעִיל דּוּ־צְדָדִי

reversion /rɪˈvɜːʃ(ə)n/ n.
1 (return to previous or ancestral state, *formal*) חֲזָרָה (לְמַצָּב קוֹדֵם)
2 (*Law*) חֲזָרָה, הַחְזָרָה (שֶׁל רְכוּשׁ לִבְעָלָיו הַקּוֹדְמִים), הַסָּבָה (שֶׁל נְכָסִים לַמְּדִינָה וְכַד׳)

revert /rɪˈvɜːt/ v.i.
1 (return, *formal*) חָזַר (לְמַצָּב קוֹדֵם)
2 (*Law*) חָזַר (רְכוּשׁ לִבְעָלָיו), נָסַב (רְכוּשׁ לִבְעָלִים חֲדָשִׁים, לַמְּדִינָה)

revetment /rɪˈvetmənt/ n. שִׁכְבַת דִּפּוּן (בַּחֲפִירָה וְכַד׳)

review /rɪˈvjuː/ n.
1 (survey, written summary) סְקִירָה, סֶקֶר, סִכּוּם
2 (critical article; periodical containing these) מַאֲמָר בִּקֹּרֶת, רֶצֶנְזְיָה; כְּתַב־עֵת לְבִקֹּרֶת
3 (reconsideration) בְּחִינָה מֵחָדָשׁ, הַעֲרָכָה מֵחָדָשׁ, בְּדִיקָה מְחֻדֶּשֶׁת
under review בִּבְדִיקָה, בְּהַעֲרָכָה
4 (display of troops, etc.) מִסְדָּר, מִסְקָר; מִצְעַד־רַאֲוָה
—v.t.
1 (survey) בָּחַן, עָרַךְ סְקִירָה שֶׁל
2 (write a criticism of) כָּתַב מַאֲמָר בִּקֹּרֶת עַל (סֵפֶר), סִקֵּר (סֵפֶר וְכַד׳)
3 (reconsider) עָרַךְ בְּחִינָה מְחֻדֶּשֶׁת שֶׁל
4 (inspect troops) סָקַר (מִסְדָּר)

reviewer /rɪˈvjuːə(r)/ n. מְבַקֵּר (סִפְרוּתִי, אָמָּנוּתִי וְכַד׳)

revile /rɪˈvaɪl/ v.t. & i. (*formal*) חֵרֵף, גִּדֵּף; נִבֵּל פִּיו

revise /rɪˈvaɪz/ v.t.
1 (correct, alter; re-examine) תִּקֵּן (מַאֲמָר וְכַד׳), הִכְנִיס שִׁנּוּיִים בְּ...; בָּחַן שֵׁנִית
2 (study again for examination, etc.) חָזַר עַל, שִׁנֵּן (חֹמֶר לִמּוּדִים)
—v.i. לָמַד לִקְרַאת בְּחִינָה

revision /rɪˈvɪʒ(ə)n/ n. עֲרִיכַת תִּקּוּנִים, רֶוִיזְיָה; גִּרְסָה מְתֻקֶּנֶת; חֲזָרָה לִקְרַאת בְּחִינָה

revisionist /rɪˈvɪʒənɪst/ n. & adj. רֶוִיזְיוֹנִיסְט (בְּהֶקְשֵׁר כּוֹלֵל, לֹא רַק בַּהֶקְשֵׁר הַצִּיּוֹנִי); רֶוִיזְיוֹנִיסְטִי

revisit /ˌriːˈvɪzɪt/ v.t. חָזַר, וּבִקֵּר בְּ...

revitalization /riːˌvaɪtəlaɪˈzeɪʃ(ə)n/ n. הִתְחַדְּשׁוּת

revitalize /riːˈvaɪtəlaɪz/ v.t. הֵפִיחַ רוּחַ חַיִּים בְּ..., הֶחֱזִיר חִיּוּנִיּוּת לְ..., הֶחֱיָה

revival /rɪˈvaɪv(ə)l/ n.
1 (reviving) הִתְחַדְּשׁוּת, תְּחִיָּה
2 (new production of old play, etc.) הֲפָקָה מְחֻדֶּשֶׁת (שֶׁל חֹמֶר נִשְׁכָּח)
3 (upsurge of religious feeling) הִתְעוֹרְרוּת דָּתִית, מִפְגַּשׁ הִתְעוֹרְרוּת

revivalist /rɪˈvaɪvəlɪst/ n. מְנַהֵל מַסַּע לְהִתְעוֹרְרוּת דָּתִית

revive /rɪˈvaɪv/ v.t. & i. חִיָּה, הֶחֱיָה, הֶחֱזִיר לַחַיִּים; חִדֵּשׁ; שָׁב לִתְחִיָּה; הִתְחַדֵּשׁ

revivify /riːˈvɪvɪfaɪ/ v.t. (*formal*) הֵפִיחַ חַיִּים חֲדָשִׁים בְּ..., הֶחֱיָה

revocable /ˈrevəkəb(ə)l/ adj. (*formal*) נִתָּן לְבִטּוּל

revocation /ˌrevəˈkeɪʃ(ə)n/ n. (*formal*) בִּטּוּל

revoke /rɪˈvəʊk/ v.t. (*formal*) בִּטֵּל (חֹק, הֶתֵּר וְכַד׳)
—v.i. (*Cards*) הֵטִיל קְלָף לֹא חֻקִּי (מִסִּדְרָה לֹא מַתְאִימָה בִּבְרִידְג׳ וְכַד׳)
—n. (*Cards*) הֲטָלַת קְלָף לֹא חֻקִּי (כַּנַּ״ל)

revolt /rɪˈvəʊlt/ v.i.
1 (rebel) מָרַד, הִתְקוֹמֵם
2 (feel revulsion) הִתְקוֹמֵם, נִרְתַּע
□ *human nature revolts against such a crime* טֶבַע הָאָדָם מִתְקוֹמֵם נֶגֶד פֶּשַׁע כָּזֶה
—v.t. גָּרַם בְּחִילָה לְ...
—n. מֶרֶד, מְרִידָה, הִתְקוֹמְמוּת
in revolt מִתְמָרֵד, בְּמַצָּב שֶׁל מֶרֶד

revolting /rɪˈvəʊltɪŋ/ adj. מַבְחִיל, מַגְעִיל, מְקוֹמָם

revolution /ˌrevəˈluːʃ(ə)n/ n.
1 (overthrow of government) מַהְפֵּכָה
2 (fundamental change) מַהְפֵּכָה
3 (orbit; act of revolving) הַקָּפָה, סִבּוּב

revolutionary /ˌrevəˈluːʃənərɪ/ adj. מַהְפְּכָנִי
—n. מַהְפְּכָן

revolutionize /ˌrevəˈluːʃənaɪz/ v.t. חוֹלֵל מַהְפֵּכָה בְּ...

revolve /rɪˈvɒlv/ v.t. & i. הִקִּיף, סוֹבֵב; הִסְתּוֹבֵב (סְבִיב צִיר)
revolving door דֶּלֶת מִסְתּוֹבֶבֶת
□ *the earth revolves around the sun* הָאָרֶץ סוֹבֶבֶת אֶת הַשֶּׁמֶשׁ
□ *he revolved the problem in his mind* (*formal*) הוּא הָפַךְ וְהָפַךְ בַּבְּעָיָה

revolver /rɪˈvɒlvə(r)/ n. אֶקְדָּח תּוּפִּי

revue /rɪˈvjuː/ n. ״רֶבְיוּ״ (מוֹפָע בִּדּוּר קַל עִם פִּזְמוֹנִים, מַעַרְכוֹנִים וְכַד׳)

revulsion /rɪˈvʌlʃ(ə)n/ n. גֹּעַל נֶפֶשׁ, תִּעוּב, דְּחִיָּה

reward /rɪˈwɔːd/ v.t. הֶעֱנִיק פְּרָס לְ..., גָּמַל לְ...
—n. פְּרָס; גְּמוּל, שָׂכָר
□ *virtue is its own reward* (*Prov.*) הַיֹּשֶׁר הוּא שָׂכָר בִּפְנֵי עַצְמוֹ
□ *a reward was offered for information* הֻצַּע פְּרָס לְכָל הַמּוֹסֵר מֵידָע

rewarding /rɪˈwɔːdɪŋ/ adj. מְשַׁתְּלֵם, כְּדָאִי

rewind /riːˈwaɪnd/ v.t. (past & past ppl. **rewound** /riːˈwaʊnd/) הֶחֱזִיר אָחוֹרָה (סֶרֶט הַקְּלָטָה), עָשָׂה ״רֶוָוינְד״

rewire /riːˈwaɪə(r)/ v.t. הִתְקִין מַעֲרֶכֶת חֲדָשָׁה שֶׁל חוּטֵי־חַשְׁמַל בְּ...

reword /riːˈwɜːd/ v.t. נִסַּח מֵחָדָשׁ

rewound /riːˈwaʊnd/ see **REWIND**

rewrite /riːˈraɪt/ v.t. (past **rewrote** /riːˈrəʊt/, past ppl. **rewritten** /riːˈrɪt(ə)n/) שִׁכְתֵּב

—n. /ˈriːraɪt/ טֶקְסְט מְשֻׁכְתָּב

Rex /reks/ n. (*formal*) מֶלֶךְ

rhapsodic /ˌræpˈsɒdɪk/ adj. לִירִי, מִשְׁתַּפֵּךְ, נִמְלָץ

rhapsodize /ˈræpsədaɪz/ v.i. הִתְבַּטֵּא בְּאֹפֶן נִמְלָץ וּמִשְׁתַּפֵּךְ

rhapsody /ˈræpsədɪ/ n.

1 (enthusiastic expression) שֶׁבַח נִלְהָב, דִּבּוּר נִמְלָץ וְנִרְגָּשׁ

2 (*Mus.*) רַפְּסוֹדְיָה (קֶטַע מוּזִיקָלִי חָפְשִׁי וְנִרְגָּשׁ)

rheostat /ˈriːəstæt/ n. רֵיאוֹסְטָט (מִתְקָן חַשְׁמַלִּי לְבַקָּרַת זֶרֶם), מְכַוֵּן־זֶרֶם

rhesus /ˈriːsəs/ n. (in full, **rhesus monkey**) רֶזוּס (קוֹף הֹדִּי קָטָן, מְשַׁמֵּשׁ בְּנִסּוּיִים מַדָּעִיִּים)

rhesus factor גּוֹרֵם רֶזוּס, גּוֹרֵם Rh (בַּדָּם)

rhetoric /ˈretərɪk/ n. רֶטוֹרִיקָה (תּוֹרַת הַנְּאוּם); "דֶּמָגוֹגְיָה", מִלִּים רֵיקוֹת

rhetorical /rɪˈtɒrɪk(ə)l/ adj. רֶטוֹרִי, שֶׁל רֶטוֹרִיקָה

rhetorical question שְׁאֵלָה רֶטוֹרִית (שֶׁאֵינָהּ מְצַפָּה לִתְשׁוּבָה)

rheumatic /ruːˈmætɪk/ adj. & n. שֶׁל שִׁגָּרוֹן, שִׁגְרוֹנִי, רֵאוּמָטִי; חוֹלֵה שִׁגָּרוֹן

rheumatic fever קַדַּחַת הַשִּׁגָּרוֹן

rheumaticky /ruːˈmætɪkɪ/ adj. (*colloq.*) סוֹבֵל מִשִּׁגָּרוֹן

rheumatism /ˈruːmətɪzəm/ n. שִׁגָּרוֹן, רֵאוּמָטִיזְם

rheumatoid /ˈruːmətɔɪd/ adj. (*Med.*) רֵאוּמָטִי, שֶׁל שִׁגָּרוֹן

rheumatoid arthritis דַּלֶּקֶת פְּרָקִים רֵאוּמָטִית

rhinestone /ˈraɪnstəʊn/ n. אֶבֶן־רַיְן (יַהֲלוֹם מְלָאכוּתִי)

rhino /ˈraɪnəʊ/ n. (*colloq.*) קַרְנַף

rhinoceros /raɪˈnɒsərəs/ n. (*pl.* same or rhinoceroses) קַרְנַף

rhinoceros horn קֶרֶן קַרְנַף (לָרֹב טְחוּנָה. יֵשׁ הַמַּאֲמִינִים בִּסְגֻלָּתָהּ לְעוֹרֵר תְּשׁוּקָה מִינִית)

rhizome /ˈraɪzəʊm/ n. (*Bot.*) קְנֵה־שֹׁרֶשׁ (גִּבְעוֹל מְעֻבֶּה אָפְקִי, כְּגוֹן שֶׁל אִירִיס)

rhododendron /ˌrəʊdəˈdendrən/ n. רוֹדוֹדֶנְדְּרוֹן (שִׂיחַ נוֹי יְרֹק־עַד בַּעַל פְּרָחִים גְּדוֹלִים)

rhombi /ˈrɒmbaɪ/ *pl.* of **rhombus**

rhomboid /ˈrɒmbɔɪd/ adj. (*formal*) דְּמוּי מְעֻיָּן, רוֹמְבּוֹאִיד

rhombus /ˈrɒmbəs/ n. (*pl.* **rombuses** or **rhombi**) מְעֻיָּן, רוֹמְבּוּס

rhubarb /ˈruːbɑːb/ n.

1 (edible stalk; plant producing this) רִבָּס (מְשַׁמֵּשׁ לְרִבּוֹת, לְפַתָּנִים וְכַד׳)

2 (noise, *colloq.*) קוֹלוֹת הַמְּהוּם

3 (dispute, *US sl.*) וִכּוּחַ קוֹלָנִי

rhyme /raɪm/ n.

1 (similarity of sound; word producing this) חֲרִיזָה; חָרוּז

without rhyme or reason בְּלִי כָּל טַעַם, לְלֹא הִגָּיוֹן

2 (verse) שִׁיר קָצָר (וְלָרֹב מְבַדֵּחַ)

nursery rhyme שִׁיר יְלָדִים

—v.t. & i. חָרַז; כָּתַב חֲרוּזִים; הִתְחָרֵז

rhyming slang סְלֶנְג בַּחֲרוּזִים (הַחְלָפַת מִלָּה בְּמִלָּה מִתְחָרֶזֶת)

rhythm /ˈrɪðəm/ n.

1 (flow of words and phrases) קֶצֶב, מִקְצָב, רִיתְמוּס

2 (aspect of music) קֶצֶב, מִקְצָב, רִיתְמוּס

rhythm and blues "רִיתְ׳ם־אֶנְד־בְּלוּז" (סוּג גָ׳ז)

rhythm section מַחְלֶקֶת הַתֻּפִּים (בְּלַהֲקָה)

3 (regular movement) קֶצֶב, רִיתְמוּס

rhythm method (*Med.*) שִׁיטַת מְנִיעַת הֵרָיוֹן עַל־פִּי חִשּׁוּב יְמֵי הַפּוֹרִיּוּת שֶׁל הָאִשָּׁה

4 (*Art*) קֶצֶב, רִיתְמוּס

rhythmic(al) /ˈrɪðmɪk((ə)l)/ adj. קִצְבִּי, רִיתְמִי

rib /rɪb/ n.

1 (bone; joint of meat) צֵלָע

□ *he dug his friend in the ribs* הוּא תָּקַע לַחֲבֵרוֹ מַרְפֵּק בַּצְּלָעוֹת

2 (ridge; strengthening structural element) צֵלָע, פַּס, עוֹרֵק

3 (*Knitting*) צֵלָע

—v.t.

1 (mark with ridges) סִימֵן בְּדֻגְמַת פַּסִּים מֻבְלָטִים

2 (tease, *sl.*) "יָרַד" עַל, צָחַק עַל

ribald /ˈrɪb(ə)ld/ adj. (*formal*) גַּס וְרוֹעֵשׁ (צְחוֹק וְכַד׳)

ribaldry /ˈrɪb(ə)ldrɪ/ n. (*formal*) גַּסּוּת, נִבּוּל פֶּה

riband /ˈrɪbənd/ n. (*arch.*) סֶרֶט בַּד (לְקִשּׁוּט וְכַד׳)

ribbon /ˈrɪbən/ n. סֶרֶט בַּד (לְקִשּׁוּט וְכַד׳)

ribbon development בִּנְיַן שִׁכּוּנִים לְאֹרֶךְ כְּבִישׁ רָאשִׁי

typewriter ribbon סֶרֶט הַדְפָּסָה (בִּמְכוֹנַת כְּתִיבָה)

□ *the laundry tore the sheets to ribbons* הַמִּכְבָּסָה קָרְעָה אֶת הַסְּדִינִים לִגְזָרִים

□ *he tore his opponent's argument to ribbons* הוּא עָשָׂה אֶת טַעֲנוֹת יְרִיבוֹ עָפָר וָאֵפֶר

ribcage /ˈrɪbkeɪdʒ/ n. בֵּית־הֶחָזֶה (מַעֲרֶכֶת עַצְמוֹת הַצְּלָעוֹת)

riboflavin /ˌraɪbəʊˈfleɪvɪn/ n. (*Biol.*) וִיטָמִין בִּי־2, רִיבּוֹפְלָוִין

ribonucleic acid /ˌraɪbəʊnjuːˌkliːɪk ˈæsɪd/ n. (*Biol.*) "ר.נ.א." (סוּג שֶׁל חֹמֶר גֶּנֶטִי)

rice /raɪs/ n. אֹרֶז

rice pudding דַּיְסַת־אֹרֶז מְתוּקָה

rice-bowl /ˈraɪs-bəʊl/ n. קְעָרִית אֹרֶז

rice-paper /ˈraɪs-peɪpə(r)/ n. נְיַר־אֹרֶז (נְיָר סִינִי דַּק)

rich /rɪtʃ/ adj.

1 (having much wealth; valuable) עָשִׁיר

□ *the rich will benefit from these tax cuts* הָעֲשִׁירִים יַרְוִיחוּ מֵהֲקָלוֹת אֵלֶּה בַּמִּסִּים

□ *he left a rich bequest in his will* הוּא הִשְׁאִיר מַעֲנָק נָדִיב בְּצַוָּאָה שֶׁלּוֹ

2 (costly, elaborate, sumptuous) מְפֹאָר, מְהֻדָּר

□ *her dress was rich with lace* הַשִּׂמְלָה שֶׁלָּהּ הָיְתָה עֲטוּרָה כֻּלָּהּ תַּחֲרָה

3 (abundant) שׁוֹפֵעַ

□ *the soil is rich in moisture* הַקַּרְקַע שׁוֹפַעַת לַחוּת

□ *her speech was rich in (or with) irony* הַנְּאוּם שֶׁלָּהּ שָׁפַע אִירוֹנְיָה

4 (containing too much spice, fuel, etc.) (מָזוֹן) כָּבֵד, עָשִׁיר (מְפֻלְפָּל, שָׁמֵן, מָתוֹק וְכַד'); (דֶּלֶק) עָשִׁיר

5 (full of colour, flavour, etc.) עָשִׁיר, עַז

6 (outrageous, *colloq.*) (דָּבָר שֶׁהוּא בְּגֶדֶר) חֻצְפָּה

riches /ˈrɪtʃɪz/ n. *pl.* אוֹצָרוֹת, הוֹן

richly /ˈrɪtʃlɪ/ adv. בִּפְאֵר, בְּהָדָר; בִּמְלוֹאוֹ

richness /ˈrɪtʃnɪs/ n. פְּאֵר, הִדּוּר; עֹשֶׁר, שֶׁפַע

Richter scale /ˌrɪktə ˈskeɪl/ n. סֻלַּם רִיכְטֶר (לְדֵרוּג עָצְמַת רַעֲשֵׁי אֲדָמָה)

rick¹ /rɪk/ n. עֲרֵמַת שַׁחַת, גָּדִישׁ

rick² /rɪk/ v.t. עִקֵּם, מָתַח (אֶת הַצַּוָּאר וְכַד')

rickets /ˈrɪkɪts/ n. רַכֶּכֶת

rickety /ˈrɪkətɪ/ adj.

1 (shaky, *colloq.*) רָעוּעַ, רוֹפֵף

2 (suffering from rickets) סוֹבֵל מֵרַכֶּכֶת

rickshaw /ˈrɪkʃɔː/ n. רִיקְשָׁה (דּוּ־אוֹפַן רָתוּם לְאָדָם)

ricochet /ˈrɪkəʃeɪ/ n. נֶתֶז, רִיקוֹשֶׁטָה

—v.i. (past & past ppl. **ricocheted** /ˈrɪkəʃeɪd/ or **ricochetted** /ˈrɪkəʃetɪd/) נִתַּז, נִתַּר (קְלִיעַ אוֹ רְסִיס, לְאַחַר הִתָּקְלוּת בְּסֶלַע וְכַד')

ricrac /ˈrɪkræk/ n. סֶרֶט קִשּׁוּט בְּזִיג־זָג

rid /rɪd/ (past & past ppl. **rid** /rɪd/) v.t. פָּטַר (אֶת פְּלוֹנִי/דְּבַר מָה, מִדְּבַר מָה וְכַד')

get rid of נִפְטַר מִ...

□ *it's good to be rid of that cold* אֲנִי שָׂמֵחַ שֶׁנִּפְטַרְתִּי מִן הַהִצְטַנְּנוּת הַזֹּאת

riddance /ˈrɪd(ə)ns/ n.

good riddance! (*colloq.*) "בָּרוּךְ שֶׁפְּטָרַנִי!"

ridden /ˈrɪd(ə)n/ past ppl. of **ride** (often in compounds) נִשְׁלָט עַל־יְדֵי, רָדוּף; מָלֵא, נָגוּעַ, מֻכֵּה

□ *the bread was ridden with mould* (or *mould-ridden*) הַלֶּחֶם הָיָה מָלֵא עֹבֶשׁ

riddle¹ /ˈrɪd(ə)l/ n. חִידָה; תַּעֲלוּמָה

riddle² /ˈrɪd(ə)l/ v.t.

1 (fill with holes) עָשָׂה כִּכְבָרָה (אֶת דְּבַר מָה), נִקֵּב

□ *the body was riddled with bullets* הַגּוּפָה הָיְתָה מְנֻקֶּבֶת בִּכְדוּרִים

2 (permeate) מִלֵּא

□ *the book is riddled with errors* הַסֵּפֶר הַזֶּה מָלֵא כֻּלּוֹ בִּטְעֻיּוֹת

—n. מְסַנֶּנֶת לְעָפָר

ride /raɪd/ (past **rode** /rəʊd/, past ppl. **ridden** /ˈrɪd(ə)n/) v.t.

1 (travel on) נָסַע עַל, נָסַע בְּ..., רָכַב עַל (אוֹפַנַּיִם, אוֹפַנּוֹעַ וְכַד')

2 (sit on a horse, etc.; spur) רָכַב עַל (סוּס)

ride down רָדַף וְהִשִּׂיג בִּרְכִיבָה

□ *I rode my horse at the fence* דִּרְבַּנְתִּי אֶת סוּסִי לְעֵבֶר הַגָּדֵר

3 (travel on top of, surmount) רָכַב עַל

ride out הִצְלִיחַ לְהַחֲזִיק מַעֲמָד בְּמַהֲלָךְ

□ *the ship rode the waves* הַסְּפִינָה רָכְבָה עַל פְּנֵי הַגַּלִּים

□ *can you ride the storm?* (*fig.*) הַאִם אַתָּה יָכוֹל לְהַחֲזִיק מַעֲמָד בְּמֶשֶׁךְ הַמַּשְׁבֵּר?

—v.i.

1 (travel, be conveyed) נָסַע

2 (float, lie at anchor) צָף עַל פְּנֵי הַמַּיִם

□ *let it ride!* (*colloq.*) תֵּן לָזֶה לִזְרֹם לְבַד!

3 (sit on a horse, etc.) רָכַב

□ *she rode roughshod over the regulations* (*derog.*) הִיא רָמְסָה בְּגַסּוּת אֶת הַכְּלָלִים

□ *Rambo rides again!* (*joc.*) הוּא נִכְנַס לַקְּרִיזָה הָרְגִילָה שֶׁלּוֹ (נֶאֱמַר תּוֹךְ הִתְעַלְּמוּת מֻחְלֶטֶת)

□ *you're riding for a fall* (*colloq.*) אַתָּה מְשַׂחֵק מִשְׂחָק מְסֻכָּן

4 **ride up** הִתְרוֹמֵם (שׁוּלֵי חֲצָאִית הַדּוּקָה וְכַד', בִּשְׁעַת הִתְכּוֹפְפוּת וְכַד')

—n.

1 (being in a vehicle; journey) נְסִיעָה

□ *it was a frightening ride* זוֹ הָיְתָה נְסִיעָה מַפְחִידָה

□ *he took his rival for a ride* (*colloq.*) הוּא "עָבַד" עַל הַיָּרִיב שֶׁלּוֹ

2 (being on a horse, etc.) רְכִיבָה עַל סוּס

3 (woodland track) מִשְׁעוֹל בַּיַּעַר, מַסְלוּל בַּיַּעַר (מַתְאִים לְסוּסִים אַךְ לֹא לִכְלֵי רֶכֶב)

rider /ˈraɪdə(r)/ n.

1 (person who rides) רוֹכֵב, פָּרָשׁ

2 (additional clause, corollary) נִסְפָּח (בְּחֹק), סָפַח

riderless /ˈraɪdəlɪs/ adj. (סוּס) לְלֹא רוֹכֵב, בְּלִי פָּרָשׁ

ridge /rɪdʒ/ n.

1 (raised line, row) רֶכֶס

mountain ridge קַו הָרֶכֶס שֶׁל הֶהָרִים

2 (*Meteor.*) רֶכֶס בָּרוֹמֶטְרִי

ridge-pole /ˈrɪdʒ-pəʊl/ n. מוֹט אָפְקִי (לִתְמִיכַת גַּג הָאֹהֶל)

ridicule /ˈrɪdɪkjuːl/ n. לַעַג, צְחוֹק

—v.t. לָעַג לְ..., שָׂם לְלַעַג, עָשָׂה לִצְחוֹק

ridiculous /rɪˈdɪkjʊləs/ adj. מְגֻחָךְ, נִלְעָג, מַצְחִיק

riding¹ /ˈraɪdɪŋ/ n. רְכִיבָה

riding² /ˈraɪdɪŋ/ n. (*UK Hist.*) נָפָה (מִנְהָלִית, בְּיוֹרְקְשִׁיר שֶׁבְּאַנְגְּלִיָּה)

rife /raɪf/ adj. מָצוּי, נָפוֹץ (לְגַבֵּי דָּבָר שְׁלִילִי בִּלְבַד)

□ *the country was rife with rumours of war* הַמְּדִינָה הָיְתָה מוּצֶפֶת שְׁמוּעוֹת שֶׁל מִלְחָמָה

riff /rɪf/ n. (*Mus.*) מוֹטִיב דּוֹמִינַנְטִי בְּפִזְמוֹן פּוֹפּ

riffle /ˈrɪf(ə)l/ v.t. & i. (*colloq.*) דִּפְדֵּף בִּמְהִירוּת בְּ...

□ *I riffled (through) the pages of the book* דִּפְדַּפְתִּי בִּמְהִירוּת בַּסֵּפֶר

—n.

riff-raff /ˈrɪf-ræf/ n. (*derog.*) אֲסַפְסוּף, עֵרֶב-רַב

rifle[1] /ˈraɪf(ə)l/ n. רוֹבֶה

—v.t. חָרַק, חָרַץ חֲרִיצִים סְלִילִיִּים בְּ... (קְנֵה רוֹבֶה וְכַד׳)

□ *this gun has a rifled barrel* לָרוֹבֶה הַזֶּה יֵשׁ קָדַח מְחֹרָק

rifle[2] /ˈraɪf(ə)l/ v.t. חִטֵּט וְשָׁדַד

□ *the room had been rifled* הָפְכוּ אֶת הַחֶדֶר וְלָקְחוּ אֶת הַכֹּל

rifleman /ˈraɪf(ə)lmən/ n. רוֹבַאי

rifle-range /ˈraɪf(ə)l-ˌreɪndʒ/ n. מִטְוָח לְרוֹבִים

rift /rɪft/ n. שֶׁבֶר, בֶּקַע, קֶרַע

rift valley בִּקְעָה

□ *a rift has developed between them* נִתְגַּלַּע קֶרַע בֵּינֵיהֶם

rig[1] /rɪg/ v.t.

1 (equip a ship) צִיֵּד (סְפִינָה, בַּחֲבָלִים, בְּמִפְרָשִׂים וְכַד׳)

2 rig out (or **up**) (provide with clothes, etc.) הִלְבִּישׁ

3 rig up (erect or assemble temporarily) בָּנָה, הֵקִים (מִבְנֶה אֲרָעִי)

□ *the sailors rigged up an awning* הַמַּלָּחִים הִתְקִינוּ סְכָכָה מְאֻלְתֶּרֶת

—n.

1 (arrangement of sails or masts on ship) מַעֲרָךְ הַצִּיּוּד (מִפְרָשִׂים, תְּרָנִים וְכַד׳) הַמְיֻחָד לִסְפִינָה, מַעֲרָךְ הַמִּפְעָטָה

2 (specialized equipment) צִיּוּד (לְמַטָּרָה מְיֻחֶדֶת)

oil rig פְּלַטְפוֹרְמַת קִדּוּחַ, מִתְקַן קִדּוּחַ (לָרֹב בַּיָּם)

3 (style of dress, *colloq.*) בְּגָדִים (בְּסִגְנוֹן מְסֻיָּם)

rig[2] /rɪg/ v.t. (*derog.*) ״מָכַר״ (מִשְׂחָק וְכַד׳), זִיֵּף (תּוֹצָאוֹת)

□ *the election has been rigged* זִיְּפוּ אֶת תּוֹצְאוֹת הַבְּחִירוֹת

rigging /ˈrɪgɪŋ/ n. צִיּוּד חִבֵּל (חֲבָלִים, שַׁרְשְׁרוֹת וְכַד׳ בִּסְפִינָה)

right /raɪt/ adj.

1 (correct; true) נָכוֹן, אֲמִתִּי

that's right נָכוֹן, אַתָּה צוֹדֵק

too right! (*sl.*) וְעוֹד אֵיךְ!

□ *it will all come right in the end* בַּסּוֹף הַכֹּל יִסְתַּדֵּר

□ *can you tell me the right time?* הַאִם אַתָּה יָכוֹל לוֹמַר לִי בְּדִיּוּק מָה הַשָּׁעָה?

□ *you were right about the wine* צָדַקְתָּ לְגַבֵּי הַיַּיִן

2 (normal, appropriate) בְּסֵדֶר, רָגִיל

put (or **set**) **right** תִּקֵּן, סִדֵּר

□ *she is not in her right mind* הִיא מְשֻׁגַּעַת

□ *I turned the beetle right side up* (*colloq.*) הָפַכְתִּי אֶת הַחִפּוּשִׁית עַל רַגְלֶיהָ

□ *he is on the right side of forty* הוּא מִתַּחַת לְגִיל אַרְבָּעִים

□ *try to stay on the right side of the law* תְּנַסֶּה לֹא לְהִסְתַּבֵּךְ עִם הַחֹק

3 (just; morally or socially correct) יָשָׁר, נָכוֹן, צוֹדֵק

□ *he did the right thing* (or *did right*) *by her* הוּא נָהַג בָּהּ בְּיֹשֶׁר

□ *it's not right!* זֶה לֹא צוֹדֵק! זֶה לֹא בְּסֵדֶר!

4 (opposite of left) יָמִין

right wing

(*Sport*) שַׂחְקָן יְמָנִי קִיצוֹנִי; הַיָּמִין הַקִּיצוֹנִי (שֶׁל מִגְרָשׁ)

(*Polit.*) יָמִין (פּוֹלִיטִי)

5 (proper, healthy) בָּרִיא, ״בְּסֵדֶר״

□ *he is (as) right as rain* (*colloq.*) הוּא בָּרִיא בְּמֵאָה אָחוּז, הוּא ״בְּסֵדֶר״ בְּמֵאָה אָחוּז

6 (*Geom.*) (זָוִית) יְשָׁרָה (שֶׁל 90°)

right angle זָוִית יְשָׁרָה

at right angles to בְּזָוִית יְשָׁרָה לְ...

7 (used *arch.* and *colloq.* for emphasis) נָאֶה, הָגוּן

□ *the Queen was given a right royal welcome* הַמַּלְכָּה זָכְתָה לְקַבָּלַת פָּנִים כִּדְבָעֵי

□ *a right mess you've made of that!* עָשִׂיתָ מִזֶּה ״דַּיְסָה הֲגוּנָה״!

8 (in titles) מְאֹד

Right Honourable (*UK*) הַנִּכְבָּד מְאֹד (תֹּאַר לַחֲבֵר פַּרְלָמֶנְט)

Right Reverend הַנַּעֲרָץ מְאֹד (תֹּאַר לְאִישׁ כְּהֻנָּה בָּכִיר)

—adv.

1 (directly, straight; immediately) יָשָׁר, יְשִׁירוֹת, בְּאֹפֶן יָשָׁר

right away מִיָּד, תֵּכֶף וּמִיָּד

□ *come right in!* הִכָּנֵס! תִּכָּנֵס!

□ *come right away!* בּוֹא מִיָּד! תָּבוֹא מִיָּד!

2 (completely; all the way) כָּלִיל, לְגַמְרֵי

□ *he turned right round* הוּא עָשָׂה פְּנִיָּה שְׁלֵמָה לְאָחוֹר

□ *sorry, we're right out of milk* מִצְטַעֲרִים, אֲבָל לֹא נִשְׁאַר לָנוּ חָלָב בִּכְלָל

3 (correctly, justly, properly) כַּהֲלָכָה, כַּשּׁוּרָה, כַּיָּאוּת, בְּסֵדֶר

do right by נָהַג כַּהֲלָכָה בְּ.../עִם

if I remember right אִם אֲנִי זוֹכֵר נָכוֹן

□ *nothing seems to go right for me* שׁוּם דָּבָר לֹא הוֹלֵךְ לִי

□ *it serves him right* מַגִּיעַ לוֹ! הוּא קִבֵּל אֶת שֶׁלּוֹ! הוּא רָאוּי לְכָךְ!

4 (opposite of left) יָמִינָה, לַיָּמִין

□ *he owes money right and left* (or *right, left and centre*) הוּא חַיָּב כֶּסֶף עַל יָמִין וְעַל שְׂמֹאל

—int.

(also (*UK*) **right you are!**) כֵּן! בְּסֵדֶר! וְעוֹד אֵיךְ! טוֹב! "אוֹ־קֵי"!

—n.

1 (justice, fairness) צֶדֶק, יֹשֶׁר, הֲגִינוּת

by right(s)

(legally speaking) כַּחֹק, כַּדִּין

(to tell the truth, *colloq.*) לְמַעַן הָאֱמֶת

□ *he is in the right* הוּא צוֹדֵק, הַצֶּדֶק אִתּוֹ

□ *the rights and wrongs of the case are clear enough* בָּרוּר לְגַמְרֵי מַה צוֹדֵק וּמַה לֹּא צוֹדֵק בַּמִּקְרֶה הַזֶּה

□ *he wants to set the world to rights* הוּא רוֹצֶה לְתַקֵּן אֶת הָעוֹלָם

2 (entitlement) זְכוּת; חֲזָקָה

right's issue הַנְפָּקַת זְכֻיּוֹת (בְּמְנָיוֹת)

right of way

(entitlement to use a route) זְכוּת מַעֲבָר

(route thus protected) מַעֲבָר מוּגָן

(precedence when driving, etc.) זְכוּת קְדִימָה

□ *she is a princess in her own right* הִיא נְסִיכָה בִּזְכוּת עַצְמָהּ

□ *you would be within your rights to claim the prize* אִם תִּתְבַּע אֶת הַפְּרָס, תִּפְעַל בְּמִסְגֶּרֶת זְכֻיּוֹתֶיךָ

□ *he has no right to insult me like that!* אֵין לוֹ שׁוּם זְכוּת לְהַעֲלִיב אוֹתִי כָּכָה!

3 (direction; object on this side) צַד יָמִין, יָמִין

□ *there is a door on the right* יֵשׁ דֶּלֶת מִצַּד יָמִין

□ *the boxer received a sharp right to the chin* הַמִּתְאַגְרֵף סָפַג "יְמָנִית" חֲזָקָה לַסַּנְטֵר

4 (*Polit.*) הַיָּמִין (הַפּוֹלִיטִי)

—v.t. תִּקֵּן; יִשֵּׁר, זָקַף

□ *the fault will right itself* הַמְּעֻוָּת יְתַקֵּן אֶת עַצְמוֹ, הַבְּעָיָה תִּפָּתֵר לְבַד

□ *we must work to right this wrong* עָלֵינוּ לִפְעֹל לְתִקּוּן הָעָוֶל הַזֶּה

right-angled /ˈraɪt-ˌæŋg(ə)ld/ adj. יְשַׁר זָוִית, בְּזָוִית יְשָׁרָה

righteous /ˈraɪtʃəs/ adj. (*formal*) צַדִּיק, יָשָׁר; צוֹדֵק

righteousness /ˈraɪtʃəsnɪs/ n. (*formal*) יֹשֶׁר, צֶדֶק

rightful /ˈraɪtf(ə)l/ adj. (*formal*) חֻקִּי, בַּעַל זְכוּת חֻקִּית; הוֹגֵן, מֻצְדָּק

right-hand /ˈraɪt-hænd/ adj. שֶׁל יַד יָמִין; שֶׁל צַד יָמִין, יְמָנִי

right-hand man "יַד יְמִין" (עוֹזֵר מָסוּר)

right-hand thread תַּבְרֹגֶת הַנִּסְגֶּרֶת לְיָמִין

right-handed /ˌraɪt-ˈhændɪd/ adj. יְמָנִי (מִשְׁתַּמֵּשׁ בְּיַד יְמִינוֹ)

right-hander /ˌraɪt-ˈhændə(r)/ n. יְמָנִי (מִשְׁתַּמֵּשׁ בְּיַד יְמִינוֹ); חֲבָטָה בְּיַד יָמִין

rightly /ˈraɪtlɪ/ adv. בְּצֶדֶק

□ *I can't rightly say* (*colloq.*) אֲנִי לֹא יָכוֹל לוֹמַר בְּדִיּוּק

right-minded /raɪt-ˈmaɪndɪd/ adj. שֶׁמּוֹחוֹ בְּקָדְקֳדוֹ, בַּעַל הִגָּיוֹן סָבִיר

righto /raɪˈtəʊ/ int. (*UK colloq.*) בְּסֵדֶר! (לְצִיּוּן הַסְכָּמָה אוֹ הַעֲנוּת)

rigid /ˈrɪdʒɪd/ adj. קָשִׁיחַ, קָשׁוּחַ

□ *I was bored rigid* (*colloq.*) הִשְׁתַּעֲמַמְתִּי עַד מָוֶת

rigidity /rɪˈdʒɪdɪtɪ/ n. קְשִׁיחוּת

rigmarole /ˈrɪgmərəʊl/ n. (*colloq.*) "סִפּוּר שָׁלֵם"

rigor /ˈrɪgə(r)/ see **RIGOUR**

rigor mortis /ˌrɪgə ˈmɔːtɪs/ n. (*Med.*) צְפִידַת־הַמָּוֶת (הִתְקַשּׁוּת הַגּוּף לְאַחַר הַמָּוֶת)

rigorous /ˈrɪgərəs/ adj.

1 (severe, strict) חָמוּר, מַחְמִיר

2 (very accurate) חָמוּר, קַפְּדָנִי

rigour /ˈrɪgə(r)/ n. (*US* **rigor**)

1 (strictness, harshness) חֻמְרָה

2 (precision) קַפְּדָנוּת, דַּיְּקָנוּת

3 (in *pl.*, harsh conditions) יִסּוּרִים, קְשָׁיִים

rile /raɪl/ v.t.

1 (irritate, *colloq.*) עִצְבֵּן

2 (make turbulent, *US*) הִסְעִיר, פָּרַע

rill /rɪl/ n. (*poet.*) פֶּלֶג, נַחַל (קָטָן), יוּבַל

rim /rɪm/ n. קָצֶה, שָׂפָה, שׁוּלַיִם (שֶׁל חֵפֶץ עָגֹל לָרֹב); חִשּׁוּק

—v.t. נִמְצָא סָבִיב הַשּׁוּלַיִם שֶׁל

□ *his eyes were red-rimmed* עֵינָיו הָיוּ מֻקָּפוֹת בְּאֹדֶם, עֵינָיו הָיוּ אֲדֻמּוֹת

rime /raɪm/ n. (*poet.*) כְּפוֹר

rimless /ˈrɪmlɪs/ adj. לְלֹא מִסְגֶּרֶת (מִשְׁקָפַיִם וְכַד')

rind /raɪnd/ n. קְרוּם (שֶׁל גְּבִינָה וְכַד'); קְלִפָּה (שֶׁל פְּרִי)

ring[1] /rɪŋ/ n.

1 (circle, circular object) מַעְגָּל; טַבַּעַת

ring road כְּבִישׁ עוֹקֵף (שֶׁמַּסְלוּלוֹ מַקִּיף עִיר)

tree ring טַבַּעַת הַגֶּזַע (הַמְּעִידָה עַל גִּילוֹ שֶׁל הָעֵץ)

□ *he ran rings round his opponent* (*fig.*) הוּא שָׁמַר עַל עֶלְיוֹנוּתוֹ עַל הַיָּרִיב (לְכָל אֹרֶךְ הַקְּרָב)

□ *there were rings round her eyes* עֵינֶיהָ הָיוּ מֻקָּפוֹת טַבָּעוֹת שֶׁל חֹסֶר־שֵׁנָה

2 (circlet for finger) טַבַּעַת

3 (combination, gang) כְּנוּפְיָה, חֲבוּרָה

price ring קְבוּצָה מְאֻרְגֶּנֶת שֶׁל קוֹנִים בִּמְכִירָה פֻּמְבִּית (הָעוֹשִׂים קֶשֶׁר לְבַל לְהִתְחָרוֹת בֵּינֵיהֶם)

4 (enclosure) זִירָה

boxing ring זִירַת אִגְרוּף

circus ring זִירַת קִרְקָס

5 (*Chem.*) טַבַּעַת אֲטוֹמִים (בְּמוֹלֶקוּלָה)

6 (hotplate on cooker) פְּלָטָה (בְּכִירַיִם)

—v.t. (past & past ppl. **ringed** /rɪŋd/) הִקִּיף בְּטַבַּעַת, הִקִּיף בְּמַעְגָּל; הִקִּיף, כִּתֵּר

□ *he ringed the bird* הוּא שָׂם טַבַּעַת בְּרַגְלָהּ שֶׁל הַצִּפּוֹר

□ *he ringed the word with his pencil* הוּא סִמֵּן (בְּעֶפְרוֹנוֹ) עִגּוּל מִסָּבִיב לַמִּלָּה

ring[2] /rɪŋ/ v.i. (past **rang** /ræŋ/, past ppl. **rung** /rʌŋ/)

1 (resound) צִלְצֵל, הִשְׁמִיעַ קוֹל צִלְצוּל, הִדְהֵד

□ *a shot rang out* קוֹל יְרִיָּה הִדְהֵד

□ *her words were still ringing in my ears* דְּבָרֶיהָ עֲדַיִן הִדְהֲדוּ בְּאָזְנַי

2 (be filled with sound) הִדְהֵד

□ *the room rang with applause* הַחֶדֶר הִדְהֵד בְּקוֹל מְחִיאוֹת כַּפַּיִם

□ *my ears are ringing* יֵשׁ לִי צִלְצוּלִים בָּאָזְנַיִם

3 (have a specified sound) נִשְׁמַע

□ *his story rang true* הַסִּפּוּר שֶׁלּוֹ נִשְׁמַע אֲמִתִּי

□ *your praise rings hollow* לְשִׁבְחִים שֶׁלְּךָ יֵשׁ צְלִיל נָבוּב

4 (make a telephone call, *UK*) צִלְצֵל

ring in הִתְקַשֵּׁר, צִלְצֵל

ring off סָגַר אֶת הַטֶּלֶפוֹן

ring up צִלְצֵל

5 (press a button, etc. for service) צִלְצֵל בְּפַעֲמוֹן

—v.t.

1 (make a bell, etc. sound) צִלְצֵל בְּ...

ring the changes עָשָׂה מַשֶּׁהוּ לְשֵׁם הַחִדּוּשׁ שֶׁבַּדָּבָר

□ *that rings a bell with me* (*colloq.*) זֶה נִשְׁמַע לִי מֻכָּר

2 (all by telephone, *UK*) צִלְצֵל אֶל/לְ...

ring back הֶחֱזִיר צִלְצוּל לְ...

ring up צִלְצֵל אֶל/לְ...

3 **ring down the curtain** (*Theatr.*) הוֹרִיד אֶת הַמָּסָךְ (גַּם בְּהַשְׁאָלָה)

4 **ring up** (record on cash register) רָשַׁם (מִצְרָכִים) בְּקֻפָּה רוֹשֶׁמֶת

—n.

1 (resonant sound; ringing) צִלְצוּל; צְלִיל (פַּעֲמוֹן)

□ *his story had the ring of truth* סִפּוּרוֹ עוֹשֶׂה רֹשֶׁם אֲמִתִּי

2 (telephone call, *colloq.*) "צִלְצוּל", "טֶלֶפוֹן"

□ *I'll give you a ring tomorrow* אֲצַלְצֵל אֵלֶיךָ מָחָר, אֶתֵּן לְךָ צִלְצוּל מָחָר

3 (set of church bells) מַעֲרֶכֶת פַּעֲמוֹנֵי כְּנֵסִיָּה

ring-binder /ˈrɪŋ-ˌbaɪndə(r)/ n. תִּיק, קְלָסֵר (לְדַפִּים נִפְרָדִים עִם חוֹרִים)

ringer /ˈrɪŋə(r)/ n.

1 (substitute, impostor, *sl.*) מִתְחָרֶה לֹא חֻקִּי

dead ringer כָּפִיל

2 (person who rings bells) מְצַלְצֵל בְּפַעֲמוֹנִים

ring-finger /ˈrɪŋ-fɪŋgə(r)/ n. קְמִיצָה (הָאֶצְבַּע הַסְּמוּכָה לַזֶּרֶת, בְּיִחוּד בְּיַד שְׂמֹאל)

ringing /ˈrɪŋɪŋ/ adj.

1 (resounding) מְצַלְצֵל

2 (thoroughly stated) נֶחֱרָץ

ringleader /ˈrɪŋliːdə(r)/ n. מַנְהִיג כְּנוּפְיָה, רֹאשׁ כְּנוּפְיָה

ringlet /ˈrɪŋlɪt/ n. תַּלְתַּל מְסֻלְסָל

ringmaster /ˈrɪŋmɑːstə(r)/ n. מְנַהֵל זִירָה, מְנַהֵל הַמּוֹפָעִים (בְּקִרְקָס)

ring-pull /ˈrɪŋ-pʊl/ n. טַבַּעַת פְּתִיחָה (שֶׁל פַּחִית מַשְׁקֶה־קַל וְכַד')

ringside /ˈrɪŋsaɪd/ n. שׁוּרָה רִאשׁוֹנָה לְיַד הַזִּירָה (בְּקִרְקָס, בְּתַחֲרוּת אִגְרוּף)

ringside seat מוֹשַׁב הַשּׁוּרָה הָרִאשׁוֹנָה (לְיַד הַזִּירָה); (בְּהַשְׁאָלָה) נְקֻדַּת תַּצְפִּית טוֹבָה

ringworm /ˈrɪŋwɜːm/ n. מַחֲלַת עוֹר חֲרִיפָה (אֶחָד מִסּוּגֶיהָ הוּא "גַּזֶּזֶת")

rink /rɪŋk/ n. מִשְׁטַח הַחֲלָקָה עַל קֶרַח, מִשְׁטַח הַחֲלָקָה עַל גַּלְגִּלִּיּוֹת

rinse /rɪns/ v.t. שָׁטַף

□ *he rinsed out his mouth* הוּא שָׁטַף אֶת פִּיו

□ *I'll just rinse these socks through* אֲנִי רַק אֶשְׁטֹף אֶת הַגַּרְבַּיִם הָאֵלֶּה

—n. שְׁטִיפָה

□ *the hairdresser gave her a blue rinse* הַסַּפָּר עָשָׂה לָהּ שְׁטִיפָה בְּמֵי־צֶבַע כְּחַלְחַלִּים

riot /ˈraɪət/ n.

1 (public disorder; wild revelry or activity) מְהוּמָה, הִתְפָּרְעוּת צִבּוּרִית

□ *he had to read the Riot Act to the class* (*fig.*) הוּא נֶאֱלַץ לְאַיֵּם עַל הַכִּתָּה שֶׁלֹּא תִּתְפָּרֵעַ

□ *the boys ran riot at their party* הַנְּעָרִים הִשְׁתּוֹלְלוּ בַּמְּסִבָּה שֶׁלָּהֶם

□ *the weeds ran riot in the garden* הַשִּׂיחִים שֶׁבַּגִּנָּה צָמְחוּ פֶּרַע

□ *the flower beds were a riot of colour* עֲרוּגוֹת הַפְּרָחִים זָהֲרוּ בְּשֶׁלֶל צְבָעִים

2 (amusing event, *colloq.*) "שִׁגָּעוֹן"

—v.i. הִתְפָּרֵעַ, הִשְׁתּוֹלֵל

rioter /ˈraɪətə(r)/ n. מִתְפָּרֵעַ

riotous /ˈraɪətəs/ adj. פָּרוּעַ; מֻפְקָר

RIP /ɑːr aɪ ˈpiː/ abbrev. יָנוּחַ בְּשָׁלוֹם עַל מִשְׁכָּבוֹ, ז"ל

rip[1] /rɪp/ v.t. & i. קָרַע בְּכֹחַ; נִקְרַע בְּכֹחַ

let rip (*colloq.*) "הָלַךְ עִם זֶה עַד הַסּוֹף"

rip off (*colloq.*) גָּנַב; "פָּשַׁט אֶת הָעוֹר"

□ *he ripped open the parcel* הוּא קָרַע אֶת הָאֲרִיזָה וּפָתַח אֶת הַחֲבִילָה

□ *you really ripped into the slackers* (*fig.*) אַתָּה מַמָּשׁ יָרַדְתָּ עַל הַבַּטְלָנִים

—n. קֶרַע

rip[2] /rɪp/ n. (אֵזוֹר שֶׁל) יָם גַּלִּי, (קֶטַע שֶׁל) נָהָר גַּלִּי

rip tide גֵּאוּת הַגּוֹרֶמֶת לְיָם גַּלִּי

rip-cord /ˈrɪp-kɔːd/ n. חֶבֶל־מְשִׁיכָה (לִפְתִיחַת מַצְנֵחַ)

ripe /raɪp/ adj.

1 (fully developed; ready to eat) בָּשֵׁל

□ *he lived to a ripe old age* הוּא הִגִּיעַ לְזִקְנָה מֻפְלֶגֶת

2 (fit, ready) בָּשֵׁל, נָכוֹן

□ *the time is ripe for action* הַזְּמַן בָּשֵׁל לִפְעֻלָּה, הִגִּיעַ הַזְּמַן לִפְעֹל

□ *these people are ripe for exploitation* (*derog.*) אֲנָשִׁים אֵלֶּה הֵם קָרְבָּן אִידֵיאָלִי לְנִצּוּל

ripen /ˈraɪpən/ v.t. & i. הִבְשִׁיל

ripeness /ˈraɪpnɪs/ n. בְּשֵׁלוּת (שֶׁל פְּרִי)

rip-off /ˈrɪp-ɒf/ n. (*colloq.*) "פְּשִׁיטַת עוֹר", "שֹׁד"; גְּנֵבָה

riposte /rɪˈpɒst/ n. & v.i. (*formal*) מַעֲנֶה חָרִיף; מַהֲלוּמַת נֶגֶד מְהִירָה (בְּסַיִף); עָנָה מַעֲנֶה חָרִיף; הֵשִׁיב מַהֲלוּמַת סַיִף

ripping /ˈrɪpɪŋ/ adj. (*UK arch. colloq.*) כַּבִּיר, עָצוּם, מַדְהִים

ripple /ˈrɪp(ə)l/ n.

1 (small wave; slight disturbance) אַדְוָה, גַּל קָטָן

□ *a ripple of laughter passed round the room* קוֹלוֹת צְחוֹק חֲרִישִׁיִּים הִתְפַּשְּׁטוּ בַּחֶדֶר

2 (kind of ice-cream) גְּלִידָה בְּטַעַם אֶחָד עִם "סִלְסוּלִים" בְּטַעַם שֵׁנִי

—v.t. & i. גָּרַם לְגַלִּים קַלִּים בְּ...; יָצַר אַדְוָה בְּ...; זָרַם בְּגַלִּים קַלִּים

rip-roaring /ˈrɪp-ˌrɔːrɪŋ/ adj. (*colloq.*) סוֹעֵר וְרוֹעֵשׁ, "מְטֹרָף"

ripsaw /ˈrɪpsɔː/ n. מַסּוֹר גַּס, מַסּוֹר־עֵצִים

rise /raɪz/ v.i. (past **rose** /rəʊz/, past ppl. **risen** /ˈrɪz(ə)n/)

1 (ascend, leave the ground) עָלָה, הִתְרוֹמֵם

□ *the dough has risen* הַבָּצֵק תָּפַח

□ *the fish are rising* הַדָּגִים עוֹלִים עַל פְּנֵי הַמַּיִם

□ *the glass is rising* (*UK*) הַבָּרוֹמֶטֶר עוֹלֶה

□ *there is rising ground north of the house* יֵשׁ רָמַת־קַרְקַע מִצָּפוֹן לַבַּיִת

□ *after the heavy rain the river rose three feet* לְאַחַר הַגְּשָׁמִים גָּאוּ מֵי הַנָּהָר כְּדֵי מֶטֶר

□ *oil prices have risen this week* מְחִירֵי הַנֵּפְט עָלוּ הַשָּׁבוּעַ

□ *she rose to the occasion* הִיא הִתְמוֹדְדָה בְּהַצְלָחָה עִם הַנְּסִיבּוֹת (פִּתְאֹמִיּוֹת)

□ *my spirits rose when I heard the good news* מַצַּב הָרוּחַ שֶׁלִּי הִשְׁתַּפֵּר כַּאֲשֶׁר שָׁמַעְתִּי אֶת הַחֲדָשׁוֹת הַטּוֹבוֹת

□ *he rose above petty jealousies* הוּא הִתְעַלָּה מֵעַל כָּל קִנְאָה קַטְנוּנִית

2 (grow) גָּדַל, צָמַח

□ *she's rising forty* הִיא מִתְקָרֶבֶת לְגִיל אַרְבָּעִים

□ *the wind is rising* הָרוּחַ גּוֹבֶרֶת

□ *her colour rose* הִיא הִסְמִיקָה

3 (get out of bed, *formal*) קָם (מִמִּטָּתוֹ); הִתְיַצֵּב

rise and shine! (*colloq.*) בֹּקֶר טוֹב לְכֻלָּם!

4 (stand up, *formal*) קָם עַל רַגְלָיו, עָמַד עַל רַגְלָיו

□ *the House of Commons rose* (*for the summer recess*) בֵּית הַנִּבְחָרִים הַתַּחְתּוֹן קָם עַל רַגְלָיו (עִם תֹּם הַמּוֹשָׁב וּתְחִלַּת פַּגְרַת הַקַּיִץ)

5 (respond actively) הִתְקוֹמֵם

□ *the rebels rose up in arms against the tyrant* הַמּוֹרְדִים אָחֲזוּ בְּנֶשֶׁק נֶגֶד הֶעָרִיץ

□ *will she rise to the bait?* (*fig.*) הַאִם הִיא תִּבְלַע אֶת הַפִּתָּיוֹן?

—n.

1 (advancement, development) עֲלִיָּה

rise and fall עֲלִיָּה וּנְפִילָה (שֶׁל מִשְׁטָר וְכַד')

2 (increase in wages) הַעֲלָאָה בְּמַשְׂכֹּרֶת

□ *he asked his manager for a rise* הוּא בִּקֵּשׁ מֵהַמְנַהֵל הַעֲלָאָה בַּשָּׂכָר

3 (ascent, slope) מַעֲלֶה, מִדְרוֹן, שִׁפּוּעַ

□ *the house stood on a low rise* הַבַּיִת נִצַּב בְּרֹאשׁ גִּבְעָה נְמוּכָה

4 (origin) מוֹצָא, מָקוֹר

give rise to פָּתַח פֶּתַח לְ...

5 (movement of fish) עֲלִיָּה (אֶל פְּנֵי הַמַּיִם)

□ *I fished all morning without getting a rise* דַּגְתִּי כָּל הַבֹּקֶר אַךְ לֹא הֶעֱלֵיתִי שׁוּם דָּג

□ *he took a rise out of his friend* (*colloq.*) הוּא הִצְלִיחַ "לָרֶדֶת" עַל הֶחָבֵר שֶׁלּוֹ

riser /ˈraɪzə(r)/ n.

1 (person who rises)

late (or **early**) **riser** מְאַחֵר/מַשְׁכִּים קוּם

2 (vertical part of staircase) הַצַּד הַמְּאֻנָּךְ שֶׁל מַדְרֵגָה

risible /ˈrɪzɪb(ə)l/ adj. (*formal*) מְגֻחָךְ, נִלְעָג

rising /ˈraɪzɪŋ/ n. מְרִידָה, הִתְקוֹמְמוּת

—adj. עוֹלֶה

rising damp טַחַב מִתְפַּשֵּׁט

risk /rɪsk/ n.

1 (chance; danger) סִכּוּן, הִסְתַּכְּנוּת

□ *he ran the risk of infection* הוּא הִסְתַּכֵּן בְּהִדַּבְּקוּת/זִהוּם

□ *she put her job at risk* הִיא סִכְּנָה אֶת הַמִּשְׂרָה שֶׁלָּהּ

□ *at the risk of offending you, I must speak out* אֲנִי מֻכְרָח לוֹמַר אֶת דְּבָרַי, אֲפִלּוּ אִם אֲנִי עָלוּל לִפְגֹּעַ בְּךָ

□ *if you accept the offer it's at your own risk* אִם תְּקַבֵּל אֶת הַהַצָּעָה, אַתָּה עוֹשֶׂה זֹאת עַל אַחֲרָיוּתְךָ בִּלְבַד

2 (cause or source of danger, etc.) סִכּוּן, סַכָּנָה

good risk (*Insurance*) סִכּוּן כְּדָאִי (מִנְּקֻדַּת הַשְׁקָפַת הַמְבַטֵּחַ)

security risk סִכּוּן בִּטְחוֹנִי

—v.t. סִכֵּן, הֶעֱמִיד בְּסַכָּנָה

□ *I'm risking my neck helping you* אֲנִי מְסַכֵּן אֶת עַצְמִי בְּכָךְ שֶׁאֲנִי עוֹזֵר לְךָ

risky /ˈrɪskɪ/ adj. מְסֻכָּן, כָּרוּךְ בְּסִכּוּן

risotto /rɪˈzɒtəʊ/ n. "רִיזוֹטוֹ" (מַאֲכָל אִיטַלְקִי עַל בְּסִיס אֹרֶז)

risqué /ˈriːskeɪ/ adj. נוֹעָז (הֶעָרָה, בְּדִיחָה וְכַד')

rissole /ˈrɪsəʊl/ n. קְצִיצָה (שְׁטוּחָה וַעֲגֻלָּה)

rite /raɪt/ n. טֶקֶס (לָרֹב דָּתִי), פֻּלְחָן

last rites (*Relig.*) טִקְסֵי הַקְּדֻשָּׁה הָאַחֲרוֹנִים (לְגוֹסֵס, בַּדָּת הַנּוֹצְרִית)

rites of passage טִקְסֵי־מַעֲבָר (בְּעֵת בַּגְרוּת, נִשּׂוּאִין, מָוֶת וְכַד')

ritual /ˈrɪtʃʊəl/ n. & adj. טֶקֶס, פֻּלְחָן, רִיטוּאָל; טִקְסִי, פֻּלְחָנִי

□ *he makes quite a ritual of cleaning his car* הוּא הוֹפֵךְ אֶת רְחִיצַת הַמְּכוֹנִית שֶׁלּוֹ לְפֻלְחָן שָׁלֵם

ritualism /ˈrɪtʃʊəlɪzəm/ n. פֻּלְחָנִיּוּת, טִקְסִיּוּת

ritualistic /ˌrɪtʃʊəˈlɪstɪk/ adj. פֻּלְחָנִי, טִקְסִי

ritzy /ˈrɪtzɪ/ adj. (*colloq.*) "נוֹצֵץ"

rival /ˈraɪv(ə)l/ n. & adj. מִתְחָרֶה, יָרִיב

—v.t. הִשְׁתַּוָּה (בְּהֶשֵּׂגָיו) לְ..., הִתְחָרָה (בְּהַצְלָחָה) בְּ...

rivalry /ˈraɪv(ə)lrɪ/ n. הִתְחָרוּת; יְרִיבוּת

riven /ˈrɪv(ə)n/ adj. (*poet.*) שָׁסוּעַ

river /ˈrɪvə(r)/ n. נָהָר

□ *they sold him down the river* (*colloq. derog.*) הֵם בָּגְדוּ בּוֹ

river-bed /ˈrɪvə-bed/ n. אֲפִיק נָהָר

riverside /ˈrɪvəsaɪd/ n. גְּדַת־נָהָר, שְׂפַת־נָהָר

rivet /ˈrɪvɪt/ n. מַסְמֶרֶת

—v.t.

1 (fasten with rivets) סִמְרֵר, הִדֵּק (בְּמַסְמֶרֶת)

2 (engross) רִתֵּק

□ *she found the story riveting* הַסִּפּוּר רִתֵּק אוֹתָהּ

riviera /ˌrɪvɪˈeərə/ n. הָרִיבְיֶרָה

rivulet /ˈrɪvjʊlɪt/ n. (*poet.*) פֶּלֶג, יוּבַל

roach[1] /rəʊtʃ/ n. לַבְּקִית (דַּג מַיִם מְתוּקִים דְּמוּי קַרְפִּיּוֹן)

roach[2] /rəʊtʃ/ n.

1 (cockroach, *US colloq.*) ג'וּק, מַקָּק

2 (butt of marijuana cigarette, *sl.*) בְּדַל סִיגַרְיַת חֲשִׁישׁ

road /rəʊd/ n. דֶּרֶךְ, כְּבִישׁ, רְחוֹב

one for the road (*colloq.*) מַשְׁקֶה אֶחָד לַדֶּרֶךְ

road sense חוּשׁ נְהִיגָה

road tax מַס רִשּׁוּי (לִמְכוֹנִיּוֹת)

□ *the joys of the open road* חֶדְווֹת הַכְּבִישׁ הַפָּתוּחַ

□ *I spent three months on the road* הָיִיתִי בִּדְרָכִים שְׁלֹשָׁה חֳדָשִׁים

□ *did you come here by road?* הַאִם הִגַּעְתָּ לְכָאן בְּרֶכֶב?

□ *the road to hell is paved with good intentions* (*Prov.*) הַדֶּרֶךְ לַגֵּיהִנּוֹם רְצוּפָה כַּוָּנוֹת טוֹבוֹת

□ *Oxford Road is his new address* דֶּרֶךְ אוֹקְסְפוֹרְד הִיא כְּתָבְתּוֹ הַחֲדָשָׁה

roadblock /ˈrəʊdblɒk/ n. מַחְסוֹם (בִּכְבִישׁ), מַחְסוֹם־דְּרָכִים

road-hog /ˈrəʊd-hɒg/ n. נֶהָג מֻפְקָר וּמְסֻכָּן

road-holding /ˈrəʊd-ˌhəʊldɪŋ/ n. אֲחִיזַת־כְּבִישׁ (שֶׁל מְכוֹנִית)

road-house/ ˈrəʊd-haʊs/ n. פֻּנְדַּק־דְּרָכִים

roadie /ˈrəʊdɪ/ n. (*colloq.*) מְנַהֵל/פּוֹעֵל בָּמָה הַנּוֹסֵעַ עִם לַהֲקַת־קֶצֶב בְּמַסַּע הוֹפָעוֹת

roadman /ˈrəʊdmæn/ n. פּוֹעֵל אַחְזָקָה (בִּכְבִישׁ)

road-map /ˈrəʊd-mæp/ n. מַפַּת דְּרָכִים

roadroller /ˈrəʊdrəʊlə(r)/ n. מַכְבֵּשׁ גַּלְגִּלִּים

road-show /ˈrəʊd-ʃəʊ/ n. מוֹפָע נוֹדֵד

roadside /ˈrəʊdsaɪd/ n. & adj. שׁוּלֵי־הַדֶּרֶךְ, צִדֵּי־הַדֶּרֶךְ; שֶׁבְּצַד־הַדֶּרֶךְ

road-sign /ˈrəʊd-saɪn/ n. תַּמְרוּר דְּרָכִים

roadster /ˈrəʊdstə(r)/ n. (מְכוֹנִית) דּוּ־מוֹשָׁבִית פְּתוּחָה

road-test /ˈrəʊd-test/ n. & v.t. מִבְחַן כְּבִישׁ; עָרַךְ מִבְחַן כְּבִישׁ לְ...

roadway /ˈrəʊdweɪ/ n. כְּבִישׁ, אַסְפַלְט (לְהַבְדִּיל מִן הַמִּדְרָכָה)

roadworks /ˈrəʊdwɜːks/ n. *pl.* תִּקּוּנִים בַּכְּבִישׁ, עֲבוֹדוֹת בַּכְּבִישׁ

roadworthy /ˈrəʊdwɜːðɪ/ adj. (מְכוֹנִית) בְּמַצָּב נְסִיעָה תַּקִּין

roam /rəʊm/ v.t. & i. שׁוֹטֵט בְּ..., נָדַד עַל פְּנֵי; שׁוֹטֵט, נָדַד

roan /rəʊn/ adj. & n. (סוּס) עַרְמוֹנִי־לְבַנְבַּן; סוּס כַּנַּ"ל

roar /rɔː(r)/ v.t.

—v.i.

1 (make loud vocal sounds, laugh loudly) שָׁאַג

2 (drive with a noisy engine) נָהַם

—v.t.

—n. שְׁאָגָה, נְהָמָה

□ *a roar of laughter greeted his entry* רַעֲמֵי צְחוֹק קִדְּמוּ אֶת פָּנָיו בִּכְנִיסָתוֹ

roaring /ˈrɔːrɪŋ/ adj.

1 (noisy,riotous, *colloq.*) רוֹעֵשׁ, רוֹעֵם, סוֹעֵר

roaring drunk שָׁתוּי לַגְמָרֵי

roaring forties (*Naut.*) אֵזוֹר הַסְּעָרוֹת בָּאוֹקְיָנוֹס הָאַטְלַנְטִי (שֶׁבֵּין קַוֵּי הָרֹחַב 40°-50°)

roaring twenties שְׁנוֹת הָעֶשְׂרִים הַסּוֹעֲרוֹת

2 (brisk) עֵר (מִסְחָר, מְכִירָה)

□ *he did roaring business* (or *a roaring trade*) *in sunglasses* הוּא עָשָׂה עֲסָקִים מַצְלִיחִים בְּמִשְׁקְפֵי שֶׁמֶשׁ

roast /rəʊst/ v.t. & i. צָלָה, קָלָה; נִצְלָה, נִקְלָה

—n. & adj. בְּשַׂר צָלוּי; צָלִי; צָלוּי, קָלוּי

roaster /ˈrəʊstə(r)/ n. עוֹף לִצְלִיָּה

roasting /ˈrəʊstɪŋ/ n. (*colloq.*) הַתְקָפָה מוּחֶצֶת (שֶׁל מְבַקֵּר וְכַד')

rob /rɒb/ v.t. שָׁדַד, גָּזַל

robber /ˈrɒbə(r)/ n. שׁוֹדֵד, גַּזְלָן

robbery /ˈrɒbərɪ/ n. שֹׁד, גָּזֵל, גֶּזֶל

highway robbery שֹׁד דְּרָכִים, שֹׁד עַל אֵם הַדֶּרֶךְ; (בְּהַשְׁאָלָה) הוֹנָאָה גְּלוּיָה

□ *£2 for a cup of coffee is daylight robbery!* שְׁתֵּי לִירוֹת עֲבוּר סֵפֶל קָפֶה זֶה מַמָּשׁ שֹׁד!

robe /rəʊb/ n.

1 (long outer garment) גְּלִימָה

2 (dressing-gown, *US*) חָלוּק, חֲלוּק בַּיִת

3 (in *pl.*, official clothes) בִּגְדֵי־שְׂרָד

—v.t. הִלְבִּישׁ (אֶת פְּלוֹנִי) בִּלְבוּשׁ שְׂרָד

robin /ˈrɒbɪn/ n.

1 (also **robin redbreast**, *UK*) אֲדֹם הֶחָזֶה (סוּג שֶׁל קִיכְלִי)

2 (red-breasted thrush, *US*) קִיכְלִי נוֹדֵד

Robin Hood /ˌrɒbɪn ˈhʊd/ n. רוֹבִּין הוּד

robot /ˈrəʊbɒt/ n. רוֹבּוֹט, אוֹטוֹמָט

robotic /rəʊˈbɒtɪk/ adj. רוֹבּוֹטִי

robotics /rəʊˈbɒtɪks/ n.*pl.* רוֹבּוֹטִיקָה (עֲנַף הַנְּדָסִי הָעוֹסֵק בְּיִצּוּר וְאַחְזָקַת רוֹבּוֹטִים)

robust /rəʊˈbʌst/ adj. חָסֹן, בָּרִיא; עַז

rock[1] /rɒk/ n.

1 (stone-like matter; piece of stone) סֶלַע, צוּק

on the rocks (*colloq.*)

(short of money) "בְּלִי גְּרוּשׁ"

(broken down) בְּמַשְׁבֵּר, בְּצָרוֹת, עַל סַף הִתְמוֹטְטוּת

(with ice) עִם קֶרַח

2 hard confectionery (*UK*) סֻכָּרִיָּה בְּצוּרַת מַקֵּל

3 (in *pl.*, testicles, *vulg.*) "בֵּיצִים"

rock[2] /rɒk/ v.t.

1 (move to and fro gently) נִדְנֵד, נִעְנַע

2 (disturb greatly) זִעְזַע

□ *the city was rocked by an earthquake* הָעִיר זֻעְזְעָה עַל יְדֵי רְעִידַת הָאֲדָמָה

□ *the news rocked my family* הַחֲדָשׁוֹת זִעְזְעוּ אֶת מִשְׁפַּחְתִּי

□ *don't rock the boat!* (*colloq.*) אַל תַּעֲשֶׂה גַּלִּים!

—v.i.

1 (be in gentle motion, sway) הִתְנַדְנֵד, הִתְנַעְנֵעַ

2 (play rock music, *colloq.*) נִגֵּן/עָשָׂה מוּזִיקַת רוֹק

—n.

1 (rocking) נִדְנוּד, נִעְנוּעַ

2 (type of music) מוּזִיקַת "רוֹק"

rockabilly /ˈrɒkəˌbɪlɪ/ n. מוּזִיקַת "רוֹקַבִּילִי" ("רוֹק" עִם הַשְׁפָּעַת "קַנְטְרִי")

rock and roll /ˌrɒk ənd ˈrəʊl/ n. (also **rock'n'roll**) רוֹק־נְ'רוֹל

rock-bottom /ˌrɒk-ˈbɒtəm/ adj. "נְקֻדַּת הָאֶפֶס", הַמַּצָּב הַגָּרוּעַ בְּיוֹתֵר

rock-cake /ˈrɒk-keɪk/ n. סוּג שֶׁל עוּגִיַּת צִמּוּקִים

rock-candy /ˌrɒk-ˈkændɪ/ n. (*US*) מַמְתָּק עָשׂוּי גְּבִישֵׁי סֻכָּר עַל חוּט

rock-climbing /ˈrɒk-klaɪmɪŋ/ n. טִפּוּס עַל צוּקִים

rock-crystal /ˈrɒk-krɪst(ə)l/ n. בְּדֹלַח־הָרִים, בְּדֹלַח הַסֶּלַע (מִין קְוַרְצָה שְׁקוּפָה)

rock-dove /ˈrɒk-dʌv/ n. יוֹנַת הַסֶּלַע

rocker /ˈrɒkə(r)/ n.

1 (thing that allows rocking) פַּסֵּי נַדְנֵדָה

rocker switch מֶתֶג נַדְנֵדָה

□ *he's gone off his rocker* (*sl.*) הוּא יָרַד מִן הַפַּסִּים

2 (rocking-chair) כִּסֵּא נַדְנֵדָה, כַּסְנוֹעַ

3 (rock music fan, *UK*) "רוֹקֶר" (חוֹבֵב רוֹק בְּרִיטִי, בְּעִקָּר בִּשְׁנוֹת הַ־60)

Rocker /ˈrɒkə(r)/ n. מְעִיל־עוֹר שֶׁל אוֹפַנּוֹעָנִים בְּנֵי־הָעֶשְׂרֵה (בְּאַנְגְּלִיָּה בִּשְׁנוֹת הַ־60)

rockery /ˈrɒkərɪ/ n. מִסְלָעָה (בַּגַּן, לְנוֹי)

rocket /ˈrɒkɪt/ n.

1 (projectile) רַקֶּטָה, טִיל

distress rocket זִקּוּק חֵרוּם

rocket launcher מַשְׁגֵּר טִילִים

2 (reprimand, *UK sl.*) "טִיל"

□ *he got a rocket for being late* הוּא "עָלָה עַל טִיל" בִּגְלַל שֶׁאֵחַר

—v.i. "קָפַץ", "זִנֵּק", "הִמְרִיא"

□ *fruit prices rocketed after the poor harvest* מְחִירֵי הַפֵּרוֹת זִנְּקוּ אֶל עַל בְּעִקְבוֹת הַיְּבוּל הַדַּל

rock-face /ˈrɒk-feɪs/ n. פְּנֵי הַצּוּק, סֶלַע הַצּוּק

rock-garden /ˈrɒk-gɑːd(ə)n/ n. גַּן סְלָעִים, מִסְלָעָה (לְנוֹי)

rocking-chair /ˈrɒkɪŋ-tʃeə(r)/ n. כִּסֵּא־נוֹעַ, כַּסְנוֹעַ, כִּסֵּא־נַדְנֵדָה

rocking-horse /ˈrɒkɪŋ-hɔːs/ n. סוּס־נַדְנֵדָה, סוּסְנוֹעַ

rock-plant /ˈrɒk-plɑːnt/ n. צֶמַח סְלָעִים

rock-salmon /ˌrɒk-ˈsæmən/ n. גִּלְדָּן (דָּג מַיִם מְלוּחִים, טוֹב לְמַאֲכָל)

rock-salt /ˈrɒk-sɔːlt/ n. מֶלַח נֶחְצָב (מִסְּלָעִים וְלֹא מוּפָק מִמֵּי־יָם)

rock-wool /ˈrɒk-wʊl/ n. צֶמֶר סְלָעִים (לְבִדּוּד וְכַד')

rocky[1] /ˈrɒkɪ/ adj. סַלְעִי, מְסֻלָּע

the Rockies הָרֵי הָ"רוֹקִיז" (בִּצְפוֹן־אֲמֶרִיקָה)

rocky[2] /ˈrɒkɪ/ adj. (*colloq.*) רוֹפֵף, לֹא יַצִּיב

□ *his business is very rocky* עֲסָקָיו רוֹפְפִים מְאֹד, עֲסָקָיו חַלָּשִׁים בְּיוֹתֵר

rococo /rəˈkəʊkəʊ/ adj. רוֹקוֹקוֹ (סִגְנוֹן מְעֻטָּר וְכָבֵד מִן הַמֵּאָה הַ־17 וְהַ־18)

rod /rɒd/ n.

1 (stick) מַטֶּה, מוֹט

fishing rod חַכָּה, קְנֵה הַחַכָּה

rod of office שַׁרְבִיט (שֶׁל מַחֲזִיק מִשְׂרָה, לְמָשָׁל רֹאשׁ־עִיר)

2 (cane for punishment) שֵׁבֶט, "מַקֵּל חוֹבְלִים"
□ *he made a rod for his own back* (*fig.*) הוּא הֵכִין לְעַצְמוֹ צָרוֹת
□ *spare the rod and spoil the child* (*Prov.*) חוֹשֵׂךְ שִׁבְטוֹ שׂוֹנֵא בְּנוֹ
3 (measure of length) יְחִידַת אֹרֶךְ, 5.03 מֶטֶר

rode /rəʊd/ past of **ride**

rodent /ˈrəʊd(ə)nt/ n. מְכַרְסֵם

rodeo /rəʊˈdeɪəʊ/ n. "רוֹדֵיאוֹ" (מִפְגַּן בּוֹקְרִים)

roe[1] /rəʊ/ n. (also **roe-deer**) אַיָּלָה

roe[2] /reʊ/ n. בֵּיצֵי דָּגִים לְמַאֲכָל
hard roe בֵּיצֵי דָּגִים (שֶׁנִּלְקְחוּ מִן הַנְּקֵבָה)
soft roe "בֵּיצֵי דָּגִים" (זֶרַע דָּג זָכָר)

roebuck /ˈrəʊbʌk/ n. אַיִל

roentgen /ˈrɒntjən/ n. יְחִידַת מְדִידָה לְקַרְנֵי־X

roger /ˈrɒdʒə(r)/ int. "רוּתִי!" (לְצִיּוּן קְלִיטָה בְּשִׂיחָה אַלְחוּטִית)
—v.i. & t. (*vulg.*) "דָּפַק"

rogue /rəʊg/ n.
1 (dishonest person) נוֹכֵל, רַמַּאי; נָבָל
rogues' gallery תְּמוּנוֹת הַפּוֹשְׁעִים בְּאַלְבּוֹם הַמִּשְׁטָרָה, אַלְבּוֹם מִשְׁטַרְתִּי
2 (mischievous person, *joc.*) "מַזִּיק", שׁוֹבָב
3 (solitary and dangerous, attrib.) מִתְבּוֹדֵד וּמְסֻכָּן (בַּעַל־חַיִּים), "פֶּרֶא בּוֹדֵד"
rogue elephant פִּיל שֶׁפָּרַשׁ מֵהָעֵדֶר

roguery /ˈrəʊgərɪ/ n. נוֹכְלוּת, רַמָּאוּת; נַבְלוּת

roguish /ˈrəʊgɪʃ/ adj.
1 (mischievous) שׁוֹבְבָנִי, תַּעֲלוּלָנִי
2 (wicked, dishonest) נוֹכֵל, נִכְלוּלִי; נַבְלוּתִי

roister /ˈrɔɪstə(r)/ v.i. (*arch.*) הִתְהוֹלֵל וְסָבָא

role /rəʊl/ n. (also **rôle**) תַּפְקִיד
role model דֶּגֶם הִתְנַהֲגוּת

role-playing /ˈrəʊl-pleɪɪŋ/ n. מִשְׂחַק תַּפְקִידִים

roll /rəʊl/ n.
1 (cylindrical object; coil of fabric, etc.) גָּלִיל
sausage roll מַאֲפֶה נַקְנִיקִיָּה בְּבָצֵק־עָלִים
2 (piece of bread dough) לַחְמָנִיָּה
□ *have a cheese roll!* תִּקַּח לְךָ לַחְמָנִיָּה עִם גְּבִינָה!
3 (document, list) מְגִלָּה; רְשִׁימָה
Master of the Rolls (*Law*) נְשִׂיא בֵּית־הַדִּין לְעַרְעוּרִים (הַמְמֻנֶּה עַל אַרְכִיּוֹן בֵּית־הַדִּין)
roll of honour רְשִׁימַת הַנּוֹפְלִים בִּקְרָב, מְגִלַּת הַנּוֹפְלִים
4 (rolling movement) גִּלְגּוּל, הִתְגַּלְגְּלוּת, הִתְהַפְּכוּת
forward roll גִּלְגּוּל לְפָנִים, סַלְטָה לְפָנִים
on a roll (*US sl.*) "מְשַׂחֵק אוֹתָהּ", בְּ"שְׁווּנְג" שֶׁל הַצְלָחָה
5 (rumble of drums or thunder) קוֹל־רַעַם

—v.i.
1 (move; with rotation; rotate; sway) הִתְגַּלְגֵּל, הִתְהַפֵּךְ
roll in "זָרַם" (נִכְנַס בְּכַמֻּיּוֹת, כֶּסֶף וְכַד')
□ *donations came rolling in* הַתְּרוּמוֹת זָרְמוּ בְּקֶצֶב
□ *he is rolling (in money)* הוּא טוֹבֵעַ בְּיָם שֶׁל כֶּסֶף
□ *his friends rolled up eventually* (*colloq.*) חֲבֵרָיו הוֹפִיעוּ לְבַסּוֹף
□ *roll on the holidays!* (*colloq.*) הַלְוַאי שֶׁהַחַגִּים יַגִּיעוּ כְּבָר!
□ *he has a rolling gait* הוּא מִתְנַדְנֵד בַּהֲלִיכָתוֹ
2 (begin to function) "רָץ"
□ *the cameras were rolling* הַמַּצְלֵמוֹת רָצוּ

—v.t.
1 (form into a cylinder, coil) גָּלַל, גִּלְגֵּל, גּוֹלֵל
□ *he rolled himself a cigarette* הוּא גִּלְגֵּל לְעַצְמוֹ סִיגַרְיָה
□ *the new machine is everything rolled into one* (*colloq.*) הַמְּכוֹנָה הַחֲדָשָׁה מְכִילָה אֶת הַכֹּל בַּחֲבִילָה אַחַת
□ *we rolled up our sleeves* (*fig.*) הִפְשַׁלְנוּ אֶת הַשַּׁרְווּלִים שֶׁלָּנוּ
2 (cause to rotate or move on wheels, etc.) גִּלְגֵּל
roll back (*US*) קִצֵּץ (מְחִירִים)
roll over הִתְגַּלְגֵּל עַל צִדּוֹ
□ *he rolled his eyes in incredulity* הוּא פִּלְבֵּל בְּעֵינָיו מִתּוֹךְ אִי־אֵמוּן
3 (flatten) כָּבַשׁ, שָׁטַח; רִדֵּד (בָּצֵק)
rolled gold מַתֶּכֶת מְצֻפָּה זָהָב (בְּאֹפֶן מֵכָנִי, לֹא בְּאֶלֶקְטְרוֹלִיזָה)
□ *he rolled the lawn* הוּא כָּבַשׁ אֶת הַדֶּשֶׁא
4 (trill) הִרְטִיט, הִרְעִיד (אֶת הַלָּשׁוֹן בַּהֲגִיַּת הֲגָיִים מְסֻיָּמִים, גִּלְגֵּל בַּהֲגִיָּה (הֶגֶה מְסֻיָּם)
□ *the French roll their R's* הַצָּרְפָתִים מְגַלְגְּלִים בְּ־"ר" שֶׁלָּהֶם
5 (throw dice, *US*) זָרַק (קֻבִּיּוֹת מִשְׂחָק)

roll-call /ˈrəʊl-kɔːl/ n. קְרִיאַת־שֵׁמוֹת, מִפְקַד נוֹכְחוּת (בְּצָבָא וְכַד')

roller /ˈrəʊlə(r)/ n.
1 (cylindrical or rotating object) גָּלִיל, תֹּף
2 (object round which hair is wrapped) גַּלְגַּל לְשֵׂעָר, "רוֹלֶר"
3 (instrument for flattening) מַכְבֵּשׁ
□ *garden roller* מַכְבֵּשׁ גִּנָּה, מַכְבֵּשׁ־דֶּשֶׁא
□ *road roller* מַכְבֵּשׁ־כְּבִישִׁים
4 (large wave) נַחְשׁוֹל

roller-coaster /ˈrəʊlə-kəʊstə(r)/ n. "רַכֶּבֶת־הָרִים" (בְּלוּנָה־פַּרְק)

roller-skate /ˈrəʊlə-skeɪt/ v.i. הֶחֱלִיק עַל גַּלְגִּלִּיּוֹת

roller-skates /ˈrəʊlə-skeɪts/ n. *pl.* גַּלְגִּלִּיּוֹת, סְקֶטִים

roller-towel /ˈrəʊlə-taʊəl/ n. מַגֶּבֶת גָּלִיל (בְּבָתֵּי שִׁמּוּשׁ צִבּוּרִיִּים)

rollicking /ˈrɒlɪkɪŋ/ adj. סוֹעֵר, רוֹעֵשׁ

rolling-mill /ˈrəʊlɪŋ-mɪl/ n. מַכְבֵּשׁ גְּלִילִים, מַכְבֵּשׁ גְּלִילָה (לְמַתֶּכֶת וְכַד׳)

rolling-pin /ˈrəʊlɪŋ-pɪn/ n. מַעֲרוֹךְ, מַעֲגִילָה (לְבָצֵק)

rolling-stock /ˈrəʊlɪŋ-stɒk/ n.
1 (rail vehicles) מְצַאי הַקְּרוֹנוֹת וְהַקַּטָּרִים
2 (road vehicles, *US*) צִי הָרֶכֶב (שֶׁל חֶבְרָה וְכַד׳)

rollmop /ˈrəʊlmɒp/ n. מָלִיחַ

roll-neck /ˈrəʊl-nek/ attrib. adj. עִם צַוָּארוֹן גּוֹלֵף

roll-on /ˈrəʊl-ɒn/ attrib. adj. מְכַל בַּעַל רֹאשׁ־מְרִיחָה כַּדּוּרִי (לְנוֹזֵל, לְמָשָׁל דֵּיאוֹדוֹרַנְט)

roll-on-roll-off /ˌrəʊl-ɒn-rəʊl-ˈɒf/ attrib. adj. (מַעְבֹּרֶת) לִמְכוֹנִיּוֹת

roly-poly /ˌrəʊlɪ-ˈpəʊlɪ/ n.
1 (pudding) פַּשְׁטִידָה מְגֻלְגֶּלֶת
2 (toy, *US*) ״נַחוּם־תַּקּוּם״ (בֻּבָּה מִתְנַדְנֶדֶת)
—adj. (*colloq.*) (אָדָם) גּוּץ וּשְׁמַנְמַן

ROM /rɒm/ n. (*Comput.*) ״רוֹם״ (זִכָּרוֹן קָבוּעַ בְּמַחְשֵׁב)

Roman /ˈrəʊmən/ adj. רוֹמִי, רוֹמָאִי, לָטִינִי
Roman candle זִקּוּק־אֵשׁ דְּמוּי צִנּוֹר הַפּוֹלֵט נִיצוֹצוֹת צִבְעוֹנִיִּים
Roman Catholic קָתוֹלִי
Roman holiday (*formal*) שַׁעֲשׁוּעִים עַל חֶשְׁבּוֹן הַזּוּלַת
Roman nose אַף־רוֹמִי, אַף נֶשֶׁר
Roman numeral סִפְרָה רוֹמִית (X, V, I וְכַד׳)
Roman (also **roman**) **type** (*Printing*) סוּג אוֹת ״רוֹמָן״
—n.
1 (citizen of Ancient Rome) רוֹמָאִי
2 (Roman Catholic) קָתוֹלִי

romance /rəʊˈmæns/ n.
1 (remoteness from everyday life; glamour) דִּמְיוֹן, גֻּזְמָה, בִּדְיוֹן
2 (love affair) רוֹמָן, סִפּוּר־אֲהָבִים, פָּרָשַׁת־אֲהָבִים
3 (imaginative tale; literature of this kind) רוֹמָן; ״רוֹמָן רוֹמַנְטִי״
4 (tale of chivalry) רוֹמַנְס, רוֹמַנְסָה, סִפּוּר (עפי״ר בַּחֲרוּזִים) הָעוֹסֵק בַּעֲלִילוֹת אַבִּירִים (בִּימֵי־הַבֵּינַיִם)
—adj.
Romance languages הַשָּׂפוֹת הָרוֹמָנִיּוֹת (שֶׁמְּקוֹרָן בְּלָטִינִית)
—v.i. סִפֵּר סִפּוּרֵי גֻּזְמָה; נִהֵל פָּרָשַׁת אֲהָבִים

romancer /rəʊˈmænsə(r)/ n. מְחַבֵּר רוֹמַנְסוֹת; אָדָם הַמְנַהֵל פָּרָשִׁיּוֹת אֲהָבִים רַבּוֹת

Romanesque /ˌrəʊməˈnesk/ n. & adj. (*Archit.*) סִגְנוֹן רוֹמָנֶסְקִי (בְּאַדְרִיכָלוּת, מְאַפְיְנִים אוֹתוֹ קַשְׁתוֹת עֲגֻלּוֹת וְקִמּוּרִים, הָיָה רוֹוֵחַ בַּמֵּאוֹת הַ־10-12)

Romanian /rəʊˈmeɪnɪən/ n. & adj. אָדָם רוֹמָנִי; רוֹמָנִי (מֵרוֹמָנְיָה)

romantic /rəʊˈmæntɪk/ adj.
1 (imaginative, idealized, unrealistic) רוֹמַנְטִי; בִּלְתִּי מְצִיאוּתִי
romantic love אַהֲבָה רוֹמַנְטִית
the Romantic Movement (*Hist.*) הַתְּנוּעָה הָרוֹמַנְטִית (בְּסִפְרוּת וּבָאֳמָנוּת, בְּסוֹף הַמֵּאָה הַ־18 וּתְחִלַּת הַמֵּאָה הַ־19)
2 (related to love, amorous) רוֹמַנְטִי, שֶׁל אֲהָבִים
—n רוֹמַנְטִיקָן

romanticism /rəʊˈmæntɪsɪzəm/ n. רוֹמַנְטִיצִיזְם, רוֹמַנְטִיקָה (בְּסִפְרוּת וּבָאֳמָנוּת)

romanticist /rəʊˈmæntɪsɪst/ n. רוֹמַנְטִיצִיסְט (כַּנַּ״ל)

romanticize /rəʊˈmæntɪsaɪz/ v.t. (*derog.*) עָשָׂה לְרוֹמַנְטִי, הִקְנָה צִבְיוֹן רוֹמַנְטִי לְ..., נָתַן תֵּאוּר רוֹמַנְטִי שֶׁל

Romany /ˈrɒmənɪ/ n. & adj. צוֹעֲנִי; לְשׁוֹן הַצּוֹעֲנִים; שֶׁל צוֹעֲנִים

Romeo /ˈrəʊmɪəʊ/ n. (*pl.* **Romeos**, *derog.*) ״רוֹמֵיאוֹ״ (מְאַהֵב רוֹמַנְטִי, עַל־פִּי גִּבּוֹרוֹ שֶׁל שֵׁיקְסְפִּיר)

romp /rɒmp/ v.i.
1 (play about vigorously) הִשְׁתּוֹלֵל, הִשְׁתּוֹבֵב (יֶלֶד וְכַד׳)
2 (proceed effortlessly, *colloq.*) עָבַר בְּקַלּוּת
□ *the favourite romped home* הַפֵּיבוֹרִיט זָכָה בְּקַלּוּת

rompers /ˈrɒmpəz/ n. *pl.* מֵעֵין סַרְבָּל לְתִינוֹקוֹת

rondo /ˈrɒndəʊ/ n. (*pl.* **rondos**) (*Mus.*) רוֹנְדוֹ (יְצִירָה מוּזִיקָלִית, שֶׁיֵּשׁ בָּהּ מַנְגִּינָה חוֹזֶרֶת)

rood /ruːd/ n. (*arch.*)
1 (cross) צְלָב גָּדוֹל (בִּכְנִיסָה לִכְנֵסִיָּה וְכַד׳)
rood-screen מְחִצַּת הַפְרָדָה בִּכְנֵסִיָּה (לָרֹב מֵעֵץ אוֹ מֵאֶבֶן)
2 (measure) מִדַּת שֶׁטַח בְּרִיטִית (¼ אַקֶר אוֹ דּוּנָם מֶטְרִי אֶחָד)

roof /ruːf/ n. גַּג
hit (or **go through** or **raise**) **the roof** (*colloq.*) יָצָא מִן הַכֵּלִים, ״הִתְפּוֹצֵץ״, הִרְעִישׁ עוֹלָמוֹת
□ *the price of tin went through the roof* (*colloq.*) מְחִירֵי הַבְּדִיל הִרְקִיעוּ שְׁחָקִים
□ *we are under one roof at last* סוֹף סוֹף אֲנַחְנוּ יַחַד תַּחַת גַּג אֶחָד
□ *he was without a roof over his head* הוּא נוֹתַר לְלֹא קוֹרַת־גַּג לְרֹאשׁוֹ
□ *the roof of my mouth is sore* כּוֹאֵב לִי בַּחֵךְ הָעֶלְיוֹן
—v.t. (past & pst ppl. **roofed**) עָשָׂה גַּג לְ..., קֵרָה; (חֹמֶר מְסֻיָּם) שִׁמֵּשׁ גַּג לְ...
roof over כִּסָּה בְּגַג

rooftop /ˈruːftɒp/ n. רֹאשׁ־הַגַּג

rook[1] /rʊk/ n.
1 (bird) עוֹרֵב הַמִּזְרָע
2 (swindler, *colloq.*) רַמַּאי, נוֹכֵל
—v.t. (*colloq.*) רִמָּה (בִּקְלָפִים וְכַד׳)

rook[2] /rʊk/ n. (*Chess*) צְרִיחַ, "טוּרָה"

rookery /ˈrʊkərɪ/ n. מוֹשֶׁבֶת עוֹרְבִים

rookie /ˈrʊkɪ/ n. (*US colloq.*) טִירוֹן, "יָרֹק"

room /ruːm, rʊm/ n.

1 (space) מֶרְחָב, מָקוֹם

□ *we can make room for an extra diner* אֲנַחְנוּ יְכוֹלִים לְסַדֵּר מָקוֹם לְסוֹעֵד נוֹסָף

□ *this table takes up too much room* שֻׁלְחָן זֶה תּוֹפֵס יוֹתֵר מִדַּי מָקוֹם

□ *you must leave room for your pudding* עָלֶיךָ לְהַשְׁאִיר מָקוֹם (בַּבֶּטֶן) לְמָנָה אַחֲרוֹנָה

□ *your work leaves room for improvement* יֵשׁ מָקוֹם לְשִׁפּוּרִים בַּעֲבוֹדָתְךָ

□ *it's standing room only!* רַק מְקוֹמוֹת עֲמִידָה! רַק בַּעֲמִידָה! (בְּאוֹטוֹבּוּס וְכַד׳)

2 (division of building) חֶדֶר

room service שֵׁרוּת חֲדָרִים (בְּמָלוֹן)

□ *he set the whole room laughing* הוּא גָּרַם לְכָךְ שֶׁכָּל הַנּוֹכְחִים בַּחֶדֶר פָּרְצוּ בִּצְחוֹק, הוּא הִצְחִיק אֶת כָּל הַחֶדֶר

—v.i. (*US*) הָיָה לוֹ חֶדֶר (שָׂכוּר)

□ *he roomed with his cousin* הָיָה לוֹ חֶדֶר אֵצֶל בֶּן־דּוֹדוֹ, הוּא גָּר אֵצֶל בֶּן־דּוֹדוֹ

roomer /ˈruːmə(r)/ n. (*US*) דַּיַּר מִשְׁנֶה, דַּיָּר

rooming-house /ˈruːmɪŋ-haʊs/ n. בַּיִת עִם חֲדָרִים/ דִּירוֹת לְהַשְׂכָּרָה

room-mate /ˈruːm-meɪt/ n. שֻׁתָּף לְחֶדֶר

roomy /ˈruːmɪ/ adj. מְרֻוָּח, נִרְחָב

roost /ruːst/ n. מוֹט (שֶׁעָלָיו יְשֵׁנִים עוֹפוֹת), חֵלֶק הַלּוּל שֶׁבּוֹ יְשֵׁנִים עוֹפוֹת; (בְּהַשְׁאָלָה) מְקוֹם לִינָה

□ *your carelessness may come home to roost* הָרַשְׁלָנוּת שֶׁלְּךָ עֲלוּלָה בְּסוֹפוֹ שֶׁל דָּבָר לִפֹּל עַל רֹאשְׁךָ

□ *he's used to ruling the roost* (*colloq.*) הוּא רָגִיל לִהְיוֹת הַבּוֹס

—v.i. (עוֹף) יָשַׁן עַל מוֹט (בְּלוּל), הִתְכּוֹנֵן לְשֵׁנָה

rooster /ˈruːstə(r)/ n. (*US*) תַּרְנְגוֹל, שֶׂכְוִי

root[1] /ruːt/ n.

1 (underground or anchoring part of plant) שֹׁרֶשׁ

root beer מֵעֵין בִּירָה שְׁחוֹרָה (לֹא מְכִילָה אַלְכּוֹהוֹל)

root vegetable יָרָק שֹׁרֶשׁ

□ *this practice must be destroyed root and branch* (*formal*) יֵשׁ לַעֲקֹר הֶרְגֵּל זֶה מִן הַשֹּׁרֶשׁ

□ *she pulled up her roots and moved to London* הִיא עָקְרָה לְלוֹנְדוֹן

□ *the suspicion that he was lying took root in her mind* הִשְׁתָּרֵשׁ בְּמֹחָהּ הַחֲשָׁד שֶׁהוּא מְשַׁקֵּר

□ *I've begun to put down roots after working here for a year* הִתְחַלְתִּי לְהִתְאַקְלֵם לְאַחַר שָׁנָה שֶׁל עֲבוֹדָה כָּאן

2 (embedded anchorage of anything) שֹׁרֶשׁ

□ *the root of the tooth was completely rotten* שֹׁרֶשׁ הַשֵּׁן הָיָה רָקוּב לְגַמְרֵי

3 (source; essence) מָקוֹר, מוֹצָא, יְסוֹד, שֹׁרֶשׁ

□ *(love of) money is the root of all evil* (*Prov.*) הַכֶּסֶף הוּא שֹׁרֶשׁ כָּל רַע, תַּאֲוַת הַבֶּצַע הִיא שֹׁרֶשׁ כָּל רַע

□ *we must get to the root(s) of the matter* עָלֵינוּ לָרֶדֶת לְשָׁרְשׁוֹ שֶׁל הַדָּבָר

□ *this new law strikes at the very roots of liberty* הַחֹק הֶחָדָשׁ הַזֶּה פּוֹגֵעַ בְּעֶצֶם יְסוֹדוֹת הַחֵרוּת

4 (*Math.*) שֹׁרֶשׁ (מְרֻבָּע, מְעֻקָּב וְכוּ׳)

5 (*Gram.*) שֹׁרֶשׁ (שֶׁל מִלָּה)

6 (*Mus.*) הַתָּו הַבְּסִיסִי שֶׁל אַקּוֹרְד

—v.i. הִכָּה שָׁרָשִׁים, הִשְׁתָּרֵשׁ; הִשְׁתַּקֵּעַ בַּמָּקוֹם

—v.t.

1 (fix with roots) רִתֵּק לִמְקוֹמוֹ, הִצְמִיד לִמְקוֹמוֹ

□ *he stood there, rooted to the spot* (*fig.*) הוּא נִצַּב שָׁם, תָּקוּעַ בִּמְקוֹמוֹ

□ *do you have rooted objections to alcohol?* הַאִם יֵשׁ לְךָ הִתְנַגְּדוּת מֻשְׁרֶשֶׁת לְמַשְׁקָאוֹת חֲרִיפִים?

2 root out עָקַר מִן הַשֹּׁרֶשׁ, שֵׁרֵשׁ

root[2] /ruːt/ v.i.

1 (forage, rummage) חִטֵּט

□ *he spent an hour rooting about for his passport* (*colloq.*) הוּא בִּזְבֵּז שָׁעָה בְּחִפּוּשִׂים אַחַר הַדַּרְכּוֹן שֶׁלּוֹ

2 root for (*US sl.*) עוֹדֵד, תָּמַךְ בְּ... (מִתְחָרֶה וְכַד׳)

—v.t.

□ *the dog rooted out the bone* הַכֶּלֶב חָפַר וְהוֹצִיא אֶת הָעֶצֶם (הַקְּבוּרָה)

□ *I'll root out that book for you* (*colloq.*) אֲנִי אֲחַפֵּשׂ וְאֶמְצָא לְךָ אֶת הַסֵּפֶר הַהוּא

rootle /ˈruːt(ə)l/ v.i. (*UK*) (חֲזִיר) נָבַר, חִטֵּט בִּזְרַבּוּבִיתוֹ (בָּאֲדָמָה וְכַד׳)

rope /rəʊp/ n. חֶבֶל

the rope חֶבֶל הַתְּלִיָּה

□ *she wore a rope of pearls* הִיא עָנְדָה לְצַוָּארָהּ מַחֲרֹזֶת פְּנִינִים

□ *after a year in the office he knew the ropes* (*colloq.*) לְאַחַר שָׁנָה בְּמִשְׂרָתוֹ הוּא נַעֲשָׂה בָּקִי בָּעִנְיָנִים

□ *give him enough rope and he will hang himself* (*fig.*) הַנַּח לַשּׁוֹטֶה לִנְהֹג כִּרְצוֹנוֹ וְהוּא יָבִיא עַל עַצְמוֹ אָסוֹן, תֵּן לוֹ מַסְפִּיק חֶבֶל וְהוּא כְּבָר יִתְלֶה אֶת עַצְמוֹ

□ *this is money for old rope!* (*colloq.*) זֶה כֶּסֶף קַל!

—v.t. קָשַׁר בְּחֶבֶל, הִדֵּק בְּחֶבֶל; לָכַד בִּפְלָצוּר/בְּ"לָסוֹ"

□ *the dangerous ground was roped off* סָגְרוּ בַּחֲבָלִים אֶת הַשֶּׁטַח הַמְסֻכָּן

□ *I was roped into helping at the fête* (*colloq.*) הִתְלַבְּשׁוּ עָלַי כְּדֵי שֶׁאֶעֱזֹר בַּחֲגִיגָה

rope-ladder /ˈrəʊp-lædə(r)/ n. סֻלַּם־חֲבָלִים

ropy /ˈrəʊpɪ/ adj. (also **ropey**)

1 (of poor quality, *UK colloq.*) סוּג ב׳, מְזֻנָּח

2 (forming threads, stringy) צָמִיג

Roquefort /ˈrɒkfɔː(r)/ n. גְּבִינַת רוֹקְפוֹר (גְּבִינַת כְּבָשִׂים בְּשֵׁלָה)

rosary /ˈrəʊzərɪ/ n. מַחֲרֹזֶת תְּפִלּוֹת (לָרֹב בַּדָּת הַקָּתוֹלִית); מַחֲזוֹר תְּפִלּוֹת (לָרֹב קָתוֹלִי)

rose[1] /rəʊz/ n.

1 (plant, flower; design resembling this) וֶרֶד, שׁוֹשַׁנָּה

compass rose שׁוֹשַׁנַּת הָרוּחוֹת

rose window חַלּוֹן־שׁוֹשַׁנָּה (חַלּוֹן עָגֹל וּמְעֻטָּר)

Wars of the Roses (*UK Hist.*) מִלְחֶמֶת הַשּׁוֹשַׁנִּים (בְּאַנְגְּלִיָּה בַּמֵּאָה הַ־15)

□ *life is not all roses* (*colloq.*) הַחַיִּים לֹא תָּמִיד וְרֻדִּים, הַחַיִּים זֶה לֹא פִּיקְנִיק

□ *her life was a bed of roses* דַּרְכָּהּ בַּחַיִּים סוּגָה בַּשּׁוֹשַׁנִּים

2 (colour) צֶבַע הַוֶּרֶד; וָרֹד

3 (sprinkling nozzle) פִּיָּה מְחוֹרֶרֶת (שֶׁל מַשְׁפֵּךְ); "רֹאשׁ" (שֶׁל מִקְלַחַת)

4 (mounting of chandelier) תַּבְלִיט מְעֻטָּר בַּתִּקְרָה (מֵעַל נִבְרֶשֶׁת), רוֹזֶטָה

rose[2] /rəʊz/ past of **rise**

rosé /ˈrəʊzeɪ/ n. יַיִן רוֹזֶה

roseate /ˈrəʊzɪət/ adj. (*poet.*) וָרֹד, וָרֹד־אָדֹם

rose-bed /ˈrəʊz-bed/ n. עֲרוּגַת־וְרָדִים

rosebud /ˈrəʊzbʌd/ n. נִצַּן הַוֶּרֶד, נִצַּת שׁוֹשַׁנִּים

rose-bush /ˈrəʊz-bʊʃ/ n. שִׂיחַ וְרָדִים, שִׂיחַ שׁוֹשַׁנִּים

rose-coloured /ˈrəʊz-kʌləd/ adj. (*derog.*) "וָרֹד"

□ *she sees things through rose-coloured spectacles* הִיא רוֹאָה אֶת הַדְּבָרִים בְּמִשְׁקָפַיִם וְרֻדִּים (בְּאֹפֶן לֹא מְצִיאוּתִי)

rosemary /ˈrəʊzmərɪ/ n. רוֹזְמָרִין (תַּבְלִין)

rosette /rəʊˈzet/ n.

1 (badge worn as prize or by supporter) תָּו נִצָּחוֹן (סֶרֶט צִבְעוֹנִי בְּצוּרַת שׁוֹשַׁנָּה)

2 (roselike ornament) רוֹזֶטָה

rose-water /ˈrəʊz-ˌwɔːtə(r)/ n. מֵי־וְרָדִים (בֹּשֶׂם)

rosewood /ˈrəʊzwʊd/ n. סִיסָם (עֵץ קָשֶׁה לָרָהִיטִים וְכַד')

rosin /ˈrɒzɪn/ n. נֵטֶף הָאֵלָה (לִמְשִׁיחַת קֶשֶׁת הַכִּנּוֹר)

—v.t. מָשַׁח בְּנֶטֶף (כַּנ"ל)

roster /ˈrɒstə(r)/ n. & v.t. רְשִׁימַת הַתּוֹרָנִים, לוּחַ תּוֹרָנוּת; רָשַׁם בְּלוּחַ הַתּוֹרָנִים

rostrum /ˈrɒstrəm/ n. (*pl.* **rostra**) דּוּכַן נוֹאֲמִים, בִּימָה

rosy /ˈrəʊzɪ/ adj.

1 (pink) וָרֹד

2 (promising) "וָרֹד"

□ *his future looks rosy* סִכּוּיָיו נִרְאִים מְצֻיָּנִים, סִכּוּיָיו נִרְאִים וְרֻדִּים

rot /rɒt/ n.

1 (decay) רָקָב, רִקָּבוֹן, מַק, נֶמֶק

dry rot רָקָב יָבֵשׁ (בְּמִבְנִים שֶׁל עֵץ)

foot rot רְקַב טְלָפַיִם (שֶׁל כְּבָשִׂים אוֹ פָּרוֹת)

□ *the rot set in after she left* (*colloq.*) הַכֹּל הִתְחִיל לְהִתְמוֹטֵט אַחֲרֵי שֶׁהִיא עָזְבָה

2 (nonsense, *UK arch. colloq.*) שְׁטֻיּוֹת

—v.t. & i. הִרְקִיב, גָּרַם רִקָּבוֹן בְּ...; נִרְקַב, רָקַב, נָמַק

rota /ˈrəʊtə/ n. רְשִׁימַת תּוֹרָנִים, לוּחַ תּוֹרָנֻיּוֹת

Rotarian /rəʊˈteərɪən/ n. חָבֵר בַּאֲגֻדַּת "רוֹטָרִי"

rotary /ˈrəʊtərɪ/ adj. סִבּוּבִי

Rotary club מוֹעֲדוֹן "רוֹטָרִי", אֲגֻדַּת "רוֹטָרִי"

rotate /rəʊˈteɪt/ v.t. & i.

1 (revolve) סָבַב, סָבַב עַל צִירוֹ

2 (alternate) הִתְחַלֵּף (לְפִי תּוֹר)

rotation /rəʊˈteɪʃ(ə)n/ n.

1 (turning) סִבּוּב

2 (alternation, recurrence) סֶבֶב, מַחֲזוֹר, רוֹטַצְיָה

crop rotation מַחֲזוֹר זְרָעִים

□ *he dealt with his papers in rotation* הוּא טִפֵּל בִּנְיָרוֹתָיו לְפִי הַסֵּדֶר (שֶׁבּוֹ נִתְקַבְּלוּ)

rotatory /ˈrəʊtət(ə)rɪ/ adj. סִבּוּבִי

rote /rəʊt/ n. (*formal*) שִׁנּוּן בְּעַל־פֶּה

□ *he knows it by rote* הוּא יוֹדֵעַ זֹאת בְּעַל־פֶּה (בְּאֹפֶן מֵכָנִי)

rot-gut /ˈrɒt-gʌt/ n. (*colloq.*) מַשְׁקֶה חָרִיף זוֹל בְּאֵיכוּת נְמוּכָה

rotisserie /rəʊˈtiːsərɪ/ n. תַּנּוּר צְלִיָּה (שֶׁבּוֹ הַשִּׁפּוּדִים מִסְתּוֹבְבִים עַל צִירָם)

rotogravure /ˌrəʊtəʊgrəˈvjʊə(r)/ n. הַדְפָּסָה בִּדְפוּס־שֶׁקַע וּבִמְכוֹנָה רוֹטַצְיוֹנִית

rotor /ˈrəʊtə(r)/ n.

1 (part that rotates) רוֹטוֹר

2 (set of blades on helicopter) רוֹטוֹר

rotten /ˈrɒt(ə)n/ adj.

1 (decayed) רָקוּב

2 (corrupt) מֻשְׁחָת, "רָקוּב"

3 (bad, *colloq.*) מְזֻפָּת, מְחֻרְבָּן

□ *I feel rotten today* אֲנִי מַרְגִּישׁ זִיפְת הַיּוֹם

□ *what rotten luck!* אֵיזֶה מַזָּל מְחֻרְבָּן!

rotter /ˈrɒtə(r)/ n. (*UK colloq.*) נוֹכֵל; טִיפּוּס "רָקוּב"

Rottweiler /ˈrɒtvaɪlə(r)/ n. כֶּלֶב רוֹטְוַיְלֶר

rotund /rəʊˈtʌnd/ adj. (*formal*) שְׁמַנְמַן, עֲגַלְגַּל

rotunda /rəʊˈtʌndə/ n. רוֹטוּנְדָה (מִבְנֶה עָגֹל, לָרֹב בַּעַל כִּפָּה)

rouble /ˈruːb(ə)l/ n. רוּבָּל (מַטְבֵּעַ רוּסִי = 100 קוֹפִּיקוֹת)

roué /ˈruːeɪ/ n. (*arch.*) אַשְׁמַאי (לָרֹב זָקֵן)

rouge /ruːʒ/ n. אֹדֶם (לִלְחָיַיִם)

—v.t. שָׂם אֹדֶם עַל

rough /rʌf/ adj.

1 (uneven; coarse) מְחֻסְפָּס, מָלֵא בְּלִיטוֹת וּשְׁקָעִים

rough country אַדְמַת טְרָשִׁים, שֶׁטַח מְבֻתָּר

□ *I gave her the rough edge of my tongue* (*arch. colloq.*) נָזַפְתִּי בָּהּ כַּהֹגֶן

2 (not gentle or easy) גַּס, נֻקְשֶׁה, קָשֶׁה

rough and ready פָּשׁוּט וְגַס, בְּסִיסִי
rough deal "טִפּוּל קָשֶׁה"
rough justice
(firm treatment) "טִפּוּל קָשֶׁה", יַחַס קָשֶׁה
(injustice) אִי־צֶדֶק, עִוּוּת הַדִּין
rough stuff (*colloq.*) "מַכּוֹת"
□ *the critics gave the new play a rough passage* (or *ride*) הַמְבַקְּרִים קָטְלוּ אֶת הַמַּחֲזֶה הֶחָדָשׁ, הַמְבַקְּרִים נָתְנוּ לַמַּחֲזֶה הֶחָדָשׁ טִפּוּל קָשֶׁה
3 (imperfect) לֹא מְלֻטָּשׁ, לֹא מֻגְמָר; מְשֹׁעָר, גַּס
rough copy טְיוּטָה מְתֻקֶּנֶת (לִפְנֵי הַעְתָּקָה לְנָקִי)
rough diamond (*colloq.*) "יַהֲלוֹם לֹא מְלֻטָּשׁ" (אָדָם טוֹב־לֵב אַךְ גַּס הֲלִיכוֹת)
rough draft טְיוּטָה רִאשׁוֹנָה
rough paper נְיַר טְיוּטָה
—adv. בְּאֹפֶן קָשֶׁה
□ *he's been sleeping rough* הוּא חַי בִּתְנָאִים קָשִׁים, הוּא חַי בַּחוּץ (כְּנַוָּד)
□ *he cut up rough when he heard the news* (*colloq.*) הוּא "חָטַף עֲצַבִּים" כְּשֶׁשָּׁמַע אֶת הַחֲדָשׁוֹת
—n.
1 (uneven ground) שֶׁטַח מְבֻתָּר
2 (adversity) מְצוּקָה, קְשָׁיִים, צָרוֹת
□ *the rough and tumble of circus life* הַקְּשָׁיִים וְהַתְּלָאוֹת שֶׁל חַיֵּי הַקִּרְקָס
□ *one must take the rough with the smooth* עָלֵינוּ לְקַבֵּל אֶת הַטּוֹב עִם הָרַע
3 (thug) בִּרְיוֹן
—v.t.
□ *campers have to rough it* (*colloq.*) מַחֲנָאִים חַיִּים בִּתְנָאִים חַסְרֵי־מוֹתָרוֹת
□ *he roughed out a sketch of the building* הוּא שִׂרְטֵט תְּמוּנָה כְּלָלִית (בְּלִי פְּרָטִים) שֶׁל הַבִּנְיָן
□ *he was roughed up by muggers* (*colloq.*) הַשּׁוֹדְדִים נָתְנוּ לוֹ "טִפּוּל" רְצִינִי
roughage /ˈrʌfɪdʒ/ n. סִבִּין
roughcast /ˈrʌfkɑːst/ adj. & n. צִפּוּי טִיחַ וַחֲלוּקֵי אֶבֶן קְטַנִּים (לְקִיר חִיצוֹנִי שֶׁל בַּיִת וְכַד')
roughen /ˈrʌf(ə)n/ v.t. & i. חִסְפֵּס; הִתְחַסְפֵּס
rough-hewn /ˈrʌf-hjuːn/ adj. שֶׁנֶּחְתַּךְ בְּגַסּוּת (אֶבֶן, עֵץ וְכַד'); (בְּהַשְׁאָלָה) גַּס, לֹא מְלֻטָּשׁ
roughly /ˈrʌflɪ/ adv.
1 (in a rough manner) בְּגַסּוּת, בְּנֻקְשׁוּת
2 (approximately) בְּעֵרֶךְ, בְּקֵרוּב
roughly speaking בְּקֵרוּב, מִבְּלִי לְדַיֵּק
roughshod /ˈrʌfʃɒd/ adv. & adj. בְּגַסּוּת; (סוּס) בַּעַל פַּרְסוֹת מְחֻסְפָּסוֹת (לִמְנִיעַת הַחְלָקָה)
□ *she rode roughshod over her parents' objections* (*derog.*) הִיא הִתְעַלְּמָה בְּגַסּוּת מִן הַמְּחָאוֹת שֶׁל הוֹרֶיהָ
roulade /ruːˈlɑːd/ n.
1 (*Cookery*) רוֹלָדָה (מְתוּקָה אוֹ לֹא־מְתוּקָה)
2 (*Mus.*) סִלְסוּל (בְּקוֹל, עַל הֲבָרָה בּוֹדֶדֶת)
roulette /ruːˈlet/ n. רוּלֶטָה (מִשְׂחַק הַמּוֹרִים)
Russian roulette רוּלֶטָה רוּסִית (מִשְׂחָק מְסֻכָּן עִם אֶקְדָּח תֻּפִּי וְכַדּוּר אֶחָד)
round /raʊnd/ adj.
1 (circular) עָגֹל, מַעְגָּלִי
round robin
(document) מַעְגַּל חֲתִימוֹת (עֲצוּמָה הַנִּשְׁלַחַת לְגוּף רִשְׁמִי)
(sports tournament, *US*) טוּרְנִיר
round trip נְסִיעָה הָלוֹךְ וָשׁוֹב
2 (full, complete, approximate) מָלֵא, שָׁלֵם
a round dozen תְּרֵיסָר שָׁלֵם
round figures מִסְפָּרִים מְעֻגָּלִים
round number מִסְפָּר עָגֹל (מֵאָה, אֶלֶף וְכַד')
3 (flowing; not harsh) מְעֻגָּל
round hand כְּתַב יָד מְעֻגָּל וּבָרוּר
—n.
1 (circular object) עִגּוּל
in the round
(all things considered) בְּמַבָּט כּוֹלֵל
(*Theatr.*) (בְּתֵיאַטְרוֹן) מִכָּל צִדֵּי הַבָּמָה
a round of beef נֵתַח בְּשַׂר יָרֵךְ שֶׁל בָּקָר
2 (circular motion or route) סִבּוּב, מַחֲזוֹר
the daily round "הַסִּבּוּב הַיּוֹמִי", שִׁגְרַת יוֹם־יוֹם
go the round(s) "הִסְתּוֹבֵב"
□ *the doctor does* (or *makes*) *his rounds* הָרוֹפֵא עוֹרֵךְ אֶת בִּקּוּרָיו הַשִּׁגְרָתִיִּים, הָרוֹפֵא עוֹשֶׂה אֶת הַסִּבּוּב הַקָּבוּעַ שֶׁלּוֹ
□ *I played a round of golf* שִׂחַקְתִּי מִשְׂחָק שָׁלֵם שֶׁל גּוֹלְף (סִבּוּב הַכּוֹלֵל אֶת כָּל הַחוֹרִים)
3 (buying drinks for everyone) סִבּוּב (שֶׁל מַשְׁקֶה)
□ *I'll get your whisky, it's my round* אֲנִי אֲשַׁלֵּם עַל הַוִּיסְקִי שֶׁלְּךָ, זֶה הַתּוֹר שֶׁלִּי
4 (ammuniton for one shot) כַּדּוּר (אֶחָד, שֶׁל כְּלִי־יְרִיָּה)
5 (stage in sporting competition) סִבּוּב
6 (song) קָנוֹן (לְכַמָּה קוֹלוֹת הַשָּׁרִים מַנְגִּינָה זֵהָה בְּהֶפְרֵשֵׁי זְמַן)
7 (amount of bread) פְּרוּסַת לֶחֶם; כָּרִיךְ, סֶנְדְּוִיץ'
□ *two rounds of beef sandwiches and one of cheese please* שְׁנֵי כְּרִיכֵי בְּשַׂר־בָּקָר וְאֶחָד שֶׁל גְּבִינָה בְּבַקָּשָׁה
—adv.
1 (circularly, completing a circuit; in a different direction) סָבִיב; הַצִּדָּה
look round הִסְתַּכֵּל הַצִּדָּה
the right (or **wrong**) **way round** כְּמוֹ שֶׁצָּרִיךְ/הָפוּךְ מִמַּה שֶׁצָּרִיךְ
□ *there wasn't enough food to go round* לֹא הָיָה מַסְפִּיק מָזוֹן לַכֻּלָּם

□ *he didn't leave her – it was the other way round* הוּא לֹא עָזַב אוֹתָהּ – הַהֵפֶךְ

□ *my head is going round and round* רֹאשִׁי הוֹלֵךְ סְחוֹר סְחוֹר, מִסְתּוֹבֵב לִי הָרֹאשׁ

□ *we passed the photographs round* הֶעֱבַרְנוּ אֶת הַתַּצְלוּמִים מִיָּד לְיָד

□ *he came round after the blow to his head* הַכָּרָתוֹ שָׁבָה אֵלָיו לְאַחַר הַמַּהֲלוּמָה בְּרֹאשׁוֹ

□ *he came round to my point of view* הוּא הִשְׁתַּכְנֵעַ בְּצִדְקַת הַשְׁקָפָתִי (וְשִׁנָּה אֶת הַשְׁקָפָתוֹ)

□ *when I called he turned round* כְּשֶׁקָּרָאתִי בִּשְׁמוֹ הוּא הִסְתּוֹבֵב וּפָנָה אֵלַי

□ *she turned the joint round in the oven* הִיא הָפְכָה אֶת נֵתַח הַבָּשָׂר בְּתוֹךְ הַתַּנּוּר

□ *it was difficult to win him round* הָיָה קָשֶׁה לְשַׁכְנֵעַ אוֹתוֹ

2 (nearby) בַּסְּבִיבָה

round about

(in a ring) בְּמַעְגָּל, סָבִיב

(approximately, *colloq.*) בְּעֵרֶךְ, בִּסְבִיבוֹת

□ *he brought the bicycle round to the house* הוּא הֵבִיא אֶת הָאוֹפַנַּיִם אֶל הַבַּיִת

□ *do come round soon!* אָנָּא בּוֹא לְבַקֵּר בְּקָרוֹב!

—prep.

1 (encircling, around, on all sides of) סָבִיב

2 (beyond, changing direction at) מֵעֵבֶר לְ...

round the bend (or **twist**) (*colloq.*) "דָּפוּק בָּרֹאשׁ"

□ *the shop is just round the corner* הַחֲנוּת נִמְצֵאת מַמָּשׁ מֵעֵבֶר לַפִּנָּה

—v.t. & i.

1 (make round; become round) עִגֵּל; הִתְעַגֵּל

2 (go round) חָלַף עַל פְּנֵי

□ *he rounded the corner* הוּא פָּנָה, הוּא בִּצַּע אֶת הַפְּנִיָּה

3 (in set phrases)

round down עִגֵּל (מִסְפָּר, לְמִסְפָּר קָטָן יוֹתֵר)

round off הִשְׁלִים, סִיֵּם (בְּאֹפֶן נָאוֹת); עִגֵּל (מִסְפָּר)

round on פָּנָה וְתָקַף, הִתְנַפֵּל עַל

round up

(gather, bring together) אָסַף, כִּנֵּס, קִבֵּץ

(approximate) עִגֵּל (מִסְפָּר, לְמִסְפָּר גָּדוֹל יוֹתֵר)

roundabout /ˈraʊndəbaʊt/ adj. עוֹקֵף, עָקִיף; (דִּבּוּר) הוֹלֵךְ סְחוֹר סְחוֹר

—n. (*UK*)

1 (merry-go-round) סְחַרְחֶרֶת, "קָרוּסֶלָה"

2 (circular road junction) כִּכָּר עֲגֻלָּה (בְּהִצְטַלְּבוּת כְּבִישִׁים)

roundel /ˈraʊnd(ə)l/ n. דִּיסְקִית מְגֻלֶּפֶת לְקִשּׁוּט; סֵמֶל הַמְּדִינָה עַל דֹּפֶן מָטוֹס צְבָאִי

rounders /ˈraʊndəz/ n. מִשְׂחָק אַנְגְּלִי דּוֹמֶה לְכַדּוּר־בָּסִיס, "מַעְגָּלִים"

round-eyed /raʊnd-ˈaɪd/ adj. בְּעֵינַיִם קְרוּעוֹת לִרְוָחָה, בְּעֵינַיִם עֲגֻלּוֹת (מֵרֹב תִּמָּהוֹן, פַּחַד וְכַד')

Roundhead /ˈraʊndhed/ n. (*Hist.*) כִּנּוּי לְתוֹמֵךְ בְּקְרוֹמְוֶל בְּמִלְחֶמֶת הָאֶזְרָחִים הָאַנְגְּלִית

roundly /ˈraʊndlɪ/ adv. (*formal*) רַבָּתִי; בְּחֻמְרָה; לַחֲלוּטִין

roundness /ˈraʊndnɪs/ n. עֲגַלְגַּלּוּת

round-shouldered /ˌraʊnd-ˈʃəʊldəd/ adj. (*derog.*) בַּעַל כְּתֵפַיִם נְטוּיוֹת (קָדִימָה), כְּפוּף־גֵּו

roundsman /ˈraʊndzmən/ n.

1 (delivery assistant, *UK*) אָדָם הָעוֹרֵךְ מִשְׁלוֹחִים עֲבוּר חֲנוּת

2 (patrolling policeman, *US*) פַּקַּח מִשְׁטָרָה

round-table /ˌraʊnd-ˈteɪb(ə)l/ adj. שֻׁלְחָן עָגֹל

round-table conference וְעִידַת שֻׁלְחָן־עָגֹל (שֶׁבָּהּ אֵין יוֹשֵׁב־רֹאשׁ, וְכָל הַמִּשְׁתַּתְּפִים שְׁוֵי־מַעֲמָד)

round-up /ˈraʊnd-ʌp/ n.

1 (collecting) (פְּעֻלָּה שֶׁל) כִּנּוּס, אִסּוּף (שֶׁל בָּקָר וְכַד')

2 (summary) סְקִירַת אֵרוּעִים, תַּקְצִיר הַחֲדָשׁוֹת (בְּאֶמְצְעֵי הַתִּקְשֹׁרֶת)

rouse /raʊz/ v.t.

1 (wake up, *formal*) הֵעִיר (מִשֵּׁנָה), עוֹרֵר, הֵקִים

2 (stir, provoke) עוֹרֵר, הִרְגִּיז, גֵּרָה, הֵסִית

—v.refl. קָם (כְּדֵי לַעֲשׂוֹת דְּבַר מָה)

rousing /ˈraʊzɪŋ/ adj. מְעוֹרֵר, מַרְגִּשׁ

roustabout /ˈraʊstəbaʊt/ n. (*US*) פּוֹעֵל שָׁחוֹר (לָרֹב בַּנָּמֵל, בִּקְדוּחַ נֵפְט אוֹ בַּקִּרְקָס)

rout[1] /raʊt/ n. תְּבוּסָה מוֹחֶצֶת, מְנוּסָה הֲמוֹנִית

—v.t. הֵבִיס, הִנְחִיל תְּבוּסָה לְ...

rout[2] /raʊt/ v.t.

rout out (*colloq.*) הוֹצִיא בְּכֹחַ, הִכְרִיחַ (אֶת פְּלוֹנִי וְכַד') לָצֵאת

route /ruːt/ n. נָתִיב, מַסְלוּל, דֶּרֶךְ

route march (*Mil.*) מַסָּע (לְאֹרֶךְ מַסְלוּל, לְצֹרֶךְ אִמּוּנִים)

—v.t. (pres. ppl. **routeing**) נִתֵּב, קָבַע אֶת הַנָּתִיב שֶׁל

routine /ruːˈtiːn/ n.

1 (regular procedure; regularity) שִׁגְרָה, "רוּטִינָה"

2 (part of performance) "רוּטִינָה", קֶטַע קָבוּעַ

—adj. שִׁגְרָתִי

routinely /ruːˈtiːnlɪ/ adv. בְּאֹפֶן שִׁגְרָתִי, בְּאֹפֶן קָבוּעַ

roux /ruː/ n. רְבִיכָה

rove /rəʊv/ v.i. (*poet.*) שׁוֹטֵט, נָדַד

□ *he has a roving eye* (*colloq.*) הוּא תָּמִיד פּוֹזֵל הַצִּדָּה, הוּא תָּמִיד מִסְתַּכֵּל עַל נָשִׁים אֲחֵרוֹת

rover /ˈrəʊvə(r)/ n. (*poet.*) נַוָּד

row[1] /rəʊ/ n.

1 (set of persons or objects in a straight line) שׁוּרָה (אֻפְקִית)

□ *this is the third day of snow in a row* זֶה הַיּוֹם הַשְּׁלִישִׁי בִּרְצִיפוּת/בְּשׁוּרָה שֶׁל שֶׁלֶג

2 (line of seats in a theatre, etc.) שׁוּרָה

row² /rəʊ/ v.t. & i. חָתַר בְּ...; חָתַר

—n. חֲתִירָה, שַׁיִט־חֲתִירָה, שַׁיִט בְּסִירַת־מְשׁוֹטִים

row³ /raʊ/ (*colloq.*) n.

1 (noise, commotion) רַעַשׁ, הֲמוּלָה

2 (argument, quarrel) רִיב, קְטָטָה

—v.i. רָב, הִתְקוֹטֵט

rowan /ˈrəʊən, ˈraʊən/ n. עֵץ הַחוּזְרָר

rowboat /ˈrəʊbəʊt/ see **ROWING-BOAT**

rowdy /ˈraʊdɪ/ adj. (*colloq. derog.*) רוֹעֵשׁ וּפָרוּעַ, מִתְפָּרֵעַ

—n. בִּרְיוֹן, פִּרְחָח

rowing-boat /ˈrəʊɪŋ-bəʊt/ n. (also (*US*) **rowboat**) סִירַת מְשׁוֹטִים

rowlock /ˈrɒlək/ n. בֵּית־הַמָּשׁוֹט, תּוֹשֶׁבֶת הַמָּשׁוֹט

royal /ˈrɔɪəl/ adj.

1 (of or relating to a king or queen) מַלְכוּתִי

royal blue (*UK*) כָּחֹל עַז וְעָמֹק

royal family מִשְׁפַּחַת הַמְּלוּכָה

royal flush (*Cards*) "פְלַשׁ רוֹיָאל" (קְלָפִים עוֹקְבִים מִנְּסִיךְ וְעַד אָס, מֵאוֹתוֹ סוּג)

royal icing צִפּוּי מָתוֹק, קָשֶׁה וְלָבָן (לְעוּגַת פֵּרוֹת וְכַד')

royal jelly מְזוֹן מַלְכוּת

the royal 'we' (*colloq.*) לְשׁוֹן הָרַבִּים הַמַּלְכוּתִית (הַמַּלְכָּה אוֹמֶרֶת "אֲנַחְנוּ" בְּדַבְּרָהּ עַל עַצְמָהּ)

2 (splendid; sumptuous) כְּיַד הַמֶּלֶךְ; מַלְכוּתִי, שֶׁל מַלְכוּת

—n.

1 (member of royal family, *colloq.*) בֶּן מִשְׁפַּחַת הַמְּלוּכָה

2 (size of paper) פוֹרְמָט נְיָר גָּדוֹל (63.5 ס"מ עַל 50.8 ס"מ)

royalist /ˈrɔɪəlɪst/ n. מְלוּכָנִי, רוֹיָאלִיסְט, תּוֹמֵךְ בְּשִׁלְטוֹן הַמְּלוּכָה

royally /ˈrɔɪəlɪ/ adv. בְּאֹפֶן מַלְכוּתִי

royalty /ˈrɔɪəltɪ/ n.

1 (royal persons; no *pl.*) בֶּן מִשְׁפַּחַת הַמְּלוּכָה

2 (sum paid for each use, performance, etc.) תַּמְלוּגִים

RPM /ɑː piː ˈem/ abbrev. סל"ד (סִבּוּבִים לְדַקָּה)

RSVP /ˌɑːr es viː ˈpiː/ abbrev. נָא לַעֲנוֹת לְפִי הַכְּתֹבֶת (בְּסוֹף הַהַזְמָנָה רִשְׁמִית)

rub /rʌb/ v.t.

1 (move against with pressure) שִׁפְשֵׁף, חִכֵּךְ

rub it in זָרָה מֶלַח עַל הַפְּצָעִים

rub out

(erase) מָחַק

(kill, *US sl.*) "חִסֵּל"

□ *she rubbed her hands with glee* הִיא שִׁפְשְׁפָה אֶת יָדֶיהָ בְּעֹנֶג

□ *don't rub his nose in it – he's disappointed enough* (*colloq.*) אַל תַּזְכִּיר לוֹ אֶת זֶה פַּעַם נוֹסֶפֶת – הוּא כְּבָר מַסְפִּיק מְאֻכְזָב

□ *his remarks rubbed us up the wrong way* (*colloq.*) הֶעָרוֹת שֶׁלּוֹ עָלוּ לָנוּ עַל הָעֲצַבִּים

□ *rub the butter and flour together* עַרְבֵּב אֶת הַקֶּמַח וְהַחֶמְאָה, וּמָעֵךְ אוֹתָם בְּאֶצְבְּעוֹתֶיךָ

2 (clean, polish) שִׁפְשֵׁף

rub down שִׁפְשֵׁף וְהֶחֱלִיק (בִּנְיָר זְכוּכִית וְכַד'), שִׁפְשֵׁף וְנִגֵּב (אֶת הַגּוּף וְכַד')

rub up "שִׁפְשֵׁף" (חִדֵּשׁ אֶת יְדִיעוֹתָיו בְּנוֹשֵׂא מְסֻיָּם)

—v.i. הִשְׁתַּפְשֵׁף

rub along (*colloq.*) "הִסְתַּדֵּר"

rub off (צֶבַע וְכַד') יָרַד בְּשִׁפְשׁוּף; (בְּהַשְׁאָלָה) הִשְׁפִּיעַ עַל, נִדְבַּק לְ...

—n. שִׁפְשׁוּף, חִכּוּךְ

rubato /ruːˈbɑːtəʊ/ adj. (*Mus.*) רוּבָּטוֹ (שִׁנּוּיֵי קֶצֶב לְהַדְגָּשַׁת הַהַבָּעָה)

rubber /ˈrʌbə(r)/ n.

1 (elastic substance) גּוּמִי

rubber band גּוּמִיָּה

rubber plant פִיקוּס (צֶמַח נוֹי בַּעַל עָלִים גְּדוֹלִים וּמַבְרִיקִים)

2 (eraser, *UK*) מַחַק, "מוֹחֵק"

3 (condom, *colloq.*) "גּוּמִי"

4 (in *pl.*, galoshes, *US*) נַעֲלֵי גּוּמִי, עַרְדָּלַיִם

5 (person or thing that rubs) מְשַׁפְשֵׁף

rubberize /ˈrʌbəraɪz/ v.t. צִפָּה בְּגוּמִי, הִסְפִּיג בְּגוּמִי

rubberneck /ˈrʌbənek/ n. (*colloq.*) אָדָם בַּעַל "אַף אָרֹךְ", סַקְרָן (תַּיָּר וְכַד')

rubber-stamp /ˌrʌbə-ˈstæmp/ v.t. שִׁמֵּשׁ "חוֹתֶמֶת גּוּמִי" לְ... (נָתַן אִשּׁוּר בְּאֹפֶן אוֹטוֹמָטִי)

rubbery /ˈrʌbərɪ/ adj. גָּמִישׁ, כְּמוֹ גּוּמִי; צָמִיג (בָּשָׂר וְכַד')

rubbing /ˈrʌbɪŋ/ n. "רַבִּינְג" (הֶעְתֵּק שֶׁל תַּבְלִיט עַל נְיָר, נַעֲשָׂה בְּאֶמְצָעוּת שִׁפְשׁוּף)

rubbish /ˈrʌbɪʃ/ n.

1 (refuse, debris) זֶבֶל, אַשְׁפָּה

rubbish tip עֲרֵמַת זֶבֶל

2 (nonsense; often as int.) שְׁטֻיּוֹת, "זֶבֶל"

—v.t. (*colloq.*) זִלְזֵל לְגַמְרֵי בְּ...

rubbishy /ˈrʌbɪʃɪ/ adj. (*colloq.*) "זֶבֶל"

rubble /ˈrʌb(ə)l/ n. פְּסֹלֶת בִּנְיָן; הֲרִיסוֹת

rub-down /ˈrʌb-daʊn/ n. שִׁפְשׁוּף (בִּנְיָר זְכוּכִית וְכַד')

rubella /ruːˈbelə/ n. (*Med.*) אַדֶּמֶת

Rubicon /ˈruːbɪkən/ n.

cross the Rubicon (*formal*) "חָצָה אֶת הָרוּבִּיקוֹן", קִבֵּל הַחְלָטָה גּוֹרָלִית

rubicund /ˈruːbɪkənd/ adj. (*formal*) סְמוּק־פָּנִים

rubric /ˈruːbrɪk/ n. (*formal*) הֶסְבֵּרִים בְּרֹאשׁ דַּף־בְּחִינָה

ruby /ˈruːbɪ/ n.

1 (gem) אֶבֶן אֹדֶם

ruby wedding יוֹבֵל הָאַרְבָּעִים לְנִשּׂוּאִין
2 (colour) אֹדֶם עַז וְעָמֹק

ruche /ru:ʃ/ n. כִּוּוּץ (עַל בַּד, לְקִשּׁוּט, לְהִדּוּק וְכַד׳)

ruched /ru:ʃt/ adj. (בֶּגֶד, בַּד) עִם כִּוּוּצִים, מְכֻוָּץ

ruck[1] /rʌk/ n.
1 **the ruck** חַיֵּי הַשִּׁגְרָה, ״הַתֶּלֶם״
2 (*Rugby*, etc.) הִתְגּוֹדְדוּת שַׂחְקָנִים

ruck[2] /rʌk/ v.t. & i. קִמֵּט; הִתְקַמֵּט (בֶּגֶד וְכַד׳)
□ *her skirt was rucked up* הַחֲצָאִית שֶׁלָּהּ הָיְתָה מְקֻמֶּטֶת לְגַמְרֵי (וְחָשְׂפָה אֶת רַגְלֶיהָ)

rucksack /ˈrʌksæk/ n. תַּרְמִיל גַּב

ruckus /ˈrʌkəs/ n. (*US*) מְהוּמָה, הֲמֻלָּה

ruction /ˈrʌkʃ(ə)n/ n. (*colloq.*) ״צְעָקוֹת״
□ *there'll be ructions if I'm not home on time* יִהְיוּ צְעָקוֹת אִם אֲנִי לֹא אֶחֱזֹר הַבַּיְתָה בַּזְּמַן

rudder /ˈrʌdə(r)/ n. הֶגֶה (לַהַב הִגּוּי בִּסְפִינָה אוֹ בְּמָטוֹס)

ruddy /ˈrʌdɪ/ adj.
1 (reddish) אֲדַמְדַּם, סָמוּק
2 (as an intensifier, *UK colloq.*) אָרוּר

rude /ru:d/ adj.
1 (impolite, offensive; abrupt) גַּס, חָצוּף, לֹא מְנֻמָּס; פִּתְאֹמִי
rude awakening הִתְפַּכְּחוּת לֹא נְעִימָה (מֵאַשְׁלָיָה)
2 (simple, primitive, *poet.*) גַּס, פָּשׁוּט, פְּרִימִיטִיבִי

rudely /ˈru:dlɪ/ adv. בְּגַסּוּת, לֹא בְּנִימוּס; בְּאֹפֶן פְּרִימִיטִיבִי

rudiment /ˈru:dɪmənt/ n.
1 (in *pl.*, first principles) יְסוֹדוֹת רִאשׁוֹנִים, עֶקְרוֹנוֹת בְּסִיסִיִּים
2 (not fully developed object) סִימָנִים רִאשׁוֹנִים, ״נִצָּנִים״

rudimentary /ˌru:dɪˈment(ə)rɪ/ adj. רִאשׁוֹנִי, יְסוֹדִי; לֹא מְפֻתָּח, בְּסִיסִי

rue /ru:/ v.t. (*formal*) הִתְחָרֵט עַל, הִצְטַעֵר עַל
□ *I rue the day I ever bought this car* אֲנִי מִתְחָרֵט עַל הַיּוֹם שֶׁבּוֹ קָנִיתִי אֶת הַמְּכוֹנִית הַזֹּאת

rueful /ˈru:f(ə)l/ adj. מִתְחָרֵט, מִצְטַעֵר

ruff /rʌf/ n. צַוָּארוֹן מַלְמָלָה (נֻקְשֶׁה וּבַעַל קְפָלִים רַבִּים); צִיצַת־צַוָּאר (שֶׁל עַיִט וְכַד׳)

ruffian /ˈrʌfɪən/ n. (*arch. derog.*) בִּרְיוֹן

ruffle /ˈrʌf(ə)l/ v.t.
1 (disturb, fluster) פָּרַע (שֵׂעָר, עַמּוּדֵי סֵפֶר וְכַד׳), הֵפֵר (שַׁלְוָה וְכַד׳)
2 (stiffen feathers) נִעֵר (נוֹצוֹת)
□ *the insult ruffled his feathers a bit* (*colloq.*) הָעֶלְבּוֹן עִצְבֵּן אוֹתוֹ קְצָת
—n.
1 (frill of lace, etc.) סִלְסוּלֵי בַּד, קִפְלֵי קִשּׁוּט קְטַנִּים (עַל בֶּגֶד)
2 (disturbance) הַפְרָעָה

rug /rʌg/ n. שָׁטִיחַ (אֲבָל לֹא שָׁטִיחַ מִקִּיר אֶל קִיר); שְׁטִיחוֹן; שְׂמִיכָה
□ *the announcement of a pay rise pulled the rug from under us* (*colloq.*) הַהוֹדָעָה עַל הַעֲלָאָה בְּשָׂכָר שָׁמְטָה אֶת הַקַּרְקַע מִתַּחַת לְרַגְלֵינוּ

rugby /ˈrʌgbɪ/ n. (מִשְׂחַק) רוֹגְבִּי
Rugby League מִשְׂחַק רוֹגְבִּי לִקְבוּצוֹת בְּנוֹת 13 שַׂחְקָנִים
Rugby Union מִשְׂחַק רוֹגְבִּי לִקְבוּצוֹת בְּנוֹת 15 שַׂחְקָנִים

rugged /ˈrʌgɪd/ adj.
1 (rough, uneven; not gentle) טְרָשִׁי, סַלְעִי; מְחֻסְפָּס
□ *his looks and his manners were rugged* הָיוּ לוֹ מַרְאֶה וְאֹפֶן הִתְנַהֲגוּת מְחֻסְפָּסִים
2 (sturdy, robust) עָמִיד בִּפְנֵי טִלְטוּלִים, קָשִׁים וְכַד׳

rugger /ˈrʌgə(r)/ n. (*UK colloq.*) (מִשְׂחַק) רוֹגְבִּי

ruin /ˈru:ɪn/ n.
1 (destruction; financial disaster) הֶרֶס, חֻרְבָּן
□ *his extravagance will be the ruin of them* אֹרַח הַחַיִּים הָרַאַוְתָנִי שֶׁלּוֹ יָבִיא עֲלֵיהֶם הֶרֶס
2 (collapsed building, ancient relic) הֲרִיסוֹת, חֻרְבָּה, חֳרָבוֹת
3 (in *pl.*, wreckage) הֲרִיסוֹת
in ruins בְּמַצָּב שֶׁל הֶרֶס, הָרוּס
—v.t. הָרַס, הֵבִיא חֻרְבָּן עַל, הִשְׁחִית
□ *he's a ruined man* הוּא אָדָם שֶׁחָרַב עָלָיו עוֹלָמוֹ; הוּא פָּשַׁט אֶת הָרֶגֶל
□ *the fire ruined my clothes* הַשְּׂרֵפָה הִשְׁחִיתָה אֶת כָּל הַבְּגָדִים שֶׁלִּי

ruination /ˌru:ɪˈneɪʃ(ə)n/ n. (*formal*) הֶרֶס, חֻרְבָּן; מְקוֹר הַהֶרֶס, מְקוֹר הַחֻרְבָּן

ruinous /ˈru:ɪnəs/ adj.
1 (disastrous) הַרְסָנִי, הֲרֵה־אָסוֹן
2 (dilapidated) הָרוּס, חָרֵב

rule /ru:l/ n.
1 (principle, law; in *pl.*, regulations of a sport, etc.) כְּלָל, חֹק, דִּין
as a rule בִּכְלָל
break the rules הֵפֵר אֶת הַכְּלָלִים
bend (or **stretch**) **the rules** הִתְאִים אֶת הַכְּלָלִים (לְעַצְמוֹ וְכַד׳)
rule of thumb עִקָּרוֹן מַעֲשִׂי
2 (regime; custom) נֹהַג, מִנְהָג, חֹק
3 (government, dominion) מִמְשָׁל, מִשְׁטָר, שִׁלְטוֹן
the rule of law שִׁלְטוֹן הַחֹק
4 (ruler) סַרְגֵּל
—v.t.
1 (control, govern) שָׁלַט בְּ.../עַל, מָשַׁל בְּ.../עַל
rule the roost (*colloq.*) הָיָה הַ״בּוֹס״
2 (decree, pronounce) פָּסַק שֶׁ..., קָבַע שֶׁ...
rule out שָׁלַל (אֶפְשָׁרוּת וְכַד׳), הוֹצִיא מִכְּלָל אֶפְשָׁרוּת שֶׁ...

3 (mark with lines; draw with a ruler) סַמֵּן שׁוּרָה עַל, מָתַח (קַו) בְּסַרְגֵּל עַל

ruled paper נְיָר עִם שׁוּרוֹת

—v.i. שָׁלַט, מָשַׁל

□ *after the assassination, chaos ruled* לְאַחַר הַהִתְנַקְּשׁוּת שָׁלַט אִי־סֵדֶר בַּכֹּל

ruler /ˈruːlə(r)/ n.

1 (person who rules) שַׁלִּיט

2 (drawing or measuring instrument) סַרְגֵּל

ruling /ˈruːlɪŋ/ n. פְּסִיקָה, הַכְרָעָה, קְבִיעָה

—adj. שַׁלִּיט, מוֹשֵׁל

ruling passion (*fig.*) הַהִתְעַנְיְנוּת הַמֶּרְכָּזִית (בְּחַיֵּי פְּלוֹנִי וְכַד׳)

rum[1] /rʌm/ n. רוּם

rum baba עוּגַת סַבָּרִינָה (עוּגַת טוֹרְט סְפוֹגָה בְּסִירוֹפּ)

rum[2] /rʌm/ adj. (*UK colloq.*) מוּזָר, מְשֻׁנֶּה

rumba /ˈrʌmbə/ n. רוּמְבָּה (מוּזִיקָה וְרִקּוּד סָלוֹנִי מְקוּבָּה)

rumble /ˈrʌmb(ə)l/ v.i. (רַעַם וְכַד׳) הִתְגַּלְגֵּל, הִשְׁמִיעַ קוֹל רַעַם מִתְגַּלְגֵּל; (בֶּטֶן) קִרְקֵר

□ *thunder rumbled in the distance* קוֹלוֹת רַעַם הִתְגַּלְגְּלוּ בְּמֶרְחַקִּים

□ *the train rumbled slowly away* הָרַכֶּבֶת הִתְרַחֲקָה אַט אַט וּבְקוֹל רַעַם עָמוּם

—v.t. (*UK colloq.*) חָשַׂף (אֶת פְּלוֹנִי, אֶת אָפְיוֹ, אֶת כַּוָּנוֹתָיו וְכַד׳)

—n. קוֹל רַעַם עָמוּם (וּמְמֻשָּׁךְ)

rumbustious /rʌmˈbʌstʃəs/ adj. (*colloq.*) רַעֲשָׁנִי, סוֹעֵר, עַלִּיז וּמְטֹרָף

ruminant /ˈruːmɪnənt/ n. (*Zool.*) בַּעַל חַיִּים מַעֲלֵה־גֵּרָה

—adj. מַעֲלֵה־גֵּרָה

ruminate /ˈruːmɪneɪt/ v.i.

1 (ponder, *formal*) הִרְהֵר, הָגָה

2 (chew cud) הֶעֱלָה גֵּרָה

rumination /ˌruːmɪˈneɪʃ(ə)n/ n. (פְּעֻלָּה שֶׁל) הִרְהוּר; הַעֲלָאַת גֵּרָה

ruminative /ˈruːmɪnətɪv/ adj. (*formal*) שֶׁל הִרְהוּרִים, מָלֵא הִרְהוּרִים

rummage /ˈrʌmɪdʒ/ (*colloq.*) v.i. & t. חִטֵּט; הָפַךְ בְּחִפּוּשִׂים

□ *she rummaged through her suitcase* הִיא חִטְּטָה בְּמִזְוָדָה שֶׁלָּהּ

□ *I rummaged out an old shirt* חִטַּטְתִּי וּמָצָאתִי חֻלְצָה יְשָׁנָה

—n. חִטּוּט

rummage sale (*US*) שׁוּק פִּשְׁפְּשִׁים בֵּיתִי (בְּחָצֵר וְכַד׳)

rummy /ˈrʌmɪ/ n. רָמִי (מִשְׂחַק קְלָפִים)

rumour /ˈruːmə(r)/ n. (*US* **rumor**) שְׁמוּעָה; רְכִילוּת

□ *rumour has it that they're lovers* עַל־פִּי הַשְּׁמוּעָה יֵשׁ בֵּינֵיהֶם רוֹמָן

□ *I heard a rumour that you're leaving* שָׁמַעְתִּי שְׁמוּעָה שֶׁאַתָּה עוֹזֵב

—v.t. (usually in pass.) הֵפִיץ שְׁמוּעוֹת שֶׁ...

□ *he is rumoured to be leaving* אוֹמְרִים שֶׁהוּא עוֹזֵב

rump /rʌmp/ n.

1 (hind part) אֲחוֹרַיִם

rump steak בְּשַׂר אֲחוֹרַיִם

2 (small remnant) שְׁאֵרִית, הַנּוֹתָר

□ *the organization was reduced to a rump* לֹא נוֹתְרוּ אֶלָּא שְׁאֵרִיּוֹת מִן הָאִרְגּוּן

rumple /ˈrʌmp(ə)l/ v.t. פָּרַע, סָתַר

—n. קֶמֶט, קֶפֶל (בְּבֶגֶד)

rumpus /ˈrʌmpəs/ n. (*colloq.*) מְהוּמָה, הִתְקוֹטְטוּת, וִכּוּחַ קוֹלָנִי

rumpus room (*US*) חֲדַר מַרְתֵּף (שֶׁאֶפְשָׁר לְהַרְעִישׁ בּוֹ לְלֹא חֲשָׁשׁ)

run /rʌn/ v.i. (past **ran** /ræn/, past ppl. **run** /rʌn/)

1 (move rapidly on foot) רָץ

□ *run for it!* תָּרוּץ! (תְּנַסֶּה לְהַצִּיל אֶת עַצְמְךָ)

2 (travel hurriedly; flee) בָּרַח, נִמְלַט

3 (operate, move) פָּעַל, עָבַד; נָסַע

□ *this car runs on diesel* מְכוֹנִית זוֹ נוֹסַעַת עַל דִּיזֶל

□ *the buses run every ten minutes* הָאוֹטוֹבּוּסִים נוֹסְעִים כָּל עֶשֶׂר דַּקּוֹת

□ *he kept the engine running while he waited* הוּא הִשְׁאִיר אֶת הַמָּנוֹעַ בִּפְעֻלָּה בְּעוֹד הוּא מְחַכֶּה

□ *the train is running late* הָרַכֶּבֶת מְאַחֶרֶת

4 (continue, extend) נִמְשַׁךְ (בִּרְצִיפוּת), הִתְפַּשֵּׁט, הִשְׂתָּרֵעַ

□ *a high wall ran round the estate* חוֹמָה גְּבוֹהָה הִקִּיפָה אֶת הָאֲחֻזָּה

□ *the play ran for three years* הַמַּחֲזֶה הֻעֲלָה עַל הַבָּמָה בְּמֶשֶׁךְ שָׁלֹשׁ שָׁנִים בִּרְצִיפוּת

□ *he has been late three days running* הוּא אֵחַר בְּמֶשֶׁךְ שְׁלֹשָׁה יָמִים רְצוּפִים

□ *generosity runs in the family* הַנְּדִיבוּת עוֹבֶרֶת אֶצְלָם בַּמִּשְׁפָּחָה בִּירֻשָּׁה

5 (flow; also *fig.*) זָרַם, נָזַל, זָב

□ *the tap ran dry* הַמַּיִם בַּבֶּרֶז אָזְלוּ

□ *the child has a running nose* לַיֶּלֶד יֵשׁ נַזֶּלֶת, לַיֶּלֶד יֵשׁ אַף נוֹזֵל

□ *my tights are always running* תָּמִיד יֵשׁ לִי רַכָּבוֹת בַּגַּרְבִּיּוֹן/בַּטַּיְטְס

□ *this shirt runs in the wash* הַחֻלְצָה הַזֹּאת מוֹרִידָה צֶבַע בַּכְּבִיסָה

6 (tend towards)

run riot הִשְׁתּוֹלֵל

run wild הִשְׁתּוֹלֵל, הִתִּיר כָּל רֶסֶן

□ *patriotism ran high* הָרְגָשׁוֹת הַלְּאֻמִּיִּים גָּאוּ

□ *supplies are running low* (or *short*) הָאַסְפָּקָה הוֹלֶכֶת וּמִתְמַעֶטֶת

□ *he really ran to seed when his wife left him*
(*colloq.*) מַצָּבוֹ הִדַּרְדֵּר מְאֹד כַּאֲשֶׁר אִשְׁתּוֹ עָזְבָה אוֹתוֹ

7 (seek election) "רָץ" (לְמִשְׂרָה), הִצִּיג אֶת מֻעֲמָדוּתוֹ
□ *I'm running for chairman this year* הִגַּשְׁתִּי אֶת מֻעֲמָדוּתִי לְמִשְׂרַת הַיּוֹשֵׁב־רֹאשׁ הַשָּׁנָה

—v.t.

1 (organize, cause to operate) הִפְעִיל, נִהֵל
run the show (*colloq.*) נִהֵל אֶת הָעֵסֶק
□ *you'll be running it fine to catch the train if you don't leave now* (*colloq.*) אַתָּה עָלוּל לְהַחְמִיץ אֶת הָרַכֶּבֶת אִם לֹא תֵּצֵא עַכְשָׁו

2 **run errands** בִּצַּע שְׁלִיחֻיּוֹת

3 (drive) הִסִּיעַ
□ *can I run you to the station?* הַאִם אֲנִי יָכוֹל לְהַסִּיעַ אוֹתְךָ לַתַּחֲנָה?
□ *she ran her car into the wall* הִיא נָהֲגָה בַּמְּכוֹנִית וְהִתְנַגְּשָׁה בַּקִּיר

4 (experience or do by running)
run the gauntlet נֶאֱלַץ לְהִתְמוֹדֵד עִם קְשָׁיִים מִמֻּשְׁכִים
run to earth הִבְרִיחַ (שׁוּעָל) לִמְאוּרָה; (בְּהַשְׁאָלָה) דָּחַק לְפִנָּה
□ *we ran them very close* (*fig.*) הָיִינוּ צְמוּדִים אֲלֵיהֶם כָּל הַזְּמַן (אֲבָל לֹא הִשַּׂגְנוּ אוֹתָם)
□ *she's run off her feet* הִיא מִתְרוֹצֶצֶת כָּל הַזְּמַן
□ *he ran rings around his rival* (*fig.*) הוּא עָשָׂה מֵהַיָּרִיב שֶׁלּוֹ צְחוֹק

5 (cause to flow)
□ *the fire ran its course* (*fig.*) הָאֵשׁ כָּבְתָה מֵעַצְמָהּ לְבַסּוֹף

6 (cause to happen, tend to)
□ *I'm running a risk* אֲנִי לוֹקֵחַ סִכּוּן, אֲנִי מִסְתַּכֵּן
□ *you're running a temperature* יֵשׁ לְךָ חֹם
□ *he ran a good chance of becoming mayor* הָיָה לוֹ סִכּוּי טוֹב לַהֲפֹךְ לְרֹאשׁ־הָעִיר

— in set phrases
run across פָּגַשׁ בְּמִקְרֶה אֶת, נִתְקַל בְּ...
run along (*colloq.*) (לְיֶלֶד, בַּחֲבִיבוּת) לֵךְ לְשַׂחֵק! לֵךְ הַבַּיְתָה!

run away
(escape) בָּרַח, נִמְלַט
□ *he ran away with his neighbour's wife* הוּא בָּרַח עִם אֵשֶׁת הַשָּׁכֵן
(go out of control)
□ *don't run away with the idea that I'm rich* אַל תַּתְחִיל לַחְשֹׁב שֶׁאֲנִי עָשִׁיר (*colloq.*)
□ *don't let your ideas run away with you* אַל תַּכְנִיס לְעַצְמְךָ רַעְיוֹנוֹת לָרֹאשׁ

run down
(collide with) הִתְנַגֵּשׁ בְּ..., פָּגַע בְּ...
(cause to become small or weak; stop working) עִיֵּף (אָדָם); (אָדָם) הִתְעַיֵּף; (מַכְשִׁיר) הִתְבַּלָּה

(discover) גִּלָּה, חִפֵּשׂ וּמָצָא

run in
(arrest, *colloq.*) הִכְנִיס לְמַעֲצָר, עָצַר
(*Mech.*) עָשָׂה הַרְצָה לְ...

run into
(collide with) נִתְקַל בְּ..., הִתְנַגֵּשׁ בְּ...
(encounter) פָּגַשׁ בְּ..., נִתְקַל בְּ...
(amount to) הִסְתַּכֵּם בְּ..., הִגִּיעַ לְ...

run off
(escape) בָּרַח
□ *she ran off with her brother-in-law* הִיא בָּרְחָה עִם בַּעֲלָהּ שֶׁל אֲחוֹתָהּ
(do or repeat)
□ *the schoolboy ran off the list of dates without a pause* הַתַּלְמִיד דִּקְלֵם אֶת הָרְשִׁימוֹת בְּלִי לַעֲצֹר
□ *he ran off twenty copies of his speech* הוּא שִׁכְפֵּל אֶת הַנְּאוּם שֶׁלּוֹ בְּעֶשְׂרִים עֳתָקִים

run on
(continue) הִמְשִׁיךְ
(talk at length) דִּבֵּר לְלֹא הֶפְסֵק
(*Printing*) הִמְשִׁיךְ בַּשּׁוּרָה הַבָּאָה

run out
(come to an end; reach the end of) נִגְמַר, הִסְתַּיֵּם; הִגִּיעַ לַסּוֹף
□ *supplies finally ran out* הָאַסְפָּקָה אָזְלָה לְבַסּוֹף
□ *we have run out of petrol* נִגְמַר לָנוּ הַדֶּלֶק
(*Cricket*) מֵעֵין "אָאוּט" בְּקְרִיקֶט

run over
(overflow) גָּלַשׁ, עָלָה עַל גְּדוֹתָיו (וְהֵצִיף)
(drive on top of) דָּרַס, רָמַס בְּגַלְגַּלָּיו
(read or go through quickly) עָבַר בִּמְהִירוּת עַל, עִיֵּן בִּזְרִיזוּת בְּ...
□ *I'll run over the main points with you* אֲנִי אֶעֱבֹר אִתְּךָ עַל הַנְּקֻדּוֹת הַמֶּרְכָּזִיּוֹת

run through
(read or examine quickly; check again) עָבַר עַל
□ *she ran through her lines* הִיא עָבְרָה (פַּעַם נוֹסֶפֶת) עַל הַשּׁוּרוֹת שֶׁלָּהּ
(spend) גָּמַר, בִּזְבֵּז, הוֹצִיא
□ *he ran through his money quickly* הוּא גָּמַר אֶת כָּל הַכֶּסֶף שֶׁלּוֹ מַהֵר מְאֹד
(be a continuous part of) הוֹפִיעַ לְכָל אֹרֶךְ, עָבַר כְּחוּט־הַשָּׁנִי בְּ...
□ *a sense of melancholy runs through his novel* תְּחוּשַׁת מֶלַנְכוֹלְיָה עוֹבֶרֶת כְּחוּט הַשָּׁנִי בָּרוֹמָן
(pierce, stab) פִּלַּח
□ *the gladiator ran his opponent through with a spear* הַגְּלַדְיָאטוֹר פִּלַּח אֶת יְרִיבוֹ בַּחֲנִית

run to
□ *in his later years he ran to fat* בִּשְׁנוֹתָיו הַמְּאֻחָרוֹת הוּא הִשְׁמִין

□ *the housekeeping money won't run to meat every day* הַתַּקְצִיב לֹא יַסְפִּיק כְּדֵי לִקְנוֹת בָּשָׂר כָּל יוֹם

run up

(accumulate; make quickly) צָבַר; עָשָׂה, הֵכִין

□ *I ran up this dress yesterday* הֵכַנְתִּי אֶת הַשִּׂמְלָה הַזֹּאת בְּמֶשֶׁךְ אֶתְמוֹל

□ *he ran up a huge bill at the hotel* הוּא צָבַר חוֹב עֲנָק בְּמָּלוֹן

(raise flag) הֵנִיף, הֶעֱלָה (דֶּגֶל)

run up against נִתְקַל בְּ..., עָמַד כְּנֶגֶד (קְשָׁיִים וְכַד׳)

—n.

1 (act or spell of running) רִיצָה

on the run בִּמְנוּסָה (מִן הַמִּשְׁטָרָה וְכַד׳)

□ *he had a good run for his money (colloq.)* הוּא קִבֵּל תְּמוּרָה טוֹבָה לְכַסְפּוֹ (גַּם בְּהַשְׁאָלָה)

□ *we broke into a run* פָּרַצְנוּ בְּרִיצָה

2 (trip) נְסִיעָה, "סִבּוּב"

□ *they went for a run in their new car* הֵם יָצְאוּ לְסִבּוּב בִּמְכוֹנִית הַחֲדָשָׁה שֶׁלָּהֶם

3 (spell of operation or movement) פֶּרֶק זְמַן, מֶשֶׁךְ (שֶׁל פְּעֻלָּה); טְוָח (שֶׁל תְּנוּעָה)

in the long run בְּסוֹפוֹ שֶׁל דָּבָר, בַּטְּוָח הָרָחוֹק

trial run הַפְעָלַת נִסָּיוֹן, נִסָּיוֹן

□ *he had a run of good luck at the table* הָיְתָה לוֹ סִדְרָה שֶׁל הַצְלָחוֹת לְיַד שֻׁלְחַן הַהִמּוּרִים

□ *the play had a record run of more than 500 performances* הַמַּחֲזֶה זָכָה לְשִׂיא שֶׁל יוֹתֵר מִ־500 הַצָּגוֹת

4 (*Cricket*) נְקֻדָּה (בְּתוֹצָאָה שֶׁל מִשְׂחַק הַקְּרִיקֶט)

5 (*Baseball*) הַקָּפָה (רִיצָה שֶׁל שַׂחְקָן סְבִיב אַרְבַּעַת הַבְּסִיסִים)

6 (unexpected demand) הִתְנַפְּלוּת (שֶׁל צַרְכָנִים וְכַד׳ עַל מוּצָר)

□ *the gloomy news caused a run on the banks* הַיְדִיעוֹת הַקּוֹדְרוֹת גָּרְמוּ לְהִתְנַפְּלוּת עַל הַבַּנְקִים (כְּדֵי לְהוֹצִיא פִּקְדוֹנוֹת)

7 (production; ordinary articles produced) סִדְרַת יִצּוּר; מוּצָר רָגִיל

print run הַדְפָּסָה (מִסְפָּר מְסֻיָּם שֶׁל עֻתָּקִים מֻדְפָּסִים)

□ *this article is quite out of the common run* פְּרִיט זֶה אֵינֶנּוּ מִסִּדְרַת הַיִּצּוּר הָרְגִילָה (כְּלוֹמַר הוּא מְיֻחָד)

8 the runs (*colloq.*) שִׁלְשׁוּל

9 (free access) גִּישָׁה חָפְשִׁית

□ *he gave me the run of his library* הוּא פָּתַח לְפָנַי אֶת דַּלְתוֹת הַסִּפְרִיָּה שֶׁלּוֹ, הוּא נָתַן לִי גִּישָׁה חָפְשִׁית לְסִפְרִיָּה שֶׁלּוֹ

10 (enclosure) מִכְלָאָה, דִּיר (לִבְהֵמוֹת)

chicken run לוּל, חָצֵר (לְעוֹפוֹת)

11 (rapid scale passage, *Mus.*) תְּרוּצָה

12 (journey on regular route) מַסְלוּל, קַו

runabout /ˈrʌnəbaʊt/ n. (*colloq.*) מְכוֹנִית קְטַנָּה

runaway /ˈrʌnəweɪ/ adj. & n. נִמְלָט, בּוֹרֵחַ; שֶׁיָּצָא מִכְּלַל שְׁלִיטָה; אָדָם בִּמְנוּסָה; חַיָּה שֶׁנִּמְלְטָה

□ *the new book was a runaway bestseller* הַסֵּפֶר הֶחָדָשׁ הָפַךְ לְרַב מֶכֶר מַדְהִים

run-down /ˈrʌn-daʊn/ n.

1 (reduction) צִמְצוּם

2 (detailed analysis, *colloq.*) סְקִירָה, הַפְּרָטִים (שֶׁל הִתְרַחֲשׁוּת וְכַד׳)

—adj. /rʌn-ˈdaʊn/ מֻזְנָח, רָעוּעַ; תָּשׁוּשׁ, חָלוּשׁ

rune /ruːn/ n. אוֹת בִּכְתָב קַדְמוֹן שֶׁנִּמְצָא בְּשִׁמּוּשׁ בְּקֶרֶב הָעַמִּים הַגֶּרְמָנִיִּים

rung[1] /rʌŋ/ past ppl. of **ring**[2] v.t.

rung[2] /rʌŋ/ n. שָׁלָב (בְּסֻלָּם); פַּס עֵץ מְאֻזָּן (לְחִזּוּק רַגְלֵי כִּסֵּא)

run-in /ˈrʌn-ɪn/ n.

1 (approach to an action or event) תְּקוּפַת נִסָּיוֹן, תְּקוּפַת הַרְצָה

2 (quarrel, *colloq.*) סִכְסוּךְ, הִסְתַּבְּכוּת (עִם הַמִּשְׁטָרָה וְכַד׳)

runnel /ˈrʌn(ə)l/ n.

1 (brook) פֶּלֶג, נַחַל קָטָן

2 (gutter) תְּעָלָה פְּתוּחָה (לְנִקּוּז, בְּשׁוּלֵי הַכְּבִישׁ)

runner /ˈrʌnə(r)/ n.

1 (person who runs or competes) רָץ, מִתְחָרֶה (בְּמֵרוֹץ)

front runner הַמִּתְחָרֶה בַּעַל־הַסִּכּוּיִים לְנַצֵּחַ (גַּם בְּהַשְׁאָלָה)

2 (performer of errands) רָץ, שָׁלִיחַ, בַּלְדָּר

drug runner בַּלְדַּר סַמִּים, מַבְרִיחַ סַמִּים

3 (part of sledge which slides) מַגְלֵשׁ (שֶׁל מִזְחֶלֶת)

4 (creeping stem of plant) שְׁלוּחָה מַשְׁרִישָׁה

runner (bean) שְׁעוּעִית יְרֻקָּה

5 (narrow table-cloth) מַפַּת־שֻׁלְחָן צָרָה וַאֲרֻכָּה (לְנוֹי)

6 do a runner (*sl.*) בָּרַח (עִם דָּבָר מָה שֶׁנִּגְנַב וְכַד׳)

runner-up /ˌrʌnər-ˈʌp/ n. (*pl.* **runners-up**) שֵׁנִי לַמְנַצֵּחַ

running /ˈrʌnɪŋ/ n. מֵרוֹץ

out of the running מִחוּץ לַמֵּרוֹץ

□ *the Japanese are making the running in this business* הַיַּפָּנִים מַכְתִּיבִים אֶת הַקֶּצֶב בָּעֵסֶק הַזֶּה

—adj.

1 (continuing; consecutive) שׁוֹטֵף, בִּרְצִיפוּת

running commentary פַּרְשָׁנוּת שׁוֹטֶפֶת, תֵּאוּר חַי

running costs הוֹצָאוֹת שׁוֹטְפוֹת

running head (or **headline**) כּוֹתֶרֶת רָצָה, כּוֹתֶרֶת הַמֶּשֶׁךְ

running mate (*US*) בֶּן־זוּג בַּמֵּרוֹץ לַבְּחִירוֹת (לָרֹב הַמֻּעֲמָד לְמִשְׂרַת סְגַן הַנָּשִׂיא)

running stitch תֶּפֶר רָץ

running water מַיִם זוֹרְמִים

□ *she's been late three days running* הִיא מְאַחֶרֶת כְּבָר שְׁלֹשָׁה יָמִים בִּרְצִיפוּת

2 (done with a run) בְּרִיצָה, שֶׁנַּעֲשָׂה תּוֹךְ כְּדֵי רִיצָה

□ *I told him to take a running jump (colloq.)* אָמַרְתִּי לוֹ שֶׁהוּא יָכוֹל לִקְפֹּץ לִי

runny /ˈrʌnɪ/ adj. נוֹזֵל

runt /rʌnt/ n.

1 (small pig) גּוּר חֲזִירִים לֹא מְפֻתָּח

2 (weakling, *colloq.*) חַלַּשְׁלוּשׁ, "דַּחְלִיל"

runway /ˈrʌnweɪ/ n. מַסְלוּל הַמְרָאָה/נְחִיתָה

rupee /ruːˈpiː/ n. רוּפִּיָּה (מַטְבֵּעַ הֹדִּי)

rupture /ˈrʌptʃə(r)/ n.

1 (breach; end of good relations) שֶׁבֶר, קֶרַע

2 (*Med.*) קֶלַע, שֶׁבֶר (בְּרִקְמַת גּוּף)

—v.t. קָרַע, בִּתֵּק

—v.i. נִקְרַע, נִתַּק

rural /ˈrʊər(ə)l/ adj. כַּפְרִי

ruse /ruːz/ n. תַּחְבּוּלָה, תַּכְסִיס

rush[1] /rʌʃ/ v.i. מִהֵר; זָרַם בִּמְהִירוּת, פָּרַץ, זִנֵּק

□ *the blood rushed to her face* הַדָּם זִנֵּק לְפָנֶיהָ

—v.t.

1 (transport quickly) הֵחִישׁ, הֶעֱבִיר בִּמְהִירוּת

□ *the earthquake victims were rushed to hospital* קָרְבְּנוֹת רְעִידַת־הָאֲדָמָה הוּחְשׁוּ לְבֵית־הַחוֹלִים

□ *the legislation was rushed through parliament* הַחֹק הָעֳבַר בִּמְהִירוּת בַּפַּרְלָמֶנְט

2 (cause to hurry; deal with quickly) הֵאִיץ בְּ..., עָשָׂה בִּמְהִירוּת

□ *don't rush me!* אַל תָּאִיץ בִּי! אַל תִּדְחַף אוֹתִי!

□ *he rushed his lunch* הוּא אָכַל אֶת אֲרוּחַת הַצָּהֳרַיִם שֶׁלּוֹ בִּמְהִירוּת

3 (overcome by a sudden attack) הִסְתָּעֵר עַל

—n.

1 (sudden advance, burst of speed, etc.) פֶּרֶץ

rush hour "רָשׁ־אָאוּאֶר" (בְּדִבּוּר, לֹא בִּכְתָב), שְׁעַת עֹמֶס־שִׂיא בְּתַחְבּוּרָה

2 (sudden demand) הִתְנַפְּלוּת

□ *there's been a rush on tomatoes* הָיְתָה הִתְנַפְּלוּת עַל עַגְבָנִיּוֹת

3 (in *pl.*, *Film*) "רַשׁ" (עֹתֶק שֶׁל סֶרֶט קוֹלְנוֹעַ לִפְנֵי הָעֲרִיכָה)

—attrib. adj. דָּחוּף

rush job עֲבוֹדָה דְּחוּפָה

rush[2] /rʌʃ/ n. קְנֵה־סוּף, גֹּמֶא

rushlight /ˈrʌʃlaɪt/ n. (*Hist.*) נֵר־סוּף

rushy /ˈrʌʃɪ/ adj. מְכֻסֶּה קְנֵי־סוּף

rusk /rʌsk/ n. צְנִים

russet /ˈrʌsɪt/ adj.

—n.

1 (colour) חוּם־אֲדַמְדַּם, אַדְמוֹנִי

2 (kind of apple) סוּג שֶׁל תַּפּוּחַ־סְתָו

Russian /ˈrʌʃ(ə)n/ n. & adj. אָדָם רוּסִי; הַשָּׂפָה הָרוּסִית; רוּסִי

Russian roulette רוּלֶטָה רוּסִית

Russki /ˈrʌskɪ/ n. (*racially derog.*) "רוּסִי מְלֻכְלָךְ" (בִּטּוּי מַעֲלִיב וְגַס)

rust /rʌst/ n.

1 (coating formed on metal) חֲלֻדָּה

2 (plant disease, fungus) חִלָּדוֹן

—v.t. & i. גָּרַם לְ... לְהַחֲלִיד; הֶחֱלִיד

rustic /ˈrʌstɪk/ adj. כַּפְרִי

—n. אָדָם כַּפְרִי

rusticate /ˈrʌstɪkeɪt/ v.t.

1 (suspend from university, *UK formal*) הִשְׁעָה (סְטוּדֶנְט)

2 (*Archit.*) הִבְלִיט אֶת הַחִבּוּרִים (בֵּין אַבְנֵי קִיר וְכַד')

rustle /ˈrʌs(ə)l/ v.i. רִשְׁרֵשׁ

—v.t.

1 (cause to make a sound) גָּרַם לְ... לְרַשְׁרֵשׁ; רִשְׁרֵשׁ בְּ...

2 (steal cattle, etc., *US*) גָּנַב (פָּרוֹת, בָּקָר)

3 **rustle up** (*colloq.*) "אִרְגֵּן" (אֲרוּחָה חֲפוּזָה וְכַד')

—n. רִשְׁרוּשׁ

rustler /ˈrʌslə(r)/ n. (*US*) גַּנַּב־פָּרוֹת, שׁוֹדֵד בָּקָר

rustproof /ˈrʌstpruːf/ adj. & v.t. עָמִיד בִּפְנֵי חֲלֻדָּה, אַל־חֶלֶד; הֶעֱנִיק לְ... טִפּוּל נֶגֶד חֲלֻדָּה

rusty /ˈrʌstɪ/ adj.

1 (affected by rust) חָלוּד

2 (not in good condition, *colloq.*) "חָלוּד"

□ *my German is rather rusty* הַגֶּרְמָנִית שֶׁלִּי חֲלוּדָה לְמַדַּי

3 (coloured like rust) בְּצֶבַע חֲלֻדָּה

rut[1] /rʌt/ n. תֶּלֶם, תְּעָלָה (שֶׁמַּשְׁאִיר גַּלְגַּל בַּבֹּץ וְכַד')

□ *I've been doing this job so long – I'm in a rut* אֲנִי תָּקוּעַ כַּהֹגֶן – אֲנִי עוֹשֶׂה אֶת הָעֲבוֹדָה הַזֹּאת כְּבָר הָמוֹן זְמַן

rut[2] /rʌt/ n. תְּקוּפַת הַיִּחוּם שֶׁל הַזָּכָר (בְּעִקָּר שֶׁל הַצְּבִי)

—v.i. (זָכָר, בְּעִקָּר צְבִי) נִמְצָא בִּתְקוּפַת הַיִּחוּם

rutabaga /ˌruːtəˈbeɪgə/ n. (*US*) מֵעֵין לֶפֶת בְּהֵמָה

ruthless /ˈruːθlɪs/ adj. חֲסַר רַחֲמִים, אַכְזָרִי

ruthlessly /ˈruːθlɪslɪ/ adv. לְלֹא רַחֲמִים, בְּאַכְזְרִיּוּת

rye /raɪ/ n.

1 (plant, grain) שִׁפּוֹן

rye bread לֶחֶם שִׁפּוֹן

2 (kind of whisky) וִיסְקִי שִׁפּוֹן

S s

S, s /es/ n. "אֶס", (הָאוֹת הַתְּשַׁע־עֶשְׂרֵה בָּאָלֶפְבֵּית הָאַנְגְּלִי)
□ *he lost control of the car on an S-bend* הוּא אִבֵּד אֶת הַשְּׁלִיטָה עַל הַמְּכוֹנִית בְּעִקּוּל־ז (עִקּוּל בְּצוּרַת - S)

Sabbatarian /ˌsæbəˈteərɪən/ n. שׁוֹמֵר שַׁבָּת; נוֹצְרִי הַמַּקְפִּיד עַל שְׁמִירַת יוֹם א׳

Sabbath /ˈsæbəθ/ n. שַׁבָּת; (אֵצֶל הַנּוֹצְרִים) יוֹם א׳
break (or **observe**) **the Sabbath** חִלֵּל/וְשָׁמַר אֶת הַשַּׁבָּת

sabbatical /səˈbætɪk(ə)l/ adj. & n. שֶׁל הַשַּׁבָּת; שֶׁל שְׁנַת שַׁבָּתוֹן; שְׁנַת שַׁבָּתוֹן
sabbatical year (*Bibl.*) שְׁנַת־שְׁמִטָּה
sabbatical (leave) שְׁנַת־שַׁבָּתוֹן, חֻפְשַׁת־שַׁבָּתוֹן (שֶׁל אֲקָדֶמָאִי וְכַד׳)

sable /ˈseɪb(ə)l/ n.
1 (animal; its fur) צוֹבֶל (יוֹנֵק קָטָן בַּעַל פַּרְוָה שְׁחוֹרָה יְקָרָה)
sable brush מִכְחוֹל שֶׁשַּׂעֲרוֹתָיו נִלְקְחוּ מִפַּרְוַת צוֹבֶל
2 (black colour, *poet.*) שָׁחוֹר־חוּם
—adj. (*poet.*) עָשׂוּי פַּרְוַת צוֹבֶל; בְּצֶבַע שָׁחוֹר־חוּם

sabot /ˈsæbəʊ/ n. קַבְקַב־עֵץ

sabotage /ˈsæbətɑːʒ/ n. חַבָּלָה, סַבּוֹטָז׳ (גְּרִימַת־נֶזֶק אוֹ הַפְרָעָה בְּמֻכְוָן)

saboteur /ˌsæbəˈtɜː(r)/ n. אָדָם הַמְחַבֵּל בְּמִתְכַּוֵּן

sabre /ˈseɪbə(r) n. חֶרֶב־פָּרָשִׁים

sabre-rattling /ˈseɪbəˌrætlɪŋ/ n. (*derog.*) צִחְצוּחַ־חֲרָבוֹת, אִיּוּמֵי שִׁמּוּשׁ בְּכֹחַ צְבָאִי

sac /sæk/ n. שַׂקִּיק, שַׁלְפּוּחִית, שַׂק (בְּבַעֲלֵי־חַיִּים אוֹ בִּצְמָחִים)

saccharin /ˈsækərɪn/ n. סָכָרִין, "סֻכָּרָזִית"

saccharine /ˈsækəriːn/ adj. מְתַקְתַּק, סָכָרִינִי

sacerdotal /ˌsæsəˈdəʊt(ə)l/ adj. (*formal*) שֶׁל כְּהֻנָּה (נוֹצְרִית)

sachet /ˈsæʃeɪ/ n. שַׂקִּית, שַׂקִּיק; שַׂקִּית מְבֻשֶּׂמֶת, שַׂקִּית בֹּשֶׂם

sack[1] /sæk/ n.
1 (big bag) שַׂק, שַׂקִּית (גְּדוֹלָה)
2 (dismissal, *colloq.*)
get the sack "הֵעִיפוּ" אוֹתוֹ מִן הָעֲבוֹדָה
—v.t.
1 (put into bags) אָרַז בְּשַׂק
2 (dismiss, *colloq.*) "הֵעִיף", "זָרַק" (מֵהָעֲבוֹדָה)

sack[2] /sæk/ n. & v.t. כִּבּוּשׁ וּבִזָּה (שֶׁל עִיר); כָּבַשׁ וּבָזַז

sack[3] /sæk/ n. (*Hist.*) יֵין־סֶק (סוּג שֶׁל יַיִן לָבָן)

sackcloth /ˈsækklɒθ/ n. אֲרִיג־יוּטָה, בַּד שַׂק
sackcloth and ashes שַׂק וָאֵפֶר

sacking /ˈsækɪŋ/ n. אֲרִיג גַּס (לְשַׂקִּים וְכו׳)

sacrament /ˈsækrəmənt/ n. (*Relig.*) טֶקֶס נוֹצְרִי דָּתִי חֲגִיגִי (נִשּׂוּאִין, טְבִילָה וְכַד׳)
the Holy Sacrament טֶקֶס חֲלֻקַּת לֶחֶם הַקֹּדֶשׁ (בַּנַּצְרוּת)

sacramental /ˌsækrəˈment(ə)l/ adj. (*Relig.*) טִקְסִי, שֶׁל טֶקֶס מְקֻדָּשׁ (בַּנַּצְרוּת)

sacred /ˈseɪkrɪd/ adj. קָדוֹשׁ, מְקֻדָּשׁ
sacred cow (*colloq.*) "פָּרוֹת קְדוֹשׁוֹת"
□ *he holds nothing sacred in his determination to succeed* הוּא נָחוּשׁ בְּדַעְתּוֹ לְהַצְלִיחַ עַד כְּדֵי כָּךְ שֶׁשּׁוּם דָּבָר אֵינוֹ קָדוֹשׁ בְּעֵינָיו

sacrifice /ˈsækrɪfaɪs/ n. קָרְבָּן; הַקְרָבָה
human sacrifice קָרְבַּן־אָדָם
□ *his parents made great sacrifices to send him to college* הוֹרָיו הִקְרִיבוּ הַרְבֵּה כְּדֵי לִשְׁלֹחַ אוֹתוֹ לְקוֹלֶג׳
—v.t. הִקְרִיב; הֶעֱלָה לְעוֹלָה (מִנְחָה)

sacrificial /ˌsækrɪˈfɪʃ(ə)l/ adj. שֶׁל קָרְבָּן, שֶׁל הַקְרָבָה

sacrilege /ˈsækrɪlɪdʒ/ n. חִלּוּל הַקֹּדֶשׁ (גַּם בְּהַשְׁאָלָה)

sacrilegious /ˌsækrɪˈlɪdʒəs/ adj. שֶׁל חִלּוּל הַקֹּדֶשׁ, מְחַלֵּל קֹדֶשׁ (גַּם בְּהַשְׁאָלָה)

sacristan /ˈsækrɪstən/ n. (*Relig.*) שַׁמָּשׁ הַכְּנֵסִיָּה

sacristy /ˈsækrɪstɪ/ n. (*Relig.*) לִשְׁכַּת תַּשְׁמִישֵׁי הַקְּדֻשָּׁה בִּכְנֵסִיָּה

sacrosanct /ˈsækrəʊˌsæŋkt/ adj. (*formal*) מְקֻדָּשׁ בְּיוֹתֵר, שֶׁל קֹדֶשׁ קָדָשִׁים (גַּם בְּהַשְׁאָלָה)

sacrum /ˈseɪkrəm/ n. (*Anat.*) עָצֶה (חָמֵשׁ הַחֻלְיוֹת הַתַּחְתּוֹנוֹת שֶׁל עַמּוּד הַשִּׁדְרָה הָעֲשׂוּיוֹת מִקְשָׁה אַחַת)

sad /sæd/ adj.
1 (sorrowful, gloomy) עָצוּב, עָגוּם
□ *he returned a sadder and a wiser man* (*colloq.*) הוּא שָׁב עִם חֲוָיָה מַכְאִיבָה אֲבָל לָמוּד נִסָּיוֹן
2 (regrettable) מַעֲצִיב, מְצַעֵר
sad to say צַר לוֹמַר
□ *it's a sad business* (*colloq.*) זֶהוּ סִפּוּר עָצוּב
□ *he made a sad mess of his new job* הוּא נִכְשַׁל כִּשָּׁלוֹן חָרוּץ בְּתַפְקִידוֹ הֶחָדָשׁ

sadden /ˈsæd(ə)n/ v.t. & i הֶעֱצִיב, צִעֵר; הִתְעַצֵּב, נֶעֱצַב

saddle /ˈsæd(ə)l/ n. אֻכָּף (שֶׁל בֶּהֱמַת רְכִיבָה); כִּסֵּא, מוֹשָׁב (שֶׁל אוֹפַנַּיִם, אוֹפַנּוֹעַ); נֵתַח בְּשַׂר הָאֻכָּף (בְּשַׂר צְבִי/כֶּבֶשׂ)

saddle of mutton נֵתַח מִבְּשַׂר כִּבְשָׂה (חֵלֶק מֵהַשִּׁדְרָה עִם הַיְרֵכַיִם)

□ *the new manager is in the saddle now* (*colloq.*) הַמְנַהֵל הֶחָדָשׁ מַחֲזִיק עַכְשָׁו בָּרֶסֶן, הַמְנַהֵל הֶחָדָשׁ עָלָה עַל הַסּוּס

—v.t. שָׂם אֻכָּף עַל (בְּהֵמָה), אִכֵּף; הֶעֱמִיס, הֵטִיל (מַעֲמָסָה, אַחֲרָיוּת וְכַד׳) עַל

□ *he was saddled with the responsibility for his aged father* הָאַחֲרָיוּת לְאָבִיו הַזָּקֵן נָפְלָה עַל כְּתֵפָיו

saddle-bag /ˈsæd(ə)l-bæg/ n. שַׂקַּיִם (מִשְׁנֵי צִדֵּי הַבְּהֵמָה); תַּרְמִיל־מִטְעָן (לְאוֹפַנַּיִם, לְאוֹפַנּוֹעַ)

saddler /ˈsædlə(r)/ n. עוֹשֵׂה אֻכָּפִים, אֻכְּפָן

saddlery /ˈsædlərɪ/ n. בֵּית מְלָאכָה לְאֻכָּפִים; מוּצְרֵי עוֹר לְבַהֲמוֹת רְכִיבָה

saddle-sore /ˈsæd(ə)l-sɔː(r)/ adj. שֶׁגּוּפוֹ כּוֹאֵב מֵרֹב רְכִיבָה

sadism /ˈseɪdɪzəm/ n. סָדִיזְם (הֲפָקַת הֲנָאָה מִינִית מִגְּרִימַת יִסּוּרִים לְזוּלַת)

sadist /ˈseɪdɪst/ n. סָדִיסְט (כַּנַּ״ל)

sadistic /səˈdɪstɪk/ adj. סָדִיסְטִי; אַכְזָרִי

sadly /ˈsædlɪ/ adv. בְּצַעַר, לְמַרְבֵּה הַצַּעַר

□ *you're sadly mistaken over this* אַתָּה טוֹעֶה טָעוּת מָרָה בְּכָךְ

□ *this house is sadly in need of repair* בַּיִת זֶה זָקוּק לְתִקּוּן בִּדְחִיפוּת

sadomasochism /ˌseɪdəʊmæsəkɪzəm/ n. סָדוֹמָזוֹכִיזְם (סָדִיזְם וּמָזוֹכִיזְם בִּמְשֻׁלָּב)

safari /səˈfɑːrɪ/ n. מַסַּע סָפָרִי (מַסַּע צַיִד בְּאַפְרִיקָה)

safari park פַּרְק סָפָרִי

safe /seɪf/ adj.

1 (free of danger) בָּטוּחַ

safe and sound בָּרִיא וְשָׁלֵם

safe sex מִין בָּטוּחַ (יַחֲסֵי מִין בְּאֹפֶן הַמְּסַכֵּל הִדַּבְּקוּת בְּמַחֲלוֹת־מִין, וּבִפְרָט בְּ״אֵיְדְס״)

2 (affording security) מוּגָן, בָּטוּחַ

□ *keep this in a safe place* תִּשְׁמֹר אֶת זֶה בְּמָקוֹם מוּגָן/בָּטוּחַ

□ *to be on the safe side you'd better take £20* לְיֶתֶר בִּטָּחוֹן קַח 20 לִישְׁ״ט

3 (reliable) בָּטוּחַ

a safe bet הִמּוּר בָּטוּחַ

play it safe לֹא לָקַחַת סִכּוּנִים, הָלַךְ עַל בָּטוּחַ

□ *the constituency was a safe seat for Labour* אֵזוֹר הַבְּחִירָה הָיָה מָקוֹם בָּטוּחַ לְמִפְלֶגֶת הַ״לֵּיבּוֹר״

—n. כַּסֶּפֶת, קֻפַּת־בִּטָּחוֹן, קֻפַּת־מָגֵן

meat safe חֲדַר־קֵרוּר (לִשְׁמִירַת מָזוֹן)

safe-breaker /ˈseɪf-breɪkə(r)/ n. פּוֹרֵץ קֻפּוֹת, פּוֹרֵץ כַּסָּפוֹת

safe conduct /seɪfˈkɒndʌkt/ n. מַעֲבָר חָפְשִׁי (רִשְׁיוֹן אוֹ תְּעוּדַת מַעֲבָר בַּשֶּׁטַח לְלֹא חֲשַׁשׁ לְמַאֲסָר אוֹ לִפְגִיעָה)

safe deposit box /ˈseɪfdɪˌpɒzɪt ˌbɒks/ n. כַּסֶּפֶת פְּרָטִית בַּחֲדַר כַּסָּפוֹת (בַּבַּנְק)

safeguard /ˈseɪfgɑːd/ n. אֶמְצָעֵי־בִּטָּחוֹן, אֶמְצָעֵי־זְהִירוּת; הֶתְקֵן בְּטִיחוּת

safe-keeping /seɪf-ˈkiːpɪŋ/ n. שְׁמִירָה, הֲגָנָה, אַבְטָחָה

safely /ˈseɪflɪ/ adv. בְּבִטָּחוֹן; לָבֶטַח, בְּשָׁלוֹם

□ *he arrived safely* הוּא הִגִּיעַ בְּשָׁלוֹם

□ *we can safely say that…* נוּכַל לוֹמַר בְּבִטָּחוֹן מָלֵא שֶׁ...

safety /ˈseɪftɪ/ n. בְּטִיחוּת, בִּטָּחוֹן

safety belt חֲגוֹרַת בְּטִיחוּת

safety catch נְצֶרֶת בִּטָּחוֹן (בִּכְלֵי יְרִיָּה)

safety curtain מָסָךְ חֲסִין־אֵשׁ (בְּתֵיאַטְרוֹן, בֵּין הָאוּלָם וְהַבָּמָה)

safety first בִּטָּחוֹן לִפְנֵי הַכֹּל; זְהִירוּת רַבָּה (וּלְעִתִּים מֻפְרֶזֶת)

safety match גַּפְרוּר בִּטָּחוֹן (הַנִּדְלָק רַק בְּשִׁפְשׁוּף עִם הַמִּשְׁטָח הַמְּיֻחָד שֶׁעַל קֻפְסַת הַגַּפְרוּרִים)

safety net רֶשֶׁת בִּטָּחוֹן (לְאַקְרוֹבָּט, גַּם בְּהַשְׁאָלָה)

safety pin סִכַּת בִּטָּחוֹן

safety razor מְכוֹנַת גִּלּוּחַ (מִתְקָן לְהַחְזָקַת סַכִּינֵי גִּלּוּחַ, לְהַבְדִּיל מִתַּעַר)

safety valve שַׁסְתּוֹם בִּטָּחוֹן (גַּם בְּהַשְׁאָלָה)

saffron /ˈsæfrən/ n. & adj. כַּרְכֹּם הַגִּנָּה; זַעְפְּרָן (תַּבְלִין); צֶבַע כָּתֹם־צָהֹב

sag /sæg/ v.i. שָׁקַע (תַּחַת מַשָּׂא), הִתְקַעֵר; נָטָה כְּלַפֵּי מַטָּה

saga /ˈsɑːgə/ n. סָגָה (שִׁירַת גִּבּוֹרִים סְקַנְדִּינָבִית); הַגָּדָה, סִפּוּר תּוֹלְדוֹתֶיהָ שֶׁל מִשְׁפָּחָה (בְּדוֹרוֹת אֲחָדִים)

□ *have you heard the saga of my holiday?* (*joc.*) הַאִם שָׁמַעְתָּ אֶת סִפּוּר הַרְפַּתְקָאוֹתַי בִּזְמַן הַחֻפְשָׁה?

sagacious /səˈgeɪʃəs/ adj. (*formal*) שָׁקוּל וְנָבוֹן

sagacity /səˈgæsɪtɪ/ n. (*formal*) תְּבוּנָה, הֲבָנָה מַעֲמִיקָה

sage /seɪdʒ/ n.

1 (herb) מַרְוָה

sage and onion מִלּוּי פֵּרוּרֵי לֶחֶם, בָּצָל וּמַרְוָה (לְתַרְנְגוֹל־הֹדּוּ וְכַד׳)

2 (wise man) חָכָם

Sagittarius /ˌsædʒɪˈteərɪəs/ n. מַזַּל קֶשֶׁת; בֶּן מַזַּל קֶשֶׁת

sago /ˈseɪgəʊ/ n. סָגוֹ (עֲמִילָן הַמּוּפָק מִגֶּזַע דֶּקֶל וּמְשַׁמֵּשׁ כְּמָזוֹן)

sahib /sɑːb/ n. (*colloq.*) אָדוֹן, סָהִיבּ (אַנְגְּלִית הֹדִּית)

said /sed/ past & past ppl. of **say**

sail /seɪl/ n.

1 (wind-catching device) מִפְרָשׂ

in full sail בְּמִפְרָשִׂים פְּרוּשִׂים

□ *this rebuke took the wind out of his sails* (*colloq.*) הַנְּזִיפָה הַזֹּאת הוֹצִיאָה בְּבַת־אַחַת אֶת הָרוּחַ מִמִּפְרָשָׂיו

□ *the ship was under sail* הַסְּפִינָה שָׁטָה בְּכֹחַ מִפְרָשִׂים

□ *he trimmed his sails before* (or *to*) *the wind* (*fig.*) הוּא הִתְאִים אֶת עַצְמוֹ לַנְּסִבּוֹת
□ *the sails of a windmill were visible in the distance* נִתָּן הָיָה לְהַבְחִין בְּכַנְפֵי טַחֲנַת-רוּחַ בַּמֶּרְחָק
2 (sea-trip) הַפְלָגַת-טִיּוּל בְּסִירַת מִפְרָשׂ
—v.t. הֵשִׁיט
□ *she sailed her yacht round the world* הִיא הֵשִׁיטָה אֶת הַיָּכְטָה שֶׁלָּהּ סְבִיב הָעוֹלָם
□ *we sailed the Mediterranean on a cruiser* שַׁיַּטְנוּ בַּיָּם הַתִּיכוֹן עַל סִפּוּן סְפִינַת טִיּוּלִים
—v.i. שָׁט, הִפְלִיג
□ *he sailed very close to the wind on a number of occasions* (*fig. derog.*) הוּא הָלַךְ עַל חֶבֶל דַּק מְאֹד בְּמִסְפַּר הִזְדַּמְּנֻיּוֹת
□ *their marriage was not all plain sailing* הֵם לֹא תָּמִיד לָקְקוּ דְּבַשׁ בְּחַיֵּי הַנִּשּׂוּאִים שֶׁלָּהֶם
□ *the old lady sailed into the room* הַזְּקֵנָה נִכְנְסָה לַחֶדֶר בְּהוֹד וְהָדָר

sail-cloth /ˈseɪl-klɒθ/ n. אֲרִיג-מִפְרָשִׂים, אַבְּרְזִין, בְּרֶזֶנְט

sailing-boat /ˈseɪlɪŋ-bəʊt/ n. מִפְרָשִׂית, סִירַת-מִפְרָשׂ, סְפִינַת-מִפְרָשׂ

sailor /ˈseɪlə(r)/ n. מַלָּח, סַפָּן, יַמַּאי
sailor suit חֲלִיפַת-מַלָּחִים (לִילָדִים)
□ *is he a good sailor?* הַאִם הוּא סוֹבֵל מִמַּחֲלַת-הַיָּם?

sailplane /ˈseɪlpleɪn/ n. דָּאוֹן

saint /seɪnt/ n.
1 (with proper names, see **St.**) -הַקָּדוֹשׁ
All Saints' Day יוֹם כָּל הַקְּדוֹשִׁים (חַג נוֹצְרִי הֶחָל בְּ-1 בְּנוֹבֶמְבֶּר)
St Bernard (dog) כֶּלֶב סַן-בֶּרְנַרְד (מְאֻלָּף לְחַלֵּץ אֲנָשִׁים שֶׁנִּקְבְּרוּ תַּחַת הַשֶּׁלֶג)
St Vitus' dance מְחוֹל וִיטוּס הַקָּדוֹשׁ (מַחֲלַת עֲצַבִּים הַגּוֹרֶמֶת עֲוִיתוֹת בְּכָל הַגּוּף)
2 (virtuous person, *colloq.*) "מַלְאָךְ"
□ *what a saint her daughter is!* אֵיזֶה מַלְאָךְ טוֹב הִיא בִּתָּהּ!
3 (holy person) קָדוֹשׁ
patron saint קָדוֹשׁ פַּטְרוֹן (הַנֶּחְשָׁב לְשׁוֹמֵר וּמֵגֵן עַל מָקוֹם, כְּנֵסִיָּה וְכַד')

sainted /ˈseɪntɪd/ adj. שֶׁהֻכַּר כְּקָדוֹשׁ רִשְׁמִי (עַל יְדֵי הַכְּנֵסִיָּה); (הַמַּקְבִּילָה הַנּוֹצְרִית לְ"זָ"ל")
□ *oh, my sainted aunt!* (*colloq.*) רִבּוֹנוֹ שֶׁל עוֹלָם! (נֶאֱמַר לָרֹב בְּהוּמוֹר)

sainthood /ˈseɪnthʊd/ n. קְדֻשָּׁה, קְדוֹשׁוּת

saintly /ˈseɪntlɪ/ adj. קָדוֹשׁ, דּוֹמֶה לְקָדוֹשׁ, כְּיָאוּת לְקָדוֹשׁ

saith /seθ/ (*arch.*, 3rd **sing.** pres. of **say**)

sake[1] /seɪk/ n.
for the sake of לְשֵׁם..., לְתַכְלִית..., לְמַעַן...
for old times' sake לְזֵכֶר הֶעָבָר, לְזֵכֶר יָמִים עָבְרוּ
for pity's (or **God's** or **Christ's**) **sake** (*colloq.*) בְּשֵׁם אֱלֹהִים! לְמַעַן הַשֵּׁם!
□ *he argues for argument's sake* (or *for the sake of argument*) הוּא מִתְוַכֵּחַ לְמַעַן הַוִּכּוּחַ בִּלְבַד
□ *I'll help you for your sister's sake* אֲנִי אֶעֱזֹר לְךָ לְמַעַן אֲחוֹתְךָ

sake[2] /ˈsɑːkɪ/ n. סָקֵי (יֵין אֹרֶז יַפָּנִי)

salaam /səˈlɑːm/ n. קִדַּת בְּרָכָה (מִזְרָחִית); "סָלָאם" (בִּרְכַּת שָׁלוֹם מֻסְלְמִית)

salacious /səˈleɪʃəs/ adj. (*formal*) זְנוּתִי, שְׁטוּף זִמָּה

salad /ˈsæləd/ n. סָלָט
salad cream רֹטֶב סָמִיךְ לְסָלָט (עַל בְּסִיס מְיוֹנֶז)
salad days (*arch. colloq.*) יְמֵי הַנְּעוּרִים
salad dressing רֹטֶב לְסָלָט
fruit salad סָלָט פֵּרוֹת

salamander /ˈsæləmændə(r)/ n. סָלָמַנְדְּרָה (זוֹחֵל דּוּ-חַי קָטָן)

salami /səˈlɑːmɪ/ n. נַקְנִיק סָלָמִי

salary /ˈsælərɪ/ n. מַשְׂכֹּרֶת (בְּד"כ עַל בָּסִיס שְׁנָתִי אוֹ חָדְשִׁי)
—v.t. (esp. in past ppl.) שִׁלֵּם מַשְׂכֹּרֶת לְ...
a salaried official פָּקִיד מְקַבֵּל מַשְׂכֹּרֶת, פָּקִיד שָׂכִיר

sale /seɪl/ n.
1 (exchange of something for money) מְכִירָה
sales manager מְנַהֵל מְכִירוֹת
sales resistance הִתְנַגְּדוּת שֶׁל הַצַּרְכָן (לִקְנִיָּה שֶׁל מוּצָר מְסֻיָּם)
sales talk (*colloq.*) תַּעֲמוּלַת-מְכִירוֹת; נִסְיוֹנוֹת שִׁכְנוּעַ
sale or return שִׁיטַת מְכִירוֹת שֶׁבָּהּ מְשַׁלֵּם הַמּוֹכֵר לַסַּפָּק רַק עֲבוּר סְחוֹרָה שֶׁנִּמְכְּרָה
for (or **on**) **sale** לִמְכִירָה
2 (special offering of goods at low prices) מְכִירָה, מְכִירָה כְּלָלִית
3 (in *pl.*, total amount sold) מְכִירוֹת

saleable /ˈseɪləb(ə)l/ adj. מָכִיר, שֶׁאֶפְשָׁר לְמָכְרוֹ, שֶׁקַּל לְמָכְרוֹ, עוֹבֵר לַסּוֹחֵר

saleroom /ˈseɪl-rʊm/ n. אוּלָם מְכִירוֹת (בְּיִחוּד בִּמְכִירָה פֻּמְבִּית)

salesman /ˈseɪlzmən/ n. מוֹכֵר, סוֹכֵן מְכִירוֹת

salesmanship /ˈseɪlzmənʃɪp/ n. אֻמָּנוּת הַמְּכִירָה

saleswoman /ˈseɪlzwʊmən/ n. מוֹכֶרֶת; סוֹכֶנֶת מְכִירוֹת

salient /ˈseɪlɪənt/ adj. (*formal*) בּוֹלֵט, עִקָּרִי, נִכָּר
—n. בְּלִיטָה (בְּקַו הַחֲזִית), "טְרִיז"

saline /ˈseɪlaɪn/ adj. & n. (*formal*) מִלְחִי; תְּמִסַּת מְלָחִים (בְּעִקָּר לְאִינְפוּזְיָה)

salinity /səˈlɪnɪtɪ/ n. (*formal*) מְלִיחוּת

saliva /səˈlaɪvə/ n. רֹק, רִיר

salivary /səˈlaɪvərɪ/ adj. (*Med.*) שֶׁל רֹק, שֶׁל רִיר, רִירִי

salivate /ˈsælɪveɪt/ v.i. (*formal*) זָב רִיר, הִפְרִישׁ רִיר

sallow /ˈsæləʊ/ adj. צָהֹב וְחִוֵּר פָּנִים; בַּעַל מַרְאֶה חוֹלָנִי

sally /ˈsælɪ/ v.i. (*formal*)

sally out (or **forth**) הֵגִיחַ, פָּרַץ

□ *we sallied forth to meet the opposition* פָּרַצְנוּ הַיְשֵׁר לִקְרַאת יְרִיבֵינוּ

—n.

1 (attack) פְּרִיצָה, גִּיחָה

2 (witty remark) הֶעָרָה עוֹקְצָנִית, הֶעָרָה שְׁנוּנָה

Sally /ˈsælɪ/ n.

Aunt Sally (*colloq.*) מַטָּרָה לְחִצֵּי לַעַג

salmon /ˈsæmən/ n.

1 (fish) אִלְתִּית, סַלְמוֹן

salmon trout שֶׁמֶךְ הַיָּם

2 (colour) צֶבַע וָרֹד־כָּתֹם (כְּצֶבַע בְּשַׂר הָאִלְתִּית)

—adj. בְּצֶבַע וָרֹד־כָּתֹם

salmonella /ˌsælməˈnelə/ n. סַלְמוֹנֶלָּה (חַיְדַּק הַגּוֹרֵם הַרְעָלַת מָזוֹן)

salon /ˈsælɒn/ n. סָלוֹן (רַק בְּמַשְׁמָעוּת "חֲנוּת" וְלֹא "חֲדַר־אוֹרְחִים"); סָלוֹן (סִפְרוּתִי, אָמָּנוּתִי וְכַד')

beauty salon מְכוֹן יֹפִי, סָלוֹן לְיֹפִי

literary salon סָלוֹן סִפְרוּתִי, טְרַקְלִין סִפְרוּתִי

saloon /səˈluːn/ n.

1 (public room) אוּלָם לְקָהָל, אוּלָם צִבּוּרִי (לְאֵרוּעִים חֶבְרָתִיִּים, לְתְצוּגָה); סִפּוּן הַנּוֹסְעִים (בָּאֳנִיָּה)

billiard saloon אוּלָם לִמְשַׂחֲקֵי בִּילְיַארְד

saloon bar בַּר מְהֻדָּר, בַּר סוּג א' (בְּפָּאבּ)

2 (car with enclosed seating) מְכוֹנִית נוֹסְעִים סְגוּרָה בַּעֲלַת תָּא־מִטְעָן נִפְרָד

salsify /ˈsælsɪfɪ/ n. זְקַן־תַּיִשׁ (יֶרֶק שֶׁשָּׁרְשׁוֹ הָאָרֹךְ וְהַדַּק מְשַׁמֵּשׁ לְמַאֲכָל)

salt /sɔːlt/ n.

1 (sodium chloride) מֶלַח, מֶלַח בִּשּׁוּל, מֶלַח שֻׁלְחָן

salt beef בְּשַׂר בָּקָר (לָרֹב חָזֶה) כָּבוּשׁ בְּמֵי־מֶלַח וְתַבְלִינִים

salt of the earth (*fig. joc.*) "מֶלַח הָאָרֶץ" (אֲנָשִׁים יְשָׁרִים וְאַמִּיצִים

worth one's salt (*colloq.*) רָאוּי לִשְׁמוֹ

□ *you must take what he says with a pinch* (or *grain*) *of salt* (*fig.*) אַתָּה לֹא צָרִיךְ לְהַאֲמִין לְכָל מִלָּה הַיּוֹצֵאת מִפִּיו

2 (*Chem.*) מֶלַח

3 (in *pl.*, *Med.*) מֶלַח מְשַׁלְשֵׁל, מֶלַח אַנְגְּלִי

smelling salts מִלְחֵי הֲרָחָה (לְהִתְאוֹשְׁשׁוּת)

4 (sailor) "זְאֵב יָם"

old salt "זְאֵב יָם" וָתִיק, סַפָּן וָתִיק

—v.t. הִמְלִיחַ

□ *he salted away some money* (*colloq.*) הוּא חָסַךְ קְצָת כֶּסֶף, הוּא "שָׂם בַּצַּד" קְצָת כֶּסֶף

salt-cellar /ˈsɔːlt-selə(r)/ n. מִמְלֵחָה, מִלְחִיָּה

salt-lick /ˈsɔːlt-lɪk/ n. סֶלַע הַמְשַׁמֵּשׁ לְבַעֲלֵי חַיִּים מְקוֹר מֶלַח

salt-pan /ˈsɔːlt-pæn/ n. בְּרֵכַת מֶלַח (לְאִדּוּי מֵי־יָם)

saltpetre /ˈsɔːltˈpiːtə(r)/ n. מַלְחַת אַשְׁלָגָן, סַלְפֶּטֶר

salt-water /ˈsɔːlt-wɔːtə(r)/ adj. שֶׁל מֵי מֶלַח

salty /ˈsɔːltɪ/ adj. מָלוּחַ; "פִּיקַנְטִי" (סִפּוּר וְכַד')

salubrious /səˈluːbrɪəs/ adj. (*formal*) מַבְרִיא (אֲוִיר, אַקְלִים), טוֹב לַבְּרִיאוּת; (אֵזוֹר מְגוּרִים וְכַד') יֻקְרָתִי

salutary /ˈsæljʊt(ə)rɪ/ adj. (*formal*) מוֹעִיל (מִבְּחִינָה מוּסָרִית וְכַד')

salutation /ˌsæljʊˈteɪʃ(ə)n/ n. (*formal*) בְּרָכָה, בִּרְכַּת־שָׁלוֹם; פְּתִיחַת־נִימוּסִין (בְּמִכְתָּב)

salute /səˈluːt/ v.t.

1 (greet, *formal*) בֵּרַךְ לְשָׁלוֹם, קִדֵּם בִּבְרָכָה

2 (*Mil.*) הִצְדִּיעַ לְ....

saluting base בִּימַת הַצְדָּעָה

—v.i. הִצְדִּיעַ

—n.

1 (gesture of respect, *Mil.*) הַצְדָּעָה

2 (friendly greeting, *formal*) בִּרְכַּת שָׁלוֹם, בְּרָכָה, קִדּוּם בִּבְרָכָה, מֶחֱוָה שֶׁל בְּרָכָה

salvage /ˈsælvɪdʒ/ v.t. הִצִּיל מִן הַהֲרִיסוֹת (גַּם בְּהַשְׁאָלָה)

—n חִלּוּץ, הַצָּלָה; הַדָּבָר שֶׁחֻלַּץ

salvation /sælˈveɪʃ(ə)n/ n.

1 (saving) הַצָּלָה, תְּשׁוּעָה

2 (*Relig.*) יְשׁוּעָה, גְּאֻלָּה; הַצָּלַת נְשָׁמָה

Salvation Army חֵיל הַיֶּשַׁע (אִרְגּוּן סַעַד נוֹצְרִי)

salve /sælv/ n. מִשְׁחָה רְפוּאִית

—v.t. (*formal*) שִׁכֵּךְ כְּאֵב, הֵבִיא מַרְפֵּא; מָשַׁח בְּמִשְׁחָה, מָרַח מִשְׁחָה עַל

□ *he salved his conscience by making a donation to charity* הוּא הִרְגִּיעַ אֶת מַצְפּוּנוֹ בְּמַתַּן תְּרוּמָה לִצְדָקָה

salver /ˈsælvə(r)/ n. טַס, מַגָּשׁ (עָשׂוּי מַתֶּכֶת, בְּיִחוּד כֶּסֶף)

salvia /ˈsælvɪə/ n. מַרְוָה (צֶמַח בַּעַל פְּרָחִים כְּחֻלִּים)

salvo /ˈsælvəʊ/ n. מַטָּח יְרִי; פֶּרֶץ (תְּשׁוּאוֹת, מְחִיאוֹת כַּפַּיִם)

sal volatile /ˌsæl vəˈlætɪlɪ/ n. מֶלַח הֲרָחָה (פַּחְמַת אַמּוֹנְיוּם)

Samaritan /səˈmærɪtən/ n. & adj. שׁוֹמְרוֹנִי; שׁוֹמְרוֹנִית, לְשׁוֹן הַשּׁוֹמְרוֹנִים; שׁוֹמְרוֹנִי, שֶׁל שׁוֹמְרוֹן

a good Samaritan "הַשּׁוֹמְרוֹנִי הַטּוֹב", עוֹשֵׂה־חֶסֶד, נָדִיב

the Samaritans אִרְגּוּן הַ"סָּמָרִיטָנִים" (אִרְגּוּן הַמַּעֲנִיק סַעַד נַפְשִׁי)

samba /ˈsæmbə/ n. סַמְבָּה (מָחוֹל וּמַנְגִּינָה)

same /seɪm/ adj. אוֹתוֹ, (הוּא) עַצְמוֹ, לֹא אַחֵר; אוֹתוֹ (הַדָּבָר, הָאִישׁ)

much the same בְּעֵרֶךְ אוֹתוֹ הַדָּבָר, כִּמְעַט הַיְנוּ הָךְ

one and the same אוֹתוֹ הַדָּבָר עַצְמוֹ

the very same הוּא הוּא... עַצְמוֹ, אוֹתוֹ... עַצְמוֹ

it comes to the same thing בְּסוֹפוֹ שֶׁל דָּבָר זֶה הַיְנוּ הָךְ

□ *don't all speak at the same time!* אַל תְּדַבְּרוּ כֻּלְּכֶם בְּבַת אַחַת!
□ *we share the same bathroom* הַשֵּׁרוּתִים מְשֻׁתָּפִים לִשְׁנֵינוּ
—pron. אוֹתוֹ דָּבָר עַצְמוֹ
the same to you (*colloq.*) אַתָּה בְּעַצְמְךָ, וְגַם לְךָ
same here! (*colloq.*) גַּם אֲנִי, גַּם בִּשְׁבִילִי, גַּם אוֹתִי
□ *he's unreliable, but I like him all the same* אִי אֶפְשָׁר לִסְמֹךְ עָלָיו, אֲבָל בְּכָל זֹאת אֲנִי מְחַבֵּב אוֹתוֹ
□ *I think the same as you do* אֲנִי בְּדֵעָה אַחַת אִתְּךָ, אֲנִי מַסְכִּים לְדַעְתְּךָ
□ *it's all the same to me whether you go or stay* לֹא אִכְפַּת לִי אִם תֵּלֵךְ אוֹ תִּשָּׁאֵר
—adv. אוֹתוֹ הַדָּבָר
□ *it looks different, but tastes the same* זֶה נִרְאֶה שׁוֹנֶה, אֲבָל אֵין הֶבְדֵּל בַּטַּעַם

sameness /ˈseɪmnɪs/ n. שִׁוְיוֹן, זֵהוּת; חֲזָרָה מְשַׁעֲמֶמֶת (עַל אוֹתוֹ הַדָּבָר), חַד־גּוֹנִיּוּת

samosa /səˈməʊsə/ n. סָמוֹזָה (מֵעֵין כִּיס בָּצֵק מְטֻגָּן, מֵכִיל בָּשָׂר וִירָקוֹת)

samovar /ˈsæməvɑː(r)/ n. מֵחַם (לְתֵה), סָמוֹבָר

sampan /ˈsæmpæn/ n. סַמְפָּן (סִירָה קְטַנָּה חַד־מְשׁוֹטִית בַּמִּזְרָח הָרָחוֹק)

sample /ˈsɑːmp(ə)l/ n. דֻּגְמָה, מִדְגָּם
—v.t. נָטַל דֻּגְמָה מִ..., לָקַח מִדְגָּם שֶׁל; טָעַם; נִסָּה

sampler /ˈsɑːmplə(r)/ n. דֻּגְמַת רִקְמָה (שֶׁמַּטְּרָתָהּ לְהַפְגִּין אֶת כִּשְׁרוֹן הָרוֹקֵם)

samurai /ˈsæmʊraɪ/ n. סָמוּרַאי (בֶּן מַעֲמַד הַלּוֹחֲמִים בְּיַפָּן)

sanatorium /ˌsænəˈtɔːriəm/ n. (also **sanitarium** /sænɪˈteəriəm/) סָנָטוֹרְיוּם, בֵּית־מַרְפֵּא, בֵּית־הַבְרָאָה

sanctification /ˌsæŋktɪfɪˈkeɪʃ(ə)n/ n. (*formal*) הֲפִיכָה לְקָדוֹשׁ, הַכְרָזָה עַל (דְּבַר מָה) כְּקָדוֹשׁ, קִידּוּשׁ

sanctify /ˈsæŋktɪfaɪ/ v.t. (*formal*) הָפַךְ לְקָדוֹשׁ, הִכְרִיז עַל (דְּבַר מָה) כְּקָדוֹשׁ, קִדֵּשׁ

sanctimonious /ˌsæŋktɪˈməʊnɪəs/ adj. (*formal*) מִתְחַסֵּד, מַעֲמִיד פְּנֵי קָדוֹשׁ

sanction /ˈsæŋkʃ(ə)n/ n.
1 (permission, *formal*) הַרְשָׁאָה, אִשּׁוּר (מִגּוּף בַּעַל סַמְכוּת)
2 (in *pl.*, penalties) סַנְקְצִיּוֹת, עִצּוּמִים (אַף לֹא עִצּוּמִים שֶׁנּוֹקְטִים עוֹבְדִים כְּנֶגֶד מַעֲבִיד)
□ *they applied economic sanctions against the regime* הֵם הִפְעִילוּ סַנְקְצִיּוֹת כַּלְכָּלִיּוֹת נֶגֶד הַמִּשְׁטָר
—v.t. (*formal*) אִשֵּׁר, הִרְשָׁה, הִתִּיר

sanctity /ˈsæŋktɪtɪ/ n. קְדֻשָּׁה

sanctuary /ˈsæŋktʃʊ(ə)rɪ/ n. מִקְלָט; קֹדֶשׁ הַקֳּדָשִׁים (בִּכְנֵסִיָּה)
bird sanctuary שְׁמוּרַת עוֹפוֹת־בָּר, שְׁמוּרַת צִפּוֹרֵי־בָּר
right of sanctuary זְכוּת מִקְלָט
take sanctuary בִּקֵּשׁ/מָצָא מִקְלָט

sanctum /ˈsæŋktəm/ n.
1 (holy place) "מָקוֹם מְקֻדָּשׁ (בְּבֵית תְּפִלָּה)
2 (private room, *colloq.*) "מְקוֹם מְקֻדָּשׁ"
inner sanctum "קֹדֶשׁ הַקֳּדָשִׁים", "מְקוֹם מִפְלָט"

sand /sænd/ n. חוֹל
sand-dune חוֹלִית, דְּיוּנָה
sandbox (*US*) אַרְגַּז חוֹל (לְמִשְׂחֲקֵי יְלָדִים)
□ *the sands (of time) have run out for that company* (*formal*) קִצָּהּ שֶׁל הַחֶבְרָה הַזֹּאת מְמַשְׁמֵשׁ וּבָא
—v.t.
1 (grind surface level) שִׁיֵּף וְהֶחֱלִיק (פְּנֵי עֵץ וְכַד'), לִטֵּשׁ (בִּנְיַר זְכוּכִית)
sand down שִׁיֵּף, הֶחֱלִיק, לִטֵּשׁ
□ *the wooden floor has been sanded smooth* שִׁיְּפוּ וְהֶחֱלִיקוּ אֶת רִצְפַּת הָעֵץ
2 (strew with sand) זָרָה חוֹל עַל, פִּזֵּר חוֹל עַל

sandal /ˈsænd(ə)l/ n. סַנְדָּל

sandalwood /ˈsænd(ə)lwʊd/ n. עֵץ הַסַּנְדָּל, הַסַּנְטָל הַלָּבָן, אַלְגֹּם

sandbag /ˈsændbæg/ n. שַׂק חוֹל (לְבִצּוּרִים, לִתְמִיכַת קִירוֹת וְכַד')
—v.t. הֵנִיחַ שַׂקֵּי־חוֹל עַל/סָבִיב; "לָחַץ" עַל (פְּלוֹנִי, שֶׁיַּעֲשֶׂה דְּבַר מָה וְכַד')

sandbank /ˈsændbæŋk/ n. שִׂרְטוֹן, שִׂרְטוֹן־חוֹל

sand-bar /ˈsændbɑː(r)/ n. שִׂרְטוֹן (בְּשֶׁפֶךְ נָהָר אוֹ בְּפֶתַח נָמֵל)

sand-blast /ˈsænd-blɑːst/ v.t. נִקָּה בְּסִילוֹן חוֹל וַאֲוִיר דָּחוּס

sandboy /ˈsændbɔɪ/ n.
happy as a sandboy שָׂמֵחַ וּמְאֻשָּׁר, מְאֻשָּׁר כְּתִינוֹק בֶּן יוֹמוֹ

sand-castle /ˈsænd-kɑːs(ə)l/ n. אַרְמוֹן חוֹל

sand-fly /ˈsænd-flaɪ/ n. זְבוּב־הַחוֹל

sand-glass /ˈsænd-glɑːs/ n. שְׁעוֹן חוֹל

sandman /ˈsændmæn/ n. (*arch.*) "אִישׁ הַחוֹל" (הַלּוֹקֵחַ אֶת הַיְלָדִים לְאֶרֶץ הַשֵּׁנָה)

sandpaper /ˈsændpeɪpə(r)/ n. נְיַר זְכוּכִית; בַּד־שָׁמִיר (גִּלְיוֹן שִׁיּוּף לְמַתָּכוֹת וְכַד')
—v.t. הֶחֱלִיק בִּנְיַר זְכוּכִית

sandpiper /ˈsændpaɪpə(r)/ n. חוֹפְמִי גְּדוֹת (צִפּוֹר מַיִם קְטַנָּה)

sand-pit /ˈsænd-pɪt/ n. אַרְגַּז חוֹל (לְמִשְׂחֲקֵי יְלָדִים)

sand-shoes /ˈsænd-ʃuːz/ n. pl. נַעַל בַּד קַלָּה (נַעַל הִתְעַמְּלוּת, "אֶסְפַּדְרִיל" וְכַד')

sandstone /ˈsændstəʊn/ n. אֶבֶן־חוֹל

sandstorm /ˈsændstɔːm/ n. סוּפַת חוֹל

sandwich /ˈsænwɪdʒ/ n. סֶנְדְּוִיץ', כָּרִיךְ
sandwich course קוּרְס הַכְשָׁרָה מְשֻׁלָּב בַּעֲבוֹדָה, קוּרְס מְשֻׁלָּב
—v.t. דָּחַף (דְּבַר מָה, נוֹשֵׂא, אָדָם) בֵּין לְבֵין

sandwich-board /ˈsænwɪdʒ-bɔːd/ n. לוּחוֹת פִּרְסֹמֶת (שֶׁלּוֹבֵשׁ אָדָם עַל חָזֵהוּ וְגַבּוֹ)

sandwich-man /ˈsænwɪdʒ-mæn/ n. כָּרוֹז הַנּוֹשֵׂא לוּחוֹת פִּרְסֹמֶת כַּנַּ"ל

sandy /ˈsændɪ/ adj. מָלֵא חוֹל, מְכֻסֶּה חוֹל; בְּצֶבַע חוֹל (שֵׂעָר וְכַד')

sane /seɪn/ adj. שָׁפוּי (בְּדַעְתּוֹ); מְאֻזָּן, שָׁקוּל (אָדָם, רַעְיוֹן וְכַד')

sang /sæŋ/ past of **sing**

sang-froid /ˌsɒŋˈfrwɑː/ n. (*formal*) קֹר־רוּחַ (בְּמַצָּבִים שֶׁל מֶתַח וְסַכָּנָה), שְׁלִיטָה עַצְמִית

sangria /sæŋˈgrɪə/ n. סַנְגְּרִיָּה (מַשְׁקֶה קַר מִיַּיִן אָדֹם, מִיץ פֵּרוֹת וּפְרִי)

sanguinary /ˈsæŋgwɪnərɪ/ adj. (*formal*) צְמֵא דָם

sanguine /ˈsæŋgwɪn/ adj. (*formal*) אוֹפְּטִימִי וְשָׁקֵט, בּוֹטֵחַ

sanitarium /ˌsænɪˈteərɪəm/ see **SANATORIUM** סָנָטוֹרְיוּם, בֵּית־מַרְפֵּא, בֵּית־הַבְרָאָה

sanitary /ˈsænɪt(ə)rɪ/ adj. סָנִיטָרִי, תַּבְרוּאִי, הִיגְיֵנִי
- **sanitary engineer** מְהַנְדֵּס תַּבְרוּאָה
- **sanitary towel** תַּחְבֹּשֶׁת הִיגְיֵנִית

sanitation /ˌsænɪˈteɪʃ(ə)n/ n. תַּבְרוּאָה, סָנִיטַצְיָה
- **indoor sanitation** בֵּית־שִׁמּוּשׁ בְּתוֹךְ הַבַּיִת

sanity /ˈsænɪtɪ/ n. שְׁפִיּוּת, שְׁפִיּוּת־הַדַּעַת; מַחֲשָׁבָה שְׁקוּלָה, אִזּוּן נַפְשִׁי

sank /sæŋk/ past of **sink**

Santa Claus /ˈsæntə ˌklɔːz/ n. "סַנְטָה קְלָאוּס", "סַבָּא קְרִיסְמַס"

sap /sæp/ n.
- **1** (fluid in plants) מֹהַל, מִיץ (שֶׁל צֶמַח), שְׂרָף
- **2** (simpleton, *colloq.*) טֶמְבֶּל, שׁוֹטֶה
- **—**v.t. סָחַט אֶת לְשַׁד (דְּבַר מָה, אָדָם וְכַד'), עִרְעֵר, הֶחֱלִישׁ

sapient /ˈseɪpɪənt/ adj. (*poet.*) חָכָם, נָבוֹן

sapling /ˈsæplɪŋ/ n. נֶטַע, שָׁתִיל רַךְ

sapper /ˈsæpə(r)/ n. חַפָּר, פַּלָּס (חַיָּל שֶׁמִּקְצוֹעוֹ חֲפִירָה וּבִנְיָן)

sapphire /ˈsæfaɪə(r)/ n.
- **1** (jewel) סַפִּיר
- **2** (colour) צֶבַע כָּחֹל עַז
- **—**adj. כָּחֹל עַז
- □ *he wore a sapphire-blue tie* הוּא לָבַשׁ עֲנִיבָה בְּצֶבַע כָּחֹל עַז

saraband /ˈsærəbænd/ n. סָרַבַּנְדָּה (מָחוֹל סְפָרַדִּי וּמַנְגִּינָה לְמָחוֹל זֶה)

Saracen /ˈsærəs(ə)n/ n. & adj. (*Hist.*) מֻסְלְמִי (בְּיִחוּד בִּתְקוּפַת הַצַּלְבָנִים)

sarcasm /ˈsɑːkæzəm/ n. סַרְקָזְם, לַעַג מַר וְעוֹקְצָנִי

sarcastic /sɑːˈkæstɪk/ adj. סַרְקַסְטִי

sarcoma /sɑːˈkəʊmə/ n. (*Med.*) סַרְקוֹמָה (גִּדּוּל סַרְטָנִי)

sarcophagus /sɑːˈkɒfəgəs/ n. סַרְקוֹפָג, גְּלוֹסְקָמָה (אֲרוֹן מֵתִים עָשׂוּי אֶבֶן אוֹ חֶרֶס)

sardine /sɑːˈdiːn/ n. סַרְדִּין

sardonic /sɑːˈdɒnɪk/ adj. לַגְלְגָנִי, עוֹקְצָנִי, מְרִירִי, סַרְדּוֹנִי

sari /ˈsɑːrɪ/ n. סָרִי (לְבוּשׁ נָשִׁים הֹדִּי)

sarong /səˈrɒŋ/ n. סָרוֹנְג (מֵעֵין חֲצָאִית מַעֲטֶפֶת מַלָּאִית לִגְבָרִים וְנָשִׁים)

sarsaparilla /ˌsɑːsəpəˈrɪlə/ n. קִיסוֹסִית (צֶמַח הַמְשַׁמֵּשׁ תַּבְלִין לְמַשְׁקָאוֹת)

sartorial /sɑːˈtɔːrɪəl/ adj. (*formal*) שֶׁל חַיָּטוּת, שֶׁל הַלְבָּשַׁת גְּבָרִים אָפְנָתִית

sash¹ /sæʃ/ n. אַבְנֵט, סֶרֶט בַּד רָחָב (לְמָתְנַיִם אוֹ לְעִתִּים בַּאֲלַכְסוֹן עַל הֶחָזֶה)

sash² /sæʃ/ n. מִסְגֶּרֶת שִׁמְשָׁה (בְּתוֹךְ חַלּוֹן הֲזָזָה), זְחִיחָה (בְּכִוּוּן מַעְלָה־מַטָּה)

sash-cord /ˈsæʃ-kɔːd/ n. חֶבֶל לְהַעֲלָאָה וּלְהוֹרָדָה שֶׁל מִסְגְּרוֹת שִׁמְשָׁה (כַּנַּ"ל)

sash-window /ˈsæʃ-wɪndəʊ/ n. חַלּוֹן הֲזָזָה (הַנִּפְתָּח אֲנָכִית)

sat /sæt/ past & past ppl. of **sit**

Satan /ˈseɪt(ə)n/ n. הַשָּׂטָן

satanic /səˈtænɪk/ adj.
- **1** (of Satan) שֶׁל הַשָּׂטָן
- **2** (evil) מְרֻשָּׁע, שְׂטָנִי

satchel /ˈsætʃ(ə)l/ n. תִּיק בֵּית סֵפֶר, יַלְקוּט (צַד אוֹ גַּב)

sate /seɪt/ v.t. (*formal*) הִשְׂבִּיעַ, מִלֵּא עַד הַסּוֹף

sateen /səˈtiːn/ n. אֲרִיג כֻּתְנָה רַךְ וּמַבְרִיק (דִּמּוּי סָטִין)

satellite /ˈsætəlaɪt/ n. לַוְיָן; יָרֵחַ (כְּגוֹן שֶׁל כּוֹכַב לֶכֶת); גָּרוּר
- **satellite dish** צַלַּחַת לַוְיָן (לִקְלִיטַת שִׁדּוּר לַוְיָן)
- **satellite state** מְדִינָה גְּרוּרָה
- □ *the signal was transmitted by satellite* הַשִּׁדּוּר הָעֳבַר בְּאֶמְצָעוּת לַוְיָן

satiable /ˈseɪʃəb(ə)l/ adj. (*formal*) שֶׁנִּתָּן לְהַשְׂבִּיעוֹ

satiate /ˈseɪʃɪeɪt/ v.t. (*formal*) הִשְׂבִּיעַ, הִשְׂבִּיעַ עַד לְזָרָא

satiety /səˈtaɪətɪ/ n. (*formal*) שֹׂבַע, רְוָיָה; שֹׂבַע עַד לְזָרָא; פִּטּוּם

satin /ˈsætɪn/ n. סָטִין, אַטְלַס (אֲרִיג מֶשִׁי מַבְרִיק וְחָלָק)

satinwood /ˈsætɪnwʊd/ n. עֲצַת הָאִזְדָּרֶכֶת (עֵץ מַבְרִיק וְחָלָק, מְשַׁמֵּשׁ בְּתַעֲשִׂיַּת רָהִיטִים וּכְלֵי נְגִינָה)

satire /ˈsætaɪə(r)/ n. סָטִירָה

satirical /səˈtɪrɪk(ə)l/ adj. סָטִירִי

satirist /ˈsætərɪst/ n. סָטִירִיקָן, מְחַבֵּר סָטִירוֹת

satirize /ˈsætəraɪz/ v.t. תֵּאֵר בְּאֹפֶן סָטִירִי, תָּקַף בְּצוּרָה סָטִירִית; לִגְלֵג עַל

satisfaction /ˌsætɪsˈfækʃ(ə)n/ n.
- **1** (state or cause of contentment) שְׂבִיעוּת רָצוֹן, סִפּוּק, קֹרַת רוּחַ; סִבָּה לִשְׂבִיעוּת־רָצוֹן

□ *the work was not done to his satisfaction* הָעֲבוֹדָה לֹא נַעַשְׂתָה לִשְׂבִיעוּת רְצוֹנוֹ
2 (compensation, amends, *formal*) פִּצּוּי; פִּצּוּי עַל עֶלְבּוֹן
□ *he demanded satisfaction* הוּא דָּרַשׁ פִּצּוּי עַל הָעֶלְבּוֹן (בֶּעָבָר בְּאֶמְצָעוּת דּוּ־קְרָב)
satisfactory /ˌsætɪsˈfæktərɪ/ adj. מֵנִיחַ אֶת הַדַּעַת, מַשְׂבִּיעַ רָצוֹן, מְסַפֵּק
satisfy /ˈsætɪsfaɪ/ v.t. נָתַן סִפּוּק לְ..., סִפֵּק; הִשְׂבִּיעַ רָצוֹן; הִשְׂבִּיעַ (רָעָב); שִׁכְנֵעַ
□ *he satisfied us of his innocence* הוּא שִׁכְנֵעַ אוֹתָנוּ שֶׁהוּא חַף מִפֶּשַׁע
□ *I am satisfied that you have done your best* הִשְׁתַּכְנַעְתִּי שֶׁעָשִׂיתָ כְּמֵיטַב יְכָלְתְּךָ
□ *the candidate satisfied the examiners* הַמֻּעֲמָד עָנָה עַל דְּרִישׁוֹת הַבּוֹחֲנִים
□ *does this expression satisfy the equation?* (*Math.*) הַאִם הַבִּטּוּי הַזֶּה עוֹנֶה עַל דְּרִישׁוֹת הַמִּשְׁוָאָה?
satisfying /ˈsætɪsfaɪɪŋ/ adj. מְסַפֵּק, מַשְׂבִּיעַ רָצוֹן; מַשְׂבִּיעַ (רָעָב)
□ *a satisfying meal* אֲרוּחָה מַשְׂבִּיעָה
satsuma /sætˈsuːmə/ n. (זַן שֶׁל) מַנְדָּרִינָה
saturate /ˈsætʃəreɪt/ v.t. רִוָּה, הִרְוָה; הִסְפִּיג (בְּנוֹזֵל)
saturation /ˌsætʃəˈreɪʃ(ə)n/ n. רְוָיָה, גֹּדֶשׁ; הַסְפָּגָה
saturation bombing הַפְצָצַת גֹּדֶשׁ (הַפְצָצָה מְרֻכֶּזֶת בְּיוֹתֵר עַל מַטָּרָה)
saturation point (*colloq.*) נְקֻדַּת הָרְוָיָה
Saturday /ˈsætədɪ/ n. שַׁבָּת, יוֹם הַשַּׁבָּת
Saturn /ˈsætən/ n.
1 (planet) שַׁבְּתַאי (כּוֹכַב הַלֶּכֶת)
2 (god) סָטוּרְן (אֵל בַּמִּיתוֹלוֹגְיָה הָרוֹמִית)
saturnalia /ˌsætəˈneɪlɪə/ n. (*formal*) חֲגִיגָה פְּרוּעָה; אוֹרְגְּיָה
saturnine /ˈsætənaɪn/ adj. (*formal*) קוֹדֵר, זוֹעֵף
satyr /ˈsætə(r)/ n. סָטִיר (דְּמוּת מִיתוֹלוֹגִית שֶׁחֶצְיָהּ אָדָם וְחֶצְיָהּ תַּיִשׁ)
sauce /sɔːs/ n.
1 (relish) רֹטֶב (לְסוּגֵי מָזוֹן שׁוֹנִים, אַךְ לֹא רֹטֶב לְסָלָט)
□ *what's sauce for the goose is sauce for the gander* (*Prov.*) אִם מֻתָּר לְךָ, מֻתָּר גַּם לִי, אַל תֶּאֱסֹר עָלַי מַה שֶּׁאַתָּה מַתִּיר לְעַצְמְךָ
2 (impudence, *colloq.*) חֻצְפָּה
□ *none of your sauce!* אַל תִּתְחַצֵּף!
—v.t. (*colloq.*) הִתְחַצֵּף
sauce-boat /ˈsɔːs-bəʊt/ n. כְּלִי לְרֹטֶב
saucepan /ˈsɔːs-pən/ n. סִיר בִּשּׁוּל, סִיר (לָרֹב עִם יָדִית אֲרֻכָּה וּמִכְסֶה)
saucer /ˈsɔːsə(r)/ n. (צַלַּחַת) תַּחְתִּית (לְסֵפֶל)
flying saucer צַלַּחַת מְעוֹפֶפֶת
saucer-eyed /ˌsɔːsər-ˈaɪd/ adj. בְּעֵינַיִם גְּדוֹלוֹת, בְּעֵינַיִם קְרוּעוֹת לִרְוָחָה (מִתִּמָּהוֹן וְכַד')
saucy /ˈsɔːsɪ/ adj. חָצוּף, מְחֻצָּף, שׁוֹבָב; מְפֻלְפָּל
□ *she wore her hat at a saucy angle* הִיא לָבְשָׁה אֶת הַכּוֹבַע בְּזָוִית שׁוֹבָבָה
sauerkraut /ˈsaʊəkraʊt/ n. כְּרוּב חָמוּץ, כְּרוּב כָּבוּשׁ
sauna /ˈsɔːnə/ n. סָאוּנָה, מֶרְחַץ־אֵדִים (יָבֵשׁ אוֹ לַח)
□ *he takes a sauna every day* הוּא עוֹשֶׂה סָאוּנָה כָּל יוֹם
saunter /ˈsɔːntə(r)/ v.i. טִיֵּל, שׁוֹטֵט לַהֲנָאָתוֹ
—n. טִיּוּל, שִׁטּוּט (בְּנַחַת)
saurian /ˈsɔːrɪən/ adj. (*Zool.*) שֶׁל סִדְרַת הַלְּטָאוֹת
sausage /ˈsɒsɪdʒ/ n. נַקְנִיקִיָּה; נַקְנִיק
sausage-dog /ˈsɒsɪdʒ-dɒg/ n. (*UK colloq.*) "כֶּלֶב נַקְנִיק" (כֶּלֶב תַּחַשׁ)
sausage-meat /ˈsɒsɪdʒ-miːt/ n. בָּשָׂר לְנַקְנִיק
sausage-roll /ˌsɒsɪdʒ-ˈrəʊl/ n. מַאֲכָל נַקְנִיקִיָּה בְּבָצֵק־עָלִים
sauté /ˈsəʊteɪ/ adj. מְטֻגָּן (מַהֵר וּבִמְעַט שֶׁמֶן)
—v.t. טִגֵּן (כַּנַּ"ל)
savage /ˈsævɪdʒ/ adj. פְּרָאִי, פָּרוּעַ, אַכְזָרִי; פְּרִימִיטִיבִי, בַּרְבָּרִי
savage criticism בִּקֹּרֶת פְּרוּעָה
—n. (*derog.*) פֶּרֶא, פְּרִימִיטִיבִי, בַּרְבָּרִי
—v.t. (בַּעַל חַיִּים) תָּקַף בְּפִרְאוּת
savagery /ˈsævɪdʒrɪ/ n. פִּרְאוּת, בַּרְבָּרִיּוּת, אַכְזָרִיּוּת
savanna /səˈvænə/ n. (also **savannah**) עֲרָבָה (בְּאֵזוֹר טְרוֹפִּי), סָוָנָה
savant /ˈsævənt/ n. (*formal*) מְלֻמָּד, לַמְדָן, חָכָם
save /seɪv/ v.t.
1 (rescue, preserve) הִצִּיל
save the day הִצִּיל אֶת הַכֹּל (כְּשֶׁהַכֹּל נִרְאָה אָבוּד)
save one's skin (or **neck** or **bacon**) (*colloq.*) הִצִּיל אֶת עוֹרוֹ/צַוָּארוֹ
God save the Queen! אֵל נְצֹר הַמַּלְכָּה! (הַהִמְנוֹן הַבְּרִיטִי)
□ *I can't play basketball to save my life* (*colloq.*) תַּהֲרֹג אוֹתִי אֲבָל אֲנִי לֹא מְסֻגָּל לְשַׂחֵק כַּדּוּר־סַל
□ *it's important to save face* חָשׁוּב לְהַצִּיל אֶת הַכָּבוֹד
2 (conserve) חָסַךְ, שָׁמַר עַל
□ *we'll go by car to save time* נִסַּע בִּמְכוֹנִית כְּדֵי לַחְסֹךְ בִּזְמַן
□ *he walked to save on bus fares* הוּא הָלַךְ בָּרֶגֶל כְּדֵי לַחְסֹךְ בִּדְמֵי־נְסִיעָה
3 (relieve from need for) חָסַךְ (דָּבָר מָה מִפְּלוֹנִי וְכַד'), שִׁחְרֵר (אֶת פְּלוֹנִי) מִן הַצֹּרֶךְ (לַעֲשׂוֹת דָּבָר מָה וְכַד')
□ *that will save a journey* זֶה יַחְסֹךְ לְךָ נְסִיעָה, יְשַׁחְרֵר אוֹתְךָ מֵהַצֹּרֶךְ לִנְסֹעַ
—v.i. חָסַךְ
□ *she's saving up for a rainy day* (*fig.*) הִיא חוֹסֶכֶת לְיוֹם סַגְרִיר

□ *I save with a building society* אֲנִי חוֹסֵךְ בְּבַנְק לְמַשְׁכַּנְתָּאוֹת

—n. הַצָּלָה (שֶׁל הַשּׁוֹעֵר, בְּכַדּוּרֶגֶל וְכַד׳)

a good save by the goalkeeper הַצָּלָה טוֹבָה שֶׁל הַשּׁוֹעֵר

—prep. (*formal*) חוּץ מ..., פְּרָט לְ...

□ *save for that one detail, their reports agreed* לְמַעֵט פְּרָט זֶה, הָיְתָה הַתְאָמָה בֵּין הַדּוּ״חוֹת שֶׁלָּהֶם

□ *I know nothing save that he arrived yesterday* אֵינֶנִּי יוֹדֵעַ דָּבָר פְּרָט לְכָךְ שֶׁהוּא הִגִּיעַ אֶתְמוֹל

saving /ˈseɪvɪŋ/ adj.

1 (qualifying) מַגְבִּיל

saving clause סְעִיף הִסְתַּיְּגוּת (הַמְאַפְשֵׁר בִּטּוּל חוֹזֶה וְכַד׳)

2 (bringing salvation) מַצִּיל, מוֹשִׁיעַ, גּוֹאֵל

□ *his sense of humour was his saving grace* חוּשׁ הַהוּמוֹר שֶׁלּוֹ הָיָה שָׁקוּל כְּנֶגֶד כָּל מִגְרְעוֹתָיו

—prep. (*formal*) חוּץ מ..., פְּרָט לְ...

□ *saving the priest's presence, I would have sworn* לוּלֵא נוֹכְחוּתוֹ שֶׁל הַכֹּמֶר, הָיִיתִי מְקַלֵּל

—n.

1 (reduction in time or money) חִסָּכוֹן

2 (in *pl.*, money put by) חֲסָכוֹנוֹת

savings account חֶשְׁבּוֹן חִסָּכוֹן

savings bank בַּנְק לְחִסָּכוֹן

National Savings Certificates (*UK*) תְּעוּדוֹת חִסָּכוֹן מַמְלַכְתִּיּוֹת

saviour /ˈseɪvjə(r)/ n. מַצִּיל, מוֹשִׁיעַ, גּוֹאֵל

The Saviour (*Relig.*) הַגּוֹאֵל (בָּאֱמוּנָה הַנּוֹצְרִית: יֵשׁוּ)

savoir-faire /ˌsævwɑː-ˈfeə(r)/ n. הִתְנַהֲגוּת בְּהֶתְאֵם לַהֲלִיכוֹת־הַחֶבְרָה

savory /ˈseɪvərɪ/ n. צַתְרָה (צֶמַח תַּבְלִין, דּוֹמֶה לְנַעְנַע)

savour /ˈseɪvə(r)/ (*formal*) n. טַעַם, נִיחוֹחַ (גַּם בְּהַשְׁאָלָה)

—v.t. & i. הִתְעַנֵּג עַל טַעְמוֹ/רֵיחוֹ שֶׁל (גַּם בְּהַשְׁאָלָה)

savour of הִדִּיף נִיחוֹחַ שֶׁל, הָיָה בַּעַל טַעַם שֶׁל (גַּם בְּהַשְׁאָלָה)

savoury /ˈseɪvərɪ/ adj. טָעִים, עָרֵב לַחֵךְ; לֹא־מָתוֹק (מָלוּחַ אוֹ מְתֻבָּל); נָעִים (מִבְּחִינָה חֶבְרָתִית אוֹ מוּסָרִית)

—n. מָנָה אַחֲרוֹנָה לֹא־מְתוּקָה (כְּחֵלֶק מִסִּדְרַת מָנוֹת אַחֲרוֹנוֹת בָּאֲרוּחָה רִשְׁמִית); מְתַאֲבֵן

savoy /səˈvɔɪ/ n. סוּג שֶׁל כְּרוּב הַגִּנָּה, כְּרוּב ״סָבוֹי״

savvy /ˈsævɪ/ n. (*colloq.*) שֵׂכֶל, ״רֹאשׁ״

saw[1] /sɔː/ past of **see[1]**

saw[2] /sɔː/ n.

1 (tool) מַסּוֹר

2 (wise saying) פִּתְגָּם, מֵימְרָא

—v.t. (past ppl. **sawn** /sɔːn/) נִסֵּר

□ *he sawed at his violin* (*derog.*) הוּא ״נִסֵּר״ בְּמֶרֶץ בְּכִנּוֹר (וְהִשְׁמִיעַ צְלִיל אָיֹם וְנוֹרָא)

□ *the orator's gestures sawed the air* (*derog.*) הַנּוֹאֵם נִפְנֵף בְּמֶרֶץ בְּיָדָיו

sawbones /ˈsɔːbəʊnz/ n. ״קַצָּב״ (כִּנּוּי הֲמוֹנִי לִמְנַתֵּחַ)

sawdust /ˈsɔːdʌst/ n. נְסֹרֶת

sawmill /ˈsɔːmɪl/ n. מִנְסָרָה (בֵּית־מְלָאכָה לְנִסּוּר עֵצִים לְלוּחוֹת)

sawn /sɔːn/ past ppl. of **saw[2]**

sawn-off /ˈsɔːn-ɒf/ adj. קָצוּץ, כָּרוּת (ע״י נְסִירָה)

sawn-off shotgun רוֹבֵה־צַיִד קְצוּץ־קָנֶה

sawyer /ˈsɔːjə(r)/ n. מְנַסֵּר, נַסָּר

sax /sæks/ n. (*colloq.*) סַקְסוֹפוֹן

saxifrage /ˈsæksɪfreɪdʒ/ n. בְּקַעְצוּר (צֶמַח הֲרָרִי הַגָּדֵל עַל סְלָעִים)

Saxon /ˈsæks(ə)n/ n. & adj הַשָּׂפָה הַסַּקְסוֹנִית; סַקְסוֹנִי

saxophone /ˈsæksəfəʊn/ n. סַקְסוֹפוֹן

saxophonist /sækˈsɒfənɪst/ n. נַגַּן סַקְסוֹפוֹן, סַקְסוֹפוֹנִיסְט

say /seɪ/ past & past ppl. **said** /sed/) v.t. אָמַר

1 (utter, express)

that is to say כְּלוֹמַר

I should say (so)! וְעוֹד אֵיךְ!

well said! יָפֶה אָמַרְתָּ! טוֹב מְאֹד!

you don't say (so)! (*colloq.*) מָה אַתָּה אוֹמֵר!

when all's said and done בְּסוֹפוֹ שֶׁל דָּבָר, בִּכְלוֹת הַכֹּל

say no more! (*colloq.*) הֵבַנְתִּי אוֹתְךָ! (נֶאֱמַר לָרֹב תּוֹךְ תְּקִיעַת־מַרְפֵּק וּקְרִיצָה)

whatever he says goes מָה שֶׁהוּא אוֹמֵר, הוֹלֵךְ

you can say that again! (*colloq.*) וְעוֹד אֵיךְ!

I wouldn't say no (*colloq.*) לֹא הָיִיתִי מִתְנַגֵּד, לֹא הָיִיתִי אוֹמֵר לֹא

say the word (*colloq.*) רַק תַּגִּיד

□ *just say the word and I'll come and help* (*colloq.*) עָלֶיךָ רַק לוֹמַר מִלָּה וַאֲנִי אָבוֹא לְעֶזְרָתְךָ

say when! (*colloq.*) תַּגִּיד מָתַי (שְׁאֵלָה מְנֻמֶּסֶת, לְמָשָׁל בְּעֵת מְזִיגַת מַשְׁקֶה לְכוֹס)

□ *it goes without saying that I'd help you out* לְמוֹתָר לְהַגִּיד שֶׁאֲחַלֵּץ אוֹתְךָ, מוּבָן מֵאֵלָיו שֶׁאֲחַלֵּץ אוֹתְךָ

□ *he has a lot to say for himself* הוּא מַגְזִים בְּדִבּוּרִים עַל עַצְמוֹ

□ *I say! Can we have some more drinks?* (*colloq.*) שְׁמַע נָא! אֶפְשָׁר לְקַבֵּל עוֹד מַשְׁקֶה?

□ *what would you say to a glass of beer?* מָה דַּעְתְּךָ עַל כּוֹס בִּירָה?

□ *there's much to be said for the plan* לַתָּכְנִית יֵשׁ לֹא מְעַט יִתְרוֹנוֹת

□ *the boss was angry, to say the least* הַבּוֹס כָּעַס, אִם לְהִתְבַּטֵּא בִּלְשׁוֹן הַמְעָטָה

□ *he made £24,000, to say nothing of his perks* הוּא הִרְוִיחַ 24,000 לִישְׁט, שֶׁלֹּא לְדַבֵּר עַל הַבּוֹנוּסִים

2 (give as a general opinion) אָמַר

□ *you know what they say – the more the merrier!*
אַתָּה יוֹדֵעַ מָה אוֹמְרִים - מַה שֶּׁיּוֹתֵר יוֹתֵר טוֹב!
□ *they say he's an alcoholic* אוֹמְרִים שֶׁהוּא אַלְכּוֹהוֹלִיסְט
3 (indicate) אָמַר, הֶרְאָה, הָיָה כָּתוּב (לַעֲשׂוֹת דְּבַר־מָה)
□ *the clock says ten to three* הַשָּׁעוֹן הֶרְאָה עַל עֶשֶׂר דַּקּוֹת לְשָׁלֹשׁ
□ *the label says to take a pill every hour* עַל הַתָּוִית כָּתוּב לָקַחַת גְּלוּלָה כָּל שָׁעָה
4 (assume) הִנִּיחַ
□ *say we don't make the deadline, what then?* בּוֹא נַנִּיחַ שֶׁאֲנַחְנוּ לֹא מַסְפִּיקִים לְסַיֵּם עַד הַמּוֹעֵד הַקָּבוּעַ, מָה קוֹרֶה אָז?
□ *there's no saying what he'll do next* אִי אֶפְשָׁר לָדַעַת מָה הוּא יַעֲשֶׂה אַחֲרֵי זֶה/עַכְשָׁו
□ *let us say £10,000 at 12 per cent* בּוֹא נֹאמַר 10,000 לִישְׁט בְּ־12 אָחוּז
—v.i. אָמַר
needless to say אֵין צֹרֶךְ לוֹמַר שֶׁ...
□ *say! Let's go to a movie tonight* (*US*) הֵי, בּוֹא נֵלֵךְ הָעֶרֶב לְסֶרֶט
—n. זְכוּת דִּבּוּר, רְשׁוּת דִּבּוּר, פִּתְחוֹן פֶּה; אֲמִירָה, דְּבָרִים
□ *I have no say in the matter* אֵין לִי זְכוּת הַבָּעַת־דֵּעָה בַּנִּדּוֹן
□ *we let him have his say* אִפְשַׁרְנוּ לוֹ לְהַבִּיעַ אֶת דַּעְתּוֹ
□ *he has the say in this matter* הוּא הַקּוֹבֵעַ בְּנוֹשְׂאִים אֵלֶּה

saying /seɪɪŋ/ n. מֵימְרָא, פִּתְגָּם, אֲמִירָה
as the saying goes כְּפִי שֶׁאוֹמֵר הַפִּתְגָּם

say-so /seɪ-səʊ/ n. (*colloq.*) דִּבּוּר סְתָם; רְשׁוּת
□ *we only have it on his say-so* זֶה יָדוּעַ לָנוּ מִתּוֹךְ הַדְּבָרִים שֶׁלּוֹ בִּלְבַד

scab /skæb/ n.
1 (crust over wound) גֶּלֶד (שֶׁל פֶּצַע)
2 (disease) שְׁחִין, גָּרָב (בְּבַעֲלֵי חַיִּים), גַּרְבּוֹן (בִּצְמָחִים)
3 (blackleg, *colloq.*) מֵפֵר שְׁבִיתָה

scabbard /ˈskæbəd/ n. נְדָן

scabies /ˈskeɪbiːz/ n. גָּרֶדֶת, גָּרָב (בְּיִחוּד בִּבְנֵי־אָדָם)

scabrous /ˈskeɪbrəs/ adj. (*formal*) שַׁעֲרוּרִיָּתִי, מְעוֹרֵר תַּדְהֵמָה

scaffold /ˈskæfəʊld/ n. פִּגּוּם (שֶׁל בִּנְיָן); גַּרְדּוֹם, עַמּוּד הַתְּלִיָּה

scaffolding /ˈskæfəldɪŋ/ n. מַעֲרֶכֶת פִּגּוּמִים; חֳמָרִים לְפִגּוּמִים

scald /skɔːld/ v.t.
1 (burn with hot liquid or steam) כָּוָה (עַל־יְדֵי נוֹזֵל/גַּז חַם); שָׁלַק
2 (heat to near boiling point) חִמֵּם עַד לִפְנֵי נְקֻדַּת הָרְתִיחָה (חָלָב וְכַד׳)
3 (clean with boiling water) שָׁטַף בְּמַיִם רוֹתְחִים
—n. כְּוִיָּה (מֵרוֹתְחִים אוֹ מֵאֵדִים)

scale[1] /skeɪl/ n.
1 (size or level in relation to other thing) קְנֵה מִדָּה; סֻלָּם
□ *the government is building houses on a large scale* הַמֶּמְשָׁלָה בּוֹנָה בָּתִּים בִּקְנֵה־מִדָּה גָּדוֹל
□ *her husband was higher in the social scale than she was* מַעֲמָדוֹ שֶׁל בַּעְלָהּ בַּסֻּלָּם הַחֶבְרָתִי הָיָה גָּבוֹהַּ מִשֶּׁלָּהּ
2 (system of measurement) קְנֵה מִדָּה; סֻלָּם
sliding scale סֻלָּם נַיָּד (כְּגוֹן שֶׁל מַשְׂכּוֹרוֹת אוֹ מִסִּים הַמִּשְׁתַּנִּים בְּהֶתְאֵם לַנְּסִבּוֹת)
a scale drawing שִׂרְטוּט לְפִי קְנֵה־מִדָּה
□ *a map of the area to a scale of 1:50,000* מַפַּת הָאֵזוֹר לְפִי קְנֵה־מִדָּה שֶׁל 1:50,000
3 (*Mus.*) סֻלָּם
—v.t.
1 (climb to summit of) טִפֵּס עַל (הַר, צוּק וְכַד׳)
□ *he scaled the mountain* הוּא טִפֵּס לְרֹאשׁ הָהָר, הוּא הֶעְפִּיל לְרֹאשׁ הָהָר
□ *she'll never scale the heights in that job* הִיא לְעוֹלָם לֹא תַּגִּיעַ לְפִסְגָּה בַּתַּפְקִיד הַזֶּה
2 (regulate) דֵּרֵג, הִסְדִּיר, הִתְאִים (לְפִי קְנֵה־מִדָּה)
□ *costs were scaled down by five per cent* הַמְּחִירִים הוּרְדוּ בַּחֲמִשָּׁה אֲחוּזִים
—v.i.

scale[2] /skeɪl/ n.
1 (hard skin of fish, snake, etc.) קַשְׂקַשׂ
2 (incrustation) אַבְנִית (בְּקֻמְקוּם), אֶבֶן־דְּוָדִים; אֶבֶן־שִׁנַּיִם
□ *eventually the scales fell* (or *dropped*) *from her eyes* (*formal*) בְּסוֹפוֹ שֶׁל דָּבָר נִפְקְחוּ עֵינֶיהָ (לִרְאוֹת אֶת הָאֱמֶת וְכַד׳)
—v.t.
1 (*Dentistry*) הֵסִיר אֶת צִפּוּי הָאֶבֶן (מִן הַשִּׁנַּיִם)
□ *the dentist scaled her teeth* רוֹפֵא הַשִּׁנַּיִם נִקָּה אֶת הַשִּׁנַּיִם שֶׁלָּהּ
2 (remove scales from fish) הֵסִיר קַשְׂקַשִּׂים

scale[3] /skeɪl/ n.
1 (balance pan) כַּף מֹאזְנַיִם
2 (in *pl.*, weighing instrument) מֹאזְנַיִם, מִשְׁקָל (הַמַּכְשִׁיר בִּלְבַד)
□ *the boxer tipped* (or *formed*) *the scale(s) at 245 lbs.* הַמִּתְאַגְרֵף שָׁקַל 245 לִיטְרָאוֹת

scallop /ˈskæləp, ˈskɒləp/ n. (also **scollop** /ˈskɒləp/)
סוּג שֶׁל צִדְפַּת מַאֲכָל; שׁוּלֵי בֶּגֶד בְּדֶגֶם קְשָׁתוֹת

scalloped /ˈskæləpt, ˈskɒləpt/ adj. מְסֻלְסָל (שׁוּלֵי בֶּגֶד כַּנַּ״ל)

scallywag /ˈskælɪwæg/ n. (*UK joc.*) פִּרְחָח, שׁוֹבָב קָטָן

scalp /skælp/ n. קַרְקֶפֶת

—v.t. קִרְקֵף, הֵסִיר אֶת עוֹר הַקַּרְקֶפֶת מ...; (בְּהַשְׁאָלָה) "פָּשַׁט אֶת הָעוֹר" (גָּבָה מְחִירִים גְּבוֹהִים)

scalpel /ˈskælp(ə)l/ n. אִזְמֵל מְנַתְּחִים

scaly /ˈskeɪlɪ/ adj. מְכֻסֶּה קַשְׂקַשִּׂים; (קְמָקוֹם וְכַד') מְכֻסֶּה אַבְנִית

scamp /skæmp/ n. (*colloq.*) פִּרְחָח, שׁוֹבָב קָטָן

scamper /ˈskæmpə(r)/ v.i. הִתְרוֹצֵץ כֹּה וָכֹה (כְּמוֹ חַיָּה קְטַנָּה)

scampi /ˈskæmpɪ/ n. חֲסִילוֹנִים גְּדוֹלִים, "שְׁרִימְפְּס" גְּדוֹלִים (לָרֹב מְטֻגָּנִים בִּבְלִילָה)

scan /skæn/ v.t.

1 (glance briefly at) סָרַק בִּמְהִירוּת, הֵעִיף מַבָּט עַל

2 (*Electr.*) סָרַק (בְּעֶזְרַת קֶרֶן אֶלֶקְטְרוֹנִית, עַל מָסַךְ טֶלֶוִיזְיָה וְכַד')

3 (examine carefully) סָרַק (בִּיסוֹדִיּוּת), בָּחַן בִּיסוֹדִיּוּת

4 (analyse pattern of, rhythm of) נִתַּח מִשְׁקָל שֶׁל (שִׁיר)

—v.i. (חָרוּז) הָיָה עָרוּךְ בְּמִשְׁקָל

□ *this line does not scan* שׁוּרָה זֹאת אֵינָהּ מַתְאִימָה לַמִּשְׁקָל, אֵינָהּ עֲרוּכָה בְּמִשְׁקָל

scandal /ˈskænd(ə)l/ n. שַׁעֲרוּרִיָּה, סְקַנְדָּל; רְכִילוּת מַשְׁמִיצָה

□ *the scandal caused the fall of the government* הַשַּׁעֲרוּרִיָּה גָּרְמָה לִנְפִילָתָהּ שֶׁל הַמֶּמְשָׁלָה

□ *Mrs Jones talks* (or *spreads*) *scandal* מָרַת ג'וֹנְס מְפִיצָה שְׁמוּעוֹת עַל סְקַנְדָּלִים

scandalize /ˈskændəlaɪz/ v.t. גָּרַם לְ... לְזַעֲזוּעַ (מִטְּעָמִים מוּסָרִיִּים וְכַד')

scandalmonger /ˈskænd(ə)l-mʌŋgə(r)/ n. (*derog.*) מֵפִיץ שְׁמוּעוֹת שַׁעֲרוּרִיָּתִיּוֹת

scandalous /ˈskændələs/ adj. מְזַעֲזֵעַ, שַׁעֲרוּרִיָּתִי; מַחְפִּיר; מַשְׁמִיץ

Scandinavian /ˌskændɪˈneɪvɪən/ adj. סְקַנְדִּינָבִי

scanner /ˈskænə(r)/ n. סוֹרֵק (אֶלֶקְטְרוֹנִי, לְשִׁמּוּשׁ רְפוּאִי, בְּמַחְשְׁבִים וְכַד')

scansion /ˈskænʃ(ə)n/ n. נִתּוּחַ מֶטְרִי, נִתּוּחַ מִשְׁקָל (שֶׁל שִׁירָה)

scant /skænt/ adj. מְצֻמְצָם, מוּעָט, זָעוּם, דָּלִיל

□ *she paid his complaints scant attention* הִיא כִּמְעַט שֶׁלֹּא נָתְנָה דַּעְתָּהּ עַל תְּלוּנוֹתָיו

scantily /ˈskæntɪlɪ/ adv. בְּצִמְצוּם, בְּדַלִּילוּת

scantily dressed "עֵירֹם לְמֶחֱצָה", לָבוּשׁ בְּאֹפֶן הַמְכַסֶּה טֶפַח וּמְגַלֶּה טְפָחַיִם

scanty /ˈskæntɪ/ adj. מְצֻמְצָם, מוּעָט, זָעוּם, דַּל

scapegoat /ˈskeɪpgəʊt/ n. שָׂעִיר לַעֲזָאזֵל

scapula /ˈskæpjʊlə/ n. (*Anat.*) עֶצֶם הַשֶּׁכֶם, שִׁכְמָה

scar /skɑː(r)/ n. צַלֶּקֶת

—v.t. & i. גָּרַם לְצַלֶּקֶת בְּ...; הִשְׁאִיר צַלֶּקֶת

□ *the experience left him scarred for life* (*fig.*) הַחֲוָיָה הוֹתִירָה בְּנַפְשׁוֹ צַלָּקוֹת לְכָל הַחַיִּים

scarab /ˈskærəb/ n. חִפּוּשִׁית פַּרְעֹה; חַרְפּוּשִׁית (מֵעֵין קָמֵיעַ מִצְרִי קָדוּם בִּדְמוּת חִפּוּשִׁית כַּנַּ"ל)

scarce /skeəs/ adj. נָדִיר, יְקַר־הַמְּצִיאוּת

□ *the boy made himself scarce* (*colloq.*) הַיֶּלֶד הִסְתַּלֵּק, הַיֶּלֶד הֵבִין שֶׁכְּדַאי לוֹ לְהִסְתַּלֵּק

scarcely /ˈskeəslɪ/ adv. בְּקֹשִׁי; כִּמְעַט שֶׁלֹּא

□ *you can scarcely expect me to believe that* אַתָּה לֹא יָכוֹל לְצַפּוֹת שֶׁאֲנִי אַאֲמִין לָזֶה

□ *I scarcely know her* אֲנִי כִּמְעַט לֹא מַכִּיר אוֹתָהּ

□ *she had scarcely sat down when the phone rang* עוֹד לִפְנֵי שֶׁהִסְפִּיקָה לְהִתְיַשֵּׁב צִלְצֵל הַטֶּלֶפוֹן

scarcity /ˈskeəsɪtɪ/ n. נְדִירוּת; מַחְסוֹר

scarcity value עֵרֶךְ (מְיֻחָד מֵחֲמַת) נְדִירוּת

scare /skeə(r)/ v.t. הִפְחִיד, הֶחֱרִיד, הִבְהִיל

scare the hell out of (*sl.*) הִפְחִיד "בְּאֹפֶן לֹא נוֹרְמָלִי"

□ *he is scared to death of women* (*colloq.*) הוּא פּוֹחֵד מִנָּשִׁים פַּחַד מָוֶת

□ *he was scared stiff by the threats* (*colloq.*) הוּא נִתְקַף פַּחַד מָוֶת מִן הָאִיּוּמִים

□ *the barking dog scared the burglars off* (or *away*) הַכֶּלֶב הַנּוֹבֵחַ הֵנִיס אֶת הַשּׁוֹדְדִים

□ *he was scared out of his wits* (*colloq.*) הוּא אִבֵּד אֶת עֶשְׁתּוֹנוֹתָיו מֵרֹב פַּחַד

—v.i. נִבְהַל

□ *she scares easily* הִיא נִבְהֶלֶת בְּקַלּוּת

—n. בֶּהָלָה, בֶּהָלָה צִבּוּרִית, פַּחַד (פִּתְאֹמִי)

scare headlines (or **story**) כּוֹתֶרֶת מַבְהִילָה (סֶנְסַצְיוֹנִית, בְּאוֹתִיּוֹת רַבָּתִי)

□ *there have been several food scares this year* הַשָּׁנָה הָיוּ מִסְפַּר בֶּהָלוֹת צִבּוּרִיּוֹת בְּנוֹשְׂאֵי מָזוֹן

scarecrow /ˈskeəkrəʊ/ n. דַּחְלִיל

scaremonger /ˈskeəˌmʌŋgə(r)/ n. (*derog.*) זוֹרֵעַ בֶּהָלָה, מֵפִיץ שְׁמוּעוֹת־אָסוֹן

scarf /skɑːf/ n. (*pl.* **scarves**) צָעִיף, רְדִיד

head scarf מִטְפַּחַת־רֹאשׁ

scarify /ˈskærɪfaɪ, ˈskeərɪfaɪ/ v.t. תִּחֵחַ (אֶת הַקַּרְקַע)

scarlet /ˈskɑːlət/ adj. & n. שָׁנִי, אָדֹם־עַז; צֶבַע שָׁנִי

scarlet fever שָׁנִית, סְקַרְלָטִינָה

scarlet woman (*arch. euphem.*) פְּרוּצָה, זוֹנָה

scarp /skɑːp/ n. מַתְלוּל, צוּק אָרֹךְ וּמִתְמַשֵּׁךְ

scarper /ˈskɑːpə(r)/ v.i. (*sl.*) "הִתְנַדֵּף", הִסְתַּלֵּק, בָּרַח

scary /ˈskeərɪ/ adj. (*colloq.*) מַבְהִיל, מַפְחִיד

scathing /ˈskeɪðɪŋ/ adj. נוֹקֵב, בּוֹטֶה, פּוֹגֵעַ (דְּבַר בִּקֹּרֶת וְכַד')

scatter /ˈskætə(r)/ v.t.

1 (strew) פִּזֵּר, זָרָה

2 (disperse) הֵפִיץ, פִּזֵּר

—v.i. הִתְפַּזֵּר, נָפוֹץ

scatter-brain /ˈskætə-breɪn/ n. (*colloq.*) אָדָם מְפֻזָּר (בְּדַעְתּוֹ), "פְּרוֹפֶסוֹר מְפֻזָּר"

scatter-brained /ˈskætə-breɪnd/ adj. (*colloq.*) מְפֻזַּר דַּעַת

scatty /ˈskætɪ/ adj. (*colloq.*) "קְצָת מְשֻׁגָּע"
□ *that man would drive any woman scatty* הַגֶּבֶר הַזֶּה מְסֻגָּל לְהוֹצִיא מִדַּעְתָּהּ כָּל אִשָּׁה

scavenge /ˈskævɪndʒ/ v.t. & i. חִטֵּט (בְּאַשְׁפָּה וְכַד׳); חִטֵּט וּמָצָא בָּאַשְׁפָּה (דְּבַר מָה מוֹעִיל וְכַד׳); נִזּוֹן מִפְּגָרִים, אָכַל נְבֵלוֹת

scavenger /ˈskævɪndʒə(r)/ n. בַּעַל חַיִּים אוֹכֵל־נְבֵלוֹת; אָדָם הַמְחַטֵּט בְּאַשְׁפָּתוֹת; אָדָם הָאוֹהֵב לְחַטֵּט וְלִמְצֹא דְּבָרִים

scenario /sɪˈnɑːrɪəʊ/ n. "תַּסְרִיט"

scene /siːn/ n.
1 (setting of events) זִירַת הַהִתְרַחֲשֻׁיּוֹת, מְקוֹם הָאֵרוּעִים
the scene of the crime זִירַת־הַפֶּשַׁע, אֲתַר הַפֶּשַׁע
behind the scenes מֵאֲחוֹרֵי־הַקְּלָעִים
set the scene הֵכִין אֶת הַקַּרְקַע (בְּהַשְׁאָלָה בִּלְבַד)
2 (division of play) סְצֵינָה, תְּמוּנָה (שֶׁל מַעֲרָכָה בְּמַחֲזֶה)
3 (spectacle) חִזָּיוֹן, מַרְאֶה, תְּמוּנָה
4 (noisy exhibition of feeling, *derog.*) "הַצָּגָה", "סְצֵינָה", "סְקַנְדָּל"
□ *the enraged customer made a scene* הַקּוֹנֶה הַנִּרְגָּז הֵקִים שַׁעֲרוּרִיָּה/עָשָׂה סְקַנְדָּל
5 (interest, *sl.*)
□ *pop music, isn't my scene* מוּזִיקַת פּוֹפ זֶה לֹא בִּשְׁבִילִי

scenery /ˈsiːnərɪ/ n.
1 (stage design) תַּפְאוּרָה
2 (landscape) נוֹף, מַרְאֵה נוֹף
change of scenery (*fig.*) שִׁנּוּי בָּאֲוִירָה

scene-shifter /ˈsiːn-ʃɪftə(r)/ n. מַחֲלִיף תַּפְאוּרוֹת (בְּתֵיאַטְרוֹן), עוֹבֵד בָּמָה

scenic /ˈsiːnɪk/ adj. צִיּוּרִי, מַרְהִיב עַיִן; שֶׁל תַּפְאוּרָה בִּימָתִי
scenic railway רַכֶּבֶת שַׁעֲשׁוּעִים (בְּקְנֵה־מִדָּה מֻקְטָן, בְּיָרִיד וְכַד׳)

scent /sent/ n.
1 (smell, aroma) רֵיחַ (לָרֹב נָעִים), נִיחוֹחַ
2 (trail) עִקְּבוֹת רֵיחַ (שֶׁל בַּעַל חַיִּים)
□ *the criminal tried to throw the police off his scent* הַפּוֹשֵׁעַ נִסָּה לְנַעֵר אֶת הַמִּשְׁטָרָה מֵעַל עִקְּבוֹתָיו
3 (sense of detecting smells, discovering things) חוּשׁ רֵיחַ
□ *the film director had a scent for talent* הַבַּמַּאי יָדַע "לְהָרִיחַ" כִּשְׁרוֹנוֹת
4 (perfume) בֹּשֶׂם
—v.t.
1 (detect by smell) אִתֵּר, גִּלָּה (עפ״י הָרֵיחַ); הִכִּיר, זִהָה (כַּנַּ״ל)
□ *she scented a mystery* הִיא "הֵרִיחָה" כָּאן מִסְתּוֹרִין, הִיא חָשְׁדָה שֶׁיֵּשׁ כָּאן מִסְתּוֹרִין
2 (give aroma to) בִּשֵּׂם
scented notepaper נְיַר כְּתִיבָה מְבֻשָּׂם

sceptic /ˈskeptɪk/ n. (*US* **skeptic**) סַפְקָן, סְקֶפְּטִי

sceptical /ˈskeptɪk(ə)l/ adj. (*US* **skeptical**) סַפְקָנִי, סְקֶפְּטִי

scepticism /ˈskeptɪsɪzəm/ n. (*US* **skepticism**) סַפְקָנוּת, סְקֶפְּטִיּוּת

sceptre /ˈseptə(r)/ n. שַׁרְבִיט־מַלְכוּת

schedule /ˈʃedjuːl/ n. לוּחַ זְמַנִּים; מִפְרָט
□ *I am behind schedule with my book* אֲנִי מְפַגֵּר/בְּפִגּוּר בִּכְתִיבַת סִפְרִי, אֵינֶנִּי עוֹמֵד בְּלוּחַ הַזְּמַנִּים
—v.t. תִּכְנֵן לוּחַ זְמַנִּים; קָבַע מוֹעֲדִים, שִׁבֵּץ בְּלוּחַ זְמַנִּים

schematic /skiːˈmætɪk/ adj. סְכֵימָתִי, מְשֻׂרְטָט/מְתֹאָר בְּקַוִּים כְּלָלִיִּים

scheme /skiːm/ n.
1 (plan) תָּכְנִית, תָּכְנִית פְּעֻלָּה
□ *marriage was not in her scheme of things* נִשּׂוּאִין לֹא הָיוּ כְּלוּלִים בְּתָכְנִיּוֹתֶיהָ
2 (matching of colours) הַתְאָמָה, תִּכְנוּן, תֵּאוּם (שֶׁל צְבָעִים)
3 (plot) מְזִמָּה, קֶשֶׁר
—v.t. & i. תִּכְנֵן, עִבֵּד תָּכְנִית (פְּעֻלָּה); תִּחְבֵּל, זָמַם

schemer /ˈskiːmə(r)/ n. בַּעַל תַּחְבּוּלוֹת, זוֹמֵם מְזִמּוֹת

scherzo /ˈskeətsəʊ/ n. (*Mus.*) סְקֶרְצוֹ (קֶטַע מוּזִיקָלִי בַּעַל אֹפִי עַלִּיז)

schism /ˈsɪzəm/ n. (*formal*) פִּלּוּג, פֵּרוּד, קֶרַע (בְּאִרְגּוּן אוֹ בִּכְנֵסִיָּה)

schismatic /sɪzˈmætɪk/ adj. (*formal*) שֶׁל פִּלּוּג (כַּנַּ״ל)

schizo /ˈskɪtsəʊ/ n. (*colloq.*) "פְּסִיכִי"

schizoid /ˈskɪtsɔɪd/ n. & adj. סְכִיזוֹאִידִי, חוֹלֵה סְכִיזוֹפְרֶנְיָה/פִּצּוּל הָאִישִׁיּוּת

schizophrenia /ˌskɪtsəʊˈfriːnɪə/ n. סְכִיזוֹפְרֶנְיָה, פִּצּוּל הָאִישִׁיּוּת

schizophrenic /ˌskɪtsəʊˈfrenɪk/ adj. סְכִיזוֹפְרֶנִי, חוֹלֵה פִּצּוּל הָאִישִׁיּוּת

schlep /ʃlep/ v.t. & i. (*colloq.*) סָחַב (בְּקֹשִׁי); סָחַב אֶת עַצְמוֹ (בְּקֹשִׁי)

schmaltz /ʃmɔːlts/ n. (*colloq.*) שְׁמַלְץ, רַגְשָׁנוּת־יֶתֶר, סֶנְטִימֶנְטָלִיּוּת יְתֵרָה

schmuck /ʃmʌk/ n. (*colloq.*) "אִידְיוֹט", "טֶמְבֶּל" (הַמִּלָּה הָאַנְגְּלִית בְּשׁוּם אֹפֶן אֵינָהּ מַקְבִּילָה לַמִּלָּה הָעִבְרִית "שְׁמוֹק")

schnapps /ʃnæps/ n. שְׁנַפְּס (מַשְׁקֶה אַלְכּוֹהוֹלִי חָרִיף)

schnitzel /ˈʃnɪts(ə)l/ n. שְׁנִיצֶל (בְּשַׂר עוֹף/הֹדּוּ/עֵגֶל/חֲזִיר בְּפֵרוּרֵי לֶחֶם)

scholar /ˈskɒlə(r)/ n.
1 (learned person) מְלֻמָּד, תַּלְמִיד חָכָם
2 (student who has won a scholarship) סְטוּדֶנְט שֶׁזָּכָה בְּמִלְגָּה, מִלְגַּאי

3 (child at school, *arch.*) תַּלְמִיד בֵּית־סֵפֶר

scholarly /ˈskɒləlɪ/ adj. (אָדָם) מְלֻמָּד, לַמְדָנִי; (חִבּוּר) מַדָּעִי

scholarship /ˈskɒləʃɪp/ n.
1 (grant won in competition) מִלְגָּה (עַל בְּסִיס הֶשֵּׂגֵי־לִמּוּד)
2 (learning) לַמְדָנוּת

scholastic /skəˈlæstɪk/ adj. (*formal*) שֶׁל בָּתֵּי סֵפֶר, שֶׁל מוֹסְדוֹת חִנּוּךְ; סְכוֹלַסְטִי (שֶׁל הָעִדָּן הַסְּכוֹלַסְטִי בִּימֵי הַבֵּינַיִם)

scholasticism /skəˈlæstɪsɪzəm/ n. סְכוֹלַסְטִיקָה (שִׁיטָה פִילוֹסוֹפִית מִימֵי הַבֵּינַיִם)

school /skuːl/ n.
1 (teaching institution) בֵּית־סֵפֶר (לְגִילִים שׁוֹנִים, כּוֹלֵל לְלִמּוּדִים גְּבוֹהִים וּלְהַכְשָׁרָה מִקְצוֹעִית)
old school tie סוֹלִידָרִיּוּת בֵּין בּוֹגְרֵי בֵּית־סֵפֶר מְסֻיָּם (לָרֹב פְּרָטִי וְיָקָר)
school age גִּיל בֵּית־הַסֵּפֶר
day school בֵּית־סֵפֶר יוֹמִי (לְלֹא פְּנִימִיָּה)
Sunday school בֵּית־סֵפֶר שֶׁל יוֹם רִאשׁוֹן (לְלִמּוּדֵי דָּת)
school-leaver עוֹזֵב בֵּית־הַסֵּפֶר, מְסַיֵּם בֵּית־סֵפֶר
2 (group of artists, thinkers, etc.) אַסְכּוֹלָה
□ *a well-known school of painting* אַסְכּוֹלָה נוֹדַעַת בְּצִיּוּר
□ *there are two schools of thought on this issue* קַיָּמִים שְׁנֵי זְרָמִים רַעְיוֹנִיִּים בְּנוֹגֵעַ לִשְׁאֵלָה זֹאת
□ *he's a business man of the new school* הוּא אִישׁ עֲסָקִים מִן הָאַסְכּוֹלָה הַחֲדָשָׁה/מִן הַדּוֹר הֶחָדָשׁ
3 (shoal of fish) לַהֲקָה (שֶׁל דָּגִים)
—v.t. (*formal*) אִמֵּן, הִדְרִיךְ, הִכְשִׁיר, לִמֵּד
□ *he schooled himself in patience* הוּא חִנֵּךְ אֶת עַצְמוֹ לְסַבְלָנוּת

schoolboy /ˈskuːlbɔɪ/ n. תַּלְמִיד בֵּית־סֵפֶר

schoolchild /ˈskuːltʃaɪld/ n. תַּלְמִיד/תַּלְמִידַת בֵּית־סֵפֶר

schooldays /ˈskuːldeɪz/ n. pl. יְמֵי בֵּית־הַסֵּפֶר

schoolfellow /ˈskuːlfeləʊ/ n. חָבֵר לְסַפְסַל הַלִּמּוּדִים

schoolgirl /ˈskuːlgɜːl/ n. תַּלְמִידַת בֵּית־סֵפֶר
□ *she had a schoolgirl crush on her aerobics instructor* הָיְתָה לָהּ אַהֲבָה שֶׁל בַּת טִפֵּשׁ־עֶשְׂרֵה לִמְדַרְיךְ הַהִתְעַמְּלוּת הָאֵירוֹבִּית שֶׁלָּהּ

schooling /ˈskuːlɪŋ/ n. חִנּוּךְ, הַכְשָׁרָה

schoolmarm /ˈskuːlmɑːm/ n. (*derog.*) אִשָּׁה שְׁתַלְטָנִית וּמְיֻשֶּׁנֶת בְּדֵעוֹתֶיהָ

schoolmaster /ˈskuːlmɑːstə(r)/ n. מוֹרֶה

schoolmate /ˈskuːlmeɪt/ n. חָבֵר לְבֵית־סֵפֶר, חָבֵר לְסַפְסַל הַלִּמּוּדִים

schoolmistress /ˈskuːlmɪstrɪs/ n. מוֹרָה

schoolteacher /ˈskuːlˌtiːtʃə(r)/ n. מוֹרֶה

schooner /ˈskuːnə(r)/ n.
1 (ship) סְפִינָה דּוּ־תָּרְנִית, סְקוּנֶר
2 (tall beer or sherry glass) כּוֹס גְּבוֹהָה (לְבִירָה אוֹ לְשֶׁרִי)

sciatic /saɪˈætɪk/ adj. (*Med.*) שֶׁל הַיָּרֵךְ

sciatica /saɪˈætɪkə/ n. דַּלֶּקֶת עֲצַב הַיָּרֵךְ ("גִּיד הַנָּשֶׁה"), נָשִׁית, אִישְׁיָאס

science /ˈsaɪəns/ n. מַדָּע
applied science מַדָּע שִׁמּוּשִׁי
science fiction מַדָּע בִּדְיוֹנִי
science park פַּרְק מַדָּע
□ *he tried to blind her with science* (*derog.*) הוּא נִסָּה לְסַנְוֵר אוֹתָהּ בְּמִלִּים שֶׁל בֵּית־מִרְקַחַת

scientific /ˌsaɪənˈtɪfɪk/ adj. מַדָּעִי

scientist /ˈsaɪəntɪst/ n. מַדְעָן, אִישׁ־מַדָּע

scimitar /ˈsɪmɪtə(r)/ n. (*Hist.*) חֶרֶב מִזְרָחִית (עֲקוּמָה וּגְדוֹלָה)

scintilla /sɪnˈtɪlə/ n. (*formal*) נִיצוֹץ, זִיק; שֶׁמֶץ

scintillate /ˈsɪntɪleɪt/ v.i. (*formal*) נִצְנֵץ, הִתִּיז נִיצוֹצוֹת

scintillating /ˈsɪntɪleɪtɪŋ/ adj. (*formal*) מְנַצְנֵץ, מַתִּיז נִיצוֹצוֹת; מַבְרִיק (בְּחָכְמָתוֹ וְכַד')
scintillating wit פִּקְחוּת מַבְרִיקָה

scion /ˈsaɪən/ n. (*formal*) נֵצֶר, חֹטֶר, צֶאֱצָא (לְמִשְׁפָּחָה מְיֻחֶסֶת); יִחוּר

scissors /ˈsɪzəz/ n. pl. מִסְפָּרַיִם
a pair of scissors זוּג מִסְפָּרַיִם
scissor movement תְּנוּעַת מִסְפָּרַיִם

sclerosis /skləˈrəʊsɪs/ n. (*Med.*) טָרֶשֶׁת, סְקְלֶרוֹזָה

scoff[1] /skɒf/ v.i. לָעַג, לִגְלֵג
scoff at לִגְלֵג לְ..., לָעַג לְ...

scoff[2] /skɒf/ v.t. (*colloq.*) זָלַל

scoffer /ˈskɒfə(r)/ n. לַעֲגָן, לִגְלְגָן

scold /skəʊld/ v.t. & i. גָּעַר בְּ..., נָזַף בְּ...; דִּבֵּר בְּטוֹן נוֹזֵף
—n. (*arch.*) אֵשֶׁת מְדָנִים

scolding /ˈskəʊldɪŋ/ n. גְּעָרָה, נְזִיפָה

scollop /ˈskɒləp/ see **SCALLOP** סוּג שֶׁל צִדְפַּת מַאֲכָל; שׁוּלֵי בֶּגֶד בְּדֶגֶם קְשָׁתוֹת

sconce /skɒns/ n. סוּג שֶׁל פָּמוֹט (הַמְּצֻמָּד לַקִּיר)

scone /skɒn, skəʊn/ n. "סְקוֹן" (מִין לַחְמָנִיָּה מְתוּקָה הַמֻּגֶּשֶׁת לָרֹב עִם תֵּה)

scoop /skuːp/ n.
1 (shovel) כַּף (לִגְלִידָה וְכַד'); יָעֶה (לְהוֹצָאַת אֹרֶז מִשַּׂק וְכַד')
2 (exclusive news report, etc.) "סְקוּפּ", "סְקוּפּ" עִתּוֹנָאִי (יְדִיעָה אוֹ גִּלּוּי אֶקְסְקְלוּסִיבִי)
—v.t.
1 (left or hollow out with shovel, etc.) גָּרַף, אָסַף (בְּכַף, בְּיָעֶה וְכַד')
2 (publish exclusive story) הִקְדִּים (עִתּוֹן אַחֵר וְכַד') בְּהַשָּׂגַת "סְקוּפּ"
3 (forestall rival, *colloq.*) הִקְדִּים (יָרִיב, בַּעֲסָקִים וְכַד')

scoot /skuːt/ v.i. (*colloq.*) "עף" (כְּלוֹמַר נָע בִּמְהִירוּת)

scooter /ˈskuːtə(r)/ n. קוֹרְקִינֶט

motor scooter קַטְנוֹעַ

scope /skəʊp/ n. הֶקֵּף, תְּחוּם, מֶרְחָב; שְׂדֵה פְּעֻלָּה

□ *there is no scope for her talents in that job* בַּעֲבוֹדָה זוֹ אֵין מֶרְחָב לְנִצּוּל כִּשְׁרוֹנוֹתֶיהָ

□ *it is beyond my scope of understanding* זֶה מִחוּץ לִתְחוּם הֲבָנָתִי

scorch /skɔːtʃ/ v.t. חָרַךְ, צָרַב, כָּוָה

a scorched earth policy מְדִינִיּוּת שֶׁל אֲדָמָה חֲרוּכָה

—v.i.

1 (be burnt or parched) נֶחֱרַךְ, נִצְרַב, נִכְוָה

2 (drive fast, *colloq.*) נָסַע בִּמְהִירוּת מְטֹרֶפֶת

—n. סִימַן חֲרִיכָה

scorcher /ˈskɔːtʃə(r)/ n. (*colloq.*) יוֹם שָׁרָב, יוֹם חַמְסִין

scorching /ˈskɔːtʃɪŋ/ adj. לוֹהֵט, שׂוֹרֵף, צוֹרֵב; נוֹקֵב (דִּבּוּר, הֶעָרָה)

score /skɔː(r)/ n.

1 (count of points in game) תּוֹצָאָה, נִקּוּד (בְּמִשְׂחָק)

□ *who's keeping the score?* מִי סוֹפֵר אֶת הַנְּקֻדּוֹת?

□ *he knows the score* (*colloq.*) הוּא "בָּעִנְיָנִים"

2 (twenty) עֶשְׂרִים

three score years and ten (*Bibl.*) גִּיל שִׁבְעִים (שְׁנוֹת אָדָם בַּתַּנַ"ךְ)

□ *scores of protest were received when the fares went up* נִתְקַבְּלוּ עֶשְׂרוֹת מְחָאוֹת כַּאֲשֶׁר מְחִירֵי הַנְּסִיעָה עָלוּ

3 (reason) סִבָּה, טַעַם

□ *he was disqualified on the score of his age* הוּא נִפְסַל בִּגְלַל גִּילוֹ, הוּא נִדְחָה מִטַּעֲמֵי גִּיל

□ *I have no speculations on that score* אֲנִי לֹא מוּכָן לְנַסּוֹת וּלְנַחֵשׁ בַּנּוֹשֵׂא הַזֶּה

4 (scratch) חָרִיץ, שָׂרֶטֶת, חָתָךְ

5 (grudge) "חֶשְׁבּוֹן"

□ *when he came to power, he paid off several old scores* כַּאֲשֶׁר הִגִּיעַ לְעֶמְדָּה שֶׁל כֹּחַ הוּא חִסֵּל כַּמָּה חֶשְׁבּוֹנוֹת וָתִיקִים

6 (printed copy of music) תָּוִים (עֹתֶק שֶׁל הַתָּוִים לִיצִירָה מְסֻיֶּמֶת), פַּרְטִיטוּרָה

—v.t. & i

1 (make points in a game, etc.) זָכָה בִּנְקֻדּוֹת (בְּמִשְׂחָק); הִשִּׂיג, זָכָה בְּ... (נִצָּחוֹן, הֶשֵּׂג וְכַד')

□ *she's always trying to score (points) off me* (*fig.*) הִיא תָּמִיד מְנַסָּה לְהַכְנִיס לִי בַּוִּכּוּחַ

□ *their new record has scored again* הַתַּקְלִיט הֶחָדָשׁ שֶׁלָּהֶם זָכָה שׁוּב לְהַצְלָחָה

□ *he scored a goal* הוּא הִבְקִיעַ שַׁעַר

□ *he scored a point in the argument* הוּא "זָכָה בִּנְקֻדָּה" בַּוִּכּוּחַ

2 (make or keep record; give points) נִהֵל רִשּׁוּם, רָשַׁם (בְּיִחוּד נְקֻדּוֹת בְּמִשְׂחַק סְפּוֹרְט); הֶעֱנִיק נְקֻדּוֹת לְ...

3 (mark with cuts) חָרַץ, סִמֵּן בַּחֲרִיצִים, עָשָׂה חֲרִיצִים בְּ...; הָיָה בַּעַל חֲרִיצִים

4 (underline or cross out) הִדְגִּישׁ (מִלָּה)

5 (*Mus.*) עִבֵּד (יְצִירָה מוּזִיקָלִית), תִּזְמֵר

□ *the piece is scored for the violin* הַיְּצִירָה כְּתוּבָה לְכִנּוֹר

6 (succeed in having sex, *sl.*) הִצְלִיחַ "לִדְפּוֹק"

score-board /ˈskɔː-bɔːd/ n. לוּחַ־תּוֹצָאוֹת

score-card /ˈskɔː-kaːd/ n. כַּרְטִיס לְרִשּׁוּם נְקֻדּוֹת בְּמִשְׂחָק

scorer /ˈskɔːrə(r)/ n. רוֹשֵׁם נְקֻדּוֹת (בְּתַחֲרוּת); כּוֹבֵשׁ שַׁעַר (בְּכַדּוּרֶגֶל)

scorn /skɔːn/ n. בּוּז, לַעַג

—v.t. בָּז לְ..., לָעַג לְ...; זִלְזֵל בְּ...

□ *he scorned telling lies* לֹא הָיָה זֶה לְפִי כְּבוֹדוֹ לְשַׁקֵּר

scornful /ˈskɔːnf(ə)l/ adj. מָלֵא בּוּז, לַגְלְגָנִי

Scorpio /ˈskɔːpɪəʊ/ n. מַזַּל עַקְרָב; בֶּן/בַּת מַזַּל עַקְרָב

scorpion /ˈskɔːpɪən/ n. עַקְרָב

Scot /skɒt/ n. סְקוֹטִי

scot /skɒt/ n.

scot-free (*colloq.*) (יָצָא) לְלֹא עֹנֶשׁ

Scotch /skɒtʃ/ adj. סְקוֹטִי

Scotch broth "נְזִיד סְקוֹטִי" (נְזִיד בָּשָׂר, גְּרִיסֵי פְּנִינָה וִירָקוֹת)

Scotch egg "בֵּיצָה סְקוֹטִית" (בֵּיצָה קָשָׁה בִּמְעֲטֵה בָּשָׂר וּפֵרוּרֵי לֶחֶם)

Scotch mist גֶּשֶׁם קַל וְדַקִּיק, טִפְטוּף

Scotch tape (*prop.*) "סְקוֹץ'טֵיפּ", "סֶלוֹטֵיפּ"

—n.

1 (whisky) וִיסְקִי סְקוֹטִי, "סְקוֹץ'"

2 (also **Scots**, dialect) הַנִּיב הַסְּקוֹטִי

scotch /skɒtʃ/ v.t. (*formal*) שָׂם קֵץ לְ...

□ *he quickly scotched the rumour* הוּא שָׂם בִּמְהֵרָה קֵץ לַשְּׁמוּעוֹת

Scotland /ˈskɒtlənd/ n. סְקוֹטְלַנְד, סְקוֹטְיָה

(New) Scotland Yard "סְקוֹטְלַנְד־יַרְד" (מַטֵּה מִשְׁטֶרֶת לוֹנְדוֹן וְהַמַּחְלָקָה לַחֲקִירַת פְּשָׁעִים חֲמוּרִים)

Scots /skɒts/ adj. & n. סְקוֹטִי; הַנִּיב הַסְּקוֹטִי

Scotsman /ˈskɒtsmən/ n. סְקוֹטִי, תּוֹשַׁב סְקוֹטְלַנְד

Scotswoman /ˈskɒtswʊmən/ n. סְקוֹטִית

Scottie /ˈskɒtɪ/ n. (*colloq.*) כֶּלֶב טֶרְיֶר סְקוֹטִי

Scottish /ˈskɒtɪʃ/ adj. סְקוֹטִי

scoundrel /ˈskaʊndr(ə)l/ n. (*formal*) נוֹכֵל, נָבָל, בֶּן־בְּלִיַּעַל

scour /ˈskaʊə(r)/ v.t.

1 (make clean by friction) מֵרַק, שִׁפְשֵׁף, צִחְצַח (כְּלֵי בִּשּׁוּל וְכַד')

2 (search thoroughly) סָרַק בִּיסוֹדִיּוּת וּבִמְהִירוּת, עָשָׂה חִפּוּשׂ יְסוֹדִי בְּ...

scourer /ˈskaʊərə(r)/ n. צָמֶר פְּלָדָה, "סְקוֹצ'בְּרַיְט", בְּרִית־קַרְצוּף (לִכְלֵי מִטְבָּח וְכַד')

scourge /skɜːdʒ/ v.t. הִצְלִיף בְּשׁוֹט בְּ..., הִלְקָה; (בְּהַשְׁאָלָה) יִסֵּר

—n.

1 (whip) שׁוֹט, פַּרְגּוֹל

2 (affliction) "מַטֵּה זַעַם", פֻּרְעָנוּת, מַכָּה, נֶגַע

Scouse /skaʊs/ adj. (*colloq.*) תּוֹשַׁב לִיוֶרְפּוּל, לִיוֶרְפּוּלִי; הַדִּיאָלֶקְט הַלִּיוֶרְפּוּלִי

scout /skaʊt/ n.

1 (person who searches) סַיָּר, צוֹפֶה (חַיָּל וְכַד')

talent scout צַיָּד־כִּשְׁרוֹנוֹת, מְגַלֵּה־כִּשְׁרוֹנוֹת

2 (member of Boy Scout movement) צוֹפֶה

—v.i.

scout about (or **around**) סִיֵּר; הִסְתּוֹבֵב וְחִפֵּשׂ

scoutmaster /ˈskaʊtmɑːstə(r)/ n. מַדְרִיךְ־צוֹפִים

scowl /skaʊl/ v.i. & n. הִבִּיט בְּזַעַף; מַבָּט זוֹעֵף

Scrabble /ˈskræb(ə)l/ n. (*Prop.*) מִשְׂחַק "שַׁבֵּץ־נָא"

scrabble /ˈskræb(ə)l/ v.i. (*colloq.*) גִּשֵּׁשׁ וּמִשֵּׁשׁ (בְּעַצְבָּנוּת)

scrag /skræg/ n. בְּשַׂר עַצְמוֹת הַצַּוָּאר שֶׁל כֶּבֶשׂ

scrag-end /ˈskrægend/ n. בְּשַׂר עַצְמוֹת הַצַּוָּאר שֶׁל כֶּבֶשׂ

scraggy /ˈskrægɪ/ adj. (*colloq. derog.*) רָזֶה וְכָחוּשׁ, צָנוּם, גָּרוּם

scram /skræm/ v.i. (*colloq.*) "עוּף", "הִתְנַדֵּף" (לָרֹב בְּצִוּוּי)

scramble /ˈskræmb(ə)l/ v.i.

1 (make one's way over rough ground) טִפֵּס, זָחַל (בִּמְהִירוּת, לָרֹב עַל אַרְבַּע)

2 (struggle with competitors) נִדְחַק, נֶאֱבַק (בְּמַרְפְּקִים וְכַד', לְהַשִּׂיג דְּבַר מָה)

—v.t.

1 (mix up) עִרְבֵּל, עִרְבֵּב, טָרַף

2 (cook eggs by stirring in heated pan) טָרַף, קִשְׁקֵשׁ (בֵּיצָה)

scrambled eggs בֵּיצָה מְקֻשְׁקֶשֶׁת

3 (alter frequency of sound etc. in telephoning, etc.) עִרְבֵּל (תִּשְׁדֹּרֶת אֶלֶקְטְרוֹנִית)

scrambled message שֶׁדֶר מְעֻרְבָּל

4 (take off quickly, *Aeron.*) הִזְנִיק (מָטוֹס, בְּמַצַּב חֵרוּם)

—n. טִפּוּס מְאֻמָּץ וּמָהִיר (לָרֹב בְּשֶׁטַח קָשֶׁה); מִרְדָּף מְטֹרָף; מֵרוֹץ "קְרוֹס" לְאוֹפַנּוֹעִים

□ *there was a scramble for seats* אֲנָשִׁים רָצוּ כְּמוֹ מְטֹרָפִים לִתְפֹּס מְקוֹמוֹת

scrambler /ˈskræmblə(r)/ n. מְעַרְבֵּל (לְתִשְׁדּוֹרוֹת)

scrap[1] /skræp/ n.

1 (small piece) פִּסָּה, פֵּרוּר; שְׁיָרִים, שְׁאֵרִית

□ *a scrap of paper* פִּסַּת נְיָר

□ *the cat was fed on scraps* הֶחָתוּל נִזּוֹן עַל שְׁיָרֵי־מָזוֹן

□ *he found no scrap of comfort in the forecasts* הוּא לֹא מָצָא קֶרֶטוֹב שֶׁל נִחוּמִים בַּתַּחֲזִיּוֹת

2 (cutting from newspaper) גְּזִיר־עִתּוֹן

3 (waste material, *colloq.*) גְּרוּטָאָה

—v.t. "הִשְׁלִיךְ לַזֶּבֶל" (תָּכְנִית וְכַד'); הָפַךְ (דְּבַר מָה) לִגְרוּטָאוֹת

scrap[2] /skræp/ (*colloq.*) n. קְטָטָה (בֵּין יְלָדִים וְכַד')

—v.i. הִתְקוֹטֵט, רָב

□ *he was always scrapping at school* הוּא תָּמִיד הִתְקוֹטֵט בְּבֵית־הַסֵּפֶר

scrap-book /ˈskræp-bʊk/ n. אַלְבּוֹם לְהַדְבָּקַת גְּזָרֵי־עִתּוֹנִים, תַּצְלוּמִים וְכַד'

scrape /skreɪp/ v.t.

1 (rub) גֵּרֵד, שִׁיֵּף, הִקְצִיעַ, שָׂרַט

□ *I scraped my feet on the mat* נִגַּבְתִּי אֶת רַגְלַי עַל הַשְּׁטִיחוֹן, שִׁפְשַׁפְתִּי אֶת נַעֲלַי עַל שְׁטִיחַ הַכְּנִיסָה

□ *before painting, he scraped down the wall* לִפְנֵי הַצְּבִיעָה, הוּא הֶחֱלִיק אֶת הַקִּיר (עַל יְדֵי הֲסָרַת שִׁכְבַת הַצֶּבַע הַקּוֹדֶמֶת)

□ *the cat scraped (out) a hole in the flower-bed* הֶחָתוּל חָפַר גֻּמָּה בַּעֲרוּגַת הַפְּרָחִים

□ *she scraped out the burnt pan* הִיא שִׁפְשְׁפָה אֶת הַמַּחֲבַת הַשְּׂרוּפָה

scrape away גֵּרֵד וְהֵסִיר

scrape off גֵּרֵד וְהֵסִיר

2 (gain with effort) "גֵּרֵד" וּמָצָא

□ *he scraped the bottom of the barrel to find singers* (*colloq.*) הוּא חִפֵּשׂ בְּכָל חוֹר כְּדֵי לִמְצֹא זַמָּרִים

□ *I have scraped up* (or *together*) *enough money for a holiday* "גֵּרַדְתִּי" בְּקֹשִׁי מַסְפִּיק כֶּסֶף כְּדֵי לָצֵאת לְחֻפְשָׁה

□ *he scraped (up) an acquaintance with the great singer* הוּא הִצְלִיחַ אֵיכְשֶׁהוּ לְהַכִּיר אֶת הַזַּמָּר הַמְפֻרְסָם

3 (just manage) הִצְלִיחַ בְּקֹשִׁי

□ *he scraped a living by working at night too* הוּא הִצְלִיחַ לְהִתְקַיֵּם רַק בִּגְלַל שֶׁעָבַד גַּם בַּלֵּילוֹת

4 (draw or move with sound as if by scraping) הִשְׁתַּפְשֵׁף בְּ..., גֵּרֵד

□ *the branches of the tree scraped the window* עַנְפֵי הָעֵץ גֵּרְדוּ קַלּוֹת אֶת שִׁמְשַׁת הַחַלּוֹן

—v.i.

1 (produce a scraping sound) הִשְׁמִיעַ קוֹלוֹת שִׁפְשׁוּף/גֵּרוּד

2 (move or get by with difficulty) גָּרַר אֶת עַצְמוֹ בְּקֹשִׁי

scrape by (or **along**) "הִסְתַּדֵּר" אֵיכְשֶׁהוּ

□ *he scraped through the exam* הוּא הִצְלִיחַ אֵיכְשֶׁהוּ לַעֲבֹר אֶת הַבְּחִינָה

3 (be economical)

pinch and scrape "הִדֵּק אֶת הַחֲגוֹרָה", עָשָׂה צִמְצוּמִים, עָרַךְ קִצּוּצִים

4 (make clumsy bow) הִשְׁתַּחֲוָה; הִתְרַפֵּס

□ *he tried to win favour by bowing and scraping* הוּא נִסָּה לִרְכֹּשׁ אַהֲדָה בְּהִתְרַפְּסוּת וַחֲנֻפָּה

—n.

1 (act or sound of scraping) גֵּרוּד, שִׁיּוּף; צְלִיל חוֹרֵק, קוֹל צוֹרֵם

2 (predicament, *colloq.)* "בֹּץ", צָרוֹת

□ *he's always getting into scrapes* תָּמִיד הוּא נִכְנָס לְצָרוֹת

scraper /ˈskreɪpə(r)/ n. מַגְרֵד, סַכִּין גֵּרוּד (לַהֲסָרַת טַפֶּטִים וְכַד׳)

scrap-heap /ˈskræp-hiːp/ n. עֲרֵמַת גְּרוּטָאוֹת; (בְּהַשְׁאָלָה) "הַזֶּבֶל"

□ *his employers threw him on the scrap-heap at fifty-five* (*colloq.*) מַעֲבִידָיו זָרְקוּ אוֹתוֹ לַזֶּבֶל בְּגִיל חֲמִשִּׁים וְחָמֵשׁ

scrap-iron /ˈskræp-aɪən/ n. גְּרוּטָאוֹת בַּרְזֶל

scrappy /ˈskræpɪ/ adj. (*derog.*) חֲסַר סֵדֶר וְהִגָּיוֹן, מְבֻלְבָּל, מְרֻשָּׁל

□ *despite some good points, his work was scrappy* לַמְרוֹת שֶׁהָיוּ בַּעֲבוֹדָתוֹ כַּמָּה דְּבָרִים טוֹבִים, הִיא הָיְתָה מְקֻטַּעַת וּמְבֻלְבֶּלֶת

scratch /skrætʃ/ v.t.

1 (score or wound superficially) שָׂרַט

□ *the lecturer only scratched the surface of the subject* הַמַּרְצֶה נָגַע בְּאֹפֶן שִׁטְחִי בִּלְבַד בַּנּוֹשֵׂא

□ *scratch a critic and you'll find a frustrated writer* (*joc.*) תְּהֵא עַל קַנְקַנּוֹ שֶׁל מְבַקֵּר וְתִגָּלֶה שֶׁהוּא סוֹפֵר מְתֻסְכָּל

2 (rub to relieve itching) גֵּרֵד

□ *scratch my back and I'll scratch yours* (*colloq.*) שְׁמֹר לִי וְאֶשְׁמֹר לְךָ

3 (mark with pointed object) חָרַט; קִשְׁקֵשׁ

□ *he scratched out his mistakes* הוּא קִשְׁקֵשׁ וּמָחַק אֶת הַטָּעֻיּוֹת שֶׁלּוֹ

□ *she scratched her name on the desk* הִיא חָרְטָה אֶת שְׁמָהּ עַל הַשֻּׁלְחָן

4 (erase name, withdraw from competition) מָחַק, הֵסִיר (מֵרְשִׁימָה), הוֹצִיא (מִתַּחֲרוּת)

□ *I had to scratch my horse from the race* הָיִיתִי צָרִיךְ לְהוֹצִיא אֶת הַסּוּס שֶׁלִּי מִן הַמֵּרוֹץ

—v.i.

scratch around (or **about**) חִפֵּשׂ

□ *the police were scratching about for evidence* הַמִּשְׁטָרָה עָשְׂתָה מַאֲמַצִּים לְהַשִּׂיג הוֹכָחוֹת

—n.

1 (mark, sound or action of scratching) שְׂרִיטָה, שָׂרֶטֶת; גֵּרוּד, שִׁפְשׁוּף

2 **from scratch** (*colloq.*) מִן הַהַתְחָלָה, מִנְּקֻדַּת הָאֶפֶס, מִבְּרֵאשִׁית

□ *he had to start from scratch* הָיָה עָלָיו לְהַתְחִיל מִבְּרֵאשִׁית

3 **up to scratch** (*colloq.*) בָּרָמָה הַדְּרוּשָׁה, בָּרָמָה הַסְּבִירָה

□ *his performance hasn't been up to scratch recently* הַבִּצּוּעִים שֶׁלּוֹ יָרְדוּ בַּזְּמַן הָאַחֲרוֹן

—adj. מְאֻלְתָּר, עָשׂוּי מִכָּל הַבָּא לַיָּד

a scratch meal אֲרוּחָה מְאֻלְתֶּרֶת

□ *he had to find a scratch crew in two days* הוּא נֶאֱלַץ לְאַלְתֵּר צֶוֶת תּוֹךְ יוֹמַיִם

scratchy /ˈskrætʃɪ/ adj. (תַּקְלִיט) שָׂרוּט; (בֶּגֶד) מְגָרֵד; (כְּתַב יָד) מְקֻשְׁקָשׁ

scrawl /skrɔːl/ (*derog.*) v.t. & i. שִׁרְבֵּט, "קִשְׁקֵשׁ"; כָּתַב "כְּתַב חַרְטֻמִּים"

—n. שִׁרְבּוּט, "קִשְׁקוּשׁ"; "כְּתַב חַרְטֻמִּים"

scrawny /ˈskrɔːnɪ/ adj. (*colloq. derog.*) רָזֶה וְכָחוּשׁ, גָּרוּם, שָׁחוּף

scream /skriːm/ v.t. & i. צָרַח, צָוַח; זָעַק (מִפַּחַד מִכְּאֵב וְכַד׳)

—n.

1 (cry) צְרִיחָה, צְוָחָה; זְעָקָה (שֶׁל פַּחַד, כְּאֵב וְכַד׳)

2 (amusing thing, *colloq.*) "בִּדּוּר"

scree /skriː/ n. שִׁבְרֵי־אֶבֶן (בְּמַסְלוּלוֹ שֶׁל קַרְחוֹן)

scree slope מוֹרַד הַר מְכֻסֶּה שִׁבְרֵי־אֶבֶן (כַּנַּ"ל)

screech /skriːtʃ/ v.t. & i. צָוַת חֲדוֹת; הִשְׁמִיעַ קוֹל צְוָחָה חַדָּה

—n. צְוָחָה חַדָּה, צְרִיחָה חַדָּה; חֲרִיקָה צוֹרְמָנִית

screech-owl /ˈskriːtʃ-aʊl/ n. תִּנְשֶׁמֶת

screed /skriːd/ n. (*derog.*) בִּרְבּוּר חֲסַר סוֹף (בִּכְתָב אוֹ בְּעַל־פֶּה)

screen /skriːn/ n.

1 (device for concealment, partition or protection) מְחִיצָה, חַיִץ, מָסָךְ, פַּרְגּוֹד, מָגֵן

fire screen מְגֵן אֵשׁ לָאָח

□ *his company was just a screen for a drug ring* הַחֶבְרָה שֶׁלּוֹ הָיְתָה רַק מָסָךְ לְרֶשֶׁת סַמִּים

2 (surface for projection of images) מָסָךְ, אַקְרָן

screen test מִבְחַן־בַּד, מִבְחַן־מָסָךְ

3 (sieve in frame) רֶשֶׁת (לָרֹב בְּמִסְגֶּרֶת, לְנִפּוּי, לְהַדְפָּסָה וְכַד׳)

—v.t.

1 (shelter, cover) סוֹכֵךְ עַל, הִסְתִּיר (בְּמָסָךְ, וְכַד׳); הֵגֵן עַל

2 (show film, broadcast) הִקְרִין

3 (test for disease, *Med.*) עָרַךְ בְּדִיקוֹת (לִפְלוֹנִי, לְגִלּוּי מַחֲלָה)

4 (test candidates, etc.) בָּדַק, עָרַךְ בֵּרוּרִים עַל

screenplay /skriːnpleɪ/ n. תַּסְרִיט

screw /skruː/ n.

1 (type of fastening) בֹּרֶג (שֶׁמַּבְרִיגִים בְּמַבְרֵג, לְלֹא אוֹם)

□ *he's got a screw loose* (*colloq.*) חָסֵר לוֹ "בֹּרֶג"

□ *she put the screws on him* (*colloq.*) הִיא הִפְעִילָה עָלָיו לַחַץ

2 (propeller of ship, etc.) מַדְחֵף

3 (prison warder, *sl.*) סוֹהֵר

4 (wages, *sl.*) "לוֹקְשׁ"

5 (act of sexual intercourse, *vulg.*) זִיּוּן, "דְּפִיקָה"

—v.t.

1 (fasten with screw; join threaded pieces) הִבְרִיג, חִבֵּר בִּבְרָגִים

□ *how much did they screw you for?* (*colloq.*) כַּמָּה כֶּסֶף סָחֲטוּ מִמְּךָ?

□ *her head is screwed on (the right way)* (*colloq.*) יֵשׁ לָהּ רֹאשׁ בָּרִיא עַל הַכְּתֵפַיִם

2 (twist) סוֹבֵב, פִּתֵּל

screw up one's courage (*fig.*) אָזַר עֹז

□ *she screwed her neck round* הִיא הִפְנְתָה אֶת רֹאשָׁהּ לְאָחוֹר

□ *he screwed up his eyes against the sun* הוּא צִמְצֵם אֶת עֵינָיו כְּנֶגֶד אוֹר הַשֶּׁמֶשׁ

□ *she screwed up the letter and threw it away* הִיא מָעֲכָה אֶת הַמִּכְתָּב וְזָרְקָה אוֹתוֹ

3 (have sexual intercourse with, *vulg.*) זִיֵּן, "דָּפַק"

screw you! לֵךְ תִּזְדַּיֵּן!

4 screw up (*sl.*) פִּישֵׁל

□ *he's nice but really screwed up* הוּא נֶחְמָד, אֲבָל דָּפוּק עַל כָּל הָרֹאשׁ

□ *you screwed up, didn't you?* עָשִׂיתָ פַּשְׁלָה רְצִינִית!

screwdriver /ˈskruː-draɪvə(r)/ n. מַבְרֵג

screw topped /ˈskruː-tɒpt/ adj. בַּעַל מִכְסֶה מִתְבָּרֵג, בַּעַל "שַׁסְגּוֹר"

a screw-topped jar צִנְצֶנֶת בַּעֲלַת מִכְסֶה מִתְבָּרֵג

screwy /ˈskruːɪ/ adj. (*colloq.*) "מְטֻרְלָל", לֹא בְּסֵדֶר

scribble /ˈskrɪb(ə)l/ v.t. & i. שִׁרְבֵּט, קִשְׁקֵשׁ

—n. שִׁרְבּוּט קִשְׁקוּשׁ

scribe /skraɪb/ n. מַעְתִּיק, סוֹפֵר (שֶׁל כִּתְבֵי יָד, לֹא בְּמוּבַן "יוֹצֵר")

scrimmage /ˈskrɪmɪdʒ/ n. הִתְכַּתְּשׁוּת, קְטָטָה

—v.i. הִשְׁתַּתֵּף בִּקְטָטָה; (בְּאַרְהַ"ב, בְּפוּטְבּוֹל) חִדֵּשׁ אֶת הַמִּשְׂחָק בְּהַעֲבָרַת הַכַּדּוּר לְאָחוֹר

scrimp /skrɪmp/ v.t. & i. חַי בְּצִמְצוּם

scrimp and save חַי בְּדֹחַק וּבְצִמְצוּם

scrip /skrɪp/ n. תְּעוּדַת זַכָּאוּת; תְּלוּשׁ זִכּוּי

script /skrɪpt/ n.

1 (text) טֶקְסְט (שֶׁל נְאוּם), תַּסְרִיט (שֶׁל סֶרֶט, גַּם בְּהַשְׁאָלָה לְגַבֵּי תָּכְנִית וְכַד')

2 (alphabet) אָלֶפְבֵּית, כְּתָב, אוֹתִיּוֹת

3 (hand-writing) כְּתַב־יָד

4 (answered examination paper) טֹפֶס בְּחִינָה, מַחְבֶּרֶת־בְּחִינָה (הַדַּף, לְאַחַר שֶׁנִּרְשְׁמוּ בּוֹ הַתְּשׁוּבוֹת)

—v.t. כָּתַב תַּסְרִיט/טֶקְסְט לְ...

scripted /ˈskrɪptɪd/ adj. (נְאוּם) שֶׁנִּקְרָא מִן הַכְּתָב, (טֶקְסְט) שֶׁהוּכַן מֵרֹאשׁ

scriptural /ˈskrɪptʃərəl/ adj. שֶׁל כִּתְבֵי הַקֹּדֶשׁ (הַנּוֹצְרִיִּים)

scripture /ˈskrɪptʃə(r)/ n. כִּתְבֵי־קֹדֶשׁ; סֵפֶר קֹדֶשׁ

the (Holy) Scriptures סִפְרֵי הַקֹּדֶשׁ הַנּוֹצְרִיִּים

scriptwriter /ˈskrɪpt-raɪtə(r)/ n. כּוֹתֵב תַּסְרִיטִים, תַּסְרִיטַאי

scrofulous /ˈskrɒfjʊləs/ adj. בַּעַל מַרְאֶה שָׁחוּף וְחוֹלָנִי; מֻשְׁחָת

scroll /skrəʊl/ n.

1 (manuscript) מְגִלָּה (כְּתוּבָה); סֵפֶר תּוֹרָה (בִּמְגִלָּה)

2 (ornament) עִטּוּר חֶלְזוֹנִי; "חֶלְזוֹנִית" (בְּרֹאשׁ הַכִּנּוֹר)

3 (ribbon bearing motto on coat or arms) סֶרֶט וְעָלָיו הַמּוֹטוֹ הַמִּשְׁפַּחְתִּי (עַל סֵמֶל אֲבִירִים)

—v.t. & i. (*Comput.*) "גִּלְגֵּל" (טֶקְסְט עַל מָסַךְ מַחְשֵׁב, לְאוֹרְכּוֹ כְּמוֹ בִּמְגִלָּה)

scrotum /ˈskrəʊtəm/ n. (*Anat.*) כִּיס הָאֲשָׁכִים

scrounge /skraʊndʒ/ v.t. & i. (*colloq.*) "שְׁנוֹרֵר"

scrounger /ˈskraʊndʒə(r)/ n. (*colloq.*) "שְׁנוֹרֶר"

scrub /skrʌb/ v.t. & i.

1 (clean with brush, soap and water) קִרְצֵף, שִׁפְשֵׁף (בְּמַיִם וְסַבּוֹן וְכַד')

scrub up (מְנַתֵּחַ) עָרַךְ קִרְצוּף יְסוֹדִי (שֶׁל הַיָּדַיִם, לִקְרַאת נִתּוּחַ)

2 (cancel, *colloq.*) בִּטֵּל

□ *the match was scrubbed when it started to rain* הַמִּשְׂחָק בֻּטַּל כְּשֶׁהִתְחִיל לָרֶדֶת גֶּשֶׁם

—n.

1 (act of scrubbing) קִרְצוּף, שִׁפְשׁוּף

2 (brushwood) (אֵזוֹר שֶׁל) סִבְכֵי שִׂיחִים (נְמוּכִים), בָּתָּה

scrubber /ˈskrʌbə(r)/ n. (*sl. derog.*) זוֹנָה

scruff /skrʌf/ n.

the scruff of the neck עֹרֶף

scruffy /ˈskrʌfɪ/ adj. (*colloq.*) מְזֻנָּח, מְרֻשָּׁל, מְלֻכְלָךְ

scrum /skrʌm/ n. עֲרֵמַת שַׂחְקָנִים (בְּרוֹגְבִּי); הָמוֹן פָּרוּעַ

scrum-half /skrʌm-ˈhɑːf/ n. הָרָץ הַמַּנִּיחַ אֶת הַכַּדּוּר לְמַאֲבָק־בֵּינַיִם (בְּרוֹגְבִּי)

scrummage /ˈskrʌmɪdʒ/ n. (*formal*) עֲרֵמַת שַׂחְקָנִים (בְּרוֹגְבִּי)

scrumptious /ˈskrʌmpʃəs/ adj. (*colloq.*) עֲסִיסִי וְטָעִים (לְגַבֵּי מָזוֹן אַךְ גַּם בְּהַשְׁאָלָה)

scruple /ˈskruːp(ə)l/ n. הִסּוּס, רְתִיעָה (מִטַּעֲמֵי מַצְפּוּן), שִׁקּוּל מוּסָרִי מְרַסֵּן

□ *he lied without scruple* הוּא שִׁקֵּר בְּלִי נְקִיפוֹת מַצְפּוּן

—v.i. הִסֵּס, נִרְתַּע (מִתּוֹךְ נְקִיפוֹת מַצְפּוּן)

scrupulous /ˈskruːpjʊləs/ adj. מַקְפִּיד, זָהִיר, מְדַקְדֵּק; מַצְפּוּנִי, בַּעַל־מַצְפּוּן

scrutineer /ˌskruːtɪˈnɪə(r)/ n. בּוֹדֵק, מְבַקֵּר (פִּתְקֵי הַצְבָּעָה)

scrutinize /ˈskruːtɪnaɪz/ v.t. בָּדַק בִּקְפִידָה, בָּחַן בִּיסוֹדִיּוּת

scrutiny /ˈskruːtɪnɪ/ n. בְּדִיקָה מְדֻקְדֶּקֶת וִיסוֹדִית

scuba /ˈskuːbə/ n. בַּלּוֹנֵי צְלִילָה, מִתְקַן צְלִילָה (אִישִׁי)

scuba diving צְלִילָה עִם בַּלּוֹנֵי אֲוִיר

scud /skʌd/ v.i. (*poet.*) (עָנָן) נָע בִּמְהִירוּת, נִשָּׂא (בָּרוּחַ, בִּמְהִירוּת), (כְּלִי שַׁיִט) הֶחֱלִיק

scuff /skʌf/ v.t. & i. שִׁפְשֵׁף, שָׂרַט (מִשְׁטָח חָלָק, נַעֲלַיִם, רָהִיטִים וְכַד'); דִּשְׁדֵּשׁ

scuffle /ˈskʌf(ə)l/ v.i. הִשְׁתַּתֵּף בְּתִגְרָה כְּלָלִית, הִתְכַּתֵּשׁ

—n. תִּגְרָה כְּלָלִית, הִתְכַּתְּשׁוּת

scull /skʌl/ n. מָשׁוֹט יָחִיד (אֶחָד מִזּוּג); סִירַת מֵרוֹץ לְחוֹתְרִים

—v.i. חָתַר בְּסִירַת-מָשׁוֹט קַלָּה (לָרֹב סִירַת מֵרוֹץ)

scullery /ˈskʌlərɪ/ n. קִיתוֹן לִכְלֵי מִטְבָּח (מָקוֹם לַהֲדָחַת כֵּלִים וּלְאִחְסוּנָם)

sculpt /skʌlpt/ v.t. & i. (*colloq.*) פִּסֵּל

sculptor /ˈskʌlptə(r)/ n. פַּסָּל

sculptress /ˈskʌlptrɪs/ n. פַּסֶּלֶת

sculptural /ˈskʌlptʃər(ə)l/ adj. פִּסּוּלִי, שֶׁל פִּסּוּל

sculpture /ˈskʌlptʃə(r)/ n.

1 (art) פִּסּוּל

2 (work of art) פֶּסֶל

—v.t. & i. פִּסֵּל; עָסַק בְּפִסּוּל

scum /skʌm/ n. קְרוּם שֶׁל זֻהֲמָה; חֶלְאָה

□ *they are the scum of the earth* (*derog.*) הֵם חֶלְאַת הַמִּין הָאֱנוֹשִׁי

scupper[1] /ˈskʌpə(r)/ n. (*Naut.*) פֶּתַח נִקּוּז (בְּדֹפֶן סְפִינָה)

scupper[2] /ˈskʌpə(r) v.t. "טִרְפֵּד" (תָּכְנִית וְכַד'); בַּמָּקוֹר הִטְבִּיעַ אֶת סְפִינָתוֹ (כְּדֵי שֶׁלֹּא תִּפֹּל בִּידֵי הָאוֹיֵב)

□ *we're scuppered!* (*colloq.*) אֲנַחְנוּ מְחֻסָּלִים!

scurf /skɜːf/ n. קַשְׂקַשִּׂים (לָרֹב בַּשֵּׂעָר)

scurfy /ˈskɜːfɪ/ adj. מְכֻסֶּה בְּקַשְׂקַשִּׂים, מָלֵא קַשְׂקַשִּׂים, מְקֻשְׂקָשׂ

scurrilous /ˈskʌrɪləs/ adj. (*formal*) מַשְׁמִיץ, שֶׁל דִּבָּה, שֶׁל שִׂטְנָה

scurry /ˈskʌrɪ/ v.i. רָץ (בִּצְעָדִים קְצָרִים וּמְהִירִים), אָץ; נֶחְפַּז (לְהִמָּלֵט)

—n. רִיצָה מְהִירָה; מְרוּצָה; הִתְרוֹצְצוּת

scurvy /ˈskɜːvɪ/ n. צַפְדִּינָה (חֹסֶר קְלִינִי שֶׁל וִיטָמִין c)

—adj. (*arch.*) שָׁפָל, נִבְזֶה

scut /skʌt/ n. זַנְבְּנָב (שֶׁל אַרְנָב, צְבִי וְכַד')

scuttle[1] /ˈskʌt(ə)l/ n. דְּלִי לְפֶחָם (לְשִׁמּוּשׁ לְיַד הָאָח)

coal scuttle דְּלִי לְפֶחָם (כַּנַּ"ל)

scuttle[2] /ˈskʌt(ə)l/ v.t. טִבַּע (סְפִינָה) בְּכַוָּנָה

scuttle[3] /ˈskʌt(ə)l/ v.i. מִהֵר לְהִסְתַּלֵּק, נֶחְפַּז לְהִמָּלֵט

scythe /saɪð/ n. חֶרְמֵשׁ

—v.t. קָצַר בְּחֶרְמֵשׁ; (בְּהַשְׁאָלָה) פִּלַּח

sea /siː/ n. יָם; יַמָּה

sea bed קַרְקָעִית הַיָּם

sea island cotton כֻּתְנָה אֲמֵרִיקָאִית מֻבְחֶרֶת

sea legs (*colloq.*) יְכֹלֶת הֲלִיכָה עַל הַסִּפּוּן (בִּשְׁעַת נִדְנוּדֵי הָאֳנִיָּה)

sea mile מִיל יַמִּי (1852 מֶטְרִים)

high seas הַיָּם הַפָּתוּחַ (מֵעֵבֶר לְמֵימֵי הַחוֹפִים), "הַיָּם הַגָּדוֹל"; הַיַּמִּים

the seven seas (*poet.*) כָּל רַחֲבֵי תֵּבֵל

□ *the fishermen are (away) at sea* הַדַּיָּגִים נִמְצָאִים בַּיָּם הַפָּתוּחַ

□ *he is all at sea in his new job* (*colloq.*) הוּא שָׁרוּי בִּמְבוּכָה גְּמוּרָה בַּמִּשְׂרָה הַחֲדָשָׁה שֶׁלּוֹ

□ *the boy wants to go to sea* הַנַּעַר רוֹצֶה לִהְיוֹת סַפָּן

sea anemone /siː əneməni/ n. שׁוֹשַׁנַּת-יָם (בַּעַל-חַיִּים יַמִּי דְּמוּי צֶמַח)

seaboard /ˈsiːbɔːd/ n. רְצוּעַת הַחוֹף, אֵזוֹר הַחוֹף; קַו הַחוֹף

sea breeze /ˈsiː briːz/ n. בְּרִיזָה, רוּחַ-יָם קַלָּה

sea change /ˈsiː tʃeɪndʒ/ n. (*formal*) מַהְפָּךְ, שִׁנּוּי מֻחְלָט (וּפִתְאוֹמִי)

sea dog /ˈsiː dɒg/ n. (*arch.*) "זְאֵב-יָם" וָתִיק, מַלָּח וָתִיק

seafaring /ˈsiːfeərɪŋ/ adj. יַמִּי; שֶׁל יוֹרְדֵי-יָם

seafood /ˈsiːfuːd/ n. מַאַכְלֵי-יָם (דָּגִים, רַכִּיכוֹת וְכַד')

sea front /ˈsiː frʌnt/ n. טַיֶּלֶת לְאֹרֶךְ חוֹף

seagoing /ˈsiːgəʊɪŋ/ adj. (כְּלִי שַׁיִט) מַתְאִים לְהַפְלָגָה בַּיָּם (לְהַבְדִּיל מִבְּנָהָר)

sea-green /siː-griːn/ adj. יָרֹק-כְּחַלְחַל

seagull /ˈsiːgʌl/ n. שַׁחַף

sea horse /ˈsiː hɔːs/ n. סוּסוֹן-יָם

seal[1] /siːl/ n. כֶּלֶב-יָם

seal[2] /siːl/ n.

1 (official mark) חוֹתָם, חוֹתֶמֶת; גּוּשְׁפַּנְקָה

seal of approval גּוּשְׁפַּנְקָה, אִשּׁוּר, תְּמִיכָה

□ *this document carries the royal seal* מִסְמָךְ זֶה נוֹשֵׂא אֶת חוֹתַם הַמַּלְכוּת

□ *his knighthood set the seal on his career* תֹּאַר הָאַבִּירוּת שֶׁקִּבֵּל הָיָה סִיּוּם הוֹלֵם לַקַּרְיֵרָה שֶׁלּוֹ

2 (stopper) אֹטֶם, חֹתֶם, סֶתֶם

under seal of secrecy (*Relig.*) תּוֹךְ הִתְחַיְּבוּת (אוֹ שְׁבוּעָה) לִשְׁמֹר סוֹד

—v.t.

1 (close) חָתַם, סָגַר (מִכְתָּב וְכַד'); אָטַם, חָסַם (פֶּתַח, כְּבִישׁ וְכַד')

sealed orders הוֹרָאוֹת בִּמַעֲטָפָה חֲתוּמָה (לִפְתִיחָה רַק בִּתְנָאִים מֻסְכָּמִים מֵרֹאשׁ)

□ *his fate was sealed* (*formal*) גּוֹרָלוֹ נֶחֱרַץ

□ *my lips are sealed* (*fig.*) שְׂפָתַי חֲתוּמוֹת

□ *the engineers sealed off the tunnel* הַמְּהַנְדְּסִים חָסְמוּ אֶת הַמִּנְהָרָה

2 (settle or decide) חָתַם (הֶסְכֵּם וְכַד', בְּאֶמְצָעוּת דְּבַר מָה), סָגַר (עִסְקָה)

□ *they sealed the bargain with a toast* הֵם סָגְרוּ אֶת הָעִסְקָה בַּהֲרָמַת כּוֹסִית

sealer /ˈsiːlə(r)/ n. צַיָּד כַּלְבֵי־יָם; חֹמֶר אִטּוּם

sea level /ˈsiː-ˌlev(ə)l/ n. גֹּבַהּ פְּנֵי־הַיָּם, פְּנֵי־הַיָּם

sealing-wax /ˈsiːlɪŋ-wæks/ n. שַׁעֲוַת־חוֹתָם

sealion /ˈsiːˌlaɪən/ n. אֲרִי־יָם

sealskin /ˈsiːlskɪn/ n. & adj. פַּרְוַת כֶּלֶב־יָם; עָשׂוּי פַּרְוַת כֶּלֶב־יָם

seam /siːm/ n.
1 (join in material) קַו־הַתֶּפֶר
bursting at the seams (בֶּגֶד) מִתְפּוֹצֵץ בַּתְּפָרִים; (בְּהַשְׁאָלָה) מִתְפּוֹצֵץ מֵרֹב דֹּחַק
2 (layer of coal or ore) מִרְבָּץ דַּק, שִׁכְבַת עֻפְרָה דַּקָּה

seaman /ˈsiːmən/ n. (*pl.* **seamen**) יוֹרֵד־יָם, יַמַּאי, סַפָּן; מַלָּח פָּשׁוּט (בְּצִי)

seamanship /ˈsiːmənʃɪp/ n. יַמָּאוּת, סַפָּנוּת

seamstress /semstrɪs/ n. (also (*arch.*) **sempstress** /ˈsemstrɪs/) תּוֹפֶרֶת

seamy /ˈsiːmɪ/ adj. (*derog.*) מְפֻקָּר וּמְזֻנָּח
□ *the seamy side of life* הַצַּד הַמְּכֹעָר שֶׁל הַחַיִּים

séance /ˈseɪɑːns/ n. "סֵיאַנְס" (הַעֲלָאַת רוּחוֹת מֵתִים)

seaplane /ˈsiːpleɪn/ n. מָטוֹס יַמִּי

seaport /ˈsiːpɔːt/ n. עִיר־נָמָל

sea-power /ˈsiː-paʊə(r)/ n. עָצְמָה יַמִּית; מַעֲצָמָה יַמִּית

sear /sɪə(r)/ v.t. חָרַךְ, צָרַב
□ *his soul was seared by injustice* (*poet.*) הָעָוֶל הִשְׁאִיר צַלָּקוֹת עֲמֻקּוֹת בְּנַפְשׁוֹ

search /sɜːtʃ/ v.t. חִפֵּשׂ בְּ..., עָרַךְ חִפּוּשׂ בְּ...; בָּדַק, בָּחַן
search high and low חִפֵּשׂ בְּכָל פִּנָּה, "חִפֵּשׂ בְּנֵרוֹת"
search me! (*sl.*) תַּהֲרֹג אוֹתִי אִם אֲנִי יוֹדֵעַ! אֵין לִי מֻשָּׂג!
—v.i. חִפֵּשׂ, עָרַךְ חִפּוּשׂ
—n. חִפּוּשׂ
in search of happiness בְּחִפּוּשׂ אַחַר הָאֹשֶׁר, בְּעִקְבוֹת הָאֹשֶׁר

searching /ˈsɜːtʃɪŋ/ adj. נוֹקֵב, חוֹדֵר
□ *she asked some searching questions* הִיא שָׁאֲלָה כַּמָּה שְׁאֵלוֹת נוֹקְבוֹת

searchlight /ˈsɜːtʃlaɪt/ n. זַרְקוֹר (עַל חוֹמָה, אַךְ לֹא בַּתֵּיאַטְרוֹן)

search-party /ˈsɜːtʃ-ˌpɑːtɪ/ n. צֶוֶת חִפּוּשִׂים (אַחַר פּוֹשֵׁעַ, יֶלֶד אוֹבֵד וְכַד׳)

search warrant /ˈsɜːtʃ wɒrənt/ n. צַו חִפּוּשׂ (בְּבַיִת פְּרָטִי וְכַד׳)

searing /ˈsɪərɪŋ/ adj. צוֹרֵב (חֹם, כְּאֵב וְכַד׳)

seascape /ˈsiːskeɪp/ n. (תְּמוּנַת) נוֹף יַמִּי

Sea-Scout /ˈsiː-skaʊt/ n. צוֹפֵה־יָם

sea shell /ˈsiː ʃel/ n. קוֹנְכִיָּה

seashore /ˈsiːʃɔː(r)/ n. חוֹף הַיָּם

seasick /ˈsiːsɪk/ adj. חוֹלֶה בְּמַחֲלַת־יָם, סוֹבֵל מִמַּחֲלַת־יָם

seaside /ˈsiːsaɪd/ n. חוֹף הַיָּם, שְׂפַת הַיָּם

season /ˈsiːz(ə)n/ n. עוֹנָה; תְּקוּפָה, עֵת
the four seasons (of the year) אַרְבַּע עוֹנוֹת הַשָּׁנָה
in (or **out of**) **season** בִּזְמַן הַנָּכוֹן/לֹא בִּזְמַן הַנָּכוֹן, לָעִנְיָן/שֶׁלֹּא לָעִנְיָן
season's greetings חַג מוֹלָד שָׂמֵחַ (כּוֹתֶרֶת עַל כַּרְטִיס בְּרָכָה וְכַד׳)
—v.t.
1 (experienced; mature) יִבֵּשׁ וְהִקְשָׁה (קוֹרוֹת עֵץ וְכַד׳); (בְּהַשְׁאָלָה) חִשֵּׁל (אֹפִי וְכַד׳)
seasoned soldiers חַיָּלִים וָתִיקִים וּמְנֻסִּים
seasoned wood עֵץ מֻקְשֶׁה (שֶׁעָבַר תַּהֲלִיכֵי יִבּוּשׁ מְיֻחָדִים)
2 (flavour) תִּבֵּל, הוֹסִיף מֶלַח וּפִלְפֵּל לְ...
□ *he seasoned his lecture with anecdotes* הוּא תִּבֵּל אֶת הַרְצָאָתוֹ בְּאָנֶקְדוֹטוֹת

seasonable /ˈsiːz(ə)nəb(ə)l/ adj. (*formal*)
1 (suited to the season) מַתְאִים לָעוֹנָה
2 (coming at a good time) בִּזְמַן (הַנָּכוֹן), בְּעִתּוֹ

seasonal /ˈsiːzən(ə)l/ adj. עוֹנָתִי

seasoning /ˈsiːz(ə)nɪŋ/ n. תַּבְלִין, תַּבְלִינִים

season-ticket /ˈsiːz(ə)n-ˌtɪkɪt/ n. כַּרְטִיס עוֹנָתִי (לְאוֹטוֹבּוּס, לְתֵיאַטְרוֹן וְכַד׳)

seat /siːt/ n.
1 (thing on which one sits) מוֹשָׁב, מְקוֹם יְשִׁיבָה; מוֹשָׁב (שֶׁל כִּסֵּא, בְּנִגּוּד לָרַגְלַיִם וְלַמִּסְעָד)
please take a seat! נָא לָשֶׁבֶת! שֵׁב בְּבַקָּשָׁה!
□ *he lost his seat in Parliament* הוּא אִבֵּד אֶת מְקוֹמוֹ (מוֹשָׁבוֹ) בַּפַּרְלָמֶנְט
□ *he had to take a back seat when the new baby arrived* (*fig.*) הוּא נִדְחַק לַשּׁוּלַיִם כְּשֶׁנּוֹלַד הַתִּינוֹק
2 (posterior) יַשְׁבָן, אֲחוֹרַיִם
the seat of one's pants (*colloq.*) (פָּעַל עַל־פִּי) "חוּשׁ הָרֵיחַ" (כְּלוֹמַר בְּאִינְטוּאִיצְיָה)
the seat of the trousers אֲחוֹרֵי הַמִּכְנָסַיִם; "יַשְׁבָן"
3 (manner of sitting or riding) סִגְנוֹן רְכִיבָה
4 (centre, principal location, *formal*) מוֹשָׁב, מֶרְכָּז
seat of government מְקוֹם מוֹשַׁב הַמֶּמְשָׁלָה, מִשְׁכַּן הַמֶּמְשָׁלָה
seat of learning מְקוֹם תּוֹרָה, מֶרְכַּז לִמּוּד
5 (mansion) בִּנְיָן (גָּדוֹל וּמְפֹאָר)
country seat אֲחֻזָּה כַּפְרִית
—v.t. הוֹשִׁיב; הֵכִיל מְקוֹמוֹת יְשִׁיבָה לְ... (מִסְפָּר מְסֻיָּם שֶׁל אֲנָשִׁים)
please be seated! (*formal*) הוֹאֵל/הוֹאִילוּ נָא לָשֶׁבֶת! שְׁבוּ בִּמְקוֹמוֹתֵיכֶם!
seating capacity תְּכוּלַת מְקוֹמוֹת יְשִׁיבָה

seat-belt /ˈsiːt-belt/ n. חֲגוֹרַת־בְּטִיחוּת

sea urchin /ˈsiː ɜːtʃɪn/ n. קִפּוֹד־יָם

sea wall /siː ˈwɔːl/ n. חוֹמַת מָגֵן, סוֹלְלָה (לִמְנִיעַת הֲצָפָה ע״י הַיָּם)

seaward /ˈsiːwəd/ adj. בְּכִוּוּן הַיָּם; פּוֹנֶה לַיָּם

seawards /ˈsiːwədz/ adv. בְּכִוּוּן הַיָּם; פּוֹנֶה לַיָּם

sea water /ˈsiː wɔːtə(r)/ n. מי־ים, מים מלוחים
seaweed /ˈsiːwiːd/ n. אצה, אצות
seaworthy /ˈsiːwɜːðɪ/ adj. (ספינה) כשירה להפלגה
sebaceous /sɪˈbeɪʃəs/ adj. (*Med.*) מפריש חלב (בלוטת שער וכד׳)
secateurs /ˌsekəˈtɜːz/ n. *pl.* מזמרה
secede /sɪˈsiːd/ v.i. (*formal*) פרש, התבדל (מארגון וכד׳)
secession /sɪˈseʃ(ə)n/ n. (*formal*) פרישה, התבדלות (כנ״ל)
seclude /sɪˈkluːd/ v.t. (*formal*) בודד
  a secluded life חיי בדידות, חיי פרישות
  a secluded spot מקום מבודד
seclusion /sɪˈkluːʒ(ə)n/ n. התבודדות, הסתגרות, פרישות
second[1] /ˈsekənd/ adj.
1 (next after first) שני
  second chamber (*Polit.*) בית־הלורדים, הבית העליון (של הפרלמנט הבריטי)
  second lieutenant (*Mil.*) סגן־משנה
  □ *change into second (gear)!* תחליף/תעביר להילוך שני!
  second to none ראש וראשון, ראשון במעלה, ״אין כמוהו״, ללא מתחרים
  second sight כשר ראיית הנולד, כשר ראיית נסתרות
  □ *swimming is second nature to her* השחיה היא טבע שני עבורה
2 (another, additional) אחר, נוסף
  □ *on second thoughts, I decided to go* לאחר הרהור נוסף החלטתי ללכת, במחשבה שניה החלטתי שעלי ללכת
  second childhood (*euphem.*) ילדות שניה (חלשת הדעת לעת זקנה)
  second cousin בן/בת של בן/בת דוד של אחד ההורים
  second wind מרץ מחודש, תנופה מחודשת
  □ *there is no second chance for those who fail* לא תהיה הזדמנות נוספת לאלה שיכשלו
  □ *he plays second fiddle to his sister* (*fig.*) הוא תמיד בצל של אחותו
—n.
1 (person or thing in second place) השני, מקום שני
2 (second-class exam result) ציון ״טוב״ (במבחן)
  □ *she got a second* היא קבלה ״טוב״
3 (helper) סקונדנט, סיען, עוזר (של משתתף בדו־קרב, של מתאגרף וכד׳)
  seconds out (of the ring)! ישארו בזירה רק המתאגרפים והשופט (ולא המטפלים והעוזרים)
4 (in *pl.*, faulty goods) סחורות פגומות, סחורות מסוג ב׳
5 (in *pl.*, a second helping, *colloq.*) תוספת, הוספה, מנה נוספת
6 (*Mus.*) סקונדה
—v.t. /sɪˈkɒnd/ תמך (בהצעה בדיון)
  □ *he seconded the motion* הוא תמך בהצעה
second[2] /ˈsekənd/ n.
1 (measure of time) שניה
  second hand מחוג השניות
2 (*Geom.*) שניה (1/3600 של מעלה בזווית)
secondary /ˈsekənd(ə)rɪ/ adj. משני, שני במעלה
  secondary colour צבע משני (סגל, כתם, ירק)
  secondary education חנוך תיכון
  secondary school בית־ספר תיכון
second-best /ˌsekənd-ˈbest/ adj. שני במעלה, השני לאחר המנצח; סוג ב׳
  □ *he came off second-best in the argument* הוא נוצח בוויכוח
second-class /ˌsekənd-ˈklɑːs/ adj. ממדרגה שניה, סוג ב׳; של מחלקה שניה (ברכבת)
  second-class citizen (*derog.*) אזרח ממדרגה שניה, אזרח נחות
  second-class degree תאר אוניברסיטאי ראשון בציון ״טוב״/״טוב מאד״ (אך לא ״מצין״)
  second-class mail דאר אטי (זול יותר ואטי יותר מדאר רגיל)
second-hand /ˌsekənd-ˈhænd/ adj. משמש, מיד שניה
  □ *he gets his clothes at the second-hand shop* הוא קונה את בגדיו בחנות לבגדים משמשים
  □ *I heard the new second-hand* שמעתי את החדשות מכלי שני
secondly /ˈsekəndlɪ/ adv. שנית
second-rate /ˌsekənd-ˈreɪt/ adj. (*derog.*) ממדרגה שניה, סוג ב׳
secrecy /ˈsiːkrəsɪ/ n. סודיות, חשאיות
secret /ˈsiːkrɪt/ adj. סודי, חשאי
  secret agent סוכן חשאי
  secret service שרות חשאי
—n. סוד; תעלומה
  open secret סוד גלוי
secretarial /ˈsekrəˈteərɪəl/ adj. של מזכירה
secretariat /ˌsekrəˈteərɪət/ n. מזכירות; משרד ממשלתי
secretary /ˈsekrət(ə)rɪ/ n. מזכירה, מזכיר; מזכיר מדינה, שר
  Secretary of State (*UK*) שר (של משרד ממשלתי)
  Secretary of State (*US*) שר החוץ
  Foreign Secretary (*UK*) שר החוץ
  Under Secretary (*UK*) תת־שר
secrete /sɪˈkriːt/ v.t.
1 (produce fluid) הפריש (נוזלים)
2 (hide, *formal*) הסתיר, הצפין
secretion /sɪˈkriːʃ(ə)n/ n. הפרשה

secretive /ˈsiːkrətɪv/ adj. (*derog.*) מִתְעַטֵּף בְּסוֹדִיּוּת; נוֹטֶה לְסוֹדִיּוּת

sect /sekt/ n. כַּת (דָּתִית), סִיעָה

sectarian /sekˈteərɪən/ adj. כִּתָּתִי; קַנַּאי, קִיצוֹנִי וּמְחַרְחֵר רִיב

—n. חָבֵר כַּת

section /ˈsekʃ(ə)n/ n.

1 (part of larger group) מַחְלָקָה, מָדוֹר (יְחִידָה אִרְגּוּנִית); מִגְזָר (שֶׁל אֻכְלוֹסִיָּה וְכַד')

2 (part of fruit) פֶּלַח

3 (*Med.*) חֲתָךְ

4 (picture of object as if cut straight through) חֲתָךְ (בְּאַדְרִיכָלוּת וְכַד')

5 (*Math.*) חֲתָךְ

—v.t. חָתַךְ, עָשָׂה חֲתָךְ בְּ...

sectional /ˈsekʃən(ə)l/ adj. עָשׂוּי חֲלָקִים־חֲלָקִים, מִתְפָּרֵק; מְקוֹמִי, אֲזוֹרִי; שֶׁל חֲתָךְ

sectional bookcase כּוֹנָנִית סְפָרִים מִתְפָּרֶקֶת

sectional building בִּנְיָן טְרוֹמִי (מֻרְכָּב מֵחֲלָקִים מוּכָנִים)

sectional interests אִינְטֶרֶסִים מְקוֹמִיִּים (פְּרוֹבִינְצְיָאלִיִּים)

sector /ˈsektə(r)/ n.

1 (part of larger whole) סֶקְטוֹר, מִגְזָר

public (or **private**) **sector investment** הַשְׁקָעוֹת בַּמִּגְזָר הַצִּבּוּרִי/הַפְּרָטִי

2 (*Geom.*) גִּזְרָה

3 (*Mil.*) גִּזְרָה

secular /ˈsekjʊlə(r)/ adj. חִלּוֹנִי

secularize /ˈsekjʊləraɪz/ v.t. חִלֵּן, הֶעֱבִיר לִרְשׁוּת חִלּוֹנִית

secure /sɪˈkjʊə(r)/ adj. בָּטוּחַ; מֻבְטָח

—v.t.

1 (make safe or firm) הֵגֵן עַל, הִבְטִיחַ אֶת שְׁלוֹמוֹ שֶׁל; חִזֵּק, סָגַר בְּחָזְקָה

2 (obtain, *formal*) הִשִּׂיג

security /sɪˈkjʊərɪtɪ/ n.

1 (safety) בִּטָּחוֹן

Security Council מוֹעֶצֶת הַבִּטָּחוֹן

security measures אֶמְצָעֵי בִּטָּחוֹן

□ *children need the security of a good home* יְלָדִים זְקוּקִים לְבִטָּחוֹן שֶׁמַּעֲנִיק בַּיִת טוֹב

2 (assurance; guarantee against loan) עֵרָבוֹן, בִּטָּחוֹן

□ *he stood security for his friend* הוּא עָרַב לַחֲבֵרוֹ, הוּא חָתַם עַל עַרְבוּת לְמַעַן חֲבֵרוֹ

3 (document showing ownership, *Comm.*) נְיַר־עֵרֶךְ (לְרֹב אִגֶּרֶת־חוֹב אוֹ מְנָיָה)

government securities נְיָרוֹת־עֵרֶךְ מֶמְשַׁלְתִּיִּים

sedan /sɪˈdæn/ n.

1 (antique enclosed conveyance, also **sedan-chair**) אַפִּרְיוֹן (לִנְשִׂיאַת אָדָם)

2 (saloon car, *US*) מְכוֹנִית סְגוּרָה עִם תָּא מִטְעָן נִפְרָד

sedate /sɪˈdeɪt/ adj. רָגוּעַ, שָׁלֵו; מְיֻשָּׁב בְּדַעְתּוֹ, רְצִינִי

—v.t. נָתַן סַמֵּי הַרְגָּעָה לְ..., הִרְגִּיעַ בְּאֶמְצָעוּת סַמִּים

sedation /sɪˈdeɪʃ(ə)n/ n. הַרְגָּעָה בְּאֶמְצָעוּת סַמִּים

□ *the patient was under sedation* הַחוֹלֶה הָיָה נָתוּן לְהַשְׁפָּעַת סַמֵּי הַרְגָּעָה

sedative /ˈsedətɪv/ adj. & n. (*Med.*) סַם הַרְגָּעָה

sedentary /ˈsed(ə)nt(ə)rɪ/ adj. (*formal*) בִּישִׁיבָה, שֶׁל יְשִׁיבָה; שֶׁאֵינוֹ נָע מִמָּקוֹם לְמָקוֹם, קָבוּעַ

sedge /sedʒ/ n. כָּרִיךְ (צֶמַח בִּצּוֹת דְּמוּי גֹּמֶא)

sediment /ˈsedɪmənt/ n. מִשְׁקָע

sedimentary /ˌsedɪˈment(ə)rɪ/ adj. מִשְׁקָעִי, שֶׁל מִשְׁקָעִים

sedimentary rocks (*Geol.*) סַלְעֵי מִשְׁקָע

sedition /sɪˈdɪʃ(ə)n/ n. (*Law*) הֲסָתָה לְמֶרִי, פְּעִילוּת חַתְרָנִית

seditious /sɪˈdɪʃəs/ adj. (*Law*) מֵסִית לְמֶרִי (נֶגֶד הַמִּשְׁטָר), חַתְרָנִי

seduce /sɪˈdjuːs/ v.t.

1 (persuade to have sex) פִּתָּה

2 (entice, tempt) פִּתָּה

seducer /sɪˈdjuːsə(r)/ n. מְפַתֶּה

seduction /sɪˈdʌkʃ(ə)n/ n. פִּתּוּי

seductive /sɪˈdʌktɪv/ adj. מְפַתֶּה; מְצוֹדֵד, שׁוֹבֵה לֵב

seductiveness /sɪˈdʌktɪvnɪs/ n. כֹּחַ פִּתּוּי

sedulous /ˈsedjʊləs/ adj. (*formal*) חָרוּץ, שַׁקְדָן; עָשׂוּי בְּשַׁקְדָנוּת

see[1] /siː/ (past **saw** /sɔː/, past ppl. **seen** /siːn/) v.t.

1 (view) רָאָה

□ *her laziness made him see red* (*fig.*) עַצְלוּתָהּ גָּרְמָה לוֹ לָצֵאת מִכֵּלָיו

□ *now, see what you've done!* תִּרְאֶה מָה עָשִׂיתָ!

□ *the tired man thought he was seeing things* (*colloq.*) הָאִישׁ הֶעָיֵף חָשַׁב שֶׁהוּא חוֹלֵם

□ *she certainly saw life* הִיא חָיְתָה חַיִּים מְלֵאִים

□ *we'll never see his like again* לֹא נִזְכֶּה לִרְאוֹת שׁוּב אָדָם כָּמוֹהוּ

□ *I'll be glad to see the last of this job* אֲנִי אֶשְׂמַח לְהִפָּטֵר מֵהָעֲבוֹדָה הַזֹּאת

□ *I cannot see my way to agreeing* אֵינֶנִּי רוֹאֶה כֵּיצַד אוּכַל לְהַסְכִּים

□ *you won't see me for dust* (*colloq.*) תֵּכֶף אֲנִי מִתְעוֹפֵף מִכָּאן

□ *we see eye to eye on this* אֲנַחְנוּ תְּמִימֵי דֵּעִים בְּעִנְיָן זֶה

□ *he saw the light* עֵינָיו נִפְקְחוּ, הוּא רָאָה אֶת הָאֱמֶת; הוּא עָבַר חֲוָיָה דָּתִית

□ *I don't know what she sees in him* אֲנִי לֹא יוֹדֵעַ מָה הִיא מוֹצֵאת בּוֹ

2 (experience) רָאָה (זְמַנִּים, סֵבֶל וְכַד'), עָבְרוּ עָלָיו..., הִתְנַסָּה בְּ..., חָוָה

□ *he saw service in the Navy* הוּא עָשָׂה אֶת שֵׁרוּתוֹ בַּצִּי

3 (imagine) רָאָה בְּעֵינֵי רוּחוֹ, תֵּאֵר לְעַצְמוֹ, דִּמְיֵן

□ *I can't see myself doing that* אֲנִי לֹא יָכוֹל לִרְאוֹת אֶת עַצְמִי עוֹשֶׂה אֶת זֶה

4 (understand) רָאָה, תָּפַס, הֵבִין

□ *he failed to see the joke* הוּא לֹא תָּפַס אֶת הַבְּדִיחָה

□ *as far as I can see, he's wrong* עַד כַּמָּה שֶׁאֲנִי יָכוֹל לִרְאוֹת הוּא טוֹעֶה

□ *as I see it, he's making a mistake* לְפִי (עֲנִיּוּת) דַּעְתִּי הוּא טוֹעֶה

□ *that's where you're wrong, you see* אַתָּה מֵבִין, כָּאן אַתָּה טוֹעֶה

□ *I see, what you mean* אֲנִי מֵבִין מַה כַּוָּנָתְךָ, אֲנִי רוֹאֶה לְמָה אַתָּה מִתְכַּוֵּן

□ *I don't see why I should do it* אֲנִי לֹא רוֹאֶה לָמָּה עָלַי לַעֲשׂוֹת זֹאת

5 (consider) רָאָה, בָּדַק

□ *I'll see what I can do* אֲנִי אֶרְאֶה מָה אֲנִי יָכוֹל לַעֲשׂוֹת

6 (visit, interview) רָאָה, עָרַךְ בִּקּוּר אֵצֶל, נִגַּשׁ לְ...

□ *you ought to see a doctor* אַתָּה צָרִיךְ לִרְאוֹת רוֹפֵא, עָלֶיךָ לָגֶשֶׁת לְרוֹפֵא

—v.i.

1 (have or use power of discerning) רָאָה

□ *on a clear day you can see for miles* בְּיוֹם בָּהִיר אֶפְשָׁר לִרְאוֹת לְמֶרְחָק גָּדוֹל

2 (reflect, consider) רָאָה, שָׁקַל, הִרְהֵר

let's see בּוֹא נִרְאֶה

wait and see! חַכֵּה וְתִרְאֶה!

3 (ensure) וִדֵּא, הִבְטִיחַ שֶׁ..., דָּאַג (לְכָךְ) שֶׁ...

□ *I'll see (to it that) it gets done quickly* אֲנִי אֶדְאַג שֶׁזֶּה יֵעָשֶׂה מַהֵר

□ *we shall see to your request* אֲנַחְנוּ נְטַפֵּל בְּבַקָּשָׁה שֶׁלְּךָ

—(in set phrases)

see you around! (*colloq.*) ת'רָאוֹת! "צ'אוֹ"! "בַּי"!

□ *he said he would see about the tickets* הוּא אָמַר שֶׁהוּא יִרְאֶה בְּקֶשֶׁר לַכַּרְטִיסִים

□ *I'll have to see about that* אֲנִי צָרִיךְ לַחְשֹׁב עַל זֶה

□ *he saw the blind man across the road* הוּא עָזַר לָאִישׁ הָעִוֵּר לַעֲבֹר אֶת הָרְחוֹב

□ *he saw her back home after the party* הוּא לִוָּה אוֹתָהּ הַבַּיְתָה אַחֲרֵי הַמְּסִבָּה

□ *I haven't seen much of you recently* לֹא רָאִיתִי אוֹתְךָ הַרְבֵּה בַּזְּמַן הָאַחֲרוֹן

□ *she was seen off at the station by her mother* אִמָּהּ הָיְתָה בַּתַּחֲנָה כְּדֵי לְהִפָּרֵד מִמֶּנָּה, אִמָּהּ לִוְּתָה אוֹתָהּ לַתַּחֲנָה

□ *he was seen off the premises by the security guard* אִישׁ הַבִּטָּחוֹן לִוָּה אוֹתוֹ הַחוּצָה

□ *my son will see you out* הַבֵּן שֶׁלִּי יְלַוֶּה אוֹתְךָ הַחוּצָה

□ *may we see over* (or *around*) *the house?* הַאִם יְכוֹלִים אֲנַחְנוּ לְסַיֵּר בַּבַּיִת?

□ *she saw through his little game* הִיא הֵבִינָה בְּדִיּוּק מַה הוּא מְנַסֶּה לַעֲשׂוֹת

□ *you must see the job through* עָלֶיךָ לְהַתְמִיד בָּעֲבוֹדָה עַד הַסּוֹף

□ *her friendship saw him through his crisis* יְדִידוּתָהּ עָמְדָה לוֹ בְּכָל זְמַן הַמַּשְׁבֵּר

□ *this machine needs seeing to* צָרִיךְ לְטַפֵּל בַּמְּכוֹנָה הַזֹּאת

see[2] /siː/ n. (*Relig.*) (מָחוֹז) כְּהֻנָּתוֹ שֶׁל בִּישׁוֹף

the Holy See מוֹשַׁב הָאַפִּיפְיוֹר, כְּהֻנַּת הָאַפִּיפְיוֹר

seed /siːd/ n.

1 (part of plant from which new plant grows) זֶרַע

□ *the lettuces have gone to seed* צִמְחֵי הַחַסָּה הִתְחִילוּ לִקְמֹל (לְאַחַר צְמִיחָה מֻגְזֶמֶת)

□ *since his wife left him, he's gone to seed* (*colloq.*) מֵאָז שֶׁעָזְבָה אוֹתוֹ אִשְׁתּוֹ, הוּא הִדַּרְדֵּר

2 (pip, *US*) חַרְצָן (שֶׁל עֵנָב)

3 (sperm, *poet.*) זֶרַע

4 (*Sport*) שַׂחְקָן מְדֹרָג

—v.t.

1 (plant with seeds, etc.) זָרַע

2 (grade and separate, *Sport*) דֵּרֵג (שַׂחְקָן)

3 (remove seeds from fruit) הוֹצִיא אֶת הַחַרְצַנִּים (מֵעֲנָבִים וְכַד')

—v.i. (צֶמַח) הֵנִיב זְרָעִים

seed-bed /ˈsiːd-bed/ n. מִנְבָּטָה; (בְּהַשְׁאָלָה) "חֲמָמָה" (לְמֶרִי וְכַד')

seedless /ˈsiːdlɪs/ adj. לְלֹא גַּרְעִינִים, לְלֹא חַרְצַנִּים (עֲנָבִים וְכַד')

seedless raisins צִמּוּקִים לְלֹא גַּרְעִינִים

seedling /ˈsiːdlɪŋ/ n. שָׁתִיל

seed-pearl /ˈsiːd-pɜːl/ n. פְּנִינָה זְעִירָה

seed-potato /ˈsiːd-pəˌteɪtəʊ/ n. פְּקַעַת תַּפּוּחֵי־אֲדָמָה (לִזְרִיעָה)

seedsman /ˈsiːdzmən/ n. סוֹחֵר זְרָעִים

seedtime /ˈsiːdtaɪm/ n. עוֹנַת הַזְּרִיעָה

seedy /ˈsiːdɪ/ adj.

1 (shabby, *derog.*) מֻזְנָח, מְרֻפָּט, בָּלוּי

2 (unwell, *colloq.*) (מַרְגִּישׁ) "לֹא טוֹב"

seeing /ˈsiːɪŋ/ conj.

seeing that... בְּהִתְחַשֵּׁב בְּכָךְ שֶׁ...

□ *seeing that the weather is bad, let us stay* בְּהִתְחַשֵּׁב בְּכָךְ שֶׁמֶּזֶג הָאֲוִיר גָּרוּעַ, הָבָה נִשָּׁאֵר

seek /siːk/ (past & past ppl. **sought** /sɔːt/) (*formal*) v.t. חִפֵּשׂ, בִּקֵּשׁ (לִמְצֹא); נִסָּה לְהַשִּׂיג

seek out חִפֵּשׂ בְּהַתְמָדָה

□ *you must seek advice* עָלֶיךָ לְבַקֵּשׁ עֵצָה, עָלֶיךָ לְהִוָּעֵץ בְּמִישֶׁהוּ
□ *she left home to seek her fortune* הִיא עָזְבָה אֶת בֵּיתָהּ כְּדֵי לִמְצֹא אֶת מַזָּלָהּ
□ *the compass needle always seeks north* מַחַט הַמַּצְפֵּן תָּמִיד שׁוֹאֶפֶת לַצָּפוֹן
□ *she was a much sought after hostess* הִיא הָיְתָה מְאָרַחַת מְבֻקֶּשֶׁת מְאֹד

—v.i.
seek for חִפֵּשׂ אַחֲרֵי

seeker /ˈsiːkə(r)/ n. (*formal*) מְחַפֵּשׂ; דּוֹרֵשׁ
□ *he is a seeker after truth* הוּא שׁוֹחֵר אֱמֶת

seem /siːm/ v.i. נִרְאָה, נִדְמָה
so it seems כָּךְ זֶה נִרְאֶה, נִרְאֶה שֶׁכֵּן
□ *I can't seem to do it* (*colloq.*) מִשּׁוּם מָה אֵינֶנִּי מַצְלִיחַ לַעֲשׂוֹת זֹאת

seeming /ˈsiːmɪŋ/ adj. (*formal*) מְדֻמֶּה, שֶׁלִּכְאוֹרָה, שֶׁלְּמַרְאִית־עַיִן

seemingly /ˈsiːmɪŋlɪ/ adv. כַּנִּרְאֶה, לִכְאוֹרָה, לְמַרְאִית־עַיִן; כְּמִסְתַּבֵּר

seemly /ˈsiːmlɪ/ adj. (*arch.*) נָאֶה, הָגוּן

seen /siːn/ past ppl. of **see**[1]

seep /siːp/ v.i. חִלְחֵל, פִּעְפֵּעַ

seepage /ˈsiːpɪdʒ/ n. חִלְחוּל, פִּעְפּוּעַ

seer /ˈsɪə(r)/ n. (*poet.*) חוֹזֶה, נָבִיא

seersucker /ˈsɪəsʌkə(r)/ n. אֲרִיג פַּסִּים דַּק מִכֻּתְנָה

see-saw /ˈsiː-sɔː/ n. נַדְנֵדָה (בִּשְׁנַיִם, קוֹרַת־עֵץ נְתוּנָה בְּאֶמְצָעָהּ עַל מִשְׁעָן)
—v.i. הִתְנַדְנֵד, עָלָה וְיָרַד

seethe /siːð/ v.i. רָתַח מִזַּעַם, סָעַר וְגָעַשׁ; (נוֹזֵל)בִּעְבֵּעַ
□ *he was positively seething (with rage)* הוּא רָתַח מִכַּעַס
□ *the streets were seething with people* הָרְחוֹבוֹת הָמוּ מֵאָדָם

see-through /ˈsiː-θruː/ adj. שָׁקוּף
□ *she was wearing a see-through blouse* הִיא לָבְשָׁה חֻלְצָה שְׁקוּפָה

segment n. /ˈsegmənt/ קֶטַע (שֶׁל יָשָׁר); מִקְטַע (הַחֵלֶק הָעָגֹל שֶׁבֵּין קֶשֶׁת וּבֵין מֵיתָר)
1 (*Geom.*)
2 (division) פֶּלַח (שֶׁל תַּפּוּז וְכַד'), חֵלֶק (שֶׁל אֻכְלוּסִיָּה וְכַד')
—v.t. & i. /segˈment/ חִלֵּק לִפְלָחִים/קְטָעִים; הִתְחַלֵּק

segmentation /ˌsegmənˈteɪʃ(ə)n/ n. חֲלֻקָּה לִקְטָעִים, הִתְפַּלְּגוּת

segregate /ˈsegrɪgeɪt/ v.t. הִפְרִיד, הִבְדִּיל (בֵּין שְׁכָבוֹת חֶבְרָתִיּוֹת, גְּזָעִים, מִינִים וְכַד')

segregation /ˌsegrɪˈgeɪʃ(ə)n/ n. הַפְרָדָה, הַבְדָּלָה (כַּנַּ"ל); הַפְרָדָה גִּזְעִית

segregationist /ˌsegrɪˈgeɪʃ(ə)nɪst/ n. חָסִיד שֶׁל הַפְרָדָה (לָרֹב גִּזְעִית)

seigneur /seɪˈnjɜː(r)/ n. אֲדוֹן פֵּיאוֹדָלִי, "סֶנְיוֹר"

seine /seɪn/ n. מִכְמֹרֶת

seismic /ˈsaɪzmɪk/ adj. סֵיסְמִי, שֶׁל רְעִידַת־אֲדָמָה, שֶׁל רַעַשׁ אֲדָמָה

seismograph /ˈsaɪzməgrɑːf/ n. סֵיסְמוֹגְרָף (מַכְשִׁיר לִמְדִידַת עָצְמָתָהּ שֶׁל רְעִידַת־אֲדָמָה)

seismology /saɪzˈmɒlədʒɪ/ n. סֵיסְמוֹלוֹגְיָה (חֵקֶר רְעִידוֹת־הָאֲדָמָה)

seize /siːz/ v.t.
1 (take hold of forcibly) תָּפַס, אָחַז; הִשְׁתַּלֵּט עַל, הֶחֱרִים
□ *the goods were seized in payment of the debt* הַסְּחוֹרוֹת הָחְרְמוּ בְּתוֹר תַּשְׁלוּם עַל הַחוֹב
2 (take advantage) לָקַח, נִצֵּל (הִזְדַּמְּנוּת)
□ *he seized the opportunity of questioning the minister* הוּא נִצֵּל אֶת הַהִזְדַּמְּנוּת כְּדֵי לִשְׁאֹל אֶת הַשַּׂר
3 (affect suddenly) תָּקַף, אָחַז בְּ...
□ *she was seized with the desire to laugh* הִיא נִתְקְפָה תְּשׁוּקָה לִצְחֹק
—v.i. נֶאֱחַז בְּ...
□ *he seized on the opportunity to open his own business* הוּא נֶאֱחַז בַּהִזְדַּמְּנוּת לִפְתֹּחַ עֵסֶק מִשֶּׁלּוֹ
□ *the engine seized up* הַמָּנוֹעַ נִתְקַע

seizure /ˈsiːʒə(r)/ n.
1 (confiscation) תְּפִיסָה; הַחְרָמָה, עִקּוּל
2 (stroke, *Med.*) שָׁבָץ, הֶתְקֵף (שֶׁל מַחֲלָה)

seldom /ˈseldəm/ adv. לְעִתִּים רְחוֹקוֹת

select /sɪˈlekt/ v.t. בָּחַר, בֵּרֵר
—adj. (*formal*) נִבְחָר, מֻבְחָר
select committee וַעֲדָה פַּרְלָמֶנְטָרִית (לְנוֹשֵׂא מְסֻיָּם)
select neighbourhood שְׁכוּנַת יֻקְרָה

selection /sɪˈlekʃ(ə)n/ n. בְּחִירָה, סֶלֶקְצְיָה; מִבְחָר
natural selection (*Biol.*) בְּרֵרָה טִבְעִית
□ *this book contains selections from Shakespeare* סֵפֶר זֶה מֵכִיל מִבְחַר מִכִּתְבֵי שֶׁקְסְפִּיר

selective /sɪˈlektɪv/ adj. סֶלֶקְטִיבִי; בַּרְרָנִי

selector /sɪˈlektə(r)/ n. חָבֵר בְּוַעֲדַת בְּחִירָה; בּוֹרֵר (בּוֹרֵר תַּחֲנוֹת, בְּמַקְלֵט וְכַד')

selenium /sɪˈliːnɪəm/ n. (*Chem.*) סֶלֶנְיוּם (יְסוֹד כִּימִי)

self /self/ (**selves**) n. *pl.*
1 (person's or thing's own individuality) עַצְמִיּוּת, זֵהוּת, "הָאֲנִי"
□ *his better self prevented him from cheating* הַצַּד הַטּוֹב בְּאִישִׁיּוּתוֹ מָנַע אוֹתוֹ מִלְּרַמּוֹת
□ *she became a shadow of her former self* הִיא נַעֲשְׂתָה צֵל שֶׁל עַצְמָהּ
2 (one's own interest or pleasure) טוֹבָה עַצְמִית
□ *she has no thoughts of self* הִיא אֵינֶנָּה חוֹשֶׁבֶת עַל טוֹבַת עַצְמָהּ

self- /self-/ pref. (תְּחִלִּית שֶׁפֵּרוּשָׁהּ) עַצְמִי, מֵעַצְמוֹ, אוֹטוֹמָטִי

self-abasement /ˌself-əˈbeɪsmənt/ n. הַשְׁפָּלָה עַצְמִית

self-absorbed /ˌself-əbˈzɔːbd/ adj. שָׁקוּעַ בְּעַצְמוֹ, מְכֻנָּס בְּתוֹךְ עַצְמוֹ

self-abuse /ˌself-əˈbjuːs/ n. הַאֲשָׁמָה עַצְמִית; אוֹנָנוּת

self-acting /ˌself-ˈæktɪŋ/ adj. פּוֹעֵל מֵעַצְמוֹ, אוֹטוֹמָטִי

self-addressed /ˌself-əˈdrest/ adj. (דְּבַר דֹּאַר) שֶׁרְשׁוּמָה עָלָיו כְּתֹבֶת הַשּׁוֹלֵחַ לְשִׁמּוּשׁ בְּעֵת מִשְׁלוֹחַ תְּשׁוּבָה

self-appointed /ˌself-əˈpɔɪntɪd/ adj. מְטַעֵם עַצְמוֹ (שֶׁאִישׁ לֹא מִנָּה אוֹתוֹ)

self-appointed spokesman דּוֹבֵר שֶׁמִּנָּה אֶת עַצְמוֹ

self-assembly /ˌself-əˈsemblɪ/ adj. (attrib.) לְהַרְכָּבָה עַצְמִית

self-assertion /ˌself-əˈsɜːʃ(ə)n/ n. אַסֶרְטִיבִיּוּת

self-assertive /ˌself-əˈsɜːtɪv/ adj. עוֹמֵד עַל שֶׁלּוֹ, אַסֶרְטִיבִי

self-assurance /ˌself-əˈʃɔːrəns/ n. בִּטָּחוֹן עַצְמִי

self-assured /ˌself-əˈʃɔːd/ adj. בּוֹטֵחַ בְּעַצְמוֹ

self-catering /ˌself-ˈkeɪtərɪŋ/ adj. (מְגוּרִים לְנֹפֶשׁ) "סֶלְף קֵיטֶרִינְג", בַּעַל תְּנָאִים לַהֲכָנָה עַצְמִית שֶׁל מָזוֹן וְכַד' (לְלֹא שֵׁרוּתֵי מִסְעָדָה)

self-centred /ˌself-ˈsentəd/ adj. (*derog.*) אָנֹכִי, אֶגוֹצֶנְטְרִי

self-collected /ˌself-kəˈlektɪd/ adj. שׁוֹלֵט בְּעַצְמוֹ, שׁוֹלֵט בְּרוּחוֹ, מְיֻשָּׁב

self-command /ˌself-kəˈmɑːnd/ n. (*formal*) שְׁלִיטָה עַצְמִית

self-confessed /ˌself-kənˈfest/ adj. מֻצְהָר

self-confidence /ˌself-ˈkɒnfɪdəns/ n. בִּטָּחוֹן עַצְמִי

self-confident /ˌself-ˈkɒnfɪdənt/ adj. בַּעַל בִּטָּחוֹן עַצְמִי, בּוֹטֵחַ בְּעַצְמוֹ

self-congratulatory /ˌself-kənˈgrætʃʊlətərɪ/ adj. (*derog.*) חוֹלֵק שְׁבָחִים לְעַצְמוֹ

self-conscious /ˌself-ˈkɒnʃ(ə)s/ adj. נָבוֹךְ בְּחֶבְרָה; בַּעַל מוּדָעוּת עַצְמִית

self-contained /ˌself-kənˈteɪnd/ adj. (דִּירָה) עִם כָּל הַנּוֹחִיּוּת; עוֹמֵד בִּפְנֵי עַצְמוֹ; מֵכִיל אֶת כָּל הַדָּרוּשׁ; (אָדָם) סָגוּר, מִסְתַּגֵּר

self-control /ˌself-kənˈtrəʊl/ n. שְׁלִיטָה עַצְמִית, רִסּוּן עַצְמִי

self-defeating /ˌself-dɪˈfiːtɪŋ/ adj. פּוֹעֵל בִּסְתִירָה לַמַּטָּרוֹת

self-defence /ˌself-dɪˈfens/ n. הֲגַנָּה עַצְמִית

self-denial /ˌself-dɪˈnaɪəl/ n. (*formal*) הִמָּנְעוּת, הִתְנַזְּרוּת (מִתַּעֲנוּגוֹת)

self-determination /ˌself-dɪtɜːmɪˈneɪʃ(ə)n/ n. (זְכוּת שֶׁל) הַגְדָּרָה עַצְמִית

self-discipline /ˌself-ˈdɪsɪplɪn/ n. מִשְׁמַעַת עַצְמִית, רִסּוּן עַצְמִי

self-drive /ˈself-draɪv/ adj. (כְּלִי רֶכֶב שָׂכוּר) לִנְהִיגָה עַצְמִית

self-effacing /ˌself-ɪˈfeɪsɪŋ/ adj. מִצְטַנֵּעַ, נֶחְבָּא אֶל-הַכֵּלִים

self-employed /ˌself-ɪmˈplɔɪd/ adj. עַצְמָאִי (שֶׁאֵינֶנּוּ מֻעֲסָק עַל-יְדֵי מַעֲבִיד)

self-esteem /ˌself-ɪˈstiːm/ n. כָּבוֹד עַצְמִי, הַעֲרָכָה עַצְמִית

self-evident /ˌself-ˈevɪdənt/ adj. מוּבָן מֵאֵלָיו, נִרְאֶה מֵאֵלָיו

self-examination /ˌself-ɪgzæmɪˈneɪʃ(ə)n/ n. פִּשְׁפּוּשׁ בְּמַעֲשִׂים, חִטּוּט בַּנֶּפֶשׁ; בְּדִיקָה (רְפוּאִית) עַצְמִית

self-explanatory /ˌself-ɪkˈsplænət(ə)rɪ/ adj. בָּרוּר מֵאֵלָיו, שֶׁאֵינוֹ מַצְרִיךְ הֶסְבֵּרִים

self-expression /ˌself-ɪkˈspreʃ(ə)n/ n. הַבָּעָה עַצְמִית

self-governing /ˌself-ˈgʌvənɪŋ/ adj. בַּעַל שִׁלְטוֹן עַצְמִי

self-government /ˌself-ˈgʌvənmənt/ n. שִׁלְטוֹן עַצְמִי

self-help /ˌself-ˈhelp/ n. עֶזְרָה עַצְמִית, הִסְתַּמְּכוּת עַל כֹּחוֹת עַצְמוֹ (לָרֹב בִּבְעָיוֹת אִישִׁיּוֹת אוֹ חֶבְרָתִיּוֹת)

self-important /ˌself-ɪmˈpɔːtənt/ adj. (*derog.*) חָדוּר תְּחוּשַׁת עֵרֶךְ-עַצְמוֹ

self-imposed /ˌself-ɪmˈpəʊzd/ adj. שֶׁגָּזַר (פְּלוֹנִי) עַל עַצְמוֹ

self-indulgence /ˌself-ɪnˈdʌldʒəns/ n. הִתְמַכְּרוּת לַהֲנָאוֹת אִישִׁיּוֹת, פִּנּוּק עַצְמִי; הִתְעַסְּקוּת (בְּאֹפֶן מֻפְרָז) בְּעַצְמוֹ

self-indulgent /ˌself-ɪnˈdʌldʒənt/ adj. נִכְנָע בְּקַלּוּת לִתְשׁוּקוֹתָיו, מִתְמַכֵּר לַהֲנָאוֹתָיו הָאִישִׁיּוֹת; מִתְעַסֵּק (בְּאֹפֶן מֻפְרָז) בְּעַצְמוֹ

self-interest /ˌself-ˈɪntrəst/ n. אִינְטֶרֶס עַצְמִי, פְּנִיָּה אִישִׁית, טוֹבַת עַצְמוֹ

□ *he acted out of enlightened self-interest* הוּא פָּעַל מִתּוֹךְ שִׁקּוּלִים שֶׁל אָנֹכִיּוּת נְאוֹרָה

selfish /ˈselfɪʃ/ adj. (*derog.*) אָנֹכִי, אֶגוֹאִיסְטִי

selfless /ˈselflɪs/ adj. (*formal*) מִבְּלִי לַחְשֹׁב עַל עַצְמוֹ, מָסוּר לַזּוּלַת

self-love /ˌself-ˈlʌv/ n. אַהֲבָה עַצְמִית

self-made /ˌself-ˈmeɪd/ adj.

□ *he's a self-made man* הוּא אָדָם שֶׁהִגִּיעַ לְמַעֲמָדוֹ בְּכֹחוֹת עַצְמוֹ בִּלְבַד

self-opinionated /ˌself-əˈpɪnjəneɪtɪd/ adj. (*derog.*) (אָדָם) הַבָּטוּחַ תָּמִיד שֶׁהוּא יוֹדֵעַ מָה נָכוֹן

self-pity /ˌself-ˈpɪtɪ/ n. (*derog.*) רַחֲמִים עַצְמִיִּים

self-portrait /ˌself-ˈpɔːtreɪt/ n. דְּיוֹקָן עַצְמִי, פּוֹרְטְרֶט עַצְמִי

self-possessed /ˌself-pəˈzest/ adj. שָׁלֵו וּבוֹטֵחַ, שׁוֹלֵט בְּעַצְמוֹ (בְּמַצְּבֵי לַחַץ)

self-possession /ˌself-pəˈzeʃ(ə)n/ n. שְׁלֵוּת נֶפֶשׁ וּבִטָּחוֹן, שְׁלִיטָה־עַצְמִית (כַּנַּ"ל)

self-preservation /ˌself-prezəˈveɪʃ(ə)n/ n. שִׁמּוּר עַצְמִי, הִתְגּוֹנְנוּת עַצְמִית

self-raising /ˌself-ˈreɪzɪŋ/ adj.

self-raising flour קֶמַח תּוֹפֵחַ

self-reliance /ˌself-rɪˈlaɪəns/ n. עַצְמָאוּת (שֶׁל הַפְּרָט), אִי־תְּלוּת בַּזּוּלַת

self-reliant /ˌself-rɪˈlaɪənt/ adj. (אָדָם) עַצְמָאִי, לֹא תָּלוּי בַּזּוּלַת

self-respect /ˌself-rɪˈspekt/ n. כָּבוֹד עַצְמִי, הַעֲרָכָה עַצְמִית

self-respecting /ˌself-rɪˈspektɪŋ/ adj. שֶׁמְּכַבֵּד אֶת עַצְמוֹ; רָאוּי לִשְׁמוֹ

self-righteous /ˌself-ˈraɪtʃəs/ adj. (*derog.*) בּוֹטֵחַ בְּצִדְקַת עַצְמוֹ

self-rule /self-ˈruːl/ n. שִׁלְטוֹן עַצְמִי, מִמְשָׁל עַצְמִי

self-sacrifice /ˌself-ˈsækrɪfaɪs/ n. הַקְרָבָה עַצְמִית

self-same /ˈself-seɪm/ adj. (attrib.) (*poet.*) אוֹתוֹ... עַצְמוֹ, זֵהֶה

□ *we were born on the self-same day* נוֹלַדְנוּ בְּאוֹתוֹ יוֹם עַצְמוֹ

self-satisfaction /ˌself-sætɪsˈfækʃ(ə)n/ n. (*derog.*) שְׂבִיעוּת־רָצוֹן עַצְמִית

self-satisfied /ˌself-ˈsætɪsfaɪd/ adj. (*derog.*) שְׂבַע־רָצוֹן מֵעַצְמוֹ

self-sealing /ˌself-ˈsiːlɪŋ/ adj. נִסְתָּם בְּעַצְמוֹ

self-sealing envelope מַעֲטָפָה עִם דֶּשׁ הַנִּדְבָּק מֵאֵלָיו (לְלֹא צֹרֶךְ בְּהַרְטָבַת הַדֶּבֶק)

self-seeking /ˌself-ˈsiːkɪŋ/ adj. (*derog.*) לָהוּט אַחַר הָאִינְטֶרֶסִים שֶׁל עַצְמוֹ, מְחַפֵּשׂ תּוֹעֶלֶת עַצְמִית

self-service /ˌself-ˈsɜːvɪs/ adj. שֵׁרוּת־עַצְמִי (בְּמִסְעָדָה וְכַד')

self-starter /ˌself-ˈstɑːtə(r)/ n. מַתְנֵעַ/"סְטַרְטֶר" חַשְׁמַלִּי; עוֹבֵד עַצְמָאִי וְדִינָמִי

self-styled /ˌself-ˈstaɪld/ adj. מִטַּעַם עַצְמוֹ, שֶׁהִכְתִּיר אֶת עַצְמוֹ

self-sufficiency /ˌself-səˈfɪʃənsɪ/ n. אִי־תְּלוּת (בַּזּוּלַת, בְּאַסְפָּקָה מִן הַחוּץ וְכַד')

self-sufficient /ˌself-səˈfɪʃənt/ adj. שֶׁמְּסַפֵּק אֶת כָּל צְרָכָיו בְּעַצְמוֹ, שֶׁאֵינוֹ תָּלוּי בַּזּוּלַת

self-supporting /ˌself-səˈpɔːtɪŋ/ adj. (עֵסֶק וְכַד') הַמַּחֲזִיק אֶת עַצְמוֹ (מִבְּחִינָה כַּלְכָּלִית)

self-taught /ˌself-ˈtɔːt/ adj. שֶׁלָּמַד בְּכֹחוֹת עַצְמוֹ, אוֹטוֹדִידַקְט

self-willed /ˌself-ˈwɪld/ adj. עַקְשָׁן, מְסָרֵב לְקַבֵּל עֵצוֹת

self-winding /ˌself-ˈwaɪndɪŋ/ adj.

a self-winding watch שָׁעוֹן אוֹטוֹמָטִי (נִמְתָּח עַל־יְדֵי תְּנוּעוֹת הַיָּד שֶׁל הָעוֹנֵד)

sell /sel/ (past & past ppl. **sold** /səʊld/) v.t.

1 (make over in exchange for money) מָכַר

sell by date תַּאֲרִיךְ אַחֲרוֹן לִמְכִירָה (שֶׁל מָזוֹן וְכַד')

□ *I won't sell the goods for less than half-price* אֲנִי לֹא אֶמְכֹּר אֶת הַסְּחוֹרָה בְּפָחוֹת מֵחֲצִי הַמְּחִיר

□ *he sold off the remnants at a discount* הוּא נִפְטַר מִן הַשְּׁאֵרִיּוֹת בַּהֲנָחָה

□ *he was sold a pup* (*colloq.*) מָכְרוּ לוֹ "לוֹקְשׁ"

2 (keep a stock for sale) מָכַר

□ *do you sell chewing-gum?* אַתֶּם מוֹכְרִים מַסְטִיק? יֵשׁ לָכֶם מַסְטִיק?

3 (betray for money) בָּגַד בְּ..., מָכַר, הִסְגִּיר תְּמוּרַת כֶּסֶף

□ *they sold him down the river* (*colloq. derog.*) הֵם בָּגְדוּ בּוֹ

□ *he sold his soul (to the devil)* הוּא מָכַר אֶת נִשְׁמָתוֹ לַשָּׂטָן

4 (advertise, or sell the merits of) מָכַר

□ *he knows how to sell himself when applying for a job* הוּא יוֹדֵעַ אֵיךְ לִמְכֹּר אֶת עַצְמוֹ כְּשֶׁהוּא מְחַפֵּשׂ עֲבוֹדָה

□ *they're sold on the idea of going to France* (*colloq.*) הֵם מְכוּרִים לְרַעְיוֹן שֶׁל נְסִיעָה לְצָרְפַת

5 (cause to be sold) מָכַר

□ *the author's name will sell the book* שְׁמוֹ שֶׁל הַמְחַבֵּר יִמְכֹּר אֶת הַסֵּפֶר

—v.i.

1 (be purchased) נִמְכַּר

□ *this line of goods sells well* סִדְרַת מוּצָרִים זוֹ נִמְכֶּרֶת הֵיטֵב

2 (have specified price) נִמְכַּר, הֻצַּע לִמְכִירָה

□ *this sells for around £500* זֶה מֻצָּע לִמְכִירָה בְּכ־500 לִישׁ"ט

3 (in set phrases)

sell out

(sell all stock) מָכַר (אֶת כָּל הַסְּחוֹרָה)

□ *the concert sold out the first day* כָּל הַכַּרְטִיסִים לַקּוֹנְצֶרְט נִמְכְּרוּ בַּיּוֹם הָרִאשׁוֹן

(betray one's principles) וִתֵּר, נִכְנַע

(sell share of business) מָכַר

sell short הֶעֱרִיךְ (כִּשְׁרוֹנוֹת, יְכֹלֶת וְכַד') בְּפָחוֹת מִדַּי

sell up

(sell one's business) מָכַר אֶת הָעֵסֶק, חִסֵּל אֶת הָעֵסֶק

(sell the goods of a debtor) מָכַר אֶת רְכוּשׁוֹ שֶׁל בַּעַל חוֹב

—n. (*colloq.*) רַמָּאוּת, "סִדּוּר", "חַרְבּוֹן"

hard (or **soft**) **sell** שִׁיטַת מְכִירָה תּוֹקְפָנִית/מְכִירָה בְּדַרְכֵי נֹעַם

seller /ˈselə(r)/ n. מוֹכֵר, זַבָּן; מִצְרָךְ מְבֻקָּשׁ בַּשּׁוּק, חֵפֶץ מָכִיר

this computer is a good seller מַחְשֵׁב זֶה נִמְכָּר טוֹב

seller's market שׁוּק טוֹב לַמּוֹכְרִים (כְּשֶׁהַהֶצֵּעַ נָמוּךְ וְהַבִּקּוּשׁ גָּבוֹהַּ)

selling-point /ˈselɪŋ-ˌpɔɪnt/ n. נְקֻדַּת מְכִירָה

Sellotape /ˈseləʊteɪp/ n. (*Prop.*) "סֶלוֹטֵיפּ", "סְקוֹץ'טֵיפּ", סֶרֶט דָּבִיק

sell-out /ˈsel-aʊt/ n.
1 (event for which all tickets are sold) אֵרוּעַ שֶׁכָּל הַכַּרְטִיסִים שֶׁלּוֹ נִמְכְּרוּ
2 (betrayal, *colloq.*) בְּגִידָה, "מְכִירָה"

selvage /ˈselvɪdʒ/ n. (also **selvedge**) שׁוּלַיִם (שֶׁל יְרִיעַת בַּד, מְחֻזָּקִים לִמְנִיעַת פְּרִימָה)

selves /selvz/ *pl.* of **self**

semantic /sɪˈmæntɪk/ adj. סֶמַנְטִי

semantics /sɪˈmæntɪks/ n. *pl.* סֶמַנְטִיקָה

semaphore /ˈseməfɔː(r)/ n. סֶמָפוֹר (שִׁיטַת אִתּוּת בְּדְגָלִים אוֹ בִּזְרוֹעוֹת)
—v.t. & i. אוֹתֵת בְּשִׁיטַת סֶמָפוֹר

semblance /ˈsembləns/ n. (*formal*) חָזוּת, מַרְאֵה־עַיִן
□ *they entered the church without a semblance of respect* הֵם נִכְנְסוּ לַכְּנֵסִיָּה לְלֹא כָּל סִימָנֵי יִרְאָה

semen /ˈsiːmen/ n. זֶרַע (שֶׁל הַזָּכָר בְּבַעֲלֵי־חַיִּים וּבְאָדָם)

semester /sɪˈmestə(r)/ n. (*US*) סֶמֶסְטֶר (מַחֲצִית שְׁנַת לִמּוּדִים בָּאוּנִיבֶרְסִיטָה)

semi- /ˈsemɪ-/ pref. סֶמִי־, (תְּחִלִּית שֶׁפֵּרוּשָׁהּ) חֲצִי, מַחֲצִית, חֶלְקִי

semi-automatic /ˌsemɪ-ɔːtəˈmætɪk/ n. & adj. תַּת־מַקְלֵעַ; (נֶשֶׁק, מַכְשִׁיר וְכַד׳) חֲצִי־אוֹטוֹמָטִי

semibreve /ˈsemɪbriːv/ n. (*Mus.*) תָּו שָׁלֵם (בְּמוּזִיקָה)

semicircle /ˈsemɪsɜːk(ə)l/ n. חֲצִי עִגּוּל, חֲצִי מַעְגָּל, חֲצִי גֹּרֶן
□ *they sat in a semi-circle* הֵם הִתְיַשְּׁבוּ בַּחֲצִי גֹּרֶן

semicircular /ˌsemɪ-ˈsɜːkjʊlə(r)/ adj. שֶׁל חֲצִי מַעְגָּל

semicolon /ˌsemɪˈkəʊlən/ n. נְקֻדָּה־וּפְסִיק (;)

semiconductor /ˌsemɪkənˈdʌktə(r)/ n. (*Electr.*) חֲצִי־מוֹלִיךְ, מוֹלִיךְ לְמֶחֱצָה (לְמָשָׁל סִילִיקוֹן)

semi-conscious /ˌsemɪ-ˈkɒnʃəs/ adj. שֶׁלֹּא בְּהַכָּרָה מְלֵאָה, חֲצִי מְעֻלָּף

semi-detached /ˌsemɪ-dɪˈtætʃt/ adj. & n. דּוּ מִשְׁפַּחְתִּי; בֵּית דּוּ־מִשְׁפַּחְתִּי

semi-final /ˌsemɪ-faɪn(ə)l/ n. (מִשְׂחָק) חֲצִי־גְּמָר

seminal /ˈsemɪn(ə)l/ adj. (*formal*) פּוֹרֵץ דֶּרֶךְ, פּוֹתֵחַ אֲפָקִים חֲדָשִׁים; שֶׁל זֶרַע (שֶׁל הַזָּכָר)

seminar /ˈsemɪnɑː(r)/ n. סֶמִינָר, סֶמִינַרְיוֹן (שִׁעוּר לְתַלְמִידִים מִתְקַדְּמִים בָּאוּנִיבֶרְסִיטָה)

seminary /ˈsemɪnərɪ/ n. סֶמִינָר, מִדְרָשָׁה, בֵּית־מִדְרָשׁ (מוֹסָד לְהַכְשָׁרָה, לְרֹב שֶׁל כְּמָרִים קָתוֹלִיִּים)

semi-official /ˌsemɪ-əˈfɪʃ(ə)l/ adj. חֲצִי־רִשְׁמִי

semiotics /ˌsemɪˈɒtɪks/ n. *pl.* סֶמְיוֹטִיקָה (חֵקֶר הַשִּׁמּוּשׁ בְּסֵמָלִים לְשׁוֹנִיִּים, חָזוּתִיִּים וְכַד׳)

semi-precious /ˌsemɪ-ˈpreʃəs/ adj. (אֶבֶן, מַחְצָב) חֲצִי־יָקָר

semiquaver /ˈsemɪkweɪvə(r)/ n. (*Mus.*) חֵלֶק שִׁשָּׁה־עָשָׂר שֶׁל תָּו (מוּזִיקָלִי)

semi-skilled /ˌsemɪ-ˈskɪld/ adj. (עוֹבֵד) מִקְצוֹעִי לְמֶחֱצָה

Semite /ˈsiːmaɪt/ n. בֶּן־הַגֶּזַע הַשֵּׁמִי

Semitic /sɪˈmɪtɪk/ adj. שֵׁמִי; יְהוּדִי

semitone /ˈsemɪtəʊn/ n. (*Mus.*) חֲצִי טוֹן (בְּמוּזִיקָה)

semolina /ˌseməˈliːnə/ n. (קֶמַח) סֹלֶת

sempstress /ˈsemstrɪs/ (*arch.*) see **SEAMSTRESS** תּוֹפֶרֶת

senate /ˈsenɪt/ n.
1 (Upper House, *US.*, etc.) סֶנָט, בֵּית־עֶלְיוֹן
2 (university council) סֶנָט (בָּאוּנִיבֶרְסִיטָה)

senator /ˈsenətə(r)/ n. סֶנָטוֹר, חֲבֵר סֶנָט

send /send/ (past & past ppl. **sent** /sent/) v.t.
1 (order or cause to go or be conveyed) שָׁלַח, שִׁלַּח, שִׁגֵּר
send word מָסַר הוֹדָעָה, הוֹדִיעַ
send to Coventry (*fig.*) עָשָׂה "חֵרֶם" עַל, הֵטִיל "חֵרֶם" עַל (בְּקֶרֶב יְלָדִים בִּלְבַד)
□ *please send my mail to my new address* נָא לִשְׁלֹחַ אֶת הַדֹּאַר שֶׁלִּי לִכְתֹבֶתִי הַחֲדָשָׁה
□ *she sent away for the details* הִיא בִּקְּשָׁה פְּרָטִים נוֹסָפִים בְּמִכְתָּב
□ *she sent the inquisitive child about his business* הִיא גֵּרְשָׁה אֶת הַיֶּלֶד הַסַּקְרָן מֵעַל פָּנֶיהָ
□ *the student was sent down* (*from university*) הַסְּטוּדֶנְט סֻלַּק מֵהָאוּנִיבֶרְסִיטָה
2 (cause to move) הֵעִיף, שָׁלַח
□ *the blast sent him flying* הַהִתְפּוֹצְצוּת הֵעִיפָה אוֹתוֹ לְאָחוֹר
□ *I'll send him packing* (*colloq.*) אֲנִי אֶשְׁלַח אוֹתוֹ לְכָל הָרוּחוֹת
3 (cause to be)
□ *the lullaby sent the baby to sleep* שִׁיר הָעֶרֶשׂ הִרְדִּים אֶת הַיֶּלֶד
□ *this music sends me* (*colloq.*) הַמּוּזִיקָה הַזֹּאת עוֹשָׂה לִי טוֹב עַל הַנְּשָׁמָה
4 (in set phrases)
send in הִכְנִיס
□ *he sent his name in for the competition* הוּא הִצִּיעַ אֶת עַצְמוֹ כְּמִשְׁתַּתֵּף בַּתַּחֲרוּת
□ *she sent him in* הִיא אָמְרָה לוֹ לְהִכָּנֵס (לָרוֹפֵא, לַמִּשְׂרָד וְכַד׳)
send off סִלֵּק; שָׁלַח
□ *the player was sent off* הַשַּׂחְקָן סֻלַּק (מִן הַמִּגְרָשׁ)
□ *I've sent off for the special offer* שָׁלַחְתִּי בַּדֹּאַר אֶת הַתְּלוּשׁ שֶׁל הַהַצָּעָה הַמְּיֻחֶדֶת
send on הֶעֱבִיר (לִכְתֹבֶת חֲדָשָׁה וְכַד׳)
□ *the deputy was sent on to represent him* סְגָנוֹ נִשְׁלַח קָדִימָה לְיַצֵּג אוֹתוֹ
send out שָׁלַח, הוֹצִיא, הֵפִיץ
□ *the firm sent out a circular* הַחֶבְרָה הֵפִיצָה חוֹזֵר
□ *the trees send out new leaves in spring* בְּאָבִיב מַצְמִיחִים הָעֵצִים עָלִים חֲדָשִׁים

send up הִקְפִּיץ
□ *the shortage will send prices up* הַמַּחְסוֹר יַקְפִּיץ אֶת הַמְּחִירִים
□ *the actor sent up the Prime Minister* (*UK colloq.*) הַשַּׂחְקָן עָשָׂה חִקּוּי שֶׁל רֹאשׁ הַמֶּמְשָׁלָה
—v.i. שָׁלַח הוֹדָעָה, שָׁלַח שָׁלִיחַ
□ *he sent to warn me* הוּא שָׁלַח הוֹדָעָה לְהַזְהִיר אוֹתִי

sender /ˈsendə(r)/ n. שׁוֹלֵחַ, מוֹעֵן
return to sender לְהַחְזִיר לַשּׁוֹלֵחַ (מִכְתָּב שֶׁלֹּא נִמְסַר לִתְעוּדָתוֹ)

send-up /ˈsend-ʌp/ n. (*UK colloq.*) חִקּוּי, פָּרוֹדְיָה

senile /ˈsiːnaɪl/ adj. סֶנִילִי; שֶׁל זִקְנָה

senility /sɪˈnɪlɪtɪ/ n. סֶנִילִיּוּת

senior /ˈsiːnɪə(r)/ adj. & n. בָּכִיר; קָשִׁישׁ; תַּלְמִיד הַכִּתָּה הָעֶלְיוֹנָה (בְּבֵית סֵפֶר תִּיכוֹן וּבְאוּנִיבֶרְסִיטָה)
the senior service (*UK*) הַצִּי הַבְּרִיטִי (הַנֶּחְשָׁב לַבָּכִיר שֶׁבֵּין 3 הַחֵילוֹת)
senior citizen (אֶזְרָח) קָשִׁישׁ
□ *she is my senior by four years* הִיא מְבֻגֶּרֶת מִמֶּנִּי בְּ־4 שָׁנִים

seniority /ˌsiːnɪˈɒrɪtɪ/ n. בְּכִירוּת; וֶתֶק
□ *promotion is by seniority* הַקִּדּוּם נַעֲשֶׂה לְפִי הַוֶּתֶק

senna /ˈsenə/ n. סֶנָּה, קַסְיָה (צֶמַח תְּרוּפִי; חֹמֶר מְשַׁלְשֵׁל)

sensation /senˈseɪʃ(ə)n/ n.
1 (feeling) תְּחוּשָׁה
2 (excitement) סֶנְסַצְיָה, יְדִיעָה מַרְעִישָׁה

sensational /senˈseɪʃən(ə)l/ adj. סֶנְסַצְיוֹנִי, מְרַגֵּשׁ, מַרְעִישׁ

sensationalism /senˈseɪʃənəlɪzm/ n. רְדִיפָה אַחֲרֵי סֶנְסַצְיוֹת

sense /sens/ n.
1 (bodily faculty) חוּשׁ (אֶחָד מֵחֲמֵשֶׁת הַחוּשִׁים: רְאִיָּה, שְׁמִיעָה, מִשּׁוּשׁ, טַעַם, רֵיחַ)
sense-organ אֵבֶר חִישָׁה (עַיִן, אֹזֶן, אַף וְכַד׳)
2 (appreciation or understanding) חוּשׁ, רֶגֶשׁ
a sense of duty הַרְגָּשַׁת חוֹבָה, רֶגֶשׁ חוֹבָה
a sense of humour חוּשׁ הוּמוֹר
3 (practical wisdom) שֵׂכֶל, חָכְמָה מַעֲשִׂית, הִגָּיוֹן
common sense שֵׂכֶל יָשָׁר, הִגָּיוֹן בָּרִיא
good sense מַעֲשֶׂה הֶגְיוֹנִי
□ *now you're talking sense* (*colloq.*) עַכְשָׁו אַתָּה בֶּאֱמֶת מְדַבֵּר לָעִנְיָן
4 (in *pl.*, normal state of mind) שְׁפִיּוּת־(הַדַּעַת), הִגָּיוֹן
□ *no one in his senses would do that* שׁוּם אָדָם שָׁפוּי (בְּדַעְתּוֹ) לֹא יַעֲשֶׂה זֹאת
□ *have you taken leave of your senses?* (*formal*) יָצָאתָ מִדַּעְתְּךָ?
□ *the shock brought him to his senses* הַהֶלֶם הֵשִׁיב לוֹ אֶת שְׁפִיּוּת הַדַּעַת
5 (meaning of a word, etc.) מַשְׁמָעוּת, מוּבָן
□ *your statement is true, in a sense* מַה שֶּׁאָמַרְתָּ נָכוֹן בְּמוּבָן מְסֻיָּם
□ *this letter doesn't make sense* הַמִּכְתָּב הַזֶּה לֹא הֶגְיוֹנִי, אֲנִי לֹא מֵבִין מַה כָּתוּב בַּמִּכְתָּב הַזֶּה
—v.t. חָשׁ, הִרְגִּישׁ
□ *I sense trouble* יֵשׁ לִי תְּחוּשָׁה שֶׁמַּשֶּׁהוּ לֹא בְּסֵדֶר, אֲנִי "מֵרִיחַ" צָרוֹת
□ *this device senses the presence of smoke* מַכְשִׁיר זֶה מְסֻגָּל לָחוּשׁ בְּסִימָנֵי עָשָׁן

senseless /ˈsenslɪs/ adj.
1 (unconscious) חֲסַר־הַכָּרָה; מְעֻלָּף
2 (stupid) טִפְּשִׁי; חֲסַר־טַעַם, חֲסַר־פֵּשֶׁר, חֲסַר־מַשְׁמָעוּת

sensibility /ˌsensɪˈbɪlɪtɪ/ n. עֲרָכִים, רְגִישׁוּת (בְּסִפְרוּת, בָּאֳמָנוּת וְכַד׳); רְגִישׁוּת (לִפְגִיעָה וְכַד׳)

sensible /ˈsensɪb(ə)l/ adj.
1 (reasonable, showing good sense) סָבִיר, מִתְקַבֵּל עַל הַדַּעַת, הֶגְיוֹנִי
□ *she is a sensible person* הִיא אָדָם אַחְרָאִי; הִיא אָדָם מְיֻשָּׁב בְּדַעְתּוֹ
□ *these are sensible shoes* אֵלֶּה נַעֲלַיִם נוֹרְמָלִיּוֹת/סְבִירוֹת (לֹא "מְשֻׁגָּעוֹת")
2 (noticeable, *formal*) נִכָּר
□ *there was a sensible drop in temperature* חָלָה נְפִילָה נִכֶּרֶת בְּמַעֲלוֹת־הַחֹם
3 (conscious, *formal*) מוּדָע
□ *I am sensible of the honour you do me* לֹא נֶעְלָם מֵעֵינַי הַכָּבוֹד שֶׁאַתָּה חוֹלֵק לִי

sensitive /ˈsensɪtɪv/ adj. רָגִישׁ
light sensitive cell (*Electr.*) תָּא רָגִישׁ לָאוֹר
□ *she has a sensitive skin* יֵשׁ לָהּ עוֹר רָגִישׁ
□ *he's very sensitive to criticism* הוּא רָגִישׁ מְאֹד לְבִקֹּרֶת
□ *this is a sensitive issue* זֶה נוֹשֵׂא רָגִישׁ

sensitivity /ˌsensɪˈtɪvɪtɪ/ n. רְגִישׁוּת

sensitize /ˈsensɪtaɪz/ v.t. עָשָׂה לְרָגִישׁ (סֶרֶט צִלּוּם, לְמָשָׁל)

sensor /ˈsensə(r)/ n. חַיְשָׁן, סֶנְסוֹר

sensory /ˈsensərɪ/ adj. (*formal*) חוּשִׁי, תְּחוּשָׁתִי, שֶׁל תְּפִיסָה חוּשִׁית

sensual /ˈsensʃʊəl/ adj. חוּשָׁנִי

sensualist /ˈsensʃʊəlɪst/ n. (*derog.*) רוֹדֵף הֲנָאוֹת הַחוּשִׁים

sensuality /ˌsensʃʊˈælɪtɪ/ n. חוּשָׁנִיּוּת

sensuous /ˈsensʃʊəs/ adj. חוּשָׁנִי, מְגָרֶה אֶת הַחוּשִׁים; נָתוּן לְהִתְרַשְּׁמוּת הַחוּשִׁים

sent /sent/ past & past ppl. of **send**

sentence /ˈsentəns/ n.
1 (group of words) מִשְׁפָּט (תַּחְבִּירִי)
2 (awarded punishment) גְּזַר־דִּין, פְּסַק־דִּין
—v.t. שָׁפַט, דָּן, חָרַץ דִּין עַל

sententious /sen'tenʃəs/ adj. (*formal*) נִמְלָץ וּמַטִּיף מוּסָר

sentient /'senʃ(ə)nt/ adj. (*formal*) בַּעַל יְכֹלֶת תְּחוּשָׁה; בַּעַל־תְּבוּנָה

sentiment /'sentɪmənt/ n.
1 (emotional excess) רֶגֶשׁ, סֶנְטִימֶנְט; רַגְשָׁנוּת (יֶתֶר)
2 (mental feeling, *formal*) רֶגֶשׁ, תְּחוּשָׁה נַפְשִׁית
3 (in *pl.*, opinion, *formal*) רְגָשׁוֹת
□ *those are my sentiments about it* אֵלֶּה הֵם רְגָשׁוֹתַי בְּיַחַס לְדָבָר זֶה, זוֹהִי עֶמְדָּתִי בַּנּוֹשֵׂא

sentimental /ˌsentɪ'ment(ə)l/ adj. רַגְשָׁנִי, סֶנְטִימֶנְטָלִי
sentimental value עֵרֶךְ רִגְשִׁי (שֶׁל חֵפֶץ וְכַד')

sentimentality /ˌsentɪmen'tælɪtɪ/ n. (*derog.*) רַגְשָׁנוּת (יְתֵרָה), סֶנְטִימֶנְטָלִיּוּת

sentinel /'sentɪn(ə)l/ n. (*arch.*) זָקִיף, שׁוֹמֵר

sentry /'sentrɪ/ n. זָקִיף, שׁוֹמֵר

sentry-box /'sentrɪ-bɒks/ n. תָּא הַזָּקִיף, בִּיתַן הַזָּקִיף

sepal /'sep(ə)l/ n. (*Bot.*) עֲלֵה־גָּבִיעַ (בְּפֶרַח)

separable /'sepərəb(ə)l/ adj. (*formal*) נִתָּן לְהַפְרָדָה, מִתְפָּרֵד

separate v.t. & i. /'sepəreɪt/ הִפְרִיד, הִבְדִּיל בֵּין; נִפְרַד, נִבְדַּל
—adj. /'sep(ə)rət/ נִפְרָד, נִבְדָּל, עוֹמֵד בִּפְנֵי עַצְמוֹ

separates /'sep(ə)rəts/ n. *pl.* פְּרִיטֵי לְבוּשׁ נִפְרָדִים לְנָשִׁים (לֹא חֲלִיפוֹת וְכַד')

separation /ˌsepə'reɪʃ(ə)n/ n. הַפְרָדָה; הִפָּרְדוּת, פֵּרוּד
judicial (or **legal**) **separation** פֵּרוּד הַמֻּכָּר עַל־יְדֵי הַחֹק (בֵּין בְּנֵי זוּג הַחַיִּים בְּנִפְרָד, לָרֹב לִפְנֵי גֵּרוּשִׁין)

separatist /'sepərətɪst/ n. בַּדְלָן, מִתְבַּדֵּל

separator /ˌsepəreɪtə(r)/ n. מַפְרֵדָה (מְכוֹנָה לְהַפְרָדַת הַשֻּׁמָּן מִן הֶחָלָב), סֶפָּרָטוֹר

Sephardi /sɪ'fɑːdɪ/ n. (*pl.* **Sephardim**) יְהוּדִי סְפָרַדִּי; סְפָרַדִּי

Sephardic /sɪ'fɑːdɪk/ adj. (יְהוּדִי) סְפָרַדִּי

sepia /'siːpɪə/ n. & adj דְּיוֹ בְּצֶבַע חוּם־אֲדַמְדַּם; חוּם אֲדַמְדַּם

sepsis /'sepsɪs/ n. (*Med.*) זִהוּם בַּקְטֶרְיָאלִי, אֶלַּחַת

September /sep'tembə(r)/ n. סֶפְּטֶמְבֶּר

septet /sep'tet/ n. (*Mus.*) שְׁבִיעִיָּה (שֶׁל נַגָּנִים; יְצִירָה לִקְבוּצָה כַּנַּ"ל)

septic /'septɪk/ adj. נָגוּעַ בְּזִהוּם בַּקְטֶרְיָאלִי
septic tank מְכַל סֶפְּטִי, בּוֹר סְפִיגָה (לִשְׁפָכִים)

septicaemia /ˌseptɪ'siːmɪə/ n. (*Med.*) (*US* **septicemia**) זִהוּם דָּם, הַרְעָלַת דָּם

septuagenarian /ˌseptjʊədʒɪ'neərɪən/ n. (*formal*) אָדָם בִּשְׁנוֹת הַשִּׁבְעִים לְחַיָּיו

Septuagint /'septjʊədʒɪnt/ n. (*Relig.*) תַּרְגּוּם הַשִּׁבְעִים, "סֶפְּטוּאָגִינְטָה"

sepulchral /sɪ'pʌlkrəl/ adj. (*formal*) שֶׁל קֶבֶר, שֶׁל קְבוּרָה; קוֹדֵר, נוּגֶה
□ *he spoke in sepulchral tones* הוּא דִּבֵּר בְּקוֹל נְכָאִים

sepulchre /'sep(ə)lkə(r)/ n. קֶבֶר, מְעָרַת־קֶבֶר, כּוּךְ קְבוּרָה
the Holy Sepulchre (*Relig.*) הַקֶּבֶר הַקָּדוֹשׁ (מְקוֹם קְבוּרָתוֹ שֶׁל יֵשׁוּ)
a whited sepulchre (*formal derog.*) צָבוּעַ, מִתְחַסֵּד

sequel /'siːkwəl/ n. הֶמְשֵׁךְ (שֶׁל סֵפֶר, סֶרֶט, וְכַד'); תּוֹצָאָה, תּוֹלָדָה

sequence /'siːkwəns/ n. רֶצֶף; סִדְרָה
sequence of events הִשְׁתַּלְשְׁלוּת מְאֹרָעוֹת, סִדְרַת אֵרוּעִים
in sequence בָּזֶה אַחַר זֶה, בְּרֶצֶף

sequential /sɪ'kwenʃ(ə)l/ adj. (*formal*) בְּרֶצֶף; סִדְרָתִי

sequester /sɪ'kwestə(r)/ v.t. (*formal*)
1 (esp. in past ppl., seclude) בּוֹדֵד, סָגַר
□ *a sequestered place* מָקוֹם מְבוֹדָד
2 (seize, *Law*, also **sequestrate**) עִקֵּל, תָּפַס (נְכָסִים שֶׁל בַּעַל חוֹב)

sequin /'siːkwɪn/ n. "נִצְנָץ"

sequoia /sɪ'kwɔɪə/ n. עֵץ סֶקְווֹיָה

seraglio /se'rɑːlɪəʊ/ n. (*poet.*) הַרְמוֹן

seraph /'serəf/ n. (*pl.* **seraphim**) שָׂרָף (מַלְאָךְ)

serenade /ˌserə'neɪd/ n. סֶרֶנָדָה
—v.t. שָׁר סֶרֶנָדָה לְ..., נִגֵּן סֶרֶנָדָה לְ...

serendipity /ˌserən'dɪpɪtɪ/ n. (*formal*) הַכִּשְׁרוֹן לִמְצֹא "מְצִיאוֹת"

serene /sɪ'riːn/ adj. שָׁלֵו
His Serene Highness הוֹד רוֹמְמוּתוֹ

serenely /sɪ'riːnlɪ/ adv. בְּשַׁלְוָה
□ *she remained serenely indifferent to his pleas* הִיא נוֹתְרָה שְׁוַת־נֶפֶשׁ לְתַחֲנוּנָיו

serenity /sɪ'renɪtɪ/ n. שַׁלְוָה

serf /sɜːf/ n. (אִכָּר) צָמִית, אָרִיס

serfdom /'sɜːfdəm/ n. אֲרִיסוּת

serge /sɜːdʒ/ n. "סֶרְג'" (אֲרִיג צֶמֶר חָזָק לַחֲלִיפוֹת וְכַד')

sergeant /'sɑːdʒənt/ n. סַמָּל

sergeant-major /ˌsɑːdʒənt-'meɪdʒə(r)/ n. (*Mil.*) רַב־סַמָּל

serial /'sɪərɪəl/ adj. סִדּוּרִי; סוֹדֵר; סִדְרָתִי
serial number מִסְפָּר סִדּוּרִי
serial port (*Comput.*) מַחְבֵּר סִדְרָתִי, חִבּוּר סִדְרָתִי/סֶרִיאָלִי (בְּמַחְשֵׁב)
□ *the newspaper bought the serial rights to the book* הָעִתּוֹן רָכַשׁ אֶת הַזְּכוּת לְפַרְסֵם אֶת הַסֵּפֶר בְּהֶמְשֵׁכִים (לָרֹב בְּגִרְסָה מְקֻצֶּרֶת)
—n. סִדְרָה בְּהֶמְשֵׁכִים

serialize /'sɪərɪəlaɪz/ v.t. הָפַךְ (סֵפֶר וְכַד') לְסִדְרָה בְּהֶמְשֵׁכִים; פִּרְסֵם/שִׁדֵּר בְּהֶמְשֵׁכִים

series /'sɪəriːz/ n. (*pl.* **series**) סִדְרָה, שׁוּרָה, טוּר
arithmetical series טוּר חֶשְׁבּוֹנִי/אֲרִיתְמֶטִי

□ *the batteries were connected in series* (*Electr.*) הַסּוֹלְלוֹת (הַחַשְׁמַלִּיּוֹת) הָיוּ מְחֻבָּרוֹת בְּטוּר

serif /ˈserɪf/ n. תַּג־עִטּוּר (בְּאוֹת דְּפוּס)

serio-comic /ˌsɪərɪəʊˈkɒmɪk/ adj. (*formal*) רְצִינִי וּמַצְחִיק כְּאֶחָד

serious /ˈsɪərɪəs/ adj.
1 (important, grave) חָשׁוּב, רְצִינִי; חָמוּר
2 (earnest) רְצִינִי; כֵּן (בְּכַוָּנוֹתָיו וְכַד')

seriousness /ˈsɪərɪəsnɪs/ n. רְצִינוּת, רְצִינִיּוּת; חֻמְרָה
in all seriousness בְּכָל הָרְצִינוּת

seriously /ˈsɪərɪəslɪ/ adv. בְּאֹפֶן רְצִינִי, בְּחֻמְרָה; (בְּרֹאשׁ מִשְׁפָּט, לְהַדְגָּשָׁה) בִּרְצִינוּת

sermon /ˈsɜːmən/ n. דְּרָשָׁה, הַטָּפָה; הַטָּפַת־מוּסָר מְמֻשֶּׁכֶת

serpent /ˈsɜːpənt/ n. (*poet.*) נָחָשׁ, פֶּתֶן

serpentine /ˈsɜːpəntaɪn/ adj. (*poet.*) פְּתַלְתֹּל, עֲקַלְקַל

serrated /sɪˈreɪtɪd/ adj. מְשֻׁנָּן (מַסּוֹר וְכַד')
□ *a knife with a serrated edge* סַכִּין עִם לַהַב־מַסּוֹר

serried /ˈserɪd/ adj. (*formal*) מְלֻכָּד, צָפוּף, "כָּתֵף אֶל כָּתֵף"
serried ranks מַעֲרָךְ מְלֻכָּד (שֶׁל חַיָּלִים, תּוֹמְכִים וְכַד')

serum /ˈsɪərəm/ n. (*Biol.*) נַסְיוּב

servant /ˈsɜːvənt/ n. מְשָׁרֵת
domestic servant מְשָׁרֵת; עוֹזֶרֶת־בַּיִת
public servant עוֹבֵד צִבּוּר

serve /sɜːv/ v.t.
1 (be servant to) שֵׁרֵת
□ *the waitress served the customer* הַמֶּלְצָרִית שֵׁרְתָה אֶת הַלָּקוֹחַ
2 (do service for) שֵׁרֵת
□ *she has served her country well* הִיא שֵׁרְתָה אֶת מוֹלַדְתָּהּ הֵיטֵב
□ *the town is well served with transport* לָעִיר יֵשׁ שֵׁרוּתֵי תַּחְבּוּרָה מְצֻיָּנִים
3 (be useful to or serviceable for) שֵׁרֵת
□ *the old car continues to serve our purpose* הַמְּכוֹנִית הַיְשָׁנָה מַמְשִׁיכָה לְשָׁרֵת אֶת הַמַּטָּרוֹת שֶׁלָּנוּ
4 (go through period of office, etc.) שֵׁרֵת
serve time יָשַׁב בַּכֶּלֶא
□ *he served a seven year apprenticeship* הוּא שֵׁרֵת שֶׁבַע שָׁנִים כְּשׁוּלְיָה
□ *he served a term in jail* הוּא יָשַׁב תְּקוּפַת מַאֲסָר בְּבֵית־הַכֶּלֶא
5 (supply, deliver) הִגִּישׁ
lunch is served מַגִּישִׁים אֲרוּחַת הַצָּהֳרַיִם (עַתָּה)
□ *the player served a double fault* (*Tennis*) הַשַּׂחְקָן הִכָּה שְׁתֵּי חֲבָטוֹת־הַגָּשָׁה שֶׁנִּפְסְלוּ
□ *he served a writ on his neighbour* (*Law*) הוּא הוֹצִיא צַו כְּנֶגֶד הַשָּׁכֵן שֶׁלּוֹ
6 (act or treat in a specified way)
□ *it was a year ago, if my memory serves me* (*formal*) זֶה הָיָה לִפְנֵי שָׁנָה, אִם זִכְרוֹנִי לֹא מַטְעֶה אוֹתִי
□ *you may serve me as you will* עֲשֵׂה בִּי כִּרְצוֹנְךָ
□ *serves you right!* מַגִּיעַ לְךָ!
7 (copulate with, *Zool.*) בָּעַל אֶת, הִזְדַּוֵּג עִם (נֶאֱמַר אַךְ וְרַק עַל זָכָר שֶׁל בַּעַל חַיִּים)

—v.i.
1 (carry out duties) שֵׁרֵת, שִׁמֵּשׁ, יָשַׁב
□ *he served on several committees* הוּא שִׁמֵּשׁ בְּכַמָּה וְעָדוֹת, הוּא יָשַׁב בְּכַמָּה וְעָדוֹת
□ *he served in the air force during the war* הוּא שֵׁרֵת בְּחֵיל הָאֲוִיר בַּמִּלְחָמָה
2 (fulfil, suffice) שִׁמֵּשׁ
□ *this sofa will serve as a bed* הַסַּפָּה הַזֹּאת יְכוֹלָה לְשַׁמֵּשׁ כְּמִטָּה
□ *let this notice serve to remind you* יֵשׁ לְקַוּוֹת שֶׁהוֹדָעָה זֹאת תַּזְכִּיר לְךָ
3 (act as a waiter) שֵׁרֵת (כְּמֶלְצַר)
serve at table עָבַד כְּמֶלְצַר, הָיָה מֶלְצַר

—n. (*Tennis*) חֲבָטַת הַגָּשָׁה, מַכַּת פְּתִיחָה, "סֶרְב"

server /ˈsɜːvə(r)/ n.
1 (often in *pl.*, utensils for serving food) אַבְזָר לְהַגָּשַׁת מָזוֹן
salad servers כַּף וּמַזְלֵג לְהַגָּשַׁת סָלָט (עֲשׂוּיִים עֵץ, פְּלַסְטִיק וְכַד')
2 (*Tennis*) מַגִּישׁ (חוֹבֵט חֲבָטַת הַגָּשָׁה בְּטֶנִיס)
3 (*Relig.*) עוֹזֵר הַכֹּהֵן (בְּטֶקֶס הַמִּיסָה)

service /ˈsɜːvɪs/ n.
1 (attention to customers)
service charge דְּמֵי שֵׁרוּת
service hatch חַלּוֹן הַגָּשָׁה, אֶשְׁנַב שֵׁרוּת (בֵּין מִטְבָּח לַחֲדַר־אֹכֶל וְכַד')
service industry עֲנַף הַשֵּׁרוּתִים (לְהַבְדִּיל מִיִּצּוּר וְכַד')
room service שֵׁרוּת־חֲדָרִים (בְּמָלוֹן)
(motorway) service station תַּחֲנַת שֵׁרוּתֵי־דְּרָכִים
□ *the hotel staff are at your service* צֶוֶת הַמָּלוֹן עוֹמֵד לְשֵׁרוּתְךָ
2 (organization supplying need; job done by such organization) שֵׁרוּת, שֵׁרוּתִים
bus service שֵׁרוּת אוֹטוֹבּוּסִים
Civil Service (*UK*) הַשֵּׁרוּת הַצִּבּוּרִי
National Health Service (*UK*) שֵׁרוּתֵי הַבְּרִיאוּת הַצִּבּוּרִיִּים
postal service שֵׁרוּתֵי דֹּאַר, מִשְׂרַד הַדֹּאַר
secret service שֵׁרוּת חֲשָׁאִי
□ *rail services have recently been disrupted by strikes* בַּזְּמַן הָאַחֲרוֹן הָיוּ הַפְרָעוֹת בְּשֵׁרוּתֵי הָרַכָּבוֹת בְּשֶׁל שְׁבִיתוֹת
3 (work or duty done for someone) שֵׁרוּת

in service
(working as a servant) (עוֹבֵד) בְּתוֹר מְשָׁרֵת
(in use) בְּשִׁמּוּשׁ, בְּשֵׁרוּת
service road כְּבִישׁ שֵׁרוּתִים (כְּבִישׁ צַר מַקְבִּיל לִכְבִישׁ רָאשִׁי, לְשִׁמּוּשׁ מְקוֹמִי)
□ *this car has seen good service* הַמְּכוֹנִית הַזּוֹ זָכְתָה לְשִׁמּוּשׁ רַב
□ *your services are no longer required* אֵין צֹרֶךְ נוֹסָף בְּשֵׁרוּתֶיךָ
□ *he was knighted for his services to industry* הוּא זָכָה בְּתֹאַר אַבִּירוּת בְּשֶׁל תְּרוּמָתוֹ לַתַּעֲשִׂיָּה
4 (duty in armed forces) שֵׁרוּת
The Services הַכֹּחוֹת הַמְזֻיָּנִים (בָּאֲוִיר, בַּיָּם וּבַיַּבָּשָׁה)
□ *he saw active service in the Falklands* הוּא שֵׁרֵת בְּשֵׁרוּת פָּעִיל בְּאִיֵּי־פוֹקְלֶנְד
5 (religious ceremony) טֶקֶס־תְּפִלָּה, טֶקֶס־דָּתִי; סֵדֶר תְּפִלּוֹת, תְּפִלָּה
6 (set of matching dishes, etc.) סֶט כְּלֵי־אֹכֶל, סֶרְוִיז
dinner service סֶט כְּלֵי אֹכֶל
7 (regular maintenance of machine) טִפּוּל, תַּחְזוּקָה
after sales service שֵׁרוּתֵי תַּחְזוּקָה שֶׁלְּאַחַר הַמְּכִירָה
□ *he took his car in for a service* הוּא לָקַח/הִכְנִיס אֶת הַמְּכוֹנִית שֶׁלּוֹ לְטִפּוּל
8 (*Tennis,* etc.) חֲבָטַת הַגָּשָׁה, מַכַּת פְּתִיחָה, "סֶרְב"
service game מִשְׂחַק הַגָּשָׁה
9 (*Law*) הַגָּשַׁת צַו מִשְׁפָּטִי
—v.t.
1 (provide service, maintain, esp. vehicle) טִפֵּל בְּ..., תִּחְזֵק
2 (repay interest on loan) שִׁלֵּם אֶת הָרִבִּית עַל (חוֹב, הַלְוָאָה וְכַד')

serviceable /ˈsɜːvɪsəb(ə)l/ adj.
1 (usable) שָׁמִישׁ, תַּקִּין
2 (durable) עָמִיד, חָזָק

serviceman /ˈsɜːvɪsmən/ n. אִישׁ הַשֵּׁרוּתִים הַמְזֻיָּנִים, אִישׁ־צָבָא, חַיָּל

servicewoman /ˈsɜːvɪswʊmən/ n. אֵשֶׁת הַשֵּׁרוּתִים הַמְזֻיָּנִים, אֵשֶׁת־צָבָא, חַיֶּלֶת

serviette /ˌsɜːvɪˈet/ n. מַפִּית

servile /ˈsɜːvaɪl/ adj. (*derog.*) עַבְדוּתִי, כָּנוּעַ, מִתְרַפֵּס
□ *she was made to do servile tasks* הִכְרִיחוּ אוֹתָהּ לְבַצֵּעַ עֲבוֹדוֹת שֶׁל מְשָׁרְתִים

servility /sɜːˈvɪlɪtɪ/ n. (*derog.*) כְּנִיעוּת, הִתְרַפְּסוּת

serving /ˈsɜːvɪŋ/ n. מָנָה (שֶׁל מָזוֹן)
□ *the packet contained enough for two servings* בַּחֲפִיסָה הָיְתָה כַּמּוּת מַסְפִּיקָה לִשְׁתֵּי מָנוֹת

servitude /ˈsɜːvɪtjuːd/ n. (*formal*) עַבְדוּת, שִׁעְבּוּד
penal servitude מַאֲסָר עִם עֲבוֹדַת־פֶּרֶךְ

servo /ˈsɜːvəʊ/ n. "סֶרְווֹ" (מַנְגְּנוֹן אוֹ מָנוֹעַ הַמֵּקֵל עַל הַמַּאֲמָץ הַנִּדְרָשׁ מִן הַמַּפְעִיל)

servo-assisted /ˌsɜːvəʊ-əˈsɪstɪd/ adj. מְסֻיָּע בְּמַנְגְּנוֹן "סֶרְווֹ", ־"כֹּחַ"
servo-assisted brakes מַעֲצוֹרֵי־כֹּחַ, מַעֲצוֹרִים בַּעֲלֵי סִיּוּעַ הִידְרָאוּלִי

sesame /ˈsesəmɪ/ n. שֻׁמְשׁוּם
sesame seeds זַרְעוֹנֵי שֻׁמְשׁוּם
—int.
open sesame "שֻׁמְשׁוּם הִפָּתַח" (מִלַּת קֶסֶם לִפְתִיחַת שַׁעַר בָּאַגָּדוֹת)

session /ˈseʃ(ə)n/ n. מוֹשָׁב, יְשִׁיבָה (שֶׁל בֵּית־נִבְחָרִים וְכַד'); זְמַן־לִמּוּדִים, טְרִימֶסְטֶר (בְּאַרְהַ"ב), שְׁנַת־לִמּוּדִים (בִּסְקוֹטְלַנְד); פֶּרֶק־זְמַן
in session (מוֹשָׁב, מִפְגָּשׁ) נִמְצָא בְּעִצּוּמוֹ
recording session (מִפְגָּשׁ לְצֹרֶךְ) הַקְלָטָה, "סֶשְׁן"
□ *he had a long session with his dentist* הוּא יָשַׁב הַרְבֵּה זְמַן אֵצֶל רוֹפֵא הַשִּׁנַּיִם שֶׁלּוֹ

set /set/ v.t.
1 (put in particular place or position) הֵנִיחַ, הִצִּיב, שָׂם
□ *she set a plate down in front of him* הִיא הֵנִיחָה לְפָנָיו צַלַּחַת
□ *I've never set eyes on her before!* מֵעוֹלָם לֹא רָאִיתִי אוֹתָהּ קֹדֶם לָכֵן!
□ *the novel is set in 17th-century Spain* עֲלִילַת הָרוֹמָן מִתְרַחֶשֶׁת בִּסְפָרַד שֶׁל הַמֵּאָה הַ־17
2 (put someone or something into particular state) הִצִּיב, הֶעֱמִיד
set an example נָתַן דֻּגְמָה, הָיָה מוֹפֵת
set free הוֹצִיא לַחָפְשִׁי, שִׁחְרֵר
set on fire (or **alight**) הִצִּית
set the ball rolling (*fig.*) עָשָׂה אֶת הַצַּעַד הָרִאשׁוֹן
set the pace הִכְתִּיב אֶת הַקֶּצֶב (גַּם בְּהַשְׁאָלָה)
□ *she set them to work on the garden* הִיא שָׁלְחָה אוֹתָם לַעֲבֹד בַּגִּנָּה
□ *the sight of her set the dog barking* כְּשֶׁרָאָה אוֹתָהּ פָּתַח הַכֶּלֶב בִּנְבִיחוֹת
□ *he has set his heart on going to France* הוּא גָּמַל בְּלִבּוֹ לִנְסֹעַ לְצָרְפַת, נִכְנַס לוֹ לָרֹאשׁ שֶׁהוּא מֻכְרָח לִנְסֹעַ לְצָרְפַת
□ *the manager was set in authority* הַמְּנַהֵל הֻצַּב בְּעֶמְדָּה שֶׁל סַמְכוּת
3 (prepare or arrange something for use) עָרַךְ
set the table עָרַךְ אֶת הַשֻּׁלְחָן
□ *she set the alarm for 4 a.m.* הִיא כִּוְּנָה אֶת הַשָּׁעוֹן הַמְּעוֹרֵר לְשָׁעָה 4 בַּבֹּקֶר
□ *this book has been set by computer* סִדְּרוּ אֶת הַסֵּפֶר הַזֶּה בְּסַדָּר־מַחְשֵׁב
4 (establish, fix) קָבַע
a set menu תַּפְרִיט קָבוּעַ, תַּפְרִיט אָחִיד
set a record קָבַע שִׂיא
set the scene הִכְשִׁיר אֶת הַקַּרְקַע
set the tone הִכְתִּיב אֶת הַטּוֹן

□ *have you set a date for your wedding?* הַאִם קְבַעְתֶּם תַּאֲרִיךְ לַחֲתֻנָּה?

□ *the ruby was set in gold* אֶבֶן־הָאֹדֶם שֻׁבְּצָה בְּמִסְגֶּרֶת זָהָב

□ *the doctor set my broken wrist* הָרוֹפֵא קָבַע אֶת פֶּרֶק־הַיָּד הַשָּׁבוּר שֶׁלִּי

□ *she has her hair set every Tuesday* הִיא עוֹשָׂה סִדּוּר שֵׂעָר (אֵצֶל הַסַּפָּר) כָּל יוֹם שְׁלִישִׁי

□ *he set his jaw and refused to speak to me* הוּא קָפַץ אֶת שְׂפָתָיו וְסֵרֵב לְדַבֵּר אִתִּי

5 (devise; require for examination purposes) חִבֵּר; קָבַע (לְצֹרֶךְ בְּחִינָה)

□ *the teacher set a tough science paper* הַמּוֹרָה חִבֵּר מִבְחָן קָשֶׁה בְּמַדָּע

6 (provide music for) הִלְחִין, חִבֵּר מַנְגִּינָה לְ...

□ *he set the sonnet to music* הוּא הִלְחִין אֶת הַסּוֹנֶטָה

—v.i.

1 (move below earth's horizon) שָׁקַע

□ *the sun sets in the west* הַשֶּׁמֶשׁ שׁוֹקַעַת בַּמַּעֲרָב

2 (harden or solidify) הִתְקָרֵשׁ, נִקְרַשׁ, נִקְפָּא; הִתְאַחָה (עֶצֶם שְׁבוּרָה)

□ *the jelly will set quickly in the refrigerator* הַגֶּ'לִי יִתְקָרֵשׁ מַהֵר בַּמְּקָרֵר

—(in set phrases)

set about

(begin) נִגַּשׁ

□ *they set about the work with zeal* הֵם נִגְּשׁוּ בְּמֶרֶץ לַמְּלָאכָה

(attack, *colloq.*) הִתְנַפֵּל

□ *he set about his critics in a lengthy speech* הוּא תָּקַף אֶת מְבַקְּרָיו בִּנְאוּם אָרֹךְ

set against הִשְׁוָה, הִצִּיב (דָּבָר מָה) כְּנֶגֶד (דָּבָר מָה)

□ *you must set his good points against the bad ones* עָלֶיךָ לְהַעֲמִיד זֶה כְּנֶגֶד זֶה אֶת מַעֲלוֹתָיו וּמִגְרְעוֹתָיו

set aside

(keep for future use) "שָׂם בַּצַּד", הִנִּיחַ לְמִשְׁמֶרֶת

□ *she set aside £5 each week for her holiday* הִיא חָסְכָה 5 לִישׁ"ט מִדֵּי שָׁבוּעַ בִּשְׁבִיל חֻפְשָׁתָהּ

(disregard, reject) הִתְעַלֵּם מִ...

□ *I cannot set aside personal considerations* אֵינִי יָכוֹל לְהִתְעַלֵּם מִשִּׁקּוּלִים אִישִׁיִּים

(annul, *Law*) בִּטֵּל

□ *the judge set the magistrate's sentence aside* הַשּׁוֹפֵט הַבָּכִיר בִּטֵּל אֶת פְּסַק־דִּינוֹ שֶׁל שׁוֹפֵט־הַשָּׁלוֹם

set back

(place further back) הֶחֱזִיר, הֵזִיז לְאָחוֹר

□ *I set the hands of the clock back an hour* הֶחֱזַרְתִּי אֶת מְחוֹגֵי הַשָּׁעוֹן בְּשָׁעָה אֲחוֹרַנִּית

(hinder progress of) עִכֵּב

□ *our efforts at reform were set back for at least a year* מַאֲמַצֵּינוּ לְהַכְנִיס תִּקּוּנִים נִדְחוּ לְפָחוֹת בְּשָׁנָה

(cost, *colloq.*) עָלָה (סְכוּם כֶּסֶף)

□ *the meal set me back £50* הָאֲרוּחָה עָלְתָה לִי 50 לִישׁ"ט

set down

(record in writing) רָשַׁם

□ *I will set down the instructions in black and white* אֲנִי אֶרְשֹׁם אֶת הַהוֹרָאוֹת בְּשָׁחוֹר עַל גַּבֵּי לָבָן

(stop and let passenger out) הוֹרִיד

□ *she set herself down from the bus* הִיא יָרְדָה מִן הָאוֹטוֹבּוּס

set forth (*formal*)

(expound) הִצִּיג, הִצִּיב

□ *he set forth his political views* הוּא הִצִּיג אֶת דֵּעוֹתָיו הַפּוֹלִיטִיּוֹת

(begin journey) יָצָא לַדֶּרֶךְ

set in הִתְחִיל

□ *the patrol set forth at dusk* הַסִּיּוּר יָצָא לְדַרְכּוֹ עִם הַשְּׁקִיעָה

set off

(detonate) פּוֹצֵץ

□ *the boy set off a firework* הַיֶּלֶד הִדְלִיק זִקּוּקִין דִּי־נוּר

(initiate) הִפְעִיל

□ *the alarm was set off in error* הָאַזְעָקָה הֻפְעֲלָה בְּטָעוּת

(begin journey) יָצָא לַדֶּרֶךְ

□ *she set off at once* הִיא יָצְאָה מִיָּד לַדֶּרֶךְ

(stimulate) עוֹרֵר (אֶת פְּלוֹנִי לְבִצּוּעַ דָּבָר מָה)

□ *your enthusiasm has set me off stamp-collecting* הִתְלַהֲבוּתְךָ עוֹרְרָה גַּם אוֹתִי לְהַתְחִיל בְּאִסּוּף בּוּלִים

(enhance) הִבְלִיט, הִדְגִּישׁ

□ *this frame sets off the painting very well* מִסְגֶּרֶת זוֹ מַבְלִיטָה הֵיטֵב אֶת הַצִּיּוּר

set on שִׁלַּח (כֶּלֶב וְכַד') בְּ...

□ *I was set on by their dog* הֵם שִׁלְּחוּ בִּי אֶת הַכֶּלֶב שֶׁלָּהֶם

set out

(declare, *formal*) הִצִּיג, שָׁטַח אֶת הַפְּרָטִים

□ *I have set out my reasons for refusing* הִרְצֵיתִי בַּאֲרִיכוּת אֶת מְנִיעַי לְסֵרוּב

(arrange, exhibit) עָרַךְ, הִצִּיג

□ *the goods were set out on the shelves* הַסְּחוֹרוֹת הֻצְּגוּ לְרַאֲוָה עַל הַמַּדָּפִים

(begin a journey) יָצָא לַדֶּרֶךְ

□ *we will set out on Tuesday* אֲנַחְנוּ נֵצֵא לַדֶּרֶךְ בְּיוֹם שְׁלִישִׁי

(begin a task) יָצָא

□ *she set out to break the world record* הִיא יָצְאָה בְּמַטָּרָה לִשְׁבֹּר אֶת הַשִּׂיא הָעוֹלָמִי

set to (*colloq.*) הִתְנַפֵּל עַל

□ *the hungry children set to eating the picnic* הַיְלָדִים הָרְעֵבִים הִתְנַפְּלוּ עַל הָאֹכֶל בַּפִּיקְנִיק

set up

(place in position) הִצִּיב, הֵקִים

□ *we set up our tent by a river* הֵקַמְנוּ אֶת הָאֹהֶל שֶׁלָּנוּ לְיַד נָהָר

(organize, start) אִרְגֵּן

□ *he set his son up in business* הוּא פָּתַח לִבְנוֹ שֶׁלּוֹ עֵסֶק

□ *they set up house together* הֵם הֵקִימוּ יַחַד מֶשֶׁק־בַּיִת

(begin making a sound) הֵקִים (קוֹל שָׁאוֹן)

□ *the crowd set up a loud cheer* הַקָּהָל פָּתַח בִּתְשׁוּאוֹת רָמוֹת

(supply with) צִיֵּד

□ *she's well set up with books* הִיא מְצֻיֶּדֶת כַּהֲלָכָה בִּסְפָרִים, לִרְשׁוּתָהּ סְפָרִים כְּכָל הַדָּרוּשׁ

(make healthier) חִזֵּק, אוֹשֵׁשׁ

□ *a cup of soup will set you up* סֵפֶל מָרָק יְחַזֵּק אוֹתְךָ

(incriminate, *UK colloq.*) סִדֵּר, טָמַן מַלְכֹּדֶת לְ... (כָּךְ שֶׁיֵּרָאֶה כְּאִלּוּ בִּצַּע פֶּשַׁע), שָׁתַל עֵדֻיּוֹת

—n.

1 (group of things) סִדְרָה, מַעֲרֶכֶת, סֶט; עֲרָכָּה

□ *she has a fine set of teeth* יֵשׁ לָהּ מַעֲרֶכֶת שִׁנַּיִם נָאוֹת

2 (group of persons) קְבוּצָה, חוּג, חֲבוּרָה, סֶט חֶבְרָתִי

the jet set חוּג־הַסִּילוֹן

□ *she's in the top set in French* הִיא בַּקְּבוּצָה הָעֶלְיוֹנָה בְּצָרְפָתִית

3 (apparatus) מַקְלֵט (רַדְיוֹ, טֶלֶוִיזְיָה), מַכְשִׁיר (טֶלֶפוֹן)

television set מַקְלֵט טֶלֶוִיזְיָה

4 (posture, arrangement) יְצִיבָה, תְּנוּחָה, עֲמִידָה

□ *I don't like the set of this coat* אֲנִי לֹא אוֹהֵב אֶת הַצּוּרָה שֶׁבָּהּ הַמְּעִיל הַזֶּה "יוֹשֵׁב"

5 (scenery for stage, etc.) תַּפְאוּרָה, אֲתַר־צִלּוּם, "סֶט"

□ *who will paint the set for the play?* מִי יִצְבַּע אֶת הַתַּפְאוּרָה לַמַּחֲזֶה?

6 (series of games, *Tennis*) מַעֲרָכָה, "סֶט"

7 (part of concert, esp. of modern music) "סֶט", קֶטַע, מִבְחַר קְטָעִים

8 (badger's lair, also **sett**) מְאוּרָה שֶׁל גִּירִית

9 (arrangement of hair) סִדּוּר־שֵׂעָר

shampoo and set חֲפִיפָה וְסִדּוּר שֵׂעָר (אֵצֶל סַפָּר נָשִׁים)

10 (way in which something sets) הִתְקָרְשׁוּת, הִתְקַשּׁוּת

□ *we obtained a firm set by putting the jelly in the fridge* שַׂמְנוּ אֶת הַגֶּ'לִי בַּמְּקָרֵר וְהַתּוֹצָאָה הָיְתָה הִתְקָרְשׁוּת מֻצְלַחַת

11 (collection of entities, *Math.*) סִדְרָה, קְבוּצָה, סֶט

set theory תּוֹרַת הַקְּבוּצוֹת

12 (drift or tendency) נְטִיָּה

□ *the set of public feeling is against it* נְטִיַּת הֲלָךְ־הָרוּחַ בַּצִּבּוּר הִיא כְּנֶגֶד זֶה

—adj.

1 (having the stated place or position) מָצוּי, מְמֻקָּם

□ *a village set in a valley* כְּפָר הַמְּמֻקָּם בָּעֵמֶק

2 (fixed) קָבוּעַ

set wage שָׂכָר קָבוּעַ

3 (determined) נָחוּשׁ

□ *the government is dead set against wage increases* הַמֶּמְשָׁלָה נְחוּשָׁה בְּעֶמְדָּתָהּ כְּנֶגֶד הַעֲלָאוֹת בַּשָּׂכָר

□ *he's very set in his ways* יֵשׁ לוֹ מִנְהָגִים נֻקְשִׁים

4 (ready, *colloq.*) מוּכָן

□ *all set? Let's go!* מוּכָנִים? אָז קָדִימָה!

□ *on your marks! Get Set! Go!* לִמְקוֹמוֹת, הִכּוֹן, רוּץ!

5 (required for study) חוֹבָה (סֵפֶר, בְּתָכְנִית לִמּוּד וְכַד')

□ *I have four set books this year* יֵשׁ לִי אַרְבָּעָה סִפְרֵי חוֹבָה בַּקּוּרְס הַשָּׁנָה

set-back /ˈset-bæk/ n. עִכּוּב, תַּקָּלָה

set-square /ˈset-skweə(r)/ n. מְשֻׁלָּשׁ לְשִׂרְטוּט; זָוִיתוֹן

sett /set/ n. (also **set**) מְאוּרָה שֶׁל גִּירִית

settee /seˈtiː/ n. סַפָּה

setter /ˈsetə(r)/ n.

1 (breed of dog) "סֶטֶר" (כֶּלֶב צַיִד)

2 (person or thing that sets) מַנִּיחַ, קוֹבֵעַ

□ *he's a setter of fashions* הוּא אָדָם הַמַּכְתִּיב אָפְנוֹת

setting /ˈsetɪŋ/ n.

1 (environment, frame) סְבִיבָה, רֶקַע, מִסְגֶּרֶת

□ *the ring has a sapphire in a silver setting* בַּטַּבַּעַת יֵשׁ אֶבֶן סַפִּיר בְּמִסְגֶּרֶת כֶּסֶף

□ *the house stands in a rural setting* הַבַּיִת מְמֻקָּם בִּסְבִיבָה כַּפְרִית

2 (place and time in which an event occurs) רֶקַע, מָקוֹם, תַּפְאוּרָה

□ *it was a wonderful setting for the wedding* זֶה הָיָה מָקוֹם מְצֻיָּן לַחֲתֻנָּה

3 (music composed for a poem) לַחַן, מוּזִיקָה (לְמִלִּים)

4 (descent of the sun or moon, *poet.*) שְׁקִיעָה (שֶׁל הַשֶּׁמֶשׁ, הַיָּרֵחַ וְכַד')

settle[1] /ˈset(ə)l/ v.t.

1 (establish in a place or way of life) יִשֵּׁב

□ *the authorities devised a policy to settle refugees* הָרָשֻׁיּוֹת קָבְעוּ מְדִינִיּוּת לְיִשּׁוּב הַפְּלִיטִים

2 (cause to sit or come or stay for some time) הוֹשִׁיב, הִשְׁכִּיב

□ *he settled himself in an armchair* הוּא הִתְיַשֵּׁב בְּנוֹחַ בַּכֻּרְסָה

□ *she settled the children for the night* הִיא הִשְׁכִּיבָה אֶת הַיְלָדִים לִישֹׁן

3 (bring to composure or quietness) הִרְגִּיעַ, הִשְׁקִיט
□ *the medicine settled his stomach* הַתְּרוּפָה הִרְגִּיעָה אֶת כְּאֵבֵי הַבֶּטֶן שֶׁלּוֹ
4 (determine, decide, agree upon) קָבַע, הִסְכִּים עַל, הִסְדִּיר
□ *shall we settle a date?* בּוֹא וְנִקְבַּע תַּאֲרִיךְ
□ *he settled an annuity on his nurse* (*Law*) הוּא הִשְׁאִיר לָאָחוֹת שֶׁטִּפְּלָה בּוֹ מַעֲנָק שְׁנָתִי
5 (resolve a dispute) הִסְדִּיר, סָגַר
□ *that settles it!* זֶהוּ זֶה!
□ *his reply settled the argument* הַתְּשׁוּבָה שֶׁלּוֹ סָגְרָה אֶת הַוִּכּוּחַ
6 (pay a bill) סִלֵּק, הִסְדִּיר (חֶשְׁבּוֹן)
□ *I want to settle my account with my old rival* (*fig.*) אֲנִי רוֹצֶה לִסְגֹּר אֶת הַחֶשְׁבּוֹן עִם הַיָּרִיב שֶׁלִּי מִשֶּׁכְּבָר הַיָּמִים

—v.i.
1 (become established in a place, etc.) הִתְיַשֵּׁב, עָבַר לָגוּר בְּ...
□ *he settled in New York* הוּא עָבַר לָגוּר בְּנְיוּ־יוֹרְק
2 (cease from movement, come to rest) שָׁקַע, נִרְגַּע
□ *we waited until the dust had settled* (*fig.*) חִכִּינוּ לְרְגִיעַת הָרוּחוֹת
□ *the sediment settled at the bottom of the glass* הַמִּשְׁקָע שָׁקַע בְּתַחְתִּית כְּלִי־הַזְּכוּכִית
3 (become calm, attain composure) נִרְגַּע, שָׁכַךְ
□ *wait until the excitement has settled* חַכֵּה עַד שֶׁהַהִתְרַגְּשׁוּת תִּשְׁכֹּךְ
□ *the children took a long time to settle* לָקַח זְמַן רַב עַד שֶׁהַיְּלָדִים נִרְגְּעוּ
4 (end legal dispute) הִגִּיעַ לְהֶסְדֵּר, הִגִּיעַ לְהֶסְכֵּם
settle out of court הִגִּיעַ לְהֶסְכֵּם מִחוּץ לְכָתְלֵי בֵּית־הַמִּשְׁפָּט
5 (of building, sink slightly) שָׁקַע
—(in set phrases)
settle down
(establish a home) הֵקִים מִשְׁפָּחָה, הֵקִים בַּיִת
(become used to way of life) הִתְרַגֵּל, מָצָא אֶת מְקוֹמוֹ
(give full attention to work, etc.) הִתְיַשֵּׁב (לְבִצּוּעַ דְּבַר מָה)
□ *he can't settle down to his homework* הוּא לֹא יָכוֹל לְהִתְיַשֵּׁב לְהָכִין אֶת שִׁעוּרֵי־הַבַּיִת שֶׁלּוֹ
settle for הִסְכִּים לְקַבֵּל, הִשְׁלִים עִם
□ *he won't settle for less than 60%* הוּא לֹא יַסְכִּים לְקַבֵּל פָּחוֹת מ־60%
settle in נִכְנַס (לְדִירָה, תַּפְקִיד וְכַד'); הִכְנִיס (כַּנַּ"ל)
settle into הִתְאַקְלֵם בְּ..., הִתְרַגֵּל לְ...
settle on (or **upon**) בָּחַר בְּ...
settle up
(pay on account) סִלֵּק, הִסְדִּיר, שִׁלֵּם (חֶשְׁבּוֹן)
(finally arrange a matter) סָגַר, הִסְדִּיר (נוֹשֵׂא מְסֻיָּם)

settle with
(pay creditors) סִלֵּק אֶת חוֹבוֹ לְ...
(get revenge on) "סָגַר אֶת הַחֶשְׁבּוֹן" עִם
settle[2] /ˈset(ə)l/ n. סַפְסָל בַּעַל מִסְעָד גָּבוֹהַּ וְיָדִיּוֹת (ועפי"ר תֵּבָה מִתַּחְתָּיו)
settled /ˈset(ə)ld/ adj. קָבוּעַ, יַצִּיב
□ *a period of settled weather would help the harvest* תְּקוּפָה שֶׁל מֶזֶג־אֲוִיר יַצִּיב תְּסַיֵּעַ לָאָסִיף
□ *she has settled convictions* יֵשׁ לָהּ דֵּעוֹת קְבוּעוֹת
settlement /ˈset(ə)lmənt/ n.
1 (arrangement that settles) הֶסְדֵּר
2 (money or property given) תַּשְׁלוּם (שֶׁל תְּבִיעַת בִּטּוּחַ וְכַד'), הַעֲבָרַת נְכָסִים
marriage settlement הֶסְדֵּר נִשּׂוּאִין
3 (process of settling an account) הַסְדָּרַת־חֶשְׁבּוֹן, סִלּוּק חֶשְׁבּוֹן, יִשּׁוּב (סִכְסוּךְ וְכַד')
4 (colonization; colony) יִשּׁוּב, אִכְלוּס; (נְקֻדַּת־) יִשּׁוּב, מוֹשָׁבָה
5 (subsidence) שְׁקִיעָה (שֶׁל קַרְקַע, קִיר אוֹ מִבְנֶה)
settler /ˈsetlə(r)/ n. מִתְיַשֵּׁב, מִתְנַחֵל
set-to /set-ˈtu:/ n. (*colloq.*) רִיב, קְטָטָה
set-up /ˈset-ʌp/ n. (*colloq.*) סִדּוּר, הֶסְדֵּר; מַלְכֹּדֶת (הֶסְדֵּר לְמַטָּרוֹת הוֹלָכַת שׁוֹלָל)
seven /ˈsev(ə)n/ n. & adj. שֶׁבַע, שִׁבְעָה
seventeen /ˌsev(ə)nˈti:n/ n. & adj. שְׁבַע־עֶשְׂרֵה, שִׁבְעָה־עָשָׂר
seventeenth /ˌsev(ə)nˈti:nθ/ adj. & n. הַשִּׁבְעָה עָשָׂר; הַחֵלֶק הַשִּׁבְעָה עָשָׂר
seventh /ˈsev(ə)nθ/ adj. שְׁבִיעִי
in seventh heaven (*colloq.*) בָּרָקִיעַ הַשְּׁבִיעִי (מְאֻשָּׁר בְּיוֹתֵר)

—n.
1 (ordinal) שְׁבִיעִי, שְׁבִיעִית
2 (one of seven equal parts, fraction) שְׁבִיעִית, הַחֵלֶק הַשְּׁבִיעִי
3 (*Mus.*) סֶפְּטִימָה
seventieth /ˈsev(ə)ntɪəθ/ adj. & n. הַשִּׁבְעִים; הַחֵלֶק הַשִּׁבְעִים
seventy /ˈsev(ə)ntɪ/ n. & adj. שִׁבְעִים
□ *she's in her seventies* הִיא בִּשְׁנוֹת הַשִּׁבְעִים שֶׁלָּהּ
□ *he was born in the seventies* הוּא נוֹלַד בִּשְׁנוֹת הַשִּׁבְעִים
sever /ˈsevə(r)/ v.t. & i. (*formal*) נִתֵּק; נִתַּק, הִתְנַתֵּק
□ *I severed my connections with my native land* נִתַּקְתִּי אֶת קְשָׁרַי עִם מוֹלַדְתִּי
□ *the rope severed under the strain* הַחֶבֶל נִתַּק בִּגְלַל הָעֹמֶס
several /ˈsev(ə)rəl/ adj.
1 (a number of) מִסְפָּר, כַּמָּה, אֵי־אֵלּוּ
□ *there are several books on the subject* קַיָּמִים מִסְפַּר סְפָרִים בַּנּוֹשֵׂא

2 (separate, *formal*) נִפְרָדִים, נִבְדָּלִים, שׁוֹנִים
□ *they went their several ways* הֵם פָּנוּ אִישׁ אִישׁ לְדַרְכּוֹ
—pron. כַּמָּה
□ *if you are looking for tennis balls there are several here* אִם אַתָּה מְחַפֵּשׂ כַּדּוּרֵי טֶנִיס, יֵשׁ כָּאן כַּמָּה

severally /ˈsev(ə)rəlɪ/ adv. (*formal*) בְּנִפְרָד, כָּל אֶחָד לְחוּד
□ *he sued them jointly and severally* (*Law*) הוּא הִגִּישׁ תְּבִיעָה נֶגֶד כֻּלָּם יַחַד וְנֶגֶד כָּל אֶחָד בְּנִפְרָד

severance /ˈsevərəns/ n. (*formal*) נִתּוּק
severance pay פִּצּוּיֵי פִּטּוּרִין

severe /sɪˈvɪə(r)/ adj.
1 (extreme, bad, serious) חָמוּר, קָשֶׁה
severe injuries פְּצִיעוֹת חֲמוּרוֹת, פְּגִיעוֹת חֲמוּרוֹת
severe weather מֶזֶג־אֲוִיר קָשֶׁה, מֶזֶג־אֲוִיר סוֹעֵר
2 (not kind or gentle) מַחְמִיר, קַפְּדָנִי, נוּקְשֶׁה
□ *don't be too severe with him* אַל תִּנְהַג אִתּוֹ בְּחֻמְרָה יְתֵרָה
3 (unadorned, plain in style) פָּשׁוּט, לֹא מְהֻדָּר, חָמוּר
□ *the teacher had a severe hair style* לַמּוֹרָה הָיְתָה תִּסְרֹקֶת חֲמוּרָה וּפְשׁוּטָה

severity /sɪˈverɪtɪ/ n. חֻמְרָה, קֹשִׁי; קַפְּדָנוּת, הַחְמָרָה, חֻמְרָה

sew /səʊ/ (past **sewed** /səʊd/, past ppl. **sewn** /səʊn/) v.t. & i. תָּפַר
□ *after some discussion the deal was sewn up* (*colloq.*) לְאַחַר דִּיּוּנִים נִסְגְּרָה הָעִסְקָה

sewage /ˈsuːɪdʒ, sjuːɪdʒ/ n. בִּיּוּב, שְׁפָכִין
sewage farm מִפְעָל לְעִבּוּד שְׁפָכִים

sewer /ˈsuːə(r)/ n. צִנּוֹר־בִּיּוּב; תְּעָלַת־בִּיּוּב; בּוֹר־שְׁפָכִין

sewerage /ˈsuːərɪdʒ/ n. מַעֲרֶכֶת בִּיּוּב

sewing /ˈsəʊɪŋ/ n.
1 (occupation) תְּפִירָה
2 (item being sewn) תְּפִירָה

sewing-machine /ˈsəʊɪŋ-məʃiːn/ n. מְכוֹנַת־תְּפִירָה

sewn /səʊn/ past ppl. of **sew**

sex /seks/ n.
1 (gender) מִין
sex change הַחְלָפַת מִין, נִתּוּחַ מִין
2 (sexual intercourse) מִין, סֶקְס
sex appeal "סֶקְס־אַפִּיל"
sex education חִנּוּךְ מִינִי
sex kitten (*colloq.*) חֲתוּלַת־מִין
sex object אוֹבְּיֶקְט מִינִי
sex symbol (*colloq.*) סֵמֶל־סֶקְס, סֵמֶל־מִין
have sex קִיֵּם יַחֲסֵי מִין
—v.t. בֵּרֵר אֶת מִינוֹ שֶׁל (בַּעַל חַיִּים)
□ *sexing reptiles requires a certain amount of expertise* יֵשׁ צֹרֶךְ בְּמִדָּה מְסֻיֶּמֶת שֶׁל מֻמְחִיּוּת כְּדֵי לְהַבְחִין בְּמִינָם שֶׁל זוֹחֲלִים

highly sexed (*colloq.*) בַּעַל יֵצֶר מִינִי חָזָק

sexagenarian /ˌseksədʒɪˈneərɪən/ n. (*formal*) אָדָם בִּשְׁנוֹת הַ־60 לְחַיָּיו

sexism /ˈseksɪzəm/ n. סֶקְסִיזְם, אַפְלָיָה מִינִית (לָרֹב כְּלַפֵּי נָשִׁים)

sexist /ˈseksɪst/ adj. (*derog.*) סֶקְסִיסְט (כַּנַּ"ל)

sexless /ˈsekslɪs/ adj. חֲסַר מִינִיּוּת; חֲסַר־מִין

sexpot /ˈsekspɒt/ n. (*colloq.*) חֲתוּלַת־מִין

sextant /ˈsekstənt/ n. סֶקְסְטַנְט (מִתְקָן נִוּוּט יַמִּי)

sextet /ˌseksˈtet/ n. שִׁשִּׁיָּה, סֶקְסְטֶט

sexton /ˈsekstən/ n. שַׁמַּשׁ כְּנֵסִיָּה (הַמְשַׁמֵּשׁ גַּם כְּקַבְּרָן)

sextuplet /ˌseksˈtjuːplɪt/ n. אֶחָד מִשִּׁשִּׁיַּת יְלוֹדִים

sexual /ˈsekʃʊəl/ adj. מִינִי, סֶקְסוּאָלִי
sexual harassment הַטְרָדָה מִינִית
sexual intercourse (*formal*) יַחֲסֵי־מִין

sexuality /ˌsekʃʊˈælɪtɪ/ n. מִינִיּוּת, סֶקְסוּאָלִיּוּת

sexy /ˈseksɪ/ adj. (*colloq.*) סֶקְסִי, מְגָרֶה (מִבְּחִינָה מִינִית)

shabby /ˈʃæbɪ/ adj. (*derog.*)
1 (threadbare, dilapidated) בָּלוּי, מְרֻפָּט, מְמֻרְטָט; לָבוּשׁ בְּלוֹיִים
2 (mean, unfair) נִקְלֶה, שָׁפָל, מֵבִישׁ, נִבְזֶה

shack /ʃæk/ n. בִּקְתָּה (עֲלוּבָה), צְרִיף (דַּל), סֻכָּה
—v.i.
shack up (*colloq.*) חַי עִם (בֶּן זוּג, לְלֹא נִשּׂוּאִין, בִּטּוּי הַנֶּאֱמָר לִגְנַאי)

shackle /ˈʃæk(ə)l/ n. אֲסוּרִים, כַּבְלֵי־בַּרְזֶל (גַּם בְּהַשְׁאָלָה)
—v.t. כָּבַל בַּאֲסוּרִים (גַּם בְּהַשְׁאָלָה)

shade /ʃeɪd/ n.
1 (device protecting from light or heat) סוֹכֵךְ
eye shade מִצְחִיָּה
lamp shade אָהִיל
2 (place sheltered from the sun) צֵל, מָקוֹם מוּצָל
□ *let us sit in the shade of this tree* הָבָה נֵשֵׁב בְּצִלּוֹ שֶׁל עֵץ זֶה
3 (darker part of picture, etc.) צֵל
4 (comparative obscurity) "צֵל"
□ *her beauty put her sister in the shade* (*colloq.*) יָפְיָהּ הֶעֱמִיד בַּצֵּל אֶת אֲחוֹתָהּ, יָפְיָהּ הֶאֱפִיל עַל אֲחוֹתָהּ
5 (degree of colour or meaning) גָּוֶן, נִיוּאַנְס
□ *there are three shades of blue in this room* בַּחֶדֶר זֶה יֵשׁ שְׁלֹשָׁה גְּוָנִים שֶׁל כָּחֹל
□ *there are several shades of meaning in this word* לַמִּלָּה זוֹ יֵשׁ כַּמָּה גּוֹנֵי מַשְׁמָעוּת
6 (slight amount) מַשֶּׁהוּ, שֶׁמֶץ, קֻרְטוֹב
□ *the parcel weighs a shade over a kilogram* הַחֲבִילָה שׁוֹקֶלֶת מַשֶּׁהוּ מֵעַל קִילוֹגְרַם
7 (in *pl.*, sunglasses, *colloq.*) מִשְׁקְפֵי־שֶׁמֶשׁ (אָפְנָתִיִּים)
8 (ghost, *poet.*) רוּחַ־רְפָאִים, רוּחַ־מֵת
the shades מַמְלֶכֶת־הַצְּלָלִים, אֶרֶץ־הַמֵּתִים

—v.t.

1 (protect or screen from light) הֵצֵל עַל, סָכַךְ עַל (מִפְּנֵי הָאוֹר)

□ *he shaded his eyes from the sun* הוּא הֵצֵל עַל עֵינָיו מִפְּנֵי הַשֶּׁמֶשׁ

2 (darken by drawing) הִכְהָה, הִצְלִיל (צִיֵּר צְלָלִים בִּתְמוּנָה), שִׁוָּה אוֹרְצֵל לְצִיּוּר (ע"י קִוְקוּו)

□ *the shaded areas of the map are densely populated* הָאֲזוֹרִים הַמֻּצְלָלִים בַּמַּפָּה מְיֻשָּׁבִים בִּצְפִיפוּת

—v.i.

shade into הִשְׁתַּנָּה בְּהַדְרָגָה לְ...

shade off נֶעְלַם בְּהַדְרָגָה

shading /ʃeɪdɪŋ/ n. הַצְלָלָה (שִׁוּוּי אוֹרְצֵל לְצִיּוּר)

shadow /ʃædəʊ/ n.

1 (area of shade, esp. projected by a figure) צֵל, צְלָלִית

shadow play תֵּיאַטְרוֹן צְלָלִיּוֹת

2 (slightest trace) צֵל

□ *there is not a shadow of doubt about his guilt* אֵין כָּל צֵל שֶׁל סָפֵק בְּאַשְׁמָתוֹ

3 (weak remnant, *colloq.*) צֵל

□ *she was worn to a shadow by overwork* מֵרֹב עֲבוֹדָה נַעֲשְׂתָה צֵל שֶׁל עַצְמָהּ

4 (person following another) "צֵל" (בַּלָּשׁ; מְשָׁרֵת נֶאֱמָן)

5 **shadow Cabinet** מֶמְשֶׁלֶת צְלָלִים, קַבִּינֶט צְלָלִים

—v.t.

1 (cast shadow over) הֵצֵל, הֵטִיל צֵל עַל, הֶאֱפִיל עַל

2 (follow) עָקַב (בַּסֵּתֶר) אַחֲרֵי, הָלַךְ כְּצֵל אַחֲרֵי

shadow-boxing /ʃædəʊ-ˌbɒksɪŋ/ n. אִמּוּן אִגְרוּף לְלֹא יָרִיב (תּוֹךְ הַטָּחַת חֲבָטוֹת בָּאֲוִיר)

shadowy /ʃædəʊɪ/ adj. מְעֻרְפָּל, קָלוּשׁ; מְכֻסֶּה צְלָלִים, מוּצָל

shady /ʃeɪdɪ/ adj.

1 (screened from sun) נָתוּן בְּצֵל, מוּצָל

2 (of dubious honesty, *colloq.*) מְפֻקְפָּק, חָשׁוּד

shaft /ʃɑːft/ n.

1 (pole to which sharp weapon is attached) מוֹט (שֶׁל כִּידוֹן, רֹמַח וְכַד'), קָנֶה (שֶׁל חֵץ)

2 (long handle of club, etc.) קַת אַרְכָּה, יָדִית אַרְכָּה

3 (usu. vertical passage) פִּיר

mine shaft פִּיר מִכְרָה

4 (long rotating rod, *Mech.*) גַּל (בִּמְכוֹנָה)

5 (pole for animal to pull) יָצוּל (שֶׁל עֲגָלָה)

6 (beam) קֶרֶן, אֲלֻמָּה

a shaft of light חֵץ שֶׁל שְׁנִינָה

7 (remark intended to stimulate) "חֵץ" (שֶׁל בִּקֹּרֶת וְכַד')

a shaft of wit אֲלֻמַּת־אוֹר

shag¹ /ʃæg/ n.

1 (tobacco) סוּג טַבָּק גַּס קָצוּץ

2 (sea-bird) קוֹרְמוֹרָן (צִפּוֹר יָם שְׁחוֹרָה)

shag² /ʃæg/ v.t. (*vulg.*) "נִיֵּק", "דָּפַק"

shaggy /ʃægɪ/ adj. שָׂעִיר; מְדֻבְלָל, פָּרוּעַ

a shaggy dog story בְּדִיחָה אֲרֻכָּה וּתְפֵלָה

shah /ʃɑː/ n. (*Hist.*) שָׁח (שַׁלִּיט פָּרַס בֶּעָבָר)

shake /ʃeɪk/ (past **shook** /ʃʊk/, past ppl. **shaken** /ʃeɪkən/) v.t.

1 (move up and down or side to side) טִלְטֵל, נִעְנַע, נִעֵר

shake hands לָחַץ יָדַיִם

shake a leg (*colloq.*) "הִתְחִיל לָזוּז"

□ *the old man shook his head* הַזָּקֵן טִלְטֵל בְּרֹאשׁוֹ לִשְׁלִילָה; הַזָּקֵן טִלְטֵל בְּרֹאשׁוֹ

□ *he shook his fist at the naughty boys* הוּא טִלְטֵל אֶת אֶגְרוֹפוֹ לְעֵבֶר הַיְלָדִים הַשּׁוֹבָבִים

□ *he shook her violently to bring her to her senses* הוּא טִלְטֵל אוֹתָהּ בְּעָצְמָה כְּדֵי לַהֲשִׁיבָהּ לְעֶשְׁתּוֹנוֹתֶיהָ

2 (agitate, upset) זִעְזַע, עִרְעֵר

□ *the news shook him out of his apathy* הַחֲדָשׁוֹת זִעְזְעוּ אוֹתוֹ וְגָרְמוּ לוֹ לָצֵאת מִן הָאַפָּתְיָה שֶׁלּוֹ

□ *his behaviour shook my faith in his integrity* הִתְנַהֲגוּתוֹ עִרְעֲרָה אֶת הָאֵמוּן שֶׁלִּי בְּיָשְׁרוֹ

—v.i.

1 (tremble) רָעַד, הִטַּלְטֵל

□ *he was shaking in his shoes with fright* הוּא רָעַד כֻּלּוֹ מִפַּחַד

□ *they laughed until their sides shook* הֵם הִתְפּוֹצְצוּ מֵרֹב צְחוֹק

□ *her voice shook with emotion as she described the accident* קוֹלָהּ רָעַד מֵהִתְרַגְּשׁוּת כַּאֲשֶׁר תֵּאֲרָה אֶת הַתְּאוּנָה

2 (shake hands, *colloq.*) לָחַץ יָדַיִם

□ *they shook on the agreement* הֵם לָחֲצוּ יָדַיִם לְאִשּׁוּר הַהֶסְכֵּם

—(in set phrases)

shake down

(sleep temporarily, *colloq.*) שָׁכַב (לִישֹׁן)

(settle down, become established) הִתְרַגֵּל

shake off

(get rid of something) נִפְטַר מִ...

(evade a person) נִפְטַר מִ...

shake out

(empty by shaking) טִלְטֵל וְזָרַק

(spread or open) נִעֵר (סָדִין וְכַד')

shake up

(mix by shaking) עִרְבֵּב בְּטִלְטוּל

(disturb) זִעְזַע, טִלְטֵל (נַפְשִׁית)

(rouse, *colloq.*) נָתַן "טִלְטוּל" לְ...

—n.

1 (act or instance of shaking) טִלְטוּל, נִעְנוּעַ, זִעְזוּעַ

in half a shake (*colloq.*) תּוֹךְ חֲצִי דַּקָּה

the shakes (*colloq.*) רְעִידוֹת (בַּגּוּף)

□ *I'll be ready in two shakes* (*colloq.*) אֲנִי אֶהְיֶה מוּכָן אַחַת וּשְׁתַּיִם
□ *as a singer he was no great shakes* (*colloq.*) הוּא לֹא הָיָה "מִי יוֹדֵעַ מָה" בְּתוֹר זַמָּר
2 (milk shake, *US colloq.*) "מִילְק־שֵׁיְק"
shakedown /ʃeɪk-daʊn/ n. (*colloq.*) נִסּוּי סוֹפִי (שֶׁל מָטוֹס אוֹ סְפִינָה); מַצָּע־אֲרָעִי
shake-out /ʃeɪk-aʊt/ n. (*colloq.*) הִתְמוֹטְטוּת בְּשֵׁל יְרִידָה בְּבִקּוּשׁ; "טִלְטוּל"
shaker /ʃeɪkə(r)/ n. מִבְזָקָה (לְמֶלַח וְכַד'), מְנַעֵר (לְקוֹקְטֵילִים וְכַד')
shake-up /ʃeɪk-ʌp/ n. (*colloq.*) "טִלְטוּל" (שֶׁל מַעֲרֶכֶת עוֹבְדִים וְכַד')
shaky /ʃeɪkɪ/ adj. רוֹפֵף, בִּלְתִּי־יַצִּיב; רוֹעֵד
□ *my French is very shaky* הַצָּרְפָתִית שֶׁלִּי דַּלָּה מְאֹד
shale /ʃeɪl/ n. צִפְחָה, טִין צִפְחָתִי, חַרְסִית צִפְחָתִית
shale oil /ʃeɪl ɔɪl/ n. שֶׁמֶן־צִפְחָה
shall /ʃəl/, strong form ʃæl/ v. aux. (past & condit.) should /ʃʊd/
1 (in the 1st person, denotes intention or future tense)
□ *I shall leave tomorrow* אֲנִי אֵצֵא לַדֶּרֶךְ מָחָר
□ *shall I open the window?* הַאִם אַתָּה רוֹצֶה שֶׁאֶפְתַּח אֶת הַחַלּוֹן?
□ *I shall not stay long* לֹא אֶשָּׁאֵר זְמַן רַב
2 (in the 2nd or 3rd persons, denotes permission or command)
□ *you shall have a sweet if you behave* תְּקַבֵּל סֻכָּרִיָּה אִם תִּתְנַהֵג יָפֶה
□ *they shall not pass* הֵם לֹא יַעַבְרוּ
□ *you shall obey me* אַתָּה תַּעֲשֶׂה כִּדְבָרַי
shallot /ʃəlɒt/ n. שׁוּם־אַשְׁקְלוֹן
shallow /ʃæləʊ/ adj. רָדוּד; שִׁטְחִי
shallows /ʃæləʊz/ n. *pl.* מַיִם רְדוּדִים, מֵי־רָקָק
sham /ʃæm/ n. & adj. חִקּוּי, זִיּוּף, הַעֲמָדַת־פָּנִים, הִתְחַזּוּת; מְזֻיָּף
—v.t. & i. חִקָּה; זִיֵּף; הֶעֱמִיד פָּנִים, הִתְחַזָּה
shaman /ʃæmən/ n. "שָׁמָאן" (כֹּהֵן־דָּת אַסְיָאתִי בַּעַל כֹּחוֹת מָגִיִּים)
shamble /ʃæmb(ə)l/ v.i. (*derog.*) גֵּרֵר רַגְלָיו בִּכְבֵדוּת, הָלַךְ בִּכְבֵדוּת, הִשְׁתָּרֵךְ
shambles /ʃæmb(ə)lz/ n. (*colloq.*) "תֹּהוּ וָבֹהוּ", "מַהְפֵּכָה מֻחְלֶטֶת"
□ *your room is always in a shambles* הַחֶדֶר שֶׁלְּךָ הוּא תָּמִיד מַהְפֵּכָה מֻחְלֶטֶת
shame /ʃeɪm/ n.
1 (consciousness of wrong) בּוּשָׁה, כְּלִמָּה
hang one's head in shame הִשְׁפִּיל אֶת רֹאשׁוֹ בְּבוּשָׁה
2 (ability to feel shame) בּוּשָׁה, כְּלִמָּה
□ *he has no shame!* אֵין לוֹ שׁוּם בּוּשָׁה!
3 (disgrace) חֶרְפָּה, בּוּשָׁה
shame on you! בּוֹשׁ וְהִכָּלֵם! תִּתְבַּיֵּשׁ לְךָ!
4 (pity) חֲבָל
□ *what a shame!* כַּמָּה חֲבָל!
—v.t. בִּיֵּשׁ; הֵמִיט חֶרְפָּה עַל
□ *tell the truth and shame the devil* (*arch.*) דַּבֵּר אֱמֶת לְלֹא מוֹרָא
□ *he was shamed into contributing ten pounds* עוֹרְרוּ בּוֹ בּוּשָׁה עַד שֶׁנֶּאֱלַץ לִתְרֹם עֶשֶׂר לִירוֹת
shamefaced /ʃeɪmˈfeɪst/ adj. מְבֻיָּשׁ, נִכְלָם
shameful /ʃeɪmf(ə)l/ adj. (*derog.*) מֵבִישׁ, מַחְפִּיר
shameless /ʃeɪmlɪs/ adj. (*derog.*) חֲסַר־בּוּשָׁה, עַז־פָּנִים, חָצוּף
shammy /ʃæmɪ/ n. (*colloq.*) עוֹר צְבִי (לְנִקּוּי מְכוֹנִיּוֹת וְכַד')
shampoo /ʃæmˈpuː/ n.
1 (liquid used to wash hair) שַׁמְפּוֹ
2 (cleanser) שַׁמְפּוֹ
3 (act or instance of washing with shampoo) חֲפִיפַת־שֵׂעָר, שַׁמְפּוֹ
shampoo and set חֲפִיפָה וְעִצּוּב שֵׂעָר
—v.t. חָפַף (שֵׂעָר); נִקָּה בְּשַׁמְפּוֹ (שָׁטִיחַ וְכַד')
shamrock /ʃæmrɒk/ n. תִּלְתָּן; הַתִּלְתָּן כְּסֵמֶל הַלְּאֻמִּי שֶׁל אִירְלַנְד
shandy /ʃændɪ/ n. שֶׁנְדִּי (מַשְׁקֶה בִּירָה וְלִימוֹנָדָה)
shank /ʃæŋk/ n.
1 (lower part of leg, *arch.*) רֶגֶל, שׁוֹק; בְּשַׂר הַשּׁוֹק
□ *we will have to go on shanks's pony* (*arch. colloq.*) נִצְטָרֵךְ לָלֶכֶת בָּרֶגֶל
2 (stem of tool or anchor) קָנֶה
3 (stem of button) בְּסִיס הַכַּפְתּוֹר
shan't /ʃɑːnt/ contr. of **shall not** (*colloq.*)
shantung /ʃænˈtʌŋ/ n. שַׁנְטוּנג (סוּג שֶׁל אָרִיג מֶשִׁי גָּלְמִי)
shanty[1] /ʃæntɪ/ n. בִּקְתָּה רְעוּעָה, צְרִיף דַּל
shanty[2] /ʃæntɪ/ n. (also **sea shanty**) שִׁיר־עֲבוֹדָה שֶׁל מַלָּחִים
shanty-town /ʃæntɪ-taʊn/ n. שְׁכוּנַת עֹנִי, רֹבַע עֲנִיִּים
shape /ʃeɪp/ n.
1 (external form or appearance) צוּרָה, תַּבְנִית, דְּמוּת
the shape of things to come פְּנֵי הַדְּבָרִים לֶעָתִיד
□ *her plan began to take shape* תָּכְנִיתָהּ הֵחֵלָּה לוֹבֶשֶׁת צוּרָה
2 (general nature or condition) מַצָּב; כֹּשֶׁר (גּוּפָנִי וְכַד')
□ *the new trainer will soon knock the team into shape* (*colloq.*) הַמְאַמֵּן הֶחָדָשׁ יַכְנִיס בִּמְהִירוּת אֶת הַקְּבוּצָה לְכֹשֶׁר
□ *my affairs are in good shape* (*colloq.*) הָעֲסָקִים שֶׁלִּי בְּמַצָּב טוֹב

—v.t.
1 (give shape or form to) עִצֵּב, צָר
shaped jacket מְעִיל צָמוּד לַגִּזְרָה
2 (have influence upon) עִצֵּב
□ *his attitudes were shaped by his early experiences* עֶמְדּוֹתָיו עֻצְּבוּ עַל־יְדֵי חֲוָיוֹתָיו הַמֻּקְדָּמוֹת
—v.i.
shape up
(develop well) הִתְפַּתֵּחַ, הִתְקַדֵּם
(begin to perform effectively) לָקַח אֶת עַצְמוֹ בַּיָּדַיִם, "הִתְאַרְגֵּן"

shapeless /ʃeɪplɪs/ adj. חֲסַר־צוּרָה, לֹא מְגֻבָּשׁ

shapely /ʃeɪplɪ/ adj. (*formal*) בַּעַל צוּרָה נָאָה, חָטוּב

shard /ʃɑːd/ n. (also **sherd**) שֶׁבֶר־חֶרֶס, חֶרֶס

share[1] /ʃeə(r)/ n.
1 (portion, part) חֵלֶק, מָנָה
the lion's share (*fig.*) חֵלֶק הָאֲרִי
□ *we can go shares in the taxi fare* נוּכַל לְהִתְחַלֵּק בִּמְחִיר הַנְּסִיעָה בַּמּוֹנִית
2 (equal part of company's ownership) מְנָיָה
share index מַדַּד הַמְּנָיוֹת
—v.t.
1 (divide, distribute) חִלֵּק (מָנוֹת), הִתְחַלֵּק בְּ...
□ *they shared the sweets* הֵם חִלְּקוּ (בֵּינֵיהֶם) אֶת הַמַּמְתַּקִּים, הִתְחַלְּקוּ בַּמַּמְתַּקִּים
share and share alike חֵלֶק שָׁוֶה בְּשָׁוֶה
2 (possess jointly) הִתְחַלֵּק בְּ...; הִשְׁתַּמֵּשׁ בְּמִשְׁתָּף בְּ...
□ *he shares a room with a friend* הוּא מִתְחַלֵּק בְּחֶדֶר עִם חָבֵר
—v.i.
1 (be a sharer, have share) הִתְחַלֵּק
□ *shall I share with you?* אַתָּה רוֹצֶה לְהִתְחַלֵּק אִתִּי?
2 (participate) לָקַח חֵלֶק בְּ..., הִשְׁתַּתֵּף בְּ...
□ *he shares in all my worries* הוּא שֻׁתָּף לְכָל הַדְּאָגוֹת שֶׁלִּי

share[2] /ʃeə(r)/ n. לַהַב מַחֲרֵשָׁה

shareholder /ʃeəhəʊldə(r)/ n. בַּעַל־מְנָיוֹת

shark /ʃɑːk/ n. כָּרִישׁ
loan shark (*colloq. derog.*) מַלְוֶה בְּרִבִּית־קְצוּצָה

sharp /ʃɑːp/ adj.
1 (having cutting edge) חַד
□ *be careful, this knife is sharp* תִּזָּהֵר, הַסַּכִּין הַזֹּאת חַדָּה
2 (abrupt) חַד, תָּלוּל
□ *there has been a sharp rise in prices* הָיְתָה עֲלִיָּה תְּלוּלָה בַּמְּחִירִים
□ *we came to a sharp bend in the road* הִגַּעְנוּ לִפְנִיָּה חַדָּה בַּכְּבִישׁ
3 (well-defined) חַד, בָּרוּר, חָרִיף, בּוֹלֵט
□ *in sharp contrast to his colleagues, he wore jeans* בְּנִגּוּד בָּרוּר לַעֲמִיתָיו, הוּא לָבַשׁ גִּ'ינְס
4 (keen, severe) חַד; חָרִיף, מְמַלֵּחַ
□ *he has sharp eyes* יֵשׁ לוֹ עֵינַיִם חַדּוֹת, עֵינַיִם חוֹדְרוֹת
□ *there was a sharp frost last night* אֶתְמוֹל הָיָה כְּפוֹר עַז
□ *I felt a sharp pain in my arm* חָשַׁשְׁתִּי כְּאֵב חַד בַּזְּרוֹעַ
□ *the wine had an unpleasantly sharp taste* לַיַּיִן הָיָה טַעַם חֲמַצְמַץ בְּאֹפֶן לֹא נָעִים
□ *she has a bit of a sharp tongue* יֵשׁ לָהּ לָשׁוֹן חַדָּה/אַרְסִית
5 (unscrupulous, dishonest, *derog.*) עַרְמוּמִי, נַכְלוּלִי
□ *he was involved in sharp practice* הוּא הָיָה מְעֹרָב בַּעֲסָקִים מְפֻקְפָּקִים
6 (*Mus.*) דִּיאֶז; גָּבוֹהַּ מִן הַטּוֹן הַנִּדְרָשׁ
—adv.
1 (punctually) בְּדִיּוּק נִמְרָץ
□ *at eight o'clock sharp* בְּשָׁעָה שְׁמוֹנֶה בְּדִיּוּק נִמְרָץ
2 (abruptly) לְפֶתַע, בְּאֹפֶן פִּתְאֹמִי
look sharp! (*colloq.*) אַל תְּבַזְבֵּז זְמַן! מַהֵר!
3 (*Mus.*) בְּטוֹן גָּבוֹהַּ מִן הַנִּדְרָשׁ
□ *she's got a tendency to sing sharp* יֵשׁ לָהּ נְטִיָּה לָשִׁיר בְּטוֹן גָּבוֹהַּ מִן הַנִּדְרָשׁ
—n.
1 (*Mus.*) סִימַן דִּיאֶז; טוֹן בְּדִיאֶז
2 (sewing needle) מַחַט תְּפִירָה עֲדִינָה

sharpen /ʃɑːp(ə)n/ v.t. חִדֵּד, הִשְׁחִיז; הִבְלִיט, הִדְגִּישׁ

sharpener /ʃɑːp(ə)nə(r)/ n. מְחַדֵּד

sharp-eyed /ʃɑːp-ˈaɪd/ adj. חַד־עַיִן

sharpshooter /ʃɑːp-ʃuːtə(r)/ n. קַלָּע, צַלָּף

sharp-witted /ʃɑːp-ˈwɪtɪd/ adj. שָׁנוּן, חָרִיף, פִּקֵּחַ בְּיוֹתֵר

shatter /ʃætə(r)/ v.t. & i. שִׁבֵּר, נִפֵּץ, רִסֵּק; עִרְעֵר (בִּטָּחוֹן וְכַד'); הִתְנַפֵּץ, הִתְרַסֵּק
□ *his failure shattered his confidence* כִּשְׁלוֹנוֹ עִרְעֵר אֶת בִּטְחוֹנוֹ הָעַצְמִי

shatter-proof /ʃætə-pruːf/ adj. בִּלְתִּי שָׁבִיר, חָסִין בִּפְנֵי הִתְנַפְּצוּת (שִׁמְשַׁת מְכוֹנִית וְכַד')

shave /ʃeɪv/ (past ppl. **shaved, shaven** /ʃeɪvd, ʃeɪv(ə)n/)
v.t.
1 (remove hair from part of body) גִּלַּח
2 (pare, reduce) הִקְצִיעַ; קִלֵּף
3 (miss narrowly) "גִּלַּח"
—v.i. הִתְגַּלֵּחַ (גֶּבֶר בִּלְבַד)
—n.
1 (act of shaving) גִּלּוּחַ
□ *you can't get a close shave with a disposable razor* קָשֶׁה לְהַשִּׂיג גִּלּוּחַ חָלָק בְּסַכִּין גִּלּוּחַ לְשִׁמּוּשׁ חַד־פַּעֲמִי
2 a close shave (*colloq.*) "מַזָּל", "קָרוֹב" (הִנָּצְלוּת בְּנֵס)

shaver /ʃeɪvə(r)/ n. מְכוֹנַת־גִּלּוּחַ (לָרֹב חַשְׁמַלִּית)

shaving /ʃeɪvɪŋ/ n. שְׁבָב (כְּתוֹצָאָה מֵהַקְצָעָה וְכַד')

wood shavings שְׁבָבִים
shaving-brush /ʃeɪvɪŋ-brʌʃ/ n. מִבְרֶשֶׁת־גִּלּוּחַ
shawl /ʃɔːl/ n. סוּדָר, צָעִיף, שַׁל
she /ʃiː/ pron. הִיא
she-ass אָתוֹן, חֲמוֹרָה
she-devil שָׂטָן מִמִּין נְקֵבָה, אֵשֶׁת־שְׂטָנִים
sheaf /ʃiːf/ n. (*pl.* **sheaves**)
1 (bundle of corn) אֲלֻמָּה
2 (bundle of notes) צְרוֹר, אֶגֶד
shear /ʃɪə(r)/ (past ppl. **shorn** /ʃɔːn/) v.t. גָּזַז, גָּזַר
sheep shearing גֵּז הַצֹּאן
□ *the deposed king was shorn of his titles* (*formal*) תְּאָרָיו שֶׁל הַמֶּלֶךְ הַמֻּדָּח נִשְׁלְלוּ
—v.i. נִקְרַע וְנִרְסַק (לָרֹב מַתֶּכֶת)
shears /ʃɪəz/ n. *pl.* מִסְפָּרַיִם (גְּדוֹלִים); מַגְזֵזָה
a pair of shears זוּג מִסְפָּרַיִם (גְּדוֹלִים); מַגְזֵזָה
garden shears מִסְפְּרֵי־דֶּשֶׁא
sheath /ʃiːθ/ n.
1 (cover for blade of weapon or tool) נְדָן, נַרְתִּיק
2 (contraceptive) קוֹנְדּוֹם, קַנְדּוֹן
sheathe /ʃiːð/ v.t. הֶחֱזִיר (חֶרֶב) לִנְדָנָהּ; כִּסָּה בִּנְדָן/ בְּנַרְתִּיק
sheath knife /ʃiːθ naɪf/ n. סַכִּין בַּעֲלַת נַרְתִּיק (וְלַהַב קָבוּעַ)
sheaves /ʃiːvz/ *pl.* of **sheaf**
she'd /ʃiːd/ contr. of **she had** or **she would** (*colloq.*)
shed[1] /ʃed/ n. דִּיר; סְכָכָה; מַחְסַן־כֵּלִים
shed[2] /ʃed/ (past & past ppl. **shed** /ʃed/) v.t.
1 (let fall off) הִשִּׁיר (עָלִים), הִשִּׁיל (עוֹר)
2 (cause to flow, *poet.*) שָׁפַךְ, הִזִּיל, יָצַק
□ *the martyr shed his blood for the faith* הַקָּדוֹשׁ שָׁפַךְ אֶת דָּמוֹ לְמַעַן הָאֱמוּנָה
□ *she shed bitter tears* הִיא בָּכְתָה בְּכִי תַּמְרוּרִים, הִיא הִזִּילָה דְּמָעוֹת מָרוֹת
3 (radiate, esp. light) הֵטִיל, שָׁפַךְ
□ *can you shed any light on this?* הַאִם תּוּכַל לִשְׁפֹּךְ אוֹר עַל זֹאת?
sheen /ʃiːn/ n. בָּרָק, זֹהַר
sheep /ʃiːp/ n. (*pl.* **sheep**) כֶּבֶשׂ, כִּבְשָׂה; כְּבָשִׂים, צֹאן
lost sheep (*fig.*) "שֶׂה אוֹבֵד", "צֹאן אוֹבֵד" (שֶׁתָּעָה מִדֶּרֶךְ הַיָּשָׁר)
might (or **may**) **as well be hanged for a sheep as a lamb** (*Prov.*) אִם כְּבָר, אָז כְּבָר (אִם עָשִׂיתָ מַשֶּׁהוּ, מוּטָב לָלֶכֶת עַד הַסּוֹף)
make sheep's eyes at (*arch. colloq.*) הִסְתַּכֵּל בְּעֵינֵי עֵגֶל בְּ...
separate the sheep from the goats (*fig.*) הִפְרִיד בֵּין הַטּוֹב וְהָרַע
□ *he's the black sheep of the family* (*derog.*) הוּא "הַכִּבְשָׂה הַשְּׁחוֹרָה" בַּמִּשְׁפָּחָה
□ *he's a wolf in sheep's clothing* (*derog.*) הוּא זְאֵב בְּעוֹר שֶׁל כֶּבֶשׂ
sheep-dip /ʃiːp-dɪp/ n. נוֹזֵל קוֹטֵל־מַזִּיקִים לִכְבָשִׂים
sheepdog /ʃiːpdɒg/ n. כֶּלֶב רוֹעִים
sheepfold /ʃiːpfəʊld/ n. מִכְלָאַת צֹאן, דִּיר
sheepish /ʃiːpɪʃ/ adj. מְבֻיָּשׁ; נִכְלָם
sheepskin /ʃiːpskɪn/ n. עוֹר כֶּבֶשׂ, פַּרְוַת כֶּבֶשׂ
sheer[1] /ʃɪə(r)/ adj.
1 (absolute) מֻחְלָט, גָּמוּר
sheer nonsense שְׁטוּת גְּמוּרָה
□ *the trip was a sheer waste of time* הַנְּסִיעָה הָיְתָה בִּזְבּוּז זְמַן גָּמוּר
2 (perpendicular) (מִדְרוֹן) תָּלוּל, אֲנָכִי
3 (smooth and almost transparent) (אָרִיג) חָלָק וְשָׁקוּף
□ *she wore sheer stockings* הִיא לָבְשָׁה גַּרְבַּיִם חֲלָקִים וּשְׁקוּפִים
sheer[2] /ʃɪə(r)/ v.i. (*Naut.*) נָטָה מִן הַמַּסְלוּל, שִׁנָּה כִּוּוּן בִּמְהִירוּת (סְפִינָה וְכַד')
sheer away נָטָה מִן הַמַּסְלוּל, שִׁנָּה כִּוּוּן בִּמְהִירוּת
□ *after a while he sheered off the topic* כַּעֲבֹר זְמַן מָה הוּא סָטָה מִן הַנּוֹשֵׂא
sheet[1] /ʃiːt/ n.
1 (piece of bed-linen) סָדִין
□ *I crawled between the sheets at two in the morning* גָּרַרְתִּי עַצְמִי לַמִּטָּה בִּשְׁתַּיִם לִפְנוֹת בֹּקֶר
2 (broad flat piece of glass or paper or metal) לוּחַ (שֶׁל זְכוּכִית); דַּף, גִּלָּיוֹן (שֶׁל נְיָר); (לוּחַ) פַּח
sheet music דַּפֵּי־תָּוִים (לְלֹא כְּרִיכָה)
baking sheet מַגַּשׁ אֲפִיָּה
3 (wide expanse of water or flame) מֶרְחָב, מִשְׁטָח (שֶׁל מַיִם, קֶרַח וְכַד'); מָסָךְ (שֶׁל לֶהָבוֹת וְכַד')
sheet lightning הֶבְזֵק בָּרָק (בְּעֵת שֶׁלֹּא נִתָּן לְהַבְחִין בַּחֲזִיז־בָּרָק בּוֹדֵד)
□ *the rain came down in sheets* הַגֶּשֶׁם נִתַּךְ בְּעָצְמָה
4 (rope for sail) מֵיתַר קֶרֶן (בְּתַחְתִּית מִפְרָשׂ, לְיִצּוּבוֹ בְּזָוִית הָרְצוּיָה בְּיַחַס לָרוּחַ)
sheet[2] /ʃiːt/ n. (*Naut.*) כֶּבֶל, חֶבֶל (לְמִפְרָשׂ)
□ *he was three sheets in the wind* (*colloq.*) הוּא הָיָה מְבֻסָּם כַּהֹגֶן
sheet-anchor /ʃiːt-æŋkə(r)/ n. (*Naut.*) עֹגֶן גָּדוֹל (לְשִׁמּוּשׁ בִּתְנָאֵי חֵרוּם)
sheeting /ʃiːtɪŋ/ n. אָרִיג לִסְדִינִים; לוּחַ (מַתֶּכֶת, פְּלַסְטִיק וְכַד')
sheik /ʃeɪk/ n. שֵׁיךְ
shekel /ʃek(ə)l/ n. שֶׁקֶל (הַמַּטְבֵּעַ הַיִּשְׂרְאֵלִי הַנּוֹכְחִי וְהַקָּדוּם)
(in *pl.*, money, riches, *colloq.*) כֶּסֶף, הוֹן
shelf /ʃelf/ n. (*pl.* **shelves**) מַדָּף, אִצְטַבָּה
on the shelf (*colloq.*) (נֶאֱמַר לְגַבֵּי אִשָּׁה שֶׁכְּבָר הָיְתָה צְרִיכָה לְהִנָּשֵׂא) "רַוָּקָה זְקֵנָה"

shelf-life כֹּשֶׁר הִשְׁתַּמְּרוּת (שֶׁל מוּצְרֵי מָזוֹן)

she'll /ʃiːl/ contr. of **she will** or **she shall** (*colloq.*)

shell /ʃel/ n.

1 (outer covering) קְלִפָּה (שֶׁל בֵּיצָה, אֱגוֹז וְכַד׳); קוֹנְכִיָּה, צֶדֶף (שֶׁל יְצוּר יַמִּי); שִׁרְיוֹן (שֶׁל צָב)

coconut shells קְלִפּוֹת אֱגוֹז־קוֹקוֹס

sea-shells צְדָפִים, קוֹנְכִיּוֹת

□ *she only comes out of her shell amongst friends* (*colloq.*) הִיא נִפְתַּחַת רַק כְּשֶׁהִיא בֵּין יְדִידִים

2 (explosive projectile) פָּגָז

3 (outer structure) מַעֲטָה חִיצוֹנִי

□ *only the shell of the building remained after the fire* רַק הַקִּירוֹת הַחִיצוֹנִיִּים שֶׁל הַבִּנְיָן נוֹתְרוּ לְאַחַר הַשְּׂרֵפָה

—v.t.

1 (remove casing from) קָלַף; הוֹצִיא מִתּוֹךְ קְלִפָּתוֹ

2 (bombard) הִפְגִּיז, הִרְעִישׁ (בִּתוֹתָחִים)

3 shell out (*colloq.*) שִׁלֵּם

□ *do you want me to shell out for the meal?* אַתָּה רוֹצֶה שֶׁאֲנִי אֲשַׁלֵּם בְּעַד הָאֲרוּחָה?

—v.i. הִרְעִישׁ בְּתוֹתָחִים

shellac /ʃəlæk/ n. לַק, לַכָּה (לְעֵץ וְכַד׳)

shellfish /ʃelfɪʃ/ n. בַּעֲלֵי־חַיִּים יַמִּיִּים עוֹטֵי קוֹנְכִיּוֹת (לְרַבּוֹת סַרְטָנִים וַחֲסִילוֹנִים); פֵּרוֹת־יָם (בַּעֲלֵי חַיִּים כַּנַּ״ל בְּתוֹר מָזוֹן)

shell-shock /ʃel-ʃɒk/ n. הֶלֶם־קְרָב

shelter /ʃeltə(r)/ n. מַחֲסֶה, מִקְלָט; בֵּית־מַחֲסֶה

—v.t. נָתַן מַחֲסֶה לְ..., הֶעֱנִיק מִקְלָט לְ..., סוֹכֵךְ עַל, הֵגֵן עַל

□ *the millionaire's children led sheltered lives* יַלְדֵי הַמִּילְיוֹנֶר חָיוּ חַיִּים חָפְשִׁיִּים מִדְּאָגוֹת

—v.i. מָצָא מַחֲסֶה בְּ...

shelve[1] /ʃelv/ v.t.

1 (place on shelf, *formal*) הִנִּיחַ עַל מַדָּף

2 (postpone) הִשְׁעָה, דָּחָה

shelve[2] /ʃelv/ v.i. הִשְׁתַּפֵּעַ, נָטָה בְּשִׁפּוּעַ (מָתוּן), נָטָה בְּמִדְרוֹן

□ *the beach shelved steeply down to the sea* הַחוֹף נָטָה בְּשִׁפּוּעַ תָּלוּל אֶל הַיָּם

shelves /ʃelvz/ *pl.* of **shelf**

shelving /ʃelvɪŋ/ n. מַדָּפִים; חֹמֶר לְהַתְקָנַת מַדָּפִים

□ *we need some more shelving for our books* אֲנַחְנוּ זְקוּקִים לְמַדָּפִים נוֹסָפִים לִסְפָרֵינוּ

shepherd /ʃepəd/ n. רוֹעֶה, רוֹעֵה־צֹאן

shepherd's pie ״פַּאי־רוֹעִים״ (מַאֲכָל בְּרִיטִי עָשׂוּי בָּשָׂר קָצוּץ וּמְחִית תַּפּוּחֵי־אֲדָמָה בְּתַנּוּר)

—v.t. הִנְחָה, הוֹבִיל, הִדְרִיךְ

shepherdess /ʃepədes/ n. רוֹעָה

sherbet /ʃɜːbət/ n. ״שֶׁרְבֶּט״ (מַמְתָּק בְּצוּרַת אַבְקָה תּוֹסֶסֶת); (בְּאַרְהַ״ב) גְּלִידַת־קֶרַח (עַל בְּסִיס מַיִם, לֹא חָלָב)

sherd /ʃɜːd/ see **SHARD** שֶׁבֶר־חֶרֶס, חֶרֶס

sheriff /ʃerɪf/ n.

1 (*UK*) שֶׁרִיף (מִשְׂרָה טֶקְסִית)

2 (*US*) שֶׁרִיף (נְצִיג הַחֹק הַבָּכִיר בְּמָחוֹז)

sherry /ʃerɪ/ n. שֶׁרִי (יַיִן דְּרוֹם־סְפָרַדִּי)

she's /ʃiːz/ contr. of **she is** or **she has** (*colloq.*)

shew /ʃəʊ/ see **SHOW**

shibboleth /ʃɪbəleθ/ n. (*formal*) מִנְהָג שֶׁעָבַר זְמַנּוֹ

shield /ʃiːld/ n.

1 (piece of armour) מָגֵן, צִנָּה; שֶׁלֶט אַבִּירִים, סֵמֶל (אֲצֻלָּה וְכַד׳)

2 (protective device) מָגֵן

—v.t. הֵגֵן, גּוֹנֵן

□ *she tried to shield him by lying to the police* הִיא שִׁקְּרָה לַמִּשְׁטָרָה בְּנִסָּיוֹן לְגוֹנֵן עָלָיו

shift /ʃɪft/ v.t.

1 (change position) הֶעְתִּיק (אֶת מְקוֹמוֹ שֶׁל)

2 (remove) סִלֵּק, הֵסִיר

□ *washing won't shift the stains on this shirt* הַכְּבִיסָה לֹא תָּסִיר אֶת הַכְּתָמִים מִן הַחֻלְצָה הַזֹּאת

—v.i.

1 (move around) הִתְנוֹעֵעַ, נָע, זָז

□ *he shifted uncomfortably in his chair* הוּא נָע בְּאִי־נוֹחוּת בְּכִסְאוֹ

2 (manage) הִסְתַּדֵּר

□ *the orphans had to shift for themselves* הַיְתוֹמִים הָיוּ חַיָּבִים לְהִסְתַּדֵּר בְּכֹחוֹת עַצְמָם

3 (hurry, *colloq.*) ״זָז מַהֵר״

□ *we'll have to shift to get there on time* נִצְטָרֵךְ לָזוּז מַהֵר כְּדֵי לְהַגִּיעַ לְשָׁם בַּזְּמַן

—n.

1 (change of position) שִׁנּוּי (בְּכִוּוּן, בְּעֶמְדָּה); תְּזוּזָה

□ *there has been a shift in public opinion* חָל שִׁנּוּי בְּדַעַת הַקָּהָל

gear shift (*US*) יְדִית הַלּוֹכִים (בִּמְכוֹנִית)

shift key מַקַּשׁ הָאוֹתִיּוֹת הַגְּדוֹלוֹת (בִּמְכוֹנַת כְּתִיבָה וְכַד׳)

2 (relay of workers) מִשְׁמֶרֶת (שֶׁל עוֹבְדִים בְּמִפְעָל), ״שִׁיפְט״

night shift מִשְׁמֶרֶת־לַיְלָה, ״שִׁיפְט״־לַיְלָה

3 (device or trick) תַּחְבּוּלָה, תַּכְסִיס

□ *we must make shift with the money we have* עָלֵינוּ לְהִסְתַּדֵּר אֵיכְשֶׁהוּ בַּכֶּסֶף שֶׁבִּרְשׁוּתֵנוּ

4 (dress without waistline) שִׂמְלַת ״שַׂק״

shiftless /ʃɪftlɪs/ adj. (*derog.*) בַּטְלָן, חֲסַר־תּוּשִׁיָּה

shifty /ʃɪftɪ/ adj. (*colloq. derog.*) עַרְמוּמִי, נִכְלוּלִי; חֲמַקְמַק

shilling /ʃɪlɪŋ/ n. שִׁילִינְג (מַטְבֵּעַ בְּרִיטִי בְּעֵרֶךְ שֶׁל 5 פֶּנְס. יָצָא מִשִּׁמּוּשׁ)

shilly-shally /ʃɪlɪ-ʃælɪ/ v.i. (*colloq. derog.*) דָּחָה קַבָּלַת הַחְלָטָה, הִתְבַּטֵּל

shimmer /ʃɪmə(r)/ v.i. הִבְהֵב, הִבְלִיחַ, נִצְנֵץ קְלוּשׁוֹת
—n. הִבְהוּב, נִצְנוּץ קָלוּשׁ
shin /ʃɪn/ n. שׁוֹק
—v.i.
shin up טִפֵּס וְעָלָה (עַל עֵץ, עַל מַרְזֵב וְכַד׳)
shin-bone /ʃɪn-bəʊn/ n. עֶצֶם הַשּׁוֹק, שׁוֹקָה
shin-guard /ʃɪn-gɑːd/ n. (also **shin-pad**) מְגַן־שׁוֹקַיִם (בְּמִשְׂחַק כַּדּוּרֶגֶל וְכַד׳)
shindy /ʃɪndɪ/ n. (*colloq.*, also **shindig** /ʃɪndɪg/) ״צְעָקוֹת״, שַׁעֲרוּרִיָּה; הִלּוּלָה
kick up a shindy עוֹרֵר מְהוּמָה, עָשָׂה ״צְעָקוֹת״, הֵקִים שַׁעֲרוּרִיָּה
shine /ʃaɪn/ (past & past ppl. **shone** /ʃɒn/) v.t.
1 (polish, past & past ppl. **shined** /ʃaɪnd/) צִחְצַח, הִבְרִיק
□ *he shined his shoes every morning* הוּא צִחְצַח אֶת נְעָלָיו מִדֵּי בֹּקֶר
2 (direct light of torch, etc.) הֵאִיר עַל, כִּוֵּן אוֹר לְעֵבֶר
□ *the rescuers shone a light on the water* הַמַּצִּילִים כִּוְּנוּ אוֹר לְעֵבֶר הַמַּיִם
—v.i.
1 (emit light, be radiant) זָרַח, זָהַר, הִזְהִיר, קָרַן
make hay while the sun shines (*fig.*) נִצֵּל אֶת הַהִזְדַּמְּנוּת, ״קְצֹר אֶת הַשַּׁחַת בְּעוֹד הַשֶּׁמֶשׁ זוֹרַחַת״, ״הַכֵּה אֶת הַבַּרְזֶל בְּעוֹדֶנּוּ חַם״
□ *the sun shone all day* הַשֶּׁמֶשׁ זָרְחָה כָּל הַיּוֹם
2 (excel) הִצְטַיֵּן, הִתְבַּלֵּט
a shining example דֻּגְמָה מַזְהִירָה, מוֹפֵת
—n.
1 (brightness) זֹהַר, בָּרָק
come rain or shine ״בְּטוֹב וּבְרַע״, ״בָּאֵשׁ וּבַמַּיִם״, יִהְיֶה מָה שֶׁיִּהְיֶה
2 (act of polishing) צִחְצוּחַ; הַבְרָקָה
□ *give your shoes a shine before you go out* תֵּן לִנְעָלֶיךָ צִחְצוּחַ לִפְנֵי שֶׁתֵּצֵא הַחוּצָה
3 (liking, *colloq.*) חִבָּה
□ *the child has taken quite a shine to the new teacher* הַיֶּלֶד מַמָּשׁ הִתְאַהֵב בַּמּוֹרֶה הֶחָדָשׁ
shingle[1] /ʃɪŋg(ə)l/ n. חָצָץ, חַלּוּקֵי אֲבָנִים (עַל שְׂפַת הַיָּם)
shingle[2] /ʃɪŋg(ə)l/ n. אֲרִיחַ־עֵץ, רַעַף־עֵץ
—v.t. כִּסָּה בִּרְעָפִים (כַּנַּ״ל), רִעֵף
shingles /ʃɪŋg(ə)lz/ n.pl. (*Med.*) שַׁלְבֶּקֶת חוֹגֶרֶת (מַחֲלָה דַּלַּקְתִּית חֲרִיפָה שֶׁל עַצְבֵּי הָעוֹר הַגּוֹרֶמֶת לְהִתְהַוּוּת שַׁלְפּוּחִיּוֹת מִסָּבִיב לַמָּתְנַיִם)
shiny /ʃaɪnɪ/ adj. מַבְרִיק, נוֹצֵץ
ship /ʃɪp/ n. אֳנִיָּה, סְפִינָה
ship's articles הַסְכָּמֵי עֲבוֹדָה בֵּין בַּעַל אֳנִיָּה לְיַמָּאִים
ship's papers תְּעוּדוֹת אֳנִיָּה
ship of the desert (*poet.*) ״סְפִינַת הַמִּדְבָּר״ (גָּמָל)
□ *he kept hoping his ship would come home* (or *in*) (*colloq.*) הוּא הוֹסִיף לְקַוּוֹת שֶׁיּוֹם אֶחָד יֵהָפֵךְ לְעָשִׁיר

—v.t.
1 (send usu. by ship) שָׁלַח (סְחוֹרָה) בָּאֳנִיָּה, שִׁגֵּר בָּאֳנִיָּה, הוֹבִיל בָּאֳנִיָּה; שָׁלַח (בְּכָל כְּלִי רֶכֶב)
□ *the goods were shipped off yesterday* הַסְּחוֹרוֹת נִשְׁלְחוּ אֶתְמוֹל (בָּאֳנִיָּה)
2 (take on board) הֶעֱלָה עַל (סִפּוּן) הָאֳנִיָּה
□ *the rowers shipped their oars* הַחוֹתְרִים הִכְנִיסוּ אֶת מְשׁוֹטֵיהֶם לַסִּירָה
□ *the boat is shipping water* גַּלֵּי הַיָּם מְצִיפִים אֶת הַסִּפּוּן (וְנִכְנָסִים לַסְּפִינָה)
shipboard /ʃɪpbɔːd/ n.
on shipboard עַל הַסִּפּוּן, בָּאֳנִיָּה
shipbuilding /ʃɪpbɪldɪŋ/ n. בְּנִיַּת אֳנִיּוֹת, עִסְקֵי מִסְפָּנוֹת
shipmate /ʃɪpmeɪt/ n. חָבֵר לְהַפְלָגָה (מִי שֶׁנּוֹסֵעַ אוֹ עוֹבֵד בְּאוֹתָהּ אֳנִיָּה)
shipment /ʃɪpmənt/ n. מִשְׁלוֹחַ (שֶׁל מִטְעָן)
shipowner /ʃɪpəʊnə(r)/ n. בַּעַל־אֳנִיָּה
shipper /ʃɪpə(r)/ n. סוֹכֵן מִשְׁלוֹחִים
shipping /ʃɪpɪŋ/ n. צִי־הַסְּפִינוֹת; סַפָּנוּת; תְּנוּעַת־סְפִינוֹת
shipping agent סוֹכֵן מִשְׁלוֹחִים; סוֹכֵן לְהוֹבָלָה יַמִּית
shipshape /ʃɪpʃeɪp/ adj. נָקִי וּמְסֻדָּר, ״טִיפ־טוֹפ״
shipshape and Bristol fashion (*arch. colloq.*) בְּמַצָּב טִיפ־טוֹפ, בְּסֵדֶר מוֹפְתִי
ship-way /ʃɪp-weɪ/ n. מְסִלַּת־הַשָּׁקָה (בְּמִסְפָּנָה); תּוֹמְכוֹת/פִּגּוּמִים לִסְפִינָה (בְּמִבְדּוֹק)
shipwreck /ʃɪprek/ n. טְבִיעָה שֶׁל סְפִינָה
—v.t. גָּרַם לִטְבִיעָה שֶׁל סְפִינָה (מֶזֶג אֲוִיר וְכַד׳); (בְּהַשְׁאָלָה) הֶעֱלָה עַל שִׂרְטוֹן
□ *his ambition was shipwrecked on his failure to pass his exams* הַשְּׁאִיפָה שֶׁלּוֹ עָלְתָה עַל שִׂרְטוֹן כַּאֲשֶׁר נִכְשַׁל בַּבְּחִינוֹת שֶׁלּוֹ
shipwright /ʃɪpraɪt/ n. בּוֹנֵה־אֳנִיּוֹת
shipyard /ʃɪpjɑːd/ n. מִסְפָּנָה
shire /ʃaɪə(r)/ n. (*UK arch.*) מָחוֹז
shire horse סוּס מַשָּׂא, סוּס עֲבוֹדָה
the shire counties מְחוֹזוֹת בְּמֶרְכַּז אַנְגְלִיָּה (יְדוּעִים כְּאֵזוֹרֵי צַיִד)
shirk /ʃɜːk/ v.t. & i. (*derog.*) הִשְׁתַּמֵּט (מ...), הִתְחַמֵּק (מ...)
shirker /ʃɜːkə(r)/ n. (*derog.*) מִשְׁתַּמֵּט, בַּטְלָן, עַצְלָן
shirt /ʃɜːt/ n. חֻלְצָה, כֻּתֹּנֶת
in shirt-sleeves בְּלִי זָ׳קֶט (אֵרוּעַ פּוֹרְמָלִי שֶׁבּוֹ נִתָּן לְהָסִיר אֶת הַזָּ׳קֶט)
keep your shirt on! (*colloq.*) אַל תִּתְרַגֵּשׁ!
put one's shirt on (*colloq.*) הָיָה מוּכָן לְהַמֵּר עַל כָּל מַה שֶּׁיֵּשׁ לוֹ (לָרֹב בְּהַשְׁאָלָה, לְהַבִּיעַ בִּטָּחוֹן בְּדָבָר מָה)
□ *he is a bit of a stuffed shirt* (*colloq. derog.*) הוּא טִיפּוּס נָפוּחַ וְשַׁחְצָן
shirt-waister /ʃɜːt-weɪstə(r)/ n. (*US*) מֵעֵין שִׂמְלַת חֻלְצָה
shirty /ʃɜːtɪ/ adj. (*UK colloq.*) ״מְחֻמָּם״

shish kebab /ʃɪʃ-kɪˈbæb/ n. (also **kebab**) שִׁישְׁלִיק (קְבִּיּוֹת בָּשָׂר צְלוּיוֹת עַל שַׁפּוּד)

shit /ʃɪt/ n. (*vulg.*)
1 (solid waste-matter from body) חָרָא
□ *they're really in the shit now* הֵם אוֹכְלִים עַכְשָׁו חָרָא (כְּלוֹמַר, הֵם בְּצָרוֹת)
□ *he scares the shit out of me* הוּא מַפְחִיד אוֹתִי בְּצוּרָה לֹא נוֹרְמָלִית
□ *he doesn't give a shit* הוּא לֹא שָׂם זַיִן
2 (act of emptying the bowels) חִרְבּוּן
3 (contemptible person or thing) "חֲתִיכַת חָרָא", "חָרָא אֶחָד"
4 (nonsense) שְׁטֻיּוֹת
5 (in *pl.*, diarrhoea) שִׁלְשׁוּל
—v.t. &i. חִרְבֵּן
—int. חָרָא! "שִׁיט"!

shitty /ʃɪtɪ/ adj. (*vulg.*) מְחֻרְבָּן; מְלֻכְלָךְ

shiver[1] /ʃɪvə(r)/ n.
1 (tremble) רְעָדָה, רֶטֶט, צְמַרְמֹרֶת
2 (in *pl.*, attack of trembling) צְמַרְמוֹרוֹת (בְּשֶׁל הִצְטַנְּנוּת וְכַד'), צְמַרְמֹרֶת (שֶׁל פַּחַד)
—v.i. רָעַד, רָטַט

shiver[2] /ʃɪvə(r)/ n. & v.t. & i. רְסִיס; שָׁבַר לִרְסִיסִים; הִתְנַפֵּץ לִרְסִיסִים

shoal[1] /ʃəʊl/ n. לַהַק (שֶׁל דָּגִים)
□ *he receives shoals of fan letters* (*colloq.*) הוּא מְקַבֵּל אֵינְסוֹף מִכְתְּבֵי מַעֲרִיצִים

shoal[2] /ʃəʊl/ n. שִׂרְטוֹן

shock[1] /ʃɒk/ n.
1 (violent blow, collision) הֶלֶם, זַעֲזוּעַ, שׁוֹק
shock absorber בּוֹלֵם זַעֲזוּעִים, מַנְחֵת זַעֲזוּעִים (בִּמְכוֹנִית); בַּלָּם־רְתִיעָה (בִּכְלֵי־יְרִיָּה)
shock troops גַּיְסוֹת־מַחַץ, חֵיל־מַחַץ
2 (disturbing effect on emotions) זַעֲזוּעַ, "הֶלֶם", "שׁוֹק"
shock tactics טַקְטִיקַת הֶלֶם
□ *news of the invasion was a great shock to me* הַיְדִיעוֹת עַל הַפְּלִישָׁה זִעְזְעוּ אוֹתִי עֲמֻקּוֹת
3 (acute distress; weakened physical state following wound, etc.) הֶלֶם, שׁוֹק
□ *he was unhurt, but in deep shock* הוּא לֹא נִפְצַע, אַךְ הוּא הָיָה בְּהֶלֶם (נַפְשִׁי) עָמֹק
□ *his blood loss was so great that he went into shock* הוּא אִבֵּד כָּל־כָּךְ הַרְבֵּה דָּם עַד שֶׁנִּכְנַס לְמַצַּב שֶׁל הֶלֶם
4 (*Electr.*) הֶלֶם חַשְׁמַלִּי, "זֶרֶם"
electric shock הֶלֶם חַשְׁמַלִּי, זֶרֶם
shock treatment טִפּוּל בְּהֶלֶם חַשְׁמַלִּי
—v.t.
1 (affect with shock, horrify) גָּרַם לְ(פְלוֹנִי) לְ"הֶלֶם", זִעְזַע
2 (cause electric shock) חִשְׁמֵל
—v.i. נִדְהַם, הִזְדַּעְזַע, חָטַף "הֶלֶם"
□ *I don't shock easily* קָשֶׁה לְהַדְהִים אוֹתִי, אֲנִי לֹא נִבְהָל בְּקַלּוּת

shock[2] /ʃɒk/ n.
(untidy mass of hair) רַעְמַת שֵׂעָר

shocker /ʃɒkə(r)/ n. (*colloq.*) "בֶּן־אָדָם אָיֹם", "דָּבָר אָיֹם" (מִבְּחִינַת סֵדֶר, הִתְנַהֲגוּת וְכַד')
□ *he's a shocker for untidiness* הוּא מְפֻזָּר בְּצוּרָה נוֹרָאִית

shock-headed /ʃɒk-ˈhedɪd/ adj. בַּעַל סְבַךְ־שֵׂעָר, שֶׁשְּׂעַר רֹאשׁוֹ מְגֻדָּל פֶּרַע

shocking /ʃɒkɪŋ/ adj. מְעוֹרֵר פַּלָּצוּת, מְזַעְזֵעַ; "מְזַעְזֵעַ", מַדְהִים
□ *she has shocking taste* (*colloq.*) יֵשׁ לָהּ טַעַם מְזַעְזֵעַ
□ *the weather is shocking* (*colloq.*) מֶזֶג־הָאֲוִיר הוּא אָיֹם

shock-proof /ʃɒk-pruːf/ adj. עָמִיד (בִּפְנֵי) זַעֲזוּעִים, חֲסִין־זַעֲזוּעִים
□ *I've got a shock-proof watch* יֵשׁ לִי שָׁעוֹן עָמִיד בִּפְנֵי זַעֲזוּעִים

shod /ʃɒd/ past & past ppl. of **shoe**

shoddy /ʃɒdɪ/ adj. (*derog.*) גָּרוּעַ, מֵאֵיכוּת יְרוּדָה, זוֹל

shoddily /ʃɒdɪlɪ/ adv. (*derog.*) בְּאֹפֶן גָּרוּעַ, בְּאֹפֶן מְרֻשָּׁל

shoe /ʃuː/ n. נַעַל; פַּרְסַת־בַּרְזֶל (לְסוּס); רְפִידָה (שֶׁל מַנְגָּנוֹן מִיכָנִי וְכַד')
brake shoes סַנְדְּלֵי הַבֶּלֶם, רְפִידוֹת הַבֶּלֶם
□ *step into somebody's shoes* (*fig.*) נִכְנַס לַנַּעֲלַיִם שֶׁל פְּלוֹנִי
□ *I wouldn't like to be in his shoes* (*fig.*) לֹא הָיִיתִי רוֹצֶה לִהְיוֹת בִּנְעָלָיו (לִהְיוֹת בִּמְקוֹמוֹ, בְּמַצָּבוֹ)
—v.t. (past & past ppl. **shod** /ʃɒd/) הִנְעִיל; פִּרְזֵל (סוּס)

shoe-horn /ʃuː-hɔːn/ n. כַּף לִנְעָלַיִם

shoe-lace /ʃuː-leɪs/ n. שְׂרוֹךְ נַעַל

shoe-leather /ʃuː-leðə(r)/ n. עוֹר לִנְעָלַיִם
□ *his wages hardly keep him in shoe-leather* מַשְׂכֻּרְתּוֹ בְּקשִׁי מְפַרְנֶסֶת אוֹתוֹ

shoemaker /ʃuːmeɪkə(r)/ n. סַנְדְּלָר

shoepolish /ʃuːpɒlɪʃ/ n. מִשְׁחַת־נַעֲלַיִם, מִשְׁחַת צִחְצוּחַ (לִנְעָלַיִם)

shoeshine /ʃuːʃaɪn/ n. (*US*) צִחְצוּחַ נַעֲלַיִם

shoe-string /ʃuː-strɪŋ/ n. שְׂרוֹךְ־נַעַל
□ *she brought up her children on a shoe-string* (*colloq.*) הִיא גִּדְּלָה אֶת יְלָדֶיהָ עַל פְּרוּטוֹת

shoe-tree /ʃuː-triː/ n. אִמּוּם שֶׁל נַעַל

shone /ʃɒn/ past & past ppl. of **shine**

shoo /ʃuː/ v.t. & int. (*colloq.*) גֵּרֵשׁ בִּשְׁרִיקוֹת; "קִישְׁטָא"!

shook /ʃʊk/ past of **shake**

shoot /ʃuːt/ (past & past ppl. **shot** /ʃɒt/) v.t.
1 (discharge weapon, fire at, wound or kill by shooting) יָרָה בְּ... (כְּלִי נֶשֶׁק); יָרָה בְּ... (פְּלוֹנִי וְכַד')

shoot a line (*colloq.*) הִתְרַבְרֵב
shoot one's mouth off (*colloq.*) פָּתַח אֶת הַפֶּה הַגָּדוֹל שֶׁלּוֹ
□ *he shot several bullets from his gun* הוּא יָרָה מִסְפַּר כַּדּוּרִים מִן הַנֶּשֶׁק שֶׁלּוֹ
□ *the soldier was shot* הַחַיָּל נוֹרָה; הַחַיָּל נִפְגַּע בִּירִיָּה
2 (propel) שִׁלַּח, הֵטִיל, הֵעִיף; פָּלַט
□ *she closed the door and shot the bolt* הִיא סָגְרָה אֶת הַדֶּלֶת וּמָשְׁכָה אֶת הַבְּרִיחַ
□ *the footballer shot at the goal* הַכַּדּוּרַגְלָן בָּעַט (בְּחָזְקָה) כַּדּוּר לַשַּׁעַר, הַכַּדּוּרַגְלָן "יָרָה" לַשַּׁעַר
□ *he shot a glance at his opponent* הוּא הֵעִיף מַבָּט בִּירִיבוֹ
3 (move rapidly across, etc.) "טָס", זִנֵּק
□ *the canoe shot the rapids* הַקָּנוּ זִנְּקָה בְּמוֹרַד הָאֶשֶׁד
□ *she shot the lights* (*colloq.*) הִיא עָבְרָה בְּאָדֹם בְּ"טִיסָה"
4 (film or potograph) צִלֵּם
□ *shoot this scene in black and white* צַלֵּם אֶת הַתְּמוּנָה הַזֹּאת בְּשָׁחוֹר־לָבָן
5 (inject a drug, *sl.*) הִזְרִיק (סַם בִּלְבַד)
shoot heroin הִזְרִיק הֵרוֹאִין
—v.i.
1 (discharge in a specified way) יָרָה
□ *this gun won't shoot straight* הָרוֹבֶה הַזֶּה לֹא יוֹרֶה יָשָׁר/יוֹרֶה עָקוֹם
2 (come or go swiftly) "עָף", "טָס", זִנֵּק
□ *the car shot out of a side turning* הַמְּכוֹנִית הִתְעוֹפְפָה אֶל מִחוּץ לַפְּנִיָּה
□ *the sports car shot along the motorway* מְכוֹנִית הַסְּפּוֹרְט טָסָה לְאֹרֶךְ הָאוֹטוֹסְטְרָדָה
3 (sprout, put forth buds, *Bot.*) הוֹצִיא נִצָּנִים, הֵנֵץ
□ *rose bushes always shoot after they are pruned* שִׂיחֵי וְרָדִים תָּמִיד מַצְמִיחִים נִצָּנִים לְאַחַר שֶׁגּוֹזְמִים אוֹתָם
4 (hunt with a gun) צָד בְּרוֹבֶה
□ *he enjoys riding, shooting and fishing* הוּא אוֹהֵב לִרְכֹּב עַל סוּסִים, לָצוּד בְּרוֹבֶה וְלָדוּג
5 (of pain, pass with stabbing sensation) חָלַף
□ *the pain shot up his arm* הַכְּאֵב חָלַף בִּמְהִירוּת בִּזְרוֹעוֹ
6 (say what one has to say, *US colloq.*) אָמַר אֶת שֶׁלּוֹ
□ *you wanted to say something, well, shoot!* רָצִיתָ לְהַגִּיד מַשֶּׁהוּ – אָז תַּגִּיד!
—(in set phrases)
shoot down
(kill a person by shooting) הָרַג, יָרָה וְהִפִּיל לַקַּרְקַע
(bring down a plane) הוֹרִיד (מָטוֹס) בִּירִיָּה
(argue against) חִסֵּל אֶת הַטִּעוּן שֶׁל
shoot for (*US colloq.*) שָׂם לְעַצְמוֹ מַטָּרָה שֶׁל
shoot it out (*colloq.*) סָגַר אֶת הָעִנְיָן בִּירִיּוֹת, הִכְרִיעַ אֶת הַנּוֹשֵׂא בִּקְרַב יְרִיּוֹת
shoot up
(grow rapidly) גָּדַל, צָמַח (בְּקוֹמָה)
(rise suddenly) הִמְרִיא, הִרְקִיעַ שְׁחָקִים (מְחִיר וְכַד')
(damage by shooting, *colloq.*) רִסֵּק בִּירִיּוֹת
(inject drug, *sl.*) הִזְרִיק (סַם בִּלְבַד)
—n.
1 (new growth) נֵצֶר, חֹטֶר
2 (shooting party or expedition) צַיִד (אֵרוּעַ); חֲבוּרַת צַיִד

shooting /ʃu:tɪŋ/ n. יְרִי, יְרִיּוֹת (אֵרוּעַ פְּלִילִי); צַיִד בִּירִיּוֹת

shooting-gallery /ʃu:tɪŋ-ˌgælərɪ/ n. דּוּכַן קְלִיעָה לַמַּטָּרָה (בְּיָרִיד); מִטְוַח־יְרִי סָגוּר

shooting-match /ʃu:tɪŋ-mætʃ/ n. (*colloq.*) "עֵסֶק", "עִנְיָן"

shooting-range /ʃu:tɪŋ-reɪndʒ/ n. מִטְוָח יְרִי

shooting-star /ʃu:tɪŋ-ˈstɑ:(r)/ n. כּוֹכָב נוֹפֵל, מֶטֶאוֹר

shooting-stick /ˈʃu:tɪŋ-stɪk/ n. מַקֵּל הֲלִיכָה שֶׁהוּא גַּם כִּסֵּא מִתְקַפֵּל

shoot-out /ʃu:t-aʊt/ n. (*colloq.*) קְרַב יְרִיּוֹת (בֵּין אֶקְדּוֹחָנִים וְכַד')

shop /ʃɒp/ n.
1 (building, room, etc. for retail sale) חֲנוּת
bucket shop (*colloq.*) סוֹכְנוּת לִמְכִירַת כַּרְטִיסֵי טִיסָה מוּזָלִים
coffee shop בֵּית קָפֶה
□ *his clothes were scattered all over the shop* (*colloq.*) בְּגָדָיו הָיוּ מְפֻזָּרִים בְּכָל פִּנָּה
2 (workshop, place of manufacture) בֵּית־מְלָאכָה, סַדְנָה
shop-floor אוּלָם יִצּוּר (בְּמִפְעָל וְכַד'); פּוֹעֲלֵי הַיִּצּוּר
closed shop מִפְעָל סָגוּר (בֵּית־חֲרֹשֶׁת אוֹ עֵסֶק הַמַּעֲסִיקִים רַק חַבְרֵי אִגּוּד מִקְצוֹעִי מְסֻיָּם)
3 (profession, trade, etc.) עֲסָקִים, עֵסֶק
set up shop נִכְנַס לַעֲסָקִים, פָּתַח עֵסֶק
□ *the crèche shut up shop for lack of support* הַפָּעוֹטוֹן נִסְגַּר מֵחֹסֶר תְּמִיכָה
talk shop נִהֵל שִׂיחָה מִקְצוֹעִית, דִּבֵּר בְּעִנְיְנֵי הַמִּקְצוֹעַ
—v.i. עָרַךְ קְנִיּוֹת, קָנָה
shop around הִשְׁוָה אֶת הַמְּחִירִים (בַּחֲנֻיּוֹת שׁוֹנוֹת)
□ *I'm shopping for groceries* אֲנִי קוֹנָה מוּצְרֵי מַכֹּלֶת
—v.t. (*sl.*) הִלְשִׁין עַל (לַמִּשְׁטָרָה)
□ *the burglar was shopped by one of his mates* אֶחָד מֵהַחֲבֵרֶ'ה שֶׁל הַשּׁוֹדֵד הִלְשִׁין עָלָיו לַמִּשְׁטָרָה

shop-assistant /ʃɒp-əˌsɪstənt/ n. זַבָּן

shop-front /ʃɒp-frʌnt/ n. חֲזִית־הַחֲנוּת

shopkeeper /ʃɒpki:pə(r)/ n. חֶנְוָנִי, בַּעַל־חֲנוּת

shoplift /ʃɒplɪft/ v.t. & i. גָּנַב (מֵחֲנוּת), "סָחַב"

shoplifter /ʃɒplɪftə(r)/ n. גַּנָּב (שֶׁל מִצְרָכִים בּוֹדְדִים מֵחֲנוּיוֹת)

shopper /ʃɒpə(r)/ n.
1 (person shopping) קוֹנֶה
2 (bag or trolley for purchases) שַׂק לִקְנִיּוֹת; עֲגָלַת קְנִיּוֹת

shopping /ʃɒpɪŋ/ n. קְנִיּוֹת, "שׁוֹפִּינְג"
shopping centre קַנְיוֹן, מֶרְכַּז קְנִיּוֹת
□ *have you done your shopping?* הַאִם סִיַּמְתָּ אֶת הַקְּנִיּוֹת שֶׁלְּךָ?

shopping-bag /ʃɒpɪŋ-bæg/ n. שַׂק לִקְנִיּוֹת

shop-soiled /ʃɒp-sɔɪld/ adj. סְחוֹרָה הַנִּמְכֶּרֶת לְאַחַר שֶׁשִּׁמְּשָׁה לִתְצוּגָה בַּחֲנוּת

shop-steward /ʃɒp-ˈstjuːəd/ n. נְצִיג וַעַד־הָעוֹבְדִים (בְּמִפְעָל)

shop-walker /ʃɒp-wɔːkə(r)/ n. מַשְׁגִּיחַ בַּחֲנוּת, מַדְרִיךְ לַקּוֹחוֹת

shop-window /ʃɒp-ˈwɪndəʊ/ n. חַלּוֹן־רַאֲוָה
□ *he puts goods in the shop-window* (*fig. derog.*) אֶפְשָׁר מִיָּד לִרְאוֹת בְּדִיּוּק מִי הוּא וּמַה הוּא
□ *he regarded the interview as a shop-window for his skills* הוּא רָאָה בָּרֵאָיוֹן הִזְדַּמְּנוּת לְהַצִּיג לְרַאֲוָה אֶת כִּשְׁרוֹנוֹתָיו

shore[1] /ʃɔː(r)/ n. חוֹף
shore leave חֻפְשַׁת יַבָּשָׁה (חֻפְשָׁה קְצָרָה שֶׁל מַלָּח)
□ *the passengers were on shore for 24 hours* הַנּוֹסְעִים שָׁהוּ עַל הַחוֹף 24 שָׁעוֹת
□ *my American aunt often visits these shores* דּוֹדָתִי מֵאָמֶרִיקָה פּוֹקֶדֶת אֶת חוֹפֵינוּ לְעִתִּים קְרוֹבוֹת

shore[2] /ʃɔː(r)/ v.t.
shore up תָּמַךְ בְּ... (קִיר וְכַד׳, גַּם בְּהַשְׁאָלָה)

shorn /ʃɔːn/ past ppl. of **shear**

short /ʃɔːt/ adj.
1 (measuring little) קָצָר
short circuit (*Electr.*) קֶצֶר
short cut קִצּוּר דֶּרֶךְ
short drink "מַשְׁקֶה קָצָר" (מַשְׁקֶה אַלְכּוֹהוֹלִי לֹא מָהוּל, לְהַבְדִּיל מִקּוֹקְטֵיל)
short pastry בָּצֵק פָּרִיךְ (לְלֹא שְׁמָרִים)
(give) short shrift טִפּוּל קָצָר וַחֲסַר סַבְלָנוּת (בִּפְנִיָּה וְכַד׳)
short sight קִצְרוּת רֹאִי, רְאִיָּה קְצָרָה
short story סִפּוּר קָצָר
in the short term בַּטְּוָח הַקָּצָר
short ton טוֹנָה קְטַנָּה, 2000 לִיטְרָאוֹת (= 908 ק״ג)
short waves גַּלִּים קְצָרִים (בְּשִׁדּוּרֵי רַדְיוֹ)
□ *the horse won by a short head* הַסּוּס זָכָה בַּמֵּרוֹץ בְּהֶפְרֵשׁ שֶׁל פָּחוֹת מֵרֹאשׁ
□ *the grocer gave us short measure* (or *weight*) הַחֶנְוָנִי רִמָּה אוֹתָנוּ בְּמִדָּה/בְּמִשְׁקָל
□ *the workers were put on short time* הַפּוֹעֲלִים עָבְדוּ לְפִי שְׁעוֹת עֲבוֹדָה מְקֻצָּרוֹת

2 (of small height) נָמוּךְ
□ *my brother was shorter than average* אָחִי הָיָה נָמוּךְ מִן הַמְּמֻצָּע
3 (deficient) חָסֵר
in short supply בְּכַמּוּת מְצֻמְצֶמֶת
□ *our team is short of a player* בַּקְּבוּצָה שֶׁלָּנוּ חָסֵר שַׂחְקָן
4 (curt, uncivil) קֶצֶר; קָצָר וְגַס
□ *he was short with her* הוּא דִּבֵּר אִתָּהּ קָצָר וְלָעִנְיָן
5 (concise, brief) קָצָר, מְצֻמְצָם
in short בְּקִצּוּר
short and sweet (*colloq.*) קָצָר וְלָעִנְיָן
□ *Michael was called Mike for short* מִיכָאֵל נִקְרָא בְּקִצּוּר "מַיְק"
□ *the children made short work of the meal* (*colloq.*) הַיְלָדִים חִסְּלוּ בְּבַת אַחַת אֶת הָאֲרוּחָה

—adv.
1 (in a way which is not enough)
go short נֶאֱלַץ לְהִסְתַּפֵּק בְּפָחוֹת מִן הַדָּרוּשׁ (לָרֹב מָזוֹן)
run short הִתְחִיל לֶאֱזֹל
stop short
(stop suddenly) עָצַר בִּפְתְאֹמִיּוּת
(not reach stage of) עָצַר לִפְנֵי, עָצַר עַל גְּבוּל, גָּבַל בְּ...
□ *the price is nothing short of robbery* הַמְּחִיר הַזֶּה גּוֹבֵל בְּפַשְׁטִיַּת עוֹר
□ *don't sell yourself short at the interview* אַל תִּצְטַנֵּעַ יוֹתֵר מִדַּי בִּשְׁעַת הָרֵאָיוֹן
2 (abruptly; rudely) בִּדְחִיפוּת, בִּמְהִירוּת; בְּגַסּוּת
cut short שָׂם קֵץ לְ..., "חָתַךְ"
bring up short הִפְסִיק (דְּבַר מָה, אֶת פְּלוֹנִי וְכַד׳) בְּאֶמְצַע
taken short (*colloq.*) נֶאֱלַץ לָגֶשֶׁת בִּדְחִיפוּת לַשֵּׁרוּתִים
—v.t. & i. (*Electr. colloq.*) קִצֵּר, גָּרַם לְקֶצֶר בְּ...; "נִשְׂרַף" (בְּשֶׁל קֶצֶר חַשְׁמַלִּי)
—n.
1 (*Electr.*) קֶצֶר (חַשְׁמַלִּי)
2 (drink) "מַשְׁקֶה קָצָר" (אַלְכּוֹהוֹלִי, לֹא מָהוּל, לְהַבְדִּיל מִקּוֹקְטֵיל)
3 (film) סֶרֶט קָצָר

shortage /ʃɔːtɪdʒ/ n. מַחְסוֹר, חֹסֶר; גֵּרָעוֹן

shortbread /ʃɔːtbred/ n. (also **shortcake** /ʃɔːtkeɪk/) עוּגִיַּת חֶמְאָה פְּרִיכָה

short-change /ʃɔːt-ˈtʃeɪndʒ/ v.t. (*derog.*) רִמָּה בָּעֹדֶף (הֶחֱזִיר פָּחוֹת מִן הַמַּגִּיעַ)

short-circuit /ʃɔːt-ˈsɜːkɪt/ v.t. & i. קִצֵּר, גָּרַם לְקֶצֶר בְּ...; "נִשְׂרַף" (כְּתוֹצָאָה מִקֶּצֶר חַשְׁמַלִּי)
□ *she short-circuited the system* (*fig.*) הִיא מָצְאָה דֶּרֶךְ לְקַצֵּר אֶת הַהֲלִיכִים הַמְּקֻבָּלִים

shortcoming /ʃɔːtkʌmɪŋ/ n. (usu. in *pl.*) מִגְרַעַת, חִסָּרוֹן, קֹצֶר־יָד; מִגְבָּלָה

shorten /ʃɔːt(ə)n/ v.t. & i. קִצֵּר; הִתְקַצֵּר

shortening /ʃɔːt(ə)nɪŋ/ n. שֻׁמָּן לַאֲפִיָּה; קִצּוּר; הִתְקַצְּרוּת

shortfall /ʃɔːtfɔːl/ n. גֵּרָעוֹן

shorthand /ʃɔːthænd/ n. קַצְרָנוּת

short-handed /ʃɔːtˈhændɪd/ adj. חֲסַר יָדַיִם עוֹבְדוֹת

short list /ʃɔːt lɪst/ n. & v.t. רְשִׁימַת מֻעֲמָדִים סוֹפִית; הִכְנִיס לָרְשִׁימָה (כַּנַּ"ל)

short-lived /ʃɔːt-ˈlɪvd/ adj. קְצַר־יָמִים, חוֹלֵף (מַצָּב וְכַד')

shortly /ʃɔːtlɪ/ adv.

1 (soon) בְּקָרוֹב, תּוֹךְ זְמַן קָצָר, בִּמְהֵרָה

2 (abruptly) בְּפַסְקָנוּת; בַּחֲרִיפוּת, בְּגַסּוּת

□ *he spoke to me rather shortly* הוּא דִּבֵּר אִתִּי בַּחֲרִיפוּת (מֻפְרֶזֶת)

3 (briefly) בְּקִצּוּר, בְּקִצְרָה

shorts /ʃɔːts/ n. *pl.* מִכְנָסַיִם קְצָרִים, "שׁוֹרְטְס"; (בְּאַרְהַ"ב) תַּחְתּוֹנֵי גֶּבֶר

short-sighted /ʃɔːt-ˈsaɪtɪd/ adj. קְצַר־רֹאִי, קְצַר־רְאוּת

short-tempered /ʃɔːt-ˈtempəd/ adj. רַגְזָנִי, קְצַר־רוּחַ, לֹא מוֹשֵׁל בְּרוּחוֹ

short-term /ʃɔːt-ˈtɜːm/ adj. קְצַר־מוֹעֵד, לְטוֹוַח קָצָר

shot[1] /ʃɒt/ n.

1 (discharge of gun; attempt to hit target, etc.) יְרִיָּה; קְלִיעָה, זְרִיקָה; נִסָּיוֹן

a shot in the dark (*colloq.*) הַשְׁעָרָה בְּעָלְמָא, נִחוּשׁ סְתָמִי

not by a long shot (*colloq.*) כְּלָל וּכְלָל לֹא, לְגַמְרֵי לֹא, בְּשׁוּם תְּנַאי לֹא

good shot! קְלִיעָה מֻצְלַחַת! זְרִיקָה טוֹבָה!

□ *several shots were fired* נוֹרוּ מִסְפַּר יְרִיּוֹת

□ *I'll have a shot at skiing* (*colloq.*) אֲנִי אֲנַסֶּה אֶת כֹּחִי בְּסְקִי

□ *the boy was off like a shot* (*colloq.*) הַיֶּלֶד יָצָא לְדַרְכּוֹ כְּחֵץ מִקֶּשֶׁת

2 (marksman) קַלָּע, צַלָּף

□ *he's a dead shot* הוּא קַלָּע מְעֻלֶּה

3 (*Photog. colloq.*) תַּצְלוּם (בּוֹדֵד); "שׁוֹט" (בְּסֶרֶט קוֹלְנוֹעַ)

4 (injection, *colloq.*) זְרִיקָה

□ *his business needs a shot in the arm* צָרִיךְ לָתֵת זְרִיקַת מֶרֶץ לָעֵסֶק שֶׁלּוֹ

5 (ammunition) רְסַס עוֹפֶרֶת (בְּרוֹבֵה צַיִד); כַּדּוּר־תּוֹתָח

lead shot רְסַס עוֹפֶרֶת (בְּרוֹבֵה צַיִד)

6 (sending up of spacecraft, *colloq.*) מַסָּע

7 (small alcoholic drink) "כּוֹסִית" (שֶׁל מַשְׁקֶה חָרִיף)

8 (important person, *colloq.*)

big shot "תּוֹתָח כָּבֵד", "קָלִיבֶּר" (אִישִׁיּוּת חֲשׁוּבָה)

shot[2] /ʃɒt/ past & past ppl. of **shoot**

shot[3] /ʃɒt/ adj.

1 (woven in two colours) אָרוּג בִּשְׁנֵי צְבָעִים; (בְּהַשְׁאָלָה) מוּצָף (בְּאוֹר, בְּצֶבַע וְכַד')

shot silk מֶשִׁי אָרוּג בִּשְׁנֵי צְבָעִים

□ *his writing is shot through with melancholy* (*fig.*) הַכְּתִיבָה שֶׁלּוֹ מְלֵאָה תּוּגָה

2 (rid, *colloq.*)

□ *I'll be glad to be* (or *get*) *shot of my cold* אֲנִי אֶשְׂמַח לְהִפָּטֵר מִן הַהִצְטַנְּנוּת שֶׁלִּי

3 (ruined, *colloq.*) "הָרוּס"

□ *I was late for the interview, so my prospects are shot* אֵחַרְתִּי לָרֵאָיוֹן, וּכְתוֹצָאָה מִכָּךְ הַסִּכּוּיִים שֶׁלִּי אֲבוּדִים

shot-gun /ʃɒt-gʌn/ n. רוֹבֵה־צַיִד

a shot-gun wedding (*euphem.*) נִשּׂוּאִים מִתּוֹךְ לַחַץ, נִשּׂוּאִים כְּפוּיִים (בְּעִקָּר מֵחֲמַת הֵרָיוֹן הַכַּלָּה)

should /ʃʊd/, weak form /ʃəd/ v. aux. (past & condit. of **shall**)

1 (expressing obligation or advice)

□ *all visitors should check in at reception* כָּל הַמְבַקְּרִים חַיָּבִים לְהֵרָשֵׁם בַּקַּבָּלָה

□ *you should eat a balanced diet* עָלֶיךָ לֶאֱכֹל בְּצוּרָה מְאֻזֶּנֶת

2 (drawing various tentative conclusions)

□ *I should be there by five* אֲנִי מַעֲרִיךְ שֶׁאַגִּיעַ לְשָׁם לִפְנֵי חָמֵשׁ

□ *I should expect them to be late* הָיִיתִי מְצַפֶּה שֶׁהֵם יְאַחֲרוּ

□ *I should think so!* (*colloq.*) וְעוֹד אֵיךְ!

3 (in various conditional senses)

□ *if you should change your mind, please let me know* (*formal*) אִם תַּחְלִיט לְשַׁנּוֹת אֶת דַּעְתְּךָ, אָנָּא הוֹדִיעַ לִי

□ *if his prediction is true, it should rain tomorrow* אִם הַתַּחֲזִית שֶׁלּוֹ נְכוֹנָה, סָבִיר שֶׁיֵּרֵד גֶּשֶׁם מָחָר

4 (used after **that** in various senses)

□ *I'm concerned that he should feel excluded* (*formal*) אֲנִי מֻדְאָג שֶׁהוּא מַרְגִּישׁ מְבוֹדָד

□ *I'm anxious that she should feel at home* חָשׁוּב לִי שֶׁהִיא תַּרְגִּישׁ בַּבַּיִת

5 (in polite requests)

□ *I should be grateful if you would come* (*formal*) אֶשְׂמַח מְאֹד אִם תּוּכַל לָבוֹא

□ *I should like to make a phone call* הָיִיתִי רוֹצֶה לְהִשְׁתַּמֵּשׁ בַּטֶּלֶפוֹן

6 (in questions, expressing lack of interest, etc.)

□ *how should I know?* (*colloq.*) מֵאַיִן לִי לָדַעַת?

shoulder /ʃəʊldə(r)/ n.

1 (part of body) כָּתֵף

straight from the shoulder בְּגִלּוּי לֵב, בִּכְנוּת וּבְתַקִּיפוּת

□ *we stood shoulder to shoulder* עָמַדְנוּ כָּתֵף אֶל כָּתֵף, הִתְיַצַּבְנוּ שֶׁכֶם אֶחָד

□ *he has an old head on young shoulders* (*fig.*) "אָב בְּחָכְמָה וָרַךְ בַּשָּׁנִים"

□ *we must put* (or *set*) *our shoulders to the wheel* (*fig.*) עָלֵינוּ לְהַטּוֹת שֶׁכֶם לַמְּלָאכָה

□ *I need a shoulder to cry on* אֲנִי צָרִיךְ מִישֶׁהוּ לִשְׁפֹּךְ לְפָנָיו אֶת הַצָּרוֹת שֶׁלִּי

□ *she gave him the cold shoulder* (*colloq.*) הִיא הִתְיַחֲסָה אֵלָיו בִּקְרִירוּת

2 (part of garment covering shoulder) "כָּתֵף", שַׁרְווּל

padded shoulders שַׁרְווּלִים מְרֻפָּדִים, כְּתֵפַיִם מְרֻפָּדוֹת (שֶׁל בֶּגֶד)

3 (strip of land next to road) שׁוּלַיִם

□ *they pulled over onto the hard shoulder* הֵם עָצְרוּ בְּמִשְׁטָח שֶׁבְּשׁוּלֵי הַכְּבִישׁ

—v.t.

1 (carry on shoulder) נָשָׂא, נָשָׂא עַל כְּתֵפָיו; הִכְתִּיף (רוֹבֶה)

shoulder arms! (*Mil.*) הַכְתֵּף-שֶׁק!

□ *she shouldered her rucksack and set off* הִיא הֵטִילָה אֶת הַתַּרְמִיל עַל כְּתֵפָהּ וְיָצְאָה לַדֶּרֶךְ

□ *who will shoulder the blame?* מִי יִשָּׂא בָּאַשְׁמָה?

2 (jostle) דָּחַף בְּכָתֵף, הָדַף בְּכָתֵף

□ *he shouldered his way through the crowd* הוּא נִדְחַק בְּמַרְפְּקִים דֶּרֶךְ הֶהָמוֹן

shoulder-blade /ˈʃəʊldə-bleɪd/ n. עֶצֶם הַכָּתֵף, שִׁכְמָה

shoulder-strap /ˈʃəʊldə-stræp/ n. כְּתֵפִיָּה, רְצוּעַת-כָּתֵף

shouldn't /ˈʃʊd(ə)nt/ contr. of **should not** (*colloq.*)

shout /ʃaʊt/ v.t. & i. צָעַק, זָעַק

shout down הִשְׁתִּיק (נוֹאֵם וְכַד') בִּצְעָקוֹת

—n. צְעָקָה, זְעָקָה

shouting /ˈʃaʊtɪŋ/ n. צְעָקוֹת, זְעָקוֹת

it's all over bar the shouting (*UK colloq.*) "הָעִנְיָן סָגוּר", הַתּוֹצָאוֹת כְּבָר בְּרוּרוֹת לְגַמְרֵי

shove /ʃʌv/ v.t. הָדַף, דָּחַף, דָּחַק

□ *they shoved him out of the way* הֵם הָדְפוּ אוֹתוֹ הַצִּדָּה

□ *he shoved it in a drawer* הוּא דָּחַף אֶת זֶה לִמְגֵרָה

—v.i.

shove off! (*colloq.*) תִּסְתַּלֵּק! קַח אֶת הָרַגְלַיִם וְעוּף מִכָּאן!

□ *I shoved through the crowd* נִדְחַפְתִּי וְנִדְחַקְתִּי בֶּהָמוֹן

—n. דְּחִיפָה, הֲדִיפָה

shove-halfpenny /ʃʌv-ˈheɪp(ə)nɪ/ n. (also **shove-ha'penny**) מִין מִשְׂחָק בְּמַטְבְּעוֹת עַל לוּחַ הַחֲלָקָה מְיֻחָד

shovel /ˈʃʌv(ə)l/ n. אֵת (לְסִלּוּק חוֹל וְכַד'); יָעֶה (לְפֶחָם, לְיַד הָאָח)

פִּלֵּס, סִלֵּק, דָּחַף (בְּאֵת אוֹ בִּכְלִי דּוֹמֶה אֶת) **—**v.t.

show /ʃəʊ/ (past ppl. **shown** /ʃəʊn/ or **showed** /ʃəʊd/) v.t.

1 (make visible, display) הֶרְאָה, הִצִּיג, גִּלָּה

show a leg! (*colloq.*) צֵא מֵהַמִּטָּה! קוּם מֵהַמִּטָּה!

□ *he is ashamed to show his face at the club* הוּא מִתְבַּיֵּשׁ לְהַרְאוֹת אֶת פָּנָיו בַּמּוֹעֲדוֹן

□ *the child shows great musical talent* הַיֶּלֶד מְגַלֶּה סִימָנֵי כִּשָּׁרוֹן מוּזִיקָלִי גָּדוֹל

□ *he showed himself a fool* הִתְנַהֲגוּתוֹ הֵעִידָה עָלָיו שֶׁהוּא שׁוֹטֶה

□ *the clock showed five past two* הַשָּׁעוֹן הֶרְאָה עַל חָמֵשׁ דַּקּוֹת אַחֲרֵי שְׁתַּיִם, הַשָּׁעוֹן הֶרְאָה עַל שְׁתַּיִם וַחֲמִשָּׁה

□ *this dress shows the dirt very badly* רוֹאִים אֶת הַלִּכְלוּךְ בְּבֵרוּר עַל הַשִּׂמְלָה הַזֹּאת

□ *he showed his hand* (or *cards*) *too early* הוּא גִּלָּה אֶת קְלָפָיו מֻקְדָּם מִדַּי

□ *after a year's work they had nothing* (or *little*) *to show for it* לְאַחַר שָׁנָה שֶׁל עֲבוֹדָה, הִתְבָּרֵר שֶׁלֹּא עָשׂוּ כְּלוּם

2 (demonstrate, point out, exhibit) הֶרְאָה, הִצִּיג

□ *this just goes to show what happens if you are lazy* זֶה רַק מַרְאֶה לְךָ מָה קוֹרֶה כְּשֶׁמִּתְעַצְּלִים

□ *they showed me the way to the park* הֵם הֶרְאוּ לִי אֶת הַדֶּרֶךְ לַפַּרְק

□ *don't just tell me, show me!* אַל תְּסַפֵּר לִי, תַּרְאֶה לִי!

3 (conduct or lead) הוֹבִיל, לִוָּה

□ *the maid showed the visitor out* הַמְּשָׁרֶתֶת לִוְּתָה אֶת הָאוֹרֵחַ אֶל דֶּלֶת הַיְּצִיאָה

□ *he was shown the door by his angry host* הַמְּאָרֵחַ הַזּוֹעֵם זָרַק אוֹתוֹ מִן הַבַּיִת

4 (exhibit) הִצִּיג

□ *his paintings are being shown in London* הַצִּיּוּרִים שֶׁלּוֹ מֻצָּגִים בְּלוֹנְדוֹן

□ *the film was shown all over town* הִצִּיגוּ אֶת הַסֶּרֶט בְּכָל הָעִיר

—v.i. נִרְאָה, הָיָה נִכָּר, הָיָה בָּרוּר

□ *the stain on the curtains won't show* לֹא יִרְאוּ אֶת הַכֶּתֶם עַל הַוִּילוֹנוֹת

□ *we waited, but he didn't show* (*colloq.*) חִכִּינוּ, אֲבָל הוּא לֹא הוֹפִיעַ

show around (or **about**) עָרַךְ לְ... סִבּוּב (בַּבַּיִת, בַּמִּפְעָל וְכַד')

show off

(behave to get attention, *derog.*) הִשְׁוִיץ

(display to best advantage) הִפְגִּין

show over עָרַךְ לְ... סִבּוּב (בַּבַּיִת, בַּמִּפְעָל וְכַד')

show up

(cause to be easily seen) הֶרְאָה

(expose the truth about) גִּלָּה

(embarrass) הֵבִיא בִּמְבוּכָה, הֵבִיךְ
(arrive as expected or arranged, *colloq.*) הִגִּיעַ, הוֹפִיעַ
—n.
1 (display, pretence, outward appearance) הַפְגָּנָה (שֶׁל דְּבַר מָה); הַעֲמָדַת פָּנִים
on show מֻצָּג (עַתָּה), מַצִּיגִים (עַכְשָׁו, סֶרֶט וְכַד'); מֻצָּג לְרַאֲוָה (יְצִירָה אָמָּנוּתִית וְכַד')
good show! (*colloq.*) כָּל הַכָּבוֹד! יָפֶה מְאֹד! (שֶׁבַח עַל פְּעֻלָּה, מַעֲשֶׂה וְכַד')
□ *can we have a show of hands on that point?* הַאִם נוּכַל לְהַצְבִּיעַ (בַּהֲרָמַת יָד) עַל נְקֻדָּה זֹאת?
□ *he made a show of interest* הוּא הֶעֱמִיד פָּנִים כְּאִלּוּ הוּא מִתְעַנְיֵן
2 (entertainment) הַצָּגָה, הוֹפָעָה, מוֹפָע
show business עִסְקֵי בִּדּוּר
□ *let's get this show on the road!* (*colloq.*) נַתְחִיל לָזוּז!
3 (undertaking, business, *colloq.*) עֵסֶק, עִנְיָן
□ *his laughter gave the (whole) show away* הַצְּחוֹק שֶׁלּוֹ הִסְגִּיר אֶת כָּל הָעֵסֶק

showbiz /ʃəʊbɪz/ n. (*colloq.*) "שׁוֹאוּבִּיזְנֶס", עִסְקֵי שַׁעֲשׁוּעִים

show-case /ʃəʊ-keɪs/ n. תֵּבַת תְּצוּגָה (מִזְכוּכִית); (בְּהַשְׁאָלָה) "חַלּוֹן רַאֲוָה"
□ *Paris is the show-case for the fashion industry* פָּרִיז הִיא חַלּוֹן הָרַאֲוָה שֶׁל תַּעֲשִׂיַּת הָאָפְנָה

show-down /ʃəʊ-daʊn/ n. (*colloq.*) עִמּוּת מַכְרִיעַ

shower /ʃaʊə(r)/ n.
1 (fall of rain) מָטָר, מִמְטָר
□ *a shower of stones rained down on him* מְטַר שֶׁל אֲבָנִים נָחַת עָלָיו
2 (act of washing under running water; device for this) מִקְלַחַת, "תּוּשׁ"
3 (party, *US*) מְסִבָּה (לְאִשָּׁה, לְרֶגֶל אֵרוּסִין, הֻלֶּדֶת יֶלֶד וְכַד')
—v.t. & i. הִמְטִיר עַל; הִשְׁלִיךְ מָטָר עַל; הִתְקַלַּח, עָשָׂה "תּוּשׁ"; יָרַד גֶּשֶׁם
□ *the victorious general was showered with honours* הִמְטִירוּ אוֹתוֹת-כָּבוֹד עַל הַגֶּנֶרָל הַמְּנַצֵּחַ

showerproof /ʃaʊəpru:f/ adj. חָסִין בִּפְנֵי גֶּשֶׁם

showery /ʃaʊ(ə)rɪ/ adj. (מֶזֶג-אֲוִיר) שֶׁל מִמְטָרִים

showing /ʃəʊɪŋ/ n. תְּצוּגָה
□ *there will be a showing of the film at noon* תִּהְיֶה הַקְרָנָה שֶׁל הַסֶּרֶט בַּצָּהֳרַיִם
□ *they put up a poor showing in the competition* הֵם הִצִּיגוּ בִּצּוּעַ גָּרוּעַ בַּתַּחֲרוּת

show-jumping /ʃəʊ-dʒʌmpɪŋ/ n. דִּלּוּג-מִשׁוּכוֹת (תַּחֲרוּת רַאֲוָה בִּרְכִיבָה)

showman /ʃəʊmən/ n. אִישׁ-בִּדּוּר (מֵפִיק, בַּמַּאי וְכַד'); "שַׂחְקָן" (לְמָשָׁל מְדִינַאי הַיּוֹדֵעַ אֵיךְ לְהַצִּיג אֶת עֶמְדָּתוֹ)

shown /ʃəʊn/ past ppl. of **show**

show-off /ʃəʊ-ɒf/ n. (*colloq. derog.*) "שְׁוִויצֶר", רַבְרְבָן

show-room /ʃəʊ-ru:m/ n. חֲדַר-תְּצוּגָה, אוּלַם-תְּצוּגָה

showy /ʃəʊɪ/ adj. מוֹשֵׁךְ אֶת הָעַיִן (בִּפְאֵר מֻגְזָם, בִּצְבָעִים בּוֹלְטִים), צַעֲקָנִי, "רוֹעֵשׁ", מְצֻעְצָע

shrank /ʃræŋk/ past of **shrink**

shrapnel /ʃræpnəl/ n. רְסִיס, רְסִיסִים (שֶׁל פָּגָז)

shred /ʃred/ n. קֶרַע (קָטָן וָצַר), חֲתִיכָה קְרוּעָה; גֶּזֶר; פִּסָּה; שַׁבְרִיר
□ *his trousers were torn to shreds by the brambles* הַקּוֹצִים קָרְעוּ אֶת מִכְנָסָיו לִגְזָרִים
□ *his story didn't contain a (single) shred of truth* בְּסִפּוּרוֹ לֹא הָיָה שֶׁמֶץ שֶׁל אֱמֶת
—v.t. רִסֵּק (יְרָקוֹת וְכַד'); קָרַע לִגְזָרִים (נְיָר)

shredder /ʃredə(r)/ n. מְכוֹנָה לְהַשְׁמָדַת מִסְמָכִים (עַל-יְדֵי חִתּוּכָם לִגְזָרִים); מַקְצֵצַת יְרָקוֹת

shrew /ʃru:/ n.
1 (mouse-like animal) חֲדַף
2 (bad-tempered woman, *formal*) מִרְשַׁעַת, סוֹרֶרֶת, "כַּלְבְּתָא"

shrewd /ʃru:d/ adj. פִּקֵּחַ, חָרִיף, מְמֻלָּח

shrewish /ʃru:ɪʃ/ adj. (*formal*) מִרְשַׁעַת, סוֹרֶרֶת

shriek /ʃri:k/ v.t. & i. צָוַח, צָרַח
—n. צְוָחָה, צְרָחָה

shrift /ʃrɪft/ n.
short shrift תְּשׂוּמֶת-לֵב דַּלָּה; מַעֲנֶה קָצָר וַחֲסַר-סַבְלָנוּת

shrill /ʃrɪl/ adj. (קוֹל) חַד, צוֹרְמָנִי, נוֹקֵב
—v.t. & i. צָרַח בְּקוֹל צוֹרֵם

shrimp /ʃrɪmp/ n.
1 (small crustacean) "שְׁרִימְפּ", חֲסִילוֹן
2 (small person, *colloq.*) "גַּמָּד"
—v.i. צָד שְׁרִימְפְּס

shrine /ʃraɪn/ n. מִקְדָּשׁ, מְקוֹם מִקְדָּשׁ; אֲרוֹן הַמֵּכִיל עַצְמוֹת קָדוֹשׁ

shrink /ʃrɪŋk/ (past **shrank** /ʃræŋk/, past ppl. **shrunk** /ʃrʌŋk/) v.t. כִּוֵּץ; גִּמֵּד
—v.i.
1 (become smaller) הִתְכַּוֵּץ; הִתְגַּמֵּד
2 (recoil) נִרְתַּע
□ *the child shrank from the woman's touch* הַיֶּלֶד נִרְתַּע מִמַּגַּע יַד הָאִשָּׁה

shrinkage /ʃrɪŋkɪdʒ/ n. הִתְכַּוְּצוּת

shrivel /ʃrɪv(ə)l/ v.t. & i. צִמֵּק; הִצְטַמֵּק
□ *the leaves shrivelled up in the heat* הֶעָלִים הִצְטַמְּקוּ בַּחֹם

shroud /ʃraʊd/ n.
1 (sheet for wrapping corpse) תַּכְרִיכִים
2 (thing that conceals) מַעֲטֶה
—v.t. כִּסָּה (דְּבַר מָה) בְּמַעֲטֶה; עָטַף בְּתַכְרִיכִים

□ *her whereabouts were shrouded in mystery* מְקוֹם הִמָּצְאָהּ הָיָה עָטוּף מִסְתּוֹרִין

Shrove Tuesday /ʃrəʊv ˈtjuːzdiː/ n. (*Relig.*) הַיּוֹם שֶׁלִּפְנֵי צוֹם לֶנְט (נָהוּג לְהָכִין "פַּנְקֵיקְס" בְּיוֹם זֶה)

shrub /ʃrʌb/ n. שִׂיחַ נוֹי

shrubbery /ˈʃrʌbərɪ/ n. שִׂיחִים (לְרֹב לְנוֹי)

shrug /ʃrʌg/ v.t. & i. מָשַׁךְ (בִּכְתֵפָיו)

□ *he shrugged off all our warnings* הוּא מָשַׁךְ בִּכְתֵפָיו לְמִשְׁמַע כָּל אַזְהָרוֹתֵינוּ

—n. מְשִׁיכַת־כְּתֵפַיִם

shrunk /ʃrʌŋk/ past ppl. of **shrink**

shrunken /ˈʃrʌŋkən/ adj. (*formal*) מְכֻוָּץ, מְצֻמָּק

shudder /ˈʃʌdə(r)/ v.i. הִתְחַלְחֵל, הִזְדַּעְזֵעַ

□ *I shudder to think what he will say when I tell him the news* אֲנִי נֶחֱרָד מֵהַמַּחֲשָׁבָה עַל מַה שֶּׁהוּא יֹאמַר כְּשֶׁאֲסַפֵּר לוֹ אֶת הַיְּדִיעוֹת

—n. חַלְחָלָה, צְמַרְמֹרֶת

shuffle /ˈʃʌf(ə)l/ v.t.

1 (change position of) עִרְבֵּב, טָרַף (קְלָפִים, פְּתָקִים וְכַד׳)

□ *he sits shuffling papers all day* הוּא יוֹשֵׁב כָּל הַיּוֹם וּמְשַׂחֵק בִּנְיָרוֹת שֶׁלּוֹ

□ *shuffle the cards please* עַרְבֵּב אֶת הַקְּלָפִים, בְּבַקָּשָׁה

2 (move without lifting feet from ground) גָּרַר (אֶת רַגְלָיו)

—v.i.

1 (move or walk without lifting feet from the ground) גָּרַר רַגְלַיִם

□ *watch the way he shuffles along* תִּרְאֶה אֵיךְ הוּא נִגְרָר לוֹ

2 (continually shift, fidget) נָע בְּחֹסֶר מְנוּחָה

□ *the audience shuffled impatiently* הַקָּהָל נָע בַּכִּסְאוֹת בְּחֹסֶר סַבְלָנוּת

3 (avoid) הִתְחַמֵּק מ...

□ *he shuffled out of the blame* הוּא הִצְלִיחַ לְהִתְחַמֵּק מִן הָאַשְׁמָה

—n. גְּרִירַת רַגְלַיִם; עִרְבּוּב/טְרִיפַת־קְלָפִים

Cabinet shuffle חִלּוּפֵי־גַבְרֵי בַּקַּבִּינֶט

shun /ʃʌn/ v.t. (*formal*) הִתְרַחֵק מ..., נִמְנַע מ...

shunt /ʃʌnt/ v.t. הֵסִיט/הֶעֱבִיר (קְרוֹן רַכֶּבֶת, אָדָם וְכַד׳) לְמָקוֹם אַחֵר

shush /ʃʊʃ/ v.t. (*colloq.*) הִסָּה (הִשְׁתִּיק בִּלְחִישַׁת "שְׁשְׁשְׁ...")

shut /ʃʌt/ (past & past ppl. **shut** /ʃʌt/) v.t. סָגַר; נָעַל; חָסַם, סָתַם; נִסְגַּר, נִנְעַל

1 (close) סָגַר

□ *shut the door, it's cold in here* תִּסְגֹּר אֶת הַדֶּלֶת, קַר כָּאן

□ *she shut her eyes to his faults* הִיא עָצְמָה אֶת עֵינֶיהָ לְמִגְרְעוֹתָיו

□ *he shut the shop and went home* הוּא סָגַר אֶת הַחֲנוּת וְהָלַךְ הַבַּיְתָה

□ *keep your mouth shut about this* (*colloq.*) אַל תּוֹצִיא מִלָּה עַל זֶה

2 (confine by closing door, etc.) סָגַר

□ *he shut himself in his office* הוּא סָגַר אֶת עַצְמוֹ בְּמִשְׂרָד שֶׁלּוֹ

3 (catch by closing) נִתְפַּס (בַּדֶּלֶת, וְכַד׳)

□ *she shut her finger in the car door* הָאֶצְבַּע שֶׁלָּהּ נִתְפְּסָה בַּדֶּלֶת שֶׁל הַמְּכוֹנִית (כְּשֶׁזּוֹ נִסְגְּרָה)

—v.i. נִסְגַּר

—(in set phrases)

shut away סָגַר, בּוֹדֵד

shut down הִפְסִיק אֶת פְּעֻלָּתוֹ שֶׁל, סָגַר (מְכוֹנָה, מַכְשִׁיר)

shut in סָגַר

shut off

(stop operation of) הִפְסִיק אֶת פְּעֻלָּתוֹ שֶׁל, סָגַר

(keep away or separate) סָגַר, בּוֹדֵד

shut out סָגַר בַּחוּץ

shut up

(make quiet; be quiet, *colloq.*) הִשְׁתִּיק; שָׁתַק

□ *why can't you shut up?* לָמָּה אַתָּה לֹא יָכוֹל לִסְתֹּם אֶת הַפֶּה?

(keep confined) סָגַר

(close by locking doors, etc.) סָגַר

□ *we shut up shop and went home early* (*fig.*) הֶחְלַטְנוּ שֶׁזֶּהוּ וְהָלַכְנוּ הַבַּיְתָה מֻקְדָּם

shut-down /ˈʃʌt-daʊn/ n. סְגִירָה (זְמַנִּית אוֹ סוֹפִית שֶׁל מִפְעָל וְכַד׳), הַשְׁבָּתָה (שֶׁל מְקוֹם עֲבוֹדָה ע״י הַבְּעָלִים כְּתוֹצָאָה מִסִּכְסוּךְ עֲבוֹדָה)

shut-eye /ˈʃʌt-aɪ/ n. (*colloq.*) נִמְנוּם (שֵׁנָה)

shutter /ˈʃʌtə(r)/ n.

1 (screen for windows) תְּרִיס

put up the shutters (*colloq.*) סָגַר אֶת הָעֵסֶק

2 (part of camera) צַמְצָם (שֶׁל מַצְלֵמָה)

—v.t. סָגַר אֶת הַתְּרִיסִים שֶׁל

□ *the house was shuttered for the winter* תְּרִיסֵי הַבַּיִת הָיוּ מוּגָפִים לִקְרַאת הַחֹרֶף

shuttle /ˈʃʌt(ə)l/ n.

1 (vehicle which makes regular journey) "שֵׁרוּת" (בְּמוֹנִיּוֹת, בְּאוֹטוֹבּוּסִים, בְּמְטוֹסִים וְכַד׳)

space shuttle מַעְבֹּרֶת הֶחָלָל

shuttle diplomacy דִּיפְּלוֹמַטְיָה שֶׁל מַסְּעוֹת־דִּלּוּגִים

shuttle service שֵׁרוּת הָלוֹךְ חָזוֹר (לְעִתִּים תְּכוּפוֹת לְיַעֲדִים לֹא מְרֻחָקִים)

2 (pointed tool used in weaving) בַּכִּיָר

3 (shuttlecock) נוֹצִית, כַּדּוּר נוֹצָה (לְמִשְׂחַק בַּדְמִינְטוֹן)

—v.t. & i. הֶעֱבִיר (נוֹסְעִים וְכַד׳) הָלוֹךְ וָשׁוֹב; נָע הָלוֹךְ וָשׁוֹב

shuttlecock /ʃʌt(ə)lkɒk/ n. נוֹצִית, כַּדּוּר־נוֹצָה (לְמִשְׂחַק בֶּדְמִינְטוֹן)

shy /ʃaɪ/ adj.
1 (bashful) בַּיְשָׁן
2 (avoiding) נִמְנָע, מִתְחַמֵּק, מִתְרַחֵק
once bitten, twice shy (*Prov.*) מִי שֶׁנִּכְוָה בְּרוֹתְחִין, נִזְהָר בְּפוֹשְׁרִין
□ *she fights shy of politics* הִיא מִתְרַחֶקֶת מִפּוֹלִיטִיקָה
3 (lacking, short, *US*)
□ *we're only a vote shy of winning* חָסֵר לָנוּ רַק קוֹל אֶחָד כְּדֵי לְנַצֵּחַ
—v.t. (*colloq.*) הֵעִיף (אֶבֶן וְכַד')
□ *he shied a stone at the dog* הוּא זָרַק אֶבֶן עַל הַכֶּלֶב
—v.i.
1 (make sudden nervous movement) קָפַץ בְּבֶהָלָה (סוּס וְכַד')
2 shy away from הִתְחַמֵּק מ...
—n. זְרִיקָה (שֶׁל אֶבֶן וְכַד')
coconut shy דּוּכָן (בְּיָרִיד) שֶׁבּוֹ מְנַסִּים לְהַפִּיל אֱגוֹזֵי קוֹקוֹס בְּכַדּוּרֵי עֵץ

shyster /ʃaɪstə(r)/ n. (*colloq.*) נוֹכֵל (בְּיִחוּד עוֹרֵךְ־דִּין אוֹ מְדִינַאי הַמִּשְׁתַּמֵּשׁ בְּתַחְבּוּלוֹת לֹא כְּשֵׁרוֹת)

sibilant /ˈsɪbɪlənt/ n. (*Gram.*) (עִצּוּר) שׁוֹרֵק (כְּגוֹן "ס", "ש")

sibling /ˈsɪblɪŋ/ n. (*formal*) אָח/אָחוֹת

sic /sɪk/ adv. כָּךְ (צִיּוּן מֻסְגָּר אַחֲרֵי צִטּוּט, בְּמַשְׁמָע "כָּךְ כָּתוּב בַּמָּקוֹר")

sick /sɪk/ adj. (*formal*)
1 (ill) חוֹלֶה
sick at heart (*formal*) נְקֻעָה נַפְשׁוֹ
fall sick חָלָה, נָפַל לְמִשְׁכָּב
□ *he's sick in the head* (*colloq.*) הוּא דָּפוּק בָּרֹאשׁ, הוּא מְשֻׁגָּע
□ *I've been worried sick* (*colloq.*) כִּמְעַט יָצָאתִי מִדַּעְתִּי מֵרֹב דְּאָגָה
2 (vomiting, inclined to vomit) מֵקִיא, נוֹטֶה לְהָקִיא, חָשׁ בְּחִילָה
feel sick חָשׁ בְּחִילָה
□ *she has been sick* הִיא הֵקִיאָה
3 (tired of, *colloq.*) נִמְאַס לוֹ
□ *I am sick and tired of waiting* נִמְאַס לִי לְגַמְרֵי לְחַכּוֹת
□ *I'm sick to death of your complaints* תְּלוּנוֹתֶיךָ נִמְאֲסוּ עָלַי עַד מָוֶת
4 (morbid) חוֹלָנִי, סוֹטֶה
a sick joke בְּדִיחָה חוֹלָנִית, בְּדִיחָה שֶׁל סוֹטִים
—n.
the sick הַחוֹלִים
—v.t. (*colloq.*) הֵקִיא
sick up הֵקִיא

sick-bay /ˈsɪk-beɪ/ n. חֲדַר־חוֹלִים (בָּאֳנִיָּה), מִרְפָּאָה (בִּפְנִימִיָּה וְכַד')

sick-bed /ˈsɪk-bed/ n. מִטַּת־חֳלִי

sicken /ˈsɪkən/ v.t. הֶחֱלָה; עוֹרֵר בְּחִילָה בְּ...
—v.i. נֶחֱלָה, הִתְחִיל לַחֲלוֹת
□ *the children were sickening for measles* הַיְלָדִים עָמְדוּ לַחֲלוֹת בְּמַחֲלַת הָאֲבַעְבּוּעוֹת

sickening /ˈsɪk(ə)nɪŋ/ adj. מַחֲלֶה; מַבְחִיל; מְעוֹרֵר תִּעוּב, מַגְעִיל

sickle /ˈsɪk(ə)l/ n. מַגָּל

sick-leave /ˈsɪk-liːv/ n. חֻפְשַׁת־מַחֲלָה

sick-list /ˈsɪk-lɪst/ n. רְשִׁימַת־חוֹלִים

sickly /ˈsɪklɪ/ adj. חוֹלָנִי, חָלוּשׁ, חִוֵּר; מְעוֹרֵר בְּחִילָה; רַגְשָׁנִי וּמֻגְזָם

sickness /ˈsɪknɪs/ n.
1 (ill-health; disease) חֳלִי, מַחֲלָה
sleeping sickness מַחֲלַת הַשֵּׁנָה (מַחֲלָה טְרוֹפִּית)
sickness benefit (*UK*) דְּמֵי מַחֲלָה (מִטַּעַם הַבִּטּוּחַ הַלְּאֻמִּי)
2 (vomiting) בְּחִילָה, הֲקָאָה
morning sickness בְּחִילַת בֹּקֶר (שֶׁל רֵאשִׁית הַהֵרָיוֹן)

sick-parade /ˈsɪk-pəˌreɪd/ n. מִסְדַּר־חוֹלִים (בַּצָּבָא)

sick-pay /ˈsɪk-peɪ/ n. דְּמֵי מַחֲלָה

side /saɪd/ n.
1 (surface which is not the top, bottom, front or back) צַד, דֹּפֶן, פֵּן
□ *a cube has six sides* לְקֻבִּיָּה שִׁשָּׁה צְדָדִים, לַקֻּבִּיָּה שֵׁשׁ דְּפָנוֹת
2 (edge or border) צַד, צֶלַע, שׁוּלַיִם
□ *that's a side issue* זֶה עִנְיָן צְדָדִי/שׁוּלִי
□ *he sat by the side of the road* הוּא יָשַׁב בְּצַד הַדֶּרֶךְ
□ *let's put that question to one side* בּוֹא וְנַנִּיחַ אֶת הַשְּׁאֵלָה הַזֹּאת בַּצַּד
3 (one of two parts of a centrally divided whole) צַד
□ *in Britain they drive on the left side of the road* בִּבְרִיטַנְיָה נוֹהֲגִים בְּצַד שְׂמֹאל שֶׁל הַכְּבִישׁ
□ *he's a relation on my father's side* הוּא קָרוֹב מִשְׁפָּחָה מִצַּד אָבִי
□ *she's still on the right side of 50* הִיא עֲדַיִן לֹא בַּת 50
□ *they attacked from all sides* הֵם תָּקְפוּ מִכָּל עֵבֶר
4 (the space directly next to something) צַד
side by side צַד בְּצַד, זֶה לְצַד זֶה
□ *the dog walked at her side* הַכֶּלֶב פָּסַע לְצִדָּהּ
□ *there were trees at each side of the house* עֵצִים צָמְחוּ מִשְּׁנֵי צִדֵּי הַבַּיִת
5 (one of two surfaces) צַד
□ *do not write on the other side of this paper* אַל תִּכְתֹּב עַל צִדּוֹ הַשֵּׁנִי שֶׁל הַדַּף

□ *this coin has a tree marked on one side* בְּצִדּוֹ הָאֶחָד שֶׁל הַמַּטְבֵּעַ הַזֶּה מְסֻמָּן עֵץ

6 (aspect) צַד

□ *we must consider all sides of this question* עָלֵינוּ לִשְׁקֹל אֶת כָּל צְדָדֵי הַבְּעָיָה הַזּוֹ

□ *he's a bit on the heavy side* (*colloq.*) הוּא קְצָת שָׁמֵן

□ *look on the bright side!* (*colloq.*) תִּרְאֶה אֶת הַצַּד הַחִיּוּבִי!

7 (team, one of two sets of opponents) צַד, יָרִיב

let the side down (*colloq.*) אִכְזֵב אֶת (הַקְּבוּצָה/הַמִּשְׁפָּחָה/הַשְּׁכוּנָה וְכַד׳)

the winning (or **losing**) **side** הַצַּד הַמְנַצֵּחַ/הַמַּפְסִיד

take sides תָּמַךְ בְּאַחַד הַצְּדָדִים (בְּסִכְסוּךְ וְכַד׳)

8 (half of animal's body, as food) קֹתֶל

a side of bacon קֹתֶל חֲזִיר

9 on the side (*colloq.*) "בַּצַּד"

□ *she makes a little money on the side by teaching* הִיא מַרְוִיחָה קְצָת כֶּסֶף מֵהַצַּד בְּהוֹרָאָה

□ *he's been getting a bit on the side* (*euphem.*) יֵשׁ לוֹ סִפּוּר קָטָן (כְּלוֹמַר פָּרָשַׁת אֲהָבִים) בַּצַּד

—v.i.

side with (or **against**) הִתְיַצֵּב לְצִדּוֹ שֶׁל/נֶגֶד, תָּמַךְ בְּעֶמְדָּתוֹ שֶׁל/הִתְנַגֵּד לְעֶמְדָּתוֹ שֶׁל

sideboard /ˈsaɪdbɔːd/ n.

1 (side table) מִזְנוֹן (רָהִיט), שִׁדָּה

2 (in *pl.*, side whiskers, also **sideburns**) פֵּאוֹת (חֵלֶק מִזָּקָן, לֹא הַפֵּאוֹת שֶׁל יְהוּדִי דָּתִי)

side-car /ˈsaɪd-kɑː(r)/ n. סִירָה (שֶׁל אוֹפַנּוֹעַ)

-sided /-ˈsaɪdɪd/ suff. ־צְדָדִי

□ *this is a many-sided problem* זוֹהִי בְּעָיָה רַב־צְדָדִית

□ *it was a one-sided fight* הָיָה זֶה מַאֲבָק בִּלְתִּי־שָׁקוּל (נוֹטֶה לְצַד אֶחָד)

side-dish /ˈsaɪd-dɪʃ/ n. תּוֹסֶפֶת (מָנָה הַמִּתּוֹסֶפֶת לַמָּנָה הָעִקָּרִית)

side-effect /ˈsaɪd-ɪˌfekt/ n. תּוֹפַעַת־לְוַאי

sidekick /ˈsaɪdkɪk/ n. (*colloq.*) עוֹזֵר קָרוֹב

sidelight /ˈsaɪdlaɪt/ n. פַּנַּס צְדָדִי, מְנוֹרָה צְדָדִית (בִּמְכוֹנִית)

sideline /ˈsaɪdlaɪn/ n.

1 (boundary line) קַו־הַחוּץ (בְּמִגְרַשׁ כַּדּוּרֶגֶל, טֶנִיס וְכַד׳)

□ *he never became involved, always staying on the sidelines* (*fig.*) הוּא מֵעוֹלָם לֹא הִתְעָרֵב (בְּמַהֲלַךְ הַדְּבָרִים), אֶלָּא עָמַד מִסְתַּכֵּל מִן הַצַּד

2 (work done in addition to main job) עִסּוּק צְדָדִי

sidelong /ˈsaɪdlɒŋ/ adj. & adv. (מַבָּט וְכַד׳) מְלֻכְסָן, אֲלַכְסוֹנִי, מְצוֹדֵד; בִּמְלֻכְסָן, בִּמְצוֹדֵד

sidereal /saɪˈdɪərɪəl/ adj. (*Astron.*) כּוֹכָבִי, שֶׁל כּוֹכָבִים (שֶׁחֻשַּׁב לְפִי הַכּוֹכָבִים)

side-road /ˈsaɪd-rəʊd/ n. דֶּרֶךְ צְדָדִית, כְּבִישׁ צְדָדִי

side-saddle /ˈsaɪd-sæd(ə)l/ n. & adv. אֻכַּף־צַד, אֻכַּף נָשִׁים (שֶׁהַיְּשִׁיבָה עָלָיו הִיא בִּשְׁתֵּי רַגְלַיִם מִן הַצַּד; (רָכוּב) בְּאֻכַּף־צַד

side-show /ˈsaɪd-ʃəʊ/ n. מוֹפָע מִשְׁנִי, הַצָּגָה צְדָדִית

side-slip /ˈsaɪd-slɪp/ n. & v.i. הַחְלָקָה הַצִּדָּה (שֶׁל רֶכֶב); גְּלִישָׁה צִדִּית (שֶׁל מָטוֹס); הֶחֱלִיק הַצִּדָּה, גָּלַשׁ הַצִּדָּה

side-step /ˈsaɪd-step/ v.t. צָעַד הַצִּדָּה וְהִתְחַמֵּק מ...; הִתְחַמֵּק מ...

□ *the politician side-stepped the difficult questions* הַמְּדִינַאי הִתְחַמֵּק מֵהַשְּׁאֵלוֹת הַקָּשׁוֹת

—n. צַעַד הַצִּדָּה

side-stroke /ˈsaɪd-strəʊk/ n. שְׂחִיַּת־צַד

sidetrack /ˈsaɪdtræk/ v.t. הֵסִיחַ אֶת דַּעְתּוֹ שֶׁל

□ *he allowed himself to be side-tracked from his original topic* הוּא הִרְשָׁה לְעַצְמוֹ לִסְטוֹת מִן הַנּוֹשֵׂא הַמְּקוֹרִי שֶׁלּוֹ

sidewalk /ˈsaɪdwɔːk/ n. (*US*) מִדְרָכָה

sideways /ˈsaɪdweɪz/ adv. & adj. לְצַד, כְּלַפֵּי הַצַּד; מִן הַצַּד, בַּאֲלַכְסוֹן

□ *the news of her death knocked him sideways* (*colloq.*) הַיְּדִיעָה עַל מוֹתָהּ הִמְמָה אוֹתוֹ

siding /ˈsaɪdɪŋ/ n. מְסִלָּה צְדָדִית, שְׁלוּחָה (שֶׁל פַּסֵּי רַכֶּבֶת)

sidle /ˈsaɪd(ə)l/ v.i. הִתְגַּנֵּב בִּזְהִירוּת, הִתְקַדֵּם בְּהִסּוּס

□ *he sidled up to her* הוּא הִתְגַּנֵּב אֵלֶיהָ בְּהִסּוּס

siege /siːdʒ/ n. מָצוֹר

lay siege to הֵטִיל מָצוֹר עַל

sienna /sɪˈenə/ n. סִיאֶנָה (גֶּוֶן שֶׁל חוּם אֲדַמְדַּם)

burnt sienna סִיאֶנָה שְׂרוּפָה (חוּם־אֲדָמָה כֵּהֶה)

sierra /sɪˈerə/ n. רֶכֶס שֶׁל הָרִים מְשֻׁנָּנִים

siesta /sɪˈestə/ n. "סִיאֶסְטָה" (מְנוּחַת צָהֳרַיִם)

sieve /sɪv/ n. נָפָה, כְּבָרָה

□ *he's got a head like a sieve* (*colloq.*) הוּא לֹא מְסֻגָּל לִזְכֹּר שׁוּם דָּבָר

—v.t. נִפָּה

sift /sɪft/ v.t. סִנֵּן, נִפָּה

sigh /saɪ/ v.i. נֶאֱנַח, נֶאֱנַק

□ *he sighed for his lost wealth* (*poet.*) הוּא הִתְגַּעְגֵּעַ לְעָשְׁרוֹ הָאָבוּד

—v.t. אָמַר בַּאֲנָחָה

—n. אֲנָחָה, אֲנָקָה

a sigh of relief אַנְחַת רְוָחָה

sight /saɪt/ n.

1 (sense of vision) רְאִיָּה, כֹּשֶׁר הָרְאִיָּה

□ *I know her by sight* אֲנִי יוֹדֵעַ אֵיךְ הִיא נִרְאֵית (אֲבָל לֹא מַכִּיר אוֹתָהּ)

2 (view, seeing or being seen) מַבָּט, רְאִיָּה

at first sight בְּמַבָּט רִאשׁוֹן

catch sight of זָכָה לִרְאוֹת, הִבְחִין בְּ...

lose sight of אִבֵּד (לֹא הִצְלִיחַ לִרְאוֹת הֵיכָן נִמְצָא דְּבַר מָה, פְּלוֹנִי וְכַד׳)

in sight בְּנִרְאֶה, "בָּאֹפֶק"
out of sight לֹא בְּנִרְאֶה, מִחוּץ לְטְוָח־עַיִן
□ *we must not lose sight of the difficulties* אָסוּר לָנוּ לְהִתְעַלֵּם מִן הַקְּשָׁיִים
3 (unsightly thing) מַרְאֶה, "מַחֲזֶה"
not a pretty sight מַרְאֶה לֹא־נָעִים
□ *she looks a sight in those clothes* הִיא נִרְאֵית מְגֻחֶכֶת בִּבְגָדִים אֵלֶּה
4 (thing which deserves to be seen, attraction) מַרְאֶה
a sight for sore eyes תַּאֲוָה לָעֵינַיִם, חֲגִיגָה לָעֵינַיִם, "מַחֲזֶה מַרְנִין לֵב"
□ *we're going to town to see the sights* אָנוּ הוֹלְכִים לְסַיֵּר בַּאֲתָרֵי הַתַּיָּרוּת בָּעִיר
5 (aiming device of gun, etc.) כַּוֶּנֶת (בְּרוֹבֶה וְכַד׳)
□ *I have set my sights on becoming the manager* הַמַּטָּרָה שֶׁלִּי הִיא לִהְיוֹת הַמְּנַהֵל
6 (a great deal, *colloq.*) "הָמוֹן" (דְּבָרִים, כֶּסֶף וְכַד׳)
□ *it was a sight too expensive for me* זֶה הָיָה יָקָר מִדַּי בִּשְׁבִילִי
—v.t.
1 (see, esp. by coming near) רָאָה, הִבְחִין בְּ...
□ *they sighted a buffalo on the second day of the safari* הֵם הִבְחִינוּ בִּתְאוֹ בַּיּוֹם הַשֵּׁנִי שֶׁל הַסָּפָרִי
2 (aim with a sight) שָׂם אֶת הַכַּוֶּנֶת עַל (לַהֲלָכָה בִּלְבַד, לֹא בְּהַשְׁאָלָה)

sighting /ˈsaɪtɪŋ/ n. אֵרוּעַ שֶׁבּוֹ מַבְחִינִים בְּדָבָר מָה
□ *a sighting of the Loch Ness monster was reported in May* בְּמַאי דֻּוַּח עַל כָּךְ שֶׁהִבְחִינוּ בַּמִּפְלֶצֶת מִלּוֹךְ נֶס

sightless /ˈsaɪtlɪs/ adj. (*poet.*) עִוֵּר

sightread /ˈsaɪtriːd/ v.t. (*Mus.*) נִגֵּן/שָׁר יָשָׁר מִן הַתָּוִים (בְּלִי הֲכָנָה מֻקְדֶּמֶת)

sightseeing /ˈsaɪtsiːɪŋ/ n. סִיּוּר (לְתַיָּרִים), בִּקּוּר בַּאֲתָרִים

sightseer /ˈsaɪtsɪə(r)/ n. מְסַיֵּר, מְבַקֵּר (כַּנַּ"ל)

sign /saɪn/ n.
1 (indication, omen) סִימָן, אוֹת
a sign of the times אוֹת הַזְּמַנִּים
□ *the leaves falling from the trees were the first sign of autumn* הֶעָלִים הַנּוֹשְׁרִים הָיוּ הַסִּימָן הָרִאשׁוֹן שֶׁל הַסְּתָו
2 (symbol) סֵמֶל
signs of the Zodiac הַמַּזָּלוֹת
mathematical sign סִימָן מָתֶמָטִי
3 (gesture) מֶחֱוָה, רֶמֶז (בִּתְנוּעָה)
sign language שְׂפַת חֵרְשִׁים־אִלְּמִים
4 (emblem or notice) שֶׁלֶט
traffic sign שֶׁלֶט־תְּנוּעָה, תַּמְרוּר
—v.t.
1 (write signature on) חָתַם (אֶת שְׁמוֹ), חָתַם עַל
□ *please sign your name here* נָא לַחְתֹּם כָּאן אֶת הַשֵּׁם
□ *I signed the document* חָתַמְתִּי עַל הַמִּסְמָךְ
2 (employ) הֶחְתִּים (שַׂחְקָן וְכַד׳)
□ *Manchester United have signed a new striker* מַנְצֶ'סְטֶר יוּנַיְטֶד הֶחְתִּימוּ חָלוּץ חָדָשׁ
—v.i. חָתַם
sign on the dotted line (*colloq.*) הִסְכִּים בְּלִי לַחְשֹׁב הַרְבֵּה
—(in set phrases)
sign away וִתֵּר רִשְׁמִית עַל (לָרֹב בְּאֶמְצָעוּת חֲתִימָה)
sign for חָתַם (לְצֹרֶךְ אִשּׁוּר שֶׁל קַבָּלָה)
sign in נִרְשַׁם (בְּקַבָּלָה בְּבֵית מָלוֹן וְכַד׳)
sign off
(end a broadcast) הִפְסִיק שִׁדּוּרִים
(end a letter) סִיֵּם (מִכְתָּב)
(stop receiving unemployment benefit, *UK*) הוֹדִיעַ שֶׁהוּא מַפְסִיק לְקַבֵּל דְּמֵי אַבְטָלָה
sign on
(employ; be employed) הֶחְתִּים (אֶת פְּלוֹנִי) עַל חוֹזֶה; חָתַם עַל חוֹזֶה תַּעֲסוּקָה
(apply for unemployment benefit, *UK*) פָּנָה בְּבַקָּשָׁה לְקַבֵּל דְּמֵי אַבְטָלָה
sign out
(record name when leaving) חָתַם בִּיצִיאָה (מִן הָעֲבוֹדָה וְכַד׳)
(record removal or borrowing of) הֶחְתִּים (סֵפֶר בְּסִפְרִיָּה, בְּעֵת הַשְׁאָלָתוֹ וְכַד׳)
sign over הֶעֱבִיר בְּאֹפֶן רִשְׁמִי (נְכָסִים וְכַד׳)
sign to סִמֵּן לְ..., רָמַז בִּתְנוּעָה לְ...
sign up חָתַם חוֹזֶה עִם; הִתְגַּיֵּס

signal[1] /ˈsɪgnəl/ n.
1 (sign or device for giving information) סִימָן; אִתּוּת; רַמְזוֹר (לְרַכֶּבֶת)
2 (event which causes immediate activity) סִימָן, אוֹת, אִתּוּת
3 (wireless message or emission) שֶׁדֶר, אִתּוּת
signals officer קְצִין חֵיל־הַקֶּשֶׁר
—v.t. & i. אוֹתֵת (לְ...), סִמֵּן (לְ...)

signal[2] /ˈsɪgnəl/ adj. (*formal*) נִכָּר, מֻבְהָק
□ *he had a signal success with his idea* הָרַעְיוֹן שֶׁלּוֹ זָכָה לְהַצְלָחָה מֻבְהֶקֶת

signal-box /ˈsɪgnəl-bɒks/ n. מִגְדַּל־אִתּוּת, עֶמְדַּת־אִתּוּת (בִּמְסִלַּת־בַּרְזֶל)

signalman /ˈsɪgnəlmən/ n. מַפְעִיל תַּמְרוּרֵי רַכֶּבֶת; אַתָּת (מַפְעִיל פַּנַּס אִתּוּת וְכַד׳)

signatory /ˈsɪgnət(ə)rɪ/ n. (*Law*) הַבָּא עַל הֶחָתוּם, הַצַּד הֶחָתוּם (עַל חוֹזֶה וְכַד׳)

signature /ˈsɪgnətʃə(r)/ n. חֲתִימָה, חֲתִימַת־יָד
signature tune נְעִימַת פְּתִיחָה (שֶׁל תָּכְנִית רַדְיוֹ, טֶלֶוִיזְיָה וְכַד׳); אוֹת הַתַּחֲנָה

signboard /ˈsaɪnbɔːd/ n. שֶׁלֶט (גָּדוֹל)

signet /ˈsɪgnɪt/ n. חוֹתֶמֶת, חוֹתָם (אִישִׁי)

signet-ring /ˈsɪɡnɪt-rɪŋ/ n. טַבַּעַת־חוֹתָם

significance /sɪɡˈnɪfɪkəns/ n.
1 (meaning) מַשְׁמָעוּת, מַשְׁמָע, מוּבָן
2 (importance) חֲשִׁיבוּת, עֵרֶךְ, מַשְׁמָעוּת

significant /sɪɡˈnɪfɪkənt/ adj.
1 (meaningful, expressive) מַשְׁמָעוּתִי, רַב־מַשְׁמָעוּת, מָלֵא כַּוָּנָה
2 (important) בַּר־חֲשִׁיבוּת, חָשׁוּב, מַשְׁמָעוּתִי
significant figure (*Math.*) "מָקוֹם" (סִפְרָה) מִשְּׂמֹאל לִנְקֻדַּת הַשֶּׁבֶר הָעֶשְׂרוֹנִי

signification /ˌsɪɡnɪfɪˈkeɪʃ(ə)n/ n. (*formal*) מַשְׁמָעוּת; כַּוָּנָה

signify /ˈsɪɡnɪfaɪ/ v.t. (*formal*)
1 (mean, have as its meaning) צִיֵּן, הוֹרָה עַל; הִבִּיעַ מַשְׁמָעוּת שֶׁל, שִׁמֵּשׁ, סִמֵּל
2 (make known by an action) הִבִּיעַ, צִיֵּן
—v.i. הָיָה בַּעַל־מַשְׁמָעוּת
it does not signify אֵין לָזֶה שׁוּם חֲשִׁיבוּת

sign-painter /ˈsaɪn-peɪntə(r)/ n. צַיַּר־שְׁלָטִים

signpost /ˈsaɪnpəʊst/ n. שֶׁלֶט־דְּרָכִים, תַּמְרוּר, צִיּוּן־דֶּרֶךְ
—v.t. שִׁלֵּט, הִצִּיב תַּמְרוּרִים בְּ...
□ *this road is badly signposted* בִּכְבִישׁ זֶה הַשִּׁלּוּט גָּרוּעַ

sign-writer /ˈsaɪn-raɪtə(r)/ n. צַיַּר־שְׁלָטִים

Sikh /siːk/ n. & adj. אָדָם סִיקִי (בֶּן הָעֵדָה הַסִּיקִית בְּפּוּנְגַ'ב שֶׁבְּהֹדּוּ); סִיקִי

silage /ˈsaɪlɪdʒ/ n. תַּחְמִיץ (מִסְפּוֹא)

silence /ˈsaɪləns/ n.
1 (absence of sound) שֶׁקֶט, דְּמָמָה
2 (not speaking, not mentioning something) שְׁתִיקָה
in silence בִּדְמָמָה, בִּשְׁתִיקָה
—v.t. הִשְׁקִיט, הִשְׁתִּיק; הִסָּה
□ *he silenced his critics* הוּא הִשְׁתִּיק אֶת מְבַקְּרָיו

silencer /ˈsaɪlənsə(r)/ n. מַשְׁתֵּק (בִּמְכוֹנִית); מַשְׁתִּיק־קוֹל (בְּאֶקְדָּח וְכַד')

silent /ˈsaɪlənt/ adj. שׁוֹתֵק, שַׁתְקָנִי, דּוֹמֵם; אִלֵּם (סֶרֶט); עִצּוּר שֶׁאֵינוֹ מְבֻטָּא בַּהֲגִיָּה
the silent majority הָרֹב הַדּוֹמֵם

silhouette /ˌsɪluːˈet/ n. צְלָלִית, סִילוּאֶטָה
—v.t. הֶרְאָה כִּצְלָלִית

silica /ˈsɪlɪkə/ n. (*Geol.*) צוֹרָן דּוּ־חַמְצָנִי (מַחְצָב נָפוֹץ)

silicate /ˈsɪlɪkeɪt/ n. (*Geol.*) סִילִיקָט (כִּנּוּי לְכָל אֶחָד מִמִּינֵי הַמְּלָחִים הָרַבִּים שֶׁל צוֹרָן דּוּ־חַמְצָנִי)

silicon /ˈsɪlɪkən/ n. צוֹרָן, סִילִיקוֹן (יְסוֹד כִּימִי)
silicon chip (*Electron.*) שְׁבַב סִילִיקוֹן (רְכִיב אֶלֶקְטְרוֹנִי)

silicosis /ˌsɪlɪˈkəʊsɪs/ n. (*Med.*) סִילִיקוֹזִיס (מַחֲלַת רֵאוֹת)

silk /sɪlk/ n.
1 (fibre, thread) מֶשִׁי
2 (cloth made from this) בַּד מֶשִׁי
the barrister took silk (*Law*) הַפְּרַקְלִיט נִתְמַנָּה לְ"יוֹעֵץ הַמֶּלֶךְ" (תֹּאַר לִפְרַקְלִיטִים בְּכִירִים)

silken /ˈsɪlkən/ adj. (*poet.*) מִשְׁיִי (חָלָק/מַבְרִיק כְּמֶשִׁי); עָשׂוּי מֶשִׁי

silk-screen printing /ˈsɪlk-skriːnprɪntɪŋ/ n. הֶדְפֵּס מֶשִׁי

silkworm /ˈsɪlkwɜːm/ n. תּוֹלַעַת־מֶשִׁי

silky /ˈsɪlkɪ/ adj. מִשְׁיִי, חָלָק כְּמֶשִׁי, מַבְרִיק כְּמֶשִׁי

sill /sɪl/ n. אֶדֶן־חַלּוֹן, סַף־חַלּוֹן

sillabub /ˈsɪləbʌb/ n. (also **sylabub**) קִנּוּחַ עַל בְּסִיס קַצֶּפֶת וְיַיִן

silly /ˈsɪlɪ/ adj. טִפְּשִׁי, מְטֻפָּשׁ
the silly season (*colloq.*) "עוֹנַת הַמְּלַפְפוֹנִים" (חָדְשֵׁי אוֹגוּסְט וְסֶפְּטֶמְבֶּר שֶׁאֵין בָּהֶם אֵרוּעִים חֲשׁוּבִים וְהָעִתּוֹנִים עוֹסְקִים בְּעִנְיָנִים מְגֻחָכִים וּתְפֵלִים)
—n. (*colloq.*) טִפֵּשׁ
silly billy! טֶמְבֶּל מְטֻמְבָּל! (נֶאֱמַר בְּחִבָּה)
□ *you are a silly!* (*arch.*) טִפְּשׁוֹן שֶׁכָּמוֹךָ!

silo /ˈsaɪləʊ/ n.
1 (structure for keeping fodder) סִילוֹ
2 (underground chamber for missile, *Mil.*) סִילוֹ תַּת־קַרְקָעִי

silt /sɪlt/ n. מִשְׁקָע, סְחֹפֶת
—v.t. & i.
silt up שִׁקַּע סְחֹפֶת; סָתַם בִּסְחֹפֶת; נִסְתַּם בִּסְחֹפֶת

silver /ˈsɪlvə(r)/ n.
1 (precious metal) כֶּסֶף
2 (silverware) כְּלֵי כֶּסֶף
□ *the thieves stole all the silver* הַגַּנָּבִים לָקְחוּ אֶת כָּל כְּלֵי הַכֶּסֶף שֶׁבַּבַּיִת
3 (coins of silver colour) כֶּסֶף קָטָן (בְּ"צֶבַע כֶּסֶף")
□ *can you give me £5 in silver?* הַאִם אַתָּה יָכוֹל לָתֵת לִי 5 לִישׁ"ט בְּכֶסֶף קָטָן? (פְּרַט לְמַטְבְּעוֹת שֶׁל פְּנִי וּשְׁנֵי פְּנִי)
4 (cutlery of any metal) סַכּוּ"ם (מִכָּל מַתֶּכֶת שֶׁהִיא)
□ *the dresser has a drawer for the silver* בַּשִּׁדָּה יֵשׁ מְגֵרָה לְסַכּוּ"ם
—adj.
1 (made of silver) כֶּסֶף
silver jubilee יוֹבֵל כֶּסֶף (לְצִיּוּן 25 שָׁנִים)
silver plate כֵּלִים מְצֻפִּים כֶּסֶף
silver wedding חֲתֻנַּת כֶּסֶף (יוֹבֵל הַ־25 לְנִשּׂוּאִין)
□ *he was born with a silver spoon in his mouth* (*fig.*) הוּא נוֹלַד עִם כַּפִּית שֶׁל כֶּסֶף בַּפֶּה, הוּא "יֶלֶד שַׁמֶּנֶת"
2 (of a colour like silver) בְּצֶבַע כֶּסֶף
silver birch (עֵץ) לִבְנֶה מְכֻסָּף, אֶדֶר כֶּסֶף
silver paper נְיַר אֲלוּמִינְיוּם (לְבִשּׁוּל, וְכַד'); נְיַר כֶּסֶף (בַּחֲפִיסַת סִיגָרִיּוֹת וְכַד')
□ *every cloud has a silver lining* (*Prov.*) אֵין רַע בְּלִי טוֹב, "גַּם זוֹ לְטוֹבָה"

—v.t. & i. צִפָּה (בְּ)כֶסֶף; הִכְסִיף (שֵׂעָר וְכַד׳)

□ *his hair has silvered recently* שְׂעָרוֹ הִכְסִיף לָאַחֲרוֹנָה

silverfish /ˈsɪlvəˌfɪʃ/ n. "דַּג־הַכֶּסֶף" (חֶרֶק בֵּיתִי קָטָן וְכָסוּף)

silver-plated /ˌsɪlvə-ˈpleɪtɪd/ adj. מְצֻפֶּה כֶּסֶף, מְכֻסָּף

silversmith /ˈsɪlvəsmɪθ/ n. צוֹרֵף כֶּסֶף

silvery /ˈsɪlvərɪ/ adj. דּוֹמֶה לְכֶסֶף; (קוֹל) בַּעַל צִלְצוּל מוּזִיקָלִי נָאֶה

simian /ˈsɪmɪən/ adj. (*formal*) קוֹפִי, כְּמוֹ קוֹף

similar /ˈsɪmɪlə(r)/ adj. דּוֹמֶה

similar triangles (*Geom.*) מְשֻׁלָּשִׁים דּוֹמִים (זֵהִים בְּמִבְנֶה אַךְ שׁוֹנִים בְּגֹדֶל)

similarity /ˌsɪmɪˈlærɪtɪ/ n. דִּמְיוֹן (לְמַשֶּׁהוּ אַחֵר)

simile /ˈsɪmɪlɪ/ n. מָשָׁל (סִפְרוּתִי)

simmer /ˈsɪmə(r)/ v.t. נָתַן (לְתַבְשִׁיל) לִרְחֹשׁ (בִּשֵּׁל עַל סַף נְקֻדַּת הָרְתִיחָה)

—v.i. רָחַשׁ

□ *just simmer down and forget what he said!* (*colloq.*) תֵּרָגַע, וְתִשְׁכַּח אֶת מַה שֶּׁהוּא אָמַר!

—n. פְּעֻלַּת בִּשּׁוּל כַּנַּ"ל

simper /ˈsɪmpə(r)/ v.i. (*derog.*) חִיֵּךְ חִיּוּךְ מְטֻפָּשׁ (וּמְלָאכוּתִי)

simple /ˈsɪmp(ə)l/ adj.

1 (easily understood) פָּשׁוּט, קַל

□ *the machine is simple to use* הַמְּכוֹנָה פְּשׁוּטָה לְהַפְעָלָה

2 (not elaborate; unaffected) פָּשׁוּט, תָּמִים; לֹא מְעֻשֶּׂה, טִבְעִי

the simple life חַיֵּי פַּשְׁטוּת, חַיִּים פְּשׁוּטִים לְלֹא מוֹתָרוֹת, חַיִּים בְּחֵיק הַטֶּבַע

□ *the dress has clean, simple lines* לַשִּׂמְלָה יֵשׁ גִּזְרָה נְקִיָּה וּפְשׁוּטָה

3 (not compound or complex) פָּשׁוּט, לֹא־מֻרְכָּב

simple interest (*Econ.*) רִבִּית פְּשׁוּטָה

simple sentence (*Gram.*) מִשְׁפָּט פָּשׁוּט

4 (foolish, ignorant) פֶּתִי, תָּמִים וְטִפֵּשׁ מְעַט

5 (unequivocal, straightforward) חַד־מַשְׁמָעִי, בָּרוּר, פָּשׁוּט

a simple soul נֶפֶשׁ תַּמָּה, נֶפֶשׁ טְהוֹרָה

pure (or **plain**) **and simple** פְּשׁוּטוֹ כְּמַשְׁמָעוֹ, פְּשׁוּטוֹ שֶׁל דָּבָר

simpleton /ˈsɪmp(ə)ltən/ n. (*arch.*) שׁוֹטֶה, תָּם, פֶּתִי

simplicity /sɪmˈplɪsɪtɪ/ n. פַּשְׁטוּת; תְּמִימוּת

simplification /ˌsɪmplɪfɪˈkeɪʃ(ə)n/ n. פִּשּׁוּט, הַפְשָׁטָה

simplify /ˈsɪmplɪfaɪ/ v.t. פִּשֵּׁט

simply /ˈsɪmplɪ/ adv.

1 (in a simple manner) בְּפַשְׁטוּת, בְּצוּרָה פְּשׁוּטָה

□ *the problem was solved quite simply* הַבְּעָיָה נִפְתְּרָה בְּאֹפֶן פָּשׁוּט מְאֹד

2 (absolutely, completely, *colloq.*) בְּהֶחְלֵט, לַחֲלוּטִין, פָּשׁוּט, מַמָּשׁ

□ *the weather was simply awful* מֶזֶג הָאֲוִיר הָיָה פָּשׁוּט אָיֹם

3 (only) פָּשׁוּט, אַךְ וָרַק

□ *it is simply a question of hard work* זוֹ פָּשׁוּט שְׁאֵלָה שֶׁל עֲבוֹדָה קָשָׁה

simulacrum /ˌsɪmjʊˈlækrəm/ n. (*pl.* **simulacra**) (*formal*) בָּבוּאָה (דְּמוּת/דָּבָר לֹא מַמָּשִׁי)

simulate /ˈsɪmjʊleɪt/ v.t. (*formal*)

1 (pretend) הֶעֱמִיד פָּנִים שֶׁל

2 (imitate conditions of) עָשָׂה סִימוּלַצְיָה שֶׁל, הִדְמָה

simulation /ˌsɪmjʊˈleɪʃ(ə)n/ n. סִימוּלַצְיָה, הַדְמָיָה

simulator /ˈsɪmjʊleɪtə(r)/ n. סִימוּלָטוֹר, מִתְקַן הַדְמָיָה

simultaneous /ˌsɪməlˈteɪnɪəs/ adj. בּוֹ־זְמַנִּי, (מִתְרַחֵשׁ) בְּעֵת וּבְעוֹנָה אַחַת, סִימוּלְטָנִי

simultaneity /ˌsɪməltəˈniːətɪ/ n. (*formal*) בּוֹ־זְמַנִּיּוּת, סִימוּלְטָנִיּוּת

sin /sɪn/ n. חֵטְא

living in sin (*arch. euphem.*) (זוּג) שֶׁחַי יַחַד לְלֹא נִשּׂוּאִין

as ugly as sin מְכֹעָר כְּמוֹ הַשֵּׁד

original sin (*Relig.*) הַחֵטְא הַקַּדְמוֹן (בַּנַּצְרוּת)

the seven deadly sins (*Relig.*) שִׁבְעָה אָבוֹת הַחֵטְא (גַּאֲוָה, חֲמִידָה, תַּאֲוָה, כַּעַס, זַלְלָנוּת, קִנְאָה, עַצְלוּת)

□ *it's a sin, the way he wastes money* (*colloq.*) זֶה מַמָּשׁ פֶּשַׁע, אֵיךְ שֶׁהוּא מְבַזְבֵּז כֶּסֶף

□ *they made me manager for my sins* (*joc.*) וּבְנוֹסָף לְכָל הַצָּרוֹת, הֵם מִנּוּ אוֹתִי לִמְנַהֵל (נֶאֱמַר בְּהִצְטַנְּעוּת מְבַדַּחַת)

—v.i. חָטָא

□ *he's more sinned against than sinning* (*formal*) הוּא יוֹתֵר קָרְבָּן לְעָוֶל מֵאֲשֶׁר עוֹשֶׂה עָוֶל

since /sɪns/ prep. מֵאָז, מ... (זְמַן מְסֻיָּם)

□ *we've spoken only once since the meeting* הֶחֱלַפְנוּ דְּבָרִים רַק פַּעַם אַחַת מֵאָז הַפְּגִישָׁה

—adv. מֵאָז

□ *he went abroad last week and we haven't heard from him since* הוּא נָסַע לְחוּ"ל בַּשָּׁבוּעַ שֶׁעָבַר וּמֵאָז לֹא שָׁמַעְנוּ מִמֶּנּוּ

—conj.

1 (from the time that) מִזְּמַן שֶׁ..., מֵעֵת שֶׁ...

□ *how long is it since we went on holiday* כַּמָּה זְמַן עָבַר מֵאָז שֶׁיָּצָאנוּ לְחֻפְשָׁה

□ *ever since he came, there's been trouble* מִזְּמַן שֶׁהוּא בָּא וְעַד הַיּוֹם יֵשׁ צָרוֹת

2 (because) (מִ)כֵּיוָן שֶׁ..., הֱיוֹת וְ... (שֶׁ), מֵאַחַר שֶׁ...

□ *since we have no money we can't go on holiday* מֵאַחַר שֶׁאֵין לָנוּ כֶּסֶף, לֹא נוּכַל לָצֵאת לְחֻפְשָׁה

sincere /sɪnˈsɪə(r)/ adj. כֵּן, יָשָׁר

sincerely /sɪnˈsɪəlɪ/ adv. בְּכֵנוּת; בְּיֹשֶׁר

yours sincerely בְּכָבוֹד רַב, שֶׁלְּךָ (לְסִיּוּם מִכְתָּב פוֹרְמָלִי הַמֻּפְנֶה לְאָדָם בִּשְׁמוֹ)

sincerity /sɪnˈserɪtɪ/ n. כֵּנוּת; יֹשֶׁר, הֲגִינוּת; אֲמִתּוּת

sine /saɪn/ n. (*Math.*) סִינוּס (בִּטְרִיגוֹנוֹמֶטְרִיָּה)

sine /ˈsiːneɪ/ prep. (*formal*) בְּלִי

sinecure /ˈsɪnɪkjʊə(r)/ n. (*formal*) מִשְׂרָה קַלָּה וּמִשְׁתַּלֶּמֶת

sine die /ˌsaɪnɪ ˈdaɪiː/ adv. (*formal*) בְּלִי לִקְבֹּעַ תַּאֲרִיךְ

sine qua non /ˌsɪneɪ kwɑː ˈnəʊn/ n. (*formal*) תְּנַאי בַּל-יַעֲבֹר, תְּנַאי הֶכְרֵחִי

sinew /ˈsɪnjuː/ n. גִּיד

the sinews of war (*poet.*) מַשְׁאַבִּים (כַּסְפִּיִּים) לְנִהוּל מִלְחָמָה

sinewy /ˈsɪnjʊɪ/ adj. מְגֻיָּד, חָזָק וּשְׁרִירִי; (בָּשָׂר) מָלֵא גִּידִים

sinful /ˈsɪnf(ə)l/ adj. חוֹטֵא; שֶׁל חֵטְא

sing /sɪŋ/ (past **sang** /sæŋ/, past ppl. **sung** /sʌŋ/) v.i.

1 (utter musical sounds with the voice) שָׁר, זִמֵּר

□ *she sings well* הִיא שָׁרָה הֵיטֵב

2 (make humming sound) צִפְצֵף, זִמְזֵם

□ *the kettle is singing* הַקֻּמְקוּם שׁוֹרֵק

□ *the explosion made my ears sing* הַהִתְפּוֹצְצוּת גָּרְמָה לִי לְצִלְצוּלִים בָּאָזְנַיִם

3 (celebrate in verse, *poet.*) שָׁר (חִבֵּר שִׁיר עַל)

□ *I sing of arms and the man* עַל הַחֶרֶב וְהַגֶּבֶר שִׁיר אָשִׁירָה

—v.t.

1 (utter or produce by singing) שָׁר, זִמֵּר

sing out (*colloq.*) קָרָא בְּקוֹל

□ *will you sing me a song?* שִׁיר לִי שִׁיר בְּבַקָּשָׁה

2 (relate or celebrate in verse, *poet.*) שָׁר, תֵּאֵר בְּשִׁירָה (נוֹשֵׂא וְכַד')

sing the praises of שָׁר אֶת שִׁבְחֵי

3 (bring to a specified state by singing)

□ *she sang the baby to sleep* הִיא הִרְדִּימָה אֶת הַתִּינוֹק בְּשִׁירִים

sing-along /ˈsɪŋ-əˌlɒŋ/ n. שִׁירָה בְּצִבּוּר

singe /sɪndʒ/ v.t. & i. חָרַךְ; נֶחֱרַךְ

—n. חֲרִיכָה

singer /ˈsɪŋə(r)/ n. זַמָּר

singing /ˈsɪŋɪŋ/ n. זִמְרָה, שִׁירָה

single /ˈsɪŋg(ə)l/ adj.

1 (consisting of one only) יָחִיד, אֶחָד, בּוֹדֵד

single ticket כַּרְטִיס הָלוֹךְ (בִּלְבַד), כַּרְטִיס לְכִוּוּן אֶחָד

single file בְּטוּר, בְּשׁוּרָה אַחַת

2 (designed for one) לְיָחִיד, לְאֶחָד

single bed מִטַּת יָחִיד

single room חֶדֶר לְיָחִיד

3 (individual) אֶחָד, יָחִיד

□ *we don't have a single thing in common* אֵין לָנוּ אֲפִלּוּ דָּבָר אֶחָד בְּמְשֻׁתָּף

4 (unmarried) רַוָּק/רַוָּקָה

single parent הוֹרֶה בּוֹדֵד (בְּמִשְׁפָּחָה חַד-הוֹרִית)

—n.

1 (single ticket, *UK*) כַּרְטִיס הָלוֹךְ

2 (record with short recording) תַּקְלִיט בּוֹדֵד, "סִינְגֶּל" (מֵכִיל שִׁיר אֶחָד בִּלְבַד)

3 (one run, *Cricket*) נְקֻדָּה (בְּחִשּׁוּב הַתּוֹצָאוֹת)

4 (unmarried person, usu. *pl.*) רַוָּק/רַוָּקָה

singles bar בַּר לְהֶכֵּרוּיוֹת (לְרַוָּקִים וְרַוָּקוֹת)

—v.t.

single out בָּחַר בְּ..., נָתַן יַחַס מְיֻחָד (טוֹב/רַע) לְ...

□ *he singled her out for promotion* הִיא הַיְּחִידָה שֶׁנִּבְחֲרָה עַל-יָדוֹ לְהַעֲלָאָה בְּדַרְגָּה

single-breasted /ˌsɪŋg(ə)l-ˈbrestɪd/ adj. (מְעִיל) עִם שׁוּרַת כַּפְתּוֹרִים אַחַת, עִם כַּפְתּוֹר רָגִיל (לְהַבְדִּיל מִכַּפְתּוֹר כָּפוּל)

single-handed /ˌsɪŋg(ə)l-ˈhændɪd/ adj. & adv. בְּכוֹחוֹת עַצְמוֹ (לְלֹא עֶזְרַת אֲחֵרִים), בְּמוֹ-יָדָיו

single-minded /ˌsɪŋg(ə)l-ˈmaɪndɪd/ adj. נֶחֱרָץ, נָחוּשׁ בְּדַעְתּוֹ

singleness /ˈsɪŋg(ə)lnɪs/ n.

singleness of purpose (or **mind**) (*formal*) דְּבֵקוּת בַּמַּטָּרָה

singles /ˈsɪŋg(ə)lz/ n. (*Tennis*) מִשְׂחַק יְחִידִים

singlet /ˈsɪŋglɪt/ n. גּוּפִיָּה

singleton /ˈsɪŋg(ə)ltən/ n. (*Cards*) קְלָף יָחִיד מִסִּדְרָה מְסֻיֶּמֶת (לְאַחַר חֲלֻקַּת הַקְּלָפִים)

singsong /ˈsɪŋsɒŋ/ n.

1 (informal vocal concert, *UK*) שִׁירָה בְּצִבּוּר

2 (monotonous manner of speech) דִּבּוּר/שִׁירָה בְּקֶצֶב עוֹלֶה וְיוֹרֵד

—adj. (טוֹן דִּבּוּר) עוֹלֶה וְיוֹרֵד

singular /ˈsɪŋgjʊlə(r)/ adj.

1 (extreme, *formal*) יָחִיד בְּמִינוֹ, יוֹצֵא דֹּפֶן

2 (unusual, *formal*) יוֹצֵא דֹּפֶן, בִּלְתִּי רָגִיל

3 (*Gram.*) (מִסְפָּר) יָחִיד

—n. (*Gram.*) צוּרַת הַיָּחִיד

singularity /ˌsɪŋgjʊˈlærɪtɪ/ n. (*formal*) יִחוּד, יְחוּדִיּוּת; נְדִירוּת; מוּזָרוּת

singularly /ˈsɪŋgʊləlɪ/ adv. (*formal*) בְּאֹפֶן מְיֻחָד, בְּאֹפֶן יוֹצֵא מִן-הַכְּלָל; בְּאֹפֶן מוּזָר

□ *he was singularly well-informed about her movements* הוּא הָיָה מְיֻדָּע בְּאֹפֶן יוֹצֵא מִן-הַכְּלָל בְּקֶשֶׁר לִמְקוֹם הִמָּצְאָהּ

sinister /ˈsɪnɪstə(r)/ adj.

1 (suggestive of evil) מְבַשֵּׂר רָעוֹת, מְאַיֵּם

2 (wicked) מְרֻשָּׁע

3 (on left side of shield, *Heraldry*) מִשְּׂמֹאל

sink /sɪŋk/ (past **sank** /sæŋk/, past ppl. **sunk** /sʌŋk/) v.i.

1 (go below surface of water, etc.) שָׁקַע; טָבַע
□ *he was left to sink or swim* (*fig.*) נָתְנוּ לוֹ לְהִסְתַּדֵּר בְּכוֹחוֹת עַצְמוֹ
□ *the novelist soon sank into oblivion* תּוֹךְ זְמַן קָצָר שָׁקַע הַסּוֹפֵר בָּאַלְמוֹנִיּוּת/בִּתְהוֹם הַנְּשִׁיָּה
2 (fall or come slowly downwards) שָׁקַע
sink in נִקְלַט (רַעְיוֹן בְּתוֹדָעָה וְכַד׳)
□ *the sun sinks early in winter* הַשֶּׁמֶשׁ שׁוֹקַעַת מֻקְדָּם בַּחֹרֶף
3 (gradually lose strength, decline, fall) שָׁקַע
□ *the old man was sinking fast* בְּרִיאוּתוֹ שֶׁל הַזָּקֵן הִדַּרְדְּרָה בִּמְהִירוּת
□ *he has sunk very low in my estimation* הוּא אִבֵּד הַרְבֵּה הַעֲרָכָה בְּעֵינַי
□ *I have a sinking feeling that I shall be late* יֵשׁ לִי הַרְגָּשָׁה לֹא נְעִימָה שֶׁאֲנִי עוֹמֵד לְאַחֵר
□ *his voice sank to a whisper* קוֹלוֹ הָפַךְ לִלְחִישָׁה
4 (slope down) הִשְׁתַּפֵּל
□ *the fields sink away to the river* הַשָּׂדוֹת מִשְׁתַּפְּלִים לְעֵבֶר הַנָּהָר

—v.t.
1 (cause to sink or penetrate) הִטְבִּיעַ; שִׁקַּע
□ *they sank the boat on purpose* הֵם הִטְבִּיעוּ אֶת הַסְּפִינָה בְּכַוָּנָה
□ *the dog sank his teeth into her leg* הַכֶּלֶב נָעַץ אֶת שִׁנָּיו בְּרַגְלָהּ
2 (invest) הִשְׁקִיעַ
□ *he sank all his capital into the business* הוּא הִשְׁקִיעַ אֶת כָּל כַּסְפּוֹ בָּעֵסֶק
3 (dig a well, etc.) חָפַר (בְּאֵר וְכַד׳)
□ *he sank a well deep into the ground* הוּא חָפַר בְּאֵר עֲמֻקָּה
4 (overwhelm, defeat, *colloq.*) "חִסֵּל", "גָּמַר"
□ *we'll be sunk if the car breaks down* אֲנַחְנוּ גְּמוּרִים, אִם הַמְּכוֹנִית מִתְקַלְקֶלֶת לָנוּ
5 (overlook, forget) הִנִּיחַ לְ..., שָׁכַח (הִתְעַלֵּם מִדָּבָר מָה)
□ *we must sink our differences and save the firm* עָלֵינוּ לְהַנִּיחַ לְחִלּוּקֵי הַדֵּעוֹת בֵּינֵינוּ וּלְהַצִּיל אֶת הַחֶבְרָה

—n. כִּיּוֹר
□ *the slum was a sink of iniquity* (*poet.*) רֹבַע הָעֹנִי הָיָה קַן־שְׁחִיתוּת

sinker /ˈsɪŋkə(r)/ n. מִשְׁקֹלֶת עוֹפֶרֶת (לְחַכָּה אוֹ לְמִכְמֹרֶת)
hook, line and sinker (*fig.*) כָּל כֻּלּוֹ

sinner /ˈsɪnə(r)/ n. חוֹטֵא

Sinn Féin /ʃɪn ˈfeɪn/ n. "שִׁין־פֵין" (אִרְגּוּן פּוֹלִיטִי אִירִי הַדּוֹגֵל בְּצֵרוּף צְפוֹן אִירְלַנְד לָרֶפּוּבְּלִיקָה הָאִירִית)

Sino- /ˈsaɪnəʊ-/ pref. סִינוֹ־, (תְּחִלִּית שֶׁפֵּרוּשָׁהּ) שֶׁל סִין

sinologist /saɪˈnɒlədʒɪst/ n. סִינוֹלוֹג (מֻמְחֶה לְעִנְיְנֵי סִין)

sinuous /ˈsɪnjʊəs/ adj. (*formal*) מִתְפַּתֵּל, מִתְעַקֵּל

sinus /ˈsaɪnəs/ n. (*Anat.*) סִינוּס (חָלָל בַּגּוּף, לָרֹב בְּעַצְמוֹת הַגֻּלְגֹּלֶת)

sinusitis /ˌsaɪnəˈsaɪtɪs/ n. (*Med.*) דַּלֶּקֶת הַסִּינוּס, סִינוּסִיטִיס

sip /sɪp/ v.t. & i. לָגַם (כַּמּוּת מְעַטָּה)
—n. לְגִימָה (קְטַנָּה)

siphon /ˈsaɪf(ə)n/ n. סִיפוֹן (צִנּוֹרִית לְהַעֲבָרַת נוֹזֵל); "סִיפוֹלוֹקְס" (מְכָל לְסוֹדָה)
—v.t. שָׁאַב בְּסִיפוֹן
□ *he had been siphoning (off) money for months* הוּא סִלֵּק סְכוּמֵי כֶּסֶף קְטַנִּים בִּקְבִיעוּת בְּמֶשֶׁךְ חֳדָשִׁים

sir /sɜː(r)/ n.
1 (form of address) אָדוֹן, אֲדוֹנִי
no sir! (*US colloq.*) בְּשׁוּם אֹפֶן לֹא!
Dear Sir, אָדוֹן נִכְבָּד (בִּפְתִיחַת מִכְתָּב, לְלֹא צִיּוּן שֵׁם הַנִּמְעָן)
2 (title prefixed to full name of knight or baronet, *UK*) סֶר (תֹּאַר אַבִּירוּת אוֹ אֲצֻלָּה)

sire /ˈsaɪə(r)/ n.
1 (father of an animal) מוֹלִיד, אָב (שֶׁל בַּעַל חַיִּים)
2 (title of respect, *arch.*) אֲדוֹנִי הַמֶּלֶךְ! הוֹד מַלְכוּתְךָ!
—v.t. (בַּעַל חַיִּים בִּלְבַד) הוֹלִיד, הָיָה אָבִיו שֶׁל

siren /ˈsaɪərən/ n.
1 (loud warning device) סִירֵנָה, אַזְעָקָה, צוֹפָר
2 (dangerously beautiful woman) סִירֶנָה (בְּהַשְׁאָלָה) אִשָּׁה מְסֻכֶּנֶת

sirloin /ˈsɜːlɔɪn/ n. בְּשַׂר וֶרֶד (נֵתַח בָּשָׂר מִשְׁבָּח, לְסְטֵיק וְכַד׳)

sirocco /sɪˈrɒkəʊ/ n. (also **scirocco**) שִׁירוֹקוֹ (רוּחַ מִדְבָּרִית הַנּוֹשֶׁבֶת מֵאַפְרִיקָה לִדְרוֹם אֵירוֹפָּה)

sirup /ˈsɪrəp/ see **SYRUP** סִירוֹפּ, עָסִיס; תַּרְכִּיז מָתוֹק

sisal /ˈsaɪs(ə)l/ n. אֲגָבַת סִיסָל; סִיבֵי אֲגָבָה (לַחֲבָלִים וְכַד׳)

sissy /ˈsɪsɪ/ n. (*colloq.*) "סִיסִי" (כִּנּוּי גְּנַאי לְיֶלֶד מְפַחֵד וְחַלָּשׁ)

sister /ˈsɪstə(r)/ n.
1 (female of same parents as another child) אָחוֹת (גַּם בְּהַשְׁאָלָה)
sister ship סְפִינָה אָחוֹת, אֳנִיָּה תְּאוֹמָה
2 (member of religious order) אָחוֹת, נְזִירָה
3 (senior hospital nurse, *UK*) אָחוֹת רַחֲמָנִיָּה (בְּעִקָּר אָחוֹת אַחְרָאִית עַל מַחְלָקָה)
4 (a woman who is a member of a womens' organization) חֲבֵרָה
5 (used when speaking directly to a woman, *US sl.*) "חֲבוּבָה"
□ *OK sister, why don't you give me the gun!* אוֹ־קֵי חֲבוּבָה, תְּנִי לִי אֶת הָאֶקְדָּח!

sisterhood /ˈsɪstəhʊd/ n.
1 (relationship of sister) הַמַּצָּב שֶׁל הֱיוֹת אָחוֹת

2 (religious community) מִסְדָּר שֶׁל נְזִירוֹת, "אָחוֹת" (שֶׁל נְזִירוֹת)

sister-in-law /ˈsɪstər-ɪn-lɔː/ n. גִּיסָה

sisterly /ˈsɪstəlɪ/ adj. כְּמוֹ שֶׁל אָחוֹת; מְסוּרָה כְּאָחוֹת

sit /sɪt/ past & past ppl. **sat** /sæt/ v.i.

1 (be in a position where the body is supported by the buttocks) יָשַׁב

sitting pretty (*colloq.*) "יוֹשֵׁב טוֹב" (נִמְצָא בְּמַצָּב טוֹב/נוֹחַ)

□ *sit tight and all will be well* (*colloq.*) תֵּשֵׁב בְּשֶׁקֶט וְהַכֹּל יִסְתַּדֵּר

□ *are you sitting comfortably?* הַאִם אַתָּה יוֹשֵׁב בְּנוֹחִיּוּת? הַאִם אַתָּה מוּכָן?

□ *we sat through the whole performance* נִשְׁאַרְנוּ לָשֶׁבֶת בְּמֶשֶׁךְ כָּל הַהוֹפָעָה

2 (occupy a place as a member of an official body) יָשַׁב (כְּחָבֵר) בְּ..., הָיָה חָבֵר בְּ...

□ *she sits on several committees* הִיא יוֹשֶׁבֶת בְּכַמָּה וְעָדוֹת

3 (be engaged in business) הִתְכַּנֵּס

□ *the House will sit till midnight* הַבַּיִת יְקַיֵּם דִּיּוּן עַד חֲצוֹת

4 (be more or less in a permanent position or condition) יָשַׁב

□ *the book is sitting on my shelf* הַסֵּפֶר יוֹשֵׁב אֶצְלִי עַל הַמַּדָּף

□ *his coat sits badly across the shoulders* הַמְּעִיל שֶׁלּוֹ לֹא יוֹשֵׁב טוֹב עַל הַכְּתֵפַיִם

□ *the house sits in the valley* הַבַּיִת יוֹשֵׁב לוֹ בָּעֵמֶק

5 (take position for being painted, etc.) יָשַׁב

□ *he sat for his portrait* הוּא יָשַׁב לִפְנֵי הָאָמָּן כְּדֵי שֶׁיְּצַיֵּר אֶת הַדְּיוֹקָן שֶׁלּוֹ

6 (cover eggs for hatching) דָּגַר

—v.t.

1 (cause to sit) הוֹשִׁיב

sit yourself down (*colloq.*) תֵּשֵׁב בְּבַקָּשָׁה

□ *he lifted the child and sat her on the wall* הוּא הֵרִים אֶת הַיַּלְדָּה וְהוֹשִׁיב אוֹתָהּ עַל הַחוֹמָה

2 (be candidate for exam, *UK*) נִגַּשׁ לְ...

□ *she sat the exams in the summer term* הִיא נִגְּשָׁה לַבְּחִינָה בַּסֶּמֶסְטֶר הַקַּיִץ

—(in set phrases)

sit back נִשְׁעַן לְאָחוֹר (וְהִתְרַגַּע)

sit in

(take place of) מִלֵּא מָקוֹם

□ *can you sit in for me at the meeting* הַאִם אַתָּה יָכוֹל לְמַלֵּא אֶת מְקוֹמִי בַּפְּגִישָׁה

(be present) הִשְׁתַּתֵּף, נָכַח

□ *I'll sit in on this one* אֲנִי אֶהְיֶה נוֹכֵחַ בַּפְּגִישָׁה הַזֹּאת

sit on

(repress, squash, *colloq.*) "דָּחַף", לָחַץ עַל

□ *I felt rather sat on* הִרְגַּשְׁתִּי שֶׁמְּנַסִּים לִדְחוֹף אוֹתִי

(delay action about, *colloq.*) "מָשַׁךְ"

□ *the government has been sitting on the report* הַמֶּמְשָׁלָה מִתְעַכֶּבֶת בְּפִרְסוּם הַדּוּ"חַ

sit out

(take no part in) וִתֵּר עַל (פְּעִילוּת), נִמְנַע מִ...

□ *I'll sit out the next dance* אֲנִי חוֹשֵׁב שֶׁאֲנִי לֹא אֶרְקֹד אֶת הָרִקּוּד הַבָּא

(stay till the end) נִשְׁאַר עַד הַסּוֹף

□ *we decided to sit the film out* הֶחְלַטְנוּ לְהִשָּׁאֵר עַד סוֹף הַסֶּרֶט

sit up

(rise from a lying position) הִתְיַשֵּׁב בַּמִּטָּה

(sit firmly upright) יָשַׁב זָקוּף

(go to bed after the usual time) נִשְׁאַר עֵר

(take a sudden interest, *colloq.*) שָׂם פִּתְאוֹם לֵב, גִּלָּה עִנְיָן בְּבַת אַחַת

□ *the news made him sit up and take notice* הַחֲדָשׁוֹת מָשְׁכוּ אֶת תְּשׂוּמַת לִבּוֹ בְּבַת אַחַת

sitar /ˈsɪtɑː(r)/ n. סִיטָר (כְּלִי-מֵיתָר הֹדִּי)

sitcom /ˈsɪtkɒm/ n. (*colloq.*) סִדְרָה קוֹמִית (בַּטֶּלֶוִיזְיָה וְכַד')

sit-down /ˈsɪt-daʊn/ adj. & n. (שֶׁ)בִּישִׁיבָה; מִתּוֹךְ יְשִׁיבָה; יְשִׁיבָה

a sit-down dinner אֲרוּחָה בִּישִׁיבָה (וּבְהַגָּשָׁה, לְהַבְדִּיל מִדֶּלְפֵּק וְכַד')

a sit-down (strike) שְׁבִיתַת-שֶׁבֶת

site /saɪt/ n. מָקוֹם, אֲתָר; מִגְרָשׁ

building site אֲתַר-בְּנִיָּה

—v.t. מִקֵּם, קָבַע מָקוֹם לְ...

sit-in /ˈsɪt-ɪn/ n. הַפְגָּנַת-שֶׁבֶת

sitter /ˈsɪtə(r)/ n.

1 (baby-sitter) בֵּיבִּי-סִיטֶר, שְׁמַרְטַף

2 (one who sits for a portrait) מוֹדֶל (שֶׁל צַיָּר אוֹ פַּסָּל)

sitting /ˈsɪtɪŋ/ n.

1 (continuous period of being seated) מִשְׁמֶרֶת (לַאֲכִילָה בִּישִׁיבָה וְכַד')

□ *we ate at the first sitting* אָכַלְנוּ בַּמִּשְׁמֶרֶת הָרִאשׁוֹנָה (בַּמַּחֲזוֹר הָרִאשׁוֹן)

2 (session spent posing for portrait) יְשִׁיבָה (לִפְנֵי צַיָּר)

3 (session engaged in an activity) יְשִׁיבָה, מוֹשָׁב

□ *I finished the book in one sitting* סִיַּמְתִּי אֶת הַסֵּפֶר בְּלִי לָקוּם מִן הַכִּסֵּא

—adj.

1 (having sat down) שֶׁל יְשִׁיבָה

sitting position תְּנוּחַת יְשִׁיבָה, יְשִׁיבָה

2 (in office) הַנּוֹכְחִי, הַמְכַהֵן/הַמַּחֲזִיק בְּמִשְׂרָה

□ *the sitting member for this constituency* חֲבֵר הַפַּרְלָמֶנְט הַנּוֹכְחִי בְּאֵזוֹר-בְּחִירָה זֶה

3 (engaged in hatching) דּוֹגֶרֶת

sitting hens תַּרְנְגוֹלוֹת בְּעֵת דְּגִירָה עַל בֵּיצִים

sitting duck /ˌsɪtɪŋ ˈdʌk/ n. (*colloq.*) מַטָּרָה נוֹחָה

sitting-room /ˈsɪtɪŋ-ruːm/ n. טְרַקְלִין, סָלוֹן, חֲדַר־אוֹרְחִים

sitting tenant /ˌsɪtɪŋ ˈtenənt/ n. (*UK*) דַּיָּר מוּגָן (בִּבְרִיטַנְיָה)

situated /ˈsɪtjʊeɪtɪd/ adj. נִמְצָא (בְּמָקוֹם), שָׁרוּי, מְמֻקָּם; נִמְצָא (בְּמַצָּב)

situation /ˌsɪtʃʊˈeɪʃ(ə)n/ n.

1 (state of affairs, circumstances) מַצָּב, סִיטוּאַצְיָה

situation comedy סִדְרָה קוֹמִית (בַּטֶּלֶוִיזְיָה וְכַד')

2 (site, *formal*) מָקוֹם

3 (job, *arch.*) מִשְׂרָה

Situations Vacant מָדוֹר "דְּרוּשִׁים" בְּעִתּוֹן (מִשְׂרוֹת פְּנוּיוֹת)

six /sɪks/ n. & adj. שֵׁשׁ; שִׁשָּׁה

knock for six (*colloq.*) "חִסֵּל", "הָרַס"

six of one and half a dozen of the other (*colloq.*) זֶה הַיְנוּ הָךְ

all at sixes and sevens (*colloq.*) הֵם הָיוּ מְבֻלְבָּלִים לְגַמְרֵי

sixpence /ˈsɪkspəns/ n. (*UK Hist.*) (מַטְבֵּעַ שֶׁל) שִׁשָּׁה־פֶּנִי (עַד שְׁנַת 1971)

six-shooter /ˈsɪks-ʃuːtə(r)/ n. (*US*) אֶקְדָּח תֻּפִּי בַּעַל שִׁשָּׁה כַּדּוּרִים

sixteen /sɪkˈstiːn/ n. & adj. שֵׁשׁ־עֶשְׂרֵה; שִׁשָּׁה עָשָׂר

sixteenth /sɪkˈstiːnθ/ n. & adj. הַחֵלֶק הַשִּׁשָּׁה־עָשָׂר; הַשִּׁשָּׁה־עָשָׂר

sixth /sɪksθ/ adj., n. & adj. שִׁשִּׁית, הַחֵלֶק הַשִּׁשִּׁי; שִׁשִּׁי

sixth sense "חוּשׁ שִׁשִּׁי" (תְּפִיסָה שֶׁלֹּא ע"י חֲמֵשֶׁת הַחוּשִׁים), אִינְטוּאִיצְיָה

sixth-form /ˈsɪksθ-fɔːm/ n. (*UK*) הַכִּתָּה הָעֶלְיוֹנָה שֶׁל הַתִּיכוֹן (שֶׁתַּלְמִידֶיהָ נִגָּשִׁים לִבְחִינוֹת בַּגְרוּת)

sixth-form college תִּיכוֹן לְתַלְמִידֵי הַכִּתָּה הָעֶלְיוֹנָה

sixth-former /ˈsɪksθ-fɔːmə(r)/ n. (*UK*) תַּלְמִיד הַכִּתָּה הָעֶלְיוֹנָה שֶׁל הַתִּיכוֹן

sixtieth /ˈsɪkstɪəθ/ adj. & n. הַשִּׁשִּׁים; הַחֵלֶק הַשִּׁשִּׁים

sixty /ˈsɪkstɪ/ n. שִׁשִּׁים

the sixties שְׁנוֹת הַשִּׁשִּׁים (שֶׁל הַמֵּאָה)

the sixty-four thousand dollar question (*colloq.*) "שְׁאֵלַת הַשְּׁאֵלוֹת", הַשְּׁאֵלָה שֶׁכֻּלָּם מְחַפְּשִׂים אֶת הַתְּשׁוּבָה שֶׁלָּהּ

□ *he is in his sixties* הוּא בִּשְׁנוֹת הַשִּׁשִּׁים שֶׁלּוֹ

sizable /ˈsaɪzəb(ə)l/ see **SIZEABLE**

size[1] /saɪz/ n.

1 (how big or small something is) גֹּדֶל, מִדָּה, מְמַדִּים; הֶקֵּף (שֶׁל פְּעֻלּוֹת וְכַד')

of some size גָּדוֹל לְמַדַּי, נִכָּר

□ *that's about the size of it* (*colloq.*) זֶהוּ הַמַּצָּב, זֶה בְּעֵרֶךְ הַמַּצָּב

□ *my sister and I are (both) of a size* לִי וְלַאֲחוֹתִי מִדּוֹת זֵהוֹת (בִּבְגָדִים)

2 (grade or class according to dimensions) מִדָּה, "מִסְפָּר" (שֶׁל בֶּגֶד)

□ *this garment is made in several sizes* הַבֶּגֶד הַזֶּה מְיֻצָּר בְּכַמָּה מִדּוֹת

—v.t.

size up אָמַד (אֶת גָּדְלוֹ) שֶׁל, אָמַד

size[2] /saɪz/ n. & v.t מִרְקָה (תְּמִסַּת דֶּבֶק שֶׁמַּסְפִּיגִים בָּהּ אֶת חוּטֵי הַשְּׁתִי לִפְנֵי הָאֲרִיגָה); מָרַק, הִסְפִּיג בְּמִרְקָה (כַּנַּ"ל)

sizeable /ˈsaɪzəb(ə)l/ adj. (also **sizable**) (בַּעַל גֹּדֶל) נִכָּר, גָּדוֹל בְּמִדּוֹתָיו, רַב־מִדּוֹת

sizzle /ˈsɪz(ə)l/ v.i. & n. (*colloq.*) רָחַשׁ, הִשְׁמִיעַ קוֹל רְחִישָׁה (כְּגוֹן דְּבַר־מַאֲכָל הַמְּטֻגָּן בְּשֶׁמֶן); רַחַשׁ, קוֹל רְחִישָׁה

a sizzling hot day יוֹם לוֹהֵט

skate[1] /skeɪt/ v.i. הֶחֱלִיק (עַל גַּלְגִּלִּיּוֹת, עַל קֶרַח)

□ *you'll be skating on thin ice if you mention that topic!* (*colloq.*) אַתָּה תִּמְצָא אֶת עַצְמְךָ "מְהַלֵּךְ עַל חֶבֶל דַּק" (בְּמַצָּב עָדִין אוֹ מְסֻכָּן) אִם תַּזְכִּיר אֶת הָעִנְיָן!

□ *the minister skated round* (or *over*) *the questions* הַשַּׂר הִשְׁתַּמֵּט מִלַּעֲנוֹת עַל הַשְּׁאֵלוֹת

—v.t. עָשָׂה (תַּרְגִּיל) בְּהַחְלָקָה עַל קֶרַח

—n. סְקֶט, גַּלְגִּלָּה (עִם גַּלְגַּלִּים); מַחֲלִיק (עִם "סַכִּין", לְקֶרַח)

skate[2] /skeɪt/ n. תְּרִיסָנִית (סוּג דַּג־סְחוּס צְפוֹנִי)

skateboard /ˈskeɪtbɔːd/ n. "סְקֵיטְבּוֹרְד" (לוּחַ עַל גַּלְגִּלִּיּוֹת, לְהַחְלָקָה)

skater /ˈskeɪtə(r)/ n. מַחֲלִיק

skating /ˈskeɪtɪŋ/ n. הַחְלָקָה עַל סְקֶטִים; הַחְלָקָה עַל הַקֶּרַח

skating rink /ˈskeɪtɪŋ rɪŋk/ n. רַחֲבַת־הַחְלָקָה, מִשְׁטַח־הַחְלָקָה (לִסְקֶטִים אוֹ לְמַחֲלִיקַיִם)

skedaddle /skɪˈdæd(ə)l/ v.i. (*colloq.*) "הֵרִים רַגְלַיִם" (וּבָרַח), עָשָׂה "וַיִּבְרַח"

skein /skeɪn/ n.

1 (quantity of yarn or thread) חֲבִילָה שֶׁל צֶמֶר; גְּלוֹם, סְלִיל שֶׁל חוּטִים

2 (flight of wild-fowl) לַהֲקַת עוֹפוֹת־בַּר (בְּמָעוֹף)

skeleton /ˈskelɪt(ə)n/ n. שֶׁלֶד (גַּם בְּהַשְׁאָלָה)

a skeleton in the cupboard (*UK colloq.*) סוֹדוֹת חֲבוּיִים בָּאָרוֹן (סְקַנְדָּלִים וְכַד')

a family skeleton (*colloq.*) סוֹדוֹת־מִשְׁפָּחָה אֲפֵלִים

skeleton key "מַפְתֵּחַ־גַּנָּבִים"

skeleton staff סֶגֶל עוֹבְדִים בְּסִיסִי

□ *he showed us a skeleton proposal* הוּא הֶרְאָה לָנוּ הַצָּעָה בְּקַוִּים כְּלָלִיִּים

sketch /sketʃ/ n.

1 (rough drawing) סְקִיצָה, רִשּׁוּם (רִאשׁוֹנִי)

2 (brief account, description) תֵּאוּר כְּלָלִי, סְקִירָה קְצָרָה, סְקִיצָה

3 (short literary piece, usu. dramatic) מַעַרְכוֹן, קֶטַע (דְרָמָטִי אוֹ סִפְרוּתִי) קָצָר

—v.t. & i. עָשָׂה רִשּׁוּם/סְקִיצָה שֶׁל, רָשַׁם; תֵּאֵר בְּקַוִּים כְּלָלִיִּים; צִיֵּר רִשּׁוּם

sketch-book /ˈsketʃ-bʊk/ n. דַּפְדֶּפֶת לְמִרְשָׁמִים; מַחְבֶּרֶת־צִיּוּר

sketchy /ˈsketʃɪ/ adj. (*derog.*) (תֵּאוּר וְכַד׳) בְּקַוִּים כְּלָלִיִּים, בְּלִי פְּרָטִים; מְקֻטָּע

skew /skjuː/ adj. מְלֻכְסָן, נוֹטֶה הַצִּדָּה, בַּאֲלַכְסוֹן

—n.

on the skew (*colloq.*) בַּאֲלַכְסוֹן, "עַל הָעֲקֹם"

—v.t. & i. עִקֵּם, הִטָּה בַּאֲלַכְסוֹן; נָטָה בַּאֲלַכְסוֹן, הָיָה עָקוּם

skewbald /ˈskjuːbɔːld/ adj. & n. (סוּס) בָּרֹד, טָלוּא, מְנֻמָּר (לָבָן־חוּם וְכַד׳)

skewer /ˈskjʊə(r)/ n. שַׁפּוּד, "סִיחַ" (לְקַבָּב וְכַד׳)

—v.t. שִׁפֵּד

ski /skiː/ n. & v.i. סְקִי (סְפּוֹרְט); מִגְלָשׁ, סְקִי; עָשָׂה סְקִי

skid /skɪd/ v.i. הֶחֱלִיק, הִתְחַלֵּק

—n. הַחְלָקָה; מַחְלֵק (כְּבֶן נְחִיתָה שֶׁל הֶלִיקוֹפְּטֶר וְכַד׳); לוּחַ הַחְלָקָה (לִגְרִירַת מִטְעָן)

□ *he's trying to put the skids under Joe* (*colloq.*) הוּא מְנַסֶּה "לְסַדֵּר" אֶת ג׳וֹ

skid-pan /ˈskɪd-pæn/ n. מִשְׁטַח הַחְלָקָה לִבְדִיקַת בַּלָּמֵי מְכוֹנִית

skid row /ˌskɪd ˈrəʊ/ n. (*US colloq.*)

□ *he's on skid row* הוּא הִדַּרְדֵּר

skier /ˈskiːə(r)/ n. גּוֹלֵשׁ (הָעוֹשֶׂה סְקִי)

skiff /skɪf/ n. סִירַת חֲתִירָה קְטַנָּה, דּוּגִית

ski-jump /ˈskiː-dʒʌmp/ n. מַקְפֵּצַת־סְקִי

skilful /ˈskɪlf(ə)l/ adj. מְיֻמָּן, זָרִיז (בִּמְלַאכְתּוֹ); מֻמְחֶה

ski-lift /ˈskiː-lɪft/ n. מַעֲלִית־סְקִי (שַׁרְשֶׁרֶת מוֹשָׁבִים עַל כֶּבֶל לִנְשִׂיאַת גּוֹלְשִׁים לְרֹאשׁ מַסְלוּל הַגְּלִישָׁה)

skill /skɪl/ n. מְיֻמָּנוּת, זְרִיזוּת; מֻמְחִיּוּת

skilled /skɪld/ adj. מְיֻמָּן, מֻמְחֶה

skillet /ˈskɪlɪt/ n. (*US*) מַחֲבַת

skim /skɪm/ v.t.

1 (take floating layer from surface) גָּרַף (שֻׁמָּן מִמָּרָק, מֵחָלָב וְכַד׳)

skimmed milk חָלָב דַּל־שֻׁמָּן

□ *the big companies skim off the best executives* הַחֲבָרוֹת הַגְּדוֹלוֹת בּוֹחֲרוֹת לְעַצְמָן אֶת הַמְנַהֲלִים הַטּוֹבִים בְּיוֹתֵר

2 (treat superficially) עָבַר בְּרִפְרוּף עַל

□ *she skimmed quickly through the book* הִיא קָרְאָה בְּרִפְרוּף אֶת הַסֵּפֶר

3 (keep touching lightly on a surface) רִחֵף עַל פְּנֵי

□ *the boat skimmed the waves* הַסִּירָה רִחֲפָה עַל פְּנֵי הַגַּלִּים

□ *he skimmed a pebble on the water* הוּא "הִקְפִּיץ" חַלּוּק־נַחַל עַל פְּנֵי הַמַּיִם

—v.i.

1 (glide along on surface) הֶחֱלִיק

□ *the sleighs skim along very swiftly* הַמִּגְלָשׁוֹת מַחֲלִיקוֹת לָהֶן בִּמְהִירוּת רַבָּה

2 (pass over lightly) פָּסַח

□ *he is skimming over a real difficulty* הוּא פּוֹסֵחַ עַל פְּנֵי קֹשִׁי שֶׁל מַמָּשׁ

skimp /skɪmp/ v.t. & i. קִמֵּץ בְּ...; נָהַג בְּקַמְצָנוּת

skimpy /ˈskɪmpɪ/ adj. (*colloq.*) (דָּבָר) זָעוּם, דַּל

skin /skɪn/ n.

1 (natural covering of body) עוֹר (מַעֲטֵה הַגּוּף בִּלְבַד, לֹא עוֹר מְעֻבָּד)

drenched to the skin רָטֹב עַד לְשַׁד עַצְמוֹתָיו

□ *she is all skin and bone* (*colloq.*) הִיא כֻּלָּהּ עוֹר וַעֲצָמוֹת

□ *he gets under my skin* (*colloq.*) הוּא עוֹלֶה לִי עַל הָעֲצַבִּים

□ *he lied to save his skin* (*colloq.*) הוּא שִׁקֵּר כְּדֵי לְהַצִּיל אֶת עוֹרוֹ

□ *he developed a thick skin to deal with her insults* הוּא פִּתֵּחַ "עוֹר שֶׁל פִּיל" כְּדֵי לְהִתְמוֹדֵד עִם הָעֶלְבּוֹנוֹת שֶׁלָּהּ

□ *she escaped by the skin of her teeth* (*colloq.*) הִיא נִמְלְטָה בְּעוֹר שִׁנֶּיהָ

□ *it's no skin off my nose* (*colloq.*) זֶה לֹא מַזִּיק לִי בִּכְלָל, זֶה לֹא פּוֹגֵעַ בִּי

2 (removed from animal) עוֹר (שֶׁל בַּעַל־חַיִּים, לְאַחַר שֶׁנִּפְשַׁט)

—v.t. פָּשַׁט אֶת הָעוֹר (שֶׁל בַּעַל־חַיִּים); שִׁפְשֵׁף (אֶת הַבֶּרֶךְ וְכַד׳)

keep your eyes skinned! (*colloq.*) תִּפְתַּח אֶת הָעֵינַיִם שֶׁלְּךָ!

□ *skin those onions please!* תְּקַלֵּף אֶת הַבָּצָל בְּבַקָּשָׁה!

□ *the old man was skinned by his sons* (*colloq.*) הַבָּנִים פָּשְׁטוּ אֶת הָעוֹר שֶׁל אֲבִיהֶם, הַבָּנִים רוֹשְׁשׁוּ אֶת אֲבִיהֶם הַזָּקֵן

□ *I skinned my elbow when I fell* שִׁפְשַׁפְתִּי אֶת הַמַּרְפֵּק כְּשֶׁנָּפַלְתִּי

—v.i. הִתְכַּסָּה עוֹר; הֶעֱלָה קְרוּם; (פֶּצַע) הִגְלִיד

□ *the rice pudding skinned over* דַּיְסַת הָאֹרֶז הִתְכַּסְּתָה בִּקְרוּם (מֵרֹב בִּשּׁוּל)

skin-deep /skɪn-ˈdiːp/ adj. שִׁטְחִי, אַרְעִי

skin-diving /ˈskɪn-daɪvɪŋ/ n. צְלִילָה עִם מַסֵּכָה וּשְׁנוֹרְקֶל (וְלָרֹב לְלֹא מִכְלֵי־אֲוִיר)

skinflint /ˈskɪnflɪnt/ n. (*colloq.*) קַמְצָן

skinhead /ˈskɪnhed/ n. "סְקִינְהֶד" (צָעִיר מְגֻלַּח רֹאשׁ, לָרֹב לוֹבֵשׁ מִכְנָסַיִם הֲדוּקִים וְנַעֲלַיִם כְּבֵדוֹת, וְהַנֶּחְשָׁב לָרֹב כְּבַעַל נְטִיָּה לְאַלִּימוּת)

skinny /ˈskɪnɪ/ adj. רָזֶה, כָּחוּשׁ, צָנוּם

skin-tight /skɪn-ˈtaɪt/ adj. (בֶּגֶד) הָדוּק (לַגּוּף), צָמוּד

skint /skɪnt/ adj. (*UK colloq.*) "תַּפְרָן", חֲסַר פְּרוּטָה

skip[1] /skɪp/ v.i. דִּלֵּג, נִתֵּר

skip off (or **out**) (*colloq.*) הִסְתַּלֵּק, הִצְלִיחַ לְהִתְחַמֵּק

□ *the children were skipping along the road* הַיְלָדִים דִּלְּגוּ לְאֹרֶךְ הַכְּבִישׁ

□ *they skipped over to Paris for the weekend* הֵם "קָפְצוּ" לְפָּרִיז לְסוֹף־הַשָּׁבוּעַ

—v.t. דִּלֵּג עַל, קָפַץ מֵעַל, פָּסַח עַל

skip the formalities וִתֵּר עַל גִּנּוּנֵי הַטֶּקֶס

□ *I skipped the dull parts of the book* דִּלַּגְתִּי עַל הַחֲלָקִים הַמְשַׁעַמְמִים שֶׁבַּסֵּפֶר

□ *let's skip classes today* (*colloq.*) בּוֹא נִתְחַמֵּק מִן הַשִּׁעוּרִים הַיּוֹם, בּוֹא נִבְרַח הַיּוֹם מִבֵּית־הַסֵּפֶר

—n. דִּלּוּג, נִתּוּר

skip[2] /skɪp/ n. מְכַל פְּסֹלֶת פָּתוּחַ (לִפְסֹלֶת בִּנְיָן וְכַד׳, נִתָּן לַהֲרָמָה הִידְרָאוּלִית עַל־יְדֵי מַשָּׂאִית)

skipper /ˈskɪpə(r)/ n. (*colloq.*)

1 (captain of a ship) רַב־חוֹבֵל, קַפִּטָן

2 (captain of a team) קַפְּטֶן

—v.t. הָיָה הַקַּפְּטֶן שֶׁל

skipping-rope /ˈskɪpɪŋ-rəʊp/ n. חֶבֶל־קְפִיצָה, דִּלְגִּית

skirl /skɜːl/ n. & v.i. (*formal*) קוֹל כְּשֶׁל חֵמַת חֲלִילִים; הִשְׁמִיעַ קוֹל כַּנַּ"ל

□ *the skirl of the bagpipes echoed round the room* הֶמְיַת חֵמַת־הַחֲלִילִים הִדְהֲדָה בְּרַחֲבֵי הַחֶדֶר

skirmish /ˈskɜːmɪʃ/ n. & v.i. תִּגְרָה, קְרָב קָצָר; לָקַח חֵלֶק בְּתִגְרָה

skirt /skɜːt/ n.

1 (woman's garment) חֲצָאִית

bit of skirt (*sl. derog.*) כִּנּוּי גַּס לְאִשָּׁה שֶׁגֶּבֶר רוֹאֶה כְּאוֹבְּיֶקְט מִינִי בִּלְבַד

2 (in *pl.* edge or border) "חֲצָאִית"

□ *the rubber skirts of a hovercraft inflate* חֲצָאִיּוֹת הַגּוּמִי שֶׁל רַחֶפֶת מִתְנַפְּחוֹת

—v.t. עָקַף, הִתְחַמֵּק מִ... (נוֹשֵׂא, בְּעָיָה וְכַד׳); הִקִּיף, סָבַב (אֵזוֹר וְכַד׳)

□ *the river skirts the forest* הַנָּהָר מַקִּיף אֶת הָעִיר

—v.i.

skirt round הִקִּיף, סָבַב (אֵזוֹר וְכַד׳)

skirting-board /ˈskɜːtɪŋ-bɔːd/ n. פָּאנֶל (פַּס עֵץ הַמַּקִּיף חֶדֶר לְאֹרֶךְ שִׁפּוּלֵי הַקִּירוֹת)

skit /skɪt/ n. מַעֲרְכוֹן קָצָר (וְהוּמוֹרִיסְטִי)

skittish /ˈskɪtɪʃ/ adj. הֲפַכְפַּךְ; קַל־דַּעַת, אֱוִילִי; (סוּס) עַצְבָּנִי

skittle-alley /ˈskɪt(ə)l-ælɪ/ n. מַסְלוּל הַכַּדּוּר (בְּמִשְׂחַק הַיִּתֵדוֹת הַבְּרִיטִי שֶׁבּוֹ 9 "יְתֵדוֹת")

skittles /ˈskɪt(ə)lz/ n. *pl.* מֵעֵין גִּרְסָה שֶׁל כַּדֹּרֶת שֶׁבָּהּ יֵשׁ לְהַפִּיל 9 "יְתֵדוֹת" בְּאֶמְצָעוּת כַּדּוּר עֵץ אוֹ דִּיסְקוּס

□ *life is not all beer and skittles* (*UK colloq.*) בַּחַיִּים לֹא מְלַקְקִים דְּבַשׁ כָּל הַזְּמַן, "הַחַיִּים זֶה לֹא פִּיקְנִיק"

skive /skaɪv/ v.t. & i. (*UK colloq.*) הִשְׁתַּמֵּט מִ...; הִתְחַמֵּק, "הִתְפַּרְפֵּר"

□ *he skived off from school* הוּא "הִתְפַּרְפֵּר" מֵהַשִּׁעוּרִים

skivvy /ˈskɪvɪ/ n. (*colloq.*) מְשָׁרֶתֶת (לַעֲבוֹדוֹת בְּזוּיוֹת), "שִׁפְחָה חֲרוּפָה"

skua /ˈskjʊə/ n. חַמְסָן (עוֹף יָם גָּדוֹל דְּמוּי שַׁחַף)

skulduggery /ˌskʌlˈdʌgrɪ/ n. (*colloq.*) (also **skullduggery**) תַּעֲלוּלִים מְלֻכְלָכִים, נְכָלִים

skulk /skʌlk/ v.i. אָרַב, הִתְגַּנֵּב (בְּמַטָּרָה זְדוֹנִית); הִסְתַּתֵּר (בְּפַחַד)

skull /skʌl/ n. גֻּלְגֹּלֶת

skull and crossbones גֻּלְגֹּלֶת וַעֲצָמוֹת מְצֻלָּבוֹת (סֵמֶל לְסַכָּנַת־מָוֶת, לְרַעַל וְכַד׳, בֶּעָבָר סֵמֶל שׁוֹדְדֵי הַיָּם)

skull-cap /ˈskʌl-kæp/ n. כִּפָּה (שֶׁל יְהוּדִי דָּתִי, שֶׁל כֹּמֶר קָתוֹלִי וְכַד׳)

skunk /skʌŋk/ n.

1 (animal; its fur) בּוֹאֵשׁ, סַרְחָן (בַּעַל חַיִּים הַמֵּפִיק רֵיחַ רַע לְשֵׁם הִתְגּוֹנְנוּת); פַּרְוָה מִבַּעַל־חַיִּים זֶה

2 (contemptible person, *colloq.*) "מְלֻכְלָךְ"

sky /skaɪ/ n. שָׁמַיִם, רָקִיעַ

sky diving צְנִיחָה חָפְשִׁית

the sky's the limit (*colloq.*) הַכֹּל אֶפְשָׁרִי, הַכֹּל פָּתוּחַ (נֶאֱמַר לְחִיּוּב)

out of the clear (blue) sky (*fig.*) לְפֶתַע פִּתְאֹם, כְּרַעַם בְּיוֹם בָּהִיר

□ *she praised her secretary to the skies* הִיא שִׁבְּחָה אֶת הַמַּזְכִּירָה שֶׁלָּהּ בְּלִי גְּבוּל

□ *he promised her pie in the sky* (*colloq.*) הוּא הִבְטִיחַ לָהּ הָרִים וּגְבָעוֹת

sky-blue /skaɪ-ˈbluː/ n. & adj. תְּכֵלֶת

sky-high /skaɪ-ˈhaɪ/ adj. (*colloq.*) גָּבוֹהַּ מְאֹד, עַד לַשָּׁמַיִם, לִשְׁחָקִים

□ *after the Budget prices rose sky-high* לְאַחַר פִּרְסוּם תַּקְצִיב הַמְּדִינָה הִרְקִיעוּ הַמְּחִירִים שְׁחָקִים

skylark /ˈskaɪlɑːk/ n. עֶפְרוֹנִי הַשָּׂדֶה

skylight /ˈskaɪlaɪt/ n. חַלּוֹן, צֹהַר (בַּתִּקְרָה)

skyline /ˈskaɪlaɪn/ n. קַו־הָרָקִיעַ (הַקַּו שֶׁבּוֹ נִפְגָּשִׁים גַּגּוֹת בָּתֵּי־הָעִיר וְהָרָקִיעַ וְכַד׳)

skyscraper /ˈskaɪskreɪpə(r)/ n. גּוֹרֵד־שְׁחָקִים, מִגְדַּל־שְׁחָקִים

skywards /ˈskaɪwədz/ adv. & adj. (also **skyward**) הַשָּׁמַיְמָה, אֶל־עַל

slab /slæb/ n. לוּחַ, טַבְלָה

□ *a slab of marble covered the tabletop* טַבְלַת שַׁיִשׁ כִּסְּתָה אֶת הַשֻּׁלְחָן

slack /slæk/ adj.
1 (loose, not tight) רָפֶה, רָפוּי
2 (inactive, sluggish) נִרְפֶּה, אִטִּי, "חַלָּשׁ"
slack water מַיִם שְׁקֵטִים (לִפְנֵי הַגֵּאוּת וְהַשֵּׁפֶל), מַיִם כְּלוּאִים בְּסֶכֶר
□ *business is slack today* הָעֲסָקִים בְּשֵׁפֶל הַיּוֹם, הָעֲסָקִים חַלָּשִׁים הַיּוֹם
3 (lazy, negligent) רַשְׁלָנִי, מְרֻשָּׁל, בַּטְלָנִי, עַצְלָנִי
—n.
1 (that which is loose) חֵלֶק הַחֶבֶל הָרָפוּי
□ *he hauled in the slack* הוּא מָתַח אֶת הַחֶבֶל הָרָפוּי
2 (in *pl.*, trousers) מִכְנָסַיִם (רְפוּיִים, רְחָבִים וְנוֹחִים)
3 (coal in very small pieces) פֵּרוּרֵי־פֶּחָם
—v.i.
1 (be lazy, *colloq.*) הִתְרַשֵּׁל, הִתְבַּטֵּל
□ *we arrived early and caught them slacking* הִגַּעְנוּ מֻקְדָּם וּמָצָאנוּ אוֹתָם מִתְבַּטְּלִים
2 (loosen, reduce speed) הֵאֵט
slack off הֵאֵט, יָרַד לְשֵׁפֶל (עֲסָקִים וְכַד')
—v.t. הֵאֵט

slacken /ˈslækən/ v.t. & i.
1 (slow up) הֵאֵט, מִתֵּן; הִתְמַתֵּן
2 (loosen up) רִפָּה, שִׁחְרֵר; הִתְרוֹפֵף, רָפָה; הִתְרַשֵּׁל

slacker /ˈslækə(r)/ n. (*colloq.*) מִשְׁתַּמֵּט (מִמַּאֲמָץ), בַּטְלָן

slag /slæg/ n.
1 (refuse from ore) פְּסֹלֶת־עֻפְרָה (לְאַחַר הַפְרָדַת הַמַּתֶּכֶת)
2 (prostitute, *sl. derog.*) זוֹנָה, "שַׁרְמוּטָה"
—v.t. & i.
slag off (*UK sl.*) "לִכְלֵךְ" עַל (דִּבֵּר בְּגַסּוּת עַל פְּלוֹנִי); "לִכְלֵךְ"

slag heap /ˈslæg-hiːp/ n. עֲרֵמַת פְּסֹלֶת־עֻפְרָה

slain /sleɪn/ past ppl. of **slay**

slake /sleɪk/ v.t. (*formal*) הִרְוָה (צִמָּאוֹן); הִשְׁקִיט (תַּאֲוָה, רֹגֶז); הִשְׂבִּיעַ (נָקָם); הוֹסִיף מַיִם לְ(סִיד)
slaked lime סִיד כָּבוּי
□ *I slaked my thirst at the spring* שָׁתִיתִי לִרְוָיָה מִמֵּי הַמַּעְיָן

slalom /ˈslæləm/ n. "סְלָלוֹם", (מֵרוֹץ סְקִי, סִירוֹת קָנוּ וְכַד', בְּמַסְלוּל נִפְתָּל בֵּין דְּגָלִים)

slam /slæm/ v.t. & i. טָרַק (דֶּלֶת), חָבַט בְּכֹחַ בְּ..., הֵטִיחַ; נִטְרַק, הֻטַּח
—n.
1 (act or noise of slamming) קוֹל טְרִיקָה, חֲבָטָה (עַזָּה)
2 (*Cards*) "סְלָם" ("זְכִיָּה" בְּמִשְׂחַק בְּרִידְג' וְכַד')
grand slam "גְּרַנְד סְלָם" (בִּקְלָפִים); "גְּרַנְד סְלָם" (נִצָּחוֹן בְּסִדְרַת טוּרְנִירִים, לְמָשָׁל בְּטֶנִיס)

slander /ˈslɑːndə(r)/ adj. הַשְׁמָצָה, דִּבָּה
—v.t. הִשְׁמִיץ, הוֹצִיא דִּבָּה עַל

slanderous /ˈslɑːndərəs/ adj. מַשְׁמִיץ, שֶׁיֵּשׁ בּוֹ הַשְׁמָצוֹת

slang /slæŋ/ n. סְלֶנְג, עָגָה
rhyming slang סְלֶנְג מְחֹרָז (שִׁמּוּשׁ בְּמִלָּה מִתְחָרֶזֶת בִּמְקוֹם הַמִּלָּה הַמְבֻקֶּשֶׁת; מְקֻבָּל בְּפִי "הַקּוֹקְנִים" בְּלוֹנְדוֹן)
—v.t. (*UK colloq.*) קִלֵּל
slanging-match דּוּ־קְרָב שֶׁל קְלָלוֹת

slangy /ˈslæŋɪ/ adj. (*derog.*) סְלֶנְגִּי (מֵכִיל בִּטּוּיֵי סְלֶנְג)

slant /slɑːnt/ n.
1 (slope) שִׁפּוּעַ, מִדְרוֹן
on the slant בַּאֲלַכְסוֹן
2 (point of view, *colloq.*) נְקֻדַּת־מַבָּט, נְקֻדַּת־רְאִיָּה
—v.t. & i. הִטָּה בַּאֲלַכְסוֹן, שִׁפַּע; תֵּאֵר (נוֹשֵׂא וְכַד') מִנְּקֻדַּת מַבָּט מְסֻיֶּמֶת; נָטָה בַּאֲלַכְסוֹן, הָיָה בְּשִׁפּוּעַ
□ *he slants the news in favour of his own politics* הוּא הִצִּיג אֶת הַחֲדָשׁוֹת בְּאוֹר אוֹהֵד אֶת נְטִיּוֹתָיו הַפּוֹלִיטִיּוֹת

slantwise /ˈslɑːntwaɪz/ adv. & adj. בְּשִׁפּוּעַ, בַּאֲלַכְסוֹן; מְשֻׁפָּע, אֲלַכְסוֹנִי, נָטוּי

slap /slæp/ n. סְטִירָה
a slap on the back (*colloq.*) טְפִיחָה עַל הַשֶּׁכֶם (לְעִדּוּד, לְשֶׁבַח וְכַד')
□ *it was a slap in the face for him* (*colloq.*) זוֹ הָיְתָה בִּשְׁבִילוֹ סְטִירַת לֶחִי
—v.t. סָטַר לְ..., טָפַח עַל/לְ...
slap down רָמַס (רַעְיוֹן וְכַד'), דִּכֵּא
—adv. (*colloq.*)
□ *the child ran slap into him* הַיֶּלֶד רָץ וְנִתְקַל יָשָׁר בּוֹ

slap-bang /slæp-ˈbæŋ/ adv. (*colloq.*) "טְרַאח", "בּוּל"

slapdash /ˈslæpdæʃ/ adj. (*derog.*) חִפּוּזִי, מְרֻשָּׁל

slap-happy /ˌslæp-ˈhæpɪ/ adj. (*colloq.*) עוֹלֵץ וַחֲסַר־דְּאָגוֹת; חֲסַר אַחֲרָיוּת

slapstick /ˈslæpstɪk/ n. "סְלֶפְּסְטִיק" (קוֹמֶדְיָה מְטֹרֶפֶת שֶׁיֵּשׁ בָּהּ סְצֵנוֹת שֶׁל הִשְׁתּוֹלְלוּת וְכַד')

slap-up /ˈslæp-ʌp/ adj. (*UK colloq.*) (אֲרוּחָה) סוּג אָלֶף, אָלֶף־אָלֶף (גְּדוֹלָה וִיקָרָה)

slash /slæʃ/ v.t. & i.
1 (cut with sweeping strokes) חָתַךְ, שִׁסַּע; הִצְלִיף בְּ...
2 (reduce drastically, *colloq.*) חָתַךְ, קִצֵּץ (מְחִירִים, מַשְׂכּוֹרוֹת)
3 (criticize) שִׁסַּע (בְּבִקֹּרֶת), גִּנָּה, בִּקֵּר בַּחֲרִיפוּת
—v.i. שִׁסַּע, חָתַךְ
—n. חֲתָךְ; חִתּוּךְ, הַצְלָפָה; לוֹכְסָן (קַו אֲלַכְסוֹנִי הַמַּפְרִיד בֵּין מִלִּים וְכַד')

slat /slæt/ n. (usu. in *pl.*) פַּס, פָּסִיס (שֶׁל עֵץ, מַתֶּכֶת אוֹ פְּלַסְטִיק)

slate /sleɪt/ n.
1 (rock) צִפְחָה
slate-blue (or **grey**) כְּחֹל/אֲפֹר־כֵּהֶה (כְּגוֹן הַצִּפְחָה)
slate-pencil עִפְרוֹן צִפְחָה
2 (roofing-tile) אָרִיחַ, רַעַף (מִצִּפְחָה אוֹ מֵחֳמָרִים אֲחֵרִים)

3 (writing tablet) לוּחַ צִפְחָה (לִכְתִיבָה)
□ *he wiped the slate clean and began a new way of life* (*fig.*) הוּא פָּתַח דַּף חָדָשׁ בַּחַיִּים
—v.t.
1 (cover roof with slates) כִּסָּה בִּרְעָפִים, רִעֵף
2 (criticize, scold, *colloq.*) "קָטַל"
3 (choose or plan, *US*) תִּכְנֵן, בָּחַר בְּ...
□ *she's slated to be the next president* מִתְכַּנְנִים שֶׁהִיא תִּהְיֶה הַנָּשִׂיא הַבָּא

slattern /ˈslætən/ n. (*arch.*) אִשָּׁה מְרֻשֶּׁלֶת וּמְזֻנַּחַת, "שְׁלוּמְפֶּרִית"

slaughter /ˈslɔːtə(r)/ n. & v.t. שְׁחִיטָה, טֶבַח; שָׁחַט, טָבַח
□ *we slaughtered them at football* (*colloq.*) שְׁחַטְנוּ אוֹתָם בְּכַדּוּרֶגֶל

slaughterhouse /ˈslɔːtəhaʊs/ n. מִשְׁחָטָה, בֵּית מִטְבָּחַיִם

slave /sleɪv/ n. עֶבֶד, שִׁפְחָה
slave trade (*Hist.*) הַסַּחַר בַּעֲבָדִים
—v.i. עָבַד כְּעֶבֶד, עָבְדָה כְּשִׁפְחָה
□ *I've been slaving at the housework all day* עָבַדְתִּי בְּפֶרֶךְ כָּל הַיּוֹם בַּעֲבוֹדוֹת הַבַּיִת

slave-driver /ˈsleɪv-draɪvə(r)/ n. (*colloq.*) מַעֲבִיד נַצְלָנִי

slaver[1] /ˈslævə(r)/ v.i. הִזִּיל רִיר (לָרֹב בְּהַשְׁאָלָה, לְגַבֵּי בְּנֵי־אָדָם)
slaver over (*colloq. derog.*) הִזִּיל רִיר עַל
—n. רִיר, רֹק

slaver[2] /ˈsleɪvə(r)/ n. (*Hist.*) סְפִינַת־עֲבָדִים; סוֹחֵר עֲבָדִים

slavery /ˈsleɪvərɪ/ n. עַבְדוּת; (בְּהַשְׁאָלָה) "מְלֶאכֶת־עֲבָדִים", עֲבוֹדָה קָשָׁה, "עֲבוֹדַת־פֶּרֶךְ"

slavish /ˈsleɪvɪʃ/ adj. (*derog.*) מִתְרַפֵּס, נִרְצָע

slaw /slɔː/ n. (*US*) סָלַט־כְּרוּב
coleslaw סָלַט־כְּרוּב

slay /sleɪ/ (past **slew** /sluː/, past ppl. **slain** /sleɪn/) v.t. הָרַג, טָבַח

sleazy /ˈsliːzɪ/ adj. (*colloq.*) (מָקוֹם) מְפֻקְפָּק וּמְזֻנָּח; (אָדָם) מְפֻקְפָּק וְדוֹחֶה

sled /sled/ n. (*US*) מִזְחֶלֶת, מִגְרָרָה

sledge /sledʒ/ n. & v.i. מִזְחֶלֶת, מִגְרָרָה; נָסַע בְּמִזְחֶלֶת

sledgehammer /ˈsledʒhæmə(r)/ n. קוּרְנָס, מַקֶּבֶת, פַּטִּישׁ כָּבֵד

sleek /sliːk/ adj. חָלָק, רַךְ וְנוֹצֵץ; אֶלֶגַנְטִי
sleek appearance הוֹפָעָה אֶלֶגַנְטִית וּמְלֻטֶּשֶׁת
sleek lines קַוֵּי מִתְאָר נָאִים, צוּרָה אֶלֶגַנְטִית
sleek manners נִימוּסִים חֲלַקְלַקִּים

sleep /sliːp/ (past & past ppl. **slept** /slept/) v.i.
1 (rest in a state of sleep) יָשַׁן
sleeping sickness מַחֲלַת־הַשֵּׁנָה (מֻעֶבֶרֶת עַל־יְדֵי זְבוּב הַצֶּה־צֶה)
□ *she slept round the clock* הִיא יָשְׁנָה שְׁתֵּים עֶשְׂרֵה שָׁעוֹת בִּרְצִיפוּת
□ *he slept in this morning* הוּא קָם מְאֻחָר הַבֹּקֶר
2 (not decide immediately) לָקַח זְמַן לַחְשֹׁב עַל
□ *I shall have to sleep on your suggestion* אֲנִי אֶחְשֹׁב עַל זֶה וְאֶתֵּן לְךָ תְּשׁוּבָה מָחָר
3 (have sexual intercourse with) שָׁכַב עִם
sleep around (*colloq. derog.*) "הִתְפַּרְפֵּר", "קָפַץ מִמִּטָּה לְמִטָּה"
□ *do they sleep together?* הַאִם הֵם שׁוֹכְבִים יַחַד?
4 (be inactive) הָיָה רָדוּם
sleeping partner שֻׁתָּף לֹא־פָּעִיל, שֻׁתָּף רָדוּם
—v.t.
1 (get rid of by sleeping) נִפְטַר מִ... (מַחֲלָה, כְּאֵב־רֹאשׁ) ע"י שֵׁנָה
□ *he slept off his headache* הוּא הָלַךְ לִישֹׁן וְנִפְטַר כָּךְ מִכְּאֵב הָרֹאשׁ שֶׁלּוֹ
2 (provide with place to sleep) הֵלִין, הָיָה בַּעַל מְקוֹם־שֵׁנָה לְ...
□ *the hotel sleeps 200 guests* הַמָּלוֹן מְסֻגָּל לְהָלִין 200 אוֹרְחִים
—n.
1 (state of deep rest) שֵׁנָה, תַּרְדֵּמָה
2 (period of this) תְּנוּמָה, שֵׁנָה
3 (death; unconsciousness)
□ *the dog had to be put to sleep* (*euphem.*) נֶאֱלַצְנוּ לְהָמִית אֶת הַכֶּלֶב (כְּדֵי לִמְנֹעַ מִמֶּנּוּ סֵבֶל)
□ *the patient was put to sleep* הִרְדִּימוּ אֶת הַחוֹלֶה

sleeper /ˈsliːpə(r)/ n.
1 (one who sleeps) (אָדָם) יָשֵׁן
□ *she's a heavy sleeper* הִיא תָּמִיד יְשֵׁנָה חָזָק
2 (sleeping-car) קְרוֹן־שֵׁנָה
3 (support for rails) אֶדֶן (שֶׁל מְסִלַּת־הַבַּרְזֶל)

sleeping-bag /ˈsliːpɪŋ-bæg/ n. שַׂק־שֵׁנָה

sleeping-car /ˈsliːpɪŋ-kɑː(r)/ n. קְרוֹן־שֵׁנָה (בְּרַכֶּבֶת)

sleeping-pill /ˈsliːpɪŋ-pɪl/ n. גְּלוּלַת־שֵׁנָה, כַּדּוּר־שֵׁנָה

sleeping policeman /ˌsliːpɪŋ pəˈliːsmən/ n. (*UK*) פַּס־הַרְעָדָה (בִּכְבִישׁ לְהָאֵט אֶת מְהִירוּת הַתְּנוּעָה)

sleepless /ˈsliːplɪs/ adj. חֲסַר־שֵׁנָה, לְלֹא־שֵׁנָה

sleep-walker /ˈsliːp-wɔːkə(r)/ n. סַהֲרוּרִי, חוֹלֶה בְּ"מַחֲלַת־הַיָּרֵחַ", מֻכֵּה־יָרֵחַ

sleep-walking /ˈsliːp-wɔːkɪŋ/ n. סַהֲרוּרִיּוּת, סוֹנַמְבּוּלִיזְם

sleepy /ˈsliːpɪ/ adj. מְנֻמְנָם, רָדוּם; יַשְׁנוּנִי, "רוֹצֶה לִישֹׁן"
a sleepy village כְּפָר רָדוּם (וְשָׁקֵט)

sleepy-head /ˈsliːpɪ-hed/ n. (*colloq.*) "יַשְׁנוּנִי" (לָרֹב בִּפְנִיָּה לְיֶלֶד)

sleet /sliːt/ n. & v.i. גֶּשֶׁם־שֶׁלֶג; יָרַד גֶּשֶׁם־שֶׁלֶג

sleeve /sliːv/ n.
1 (part of garment) שַׁרְווּל
wear one's heart on one's sleeve (*colloq.*) חָשַׂף בָּרַבִּים אֶת רִגְשׁוֹתָיו

□ *she was laughing up her sleeve* (*fig.*) הִיא צָחֲקָה לְעַצְמָהּ

□ *I have something up my sleeve in case we run out of money* (*colloq.*) שַׂמְתִּי בַּצַּד מַשֶּׁהוּ לְמִקְרֶה שֶׁיִּגָּמֵר לָנוּ הַכֶּסֶף

□ *we must roll up our sleeves and get on with it* עָלֵינוּ לְהַפְשִׁיל אֶת הַשַּׁרְווּלִים וּלְהִתְגַּיֵּס לַמְּלָאכָה

2 (sleeve-shaped cover, *Mech.*) נַרְתִּיק; גָּלִיל

3 (cover for gramophone record) מַעֲטֶפֶת תַּקְלִיט, עֲטִיפָה

sleigh /sleɪ/ n. מִזְחֶלֶת, מִגְרָרָה

sleight /slaɪt/ n.

sleight of hand אֲחִיזַת־עֵינַיִם; זְרִיזוּת יָדַיִם, לַהֲטוּטָנוּת

slender /ˈslendə(r)/ adj.

1 (slim) דַּק־גִּזְרָה; עָדִין, דַּק

2 (inadequate, meagre) קָלוּשׁ, דַּל

of slender means דַּל־אֶמְצָעִים, מְעוּט־אֶמְצָעִים

slept /slept/ past & past ppl. of **sleep**

sleuth /sluːθ/ n. (*joc.*) בַּלָּשׁ

sleuth-hound /ˈsluːθ-haʊnd/ n. (*joc.*) כֶּלֶב־גִּשּׁוּשׁ

slew[1] /sluː/ past of **slay**

slew[2] /sluː/ v.t. & i. סוֹבֵב לְכִוּוּן אַחֵר; הִסְתּוֹבֵב, עָשָׂה תַּפְנִית

□ *the car slewed round on the wet road* הַמְּכוֹנִית הֶחֱלִיקָה וְהִסְתַּחְרְרָה עַל הַכְּבִישׁ הָרָטֹב

slice /slaɪs/ n.

1 (thin, flat piece) פְּרוּסָה, פֶּלַח

a slice of bread פְּרוּסָה שֶׁל לֶחֶם

2 (share) חֵלֶק, נֵתַח

□ *a large slice of the profit comes to him* מַגִּיעַ לוֹ נֵתַח גָּדוֹל מִן הָרְוָחִים

3 (utensil)

fish slice כַּף שְׁטוּחָה (מֵעֵין מַחְתָּה, לַהֲפִיכַת הַחֲבִיתָה וְכַד׳)

4 (hit in ball game) חֲבָטָה אֲלַכְסוֹנִית

—v.t.

1 (cut into slices) פָּרַס, חָתַךְ לִפְרוּסוֹת

□ *he sliced the meat* הוּא פָּרַס אֶת הַבָּשָׂר

2 (cut piece off) חָתַךְ פְּרוּסָה שֶׁל

□ *please slice a wedge from the cake* חֲתֹךְ בְּבַקָּשָׁה פְּרוּסָה מִן הָעוּגָה

3 (hit ball so that it goes at an angle) חָבַט בַּאֲלַכְסוֹן

—v.i. פָּלַח

□ *the axe sliced through the wood* הַגַּרְזֶן פָּלַח אֶת הָעֵץ

slick /slɪk/ adj. & adv. חֲלַקְלַק, שַׁמְנוּנִי; (בְּהַשְׁאָלָה, לְגַבֵּי אָדָם, סִגְנוֹן דִּבּוּר וְכַד׳) ״חֲלַקְלַק״

a slick salesman (*colloq.*) סוֹכֵן מְכִירוֹת מְמֻלָּח, זַבָּן חֲלַק־לָשׁוֹן

—v.t. הֶחֱלִיק

□ *he slicked back his hair* (*colloq.*) הוּא הֶחֱלִיק אֶת שַׂעֲרוֹתָיו לְאָחוֹר

—n.

oil slick כֶּתֶם־נֵפְט (שִׁכְבַת שֶׁמֶן הַמְכַסָּה אֶת פְּנֵי־הַיָּם)

slide /slaɪd/ (past & past ppl. **slid** /slɪd/) v.i.

1 (move over smooth surface) הֶחֱלִיק, גָּלַשׁ

□ *I was sliding about on the ice* הֶחֱלַקְתִּי לְכָל הַכִּוּוּנִים עַל הַקֶּרַח

2 (go smoothly along) הֶחֱלִיק, גָּלַשׁ

□ *the ship slid into the water* הַסְּפִינָה הֶחֱלִיקָה אֶל הַמַּיִם

3 (fall by loss of grip) הֶחֱלִיק

□ *I slid down the grass slope* הֶחֱלַקְתִּי בִּירִידָה בְּמִדְרוֹן הַדֶּשֶׁא

4 (barely touch upon) עָבַר בְּחִפָּזוֹן עַל פְּנֵי

□ *he slid over the delicate topic* הוּא הִזְכִּיר אֶת הַנּוֹשֵׂא הָרָגִישׁ בְּחִפָּזוֹן וְעָבַר הָלְאָה

5 (pass unobtrusively) גָּלַשׁ

□ *we mustn't slide into complacency* אָסוּר לָנוּ לִגְלֹשׁ לְשַׁאֲנַנּוּת

6 (get worse) הִתְדַּרְדֵּר

□ *he let his work slide while he was ill* הוּא הִנִּיחַ לִמְלַאכְתּוֹ לְהִדַּרְדֵּר בִּזְמַן מַחֲלָתוֹ

—v.t.

1 (cause to glide) הֶחֱלִיק

□ *he slid the drawer into place* הוּא הֶחֱלִיק אֶת הַמְּגֵרָה לִמְקוֹמָהּ

2 (place unobtrusively) דָּחַף בַּחֲשַׁאי

□ *he slid the five-pound note into her hand* הוּא דָּחַף בַּחֲשַׁאי אֶת הַשְּׁטָר שֶׁל חָמֵשׁ לִישׁ״ט לְתוֹךְ יָדָהּ

—n.

1 (act of sliding) הַחְלָקָה, גְּלִישָׁה; יְרִידָה, הִדַּרְדְּרוּת

2 (track for sliding) מִגְלָשָׁה (לִילָדִים); מִגְרָרָה (בְּמַכְשִׁיר, בְּמִתְקָן וְכַד׳)

3 (glass plate, *Biol.*) זְכוּכִית נוֹשֵׂאת (עֲבוּר דְּגִימַת מִיקְרוֹסְקוֹפּ), זְכוּכִית הָעֶצֶם

4 (*Photog.*) שְׁקוּפִית, ״סְלַיְד״

5 (clasp for hair) מַכְבֵּנָה

slide-rule /ˈslaɪd-ruːl/ n. סַרְגֵּל חִשּׁוּב

sliding door /ˌslaɪdɪŋ ˈdɔː(r)/ n. דֶּלֶת הַזָּזָה

sliding scale /ˌslaɪdɪŋ ˈskeɪl/ n. סֻלַּם־דֵּרוּג מִשְׁתַּנֶּה (לְשָׂכָר, לְמַס וְכַד׳)

slight /slaɪt/ adj.

1 (small, unimportant) קַל, פָּעוּט, שֶׁל מַה־בְּכָךְ

not in the slightest כְּלָל וּכְלָל לֹא

slight headache כְּאֵב רֹאשׁ קַל

□ *I haven't the slightest idea* אֵין לִי שֶׁמֶץ שֶׁל מֻשָּׂג/שׁוּם מֻשָּׂג

—v.t. & n. זִלְזֵל בְּ...., הֵקַל בִּכְבוֹדוֹ שֶׁל; זִלְזוּל

slightly /ˈslaɪtlɪ/ adv. מְעַט, בְּמִקְצָת, קְצָת

□ *he's slightly better today* הוּא מַרְגִּישׁ קְצָת יוֹתֵר טוֹב הַיּוֹם

□ *I know her only slightly* אֲנִי מַכִּיר אוֹתָהּ רַק מְעַט

slim /slɪm/ adj.

1 (slender) רָזֶה, צָנוּם, דַּק-גֵּו

2 (small) קָטָן, קָלוּשׁ, מְעַט, זָעוּם

□ *your chances of success are slim* סִכּוּיֶיךָ לְהַצְלָחָה קְלוּשִׁים, יֵשׁ לְךָ סִכּוּי מְעַט לְהַצְלָחָה

—v.i. & t. הִרְזָה, רָזָה, הוֹרִיד בְּמִשְׁקָל; הִרְזָה (גָּרַם שֶׁיֵּרָאֶה רָזֶה וְכַד׳)

slim down עָרַךְ קִצּוּצִים בְּ... (בְּאִרְגּוּן וְכַד׳)

slime /slaɪm/ n. רֶפֶשׁ; טִיט; רִיר, הַפְרָשָׁה רִירִית

slimy /ˈslaɪmɪ/ adj. מְרֻפָּשׁ; רִירִי; ״חֲלַקְלַק״

□ *he is a slimy individual* (*derog.*) הוּא בַּרְנָשׁ חֲלַקְלַק וּמִתְרַפֵּס

sling[1] /slɪŋ/ (past & past ppl. **slung** /slʌŋ/) v.t.

1 (throw) הֵטִיל, יִדָּה, קָלַע (בְּקֶלַע)

□ *he told me to sling my hook* (*UK sl.*) הוּא בִּקֵּשׁ מִמֶּנִּי לְהִסְתַּלֵּק/״לְהִתְנַדֵּף״

□ *he was slung out of the meeting* (*colloq.*) ״הֵעִיפוּ״ אוֹתוֹ מִן הַיְשִׁיבָה

2 (hang up) תָּלָה (בִּרְצוּעָה)

□ *they slung the hammock between two trees* הֵם תָּלוּ אֶת הָעַרְסָל בֵּין שְׁנֵי עֵצִים

—n.

1 (supporting bandage) מִתְלָה, תְּלִי, אֶגֶד (לְיָד שְׁבוּרָה)

2 (weapon) מִקְלַעַת, קֶלַע, ״רוֹגַטְקָה״

3 (part of lifting tackle, support, etc.) רֶשֶׁת-מִטְעָנִים

slink /slɪŋk/ (past & past ppl. **slunk** /slʌŋk/) v.i. חָמַק, הִתְגַּנֵּב

slinky /ˈslɪŋkɪ/ adj. (*colloq.*) (בֶּגֶד שֶׁל אִשָּׁה) צָמוּד וְחָלָק

slip[1] /slɪp/ v.i.

1 (slide unintentionally) הֶחֱלִיק

□ *he slipped on the ice* הוּא הֶחֱלִיק וּמָעַד עַל הַקֶּרַח

2 (go or move with sliding motion)

□ *I slipped into* (or *on*) *a clean dress* לָבַשְׁתִּי שִׂמְלָה נְקִיָּה

3 (escape) הִתְחַמֵּק, חָמַק

□ *the story just slipped out* הַסִּפּוּר ״דָּלַף״ הַחוּצָה

□ *she never lets an opportunity slip* הִיא אַף פַּעַם לֹא מַנִּיחָה לַהִזְדַּמְּנוּת לַחֲמֹק, הִיא לֹא מַחְמִיצָה אַף הִזְדַּמְּנוּת

4 (make one's way unobserved) חָמַק

□ *she slipped away* הִיא חָמְקָה בַּחֲשַׁאי

□ *they slipped out for a smoke* הֵם חָמְקוּ הַחוּצָה כְּדֵי לְעַשֵּׁן

5 (make a casual mistake) טָעָה, עָשָׂה טָעוּת

□ *someone slipped up* מִישֶׁהוּ עָשָׂה טָעוּת, מִישֶׁהוּ ״פִּשֵּׁל״

—v.t.

1 (slide, transfer) תָּחַב, שִׁרְבֵּב, הֶחֱלִיק

□ *he slipped the money into the waiter's hand* הוּא תָּחַב אֶת הַכֶּסֶף לְיָדוֹ שֶׁל הַמֶּלְצַר

2 (escape from) בָּרַח מ..., נִשְׁמַט מ...

□ *the yacht slipped anchor at dawn* הַיָּכְטָה הֵרִימָה עֹגֶן עִם שַׁחַר (וְהִפְלִיגָה)

□ *the date slipped my memory* (or *mind*) הַתַּאֲרִיךְ פָּרַח מִזִּכְרוֹנִי/מֵרֹאשִׁי

□ *the dog slipped its collar* הַכֶּלֶב הִצְלִיחַ לְהִשְׁתַּחְרֵר מִן הַקּוֹלָר שֶׁלּוֹ

3 (release) שִׁחְרֵר

□ *she slipped the dogs from the leash* הִיא שִׁחְרְרָה אֶת הַכְּלָבִים מִן הָרְצוּעָה

4 (pull a garment hastily on or off) לָבַשׁ/פָּשַׁט

□ *just slip your coat off* (or *on*) תּוֹרִיד/תִּלְבַּשׁ אֶת הַמְּעִיל שֶׁלְּךָ, אַתָּה יָכוֹל לְהוֹרִיד/לִלְבֹּשׁ אֶת הַמְּעִיל

5 (move stitch without knitting) ״הוֹרִיד״ (עֵינַיִם, בִּסְרִיגָה)

—n.

1 (fall, error) טָעוּת, כֶּשֶׁל; הַחְלָקָה

a slip of the pen פְּלִיטַת-קוּלְמוֹס

a slip of the tongue פְּלִיטַת-לָשׁוֹן, פְּלִיטַת-פֶּה, כֶּשֶׁל-לָשׁוֹן

there's many a slip twixt cup and lip. (*Prov.*) דְּבָרִים רַבִּים יְכוֹלִים לְהִתְרַחֵשׁ בֵּין רֵאשִׁית דָּבָר לְאַחֲרִיתוֹ

□ *walk carefully to avoid a slip on the ice* תִּצְעַד בִּזְהִירוּת כְּדֵי לֹא לְהַחֲלִיק עַל הַקֶּרַח

2 (evasion, escape) הִתְחַמְּקוּת

□ *he gave his pursuers the slip* הוּא הֶעֱרִים עַל רוֹדְפָיו וְהִתְחַמֵּק

3 (loose covering or garment) תַּחְתּוֹנִית (לְבוּשׁ תַּחְתּוֹן קַל לְאִשָּׁה)

pillow slip צִפִּית (לְכָרִית)

slip[2] /slɪp/ n.

1 (piece of paper) פִּסַּת נְיָר

2 (cutting, *Bot.*) יִחוּר

3 slip of a boy (*arch. colloq.*) יַלְדוֹן, יֶלֶד רַךְ

slip-knot /ˈslɪp-nɒt/ n. קֶשֶׁר בְּהֵן חָלִיץ, קֶשֶׁר מַחֲלִיק (שֶׁאֶפְשָׁר לְהַתִּירוֹ בִּמְשִׁיכָה)

slipper /ˈslɪpə(r)/ n. נַעַל-בַּיִת

slippery /ˈslɪpərɪ/ adj. חֲלַקְלַק, חֲמַקְמַק; (בְּהַשְׁאָלָה) עַרְמוּמִי

□ *he's a very slippery customer* (*colloq.*) הוּא לָקוֹחַ עַרְמוּמִי בְּיוֹתֵר

slippy /ˈslɪpɪ/ adj. (*colloq.*) חֲלַקְלַק

look slippy! הִזָּהֵר!

slip-road /ˈslɪp-rəʊd/ n. כְּבִישׁ גִּישָׁה, מִסְעַף-כְּנִיסָה, מִסְעַף-יְצִיאָה (לְ/מִכְּבִישׁ מָהִיר)

slipshod /ˈslɪpʃɒd/ adj. (*derog.*) מְרֻשָּׁל, מֻזְנָח (טִעוּן, עֲבוֹדָה וְכַד׳)

slipstream /ˈslɪpstriːm/ n. זְרִימָה אֲחוֹרִית (הַנּוֹצֶרֶת ע״י מַדְחֵף)

slip-up /ˈslɪp-ʌp/ n. (*colloq.*) מִשְׁגֶּה, תַּקָּלָה, "פַּשְׁלָה"

slipway /ˈslɪpweɪ/ n. מִשְׁטָח הַיּוֹרֵד בַּאֲלַכְסוֹן אֶל הַמַּיִם לְהַשָּׁקַת סְפִינוֹת

slit /slɪt/ (past & past ppl. **slit** /slɪt/) v.t. עָשָׂה חָתָךְ בְּ...; חָתַךְ לִרְצוּעוֹת

—n. חָתָךְ, חָרִיץ

slither /ˈslɪðə(r)/ v.i. הֶחֱלִיק, גָּלַשׁ (כְּמוֹ נָחָשׁ); הִתְנַדְנֵד וְהֶחֱלִיק (עַל קֶרַח וְכַד׳)

slithery /ˈslɪðərɪ/ adj. חָלָק וּמִתְפַּתֵּל (כְּמוֹ נָחָשׁ)

sliver /ˈslɪvə(r)/ n. קֵיסָם, שֶׁבֶב, רְסִיס (שֶׁל עֵץ, שֶׁל זְכוּכִית)

slob /slɒb/ n. (*colloq.*) אָדָם עָצֵל וּמְזֹהָם, "חֲזִיר"

slobber /ˈslɒbə(r)/ v.i. (*derog.*) הִזִּיל רִיר, הִרְטִיב בְּרִיר

slobber over (*fig.*) "הִזִּיל רִיר עַל" (הִתְרַגֵּשׁ יוֹתֵר מִדַּי מִ...)

sloe /sləʊ/ n. שְׁזִיף בַּר (שְׁחוֹר־כְּחֹל וּמַר)

slog /slɒg/ v.i. & t. (*colloq.*) עָבַד קָשֶׁה; הִתְקַדֵּם בְּמַאֲמָץ; הִכָּה (כַּדּוּר בְּקְרִיקֶט וְכַד׳)

□ *we slogged through the pile of forms* עָבַרְנוּ בְּמַאֲמָץ עַל עֲרֵמַת הַטְּפָסִים

—n. "עֲבוֹדַת־פֶּרֶךְ" (עֲבוֹדָה קָשָׁה)

slogan /ˈsləʊgən/ n. סִיסְמָה (פּוֹלִיטִית וְכַד׳)

sloop /slu:p/ n. "סְלוּפּ" (סִירַת מִפְרָשׂ חַד־תָּרְנִית)

slop /slɒp/ v.t. & i. הִשְׁפְּרִיץ, שָׁפַךְ

slop about (or **around**) "הִסְתּוֹבֵב לוֹ", דִּשְׁדֵּשׁ, בּוֹסֵס

—n. "דַּיְסָה", פְּסֹלֶת מָזוֹן (בְּעִקָּר כְּמָזוֹן לְבַעֲלֵי חַיִּים)

sentimental slop (*derog.*) "זֶבֶל סֶנְטִימֶנְטָלִי" (סֶרֶט, סֵפֶר וְכַד׳)

slope /sləʊp/ v.i. הִשְׁתַּפֵּל, הָיָה בְּשִׁפּוּעַ, נָטָה

slope off (*UK colloq.*) הִשְׁתַּמֵּט, בָּרַח

—n. מִדְרוֹן, שִׁפּוּעַ

nursery slope מִדְרוֹן (סְקִי) לְמַתְחִילִים

ski slope מִדְרוֹן סְקִי (לִגְלִישָׁה)

sloppy /ˈslɒpɪ/ adj.

1 (not careful) מְרֻשָּׁל, רַשְׁלָנִי

□ *they did a very sloppy job* הֵם עָשׂוּ עֲבוֹדָה רַשְׁלָנִית מְאֹד

2 (loose, *colloq.*) רָחָב, חָפְשִׁי

□ *she was dressed in a sloppy old pullover* הִיא הָיְתָה לְבוּשָׁה בְּסְוֶדֶר יָשָׁן וְרָחָב

3 (sentimental, *colloq.*) רִגְשָׁנִי, "בַּכְיָנִי"

□ *she likes sloppy old films* הִיא אוֹהֶבֶת סְרָטִים יְשָׁנִים וְרִגְשָׁנִיִּים

slosh /slɒʃ/ v.i. (*colloq.*) דִּשְׁדֵּשׁ, שִׁכְשֵׁךְ

□ *water sloshed around in the bath* הַמַּיִם שִׁכְשְׁכוּ בָּאַמְבַּט

□ *we sloshed along the road in our rain-filled shoes* דִּשְׁדַּשְׁנוּ לְאֹרֶךְ הַכְּבִישׁ בִּנְעָלַיִם סְפוּגוֹת־מַיִם

—v.t.

1 (move liquid) נִעְנֵעַ (נוֹזֵל, תּוֹךְ כְּדֵי הַשְׁפָּרְצָה

2 (hit, *UK colloq.*) הִחְטִיף מַכָּה לְ...

sloshed /slɒʃd/ adj. (*colloq.*) שִׁכּוֹר לְגַמְרֵי

slot /slɒt/ n.

1 (opening) חָרִיץ, חָרָךְ

slot machine מְכוֹנַת הַמּוֹרִים; אוֹטוֹמָט (לִמְכִירַת סִיגָרִיּוֹת וְכַד׳)

2 (place or position, *colloq.*) רֶוַח (שֶׁל זְמַן בְּשִׁדּוּר, בְּמָדוֹר פִּרְסוּמִי בְּעִתּוֹן וְכַד׳), מָקוֹם פָּנוּי

—v.i.

1 (fit) תָּאַם, הִתְאִים, הִשְׁתַּלֵּב

□ *the bookcase slots together* חֶלְקֵי הַכּוֹנָנִית מִתְחַבְּרִים זֶה לָזֶה (בְּאֶמְצָעוּת חֲרִיצִים הַמְיֻעָדִים לְכָךְ)

□ *that flap slots into that hole* הַדַּשׁ הַזֶּה נִכְנָס לְתוֹךְ הַחוֹר הַהוּא בְּדִיּוּק

2 (be placed, *colloq.*) הִשְׁתַּלֵּב

□ *the new radio slots into our range above the economy model* הָרַדְיוֹ הֶחָדָשׁ מִשְׁתַּלֵּב בְּסִדְרַת הַמּוּצָרִים שֶׁלָּנוּ מֵעַל הַדֶּגֶם הַבְּסִיסִי

—v.t.

1 (fit) הִתְאִים, שִׁלֵּב

□ *slot this part into that hole* תַּכְנִיס אֶת הַחֵלֶק הַזֶּה לַחוֹר הַמְיֻעָד לְכָךְ

2 (give a place or an appointment to, *colloq.*) קִבֵּל (לְטִפּוּל וְכַד׳), מָצָא זְמַן לְ...

□ *the dentist can slot you in just after 9.15* רוֹפֵא הַשִּׁנַּיִם יוּכַל לְקַבֵּל אוֹתְךָ מִיָּד אַחֲרֵי 9:15

sloth /sləʊθ/ n.

1 (animal) עַצְלָן (יוֹנֵק דְּרוֹם אֲמֶרִיקָאִי קָטָן וְאִטִּי)

2 (laziness, *formal*) עַצְלוּת (אֶחָד מִשִּׁבְעָה אֲבוֹת הַחֵטְא)

slothful /sləʊθf(ə)l/ adj. (*formal*) עָצֵל

slouch /slaʊtʃ/ n.

1 (posture) עֲמִידָה/הֲלִיכָה/יְשִׁיבָה רוֹפֶסֶת

2 (lazy or slow person, *colloq.*) עַצְלָן

□ *don't be such a slouch!* תַּפְסִיק לְהִתְעַצֵּל!

—v.i. שָׁכַב עַל הַגַּב, הִתְבַּטֵּל

□ *many people like to slouch around on sundays* אֲנָשִׁים רַבִּים אוֹהֲבִים לִשְׁכַּב עַל הַגַּב בְּיוֹם רִאשׁוֹן

slough[1] /slʌf/ n. נֶשֶׁל (עוֹר נָחָשׁ שֶׁהֻשַּׁל)

slough[2] /slaʊ/ n. **1** (marsh) בִּצָּה, אֵזוֹר בִּצּוֹת

2 (bad emotional state, *formal*) מַצָּב נַפְשִׁי קָשֶׁה

slough of despair תְּהוֹם הַיֵּאוּשׁ

—v.t. & i. הִשִּׁיל, הֵסִיר

slough off נִפְטַר מִ... (דְּאָגוֹת וְכַד׳)

slovenly /ˈslʌ(ə)nlɪ/ adj. (*derog.*)

1 (not clean) מְזֹהָם, מְטֻנָּף

2 (carelessly done) רַשְׁלָנִי

slow /sləʊ/ adj.

1 (having low speed) אִטִּי

slow lane נָתִיב אִטִּי (בִּכְבִישׁ)

2 (taking a long time) אִטִּי

□ *they were very slow to react* (or *in reaction*) הֵם הָגִיבוּ בְּאִטִּיּוּת
□ *she is usually slow to anger* (*formal*) הִיא לֹא מִתְרַגֶּזֶת בְּקַלּוּת בְּדֶרֶךְ כְּלָל
3 (of a clock) מְפַגֵּר, אִטִּי
4 (sluggish) "אִטִּי" בַּשֵּׁפֶל
□ *business is slow in this part of town* הָעֲסָקִים לֹא מְשַׂגְשְׂגִים בְּחֵלֶק זֶה שֶׁל הָעִיר
5 (finding things hard to understand) מִתְקַשֶּׁה
slow learner אָדָם הַמִּתְקַשֶּׁה בְּלִמּוּד
slow off the mark (*colloq.*) מֵגִיב בְּאִטִּיּוּת, לוֹמֵד לְאַט
—v.i. & t. הֶאֱט
slow down הֶאֱט
—adv. לְאַט

slowcoach /ˈsləʊkəʊtʃ/ n. (*UK colloq.*) טִיפּוּס "אִטִּי"

slow-down /ˈsləʊdaʊn/ n. הֲאָטָה (שֶׁל מְהִירוּת, קֶצֶב פְּעִילוּת וְכַד')

slow motion /ˌsləʊ ˈməʊʃ(ə)n/ n. הִלּוּךְ־אִטִּי, "סְלוֹאוּ־מוֹשְׁן"

slowpoke /ˈsləʊpəʊk/ n. (*US colloq.*) אָדָם אִטִּי (לָרֹב גּוּפָנִית)

slow-worm /ˈsləʊ-wɜːm/ n. קַמְטָן שָׁגוּר (מֵעֵין לְטָאָה דְּמוּיַת נָחָשׁ)

sludge /slʌdʒ/ n.
1 (mud) מִשְׁקָע, בֹּץ
2 (in sewage treatment) מִשְׁקְעֵי שְׁפָכִים
3 (in engine oil) מִשְׁקְעֵי שֶׁמֶן

slug[1] /slʌg/ n. חִלָּזוֹן (לְלֹא קוֹנְכִיָּה)

slug[2] n. (*colloq.*)
1 (bullet, *US*) קָלִיעַ, כַּדּוּר
2 (mouthful of liquor) "לְגִימָה", "שְׁלוּק"
—v.t. (*colloq.*) הִחְטִיף מַכָּה לְ..., הֵעִיף מַכָּה אֶל
□ *the two boxers slugged it out* שְׁנֵי הַמִּתְאַגְרְפִים נִלְחֲמוּ עַד הַסּוֹף

sluggard /ˈslʌgəd/ n. (*formal*) עַצְלָן

sluggish /ˈslʌgɪʃ/ adj. אִטִּי, מְסֻרְבָּל, מְגֻשָּׁם

sluice /sluːs/ n. סֶכֶר, תְּעָלָה לְמַעֲבָר מְבֻקָּר שֶׁל מַיִם
sluice gate שַׁעַר הַסֶּכֶר
—v.t. שָׁטַף (דָּבָר מָה) בְּמַיִם
□ *he used a hosepipe to sluice down the back yard* הוּא הִשְׁתַּמֵּשׁ בְּצִנּוֹר כְּדֵי לִשְׁטֹף אֶת הֶחָצֵר מֵאֲחוֹרֵי הַבַּיִת
—v.i. זָרַם בְּשֶׁטֶף, יָרַד בְּזֶרֶם
□ *the rain came sluicing down* הַגֶּשֶׁם יָרַד בְּשֶׁטֶף

slum /slʌm/ n.
1 (area with poor living conditions) שְׁכוּנַת־עֹנִי, "סְלַם"
2 (very untidy place, *colloq.*) "שְׁכוּנַת־עֹנִי", "דִּיר־חֲזִירִים"
—v.i. (*colloq.*)
1 (visit places thought to be socially inferior, *derog.*) עָרַךְ בִּקּוּר בִּשְׁכוּנוֹת
2 **slum it** (*colloq.*) גָּר בִּתְנָאֵי מְגוּרִים נְמוּכִים מִן הָרָגִיל

slumber /ˈslʌmbə(r)/ n. (*poet.*) תְּנוּמָה
—v.i. נָם, יָשֵׁן אֶת שְׁנָתוֹ

slump /slʌmp/ n.
1 (economic depression) שֵׁפֶל כַּלְכָּלִי
2 (sudden fall) נְפִילָה פִּתְאֹמִית, שֵׁפֶל
□ *there was a slump in the price of lamb* הָיְתָה נְפִילָה פִּתְאֹמִית בִּמְחִירֵי בְּשַׂר־כֶּבֶשׂ
□ *the football team was in a slump* (*US*) קְבוּצַת הַפוּטְבּוֹל הָיְתָה בְּמַצָּב שֶׁל שֵׁפֶל
—v.i.
1 (drop down heavily) צָנַח, נָפַל, קָרַס
2 (go down in number, strength, etc.) "צָנַח", יָרַד

slung /slʌŋ/ past ppl. of **sling**

slunk /slʌŋk/ past ppl. of **slink**

slur /slɜː(r)/ v.t.
1 (pronounce unclearly) "בָּלַע" (מִלִּים, הֲבָרוֹת וְכַד')
□ *he was drunk and slurring his speech* הוּא הָיָה שָׁתוּי וְדִבֵּר בְּאֹפֶן מְטֻשְׁטָשׁ
2 (*Mus.*) קָשַׁת (מָשַׁךְ תָּו אֶחָד לְתָו שֵׁנִי)
3 (make damaging statements about) הִשְׁמִיץ, הֵטִיל דֹּפִי בְּ...
4 **slur over** "דִּלֵּג", "קָפַץ"
□ *she slurred over the high cost of her plan* הִיא נִסְּתָה שֶׁלֹּא לְהַזְכִּיר אֶת הַמְּחִיר הַגָּבוֹהַּ שֶׁל הַתָּכְנִית שֶׁלָּהּ
—n.
1 (*Mus.*) קֶשֶׁת (בֵּין שְׁנֵי תָּוִים)
2 (damaging statement) הַשְׁמָצָה
□ *your remarks are a slur on my reputation* הַטְּעָנוֹת שֶׁלְּךָ הֵן נִסָּיוֹן לְהַכְתִּים אֶת שְׁמִי הַטּוֹב

slurp /slɜːp/ v.i. & t. (*colloq.*) לָגַם בְּקוֹלוֹת שְׁקִיקָה

slurry /ˈslʌrɪ/ n. מֵי־שְׁפָכִים (מֻרְפֶּת, מְדִיר־חֲזִירִים, מִמִּפְעַל תַּעֲשִׂיָּה)

slush /slʌʃ/ n.
1 (melting snow) שֶׁלֶג נָמֵס, שֶׁלֶג מֵימִי
slush fund (*US*) קֶרֶן סוֹדִית (לְשֹׁחַד וְכַד')
2 (sentimental music, literature, etc., *colloq.*) "זֶבֶל רַגְשָׁנִי"

slut /slʌt/ n. (*derog.*)
1 (a woman thought to be immoral) "זוֹנָה"
2 (untidy woman) אִשָּׁה מְלֻכְלֶכֶת וְעַצְלָנִית

sly /slaɪ/ adj.
1 (skilled at deceiving) עַרְמוּמִי, "שׁוּעָל"
□ *he's a sly politician* הוּא פּוֹלִיטִיקַאי עַרְמוּמִי
2 (knowing) עַרְמוּמִי
□ *she cast a sly glance at her bridge partner* הִיא הֵעִיפָה מַבָּט עַרְמוּמִי לְעֵבֶר הַבֶּן־זוּג שֶׁלָּהּ בְּבְּרִידְג'

—n.
on the sly (*colloq.*) בְּסוֹד, בְּסֵתֶר
smack[1] /smæk/ v.t.
1 (strike with the hand) הִכָּה, סָטַר לְ...
2 □ *he smacked his lips noisily* הוּא מִצְמֵץ בִּשְׂפָתָיו בְּקוֹל
3 (put in place firmly) הִנִּיחַ בַּחֲבָטָה
□ *she smacked down the book on the table* הִיא הִנִּיחָה אֶת הַסְּפָרִים בַּחֲבָטָה עַל הַשֻּׁלְחָן
—n.
1 (blow given with the hand) חֲבָטָה; מַכַּת־אֶגְרוֹף
□ *she gave the naughty child a smack* הִיא נָתְנָה לַיֶּלֶד הַשּׁוֹבָב חֲבָטָה
2 (loud noise) קוֹל חֲבָטָה
3 (loud kiss, *colloq.*) נְשִׁיקָה מְצַלְצֶלֶת
4 □ *he had a smack at snooker* (*colloq.*) הוּא נִסָּה לְשַׂחֵק סְנוּקֶר
—adv. (*colloq.*)
1 (with force) "טְרַאח"
2 (directly, exactly) "בּוּל", יָשָׁר
□ *she was smack on time* הִיא הִגִּיעָה "בּוּל" בַּזְּמַן
smack[2] smæk/ v.i. (*formal*) הִדִּיף רֵיחַ שֶׁל (בְּהַשְׁאָלָה בִּלְבַד)
□ *his idea smacks of subversion* לָרַעְיוֹן שֶׁלּוֹ יֵשׁ רֵיחַ שֶׁל חַתְרָנוּת
smack[3] /smæk/ n. סִירַת דַּיִג חַד־תָּרְנִית
smack[4] /smæk/ n. (*sl.*) "לָבָן" (הֵרוֹאִין)
smacker /ˈsmækə(r)/ n. (*colloq.*)
1 (dollar, pound) "יָרֹק" (דּוֹלָר); "ג'וּבָּה" (כָּל מַטְבֵּעַ, וּבְעִקָּר יִשְׂרְאֵלִי)
2 (loud kiss) נְשִׁיקָה מְצַלְצֶלֶת
small /smɔːl/ adj.
1 (of less than usual size) קָטָן
small ad (*UK*) מוֹדָעָה קְטַנָּה
small arms נֶשֶׁק קַל
small change כֶּסֶף קָטָן; (בְּהַשְׁאָלָה) "כֶּסֶף קָטָן" (אָדָם אוֹ דָּבָר לֹא חָשׁוּב)
□ *£25,000 would be small change to a big firm like that* (fig.) 25,000 לִישֹ"ט זֶה כֶּסֶף קָטָן לְחֶבְרָה גְּדוֹלָה כְּמוֹ זוֹ
small fortune "אוֹצָר קָטָן" (סְכוּם כֶּסֶף נִכְבָּד)
small hours הַשָּׁעוֹת הַקְּטַנּוֹת (שֶׁל הַלַּיְלָה)
small intestine הַמְּעִי הַדַּק
small print "הָאוֹתִיּוֹת הַקְּטַנּוֹת" (בְּחוֹזֶה וְכַד')
□ *just read the small print – the offer is worthless!* תִּקְרָא אֶת הָאוֹתִיּוֹת הַקְּטַנּוֹת (אֶת הַפְּרָטִים), הַהַצָּעָה לֹא שָׁוָה כְּלוּם!
small screen הַמָּסָךְ הַקָּטָן (הַטֶּלֶוִיזְיָה)
□ *this caused no small excitement* (*formal*) זֶה גָּרַם לְהִתְרַגְּשׁוּת לֹא קְטַנָּה
□ *she's unpopular – small wonder, she's so selfish* הִיא לֹא פּוֹפּוּלָרִית, מָה הַפֶּלֶא? הִיא כָּל־כָּךְ אָנוֹכִית
2 (young) צָעִיר, קָטָן
3 (limited in scale) קָטָן, מְצֻמְצָם
□ *they farm in a small way* הֵם בַּעֲלֵי מֶשֶׁק חַקְלָאִי קָטָן
□ *the new tax laws should favour the small businessman* חֻקֵּי הַמַּס הַחֲדָשִׁים יַעֲנִיקוּ עֲדִיפוּת לְבַעַל הָעֵסֶק הַזָּעִיר
4 (unimportant) פָּעוּט, חֲסַר־חֲשִׁיבוּת
small beer (*colloq.*) "כֶּסֶף קָטָן" (אָדָם אוֹ דָּבָר חֲסַר חֲשִׁיבוּת)
small fry (*colloq.*) "דְּגֵי רְקָק"
□ *they're not real criminals, they're just small fry* הֵם לֹא פּוֹשְׁעִים שֶׁל מַמָּשׁ, רַק דְּגֵי רְקָק
small talk שִׂיחַת חֻלִּין, שִׂיחָה בְּטֵלָה (עַל דָּא וְעַל הָא)
□ *it is a small matter* זֶה עִנְיָן פָּעוּט
□ *his sarcastic comments made us feel small* (fig.) הֶעָרוֹת הַסַּרְקַסְטִיּוֹת שֶׁלּוֹ גָּרְמוּ לָנוּ לְהַרְגִּישׁ חַסְרֵי־חֲשִׁיבוּת
5 (lower case) אוֹת קְטַנָּה
□ *write a small g, not a capital G* תִּכְתֹּב "g" בְּאוֹת קְטַנָּה לֹא "G" בְּאוֹת גְּדוֹלָה
—adv. קָטָן, בְּקָטָן
□ *she writes very small* יֵשׁ לָהּ כְּתַב יָד זָעִיר
—n. הַחֵלֶק הַקָּטָן
the small of the back הַחֵלֶק הַתַּחְתּוֹן וְהַקָּעוּר שֶׁל הַגַּב
smallholder /ˈsmɔːlˌhəʊldə(r)/ n. (*UK*) אָדָם הַחוֹכֵר שֶׁטַח אֲדָמָה חַקְלָאִי קָטָן
smallholding /ˈsmɔːlˌhəʊldɪŋ/ n. שֶׁטַח־אֲדָמָה חַקְלָאִי קָטָן
small-minded /ˌsmɔːl-ˈmaɪndɪd/ adj. (*derog.*) קַטְנוּנִי
smallpox /ˈsmɔːlpɒks/ n. אֲבַעְבּוּעוֹת רוּחַ
smalls /smɔːlz/ n. *pl.* (*arch. colloq.*) בְּגָדִים תַּחְתּוֹנִים
small-scale /ˈsmɔːl-skeɪl/ adj. בְּקְנֵה מִדָּה קָטָן/מֻקְטָן
small-time /ˈsmɔːl-taɪm/ adj. (*derog.*) "קָטָן" (מֻגְבָּל בַּחֲשִׁיבוּת, רְוָחִים וְכַד')
□ *he's just a small-time crook* הוּא בְּסַךְ הַכֹּל פּוֹשֵׁעַ קָטָן
small-town /ˈsmɔːl-taʊn/ adj. "פְּרוֹבִינְצְיָלִי" (שֶׁל עִיר קְטַנָּה)
□ *she disliked the small-town mentality of her neighbours* (*derog.*) הִיא לֹא אָהֲבָה אֶת הַמֶּנְטָלִיּוּת הַפְּרוֹבִינְצְיָלִית שֶׁל הַשְּׁכֵנִים שֶׁלָּהּ
smarmy /ˈsmɑːmɪ/ adj. (*UK colloq. derog.*) "חֲלַקְלַק"
smart /smɑːt/ adj.
1 (neat and stylish, *UK*) מְהֻדָּר, אֶלֶגַנְטִי
2 (clever) חָכָם

3 (quick and forceful) מָהִיר, חָרִיף
4 (used by fashionable people) יֻקְרָתִי, "שִׁיק"
□ *they dined at a smart hotel in London's West End* הֵם אָכְלוּ בְּבֵית מָלוֹן יֻקְרָתִי בְּרֹבַע "וֶסְט-אֶנְד" בְּלוֹנְדוֹן
—v.i.
1 (feel a sharp pain) כָּאַב, הִרְגִּישׁ כְּאֵב
that smarts! זֶה כּוֹאֵב!
2 (feel upset) נִפְגַּע, חָשׁ נִפְגָּע (נַפְשִׁית)
—n.
1 (stinging pain) כְּאֵב חַד
2 (something that hurts the feelings) כְּאֵב (נַפְשִׁי)
smart aleck /smɑːt ˈælɪk/ n. (*colloq. derog.*) "חָכָם בַּלַּיְלָה", "חַכְמוֹלוֹג"
smarten /ˈsmɑːt(ə)n/ v.t.
smarten up שִׁפֵּר אֶת הַהוֹפָעָה שֶׁל
□ *he'll have to smarten himself up if he wants to impress her* הוּא יִצְטָרֵךְ לְשַׁפֵּר אֶת הוֹפָעָתוֹ אִם הוּא רוֹצֶה לְהַרְשִׁים אוֹתָהּ
smartly /ˈsmɑːtlɪ/ adv.
1 (neatly and in style, *UK*) בְּהִדּוּר, בְּאֶלֶגַנְטִיּוּת
2 (cleverly, esp. *US*) בְּחָכְמָה, בִּתְבוּנָה
3 (quickly and forcefully) בְּכֹחַ, בְּעָצְמָה
smarty-pants /ˈsmɑːtɪ-pænts/ n. (*colloq. derog.*) "חַכְמוֹלוֹג"
smash /smæʃ/ v.t.
1 (cause to break violently) נִפֵּץ, רִסֵּק, שָׁבַר
smash and grab (*UK*) (פְּעֻלָּה שֶׁל) נִפּוּץ חַלּוֹן רַאֲוָה וּשְׁדִידַת תֹּכֶן הַחֲנוּת
□ *who smashed my antique vase?* מִי שָׁבַר אֶת הַכַּד הָעַתִּיק שֶׁלִּי?
□ *he smashed his car up in an accident* הוּא רִסֵּק אֶת הַמְּכוֹנִית שֶׁלּוֹ בִּתְאוּנָה
2 (cause to hit with force) הִכָּה בְּכֹחַ, חָבַט בְּ..., הִכָּה בְּ...
□ *she smashed her fist down on the table* הִיא הִכְּתָה בְּאֶגְרוֹפָהּ עַל הַשֻּׁלְחָן
3 (defeat, destroy) מִגֵּר, דִּכָּא, דִּכֵּא
□ *the army smashed the protest movement* הַצָּבָא מִגֵּר אֶת תְּנוּעַת הַמְּחָאָה
4 (*Tennis*, etc.) נָתַן חֲבָטָה עִלִּית בְּ...
—v.i.
1 (break violently) הִתְנַפֵּץ, הִתְרַסֵּק, נִשְׁבַּר
2 (hit with force) הִתְרַסֵּק, נִכְנַס בְּכֹחַ בְּ...
□ *the tractor smashed into the barn* הַטְּרַקְטוֹר נִתְקַע בָּאָסָם (וְרִסֵּק אוֹתוֹ)
—n.
1 (violent breaking) הִתְנַפְּצוּת, הִתְרַסְּקוּת
2 (serious road or railway accident) הִתְרַסְּקוּת
smash up הִתְרַסְּקוּת גְּדוֹלָה
3 (successful book, film, etc.) לָהִיט, "פָּגָז"
smash hit לָהִיט
4 (*Tennis*, etc.) חֲבָטָה עִלִּית, "סְמֶשׁ"
smashed /smæʃd/ adj. (*colloq.*) שָׁתוּי לְגַמְרֵי
smasher /ˈsmæʃə(r)/ n. (*colloq.*)
1 (attractive thing) "פָּגָז"
2 (attractive person) "חָתִיךְ"/"חֲתִיכָה"
smashing /ˈsmæʃɪŋ/ adj. (*UK colloq.*) "פָּגָז", "מַדְלִיק"
smattering /ˈsmætərɪŋ/ n. שֶׁמֶץ, מְעַט
□ *she has a smattering of Italian* יֵשׁ לָהּ יְדִיעָה שִׁטְחִית בָּאִיטַלְקִית
smear /smɪə(r)/ n.
1 (mark or spot) מְרִיחָה
2 (*Med.*) שִׁכְבָה
smear test שִׁכְבָה
3 (unproved charge) הַשְׁמָצָה
□ *he has been the victim of a smear campaign* הוּא נָפַל קָרְבָּן לְמַסַּע הַשְׁמָצוֹת
—v.t.
1 (to cause to spread) מָרַח, טִנֵּף
□ *the child's face was smeared with jam* פְּנֵי הַיֶּלֶד הָיוּ מְרוּחִים בְּרִבָּה
2 (cause to become blurred) מָרַח, טִשְׁטֵשׁ
3 (make an unproved charge against) הִשְׁמִיץ
—v.i.
1 (spread) נִמְרַח
2 (become blurred) נִמְרַח, הִטַּשְׁטֵשׁ, נַעֲשָׂה מְטֻשְׁטָשׁ
□ *several words in the letter had smeared* כַּמָּה מִלִּים בַּמִּכְתָּב נִמְרְחוּ וְהִטַּשְׁטְשׁוּ
smegma /smegmə/ n. (*Med.*) הַפְרָשָׁה חֲלָבִית בְּקִפְלֵי הָעָרְלָה
smell /smel/ v.i.
1 (use the nose) רִחְרֵחַ, הֵרִיחַ
2 (have a particular odour) הִדִּיף רֵיחַ, הֵרִיחַ
□ *that smells very fishy to me!* (*fig.*) זֶה חָשׁוּד מְאֹד בְּעֵינַי!
3 (have an unpleasant odour) הִסְרִיחַ
□ *his socks smell dreadfully* הַגַּרְבַּיִם שֶׁלּוֹ מַסְרִיחִים בְּצוּרָה אֲיֻמָּה
—v.t. הֵרִיחַ
□ *I smell a rat!* (*fig. colloq.*) מַשֶּׁהוּ רָקוּב כָּאן!
□ *the sniffer dog smelt out the hidden drugs* כֶּלֶב הַגִּשּׁוּשׁ רִחְרֵחַ וְגִלָּה אֶת הַסַּמִּים הַמְּחֻבָּאִים
—n.
1 (what is detected by the nose) רֵיחַ
2 (unpleasant odour) סִרְחוֹן, רֵיחַ
3 (use of the nose to detect odours) רֵיחַ, חוּשׁ הָרֵיחַ
□ *she had lost her sense of smell* הִיא אִבְּדָה אֶת חוּשׁ הָרֵיחַ
4 (act of smelling) הֲרָחָה, רִחְרוּחַ
smelling salts /ˈsmelɪŋ sɔːlts/ n. *pl.* מִלְחֵי הֲרָחָה
smelly /ˈsmelɪ/ adj. מַסְרִיחַ
smelt[1] /smelt/ past ppl. of **smell**

smelt² /smelt/ v.t. הִתִּיךְ (עַפְרָה, כְּדֵי לְהָפִיק מַתֶּכֶת)
smelt³ /smelt/ n. טְרוּטְנִית (דָּג מַאֲכָל קָטָן)
smidgen /smɪdʒən/ n. (also **smidgin**) (*colloq.*) שֶׁמֶץ, "טִפָּה"
smile /smaɪl/ n. חִיּוּךְ
□ *the new mother was all smiles* (*colloq.*) הָאֵם הַטְּרִיָּה חִיְּכָה מֵאֹזֶן לְאֹזֶן
—v.i.
1 (to have or make a smile) חִיֵּךְ
□ *she smiled at me* הִיא חִיְּכָה אֵלַי/לְעֶבְרִי
□ *I smile to think how little I knew about the work at the outset* מְשַׁעֲשֵׁעַ אוֹתִי לַחְשֹׁב כַּמָּה מְעַט יָדַעְתִּי עַל הָעֲבוֹדָה בַּהַתְחָלָה
2 (to act favourably, *poet.*) נָטָה חֶסֶד
□ *fortune smiled on the expedition* הַמַּזָּל נָטָה חֶסֶד לַמִּשְׁלַחַת
□ *the weather smiled on them* מֶזֶג הָאֲוִיר נָהַג בָּהֶם בְּרַכּוּת
—v.t. חִיֵּךְ
□ *he smiled a happy smile* הוּא חִיֵּךְ חִיּוּךְ שֶׁל אֹשֶׁר
□ *she opened the door and smiled a welcome* הִיא פָּתְחָה אֶת הַדֶּלֶת וְקִבְּלָה אֶת פָּנֵינוּ בְּחִיּוּךְ
smirch /smɜːtʃ/ v.t. (*formal*) הֵמִיט קָלוֹן עַל
smirk /smɜːk/ (*derog.*) v.i. חִיֵּךְ חִיּוּךְ מְטֻפָּשׁ, הָיָה בַּעַל הַבָּעָה מְטֻפֶּשֶׁת עַל הַפָּנִים
—n. חִיּוּךְ מְטֻפָּשׁ, הַבָּעָה מְטֻפֶּשֶׁת
smite /smaɪt/ (past **smote** /sməʊt/; past ppl. **smitten** /ˈsmɪt(ə)n/) v.t. (*formal*) מִגֵּר, הִכָּה, הֵבִיס
□ *he was smitten with her* (*joc.*) הוּא נִשְׁבָּה בְּקִסְמֶיהָ
□ *his family was smitten by (or with) grief* מִשְׁפַּחְתּוֹ הֻכְּתָה בְּיָגוֹן
□ *she's been smitten with an illness* הִיא נָפְלָה לְמִשְׁכָּב
smith /smɪθ/ n. חָרָשׁ; נַפָּח
smithereens /ˌsmɪðəˈriːnz/ n. pl. (*colloq.*) רְסִיסִים קְטַנְטַנִּים
□ *the window was smashed to smithereens* הַחַלּוֹן הִתְנַפֵּץ לִרְסִיסִים
smithy /ˈsmɪðɪ/ n. נַפָּחִיָּה
smock /smɒk/ n. גְּלִימָה (מֵעֵין שִׂמְלָה אוֹ חָלוּק)
smocking /ˈsmɒkɪŋ/ n. "כְּווּצִים" (בַּד מְכֻוָּץ לְקִשּׁוּט עַל שְׂמָלוֹת וְכַד')
smog /smɒg/ n. עַרְפִּיחַ (עֲרָפֶל וּפִיחַ)
smoke /sməʊk/ n.
1 (gas produced by burning) עָשָׁן
there's no smoke without fire (*Prov.*) אֵין עָשָׁן בְּלִי אֵשׁ
a wisp (or **puff**) **of smoke** תִּימֹרֶת עָשָׁן
□ *she just disappeared in a puff of smoke* (*fig.*) הִיא נֶעֶלְמָה כְּלֹא הָיְתָה
□ *our holiday plans went up in smoke* (*colloq.*) הַתָּכְנִיּוֹת שֶׁלָּנוּ לַחֻפְשָׁה הָיוּ כְּלֹא הָיוּ
2 (act of smoking tobacco) עִשּׁוּן
□ *she stepped out for a smoke* הִיא יָצְאָה הַחוּצָה כְּדֵי לְעַשֵּׁן סִיגַרְיָה
3 (cigarette, etc., *colloq.*) סִיגַרְיָה
4 (big city, *US colloq.*) הָעִיר הַגְּדוֹלָה
the big smoke הָעִיר הַגְּדוֹלָה
—v.i.
1 (to breathe in smoke from a cigarette, etc.) עִשֵּׁן
□ *she does not like people smoking in her house* הִיא לֹא אוֹהֶבֶת שֶׁמְּעַשְּׁנִים בַּבַּיִת שֶׁלָּהּ
2 (to give off smoke) הֶעֱלָה עָשָׁן
□ *the ship's funnel was smoking* אֲרֻבַּת הָאֳנִיָּה הֶעֶלְתָה עָשָׁן
3 (to give off too much smoke) פָּלַט עָשָׁן
□ *we were nearly suffocated by the smoking woodstove* כִּמְעַט שֶׁנֶּחֱנַקְנוּ בִּגְלַל תַּנּוּר־הָעֵץ הֶעָשֵׁן
—v.t.
1 (to breathe in smoke from cigarette, etc.) עִשֵּׁן
□ *he smokes a pipe* הוּא מְעַשֵּׁן מִקְטֶרֶת
□ *they said they had smoked hashish* הֵם אָמְרוּ שֶׁהֵם עִשְּׁנוּ חֲשִׁישׁ
□ *she used to smoke fifteen* (or *fifteen cigarettes*) *a day* הִיא נָהֲגָה לְעַשֵּׁן חֲמֵשׁ־עֶשְׂרֵה סִיגַרְיוֹת בַּיּוֹם
2 (to treat with smoke) עִשֵּׁן
smoked glass זְכוּכִית כֵּהָה
smoked herring דָּג מְעֻשָּׁן
3 smoke out הִבְרִיחַ/הוֹצִיא (בַּעַל חַיִּים מִמְּאוּרָה וְכַד') בְּאֶמְצָעוּת עָשָׁן
□ *the hunters lit a fire to smoke out the animal* הַצַּיָּדִים הִדְלִיקוּ אֵשׁ כְּדֵי לְהוֹצִיא אֶת הַחַיָּה מִמְּאוּרָתָהּ
smokeless /ˈsməʊklɪs/ adj. לְלֹא עָשָׁן
smokeless fuel חָמְרֵי בְּעֵרָה שֶׁאֵינָם מְפִיקִים עָשָׁן
smokeless zone אֵזוֹר (עִירוֹנִי) שֶׁבּוֹ אָסוּר לְהַסִּיק אֶת (בְּעֵץ בְּפֶחָם וּבַחֲמָרִים מְפִיקֵי־עָשָׁן אֲחֵרִים)
smoker /ˈsməʊkə(r)/ n.
1 (person) מְעַשֵּׁן
2 (railway carriage) קָרוֹן שֶׁבּוֹ הָעִשּׁוּן מֻתָּר
smokescreen /ˈsməʊkskriːn/ n. מָסַךְ עָשָׁן; (בְּהַשְׁאָלָה) "מָסַךְ עָשָׁן", "פְּעֻלַּת הַטְעָיָה"
□ *the official statement is merely a smokescreen* (*fig.*) הַהַצְהָרָה הָרִשְׁמִית הִיא בְּסַךְ־הַכֹּל מָסַךְ עָשָׁן
smokestack /ˈsməʊkstæk/ n. אֲרֻבָּה (שֶׁל מִפְעָל, שֶׁל אֳנִיָּה)
smoking /ˈsməʊkɪŋ/ n. עִשּׁוּן
'no smoking' "אָסוּר לְעַשֵּׁן", "הָעִשּׁוּן – אָסוּר" (עַל שֶׁלֶט וְכַד')
smoky /ˈsməʊkɪ/ adj.
1 (filled with smoke, producing too much smoke) מָלֵא עָשָׁן; מַעֲלֶה עָשָׁן
2 (coloured or tasting like smoke) בְּצֶבַע עָשָׁן (עֵינַיִם וְכַד'); בַּעַל טַעַם מְעֻשָּׁן

smooch /ˈsmuːtʃ/ v.i. (*colloq.*) הִתְנַשֵּׁק, הִתְמַזְמֵז (בְּלִי לָשִׂים לֵב לַסְּבִיבָה)

smooth /ˈsmuːð/ adj.
1 (having a flat surface) חָלָק
2 (of liquids, evenly mixed) (נוֹזֵל) בְּלִי גּוּשִׁים
3 (moving easily and regularly) חָלָק
□ *we had a smooth journey* הַנְּסִיעָה שֶׁלָּנוּ עָבְרָה חָלָק
4 (not bitter or sour) "חָלָק"
□ *this is a very smooth whisky* זֶה וִיסְקִי חָלָק מְאֹד
5 (overly polite or flattering) "חֲלַקְלַק", "חָלָק"
—v.t.
1 (remove roughness or unevenness from) הֶחֱלִיק
smooth away הֶחֱלִיק; (בְּהַשְׁאָלָה) פָּתַר (בְּעָיוֹת וְכַד')
smooth down הֶחֱלִיק (שֵׂעָר; מַפַּת־שֻׁלְחָן וְכַד')
smooth out סִלֵּק אֶת הַקְּמָטִים מ...
2 (rub gently over a surface) מָרַח, שָׂם
□ *he smoothed after-shave over his face* הוּא שָׂם "אַפְטֶר־שֵׁיב" עַל הַפָּנִים
3 (remove difficulties)
smooth over יִשֵּׁב (הֶבְדֵּלִים וְכַד')
□ *they managed to smooth over their differences* הֵם הִצְלִיחוּ לְיַשֵּׁב אֶת הַהֶבְדֵּלִים בֵּינֵיהֶם

smoothie /smuːðɪ/ n. (also **smoothy**) (*colloq. derog.*) טִיפּוּס "חֲלַקְלַק"

smorgasbord /ˈsmɔːgəsbɔːd/ n. סְמוֹרְגַסְבּוֹרְד (מֵעֵין בּוּפֶה סְקַנְדִּינָבִי)

smother /ˈsmʌðə(r)/ v.t.
1 (cover thickly) כִּסָּה
□ *the restaurant's speciality is apple pie smothered in cream* הַ"סְּפֶּצְיָאלִיטֶה" שֶׁל הַמִּסְעָדָה זֶה פַּאי תַּפּוּחִים טְבוּלָה בְּשַׁמֶּנֶת
□ *she smothered him with kisses* הִיא כִּסְּתָה אוֹתוֹ בִּנְשִׁיקוֹת
2 (choke; prevent from developing) חָנַק; (בְּהַשְׁאָלָה) "חָנַק"
□ *the murderer smothered his victim with a pillow* הָרוֹצֵחַ חָנַק אֶת קָרְבָּנוֹ בְּכַר
□ *we smothered the fire with a blanket* חָנַקְנוּ אֶת הָאֵשׁ בְּאֶמְצָעוּת שְׂמִיכָה
□ *she felt smothered by his love* הִיא הִרְגִּישָׁה שֶׁהָאַהֲבָה שֶׁלּוֹ חוֹנֶקֶת אוֹתָהּ

smoulder /ˈsməʊldə(r)/ v.i.
1 (burn slowly) הֶעֱלָה עָשָׁן (כְּתוֹצָאָה מִבְּעֵרָה אִטִּית לְלֹא אֵשׁ)
smouldering embers אוּדִים עֲשֵׁנִים
2 (have repressed feelings) "בָּעַר", "בָּעַר בַּחֲשַׁאי"
smouldering passion תְּשׁוּקָה בּוֹעֶרֶת בַּחֲשַׁאי
□ *the employees were smouldering with anger* הָעוֹבְדִים בָּעֲרוּ בְּזַעַם חָנוּק

smudge /smʌdʒ/ n. כֶּתֶם (שֶׁל לִכְלוּךְ וְכַד')
—v.t. & i. מָרַח (וְטִשְׁטֵשׁ), הִכְתִּים, שִׁפְשֵׁף וְהִכְתִּים

smudgy /ˈsmʌdʒɪ/ adj. מְכֻתָּם וּמְלֻכְלָךְ; מָרוּחַ

smug /smʌg/ adj. (*derog.*) מְרֻצֶּה מֵעַצְמוֹ, שְׂבַע־רָצוֹן מֵעַצְמוֹ (נֶאֱמַר לִשְׁלִילָה)

smugness /ˈsmʌgnɪs/ n. (*derog.*) שְׂבִיעוּת־רָצוֹן עַצְמִית (כַּנַּ"ל)

smuggle /smʌg(ə)l/ v.t. הִבְרִיחַ
□ *they smuggled drugs across the border* הֵם הִבְרִיחוּ סַמִּים אֶל מֵעֵבֶר לַגְּבוּל

smuggler /ˈsmʌglə(r)/ n. מַבְרִיחַ

smut /smʌt/ n.
1 (indecent material, *colloq. derog.*) חֹמֶר־תּוֹעֵבָה (סְפָרִים, תְּמוּנוֹת וְכַד')
2 (bit of dirt) זֻהֲמָה

smutty /ˈsmʌtɪ/ adj. (*colloq. derog.*) "מְזֹהָם", שֶׁל תּוֹעֵבָה

snack /snæk/ n. אֲרוּחָה קַלָּה; חָטִיף
—v.i. אָכַל אֲרוּחָה קַלָּה

snack bar /ˈsnæk bɑː(r)/ n. מִזְנוֹן (לַאֲרוּחוֹת קַלּוֹת)

snaffle /ˈsnæf(ə)l/ n. מֶתֶג (מְפֻצָּל לִשְׁנַיִם, שֶׁל סוּס)
—v.t. (*UK colloq.*) "סָחַב", "הֵרִים" (גָּנַב)

snag /snæg/ n.
1 (difficulty) מִכְשׁוֹל, קֹשִׁי בִּלְתִּי־צָפוּי
2 (rough or sharp thing) זִיז חַד (סֶלַע, עֵץ וְכַד')
3 (tear) קֶרַע (בְּבֶגֶד וְכַד')
—v.t. תָּפַס וְקָרַע
□ *he snagged his pullover on a nail* הַסְּוֶדֶר שֶׁלּוֹ נִתְפַּס בְּמַסְמֵר וְנִקְרַע
□ *they got snagged while cheating* (*US colloq.*) הֵם נִתְפְּסוּ בְּשָׁעָה שֶׁנִּסּוּ לְרַמּוֹת

snail /sneɪl/ n. חִלָּזוֹן (עִם קוֹנְכִיָּה)
snail's pace (*colloq.*) קֶצֶב אִטִּי, "קֶצֶב שֶׁל חִלָּזוֹן"

snake /sneɪk/ n.
1 (animal) נָחָשׁ
snake charmer מַשְׁבִּיעַ נְחָשִׁים (ע"י נְגִינָה בְּחָלִיל וְכַד')
snakes and ladders "נְחָשִׁים וְסֻלָּמוֹת" (מִשְׂחַק לוּחַ)
2 (deceitful person) "נָחָשׁ"
□ *he is nothing but a snake in the grass* הוּא פּוֹעֵל בַּסֵּתֶר נֶגְדְּךָ
—v.t. & i. עָשָׂה (אֶת דַּרְכּוֹ) בְּפִתּוּלִים; הִתְפַּתֵּל
□ *the river snakes its way through the hills* הַנָּהָר עָשָׂה אֶת דַּרְכּוֹ בְּפִתּוּלִים דֶּרֶךְ הַגְּבָעוֹת

snakebite /ˈsneɪkbaɪt/ n. הַכָּשַׁת־נָחָשׁ, נְשִׁיכַת־נָחָשׁ

snaky /ˈsneɪkɪ/ adj. דְּמוּי נָחָשׁ (כְּבִישׁ וְכַד')

snap /snæp/ v.i.
1 (break suddenly) נִשְׁבַּר בְּפִתְאֹמִיּוּת
2 (move suddenly) "קָפַץ", נָע בְּפִתְאֹמִיּוּת
□ *the trap snapped shut* הַמַּלְכֹּדֶת קָפְצָה וְנִסְגְּרָה, הַמַּלְכֹּדֶת נִסְגְּרָה בַּחֲבָטָה
□ *snap out of it!* (*colloq.*) "תֵּצֵא מִזֶּה!" (מִמַּצָּב רִגְשִׁי וְכַד')
□ *snap to it!* (*colloq.*) תַּתְחִיל לָזוּז! (מַהֵר!)

3 (speak suddenly and angrily) "נָבַח"
□ *don't snap at me like that!* אַל תְּנַבַּח עָלַי כָּכָה!
4 (try to bite) נִסָּה לִנְשֹׁךְ
□ *her bad-tempered pekinese snapped at me* הַכֶּלֶב הַפֶּקִינֶזִי הַמְּרֻשָּׁע שֶׁלָּהּ נִסָּה לִנְשֹׁךְ אוֹתִי
—v.t.
1 (break) שָׁבַר
2 (say angrily) "נָבַח", פָּלַט
□ *I merely asked him how he felt, and he snapped my head off* (*fig. colloq.*) בְּסַךְ־הַכֹּל שָׁאַלְתִּי אוֹתוֹ אֵיךְ הוּא מַרְגִּישׁ וְהוּא "נָבַח" עָלַי בְּגַסּוּת
3 snap one's fingers עָשָׂה סִימָן (הִשְׁמִיעַ קוֹל) בְּאֶצְבַּע וַאֲגוּדָל
□ *anyone was willing to do anything as soon as Lola snapped her fingers* (*fig.*) כֻּלָּם הָיוּ מוּכָנִים לַעֲשׂוֹת כָּל דָּבָר בְּרֶגַע שֶׁלּוֹלָה רַק רָצְתָה
□ *he doesn't care for the law, and he snaps his fingers at authority* (*fig.*) הוּא לֹא שָׂם לֵב לַחֻקִּים, וּ"מְצַפְצֵף" עַל סַמְכוּת
4 (take a photograph of, *colloq.*) צִלֵּם (אֶת פְּלוֹנִי), צִלּוּם־חָטָף)
5 snap up "חָטַף" (סְחוֹרָה וְכַד')
□ *houses in this area are being snapped up because they are so low in price* הַבָּתִּים בָּאֵזוֹר הַזֶּה נֶחְטָפִים כֵּיוָן שֶׁהֵם כָּל־כָּךְ זוֹלִים
—n.
1 (act or sound of breaking) שְׁבִירָה, קוֹל שְׁבִירָה
2 (photograph) "סְנֶפְּשׁוֹט", צִלּוּם־חָטָף (שֶׁנַּעֲשָׂה בְּאוֹתוֹ רֶגַע לְלֹא תִּכְנוּן)
3 (card game) "סְנֶפּ"
4 (effort, *colloq.*) "מֶרֶץ", "פִּלְפֵּל"
□ *put some snap into it!* תַּתְחִיל לָזוּז!
5 (something that is easy to do, *US colloq.*) "מִשְׂחַק יְלָדִים"
□ *it's a snap!* זֶה מִשְׂחַק יְלָדִים!
6 (press-stud, *US*) לַחְצָנִית, "טִיק־טַק"
snap fastener לַחְצָנִית, "טִיק־טַק"
—adj. בָּזָק
a snap decision הַחְלָטַת בָּזָק, שִׁקּוּל עַל הַמָּקוֹם
—int. (*UK*)
1 (said when somebody notices two similar things together, *colloq.*)
□ *snap, we're both wearing red hats!* הַי, שְׁנֵינוּ לוֹבְשִׁים כּוֹבַע אָדֹם!
2 (said in the card game called snap) "סְנֶפּ"

snapdragon /ˈsnæpdrægən/ n. לֹעַ־אֲרִי (פֶּרַח)

snappish /ˈsnæpɪʃ/ adj. רַגְזָנִי

snappy /ˈsnæpɪ/ adj. (*colloq.*)
1 (stylish) אֶלֶגַנְטִי, אָפְנָתִי
2 □ *make it* (or *look*) *snappy!* (*colloq.*) תַּתְחִיל לָזוּז!

snapshot /ˈsnæpʃɒt/ n. "סְנֶפְּשׁוֹט", תַּצְלוּם־חָטָף (שֶׁנַּעֲשָׂה לְלֹא תִּכְנוּן מֵרֹאשׁ)

snare /sneə(r)/ n.
1 (trap for catching animals) מַלְכֹּדֶת, פַּח
2 (dangerous situation or course, *formal*) מַלְכֹּדֶת
□ *beware the snares of intemperate drinking!* הִשָּׁמֵר מִפְּנֵי הָאֲסוֹנוֹת הַטְּמוּנִים בִּשְׁתִיָּה לְלֹא מִדָּה!
—v.t.
1 (catch in a trap) לָכַד בְּמַלְכֹּדֶת, טָמַן פַּח לְ... וְלָכַד
2 (succeed in getting, *colloq.*) "תָּפַס"
□ *she snared the best job in the firm* הִיא תָּפְסָה אֶת הַגּ'וֹבּ הַטּוֹב בְּיוֹתֵר בַּחֶבְרָה

snarl /snɑːl/ v.i.
1 (of an animal) נָהַם בְּרֹגֶז (וְחָשַׂף אֶת שִׁנָּיו)
2 (speak angrily) נָהַם בְּזַעַם
—v.t.
1 (say angrily)
□ *"get out!", he snarled* תִּסְתַּלֵּק מִפֹּה! הוּא נָהַם בְּזַעַם
2 snarl (up) סִבֵּךְ, גָּרַם לְ"פְּקָק", "סָתַם"
□ *the whole town centre is snarled up – it's the rush hour* מֶרְכַּז הָעִיר סָתוּם לְגַמְרֵי – עַכְשָׁו הָ"רַשׁ־אָאוּאֶר" (שְׁעַת־הַלַּחַץ בַּתְּנוּעָה)
—n.
1 (of an animal) נַהֲמַת רֹגֶז (תּוֹךְ חֲשִׂיפַת שִׁנַּיִם)
2 (of a person) נַהֲמַת רֹגֶז
3 (tangle, knot) תִּסְבֹּכֶת; "פְּקָק" (תְּנוּעָה)

snarl-up /ˈsnɑːl-ʌp/ n. תִּסְבֹּכֶת; "פְּקָק" (תְּנוּעָה)

snatch /snætʃ/ v.t.
1 (take hold of violently) חָטַף
2 (take when one gets a chance) חָטַף, תָּפַס
snatch at נִסָּה לִתְפֹּס, נִסָּה לַחְטֹף, נִסָּה לְהַשִּׂיג
□ *I managed to snatch a couple of hours' sleep* הִצְלַחְתִּי לַחְטֹף שֵׁנָה שֶׁל כַּמָּה שָׁעוֹת
—v.i. חָטַף
□ *don't snatch!* אַל תַּחְטֹף! (הוֹרֶה לְיֶלֶד חֲסַר סַבְלָנוּת וְכַד')
—n.
1 (act of snatching) חֲטִיפָה, תְּפִיסָה
□ *she made a snatch at the balloon* הִיא נִסְּתָה לִתְפֹּס אֶת הַבַּלּוֹן
2 (short time, short period of activity) פֶּרֶק זְמַן קָצָר
□ *we worked by* (or *in*) *snatches* עָבַדְנוּ לְמֶשֶׁךְ פִּרְקֵי זְמַן קְצָרִים
□ *she dozed in snatches throughout the journey* הִיא נִמְנְמָה לְסֵרוּגִין בְּמֶשֶׁךְ הַנְּסִיעָה
3 (incomplete part of something) שֶׁבֶר שֶׁל
□ *he heard snatches of the prime minister's interview on the radio* הוּא שָׁמַע שְׁבָרִים מְקֻטָּעִים מִנְּאוּמוֹ שֶׁל רֹאשׁ הַמֶּמְשָׁלָה בָּרַדְיוֹ

snazzy /ˈsnæzɪ/ adj. (*colloq.*) "סוּפֶּר־אֶלֶגַנְטִי", "מַדְלִיק" (מַרְאֶה אָפְנָתִי וְרַאַוְתָנִי בְּמִקְצָת)

sneak /sniːk/ v.i.
1 (go quietly) הִתְגַּנֵּב

sneak up הִתְגַּנֵּב
□ *the dog sneaked up on me when I wasn't looking* הַכֶּלֶב הִתְגַּנֵּב לְעֶבְרִי בְּשָׁעָה שֶׁלֹּא הִסְתַּכַּלְתִּי
□ *the robber sneaked up behind the guard* הַשּׁוֹדֵד הִתְגַּנֵּב אֶל מֵאֲחוֹרֵי הַשּׁוֹמֵר
2 (give information, *UK sl.*) הִלְשִׁין
□ *Lucy sneaked on her friends at school* לוּסִי הִלְשִׁינָה עַל הַחֲבֵרִים שֶׁלָּהּ בְּבֵית־הַסֵּפֶר
—v.t. (*colloq.*) הִגְנִיב
□ *he sneaked a look at the Christmas presents* הוּא הֵצִיץ בְּמַתְּנוֹת חַג־הַמּוֹלָד
—n.
1 (*UK sl.*) "נָחָשׁ", "גַּנָּב קָטָן", "וַטְטָן"
2 sneak preview "הֲצָצָה"
□ *we got a sneak preview of the latest Spielberg film* הִצְלַחְנוּ לְהָצִיץ בְּסֶרֶט הֶחָדָשׁ שֶׁל שְׁפִּילְבֶּרְג
sneak thief גַּנָּב (הַגּוֹנֵב בְּעָרְמָה, לֹא בְּכֹחַ)

sneaker /ˈsniːkə(r)/ n. (*US*) נַעַל־הִתְעַמְּלוּת, נַעַל־סְפּוֹרְט

sneaking /ˈsniːkɪŋ/ adj. חֲשָׁאִי, נִסְתָּר, סָמוּי
□ *you can't help having a sneaking admiration for the lady* אִי אֶפְשָׁר שֶׁלֹּא לְהַעֲרִיץ אֶת הַגְּבֶרֶת בַּחֲשַׁאי
□ *I've a sneaking suspicion that he will turn up anyway* יֵשׁ לִי חֲשָׁד (סָמוּי) שֶׁהוּא יוֹפִיעַ בְּכָל זֹאת

sneaky /ˈsniːkɪ/ adj. (*derog.*) (דָּבָר) סוֹדִי, נִסְתָּר, חֲשָׁאִי; (אָדָם) נוֹכֵל

sneer /snɪə(r)/ v.i. לִגְלֵג, גִּחֵךְ
sneer at לִגְלֵג לְ.../עַל, גִּחֵךְ עַל
□ *she sneered at their attempts to please her* הִיא לִגְלְגָה לְנִסְיוֹנוֹתֵיהֶם לְהַשְׂבִּיעַ אֶת רְצוֹנָהּ
—n. לִגְלוּג, גִּחוּךְ, מַבָּט שֶׁל לִגְלוּג
□ *there was a sneer on his face* מַבָּט שֶׁל לִגְלוּג הָיָה עַל פָּנָיו
□ *take no notice of their sneers* אַל תָּשִׂים לֵב לְיַחַס הַמְלַגְלֵג שֶׁלָּהֶם

sneeze /sniːz/ v.i. הִתְעַטֵּשׁ
□ *that's a lot of money, it's not to be sneezed at* (*colloq.*) זֶה הַרְבֵּה כֶּסֶף – אָסוּר לְזַלְזֵל בָּזֶה
—n. עִטּוּשׁ, הִתְעַטְּשׁוּת, "אַפְּטְשִׁי"
□ *we heard a loud sneeze* שָׁמַעְנוּ קוֹל הִתְעַטְּשׁוּת חָזָק

snick /snɪk/ v.t. עָשָׂה חָתָךְ (קָטָן) בְּ..., חָתַךְ (לָרֹב בְּטָעוּת)
□ *he snicked his finger* הוּא נֶחְתַּךְ בָּאֶצְבַּע

snicker /ˈsnɪkə(r)/ v.i. (*US*) גִּחוּךְ, צִחְקוּק (שֶׁל לַעַג)

snide /snaɪd/ adj. (אֲמִירָה, בִּטּוּי) עוֹקְצָנִי, פּוֹגֵעַ, מַרְשִׁיעַ

sniff /snɪf/ v.i. רִחְרֵחַ
sniff at רִחְרֵחַ
not to be sniffed at (*fig.*) שֶׁאֵין לְזַלְזֵל בּוֹ
□ *the cat sniffed at the fish* הֶחָתוּל רִחְרֵחַ אֶת הַדָּג
—v.t.
1 (smell) הֵרִיחַ, רִחְרֵחַ
sniff out (*colloq.*) הֵרִיחַ וּמָצָא; (בְּהַשְׁאָלָה) גִּלָּה, חָשַׂף
□ *the police dog sniffed out the hidden drugs* כֶּלֶב הַמִּשְׁטָרָה רִחְרֵחַ וּמָצָא אֶת הַסַּמִּים הַחֲבוּיִים
□ *we must sniff out the traitor among us* (*fig.*) עָלֵינוּ לַחֲשׂוֹף אֶת הַבּוֹגֵד בְּקִרְבֵּנוּ
□ *two dogs were sniffing each other warily* שְׁנֵי כְּלָבִים רִחְרְחוּ זֶה אֶת זֶה בַּחֲשְׁדָנוּת
2 (say haughtily) אָמַר בְּזִלְזוּל
□ *"I won't wear those clothes", he sniffed* "אֲנִי לֹא אֶלְבַּשׁ אֶת הַבְּגָדִים הָאֵלֶּה", הוּא אָמַר בְּזִלְזוּל
3 (take through the nose) "הִסְנִיף", הֵרִיחַ
□ *some of the party-goers were sniffing cocaine* כַּמָּה מִבָּאֵי הַמְּסִבָּה "הִסְנִיפוּ" קוֹקָאִין
—n. רִחְרוּחַ

sniffer dog /ˈsnɪfə ˌdɒg/ n. כֶּלֶב גִּשּׁוּשׁ (הַמְזַהֶה סַמִּים, חָמְרֵי נֶפֶץ וְכַד')

sniffle /ˈsnɪf(ə)l/ v.i. "מָשַׁךְ בָּאַף" (בְּשֶׁל הִצְטַנְּנוּת אוֹ לְאַחַר בְּכִי)
—n.
1 (act or sound of sniffling) "מְשִׁיכָה בָּאַף" (כַּנַּ"ל)
2 (mild cold, *colloq.*) נַזֶּלֶת, הִצְטַנְּנוּת קַלָּה
□ *she's got a sniffle* (or *the sniffles*) יֵשׁ לָהּ נַזֶּלֶת

snifty /ˈsnɪftɪ/ adj. (*colloq.*) (אָדָם) לַגְלְגָן, יָהִיר

snifter /ˈsnɪftə(r)/ n.
1 (small alcoholic drink, *arch. colloq.*) "כּוֹסִית"
2 (brandy glass, *US*) כּוֹס לְבְרֶנְדִי (גְּדוֹלָה וְעַל רֶגֶל)

snigger /ˈsnɪgə(r)/ v.i. גִּחֵךְ, לִגְלֵג
□ *we sniggered at their efforts* גִּחַכְנוּ לְמַרְאֵה הַמַּאֲמַצִּים שֶׁלָּהֶם
—n. גִּחוּךְ, לִגְלוּג

snip /snɪp/ n.
1 (small cut) חֲתָךְ קָטָן
2 (small piece cut off) גְּזִיר, חֲתִיכָה קְטַנָּה (שֶׁנִּגְזְרָה מִדְּבַר מָה)
3 (bargain, *UK colloq.*) "מְצִיאָה"
—v.t. חָתַךְ, גָּזַם, קִצֵּץ
□ *I snipped off three roses from the bush* הוּא גָּזַם שְׁלוֹשׁ שׁוֹשַׁנִּים מִן הַשִּׂיחַ

snipe /snaɪp/ v.i.
1 (shoot from a hiding-place) צָלַף, קָלַע בִּצְלִיפָה
2 (make unpleasant critical remarks) "יָרָה" בְּקָרֶת
□ *film stars are frequently sniped at in the popular press* בָּעִתּוֹנוּת הַפּוֹפּוּלָרִית מְעִירִים לְעִתִּים קְרוֹבוֹת הֶעָרוֹת עוֹקְצָנִיּוֹת עַל כּוֹכְבֵי קוֹלְנוֹעַ

snipe /snaɪp/ n. (*pl.* same) חַרְטוּמִית (עוֹף גָּדָה בַּעַל מַקּוֹר אָרֹךְ)

sniper /ˈsnaɪpe(r)/ n. צַלָּף

snippet /ˈsnɪpɪt/ n. (*colloq.*)
1 (small piece cut off) גְּזִיר (שֶׁל בַּד וְכַד')

2 (small piece of news, etc.) שְׁבַב־מֵידָע, פִּסַּת־מֵידָע
snitch /snɪtʃ/ v.t. (*UK sl.*) "סָחַב", הֵרִים
—v.i. הִלְשִׁין
□ *the thief snitched on his accomplices* הַגַּנָּב הִלְשִׁין עַל שֻׁתָּפָיו לַפֶּשַׁע
snivel /ˈsnɪv(ə)l/ v.t. יִלֵּל, הִתְיַפֵּחַ
□ *the proud bandit was now a snivelling wretch* הַשּׁוֹדֵד הַגֵּאֶה הָפַךְ עַתָּה לִיצוּר אֻמְלָל וּמְיַלֵּל
snob /snɒb/ n. סְנוֹבּ
snob value עֵרֶךְ סְנוֹבִּי (בִּלְבַד)
snobbery /ˈsnɒbərɪ/ n. סְנוֹבִּיּוּת
snobbish /ˈsnɒbɪʃ/ adj. סְנוֹבִּי
snog /snɒg/ v.i. (*colloq.*) "הִתְמַזְמֵז"
—n. "מִזְמוּז"
snook /snuːk/ n. (*sl.*)
cock a snook at עָשָׂה "נַא" לִפְלוֹנִי (בִּלְגְלוּג וְכַד')
snooker /ˈsnuːkə(r)/ n. סְנוּקֶר (מֵעֵין מִשְׂחַק בִּילְיַארְד)
snooker table שֻׁלְחַן סְנוּקֶר
—v.t. (*colloq.*) "תָּקַע" (אֶת פְּלוֹנִי בְּמַצָּב בִּישׁ וְכַד')
snoop /snuːp/ v.i. (*derog.*) "חִטֵּט" (בְּעִנְיָן שֶׁל פְּלוֹנִי וְכַד'), בִּלֵּשׁ, "דָּחַף אֶת הָאַף"
□ *he's been snooping around in my room again* הוּא שׁוּב חִטֵּט בַּחֲשַׁאי בַּחֶדֶר שֶׁלִּי
—n. "חַטְטָן"; חִפּוּשׂ בַּחֲשַׁאי
snooty /ˈsnuːtɪ/ adj. (*colloq. derog.*) מֵרִים אֶת הָאַף
snooze /snuːz/ v.i. (*colloq.*) חָטַף נִמְנוּם, נִמְנֵם
—n. נִמְנוּם
snore /snɔː(r)/ v.i. נָחַר
—n. נְחִירָה, נַחֲרָה
snorer /ˈsnɔːrə(r)/ n.
snorkel /snɔːkəl/ n.
1 (for swimmer) שְׁנוֹרְקֶל
2 (of submarine) צִנּוֹר אֲוִיר, שְׁנוֹרְקֶל
—v.i. צָלַל בְּאֶמְצָעוּת מַסֵּכָה וּשְׁנוֹרְקֶל
□ *we did a lot of snorkelling during the holidays* בְּמֶשֶׁךְ הַחַגִּים צָלַלְנוּ הַרְבֵּה עִם מַסֵּכָה וּשְׁנוֹרְקֶל
snort /snɔːt/ n.
1 (act or sound of blowing air down the nose) נַחֲרָה, חִרְחוּר
□ *she could not conceal a snort of laughter* הִיא לֹא הִצְלִיחָה לְהַסְתִּיר נַחֲרָה שֶׁל צְחוֹק
2 (mouthful of liquor, *colloq.*) "שְׁלוּק", לְגִימָה
—v.i.
1 (make a noise by blowing air down the nose) חִרְחֵר, נָחַר
2 (make a noise expressing anger, impatience, amusement, etc.) חִרְחֵר
□ *the old colonel snorted with rage* הַקּוֹלוֹנֶל הַזָּקֵן חִרְחֵר בְּזַעַם
—v.t.
1 (say in a disdainful way) אָמַר בְּחִרְחוּר
2 (take into the nose, *sl.*) "הִסְנִיף" (סַם קָשֶׁה וְכַד')
snot /snɒt/ n.(*colloq.*) נַזֶּלֶת, "סְמוּכְתָּה", "סְמַרְק"
snotty /ˈsnɒtɪ/ adj. (*colloq.*) מְנֻזָּל עִם אַף נוֹזֵל; שַׁחְצָן וְגַס־רוּחַ
snotty-nosed /ˌsnɒtɪ-ˈnəʊzd/ adj. (*colloq.*) מְנֻזָּל, עִם אַף נוֹזֵל; שַׁחְצָן וְגַס־רוּחַ
snout /snaʊt/ n. חֹטֶם, אַף (שֶׁל בַּעַל־חַיִּים)
snow /snəʊ/ n.
1 (flakes of frozen water) שֶׁלֶג
as pure as driven snow (*fig.*) בַּעַל מַצְפּוּן טָהוֹר כַּשֶּׁלֶג
□ *the snows came early that year* הַשְּׁלָגִים הִגִּיעוּ מֻקְדָּם הַשָּׁנָה
2 (cocaine, *sl.*) קוֹקָאִין
—v.i. יָרַד שֶׁלֶג
□ *I wonder whether it will snow tonight?* מְעַנְיֵן אִם יֵרֵד שֶׁלֶג הַלַּיְלָה?
—v.t.
1 **snow in** (or **up**) חָסַם בְּשֶׁלֶג
□ *the remote village was snowed in* (or *up*) *for three weeks* הַכְּפָר הַמְרֻחָק נִתַּק לְמֶשֶׁךְ שְׁלֹשָׁה שָׁבוּעוֹת בְּשֶׁל הַשֶּׁלֶג
□ *we've been snowed under with requests for information* (*fig.*) הוּצַפְנוּ בְּבַקָּשׁוֹת לְמֵידָע
2 (flatter insincerely, *US colloq.*) הִתְחַנֵּף לְ...
snowball /ˈsnəʊbɔːl/ n. כַּדּוּר שֶׁלֶג
—v.i. הִתְגַּלְגֵּל כְּמוֹ כַּדּוּר שֶׁלֶג (שֶׁהוֹלֵךְ וְצוֹבֵר תְּנוּפָה וְגָדֵל)
snow-bound /ˈsnəʊ-baʊnd/ adj. מְנֻתָּק בְּשֶׁל הַשֶּׁלֶג
snow-drift /ˈsnəʊ-drɪft/ n. עֲרֵמוֹת/גְּבָעוֹת שֶׁלֶג (שֶׁהָרוּחַ עוֹרֶמֶת)
snowdrop /ˈsnəʊdrɒp/ n. שַׁלְגִּיָּה (פֶּרַח אָבִיב)
snowfall /ˈsnəʊfɔːl/ n.
1 (fall of snow on one occasion) (הִזְדַּמְּנוּת בּוֹדֶדֶת שֶׁל) יְרִידַת שֶׁלֶג
□ *there had been a heavy snowfall overnight* שֶׁלֶג כָּבֵד יָרַד בְּמֶשֶׁךְ הַלַּיְלָה
2 (amount of snow that falls in a year, etc.) כַּמּוּת שְׁלָגִים
□ *the average snowfall here is 10 cm a year* כַּמּוּת הַשֶּׁלֶג הַמְּמֻצַּעַת כָּאן הִיא 10 ס"מ בְּשָׁנָה
snowfield /ˈsnəʊfiːld/ n. שָׂדֶה מְכֻסֶּה שֶׁלֶג
snowflake /ˈsnəʊfleɪk/ n. פְּתִית־שֶׁלֶג
snowline /ˈsnəʊlaɪn/ n. קַו־הַשֶּׁלֶג (שֶׁמֵּעָלָיו יֶשְׁנוֹ שֶׁלֶג כָּל יְמוֹת הַשָּׁנָה)
snowman /ˈsnəʊmæn/ n. אִישׁ־שֶׁלֶג, בֻּבַּת־שֶׁלֶג
snowmobile /ˈsnəʊməʊbiːl/ n. אוֹפַנּוֹעַ־שֶׁלֶג, "חֲתוּל־שֶׁלֶג" (רֶכֶב מְמֻנָּע לַשֶּׁלֶג)
snow-plough /ˈsnəʊ-plaʊ/ n. מַפֹּלֶת שֶׁלֶג (מֵעֵין בּוּלְדּוֹזֶר לְפִנּוּי שֶׁלֶג)
snowshoe /ˈsnəʊʃuː/ n. נַעַל שֶׁלֶג

snowstorm /ˈsnəʊstɔːm/ n. סוּפַת שְׁלָגִים
snow-white /snəʊ-ˈwaɪt/ adj. לָבָן־כַּשֶּׁלֶג
snowy /ˈsnəʊɪ/ adj.
1 (covered with snow) מֻשְׁלָג
□ *train services were disrupted by the snowy weather* שֵׁרוּתֵי הָרַכָּבוֹת הֻפְרְעוּ בְּשֶׁל מֶזֶג־הָאֲוִיר הַמֻּשְׁלָג
2 (like newly fallen snow) צַח כַּשֶּׁלֶג, לָבָן־כַּשֶּׁלֶג
snub /snʌb/ v.t. הִתְעַלֵּם בְּגַסּוּת מ...
—n. הִתְעַלְּמוּת גַּסָּה (וּמְכֻוֶּנֶת)
snub nose /snʌb ˈnəʊz/ n. אָדָם בַּעַל אַף פָּחוּס
snuff /snʌf/ n. טַבַּק הֲרָחָה
up to snuff (*colloq.*) עוֹנֶה עַל הַדְּרִישׁוֹת, מַתְאִים
snuff-box קֻפְסָה לְטַבַּק הֲרָחָה
□ *he took a pinch of snuff* הוּא נָטַל קֹמֶצוֹץ טַבַּק־הֲרָחָה
—v.t. כִּבָּה (נֵר וְכַד׳)
snuff it הִתְפַּגֵּר
□ *his hopes were abruptly snuffed out* (*fig.*) תִּקְווֹתָיו נָגוֹזוּ בְּבַת אַחַת
snuffle /snʌf(ə)l/ v.i. מָשַׁךְ בָּאַף
□ *the child was snuffling with a bad cold* הַיֶּלֶד הָיָה מְצֻנָּן מְאֹד, וּמָשַׁךְ בָּאַף
—n. ״מְשִׁיכָה בָּאַף״
snug /snʌg/ adj.
1 (warm and comfortable) מְכֻרְבָּל
□ *we were sitting in a snug corner of the room* יָשַׁבְנוּ לָנוּ בְּפִנָּה חַמָּה וְנוֹחָה שֶׁל הַחֶדֶר
□ *I'd rather be snug in bed* אֲנִי מַעְדִּיף לְהִתְכַּרְבֵּל בַּמִּטָּה
2 (fitting closely) (בֶּגֶד וְכַד׳) צָמוּד (וְנוֹחַ)
—n. (*UK*) חֶדֶר קָטָן אוֹ ״נִישָׁה״ בְּפָּאבּ
snugly /ˈsnʌglɪ/ adv.
1 (warmly and comfortably) בַּחֲמִימוּת וּבִנְוֹחוּת
2 (closely) צָמוּד וְנוֹחַ
snuggle /ˈsnʊg(ə)l/ v.i. (*colloq.*) הִתְכַּרְבֵּל; הִתְרַפֵּק
□ *the children snuggled up to their father* הַיְלָדִים הִתְרַפְּקוּ עַל אֲבִיהֶם
□ *she snuggled down in bed* הִיא הִתְכַּרְבְּלָה לָהּ בַּמִּטָּה
so[1] /səʊ/ adv.
1 (to such an extent) כָּל־כָּךְ
□ *don't look so angry!* אַל תַּעֲשֶׂה פַּרְצוּף כּוֹעֵס כָּל־כָּךְ!
□ *how could you be so stupid as to believe him?* אֵיךְ יָכֹלְתָּ לִהְיוֹת טִפֵּשׁ כָּל־כָּךְ וּלְהַאֲמִין לוֹ?
□ *would you be so kind as to open the door for me?* הַאִם תּוֹאִיל בְּטוּבְךָ לִפְתֹּחַ לְמַעֲנִי אֶת הַדֶּלֶת?
□ *he was not so quick a learner as his brother* (*formal*) הוּא לֹא הָיָה מְסֻגָּל לִלְמֹד מַהֵר כְּאָחִיו
2 (used in place of something mentioned already)
□ *I'm not sure if I'll suceed, but I certainly hope so* אֲנִי לֹא בָּטוּחַ אִם אֲנִי אַצְלִיחַ, אֲבָל אֲנִי בְּהֶחְלֵט מְקַוֶּה שֶׁכֵּן
□ *she's got the job, has she? – So she said* הִיא קִבְּלָה אֶת הָעֲבוֹדָה? זֶה מַה שֶּׁהִיא אָמְרָה
□ *they are proud of him, and rightly so* הֵם גֵּאִים בּוֹ, וּבְצֶדֶק
3 (likewise) כָּךְ
□ *I went home, and so did Jane* הָלַכְתִּי הַבַּיְתָה וְגַם ג׳ֵיין עָשְׂתָה כָּךְ
□ *I can ride a bicycle – So can I* אֲנִי יָכוֹל לִרְכֹּב עַל אוֹפַנַּיִם – גַּם אֲנִי
4 (in this or that way) כָּךְ
□ *stand with your arms out, so* (*colloq.*) עֲמֹד בְּיָדַיִם פְּרוּשׂוֹת – כָּכָה
□ *so it was that she became the first woman to fly to America* וְכָךְ הָיָה שֶׁהִיא הָיְתָה הָאִשָּׁה הָרִאשׁוֹנָה שֶׁטָּסָה לַאֲמֶרִיקָה
5 (expressing agreement) אָכֵן
□ *there's a bird nesting in the garage – So there is* צִפּוֹר מְקַנֶּנֶת בַּגָּרָז׳ – כֵּן, נָכוֹן
6 (very, extremely) כָּל־כָּךְ
□ *I'm so glad to see you* אֲנִי כָּל כָּךְ שָׂמֵחַ לִפְגֹּשׁ אוֹתְךָ
□ *she was ever so kind* (*colloq.*) הִיא הָיְתָה כָּל כָּךְ נֶחְמָדָה
7 (therefore, *formal*) לְפִיכָךְ
□ *your vehicle is unregistered and so illegal* הָרֶכֶב שֶׁלְּךָ לֹא רָשׁוּם – וּלְפִיכָךְ לֹא חֻקִּי
8 (in idioms)
and so on and so forth וְכֵן הָלְאָה, וְכֵן הָלְאָה
so be it שֶׁיִּהְיֶה כָּךְ (לְהַבָּעַת הַסְכָּמָה לַמְרוֹת הִתְנַגְּדוּת קוֹדֶמֶת)
so much so עַד כְּדֵי כָּךְ (שֶׁ...)
□ *she set the alarm clock so as to be woken at 8 a.m.* הִיא כּוֹנְנָה אֶת הַשָּׁעוֹן כְּדֵי שֶׁתִּתְעוֹרֵר בְּשָׁעָה 8 בַּבֹּקֶר
□ *"Well, so long, folks!" said Hank, and left the room* ״טוֹב חֲבֵרָה, שָׁלוֹם!״ אָמַר הֶנְק, וְיָצָא מִן הַחֶדֶר
□ *everything will be OK so long as you keep quiet* הַכֹּל יִהְיֶה בְּסֵדֶר כָּל עוֹד תִּשְׁמֹר עַל שְׁתִיקָה
□ *she stayed so many nights in the hotel at so much per night* הִיא שָׁהֲתָה בְּמָלוֹן כָּךְ וְכָךְ לֵילוֹת בִּמְחִיר כָּזֶה וְכָזֶה לְלַיְלָה
□ *that book is just so much rubbish!* הַסֵּפֶר הַהוּא זֶה זֶבֶל כָּזֶה!
□ *well, so much for that idea!* טוֹב, זֶה הַסּוֹף שֶׁל הָרַעְיוֹן הַזֶּה!
□ *she left without so much as saying goodbye* הִיא עָזְבָה בְּלִי אֲפִלּוּ לְהַגִּיד שָׁלוֹם

□ *that's not so much a car as a mobile scrap-heap* זֶה יוֹתֵר עֲרֵמַת זֶבֶל נַיֶּדֶת מֵאֲשֶׁר מְכוֹנִית

—conj.

1 (indicating result) כָּךְ שֶׁ...
□ *the shops were closed so I didn't get any milk* הַחֲנֻיּוֹת הָיוּ סְגוּרוֹת כָּךְ שֶׁלֹּא הִשַּׂגְתִּי חָלָב

2 (indicating purpose, *colloq.*) כְּדֵי שֶׁ...
□ *I gave you a map so you wouldn't get lost* נָתַתִּי לְךָ מַפָּה כְּדֵי שֶׁלֹּא תֵּלֵךְ לְאִבּוּד

3 (introducing the next part of a story) וְכָךְ, אָז
□ *so after looking for her friend for an hour, she went home* וְכָךְ, לְאַחַר שֶׁחִפְּשָׂה אֶת יְדִידָהּ בְּמֶשֶׁךְ שָׁעָה, הָלְכָה הַבַּיְתָה

4 (introducing a critical or contrasting statement) וּבְכֵן, אָז
□ *so you've come back – what's your excuse this time?* וּבְכֵן חָזַרְתָּ – מָה הַתֵּרוּץ שֶׁלְּךָ הַפַּעַם?
□ *so we lost the match – that doesn't mean we're going to lose the Cup* אָז הִפְסַדְנוּ בְּמִשְׂחָק – זֶה לֹא אוֹמֵר שֶׁנַּפְסִיד אֶת הַגָּבִיעַ

5 **so what?** (*colloq.*) אָז מָה?

—adj.

1 (true) כָּךְ, נָכוֹן
□ *she says she's related to the Queen; is that so?* הִיא אוֹמֶרֶת שֶׁהִיא קְרוֹבָה שֶׁל הַמַּלְכָּה? זֶה נָכוֹן?

2 (used in place of an adjective already mentioned)
□ *many people are clever, but few are more so than Jake* יֵשׁ הַרְבֵּה אֲנָשִׁים חֲכָמִים, אַךְ מְעַטִּים חֲכָמִים מִג'ֵיק

3 (perfectly tidy or well-arranged) כָּךְ
□ *she gets upset if everything isn't just* (or *exactly*) *so* הִיא מִתְרַגֶּזֶת אִם הַכֹּל לֹא מְסֻדָּר בְּדִיּוּק כְּמוֹ שֶׁהִיא רוֹצָה

so² /səʊ/ n. (*Mus.*) (הַתָּו) סוֹל

soak /səʊk/ v.t.

1 (cause something to absorb a lot of liquid) הִסְפִּיג; הִשְׁרָה
□ *soak the bread in milk* הַסְפֵּג אֶת הַלֶּחֶם בְּחָלָב
□ *they were soaked to the skin* (or *soaked through*) הֵם נִרְטְבוּ עַד לְשַׁד עַצְמוֹתֵיהֶם
□ *soak the label off the wine-bottle* יֵשׁ לְהַשְׁרוֹת אֶת הַתָּוִית וּלְהָסִיר אוֹתָהּ מִבַּקְבּוּק הַיַּיִן
□ *I'm trying to soak out the stain from this shirt* אֲנִי מְנַסֶּה לְהַשְׁרוֹת אֶת הַחֻלְצָה וּלְהָסִיר אֶת הַכֶּתֶם
□ *I used a sponge to soak up the spilt water* סָפַגְתִּי אֶת הַמַּיִם שֶׁנִּשְׁפְּכוּ בִּסְפוֹג
□ *he is a keen pupil, always quick to soak up new knowledge* (*fig.*) הוּא תַּלְמִיד נִלְהָב, וְתָמִיד רוֹכֵשׁ יֶדַע חָדָשׁ בִּמְהִירוּת

2 (get a lot of money from, *colloq.*) סָפַג כֶּסֶף מִ...
□ *the government planned higher tax rates to soak the rich* הַמֶּמְשָׁלָה תִּכְנְנָה שִׁעוּרֵי מַס גְּבוֹהִים יוֹתֵר כְּדֵי לִסְפֹּג כְּסָפִים מִן הָעֲשִׁירִים

—v.i.

1 (become thoroughly wet) נִרְטַב (לְגַמְרֵי)
□ *leave the beans to soak overnight* הַשְׁרֵה אֶת הַשְּׁעוּעִית בְּמַיִם לְמֶשֶׁךְ הַלַּיְלָה

2 (enter, pass through) נִסְפַּג, חָדַר
□ *the rain had soaked through his coat* הַגֶּשֶׁם חָדַר דֶּרֶךְ הַמְּעִיל שֶׁלּוֹ

—n.

1 (act of making or getting wet) הַשְׁרָיָה
□ *give the shirt a soak* תַּשְׁרֶה אֶת הַחֻלְצָה

2 (habitual drunk, *colloq.*) שִׁכּוֹר

soaked /səʊkt/ adj. סָפוּג, סְפוּג־מַיִם
□ *I was caught in the rain; I'm soaked* הַגֶּשֶׁם תָּפַס אוֹתִי; אֲנִי סְפוּג־מַיִם
□ *this town is soaked in history* (*fig.*) הָעִיר סְפוּגָה בְּהִיסְטוֹרְיָה

soaking /ˈsəʊkɪŋ/ adj. סְפוּג־מַיִם
soaking wet סְפוּג־מַיִם

—n. הַשְׁרָיָה; הִרָּטְבוּת (מִגֶּשֶׁם וְכַד')

so-and-so /ˈsəʊ-ənd-səʊ/ n. (*colloq.*)

1 (imaginary or unknown person) פְּלוֹנִי
□ *let's suppose a Mrs So-and-so registers at the hotel* בּוֹא וְנַגִּיד שֶׁגְּבֶ' פְּלוֹנִית נִרְשֶׁמֶת בְּמָלוֹן

2 (disliked person, *euphem.*) "אַתָּה יוֹדֵעַ מָה" (כְּלוֹמַר: "בֶּן־זוֹנָה", אִידְיוֹט וְכַד')
□ *he's a miserable old so-and-so* הוּא "אַתָּה יוֹדֵעַ מָה" זָקֵן
□ *some rotten so-and-so has pinched my towel!* אֵיזֶה "אַתָּה יוֹדֵעַ מָה" סָחַב לִי אֶת הַמַּגֶּבֶת!

soap /səʊp/ n.

1 (substance used for cleaning) סַבּוֹן
soap bubble בּוּעַת סַבּוֹן
soap flakes פְּתִיתֵי סַבּוֹן
soap opera אוֹפֶּרַת סַבּוֹן
soap powder אַבְקַת־סַבּוֹן

—v.t. סִבֵּן
□ *she sat in the bath, soaping herself* הִיא יָשְׁבָה בָּאַמְבָּט וְסִבְּנָה אֶת עַצְמָהּ

soapbox /ˈsəʊpbɒks/ n.
soapbox orator (*derog.*) נוֹאֵם לְעֵת־מְצוֹא
□ *she gets on her soapbox at the least opportunity* (*fig.*) הִיא מַתְחִילָה "לִנְאֹם" בְּכָל רֶגַע שֶׁרַק אֶפְשָׁר

soapstone /ˈsəʊpstəʊn/ n. אֶבֶן־סַבּוֹן (אֶבֶן שֶׁקַּל לְגַלֵּף בָּהּ)

soapsuds/ /ˈsəʊpsʌdz/ n. בּוּעוֹת סַבּוֹן

soar /sɔː(r)/ v.i.

1 (go up high in the air) נָסַק, הִמְרִיא, עָלָה
□ *prices are soaring* (*fig.*) הַמְּחִירִים מַאֲמִירִים

2 (be very tall) הִתְנַשֵּׂא, נִשָּׂא
□ *skyscrapers soar above the horizon* גּוֹרְדֵי שְׁחָקִים הִתְנַשְּׂאוּ מֵעַל הָאֹפֶק

3 (hover in the air) רִחֵף, עוֹפֵף, דָּאָה

□ *seagulls soared over the cliffs* שְׁחָפִים עוֹפְפוּ מֵעַל הַצּוּקִים

sob /sɒb/ v.i. הִתְיַפֵּחַ

—v.t. הִתְיַפֵּחַ

□ *"I've lost my teddy bear", sobbed the child* "אִבַּדְתִּי אֶת הַדֻּבִּי", אָמַר הַיֶּלֶד בִּבְכִי

□ *the exhausted messenger sobbed out his tragic news* הַשָּׁלִיחַ הַמֻּתָּשׁ מָסַר בִּבְכִי אֶת הַיְדִיעוֹת הַטְּרָגִיּוֹת

□ *he sat in a chair, sobbing his heart out* (*colloq.*) הוּא יָשַׁב עַל הַכִּסֵּא וְהִזִּיל דְּמָעוֹת כַּמַּיִם

—n. הִתְיַפְּחוּת

sob-story (*colloq.*, usu. *derog.*) "סוֹחֲטַן דְּמָעוֹת"

sober /ˈsəʊbə(r)/ adj.

1 (not affected by alcohol) פִּכֵּחַ

2 (serious and thoughtful) מְיֻשָּׁב בְּדַעְתּוֹ, מְאֻזָּן, מְפֻכָּח

as sober as a judge פִּכֵּחַ לַחֲלוּטִין; מְיֻשָּׁב בְּדַעְתּוֹ

3 (not bright, *formal*) (בֶּגֶד) כֵּהֶה

—v.t.

1 **sober up** עוֹרֵר (אֶת פְּלוֹנִי לְאַחַר שִׁכְרוּת וְכַד')

□ *give her some black coffee – that'll sober her up* תֵּן לָהּ קָפֶה שָׁחוֹר – זֶה יְעוֹרֵר אוֹתָהּ

2 (cause to become serious or thoughtful) גָּרַם לְ... לְהִתְפַּכֵּחַ

□ *the bad news had a sobering effect on all of us* הַחֲדָשׁוֹת הַמָּרוֹת גָּרְמוּ לְכֻלָּנוּ לְהִתְפַּכֵּחַ (מִן הָאַשְׁלָיוֹת שֶׁלָּנוּ וְכַד')

□ *his new responsibility has sobered him down considerably* בְּשֶׁל הָאַחֲרָיוּת שֶׁקִּבֵּל עַל עַצְמוֹ לָאַחֲרוֹנָה הוּא נַעֲשָׂה הַרְבֵּה יוֹתֵר שָׁקוּל וְזָהִיר

—v.i.

1 (become less drunk) הִתְפַּכֵּחַ

2 (become serious or thoughtful) נַעֲשָׂה מְפֻכָּח, נַעֲשָׂה מְיֻשָּׁב בְּדַעְתּוֹ

□ *please sober down a bit; I've some important news for you* תֵּרָגַע קְצָת בְּבַקָּשָׁה; יֵשׁ לִי בִּשְׁבִילְךָ חֲדָשׁוֹת חֲשׁוּבוֹת

sober-minded /ˌsəʊbə-ˈmaɪndɪd/ adj. (*formal*) (אָדָם) שָׁקוּל בְּדַעְתּוֹ, מְאֻזָּן, צְלוּל־דַּעַת

sobriety /səbˈraɪətɪ/ n. (*formal*) פִּכְּחוּת, צְלִילוּת־דַּעַת

sobriquet /ˈsəʊbrɪˌkeɪ/ n. (*formal*) כִּנּוּי־חִבָּה

so-called /səʊ-ˈkɔːld/ adj. (usu. *derog.*) כִּבְיָכוֹל

□ *where are your so-called friends now?* אֵיפֹה הַחֲבֵרִים שֶׁלְּךָ כִּבְיָכוֹל?

□ *this is the patio, so-called – it's really just the back yard* זֶה הַפַּטְיוֹ, כִּבְיָכוֹל – לְמַעֲשֶׂה זוֹ סְתָם חָצֵר אֲחוֹרִית

soccer /ˈsɒkə(r)/ n. (*UK*) כַּדּוּרֶגֶל

soccer hooligan אוֹהֵד כַּדּוּרֶגֶל אַלִּים וּמִתְפָּרֵעַ

sociable /ˈsəʊʃəb(ə)l/ adj. חֶבְרוּתִי

□ *she has never really been the sociable type* הִיא אַף פַּעַם לֹא הָיְתָה טִיפּוּס חֶבְרוּתִי בִּמְיֻחָד

□ *I'm not in a sociable mood at the moment* אֲנִי לֹא בְּמַצַּב־רוּחַ חֶבְרוּתִי כָּרֶגַע

social /ˈsəʊʃ(ə)l/ adj.

1 (concerning the relations between people and communities) חֶבְרָתִי, סוֹצְיָאלִי

social democracy סוֹצְיָאל־דֵּמוֹקְרַטְיָה

social science or **studies** מַדְּעֵי הַחֶבְרָה

social security בִּטּוּחַ לְאֻמִּי (בִּבְרִיטַנְיָה, מִכָּל סוּג, כּוֹלֵל דְּמֵי אַבְטָלָה); פֶּנְסְיָה מֶמְשַׁלְתִּית (בְּאַרְהַ"ב)

social services שֵׁרוּתִים סוֹצְיָאלִיִּים, שֵׁרוּתֵי רְוָחָה

social work עֲבוֹדָה סוֹצְיָאלִית

social worker עוֹבֵד סוֹצְיָאלִי

2 (of or concerning rank and position within society) חֶבְרָתִי

social climber (*derog.*) אָדָם הַמְנַסֶּה לְשַׁפֵּר אֶת מַעֲמָדוֹ הַחֶבְרָתִי בְּכָל דֶּרֶךְ שֶׁהִיא

□ *she was happiest in the company of her social equals* הִיא הָיְתָה מְאֻשֶּׁרֶת בְּחֶבְרַת אֲנָשִׁים מִמַּעֲמָד חֶבְרָתִי זֵהֶה לְשֶׁלָּהּ

□ *they are ambitious and seek social advancement* (*formal*) הֵם שְׁאַפְתָּנִים וְרוֹצִים לְהִתְקַדֵּם בַּחֶבְרָה

3 (of or for companionship and recreation) חֶבְרָתִי

social club מוֹעֲדוֹן חֶבְרָתִי

social drinking שְׁתִיָּה (שֶׁל אַלְכּוֹהוֹל) בְּחֶבְרָה (וְלֹא לְבַד)

□ *we have a busy social life* יֵשׁ לָנוּ חַיֵּי־חֶבְרָה מְלֵאִים/עֲסוּקִים

4 (living in groups) חֶבְרָתִי

□ *ants are social insects* נְמָלִים הֵן חֲרָקִים הַחַיִּים בְּחֶבְרָה

5 (sociable, *colloq.*) יְדִידוּתִי, חֶבְרוּתִי

—n. אֵרוּעַ חֶבְרָתִי, מִפְגָּשׁ חֶבְרָתִי

□ *there's a church social on Thursday* יֵשׁ מִפְגָּשׁ חֶבְרָתִי בַּכְּנֵסִיָּה בְּיוֹם חֲמִישִׁי

socialism /ˈsəʊʃəlɪzəm/ n. סוֹצְיָאלִיזְם

socialist /ˈsəʊʃəlɪst/ n. סוֹצְיָאלִיסְט

—adj. סוֹצְיָאלִיסְטִי

socialite /ˈsəʊʃəlaɪt/ n. אִישׁ־חֶבְרָה, אֵשֶׁת־חֶבְרָה (בַּחֶבְרָה "הַנּוֹצֶצֶת" וְכַד')

socialize /ˈsəʊʃəlaɪz/ v.i. הִתְרוֹעֵעַ, קִיֵּם קְשָׁרִים חֶבְרָתִיִּים

□ *I socialized with my colleagues* קִיַּמְתִּי קְשָׁרִים חֶבְרָתִיִּים עִם הַקּוֹלֶגוֹת שֶׁלִּי

—v.t. חִבְרֵת, עָשָׂה סוֹצְיָאלִיזַצְיָה לְ...

□ *many immigrants are not yet fully socialized* מְהַגְּרִים רַבִּים עֲדַיִן לֹא הִשְׁתַּלְּבוּ בְּאֹפֶן שָׁלֵם בַּחֶבְרָה

societal /səˈsaɪət(ə)l/ adj. שֶׁל הַחֶבְרָה

society /səˈsaɪətɪ/ n.

1 (system of living together) חֶבְרָה

□ *he is a danger to society* הוּא מְסֻכָּן לַחֶבְרָה/לַצִּבּוּר

2 (particular grouping of people) חֶבְרָה

□ *she knows a lot about the customs of Islamic societies* יֵשׁ לָהּ יֶדַע רָחָב עַל מִנְהָגִים בַּחֲבָרוֹת מֻסְלְמִיּוֹת

3 (organization, club) אֲגֻדָּה, מוֹעֲדוֹן

□ *she is president of the music society* הִיא נְשִׂיאַת הַמּוֹעֲדוֹן לְמוּזִיקָה

4 (fashionable or influential people) חֶבְרָה

high society הַחֶבְרָה הַגְּבוֹהָה

□ *we were invited to a society wedding* הֻזְמַנּוּ אוֹתָנוּ לַחֲתֻנָּה שֶׁל הַחֶבְרָה הַגְּבוֹהָה

5 (companionship, *formal*) יְדִידוּת, רֵעוּת, חֶבְרָה

□ *we spent the evening in the society of our friends* בִּלִּינוּ אֶת הָעֶרֶב בְּחֶבְרַת יְדִידֵינוּ

socio- /ˈsəʊsɪəʊ/ pref. סוֹצְיוֹ־, (תְּחִלִּית שֶׁפֵּרוּשָׁהּ) חֶבְרָתִי

socioeconomic /ˌsəʊsɪəʊekəˈnɒmɪk/ adj. סוֹצְיוֹ־כַּלְכָּלִי

sociological /ˌsəʊsɪəˈlɒdʒɪk(ə)l/ adj. סוֹצְיוֹלוֹגִי

sociologist /ˌsəʊsɪˈɒlədʒɪst/ n. סוֹצְיוֹלוֹג

sociology /ˌsəʊsɪˈɒlədʒɪ/ n. סוֹצְיוֹלוֹגְיָה

sock /sɒk/ n.

1 (cover for the foot) גֶּרֶב

□ *you'd better pull your socks up!* (*UK colloq.*) כְּדַאי שֶׁתַּתְחִיל לַעֲשׂוֹת מַשֶּׁהוּ!

□ *oh, put a sock in it!* (*UK colloq.*) מָתַי כְּבָר תַּפְסִיק לְדַבֵּר! תִּסְתֹּם כְּבָר!

2 (heavy blow, *colloq.*) מַכַּת אֶגְרוֹף, אֶגְרוֹף

□ *give him a sock on the jaw!* תֵּן לוֹ אֶגְרוֹף בַּלֶּסֶת!

—v.t. (*colloq.*) נָתַן אֶגְרוֹף לְ..., "תָּקַע" אֶגְרוֹף לְ...

□ *sock him on the jaw!* תֵּן לוֹ אֶגְרוֹף בַּשִּׁנַּיִם!

□ *the comedian really socked it to them* (*arch. colloq.*) הַבַּדְרָן נָתַן הוֹפָעָה לֹא־רְגִילָה

socket /ˈsɒkɪt/ n. שֶׁקַע, תּוֹשֶׁבֶת

eye socket אֲרֻבַּת־הָעַיִן, שֶׁקַע־הָעַיִן

□ *fit the light bulb into its socket* תַּכְנִיס אֶת הַמְּנוֹרָה לְבֵית־הַמְּנוֹרָה

□ *the electric plug has three pins, and the socket three holes* לְתֶקַע הַחַשְׁמַלִּי יֵשׁ שְׁלֹשָׁה פִּינִים וְלַשֶּׁקַע יֵשׁ שְׁלֹשָׁה חוֹרִים

sod[1] /sɒd/ n. (*UK sl.*)

1 (disliked person) "חֲמוֹר", אִידְיוֹט

□ *let go, you stupid sod!* תַּעֲזֹב, יָא אִידְיוֹט!

2 (unfortunate person) מִסְכֵּן

□ *the poor old sod got the sack yesterday* הַמִּסְכֵּן אָכַל אוֹתָהּ, הֵעִיפוּ אוֹתוֹ אֶתְמוֹל מִן הָעֲבוֹדָה

3 (unpleasant thing) "נַחַס"

sod's law "חֹק מֶרְפִי" (מַה שֶּׁיָּכוֹל לְהִתְקַלְקֵל – אָכֵן יִתְקַלְקֵל)

□ *repairing the exhaust-pipe was a real sod* זֶה הָיָה "נַחַס" רְצִינִי לְתַקֵּן אֶת הָאֶגְזוֹז

—v.t.

sod it! לַעֲזָאזֵל!

—v.i.

sod off! עוּף מִמֶּנִּי! תִּתְחַפֵּף!

sod[2] /sɒd/ n. (*formal*)

1 (layer of grassed earth) עִשְׂבָּה, קַרְקַע מְכֻסָּה עֵשֶׂב

2 (piece of grassy earth) גּוּשׁ אֲדָמָה וְעֵשֶׂב, רֶגֶב עִם עֵשֶׂב

soda /ˈsəʊdə/ n.

1 (sodium compound) סוֹדָה

baking soda סוֹדָה לַאֲפִיָּה

2 (water treated with carbon dioxide) סוֹדָה

soda-fountain דּוּכָן לִגְלִידָה, מַמְתַּקִּים וּמַשְׁקָאוֹת קַלִּים

soda siphon "סִיפּוֹלוֹקְס"

soda-water מֵי סוֹדָה

□ *I'd like a whisky and soda, please* וִיסְקִי עִם סוֹדָה בְּבַקָּשָׁה

3 (fizzy drink made with soda-water, *US*) גָּזוֹז (מַשְׁקֶה קַל מוּגָז)

cherry soda גָּזוֹז בְּטַעַם דֻּבְדְּבָנִים

sodden /ˈsɒd(ə)n/ adj. סְפוּג־מַיִם, רָטֹב לַגְמָרֵי

□ *my shoes were sodden from walking in the rain* הַנַּעֲלַיִם שֶׁלִּי הָיוּ סְפוּגוֹת־מַיִם בְּשֶׁל הֲלִיכָה בַּגֶּשֶׁם

sodding /ˈsɒdɪŋ/ adj. (*UK vulg.*) "מַסְרִיחַ" (לְהַבָּעַת זַעַם וְכַד')

□ *it's all your sodding fault!* זֶה הַכֹּל אַשְׁמָתְךָ, יָא חֲמוֹר!

sodium /ˈsəʊdɪəm/ n. נַתְרָן, סוֹדְיוּם

sodium bicarbonate (*Chem.*) נַתְרָן דּוּ־פַּחְמָתִי (סוֹדָה לַאֲפִיָּה בְּאַבְקַת אֲפִיָּה וְכַד')

sodium chloride (*Chem.*) נַתְרָן דּוּ־חַנְקָתִי (מֶלַח שֻׁלְחָן)

sodomite /ˈsɒdəmaɪt/ n. (*arch. formal*) אָדָם הַמְקַיֵּם מִשְׁכַּב־זָכָר

sodomy /ˈsɒdəmɪ/ n. (*formal* or *Law*) מַעֲשֵׂה־סְדוֹם, מִשְׁכַּב זָכָר

sofa /ˈsəʊfə/ n. סַפָּה

soft /sɒft/ adj.

1 (not hard or firm) רַךְ

soft-boiled egg בֵּיצָה רַכָּה

soft fruit (*UK*) פֵּרוֹת לְלֹא קְלִפָּה אוֹ גַּרְעִינִים קָשִׁים (תּוּתִים, אֻכְמָנִיּוֹת וְכַד')

soft furnishings פְּרִיטֵי רִהוּט רַכִּים (וִילוֹנוֹת, כָּרִיּוֹת וְכַד')

soft landing נְחִיתָה רַכָּה (שֶׁל מָטוֹס, חֲלָלִית וְכַד')

soft shoulder שׁוּלַיִם רַכִּים (שֶׁל כְּבִישׁ)

□ *aluminium is a soft metal* אֲלוּמִינְיוּם הוּא מַתֶּכֶת רַכָּה

□ *the baby has soft skin* לַתִּינוֹק יֵשׁ עוֹר רַךְ

□ *the cat's fur is as soft as velvet* פַּרְוַת הֶחָתוּל רַכָּה כִּקְטִיפָה

2 (not harsh or bright; not loud) רַךְ

□ *lampshades give a soft light* הָאֲהִילִים יוֹצְרִים אוֹר רַךְ
□ *the room is painted in a soft pink* הַחֶדֶר צָבוּעַ בְּצֶבַע וָרֹד רַךְ
□ *he spoke in a soft voice* הוּא דִּבֵּר בְּקוֹל רַךְ
□ *his reply was soft and calm* הַתְּשׁוּבָה שֶׁלּוֹ הָיְתָה שְׁקֵטָה וּרְגוּעָה
3 (not needing hard work, *colloq. derog.*) קַל וְנוֹחַ
soft option הַבְּרֵרָה הַקַּלָּה, הַדֶּרֶךְ הַקַּלָּה
□ *she's got a nice soft job* יֵשׁ לָהּ ג'וֹבּ קַל וְנוֹחַ
4 (too kind, not severe enough; weak) רַךְ
soft-hearted רַךְ לֵבָב
soft in the head (*colloq.*) קְצָת מְשֻׁגָּע, "דָּפוּק בַּשֵּׂכֶל"
a soft spot (*colloq.*) חִבָּה מְיֻחֶדֶת
□ *that teacher is too soft with his class* הַמּוֹרֶה הַזֶּה מִתְנַהֵג יוֹתֵר מִדַּי בְּרַכּוּת עִם הַכִּתָּה שֶׁלּוֹ
□ *the minister was accused of taking too soft a line with the unions* הַשַּׂר הָאֳשַׁם שֶׁנָּקַט עֶמְדָּה פַּשְׁרָנִית מִדַּי כְּלַפֵּי הָאִגּוּדִים
□ *don't be so soft – there's nothing to be afraid of* אַל תִּהְיֶה כָּזֶה רַכְרוּכִי, אֵין מַה לְּפַחֵד
□ *she is soft on* (or *about*) *him* (*colloq.*) הִיא מְאֹהֶבֶת בּוֹ
5 (relating to consonants) רַךְ
□ *the "g" in "George" is soft; in "Gordon" it is hard* הַ־g בְּ"ג'וֹרג'" הוּא רַךְ, וּבְ"גּוֹרְדּוֹן" הוּא קָשֶׁה
6 (considered to be mild or less harmful) רַךְ, קַל
soft drinks מַשְׁקָאוֹת קַלִּים
soft drugs סַמִּים רַכִּים
soft pornography פּוֹרְנוֹגְרַפְיָה רַכָּה, פּוֹרְנוֹ רַךְ
7 soft water מַיִם רַכִּים (לְלֹא מִינֵרָלִים)

softball /ˈsɒftbɔːl/ n.
1 (game) "סוֹפְבּוֹל" (מִשְׂחָק בֵּיסְבּוֹל בְּכַדּוּר רַךְ יוֹתֵר וְגָדוֹל יוֹתֵר)
2 (ball) כַּדּוּר "סוֹפְבּוֹל" (כַּנַּ"ל)

soften /ˈsɒf(ə)n/ v.t. רִכֵּךְ
soften up "רִכֵּךְ" (הִתְנַגְּדוּת, לִפְנֵי הַתְקָפָה)
soften the blow (*fig.*) חִכֵּךְ אֶת הַהַשְׁפָּעָה (הָרָעָה שֶׁל דָּבָר מָה)
□ *the lampshade will soften the light* הָאָהִיל רַכֵּךְ אֶת הָאוֹר

softener /ˈsɒf(ə)nə(r)/ n. מְרַכֵּךְ לְכְבִיסָה

softie /ˈsɒftɪ/ see **SOFTY**

softly /ˈsɒftlɪ/ adv. בְּרַכּוּת, בַּעֲדִינוּת; בְּשֶׁקֶט, בְּלַחַשׁ
softly softly (*colloq.*) בְּשֶׁקֶט בְּשֶׁקֶט, לְאַט לְאַט (גִּישָׁה וְכַד')

soft-pedal /ˌsɒft-ˈped(ə)l/ v.t. (*colloq.*) נִסָּה לְהַמְעִיט בְּעֶרֶךְ שֶׁל
□ *the firm soft-pedalled the danger of the process it was operating* הַחֶבְרָה נִסְּתָה לְהַסְתִּיר אֶת הַסַּכָּנוֹת הַטְּמוּנוֹת בַּתַּהֲלִיךְ שֶׁהִפְעִילָה

soft soap /sɒft ˈsəʊp/ n.
1 (liquid soap) סַבּוֹן נוֹזְלִי
2 (persuasion by flattery, *colloq.*) דִּבְרֵי חֲנֻפָּנוּת, דִּבְרֵי חֲנֻפָּה

soft-soap /sɒft-ˈsəʊp/ v.t. (*colloq.*) הִתְחַנֵּף אֶל, שִׁכְנֵעַ בַּחֲנֻפָּה
□ *don't try to soft-soap me into paying your debts* אַל תְּנַסֶּה לְהִתְחַנֵּף אֵלַי כְּדֵי שֶׁאֲשַׁלֵּם אֶת הַחוֹבוֹת שֶׁלְּךָ

soft touch /sɒft ˈtʌtʃ/ n. (*colloq.*) אָדָם שֶׁקַּל לְהוֹצִיא מִמֶּנּוּ כֶּסֶף/עֶזְרָה

software /ˈsɒftweə(r)/ n. (*Comput.*) תּוֹכְנָה (לְהַבְדִּיל מֵחֻמְרָה)

softwood /ˈsɒftwʊd/ n. עֵץ רַךְ (לְיִצּוּר מוּצְרֵי עֵץ)

softy /ˈsɒftɪ/ n. (*colloq.*)
1 (kind-hearted or sentimental person) אָדָם בַּעַל לֵב טוֹב, אָדָם רַגְשָׁנִי
2 (physically weak person, *derog.*) "נֶבֶךְ", אָדָם רַכְרוּכִי

soggy /ˈsɒgɪ/ adj. סָפוּג, רָטֹב לְגַמְרֵי

soh /səʊ/ n. (*Mus.*) (הַתָּו) סוֹל

soil /sɔɪl/ n.
1 (upper layer of earth) קַרְקַע
□ *he is a man of the soil* (*formal*) הוּא עוֹבֵד אֲדָמָה
2 (country, territory, *formal*) אֲדָמָה
□ *we were glad to be back on our native soil once more* שָׂמַחְנוּ לְהִמָּצֵא שׁוּב עַל אַדְמַת הַמּוֹלֶדֶת
—v.t. (*formal*) הִכְתִּים, לִכְלֵךְ (בֶּגֶד וְכַד')
□ *there was a pile of soiled linen in a corner* בַּפִּנָּה הָיְתָה מֻנַּחַת עֲרֵמַת לְבָנִים מְלֻכְלָכִים
□ *he refuses to soil his hands* (*fig.*) הוּא מְסָרֵב לְהִכָּנֵס לְעֵסֶק מְלַכְלֵךְ
—v.i. הִתְלַכְלֵךְ
□ *white clothes soil easily* בְּגָדִים לְבָנִים מִתְלַכְלְכִים בְּקַלּוּת

soiree /ˈswɑːreɪ/ n. (*formal*) מִפְגָּשׁ עֶרֶב חֲגִיגִי

sojourn /ˈsɒdʒən; *US* səʊˈdʒɜːrn/ n. & v.i. (*poet.*) שְׁהִיָּה; שָׁהָה

sol /sɒl/ n. (*Mus.*) (הַתָּו) סוֹל

solace /ˈsɒlɪs/ (*formal*) n. תַּנְחוּמִים, נֶחָמָה
□ *the sick woman found solace in music* הָאִשָּׁה הַחוֹלָה מָצְאָה תַּנְחוּמִים בְּמוּזִיקָה
—v.t. נִחֵם

solar /ˈsəʊlə(r)/ adj.
1 (of or relating to the sun) סוֹלָרִי, שֶׁל הַשֶּׁמֶשׁ
solar energy אֶנֶרְגְּיָה סוֹלָרִית, אֶנֶרְגְּיַת שֶׁמֶשׁ
the solar system מַעֲרֶכֶת הַשֶּׁמֶשׁ
solar year שְׁנַת שֶׁמֶשׁ
2 (using the sun's energy) סוֹלָרִי, שֶׁל שֶׁמֶשׁ
solar cell תָּא שֶׁמֶשׁ, תָּא סוֹלָרִי
solar panel לוּחַ שֶׁל תָּאֵי שֶׁמֶשׁ
□ *solar-powered cars are under development* מְפַתְּחִים עַכְשָׁו מְכוֹנִיּוֹת מוּנָעוֹת בְּכֹחַ הַשֶּׁמֶשׁ

solarium /səʊˈleərɪəm/ n. מְכוֹן שִׁזּוּף (לְשִׁזּוּף מְלָאכוּתִי); חֲדַר שִׁזּוּף (לְשִׁזּוּף טִבְעִי)

solar plexus /ˌsəʊlə ˈpleksəs/ n.
1 (area of stomach below the ribs, *colloq.*) "מַפְתֵּחַ הַלֵּב"
2 (*Anat.*) מִקְלַעַת שִׁמְשִׁית

sold /səʊld/ past ppl. of **sell**

solder /ˈsəʊldə(r)/ n. חוּט לְהַלְחָמָה
—v.t. הִלְחִים
□ *she soldered the wire on to the capacitor* הִיא הִלְחִימָה אֶת הַחוּט לַקַּבָּל

soldering-iron /ˈsəʊldərɪŋ-ˌaɪən/ n. מַלְחֵם

soldier /ˈsəʊldʒə(r)/ n. חַיָּל
a soldier of fortune שְׂכִיר־חֶרֶב, חַיָּל שָׂכִיר
—v.i.
soldier on (*fig.*) הִמְשִׁיךְ לַמְרוֹת קְשָׁיִים

soldiering /ˈsəʊldʒərɪŋ/ n. חַיָּלוּת

sole[1] /səʊl/ n.
1 (bottom of the foot) סֻלְיַת כַּף־הָרֶגֶל
2 (bottom of a shoe, etc.) סֻלְיָה
—v.t. הִתְקִין סֻלְיָה לְ...
□ *I had my shoes soled and heeled* נָתַתִּי אֶת הַנַּעֲלַיִם שֶׁלִּי לְתִקּוּן כְּדֵי שֶׁיַּחֲלִיפוּ לִי אֶת הַסֻּלְיוֹת וְהָעֲקֵבִים

sole[2] /səʊl/ n. דָּג סוֹל, סוֹלִית

sole[3] /səʊl/ adj. יָחִיד
□ *she was the sole survivor of the crash* הִיא הָיְתָה הַנִּצּוֹלָה הַיְחִידָה מִן הַהִתְרַסְּקוּת
(not shared) בִּלְעָדִי
□ *you bear the sole responsibility for this project* אַתָּה נוֹשֵׂא בְּאַחֲרָיוּת בִּלְעָדִית לַפְּרוֹיֶקְט הַזֶּה
□ *we are the sole distributor in this country for Chinese bicycles* אֲנַחְנוּ הַמֵּפִיץ הַבִּלְעָדִי שֶׁל אוֹפַנַּיִם סִינִיִּים בְּאֶרֶץ זוֹ

solely /ˈsəʊllɪ/ adv. בְּאֹפֶן בִּלְעָדִי

solemn /ˈsɒləm/ adj.
1 (looking very serious) חָמוּר, חֲמוּר סֵבֶר
□ *the judge looked very solemn as he pronounced sentence* פְּנֵי הַשּׁוֹפֵט הָיוּ חֲמוּרוֹת בְּשָׁעָה שֶׁקָּרָא אֶת פְּסַק הַדִּין
2 (done, said, etc. in a serious way) חֲגִיגִי, חָמוּר
□ *we have made a solemn promise not to drink alcohol* הִבְטַחְנוּ הַבְטָחָה חֲגִיגִית שֶׁלֹּא לִשְׁתּוֹת אַלְכּוֹהוֹל
3 (done with religious or other ceremony) חֲגִיגִי
□ *there will be a solemn opening of the building next month* פְּתִיחָה חֲגִיגִית שֶׁל הַבִּנְיָן תֵּעָרֵךְ בַּחֹדֶשׁ הַבָּא

solemnity /səˈlemnɪtɪ/ n. (*formal*)
1 (state or quality of being solemn) חֻמְרָה; חֲגִיגִיּוּת
2 (ceremonial act or quality) טֶקֶס; חֲגִיגִיּוּת
□ *the Queen was crowned with all the proper solemnities* הַמַּלְכָּה הֻכְתְּרָה בְּכָל הַטְּקָסִיּוּת הָרְאוּיָה

solemnize /ˈsɒləmnaɪz/ v.t. (*formal*) עָרַךְ טֶקֶס (נִשּׂוּאִין וְכַד')

solicit /səˈlɪsɪt/ v.t.
1 (ask, *formal*) בִּקֵּשׁ
□ *he solicited us for money* (or *solicited money from us*) הוּא בִּקֵּשׁ מֵאִתָּנוּ כְּסָפִים
□ *both candidates solicited my opinion* שְׁנֵי הַמֻּעֲמָדִים בִּקְּשׁוּ אֶת חַוַּת־דַּעְתִּי
2 (make an offer of sex to, *Law*) שִׁדֵּל (לְקִיּוּם יַחֲסֵי מִין)
□ *he was solicited by a prostitute* זוֹנָה שִׁדְּלָה אוֹתוֹ לִדְבַר־עֲבֵרָה
—v.i. (*Law*) שִׁדֵּל לִדְבַר־עֲבֵרָה
□ *she was fined for soliciting* הִיא נֶעֶנְשָׁה עַל שִׁדּוּל לִדְבַר־עֲבֵרָה

solicitor /səˈlɪsɪtə(r)/ n.
1 (lawyer, *UK*) עוֹרֵךְ־דִּין (שֶׁאֵינוֹ מוֹפִיעַ בְּבֵית מִשְׁפָּט בְּעַצְמוֹ)
2 (law officer of a city, etc., *US*) פָּקִיד עִירוֹנִי
3 (someone who asks for contributions) אוֹסֵף תְּרוּמוֹת וְכַד'

solicitous /səˈlɪsɪtəs/ adj. (*formal*) חָרֵד (לִדְבַר־מָה)

solicitude /səˈlɪsɪtjuːd/ n. (*formal*) דְּאָגָה וּתְשׂוּמֶת־לֵב

solid /ˈsɒlɪd/ adj.
1 (not liquid or gaseous) מוּצָק
solid food מָזוֹן מוּצָק
solid fuel דֶּלֶק מוּצָק
solid state (רְכִיב) אֶלֶקְטְרוֹנִי (עַל בְּסִיס טְרַנְזִיסְטוֹרִים, וּלְלֹא "מְנוֹרוֹת"); (פִיזִיקָה שֶׁל) מוּצָק
2 (containing only one material, of only one colour) טָהוֹר
□ *that bracelet is solid gold* הַשַּׁרְשֶׁרֶת עֲשׂוּיָה זָהָב טָהוֹר
□ *the sky was of a solid blue* הַשָּׁמַיִם הָיוּ כְּחֻלִּים וּלְלֹא עֲנָנִים
3 (strong, substantial; trustworthy) מוּצָק; נֶאֱמָן
□ *the house is built on solid foundations* הַבַּיִת בָּנוּי עַל יְסוֹדוֹת מוּצָקִים
□ *he's a good solid worker* הוּא עוֹבֵד נֶאֱמָן וּמָסוּר
4 (all together) רָצוּף
□ *the demonstrators stood in a solid line with linked arms* הַמַּפְגִּינִים עָמְדוּ בְּקַו אֶחָד וּבִזְרוֹעוֹת מְשֻׁלָּבוֹת
□ *the miners are 100 per cent solid on the question of strike action* הַכּוֹרִים כֻּלָּם בְּדֵעָה אַחַת בִּשְׁאֵלַת הַשְּׁבִיתָה
□ *I like to sleep nine solid hours* הָיִיתִי רוֹצָה לִישֹׁן תֵּשַׁע שָׁעוֹת רְצוּפוֹת
6 (*Geom.*) (גּוּף) תְּלַת־מְמַדִּי
□ *a cube is a solid figure* קֻבִּיָּה הִיא גּוּף תְּלַת־מְמַדִּי

—n.
1 (substance that is not a liquid or a gas) מוּצָק
□ *the invalid is not yet ready to take solids* הַחוֹלֶה עֲדַיִן אֵינוֹ מְסֻגָּל לֶאֱכֹל מָזוֹן מוּצָק
2 (*Geom.*) גּוּף תְּלַת־מְמַדִּי
solidarity /ˌsɒlɪˈdærɪtɪ/ n. סוֹלִידָרִיּוּת, אַחְדוּת וְהִזְדַּהוּת
solidify /səˈlɪdɪfaɪ/ v.i. הִתְגַּבֵּשׁ, הִתְקַשָּׁה, נַעֲשָׂה מוּצָק
□ *the mixture solidifies into toffee* הַתַּעֲרֹבֶת מִתְקַשָּׁה וְהוֹפֶכֶת לְטוֹפִי
□ *vague objections to the scheme solidified into firm opposition (fig.)* הִסְתַּיְּגוּת מְעֻרְפֶּלֶת לַתָּכְנִית הִתְגַּבְּשָׁה וְהָפְכָה לְהִתְנַגְּדוּת נֶחֱרֶצֶת
—v.t. הָפַךְ לְמוּצָק, גִּבֵּשׁ
□ *exposure to air solidifies the resin* חֲשִׂיפָה לָאֲוִיר מַקְשָׁה אֶת הַשְּׂרָף
solidity /səˈlɪdɪtɪ/ n. מוּצָקוּת
□ *we cannot fault the solidity of his argument* אֲנַחְנוּ לֹא יְכוֹלִים לְהָטִיל דֹּפִי בְּמוּצָקוּת הַטִּעוּן שֶׁלוֹ
solidly /ˈsɒlɪdlɪ/ adv.
1 (firmly and substantially) בְּאֹפֶן מוּצָק
2 (continuously) בִּרְצִיפוּת, לְלֹא הֶפְסֵק
□ *it rained solidly for three days* יָרַד גֶּשֶׁם בְּמֶשֶׁךְ שְׁלֹשָׁה יָמִים בִּרְצִיפוּת
3 (unanimously) פֶּה אֶחָד
□ *the miners are solidly behind the move for strike action* הַכּוֹרִים כֻּלָּם תּוֹמְכִים פֶּה אֶחָד בַּהַצָּעָה לִפְתֹּחַ בִּשְׁבִיתָה
soliloquy /səˈlɪləkwɪ/ n. מוֹנוֹלוֹג (לָרֹב שֶׁל דְּמוּת אֶל עַצְמָהּ בְּמַחֲזֶה וְכַד׳)
solitaire /ˌsɒlɪˈteə(r)/ n.
1 (piece of jewellery with single stone) תַּכְשִׁיט בַּעַל אֶבֶן יְקָרָה אַחַת (לָרֹב יַהֲלוֹם)
2 (card game) "פַּסְיַנְס"
solitary /ˈsɒlɪt(ə)rɪ/ adj.
1 (living or fond of being alone) בּוֹדֵד, יָחִיד
□ *one solitary tree grew out of the cliff (formal)* עֵץ בּוֹדֵד צָמַח מִן הַצּוּק
□ *he was a solitary kind of person* הוּא הָיָה אָדָם שֶׁאָהַב לִחְיוֹת לְבַדּוֹ
2 (in a lonely remote place) מְבוֹדָד
□ *there was a solitary hostel in the valley* בְּפֶתַח הָעֵמֶק נִמְצְאָה אַכְסַנְיָה מְבוֹדֶדֶת
3 (single, used esp. in negative sentences) אֶחָד, בּוֹדֵד, יָחִיד
□ *there's not a solitary instance of this having happened before* אֵין וְלוּ גַּם מִקְרֶה אֶחָד שֶׁבּוֹ הִתְרַחֵשׁ דָּבָר זֶה בֶּעָבָר
—n.
1 **solitary confinement** (also (*colloq.*) **solitary**) מַעֲצָר בְּבִדּוּד, צִינוֹק
2 (hermit, *formal*) מִתְבּוֹדֵד
solitude /ˈsɒlɪtjuːd/ n. (*formal*) בְּדִידוּת
□ *she enjoys the solitude of her own flat* הִיא אוֹהֶבֶת אֶת הַבְּדִידוּת וְהַפְּרָטִיּוּת שֶׁל הַדִּירָה שֶׁלָּהּ
solo /ˈsəʊləʊ/ n.
1 (piece of music, dance, etc.) קֶטַע סוֹלוֹ
□ *she played a sitar solo* הִיא נִגְּנָה סוֹלוֹ לְסִיטָר
□ *he sang his solo* הוּא שָׁר אֶת קֶטַע הַסּוֹלוֹ שֶׁלוֹ
2 (*Aeron.*) טִיסַת יָחִיד, טִיסַת סוֹלוֹ (לְלֹא מַדְרִיךְ)
3 (variety of whist) סוֹלוֹ (מֵעֵין מִשְׂחַק "וִיסְט")
—adj. & adv.
1 (by oneself) סוֹלוֹ
□ *this will be her first solo flight* זוֹ תִּהְיֶה טִיסַת הַסּוֹלוֹ הָרִאשׁוֹנָה שֶׁלָּהּ
2 (of, concerning, or performed as a solo) סוֹלוֹ
□ *the theme is taken up by a solo cello* הַנּוֹשֵׂא מְפֻתָּח בְּקֶטַע סוֹלוֹ לְצֶ׳לוֹ
□ *she gave an outstanding solo performance* הִיא נָתְנָה הוֹפָעַת־יָחִיד יוֹצֵאת מִן הַכְּלָל
soloist /ˈsəʊləʊɪst/ n. (*Mus.*) סוֹלָן
solstice /ˈsɒlstɪs/ n. נְקֻדַּת הַהִפּוּךְ (בֵּין הַיּוֹם הָאָרֹךְ בְּיוֹתֵר לַיּוֹם הַקָּצָר בְּיוֹתֵר וּלְהֶפֶךְ)
summer solstice יוֹם הַהִפּוּךְ בַּקַּיִץ (בִּסְבִיבוֹת הַ־22 בְּיוּנִי בַּחֲצִי הַכַּדּוּר הַצְּפוֹנִי)
winter solstice יוֹם הַהִפּוּךְ הַדְּרוֹמִי (בִּסְבִיבוֹת הַ־22 בְּדֶצֶמְבֶּר בַּחֲצִי הַכַּדּוּר הַצְּפוֹנִי)
soluble /ˈsɒljʊb(ə)l/ adj.
1 (that can be dissolved) מֵסֵס, נָמֵס
soluble aspirin אַסְפִּירִין נָמֵס בְּמַיִם
□ *sodium chloride is soluble in water* נַתְרָן דּוּ־חַנְקָתִי (מֶלַח שֻׁלְחָן) מֵסֵס בְּמַיִם
2 (that can be solved, *formal*) נִתָּן לְפִתְרוֹן
□ *this problem is not readily soluble* הַבְּעָיָה הַזֹּאת אֵינָהּ נִתֶּנֶת לְפִתְרוֹן בְּקַלּוּת
solution /səˈluːʃ(ə)n/ n.
1 (action or way of finding an answer) פִּתְרוֹן
□ *we are faced with a problem which defies solution (formal)* לְפָנֵינוּ עוֹמֶדֶת בְּעָיָה שֶׁאִי אֶפְשָׁר לְפָתְרָהּ
□ *the solution to this week's crossword will appear next week* הַפִּתְרוֹן לַתַּשְׁבֵּץ שֶׁל הַשָּׁבוּעַ יוֹפִיעַ בַּשָּׁבוּעַ הַבָּא
2 (liquid in which something is dissolved, state of being dissolved) תְּמִסָּה
□ *this is a solution of salt in water* זוֹ תְּמִסַּת מֶלַח בְּמַיִם
3 (process of dissolving a solid or a gas in liquid) הִתְמוֹסְסוּת
solvable /ˈsɒlvəb(ə)l/ adj. נִתָּן לְפִתְרוֹן
□ *is the problem solvable?* הַאִם זוֹ בְּעָיָה שֶׁיֵּשׁ לָהּ פִּתְרוֹן?
solve /sɒlv/ v.t.
1 (find an answer to) פָּתַר, מָצָא פִּתְרוֹן לְ...; פִּעְנַח

□ *can you solve this puzzle?* הַאִם אַתָּה יָכוֹל לִפְתֹּר אֶת הַחִידָה הַזֹּאת?
□ *the detective solved the crime* הַבַּלָּשׁ פִּעְנֵחַ אֶת הַפֶּשַׁע
2 (find a way of sealing with) פָּתַר
□ *the gift solves my money problem* הַמַּתָּנָה פּוֹתֶרֶת אֶת הַבְּעָיוֹת הַכַּלְכָּלִיּוֹת שֶׁלִּי, הַמַּתָּנָה פּוֹתֶרֶת לִי אֶת הַבְּעָיוֹת הַכַּלְכָּלִיּוֹת

solvent /ˈsɒlvənt/ adj.
1 (having enough money) מְסֻגָּל לַעֲמֹד בְּחוֹבוֹתָיו, בְּמַצָּב כַּלְכָּלִי יַצִּיב
2 (that can dissolve another substance, *formal*) מֵמֵס
—n. חֹמֶר מֵמֵס
solvent abuse (*formal*) שִׁמּוּשׁ בְּחָמְרֵי־דִּלּוּל כְּסַמִּים

sombre /ˈsɒmb(ə)r/ adj.
1 (sad and serious) חָמוּר סֵבֶר; עָגוּם, קוֹדֵר
□ *there was a sombre expression on her face* עַל פָּנֶיהָ הָיְתָה הַבָּעָה חֲמוּרָה
□ *the report paints a sombre picture of the future* הַדּוּ"חַ מְצַיֵּר תְּמוּנָה קוֹדֶרֶת שֶׁל הֶעָתִיד
2 (dark-coloured) כֵּהֶה
□ *the shop was full of suits in sombre shades* הַחֲנוּת הָיְתָה מְלֵאָה חֲלִיפוֹת בִּגְוָנִים כֵּהִים

sombrero /sɒmˈbreərəʊ/ n. סוֹמְבְּרֶרוֹ (כּוֹבַע מֶקְסִיקָאִי רְחַב־שׁוּלַיִם)

some /sʌm/ adj.
1 (a number or quantity of) כַּמָּה, אֲחָדִים, אֵי־אֵלּוּ
□ *she arrived some minutes ago* הִיא הִגִּיעָה לִפְנֵי דַּקּוֹת אֲחָדוֹת
□ *I will buy some apples in the market* אֲנִי אֶקְנֶה כַּמָּה תַּפּוּחִים בַּשּׁוּק
□ *he went to some trouble to arrange the meeting* הוּא טָרַח לֹא מְעַט לְאַרְגֵּן אֶת הַפְּגִישָׁה
□ *can you give me some idea of your plans?* אַתָּה יָכוֹל לָתֵת לִי מֻשָּׂג כָּלְשֶׁהוּ עַל הַתָּכְנִיּוֹת שֶׁלְּךָ?
2 (an unknown, unspecified unit) אֵיזֶה, כָּלְשֶׁהוּ; מְסֻיָּם
some other time בְּפַעַם אַחֶרֶת (בְּעֵת סֵרוּב מְנֻמָּס לְהַצָּעָה וְכַד')
□ *I will go some day* אֲנִי אֵלֵךְ בְּאַחַד הַיָּמִים, אֵלֵךְ בְּיוֹם מִן הַיָּמִים
□ *some people agree, others don't* יֵשׁ אֲנָשִׁים שֶׁמַּסְכִּימִים, וְיֵשׁ אֲחֵרִים שֶׁלֹּא מַסְכִּימִים
3 (considerable, terrible, *colloq.*) עָצוּם, "נוֹרָא", "רְצִינִי"
□ *that was some accident!* זֹאת הָיְתָה תְּאוּנָה נוֹרָאָה!
—pron. כַּמָּה, אֲחָדִים
and then some (*colloq.*) וְזֶה עוֹד לֹא הַכֹּל
□ *would you like some more?* אַתָּה רוֹצֶה עוֹד? (הַצָּעָה לְתוֹסֶפֶת מָזוֹן וְכַד')
—adv. בְּעֵרֶךְ

□ *there were some twenty people at the meeting* בַּפְּגִישָׁה הָיוּ בְּעֵרֶךְ עֶשְׂרִים אִישׁ, הָיוּ אֵיזֶה עֶשְׂרִים אִישׁ בַּפְּגִישָׁה

somebody /ˈsʌmbədɪ/ pron. מִישֶׁהוּ, מִישֶׁהִי
—n. "מִישֶׁהוּ" (אִישִׁיּוּת חֲשׁוּבָה)
□ *he was (a) somebody in his home town* הוּא הָיָה "מִישֶׁהוּ" בְּעִיר מוֹלַדְתּוֹ

someday /ˈsʌmdeɪ/ adv. יוֹם אֶחָד, בְּאַחַד הַיָּמִים, בְּיוֹם מִן הַיָּמִים

somehow /ˈsʌmhaʊ/ adv. אֵיכְשֶׁהוּ, מִשּׁוּם מָה, מִסִּבָּה כָּלְשֶׁהִי

someone /ˈsʌmwʌn/ pron. מִישֶׁהוּ, מִישֶׁהִי

somersault /ˈsʌməsɔːlt/ n. "סַלְטָה" (קְפִיצָה תּוֹךְ כְּדֵי גִּלְגּוּל בָּאֲוִיר)
□ *she turned (or did) a double somersault* הִיא בִּצְּעָה "סַלְטָה כְּפוּלָה"
—v.i. עָשָׂה "סַלְטָה" (כַּנַּ"ל)

something /ˈsʌmθɪŋ/ pron.
1 (thing unspecified) מַשֶּׁהוּ, דְּבַר־מָה
something else (*colloq.*) "מַשֶּׁהוּ לֹא רָגִיל"; מַשֶּׁהוּ אַחֵר
□ *I have something to tell you* יֵשׁ לִי מַשֶּׁהוּ לְסַפֵּר לְךָ
2 (thing of importance) "מַשֶּׁהוּ", דְּבַר־מָה חָשׁוּב
□ *it was really something to see her run* זֶה הָיָה בֶּאֱמֶת "מַשֶּׁהוּ" לִרְאוֹת אֵיךְ הִיא רָצָה
3 (certain quantity) מַשֶּׁהוּ
□ *his behaviour is something of a puzzle* בְּהִתְנַהֲגוּתוֹ יֵשׁ מַשֶּׁהוּ מִן הַחִידָה
□ *we hope to see something of you this summer* אֲנַחְנוּ מְקַוִּים לִרְאוֹת אוֹתְךָ מִדֵּי פַּעַם הַקַּיִץ
—adv.
1 (in some degree) בְּעֵרֶךְ, בְּקֵרוּב, פָּחוֹת אוֹ יוֹתֵר
□ *it looks something like this* זֶה נִרְאֶה כָּךְ פָּחוֹת אוֹ יוֹתֵר
□ *your new offer is something like a fair price* הַצָּעַת־הַמְּחִיר הַחֲדָשָׁה שֶׁלְּךָ נִשְׁמַעַת דֵּי הוֹגֶנֶת
2 (to an extreme degree) "מַשֶּׁהוּ"
□ *he swears something awful (colloq.)* הוּא מְקַלֵּל שֶׁזֶּה מַשֶּׁהוּ נוֹרָא

sometime /ˈsʌmtaɪm/ adv. מָתַישֶׁהוּ, בְּיוֹם מִן הַיָּמִים
—adj. (*formal*) לְפָנִים, לְשֶׁעָבַר

sometimes /ˈsʌmtaɪmz/ adv. לִפְעָמִים, לְעִתִּים, מִדֵּי פַּעַם, מִפַּעַם לְפַעַם

somewhat /ˈsʌmwɒt/ adv. בְּמִקְצָת, בְּמִדַּת מָה
□ *he answered the question somewhat hastily* הוּא עָנָה עַל הַשְּׁאֵלָה קְצָת יוֹתֵר מִדַּי מַהֵר
—pron. (*formal*) מַשֶּׁהוּ, מְעַט
□ *the argument loses somewhat of its force* הַטִּעוּן מְאַבֵּד מְעַט מֵעָצְמָתוֹ

somewhere /ˈsʌmweə(r)/ adv. אֵי־שָׁם, בְּמָקוֹם כָּלְשֶׁהוּ

□ *I'm going somewhere else this evening* אֲנִי הוֹלֵךְ לְמָקוֹם אַחֵר הָעֶרֶב, אֲנִי הוֹלֵךְ לְאָן־שֶׁהוּא הָעֶרֶב

—pron. מָקוֹם, מְקוֹם כָּלְשֶׁהוּ

□ *have you found somewhere to stay?* מָצָאתָ מָקוֹם לִישׁוֹן?

somnambulism /sɒmˈnæmbjʊlɪz(ə)m/ n. (*formal*) סַהֲרוּרִיּוּת

somnambulist /sɒmˈnæmbjʊlɪst/ n. (*formal*) סַהֲרוּרִי, "חוֹלֵה־יָרֵחַ"

somnolent /ˈsɒmnələnt/ adj. (*formal*) נוֹטֶה לִישׁוֹן, יַשְׁנוּנִי, רָדוּם

son /sʌn/ n.

1 (male child; descendant) בֵּן

the Son of Man (*Relig.*) יֵשׁוּ הַנּוֹצְרִי

son of a bitch (*vulg.*) בֶּן־זוֹנָה

□ *every mother's son (of them)* (*poet.*) כֻּלָּם בְּלִי יוֹצֵא מִן הַכְּלָל

□ *he is his father's son* (*fig.*) הוּא דּוֹמֶה לְאָבִיו, כְּאָב כִּבְנוֹ, הוּא הַבֵּן שֶׁל אַבָּא שֶׁלּוֹ

2 (person regarded as inheriting a quality) אִישׁ, אָדָם, בֵּן

sons of freedom אַנְשֵׁי חֵרוּת (הַדּוֹגְלִים בְּחֵרוּת)

sons of the soil אִכָּר, בֶּן־אִכָּר, אִישׁ־אֲדָמָה

3 (form of address) בְּנִי, יַלְדִּי, יֶלֶד שֶׁלִּי; בָּחוּרְצִ'יק

my son (*Relig.*) בְּנִי (בְּדִבְרֵי כֹּמֶר אֶל מַאֲמִין מִמִּין זָכָר)

sonata /səˈnɑːtə/ n. (*Mus.*) סוֹנָטָה

sonar /ˈsəʊnɑː(r)/ adj. סוֹנָר (מִתְקָן לְגִלּוּי עֲצָמִים מִתַּחַת לַמַּיִם בְּאֶמְצָעוּת גַּלֵּי קוֹל)

son et lumière /sɒn eɪ luːˈmjeə(r)/ n. חִזָּיוֹן/מוֹפָע אוֹרְקוֹלִי (לָרֹב הַמְתָאֵר אֵרוּעִים הִיסְטוֹרִיִּים)

song /sɒŋ/ n.

1 (words set to music) שִׁיר, זֶמֶר; שִׁירָה

Song of Songs (*Bibl.*) שִׁיר־הַשִּׁירִים

□ *he is well known for singing popular songs* הוּא מֻכָּר מְאֹד כְּזַמָּר שֶׁל שִׁירִים עֲמָמִיִּים

2 (singing of vocal music) שִׁירָה, שִׁיר, זֶמֶר

□ *she burst into song* הִיא פָּצְחָה בְּשִׁיר

□ *we bought* (or *sold*) *it for a song* (*colloq.*) קָנִינוּ/מָכַרְנוּ אֶת זֶה בְּזִיל־הַזּוֹל

□ *don't make such a song and dance about nothing* (*colloq.*) אַל תַּעֲשֶׂה מִזֶּה עִנְיָן (כָּזֶה)! אַל תַּעֲשֶׂה מִזֶּה סִפּוּר!

songbird /ˈsɒŋbɜːd/ n. צִפּוֹר־שִׁיר

songster /ˈsɒŋstə(r)/ n.

1 (singer, *formal*) זַמָּר (מְיֻמָּן)

2 (bird) צִפּוֹר־שִׁיר

songstress /ˈsɒŋstrɪs/ n. (*formal*) זַמֶּרֶת

sonic /ˈsɒnɪk/ adj. קוֹלִי, שֶׁל הַקּוֹל, הַקּוֹל, שֶׁל מְהִירוּת הַקּוֹל

sonic boom בּוּם עַל־קוֹלִי

son-in-law /ˈsʌn-ɪn-lɔː/ n. חָתָן (בַּעְלָהּ שֶׁל הַבַּת)

sonnet /ˈsɒnɪt/ n. סוֹנֶטָה, שִׁיר־זָהָב (שִׁיר בַּעַל 14 שׁוּרוֹת וְתַבְנִית חֲרִיזָה קְבוּעָה)

sonny /ˈsʌnɪ/ n. (*colloq.*) "בָּחוּר" (בִּפְנִיָּה לְיֶלֶד); "חַבּוּב" (בִּפְנִיָּה לִמְבֻגָּר, לְעִתִּים בְּזִלְזוּל אוֹ בְּאִיּוּם)

sonority /səˈnɒrɪtɪ/ n. (*formal*) עֹמֶק הַצְּלִיל, הַדְהוּד

sonorous /ˈsɒnərəs/ adj. (צְלִיל, קוֹל) עָמֹק וּמְהַדְהֵד, צוֹלֵל; (מִלִּים) מְצַלְצְלוֹת (מַרְשִׁימוֹת)

soon /suːn/ adv.

1 (shortly) בְּקָרוֹב, בִּמְהֵרָה

as soon as בְּרֶגַע שֶׁ..., מִיָּד כְּשֶׁ...

□ *we shall soon be home* תֵּכֶף וּמִיָּד נַגִּיעַ הַבַּיְתָה

2 (early, quickly) בְּהֶקְדֵּם, מִיָּד, מַהֵר

as soon as possible בְּהֶקְדֵּם הָאֶפְשָׁרִי

it was no sooner said than done הַדָּבָר נַעֲשָׂה עוֹד לִפְנֵי שֶׁסִּיַּם לְדַבֵּר

□ *no sooner had he spoken than he was interrupted* הוּא הֻפְרַע עוֹד לִפְנֵי שֶׁהִסְפִּיק לְסַיֵּם אֶת דְּבָרָיו

the sooner the better יָפָה שָׁעָה אַחַת קֹדֶם

sooner or later בְּמֻקְדָּם אוֹ בִּמְאֻחָר

least said soonest mended (*Prov.*) (אֵין מַה לְּדַבֵּר וּלְהִתְנַצֵּל) תֵּן לַדְּבָרִים לְהִסְתַּדֵּר לְבַד

□ *don't speak too soon* אַל תְּדַבֵּר מֻקְדָּם מִדַּי (לִפְנֵי שֶׁהַתּוֹצָאוֹת יִוָּדְעוּ), אַל תִּקְפֹּץ בָּרֹאשׁ

3 (willingly) בְּרָצוֹן

□ *I would just as soon go home* בְּרָצוֹן הָיִיתִי הוֹלֵךְ הַבַּיְתָה

□ *I'd sack him as soon as not* הָיִיתִי מַעְדִּיף לְפַטֵּר אוֹתוֹ

□ *I would sooner die than eat the spinach* אֲנִי מַעְדִּיף לָמוּת מֵאֲשֶׁר לֶאֱכֹל אֶת הַתֶּרֶד

soot /sʊt/ n. פִּיחַ

soothe /suːð/ v.t. רִכֵּךְ, הִרְגִּיעַ, שִׁכֵּךְ

soothsayer /ˈsuːθseɪə(r)/ n. (*arch.*) מַגִּיד עֲתִידוֹת

sooty /ˈsʊtɪ/ adj.

1 (covered with soot) מְפֻיָּח, מְכֻסֶּה פִּיחַ

2 (black) מֻשְׁחָר

sop /sɒp/ n.

1 (something small to pacify or bribe) דְּמֵי שְׁתִיקָה, מַתְּנַת פִּיּוּס (פְּעוּטָה)

□ *the donation was a sop to my conscience* הַתְּרוּמָה הָיְתָה נִסָּיוֹן לְהַשְׁקִיט אֶת הַמַּצְפּוּן שֶׁלִּי

2 (food dipped in liquid) מָזוֹן שָׁרוּי/טָבוּל בְּנוֹזֵל (לְמָשָׁל עוּגָה טְבוּלָה בְּקָפֶה)

—v.t. טָבַל, הִשְׁרָה, הִסְפִּיג

□ *he sopped up the gravy* הוּא הִסְפִּיג חֲתִיכוֹת לֶחֶם בָּרֹטֶב שֶׁבַּצַּלַּחַת שֶׁלּוֹ

□ *she sopped up the water with a papertowel* הִיא סָפְגָה אֶת הַמַּיִם בְּמַגֶּבֶת נְיָר

sophism /ˈsɒfɪzəm/ n. (*formal*) סוֹפִיזְם (טִעוּן בַּעַל מִבְנֶה מְשַׁכְנֵעַ אַךְ תֹּכֶן שִׁקְרִי)

sophist /ˈsɒfɪst/ n. (*formal*) סוֹפִיסְט (בַּעַל טְעוּנִים כַּנַּ"ל)

sophisticated /səˈfɪstɪkeɪtɪd/ adj.
1 (educated, refined) בָּקִי בַּהֲוָיוֹת הָעוֹלָם, מִתְחַכֵּם
2 (complex) מִתְחַכֵּם, מֻרְכָּב

sophistication /səˌfɪstɪˈkeɪʃ(ə)n/ n. תִּחְכּוּם, סוֹפִיסְטִיקַצְיָה

sophistry /ˈsɒfɪstrɪ/ n. (*formal*) פִּלְפְּלָנוּת, פִּלְפּוּל שֶׁל הֶבֶל, סוֹפִיסְטִיקָה

sophomore /ˈsɒfəmɔː(r)/ n. (*US*) תַּלְמִיד שָׁנָה ב׳ (בְּאוּנִיבֶרְסִיטָה אוֹ בְּקוֹלֶג׳)

soporific /ˌsɒpəˈrɪfɪk/ adj. (*formal*) (סַם) מַרְדִּים

sopping /ˈsɒpɪŋ/ adj. & adv. (*colloq.*) סְפוּג מַיִם, רָטֹב לְגַמְרֵי
□ *the child was sopping wet* הַיֶּלֶד הָיָה רָטֹב כֻּלּוֹ

soppy /ˈsɒpɪ/ adj. (*colloq.*) רַכְרוּכִי, רַגְשָׁנִי וְטִפְּשִׁי, "סַבּוֹנִי"

soprano /səˈprɑːnəʊ/ n.
1 (highest musical melody line) סוֹפְּרָנוֹ
2 (singer) זַמֶּרֶת סוֹפְּרָנוֹ

sorbet /ˈsɔːbeɪ/ n. "סוֹרְבֶּה" (מֵעֵין גְּלִידָה עֲשׂוּיָה מִיץ פֵּרוֹת מְמֻתָּק וְקָפוּא)

sorcerer /ˈsɔːsərə(r)/ n. מְכַשֵּׁף

sorceress /ˈsɔːsərɪs/ n. קוֹסֶמֶת, מְכַשֵּׁפָה

sorcery /ˈsɔːsərɪ/ n קְסָמִים, כִּשּׁוּף

sordid /ˈsɔːdɪd/ adj.
1 (wretched, squalid) אֻמְלָל, עָלוּב; מְזֹהָם, נֶאֱלָח
sordid poverty עֲנִיּוּת מְנֻוֶּלֶת
2 (contemptible, mean) שָׁפָל, בָּזוּי, נִבְזֶה
□ *he killed for sordid reasons* הוּא הָרַג מִטְּעָמִים שֶׁל בֶּצַע כֶּסֶף

sore /sɔː(r)/ adj.
1 (painful) מַכְאִיב, כּוֹאֵב (פֶּצַע וְכַד׳); כָּאוּב, רָגִישׁ (נוֹשֵׂא וְכַד׳)
sore throat כְּאֵב גָּרוֹן
a sight for sore eyes "חֲגִיגָה לָעֵינַיִם"
a sore point (or **subject**) נְקֻדָּה כְּאוּבָה, עִנְיָן/נוֹשֵׂא כָּאוּב
□ *the modern building stuck out like a sore thumb in the historical city* הַבִּנְיָן הַמּוֹדֶרְנִי בָּלַט בְּכִעוּרוֹ בֵּין בָּתֵּי הָעִיר הַהִיסְטוֹרִית
□ *stop acting like a bear with a sore head* (*colloq.*) תַּפְסִיק לְהִתְנַהֵג כְּדֹב שַׁכּוּל (בְּעַצְבָּנוּת וּבְכַעַס)
2 (offended, *US colloq.*) נֶעֱלָב, כּוֹעֵס
□ *she felt sore about not being invited to the party* הִיא נֶעֶלְבָה שֶׁלֹּא הִזְמִינוּ אוֹתָהּ לַמְּסִבָּה
3 (dire, serious, *formal*) חָמוּר; מְשַׁוֵּעַ
□ *they are in sore need of help* הֵם זְקוּקִים לְעֶזְרָה בְּאֹפֶן מְשַׁוֵּעַ
a sore temptation פִּתּוּי קָשֶׁה בְּיוֹתֵר
—n. פֶּצַע (דַּלַּקְתִּי)
□ *her hands are covered in sores* הַיָּדַיִם שֶׁלָּהּ מְכֻסּוֹת פְּצָעִים דַּלַּקְתִּיִּים
□ *corruption was a running sore in the government* הַשְּׁחִיתוּת הָיְתָה נֶגַע שֶׁל קֶבַע בַּמֶּמְשָׁלָה

sorely /ˈsɔːlɪ/ adv. (*formal*) בְּאֹפֶן אָנוּשׁ
□ *he was sorely tempted to miss the lecture* הוּא הִתְפַּתָּה מְאֹד שֶׁלֹּא לָלֶכֶת לְהַרְצָאָה
□ *help is sorely needed in underpriviledged parts of the city* דְּרוּשָׁה עֶזְרָה בִּדְחִיפוּת בָּאֲזוֹרִים טְעוּנֵי-טִפּוּחַ בְּרַחֲבֵי הָעִיר

sorghum /ˈsɔːgəm/ n. (*Bot.*) דּוּרָה, סוֹרְגּוּם

sorority /səˈrɒrɪtɪ/ n. (*US*) מוֹעֲדוֹן סְטוּדֶנְטִיּוֹת, אֲחָוַת סְטוּדֶנְטִיּוֹת (בְּאוּנִיבֶרְסִיטָה, לָרֹב אִרְגּוּן סָגוּר)

sorrel /ˈsɒrəl/ n. חַמְצִיץ (מֵעֵין עֵשֶׂב בַּעַל עָלִים חֲמַצְמַצִּים)

sorrow /ˈsɒrəʊ/ n.
1 (mental distress) יָגוֹן, יִסּוּרִים
□ *she felt great sorrow at her aunt's death* הִיא חָשָׁה יָגוֹן רַב עַל מוֹת הַדּוֹדָה שֶׁלָּהּ
2 (a cause of sorrow) מְקוֹר-יָגוֹן, מְקוֹר לְיִסּוּרִים, יָגוֹן
drown one's sorrows (*euphem.*) הִטְבִּיעַ אֶת יִסּוּרָיו (בִּשְׁתִיַּת אַלְכּוֹהוֹל וְכַד׳)
□ *he has many sorrows in his life* חַיָּיו מְלֵאִים יִסּוּרִים, יֵשׁ לוֹ צָרוֹת רַבּוֹת בַּחַיִּים
—v.i. (*formal*) הִתְעַצֵּב עַל, הִצְטַעֵר עַל
sorrow at הִתְיַסֵּר עַל (דָּבָר מְסֻיָּם)
sorrow for חָשׁ צַעַר עַל (הַסֵּבֶל שֶׁל פְּלוֹנִי, דָּבָר מְסֻיָּם וְכַד׳)
sorrowing over חָשׁ צַעַר עַל (כַּנַּ"ל)

sorrowful /ˈsɒrəʊfəl/ adj. (אָדָם) מָלֵא צַעַר, עָצוּב, עָגוּם; (נוֹשֵׂא) מַעֲצִיב

sorry /ˈsɒrɪ/ adj.
1 (regretful, repentant) מִצְטַעֵר, מִתְחָרֵט
□ *I am sorry that you have to go* אֲנִי מִצְטַעֵר שֶׁעָלֶיךָ לָלֶכֶת
□ *he was feeling sorry for himself* הוּא רִחֵם עַל עַצְמוֹ
□ *you will be sorry for this one day* אַתָּה עוֹד תִּצְטַעֵר עַל כָּךְ בְּאַחַד הַיָּמִים
2 (expression of apology)
(I'm) sorry! אֲנִי מִצְטַעֵר! סְלִיחָה!
3 (wretched, sad) עָלוּב, מִסְכֵּן, אֻמְלָל
a sorry sight חִזָּיוֹן אֻמְלָל
□ *this is a sorry state of affairs* זֶהוּ מַצָּב בִּישׁ, זֶה מַצָּב רַע מְאֹד

sort /sɔːt/ n.
1 (group of similar things) סוּג, מִין
nothing of the sort בְּשׁוּם פָּנִים וָאֹפֶן לֹא! לֹא בָּא בְּחֶשְׁבּוֹן!
□ *she was feeling out of sorts* הִיא לֹא הִרְגִּישָׁה טוֹב, הִיא לֹא הָיְתָה בְּקַו הַבְּרִיאוּת

2 (roughly of a certain type) מִין, סוּג, פָּחוֹת אוֹ יוֹתֵר
□ *he is an artist of sorts* הוּא אָמָן פָּחוֹת אוֹ יוֹתֵר, אֶפְשָׁר לְהַגִּיד שֶׁהוּא מִין אָמָן
□ *she wore a sort of velvet dress* הִיא לָבְשָׁה מִין שִׂמְלַת קְטִיפָה
3 (person of a particular kind, *colloq.*) "טִיפּוּס", "בָּחוּר"
□ *he is a good sort* הוּא בָּחוּר טוֹב
—v.t. מִיֵּן, סִוֵּג
sort out
(separate into sorts) מִיֵּן, סִוֵּג
(select from a group) מִיֵּן וְהוֹצִיא
(disentangle or put into order) סִדֵּר, עָשָׂה סֵדֶר בְּ...
(resolve) בֵּרֵר, סִדֵּר
(attack, *colloq.*) "הֶרְאָה" לְ..., "טִפֵּל" בְּ...
sort over סִדֵּר, הִסְדִּיר
□ *I'm just going to sort the mail* אֲנִי רַק הוֹלֵךְ לְמַיֵּן אֶת הַדֹּאַר

sortie /ˈsɔːtiː/ n. גִּיחָה (שֶׁל מְטוֹסֵי־קְרָב וְכַד׳); סִיּוּר קָצָר (לְמָקוֹם לֹא מֻכָּר)

SOS /ˌes-əʊ-ˈes/ n. "אֶס־אוֹ־אֶס" (קְרִיאַת עֶזְרָה בְּאַלְחוּט, וְגַם בְּהַשְׁאָלָה)

so-so /səʊ-ˈsəʊ/ adj. & adv. (*colloq.*) "כָּכָה־כָּכָה", "לֹא הָכִי", בֵּינוֹנִי

sot /sɒt/ n. (*arch.*) שַׁתְיָן

sotto voce /ˌsɒtəʊ ˈvəʊtʃeɪ/ adv. (*formal*) בַּחֲצִי קוֹל, מִפֶּה לְאֹזֶן, בְּלַחַשׁ

sou /suː/ n. (*colloq.*) "אֲגוֹרָה"
□ *I haven't a sou* אֵין לִי "מִיל", אֵין לִי "פְּרוּטָה"

soubriquet /ˈsuːbrɪkeɪ/ see **SOBRIQUET**

soufflé /ˈsuːfleɪ/ n. "סוּפְלֶה" (מַאֲפֶה עָשׂוּי חֶלְבּוֹן בֵּיצָה מְקֻצָּף וַחֲמָרִים אֲחֵרִים)

sough /sʌf/ v.i. (*poet.*) רִשְׁרֵשׁ; הָמָה (רוּחַ בֵּין הֶעָלִים וְכַד׳)

sought /sɔːt/ past & past ppl. of **seek**

souk /suːk/ n. שׁוּק מִזְרָחִי (מְקֹרֶה וּמֵכִיל דּוּכָנִים רַבִּים)

soul /ˈsəʊl/ n.
1 (spiritual or moral element) נְשָׁמָה, נֶפֶשׁ, רוּחַ
□ *she cannot call her soul her own* (*fig.*) הִיא נִשְׁלֶטֶת לַחֲלוּטִין ע״י זוּלָתָהּ, הִיא מְשֻׁעְבֶּדֶת לַאֲחֵרִים
□ *he loved her with heart and soul* (*poet.*) הוּא אָהַב אוֹתָהּ בְּלֵב וָנֶפֶשׁ
2 (embodiment of essential part) "לֵב" שֶׁל, הִתְגַּלְּמוּת שֶׁל
the soul of honour הִתְגַּלְּמוּת הַכָּבוֹד
□ *she was the life and soul of the party* הִיא הָיְתָה הָרוּחַ הַחַיָּה בַּמְּסִבָּה
3 (person) נֶפֶשׁ, בֶּן־אָדָם
□ *there was not a soul about* לֹא הָיְתָה נֶפֶשׁ חַיָּה מִסָּבִיב
□ *the poor soul was utterly confused* הַיְצוּר הָאֻמְלָל הָיָה מְבֻלְבָּל לַחֲלוּטִין (נֶאֱמַר עַל אָדָם)
4 (departed spirit) נְשָׁמָה, רוּחַ (שֶׁל נִפְטָר)
All Souls' Day "יוֹם כָּל הַנְּשָׁמוֹת" (יוֹם הַ־2 בְּנוֹבֶמְבֶּר, יוֹם זִכָּרוֹן וּתְפִלָּה לְנִשְׁמוֹת הַמֵּתִים)
—adj. (*US*)
soul brother "אָח" (כִּנּוּי יְדִידוּתִי שֶׁל אָדָם שָׁחוֹר לְאָדָם שָׁחוֹר אַחֵר)
soul food "מְזוֹן נְשָׁמָה" (מַאֲכָלִים אֶתְנִיִּים שֶׁמְּקוֹרָם בְּתַרְבּוּת הַשְּׁחוֹרִים)
soul music "מוּזִיקַת נְשָׁמָה" (מוּזִיקָה שֶׁל שְׁחוֹרִים)

soul-destroying /ˈsəʊl-dɪstrɔɪɪŋ/ adj. מְשַׁעֲמֵם/מְדַכֵּא עַד מָוֶת

soulful /ˈsəʊlf(ə)l/ adj. חָדוּר/מָלֵא רְגָשׁוֹת, מְפֻעָם; מְעוֹרֵר רְגָשׁוֹת, מְרַגֵּשׁ

soulless /ˈsəʊllɪs/ adj. (*derog.*) חֲסַר־נְשָׁמָה, חֲסַר רֶגֶשׁ, בְּלִי הַשְׁרָאָה

soul-searching /ˈsəʊl-sɜːtʃɪŋ/ n. חֶשְׁבּוֹן־נֶפֶשׁ
□ *after much soul-searching he decided to stay* אַחֲרֵי חֶשְׁבּוֹן־נֶפֶשׁ אָרֹךְ הוּא הֶחְלִיט לְהִשָּׁאֵר

sound[1] /saʊnd/ n.
1 (sensation in the ear when air, etc. vibrates) קוֹל, צְלִיל
2 (vibrations causing this) קוֹל, צְלִיל
sound barrier מַחְסוֹם הַקּוֹל (מַחְסוֹם מְהִירוּת הַקּוֹל, בִּטִיסָה וְכַד׳)
□ *at what speed does sound travel?* בְּאֵיזוֹ מְהִירוּת נָע הַקּוֹל?
3 (recorded sounds in film, radio, television, etc.) קוֹל, צְלִיל
sound effects אֶפֶקְטִים קוֹלִיִּים, "אֶפֶקְטִים", פַּעֲלוּלֵי קוֹל
□ *the quality of the sound in that movie was very good* אֵיכוּת הַפַּסְקוֹל בַּסֶּרֶט הַזֶּה הָיְתָה מְצֻיֶּנֶת
4 (idea or impression) "צְלִיל"
□ *I don't like the sound of the diagnosis* הַצְּלִיל שֶׁל הַדִּיאַגְנוֹזָה הַזֹּאת לֹא מוֹצֵא חֵן בְּעֵינַי, הַדִּיאַגְנוֹזָה הַזֹּאת לֹא מוֹצֵאת חֵן בְּעֵינַי
—v.t.
1 (cause to sound) הִשְׁמִיעַ קוֹל בְּ...
sound a bugle תָּקַע בַּחֲצוֹצְרָה
2 (put into words) בִּטֵּא, הָגָה
□ *you don't sound the "b" in "dumb"* לֹא מְבַטְּאִים אֶת הַ־b בַּמִּלָּה dumb
3 (signal) הִשְׁמִיעַ
□ *the sentry sounded the alarm* הַזָּקִיף הִשְׁמִיעַ אֶת הָאַזְעָקָה
—v.i.
1 (make a sound) הִשְׁמִיעַ קוֹל
the bugle sounded הַחֲצוֹצְרָה הִשְׁמִיעָה קוֹל, הַחֲצוֹצְרָה נָתְנָה אֶת קוֹלָהּ בִּתְרוּעָה
2 (convey an impression) נִשְׁמַע

□ *you sound worried* אַתָּה נִשְׁמָע מֻדְאָג

sound[2] /saʊnd/ adj.

1 (healthy) בָּרִיא

sound mind נֶפֶשׁ בְּרִיאָה, שְׁפִיּוּת

sound teeth שִׁנַּיִם בְּרִיאוֹת

2 (correct, reliable) מְבֻסָּס, שָׁקוּל

sound judgement שִׁפּוּט שָׁקוּל וְנָכוֹן

3 (undisturbed) שָׁלֵו

□ *he is a sound sleeper* הוּא יָשֵׁן עָמֹק (דְּבָרִים אֵינָם מַפְרִיעִים לוֹ כְּשֶׁהוּא יָשֵׁן)

4 (severe) חָמוּר

a sound blow מַהֲלוּמָה חֲמוּרָה

—adv. (יָשֵׁן) בְּשַׁלְוָה

sound asleep יָשֵׁן שְׁנַת יְשָׁרִים

sound[3] /saʊnd/ v.t.

1 (measure depth of) בָּדַק/מָדַד (אֶת הָעֹמֶק שֶׁל מַיִם)

2 (inquire) בָּדַק, ״מִשֵּׁשׁ אֶת הַדֹּפֶק״ שֶׁל

□ *I'll sound him out on the new policy* אֲנִי אֶבְדֹּק מָה עֶמְדָּתוֹ בְּקֶשֶׁר לַמְּדִינִיּוּת הַחֲדָשָׁה

3 (explore or examine) בָּדַק בִּשְׁמִיעָה

□ *the doctor sounded the patient's chest* הָרוֹפֵא בָּדַק אֶת בֵּית־הֶחָזֶה שֶׁל הַחוֹלֶה (בְּסְטֵטוֹסְקוֹפּ)

sound[4] /saʊnd/ n. מִפְרָץ, תְּעָלַת־מַיִם טִבְעִית (הַמְּקַשֶּׁרֶת בֵּין יָם אֶחָד לְיָם שֵׁנִי וְכַד׳)

sounding /ˈsaʊndɪŋ/ n. בְּדִיקַת־עֹמֶק; גִּשּׁוּשִׁים

sounding-board /ˈsaʊndɪŋ-bɔːd/ n. (*fig.*) אָדָם שֶׁמְּשׂוֹחֲחִים אִתּוֹ כְּדֵי לִבְדֹּק רַעְיוֹנוֹת

soundly /ˈsaʊndlɪ/ adv. בִּיסוֹדִיּוּת, לְגַמְרֵי, לַחֲלוּטִין

□ *he was soundly beaten* הוּא הוּבַס כָּלִיל, הֻכָּה מַכָּה נִצַּחַת

soundness /ˈsaʊndnɪs/ n. תַּקִּינוּת, שְׁלֵמוּת, תְּקֵפוּת; עֲמִקוּת

soundness of judgement תְּקֵפוּת הַשִּׁפּוּט, כֹּשֶׁר־שִׁפּוּט

sound-proof /ˈsaʊnd-pruːf/ adj. & v.t. אָטוּם לְקוֹל, מְבוֹדָד מֵרְעָשִׁים; אָטַם (חֶדֶר וְכַד׳) לִרְעָשִׁים

sound-track /ˈsaʊnd-træk/ n. פַּסְקוֹל (בְּסֶרֶט קוֹלְנוֹעַ)

sound-wave /ˈsaʊnd-weɪv/ n. גַּל־קוֹל

soup /suːp/ n. מָרָק

□ *fish soup is a speciality in this region of France* מְרַק דָּגִים זוֹ הַמָּנָה הַמְּיֻחֶדֶת בְּאֵזוֹר זֶה שֶׁל צָרְפַת

□ *they are in the soup again* (*colloq.*) הֵם שׁוּב בַּבֹּץ (בְּצָרוֹת), הֵם שׁוּב הִסְתַּבְּכוּ

—v.t.

soup up (*colloq.*) שִׁפֵּר, הוֹסִיף שִׁפּוּרִים לְ...

□ *she drives a souped-up mini* הִיא נוֹסַעַת בְּמִינִי שֶׁעָבְרָה ״שִׁפּוּצִים״ (וְהַמָּנוֹעַ שֶׁלָּהּ הֻגְדַּל וְכַד׳)

□ *the film is a souped-up version of a 1950s original* הַסֶּרֶט הוּא גִּרְסָה ״מְשֻׁפֶּצֶת״ שֶׁל הַמָּקוֹר מִשְּׁנוֹת הַ־50

soupçon /ˈsuːpsɒn/ n. (*formal* or *joc.*) שֶׁמֶץ, קֻרְטוֹב

soup-kitchen /ˈsuːp-kɪtʃɪn/ n. בֵּית־תַּמְחוּי לַעֲנִיִּים; מֶרְכַּז חֲלֻקַּת־מָזוֹן לְנִפְגְּעֵי אָסוֹן־טֶבַע וְכַד׳

sour /ˈsaʊə(r)/ adj.

1 (having sharp taste) חָמוּץ

sour grapes (*fig.*) ״עֲנָבִים בְּאוּשִׁים״ (דָּבָר שֶׁמְּזַלְזְלִים בּוֹ רַק מִשּׁוּם שֶׁלֹּא יְכוֹלִים לְהַשִּׂיגוֹ)

sour milk חָלָב חָמוּץ

2 (bad-tempered) ״חָמוּץ״

—v.t & i. עָשָׂה (מָזוֹן) לְחָמוּץ; פָּגַם בְּ... (מַעֲרֶכֶת יְחָסִים, יְדִידוּת, אֹשֶׁר); הֶחְמִיץ; נִפְגַּם, הִתְקַלְקֵל

go (or **turn**) **sour** (*colloq.*) (יְדִידוּת, אֹשֶׁר) הִתְקַלְקֵל, נִפְגַּם

□ *the old man has been soured by poverty* הָעֹנִי עָשָׂה אֶת הָאִישׁ הַזָּקֵן לְמַר נֶפֶשׁ

sour cream /ˌsaʊə ˈkriːm/ n. שַׁמֶּנֶת, שַׁמֶּנֶת חֲמוּצָה

source /sɔːs/ n.

1 (origin) מָקוֹר

source of infection מְקוֹר זִהוּם

source of information מְקוֹר מֵידָע

2 (spring) מַעְיָן

□ *the sources of the Nile* מְקוֹרוֹת הַנִּילוּס

souse /saʊs/ v.t. כָּבַשׁ (מָזוֹן), הִשְׁרָה (מָזוֹן) בְּרֹטֶב

soused herrings דָּגִים כְּבוּשִׁים

□ *he's soused every afternoon* (*colloq.*) הוּא רָגִיל לְהִשְׁתַּכֵּר יוֹם יוֹם אַחַר־הַצָּהֳרַיִם, הוּא מְסֻטָּל כָּל יוֹם אַחַר־הַצָּהֳרַיִם

south /saʊθ/ n., adj., & adv. דָּרוֹם; דְּרוֹמִי; דָּרוֹמָה

the Deep South (*US*) מְדִינוֹת הַדָּרוֹם בְּאַרְהַ״ב (ג׳וֹרְג׳יָה, אֲלַבָּמָה, מִיסִיסִיפִּי, לוּאִיזִיאָנָה)

□ *the garden faces south* הַגַּן פּוֹנֶה לַדָּרוֹם

southbound /ˈsaʊθbaʊnd/ adj. לְכִוּוּן דָּרוֹם (רַכֶּבֶת וְכַד׳)

southeast /saʊθˈiːst/ n., adj. & adv. דְּרוֹם־מִזְרָח; דְּרוֹמִי־מִזְרָחִי; לִדְרוֹם־מִזְרָח

southeastern /ˌsaʊθˈiːstən/ adj. דְּרוֹמִי־מִזְרָחִי

southerly /ˈsʌðəlɪ/ adj.

1 (blowing from the south) דְּרוֹמִי, מִדָּרוֹם

a southerly wind רוּחַ דְּרוֹמִית (הַבָּאָה מִדָּרוֹם)

2 (in southern direction) לְדָרוֹם, דְּרוֹמִי

□ *the boat headed in a southerly direction* הַסְּפִינָה פָּנְתָה לְכִוּוּן דָּרוֹם

southern /ˈsʌðən/ adj. דְּרוֹמִי

southerner /ˈsʌðənə(r)/ n. דְּרוֹמִי, בֶּן־הַדָּרוֹם, תּוֹשַׁב הַדָּרוֹם (בְּכָל מְדִינָה שֶׁהִיא)

southernmost /ˈsʌðənməʊst/ adj. הַדְּרוֹמִי בְּיוֹתֵר

southward /ˈsaʊθwəd(z)/ adv. (also **southwards**) כְּלַפֵּי דָּרוֹם, בְּכִוּוּן דָּרוֹם, דָּרוֹמָה

southwest /saʊθˈwest/ n., adj,. & adv. דְּרוֹם־מַעֲרָב; דְּרוֹם־מַעֲרָבִי; לִדְרוֹם־מַעֲרָב, דְּרוֹם־מַעֲרָבָה

southwestern /saʊθˈwestən/ adj. דְּרוֹמִי־מַעֲרָבִי

souvenir /ˌsuːvəˈnɪə(r)/ n. מַזְכֶּרֶת (חֵפֶץ הַמַּזְכִּיר דְּבַר־מָה וְכַד׳)

sou'-wester /ˌsaʊ-ˈwestə(r)/ n.
1 (hat) כּוֹבַע־דַּיָּגִים (בַּעַל שׁוּלַיִם וְעֹרֶף רְחָבִים וַעֲמִידִים בִּפְנֵי מַיִם)
2 (wind) רוּחַ דְּרוֹמִית־מַעֲרָבִית, סְעָרָה דְּרוֹמִית־מַעֲרָבִית

sovereign /ˈsɒvrɪn/ n.
1 (ruler, *formal*) רִבּוֹן, שַׁלִּיט עַצְמָאִי, מֶלֶךְ, מַלְכָּה
2 (coin, *UK Hist.*) מַטְבֵּעַ זָהָב בְּרִיטִי יָשָׁן בְּעֵרֶךְ שֶׁל 1 לִישׁ״ט
—adj. רִבּוֹנִי
sovereign remedy (*arch.*) תְּרוּפָה יְעִילָה
sovereign State מְדִינָה רִבּוֹנִית

sovereignty /ˈsɒvrəntɪ/ n. רִבּוֹנוּת, סוּבֶּרֶנִיּוּת

soviet /ˈsəʊvɪət, ˈsɒvɪət/ n. & adj. סוֹבְיֶט (מוֹעֶצֶת פּוֹעֲלִים וְאִכָּרִים בְּבָרִה״מ); סוֹבְיֶטִי
the Soviet Union (*Hist.*) בְּרִית־הַמּוֹעָצוֹת, רוּסְיָה הַסּוֹבְיֶטִית

sow[1] /səʊ/ (past **sowed** /səʊd/, past ppl. **sown** /səʊn/) v.t. זָרַע (זְרָעִים, שֶׁטַח אֲדָמָה וְכַד׳); (בְּהַשְׁאָלָה) זָרַע זַרְעִים שֶׁל (שִׂנְאָה וְכַד׳)
□ *he sowed the seeds of discord in the family* (*fig.*) הוּא זָרַע אֶת זַרְעֵי הַפֵּרוּד בַּמִּשְׁפָּחָה

sow[2] /saʊ/ n. חֲזִירָה

sown /səʊn/ past ppl. of **sow**[1]

soy /sɔɪ(ə)/ n. (also **soya**) סוֹיָה
soya bean פּוֹל סוֹיָה
soy sauce רֹטֶב סוֹיָה

sozzled /ˈsɒz(ə)ld/ adj. (*UK colloq.*) מְסֻטָּל לְגַמְרֵי (בְּשֶׁל שְׁתִיַּת אַלְכּוֹהוֹל)

spa /spɑː/ n. מַעְיַן־מַרְפֵּא, מַעְיָן מִינֶרָלִי; אֲתַר/עִיר מַעְיְנוֹת מַרְפֵּא

space /speɪs/ n.
1 (area) מֶרְחָב, שֶׁטַח; חָלָל (שֶׁל חֶדֶר וְכַד׳)
open spaces שֶׁטַח פָּתוּחַ (מִחוּץ לָעִיר)
□ *his books take up a lot of space* הַסְּפָרִים שֶׁלּוֹ תּוֹפְסִים הַרְבֵּה מָקוֹם
2 (interval, gap) רֶוַח, מִרְוָח, פַּעַר
□ *he covered a lot of ground in the space of an hour* הוּא עָבַר מֶרְחָק גָּדוֹל בְּתוֹךְ שָׁעָה; הוּא כִּסָּה תְּחוּם רָחָב בְּתוֹךְ שָׁעָה
3 (limitless expanse beyond the earth) הֶחָלָל (הַחִיצוֹן)
the space age עִדַּן הֶחָלָל
space travel טִיסָה בֶּחָלָל
outer space הֶחָלָל הַחִיצוֹן
—v.t.
1 (arrange at intervals) עָרַךְ בִּרְוָחִים, רִוַּח
space out עָרַךְ בִּרְוָחִים
2 (put spaces between typing, etc.) רִוַּח, הִכְנִיס רְוָחִים בֵּין/בְּ...

space-bar /ˈspeɪs-bɑː(r)/ n. מַקַּשׁ הָרְוָחִים (בִּמְכוֹנַת־כְּתִיבָה וְכַד׳)

spaced out /speɪsd ˈaʊt/ adj. (*colloq.*) מְסֻטָּל (בְּשֶׁל סַמִּים וְכַד׳)

spaceman /ˈspeɪsmæn/ n. (*colloq.*) אִישׁ־חָלָל (בְּסִפּוּרֵי מַדָּע בִּדְיוֹנִי)

Space Invaders /ˈspeɪs ɪnˌveɪdəz/ n. (*Prop.*) ״פּוֹלְשִׁים מִן הֶחָלָל״ (מִשְׂחַק־מַחְשֵׁב נָפוֹץ)

space-saving /ˈspeɪs-seɪvɪŋ/ adj. חוֹסֵךְ מָקוֹם (אוֹ נֶפַח)

spaceship /ˈspeɪsʃɪp/ n. חֲלָלִית, סְפִינַת־חָלָל

space shuttle /ˈspeɪs ʃʌt(ə)l/ n. מַעְבֹּרֶת־חָלָל

space station /ˈspeɪs ˌsteɪʃ(ə)n/ n. תַּחֲנַת־חָלָל

spacesuit /ˈspeɪssuːt/ n. חֲלִיפַת־חָלָל

space-time /speɪs-ˈtaɪm/ n. מֶרְחָב־זְמַן (מֶרְחָב תְּלַת־מְמַדִּי בְּתוֹסֶפֶת מֵמַד הַזְּמַן וּבְיַחַס לַכְּבִידָה, בְּתוֹרַת הַיַּחֲסוּת)

spacing /ˈspeɪsɪŋ/ n. רֶוַח בֵּין הַשּׁוּרוֹת (בְּהַדְפָּסָה)

spacious /ˈspeɪʃəs/ adj. מְרֻוָּח, נִרְחָב

spade[1] /speɪd/ n. אֵת (לַחֲפִירָה)
□ *he's not afraid to call a spade a spade* (*colloq.*) הוּא לֹא פּוֹחֵד לִקְרֹא לַיֶּלֶד בִּשְׁמוֹ

spade[2] /speɪd/ n.
1 (suit of cards) ״פִּיק״
2 (a Black, *racially derog.*) ״כּוּשׁוֹן״

spadework /ˈspeɪdwɜːk/ n. (*fig.*) עֲבוֹדַת־הֲכָנָה מְשַׁעֲמֶמֶת וּמְפָרֶכֶת

spaghetti /spəˈgetɪ/ n. סְפָּגֶטִי
spaghetti western (סֶרֶט) ״מַעֲרָבוֹן סְפָּגֶטִי״ (אַלִּים, רָדוּד וְלָרֹב מַעֲשֵׂה־יְדֵי בַּמַּאי אִיטַלְקִי)

Spam /spæm/ n. (*UK Prop.*) בְּשַׂר־חֲזִיר קָצוּץ וּמְשֻׁמָּר (מֵעֵין ״לוּף״ חֲזִיר)

span /spæn/ n.
1 (full extent from end to end, distance) רֹחַב, מִרְוָח
wing span מֻטַּת־כְּנָפַיִם
2 (space of time) מִרְוַח זְמַן, פֶּרֶק זְמַן, מֶשֶׁךְ זְמַן
a brief span פֶּרֶק זְמַן קָצָר
3 (arch of bridge) מִפְתָּח
4 (distance measured usu. by thumb and little finger) ״שִׁיבֵּר״, טֶפַח
—v.t.
1 (extend across) הָיָה מָתוּחַ עַל פְּנֵי
□ *the bridge spanned the river* הַגֶּשֶׁר הָיָה מָתוּחַ לְרֹחַב הַנָּהָר
2 (extend across a period of time, an area or a subject) הִשְׂתָּרֵעַ עַל פְּנֵי (תְּקוּפָה, שֶׁטַח אוֹ נוֹשֵׂא)
3 (measure or cover with one's hand stretched) מָדַד בְּ״שִׁיבְּרִים״

spangle /ˈspæŋg(ə)l/ n. ״נַצְנָץ״, ״פַּיֶט״ (דִּיסְקִית נוֹצֶצֶת זְעִירָה לְקִשּׁוּט בֶּגֶד)

—v.t. קִשֵּׁט בְּ"נַצְנַצִּים"

the Star-Spangled Banner דֶּגֶל אַרְהַ"בּ

Spaniard /ˈspænjəd/ n. אָדָם סְפָרַדִּי

spaniel /ˈspænjəl/ n. כֶּלֶב סְפַּנְיֶל

Spanish /ˈspænɪʃ/ adj. & n. סְפָרַדִּי; הַלָּשׁוֹן הַסְּפָרַדִּית

spank /spæŋk/ v.t. הִכָּה (יֶלֶד) בַּתַּחַת, נָתַן לְ... מַכּוֹת עַל הַטּוּסִיק

—n. מַכָּה בַּתַּחַת, מַכָּה בַּטּוּסִיק

spanking /ˈspæŋkɪŋ/ n. מַכּוֹת בַּתַּחַת, מַכּוֹת עַל הַטּוּסִיק

—adj. מָהִיר

□ *they went along at a spanking pace* הֵם הִתְקַדְּמוּ בַּהֲלִיכָה מְהִירָה בְּיוֹתֵר

—adv. (*colloq.*)

spanking clean "מְצַחְצָח"

spanner /ˈspænə(r)/ n. מַפְתֵּחַ בְּרָגִים (בַּעַל רֹאשׁ מְשֻׁשֶּׁה)

adjustable spanner מַפְתֵּחַ שְׁוֶדִי

□ *his illness threw a spanner in the works* (*colloq.*) מַחֲלָתוֹ שִׁבְּשָׁה אֶת הָעֲבוֹדָה

spar[1] /spɑː(r)/ v.i. הִתְאַגְרֵף (בְּאִמּוּן), עָשָׂה תְּנוּעוֹת אִגְרוּף קַלּוֹת; (בְּהַשְׁאָלָה) הִתְוַכֵּחַ (בְּאֹפֶן יְדִידוּתִי)

sparring partner יָרִיב לְאִמּוּנִים בְּאִגְרוּף; (בְּהַשְׁאָלָה) שֻׁתָּף לְוִכּוּחַ (יְדִידוּתִי)

□ *the friends were always sparring with each other* הַיְּדִידִים נָהֲגוּ לְהִתְוַכֵּחַ זֶה עִם זֶה

—n.

1 (argument or dispute) וִכּוּחַ

2 (sparring motion) תְּנוּעַת אִגְרוּף

spar[2] /spɑː(r)/ n. קוֹרָה, מוֹט (בְּמַעֲרֶכֶת מִפְרָשִׂים וְכַד' בִּכְנַף מָטוֹס וְכַד')

spare /speə(r)/ adj.

1 (not required; extra) רֶזֶרְבִי, מְיֻתָּר, לְהַחְלָפָה, "סְפֵּר"

spare part (also **spare**) חֶלְקֵי-חִלּוּף, חֲלָפִים

spare room חֲדַר-שֵׁנָה לְאוֹרֵחַ

spare time פְּנַאי, זְמַן פָּנוּי

spare tyre (also **spare**) גַּלְגַּל רֶזֶרְבִי, צְמִיג רֶזֶרְבִי

go spare (*colloq.*) "הִשְׁתַּגֵּעַ" (מֵרֹב דְּאָגָה, מֵרֹב כַּעַס)

□ *have you any spare cash?* יֵשׁ לְךָ קְצָת כֶּסֶף (לָתֵת לִי)?

2 (scanty, thin) מְעַט, זָעוּם; רָזֶה, כָּחוּשׁ

spare diet תְּזוּנָה זְעוּמָה, מָזוֹן דַּל

—n. "סְפֵּר", רֶזֶרְבָה, גַּלְגַּל רֶזֶרְבִי

—v.t.

1 (dispense with) וִתֵּר עַל, חָסַךְ

spare me the details עֲשֵׂה לִי טוֹבָה וְאַל תִּכָּנֵס לִפְרָטִים, תַּחְסֹךְ מִמֶּנִּי אֶת הַפְּרָטִים

□ *we cannot spare her at the moment* אֲנַחְנוּ לֹא יְכוֹלִים לְוַתֵּר עָלֶיהָ בְּרֶגַע זֶה

□ *can you spare me a few minutes?* הַאִם תּוּכַל לְהַקְדִּישׁ לִי כַּמָּה דַּקּוֹת?

2 (show clemency to, refrain from hurting) חָס עַל

□ *she tried to spare his feelings* הִיא נִסְּתָה לָחוּס עַל רִגְשׁוֹתָיו

□ *the general spared the prisoner's life* הַגֶּנֶרָל חָס עַל חַיֵּי הָאָסִיר (הֶעֱנִיק לוֹ חֲנִינָה)

3 (be frugal or grudging of) חָסַךְ בְּ...

□ *spare the rod and spoil the child* (*Prov.*) חוֹשֵׂךְ שִׁבְטוֹ שׂוֹנֵא בְּנוֹ

□ *she spared no pains to ensure the success of the project* הִיא לֹא חָסְכָה מַאֲמַצִּים לְהַבְטִיחַ אֶת הַצְלָחַת הַפְּרוֹיֶקְט

spare-rib /speə-ˈrɪb/ n. "סְפֵּר-רִיבּ" (צֶלַע חֲזִיר צְלוּיָה)

sparing /ˈspeərɪŋ/ adj. מְקַמֵּץ, קַמְצָנִי, חַסְכָנִי

□ *please be sparing with the butter!* בְּבַקָּשָׁה אַל תִּקַּח הַרְבֵּה חֶמְאָה!

□ *we were told to be sparing of our energy* אָמְרוּ לָנוּ לִשְׁמֹר עַל הַכֹּחוֹת שֶׁלָּנוּ

spark /spɑːk/ n.

1 (small bit of burning material) נִיצוֹץ

2 (*Electr.*) נִיצוֹץ

3 (small trace of quality, feature, etc.) "נִיצוֹץ", "זִיק"

□ *she didn't show a spark of interest for the plan* הִיא לֹא הֶרְאֲתָה אֲפִלּוּ זִיק שֶׁל הִתְעַנְיְנוּת בַּתָּכְנִית

—v.i. הֵפִיק נִיצוֹצוֹת, הִתִּיז נִיצוֹצוֹת, פָּלַט נִיצוֹצוֹת

—v.t. (בְּהַשְׁאָלָה בִּלְבַד) הֵצִית, גָּרַם לְהִתְלַקְּחוּת שֶׁל; עוֹרֵר

□ *the police action sparked off riots* פְּעֻלַּת הַמִּשְׁטָרָה גָּרְמָה לִמְהוּמוֹת

sparkle /ˈspɑːk(ə)l/ v.i. נִצְנֵץ, הִתְנוֹצֵץ

—n. נִצְנוּץ, הִתְנוֹצְצוּת

sparkler /ˈspɑːklə(r)/ n. זִקּוּק (קָטָן וּמִתְנַצְנֵץ, בְּצוּרַת מַקְלוֹן שֶׁמַּחֲזִיקִים בַּיָּד אוֹ שָׂמִים עַל עוּגָה)

sparkling /ˈspɑːklɪŋ/ adj. נוֹצֵץ, מִתְנוֹצֵץ, זוֹהֵר; (יַיִן) תּוֹסֵס

sparkling eyes עֵינַיִם נוֹצְצוֹת

sparkling wine יַיִן תּוֹסֵס (לְמָשָׁל שַׁמְפַּנְיָה)

spark plug /ˈspɑːk plʌg/ n. מַצָּת, "פְּלַג" (בְּמָנוֹעַ)

sparrow /ˈspærəʊ/ n. דְּרוֹר (צִפּוֹר קְטַנָּה)

sparse /spɑːs/ adj. דָּלִיל, קָלוּשׁ; לֹא צָפוּף

spartan /ˈspɑːt(ə)n/ adj. סְפַּרְטָנִי (חָמוּר וְחָסֵר מוֹתָרוֹת)

spasm /ˈspæzəm/ n. עֲוִית; הֶתְקֵף, הִתְפָּרְצוּת (שֶׁל שִׁעוּל, שֶׁל צְחוֹק וְכַד')

spasmodic /spæzˈmɒdɪk/ adj. הַבָּא בְּהֶתְקֵפִים (לָרֹב בְּהַשְׁאָלָה)

□ *she made spasmodic attempts to complete the book* הִיא עָשְׂתָה נִסְיוֹנוֹת בְּאַקְרַאי לְהַשְׁלִים אֶת הַסֵּפֶר

spastic /ˈspæstɪk/ adj.

1 (*Med.*) (אָדָם) חוֹלֶה שִׁתּוּק עֲוִיתִי

2 (weak, feeble, *derog.*) "נָכֶה", "אַהֲבַל"

—n. (*Med.*) חוֹלֵה עֲוִית

spat[1] /spæt/ past & past ppl. of **spit**

spat[2] /spæt/ n. (*Hist.*) גַּמְשָׁה, קַרְסֻלִּית (כִּסּוּי בַּד לַקַּרְסֹל וְלַחֵלֶק הָעֶלְיוֹן שֶׁל הַנַּעַל)

spate /speɪt/ n. רֶצֶף (שֶׁל אֵרוּעִים וְכַד׳)

spatial /ˈspeɪʃ(ə)l/ adj. מֶרְחָבִי, שֶׁל חָלָל תְּלַת-מְמַדִּי

spatter /ˈspætə(r)/ v.t. & i. הִתִּיז, הִשְׁפְּרִיץ (בֹּץ, לִכְלוּךְ וְכַד׳); נִתַּז

—n. נֶתֶז

spatula /ˈspætʃʊlə/ n. מָרִית (כַּף שְׁטוּחָה וּגְמִישָׁה לְעִרְבּוּב חֳמָרִים, לְמְרִיחָה וְכוּ׳)

spawn /spɔːn/ n. (גּוּשׁ שֶׁל) בֵּיצֵי דָּגִים

frog spawn בֵּיצֵי צְפַרְדְּעִים

—v.t.

1 (produce eggs, *Zool.*) הִשְׁרִיץ, הֵטִיל בֵּיצִים (דָּג וְכַד׳)

2 (produce offspring, *derog.*) ״הִשְׁרִיץ״ (לְגַבֵּי בְּנֵי אָדָם)

3 (generate in large numbers, *colloq.*) ״הוֹלִיד״

□ *the company consists of departments which spawn committees and sub-committees* הַחֶבְרָה מֻרְכֶּבֶת מִמַּחְלָקוֹת וְאֵלֶּה גּוֹרְרוֹת אַחֲרֵיהֶן וְעָדוֹת וּוַעֲדוֹת-מִשְׁנֶה בְּלִי סוֹף

—v.i. הִשְׁרִיץ

spay /speɪ/ v.t. עִקֵּר (נְקֵבָה שֶׁל בַּעַל-חַיִּים ע״י כְּרִיתַת הַשְּׁחָלוֹת)

speak /spiːk/ (past **spoke** /spəʊk/, past ppl. **spoken** /spəʊkən/) v.i.

1 (say words, talk) אָמַר, דִּבֵּר

frankly speaking לְמַעַן הָאֱמֶת, אִם לְדַבֵּר בְּכֵנוּת

speaking for myself אֲנִי כְּשֶׁלְּעַצְמִי

speak out הִשְׁמִיעַ אֶת דַּעְתּוֹ (בְּנוֹשֵׂא מְסֻיָּם)

speak up הִגְבִּיהַּ אֶת קוֹלוֹ, הִגְבִּיר אֶת קוֹלוֹ, דִּבֵּר בְּקוֹל רָם יוֹתֵר

2 (hold conversation with) דִּבֵּר, שׂוֹחַח

□ *we spoke with them about their work* שׂוֹחַחְנוּ אִתָּם עַל הָעֲבוֹדָה שֶׁלָּהֶם, דִּבַּרְנוּ אִתָּם עַל הָעֲבוֹדָה שֶׁלָּהֶם

3 (mention in writing) דִּבֵּר

□ *he speaks of this subject in his novel* הוּא מְדַבֵּר עַל הַנּוֹשֵׂא הַזֶּה בַּסֵּפֶר שֶׁלּוֹ

4 (articulate feelings of) הִתְבַּטֵּא, דִּבֵּר

so to speak (*colloq.*) אִם אֶפְשָׁר לוֹמַר כָּךְ

□ *I admire the way she speaks for our generation of women* אֲנִי מַעֲרִיךְ מְאֹד אֶת הָאֹפֶן שֶׁבּוֹ הִיא מְדַבֶּרֶת בְּשֵׁם הַנָּשִׁים בְּנוֹת הַדּוֹר שֶׁלָּנוּ

5 (address; reprove) דִּבֵּר; ״דִּבֵּר״ (נָזַף)

□ *I spoke to them about their lateness* (*colloq.*) דִּבַּרְתִּי אִתָּם עַל הָאִחוּר שֶׁלָּהֶם

6 (make a speech) דִּבֵּר, נָאַם

□ *he spoke for an hour on the topic* הוּא דִּבֵּר בְּמֶשֶׁךְ שָׁעָה עַל הַנּוֹשֵׂא

7 (make a claim for)

□ *these sale items are already spoken for* פְּרִיטִים אֵלֶּה מִן הַמְּכִירָה שְׁמוּרִים עֲבוּר הָאֲנָשִׁים שֶׁקָּנוּ אוֹתָם

8 (be a sign of, suggest) הֵעִיד

speak volumes (*colloq.*) הֵעִיד בְּבֵרוּר

□ *actions speak louder than words* (*Prov.*) לֹא בְּמִלִּים כִּי אִם בְּמַעֲשִׂים

□ *his empty hands spoke of a wasted journey* יָדָיו הָרֵיקוֹת הֵעִידוּ עַל מַסָּע שֶׁנֶּעֱרַךְ לְחִנָּם

—v.t.

1 (say with speaking voice) אָמַר

□ *she was speaking the truth* הִיא אָמְרָה אֶת הָאֱמֶת

2 (make known, communicate) אָמַר

□ *I wish he would speak his mind* הַלְוַאי שֶׁהוּא יַגִּיד אֶת מַה שֶּׁהוּא חוֹשֵׁב, הָיִיתִי רוֹצֶה שֶׁהוּא יַגִּיד מַה הוּא חוֹשֵׁב

3 (use or be able to use a language) דִּבֵּר (שָׂפָה)

□ *I cannot speak Italian* אֲנִי לֹא יָכוֹל לְדַבֵּר אִיטַלְקִית

speaker /ˈspiːkə(r)/ n.

1 (person who speaks) נוֹאֵם; דּוֹבֵר (בְּשִׂיחָה)

the Speaker (*UK*) יוֹשֵׁב-רֹאשׁ בֵּית-הַנִּבְחָרִים (הַפַּרְלָמֶנְט, הַכְּנֶסֶת וְכַד׳)

□ *she is a Hebrew speaker* הִיא דּוֹבֶרֶת עִבְרִית

2 (loudspeaker) רַמְקוֹל

speaking clock /ˌspiːkɪŋ ˈklɒk/ n. הַשָּׁעוֹן הַמְדַבֵּר (בַּטֶּלֶפוֹן)

spear /ˈspɪə(r)/ n. חֲנִית

—v.t. דָּקַר בַּחֲנִית, נָעַץ חֲנִית בְּ..., שִׁפֵּד

spearhead /ˈspɪəhed/ n. ״רֹאשׁ-חֵץ״, חָלוּץ; (בְּמָקוֹר) רֹאשׁ-חֲנִית

□ *the manager will act as spearhead of the campaign* הַמְּנַהֵל יִהְיֶה רֹאשׁ-הַחֵץ שֶׁל הַמַּסָּע

—v.t. שִׁמֵּשׁ כְּכֹחַ-הֶחָלוּץ, הוֹבִיל (הַתְקָפָה, גַּם בְּהַשְׁאָלָה)

□ *the tanks spearheaded the attack* הַטַּנְקִים הוֹבִילוּ אֶת הַהַתְקָפָה

spearmint /ˈspɪəmɪnt/ n. מֶנְטָה (לָרֹב בְּמַסְטִיק, בְּמִשְׁחַת שִׁנַּיִם וְכַד׳)

spec /spek/ n.

on spec (*UK colloq.*) עַל-פִּי הַשְׁעָרָה, מִתּוֹךְ הַשְׁעָרָה בִּלְבַד

□ *we hadn't booked seats but went to the concert on spec* לֹא הִזְמַנּוּ מְקוֹמוֹת, אֲבָל הָלַכְנוּ לַקּוֹנְצֶרְט בְּהַנָּחָה שֶׁנִּמְצָא כַּרְטִיסִים

special /ˈspeʃ(ə)l/ adj. מְיֻחָד

Special Branch (*UK*) מַחְלֶקֶת הַמִּשְׁטָרָה הַבְּרִיטִית לְטִפּוּל בְּפִשְׁעִים נֶגֶד הַמְּדִינָה

special delivery מְסִירָה מְיֻחֶדֶת (שֵׁרוּת שֶׁל מִכְתָּבֵי אֶקְסְפְּרֶס בַּדֹּאַר)

special effects אֶפֶקְטִים, פַּעֲלוּלִים (בְּסֶרֶט וְכַד׳)

special licence רִשְׁיוֹן מְיֻחָד (חָפוּז) לְנִשּׂוּאִין

—n. מָנָה מְיֻחֶדֶת (לְאוֹתוֹ הַיּוֹם, בְּמִסְעָדָה וְכַד')

specialist /ˈspeʃəlɪst/ n. מֻמְחֶה (בְּתְחוּם מְסֻיָּם); רוֹפֵא מֻמְחֶה

speciality /ˌspeʃɪˈælɪtɪ/ n. (also **specialty** /ˈspeʃəltɪ/)
1 (particular pursuit or characteristic) מֻמְחִיּוּת; יִחוּד, מְיֻחָדוּת
2 (special feature, line of goods, etc.) מֻמְחִיּוּת (שֶׁל מִפְעָל אוֹ בֵּית מִסְחָר בְּיִצּוּר, בִּמְכִירָה)
□ *cherry pie is their speciality* פַּאי דֻּבְדְּבָנִים זֶה הַמֻּמְחִיּוּת שֶׁלָּהֶם

specialization /ˌspeʃəlaɪˈzeɪʃ(ə)n/ n. סְפֶּצְיָאלִיזַצְיָה, הִתְמַקְּדוּת בְּנוֹשֵׂא מְסֻיָּם

specialize /ˈspeʃəlaɪz/ v.i. הִתְמַקֵּד בְּנוֹשֵׂא מְסֻיָּם; עָשָׂה הִתְמַחוּת בְּ...

specially /ˈspeʃəlɪ/ adv. בִּמְיֻחָד, בְּאֹפֶן מְיֻחָד

species /ˈspiːʃiːz/ n. סוּג, מִין
□ *white rhinos are an endangered species* הַקַּרְנָף הַלָּבָן הוּא מִין הָעוֹמֵד בְּסַכָּנַת הַכְחָדָה

specific /spəˈsɪfɪk/ adj. מְסֻיָּם, מֻגְדָּר, סְפֶּצִיפִי; סְגֻלִּי, אָפְיָנִי
—n. (usu. in *pl.*) פְּרָטִים

specification /ˌspesɪfɪˈkeɪʃ(ə)n/ n. מִפְרָט, סְפֶּסִיפִיקַצְיָה (רְשִׁימַת נְתוּנִים וּתְכוּנוֹת); (פְּעֻלָּה שֶׁל) פֵּרוּט

specify /ˈspesɪfaɪ/ v.t. תֵּאֵר אוֹ הִגְדִּיר בְּדִיּוּק; צִיֵּן בִּמְפֹרָשׁ, פֵּרֵשׁ, הִבְהִיר

specimen /ˈspesɪmən/ n. מִדְגָּם, דֻּגְמָה
□ *he's an odd specimen* (*colloq.*) הוּא "מִסְפָּר" מְיֻחָד, הוּא טִיפּוּס מוּזָר

specious /ˈspiːʃəs/ adj. (*formal*) מוֹלִיךְ שׁוֹלָל, כּוֹזֵב (טוֹב לְמַרְאִית עַיִן בִּלְבַד)

speck /spek/ n. כֶּתֶם (זָעִיר), נְקֻדָּה; גַּרְגֵּר, חֶלְקִיק (אָבָק וְכַד')
□ *he got a speck in his eye* נִכְנַס לוֹ גַּרְגִּיר אָבָק לָעַיִן

speckle /ˈspek(ə)l/ n. & v.t. כֶּתֶם (זָעִיר), נְקֻדָּה; כִּסָּה בִּנְקֻדּוֹת זְעִירוֹת

specs /speks/ n. *pl.* (*colloq.*) מִשְׁקָפַיִם

spectacle /ˈspektək(ə)l/ n.
1 (public show, ceremony) הַצָּגָה פֻּמְבִּית; מִפְגָּן
2 (sight attracting attention) מַרְאֶה, חִזָּיוֹן
□ *he made a spectacle of himself* הוּא שָׂם אֶת עַצְמוֹ לִצְחוֹק (בְּפֻמְבֵּי)

spectacles /ˈspektək(ə)lz/ n. *pl.* (*formal*) מִשְׁקָפַיִם
□ *she sees the world through rose-coloured spectacles* (*fig. derog.*) הִיא רוֹאָה הַכֹּל בְּוָרֹד

spectacular /spekˈtækjʊlə(r)/ adj. רַאַוְתָנִי, מַרְהִיב

spectator /spekˈteɪtə(r)/ n. צוֹפֶה (בְּמַחֲזֶה)
spectator sport סְפּוֹרְט לִצְפִיָּה (כַּדּוּר־רֶגֶל וְכַד')

spectral /ˈspektr(ə)l/ adj.
1 (ghostly, *formal*) שֶׁל רוּחַ רְפָאִים
2 (of the spectrum) שֶׁל סְפֶּקְטְרוּם, סְפֶּקְטְרָלִי

spectre /ˈspektə(r)/ n. (*poet.*) רוּחַ רְפָאִים

spectroscope /ˈspektrəskəʊp/ n. סְפֶּקְטְרוֹסְקוֹפ (מַכְשִׁיר אוֹפְטִי לִבְדִיקַת סְפֶּקְטְרוּם הַקְּרִינָה הַמּוּפָק מֵחֳמָרִים שׁוֹנִים)

spectrum /ˈspektrəm/ n. (*pl.* **spectra**) סְפֶּקְטְרוּם; טְוָח, מִגְוָן (שֶׁל דֵּעוֹת וְכַד')

speculate /ˈspekjʊleɪt/ v.i.
1 (guess) שִׁעֵר, הֶעֱלָה הַשְׁעָרָה, עָשָׂה סְפֶּקוּלַצְיָה
2 (buy or sell for profit) סִפְסֵר, עָשָׂה סְפֶּקוּלַצְיוֹת (בִּסְחוֹרוֹת, בְּמְנָיוֹת)

speculation /ˌspekjʊˈleɪʃ(ə)n/ n.
1 (guessing) הַעֲלָאַת הַשְׁעָרוֹת, סְפֶּקוּלַצְיָה
2 (buying or selling for profit motive) סַפְסָרוּת, סְפֶּקוּלַצְיָה

speculative /ˈspekjʊlətɪv/ adj. שֶׁל הַשְׁעָרוֹת, סְפֶּקוּלָטִיבִי; שֶׁל סַפְסָרוּת, סְפֶּקוּלָטִיבִי

speculator /ˈspekjʊleɪtə(r)/ n. סַפְסָר, סְפֶּקוּלַנְט

sped /sped/ past & past ppl. of **speed**

speech /spiːtʃ/ n.
1 (act or power or manner of speaking) דִּבּוּר; כֹּשֶׁר דִּבּוּר; מִבְטָא
speech therapy תִּקּוּן לִקּוּיֵי־דִּבּוּר
2 (public address) נְאוּם
3 (spoken language) לָשׁוֹן מְדֻבֶּרֶת

speechday /ˈspiːtʃdeɪ/ n. (*UK*) יוֹם חֲלֻקַּת פְּרָסִים שְׁנָתִי בְּבֵית־סֵפֶר

speechify /ˈspiːtʃɪfaɪ/ v.i. (*colloq.* or *derog.*) "קִשְׁקֵשׁ", לָהַג (לְגַבֵּי נוֹאֵם)

speechless /ˈspiːtʃlɪs/ adj. אִלֵּם מֵרֹב תַּדְהֵמָה

speed /spiːd/ n.
1 (fast movement) מְהִירוּת
with all speed בְּכָל הַמְּהִירוּת
speed limit הַמְּהִירוּת הַמֻּתֶּרֶת (בִּנְסִיעָה בִּכְבִישׁ)
2 (rate of motion) מְהִירוּת
□ *the ship was sailing at half speed* הַסְּפִינָה הִפְלִיגָה בַּחֲצִי הַמְּהִירוּת
3 (gear) מַהֲלָךְ
□ *this is a 15 speed mountain bike* אֵלֶּה אוֹפַנֵּי־קְרוֹס עִם 15 מַהֲלָכִים
4 (amphetamine drug, *sl.*) "סְפִּיד", כַּדּוּרֵי־מֶרֶץ (כְּסַם)
5 (*Photog.*) מְהִירוּת, רְגִישׁוּת (שֶׁל סֶרֶט צִלּוּם, לָאוֹר, נִמְדֶּדֶת בְּ־ASA
—v.t. (past & past ppl. **sped** /sped/)
1 (cause to go or move quickly) הֵאִיץ, הֵחִישׁ
speed up הִגְבִּיר אֶת הַקֶּצֶב שֶׁל
□ *she tried to speed up production* הִיא נִסְּתָה לְהַגְבִּיר אֶת קֶצֶב הַיִּצּוּר
□ *the medicine will help speed her recovery* הַתְּרוּפָה תַּעֲזֹר לְהָחִישׁ אֶת תַּהֲלִיךְ הַהַבְרָאָה שֶׁלָּהּ
—v.i.
1 (go fast, make haste) מִהֵר, חָשׁ
□ *he sped to her aid* הוּא חָשׁ לְעֶזְרָתָהּ

2 (exceed speed limit) נָע (נָסַע) בִּמְהִירוּת מֻפְרֶזֶת
□ *they said he had been speeding on the motorway* הֵם אָמְרוּ שֶׁהוּא נָסַע בִּמְהִירוּת מֻפְרֶזֶת בָּאוֹטוֹסְטְרָדָה
3 (meet with success)
□ *they wished him God speed* (*arch.*) הֵם אִחֲלוּ לוֹ דֶּרֶךְ צְלֵחָה

speedboat /ˈspiːdbəʊt/ n. סִירַת־מֵרוֹץ

speeding /ˈspiːdɪŋ/ n. נְסִיעָה בִּמְהִירוּת מֻפְרֶזֶת, נְהִיגָה בִּמְהִירוּת מֻפְרֶזֶת
□ *I was fined for speeding* נִקְנַסְתִּי עַל עֲבֵרַת־מְהִירוּת

speedometer /spiːˈdɒmɪtə(r)/ n. מַד־מְהִירוּת, סְפִּידוֹמֶטֶר (בִּמְכוֹנִית וְכַד׳)

speed trap /ˈspiːd træp/ n. מַלְכֹּדֶת מְהִירוּת (לִתְפִיסַת נֶהָגִים הָעוֹבְרִים אֶת הַמְּהִירוּת הַמֻּתֶּרֶת)

speedway /ˈspiːdweɪ/ n. מַסְלוּל מֵרוֹץ סָגוּר לְאוֹפַנּוֹעִים

speedwell /ˈspiːdwel/ n. (*Bot.*) בֵּירוֹנִיקָה (צֶמַח בַּר קָטָן בַּעַל פְּרָחִים כְּחֻלִּים לְבָנִים)

speedy /ˈspiːdɪ/ adj. מָהִיר

spell[1] /spel/ (past & past ppl. **spelt** /spelt/ or **spelled** /speld/) v.t.
1 (write or name letters in order) אִיֵּת, כָּתַב/אָמַר אוֹת אַחַר אוֹת
2 (of letters in order, to form a word) (אוֹתִיּוֹת) הִצְטָרְפוּ יַחַד לִיצֹר אֶת הַמִּלָּה
3 (make clear, mean) הִבְהִיר, בִּשֵּׂר, הָיָה סִימָן לְ...
spell out הִבְהִיר בִּמְפֹרָשׁ, אָמַר בִּמְפֹרָשׁ
□ *do I have to spell it out for you?* הַאִם אֲנִי צָרִיךְ לְהַגִּיד לְךָ בִּמְפֹרָשׁ? הַאִם רֶמֶז לֹא מַסְפִּיק?
□ *the government's weakness spelt national disaster* (*colloq.*) פֵּרוּשׁ הַחֻלְשָׁה שֶׁל הַמֶּמְשָׁלָה הָיָה אָסוֹן לְאֻמִּי
—v.i. אִיֵּת

spell[2] /spel/ n.
1 (words having magic power) כִּשּׁוּף, קֶסֶם
□ *the wizard cast a spell on the prince* הַקּוֹסֵם הֵטִיל כִּשּׁוּף עַל הַנָּסִיךְ
2 (attraction or fascination) קֶסֶם

spell[3] /spel/ n. עוֹנָה, תְּקוּפָה, פֶּרֶק־זְמַן
a dizzy spell הַתְקָפַת סְחַרְחֹרֶת
□ *we had a cold spell* הָיְתָה לָנוּ תְּקוּפָה שֶׁל מֶזֶג־אֲוִיר קַר
□ *I will take a spell at the wheel while you rest* אֲנִי אֶנְהַג זְמַן־מָה בְּעוֹד אַתָּה נָח

spell binding /ˈspel baɪndɪŋ/ adj. מַקְסִים, עוֹצֵר־נְשִׁימָה

spellbound /ˈspelbaʊnd/ adj. אָחוּז (בְּחַבְלֵי) קֶסֶם, מֻקְסָם, מְרֻתָּק

spelling /ˈspelɪŋ/ n. כְּתִיב; תּוֹרַת הַכְּתִיב; אִיּוּת
spelling-bee (*US*) תַּחֲרוּת כְּתִיב

spelt / past & past ppl. of **spell**[1]

spend /spend/ (past & past ppl. **spent** /spent/) v.t.
1 (pay) הוֹצִיא (כֶּסֶף); בִּזְבֵּז, פִּזֵּר (כֶּסֶף)
□ *they went on a spending spree* הֵם יָצְאוּ לְמַסַּע שֶׁל קְנִיּוֹת וְהוֹצָאַת־כֶּסֶף
□ *have you enough spending money?* יֵשׁ לְךָ דֵּי כֶּסֶף לְהוֹצָאוֹת/דְּמֵי כִּיס?
□ *I need to spend a penny* (*UK colloq.*) אֲנִי צָרִיךְ לְהַשְׁתִּין/לַעֲשׂוֹת פִּיפִּי
2 (exhaust, use up) בִּזְבֵּז, הוֹצִיא; הִשְׁתַּמֵּשׁ בְּכָל הַ...
□ *I've spent all my energy on this project* בִּזְבַּזְתִּי אֶת כָּל הַכֹּחוֹת שֶׁלִּי עַל הַפְּרוֹיֶקְט הַזֶּה
3 (pass time) בִּלָּה, הֶעֱבִיר (אֶת הַזְּמַן)
spend the night with (*euphem.*) בִּלָּה אֶת הַלַּיְלָה עִם (קִיֵּם יַחֲסֵי מִין עִם)
□ *how do you spend your spare time?* אֵיךְ אַתָּה מְבַלֶּה אֶת הַזְּמַן הַפָּנוּי שֶׁלְּךָ?

spendthrift /ˈspendθrɪft/ n. בַּזְבְּזָן, פַּזְּרָן

spent /spent/ adj. & past ppl. of **spend**
a spent bullet קְלִיעַ שֶׁאָבַד מִמְּהִירוּתוֹ
a spent force (*formal*) אָדָם/רַעְיוֹן שֶׁאָבַד עָלָיו הַכֶּלַח

sperm /spɜːm/ n. זֶרַע (שֶׁל זָכָר)
sperm bank בַּנְק־הַזֶּרַע

sperm whale /ˈspɜːm weɪl/ n. לִוְיָתַן־הַזֶּרַע

spew /spjuː/ v.t. & i. יָרַק, פָּלַט, הֵקִיא מִתּוֹכוֹ

sphere /sfɪə(r)/ n.
1 (ball-shaped object, globe) גּוּף כַּדּוּרִי, (צוּרַת) כַּדּוּר
2 (region, range) חוּג, תְּחוּם (הִתְעַנְיְנוּת, פְּעִילוּת), סְפֵירָה
sphere of influence אֵזוֹר הַשְׁפָּעָה, תְּחוּם הַשְׁפָּעָה

spherical /ˈsferɪk(ə)l/ adj. כַּדּוּרִי, דְּמוּי־כַּדּוּר

spheroid /ˈsfɪərɔɪd/ n. גּוּף דְּמוּי־כַּדּוּר, סְפֵרוֹאִיד, "כִּמְעַט־כַּדּוּר"

sphincter /ˈsfɪŋktə(r)/ n. (*Anat.*) שְׁרִיר־טַבַּעְתִּי

sphinx /sfɪŋks/ n. סְפִינְקְס

spic /spɪk/ n. (*US racially derog.*) אֲמֶרִיקָאִי דּוֹבֵר סְפָרַדִּית (בְּעִקָּר פּוֹרְטוֹרִיקָנִי)

spice /spaɪs/ n. תַּבְלִין (פִּלְפֵּל, זַנְגְּבִיל, קִנָּמוֹן, צִפֹּרֶן וְכַד׳, אַךְ לֹא רוֹזְמָרִין, טִימִין, אוֹרֶגָנוֹ, רֵיחָן וְכַד׳, שֶׁהֵם (herbs
variety is the spice of life רַבְגּוֹנִיּוּת וְשׁנִי הֵם טַעַם הַחַיִּים
□ *she has a spice of mischief in her character* יֵשׁ קַו שֶׁל שׁוֹבְבוּת בְּאָפְיָהּ
—v.t. תִּבֵּל, הוֹסִיף תַּבְלִינִים לְ...; (בְּהַשְׁאָלָה) הוֹסִיף "פִּלְפֵּל" לְ...
spice up (*fig.*) הוֹסִיף "פִּלְפֵּל" לְ...

spik /spɪk/ adj.
spick and span מְסֻדָּר, נָקִי וּמְצֻחְצָח, "טִיפ־טוֹפ"

spicy /ˈspaɪsɪ/ adj. חָרִיף (בְּטַעְמוֹ), מְפֻלְפָּל; (בְּהַשְׁאָלָה) "מְפֻלְפָּל"

□ *they loved spicy stories* הֵם אָהֲבוּ סִפּוּרִים מְפֻלְפָּלִים (הַמְּכִילִים תֵּאוּרִים שֶׁל סְקַנְדָּלִים אוֹ אֵרוּעִים אִינְטִימִיִּים)

spider /ˈspaɪdə(r)/ n. עַכָּבִישׁ

spidery /ˈspaɪdərɪ/ adj. עַכְּבִישִׁי, דּוֹמֶה לְעַכָּבִישׁ
spidery handwriting כְּתַב־יָד אָרֹךְ וּמְסֻלְסָל

spiel /ʃpiːl/ n. (*sl.*) "בִּרְבּוּר", "סִפּוּר" (נְאוּם אָרֹךְ וַחֲסַר טַעַם)
□ *I had to listen to a long spiel about his problems* הָיִיתִי צָרִיךְ לְהַאֲזִין לְבִרְבּוּר אָרֹךְ עַל הַבְּעָיוֹת שֶׁלּוֹ

spigot /ˈspɪgət/ n. פְּקָק, מְגוּפָה, מַסְתֵּם (שֶׁל עֵץ)

spike /spaɪk/ n. מַסְמֵר (גָּדוֹל); "שְׁפִּיץ" (בְּסֻלְיַת נַעַל־רִיצָה מִסּוּג "סְפַּיְקְס")
—v.t.
1 (furnish with spikes) שָׂם מַסְמְרִים (גְּדוֹלִים) בְּ...
spiked shoes נַעֲלֵי־"סְפַּיְקְס" (נַעֲלֵי־רִיצָה קַלּוֹת בַּעֲלוֹת "שְׁפִּיצִים" בַּסֻּלְיָה)
2 (impale, pierce) דָּקַר, פִּלַּח
3 (make useless, thwart) חָסַם, עִכֵּב
□ *I hope I have spiked his guns* (*colloq.*) אֲנִי מְקַוֶּה שֶׁנִּטְרַלְתִּי אֶת יְכָלְתּוֹ לְתְקֹף
4 (contaminate by adding something) הוֹסִיף (חֹמֶר זָר) לְ...
□ *he spiked her orange juice with vodka* הוּא הוֹסִיףווֹדְקָה לְמִיץ הַתַּפּוּזִים שֶׁלָּהּ

spiky /ˈspaɪkɪ/ adj. (*colloq.*) דּוֹקְרָנִי, בַּעַל חוֹדִים; (בְּהַשְׁאָלָה, לְגַבֵּי אָדָם) מְרֻגָּז, רַגְזָנִי

spill[1] /spɪl/ (past & past ppl. **spilt** /spɪlt/ or **spilled** /spɪld/) v.t. & i. שָׁפַךְ; נִשְׁפַּךְ
spill a secret גִּלָּה סוֹד
□ *I'm going to spill the beans about their activities* (*colloq.*) אֲנִי הוֹלֵךְ לַחֲשׂוֹף אֶת הַמַּעֲשִׂים שֶׁלָּהֶם
□ *after the match the crowd spilt into the streets* לְאַחַר הַמִּשְׂחָק זָרַם הֶהָמוֹן אֶל הָרְחוֹבוֹת
—n.
1 (an amount spilt) נוֹזֵל שֶׁנִּשְׁפַּךְ
an oil spill שֶׁפֶךְ נֵפְט, כֶּתֶם נֵפְט (מִמְּכָלִית שֶׁטָּבְעָה בַּיָּם וְכַד')
2 (fall from motorcycle, horse, etc., *colloq.*) נְפִילָה

spill[2] /spɪl/ n. קֵיסָם, פִּסַּת נְיָר (לְהַדְלָקַת מִקְטֶרֶת, מְנוֹרָה וְכַד')

spilt /spɪlt/ past & past ppl. of **spill**[1]

spin /spɪn/ (past & past ppl. **spun** /spʌn/) v.t.
1 (cause to turn quickly) סוֹבֵב בִּמְהִירוּת, גָּרַם לְ... לְהִסְתַּחְרֵר עַל צִירוֹ
□ *he spun the wheel of his bicycle* הוּא נָתַן לְגַלְגַּל הָאוֹפַנַּיִם שֶׁלּוֹ סִבּוּב (לְצֹרֶךְ בְּדִיקָה וְכַד')
2 (draw or twist into a thread) טָוָה, שָׁזַר
□ *we must spin out our funds to make them last* (*fig.*) עָלֵינוּ לְהִשְׁתַּמֵּשׁ בַּכֶּסֶף בִּזְהִירוּת כְּדֵי שֶׁלֹּא יִגָּמֵר מַהֵר
3 (form a web, etc.) טָוָה, אָרַג (רֶשֶׁת קוּרִים וְכַד')
4 (tell or write a story) טָוָה (מַעֲשִׂיּוֹת וְכַד')
□ *he spun us yarns about his adventures* הוּא סִפֵּר לָנוּ סִפּוּרֵי־מַעֲשִׂיּוֹת עַל הַרְפַּתְקָאוֹתָיו
5 (give spin to a ball, etc.) סוֹבֵב, נָתַן סִחְרוּר לְ...
6 (spin-dry) יִבֵּשׁ בִּמְסַחְטַת־כְּבִיסָה סִבּוּבִית
—v.i.
1 (turn quickly) הִסְתּוֹבֵב, הִסְתַּחְרֵר
□ *the crash sent the car spinning across the road* הַהִתְנַגְּשׁוּת הֵעִיפָה אֶת הַמְּכוֹנִית בְּסִחְרוּר לַצַּד הַשֵּׁנִי שֶׁל הַכְּבִישׁ
2 (be dizzy or confused) הִסְתּוֹבֵב, הִסְתַּחְרֵר
□ *my head is spinning* מִסְתּוֹבֵב לִי הָרֹאשׁ
3 (move through air with spin) נָע בְּסִחְרוּר
□ *the aeroplane was spinning round and round* הַמָּטוֹס הִסְתַּחְרֵר סָבִיב סָבִיב (לִפְנֵי שֶׁהִתְרַסֵּק)
4 (twist a thread of wool, etc.) טָוָה (צֶמֶר וְכַד')
□ *I enjoy spinning* אֲנִי נֶהֱנֶה לִטְווֹת
—n.
1 (rapid turning movement) סִבּוּב מָהִיר, סִבְסוּב, סִחְרוּר
2 (short ride, *colloq.*) טִיּוּל קָצָר (בְּרֶכֶב), "סִבּוּב"
□ *they have gone for a spin in the country* הֵם יָצְאוּ לְטִיּוּל קָצָר (בְּאוֹפַנַּיִם, בְּרֶכֶב) בַּכְּפָר
3 (twisting dive) סִחְרוּר; צְלִילָה בְּסִחְרוּר (שֶׁל מָטוֹס וְכַד')
a flat spin סִחְרוּר; (בְּהַשְׁאָלָה) פָּנִיקָה מֻחְלֶטֶת

spina bifida /ˌspaɪnə ˈbɪfɪdə/ n. (*Med.*) שִׁדְרָה שְׁסוּעָה, (לִקּוּי חָמוּר מִלֵּדָה)

spinach /ˈspɪnɪdʒ/ n. תֶּרֶד

spinal /ˈspaɪn(ə)l/ adj. שֶׁל עַמּוּד הַשִּׁדְרָה, שִׁדְרָתִי
spinal column עַמּוּד הַשִּׁדְרָה
spinal cord חוּט הַשִּׁדְרָה

spindle /ˈspɪnd(ə)l/ n.
1 (machine part around which something turns) יַד־הַסֶּרֶן, כּוֹשׁ
2 (rod used for twisting thread) כִּישׁוֹר, פֶּלֶךְ

spindly /ˈspɪndlɪ/ adj. דַּק, צָנוּם
□ *he was a spindly-legged child* הוּא הָיָה יֶלֶד בַּעַל רַגְלַיִם אֲרֻכּוֹת וְדַקּוֹת

spin-drier /ˌspɪn-ˈdraɪə(r)/ n. מְסַחְטַת־כְּבִיסָה סִבּוּבִית, מְיַבֵּשׁ־כְּבִיסָה צֶנְטְרִיפוּגָלִי

spine /spaɪn/ n.
1 (backbone) עַמּוּד־שִׁדְרָה
spine-chiller סִפּוּר/סֶרֶט אֵימִים
2 (back of book) גַּב (שֶׁל סֵפֶר)
3 (needle-like part, *Bot.* & *Zool.*) קוֹץ, דַּרְבָּן (קוֹץ שֶׁל בַּעַל־חַיִּים)

spineless /ˈspaɪnlɪs/ adj. (אָדָם) "חֲסַר עַמּוּד שִׁדְרָה", "חֲסַר אֹפִי"; (בַּעַל־חַיִּים) חֲסַר־חֻלְיוֹת
□ *he is absolutely spineless* (*colloq.*) הוּא חֲסַר עַמּוּד שִׁדְרָה

spinet /ˈspɪnɪt/ n. (*Mus.*) סְפִּינֶט (כְּלִי נְגִינָה קָדוּם דּוֹמֶה לְצֶ'מְבָּלוֹ)

spinnaker /ˈspɪnəkə(r)/ n. מִפְרָשׂ מְשֻׁלָּשׁ גָּדוֹל בְּסִירוֹת מֵרוֹץ

spinner /ˈspɪnə(r)/ n. (אָדָם) טוֹוֶה חוּטִים

spinney /ˈspɪnɪ/ n. (*UK*) חֹרֶשׁ, סְבַךְ־עֵצִים

spinning-top /ˈspɪnɪŋ-tɒp/ n. סְבִיבוֹן

spinning-wheel /ˈspɪnɪŋ-wiːl/ n. גַּלְגַּל־טְוִיָּה

spin-off /ˈspɪn-ɒf/ n. מוּצָר־לְוַאי; תּוֹעֶלֶת צְדָדִית

spinster /ˈspɪnstə(r)/ n. רַוָּקָה, בְּתוּלָה זְקֵנָה

spiny /ˈspaɪnɪ/ adj. קוֹצָנִי, דּוֹקְרָנִי; בַּעַל־קוֹצִים אוֹ דַּרְבָּנוֹת

spiral /ˈspaɪər(ə)l/ adj. לוּלְיָנִי, סְלִילִי, חֶלְזוֹנִי, בָּרְגִי, סְפִּירָלִי

spiral shell קוֹנְכִיָּה סְפִּירָלִית

spiral staircase מַדְרֵגוֹת לוּלְיָנִיּוֹת, גֶּרֶם מַעֲלוֹת לוּלְיָנִי

—n.

1 (object with spiral form) סְלִיל לוּלְיָנִי, סְפִּירָלָה

2 (increase or decrease in prices, wages, etc.) עֲלִיָּה/יְרִידָה תְּלוּלָה

—v.i. נָע בְּמַסְלוּל לוּלְיָנִי, הִסְתַּלְסֵל; (מְחִיר וְכַד') עָלָה/יָרַד בִּתְלִילוּת

spiralling costs מְחִירִים מַאֲמִירִים, מְחִירִים מַרְקִיעִים שְׁחָקִים

spirant /ˈspaɪərənt/ adj. & n. (הֶגֶה) חוֹכֵךְ

spire[1] /ˈspaɪə(r)/ n. צְרִיחַ מְחֻדָּד (בְּרֹאשׁ מִגְדָּל שֶׁל כְּנֵסִיָּה וְכַד')

spire[2] /ˈspaɪə(r)/ n. סְלִיל לוּלְיָנִי, סְפִּירָלָה

spirit /ˈspɪrɪt/ n.

1 (soul, essence of person or animal) נֶפֶשׁ, נְשָׁמָה, רוּחַ

□ *he was there in spirit* הוּא הָיָה שָׁם בְּרוּחוֹ (לֹא בְּגוּפוֹ), הוּא הָיָה שָׁם בְּמַחְשְׁבוֹתָיו

2 (personality) נֶפֶשׁ (אֲצִילָה, נְדִיבָה וְכַד'), אִישִׁיּוּת

□ *he was the moving spirit behind all their plans* הוּא הָיָה הָרוּחַ הַחַיָּה מֵאֲחוֹרֵי כָּל תָּכְנִיּוֹתֵיהֶם

3 (ghost) רוּחַ־רְפָאִים, רוּחַ־מֵת

4 (essence of thing) רוּחַ

the spirit of the law רוּחַ הַחֹק (בְּנִגּוּד לְנֻסּוּחַ כִּפְשׁוּטוֹ)

5 (liveliness, courage) חִיּוּת, חִיּוּנִיּוּת; עֹז, אֹמֶץ

□ *despite his illness he performed with spirit* לַמְרוֹת הַמַּחֲלָה שֶׁלּוֹ הוּא נָתַן הוֹפָעָה מְלֵאַת חִיּוּת

6 (mood) מַצַּב־רוּחַ, הֲלָךְ־רוּחַ, מוֹרָל

public spirit מוּדָעוּת צִבּוּרִית

in bad spirits בְּמַצַּב־רוּחַ רַע

in high spirits בְּמַצַּב־רוּחַ מְרוֹמָם

□ *they kept up their spirits by singing* הֵם שָׁמְרוּ עַל מוֹרָל גָּבוֹהַּ ע"י שִׁירָה

7 (alcohol, etc. for cleaning and as fuel) סְפִּירְט

white spirit מְדַלֵּל צֶבַע (מֵעֵין נֵפְט מְזֻקָּק)

methylated spirits כֹּהַל מְפֻגָּל

8 (in *pl.*, alcoholic drink) "אַלְכּוֹהוֹל", מַשְׁקָאוֹת חֲרִיפִים

□ *I don't drink spirits* אֲנִי לֹא שׁוֹתֶה מַשְׁקָאוֹת חֲרִיפִים

—v.t.

spirit away סִלֵּק בַּחֲשַׁאי, הִבְרִיחַ

spirit off סִלֵּק בַּחֲשַׁאי, הִבְרִיחַ

spirited /ˈspɪrɪtɪd/ adj. עַז, נִמְרָץ, נָחוּשׁ

spirit-lamp /ˈspɪrɪt-læmp/ n. מְנוֹרַת־סְפִּירְט, מְנוֹרַת־כֹּהַל

spiritless /ˈspɪrɪtlɪs/ adj. חֲסַר מֶרֶץ, חֲסַר חִיּוּנִיּוּת; שֶׁנָּפְלָה רוּחוֹ

spirit-level /ˈspɪrɪt-ˌlev(ə)l/ n. פֶּלֶס־מַיִם

spiritual /ˈspɪrɪtʃʊəl/ adj. רוּחָנִי, סְפִּירִיטוּאָלִי; דָּתִי

lords spiritual (*UK formal*) לוֹרְדִים אַנְשֵׁי דָּת (בִּישׁוֹפִים הַיּוֹשְׁבִים בַּפַּרְלָמֶנְט)

—n. "סְפִּירִיצְ'ל" (שִׁיר דָּתִי הַמּוּשָׁר ע"י שְׁחוֹרִים בְּאַרְהַ"ב)

spiritualism /ˈspɪrɪtʃʊəlɪzəm/ n. סְפִּירִיטוּאָלִיזְם (הָאֱמוּנָה בְּאֶפְשָׁרוּת תִּקְשֹׁרֶת עִם הַמֵּתִים, לָרֹב בְּאֶמְצָעוּת "מֶדְיוּם")

spiritualist /ˈspɪrɪtʃʊəlɪst/ n. סְפִּירִיטוּאָלִיסְט (עוֹסֵק בִּפְעִילוּת כַּנַּ"ל)

spirituality /ˌspɪrɪtʃʊˈælɪtɪ/ n. רוּחָנִיּוּת

spirituous /ˈspɪrɪtʃʊəs/ adj. (*formal*) מֵכִיל כֹּהַל, מֵכִיל אַלְכּוֹהוֹל

spirt /spɜːt/ see **SPURT**

spit[1] /spɪt/ (past & past ppl. **spat** /spæt/) v.t.

1 (eject from the mouth) יָרַק

□ *the dog spat the meat out* הַכֶּלֶב יָרַק אֶת הַבָּשָׂר מִפִּיו

2 (say violently) פָּלַט, "יָרַק", "יָרָה", "הִתִּיז"

spit it out! (*colloq.*) תַּגִּיד אֶת מַה שֶּׁיֵּשׁ לְךָ! תּוֹצִיא אֶת מַה שֶּׁיֵּשׁ לְךָ!

□ *the general spat out an order* הַגֶּנֶרָל "יָרָה" פְּקֻדָּה

—v.i.

1 (eject saliva from the mouth) יָרַק (רֹק), רָקַק

□ *he spits when he talks* הוּא יוֹרֵק כְּשֶׁהוּא מְדַבֵּר

2 (send out sparks, hissing noise, etc.) "יָרָה", "יָרַק"

□ *it is spitting with rain* יוֹרֵד גֶּשֶׁם קַל, יוֹרְדִים רְסִיסֵי גֶּשֶׁם

□ *the sausages were spitting in the pan* הַנַּקְנִיקִיּוֹת רָחֲשׁוּ וְהִתִּיזוּ שֶׁמֶן בַּמַּחֲבַת

—n.

1 (saliva) רֹק

spit and polish (*colloq.*) (שִׁגְרָה שֶׁל) צִחְצוּחַ (כַּפְתּוֹרִים, אַבְזָמִים וְכוּ' בַּצָּבָא)

2 (exact likeness, *colloq.*)

□ *she is the spit image of her mother* (*arch.*) הִיא וְאִמָּהּ דּוֹמוֹת כְּמוֹ שְׁתֵּי טִפּוֹת מַיִם, הִיא דּוֹמָה לְאִמָּהּ "כְּמוֹ שְׁתֵּי טִפּוֹת מַיִם"

spit² /spɪt/ n.
1 (rod for roasting eat) שַׁפּוּד, "סִיח"
2 (narrow promontory) לְשׁוֹן־יַבָּשָׁה צָרָה (בְּתוֹךְ הַיָּם)
—v.t. שִׁפֵּד
□ *he spitted the chicken and grilled it* הוּא שִׁפֵּד אֶת הַתַּרְנְגֹלֶת וְצָלָה אוֹתָהּ בַּגְּרִיל

spite /spaɪt/ n. טִינָה, אֵיבָה; קַנְטְרָנוּת
in spite of לַמְרוֹת
—v.t. קִנְטֵר, הִקְנִיט, הֵרְעִים
□ *he said it to spite his rival* הוּא אָמַר זֹאת כְּדֵי לְקַנְטֵר אֶת יְרִיבוֹ

spiteful /ˈspaɪtf(ə)l/ adj. מָלֵא טִינָה, מָלֵא אֵיבָה; קַנְטְרָנִי

spitting /ˈspɪtɪŋ/ adj. (*colloq.*)
□ *she's the spitting image of her mother* הִיא דּוֹמָה לְאִמָּהּ "כְּמוֹ שְׁתֵּי טִפּוֹת מַיִם"

spittle /ˈspɪt(ə)l/ n. רֹק

spittoon /spɪˈtuːn/ n. (*Hist.*) מִרְקָקָה

spiv /spɪv/ n. (*colloq.*) טִיפּוּס מְפֻקְפָּק (הַמִּתְקַיֵּם מֵעִסְקֵי נוֹכְלוּת)

splash /splæʃ/ v.t. & i. הִתִּיז, הִזָּה, הִזְלִיף; נִתַּז; הִשְׁתַּכְשֵׁךְ (בְּמַיִם)
splash out (*colloq.*) בִּזְבֵּז כְּסָפִים (בִּקְנִיַּת מוֹתָרוֹת וְכַד׳)
□ *her name was splashed all over the front page* (*fig.*) הַשֵּׁם שֶׁלָּהּ הוֹפִיעַ בְּגָדוֹל לְרֹחַב כָּל הָעַמּוּד הָרִאשִׁי
—n. הַתָּזָה; (קוֹל) שִׁכְשׁוּךְ; (בְּהַשְׁאָלָה) "גַּלִּים"
□ *his stage debut made a splash* (*colloq.*) הוֹפָעָתוֹ הָרִאשׁוֹנָה עַל הַבִּימָה הִכְּתָה גַּלִּים (הָיְתָה סֶנְסַצְיָה)

splashdown /ˈsplæʃdaʊn/ n. נְחִיתָה בַּיָּם (שֶׁל חֲלָלִית וְכַד׳)

splatter /splætə(r)/ v.t. & i. הִתִּיז; נִתַּז
—n. הַתָּזָה, דָּבָר שֶׁהֻתַּז (בֹּץ וְכַד׳)

splay /spleɪ/ v.t. & i. פִּשֵּׂק, פִּצֵּל; הִתְפַּשֵּׂק, הִתְפַּצֵּל
splay-foot רֶגֶל שְׁטוּחָה, "פְּלַטְפוּס"

spleen /spliːn/ n.
1 (organ of body) טְחוֹל
2 (ill-temper, *formal*) טִינָה, אֵיבָה, חֵמָה
vent one's spleen שָׁפַךְ אֶת חֲמָתוֹ, הוֹצִיא טִינָה

splendid /ˈsplendɪd/ adj.
1 (magnificent) מְפֹאָר, מְהֻדָּר וּמַרְשִׁים, יוֹצֵא מִן הַכְּלָל
2 (excellent) נִפְלָא, מְצֻיָּן

splendiferous /splenˈdɪfərəs/ adj. (*joc.*) הָדוּר לְתִפְאֶרֶת, "כַּפְתּוֹר וָפֶרַח"

splendour /ˈsplendə(r)/ n. (*US* **splendor**) פְּאֵר, תִּפְאֶרֶת, הָדָר

splenetic /splɪˈnetɪk/ adj. (*formal*) רוֹגֵז, מָלֵא־חֵמָה

splice /splaɪs/ v.t.
1 (join ends of rope, tape, or wood) חִבֵּר (כְּבָלִים, סְרָטִים), אִחָה (חֲבָלִים)
2 (marry, *colloq.*)
get spliced הִתְחַתֵּן

splicer /ˈsplaɪsə(r)/ n. מְכוֹנַת הַדְבָּקָה, בְּלוֹק־הַדְבָּקָה (לְסֶרֶט מַגְנֵטִי, לְסֶרֶט קוֹלְנוֹעַ וְכַד׳)

splint /splɪnt/ n. סַד (זְמַנִּי, לְקִבּוּעַ עֶצֶם שְׁבוּרָה וְכַד׳. לֹא "גֶּבֶס")

splinter /ˈsplɪntə(r)/ n. קֵיסָם (עֵץ); רְסִיס (זְכוּכִית); שְׁבִיב (מַתֶּכֶת)
splinter group פֶּלֶג, קְבוּצַת פּוֹרְשִׁים (מִמִּפְלָגָה וְכַד׳)
—v.t. & i. שִׁבֵּר לִרְסִיסִים, בִּקַּע לְקִיסָמִים; פִּצֵּל, נִשְׁבַּר לִרְסִיסִים, נִבְקַע, פֻּצַּל

split /splɪt/ (past & past ppl. **split** /splɪt/) v.t.
1 (divide lengthways) בִּקַּע, פִּצֵּל
□ *she was splitting logs with an axe* הִיא בִּקְּעָה בּוּלֵי עֵץ בְּגַרְזֶן
2 (tear apart, separate) פִּצֵּל, בִּקַּע
□ *man has succeeded in splitting the atom* הָאָדָם הִצְלִיחַ לְבַקֵּעַ אֶת הָאָטוֹם
□ *they've split the scene* (*colloq.*) הֵם "הֵרִימוּ רַגְלַיִם" וְהִסְתַּלְּקוּ
□ *the children split their sides laughing* (*colloq.*) הַיְלָדִים הִתְפּוֹצְצוּ מִצְּחוֹק
3 (divide into parts) חִלֵּק
split the difference הִתְחַלֵּק בַּהֶבְדֵּל/בַּשְּׁאֵרִית (שֶׁל כֶּסֶף, שֶׁל הוֹצָאוֹת וְכַד׳)
split hairs (*derog.*) הִתְפַּלְפֵּל שֶׁלֹּא לְצֹרֶךְ (הִגְזִים בְּדַיְקָנוּת בְּוִכּוּחַ)
□ *let's split the cost of the meal* בּוֹא נִתְחַלֵּק בִּמְחִיר הָאֲרוּחָה
□ *they split up the loot* הֵם הִתְחַלְּקוּ בַּשָּׁלָל
□ *for convenience we've split the town into four areas* לְמַעַן הַנּוֹחִיּוּת חִלַּקְנוּ אֶת הָעִיר לְאַרְבָּעָה אֲזוֹרִים
—v.i.
1 (become split) נִבְקַע, הִתְפַּצֵּל; חֻלַּק
□ *his coat had split at the seams* הַמְּעִיל שֶׁלּוֹ נִפְרַם בַּתְּפָרִים
2 **split up** נִפְרַד (מִבֶּן זוּג)
□ *they split up after seven years' marriage* הֵם נִפְרְדוּ לְאַחַר שֶׁבַע שְׁנוֹת נִשּׂוּאִין
3 (leave, *colloq.*) הִסְתַּלֵּק
4 (give information on, *colloq.*) הִלְשִׁין
□ *they split on their friends to the police* הֵם הִלְשִׁינוּ עַל הַחֲבֵרִים שֶׁלָּהֶם לַמִּשְׁטָרָה
—n.
1 (cut or break) סֶדֶק, בֶּקַע
2 (separation) פֵּרוּד (שֶׁל בְּנֵי זוּג); הִתְפַּצְּלוּת, הִתְפָּרְדוּת, פִּלּוּג
the splits "שְׁפָּגָט" (בְּהִתְעַמְּלוּת, יְרִידָה לְפִשּׂוּק עַל הַקַּרְקַע)
□ *there's a split developing in the party* מִתְפַּתֵּחַ פֵּרוּד בַּמִּפְלָגָה

3 (division or sharing out) חֲלֻקָּה
4 ice cream split גְּלִידָה עִם פֵּרוֹת חֲתוּכִים, סִירוֹפּ וְכַד׳
split-level /ˌsplɪt-ˈlev(ə)l/ adj. (דִּירָה, בַּיִת) רַב־מִפְלָסִי
split pea /ˌsplɪt ˈpiː/ n. אֲפוּנָה יְבֵשָׁה וּמְפֻצֶּלֶת לַחֲצָאִים
split personality /ˌsplɪt pɜːsəˈnælɪtɪ/ n. אִישִׁיּוּת חֲצוּיָה, אִישִׁיּוּת מְפֻצֶּלֶת
split-screen /ˈsplɪt-ˈskriːn/ n. מָסָךְ מְפֻצָּל
split second /ˌsplɪt ˈsekənd/ n. & adj. שַׁבְרִיר שְׁנִיָּה, הֶרֶף־עַיִן; בּוֹ בָּרֶגַע
split-second timing תִּזְמוּן מְדֻיָּק עַד לְשַׁבְרִיר־שְׁנִיָּה
splitting /ˈsplɪtɪŋ/ adj.
splitting headache כְּאֵב־רֹאשׁ חַד, כְּאֵב־רֹאשׁ חָזָק
splotch /splɒtʃ/ n. (also **splodge** /splɒdʒ/) (*colloq.*) כֶּתֶם
splurge /splɜːdʒ/ (*colloq.*) v.t. & i. ״בִּזְבֵּז״ כֶּסֶף (הוֹצִיא כֶּסֶף בְּרַאַוְתָנוּת)
—n. (פֶּרֶק זְמַן שֶׁל) ״בִּזְבּוּז״ כְּסָפִים
splutter /ˈsplʌtə(r)/ v.t. & i. הִשְׁמִיעַ קוֹלוֹת הַתָּזָה וִירִיקָה; דִּבֵּר בִּירִיקָה
—n. קוֹל יְרִיקָה וְהַתָּזָה
spoil /spɔɪl/ (past & past ppl. **spoilt** /spɔɪlt/ or **spoiled** /spɔɪld/) v.t.
1 (damage, make useless) קִלְקֵל, הִשְׁחִית
□ *the dress was spoilt by the rain* הַגֶּשֶׁם הִשְׁחִית אֶת הַשִּׂמְלָה
2 (bring up without discipline, pamper) פִּנֵּק בְּאֹפֶן מֻגְזָם; פִּנֵּק
□ *everybody enjoys being spoiled from time to time* כָּל אֶחָד אוֹהֵב שֶׁמְּפַנְּקִים אוֹתוֹ לִפְעָמִים
□ *he acted like a spoiled child* הוּא הִתְנַהֵג כְּיֶלֶד מְפֻנָּק
□ *she was spoiled for choice* הָיוּ לָהּ אֶפְשָׁרֻיּוֹת בְּחִירָה בְּלִי סוֹף
—v.i.
1 (become bad or rotten) הִתְקַלְקֵל, נִשְׁחַת
□ *some kinds of food spoil quickly* יֵשׁ סוּגִים שֶׁל מָזוֹן הַמִּתְקַלְקְלִים מַהֵר
2 spoil for הִשְׁתּוֹקֵק לְ...
□ *he's spoiling for a fight* הוּא שָׁשׁ לְמַהֲלוּמוֹת
—n. (usu. in *pl.*) רֶוַח, טוֹבַת־הֲנָאָה (הַבָּאִים בְּתֹקֶף מִשְׂרָה צִבּוּרִית וְכַד׳); שָׁלָל
spoiler /ˈspɔɪlə(r)/ n. ״סְפּוֹילֶר״, ״כָּנָף״ (בִּמְכוֹנִית וְכַד׳ לְכִוּוּן זְרִימַת הָאֲוִיר)
spoilsport /ˈspɔɪlspɔːt/ n. (*colloq. derog.*)
spoilt /spɔɪlt/ past & past ppl. of **spoil**
spoke[1] /spəʊk/ n. ״שְׁפִּיץ״, ״סִילְק״, ״סִיחַ״, (בְּגַלְגַּל אוֹפַנַּיִם וְכַד׳)
□ *I've put a spoke in his wheel* (*colloq.*) תָּקַעְתִּי לוֹ יָתֵד בַּגַּלְגַּל (שִׁבַּשְׁתִּי אֶת הַתָּכְנִיּוֹת שֶׁלּוֹ)
spoke[2] /spəʊk/ past of **speak**

spoken /ˈspəʊkən/ past ppl. of **speak**
spokesman /ˈspəʊksmən/ n. דּוֹבֵר, דּוֹבֶרֶת
spokesperson /ˈspəʊksˌpɜːs(ə)n/ n. דּוֹבֶרֶת
spokeswoman /ˈspəʊksˌwʊmən/ n. דּוֹבֵר, דּוֹבֶרֶת
spoliation /ˌspəʊlɪˈeɪʃ(ə)n/ n. (*formal*) הֶרֶס, הַשְׁמָדָה, הַשְׁחָתָה (בְּאֶמְצָעוּת לְקִיחָה פְּרוּעָה וְכַד׳)
spondee /ˈspɒndiː/ n. סְפּוֹנְדֵאוּס (מִשְׁקַל שִׁירִי וּבוֹ שְׁתֵּי הֲבָרוֹת לֹא מֻטְעָמוֹת וַהֲבָרָה אַחַת מֻטְעֶמֶת אַחֲרֵיהֶן)
sponge /spʌndʒ/ n.
1 (absorbent substance for washing) סְפוֹג
□ *he threw in* (or *up*) *the sponge* (*colloq.*) הוּא נִכְנַע, הוּא הוֹדָה בִּתְבוּסָתוֹ
2 (kind of cake) עוּגַת סְפוֹג (מֵעֵין עוּגַת ״טוֹרְט״ קַלָּה)
jam sponge עוּגַת סְפוֹג עִם (שִׁכְבַת) רִבָּה
3 (marine animal) סְפוֹג
—v.t.
1 (clean with sponge) נִגֵּב בִּסְפוֹג, נִקָּה בִּסְפוֹג
□ *he sponged down the car to remove the suds* הוּא נִגֵּב אֶת הַמְּכוֹנִית בִּסְפוֹג כְּדֵי לְסַלֵּק אֶת בּוּעוֹת הַסַּבּוֹן
□ *the name had been sponged from his memory* (*formal*) הַשֵּׁם נִמְחָה מִזִּכְרוֹנוֹ
2 (get money, etc., *derog.*) ״שְׁנוֹרֵר״
□ *I saw him sponge a fiver from a friend* רָאִיתִי אוֹתוֹ מְשַׁנוֹרֵר חֲמִשִּׁיָּה מֵחָבֵר
—v.i.
sponge off (or **on** or **from**) (*derog.*) נִצֵּל, חַי עַל חֶשְׁבּוֹנוֹ
□ *the student sponged on his generous host* הַסְּטוּדֶנְט חַי עַל חֶשְׁבּוֹנוֹ שֶׁל הַמְּאָרֵחַ הַנָּדִיב
sponge bag /ˈspʌndʒ bæg/ n. (*UK*) תִּיק כְּלֵי־רַחְצָה
sponge cake /ˈspʌndʒ keɪk/ n. עוּגַת סְפוֹג (מֵעֵין עוּגַת ״טוֹרְט״ קַלָּה)
sponger /ˈspʌndʒə(r)/ n. (*derog.*) ״שְׁנוֹרֵר״, ״עֲלוּקָה״
spongy /ˈspʌndʒɪ/ adj. סְפוֹגִי, סְפוֹגָנִי
sponsor /ˈspɒnsə(r)/ n. (אִרְגּוּן) מַעֲנִיק חָסוּת, מְמַמֵּן (שֶׁל תָּכְנִית טֶלֶוִיזְיָה וְכַד׳); פַּטְרוֹן
—v.t. הֶעֱנִיק חָסוּת לְ..., מִמֵּן; תָּמַךְ בְּ..., הָיָה פַּטְרוֹן שֶׁל
□ *the motor industry sponsored the Grand Prix* תַּעֲשִׂיַּת הַמְּכוֹנִיּוֹת נָטְלָה תַּחַת חָסוּתָהּ אֶת מֵרוֹץ הַמְּכוֹנִיּוֹת הַבֵּין־לְאֻמִּי (וְסִפְּקָה מִמּוּן)
spontaneous /spɒnˈteɪnɪəs/ adj. סְפּוֹנְטָנִי (מִתְרַחֵשׁ אוֹ פּוֹרֵץ מֵאֵלָיו)
spontaneous combustion הִתְלַקְּחוּת סְפּוֹנְטָנִית, הִדָּלְקוּת מֵעַצְמוֹ
spontaneity /ˌspɒntəˈniːɪtɪ/ n. (*formal*) סְפּוֹנְטָנִיּוּת
spoof /spuːf/ v.t. & n. (*colloq.*) עָשָׂה צְחוֹק מִן..., עָשָׂה פָּרוֹדְיָה עַל; פָּרוֹדְיָה, חִקּוּי לַגְלְגָנִי
spook /spuːk/ n. & v.t. (*colloq.*) שֵׁד (רוּחַ־רְפָאִים); הִפְחִיד
spooky /ˈspuːkɪ/ adj. (*colloq.*) מַפְחִיד נוֹרָא

spool /spu:l/ n. סְלִיל, אַשְׁוָה (לְחוּטִים); גָּלִיל (לְסֶרֶט צִלּוּם)

spoon /spu:n/ n. כַּף, כַּפִּית

□ *she was born with a silver spoon in her mouth* הִיא נוֹלְדָה עִם כַּפִּית כֶּסֶף בַּפֶּה (נוֹלְדָה לְהוֹרִים עֲשִׁירִים) (*fig.*)

—v.t. הֶעֱבִיר בְּכַף, יָצַק בְּכַף, לָקַח בְּכַף

spoonerism /ˈspu:nərɪzəm/ n. חִלּוּף מְשַׁעֲשֵׁעַ שֶׁל הָאוֹתִיּוֹת הָרִאשׁוֹנוֹת שֶׁל שְׁתֵּי מִלִּים ("צְחָה וּבָחַק")

spoon-feed /ˈspu:n-fi:d/ adj. הֶאֱכִיל בְּכַפִּית (גַּם בְּהַשְׁאָלָה)

spoonful /ˈspu:nfʊl/ n. (מְלוֹא) כַּף

spoor /spɔ:(r)/ n. עִקְּבוֹת (שֶׁל חַיָּה, אָדָם וְכַד')

sporadic /spəˈrædɪk/ adj. חֲסַר־קְבִיעוּת, סְפּוֹרָדִי, מִתְרַחֵשׁ לְעִתִּים

spore /spɔ:(r)/ n. נֶבֶג (מֵעֵין זֶרַע חַד־תָּאִי הַמְשַׁמֵּשׁ לְרִבִּיָּה אַל־מִינִית, כְּגוֹן שֶׁל פִּטְרִיּוֹת)

sporran /ˈspɒrən/ n. אַרְנָק פַּרְוָה מָסָרְתִּי סְקוֹטִי (שֶׁלּוֹבֵשׁ גֶּבֶר בַּחֲזִית הַחֲצָאִית שֶׁלּוֹ)

sport /spɔ:t/ n.

1 (outdoor game or exercise) סְפּוֹרְט

2 (cheerful, etc. person, *colloq.*) "בָּחוּר טוֹב", אָדָם הַיּוֹדֵעַ לְהַפְסִיד

3 □ *good on you, sport!* (*Austral.*) יָפֶה! טוֹב מְאֹד! (קְרִיאַת עִדּוּד וְאַהֲדָה לְאָדָם)

4 (in *pl.*, meeting for sport) תַּחֲרֻיּוֹת סְפּוֹרְט

school sports תַּחֲרוּת סְפּוֹרְט בְּבֵית־סֵפֶר

5 (fun, amusement, *formal*) שַׁעֲשׁוּעַ, בִּדּוּר, צְחוֹק

—v.i. (*poet.*) הִשְׁתּוֹבֵב, הִשְׁתַּעֲשֵׁעַ

□ *we saw seals sporting in the water* רָאִינוּ כַּלְבֵי יָם מִשְׁתּוֹבְבִים בַּמַּיִם

—v.t. (*colloq.*) הִצִּיג לְרַאֲוָה, הִתְהַדֵּר בְּ...

□ *she sported a college blazer* הִיא הִתְהַדְּרָה בִּבְלֵיזֶר שֶׁל הַקּוֹלֶג'

sporting /ˈspɔ:tɪŋ/ adj.

1 (pertaining to sport) שֶׁל סְפּוֹרְט; שֶׁל צַיִד (כִּסְפּוֹרְט)

sporting dog כֶּלֶב צַיִד

2 (generous, decent; cheerful) הוֹגֵן, נָדִיב, הָגוּן; עַלִּיז

sporting chance הִזְדַּמְּנוּת הוֹגֶנֶת

sportive /ˈspɔ:tɪv/ adj. (*formal*) עַלִּיז, שׁוֹבָבִי

sports car /ˈspɔ:ts kɑ:(r)/ n. מְכוֹנִית־סְפּוֹרְט

sports day /ˈspɔ:ts deɪ/ n. יוֹם־סְפּוֹרְט

sports jacket /ˈspɔ:ts ˌdʒækɪt/ n. זָ'קֶט סְפּוֹרְטִיבִי (מְטֻוָּיד וְכַד', לְאֵרוּעִים לֹא רִשְׁמִיִּים)

sportsman /ˈspɔ:tsmən/ n. סְפּוֹרְטַאי; סְפּוֹרְטַאי הוֹגֵן

sportsmanlike /ˈspɔ:tsmənlaɪk/ adj. בַּעַל הֲגִינוּת סְפּוֹרְטִיבִית

sportsmanship /ˈspɔ:tsmənʃɪp/ n. סְפּוֹרְטִיבִיּוּת; הֲגִינוּת (בִּסְפּוֹרְט)

sportswoman /ˈspɔ:tswʊmən/ n. סְפּוֹרְטָאִית

sporty /ˈspɔ:tɪ/ adj. (*colloq.*) סְפּוֹרְטִיבִי

spot /spɒt/ n.

1 (particular place) מָקוֹם (מְסֻיָּם), נְקֻדָּה

beauty spot אֲתַר טֶבַע יְפֵהפֶה, "נְקֻדַּת חֵן"

black spot נְקֻדָּה מוּעֶדֶת לְתְאוּנוֹת דְּרָכִים/לְאֵרוּעִים לֹא נְעִימִים

radio (or **TV**) **spot** "פִּנָּה" (בְּשִׁדּוּר, הַשְּׁמוּרָה לִפְלוֹנִי)

spot check בְּדִיקַת־מִדְגָּם, בְּדִיקָה בְּאַקְרַאי; בְּדִיקַת־פֶּתַע

tight spot (*colloq.*) מַצָּב קָשֶׁה, מַצָּב מְסֻבָּךְ

weak spot נְקֻדַּת תֻּרְפָּה, חֻלְשָׁה

□ *your questions put me on the spot* הַשְּׁאֵלוֹת שֶׁלְּךָ חִיְּבוּ אוֹתִי לַעֲנוֹת (וְלֹא הָיָה לִי זְמַן לִמְצֹא תֵּרוּץ)

□ *let's contact our man on the spot* בּוֹאוּ וְנִיצוֹר קֶשֶׁר עִם הָאִישׁ שֶׁלָּנוּ בִּמְקוֹם הָאֵרוּעַ (נֶאֱמַר לְמָשָׁל בְּעֵת שִׁדּוּר בָּרַדְיוֹ)

□ *your request has put him in a bit of a spot* (*colloq.*) בַּקָּשָׁתְךָ הִכְנִיסָה אוֹתוֹ לְצָרָה (גָּרְמָה לוֹ קְשָׁיִים)

□ *he has a soft spot for her* (*colloq.*) יֵשׁ לוֹ חִבָּה מְיֻחֶדֶת כְּלַפֶּיהָ

□ *her answer was spot on* (*colloq.*) הַתְּשׁוּבָה שֶׁלָּהּ קָלְעָה "בּוּל"

2 (mark) נְקֻדָּה, כֶּתֶם; רְבַב (לִכְלוּךְ); חֲבַרְבּוּרָה (עַל גּוּף בַּעַל חַיִּים)

□ *he was wearing a blue tie with pink spots* הוּא לָבַשׁ עֲנִיבָה כְּחֻלָּה עִם נְקֻדּוֹת וְרֻדּוֹת

□ *you can knock spots off him* (*colloq.*) אַתָּה יָכוֹל לְנַצֵּחַ אוֹתוֹ בְּקַלּוּת

□ *she came through without a spot on her reputation* הִיא יָצְאָה מִן הָעִנְיָן כְּשֶׁשְּׁמָהּ לְלֹא־רְבָב

3 (pimple) פִּצְעוֹן (עַל עוֹר הַפָּנִים), חֲטָט

□ *she had chicken-pox and was covered in spots* הִיא חָלְתָה בְּאֲבַעְבּוּעוֹת וּפָנֶיהָ הִתְכַּסּוּ כְּתָמִים

4 (small quantity, *colloq.*) "טִפָּה", קָרְטוֹב

□ *he's in a spot of bother* הוּא קְצָת בְּצָרוֹת

□ *let's do a spot of housework* בּוֹא וְנַעֲשֶׂה קְצָת נִקָּיוֹן בַּבַּיִת

—v.t.

1 (recognize, *colloq.*) הִבְחִין בְּ..., זִהָה אֶת (מִמֶּרְחָק)

spot the difference "זַהֵה אֶת הַהֶבְדֵּלִים" (מֵעֵין חִידוֹן)

□ *she spotted him immediately* הִיא הִבְחִינָה בּוֹ מִיָּד (בְּתוֹךְ הֶהָמוֹן), הִיא אִתְּרָה אוֹתוֹ מִיָּד

2 (mark with spots) צִיֵּר נְקֻדּוֹת עַל, סִמֵּן נְקֻדּוֹת עַל

3 (cover at intervals, usu. in pass.)

□ *the hillsides were spotted with sheep* כְּבָשִׂים הָיוּ פְּזוּרִים עַל גַּבֵּי הַגְּבָעוֹת

4 (harm character of a person) הִכְתִּים, הֵטִיל כֶּתֶם עַל (אָפְיוֹ שֶׁל פְּלוֹנִי וְכַד')

—v.i. (גֶּשֶׁם) טִפְטֵף

□ *it's spotting with rain* מְטַפְטֵף גֶּשֶׁם, יֵשׁ טִפְטוּף שֶׁל גֶּשֶׁם

spotless /ˈspɒtlɪs/ adj. לְלֹא רְבָב (בְּמוּבָן "נָקִי" וְגַם בְּהַשְׁאָלָה)

spotlight /ˈspɒtlaɪt/ n. פַּנָּס "סְפּוֹט" (הַמֵּטִיל אֲלֻמָּה מְמֻקֶּדֶת); (בְּהַשְׁאָלָה) "אוֹר-הַזַּרְקוֹרִים"

□ *she likes to be in the spotlight* הִיא אוֹהֶבֶת לְהִמָּצֵא בְּאוֹר הַזַּרְקוֹרִים/בְּמֶרְכַּז תְּשׂוּמַת-הַלֵּב

—v.t. מִקֵּד אֶת תְּשׂוּמַת הַלֵּב עַל, "הֵאִיר"

spotted /ˈspɒtɪd/ adj. מְנֻקָּד, עִם נְקֻדּוֹת; מְנֻמָּר; מְכֻתָּם (מְלֻכְלָךְ)

spotted dick (*UK*) מִין עוּגָה מְתוּקָה עִם צִמּוּקִים

spotted tie עֲנִיבָה עִם נְקֻדּוֹת

spotter /ˈspɒtə(r)/ n.

train spotter אָדָם שֶׁתַּחְבִּיבוֹ צְפִיָּה בְּרַכָּבוֹת

spotty /ˈspɒtɪ/ adj. מְכֻסֶּה פִּצְעוֹנִים

spouse /spaʊs/ n. (*formal*) בֶּן-זוּג, בַּת-זוּג (בַּעַל אוֹ אִשָּׁה)

spout /spaʊt/ n.

1 (outlet pipe of nozzle) זַרְבּוּבִית, "צ'וּפְּצִ'יק" (שֶׁל קֻמְקוּם)

□ *his work is up the spout* (*UK colloq.*) כָּל מָה שֶּׁהוּא עָשָׂה "הָלַךְ"

□ *she is up the spout* (*UK colloq.*) הִיא בְּהֵרָיוֹן

2 (jet) סִילוֹן, קִלּוּחַ עַז

—v.t.

1 (discharge forcibly) הִתִּיז בְּקִלּוּחַ עַז

□ *we could see a broken pipe spouting water* יָכֹלְנוּ לְהַבְחִין בְּצִנּוֹר שֶׁנִּבְקַע וְהִתִּיז סִילוֹן שֶׁל מַיִם

2 (speak, *colloq.*) פָּלַט (מִלִּים)

□ *he spouted unwanted advice all evening* כָּל הָעֶרֶב הוּא פָּלַט עֵצוֹת מִבְּלִי שֶׁאַף אֶחָד בִּקֵּשׁ זֹאת מִמֶּנּוּ

—v.i. הִתִּיז קִלּוּחַ עַז, הִתִּיז סִילוֹן

sprain /spreɪn/ v.t. נָקַע (פֶּרֶק בַּיָּד, בָּרֶגֶל); מָתַח (שְׁרִיר)

—n. נֶקַע (כַּנַּ"ל); מְתִיחַת שְׁרִיר

sprang /spræŋ/ past of **spring**

sprat /spræt/ n. שְׁפְּרוֹט, סַלְתָּנִית (מִין סַרְדִּין)

a sprat to catch a mackerel (*fig.*) הַשְׁקָעָה קְטַנָּה בְּתִקְוָה לְפִצּוּי גָּדוֹל

sprawl /sprɔːl/ v.i.

1 (lie with arms and legs spread out) הִשְׂתָּרֵעַ, הִתְפַּרְקֵד

2 (be spread out over a wide area) הִשְׂתָּרֵעַ, הָיָה פָּרוּשׂ עַל פְּנֵי

—v.t. פָּרַשׂ (אֶת אֵבָרָיו, תּוֹךְ כְּדֵי הִתְפַּרְקְדוּת וְכַד')

—n. הִשְׂתָּרְעוּת, הִתְפַּרְקְדוּת

urban sprawl בְּנִיָּה פְּרָאִית, בְּנִיָּה-פְּרוּעָה (בְּפַרְבְּרֵי עָרִים)

spray¹ /spreɪ/ v.t. & i. רִסֵּס; הִתִּיז רְסִיסִים

—n.

1 (liquid in droplet form) רֶסֶס, תַּרְסִיס

2 (dispenser for this) (מְכַל) תַּרְסִיס, "סְפְּרֵי"

3 (an application of spray) רִסּוּס

spray² /spreɪ/ n.

(cluster of flowers or leaves) אֲגֻד-פְּרָחִים (עַל עָנָף); תַּכְשִׁיט בְּצוּרַת אֲגֻד-פְּרָחִים

spray-gun /ˈspreɪ-gʌn/ n. אֶקְדַּח-רִסּוּס, מַרְסֵס (לְצֶבַע וְכַד')

spread /spred/ (past & past ppl. **spread** /spred/) v.t.

1 (cover the surface of) כִּסָּה, צִפָּה

□ *a meadow spread with daisies* עֵמֶק מְכֻסֶּה חַרְצִיּוֹת

□ *he spread the cloth over the table* הוּא כִּסָּה אֶת הַשֻּׁלְחָן בְּמַפָּה

2 (stretch out, extend) מָרַח (רִבָּה, דְּבַשׁ וְכַד'); פָּרַשׂ

□ *spread butter on bread* מָרַח חֶמְאָה עַל לֶחֶם

□ *the bird spread its wings* הַצִּפּוֹר פָּרְשָׂה אֶת כְּנָפֶיהָ

3 (distribute) פִּזֵּר, חִלֵּק (עַל-פְּנֵי)

□ *the new tax is designed to spread the load* הַמַּס הֶחָדָשׁ נוֹעַד לְחַלֵּק אֶת הַנֵּטֶל (בְּקֶרֶב הַתּוֹשָׁבִים)

4 (make widely known or felt) הֵפִיץ

spread the news הֵפִיץ אֶת הַחֲדָשׁוֹת

—v.i.

1 (become dispersed) הִתְפַּשֵּׁט, פָּשַׁט, נָפוֹץ

□ *the rumour spread quickly* הַשְּׁמוּעָה נָפוֹצָה בִּמְהִירוּת

2 (cover a greater area) הִתְפַּשֵּׁט

□ *the forest spreads as far as the river* הַיַּעַר מִתְפַּשֵּׁט עַד לַנָּהָר

3 (have the quality of being applied by knife, brush, etc.) נִמְרַח

□ *cold butter doesn't spread well* קָשֶׁה לִמְרֹחַ חֶמְאָה קָרָה, חֶמְאָה קָרָה לֹא נִמְרַחַת טוֹב

—n.

1 (paste for putting on bread) מִמְרָח

cheese spread מִמְרַח-גְּבִינָה

chocolate spread מִמְרַח-שׁוֹקוֹלָד

2 (extent, span) הֶקֵּף; מֻטָּה

double-page spread מַאֲמָר/תְּמוּנָה עַל שְׁנֵי עַמּוּדִים זֶה מוּל זֶה

□ *the spread of the glider's wings is 15 m* מֻטַּת הַכְּנָפַיִם שֶׁל הַדָּאוֹן הִיא 15 מֶטֶר

3 (expansion, distribution) הִתְפַּשְּׁטוּת, הִתְרַחֲבוּת; תְּפוּצָה, הֲפָצָה

middle-age spread (*joc.*) הַשְׁמָנָה שֶׁל גִּיל הָעֲמִידָה (אֵצֶל גְּבָרִים וְנָשִׁים)

□ *his book encouraged the spread of knowledge* הַסֵּפֶר שֶׁלּוֹ עוֹדֵד אֶת הִתְפַּשְּׁטוּת הַדַּעַת

4 (lavish meal, *colloq.*) "אֲרוּחָה בְּרִיאָה", "חֲפְלָה"

□ *what a spread!* אֵיזוֹ אֲרוּחָה!

spread-eagle /ˌspred-ˈiːg(ə)l/ adj. בְּיָדַיִם וְרַגְלַיִם פְּשׁוּטוֹת

spreadsheet /ˈspredʃiːt/ n. (*Comput.*) תָּכְנָה עִסְקִית לְעִבּוּד נְתוּנִים מִסְפָּרִיִּים (הַכְנָסוֹת, מַס וְכַד׳)

spree /spriː/ n. (*colloq.*) ״הִלּוּלָה״ (שֶׁל קְנִיּוֹת, שְׁתִיָּה וְכַד׳)

□ *she went on a shopping spree* הִיא יָצְאָה לְהִלּוּלָה שֶׁל קְנִיּוֹת

sprig /sprɪg/ n. נֵצֶר, זַלְזַל, עָנָף רַךְ

sprightly /ˈspraɪtlɪ/ adj. עַלִּיז, שׁוֹפֵעַ חִיּוּת, פְּעַלְתָּנִי

spring /sprɪŋ/ (past & past ppl. **sprang** /spræŋ/, past ppl. **sprung** /sprʌŋ/) v.i.

1 (leap, move rapidly) נִתֵּר, דִּלֵּג; זִנֵּק, קָפַץ

□ *he suddenly sprang up from his seat* הוּא זִנֵּק לְפֶתַע מִמּוֹשָׁבוֹ

□ *the branch sprang back and hit me* הֶעָנָף קָפַץ לְאָחוֹר וּפָגַע בִּי

2 (originate) יָצָא מ...., צָמַח מ...., נָבַע מ....

□ *he sprang from royal blood* מוֹצָאוֹ הָיָה מִמִּשְׁפַּחַת הַמְּלוּכָה

□ *a breeze is springing up* רוּחַ (יָם) מְמַשְׁמֶשֶׁת וּבָאָה, מַתְחִילָה לִנְשֹׁב רוּחַ

3 (open or close as if by a spring) נִפְתַּח/נִסְגַּר בִּקְפִיצָה

□ *the box sprang open* הַתֵּבָה נִפְתְּחָה בִּקְפִיצָה

—v.t.

1 (say or do suddenly)

spring a trap הִפְעִיל מַלְכֹּדֶת, שִׁחְרֵר אֶת הַקְּפִיץ שֶׁל מַלְכֹּדֶת

□ *let's spring a surprise on them* בּוֹא וְנִזְרֹק עֲלֵיהֶם הַפְתָּעָה

2 (help escape or release, *colloq.*) הִבְרִיחַ (אֶת פְּלוֹנִי מִן הַכֶּלֶא וְכַד׳)

□ *we planned to spring a convict from prison* תִּכְנַנּוּ לְהַבְרִיחַ אָסִיר הַחוּצָה מִבֵּית־הַכֶּלֶא

3 (of wood, split or crack) שָׁבַר, סָדַק

□ *the strong wind sprang the mast* הָרוּחַ הָעַזָּה שָׁבְרָה אֶת הַתֹּרֶן

4 spring a leak (כְּלִי שַׁיִט) הִתְחִיל לְהִתְמַלֵּא בְּמַיִם (בְּשֶׁל נְזִילָה)

—n.

1 (season) אָבִיב

spring fever (*fig.*) מַצַּב־רוּחַ שֶׁל הִתְרַגְּשׁוּת; מַצָּב שֶׁל יַשְׁנוּנִיּוּת

2 (elastic or metal device) קְפִיץ

spring mattress מִזְרַן־קְפִיצִים

3 (source of water, etc.) מַעְיָן

4 (leap, jump) נִתּוּר, קְפִיצָה, זִנּוּק

5 (elasticity) קְפִיצִיּוּת, גְּמִישׁוּת

□ *this mattress has plenty of spring* הַמִּזְרָן הַזֶּה קְפִיצִי מְאֹד

springboard /ˈsprɪŋ-bɔːd/ n. קֶרֶשׁ־קְפִיצָה, מַקְפֵּצָה (לִצְלִילָה בְּמַיִם); (בְּהַשְׁאָלָה) נְקֻדַּת־זִנּוּק, ״קֶרֶשׁ קְפִיצָה״

□ *this job is a springboard to a higher post* תַּפְקִיד זֶה הוּא קֶרֶשׁ־קְפִיצָה לְמִשְׂרָה גְּבוֹהָה יוֹתֵר

springbok /ˈsprɪŋbɒk/ n. צְבִי־הַסְּלָעִים

spring chicken /ˌsprɪŋ ˈtʃɪkɪn/ n. (*colloq.*)

□ *she's no spring chicken* הִיא כְּבָר לֹא בַּת שֵׁשׁ־עֶשְׂרֵה

spring-clean /sprɪŋ-ˈkliːn/ v.t. עָרַךְ נִקּוּי יְסוֹדִי, עָרַךְ ״נִקּוּי פֶּסַח״

spring-cleaning /ˌsprɪŋ-ˈkliːnɪŋ/ n. נִקּוּי יְסוֹדִי

spring onion /sprɪŋ ˈʌnjən/ n. בָּצָל יָרֹק, בְּצַלְצוּל

spring roll /sprɪŋ ˈrəʊl/ n. ״אֶגְרוֹל״ (כִּיס בָּצֵק מְטֻגָּן וּבוֹ יְרָקוֹת, בָּשָׂר וְכַד׳)

springtime /ˈsprɪŋtaɪm/ n. עוֹנַת הָאָבִיב, אָבִיב

springy /ˈsprɪŋɪ/ adj. קְפִיצִי, גָּמִישׁ

sprinkle /ˈsprɪŋk(ə)l/ v.t. הִזָּה, הִתִּיז, זִלֵּף; בָּזַק (מֶלַח, סֻכָּר)

—n. טִפְטוּף; קֻמְצוּץ (סֻכָּר, מֶלַח וְכַד׳)

sprinkler /ˈsprɪŋklə(r)/ n. מַמְטֵרָה (לְדֶשֶׁא וְכַד׳); מַזְלֵף חֵרוּם (בְּתִקְרַת חֶדֶר, לְמִקְרֵה שְׂרֵפָה)

sprinkling /ˈsprɪŋklɪŋ/ n. טִפְטוּף; מְעַט, קֹמֶץ; קֻמְצוּץ (סֻכָּר, מֶלַח וְכַד׳)

□ *only a sprinkling of people attended* נָכְחוּ רַק קֹמֶץ אֲנָשִׁים

sprint /sprɪnt/ v.i. רָץ בִּמְהִירוּת (לְמֶרְחַקִּים קְצָרִים), עָשָׂה ״סְפְּרִינְט״

—n. מֵרוֹץ (לְמֶרְחָק קָצָר), מֵאוּץ; ״סְפְּרִינְט״ (זִנּוּק וְרִיצָה מְהִירָה)

sprinter /ˈsprɪntə(r)/ n. אָצָן (רָץ לְמֶרְחַקִּים קְצָרִים)

sprite /spraɪt/ n. פֵּיָה קְטַנָּה וְשׁוֹבָבָה

sprocket /ˈsprɒkɪt/ n.

1 (toothed wheel, also **sprocket-wheel**) גַּלְגַּל־שִׁנַּיִם (לְשַׁרְשֶׁרֶת, בְּאוֹפַנַּיִם וְכַד׳)

2 (tooth) שֵׁן (בְּגַלְגַּל־שִׁנַּיִם)

sprog /sprɒg/ n. (*UK sl.*) ״הַיֶּלֶד״, ״הַקָּטָן״ (כִּנּוּי לְיֶלֶד לִפְנֵי שֶׁנּוֹלַד)

sprout /spraʊt/ v.t. & i. הֵנִבִיט (צֶמַח); הִצְמִיחַ (זָקָן, קַרְנַיִם וְכַד׳); נָבַט (צֶמַח); (בְּהַשְׁאָלָה) צָץ, הוֹפִיעַ פִּתְאֹם

—n.

1 (new growth on a plant) נֶבֶט

2 (in pl., Brussels sprouts) כְּרוּב־נִצָּנִים

spruce[1] /spruːs/ n. אַשּׁוּחַ, אַשּׁוּחִית (סוּג שֶׁל עֵץ מַחַט)

spruce[2] /spruːs/ adj. מְסֻדָּר וּמְצֻחְצָח, הָדוּר (בִּלְבוּשׁוֹ, בְּהוֹפָעָתוֹ)

—v.t. & i.

spruce up (*colloq.*) סִדֵּר (אֶת הַלְּבוּשׁ); הִתְלַבֵּשׁ בְּהִדּוּר; סִדֵּר אֶת לְבוּשׁוֹ

□ *she spruced herself up for the dinner* הִיא סִדְּרָה אֶת לְבוּשָׁהּ לִקְרַאת הָאֲרוּחָה

sprung /sprʌŋ/ past ppl. of **spring**

spry /spraɪ/ adj. נִמְרָץ, בַּעַל מֶרֶץ, פָּעִיל (לָרֹב לְגַבֵּי אֲנָשִׁים בְּגִיל מְבֻגָּר)

spud /spʌd/ n. (*colloq.*) תַּפּוּחַ-אֲדָמָה, תַּפּוּ"ד

spume /spjuːm/ n. (*poet.*) קֶצֶף

spun /spʌn/ past & past ppl. of **spin**

spunk /spʌŋk/ n.
1 (courage, spirit) אֹמֶץ, "דָּם", "פִּלְפֵּל"
2 (semen, *UK vulg.*) "שְׁפִיךְ"

spur /spɜː(r) n.
1 (stimulus or incentive) דַּחַף
on the spur of the moment מִתּוֹךְ דַּחַף רִגְעִי, בְּהַחְלָטָה רִגְעִית
2 (pointed object worn on horse-rider's heel) דָּרְבָן (עַל עָקֵב מַגַּף בּוֹקְרִים)
3 (projecting hill) גִּבְעָה (הַמִּשְׁתַּפֶּלֶת מֵהַר גָּבוֹהַּ יוֹתֵר)
—v.t. דִּרְבֵּן; הֵמְרִיץ, זֵרֵז
□ *ambition spurs her on* הָאַמְבִּיצְיָה מְדַרְבֶּנֶת אוֹתָהּ

spurious /ˈspjʊərɪəs/ adj. (*formal*) מְזֻיָּף, כּוֹזֵב (טִעוּן, רֶגֶשׁ); מְפֻקְפָּק

spurn /spɜːn/ v.t. (*formal*) דָּחָה בְּשָׁאט-נֶפֶשׁ, דָּחָה בְּבוּז

spurt /spɜːt/ v.i. (also **spirt**) פָּרַץ בְּסִילוֹן, פָּרַץ "בְּשִׁפְרִיץ"
—n. פֶּרֶץ (כַּנַּ"ל); מַאֲמָץ מְגֻבָּר, מַאֲמָץ נִמְרָץ
□ *the horse put on a spurt as it neared the winning-post* הַסּוּס פָּרַץ קָדִימָה בִּמְהִירוּת כְּשֶׁהִתְקָרֵב לִנְקֻדַּת-הַסִּיּוּם

sputter /spʌtə(r)/ v.i.
1 (emit spitting or explosive sounds) רָחַשׁ, הִשְׁמִיעַ קוֹלוֹת נֶפֶץ וְהִתָּזָה
□ *the sausages were sputting in the frying-pan* הַנַּקְנִיקִיּוֹת רָחֲשׁוּ בַּמַּחֲבַת
2 (speak in a hurried way) דִּבֵּר בְּגִמְגּוּם וּבִירִיקָה
□ *he was sputtering with embarrassment* בְּשֶׁל הַבּוּשָׁה הוּא דִּבֵּר בְּגִמְגּוּמִים וּבִירִיקוֹת
—v.t.
1 (eject with spitting sounds) יָרַק, פָּלַט
□ *he talked and sputtered particles of food towards me* הוּא דִּבֵּר וְיָרַק פֵּרוּרֵי מָזוֹן לְעֶבְרִי
2 (say hastily) אָמַר בְּגִמְגּוּם וּבִירִיקָה
□ *he sputtered a few words* הוּא אָמַר כַּמָּה מִלִּים בְּגִמְגּוּם וּבִירִיקוֹת
—n. קוֹלוֹת רַחַשׁ (שֶׁל שֶׁמֶן רוֹתֵחַ וְכַד')

sputum /ˈspjuːtəm/ n. (*Med.*) כִּיחַ, לֵחָה

spy /spaɪ/ n. מְרַגֵּל
—v.t. (*formal*) הִבְחִין בְּ..., גִּלָּה
I spy מִשְׂחַק חִידוֹת וְנִחוּשִׁים ("אֲנִי רוֹאֶה בַּחֶדֶר מַשֶּׁהוּ שֶׁמַּתְחִיל בָּאוֹת "ב"" וְכַד')
□ *we spied a house in the distance* הִבְחַנּוּ בְּבַיִת בַּמֶּרְחָק
—v.i. רִגֵּל, עָסַק בְּרִגּוּל; עָקַב אַחֲרֵי
□ *I'm sure my neighbours spy on me* אֲנִי בָּטוּחַ שֶׁהַשְּׁכֵנִים שֶׁלִּי עוֹקְבִים אַחֲרַי

spyglass /ˈspaɪglɑːs/ n. (*Hist.*) טֶלֶסְקוֹפּ קָטָן

squabble /ˈskwɒb(ə)l/ v.i. הִתְקוֹטֵט (עַל דָּבָר שֶׁל מַה-בְּכָךְ), רָב (עַל לֹא-כְלוּם)
—n. מְרִיבָה (עַל לֹא-כְלוּם)

squad /skwɒd/ n. מַחְלָק (בַּמִּשְׁטָרָה), נִבְחֶרֶת (סְפּוֹרְט), יְחִידַת (שׁוֹטְרִים, כַּבָּאִים)
drug squad מִפְלַג הַסַּמִּים, מַחְלַק-הַסַּמִּים (בַּמִּשְׁטָרָה)
firing squad כִּתַּת-יוֹרִים, כִּתַּת-יְרִי (לְהוֹצָאָה לַהוֹרֵג)
squad car נַיֶּדֶת-מִשְׁטָרָה

squadron /ˈskwɒdrən/ n. טַיֶּסֶת (שֶׁל מְטוֹסִים); שַׁיֶּטֶת (שֶׁל סְפִינוֹת)

Squadron Leader /ˈskwɒdrənliːdə(r)/ n. (*Mil.*) מְפַקֵּד טַיֶּסֶת

squalid /ˈskwɒlɪd/ adj. מְזֹהָם, מְטֻנָּף (כְּתוֹצָאָה מֵהַזְנָחָה); נֶאֱלָח

squall /skwɔːl/ v.t. & i. צָוַח, הִשְׁמִיעַ צְוָחָה (פִּתְאֹמִית וְקוֹלָנִית)
—n.
1 (sudden storm) סְעָרָה פִּתְאֹמִית, סוּפַת-פֶּתַע (עִם גֶּשֶׁם)
□ *look out for squalls!* (*fig.*) הִשָּׁמֵר מֵהַפְתָּעוֹת לֹא נְעִימוֹת!
2 (crying out) צְוָחָה, צְוִיחָה (פִּתְאֹמִית וְקוֹלָנִית)
□ *the baby let out a squall* הַתִּינוֹק פָּלַט צְוָחָה

squalor /ˈskwɒlə(r)/ n. זֻהֲמָה (כְּתוֹצָאָה מֵהַזְנָחָה), חֶלְאָה; נִוּוּל

squander /ˈskwɒndə(r)/ v.t. (*derog.*) בִּזְבֵּז, פִּזֵּר (הוֹן)

square /skweə(r)/ adj.
1 (having four equal sides) מְרֻבָּע
square brackets סוֹגְרַיִם מְרֻבָּעִים
2 (*Math.*) רִבּוּעִי
square metre מֶטֶר מְרֻבָּע
square root שֹׁרֶשׁ רִבּוּעִי
3 (honest, satisfactory) הוֹגֵן, הָגוּן
a square deal עִסְקָה הוֹגֶנֶת
a square meal (*colloq.*) אֲרוּחָה שֶׁל מַמָּשׁ, אֲרוּחָה מַשְׂבִּיעָה
□ *if you give me £8, we shall be square* אִם תִּתֵּן לִי 8 לִירוֹת, נִהְיֶה "שָׁוִים"
□ *they met with a square refusal* הֵם נִתְקְלוּ בְּסֵרוּב מֻחְלָט
4 (properly arranged, tidy) מְסֻדָּר
□ *we should get everything square before we leave* עָלֵינוּ לְהַשְׁאִיר הַכֹּל בְּאֹפֶן מְסֻדָּר לִפְנֵי שֶׁנַּעֲזֹב
5 (boring, unfashionable, *sl.*) "מְרֻבָּע"
—adv. יָשָׁר, יְשִׁירוֹת; בְּזָוִית יְשָׁרָה
fair and square בְּיֹשֶׁר וּבַהֲגִינוּת
□ *he hit him square on the jaw* הוּא נָתַן לוֹ מַכַּת אֶגְרוֹף יָשָׁר בַּלֶּסֶת

—n.

1 (four-sided shape or object) רִבּוּעַ (גֵּיאוֹמֶטְרִי); מִשְׁבֶּצֶת (עַל לוּחַ מִשְׂחָק וְכַד׳)

□ *we are back to square one* (*colloq.*) חָזַרְנוּ אֶל הַהַתְחָלָה, אֲנַחְנוּ מַתְחִילִים הַכֹּל מֵחָדָשׁ

2 (open space in town) כִּכָּר, רְחָבָה

market square כִּכַּר הַשּׁוּק

3 (boring, unfashionable person, *sl.*) "מְרֻבָּע"

4 (*Math.*) רִבּוּעַ

T-square זָוִיתוֹן, סַרְגֵּל־זָוִית

□ *49 is the square of 7* 49 הֵם 7 בְּרִבּוּעַ

—v.t.

1 (make square or right-angled) רִבֵּעַ

try to square the circle (*fig.*) נִסָּה "לְרַבֵּעַ אֶת הָעִגּוּל", נִסָּה לַעֲשׂוֹת אֶת הַבִּלְתִּי אֶפְשָׁרִי

2 (adjust, make consistent) יִשֵּׁר, הִסְדִּיר, יִשֵּׁב

square accounts with (*fig.*) "סָגַר אֶת הַחֶשְׁבּוֹן" עִם

□ *you must square your shoulders and face facts* (*fig.*) עָלֶיךָ לְהִתְאַזֵּר בְּאֹמֶץ וְלִרְאוֹת עֻבְדּוֹת כַּהֲוָיָתָן

3 (pay or bribe, *colloq.*) שִׁחֵד, נָתַן שֹׁחַד לְ...

□ *he tried to square the porter* הוּא נִסָּה לְשַׁחֵד אֶת הַשּׁוֹעֵר

4 (multiply number by itself, *Math.*) הֶעֱלָה בְּחֶזְקָה, הֶעֱלָה בְּרִבּוּעַ

□ *three square(d) is nine* שָׁלֹשׁ בְּרִבּוּעַ שָׁוֶה תֵּשַׁע

—v.i.

1 (match or agree) עָלָה בְּקָנֶה אֶחָד (עִם), "הִסְתַּדֵּר" (עִם)

□ *your figures do not square with the accountant's* הַמִּסְפָּרִים שֶׁלְּךָ לֹא מִסְתַּדְּרִים עִם אֵלֶּה שֶׁל רוֹאֵה־הַחֶשְׁבּוֹן

2 (settle bill, etc.) הִסְדִּיר, סָגַר (חֶשְׁבּוֹן וְכַד׳)

□ *it's time we squared up* הִגִּיעַ הַזְּמַן שֶׁנַּסְדִּיר אֶת הַחֶשְׁבּוֹנוֹת

3 □ *the boxer squared up to his opponent* הַמִּתְאַגְרֵף נִצַּב מוּל יְרִיבוֹ בְּאֶגְרוֹפִים נְטוּיִים (מוּכָן לִקְרָב)

squash[1] /skwɒʃ/ v.t.

1 (squeeze, crush) מָעַךְ, מָחַץ

2 (force into silence, etc.) "מָחַץ", הִשְׁתִּיק

□ *he was completely squashed by the remark* הוּא הֻשְׁתַּק לַחֲלוּטִין ע"י הַהֶעָרָה

—v.i. נִדְחַק, נִדְחַף

□ *we squashed into the crowded train* נִדְחַקְנוּ אֶל תּוֹךְ הָרַכֶּבֶת הַדְּחוּסָה

—n.

1 (dense mass or crowd) הָמוֹן דָּחוּס (צָפוּף), קָהָל צָפוּף (בְּמָקוֹם צַר)

2 (game) סְקְווֹשׁ (מִשְׂחָק מַחְבֵּט בְּאוּלָם סָגוּר)

3 (fruit drink, *UK*) תַּרְכִּיז, מִיץ מְמֻתָּק (לָרֹב שֶׁל פְּרִי הָדָר)

squash[2] /skwɒʃ/ n. קָרָא (מֵעֵין דְּלַעַת)

squat /skwɒt/ v.i.

1 (sit on heels; sit) כָּרַע, יָשַׁב בִּשְׁפִיפָה

2 (settle in a place illegally) עָשָׂה "סְקְווֹטִינְג" (פָּלַשׁ לְדִירָה רֵיקָה וְהִשְׁתַּכֵּן בָּהּ)

—adj. גּוּף, שָׁפוּף

—n. דִּירָה שֶׁפָּלְשׁוּ לְתוֹכָהּ וְעוֹשִׂים בָּהּ "סְקְווֹטִינְג"; כְּרִיעָה, יְשִׁיבָה שְׁפוּפָה

squatter /ˈskwɒtə(r)/ n. פּוֹלֵשׁ (לְדִירָה, בְּנִגּוּד לַחֹק), מִתְיַשֵּׁב (בְּאַדְמַת צִבּוּר, לְלֹא רְשׁוּת)

squaw /skwɔː/ n. (*Hist.*) אִשָּׁה אִנְדְּיָאנִית (בִּצְפוֹן אֲמֶרִיקָה)

squawk /skwɔːk/ v.i. צָרַח, צָוַח, הִשְׁמִיעַ צְוָחָה (עוֹף); (בְּהַשְׁאָלָה) הִתְלוֹנֵן בְּקוֹלָנִיּוּת, "יִלֵּל"

—n. צְרִיחָה, צְוָחַת עוֹף (כְּגוֹן תֻּכִּי)

squeak /skwiːk/ v.i. צִיֵּץ (עַכְבָּר, אָדָם); חָרַק (רָהִיט, דֶּלֶת וְכַד׳)

squeak through (*colloq.*) הִצְלִיחַ בְּקֹשִׁי

—n. צִיּוּץ; חֲרִיקָה

□ *they had a narrow squeak* (*colloq.*) הֵם נִצְּלוּ בַּנֵּס

squeaky /ˈskwiːkɪ/ adj. צִיְצָנִי; חוֹרֵק

squeaky clean (*US colloq.*) נָקִי, "מְצֻחְצָח"; לְלֹא רְבָב, לְלֹא דֹּפִי

squeal /skwiːl/ v.i.

1 (make loud shrill noise) צָוַח, יִלֵּל

2 (inform, *sl.*) הִלְשִׁין (עַל), "זִמֵּר"

—n. צְוָחָה, יְלָלָה

squeamish /ˈskwiːmɪʃ/ adj. "בַּעַל קֵבָה רְגִישָׁה" (רָגִישׁ לְמַרְאוֹת לֹא נְעִימִים וְכַד׳)

squeegee /ˈskwiːdʒɪ/ n. מַגֵּב (לִרְצָפוֹת, לֹא מַגֵּב מְכוֹנִית)

squeeze /skwiːz/ v.t. סָחַט, לָחַץ בְּחָזְקָה; נִדְחַק

1 (apply physical pressure) לָחַץ

□ *he squeezed her hand as a sign of affection* הוּא לָחַץ אֶת יָדָהּ כְּאוֹת לְחִבָּה

2 (crowd into a limited area, time, etc.) דָּחַק, דָּחַס

□ *she squeezed as many books on to a shelf as she could* הִיא דָּחֲסָה לַמַּדָּף כַּמָּה סְפָרִים שֶׁרַק יָכְלָה

□ *he squeezed himself into the suit* הוּא נִדְחַק (בְּקֹשִׁי) לְתוֹךְ הַחֲלִיפָה (הַצָּרָה)

3 (extract moisture from) סָחַט

□ *please squeeze the dish-cloth out* תִּסְחַט בְּבַקָּשָׁה אֶת סְמַרְטוּט־הַכֵּלִים

4 (obtain by extortion) סָחַט, "הוֹצִיא"

□ *the blackmailer tried to squeeze more money out of his victim* הַסַּחְטָן נִסָּה לְהוֹצִיא סְכוּמֵי כֶּסֶף נוֹסָפִים מִן הַקָּרְבָּן שֶׁלּוֹ

—v.i. נִדְחַק, נִדְחַף

□ *he tried to squeeze through the crowd* הוּא נִסָּה לְהִדָּחֵף וְלַעֲבֹר דֶּרֶךְ הַקָּהָל

—n. לְחִיצָה (שֶׁל יָד וְכַד׳); סְחִיטָה (שֶׁל לִימוֹן וְכַד׳); "מַצָּב לָחוּץ"

a squeeze of lemon כַּמָּה טִפּוֹת מִיץ לִימוֹן (סְחִיטָה שֶׁל לִימוֹן)
credit squeeze צִמְצוּם הָאַשְׁרַאי, הַגְבָּלַת הָאַשְׁרַאי
a tight squeeze (*colloq.*) דֹּחַק רַב
squeezer /ˈskwiːzə(r)/ n. מַסְחֵטָה (לְפְרִי הָדָר וְכַד׳)
squelch /skweltʃ/ v.i. & t. הִשְׁמִיעַ קוֹלוֹת דִּשְׁדּוּשׁ (בַּהֲלִיכָה בְּבֹץ לְמָשָׁל); "מָחַץ" (טִעוּן וְכַד׳)
—n. קוֹלוֹת דִּשְׁדּוּשׁ וִינִיקָה
squib /skwɪb/ n. נֶפֶץ צַעֲצוּעַ (מֵעֵין זִקּוּק-דִּינוּר הַמַּשְׁמִיעַ שְׁרִיקָה וּפִצּוּץ)
a damp squib (*colloq.*) "נֵפֶל" (נִסָּיוֹן כּוֹשֵׁל)
squid /skwɪd/ n. דְּיוֹנוּן, דַּג-הַדְּיוֹ
squiffy /ˈskwɪfɪ/ adj. (*arch. colloq.*) מְבֻסָּם, שָׁתוּי (בְּמִקְצָת)
squiggle /ˈskwɪg(ə)l/ n. (*colloq.*) קַו מְקֻשְׁקָשׁ, קִשְׁקוּשׁ
squint /skwɪnt/ v.i. מִצְמֵץ בָּעֵינַיִם, הִבִּיט בְּמִצְמוּץ, צִמְצֵם אֶת עֵינָיו
—n. פְּזִילָה; הִתְבּוֹנְנוּת בְּעֵינַיִם מְצֻמְצָמוֹת
have a squint הָיָה בַּעַל פְּזִילָה, הָיָה פּוֹזֵל, פָּזַל
□ *I had a squint at the newspaper* (*colloq.*) חָטַפְתִּי מַבָּט עַל הָעִתּוֹן, הֵצַצְתִּי בָּעִתּוֹן
squire /ˈskwaɪə(r)/ n. בַּעַל-אֲחֻזָּה (רָאשִׁי); נוֹשֵׂא כֵּלִים (שֶׁל אַבִּיר); "יְדִידִי"
□ *well squire, what will you drink?* (*UK colloq.*) וּבְכֵן יְדִידִי, מָה אַתָּה שׁוֹתֶה?
squirm /skwɜːm/ v.i. הִתְפַּתֵּל, פִּרְכֵּס (כִּפְשׁוּטוֹ וְגַם בְּהַשְׁאָלָה, בְּשֶׁל מְבוּכָה וְכַד׳)
squirrel /ˈskwɪrəl/ n. סְנָאִי
squirt /skwɜːt/ v.t. & i. הִתִּיז (סִילוֹן דַּק); הִתִּיז מַיִם עַל; הִשְׁפְּרִיץ
—n.
1 (jet) סִילוֹן (דַּק), קִלּוּחַ (דַּק)
2 (rude, unimportant person, *derog.*) "אֶפֶס"
stab /stæb/ v.t. & i. דָּקַר
a stabbing pain כְּאֵב חַד, כְּאֵב דּוֹקֵר
—n. דְּקִירָה; (בְּהַשְׁאָלָה) נִסָּיוֹן (לַעֲשׂוֹת דְּבַר מָה)
a stab in the back (*fig.*) תְּקִיעַת סַכִּין בַּגַּב (תְּקִיפָה בּוֹגְדָנִית)
□ *I'll have a stab at anything* (*colloq.*) אֲנִי מוּכָן לְנַסּוֹת כָּל דָּבָר
stability /stəˈbɪlɪtɪ/ n. יַצִּיבוּת, סְטַבִּילִיּוּת
stabilization /ˌsteɪbɪlaɪˈzeɪʃ(ə)n/ n. יִצּוּב, סְטַבִּילִיזַצְיָה
stabilize /ˈsteɪbɪlaɪz/ v.t. & i. יִצֵּב, הֶעֱנִיק יַצִּיבוּת לְ...; הִתְיַצֵּב
stabilizer /ˈsteɪbɪlaɪzə(r)/ n. מְיַצֵּב (בִּסְפִינָה); חֹמֶר מְיַצֵּב (בְּמָזוֹן)
stable[1] /ˈsteɪb(ə)l/ adj. יַצִּיב, קָבוּעַ
□ *he's a very stable friend* הוּא חָבֵר יַצִּיב וְנֶאֱמָן
stable[2] /ˈsteɪb(ə)l/ n. אֻרְוָה; קְבוּצַת סוּסֵי-מֵרוֹץ
□ *they're all from the same stable* (*fig.*) כֻּלָּם מֵאוֹתוֹ מוֹצָא (מֵאוֹתוֹ יִחוּס, מַעֲמָד וְכַד׳)
—v.t. הֶחֱזִיק אוֹ שִׁכֵּן (סוּסִים) בְּאֻרְוָה
stable-boy /ˈsteɪb(ə)l-bɔɪ/ n. סַיָּס, נַעַר-אֻרְוָה
stable-girl /ˈsteɪb(ə)l-gɜːl/ n. נַעֲרַת-אֻרְוָה
stabling /ˈsteɪblɪŋ/ n. מָקוֹם בְּאֻרְוָה (לְמִסְפָּר כָּזֶה וְכָזֶה שֶׁל סוּסִים)
staccato /stəˈkɑːtəʊ/ adj. & adv. סְטָקָטוֹ (בִּמְהִירוּת, בִּקְצָרָה וּבִבְהִירוּת, לְגַבֵּי צְלִילִים אוֹ קוֹלוֹת)
stack /stæk/ n.
1 (ordered pile) עֲרֵמָה (שֶׁל חֲפָצִים וְכַד׳, עֲרוּכִים אֶחָד עַל גַּבֵּי הַשֵּׁנִי)
2 (pile of hay) עֲרֵמַת-שַׁחַת
3 (large quantity, *colloq.*) "עֲרֵמָה"
□ *she has stacks of jewellery* יֵשׁ לָהּ "עֲרֵמוֹת" שֶׁל תַּכְשִׁיטִים
4 (chimney) מַעֲשֵׁנָה, אֲרֻבָּה (לְאָח בַּבַּיִת, בְּמִפְעָל וְכַד׳)
5 (rack with shelves stored with books) מַחְסַן הַסְּפָרִים (בַּסִּפְרִיָּה), "הַמַּדָּפִים הַסְּגוּרִים" (שֶׁהַגִּישָׁה אֲלֵיהֶם מֻתֶּרֶת לַסַּפְרָנִים בִּלְבַד)
—v.t.
1 (pile in stacks) סִדֵּר בַּעֲרֵמוֹת, עָרַם
□ *will these chairs stack?* הַאִם אֶפְשָׁר לְסַדֵּר אֶת הַכִּסְאוֹת הָאֵלֶּה אֶחָד עַל גַּבֵּי הַשֵּׁנִי? (הַאִם הֵם בְּנוּיִים כָּךְ שֶׁיִּתְאִימוּ אֶחָד מֵעַל הַשֵּׁנִי לְצֹרֶךְ אִחְסוּן?)
2 (arrange dishonestly, *colloq.*) "סִדֵּר" (קְלָפִים וְכַד׳)
stack the deck "סִדֵּר מֵרֹאשׁ" אֶת חֲפִיסַת הַקְּלָפִים; (בְּהַשְׁאָלָה) אִרְגֵּן דְּבָרִים לְטוֹבָתוֹ (בְּאֹפֶן לֹא-יָשָׁר)
3 (cause aircraft to fly round before landing) שָׂם (מָטוֹס) בַּתּוֹר (לִקְרַאת נְחִיתָה וְכַד׳)
—v.i.
1 (wait in the air before landing) (מָטוֹס) הִמְתִּין בַּתּוֹר לִנְחִיתָה (תּוֹךְ כְּדֵי טִיסָה בְּמַעְגָּל)
2 **stack up against** (*US colloq.*) הָיָה (כָּךְ וְכָךְ) בְּהַשְׁוָאָה לְ...
3 (form a pile) נֶעֱרַם
stadium /ˈsteɪdɪəm/ n. אִצְטַדְיוֹן
staff /stɑːf/ n.
1 (personnel) צֶוֶת, עוֹבְדִים (בִּמְקוֹם עֲבוֹדָה וְכַד׳), סֶגֶל (קְצִינִים, עוֹבְדֵי בֵּית-חוֹלִים וְכַד׳)
Chief of Staff (בְּאַנְגְלִיָּה) קָצִין בָּכִיר הַמְּיַעֵץ לַמְּפַקֵּד; (בְּאַרְהַ"ב) רֹאשׁ הַמַּטֶּה הַכְּלָלִי (רַמְטְכָּ"ל)
editorial staff צֶוֶת הַמַּעֲרֶכֶת, הַמַּעֲרֶכֶת (שֶׁל עִתּוֹן)
general staff (*Mil.*) מַטֶּה כְּלָלִי (מַטְכָּ"ל)
staff nurse אָחוֹת בְּכִירָה (כְּפוּפָה לְאָחוֹת-רָאשִׁית בְּמַחְלָקָה)
2 (stick or pole) מַקֵּל, מַטֶּה; שַׁרְבִיט (טֶקֶס)
3 (*Mus.*) (*pl.* **staves**) אֶחָד מֵחֲמֵשֶׁת קַוֵּי הַחֲמִשָּׁה
—v.t. גִּיּוּס צֶוֶת לְ...
stag /stæg/ n. צְבִי, אַיָּל
stage /steɪdʒ/ n.
1 (raised platform) בָּמָה, בִּימָה
the stage (*fig.*) הַבִּימָה, עוֹלַם הַתֵּיאַטְרוֹן; מִקְצוֹעַ הַתֵּיאַטְרוֹן; אֳמָנוּת הַמִּשְׂחָק

stage directions הוֹרָאוֹת־בִּמּוּי
stage door כְּנִיסָה לְשַׂחְקָנִים
stage fright פַּחַד־בָּמָה
stage-hand עוֹזֵר־בָּמָה
stage manager מְנַהֵל־בָּמָה
stage name שֵׁם מִקְצוֹעִי (שֶׁעִמּוֹ מוֹפִיעַ אָמָּן)

2 (circumstances for an event) זִירָה, זִירַת הָאֵרוּעִים
□ *she set the stage for a confrontation* הִיא הֵכִינָה אֶת הַתְּנָאִים לְהִתְנַגְּשׁוּת, הִכְשִׁירָה אֶת הַקַּרְקַע לְעִמּוּת

3 (level or period in development) שָׁלָב
by easy stages שָׁלָב אַחַר שָׁלָב, צַעַד אַחַר צַעַד
□ *she has reached a critical stage in her career* הִיא הִגִּיעָה לְשָׁלָב מַכְרִיעַ בַּקַּרְיֵרָה שֶׁלָּהּ

—v.t. הֶעֱלָה (הַצָּגָה) עַל הַבָּמָה; "בִּיֵּם" (אֵרוּעַ שֶׁהִתְרַחֵשׁ כְּבְיָכוֹל בְּאֹפֶן טִבְעִי); אִרְגֵּן
□ *he staged a nervous breakdown* (*derog.*) הוּא בִּיֵּם הִתְמוֹטְטוּת עֲצַבִּים
□ *the union staged a one-day strike* הָאִגּוּד הַמִּקְצוֹעִי עָרַךְ הַפְגָּנָה לְיוֹם אֶחָד

stage-coach /ˈsteɪdʒ-kəʊtʃ/ n. (*Hist.*) מֶרְכָּבָה (רְתוּמָה לְסוּסִים, לְדֹאַר וְלִנוֹסְעִים)

stage-struck /ˈsteɪdʒ-strʌk/ adj. נָגוּעַ בְּתַאֲוַת הַמִּשְׂחָק, לָהוּט לִהְיוֹת שַׂחְקָן

stage whisper /ˌsteɪdʒ ˈwɪspə(r)/ n. לְחִישָׁה בְּקוֹל (שֶׁהַכֹּל יְכוֹלִים לִשְׁמֹעַ)

stagger /ˈstægə(r)/ v.i. הִתְנוֹדֵד, הִתְנַדְנֵד
□ *she staggered and fell* הִיא הִתְנוֹדְדָה וְנָפְלָה

—v.t.
1 (amaze, shock) הִדְהִים, זִעְזַע
□ *I was staggered by his success* נִדְהַמְתִּי לִשְׁמֹעַ עַל הַצְלָחָתוֹ

2 (arrange so as not to happen at the same time) אִרְגֵּן (חֻפְשָׁה וְכַד׳) כָּךְ שֶׁלֹּא תִּהְיֶה חֲפִיפָה (בִּזְמַן)
staggered holidays חֻפְשׁוֹת מְפֻזָּרוֹת (כַּנַּ"ל)

—n. הִתְנוֹדְדוּת, הִתְנַדְנְדוּת
□ *he picked up the suitcase and set off with a stagger* הוּא הֵרִים אֶת הַמִּזְוָדָה וְיָצָא בְּנִדְנוּד לְדַרְכּוֹ

staging /ˈsteɪdʒɪŋ/ n. הַעֲלָאַת מַחֲזֶה עַל הַבָּמָה

stagnant /ˈstægnənt/ adj. בְּמַצָּב שֶׁל קִפָּאוֹן, לְלֹא הִתְפַּתְּחוּיוֹת; (מַיִם) עוֹמְדִים (וּדְלוּחִים)

stagnate /stægˈneɪt/ v.i. (הִתְקַדְּמוּת, פִּתּוּחַ) נֶעֱצַר, "קָפָא"

stagnation /stægˈneɪʃ(ə)n/ n. קִפָּאוֹן, קְפִיאָה עַל שְׁמָרִים, סְטַגְנַצְיָה

stag-party /ˈstæg-pɑːtɪ/ n. מְסִבַּת גְּבָרִים לֶחָתָן וְלַחֲבֵרָיו בַּיּוֹם שֶׁלִּפְנֵי הַחֲתֻנָּה

stagy /ˈsteɪdʒɪ/ adj. (also **stagey**) מְבֻיָּם, תֵּיאַטְרָלִי (מֻגְזָם)

staid /steɪd/ adj. (*derog.*) שַׁמְרָנִי וַחֲסַר־בָּרָק

stain /steɪn/ v.t. & i. הִכְתִּים; צָבַע (עֵץ) בְּפוֹלִיטוּרָה; (בֶּגֶד, שָׁטִיחַ) קִבֵּל כְּתָמִים (בְּקַלּוּת, שֶׁלֹּא־בְּקַלּוּת וְכַד׳)
stained glass window חַלּוֹן וִיטְרָז׳

—n.
1 (dirty mark) כֶּתֶם; (בְּהַשְׁאָלָה) "כֶּתֶם" (עַל אָפִי וְכַד׳)
2 (colouring) צֶבַע (טִבְעִי) לְעֵץ, פוֹלִיטוּרָה; חֹמֶר צְבִיעָה (לְדֻגְמָה מִיקְרוֹסְקוֹפִּית)

stainless /ˈsteɪnlɪs/ adj. (פְּלָדָה) אַל־חֶלֶד; לְלֹא רְבָב (אֹפִי וְכַד׳)
stainless steel פְּלָדַת אַל־חֶלֶד, נִירוֹסְטָה
□ *he is of stainless character* (*poet.*) אָפְיוֹ לְלֹא דֹּפִי

stair /steə(r)/ n. מַדְרֵגָה
□ *I went up* (or *down*) *the stairs* עָלִיתִי/יָרַדְתִּי בַּמַּדְרֵגוֹת
□ *the top stair is broken* הַמַּדְרֵגָה הָעֶלְיוֹנָה שְׁבוּרָה

staircase /ˈsteəkeɪs/ n. מַדְרֵגוֹת, גֶּרֶם־מַדְרֵגוֹת

stairway /ˈsteəweɪ/ n. מַדְרֵגוֹת, גֶּרֶם־מַדְרֵגוֹת

stairwell /ˈsteəwel/ n. חֲדַר־מַדְרֵגוֹת

stake[1] /steɪk/ n. מוֹט, כְּלוֹנָס
□ *the dog was tied by a rope to a nearby stake* הַכֶּלֶב הָיָה קָשׁוּר בְּחֶבֶל לְמוֹט שֶׁהָיָה בַּקַּרְקַע בְּקִרְבַת־מָקוֹם
□ *the heretic was burned at the stake* הַכּוֹפֵר הֹעֲלָה עַל הַמּוֹקֵד

—v.t.
1 (secure with stakes) חִבֵּר/חִזֵּק בְּמוֹטוֹת
2 **stake a claim** הִצְהִיר עַל זְכוּתוֹ (לְדָבָר מָה)
stake out (*colloq.*) הִגְדִּיר אֶת הַתְּחוּם (שֶׁל תְּבִיעָה וְכַד׳)

stake[2] /steɪk/ n.
1 (sum of money wagered, interest) סְכוּם הַהִמּוּר; עִנְיָן
□ *we all have a stake in the company* לְכֻלָּנוּ יֵשׁ חֵלֶק בַּחֶבְרָה (וְעִנְיָן בְּמַצָּבָהּ)
□ *there's a great deal at stake* מְדֻבָּר כָּאן בְּסִכּוּנִים גְּדוֹלִים
2 (in *pl.*, race or its prize money) מֵרוֹץ (לָרֹב סוּסִים אוֹ כְּלָבִים); סְכוּם הַזְּכִיָּה (בְּמֵרוֹץ כַּנַּ"ל)

—v.t. הִמֵּר (סְכוּם מְסֻיָּם)
□ *he staked £10 on the race* הוּא הִמֵּר 10 לִישְׁ"ט בַּמֵּרוֹץ
□ *we staked everything on convincing her* הִמַּרְנוּ עַל הַכֹּל בְּנִסָּיוֹן לְשַׁכְנֵעַ אוֹתָהּ

stake-out /ˈsteɪk-aʊt/ n. (*colloq.*) מַאֲרָב (לָרֹב מִשְׁטַרְתִּי)

stalactite /ˈstæləktaɪt/ n. סְטָלַקְטִיט (נָטִיף תָּלוּי מִן הַתִּקְרָה בִּמְעָרָה)

stalagmite /ˈstæləgmaɪt/ n. סְטָלַגְמִיט (נָטִיף מִזְדַּקֵּר מִן הַקַּרְקַע בִּמְעָרָה)

stale /steɪl/ adj.
1 (not fresh) (מָזוֹן) לֹא טָרִי, מְעֻפָּשׁ
stale bread לֶחֶם לֹא־טָרִי
2 (no longer interesting) תָּפֵל, "חֲסַר־טַעַם"
stale joke בְּדִיחָה תְּפֵלָה
stale news חֲדָשׁוֹת יְשָׁנוֹת
3 (tired and without fresh ideas) מְתֻשׁ (נַפְשִׁית)
□ *she worked so hard that she was stale for the exam* הִיא עָבְדָה כָּל־כָּךְ קָשֶׁה, שֶׁהִיא הִגִּיעָה לַבְּחִינָה בְּמַצָּב שֶׁל תְּשִׁישׁוּת נַפְשִׁית
—v.i. (מָזוֹן) הִתְקַלְקֵל, הִבְאִישׁ

stalemate /ˈsteɪlmeɪt/ n. (בְּוִכּוּחַ, בְּעִמּוּת) מַצָּב שֶׁל קִפָּאוֹן; (בְּשַׁח) פַּט, תֵּיקוֹ
□ *the negotiations ended in stalemate* הַמַּשָּׂא־וּמַתָּן הִסְתַּיֵּם בְּקִפָּאוֹן (בְּלִי תוֹצָאוֹת)

stalk[1] /stɔːk/ n. גִּבְעוֹל, קָנֶה

stalk[2] /stɔːk/ v.t. & i. הִתְגַּנֵּב אֶל (צַיִד), הִתְקָרֵב בַּחֲשַׁאי אֶל; (רוּחַ רְפָאִים וְכַד׳) שׁוֹטֵט בְּ...; צָעַד בְּגֵו־זָקוּף (וּבְכַעַס)
□ *famine stalked the land* (*poet.*) הָרָעָב פָּשַׁט בְּכָל רַחֲבֵי הָאָרֶץ

stall[1] /stɔːl/ n.
1 (small shop or barrow) דּוּכָן, "בַּסְטָה" (בַּשּׁוּק); בִּיתָן (בַּיָּרִיד)
2 (usu. in *pl.*, seat in theatre) מוֹשָׁב בַּתֵּיאַטְרוֹן (בַּשּׁוּרוֹת הַקִּדְמִיּוֹת בָּאוּלָם)
3 (compartment for an animal) תָּא (בָּרֶפֶת, בָּאֻרְוָה); רֶפֶת, אֻרְוָה
4 (seat in church) מוֹשָׁב (לַחֲבֵר מַקְהֵלָה וְכַד׳, בַּכְּנֵסִיָּה)
—v.t.
1 (cause engine to stop accidentally) שִׁתֵּק, כִּבָּה (מָנוֹעַ, שֶׁלֹּא בְּכַוָּנָה)
□ *learner drivers often stall their cars* הַמְּכוֹנִית נִכְבֵּית לְעִתִּים קְרוֹבוֹת לְנֶהָגִים מִתְלַמְּדִים
2 (keep an animal in a stall) הֶחֱזִיק (בְּהֵמָה) בְּתָא
—v.i.
1 (stop due to overload or loss of fuel) (מָנוֹעַ) כָּבָה, נִכְבָּה
□ *the car stalled on the hill* הַמְּכוֹנִית נִכְבְּתָה בְּרֹאשׁ הַגִּבְעָה, מְנוֹעַ הַמְּכוֹנִית נִכְבָּה בְּרֹאשׁ הַגִּבְעָה
2 (drop due to loss of speed, *Aeron.*) הִזְדַּקֵּר
□ *the plane stalled suddenly* הַמָּטוֹס הִזְדַּקֵּר לְפֶתַע

stall[2] /stɔːl/ v.t. & i. (*colloq.*) דָּחָה, עִכֵּב (אֵרוּעַ וְכַד׳), עָצַר בְּעַד; גָּרַם לְעִכּוּבִים, הִשְׁתַּמֵּט
□ *he stalled on the question of payment* הוּא הִשְׁתַּמֵּט בְּעִנְיַן הַתַּשְׁלוּם

stallholder /ˈstɔːlhəʊldə(r)/ n. בַּעַל דּוּכָן, בַּעַל בַּסְטָה (בַּשּׁוּק)

stallion /ˈstæljən/ n. סוּס־הַרְבָּעָה

stalwart /ˈstɔːlwət/ n. & adj. (תּוֹמֵךְ) יַצִּיב וְנֶאֱמָן; חָסֹן

stamen /ˈsteɪmən/ n. (*Bot.*) אַבְקָן

stamina /ˈstæmɪnə/ n. כֹּשֶׁר עֲמִידָה, כֹּחַ סֵבֶל, סַבְלֶת

stammer /ˈstæmə(r)/ v.t. & i. גִּמְגֵּם
stammer out פָּלַט (מִלִּים) בְּגִמְגּוּם
—n. גִּמְגּוּם

stamp /stæmp/ v.t. רָמַס (רַעְיוֹן, קַרְקַע וְכַד׳)
1 (step with force on) רָקַע בָּרֶגֶל עַל/בְּ..., בָּטַשׁ בְּ..., רָמַס
stamp down רָמַס (קַרְקַע וְכַד׳)
stamp out כִּבָּה (אֵשׁ) בִּרְמִיסָה; חִסֵּל, רָמַס (רַעְיוֹן, מְחָאָה וְכַד׳)
□ *she stamped the ground in anger* הִיא רָקְעָה בְּקַרְקַע בְּכַעַס
□ *he stamped his feet* הוּא רָקַע בְּרַגְלָיו
2 (mark with pattern, mark a pattern on) הֶחְתִּים, הִטְבִּיעַ (דְּבַר מָה בְּסִימָן), הִטְבִּיעַ סִימָן עַל
□ *they forgot to stamp my passport* הֵם שָׁכְחוּ לְהַחְתִּים אֶת הַדַּרְכּוֹן שֶׁלִּי
□ *the date is stamped on her memory* (*fig.*) הַתַּאֲרִיךְ טָבוּעַ בְּזִכְרוֹנָהּ
3 (put a postage stamp on) בִּיֵּל, הִדְבִּיק בּוּלִים עַל
stamped addressed envelope מַעֲטָפָה מְבֻיֶּלֶת וּמְמֻעֶנֶת (לְמִשְׁלוֹחַ תְּשׁוּבָה)
4 (shape in a press) הִטְבִּיעַ, טָבַע (מַטְבְּעוֹת וְכַד׳)
stamp out חָתַךְ בְּאֶמְצָעוּת תַּבְנִית (עוּגִיּוֹת, חֶלְקֵי מַתֶּכֶת וְכַד׳)
5 (characterize) אִפְיֵן, הֵעִיד עַל (פְּלוֹנִי, דְּבַר מָה)
□ *the inconsistencies in his story stamp him as a liar* הַסְּתִירוֹת בְּסִפּוּר שֶׁלּוֹ מְעִידוֹת עָלָיו שֶׁהוּא שַׁקְרָן
—v.i. רָקַע בְּרַגְלָיו, בָּטַשׁ בְּרַגְלָיו
stamp on רָמַס (רַעְיוֹן, קַרְקַע וְכַד׳)
□ *he stamped up and down in his fury* הוּא רָקַע בְּרַגְלָיו מֵרֹב כַּעַס
□ *the captain stamped out of the meeting* הַמְּפַקֵּד יָצָא בִּרְקִיעַת רַגְלַיִם מִן הָאֲסֵפָה (מִתּוֹךְ רֹגֶז)
—n.
1 (small sticker showing payment for postage, etc.) בּוּל
postage stamp (*formal*) בּוּל דֹּאַר
stamp-duty (*Law*) מַס־בּוּלִים (עַל שְׁטָרוֹת וְכַד׳)
2 (instrument or tool for making a pattern) חוֹתָם, חוֹתֶמֶת
rubber stamp חוֹתֶמֶת גּוּמִי; (בְּהַשְׁאָלָה) "חוֹתֶמֶת גּוּמִי" (אָדָם אוֹ תַּהֲלִיךְ הַמַּעֲנִיק אִשּׁוּר אוֹטוֹמָטִי)
3 (mark impressed on surface) חוֹתָם, חוֹתֶמֶת, הַטְבָּעָה
□ *have you got any stamps in your passport?* יֵשׁ לְךָ חוֹתָמוֹת בַּדַּרְכּוֹן שֶׁלְּךָ?
4 (characteristic quality) "חוֹתָם", סִימָן
□ *she has the stamp of genius* טָבוּעַ עָלֶיהָ חוֹתָם שֶׁל גָּאוֹן, נִכָּרִים בָּהּ סִימָנֵי גְּאוֹנוּת
□ *men of his stamp are rare* (*formal*) אֲנָשִׁים מִסּוּגוֹ נְדִירִים
5 (act of stamping with the foot) רְקִיעָה (בְּרַגְלַיִם), בְּטִישָׁה

stamp-album /ˈstæmp-ælbəm/ n. אַלְבּוֹם־בּוּלִים

stamp-collector /ˈstæmp-kəˌlektə(r)/ n. אַסְפָן בּוּלִים

stampede /stæmˈpiːd/ v.t. & i. הֵבִיא (עֵדֶר בְּהֵמוֹת וְכַד׳) לִמְנוּסָה; (עֵדֶר, הָמוֹן וְכַד׳) הִסְתַּעֵר קָדִימָה

□ *I will not be stampeded into a decision* אֲנִי לֹא מוּכָן שֶׁיִּכְפּוּ עָלַי הַחְלָטָה חֲפוּזָה

—n. בְּרִיחָה הֲמוֹנִית, הִתְפָּרְצוּת הֲמוֹנִית; מְנוּסַת־בֶּהָלָה (שֶׁל עֵדֶר, הָמוֹן וְכַד׳)

stamping-ground /ˈstæmpɪŋ-graʊnd/ n. (*colloq.*) הָאֵזוֹר הֶחָבִיב (עַל פְּלוֹנִי)

stance /stɑːns/ n. עֶמְדָּה, מַצָּב (גּוּפָנִי, נַפְשִׁי), גִּישָׁה נַפְשִׁית)

stanch /stɑːntʃ, stɔːntʃ/ v.t. see **STAUNCH**

stanchion /ˈstænʃən/ n. עַמּוּד, כְּלוֹנָס זָקוּף (לִתְמִיכָה אוֹ לְגִדּוּר)

stand /stænd/ (past & past ppl. **stood** /stʊd/) v.i.

1 (be upright) עָמַד

□ *she was too weak to stand* הִיא הָיְתָה חַלָּשָׁה מִכְּדֵי לַעֲמֹד

2 (be situated or located) עָמַד, נִצַּב

□ *a tall tree once stood here* פַּעַם עָמַד כָּאן עֵץ גָּבוֹהַּ

□ *there's a clock standing on the shelf* שָׁעוֹן נִצָּב עַל הַמַּדָּף

3 (be of a specified height) גָּבְהוֹ הָיָה

□ *he stands six feet tall* גָּבְהוֹ שְׁנֵי מֶטֶר

4 (be in a specified condition) עָמַד

stand firm לֹא נָסוֹג, עָמַד עַל שֶׁלּוֹ, עָמַד עַל דַּעְתּוֹ

□ *where do you stand on these issues?* אֵיפֹה אַתָּה עוֹמֵד בְּיַחַס לַשְּׁאֵלוֹת הָאֵלֶּה?

□ *how do we stand financially?* אֵיךְ אֲנַחְנוּ עוֹמְדִים מִבְּחִינָה כַּלְכָּלִית?

□ *I stand corrected* (*formal*) אֲנִי מוֹדֶה בְּטָעוּתִי

5 (move to and remain in a specified position)

stand aloof עָמַד מִן הַצַּד

stand aside עָמַד בַּצַּד

6 (stop moving) עָמַד

stand still! עֲמֹד בְּשֶׁקֶט! תַּעֲמֹד בְּשֶׁקֶט! אַל תָּזוּז!

7 (remain valid) הָיָה תָּקֵף, עוֹדוֹ בְּתָקְפּוֹ

□ *does your offer still stand?* הַאִם הַהַצָּעָה שֶׁלְּךָ עוֹדָהּ בְּתָקְפָּהּ? הַהַצָּעָה שֶׁלְּךָ עֲדַיִן עוֹמֶדֶת?

8 (be a candidate, *UK*) הִתְחָרָה כְּמֻעֲמָד עַל (מִשְׂרָה, תַּפְקִיד)

□ *it was the second time he had stood for Parliament* זוֹ הָיְתָה הַפַּעַם הַשְּׁנִיָּה שֶׁהוּא הִתְחָרָה עַל מוֹשָׁב בַּפַּרְלָמֶנְט

—v.t.

1 (place upright) הֶעֱמִיד

□ *he stood the bottle on the table* הוּא הֶעֱמִיד אֶת הַבַּקְבּוּק עַל הַשֻּׁלְחָן

2 (tolerate, endure) סָבַל (אֶת פְּלוֹנִי)

□ *I can't stand that woman* אֲנִי לֹא יָכוֹל לִסְבֹּל אֶת הָאִשָּׁה הַזֹּאת

□ *he couldn't stand the hot weather* הוּא לֹא הָיָה יָכוֹל לִסְבֹּל אֶת מֶזֶג הָאֲוִיר הַחַם

3 (provide for another)

stand bail שִׁלֵּם אֶת הָעֲרֻבּוֹת (עַל עָצִיר, לְשִׁחְרוּרוֹ)

□ *she stood him a drink* הִיא שִׁלְּמָה עַל הַמַּשְׁקֶה שֶׁלּוֹ

4 stand guard עָמַד עַל הַמִּשְׁמָר

□ *she stood her ground in the argument* הִיא לֹא נִכְנְעָה בַּוִּכּוּחַ

—(in set phrases)

stand back

□ *the house stands back from the road* הַבַּיִת לֹא נִמְצָא מַמָּשׁ עַל הַכְּבִישׁ

□ *we were told to stand back by the police* הַשּׁוֹטְרִים אָמְרוּ לָנוּ שֶׁלֹּא לְהִתְקָרֵב

stand by עָמַד בַּצַּד

□ *he stood by and did nothing* הוּא עָמַד בַּצַּד וְלֹא עָשָׂה כְּלוּם

□ *the troops are standing by* הַחַיָּלִים עוֹמְדִים בְּמַצַּב הִכּוֹן

□ *she stood by him when he was in prison* הִיא עָמְדָה לְצִדּוֹ כְּשֶׁהָיָה בְּבֵית הַכֶּלֶא

stand down פִּנָּה (מִשְׂרָה, תַּפְקִיד) הִתְפַּטֵּר; יָרַד

□ *the witness may stand down* הָעֵד יָכוֹל לָרֶדֶת מִן הַדּוּכָן

stand for הָיָה פֵּרוּשׁוֹ; דָּגַל בְּ...

□ *A.D. stands for "Anno Domini"* לסה״נ פֵּרוּשׁוֹ ״לִסְפִירַת הַנּוֹצְרִים״

□ *our leader stands for liberty* הַמַּנְהִיג שֶׁלָּנוּ דּוֹגֵל בְּחֵרוּת

stand in שִׁמֵּשׁ כְּמַחֲלִיף

□ *my assistant will stand in for me while I'm away* הָעוֹזֵר שֶׁלִּי יַחֲלִיף אוֹתִי בְּהֶעְדֵּרִי

stand out בָּלַט

□ *the truth stands out a mile* הָאֱמֶת בּוֹלֶטֶת לְמֶרְחָק

stand over פִּקֵּחַ עַל, הִשְׁגִּיחַ עַל

□ *he stood over his daughter while she did her homework* הוּא הִשְׁגִּיחַ עַל בִּתּוֹ בִּזְמַן שֶׁהֵכִינָה אֶת הַשִּׁעוּרִים שֶׁלָּהּ

stand up קָם, עָמַד

□ *you must stand up for yourself* עָלֶיךָ לַעֲמֹד עַל דַּעְתְּךָ

□ *his argument just won't stand up* הַטִּעוּן שֶׁלּוֹ פָּשׁוּט לֹא עוֹבֵד

□ *the clothes must stand up to frequent washing* עַל הַבְּגָדִים לַעֲמֹד בִּכְבִיסָה לְעִתִּים תְּכוּפוֹת

□ *she stood him up* (*colloq.*) הִיא שָׂמָה לוֹ ״בְּרֶז״ (לֹא הוֹפִיעָה לִפְגִישָׁה וְכַד׳)

—n.

1 (support or holder) כַּן, דּוּכָן, בָּסִיס

hat stand קוֹלָב לְכוֹבָעִים
music stand עַמּוּד־תָּוִים, כַּן־תָּוִים
2 (counter, stall) דּוּכָן (לִמְכִירָה)
3 (position) עֶמְדָּה
he took the stand (*Law*) הוּא עָלָה עַל דּוּכַן הָעֵדִים
□ *he took his stand near the balcony* הוּא תָּפַס עֶמְדָּה עַל־יַד הַמִּרְפֶּסֶת, הוּא הִתְיַצֵּב לְיַד הַמִּרְפֶּסֶת
4 (resistance) הִתְנַגְּדוּת
□ *the soldiers made their last stand* הַחַיָּלִים נֶעֶרְכוּ לַקְּרָב הָאַחֲרוֹן

standard /ˈstændəd/ n.
1 (level, criterion) רָמָה, תֶּקֶן, סְטַנְדַּרְט; קְנֵה־מִדָּה, אַמַּת־מִדָּה
below standard לְמַטָּה מֵהַתֶּקֶן, לְמַטָּה מֵהָרָמָה
double standards אַמּוֹת־מִדָּה כְּפוּלוֹת (צְבִיעוּת)
present-day standards קְנֵה־מִדָּה שֶׁל הַיּוֹם, סְטַנְדַּרְטִים שֶׁל הַיּוֹם
standard of living רָמַת־חַיִּים
□ *a book of a high scholarly standard* סֵפֶר בַּעַל רָמָה מַדָּעִית גְּבוֹהָה
2 (banner) דֶּגֶל, נֵס
3 (upright support) מוֹט, תֹּרֶן (לְפַנָּס, לְדֶגֶל וְכַד׳)
—adj.
1 (usual, normal) סְטַנְדַּרְטִי, אָחִיד, רָגִיל
standard size גֹּדֶל תִּקְנִי, גֹּדֶל סְטַנְדַּרְטִי; גֹּדֶל רָגִיל
2 (accepted as correct or authoritative) סְטַנְדַּרְטִי, מְקֻבָּל, תִּקְנִי
Standard English אַנְגְּלִית תִּקְנִית (כְּפִי שֶׁמִּשְׁתַּמְּשִׁים בָּהּ מַשְׂכִּילִים)
standard time הַזְּמַן הָרִשְׁמִי (שֶׁלְּפִיו מְכֻוָּנִים הַשְּׁעוֹנִים)
□ *this is the standard work on elephant behaviour* זֶה הַסֵּפֶר הַמְקֻבָּל כַּסֵּפֶר הַתִּקְנִי עַל הִתְנַהֲגוּת הַפִּילִים

standardize /ˈstændədaɪz/ v.t. אִחֵד לְפִי תֶּקֶן אֶחָד

standard lamp /ˈstændəd ˈlæmp/ n. מְנוֹרַת־רִצְפָּה

standby /ˈstændbaɪ/ n. & adj. אָדָם/דָּבָר בְּמַצַּב שֶׁל כּוֹנְנוּת; שֶׁל כּוֹנְנוּת
on 24 hour standby בְּכוֹנְנוּת שֶׁל 24 שָׁעוֹת
standby generator גֶּנֶרָטוֹר רֶזֶרְבִי, גֶּנֶרָטוֹר לִשְׁעַת־חֵרוּם

stand-in /ˈstænd-ɪn/ n. מְמַלֵּא־מָקוֹם, מַחֲלִיף

standing /ˈstændɪŋ/ adj.
1 (permanent) קָבוּעַ, עוֹמֵד
standing army צְבָא־קֶבַע
standing invitation הַזְמָנָה פְּתוּחָה
standing order הוֹרָאַת־קֶבַע (בְּבַנְק); הַזְמָנָה קְבוּעָה (שֶׁל 2 בַּקְבּוּקֵי חָלָב בְּכָל בֹּקֶר וְכַד׳)
2 (in upright position) בַּעֲמִידָה; מִמַּצָּב שֶׁל עֲמִידָה
a standing ovation מְחִיאוֹת־כַּפַּיִם בַּעֲמִידָה, תְּשׁוּאוֹת מְמֻשָׁכוֹת (בְּקִימָה)
—n.
1 (length of time) מֶשֶׁךְ־זְמַן
□ *it was a dispute of long standing* זֶה הָיָה סִכְסוּךְ מְמֻשָּׁךְ
2 (status, reputation) מַעֲמָד, עֶמְדָּה מְבֻסֶּסֶת; מוֹנִיטִין
a woman of high standing אִשָּׁה בַּעֲלַת מַעֲמָד רָם

standing room /ˈstændɪŋ ruːm/ n. מְקוֹם־עֲמִידָה (בְּאוֹטוֹבּוּס וְכַד׳)

stand-offish /ˌstænd-ˈɒfɪʃ/ adj. (*colloq.*) מִתְנַשֵּׂא, "קָרִיר"

standpipe /ˈstændpaɪp/ n. צִנּוֹר אֲנָכִי

standpoint /ˈstændpɔɪnt/ n. נְקֻדַּת־רְאוּת, זָוִית־רְאִיָּה

standstill /ˈstændstɪl/ n. קִפָּאוֹן, עֲמִידָה
at a standstill בְּמַצָּב שֶׁל קִפָּאוֹן מֻחְלָט

stand-up /ˈstænd-ʌp/ adj.
stand-up collar צַוָּארוֹן זָקוּף
stand-up comedian בַּדְּרָן (הָעוֹמֵד עַל בָּמָה וּמְסַפֵּר בְּדִיחוֹת)
stand-up fight הִתְכַּתְּשׁוּת אַלִּימָה; קְרָב מִלּוּלִי אַלִּים
stand-up meal מָזוֹן (אֲרוּחָה שֶׁלֹּא בִּישִׁיבָה)

stank /stæŋk/ past of **stink**

stanza /ˈstænzə/ n. בַּיִת (בְּשִׁיר), סְטַנְזָה

staple[1] /ˈsteɪp(ə)l/ n. סִכַּת הַדּוּק (לִנְיָרוֹת)
staple gun אֶקְדַּח סִכּוֹת (לְהַצְמָדַת רִפּוּד וְכַד׳)

staple[2] /ˈsteɪp(ə)l/ n.
1 (main food) מִצְרָךְ יְסוֹד, מִצְרַךְ מָזוֹן בְּסִיסִי
2 (main product) מוּצַר יְסוֹד, מוּצָר בְּסִיסִי
—adj.
1 (basic) בְּסִיסִי
staple commodities מוּצָרִים בְּסִיסִיִּים, סְחוֹרוֹת בְּסִיסִיּוֹת
staple diet מָזוֹן בְּסִיסִי (וְקָבוּעַ שֶׁל אָדָם אוֹ בַּעַל־חַיִּים)
2 (usual) קָבוּעַ (תֵּרוּץ וְכַד׳)

stapler /ˈsteɪplə(r)/ n. מְהַדֵּק סִכּוֹת, "סְטֵיפְּלֶר", מַכְלֵב

star /stɑː(r)/ n.
1 (large bright mass of burning matter in space) כּוֹכָב
shooting star כּוֹכָב נוֹפֵל, מֶטֶאוֹר
the stars הַמַּזָּלוֹת
□ *he was born under a lucky star* הוּא נוֹלַד בְּמַזָּל טוֹב
□ *you must thank your (lucky) stars you're alive* (*colloq.*) עָלֶיךָ לְהוֹדוֹת לְמַזָּלְךָ הַטּוֹב שֶׁאַתָּה בַּחַיִּים
2 (a shape with five or more points) (סִימָן בְּצוּרָה שֶׁל) כּוֹכָב
Star of David מָגֵן־דָּוִד
five star hotel מָלוֹן חֲמִשָּׁה־כּוֹכָבִים (בְּדַרְגַּת הָאֵיכוּת הַגְּבוֹהָה בְּיוֹתֵר)
Star-Spangled Banner הַדֶּגֶל הָאֲמֶרִיקָאִי; הַהִמְנוֹן הָאֲמֶרִיקָאִי
3 (famous actor, singer, etc.) כּוֹכָב (קוֹלְנוֹעַ, זֶמֶר, סְפּוֹרְט וְכַד׳)

star pupil הַתַּלְמִיד הַמַּבְרִיק בְּיוֹתֵר

—v.t.

1 (mark with asterisk) סִמֵּן בְּכוֹכָב, צִיֵּן בְּכוֹכָבִית

2 (have as chief performer in a film or play) (סֶרֶט) הָיָה בְּכִכּוּבוֹ שֶׁל (שַׂחְקָן פְּלוֹנִי)

—v.i. (שַׂחְקָן) כִּכֵּב (בְּסֶרֶט)

starboard /ˈstɑːbəd/ n. & *adj.* (*Naut. & Aeron.*) צַד יָמִין (שֶׁל סְפִינָה וּמָטוֹס, בְּיַחַס לַחַרְטוֹם); יְמָנִי (כַּנַּ"ל)

□ *the boat listed to starboard* הַסְּפִינָה נָטְתָה לְצַד יָמִין

starch /stɑːtʃ/ n.

1 (type of substance or food) עֲמִילָן (בְּתַפּוּחֵי־אֲדָמָה, בְּאֹרֶז, בְּפַסְטָה וְכַד')

2 (used to stiffen clothes) עֲמִילָן (לְגִהוּץ)

—v.t. עִמְלֵן

□ *are you going to starch those collars?* הַאִם אַתָּה מִתְכַּוֵּן לְעַמְלֵן אֶת הַצַּוָּארוֹנִים הָאֵלֶּה?

starchy /ˈstɑːtʃɪ/ adj.

1 (food containing starch) (מָזוֹן) עֲמִילָנִי

2 (stiff, formal, *colloq.*) מְעֻמְלָן; נֻקְשֶׁה וְרִשְׁמִי

□ *her starchy manner hid a heart of gold* מֵאֲחוֹרֵי גִּנּוּנֶיהָ הַנֻּקְשִׁים הִסְתַּתֵּר לֵב שֶׁל זָהָב

stardom /ˈstɑːdəm/ n. מַעֲמָד שֶׁל כּוֹכָב (בְּקוֹלְנוֹעַ, בְּעוֹלַם הַמּוּזִיקָה, בִּסְפּוֹרְט וְכַד')

stare /steə(r)/ v.t. & i. הִבִּיט הַיְשֵׁר בְּ.../אֶל; לָטַשׁ עֵינַיִם

stare down (or **out**) הִכְרִיחַ (אֶת פְּלוֹנִי) לְהַשְׁפִּיל אֶת עֵינָיו (בְּאֶמְצָעוּת מַבָּט מְמֻשָּׁךְ)

□ *it's rude to stare* זֶה לֹא מְנֻמָּס לִלְטֹשׁ עֵינַיִם

□ *the answer to your question is staring you in the face* הַתְּשׁוּבָה לִשְׁאֵלָתְךָ בְּרוּרָה כַּשֶּׁמֶשׁ (גְּלוּיָה וּבְרוּרָה)

—n. לְטִישַׁת־עֵינַיִם, מַבָּט (מְמֻשָּׁךְ וּמְרֻכָּז)

starfish /ˈstɑːfɪʃ/ n. כּוֹכַב יָם (בַּעַל־חַיִּים יַמִּי בַּעַל חָמֵשׁ זְרוֹעוֹת)

star-gazer /ˈstɑː-geɪzə(r)/ n. (*joc.*) צוֹפֶה בַּכּוֹכָבִים; (בְּהַשְׁאָלָה) "חוֹלֵם חֲלוֹמוֹת"

stark /stɑːk/ adj. חָמוּר לְמַרְאֶה; (אֱמֶת, מַצָּב) חָמוּר וַחֲסַר אַשְׁלָיוֹת

—adv. כָּלִיל, לְגַמְרֵי, לַחֲלוּטִין

stark naked עֵרֹם לְגַמְרֵי, עֵרֹם כְּבְיוֹם הִוָּלְדוֹ

stark raving mad (*joc.*) מְטֹרָף לְגַמְרֵי, מְשֻׁגָּע עַל כָּל הָרֹאשׁ

starkers /ˈstɑːkəz/ adj. עֵרֹם לְגַמְרֵי

starlet /ˈstɑːlɪt/ n. כּוֹכָבְנִית (כּוֹכֶבֶת־קוֹלְנוֹעַ צְעִירָה וְכַד')

starlight /ˈstɑːlaɪt/ n. אוֹר כּוֹכָבִים, שְׁעַת זְרִיחָתָם שֶׁל הַכּוֹכָבִים

starling /ˈstɑːlɪŋ/ n. זַרְזִיר (צִפּוֹר־בַּר קְטַנָּה)

starry /ˈstɑːrɪ/ adj. (לַיְלָה) זְרוּעַ־כּוֹכָבִים, מְכֻכָּב

starry-eyed /ˌstɑːrɪ-ˈaɪd/ adj. (*colloq.*) "חוֹלֵם חֲלוֹמוֹת" (רוֹמַנְטִיִּים אוֹ אִידֵאָלִיסְטִיִּים)

start /stɑːt/ v.i.

1 (begin) הִתְחִיל

□ *it started to rain* הִתְחִיל לָרֶדֶת גֶּשֶׁם

□ *when does the film start?* מָתַי מַתְחִיל הַסֶּרֶט?

2 (begin a course, journey, etc.) הִתְחִיל (קוּרְס וְכַד'); יָצָא לַדֶּרֶךְ

□ *we started on a new project* הִתְחַלְנוּ לַעֲבֹד עַל פְּרוֹיֶקְט חָדָשׁ

□ *we start at 6 a.m.* אֲנַחְנוּ מַתְחִילִים לַעֲבֹד בְּ־6 בַּבֹּקֶר

□ *we started with soup* הִתְחַלְנוּ (אֶת הָאֲרוּחָה) עִם מָרָק

3 (set oneself in motion) יָצָא, הִתְחִיל לָרוּץ

□ *after a moment he started after her* לְאַחַר רֶגַע הוּא יָצָא בְּעִקְבוֹתֶיהָ

4 (begin operating) נִדְלַק, הִתְחִיל לִפְעֹל, הִתְחִיל לַעֲבֹד

□ *my car wouldn't start* הַמְּכוֹנִית לֹא נִדְלְקָה, לֹא הִצְלַחְתִּי לְהַדְלִיק אֶת הַמְּכוֹנִית

5 (come out, *formal*)

□ *we could see blood starting from the wound* יָכֹלְנוּ לִרְאוֹת דָּם פּוֹרֵץ מִן הַפֶּצַע

□ *his eyes almost started out of his head* עֵינָיו כִּמְעַט יָצְאוּ מֵחוֹרֵיהֶן (מֵרֹב תַּדְהֵמָה וְכַד')

6 (move suddenly) קָפַץ בְּבֶהָלָה

□ *a sudden, sharp noise made him start* רַעַשׁ חַד וּפִתְאֹמִי גָּרַם לוֹ לִקְפֹּץ בְּבֶהָלָה

7 (complain, *colloq.*) "הִתְחִיל", הִתְחִיל "לְיַלֵּל", הִתְחִיל "לְקַטֵּר"

□ *don't you start!* רַק אַל תַּתְחִיל לִי!

8 to start with רֵאשִׁית, קֹדֶם כֹּל; מִלְּכַתְּחִלָּה; בַּהַתְחָלָה

□ *I can't do it; to start with...* אֲנִי לֹא יָכוֹל לַעֲשׂוֹת אֶת זֶה: רֵאשִׁית...

□ *we should never have been there to start with* לֹא הָיִינוּ צְרִיכִים לִהְיוֹת שָׁם מִלְּכַתְּחִלָּה

□ *we had only ten members to start with* הָיוּ לָנוּ רַק עֲשָׂרָה חֲבֵרִים בַּהַתְחָלָה

—v.t.

1 (begin) הִתְחִיל, הִתְחִיל בְּ...

□ *she started work early in the morning* הִיא הִתְחִילָה אֶת הָעֲבוֹדָה מֻקְדָּם בַּבֹּקֶר

2 (set an event in motion) פָּתַח

□ *he started the meeting* הוּא פָּתַח אֶת הַיְשִׁיבָה

3 (cause to begin operating) הִפְעִיל, הֵנִיעַ, הִדְלִיק

□ *the mechanic tried to start the engine* הַמְּכוֹנַאי נִסָּה לְהַדְלִיק אֶת הַמָּנוֹעַ

4 (begin using) הִתְחִיל

□ *she started a new book* הִיא הִתְחִילָה (לִקְרֹא) סֵפֶר חָדָשׁ

5 (cause or enable to make a beginning) גָּרַם לְ... לְהַתְחִיל (לַעֲשׂוֹת דְּבַר מָה)

□ *my parents started me in business with a lump sum* הוֹרַי עָזְרוּ לִי לְהַתְחִיל בַּעֲסָקִים בְּאֶמְצָעוּת סְכוּם כֶּסֶף עָגֹל
□ *the smoke started me coughing* הֶעָשָׁן גָּרַם לִי לְהַתְחִיל לְהִשְׁתַּעֵל
6 start a family הֵקִים מִשְׁפָּחָה, הֲקִימָה מִשְׁפָּחָה
start something (*colloq.*) הִתְחִיל "לַעֲשׂוֹת צָרוֹת"
—(in set phrases)
start off הִתְחִיל, פָּתַח; יָצָא לַדֶּרֶךְ
□ *the preacher started off on a lengthy monologue* הַמַּטִּיף פָּתַח בְּמוֹנוֹלוֹג אָרֹךְ
□ *it's time we started off* הִגִּיעַ הַזְּמַן שֶׁנֵּצֵא לַדֶּרֶךְ
start out הִתְחִיל, יָצָא לְ...
□ *they started out on a 20-mile walk* הֵם יָצְאוּ לִצְעִידָה שֶׁל 20 מַיִל
□ *he started out with the intention of writing a novel* הוּא הִתְחִיל מִתּוֹךְ כַּוָּנָה לִכְתֹּב רוֹמָן
start over (*US*) הִתְחִיל מֵחָדָשׁ, הִתְחִיל שׁוּב
—n.
1 (beginning) הַתְחָלָה, רֵאשִׁית
a false start (בְּמֵרוֹץ) זִנּוּק מֻקְדָּם; (בְּהַשְׁאָלָה) הַתְחָלָה לֹא־מֻצְלַחַת
from start to finish מִן הַהַתְחָלָה וְעַד הַסּוֹף, מֵ־א' וְעַד ת'
□ *for a start, she had no clothes on* (*colloq.*) רֵאשִׁית כֹּל, הִיא הָיְתָה עֲרֻמָּה
2 (place from which race begins) נְקֻדַּת הַזִּנּוּק
3 (advantage in race) "פוֹר", יִתְרוֹן (בְּמֶרְחָק, לִפְנֵי הַזִּנּוּק)
a head start "פוֹר", יִתְרוֹן (בְּמֵרוֹץ וְגַם בְּהַשְׁאָלָה)
□ *the small boy was given a start of ten yards* הַנַּעַר הַקָּטָן קִבֵּל יִתְרוֹן שֶׁל עֲשָׂרָה יְרָדִים
4 (sudden movement) "קְפִיצָה" (כְּתוֹצָאָה מִפַּחַד וְכַד')
fits and starts "בִּקְפִיצוֹת" (בְּאֹפֶן לֹא סָדִיר)
□ *you gave me a start* הִבְהַלְתָּ אוֹתִי, הִפְחַדְתָּ אוֹתִי

starter /ˈstɑːtə(r)/ n.
1 (small first course in a meal) מְתַאֲבֵן, מָנָה־רִאשׁוֹנָה
just for starters (*fig.*) רַק בְּתוֹר הַתְחָלָה
2 (device for starting a motor, etc.) מַתְנֵעַ, "סְטַרְטֶר" (בְּמָנוֹעַ)
starter motor מַתְנֵעַ, סטַרטֶר (בְּמָנוֹעַ)
3 (person who signals beginning of race) מַזְנִיק
under starter's orders (רָצִים, סוּסִים) בְּעֶמְדַּת זִנּוּק
4 (participant in race) מִשְׁתַּתֵּף בְּתַחֲרוּת, מִתְחָרֶה (הַמַּתְחִיל בְּתַחֲרוּת)

starting-block /ˈstɑːtɪŋ-ˌblɒk/ n. סַדַּן לְזִנּוּק (מִתְקָן עַל הַמַּסְלוּל, שֶׁהָאָצָן דּוֹחֵף כְּנֶגְדּוֹ בְּעֵת הַזִּנּוּק)

starting-gate /ˈstɑːtɪŋ-geɪt/ n. שַׁעַר הַזִּנּוּק (בְּמֵרוֹץ סוּסִים, כְּלָבִים; בְּסְקִי)

starting-point /ˈstɑːtɪŋ-pɔɪnt/ n. נְקֻדַּת הַתְחָלָה (לִפְעִילוּת, לְרַעֲיוֹן לְמַסָּע וְכַד')

starting price /ˈstɑːtɪŋ praɪs/ n. שַׁעַר הַהִמּוּר הָאַחֲרוֹן לִפְנֵי הַמֵּרוֹץ

startle /ˈstɑːt(ə)l/ v.t. הֶחֱרִיד, הִבְהִיל, הִקְפִּיץ מִמְּקוֹמוֹ

startling /ˈstɑːtlɪŋ/ adj. מַדְהִים, מַחֲרִיד, מְזַעְזֵעַ

starvation /stɑːˈveɪʃ(ə)n/ n. מָוֶת בְּרָעָב; חֶרְפַּת־רָעָב
starvation wages מַשְׂכֹּרֶת "רָעָב"
□ *they went on a starvation diet* הֵם עָשׂוּ "דִּיאֶטַת רָעָב"

starve /stɑːv/ v.t. & i. הִרְעִיב; מָנַע מִ... (דְּבַר מָה); גָּוַע בְּרָעָב
□ *I'm absolutely starving* (*colloq.*) אֲנִי מֵת מֵרָעָב (רָעֵב מְאֹד)
□ *the old man was starved of companionship* הַזָּקֵן הָיָה רָעֵב לִידִידוּת

stash /stæʃ/ (*colloq.*) v.t. הֶחְבִּיא
stash away הֶחְבִּיא, שָׂם בַּצַּד
—n. מַחֲבוֹא סוֹדִי, "סְלִיק"

state /steɪt/ n.
1 (condition) מַצָּב
state of affairs מַצַּב עִנְיָנִים, נְסִבּוֹת
state of emergency מַצַּב חֵרוּם (לָרֹב פּוֹלִיטִי)
state of mind מַצַּב־רוּחַ, הֲלָךְ־רוּחַ
in a state (*colloq.*) נִסְעָר וְנִרְעָשׁ (לִשְׁלִילָה); נִסְעָר וְנִרְגָּשׁ (לְחִיּוּב)
□ *he got into a state about his son's extravagance* הוּא נִסְעַר וְנִרְעַשׁ בְּשֶׁל הַבַּזְבְּזָנוּת שֶׁל בְּנוֹ
□ *his bike is in a bad state of repair* הָאוֹפַנַּיִם שֶׁלּוֹ בְּמַצָּב מֻזְנָח, הָאוֹפַנַּיִם שֶׁלּוֹ צְרִיכִים שִׁפּוּץ
2 (ceremony) טֶקֶס (מַמְלַכְתִּי); גִּנּוּנֵי פְּאֵר, טְקָסִיּוּת
state apartment דִּירַת־שְׂרָד, מְעוֹן רִשְׁמִי (שֶׁל בַּעַל מִשְׂרָה מְדִינִית בְּכִירָה וְכַד')
□ *the queen's body lay in state all day* אֲרוֹן הַמַּלְכָּה שֶׁנִּפְטְרָה הֻצַּב בְּפַמְבִּי בְּמֶשֶׁךְ כָּל הַיּוֹם
2 (nation; part of nation) מְדִינָה (רִבּוֹנִית); מְדִינָה (אַחַת מִמְּדִינוֹת אַרְהַ"ב, וְכַד')
the State Department (*US*) מַחְלֶקֶת הַמְּדִינָה (מִשְׂרַד הַחוּץ הָאֲמֶרִיקָאִי)
the States (*colloq.*) אַרְהַ"ב
—v.t. הִכְרִיז, הִצְהִיר, אָמַר בְּפַמְבִּי

statecraft /ˈsteɪtkrɑːft/ n. מְדִינָאוּת

stately /ˈsteɪtlɪ/ adj. מְפֹאָר, הָדוּר; מַרְשִׁים
stately home (*UK*) אֲחֻזָּה כַּפְרִית (לָרֹב גְּדוֹלָה, מְפֹאֶרֶת וּפְתוּחָה לְבִקּוּרֵי קָהָל)

statement /ˈsteɪtmənt/ n. אֲמִירָה; (מְסִירַת) הוֹדָעָה, גִּלּוּי דַּעַת, הַצְהָרָה
bank statement דַּף־חֶשְׁבּוֹן (הַמְּפָרֵט פְּעֻלּוֹת בְּחֶשְׁבּוֹן־בַּנְק מְסֻיָּם)
sworn statement (*Law*) הַצְהָרָה בִּשְׁבוּעָה

state-of-the-art /ˌsteɪt-əv-ðiː-ˈɑːt/ adj. הַמִּתְקַדֵּם בְּיוֹתֵר (מִבְּחִינָה טֶכְנוֹלוֹגִית, מִבְּחִינַת יֶדַע וְכַד')

stateroom /ˈsteɪtruːm/ n. תָּא פְּרָטִי (בִּסְפִינַת נוֹסְעִים); אוּלַם טְקָסִים (בְּאַרְמוֹן וְכַד')

statesman /ˈsteɪtsmən/ n. מְדִינַאי
  elder statesman מְדִינַאי בָּכִיר שֶׁפָּרַשׁ (וּמְשַׁמֵּשׁ כְּמֵעֵין יוֹעֵץ וְתוֹמֵךְ)

statesmanlike /ˈsteɪtsmənlaɪk/ adj. בַּעַל כִּשְׁרוֹנוֹת שֶׁל מְדִינַאי, נַחֵן בִּתְבוּנָה מְדִינִית

statesmanship /ˈsteɪtsmənʃɪp/ n. כִּשְׁרוֹן מְדִינִי, תְּבוּנָה מְדִינִית

static /ˈstætɪk/ adj.
  1 (not moving, developing, etc.) סְטָטִי, נַיָּח
  2 (*Electr.*) סְטָטִי
  static electricity חַשְׁמַל סְטָטִי (לֹא בְּצוּרַת זֶרֶם)
—n.
  1 (*Electr.*) חַשְׁמַל סְטָטִי; הַפְרָעוֹת אַטְמוֹסְפֵרִיּוֹת (בְּשִׁדּוּרֵי רַדְיוֹ וְכַד׳)
  2 (in *pl., Phys.*) סְטָטִיקָה (עֲנַף הַמֶּכָנִיקָה הָעוֹסֵק בְּגוּפִים שֶׁבְּמַצָּב מְנוּחָה אוֹ בְּכֹחוֹת שְׁקוּלִים)

station /ˈsteɪʃ(ə)n/ n.
  1 (stopping place for) תַּחֲנָה
  bus station (בְּאַנְגְּלִיָּה) תַּחֲנַת אוֹטוֹבּוּסִים עִירוֹנִית מֶרְכָּזִית; (אַרְהַ״בּ) תַּחֲנַת אוֹטוֹבּוּסִים מֶרְכָּזִית (מִכָּל סוּג)
  coach station (*UK*) תַּחֲנַת אוֹטוֹבּוּסִים בֵּינְעִירוֹנִית מֶרְכָּזִית
  subway station (*US*) תַּחֲנַת רַכֶּבֶת־תַּחְתִּית
  tube station (*UK*) תַּחֲנַת רַכֶּבֶת־תַּחְתִּית
  2 (headquarters, office, or post) תַּחֲנָה
  Coastguard station תַּחֲנַת מִשְׁמַר־הַחוֹפִים
  fire station תַּחֲנַת כַּבָּאִים, תַּחֲנַת מְכַבֵּי־אֵשׁ
  radio (or **broadcasting**) **station** תַּחֲנַת־רַדְיוֹ, תַּחֲנַת־שִׁדּוּר
  3 (social position, *arch.*) מַעֲמָד (חֶבְרָתִי), שִׁכְבָה (חֶבְרָתִית)
  □ *that boy has ideas above his station* נַעַר זֶה יֵשׁ לוֹ שְׁאִיפוֹת לְמַעְלָה מִמַּעֲמָדוֹ (נֶאֱמַר בְּאֹפֶן סְנוֹבִּי אוֹ מִתְנַשֵּׂא)
—v.t. שִׁבֵּץ, הִצִּיב (חַיָּל, בְּתַפְקִיד מְסֻיָּם); הִצִּיב (אֶת פְּלוֹנִי, בְּמָקוֹם מְסֻיָּם)
  □ *she was stationed in Germany* הִצִּיבוּ אוֹתָהּ בְּגֶרְמַנְיָה, הִיא קִבְּלָה הַצָּבָה בְּגֶרְמַנְיָה

stationary /ˈsteɪʃən(ə)rɪ/ adj. נַיָּח, קָבוּעַ, יַצִּיב

stationer /ˈsteɪʃ(ə)nə(r)/ n. מוֹכֵר מַכְשִׁירֵי־כְּתִיבָה וְצָרְכֵי נְיָר

stationery /ˈsteɪʃən(ə)rɪ/ n. צָרְכֵי כְּתִיבָה (נְיָר, עֵטִים וְכַד׳)

stationmaster /ˈsteɪʃ(ə)nmɑːstə(r)/ n. מְנַהֵל תַּחֲנַת־רַכֶּבֶת

statistical /stəˈtɪstɪk(ə)l/ adj. סְטָטִיסְטִי

statistician /ˌstætɪˈstɪʃ(ə)n/ n. סְטָטִיסְטִיקַאי

statistics /stəˈtɪstɪks/ n. *pl.* סְטָטִיסְטִיקָה; נְתוּנִים סְטָטִיסְטִיִּים
  vital statistics (*UK colloq.*) (בְּהוּמוֹר) מִדּוֹת־גּוּף (שֶׁל אִשָּׁה); נְתוּנֵי יְסוֹד סְטָטִיסְטִיִּים

statuary /ˈstætʃʊərɪ/ n. (*formal*) פִּסּוּל (אֹסֶף פְּסָלִים בְּמָקוֹם מְסֻיָּם)

statue /ˈstætʃuː/ n. פֶּסֶל

statuesque /ˌstætʃuːˈesk/ adj. (לָרֹב אִשָּׁה) גְּבוֹהָה וְיָפָה כְּפֶסֶל

statuette /ˌstætʃuːˈet/ n. פִּסְלוֹן

stature /ˈstætʃə(r)/ n. (*formal*) קוֹמַת גּוּף; (בְּהַשְׁאָלָה) ״שִׁעוּר־קוֹמָה״

status /ˈsteɪtəs/ n. מַעֲמָד, סְטָטוּס (חֶבְרָתִי, רִשְׁמִי, מִקְצוֹעִי וְכַד׳); מַצַּב־עִנְיָנִים
  status symbol סֵמֶל מַעֲמָד

status quo /ˌsteɪtəs ˈkwəʊ/ n. ״סְטָטוּס קְוֹו״ (הַמַּצָּב הַקַּיָּם)

statute /ˈstætʃuːt/ n. (*formal*) חֹק

statute-book /ˈstætʃuːt-bʊk/ n. (*formal*) סֵפֶר־חֻקִּים (כָּתוּב וְ״לֹא־כָּתוּב״)

statutory /ˈstætʃʊt(ə)rɪ/ adj. (*Law*) (שֶׁעָנְשׁוֹ) מֻגְדָּר שֶׁנַּעֲשָׂה עפ״י חֹק, מְעֻגָּן בַּחֹק

staunch /stɔːntʃ/ adj. נֶאֱמָן, מָסוּר
—v.t. (also **stanch**) חָסַם, עָצַר (שֶׁטֶף־דָּם וְכַד׳)

stave /steɪv/ (past & past ppl. **stove** /stəʊv/ or **staved** /steɪvd/) v.t. שָׁבַר, רִסֵּק; פָּרַץ חוֹר בְּ...
  □ *the side of the car was stove in by the collision* צִדֵּי הַמְּכוֹנִית נִמְעֲכוּ בְּהִתְנַגְּשׁוּת
  □ *he staved off bankruptcy as long as he could* הוּא דָּחָה (עִכֵּב) אֶת פְּשִׁיטַת הָרֶגֶל עַד כַּמָּה שֶׁיָּכֹל
—n.
  1 (*Mus.*) חֲמִשָּׁה (שׁוּרוֹת חֲמֵשֶׁת־הַקַּוִּים לְרִשּׁוּם תָּוֵי־נְגִינָה)
  2 (curved piece of wood) צֶלַע (שֶׁל חָבִית); חָוָק (שֶׁל סֻלָּם)

stay[1] /steɪ/ v.i.
  1 (continue to be in the same place or condition) נִשְׁאַר, לֹא זָז
  stay! שֵׁב! (פְּקֻדָּה לְכֶלֶב לֹא לָזוּז)
  □ *stay here until I come back* חַכֵּה כָּאן עַד שֶׁאֲנִי אֶחֱזֹר
  □ *I'm afraid I can't stay* אֲנִי חוֹשֵׁשׁ שֶׁאֲנִי לֹא יָכוֹל לְהִשָּׁאֵר (אֲנִי מֻכְרָח לָלֶכֶת)
  □ *why don't you stay to* (or *for*) *supper?* לָמָּה שֶׁלֹּא תִּשָּׁאֵר לַאֲרוּחַת עֶרֶב?
  2 (have temporary residence, live) שָׁכַן, גָּר (זְמַנִּית, בְּמָקוֹם מְסֻיָּם)
  □ *my aunt stayed with us for Christmas* הַדּוֹדָה שֶׁלִּי הָיְתָה אֶצְלֵנוּ בְּחַג הַמּוֹלָד
  □ *he stays in a flat in town during the week* הוּא גָּר בְּדִירָה בָּעִיר בְּמֶשֶׁךְ הַשָּׁבוּעַ
—v.t.
  1 (stop or delay, *formal*) עִכֵּב
  □ *they managed to stay the execution* הֵם הִצְלִיחוּ לְעַכֵּב אֶת הַהוֹצָאָה לַהוֹרֵג
  2 (show endurance) נִשְׁאַר בְּמֶשֶׁךְ כָּל...

□ *he'll keep the job if he can stay the course* הַמִּשְׂרָה שֶׁלּוֹ אִם הוּא יוּכַל לְהִשָּׁאֵר בַּקּוּרְס

3 (in set phrases)

stay on נִשְׁאַר (בְּמִקְצוֹעַ, בְּקוּרְס וְכַד׳) לְמֶשֶׁךְ תְּקוּפָה נוֹסֶפֶת

□ *we stayed on at university after doing the degree* נִשְׁאַרְנוּ בָּאוּנִיבֶרְסִיטָה אַחֲרֵי שֶׁסִּיַּמְנוּ אֶת הַתֹּאַר

stay put (*colloq.*) לֹא זָז, נִשְׁאַר בִּמְקוֹמוֹ

stay up נִשְׁאַר עֵר, לֹא הָלַךְ לִישֹׁן

□ *she promised the children they could stay up* הִיא הִבְטִיחָה לַיְלָדִים שֶׁיּוּכְלוּ לְהִשָּׁאֵר עֵרִים (עַד מְאֻחָר)

—n.

1 (visit) שְׁהִיָּה, בִּקּוּר

□ *he had a long stay in the south of France* הוּא שָׁהָה זְמַן מְמֻשָּׁךְ בִּדְרוֹם צָרְפַת

2 (delay) עִכּוּב, דְּחִיָּה

stay of execution (*Law*) דְּחִיָּה שֶׁל הוֹצָאָה לְהוֹרֵג

3 (in *pl.*, corsets) מָחוֹךְ

stay[2] /steɪ/ n. & v.t. (*Naut.*) כֶּבֶל (לְחִזּוּק תֹּרֶן); חִזֵּק (תֹּרֶן וְכַד׳, בְּאֶמְצָעוּת כְּבָלִים כַּנַּ״ל)

stay-at-home /ˈsteɪ-ət-həʊm/ n. (*colloq.*) יוֹשֵׁב-בַּיִת

staying power /ˈsteɪɪŋ ˌpaʊə(r)/ n. כֹּשֶׁר-עֲמִידָה

stead /sted/ n. (*formal*)

in good stead לְתוֹעֶלֶת, לְמוֹעִיל

in his stead תַּחְתָּיו, בִּמְקוֹמוֹ

steadfast /ˈstedfɑːst/ adj. (*formal*) יַצִּיב, אֵיתָן, נֶאֱמָן

steadily /ˈstedɪlɪ/ adv. בְּיַצִּיבוּת, בִּקְבִיעוּת

□ *his work is getting steadily worse* עֲבוֹדָתוֹ הוֹלֶכֶת וְנַעֲשֵׂית גְּרוּעָה יוֹתֵר בִּקְבִיעוּת

steady /ˈstedɪ/ adj.

1 (firm, fixed) יַצִּיב

□ *you need a steady ladder for this job* צָרִיךְ סֻלָּם יַצִּיב כְּדֵי לְבַצֵּעַ אֶת הַמְּלָאכָה הַזּוֹ

2 (regular) סָדִיר, קָבוּעַ

steady boyfriend (or **girlfriend**) חָבֵר/חֲבֵרָה קָבוּעַ/קְבוּעָה

a steady job עֲבוֹדָה קְבוּעָה

a steady pace קֶצֶב קָבוּעַ

3 (reliable) (אָדָם) מְהֵימָן, מְיֻשָּׁב, רְצִינִי

—adv. בִּזְהִירוּת; קָבוּעַ

□ *go steady with the beer if you have to drive* תִּשְׁתֶּה בִּירָה בִּזְהִירוּת אִם אַתָּה צָרִיךְ לִנְהֹג

□ *he and Jane are going steady* (*arch.*) הוּא וְג׳ין ״יוֹצְאִים קָבוּעַ״

—v.t. & i. יִצֵּב; הִתְיַצֵּב

steady (on)! (*colloq.*) לְאַט, לְאַט! (אַל תִּתְרַגֵּשׁ יוֹתֵר מִדַּי!)

□ *prices are steadying after the crash on the stock exchange* הַמְּחִירִים מִתְיַצְּבִים לְאַחַר הַהִתְמוֹטְטוּת בַּבּוּרְסָה

steak /steɪk/ n. סְטֵיק, סְטֵק, אֻמְצָה

steal /stiːl/ (past **stole** /stəʊl/, past ppl. **stolen** /ˈstəʊlən/ v.t.

1 (take illegally) גָּנַב

2 (take secretly, quickly or without permission) ״הִגְנִיב״, ״גָּנַב״, ״חָטַף״

steal a march הִשִּׂיג בַּחֲשַׁאי יִתְרוֹן

steal the show (or **scene**) ״גָּנַב אֶת הַהַצָּגָה״ (לָקַח אֶת כָּל תְּשׂוּמַת הַלֵּב וְכַד׳)

□ *she stole his heart* (*poet.*) הִיא שָׁבְתָה אֶת לִבּוֹ

□ *he stole a glance at her* הוּא הִגְנִיב לְעֶבְרָהּ מַבָּט

□ *the chairman stole my thunder* (*colloq.*) הַמַּנְכָּ״ל לָקַח לְעַצְמוֹ אֶת הַקְּרֶדִיט שֶׁלִּי

—v.i. הִסְתַּלֵּק, הִתְחַמֵּק (בַּחֲשַׁאי)

□ *he stole into the room* הוּא הִתְגַּנֵּב לַחֶדֶר

—n. (*US, colloq.*) ״מְצִיאָה״ (קְנִיָּה בְּזוֹל)

stealth /stelθ/ n. (*formal*) הִתְגַּנְּבוּת; חֲשָׁאִיּוּת

stealth bomber מְטוֹס הַפְצָצָה ״מִתְגַּנֵּב״/״מִתְחַמֵּק״ (שֶׁאֵינוֹ מוֹפִיעַ עַל מָסַךְ מַכָּ״ם)

stealthy /ˈstelθɪ/ adj. שֶׁבִּגְנֵבָה, גְּנֵבָתִי; חֲשָׁאִי

steam /stiːm/ n.

1 (water vapour) אֵדִים, קִיטוֹר

2 (power; emotional energy)

□ *it takes time for a new project to get up steam* דָּרוּשׁ זְמַן לְפְּרוֹיֶקְט חָדָשׁ לְהַתְחִיל לָרוּץ

□ *children need to let off steam from time to time* (*colloq.*) יְלָדִים צְרִיכִים ״לְהִתְפָּרֵק״ מִזְּמַן לִזְמַן

□ *his scheme has run out of steam* הַתָּכְנִית אִבְּדָה תְּנוּפָה, ״הַסּוּס נִגְמַר״ לַתָּכְנִית שֶׁלּוֹ

□ *I came under my own steam* (*colloq.*) בָּאתִי בְּכֹחוֹת עַצְמִי (אַף אֶחָד לֹא הֵבִיא אוֹתִי)

—v.i. הֶעֱלָה אֵדִים; נָע, פָּעַל (בְּכֹחַ הַקִּיטוֹר)

steaming hot מַהְבִּיל (לְמָשָׁל תַּבְשִׁיל חַם), מַעֲלֶה אֵדִים

□ *the train steamed out of the station* (*Hist.*) רַכֶּבֶת הַקִּיטוֹר יָצְאָה מִן הַתַּחֲנָה

□ *the windows steamed up* הַחַלּוֹנוֹת הִתְכַּסּוּ בְּאֵדִים

□ *there's no need to get all steamed up* (*colloq.*) לֹא צָרִיךְ לְהִתְרַגֵּשׁ

—v.t. בִּשֵּׁל בְּאֵדִים, אִדָּה; הֵסִיר (בּוּל וְכַד׳) בְּאֵדִים

a steamed pudding רַפְרֶפֶת מְאֻדָּה

□ *steam the fish for a few minutes* יֵשׁ לְאַדּוֹת אֶת הַדָּג מִסְפַּר דַּקּוֹת (הוֹרָאָה בְּסֵפֶר בִּשּׁוּל וְכַד׳)

steamboat /ˈstiːmbəʊt/ n. סְפִינַת-קִיטוֹר

steam-engine /ˈstiːm-endʒɪn/ n. קַטַּר-קִיטוֹר

steamer /ˈstiːmə(r)/ n.

1 (ship) סְפִינַת-קִיטוֹר

2 (cooking utensil) סִיר לְבִשּׁוּל בְּאֵדִים

steamroller /ˈstiːmrəʊlə(r)/ n. מַכְבֵּשׁ; (בְּהַשְׁאָלָה) ״מַכְבֵּשׁ״ (אָדָם הַמִּתְקַדֵּם בְּנְחִישׁוּת וּבְלִי הִתְחַשְּׁבוּת)

—v.t. (*colloq.*) ״מָחַץ״ (הִתְנַגְּדוּת, יְרִיבִים וְכַד׳)

□ *the director steamrollered his way through the opposition* הַמְנַהֵל "הִפְעִיל מַכְבֵּשׁ" עַל הַמִּתְנַגְּדִים (וְהִשִּׂיג אֶת חֶפְצוֹ)

steamship /ˈstiːmʃɪp/ n. סְפִינַת־קִיטוֹר, אֳנִיַּת־קִיטוֹר

steed /stiːd/ n. (*poet.*) רַמָּךְ, סוּס־רְכִיבָה

steel /stiːl/ n. פְּלָדָה

steel band "סְטִילְבֶּנְד" (תִּזְמֹרֶת בְּסִגְנוֹן אִיֵּי־הֹדוּ הַמַּעֲרָבִית, שֶׁבָּהּ מְנַגְּנִים עַל מֵעֵין תֻּפִּים שֶׁנַּעֲשׂוּ מֵחָבִיוֹת נֵפְט)

steel wool צֶמֶר־פְּלָדָה

cold steel (*arch.*) נֶשֶׁק קַר (פִּגְיוֹן, חֶרֶב)

nerves of steel "עַצְבֵּי פְּלָדָה", "עַצְבֵּי בַּרְזֶל"

□ *an enemy worthy of your steel* (*formal*) אוֹיֵב כְּעֶרְכְּךָ, אוֹיֵב הָרָאוּי לְךָ

—v.refl. חִשֵּׁל אֶת עַצְמוֹ

□ *I steeled myself to tell her the bad news* חִשַּׁלְתִּי אֶת עַצְמִי כְּדֵי לְסַפֵּר לָהּ אֶת הַבְּשׂוֹרָה הָרָעָה

steelworks /ˈstiːlwɜːks/ n. מִפְעַל פְּלָדָה

steely /ˈstiːlɪ/ adj. שֶׁל פְּלָדָה; כְּעֵין הַפְּלָדָה

steely blue כָּחֹל־פְּלָדָה

□ *there was a steely glint in his eye* הָיָה בָּרָק כְּעֵין הַפְּלָדָה בְּעֵינוֹ

steep[1] /stiːp/ adj.

1 (sloping sharply) (שִׁפּוּעַ) תָּלוּל

2 (too high, *colloq.*) (מְחִיר) מֻגְזָם, מֻפְרָז

□ *their prices are a bit steep* הַמְּחִירִים שֶׁלָּהֶם קְצָת מֻגְזָמִים

steep[2] /stiːp/ v.t. הִשְׁרָה; (בְּהַשְׁאָלָה) הִסְפִּיג (מֵידָע וְכַד׳)

□ *a jar of fruit steeped in brandy* צִנְצֶנֶת פֵּרוֹת מֻשְׁרִים בִּבְרֶנְדִי

□ *their life was steeped in tradition* חַיֵּיהֶם הָיוּ סְפוּגִים בְּמָסֹרֶת

steeple /ˈstiːp(ə)l/ n. מִגְדַּל־כְּנֵסִיָּה

steeplechase /ˈstiːp(ə)lˌtʃeɪs/ n. מֵרוֹץ־מִכְשׁוֹלִים (לְסוּסִים אוֹ לִבְנֵי־אָדָם, לְמֶרְחָק שֶׁל מִסְפַּר קִילוֹמֶטְרִים)

steeplejack /ˈstiːp(ə)lˌdʒæk/ n. מְתַקֵּן צְרִיחִים

steer[1] /stɪə(r)/ v.t. & i. כִּוֵּן (מְכוֹנִית, סְפִינָה וְכַד׳); הִכְוִין, כִּוֵּן (שִׂיחָה, מְדִינִיּוּת); כִּוֵּן אֶת הַהֶגֶה; (רֶכֶב) הָיָה בַּעַל כֹּשֶׁר פְּנִיָּה (טוֹב, רַע וְכַד׳)

steering committee וַעֲדָה מְיַעֶצֶת, וַעֲדָה מְכַוֶּנֶת

steer clear of "הִתְרַחֵק" מִ...

steer[2] /stɪə(r)/ n. פַּר (מְסֹרָס) צָעִיר

steering /ˈstɪərɪŋ/ n. מַעֲרֶכֶת־הַהֶגֶה (בִּמְכוֹנִית וְכַד׳)

steering-wheel /ˈstɪərɪŋ-wiːl/ n. גַּלְגַּל־הַהֶגֶה, הֶגֶה

stellar /ˈstelə(r)/ adj. (*formal*) שֶׁל כּוֹכָבִים, כּוֹכָבִי

stem /stem/ n.

1 (stalk) גִּבְעוֹל, קָנֶה (שֶׁל צֶמַח)

□ *the stem of a wine-glass* רֶגֶל שֶׁל כּוֹס יַיִן

□ *the stem of a pipe* קְנֵה הַמִּקְטֶרֶת

2 (main part of word) גֶּזַע (שֶׁל מִלָּה, לְהַבְדִּיל מִשֹּׁרֶשׁ)

□ *"hold" is the stem of "holding" and "holds" but not of "held"* "hold" הוּא הַגֶּזַע שֶׁל הַמִּלִּים "holding" וְ־"holds" אֲבָל לֹא שֶׁל הַמִּלָּה "held"

3 **from stem to stern** (בִּסְפִינָה) מִן הַיַּרְכָתַיִם עַד לַחַרְטוֹם; (בְּהַשְׁאָלָה) מִקָּצֶה אֶל קָצֶה

—v.t.

1 (stop flow of, *formal*) חָסַם (שֶׁטֶף דָּם, שֶׁטֶף שֶׁל שְׁמוּעוֹת וְכַד׳)

2 (remove stem from fruit) הֵסִיר אֶת הַגִּבְעוֹל מִ...

—v.i. נָבַע מִ..., שֶׁמְּקוֹרוֹ בְּ...

□ *his energy stems from a desire to win* הָאֶנֶרְגְּיָה שֶׁלּוֹ נוֹבַעַת מֵרָצוֹן לְנַצֵּחַ

stench /stentʃ/ n. (*formal*) סִרְחוֹן, צַחֲנָה

stencil /ˈstens(ə)l/ n. & v.t. סְטֶנְסִיל; שִׁכְפֵּל (דַּף וְכַד׳) בִּסְטֶנְסִיל

stenography /stəˈnɒgrəfɪ/ n. (*US Hist.*) קַצְרָנוּת, סְטֶנוֹגְרַפְיָה

stentorian /stenˈtɔːrɪən/ adj. (*formal*) (קוֹל) רוֹעֵם

step /step/ n.

1 (pace, movement of foot) צַעַד, פְּסִיעָה

watch your step! תִּזָּהֵר לֹא לִפֹּל! תָּשִׂים לֵב הֵיכָן אַתָּה דּוֹרֵךְ!

2 (a particular action) צַעַד

a step in the right direction צַעַד בַּכִּוּוּן הַנָּכוֹן

a step forward צַעַד קָדִימָה, הִתְקַדְּמוּת

step by step צַעַד צַעַד, צַעַד אַחַר צַעַד

□ *you must take steps to prevent this* עָלֶיךָ לִנְקֹט צְעָדִים כְּדֵי לִמְנֹעַ זֹאת

□ *one false step and we'll fail* צַעַד אֶחָד לֹא־נָכוֹן וַאֲנַחְנוּ נִכָּשֵׁל

3 (mode or rate of walking) קֶצֶב צְעִידָה; אֹפֶן צְעִידָה

in (or **out**) **of step** לְפִי הַקֶּצֶב, שֶׁלֹּא לְפִי הַקֶּצֶב

□ *the soldiers changed step* הַחַיָּלִים "הֶחֱלִיפוּ רֶגֶל"

4 (agreement) תֵּאוּם, "צַעַד אֶחָד"

□ *he's out of step with present thinking* הוּא אֵינֶנּוּ "צוֹעֵד בַּתֶּלֶם" עִם הַחֲשִׁיבָה שֶׁל זְמַנֵּנוּ

□ *industry must keep step with progress* הַתַּעֲשִׂיָּה חַיֶּבֶת לִצְעֹד בְּצַעַד אֶחָד עִם הַקִּדְמָה, הַתַּעֲשִׂיָּה חַיֶּבֶת שֶׁלֹּא לְפַגֵּר אַחֲרֵי הַקִּדְמָה

5 (stair; in *pl.*, flight of stairs) מַדְרֵגָה; גֶּרֶם־מַדְרֵגוֹת

(a pair of) steps סֻלַּם־מַדְרֵגוֹת מִתְקַפֵּל

6 (degree, stage) שָׁלָב

□ *the new appointment was a step up for her* הַמִּנּוּי הֶחָדָשׁ הָיָה קִדּוּם עֲבוּרָהּ

—v.i. עָשָׂה צַעַד, צָעַד, פָּסַע

1 (move foot)

step this way please! לֵךְ בְּבַקָּשָׁה בְּכִוּוּן זֶה! גַּשׁ הֵנָּה בְּבַקָּשָׁה!

2 (in set phrases)

step down וִתֵּר (עַל מִשְׂרָה, תַּפְקִיד וְכַד׳), הִתְפַּטֵּר

□ *he stepped down in favour of his son* הוּא וִתֵּר עַל תַּפְקִידוֹ לְטוֹבַת בְּנוֹ

step in ״נִכְנַס לַתְּמוּנָה״, הִתְעָרֵב
□ *the minister decided to step in and bring the strike to an end* הַשַּׂר הֶחְלִיט לְהִתְעָרֵב וּלְהָבִיא אֶת הַשְּׁבִיתָה לִכְלַל סִיּוּם

step out יָצָא הַחוּצָה (לְרֶגַע)

—v.t.

step up הִגְבִּיר, הִגְדִּיל
□ *the workers stepped up production* הָעוֹבְדִים הִגְבִּירוּ אֶת הַיִּצּוּר

step- /step-/ pref. (הוֹרֶה, אָח וְכַד׳) חוֹרֵג

stepbrother /ˈstepbrʌðə(r)/ n. אָח חוֹרֵג

stepchild /ˈsteptʃaɪld/ n. יֶלֶד חוֹרֵג, בֵּן חוֹרֵג

stepdaughter /ˈstepdɔːtə(r)/ n. בַּת חוֹרֶגֶת

stepfather /ˈstepfɑːðə(r)/ n. אָב חוֹרֵג

stepladder /ˈsteplædə(r)/ n. סֻלָּם מִתְקַפֵּל

stepmother /ˈstepmʌðə(r)/ n. אֵם חוֹרֶגֶת

stepparent /ˈsteppeərənt/ n. הוֹרֶה חוֹרֵג

steppe /step/ n. עֲרָבָה (בְּעִקָּר בְּמִזְרַח אֵירוֹפָּה)

stepping-stone /ˈstepɪŋ-stəʊn/ n. ״קֶרֶשׁ קְפִיצָה״; אֶבֶן־מִדְרָךְ (לַחֲצִיַּת נַחַל)

stepsister /ˈstepsɪstə(r)/ n. אָחוֹת־חוֹרֶגֶת

stepson /ˈstepsʌn/ n. בֵּן חוֹרֵג

stereo /ˈsterɪəʊ/ n. מַעֲרֶכֶת־סְטֶרֵיאוֹ

stereophonic /ˌsterɪəˈfɒnɪk/ adj. סְטֶרֵיאוֹפוֹנִי (מֵפִיק צְלִילִים מִשְּׁנֵי רַמְקוֹלִים)

stereoscopic /ˌsterɪəˈskɒpɪk/ adj. סְטֶרֵיאוֹסְקוֹפִּי (תְּמוּנָה הַיּוֹצֶרֶת אַשְׁלָיָה שֶׁל 3 מְמַדִּים)

stereotype /ˈsterɪətaɪp/ n. סְטֶרֵיאוֹטִיפּ

—v.t. (*derog.*) הִדְבִּיק עַל (פְּלוֹנִי, דְּבַר־מָה) ״תָּוִית״
□ *she was stereotyped as a radical* הִדְבִּיקוּ עָלֶיהָ תָּוִית שֶׁל קִיצוֹנִית
□ *the characters in the film are stereotyped* הַדְּמֻיּוֹת בַּסֶּרֶט כֻּלָּן סְטֶרֵיאוֹטִיפִּיּוֹת

sterile /ˈsteraɪl/ adj.
1 (free of germs) סְטֶרִילִי, מְחֻטָּא
2 (barren) (אָדָם) עָקָר, (בַּעַל־חַיִּים) מְעֻקָּר, עָקָר
3 (unfruitful) סְטֶרִילִי, עָקָר

sterility /ˈstəˈrɪlɪtɪ/ n.
1 (barrenness) עֲקָרוּת, אִי־פִּרְיוֹן
2 (absence of germs) סְטֶרִילִיּוּת
3 (unfruitfulness) סְטֶרִילִיּוּת, עֲקָרוּת

sterilization /ˌsterɪlaɪˈzeɪʃ(ə)n/ n.
1 (making germ-free) סְטֶרִילִיזַצְיָה, חִטּוּי
2 (making barren) עִקּוּר

sterilize /ˈsterɪlaɪz/ v.t.
1 (make barren) עִקֵּר
2 (make germ-free) חִטֵּא

sterling /ˈstɜːlɪŋ/ n. לִירָה שְׁטֶרְלִינְג, לִישׁ״ט

—adj.
1 (of a fixed pureness) (כֶּסֶף) טָהוֹר (בְּדַרְגַּת טֹהַר שֶׁל 92.5%)
2 (excellent, genuine, *formal*) מְעֻלֶּה, נַעֲלֶה
□ *she has many sterling qualities* יֵשׁ לָהּ תְּכוּנוֹת נַעֲלוֹת רַבּוֹת

stern[1] /stɜːn/ adj. (אָדָם) קַפְּדָן, מַחְמִיר; (מַבָּט, מַעֲנֶה וְכַד׳) חָמוּר, קַפְּדָנִי

stern[2] /stɜːn/ n. (*Naut.*) יַרְכָתַיִם, אַחֲרָה (שֶׁל סְפִינָה)

sternum /ˈstɜːnəm/ n. (*Anat.*) עֶצֶם־הֶחָזֶה

steroid /ˈsterɔɪd/, ˈstɪərɔɪd/ n. סְטֶרוֹאִיד (חֹמֶר כִּימִי הַמָּצוּי בַּגּוּף וּמְשַׁמֵּשׁ לְטִפּוּלִים שׁוֹנִים)
□ *the athlete was disqualified for using steroids* הָאַתְלֵט נִפְסַל כֵּיוָן שֶׁהִשְׁתַּמֵּשׁ בִּסְטֶרוֹאִידִים

stertorous /ˈstɜːtərəs/ adj. (*formal*) (נְשִׁימָה) נַחְרָנִית, מְנַחֶרֶת

stet /stet/ v.i. רָשַׁם ״stet״ (״נָא לְהַשְׁאִיר, לֹא לִמְחֹק!״ בְּהַגָּהוֹת, כְּדֵי לְבַטֵּל מְחִיקָה)

stethoscope /ˈsteθəskəʊp/ n. סְטֵטוֹסְקוֹפּ (מַכְשִׁיר שֶׁל רוֹפֵא, לְהַאֲזָנָה לָרֵאוֹת)

stetson /ˈstets(ə)n/ n. כּוֹבַע ״סְטֶטְסוֹן״, ״כּוֹבַע קָאוּבּוֹי״ (רְחַב שׁוּלַיִם)

stevedore /ˈstiːvədɔː(r)/ n. (*US*) סַוָּר

stew /stjuː/ v.t. & i. בִּשֵּׁל (לְאַט בְּרֹטֶב, בְּתוֹךְ כְּלִי סָגוּר); הִתְבַּשֵּׁל (כַּנַּ״ל); (בְּהַשְׁאָלָה) ״הִתְבַּשֵּׁל בְּמִיץ שֶׁל עַצְמוֹ״
□ *he can stew in his own juice* (*colloq.*) תֵּן לוֹ לְהִתְבַּשֵּׁל בְּמִיץ שֶׁל עַצְמוֹ

—n. תַּבְשִׁיל שֶׁל בָּשָׂר (מְבֻשָּׁל לְאַט כַּנַּ״ל), נְזִיד־בָּשָׂר
□ *he was in a stew about the lost tickets* (*colloq.*) הוּא הָיָה נִרְגָּשׁ וּמֻדְאָג מְאֹד בִּגְלַל אָבְדַן הַכַּרְטִיס

steward /ˈstjuːəd/ n.
1 (attendant on ship or aircraft) דַּיָּל
2 (manager of an estate) מְנַהֵל־אֲחֻזָּה
3 (official at public meetings) מְאַרְגֵּן, מַשְׁגִּיחַ (בְּתַחֲרוּת וְכַד׳)

stewardess /stjuːəˈdes/ n. דַּיֶּלֶת

stewardship /ˈstjuːədʃɪp/ n. (*formal*) הַנְהָלַת אֲחֻזָּה

stick[1] /stɪk/ (past & past ppl. **stuck** /stʌk/) v.t.
1 (push) תָּקַע, דָּחַף, תָּחַב
□ *he stuck his hands into his pockets* הוּא תָּחַב אֶת יָדָיו לַכִּיסִים
□ *he got stuck into the work* (*UK colloq.*) הוּא נִכְנַס לַתַּפְקִיד בְּמֶרֶץ
2 (attach by adhesion) הִדְבִּיק
□ *stick a stamp on the envelope* תַּדְבִּיק בּוּל עַל הַמַּעֲטָפָה
3 (impale, stab) שִׁפֵּד, הוֹקִיעַ עַל מוֹט חַד; דָּקַר, נָחַר (חֲזִיר)

stick a pig נָחַר חֲזִיר

4 (put in a specified place, *colloq.*) דָּחַף, זָרַק
□ *stick your coat over there* תִּזְרֹק אֶת הַמְּעִיל שֶׁלְּךָ שָׁם

□ *I am stuck in traffic and will be late* אֲנִי תָּקוּעַ בִּפְקָק תְּנוּעָה וְאַגִּיעַ מְאֻחָר
□ *you can stick your offer!* (*sl.*) אַתָּה יָכוֹל לִדְחֹף אֶת הַהַצָּעָה שֶׁלְּךָ...!
5 (bear, endure, *colloq.*) "סָבַל"
□ *I can't stick it any longer* אֲנִי לֹא יָכוֹל לִסְבֹּל אֶת זֶה יוֹתֵר

—v.i.
1 (be fixed) נִדְבַּק, נִתְקַע (וְלֹא זָז)
□ *the label won't stick* הַתָּוִית לֹא נִדְבֶּקֶת
□ *the door has stuck* הַדֶּלֶת נִתְקְעָה
2 (make a continued impression) "נִדְבַּק", "תָּפַס"
□ *the name stuck* הַשֵּׁם "נִדְבַּק", הַשֵּׁם "תָּפַס"
3 (be convincing, *colloq.*) הֶחֱזִיק מַעֲמָד, "נִדְבַּק"
□ *the police couldn't make the charges stick* הָהַאֲשָׁמוֹת שֶׁל הַמִּשְׁטָרָה לֹא הֶחֱזִיקוּ מַעֲמָד

—(in set phrases)
stick around (*colloq.*) נִשְׁאַר (בְּמָקוֹם מְסֻיָּם)
stick at (*colloq.*) הִמְשִׁיךְ, לֹא וִתֵּר, הִתְמִיד
stick at nothing הָיָה נָכוֹן לַעֲשׂוֹת הַכֹּל
stick it out (*colloq.*) הִתְמִיד, הִמְשִׁיךְ עַד הַסּוֹף
stick out הוֹצִיא; נִשְׁאַר; הִתְעַקֵּשׁ
□ *he stuck out his tongue at her* הוּא הוֹצִיא לָשׁוֹן לְעֻבְרָהּ
□ *he stuck his neck out and criticized the boss* (*colloq.*) הוּא לָקַח סִכּוּן וּמָתַח בִּקֹּרֶת עַל הַבּוֹס
□ *despite the difficulties he stuck out the course until it finished* (*colloq.*) לַמְרוֹת הַקְּשָׁיִים הוּא נִשְׁאַר בַּקּוּרְס עַד הַסּוֹף
□ *they're sticking out for more concessions* (*colloq.*) הֵם מִתְעַקְּשִׁים לִדְרֹשׁ וִתּוּרִים נוֹסָפִים
stick out a mile (*colloq.*) "בָּרוּר כַּשֶּׁמֶשׁ"
stick to נִשְׁאַר נֶאֱמָן לְ..., קִיֵּם
□ *he stuck to his promise* הוּא נִשְׁאַר נֶאֱמָן לְהַבְטָחָתוֹ
□ *we must give him credit for sticking to the point* צָרִיךְ לוֹמַר לִזְכוּתוֹ שֶׁהוּא לֹא סָטָה מִן הַנּוֹשֵׂא
stick together (*colloq.*) שָׁמַר עַל אַחְדוּת; נִשְׁאַר בְּיַחַד; נִדְבַּק
□ *stick to your guns, don't let him push you around* (*colloq.*) אַל תְּוַתֵּר, אַל תִּתֵּן לוֹ לְהַגִּיד לְךָ מָה לַעֲשׂוֹת
stick up עָמַד עַל שֶׁלּוֹ
stick 'em up! יָדַיִם לְמַעְלָה! (נֶאֱמַר תּוֹךְ אִיּוּם בְּאֶקְדָּח)
stick your hands up יָדַיִם לְמַעְלָה! (כַּנַּ"ל)
□ *you must stick up for yourself* עָלֶיךָ לַעֲמֹד עַל שֶׁלְּךָ
stick with (*colloq.*) נִשְׁאַר נֶאֱמָן לְ..., לֹא עָזַב

stick[2] /stɪk/ n.
1 (thin piece of wood) מַקֵּל
□ *he always gets hold of the wrong end of the stick* (*colloq.*) הוּא תָּמִיד מֵבִין דְּבָרִים לֹא נָכוֹן
2 (short, thin, cylindrical article) מוֹט
cocktail stick קִיסָם לְקוֹקְטֵיל (לִנְעִיצָה בְּזַיִת, חֲתִיכַת גְּבִינָה וְכַד')
a stick of chalk חֲתִיכַת גִּיר
a stick of dynamite מַקֵּל דִּינָמִיט
a stick of rock מֵעֵין סֻכָּרִיָּה קָשָׁה וַחֲמוּצָה בְּצוּרַת מַקֵּל
3 (rod held in the hand for walking, sports, etc.) מַקֵּל
hockey stick מַקֵּל הוֹקִי (לְמִשְׂחַק הוֹקִי עַל דֶּשֶׁא אוֹ קֶרַח)
shooting stick מַקֵּל צַיָּדִים (מֵעֵין דַּרְגָּשׁ יְשִׁיבָה מִתְקַפֵּל)
walking stick מַקֵּל הֲלִיכָה
4 (adverse criticism, *UK colloq.*) בִּקֹּרֶת
□ *he took a lot of stick over his new haircut* הוּא סָפַג הַרְבֵּה בִּקֹּרֶת בְּשֶׁל הַתִּסְפֹּרֶת הַחֲדָשָׁה שֶׁלּוֹ
5 (dull or odd person, *UK colloq.*) "יְצוּר" (אָדָם)
□ *she was a funny old stick* הִיא הָיְתָה יְצוּר מְשֻׁנֶּה
6 (in *pl.*, rural area, *colloq.*) "הַכְּפָר" (בְּזִלְזוּל)
□ *he comes from the sticks* הוּא בָּא מֵאֵיזֶה כְּפָר נִשְׁכָּח

sticker /ˈstɪkə(r)/ n. מַדְבֵּקָה, תָּוִית דְּבִיקָה

sticking-plaster /ˈstɪkɪŋ-plɑːstə(r)/ n. (*formal*) אֶגֶד מַדְבֵּק, פְּלַסְטֶר

stick-in-the-mud /ˈstɪk-ɪn-ðə-mʌd/ n. (*colloq.*) שַׁמְרָן, "מְרֻבָּע"

stickleback /ˈstɪk(ə)lbæk/ n. מֵעֵין דָּג קָטָן בַּעַל קוֹצִים (גַּסְטְרוֹסְטָאוּס)

stickler /ˈstɪklə(r)/ n. (*colloq. derog.*) "פֶּדַנְט"
□ *the general is a stickler for discipline* הָאַלּוּף פֶּדַנְטִי בְּעִנְיְנֵי מִשְׁמַעַת

stick-on /ˈstɪk-ɒn/ adj. מַדְבֵּק (סֵמֶל, תָּוִית וְכַד')
a stick-on label מַדְבֵּקָה, תָּוִית־מַדְבֶּקֶת, דִּבְקִית

stickshift /ˈstɪkʃɪft/ n. (*US*) מוֹט־הִלּוּכִים (בִּמְכוֹנִית)

stick-up /ˈstɪk-ʌp/ n. (*colloq.*) שֹׁד מְזֻיָּן
it's a stick-up! זֶה שֹׁד! (קְרִיאַת הַשּׁוֹדֵד לְקָרְבְּנוֹתָיו)

sticky /ˈstɪkɪ/ adj.
1 (that sticks to other things) דָּבִיק; מַדְבֵּק
sticky tape (*UK*) סֶרֶט דָּבִיק; "סֶלוֹטֵיפּ"
□ *my fingers are all sticky with jam* הָאֶצְבָּעוֹת שֶׁלִּי דְּבִיקוֹת מֵרִבָּה
□ *he has sticky fingers* (*colloq.*) יֵשׁ לוֹ נְטִיָּה לִגְנֹב דְּבָרִים
2 (unpleasant, difficult, *colloq.*) (מַצָּב) רָגִישׁ, מְסֻבָּךְ; (סוֹף וְכַד') מַר
sticky end סוֹף רַע וּמַר
sticky wicket (*UK*) מַצָּב מְסֻבָּךְ

stiff /stɪf/ adj.
1 (rigid, firm, unbending) נֻקְשֶׁה, קָשִׁיחַ; לֹא גָּמִישׁ
stiff joints פְּרָקִים כּוֹאֲבִים וְנֻקְשִׁים
stiff smile חִיּוּךְ מְאֻלָּץ

□ *you must keep a stiff upper lip* (*fig.*) עָלֶיךָ לִסְבֹּל בְּשֶׁקֶט, עָלֶיךָ לְקַבֵּל אֶת הָרַע בְּאֹמֶץ לֵב

2 (harsh, difficult) קָשֶׁה, מְיַגֵּעַ, חָמוּר

a stiff sentence פְּסַק־דִּין חָמוּר

a stiff climb טִפּוּס קָשֶׁה (בָּהָר)

a stiff test מִבְחָן קָשֶׁה

3 (strong) חָזָק

a stiff breeze רוּחַ עַזָּה

a stiff drink (*colloq.*) מַשְׁקֶה חָזָק, מַשְׁקֶה חָרִיף מְאֹד

4 (tight, closely-packed) דָּחוּס, סָמִיךְ

□ *the scene of the crime was stiff with detectives* (*colloq.*) מְקוֹם הַפֶּשַׁע שָׁרַץ בַּלָּשִׁים

—adv. בְּיוֹתֵר, עַד־מְאֹד

bored stiff מְשֻׁעֲמָם עַד מָוֶת

scared stiff מְפֻחָד עַד מָוֶת

—n. (*sl.*) "פֶּגֶר" (גְּוִיַּת אָדָם)

stiffen /ˈstɪf(ə)n/ v.t. & i. הִקְשָׁה, הִקְשִׁיחַ; הִתְקַשָּׁה, נַעֲשָׂה נֻקְשֶׁה

stiffening /ˈstɪf(ə)nɪŋ/ n. חֹמֶר לְהַקְשָׁיַת בַּד (עֲמִילָן, תְּמוּכוֹת קַרְטוֹן וְכַד׳)

stiff-necked /stɪf-ˈnekt/ adj. (*formal*) עַקְשָׁן

stifle /ˈstaɪf(ə)l/ v.t.

1 (prevent from breathing) הֶחֱנִיק

stifling heat חֹם מַחֲנִיק

2 (suppress) הֶחֱנִיק, דִּכֵּא (תְּשׁוּקָה, מְחָאָה וְכַד׳)

□ *she was quick to stifle her yawn* הִיא הֶחֱנִיקָה אֶת הַפִּהוּק בִּמְהִירוּת

—v.i. נֶחֱנַק; (בְּהַשְׁאָלָה) הִרְגִּישׁ מַחֲנָק

stigma /ˈstɪgmə/ n.

1 (shameful reputation) אוֹת־קָלוֹן, אוֹת־קַיִן, סְטִיגְמָה

2 (*Bot.*) דַּלֶּקֶת

stigmata /ˈstɪgmətə, stɪgˈmɑːtə/ n. *pl.* (*Relig.*) פִּצְעֵי הַצְּלִיבָה (שֶׁמּוֹפִיעִים לְפִי אֱמוּנַת הַנּוֹצְרִים עַל גּוּפָם שֶׁל קְדוֹשִׁים)

stigmatize /ˈstɪgmətaɪz/ v.t. (*formal*) הִדְבִּיק "תָּוִית" עַל, הֵטִיל אוֹת־קָלוֹן עַל, הֵטִיל סְטִיגְמָה עַל

stile /staɪl/ n. מַדְרֵגָה (לְרַגְלֵי גָּדֵר)

stiletto /stɪˈletəʊ/ n. פִּגְיוֹן דַּק

stiletto heel עָקֵב גָּבֹהַּ וְדַק (בְּנַעֲלֵי נָשִׁים)

still /stɪl/ adj. דּוֹמֵם, שָׁקֵט

still (mineral) water מַיִם (מִינֶרָלִיִּים) לֹא־מוּגָזִים

still waters run deep (*Prov.*) "מַיִם שְׁקֵטִים חוֹדְרִים עָמֹק" (אָדָם שָׁקֵט שֶׁאֵינוֹ מַסְגִּיר אֶת אִיכוּתוֹ הָאֲמִתִּית וְכַד׳)

—n.

1 (quietness, *formal*) דְּמָמָה

the still of the night דִּמְמַת הַלַּיְלָה

2 (single print from motion film) סְטִיל, תַּצְלוּם דּוֹמֵם

—adv.

1 (up to a certain time) עֲדַיִן, עוֹד

□ *she was still working at the age of seventy* בְּגִיל שִׁבְעִים הִיא עֲדַיִן עָבְדָה

2 (without motion) דּוֹמֵם, לְלֹא תְּנוּעָה

stand still עָמַד בְּשֶׁקֶט, עָמַד בְּלִי לָזוּז

3 (even more) עוֹד יוֹתֵר, אֲפִלּוּ

□ *his brother is taller still* (or *still taller*) אָחִיו גָּבֹהַּ עוֹד יוֹתֵר (מִמֶּנּוּ)

—v.t. (*formal*) הִשְׁקִיט, הִרְגִּיעַ

still² /stɪl/ n. מַזְקֵקָה, מַכְשִׁיר זִקּוּק (לְאַלְכּוֹהוֹל)

stillborn /ˈstɪlbɔːn/ adj. (עֻבָּר) שֶׁנּוֹלַד לְלֹא רוּחַ־חַיִּים, שֶׁנּוֹלַד מֵת; (בְּהַשְׁאָלָה, לְגַבֵּי רַעְיוֹן וְכַד׳) נֵפֶל

still life /stɪl ˈlaɪf/ n. (צִיּוּר שֶׁל) טֶבַע דּוֹמֵם

stilt /stɪlt/ n.

1 (pole for walking on) קַב (שֶׁל לוּלְיָן, לֵיצָן וְכַד׳)

2 (support for building) כְּלוֹנָס (הַתּוֹמֵךְ בְּרִצְפַּת בַּיִת וְכַד׳ לְהַחֲזִיקָהּ מֵעַל הַקַּרְקַע)

stilted /ˈstɪltɪd/ adj. (*derog.*) (סִגְנוֹן, הִתְנַהֲגוּת) מְנֻפָּח, מְסֻרְבָּל

stimulant /ˈstɪmjʊlənt/ n. & adj. גּוֹרֵם, מַמְרִיץ; סַם מַמְרִיץ; מַמְרִיץ

stimulate /ˈstɪmjʊleɪt/ v.t. (*formal*) הִמְרִיץ, עוֹרֵר (לִפְעֻלָּה); גֵּרָה (קְצוֹת עֲצַבִּים וְכַד׳)

stimulation /ˌstɪmjʊˈleɪʃ(ə)n/ n. (*formal*) הַמְרָצָה (לִפְעֻלָּה); גֵּרוּי (עֲצַבִּי וְכַד׳)

stimulus /ˈstɪmjʊləs/ n. תַּמְרִיץ; גֵּרוּי

sting /stɪŋ/ (past & past ppl. **stung** /stʌŋ/) v.t.

1 (wound or pierce with a sting) עָקַץ

□ *I nearly got stung by a bee* כִּמְעַט שֶׁעָקְצָה אוֹתִי דְּבוֹרָה

2 (cause to feel pain) צָרַב

□ *the smoke stung their eyes* הֶעָשָׁן צָרַב אֶת הָעֵינַיִם שֶׁלָּהֶם, הֶעָשָׁן צָרַב לָהֶם בָּעֵינַיִם

3 (incite into) הִמְרִיץ

□ *her words stung me into action* דְּבָרֶיהָ הִמְרִיצוּ אוֹתִי לִפְעֻלָּה

4 (take too much money from, *sl.*) הִצְלִיחַ "לִסְחֹט" מִ...

□ *they stung him for a thousand pounds* הֵם הִצְלִיחוּ לִסְחֹט מִמֶּנּוּ אֶלֶף לִישׁ"ט

—v.i.

1 (use or have stings) דָּקַר, צָרַב

□ *not all nettles sting* לֹא כָּל סוּגֵי הַסִּרְפָּד צוֹרְבִים

2 (feel sharp pain) צָרַב

□ *my eyes are stinging* הָעֵינַיִם שֶׁלִּי צוֹרְבוֹת

—n. עֹקֶץ (שֶׁל חָרָק, וְכַד׳); עֲקִיצָה (שֶׁל חָרָק, שֶׁל סִרְפָּד וְכַד׳); (בְּהַשְׁאָלָה) "עֹקֶץ"

sting-ray /ˈstɪŋ-reɪ/ n. טְרִיגוֹן (דָּג טְרוֹפִּי רְחַב וְשָׁטוּחַ, זְנָבוֹ מְצֻיָּד בְּקוֹץ גָּדוֹל וְאַרְסִי)

stingy /ˈstɪndʒɪ/ adj. (*colloq.*) קַמְצָן, כִּילַי

stink /stɪŋk/ (past **stunk** /stʌŋk/ or **stank** /stæŋk/, past ppl. **stunk** /stʌŋk/) v.t. & i. הִסְרִיחַ, הִבְאִישׁ, הִצְחִין, הֶעֱלָה צַחֲנָה

□ *you'll stink the place out with cigar smoke* אַתָּה תְּמַלֵּא אֶת הַמָּקוֹם בְּסַרְחוֹן שֶׁל עֲשַׁן סִיגָרִים

□ *the whole affair stinks (to high heaven)* (*colloq.*) כָּל הָעִנְיָן מַסְרִיחַ זֹאת הִיא שַׁעֲרוּרִיָּה נוֹרָאָה,

—n. סַרְחוֹן, צַחֲנָה; (בְּהַשְׁאָלָה) שַׁעֲרוּרִיָּה

stink bomb פְּצָצַת סַרְחוֹן

□ *he kicked up a stink about the way he'd been treated* (*colloq.*) הוּא הֵקִים צְעָקוֹת עַל הָאֹפֶן שֶׁבּוֹ טִפְּלוּ בּוֹ

stinking /ˈstɪŋkɪŋ/ adj. (*colloq.*) "מַסְרִיחַ", מְחֻרְבָּן

stinking rich (*sl.*) "מָלֵא" כֶּסֶף, "מִילְיוֹנֶר"

□ *I've got to read that stinking book* אֲנִי מֻכְרָח לִקְרֹא אֶת הַסֵּפֶר הַמְחֻרְבָּן הַהוּא

stint /stɪnt/ n.

1 (allotted amount) מִכְסָה

□ *I've finished my stint for today* סִיַּמְתִּי אֶת "הַמִּכְסָה" הַיּוֹמִית

2 (limitation) הַגְבָּלָה, מִגְבָּלָה

without stint (*formal*) לְלֹא הַגְבָּלָה, בְּיָד רְחָבָה

—v.t. קִמֵּץ בְּ...; הִגְבִּיל עַצְמוֹ בְּ...

stipend /ˈstaɪpend/ n. מַשְׂכֹּרֶת, שָׂכָר קָבוּעַ (בְּיִחוּד שֶׁל כֹּהֵן־דָּת); סְטִיפֶּנְדְּיָה, מִלְגָּה

stipendiary /staɪˈpendɪərɪ/ adj. (עוֹבֵד) מְקַבֵּל מַשְׂכֹּרֶת, עוֹבֵד בְּשָׂכָר קָבוּעַ; (מִשְׂרָה) בְּשָׂכָר

stipendiary magistrate שׁוֹפֵט־שָׁלוֹם מְקַבֵּל שָׂכָר (מֶמְשַׁלְתִּי)

—n. שׁוֹפֵט־שָׁלוֹם מְקַבֵּל שָׂכָר (מֶמְשַׁלְתִּי)

stipple /ˈstɪp(ə)l/ v.t. צִיֵּר/חָרַט בִּנְקֻדּוֹת

stipulate /ˈstɪpjʊleɪt/ v.t. (*formal*) הִתְנָה, הֶעֱמִיד תְּנַאי שֶׁ...

stipulation /ˌstɪpjʊˈleɪʃ(ə)n/ n. (*formal*) הַתְנָיָה, הַעֲמָדַת תְּנָאִים

stir /stɜː(r)/ v.t.

1 (mix) בָּחַשׁ, עִרְבֵּב, נִעֵר

2 (move) הֵנִיעַ, הֵזִיז, נָע, זָז

stir your stumps (*colloq.*) תָּזִיז אֶת הָרַגְלַיִם!

□ *he won't stir a finger to help anyone* (*fig.*) הוּא לֹא יִנְקֹף אֶצְבַּע לַעֲזֹר לַזּוּלַת

3 (rouse) עוֹרֵר

□ *these are stirring times we live in* אֵלֶּה זְמַנִּים סוֹעֲרִים שֶׁאָנוּ חַיִּים בָּהֶם

□ *the agitators stirred up a riot* הַמְּסִיתִים עוֹרְרוּ מְהוּמָה

—v.i. הִתְעַרְבֵּב; עִרְבֵּב

—n. בְּחִישָׁה; תְּזוּזָה; (בְּהַשְׁאָלָה) "סְעָרָה"

□ *the announcement caused a stir* הַהוֹדָעָה גָּרְמָה סְעָרָה

stir-fry /stɜː-fraɪ/ v.t. & adj. טִגֵּן בִּמְהִירוּת (בְּסִגְנוֹן סִינִי); (יְרָקוֹת וְכַד') מְטֻגָּנִים בִּמְהִירוּת

stirrer /ˈstɜːrə(r)/ n. (*colloq.*) (אָדָם) עוֹשֶׂה צָרוֹת

stirrup /ˈstɪrəp/ n. אַרְכֻּבָּה, מִשְׁוֶרֶת, רְכוּבָה (לְרַגְלֵי רוֹכֵב עַל סוּס)

stirrup-cup /ˈstɪrəp-kʌp/ n. כּוֹסִית פְּרֵדָה (לִפְנֵי הַיְצִיאָה לַדֶּרֶךְ)

stirrup-pump /ˈstɪrəp-pʌmp/ n. מֵעֵין מַשְׁאֵבַת־מַיִם קְטַנָּה מֻפְעֶלֶת בַּיָּד

stitch /stɪtʃ/ n.

1 (single pass of needle in sewing or knitting) תֶּפֶר (בִּתְפִירָה); לוּלָאָה, עַיִן (בִּסְרִיגָה)

□ *a stitch in time saves nine* (*Prov.*) מוּטָב לִפְתֹּר בְּעָיוֹת עַל הַמָּקוֹם

□ *she dropped a stitch* הִיא דִּלְּגָה עַל עַיִן אַחַת (בִּסְרִיגָה)

□ *he has ten stitches in the gash in his arm* יֵשׁ לוֹ עֲשָׂרָה תְּפָרִים בַּפֶּצַע שֶׁבִּזְרוֹעוֹ

2 (style of sewing or knitting) תֶּפֶר; סוּג סְרִיגָה

□ *I made a jumper in a fancy stitch* סָרַגְתִּי סְוֶדֶר בְּסוּג סְרִיגָה מְיֻחָד

□ *she didn't have a stitch on* (*colloq.*) הִיא הָיְתָה עֲרֻמָּה כְּבְיוֹם הִוָּלְדָהּ

3 (stabbing pain in the side) כְּאֵב חַד, "דְּקִירָה"

□ *his jokes had them all in stitches* הַבְּדִיחוֹת שֶׁלּוֹ גָּרְמוּ לָהֶם לְהִתְפַּקֵּעַ מִצְּחוֹק

—v.t. תָּפַר, הִכְלִיב

stoat /stəʊt/ n. הַרְמִין, חָמוֹס הַרְמִין (טוֹרֵף קָטָן וּבַעַל פַּרְוָה)

stock /stɒk/ n.

1 (store of goods, etc.) מְלַאי, מַחְסָן

rolling stock קְרוֹנוֹת רַכֶּבֶת וְקַטָּרִים

take stock סָפַר מְלַאי; (בְּהַשְׁאָלָה) "עָשָׂה חֶשְׁבּוֹן"

□ *he took stock of the situation immediately* הוּא הֶעֱרִיךְ אֶת הַמַּצָּב מִיָּד

□ *I'll see whether we have blue socks in stock* אֲנִי אֶבְדֹּק אִם יֵשׁ לָנוּ גַּרְבַּיִם כְּחֻלִּים בַּמְּלַאי

□ *this will call on your stocks of patience* זֶה יַעֲמִיד בְּמִבְחָן אֶת הַסַּבְלָנוּת שֶׁלְּךָ

2 (capital; shares; money lent at fixed interest) הוֹן מְנָיוֹת, רְכוּשׁ בִּמְנָיוֹת, מְנָיוֹת

stock exchange בּוּרְסַת הַמְּנָיוֹת

stocks and shares מְנָיוֹת

3 (farm animals) בַּעֲלֵי־חַיִּים בַּחַקְלָאוּת (בָּקָר, צֹאן וְכַד')

4 (personal reputation) "מְנָיוֹת"

□ *after her success, her stock went up with her boss* לְאַחַר הַהַצְלָחָה שֶׁלָּהּ עֵרֶךְ הַמְּנָיוֹת שֶׁלָּהּ עָלָה אֵצֶל הַבּוֹס

5 (line of ancestry) מוֹצָא, גֶּזַע

□ *our family comes of peasant stock* הַמִּשְׁפָּחָה שֶׁלָּנוּ הִיא מִמּוֹצָא אִכָּרִים פָּשׁוּט

6 (liquid used in cooking) תַּמְצִית (לְמָרָק וְכַד'), מְרַק יְסוֹד

beef stock מְרַק יְסוֹד מִבָּקָר (שֶׁמּוֹסִיפִים לְתַבְשִׁילִים שׁוֹנִים)

7 (base, support, handle) קַת (שֶׁל כְּלִי יְרִי וְכַד')

lock, stock, and barrel (*fig.*) כָּל כֻּלּוֹ, הַכֹּל, מֵ־א׳ וְעַד ת׳

8 (plant into which graft is inserted) גֶּזַע בָּסִיס (לְהַשְׁתָּלַת יִחוּרִים וְכַד׳)

9 (flower) מַנְתּוּר (פֶּרַח גִּנָּה רֵיחָנִי)

10 (in *pl.*, supports for shipbuilding) תְּמוֹכוֹת (לִסְפִינָה בְּעֵת בְּנִיָּתָהּ)

□ *I hear you have a new book on the stocks* (*fig.*) שָׁמַעְתִּי שֶׁאַתָּה עוֹבֵד עַל סֵפֶר חָדָשׁ

11 (in *pl.*, instrument of punishment, *Hist.*) סַד עֳנָשִׁין

—adj.

1 (kept in stock) קָבוּעַ, תִּקְנִי

□ *these shoes only come in stock sizes* הַנַּעֲלַיִם הָאֵלֶּה בָּאוֹת רַק בִּגְדָלִים רְגִילִים

2 (commonly used or occurring) רָגִיל, קָבוּעַ, סְטַנְדַּרְטִי

□ *it was a stock situation* זֶה הָיָה מַצָּב סְטַנְדַּרְטִי

□ *the letter contained all the stock phrases* (*derog.*) הַמִּכְתָּב כָּלַל אֶת כָּל הַבִּטּוּיִים הָרְגִילִים

—v.t. אָגַר מְלַאי שֶׁל, צִיֵּד (מַחְסָן וְכַד׳)

□ *he keeps a well-stocked larder* הוּא מַחֲזִיק מְזָוֶה מְצֻיָּד הֵיטֵב

—v.i.

stock up הִצְטַיֵּד

stockade /stɒˈkeɪd/ n. גֶּדֶר כְּלוֹנָסָאוֹת (לַהֲגַנָּה); מִכְלָאָה (מֻקֶּפֶת גֶּדֶר כָּזֹאת)

—v.t. הֵקִים גֶּדֶר־כְּלוֹנָסָאוֹת

stockbroker /ˈstɒkbrəʊkə(r)/ n. סוֹכֵן בּוּרְסָה, סוֹכֵן מְנָיוֹת, ״בְּרוֹקֶר״

stock-car /ˈstɒk-kɑː(r)/ n. מְכוֹנִית מִסְדֶּרֶת־יִצּוּר שֶׁהֻתְאֲמָה לִמְרוֹצִים בְּמַסְלוּל סָגוּר

stock-car racing מֵרוֹץ מְכוֹנִיּוֹת (כַּנַּ״ל)

stock-cube /ˈstɒk-kjuːb/ n. קֻבִּיַּת־מָרָק

stockholder /ˈstɒkhəʊldə(r)/ n. (*US*) בַּעַל־מְנָיוֹת

stockinette /ˌstɒkɪˈnet/ n. אָרִיג אֶלַסְטִי (לְתַחְבֹּשֶׁת וְכַד׳)

stocking /ˈstɒkɪŋ/ n. גַּרְבּוֹן (גֶּרֶב נַיְלוֹן וְכַד׳)

Christmas stocking ״גֶּרֶב חַג־הַמּוֹלָד״ (מֵעֵין שַׂק אָדֹם לְמַתְּנוֹת חַג הַמּוֹלָד)

stockinged /ˈstɒkɪŋd/ adj. לָבוּשׁ גַּרְבַּיִם, מְגֹרָב (אַךְ לֹא מְנֻעָל)

stock-in-trade /ˌstɒk-ɪn-ˈtreɪd/ n. עִנְיָן שֶׁבְּשִׁגְרָה, דָּבָר קָבוּעַ

stockist /ˈstɒkɪst/ n. (*UK*) סַפָּק (שֶׁל סְחוֹרָה מְתוֹצֶרֶת מְסֻיֶּמֶת)

stock market /stɒk mɑːkɪt/ n. בּוּרְסַת־הַמְּנָיוֹת, שׁוּק־הַמְּנָיוֹת

stockpile /ˈstɒkpaɪl/ v.t. אָגַר, צָבַר (מְלַאי שֶׁל חָמְרֵי גֶּלֶם, נֶשֶׁק וְכַד׳)

—n. מַאֲגָר, מְלַאי (שֶׁל חָמְרֵי־גֶּלֶם, נֶשֶׁק וְכַד׳)

stock-pot /ˈstɒk-pɒt/ n. קַלַּחַת, סִיר גָּדוֹל (בְּיִחוּד לַהֲכָנַת תַּמְצִית מָרָק מְחֻזָּק חַם בְּמֶשֶׁךְ כָּל הַיּוֹם)

stock-room /ˈstɒk-ruːm/ n. מַחְסַן מְלַאי

stock-still /ˌstɒk-ˈstɪl/ adj. & adv. לְלֹא־נִיעַ, דּוֹם, דּוֹמֵם

stock-taking /ˈstɒk-teɪkɪŋ/ n. סְפִירַת־מְלַאי; (בְּהַשְׁאָלָה) ״חֶשְׁבּוֹן״, הַעֲרָכַת מַצָּב

stocky /ˈstɒkɪ/ adj. נָמוּךְ וְחָסֹן (אָדָם, בַּעַל־חַיִּים אוֹ צֶמַח)

stockyard /ˈstɒkjɑːd/ n. מִכְלָאָה (לְבָקָר, צֹאן וְכַד׳)

stodge /stɒdʒ/ n. (*colloq.*) מָזוֹן כָּבֵד, אֹכֶל כָּבֵד (גַּס, שָׁמֵן, סָמִיךְ וְכַד׳)

stodgy /ˈstɒdʒɪ/ adj. (*colloq.*)

1 (filling) (מָזוֹן) כָּבֵד

2 (dull) (סִגְנוֹן) כָּבֵד וּמְשַׁעֲמֵם; (אָדָם) מְשַׁעֲמֵם

stoic /ˈstəʊɪk/ n. & adj. אָדָם סְטוֹאִי, אָדָם הַמְקַבֵּל הַכֹּל בְּשַׁלְוַת נֶפֶשׁ; סְטוֹאִי

stoical /ˈstəʊɪk(ə)l/ adj. סְטוֹאִי

stoicism /ˈstəʊɪsɪzəm/ n. סְטוֹאִיּוּת, שַׁלְוַת נֶפֶשׁ

stoke /stəʊk/ v.t. הִסִּיק, הִזִּין (אֵשׁ) בְּחָמְרֵי בְּעֵרָה (פֶּחָם, עֵץ, דֶּלֶק); (בְּהַשְׁאָלָה) לִבָּה (רְגָשׁוֹת וְכַד׳)

—v.i.

stoke up לִבָּה (אֵשׁ, רְגָשׁוֹת וְכַד׳)

stoker /ˈstəʊkə(r)/ n. מַסִּיק (בְּקַטַּר־פְּחָמִים, בָּאֳנִיָּה וְכַד׳)

stole[1] /stəʊl/ n. מֵעֵין צָעִיף (עָשׂוּי פַּרְוָה אוֹ מֶשִׁי)

stole[2] /stəʊl/ past of **steal**

stolen /ˈstəʊlən/ past ppl. of **steal**

stolid /ˈstɒlɪd/ adj. (*derog.*) אָדִישׁ, קַר־מֶזֶג

stomach /ˈstʌmək/ n.

1 (front part of body under chest) בֶּטֶן

a delicate stomach בֶּטֶן רְגִישָׁה, קֵבָה רְגִישָׁה

2 (appetite) תֵּאָבוֹן

□ *he had no stomach for a fight* לֹא הָיָה לוֹ שׁוּם חֵשֶׁק לְהִלָּחֵם

3 (*Anat.*) קֵבָה

—v.t. ״קִבֵּל״, ״סָבַל״ (הִתְיַחֵס בְּחִיּוּב)

□ *he would not stomach criticism* הוּא לֹא הָיָה מוּכָן לְקַבֵּל בִּקֹּרֶת

stomach-ache /ˈstʌmək-eɪk/ n. כְּאֵב־בֶּטֶן

stomach-pump /ˈstʌmək-pʌmp/ n. מַשְׁאֵבַת־קֵבָה

stomp /stɒmp/ v.i. (*colloq.*) פָּסַע בִּכְבֵדוּת, דָּרַךְ בִּכְבֵדוּת

stone /stəʊn/ n.

1 (hard material, rock) אֶבֶן

the Stone Age תְּקוּפַת־הָאֶבֶן, עִדַּן־הָאֶבֶן

2 (single piece of rock) אֶבֶן

□ *they lived a stone's throw away* (*fig.*) הֵם גָּרִים בְּקִרְבַת מָקוֹם

□ *I shall leave no stone unturned in my search* (*fig.*) בְּחִפּוּשַׂי לֹא אוֹתִיר שׁוּם דָּבָר בִּלְתִּי בָּדוּק, בְּחִפּוּשַׂי אֲנַסֶּה לִבְדֹּק כָּל אֶפְשָׁרוּת שֶׁהִיא

3 (gem) אֶבֶן־יְקָרָה, אֶבֶן־חֵן

4 (hard object formed in kidney, etc.) "אֶבֶן" (בַּכְּלָיוֹת וְכַד׳)
5 (hard case of kernel in some fruits) גַּרְעִין, גַּלְעִין (שֶׁל אֲפַרְסֵק, שְׁזִיף, תָּמָר וְכַד׳)
6 (measure of weight) "סְטוֹן" (14 פָּאוּנְד, כְּ־6½ ק"ג)
—v.t.
1 (throw stones at) רָגַם בַּאֲבָנִים; סָקַל בַּאֲבָנִים
2 (remove stone from fruit) גִּלְעֵן, הוֹצִיא אֶת הַגַּלְעִין מִ...

stone-cold /stəʊn-ˈkəʊld/ adj. קַר־כְּקֶרַח, קַר כָּאֶבֶן
stone-cold sober פִּכֵּחַ לְגַמְרֵי, לַחֲלוּטִין לֹא שִׁכּוֹר
stoned /stəʊnd/ adj. (*sl.*) "מַסְטוּל" (מְסֻמָּם), מְסֻמָּם
stone-dead /stəʊn-ˈded/ adj. מֵת
stone-deaf /stəʊn-ˈdef/ adj. חֵרֵשׁ לְגַמְרֵי, חֵרֵשׁ כָּאֶבֶן
stone fruit /ˈstəʊn fruːt/ n. פְּרִי גַּלְעִינִי (אֲפַרְסֵק, שְׁזִיף, תָּמָר וְכַד׳)
stoneground /ˈstəʊngraʊnd/ adj. (קֶמַח) "טָחוּן בְּרֵחַיִם" (בְּסִגְנוֹן מָסָרְתִּי לַהֲלָכָה אוֹ כְּבְיָכוֹל)
stone-mason /ˈstəʊn-meɪs(ə)n/ n. סַתָּת
stonewall /ˌstəʊnˈwɔːl/ v.i. נָקַט תַּכְסִיסֵי הַשְׁהָיָה (בְּדִיּוּן וְכַד׳)
stoneware /ˈstəʊnweə(r)/ n. כְּלֵי־חֶרֶס (הָעֲשׂוּיִים מֵחֹמֶר הַמֵּכִיל צוֹרָן)
stonework /ˈstəʊnwɜːk/ n. סַתָּתוּת, גִּלּוּף בָּאֶבֶן; אֶבֶן־מְגֻלֶּפֶת
stony /ˈstəʊnɪ/ adj.
1 (full of stones) סַלְעִי, מָלֵא אֲבָנִים
2 (hard, unsympathetic) קָשׁוּחַ, קָשֶׁה (כָּאֶבֶן)
□ *he got a stony reception* הוּא זָכָה לְקַבָּלַת פָּנִים צוֹנֶנֶת בְּיוֹתֵר
□ *a stony stare greeted him* מַבָּט צוֹנֵן קִבֵּל אֶת פָּנָיו
3 stony-broke (*UK colloq.*) "בְּלִי מִיל עַל הַנְּשָׁמָה", בְּלִי פְּרוּטָה לִפְרָטָהּ
stood /stʊd/ past & past ppl. of **stand**
stooge /stuːdʒ/ n. (*colloq.*) "פּוֹעֵל שָׁחוֹר" (שֶׁעוֹשֶׂה אֶת הָעֲבוֹדָה הַלֹּא נְעִימָה); לֵיצָן, בַּדְרָן (עַל בָּמָה וְכַד׳ – שֶׁהַבְּדִיחוֹת עַל חֶשְׁבּוֹנוֹ)
stool /stuːl/ n.
1 (seat or footrest) שְׁרַפְרַף (כִּסֵּא נָמוּךְ בְּלִי מִסְעָד; הֲדוֹם (לְרַגְלַיִם)
bar stool שְׁרַפְרַף בָּארִים (גָּבוֹהַּ וְלָלֹא מִשְׁעֶנֶת)
camp stool כִּסֵּא מִתְקַפֵּל (קָטָן, לְטִיּוּלִים)
□ *you will fall between two stools* (*fig.*) אַתָּה תֵּצֵא קֵרֵחַ מִכָּאן וּמִכָּאן, אַתָּה תִּפֹּל בֵּין שְׁנֵי הַכִּסְאוֹת
2 (solid waste from body, *formal*) צוֹאָה
stool-pigeon /ˌstuːl-pɪdʒən/ n. מַלְשִׁין מִשְׁטַרְתִּי, "שְׁטִינְקֶר"
stoop[1] /stuːp/ v.t. & i. הִשְׁפִּיל, הִנְמִיךְ, הִרְכִּין; הִשְׁפִּיל אֶת עַצְמוֹ
□ *I wouldn't stoop to asking him for more money* לֹא אַשְׁפִּיל אֶת עַצְמִי לְבַקֵּשׁ מִמֶּנּוּ יוֹתֵר כֶּסֶף

—n. הִתְכּוֹפְפוּת, רְכִינָה
stoop[2] /stuːp/ n. (*US*) מִרְפֶּסֶת קְטַנָּה לִפְנֵי דֶּלֶת בִּנְיָן
stop /stɒp/ v.t.
1 (halt, arrest) עָצַר, בָּלַם
□ *I stopped the bus* עָצַרְתִּי אֶת הָאוֹטוֹבּוּס
2 (prevent) מָנַע, עָצַר
□ *don't try to stop him, he's happy this way* אַל תְּנַסֶּה לַעֲצֹר אוֹתוֹ, הוּא שָׂמֵחַ כָּךְ
3 (cause to end) הִפְסִיק, גָּרַם לְ... לְהַפְסִיק
□ *the rain stopped the match* הַגֶּשֶׁם גָּרַם לַמִּשְׂחָק לְהַפְסִיק
4 (block up) סָתַם, עָשָׂה סְתִימָה בְּ...
□ *the dentist stopped the tooth* רוֹפֵא הַשִּׁנַּיִם סָתַם אֶת הַשֵּׁן
5 (prevent from being paid) חָסַם
□ *she stopped the cheque* הִיא חָסְמָה/בִּטְּלָה אֶת הַהַמְחָאָה
—v.i.
1 (no longer move) עָצַר, נֶעֱצַר
□ *does the train stop here?* הַאִם הָרַכֶּבֶת עוֹצֶרֶת כָּאן?
2 (come to an end) נִפְסַק, נִגְמַר, פָּסַק
□ *the rain stopped* הַגֶּשֶׁם פָּסַק
3 (in set phrases)
stop by קָפַץ לְבִקּוּר, בִּקֵּר
stop in (*colloq.*) עָבַר בְּ..., בִּקֵּר
stof off (*colloq.*) עָשָׂה חֲנִיָּה
stop over עָשָׂה חֲנִיָּה
stop round (*colloq.*) עָרַךְ בִּקּוּר, קָפַץ לְבִקּוּר
stop up סָתַם, מִלֵּא; נִסְתַּם
—n.
1 (halt) עֲצִירָה
2 (halting-place) תַּחֲנַת־עֲצִירָה, תַּחֲנָה (שֶׁל אוֹטוֹבּוּס וְכַד׳)
bus stop תַּחֲנַת אוֹטוֹבּוּס
3 (punctuation mark) נְקֻדָּה (בְּסוֹף מִשְׁפָּט)
full stop נְקֻדָּה (כַּנַּ"ל)
4 (control in an organ, *Mus.*) מִשְׁלָב, רֶגִיסְטֶר
□ *he pulled out all the stops to persuade her to marry him* (*fig.*) הוּא עָשָׂה מַאֲמָץ עֶלְיוֹן לְשַׁכְנֵעַ אוֹתָהּ לְהִנָּשֵׂא לוֹ
5 F-stop (*Photog.*) "צַמְצָם", נְקֻדַּת־פְּתִיחָה שֶׁל צַמְצָם
6 (*Phonet.*) (עִצּוּר) סוֹתֵם, פּוֹצֵץ
stopcock /ˈstɒpkɒk/ n. בֶּרֶז, שַׁסְתּוֹם
stopgap /ˈstɒpgæp/ n. מְמַלֵּא־מָקוֹם זְמַנִּי, "פְּקָק"; תַּחְלִיף זְמַנִּי
stopover /ˈstɒpəʊvə(r)/ n. חֲנִיַּת־בֵּינַיִם (בְּטִיסָה וְכַד׳)
stoppage /ˈstɒpɪdʒ/ n. עֲצִירָה, עֶצֶר; הַפְסָקָה, הַשְׁבָּתָה (כְּגוֹן שֶׁל עֲבוֹדָה); סְתִימָה (בְּצִנּוֹר וְכַד׳); סְכוּמֵי־נִכּוּי (מַס, בִּטּוּחַ לְאֻמִּי וְכַד׳) מִמַּשְׂכֹּרֶת
stopper /ˈstɒpə(r)/ n. מַסְתֵּם, מְגוּפָה, פְּקָק
stop-press /stɒp-ˈpres/ n. חֲדָשׁוֹת הָרֶגַע הָאַחֲרוֹן

stop-watch /ˈstɒp-wɒtʃ/ n. סְטוֹפֶּר, שְׁעוֹן־עֶצֶר

storage /ˈstɔːrɪdʒ/ n. אַחְסָנָה, אִחְסוּן; מַחְסָן; דְּמֵי־אַחְסָנָה

storage battery סוֹלֶלֶת מַצְבְּרִים

storage heater אוֹגֵר חֹם

□ *we must put the scheme in cold storage for the present* (*fig.*) עָלֵינוּ לְהַקְפִּיא אֶת הַתָּכְנִית לְעֵת־עַתָּה

store /stɔː(r)/ n.

1 (store, reserve, supply) מְלַאי, סְחוֹרוֹת בַּמְּלַאי; מַאֲגָר

□ *I have a surprise in store for you* יֵשׁ לִי בִּשְׁבִילְךָ הַפְתָּעָה

2 (shop, esp. *US*) חֲנוּת

department store חֲנוּת, כָּל־בּוֹ

general store חֲנוּת כָּל־בּוֹ (לָרֹב בַּעֲיָרָה קְטַנָּה)

liquor store (*US*) חֲנוּת לְיֵינוֹת וּלְמַשְׁקָאוֹת חֲרִיפִים

3 (value, *formal*) עֵרֶךְ

□ *he sets great store by your attendance* הוּא מְיַחֵס חֲשִׁיבוּת רַבָּה לְנוֹכְחוּתְךָ

—v.t.

1 (put into storage) אִחְסֵן, שָׁמַר בְּמַחְסָן

2 (collect) אָגַר, צָבַר

store up אָגַר, צָבַר

3 (supply, provide) צִיֵּד

□ *he has a mind well stored with facts* יֵשׁ לוֹ מֹחַ מְשֻׁפָּע בְּעֻבְדּוֹת

storehouse /ˈstɔːhaʊs/ n. מַחְסָן

storekeeper /ˈstɔːkiːpə(r)/ n. (*US*) חֶנְוָנִי, בַּעַל־חֲנוּת

storeroom /ˈstɔːruːm/ n. מַחְסָן

storey /ˈstɔːrɪ/ n. קוֹמָה (שֶׁל בַּיִת)

□ *he's a bit weak in the upper storey* (*colloq.*) הוּא קְצָת לֹא בְּסֵדֶר בָּרֹאשׁ

stork /stɔːk/ n. חֲסִידָה

storm /stɔːm/ n.

1 (violent weather) סְעָרָה, סוּפָה

storm cloud עַנְנֵי סְעָרָה

2 (show of strong feeling) סְעָרָה

a storm in a teacup (*UK colloq.*) סְעָרָה בְּכוֹס־מַיִם

□ *she got a storm of applause* הִיא זָכְתָה בִּתְשׁוּאוֹת סוֹעֲרוֹת

□ *all I got was a storm of abuse* זָכִיתִי רַק בִּמְטַר הַשְׁמָצוֹת

3 (sudden attack) הִסְתַּעֲרוּת־פֶּתַע

□ *the enemy took the city by storm* הָאוֹיֵב לָכַד אֶת הָעִיר בִּסְעָרָה

—v.i. שָׁאַג בְּכַעַס

□ *"Get out!" he stormed* הוּא הִתְפָּרֵץ בִּצְעָקוֹת: "צֵא מִכָּאן!"

—v.t. פָּרַץ אֶל, הִסְתָּעֵר עַל

stormbound /ˈstɔːmbaʊnd/ adj. תָּקוּעַ (בְּמָקוֹם אֶחָד) בְּשֶׁל סְעָרוֹת

storm-trooper /ˈstɔːm-truːpə(r)/ n. חַיָּל בִּפְלֻגַּת־סַעַר (בְּעִקָּר בַּצָּבָא הַגֶּרְמָנִי)

stormy /ˈstɔːmɪ/ adj. סוֹעֵר (גַּם בְּהַשְׁאָלָה)

□ *his proposal had a stormy passage* הַצָּעָתוֹ עָבְרָה (נִתְקַבְּלָה) בְּתוֹךְ סַעֲרַת־רוּחוֹת

story /ˈstɔːrɪ/ n.

1 (account, narrative, tale) סִפּוּר

story line חוּט הָעֲלִילָה

□ *the story goes* (or *is*) *that...* מְסַפְּרִים שֶׁ..., הַסִּפּוּר הוּא שֶׁ...

□ *to cut a long story short,...* בְּקִצּוּר, קִצּוּרוֹ שֶׁל דָּבָר

2 (newspaper article) מַאֲמָר (בְּעִתּוֹן)

3 (lie, *euphem.*) "סִפּוּר", "מַעֲשִׂיָּה"

□ *don't tell stories!* אַל תְּסַפֵּר סִפּוּרִים!

storybook /ˈstɔːrɪbʊk/ adj. (סִיּוּם וְכַד') "מִן הָאַגָּדוֹת", "מִן הַסְּפָרִים"

story-teller /ˈstɔːrɪ-ˌtelə(r)/ n. מְסַפֵּר (בְּעִקָּר לִילָדִים)

stout /staʊt/ adj.

1 (fat) שָׁמֵן, שְׁמַנְמַן

2 (strong) חָזָק, חָסֹן

3 (brave and determined) נָחוּשׁ, תַּקִּיף, נִמְרָץ

—n. בִּירָה שְׁחוֹרָה וַחֲרִיפָה

stove[1] /stəʊv/ n. תַּנּוּר, כִּירַיִם

stove[2] /stəʊv/ past & past ppl. of **stave**

stove-pipe /ˈstəʊv-paɪp/ n. אֲרֻבַּת־תַּנּוּר, מַעֲשֵׁנָה

stove-pipe hat (*colloq.*) כּוֹבַע־צִילִינְדֶר

stow /stəʊ/ v.t. טָעַן, אִחְסֵן (בְּצוּרָה מְסֻדֶּרֶת), סִדֵּר (חֲפָצִים בִּמְזֻוָּדָה)

—v.i.

stow away נָסַע כְּנוֹסֵעַ סָמוּי

□ *he stowed away on the liner* הוּא הִתְגַּנֵּב לִסְפִינָה (וְנָסַע בָּהּ כְּ"נוֹסֵעַ סָמוּי")

stowage /ˈstəʊɪdʒ/ n. טְעִינָה, הַחְסָנָה, סִדּוּר (חֲפָצִים); מְקוֹם הַמִּטְעָן

stowaway /ˈstəʊəweɪ/ n. נוֹסֵעַ סָמוּי

straddle /ˈstræd(ə)l/ v.t. & i. יָשַׁב (עַל גַּב בְּהֵמָה) כְּשֶׁרַגְלוֹ הָאַחַת בְּכָל צַד; יָשַׁב/עָמַד בְּפִשּׂוּק רַגְלַיִם; הִתְפַּשֵּׁט בִּשְׁנֵי עֲבָרֵי...

strafe /streɪf/ v.t. (מָטוֹס) הִמְטִיר אֵשׁ עַל מַטָּרָה (מִגֹּבַהּ נָמוּךְ)

straggle /ˈstræg(ə)l/ v.i. (*derog.*) הִתְפַּשֵּׁט (צֶמַח, יִשּׁוּב) בְּאֹפֶן לֹא מְבֻקָּר; נִשְׂרַךְ, פִּגֵּר (אַחֲרֵי קְבוּצָה וְכַד')

straggler /ˈstræglə(r)/ n. (*derog.*) נֶחֱשָׁל, מְפַגֵּר (בִּצְעָדָה וְכַד')

straggly /ˈstræglɪ/ adj. (*derog.*) מְפֻזָּר (שֵׂעָר וְכַד')

straight /streɪt/ adj.

1 (not bent or curved) יָשָׁר

2 (in proper order) מְסֻדָּר

□ *let's get this straight!* בּוֹא וְנָבִין עַל מָה אֲנַחְנוּ מְדַבְּרִים, בּוֹא נְבָרֵר בְּדִיּוּק מָה קוֹרֶה!

□ *I couldn't keep a straight face* לֹא יָכֹלְתִּי לִשְׁמֹר עַל מַבָּט רְצִינִי
3 (honest) יָשָׁר, מְהֻגָּן, הָגוּן
4 (undiluted) "נָקִי" (לֹא־מָהוּל); פָּשׁוּט, בָּרוּר
a straight fight קְרָב בָּרוּר (בֵּין שְׁנֵי יְרִיבִים בִּלְבַד)
□ *he drank a glass of straight gin* הוּא שָׁתָה כּוֹס שֶׁל גִּ'ין נָקִי
5 (conventional; drug-free; heterosexual, *sl.*) לֹא לוֹקֵחַ סַמִּים; לֹא הוֹמוֹסֶקְסוּאָל
a straight man (or **woman**) גֶּבֶר/אִשָּׁה הֶטֶרוֹסֶקְסוּאָלִי/ת
—n.
1 (straight part) יְשֹׁרֶת (בְּמַסְלוּל מֵרוֹצִים)
□ *the two horses were neck and neck when they entered the straight* שְׁנֵי הַסּוּסִים הָיוּ זֶה בְּצַד זֶה בַּיְשׁוֹרֶת
□ *keep on the straight and narrow* (*fig. joc.*) הִתְרַחֵק מֵעוֹלַם הַפֶּשַׁע
2 (straight person, *sl.*) אָדָם שֶׁאֵינוֹ לוֹקֵחַ סַמִּים; הֶטֶרוֹסֶקְסוּאָל
—adv.
1 (directly) יָשָׁר, יְשִׁירוּת, הַיְשֵׁר
go straight (*colloq.*) חֲזֹר אֶל דֶּרֶךְ הַיָּשָׁר
straight from the horse's mouth (*colloq.*) "מִפִּי הַגְּבוּרָה"
straight from the shoulder (*colloq.*) יְשִׁירוּת, לָעִנְיָן, "דּוּגְרִי"
□ *keep straight on* תַּמְשִׁיךְ יָשָׁר
□ *let me say straight out...* תַּרְשׁוּ לִי לוֹמַר יָשָׁר...
□ *he can shoot straight* הוּא קוֹלֵעַ לַמַּטָּרָה
□ *she can't see straight* הִיא מְטֻשְׁטֶשֶׁת לְגַמְרֵי (בְּשֶׁל שִׁכְרוּת, עֲיֵפוּת וְכַד')
2 (without delay) מִיָּד, לְלֹא דִּחוּי, יָשָׁר
straight away תֵּכֶף וּמִיָּד, מִיָּד, יָשָׁר
straight off (*colloq.*) מִיָּד, לְלֹא הִסּוּס, יָשָׁר
□ *I went straight in* נִכְנַסְתִּי יָשָׁר פְּנִימָה
straighten /ˈstreɪt(ə)n/ v.t. & i. יִשֵּׁר; הִסְדִּיר; הִתְיַשֵּׁר
straighten out יִשֵּׁר; הִסְדִּיר; הִתְיַשֵּׁר
straighten up סִדֵּר; הִתְיַשֵּׁר
straightforward /ˌstreɪtˈfɔːwəd/ adj.
1 (without complications) פָּשׁוּט וּבָרוּר, לֹא מְסֻבָּךְ
2 (honest) יָשָׁר, כֵּן, גְּלוּי־לֵב
strain[1] /streɪn/ v.t. & i.
1 (injure) מָתַח (שְׁרִיר וְכַד')
□ *I strained my back by lifting this table* מָתַחְתִּי שְׁרִיר בַּגַּב ע"י הֲרָמַת הַשֻּׁלְחָן הַזֶּה, "נִתְפַּס" לִי הַגַּב כְּשֶׁהֵרַמְתִּי אֶת הַשֻּׁלְחָן הַזֶּה
□ *relations became strained after the incident* הַיְחָסִים נַעֲשׂוּ מְתוּחִים לְאַחַר הָאֵרוּעַ
2 (filter) סִנֵּן
3 (stretch) מָתַח, הִדֵּק; נִמְתַּח, הִתְמַתֵּחַ

□ *that story strains my credulity* הַסִּפּוּר הַזֶּה מוֹתֵחַ אֶת הַנְּכוֹנוּת שֶׁלִּי לְהַאֲמִין
4 (use hard; make an effort) אִמֵּץ; עָשָׂה מַאֲמָץ
□ *he strained every nerve to overhear what was being said* (*poet.*) הוּא הִתְאַמֵּץ כְּכָל הָאֶפְשָׁר לִשְׁמֹעַ אֶת הַדְּבָרִים, הוּא "עָשָׂה אָזְנוֹ כַּאֲפַרְכֶּסֶת" כְּדֵי לִשְׁמֹעַ אֶת הַדְּבָרִים
□ *the writer strains too much after effects* הַסּוֹפֵר מִתְאַמֵּץ יוֹתֵר מִדַּי לְהַשִּׂיג אֶפֶקְטִים
—n.
1 (physical or mental stress) מֶתַח (נַפְשִׁי), מַאֲמָץ (גּוּפָנִי אוֹ נַפְשִׁי)
□ *she is under strain at present* הִיא בְּמֶתַח כָּעֵת
2 (injury) מְתִיחַת שְׁרִיר
□ *it's only a strain* זֶה רַק מְתִיחַת שְׁרִיר
3 (sound, tune, *formal*) צְלִיל, נְעִימָה
□ *there was more in the same strain after that* (*fig.*) אַחַר־כָּךְ נִשְׁמְעוּ דְּבָרִים בְּאוֹתוֹ טוֹן
strain[2] /streɪn/ n.
1 (breed) זַן, סוּג
2 (element, trait) קַו־אֹפִי, מְאַפְיֵן, מְגַמָּה
□ *there is a strain of insanity in his family* יֵשׁ מְגַמָּה שֶׁל אִי־שְׁפִיּוּת בְּהִיסְטוֹרְיָה הַמִּשְׁפַּחְתִּית שֶׁלּוֹ
strainer /ˈstreɪnə(r)/ n. מְסַנֶּנֶת
strait /streɪt/ n.
1 (narrow channel) מֵצַר
2 (in *pl.*, difficulty) מְצוּקָה, קְשָׁיִים
dire straits בֵּין הַמְּצָרִים
straiten /ˈstreɪt(ə)n/ v.t. (usu. in past ppl.,) (*formal*) הֵבִיא בִּמְצוּקָה
straitened circumstances מַצָּב כַּסְפִּי קָשֶׁה, תְּנָאֵי מְצוּקָה (בְּעִקָּר כַּסְפִּית)
strait-jacket /ˈstreɪt-ˌdʒækɪt/ n. מְעִיל מְשֻׁגָּעִים; (בְּהַשְׁאָלָה) מִגְבָּלָה בִּלְתִּי־אֶפְשָׁרִית
strait-laced /streɪt-ˈleɪst/ adj. (*derog.*) בַּעַל גִּישָׁה מוּסָרִית שַׁמְרָנִית וְנֻקְשָׁה
strand[1] /strænd/ n. (*poet.*) חוֹף, קַו־הַחוֹף
—v.t.
1 (usu. in past ppl., abandon) עָזַב לְנַפְשׁוֹ, הִשְׁאִיר בְּלִי אֶמְצָעִים (אוֹ עֶזְרָה וְכַיּוֹ"ב)
□ *I was stranded when I missed the last bus* נִשְׁאַרְתִּי תָּקוּעַ לְאַחַר שֶׁאֵחַרְתִּי אֶת הָאוֹטוֹבּוּס
2 (run a ship aground) הֶעֱלָה (סְפִינָה) עַל שִׂרְטוֹן
strand[2] /strænd/ n.
1 (thread) פְּתִיל
2 (element, theme) "חוּט", "פְּתִיל", נִימָה
strange /streɪndʒ/ adj.
1 (unusual, peculiar) מוּזָר, מְשֻׁנֶּה
strange to say זֶה נִשְׁמָע מוּזָר (אֲבָל...)
2 (unfamiliar) זָר
□ *don't talk to strange men* אַל תְּדַבֵּר עִם אֲנָשִׁים זָרִים

3 (unaccustomed, *formal*) זָר (לְ...)

stranger /ˈstreɪndʒə(r)/ n. אָדָם זָר

strangers' gallery (*UK*) יְצִיעַ הָאוֹרְחִים (בַּפַּרְלָמֶנְט)

a little stranger (*colloq.*) הָרַךְ הַנּוֹלָד, "אוֹרֵחַ" (תִּינוֹק הָעוֹמֵד לְהִוָּלֵד)

□ *she was no stranger to hard work* (*formal*) הָעֲבוֹדָה הַקָּשָׁה לֹא הָיְתָה זָרָה לָהּ, הִיא הָיְתָה רְגִילָה בַּעֲבוֹדָה קָשָׁה

strangle /ˈstræŋg(ə)l/ v.t. חָנַק, הֶחֱנִיק; (בְּהַשְׁאָלָה) חָנַק, הִגְבִּיל; הֶעֱלִים

□ *the government strangled the report* הַמֶּמְשָׁלָה הֶעֱלִימָה אֶת הַדּוּ"חַ

stranglehold /ˈstræŋg(ə)lhəʊld/ n. אֲחִיזַת־חֶנֶק (בְּהֵאָבְקוּת); (בְּהַשְׁאָלָה) הַשְׁפָּעָה מְשַׁתֶּקֶת

strangulate /ˈstræŋgjʊleɪt/ v.t. (*Med.*) חָסַם אֶת אַסְפָּקַת הַדָּם שֶׁל

strangulation /ˌstræŋgjʊˈleɪʃ(ə)n/ n. חֲנִיקָה; חֶנֶק (גַּם בְּהַשְׁאָלָה)

strap /stræp/ n. רְצוּעָה (שֶׁל עוֹר וְכַד'); סֶרֶט, פַּס (שֶׁל אָרִיג וְכַד')

—v.t.

1 (secure) הִדֵּק בִּרְצוּעָה

2 (hit with strap) הִלְקָה בִּרְצוּעָה

strap-hanger /ˈstræp-hæŋə(r)/ n. (*colloq.*) נוֹסֵעַ (בְּרַכֶּבֶת וְכַד') בַּעֲמִידָה

strapless /ˈstræplɪs/ adj. "סְטְרֶפְּלֶס" (חֻלְצָה, חֲזִיָּה וְכַד')

strapping /ˈstræpɪŋ/ (*colloq.*) adj. חָסֹן, גָּבוֹהַּ

—n. רְצוּעוֹת לְהִדּוּק

strata /ˈstrɑːtə/ *pl.* of **stratum** שְׁכָבוֹת

stratagem /ˈstrætədʒəm/ n. (*formal*) תַּכְסִיס, תַּחְבּוּלָה, תָּכְנִית פְּעֻלָּה

strategic(al) /strəˈtiːdʒɪk(əl)/ adj. אַסְטְרָטֶגִי

strategic bombing הַפְצָצָה אַסְטְרָטֶגִית

strategic nuclear weapon כְּלִי־נֶשֶׁק גַּרְעִינִי אַסְטְרָטֶגִי

strategist /ˈstrætədʒɪst/ n. אַסְטְרָטֶג, מֻמְחֶה לְאַסְטְרָטֶגְיָה, תַּכְסִיסָן

strategy /ˈstrætədʒɪ/ n.

1 (military art) אַסְטְרָטֶגְיָה, אֳמָנוּת הַמִּלְחָמָה (אֳמָנוּת הַפִּקּוּד הַכּוֹלֵל בַּמַּעֲרָכָה)

2 (plan) אַסְטְרָטֶגְיָה, תָּכְנִית פְּעֻלָּה

stratification /ˌstrætɪfɪˈkeɪʃ(ə)n/ n. רִבּוּד (בְּעִקָּר חֶבְרָתִי)

stratify /ˈstrætɪfaɪ/ v.t. רִבֵּד

stratosphere /ˈstrætəsfɪə(r)/ n. סְטְרָטוֹסְפֵירָה (הָאַטְמוֹסְפֵירָה בְּגֹבַהּ 50-10 ק"מ)

stratum /ˈstɑːtəm/ n. (*pl.* **strata**) שִׁכְבָה, רֹבֶד

straw /strɔː/ n.

1 (single dried stem of grain) גִּבְעוֹל קַשׁ, קְנֵה קַשׁ

a straw in the wind (*fig.*) סִימָן לַבָּאוֹת

(drinking) straw קַשׁ, קַשִּׁית (לִשְׁתִיָּה)

the last straw (*fig.*) הַקַּשׁ הָאַחֲרוֹן, הַקַּשׁ שֶׁשָּׁבַר אֶת גַּב הַגָּמָל

straw poll (or **vote**) מִשְׁאָל לֹא־רִשְׁמִי

□ *a drowning man will clutch* (or *catch*) *at a straw* (*fig.*) אָדָם בְּצָרוֹת מוּכָן לְהֵאָחֵז בְּכָל תִּקְוָה

2 (material) קַשׁ

straw hat כּוֹבַע קַשׁ

strawberry /ˈstrɔːbərɪ/ n. תּוּת־שָׂדֶה

strawberry blonde שֵׂעָר בְּלוֹנְדִּינִי אֲדַמְדַּם (לָרֹב שֶׁל אִשָּׁה)

strawberry mark בַּהֶרֶת אֲדַמְדַּמָּה (מִלֵּדָה)

stray /streɪ/ v.i. תָּעָה, אִבֵּד אֶת דַּרְכּוֹ; סָטָה (מֵהָעִנְיָן)

—n. בַּעַל־חַיִּים חֲסַר בַּיִת, בַּעַל־חַיִּים שֶׁהָלַךְ לְאִבּוּד

—adj. תּוֹעֶה; בּוֹדֵד

□ *a stray cat raided the dustbin* חָתוּל אַשְׁפַּתּוֹת פָּשַׁט עַל פַּח הָאַשְׁפָּה

□ *a stray bullet hit a passer-by* כַּדּוּר תּוֹעֶה פָּגַע בְּעוֹבֵר־אֹרַח

streak /striːk/ n.

1 (long irregular line) קַו (אָרֹךְ, לֹא יָשָׁר), פַּס דַּק (בַּעַל רֶקַע שׁוֹנֶה בְּצִבְעוֹ)

a streak of lightning בָּרָק

2 (strain, element) קַו־אֹפִי, נְטִיָּה, נִימָה

□ *he has a streak of cruelty in his character* יֵשׁ לוֹ נְטִיָּה לְאַכְזָרִיּוּת, יֵשׁ נִימָה שֶׁל אַכְזְרִיּוּת בְּאָפְיוֹ שֶׁלּוֹ

3 (limited period of time) סִדְרָה, פֶּרֶק זְמַן (שֶׁל הַצְלָחוֹת, כִּשְׁלוֹנוֹת וְכַד')

□ *the gambler had a lucky streak* לַמְהַמֵּר הָיְתָה סִדְרָה שֶׁל הַצְלָחוֹת

—v.t. סִמֵּן בִּפְסִים/בְּקַוִּים, פִּסְפֵּס

1 (move fast, *colloq.*) נָע בִּמְהִירוּת, עָבַר בְּחֶטֶף

2 (run naked through public place) עָשָׂה "סְטְרִיקִינְג"

streaker /ˈstriːkə(r)/ n. אָדָם הָרָץ עֵירֹם בְּמָקוֹם צִבּוּרִי

streaky /ˈstriːkɪ/ adj. מְפֻסְפָּס, מְקֻוְקָו

streaky bacon קָתְלֵי־חֲזִיר עִם פַּסֵּי שֻׁמָּן בְּתוֹכָם

stream /striːm/ n.

1 (body of running water) פֶּלֶג, נַחַל (קָטָן)

2 (current, flow) זֶרֶם, שֶׁטֶף

on stream בְּיִצּוּר שׁוֹטֵף (נֵפְט וְכַד')

□ *a stream of abuse followed him out of the door* מְטַר גִּדּוּפִים לִוָּה אוֹתוֹ כְּשֶׁיָּצָא

stream of consciousness זֶרֶם הַתּוֹדָעָה (סִגְנוֹן בְּסִפְרוּת הַמֵּאָה הָ־20 וּבְהַשְׁאָלָה "זֶרֶם מַחֲשָׁבוֹת חָפְשִׁי")

3 (group of schoolchildren of similar ability) קְבוּצָה (בְּמִסְגֶּרֶת הַ"הַקְבָּצָה" בְּבָתֵּי־סֵפֶר)

□ *she was in the top stream for maths* הִיא הָיְתָה בַּקְּבוּצָה הָעֶלְיוֹנָה בְּחֶשְׁבּוֹן (בְּבֵית־סֵפֶר)

—v.i. זָרַם, שָׁטַף

□ *streaming rain fell all day* גֶּשֶׁם שׁוֹטֵף יָרַד כָּל הַיּוֹם

□ *I had a streaming cold* הָיְתָה לִי הִצְטַנְּנוּת קָשָׁה עִם נַזֶּלֶת

□ *the crowds streamed out of the football ground* הֶהָמוֹנִים זָרְמוּ (הַחוּצָה) מִמִּגְרַשׁ הַכַּדּוּרֶגֶל

□ *her hair streamed in the wind* שַׂעֲרוֹתֶיהָ הִתְבַּדְּרוּ בָּרוּחַ

—v.t. עָשָׂה הַקְבָּצָה לְ..., חִלֵּק תַּלְמִידִים עפ״י קְבוּצוֹת יְכֹלֶת

streamer /ˈstriːmə(r)/ n. סֶרֶט נְיָר צִבְעוֹנִי (לִמְסִבּוֹת וְכַד׳)

streamline /ˈstriːmlaɪn/ v.t. הֶעֱנִיק צוּרָה אֵירוֹדִינָמִית לְ...; (בְּהַשְׁאָלָה) יִעֵל

□ *we have streamlined our factory* יִעַלְנוּ אֶת בֵּית־הַחֲרֹשֶׁת שֶׁלָּנוּ (פִּשַּׁטְנוּ אֶת תַּהֲלִיכֵי הַיִּצּוּר וְכַד׳)

streamlined /ˈstriːmlaɪnd/ adj.

1 (offering least resistance to air-flow) בַּעַל צוּרָה אֵירוֹדִינָמִית (אָרֹךְ וְצַר), בַּעַל קַוִּים זוֹרְמִים

2 (efficient, more effective) יָעִיל

street /striːt/ n. רְחוֹב

street credibility (*colloq.*) קַבָּלָה (שֶׁל פְּלוֹנִי) כְּ״בְעִנְיָנִים״ (בְּקֶרֶב צְעִירִים וְכַד׳)

on the streets לְלֹא־בַּיִת, ״בָּרְחוֹב״; (אִשָּׁה) ״שֶׁיָּרְדָה לָרְחוֹב״ (עוֹסֶקֶת בִּזְנוּת)

the man in the street (*fig.*) ״הָאִישׁ בָּרְחוֹב״, ״הָאָדָם הַפָּשׁוּט״

□ *he is not in the same street as his brother* (*colloq.*) אִי אֶפְשָׁר לְהַשְׁווֹת אוֹתוֹ לְאָחִיו, הוּא לֹא מַגִּיעַ לְקַרְסֻלֵּי אָחִיו

□ *that music's right up my street* (*colloq.*) הַמּוּזִיקָה הַזֹּאת זֶה מַשֶּׁהוּ שֶׁמְּעַנְיֵן אוֹתִי

□ *he is streets ahead of his rivals* (*colloq.*) הוּא מַקְדִּים אֶת הַיְרִיבִים שֶׁלּוֹ בְּהַרְבֵּה

streetcar /ˈstriːtkɑː(r)/ n. (*US*) חַשְׁמַלִּית

street-walker /ˈstriːt-wɔːkə(r)/ n. (*arch.*) יַצְאָנִית, זוֹנָה (בָּרְחוֹב)

strength /streŋθ/ n.

1 (power, force, or influence) כֹּחַ, עָצְמָה, חֹזֶק

□ *you need a lot of strength to lift that box* צָרִיךְ הַרְבֵּה כֹּחַ כְּדֵי לְהָרִים אֶת הַתֵּבָה הַהִיא

□ *the beam gives the structure a lot of strength* הַקּוֹרָה מְחַזֶּקֶת מְאֹד אֶת הַמִּבְנֶה, הַקּוֹרָה מַעֲנִיקָה לַמִּבְנֶה חֹזֶק רַב

□ *the strength of her company is enormous* עָצְמַת הַחֶבְרָה שֶׁלָּהּ עֲצוּמָה

□ *on the strength of your recommendation I employed her* עַל סָמַךְ הַמְלָצָתְךָ נָתַתִּי לָהּ מִשְׂרָה

□ *his strength as an artist lies in his use of colour* עָצְמָתוֹ כְּאָמָּן טְמוּנָה בָּאֹפֶן שֶׁבּוֹ הוּא עוֹשֶׂה שִׁמּוּשׁ בְּצֶבַע

□ *the dollar has lost some strength* עָצְמָתוֹ שֶׁל הַדּוֹלָר יָרְדָה מְעַט

2 (number of persons present) מִסְפָּר

□ *the enemy attacked in great strength* הָאוֹיֵב תָּקַף בְּמִסְפָּרִים גְּדוֹלִים

□ *the battalion was brought up to strength* הַגְּדוּד תֻּגְבַּר וְהָעֳמַד עַל הַתֶּקֶן (הַדָּרוּשׁ)

strengthen /ˈstreŋθ(ə)n/ v.t. & i. חִזֵּק; הִתְחַזֵּק

strenuous /ˈstrenjʊəs/ adj. נִמְרָץ, מְאֻמָּץ

streptococcus /ˌstreptəˈkɒkəs/ n. (*Med.*) סְטְרֶפְּטוֹקוֹקוּס (בַּקְטֶרְיָה הַגּוֹרֶמֶת לְדַלֶּקֶת בַּגָּרוֹן וְכַד׳)

streptomycin /ˌstreptəʊˈmaɪsɪn/ n. סְטְרֶפְּטוֹמִיצִין (תְּרוּפָה אַנְטִיבִּיּוֹטִית נְפוֹצָה)

stress /stres/ n.

1 (pressure, tension) מֶתַח, לַחַץ (פִּיזִי); מֶתַח נַפְשִׁי

□ *the wings of an aircraft have to withstand great stress* הַכְּנָפַיִם שֶׁל כְּלִי־טַיִס חַיָּבוֹת לַעֲמֹד בִּמְתָחִים גְּבוֹהִים

□ *at times of stress we get irritable* בִּתְקוּפוֹת שֶׁל מֶתַח נַפְשִׁי אָנוּ נוֹטִים לְהִתְרַגֵּז בְּקַלּוּת

2 (emphasis) דָּגֵשׁ, הַדְגָּשָׁה

□ *we put great stress on accuracy* אֲנַחְנוּ שָׂמִים דָּגֵשׁ עַל דַּיְקָנוּת, מְיַחֲסִים חֲשִׁיבוּת רַבָּה לַדַּיְקָנוּת

3 (extra force put on part of a word or a musical note) סִימַן הַטְעָמָה, טַעַם

□ *the stress in the word "Hebrew" falls on the first syllable* הַטַּעַם בַּמִּלָּה הוּא עַל הַהֲבָרָה הָרִאשׁוֹנָה

—v.t.

1 (emphasize) הִדְגִּישׁ, הִטְעִים

2 (accent syllable) הִטְעִים, שָׂם אֶת הַטַּעַם עַל (הַהֲבָרָה הָרִאשׁוֹנָה, הָאַחֲרוֹנָה וְכַד׳)

stretch /stretʃ/ v.t. & i.

1 (make or become wider or longer or tighter) מָתַח; נִמְתַּח, הִתְמַתַּח, הִתְפַּשֵּׁט

□ *he stretched his neck to see over the crowd* הוּא שִׁרְבֵּב אֶת צַוָּארוֹ כְּדֵי לְהִסְתַּכֵּל מֵעַל לְרָאשֵׁי הֶהָמוֹן

2 (extend one's limbs) מָתַח (אֵבָרִים וְכַד׳); חִלֵּץ אֶת עֲצָמוֹתָיו

□ *the cat woke up and stretched luxuriously* הֶחָתוּל קָם וְהִתְמַתַּח בְּפִנּוּק

□ *he got up to stretch his legs* הוּא קָם כְּדֵי לְחַלֵּץ אֶת עֲצָמוֹתָיו

□ *he lay stretched out on the sofa* הוּא הִשְׂתָּרֵעַ עַל הַסַּפָּה

3 (strain) אִמֵּץ, הִתְאַמֵּץ

□ *the colt won easily and did not need to stretch himself* הַסּוּס נִצַּח בְּקַלּוּת וְלֹא נֶאֱלַץ לְהִתְאַמֵּץ

□ *that's stretching it a bit!* (*colloq.*) זוֹהִי קְצָת הַגְזָמָה!

4 (spread out) הִתְפַּשֵּׁט, הִשְׂתָּרֵעַ; הִתְמַשֵּׁךְ (בִּזְמַן)

□ *the floods stretched for miles* הַשִּׁטְפוֹנוֹת הִתְפַּשְּׁטוּ עַל מִילִים רַבִּים

—n.

1 (act of stretching) מְתִיחָה, הִתְמַתְּחוּת

stretch marks סִימָנֵי מְתִיחָה (עַל הָעוֹר, לְמָשָׁל שֶׁל אִשָּׁה לְאַחַר הֵרָיוֹן)

by no stretch of the imagination כָּל כַּמָּה שֶׁלֹּא תְּאַמֵּץ אֶת דִּמְיוֹנְךָ, מֵעֵבֶר לְכָל דִּמְיוֹן (בְּשׁוּם פָּנִים וָאֹפֶן לֹא)

□ *he got up with a stretch and a yawn* הוּא קָם, הִתְמַתֵּחַ וּפִהֵק

2 (unbroken period of time) מֶשֶׁךְ זְמַן רָצוּף

□ *she worked for hours at a stretch* (or *on the stretch*) הִיא עָבְדָה בִּרְצִיפוּת בְּמֶשֶׁךְ שָׁעוֹת

3 (unbroken space) מֶרְחָב

4 (period of prison sentence, *sl.*) תְּקוּפַת הַמַּאֲסָר, זְמַן הַיְשִׁיבָה בְּבֵית־הַסֹּהַר

stretcher /ˈstretʃə(r)/ n. אֲלוּנְקָה

stretcher-bearer /ˈstretʃə-beərə(r)/ n. נוֹשֵׂא אֲלוּנְקָה

stretcher-party /ˈstretʃə-pɑːtɪ/ n. קְבוּצַת נוֹשְׂאֵי־אֲלוּנְקָה

stretchy /ˈstretʃɪ/ adj. נִמְתָּח, גָּמִישׁ, אֶלַסְטִי (בַּד וְכַד׳)

strew /struː/ past **strewed** /struːd/, past ppl. **strewn** /struːn/ v.t. (*formal*) פִּזֵּר, זָרָה, בִּזֵּק; כִּסָּה (שֶׁטַח בְּחוֹל)

strewth /struːθ/ int. (*arch. sl.*) חֵי נַפְשִׁי!

stricken /ˈstrɪkən/ adj. & *arch.* past ppl. of **strike** נָגוּעַ (בְּמַחֲלָה, בְּצָרוֹת וְכַד׳), מֻכֵּה־ (פַּחַד, עֹנִי וְכַד׳)

terror-stricken מֻכֵּה־אֵימָה, מֻכֵּה־חֲרָדָה

□ *she was stricken by polio* הִיא לָקְתָה בְּשִׁתּוּק־יְלָדִים

strict /strɪkt/ adj.

1 (stern) מַחְמִיר, קַפְּדָן, דַּקְדְּקָן

2 (never varying, precise) מֻגְדָּר בְּדִיּוּק, מְדֻיָּק, מְדַקְדֵּק

strictly /ˈstrɪktlɪ/ adv. בְּקַפְּדָנוּת; בִּמְדֻיָּק, בְּדִקְדּוּק

□ *strictly speaking, his application was illegal* לְמַעַן הַדִּיּוּק, בַּקָּשָׁתוֹ הָיְתָה בִּלְתִּי חֻקִּית

stricture /ˈstrɪktʃə(r)/ n. (usu. in *pl.*, *formal*) בִּקֹּרֶת חֲמוּרָה; מִגְבָּלוֹת

stride /straɪd/ (past **strode** /strəʊd/, past ppl. **stridden** /ˈstrɪd(ə)n/) v.i. פָּסַע בִּמְהִירוּת

□ *she strode purposefully across the field* הִיא חָצְתָה בְּנַחִישׁוּת אֶת הַשָּׂדֶה

—n. פְּסִיעָה רְחָבָה; (בְּהַשְׁאָלָה) הִתְקַדְּמוּת, "צַעַד קָדִימָה"

□ *the speaker quickly got into his stride* הַנּוֹאֵם נִכְנַס בִּמְהֵרָה לִמְלוֹא הַתְּנוּפָה

□ *the new industry is making great strides* הַתַּעֲשִׂיָּה הַחֲדָשָׁה מִתְקַדֶּמֶת בְּצַעֲדֵי עֲנָק

□ *she takes everything in her stride* הִיא מְטַפֶּלֶת בְּכָל הַדְּבָרִים בְּשַׁלְוָה וּבְשִׁקּוּל־דַּעַת

strident /ˈstraɪd(ə)nt/ adj. צוֹרֵם, צוֹרְמָנִי (גַּם בְּהַשְׁאָלָה)

strife /straɪf/ n. (*formal*) מַחֲלֹקֶת, סִכְסוּךְ

strike /straɪk/ (past **struck** /strʌk/, past ppl. **struck** /strʌk/ or *arch.*, **stricken** /ˈstrɪkən/ v.t.

1 (hit hard) הִכָּה, הָלַם בְּ..., נָתַן מַכָּה לְ...

□ *she struck the man in anger* הִיא הִכְּתָה בָּאִישׁ בְּכַעַס

□ *strike while the iron is hot* (*Prov.*) "הַכֵּה בַּבַּרְזֶל בְּעוֹדֶנּוּ חַם" (פְּעַל כָּל עוֹד הַתְּנָאִים מַתְאִימִים)

□ *the house was struck by lightning* הַבַּיִת נִפְגַּע ע"י בָּרָק

2 (affect, cause) תָּקַף, נָגַף (מַחֲלָה, נָגַע אֶת מִישֶׁהוּ)

□ *my remark struck home* הֶעָרָתִי קָלְעָה לַמַּטָּרָה, עָשְׂתָה אֶת הָרֹשֶׁם הַדָּרוּשׁ

□ *they were struck with sudden terror* הֵם הֻכּוּ בְּאֵימָה פִּתְאֹמִית

□ *the ghost struck terror into their hearts* רוּחַ־הָרְפָאִים הֵטִילָה בְּלִבָּם אֵימָה

□ *she was struck dumb* הִיא הֻכְּתָה בְּאֵלֶם

3 (to light) הִדְלִיק (גַּפְרוּר)

□ *he struck a match and lit the cigarette* הוּא הִצִּית גַּפְרוּר וְהִדְלִיק אֶת הַסִּיגַרְיָה

4 (find) מָצָא, נִתְקַל בְּ...

□ *the prospectors struck oil* הַמְחַפְּשִׂים מָצְאוּ נֵפְט

□ *he struck it rich* (*colloq.*) הוּא הִתְעַשֵּׁר פִּתְאֹם

5 (reach or achieve) מָצָא, הִגִּיעַ לְ...

□ *we must strike a balance between rights and responsibilities* עָלֵינוּ לִמְצֹא אֶת הָאִזּוּן (הַנָּכוֹן) בֵּין הַזְּכֻיּוֹת וְהַחוֹבוֹת

□ *they struck a bargain* הֵם עָשׂוּ עֵסֶק, הֵם הִגִּיעוּ לְהֶסְכֵּם

6 (come to the notice of, appear) נִרְאָה כְּ..., עָשָׂה רֹשֶׁם שֶׁל

□ *it suddenly struck me that they were lying* לְפֶתַע עָלָה בְּדַעְתִּי שֶׁהֵם מְשַׁקְּרִים

□ *how does this plan strike you?* אֵיךְ אַתָּה מִתְרַשֵּׁם מִן הַתָּכְנִית הַזֹּאת?

7 (cause to sound, express) צִלְצֵל (שָׁעָה מְסֻיֶּמֶת), הִשְׁמִיעַ, הִבִּיעַ

strike a chord הִשְׁמִיעַ צְלִיל (מוּזִיקָלִי); (בְּהַשְׁאָלָה) הִזְכִּיר מַשֶּׁהוּ

□ *the clock struck eight* הַשָּׁעוֹן צִלְצֵל שְׁמוֹנֶה

□ *the speaker struck a note of warning* הַנּוֹאֵם נָקַט בְּטוֹן שֶׁל אַזְהָרָה

8 (produce by stamping)

□ *a medal was struck in his memory* טָבְעוּ מֶדַלְיָה לְזִכְרוֹ

9 (lower, take down) הוֹרִיד (מִפְרָשׂ, דֶּגֶל)

□ *they struck camp* הֵם פֵּרְקוּ אֶת הַמַּחֲנֶה

10 (cause to root) גָּרַם לְ... לְהוֹצִיא שָׁרָשִׁים

□ *I shall strike some cuttings in the autumn* אֶשְׁתֹּל כַּמָּה יְחוּרִים בַּסְּתָו

—v.i.

1 (to make a sudden attack) תָּקַף

□ *he waited for the animal to strike* הוּא הִמְתִּין עַד שֶׁהַחַיָּה תְּקַפָּה

2 (ring and announce the time) (שָׁעוֹן) צִלְצֵל

□ *all the clocks began to strike* כָּל הַשְּׁעוֹנִים הֵחֵלּוּ לְצַלְצֵל

3 (stop working in protest) שָׁבַת

—(in set phrases)

strike back הִכָּה בַּחֲזָרָה, הֵגִיב

□ *she struck back at her critics* הִיא הֶחֱזִירָה מַהֲלוּמוֹת לִמְבַקְּרֶיהָ

strike down (*formal*) הִפִּיל, הָרַג

□ *he was struck down in his prime* הוּא מֵת כְּשֶׁהָיָה עוֹד בְּמֵיטַב שְׁנוֹתָיו

□ *he was struck down by* (or *with*) *polio* הוּא נִפְגַּע בְּשִׁתּוּק יְלָדִים

strike off כָּרַת; סִלֵּק (מֵרְשִׁימָה וְכַד׳)

□ *the king's head was struck off* רֹאשׁוֹ שֶׁל הַמֶּלֶךְ נִכְרַת/הֻתַּז

□ *the doctor was struck off* שֵׁם הָרוֹפֵא נִמְחַק מֵרְשִׁימַת הָרוֹפְאִים הָרִשְׁמִית (רִשְׁיוֹנוֹ בֻּטַּל)

strike out פָּעַל; נָע; הִכָּה; מָחַק

□ *you must strike out on your own* עָלֶיךָ לְהַתְחִיל לִפְעֹל בְּאֹפֶן עַצְמָאִי

□ *she struck out for the shore* הִיא שָׂחֲתָה בְּמֶרֶץ אֶל הַחוֹף

□ *he struck out wildly at his opponent* הוּא שִׁלַּח מַהֲלוּמוֹת פְּרָאִיּוֹת בִּירִיבוֹ

strike through מָחַק, סִמֵּן קַו עַל

□ *he struck through the item on his shopping list* הוּא הֶעֱבִיר קַו עַל הַפְּרִיט בִּרְשִׁימַת הַקְּנִיּוֹת שֶׁלּוֹ

strike up פָּתַח, הֵחֵל בְּ...

□ *the two children struck up a friendship* בֵּין שְׁנֵי הַיְלָדִים הִתְפַּתְּחָה יְדִידוּת

□ *the band struck up (a tune)* הַתִּזְמֹרֶת פָּתְחָה בִּנְגִינָה

—n.

1 (refusal to work) שְׁבִיתָה

strike-breaker שׁוֹבֵר־שְׁבִיתָה (אָדָם הַלּוֹקֵחַ אֶת מְקוֹמוֹ שֶׁל אָדָם שׁוֹבֵת)

□ *the men went on strike* הָאֲנָשִׁים פָּתְחוּ בִּשְׁבִיתָה

2 (attack) מִתְקָפָה, מַהֲלוּמָה צְבָאִית, פְּשִׁיטָה צְבָאִית

3 (in various sports) ״סְטְרַיְק״ (סוּגִים שׁוֹנִים שֶׁל מַכָּה בְּמִשְׂחָקִים שׁוֹנִים)

4 (a find of minerals, etc.) גִּלּוּי

an oil strike גִּלּוּי נֵפְט

striker /ˈstraɪkə(r)/ n.

1 (worker on strike) שׁוֹבֵת

2 (attack player, *Football*) חָלוּץ

striking /ˈstraɪkɪŋ/ adj. בּוֹלֵט, מַרְשִׁים, נִכָּר

□ *she bore a striking resemblance to her mother* הָיָה בָּהּ דִּמְיוֹן בּוֹלֵט לְאִמָּהּ

string /strɪŋ/ n.

1 (thin cord) חוּט, חֶבֶל דַּק, שְׂרוֹךְ

a piece of string חֲתִיכַת חוּט

□ *she had him on a string* (*colloq.*) הִיא ״הֶחֱזִיקָה אוֹתוֹ קָצָר״

□ *an offer with no strings attached* הַצָּעָה בְּלִי שׁוּם תְּנָאִים נִסְפָּחִים

□ *he pulled some strings on my behalf* (*fig.*) הוּא ״מָשַׁךְ בַּחוּטִים״ לְטוֹבָתִי (הִפְעִיל הַשְׁפָּעָה לְמַעֲנִי)

3 (*Mus.*) מֵיתָר

string quartet רְבִיעִיַּת מֵיתָרִים, רְבִיעִיַּת כְּלֵי־קֶשֶׁת

□ *the strings played superbly* כְּלֵי הַמֵּיתָר נִגְּנוּ מְצֻיָּן

□ *you are always harping on the same string* (*colloq.*) תָּמִיד אַתָּה פּוֹרֵט עַל אוֹתוֹ מֵיתָר, תָּמִיד אַתָּה חוֹזֵר עַל אוֹתָם דְּבָרִים

4 (length, series of objects or events) מַחֲרֹזֶת; סִדְרָה, רֶצֶף

a string of events רֶצֶף אֵרוּעִים

a string of horses קְבוּצַת סוּסֵי־מֵרוֹץ בְּטִפּוּלוֹ שֶׁל מְאַמֵּן אֶחָד

a string of pearls מַחֲרֹזֶת פְּנִינִים

—v.t. (past & past ppl. **strung** /strʌŋ/)

1 (fit with strings) הִתְקִין מֵיתָר בְּ...

a stringed instrument כְּלִי מֵיתָר

highly strung רָגִישׁ וְעַצְבָּנִי, בַּעַל נֶפֶשׁ סוֹעֶרֶת

2 (put on a thread) הִשְׁחִיל (חֲרוּזִים, עַל חוּט), שָׁזַר, יָצַר שַׁרְשֶׁרֶת שֶׁל

—(in set phrases)

string along (*colloq.*) ״מָשַׁךְ בָּאַף״; הִשְׁתָּרֵךְ

□ *he's just stringing her along* הוּא רַק מַשְׁלֶה אוֹתָהּ, הוּא רַק מוֹלִיךְ אוֹתָהּ שׁוֹלָל

□ *do you mind if I string along with you for a while?* אִכְפַּת לְךָ אִם אֲנִי אֶצְטָרֵף לְכַמָּה זְמַן?

string out פָּרַשׂ בְּשׁוּרָה; נִפְרַשׂ בְּשׁוּרָה

□ *the runners were strung out by the end of the race* הָרָצִים הִתְפָּרְשׂוּ (בְּטוּר) לְאֹרֶךְ הַמַּסְלוּל בְּסִיּוּם הַמֵּרוֹץ

string up תָּלָה

□ *they strung up lights along the street* הִתְקִינוּ פַּנָּסִים תְּלוּיִים לְאֹרֶךְ הָרְחוֹב

□ *the collaborators were strung up after the war* (*colloq.*) מְשַׁתְּפֵי הַפְּעֻלָּה נִתְלוּ לְאַחַר הַמִּלְחָמָה

□ *she was strung-up before the exam.* (*colloq.*) הִיא הָיְתָה עַצְבָּנִית לִפְנֵי הַמִּבְחָן, הָיְתָה מְתוּחָה בְּיוֹתֵר לִפְנֵי הַבְּחִינָה

string bean /ˈstrɪŋ biːn/ n. (*US*) (צֶמַח) שְׁעוּעִית מְטַפֶּסֶת

stringent /ˈstrɪndʒənt/ adj. חָמוּר, קַפְּדָנִי

stringy /ˈstrɪŋɪ/ adj. דְּמוּי חוּט(ים), מֵיתָרִי, סִיבִי; צָמִיג (וְקָשֶׁה לִלְעִיסָה, מָזוֹן)

strip[1] /strɪp/ v.t.

1 (remove clothes or covering from) הֵסִיר, הִפְשִׁיט, הוֹרִיד

strip off הוֹרִיד, הֵסִיר
□ *strip away the trappings of life* סַלֵּק אֶת הַכֹּל פֶּרֶט לַדְּבָרִים הַהֶכְרֵחִיִּים
2 (take away) גָּזַל מ...
□ *the court stripped him of his possessions* בֵּית הַדִּין הִשְׁאִיר אוֹתוֹ לְלֹא כָּל רְכוּשׁ
3 (take apart) פֵּרֵק
□ *she stripped the engine (down)* הִיא פֵּרְקָה אֶת כָּל הַחֲלָקִים מִן הַמָּנוֹעַ
4 (remove old paint, etc. from) הֵסִיר (צֶבַע, טַפֵּט, מִקִּיר, מְרָהִיט וְכַד׳)
□ *stripped pine furniture is all the rage* כֻּלָּם מְשֻׁגָּעִים עַכְשָׁו עַל רָהִיטֵי אֹרֶן שֶׁהֵסִירוּ מֵהֶם אֶת הַצֶּבַע
—v.i. הִתְפַּשֵּׁט; עָשָׂה "סְטְרֶפְּטִיז"
—n.
1 (act of stripping) מוֹפַע־חֲשְׂפָנוּת, "סְטְרֶפְּטִיז"; הִתְפַּשְּׁטוּת
2 (clothes worn by member of sports team, etc.) מַדֵּי נִבְחֶרֶת (בְּצִבְעֵ מְסֻיָּם וְכַד׳)

strip[2] /strɪp/ n. רְצוּעָה, פַּס, סֶרֶט
strip cartoon סִדְרָה מְצֻיֶּרֶת, "קוֹמִיקְס" (בְּעִתּוֹן); סֶרֶט מְצֻיָּר
landing strip מַסְלוּל נְחִיתָה (לְמְטוֹסִים)
□ *he tore me off a strip* (*colloq.*) הוּא הִתְרַגֵּז עָלַי נוֹרָא

stripe /straɪp/ n. סֶרֶט, פַּס
the Stars and Stripes דֶּגֶל הַכּוֹכָבִים וְהַפַּסִּים (דֶּגֶל אַרְצוֹת־הַבְּרִית)
□ *the corporal lost his stripes* הָרַבַּ"ט הוּרַד בְּדַרְגָּה

striped /straɪpt/ adj. מְפֻסְפָּס, עִם פַּסִּים

strip-lighting /ˈstrɪp-laɪtɪŋ/ n. תְּאוּרַת נֵיאוֹן, תְּאוּרַת פְלוּאוֹרוֹסֶנְט (בְּמוֹטוֹת)

stripling /ˈstrɪplɪŋ/ n. (*poet.*) עֶלֶם

stripper /ˈstrɪpə(r)/ n. חַשְׂפָנִית; נוֹזֵל/מַכְשִׁיר לַהֲסָרַת צֶבַע/טַפֵּטִים

strip-tease /ˈstrɪp-tiːz/ n. מוֹפַע־חֲשְׂפָנוּת, "סְטְרֶפְּטִיז"

stripy /ˈstraɪpɪ/ adj.

strive /straɪv/ (past **strove** /strəʊv/, **striven** /ˈstrɪv(ə)n/) v.i. (*formal*) חָתַר לְ..., הִתְאַמֵּץ לְ..., שָׁאַף לְ..., נֶאֱבַק עִם

strobe /strəʊb/ n. סְטְרוֹבּוֹסְקוֹפּ (מִתְקָן מַדָּעִי, אֲבִזָר בְּדִיסְקוֹטֶק וְכַד׳)

stroboscope /ˈstrəʊbəˌskəʊp/ n. סְטְרוֹבּוֹסְקוֹפּ (כַּנַּ"ל)

strode /strəʊd/ past of **stride**

stroke /strəʊk/ n.
1 (blow) מַכָּה, מַהֲלוּמָה
a stroke of lightning מַכַּת־בָּרָק
a stroke of (good) luck (מִקְרֶה שֶׁל) מַזָּל טוֹב
2 (seizure) שָׁבָץ
3 (movement) תְּנוּעָה אַחַת (שֶׁל הַגּוּף); תְּנוּפָה אַחַת (שֶׁל מָשׁוֹט)
a stroke of genius הַבְרָקָה גְּאוֹנִית
back (or **breast**) **stroke** שְׂחִיַּת־גַּב/חָזֶה
a master stroke מַהֲלָךְ שֶׁל רַב־אָמָן (שַׁחְמְטַאי, מְדִינַאי וְכַד׳)
□ *he hasn't done a stroke of work all day* (*colloq.*) הוּא לֹא הֵזִיז אֶצְבַּע בְּמֶשֶׁךְ כָּל הַיּוֹם
□ *she gave the cat a stroke* הִיא לִטְּפָה אֶת הֶחָתוּל
4 (line made in writing or drawing) לוֹכְסָן, קַו נָטוּי; מְשִׁיכַת מִכְחוֹל
5 (sound of clock) צִלְצוּל שָׁעוֹן
□ *at* (or *on*) *the stroke of midnight* עִם צִלְצוּל חֲצוֹת, בַּחֲצוֹת בְּדִיּוּק
6 (member of rowing crew) חוֹתֵר רִאשׁוֹן (בְּסִירַת מֵרוֹץ, הַמַּכְתִּיב אֶת קֶצֶב הַחֲתִירָה)
—v.t. לִטֵּף

stroll /strəʊl/ v.i. טִיֵּל בְּנַחַת, הָלַךְ לְאִטּוֹ
—n. טִיּוּל קָצָר וְנִנּוֹחַ

stroller /ˈstrəʊlə(r)/ n. (*US*) עֶגְלַת טִיּוּלִים (קַלָּה) לְתִינוֹק

strong /strɒŋ/ adj.
1 (having physical force or strength) חָזָק, חָסֹן, בָּרִיא
2 (influential, convincing, powerful) חָזָק, בַּעַל עָצְמָה, מְשַׁכְנֵעַ
□ *we have a strong case* יֵשׁ לָנוּ טִעוּן חָזָק (מְשַׁכְנֵעַ, בְּמִשְׁפָּט וְכַד׳)
□ *he uses strong language too often* הוּא מִשְׁתַּמֵּשׁ בְּלָשׁוֹן חֲרִיפָה לְעִתִּים תְּכוּפוֹת מִדַּי
□ *we were a company eighty strong* הָיִינוּ פְּלֻגָּה בַּת שְׁמוֹנִים אִישׁ
□ *tact is not her strong point* (or *suit*) הַטַּקְט זֶה לֹא אַחַת הַנְּקֻדּוֹת הַחֲזָקוֹת שֶׁלָּהּ
3 (full-flavoured) מְרֻכָּז, "חָרִיף" (מַשְׁקֶה וְכַד׳)
strong tea (or **coffee**) תֵּה/קָפֶה חָזָק
strong drink מַשְׁקֶה חָרִיף, "אַלְכּוֹהוֹל"
4 (*Gram.*) "חָזָק", חָרִיג (פֹּעַל וְכַד׳)
a strong verb (בְּדִקְדּוּק הָאַנְגְּלִי) פֹּעַל חָרִיג (הַנּוֹטֶה בֶּעָבָר בְּשִׁנּוּי תְּנוּעוֹת בְּגֶזַע, כְּגוֹן sing-sang); (בְּדִקְדּוּק הָעִבְרִי) פֹּעַל שָׁלֵם (שֶׁאֵינוֹ מִגִּזְרַת הַחֲסֵרִים אוֹ הַנָּחִים)
—adv. חָזָק כְּתָמִיד
□ *she was still going strong at ninety (years old)* (*colloq.*) בְּגִיל תִּשְׁעִים עֲדַיִן הָיָה כֹּחָהּ בְּמָתְנֶיהָ

strong-arm /ˈstrɒŋ-ɑːm/ adj.
strong-arm methods (or **tactics**) (*colloq.*) מְדִינִיּוּת שֶׁל "יָד חֲזָקָה"

strong-box /ˈstrɒŋ-bɒks/ n. כַּסֶּפֶת, תֵּבָה מְשֻׁרְיֶנֶת (לְהַחְזָקַת חֲפָצֵי־עֵרֶךְ)

stronghold /ˈstrɒŋhəʊld/ n. מָאֳחָז, מָעוֹז

strongly /ˈstrɒŋlɪ/ adv. בְּהַדְגָּשָׁה, בְּצוּרָה נִמְרֶצֶת; בְּחָזְקָה
□ *I strongly advise you not to do that* אֲנִי מַמְלִיץ לְךָ בְּכָל לָשׁוֹן שֶׁלֹּא לַעֲשׂוֹת זֹאת

strong-minded /ˌstrɒŋ-ˈmaɪndɪd/ adj. נָחוּשׁ בְּדַעְתּוֹ

strong-room /ˈstrɒŋ-ruːm/ n. חֶדֶר מְשֻׁרְיָן, חֲדַר־כַּסָּפוֹת (בְּבַנְק)

strontium /ˈstrɒntɪəm/ n. (*Chem.*) סְטְרוֹנְצְיוּם (יְסוֹד מַתַּכְתִּי)

strontium 90 סְטְרוֹנְצְיוּם 90 (חֹמֶר רַדְיוֹאַקְטִיבִי מְסֻכָּן הַמָּצוּי בִּנְשֹׁרֶת גַּרְעִינִית)

strop /strɒp/ v.t. הִשְׁחִיז בִּרְצוּעָה

—n. רְצוּעַת־הַשְׁחָזָה

strophe /ˈstrəʊfɪ/ n. סְטְרוֹפָה (קֶטַע מִשִּׁירַת הַמַּקְהֵלָה בַּדְּרָמָה הַיְּוָנִית הָעַתִּיקָה); בַּיִת (בְּשִׁיר)

stroppy /ˈstrɒpɪ/ adj. (*UK sl.*) (אָדָם) רַגְזָן וְחָצוּף

strove /strəʊv/ past of **strive**

struck /strʌk/ past & past ppl. of **strike**

structural /ˈstrʌktʃərəl/ adj. מִבְנִי, סְטְרוּקְטוּרָלִי

structuralism /ˈstrʌktʃərəlɪz(ə)m/ n. סְטְרוּקְטוּרָלִיזְם (גִּישָׁה מַדָּעִית הַמְיַחֶסֶת חֲשִׁיבוּת יְתֵרָה לַמִּבְנֶה)

structure /ˈstrʌktʃə(r)/ n. & v.t. מִבְנֶה, סְטְרוּקְטוּרָה; מִבְנֶה (בִּנְיָן); בָּנָה (טִעוּן וְכַד׳)

strudel /ˈstruːd(ə)l n. שְׁטְרוּדֶל (סוּג עוּגַת תַּפּוּחִים)

struggle /ˈstrʌg(ə)l/ v.i.

1 (fight) נֶאֱבַק

2 (try hard) הִתְלַבֵּט, הִתְאַמֵּץ

□ *he is a struggling author* הוּא סוֹפֵר מַתְחִיל (הָעוֹשֶׂה מַאֲמַצִּים רַבִּים כְּדֵי לִזְכּוֹת בְּהַכָּרָה)

—n. מַאֲבָק; מַאֲמָץ

strum /strʌm/ v.t. & i. נִגֵּן גָּרוּעַ (מִתּוֹךְ רַשְׁלָנוּת אוֹ חֹסֶר כִּשְׁרוֹן)

strumpet /ˈstrʌmpɪt/ n. (*arch.*) זוֹנָה, יַצְאָנִית

strung /strʌŋ/ past & past ppl. of **string**

strut /strʌt/ v.i. הָלַךְ בְּצוּרָה שַׁחְצָנִית

—n.

1 (support) תְּמוֹכָה, מִשְׁעֶנֶת, סְמוֹכָה

2 (stiff way of walking) הִלּוּךְ שַׁחְצָנִי

strychnine /ˈstrɪkniːn/ n. סְטְרִיכְנִין (רַעַל חָרִיף)

stub /stʌb/ n. גֶּדֶם (שֶׁל עֵץ); זָנָב (שֶׁל עִפָּרוֹן); בְּדַל־(שֶׁל סִיגָרִיָּה)

cigarette stub בְּדַל־סִיגָרִיָּה

□ *he filled in the stub of his cheque* הוּא מִלֵּא אֶת הַפְּרָטִים בַּתְּלוּשׁ הַנִּסְפָּח לַצֶ׳ק בְּפִנְקָס

—v.t. מָעַךְ, הִכָּה (שֶׁלֹּא בְּכַוָּנָה, אַגַּב נְפִילָה וְכַד׳)

□ *I stubbed my toe on the step* הַבֹּהֶן שֶׁלִּי נִתְקְעָה בַּמַּדְרֵגָה

□ *she stubbed out her cigarette* הִיא מָעֲכָה וְכִבְּתָה אֶת הַסִּיגָרִיָּה שֶׁלָּהּ

stubble /ˈstʌb(ə)l/ n.

1 (ends of grain stalks) שֶׁלֶף

2 (growth of hair) זִיפִים (שֶׁל זָקָן וְכַד׳)

stubborn /ˈstʌbən/ adj. עִקֵּשׁ, עַקְשָׁן

stubby /ˈstʌbɪ/ adj. (*colloq.*) קָצָר וְעָבֶה

stucco /ˈstʌkəʊ/ n. טִיחַ (לַקִּירוֹת); גֶּבֶס (לְעִטּוּרֵי־תִּקְרָה מְגֻלָּפִים וְכַד׳)

stuck /stʌk/ past & past ppl. of **stick**[1]

stuck-up /stʌk-ˈʌp/ adj. (*colloq. derog.*) מִתְנַפֵּחַ, נָפוּחַ, מִשְׁתַּחְצֵן

stud[1] /stʌd/ n.

1 (fastening device) לַחְצָנִית, ״טִיק טַק״

2 (nail, knob, etc.) מַסְמֵר (לְקִשּׁוּט וְכַד׳, עַל קוֹלָר שֶׁל כֶּלֶב וְכַד׳); ״מַסְמֵר״ (בְּסֻלְיַת נַעַל כַּדּוּרֶגֶל); עָגִיל קָטָן

—v.t. זָרָה, פִּזֵּר

□ *the sky was studded with stars* הַשָּׁמַיִם הָיוּ זְרוּעִים בְּכוֹכָבִים, הַשָּׁמַיִם הָיוּ מְכֻכָּבִים

stud[2] /stʌd/ n.

1 (horses kept for breeding) הַרְבָּעָה; אֻרְווֹת סוּסֵי הַרְבָּעָה

2 (stallion) סוּס־הַרְבָּעָה

3 (sexy man, *sl.*) ״סוּס־הַרְבָּעָה״

stud-book /ˈstʌd-bʊk/ n. סֵפֶר־יוּחֲסִין (לְסוּסִים)

student /ˈstjuːd(ə)nt/ n. סְטוּדֶנְט, תַּלְמִיד (לָרֹב בְּאוּנִיבֶרְסִיטָה)

stud-farm /ˈstʌd-fɑːm/ n. חַוַּת סוּסֵי־הַרְבָּעָה

studied /ˈstʌdɪd/ adj. מְתֻכְנָן, מְכֻוָּן מֵרֹאשׁ (וְלֹא מִקְרִי), מְחֻשָּׁב מֵרֹאשׁ

□ *her presence here is a studied insult* הַנּוֹכְחוּת שֶׁלָּהּ כָּאן הִיא עֶלְבּוֹן מְחֻשָּׁב

studio /ˈstjuːdɪəʊ/ n. אֻלְפָּן, סְטוּדְיוֹ (לְקוֹלְנוֹעַ, שֶׁל רַדְיוֹ וְכַד׳); סְטוּדְיוֹ (שֶׁל אָמָּן); דִּירַת סְטוּדְיוֹ

studio audience קְהַל אֻלְפָּן (הַנּוֹעָד לְהַשְׁמִיעַ מְחִיאוֹת־כַּפַּיִם, צְחוֹק וְכַד׳)

studio apartment (*US*) דִּירַת־סְטוּדְיוֹ, דִּירַת־חֶדֶר

studio flat (*UK*) דִּירַת־סְטוּדְיוֹ, דִּירַת־חֶדֶר

studious /ˈstjuːdɪəs/ adj. (*formal*) שַׁקְדָן, שַׁקְדָנִי, מַתְמִיד; מְדַקְדֵּק

study /ˈstʌdɪ/ n.

1 (activity of learning) לִמּוּד, לִמּוּדִים

2 (usu. in *pl.*, subject of learning) לִמּוּדִים, חֵקֶר

classical studies לִמּוּדִים קְלַסִּיִּים (חֵקֶר יָוָן וְרוֹמִי הָעַתִּיקוֹת)

3 (piece of research; sketch, etc.) מֶחְקָר (אֲקָדֶמִי); סְקִיצָה, מִתְוֶה, רִשּׁוּם (בְּצִיּוּר); סְקִיצָה מוּזִיקָלִית, אֶטְיוּד (בְּמוּזִיקָה)

case study מֶחְקָר שֶׁל מִקְרֶה מְסֻיָּם לְדֻגְמָה

4 (room) חֲדַר עֲבוֹדָה (בְּבַיִת פְּרָטִי)

—v.t.

1 (learn on a course, etc.) לָמַד (נוֹשֵׂא מְסֻיָּם, כְּתַלְמִיד בְּמוֹסָד וְכַד׳)

□ *she studied music with* (or *under*) *Rubinstein* הִיא לָמְדָה מוּזִיקָה אֵצֶל רוּבִּינְשְׁטַיְן

stuff /stʌf/ n. (*colloq.*) ״דְּבָרִים״, ״מַשֶּׁהוּ״

a drop of the hard stuff ״מַשֶּׁהוּ חָרִיף״ (אַלְכּוֹהוֹל)

□ *they walked on the sticky black stuff* הֵם הָלְכוּ עַל מַשֶּׁהוּ שָׁחוֹר וְדָבִיק

□ *do your stuff!* (*colloq.*) ״תַּרְאֶה מָה אַתָּה יוֹדֵעַ לַעֲשׂוֹת!״

□ *this beer is good stuff!* הַבִּירָה הַזּאת הִיא מַשֶּׁהוּ לֹא רַע!

□ *stuff and nonsense!* (*arch.*) הֲבָלִים!

—v.t. דָּחַף לְתוֹךְ, מִלֵּא (דְּבַר מָה), תָּקַע בְּ...; פִּחְלֵץ (בַּעַל חַיִּים)

get stuffed! (*vulg.*) זֶה לֹא מֵזִיז לִי! לֵךְ לַעֲזָאזֵל!

a stuffed shirt (*colloq.*) "אֶפֶס מְנֻפָּח", "נוֹד נָפוּחַ"

□ *the museum has a stuffed owl* בַּמּוּזֵיאוֹן יֵשׁ יַנְשׁוּף מְפֻחְלָץ

□ *the boy stuffed himself with cakes* (*colloq.*) הַיֶּלֶד מִלֵּא אֶת כְּרֵסוֹ בְּעוּגוֹת

□ *I feel a little stuffed up* אֲנִי מַרְגִּישׁ קְצָת מְצֻנָּן

stuffing /ˈstʌfɪŋ/ n. מְלִית, מִלּוּי (לְעוֹף מְטֻגָּן וְכַד'); מִלּוּי לְרִפּוּד (שֶׁל כֻּרְסָה וְכַד')

□ *his illness knocked the stuffing out of him* (*colloq.*) הַמַּחֲלָה הִתִּישָׁה אוֹתוֹ

stuffy /ˈstʌfɪ/ adj.

1 (airless) (חֶדֶר, מָקוֹם) מְעֻפָּשׁ, לֹא מְאֻוְרָר

2 (pompous, *colloq.*) "נָפוּחַ", "מְרֻבָּע"

□ *there is no need to get stuffy about it* לֹא כְּדַאי לְהִתְרַגֵּז עַל־כָּךְ, לֹא כְּדַאי לָצֵאת מֵהַכֵּלִים בִּגְלַל זֶה

stultify /ˈstʌltɪfaɪ/ v.t. (*formal*) טִמְטֵם

stumble /ˈstʌmb(ə)l/ v.i. נִכְשַׁל, מָעַד, (גַּם בְּהַשְׁאָלָה)

□ *he stumbled on* (or *across* or *upon*) *the ruins while out walking* הוּא נִתְקַל בַּחֳרָבוֹת בְּמִקְרֶה בְּשָׁעָה שֶׁיָּצָא לְטַיֵּל

—n. מְעִידָה, כֶּשֶׁל

stumbling-block /ˈstʌmblɪŋ-blɒk/ n. מִכְשׁוֹל, אֶבֶן־נֶגֶף (בְּהַשְׁאָלָה בִּלְבַד)

stump /stʌmp/ n.

1 (remaining part) גֶּדֶם (שֶׁל אֵבֶר קָטוּעַ וְכַד'), בָּדָל, בְּדַל־ (סִיגַרְיָה)

tree stump גֶּדֶם (שֶׁל עֵץ), גֶּזַע כָּרוּת

2 (in *pl.*, legs, *colloq.*) "זוּג רַגְלַיִם"

□ *we shall have to stir our stumps* נִצְטָרֵךְ לְהָזִיז אֶת הָרַגְלַיִם

3 (in *pl.*, target in cricket) "מַקֵּל" (בְּקְרִיקֶט, אֶחָד מִשְּׁלֹשֶׁת כְּפִיסֵי הָעֵץ שֶׁבָּהֶם מְשַׁלְּחִים אֶת הַכַּדּוּר)

—v.t. & i.

1 (be too difficult for, *colloq.*) הֵבִיא בִּמְבוּכָה, הֵבִיךְ, הָיְתָה קָשָׁה מִדַּי בִּשְׁבִילוֹ (שְׁאֵלָה)

□ *the question had me stumped* הַשְּׁאֵלָה הָיְתָה קָשָׁה מִדַּי בִּשְׁבִילִי

2 (walk heavily) הָלַךְ בִּכְבֵדוּת, הָלַךְ בִּצְעָדִים מְסֻרְבָּלִים

3 (pay) שִׁלֵּם

stump up (*UK colloq.*) שִׁלֵּם אֶת הַכֶּסֶף (בְּלִי רָצוֹן)

stumpy /ˈstʌmpɪ/ adj. (*colloq.*) עָבֶה וְקָצָר, גּוּץ

stun /stʌn/ v.t. הִמֵּם (בְּמַכָּה); הִדְהִים, הִכָּה בְּתִמָּהוֹן

stung /stʌŋ/ past & past ppl. of **sting**

stunk /stʌŋk/ past ppl. **of stink**

stunner /ˈstʌnə(r)/ n. (*colloq.*) "פְּצָצָה" (אִשָּׁה מוֹשֶׁכֶת)

stunning /ˈstʌnɪŋ/ adj. מַדְהִים

stunt[1] /stʌnt/ v.t. עִכֵּב אֶת הַגִּדּוּל שֶׁל

stunt[2] /stʌnt/ n. (*colloq.*) תַּעֲלוּל, תַּכְסִיס, פַּעֲלוּל

publicity stunt תַּעֲלוּל פִּרְסֹמֶת

pull stunts עָשָׂה שְׁטֻיּוֹת (דְּבָרִים טִפְּשִׁיִּים אוֹ מְסֻכָּנִים)

stunt-man /ˈstʌnt-mæn/ n. אִישׁ־פַּעֲלוּלִים, פַּעֲלוּלָן (בְּסֶרֶט וְכַד')

stunt-woman /ˈstʌnt-ˌwʊmən/ n. פַּעֲלוּלָנִית, אֵשֶׁת־פַּעֲלוּלִים (כַּנַּ"ל)

stupefaction /ˌstju:pɪˈfækʃ(ə)n/ n. (*formal*) תַּדְהֵמָה (מֻחְלֶטֶת)

stupefy /ˈstju:pɪfaɪ/ v.t. (*formal*) הִכָּה בְּתַדְהֵמָה; טִמְטֵם אֶת חוּשָׁיו שֶׁל (בְּאֶמְצָעוּת סַם וְכַד')

stupendous /stjʊˈpendəs/ adj. מַדְהִים; "עָצוּם", "כַּבִּיר"

stupid /ˈstju:pɪd/ adj. טִפְּשִׁי, מְטֻפָּשׁ, שְׁטוּתִי

stupidity /stjʊˈpɪdɪtɪ/ n. טִפְּשׁוּת; מַעֲשֵׂה־טִפְּשׁוּת

stupor /ˈstju:pə(r)/ n. טִמְטוּם־חוּשִׁים, עִרְפּוּל־חוּשִׁים

sturdy /ˈstɜ:dɪ/ adj. חָסֹן, אֵיתָן; נָחוּשׁ

sturgeon /ˈstɜ:dʒən/ n. חִדְקָן (הַדָּג שֶׁמִּמֶּנּוּ מוּפָק קַוְיָאר)

stutter /ˈstʌtə(r)/ v.t. & i. (אָדָם) גִּמְגֵּם; (מָנוֹעַ וְכַד') "הִשְׁתַּעֵל"

—n. גִּמְגּוּם

sty[1] /staɪ/ n. דִּיר־חֲזִירִים

sty[2] /staɪ/ n. (also **stye**) שְׂעוֹרָה בָּעַיִן (דַּלֶּקֶת בְּאֵזוֹר הָרִיסִים)

style /staɪl/ n.

1 (manner, fashion) סִגְנוֹן, אָפְנָה

□ *it cramps my style to have someone listening when I practise the piano* (*colloq.*) זֶה מַפְרִיעַ לִנְגִינָה שֶׁלִּי כְּשֶׁמַּקְשִׁיבִים לִי בְּעֵת הָאִמּוּן

2 (distinctive manner) סִגְנוֹן, אֹפִי מְיֻחָד

□ *that's not my style* (*colloq.*) זֶה לֹא הַסְּטַיְל שֶׁלִּי

3 (superior quality) רָמָה גְּבוֹהָה, "סְטַיְל"

□ *we did the wedding in style* עָרַכְנוּ אֶת הַחֲתֻנָּה בִּפְאֵר רַב, עָשִׂינוּ אֶת הַחֲתֻנָּה בִּסְטַיְל

4 (title, *formal*) תֹּאַר, כִּנּוּי

5 (*Bot.*) עַמּוּד־עֱלִי

—v.t.

1 (design) תִּכְנֵן, עִצֵּב

2 (call, *formal*) כִּנָּה בְּתֹאַר

stylish /ˈstaɪlɪʃ/ adj. אָפְנָתִי

stylist /ˈstaɪlɪst/ n.

1 (person who styles hair) מְעַצֵּב שֵׂעָר, סַפָּר

2 (person with good writing style) בַּעַל סִגְנוֹן מְלֻטָּשׁ (בִּכְתִיבָה)

stylistic /staɪˈlɪstɪk/ adj. שֶׁל סִגְנוֹן, סִגְנוֹנִי, סְטִילִיסְטִי

stylistics /staɪˈlɪstɪks/ n. חֵקֶר סִגְנוֹן (בְּסִפְרוּת וּבְלָשׁוֹן)

stylize /ˈstaɪlaɪz/ v.t. (usu. in past ppl.) סִגְנֵן (יָצַר תּוֹךְ שִׁמּוּשׁ בְּקוֹנְבֶנְצְיוֹת אָמָּנוּתִיּוֹת)
□ *his writing is too stylized for me* הַכְּתִיבָה שֶׁלּוֹ מְסֻגְנֶנֶת מִדַּי עֲבוּרִי

stylus /ˈstaɪləs/ n. (*pl.* **styli**) מַחַט שֶׁל גְּרָמוֹפוֹן; חֶרֶט

stymie /ˈstaɪmɪ/ v.t. (*colloq.*) "נִטְרֵל", "חָתַךְ", חָסַם
□ *I'm stymied over this one* אֲנִי תָּקוּעַ לְגַמְרֵי עִם הַבְּעָיָה הַזֹּאת

styptic /ˈstɪptɪk/ adj. & n. עוֹצֵר זְרִימַת דָּם (לְמָשָׁל "עִפָּרוֹן גִּלּוּחַ"); חֹמֶר עוֹצֵר־דָּם

styrofoam /ˈstaɪrəˌfəʊm/ n. (*Prop.*) "קַל־קַר", קֶצֶף־פְּלַסְטִי

suave /swɑːv/ adj. "חָלָק", מְנֻמָּס (לִכְאוֹרָה), נְעִים הֲלִיכוֹת (כְּלַפֵּי חוּץ)

suavity /ˈswɑːvɪtɪ/ n. "חֲלָקוֹת", נִימוּסִיּוּת (חִיצוֹנִית), נֹעַם הֲלִיכוֹת (מְעֻשֶּׂה)

sub- /sʌb-/ pref. סוּבּ־, (תְּחִלִּית שֶׁפֵּרוּשָׁהּ) תַּת־, ־מִשְׁנֶה

sub /sʌb/ n. (*colloq.*)
1 (substitute) מְמַלֵּא מָקוֹם (בְּמִשְׂחֲקֵי סְפּוֹרְט וְכַד')
2 (submarine) צוֹלֶלֶת
3 (subscription, *UK*) מָנוּי (לְעִתּוֹן, בְּמוֹעֲדוֹן וְכַד')
4 (advance of wages, *UK*) מִקְדָּמָה
—v.t.
1 (act as substitute for) מִלֵּא מָקוֹם
2 (sub-edit) עָרַךְ עֲרִיכַת־מִשְׁנֶה

subaltern /ˈsʌb(ə)ltən/ n. (*UK Mil.*) סֶגֶן, קָצִין זוּטָר

subatomic /ˌsʌbəˈtɒmɪk/ adj. (חֶלְקִיק) תַּת־אֲטוֹמִי

subcommittee /ˈsʌbkəmɪtɪ/ n. וַעֲדַת־מִשְׁנֶה

subconscious /sʌbˈkɒnʃəs/ adj. תַּת־מוּדָע, תַּת־הַכָּרָתִי
—n. הַתַּת־מוּדָע, תַּת־הַהַכָּרָה

subcontinent /sʌbˈkɒntɪnənt/ n. תַּת־יַבֶּשֶׁת

subcontract /sʌbˈkɒntrækt/ n. חוֹזֶה מִשְׁנִי (לְקַבְּלָן־מִשְׁנֶה)
—v.t. /ˌsʌbkənˈtrækt/ מָסַר (עֲבוֹדָה מְסֻיֶּמֶת) **לְקַבְּלָן־מִשְׁנֶה**

subcontractor /ˌsʌbkənˈtræktə(r)/ n. קַבְּלַן־מִשְׁנֶה

subculture /ˈsʌbˌkʌltʃə(r)/ n. תַּרְבּוּת־מִשְׁנֶה; תַּרְבּוּת לֹא־רִשְׁמִית

subcutaneous /ˌsʌbkjʊˈteɪnɪəs/ adj. (*Med.*) תַּת־עוֹרִי, (זְרִיקָה) מִתַּחַת לָעוֹר (וְלֹא בַּשְּׁרִיר)

subdivide /ˌsʌbdɪˈvaɪd/ v.t. & i. חִלֵּק חֲלֻקַּת מִשְׁנֶה; הִתְחַלֵּק חֲלֻקַּת מִשְׁנֶה

subdivision /ˌsʌbdɪˈvɪʒ(ə)n/ n. תַּת־מַחְלָקָה, מַחְלֶקֶת־מִשְׁנֶה; חֲלֻקַּת מִשְׁנֶה

subdue /sʌbˈdjuː/ v.t.
1 (conquer, suppress) הִכְנִיעַ, דִּכֵּא, כָּבַשׁ
subdued anger רֹגֶז כָּבוּשׁ, כַּעַס כָּבוּשׁ
□ *she seemed a bit subdued* הִיא נִרְאֲתָה כְּנוּעָה
□ *the armies subdued the whole continent* הַצְּבָאוֹת הִכְנִיעוּ אֶת כָּל הַיַּבֶּשֶׁת
2 (make softer or quieter) עִדֵּן, רִכֵּךְ, הֶחֱלִישׁ, עִמְעֵם (אוֹר), הִנְמִיךְ (קוֹל)
subdued lighting אוֹר מְעֻמְעָם

sub-edit /sʌb-ˈedɪt/ v.t. עָרַךְ עֲרִיכַת־מִשְׁנֶה; שִׁמֵּשׁ כְּעוֹרֵךְ־מִשְׁנֶה שֶׁל (עִתּוֹן)

sub-editor /sʌb-ˈedɪtə(r)/ n. עוֹרֵךְ־מִשְׁנֶה, סְגַן־עוֹרֵךְ

subheading /ˈsʌbhedɪŋ/ n. כּוֹתֶרֶת מִשְׁנֶה

subhuman /sʌbˈhjuːmən/ adj. (*derog.*) תַּת־אֱנוֹשִׁי, לֹא־אֱנוֹשִׁי

subject /ˈsʌbdʒekt/ n.
1 (theme or topic of book, experiment, etc.) נוֹשֵׂא
subject matter תֹּכֶן; נוֹשֵׂא
2 (member of state) אֶזְרָח, נָתִין
3 (branch of study) נוֹשֵׂא, תְּחוּם
4 (object of treatment, *formal*) נוֹשֵׂא, מָשָׂא
□ *he is a subject for ridicule* הוּא נוֹשֵׂא לְלִגְלוּג, הוּא מָשָׂא לְלִגְלוּג
5 (*Gram.*) נוֹשֵׂא (בְּמִשְׁפָּט)
—adj. /ˈsʌbdʒekt/ כָּפוּף (לְמָרוּת וְכַד'), מְשֻׁעְבָּד; נוֹטֶה (לְמַצָּב מְסֻיָּם וְכַד')
subject peoples (*formal*) עַמִּים מְשֻׁעְבָּדִים
□ *she is subject to colds* הִיא רְגִישָׁה לְקֹר, הִיא נוֹטָה לְהִצְטַנְּנוּת
□ *the plan is subject to my approval* הַתָּכְנִית כְּפוּפָה לְאִשּׁוּרִי, הַתָּכְנִית מֻתְנֵית בְּאִשּׁוּרִי
—v.t. /səbˈdʒekt/ (*formal*)
1 (bring under control) הִכְנִיעַ, שִׁעְבֵּד
2 (expose) חָשַׂף, הֶעֱמִיד בִּפְנֵי
□ *he was subjected to ridicule* הוּא נֶחְשַׂף לְלַעַג

subjection /səbˈdʒekʃ(ə)n/ n. (*formal*) הַכְנָעָה; חֲשִׂיפָה, הֵחָשְׂפוּת

subjective /səbˈdʒektɪv/ adj. סוּבְּיֶקְטִיבִי (מִנְּקֻדַּת מַבָּט אִישִׁית); שֶׁל הַנּוֹשֵׂא (בְּדִקְדּוּק)

subjectivity /ˌsʌbdʒekˈtɪvɪtɪ/ n. סוּבְּיֶקְטִיבִיּוּת

sub judice /sʌb ˈdʒuːdɪsɪ/ adj. (*Law*) "סוּבּ־יוּדִיצֶה" (בְּדִיּוּן מִשְׁפָּטִי וְשֶׁאָסוּר לָדוּן בּוֹ בְּפֻמְבֵּי)

subjugate /ˈsʌbdʒʊgeɪt/ v.t. (*formal*) שִׁעְבֵּד, דִּכֵּא, כָּבַשׁ

subjugation /ˌsʌbdʒʊˈgeɪʃ(ə)n/ n. (*formal*) שִׁעְבּוּד, דִּכּוּי, כִּבּוּשׁ

subjunctive /sʌbˈdʒʌŋktɪv/ n. (*Gram.*) סוּבְּיוּנְקְטִיב, קוֹנְיוּנְקְטִיב (דֶּרֶךְ הַתְּנַאי וְהָאִוּוּי)

sublease /sʌbˈliːs/ v.t. הֶחְכִּיר חֲכִירַת־מִשְׁנֶה, הֶחְכִּיר לְחוֹכֵר־מִשְׁנֶה
—n. חֲכִירַת־מִשְׁנֶה

sublet /ˌsʌbˈlet/ v.t. & i. הִשְׂכִּיר שְׂכִירוּת־מִשְׁנֶה, הִשְׂכִּיר לְדַיַּר מִשְׁנֶה; גָּר כְּדַיַּר־מִשְׁנֶה

sub-lieutenant /ˌsʌb-lefˈtenənt/ n. סְגַן־מִשְׁנֶה בַּצִּי

sublimate /ˈsʌblɪmeɪt/ v.t.
1 (*Psychol.*) עָשָׂה סוּבְּלִימַצְיָה שֶׁל/לְ; עִדֵּן
2 (*Chem.*) זִכֵּךְ (הָפַךְ מוּצָק לְגַז, הֶחֱזִירוֹ לְמַצָּב מוּצָק כְּדֵי לְטַהֲרוֹ), עָשָׂה סוּבְּלִימַצְיָה שֶׁל/לְ...

—n. (*Chem.*) סוּבְּלִימָט, (חֹמֶר כִּימִי שֶׁעָבַר זִכּוּךְ)

sublimation /ˌsʌblɪˈmeɪʃ(ə)n/ n.
1 (*Psychol.*) סוּבְּלִימַצְיָה, עִדּוּן (הַטָּיַת דַּחַף טִבְעִי לַאֲפִיקִים יוֹצְרָנִיִּים)
2 (*Chem.*) סוּבְּלִימַצְיָה (הֲפִיכַת מוּצָק לְגָז וְהַחְזָרָתוֹ לְמוּצָק), הַמְרָאָה

sublime /səˈblaɪm/ adj. נִשְׂגָּב, עִלָּאִי, נֶאֱצָל
from the sublime to the ridiculous מִן הַנִּשְׂגָּב אֶל הַמְגֻחָךְ
□ *he treated the question with sublime indifference* (*colloq.*) הוּא טִפֵּל בַּבְּעָיָה בַּאֲדִישׁוּת "אוֹלִימְפִּית"

sublimely /səˈblaɪmlɪ/ adv. בְּאֹפֶן נִשְׂגָּב, בְּשֶׂגֶב
□ *he was sublimely unconscious of his appearance* (*colloq.*) הוּא הָיָה חָסֵר לַחֲלוּטִין תּוֹדָעָה שֶׁל הַמַּרְאֶה הַחִיצוֹנִי שֶׁלּוֹ

subliminal /ˌsʌbˈlɪmɪn(ə)l/ adj. (*Psychol.*) שֶׁמִּתַּחַת לַסַּף הַהַכָּרָה

sub-machine-gun /ˌsʌb-məʃiːn-gʌn/ n. תַּת-מַקְלֵעַ

submarine /ˌsʌbməriːn/ adj. (*formal*) תַּת-יַמִּי
—n. צוֹלֶלֶת

submariner /sʌbˈmærɪnə(r)/ n. אִישׁ צֶוֶת שֶׁל צוֹלֶלֶת

submerge /səbˈmɜːdʒ/ v.t. & i. שִׁקֵּעַ בְּנוֹזֵל, טִבַּע; שָׁקַע, צָלַל

submersion /səbˈmɜːʃ(ə)n/ n.
(also **submergence** /səbˈmɜːdʒəns/) שִׁקּוּעַ בְּנוֹזֵל, צְלִילָה, שְׁקִיעָה

submission /səbˈmɪʃ(ə)n/ n.
1 (acceptance of another's authority) כְּנִיעָה, קַבָּלַת מָרוּת
2 (opinion, *Law*) טִעוּן
3 (humility) הַכְנָעָה, כְּנִיעוּת, נְמִיכוּת-רוּחַ
4 (act of sending in application, etc.) הַגָּשָׁה

submissive /səbˈmɪsɪv/ adj. צַיְּתָן, נִכְנָע, מְקַבֵּל מָרוּת

submit /səbˈmɪt/ v.i. נִכְנַע
—v.t.
1 (offer, hand in) הִגִּישׁ, מָסַר
□ *I have to submit my application by next week* אֲנִי צָרִיךְ לְהַגִּישׁ אֶת הַבַּקָּשָׁה שֶׁלִּי עַד לַשָּׁבוּעַ הַבָּא
2 (present suggestion) טָעַן, הִצִּיעַ, הֶעֱלָה אֶת הַטִּעוּן שֶׁ...
□ *the lawyer submitted that there was no case against his client* הַפְּרַקְלִיט טָעַן שֶׁאֵין בָּסִיס לַתְּבִיעָה נֶגֶד מַרְשׁוֹ

subnormal /ˌsʌbˈnɔːm(ə)l/ adj. תַּת-נוֹרְמָלִי; מְפַגֵּר

subordinate/səˈbɔːdɪnət/ adj. נָחוּת (בְּמַעֲמָד מִקְצוֹעִי וְכַד'), כָּפוּף לְ...; (בְּדִקְדּוּק) טָפֵל
subordinate clause מִשְׁפָּט טָפֵל, מִשְׁפָּט מְשֻׁעְבָּד
—n. /səˈbɔːdɪnət/ פָּקוּד, סָר לְפִקֻדָּה
—v.t. /səˈbɔːdɪneɪt/ הֵטִיל מָרוּת עַל, שִׁעְבֵּד

subordination /səˌbɔːdɪˈneɪʃ(ə)n/ n. נְחִיתוּת, כְּפִיפוּת לְ...; (בְּדִקְדּוּק) שִׁעְבּוּד

sub-plot /ˈsʌb-plɒt/ n. עֲלִילַת-מִשְׁנֶה

subpoena /ˌsəbˈpiːnə/ n. (*Law*) צַו-זִמּוּן לְבֵית-דִּין
—v.t. הוֹצִיא צַו-זִמּוּן לְהוֹפִיעַ לִפְנֵי בֵּית-דִּין לְ...

subroutine /ˈsʌbruːˌtiːn/ n. (*Comput.*) סִדְרַת-מִשְׁנֶה שֶׁל פְּקֻדּוֹת מַחְשֵׁב

subscribe /səbˈskraɪb/ v.i.
1 (pay a contribution or a specified sum) חָתַם עַל (עִתּוֹן וְכַד')
2 (agree with) תָּמַךְ בְּ..., הִסְכִּים לְ...
□ *it is a view to which I readily subscribe* זוֹ הַשְׁקָפָה שֶׁאֲנִי תּוֹמֵךְ בָּהּ בְּרָצוֹן
—v.t. תָּרַם (כְּסָפִים לִצְדָקָה וְכַד')

subscriber /səbˈskraɪbə(r)/ n. מָנוּי (עַל עִתּוֹן, שֶׁל טֶלֶפוֹן)

subscript /ˈsʌbskrɪpt/ n. אוֹת כְּתוּבָה מִתַּחַת לַשּׁוּרָה

subscription /səbˈskrɪpʃ(ə)n/ n. מָנוּי; תְּרוּמָה (לְאִרְגּוּן צְדָקָה וְכַד')

subsection /ˈsʌbsekʃ(ə)n/ n. סְעִיף-מִשְׁנֶה; תַּת-מַחְלָקָה

subsequent /ˈsʌbsɪkwənt/ adj. הַבָּא לְאַחַר מִכֵּן, שֶׁלְּאַחַר מִכֵּן

subservience /səbˈsɜːvɪəns/ n. (*formal*) הִתְרַפְּסוּת; כְּפִיפוּת (לְ...)

subservient /səbˈsɜːvɪənt/ adj. (*formal*) מִתְרַפֵּס; כָּפוּף (לְ...)

subset /ˈsʌbset/ n. קְבוּצַת-מִשְׁנֶה, תַּת-קְבוּצָה

subside /səbˈsaɪd/ v.i.
1 (become less strong, intense, etc.) שָׁכַךְ, שָׁקַט
□ *the rain began to subside* הַגֶּשֶׁם הֵחֵל לִשְׁכֹּךְ
2 (sink) שָׁקַע
□ *the road subsided due to the landslide* הַכְּבִישׁ שָׁקַע בְּעִקְּבוֹת מַפֹּלֶת-הָאֲדָמָה

subsidence /səbˈsaɪd(ə)ns/ n. שְׁקִיעָה (שֶׁל אֲדָמָה, מִבְנֶה)

subsidiary /səbˈsɪdɪərɪ/ n. & adj. חֶבְרַת-בַּת; מִשְׁנִי, שׁוּלִי

subsidize /ˈsʌbsɪdaɪz/ v.t. סִבְּסֵד, נָתַן סוּבְּסִידְיָה לְ...

subsidy /ˈsʌbsɪdɪ/ n. סוּבְּסִידְיָה, תְּמִיכָה, מַעֲנָק (לְמוֹסָד, לְיַצְרָן וְכַד')

subsist /səbˈsɪst/ v.i. (*formal*) הִתְקַיֵּם, חַי (עַל); הִתְפַּרְנֵס (מִן)

subsistence /səbˈsɪstəns/ n. קִיּוּם (מִינִימָלִי), מִחְיָה
subsistence level רָמַת-קִיּוּם מִינִימָלִית (סִפּוּק אֶמְצָעֵי-קִיּוּם בִּלְבַד), פַּרְנָסָה דְּחוּקָה
subsistence wage מַשְׂכֹּרֶת קִיּוּם מִינִימָלִית

subsoil /ˈsʌbsɔɪl/ n. שִׁכְבַת קַרְקַע תַּחְתִּית (מִתַּחַת לַשִּׁכְבָה הָעֶלְיוֹנָה)

subsonic /ˌsʌbˈsɒnɪk/ adj. תַּת-קוֹלִי

substance /ˈsʌbstəns/ n.
1 (matter, material) חֹמֶר
2 (solidity, worth, *formal*) מַמָּשׁוּת, עֵרֶךְ, "תֹּכֶן מַמָּשִׁי"

□ *the mayor is a man of substance* רֹאשׁ הָעִיר הוּא אָדָם בַּעַל־רְכוּשׁ, בַּעַל־הוֹן

3 (essence, truth, *formal*) מַהוּת, עִקָּר

□ *I follow the substance of your argument* אֲנִי עוֹקֵב אַחֲרֵי מַהוּת הַטִּעוּן שֶׁלְּךָ

substandard /sʌbˈstændəd/ adj. תַּת־תִּקְנִי, לְמַטָּה מִן הָרָמָה הַמְקֻבֶּלֶת

substantial /sʌbˈstænʃ(ə)l/ adj.

1 (solid, considerable) מוּצָק; מַמָּשִׁי, נִכָּר

2 (of the important points) מַהוּתִי

□ *we are in substantial agreement* יֵשׁ בֵּינֵינוּ לְמַעֲשֶׂה הֶסְכֵּם, אֲנַחְנוּ תְּמִימֵי דֵעִים וְעֶקְרוֹנוֹת

substantially /səbˈstænʃəlɪ/ adv. בְּאֹפֶן מַמָּשִׁי; בְּמִדָּה נִכֶּרֶת; בְּעִקָּר

substantiate /səbˈstænʃɪeɪt/ v.t. (*formal*) בִּסֵּס, הוֹכִיחַ, אִמֵּת

substantive /ˈsʌbstəntɪv/ adj.

1 (having substance, *formal*) בַּעַל קִיּוּם לְעַצְמוֹ, בַּעַל יֵשׁוּת; מַמָּשִׁי

□ *she made a few substantive contributions to the debate* הִיא הֶעִירָה כַּמָּה הֶעָרוֹת חֲשׁוּבוֹת בַּדִּיּוּן

2 (*Gram.*) סוּבְּסְטַנְטִיבִי (מִתְפַּקֵּד כְּשֵׁם־עֶצֶם)

—n. (*Gram.*) שֵׁם־עֶצֶם

sub-station /ˈsʌb-steɪʃ(ə)n/ n. תַּחֲנַת־מִשְׁנֶה (לְהַעֲבָרַת חַשְׁמַל)

substitute /ˈsʌbstɪtjuːt/ v.t. הֶחֱלִיף (דְּבַר מָה); מִלֵּא אֶת מְקוֹמוֹ שֶׁל (עוֹבֵד וְכַד׳)

—n. תַּחֲלִיף; מְמַלֵּא־מָקוֹם

substitution /ˌsʌbstɪˈtjuːʃ(ə)n/ n. הַחְלָפָה; מִלּוּי־מָקוֹם

substratum /ˌsʌbˈstrɑːtəm/ n. (*pl.* **strata**, *formal*) שִׁכְבָה תַּחְתּוֹנָה; רֹבֶד תַּחְתּוֹן; תַּת־שִׁכְבָה; מַצָּע, מַסָּד, תַּשְׁתִּית

subsume /səbˈsjuːm/ v.t. (*formal*) הִכְלִיל, כָּלַל (בְּתוֹךְ סוּג), הֵחִיל (בִּכְלָל)

subtenant /ˈsʌbˈtenənt/ n. דַּיַּר־מִשְׁנֶה

subtend /səbˈtend/ v.t. (*Geom.*) (בְּגֵיאוֹמֶטְרִיָּה, לְגַבֵּי קַו) נִמְתַּח כְּנֶגֶד (כְּגוֹן מֵיתָר כְּנֶגֶד קֶשֶׁת, צֵלָע כְּנֶגֶד זָוִית)

subterfuge /ˈsʌbtəfjuːdʒ/ n. (*formal*) תּוֹאֲנָה, תַּכְסִיס

subterranean /ˌsʌbtəˈreɪnɪən/ adj. תַּת־קַרְקָעִי, שֶׁמִּתַּחַת לִפְנֵי הַקַּרְקַע

sub-title /ˈsʌb-taɪt(ə)l/ n.

1 (secondary title) כּוֹתֶרֶת־מִשְׁנֶה (שֶׁל סֵפֶר, מַאֲמָר וְכַד׳)

2 (in *pl.*, caption for foreign film) כּוֹתָרוֹת (תַּרְגּוּם בְּגוּף הַסֶּרֶט)

—v.t.

1 (give secondary title to) נָתַן לְ... כּוֹתֶרֶת מִשְׁנָה

2 (provide with captions) הוֹסִיף כּוֹתָרוֹת

subtle /ˈsʌt(ə)l/ adj.

1 (refined in meaning or expression) עָדִין, מְעֻדָּן, דַּק

2 (perceptive) דַּק־אַבְחָנָה, חַד־אַבְחָנָה

subtlety /ˈsʌt(ə)ltɪ/ n. דַּקּוּת (הֶבְדֵּל דַּק); עֲדִינוּת, עִדּוּן; אַבְחָנָה־דַּקָּה

subtotal /ˈsʌbˌtəʊt(ə)l/ n. סִכּוּם־מִשְׁנֶה, חֶשְׁבּוֹן רִאשׁוֹנִי

subtract /səbˈtrækt/ v.t. חִסֵּר, הִפְחִית

subtraction /səbˈtrækʃ(ə)n/ n. חִסּוּר

subtropical /ˌsʌbˈtrɒpɪk(ə)l/ adj. סוּב־טְרוֹפִּי

suburb /ˈsʌbɜːb/ n. פַּרְבָּר, פַּרְוָר

the suburbs הַפַּרְבָּרִים, הַשְּׁכוּנוֹת (סְבִיב עִיר)

suburban /səˈbɜːbən/ adj. שֶׁל הַפַּרְבָּרִים; (בְּהַשְׁאָלָה) בּוּרְגָּנִי וּמְשַׁעֲמֵם

suburbia /səˈbɜːbɪə/ n. (usu. *derog.*) הַפַּרְבָּרִים (עוֹלַם הַפַּרְבָּרִים הַנֶּחְשָׁב לְבוּרְגָּנִי וּמְשַׁעֲמֵם)

subversion /səbˈvɜːʃ(ə)n/ n. חַתְרָנוּת, חֲתִירָה (פּוֹלִיטִית)

subversive /səbˈvɜːsɪv/ adj. חַתְרָנִי

subvert /sʌbˈvɜːt/ v.t. (*formal*) חָתַר תַּחַת

subway /ˈsʌbweɪ/ n.

1 (underground passage, *UK*) מַעֲבָר תַּת־קַרְקָעִי, מִנְהָרָה (לְהוֹלְכֵי־רֶגֶל, לִכְלֵי רֶכֶב)

2 (underground railway, *US*) רַכֶּבֶת תַּחְתִּית

succeed /səkˈsiːd/ v.i.

1 (do well, prosper) הִצְלִיחַ, זָכָה לְהַצְלָחָה

□ *nothing succeeds like success* (*Prov.*) הַצְלָחָה גּוֹרֶרֶת הַצְלָחָה, הַצְלָחָה רוֹדֶפֶת הַצְלָחָה

2 (follow, be successor, *formal*) יָרַשׁ (תֹּאַר וְכַד׳)

—v.t. (*formal*) יָרַשׁ, בָּא בְּעִקְּבוֹת

success /səkˈses/ n. הַצְלָחָה

successful /səkˈsesf(ə)l/ adj. (אָדָם) מַצְלִיחַ, (נִסָּיוֹן וְכַד׳) מֻצְלָח

succession /səkˈseʃ(ə)n/ n. רֶצֶף, רְצִיפוּת; (זְכוּת) יְרֻשָּׁה

apostolic succession (*Relig.*) שַׁלְשֶׁלֶת הָאַפִּיפְיוֹרִים

in succession בָּזֶה אַחַר זֶה

□ *we have suffered a succession of disasters* סָבַלְנוּ שׁוּרַת אֲסוֹנוֹת, סָבַלְנוּ מִכַּמָּה אֲסוֹנוֹת בִּרְצִיפוּת

successive /səkˈsesɪv/ adj. רָצוּף, בָּזֶה אַחַר זֶה (לְלֹא הַפְסָקָה)

successor /səkˈsesə(r)/ n. יוֹרֵשׁ (הַתּוֹפֵס אֶת מְקוֹמוֹ שֶׁל אָדָם אוֹ דְּבַר מָה)

succinct /səkˈsɪŋkt/ adj. (*formal*) קָצָר וּבָרוּר, תַּמְצִיתִי

succour /ˈsʌkə(r)/ v.t. (*formal*) הִגִּישׁ סִיּוּעַ לְ..., סִיַּע לְ... (בְּעֵת צָרָה)

—n. סִיּוּעַ, עֶזְרָה (בְּעֵת צָרָה)

succulence /ˈsʌkjʊləns/ n. עֲסִיסִיּוּת (שֶׁל בָּשָׂר וְכַד׳)

succulent /ˈsʌkjʊlənt/ adj. עֲסִיסִי (בָּשָׂר וְכַד׳); (צֶמַח) בַּשְׂרָנִי (לְמָשָׁל קַקְטוּס)

succumb /səˈkʌm/ v.i. (*formal*) נִכְנַע לְ..., לֹא עָמַד בִּפְנֵי (אוֹיֵב, מַחֲלָה וְכַד׳)

such /sʌtʃ/ adj.
1 (of that kind, of a particular kind) כָּזֶה, שֶׁכָּזֶה
as such בְּתוֹר שֶׁכָּזֶה, כְּשֶׁלְּעַצְמוֹ
such and such (*colloq.*) כָּזֶה וְכָזֶה, כָּאֵלֶּה וְכָאֵלֶּה
such as it is כְּפִי שֶׁהוּא, כְּמוֹת שֶׁהוּא
□ *such people as these are rare* אֲנָשִׁים שֶׁכָּאֵלֶּה הֵם נְדִירִים
2 (so great, so much) כָּל־כָּךְ, בְּמִדָּה כָּזֹאת, כָּזֶה
□ *don't be in such a hurry* אַל תְּמַהֵר כָּל־כָּךְ!
□ *I'm not such a fool as to believe that* אֲנִי לֹא טִפֵּשׁ עַד כְּדֵי כָּךְ שֶׁאַאֲמִין בָּזֶה
□ *he had such a fright that he fainted* הוּא נִבְהַל כָּל־כָּךְ שֶׁהִתְעַלֵּף
□ *he's such a lazy person* הוּא כָּל־כָּךְ עָצֵל
—pron. כָּזֶה, שֶׁכָּזֶה

suchlike /ˈsʌtʃlaɪk/ adj. & pron. (*colloq.*) כַּיּוֹצֵא בָּזֶה, (מַשֶּׁהוּ) דּוֹמֶה לָזֶה

suck /sʌk/ v.t. & i. מָצַץ, יָנַק
suck up to (*sl.*) "לִקֵּק" לְ...
□ *the old woman sucked at her pipe* הָאִשָּׁה הַזְּקֵנָה מָצְצָה אֶת מִקְטַרְתָּהּ
□ *the current sucked them under* הַזֶּרֶם יָנַק/מָשַׁךְ אוֹתָם לְמַטָּה
—n. מְצִיצָה, יְנִיקָה

sucker /ˈsʌkə(r)/ n.
1 (foolish person, *colloq.*) "יוֹרָם", אָדָם שֶׁקַּל לְסַדֵּר אוֹתוֹ
she's no sucker אִי אֶפְשָׁר לְסַדֵּר אוֹתָהּ
□ *he's a sucker for gadgets* הוּא מְשֻׁגָּע עַל כָּל מִינֵי אַבְזָרִים וּמַכְשִׁירִים
2 (suction device or organ) כַּפְתּוֹר יְנִיקָה, כַּפְתּוֹר וָקוּם (מִתְקָן טֶכְנִי אוֹ בְּגוּף בַּעַל חַיִּים)
3 (shoot from plant's root) יוֹנְקָה
4 (lollipop, *US*) סֻכָּרִיָּה עַל מַקֵּל

sucking-pig /ˈsʌkɪŋ-pɪg/ n. חֲזַרְזִיר, גּוּר־חֲזִירִים (לְרֹב צָלוּי)

suckle /ˈsʌk(ə)l/ v.t. & i. (אֵם) הֵינִיקָה; (תִּינוֹק, גּוּר) יָנַק

suckling /ˈsʌklɪŋ/ n. (*poet.*) יוֹנֵק, עוֹלָל, עוֹלֵל (אָדָם אוֹ בַּעַל־חַיִּים)

sucrose /ˈsuːkrəʊz/ n. סֻכַּר־מַאֲכָל

suction /ˈsʌkʃ(ə)n/ n. יְנִיקָה; "וָקוּם"
suction pump מַשְׁאֵבַת וָקוּם

sudden /ˈsʌd(ə)n/ adj. פִּתְאֹמִי, מַפְתִּיעַ
—n.
all of a sudden (*colloq.*) לְפֶתַע־פִּתְאֹם

suds /sʌdz/ n. *pl.* בּוּעוֹת סַבּוֹן, קֶצֶף סַבּוֹן

sue /suː/ v.t. & i. תָּבַע לַדִּין, הִגִּישׁ תְּבִיעָה נֶגֶד; הִגִּישׁ תְּבִיעָה מִשְׁפָּטִית, פָּנָה לְעַרְכָּאוֹת

suede /sweɪd/ n. (עוֹר) זָמְשׁ

suet /ˈsuːɪt/ n. שֻׁמַּן כְּלָיוֹת (שֶׁל בָּקָר אוֹ צֹאן), חֵלֶב כְּלָיוֹת
vegetable suet שֻׁמָּן צִמְחִי (דּוֹמֶה לְשֻׁמַּן־כְּלָיוֹת)

suffer /ˈsʌfə(r)/ v.i.
1 (feel pain or distress) סָבַל, סָבַל כְּאֵבִים, הִתְיַסֵּר
□ *she suffers from hay-fever* הִיא סוֹבֶלֶת מִקַּדַּחַת־הַשַּׁחַת
2 (come to harm) נִפְגַּע, נִזּוֹק, סָבַל
□ *you'll suffer for this!* אַתָּה עוֹד תִּסְבֹּל בִּגְלַל זֶה!
—v.t.
1 (be subjected to) סָבַל
□ *they suffered defeat* הֵם נָחֲלוּ מַפָּלָה
2 (tolerate, *formal*) סָבַל, הִתְיַחֵס בְּסַבְלָנוּת לְ..., גִּלָּה סַבְלָנוּת כְּלַפֵּי
□ *she doesn't suffer fools gladly* הִיא לֹא מִתְיַחֶסֶת בְּסַבְלָנוּת אֶל שׁוֹטִים

sufferance /ˈsʌfərəns/ n.
on sufferance בְּהֶתֵּר (שֶׁאֵינוֹ נִתָּן מֵרָצוֹן)

suffering /ˈsʌf(ə)rɪŋ/ n. סֵבֶל, יִסּוּרִים

suffice /səˈfaɪs/ v.t. & i. (*formal*) עָנָה עַל צָרְכּוֹ; הָיָה מַסְפִּיק, הָיָה דַּי
suffice it to say דַּי אִם נֹאמַר שֶׁ...

sufficiency /səˈfɪʃ(ə)nsɪ/ n. מִדָּה מַסְפֶּקֶת

sufficient /səfɪʃ(ə)nt/ adj. מַסְפִּיק, דַּי

suffix /ˈsʌfɪks/ n. סוֹפִית, סִיֹּמֶת

suffocate /ˈsʌfəkeɪt/ v.t. & i. חָנַק, הֶחֱנִיק; נֶחֱנַק; הִרְגִּישׁ מְחֻנָּק (גַּם בְּהַשְׁאָלָה)

suffocation /ˌsʌfəˈkeɪʃ(ə)n/ n. חֶנֶק, מַחֲנָק

suffragan /ˈsʌfrəgən/ n. (*Relig.*) סְגַן־בִּישׁוֹף
suffragan bishop סְגַן־בִּישׁוֹף

suffrage /ˈsʌfrɪdʒ/ n. זְכוּת הַהַצְבָּעָה, זְכוּת הַבְּחִירָה (בִּבְחִירוֹת לְאֻמִּיּוֹת)
universal suffrage זְכוּת־הַצְבָּעָה כְּלָלִית (לְכָל הַמְּבֻגָּרִים לְלֹא הֶבְדֵּלֵי מִין, גֶּזַע, רְכוּשׁ וְכַד')

suffragette /ˌsʌfrəˈdʒet/ n. (*Hist.*) סוּפְרָזֶ'יסְטִית, לוֹחֶמֶת לְמַעַן זְכוּת הַצְבָּעָה לְנָשִׁים

suffuse /səˈfjuːz/ v.t. (*formal*) הִתְפַּשֵּׁט עַל פְּנֵי, כִּסָּה
□ *the light suffused the sky* הָאוֹר הִתְפַּשֵּׁט עַל־פְּנֵי הַשָּׁמַיִם

sugar /ˈʃʊgə(r)/ n.
1 (white or brown sweet substance) סֻכָּר
2 (sweet basic food) סֻכָּר
□ *fructose, dextrose and lactose are sugars* פְּרוּקְטוֹזָה, דֶּקְסְטְרוֹזָה וְלַקְטוֹזָה הֵם סֻכָּרִים
3 (sweet person, *US colloq.*) "מֹתֶק"
—v.t. הִמְתִּיק
□ *we must sugar the pill of unemployment* עָלֵינוּ לְהַמְתִּיק אֶת גְּלוּלַת הָאַבְטָלָה

sugar-beet /ˈʃʊgə-biːt/ n. סֶלֶק־סֻכָּר

sugar-cane /ˈʃʊgə-keɪn/ n. קְנֵה־סֻכָּר

sugar-coated /ʃʊgə-ˈkəʊtɪd/ adj. מְצֻפֶּה בְּסֻכָּר

sugar-daddy /ˈʃʊgə-ˌdædɪ/ n. (*colloq.*) "פַּטְרוֹן זָקֵן" (הַמַּעֲנִיק לְאִשָּׁה צְעִירָה מַתָּנוֹת תְּמוּרַת יְדִידוּת וְ/אוֹ קֶשֶׁר מִינִי)

sugar lump /ˈʃʊgə-lʌmp/ n. קֻבִּיַּת־סֻכָּר

sugary /ˈʃʊgərɪ/ adj. (בַּעַל טַעַם) מָתוֹק; (בְּהַשְׁאָלָה) "מְתַקְתַּק", "חֲלַקְלַק" (אֹפִי, דִּבּוּר, וְכַד')

suggest /səˈdʒest/ v.t.

1 (propose) הִצִּיעַ

2 (bring to mind) הִזְכִּיר

□ *the idea suggested itself* הָרַעְיוֹן עָלָה בְּדַעְתִּי

3 (hint) רָמַז

suggestible /səˈdʒestɪb(ə)l/ adj. מֻשְׁפָּע עַל־נְקַלָּה (עַל יְדֵי הַזּוּלַת)

suggestion /səˈdʒestʃən/ n.

1 (proposal) הַצָּעָה

suggestion box תֵּבַת הַצָּעוֹת (תֵּבָה שֶׁבָּהּ מַנִּיחִים פִּתְקֵי הַצָּעוֹת)

2 (bringing to mind, hint) רֶמֶז, סִימָן קַל; (בְּפְּסִיכוֹלוֹגְיָה) סוּגֶסְטְיָה

suggestive /səˈdʒestɪv/ adj. מְרַמֵּז, מְעוֹרֵר מַחֲשָׁבוֹת (הַקְּשׁוּרוֹת בְּמִין); מַזְכִּיר, מְרַמֵּז

□ *a suggestive story can make people blush* סִפּוּר בַּעַל רְמִיזוֹת יָכוֹל לִגְרֹם לַאֲנָשִׁים לְהַסְמִיק

suicidal /ˌsuːɪˈsaɪd(ə)l/ adj. (אָדָם) נוֹטֶה לְהִתְאַבְּדוּת; (מִבְצָע, מַעֲשֶׂה) הִתְאַבְּדוּתִי, מְסֻכָּן בְּאֹפֶן לֹא סָבִיר

suicide /ˈsuːɪsaɪd/ n. הִתְאַבְּדוּת, אִבּוּד עַצְמִי לָדַעַת; מִתְאַבֵּד; מִקְרֶה הִתְאַבְּדוּת

commit suicide הִתְאַבֵּד

□ *his lying was political suicide* אֲמִירַת הַשֶּׁקֶר הָיְתָה עֲבוּרוֹ הִתְאַבְּדוּת פּוֹלִיטִית

sui generis /ˌsjuaɪ ˈdʒenərɪs/ adj. (*formal*) מְיֻחָד בְּמִינוֹ, סוּג בִּפְנֵי עַצְמוֹ

suit /suːt/ n.

1 (set of clothes) חֲלִיפָה (לְגֶבֶר, לְאִשָּׁה, שֶׁחֲלָקֶיהָ עֲשׂוּיִים מֵאוֹתוֹ בַּד)

a three-piece suit חֲלִיפַת שְׁלֹשָׁה חֲלָקִים

2 (claim in law-court) תְּבִיעָה (מִשְׁפָּטִית)

file a suit הִגִּישׁ תְּבִיעָה

bring a suit against הִגִּישׁ תְּבִיעָה נֶגֶד

3 (*Cards*) סִדְרַת־קְלָפִים

4 (asking esp. for woman's hand in marriage, *arch.*)

□ *he pleaded his suit with her* הוּא בִּקֵּשׁ אֶת יָדָהּ

5 jollow suit עָשָׂה כְּמוֹ

□ *he resigned and the others followed suit* הוּא הִתְפַּטֵּר וְהָאֲחֵרִים הָלְכוּ בְּעִקְבוֹתָיו (עָשׂוּ מִיָּד כָּמוֹהוּ)

—v.t.

1 (fit, look nice on) הָלַם, הִתְאִים

□ *that hat will suit you* הַכּוֹבַע הַזֶּה יַתְאִים לְךָ

2 (meet the needs of) הָיָה מַתְאִים לְ..., הָיָה נוֹחַ לְ..., הָיָה טוֹב לְ...

□ *suit yourself* (*colloq.*) תַּעֲשֶׂה מַה שֶּׁאַתָּה רוֹצֶה, עֲשֵׂה כִּרְצוֹנְךָ! (נֶאֱמָר לָרֹב בְּחֹסֶר סַבְלָנוּת)

□ *that suits my book* (*colloq.*) זֶה בְּסֵדֶר מִבְּחִינָתִי

□ *that suits me (down to the ground)* זֶה מַתְאִים לִי מְאֹד

3 (adapt, accommodate, *formal*) הִתְאִים, תֵּאֵם, סִגֵּל

□ *you must suit the punishment to the crime* עָלֶיךָ לְהַתְאִים אֶת הָעֹנֶשׁ לַפֶּשַׁע

suitability /ˌsuːtəˈbɪlɪtɪ/ n. (מִדַּת) הַתְאָמָה, הֲלִימוּת

suitable /ˈsuːtəb(ə)l/ adj. מַתְאִים, הוֹלֵם

suitcase /ˈsuːtkeɪs/ n. מִזְוָדָה

suite /swiːt/ n.

1 (set) מַעֲרֶכֶת, סִדְרָה; סְוִיטָה (בְּמָלוֹן)

a three-piece suite מַעֲרֶכֶת יְשִׁיבָה שֶׁל שְׁלֹשָׁה חֲלָקִים (סַפָּה וּשְׁתֵּי כֻּרְסָאוֹת)

□ *we booked a suite of rooms* הִזְמַנּוּ סְוִיטָה (בְּמָלוֹן)

2 (*Mus.*) סְוִיטָה (יְצִירָה מוּזִיקָלִית בַּת 3 קְטָעִים אוֹ יוֹתֵר)

3 (group of assistants) פָּמַלְיָה

suiting /ˈsuːtɪŋ/ n. בַּד לַחֲלִיפוֹת (שֶׁל גְּבָרִים)

suitor /ˈsuːtə(r)/ n. (*arch.*) מְחַזֵּר

sulk /sʌlk/ v.i. כָּעַס בְּשֶׁקֶט, שָׁתַק וְכָעַס

—n. (usu. in *pl.*) שְׁתִיקָה מִתּוֹךְ רֹגֶז, "בְּרֹגֶז"

□ *he has a fit of the sulks* (*joc.*) הוּא "בְּרֹגֶז", הוּא שׁוֹתֵק וּמְעֻצְבָּן

sulky /ˈsʌlkɪ/ adj. שׁוֹתֵק וְכוֹעֵס, זוֹעֵף (וְשׁוֹתֵק)

sullen /ˈsʌlən/ adj. קוֹדֵר וְזוֹעֵף (אָדָם, מֶזֶג אֲוִיר וְכַד')

sully /ˈsʌlɪ/ v.t. (*formal*) זִהֵם (מַיִם וְכַד'); הִכְתִּים (שֵׁם טוֹב וְכַד')

sulphate /ˈsʌlfeɪt/ n. (*Chem.*) סוּלְפָט, גָּפְרָה (מֶלַח שֶׁל חֻמְצָה גָּפְרָתִית)

sulphide /ˈsʌlfaɪd/ n. (*Chem.*) סוּלְפִיד (תִּרְכֹּבֶת שֶׁל גָּפְרִית וּמַתֶּכֶת)

sulphonamide /ˌsʌlˈfɒnəmaɪd/ n. (*Med.*) סוּלְפוֹנָמִיד (תְּרוּפוֹת סוּלְפָה נֶגֶד בַּקְטֶרְיוֹת)

sulphur /ˈsʌlfə(r)/ n. גָּפְרִית

sulphuric /sʌlˈfjʊərɪk/ adj. גָּפְרָתִי

sulphuric acid חֻמְצָה גָּפְרָתִית

sultan /ˈsʌltən/ n. שֻׁלְטָן, סֻלְטָן

sultana /sʌlˈtɑːnə/ n.

1 (seedless raisin) צִמּוּק מֵעֵנָב סוּלְטָנִינָה

2 (sultan's wife, mother, etc.) שֻׁלְטָנִית (אֵשֶׁת הַשֻּׁלְטָן, בַּת הַשֻּׁלְטָן וְכַד')

sultanate /ˈsʌltəneɪt/ n. שֻׁלְטָנוּת, סֻלְטָנוּת

sultry /ˈsʌltrɪ/ adj. חַם וּמַחֲנִיק, הָבִיל; (בְּהַשְׁאָלָה) לוֹהֵט (מִתְשׁוּקָה)

□ *she gave him a sultry look* הִיא הִבִּיטָה בּוֹ בִּתְשׁוּקָה, הִיא הֵטִילָה בּוֹ מַבָּט לוֹהֵט

sum /sʌm/ n.

1 (result of addition, total) סִכּוּם, סַךְ־הַכֹּל

in sum (*formal*) לְסִכּוּם, בְּקִצּוּר

2 (arithmetical problem) בְּעָיָה חֶשְׁבּוֹנִית

3 (amount of money) סְכוּם כֶּסֶף

lump sum סְכוּם חַד־פַּעֲמִי, סְכוּם כּוֹלֵל

—v.t. & i.

sum up עָשָׂה סִכּוּם, סִכֵּם, הֶעֱרִיךְ

□ *he summed up the problem at a glance* הוּא הֶעֱרִיךְ אֶת הַבְּעָיָה בְּמַבָּט אֶחָד

summarily /ˈsʌmərɪlɪ/ adv. (*formal*) בְּקִצּוּר וּלְלֹא גִּנּוּנִים מְיֻתָּרִים, לְלֹא שְׁהִיּוֹת

□ *he was summarily dismissed* הוּא סֻלַּק בְּלִי גִּנּוּנִים מְיֻתָּרִים

summarize /ˈsʌməraɪz/ v.t. סִכֵּם, תִּמְצֵת

summary /ˈsʌmərɪ/ n. סִכּוּם, תַּמְצִית, תַּקְצִיר

—adj. (*formal*) מָהִיר וְחָסֵר גִּנּוּנִים

□ *he meted out summary justice* הוּא הוֹצִיא פְּסַק דִּין בְּשִׁפּוּט מָהִיר

summation /sʌˈmeɪʃ(ə)n/ n. (*formal*) תַּקְצִיר (דְּבָרִים וְכַד׳); סִכּוּם (שֶׁל שְׁנֵי מִסְפָּרִים אוֹ יוֹתֵר)

summer /ˈsʌmə(r)/ n. קַיִץ

summer pudding (*UK*) מֵעֵין רַפְרֶפֶת עֲשׂוּיָה שִׁכְבוֹת לֶחֶם לָבָן (לֶחֶם "צְמֶר־גֶּפֶן") וּפֵרוֹת

summer school סֶמִינָר קַיִץ, קוּרְסֵי־קַיִץ (בָּאוּנִיבֶרְסִיטָה)

Indian summer פֶּרֶק־זְמַן קָצָר שֶׁל מֶזֶג־אֲוִיר נוֹחַ בְּסוֹף הַסְּתָו (בִּצְפוֹן אַרְצוֹת־הַבְּרִית וּבְקָנָדָה), "קַיִץ אִינְדִיאָנִי"

summer-house /ˈsʌmə-haʊs/ n. סֻכָּה, בִּיתַן קַיִץ (בְּגַן)

summer time /ˈsʌmə taɪm/ n. שְׁעוֹן קַיִץ

summertime /ˈsʌmətaɪm/ n. עוֹנַת הַקַּיִץ, קַיִץ

summery /ˈsʌmərɪ/ adj. קֵיצִי

summing-up /ˌsʌmɪŋ-ˈʌp/ n. (*Law*) סִכּוּם הַטְּעָנוֹת (שֶׁל שְׁנֵי הַצְּדָדִים, עַל יְדֵי הַשּׁוֹפֵט)

summit /ˈsʌmɪt/ n. פִּסְגָּה, שִׂיא (שֶׁל הַר, גַּם בְּהַשְׁאָלָה); פִּסְגָּה (מִפְגָּשׁ רָאשֵׁי מְדִינָה)

summit (conference) וְעִידַת־פִּסְגָּה

summon /ˈsʌmən/ v.t. (*formal*) זִמֵּן, צִוָּה עַל (פְּלוֹנִי) לְהוֹפִיעַ (לִפְנֵי מֶלֶךְ, בֵּית־דִּין וְכַד׳); כִּנֵּס (וְעִידָה)

□ *he summoned up his courage* הוּא אָזַר עֹז

summons /ˈsʌmənz/ n. (*Law*) זִמּוּן לְבֵית־דִּין, הַזְמָנָה לְבֵית־דִּין

□ *they served a summons on her* הֵם הִגִּישׁוּ לָהּ זִמּוּן לְבֵית־הַדִּין

—v.t. הִגִּישׁ זִמּוּן לְדִין, מָסַר הַזְמָנָה לְמִשְׁפָּט

□ *the witness was summonsed* הָעֵד קִבֵּל הַזְמָנָה לְהוֹפִיעַ בְּבֵית־הַדִּין

sumo /ˈsuːməʊ/ n. סוּמוֹ (הֵאָבְקוּת יַפָּנִית)

sump /sʌmp/ n. (*UK*) בְּרֵכַת־שֶׁמֶן, עוּקַת־שֶׁמֶן (בְּמָנוֹעַ)

sumptuous /ˈsʌmptʃʊəs/ adj. שׁוֹפֵעַ, הָדוּר, מְפֹאָר

sun /sʌn/ n. שֶׁמֶשׁ

□ *I dream of a place in the sun* אֲנִי חוֹלֵם עַל תְּהִלָּה

□ *there's nothing new under the sun* (*Prov.*) אֵין חָדָשׁ תַּחַת הַשֶּׁמֶשׁ

—v.t. (usu. refl.) שִׁזֵּף (לָרֹב אֶת עַצְמוֹ), הִשְׁתַּזֵּף

sunbaked /ˈsʌnbeɪkt/ adj. שֶׁיָּבַשׁ בַּשֶּׁמֶשׁ (לְבֵנָה, אֲדָמָה וְכַד׳)

sunbathe /ˈsʌnbeɪð/ v.i. הִשְׁתַּזֵּף (בַּשֶּׁמֶשׁ)

sunbathing /ˈsʌnbeɪðɪŋ/ n. שִׁזּוּף, הִשְׁתַּזְּפוּת בַּשֶּׁמֶשׁ

sunbeam /ˈsʌnbiːm/ n. קֶרֶן־שֶׁמֶשׁ

sunbed /ˈsʌnbed/ n. מִטַּת־שֶׁמֶשׁ, מִטָּה־סוֹלָרִית (לְשִׁזּוּף מְלָאכוּתִי)

sunblock /ˈsʌnblɒk/ n. קְרֶם חוֹסֵם־קְרִינָה (מוֹנֵעַ שִׁזּוּף לַחֲלוּטִין)

sunburn /ˈsʌnbɜːn/ n. כְּוִיַּת־שֶׁמֶשׁ (כְּתוֹצָאָה מִשִּׁזּוּף־יֶתֶר)

sunburned /ˈsʌnbɜːnd/ adj. (also **sunburnt**) (עוֹר) "שָׂרוּף", עִם כְּוִיּוֹת־שֶׁמֶשׁ (בְּשֶׁל שִׁזּוּף־יֶתֶר)

sundae /ˈsʌndeɪ/ n. גְּלִידָה עִם פֵּרוֹת וְקַצֶּפֶת, גְּלִידָה "סְפֶּיְשֶׁל"

Sunday /ˈsʌndɪ/ n. יוֹם רִאשׁוֹן, יוֹם א׳

Sunday best "בִּגְדֵי שַׁבָּת", בִּגְדֵי חַג

Sunday driver (*derog.*) נֶהָג אִטִּי וַחֲסַר־בִּטָּחוֹן

Sunday painter צַיָּר חוֹבֵב

Sunday school בֵּית־הַסֵּפֶר שֶׁל יוֹם א׳ (בּוֹ לוֹמְדִים לִמּוּדֵי דָּת נוֹצְרִיִּים אוֹ יְהוּדִיִּים, בַּיּוֹם שֶׁבֵּית־הַסֵּפֶר הָרָגִיל סָגוּר)

a month of Sundays "שָׁנִים", "עִדָּנִים"

sunder /ˈsʌndə(r)/ v.t. (*poet.*) הִפְרִיד, נִתֵּק

sundial /ˈsʌndaɪəl/ n. שְׁעוֹן־שֶׁמֶשׁ

sundown /ˈsʌndaʊn/ n. שְׁקִיעַת הַחַמָּה

sundry /ˈsʌndrɪ/ adj. (*formal*) מְגֻוָּן, מְסוּגִים שׁוֹנִים

all and sundry כֻּלָּם בְּלִי יוֹצֵא מִן־הַכְּלָל, כֻּלָּם יַחַד וְכָל־אֶחָד לְחוּד

—n. (in *pl.*) שׁוֹנוֹת (סְעִיף בְּחֶשְׁבּוֹן וְכַד׳)

sunflower /ˈsʌnflaʊə(r)/ n. חַמָּנִיָּה, חַמָּנִית

sung /sʌŋ/ past ppl. of **sing**

sun-glasses /ˈsʌn-glɑːsɪz/ n. *pl.* מִשְׁקְפֵי־שֶׁמֶשׁ

sun-god /ˈsʌn-gɒd/ n. אֵל־שֶׁמֶשׁ

sun-hat /ˈsʌn-hæt/ n. כּוֹבַע שֶׁמֶשׁ

sunk /sʌŋk/ past ppl. of **sink**

sunken /ˈsʌŋkən/ adj. שָׁקוּעַ

sunken cheeks לְחָיַיִם שְׁקוּעוֹת

sun-lamp /ˈsʌn-læmp/ n. "מְנוֹרָה כְּחֻלָּה" (לְרִפּוּי אוֹ לְשִׁזּוּף)

sunless /ˈsʌnlɪs/ adj. (*formal*) בְּלִי שֶׁמֶשׁ, שָׁרוּי תָּמִיד בַּצֵּל

sunlight /ˈsʌnlaɪt/ n. אוֹר־שֶׁמֶשׁ, אוֹר־חַמָּה

sunlit /ˈsʌnlɪt/ adj. מוּאָר בְּאוֹר־שֶׁמֶשׁ, מוּצָף אוֹר־שֶׁמֶשׁ

sun-lounge /ˈsʌn-laʊndʒ/ n. חֲדַר־זְכוּכִית (מֵעֵין חֲדַר־אוֹרְחִים בַּעַל קִירוֹת זְכוּכִית)

sunni /ˈsʌnɪ/ adj. סוּנִי (שַׁיָּךְ לַזֶּרֶם הַסּוּנִי בָּאִסְלָם)

sunny /ˈsʌnɪ/ adj. מוּצַף שֶׁמֶשׁ, בָּהִיר; (בְּהַשְׁאָלָה) עַלִּיז

sunny-side up (*US*) עַיִן (בֵּיצָה מְטֻגֶּנֶת לֹא מְקֻשְׁקֶשֶׁת)

□ *the girl has a sunny disposition* לַיַּלְדָּה יֵשׁ מֶזֶג עַלִּיז

sunrise /ˈsʌnraɪz/ n. זְרִיחַת הַשֶּׁמֶשׁ, זְרִיחַת הַחַמָּה

sun-roof /ˈsʌn-ruːf/ n. גַּגּוֹן־שֶׁמֶשׁ (בִּמְכוֹנִית), גַּגּוֹן פָּתוּחַ

sunset /ˈsʌnset/ n. שְׁקִיעַת הַשֶּׁמֶשׁ, שְׁקִיעַת הַחַמָּה

sunshade /ˈsʌnfeɪd/ n. סוֹכֵךְ־שֶׁמֶשׁ, שִׁמְשִׁיָּה, גַּגּוֹן

sunshine /ˈsʌnʃaɪn/ n. אוֹר שֶׁמֶשׁ, אוֹר חַמָּה; מֶזֶג אֲוִיר בָּהִיר

sunspot /ˈsʌnspɒt/ n. כֶּתֶם שֶׁמֶשׁ (עַל פְּנֵי הַכּוֹכָב שֶׁמֶשׁ)

sunstroke /ˈsʌnstrəʊk/ n. מַכַּת־שֶׁמֶשׁ

sun-tan /ˈsʌn-tæn/ n. שִׁזּוּף

sun-trap /ˈsʌn-træp/ n. פִּנָּה קְטַנָּה וּשְׁטוּפַת שֶׁמֶשׁ (בְּגִנָּה וְכַד׳)

sun-up /ˈsʌn-ʌp/ n. (*colloq.*) זְרִיחָה

sup /sʌp/ v.i. (*arch.*) אָכַל אֲרוּחַת־עֶרֶב

□ *we supped on cold meats* בָּעֶרֶב אָכַלְנוּ בְּשָׂרִים קָרִים

super- /ˈsuːpə(r)/ pref. סוּפֶּר־, (תְּחִלִּית שֶׁפֵּרוּשָׁהּ) ־עַל

super /ˈsuːpə(r)/ n. (*UK colloq.*) מְפַקֵּחַ, מַשְׁגִּיחַ

—adj. (*UK arch.*) ״סוּפֶּר״, ״כַּבִּיר״, ״עָצוּם״, מְצֻיָּן

superabundance /ˌsuːpərəˈbʌndəns/ n. (*formal*) שֶׁפַע רַב, גֹּדֶשׁ

superabundant /ˌsuːpərəˈbʌndənt/ adj. (*formal*) מָצוּי בְּשֶׁפַע, שׁוֹפֵעַ; מְשֻׁפָּע, גָּדוּשׁ

superannuate /ˌsuːpərænjʊeɪt/ v.t. (*formal*) הוֹצִיא מִשִּׁמּוּשׁ; הוֹצִיא לְגִמְלָאוֹת

superannuation /ˌsuːpərˌænjʊˈeɪʃ(ə)n/ n. (*formal*) תַּשְׁלוּם גִּמְלָאוֹת; תַּשְׁלוּם כְּנִסִיָּה

superb /suːˈpɜːb/ adj. עֶלְיוֹן, עִלָּאִי, מֵהַמַּדְרֵגָה הָעֶלְיוֹנָה, שׁוּפְרָא דְּשׁוּפְרָא

supercharger /ˈsuːpətʃɑːdʒə(r)/ n. סוּפֶּרְצַ׳רְגֶ׳ר, מַדְחֵס גֹּדֶשׁ (בְּמָנוֹעַ רַב־עָצְמָה)

supercilious /ˌsuːpəˈsɪlɪəs/ adj. (*formal*) גַּאַוְתָן, יָהִיר, מִתְנַשֵּׂא

superconductivity /ˌsuːpəkɒndʌˈktɪvɪtɪ/ n. מוֹלִיכוּת־עַל (חֹסֶר מֻחְלָט שֶׁל הִתְנַגְּדוּת לְחַשְׁמַל)

superconductor /ˈsuːpəkənˌdʌktə(r)/ n. מוֹלִיךְ־עַל (חֹמֶר בַּעַל תְּכוּנָה כַּנַּ״ל)

superduper /ˌsuːpəˈduːpə(r)/ (*arch. colloq.*) ״עוֹלָמִי״

superego /ˈsuːpəregəʊ/ n. (*Psychol.*) סוּפֶּרְאֶגוֹ (בִּפְסִיכוֹלוֹגְיָה פְרוֹיְדִיאָנִית)

superficial /ˌsuːpəˈfɪʃ(ə)l/ adj. שִׁטְחִי, ״רָדוּד״

superficiality /ˌsuːpəˌfɪʃɪˈælɪtɪ/ n. שִׁטְחִיּוּת, ״רְדִידוּת״

superfluity /ˌsuːpəˈflʊɪtɪ/ n. (*formal*) עֹדֶף

superfluous /suːˈpɜːflʊəs/ adj. (*formal*) מְיֻתָּר, לֹא נָחוּץ, עֹדֶף

supergrass /ˈsuːpəˌgrɑːs/ n. (*UK sl.*) ״שְׁטִינְקֶר״ גָּדוֹל, מַלְשִׁין (מִשְׁטַרְתִּי) רְצִינִי

superhuman /ˌsuːpəˈhjuːmən/ adj. עַל־אֱנוֹשִׁי (לִכְאוֹרָה)

superimpose /ˌsuːpərɪmˈpəʊz/ v.t. הִנִּיחַ עַל־גַּבֵּי, הִרְכִּיב עַל (לָרֹב אֶחָד עַל גַּבֵּי הַשֵּׁנִי)

superintend /ˌsuːpərɪnˈtend/ v.t. פִּקַּח עַל, הִשְׁגִּיחַ עַל

superintendence /ˌsuːpərɪnˈtendəns/ n. (*formal*) הַשְׁגָּחָה, פִּקּוּחַ

superintendent /ˌsuːpərɪnˈtendənt/ n. מַשְׁגִּיחַ, מְפַקֵּחַ; (בַּמִּשְׁטָרָה) מְפַקֵּחַ, רַב־פַּקָּד

superior /suːˈpɪərɪə(r)/ adj.

1 (higher, better, greater) עֶלְיוֹן, עָדִיף

□ *the enemy attacked in superior numbers* הָאוֹיֵב הִתְקִיף בְּכֹחוֹת עוֹדְפִים

□ *this is a product of superior craftsmanship* זֶה מוּצָר בַּעַל אֵיכוּת מְעֻלָּה

2 (thinking oneself better, etc., *derog.*) עֶלְיוֹן, גַּאַוְתָן

□ *his superior manner caused great offence* הַהִתְנַהֲגוּת הַגַּאַוְתָנִית שֶׁלּוֹ גָּרְמָה לְעֶלְבּוֹנוֹת רַבִּים

3 (upper) עֶלְיוֹן (גּוּף וְכַד׳)

—n. מְמֻנֶּה, בָּכִיר

Mother Superior רֹאשׁ־הַמִּנְזָר (שֶׁל נְזִירוֹת), אֵם־הַמִּנְזָר

□ *I shall report this to my superiors* אֲנִי אֲדַוֵּחַ עַל זֶה לַמְּמֻנִּים עָלַי

superiority /suːˌpɪərɪˈɒrɪtɪ/ n. עֶלְיוֹנוּת; עֲדִיפוּת (מִסְפָּרִית)

superlative /suːˈpɜːlətɪv/ adj.

1 (of highest merit) מֻפְלָג, עִלָּאִי

2 (*Gram.*) דַּרְגַּת הַהַפְלָגָה, עֵרֶךְ הַהַפְלָגָה, סוּפֶּרְלָטִיב (שֶׁל שֵׁם תֹּאַר)

—n.

1 (word expressing praise) סוּפֶּרְלָטִיב

□ *she speaks in superlatives* הִיא מְדַבֶּרֶת בְּסוּפֶּרְלָטִיבִים

2 (*Gram.*) שֵׁם תֹּאַר בְּדַרְגַּת הַהַפְלָגָה

superman /ˈsuːpəmæn/ n. אָדָם עֶלְיוֹן, ״סוּפֶּרְמֶן״

supermarket /ˈsuːpəmɑːkɪt/ n. סוּפֶּרְמַרְקֶט, ״סוּפֶּר״

supernatural /ˌsuːpəˈnætʃ(ə)rəl/ adj. עַל־טִבְעִי

—n.

the supernatural הָעַל־טִבְעִי

supernova /ˌsuːpəˈnəʊvə/ n. (*Astron.*) סוּפֶּרְנוֹבָה (הִתְפּוֹצְצוּת־עָל שֶׁל כּוֹכָב גָּדוֹל)

supernumerary /ˌsuːpəˈnuːmərərɪ/ adj. (*formal*) שֶׁלֹּא מִן הַמִּנְיָן

superpower /ˈsuːpəˌpaʊə(r)/ n. מַעֲצֶמֶת־עַל (אַרְהַ״ב, וּבֶעָבָר גַּם בְּרִה״מ)

superscript /ˈsuːpəˌskrɪpt/ n. אוֹת כְּתוּבָה מֵעַל הַשּׁוּרָה

supersede /ˌsuːpəˈsiːd/ v.t. (*formal*) הֶחֱלִיף בְּדָבָר מָה מִתְקַדֵּם יוֹתֵר

□ *these methods are now superseded* שִׁיטוֹת (מְיֻשָּׁנוֹת) אֵלֶּה כְּבָר הֻחְלְפוּ בְּמִתְקַדְּמוֹת יוֹתֵר

supersonic /ˌsuːpəˈsɒnɪk/ adj. עַל־קוֹלִי (שֶׁמֵּעַל לִמְהִירוּת הַקּוֹל)

superstar /ˈsuːpəstɑː(r)/ n. (*colloq.*) "סוּפֶּרְסְטָר" (כּוֹכָב זֶמֶר, סְפּוֹרְט וְכַד')
superstition /ˌsuːpəˈstɪʃ(ə)n/ n. אֱמוּנָה תְּפֵלָה
superstitious /ˌsuːpəˈstɪʃəs/ adj. מַאֲמִין בָּאֱמוּנוֹת תְּפֵלוֹת; שֶׁל אֱמוּנָה תְּפֵלָה
superstructure /ˈsuːpəstrʌktʃə(r)/ n. מִבְנֶה עִלִּי, בִּנְיַן־עַל (מִבְנֶה שֶׁנִּבְנָה עַל מִבְנֶה אַחֵר, וּבְהַשְׁאָלָה, תֵּיאוֹרְיָה הַמִּשְׁתַּתֶּת עַל מַרְכִּיב בְּסִיסִי יוֹתֵר)
supertanker /ˈsuːpəˌtæŋkə(r)/ n. מְכָלִית־עֲנָק
supervene /ˌsuːpəˈviːn/ v.i. (*formal*) הִתְעָרֵב בְּמַפְתִּיעַ, אֵרַע בְּמַפְתִּיעַ
supervise /ˈsuːpəvaɪz/ v.t. & i. פִּקֵּחַ עַל, הִשְׁגִּיחַ עַל; עָבַד כִּמְפַקֵּחַ/ מַשְׁגִּיחַ
supervision /ˌsuːpəˈvɪʒ(ə)n/ n. פִּקּוּחַ, הַשְׁגָּחָה; (בְּמוֹסָד לְהַשְׂכָּלָה גְּבוֹהָה וְכַד') הַדְרָכָה אִישִׁית
supervisor /ˈsuːpəvaɪzə(r)/ n. מַשְׁגִּיחַ, מְפַקֵּחַ; (בְּמוֹסָד לְהַשְׂכָּלָה גְּבוֹהָה וְכַד') מַדְרִיךְ, מַנְחֶה
supervisory /ˌsuːpəˈvaɪzərɪ/ adj. שֶׁל מְפַקֵּחַ, שֶׁל פִּקּוּחַ, פִּקּוּחִי
superwoman /ˈsuːpəˌwʊmən/ n. "סוּפֶּרְווּמֶן"
supine /ˈsuːpaɪn/ adj. (*formal*) אַפְּרַקְדָּן; נִרְפֶּה, עָצֵל, אָדִישׁ
supper /ˈsʌpə(r)/ n. אֲרוּחַת־עֶרֶב
  the Last Supper (*Bibl.*) "הַסְּעֻדָּה הָאַחֲרוֹנָה" (שֶׁסָּעַד יֵשׁוּ עִם תַּלְמִידָיו לִפְנֵי צְלִיבָתוֹ)
supplant /səˈplɑːnt/ v.t. (*formal*) תָּפַס מְקוֹמוֹ שֶׁל, בָּא בִּמְקוֹם
supple /ˈsʌp(ə)l/ adj. גָּמִישׁ, רַךְ
supplement /ˈsʌplɪmənt/ n. הַשְׁלָמָה, תּוֹסֶפֶת (שֶׁל וִיטָמִינִים, שֶׁל הַכְנָסָה וְכַד'); מוּסָף (שֶׁל עִתּוֹן)
v.t. /ˈsʌplment/ הִשְׁלִים (אֶת הֶחָסֵר)
supplementary /ˌsʌplɪˈment(ə)rɪ/ adj.
1 (additional) מַשְׁלִים, נוֹסָף
  supplementary benefit (*UK Hist.*) הַשְׁלָמַת הַכְנָסָה (מִטַּעַם הַמֶּמְשָׁלָה, לִנְזְקָקִים)
2 supplementary angles (*Geom.*) זָוִיּוֹת מַשְׁלִימוֹת (שֶׁסְּכוּם שְׁתֵּיהֶן 180°)
suppliant /ˈsʌplɪənt/ adj. & n. (*poet.*) מִתְחַנֵּן, מַעְתִּיר, מִתְפַּלֵּל
supplicant /ˈsʌplɪkənt/ n. (*formal*) מִתְחַנֵּן, מַעְתִּיר, מִתְפַּלֵּל
supplicate /ˈsʌplɪkeɪt/ v.t. (*formal*) הִתְחַנֵּן, הֶעְתִּיר, עָתַר (לֵאלֹהִים), הִתְפַּלֵּל
supplier /səˈplaɪə(r)/ n. סַפָּק; חֶבְרַת הַסְפָּקָה
supply /səˈplaɪ/ v.t.
1 (provide, give) סִפֵּק (צִיּוּד, סְחוֹרָה וְכַד'), צִיֵּד (אֶת פְּלוֹנִי)
2 (answer a need, *formal*) עָנָה עַל (צֹרֶךְ)
—n.
1 (amount for use) הַסְפָּקָה, אַסְפָּקָה
  □ *eggs were in short supply* הָיָה מַחְסוֹר בְּבֵיצִים
  □ *they sent medical supplies in by air* הֵם שָׁלְחוּ אַסְפָּקָה רְפוּאִית בְּדֶרֶךְ הָאֲוִיר
  supply teaching מוֹרִים מְמַלְאֵי־מָקוֹם, מִלּוּי־מָקוֹם בְּהוֹרָאָה
2 (amount offered on a market, *Econ.*) הֶצֵּעַ
  supply and demand הֶצֵּעַ וּבִקּוּשׁ (הַקּוֹבְעִים אֶת מְחִירוֹ שֶׁל מוּצָר)
support /səˈpɔːt/ v.t.
1 (carry the weight of, hold up) נָשָׂא, תָּמַךְ בְּ...
2 (help, approve, agree with) תָּמַךְ בְּ..., סִיֵּעַ לְ...
  a supporting act מוֹפָע חִמּוּם, לַהֲקַת חִמּוּם (לַהֲקָה פְּחוּת יְדוּעָה הַמּוֹפִיעָה לִפְנֵי לַהֲקָה מְפֻרְסֶמֶת וְכַד')
  a supporting role תַּפְקִיד מִשְׁנֶה (בְּסֶרֶט וְכַד')
  □ *I support your views* אֲנִי תּוֹמֵךְ בְּהַשְׁקָפוֹתֶיךָ, אֲנִי מַסְכִּים עִם דַּעְתְּךָ
  □ *he has a large family to support* עָלָיו לְפַרְנֵס מִשְׁפָּחָה גְּדוֹלָה, יֵשׁ לוֹ מִשְׁפָּחָה גְּדוֹלָה לְפַרְנֵס
—n.
1 (something holding the weight of) תְּמִיכָה, תְּמוֹכָה (חֵפֶץ, דָּבָר)
2 (backing, assistance) תְּמִיכָה, סִיּוּעַ, סַעַד
3 (money for living, etc.) (דְּמֵי) קִיּוּם, תְּמִיכָה כַּלְכָּלִית
supporter /səˈpɔːtə(r)/ n. תּוֹמֵךְ, מְסַיֵּעַ; אוֹהֵד
supportive /səˈpɔːtɪv/ adj. אוֹהֵד, מְעוֹדֵד, תּוֹמֵךְ (בְּעִדּוּד)
suppose /səˈpəʊz/ v.t.
1 (guess, assume) שִׁעֵר, נִחֵשׁ (בְּאֹפֶן כְּלָלִי); הִנִּיחַ, סָבַר (בְּאֹפֶן הֶגְיוֹנִי)
  □ *she was generally supposed to be happy* בַּצִּבּוּר הֶאֱמִינוּ שֶׁהִיא מְאֻשֶּׁרֶת
  □ *suppose he misses the train?* נַנִּיחַ שֶׁהוּא יְאַחֵר אֶת הָרַכֶּבֶת, מָה יִהְיֶה אִם הוּא יְאַחֵר אֶת הָרַכֶּבֶת?
2 (in pass., ought, should be) אָמוּר לְ..., מְצַפִּים מִמֶּנּוּ שֶׁ...; רַשַּׁאי לְ...
  □ *you are not supposed to know that* אַתָּה לֹא אָמוּר לָדַעַת אֶת זֶה
supposed /səˈpəʊzd/ adj. מְשֹׁעָר, מְדֻמֶּה
supposedly /səˈpəʊzɪdlɪ/ adv. לְפִי הַהַנָּחָה, לְפִי הַהַשְׁעָרָה, כַּנִּרְאֶה
supposition /ˌsʌpəˈzɪʃ(ə)n/ n. (*formal*) הַשְׁעָרָה, הַנָּחָה
suppository /səˈpɒzɪt(ə)rɪ/ n. (*Med.*) פְּתִילָה, "נֵר" (חֹמֶר רְפוּאִי הַמֻּחְדָּר לַגּוּף דֶּרֶךְ אַחַד הַפְּתָחִים הַתַּחְתּוֹנִים)
suppress /səˈpres/ v.t. דִּכֵּא; הֶעֱלִים, הִסְתִּיר
  □ *she suppressed a yawn* הִיא הִסְתִּירָה פְּהוּק
  □ *the government suppressed the truth* הַמֶּמְשָׁלָה הֶעֱלִימָה אֶת הָאֱמֶת
suppression /səˈpreʃ(ə)n/ n. דִּכּוּי; הַעֲלָמָה, הַסְתָּרָה
suppressor /səˈpresə(r)/ n. מְדַכֵּא; (בְּאֶלֶקְטְרוֹנִיקָה) מַדְבֵּר (הֶתְקֵן עַל מַכְשִׁיר חַשְׁמַלִּי לִמְנֹעַ הַפְרָעוֹת בְּרַדְיוֹ אוֹ בְּטֶלֶוִיזְיָה)

suppurate /ˈsʌpjʊreɪt/ v.i. (*Med.*) (פֶּצַע) הִפְרִישׁ מֻגְלָה

supranational /suːprəˈnæʃ(ə)n(ə)l/ adj. עַל־לְאֻמִּי (שֶׁמֵּעַל לְאִינְטֶרֶסִים לְאֻמִּיִּים)

supremacist /ˌsuːˈpreməsɪst/ n. אָדָם הַמַּאֲמִין בְּעֶלְיוֹנוּתָהּ שֶׁל קְבוּצָה (לָרֹב גִּזְעִית) מְסֻיֶּמֶת

supremacy /sʊˈpreməsɪ/ n. עֶלְיוֹנוּת

supreme /suːˈpriːm/ adj. עֶלְיוֹן (בַּעַל מַעֲמָד גָּבוֹהַּ בְּיוֹתֵר); עִלָּאִי, נִשְׂגָּב (בְּאֵיכוּת וְכַד׳)

Supreme Court (*US*) בֵּית־הַדִּין הָעֶלְיוֹן

□ *the soldier made the supreme sacrifice* (*formal*) הַחַיָּל הִקְרִיב אֶת הַיָּקָר לוֹ מִכֹּל (אֶת חַיָּיו)

supremo /ˌsuːˈpriːməʊ/ n. (*UK colloq.*) ״כָּל־יָכוֹל״ (שַׁלִּיט, שַׂחְקָן כַּדּוּרֶגֶל וְכַד׳)

sura /ˈsʊərə/ n. (*Relig.*) סוּרָה (פֶּרֶק בַּקּוֹרְאָן)

surcharge /ˈsɜːtʃɑːdʒ/ v.t. גָּבָה תַּשְׁלוּם נוֹסָף

—n. תַּשְׁלוּם נוֹסָף

sure /ʃɔː(r)/ adj. & adv.

1 (confident) בָּטוּחַ, בּוֹטֵחַ

□ *he is very sure of himself* הוּא מְאֹד בָּטוּחַ בְּעַצְמוֹ, יֵשׁ לוֹ הַרְבֵּה בִּטָּחוֹן עַצְמִי

□ *are you sure of the facts?* הַאִם אַתָּה בָּטוּחַ בָּעֻבְדּוֹת?

□ *you are always sure of a welcome here* אַתָּה תָּמִיד יָכוֹל לִסְמֹךְ עַל קַבָּלַת־פָּנִים יְדִידוּתִית כָּאן

2 (certain) מֻבְטָח, בָּטוּחַ, וַדַּאי

sure thing! (*US colloq.*) אֵין בְּעָיוֹת!

□ *it's so cold today, it's sure to snow* כָּל־כָּךְ קַר הַיּוֹם שֶׁבְּוַדָּאוּת יֵרֵד שֶׁלֶג

□ *he is sure to come* אֵין סָפֵק שֶׁהוּא יָבוֹא, בָּטוּחַ שֶׁהוּא יָבוֹא

□ *to be sure, he's not clever, but he works hard* מֻכְרָחִים לְהוֹדוֹת שֶׁהוּא לֹא נָבוֹן, אֲבָל הוּא עוֹבֵד קָשֶׁה

□ *I made sure he understood* וִדֵּאתִי שֶׁהוּא הֵבִין

□ *sure enough, it happened as I'd forecast* וּבֶאֱמֶת זֶה קָרָה כְּפִי שֶׁאָמַרְתִּי מֵרֹאשׁ

□ *be sure you remember to turn off the lights* תְּוַדֵּא שֶׁאַתָּה לֹא שׁוֹכֵחַ לְכַבּוֹת אֶת הָאוֹר

□ *are you coming? Sure I am* (*US colloq.*) אַתָּה בָּא? בֶּטַח.

□ *she sure is nice* (*US colloq.*) הִיא (בֶּאֱמֶת) נוֹרָא נֶחְמָדָה

3 (reliable, firm) בָּטוּחַ, בָּדוּק, מְהֵימָן

□ *this is a sure remedy for colds* זוֹ תְּרוּפָה בְּטוּחָה לְהִצְטַנְּנוּת

sure-fire /ˈʃɔː-faɪə(r)/ adj. (*colloq.*) בָּטוּחַ (שֶׁבָּטוּחַ שֶׁיְּנַצַּח; שֶׁיִּזְכֶּה וְכַד׳)

sure-footed /ˈʃɔː-fʊtɪd/ adj. שֶׁאֵינוֹ מוֹעֵד, צוֹעֵד בְּיַצִּיבוּת; שֶׁאֵינוֹ טוֹעֶה

surely /ˈʃɔːlɪ/ adv.

1 (expressing strong possibility) בְּוַדַּאי, בְּוַדָּאוּת (בִּשְׁאֵלוֹת רֵטוֹרִיּוֹת וְכַד׳)

□ *surely he won't be long now?* אֲנִי בָּטוּחַ שֶׁלֹּא יִתְעַכֵּב עוֹד זְמַן רַב

2 (with confidence) בְּיָד בּוֹטַחַת, בְּוַדָּאוּת, בְּבִטָּחוֹן

slowly but surely לְאַט אֲבָל בְּבִטָּחוֹן

3 (of course, yes, *US*) בְּהֶחְלֵט

□ *would you do the washing-up? Surely* הַאִם אַתָּה מוּכָן לִרְחֹץ כֵּלִים? בְּרָצוֹן.

surety /ˈʃɔːrətɪ/ n. עָרֵב; עֲרֵבוּת, עֵרָבוֹן

□ *he stood surety for his friend* הוּא עָרַב לַחֲבֵרוֹ

surf /sɜːf/ n. גַּלֵּי־הַיָּם; קֶצֶף־הַגַּלִּים

—v.i. גָּלַשׁ עַל הַגַּלִּים (בְּאֶמְצָעוּת גַּלְשָׁן אוֹ גַּלְשַׁן־רוּחַ)

surface /ˈsɜːfɪs/ n. & adj. שֶׁטַח חִיצוֹנִי; פְּנֵי־הַשֶּׁטַח; מִשְׁטָח, דֹּפֶן

surface mail דֹּאַר יָם/יַבָּשָׁה, דֹּאַר רָגִיל (לֹא דֹּאַר־אֲוִיר)

on the surface ״עַל־פְּנֵי הַשֶּׁטַח״, כְּלַפֵּי חוּץ

surface tension מְתַח־פָּנִים

—v.t. צִפָּה (כְּבִישׁ וְכַד׳)

—v.i. (דָּג, צוֹלֶלֶת וְכַד׳) עָלָה עַל פְּנֵי הַמַּיִם; (בְּהַשְׁאָלָה, נוֹשֵׂא וְכַד׳) צָף וְעָלָה

surf-board /ˈsɜːf-bɔːd/ n. גַּלְשָׁן (לִגְלִישָׁה עַל הַגַּלִּים)

surfeit /ˈsɜːfɪt/ n. (*formal*) גֹּדֶשׁ, כַּמּוּת מֻפְרֶזֶת

—v.t. הִגְדִּישׁ בְּ־..., גָּדַשׁ בְּ..., פִּטֵּם בְּ; הִתְפַּטֵּם בְּ...

surfing /ˈsɜːfɪŋ/ n. גְּלִישָׁה (בְּגַלְשָׁן, עַל הַגַּלִּים)

surge /sɜːdʒ/ v.i. פָּרַץ קָדִימָה (כְּמוֹ גַּל)

—n. הִתְפָּרְצוּת קָדִימָה (כְּמוֹ גַּל)

surgeon /ˈsɜːdʒən/ n. מְנַתֵּחַ, כִּירוּרְג

surgeon general (*US*) רֹאשׁ שֵׁרוּתֵי הַבְּרִיאוּת; הָרוֹפֵא הַצְּבָאִי הָרָאשִׁי

surgery /ˈsɜːdʒərɪ/ n.

1 (treatment of disease by operation) כִּירוּרְגְיָה (מִקְצוֹעַ); נִתּוּחַ (הַפְּעֻלָּה עַצְמָהּ)

2 (doctor's or dentist's consulting room, *UK*) מִרְפָּאָה, קְלִינִיקָה; שְׁעוֹת קַבָּלַת־קָהָל (שֶׁל עו״ד וְכַד׳)

veterinary surgery מִרְפֶּאֶת חַיּוֹת

□ *our MP has a surgery every Saturday* לַחַ״כ שֶׁלָּנוּ יֵשׁ קַבָּלַת־קָהָל כָּל שַׁבָּת

surgical /ˈsɜːdʒɪk(ə)l/ adj. שֶׁל נִתּוּחַ, כִּירוּרְגִּי

surgical spirit (*UK*) אַלְכּוֹהוֹל לְחִטּוּי

surgical stockings תַּחְבֹּשֶׁת אֶלַסְטִית עָבָה (לְטִפּוּל בְּמַחֲלָה, כְּגוֹן טְרוֹמְבּוֹזָה)

surly /ˈsɜːlɪ/ adj. (*derog.*) מַחְמִיץ פָּנִים, רַגְזָנִי, לֹא יְדִידוּתִי

surmise /səˈmaɪz/ v.t. (*formal*) שִׁעֵר, נִחֵשׁ, סָבַר

—n. הַשְׁעָרָה, נִחוּשׁ, סְבָרָה

surmount /səˈmaʊnt/ v.t. (*formal*)

1 (overcome) גָּבַר עַל

2 (be on top of) הָיָה מֵעַל, הָיָה בְּרֹאשׁוֹ שֶׁל

surmountable /səˈmaʊntəb(ə)l/ adj. (*formal*) שֶׁאֶפְשָׁר לְהִתְגַּבֵּר עָלָיו

surname /ˈsɜːneɪm/ n. שֵׁם־מִשְׁפָּחָה

surpass /səˈpɑːs/ v.t. (*formal*) עָלָה עַל (בְּחָכְמָה, בִּגְבוּרָה וְכַד')

surpassing /ˌsəˈpɑːsɪŋ/ adj. (*poet.*) עִלָּאִי

surplice /sɜːplɪs/ n. גְּלִימַת־כֹּמֶר לְבָנָה

surplus /ˈsɜːpləs/ n. עֹדֶף

army surplus עָדְפֵי־צָבָא (עָדְפֵי צִיּוּד צְבָאִי הַנִּמְכָּרִים לַצִּבּוּר הָרָחָב)

trade surplus עֹדֶף בְּמַאֲזַן־הַסַּחַר

—adj. עֹדֶף, מְיֻתָּר

surprise /səˈpraɪz/ n. הַפְתָּעָה; ־פֶּתַע

□ *he took me by surprise* הוּא הִפְתִּיעַ אוֹתִי

—v.t.

1 (astonish) הִפְתִּיעַ, הִדְהִים

2 (come upon suddenly) הִפְתִּיעַ (בְּהוֹפָעָתוֹ הַפִּתְאוֹמִית)

surrealism /səˈrɪəlɪzəm/ n. סוּרֵיאָלִיזְם (תְּנוּעָה בְּאָמָּנוּת וּבְסִפְרוּת הַשּׁוֹאֶפֶת לָתֵת בִּטּוּי חָפְשִׁי לְדִמְיוֹן לְלֹא מִגְבָּלוֹת הַהִגָּיוֹן וְכַד')

surrealist /səˈrɪəlɪst/ n. סוּרֵיאָלִיסְט (צַיָּר, סוֹפֵר וְכַד')

surrealistic /səˌrɪəˈlɪstɪk/ adj. (בְּסִגְנוֹן) סוּרֵיאָלִיסְטִי; (בְּהַשְׁאָלָה) "סוּרֵיאָלִיסְטִי", זָר וּמוּזָר

surrender /səˈrendə(r)/ v.t. & i. מָסַר, הִסְגִּיר; נִכְנַע

□ *she surrendered her claim to the dog* הִיא וִתְּרָה עַל תְּבִיעָתָהּ לִזְכוּת עַל הַכֶּלֶב

□ *he surrendered his insurance policy* הוּא פָּדָה אֶת פּוֹלִיסַת הַבִּטּוּחַ שֶׁלּוֹ (וִתֵּר עַל הַבִּטּוּחַ תְּמוּרַת סְכוּם כֶּסֶף)

□ *he surrendered himself to the delights of book-buying* הוּא הִתְמַכֵּר לַהֲנָאָה שֶׁבִּקְנִיַּת סְפָרִים

—n. כְּנִיעָה

surreptitious /ˌsʌrəpˈtɪʃəs/ adj. שֶׁבְּחֲשַׁאי, שֶׁבִּגְנֵבָה, חֲשָׁאִי

surrogate /ˈsʌrəgeɪt/ n. (*formal*) תַּחֲלִיף

surrogate mother אִשָּׁה הַיּוֹלֶדֶת תִּינוֹק עֲבוּר אִשָּׁה עֲקָרָה (בְּהַפְרָיָה מְלָאכוּתִית וְכַד')

surround /səˈraʊnd/ v.t. הִקִּיף, סָבַב, כִּתֵּר

—n. שׁוּלֵי־הָרִצְפָּה, הַמִּרְוָח שֶׁבֵּין הַקִּיר וְהַשָּׁטִיחַ

surroundings /səˈraʊndɪŋz/ n. *pl.* סְבִיבָה, אֵזוֹר

surtax /ˈsɜːtæks/ n. מַס־יֶסֶף (מַס נוֹסָף הַמּוּטָל עַל הַכְנָסָה הָעוֹלָה עַל רָמָה מְסֻיֶּמֶת)

surveillance /sɜːˈveɪləns/ n. מַעֲקָב (אַחַר חָשׁוּד וְכַד')

survey /səˈveɪ/ v.t.

1 (look at, view) סָקַר (בְּעֵינָיו), הִשְׁקִיף עַל

2 (examine general condition of) סָקַר, עָרַךְ סְקִירָה שֶׁל

3 (measure and map out) מָדַד, עָרַךְ מְדִידוֹת, מִפָּה; בָּדַק מַצָּב שֶׁל (בִּנְיָן)

—n. /ˈsɜːveɪ/ סֶקֶר, סְקִירָה; מְדִידָה, מִפּוּי; בְּדִיקָה (שֶׁל בִּנְיָן)

surveyor /səˈveɪə(r)/ n. מוֹדֵד (שֶׁטַח אוֹ בִּנְיָן)

survival /səˈvaɪv(ə)l/ n.

1 (staying alive) שְׂרִידָה, הִשָּׂרְדוּת, הֶמְשֵׁךְ קִיּוּם

survival of the fittest חֹק "הַבְּרֵרָה הַטִּבְעִית", הִשָּׂרְדוּת הַחֲזָקִים

2 (relic of a previous age) שָׂרִיד (מִדּוֹר קָדוּם)

survive /səˈvaɪv/ v.t. & i. נִשְׁאַר בַּחַיִּים אַחֲרֵי; שָׂרַד, נִצּוֹל

□ *he fought in many campaigns and survived* הוּא נִלְחַם בְּמַעֲרָכוֹת רַבּוֹת וְנִשְׁאַר בַּחַיִּים

□ *she survived all her brothers and sisters* הִיא הוֹסִיפָה לִחְיוֹת אַחֲרֵי כָּל אַחֶיהָ וְאַחְיוֹתֶיהָ

survivor /səˈvaɪvə(r)/ n. (*colloq.*) נִצּוֹל, שָׂרִיד

□ *she'll be all right, she's a survivor* (*colloq.*) הִיא תִּהְיֶה בְּסֵדֶר, הִיא יוֹדַעַת "לָצוּף"

susceptibility /səˌseptɪˈbɪlɪtɪ/ n. רְגִישׁוּת, פְּגִיעוּת, נְטִיָּה לִהְיוֹת מֻשְׁפָּע

susceptible /səˈseptɪb(ə)l adj. רָגִישׁ, עָלוּל (לִהְיוֹת מֻשְׁפָּע, לְהִפָּגַע), פָּגִיעַ

□ *this law is susceptible of many interpretations* (*formal*) חֹק זֶה נִתָּן לְפֵרוּשִׁים שׁוֹנִים

□ *she is susceptible to colds* יֵשׁ לָהּ נְטִיָּה לְהִצְטַנֵּן

□ *he is susceptible to flattery* אֶפְשָׁר לִקְנוֹת אוֹתוֹ בַּחֲנֻפָּה

sushi /ˈsuːʃɪ/ n. "סוּשִׁי" (מַאֲכָל דָּגִים לֹא מְבֻשָּׁלִים וְאֹרֶז)

sushi bar מִסְעֶדֶת "סוּשִׁי"

suspect /səˈspekt/ v.t.

1 (think likely) שִׁעֵר, נָטָה לַחְשֹׁב שֶׁ...

□ *I suspected as much* הָיְתָה לִי תְּחוּשָׁה בְּעִנְיָן הַזֶּה, חָשַׁשְׁתִּי לְכָךְ

2 (think unlikely) הֵטִיל סָפֵק בְּ..., פִּקְפֵּק בְּ...

□ *I rather suspect his story* אֲנִי מְפַקְפֵּק בַּגִּרְסָה שֶׁלּוֹ

3 (think guilty) חָשַׁד בְּ...

□ *you can't suspect her of dishonesty* אַתָּה לֹא יָכוֹל לַחְשֹׁד בָּהּ שֶׁהִיא לֹא יְשָׁרָה

—n. /ˈsʌspekt/ חָשׁוּד

—adj. /ˈsʌspekt/ חָשׁוּד, מֻטָּל בְּסָפֵק, מְפֻקְפָּק

suspend /səˈspend/ v.t.

1 (delay) הִשְׁהָה, עִכֵּב, דָּחָה, הִשְׁאִיר (דְּבַר מָה) תָּלוּי וְעוֹמֵד

suspended animation הַפְסָקָה זְמַנִּית שֶׁל תַּהֲלִיכֵי־חַיִּים חִיּוּנִיִּים (בְּעֵת הַקְפָּאָה, שְׁנַת חֹרֶף וְכַד', וְגַם בְּהַשְׁאָלָה)

suspended sentence מַאֲסָר עַל־תְּנַאי

□ *you must suspend judgement* עָלֶיךָ לְהִמָּנַע לְפִי שָׁעָה מִלַּחֲרֹץ מִשְׁפָּט

2 (hang) תָּלָה

3 (stop temporarily from working, etc.) הִשְׁעָה

□ *he was suspended on full pay* הוּא הֻשְׁעָה בְּשָׂכָר מָלֵא

□ *she was suspended from school for two days* הִשְׁעוּ אוֹתָהּ מִן הַלִּמּוּדִים (מִבֵּית־הַסֵּפֶר) לְיוֹמַיִם

suspender /səˈspendə(r)/ n. (*UK*) בִּירִית

suspender belt חֲגוֹרַת בִּירִיּוֹת

suspenders /səˈspendəz/ n. *pl.* (*US*) זוג כְּתֵפִיּוֹת, "שְׁלֶיְקֶס"

suspense /səˈspens/ n. מֶתַח, צִפִּיָּה מְתוּחָה, דְּרִיכוּת; אִי־וַדָּאוּת

□ *she was kept in suspense about the exam results* נָתְנוּ לָהּ לְחַכּוֹת מִבְּלִי לוֹמַר לָהּ אֶת תּוֹצְאוֹת הַבְּחִינוֹת

suspension /səˈspenʃ(ə)n/ n.

1 (springs of vehicle) מִתְלֶה, קְפִיצִים שֶׁל כְּלִי־רֶכֶב

2 (temporary stoppage) הַשְׁעָיָה

3 (structure of wires, etc.) (שֶׁל) תְּלִיָּה

suspension bridge גֶּשֶׁר תָּלוּי

4 (mixture of solids and liquids) תַּרְחִיף

suspicion /səˈspɪʃ(ə)n/ n.

1 (distrust, doubt) חֲשָׁד; חַשְׁדָנוּת

2 (notion, idea) חֲשָׁד, חֲשָׁשׁ

□ *I have a suspicion that she is right* יֵשׁ לִי חֲשָׁד/חֲשָׁשׁ שֶׁהִיא צוֹדֶקֶת

3 (very small amount) שֶׁמֶץ, קֻרְטוֹב

□ *there was just a suspicion of cinnamon in the drink* הָיָה שֶׁמֶץ שֶׁל קִנָּמוֹן בַּמַּשְׁקֶה

suspicious /səˈspɪʃəs/ adj.

1 (causing distrust) חָשׁוּד, מְעוֹרֵר חֲשָׁד; מְפֻקְפָּק

2 (not trusting) חַשְׁדָנִי, חֲסַר־אֵמוּן

suss /sʌs/ v.t. (*UK sl.*) "קָלַט" (מַצָּב וְכַד'), "עָלָה" עַל

suss out "קָלַט" (מַצָּב וְכַד'), "עָלָה" עַל

sustain /səˈsteɪn/ v.t.

1 (support) נָשָׂא, תָּמַךְ בְּ... (מִלְּמַטָּה)

2 (prolong) הֶאֱרִיךְ, הִמְשִׁיךְ

□ *you must make a sustained effort this term* עָלֶיךָ לַעֲשׂוֹת מַאֲמָץ מִתְמַשֵּׁךְ בַּשְּׁלִישׁ הַזֶּה

□ *can you sustain that note?* הַאִם אַתָּה יָכוֹל לְהַחֲזִיק אֶת הַצְּלִיל הַזֶּה לְאֹרֶךְ זְמַן?

3 (accept, *Law*) קִבֵּל, אִשֵּׁר

□ *objection sustained!* הַהִתְנַגְּדוּת מִתְקַבֶּלֶת! (הַכְרָזַת הַשּׁוֹפֵט בְּבֵית־הַדִּין)

4 (suffer, *formal*) סָבַל (פְּגִיעָה וְכַד')

□ *he sustained severe injuries* הוּא סָבַל מִפְּצָעִים חֲמוּרִים, הוּא נִפְצַע קָשָׁה

sustenance /ˈsʌstɪnəns/ n. (*formal*) (אֶמְצָעֵי) מִחְיָה, קִיּוּם; מָזוֹן, תְּזוּנָה

suttee /ˈsʌtɪ/ n. "סוּטִי" (מִנְהָג הִדִּי בֶּעָבָר שֶׁל שְׂרֵפַת הָאַלְמָנָה עִם בַּעְלָהּ הַמֵּת)

suture /ˈsuːtʃə(r)/ n. & v.t. (*Med.*) תֶּפֶר (לִסְגִירַת פֶּצַע); תָּפַר (פֶּצַע)

suzerain /ˈsuːzəreɪn/ n. (*formal*) מְדִינָה בַּעֲלַת רִבּוֹנוּת עַל מְדִינָה אַחֶרֶת; אֲדוֹן פֵיאוֹדָלִי

svelte /svelt/ adj. (אָדָם) רָזֶה וְאֶלֶגַנְטִי

swab /swɒb/ n.

1 (small piece of cotton wool) מַסְפֵּג, מַקְלוֹן (לִבְדִיקָה רְפוּאִית, כַּאֲשֶׁר הָרוֹפֵא אוֹמֵר "תַּגִּיד אָה"); "פַּד" (לְנִקּוּי פֶּצַע וְכַד')

2 (specimen of secretion, *Med.*) "מִשְׁטָח"

3 (mop on ship, etc.) סְחָבָה (לִשְׁטִיפַת סִפּוּן אֳנִיָּה וְכַד')

—v.t. נִקָּה/סָפַג בְּפַד

swaddle /ˈswɒd(ə)l/ v.t. חִתֵּל

swaddling-clothes /ˈswɒdlɪŋ-ˌkləʊðz/ n. *pl.* (*Hist.*) חִתּוּלִים

swagger /ˈswægə(r)/ v.i. הִתְהַלֵּךְ הֲלִיכָה גַּאַוְתָנִית

—n. הִלּוּךְ גַּאַוְתָנִי, הִתְנַהֲגוּת גַּאַוְתָנִית

swain /sweɪn/ n. (*poet.*) מְאַהֵב כַּפְרִי; מְחַזֵּר

swallow[1] /ˈswɒləʊ/ v.t. & i. בָּלַע

□ *he swallowed the insult* (*colloq.*) הוּא בָּלַע אֶת הָעֶלְבּוֹן, הוּא "סָפַג" אֶת הָעֶלְבּוֹן (בְּדִמּוּיָה)

□ *I can't swallow that story* (*colloq.*) אֲנִי לֹא יָכוֹל "לֶאֱכֹל" אֶת הַסִּפּוּר הַזֶּה (לְקַבֵּל אוֹתוֹ עַל כָּל פְּרָטָיו)

□ *he was swallowed up in the crowd* הוּא נִבְלַע בֶּהָמוֹן

□ *he swallowed his words* (*fig.*) הוּא הוֹדָה בְּטָעוּתוֹ, חָזַר בּוֹ מִדְּבָרָיו

—n. בְּלִיעָה, לְגִימָה, גְּמִיאָה

swallow[2] /ˈswɒləʊ/ n. סְנוּנִית

□ *one swallow doesn't make a summer* (*Prov.*) סְנוּנִית אַחַת לֹא מְבִיאָה אֶת הָאָבִיב

swallow-dive /ˈswɒləʊ-daɪv/ n. & v.i. "צְלִילַת־בַּרְבּוּר", "קְפִיצַת־בַּרְבּוּר" (לַמַּיִם)

swam /swæm/ past of **swim**

swamp /swɒmp/ n. בִּצָּה, שֶׁטַח בִּצּוֹת

—v.t. הֵצִיף (גַּם בְּהַשְׁאָלָה)

□ *the firm was swamped with orders* הַחֶבְרָה הוּצְפָה בְּהַזְמָנוֹת

swampy /ˈswɒmpɪ/ adj. שֶׁל בִּצּוֹת, בִּצָּתִי

swan /swɒn/ n. בַּרְבּוּר

swan-song (*fig.*) שִׁירַת־הַבַּרְבּוּר

—v.i. (*sl.*) "הִתְפַּרְפֵּר"

□ *he went swanning off to the races* הוּא הִתְפַּרְפֵּר לוֹ (בִּזְמַן הָעֲבוֹדָה) לְמֵרוֹץ־הַסּוּסִים

swank /swæŋk/ (*colloq.*) v.i. "הִתְנַפֵּחַ", "הִשְׁוִיץ", הִתְגַּנְדֵּר

—n. "שְׁוִיצֶר", גַּנְדְּרָן

swanky /ˈswæŋkɪ/ adj. (*colloq.*) אָפְנָתִי וְיָקָר

swap /swɒp/ v.t. & i. (also **swop**) (*colloq.*) הֶחֱלִיף; הִתְחַלֵּף

swap over (or **around**) הֶחֱלִיף; הִתְחַלֵּף

□ *don't swap horses in midstream* (*fig.*) אַל תַּתְחִיל לַעֲשׂוֹת שִׁנּוּיִים בְּאֶמְצַע הָעֲבוֹדָה

—n. הַחְלָפָה, חִלּוּפִים

swarm[1] /swɔːm/ n. לַהֲקָה, נְחִיל (שֶׁל חֲרָקִים)

a swarm of bees נְחִיל דְּבוֹרִים

—v.i.

1 (move in large numbers) (חֶרֶק) עָף בְּלַהֲקָה; (קָהָל) הִתְקַהֵל, נָהַר

□ *the crowd swarmed across the bridge* הַקָּהָל זָרַם לְאֹרֶךְ הַגֶּשֶׁר

2 (be crowded) שָׁרַץ (בְּ...), הָיָה מָלֵא (בְּ...)

□ *the town was swarming with tourists* הָעִיר הָמְתָה תַּיָּרִים

swarm² /swɔːm/ v.i. טִפֵּס (בִּזְרִיזוּת)

□ *the boy swarmed up the tree* הַיֶּלֶד טִפֵּס בִּזְרִיזוּת עַל הָעֵץ

swarthy /ˈswɔːðɪ/ adj. שְׁחַרְחַר, שְׁחוּם־עוֹר

swashbuckling /ˈswɒʃbʌklɪŋ/ adj. הַרְפַּתְקָנִי, שׁוֹחֵר־הַרְפַּתְקָאוֹת, נוֹעָז (כְּמוֹ שׁוֹדֵד־יָם בְּסְרָטִים)

swastika /ˈswɒstɪkə/ n. צְלַב־קֶרֶס (סֵמֶל הֹדִּי קָדוּם שֶׁהָפַךְ לְסֵמֶל הַנָּאצִים)

swat /swɒt/ v.t. הִצְלִיף בְּ..., חָבַט בְּ... (זְבוּב וְכַד׳ בְּמַחְבֵּט)

—n. חֲבָטָה (כַּנַּ״ל); מַצְלֵף; ״מַקֵּל־זְבוּבִים״

swatch /swɒtʃ/ n. דֻּגְמַת־בַּד

swath /swɔːθ/ n. שֶׁטַח קָצוּר, מִדְשָׁאָה שֶׁנִּקְצְרָה; שֶׁטַח נִרְחָב

swathe /sweɪð/ v.t. (*formal*) חָבַשׁ, עָטַף, כָּרַךְ

sway /sweɪ/ v.t.

1 (cause to swing) נִדְנֵד, נִעֲנַע

2 (influence) הִשְׁפִּיעַ עַל

—v.i. הִתְנַדְנֵד, הִתְנוֹעֵעַ

—n.

1 (swinging motion) נִדְנוּד, נִעֲנוּעַ

2 (control, *arch.*) הַשְׁפָּעָה, שִׁלְטוֹן

□ *the king held sway over a large area* שִׁלְטוֹנוֹ שֶׁל הַמֶּלֶךְ נִפְרַשׂ עַל פְּנֵי שֶׁטַח נִרְחָב

swear /sweə(r)/ past **swore** /swɔː(r)/, past ppl. **sworn** /swɔːn/ v.t. & i.

1 (use bad language) קִלֵּל, נִבֵּל אֶת פִּיו

2 (declare solemnly) נִשְׁבַּע; הִצְהִיר בִּשְׁבוּעָה (בְּבֵית־דִּין)

□ *we have sworn evidence of the facts* בְּיָדֵינוּ עֵדוּת בִּשְׁבוּעָה לְגַבֵּי הָעֻבְדּוֹת

□ *I won't swear to it* לֹא הָיִיתִי נִשְׁבָּע עַל כָּךְ (אֲנִי לֹא בָּטוּחַ בָּזֶה בְּמֵאָה אָחוּז)

□ *she swears by it* הִיא סוֹמֶכֶת עַל זֶה בְּמֵאָה אָחוּז

3 (take or cause someone to take an oath) נִשְׁבַּע; הִשְׁבִּיעַ

□ *he was sworn to secrecy* הוּא הֻשְׁבַּע לִשְׁמֹר עַל סוֹדִיּוּת

□ *she was sworn in as witness* הִיא הֻשְׁבְּעָה כְּעֵדָה

□ *the president was sworn in* הַנָּשִׂיא הֻשְׁבַּע לְתַפְקִידוֹ

□ *the boys were sworn enemies* הַנְּעָרִים הָיוּ אוֹיְבִים מֻשְׁבָּעִים

swear-word /ˈsweə-wɜːd/ n. מִלָּה גַּסָּה, קְלָלָה

sweat /swet/ n.

1 (perspiration) זֵעָה

sweat-band סֶרֶט (מַגֶּבֶת) לַמֵּצַח (לִסְפִיגַת זֵעָה)

□ *his success was gained by the sweat of his brow* (*formal*) הַהַצְלָחָה שֶׁלּוֹ נִרְכְּשָׁה בְּזֵעַת אַפַּיִם

□ *he was in a sweat* (*colloq.*) הוּא הָיָה שְׁטוּף־זֵעָה; הוּא ״מֵת מִדְּאָגָה״

□ *she was in a cold sweat* זֵעָה קָרָה כִּסְּתָה אֶת גּוּפָהּ; הִיא ״מֵתָה מִפַּחַד״

no sweat (*colloq.*) ״אֵין בְּעָיוֹת״, ״מֵאָה אָחוּז״

—v.t. & i. ״הִזִּיעַ״ (הִזִּיל נוֹזֵל מִכָּל סוּג); הִזִּיעַ

sweat it out (*colloq.*) ״הִזִּיעַ״ (עָבַד קָשֶׁה); חִכָּה בְּסַבְלָנוּת

sweated labour (*derog.*) עֲבוֹדַת־נִצּוּל; פּוֹעֲלִים מְנֻצָּלִים

□ *she sweated blood to get that car* (*colloq.*) הִיא ״הִזִּיעָה דָּם״ כְּדֵי לִקְנוֹת אֶת הַמְּכוֹנִית הַזֹּאת, הִיא עָבְדָה כְּמוֹ חֲמוֹר בִּשְׁבִיל לִקְנוֹת אֶת הַמְּכוֹנִית הַזֹּאת

sweater /ˈswetə(r)/ n. סְוֶדֶר

sweat gland /ˈswet glænd/ n. בַּלּוּטַת־זֵעָה

sweatshirt /ˈswetʃɜːt/ n. ״סְוֶצֶ׳ר״

sweat-shop /ˈswet-ʃɒp/ n. מִפְעָל הַמַּעֲסִיק עוֹבְדִים בִּתְנָאֵי נִצּוּל מַחְפִּירִים

swede /swiːd/ n. מִין לֶפֶת גְּדוֹלָה וּצְהַבְהַבָּה

Swede /swiːd/ n. אָדָם שְׁוֶדִי

sweep /swiːp/ past & past ppl. **swept** /swept/) טִאטֵא

—v.t.

1 (clean with broom) טִאטֵא, טִאטֵא בְּמַבְרֶשֶׁת

sweep the board לָקַח אֶת כָּל הַפְּרָסִים

□ *she swept the room* הִיא טִאטְאָה אֶת הַחֶדֶר

□ *she swept all before her at the meeting* (*fig.*) הִיא נָחֲלָה נִצָּחוֹן כּוֹלֵל בָּאֲסֵפָה

□ *I swept up the mess* טִאטֵאתִי אֶת הַלִּכְלוּךְ

2 (affect or carry with force) סָחַף

□ *he swept her off her feet* (*fig.*) הוּא כָּבַשׁ אוֹתָהּ בִּסְעָרָה

—v.i.

1 (clean with broom) טִאטֵא

2 (move swiftly) חָלַף בִּמְהִירוּת, חָלַף כְּסוּפָה

□ *she swept out of the room* הִיא יָצְאָה בִּסְעָרָה מִן הַחֶדֶר

3 (go down to) הִשְׁתַּפֵּל

□ *the hills sweep down to the sea* הַגְּבָעוֹת מִשְׁתַּפְּלוֹת אֶל הַיָּם

—n.

1 (action of sweeping) טִאטוּא

□ *let's make a clean sweep and start afresh* הָבָה נְנַקֶּה אֶת הַשֻּׁלְחָן וְנַתְחִיל הַכֹּל מֵחָדָשׁ

2 (uninterrupted flow or curve; expanse) תְּנוּפָה; טְוָח, מֶרְחָב, הֶקֵּף

3 (chimney-sweep, *colloq.*) (אָדָם) מְנַקֵּה אֲרֻבּוֹת

4 (sweepstake, *colloq.*) מֵעֵין ״לוֹטוֹ״ (שֶׁבּוֹ מְהַמְּרִים עַל מִסְפָּר אוֹ עַל סוּסִים)

sweeper /ˈswiːpə(r)/ n.
1 (person or thing that sweeps) מְטַאטֵא־רְחוֹבוֹת (אָדָם); מְנַקֶּה שְׁטִיחִים (לֹא חַשְׁמַלִּי)
2 (defender, *UK Football*) מָגֵן, שַׂחְקַן הֲגַנָּה

sweeping /ˈswiːpɪŋ/ adj.
1 (of wide range) מַקִּיף, נִרְחָב
□ *I made sweeping changes in the organization* עָרַכְתִּי שִׁנּוּיִים מַקִּיפִים בָּאִרְגּוּן
2 (general) כּוֹלְלָנִי, כּוֹלֵל
□ *you have made rather sweeping statements* הִשְׁמַעְתָּ טְעָנוֹת כּוֹלְלָנִיּוֹת לְמַדַּי

sweepstake /ˈswiːpsteɪk/ n. מֵעֵין "לוֹטוֹ" (שֶׁבּוֹ מְהַמְּרִים עַל מִסְפָּר אוֹ עַל סוּסִים)

sweet /swiːt/ adj.
1 (tasting like sugar) מָתוֹק
sweet corn תִּירָס מָתוֹק
sweet potato בָּטָטָה
a sweet tooth (*fig.*) (אָדָם) הָאוֹהֵב מַמְתַּקִּים, "לַקְקָן"
sweet wine יֵין־מָתוֹק (לְהַבְדִּיל מִיַּיִן־יָבֵשׁ)
2 (fragant, fresh) רֵיחָנִי, טָרִי
sweet pea אֲפוּנָה רֵיחָנִית
sweet water מַיִם מְתוּקִים (בְּנִגּוּד לְמֵי־יָם)
sweet william זַן תַּרְבּוּתִי שֶׁל צִפֹּרֶן־הַבָּר
3 (charming, lovable, kind) "מָתוֹק"
sweet on (*arch. colloq.*) מְאֹהָב
□ *what a sweet little girl!* אֵיזֶה מֹתֶק שֶׁל יַלְדָּה!
—n.
1 (candy, *UK*) מַמְתָּק, סֻכָּרִיָּה
2 (dessert, *UK*) לְפָתָן, מָנָה אַחֲרוֹנָה
3 (in *pl.*, delights) מַנְעַמִּים, מֶתֶק
□ *she tasted the sweets of success* הִיא טָעֲמָה אֶת מֶתֶק הַהַצְלָחָה
4 (darling, *arch. colloq.*) "מֹתֶק"
□ *yes, my sweet!* כֵּן, מֹתֶק שֶׁלִּי!

sweet-and-sour /ˌswiːt-ənd-ˈsaʊə(r)/ adj. חָמוּץ־מָתוֹק (בְּאֹכֶל סִינִי, רֹטֶב וְכַד׳)

sweetbread /ˈswiːtbred/ n. לַבְלַב־כֶּבֶשׂ, לַבְלַב־עֵגֶל (לְמַאֲכָל)

sweeten /ˈswiːt(ə)n/ v.t. הִמְתִּיק
sweeten up (*colloq.*) "שִׁמֵּן", נָתַן בַּקְשִׁישׁ

sweetener /ˈswiːt(ə)nə(r)/ n.
1 (thing that sweetens) מַמְתִּיק, "סֻכַּרְזִית"
2 (bribe, *colloq.*) בַּקְשִׁישׁ

sweetheart /ˈswiːthɑːt/ n. אָהוּב, אֲהוּבָה; כָּל אֶחָד מִזּוּג נֶאֱהָבִים; (בִּפְנִיָּה יְדִידוּתִית, שֶׁל זַבָּן בַּחֲנוּת וְכַד׳) "מֹתֶק"

sweetie /ˈswiːtɪ/ n. (*colloq.*)
1 (candy) סֻכָּרִיָּה (לָרֹב בִּשְׂפַת יְלָדִים)
2 (darling, *UK*) מֹתֶק שֶׁלִּי! חֲמוּדִי!

sweetmeat /ˈswiːtmiːt/ n. (*arch.*) מַמְתָּק

sweet pepper /ˌswiːt ˈpepə(r)/ n. פִּלְפֵּל יָרֹק/אָדֹם (לֹא חָרִיף)

sweet-talk /ˈswiːt-tɔːk/ v.t. (*colloq.*) הִתְחַנֵּף אֶל

swell /swel/ (past ppl. usu. **swollen** /ˈswəʊlən/) v.t. & i. נִפַּח; הִתְנַפֵּחַ, תָּפַח
□ *she swelled with indignation* הִיא רָתְחָה מֵרֹב חֵמָה
□ *he has a swelled* (or *swollen*) *head* (*colloq.*) הוּא גַּאַוְתָן, הוּא "מַחֲזִיק מֵעַצְמוֹ", הוּא "נָפוּחַ"
—n.
1 (rise and fall of sea) גַּל (שֶׁאֵינֶנּוּ "נִשְׁבָּר", לָרֹב בְּלֶב־יָם)
2 (surge of sound, *Mus.*) הִתְעַצְּמוּת הַקּוֹל
3 (fashionable person, *arch. colloq.*) טַרְזָן, גַּנְדְּרָן
—adj. (*US colloq.*) "עָצוּם", "לָעִנְיָן"

swelling /ˈswelɪŋ/ n. תְּפִיחָה, הִתְנַפְּחוּת (בְּגוּף וְכַד׳)

swelter /ˈsweltə(r)/ v.i. הִרְגִּישׁ חַם וּמְיֻזָּע
□ *open the window, it's sweltering in here* תִּפְתַּח אֶת הַחַלּוֹן, חַם וּמַחֲנִיק כָּאן

swept /swept/ past & past ppl. of **sweep**
swept-wing aircraft מָטוֹס בַּעַל כְּנָפַיִם שְׁמוּטוֹת לְאָחוֹר

swerve /swɜːv/ v.i. נָטָה הַצִּדָּה (פִּתְאֹם), סָטָה בְּפִתְאֹמִיּוּת
□ *don't swerve from your purpose!* אַל תִּסְטֶה מִן הַמַּטָּרָה שֶׁלְּךָ!
—n. נְטִיָּה (פִּתְאֹמִית) הַצִּדָּה, סְטִיָּה פִּתְאֹמִית

swift /swɪft/ adj. מָהִיר, זָרִיז; מִיָּדִי וְחָטוּף, חִפּוּז
—n. סִיס (צִפּוֹר־בָּר קְטַנָּה)

swig /swɪg/ (*colloq.*) n. לְגִימָה (לָרֹב שֶׁל אַלְכּוֹהוֹל) יָשָׁר מִן הַבַּקְבּוּק
—v.t. & i. לָגַם (וִיסְקִי וְכַד׳) יָשָׁר מִן הַבַּקְבּוּק; לָקַח לְגִימָה יָשָׁר מִן הַבַּקְבּוּק

swill /swɪl/ v.t.
1 (flush, rinse) שָׁטַף (לְשֵׁם נִקּוּי)
□ *swill the basin out when you've finished* תִּשְׁטֹף אֶת הַכִּיּוֹר כְּשֶׁתְּסַיֵּם
2 (drink large amounts, *colloq. derog.*) שָׁתָה (לָרֹב אַלְכּוֹהוֹל) בְּכַמֻּיּוֹת
—v.i. (*colloq. derog.*) שָׁתָה בְּכַמֻּיּוֹת
—n.
1 (pig food) מָזוֹן לַחֲזִירִים (מֵעֵין דַּיְסָה עֲשׂוּיָה מִשְּׁיָרֵי מָזוֹן)
2 (wash) שְׁטִיפָה (בְּהַרְבֵּה מַיִם)

swim /swɪm/ (past **swam** /swæm/, past ppl. **swum** /swʌm/) v.i.
1 (move in water) שָׂחָה
2 (have dizzy effect or sensation) "שָׂחָה", "הִסְתּוֹבֵב"
□ *the heat made my head swim* הַחֹם גָּרַם לִי סְחַרְחֹרֶת, הָרֹאשׁ הִסְתּוֹבֵב לִי בִּגְלַל הַחֹם
3 (be in liquid) "שָׂחָה"
—v.t.
1 (cross by swimming) שָׂחָה, חָצָה בִּשְׂחִיָּה

2 (use a particular stroke) שָׂחָה (שְׂחִיַּת־חָזֶה, חֲתִירָה וְכַד׳)

—n.

1 (spell of swimming) שְׂחִיָּה

□ *let's go for a swim* בּוֹא נֵלֵךְ לִשְׂחוֹת, בּוֹא נֵצֵא לִשְׂחִיָּה

2 (main current of affairs, *colloq.*) ה״עִנְיָנִים״

□ *the pensioners were out of the swim of things* הַפֶּנְסְיוֹנֶרִים הָיוּ ״מִחוּץ לָעִנְיָנִים״

swimmer /ˈswɪmə(r)/ n. שַׂחְיָן

swimming bath /ˈswɪmɪŋ-ˌbɑːθ/ n. (*UK*) בְּרֵכַת־שְׂחִיָּה סְגוּרָה

swimming costume /ˈswɪmɪŋ ˌkɒstjuːm/ n. בֶּגֶד־יָם שָׁלֵם (לְנָשִׁים)

swimmingly /ˈswɪmɪŋlɪ/ adv. (*colloq.*) לְמֵישָׁרִין, בְּהַצְלָחָה

swimming pool /ˈswɪmɪŋ-puːl/ n. בְּרֵכַת־שְׂחִיָּה

swimming trunks /ˈswɪmɪŋ ˌtrʌŋks/ n. בֶּגֶד־יָם (לִגְבָרִים)

swimsuit /ˈswɪmsuːt/ n. בֶּגֶד־יָם (לָרֹב שָׁלֵם, לְנָשִׁים)

swindle /ˈswɪnd(ə)l/ (*derog.*) v.t. רִמָּה, הוֹצִיא כֶּסֶף בְּמִרְמָה, הוֹנָה

—n. הוֹנָאָה, תַּרְמִית

swindler /ˈswɪndlə(r)/ n. (*derog.*) נוֹכֵל, רַמַּאי

swine /swaɪn/ (*pl.* **swine**) n.

1 (pig, *arch.*) חֲזִיר

2 (term of abuse) ״חֲזִיר״

swineherd /ˈswaɪnhɜːd/ n. (*poet.*) רוֹעֵה־חֲזִירִים

swing /swɪŋ/ (past & past ppl. **swung** /swʌŋ/) v.t. & i.

1 (move back and forth) נִדְנֵד, נִעְנַע; הִתְנַדְנֵד, הִתְנַעְנַע

□ *the murderer will swing for it* (*colloq.*) הָרוֹצֵחַ יִתָּלֶה עַל כָּךְ

□ *there was not room to swing a cat* (*colloq.*) לֹא הָיָה מָקוֹם לְהָזִיז רֶגֶל

2 (move sharply or forcefully) הִפְנָה בְּפִתְאֹמִיּוּת; פָּנָה בְּפִתְאֹמִיּוּת

□ *he swung round on his heel* הוּא הִסְתּוֹבֵב בְּפִתְאֹמִיּוּת עַל עֲקֵבוֹתָיו

3 (change opinion) שִׁנָּה אֶת דַּעְתּוֹ (מִן הַקָּצֶה אֶל הַקָּצֶה)

4 (be lively, *colloq.*) ״זָז״; ״עָשָׂה חַיִּים״

5 (complete, arrange, *colloq.*) ״סִדֵּר״, ״אִרְגֵּן״ (עִסְקָה, לְעִתִּים בְּאֹפֶן מְפֻקְפָּק)

—n.

1 (back and forth movement) נִדְנוּד, טִלְטוּל; הִתְנַדְנְדוּת

2 (seat for swinging on) נַדְנֵדָה (מִן הַסּוּג הַתָּלוּי עַל חֶבֶל)

swings and roundabouts (*colloq.*) יֵשׁ יְרִידוֹת וְיֵשׁ עֲלִיּוֹת, יֵשׁ חֶסְרוֹנוֹת וְיֵשׁ יִתְרוֹנוֹת

3 (vigorous movement) תְּנוּפָה, תְּנוּדָה

□ *the party went with a swing* (*colloq.*) הַמְּסִבָּה הִתְנַהֲלָה בְּהַצְלָחָה, הַמְּסִבָּה ״דָּפְקָה״

□ *the dance was in full swing* הָרִקּוּד הָיָה בִּמְלוֹא תְּנוּפָתוֹ

4 (change of voting preference) תְּנוּדָה, שִׁנּוּי

5 (style of jazz) ״סְוִינְג״

swing-bridge /ˈswɪŋ-brɪdʒ/ n. גֶּשֶׁר מִסְתּוֹבֵב (כְּדֵי לְאַפְשֵׁר מַעֲבַר־סְפִינוֹת)

swing-door /swɪŋ-ˈdɔː(r)/ n. דֶּלֶת מִסְתּוֹבֶבֶת

swingeing /ˈswɪndʒɪŋ/ adj. (*UK*) מַרְחִיק־לֶכֶת, קִיצוֹנִי, עֲנָקִי

swinging /ˈswɪŋɪŋ/ adj. (*colloq.*) ״סוֹעֵר״, ״פָּרוּעַ״

the swinging sixties שְׁנוֹת הַשִּׁשִּׁים הַפְּרוּעוֹת

swing-wing /ˈswɪŋ-wɪŋ/ n. (כְּלִי־טַיִס) בַּעַל כָּנָף מִשְׁתַּנָּה (בְּזָוִיתָהּ)

swinish /ˈswaɪnɪʃ/ adj. (*derog.*) חֲזִירִי, נִבְלוּתִי

swipe /swaɪp/ (*colloq.*) v.t.

1 (hit hard) חָבַט בְּעָצְמָה בְּ...

2 (steal) ״סָחַב״, ״הֵרִים״

—v.i.

swipe at הִכָּה בְּעָצְמָה בְּ...

—n. מַכָּה, מַהֲלוּמָה

swirl /swɜːl/ v.t. & i. עִרְבֵּל; הִתְעַרְבֵּל, נָע בִּמְעַרְבֹּלֶת, הִסְתַּלְסֵל

—n. מְעַרְבֹּלֶת (שֶׁל מַיִם וְכַד׳), סִלְסוּל (שֶׁל עָשָׁן, שֶׁל קֶצֶפֶת וְכַד׳)

swish /swɪʃ/ v.t. & i. נוֹפֵף/הֵנִיף בִּשְׁרִיקָה; הִתְנוֹפֵף בִּשְׁרִיקָה

—n. רִשְׁרוּשׁ, שְׁרִיקָה

—adj. (*colloq.*) אָפְנָתִי וְיָקָר

Swiss /swɪs/ adj. & n. שְׁוֵיצָרִי, שְׁוֵיצִי; אָדָם שְׁוֵיצָרִי

Swiss cheese גְּבִינָה שְׁוֵיצָרִית

Swiss roll עוּגַת רוֹלָדָה (מְמֻלֵּאת קֶצֶפֶת אוֹ רִבָּה)

switch /swɪtʃ/ n.

1 (contact-breaking device) מַפְסֵק, כַּפְתּוֹר חַשְׁמַלִּי, מֶתֶג

2 (change-over) שִׁנּוּי

3 (slender cane) שֵׁבֶט, מַקֵּל דַּק לְהַצְלָפָה

—v.t. & i. הֶחֱלִיף, שִׁנָּה; הִתְחַלֵּף, הֶחֱלִיף מָקוֹם

switch on (or **off**) הִדְלִיק/כִּבָּה, הִפְעִיל/סָגַר (מֶתֶג, מְכוֹנָה וְכַד׳); נִדְלַק/נִכְבָּה; הִתְחִיל/הִפְסִיק לִפְעֹל

□ *she switched on the light* הִיא הִדְלִיקָה אֶת הָאוֹר

□ *I switched off the television* סָגַרְתִּי/כִּבֵּיתִי אֶת הַטֶּלֶוִיזְיָה

□ *don't worry, the kettle will switch off automatically* אַל תִּדְאַג, הַקֻּמְקוּם יִכָּבֶה מֵעַצְמוֹ

□ *she switches off when they start talking about money* (*colloq.*) כְּשֶׁמַּתְחִילִים לְדַבֵּר עַל כֶּסֶף הִיא מְאַבֶּדֶת עִנְיָן

switch over הֶחֱלִיף (תַּחֲנוֹת בְּמַקְלֵט רַדְיוֹ וְכַד׳); עָבַר לְ..., הֶחֱלִיף לְ...

switchback /ˈswɪtʃbæk/ n. רַכֶּבֶת־שֵׁדִים (בְּיָרִיד שַׁעֲשׁוּעִים); כְּבִישׁ הֲרָרִי וּמְפֻתָּל

switchblade /ˈswɪtʃbleɪd/ n. (*US*) סַכִּין "קוֹפֶצֶת"

switchboard /ˈswɪtʃbɔːd/ n. מֶרְכָּזִיָּה (שֶׁל טֶלֶפוֹן)

swivel /ˈswɪv(ə)l/ n. מְחַבֵּר סִבּוּבִי

swivel chair כִּסֵּא מִסְתּוֹבֵב

—v.t. & i. סוֹבֵב; הִסְתּוֹבֵב (עַל צִיר)

swizzle-stick /ˈswɪz(ə)l-stɪk/ n. מַבְחֵשׁ (לְקוֹקְטֵילִים)

swollen /ˈswəʊlən/ past ppl. of **swell**

swollen-headed /ˌswəʊlən-ˈhedɪd/ adj. (*UK*) "נָפוּחַ", מַחְשִׁיב עַצְמוֹ מִדַּי

swoon /swuːn/ v.i. (*arch.*) הִתְעַלֵּף (לָרֹב בְּשֶׁל הִתְרַגְּשׁוּת)

□ *the girls swooned when they saw their idol* הַנְּעָרוֹת הִתְעַלְּפוּ כַּאֲשֶׁר רָאוּ אֶת הָאֱלִיל שֶׁלָּהֶן

—n. הִתְעַלְּפוּת (בְּשֶׁל הִתְרַגְּשׁוּת וְכַד')

swoop /swuːp/ v.i. עָט (עַל), פָּשַׁט (עַל)

□ *the eagle swooped on its prey* הַנֶּשֶׁר עָט עַל טַרְפּוֹ

—n. פְּשִׁיטָה פִּתְאֹמִית

at one fell swoop (*colloq.*) בְּמַחִי־יָד

swop /swɒp/ see **SWAP**

sword /sɔːd/ n. חֶרֶב

cross swords (*fig.*) הִתְוַכַּח עִם, נֶאֱבַק בְּ...

put to the sword (*arch.*) הֵמִית בְּחֶרֶב, הֵמִית לְפִי חֶרֶב

sword-dance /ˈsɔːd-dɑːns/ n. מְחוֹל־חֲרָבוֹת

swordfish /ˈsɔːdfɪʃ/ n. דַּג־הַחֶרֶב

sword-play /ˈsɔːd-pleɪ/ n. סִיּוּף

swordsman /ˈsɔːdzmən/ n. סַיָּף

swore /swɔː(r)/ past of **swear**

sworn /swɔːn/ past ppl. of **swear**

swot /swɒt/ (*UK colloq.*) v.i. "דָּגַר" (שָׁקַד עַל לִמּוּדָיו)

—n. דַּגְרָן (כַּנַּ"ל)

swum /swʌm/ past ppl. of **swim**

swung /swʌŋ/ past & past ppl. of **swing**

sybarite /ˈsɪbəraɪt/ n. (*formal*) אָדָם הַחַי חַיֵּי תַּעֲנוּג

sycamore /ˈsɪkəmɔː(r)/ n. שִׁקְמָה

sycophant /ˈsɪkəfænt/ n. (*formal*) חַנְפָן, מִתְחַנֵּף, מִתְרַפֵּס

syllabic /sɪˈlæbɪk/ adj. הֲבָרָתִי, סִילַבִּי, שֶׁל הֲבָרָה

syllable /ˈsɪləb(ə)l/ n. הֲבָרָה

syllabub /ˈsɪləbʌb/ n. מֵעֵין לִפְתָּן עָשׂוּי שַׁמֶּנֶת וְיַיִן

syllabus /ˈsɪləbəs/ n. תָּכְנִית־לִמּוּדִים; תַּקְצִיר תָּכְנִית־הַלִּמּוּדִים בִּכְתָב

syllogism /ˈsɪlədʒɪzəm/ n. הֶקֵּשׁ, סִילוֹגִיזְם

sylphlike /ˈsɪlflaɪk/ adj. (*formal*) (נַעֲרָה, אִשָּׁה) רָזָה וַעֲנֻגָּה

sylvan /ˈsɪlvən/ adj. (*poet.*) שֶׁל הַיְּעָרוֹת

symbiosis /ˌsɪmbaɪˈəʊsɪs/ n. (*formal* or *Biol.*) סִימְבְּיוֹזָה (קִיּוּם בְּמְשֻׁתָּף)

symbiotic /ˌsɪmbaɪˈɒtɪk/ adj. (*formal* or *Biol.*) סִימְבְּיוֹטִי (כַּנַּ"ל)

symbol /ˈsɪmb(ə)l/ n.

1 (thing standing for another) סֵמֶל, סִימְבּוֹל

2 (written character) סִימָן (בְּמָתֶמָטִיקָה וּבְמַדָּעִים)

symbolic /sɪmˈbɒlɪk/ adj. סִמְלִי, סִימְבּוֹלִי

symbolism /ˈsɪmbəlɪzəm/ n. סִמְלִיּוּת; סִימְבּוֹלִיזְם (זֶרֶם בְּסִפְרוּת וּבְצִיּוּר שֶׁעִקָּרוֹ בִּטּוּי סִימְבּוֹלִי שֶׁל חַיֵּי הַנֶּפֶשׁ אוֹ שֶׁל הַמְּצִיאוּת)

symbolize /ˈsɪmbəlaɪz/ v.t. סִמֵּל, יִצֵּג בִּסְמָלִים, בִּטֵּא בִּסְמָלִים

symmetrical /sɪˈmetrɪk(ə)l/ adj. סִימֶטְרִי

symmetry /ˈsɪmətrɪ/ n. סִימֶטְרִיָּה

sympathetic /ˌsɪmpəˈθetɪk/ adj. אוֹהֵד; מִשְׁתַּתֵּף בְּצַעַר; סִימְפָּטִי

sympathetic nervous system (*Anat.*) מַעֲרֶכֶת הָעֲצַבִּים הַסִּימְפָּתֶטִית

sympathize /ˈsɪmpəθaɪz/ v.i. הִבִּיעַ אַהֲדָה, הִבִּיעַ הִזְדַּהוּת

sympathizer /ˈsɪmpəθaɪzə(r)/ n. אוֹהֵד, תּוֹמֵךְ

sympathy /ˈsɪmpəθɪ/ n.

1 (compassion) אַהֲדָה, הִשְׁתַּתְּפוּת בְּצַעַר; תַּנְחוּמִים

□ *he conveyed his sympathies to the family* הוּא מָסַר אֶת תַּנְחוּמָיו לַמִּשְׁפָּחָה

2 (agreement, affinity) הִזְדַּהוּת, אַהֲדָה, סִימְפַּתְיָה

□ *her political sympathies changed over time* הָאֱמוּנוֹת הַפּוֹלִיטִית שֶׁלָּהּ הִשְׁתַּנְּתָה עִם הַזְּמַן

□ *the workers came out in sympathy with the strikers* הַפּוֹעֲלִים פָּתְחוּ בִּשְׁבִיתָה לְאוֹת הִזְדַּהוּת עִם הַשּׁוֹבְתִים

symphonic /sɪmˈfɒnɪk/ adj. סִימְפוֹנִי, תִּזְמָרְתִּי

symphony /ˈsɪmfənɪ/ n. סִימְפוֹנְיָה

symphony orchestra תִּזְמֹרֶת סִימְפוֹנִית

symposium /sɪmˈpəʊzɪəm/ n. (*pl.* **symposia**) סִימְפּוֹזְיוֹן

sympton /ˈsɪmptəm/ n. סִימְפְּטוֹם, סִימַן־הֶכֵּר (שֶׁל מַחֲלָה וְכַד')

symptomatic /ˌsɪmptəˈmætɪk/ adj. סִימְפְּטוֹמָטִי, טִיפּוּסִי לְ...

synagogue /ˈsɪnəgɒg/ n. בֵּית־כְּנֶסֶת

sync /sɪŋk/ n. (*colloq.*) תֵּאוּם

out of sync לֹא מְתֹאָם, פּוֹעֵל שֶׁלֹּא בְּתֵאוּם

synchromesh /ˈsɪŋkrəʊˌmeʃ/ n. & adj. מַהֲלָכִים סִינְכְּרוֹנִיִּים

synchronic /sɪŋkˈrɒnɪk/ adj. סִינְכְּרוֹנִי (שֶׁל תֵּאוּר מַצָּב בִּנְקֻדַּת־זְמַן אַחַת, בְּנִגּוּד לַדִּיאַכְרוֹנִי)

synchronization /ˌsɪŋkrənaɪˈzeɪʃ(ə)n/ n. סִינְכְּרוֹנִיזַצְיָה, סִנְכְּרוּן

synchronize /ˈsɪŋkrənaɪz/ v.t. & i. (*formal*) תֵּאֵם, סִנְכְּרֵן; הָיָה בְּסִינְכְּרוֹנִיזַצְיָה

syncopate /ˈsɪŋkəpeɪt/ v.t. (*Mus.*) בִּצַּע סִינְקוֹפָּה (מוּזִיקָה), סִנְקֵף

syncopation /ˌsɪŋkəˈpeɪʃ(ə)n/ n. (*Mus.*) סִינְקוֹפַּצְיָה (שִׁמּוּשׁ בְּסִינְקוֹפּוֹת)

syncope /ˈsɪŋkəpɪ/ n.
1 (*Med.*) עִלָּפוֹן, אָבְדַן־הַכָּרָה
2 (*Gram.*) כִּוּוּץ שֶׁל מִלָּה (ע״י הַשְׁמָטַת אוֹתִיּוֹת)

syncretism /ˈsɪŋkrətɪzəm/ n. סִינְקְרֶטִיזְם (סִגּוּל תּוֹפָעוֹת פֻּלְחָן מִדָּת אַחַת לְדָת אַחֶרֶת)

syndicalism /ˈsɪndɪkəlɪzəm/ n. סִינְדִיקָלִיזְם (שִׁיטָה הַדּוֹגֶלֶת בִּבְעָלוּת שֶׁל הַהוֹן עַל־יְדֵי הַפּוֹעֲלִים)

syndicate /ˈsɪndɪkət/ n. סִינְדִיקָט (אִרְגּוּן מִסְחָרִי שֶׁל מִסְפַּר חֲבָרוֹת לִמְכִירָה מְשֻׁתֶּפֶת)
—v.t. /ˈsɪndɪkeɪt/ הֵפִיץ (מַאֲמָרִים וְכַד׳) בְּסִינְדִיקָט שֶׁל עִתּוֹנוּת; אִגֵּד (חֲבָרוֹת) לְסִינְדִיקָט; הִתְאַגֵּד לְסִינְדִיקָט

syndication /ˌsɪndɪˈkeɪʃ(ə)n/ n. הֲפָצָה ע״י סִינְדִיקָט

syndrome /ˈsɪndrəʊm/ n. תִּסְמֹנֶת, סִינְדְרוֹם (בִּרְפוּאָה וְגַם בְּהַשְׁאָלָה)

synod /ˈsɪnəd/ n. (*Relig.*) סִינוֹד, (מוֹעֶצֶת כְּנֵסִיָּה)

synonym /ˈsɪnənɪm/ n. מִלָּה־נִרְדֶּפֶת

synonymous /sɪˈnɒnɪməs/ adj. (כִּנּוּי) נִרְדָּף; (בְּהַשְׁאָלָה) מַקְבִּיל לְ..., שָׁוֶה לְ...

synopsis /sɪˈnɒpsɪs/ n. (*formal*) תַּקְצִיר, קִצּוּר, "סִינוֹפְּסִיס"

synoptic /sɪˈnɒptɪk/ adj. (*formal*) מִתְמַצֵּת, סִינוֹפְּטִי
synoptic Gospels (*Bibl.*) הָאֶוַנְגֶּלְיוֹנִים הַסִּינוֹפְּטִיִּים (מַתִּי, מַרְקוּס וְלוּקָס, אַךְ לֹא יוֹחָנָן)

syntactic /sɪnˈtæktɪk/ adj. תַּחְבִּירִי, סִינְטַקְטִי

syntax /ˈsɪntæks/ n. תַּחְבִּיר, סִינְטַקְס

synthesis /ˈsɪnθəsɪs/ n. סִינְתֶּזָה, תִּרְכֹּבֶת, מִזּוּג

synthesize /ˈsɪnθəsaɪz/ v.t. עָשָׂה סִינְתֶּזָה, סִינְתֵּז

synthesizer /ˈsɪnθəsaɪzə(r)/ n. "סִינְתֶּסַיְזֶר" (כְּלִי נְגִינָה אֶלֶקְטְרוֹנִי הַמְסֻגָּל לְיַצֵּר קוֹלוֹת מִסּוּגִים שׁוֹנִים)

synthetic /sɪnˈθetɪk/ adj. סִינְתֶּטִי; מְלָאכוּתִי

syphilis /ˈsɪfɪlɪs/ n. עַגֶּבֶת, סִיפִילִיס

syphilitic /ˌsɪfɪˈlɪtɪk/ adj. & n. נָגוּעַ בְּעַגֶּבֶת; חוֹלֵה־עַגֶּבֶת

Syriac /ˈsɪrɪæk/ n. סוּרִית (דִּיאָלֶקְט אֲרַמִּי קָדוּם)

Syrian /ˈsɪrɪən/ n. & adj. אָדָם סוּרִי; סוּרִי

syphon /ˈsaɪfən/ see **SIPHON**

syringe /sɪˈrɪndʒ/ n. מַזְרֵק
—v.t. שָׁטַף (אֹזֶן וְכַד׳) בְּמַשְׁפֵּרֶת

syrup /ˈsɪrəp/ n. סִירוֹפ; מִיץ מְרֻכָּז, תַּרְכִּיז (שֶׁל מִיץ פֵּרוֹת)

syrupy /ˈsɪrəpɪ/ adj. שֶׁל סִירוֹפ; (בְּהַשְׁאָלָה, לְגַבֵּי אֹפִי, הִתְנַהֲגוּת וְכַד׳) "מָתוֹק", "דָּבִיק"
□ *spare me your syrupy sentiments* (*derog.*) אֲנִי מוּכָן לְוַתֵּר עַל הָרְגָשׁוֹת הַדְּבִיקִים שֶׁלְּךָ

system /ˈsɪstəm/ n.
1 (organized arrangement) מַעֲרֶכֶת (שֶׁל דְּבָרִים); שִׁיטָה (מַעֲרֶכֶת שֶׁל עֶקְרוֹנוֹת)
the system (*colloq.*) "הַמַּעֲרֶכֶת" (הַמִּמְסָד וְכַד׳)
systems analyst מְנַתֵּחַ מַעֲרָכוֹת
computer system מַעֲרֶכֶת מַחְשֵׁב
solar system מַעֲרֶכֶת־הַשֶּׁמֶשׁ
□ *I am studying Kant's system of philosophy* אֲנִי לוֹמֵד עַל הַשִּׁיטָה הַפִילוֹסוֹפִית שֶׁל קַנְט
2 (method) שִׁיטָה
□ *the nurses followed a strict system when working in the operating theatre* הָאֲחָיוֹת פָּעֲלוּ עַל־פִּי שִׁיטָה מְדֻיֶּקֶת בַּחֲדַר־הַנִּתּוּחַ
3 (the human body) גּוּף הָאָדָם, הַמַּעֲרֶכֶת הַגּוּפָנִית
□ *too much food is bad for the system* יוֹתֵר מִדַּי אֹכֶל מַזִּיק לַגּוּף

systematic /ˌsɪstəˈmætɪk/ adj. שִׁיטָתִי, מְסֻדָּר, סִיסְטֶמָטִי

systematize /ˈsɪstəmətaɪz/ v.t. עָרַךְ לְפִי שִׁיטָה מְסֻיֶּמֶת

systemic /sɪˈstemɪk/ adj. מַעֲרַכְתִּי, סִיסְטֶמִי

systolic /sɪˈstɒlɪk/ adj. (*Med.*) סִיסְטוֹלִי (שֶׁל הִתְכַּוְּצוּת הַלֵּב)
systolic pressure לַחַץ דָּם סִיסְטוֹלִי (בְּעֵת בְּדִיקַת לַחַץ דָּם)

T t

T, t /ti:/ n.
1 (letter, shape) "טִי" (הָאוֹת הָעֶשְׂרִים בָּאָלֶפְבֵּית הָאַנְגְּלִי)
T-bone טִי אֶמְצַע קְצֵה־זַמֹּתֶן
T-junction צֹמֶת "טִי"
T-shirt חֻלְצַת "טִי" (חֻלְצָה פְּשׁוּטָה קְצָרַת־שַׁרְווּלִים)
T-square סַרְגֵּל "טִי", זָוִיתוֹן כָּפוּל
□ *this job suits me to a T* (*colloq.*) הָעֲבוֹדָה הַזּוֹ מַתְאִימָה לִי בְּמֵאָה אָחוּז

ta /tɑ:/ int. (*colloq.*) תּוֹדָה!

tab /tæb/ n. תָּג; תָּוִית; מַדְבֵּקָה; מִתְלֶה
□ *I shall have to keep tabs on their expenses* (*colloq.*) אֶצְטָרֵךְ לִפְקֹחַ עַיִן עַל הוֹצָאוֹתֵיהֶם

tabby /tæbɪ/ n. (also **tabby cat**) חָתוּל מְפֻסְפָּס

tabernacle /tæbənæk(ə)l/ n.
1 (*Jewish Hist.*) הַמִּשְׁכָּן
Festival of Tabernacles חַג־הַסֻּכּוֹת
2 (place of worship) בֵּית־תְּפִלָּה

table /teɪb(ə)l/ n.
1 (piece of furniture) שֻׁלְחָן
at table (*formal*) סוֹעֵד
□ *he turned the tables on his enemies* הוּא הִצְלִיחַ לַעֲבֹר מִנְּחִיתוּת לְעֶלְיוֹנוּת עַל אוֹיְבָיו
□ *the report was laid on the table* (*fig.*) הַדּוּ"חַ הֻגַּשׁ לְדִיּוּן בִּפְגִישָׁה
2 (food provided at table, *arch.*) הָאֹכֶל הַמֻּגָּשׁ לַשֻּׁלְחָן
she keeps a good table הָאֹכֶל בְּבֵיתָהּ מְשֻׁבָּח
3 (list) לוּחַ, טַבְלָה
table of contents תֹּכֶן־הָעִנְיָנִים
multiplication table לוּחַ הַכֶּפֶל
4 (flat surface) לוּחַ, מִשְׁטָח
—v.t. הִגִּישׁ הַצָּעָה לְדִיּוּן
□ *the opposition tabled a motion in the House of Commons* הָאוֹפּוֹזִיצְיָה הִגִּישָׁה הַצָּעָה לְסֵדֶר הַיּוֹם בְּבֵית הַנִּבְחָרִים

tableau /tæbləʊ/ n. תְּמוּנָה חַיָּה (הַמְחָזַת־תְּמוּנָה ע"י נְפָשׁוֹת חַיּוֹת)

table-cloth /teɪb(ə)l-klɒθ/ n. מַפַּת־שֻׁלְחָן, מַפָּה

table d'hôte /tɑ:b(ə)l ˈdəʊt/ n. תַּפְרִיט סְטַנְדַּרְטִי

table-linen /teɪb(ə)l-lɪnɪn/ n. מַפּוֹת לַשֻּׁלְחָן (כּוֹלֵל מַפָּה וּמַפִּיּוֹת)

table-mat /teɪb(ə)l-mæt/ n. מֵעֵין מַחְצֶלֶת/לוּחִית שֶׁעָלֶיהָ מַנִּיחִים אֶת צַלַּחְתּוֹ שֶׁל הַסּוֹעֵד

table-spoon /teɪb(ə)l-spu:n/ n. כַּף (לְהַגָּשָׁה); כַּף (יְחִידַת מִדָּה בְּבִשּׁוּל)

tablet /tæblɪt/ n.
1 (pill) גְּלוּלָה, כַּדּוּר (אַסְפִּירִין וְכַד')
2 (small prepared piece of substance) טַבְלָה (שֶׁל סַבּוֹן וְכַד')
3 (slab) טַבְלָה (מֵאֶבֶן, חֶרֶס וְכַד')
writing tablet בְּלוֹק כְּתִיבָה, פִּנְקָס לִכְתִיבָה

table-talk /teɪb(ə)l-tɔ:k/ n. שִׂיחָה קַלָּה (לְיַד הַשֻּׁלְחָן וְכַד')

table tennis /teɪb(ə)l ˌtenɪs/ n. טֶנִיס־שֻׁלְחָן, "פִּינְג־פּוֹנְג"

table-ware /teɪb(ə)l-weə(r)/ n. כְּלֵי־שֻׁלְחָן

tabloid /tæblɔɪd/ n. צְהֹבוֹן, עִתּוֹן זוֹל בְּפוֹרְמָט קָטָן, טַבְּלוֹאִיד
tabloid journalism עִתּוֹנוּת זוֹלָה, עִתּוֹנוּת צְהֻבָּה

taboo /təˈbu:/ n.
1 (something forbidden by custom) טַבּוּ, אִסּוּר חָמוּר
2 (general agreement not to discuss something) טַבּוּ, דָּבָר שֶׁאֵין לְהַזְכִּירוֹ
—adj. טַבּוּ, אָסוּר בְּתַכְלִית
taboo words מִלִּים אֲסוּרוֹת

tabular /tæbjʊlə(r)/ adj. עָרוּךְ בְּלוּחוֹת/בְּטַבְלָאוֹת

tabulate /tæbjʊleɪt/ v.t. עָרַךְ בְּלוּחַ/בְּטַבְלָה

tabulator /tæbjʊleɪtə(r)/ n. טַבּוּלָטוֹר (מִתְקָן לְרֶוַח קָבוּעַ בִּמְכוֹנַת־כְּתִיבָה)

tachograph /tækəgrɑ:f/ n. מַכְשִׁיר רִשּׁוּם מְהִירוּת וּזְמַנֵּי נְסִיעָה (בְּמַשָּׂאִיּוֹת וְכַד')

tacit /tæsɪt/ adj. (*formal*) שֶׁבִּשְׁתִיקָה, בִּלְתִּי מְפֹרָשׁ

taciturn /tæsɪtɜ:n/ adj. (*formal*) שַׁתְקָן, מְמַעֵט בְּדִבּוּר

tack /tæk/ n.
1 (small nail) מַסְמֵר־רִפּוּד; (בְּאַרְהַ"ב) נַעַץ
2 (long, temporary stitch) תֶּפֶר־הַכְלָבָה, תֶּפֶר גַּס
3 (ship's course) כִּוּוּן־הַשַּׁיִט בִּסְפִינַת־מִפְרָשׂ, נָתִיב זִיג־זַג לְנִצּוּל הָרוּחַ בְּשַׁיִט־מִפְרָשִׂים
□ *you are on the wrong tack* (*fig.*) אַתָּה בְּכִוּוּן הַלֹּא־נָכוֹן
4 (ship's biscuits) פַּכְסָמִים (שִׁמְּשׁוּ בֶּעָבָר כְּצֵידָה בִּסְפִינוֹת)
—v.t.
1 (fasten with tacks) חִבֵּר בְּמַסְמְרֵי רִפּוּד; חִבֵּר בִּנְעָצִים
2 (stitch with tacks) תָּפַר בְּתֶפֶר הַכְלָבָה
—v.i. פָּקַם, שָׁט בְּזִיג־זַג (בִּסְפִינַת מִפְרָשׂ)

tackle /tæk(ə)l/ n.
1 (apparatus, gear) צִיּוּד
2 (hoisting mechanism) מַעֲרֶכֶת גַּלְגִּלּוֹת

3 (attempt to stop opposing player) תִּקּוּל (בְּמִשְׂחֲקֵי כַּדּוּר)

—v.t. הִתְמוֹדֵד עִם, טִפֵּל בְּ...; תִּקֵּל אֶת (בְּמִשְׂחָק)

□ *I don't know how to tackle this problem* אֲנִי לֹא יוֹדֵעַ אֵיךְ לְטַפֵּל בַּבְּעָיָה הַזּוֹ

□ *I tackled him on the subject* דִּבַּרְתִּי אִתּוֹ בְּגָלוּי עַל הַנּוֹשֵׂא, הֶעֱלֵיתִי בְּפָנָיו אֶת הַנּוֹשֵׂא (הָעֲדִין)

tacky /tækɪ/ adj.

1 (sticky) דָּבִיק, (צֶבַע) רָטֹב, לַח

2 (in poor taste, *colloq.*) מְגֻזָּם, צַעֲקָנִי, זוֹל

tact /tækt/ n. טַקְט (הֲבָנָה בְּהִתְנַהֲגוּת בֵּין אֲנָשִׁים)

tactful /ˈtæktf(ə)l/ adj. בַּעַל טַקְט, נוֹהֵג בְּטַקְט

tactic /ˈtæktɪk/ n. (usu. in *pl.*) טַקְטִיקָה, תַּכְסִיס

tactical /ˈtæktɪk(ə)l/ adj. טַקְטִי

tactician /tækˈtɪʃ(ə)n/ n. טַקְטִיקָן

tactile /ˈtæktaɪl/ adj. מָשִׁישׁ, נִתָּן־לְמִשּׁוּשׁ, שֶׁל חוּשׁ הַמִּשּׁוּשׁ, טַקְטִילִי

tactless /ˈtæktlɪs/ adj. חֲסַר־טַקְט

tadpole /ˈtædpəʊl/ n. רֹאשָׁן

taffeta /ˈtæfɪtə/ n. טַפְטָה (בַּד דַּק וּמַבְרִיק מִסּוּגִים שׁוֹנִים, לָרֹב מֶשִׁי)

Taffy /ˈtæfɪ/ n. (*colloq. derog.*) כִּנּוּי גְּנַאי לְוֶלְשִׁי

tag¹ /tæg/ n.

1 (label) תָּוִית, תָּג, תָּגִית

2 (phrase often quoted) צִטּוּט יָדוּעַ, אֲמִירָה נְדוֹשָׁה

3 (piece on end of cord) קָצֶה (שֶׁל שְׂרוֹךְ־נַעַל, חוּט וְכַד׳)

4 (small additional thing) תּוֹסֶפֶת קְטַנָּה

—v.t. הִדְבִּיק תָּוִית עַל, הִצְמִיד תָּוִית (שֶׁל) לְ..., שָׂם תָּוִית עַל

tag along (*colloq.*) הָלַךְ אַחֲרֵי

□ *do you mind if I tag along (with you)?* אִכְפַּת לְךָ אִם אֲנִי אֶצְטָרֵף?

tag on הוֹסִיף אֶת... לְ...

tag² /tæg/ n. מִשְׂחַק "תּוֹפֶסֶת"

tail /teɪl/ n.

1 (part of an animal) זָנָב

□ *the tail is wagging the dog* (*colloq.*) הָאָדָם/הַדָּבָר הַפָּחוּת־חָשׁוּב מַכְתִּיב אֶת גּוֹרַל הָאָדָם/הַדָּבָר הֶחָשׁוּב יוֹתֵר

□ *he turned tail and ran* הוּא הָפַךְ אֶת פָּנָיו וּבָרַח

□ *he went off with his tail between his legs* (*fig.*) הוּא הִסְתַּלֵּק בְּבֹשֶׁת־פָּנִים, הוּא "הִתְקַפֵּל"

2 (rear end) זָנָב

□ *I prefer to sit in the tail of the plane* אֲנִי מַעְדִּיף לָשֶׁבֶת בְּחֶלְקוֹ הָאֲחוֹרִי שֶׁל הַמָּטוֹס

3 (in *pl.*, men's formal dress) "פְּרָק"/מְעִיל־כְּנָפוֹת (מִקְטֹרֶן־גְּבָרִים טִקְסִי)

4 (in *pl.*, reverse of coin) צִדּוֹ הָאֲחוֹרִי שֶׁל מַטְבֵּעַ, "פָּלִי" (בְּשֶׁל מַטְבְּעוֹת הַמַּנְדָּט־הַבְּרִיטִי שֶׁצִּדָּן הָאֶחָד נִקְרָא "עֵץ" וְצִדּוֹ הָאַחֵר "פָּלֶסְטִין")

5 (someone who follows a suspect, *colloq.*) מַעֲקָב (מִשְׁטַרְתִּי וְכַד׳)

—v.t.

1 (follow secretly) עָקַב אַחֲרֵי

2 (remove tail; remove stalk) קִצֵּץ אֶת הַזָּנָב (חַיָּה); הֵסִיר אֶת הַגִּבְעוֹל (שֶׁל פְּרִי)

□ *he started to top and tail the gooseberries* הוּא הִתְחִיל לְקַצֵּץ אֶת הַגִּבְעוֹלִים וְהַפִּימוֹת שֶׁל הַדַּמְדְּמָנִיּוֹת

—v.i.

tail back (טוּר מְכוֹנִיּוֹת) הִשְׂתָּרֵךְ לְאָחוֹר (בִּפְקָק)

tail off (or **away**) (קוֹל וְכַד׳) הָלַךְ וְנֶעְלַם, הָלַךְ וְנָמוֹג

tailback /ˈteɪlbæk/ n. פְּקַק־תְּנוּעָה (הַמִּשְׂתָּרֵךְ לְאָחוֹר)

tail-board /ˈteɪl-bɔːd/ n. דֹּפֶן אֲחוֹרִי, דֶּלֶת הָאַרְגָּז בְּמַשָּׂאִית

tailcoat /ˈteɪlkəʊt/ n. מְעִיל־כְּנָפוֹת, "פְּרָק"

tailend /teɪlˈend/ n. זָנָב, קָצֶה, סוֹף

□ *we were at the tail end of the march* אֲנַחְנוּ צָעַדְנוּ בְּסוֹף הַטּוּר

tailgate /ˈteɪlgeɪt/ n. דֶּלֶת אֲחוֹרִית, דֶּלֶת הָאַרְגָּז בְּמַשָּׂאִית

tail-light /ˈteɪl-laɪt/ n. אוֹר אֲחוֹרִי (בְּרֶכֶב)

tailor /ˈteɪlə(r)/ n. חַיָּט

—v.t. תָּפַר; הִתְאִים אֶת... לְ...

□ *a diet tailored to my needs* דִּיאֶטָה תְּפוּרָה לִצְרָכַי

tailor-made /ˌteɪlə-ˈmeɪd/ adj. תָּפוּר לְפִי הַזְמָנָה, תָּפוּר לְפִי מִדָּה, מְחֻיָּט

□ *she seems tailor-made for the job* נִרְאֶה שֶׁהִיא נוֹלְדָה לְשַׁמֵּשׁ בְּתַפְקִיד זֶה

tailpiece /ˈteɪlpiːs/ n. עִטּוּר בְּסוֹפוֹ שֶׁל פֶּרֶק בְּסֵפֶר

tail-spin /ˈteɪl-spɪn/ n. סְחְרוּר זָנָב (שֶׁל מָטוֹס)

taint /teɪnt/ n. דֹּפִי, רָקָב, כֶּתֶם, פְּגָם

—v.t. & i. הִשְׁחִית, קִלְקֵל, זִהֵם, הִכְתִּים; נִשְׁחַת, הִתְקַלְקֵל, נִפְגַּם

□ *I think this meat is tainted* נִדְמֶה לִי שֶׁהַבָּשָׂר הַזֶּה נִשְׁחַת

take /teɪk/ (past. **took** /tʊk/, past ppl. **taken** /ˈteɪk(ə)n/)

—v.t.

1 (grasp) אָחַז

□ *he took hold of her hand* הוּא אָחַז בְּיָדָהּ

2 (capture, win, gain) תָּפַס, כָּבַשׁ, שָׁבָה

taken ill נָפַל לְמִשְׁכָּב

□ *the army took the city* כּוֹחוֹת הַצָּבָא כָּבְשׁוּ אֶת הָעִיר

□ *the news took me by surprise* הַיְּדִיעוֹת הִפְתִּיעוּ אוֹתִי

□ *I was taken aback by his remark* הֶעָרָתוֹ הִפְתִּיעָה/הִרְתִּיעָה אוֹתִי

□ *he was taken with their performance* הַבִּצּוּעַ שֶׁלָּהֶם שָׁבָה אֶת לִבּוֹ

3 (assume possession of, acquire, obtain, occupy) לָקַח

□ *she took a cottage by the sea* הִיא שָׂכְרָה קוֹטֶג'/בַּיִת כַּפְרִי קָטָן לְיַד הַיָּם

□ *they took a taxi to the theatre* הֵם לָקְחוּ מוֹנִית לַתֵּיאַטְרוֹן

□ *he took legal advice* הוּא הִתְיָעֵץ עִם עוֹרֵךְ־דִּין

□ *she took her degree at Bath University* הִיא קִבְּלָה אֶת הַתֹּאַר שֶׁלָּהּ בְּאוּנִיבֶרְסִיטַת בָּאת'

□ *come in and take a chair, please* תִּכָּנֵס וְתֵשֵׁב בְּבַקָּשָׁה, כַּנֵּס וְשֵׁב בְּבַקָּשָׁה

4 (consume) לָקַח

□ *do you take sugar (in your tea)?* אַתָּה שׁוֹתֶה (אֶת הַתֵּה) עִם סֻכָּר?

□ *take a pill for your headache* תִּקַּח כַּדּוּר כְּדֵי לְהִפָּטֵר מִכְּאֵב הָרֹאשׁ שֶׁלְּךָ

5 (subscribe to) הָיָה חָתוּם עַל, קִבֵּל אֶת

□ *which newspaper do you take?* אֵיזֶה עִתּוֹן אַתָּה קוֹרֵא?

6 (require or use up) לָקַח

□ *take your time* יֵשׁ לְךָ זְמַן (אַתָּה לֹא צָרִיךְ לְמַהֵר)

□ *how long will this job take you?* כַּמָּה זְמַן תִּקַּח הָעֲבוֹדָה הַזֹּאת?

7 (remove, dispossess person of) לָקַח

□ *someone has taken my umbrella* מִישֶׁהוּ לָקַח אֶת הַמִּטְרִיָּה שֶׁלִּי

8 (cause to come or go with one) לָקַח, הֵבִיא

□ *I took my children to the fair* לָקַחְתִּי אֶת יְלָדַי לַיָּרִיד

□ *she took me aside to tell me my exam results* הִיא לָקְחָה אוֹתִי הַצִּדָּה כְּדֵי לוֹמַר לִי מֶה הָיוּ תּוֹצְאוֹת הַבְּחִינוֹת שֶׁלִּי

9 (accept, receive) קִבֵּל, לָקַח

□ *take it from me* תַּאֲמִין לִי

□ *take it or leave it* זוֹ הַהַצָּעָה הָאַחֲרוֹנָה שֶׁלִּי (בְּדִבּוּר לְעִתִּים "טֵיק אִיט אוֹר לִיב אִיט")

□ *take that* (*colloq.*) קְרִיאַת סִפּוּק הַנֶּאֱמֶרֶת תּוֹךְ כְּדֵי הַנְחָתַת מַכָּה

□ *you must take us as you find us* עָלֶיךָ לְקַבֵּל אוֹתָנוּ כְּפִי שֶׁאָנוּ

10 (find out) בָּדַק, רָשַׁם

□ *the doctor took my temperature* הָרוֹפֵא בָּדַק לִי אֶת הַחֹם

11 (grasp mentally) תָּפַס

□ *I take your point* הֵבַנְתִּי אוֹתְךָ

□ *what do you take me for?* מָה אַתָּה חוֹשֵׁב שֶׁאֲנִי?

12 (treat or regard in a specific way) קִבֵּל

□ *she took the news very calmly* הִיא קִבְּלָה אֶת הַיְּדִיעוֹת בְּקֹר רוּחַ

□ *can we take the minutes as read?* הַאִם אֲנַחְנוּ יְכוֹלִים לְדַלֵּג עַל רְשִׁימוֹת הַפְּרוֹטוֹקוֹל?

13 (perform, execute) עָשָׂה

□ *the students took notes during the lecture* הַסְּטוּדֶנְטִים רָשְׁמוּ סִכּוּמִים בְּמֶשֶׁךְ הַהַרְצָאָה

□ *she took a deep breath before going on stage* הִיא נָשְׁמָה עֲמֻקּוֹת לִפְנֵי שֶׁעָלְתָה עַל הַבָּמָה

14 (conduct) נִהֵל

□ *the rabbi took the prayers* הָרַב נִהֵל אֶת הַתְּפִלָּה

15 (make a photograph) לָקַח (תְּמוּנָה שֶׁל)

—v.i. תָּפַס

□ *my smallpox injection hasn't taken* זְרִיקַת הַחִסּוּן נֶגֶד אֲבַעְבּוּעוֹת לֹא תָּפְסָה

—in set phrases

take after הָיָה דּוֹמֶה לְ..., נָהַג כְּמוֹ

□ *the twins both take after their mother* הַתְּאוֹמוֹת דּוֹמוֹת (בְּמַרְאֶה/בְּהִתְנַהֲגוּת) לְאִמָּן

take against פִּתַּח יַחַס שְׁלִילִי אֶל/כְּלַפֵּי

□ *she took against him from the moment she saw him* הוּא לֹא מָצָא חֵן בְּעֵינֶיהָ מֵרֶגַע שֶׁהִיא רָאֲתָה אוֹתוֹ

take away

(remove) סִלֵּק, לָקַח, הִרְחִיק

(subtract) הִפְחִית

take back

(retract) חָזַר בּוֹ (מִדְּבָרָיו, מִטַּעֲנוֹתָיו וְכַד')

(convey to original place) הֶחֱזִיר, הֵשִׁיב, לָקַח הַבַּיְתָה

(carry thoughts of a person back in time) הִזְכִּיר לְ... אֶת

□ *the music took him back to his childhood* הַמּוּזִיקָה הִזְכִּירָה לוֹ אֶת יְמֵי יַלְדוּתוֹ

take down

(write down) רָשַׁם (אֶת מַה שֶּׁשָּׁמַע)

(separate into pieces) פֵּרֵק (מָנוֹעַ, תַּפְאוּרָה וְכַד')

take in

(receive as a lodger) לָקַח (אֶת פְּלוֹנִי) בְּתוֹר דַּיָּר, הִשְׂכִּיר חֶדֶר לְ...

(make a garment smaller) הֵצַר (בֶּגֶד)

(include) כָּלַל אֶת, הֵבִיא בְּחֶשְׁבּוֹן אֶת

(understand) קָלַט, תָּפַס

□ *did you take that in?* הֲבַנְתָּ אֶת זֶה? תָּפַסְתָּ אֶת זֶה?

□ *he is never taken in by politicians* הוּא אַף פַּעַם לֹא הוֹלֵךְ שׁוֹלָל אַחֲרֵי דִּבְרֵי הַפּוֹלִיטִיקָאִים

take it

(assume, *colloq.*) הִנִּיחַ שֶׁ..., הִבִּיעַ תִּקְוָה שֶׁ...

□ *I take it that you understood my meaning* אֲנִי מַנִּיחַ שֶׁאַתָּה מֵבִין אֶת כַּוָּנָתִי

(endure) הָיָה יָכוֹל לִסְבֹּל אֶת

□ *I was afraid she might take it badly* חָשַׁשְׁתִּי שֶׁזֶּה יַשְׁפִּיעַ עָלֶיהָ קָשֶׁה

take off

(remove clothing) הֵסִיר, פָּשַׁט

(deduct) חִסֵּר (בְּחֶשְׁבּוֹן)

(depart, *colloq.*) "זָז", "טָס", "בָּרַח"

(mimic, *colloq.*) חִקָּה אֶת, עָשָׂה חִקּוּי שֶׁל

(become airborne) הִמְרִיא

(take as holiday) לָקַחַת חֻפְשָׁה
□ *I'm taking off a couple of days* אֲנִי לוֹקֵחַ כַּמָּה יָמִים חֹפֶשׁ

take on
(undertake work) לָקַחַת עַל עַצְמוֹ לְבַצֵּעַ אֶת
(engage a person) קִבֵּל לַעֲבוֹדָה אֶת, הֵחֵל לְהַעֲסִיק אֶת
(meet an adversary) הִתְמוֹדֵד עִם, עָמַד מוּל
(acquire a new meaning, etc.) קִבֵּל
(show strong emotion, *arch. colloq.*) הִתְרַגֵּשׁ

take out
(remove) סִלֵּק, הוֹצִיא
□ *this kind of work takes it out of you* עֲבוֹדָה כָּזוֹ מוֹצִיאָה לְךָ אֶת הַמִּיץ
□ *he took his anger out on his son* הוּא שָׁפַךְ אֶת כַּעְסוֹ עַל הַבֵּן שֶׁלּוֹ
(escort) לָקַח לְבִלּוּי
(get issued) קִבֵּל (וִיזָה, רִשְׁיוֹן וְכַד׳)
□ *she's just taken out a new car licence* הִיא קִבְּלָה עַכְשָׁו רִשְׁיוֹן חָדָשׁ לִמְכוֹנִית

take over
(succeed in management of) קִבֵּל אֶת... לְיָדָיו
(take control) הִשְׁתַּלֵּט עַל, לָקַח אֶת הַפִּקּוּד עַל

take to
(fall into the habit of) פִּתֵּחַ הֶרְגֵּל שֶׁל, הֵחֵל (לַעֲשׂוֹת דְּבַר מָה)
(adapt oneself to) הִתְרַגֵּל לְ..., הִסְתַּגֵּל הֵיטֵב לְ...
(have recourse to) פָּנָה לְעֵבֶר
□ *the escaped prisoners took to the woods* הָאֲסִירִים הַנִּמְלָטִים מָצְאוּ מִסְתּוֹר בַּיְּעָרוֹת
(form a liking for) פִּתֵּחַ חִבָּה לְ...
□ *I didn't take to your new friend* הַיְּדִיד הֶחָדָשׁ שֶׁלְּךָ לֹא מָצָא חֵן בְּעֵינַי

take up
(become interested in) הֵחֵל לְהִתְעַנְיֵן בְּ..., הֵחֵל לַעֲסֹק בְּ...
□ *he took up gardening when he retired* הוּא הֵחֵל לַעֲסֹק בְּגַנָּנוּת לְאַחַר פְּרִישָׁתוֹ
(occupy time or space) גָּזַל, לָקַח (מָקוֹם, זְמַן)
(begin) הֵחֵל בְּ...
□ *the ambassador has now taken up residence* הַשַּׁגְרִיר נִכְנַס עַתָּה לִמְעוֹנוֹ
(accept an offer, etc.) קִבֵּל אֶת הַהַצָּעָה (שֶׁל פְּלוֹנִי לַעֲשׂוֹת דְּבַר־מָה)
(absorb) סָפַג, קָלַט
□ *the blotting paper takes up the ink* נְיַר הַסְּפִיגָה סוֹפֵג אֶת הַדְּיוֹ
(interrupt or question a speaker) הִתְעַכֵּב (עַל נוֹשֵׂא), בִּקֵּשׁ הַבְהָרָה (בְּנוֹשֵׂא)
□ *he took the speaker up on a specific point* הוּא דָּרַשׁ מִן הַמַּרְצֶה הַבְהָרָה בְּנוֹשֵׂא מְסֻיָּם
□ *I will take the matter up with the authorities* אֲנִי אַעֲלֶה אֶת הַנּוֹשֵׂא בִּפְנֵי הָרָשֻׁיּוֹת
□ *she's taken up with the village layabout* (*derog.*) הִיא הִתְחִילָה לְהִסְתּוֹבֵב עִם הַבַּטְלָן הֲכִי גָּדוֹל בַּכְּפָר

—n.
1 (amount taken or caught) פִּדְיוֹן; שָׁלָל
2 (in film or video) ״טֵיק״
double take (*colloq.*) תְּגוּבַת־הַפְתָּעָה מְהִירָה אַךְ מְאֻחֶרֶת, לָרֹב כְּאֶפֶקְט קוֹמִי

take-away /teɪk-əweɪ/ n. (*colloq.*) ״לָקַחַת־הַבַּיְתָה״ (אֹכֶל מוּכָן הַנִּלְקָח הַבַּיְתָה מִמִּסְעָדָה)

take-home /teɪk-həʊm/ adj.
take-home pay שְׂכַר נֶטוֹ (לְאַחַר נִכּוּיִים, מַס וְכַד׳)

taking /teɪkɪŋ/ adj. מוֹשֵׁךְ, קוֹסֵם, שׁוֹבֵה־לֵב

takings /teɪkɪŋz/ n. *pl.* הַכְנָסוֹת

take-off /teɪk-ɒf/ n.
1 (act of leaving the ground) הַמְרָאָה
2 (act of mimicking, *colloq.*) חִקּוּי, קָרִיקָטוּרָה (בְּמַעֲשֶׂה, לֹא עַל הַדַּף)

take-over /teɪk-əʊvə(r)/ n. הִשְׁתַּלְּטוּת, טֵיקְאוֹבֶר
□ *the take-over bid was successful* נִסָּיוֹן הַהִשְׁתַּלְּטוּת (עַל הַחֶבְרָה) הִצְלִיחַ

talc /tælk/ n. טַלְק

talcum /tælkəm/ n. טַלְק
talcum powder אַבְקַת־טַלְק

tale /teɪl/ n.
1 (story) סִפּוּר, מַעֲשֶׂה, מַעֲשִׂיָּה
fairy tale אַגָּדָה, אַגָּדַת־עַם, סִפּוּר מַעֲשִׂיּוֹת
2 (idle or malicious report) מַעֲשִׂיּוֹת, ״סִפּוּר מִן הָאַגָּדוֹת״
□ *I shouldn't be telling tales about her, but...* זֶה לֹא בְּסֵדֶר שֶׁאֲנִי מְסַפֵּר מָה הִיא עָשְׂתָה, אֲבָל...

talent /tælənt/ n.
1 (natural skill) כִּשָּׁרוֹן
talent scout צַיָּד־כִּשְׁרוֹנוֹת
2 (good-looking people, *colloq.*) ״יָפִים וְיָפוֹת״

talented /tæləntɪd/ adj. מֻכְשָׁר, כִּשְׁרוֹנִי

talisman /tælɪzmən/ n. קָמֵעַ

talk /tɔːk/ n.
1 (conversation, gossip) שִׂיחָה
□ *it's the talk of the town* זֶה שִׂיחַת־הַיּוֹם, זֶה שִׂיחַת־הָעִיר
□ *he's all talk* הוּא רַק מְדַבֵּר, מִלִּים מִלִּים
small talk שִׂיחַת־חֻלִּין, שִׂיחַת־נִימוּסִין, ״סְמוֹל טוֹק״
2 (informal lecture) שִׂיחָה, הַרְצָאָה

—v.i.
1 (communicate by spoken words) דִּבֵּר, שׂוֹחַח
talking of... אִם כְּבָר מַזְכִּירִים אֶת, אִם כְּבָר מְדַבְּרִים עַל
□ *I must talk to the butcher about the meat delivery* עָלַי לְדַבֵּר עִם הַקַּצָּב שֶׁלִּי בְּעִנְיַן מִשְׁלוֹחֵי הַבָּשָׂר

□ *now you're talking!* (*colloq.*) עַכְשָׁו אַתָּה מְדַבֵּר לָעִנְיָן! סוֹף סוֹף!

□ *you can talk!* (*colloq.*) קַל לְךָ לְדַבֵּר!

□ *they were still talking away at midnight* בַּחֲצוֹת הֵם עוֹד הָיוּ שְׁקוּעִים בְּשִׂיחָה

2 (have the power of speech) דִּבֵּר

□ *the toddler is just beginning to talk* הַתִּינוֹק מַתְחִיל מַמָּשׁ עַכְשָׁו לְדַבֵּר

3 (gossip) רִכֵּל, "דִּבֵּר"

□ *people are beginning to talk* אֲנָשִׁים מַתְחִילִים "לְדַבֵּר"

□ *let's give them something to talk about* בּוֹא נִתֵּן לָהֶם סִבָּה לְרַכֵל

—v.t.

1 (express or utter in words) דִּבֵּר (דְּבַר מָה), אָמַר (דְּבַר מָה)

□ *you're talking rubbish* אַתָּה מְדַבֵּר שְׁטֻיּוֹת

□ *let's not talk shop* (*colloq.*) בּוֹא לֹא נְדַבֵּר עַל הָעֲבוֹדָה, בּוֹא לֹא נְדַבֵּר בִּשְׂפַת הַמִּקְצוֹעַ

2 (use a language) דִּבֵּר בְּ... (שָׂפָה מְסֻיֶּמֶת), דִּבֵּר (שָׂפָה מְסֻיֶּמֶת)

□ *they've been talking Italian all holiday* הֵם דִּבְּרוּ אִיטַלְקִית בְּמֶשֶׁךְ כָּל הַחֻפְשָׁה

—in set phrases

talk back עָנָה בְּחֻצְפָּה

talk down

(silence by loudness) הִשְׁתִּיק בִּצְעָקוֹת אֶת, הִשְׁתִּיק בְּטִעוּן מוֹחֵץ אֶת

(speak patronizingly) דִּבֵּר בְּזִלְזוּל אֶל, דִּבֵּר בְּטוֹן יָהִיר אֶל

(give instructions to land an aircraft) נָתַן הוֹרָאוֹת נְחִיתָה (לְטַיָּס)

talk into שִׁכְנַע אֶת (לַעֲשׂוֹת דְּבַר-מָה)

talk out שׂוֹחַח עַל, דִּבֵּר עַל, הִתְוַכֵּחַ עַל

talk out of שִׁכְנַע אֶת (שֶׁלֹּא לַעֲשׂוֹת דְּבַר-מָה)

talk over שׂוֹחַח עַל, "דִּסְקֵס" אֶת

talk round שִׁכְנַע אֶת; דִּבֵּר סְחוֹר סְחוֹר

□ *she talked round the point* הִיא דִּבְּרָה סְחוֹר סְחוֹר

□ *he wasn't keen on the idea, but they talked him round* הוּא לֹא הִתְלַהֵב מִן הָרַעְיוֹן, אֲבָל הֵם שִׁכְנְעוּ אוֹתוֹ

talkative /ˈtɔːkətɪv/ adj. פַּטְפְּטָן, דַּבְּרָן, מַרְבֶּה בְּשִׂיחָה

talker /ˈtɔːkə(r)/ n. (*colloq.*) דַּבְּרָן, פַּטְפְּטָן; תְּכִי מְדַבֵּר

talking-to /ˈtɔːkɪŋ-tuː/ n. (*colloq.*) נְזִיפָה, "לָתֵת עַל הָרֹאשׁ"

□ *I am going to give that boy a talking-to* אֲנִי הוֹלֵךְ לָתֵת לַיֶּלֶד הַזֶּה עַל הָרֹאשׁ

tall /tɔːl/ adj.

1 (of more than average height) גָּבוֹהַּ

2 (of a specified height) בְּגֹבַהּ שֶׁל

□ *he is six feet tall* גָּבְהוֹ מֶטֶר וּשְׁמוֹנִים

3 (excessive, *colloq.*) מֻגְזָם

a tall order דְּרִישָׁה מֻגְזֶמֶת

a tall story "סִפּוּר מַעֲשִׂיּוֹת", "סִפּוּר בַּדִּים"

tallboy /ˈtɔːlbɔɪ/ n. (*UK*) שִׁדָּה, אֲרוֹן-מְגֵרוֹת

tallow /ˈtæləʊ/ n. חֵלֶב-נֵרוֹת (שֻׁמָּן מִבַּעֲלֵי-חַיִּים)

tally /ˈtælɪ/ n. חִשּׁוּב, רִשּׁוּם (שֶׁל תּוֹצָאוֹת, חֶשְׁבּוֹנִית וְכַד'); אֶמְצָעִי לְרִשּׁוּם כַּנַּ"ל

—v.i. תָּאַם אֶת, עָלָה בְּקָנֶה אֶחָד עִם, הָיָה תּוֹאֵם לְ...; חִשֵּׁב, רָשַׁם, עָרַךְ רִשּׁוּם שֶׁל

tally-ho /ˌtælɪ-ˈhəʊ/ int. קְרִיאָתוֹ שֶׁל הַצַּיָּד כַּאֲשֶׁר אִתֵּר אֶת הַשּׁוּעָל (בְּצַיִד-שׁוּעָלִים מְאֻרְגָּן)

Talmud /ˈtælmʊd/ n. הַתַּלְמוּד

talon /ˈtælən/ n. טֹפֶר, צִפֹּרֶן שֶׁל עוֹף-דּוֹרֵס

tamarind /ˈtæmərɪnd/ n. תְּמַר הֹדּוּ (עֵץ תְּרוּפִי וּפִרְיוֹ)

tamarisk /ˈtæmərɪsk/ n. (עֵץ) אֵשֶׁל

tambour /ˈtæmbʊə(r)/ n.

1 (drum) תֹּף-יָד, טַנְבּוּר

2 (circular embroidery frame) מִסְגֶּרֶת לְרִקְמָה (עֲשׂוּיָה שְׁנֵי חִשּׁוּקֵי עֵץ וּבַד הָרִקְמָה בֵּינֵיהֶם)

tambourine /ˌtæmbəˈriːn/ n. טַמְבּוּרִינָה, תֹּף מִרְיָם

tame /teɪm/ adj.

1 (domesticated) מְאֻלָּף

2 (spiritless, *derog.*) צַיְּתָן, כָּנוּעַ

3 (dull, *colloq.*) מְשַׁעֲמֵם, "יָבֵשׁ"

—v.t. אִלֵּף, כָּפָה לְמָרוּתוֹ

tam-o'-shanter /ˌtæm-ə-ˈʃæntə(r)/ n. מֵעֵין כֻּמְתַּת-צֶמֶר סְקוֹטִית (עִם פּוֹן-פּוֹן)

Tampax /ˈtæmpkæs/ n. (*Prop.*) טַמְפַּקְס, טַמְפּוֹן

tamper /ˈtæmpə(r)/ v.i. "טִפֵּל" בְּ..., "שִׂחֵק" בְּ..., הִתְעָרֵב (בְּעִנְיָנִים לֹא לוֹ)

□ *don't tamper with the TV set* אַל תִּתְעַסֵּק עִם הַטֶּלֶוִיזְיָה, אַל תְּשַׂחֵק עִם הַטֶּלֶוִיזְיָה

tampon /ˈtæmpɒn/ n. טַמְפּוֹן

tan /tæn/ n. & adj. חוּם בָּהִיר; שִׁזּוּף; (צֶבַע) חוּם-בָּהִיר

—v.t.

1 (brown with sunshine) שִׁזֵּף

2 (make into leather) עִבֵּד (עוֹר)

3 (beat, *colloq.*) הִפְלִיק לְ... עַל

—v.i. הִשְׁתַּזֵּף

tandem /ˈtændəm/ n. אוֹפַנַּיִם לִשְׁנַיִם, אוֹפַנֵּי-"טַנְדֶּם"

in tandem בְּמַקְבִּיל, בְּיַחַד, בְּטַנְדּוּ

tandoori /tænˈdʊərɪ/ n. טַנְדוּרִי, תַּנּוּר חֵמָר הֹדִּי (שִׁיטַת בִּשּׁוּל הֹדִּית נְפוֹצָה)

tang /tæŋ/ n. רֵיחַ חָרִיף; טַעַם חָזָק

tangent /ˈtændʒənt/ n. מַשִּׁיק, טַנְגֶּנְס

at a tangent בְּכִוּוּן בִּלְתִּי צָפוּי

tangerine /ˌtændʒəˈriːn/ n. & adj. מַנְדָּרִינָה; (צֶבַע) אָדֹם-כָּתֹם עַז

tangible /ˈtændʒɪb(ə)l/ adj. מָשִׁישׁ; מוּחָשִׁי, מַמָּשִׁי

tangle /ˈtæŋg(ə)l/ n. סְבָךְ, סִבּוּךְ

—v.t.

(intertwine) הִסְתַּבֵּךְ בְּ...
tangle with הִסְתַּבֵּךְ עִם, הִתְעַסֵּק עִם
—v.i.
1 (become tangled) הִסְתַּבֵּךְ, נַעֲשָׂה סָבוּךְ
2 (complicate) הִסְתַּבֵּךְ, נַעֲשָׂה סָבוּךְ

tangly /ˈtæŋglɪ/ adj. סָבוּךְ, מָלֵא קְשָׁרִים

tango /ˈtæŋgəʊ/ n. & v.i. (מָחוֹל, מוּזִיקָה) טַנְגוֹ; רָקַד טַנְגוֹ

tank /tæŋk/ n.
1 (container) מְכָל
2 (armoured vehicle) טַנְק
—v.t.
tank up
(fill a tank with fuel) מִלֵּא אֶת הַמְּכָל (בִּמְכוֹנִית)
(become drunk, *sl.*) "נִזְרַק", "שָׁתָה" (אַלְכּוֹהוֹל)
□ *they got tanked up at the party* הֵם נִזְרְקוּ לְגַמְרֵי בַּמְּסִבָּה

tankage /ˈtæŋkɪdʒ/ n.
1 (storage in tanks; charge for this) אֲגִירָה בִּמְכָלִים; דְּמֵי אֲגִירָה בִּמְכָלִים
2 (capacity) קִבֹּלֶת (שֶׁל מְכָל)

tankard /ˈtæŋkəd/ n. קַנְקַן בִּירָה (לָרֹב מִכֶּסֶף אוֹ בְּדִיל, עִם מִכְסֶה)

tanker /ˈtæŋkə(r)/ n. מְכָלִית (סְפִינָה, מַשָּׂאִית מָטוֹס אוֹ קְרוֹן־רַכֶּבֶת)

tanner /ˈtænə(r)/ n. בּוּרְסִי, מְעַבֵּד־עוֹרוֹת

tannery /ˈtænərɪ/ n. בּוּרְסְקִי, בֵּית־חֲרֹשֶׁת לְעִבּוּד עוֹרוֹת

tannic acid /ˌtænɪk ˈæsɪd/ n. טָנִין

tannin /ˈtænɪn/ n. טָנִין

Tannoy /ˈtænɔɪ/ n. (*Prop.*) מַעֲרֶכֶת רַמְקוֹלִים (לְהוֹדָעוֹת וְכַד')

tantalize /ˈtæntəlaɪz/ v.t. פִּתָּה (בְּהַבְטָחוֹת שָׁוְא) אֶת

tantamount /ˈtæntəmaʊnt/ adj.
tantamount to (*formal*) הוּא לְמַעֲשֶׂה..., שָׁוֶה לְ...
□ *the queen's request is tantamount to a command* בַּקָּשַׁת הַמַּלְכָּה הִיא לְמַעֲשֶׂה פְּקֻדָּה

tantrum /ˈtæntrəm/ n. הִתְפָּרְצוּת־זַעַם יַלְדוּתִית, "הַצָּגָה"

tap[1] /tæp/ n.
1 (for controlling flow) בֶּרֶז
on tap (בִּירָה) מֵהֶחָבִית; נִמְצָא בַּהִכּוֹן, מוּכָן לְשִׁמּוּשׁ
2 (act of tapping a phone) צִתּוּת (לְטֶלֶפוֹן)
—v.t.
1 (draw liquid from) מָזַג (נוֹזֵל) מִן (הֶחָבִית וְכַד')
□ *he tapped wine from the cask* הוּא הוֹצִיא יַיִן מִן הֶחָבִית
2 (extract, obtain) הוֹצִיא אֶת... מִ...
□ *he tapped me for information* (*colloq.*) הוּא הוֹצִיא מִמֶּנִּי אִינְפוֹרְמַצְיָה
3 (secretly connect a listening device to a telephone) צוֹתֵת (לַטֶּלֶפוֹן)
□ *the police tapped his telephone* הַמִּשְׁטָרָה צוֹתְתָה/חִבְּרָה הָאֲזָנָה לַטֶּלֶפוֹן שֶׁלּוֹ
4 (furnish a cask with a faucet) הִתְקִין בֶּרֶז (בְּחָבִית)

tap[2] /tæp/ n טְפִיחָה קַלָּה, נְקִישָׁה קַלָּה
—v.t.
1 (strike lightly) טָפַח קַלּוֹת עַל, נָקַשׁ קַלּוֹת עַל
2 (cause to strike against) הִקִּישׁ קַלּוֹת בְּ... עַל
—v.i. טָפַח, נָקַשׁ
□ *the branches tapped at the window* הָעֲנָפִים נָקְשׁוּ בַּחַלּוֹן
□ *the teacher tapped on the desk* הַמּוֹרָה הִקִּישׁ עַל הַשֻּׁלְחָן

tap-dance /ˈtæp-dɑːns/ n. & v.i. (רִקּוּד) "סְטֶפְּס"; רָקַד "סְטֶפְּס"

tape /teɪp/ n.
1 (narrow strip of material) סֶרֶט (בַּד, פְּלַסְטִיק, מַתֶּכֶת וְכַד'); סֶרֶט מַגְנֵטִי
red tape (*derog.*) "בִּירוֹקְרַטְיָה", סַחֶבֶת בִּירוֹקְרָטִית, נְיֶרֶת
2 (sticky strip of paper, etc.) סֶרֶט דָּבִיק, "סֶלוֹטֵיפּ", "סְקוֹץ' טֵיפּ"
3 (magnetic tape) סֶרֶט מַגְנֵטִי, סֶרֶט הַקְלָטָה, טֵיפּ
—v.t.
1 (secure with tape) הִדְבִּיק בְּעֶזְרַת סֶרֶט דָּבִיק
2 (record on tape) הִקְלִיט (עַל סֶרֶט מַגְנֵטִי)
3 (in pass., understand thoroughly, *colloq.*) "קָלַט" (אֶת כַּוָּנָתוֹ שֶׁל פְּלוֹנִי וְכַד')
□ *I soon had him taped* תֵּכֶף קָלַטְתִּי אוֹתוֹ, מִיָּד רָאִיתִי עִם מִי יֵשׁ לִי עֵסֶק

taper /ˈteɪpə(r)/ n. נֵר דַּקִּיק (הַמְשַׁמֵּשׁ בְּעִקָּר לְהַדְלָקַת שַׁלְהֶבֶת הַגָּז בָּאַח)
—v.t. & i. עָשָׂה צַר/דַּק; הָלַךְ וְנַעֲשָׂה צַר/דַּק

tape deck /ˈteɪp dek/ n. דֶּק (רַשְׁמְקוֹל לְלֹא מַגְבֵּר)

tape-measure /ˈteɪp-meʒə(r)/ n. סֶרֶט מִדָּה, "מֶטֶר"

tape-recorder /ˈteɪp-rɪˌkɔːdə(r)/ n. רַשְׁמְקוֹל, טֵיפְּרֶקוֹרְדֶר, טֵיפּ

tapestry /ˈtæpɪstrɪ/ n. שְׁטִיחַ קִיר; מְלֶאכֶת אֲרִיגָה

tapeworm /ˈteɪpwɜːm/ n. שַׂרְשׂוּר, תּוֹלַעַת־סֶרֶט, "תּוֹלָעִים"

tapioca /ˌtæpɪˈəʊkə/ n. טַפִּיוֹקָה (גְּרִיסֵי צֶמַח הַקַּסָּוָה)

tapir /ˈteɪpə(r)/ n. טַפִּיר (יוֹנֵק דְּמוּי־חֲזִיר, בַּעַל זַרְבּוּבִית אֲרֻכָּה)

tap-root /ˈtæp-ruːt/ n. שֹׁרֶשׁ־אָב, שֹׁרֶשׁ רָאשִׁי שֶׁמִּמֶּנּוּ מִסְתָּעֲפִים שָׁרָשִׁים מִשְׁנִיִּים

tar[1] /tɑː(r)/ n. זֶפֶת
—v.t. זִפֵּת, מָרַח בְּזֶפֶת
□ *he was tarred and feathered* הוּא נִמְרַח בְּזֶפֶת וְכֻסָּה בְּנוֹצוֹת (כְּעֹנֶשׁ אוֹ כְּהַשְׁפָּלָה); הוּא הֻשְׁפַּל בְּפֻמְבֵּי
□ *they're all tarred with the same brush* (*colloq.*) הֵם כֻּלָּם לוֹקִים בְּאוֹתָם חֶסְרוֹנוֹת

tar² /tɑ:(r)/ n. (*arch.*) יוֹרֵד־יָם
taramasalata /ˌtærəməsəˈlɑ:tə/ n. אִיקְרָה (סָלָט בֵּיצֵי־דָּגִים יְוָנִי)
tarantella /ˌtærənˈtelə/ n. (also **tarentelle**) טָרַנְטֶלָּה (מָחוֹל אִיטַלְקִי מָהִיר)
tarantula /təˈræntjʊlə/ n. טָרַנְטוּלָה (עַכָּבִישׁ שָׂעִיר וְאַרְסִי)
tarboosh /tɑ:ˈbu:ʃ/ n. תַּרְבּוּשׁ (כּוֹבַע אָדֹם שֶׁחוֹבְשִׁים גְּבָרִים מֻסְלְמִים)
tardily /ˈtɑ:dɪlɪ/ adv. (*formal*) בְּאִחוּר, בְּאִטִּיּוּת
tardiness /ˈtɑ:dɪnɪs/ n. (*formal*) אִחוּר, הִתְמַהְמְהוּת
tardy /ˈtɑ:dɪ/ adj. (*formal*) מִשְׁתַּהֶה, מִתְמַהְמֵהַּ
tare¹ /teə(r)/ n. טָרָה, מִשְׁקַל טָרָה (מִשְׁקַל הָאֲרִיזָה שֶׁל מוּצָר, לְהַבְדִּיל מִבְּרוּטוֹ וְנֶטוֹ)
tare² /teə(r)/ n. (*Bibl.*) עֲשָׂבִים שׁוֹטִים
target /ˈtɑ:gɪt/ n. מַטָּרָה; יַעַד
□ *our production targets must be met* חַיָּבִים לַעֲמֹד בְּמִכְסוֹת־הַיַּעַד בַּיִּצּוּר
tariff /ˈtærɪf/ n.
1 (customs duties) מִסֵּי יְבוּא, יְצוּא, מֶכֶס
2 (scale of charges) לוּחַ־מְחִירִים, תַּעֲרִיף
Tarmac /ˈtɑ:mæk/ n. (*Prop.*) אַסְפַלְט; מַסְלוּל (בִּשְׂדֵה תְּעוּפָה)
□ *we had to wait for an hour on the tarmac* נֶאֱלַצְנוּ לְחַכּוֹת שָׁעָה שְׁלֵמָה עַל הַמַּסְלוּל (לִפְנֵי הַהַמְרָאָה)
tarn /tɑ:n/ n. מִקְוֵה מַיִם קָטָן בֶּהָרִים
tarnish /ˈtɑ:nɪʃ/ v.t.
1 (lessen the lustre of) עִמְעֵם אֶת הַבָּרָק (שֶׁל מַתֶּכֶת)
2 (impair one's reputation) הִכְתִּים (אֶת שְׁמוֹ הַטּוֹב שֶׁל פְּלוֹנִי)
—v.i. אִבֵּד אֶת הַבָּרָק (מַתֶּכֶת)
□ *the silverware will tarnish if exposed* כְּלֵי הַכֶּסֶף יְאַבְּדוּ אֶת הַבָּרָק אִם יַשְׁאִירוּ אוֹתָם בַּחוּץ
—n.
1 (a loss of lustre) כֶּתֶם (עַל פְּנֵי מַתֶּכֶת שֶׁלֹּא צֻחְצְחָה)
2 (a blemish) כֶּתֶם (עַל שְׁמוֹ הַטּוֹב שֶׁל פְּלוֹנִי וְכַד׳)
tarpaulin /tɑ:ˈpɔ:lɪn/ n. בְּרֶזֶנְט, "פְּלַסְטִיק" (יְרִיעָה לֹא חֲדִירָה לְמַיִם לְכִסּוּי מִטְעָנִים וְכַד׳)
tarragon /ˈtærəgən/ n. טָרָגוֹן, לַעֲנָה דְּרָקוֹנִית (תַּבְלִין)
tarry¹ /ˈtɑ:rɪ/ adj. מְכֻסֶּה זֶפֶת
tarry² /ˈtærɪ/ v.i. (*poet.*) הִשְׁתַּהָה, הִתְמַהְמַהּ
tarsus /ˈtɑ:səs/ n. (*Anat.*) עַצְמוֹת שֹׁרֶשׁ־הָרֶגֶל; הַקַּרְסֹל
tart¹ /tɑ:t/ n. פַּאי־פֵּרוֹת, עוּגַת פֵּרוֹת קְטַנָּה (בְּסִיס בָּצֵק שָׁקוּעַ הַמֵּכִיל פֵּרוֹת)
tart² /tɑ:t/ (*colloq.*) n.
(immoral woman, prostitute) (כְּמוֹ) זוֹנָה, "פְּרֵחָה"
—v.t. & i.
tart up (*derog.*) קִשֵּׁט בְּאֹפֶן רַעַשְׁנִי; הִתְלַבֵּשׁ בְּאֹפֶן צַעַקְנִי; הִתְאַפְּרָה כְּמוֹ זוֹנָה
□ *a tarted up country cottage* בַּיִת כַּפְרִי "מְקֻשְׁקָשׁ"/מָלֵא קִשְׁקוּשִׁים
tart³ /tɑ:t/ adj. צוֹרֵב, חָרִיף; סַרְקַסְטִי, צוֹרֵב
tartan /ˈtɑ:t(ə)n/ n. & adj. טַרְטָן (אֲרִיג־צֶמֶר סְקוֹטִי צִבְעוֹנִי וּמְשֻׁבָּץ); דֻּגְמַת הַמִּשְׁבְּצוֹת עַל אָרִיג כַּנַּ"ל (הַמְיֻחֶדֶת לְכָל בֵּית־אָב סְקוֹטִי)
Tartar /ˈtɑ:tə(r)/ n. בֶּן שֵׁבֶט הַטָּטָרִים, טָטָרִי
tartar sauce רֹטֶב טַרְטָר (לְדָגִים וְכַד׳, מֵכִיל מָיוֹנֵז בָּצָל וּצְלָפִים)
□ *he's a bit of a tartar* (*colloq.*) הוּא מִתְנַהֵג כְּמוֹ עָרִיץ
tartar /ˈtɑ:tə(r)/ n. אֶבֶן־שִׁנַּיִם; אֶבֶן־יַיִן
cream of tartar אַבְקָה לְבָנָה לַאֲפִיָּה וְכֵן לְשִׁמּוּשׁ רְפוּאִי
tartaric /tɑ:ˈtærɪk/ adj. טַרְטָרִי
tartaric acid חֻמְצָה טַרְטָרִית
tarty /ˈtɑ:tɪ/ adj. (*colloq.*) כְּמוֹ זוֹנָה
task /tɑ:sk/ n. מְשִׂימָה, תַּפְקִיד
□ *he was taken to task over his misbehaviour* הוּא נִנְזַף בְּעִקְּבוֹת הִתְנַהֲגוּתוֹ הָרָעָה
—v.t. הִכְבִּיד עַל, הִצִּיב מְשִׂימָה בִּפְנֵי
task force /ˈtɑ:sk fɔ:s/ n. כֹּחַ־מְשִׂימָה
taskmaster /ˈtɑ:skmɑ:stə(r)/ n. נוֹגֵשׂ; מַעֲבִיד תּוֹבְעָנִי וְקָשׁוּחַ
tassel /ˈtæs(ə)l/ n. גְּדִיל, צִיצִית
tasselled /ˈtæs(ə)ld/ adj. (*US* **tasseled**) מְקֻשָּׁט בִּגְדִילִים
taste /teɪst/ n.
1 (sense) (חוּשׁ) טַעַם; טַעַם
taste buds גַּבְשׁוּשִׁיּוֹת הַטַּעַם (עַל הַלָּשׁוֹן)
2 (small portion, sample) קָרְטוֹב, שֶׁמֶץ, מְעַט; טַעַם שֶׁל
□ *he had a taste of freedom* הוּא טָעַם חֵרוּת מַהִי, הוּא טָעַם טַעֲמָהּ שֶׁל חֵרוּת
3 (liking) טַעַם, חִבָּה מְיֻחֶדֶת לְ...
□ *there's no accounting for taste* עַל טַעַם וָרֵיחַ אֵין לְהִתְוַכֵּחַ
□ *he has a taste for expensive clothes* הוּא אוֹהֵב בְּגָדִים יְקָרִים
4 (discernment) טַעַם
in bad (or **good**) **taste** בְּחֹסֶר טַעַם; בְּטַעַם, בְּטוּב טַעַם
—v.t.
1 (try flavour of) טָעַם
2 (eat or drink) אָכַל; שָׁתָה
□ *the prisoner had not tasted food for three days* הָאָסִיר לֹא אָכַל בְּמֶשֶׁךְ שְׁלֹשָׁה יָמִים תְּמִימִים
3 (experience) חָוָה אֶת, לָמַד לְהַכִּיר אֶת
□ *she had never tasted success* הִיא מֵעוֹלָם לֹא טָעֲמָה אֶת טַעַם הַהַצְלָחָה
—v.i. הָיָה לְ... טַעַם שֶׁל
□ *it tasted of garlic* הָיָה לָזֶה טַעַם שֶׁל שׁוּם
tasteful /ˈteɪstf(ə)l/ adj. בְּטַעַם
□ *the room was simple but tasteful* הַחֶדֶר הָיָה מְרֹהָט בְּפַשְׁטוּת אַךְ בְּטַעַם

tasteless /ˈteɪstlɪs/ adj.
1 (without taste) תָּפֵל, חֲסַר־טַעַם
2 (in bad style) בְּטַעַם רַע, טָפֵל, גַּס

taster /ˈteɪstə(r)/ n. טוֹעֵם (יֵינוֹת וְכַד׳)

tasty /ˈteɪstɪ/ adj. טָעִים, עָרֵב לַחֵךְ, עָרֵב; סֶקְסִי (בִּטּוּי מַעֲלִיב)

tat /tæt/ n. (*UK colloq.*) שְׁמַטְעַס, שְׁמוּנְצֶס

ta-ta /təˈtɑː/ int. (*UK colloq.*) לְהִת׳! בַּי! בַּי־בַּי!

tatters /ˈtætəz/ n. *pl.* קְרָעִים, בְּלוֹאִים, סְחָבוֹת
in tatters בִּקְרָעִים, מְרֻפָּט

tatting /ˈtætɪŋ/ n. סוּג שֶׁל תַּחֲרָה/מַלְמָלָה

tattle /ˈtæt(ə)l/ n. & v.i. רְכִילוּת, פִּטְפּוּט, שִׂיחָה בְּטֵלָה; רִכֵל, פִּטְפֵּט

tattoo[1] /təˈtuː/ n. כְּתֹבֶת־קַעֲקַע
—v.t. קִעְקֵעַ

tattoo[2] /təˈtuː/ n.
1 (drum-beat) תִּפּוּף מִתְמַשֵּׁךְ, תְּפִיפָה מִתְמַשֶּׁכֶת
□ *his fingers beat a tattoo on the table* הוּא תּוֹפֵף בְּאֶצְבְּעוֹתָיו עַל הַשֻּׁלְחָן (בְּעַצְבָּנוּת)
2 (pageant) מִפְגָּן צְבָאִי

tatty /ˈtætɪ/ adj. (*colloq.*) מְסֻמְרָט, מֻזְנָח, מְרֻפָּט

taught /tɔːt/ past & past ppl. of **teach**

taunt /tɔːnt/ n. הֶעָרָה מַרְשַׁעַת, הֶעָרָה פּוֹגַעַת; הִתְגָּרוּת
—v.t. הֵטִיחַ עֶלְבּוֹנוֹת בְּ..., הֵעִיר הֶעָרָה מַרְשַׁעַת; הִתְגָּרָה בְּ...

taut /tɔːt/ adj. מָתוּחַ (פִיזִית אוֹ נַפְשִׁית)

tauten /ˈtɔːt(ə)n/ v.t. & i. מָתַח; נִמְתַּח

tautological /ˌtɔːtəˈlɒdʒɪk(ə)l/ adj. טָאוּטוֹלוֹגִי (חוֹזֵר עַל עַצְמוֹ בְּשִׁנּוּי מִלִּים אַךְ לְלֹא תּוֹסֶפֶת מַשְׁמָעוּת)

tautology /tɔːˈtɒlədʒɪ/ n. טָאוּטוֹלוֹגְיָה (כַּנַּ״ל)

tavern /ˈtævən/ n. (*arch.*) בֵּית־מַרְזֵחַ, מִסְבָּאָה

tawdry /ˈtɔːdrɪ/ adj. (*derog.*) צַעֲקָנִי וְזוֹל

tawny /ˈtɔːnɪ/ adj. חוּם־זָהֹב

tax /tæks/ n.
1 (levy) מַס, הֶטֵּל
2 (strain) מַעֲמָסָה, נֵטֶל כָּבֵד
—v.t.
1 (impose levy on) הֵטִיל מַס עַל; שִׁלֵּם אֶת הַמִּסִּים עַל
2 (strain) הִכְבִּיד עַל, הָיָה לְמַעֲמָסָה עַל
□ *you are taxing my patience* הַסַּבְלָנוּת שֶׁלִּי עוֹמֶדֶת לִפְקֹעַ (בְּקֶשֶׁר אֵלֶיךָ)
3 (accuse, *formal*) הֶאֱשִׁים
4 (examine and assess, *Law*) (שׁוֹפֵט) קָבַע אֶת גֹּבַהּ הַתַּשְׁלוּם בְּמִשְׁפָּט

taxable /ˈtæksəb(ə)l/ adj. חַיָּב־בְּמַס

taxation /ˌtækˈseɪʃ(ə)n/ n. מִסּוּי

tax-collector /ˈtæks-kəˌlektə(r)/ n. גּוֹבֵה־מִסִּים

tax-deductible /ˌtæks-dɪˈdʌktɪb(ə)l/ adj. נִתָּן לְנִכּוּי מִן הַמַּס (הוֹצָאוֹת וְכַד׳)

tax-free /ˈtæks-ˈfriː/ adj. פְּטוּר מִמַּס (סְחוֹרוֹת); לְאַחַר נִכּוּי־מִמַּס

taxi /ˈtæksɪ/ n. (also **taxicab** /ˈtæksɪkæb/) מוֹנִית, טַקְסִי, ״מוֹנִית סְפֵּישָׁל״
taxi rank תַּחֲנַת מוֹנִיּוֹת
—v.t. & i. הִסִּיעַ בְּמוֹנִית; (מָטוֹס) הִתְקַדֵּם לְאַט עַל הַקַּרְקַע
□ *the party guests were taxied home* הָאוֹרְחִים נִשְׁלְחוּ הַבַּיְתָה בְּמוֹנִית
□ *we saw the plane taxiing on the runway* רָאִינוּ אֶת הַמָּטוֹס מִתְקַדֵּם לְאַט עַל הַמַּסְלוּל

taxidermist /ˈtæksɪˌdɜːmɪst/ n. מְפַחְלֵץ, עוֹשֵׂה פַּחְלָצִים

taxidermy /ˈtæksɪˌdɜːmɪ/ n. מְלֶאכֶת הֲכָנַת פַּחְלָצִים

taximeter /ˈtæksɪmiːtə(r)/ n. מוֹנֶה (בְּמוֹנִית)

taxpayer /ˈtækspeɪə(r)/ n. מְשַׁלֵּם־הַמִּסִּים

tax-return /ˈtæks-rɪˌtɜːn/ n. הַצְהָרַת־מַס

tea /tiː/ n.
1 (plant, its leaves, drink) תֵּה
□ *he's not my cup of tea* (*colloq.*) הוּא לֹא הַטִּיפּוּס שֶׁלִּי
2 (meal) אֲרוּחַת־אַרְבַּע
afternoon tea תֵּה־מִנְחָה (בֵּין אַרְבַּע לְחָמֵשׁ אַחֲהַ״צ)
high tea פַּת־עַרְבִית, אֲרוּחַת עֶרֶב מֻקְדֶּמֶת

tea-bag /ˈtiː-bæg/ n. שַׂקִּית־תֵּה

tea-break /ˈtiː-breɪk/ n. הַפְסָקַת תֵּה

tea-caddy /ˈtiː-kædɪ/ n. קֻפְסַת־תֵּה (לְשִׁמּוּשׁ בֵּיתִי)

teacake /ˈtiːkeɪk/ n. (*UK*) עוּגַת תֵּה (עוּגָה הַמְּכִילָה פֵּרוֹת מְיֻבָּשִׁים, מֻגֶּשֶׁת קְלוּיָה וּמְרוּחָה בְּחֶמְאָה)

teach /tiːtʃ/ (past & past ppl. **taught** /tɔːt/) v.t. & i. לִמֵּד, הוֹרָה
□ *he teaches history in his spare time* הוּא מְלַמֵּד הִיסְטוֹרְיָה בִּזְמַנּוֹ הַפָּנוּי
□ *she teaches for a living* הִיא מַרְוִיחָה אֶת מִחְיָתָהּ בְּהוֹרָאָה
□ *the instructor taught me how to drive* הַמַּדְרִיךְ לִמֵּד אוֹתִי לִנְהֹג

teacher /ˈtiːtʃə(r)/ n. מוֹרֶה

tea-chest /ˈtiː-tʃest/ n. אַרְגַּז־תֵּה (אַרְגַּז דִּיקְט גָּדוֹל לַאֲרִיזַת תֵּה, לְעִתִּים מְשַׁמֵּשׁ גַּם לְאִחְסוּן חֲפָצִים, לְהוֹבָלוֹת וְכַד׳)

teach-in /ˈtiːtʃ-ɪn/ n. (*colloq.*) רַב־שִׂיחַ, סִימְפּוֹזְיוֹן, מִפְגַּשׁ מוֹרִים וְתַלְמִידִים

teaching /ˈtiːtʃɪŋ/ n.
1 (work or profession of teacher) הוֹרָאָה
2 (usu. in *pl.*, doctrine) תּוֹרָה
□ *the teachings of Zen* תּוֹרַת הַזֶּן

teacloth /ˈtiːklɒθ/ n.
1 (cloth for drying crockery) מַגֶּבֶת־כֵּלִים, מַגֶּבֶת־מִטְבָּח
2 (covering for table) מַפַּת שֻׁלְחָן קְטַנָּה

tea-cosy /tiː-kəʊzɪ/ n. כִּסּוּי לְקַמְקוּם הַתֵּה לִשְׁמִירַת חֻמּוֹ, מַטְמֵן

teacup /tiːkʌp/ n. סֵפֶל (לְתֵה)
a storm in a teacup (*UK colloq.*) סְעָרָה בְּכוֹס מַיִם

tea garden /tiː ˌgɑːd(ə)n/ n. קָפֶה־גַּן (לְתֵה, לְקָפֶה, וְלַאֲרוּחוֹת קַלּוֹת); מַטַּע־תֵּה

teak /tiːk/ n. טִיק, עֵץ־טִיק

teal /tiːl/ n. בַּרְוָז־בַּר קָטָן

tea-leaf /tiː-liːf/ n. (usu. in *pl.*) עֲלֵה־תֵּה; (בְּסְלֶנְג בְּרִיטִי) גַּנָּב

team /tiːm/ n. צֶוֶת; קְבוּצָה; נִבְחֶרֶת; צֶמֶד (סוּסִים, שְׁוָרִים)
team spirit רוּחַ־צֶוֶת
—v.i.
team up with (*colloq.*) הִצְטָרֵף אֶל

teamster /tiːmstə(r)/ n. (*US*) נֶהַג־מַשָּׂאִית

team-work /tiːm-wɜːk/ n. עֲבוֹדַת־צֶוֶת

tea-party /tiː-ˌpɑːtɪ/ n. מְסִבַּת־תֵּה

teapot /tiːpɒt/ n. קַמְקוּם תֵּה

tear[1] /teə(r)/ (past **tore** /tɔː(r)/, past ppl. **torn** /tɔːn/) v.t.
1 (rend) קָרַע, קָרַע לִגְזָרִים, תָּלַשׁ
tear one's hair out הוּא תָּלַשׁ אֶת שַׂעֲרוֹתָיו (בְּזַעַם/בְּחֵמָה)
□ *the scandal tore his reputation to pieces* הַשַּׁעֲרוּרִיָּה הָרְסָה אֶת הַמּוֹנִיטִין שֶׁלּוֹ
□ *I could not tear myself away* לֹא יָכֹלְתִּי לְהִנָּתֵק
□ *the builders tore down the old house* הַפּוֹעֲלִים הָרְסוּ אֶת הַבִּנְיָן הַיָּשָׁן
□ *she was torn by conflicting emotions* הִיא נִקְרְעָה בֵּין רְגָשׁוֹת מְנֻגָּדִים
2 (make a hole by tearing)
that's torn it! (*colloq.*) לַעֲזָאזֵל! הַכֹּל אָבוּד!
□ *he tore his clothes on the brambles* הוּא קָרַע אֶת בְּגָדָיו בַּקּוֹצִים
—v.i.
1 (rush, *colloq.*) "טָס"
□ *she tore up the street* הִיא טָסָה בְּמַעֲלֵה הָרְחוֹב
□ *I am in a tearing hurry* אֲנִי נוֹרָא לָחוּץ בִּזְמַן
2 (become torn) נִקְרַע
□ *this fabric tears easily* בַּד זֶה נִקְרָע בְּקַלּוּת
—n. קֶרַע

tear[2] /tɪə(r)/ n. דִּמְעָה
in tears בִּדְמָעוֹת, בְּעֵינַיִם דּוֹמְעוֹת
reduce to tears הֵבִיא לִידֵי דְּמָעוֹת/בְּכִי
a tear-jerker (*colloq.*) סוֹחֵט דְּמָעוֹת

tearaway /teərəweɪ/ n. & adj. (*UK colloq.*) צָעִיר פָּרוּעַ; חֲסַר־רֶסֶן

tear-drop /tɪə-drɒp/ n. דִּמְעָה

tearful /tɪəf(ə)l/ adj. בִּדְמָעוֹת; בַּכְיָן; עַל סַף בְּכִי

tear-gas /tɪə-gæs/ n. גַּז־מַדְמִיעַ

tearoom /tiːruːm/ n. מִסְעָדָה (לְתֵה, לְקָפֶה וְלַאֲרוּחוֹת קַלּוֹת), מִזְנוֹן, בֵּית־קָפֶה

tease /tiːz/ v.t.
1 (pester, make fun of) הִקְנִיט אֶת, הִתְגָּרָה בְּ..., קִנְטֵר
tease out הִתִּיר קְשָׁרִים בַּשֵּׂעָר, סֵרֵק (צֶמֶר וְסִיבִים)
—n. (*colloq.*) מַקְנִיטָן (אָדָם שֶׁאוֹהֵב לְהַקְנִיט וּלְהִתְגָּרוֹת); "טִיזֶר" (אָדָם הָאוֹהֵב לְהִתְגָּרוֹת הִתְגָּרוּת מִינִית)

teasel /tiːz(ə)l/ n. (also **teazle**) קֶרֶד (צֶמַח קוֹצָנִי מִמִּשְׁפַּחַת הַשַּׁלְמוֹנִיִּים)

teaser /tiːzə(r)/ n. (*colloq.*) "טִיזֶר" (אָדָם שֶׁאוֹהֵב לְהַקְנִיט וּלְהִתְגָּרוֹת לָרֹב בְּמַשְׁמָעוּת מִינִית); שְׁאֵלָה קָשָׁה, חִידָה

tea service /tiː-sɜːvɪs/ n. מַעֲרֶכֶת כֵּלִים לְתֵה, סֶרְוִיז לְתֵה

teaset /tiːset/ n. מַעֲרֶכֶת כֵּלִים לְתֵה, סֶרְוִיז לְתֵה

teashop /tiːʃɒp/ n. מִזְנוֹן, בֵּית־קָפֶה

teaspoon /tiːspuːn/ n. כַּפִּית

teaspoonful /tiːspuːnfʊl/ n. (*pl.* **teaspoonfuls**) כַּפִּית (הַכַּמּוּת שֶׁמְּכִילָה כַּפִּית)

tea-strainer /tiː-ˌstreɪnə(r)/ n. מְסַנֶּנֶת לְתֵה

teat /tiːt/ n. פִּטְמָה (שֶׁל נְקֵבַת בַּעַל־חַיִּים); פִּטְמַת גּוּמִי (לְבַקְבּוּק שֶׁל תִּינוֹק)

tea-things /tiː-θɪŋz/ n. *pl.* כְּלֵי־תֵּה

tea-time /tiː-taɪm/ n. שְׁעַת־הַתֵּה

tea-towel /tiː-taʊəl/ n. מַגֶּבֶת כֵּלִים, מַגֶּבֶת מִטְבָּח

tea-tray /tiː-treɪ/ n. מַגָּשׁ לְתֵה, מַגָּשׁ

tea-trolley /tiː-trɒlɪ/ n. עֶגְלַת־תֵּה

tea-urn /tiː-ɜːn/ n. מֵחַם (לְתֵה)

technical /teknɪk(ə)l/ adj.
1 (practical, scientific) שֶׁל הַמִּקְצוֹעוֹת הַטֶּכְנִיִּים וְהַמַּדָּעִים
technical school (or **college**) מוֹסָד (עַל תִּיכוֹנִי) לְהַכְשָׁרָה בְּמַדָּעִים וּבְמִקְצוֹעוֹת הַטֶּכְנִיִּים
technical hitch תַּקָּלָה טֶכְנִית
2 (based on specialist knowledge) טֶכְנִי
□ *don't get too technical, I just want the facts* אַל תְּדַבֵּר אִתִּי בְּשָׂפָה טֶכְנִית, אֲנִי רַק רוֹצֶה אֶת הָעֻבְדּוֹת
3 (strictly interpreted) טֶכְנִי
technical victory נִצָּחוֹן טֶכְנִי (כְּתוֹצָאָה מֵחֻקֵּי הַתַּקָּנוֹן לֹא מֵהַפְגָּנַת עֶלְיוֹנוּת)
4 (related to technique) שֶׁל טֶכְנִיקָה (בִּנְגִינָה וְכַד')
□ *his brilliance is purely technical* הוּא מַבְרִיק, אֲבָל רַק מִבְּחִינָה טֶכְנִית

technicality /ˌteknɪˈkælɪtɪ/ n. פְּרָט טֶכְנִי; מֻנָּח טֶכְנִי; נְקֻדָּה טֶכְנִית (הֶעָרָה, הִסְתַּיְּגוּת, עֲבֵרָה וְכַד')

technician /tekˈnɪʃ(ə)n/ n.
1 (practical scientist) טֶכְנַאי
2 (someone skilled in technique) אָמָּן בַּעַל טֶכְנִיקָה (אַךְ לָרֹב לְלֹא נְשָׁמָה יְתֵרָה)

Technicolor /ˈteknɪkʌlə(r)/ n. (*Prop.*) טֶכְנִיקוֹלוֹר

technique /tekˈniːk/ n. טֶכְנִיקָה, מְיֻמָּנוּת מִקְצוֹעִית

technocracy /tekˈnɒkrəsɪ/ n. טֶכְנוֹקְרַטְיָה

technocrat /ˈteknəkræt/ n. טֶכְנוֹקְרָט

technological /ˌteknəˈlɒdʒɪk(ə)l/ adj. טֶכְנוֹלוֹגִי

technology /tekˈnɒlədʒɪ/ n. טֶכְנוֹלוֹגְיָה

teddy /ˈtedɪ/ n. (also **teddy bear**) "דֻּבּוֹן", "דֻּבִּי"

teddy boy /ˈtedɪ bɔɪ/ n. (*UK*) "טֶדִי־בּוֹי" (אָדָם הַלָּבוּשׁ עַל־פִּי אָפְנַת צְעִירִים בִּבְרִיטַנְיָה בִּשְׁנוֹת הַ־50)

tedious /ˈtiːdɪəs/ adj. מְיַגֵּעַ, טַרְחָנִי, מְשַׁעֲמֵם

tedium /ˈtiːdɪəm/ n. (*formal*) שִׁעֲמוּם, הַשִּׁמָּמוֹן הַכָּרוּךְ בְּ..., הַטַּרְחָנוּת הַכְּרוּכָה בְּ..., חַדְגּוֹנִיּוּת

tee /tiː/ n. "טִי" (יָתֵד קְטַנָּה אוֹ תְּלוּלִית שֶׁעָלֶיהָ מַנִּיחִים אֶת הַכַּדּוּר לִקְרַאת הַחֲבָטָה בְּגוֹלְף)

—v.t. הִצִּיב אֶת כַּדּוּר־הַגּוֹלְף בִּמְקוֹמוֹ עַל יָתֵד כַּנַּ"ל

tee off (*Golf*) חָבַט אֶת חֲבָטַת הַפְּתִיחָה בְּגוֹלְף

□ *let's tee off with the first item on the agenda* (*colloq.*) בּוֹא נִפְתַּח בַּפְּרִיט הָרִאשׁוֹן שֶׁעַל סֵדֶר הַיּוֹם

teem[1] /tiːm/ v.i. שָׁרַץ, הָמָה, הָיָה מָלֵא בְּ...

teem[2] /tiːm/ v.i. (*colloq.*) (גֶּשֶׁם) יָרַד בְּמַבּוּל

□ *it is teeming with rain* יוֹרֵד "מַבּוּל"

teenage /ˈtiːneɪdʒ/ adj. שֶׁל בְּנֵי־הַנְּעוּרִים, שֶׁל גִּיל־הָעֶשְׂרֵה

teenager /ˈtiːneɪdʒə(r)/ n. צָעִיר בְּגִיל־הָעֶשְׂרֵה, מִתְבַּגֵּר, (בְּדִבּוּר) "טִינֵאיגֶ'ר", צָעִיר בְּגִיל הַ"טִפֵּשׁ־עֶשְׂרֵה"

teens /tiːnz/ n. *pl.* שְׁנוֹת הָ"עֶשְׂרֵה", שְׁנוֹת הַנְּעוּרִים, שְׁנוֹת הַ"טִּפֵּשׁ־עֶשְׂרֵה"

teeny /ˈtiːnɪ/ adj. (also **teeny-weeny**) קָטָן־קָטָן, קְטַנְטַן, פִּצְפּוֹן, קְטַנְצִ'יק

teeter /ˈtiːtə(r)/ v.i. נָד מִצַּד אֶל צַד, הִתְנַדְנֵד, קִרְטֵעַ

teeter on the brink עוֹמֵד עַל סַף הַתְּהוֹם

teeth /tiːθ/ *pl.* of **tooth**

teethe /tiːð/ v.i. (תִּינוֹק) הִצְמִיחַ שִׁנַּיִם, הָיָה בִּתְקוּפַת צְמִיחַת הַשִּׁנַּיִם

teething troubles (*fig.*) בְּעָיוֹת הֲרָצָה, "מַחֲלוֹת־יַלְדוּת"

□ *the project had teething troubles at first* (*fig.*) הַפְּרוֹיֶקְט סָבַל מִמַּחֲלוֹת־יַלְדוּת בְּרֵאשִׁיתוֹ

teething-ring /ˈtiːðɪŋ-rɪŋ/ n. טַבַּעַת פְּלַסְטִיק שֶׁנּוֹתְנִים לְתִינוֹק בִּזְמַן שֶׁשִּׁנָּיו מַתְחִילוֹת לִצְמֹחַ

teetotal /tiːˈtəʊt(ə)l/ adj. מִתְנַזֵּר מִמַּשְׁקָאוֹת חֲרִיפִים, "יָבֵשׁ"

teetotaller /tiːˈtəʊt(ə)lə(r)/ n. (*US* **teetotaler**) אָדָם כַּנַּ"ל

telecast /ˈtelɪkɑːst/ n. שִׁדּוּר (טֶלֶוִיזְיָה)

telecomunications /ˌtelɪkəmjuːnɪˈkeɪʃ(ə)nz/ n. *pl.* טֶלֶקוֹמוּנִיקַצְיָה, תִּקְשֹׁרֶת אֶלֶקְטְרוֹנִית

telegram /ˈtelɪgræm/ n. מִבְרָק

telegraph /ˈtelɪgrɑːf/ n. טֶלֶגְרָף

bush telegraph (*UK joc.*) מַעֲרֶכֶת הֲפָצַת שְׁמוּעוֹת

—v.t. & i. שָׁלַח מִבְרָק לְ..., הִבְרִיק לְ...; שָׁלַח מִבְרָק

telegraphese /ˌtelɪgrəˈfiːz/ n. (*colloq.*) סִגְנוֹן טֶלֶגְרָפִי, (לָשׁוֹן מְקֻצֶּרֶת בְּנֹסַח מִבְרָקִים)

telegraphic ˌtelɪˈgræfɪk/ adj. טֶלֶגְרָפִי

telegraphist /tɪˈlegrəfɪst/ n. מִבְרְקָן

telegraph-line /ˈtelɪgrɑːf-laɪn/ n. קַו־טֶלֶגְרָף, חוּטֵי־טֶלֶפוֹן

telegraph-post /ˈtelɪgrɑːf-pəʊst/ n. (also **telegraph-pole**) עַמּוּד־טֶלֶפוֹן

telegraph-wire /ˈtelɪgrɑːf-waɪə(r)/ n. חוּטֵי טֶלֶפוֹן

telegraphy /tɪˈlegrəfɪ/ n. טֶלֶגְרַפְיָה

teleological /ˌtelɪəˈlɒdʒɪk(ə)l/ adj. טֶלֶאוֹלוֹגִי (הַמְיַחֵס תַּכְלִית לְכָל דָּבָר שֶׁבַּטֶּבַע)

teleology /ˌtelɪˈɒlədʒɪ/ n. טֶלֶאוֹלוֹגְיָה (תּוֹרָה אוֹ אֱמוּנָה הַמְיַחֶסֶת תַּכְלִית לְכָל דָּבָר שֶׁבַּטֶּבַע)

telepathic /ˌtelɪˈpæθɪk/ adj. טֶלֶפָּתִי

telepathy /tɪˈlepəθɪ/ n. טֶלֶפַּתְיָה

telephone /ˈtelɪfəʊn/ n. טֶלֶפוֹן

□ *are you on the telephone?* יֵשׁ לְךָ טֶלֶפוֹן?; אַתָּה מְדַבֵּר בַּטֶּלֶפוֹן?

□ *you are wanted on the telephone* רוֹצִים אוֹתְךָ בַּטֶּלֶפוֹן, יֵשׁ לְךָ טֶלֶפוֹן, טֶלֶפוֹן בִּשְׁבִילְךָ

—v.t. & i. הִתְקַשֵּׁר (בַּטֶּלֶפוֹן) עִם/אֶל, טִלְפֵּן לְ.../אֶל; הִתְקַשֵּׁר, צִלְצֵל

telephone box /ˈtelɪfəʊn bɒks/ n. (also **telephone booth, telephone kiosk**) תָּא טֶלֶפוֹן

telephone directory /ˈtelɪfəʊn dɪˌrektərɪ/ n. (also **telephone book**) סֵפֶר טֶלֶפוֹן

telephone exchange /ˈtelɪfəʊn eksˌtʃeɪndʒ/ n. מֶרְכָּזִיַּת טֶלֶפוֹן

telephone number /ˈtelɪfəʊn ˈnʌmbə(r)/ n. מִסְפַּר טֶלֶפוֹן

telephone operator /ˈtelɪfəʊn ˈɒpəreɪtə(r)/ n. מֶרְכָּזָן

telephone receiver /ˈtelɪfəʊn rɪˈsiːvə(r)/ n. אֲפַרְכֶּסֶת הַטֶּלֶפוֹן

telephonic /ˌtelɪˈfɒnɪk/ adj. טֶלֶפוֹנִי

telephonist /tɪˌlefənɪst/ n. מֶרְכָּזָן, עוֹבֵד בְּמֶרְכָּזִיַּת טֶלֶפוֹן

telephoto /ˌtelɪˈfəʊtəʊ/ n. (also **telephoto lens**) עֲדָשַׁת־טֵלֶה, עֲדָשַׁת־רֹחַק

telephotography /ˌtelɪfəˈtɒgrəfɪ/ n. טֶלֶפוֹטוֹגְרַפְיָה, צִלּוּם־טֵלֶה

telephotographic /ˌtelɪˌfəʊtəˈgræfɪk/ adj. טֶלֶפוֹטוֹגְרָפִי

teleprinter /ˈtelɪprɪntə(r)/ n. טֶלֶפְּרִינְטֶר

teleprompter /ˈtelɪprɒmptə(r)/ n. (*Prop.*) טֶלֶפְּרוֹמְפְּטֶר, מָסָךְ (מוֹנִיטוֹר) שֶׁעָלָיו מוֹפִיעַ הַטֶּקְסְט שֶׁקּוֹרֵא קַרְיַן־הַטֶּלֶוִיזְיָה

telesales /ˈtelɪˌseɪlz/ n. *pl.* הֲפָצָה בַּטֶּלֶפוֹן (שֶׁל מוּצְרֵי צְרִיכָה)

telescope /ˈtelɪskəʊp/ n. טֶלֶסְקוֹפּ
—v.t. & i. פָּתַח/קִפֵּל כְּמוֹ טֶלֶסְקוֹפּ; נִפְתַּח/הִתְקַפֵּל כְּמוֹ טֶלֶסְקוֹפּ (שָׁלָב בְּתוֹךְ שָׁלָב)
□ *the cars were telescoped in the collision* שַׁרְשֶׁרֶת שֶׁל מְכוֹנִיּוֹת נִכְנְסוּ זוֹ בְּתוֹךְ זוֹ בַּהִתְנַגְּשׁוּת

telescopic /ˌtelɪˈskɒpɪk/ adj.
1 (pertaining to a telescope) טֶלֶסְקוֹפִּי
telescopic sight כַּוֶּנֶת טֶלֶסְקוֹפִּית (לְרוֹבֵה צַלָּפִים)
2 (extensible) טֶלֶסְקוֹפִּי
□ *the radio had a telescopic aerial* לָרַדְיוֹ הָיְתָה אַנְטֶנָּה מִתְקַפֶּלֶת

teletext /ˈtelɪtekst/ n. וִידֵיאוֹטֶקְסְט, טֶלֶטֶקְסְט (טֶקְסְט מְשֻׁדָּר בַּטֶּלֶוִיזְיָה תַּקְצִירֵי חֲדָשׁוֹת, שַׁעֲרֵי חֲלִיפִין, וְכַד׳)

telethon /ˈtelɪθɒn/ n. מָרָתוֹן טֶלֶוִיזְיוֹנִי (שִׁדּוּר אָרֹךְ לְמַטְּרוֹת צְדָקָה)

televise /ˈtelɪvaɪz/ v.t. צִלֵּם לְשִׁדּוּר בַּטֶּלֶוִיזְיָה
□ *the Olympic Games were televised* הָאוֹלִימְפִּיָּדָה שֻׁדְּרָה בַּטֶּלֶוִיזְיָה

television /ˈtelɪˈvɪʒ(ə)n/ n. (also **television set**)
טֶלֶוִיזְיָה, מַקְלֵט טֶלֶוִיזְיָה
□ *what is on television tonight?* מַה יֵּשׁ הָעֶרֶב בַּטֶּלֶוִיזְיָה?

telex /ˈteleks/ n. טֶלֶקְס
—v.t. לִשְׁלֹחַ בְּטֶלֶקְס אֶת; לִשְׁלֹחַ טֶלֶקְס אֶל

tell /tel/ (past & past ppl. **told** /təʊld/) v.t.
1 (relate, state, divulge, utter) אָמַר, סִפֵּר, יַגִּיד (״יַגִּיד״ בְּשִׁמּוּשׁ בְּצוּרַת הֶעָתִיד וּבְצִוּוּי)
you're telling me! אַתָּה מְסַפֵּר לִי!
tell the time קָרָא (אֶת הַזְּמַן) בְּשָׁעוֹן
tell tales (*fig.*) גִּלָּה סוֹדוֹת
□ *tell me what you want* תַּגִּיד לִי מָה אַתָּה רוֹצֶה
□ *I told you so!* (*colloq.*) אָמַרְתִּי לְךָ!
□ *tell me another* (*colloq.*) לֵךְ סַפֵּר לְסַבְתָּא! בְּחַיֵּיךְ!
□ *tell me what you think of it!* תַּגִּיד לִי מַה דַּעְתְּךָ! תַּגִּיד לִי מָה אַתָּה חוֹשֵׁב עַל זֶה!
□ *tell me what time it is!* תַּגִּיד לִי מַה הַשָּׁעָה!
2 (discern) הִבְחִין בֵּין..., הִבְדִּיל בֵּין...
you never can tell אִי אֶפְשָׁר לָדַעַת. מִי יוֹדֵעַ?
□ *I can't tell the twins apart* אֲנִי לֹא מַבְדִּיל בֵּין הַתְּאוֹמִים
□ *there's no telling what will happen next!* אִי אֶפְשָׁר לָדַעַת! הַכֹּל יָכוֹל לִקְרוֹת!
3 (direct, order) אָמַר, יַגִּיד (״יַגִּיד״ בֶּעָתִיד וּבְצִוּוּי)
tell off (*colloq.*) נָזַף בְּ...
□ *do as you are told* תַּעֲשֶׂה (אֶת) מַה שֶּׁאוֹמְרִים לְךָ (לַעֲשׂוֹת)
4 (count) מָנָה, סָפַר
□ *all told, sixty people came* בְּסַךְ הַכֹּל בָּאוּ שִׁשִּׁים אֲנָשִׁים
—v.i.
1 (produce marked effect, *formal*) נָתַן אוֹתוֹתָיו, הִשְׁפִּיעַ
time will tell יָמִים יַגִּידוּ
□ *the strain began to tell on her* הַמֶּתַח הֵחֵל נִכָּר בְּפָנֶיהָ
2 (inform against, *colloq.*) הִלְשִׁין עַל
tell on (*colloq.*) הִלְשִׁין עַל
□ *you won't tell, will you?* אַתָּה לֹא תְּסַפֵּר לְאַף אֶחָד, נָכוֹן?

teller /ˈtelə(r)/ n.
1 (bank official) טֶלֶר, כַּסְפָּר, קוּפַּאי, פָּקִיד בְּאֶשְׁנַב הַבַּנְק
2 (counter of votes) מוֹנֶה הַקּוֹלוֹת (בְּהַצְבָּעָה)
3 (narrator, *formal*) מְסַפֵּר
a teller of tales מְסַפֵּר אַגָּדוֹת, בַּעַל מַעֲשִׂיּוֹת (מְסַפֵּר מִקְצוֹעִי)

telling /ˈtelɪŋ/ adj. רַב־מַשְׁמָעוּת, מַכְרִיעַ

tell-tale /ˈtel-teɪl/ n. & adj. מַלְשָׁן; מְגַלֵּה־סוֹד, מַרְשִׁיעַ
□ *the child gave a tell-tale smile* הַיֶּלֶד חִיֵּךְ חִיּוּךְ מְגַלֵּה־סוֹד

telly /ˈtelɪ/ n. (*colloq.*) טֶלֶוִיזְיָה

temerity /tɪˈmerɪtɪ/ n. (*formal*) פְּזִיזוּת, עַזּוּת מֵצַח, חֻצְפָּה

temp /temp/ n. (*colloq.*) (עוֹבֵד) ״זְמַנִּי״ (בְּעִקָּר מַזְכִּירָה)

temper /ˈtempə(r)/ n.
1 (disposition of mind) מֶזֶג, אֹפִי
□ *a person of gentle temper* אָדָם בַּעַל מֶזֶג עָדִין
2 (irritation, anger) זַעַם, חֵמָה, ״מַצַּב־רוּחַ״
in a temper מִתְּעַבְרֵחַ
a fit of temper הֶתְקֵף זַעַם, ״קְרִיזָה״
□ *he lost his temper* הוּא יָצָא מִכֵּלָיו, הוּא הִתְפָּרֵץ בְּזַעַם, הוּא לֹא מָשַׁל בְּרוּחוֹ
3 (condition of metal) קַשְׁיוּת
—v.t.
1 (harden metal) הִקְשָׁה (מַתֶּכֶת)
2 (mitigate, moderate) מִתֵּן, רִכֵּךְ, הִמְתִּיק, מִזֵּג

tempera /ˈtempərə/ n. טֶמְפֶּרָה (בְּצִיּוּר, צֶבַע עַל בְּסִיס חֶלְמוֹן אוֹ דֶּבֶק)

temperament /ˈtemprəmənt/ n. מֶזֶג, טֶמְפֶּרָמֶנְט

temperamental /ˌtemprəˈment(ə)l/ adj. בַּעַל מֶזֶג סוֹעֵר, נָתוּן לְמַצְּבֵי־רוּחַ, קַפְּרִיזִי

temperance /ˈtempərəns/ n. מְתִינוּת; הִתְנַזְּרוּת מִמַּשְׁקָאוֹת חֲרִיפִים

temperate /ˈtempərət/ adj.
1 (showing self-control) מְאֻפָּק, מִסְתַּפֵּק בְּמוּעָט, מָתוּן
2 (of mild temperature) מְמֻזָּג, מָתוּן (מֶזֶג אֲוִיר, מִדַּת־חֹם); שֶׁל מֶזֶג אֲוִיר מָתוּן

temperature /ˈtemprətʃə(r)/ n. חֹם טֶמְפֶּרָטוּרָה, מַעֲלוֹת הַחֹם

□ *the temperatures in Spain can be unbearable* הַחֹם בִּסְפָרַד הוּא לְעִתִּים בִּלְתִּי־נִסְבָּל
□ *she took his temperature* הִיא מָדְדָה לוֹ אֶת הַחֹם

tempest /ˈtempɪst/ n. (*poet.*) סוּפָה, סְעָרָה

tempestuous /temˈpestʃʊəs/ adj. (*poet.*) סוֹעֵר

template /ˈtempleɪt/ n. שַׁטְנָץ, מַבְלֵט (תַּבְנִית אוֹ דֶּגֶם לְחִתּוּךְ אוֹ לְהַעְתָּקָה שֶׁל צוּרוֹת בְּמַתֶּכֶת, עֵץ, פְּלַסְטִיק וְכַד׳); מֵעֵין סְטֶנְסִיל; (בְּמַחְשְׁבִים) פוֹרְמָט קָבוּעַ־מֵרֹאשׁ לְמִכְתָּבִים וְכַד׳

temple[1] /ˈtemp(ə)l/ n. מִקְדָּשׁ, הֵיכָל; בֵּית הַמִּקְדָּשׁ; (בְּאַרְהַ"ב) בֵּית־כְּנֶסֶת רֶפוֹרְמִי/קוֹנְסֶרְבָטִיבִי

temple[2] /ˈtemp(ə)l/ n. רַקָּה, צְדָעַיִם

tempo /ˈtempəʊ/ n. קֶצֶב, טֶמְפּוֹ; (בְּמוּזִיקָה) מִפְעָם, זִמְנָה, טֶמְפּוֹ

temporal /ˈtempərəl/ adj.
1 (secular, *formal*) חִלּוֹנִי, שֶׁל הָעוֹלָם הַזֶּה, שֶׁל חֻלִּין
2 (of time) שֶׁל זְמַן, מֻגְבָּל עַל יְדֵי זְמַן, חוֹלֵף
3 (of the temples of the head) שֶׁל הַצֶּדַע, צִדְעִי

temporarily /ˈtemp(ə)rərɪlɪ/ adv. בְּאֹפֶן זְמַנִּי, בְּאֹפֶן אַרְעִי

temporary /ˈtemp(ə)rerɪ/ adj. & n. זְמַנִּי, אַרְעִי; (עוֹבֵד) "זְמַנִּי"

temporization /ˌtempəraɪˈzeɪʃ(ə)n/ n. (*formal*) הַשְׁהָיָה, עִכּוּב

temporize /ˈtempəraɪz/ v.i. (*formal*) הִשְׁהָה, עִכֵּב, דָּחָה (כְּדֵי לְהַרְוִיחַ זְמַן)
□ *the committee temporized for a long time* הַוַּעֲדָה עִכְּבָה אֶת הַהַחְלָטָה לִזְמַן רַב

tempt /tempt/ v.t.
1 (persuade) פִּתָּה, שִׁדֵּל, שִׁכְנֵעַ
2 (arouse desire in, attract) פִּתָּה (מִינִית)
3 (provoke) הִתְגָּרָה בְּ...
tempt providence (or **fate**) הִתְגָּרָה בַּמַּזָּל/בַּגּוֹרָל

temptation /tempˈteɪʃ(ə)n/ n. פִּתּוּי

tempter /ˈtemptə(r)/ n. (*poet.*) מְפַתֶּה, מַדִּיחַ

tempting /ˈtemptɪŋ/ adj. מְפַתֶּה, מוֹשֵׁךְ, קוֹסֵם

temptress /ˈtemptrɪs/ n. (*poet.*) אִשָּׁה הַמַּפִּילָה גְּבָרִים בְּרִשְׁתָּהּ, "צַיֶּדֶת־גְּבָרִים"

ten /ten/ n. & adj. עֶשֶׂר; עֲשָׂרָה, עֶשֶׂר
ten to one (אֲנִי מִתְעָרֵב אִתְּךָ) עֶשֶׂר לְאֶחָד

tenable /ˈtenəb(ə)l/ adj.
1 (that can be maintained against objection) (טִעוּן, דֵּעָה) שֶׁאֶפְשָׁר לְהָגֵן עָלָיו, שֶׁקָּשֶׁה לְהַפְרִיכוֹ
□ *the argument is tenable* זֶה טִעוּן תָּקֵף
2 (that can be held) (מִשְׂרָה תְּקֵן) לִתְקוּפַת זְמַן מֻגְדֶּרֶת שֶׁל, הָחֵל מִ...
□ *the post is tenable for a limited period* הַמִּשְׂרָה הִיא לִתְקוּפָה מֻגְבֶּלֶת

tenacious /tɪˈneɪʃəs/ adj. נָחוּשׁ בְּדַעְתּוֹ, דָּבֵק בֶּאֱמוּנָתוֹ, עַקְשָׁן

tenacity /tɪˈnæsɪtɪ/ n. נְחִישׁוּת, אֲחִיזָה עִקֶּשֶׁת בְּ...

tenancy /ˈtenənsɪ/ n. חֲכִירָה, שְׂכִירוּת, תְּקוּפַת חֲכִירָה

tenant /ˈtenənt/ n. דַּיָּר, חוֹכֵר, שׂוֹכֵר
tenant farmer אִכָּר הַחוֹכֵר אֶת אַדְמָתוֹ

tenantry /ˈtenəntrɪ/ n. כְּלַל הַדַּיָּרִים אוֹ הָאֲרִיסִים (לָרֹב בְּמִשְׁטָר הַפֵּיאוֹדָלִי)

tench /tentʃ/ n. דַּג־טִינְקָה, מֵעֵין קַרְפִּיּוֹן

tend[1] /tend/ v.i. נָטָה לְ...

tend[2] /tend/ v.t. טִפֵּל בְּ..., הִשְׁגִּיחַ עַל (חוֹלֶה, זָקֵן)

tendency /ˈtendənsɪ/ n. נְטִיָּה

tendentious /tenˈdenʃəs/ adj. (*formal derog.*) מְגַמָּתִי, שָׁנוּי בְּמַחֲלֹקֶת

tender[1] /ˈtendə(r)/ adj. רַךְ, עָדִין, עָנֹג; רָגִישׁ
a tender subject נוֹשֵׂא רָגִישׁ
a child of tender years יֶלֶד רַךְ בַּשָּׁנִים
tender meat בָּשָׂר רַךְ

tender[2] /ˈtendə(r)/ n. הַצָּעַת־מְחִיר (עַל מִכְרָז)
legal tender הִילָךְ חֻקִּי; מַטְבֵּעַ חֻקִּי
—v.t. & i. הִגִּישׁ (שֵׁרוּתִים, הִתְפַּטְּרוּת, תַּשְׁלוּם בִּמְדֻיָּק); הִגִּישׁ הַצָּעַת מְחִיר לְמִכְרָז
□ *my firm tendered for the building of the by-pass* הַחֶבְרָה שֶׁלִּי הִגִּישָׁה הַצָּעַת־מְחִיר לִבְנִיַּת הַכְּבִישׁ הָעוֹקֵף
□ *I have tendered my resignation* (*formal*) הִגַּשְׁתִּי אֶת הִתְפַּטְּרוּתִי

tender[3] /ˈtendə(r)/ n.
1 (fuel truck behind locomotive) קְרוֹן־פֶּחָמִים (הַמְסַפֵּק פֶּחָם לְקַטָּר)
2 (small ship) סְפִינַת שֵׁרוּת קְטַנָּה

tenderfoot /ˈtendəfʊt/ n. (*US colloq.*) "יָרֹק", "טִירוֹן"

tender-hearted /ˌtendə-ˈhɑːtɪd/ adj. רַךְ־לֵבָב, רַחוּם, רַחֲמָן

tenderize /ˈtendəraɪz/ v.t. רִכֵּךְ (בָּשָׂר, בְּמַהֲלוּמוֹת אוֹ בִּמְלָחִים)

tenderloin /ˈtendəlɔɪn/ n. פִּילֶה בָּקָר/חֲזִיר, פִּילֶה מֹתֶן

tenfold /ˈtenfəʊld/ adj. & adv. פִּי עֲשָׂרָה

tendon /ˈtendən/ n. גִּיד

tendril /ˈtendrɪl/ n. קְנוֹקֶנֶת

tenement /ˈtenəmənt/ n. שִׁכּוּן (בְּלוֹק דִּירוֹת בִּשְׁכוּנָה עֲמָמִית); נַדְלָ"ן (רָאשֵׁי תֵּבוֹת: נִכְסֵי־דְּלָא־נָיְדֵי)

tenet /ˈtenɪt/ n. (*formal*) עִקָּרוֹן בְּסִיסִי

tennis /ˈtenɪs/ n. טֶנִיס

tennis-ball /ˈtenɪs-bɔːl/ n. כַּדּוּר־טֶנִיס

tennis-court /ˈtenɪs-kɔːt/ n. מִגְרַשׁ־טֶנִיס

tennis elbow /ˌtenɪs ˈelbəʊ/ n. דַּלֶּקֶת־הַמַּרְפֵּק (נִגְרֶמֶת ע"י עֹמֶס יָתֵר לַמַּרְפֵּק)

tennis-racket /ˈtenɪs-ˌrækɪt/ n. מַחְבֵּט־טֶנִיס, רַקֶּטֶת־טֶנִיס

tennis shoe /ˈtenɪs ʃuː/ n. נַעַל טֶנִיס; נַעַל סְפּוֹרְט

tenon /ˈtenən/ n. & v.t. שֶׁגֶם, מַחְבֵּר, סִין; חִבֵּר בְּשֶׁגֶם
tenon saw מַסּוֹר־גַּב

tenor /ˈtenə(r)/ n.
1 (voice or range of pitch, *Mus.*) טֶנוֹר
2 (singer) זַמַּר־טֶנוֹר, טֶנוֹר
3 (direction or character, *formal*) אֹרַח (חַיִּים); הַטּוֹן הַכְּלָלִי (שֶׁל נְאוּם, חִבּוּר)

tenpin /ˈtenpɪn/ n. חַיָּל־כַּדֹּרֶת, חַיָּל־בָּאוּלִינְג
tenpin bowling (*US* **tenpins**) מִשְׂחַק הַכַּדֹּרֶת, בָּאוּלִינְג

tense[1] /tens/ n. (*Gram.*) זְמַן־הַפֹּעַל

tense[2] /tens/ adj.
1 (stretched tight) מָתוּחַ (פִּיזִית)
2 (highly strung) מָתוּחַ (נַפְשִׁית)
□ *he's a very tense person* הוּא אָדָם מָתוּחַ מְאֹד
—v.t. & i. כִּוֵּץ (שְׁרִיר); הִתְכַּוֵּץ, הִתְמַתַּח

tensile /ˈtensaɪl/ adj. שֶׁל מְתִיחָה (מֻנָּח טֶכְנִי)
tensile strength הִתְנַגְּדוּת לִמְתִיחָה (שֶׁל מַתָּכוֹת וְכַד׳)

tension /ˈtenʃ(ə)n/ n.
1 (stretching or being stretched) מְתִיחָה, מְתִיחוּת, מֶתַח
2 (mental or physical strain) מֶתַח נַפְשִׁי, מְתִיחוּת נַפְשִׁית
3 (strained state or condition) מֶתַח, מְתִיחוּת (בֵּין מְדִינוֹת וְכַד׳)
4 (voltage) מֶתַח (חַשְׁמַלִּי)
high-tension cables קַוֵּי־מֶתַח־גָּבוֹהַּ

tent /tent/ n. אֹהֶל

tentacle /ˈtentək(ə)l/ n. זְרוֹעַ (לָרֹב שֶׁל חַסְרֵי חֻלְיוֹת, תְּמָנוּן וְכַד׳); מָשׁוֹשׁ

tentative /ˈtentətɪv/ adj. טֶנְטָטִיבִי, לְצֹרֶךְ נִסָּיוֹן; הַסְסָנִי

tenterhooks /ˈtentəhʊks/ n. *pl.*
on tenterhooks "עַל סִכּוֹת", דָּרוּךְ וּמָתוּחַ

tenth /tenθ/ adj. & n. עֲשִׂירִי, עֲשִׂירִית; הַחֵלֶק הָעֲשִׂירִי, עֲשִׂירִית

tent-peg /ˈtent-peg/ n. יָתֵד לְאֹהֶל

tenuous /ˈtenjʊəs/ adj. דַּקִּיק, עָדִין; קָלוּשׁ; מְעֻדָּן יוֹתֵר מִדַּי

tenure /ˈtenjə(r)/ n. קְבִיעוּת; פֶּרֶק זְמַן קָצוּב, כְּהֻנָּה (בְּמִשְׂרָה); זְכוּת שִׁמּוּשׁ לִתְקוּפָה מֻגְדֶּרֶת

tenured /ˈtenjəd/ adj. עִם קְבִיעוּת
□ *the lecturer had a tenured post at the university*
לַמַּרְצָה יֵשׁ מִשְׂרָה עִם קְבִיעוּת בָּאוּנִיבֶרְסִיטָה

tepee /ˈtiːpiː/ n. אֹהֶל אִינְדִיאָנִי, וִיגְוָם, טִיפִּי

tepid /ˈtepɪd/ adj. פּוֹשֵׁר

tequila /təˈkiːlə/ n. טֶקִילָה (מַשְׁקֶה אַלְכּוֹהוֹלִי מֶקְסִיקָאִי)

tercentary /ˌtɜːsenˈtiːnərɪ/ n. יוֹבֵל הַשְּׁלֹשׁ־מֵאוֹת

term /tɜːm/ n.
1 (limited period) פֶּרֶק־זְמַן
term of office קַדֶּנְצְיָה, תְּקוּפַת כְּהֻנָּה
school term עוֹנַת לִמּוּדִים, טְרִימֶסְטֶר (שְׁלֹשָׁה בְּשָׁנָה); סֶמֶסְטֶר (שְׁנַיִם בְּשָׁנָה)
2 (word, expression, often in *pl.*) מֻנָּח, בִּטּוּי; מִלִּים, לָשׁוֹן
a contradiction in terms סְתִירָה עַל־פִּי הַגְדָּרָה, סְתִירָה מֵעִקָּרָהּ, מִנֵּיהּ וּבֵיהּ
in simple terms בְּמֻנָּחִים פְּשׁוּטִים
□ *it's a botanical term* זֶה מֻנָּח בּוֹטָנִי
□ *he replied in no uncertain terms* הוּא הֵשִׁיב בְּלָשׁוֹן חַד־מַשְׁמָעִית
3 (in *pl.*, conditions) תְּנָאִים
terms of reference תְּחוּם סַמְכוּת, הַנְחָיוֹת לַוַּעֲדָה
come to terms with הִשְׁלִים עִם, קִבֵּל אֶת הָרַעְיוֹן שֶׁ...
□ *I got a loan on easy terms* קִבַּלְתִּי הַלְוָאָה בִּתְנָאִים נוֹחִים
□ *I want it on any terms* אֲנִי רוֹצֶה אֶת זֶה בְּכָל מְחִיר
4 (in *pl.*, relationship) יְחָסִים
□ *they are on good terms* הֵם בְּיַחֲסִים טוֹבִים
□ *we are not on speaking terms* אֲנַחְנוּ לֹא מְדַבְּרִים זֶה עִם זֶה
5 (*Math.*) אֵיבָר
—v.t. כִּנָּה בְּתֹאַר..., הִכְתִּיר אֶת... בְּתֹאַר
□ *the press termed the elections a disaster*
הָעִתּוֹנוּת הִכְתִּירָה אֶת הַבְּחִירוֹת בְּתֹאַר "אָסוֹן"

termagant /ˈtɜːməgənt/ n. "קְסַנְטִיפָּה"

terminable /ˈtɜːmɪnəb(ə)l/ adj. (*formal*) שֶׁאֶפְשָׁר לְבַטְּלוֹ, שֶׁאֶפְשָׁר לְסַיְּמוֹ

terminal /ˈtɜːmɪn(ə)l/ adj.
1 (leading to death) חֲשׂוּךְ־מַרְפֵּא, קַטְלָנִי
terminal illness מַחֲלָה חֲשׂוּכַת מַרְפֵּא (הַמּוֹבִילָה לְמָוֶת)
terminal patient חוֹלֶה חֲשׂוּךְ־מַרְפֵּא
2 (of or forming the last part) סוֹפִי, אַחֲרוֹן
□ *the crowd gathered at the terminal marker* הַקָּהָל הִתְאַסֵּף לְיַד הַשֶּׁלֶט הָאַחֲרוֹן
3 (of a term) תְּקוּפָתִי
□ *they completed the terminal accounts* הֵם עָרְכוּ אֶת הַחֶשְׁבּוֹנוֹת הַתְּקוּפָתִיִּים
—n. מָסוֹף, טֶרְמִינָל; תַּחֲנָה
air terminal מָסוֹף, טֶרְמִינָל (בִּשְׂדֵה־תְּעוּפָה)
computer terminal מָסוֹף מַחְשֵׁב, טֶרְמִינָל מַחְשֵׁב
positive (or **negative**) **terminal** קֹטֶב חִיּוּבִי/שְׁלִילִי (בְּחַשְׁמַל)
railway terminal תַּחֲנַת הָרַכֶּבֶת (בְּסוֹף הַמְּסִלָּה)

terminate /ˈtɜːmɪneɪt/ v.t. & i. (*formal*) סִיֵּם אֶת, בִּטֵּל אֶת, הִפְסִיק אֶת; הִסְתַּיֵּם, נִפְסַק, נִגְמַר

termination /ˌtɜːmɪˈneɪʃ(ə)n/ n.
1 (ending, *formal*) סִיּוּם, קֵץ
2 (*Gram.*) סִיֹּמֶת

terminological /ˌtɜːmɪnəˈlɒdʒɪk(ə)l/ adj. שֶׁל מִנּוּחַ, טֶרְמִינוֹלוֹגִיָּה

terminology /ˌtɜːmɪˈnɒlədʒɪ/ n. מִנּוּחַ, טֶרְמִינוֹלוֹגְיָה

terminus /ˈtɜːmɪnəs/ n. (*pl.* **terminuses**) תַּחֲנָה סוֹפִית

  terminus ad quem (*formal*) לֹא אַחֲרֵי תַּאֲרִיךְ... (בִּקְבִיעַת תַּאֲרִיכִים הִיסְטוֹרִיִּים)

  terminus a quo (*formal*) לֹא לִפְנֵי תַּאֲרִיךְ... (בִּקְבִיעַת תַּאֲרִיכִים הִיסְטוֹרִיִּים)

termite /ˈtɜːmaɪt/ n. טֶרְמִיט, "נְמָלָה לְבָנָה"

tern /tɜːn/ n. שַׁחֲפִית (עוֹף־יָם קָטָן)

terrace /ˈterəs/ n.

  1 (raised level space) טֶרַסָּה, "מַדְרֵגָה", מִדְרָג; מִרְפֶּסֶת

  2 (row of houses) שׁוּרַת בָּתִּים צְמוּדִים זֶה לָזֶה (לְלֹא רֶוַח)

  terrace house בַּיִת אֶחָד כַּנַּ"ל

  3 (shallow steps for spectators) יְצִיעִים (בְּאִצְטַדְיוֹן)

  —v.t. לַעֲשׂוֹת טֶרַסּוֹת

terracotta /ˌterəˈkɒtə/ n. טֶרָקוֹטָה, חֶרֶס אֲדַמְדַּם

terra firma ˌterə ˈfɜːmə/ n. (*formal*) חָרָבָה, יַבָּשָׁה

terrain /təˈreɪn/ n. שֶׁטַח, פְּנֵי הַשֶּׁטַח, קַרְקַע, פְּנֵי הַקַּרְקַע

terra incognita /ˌterə ɪnkɒgˈniːtə/ n. אֶרֶץ־לֹא־נוֹדַעַת, שֶׁטַח לֹא־מֻכָּר; תַּעֲלוּמָה

terrapin /ˈterəpɪn/ n. צַב־בִּצּוֹת (צָב קָטָן הַחַי בְּמַיִם מְתוּקִים)

terrestrial /təˈrestrɪəl/ adj/ יַבַּשְׁתִּי (בַּעֲלֵי־חַיִּים וּצְמָחִים); אַרְצִי; שֶׁל כּוֹכַב הַלֶּכֶת אֶרֶץ

terrible /ˈterɪb(ə)l/ adj.

  1 (causing great shock or fear) נוֹרָא, מַטִּיל־אֵימָה

  □ *it was a most terrible car accident* זוֹ הָיְתָה תְּאוּנָה אֲיֻמָּה וְנוֹרָאָה

  2 (excessively bad, *colloq.*) אָיֹם, נוֹרָא

  □ *he is a terrible bore* הוּא מְשַׁעֲמֵם נוֹרָא

  □ *I have had such terrible luck* הָיָה לִי מַזָּל נוֹרָא וְאָיֹם

terribly /ˈterɪblɪ/ adv. מְאֹד, נוֹרָא

terrier /ˈterɪə(r)/ n. טֶרְיֶר (סוּג שֶׁל כֶּלֶב)

terrific /təˈrɪfɪk/ adj. (*colloq.*)

  1 (huge) אַדִּיר, עָצוּם, עֲנָק

  □ *a terrific wave swamped the ship's deck* גַּל עָצוּם הֵצִיף אֶת סִפּוּן הָאֳנִיָּה

  2 (marvellous) אַדִּיר, נִפְלָא, יוֹצֵא מִן הַכְּלָל

  □ *we had a terrific time on holiday* הָיָה לָנוּ חֹפֶשׁ נִפְלָא, בִּלִּינוּ בְּצוּרָה מְשַׁגַּעַת

terrify /ˈterɪfaɪ/ v.t. הֵטִיל אֵימָה, הֶחֱרִיד, הִבְעִית

territorial /ˌterɪˈtɔːrɪəl/ adj. טֶרִיטוֹרְיָלִי, שֶׁל גְּבוּלוֹת

  Territorial Army חֵיל מִתְנַדְּבִים אֲזוֹרִי (בִּבְרִיטַנְיָה)

  territorial waters מֵי טֶרִיטוֹרְיָלִיִּים

  —n. חַיָּל בְּחֵיל מִתְנַדְּבִים אֲזוֹרִי בִּבְרִיטַנְיָה

territory /ˈterɪt(ə)rɪ/ n. שֶׁטַח, תְּחוּם, טֶרִיטוֹרְיָה, חֶבֶל־אֶרֶץ

terror /ˈterə(r)/ n.

  1 (fear) פַּחַד, אֵימָה, בְּעָתָה

  2 (person causing fear) "אֵימָה" (הוּא אֵימַת־הָעִיר)

  3 (troublesome person, *colloq.*) צָרָה צְרוּרָה

  holy terror "פֶּגַע רַע", "אָסוֹן טֶבַע"

  □ *the twins are little terrors* הַתְּאוֹמִים הֵם אָסוֹן טֶבַע

terrorism /ˈterərɪzəm/ n. טֵרוֹר

terrorist /ˈterərɪst/ n. טֵרוֹרִיסְט

terrorize /ˈterəraɪz/ v.t. הֵטִיל טֵרוֹר עַל, הֵטִיל אֵימָה עַל...

terry /ˈterɪ/ n. בַּד־מַגֶּבֶת

terse /tɜːs/ adj. תַּמְצִיתִי, קָצָר וְלָעִנְיָן (לְעִתִּים קָצָר מִדַּי)

tertiary /ˈtɜːʃərɪ/ adj. (*formal*) שְׁלִישִׁי (בַּחֲשִׁיבוּת, מַעֲלָה וְכוּ'...); גָּבוֹהַּ

  tertiary education הַשְׂכָּלָה גְּבוֹהָה (עַל־תִּיכוֹנִית)

Terylene /ˈterɪliːn/ n. (*Prop.*) טֶרִילִין (סוּג בַּד סִינְתֶטִי)

tessellated /ˈtesəleɪtɪd/ adj. עָשׂוּי פְּסִיפָס, עָשׂוּי מוֹזָאִיקָה

test /test/ n. מִבְחָן, בְּחִינָה; בְּדִיקָה

  test card דֻּגְמַת־בְּדִיקָה (שֶׁמְּשַׁדְּרִים בַּטֶּלֶוִיזְיָה כְּשֶׁאֵין מְשַׁדְּרִים תָּכְנִית)

  test case מִשְׁפָּט תַּקְדִּימִי (בְּמִשְׁפָּטִים, וְגַם בְּהַשְׁאָלָה)

  test match מִשְׂחָק בֵּין־לְאֻמִּי (בְּקְרִיקֶט אוֹ רֶגְבִּי)

  test paper

  (minor exam) בְּחִינָה (בְּבֵית־סֵפֶר)

  (*Chem.*) נְיַר לַקְמוּס (כִּימְיָה)

  test pilot טַיַּס נִסּוּי

  —v.t. בָּחַן, בָּדַק, נִסָּה; הֶעֱמִיד בְּמִבְחָן אֶת

  testing times יָמִים קָשִׁים, יְמֵי מִבְחָן

  □ *she decided to have her eyes tested* הִיא הֶחְלִיטָה לַעֲבֹר בְּדִיקַת עֵינַיִם

testament /ˈtestəmənt/ n.

  1 (will, *formal*) צַוָּאָה

  last will and testament צַוָּאָה אַחֲרוֹנָה; צַוָּאַת שְׁכִיב־מְרַע

  2 (division of Bible)

  New Testament הַבְּרִית הַחֲדָשָׁה

  Old Testament תַּנַ"ךְ

testamentary /ˌtestəˈment(ə)rɪ/ adj. (*Law*) שֶׁעַל פִּי צַוָּאָה

testate /ˈtesteɪt/ adj. (*Law*) בַּעַל צַוָּאָה תְּקֵפָה

testator /teˈsteɪtə(r)/ n. (*Law*) בַּעַל הַצַּוָּאָה

testatrix /teˈsteɪtrɪks/ n. (*Law*) בַּעֲלַת הַצַּוָּאָה

test-drive /ˈtest-draɪv/ n. & v.t. נְסִיעַת־מִבְחָן; לָקַח לִנְסִיעַת מִבְחָן

testicle /ˈtestɪk(ə)l/ n. אֶשֶׁךְ

testify /ˈtestɪfaɪ/ v.t.

  1 (affirm or declare) הֵעִיד שֶׁ..., נָתַן עֵדוּת שֶׁ...

  □ *he testified that he had not been present* הוּא הֵעִיד שֶׁלֹּא הָיָה נוֹכֵחַ

  2 (be evidence of, *formal*) הֵעִיד שֶׁ..., הָיָה עֵדוּת לְכָךְ שֶׁ...

□ *her tears testified her grief* דִּמְעוֹתֶיהָ הֵעִידוּ עַל יְגוֹנָהּ

—v.i.

1 (bear witness, *formal*) הֵעִיד
□ *the boy testified to his friend's innocence* הַיֶּלֶד הֵעִיד כִּי חֲבֵרוֹ חַף מִפֶּשַׁע

2 (give evidence, *Law*) נָתַן עֵדוּת
□ *the witness was summoned to testify in court* הָעֵד זֻמַּן כְּדֵי לָתֵת עֵדוּת בְּבֵית־הַמִּשְׁפָּט

testimonial /ˌtestɪˈməʊnɪəl/ n.
1 (certificate of conduct) מִכְתַּב הַמְלָצָה, הַמְלָצָה
2 (tribute, mark of esteem) תְּעוּדַת הוֹקָרָה, אוֹת הוֹקָרָה

testimony /ˈtestɪmənɪ/ n. (*Law*) עֵדוּת, הַצְהָרָה בִּשְׁבוּעָה

testosterone /ˌteˈstɒstərəʊn/ n. טֶסְטוֹסְטֶרוֹן (הוֹרְמוֹן גַּבְרִי)

test-tube /ˈtest-tjuːb/ n. מַבְחֵנָה
test-tube baby תִּינוֹק מַבְחֵנָה

testy /ˈtestɪ/ adj. קְצַר־רוּחַ, זַעֲפָן

tetanus /ˈtetənəs/ n. טֶטָנוּס

tetchy /ˈtetʃɪ/ adj. נוֹחַ־לִכְעֹס

tête-à-tête /ˌteɪt-ɑː-ˈteɪt/ n. & adv. (*formal*) בְּאַרְבַּע עֵינַיִם

tether /ˈteðə(r)/ v.t. קָשַׁר בְּחֶבֶל, קָשַׁר בִּרְצוּעָה
—n. חֶבֶל, שַׁרְשֶׁרֶת, רְצוּעָה (לְמָשָׁל לִבְהֵמָה)
at the end of one's tether (*fig.*) (נִמְצָא) בִּקְצֵה גְּבוּל סַבְלָנוּתוֹ; בִּגְבוּל יְכָלְתּוֹ

tetra- /ˈtetrə-/ pef. טֶטְרָה־, (תְּחִלִּית שֶׁפֵּרוּשָׁהּ אַרְבָּעָה)

tetragonal /tɪˈtrægən(ə)l/ adj. אַרְבַּעְנִי

tetrahedron /ˌtetrəˈhiːdrən/ n. אַרְבָּעוֹן, טֶטְרָאֶדֶר, פִּירָמִידָה מְשֻׁלֶּשֶׁת

text /tekst/ n.
1 (words as written or printed) מִלִּים, טֶקְסְט; סֵפֶר
2 (subject, theme) נֹסַח, נוֹשֵׂא
□ *the lecturer wandered from his text* הַמַּרְצֶה סָטָה מֵהַנּוֹשֵׂא

textbook /ˈtekstbʊk/ n. & adj. סֵפֶר־לִמּוּד; אִידֵיאָלִי, "לְפִי הַסֵּפֶר"

textile /ˈtekstaɪl/ n. אָרִיג, טֶקְסְטִיל, בַּד

textual /ˈtekstʃʊəl/ adj. טֶקְסְטוּאָלִי, שֶׁל הַטֶּקְסְט
textual criticism בִּקֹּרֶת הַטֶּקְסְט (בְּמַדְּעֵי הָרוּחַ)

texture /ˈtekstʃə(r)/ n. טֶקְסְטוּרָה, מִרְקָם, מַאֲרָג

textured /ˈtekstʃəd/ adj. בַּעַל טֶקְסְטוּרָה (מְסֻיֶּמֶת); שֶׁנִּתְּנָה לוֹ טֶקְסְטוּרָה

thalidomide /θəˈlɪdəmaɪd/ n. תָּלִידוֹמִיד

than /ðən, strong form ðæn/ conj. מֵאֲשֶׁר, מִ...
□ *the pen is mightier than the sword* (*Prov.*) "טוֹב סִפְרָא מִסַּיְפָא"
□ *the visitor was none other than Ruth* הָאוֹרַחַת הָיְתָה רוּת בִּכְבוֹדָהּ וּבְעַצְמָהּ

—prep. יוֹתֵר מִ..., לְמַעְלָה מִ...
□ *she's older than him* הִיא יוֹתֵר מְבֻגֶּרֶת מִמֶּנּוּ
□ *it cost me more than £50* זֶה עָלָה לִי יוֹתֵר מִ־50 לִישׁ"ט

thank /θæŋk/ v.t. הוֹדָה לְ...
thank you! תּוֹדָה! חֵן, חֵן!
□ *I'll thank you to leave me alone* (*iron.*) אֲנִי אוֹדֶה לְךָ מְאֹד אִם תֵּרֵד מִמֶּנִּי
□ *he has only himself to thank for his problems* רַק הוּא אָשֵׁם בְּצָרוֹת שֶׁלּוֹ

thankful /ˈθæŋkf(ə)l/ adj. אֲסִיר־תּוֹדָה

thankless /ˈθæŋklɪs/ adj. כְּפוּי־תּוֹדָה, כְּפוּי־טוֹבָה
□ *the mediator has a thankless task* תַּפְקִידוֹ שֶׁל הַמְתַוֵּךְ הוּא כְּפוּי־תּוֹדָה

thank-offering /ˈθæŋk-ɒfərɪŋ/ n. (*arch.*) מַתַּן־הוֹדָיָה

thanks /θæŋks/ n. *pl.* תּוֹדָה
give thanks הוֹדָה, נָתַן תּוֹדָה
thanks to תּוֹדוֹת לְ..., הוֹדוֹת לְ...
□ *no (small) thanks to him we won the match* בִּגְלָלוֹ כִּמְעַט הִפְסַדְנוּ בַּמִּשְׂחָק

thanksgiving /θæŋksˈgɪvɪŋ/ n. הוֹדָיָה, הַבָּעַת תּוֹדָה
Thanksgiving Day (or (*US*) **Thanksgiving**) (אַרְהַ"ב) חַג הַהוֹדָיָה (יוֹם ה' הָאַחֲרוֹן בְּחֹדֶשׁ נוֹבֶמְבֶּר)

that /ðət, strong form ðæt/ (*pl.* **those** /ðəʊz/) demonstr. pron. זֶה/זֹאת; הַהוּא/הַהִיא
that's right! כֵּן! בְּדִיּוּק! אֱמֶת וְיַצִּיב!
that's that! זֶהוּ זֶה!
□ *he wrecked his car, and a new one at that* הוּא הָרַס אֶת הַמְּכוֹנִית שֶׁלּוֹ, וְלֹא סְתָם מְכוֹנִית אֶלָּא מְכוֹנִית חֲדָשָׁה
□ *it's not bad for all that* בְּסַךְ־הַכֹּל זֶה לֹא נוֹרָא
□ *this bag is much heavier than that* הַתִּיק הַזֶּה הַרְבֵּה יוֹתֵר כָּבֵד מִן הַהוּא

—demonstr. adj. זֶה/זֹאת; הַהוּא/הַהִיא
□ *I don't like that dog of yours* הַכֶּלֶב שֶׁלְּךָ מְעַצְבֵּן אוֹתִי
□ *this bag is much heavier than that one* הַתִּיק הַזֶּה הַרְבֵּה יוֹתֵר כָּבֵד מִן הַהוּא

—rel. pron. שֶׁ..., אֲשֶׁר
□ *is this the best (that) you can do?* זֶה הַמַּקְסִימוּם שֶׁאַתָּה יָכוֹל לַעֲשׂוֹת?
□ *no one that I know of would agree* אֲנִי לֹא חוֹשֵׁב שֶׁיֵּשׁ מִישֶׁהוּ שֶׁיַּסְכִּים
□ *the telegram that came this morning is from my brother* הַמִּבְרָק שֶׁהִגִּיעַ הַבֹּקֶר הוּא מֵאָחִי

—adv. כָּל־כָּךְ
□ *it's not that bad* זֶה לֹא כָּל־כָּךְ נוֹרָא
□ *I didn't realize it was that far* לֹא יָדַעְתִּי שֶׁזֶּה רָחוֹק כָּל־כָּךְ

—conj.
1 (introducing indirect speech) שֶׁ..., כִּי

□ *there is no doubt (that) he is lying* אֵין סָפֵק שֶׁהוּא מְשַׁקֵּר
□ *to think (that) she was here only yesterday!* וְלַחְשֹׁב שֶׁרַק אֶתְמוֹל הִיא הָיְתָה כָּאן!
2 (expressing purpose, *formal*) כְּדֵי שֶׁ..., לְמַעַן
in order that כְּדֵי שֶׁ..., לְמַעַן
□ *they died that we might be free* הֵם נָתְנוּ אֶת נַפְשָׁם לְמַעַן חֵרוּתֵנוּ
3 (introducing a noun clause) הָעֻבְדָּה שֶׁ..., זֶה שֶׁ...
not that I know of לֹא עַד כַּמָּה שֶׁאֲנִי יוֹדֵעַ. לֹא לְפִי מֵיטַב יְדִיעָתִי
□ *that he is a fool is plain for all to see* זֶה שֶׁהוּא שׁוֹטֶה גָּמוּר – זֶה בָּרוּר
4 (after so, expressing result) שֶׁ...
□ *it was so heavy (that) I could not lift it* זֶה הָיָה כָּל־כָּךְ כָּבֵד שֶׁלֹּא יָכֹלְתִּי לְהָרִים אֶת זֶה, זֶה הָיָה כָּל־כָּךְ כָּבֵד עַד כִּי לֹא יָכֹלְתִּי לְהָרִים אֶת זֶה
5 (introducing wish or emotion, *poet.*) לוּ רַק, הַלְוַאי שֶׁ...
would that I knew! הַלְוַאי שֶׁיָּדַעְתִּי!
□ *oh, that I could return home!* לוּ רַק יָכֹלְתִּי לָשׁוּב הַבַּיְתָה!
6 (with advs. & participles to form conjunctions) שֶׁ...
in that בְּכָךְ שֶׁ..., מִבְּחִינָה זוֹ שֶׁ...
now that מֵאַחַר שֶׁ..., עַכְשָׁו שֶׁ...
seeing that (*colloq.*) לְאוֹר הָעֻבְדָּה שֶׁ..., מֵאַחַר שֶׁ...

thatch /θætʃ/ n.
1 (straw roofing) גַּג־קַשׁ (לְכִסּוּי בַּיִת כַּפְרִי)
2 (hair, *colloq.*) רַעְמַת־שֵׂעָר
—v.t. הִתְקִין גַּג־קַשׁ

thaw /θɔː/ v.t. & i. הִפְשִׁיר; הִפְשִׁיר, נָמַס
□ *the atmosphere at the meeting gradually thawed* (*fig.*) אַט אַט הִפְשִׁירָה הָאֲוִירָה בַּיְשִׁיבָה
—n. הַפְשָׁרַת־הַשְּׁלָגִים; הַפְשָׁרָה (בַּיְחָסִים וְכַד׳)

the /ðə/, /ðɪ/, strong form /ðiː/ adj. (called definite article)
1 (to indicate particular thing) הַ...
□ *the sun is shining* הַשֶּׁמֶשׁ זוֹרַחַת
□ *the post office is round the corner* הַדֹּאַר נִמְצָא מֵעֵבֶר לַפִּנָּה
2 (to show possession) הַ...
□ *how's the leg today?* מָה שְׁלוֹם הָרֶגֶל הַיּוֹם?
□ *he took her by the hand* הוּא אָחַז בְּיָדָהּ
3 (to turn adjective into noun) הַ...
□ *the old and the young will never agree* הַזְּקֵנִים וְהַצְּעִירִים לֹא יַסְכִּימוּ לְעוֹלָם
4 (to make a noun general) הַ...
□ *the whale is becoming extinct* הַלִּוְיָתָן הוּא בַּעַל חַיִּים הַהוֹלֵךְ וְנִכְחָד
□ *it is hard to make a living in the theatre* קָשֶׁה לְהִתְפַּרְנֵס בְּעוֹלַם הַתֵּיאַטְרוֹן
□ *he took to the bottle* הוּא הִתְחִיל לִשְׁתּוֹת, הוּא שָׂם אֶת עֵינוֹ בַּכּוֹס
5 (to show something is the best, etc.) הַ..., הַ...
בְּהָא הַיְּדִיעָה, (לָרֹב עִם הַטַּעַם עַל הַ״ה״)
□ *that was the party of the year!* זוֹ הָיְתָה הַמְּסִבָּה שֶׁל הַשָּׁנָה!
6 (to indicate price per unit, etc.) הַ..., לְ...
□ *pears are 80p the bag* מְחִיר הָאַגָּסִים 80 פֶּנְס הַשַּׂקִּיק
□ *this car does 45 miles to the gallon* הַמְּכוֹנִית הַזֹּאת עוֹשָׂה 45 מִיל לְגָלוֹן
7 (to indicate a decade or century) שְׁנוֹת הַ...
□ *the '60s were marked by permissiveness* הַמַּתִּירָנוּת אִפְיְנָה אֶת שְׁנוֹת הַשִּׁשִּׁים
8 (before noun, meaning 'enough')
□ *I haven't the time for your excuses* אֵין לִי זְמַן לַתֵּרוּצִים שֶׁלְּךָ
□ *he hadn't the sense to bring an umbrella* לֹא הָיָה לוֹ מַסְפִּיק שֵׂכֶל לָקַחַת מִטְרִיָּה
9 (in expressions of strong feeling)
□ *what the hell are you up to?* מָה לַעֲזָאזֵל אַתָּה עוֹשֶׂה?
□ *he landed a top job, the bastard!* הוּא תָּפַס גְ׳וֹבּ בָּכִיר, הַמַּמְזֵר!
—adv. כְּכָל שֶׁ... כֵּן...
the more the merrier כַּמָּה שֶׁיּוֹתֵר, יוֹתֵר טוֹב
□ *I was none the wiser for his explanation* הַהֶסְבֵּרִים שֶׁלּוֹ לֹא עָזְרוּ לִי בִּמְאוּמָה

theatre /ˈθɪətə(r)/ n.
1 (building) תֵּיאַטְרוֹן
2 (dramatic literature) תֵּיאַטְרוֹן
□ *he studied modern theatre at drama school* הוּא לָמַד תֵּיאַטְרוֹן מוֹדֶרְנִי בְּבֵית הַסֵּפֶר לְמִשְׂחָק
3 (room for lectures or demonstrations) אוּלַם־הַרְצָאוֹת
4 (room for surgical operations) חֲדַר־נִתּוּחַ
5 (area) זִירָה
theatre of war זִירַת־מִלְחָמָה, זִירַת־קְרָב

theatre-goer /ˈθɪətə-ˌgəʊə(r)/ n. חוֹבֵב־תֵּיאַטְרוֹן

theatrical /θɪˈætrɪk(ə)l/ adj.
1 (connected with the theatre) שֶׁל הַתֵּיאַטְרוֹן, ־תֵּיאַטְרוֹן
2 (affected, showy, *derog.*) תֵּיאַטְרָלִי, דְּרָמָטִי
—n. *pl.* מוֹפָעִים דְּרָמָטִיִּים (לָרֹב חוֹבְבָנִיִּים)

thee /ðiː/ pron., obj. case of **thou** (*arch.*) אַתָּה/אַתְּ

theft /θeft/ n. גְּנֵבָה

their /ðeə(r)/ poss. adj. שֶׁלָּהֶם/שֶׁלָּהֶן

theirs /ðeəz/ poss. pron. שֶׁלָּהֶם/שֶׁלָּהֶן

theism /ˈθiːɪzəm/ n. תֵּיאִיזְם (הָאֱמוּנָה בְּקִיּוּמוֹ שֶׁל הָאֵל, בִּפְרָט כְּמַהוּת פֶּרְסוֹנָלִית)

theist /ˈθiːɪst/ n. תֵּיאִיסְט (מַאֲמִין בַּתּוֹרָה כַּנַּ״ל)

them /ðəm/, strong form /ðem/ pron., obj. case of **they** הֵם/הֵן

thematic /θɪˈmætɪk/ adj. תֵּימָטִי, שֶׁל נוֹשֵׂא

theme /θiːm/ n. נוֹשֵׂא, תֵּימָה

theme park /θiːm pɑːk/ n. פַּרְק שַׁעֲשׁוּעִים (בְּנוֹשֵׂא מְסֻיָּם, לְמָשָׁל "הֶחָלָל")

theme-song /θiːm-sɒŋ/ n. שִׁיר־הַנּוֹשֵׂא (בְּסֶרֶט, בְּמַחֲזֶמֶר, בְּסִדְרַת טֶלֶוִיזְיָה)

theme-tune /θiːm-tjuːn/ n. נְעִימַת־הַנּוֹשֵׂא (כַּנַּ"ל)

themselves /ðəmˈselvz/ pron. emphat. and refl. form of **they** עַצְמָם, הֵם עַצְמָם; הֵם בְּמוֹ־יְדֵיהֶם

then /ðen/ adv.

1 (at that time) אָז

now and then מִדֵּי פַּעַם בְּפַעַם, לִפְרָקִים, מִזְּמַן לִזְמַן, לְעִתִּים

then and there בּוֹ בַּמָּקוֹם, עַל הַמָּקוֹם

□ *I'll speak to you on Saturday, we should know by then* אֲדַבֵּר אִתְּךָ בְּשַׁבָּת, עַד אָז נֵדַע

2 (after that, next) לְאַחַר מִכֵּן, וְאַחַר כָּךְ, וְאָז...

□ *the match finished, then we went home* הַמִּשְׂחָק נִגְמַר, וְאַחַר כָּךְ הָלַכְנוּ הַבַּיְתָה

3 (consequently) אֵפוֹא, אִם כֵּן, לְפִיכָךְ

□ *to share the money, then, is the only possible answer* הַפִּתְרוֹן הָאֶפְשָׁרִי הַיָּחִיד, אֵפוֹא, הוּא לְהִתְחַלֵּק בַּכֶּסֶף

4 (besides) וְחוּץ מִזֶּה, וְנוֹסָף לְכָךְ...

then again... מִצַּד שֵׁנִי, לְעֻמַּת זֹאת

□ *he's so untidy, but then again he's a good worker* הוּא כָּל כָּךְ לֹא מְסֻדָּר, אֲבָל מִצַּד שֵׁנִי הוּא עוֹבֵד טוֹב

—adj. בְּאוֹתוֹ הַזְּמַן

□ *the then tenant inherited the estate* הַחוֹכֵר בְּאוֹתוֹ זְמַן יָרַשׁ אֶת הָאֲחֻזָּה

thence /ðens/ adv. (*formal*)

1 (from there) מִשָּׁם

2 (therefore) לְפִיכָךְ, לָכֵן

thenceforth /ðensˈfɔːθ/ adv. (*formal*) וּלְאַחַר מִכֵּן, וּמֵאוֹתוֹ זְמַן

theocracy /θɪˈɒkrəsɪ/ n. תֵּיאוֹקְרַטְיָה, שִׁלְטוֹן־הַדָּת; מְדִינָה תֵּיאוֹקְרָטִית, מְדִינָה נִשְׁלֶטֶת ע"י הַכְּהֻנָּה־הַדָּתִית

theocratic /ˌθɪəˈkrætɪk/ adj. תֵּיאוֹקְרָטִי, נִשְׁלָט בִּידֵי הַדָּת

theodolite /θɪˈɒdəlaɪt/ n. תֵּיאוֹדוֹלִיט, מַכְשִׁיר לִמְדִידַת־קַרְקָעוֹת

theologian /ˌθɪəˈləʊdʒən/ n. תֵּיאוֹלוֹג

theological /ˌθɪəˈlɒdʒɪk(ə)l/ adj. תֵּיאוֹלוֹגִי

theology /θɪˈɒlədʒɪ/ n. תֵּיאוֹלוֹגְיָה, תּוֹרָה דָּתִית, חֵקֶר־הַדָּת, לִמּוּדֵי־הַדָּת

theorem /ˈθɪərəm/ n. תֵּיאוֹרֶמָה, מִשְׁפָּט (בְּמָתֶמָטִיקָה)

theoretical /ˌθɪəˈretɪk(ə)l/ adj. תֵּיאוֹרֶטִי

theorist /ˈθɪərɪst/ n. תֵּיאוֹרֶטִיקָן

theorize /ˈθɪəraɪz/ v.i. שִׁעֵר הַשְׁעָרוֹת; בָּנָה תֵּיאוֹרְיוֹת; הִנִּיחַ הַנָּחוֹת תֵּיאוֹרֶטִיּוֹת

theory /ˈθɪərɪ/ n.

1 (system of principles) תֵּיאוֹרְיָה, תּוֹרָה

theory of evolution תּוֹרַת הָאֶבוֹלוּצְיָה (שֶׁל דַּרְוִין)

2 (hypothesis, speculation) תֵּיאוֹרְיָה, הַנָּחָה

□ *the scheme was good in theory, but failed in practice* הַתָּכְנִית הָיְתָה טוֹבָה בְּתֵיאוֹרְיָה, אַךְ לֹא עָמְדָה בְּמִבְחַן הַמַּעֲשֶׂה

theosophy /θiːˈɒsəfɪ/ n. תֵּיאוֹסוֹפְיָה (תּוֹרָתוֹ שֶׁל רוּדוֹלְף שְׁטַיְנֶר)

theosophical /ˌθiːəˈsɒfɪk(ə)l/ adj. תֵּיאוֹסוֹפִי (כַּנַּ"ל)

therapeutic /ˌθerəˈpjuːtɪk/ adj. תֵּירַפּוֹיְטִי, ־מַרְפֵּא, שֶׁל רִפּוּי, שֶׁל בְּרִיאוּת

therapy /ˈθerəpɪ/ n. טִפּוּל רְפוּאִי, תֵּרַפְּיָה (לָרֹב לְלֹא הִתְעָרְבוּת כִּירוּרְגִית); טִפּוּל נַפְשִׁי

there /ðeə(r)/ adv.

1 (in or to that place) שָׁם; לְשָׁם

there you are!

(I've found you) אָה, אַתָּה כָּאן?! הִנֵּה אַתָּה!

(that's the way it is) כָּכָה זֶה! זֶה הַמַּצָּב!

(that proves my point) אַתָּה רוֹאֶה! אָמַרְתִּי לְךָ!

(take what I offer) הִנֵּה, בְּבַקָּשָׁה! בְּבַקָּשָׁה!

there it is

(that is the trouble) זֶה הָעִנְיָן

(nothing can be done about it) זֶהוּ זֶה, אֵין מַה לַּעֲשׂוֹת

□ *what is that book doing there?* מָה עוֹשֶׂה הַסֵּפֶר הַזֶּה שָׁם?

□ *he's not quite all there* (*colloq.*) חָסֵר לוֹ בֹּרֶג, הוּא קְצָת לֹא בְּסֵדֶר בָּרֹאשׁ

□ *she closed the shop there and then* הִיא סָגְרָה אֶת הַחֲנוּת בּוֹ בַּמָּקוֹם

2 (in that respect) בָּזֶה, בְּכָךְ

□ *there I agree with you* בִּנְקֻדָּה זֹאת אֲנִי מַסְכִּים אִתְּךָ

3 (used for emphasis)

□ *you there, stop daydreaming and listen to me!* אַתָּה שָׁם, תַּפְסִיק לַחֲלֹם וְתַקְשִׁיב לִי!

4 (used to indicate the fact or existence of something)

□ *there's nothing there but a few pennies* אֵין שָׁם כְּלוּם, רַק כַּמָּה גְּרוּשִׁים

—int. הִנֵּה

there, there! לֹא נוֹרָא! נוּ, נוּ... אַל תִּדְאַג!

□ *there! you've broken it!* אַתָּה רוֹאֶה! עַכְשָׁו שָׁבַרְתָּ אֶת זֶה; הִנֵּה! שָׁבַרְתָּ אֶת זֶה!

□ *there's a good boy!* יָפֶה! כְּמוֹ גָּדוֹל! יֶלֶד טוֹב!

□ *I won't do it, so there!* אֲנִי לֹא עוֹשֶׂה/אֶעֱשֶׂה אֶת זֶה וְלֹא יַעֲזֹר לְךָ כְּלוּם! אֲנִי לֹא אֶעֱשֶׂה אֶת זֶה, וְזֶהוּ!

—n. שָׁם

□ *the high tide comes up to there* הַגֵּאוּת מַגִּיעָה עַד לְשָׁם

thereabout(s) /ˈðeərəbaʊt(s)/ adv.

1 (near there) בָּאֵזוֹר, שָׁם, בַּסְּבִיבָה
2 (near that number, etc., approximately) בְּעֵרֶךְ, פָּחוֹת אוֹ יוֹתֵר, בִּסְבִיבוֹת

thereafter /ðeərɑːftə(r)/ adv. (*formal*) וְאַחַר כָּךְ, לְאַחַר מִכֵּן

thereat /ðeəræt/ adv. (*arch.*) בְּאוֹתוֹ מָקוֹם; בְּאוֹתָהּ הִזְדַּמְּנוּת

thereby /ðeəbaɪ/ adv. (*formal*) לְפִיכָךְ, וּבְכָךְ

therefore /ðeəfɔː(r)/ adv. לָכֵן, לְפִיכָךְ, עַל כֵּן

therefrom /ðeəfrɒm/ adv. (*arch.*) מֵאוֹתוֹ מָקוֹם, מִשָּׁם

therein /ðeərɪn/ adv. (*formal*) שָׁם; וּבָזֹאת, בְּעִנְיָן זֶה

thereof /ðeərɒv/ adv. (*formal*) שֶׁל הַנִּזְכָּר לְעֵיל

thereon /ðeərɒn/ adv. (*formal*) עַל הַנַּ"ל, בְּנוֹגֵעַ לַנִּזְכָּר לְעֵיל

thereto /ðeəˈtuː/ adv. (*formal*) לַנִּזְכָּר לְעֵיל

thereupon /ˌðeərəˈpɒn/ adv. (*formal*) לְפִיכָךְ; וּמִיָּד אַחַר־כָּךְ

therewith /ðeəˈwɪθ/ adv. (*arch.*) נוֹסָף עַל הַנִּזְכָּר לְעֵיל; מִיָּד אַחַר כָּךְ

therewithal /ˌðeəwɪˈðɔːl/ adv. (*arch.*) נוֹסָף עַל הַנִּזְכָּר לְעֵיל; נוֹסָף עַל כָּךְ

therm /θɜːm/ n. תֶּרֶם (יְחִידַת חֹם)

thermal /θɜːm(ə)l/ adj. תֶּרְמִי, שֶׁל חֹם; חַם
thermal springs מַעְיָנוֹת חַמִּים; מַעְיְנוֹת מַרְפֵּא
thermal underwear לְבָנֵי חֹרֶף, גַּטְקֶעס
—n. מַשָּׁב אֲוִיר חַם, רוּחַ תֶּרְמִית

thermodynamics /ˌθɜːməʊdaɪˈnæmɪks/ n. *pl.* (*Phys.*) תֶּרְמוֹדִינָמִיקָה, תּוֹרַת־הַחֹם

thermometer /θəˈmɒmɪtə(r)/ n. מַד־חֹם, מַד־מַעֲלוֹת, תֶּרְמוֹמֶטֶר

thermonuclear /ˌθɜːməʊˈnjuːklɪə(r)/ adj. תֶּרְמוֹ־גַּרְעִינִי (מִתְבַּסֵּס עַל אֱנֶרְגִּיַּת חֹם שֶׁמְּקוֹרָהּ בְּתַהֲלִיךְ בִּקּוּעַ גַּרְעִינִי)

Thermos /θɜːməs/ n. (also **Thermos flask**) (*Prop.*) תֶּרְמוֹס, בַּקְבּוּק תֶּרְמוֹס

thermostat /θɜːməstæt/ n. תֶּרְמוֹסְטָט, וַסַּת־חֹם

thesaurus /θɪˈsɔːrəs/ n. (*pl.* **thesauri** or **thesauruses**) תֶּזָאוּרוּס, אֶגְרוֹן, אוֹצַר־מִלִּים

these /ðiːz/ (*pl.* of **this**) הֵם/הֵן; אֵלֶּה, אֵלּוּ

thesis /θiːsɪs/ n. (*pl.* **theses**)
1 (a proposition to be proved, *formal*) טַעֲנָה, הַנָּחָה
2 (a dissertation) תֵּזָה, דִּיסֶרְטַצְיָה

thespian /θespɪən/ n. & adj. (*formal & joc.*) שַׂחְקָן; שֶׁל הַבָּמָה (עַל שֵׁם תֶּסְפִּיס, הַשַּׂחְקָן הָרִאשׁוֹן)

they /ðeɪ/ pron. הֵם, הֵן

they're /ðeə(r)/ contr. of **they are** (*colloq.*)

they've /ðeɪv/ contr. of **they have** (*colloq.*)

thick /θɪk/ adj.
1 (not thin, of specified width) עָבֶה, רָחָב; בְּעֹבִי שֶׁל, בְּרֹחַב שֶׁל
□ *a wall two metres thick* חוֹמָה בְּעֹבִי (שֶׁל) שְׁנֵי מֶטֶר
□ *he got a thick ear in the fight* (*colloq.*) הוּא הָלַךְ מַכּוֹת וְחָטַף זַפְטָה אַדִּירָה (בְּאָזְנוֹ אוֹ בְּרֹאשׁוֹ)
2 (dense) צָפוּף, סָמִיךְ, עָבֹת; גָּדוּשׁ בְּ..., דָּחוּס בְּ...
□ *the thick soup was difficult to pour* הָיָה קָשֶׁה לִמְזֹג אֶת הַמָּרָק הַסָּמִיךְ
□ *thick vegetation covered the forest floor* צִמְחִיָּה עֲבֻתָּה כִּסְּתָה אֶת הַקַּרְקַע בַּיַּעַר
□ *the air was thick with snow* שֶׁלֶג כָּבֵד מִלֵּא אֶת הָאֲוִיר
□ *grants for the arts are not to thick on the ground these days* (*UK colloq.*) קָשֶׁה לִמְצֹא הַרְבֵּה מִלְגוֹת לָאֳמָנוּת/לְמַדְּעֵי־הָרוּחַ בְּיָמִים אֵלֶּה
3 (stupid, *colloq.*) "סָתוּם", אַהֲבַל
thick as two planks סָתוּם כְּמוֹ קֶרֶשׁ
□ *he's a bit thick* הוּא לֹא גָּאוֹן גָּדוֹל
4 (noticeable) כָּבֵד, בּוֹלֵט, נִכָּר
□ *he spoke with a thick French accent* הוּא דִּבֵּר בְּמִבְטָא צָרְפָתִי כָּבֵד
5 (unclear) לֹא בָּרוּר, עָמוּם, מְעֻמְעָם
□ *his voice was thick with emotion* הוּא דִּבֵּר בְּקוֹל חָנוּק מֵרֶגֶשׁ
□ *brandy gives me a thick head* (*colloq.*) בְּרֶנְדִּי מְטַשְׁטֵשׁ אוֹתִי לְגַמְרֵי (בִּפְרָט בַּבֹּקֶר שֶׁאַחֲרֵי)
6 (intimate, *colloq.*) "צֶמֶד חֶמֶד"
□ *they are thick as thieves* הֵם צֶמֶד חֶמֶד (לֹא בְּהֶקְשֵׁר רוֹמַנְטִי)
7 (extreme, *colloq.*) מֻגְזָם
□ *that's a bit thick!* הִגְזַמְתָּ! זֶה קְצָת מֻגְזָם!
—n. אֶמְצַע, מוֹקֵד, לֵב
□ *the soldiers were in the thick of battle* הַחַיָּלִים הָיוּ בְּלֵב זִירַת־הַקְּרָב
□ *they stayed married through thick and thin* הֵם נִשְׁאֲרוּ נְשׂוּאִים בְּיַחַד בַּטּוֹב וּבָרַע
—adv. בְּכַמּוּת רַבָּה
□ *don't spread the butter too thick* אַל תִּמְרַח יוֹתֵר מִדַּי חֶמְאָה (עַל הַלֶּחֶם)
□ *the blows came thick and fast* (*colloq.*) הַמַּהֲלוּמוֹת נָחֲתוּ בָּזוֹ אַחַר זוֹ

thicken /θɪkən/ v.t. & i. עָשָׂה סָמִיךְ; נַעֲשָׂה סָמִיךְ, הִתְעַבָּה, נַעֲשָׂה עָבֶה; הִסְתַּבֵּךְ
the plot thickens הָעֲלִילָה מִסְתַּבֶּכֶת

thickening /θɪkənɪŋ/ n. חֹמֶר הַהוֹפֵךְ חֹמֶר אַחֵר לְסָמִיךְ (בְּבִשּׁוּל וְכַד')

thicket /θɪkɪt/ n. סְבַךְ, שִׂיחִים, צִמְחִיָּה עֲבֻתָּה

thickhead /θɪkhed/ n. (*colloq.*) "סָתוּם", אַהֲבַל, טִמְבֵּל

thickheaded /ˌθɪkˈhedɪd/ adj. (*colloq.*) "סָתוּם", "אִטִּי", קְשֵׁה תְּפִיסָה

thickness /θɪknɪs/ n. עֹבִי; שִׁכְבָה
□ *I am wearing two thicknesses of wool* אֲנִי לוֹבֵשׁ שְׁתֵּי שִׁכְבוֹת שֶׁל בִּגְדֵי־צֶמֶר

□ *the steps were cut in the thickness of the wall*
הַמַּדְרֵגוֹת נִבְנוּ בְּחֶלְקָה הָעָבָה שֶׁל הַחוֹמָה

thickset /ˌθɪkˈset/ adj.
1 (stocky) מוּצָק, בַּעַל מִבְנֶה־גּוּף מוּצָק, "בָּרִיא"
2 (closely planted) צָפוּף, עָבֹת

thick-skinned /θɪk-ˈskɪnd/ adj. "בַּעַל עוֹר שֶׁל פִּיל", לֹא־רָגִישׁ, חֲסַר־רְגִישׁוּת

thief /θiːf/ n. (*pl.* **thieves**) גַּנָּב

thieve /θiːv/ v.t. & i. (*formal*) גָּנַב, סָחַב; עָסַק בִּגְנֵבָה
□ *those thieving kids stole our apples again*
הַשּׁוֹבָבִים הַקְּטַנִּים הָאֵלֶּה שׁוּב סָחֲבוּ לָנוּ אֶת הַתַּפּוּחִים

thievery /ˈθiːvərɪ/ n. (*formal*) גְּנֵבָה, גַּנָּבוּת

thievish /ˈθiːvɪʃ/ adj. (*formal*) כְּמִנְהָגָם שֶׁל גַּנָּבִים

thigh /θaɪ/ n. יָרֵךְ

thimble /ˈθɪmb(ə)l/ n. אֶצְבָּעוֹן

thimbleful /ˈθɪmbəlfʊl/ n. (*pl.* **thimblefuls**, *colloq.*) טִיף־טִפָּה

thin /θɪn/ adj.
1 (narrow, slender) צַר, רָזֶה, דַּק
thin ice שִׁכְבַת קֶרַח דַּקָּה וּשְׁבִירָה; (בְּהַשְׁאָלָה) מַצָּב מְסֻכָּן
2 (sparse, not dense) דָּלִיל, לֹא־צָפוּף
□ *our troops are very thin on the ground* (*UK colloq.*) כּוֹחוֹתֵינוּ פְּזוּרִים בְּדְלִילוּת
□ *he's becoming thin on top* (*colloq.*) הוּא מַתְחִיל לְהַקְרִיחַ
vanish into thin air עָלָה בַּתֹּהוּ, נָמוֹג
□ *the thin soup wasn't very appetizing* הַמָּרָק הַדָּלִיל לֹא עוֹרֵר אֶת הַתֵּאָבוֹן
3 (unsatisfactory, *colloq.*) קָלוּשׁ
wearing thin הוֹלֵךְ וּמְאַבֵּד אֶת (אֲמִינוּתוֹ, עָצְמָתוֹ וְכַד')
□ *his excuse is a bit thin* הַתֵּרוּץ שֶׁלּוֹ עָלוּב לְמַדַּי
□ *the elderly often have a thin time of it* מַצָּבָם שֶׁל קְשִׁישִׁים הוּא לְעִתִּים קְרוֹבוֹת דָּחוּק

—adv. בְּשִׁכְבָה דַּקָּה
□ *she spread the butter thin* הִיא מָרְחָה שִׁכְבָה דַּקָּה שֶׁל חֶמְאָה (עַל הַלֶּחֶם)

—v.t. & i. דִּלֵּל; נַעֲשָׂה דָּלִיל, הִתְפַּזֵּר
□ *he thinned out the seedlings* הוּא דִּלֵּל אֶת הַשְּׁתִילִים
□ *wait until the crowd thins* חַכֵּה עַד שֶׁהַקָּהָל יִתְפַּזֵּר

thine /ðaɪn/ poss. adj. see **THY** שֶׁלְּךָ/שֶׁלָּךְ

thing /θɪŋ/ n. דָּבָר
1 (an unspecified object or item) דָּבָר
□ *what's that thing over there* מַה זֶּה שָׁם? מָה זֶה הַדָּבָר הַזֶּה שָׁם?
□ *we haven't a thing to eat* אֵין לָנוּ שׁוּם דָּבָר לֶאֱכֹל
□ *he's seeing things* (*colloq.*) הוּא רוֹאֶה כָּל מִינֵי דְּבָרִים שֶׁלֹּא קַיָּמִים
2 (a possible quality, idea, utterance, or act) דָּבָר
□ *there is no such thing as perfection* אֵין דָּבָר כָּזֶה כְּמוֹ שְׁלֵמוּת
□ *sunbathing in this heat is such a silly thing to do*
זֶה טִפְּשִׁי לְהִשְׁתַּזֵּף בַּחֹם הַזֶּה
3 (in *pl.*, personal belongings) חֲפָצִים, דְּבָרִים, רְכוּשׁ
□ *put on your things and we'll go out* תִּתְלַבֵּשׁ וְנֵצֵא
4 (in *pl.*, equipment) צִיּוּד
□ *bring your swimming things with you* תָּבִיא אִתְּךָ אֶת כָּל מַה שֶּׁאַתָּה צָרִיךְ בִּשְׁבִיל הַבְּרֵכָה
5 (in *pl.*, circumstances)
all things being equal אִם לֹא יִקְרֶה שׁוּם דָּבָר; בְּסַךְ הַכֹּל
□ *I must think things over* אֲנִי צָרִיךְ לַחְשֹׁב עַל זֶה
6 (used of a person or animal)
poor thing מִסְכֵּן
□ *he's a kind old thing* הוּא קָשִׁישׁוֹן טוֹב לֵב
7 (one's special interests or concern)
□ *she has a thing about flying* יֵשׁ לָהּ שִׁגָּעוֹן בְּכָל מַה שֶּׁקָּשׁוּר בְּטִיסָה
□ *he knows a thing or two about dogs* הוּא יוֹדֵעַ הַרְבֵּה עַל כְּלָבִים
8 the thing הַדָּבָר הַנָּכוֹן
the real thing (*colloq.*) הַמָּקוֹר (לֹא חִקּוּי)
the done thing הַדָּבָר הַנָּכוֹן לַעֲשׂוֹתוֹ, הַדָּבָר הַמְקֻבָּל לַעֲשׂוֹתוֹ
have a thing about (*colloq.*) הָיָה "דָּלוּק" עַל
do one's own thing (*colloq.*) עָשָׂה אֶת מַה שֶּׁבָּרֹאשׁ שֶׁלּוֹ
□ *a holiday will be just the thing* חֹפֶשׁ זֶה בְּדִיּוּק הַדָּבָר הַדָּרוּשׁ
□ *that's not quite the thing to do* לֹא עוֹשִׂים דָּבָר כָּזֶה
□ *the thing is, I can't meet you this evening* הָעִנְיָן הוּא בְּכָךְ שֶׁאֵינֶנִּי יָכוֹל לְהִפָּגֵשׁ אִתְּךָ הָעֶרֶב
□ *she did the right thing by her mother* הִיא מִלְּאָה אֶת חוֹבוֹתֶיהָ כְּלַפֵּי אִמָּהּ
□ *I have said the wrong thing again* שׁוּב אָמַרְתִּי אֶת הַדָּבָר הַלֹּא־נָכוֹן

thingummy /ˈθɪŋəmɪ/ n. (also **thingumabob** /ˈθɪŋəməbɒb/, **thingumajig** /ˈθɪŋəmədʒɪg/) (*colloq.*)
"מַה שְּׁמוֹ" (אָדָם אוֹ דָּבָר, אַךְ לְלֹא מַשְׁמָעוּת מִינִית)

think /θɪŋk/ (past & past ppl. **thought** /θɔːt/) v.t.
1 (be of the opinion) חָשַׁב שֶׁ..., סָבַר שֶׁ..., הֶאֱמִין שֶׁ...
□ *I don't think much of that idea* זֶה לֹא נִרְאֶה לִי רַעְיוֹן גְּאוֹנִי כָּל כָּךְ
□ *think nothing of it!* עַל לֹא דָּבָר! (בִּתְשׁוּבָה לְ"תּוֹדָה רַבָּה!") זֶה לֹא כְּלוּם! זֶה (לֹא) שׁוּם דָּבָר! (בִּתְשׁוּבָה לְהִתְנַצְּלוּת)
□ *his employer thinks well of him* הַמַּעֲבִיד שֶׁלּוֹ מַעֲרִיךְ אוֹתוֹ מְאֹד
2 (ponder) חָשַׁב, הָגָה

□ *the plan must be fully thought out* הַתָּכְנִית צְרִיכָה לִהְיוֹת מְעֻבֶּדֶת לִפְרָטֶיהָ
□ *they thought the matter over* הֵם חָשְׁבוּ בָּעִנְיָן, הֵם שָׁקְלוּ זֹאת שֵׁנִית
□ *I thought better of it* שִׁנִּיתִי אֶת דַּעְתִּי, נִמְלַכְתִּי בְּדַעְתִּי
3 (have an idea, form an intention) חָשַׁב לְ..., חָשַׁב עַל
□ *I didn't think to warn him* לֹא עָלָה בְּדַעְתִּי לְהַזְהִיר אוֹתוֹ
□ *we must think up a new plan* עָלֵינוּ לַחְשֹׁב עַל תָּכְנִית חֲדָשָׁה
4 (imagine) חָשַׁב, תֵּאֵר לְעַצְמוֹ, הֶעֱלָה עַל הַדַּעַת
□ *I can't think how she does it* קָשֶׁה לִי לְהָבִין אֵיךְ הִיא עוֹשָׂה זֹאת!
□ *to think she's only ten!* וְלַחְשֹׁב שֶׁהִיא רַק בַּת עֶשֶׂר!
□ *who would have thought it!* מִי הָיָה חוֹשֵׁב! מִי הָיָה מַעֲלֶה עַל דַּעְתּוֹ!
—v.i. חָשַׁב
□ *we shall soon have to think about going* בְּקָרוֹב נִצְטָרֵךְ לַעֲזֹב
□ *I shall have to think about it* אֲנִי אֶצְטָרֵךְ לַחְשֹׁב עַל זֶה
□ *let me think for a moment* תֵּן לִי רֶגַע לַחְשֹׁב
□ *I was thinking aloud* חָשַׁבְתִּי לְעַצְמִי בְּקוֹל
—n. (*colloq.*) (פְּעֻלָּה שֶׁל) חֲשִׁיבָה
□ *if that's her idea of a good time, she's got another think coming!* אִם זֶה בְּעֵינֶיהָ בִּלּוּי, אָז מְחַכּוֹת לָהּ הַפְתָּעוֹת!

thinkable /θɪŋkəb(ə)l/ adj. סָבִיר, שֶׁנִּתָּן לְהַעֲלוֹתוֹ עַל הַדַּעַת

thinker /θɪŋkə(r)/ n. הוֹגֶה, הוֹגֵה־דֵּעוֹת

thinking /θɪŋkɪŋ/ adj. חוֹשֵׁב, הוֹגֶה
the thinking public הַצִּבּוּר הַחוֹשֵׁב, הַצִּבּוּר שֶׁאֵינוֹ מוּכָן לְקַבֵּל הַכֹּל בְּלִי שְׁאֵלוֹת
—n. חֲשִׁיבָה, דֵּעָה, מַחֲשָׁבָה
□ *to my way of thinking, you are wrong* לְפִי דַּעְתִּי אַתָּה טוֹעֶה

thinking-cap /θɪŋkɪŋ-kæp/ n. (*colloq.*)
□ *she put her thinking-cap on* הִיא עָשְׂתָה חוֹשְׁבִים

think-tank /θɪŋk-tæŋk/ n. צֶוֶת־מֹחוֹת, צֶוֶת־חֲשִׁיבָה

thinly /θɪnlɪ/ adv. בְּדְלִילוּת, בְּאֹפֶן דָּלִיל, בְּאֹפֶן קָלוּשׁ, דַּק

thinner /θɪnə(r)/ n. מְדַלֵּל (לְמָשָׁל טֶרְפֶּנְטִין, מְדַלֵּל לְלַכָּה־לְצִפָּרְנַיִם וְכַד׳)

thin-skinned /θɪn-ˈskɪnd/ adj. פָּגִיעַ, רָגִישׁ (לְבִקֹּרֶת, נְזִיפוֹת וְכַד׳)

third /θɜːd/ adj. שְׁלִישִׁי
□ *he suffered third-degree burns* הוּא סָבַל מִכְּוִיּוֹת מַדְרֵגָה ג׳
□ *he changed into third (gear)* הוּא הֶעֱבִיר לְהִלּוּךְ שְׁלִישִׁי
—n.
1 (ordinal; fraction) הַשְּׁלִישִׁי; שְׁלִישׁ, הַחֵלֶק הַשְּׁלִישִׁי
2 (interval, *Mus.*) שְׁלִישׁ
3 (class of degree, *UK*) צִיּוּן ״מַסְפִּיק״ (הַצִּיּוּן הָעוֹבֵר הַנָּמוּךְ בְּיוֹתֵר)
□ *he will be lucky to get a third* יִהְיֶה לוֹ מַזָּל אִם יִתְּנוּ לוֹ ״מַסְפִּיק״

third-class /θɜːd-ˈklɑːs/ adj. שֶׁל צִיּוּן ״מַסְפִּיק״, מַדְרֵגָה שְׁלִישִׁית

third degree /ˌθɜːd dɪˈgriː/ n. (*colloq.*) ״טִפּוּל״ (אַלִּים, בַּחֲקִירָה וְכַד׳)

thirdly /θɜːdlɪ/ adv. שְׁלִישִׁית, ג׳

third-party /θɜːd-ˈpɑːtɪ/ adj. & n. צַד שְׁלִישִׁי
third-party insurance בִּטּוּחַ צַד שְׁלִישִׁי

third person /θɜːd ˈpɜːs(ə)n/ n. (*Gram.*) נִסְתָּר, גּוּף שְׁלִישִׁי

third-rate /θɜːd-ˈreɪt/ adj. (*derog.*) מִסּוּג ג׳, מֵאֵיכוּת גְּרוּעָה

Third World /θɜːd ˈwɜːld/ n. הָעוֹלָם הַשְּׁלִישִׁי, הַמְּדִינוֹת הַמִּתְפַּתְּחוֹת

thirst /θɜːst/ n. צָמָא
—v.i. צָמֵא לְ..., הָיָה צָמֵא לְ..., הִשְׁתּוֹקֵק לְ...
□ *they were thirsting for revenge (poet.)* הֵם הָיוּ צְמֵאֵי־נָקָם, הֵם הָיוּ תְּאֵבֵי נָקָם

thirsty /θɜːstɪ/ adj. צָמֵא
□ *chopping wood is thirsty work (colloq.)* חֲטִיבַת עֵצִים זוֹ עֲבוֹדָה מַצְמִיאָה

thirteen /θɜːˈtiːn/ n. & adj. שְׁלֹשׁ־עֶשְׂרֵה; שְׁלֹשָׁה־עָשָׂר

thirteenth /θɜːˈtiːnθ/ n. & adj. הַחֵלֶק הַשְּׁלֹשָׁה־עָשָׂר; הַשְּׁלֹשָׁה־עָשָׂר

thirty /θɜːtɪ/ n. & adj. (*pl.* **thirties**) שְׁלֹשִׁים

this /ðɪs/ (*pl.* **these**) demonstr. pron. זֶה/זֹאת
this and that (*colloq.*) כָּל מִינֵי דְּבָרִים, דְּבָרִים שׁוֹנִים
□ *at this we left the hall* וּבָזֹאת עֲזַבְנוּ אֶת הָאוּלָם
□ *this is where I live* כָּאן אֲנִי גָּר
—demonstr. adj. הַזֶּה/הַזֹּאת, אוֹתוֹ/אוֹתָהּ
□ *I will come back this time next week* אֲנִי אֶחֱזֹר בְּאוֹתוֹ זְמַן בְּעוֹד שָׁבוּעַ
□ *she has been the director these three years* הִיא הַמְנַכָּ״ל זֶה שָׁלֹשׁ שָׁנִים
—adv. כָּזֶה
□ *the fish I caught is this big* הַדָּג שֶׁתָּפַסְתִּי הוּא כָּזֶה גָּדוֹל
□ *I know this much – I don't believe him* כָּל מָה שֶׁאֲנִי יוֹדֵעַ זֶה שֶׁאֲנִי לֹא מַאֲמִין לוֹ
□ *I knew him when he was this high (colloq.)* הִכַּרְתִּי אוֹתוֹ כְּשֶׁהָיָה ״כָּזֶה קָטָן״

thistle /θɪs(ə)l/ n. דַּרְדַּר, קוֹץ

thistledown /θɪs(ə)ldaʊn/ n. מוֹךְ־הַדַּרְדַּר, ״סַבָּא״

thither /ðɪðə(r)/ adv. (*formal*) שָׁמָּה, לְשָׁם

tho' /ðəʊ/ conj. לַמְרוֹת שֶׁ..., אִם כִּי

thole /θəʊl/ n. (also **thole-pin**) יְתַד הַמָּשׁוֹט

thong /θɒŋ/ n. רְצוּעַת עוֹר צָרָה, לְשׁוֹן־שׁוֹט, יֶתֶר, שְׂרוֹךְ־עוֹר

thorax /θɔːræks/ n. (*Anat.*) חָזֶה (חֵלֶק הַגּוּף שֶׁבֵּין הַגָּרוֹן וְהַבֶּטֶן)

thorn /θɔːn/ n. קוֹץ

a thorn in one's flesh (*fig.*) כְּקוֹץ בִּבְשָׂר, כְּעֶצֶם בִּגְרוֹנֵנוּ

thorny /θɔːnɪ/ adj. קוֹצִי, קוֹצָנִי, דּוֹקְרָנִי

□ *the opposition raised a particularly thorny question* הָאוֹפּוֹזִיצְיָה הֶעֶלְתָה שְׁאֵלָה קָשָׁה וּסְבוּכָה בִּמְיֻחָד

thorough /θʌrə/ adj.

1 (absolute, complete) מֻחְלָט, גָּמוּר, מַקִּיף

2 (painstaking) יְסוֹדִי, דַּקְדְּקָנִי

thoroughbred /θʌrəbred/ n. & adj. (כֶּלֶב, סוּס וְכַד') גִּזְעִי; מְחֻנָּךְ, מְטֻפָּח

thoroughfare /θʌrəfeə(r)/ n. דֶּרֶךְ צִבּוּרִית, דֶּרֶךְ־מַעֲבָר

no thoroughfare אֵין מַעֲבָר

thoroughgoing /θʌrəgəʊɪŋ/ adj. דַּקְדְּקָנִי, יְסוֹדִי, קַפְּדָנִי

those /ðəʊz/ *pl.* of **that** אֵלֶּה

thou /ðaʊ/ pron. (*arch.*) אַתְּ/אַתָּה

though /ðəʊ/ conj. לַמְרוֹת, חֵרֶף, אַף־עַל־פִּי שֶׁ...

□ *clever though he is, I wish he wouldn't answer all the questions* לַמְרוֹת שֶׁהוּא כָּל־כָּךְ חָכָם, הָיִיתִי שָׂמֵחַ אִם הוּא לֹא הָיָה עוֹנֶה עַל כָּל הַשְּׁאֵלוֹת

□ *it looks as though it might rain* נִרְאֶה שֶׁיֵּרֵד גֶּשֶׁם

—adv. וּבְכָל זֹאת

□ *I wish you had warned me, though* וּבְכָל זֹאת, הַלְוַאי שֶׁהָיִית מַזְהִיר אוֹתִי

thought¹ /θɔːt/ n. מַחֲשָׁבָה, הִרְהוּר; רַעְיוֹן, כַּוָּנָה

on second thoughts בְּמַחֲשָׁבָה שְׁנִיָּה, לְאַחַר שִׁקּוּל נוֹסָף

thought-provoking מְעוֹרֵר מַחֲשָׁבָה

□ *she was deep in thought* הִיא הָיְתָה שְׁקוּעָה בְּמַחֲשָׁבוֹת/בְּשַׂרְעַפִּים

□ *don't give it a(nother) thought!* תִּשְׁכַּח מִזֶּה! עֲזֹב!

□ *we gave up all thoughts of winning* וִתַּרְנוּ עַל כָּל תִּקְווֹתֵינוּ לְנִצָּחוֹן

□ *I had no thought of offending* לֹא הָיְתָה לִי שׁוּם כַּוָּנָה לְהַעֲלִיב

thought² /θɔːt/ past & past ppl. of **think**

thoughtful /θɔːtf(ə)l/ adj.

1 (engaged in thought) שָׁקוּעַ בְּמַחֲשָׁבָה, מְהַרְהֵר

2 (showing original thought) עָמֹק, מַעֲמִיק

3 (considerate) מִתְחַשֵּׁב, זָהִיר

thoughtfulness /θɔːtf(ə)lnɪs/ n. הִתְחַשְּׁבוּת; תְּשׂוּמַת לֵב

thoughtless /θɔːtlɪs/ adj. (*derog.*) חֲסַר מַחֲשָׁבָה, פָּזִיז; לֹא מִתְחַשֵּׁב, אָנֹכִי

thought-reader /θɔːt-riːde(r)/ n. קוֹרֵא־מַחֲשָׁבוֹת

thousand /θaʊz(ə)nd/ n. & adj. אֶלֶף

□ *she is one in a thousand* הִיא אַחַת מִנִּי אֶלֶף, הִיא יְחִידָה בְּמִינָהּ

□ *we have a thousand and one problems* (*fig.*) יֵשׁ לָנוּ אֵינְסוֹף בְּעָיוֹת, יֵשׁ לָנוּ אֶלֶף וְאַחַת בְּעָיוֹת

thousandfold /θaʊz(ə)ndfəʊld/ adj. & adv. פִּי אֶלֶף; אֶלֶף מוֹנִים

thousandth /θaʊz(ə)nθ/ adj. & n. הָאֶלֶף; אַלְפִּית, הַחֵלֶק הָאֶלֶף

thraldom /θrɔːldəm/ n. (*poet.*) עַבְדוּת, שִׁעְבּוּד

thrall /θrɔːl/ n. (*formal*) עֶבֶד; עַבְדוּת

□ *his wit held them in thrall* שְׁנִינוּתוֹ שָׁבְתָה אֶת לִבָּם

thrash /θræʃ/ v.t.

1 (beat) הִכָּה, הִלְקָה, הִצְלִיף

2 (defeat, *colloq.*) הֵבִיס, "קָטַל", "קָרַע"

3 thrash out (*colloq.*) דָּן בְּ..., לִבֵּן אֶת

□ *we shall have to thrash this out and reach a solution* יְהֵא עָלֵינוּ לְלַבֵּן אֶת הַבְּעָיָה הַזּוֹ, וּלְהַגִּיעַ לְהַסְכָּמָה/לְפִתְרוֹן

—v.i.

1 (move or cause to move violently) נֶחְבַּט, פִּרְפֵּר

□ *the hooked fish thrashed about on the bank* הַדָּג שֶׁנִּצּוֹד פִּרְפֵּר עַל הַגָּדָה

2 (thresh) דָּשׁ (תְּבוּאָה)

thread /θred/ n.

1 (thin cord) חוּט, פְּתִיל

□ *his life hung by a thread* חַיָּיו הָיוּ תְּלוּיִים עַל חוּט הַשַּׂעֲרָה

□ *he lost the thread of his argument* הוּא אִבֵּד אֶת קַו הַטִּעוּן שֶׁלּוֹ

2 (spiral part of screw) תַּבְרִיג, תִּבְרֹגֶת

—v.t. הִשְׁחִיל

□ *we threaded our way through the crowd* פִּלַּסְנוּ לָנוּ דֶּרֶךְ בְּתוֹךְ הֶהָמוֹן

threadbare /θredbeə(r)/ adj. בָּלֶה; שָׁחוּק; נָדוֹשׁ, חָבוּט

□ *he made some threadbare jokes* הוּא הִשְׁמִיעַ כַּמָּה בְּדִיחוֹת חֲבוּטוֹת

threat /θret/ n. אִיּוּם, סַכָּנָה

threaten /θret(ə)n/ v.t. & i. אִיֵּם עַל, אִיֵּם בְּ...; עָמַד בְּפֶתַח, אִיֵּם

three /θriː/ n. & adj. שָׁלֹשׁ, שְׁלֹשָׁה

three-card trick מַעֲשֵׂה אֲחִיזַת־עֵינַיִם בִּשְׁלֹשָׁה קְלָפִים

three-point turn מִפְנֶה מְשֻׁלָּשׁ, סִבּוּב (שֶׁל 180°) בְּשָׁלֹשׁ נְקֻדּוֹת (בָּרֶכֶב)

three-cornered /θriː-kɔːnəd/ adj. מְשֻׁלָּשׁ בַּעַל שָׁלֹשׁ פִּנּוֹת; שֶׁל שָׁלֹשׁ קְבוּצוֹת, שֶׁל שְׁלֹשָׁה מִתְמוֹדְדִים

three-cornered hat כּוֹבַע־נַפּוֹלֵיוֹן
three-cornered fight קְרָב (גַּם בְּהַשְׁאָלָה) בֵּין שְׁלֹשָׁה יְרִיבִים

three-dimensional /ˌθriː-dɪmenʃənəl/ adj. תְּלַת מְמַדִּי

threefold /θriːfəʊld/ adj. & adv. פִּי שְׁלֹשָׁה

three-legged /ˌθriː-ˈlegɪd/ adj תְּלַת־רַגְלִי
three-legged race מֵרוֹץ תְּלַת־רַגְלִי (שֶׁל זוּג רָצִים, שֶׁרַגְלֵיהֶם הַפְּנִימִיּוֹת קְשׁוּרוֹת יַחַד)
three-legged stool כִּסֵּא תְּלַת־רַגְלִי

three-line whip /ˌθriː-laɪn ˈwɪp/ n. (*UK*) הוֹדָעָה לְחָבֵר פַּרְלָמֶנְט שֶׁעָלָיו לְהַצְבִּיעַ עַל־פִּי קַו־הַמִּפְלָגָה

threepence /ˌθrʊpəns, θrepəns/ n. שְׁלֹשָׁה פֶּנִי (מַטְבֵּעַ בְּרִיטִית יְשָׁנָה בְּשׁוֹוִי שֶׁל שְׁלֹשָׁה פֶּנִי)

threepenny /ˈθrʊpənɪ, ˈθrepenɪ/ adj. שָׁוֶה שְׁלֹשָׁה פֶּנִי, עוֹלֶה שְׁלֹשָׁה פֶּנִי

three-piece /θriː-piːs/ adj. שֶׁל שְׁלֹשָׁה חֲלָקִים
three-piece suit חֲלִיפַת שְׁלֹשָׁה חֲלָקִים
three-piece suite מַעֲרֶכֶת יְשִׁיבָה סָלוֹנִית (הַכּוֹלֶלֶת סַפָּה וּשְׁתֵּי כֻּרְסָאוֹת)

three-ply /θriː-plaɪ/ adj. תְּלַת־שִׁכְבָתִי; תְּלַת־חוּטִי

three-quarter /θriː-ˈkwɔːtə(r)/ adj. שֶׁל שְׁלֹשָׁה רְבָעִים
□ *she wore a three-quarter coat* הִיא לָבְשָׁה מְעִיל שְׁלֹשֶׁת־רִבְעִי

threescore /θriːskɔː(r)/ n. (*arch.*) שִׁשִּׁים (שָׁלֹשׁ כָּפוּל עֶשְׂרִים)

threesome /θriːsəm/ n. (*colloq.*) שְׁלִישִׁיָּה, שְׁלֹשָׁה אֲנָשִׁים

three-storey /ˌθriː-ˈstɔːrɪ/ adj. (also **three-storeyed**) תְּלַת־קוֹמָתִי, בַּעַל שָׁלֹשׁ קוֹמוֹת

three-wheeled /θriː-ˈwiːld/ adj. בַּעַל שְׁלֹשָׁה אוֹפַנִּים, תְּלַת־אוֹפַנִּי

three-wheeler /θriː-ˈwiːlə(r)/ n. מְכוֹנִית בַּעֲלַת שְׁלֹשָׁה גַּלְגַּלִּים; תְּלַת־אוֹפָן

threnody /θrenədɪ/ n. (*poet.*) שִׁיר קִינָה

thresh /θreʃ/ v.t. דָּשׁ, חָבַט תְּבוּאָה

threshing-floor /θreʃɪŋ-flɔː(r)/ n. גֹּרֶן

threshing-machine /θreʃɪŋ-məʃiːn/ n. מְכוֹנַת דִּישָׁה

thresher /θreʃə(r)/ n. דַּיָּשׁ; מְכוֹנַת דִּישָׁה

threshold /θreʃhəʊld/ n. מִפְתָּן, סַף
□ *she was on the threshold of her career* הִיא הָיְתָה עַל סַף הַקַּרְיֶרָה שֶׁלָּהּ

threw /θruː/ past of **throw**

thrice /θraɪs/ adv. (*arch.*) שָׁלֹשׁ פְּעָמִים

thrift /θrɪft/ n. (*formal*) חַסְכָנוּת

thrifty /θrɪftɪ/ adj. חַסְכָן

thrill /θrɪl/ v.t. & i. גָּרַם רֶטֶט שֶׁל הִתְרַגְּשׁוּת; רָטַט מֵהִתְרַגְּשׁוּת
—n. רֶטֶט שֶׁל הִתְרַגְּשׁוּת

thriller /θrɪlə(r)/ n. סִפּוּר־מֶתַח, סֶרֶט־מֶתַח, מוֹתְחָן, "בַּלָּשׁ"

thrilling /θrɪlɪŋ/ adj. מַרְגִּשׁ, מוֹתֵחַ, מְרַתֵּק

thrive /θraɪv/ (past **throve** /θrəʊv/, rarely **thrived** /θraɪvd/, past ppl. **thriven** /θrɪv(ə)n/) v.i. לִבְלֵב, פָּרַח; שִׂגְשֵׂג, הִצְלִיחַ

thro' /θruː/ adv. דֶּרֶךְ

throat /θrəʊt/ n. גָּרוֹן, גַּרְגֶּרֶת; צַוָּאר
□ *you will cut your own throat through your obstinacy* (*fig.*) אַתָּה תִּגְרֹם לְעַצְמְךָ נֶזֶק גָּדוֹל בִּגְלַל הָעַקְשָׁנוּת שֶׁלְּךָ
□ *I rammed the point down their throats* דָּחַפְתִּי לָהֶם אֶת הַטִּעוּן שֶׁלִּי בְּכֹחַ
□ *the words stuck in my throat* (*colloq.*) הַמִּלִּים נִתְקְעוּ בִּגְרוֹנִי

throaty /θrəʊtɪ/ adj. (*colloq.*) (קוֹל) גְּרוֹנִי, מְחַרְחֵר

throb /θrɒb/ v.i. & n. פָּעַם, רָטַט; רֶטֶט, פְּעִימָה

throe /θrəʊ/ n. (usu. in *pl.*) מַדְוֶה, יִסּוּרִים
death throes יִסּוּרֵי גְּסִיסָה, חֶבְלֵי מָוֶת
□ *we were in the throes of packing* הָיִינוּ בְּעִצּוּמָהּ שֶׁל הָאֲרִיזָה (וְזֶה הָיָה קָשֶׁה מְאֹד)

thrombosis /θrɒmˈbəʊsɪs/ n. (*Med.*) תְּרוֹמְבּוֹזָה (סוּג שֶׁל קְרִישׁ דָּם)

throne /θrəʊn/ n.
1 (seat) כֵּס, כֵּס־מַלְכוּת, כֵּס־הַמְּלוּכָה
2 (sovereign power) הַמַּלְכוּת, כֵּס־הַמְּלוּכָה, הַמְּלוּכָה
□ *the princess came to the throne on her father's death* בְּמוֹת אָבִיהָ עָלְתָה הַנְּסִיכָה עַל כֵּס הַמְּלוּכָה
□ *the people were loyal to the throne* הָעָם הָיָה נֶאֱמָן לַמְּלוּכָה

throng /θrɒŋ/ n. הָמוֹן, קָהָל רַב
—v.t. & i. צָבָא עַל; הִצְטוֹפֵף, הִתְקַהֵל, בָּא בַּהֲמוֹנָיו

throttle /θrɒt(ə)l/ n. מַשְׁנֵק, מַצְעֶרֶת (בְּמָנוֹעַ)
□ *close* (or *open*) *the throttle* סָגַר/פָּתַח אֶת הַמַּשְׁנֵק, הוֹרִיד/נָתַן גַּז (בִּמְכוֹנִית); סָגַר/פָּתַח אֶת הַמַּצְעֶרֶת (בְּמָטוֹס)
—v.t.
1 (strangle) חָנַק, שָׁנַק, הֶחֱנִיק
2 throttle back (or **down**) צִמְצֵם אֶת זְרִימַת הַדֶּלֶק/הַקִּיטוֹר (לְמָנוֹעַ)

through /θruː/ prep. מִבַּעַד לְ..., דֶּרֶךְ, עַל, בְּאֶמְצָעוּת, בִּגְלַל
□ *the dog jumped through the hoop* הַכֶּלֶב קָפַץ דֶּרֶךְ הַחִשּׁוּק
□ *I have gone through the accounts* עָבַרְתִּי עַל הַחֶשְׁבּוֹנוֹת
□ *I will be away Friday through Monday* (*US*) אֲנִי אֶעָדֵר מִיּוֹם שִׁשִּׁי וְעַד יוֹם שֵׁנִי (כּוֹלֵל יוֹם שֵׁנִי)
□ *through no fault of his own he was late* שֶׁלֹּא בְּאַשְׁמָתוֹ הוּא אֵחַר
—adv. עַד הַסּוֹף, בְּמֶשֶׁךְ כֹּל
□ *she read the book through* הִיא קָרְאָה אֶת הַסֵּפֶר עַד תֻּמּוֹ

□ *I couldn't get through to France* לֹא הִצְלַחְתִּי לְהִתְקַשֵּׁר לְצָרְפַת
□ *I was wet through* נִרְטַבְתִּי עַד לְשַׁד עַצְמוֹתַי
□ *the branch is rotten through and through* הֶעָנָף רָקוּב לַחֲלוּטִין, הֶעָנָף רָקוּב לְגַמְרֵי
—adj. שֶׁעוֹבֵר בְּ...
no through road דֶּרֶךְ לְלֹא מוֹצָא
□ *is this a through train?* הַאִם זוֹ רַכֶּבֶת שֶׁעוֹבֶרֶת/עוֹצֶרֶת בַּתַּחֲנָה (אוֹ שֶׁעָלַי לְהַחֲלִיף רַכָּבוֹת בַּדֶּרֶךְ)?
□ *when will you be through?* (*colloq.*) מָתַי אַתָּה גּוֹמֵר? מָתַי (כְּבָר) תִּגְמֹר?

throughout /θruːaʊt/ prep. & adv. בְּמֶשֶׁךְ כָּל, לְכָל אֹרֶךְ; לְכָל אֹרֶךְ הַדֶּרֶךְ, כֻּלּוֹ

throughput /θruːpʊt/ n. הַמַּחֲזוֹר, הַמַּעֲבָר, חֹמֶר/ מֵידָע הָעוֹבְרִים דֶּרֶךְ מַנְגְּנוֹן

throughway /θruːweɪ/ n. (*US*) כְּבִישׁ מָהִיר

throve /θrəʊv/ past of **thrive**

throw /θrəʊ/ (past **threw** /θruː/, past ppl. **thrown** /θrəʊn/) v.t.
1 (fling, release, propel through space) זָרַק, הֵטִיל
throw good money after bad שָׂם אֶת כַּסְפּוֹ עַל קֶרֶן הַצְּבִי
throw in the sponge (or **towel**) (*colloq.*) הֵרִים יָדַיִם
throw cold water on (*fig.*) "צִנֵּן" (הִתְלַהֲבוּת וְכַד')
throw one's weight about (*fig. derog.*) הִתְנַהֵג בְּשְׁתַּלְּטָנוּת
□ *he threw the ball across the pitch* הוּא זָרַק אֶת הַכַּדּוּר לְרֹחַב הַמִּגְרָשׁ
□ *I threw a six* הֵטַלְתִּי "שֵׁשׁ" (בִּזְרִיקַת קֻבִּיָּה)
2 (force violently into a certain condition) הֵטִיל, זָרַק
□ *the protesters were thrown into prison* הַמַּפְגִּינִים הֻשְׁלְכוּ לַכֶּלֶא
□ *the air-raids threw the citizens into confusion* הַפְּצָצוֹת הָאֲוִיר הֵטִילוּ מְהוּמָה בְּקֶרֶב הָאֶזְרָחִים
3 (turn or move part or all of the body) הֵטִיל
□ *she threw her head back and laughed* הִיא הֵטִילָה אֶת רֹאשָׁהּ לְאָחוֹר וְצָחֲקָה
□ *he threw himself into the pool* הוּא הִשְׁלִיךְ אֶת עַצְמוֹ לְמֵי הַבְּרֵכָה
4 (project light, shadows, etc.) הֵטִיל
□ *the tree threw a shadow on the lawn* הָעֵץ הֵטִיל צֵל עַל הַמִּדְשָׁאָה
5 (put clothes on or off) הֵטִיל, זָרַק
□ *I threw on my coat* הֵטַלְתִּי אֶת מְעִילִי עַל כְּתֵפַי
6 (disconcert, *colloq.*) גָּרַם לְ... לִמְבוּכָה וּבִלְבּוּל
□ *the question threw me for a minute* הַשְּׁאֵלָה גָּרְמָה לִי לְרֶגַע שֶׁל מְבוּכָה
7 (bring to the ground) הֵטִיל לַקַּרְקַע
□ *the jockey was thrown by the excited horse* הַסּוּס הַנִּרְגָּשׁ הֵטִיל אֶת הָרוֹכֵב לַקַּרְקַע
8 (move, or switch, or lever) פָּתַח/סָגַר (מֶתֶג וְכַד')
9 (shape pottery) צָר בְּאֶמְצָעוּת אָבְנַיִם
10 (give a party, *colloq.*) עָשָׂה (מְסִבָּה)
—in set phrases
throw away הִשְׁלִיךְ, זָרַק (הָלְאָה מִמֶּנּוּ)
throw off הִשְׁתַּחְרֵר מִ...
throw out
(put out, discord) זָרַק; דָּחָה
(confuse) בִּלְבֵּל
throw over (*colloq.*) זָרַק, נָטַשׁ (בֶּן־זוּג)
throw together הֵכִין בְּחִפָּזוֹן; הִפְגִּישׁ
throw up
(abandon, *colloq.*) עָזַב, נָטַשׁ, זָרַק
(vomit, *colloq.*) הֵקִיא
(bring to notice) עוֹרֵר, הֵקִים
—n.
1 (act of throwing) זְרִיקָה הֲטָלָה
2 (distance thrown) (מֶרְחָק) זְרִיקָה, (מֶרְחָק) הֲטָלָה
a stone's throw away בְּמֶרְחָק לֹא רַב, כִּמְטַחֲוֵי־קֶשֶׁת
3 (fall in wrestling) זְרִיקָה, הַפָּלָה

throwaway /θrəʊəweɪ/ adj. לְשִׁמּוּשׁ חַד־פַּעֲמִי; (הֶעָרָה, מִשְׁפָּט) שֶׁנֶּאֱמַר (כִּבְיָכוֹל) כִּלְאַחַר־יָד

throwback /θrəʊ-bæk/ n. חֲזָרָה (לְ...)
□ *these fashions are a throw-back to the sixties* הָאָפְנוֹת הָאֵלֶּה הֵן חֲזָרָה לִשְׁנוֹת הַשִּׁשִּׁים

thrum /θrʌm/ v.t. & i. פָּרַט (בְּאֶצְבְּעוֹתָיו, עַל כְּלִי נְגִינָה)
—n.
1 (such playing) פְּרִיטָה (כַּנַּ"ל)
2 (the resulting sound) צְלִיל פְּרִיטָה (כַּנַּ"ל)

thrush /θrʌʃ/ n.
1 (bird) קִיכְלִי (צִפּוֹר־שִׁיר)
2 (disease) פִּטְרִיַּת־הַפֶּה, פִּטְרִיַּת צַוַּאר־הָרֶחֶם

thrust /θrʌst/ (past & past ppl. **thrust** /θrʌst/) v.t. & i. נָעַל, דָּחַף, תָּחַב; נִדְחַף, נִדְחַק
—n.
1 (push) נְעִיצָה; חֹד הַטִּעוּן, מוֹקֵד הָעִנְיָן
□ *the cut and thrust of debate* (*UK*) דַּרְכֵי הַהִתְנַצְּחוּת (בְּדוּ־קְרָב מִלּוּלִי וְכַד')
2 (force of jet engine, etc.) דַּחַף, כֹּחַ־דַּחַף

thruster /θrʌstə(r)/ n. רַקֶּטֶת־תִּמְרוּן, מְנוֹעַ־דַּחַף קָטָן (לְתִמְרוּן חֲלָלִית)

thud /θʌd/ v.i. הִשְׁמִיעַ קוֹל עָמוּם, הִשְׁמִיעַ קוֹל חֲבָטָה
—n. קוֹל־חֲבָטָה, עָמוּם

thug /θʌg/ n. בִּרְיוֹן, פּוֹשֵׁעַ

thumb /θʌm/ n. אֲגוּדָל
be all fingers and thumbs (*colloq.*) הָיָה בַּעַל שְׁתֵּי יָדַיִם שְׂמָאלִיּוֹת (לָרֹב מַצָּב זְמַנִּי)
rule of thumb עִקָּרוֹן כְּלָלִי, כְּלָל מַעֲשִׂי
□ *we gave them the thumbs up for the new arrangements* נָתַנּוּ לָהֶם אוֹר יָרֹק לַהֶסְדֵּרִים הַחֲדָשִׁים

□ *she keeps him under her thumb* (*colloq.*) הִיא מַחֲזִיקָה אוֹתוֹ קָצָר, הוּא נִמְצָא אֶצְלָהּ בַּכִּיס הַקָּטָן

—v.t. הֵרִים יָד (כְּדֵי לַעֲצֹר טְרֶמְפּ); דִּפְדֵּף בְּ... (סֵפֶר)

a well-thumbed book סֵפֶר שֶׁדִּפְדְּפוּ בּוֹ הַרְבֵּה, סֵפֶר מְרֻפָּט מֵרֹב קְרִיאָה

□ *the hitch-hiker thumbed a lift* (*colloq.*) הַטְּרֶמְפִּיסְט הֵרִים אֶת הַיָּד וְעָצַר טְרֶמְפּ

□ *he thumbed his nose at authority* (*colloq.*) הוּא עָשָׂה לָרָשֻׁיּוֹת אַף אָרֹךְ, הוּא הִפְגִּין זִלְזוּל וָבוּז כְּלַפֵּי הָרָשֻׁיּוֹת

thumb-index /ˈθʌm-ˌɪndeks/ n. (בְּמִלּוֹן וְכַד׳) מַפְתֵּחַ-בֹּהֶן, אִינְדֶּקְס-בֹּהֶן

thumb-nail /ˈθʌm-neɪl/ n. צִפֹּרֶן הַבֹּהֶן

□ *he gave a thumb-nail sketch of the robbery* הוּא נָתַן תֵּאוּר קָצָר שֶׁל הַשֹּׁד

thumbscrew /ˈθʌmskru:/ n. (*Hist.*) מַלְחֶצֶת-אֲגוּדָל (מַכְשִׁיר עִנּוּיִים); בֹּרֶג-פַּרְפַּר

thumb-tack /ˈθʌm-tæk/ n. (*US*) נַעַץ

thump /θʌmp/ v.t. & i. חָבַט בְּ..., הִכָּה אֶת; הָלַם בְּחֹזֶק, הָלַם בִּכְבֵדוּת

—n. חֲבָטָה עֲמוּמָה, קוֹל חֲבָטָה כְּבֵדָה, מַהֲלוּמָה

thumping /ˈθʌmpɪŋ/ adj. (*colloq.*) עָצוּם, עֲנָק (בְּגָדְלוֹ)

thunder /ˈθʌndə(r)/ n. רַעַם

□ *I stole his thunder by arriving first with the news* (*colloq.*) הִגַּעְתִּי רִאשׁוֹן עִם הַחֲדָשׁוֹת וְגָנַבְתִּי לוֹ אֶת כָּל הַהַצָּגָה

—v.i.

1 (make sound of thunder) רָעַם

2 (make a loud noise) הִרְעִים, רָעַם, הִשְׁמִיעַ קוֹל רוֹעֵם

□ *the train thundered through the station* הָרַכֶּבֶת חָצְתָה אֶת הַתַּחֲנָה בְּרַעַם

□ *the preacher thundered against gambling* הַמַּטִּיף הוֹקִיעַ אֶת כָּל מִשְׂחֲקֵי הַמַּזָּל בְּקוֹל רוֹעֵם

thunderbolt /ˈθʌndəbəʊlt/ n. בָּרָק וָרַעַם, חֲזִיז; אָסוֹן פִּתְאֹמִי, מַהֲלוּמָה כְּבֵדָה (שֶׁנָּחֲתָה כְּרַעַם בְּיוֹם בָּהִיר)

thunderclap /ˈθʌndəklæp/ n. רַעַם

thundering /ˈθʌndərɪŋ/ adj. (*UK arch. colloq.*) עָצוּם, עֲנָק (בְּגָדְלוֹ אוֹ בְּאֵיכוּתוֹ)

thunderous /ˈθʌndərəs/ adj. רוֹעֵם, סוֹעֵר

thunderstorm /ˈθʌndəstɔ:m/ n. סוּפַת רְעָמִים

thunderstruck /ˈθʌndəstrʌk/ adj. הֲלוּם-רַעַם, נִדְהָם

thundery /ˈθʌndərɪ/ adj. מְבַשֵּׂר רְעָמִים, מְלֻוֶּה רְעָמִים

thurible /ˈθjʊərɪb(ə)l/ n. (*Relig.*) מַחְתָּה, מִקְטֶר (כְּלִי לִקְטֹרֶת, בִּמְיֻחָד בְּטְקָסִים דָּתִיִּים)

Thursday /ˈθɜ:zdɪ/ n. יוֹם חֲמִישִׁי, יוֹם ה׳

thus /ðʌs/ adv. (*formal*)

1 (in this way) כָּךְ

2 (so, therefore) כָּךְ, כֵּיוָן שֶׁכָּךְ

3 **thus far** לְפִי שָׁעָה, עַד עַתָּה

thwack /θwæk/ v.t. & n. (*colloq.*) חָבַט, הִכָּה; חֲבָטָה, מַכָּה

thwart /θwɔ:t/ v.t. סִכֵּל, הִכְשִׁיל

—n. (*Naut.*) סַפְסַל שַׁיָּטִים (הַחוֹצֶה אֶת הַסִּירָה לָרֹחַב)

thy /ðaɪ/ poss. pron. (*arch.*) שֶׁלְּךָ/שֶׁלָּךְ

thyme /taɪm/ n. קוֹרָנִית (צֶמַח), תִּימִין (תַּבְלִין)

thyroid /ˈθaɪrɔɪd/ adj. & n. שֶׁל בַּלּוּטַת הַתְּרִיס; בַּלּוּטַת הַתְּרִיס

thyself /ðaɪˈself/ pron. (*arch.*) אַתָּה עַצְמְךָ/אַתְּ עַצְמֵךְ

tiara /tɪˈɑ:rə/ n. נֵזֶר, עֲטָרָה, כֶּתֶר (כְּעֵין חֲצִי סַהַר, תַּכְשִׁיט לְרֹאשׁ נָשִׁים); כֶּתֶר מְשֻׁלָּשׁ (לְרֹאשׁ הָאַפִּיפְיוֹר)

tibia /ˈtɪbɪə/ n. (*Anat.*) עֶצֶם הַשּׁוֹק הַפְּנִימִית, שׁוֹקָה

tic /tɪk/ n.

tick¹ /tɪk/ n. "טִיק", עֲוִית-שְׁרִירִים עַצְבָּנִית, פִּרְכּוּס (בְּעִקָּר בַּפָּנִים)

1 (sound of clock or watch) תִּקְתּוּק

□ *I'll be back in a tick* (*colloq.*) אֲנִי חוֹזֵר תּוֹךְ שְׁנִיָּה, אֲנִי חוֹזֵר צ'יק צ'ק

2 (mark used in checking) סִימָן "V"

—v.i. תִּקְתֵּק

□ *I wonder what makes him tick?* (*colloq.*) מְעַנְיֵן מָה מֵרִיץ אוֹתוֹ?

tick over (מָנוֹעַ) פָּעַל בְּ"טוּרִים" נְמוּכִים; פָּעַל בְּקֶצֶב מִינִימָלִי (עֵסֶק וְכַד׳)

—v.t. סִמֵּן בְּסִימָן "V"

tick off (*colloq.*) סִמֵּן בְּסִימָן "V"; נָזַף בְּ..., גָּעַר בְּ...

□ *I got ticked off for interrupting* גָּעֲרוּ בִּי עַל כָּךְ שֶׁהִתְעָרַבְתִּי בִּדְבָרִים

tick² /tɪk/ n. (*colloq.*) הַקָּפָה, "קְרֶדִיט"

□ *he bought the washing-machine on tick* הוּא קָנָה אֶת מְכוֹנַת הַכְּבִיסָה בְּהַקָּפָה

tick³ /tɪk/ n. קַרְצִיָּה, קַרְצִית

tick⁴ /tɪk/ n. כִּסּוּי תַּחְתּוֹן שֶׁל מִזְרָן/כַּר

ticker /ˈtɪkə(r)/ n. (*colloq.*)

1 (watch) שָׁעוֹן

2 (heart, *joc.*) לֵב

ticker-tape /ˈtɪkə-teɪp/ n. סֶרֶט נְיָר לְטֶלֶפְּרִינְטֶר מִסּוּג מְיֻשָּׁן

□ *the celebrity arrived to a ticker-tape reception* הָאִישִׁיּוּת הַמְפֻרְסֶמֶת זָכְתָה לְקַבָּלַת פָּנִים עִם קוֹנְפֶטִי

ticket /ˈtɪkɪt/ n. כַּרְטִיס; תָּוִית; דּוּ"חַ תְּנוּעָה, "רַפּוֹרְט"

□ *this drink is just the ticket!* (*colloq.*) הַמַּשְׁקֶה הַזֶּה הוּא מַמָּשׁ מָה שֶׁרָצִיתִי!

□ *I was unlucky and got a parking ticket* לֹא הָיָה לִי מַזָּל וְקִבַּלְתִּי דּוּ"חַ חֲנִיָּה

—v.t. שָׂם תָּוִית עַל; יִעֵד (לְמַטָּרָה מְסֻיֶּמֶת)

ticket-collector /ˈtɪkɪt-kəˌlektə(r)/ n. מְבַקֵּר, כַּרְטִיסָן

ticket office /ˈtɪkɪt ˌɒfɪs/ n. קֻפָּה (שֶׁל תֵּיאַטְרוֹן וְכַד׳)

ticking /ˈtɪkɪŋ/ n. כִּסּוּי תַּחְתּוֹן (לָרֹב מִבַּד מְפֻסְפָּס) שֶׁל מִזְרָן/כַּר

tickle /ˈtɪk(ə)l/ v.t.

1 (touch lightly to excite) דִּגְדֵּג, גֵּרָה

□ *the spices tickled our palates* הַתַּבְלִינִים עָקְצוּ אֶת חִכֵּנוּ

2 (divert, amuse) שִׁעֲשַׁע, הִצְחִיק, בִּדֵּר

□ *he was tickled to death by the idea* (*colloq.*)
הָרַעְיוֹן שִׁעֲשַׁע אוֹתוֹ מְאֹד

—v.i. גֵּרֵד

□ *my foot tickles* מְגָרֵד לִי בָּרֶגֶל

—n. דִּגְדּוּג

□ *I have a tickle in my throat* מְדַגְדֵּג לִי בַּגָּרוֹן

tickler /tɪklə(r)/ n. (*colloq.*) בְּעָיָה עֲדִינָה, מַצָּב רָגִישׁ

ticklish /tɪklɪʃ/ adj.

1 (sensitive to tickling) רָגִישׁ לְדִגְדּוּג

2 (requiring careful handling) עָדִין, רָגִישׁ, שֶׁדּוֹרֵשׁ טִפּוּל זָהִיר

□ *her promotion posed a very ticklish situation*
הַקִּדּוּם שֶׁלָּהּ יָצַר מַצָּב עָדִין בִּמְיֻחָד

tick-tack /tɪk-tæk/ n. (הַמּוֹרִים) קוֹד סוֹדִי שֶׁל סוֹכְנֵי הַמּוֹרִים

tick-tack toe (*US*) (אַרְהַ"בּ, מִשְׂחָק לִשְׁנַיִם) אִיקְס-מִיקְס-דְּרִיקְס

tick-tock /tɪk-tɒk/ n. תִּקְתּוּק, קוֹל תִּקְתּוּק הַשָּׁעוֹן

tidal /taɪd(ə)l/ adj. שֶׁל גֵּאוּת, שֶׁל שֵׁפֶל

tidal wave נַחְשׁוֹל, גַּל גּוֹאֶה (גַּם בְּהַשְׁאָלָה)

tiddler /tɪdlə(r)/ n. (*colloq.*) דָּגִיג; דַּג-רְקָק

tiddly /tɪdlɪ/ adj. (*colloq.*) קְטַנְטַן, זְעַרְעַר; שָׁתוּי בְּמִקְצָת, גִּלּוּפִין

tiddlywinks /tɪdlɪwɪŋks/ n. *pl.* מִשְׂחָק יְלָדִים שֶׁבּוֹ מְקַפִּיצִים דִּיסְקִית-פְּלַסְטִיק לְתוֹךְ גָּבִיעַ; דִּיסְקִית הַפְּלַסְטִיק בְּמִשְׂחָק הַנַּ"ל

tide /taɪd/ n. גֵּאוּת, שֵׁפֶל

□ *the politicians hoped the tide would turn for them* הַפּוֹלִיטִיקָאִים קִוּוּ שֶׁהַמַּזָּל יַתְחִיל לְהָאִיר לָהֶם פָּנִים

—v.t.

tide over עָזַר לְ... לַעֲבֹר תְּקוּפָה קָשָׁה

tidemark /taɪdmɑːk/ n. קַו-גֵּאוּת

tidings /taɪdɪŋz/ n. *pl.* (*arch.*) בְּשׂוֹרוֹת

tidy /taɪdɪ/ adj.

1 (neat, orderly) מְסֻדָּר, נָקִי

2 (considerable, *colloq.*) הָגוּן, גָּדוֹל, עָצוּם (לָרֹב סְכוּם כֶּסֶף)

□ *he made a tidy fortune on the stock exchange*
הוּא הִרְוִיחַ הוֹן קָטָן בַּבּוּרְסָה, הוּא הִרְוִיחַ סְכוּם לֹא מְבֻטָּל בַּבּוּרְסָה

—n. קֻפְסָה/תֵּבָה קְטַנָּה שֶׁבָּהּ מְאַחְסְנִים חֲפָצִים (כְּדֵי לִשְׁמֹר עַל הַסֵּדֶר)

a sink tidy כְּלִבּוֹנִיק לַכִּיּוֹר, "מְשֻׁלָּשׁ" (כְּלִי קָטָן לִפְסֹלֶת, לְשִׁמּוּשׁ בְּתוֹךְ הַכִּיּוֹר)

—v.t. & i. (also **tidy up**) נִקָּה, סִדֵּר

tie /taɪ/ v.t.

1 (fasten, bind) קָשַׁר

a tied cottage בַּיִת שֶׁמַּעֲבִידוֹ (בְּדֶרֶךְ כְּלָל חַקְלַאי) מַעֲמִיד לִרְשׁוּתוֹ שֶׁל עוֹבֵד (לְכָל מֶשֶׁךְ הַתְּקוּפָה שֶׁהַלָּה עוֹבֵד בְּשֵׁרוּתוֹ)

□ *we tied him down to the contract* אִלַּצְנוּ אוֹתוֹ לְהִצָּמֵד לִתְנָאֵי הַחוֹזֶה

□ *she tied a label to the case* הִיא קָשְׁרָה תָּוִית לַמִּזְוָדָה

□ *the money was tied up in a trust fund* הַכֶּסֶף הָיָה סָגוּר בְּקֶרֶן נֶאֱמָנוּת

□ *I'm tied up with a meeting that day* אֲנִי בִּפְגִישָׁה בְּאוֹתוֹ יוֹם

□ *my hands are tied* (*fig.*) יָדַי קְשׁוּרוֹת, יָדַי כְּבוּלוֹת

2 (arrange in a bow or knot) קָשַׁר, קָשַׁר בְּלוּלָאָה; נִקְשַׁר

□ *he tied his shoelaces* הוּא קָשַׁר אֶת שְׂרוֹכֵי נְעָלָיו, הוּא שָׂרַךְ אֶת נְעָלָיו

—v.i. הִשִּׂיג תֵּיקוּ, סִיֵּם בְּתֵיקוּ; נִקְשַׁר

□ *we tied with our opponents in the competition*
סִיַּמְנוּ בְּתוֹצָאַת תֵּיקוּ נֶגֶד הַיְרִיבִים בַּתַּחֲרוּת

□ *they tied for first place* הֵם הִגִּיעוּ יַחַד לְמָקוֹם רִאשׁוֹן

□ *does the sash tie at the back?* הַאִם קוֹשְׁרִים אֶת הָאַבְנֵט מֵאָחוֹר? הַאִם הָאַבְנֵט נִסְגָּר מֵאָחוֹר?

—n.

1 (a cord or chain for fastening) חוּט קְשִׁירָה, שְׂרוֹךְ

2 (neck-tie) עֲנִיבָה (פְּרִיט לְבוּשׁ)

3 (bond; hindrance) קֶשֶׁר; מַעֲמָסָה

family ties קִשְׁרֵי מִשְׁפָּחָה

□ *elderly relatives can be a tie* קְרוֹבֵי מִשְׁפָּחָה קְשִׁישִׁים יְכוֹלִים לִהְיוֹת לְמַעֲמָסָה

4 (equal score) תֵּיקוּ

tie-break /taɪ-breɪk/ n. שְׁבִירַת-שִׁוְיוֹן (בְּטֶנִיס, בְּמַצָּב שֶׁל תֵּיקוּ, לִקְבִיעַת הַמְנַצֵּחַ בַּסֶּט)

tie-dye /taɪ-daɪ/ v.t. צָבַע (בַּד) בְּשִׁיטַת בָּטִיק – קְשִׁירָה (בְּסִגְנוֹן "הִיפִּי" וְכַד')

tie-pin /taɪ-pɪn/ n. סִכַּת-עֲנִיבָה

tier /tɪə(r)/ n. שׁוּרָה (שֶׁל סַפְסָלִים בָּאִצְטַדְיוֹן וְכַד'); שָׁלָב (בְּהִירַרְכְיָה)

tie-up /taɪ-ʌp/ n. קֶשֶׁר הָדוּק, קְשָׁרִים הֲדוּקִים; שֻׁתָּפוּת

tiff /tɪf/ n. רִיב

a lovers' tiff מְרִיבַת אוֹהֲבִים

tiffin /tɪfɪn/ n. (*arch.*) אֲרוּחָה קַלָּה (בְּאֶמְצַע הַבֹּקֶר, אוֹ בַּצָּהֳרַיִם), אֲרוּחַת עֶשֶׂר

tiger /taɪgə(r)/ n. נָמֵר, טִיגְרִיס

tiger-lily /taɪgə-lɪlɪ/ n. שׁוֹשַׁן מְנֻמָּר (פֶּרַח נוֹי)

tight /taɪt/ adj.

1 (closely held, close fitting, firmly constructed)
הָדוּק, צָמוּד

□ *he tied a very tight knot* הוּא קָשַׁר קֶשֶׁר הָדוּק מְאֹד

□ *it was a tight squeeze on the train* הָיָה צָפוּף מְאֹד בָּרַכֶּבֶת

□ *she was wearing a tight skirt* הִיא לָבְשָׁה חֲצָאִית הֲדוּקָה
2 (stringent, demanding) הָדוּק, תּוֹבְעָנִי, דָּחוּס, צָפוּף, קָשֶׁה
□ *he was in a tight corner* הוּא נִלְחַץ לַפִּנָּה
□ *he has a tight schedule* יֵשׁ לוֹ לוּחַ־זְמַנִּים צָפוּף
□ *she managed to talk her way out of a tight spot* (*colloq.*) הִיא הִצְלִיחָה לָצֵאת מִמַּצָּב קָשֶׁה בְּדִבּוּרִים
3 (drunk, *colloq.*) שָׁתוּי
4 (impermeable, stretched)
airtight אָטוּם לָאֲוִיר, אָטִים לָאֲוִיר
watertight אָטוּם לַמַּיִם, אָטִים לַמַּיִם
□ *the tight lead kept the dog under control* הָרְצוּעָה הַמְּתוּחָה רִסְּנָה אֶת הַכֶּלֶב
5 (not easily obtainable)
□ *in this financial climate money is tight* בְּמַצָּב כַּלְכָּלִי זֶה קָשֶׁה לְהַשִּׂיג אַשְׁרַאי
□ *she is tight with her money* (*colloq.*) הִיא לֹא נִפְרֶדֶת מִן הַכֶּסֶף שֶׁלָּהּ בְּקַלּוּת
—adv.
hold tight הַחֲזֵק חָזָק; תַּחֲזִיק חָזָק!
sit tight שֵׁב בִּמְקוֹם; שֵׁב וְאַל תָּזוּז!
sleep tight שֵׁנָה מְתוּקָה! (בְּרָכָה לָאָדָם הָעוֹמֵד לְהֵרָדֵם)

tighten /taɪt(ə)n/ v.t. & i. הִדֵּק; הִתְהַדֵּק
□ *when he lost his job, he had to tighten his belt* (*colloq.*) לְאַחַר שֶׁאִבֵּד אֶת מִשְׂרָתוֹ, הָיָה עָלָיו לְהַדֵּק אֶת הַחֲגוֹרָה

tight-fisted /ˌtaɪt-ˈfɪstɪd/ adj. (*colloq.*) קַמְצָן
tight-fitting /ˌtaɪt-ˈfɪtɪŋ/ adj. הָדוּק, צָמוּד
tight-lipped /taɪt-lɪpt/ adj. בִּשְׂפָתַיִם קְפוּצוֹת; נָחוּשׁ בְּדַעְתּוֹ; נָחוּשׁ בִּשְׁתִיקָתוֹ
tightrope /taɪtrəʊp/ n. חֶבֶל־מָתוּחַ (בְּקִרְקָס, לְהַלֵּךְ עָלָיו)
tights /taɪts/ n. *pl* גַּרְבִּיּוֹן, גַּרְבּוֹנִים, טַיְטְס
tigress /taɪgrɪs/ n. נְמֵרָה, נְקֵבַת הַטִּיגְרִיס
tilde /tɪldə/ n. טִילְדָּה, סִימָן "~" (בִּסְפָרַדִּית מֵעַל n מְצַיֵּן הַגּוּי NJ)
tile /tail/ n. אָרִיחַ (לְקִיר) רַעַף (לְגַג); מַרְצֶפֶת (לְרִצְפָּה)
□ *they were out on the tiles all night* (*colloq.*) הֵם הִתְהוֹלְלוּ כָּל הַלַּיְלָה, הֵם עָשׂוּ חַיִּים עַד אוֹר־הַבֹּקֶר
—v.t. כִּסָּה בַּאֲרִיחִים, כִּסָּה בִּרְעָפִים, הֵנִיחַ רְעָפִים, רִצֵּף
till[1] /tɪl/ n. קֻפָּה (בַּחֲנוּת וְכַד׳, אַךְ לֹא קֻפָּה לְכַרְטִיסִים)
till[2] /tɪl/ v.t. עִבֵּד (אֶת הַקַּרְקַע)
till[3] /tɪl/ prep. & conj. עַד שֶׁ..., עַד אֲשֶׁר, עַד
tiller /tɪlə(r)/ n. יְדִית הַהֶגֶה (בְּסִירָה קְטַנָּה); עוֹבֵד אֲדָמָה

tilt /tɪlt/ v.t. & i.
1 (cause to slope) הִטָּה בְּשִׁפּוּעַ, שִׁפַּע; נָטָה בְּשִׁפּוּעַ
2 (ride at with a lance, *arch.*) (פָּרַשׁ אַבִּיר בִּימֵי הַבֵּינַיִם) הִסְתָּעֵר עִם רֹמַח נָטוּי
tilt at windmills (*fig.*) "נִלְחַם בְּתַחֲנוֹת־רוּחַ", נִלְחַם בְּאוֹיֵב מְדֻמֶּה
—n.
1 (sloping position) שִׁפּוּעַ, נְטִיָּה בְּשִׁפּוּעַ
2 (charge, *arch.*) הִסְתָּעֲרוּת עִם רֹמַח נָטוּי; הַתְקָפָה חֲזִיתִית
at full tilt (*colloq.*) בִּמְלוֹא הַמְּהִירוּת

tilth /tɪlθ/ n. עִבּוּד אֲדָמָה, חֲרִישָׁה; אֲדָמָה חֲרוּשָׁה, אֲדָמָה מְעֻבֶּדֶת

timber /tɪmbə(r)/ n.
1 (felled wood, planks) קוֹרוֹת־עֵץ, עֵץ (חֹמֶר־הַגֶּלֶם לְבִנְיָן, לְיִצּוּר רָהִיטִים וְכַד׳)
roof timbers קוֹרוֹת הַגַּג (הָעֲשׂוּיוֹת מֵעֵץ)
2 (trees) יְעָרוֹת, עֵצִים (לִפְנֵי שֶׁנִּכְרְתוּ, הַמְיֹעָדִים לְשַׁמֵּשׁ חֹמֶר־גֶּלֶם)
—int.
timber! קְרִיאַת אַזְהָרָה, כְּשֶׁעֵץ שֶׁנִּכְרַת עוֹמֵד לִפֹּל לַקַּרְקַע

timbered /tɪmbəd/ adj.
1 (built with wood) עָשׂוּי קוֹרוֹת עֵץ
2 (wooded) מְכֻסֶּה עֵצִים, מְיֹעָר
timber-line /tɪmbə-laɪn/ n. קַו־הָעֵצִים (שֶׁמֵּעֵבֶר לוֹ עֵצִים אֵינָם גְּדֵלִים)
timber-merchant /tɪmbə-ˌmɜːtʃənt/ n. סוֹחֵר עֵצִים
timber-yard /tɪmbə-jɑːd/ n. מַחְסַן־עֵצִים
timbre /tæmbrə/ n. (*Mus.*) גּוֹן הַקּוֹל

time /taɪm/ n.
1 (continuous duration as a dimension) זְמַן
against time כְּנֶגֶד הַשָּׁעוֹן
□ *you'll get over it in time* אַתָּה תִּתְגַּבֵּר עַל זֶה בְּמֶשֶׁךְ הַזְּמַן
□ *time will show who is right* הַזְּמַן יוֹכִיחַ מִי צוֹדֵק
2 (alotted or available period, unspecified interval) שָׁעָה, זְמַן
spare time פְּנַאי, זְמַן חָפְשִׁי, זְמַן פָּנוּי
in no time (*fig.*) כְּהֶרֶף עַיִן
time please! אֲנַחְנוּ עוֹמְדִים לִסְגֹּר! הִגִּיעָה הַשָּׁעָה לִסְגֹּר! (בְּפָּאבּ)
lunch time שְׁעַת אֲרוּחַת הַצָּהֳרַיִם; שֶׁל אֲרוּחַת הַצָּהֳרַיִם, עַל אֲרוּחַת צָהֳרַיִם
□ *it's only a matter of time* זוֹ רַק שְׁאֵלָה שֶׁל זְמַן
□ *he is having the time of his life* (*colloq.*) הוּא עוֹשֶׂה חַיִּים מְשֻׁגָּעִים
□ *it will take a long time to persuade him* יִקַּח הַרְבֵּה זְמַן לְשַׁכְנֵעַ אוֹתוֹ
□ *it's time we left* הִגִּיעַ הַזְּמַן שֶׁנֵּלֵךְ, הִגִּיעַ הַזְּמַן לָזוּז
□ *your time is up!* זְמַנְּךָ עָבַר!
□ *I have no time for parties* אֵין לִי זְמַן לִמְסִבּוֹת
□ *take your time* אַל תְּמַהֵר, יֵשׁ לְךָ זְמַן
3 (a specific point or period of time) שָׁעָה
about time (*colloq.*) בְּשָׁעָה טוֹבָה, הִגִּיעַ הַזְּמַן
not before time בְּשָׁעָה טוֹבָה

on time בַּזְּמַן
□ *what time is it? – The time is 7.30* מָה הַשָּׁעָה? הַשָּׁעָה 7:30
□ *do you have the time (on you)?* (הַאִם) אַתָּה יוֹדֵעַ מָה הַשָּׁעָה?
□ *he ran the thousand metres in record time* הוּא רָץ אֶלֶף מֶטֶר בִּזְמַן שִׂיא
□ *I won't be home in time for dinner* אֲנִי לֹא אַגִּיעַ הַבַּיְתָה בַּזְּמַן לַאֲרוּחַת הָעֶרֶב

4 (occasion) פַּעַם
at the same time בְּבַת אַחַת, בְּאוֹתוֹ הַזְּמַן
from time to time מִדֵּי פַּעַם, מֵעֵת לְעֵת, מִזְּמַן לִזְמַן
nine times out of ten כִּמְעַט תָּמִיד
at times לִפְרָקִים, מִדֵּי פַּעַם
one at a time אֶחָד אַחֲרֵי הַשֵּׁנִי
□ *there's no time like the present* עֲשֵׂה אֶת זֶה עַכְשָׁו, אַל תִּדְחֶה אֶת זֶה לְמָחָר
□ *last time he failed, this time he succeeded* בַּפַּעַם הַקּוֹדֶמֶת הוּא נִכְשַׁל, בַּפַּעַם הַזֹּאת הוּא הִצְלִיחַ
□ *if I've told you once, I've told you a dozen times* אָמַרְתִּי לְךָ כְּבָר אֶלֶף אֲלָפֵי פְּעָמִים

5 (often in *pl.*, associated with particular events, lifetimes, etc.) עֵת, תְּקוּפָה
ancient times הָעֵיר הָעַתִּיקָה
behind the times מְיֻשָּׁן
□ *he was an athlete in his time* בִּזְמַנּוֹ הוּא הָיָה אַתְלֵט
□ *she was born before her time* הִיא נוֹלְדָה מֻקְדָּם מִדַּי, הִיא הָיְתָה צְרִיכָה לְהִוָּלֵד בִּתְקוּפָה מְאֻחֶרֶת יוֹתֵר

6 (in *pl.*, to indicate multiple) כָּפוּל, פִּי...
□ *five times four is twenty* חָמֵשׁ כָּפוּל אַרְבַּע הֵם עֶשְׂרִים
□ *he earns three times more than me* הוּא מַרְוִיחַ פִּי שְׁלֹשָׁה מִמֶּנִּי

7 (prison sentence, *sl.*) תְּקוּפַת מַאֲסָר
□ *he did time for burglary* הוּא "יָשַׁב בִּפְנִים" עַל פְּרִיצָה

8 (*Mus.*) קֶצֶב
beat time נָתַן אֶת הַקֶּצֶב, תּוֹפֵף אֶת הַקֶּצֶב (לָאו דַּוְקָא בְּתֹף)

—v.t.
1 (appoint time of) תִּכְנֵן אֶת הַזְּמַן (שֶׁל בִּצּוּעַ פְּעֻלָּה וְכַד׳)
2 (record the time of) מָדַד אֶת הַזְּמַן (שֶׁל מֵרוֹץ וְכַד׳)

time-bomb /ˈtaɪm-bɒm/ n. פְּצָצַת־זְמַן
time-card /ˈtaɪm-kɑːd/ n. כַּרְטִיס נוֹכְחוּת (לְעוֹבֵד)
time clock /ˈtaɪm klɒk/ n. שְׁעוֹן־נוֹכְחוּת (בְּמִפְעָל וְכַד׳)
time-expired /ˌtaɪm-ɪkˈspaɪəd/ adj. (חַיָּל) שֶׁסִּיֵּם אֶת תְּקוּפַת הַשֵּׁרוּת הַצְּבָאִי שֶׁלּוֹ
time-exposure /ˈtaɪm-ɪkˌspəʊʒə(r)/ n. (*Photog.*) חֲשִׂיפָה מִתְמַשֶּׁכֶת לְאֹרֶךְ זְמַן

time-fuse /ˈtaɪm-fjuːz/ n. מַרְעוֹם הַשְׁהָיָה, מַרְעוֹם זְמַן
time-honoured /ˈtaɪm-ɒnəd/ adj. (*formal*) שֶׁכֻּבַּד מִדּוֹר לְדוֹר
timekeeper /ˈtaɪmkiːpə(r)/ n. מְתַזְמֵן; מוֹרֵה־זְמַן
time-lag /ˈtaɪm-læg/ n. מִרְוַח זְמַן, הֶפְרֵשׁ־זְמַנִּים
timeless /ˈtaɪmlɪs/ adj. נִצְחִי
time-limit /ˈtaɪm-lɪmɪt/ n. מוֹעֵד סִיּוּם, זְמַן קָצוּב
timely /ˈtaɪmlɪ/ adj. (*formal*) שֶׁבְּעִתּוֹ, בַּזְּמַן
time out /taɪm ˈaʊt/ n. פֶּסֶק־זְמַן, "טַיְם אָאוּט"
timepiece /ˈtaɪmpiːs/ n. (*arch.*) שָׁעוֹן
time-saving /ˈtaɪm-seɪvɪŋ/ adj. חוֹסֵךְ־זְמַן
time-server /ˈtaɪm-sɜːvə(r)/ n. (*derog.*) אוֹפּוֹרְטוּנִיסְט, חַנְפָן, שֶׁמִּתְיַשֵּׁר לְפִי דֵּעוֹתֵיהֶם שֶׁל בַּעֲלֵי הַהַשְׁפָּעָה וְהַכֹּחַ
time-share /ˈtaɪm-ʃeə(r)/ n. חֶלְקַת־זְמַן (סוּג שֶׁל הֶסְכֵּם רְכִישַׁת נַדְלָ"ן)
time-sheet /ˈtaɪm-ʃiːt/ n. גִּלְיוֹן עֲבוֹדָה, גִּלְיוֹן נוֹכְחוּת
time-signal /ˈtaɪm-sɪgnəl/ n. אוֹת הַשָּׁעָה, תָּו הַשָּׁעָה
time-switch /ˈtaɪm-swɪtʃ/ n. מֶתֶג אוֹטוֹמָטִי (הַמֻּפְעָל עַל־יְדֵי שָׁעוֹן)
timetable /ˈtaɪmteɪb(ə)l/ n. לוּחַ־זְמַנִּים, לוּחַ־שָׁעוֹת
—v.t. תִּכְנֵן לְשָׁעָה וּמוֹעֵד מְסֻיָּמִים; אִרְגֵּן עַל־פִּי לוּחַ־זְמַנִּים מְסֻיָּם
time zone /ˈtaɪm zəʊn/ n. אֵזוֹר־זְמַן (מִסָּבִיב לְכַדּוּר־הָאָרֶץ)
timid /ˈtɪmɪd/ adj. בַּיְשָׁן, חַיְשָׁן, הַסְסָנִי
timidity /tɪˈmɪdɪtɪ/ n. בַּיְשָׁנוּת, חַיְשָׁנוּת
timing /ˈtaɪmɪŋ/ n. עִתּוּי, תִּזְמוּן
timorous /ˈtɪmərəs/ adj. (*formal*) הַסְסָן, פַּחְדָן
timpani /ˈtɪmpənɪ/ n. *pl.* תֻּפֵּי טִימְפָּנִי (בְּתִזְמֹרֶת קוֹנְצֶרְטַנְטִית)

tin /tɪn/ n.
1 (metal) בְּדִיל
tin hat (*colloq.*) כּוֹבַע־פְּלָדָה, קַסְדַּת־פְּלָדָה
tin-pan alley עוֹלַם הַבִּדּוּר (אַנְשֵׁי הַמּוּזִיקָה הַקַּלָּה וְכוּ׳)
2 (container) קֻפְסַת שִׁמּוּרִים, פַּחִית־שִׁמּוּרִים; פַּח, פַּחִית
—v.t.
1 (pack for preservation) שִׁמֵּר בְּפַחִיּוֹת
2 (coat with tin) צִפָּה בִּבְדִיל

tincture /ˈtɪŋktʃə(r)/ n. תְּמִיסַּת אַלְכּוֹהוֹל
tincture of iodine תְּמִסַּת יוֹד (לְחִטּוּי שְׂרִיטוֹת וְכַד׳)
tinder /ˈtɪndə(r)/ n. חֹמֶר דָּלִיק, חֹמֶר מִתְלַקֵּחַ
tinder-box /ˈtɪndə-bɒks/ n. (*arch.*) מַעֲרֶכֶת לְהַצָּתַת אֵשׁ (קַשׁ, אֶבֶן וּפִסַּת פְּלָדָה); (בְּהַשְׁאָלָה) חָבִית חֹמֶר־נֶפֶץ (מַצָּב מְסֻכָּן)
tine /taɪn/ n. שֵׁן (שֶׁל מַזְלֵג וְכוּ׳), זִיז
tin foil /tɪn ˈfɔɪl/ n. נְיַר כֶּסֶף, נְיַר־אֲלוּמִינְיוּם
ting /tɪŋ/ n. צִלְצוּל (זְכוּכִית, מַתֶּכֶת וְכַד׳)

ting-a-ling /ˌtɪŋ-ə-ˈlɪŋ/ n. (*colloq.*) צִלְצוּל פַּעֲמוֹן

tinge /tɪndʒ/ v.t. הוֹסִיף גָּוֶן לְ...

□ *his admiration was tinged with envy* לְהַעֲרָצָתוֹ הָיָה גָּוֶן שֶׁל קִנְאָה

—n. גָּוֶן, נֹפֶךְ; שֶׁמֶץ

tingle /ˈtɪŋg(ə)l/ v.i. & n. חָשׁ צְמַרְמֹרֶת, חָשׁ דִּגְדּוּג (נָעִים); צְמַרְמֹרֶת, דִּגְדּוּג

tinker /ˈtɪŋkə(r)/ n. פֶּחָח נוֹדֵד (שֶׁמְּתַקֵּן כְּלֵי בַּיִת, סִירִים וְכַד'); עֲבוֹדַת תִּקּוּן כַּנַּ"ל; "מַמְזֵר" (יֶלֶד שׁוֹבָב)

—v.i.

tinker at (or **with**) "שִׂחֵק" עִם (דְּבַר מָה, בְּנִסָּיוֹן לְתַקְּנוֹ וְכַד')

tinkle /ˈtɪŋk(ə)l/ v.i. הִשְׁמִיעַ צִלְצוּל מַתַּכְתִּי קַל

—n.

1 (sound) צִלְצוּל מַתַּכְתִּי קַל

2 (telephone call, *colloq.*) צִלְצוּל (טֶלֶפוֹן)

tinned /tɪnd/ adj. (מָזוֹן) מְשֻׁמָּר

tinny /ˈtɪnɪ/ adj.

1 (of material) שֶׁל פַּח; לֹא חָזָק, לֹא עָמִיד

2 (of sound) (צְלִיל) מַתַּכְתִּי וְצוֹרֵם

□ *a radio was playing tinny music* מִמַּכְשִׁיר רַדְיוֹ בָּקְעָה מוּזִיקָה מְצַלְצֶלֶת

tin-opener /ˈtɪn-əʊp(ə)nə(r)/ n. פּוֹתְחָן, פּוֹתְחַן־קֻפְסָאוֹת

tin-plate /ˈtɪn-pleɪt/ n. פְּלָדָה מְצֻפָּה בְּדִיל, בַּרְזֶל מְצֻפֶּה בְּדִיל

tinpot /ˈtɪnpɒt/ adj. (*colloq.*) (אָדָם, מוֹסָד) נָפוּחַ וְרֵיק מִתֹּכֶן, קַרְקָסִי

□ *the country is run by a tinpot government* מֶמְשָׁלָה קַרְקָסִית מְנַהֶלֶת אֶת הַמְּדִינָה

tinsel /ˈtɪns(ə)l/ n. חֹמֶר מַתַּכְתִּי נוֹצֵץ לְקִשּׁוּט, "נִצְנָצִים"; (בְּהַשְׁאָלָה) זֹהַר מְזֻיָּף

tint /tɪnt/ n. גָּוֶן, צֶבַע, צֶבַע־שֵׂעָר

—v.t. גִּוֵּן, גּוֹנֵן

tin-tack /ˈtɪn-tæk/ n. מֵעֵין נַעַץ בַּרְזֶל מְצֻפֶּה בְּדִיל

tintinnabulation /ˌtɪntɪˌnæbjʊˈleɪʃ(ə)n/ n. (*poet.*) צִלְצוּל פַּעֲמוֹנִים, דִּנְדּוּן פַּעֲמוֹנִים

tiny /ˈtaɪnɪ/ adj. זָעִיר, זַעֲרוּרִי, פָּעוּט

tip¹ /tɪp/ n.

1 (extremity) קָצֶה

the tip of the iceberg (*fig.*) "קְצֵה הַקַּרְחוֹן"

□ *the word is on the tip of my tongue* הַמִּלָּה עַל קְצֵה לְשׁוֹנִי

2 (small piece attached to the end of something) קָצֶה

—v.t. הִתְקִין קָצֶה לְ...; מָשַׁח אֶת הַחֹד (שֶׁל חֵץ וְכַד')

tipped cigarettes סִיגַרְיוֹת פִילְטֶר

tip² /tɪp/ v.t.

1 (cause to lean or slant) הִטָּה

2 (with into, overturn or discharge contents) רוֹקֵן, שָׁפַךְ, הָפַךְ

—v.i.

tip one's hat הִטָּה אֶת הַכּוֹבַע (לְאוֹת שָׁלוֹם)

□ *don't lean on the table or it will tip over* אַל תִּשָּׁעֵן עַל הַשֻּׁלְחָן, אַחֶרֶת הוּא יִתְהַפֵּךְ

—n.

1 (a slight tilt) הַטָּיָה

2 (a place for rubbish) מִזְבָּלָה

tip³ /tɪp/ v.t.

1 (give gratuity) נָתַן "טִיפּ" לְ..., נָתַן תֶּשֶׁר לְ...

□ *we always tip the waiter in this restaurant* אֲנַחְנוּ תָּמִיד מַשְׁאִירִים תֶּשֶׁר לַמֶּלְצַר בְּמִסְעָדָה זוֹ

2 (mention or regard as likely) נָתַן רֶמֶז עַל, נָתַן "טִיפּ" עַל

tip off נָתַן רֶמֶז לְ... (לְמָשָׁל לַמִּשְׁטָרָה, עַל פְּרִיצָה צְפוּיָה)

□ *who are you tipping to win?* מִי לְדַעְתְּךָ יִהְיֶה הַמְּנַצֵּחַ

3 (strike lightly) פָּגַע קַלּוֹת בְּ...

□ *the ball tipped the edge of his racket* הַכַּדּוּר פָּגַע בִּקְצֵה הַמַּחְבֵּט שֶׁלּוֹ

—n.

1 (a small present of money) תֶּשֶׁר, "טִיפּ"

2 (a piece of information) רֶמֶז, "טִיפּ", עֵצָה

□ *here's a tip for removing stains from clothing* הִנֵּה עֵצָה לַהֲסָרַת כְּתָמִים מִבְּגָדִים

tip-off /ˈtɪp-ɒf/ n. מֵידָע־מוֹדִיעִינִי, אַתְרָעָה, יְדִיעָה־חֲסוּיָה

□ *the police received a tip off about the robber's plan* הַמִּשְׁטָרָה קִבְּלָה מֵידָע מוֹדִיעִינִי עַל תָּכְנִיּוֹת הַשּׁוֹדֵד

tipper /ˈtɪpə(r)/ n. מַשְׁאִיר טִיפּ; מַשָּׂאִית עִם מַהְפֵּךְ, "הַיִבֶּר"

tipper truck מַשָּׂאִית מַהְפֵּךְ, "הַיִבֶּר"

tipple /ˈtɪp(ə)l/ v.t. & i. חִבֵּב אֶת הַטִּפָּה הַמָּרָה

—n. (*colloq.*) מַשְׁקֶה (אַלְכּוֹהוֹלִי)

□ *he likes his tipple each day* הוּא אוֹהֵב לִשְׁתּוֹת כּוֹסִית מִדֵּי יוֹם

tipster /ˈtɪpstə(r)/ n. נוֹתֵן עֵצוֹת מִקְצוֹעִי (בְּמֵרוֹצִים וְהִמּוּרִים)

tipsy /ˈtɪpsɪ/ adj. (*colloq.*) קְצָת שָׁתוּי, קְצָת מְטֻשְׁטָשׁ (מֵאַלְכּוֹהוֹל)

tipsy-cake מֵעֵין רַפְרֶפֶת ("טְרַיְפֶל")

tiptoe /ˈtɪptəʊ/ adv. & n. עַל קְצוֹת הָאֶצְבָּעוֹת; קְצוֹת הָאֶצְבָּעוֹת

□ *the child was on tiptoe with excitement* הַיֶּלֶד הָיָה דָּרוּךְ בְּהִתְרַגְּשׁוּת

—v.i. צָעַד עַל קְצוֹת הָאֶצְבָּעוֹת

tip-top /ˌtɪp-ˈtɒp/ adj. (*colloq.*) "טִיפּ־טוֹפּ", מֵאָה־אָחוּז

□ *the piano was in tip-top condition* הַפְּסַנְתֵּר הָיָה בְּמַצָּב מְעֻלֶּה, הַפְּסַנְתֵּר הָיָה טִיפּ־טוֹפּ

tirade /taɪˈreɪd/ n. (*formal*) נְאוּם בִּקֹּרֶת זוֹעֵם

tire /ˈtaɪə(r)/ v.t. & i. עִיֵּף, יִגַּע; הִתְעַיֵּף, יָגַע

tired /ˈtaɪəd/ adj. עָיֵף, יָגֵעַ (גּוּפָנִית אוֹ נַפְשִׁית)

□ *I'm tired of office routine* נִמְאַס לִי מִן הַשִּׁגְרָה שֶׁל הַמִּשְׂרָד

tireless /ˈtaɪəlɪs/ adj. חֲסַר־לֵאוּת, בִּלְתִּי נִלְאֶה

tiresome /ˈtaɪəsəm/ adj. מַטְרִיד, מְיַגֵּעַ

tiring /ˈtaɪərɪŋ/ adj. מְעַיֵּף, מְיַגֵּעַ

tiro /ˈtaɪərəʊ/ n. (*arch. formal*) טִירוֹן

'tis /tɪz/ (*poet.*) זֶה הוּא, הֲרֵי זֶה, הֲרֵי הוּא

tissue /ˈtɪʃuː/ n.

1 (*Biol.*) רִקְמָה

2 (soft paper) מִמְחֶטֶת־נְיָר, "טִישׁוּ"

tissue-paper נְיַר עֲטִיפָה דַּק, נְיַר מֶשִׁי

toilet-tissue נְיַר בֵּית־שִׁמּוּשׁ, נְיַר־טוּאָלֶט

3 (woven material) בַּד עָדִין, אָרִיג עָדִין

4 (a connected series, *formal*) מִרְקָם, מַאֲרָג

□ *his story was a tissue of lies* הַסִּפּוּר שֶׁלּוֹ הָיָה מִרְקַם שְׁקָרִים אֶחָד

tit[1] /tɪt/ n. יַרְגָּזִי (צִפּוֹר)

tit[2] /tɪt/ n. (*vulg.*) שָׁד, שַׁד, "צִיצִי"

tit[3] /tɪt/ n.

tit for tat עַיִן תַּחַת עַיִן, מִדָּה כְּנֶגֶד מִדָּה

Titan /ˈtaɪt(ə)n/ n. (*poet.*) טִיטָן, עֲנָק

titanic /taɪˈtænɪk/ adj. עֲנָקִי, עָצוּם, כַּבִּיר

titanium /tɪˈteɪnɪəm/ n. טִיטַנְיוּם (מַתֶּכֶת קָשָׁה)

titbit /ˈtɪtbɪt/ n. מַטְעָם קָטָן; פִּסַּת רְכִילוּת עֲסִיסִית

a titbit of gossip (*colloq.*) פִּסַּת רְכִילוּת עֲסִיסִית

tithe /taɪð/ n. מַעֲשֵׂר

Titian /ˈtɪʃ(ə)n/ adj. גּוֹן־טִיצִיאָן (צָהֹב אֲדַמְדַּם, לָרֹב צֶבַע שֵׂעָר)

titillate /ˈtɪtɪleɪt/ v.t. גֵּרָה (לָרֹב מִינִית)

titillation /ˌtɪtɪˈleɪʃ(ə)n/ n. גֵּרוּי (כַּנַּ"ל)

titivate /ˈtɪtɪveɪt/ v.t. (*colloq.*) קִשֵּׁט (אֶת הַשֵּׂעָר וְכַד' מוּל מַרְאָה וְכַד'); הִתְגַּנְדֵּר

titivation /ˌtɪtɪˈveɪʃ(ə)n/ n. (*colloq.*) הִתְגַּנְדְּרוּת

title /ˈtaɪt(ə)l/ n.

1 (the name of a book, etc.) כּוֹתֶרֶת, שֵׁם

2 (form of address denoting person's status, etc.) תֹּאַר

3 (claim, right) זְכוּת (עַל)

4 (in *pl.*, list of those responsible for film or TV production) כּוֹתָרוֹת

credit titles כּוֹתָרוֹת, "קְרֶדִיטִים"

titled /ˈtaɪt(ə)ld/ adj. בַּעַל תֹּאַר אֲצֻלָּה

title-deeds /ˈtaɪt(ə)l-diːdz/ n. *pl.* שְׁטַר־בַּעֲלוּת (עַל רְכוּשׁ, נְכָסִים, קַרְקַע וְכוּ')

title-page /ˈtaɪt(ə)l-peɪdʒ/ n. עַמּוּד הַשַּׁעַר

title-role /ˈtaɪt(ə)l-rəʊl/ n. תַּפְקִיד רָאשִׁי (שֶׁשְּׁמוֹ כְּשֵׁם הַיְּצִירָה)

titmouse /ˈtɪtmaʊs/ n. יַרְגָּזִי (צִפּוֹר)

titrate /ˈtaɪtreɪt/ v.t. (*Chem.*) טִטֵּר (מָדַד אֶת חֲזָקָה שֶׁל תְּמִסָּה וְכַד')

titration /taɪˈtreɪʃ(ə)n/ n. (*Chem.*) טִטּוּר (כַּנַּ"ל)

titter /ˈtɪtə(r)/ v.i. צִחְקֵק (מִתּוֹךְ מְבוּכָה, עַצְבָּנוּת וְכַד')

—n. צִחְקוּק עַצְבָּנִי, צִחְקוּק נָבוֹךְ

tittle /ˈtɪt(ə)l/ n. קַמְצוּץ, שֶׁמֶץ

tittle-tattle /ˈtɪt(ə)l-tæt(ə)l/ (*colloq. derog.*) n. רְכִילוּת

—v.i. רִכֵּל

titular /ˈtɪtjʊlə(r)/ adj. שֶׁל תֹּאַר בִּלְבַד (לְלֹא זְכֻיּוֹת וְחוֹבוֹת)

tizzy /ˈtɪzɪ/ n. (*colloq.*) מֶתַח וְעַצְבָּנוּת

to /tə/ strong form /tuː/ prep.

1 (in the direction of, aimed at) לְ..., אֶל

□ *she went to bed* הִיא הָלְכָה לִישֹׁן

□ *his efforts were all to no purpose* כָּל מַאֲמַצָּיו הָיוּ לַשָּׁוְא, כָּל מַאֲמַצָּיו עָלוּ בַּתֹּהוּ

2 (as far as) עַד, עַד לְ...

□ *they fought to the last gasp* הֵם נִלְחֲמוּ עַד הָרֶגַע הָאַחֲרוֹן

3 (of comparison, ratio) לְ...

□ *ten to one he won't notice* (*colloq.*) עֶשֶׂר לְאֶחָד שֶׁהוּא לֹא יַרְגִּישׁ בַּדָּבָר

4 (introducing indirect object) לְ...

□ *I lent my coat to him* הִשְׁאַלְתִּי לוֹ אֶת מְעִילִי

5 (as sign of infinitive) (לְצִיּוּן צוּרַת הַמָּקוֹר)

□ *to be or not to be* לִהְיוֹת אוֹ לֹא לִהְיוֹת

□ *he was often heard to complain* שָׁמְעוּ אוֹתוֹ מִתְלוֹנֵן לְעִתִּים קְרוֹבוֹת

6 (as substitute for infinitive)

□ *I meant to tell him but forgot to* הִתְכַּוַּנְתִּי לְסַפֵּר לוֹ אֲבָל שָׁכַחְתִּי

7 (included, comprising)

□ *that is all there is to it* זֶה הַכֹּל, זֶה כָּל הַסִּפּוּר

□ *there's nothing to it!* זֶה לֹא קָשֶׁה, זֶה קַל מְאֹד

8 (expressing agreement or fitness) לְ...

□ *is this the key to the door?* הַאִם זֶהוּ הַמַּפְתֵּחַ לַדֶּלֶת?

9 (in telling the time) לְ...

□ *it's five to eight* הַשָּׁעָה חָמֵשׁ דַּקּוֹת לְחָמֵשׁ, הַשָּׁעָה חֲמִשָּׁה לְחָמֵשׁ

10 (resulting in) לְ...

□ *to my surprise, he left before the film ended* לְהַפְתָּעָתִי הוּא עָזַב לִפְנֵי סוֹף הַסֶּרֶט

□ *I learned to my cost that...* עַל בְּשָׂרִי לָמַדְתִּי שֶׁ...

—adv.

to and fro הֵנָּה וָהֵנָּה, הָלוֹךְ וָשׁוֹב

□ *it was some time before he came to* עָבַר זְמַן עַד שֶׁשָּׁב לְהַכָּרָתוֹ

□ *the door slammed to behind him* הַדֶּלֶת נִטְרְקָה אַחֲרָיו

toad /təʊd/ n. קַרְפָּדָה; אָדָם שָׁפָל, נִבְזֶה

toad-in-the-hole /ˌtəʊd-ɪn-ðə-ˈhəʊl/ n. (מַאֲכָל בְּרִיטִי) נַקְנִיקִיּוֹת אֲפוּיוֹת בִּבְלִילַת בָּצֵק

toadstool /ˈtəʊdstuːl/ n. פִּטְרִיַּת רַעַל

toady /ˈtəʊdɪ/ n. (*derog.*) חַנְפָן, מִתְרַפֵּס
—v.i. הִתְחַנֵּף, הִתְרַפֵּס

toast /təʊst/ n.
1 (grilled bread) טוֹסְט, קָלִי, לֶחֶם קָלוּי
as warm as toast (*colloq.*) חַם וְנָעִים, חַמִּים וְנָעִים
2 (person or object honoured when company is requested to drink) חֲתַן הַמְּסִבָּה; הֲרָמַת כּוֹסִית לִכְבוֹד, דִּבְרֵי בְּרָכָה
—v.t.
1 (cook or brown) קָלָה (לֶחֶם וְכַד׳)
2 (drink in honour of a person or thing) שָׁתָה לְחַיֵּי, הֵרִים כּוֹסִית לִכְבוֹד

toaster /ˈtəʊstə(r)/ n. טוֹסְטֶר, מַקְלֶה, מַצְנֵם

toasting-fork /ˈtəʊstɪŋ-fɔːk/ n. מַזְלֵג לִקְלִיַּת לֶחֶם

toastmaster /ˈtəʊstmɑːstə(r)/ n. הָאַחֲרַאי עַל דִּבְרֵי הַבְּרָכָה (בִּמְסִבָּה, בְּטֶקֶס וְכַד׳)

toast rack /ˈtəʊst ræk/ n. מִתְקָן לְהַחְזָקַת פְּרוּסוֹת לֶחֶם קָלוּי

tobacco /təˈbækəʊ/ n. טַבָּק

tobacconist /təˈbækənɪst/ n. בַּעַל חֲנוּת לְטַבָּק וְסִיגַרְיוֹת

toboggan /təˈbɒgən/ n. מִזְחֶלֶת שֶׁלֶג (לִגְלִישָׁה בְּמוֹרָד)
—v.i. גָּלַשׁ בְּמִזְחֶלֶת שֶׁלֶג

toccata /təˈkɑːtə/ n. (*Mus.*) טוֹקָטָה

tocsin /ˈtɒksɪn/ n. (*formal*) פַּעֲמוֹן אַזְעָקָה

tod /tad/ n.
on one's tod (*UK colloq.*) לְבַד

today /təˈdeɪ/ n. & adv.
1 (this day) הַיּוֹם
□ *today is my birthday* הַיּוֹם יוֹם הֻלֶּדֶת שֶׁלִּי
2 (at the present time) כַּיּוֹם, שֶׁל הַיּוֹם, בְּיָמֵינוּ
□ *youngsters today have many opportunities* לַנֹּעַר שֶׁל הַיּוֹם יֵשׁ אֶפְשָׁרֻיּוֹת רַבּוֹת

toddle /ˈtɒd(ə)l/ v.i. & n. דִּדָּה, הָלַךְ בִּצְעָדִים לֹא יַצִּיבִים, הִתְנוֹדֵד; טִיּוּל קָצָר (בָּרֶגֶל)

toddler /ˈtɒdlə(r)/ n. תִּינוֹק (שֶׁהֵחֵל לְדַדּוֹת)

toddy /ˈtɒdɪ/ n. מַשְׁקֶה אַלְכּוֹהוֹלִי מָהוּל בְּמַיִם רוֹתְחִים

to-do /tə-ˈduː/ n. (*colloq.*) מְהוּמָה, הִתְרַגְּשׁוּת, "עֵסֶק שָׁלֵם"

toe /təʊ/ n. אֶצְבַּע הָרֶגֶל, בֹּהֶן הָרֶגֶל
□ *my new job keeps me on my toes* הַגּ'וֹבּ הֶחָדָשׁ שֶׁלִּי מְחַיֵּב אוֹתִי לִשְׁמֹר עַל עֵרָנוּת מְרַבִּית
□ *the speaker carefully avoided treading on anyone's toes* (*fig.*) הַנּוֹאֵם נִמְנַע בְּכָל כֹּחוֹ מִלִּדְרֹךְ עַל יַבָּלוֹת
□ *he turned up his toes* (*colloq.*) הוּא שָׁבַק חַיִּים, הוּא עָבַר מִן הָעוֹלָם
—v.t. נָגַע בְּבֹהֶן הָרֶגֶל
□ *he made his pupils toe the line* (*fig.*) הוּא חִיֵּב אֶת תַּלְמִידָיו לָלֶכֶת בַּתֶּלֶם, הוּא חִיֵּב אֶת תַּלְמִידָיו לְצַיֵּת

toe-cap /ˈtəʊ-kæp/ n. חַרְטוֹם הַנַּעַל

toe-hold /ˈtəʊ-həʊld/ n. מִדְרָךְ לָרֶגֶל (בְּטִפּוּס הָרִים)

toe-nail /ˈtəʊ-neɪl/ n. צִפֹּרֶן הַבֹּהֶן

toff /tɒf/ n. (*arch. colloq.*) עָשִׁיר גָּדוֹל, "גְּבִיר"

toffee /ˈtɒfɪ/ n. טוֹפִי, סֻכָּרִיַּת טוֹפִי
□ *she can't sing for toffee* (*UK colloq.*) הִיא בִּכְלָל לֹא יוֹדַעַת לָשִׁיר

toffee-apple /ˈtɒfɪ-ˌæp(ə)l/ n. תַּפּוּחַ מְסֻכָּר (תַּפּוּחַ עָטוּף בְּשִׁכְבַת קָרָמֶל עַל מַקֵּל)

toffee-nosed /ˌtɒfɪ-ˈnəʊzd/ adj. (*colloq.*) מִתְנַפֵּחַ וְיָהִיר

tofu /ˈtəʊfuː/ n. טוֹפוּ, קְרִישׁ־סוֹיָה

tog[1] /tɒg/ v.t. (*colloq.*, usu. in pass.) צִיֵּד
tog out הִלְבִּישׁ בְּמַחְלָצוֹת
tog up הִלְבִּישׁ בְּמַחְלָצוֹת

tog[2] /tɒg/ n. יְחִידַת כֹּשֶׁר שִׁמּוּר חֹם (שֶׁל שְׂמִיכָה וְכַד׳)

toga /ˈtəʊgə/ n. טוֹגָה, גְּלִימָה רוֹמָאִית

together /təˈgeðə(r)/ adv.
1 (in company or conjunction) יַחַד, בְּיַחַד
□ *the officer called his men together* הַקָּצִין קָרָא לְחַיָּלָיו לְהִתְאַסֵּף, הַקָּצִין כִּנֵּס אֶת אֲנָשָׁיו
2 (simultaneously) יַחַד, בְּבַת־אַחַת
□ *they both shouted together* הֵם שְׁנֵיהֶם קָרְאוּ כְּאִישׁ אֶחָד
3 (one with another) זֶה בָּזֶה
□ *the cars crashed together* הַמְּכוֹנִיּוֹת הִתְנַגְּשׁוּ זוֹ בְּזוֹ
4 (united) זֶה לָזֶה, יַחַד
put two and two together (*colloq.*) חָשַׁב קְצָת וְהֵבִין שֶׁ...
□ *they tied two ropes together* הֵם קָשְׁרוּ שְׁנֵי חֲבָלִים זֶה לָזֶה
5 (uninterruptedly, *arch.*) לְלֹא הַפְסָקָה, בִּרְצִיפוּת
□ *they baby screamed for hours together* הַתִּינוֹק צָרַח בְּמֶשֶׁךְ שָׁעוֹת לְלֹא הַפְסָקָה
—adj. (*colloq.*)
really together (אָדָם אֲשֶׁר) מָצָא אֶת עַצְמוֹ
□ *she's a together sort of person* הִיא טִיפּוּס הַשָּׁלֵם עִם עַצְמוֹ

togetherness /təˈgəðənɪs/ n. תְּחוּשַׁת־יַחְדָּו, תְּחוּשָׁה שֶׁל יַחַד

toggle /ˈtɒg(ə)l/ n. מֵעֵין כַּפְתּוֹר דְּמוּי יָתֵד (לִרְכִיסַת מְעִיל וְכַד׳)

togs /tɒgz/ n. *pl.* (*colloq.*) בְּגָדִים

toil /tɔɪl/ (*formal*) n. עָמָל, עֲבוֹדָה קָשָׁה
—v.i.
1 (work hard) עָבַד קָשֶׁה, עָמַל
2 (move laboriously) הִתְנַהֵל בִּכְבֵדוּת
□ *we toiled up the steep hill* הִתְנַהַלְנוּ בִּכְבֵדוּת בְּמַעֲלֵה הַגִּבְעָה הַתְּלוּלָה

toilet /ˈtɔɪlɪt/ n.
1 (lavatory) שֵׁרוּתִים, בֵּית־שִׁמּוּשׁ

2 (process of washing or dressing, *formal*) טוּאָלֶטָה, הִתְיַפּוּת

toilet soap סַבּוֹן טוּאָלֶט

toilet-paper /ˈtɔɪlɪt-ˌpeɪpə(r)/ n. נְיַר טוּאָלֶט

toiletries /ˈtɔɪlɪtrɪz/ n. *pl.* צָרְכֵי רַחְצָה (סַבּוֹן, מִשְׁחַת שִׁנַּיִם וְכַד')

toilet-roll /ˈtɔɪlɪt-rəʊl/ n. גְּלִיל נְיַר טוּאָלֶט

toilet-training /ˈtɔɪlɪt-ˌtreɪnɪŋ/ n. לִמּוּד יֶלֶד לַעֲשׂוֹת אֶת צְרָכָיו בְּסִיר

toilet water /ˈtɔɪlɪt ˌwɔːtə(r)/ n. מֵי טוּאָלֶט

toils /tɔɪlz/ n. *pl.* (*formal*) רֶשֶׁת, מַלְכֹּדֶת

□ *he was caught in the toils of the law* הוּא נִלְכַּד בְּרֶשֶׁת הַחֹק

toilsome /ˈtɔɪlsəm/ adj. (*formal*) מְיַגֵּעַ

token /ˈtəʊkən/ n.

1 (symbol or memento) אוֹת, סֵמֶל, סִימָן, אוֹת סִמְלִי

by the same token עַל פִּי אוֹתוֹ עִקָּרוֹן, בְּאוֹתוֹ אֹפֶן

□ *these flowers are a token of my esteem* פְּרָחִים אֵלֶּה הֵם אוֹת לְהַעֲרָכָתִי

2 (voucher) שׁוֹבֵר, תְּלוּשׁ

book token תְּלוּשׁ־מַתָּנָה לִקְנִיַּת סְפָרִים

gift token תְּלוּשׁ־מַתָּנָה

3 (substitute for coin, etc.) אֲסִימוֹן

—adj. סִמְלִי

token payment תַּשְׁלוּם סִמְלִי

□ *they put up a token resistance* הֵם גִּלּוּ הִתְנַגְּדוּת סִמְלִית בִּלְבַד

□ *they elected a token woman on to the committee* (*derog.*) הֵם בָּחֲרוּ אִשָּׁה אַחַת לַוַּעֲדָה כְּדֵי לָצֵאת יְדֵי חוֹבָה

tokenism /ˈtəʊkəˌnɪzəm/ n. (*derog.*) הַעֲנָקַת זְכֻיּוֹת אוֹ הֲטָבוֹת כְּדֵי לְסַבֵּר אֶת הָעַיִן בִּלְבַד

told /təʊld/ past & past ppl. of **tell**

tolerable /ˈtɒlərəb(ə)l/ adj.

1 (endurable) נִסְבָּל, שֶׁאֶפְשָׁר לְשֵׂאתוֹ

2 (fairly good) לֹא רַע, דֵּי טוֹב, נִסְבָּל

tolerably /ˈtɒlərəblɪ/ adv. לְמַדַּי, בְּמִדָּה נִסְבֶּלֶת

□ *he did tolerably well in his exams* הוּא דֵּי הִצְלִיחַ בַּבְּחִינוֹת

tolerance /ˈtɒlərəns/ n.

1 (forbearance) סוֹבְלָנוּת

2 (ability to resist) סַבֶּלֶת, כֹּשֶׁר עֲמִידוּת

3 (permissible variation, *Mech.*) דִּיּוּק (לְמָשָׁל בְּהַתְאָמָה שֶׁל שְׁנֵי חֶלְקֵי מְכוֹנָה)

tolerant /ˈtɒlərənt/ adj. סוֹבְלָנִי

tolerate /ˈtɒləreɪt/ v.t.

1 (permit) הִרְשָׁה, הִתִּיר, הֵגִיב בְּסוֹבְלָנוּת

2 (endure) סָבַל, עָמַד בְּ... (מַאֲמָץ, קֹשִׁי וְכַד')

toleration /ˌtɒləˈreɪʃ(ə)n/ n. סוֹבְלָנוּת

toll[1] /təʊl/ n.

1 (charge for permission to pass, etc.) מַס דְּרָכִים, מַס עֲגִינָה

2 (cost or damage caused by disaster) מְחִיר־דָּמִים

□ *road accidents take a heavy toll each year* תְּאוּנוֹת דְּרָכִים גּוֹבוֹת מְחִיר־דָּמִים גָּבוֹהַּ כָּל שָׁנָה

toll[2] /təʊl/ n. (קוֹל) צִלְצוּל פַּעֲמוֹן

□ *the toll of the church bell was heard throughout the village* קוֹל פַּעֲמוֹן הַכְּנֵסִיָּה נִשְׁמַע בְּכָל רַחֲבֵי הַכְּפָר

—v.t. & i. צִלְצֵל (בַּפַּעֲמוֹן); (פַּעֲמוֹן) הִשְׁמִיעַ קוֹל צִלְצוּל, צִלְצֵל

tollbooth /ˈtəʊlbuːð/ n. דּוּכָן לְתַשְׁלוּם אַגְרַת־דְּרָכִים

toll-bridge /ˈtəʊl-brɪdʒ/ n. גֶּשֶׁר שֶׁהַמַּעֲבָר בּוֹ כָּרוּךְ בְּתַשְׁלוּם

toll-gate /ˈtəʊl-geɪt/ n. מַחְסוֹם דְּרָכִים שֶׁבּוֹ מְשַׁלְּמִים מַס־דְּרָכִים

tom /tɒm/ n. (*colloq.*)

1 (male cat) חָתוּל מִמִּין זָכָר

2 **every Tom, Dick, and Harry** כָּל אַרְחֵי־פַּרְחֵי, כָּל אֶחָד

tomahawk /ˈtɒməhɔːk/ n. טוֹמָהוֹק (גַּרְזֶן אִינְדְיָאנִי)

tomato /təˈmɑːtəʊ, *US* təˈmeɪtəʊ/ n. עַגְבָנִיָּה

tomb /tuːm/ n. קֶבֶר, אֲחֻזַּת קֶבֶר

tombola /tɒmˈbəʊlə/ n. מֵעֵין מִשְׂחַק הַגְרָלָה

tomboy /ˈtɒmbɔɪ/ n. יַלְדָּה פְּרוּעָה וְשׁוֹבָבָה, הַמַּעְדִיפָה מִשְׂחָקִים שֶׁל בָּנִים

tombstone /ˈtuːmstəʊn/ n. מַצֵּבָה

tom-cat /ˈtɒm-kæt/ n. חָתוּל מִמִּין זָכָר

tome /təʊm/ n. (*formal* or *joc.*) כֶּרֶךְ עַב־כֶּרֶס

tomfoolery /tɒmˈfuːlərɪ/ n. (*formal*) הִתְנַהֲגוּת אֱוִילִית, הִתְנַהֲגוּת שְׁטוּתִית

tommy-gun /ˈtɒmɪ-gʌn/ n. (*colloq.*) טוֹמִי־גַּן (תַּת־מַקְלֵעַ בְּרִיטִי)

tommy-rot /ˌtɒmɪ-ˈrɒt/ n. (*colloq.*) שְׁטֻיּוֹת, שְׁטֻיּוֹת בְּמִיץ עַגְבָנִיּוֹת

tomography /təˈmɒgrəfɪ/ n. (*Med.*) טוֹמוֹגְרַפְיָה (מֵעֵין בְּדִיקַת רֶנְטְגֶן מְשֻׁכְלֶלֶת)

tomorrow /təˈmɒrəʊ/ n. & adv. מָחָר; הֶעָתִיד; מָחָר; בֶּעָתִיד

tomtit /ˈtɒmtɪt/ n. יַרְגָּזִי (צִפּוֹר)

tom-tom /ˈtɒm-tɒm/ n. טַמְטַם (תֹּף אַפְרִיקָאִי)

ton /tʌn/ n.

1 (measure of weight) טוֹנָה, טוֹן

2 (in *pl.*, large amount, *colloq.*) הַרְבֵּה מְאֹד, הָמוֹן, "טוֹנָה"

□ *he has tons of money* יֵשׁ לוֹ הָמוֹן כֶּסֶף, יֵשׁ לוֹ טוֹנוֹת שֶׁל כֶּסֶף

3 (100 m.p.h., a score of 100, *sl.*) (מְהִירוּת שֶׁל) 100 מַיל לְשָׁעָה; תּוֹצָאָה שֶׁל 100

do a ton נָסַע (בִּמְכוֹנִית) בִּמְהִירוּת 100 מַיל לְשָׁעָה

tonal /ˈtəʊn(ə)l/ adj. טוֹנָלִי, שֶׁל צְלִיל

tonality /təʊˈnælɪtɪ/ n. טוֹנָלִיּוּת

tone /təʊn/ n.

1 (quality of sound or voice) טוֹן, צְלִיל

□ *he greeted me in a cheerful tone* הוּא קִדֵּם אֶת פָּנַי בִּבְרָכָה עַלִּיזָה

2 (atmosphere, quality) אֲוִירָה, אֹפִי, צִבְיוֹן

□ *his comments raised the tone of the conversation* הֶעָרוֹת שֶׁלּוֹ הֶעֱנִיקוּ לַשִּׂיחָה אֹפִי רְצִינִי יוֹתֵר

3 (interval, *Mus.*) טוֹן (מִרְוָח בֵּין שְׁנֵי תָּוִים)

4 (*Med.*) טוֹנוּס (מֶתַח שֶׁל רְקָמוֹת, שְׁרִירִים וְכַד')

5 (shade of colour, light, etc.) גָּוֶן

—v.t. & i. חִזֵּק, הוֹסִיף בְּרִיאוּת לְ... (שְׁרִירִים וְכַד'); הֶעֱנִיק גָּוֶן לְ...; הִתְמַזֵּג (גָּוֶן וְכַד')

□ *please tone down your remarks* תַּנְמִיךְ בְּבַקָּשָׁה אֶת הַטּוֹן; אָנָּא מַתֵּן אֶת הֶעָרוֹתֶיךָ

□ *the exercises toned up his muscles* הָאִמּוּנִים חִזְּקוּ אֶת שְׁרִירָיו

□ *the curtains tone (in) with the carpet* הַגָּוֶן שֶׁל הַוִּילוֹנוֹת הִתְאִים לְצֶבַע הַשָּׁטִיחַ

tone-deaf /ˈtəʊn-ˈdef/ adj. חֵרֵשׁ לִצְלִילִים

toneless /ˈtəʊnlɪs/ adj. חֲסַר גּוֹוֶן, חֲסַר חִיּוּת, חַדְגּוֹנִי

tongs /tɒŋz/ n. *pl.* מֶלְקָחַיִם

tongue /tʌŋ/ n.

1 (organ for tasting, swallowing, etc.) לָשׁוֹן

hold one's tongue שָׁמַר עַל שְׁתִיקָה

lose one's tongue הַמִּלִּים נֶעֶתְקוּ מִפִּיו

□ *you had better keep a civil tongue in your head!* (*formal*) תִּשְׁמֹר עַל לְשׁוֹנְךָ!

2 (tongue of an ox, etc. as food) לָשׁוֹן, לְשׁוֹן־פָּרָה

tongue sandwich כָּרִיךְ־לָשׁוֹן (וּבוֹ לְשׁוֹן־פָּרָה)

3 (language, *formal*) שָׂפָה, לָשׁוֹן

□ *his native tongue is French* שְׂפַת הָאֵם שֶׁלּוֹ הִיא צָרְפָתִית

4 (article shaped like a tongue) לָשׁוֹן

tongue of a shoe לְשׁוֹן נַעַל

tongue-in-cheek /ˌtʌŋ-ɪn-ˈtʃiːk/ adj. & adv. (*colloq.*) מִתְחַכֵּם; בְּהִתְחַכְּמוּת, בְּצְחוֹק

tongue-tied /ˈtʌŋ-taɪd/ adj. שֶׁהַמִּלִּים אֵינָן עוֹלוֹת בְּפִיו (בְּשֶׁל מְבוּכָה וְכַד')

tongue-twister /ˈtʌŋ-twɪstə(r)/ n. (מִלָּה אוֹ בִּטּוּי) "שׁוֹבֵר שִׁנַּיִם"

tonic /ˈtɒnɪk/ adj. & n.

1 (*Med.*) טוֹב לַבְּרִיאוּת, מְרַעֲנֵן; מַשְׁקֶה בְּרִיאוּת מְרַעֲנֵן

gin and tonic ג'ין־אֶן־טוֹנִיק

tonic water מֵי־טוֹנִיק

□ *country air is a real tonic* אֲוִיר הַכְּפָר טוֹב מְאֹד לַבְּרִיאוּת

2 (*Mus.*) טוֹנִי; תָּו טוֹנִי (הַתָּו הָרִאשׁוֹן בַּסֻּלָּם הַדִּיאָטוֹנִי)

tonight /təˈnaɪt/ n. & adv. הָעֶרֶב; הַלַּיְלָה

tonnage /ˈtʌnɪdʒ/ n. תְּפוּסָה (שֶׁל סְפִינָה); מְחִיר הוֹבָלָה לְטוֹנָה

tonne /tʌn/ n. טוֹן (1000 ק"ג)

tonsil /ˈtɒns(ə)l/ n. שָׁקֵד (בַּגָּרוֹן)

tonsillectomy /ˌtɒnsɪˈlektəmɪ/ n. (*Med.*) נִתּוּחַ שְׁקֵדִים

tonsillitis /ˌtɒnsɪˈlaɪtɪs/ n. דַּלֶּקֶת שְׁקֵדִים

tonsure /ˈtɒnʃə(r)/ n. גִּלּוּחַ חֶלְקוֹ הָעֶלְיוֹן שֶׁל רֹאשׁ נָזִיר; רֹאשׁ מְגֻלָּח (כַּנַּ"ל)

too /tuː/ adv.

1 (excessively, very) יוֹתֵר מִדַּי, מְאֹד

too bad רַע מְאֹד; חֲבָל

too much יוֹתֵר מִדַּי, מֻגְזָם

none too soon לֹא מַהֵר מִדַּי, אַף לֹא דַּקָּה אַחַת מֻקְדָּם מִדַּי

□ *he isn't too well today* הוּא לֹא מַרְגִּישׁ יוֹתֵר מִדַּי טוֹב הַיּוֹם

2 (also, moreover) גַּם

I shall go too גַּם אֲנִי אֵלֵךְ

3 (indeed) כֵּן, דַּוְקָא כֵּן (לָרֹב בִּלְשׁוֹן יַלְדוּתִית)

□ *you're not serious. – I am too!* (*US*) אַתָּה לֹא רְצִינִי! אֲנִי כֵּן!

took /tʊk/ past of **take**

tool /tuːl/ n.

1 (hand-held implement) מַכְשִׁיר, כְּלִי

down tools פָּתַח בִּשְׁבִיתָה פִּתְאֹמִית

□ *the tyrant used him as a tool in his search for power* הֶעָרִיץ הִשְׁתַּמֵּשׁ בּוֹ כִּכְלִי־שָׁרֵת בִּרְדִיפָתוֹ אַחַר כֹּחַ

2 (thing used in an occupation, etc.) אֶמְצָעִי, כְּלִי

3 (penis, *sl.*) "כְּלִי"

—v.t. עִבֵּד בְּמַכְשִׁיר

tooled leather עוֹר מְעֻבָּד עִם דֻּגְמָה

□ *the factory tooled up to produce the new car* הַמִּפְעָל הִתְקִין מְכוֹנוֹת חֲדָשׁוֹת לִקְרַאת יִצּוּר הַמְּכוֹנִית הַחֲדָשָׁה

toot /tuːt/ v.t. & i. צָפַר

—n. צְפִירָה

tooth /tuːθ/ n. (*pl.* **teeth**)

1 (*Anat.*) שֵׁן

fight tooth and nail נִלְחַם בְּשִׁנַּיִם וּבְצִפָּרְנַיִם

have a sweet tooth (*colloq.*) אָהַב מַמְתַּקִּים, הָיָה מָכוּר לְמַמְתַּקִּים

show one's teeth חָשַׂף אֶת שִׁנָּיו, הֶרְאָה שֶׁהוּא יָכוֹל גַּם לִנְשֹׁךְ

get one's teeth into נִכְנַס לְעָבְיֵי הַקּוֹרָה

□ *the soldiers were armed to the teeth* הַחַיָּלִים הָיוּ חֲמוּשִׁים מִכַּף רֶגֶל וְעַד רֹאשׁ

□ *we escaped by the skin of our teeth* (*colloq.*) נִמְלַטְנוּ בְּעוֹר שִׁנֵּינוּ

□ *he still has all his own teeth* כָּל הַשִּׁנַּיִם שֶׁלּוֹ עֲדַיִן בְּפִיו

□ *the pressure group gave teeth to the cause of the homeless* קְבוּצַת הַלַּחַץ הֶעֱנִיקָה כֹּחַ שֶׁל מַמָּשׁ לַמַּאֲבָק לְמַעַן מְחֻסְּרֵי־בַּיִת

2 (device with similar shape or purpose) שֵׁן (שֶׁל מַסְרֵק, מַסּוֹר וְכַד׳)

□ *we went through the facts with a fine-tooth comb* עָבַרְנוּ עַל הָעֻבְדּוֹת בִּיסוֹדִיּוּת רַבָּה

toothache /ˈtuːθeɪk/ n. כְּאֵב־שִׁנַּיִם

toothbrush /ˈtuːθbrʌʃ/ n. מִבְרֶשֶׁת שִׁנַּיִם

toothed /tuːθt/ adj. מְשֻׁנָּן, בַּעַל שִׁנַּיִם

toothless /ˈtuːθlɪs/ adj. חֲסַר שִׁנַּיִם; חֲסַר כֹּחַ, חֲסַר "שִׁנַּיִם"

toothpaste /ˈtuːθpeɪst/ n. מִשְׁחַת שִׁנַּיִם

toothpick /ˈtuːθpɪk/ n. קֵיסַם־שִׁנַּיִם, מַחְצֵץ

toothpowder /ˈtuːθˌpaʊdə(r)/ n. אַבְקַת־שִׁנַּיִם (לְנִקּוּי שִׁנַּיִם)

toothsome /ˈtuːθsəm/ adj. (*formal* or *joc.*) טָעִים, עָרֵב לַחֵךְ

toothy /ˈtuːθɪ/ adj. (*colloq.*) (חִיּוּךְ) חוֹשֵׂף שִׁנַּיִם

tootle /ˈtuːt(ə)l/ v.i. (*colloq.*) הָלַךְ אוֹ נָסַע לְאִטּוֹ, בְּעַצַלְתַּיִם

top /tɒp/ n.

1 (highest or uppermost part or degree) רֹאשׁ, שִׂיא, קָצֶה (עֶלְיוֹן)

on top of the world "עַל הַגֹּבַהּ", שָׂמֵחַ וְטוֹב־לֵב

blow one's top (*sl.*) הִתְפּוֹצֵץ מִכַּעַס

over the top (*UK colloq.*) מֻגְזָם, מֻפְרָז

top brass (*colloq.*) "תּוֹתָחִים כְּבֵדִים", אַחֲ"מִים

top dog (*colloq.*) הַבּוֹס, "מִסְפָּר אֶחָד"

top secret סוֹדִי בְּיוֹתֵר

□ *he is top of the class* הוּא הָרִאשׁוֹן בַּכִּתָּה

□ *she said it off the top of her head* הִיא אָמְרָה זֹאת בְּלִי לַחְשֹׁב פַּעֲמַיִם; הִיא אָמְרָה זֹאת בְּלִי לִבְדֹּק בְּדִיּוּק (בִּסְפָרִים וְכַד׳)

□ *the boy shouted at the top of his voice* הַיֶּלֶד צָרַח בִּמְלוֹא גְּרוֹנוֹ

□ *the top of the milk is very rich* קְרוּם הֶחָלָב שָׁמֵן מְאֹד

2 (cover) מִכְסֶה, כִּסּוּי

□ *put the top back on the pen* תִּסְגֹּר אֶת הָעֵט, תָּשִׂים אֶת הַמִּכְסֶה עַל הָעֵט

3 (garment) חֵלֶק עֶלְיוֹן (שֶׁל בֶּגֶד)

□ *she wore a matching top and skirt* הִיא לָבְשָׁה חֲצָאִית וְחֵלֶק עֶלְיוֹן תּוֹאֲמִים

—adj. עֶלְיוֹן

□ *her office is on the top floor* הַמִּשְׂרָד שֶׁלָּהּ בַּקּוֹמָה הָעֶלְיוֹנָה

—v.t.

1 (be at the top of; be higher or better than, surpass) עָלָה עַל, הָיָה בָּרֹאשׁ

that tops everything זֶה מַמָּשׁ הַשִּׂיא

□ *a new bicycle topped the list* אוֹפַנַּיִם חֲדָשִׁים הָיוּ בְּרֹאשׁ הָרְשִׁימָה

□ *to top it all, he gave her flowers* וּבְנוֹסָף לְכָל זֶה, הוּא אֲפִלּוּ הֵבִיא לָהּ פְּרָחִים

2 (provide with a cover or cap) כִּסָּה, צִפָּה

3 (remove the top of fruit, plant, etc.) הֵסִיר אֶת הַחֵלֶק הָעֶלְיוֹן

□ *she topped and tailed the green beans* הִיא חָתְכָה אֶת הַקְּצָווֹת שֶׁל פּוֹלֵי הַשְּׁעוּעִית הַיְרֻקָּה

4 (reach the summit of) הִגִּיעַ לַפִּסְגָּה

5 top up מִלֵּא (מְכָל, כּוֹס וְכַד׳ מְלֵאִים לְמֶחֱצָה)

top² /tɒp/ n. סְבִיבוֹן; "פּוֹרִירָה"

topaz /ˈtəʊpæz/ n. טוֹפָּז, פִּטְדָה (אֶבֶן יְקָרָה)

top-boot/ ˈtɒp-buːt/ n. (*Hist.*) מַגָּף גָּבוֹהַּ

topcoat /ˈtɒpkəʊt/ n. מְעִיל עֶלְיוֹן; שִׁכְבַת־צֶבַע עֶלְיוֹנָה

top-dressing /ˌtɒp-ˈdresɪŋ/ n. דִּשּׁוּן עַל פְּנֵי הַשֶּׁטַח

tope /təʊp/ v.i. (*arch.*) שָׁתָה לְשָׁכְרָה, שָׁתָה (מַשְׁקָאוֹת אַלְכּוֹהוֹלִיִּים) בְּמִדָּה יְתֵרָה

toper /ˈtəʊpə(r)/ n. (*arch.*) שַׁתְיָן, שִׁכּוֹר מוּעָד

top hat /tɒp-ˈhæt/ n. מִגְבַּעַת, צִילִינְדֶּר

top-heavy /ˌtɒp-ˈhevɪ/ adj. בַּעַל מִשְׁקָל עוֹדֵף בְּחֶלְקוֹ הָעֶלְיוֹן (כְּלִי שַׁיִט וְכַד׳)

topi /ˈtəʊpiː/ n. כּוֹבַע־שַׁעַם (טְרוֹפִּי)

topiary /ˈtəʊpɪərɪ/ n. גִּזּוּם אָמָּנוּתִי שֶׁל שִׂיחֵי־נוֹי

topic /ˈtɒpɪk/ n. נוֹשֵׂא

topical /ˈtɒpɪk(ə)l/ adj. אַקְטוּאָלִי, מֵעִנְיָנֵי דְּיוֹמָא

topknot /ˈtɒpnɒt/ n. "קוּקוּ" (שֶׁל שֵׂעָר) בְּחֶלְקוֹ הָעֶלְיוֹן שֶׁל הָרֹאשׁ

topless /ˈtɒplɪs/ adj. "טוֹפְּלֶס", שֶׁמּוֹתִיר אֶת הַשָּׁדַיִם חֲשׂוּפִים

a topless swimsuit "בִּלִיקִינִי"

topmast /ˈtɒpmɑːst/ n. תֹּרֶן עִלִּי

topmost /ˈtɒpməʊst/ adj. עֶלְיוֹן, גָּבוֹהַּ בְּיוֹתֵר

top-notch /tɒp-ˈnɒtʃ/ adj. (*colloq.*) מְצֻיָּן, א׳ א׳

topographical /ˌtɒpəˈgræfɪk(ə)l/ adj. טוֹפּוֹגְרָפִי (הַקָּשׁוּר בְּאִפְיוּן פְּנֵי הַשֶּׁטַח)

topography /təˈpɒgrəfɪ/ n. טוֹפּוֹגְרַפְיָה (אִפְיוּן פְּנֵי הַשֶּׁטַח)

topper /ˈtɒpə(r)/ n. (*colloq.*) מִגְבַּעַת, צִילִינְדֶּר

topple /ˈtɒp(ə)l/ v.t. & i. הִפִּיל, מוֹטֵט; הִתְמוֹטֵט, קָרַס, נָפַל

top-ranking /ˌtɒp-ˈræŋkɪŋ/ adj. רַם־מַעֲלָה, מֵהַשּׁוּרָה הָרִאשׁוֹנָה

tops /ˌtɒps/ adj. (*colloq.*) הַשִּׂיא, "מִס׳ אֶחָד"

topsail /ˈtɒpˈseɪl/ n. מִפְרָשׂ עִלִּי

topsoil /ˈtɒpsɔɪl/ n. שִׁכְבַת הַקַּרְקַע הָעֶלְיוֹנָה

topspin /ˈtɒpspɪn/ n. חֲבָטַת סִבְסוּב עִלִּי (בְּטֶנִיס)

topsy-turvy /ˌtɒpsɪ-ˈtɜːvɪ/ adj. & adv. בַּלָּגָן, אַנְדְּרַלְמוּסְיָה, תֹּהוּ וָבֹהוּ

toque /təʊk/ n. כּוֹבַע נָשִׁים קָטָן וְעָגֹל (חֲסַר־שׁוּלַיִם)

tor /tɔ:(r)/ n. (*UK*) צוּק גָּבוֹהַּ וּבוֹלֵט

torch /tɔ:tʃ/ n.

1 (portable electric lamp) פַּנַּס־יָד (עַל סוֹלְלוֹת חַשְׁמַל)

2 (wood, cloth, etc. soaked in tallow and lighted) לַפִּיד, אֲבוּקָה

torchlight /'tɔ:tʃlaɪt/ n. אוֹר לַפִּידִים; אוֹר פַּנַּס־יָד

tore /tɔ:(r)/ past of **tear**[1]

toreador /'tɒrɪədɔ:(r)/ n. טוֹרֵיאָדוֹר, לוֹחֵם שְׁוָרִים

torment /'tɔ:ment/ n. עִנּוּי, סֵבֶל, יִסּוּרִים, כְּאֵב

□ *that child is a torment!* הַיֶּלֶד הַזֶּה מַמָּשׁ פֶּגַע־רַע!

—v.t. /tɔ:'ment/ עִנָּה, יִסֵּר, הֵצִיק לְ...

tormentor /tɔ:'mentə(r)/ n. מְיַסֵּר, מְעַנֶּה

torn /tɔ:n/ past ppl. of **tear**[1]

tornado /tɔ:'neɪdəʊ/ n. (סוּפַת) טוֹרְנָדוֹ

torpedo /tɔ:'pi:dəʊ/ n. טוֹרְפֶּדוֹ (פָּגָז תַּת מֵימִי)

—v.t. תָּקַף בְּטוֹרְפֶּדוֹ; טִרְפֵּד

□ *his obstinacy torpedoed the negotiations* הָעַקְשָׁנוּת שֶׁלּוֹ טִרְפְּדָה אֶת הֶמְשֵׁךְ הַמַּשָּׂא וּמַתָּן

torpid /'tɔ:pɪd/ adj. (*formal*) רָפֶה, עַצְלְתָנִי, רָדוּם, אִטִּי; חֲסַר־תְּחוּשָׁה, קְהֵה־חוּשִׁים

torpor /'tɔ:pə(r)/ n. (*formal*) נִרְפּוּת, אִטִּיּוּת, אֲדִישׁוּת, עַצְלְתָנוּת

torque /tɔ:k/ n.

1 (*Mech.*) מוֹמֶנְט הַפִּתּוּל

2 (ornament, *Hist.*) עֲנָק, קוֹלָר (לָרֹב עָשׂוּי מַתֶּכֶת קְלוּעָה אוֹ שְׁזוּרָה)

torrent /'tɒrənt/ n. פֶּרֶץ, שֶׁטֶף, זֶרֶם עַז, מַבּוּל (שֶׁל מַיִם, לָבָה, מִלִּים וְכַד׳)

a torrent of abuse פֶּרֶץ גִּדּוּפִים, מַבּוּל שֶׁל גִּדּוּפִים

torrential /tə'renʃ(ə)l/ adj. כַּזֶּרֶם, שׁוֹצֵף

torrid /'tɒrɪd/ adj. לוֹהֵט; (סִפּוּר אַהֲבָה) סוֹעֵר, לוֹהֵט

torsion /'tɔ:ʃ(ə)n/ n. פִּתּוּל

torso /'tɔ:səʊ/ n. טוֹרְסוֹ, (פֶּסֶל) הַגּוּף בְּלֹא רֹאשׁ, יָדַיִם אוֹ רַגְלַיִם

tort /tɔ:t/ n. (*Law*) נֶזֶק (הַנִּדּוֹן בִּתְבִיעָה אֶזְרָחִית)

tortoise /'tɔ:təs/ n. צַב־יַבָּשָׁה

tortoiseshell /'tɔ:təsʃel/ n. & adj. שִׁרְיוֹן שֶׁל צַב־יַבָּשָׁה; בַּעַל דֻּגְמָה כְּשֶׁל שִׁרְיוֹן צָב

tortuous /'tɔ:tʃʊəs/ adj. מְפֻתָּל, עֲקַלְקַל

torture /'tɔ:tʃə(r)/ n. עִנּוּי, סֵבֶל

—v.t. עִנָּה, יִסֵּר

Tory /'tɔ:rɪ/ n. & adj. (*UK*) (בִּבְרִיטַנְיָה) חָבֵר הַמִּפְלָגָה הַשַּׁמְרָנִית; שֶׁל הַמִּפְלָגָה הַשַּׁמְרָנִית

tosh /tɒʃ/ n. (*arch. colloq.*) שְׁטֻיּוֹת בְּמִין עִגְבָנִיּוֹת

toss /tɒs/ v.t.

1 (throw lightly or carelessly) הִשְׁלִיךְ, הֵטִיל

□ *they tossed their hats in the air* הֵם הֵטִילוּ אֶת כּוֹבְעֵיהֶם לָאֲוִיר

□ *he tossed the salad* הוּא עִרְבֵּב בְּקַלִּילוּת אֶת הַסָּלָט

□ *I'll toss you for it* (*colloq.*) אֲנִי מוּכָן לְהָטִיל מַטְבֵּעַ כְּדֵי לְהַחְלִיט

2 (move fitfully, roll about) טִלְטֵל, הֵטִיל

□ *she tossed her head in disdain* הִיא טִלְטְלָה אֶת רֹאשָׁהּ לְאָחוֹר בְּרֹגֶז

3 (of an animal, throw a person) הִפִּיל, הֵטִיל מֵעַל גַּבּוֹ

□ *the horse tossed the rider off its back* הַסּוּס הִשְׁלִיךְ אֶת הָרוֹכֵב מִגַּבּוֹ

—v.i. הִטַּלְטֵל

□ *he was tossing and turning all night* הוּא הִטַּלְטֵל בְּמִטָּתוֹ כָּל הַלַּיְלָה (בְּלִי לְהֵרָדֵם)

—in set phrases

toss off

(drink quickly) שָׁתָה בִּלְגִימָה אַחַת

(dispatch rapidly) בִּצַּע בִּמְהִירוּת, סִיֵּם בִּמְהִירוּת

□ *he tossed off his essay in half an hour* הוּא גָּמַר אֶת הַחִבּוּר שֶׁלּוֹ תּוֹךְ חֲצִי שָׁעָה

(masturbate, *vulg.*) "עָשָׂה בַּיָּד"

toss up זָרַק מַטְבֵּעַ, הֵטִיל מַטְבֵּעַ

□ *here's a seat, shall we toss up for it?* הִנֵּה מָקוֹם יְשִׁיבָה, אוּלַי נָטִיל מַטְבֵּעַ לְהַחְלִיט מִי יֵשֵׁב בּוֹ?

—n. זְרִיקָה, הֲטָלָה, טִלְטוּל

take a toss (*arch.*) נָפַל (מֵהַסּוּס, לְמָשָׁל)

win (or **lose**) **the toss** (בִּסְפּוֹרְט אוֹ בְּהִמּוּרִים) זָכָה/הִפְסִיד בְּהַגְרָלָה (לִפְנֵי תְּחִלַּת הַמִּשְׂחָק, לְמָשָׁל)

□ *he didn't stay to argue the toss* (*colloq.*) הוּא הִסְתַּלֵּק לִפְנֵי שֶׁהִתְחִילוּ הַבִּרְבּוּרִים

□ *I don't give a toss* (*UK sl.*) (אֲנִי) לֹא שָׂם

toss-up /'tɒs-ʌp/ n. סִכּוּי שָׁקוּל, סִכּוּי שָׁוֶה

□ *it was a toss-up whether she would come or not* (*colloq.*) הַסִּכּוּיִים שֶׁהִיא תַּגִּיעַ הָיוּ חֲמִשִּׁים־חֲמִשִּׁים

tot[1] /tɒt/ n.

1 (small child, *colloq.*) יַלְדֹּנֶת, יַלְדוֹן, יֶלֶד קָטָן

2 (small drink) כּוֹסִית

tot[2] /tɒt/ v.t. & i. (*colloq.*) סִכֵּם (מִסְפָּרִים); הִסְתַּכֵּם בְּ...

□ *we should tot up our bills* עָלֵינוּ לַעֲשׂוֹת סִכּוּם שֶׁל הַחֶשְׁבּוֹנוֹת שֶׁלָּנוּ

total /'təʊt(ə)l/ n. & adj. סַךְ־הַכֹּל, סִכּוּם כּוֹלֵל; מֻחְלָט, טוֹטָלִי, גָּמוּר

—v.t. & i. סִכֵּם (סְכוּמִים, מִסְפָּרִים); הִסְתַּכֵּם בְּ...

totalitarian /ˌtəʊtælɪ'teərɪən/ adj. טוֹטָלִיטָרִי

totality /təʊ'tælɪtɪ/ n. שְׁלֵמוּת, הַסַּךְ־הַכֹּל

tote[1] /təʊt/ n. מַכְשִׁיר לִרְשׁוּם פִּרְטֵי הַמּוֹרִים וּסְכוּמֵי הַזְּכִיָּה

tote[2] /təʊt/ v.t. (*US colloq.*) סָחַב, נָשָׂא

□ *he totes a gun even when he is not on duty* הוּא מַחֲזִיק עָלָיו נֶשֶׁק גַּם כְּשֶׁהוּא לֹא בְּתַפְקִיד

tote bag /'təʊt bæg/ n. (*US*) תִּיק בַּד גָּדוֹל

totem /ˈtəʊtəm/ n. טוֹטֶם
totem-pole /ˈtəʊtəm-pəʊl/ n. עַמּוּד־טוֹטֶם (אִינְדִיאָנִי)
totter /ˈtɒtə(r)/ v.i. הִתְנוֹדֵד; דִּדָּה, הִדֵּס
toucan /ˈtuːkæn/ n. טוּקָן (צִפּוֹר טְרוֹפִּית)
touch /tʌtʃ/ v.t.
1 (be in physical contact with) נָגַע בְּ...
□ *one of the branches was touching the window* אַחַד הָעֲנָפִים נָגַע בַּחַלּוֹן
2 (feel or strike tightly) נָגַע בְּ...
touch wood! (*UK*) "טָץ'־ווּד"! טְפוּ, טְפוּ, טְפוּ!
□ *he touched her hand* הוּא נָגַע בְּיָדָהּ
□ *he touched his lips to her forehead* הוּא נָשַׁק בִּשְׂפָתָיו לְמִצְחָהּ
3 (affect, concern, *formal*) נָגַע לְ...
□ *this problem touches us all* הַבְּעָיָה הַזּוֹ נוֹגַעַת לְכֻלָּנוּ
□ *I was most touched by his speech* נְאוּמוֹ נָגַע לְלִבִּי
4 (deal with lightly) נָגַע בְּאֹפֶן שִׁטְחִי בְּ...
□ *I have only touched on the problem* רַק הִתְחַלְתִּי לְהִתְמוֹדֵד עִם הַבְּעָיָה
5 (approach in excellence) הִגִּיעַ לְ...
□ *the rest of the competitors couldn't touch him for style* שְׁאָר הַמִּתְחָרִים אֲפִלּוּ לֹא הִתְקָרְבוּ אֵלָיו בְּסִגְנוֹנָם
6 (disturb or harm) נָגַע בְּ...
don't touch אָסוּר לָגַעַת, אַל תִּגַּע
7 (ask for money, *sl.*) "הוֹצִיא", "שְׁנוֹרֵר"
□ *he touched me for five pounds* הוּא הוֹצִיא מִמֶּנִּי חָמֵשׁ לִירוֹת
—v.i. נָגַע
□ *the two wires were touching* שְׁנֵי הַחוּטִים נָגְעוּ זֶה בָּזֶה
—in set phrases
touch down
(land) (מָטוֹס) נָחַת
(score) (בְּרוּגְבִּי וּבְפוּטְבּוֹל אֲמֶרִיקָאִי) זָכָה בִּנְקֻדּוֹת, עָשָׂה "טָץ'־דָאוּן"
touch off
(cause to explode) פּוֹצֵץ
(initiate) הֵצִית (בְּהַשְׁאָלָה), גָּרַם לְ...
□ *his remark touched off a huge argument* הֶעָרָתוֹ גָּרְמָה לְוִכּוּחַ גָּדוֹל
touch up
(give finishing touches to) עָשָׂה תִּקּוּנִים קַלִּים בְּ...
(touch in suggestive way, *colloq.*) שָׂם יָד עַל (לָרֹב גֶּבֶר הַמְמַשֵּׁשׁ אִשָּׁה מִתּוֹךְ כַּוָּנָה מִינִית)
—n.
1 (contact, sense) נְגִיעָה, מַגָּע, מִשּׁוּשׁ
2 (manner of playing, performance) סִגְנוֹן, נְגִיעַת־יָד
personal touch מַגָּע אִישִׁי
□ *she has a light touch on the piano* יֵשׁ לָהּ מַגַּע יָד עָדִין עַל הַפְּסַנְתֵּר
3 (light stroke) מַכָּה קַלִּילָה, נְגִיעָה
finishing touches לְטוּשׁ סוֹפִי, הַפְּרָטִים הָאַחֲרוֹנִים
□ *she caught a touch of the sun on holiday* הִיא קִבְּלָה מַכַּת־שֶׁמֶשׁ קַלָּה בְּעֵת הַחֻפְשָׁה
4 (trace) שֶׁמֶץ, קָרְטוֹב, מְעַט
□ *there was a touch of sadness in his voice* דּוֹק שֶׁל עַצְבוּת הָיָה בְּקוֹלוֹ
5 (communication) קֶשֶׁר
out of touch לֹא בְּקֶשֶׁר
□ *we must keep in touch* אֲנַחְנוּ צְרִיכִים לִשְׁמֹר עַל קֶשֶׁר
6 (area immediately outside playing pitch, *Rugby, Football*) חוּץ
touch-and-go /ˌtʌtʃ-ənd-ˈgəʊ/ adj. (מַצָּב) עָדִין, (מַצָּב) עַל סַף
□ *it was touch-and-go whether he would survive the accident* זֶה בִּכְלָל לֹא הָיָה בָּרוּר שֶׁהוּא יֵצֵא מֵהַתְּאוּנָה בַּחַיִּים (אֲבָל בַּסּוֹף כָּךְ אָמְנָם קָרָה)
touchdown /ˈtʌtʃdaʊn/ n.
1 (*Rugby, American football*) "טָץ'־דָאוּן"
2 (of aeroplane) נְחִיתָה
touché /tuːˈʃeɪ/ int. "אֶחָד־אֶפֶס", "טוּשֶׁה" (הוֹדָאָה בְּהַצְלָחָתוֹ שֶׁל הַיָּרִיב בִּנְקֻדָּה מְסֻיֶּמֶת)
touching /ˈtʌtʃɪŋ/ adj. נוֹגֵעַ לַלֵּב
a touching scene מַחֲזֶה נוֹגֵעַ לַלֵּב
—prep. (*arch.*) בְּנוֹגֵעַ לְ..., בְּקֶשֶׁר לְ..., בַּאֲשֶׁר לְ...
touch-paper /ˈtʌtʃ-ˌpeɪpə(r)/ n. פְּתִיל שֶׁל זִקּוּקֵי דִּי־נוּר
touchstone /ˈtʌtʃstəʊn/ n. אֶבֶן בֹּחַן, קְנֵה־מִדָּה
touch-type /ˈtʌtʃ-taɪp/ v.i. הִדְפִּיס בְּשִׁיטָה עִוֶּרֶת (עַל מְכוֹנַת כְּתִיבָה, מַקְלֶדֶת וְכַד')
touchy /ˈtʌtʃɪ/ adj. נֶעֱלָב בְּקַלּוּת, רָגִישׁ יוֹתֵר מִדַּי
tough /tʌf/ adj. קָשֶׁה, חָזָק; קָשׁוּחַ, אַלִּים, עַקְשָׁן
tough luck! (*colloq.*) זוֹ הַבְּעָיָה שֶׁלְּךָ! זַבַּ"שְׁךָ!; עֵסֶק־בִּישׁ!
tough meat בָּשָׂר קָשֶׁה
a tough customer (*colloq.*) אִישׁ קָשֶׁה, "אֱגוֹז קָשֶׁה!"
□ *they were tough on him at school* (*colloq.*) נָהֲגוּ בּוֹ בְּיָד קָשָׁה בְּבֵית־הַסֵּפֶר, יָרְדוּ עָלָיו בְּבֵית הַסֵּפֶר
—n. (*arch. colloq.*) בִּרְיוֹן
toughen /ˈtʌf(ə)n/ v.t. & i. הִקְשָׁה, הִקְשִׁיחַ; הִתְקַשָּׁה, הִתְקַשַּׁח
toupee /ˈtuːpeɪ/ n. פֵּאָה נָכְרִית לְגֶבֶר, קַפֶּלֶט
tour /tʊə(r)/ n.
1 (trip, journey) מַסָּע, סִיּוּר
□ *the play is now on tour* הַהַצָּגָה בְּסִבּוּב הוֹפָעוֹת עַכְשָׁו
□ *she made a tour of the village* הִיא עָרְכָה סִיּוּר בַּכְּפָר
2 (limited time) תְּקוּפָה שֶׁל, פֶּרֶק זְמַן שֶׁל
tour of duty תְּקוּפַת שֵׁרוּת

—v.t. & i. סִיֵּר, תָּר; עָרַךְ סִבּוּב הוֹפָעוֹת

tour de force /ˌtʊə-də-ˈfɔːs/ n. (*formal*) "טוּר־דֶּה־פוֹרְס", הַפְגָּנַת יְכֹלֶת מַדְהִימָה, הֶשֵּׂג מַדְהִים

tourism /tʊərɪzəm/ n. תַּיָּרוּת

tourist /tʊərɪst/ n. & adj. תַּיָּר; טוּרִיסְטִי, שֶׁל תַּיָּרוּת, לְתַיָּרִים, תַּיָּרוּתִי

tourist class מַחְלָקָה שְׁנִיָּה, מַחְלֶקֶת תַּיָּרוּת

touristy /tʊərɪstɪ/ adj. (*derog.*) מְמֻסְחָר, לְתַיָּרִים

tournament /tɔːnəmənt/ n. טוּרְנִיר, תַּחֲרוּת; תַּחֲרוּת אַבִּירִים

tourniquet /tʊənɪkeɪ/ n. חוֹסֵם עוֹרְקִים

tousle /taʊz(ə)l/ v.t. פָּרַע, סָתַר (בְּעִקָּר שֵׂעָר)

tout /taʊt/ (*derog.*) v.t. & i. שִׁדֵּל (לָקוֹחוֹת, קוֹנִים); חִזֵּר אַחֲרֵי לָקוֹחוֹת (בְּצוּרָה טוֹרְדָנִית); "דָּחַף" (מוּצָר, סְחוֹרָה)

—n. סַפְסָר

tow[1] /təʊ/ v.t. גָּרַר

—n. גְּרִירָה, סְחִיבָה

tow[2] /təʊ/ n. נְעֹרֶת פִּשְׁתָּן (לִקְלִיעַת חֲבָלִים)

toward /təˈwɔːd/ prep. (also **towards**)

1 (in the direction of) לִקְרַאת, כְּלַפֵּי, בְּכִוּוּן

2 (with regard to) לְגַבֵּי, כְּלַפֵּי, בְּיַחַס לְ...

3 (near) קָרוֹב לְ...

4 (for the purpose of) לְשֵׁם, בִּשְׁבִיל, לְמַעַן

towel /taʊəl/ n. מַגֶּבֶת

throw in the towel (*colloq.*) הֵרִים יָדַיִם, הוֹדָה בִּתְבוּסָתוֹ

—v.t. & i. יִבֵּשׁ, נִגֵּב בְּמַגֶּבֶת; הִתְנַגֵּב

towelling /taʊəlɪŋ/ n. אָרִיג לְמַגָּבוֹת, בַּד מַגֶּבֶת

towel-rail /taʊəl-reɪl/ n. מִתְלֶה מַגָּבוֹת

tower /taʊə(r)/ n. מִגְדָּל; מְצוּדָה

tower block בִּנְיַן רַב־קוֹמוֹת, רַב־קוֹמוֹת

tower of strength מִשְׁעָן, מְקוֹר כֹּחַ, מִשְׁעֶנֶת

—v.i. הִתְנַשֵּׂא מֵעַל, הִתְרוֹמֵם מֵעַל

towering intellect חָכְמָה מֻפְלֶגֶת

towering rage חֵמָה בּוֹעֶרֶת

□ *he towers above his contemporaries* (*fig.*) הוּא מִשִּׁכְמוֹ וָמַעְלָה מִבְּנֵי דּוֹרוֹ

town /taʊn/ n. עִיר, עֲיָרָה

town centre מֶרְכַּז הָעִיר

town clerk מַזְכִּיר הָעִיר

town council מוֹעֶצֶת הָעִיר

town crier (*Hist.*) כָּרוֹז הָעִיר

town hall בֵּית הָעִירִיָּה, בִּנְיַן הָעִירִיָּה

town house בַּיִת בָּעִיר (לָרֹב מְהֻדָּר, שֶׁל מִי שֶׁיֵּשׁ לוֹ גַּם מְעוֹן־כָּפָר)

town planning תִּכְנוּן עָרִים, אַדְרִיכָלוּת עָרִים

man about town אִישׁ הָעוֹלָם הַגָּדוֹל

□ *the hostess went to town on food for the dinner-party* (*colloq.*) הַמְאָרַחַת בֶּאֱמֶת יָצְאָה מִגִּדְרָהּ כְּדֵי לְהָכִין אֶת הַכִּבּוּד

□ *the soliders painted the town red during their leave* (*colloq.*) הַחַיָּלִים יָצְאוּ לָעִיר לְהִתְהוֹלֵל בִּזְמַן הַחֻפְשָׁה

□ *they celebrated her birthday with a night on the town* (*colloq.*) הֵם חָגְגוּ אֶת יוֹם הַהֻלֶּדֶת שֶׁלָּהּ בְּבִלּוּיִים בָּעִיר

townsfolk /taʊnzfəʊk/ n. *pl.* תּוֹשְׁבֵי הָעִיר, אַנְשֵׁי הָעִיר

township /taʊnʃɪp/ n. עֲיָרַת שְׁחוֹרִים (אֵזוֹר מְגוּרִים בִּדְרוֹם אַפְרִיקָה שֶׁשְּׁחוֹרִים וּצְבָעוֹנִיִּים הָיוּ מְחֻיָּבִים לָגוּר בּוֹ בִּלְבַד); עֲיָרָה בַּעֲלַת תְּחוּם־שִׁפּוּט (בְּאַרְצוֹת הַבְּרִית וּבְקָנָדָה)

townsman /taʊnzmən/ n. תּוֹשַׁב הָעִיר

townspeople /taʊnzˌpiːp(ə)l/ n.*pl.* תּוֹשְׁבֵי־הָעִיר, תּוֹשְׁבֵי־עָרִים

tow-path /təʊ-pɑːθ/ n. שְׁבִיל לְאֹרֶךְ גָּדַת נָהָר אוֹ תְּעָלָה (שִׁמֵּשׁ בֶּעָבָר לְסוּסִים שֶׁגָּרְרוּ אֲסָדוֹת)

tow-rope /təʊ-rəʊp/ n. חֶבֶל גְּרִירָה, כֶּבֶל גְּרִירָה

toxaemia /tɒkˈsiːmɪə/ n. (*Med.*) הַרְעָלַת דָּם

toxic /tɒksɪk/ adj. רָעִיל

toxicology /ˌtɒksɪˈkɒlədʒɪ/ n. טוֹקְסִיקוֹלוֹגְיָה, תּוֹרַת הָרְעָלִים

toxin /tɒksɪn/ n. רַעֲלָן, חֹמֶר רָעִיל

toy /tɔɪ/ n. צַעֲצוּעַ

toy boy (*colloq.*) מְאַהֵב צָעִיר וְיָפֶה (שֶׁל אִשָּׁה מְבֻגֶּרֶת)

toy poodle פּוּדֶל מִינְיָאטוּרִי

—v.i. הִשְׁתַּעֲשֵׁעַ בְּ..., שִׂחֵק בְּ...

□ *she toyed with the idea of moving house* הִיא הִשְׁתַּעַשְׁעָה בְּרַעְיוֹן לַעֲבֹר דִּירָה

toyshop /tɔɪʃɒp/ n. חֲנוּת צַעֲצוּעִים

trace[1] /treɪs/ v.t.

1 (track) עָקַב אַחֲרֵי, גִּלָּה, אִתֵּר

□ *he traced his descent back to Norman times* הוּא הִתְחַקָּה עַל שָׁרְשֵׁי אֲבוֹתָיו עַד הַתְּקוּפָה הַנּוֹרְמָנִית

□ *I have been unable to trace your order* לֹא הִצְלַחְתִּי לְאַתֵּר אֶת הַזְמָנָתְךָ

2 (describe) הִתְוָה, שִׂרְטֵט, רָשַׁם

□ *he traced out his ideas* הוּא הִתְוָה אֶת רַעְיוֹנוֹתָיו בְּקַוִּים כְּלָלִיִּים

3 (copy) הֶעְתִּיק עַל נְיַר שָׁקוּף

—n.

1 (sign, effect) זֵכֶר, עֲקֵבוֹת, סִימָן

2 (small quantity) שֶׁמֶץ, קַרְטוֹב

trace element יְסוֹד כִּימִי חִיּוּנִי הַנִּמְצָא בַּחַי וּבַצּוֹמֵחַ בְּכַמֻּיּוֹת זְעוּמוֹת

trace[2] /treɪs/ n. מוֹשְׁכָה, רְתָמָה

□ *the children quickly kicked over the traces* (*fig.*) הַיְלָדִים פָּרְקוּ עֹל בִּמְהִירוּת

tracer /treɪsə(r)/ n. (כַּדּוּר) נוֹתֵב

tracery /treɪsərɪ/ n. קִשּׁוּט בְּדֻגְמַת קַוִּים מִצְטַלְּבִים (לְמָשָׁל עַל חַלּוֹן, עַל כַּנְפֵי חֶרֶק וְכַד')

trachea /trəˈkɪə/ n. (*Anat.*) קָנֵה הַנְּשִׁימָה

trachoma /trəˈkəʊmə/ n. (*Med.*) גַּרְעֶנֶת, טְרָכוֹמָה (מַחֲלַת עֵינַיִם)

tracing /ˈtreɪsɪŋ/ n. הַעְתָּקָה עַל נְיַר שָׁקוּף

tracing paper נְיַר פֶּרְגָּמֶנְט, נְיַר שָׁקוּף

track /træk/ n.

1 (marks of passage; course) עֲקֵבוֹת; שְׁבִיל

□ *we must make tracks for home now* (*colloq.*) עָלֵינוּ לְהַפְנוֹת עַכְשָׁו אֶת עִקְּבוֹתֵינוּ הַבַּיְתָה

□ *the police are on the track of the murderer* הַמִּשְׁטָרָה עָלְתָה עַל עִקְּבוֹת הָרוֹצֵחַ

□ *it is difficult to keep track of events* קָשֶׁה לַעֲקֹב אַחֲרֵי הָאֵרוּעִים

□ *he stopped dead in his tracks* (*colloq.*) הוּא נֶעֱצַר בִּמְקוֹמוֹ

2 (path) שְׁבִיל; מַסְלוּל (אַתְלֶטִיקָה)

track events תַּחֲרֻיּוֹת רִיצָה

one-track mind (*fig. derog.*) (יֵשׁ לוֹ) רַק דָּבָר אֶחָד בָּרֹאשׁ (פּוֹלִיטִיקָה, סֶקְס, מֶחְקָר)

race track מַסְלוּל מֵרוֹצִים

track record הֶשֵּׂגֵי הֶעָבָר, הֶשֵּׂגִים בֶּעָבָר, "רֶקוֹרְד"

□ *the farm is off the beaten track* הַחַוָּה נִמְצֵאת בְּאֵזוֹר מְבֻדָּד

3 (set of rails for trains) פַּסֵּי־רַכֶּבֶת

□ *you are on the wrong track* (*fig.*) אַתָּה בַּכִּוּוּן הַלֹּא־נָכוֹן

□ *on* (or *from*) *the wrong side of the tracks* (*US*) אָדָם שֶׁנּוֹלַד "לְמִשְׁפָּחָה הַלֹּא־נְכוֹנָה"

4 (of tank, tractor, etc.) זַחַל, שַׁרְשֶׁרֶת

5 (section of gramophone record) קֶטַע/שִׁיר מְסֻיָּם בְּתַקְלִיט/קַסֶּטָה

6 (recording channel) עֲרוּץ הַקְלָטָה

—v.t. עָקַב אַחֲרֵי

□ *the hunters tracked their prey* הַצַּיָּדִים רָדְפוּ בְּעִקְּבוֹת קָרְבָּנָם

□ *can you track down that reference for me?* אַתָּה יָכוֹל לִמְצֹא לִי אֶת מַרְאֵה הַמָּקוֹם הַזֶּה?

—v.i. צִלֵּם תּוֹךְ כְּדֵי הִתְקַדְּמוּת

□ *the camera tracked in on the actor* הַמַּצְלֵמָה הִתְקַדְּמָה לְעֵבֶר הַשַּׂחְקָן

tracker-dog /ˈtrækə-dɒg/ n. כֶּלֶב גִּשּׁוּשׁ

tracking-station /ˈtrækɪŋ-ˌsteɪʃ(ə)n/ n. תַּחֲנַת־מַעֲקָב (אַחֲרֵי לַוְיָנִים וְכַד')

track-suit /ˈtræk-suːt/ n. חֲלִיפַת טְרֶנִינְג, טְרֶנִינְג, אִמּוּנִית

tract[1] /trækt/ n.

1 (region) שֶׁטַח, שֶׁטַח אֲדָמָה

2 (*Anat.*) מַעֲרֶכֶת (בַּגּוּף)

respiratory tract מַעֲרֶכֶת הַנְּשִׁימָה

tract[2] /trækt/ n. (*formal*) חִבּוּר, קוּנְטְרֵס, מַסָּה (לָרֹב בְּנוֹשֵׂא דָּת אוֹ מוּסָר)

tractable /ˈtræktəb(ə)l/ adj. (*formal*) צַיְּתָן, מְקַבֵּל מָרוּת

traction /ˈtrækʃ(ə)n/ n. כֹּחַ גְּרִירָה/מְשִׁיכָה; מְתִיחַת אֵיבָרִים (סוּג שֶׁל פִּיזְיוֹתֶרַפְּיָה); אֲחִיזָה (שֶׁל כְּלִי רֶכֶב)

traction engine טְרַקְטוֹר קִיטוֹר עַתִּיק

tractor /ˈtræktə(r)/ n. טְרַקְטוֹר

trade /treɪd/ n.

1 (skilled occupation) מִקְצוֹעַ

trade(s) union אִגּוּד־עוֹבְדִים

Trade(s) Union Congress הַסְתַּדְּרוּת הָעוֹבְדִים הַבְּרִיטִית

tricks of the trade סוֹדוֹת הַמִּקְצוֹעַ

2 (business, commerce) מִסְחָר, סַחַר, עֲסָקִים, עֵסֶק

trade gap הֶפְרֵשׁ בַּמַּאֲזָן הַמִּסְחָרִי (בֵּין יְבוּא לְיִצּוּא)

trade name שֵׁם מִסְחָרִי

trade winds רוּחוֹת־הַסַּחַר (רוּחוֹת טְרוֹפִּיּוֹת קְבוּעוֹת וַחֲזָקוֹת)

—v.t. הֶחֱלִיף

□ *she traded her stamps for a calculator* הִיא הֶחֱלִיפָה אֶת הַבּוּלִים שֶׁלָּהּ תְּמוּרַת מַחְשֵׁב־כִּיס

—v.i.

1 (buy and sell) עָסַק בְּמִסְחָר, סָחַר

trading estate אֵזוֹר תַּעֲשִׂיָּה

trading stamp בּוּל־קְנִיָּה, תָּוִית שַׁי (שֶׁנִּתָּן לִפְדּוֹת תְּמוּרַת שַׁי)

2 (buy goods at) קָנָה (בְּ...)

□ *which store do you trade at?* בְּאֵיזוֹ חֲנוּת אַתָּה קוֹנֶה?

—in set phrases

trade in רָכַשׁ בְּעִסְקַת חֲלִיפִין, רָכַשׁ בְּעִסְקַת "טְרֵיד אִין"

trade off אִזֵּן (חֶסְרוֹנוֹת בְּיִתְרוֹנוֹת, וְכַד')

trade on נִצֵּל, נִצֵּל לְרָעָה

trade-in /ˈtreɪd-ɪn/ n. עִסְקַת־חֲלִיפִין, "טְרֵיד אִין"

trade mark /ˈtreɪd mɑːk/ n. סִימָן־מִסְחָרִי; "סִימָן מִסְחָרִי", סִימָן הַהֶכֵּר

trade-off /ˈtreɪd-ˌɒf/ n. אִזּוּן (בֵּין חֶסְרוֹנוֹת וְיִתְרוֹנוֹת וְכַד')

trader /ˈtreɪdə(r)/ n.

1 (merchant) סוֹחֵר

2 (ship) אֳנִיַּת־סוֹחֵר

tradesman /ˈtreɪdzmən/ n. (*pl.* **tradesmen**/) חֶנְוָנִי; רוֹכֵל

tradesmen's entrance כְּנִיסָה לָרוֹכְלִים (הַדֶּלֶת הָאֲחוֹרִית בְּבִנְיָן מְהֻדָּר)

tradespeople /ˈtreɪdzˌpiːp(ə)l/ n. *pl.* חֶנְוָנִים; רוֹכְלִים

tradition /trəˈdɪʃ(ə)n/ n. מָסֹרֶת

traditional /trəˈdɪʃən(ə)l/ adj. מָסָרְתִּי

traditionalism /trəˈdɪʃənəlɪzəm/ n. מָסָרְתִּיּוּת, שַׁמְּרָנוּת

traditionalist /trəˈdɪʃənəlɪst/ n. שַׁמְּרָן

traduce /trəˈdjuːs/ v.t. (*formal*) הִשְׁמִיץ, הוֹצִיא דִּבָּה עַל

traffic /ˈtræfɪk/ n.
1 (movement of vehicles) תְּנוּעָה, תַּעֲבוּרָה
traffic island אִי־תְּנוּעָה, אִי־תַּעֲבוּרָה
traffic lights רַמְזוֹרִים
traffic warden שׁוֹטֵר־תְּנוּעָה
2 (trade) מִסְחָר, סַחַר (לָרֹב בִּלְתִּי חֻקִּי)
drug traffic סַחַר בְּסַמִּים
—v.i. סָחַר בְּ... (סַמִּים, רְכוּשׁ גָּנוּב וְכַד׳)

trafficator /ˈtræfɪkeɪtə(r)/ n. (*Hist.*) אוֹר אִתּוּת (בִּמְכוֹנִית)

trafficker /ˈtræfɪkə(r)/ n. סוֹחֵר־סַמִּים, סוֹחֵר בִּרְכוּשׁ גָּנוּב

tragedian /trəˈdʒiːdɪən/ n. (*formal*)
1 (writer of tragedy) טְרָגִיקוֹן, מְחַבֵּר טְרָגֶדְיוֹת
2 (actor of tragedy) שַׂחְקָן־טְרָגֶדְיוֹת

tragedienne /trəˌdʒiːdɪˈen/ n. (*formal*) שַׂחְקָנִית־טְרָגֶדְיוֹת

tragedy /ˈtrædʒədɪ/ n.
1 (drama) טְרָגֶדְיָה, מַחֲזֶה טְרָגִי
2 (sad event) אָסוֹן, טְרָגֶדְיָה

tragic /ˈtrædʒɪk/ adj.
1 (relating to drama) טְרָגִי
2 (sad) טְרָגִי, עָצוּב

tragically /ˈtrædʒɪk(ə)lɪ/ adv. בְּצוּרָה טְרָגִית, בְּאֹפֶן טְרָגִי; לְמַרְבֶּה הַצַּעַר

tragicomedy /ˌtrædʒɪˈkɒmədɪ/ n. טְרָגִי־קוֹמֶדְיָה

trail /treɪl/ n.
1 (trace) עֲקֵבוֹת, סִימָן
2 (path) שְׁבִיל, דֶּרֶךְ
3 (long line of people or things following behind) שׁוּרָה
—v.t.
1 (pull along) מָשַׁךְ, גָּרַר
2 (follow, shadow) הָלַךְ בְּעִקְּבוֹת
—v.i.
1 (be pulled along) נִמְשַׁךְ, נִגְרַר
2 (walk wearily) הִשְׁתָּרֵךְ
□ *the child trailed along behind the adults* הַיֶּלֶד נִסְחַב אַחֲרֵי הַמְּבֻגָּרִים
3 (grow over, *Bot.*) הִשְׂתָּרֵג, הִתְפַּשֵּׁט
□ *the climbing roses trailed over the window* הַוְּרָדִים הִשְׂתָּרְגוּ אֶל מֵעַל הַחַלּוֹן
4 (hang loosely) נִשְׂרַךְ, הָיָה תָּלוּי בְּרִפְיוֹן
5 (be losing in a contest) פִּגֵּר
□ *the guest team were trailing by two points* הַקְּבוּצָה הָאוֹרַחַת פִּגְּרָה בִּשְׁתֵּי נְקֻדּוֹת אַחֲרֵי קְבוּצַת הַבַּיִת

trail-blazing /ˈtreɪl-ˌbleɪzɪŋ/ adj. פּוֹרֵץ־דֶּרֶךְ, מְפַלֵּס דֶּרֶךְ, מַהְפְּכָנִי (רַעְיוֹן וְכַד׳)

trailer /ˈtreɪlə(r)/ n.
1 (vehicle) קְרוֹן מְגוּרִים; קְרוֹן נִגְרָר, טְרֵילֶר
2 (film) קֶטַע "בְּקָרוֹב"

trailing edge /ˌtreɪlɪŋ ˈedʒ/ n. הַלַּהַב הָאֲחוֹרִי (שֶׁל כְּנַף מָטוֹס וְכַד׳)

train /treɪn/ v.t.
1 (subject to mental or physical discipline) חִנֵּךְ, תִּרְגֵּל, אִלֵּף, אִמֵּן
2 (cause to grow in a certain way) גִּדֵּל (צֶמַח) תּוֹךְ כְּדֵי עִצּוּבוֹ (סְבִיב חַלּוֹן וְכַד׳)
3 (aim) כִּוֵּן (נֶשֶׁק לְעֵבֶר אוֹיֵב)
—v.i. קִבֵּל הַכְשָׁרָה; הִתְאַמֵּן
—n.
1 (series of railway vehicles) רַכֶּבֶת
train-spotting (הִתְחַבֵּב שֶׁל) צְפִיָּה בָּרַכָּבוֹת (וְרִשּׁוּם מִסְפְּרֵיהֶן וְכַד׳)
2 (line, series, succession) הִשְׁתַּלְשְׁלוּת, סִדְרָה; שַׁיָּרָה
train of events רֶצֶף אֵרוּעִים, הִשְׁתַּלְשְׁלוּת אֵרוּעִים
□ *don't interrupt my train of thought* אַל תִּקְטַע אֶת חוּט הַמַּחֲשָׁבָה שֶׁלִּי
3 (retinue) פָּמַלְיָה
4 (trailing part of dress) שׁוֹבֶל נִגְרָר (שֶׁל שִׂמְלָה)

train-bearer /ˈtreɪn-beərə(r)/ n. נוֹשֵׂא שֹׁבֶל הַשִּׂמְלָה (בִּמְיֻחָד שֶׁל כַּלָּה)

trainee /treɪˈniː/ n. חָנִיךְ, שׁוּלְיָה

trainer /ˈtreɪnə(r)/ n. מְאַמֵּן

trainers /ˈtreɪnəz/ n. *pl.* נַעֲלֵי הִתְעַמְּלוּת, נַעֲלֵי־סְפּוֹרְט

training /ˈtreɪnɪŋ/ n. אִמּוּנִים, תִּרְגּוּל, הַכְשָׁרָה
(teachers') training college סֶמִינָר לְמוֹרִים
in (or **out of**) **training** בְּכֹשֶׁר/לֹא בְּכֹשֶׁר
training shoes נַעֲלֵי הִתְעַמְּלוּת, נַעֲלֵי־סְפּוֹרְט

traipse /treɪps/ v.i. (*colloq.*) שֵׁרַךְ רַגְלָיו, שׁוֹטֵט בְּלֵאוּת, דִּשְׁדֵּשׁ, נִסְחַב

trait /treɪt/ n. קַו אֹפִי, מְאַפְיֵן, תְּכוּנָה

traitor /ˈtreɪtə(r)/ n. בּוֹגֵד

traitorous /ˈtreɪtərəs/ adj. (*formal derog.*) בּוֹגְדָנִי

trajectory /trəˈdʒektərɪ/ n. מַסְלוּל (שֶׁל טִיל אוֹ קָלִיעַ)

tram /træm/ n. חַשְׁמַלִּית

tramcar /ˈtræmkɑː(r)/ n. קְרוֹן חַשְׁמַלִּית

tramlines /ˈtræmlaɪnz/ n. *pl.* פַּסֵּי חַשְׁמַלִּית, מְסִלַּת חַשְׁמַלִּית; הַקַּוִּים הַצִּדְדִיִּים בְּמִגְרַשׁ טֶנִיס הַמְיֹעָדִים לְמִשְׂחַק זוּגוֹת

trammel /ˈtræm(ə)l/ v.t. (*formal*) עִכֵּב, הִפְרִיעַ לְ..., עָמַד בְּדַרְכּוֹ שֶׁל, כָּבַל

trammels /ˈtræm(ə)lz/ n. *pl.* (*formal*) כְּבָלִים

tramp /træmp/ v.t. & i. עָבַר בָּרֶגֶל; שׁוֹטֵט, צָעַד בִּכְבֵדוּת
—n.
1 (vagrant) בַּטְלָן, נַוָּד, קַבְּצָן
2 (sound) קוֹל צְעָדִים כְּבֵדִים
3 (long walk) טִיּוּל אָרֹךְ בָּרֶגֶל
4 (disreputable woman, *US derog.*) זוֹנָה

5 (cargo boat) סְפִינַת מִטְעָן קַלָּה (חַסְרַת מַסְלוּל קָבוּעַ, הַנּוֹשֵׂאת מִטְעָנִים שׁוֹנִים לִנְמֵלִים שׁוֹנִים)

trample /ˈtræmp(ə)l/ v.t. & i. דָּרַךְ; רָמַס, דָּרַס
- □ *he trampled all over his subordinates' feelings* הוּא רָמַס אֶת רִגְשׁוֹתֵיהֶם שֶׁל הַכְּפוּפִים לוֹ

trampoline /ˈtræmpəli:n/ n. & v.i. טְרַמְפּוֹלִינָה; עָשָׂה תַּרְגִּילִים עַל טְרַמְפּוֹלִינָה

tramway /ˈtræmweɪ/ n. רֶשֶׁת מְסִלּוֹת לַחַשְׁמַלִּית

trance /trɑ:ns/ n. טְרַנְס, טְרַנְס הִיפְּנוֹטִי

tranquil /ˈtræŋkwɪl/ adj. שָׁלֵו, רָגוּעַ

tranquillity /træŋˈkwɪlɪtɪ/ n. שַׁלְוָה, מַרְגּוֹעַ

tranquillize /ˈtræŋkwɪlaɪz/ v.t. הִרְגִּיעַ (אָדָם אוֹ חַיָּה) בְּאֶמְצָעוּת סַם

tranquillizer /ˈtræŋkwɪlaɪzə(r)/ n. סַם מַרְגִּיעַ, כַּדּוּר־הַרְגָּעָה

trans- /trænz-/ pref. טְרַנְס־, מֵעֵבֶר לְ..., עֵבֶר־

transact /trænˈzækt/ v.t. (*formal*) בִּצֵּעַ, הוֹצִיא אֶל הַפֹּעַל (עִסְקָה)

transaction /trænˈzækʃ(ə)n/ n. (*formal*) עִסְקָה

transatlantic /ˌtrænzətˈlæntɪk/ adj. טְרַנְסְאַטְלַנְטִי

transcend /trænˈsend/ v.t. (*formal*) הִתְעַלָּה מֵעַל, עָלָה עַל, הָיָה מֵעֵבֶר לְ...

transcendent /trænˈsendənt/ adj. (*formal*) טְרַנְסֶנְדֶּנְטִי, שֶׁעוֹבֵר אֶת הַגְּבוּלוֹת הָרְגִילִים; (פִילוֹסוֹפְיָה) שֶׁמֵּעֵבֶר לִתְחוּמֵי הַיֶּדַע וְהַחֲוָיָה הָאֱנוֹשִׁיִּים

transcendental /ˌtrænsenˈdent(ə)l/ adj טְרַנְסֶצֶנְדֶּנְטָלִי
- **transcendental meditation** מֵדִיטַצְיָה טְרַנְסֶצֶנְדֶּנְטָלִית

transcontinental /ˌtrænzkɒntɪˈnent(ə)l/ adj. טְרַנְס־יַבַּשְׁתִּי, טְרַנְס־קוֹנְטִינֶנְטָלִי

transcribe /trænˈskraɪb/ v.t. (*formal*) שִׁכְתֵּב, הֶעְתִּיק, עָרַךְ תַּעְתִּיק שֶׁל

transcript /ˈtrænskrɪpt/ n. תַּעְתִּיק

transcription /trænˈskrɪpʃ(ə)n/ n. תַּעְתִּיק

transept /ˈtrænsept/ n. אֲגַף הָרֹחַב (בִּכְנֵסִיָּה הַבְּנוּיָה בְּצוּרַת צְלָב)

transfer /trænsˈfɜ:(r)/ v.t. & i. הֶעֱבִיר; עָבַר

—n. /ˈtrænsfɜ:(r)/

1 (moving, handing over) הַעֲבָרָה, מַעֲבָר
- **transfer fee** דְּמֵי הַעֲבָרָה (שֶׁמְּשַׁלֶּמֶת קְבוּצַת סְפּוֹרְט אַחַת לַשְּׁנִיָּה עֲבוּר שַׂחְקָן)
- **transfer passenger** נוֹסֵעַ מַעֲבָר

2 (transferable design) דֻּגְמָה (עַל גַּבֵּי חֻלְצָה, רָהִיט, סֵפֶר וְכַד')

transferable /trænsˈfɜ:rəb(ə)l/ adj. נִתָּן לְהַעֲבָרָה, נִתָּן לְהַעֲבָרָה לִשְׁמוֹ שֶׁל אַחֵר

transference /ˈtrænsfərəns/ n. (*formal*) הַעֲבָרָה

transfigure /trænsˈfɪgə(r)/ v.t. (*formal*) שִׁנָּה צוּרָה (לְטוֹבָה)
- □ *his face was transfigured by joy* פָּנָיו לָבְשׁוּ אֲרֶשֶׁת שׁוֹנָה לַחֲלוּטִין מֵרֹב אֹשֶׁר

transfiguration /ˌtrænsˌfɪgəˈreɪʃ(ə)n/ n. (*formal*) (בְּנַצְרוּת) נֵס הַהַאֲצָלָה; גִּלְגּוּל, הַאֲצָלָה

transfix /trænsˈfɪks/ v.t. (*formal*) פִּלַּח
- □ *he stood transfixed with fear* הוּא נֶעֱמַד וְהַפַּחַד פִּלַּח אֶת לִבּוֹ

transform /trænsˈfɔ:m/ v.t. שִׁנָּה כָּלִיל, שִׁנָּה צוּרָה, שִׁנָּה אֹפִי; (חַשְׁמַל) שִׁנָּה מֶתַח

transformation /ˌtrænsfəˈmeɪʃ(ə)n/ n. שִׁנּוּי צוּרָה, הִפּוּךְ, טְרַנְסְפוֹרְמַצְיָה

transformer /trænsˈfɔ:mə(r)/ n. שַׁנַּאי, טְרַנְסְפוֹרְמָטוֹר

transfuse /trænsˈfju:z/ v.t. (*formal*) עֵרָה (דָּם); (בְּהַשְׁאָלָה) הִזְרִיק
- □ *she was transfused with enthusiasm for the project* הִיא נִשְׁטְפָה בְּהִתְלַהֲבוּת לִקְרַאת הַתָּכְנִית

transfusion /trænsˈfju:ʒ(ə)n/ n. (*formal*) עֵרוּי
- **blood transfusion** עֵרוּי דָּם

transgress /trænzˈgres/ v.t. & i. (*formal*) עָבַר עַל (חֹק), חָרַג מִ...; עָבַר עֲבֵרָה

transgression /trænzˈgreʃ(ə)n/ n. (*formal*) הֲפָרָה, עֲבֵרָה, חֲרִיגָה

transience /ˈtrænzɪəns/ n. (*formal*) אַרְעִיּוּת, זְמַנִּיּוּת

transient /ˈtrænzɪənt/ adj. (*formal*) אַרְעִי, חוֹלֵף, זְמַנִּי, בֶּן־חֲלוֹף

transistor /trænˈzɪstə(r)/ n. טְרַנְזִיסְטוֹר; רַדְיוֹ־טְרַנְזִיסְטוֹר

transit /ˈtrænsɪt/ n.

1 (passage) מַעֲבָר
- **goods in transit** סְחוֹרוֹת בְּהוֹבָלָה
- **transit camp** מַחֲנֵה מַעֲבָר
- **transit visa** אַשְׁרַת מַעֲבָר

2 (*Astron.*) מַעֲבָר שֶׁל כּוֹכָב־לֶכֶת עַל פְּנֵי כּוֹכָב אַחֵר (לָרֹב הַשֶּׁמֶשׁ)

—v.t. & i. (*Astron.*) (כּוֹכַב לֶכֶת) עָבַר, חָלַף (כַּנַּ"ל)

transition /trænˈzɪʃ(ə)n/ n. (*formal*) מַעֲבָר, שִׁנּוּי

transitional /trænˈzɪʃən(ə)l/ adj. (*formal*) שֶׁל מַעֲבָר; זְמַנִּי

transitive /ˈtrænsɪtɪv/ adj. & n. (*Gram.*) (פֹּעַל) יוֹצֵא, טְרַנְזִיטִיבִי

transitory /ˈtrænsɪt(ə)rɪ/ adj. (*formal*) בֶּן־חֲלוֹף, חוֹלֵף

translate /trænzˈleɪt/ v.t. & i. תִּרְגֵּם; פֵּרֵשׁ, הִסְבִּיר; עָסַק בְּתִרְגּוּם

translation /trænzˈleɪʃ(ə)n/ n. תִּרְגּוּם

translator /trænzˈleɪtə(r)/ n. מְתַרְגֵּם

transliterate /ˌtrænzˈlɪtəreɪt/ v.t. תִּעְתֵּק (הֶעֱבִיר מֵאָלֶף־בֵּית אֶחָד לְשֵׁנִי)

transliteration /ˌtrænzlɪtəˈreɪʃ(ə)n/ n. תַּעְתִּיק; תִּעְתּוּק (כַּנַּ"ל)

translucence /trænzˈlu:s(ə)ns/ n. שְׁקִיפוּת עֲמוּמָה

translucent /trænzˈluːs(ə)nt/ adj. מַעֲבִיר אוֹר, שֶׁמְּאַפְשֵׁר לָאוֹר לַחְדֹּר, שָׁקוּף חֶלְקִית

transmigration /ˌtrænzmaɪˈgreɪʃ(ə)n/ n. גִּלְגּוּל נְשָׁמוֹת; נְדִידָה, מַעֲבָר דֶּרֶךְ אֶרֶץ בִּנְדוּדִים

transmission /trænzˈmɪʃ(ə)n/ n.
1 (conveyance) הַעֲבָרָה, מְסִירָה
□ *this package is sent for onward transmission* יֵשׁ לְהַעֲבִיר חֲבִילָה זוֹ (הָלְאָה)
2 (communication by radio) שִׁדּוּר
3 (*Mech.*) מִמְסָרָה

transmit /trænzˈmɪt/ v.t.
1 (pass on, convey) הֶעֱבִיר, מָסַר
2 (send by radio) שִׁדֵּר

transmitter /trænzˈmɪtə(r)/ n. מַשְׁדֵּר

transmogrify /trænzˈmɒgrɪfaɪ/ v.t. (*joc.*) שִׁנָּה כָּלִיל בְּאֹפֶן מַפְתִּיעַ/קָסוּם

transmutable /trænzmjuːtəb(ə)l/ adj. (*formal*) בַּר־שִׁנּוּי, בַּר־הֲמָרָה, הָפִיךְ

transmute /trænzˈmjuːt/ v.t. (*formal*) שִׁנָּה, הָפַךְ

transmutation /ˌtrænzmjuːˈteɪʃ(ə)n/ n. (*formal*) שִׁנּוּי צוּרָה, גִּלְגּוּל

transom /ˈtrænsəm/ n. מַשְׁקוֹף; חָוָק, פַּס־עֵץ, לָרֹחַב מִסְגֶּרֶת חַלּוֹן; קוֹרַת רֹחַב לְחִזּוּק

transparency /trænsˈpærənsɪ/ n.
1 (transparent quality) שְׁקִיפוּת
2 (picture) שְׁקוּפִית, שֶׁקֶף

transparent /trænsˈpærənt/ adj. שָׁקוּף; גָּלוּי, בָּרוּר
□ *his disguise was quite transparent* הִתְחַזּוּתוֹ הָיְתָה שְׁקוּפָה לְגַמְרֵי
□ *he was a man of transparent honesty* הוּא הָיָה אָדָם שֶׁבְּיָשְׁרוֹ אֵין לְהָטִיל סָפֵק

transpiration /ˌtrænspɪˈreɪʃ(ə)n/ n. דִּיּוּת, דִּיפּוּזְיָה בִּצְמָחִים; הַזָּעָה

transpire /trænˈspaɪə(r)/ v.i.
1 (come to light, happen) הִתְגַּלָּה, נוֹדַע, הִתְבָּרֵר
2 (exude) דִּיֵּת; הִזִּיעַ

transplant /trænsˈplɑːnt/ v.t. הִשְׁתִּיל; שָׁתַל מֵחָדָשׁ; הֶעֱבִיר לְמָקוֹם אַחֵר
—n. /ˈtrænsplɑːnt/ הַשְׁתָּלָה
heart transplant הַשְׁתָּלַת־לֵב

transplantation /ˌtrænsplɑːnˈteɪʃ(ə)n/ n. הַשְׁתָּלָה

transport /trænˈspɔːt/ v.t.
1 (convey) הוֹבִיל, הֶעֱבִיר
2 (carry away with emotion, esp. in past ppl.) נִסְחַף בְּרִגְשׁוֹתָיו
3 (send to penal colony, *Hist.*) הֶגְלָה (לְמוֹשֶׁבֶת עֳנָשִׁין)
—n. /ˈtrænspɔːt/
1 (conveyance, travel) תּוֹבָלָה, תַּחְבּוּרָה
transport café (*UK*) מִזְנוֹן דְּרָכִים
2 (means of conveyance esp. ship or aircraft) אֶמְצָעֵי תַּחְבּוּרָה, אֶמְצָעֵי הוֹבָלָה
3 (strong emotion) רֶגֶשׁ סוֹחֵף, רֶגֶשׁ כּוֹבֵשׁ
□ *she was in transports of delight after winning first prize* הִיא הִתְמַלְּאָה חֶדְוָה לְאַחַר שֶׁזָּכְתָה בַּפְּרָס הָרִאשׁוֹן

transportation /ˌtrænspɔːˈteɪʃ(ə)n/ n.
1 (conveyance) תַּחְבּוּרָה
2 (exile to penal colony, *Hist.*) הַגְלָיָה לְמוֹשֶׁבֶת עֳנָשִׁין

transporter /trænˈspɔːtə(r)/ n. מוֹבִיל (לְטַנְקִים, לִמְכוֹנִיּוֹת וְכַד׳)

transpose /trænˈspəʊz/ v.t.
1 (interchange, *formal*) הֶעֱבִיר מִמָּקוֹם לְמָקוֹם, הֶחֱלִיף
2 (*Mus.*) הֶעֱבִיר לְסֻלָּם אַחֵר, נִגֵּן בְּסֻלָּם אַחֵר

transsexual /trænzˈsekʃʊəl/ n. (also **transexual**) טְרַנְס־סֶקְסוּאָלִי (אָדָם שֶׁעָבַר נִתּוּחַ מִין)

transship /trænˈʃɪp/ v.t. הֶעֱבִיר (מִטְעָן) מִסְּפִינָה לִסְפִינָה

transubstantiation /ˌtrænsəbˌstænʃɪˈeɪʃ(ə)n/ n. (*Relig.*) הָאֱמוּנָה כִּי הַלֶּחֶם וְהַיַּיִן בַּטֶּקֶס הַנּוֹצְרִי הוֹפְכִים לְגוּפוֹ וְדָמוֹ שֶׁל יֵשׁוּ

transverse /ˈtrænzvɜːs/ adj. (*formal*) רָחְבִּי, חוֹצֶה

transvestism /trænzˈvestɪzəm/ n. טְרַנְסְוֶסְטִיטִיּוּת (חִקּוּי בִּלְבוּשׁ וּבְהִתְנַהֲגוּת שֶׁל הַמִּין הַשֵּׁנִי)

transvestite /trænzˈvestaɪt/ n. טְרַנְסְוֶסְטִיט (כַּנַּ״ל)

trap /træp/ n.
1 (snare, trick) מַלְכֹּדֶת; (בְּהַשְׁאָלָה) מַלְכֹּדֶת
2 (*Mech.*) כִּיס, מַחְסוֹם (בְּצִנּוֹר וְכַד׳)
3 (vehicle) כִּרְכָּרָה קַלָּה בַּת שְׁנֵי אוֹפַנִּים
4 (mouth, *sl.*) פֶּה
shut your trap! תִּסְתֹּם אֶת הַפֶּה! תִּסְתֹּם אֶת הַ״ג׳וֹרָה״!
—v.t.
1 (catch, imprison) לָכַד
2 (trick) הִפִּיל בְּמַלְכֹּדֶת

trapdoor /ˈtræpdɔː(r)/ n. צֹהַר מִתְרוֹמֵם (בְּגַג וְכַד׳)

trapeze /trəˈpiːz/ n. טְרַפֶּז (מֵעֵין נַדְנֵדָה גְּבוֹהָה בְּקִרְקָס וְכַד׳)

trapezium /trəˈpiːzɪəm/ n. (*Geom.*) טְרַפֶּז

trapezoid /ˈtræpɪzɔɪd/ n. (*Geom.*) פֵּאוֹן טְרַפֶּזִי

trapper /ˈtræpə(r)/ n. צַיָּד (פַּרְווֹת)

trappings /ˈtrapɪŋz/ n. *pl.* (usu. *derog.*) קִשּׁוּטִים, סְפִיחִים; מְאַפְיְנִים

Trappist /ˈtræpɪst/ n. (*Relig.*) נָזִיר שַׁתְקָן (קָתוֹלִי)

trash /træʃ/ n. זֶבֶל, אַשְׁפָּה (גַּם בְּהַשְׁאָלָה)
trash can (*US*) פַּח אַשְׁפָּה

trashy /ˈtræʃɪ/ adj. חֲסַר עֵרֶךְ, סוּג ב׳, זוֹל (לָרֹב בַּעַל אֵיכוּת אָמָנוּתִית יְרוּדָה)

trauma /ˈtrɔːmə/ n. טְרָאוּמָה, הֶלֶם נַפְשִׁי; (בִּלְשׁוֹן רְפוּאִית) פְּצִיעָה

traumatic /trɔːˈmætɪk/ adj. טְרָאוּמָטִי

travail /ˈtræveɪl/ n. (*formal*) יֶגַע, עָמָל; חֶבְלֵי־לֵדָה

travel /ˈtræv(ə)l/ v.t. עָבַר בִּנְסִיעוֹת אֶת, טִיֵּל בְּ...

travel light נָסַע עִם מְעַט מִטְעָן

□ *she's travelled the whole world* הִיא נָסְעָה בְּכָל הָעוֹלָם כֻּלּוֹ

—v.i.

1 (go from one place to another) טִיֵּל, נָסַע

□ *he travels in kitchenware for a well-known firm* הוּא נוֹסֵעַ מִמָּקוֹם לְמָקוֹם כְּנָצִיג שֶׁל חֶבְרַת כְּלֵי־מִטְבָּח יְדוּעָה

2 (move, pass in a specified manner) נָע, עָבַר, חָלַף, נָסַע

travelling salesman סוֹכֵן נוֹסֵעַ

□ *light travels faster than sound* הָאוֹר נָע בִּמְהִירוּת גְּדוֹלָה יוֹתֵר מִן הַקּוֹל

□ *her mind travelled over the events of the previous day* הִיא חָלְפָה בְּמַחְשְׁבוֹתֶיהָ עַל פְּנֵי אֵרוּעֵי הַיּוֹם הַקּוֹדֵם

□ *the car was really travelling down the street* (*colloq.*) הַמְּכוֹנִית נָסְעָה בְּמוֹרַד הָרְחוֹב בִּמְהִירוּת

□ *he is a much travelled man* הוּא אָדָם שֶׁהִרְבָּה לִנְסֹעַ בְּרַחֲבֵי הָעוֹלָם

3 (withstand a long journey, *colloq.*) הֵגִיב (טוֹב/רַע) עַל טִלְטוּלֵי הַדֶּרֶךְ

□ *these wines do not travel* זֶה לֹא טוֹב לְהַעֲבִיר אֶת הַיֵּינוֹת הָאֵלֶּה מִמָּקוֹם לְמָקוֹם

—n.

1 (act of travelling) נְסִיעָה

travel agency סוֹכְנוּת נְסִיעוֹת

travel sickness בְּחִילָה בִּנְסִיעוֹת

2 (journey, usu. in *pl.*) נְסִיעָה, נְסִיעוֹת

□ *have you seen Peter on your travels?* (*colloq.*) הַאִם רָאִיתָ אֶת פִּיטֶר בַּזְּמַן הָאַחֲרוֹן?

3 (extent of movement) מִרְוַח תְּנוּעָה, "שְׁפִּיל"

□ *there's too much travel on the clutch* יֵשׁ מִרְוַח־תְּנוּעָה גָּדוֹל מִדַּי בַּמַּצְמֵד, בַּקְּלָץ' יֵשׁ יוֹתֵר מִדַּי "שְׁפִּיל"

traveller /ˈtræv(ə)lə(r)/ n.

1 (one who journeys) נוֹסֵעַ, תַּיָּר

traveller's cheques הַמְחָאוֹת נוֹסְעִים

2 (commercial agent) סוֹכֵן נוֹסֵעַ

travelling-clock /ˈtræv(ə)lɪŋ-klɒk/ n. שָׁעוֹן מִתְקַפֵּל (לִנְסִיעוֹת)

travelogue /ˈtrævəlɒg/ n. יוֹמַן מַסָּעוֹת (סֵפֶר אוֹ סֶרֶט)/ הַרְצָאָה עַל מַסָּע (בְּלִוְיַת שְׁקוּפִיּוֹת)

traverse /trəˈvɜːs/ n. (*formal*) (בְּטִפּוּס הָרִים) נָתִיב אֲלַכְסוֹנִי (לְרֹחַב מִדְרוֹן)

—v.t. (*formal*)

1 (travel or lie across) חָצָה, עָבַר, חָתַךְ, חָלַף לְרֹחַב

2 (consider or discuss) דָּן בְּ..., בָּחַן

travesty /ˈtrævəstɪ/ n. סִלּוּף, עִוּוּת, חִקּוּי נִלְעָג

—v.t. סִלֵּף, עִוֵּת, עָשָׂה חִקּוּי נִלְעָג שֶׁל

trawl /trɔːl/ n. רֶשֶׁת גְּרִירָה (לְדַיִג)

—v.t. & i. דָּג בְּאֶמְצָעוּת רֶשֶׁת גְּרִירָה בְּ...; דָּג בְּאֶמְצָעוּת רֶשֶׁת גְּרִירָה

trawler /ˈtrɔːlə(r)/ n. סְפִינָה לִגְרִירַת רֶשֶׁת דַּיִג (כֵּנ"ל)

tray /treɪ/ n. מַגָּשׁ

in (or **out**) **tray** מַגַּשׁ דֹּאַר נִכְנָס/יוֹצֵא (בְּמִשְׂרָד)

treacherous /ˈtretʃərəs/ adj. בּוֹגְדָנִי, כּוֹזֵב; מְסֻכָּן

treachery /ˈtretʃərɪ/ n. בּוֹגְדָנוּת

treacle /ˈtriːk(ə)l/ n. מֵעֵין סִירוֹפּ־סֻכָּר

treacly /ˈtriːklɪ/ adj. מָתוֹק וְדָבִיק, עָבֶה וְדָבִיק; מָתוֹק עַד לְהַחֲלִיא

tread /tred/ (past **trod** /trɒd/, past ppl. **trodden** /ˈtrɒd(ə)n/) v.t.

1 (press, crush or walk with feet) דָּרַךְ עַל, הָלַךְ עַל, רָמַס בְּרַגְלָיו

tread the boards (*fig.*) הָיָה שַׂחְקָן, עָסַק בְּמִשְׂחָק (תֵּיאַטְרוֹן)

tread water צָף בַּעֲמִידָה

□ *she trod down the earth around the plants* הִיא הִדְּקָה בְּרַגְלֶיהָ אֶת הַקַּרְקַע סְבִיב הַצְּמָחִים

□ *they used to tread grapes to make wine* בֶּעָבָר הָיוּ דּוֹרְכִים אֶת הָעֲנָבִים בְּרַגְלַיִם כְּדֵי לַעֲשׂוֹת יַיִן

2 (make track) עָשָׂה שְׁבִיל (בַּהֲלִיכָה)

□ *the cattle had trodden a path across the field* הַפָּרוֹת רָמְסוּ שְׁבִיל לְרֹחַב הַשָּׂדֶה

3 (execute in walking) צָעַד

□ *he trod a dozen paces before bowling the next ball* הוּא צָעַד תְּרֵיסַר צְעָדִים לִפְנֵי שֶׁהֵטִיל אֶת הַכַּדּוּר הַבָּא

—v.i. הָלַךְ, דָּרַךְ

□ *do not tread on the grass* אָסוּר לִדְרֹךְ עַל הַדֶּשֶׁא

tread on air (*colloq.*) הָלַךְ עִם הָרֹאשׁ בָּעֲנָנִים, הָיָה בָּעֲנָנִים

□ *he trod in his father's footsteps* (*fig.*) הוּא הָלַךְ בְּעִקְּבוֹת אָבִיו

□ *we shall have to tread lightly over this sensitive issue* יִהְיֶה עָלֵינוּ לְהִתְקַדֵּם בִּזְהִירוּת בְּנוֹשֵׂא רָגִישׁ זֶה

□ *don't tread on the boss's toes* (*fig.*) אַל תִּדְרֹךְ עַל הַיַּבָּלוֹת שֶׁל הַבּוֹס

—n.

1 (manner or sound of walking) (קוֹל/אֹפֶן) פְּסִיעָה, צַעַד

2 (surface of step) מִדְרָךְ, מִשְׁטַח דְּרִיכָה

stair treads מִדְרַךְ הַמַּדְרֵגוֹת

3 (part of tyre) הַמִּשְׁטָח הַמְחֹרָץ (בִּצְמִיג, הַבָּא בְּמַגָּע עִם הַכְּבִישׁ)

treadle /ˈtred(ə)l/ n. דַּוְשָׁה (לְמָשָׁל בִּמְכוֹנַת־תְּפִירָה עַתִּיקָה)

treadmill /ˈtredmɪl/ n. מְכוֹנַת דַּיִשׁ (שֶׁעָבַד אוֹ בְּהֵמָה צוֹעֲדִים בָּהּ סְחוֹר סְחוֹר); (בְּהַשְׁאָלָה) חַדְגּוֹנִיּוּת מְיַגַּעַת

treason /triːz(ə)n/ n. בְּגִידָה
treasonable /triːzənəb(ə)l/ adj. (*Law*) שֶׁל בְּגִידָה
treasure /treʒə(r)/ n.
1 (wealth, valuables) אוֹצָר, מַטְמוֹן
treasure hunt חִפּוּשׂ אַחַר מַטְמוֹן
treasure trove מַטְמוֹן, אוֹצָר (שֶׁבְּעָלָיו אֵינָם יְדוּעִים)
2 (valued or beloved person, *colloq.*) "אוֹצָר"
—v.t. אָצַר, נָצַר, הוֹקִיר
treasurer /treʒərə(r)/ n. גִּזְבָּר
treasury /treʒərɪ/ n.
1 (storehouse) בֵּית הָאוֹצָר
2 (public revenue department) אוֹצַר הַמְּדִינָה, קֻפַּת הַמְּדִינָה
the Treasury מִשְׂרַד הָאוֹצָר
the Treasury bench (*UK*) מוֹשַׁב שָׂרֵי הַמֶּמְשָׁלָה הַבְּכִירִים (בַּפַּרְלָמֶנְט הַבְּרִיטִי)
treasury bill אִגֶּרֶת־חוֹב מֶמְשַׁלְתִּית
treasury note (*US*) שְׁטַר־כֶּסֶף
treat /triːt/ v.t.
1 (act towards, regard) הִתְיַחֵס אֶל, הִתְנַהֵג אֶל, נָהַג בְּ...
□ *stop treating me like an idiot!* תַּפְסִיק לְהִתְנַהֵג אֵלַי כְּאֶל אִידְיוֹט!
□ *we'd better treat his outburst as a joke* מוּטָב שֶׁנִּתְיַחֵס אֶל הַהִתְפָּרְצוּת שֶׁלּוֹ כְּאֶל בְּדִיחָה
2 (apply process or remedy to) טִפֵּל בְּ..., הֶעֱנִיק טִפּוּל לְ...
□ *the nurse treated the burn with ointment* הָאָחוֹת מָרְחָה מִשְׁחָה עַל הַכְּוִיָּה
3 (expound) דָּן בְּ..., הִתְיַחֵס לְ...
□ *the subject was treated adequately in the leaflet* הַנּוֹשֵׂא זָכָה לְהִתְיַחֲסוּת הוֹלֶמֶת בַּחוֹבֶרֶת
4 (entertain) הִזְמִין אֶת לְ... (וְשִׁלֵּם)
□ *the boss treated us all to dinner* הַבּוֹס הִזְמִין אֶת כֻּלָּנוּ לַאֲרוּחַת עֶרֶב
—v.i. נִהֵל מַשָּׂא וּמַתָּן עִם
□ *the authorities will not treat with rebels (formal)* הַשִּׁלְטוֹנוֹת אֵינָם מְנַהֲלִים מַשָּׂא וּמַתָּן עִם מוֹרְדִים
—n. הַזְמָנָה (לַאֲרוּחָה, וְתַשְׁלוּם עֲבוּרָהּ); כִּבּוּד מְיֻחָד, תַּעֲנוּג מְיֻחָד
□ *the cinema tickets are my treat* אֲנִי מְשַׁלֵּם עֲבוּר כַּרְטִיסֵי הַקּוֹלְנוֹעַ
□ *the youngsters have come on a treat* הַיְלָדִים בָּאוּ בְּתוֹר הַפְתָּעָה מְיֻחֶדֶת
treatise /triːtɪz/ n. מֶחְקָר, מַסָּה, חִבּוּר
treatment /triːtmənt/ n.
1 (mode of dealing) יַחַס, טִפּוּל
full treatment (*colloq.*) הַטִּפּוּל הַמָּלֵא, הַטִּפּוּל עִם כָּל הַתּוֹסָפוֹת
□ *the prisoners received good treatment* הָאֲסִירִים זָכוּ לְיַחַס טוֹב
□ *the metal is now ready for acid treatment* הַמַּתֶּכֶת מוּכָנָה עַכְשָׁו לְטִפּוּל בְּחֻמְצָה
2 (medical care) טִפּוּל רְפוּאִי
treaty /triːtɪ/ n. הֶסְכֵּם, אֲמָנָה, חוֹזֶה (בֵּין מְדִינוֹת); חוֹזֶה (מִשְׁפָּטִי)
treble /treb(ə)l/ v.t. & i. שִׁלֵּשׁ, הִכְפִּיל בִּשְׁלֹשָׁה; הָכְפַּל בִּשְׁלֹשָׁה
—adj.
1 (threefold) פִּי שְׁלֹשָׁה
treble chance (בְּ"טוֹטוֹ" כַּדּוּרֶגֶל בִּבְרִיטַנְיָה) "אִיקְס אַחַת שְׁתַּיִם"
2 (*Mus.*) (הַתָּוִים) בְּמַפְתֵּחַ סוֹל
—n.
1 (treble quantity) פִּי שְׁלֹשָׁה
2 (soprano) נַעַר סוֹפְּרָנוֹ
treble clef /treb(ə)l ˈklef/ n. (*Mus.*) מַפְתֵּחַ סוֹל
tree /triː/ n. עֵץ, אִילָן
family tree אִילַן יוּחֲסִין
tree line קַו גֹּבַהּ שֶׁמֵּעֵבֶר לוֹ אֵין גְּדֵלִים עֵצִים
□ *she has reached the top of the tree (colloq.)* הִיא הִגִּיעָה לְרֹאשׁ הַסֻּלָּם
trefoil /trefɔɪl/ n. תִּלְתָּן, עִטּוּר תִּלְתָּן
trek /trek/ n. מַסָּע (בְּעִקָּר רַגְלִי) מְמֻשָּׁךְ
—v.i. עָרַךְ מַסָּע (לָרֹב בָּרֶגֶל)
trellis /trelɪs/ n. שְׂבָכַת־עֵץ, סוֹרֵג עֵץ (עֲבוּר צֶמַח מְטַפֵּס וְכַד')
tremble /tremb(ə)l/ v.i. רָעַד
in fear and trembling (*formal* or *joc.*) בְּחִיל וּרְעָדָה
□ *the ground trembled as the convoy passed* הָאֲדָמָה רָעֲדָה כַּאֲשֶׁר הַשַּׁיָּרָה חָלְפָה
□ *I tremble to think what will happen* מַפְחִיד אוֹתִי לַחְשֹׁב מָה עָלוּל לִקְרוֹת
—n. רְעָדָה
□ *the old lady was all of a tremble* הַזְּקֵנָה רָעֲדָה כֻּלָּהּ
tremendous /trɪˈmendəs/ adj. עָצוּם, כַּבִּיר; אַדִּיר, נֶהְדָּר, כַּבִּיר
□ *parachuting is a tremendous experience (colloq.)* הַצְּנִיחָה הִיא חֲוָיָה יוֹצֵאת מִן הַכְּלָל
tremolo /treməlәʊ/ n. (*Mus.*) רַעַד, רֶטֶט (בִּצְלִיל)
tremor /tremə(r)/ n. רַעַד אֲדָמָה; צַמַרְמֹרֶת, רְעָדָה
earth tremor רַעַד אֲדָמָה
□ *she experienced a tremor of fear when the rope snapped* צַמַרְמֹרֶת עָבְרָה בָּהּ כְּשֶׁהַחֶבֶל נִתַּק
tremulous /tremjʊləs/ adj. (*formal*) רוֹעֵד, נִפְחָד
trench /trentʃ/ n. חֲפִירָה, תְּעָלָה (עֲבוֹדָה צִבּוּרִית, בִּצּוּרִים וְכַד')
—v.t. חָפַר תְּעָלָה
trenchant /trentʃənt/ adj. (*formal*) (סִגְנוֹן דִּבּוּר וְכַד') חָרִיף, נוֹקֵב
trench-coat /trentʃ-kəʊt/ n. מְעִיל גֶּשֶׁם אָרֹךְ וְכָבֵד

trencher /ˈtrentʃə(r)/ n. (*arch.*) צַלַּחַת עֵץ

trencherman /ˈtrentʃəmən/ n. (*formal* or *joc.*) אָדָם בַּעַל תֵּאָבוֹן בָּרִיא

trend /trend/ n. מְגַמָּה, נְטִיָּה, מַהֲלָךְ, אָפְנָה

trend-setter /ˈtrend-setə(r)/ n. (*colloq.*) מַכְתִּיב־אָפְנוֹת, מַכְתִּיב מְגַמּוֹת

trendy /ˈtrendɪ/ adj. & n. (*colloq.*) אָפְנָתִי; אָדָם הַמִּתְנַהֵג עַל־פִּי צַוֵּי הָאָפְנָה הָאַחֲרוֹנָה

trepan /trɪˈpæn/ v.t. נִסֵּר חוֹר בְּגֻלְגֹּלֶת (לִצְרָכִים רְפוּאִיִּים)

trepidation /ˌtrepɪˈdeɪʃ(ə)n/ n. (*formal*) רְעָדָה, רֶטֶט

trespass /ˈtrespəs/ v.i.

1 (intrude) הִסִּיג גְּבוּל

no trespassing (שֶׁטַח פְּרָטִי) אֵין מַעֲבָר!

2 (make unreasonable demand on, *formal*) תָּבַע יוֹתֵר מִדַּי, הִצִּיג תְּבִיעָה מֻגְזֶמֶת, גָּזַל

□ *I won't trespass on your time much longer* לֹא אֶגְזֹל עוֹד זְמַן רַב מִזְּמַנְּךָ

3 (do wrong, *arch.*) עָבַר עֲבֵרָה

—n.

1 (intrusion) הַסָּגַת גְּבוּל

2 (sin, *Bibl.*) עֲבֵרָה

trespasser /ˈtrespəsə(r)/ n. מַסִּיג גְּבוּל

tress /tres/ n.

1 (lock of hair) קְוֻצַּת־שֵׂעָר, תַּלְתַּל

2 (in *pl.*, hair, *poet.*) תַּלְתַּלִּים

golden tresses תַּלְתַּלֵּי זָהָב

trestle /ˈtres(ə)l/ n. מִתְמָךְ, "חֲמוֹר" (מֵעֵין זוּג רַגְלֵי־שֻׁלְחָן)

trestle-table /ˌtres(ə)l-teɪb(ə)l/ n. שֻׁלְחָן עַל "חֲמוֹרִים"

tri- /traɪ-/ pref. תְּלַת־, שְׁלֹשׁ־, טְרִי־, ־מְשֻׁלָּשׁ

triad /ˈtraɪæd/ n. שְׁלִישִׁיָּה

trial /ˈtraɪəl/ n.

1 (judicial examination) מִשְׁפָּט

on trial מֻאֲשָׁם (בְּבֵית דִּין)

trial by jury מִשְׁפָּט בְּאֶמְצָעוּת חֶבֶר־מֻשְׁבָּעִים

□ *he stood trial for murder* הוּא עָמַד לְמִשְׁפָּט בְּאַשְׁמַת רֶצַח

2 (experiment, test) נִסָּיוֹן, נִסּוּי

trial and error נִסּוּי וּטְעִיָּה, לִמּוּד בְּאֶמְצָעוּת הִתְנַסּוּת

trial run הַרָצַת נִסָּיוֹן

trial of strength מִבְחַן־כֹּחַ

□ *I have the car on trial* הַמְּכוֹנִית אֶצְלִי לִתְקוּפַת־מִבְחָן

3 (ordeal, annoyance) מְקוֹר־סֵבֶל, מְקוֹר צָרוֹת

life's trials יִסּוּרֵי הַחַיִּים

trials and tribulations (*formal*) צָרוֹת וְיִסּוּרִים

□ *he can be a trial to his teachers* הוּא מְסֻגָּל לִגְרֹם צָרוֹת לְמוֹרָיו

triangle /ˈtraɪæŋg(ə)l/ n.

1 (shape, *Geom.*) מְשֻׁלָּשׁ

the eternal triangle הַמְּשֻׁלָּשׁ הַנִּצְחִי

2 (musical instrument) מְשֻׁלָּשׁ

triangular /traɪˈæŋgʊlə(r)/ adj. מְשֻׁלָּשׁ

tribal /ˈtraɪb(ə)l/ adj. שִׁבְטִי

tribalism /ˈtraɪbəlɪzəm/ n. שִׁבְטִיּוּת (מִבְנֶה חֶבְרָתִי)

tribe /traɪb/ n.

1 (community) שֵׁבֶט

2 (*Zool., Bot.*) מִשְׁפָּחָה

3 (crowd, gang, *colloq.*) שֵׁבֶט

tribesman /ˈtraɪbzmən/ n. אִישׁ־שֵׁבֶט

tribeswoman /ˈtraɪbzˌwʊmən/ n. אִשָּׁה הַמִּשְׁתַּיֶּכֶת לְשֵׁבֶט

tribulation /ˌtrɪbjʊˈleɪʃ(ə)n/ n. (*formal*) סֵבֶל, יִסּוּרִים; מְקוֹר יִסּוּרִים

tribunal /traɪˈbjuːn(ə)l/ n. בֵּית־דִּין, חֶבֶר־שׁוֹפְטִים (לְמַטָּרָה מְסֻיֶּמֶת)

rent tribunal וַעֲדָה לִבְדִיקַת מַצַּב שְׂכַר־הַדִּירָה

tribune[1] /ˈtrɪbjuːn/ n. טְרִיבּוּן (מִשְׂרָה צִבּוּרִית בְּרוֹמִי הָעַתִּיקָה)

tribune[2] /ˈtrɪbjuːn/ n. בָּמָה, דּוּכָן, טְרִיבּוּנָה

tributary /ˈtrɪbjʊt(ə)rɪ/ n.

1 (stream flowing to river) יוּבַל

2 (person owing tribute, *Hist.*) מַעֲלֶה מַס (אָדָם, מְדִינָה וְכַד')

—adj. מַעֲלֶה מַס; מִשְׁנִי

tribute /ˈtrɪbjuːt/ n.

1 (token of respect or admiration) אוֹת־הוֹקָרָה

2 (money paid by lesser state) מַס

trice /traɪs/ n. (*colloq.*) רֶגַע

in a trice תֵּכֶף וּמִיָּד, כְּהֶרֶף עַיִן

trick /trɪk/ n.

1 (trap, deceit) תַּעֲלוּל, תַּחְבּוּלָה, תַּכְסִיס, טְרִיק

a dirty trick תַּעֲלוּל מְלֻכְלָךְ, טְרִיק מְלֻכְלָךְ

trick or treat קְרִיאַת יְלָדִים בְּלֵיל חַג "הָלוֹוִין", לְבַקָּשַׁת מַמְתַּקִּים וְכַד'

□ *he played a trick on his friend* הוּא "סִבֵּן" אֶת הֶחָבֵר שֶׁלּוֹ, הוּא "עָבַד" עַל הֶחָבֵר שֶׁלּוֹ

2 (feat of skill or dexterity) לַהֲטוּט, טְרִיק

conjuring trick "הוֹקוּס פּוֹקוּס", לַהֲטוּט אֲחִיזַת עֵינַיִם

the tricks of the trade סוֹדוֹת הַמִּקְצוֹעַ

□ *this will do the trick* (*colloq.*) עַכְשָׁו הָעֵסֶק צָרִיךְ לִדְפֹּק, עַכְשָׁו זֶה צָרִיךְ לַעֲבֹד

3 (habit, mannerism) הֶרְגֵּל

4 (*Cards*) לְקִיחָה, טְרִיק

—v.t.

1 (deceive, cheat) רִמָּה, הוֹלִיךְ שׁוֹלָל

□ *he tricked her out of her money* הוּא הוֹצִיא מִמֶּנָּה אֶת כַּסְפָּהּ בְּמִרְמָה

2 (dress, adorn, *formal*) עִטֵּר, קִשֵּׁט

□ *he was tricked out in his best clothes* הוּא לָבַשׁ אֶת בִּגְדֵי־הַשַּׁבָּת שֶׁלּוֹ

trickery /ˈtrɪkərɪ/ n. רַמָּאוּת; אֲחִיזַת עֵינַיִם

trickle /trɪk(ə)l/ v.t. & i. טִפְטֵף, זִרְזֵף; דָּלַף, טִפְטֵף טִפִּין טִפִּין

—n. זַרְזִיף, טִפְטוּף

trickle charger (*Electr.*) סוּג שֶׁל מַטְעֵן סוֹלְלוֹת (בְּעִקָּר לְ״סוֹלְלָה רְטֻבָּה״)

□ *the general received only a trickle of information* הַגֶּנֶרָל קִבֵּל רְסִיסֵי־מֵידָע בִּלְבַד

trickster /trɪkstə(r)/ n. (*derog.*) נוֹכֵל, רַמַּאי

tricky /trɪkɪ/ adj.

1 (crafty) עַרְמוּמִי

2 (awkward, requiring knack or skill) מְסֻבָּךְ, עָדִין, מְרֻכָּב

tricolour /trɪkələ(r)/ n. & adj. (דֶּגֶל) בַּעַל שְׁלֹשָׁה צְבָעִים; בַּעַל שְׁלֹשָׁה צְבָעִים

the Tricolour הַדֶּגֶל הַצָּרְפָתִי

tricycle /traɪsɪk(ə)l/ n. תְּלַת־אוֹפָן, אוֹפַנַּיִם עַל שְׁלֹשָׁה גַּלְגַּלִּים

trident /traɪdənt/ n. קִלְשׁוֹן בַּעַל־שָׁלֹשׁ שִׁנַּיִם (כְּלִי נֶשֶׁק קָדוּם)

tried /traɪd/ past & past ppl. of **try**

triennial /traɪˈenɪəl/ adj. תְּלַת־שְׁנָתִי, אַחַת לְשָׁלֹשׁ שָׁנִים

trier /traɪə(r)/ n. אֶחָד שֶׁמִּתְאַמֵּץ, אֶחָד שֶׁעוֹשֶׂה מַאֲמָץ

trifle /traɪf(ə)l/ n.

1 (thing of slight value, *formal*) זוּטָה, שְׁטוּת

□ *I do not stick at trifles* אֲנִי לֹא מִתְעַסֵּק בִּקְטַנּוֹת, אֲנִי לֹא מִתְעַסֵּק בְּזוּטוֹת

□ *he seems a trifle worried* הוּא נִרְאֶה מְעַט מֻדְאָג

2 (sweet dish, *UK*) עוּגַת טוֹרְט עִם גֶּ׳לִי פֵּרוֹת, סוּג שֶׁל רַפְרֶפֶת

—v.t. (*formal*) הֶעֱבִיר (זְמַן) בְּבַטָּלָה

□ *he trifled his time away at the cinema* הוּא הֶעֱבִיר אֶת זְמַנּוֹ בְּבַטָּלָה בַּקּוֹלְנוֹעַ, הוּא הֶעֱבִיר אֶת הַזְּמַן בַּקּוֹלְנוֹעַ

—v.i. (*formal*) זִלְזֵל בְּ..., הֵקֵל רֹאשׁ בְּ...

□ *he is not a man to trifle with* הוּא לֹא אָדָם שֶׁאֶפְשָׁר לְהָקֵל בּוֹ רֹאשׁ, הוּא לֹא אָדָם שֶׁאֶפְשָׁר לְזַלְזֵל בּוֹ

trifling /traɪflɪŋ/ adj. (*formal*) (סְכוּם) פָּעוּט, (עִנְיָן) קַל־עֵרֶךְ, שְׁטוּתִי, שֶׁל מָה־בְּכָךְ

trig /trɪg/ n. (*colloq.*) ״טְרִיגוֹ״ (טְרִיגוֹנוֹמֶטְרִיָּה)

trigger /trɪgə(r)/ n. הֶדֶק; גּוֹרֵם (הַמַּתְחִיל פְּעֻלַּת שַׁרְשֶׁרֶת וְכַד׳)

—v.t. גָּרַר אַחֲרָיו, הֵבִיא לִידֵי, גָּרַם לְ..., הִתְחִיל שַׁרְשֶׁרֶת שֶׁל

□ *our action triggered off an argument* בְּעִקְבוֹת מַעֲשֵׂינוּ פָּרַץ וִכּוּחַ

trigger-happy /trɪgə-ˌhæpɪ/ adj. (*derog.*) שָׂשׂ־לִלְחֹץ־עַל־הַהֶדֶק, שָׂשׂ לַהֲרֹג

trigonometry /ˌtrɪgənɒmɪtrɪ/ n. טְרִיגוֹנוֹמֶטְרִיָּה

trike /traɪk/ n. (*UK colloq.*) אוֹפַנַּיִם עַל שְׁלֹשָׁה גַּלְגַּלִּים

trilateral /ˌtraɪˈlætərəl/ adj. תְּלַת־צְדָדִי

trilby /trɪlbɪ/ n. ״טְרִילְבִּי״ (סוּג שֶׁל כּוֹבַע)

trilingual /traɪlɪŋgwəl/ n. תְּלַת־לְשׁוֹנִי

trill /trɪl/ v.t. & i. נִגֵּן בְּסִלְסוּל; סִלְסֵל בְּקוֹלוֹ, קוֹלוֹרָטוּרָה

—n. (esp. *Mus.*) סִלְסוּל (בְּקוֹל וְכַד׳)

trillion /trɪlɪən/ n. (בְּאַנְגְּלִיָּה) אֶלֶף מִילְיוֹן; (בַּאֲמֶרִיקָה) מֵאָה מִילְיוֹן

trilogy /trɪlədʒɪ/ n. טְרִילוֹגְיָה

trim /trɪm/ n.

1 (haircut) תִּסְפֹּרֶת, תִּסְפֹּרֶת קַלָּה, תִּקּוּן לְתִסְפֹּרֶת

2 (order, fitness, *colloq.*) כֹּשֶׁר, מַצָּב תַּקִּין

□ *the ship was in fighting trim* הַסְּפִינָה הָיְתָה כְּשֵׁרָה לִקְרָב

3 (aircraft's relation to fixed point) (בְּמָטוֹס) אִזּוּן

4 (ornament) קִשּׁוּט, שׁוּלַיִם

—adj. חָטוּב; מְטֻפָּח

—v.t.

1 (tidy) גָּזַז, גִּזֵּם

□ *he trimmed the lamp (wick)* הוּא גָּזַז אֶת פְּתִילַת הַמְּנוֹרָה

2 (adorn) עִטֵּר, קִשֵּׁט

□ *I trimmed the hat with ribbons* עִטַּרְתִּי אֶת הַכּוֹבַע בְּסְרָטִים צִבְעוֹנִיִּים

3 (adjust sails or balance of, *Naut.*) כִּוֵּן/תֵּאֵם מִפְרָשׂ/סְפִינָה

□ *the politician trimmed his sails according to the prevailing views of his colleagues (fig.)* הַפּוֹלִיטִיקַאי הִתְיַשֵּׁר לְפִי הַקַּו הַמְקֻבָּל שֶׁל עֲמִיתָיו

trimaran /traɪməræn/ n. (*Naut.*) טְרִימָרָן (סְפִינָה בַּעֲלַת שְׁלֹשָׁה קְעָרִים)

trimming /trɪmɪŋ/ n.

1 (ornament) קִשּׁוּטִים, עִטּוּרִים

2 (in *pl.*, accompaniments) תּוֹסָפוֹת (לְמָנָה בָּאֲרוּחָה)

□ *the turkey was served with all the traditional trimmings* תַּרְנְגוֹל הַהֹדּוּ הֻגַּשׁ עִם כָּל הַתּוֹסָפוֹת הַמָּסָרְתִּיּוֹת

trinitrotoluene /ˌtraɪnaɪtrəʊˈtɒljʊiːn/ n. ט.נ.ט (חֹמֶר־נֶפֶץ)

trinity /trɪnɪtɪ/ n.

the Trinity (*Relig.*) הַשִּׁלּוּשׁ הַקָּדוֹשׁ (בַּנַּצְרוּת)

trinket /trɪŋkɪt/ n. תַּכְשִׁיט זוֹל; קִשְׁקוּשׁ, ״פִּיצ׳פְּקֵס״

trio /trɪəʊ/ n.

1 (group of three) שְׁלִישִׁיָּה

2 (players, *Mus.*) טְרִיוֹ, שְׁלִישִׁיָּה

3 (composition, *Mus.*) טְרִיוֹ, שְׁלִישִׁיָּה

trip /trɪp/ v.t.

1 (cause to stumble) הִכְשִׁיל, הִמְעִיד

□ *he tried to trip me up* הוּא נִסָּה לְהַכְשִׁיל אוֹתִי

2 (cause to make blunder) הִכְשִׁיל, הִמְעִיד

□ *the judge tripped the witness up* הַשּׁוֹפֵט הִכְשִׁיל אֶת הָעֵד

3 (operate machine by release of a switch) הִפְעִיל (מֶתֶג חַשְׁמַלִּי וְכַד׳)

□ *any slight breeze trips the alarm* כָּל מַשַּׁב רוּחַ קַל מַפְעִיל אֶת הָאַזְעָקָה

—v.i.

1 (stumble) מָעַד, כָּשַׁל

trip over מָעַד, כָּשַׁל וְנָפַל

trip up מָעַד, כָּשַׁל וְנָפַל

□ *I tripped over and dropped my ice cream* מָעַדְתִּי וְהַגְּלִידָה נָפְלָה לִי מִן הַיָּד

2 (go lightly) צָעַד בְּקַלִּילוּת, דִּלֵּג

□ *the children came tripping down the lane* הַיְלָדִים צָעֲדוּ בְּדִלּוּגִים בְּמוֹרַד הַסִּמְטָה

3 (make blunder) נִכְשַׁל, עָשָׂה טָעוּת

□ *I tripped up on a few details* נִכְשַׁלְתִּי בְּכַמָּה פְּרָטִים

4 (have experience with hallucinogenic drug, *sl.*) לָקַח "טְרִיפּ"

—n.

1 (journey) מַסָּע, נְסִיעָה, טִיּוּל, סִיּוּר

2 (stumble) מְעִידָה

trip-wire מַלְכֹּדֶת-כֶּבֶל (כֶּבֶל הַמַּפְעִיל מַלְכֹּדֶת)

3 (blunder) טָעוּת

4 (nimble step) צַעַד קַלִּיל, דִּלּוּג

5 (hallucinatory experience, *sl.*) "טְרִיפּ"

tripartite /traɪˈpɑːtaɪt/ adj. (*formal*) בֶּן/בַּת שְׁלֹשָׁה חֲלָקִים, מְשֻׁלָּשׁ

tripe /traɪp/ n.

1 (stomach of animal as food) קֵבָה שֶׁל בָּקָר (לְמַאֲכָל)

2 (nonsense, *colloq.*) שְׁטֻיּוֹת, קִשְׁקוּשׁ, "זֶבֶל"

trip-hammer /trɪp-hæmə(r)/ n. פַּטִּישׁ מְכָנִי כָּבֵד

triple /trɪp(ə)l/ adj. מְשֻׁלָּשׁ, בֶּן שְׁלֹשָׁה חֲלָקִים

triple jump (*Sport*) קְפִיצָה מְשֻׁלֶּשֶׁת

triple time (*Mus.*) מִקְצָב מְשֻׁלָּשׁ, מִקְצָב שְׁלֹשָׁה רְבָעִים

—v.t. & i. שִׁלֵּשׁ, הִגְדִּיל פִּי שְׁלֹשָׁה; גָּדַל פִּי שְׁלֹשָׁה

triplet /trɪplɪt/ n.

1 (set of three) מַעֲרֶכֶת שֶׁל שְׁלֹשָׁה

2 (in *pl.*, three children born at same birth) תְּאוֹם אֶחָד מִשְּׁלִישִׁיָּה שֶׁל תִּינוֹקוֹת

triplex /tripleks/ n. (*Prop.*) זְכוּכִית בִּטָּחוֹן (לִמְכוֹנִיּוֹת) "טְרִיפְּלֶקְס"; (בְּאַרְהַ"ב) יְחִידַת מְגוּרִים תְּלַת-מִפְלָסִית

triplicate /trɪplɪkət/ adj. & n. (בַּעַל) שְׁלֹשָׁה חֲלָקִים זֵהִים; בִּשְׁלֹשָׁה הֶעְתֵּקִים; הֶעְתֵּק אֶחָד מִשְּׁלֹשָׁה

—v.t. /trɪplɪkeɪt/ הֵכִין בִּשְׁלֹשָׁה הֶעְתֵּקִים; שִׁלֵּשׁ

tripod /traɪpɒd/ n. חֲצוּבָה

tripos /traɪpɒs/ n. (*UK*) קוּרְס הַבִּי-אֵי בְּקֵימְבְּרִידְג'

tripper /trɪpə(r)/ n. תַּיָּר (לָרֹב לְיוֹם אֶחָד)

triptych /trɪptɪk/ n. טְרִיפְּטִיכוֹן, צִיּוּר בַּעַל שְׁלֹשָׁה חֲלָקִים

trireme /traɪriːm/ n. (*Hist.*) טְרִירֵמָה (סְפִינַת קְרָב עַתִּיקָה)

trisect /traɪˈsekt/ v.t. (*formal*) חִלֵּק לִשְׁלֹשָׁה חֲלָקִים שָׁוִים

trite /traɪt/ adj. (*derog.*) בָּנָלִי, נָדוֹשׁ

triumph /traɪʌmf/ n. נִצָּחוֹן, הַצְלָחָה

—v.i. נִצַּח; חָגַג נִצָּחוֹן

□ *he triumphed over the opposition* הוּא חָגַג אֶת נִצְחוֹנוֹ עַל הָאוֹפּוֹזִיצְיָה

triumphal /traɪˈʌmf(ə)l/ adj. שֶׁל נִצָּחוֹן

triumphant /traɪˈʌmfənt/ adj. מְנַצֵּחַ, שֶׁל נִצָּחוֹן

triumvirate /traɪˈʌmvɪrət/ n. (*formal*) טְרִיאוּמְוִירָט (קְבוּצָה שֶׁל שְׁלֹשָׁה אֲנָשִׁים הָאוֹחֲזוֹת בַּשִּׁלְטוֹן)

trivia /trɪvɪə/ n. *pl.* (*derog.*) קְטַנּוֹת, זוּטוֹת

trivial /trɪvɪəl/ adj. טְרִיוְיָאלִי, נָדוֹשׁ; קַל עֵרֶךְ; (אָדָם) שִׁטְחִי

triviality /ˌtrɪvɪˈælɪtɪ/ n. (*derog.*) דָּבָר פָּעוּט, דָּבָר שֶׁל מַה בְּכָךְ, טְרִיוְיָאלִיּוּת

trivialize /trɪvɪəlaɪz/ v.t. (*derog.*) הִמְעִיט בְּעֶרְכּוֹ שֶׁל, זִלְזֵל בְּ...

trod /trɒd/ past of **tread**

trodden /trɒd(ə)n/ past ppl. of **tread**

troglodyte /trɒglədaɪt/ n. (*formal*) שׁוֹכֵן מְעָרוֹת (קַדְמוֹן)

troika /trɔɪkə/ n. טְרוֹיְקָה (כִּרְכָּרָה רוּסִית הָרְתוּמָה לִשְׁלֹשָׁה סוּסִים); שְׁלִישִׁיָּה שַׁלֶּטֶת

Trojan /trəʊdʒən/ n. & adj. אָדָם טְרוֹיָאנִי; שֶׁל טְרוֹיָה, טְרוֹיָאנִי

work like a Trojan עָבַד כְּמוֹ חֲמוֹר, עָבַד בְּפָרֶךְ

a Trojan horse סוּס טְרוֹיָאנִי, גַּיִס חֲמִישִׁי

troll /trəʊl/ n. טְרוֹל

trolley /trɒlɪ/ n. עֶגְלַת-יָד; עֶגְלַת-תֵּה; קְרוֹנִית

trolley-bus /trɒlɪ-bʌs/ n. אוֹטוֹבּוּס חַשְׁמַלִּי, חַשְׁמַלִּית

trollop /trɒləp/ n. (*colloq.*) יַצְאָנִית, אִשָּׁה מֻפְקֶרֶת

trombone /trɒmˈbəʊn/ n. טְרוֹמְבּוֹן

troop /truːp/ n.

1 (company, band) קְבוּצָה, לַהֲקָה

2 (military unit) יְחִידָה, פְּלֻגָּה

3 (in *pl.*, soldiers) חַיָּלִים, אַנְשֵׁי צָבָא

—v.i. צָעַד בִּקְבוּצָה, הָלַךְ בִּקְבוּצָה

trooping the colour (*UK*) נְשִׂיאַת הַדֶּגֶל בְּמִסְדָּר

□ *the children came trooping out of school* הַיְלָדִים יָצְאוּ בַּחֲבוּרָה מִבֵּית הַסֵּפֶר

troop-carrier /truːp-kærɪə(r)/ n. נוֹשֵׂא-גְּיָסוֹת, נגמ"שׁ (נוֹשֵׂא-גְּיָסוֹת מְשֻׁרְיָן)

trooper /truːpə(r)/ n. טוּרַאי בְּחֵיל שִׁרְיוֹן/פָּרָשִׁים

swear like a trooper נִבֵּל אֶת הַפֶּה בְּשֶׁטֶף

troop-ship /truːp-ʃɪp/ n. (אֳנִיָּה) נוֹשֵׂאת-גְּיָסוֹת

trope /trəʊp/ n. (*formal*) מַטְבֵּעַ-לָשׁוֹן

trophy /trəʊfɪ/ n. גְּבִיעַ-נִצָּחוֹן, אוֹת-נִצָּחוֹן

tropic /trɒpɪk/ n. (*Geol.*) חוּג (חוּג הַסַּרְטָן, חוּג הַגְּדִי)

the tropics הָאֲזוֹרִים הַטְּרוֹפִּיִּים

tropical /trɒpɪk(ə)l/ adj. טְרוֹפִּי

trot /trɒt/ n. (לְגַבֵּי סוּס) "טְרוֹט", רִיצָה קַלָּה וּמְדוּדָה; הֲלִיכָה מְהִירָה

on the trot (*colloq.*) בְּרִיצָה
□ *she won three times on the trot* (*colloq.*) הִיא זָכְתָה שָׁלֹשׁ פְּעָמִים בְּזוֹ אַחַר זוֹ
the trots (*colloq.*) שִׁלְשׁוּל
—v.t. & i.
trot out (*colloq. derog.*) הֵרִיץ; רָץ בְּקֶצֶב אִטִּי, הָלַךְ מַהֵר
□ *he trotted out his knowledge of antiques whenever possible* הוּא הִפְגִּין אֶת יְדִיעוֹתָיו עַל עַתִּיקוֹת בְּכָל הִזְדַּמְּנוּת אֶפְשָׁרִית
troth /trəʊθ/ n. (*arch.*) אֱמֶת; אֱמוּנָה; נֶאֱמָנוּת
plight one's troth נָתַן הַבְטָחַת נִשּׂוּאִין
Trotskyist /trɒtskɪɪst/ n. טְרוֹצְקִיסְט
trotter /trɒtə(r)/ n.
1 (horse) סוּס־מְרוֹצִים
2 (usu. in *pl.*, pig's or sheep's foot used as food) (מַאֲכָל) רֶגֶל קְרוּשָׁה (שֶׁל חֲזִיר אוֹ כֶּבֶשׂ)
troubadour /tru:bədɔ:(r)/ n. (*Hist.*) טְרוּבָּדוּר
trouble /trʌb(ə)l/ n.
1 (distress, vexation) מְצוּקָה, דְּאָגָה
ask (or **look for**) **trouble** חִפֵּשׂ לְעַצְמוֹ צָרוֹת
trouble spot מָקוֹם מוּעָד לְתַאֲוּנוֹת; מְקוֹם בְּעָיָתִי
□ *I shall be in trouble if I am late* אֲנִי אֶהְיֶה בְּצָרוֹת אִם אֲאַחֵר
□ *he got his girlfriend into trouble* (*colloq. euphem.*) הוּא הִכְנִיס אֶת חֲבֶרְתּוֹ לְהֵרָיוֹן
2 (inconvenience) קְשָׁיִים, בְּעָיָה
take (or **go to**) **the trouble** טָרַח (לַעֲשׂוֹת דְּבַר מָה)
be no trouble לֹא גָּרַם קְשָׁיִים
□ *may I trouble you for a match?* הַאִם אֶפְשָׁר לְבַקֵּשׁ מִמְּךָ גַּפְרוּרִים?
3 (cause of annoyance) בְּעָיָה
□ *the trouble is, I'm no good at dancing* הַבְּעָיָה הִיא, שֶׁאֲנִי לֹא יָכוֹל לִרְקֹד
4 (faulty condition) בְּעָיָה, קִלְקוּל, לִקּוּי
liver trouble בְּעָיוֹת (רְפוּאִיּוֹת) בַּכָּבֵד
□ *there's trouble with the central heating system* מַשֶּׁהוּ לֹא בְּסֵדֶר בְּמַעֲרֶכֶת הַהַסָּקָה הַמֶּרְכָּזִית
5 (in *pl.*, disturbances) הַפְרָעוֹת, הַפְרָעוֹת סֵדֶר, הִתְפָּרְעֻיּוֹת
—v.t.
1 (cause distress) גָּרַם צָרוֹת לְ..., הִטְרִיד
make trouble עָשָׂה בְּעָיוֹת, עָשָׂה צָרוֹת
□ *the couple were troubled by their debts* הַזּוּג הָיָה מֻטְרָד בִּגְלַל חוֹבוֹתָיו הַכַּסְפִּיִּים
2 (afflict)
□ *this patient is troubled with arthritis* הַחוֹלֶה סָבַל מִדַּלֶּקֶת מִפְרָקִים
—v.i. עָשָׂה מַאֲמַצִּים, הִתְאַמֵּץ
□ *don't trouble about it* אַל תִּתְאַמֵּץ יוֹתֵר מִדַּי בְּקֶשֶׁר לָזֶה, זֶה לֹא חָשׁוּב
troubled /trʌb(ə)ld/ adj. סוֹעֵר; אָפוּף צָרוֹת
troubled waters (*fig.*) "מַיִם סוֹעֲרִים"

troublemaker /trʌb(ə)lmeɪkə(r)/ n. (*derog.*) עוֹשֶׂה צָרוֹת
troubleshooter /trʌb(ə)lʃu:tə(r)/ n. אָדָם שֶׁנִּשְׂכַּר לְאַתֵּר וּלְתַקֵּן תַּקָּלָה טֶכְנִית, מַנְגָּנוֹן פָּגוּם, בְּעָיוֹת וְכַד'
troublesome /trʌb(ə)lsəm/ adj. מֵצִיק, מַטְרִיד, מְעוֹרֵר בְּעָיוֹת
trough /trɒf/ n. אֵבוּס, שֹׁקֶת; שֶׁקַע; שֶׁקַע בָּרוֹמֶטְרִי
trounce /traʊns/ v.t. (*formal*) הִכָּה שׁוֹק עַל יָרֵךְ, הֵבִיס; הִצְלִיף, הִלְקָה
troupe /tru:p/ n. לַהֲקָה (שֶׁל שַׂחְקָנִים, לוּלְיָנִים וְכַד')
trouper /tru:pə(r)/ n. (*colloq.*) אִישׁ־מִקְצוֹעַ וָתִיק (לָרֹב בְּבִדּוּר)
trousers /traʊzəz/ n. *pl.*
1 מִכְנָסַיִם
a pair of trousers זוּג מִכְנָסַיִם
□ *his wife wears the trousers* (*colloq.*) אִשְׁתּוֹ הִיא זֹאת שֶׁלּוֹבֶשֶׁת אֶת הַמִּכְנָסַיִם בַּבַּיִת
2 (in *sing.*, attrib.)
trouser leg מִכְנָס
trouser suit חֲלִיפַת מִכְנָסַיִם (לְאִשָּׁה)
trousseau /tru:səʊ/ n. נְדוּנְיָה (בְּגָדִים, לְבָנִים, כְּלֵי מִטָּה וְכַד' שֶׁהַכַּלָּה מְבִיאָה אִתָּהּ, אַךְ לֹא כֶּסֶף)
trout /traʊt/ n. טְרוּטָה, שָׁמֶךְ (דַּג נְחָלִים לְמַאֲכָל)
old trout (*UK colloq. derog.*) אָדָם זָקֵן וְטַרְדָן
trove /trəʊv/ n.
treasure trove מַטְמוֹן, אוֹצָר (שֶׁהֻטְמַן בָּאֲדָמָה וְלֹא יָדוּעַ מִי בְּעָלָיו)
trowel /traʊəl/ n. שְׁפַּכְטֶל, כַּף סַיָּדִים (לְטִיּוּחַ קִירוֹת וְכַד'); כַּף גַּנָּנִים (לְהוֹצָאַת שְׁתִילִים וְכַד')
troy /trɔɪ/ n. (also **troy weight**) טְרוֹי, שִׁיטַת מִשְׁקוֹלוֹת (לִשְׁקִילַת כֶּסֶף, זָהָב וַאֲבָנִים יְקָרוֹת)
truancy /tru:ənsɪ/ n. הִשְׁתַּמְּטוּת מִבֵּית־הַסֵּפֶר
truant /tru:ənt/ n. & adj. מִשְׁתַּמְּטָן; בּוֹרֵחַ, מִשְׁתַּמֵּט
play truant בָּרַח מִבֵּית־הַסֵּפֶר
—v.i.
□ *he has been truanting this week* הוּא הִשְׁתַּמֵּט הַשָּׁבוּעַ מִבֵּית־הַסֵּפֶר
truce /tru:s/ n. שְׁבִיתַת נֶשֶׁק, הַפְסָקַת־אֵשׁ, הֲפוּגָה
truck /trʌk/ n.
1 (railway wagon) קְרוֹן מַשָּׂא, קְרוֹנִית
2 (lorry, *US*) מַשָּׂאִית
3 (barrow) עֶגְלַת יָד
4 (exchange, dealings, *arch.*) חֲלִיפִין
□ *I'll have no truck with him* לֹא יִהְיֶה לִי שׁוּם עֵסֶק אִתּוֹ; לֹא יִהְיֶה לִי שׁוּם מַגָּע אִתּוֹ
—v.t.
1 (convey on trucks, haul) הוֹבִיל בְּמַשָּׂאִית
2 (exchange, bargain, *arch.*) עָסַק בְּסַחַר־חֲלִיפִין, עָסַק בְּסַחַר־מֶכֶר
trucker /trʌkə(r)/ n. נַהַג מַשָּׂאִית
trucking /trʌkɪŋ/ n. נְהִיגָה בְּמַשָּׂאִית

truckle /ˈtrʌk(ə)l/ v.i. (*arch. derog.*) הִתְרַפֵּס, הִתְנַהֵג בְּהַכְנָעָה

truckle-bed /ˈtrʌk(ə)-bed/ n. מִטָּה נְמוּכָה (עַל גַּלְגַּלִּים, שֶׁאֶפְשָׁר לְגַלְגְּלָהּ אֶל מִתַּחַת לְמִטָּה גְּבוֹהָה יוֹתֵר)

truculence /ˈtrʌkjʊləns/ n. (*formal*) אַכְזָרִיּוּת, פְּרָאוּת, תּוֹקְפָנוּת, תַּאֲוַת־קְרָב

truculent /ˈtrʌkjʊlənt/ adj. (*formal*) אַכְזָרִי, פְּרָאִי, תּוֹקְפָנִי, צְמֵא־דָם, שׁוֹחֵר מִלְחָמָה

trudge /trʌdʒ/ v.i. הָלַךְ בִּכְבֵדוּת, הָדַס, הִשְׁתָּרֵךְ
—n. הֲלִיכָה לְאָה, הֲלִיכָה כְּבֵדָה, הִדּוּס

true /truː/ adj.
1 (genuine) אֲמִתִּי, נָכוֹן
a true story סִפּוּר אֲמִתִּי, מַעֲשֶׂה שֶׁהָיָה
one's true colours פַּרְצוּפוֹ הָאֲמִתִּי שֶׁל פְּלוֹנִי
a dream come true חֲלוֹם שֶׁהִתְגַּשֵּׁם
true to life נֶאֱמָן לַמְּצִיאוּת
□ *he is a true born Englishman* הוּא אַנְגְּלִי מִבֶּטֶן וּמִלֵּדָה
2 (loyal) נֶאֱמָן, מָסוּר, כֵּן
□ *she was true to her word and arrived on time* הִיא עָמְדָה בְּדִבּוּרָהּ וְהִגִּיעָה בַּזְּמַן
□ *twelve good men and true* (*arch.* or *Law*) תְּרֵיסַר אַנְשֵׁי צֶדֶק וְיֹשֶׁר (לְתֵאוּר חֶבֶר־מֻשְׁבָּעִים)
3 (correctly positioned) מְכֻוָּן הֵיטֵב, מֻצָּב בַּמָּקוֹם הַנָּכוֹן
4 (exact, accurate) מְדֻיָּק, נֶאֱמָן, מְהֵימָן
□ *this is a true copy of the manuscript* זֶהוּ הֶעְתֵּק מְהֵימָן שֶׁל כְּתַב הַיָּד
—adv. בְּדִיּוּק; בֶּאֱמֶת
aim true כַּוֵּן הֵיטֵב
□ *your story does not ring true* הַסִּפּוּר שֶׁלְּךָ לֹא נִשְׁמָע לִי בִּכְלָל
—n.
out of true לֹא בַּמָּקוֹם, לֹא מְכֻוָּן

true-blue /truː-ˈbluː/ adj. & n. (*colloq.*) (אָדָם) נֶאֱמָן לַחֲלוּטִין; (בְּרִיטַנְיָה) אָדָם נֶאֱמָן לַמִּפְלָגָה הַשַּׁמְרָנִית

true-love /ˈtruː-lʌv/ n. (*poet.*) אַהֲבַת־חַיִּים, אֲהוּב־לֵבָב

true north /truː ˈnɔːθ/ n. (*Geog.*) הַצָּפוֹן הָאֲמִתִּי (לְהַבְדִּיל מִן הַצָּפוֹן הַמַּגְנֵטִי)

truffle /ˈtrʌf(ə)l/ n. פִּטְרִיַּת מַאֲכָל תַּת־קַרְקָעִית כֵּהָה (מַעֲדָן יְקַרְתִּי); (בִּבְרִיטַנְיָה) "טְרָאפֶל", (מֵעֵין כַּדּוּר שׁוֹקוֹלָד)

trug /trʌg/ n. (*arch.*) (בְּרִיטַנְיָה) סַל גַּנָּנִים שָׁטוּחַ (לִנְשִׂיאַת פְּרָחִים, כְּלֵי־עֲבוֹדָה וְכוּ׳)

truism /ˈtruːɪzəm/ n. אֱמֶת נְדוֹשָׁה, אֱמֶת חֲבוּטָה, אֱמֶת מֻסְכֶּמֶת, אֲמִתָּה

truly /ˈtruːlɪ/ adv. בֶּאֱמֶת, בְּכֵנוּת, בֶּאֱמֶת וּבְתָמִים
truly grateful אֲסִיר תּוֹדָה בֶּאֱמֶת וּבְתָמִים
yours truly (אַרְה"ב) שֶׁלְּךָ בְּנֶאֱמָנוּת (סִיֹּמֶת רִשְׁמִית בְּסוֹף מִכְתָּב, מֵעַל הַחֲתִימָה)
well and truly (*colloq.*) לְלֹא כָּל סָפֵק

trump /trʌmp/ n. (*Cards*) (בְּמִשְׂחַק קְלָפִים) קְלַף־נִצָּחוֹן
trump card קְלַף נִצָּחוֹן
□ *I have a trump (card) up my sleeve* (*fig.*) יֵשׁ לִי אַס בַּשַּׁרְווּל, אֲנִי זוֹמֵם מַשֶּׁהוּ
turn up trumps (*colloq.*) עָזַר בִּשְׁעַת צָרָה
—v.t. נִצַּח בְּאֶמְצָעוּת קְלַף נִצָּחוֹן
trump up (*derog.*) הִמְצִיא תֵּרוּץ, מָצָא אֲמַתְלָה
□ *we trumped his ace* (*fig.*) עָלִינוּ עָלָיו, נִצַּחְנוּ אוֹתוֹ

trumped-up /ˈtrʌmpt-ʌp/ adj. (*derog.*) מְזֻיָּף
a trumped-up charge הַאֲשָׁמָה מְזֻיֶּפֶת, הַאֲשָׁמָה מְפֻבְרֶקֶת

trumpery /ˈtrʌmpərɪ/ n. (*arch.*) דָּבָר חֲסַר עֵרֶךְ, דָּבָר בָּטֵל

trumpet /ˈtrʌmpɪt/ n. חֲצוֹצְרָה
trumpet-call תְּקִיעַת חֲצוֹצְרָה
□ *she's always blowing her own trumpet* (*colloq.*) הִיא תָּמִיד עוֹשָׂה פִּרְסֹמֶת לְעַצְמָהּ
—v.t. הִצְהִיר עַל, פִּרְסֵם בְּקוֹל
—v.i.
1 (of an elephant) חִצְצֵר, תָּקַע בַּחֶדֶק
2 (blow trumpet) תָּקַע בַּחֲצוֹצְרָה, נִגֵּן בַּחֲצוֹצְרָה

trumpeter /ˈtrʌmpɪtə(r)/ n. נַגַּן חֲצוֹצְרָה

truncate /trʌŋˈkeɪt/ v.t. (*formal*) קִצֵּץ, קִפֵּד רֹאשׁוֹ שֶׁל

truncheon /ˈtrʌntʃən/ n. אַלַּת מִשְׁטָרָה, אַלָּה

trundle /ˈtrʌnd(ə)l/ v.t. & i. גִּלְגֵּל בְּאִטִּיּוּת; הִתְגַּלְגֵּל לְאִטּוֹ

trunk /trʌŋk/ n.
1 (main part) גּוּף (פְּרָט לַגַּפַּיִם וְלָרֹאשׁ)
tree trunk גֶּזַע עֵץ
2 (main line) קַו רָאשִׁי
trunk call (*UK arch.*) שִׂיחָה בֵּין־עִירוֹנִית, שִׂיחַת חוּץ (אַף בְּאוֹתָהּ אֶרֶץ)
trunk road כְּבִישׁ רָאשִׁי
3 (box for clothes) אַרְגַּז מַסָּעוֹת
4 (nose of elephant) חֶדֶק
5 (in *pl.*, man's swimsuit) בֶּגֶד־יָם (לְגֶבֶר)
(a pair of) swimming trunks בֶּגֶד־יָם (לְגֶבֶר)
6 (luggage compartment in car, *US*) תָּא מִטְעָן (בִּמְכוֹנִית)

truss /trʌs/ n.
1 (support) מִתְמָךְ, שֶׁלֶד תּוֹמֵךְ
roof truss מִתְמָךְ לְגַג, הַשֶּׁלֶד הַתּוֹמֵךְ בַּגַּג
2 (*Med.*) חֲגוֹרַת שֶׁבֶר
—v.t.
1 (support roof) תָּמַךְ (בְּגַג, גֶּשֶׁר וְכַד׳)
2 (fasten or tie up) קָשַׁר, צָרַר
truss up קָשַׁר
□ *I trussed the chicken* קָשַׁרְתִּי אֶת הָעוֹף וְהֵכַנְתִּי אוֹתוֹ (לִצְלִיָּה בַּתַּנּוּר)

trust /trʌst/ n.
1 (firm belief, faith) אֵמוּן, בִּטָּחוֹן, אֱמוּנָה

□ *you must put your trust in him* אַתָּה צָרִיךְ לָתֵת בּוֹ אֵמוּן
□ *the goods from the shop were on trust* הַסְּחוֹרָה מִן הַחֲנוּת נִתְּנָה בְּהַקָּפָה
□ *we took it on trust that we would be paid* הֵנַּחְנוּ כִּי יְשַׁלְּמוּ לָנוּ (עַל סְמַךְ הַבְטָחָה בְּעַל־פֶּה)
2 (responsibility) אַחֲרָיוּת
□ *she holds a position of trust within the company* יֵשׁ לָהּ תַּפְקִיד בַּעַל אַחֲרָיוּת כְּבֵדָה בַּחֶבְרָה
3 (*Law*) פִּקָּדוֹן; אַפּוֹטְרוֹפְּסוּת, נֶאֱמָנוּת
□ *the property is being held in trust until he is eighteen* הָרְכוּשׁ מֻפְקָד בִּידֵי נֶאֱמָנִים עַד שֶׁהוּא יַגִּיעַ לְגִיל שְׁמוֹנֶה־עֶשְׂרֵה
4 (person or thing confided in) מִבְטָח
□ *he is our sole trust* הוּא מִבְטַחֵנוּ הַיָּחִיד
5 (*Commerc.*) קַרְטֶל, טְרַסְט
6 (group) צֶוֶת
brains trust צֶוֶת מוֹחוֹת
—v.t.
1 (place trust in) בָּטַח בְּ..., סָמַךְ עַל, נָתַן אֵמוּן בְּ...
2 (hope, *formal*) קִוָּה
□ *I trust he is not hurt* אֲנִי מְאֹד מְקַוֶּה שֶׁהוּא לֹא נִפְגַּע
—v.i. בָּטַח בְּ..., סָמַךְ עַל, נָתַן אֵמוּן בְּ...
trust to luck הִפְקִיד אֶת עַצְמוֹ בִּידֵי הַגּוֹרָל
we trust in you אֲנַחְנוּ בּוֹטְחִים בְּךָ

trustee /trʌˈstiː/ n. נֶאֱמָן, מְמֻנֶּה עַל רְכוּשׁ

trusteeship /trʌˈstiːʃɪp/ n. נֶאֱמָנוּת, אַפּוֹטְרוֹפְּסוּת

trustful /ˈtrʌstf(ə)l/ adj. נוֹתֵן אֵמוּן, לֹא־חַשְׁדָן, מַאֲמִין לְזוּלָתוֹ

trust-fund /ˈtrʌst-fʌnd/ n. קֶרֶן־נֶאֱמָנוּת

trusting /ˈtrʌstɪŋ/ adj. נוֹתֵן אֵמוּן, לֹא חַשְׁדָן, מַאֲמִין לְזוּלָתוֹ

trustworthy /ˈtrʌstwɜːðɪ/ adj. מְהֵימָן, רָאוּי לְאֵמוּן

trusty /ˈtrʌstɪ/ adj. (*arch.* or *joc.*) הַטּוֹב
□ *my trusty old car will get us home* מְכוֹנִיתִי הַטּוֹבָה וְהַיְשָׁנָה תָּבִיא אוֹתָנוּ הַבַּיְתָה
—n. אָסִיר שֶׁזָּכָה בַּהֲקָלוֹת בְּשֶׁל הִתְנַהֲגוּת טוֹבָה

truth /truːθ/ n. אֱמֶת; אֲמִתָּה
in truth (*formal*) לְמַעַן הָאֱמֶת
to tell the truth אִם לְהַגִּיד אֶת הָאֱמֶת
□ *the moment of truth has come* הִגִּיעַ רֶגַע הָאֱמֶת

truthful /ˈtruːθf(ə)l/ adj. דּוֹבֵר אֱמֶת, אָמִין, אֲמִתִּי

try /traɪ/ v.t.
1 (attempt, endeavour) נִסָּה
□ *I tried to stop him from spending all his money* נִסִּיתִי לִמְנֹעַ מִמֶּנּוּ מִלְּבַזְבֵּז אֶת כָּל כַּסְפּוֹ
□ *she tried something easier* הִיא נִסְּתָה מַשֶּׁהוּ קַל יוֹתֵר
2 (test qualities) בָּדַק, נִסָּה
try one's luck נִסָּה אֶת מַזָּלוֹ
try it on (*UK colloq.*) נִסָּה לִרְאוֹת אִם הַתַּרְמִית "עוֹבֶדֶת"
□ *she tried on the dress before she bought it* הִיא מָדְדָה אֶת הַשִּׂמְלָה לִפְנֵי שֶׁקָּנְתָה אוֹתָהּ
□ *the boy is trying out his new radio* הַנַּעַר מְנַסֶּה אֶת מַכְשִׁיר הָרַדְיוֹ הֶחָדָשׁ שֶׁלּוֹ
□ *I tried my hand at woodwork* נִסִּיתִי אֶת כֹּחִי בַּעֲבוֹדוֹת־עֵץ
3 (make demands on) מָתַח, הֶעֱמִיד בְּמִבְחָן
□ *he tried his mother's patience* הוּא הֶעֱמִיד אֶת סַבְלָנוּתָהּ שֶׁל אִמּוֹ בְּמִבְחָן
4 (examine for a purpose) נִסָּה, בָּדַק
□ *try that door* נַסֵּה (לִפְתֹּחַ) אֶת הַדֶּלֶת הַזּוֹ
5 (*Law*) שָׁפַט, הֶעֱמִיד לְמִשְׁפָּט
tried for murder הָעֳמַד לְמִשְׁפָּט בַּעֲווֹן רֶצַח, נִשְׁפַּט עַל רֶצַח
—v.i.
1 (make an effort) נִסָּה, עָשָׂה מַאֲמָץ
□ *try and be early* (*colloq.*) עֲשֵׂה מַאֲמָץ לְהַגִּיעַ מֻקְדָּם
□ *I tried again and again* נִסִּיתִי שׁוּב וָשׁוּב
2 (compete) נִגַּשׁ לְתַחֲרוּת
□ *he should try for a medal* עָלָיו לְנַסּוֹת לְהִתְחָרוֹת וְלִזְכּוֹת בְּמֶדַלְיָה
—n.
1 (attempt) נִסָּיוֹן
2 (*Rugby*) נִסָּיוֹן (מַהֲלָךְ בְּרוֹגְבִּי הַמְזַכֶּה אֶת הַקְּבוּצָה בְּ־4 נְקֻדּוֹת)

trying /ˈtraɪɪŋ/ adj. מְעַצְבֵּן, מַתִּישׁ, מְיַגֵּעַ, קָשֶׁה

try-on /ˈtraɪ-ɒn/ n. (*UK colloq.*) נִסָּיוֹן לִבְדֹּק אִם הַתַּרְמִית "עוֹבֶדֶת"

try-out /ˈtraɪ-aʊt/ n. (*colloq.*) מִבְחַן כֹּשֶׁר, מִבְחַן נִסָּיוֹן (בִּסְפּוֹרְט)

tryst /trɪst/ n. (*arch.*) מִפְגַּשׁ נֶאֱהָבִים חֲשָׁאִי

tsar /zɑː(r)/ n. צַאר (רוּסִי)

tsarina /zɑːˈriːnə/ n. צָארִית, צָארִינָה (כַּנַּ"ל)

tsetse /ˈtsetsɪ/ n. זְבוּב הַצֶּה־צֶה (זְבוּב אַפְרִיקָאִי נוֹשֵׂא מַחֲלַת הַשֵּׁנָה וְכַד')
tsetse fly זְבוּב הַצֶּה־צֶה (כַּנַּ"ל)

T-shirt /ˈtiː-ʃɜːt/ n. חֻלְצַת־טִי (גּוּפִיָּה בַּעֲלַת שַׁרְווּלִים קְצָרִים)

tub /tʌb/ n.
1 (container) גִּיגִית, קְעָרִית
wash tub גִּיגִית
□ *the soft margarine was contained in a tub* הַמַּרְגָּרִינָה הָיְתָה אֲרוּזָה בִּקְעָרִית (פְּלַסְטִיק)
2 (bath, *colloq.*) אַמְבַּטְיָה
bath-tub אַמְבַּטְיָה
3 (slow boat, *colloq.*) "גִּיגִית יְשָׁנָה" (סִירָה אִטִּית וּבָלָה)

tuba /ˈtjuːbə/ n. טוּבָּה (כְּלִי נְשִׁיפָה מִמַּתֶּכֶת)

tubby /ˈtʌbɪ/ adj. (*colloq.*) גּוּץ, נָמוּךְ וַעֲגַלְגַּל

tube /tjuːb/ n.
1 (long, hollow cylinder) צִנּוֹר, צִנּוֹרִית, אֲבוּב
inner tube אֲבוּב, פְּנִימִית (שֶׁל גַּלְגַּל)
test-tube מַבְחֵנָה
2 (soft metal container) שְׁפוֹפֶרֶת
tube of toothpaste שְׁפוֹפֶרֶת מִשְׁחַת שִׁנַּיִם
3 (*Anat.*) קָנֶה, סִמְפּוֹן
bronchial tube קְנֵה הַסִּמְפּוֹנוֹת
4 (London underground railway, *UK colloq.*) (בְּלוֹנְדוֹן) הָרַכֶּבֶת הַתַּחְתִּית

tuber /ˈtjuːbə(r)/ n. פְּקַעַת (שֶׁל תַּפּוּחַ־אֲדָמָה וְכַד׳)

tubercular /tjuːˈbɜːkjʊlə(r)/ adj. (*Med.*) נָגוּעַ בְּשַׁחֶפֶת, חוֹלֵה שַׁחֶפֶת, שַׁחֲפָנִי

tuberculosis /tjuːˌbɜːkjʊˈləʊsɪs/ n. (*Med.*) שַׁחֶפֶת

tuberculous /tjuːˈbɜːkjʊləs/ adj. (*Med.*) נָגוּעַ בְּשַׁחֶפֶת, חוֹלֵה שַׁחֶפֶת, שַׁחֲפָנִי

tubing /ˈtjuːbɪŋ/ n. צִנּוֹר, חֹמֶר דְּמוּי צִנּוֹר; צַנֶּרֶת

tub-thumper /ˈtʌb-θʌmpə(r)/ n. (*colloq. derog.*) נוֹאֵם דֶּמָגוֹגִי, נוֹאֵם מְשַׁלְהֵב רוּחוֹת

tubular /ˈtjuːbjʊlə(r)/ adj. צִנּוֹרִי, בַּעַל חֲתַךְ צִנּוֹר
tubular bells פַּעֲמוֹנִיָּה

TUC /ˌtiː juː ˈsiː/ abbrev. הִתְאַחֲדוּת הָאִגּוּדִים הַמִּקְצוֹעִיִּים בִּבְרִיטַנְיָה

tuck /tʌk/ v.t.
1 (draw, fold, turn parts together) תָּחַב, קִפֵּל, דָּחַק
□ *he tucked his shirt into his trousers* הוּא תָּחַב אֶת חֻלְצָתוֹ לְמִכְנָסָיו
2 (draw together in small space) קִפֵּל
□ *she tucked her legs under the chair* הִיא קִפְּלָה אֶת רַגְלֶיהָ תַּחַת הַכִּסֵּא
3 (cover snugly) כִּסָּה הֵיטֵב
□ *he tucked the child up in bed* הוּא כִּסָּה אֶת הַיֶּלֶד טוֹב טוֹב בַּשְּׂמִיכָה
4 (pack away) דָּחַק, דָּחַף
□ *we tucked the maps into our rucksacks* דָּחַקְנוּ אֶת הַמַּפּוֹת לְתוֹךְ הַתַּרְמִילִים
5 (make and stitch a fold in material)
—in set phrases
tuck in (*colloq.*) הִתְחִיל לֶאֱכֹל (בְּהִתְלַהֲבוּת), הִתְחִיל לְזֹלֵל
□ *at lunchtime they all tucked in* בַּצָּהֳרַיִם הֵם כֻּלָּם הִתְחִילוּ לְזֹלֵל
tuck into הִתְנַפֵּל (עַל אֹכֶל וְכַד׳)
—n.
1 (in material) קֶפֶל תָּפוּר
2 (food, *sl.*) מַמְתַּקִּים, חֲטִיפִים (לָרֹב בִּלְשׁוֹן יְלָדִים)

tucker /ˈtʌkə(r)/ n. (*arch. colloq.*)
one's best bib and tucker בִּגְדֵי שַׁבָּת, בִּגְדֵי "א"

tuck-shop /ˈtʌk-ʃɒp/ n. (*UK*) (שְׂפַת יְלָדִים) חֲנוּת מַמְתַּקִּים (בִּסְבִיבַת הַגַּן, בֵּית הַסֵּפֶר)

Tuesday /ˈtjuːzdɪ/ n. יוֹם שְׁלִישִׁי (בַּשָּׁבוּעַ), יוֹם ג׳

tuft /tʌft/ n. צִיצָה, צִיץ, קְבוּצָה (שֶׁל שְׂעָרוֹת, עֲשָׂבִים, נוֹצוֹת וְכַד׳)
—v.t. עָשָׂה בְּאֶמְצָעוּת צִיצוֹת, קִשֵּׁט בְּצִיצוֹת
a tufted carpet שְׁטִיחַ צֶמֶר (מִקִּיר אֶל קִיר)

tug /tʌg/ v.t. & i. מָשַׁךְ בְּכֹחַ, סָחַב
—n.
1 (violent pull) מְשִׁיכָה חֲזָקָה
2 (towing vessel) סְפִינַת־גְּרָר

tugboat /ˈtʌgbəʊt/ n. סְפִינַת־גְּרָר

tug-of-war /ˌtʌg-əv-ˈwɔː(r)/ n. מְשִׁיכַת־חֶבֶל (בְּתַחֲרוּת)

tuition /tjuːˈɪʃ(ə)n/ n. לִמּוּד, הוֹרָאָה; (בְּאַרְהַ״ב) שְׂכַר־לִמּוּד

tulip /ˈtjuːlɪp/ n. צִבְעוֹנִי (פֶּרַח הוֹלַנְדִּי)

tulle /tjuːl/ n. אֲרִיג מֶשִׁי דַּק וְשָׁקוּף לְמֶחֱצָה

tum /tʌm/ see **TUMMY** בֶּטֶן (בִּשְׂפַת יְלָדִים)

tumble /ˈtʌmb(ə)l/ v.t.
1 (cause to fall) הִפִּיל, הִמְעִיד
2 (disarrange) פָּרַע (שֵׂעָר וְכַד׳)
□ *the wind tumbled her hair* הָרוּחַ פָּרְעָה אֶת שְׂעָרָהּ
—v.i.
1 (fall suddenly) נָפַל, מָעַד
□ *I slipped and tumbled down the stairs* הֶחֱלַקְתִּי וְנָפַלְתִּי בְּמוֹרַד הַמַּדְרֵגוֹת
□ *share prices tumbled overnight* מְחִירֵי הַמְּנָיוֹת נָפְלוּ בֵּן־לַיְלָה
2 (move or run in headlong fashion) הִתְגַּלְגֵּל
□ *we tumbled out of the car* הִתְגַּלְגַּלְנוּ אֶחָד אַחֲרֵי הַשֵּׁנִי מִן הַמְּכוֹנִית
□ *I wearily tumbled into bed* צָנַחְתִּי בִּלְאוּת לַמִּטָּה
3 (roll, toss) הִתְגַּלְגֵּל, נֶחְבַּט
tumble about הִתְגַּלְגֵּל
tumble around הִתְגַּלְגֵּל
4 (grasp meaning, *colloq.*)
tumble to "תָּפַס", "קָלַט"
□ *it took me some time to tumble to his meaning* לָקַח לִי זְמַן לִקְלֹט מַה כַּוָּנָתוֹ
5 (perform somersaults, etc.) (אַקְרוֹבָּט) עָשָׂה גִּלְגּוּלִים
—n.
1 (fall) מְעִידָה, נְפִילָה, גִּלְגּוּל
2 (acrobatic feat) גִּלְגּוּל (לוּלְיָנִי)
3 (confused state) מַהְפֵּכָה, עִרְבּוּבְיָה

tumbledown /ˈtʌmb(ə)ldaʊn/ adj. רָעוּעַ, מָט לִנְפֹּל

tumble-drier /tʌmb(ə)l-ˈdraɪə(r)/ n. מְיַבֵּשׁ כְּבִיסָה

tumble-dry /ˌtʌmb(ə)l-ˈdraɪ/ v.t. יִבֵּשׁ (כְּבִיסָה) בִּמְכוֹנָה

tumbler /ˈtʌmblə(r)/ n.
1 (drinking glass) כּוֹס (בַּעֲלַת תַּחְתִּית שְׁטוּחָה)
2 (acrobat, *arch.*) לוּלְיָן, אַקְרוֹבָּט
3 (part of lock) מָנוֹף הַמַּנְעוּל, נִצְרַת הַמַּנְעוּל

tumbril /tʌmbrɪl/ n. (also **tumbrel**) (*Hist.*) עֲגָלָה כַּפְרִית (שִׁמְּשָׁה לְהוֹבָלַת קָרְבְּנוֹת הַגִּילְיוֹטִינָה בַּמַּהְפֵּכָה הַצָּרְפָתִית)

tumescent /tjuːmes(ə)nt/ adj. (*formal*) נָפוּחַ, תּוֹפֵחַ, מִתְנַפֵּחַ

tummy /tʌmɪ/ n. (*colloq.*) בֶּטֶן (בִּשְׂפַת יְלָדִים)

tumour /tjuːmə(r)/ n. גִּדּוּל

tumult /tjuːmʌlt/ n. (*formal*) הֲמֻלָּה, שָׁאוֹן, רַעַשׁ

tumultuous /tjuːmʌltʃʊəs/ adj. (*formal*) רוֹעֵשׁ, סוֹאֵן, נִרְגָּשׁ, הוֹמֶה

tumulus /tjuːmjʊləs/ n. תֵּל־קְבוּרָה (קָדוּם)

tun /tʌn/ n. חָבִית גְּדוֹלָה (לְיַיִן וְכַד')

tuna /tjuːnə/ n. (דָּג) טוּנָה

tundra /tʌndrə/ n. טוּנְדְרָה, עַרְבוֹת הָאֵזוֹר הָאַרְקְטִי

tune /tjuːn/ n.

1 (melody) מַנְגִּינָה, לַחַן, נְעִימָה

□ *he soon changed his tune* מַהֵר מְאֹד הוּא שִׁנָּה אֶת הַטּוֹן/הַגִּישָׁה

□ *we had to pay to the tune of £100* (*colloq.*) הָיָה עָלֵינוּ לְשַׁלֵּם 100 לִישׁ"ט טְבִין וּתְקִילִין

2 (correct pitch) גֹּבַהּ טוֹן (נָכוֹן)

in tune בַּטּוֹן הַנָּכוֹן; (בְּהַשְׁאָלָה) בְּהַתְאָמָה לְ..., עִם אֶצְבַּע עַל הַדֹּפֶק

out of tune לֹא בַּטּוֹן הַנָּכוֹן, צוֹרֵם; (בְּהַשְׁאָלָה) לֹא בְּקֶשֶׁר עִם, לֹא מְעֻדְכָּן בְּ...

—v.t.

1 (put in tune, *Mus.*) כִּוֵּן (כְּלִי מוּזִיקָלִי)

2 (adjust radio, engine, etc.) כִּוֵּן

tune to כִּוֵּן (לְתַחֲנָה בָּרַדְיוֹ, בַּטֶּלֶוִיזְיָה)

□ *stay tuned to this channel* הִשָּׁאֲרוּ עִמָּנוּ בְּתַחֲנָה זוֹ

□ *he tuned (up) the engine* הוּא כִּוֵּן אֶת הַמָּנוֹעַ, הוּא עָשָׂה כִּוּוּן מָנוֹעַ

—v.i.

1 (adjust radio to required frequency) כִּוֵּן מַקְלֵט רַדְיוֹ

□ *he tuned in to the World Service* הוּא כִּוֵּן אֶת מַכְשִׁיר הָרַדְיוֹ לְשִׁדּוּרֵי הַבִּי־בִּי־סִי

2 (be in harmony) הִתְאִים, עָלָה בְּקָנֶה אֶחָד

tune with הִתְאִים, עָלָה בְּקָנֶה אֶחָד

tuneful /tjuːnf(ə)l/ adj. עָרֵב לָאֹזֶן

tuner /tjuːnə(r)/ n. טְיוּנֶר, בּוֹרֵר תַּחֲנוֹת (בָּרַדְיוֹ, בַּטֶּלֶוִיזְיָה); מְכַוֵּן (כֵּלִים מוּזִיקָלִיִּים)

tungsten /tʌŋstən/ n. טוּנְגְסְטֶן, מַתֶּכֶת וּוֹלְפְרָם (מַתֶּכֶת לְבָנָה וּכְבֵדָה)

tungsten carbide פַּחְמַת־טוּנְגְסְטֶן (לְלַהֲבֵי מַקְדֵּחַ, חוּטֵי־לַהַט וְכַד')

tunic /tjuːnɪk/ n.

1 (uniform jacket) מְעִיל צְבָאִי קָצָר

2 (woman's dress) טוּנִיקָה (מֵעֵין שִׂמְלַת נָשִׁים)

tuning-fork /tjuːnɪŋ-fɔːk/ n. קוֹלָן, מַצְלֵל

tunnel /tʌn(ə)l/ n. מִנְהָרָה

tunnel vision רְאִיָּה צָרָה (לִקּוּי רְאִיָּה); (בְּהַשְׁאָלָה) הַשְׁקָפָה צָרַת־אֳפָקִים

—v.t. & i. חָפַר מִנְהָרָה

tunny /tʌnɪ/ n. דַּג־טוּנָה

tuppence /tʌpəns/ n. (*UK colloq.*) שְׁנֵי פֶּנִי

tuppenny /tʌpənɪ/ n. (*UK colloq.*) שְׁנֵי פֶּנִי

turban /tɜːbən/ n. טוּרְבָּן, צָנִיף

turbid /tɜːbɪd/ adj. (*formal*) עָכוּר, דָּלוּחַ

turbidity /tɜːˈbɪdɪtɪ/ n. (*formal*) עַכְרוּרִי

turbine /tɜːbaɪn/ n. טוּרְבִּינָה

turbo- /tɜːbəʊ-/ pref. טוּרְבּוֹ־

turbocharger /tɜːbəʊˌtʃɑːdʒə(r)/ n. (also **turbo**) מַדְחֵס־טוּרְבּוֹ (לְמָנוֹעַ מְכוֹנִית וְכַד')

turbo-jet /ˌtɜːbəʊ-ˈdʒet/ n. מָנוֹעַ טוּרְבּוֹ־סִילוֹנִי; מָטוֹס טוּרְבּוֹ־סִילוֹנִי

turbo-prop /ˌtɜːbəʊ-ˈprɒp/ n. מָנוֹעַ מַדְחֵף־סִילוֹן; מָטוֹס מַדְחֵף־סִילוֹן

turbot /tɜːbət/ n. שְׁבוּטָה (דַּג יָם שָׁטוּחַ)

turbulence /tɜːbjʊləns/ n. תְּסִיסָה, אִי־שֶׁקֶט (פּוֹלִיטִי); מְעַרְבּוֹלוֹת (אֲוִיר, מַיִם)

turbulent /tɜːbjʊlənt/ adj. סוֹעֵר, נִסְעָר, רוֹגֵשׁ

turd /tɜːd/ n. (*vulg.*) גָּלָל; (עַל בֶּן־אָדָם) "חֲתִיכַת חָרָא", "חָרָא"

tureen /tjʊəriːn/ n. מַגָּשׁ קְעָרַת מָרָק עֲמֻקָּה

turf /tɜːf/ n.

1 (grass) מִשְׁטַח דֶּשֶׁא; רִבּוּעַ דֶּשֶׁא (מוּכָן לִשְׁתִילָה בַּגַּן וְכַד')

the turf (*fig.*) מֵרוֹצֵי סוּסִים

turf accountant סוֹכֵן הַמּוֹרִים (בְּמֵרוֹצֵי סוּסִים)

2 (peat) גּוּשׁ אַדְמַת כָּבוּל

—v.t.

1 (lay turf) כִּסָּה (מִשְׁטָח) בְּדֶשֶׁא (לָרֹב בְּרִבּוּעִים מוּכָנִים־מֵרֹאשׁ), כִּסָּה בְּעֶשֶׂב

2 **turf out** (*colloq.*) זָרַק הַחוּצָה, הִשְׁלִיךְ מִכָּל הַמַּדְרֵגוֹת

□ *they turfed me out of the bar at midnight* הִשְׁלִיכוּ אוֹתִי הַחוּצָה מִן הַבָּאר בַּחֲצוֹת

turgid /tɜːdʒɪd/ adj. (*formal*) נָפוּחַ; (סִגְנוֹן) מְנֻפָּח, נִמְלָץ

Turk /tɜːk/ n. (אָדָם) טוּרְקִי

turkey /tɜːkɪ/ n. תַּרְנְגוֹל־הֹדּוּ, "הֹדּוּ" (ר' "הֹדִּים"); בְּשַׂר תַּרְנְגוֹל־הֹדּוּ; "פְּלוֹפּ", פַּשְׁלָה

cold turkey (*sl.*) גְּמִילָה מִסַּמִּים (לָרֹב מַכְאִיבָה וְקָשָׁה)

□ *he strutted about like a turkey cock* (*colloq.*) הוּא הִסְתּוֹבֵב כְּמוֹ נוֹד נָפוּחַ

□ *they finally started to talk turkey* (*US colloq.*) סוֹף סוֹף הֵם הִתְחִילוּ לְדַבֵּר תַּכְ'לֶס

Turkish /tɜːkɪʃ/ adj. & n. טוּרְקִי; הַשָּׂפָה הַטּוּרְקִית

Turkish bath מֶרְחָץ טוּרְקִי, בֵּית־מֶרְחָץ

Turkish coffee קָפֶה טוּרְקִי

Turkish delight רַחַת־לָקוּם, חַלְקוּם

turmeric /ˈtɜːmərɪk/ n. כַּרְכֹּם (פֶּרַח בָּר); כָּרְכּוּם (תַּבְלִין)

turmoil /ˈtɜːmɔɪl/ n. מְהוּמָה, אִי־שֶׁקֶט

turn /tɜːn/ v.t.

1 (cause to move round point or axis) סוֹבֵב, הִפְנָה
□ *she turned the key to lock the door* הִיא סוֹבְבָה אֶת הַמַּפְתֵּחַ וְנָעֲלָה אֶת הַדֶּלֶת
□ *he sat idly turning the pages* הוּא יָשַׁב וְדִפְדֵּף בַּסֵּפֶר בְּבַטָּלָה

2 (cause to change position) הִפְנָה
□ *turn your face this way* הַפְנֵה אֶת פָּנֶיךָ לְכָאן/לְכִוּוּן זֶה

3 (give new direction to)
□ *he can turn his hand to anything* יֵשׁ לוֹ כִּשָּׁרוֹן לְהַרְבֵּה דְּבָרִים
□ *he is a businessman turned politician* הוּא אִישׁ עֲסָקִים שֶׁהָפַךְ לְפּוֹלִיטִיקַאי

4 (aim in certain way) הִפְנָה
□ *she turned the horse into a field* הִיא הִפְנְתָה אֶת הַסּוּס לְעֵבֶר הַשָּׂדֶה

5 (referring to passage of time)
□ *he turned fifty last year* הוּא הִגִּיעַ לְגִיל חֲמִשִּׁים בַּשָּׁנָה שֶׁעָבְרָה
□ *it's turned 4 o'clock* הַשָּׁעָה כְּבָר אַרְבַּע, הַשָּׁעָה אַרְבַּע הִגִּיעָה

6 (cause to be changed) הָפַךְ
□ *the experience has turned him angry* הַחֲוָיָה גָּרְמָה לוֹ לִכְעֹס
□ *he turned water to wine* הוּא הָפַךְ מַיִם לְיַיִן

7 (make sour or nauseated)
□ *violence turns his stomach* אַלִּימוּת גּוֹרֶמֶת לוֹ לִבְחִילָה

8 (shape on lathe) עִבֵּד (בְּמַחְרֵטָה)

9 (go around) פָּנָה בְּ...
□ *the car turned the corner* הַמְּכוֹנִית פָּנְתָה בַּסִּבּוּב

10 (in set phrases)
turn a deaf ear (*fig.*) אָטַם אֶת אָזְנָיו לְ...
turn a hair (*fig.*) הֵנִיד עַפְעַף
turn a person's head (*fig.*) סִחְרֵר אֶת רֹאשׁוֹ שֶׁל פְּלוֹנִי (בְּמַחְמָאוֹת וְכַד׳)
turn the tables הָפַךְ אֶת הַמַּצָּב עַל פִּיו, שִׁנָּה אֶת הַמַּצָּב מֵרָעָה לְטוֹבָה
turn tail הִפְנָה אֶת גַּבּוֹ (וְנִמְלַט)

—v.i.

1 (move or be moved round a point or axis) הִסְתּוֹבֵב
turn in one's grave (*fig.*) הִתְהַפֵּךְ בְּקִבְרוֹ
□ *the tap won't turn* הַבֶּרֶז לֹא מִסְתּוֹבֵב (נִפְתָּח/נִסְגָּר)

2 (change in position) הִסְתּוֹבֵב, הִתְהַפֵּךְ
turn inside out הָפַךְ מִן הַפָּנִים אֶל הַחוּץ (בֶּגֶד וְכַד׳)
□ *she turned over to get an even suntan* הִיא הִתְהַפְּכָה לַצַּד הַשֵּׁנִי כְּדֵי לְקַבֵּל שִׁזּוּף אָחִיד

3 (take new direction) פָּנָה
right turn! יָמִינָה פְּנֵה!
□ *the road turns left after a mile* לְאַחַר מִיל פּוֹנֶה הַכְּבִישׁ שְׂמֹאלָה

4 (change in form, become) נַעֲשָׂה (לְ...), הָפַךְ לְ...
□ *leaves turn brown in autumn* הֶעָלִים הוֹפְכִים לְחוּמִים בַּסְּתָו
□ *the weather turned nasty just before the weekend* מֶזֶג הָאֲוִיר נַעֲשָׂה לֹא נָעִים בְּדִיּוּק לִפְנֵי סוֹף־הַשָּׁבוּעַ
□ *my stomach turned at the thought of another exam* חָשַׁשְׁתִּי בְּחִילָה לַמַּחְשָׁבָה עַל בְּחִינָה נוֹסֶפֶת, מְעַי הִתְהַפְּכוּ בְּקִרְבִּי לַמַּחְשָׁבָה עַל בְּחִינָה נוֹסֶפֶת
□ *the milk has turned sour in the heat* הֶחָלָב הֶחְמִיץ בַּחֹם

—in set phrases

turn about פָּנָה לְאָחוֹר

turn against פָּנָה כְּנֶגֶד; הִפְנָה כְּנֶגֶד
□ *she turned against him* הִיא פִּתְּחָה יַחַס עוֹיֵן כְּלַפָּיו
□ *she tried to turn him against his father* הִיא נִסְּתָה לִגְרֹם לוֹ לָצֵאת כְּנֶגֶד אָבִיו

turn away
(turn in another direction) פָּנָה לְכִוּוּן אַחֵר, הִסְתַּלֵּק
(send away) דָּחָה, שִׁלַּח לְדַרְכּוֹ
□ *the hotel had to turn many away* בֵּית הַמָּלוֹן נֶאֱלַץ לִדְחוֹת פּוֹנִים רַבִּים

turn back
(retrace one's steps) חָזַר אֲחוֹרַנִּית
□ *it is very late and time to turn back* עַכְשָׁו מְאֻחָר וְהִגִּיעַ הַזְּמַן לַחֲזֹר הַבַּיְתָה
(fold back) הֵסִיט
□ *she turned back the covers before getting into bed* הִיא הֵסִיטָה אֶת הַשְּׂמִיכוֹת לִפְנֵי שֶׁנִּכְנְסָה לַמִּטָּה
turn the clock back הֵסִיט אֶת מְחוֹגֵי הַשָּׁעוֹן לְאָחוֹר

turn down
(fold down) קִפֵּל
□ *please don't turn down the corner of the page* בְּבַקָּשָׁה אַל תְּקַפֵּל אֶת פִּנּוֹת הַדַּף
(reduce volume, etc.) הִקְטִין, הֶחֱלִישׁ
□ *I'll turn the gas down now that the water has boiled* אֲנִי אַקְטִין אֶת הָאֵשׁ, עַכְשָׁו כְּשֶׁהַמַּיִם רוֹתְחִים
(reject) דָּחָה, סֵרֵב לְ...
□ *after careful consideration she turned the job offer down* לְאַחַר שִׁקּוּל מַעֲמִיק הִיא הֶחְלִיטָה לִדְחוֹת אֶת הַצָּעַת הָעֲבוֹדָה
□ *he asked for her hand, but she turned him down* הוּא בִּקֵּשׁ אֶת יָדָהּ, אַךְ הִיא סֵרְבָה לוֹ

turn in
(go to bed, *colloq.*) הָלַךְ לִישֹׁן, הָלַךְ לַמִּטָּה
□ *I think I'll turn in* אֲנִי חוֹשֵׁב שֶׁאֲנִי הוֹלֵךְ לִישֹׁן
(hand in) הִסְגִּיר, מָסַר לִידֵי

□ *it turned out all right in the end* בְּסוֹף הַכֹּל יָצָא בְּסֵדֶר, בְּסוֹף הַכֹּל הִסְתַּדֵּר

turn over
(reverse) הָפַךְ
turn over a new leaf (*fig.*) פָּתַח דַּף חָדָשׁ, הִתְחִיל מֵחָדָשׁ
□ *turn the page over* תַּהֲפֹךְ אֶת הַדַּף
(run engine) נִדְלַק
□ *the car wouldn't turn over* הַמְּכוֹנִית לֹא נִדְלְקָה
(consider) הִרְהֵר בְּ..., הָגָה בְּ...
□ *he turned the idea over and over in his mind* הוּא הִרְהֵר בַּדָּבָר שׁוּב וָשׁוּב
(do business) גִּלְגֵּל (כְּסָפִים)
□ *how much does the business turn over in a year?* כַּמָּה כֶּסֶף מְגַלְגֵּל הָעֵסֶק בְּשָׁנָה? מָה הַמַּחְזוֹר הַשְּׁנָתִי שֶׁל הָעֵסֶק?
(transfer) מָסַר, הִסְגִּיר, הֶעֱבִיר
□ *they turned him over to the police* הֵם מָסְרוּ אוֹתוֹ לִידֵי הַמִּשְׁטָרָה
□ *he turned over the running of the business to his son* הוּא הֶעֱבִיר אֶת נִהוּל הָעֵסֶק לִידֵי בְּנוֹ

turn round פָּנָה, פָּנָה לְאָחוֹר, הִסְתּוֹבֵב; הִשְׁתַּנָּה
□ *turn the car round!* תְּסוֹבֵב אֶת הַמְּכוֹנִית!
□ *the economy has turned round* מַצַּב הַכַּלְכָּלָה הִשְׁתַּנָּה לְטוֹבָה

turn to
(set about something) הִתְחִיל בְּ..., פָּנָה לְ..., נִפְנָה לְ...
□ *the staff turned to and got the work done* (*arch.*) הָעוֹבְדִים הִפְשִׁילוּ שַׁרְווּלִים וּבִצְּעוּ אֶת הַמְּלָאכָה
□ *he turned to drink* הוּא הִתְחִיל לִשְׁתּוֹת (אַלְכּוֹהוֹל)
(go to for advice) פָּנָה לְ... (עֶזְרָה)
□ *who can you turn to?* אֶל מִי אַתָּה יָכוֹל לִפְנוֹת?

turn up
(place upwards) הֵרִים
□ *she turned up her nose at the offer* (*derog.*) הִיא עִקְּמָה אֶת אַפָּהּ בִּתְגוּבָה לַהַצָּעָה
□ *he turned up his collar* הוּא הִפְשִׁיל אֶת הַצַּוָּארוֹן שֶׁלּוֹ
(increase volume, etc.) הִגְבִּיר, הִגְדִּיל (עָצְמָה וְכַד׳)
(discover) חָשַׂף
□ *the excavation turned up three skulls* בַּחֲפִירָה נֶחְשְׂפוּ שָׁלֹשׁ גֻּלְגָּלוֹת
(be found) נִמְצָא, הִתְגַּלָּה
□ *I've lost my watch, but it will turn up* אִבַּדְתִּי אֶת הַשָּׁעוֹן שֶׁלִּי, אֲבָל הוּא עוֹד יִמָּצֵא
(arrive) הִגִּיעַ, הוֹפִיעַ
□ *they turned up late for the party* הֵם הִגִּיעוּ לַמְּסִבָּה בְּאִחוּר

—n.
1 (act of turning about) (פְּעֻלַּת) סִבּוּב

□ *the informer turned the criminals in* הַמּוֹדִיעַ הִסְגִּיר אֶת הַפּוֹשְׁעִים
□ *he had to turn in his job* הוּא נֶאֱלַץ לְוַתֵּר עַל מִשְׂרָתוֹ
(achieve) נָתַן, הִפְגִּין
□ *Jones turned in the best performance of the day* ג׳וֹנְס הִגִּיעַ לַהֶשֵּׂגִים הַטּוֹבִים בְּיוֹתֵר שֶׁל הַיּוֹם
(incline) פָּנָה לְכִוּוּן פְּנִים
□ *his toes turn in* בְּהוֹנוֹת רַגְלָיו פּוֹנוֹת לְכִוּוּן פְּנִים
turn into נֶהְפַּךְ לְ...; הָפַךְ (דְּבַר מָה) לְ...

turn off
(stop flow) סָגַר, כִּבָּה
□ *turn off the hot water* תִּסְגֹּר אֶת הַמַּיִם הַחַמִּים
(repel, *colloq.*) דָּחָה, "בֵּאֵס"
□ *that disgusting story really turned me off!* הַסִּפּוּר הַמַּגְעִיל הַזֶּה מַמָּשׁ דָּחָה אוֹתִי!
(enter side road) יָרַד מִ... (כְּבִישׁ)
□ *we turned off the motorway to get to the village* יָרַדְנוּ מִן הַכְּבִישׁ הַמָּהִיר כְּדֵי לְהַגִּיעַ לַכְּפָר

turn on
(start flow) פָּתַח, הִפְעִיל, הִדְלִיק
□ *she is fond of turning on the charm* הִיא תָּמִיד נוֹטֶפֶת דְּבַשׁ (מַעֲמִידָה פָּנִים שֶׁל חֲבִיבוּת וְהִתְלַהֲבוּת)
(excite) "הִדְלִיק"
□ *she is turned on by men with blue eyes* הִיא נִדְלֶקֶת מִגְּבָרִים עִם עֵינַיִם כְּחֻלּוֹת
(attack) שִׁלַּח אֶת... לְעֵבֶר, תָּקַף, הִתְנַפֵּל עַל
□ *the guard turned his dog (loose) on the intruders* הַשּׁוֹמֵר שִׁלַּח אֶת כַּלְבּוֹ לְעֵבֶר הַפּוֹלְשִׁים
□ *the tiger turned on its pursuers* הַנָּמֵר הִתְנַפֵּל עַל רוֹדְפָיו

turn out
(empty) רוֹקֵן
□ *she turned the jelly out onto a plate* הִיא הָפְכָה אֶת הַמִּקְפָּא מִן הַתַּבְנִית לַצַּלַּחַת
□ *I turned my pockets out* רוֹקַנְתִּי אֶת הַכִּיסִים שֶׁלִּי
(extinguish) כִּבָּה
□ *turn out the light!* כַּבֵּה אֶת הָאוֹר! תְּכַבֶּה אֶת הָאוֹר!
(expel) סִלֵּק, זָרַק
□ *the landlord turned me out of my flat* בַּעַל הַבַּיִת זָרַק אוֹתִי מִן הַדִּירָה
(produce goods) יִצֵּר
□ *this factory turns out furniture* בֵּית חֲרֹשֶׁת זֶה מְיַצֵּר רָהִיטִים
□ *the school turned out prospective army officers* בֵּית הַסֵּפֶר הוֹצִיא מִבֵּין כְּתָלָיו קְצִינִים לֶעָתִיד
(dress in particular way)
□ *what a well turned out young man* אֵיזֶה בָּחוּר צָעִיר וְלָבוּשׁ בְּטוּב טַעַם
(assemble, *colloq.*) הוֹפִיעַ, הִגִּיעַ
□ *a lot of people turned out for the inauguration* אֲנָשִׁים רַבִּים בָּאוּ לְטֶקֶס הַחֲנֻכָּה
(prove to be the case) יָצָא, הִסְתַּדֵּר

□ *it took a few turns of the handle to open the door* הָיָה צָרִיךְ לְסוֹבֵב אֶת הַיָּדִית מִסְפַּר פְּעָמִים כְּדֵי לִפְתֹּחַ אֶת הַדֶּלֶת

2 (turning of a road) פְּנִיָּה, סִבּוּב

□ *the driver missed the turn* הַנֶּהָג הֶחְמִיץ אֶת הַפְּנִיָּה

3 (point of turning or change) תַּפְנִית, מִפְנֶה

turn of the century סוֹף/רֵאשִׁית הַמֵּאָה

□ *his condition took a favourable turn* חָל מִפְנֶה לְטוֹבָה בְּמַצָּבוֹ

□ *his fortunes took a turn for the better* חָלָה תַּפְנִית לְטוֹבָה בְּמַזָּלוֹ

4 (opportunity, occasion) תּוֹר; הִזְדַּמְּנוּת

at every turn בְּכָל פִּנָּה, עַל כָּל צַעַד וָשַׁעַל

a good turn טוֹבָה, מִצְוָה

one good turn deserves another (*Prov.*) יֵשׁ לְהָשִׁיב עַל טוֹבָה בְּטוֹבָה

take turns הִתְחַלְּפוּ לְפִי הַתּוֹר

turn of phrase סִגְנוֹן הִתְבַּטְּאוּת

□ *the delegates spoke in turn* הַנְּצִיגִים נָשְׂאוּ דְּבָרִים בְּזֶה אַחַר זֶה

□ *I hope I haven't spoken out of turn* אֲנִי מְקַוֶּה שֶׁלֹּא אָמַרְתִּי מַשֶּׁהוּ שֶׁלֹּא הָיִיתִי צָרִיךְ (לוֹמַר)

□ *the shifts worked turn and turn about* הַמִּשְׁמָרוֹת הִתְחַלְּפוּ בְּסֵדֶר קָבוּעַ

5 (tendency, formation) נְטִיָּה, כִּשְׁרוֹן

□ *he has a mechanical turn of mind* יֵשׁ לוֹ רֹאשׁ לִדְבָרִים־טֶכְנִיִּים

6 (stroll) טִיּוּל קָצָר, "סִבּוּב"

□ *perhaps a turn round the garden will relax you* טִיּוּל קָצָר בַּגַּן אוּלַי יַרְגִּיעַ אוֹתְךָ

7 (change of tide) הִתְחַלְּפוּת/מַהְפַּךְ הַגֵּאוּת

□ *the tide is on the turn at this time of day* הַגֵּאוּת מִתְחַלֶּפֶת בְּשָׁעָה זוֹ שֶׁל הַיּוֹם

8 (nervous shock, *colloq.*) מַהֲלוּמָה, זַעֲזוּעַ, "הֶלֶם"

a bad turn הֶתְקֵף קָשֶׁה (שֶׁל מַחֲלָה וְכַד')

□ *you gave me quite a turn, shouting out like that* נָתַתָּ לִי שׁוֹק כְּשֶׁצָּעַקְתָּ כָּךְ

9 (short performance) קֶטַע (בְּהוֹפָעָה)

□ *she was the star turn of the show* הִיא הָיְתָה הַחֵלֶק הַבּוֹלֵט בְּיוֹתֵר בַּהוֹפָעָה

turn-about /tɜːn-əbaʊt/ n. שִׁנּוּי שֶׁל 180 מַעֲלוֹת, מַהְפָּךְ (בְּדֵעוֹת, עֶמְדָּה)

turncoat /tɜːnkəʊt/ n. (*derog.*) אָדָם הָעוֹזֵב אֶת מִפְלַגְתּוֹ לְטוֹבַת הַמִּפְלָגָה הַיְרִיבָה, בּוֹגֵד

turncock /tɜːnkɒk/ n. פְּקָק (בְּכִיּוֹר, אַמְבַּטְיָה)

turner /tɜːnə(r)/ n. חָרָט

turning /tɜːnɪŋ/ n.

1 (place where roads diverge) מִסְעָף, פְּנִיָּה

□ *take the second turning on the left* תִּקַּח אֶת הַפְּנִיָּה הַשְּׁנִיָּה מִשְּׂמֹאל

2 (lathe operation) חֲרִיטָה

turning-circle /tɜːnɪŋ-ˌsɜːk(ə)l/ n. הֶקֵּף סִבּוּב (שֶׁל מְכוֹנִית)

turning-point /tɜːnɪŋ-pɔɪnt/ n. נְקֻדַּת־מִפְנֶה

turnip /tɜːnɪp/ n. לֶפֶת

turnkey /tɜːnkiː/ n. (*arch.*) סוֹהֵר

—adj. (תָּכְנִית מַחְשֵׁב, פְּרוֹיֶקְט וְכַד') מוּכָן לְהַרְצָה אוֹטוֹמָטִית

turn-off /tɜːn-ɒf/ n.

1 (unpleasant thing, *colloq.*) דָּבָר "מַמָּשׁ לֹא־מַדְלִיק", דָּבָר דּוֹחֶה

□ *his smoking is quite a turn-off* הָעִשּׁוּן שֶׁלּוֹ מַמָּשׁ דּוֹחֶה

2 (road) יְצִיאָה מִכְּבִישׁ־רָאשִׁי, פְּנִיָּה

turn-on /tɜːn-ɒn/ n. (*colloq.*) דָּבָר "מַדְלִיק"

turn-out /tɜːn-aʊt/ n. נוֹכְחוּת, מִסְפַּר הַמִּשְׁתַּתְּפִים; הוֹפָעָה (בִּלְבוּשׁ); סֵדֶר (בְּחֶדֶר, אָרוֹן וְכַד')

□ *there was a good turn-out for his lecture* הָיְתָה נוֹכְחוּת טוֹבָה בַּהַרְצָאָה שֶׁלּוֹ

turnover /tɜːnəʊvə(r)/ n.

1 (volume of business) מַחֲזוֹר עִסְקִי, מַחֲזוֹר כְּסָפִים, הֶקֵּף עֲסָקִים

□ *their turnover is £50,000 a year* יֵשׁ לָהֶם מַחֲזוֹר שֶׁל 50,000 לִישׁ"ט בְּשָׁנָה, הֵם מְגַלְגְּלִים 50,000 לִישׁ"ט בְּשָׁנָה

2 (pastry) סוּג מַאֲפֶה מְמֻלָּא פֵּרוֹת אוֹ רִבָּה

3 (rate of replacement) תַּחֲלוּפָה

□ *they have a high turnover of staff* תַּחֲלוּפַת הָעוֹבְדִים גְּבוֹהָה מְאֹד אֶצְלָם

turnpike /tɜːnpaɪk/ n. (*US*) כְּבִישׁ מָהִיר, אוֹטוֹסְטְרָדָה (לָרֹב בְּתַשְׁלוּם)

turn-round /tɜːn-raʊnd/ n. פֶּרֶק הַזְּמַן הַנִּדְרָשׁ לִפְרִיקַת כְּלִי רֶכֶב וּטְעִינָתוֹ מֵחָדָשׁ; תַּפְנִית

turnstile /tɜːnstaɪl/ n. מַחְסוֹם מִסְתּוֹבֵב, שַׁעַר מִסְתּוֹבֵב

turntable /tɜːnteɪb(ə)l/ n. פְּלָטָה (שֶׁל פָּטֵפוֹן); פַּסִּי רַכֶּבֶת עַל מִשְׁטָח מִסְתּוֹבֵב לְשִׁנּוּי כִּוּוּנָם שֶׁל קְטָרִים

turn-up /tɜːn-ʌp/ n.

1 (part of trousers) מַכְפֶּלֶת, קֶפֶל (בְּתַחְתִּית הַמִּכְנָס)

2 (surprise, *colloq.*) "מַשֶּׁהוּ שֶׁלֹּא יְאֻמַּן", "קֶטַע"

□ *what a turn-up for the books!* זֶה הָיָה מַמָּשׁ מַשֶּׁהוּ שֶׁלֹּא־יְאֻמַּן! אֵיזֶה קֶטַע!

turpentine /tɜːpəntaɪn/ n. טֶרְפֶּנְטִין

turpitude /tɜːpɪtjuːd/ n. (*formal*) נִוּוּל, שִׁפְלוּת, נִבְזוּת, עַרְלַת־לֵב, נִוּוּן (מוּסָרִי)

turps /tɜːps/ n. (*colloq.*) טֶרְפֶּנְטִין

turquoise /tɜːkwɔɪz/ n. & adj. אֶבֶן טוּרְקִיז; (צֶבַע) טוּרְקִיז

turret /tʌrɪt/ n. צְרִיחַ

gun turret צְרִיחַ־תּוֹתָחִים

turtle[1] /tɜːt(ə)l/ n. צַב־יָם; צַב־יַבָּשָׁה

□ *the boat turned turtle in the rough seas* הַסְּפִינָה הִתְהַפְּכָה בַּיָּם הַסּוֹעֵר

turtle[2] /tɜːt(ə)l/ n.
  turtle-dove — תּוֹר (מֵעֵין יוֹנָה)
turtle-necked /ˈtɜːt(ə)l-nekt/ adj. — צַוָּארוֹן גּוֹלְף
  a turtle-necked sweater — סֻוֶדֶר גּוֹלְף, חֻלְצַת גּוֹלְף
tusk /tʌsk/ n. — חַט, שֵׁן (שֶׁל פִּיל, חֲזִיר־בָּר, אַרְיֵה־יָם וְכַד׳)
tussle /ˈtʌs(ə)l/ (*colloq.*) n. — הִתְכַּתְּשׁוּת, תִּגְרָה
  —v.i. — הִתְכַּתֵּשׁ, הִתְקוֹטֵט
tussock /ˈtʌsək/ n. — תְּלוּלִית־עֵשֶׂב
tut /tʌt/ (also **tut-tut**) int. — מִצְמוּץ שְׂפָתַיִם, מֵעֵין ״צוּק־צוּק־צוּק״ (לְהַבָּעַת מֹרַת־רוּחַ, קֹצֶר־רוּחַ אוֹ הִזְדַּהוּת)
  —v.t. & i. — הִשְׁמִיעַ קוֹלוֹת כַּנַּ״ל, הִבִּיעַ רֶגֶשׁ כַּנַּ״ל
tutelage /ˈtjuːtəlɪdʒ/ n. (*formal*) — חוֹנְכוּת, חֲנִיכָה, אַפּוֹטְרוֹפְּסוּת
tutelary /ˈtjuːtɪlərɪ/ adj. (*formal*) — אַפּוֹטְרוֹפְּסִי, מַשְׁגִּיחַ, חוֹנֵךְ
tutor /ˈtjuːtə(r)/ n.
  1 (private teacher) — מוֹרֶה פְּרָטִי
  2 (university teacher) — טְיוּטוֹר (הַמְלַמֵּד תַּלְמִידִים בִּקְבוּצוֹת קְטַנּוֹת אוֹ כִּיחִידִים וּמְשַׁמֵּשׁ גַּם מֵעֵין חוֹנֵךְ)
  —v.t. & i. (*formal*) — נָתַן שִׁעוּרִים פְּרָטִיִּים; לִמֵּד (בָּאוּנִיבֶרְסִיטָה, כַּנַּ״ל)
  □ *he has tutored himself to be patient* — הוּא לִמֵּד אֶת עַצְמוֹ לְהִתְנַהֵג בְּסַבְלָנוּת
tutorial /tjuːˈtɔːrɪəl/ adj. (*formal*) — שֶׁל הוֹרָאָה
  —n. — שְׁעַת הַדְרָכָה, שִׁעוּר שֶׁל טְיוּטוֹר
tutti-frutti /ˌtuːtɪ-ˈfruːtɪ/ n. — טוּטִי־פְרוּטִי, גְּלִידַת פֵּרוֹת מְעֹרֶבֶת
tut-tut /tʌt-ˈtʌt/ int. see **TUT**
tutu /ˈtuːtuː/ n. — חֲצָאִית־בָּלֶט קְצַרְצָרָה
tuxedo /tʌkˈsiːdəʊ/ n. (*US*) — טוֹקְסִידוֹ, מְעִיל שֶׁל חֲלִיפַת־עֶרֶב רִשְׁמִית
TV /tiː ˈviː/ n. — טֶלֶוִיזְיָה
twaddle /ˈtwɒd(ə)l/ n. (*colloq.*) — פִּטְפּוּטִים
twain /tweɪn/ n. (*poet.*) — הַשְּׁנַיִם
  ne'er the twain shall meet — ...וְאֵין הָאֶחָד כְּמִשְׁנֵהוּ, וְאֵלֶּה הַשְּׁנַיִם לֹא יָדוּרוּ בִּכְפִיפָה אַחַת
twang /twæŋ/ n.
  1 (ringing sound) — צְלִיל שֶׁל מֵיתָר (שֶׁל בַּנְג׳וֹ, מֵיתְרֵי מַחְבֵּט טֶנִיס, מֵיתַר קֶשֶׁת וְכַד׳)
  2 (harsh, nasal accent) — מִבְטָא עִם אִנְפּוּף (לְמָשָׁל מִבְטָא אֲמֶרִיקָאִי); אִנְפּוּף
  —v.t. & i. — הִשְׁמִיעַ צְלִיל כַּנַּ״ל; דִּבֵּר בְּמִבְטָא כַּנַּ״ל
tweak /twiːk/ (*colloq.*) v.t. — צָבַט וְסוֹבֵב (לְמָשָׁל הוֹדָה אֶת אַפּוֹ אוֹ לֶחְיוֹ שֶׁל יֶלֶד)
  —n. — צְבִיטָה וְסִבּוּב (כַּנַּ״ל)
twee /twiː/ adj. (*UK colloq.*) — חָמוּד יוֹתֵר מִדַּי (וּלְמַעֲשֶׂה חֲסַר־טַעַם)
tweed /twiːd/ n. — (בַּד אוֹ בֶּגֶד) טְוִיד
  □ *she was in her tweeds* — הִיא לָבְשָׁה חֲלִיפַת טְוִיד
tweet /twiːt/ v.i. — צִיֵּץ, צִפְצֵף (צִפּוֹר)
  —n. — צִיּוּץ, צִפְצוּף, ״צְוִיץ״
tweeter /ˈtwiːtə(r)/ n. — רַמְקוֹל לְתְדָרִים גְּבוֹהִים, ״טְוִיטֶר״
tweezers /ˈtwiːzəz/ n. *pl.* — פִּנְצֶטָה, מַלְקֵט
twelfth /ˈtwelfθ/ adj. & n. — הַשְּׁנֵים־עָשָׂר; הַחֵלֶק הַשְּׁנֵים־עָשָׂר
  twelfth man — שַׂחְקַן־סַפְסָל בְּנִבְחֶרֶת קְרִיקֶט
  Twelfth Night — הַלַּיְלָה הַשְּׁנֵים־עָשָׂר שֶׁל חַג־הַמּוֹלָד (הַ־6 בְּיָנוּאָר)
twelve /twelv/ n. & adj. — שְׁנֵים עָשָׂר; הַשְּׁנֵים־עָשָׂר
  the Twelve (*Relig.*) — שְׁנֵים־עָשָׂר הַשְּׁלִיחִים (בַּנַּצְרוּת)
twelvemonth /ˈtwelvmʌnθ/ n. (*arch.*) — תְּרֵיסַר יְרָחִים (שָׁנָה)
  this day twelvemonth — כָּעֵת חַיָּה, הַיּוֹם בְּעוֹד שָׁנָה
twentieth /ˈtwentɪəθ/ adj. & n. — הָעֶשְׂרִים; הַחֵלֶק הָעֶשְׂרִים
twenty /ˈtwentɪ/ n. & adj. — עֶשְׂרִים
  twenty-twenty (or **20/20**) **vision** — רְאִיָּה שֵׁשׁ־שֵׁשׁ
  the twenties — שְׁנוֹת הָעֶשְׂרִים (שֶׁל הַמֵּאָה); שְׁנוֹת הָעֶשְׂרִים (בְּחַיֵּי אָדָם)
twerp /twɜːp/ n. (*UK colloq.*) — אַהֲבָל
twice /twaɪs/ adv. — פַּעֲמַיִם, פִּי שְׁנַיִם, כִּפְלַיִם
  □ *he's twice as fat as you are* — הוּא שָׁמֵן פִּי שְׁנַיִם מִמְּךָ
  □ *take two pills twice a day* — קַח שְׁנֵי כַּדּוּרִים פַּעֲמַיִם בַּיּוֹם
twiddle /ˈtwɪd(ə)l/ v.t. & i. — שִׂחֵק בְּבַטְלָנוּת בְּ...
  □ *he twiddled his thumbs all day* (*colloq.*) — הוּא יָשַׁב כָּל הַיּוֹם וְלֹא עָשָׂה כְּלוּם, הוּא יָשַׁב כָּל הַיּוֹם וְעָשָׂה ״בְּר...ְר...ְר...״
  □ *she was twiddling* (*with*) *her hair* — הִיא שִׂחֲקָה בִּשְׂעָרָהּ כָּל הַזְּמַן
twiddly /ˈtwɪdlɪ/ adj. (*colloq.*) — מְקֻמָּר, מְקֻשָּׁת (סִגְנוֹן בְּנִיָּה, סִגְנוֹן מוּזִיקָלִי, תַּכְשִׁיטִים וְכַד׳)
twig /twɪg/ n. — זֶרֶד, זַלְזַל
  —v.t. & i. (*colloq.*) — ״קָלַט״, הֵבִין פִּתְאֹם
twilight /ˈtwaɪlaɪt/ n. — דִּמְדּוּמִים, שְׁעַת הַדִּמְדּוּמִים, בֵּין־עַרְבַּיִם, בֵּין־הַשְּׁמָשׁוֹת
  twilight years — שְׁנוֹת הַזִּקְנָה
  the twilight zone (*fig.*) — ״אֵזוֹר הַדִּמְדּוּמִים״ (אֵזוֹר אוֹ מַצָּב בִּלְתִּי־מֻגְדָּר)
  □ *the twilight of the Roman Empire* (*poet.*) — שִׁלְהֵי הָאִימְפֶּרְיָה הָרוֹמִית
twilit /ˈtwaɪlɪt/ adj. — (מָקוֹם אוֹ דָּבָר) מוּאָר בְּאוֹר הַדִּמְדּוּמִים
twill /twɪl/ n. — סוּג אֲרִיגַת שְׁתִי וָעֵרֶב בְּבַד; בַּד כַּנַּ״ל
twin /twɪn/ n. & adj. — תְּאוֹם; תְּאוֹם, זֵהֶה
  twin-bed — אַחַת מִזּוּג מִטּוֹת (נִפְרָדוֹת, בְּחֶדֶר לִשְׁנַיִם)
  twin set (*UK*) — מַעֲרֶכֶת לְבוּשׁ תּוֹאֶמֶת (לְאִשָּׁה, הַמֻּרְכֶּבֶת מִמֵּעֵין סֻוֶדֶר וְעָלָיו סֻוֶדֶר־נִרְכָּס)

twin towns עָרִים תְּאוּמוֹת (שֶׁיֵּשׁ בֵּינֵיהֶן בְּרִית עָרִים תְּאוּמוֹת)
□ *I'm his twin* (or *we are twins*) אֲנִי הַתְּאוֹם שֶׁלּוֹ, אֲנַחְנוּ תְּאוֹמִים

—v.t.
twin with (עִיר) כָּרְתָה בְּרִית עָרִים תְּאוּמוֹת עִם

twine /twaɪn/ n. חוּט שָׁזוּר, חוּט שְׁפָגֶט
—v.t. & i. שָׁזַר, פָּתַל; הִשְׁתַּזֵּר, הִשְׂתָּרֵג

twin-engined /ˌtwɪn-ˈendʒɪnd/ adj. דּוּ־מְנוֹעִי

twinge /twɪndʒ/ n. כְּאֵב חַד
a twinge of conscience נְקִיפַת מַצְפּוּן

twinkle /ˈtwɪŋk(ə)l/ v.i. נִצְנֵץ (כּוֹכָב, אוֹר בָּאֲפֵלָה)
□ *her eyes twinkled with amusement* עֵינֶיהָ נָצְצוּ בְּמַבָּט מְשֻׁעְשָׁע
—n. נִצְנוּץ
□ *when you were just a twinkle in your father's eye* (*colloq.*) לִפְנֵי שֶׁנּוֹלַדְתָּ

twinkling /ˈtwɪŋklɪŋ/ n. (*colloq.*) הֶרֶף־עַיִן
□ *it was done in the twinkling of an eye* זֶה נַעֲשָׂה כְּהֶרֶף־עַיִן

twinned /twɪnd/ adj. קָשׁוּר כִּתְאוֹם, בַּעֲלַת קֶשֶׁר עָרִים תְּאוּמוֹת עִם
□ *Oxford is twinned with Bonn* לְאוֹקְסְפוֹרְד בְּרִית עָרִים תְּאוּמוֹת עִם בּוֹן

twirl /twɜːl/ v.t. & i סוֹבֵב בִּמְהִירוּת; חָג, חוֹלֵל
□ *he twirled his keys* הוּא שִׂחֵק עִם הַמַּפְתְּחוֹת שֶׁלּוֹ
—n. סִבּוּב

twist /twɪst/ v.t.
1 (change form of by rotating) סוֹבֵב, עִקֵּם
□ *I twisted my ankle when I tripped over* עִקַּמְתִּי אֶת הַקַּרְסֹל כְּשֶׁמָּעַדְתִּי
2 (wind strands about each other) לִפֵּף, פִּתֵּל, שָׁזַר, קָלַע
twist round one's little finger (*colloq.*) סוֹבֵב (אֶת פְּלוֹנִי) סְבִיב הָאֶצְבַּע הַקְּטַנָּה, הֶחֱזִיק (אֶת פְּלוֹנִי) בַּכִּיס הַקָּטָן
□ *we twisted the sheets together to form a rope* כָּרַכְנוּ אֶת הַסְּדִינִים יַחַד וְעָשִׂינוּ חֶבֶל
□ *he twisted his hair round his finger* הוּא סִלְסֵל אֶת שְׂעָרוֹ בְּאֶצְבָּעוֹ, הוּא שִׂחֵק בִּשְׂעָרוֹ
3 (bend from natural shape, etc.) עִקֵּם, עִוֵּת
□ *his face was twisted with pain* פָּנָיו הָיוּ מְעֻוָּתִים מִכְּאֵב
□ *the gangster had a twisted mind* לַפּוֹשֵׁעַ הָיָה מֹחַ מְעֻוָּת
4 (separate or break off)
twist off סוֹבֵב וְתָלַשׁ, סוֹבֵב וְשָׁבַר, סוֹבֵב וְהוֹרִיד
□ *she twisted the button off her coat* הִיא סוֹבְבָה אֶת הַכַּפְתּוֹר וְתָלְשָׁה אוֹתוֹ מִמְּעִילָהּ
5 (distort, misrepresent) סִלֵּף, עִוֵּת
□ *the papers twisted my words* הָעִתּוֹנִים סִלְּפוּ אֶת דְּבָרַי
6 (turn) סוֹבֵב
twist someone's arm סוֹבֵב אֶת הַיָּד (שֶׁל פְּלוֹנִי, מֵאֲחוֹרֵי הַגַּב), אִלֵּץ, הִכְרִיחַ
□ *go on, twist my arm!* (*colloq.*) נוּ טוֹב, אִם תִּלְחַץ עָלַי חָזָק (אֲנִי אַסְכִּים)
□ *twist the knob to the right setting* סוֹבֵב אֶת הַכַּפְתּוֹר לַמַּצָּב הַמַּתְאִים
7 (cheat, *colloq.*) הוֹצִיא בְּמִרְמָה מ...
□ *the gambler twisted me out of £50* הַמְהַמֵּר הוֹצִיא מִמֶּנִּי 50 לִישׁ"ט בְּמִרְמָה
—v.i.
1 (move or grow by winding round) הִסְתּוֹבֵב, הִתְפַּתֵּל
□ *he twisted and turned but could not get free* הוּא הִתְפַּתֵּל וְנֶאֱבַק אַךְ לֹא הִצְלִיחַ לְהִשְׁתַּחְרֵר
2 (turn round) הִסְתּוֹבֵב
□ *I twisted round my seat* הִסְתּוֹבַבְתִּי בְּכִסְאִי
3 (have turnings) הִתְפַּתֵּל
□ *the road twists a lot* הַכְּבִישׁ מָלֵא פִּתּוּלִים
—n.
1 (act of twisting; twisted thing) סִבּוּב, פִּתּוּל, סִלְסוּל
a twist of lemon סִלְסוּל (סְפִּירָלָה) שֶׁל קְלִפַּת לִימוֹן (בְּמַשְׁקֶה)
□ *don't get your knickers in a twist!* (*UK sl.*) אַל תִּכָּנֵס לִפָּנִיקָה! אַל תְּאַבֵּד אֶת הָרֹאשׁ!
□ *the salt was in a twist of paper* הַמֶּלַח הָיָה אָרוּז בַּחֲתִיכַת נְיָר מְקֻפֶּלֶת
□ *there are many twists in the road* יֵשׁ הַרְבֵּה פִּתּוּלִים בַּכְּבִישׁ
2 (unexpected change) "קוּץ"
twist of fate צֵרוּף מִקְרִים מוּזָר
□ *the story has a twist at the end* לַסִּפּוּר יֵשׁ "פּוּאֶנְטָה", לַסִּפּוּר יֵשׁ "קוּץ"
3 (kind of dance) "טְוִיסְט" (רִקּוּד סָלוֹנִי מִשְּׁנוֹת הַ־60)
4 (sign of madness) מוּזָרוּת, שִׁגָּעוֹן
round the twist (*UK colloq.*) (אָדָם אֲשֶׁר) "נָפַל עַל הָרֹאשׁ"

twister /ˈtwɪstə(r)/ n.
1 (dishonest person, *colloq.*) רַמַּאי
2 (tornado, *US*) סוּפַת טוֹרְנָדוֹ

twisty /ˈtwɪstɪ/ adj. מְפֻתָּל

twit /twɪt/ n. (*colloq.*) טֶמְבֶּל
—v.t. (*arch.*) "עָקַץ" (בְּהוּמוֹר, לְלֹא כַּוָּנָה מְרֻשַּׁעַת)

twitch /twɪtʃ/ v.t. & i. נִפְנֵף, מָשַׁךְ (בִּתְנוּעָה קְצָרָה וְקוֹפַצְנִית); קִפֵּץ (בִּתְנוּעָה קְצָרָה וּמְהִירָה), פִּרְפֵּר, הִתְעַוֵּת
—n. פִּרְפּוּר, עֲוִית, מְשִׁיכָה פִּתְאוֹמִית, "טִיק" (בָּעַיִן, בְּזָוִית הַפֶּה)

twitter /ˈtwɪtə(r)/ v.i. צִפְצֵף, צִיֵּץ
—n. צִפְצוּף, צִיּוּץ
□ *she was all of a* (or *in a*) *twitter* (*colloq.*) הִיא קָפְצָה וְצִיְּצָה מֵרֹב הִתְרַגְּשׁוּת

two /tuː/ n. & adj. שְׁתַּיִם; שְׁנַיִם, שְׁתַּיִם
that makes two of us (*colloq.*) גַּם אֲנִי (כָּמוֹךָ)!
it takes two צָרִיךְ שְׁנַיִם (כְּדֵי שֶׁדָּבָר מְסֻיָּם יִקְרֶה וְכַד')
two can play at that game אִם אַתָּה תַּתְחִיל, אֲנִי אַמְשִׁיךְ (מַעֲנֶה חָרִיף לְאִיּוּם וְכַד')
graduates are two a penny at present (*colloq.*) בּוֹגְרֵי אוּנִיבֶרְסִיטָה מִתְגּוֹלְלִים הַיּוֹם בָּרְחוֹבוֹת בְּלִי סוֹף
□ *the vase broke* (or *came* or *split*) *in two* הַכַּד נִשְׁבַּר לִשְׁנַיִם
□ *he put two and two together* (*colloq.*) הוּא הֵבִין דָּבָר מִתּוֹךְ דָּבָר
two-dimensional /ˌtuː-daɪˈmenʃənəl/ adj. דּוּ־מְמַדִּי; שָׁטוּחַ, פַּשְׁטָנִי
two-edged /tuː-edʒd/ adj. בַּעַל לַהַב־כָּפוּל
a two-edged argument טִעוּן שֶׁהוּא חֶרֶב־פִּיפִיּוֹת
two-faced /tuː-ˈfeɪst/ adj. (*derog.*) דּוּ־פַּרְצוּפִי, צָבוּעַ
twofold /ˈtuːfəʊld/ adj. & adv. כָּפוּל; כִּפְלַיִם
two-handed /ˌtuː-ˈhændɪd/ adj. בִּשְׁתֵּי יָדַיִם, לִשְׁתֵּי יָדַיִם (נִצָּב שֶׁל חֶרֶב, חֲבָטַת טֶנִיס וְכַד'); בַּעַל שְׁתֵּי יָדִיּוֹת (מַשּׂוֹר לִשְׁנֵי אֲנָשִׁים וְכַד')
twopence /ˈtʌpəns/ n. שְׁנֵי פֶּנִי
□ *I don't give twopence* (*UK colloq.*) לֹא אִכְפַּת לִי
twopenny /ˈtʌpənɪ/ adj. בִּשְׁנֵי פֶּנִי; "בִּגְרוּשׁ", חֲסַר־עֵרֶךְ
twopenny-halfpenny /ˌtʌpnɪ-ˈheɪpnɪ/ adj. (*UK colloq.*) "בִּגְרוּשׁ", חֲסַר־עֵרֶךְ
a twopenny-halfpenny dictator רוֹדָן קָטָן וְנִבְזֶה
two-piece /ˈtuː-piːs/ n. & adj. חֲלִיפָה שֶׁל שְׁנֵי חֲלָקִים; בַּעַל שְׁנֵי־חֲלָקִים
two-ply /ˈtuː-plaɪ/ adj. בַּעַל שְׁתֵּי שְׁכָבוֹת
two-seater /ˌtuː-ˈsiːtə(r)/ n. מְכוֹנִית דּוּ־מוֹשָׁבִית, מָטוֹס דּוּ־מוֹשָׁבִי
twosome /ˈtuːsəm/ n. (*colloq.*) זוּג, צֶמֶד
two-step /ˈtuː-step/ n. מֵעֵין מָחוֹל לִצְלִילֵי מַרְשׁ
two-stroke /ˈtuː-strəʊk/ adj. (מָנוֹעַ) שֶׁל שְׁתֵּי פְּעִימוֹת, דּוּ־פְּעִימָתִי
two-time /ˈtuː-taɪm/ v.t. (*colloq.*) בָּגַד (בַּעַל בְּאִשְׁתּוֹ, אִשָּׁה בְּבַעְלָהּ, חָבֵר בַּחֲבֶרְתּוֹ וְכוּ')
two-timer /ˈtuː-taɪmə(r)/ n. (*colloq.*) בּוֹגֵד (כַּנַּ"ל)
two-tone /ˈtuː-təʊn/ adj. בִּשְׁנֵי צְבָעִים, דּוּ־גּוֹנִי
two-way /ˈtuː-weɪ/ adj. דּוּ־כִּוּוּנִי, (כְּבִישׁ) דּוּ־סִטְרִי
two-way radio מַכְשִׁיר קֶשֶׁר, מַשְׁדֵּר־מַקְלֵט, "מוֹטוֹרוֹלָה"
two-way switch מֶתֶג דּוּ־כִּוּוּנִי
two-way traffic תְּנוּעָה דּוּ־כִּוּוּנִית, תְּנוּעָה דּוּ־סִטְרִית
tycoon /taɪˈkuːn/ n. אֵיל־ (־סְפָנוֹת, ־נֵפְט, ־הוֹן וְכַד'), מִילְיוֹנֶר
tyke /taɪk/ n. (also **tike**, *UK colloq.*) כֶּלֶב בֶּן־כִּלְאַיִם קָטָן; (בְּהַשְׁאָלָה לְיֶלֶד) שׁוֹבָב

tympani /ˈtɪmpənɪ/ see **TIMPANI** תֻּפֵּי טִימְפָּנִי (בְּתִזְמֹרֶת)
tympanum /ˈtɪmpənəm/ n. (*Anat.*) תֹּף הָאֹזֶן
type /taɪp/ n.
1 (kind) סוּג
ceramic-type materials חֳמָרִים מִטִּיפּוּס קֶרָמִי
Cheddar-type cheese גְּבִינָה בְּסִגְנוֹן צֶ'דֶר
□ *he behaved true to type* הוּא נָהַג בְּאֹפֶן טִיפּוּסִי
2 (letters for printing) אוֹתִיּוֹת דְּפוּס, סְדָר
3 (characteristic specimen, *formal*) טִיפּוּס, דֻּגְמָה
—v.t.
1 (write with typewriter) הִדְפִּיס בִּמְכוֹנַת כְּתִיבָה
□ *she typed me out a proper receipt* הִיא הִדְפִּיסָה עֲבוּרִי קַבָּלָה מְסֻדֶּרֶת
□ *he typed up the notes* הוּא הִדְפִּיס אֶת הָרְשִׁימוֹת
2 (determine type of) סִוֵּג, קָבַע אֶת סוּגוֹ שֶׁל
—v.i.
typecast /ˈtaɪpkɑːst/ v.t. סִוֵּג (שַׂחְקָן) בְּתַפְקִידִים בַּעֲלֵי אֹפִי קָבוּעַ
typeface /ˈtaɪpfeɪs/ n. סוּג אוֹת (בִּדְפוּס)
typescript /ˈtaɪpskrɪpt/ n. עֹתֶק מֻדְפָּס (בִּמְכוֹנַת כְּתִיבָה וְכַד')
typesetter /ˈtaɪpsetə(r)/ n. סַדַּר דְּפוּס
typewriter /ˈtaɪpraɪtə(r)/ n. מְכוֹנַת כְּתִיבָה
typewritten /ˈtaɪprɪt(ə)n/ adj. מֻדְפָּס (בִּמְכוֹנַת כְּתִיבָה אוֹ מְעַבֵּד תַּמְלִילִים)
typhoid /ˈtaɪfɔɪd/ n. טִיפוּס־הַמֵּעַיִם
typhoid fever (קַדַּחַת) טִיפוּס־הַמֵּעַיִם
typhoon /taɪˈfuːn/ n. טַיְפוּן, סְעָרַת טַיְפוּן
typhus /ˈtaɪfəs/ n. טִיפוּס הַבֶּהָרוֹת
typical /ˈtɪpɪk(ə)l/ adj. טִיפּוּסִי, אָפְיָנִי
typical of אָפְיָנִי ל...
typically /ˈtɪpɪk(ə)lɪ/ adv. בְּאֹפֶן טִיפּוּסִי, בְּצוּרָה אָפְיָנִית
typify /ˈtɪpɪfaɪ/ v.t. אִפְיֵן, סִמֵּל, הָיָה טִיפּוּסִי ל...
typing /ˈtaɪpɪŋ/ n. הַדְפָּסָה (בִּמְכוֹנַת כְּתִיבָה אוֹ בִּמְעַבֵּד תַּמְלִילִים)
typing paper נְיַר לִמְכוֹנַת־כְּתִיבָה
typing pool קְבוּצַת מַזְכִּירוֹת (לֹא־אִישִׁיּוֹת) בְּמִשְׂרָד
typist /ˈtaɪpɪst/ n. כַּתְבָן, כַּתְבָנִית
typo /ˈtaɪpəʊ/ n. (*colloq.*) טָעוּת דְּפוּס, שְׁגִיאַת דְּפוּס
typographer /taɪˈpɒgrəfə(r)/ n. מַדְפִּיס; סַדַּר דְּפוּס
typographical /ˌtaɪpəˈgræfɪk(ə)l/ adj. שֶׁל דְּפוּס, שֶׁל סְדָר, טִיפּוֹגְרָפִי
typography /taɪˈpɒgrəfɪ/ n. דְּפוּס, סְדָר, טִיפּוֹגְרַפְיָה
typology /taɪˈpɒlədʒɪ/ n. טִיפּוֹלוֹגְיָה
tyrannical /tɪˈrænɪk(ə)l/ adj. רוֹדָנִי, עָרִיצִי
tyrannize /ˈtɪrənaɪz/ v.t. רָדָה בְּ..., מָשַׁל בְּעָרִיצוּת בְּ..., דִּכָּא, דִּכֵּא

—v.i.

tyrannize over רָדָה בְּ...

tyrannous /ˈtɪrənəs/ adj. רוֹדָנִי, עָרִיצִי

tyranny /ˈtɪrənɪ/ n. עָרִיצוּת, רוֹדָנוּת, שִׁלְטוֹן עָרִיץ, טִירַנְיָה

□ *his tyrannies were numberless* מַעֲשֵׂי הָרוֹדָנוּת שֶׁלּוֹ הָיוּ רַבִּים מִסְּפוֹר

□ *they live under the tyranny of military rule* הֵם חַיִּים בְּמִשְׁטָר צְבָאִי עָרִיץ

tyrant /ˈtaɪrənt/ n. עָרִיץ, רוֹדָן, טִירָן

tyre /ˈtaɪə(r)/ n. (*US* **tire**) צְמִיג

tyro /ˈtaɪərəʊ/ n. (*formal*) טִירוֹן, "יָרֹק", מַתְחִיל

tzatziki /tsætˈsiːkɪ/ n. סָלָט צָאצִיקִי (יְוָנִי, מֵכִיל מְלָפְפוֹנִים וְיוֹגוּרְט)

U u

U, u /juː/ n. "יו" (הָאוֹת הָעֶשְׂרִים וְאַחַת בָּאָלֶפְבֵּית הָאַנְגְּלִי)

non-U (*arch. colloq.*) שֶׁלֹּא כְּדֶרֶךְ הַמַּעֲמָד הַגָּבוֹהַּ, לֹא שֶׁל הַמַּעֲמָד הַגָּבוֹהַּ

ubiquitous /juːˈbɪkwɪtəs/ adj. (*formal*) שֶׁנִּמְצָא בְּכָל מָקוֹם

ubiquity /juːˈbɪkwɪtɪ/ n. (*formal*) נוֹכְחוּת בְּכָל מָקוֹם (בְּאוֹתוֹ זְמַן)

U-boat /juː-bəʊt/ n. (*Hist.*) צוֹלֶלֶת גֶּרְמָנִית (בְּשִׁמּוּשׁ בְּמִלְחֶמֶת הָעוֹלָם הַ־II)

udder /ˈʌdə(r)/ n. עֲטִין (שֶׁל פָּרָה, עֵז וְכַד׳)

UFO /ˈjuːfəʊ/ abbrev. עַבָּ"מ (עֶצֶם בִּלְתִּי מְזֹהֶה), "צַלַּחַת מְעוֹפֶפֶת"

ugh /ɜː, ɜːx/ int. "פוּי", "אִיכְס", "פִּיכְס" (מִלַּת קְרִיאָה לְהַבָּעַת גֹּעַל וּסְלִידָה)

ugliness /ˈʌglɪnɪs/ n. כִּעוּר

ugly /ˈʌglɪ/ adj.

1 (unsightly) מְכֹעָר, דּוֹחֶה

an ugly duckling (*colloq.*) בַּרְוָזוֹן מְכֹעָר (אָדָם שֶׁ"פָּרַח" מְאֻחָר)

□ *he is as ugly as sin* הוּא מְכֹעָר כְּמוֹ שֵׁד/קוֹף

2 (threatening) מְאַיֵּם, מְבַשֵּׂר־רַע, לֹא סִימְפָּטִי

□ *he's an ugly customer* (*colloq.*) הוּא טִיפּוּס מְסֻכָּן

□ *it was a pleasant meeting until politics reared its ugly head* זוֹ הָיְתָה פְּגִישָׁה נְעִימָה עַד שֶׁהַפּוֹלִיטִיקָה חָשְׂפָה אֶת פַּרְצוּפָהּ הַמְכֹעָר

□ *the crowd was in an ugly mood* הֶהָמוֹן הָיָה בְּמַצַּב רוּחַ מְבַשֵּׂר־רָעוֹת

UHT milk /juː eɪtʃ ˌtiː ˈmɪlk/ n. חָלָב עָמִיד

UK /ˌjuːˈkeɪ/ abbrev. בְּרִיטַנְיָה הַגְּדוֹלָה, הַמַּמְלָכָה הַמְאֻחֶדֶת

ukele /juːkəˈleɪlɪ/ n. גִּיטָרָה מֵאִיֵּי־הָוַאי (בַּת אַרְבָּעָה מֵיתָרִים)

ulcer /ˈʌlsə(r)/ n. כִּיב, אוּלְקוּס; פֶּצַע פָּתוּחַ (גַּם בְּהַשְׁאָלָה)

ulcerate /ˈʌlsəreɪt/ v.t. & i. גָּרַם לְכִיב בְּ...; הִתְפַּתַּח לְכִיב

ulna /ˈʌlnə/ n. (*Anat.*) עֶצֶם אַמַּת הַיָּד, קָנֶה, גֹּמֶד

ulterior /ʌlˈtɪərɪə(r)/ adj. כָּמוּס, נִסְתָּר, חָבוּי

ulterior motive מֵנִיעַ נִסְתָּר, כַּוָּנָה נִסְתֶּרֶת

ultimate /ˈʌltɪmət/ adj. אַחֲרוֹן, סוֹפִי; בְּסִיסִי; הַ... בָּ"ה" הַיְדִיעָה

the ultimate analysis הַחֶשְׁבּוֹן הַסּוֹפִי

the ultimate cause הַגּוֹרֵם הַבְּסִיסִי

—n. שִׂיא, פִּסְגָּה (בְּהַשְׁאָלָה בִּלְבַד)

□ *it was the ultimate in impertinence* זֶה הָיָה שִׂיא הַחֻצְפָּה

ultimately /ˈʌtɪmətlɪ/ adv. בְּסוֹפוֹ שֶׁל דָּבָר

ultimatum /ˌʌltɪˈmeɪtəm/ n. אוּלְטִימָטוּם

ultra- /ˈʌltrə-/ pref. אוּלְטְרָה", (תְּחִלִּית שֶׁפֵּרוּשָׁהּ) בְּיוֹתֵר, קִיצוֹנִי, יָתֵר עַל הַמִּדָּה

ultramarine /ˌʌltrəməˈriːn/ n. & adj. כָּחֹל אוּלְטְרָמָרִין (צֶבַע כָּחֹל עַז); בַּעַל צֶבַע כַּנַּ"ל

ultrasonic /ˌʌltrəˈsɒnɪk/ adj. אוּלְטְרָסוֹנִי, עַל־שִׁמְעִי, שֶׁמֵּעֵבֶר לִתְחוּם הַשֶּׁמַע

ultrasound /ˈʌltrəsaʊnd/ n. אוּלְטְרָסָאוּנְד (סוּג שֶׁל בְּדִיקָה רְפוּאִית)

ultraviolet /ˌʌltrəˈvaɪələt/ adj. אוּלְטְרָה־סָגֹל

ultra vires /ˌʌltrə ˈvaɪəriːz/ adj. & adv. שֶׁמֵּעֵבֶר לַסַּמְכוּת (הַחֻקִּית) שֶׁל פְּלוֹנִי; חוֹרֵג מִסַּמְכוּת

ululate /ˈjuːljʊleɪt/ v.i. (*formal*) (אָדָם בִּלְבַד) נָשָׂא קוֹלוֹ בִּילָלָה

umber /ˈʌmbə(r)/ n. & adj. צֶבַע חוּם צְהַבְהַב, בַּעַל צֶבַע כַּנַּ"ל

burnt umber חוּם אֲדַמָּה, חוּם אֲדַמְדַּם

umbilical /ˌʌmbɪˈlaɪk(ə)l, ʌmˈbɪlɪk(ə)l/ adj. שֶׁל הַטַּבּוּר

umbilical cord חֶבֶל הַטַּבּוּר

umbrage /ˈʌmbrɪdʒ/ n. פְּגִיעָה, עֶלְבּוֹן

□ *he took umbrage at my comments* הוּא נִפְגַּע מֵהֶעָרוֹתַי

umbrella /ʌmˈbrelə/ n. מִטְרִיָּה

an umbrella organization אִרְגּוּן־גַּג

umlaut /ˈʊmlaʊt/ n. "אוּמְלָאוּט", נְקֻדּוֹתַיִם מֵעַל תְּנוּעָה (בְּגֶרְמָנִית לְמָשָׁל, לְצִיּוּן שִׁנּוּי הַהֲגִיָּה)

umpire /ˈʌmpaɪə(r)/ n. שׁוֹפֵט (בְּמִשְׂחֲקֵי סְפּוֹרְט); בּוֹרֵר (בְּסִכְסוּכִים)

—v.t. & i. שִׁמֵּשׁ כְּשׁוֹפֵט בְּ...; שִׁמֵּשׁ כְּבוֹרֵר, שִׁמֵּשׁ כְּשׁוֹפֵט

umpteen /ʌmpˈtiːn/ adj. (*colloq.*) "מֵאָה" (פְּעָמִים), "מִי יוֹדֵעַ כַּמָּה"

umpteenth /ʌmpˈtiːnθ/ adj. (*colloq.*) (בַּפַּעַם) "הַמֵּאָה", (בַּפַּעַם) "הַמִּי־יוֹדֵעַ־כַּמָּה"

□ *I am telling you for the umpteenth time* אֲנִי אוֹמֵר לְךָ בַּפַּעַם הַמִּי־יוֹדֵעַ־כַּמָּה

UN /ˌjuːˈen/ abbrev. אוּ"ם (אִרְגּוּן הָאֻמּוֹת הַמְאֻחָדוֹת)

'un /ən/ pron. (*colloq.*) מַשֶּׁהוּ (דָּבָר אֶחָד שֶׁהוּא בַּעַל תְּכוּנָה מְסֻיֶּמֶת)

□ *I'll take those apples, they look like good 'uns* אֲנִי אֶקַּח אֶת הַתַּפּוּחִים הָאֵלֶּה, הֵם נִרְאִים לִי טוֹבִים

un- /ʌn-/ pref. לֹא־, אִי־, בִּלְתִּי־, חֲסַר־, נְטוּל־

unabashed /ˌʌnəˈbæʃt/ adj. נְטוּל־מְבוּכָה, חָפְשִׁי מִבּוּשָׁה

unabated /ˌʌnəˈbeɪtɪd/ adj. (*formal*) (עֲדַיִן) בִּמְלוֹא עָצְמָתוֹ

unable /ʌnˈeɪb(ə)l/ (pred. adj) לֹא יָכוֹל, לֹא מְסֻגָּל

unabridged /ˌʌnəˈbrɪdʒd/ adj. (סֵפֶר וְכַד׳) לֹא מְקֻצָּר

unacceptable /ˌʌnəkˈseptəb(ə)l/ adj. שֶׁאִי אֶפְשָׁר לְקַבְּלוֹ, שֶׁפְּלוֹנִי אֵינוֹ מוּכָן/יָכוֹל לְקַבְּלוֹ, שֶׁהַדַּעַת אֵינָהּ סוֹבֶלֶת אוֹתוֹ

unaccompanied /ˌʌnəˈkʌmpənɪd/ adj. (אָדָם) בְּלִי בְּנֵי־לְוָיָה; (דָּבָר) לְלֹא דָּבָר נִלְוֶה; (מוּזִיקָה) לְלֹא לִוּוּי

unaccompanied luggage מִזְוָדוֹת לְלֹא־הַשְׁגָּחָה

unaccompanied singing שִׁירָה לְלֹא לִוּוּי

unaccountable /ˌʌnəˈkaʊntəb(ə)l/ adj. (*formal*)

1 (inexplicable) חֲסַר־פֵּשֶׁר, בִּלְתִּי־מֻסְבָּר

2 (not responsible) לֹא אַחְרָאִי לְ..., לֹא נוֹשֵׂא בְּאַחֲרָיוּת

unaccounted /ˌʌnəˈkaʊntɪd/ adj. לְלֹא הֶסְבֵּרִים

unaccounted for שֶׁלֹּא אֻתַּר, שֶׁאֵין יוֹדְעִים עַל מַצָּבוֹ/עַל מְקוֹם הִמָּצְאוֹ

unaccustomed /ˌʌnəˈkʌstəmd/ adj. לֹא מֻרְגָּל בְּ..., לֹא רָגִיל לְ...

□ *unaccustomed as I am to public speaking...* אַף־עַל־פִּי שֶׁאֵינֶנִּי מֻרְגָּל לִנְאֹם נְאוּמִים...

unadopted /ˌʌnəˈdɒptɪd/ adj. (*UK*) לְלֹא שֵׁרוּתֵי־עִירִיָּה

unadopted road רְחוֹב שֶׁאֵינוֹ מְתֻחְזָק עַל־יְדֵי הָעִירִיָּה

unadorned /ˌʌnəˈdɔːnd/ adj. לֹא מְקֻשָּׁט, בְּלִי כָּחָל וְשָׂרָק

unadulterated /ˌʌnəˈdʌltəreɪtɪd/ adj. (*formal*) (מָזוֹן) לְלֹא תּוֹסָפוֹת מְלָאכוּתִיּוֹת; (יַיִן) בִּלְתִּי מָהוּל; (בְּהַשְׁאָלָה) טָהוֹר

□ *his words were unadulterated rubbish* דְּבָרָיו הָיוּ קִשְׁקוּשׁ טָהוֹר, דְּבָרָיו הָיוּ קִשְׁקוּשׁ וְלֹא יוֹתֵר

unadventurous /ˌʌnədˈventʃərəs/ adj. נְטוּל יֵצֶר־הַרְפַּתְקָנוּת; נְטוּל מָעוֹף

unadvised /ˌʌnədˈvaɪzd/ adj. (*formal*) לֹא נָבוֹן, נִמְהָר, פָּזִיז

unaffected /ˌʌnəˈfektɪd/ adj.

1 (not influenced) לֹא מֻשְׁפָּע מִ...

2 (free from affectation) כֵּן, פָּשׁוּט, יָשִׁיר

□ *he was a simple and unaffected man* הוּא הָיָה אָדָם פָּשׁוּט וְכֵן

unaided /ʌnˈeɪdɪd/ adj. לְלֹא־סִיּוּעַ, לְלֹא־עֶזְרָה, בְּכֹחוֹת עַצְמוֹ

unalloyed /ˌʌnəˈlɔɪd/ adj. (*poet.*) (רֶגֶשׁ) טָהוֹר

unalloyed happiness שִׂמְחָה שְׁלֵמָה, אֹשֶׁר שָׁלֵם

unalterably /ʌnˈɔːltərəblɪ/ adv. בְּאֹפֶן שֶׁאֵין לְשַׁנּוֹתוֹ, בְּאֹפֶן שֶׁלֹּא נִתָּן לְשִׁנּוּי

unambiguous /ˌʌnæmˈbɪgjʊəs/ adj. שֶׁאֵינוֹ מִשְׁתַּמֵּעַ לִשְׁתֵּי פָּנִים, חַד־מַשְׁמָעִי

unambitious /ˌʌnæmˈbɪʃəs/ adj. לֹא שְׁאַפְתָּן, צָנוּעַ, לֹא אַמְבִּיצְיוֹזִי

un-American /ʌn-əˈmerɪkən/ adj. לֹא־אֲמֶרִיקָאִי, שֶׁאֵינוֹ עוֹלֶה בְּקָנֶה אֶחָד עִם הָעֲרָכִים הָאֲמֶרִיקָאִיִּים, חַתְרָנִי (בְּהֶקְשֵׁר אֲמֶרִיקָאִי)

unanimity /ˌjuːnəˈnɪmɪtɪ/ n. (*formal*) אַחְדוּת דֵּעִים, תְּמִימוּת דֵּעִים

unanimous /juːˈnænɪməs/ adj. פֶּה־אֶחָד

□ *they reached a unanimous decision* הֵם הִגִּיעוּ לְהַחְלָטָה פֶּה אֶחָד

unannounced /ˌʌnəˈnaʊnst/ adj. בְּלִי שֶׁהֻכְרַז עַל בּוֹאוֹ, בִּלְתִּי־צָפוּי

unanswerable /ʌnˈɑːnsərəb(ə)l/ adj. שֶׁאֵין עָלָיו מַעֲנֶה, שֶׁאֵין לְהַפְרִיכוֹ

□ *his case is unanswerable* (*Law*) אִי אֶפְשָׁר לְהַפְרִיךְ אֶת טַעֲנָתוֹ

unanswered /ʌnˈɑːnsəd/ adj. לְלֹא מַעֲנֶה; לְלֹא תְּגוּבָה

unappealing /ˌʌnəˈpiːlɪŋ/ adj. לֹא מוֹשֵׁךְ, לֹא מְצוֹדֵד

unappetizing /ʌnˈæpɪˌtaɪzɪŋ/ adj. לֹא מוֹשֵׁךְ, מְעוֹרֵר סְלִידָה

unapproachable /ˌʌnəˈprəʊtʃəb(ə)l/ adj. שֶׁאֵין גִּישָׁה אֵלָיו, "שׁוֹמֵר מֶרְחָק", מַקְפִּיד עַל רִשְׁמִיּוּת

unarmed /ʌnˈɑːmd/ adj. בִּלְתִּי מְזֻיָּן, לֹא חָמוּשׁ

unarmed combat קְרַב מַגָּע

unashamed /ˌʌnəˈʃeɪmd/ adj. חֲסַר בּוּשָׁה; בְּגָלוּי

□ *he was an unashamed believer in magic* הוּא לֹא הִסְתִּיר אֶת אֱמוּנָתוֹ בִּכְשָׁפִים

unasked /ʌnˈɑːskt/ adj. לֹא רָצוּי, שֶׁלֹּא הִתְבַּקֵּשׁ

unasked for לֹא רָצוּי, שֶׁלֹּא הִתְבַּקֵּשׁ

unaspirated /ʌnˈæspɪreɪtɪd/ adj. (*Gram.*) (עִצּוּר) בִּלְתִּי־מְנֻשָּׁף

unassailable /ˌʌnəˈseɪləb(ə)l/ adj. (*formal*) לֹא נִתָּן לְכִבּוּשׁ; שֶׁאֵין לְהַפְרִיכוֹ

unassuming /ˌʌnəˈsjuːmɪŋ/ adj. מַצְנִיעַ לֶכֶת, לֹא מִתְבַּלֵּט, לֹא יָמְרָנִי

unattached /ˌʌnəˈtætʃt/ adj.

1 (independent) בִּלְתִּי תָּלוּי, עַצְמָאִי

2 (without a fixed partner) פָּנוּי, לֹא נָשׂוּי

unattainable /ˌʌnəˈteɪnəb(ə)l/ adj. (*formal*) בִּלְתִּי נִתָּן לְהַשָּׂגָה, בִּלְתִּי מֻשָּׂג

unattended /ˌʌnəˈtendɪd/ adj.

1 (not accompanied) לְלֹא לִוּוּי, בְּלִי מְלַוִּים

2 (without supervision) לְלֹא הַשְׁגָּחָה

□ *some of the correspondence was still unattended to* כַּמָּה מִן הַמִּכְתָּבִים עֲדַיִן לֹא זָכוּ לְטִפּוּל

unattested /ˌʌnəˈtestɪd/ adj. (*formal*) שֶׁאֵין לוֹ עֵד; שֶׁאֵין לוֹ עֵדוּת, שֶׁאֵין לוֹ אִשּׁוּר

unattractive /ˌʌnəˈtræktɪv/ adj. לֹא מוֹשֵׁךְ, דּוֹחֶה

unauthorized /ʌnˈɔːθəraɪzd/ adj. לֹא מֻסְמָךְ, לֹא מֻרְשֶׁה, שֶׁלֹּא בִּרְשׁוּת

unavailable /ˌʌnəˈveɪləb(ə)l/ adj. לֹא מָצוּי, שֶׁאֵין לְהַשִּׂיגוֹ; עָסוּק

unavailing /ˌʌnəˈveɪlɪŋ/ adj. (*formal*) לַשָּׁוְא, לָרִיק
□ *his efforts were unavailing* מַאֲמַצָּיו עָלוּ בַּתֹּהוּ

unavoidable /ˌʌnəˈvɔɪdəb(ə)l/ adj. בִּלְתִּי נִמְנָע

unaware /ˌʌnəˈweə(r)/ adj. לֹא מוּדָע (לְ...); לֹא מַרְגִּישׁ (בְּ...)
□ *she is unaware of my feelings* הִיא לֹא מוּדַעַת לְרִגְשׁוֹתַי

unawares /ˌʌnəˈweəz/ adv.
1 (by surprise) בְּמַפְתִּיעַ
□ *he caught* (or *took*) *me unawares* הוּא הִפְתִּיעַ אוֹתִי
2 (unconsciously, *formal*) בְּהֶסַּח הַדַּעַת, שֶׁלֹּא בְּיוֹדְעִין
□ *she probably took the parcel unawares* הִיא בְּוַדַּאי לָקְחָה אֶת הַחֲבִילָה בְּהֶסַּח הַדַּעַת

unbacked /ˌʌnˈbækt/ adj. לְלֹא תְּמִיכָה, לְלֹא גִּבּוּי

unbalanced /ˌʌnˈbælənst/ adj. לֹא מְאֻזָּן, לֹא שָׁקוּל

unbar /ʌnˈbɑː(r)/ v.t. הֵסִיט אֶת הַבְּרִיחַ מִ...; סָלַל אֶת הַדֶּרֶךְ לְ...

unbearable /ʌnˈbeərəb(ə)l/ adj. קָשֶׁה מִנְּשׂוֹא, בִּלְתִּי נִסְבָּל

unbeatable /ˌʌnˈbiːtəb(ə)l/ adj. שֶׁאִי אֶפְשָׁר לְנַצְּחוֹ; לְלֹא תַּחֲרוּת (מְחִיר וְכַד')
□ *this soap powder offers unbeatable value* אַבְקַת כְּבִיסָה זֹאת מַעֲנִיקָה תְּמוּרָה לְלֹא תַּחֲרוּת (לְכַסְפְּךָ)

unbeaten /ˌʌnˈbiːt(ə)n/ adj. (מִתְחָרֶה) בִּלְתִּי מְנֻצָּח; שֶׁלֹּא נִשְׁבַּר עֲדַיִן (שִׂיא וְכַד')

unbecoming /ˌʌnbɪˈkʌmɪŋ/ adj. (*formal*) לֹא הוֹלֵם, לֹא נָאֶה

unbeknown /ˌʌnbɪˈnəʊn/ adv. (also **unbeknownst**, *formal*) בְּלִי יְדִיעָתוֹ שֶׁל...

unbelief /ˌʌnbɪˈliːf/ n. (*formal*) אִי־אֱמוּנָה, כְּפִירָה (בְּעִנְיְנֵי דָּת)

unbelievable /ˌʌnbɪˈliːvəb(ə)l/ adj. לֹא יֵאָמֵן, שֶׁקָּשֶׁה לְהַאֲמִין בּוֹ

unbeliever /ˌʌnbɪˈliːvə(r)/ n. לֹא־מַאֲמִין, כּוֹפֵר

unbelieving /ˌʌnbɪˈliːvɪŋ/ adj. לֹא מַאֲמִין, מֵטִיל סָפֵק

unbend /ʌnˈbend/ (past & past ppl. **unbent** /ʌnˈbent/)
—v.t. & i. יִשֵּׁר; הִתְיַשֵּׁר; "הִשְׁתַּחְרֵר", הִתְנַהֵג בְּחָפְשִׁיּוּת

unbending /ʌnˈbendɪŋ/ adj. נֻקְשֶׁה, תַּקִּיף

unbiased /ʌnˈbaɪəst/ adj. (also **unbiassed**) לֹא מְשֻׁחָד, לְלֹא מַשּׂוֹא פָּנִים

unbidden /ʌnˈbɪd(ə)n/ adj. (*formal*) לֹא קָרוּא, שֶׁלֹּא הִתְבַּקֵּשׁ

unbind /ʌnˈbaɪnd/ v.t. הִתִּיר, נִתֵּק

unblemished /ʌnˈblemɪʃt/ adj. לְלֹא דֹּפִי, לְלֹא רְבָב

unblinking /ʌnˈblɪŋkɪŋ/ adj. לְלֹא נִיד עַפְעַף, (מַבָּט) חוֹדֵר

unblock /ʌnˈblɒk/ v.t. סִלֵּק מַחְסוֹם מִ..., הֵסִיר מִכְשׁוֹל מִ...; נִקָּה (סְתִימָה בְּבִיּוּב)

unblushing /ʌnˈblʌʃɪŋ/ adj. חֲסַר בּוּשָׁה, לְלֹא רֶגֶשׁ בּוּשָׁה

unborn /ʌnˈbɔːn/ adj. שֶׁעֲדַיִן לֹא נוֹלַד, שֶׁעוֹד לֹא בָּא לָעוֹלָם

unbound /ʌnˈbaʊnd/ adj.
1 past & past ppl. of **unbind** לֹא כָּבוּל, לֹא קָשׁוּר
2 (of books, without a binding) בְּלִי כְּרִיכָה

unbounded /ʌnˈbaʊndɪd/ adj. (*formal*) לְלֹא גְּבוּל, לְלֹא מְצָרִים
□ *his ambition is unbounded* יֵשׁ לוֹ שְׁאִיפוֹת חַסְרוֹת גְּבוּל

unbowed /ʌnˈbaʊd/ adj. (*formal*) לֹא מֻרְכָּן; לֹא נִכְנָע
bloody but unbowed מֻכֶּה אַךְ לֹא נִכְנָע

unbridled /ʌnˈbraɪd(ə)ld/ adj. (*formal*) מְשֻׁלַּח־רֶסֶן, חֲסַר מַעֲצוֹרִים
□ *she speaks with an unbridled tongue* יֵשׁ לָהּ לָשׁוֹן חַסְרַת רֶסֶן

unbroken /ʌnˈbrəʊkən/ adj. שָׁלֵם, לֹא שָׁבוּר; רָצוּף, לֹא מוּפָר; לֹא מְאֻלָּף (סוּס בִּלְבַד)
unbroken horse סוּס לֹא מְאֻלָּף
unbroken record שִׂיא בִּלְתִּי שָׁבוּר
□ *the duke was in an unbroken* (*line of*) *succession to the throne* הַדֻּכָּס נִמְצָא בְּקַו יָשִׁיר לְהֶמְשֵׁךְ הַמְּלוּכָה

unbuckle /ʌnˈbʌk(ə)l/ v.t. הִתִּיר אַבְזֵם שֶׁל

unburden /ʌnˈbɜːd(ə)n/ v.t. (*formal*) הֵסִיר אֶת מַשָּׂא מִ... (גַּם בְּהַשְׁאָלָה)
□ *he unburdened himself of his troubles to the vicar* הוּא שָׁפַךְ אֶת מַר לִבּוֹ בִּפְנֵי הַכֹּמֶר

unbusinesslike /ʌnˈbɪznɪslaɪk/ adj. לֹא בְּאֹפֶן עִסְקִי, לֹא בְּדֶרֶךְ מִקְצוֹעִית

unbutton /ʌnˈbʌt(ə)n/ v.t. פָּרַף כַּפְתּוֹר שֶׁל, פָּתַח אֶת הַכַּפְתּוֹרִים שֶׁל
—v.i. (*colloq.*) "הִשְׁתַּחְרֵר" (נִפְטַר מִגִּנּוּנֵי הַטֶּקֶס)

uncalled-for /ʌnˈkɔːld-fɔː(r)/ adj. שֶׁלֹּא בִּמְקוֹמוֹ, לֹא רָאוּי, לֹא נָכוֹן, מְיֻתָּר
□ *that remark was quite uncalled-for* הַהֶעָרָה הַזֹּאת הָיְתָה מְיֻתֶּרֶת לְגַמְרֵי

uncanny /ʌnˈkænɪ/ adj. מִסְתּוֹרִי, בִּלְתִּי מֻסְבָּר

uncared-for /ʌnˈkeəd-fɔː(r)/ adj. מֻזְנָח

unceasing /ʌnˈsiːsɪŋ/ adj. (*formal*) בִּלְתִּי פּוֹסֵק

unceasingly /ʌnˈsiːsɪŋlɪ/ adv. (*formal*) לְלֹא הֶרֶף, לְלֹא הֲפוּגָה

unceremoniously /ʌnˌserɪˈməʊnɪəslɪ/ adv. לְלֹא גִּנּוּנִים מְיֻתָּרִים, בְּגַסּוּת

uncertain /ʌnˈsɜːt(ə)n/ adj.
1 (not knowing or known) לֹא יוֹדֵעַ, לֹא בָּטוּחַ; לֹא יָדוּעַ

□ *he replied in no uncertain terms* הוּא עָנָה בְּאֹפֶן חַד־מַשְׁמָעִי
2 (changeable) לֹא בָּרוּר, לְלֹא וַדָּאוּת, לֹא וַדָּאִי
□ *he was a man of uncertain temper* הוּא הָיָה אָדָם נוֹטֶה לְכַעַס

uncertainty /ʌnˈsɜːt(ə)ntɪ/ n. חֹסֶר־וַדָּאוּת, אִי־וַדָּאוּת; אִי־יַצִּיבוּת

unchallenged /ˌʌnˈtʃæləndʒd/ adj. לְלֹא הִתְגָּרוּת; לְלֹא מַעֲנֶה
□ *I cannot leave his remarks unchallenged* אֲנִי לֹא יָכוֹל לַעֲבֹר בִּשְׁתִיקָה עַל הֶעָרוֹתָיו
□ *he crossed the enemy lines unchallenged* הוּא עָבַר אֶת קַוֵּי הָאוֹיֵב בְּלִי שֶׁעָצְרוּ אוֹתוֹ

uncharitable /ˌʌnˈtʃærɪtəb(ə)l/ adj. מַחְמִיר; חֲסַר נְדִיבוּת־לֵב, לֹא אָדִיב

uncharted /ˌʌnˈtʃɑːtɪd/ adj.
1 (not marked on a map) לֹא מְסֻמָּן בַּמַּפָּה
2 (unexplored) שֶׁטֶּרֶם נֶחְקַר, לֹא מְמֻפֶּה

unchecked /ˌʌnˈtʃekt/ adj. שֶׁלֹּא נִבְלַם, בִּלְתִּי מְרֻסָּן; לֹא בָּדוּק

unchristian /ˌʌnˈkrɪstʃən/ adj. (*formal*) בִּלְתִּי נוֹצְרִי, שֶׁלֹּא בְּרוּחַ הַנַּצְרוּת; (לֹא נָדִיב, לֹא מָסוּר וְכַד'); "לֹא אֱנוֹשִׁי" (לֹא מְקֻבָּל)
□ *they arrived at an unchristian hour* הֵם הִגִּיעוּ בְּשָׁעָה לֹא אֱנוֹשִׁית

uncircumcised /ˌʌnˈsɜːkəmˌsaɪzd/ adj. שֶׁלֹּא נִמּוֹל, עָרֵל

uncivil /ˌʌnˈsɪv(ə)l/ adj. (*formal*) בִּלְתִּי מְנֻמָּס
□ *that was a very uncivil remark* זוֹ הָיְתָה הֶעָרָה מְאֹד לֹא מְנֻמֶּסֶת

uncivilized /ˌʌnˈsɪvəlaɪzd/ adj. (שֵׁבֶט) לֹא מְתֻרְבָּת; (מָקוֹם) לֹא מְיֻשָּׁב, (אֹפֶן הִתְנַהֲגוּת) לֹא תַּרְבּוּתִי
an uncivilized hour שָׁעָה "לֹא אֱנוֹשִׁית"

unclaimed /ˌʌnˈkleɪmd/ adj. (מְזוּדָה וְכַד') לְלֹא דּוֹרֵשׁ

unclasp /ˌʌnˈklɑːsp/ v.t. הִתִּיר; רִפָּה אֶת אֲחִיזָתוֹ בְּ...

unclassified /ˌʌnˈklæsɪfaɪd/ adj. בִּלְתִּי־מְסֻוָּג; לֹא סוֹדִי

uncle /ˈʌŋk(ə)l/ n.
1 (relation) דּוֹד
a Dutch uncle (*fig.*) אָדָם מַחְמִיר אַךְ טוֹב־לֵב
Uncle Sam (*colloq.*) "הַדּוֹד סֶם" (כִּנּוּי לְשִׁלְטוֹנוֹת אַרְהַ"בּ)
2 (pawnbroker, *sl.*) בַּעַל בֵּית־עֲבוֹט

unclean /ˌʌnˈkliːn/ adj. (*formal*) לֹא טָהוֹר, טָמֵא; לֹא נָקִי

unclear /ˌʌnˈklɪə(r)/ adj. לֹא בָּרוּר, לֹא צָלוּל; לֹא בָּטוּחַ, לֹא מֵבִין לַחֲלוּטִין

unclothed /ˌʌnˈkləʊðd/ adj. (*formal*) עֵירֹם, מְעֻרְטָל

unclouded /ˌʌnˈklaʊdɪd/ adj. לְלֹא עָנָן, לֹא מוּעָב
□ *the cat leads a life of unclouded bliss* הֶחָתוּל חַי חַיֵּי אֹשֶׁר נְטוּלֵי דְּאָגָה

uncoil /ˌʌnˈkɔɪl/ v.t. & i. הִתִּיר (סְלִיל); הִתִּיר אֶת עַצְמוֹ, הִתְיַשֵּׁר

uncoloured /ˌʌnˈkʌləd/ adj. לְלֹא צֶבַע, לְלֹא תּוֹסֶפֶת צֶבַע
□ *his opinion was uncoloured by prejudice* גִּישָׁתוֹ לֹא הֻשְׁפְּעָה מִדֵּעוֹת קְדוּמוֹת

uncomfortable /ˌʌnˈkʌmftəb(ə)l/ adj. לֹא נוֹחַ, לֹא נָעִים

uncommitted /ˌʌnkəˈmɪtɪd/ adj. לֹא מְחֻיָּב, לֹא מִזְדַּהֶה

uncommon /ˌʌnˈkɒmən/ adj. לֹא רָגִיל, לֹא שָׁכִיחַ

uncommonly /ˌʌnˈkɒmənlɪ/ adj. (*formal*) בְּאֹפֶן לֹא רָגִיל, בְּאֹפֶן יוֹצֵא מִן הַכְּלָל
not uncommonly לְעִתִּים תְּכוּפוֹת

uncommunicative /ˌʌnkəˈmjuːnɪkətɪv/ adj. שַׁתְקָנִי, לֹא קוֹמוּנִיקָטִיבִי

uncomplicated /ˌʌnˈkɒmplɪkeɪtɪd/ adj. פָּשׁוּט, לֹא מְסֻבָּךְ

uncomplimentary /ˌʌnkɒmplɪˈment(ə)rɪ/ adj. לֹא מַחֲמִיא

uncompromising /ˌʌnˈkɒmprəmaɪzɪŋ/ adj. לֹא מִתְפַּשֵּׁר, נֻקְשֶׁה

unconcerned /ˌʌnkənˈsɜːnd/ adj. לֹא מֻדְאָג; אָדִישׁ, לֹא מְעֻנְיָן
□ *they discussed matters unconcerned with politics* הֵם דָּנוּ בְּעִנְיָנִים שֶׁאֵינָם קְשׁוּרִים בְּפּוֹלִיטִיקָה

unconditional /ˌʌnkənˈdɪʃən(ə)l/ adj. לְלֹא תְּנַאי, לְלֹא תְּנָאִים
unconditional surrender כְּנִיעָה לְלֹא תְּנַאי

unconditioned /ˌʌnkənˈdɪʃ(ə)nd/ adj. לֹא מֻתְנֶה

unconfirmed /ˌʌnkənˈfɜːmd/ adj. שֶׁלֹּא אֻשַּׁר
□ *we received unconfirmed rumours of shooting in the streets* הִגִּיעוּ אֵלֵינוּ שְׁמוּעוֹת שֶׁלֹּא אֻשְּׁרוּ עַל יְרִיּוֹת בָּרְחוֹבוֹת

uncongenial /ˌʌnkənˈdʒiːnɪəl/ adj. (*formal*) לֹא יְדִידוּתִי, לֹא נָעִים; לֹא מַתְאִים

unconnected /ˌʌnkəˈnektɪd/ adj. לֹא מְקֻשָּׁר, לֹא מְחֻבָּר; לֹא עִקְבִי

unconscientious /ˌʌnkɒnʃɪˈenʃəs/ adj. לֹא מַצְפּוּנִי (בְּמִלּוּי תַּפְקִידוֹ)

unconscionable /ˌʌnˈbɒnʃənəb(ə)l/ adj. (*formal*) לֹא סָבִיר
□ *the police took an unconscionable time to arrive* הַמִּשְׁטָרָה הִגִּיעָה בְּאִחוּר לְגַמְרֵי לֹא סָבִיר

unconscious /ˌʌnˈkɒnʃəs/ adj.
1 (having lost consciousness) בְּלִי־הַכָּרָה
unconscious humour הוּמוֹר לֹא מוּדָע
2 (unaware)
unconscious of לֹא מוּדָע
—n. (*Psychol.*) הַתַּת־מוּדָע, תַּת־הַהַכָּרָה

unconsecrated /ˌʌnˈkɒnsɪkreɪtɪd/ adj. לֹא מְקֻדָּשׁ

unconsidered /ˌʌnkənˈsɪdəd/ adj. לֹא שָׁקוּל, לְלֹא שִׁקּוּל דַּעַת

unconstitutional /ˌʌnkɒnstɪˈtjuːʃən(ə)l/ adj. לֹא חֻקָּתִי, בְּנִגּוּד לַחֻקָּה

unconstrained /ˌʌnkənˈstreɪnd/ adj. (*formal*) לֹא מֻגְבָּל, לֹא עָצוּר

uncontaminated /ˌʌnkənˈtæmɪneɪtɪd/ adj. לֹא מְזֹהָם

uncontrollable /ˌʌnkənˈtrəʊləb(ə)l/ adj. שֶׁאֵין עָלָיו שְׁלִיטָה, לֹא נִתָּן לְרִסּוּן

uncontrolled /ˌʌnkənˈtrəʊld/ adj. לֹא מְבֻקָּר, חֲסַר רֶסֶן, חֲסַר שְׁלִיטָה

uncontroversial /ˌʌnkɒntrəˈvɜːʃ(ə)l/ adj. לֹא נָתוּן בְּמַחֲלֹקֶת, לֹא קוֹנְטְרוֹבֶרְסָלִי

unconventional /ˌʌnkənˈvɜːʃən(ə)l/ adj. לֹא שִׁגְרָתִי, לֹא קוֹנְבֶנְצְיוֹנָלִי

unconvinced /ˌʌnkənˈvɪnst/ adj. לֹא מְשֻׁכְנָע
- *I remain unconvinced of his guilt* אֲנִי עֲדַיִן לֹא מְשֻׁכְנָע בְּאַשְׁמָתוֹ

unconvincing /ˌʌnkənˈvɪnsɪŋ/ adj. לֹא מְשַׁכְנֵעַ, בִּלְתִּי מְשַׁכְנֵעַ

uncooked /ʌnˈkʊkt/ adj. לֹא מְבֻשָּׁל

uncooperative /ˌʌnkəʊˈɒpərətɪv/ adj. לֹא מְשַׁתֵּף פְּעֻלָּה, לֹא מְסַיֵּעַ

uncork /ʌnˈkɔːk/ v.t. חָלַץ פְּקָק (מִבַּקְבּוּק)

uncorroborated /ˌʌnkəˈrɒbəreɪtɪd/ adj. (*formal*) שֶׁאֵינוֹ נִתְמָךְ (עַל יְדֵי עֵדוּת נוֹסֶפֶת)

uncorroborated evidence עֵדוּת שֶׁאֵינָהּ נִתְמֶכֶת/מְאֻשֶּׁרֶת עַל יְדֵי עֵדוּת נוֹסֶפֶת

uncountable /ʌnˈkaʊntəb(ə)l/ adj. (מִסְפָּר) לֹא נִתָּן לִסְפִירָה

uncouple /ʌnˈkʌp(ə)l/ v.t. נִתֵּק (קְרוֹן רַכֶּבֶת אֶחָד מִן הַשֵּׁנִי וְכַד׳)

uncouth /ʌnˈkuːθ/ adj. גַּס, חֲסַר תַּרְבּוּת

uncover /ʌnˈkʌvə(r)/ v.t. חָשַׂף, הֵסִיר אֶת הַמִּכְסֶה מִ..., גִּלָּה
- *the police have uncovered a plot* הַמִּשְׁטָרָה חָשְׂפָה מְזִמָּה

uncrossed /ʌnˈkrɒst/ adj. לֹא מְשֻׁלֶּבֶת (רֶגֶל, יָד); (שֶׁ׳ק) לֹא מְסֻרְטָט

an uncrossed cheque שֶׁ׳ק לֹא־מְסֻרְטָט, שֶׁ׳ק בְּלִי ״קְרוֹס״

uncrowned /ʌnˈkraʊnd/ adj. לֹא מֻכְתָּר

unction /ˈʌŋkʃ(ə)n/ n.

1 (*Relig.*) מְשִׁיחַת הַקֹּדֶשׁ

Extreme Unction מְשִׁיחַת הַקֹּדֶשׁ (לְאָדָם עַל עֶרֶשׂ דְּוַי)

2 (exaggerated earnestness) כֵּנוּת מַעֲשָׂה, כֵּנוּת מֻגְזֶמֶת

unctuous /ˈʌŋktjʊəs/ adj. (*formal*) מַעֲשֶׂה, חֲלַקְלַק

uncut /ʌnˈkʌt/ adj. לֹא חָתוּךְ; לֹא מְקֻצָּר (סֶרֶט); לֹא מְלֻטָּשׁ (אֶבֶן־חֵן)

undamaged /ʌnˈdæmɪdʒd/ adj. לְלֹא נֶזֶק, בִּלְתִּי פָּגוּם

undated /ʌnˈdeɪtɪd/ adj. לְלֹא תַּאֲרִיךְ, חֲסַר תַּאֲרִיךְ

undaunted /ʌnˈdɔːntɪd/ adj. לֹא נִפְחָד, לֹא נִתְפָּס לְפַחַד
- *he was undaunted by their threats* הוּא לֹא נִרְתַּע מִן הָאִיּוּמִים שֶׁלָּהֶם

undeceive /ˌʌndɪˈsiːv/ v.t. (*formal*) הֵאִיר אֶת עֵינָיו שֶׁל, חָשַׂף בִּפְנֵי (פְּלוֹנִי) אֶת טָעוּתוֹ

undecided /ˌʌndɪˈsaɪdɪd/ adj.

1 (in doubt) שֶׁלֹּא הֶחְלִיט (עֲדַיִן), מְהַסֵּס
- *I am undecided which book to choose* אֲנִי לֹא יָכוֹל לְהַחְלִיט בְּאֵיזֶה סֵפֶר לִבְחֹר

2 (not settled) שֶׁלֹּא הֻכְרַע, פָּתוּחַ
- *the match order is still undecided* סֵדֶר הַמִּשְׂחָקִים עֲדַיִן לֹא נִקְבַּע

undeclared /ˌʌndɪˈkleəd/ adj. לֹא מֻצְהָר; שֶׁלֹּא הֻצְהַר עָלָיו (לָרָשׁוּיוֹת)

undeclared war מִלְחָמָה לֹא מֻצְהֶרֶת

undefended /ˌʌndɪˈfendɪd/ adj. לֹא מוּגָן; לְלֹא סַנֵּגוֹר, לְלֹא כְּתַב הֲגָנָה; לְלֹא הִתְיַצְּבוּת לַדִּין

undefiled /ˌʌndɪˈfaɪld/ adj. (*formal*) נְקִי מֵרְבָב

undefined /ˌʌndɪˈfaɪnd/ adj. לֹא מֻגְדָּר, לֹא בָּרוּר

undemonstrative /ˌʌndɪˈmɒnstrətɪv/ adj. מְאֻפָּק, קַר רוּחַ

undeniable /ˌʌndɪˈnaɪəb(ə)l/ adj. שֶׁאֵין לְהַכְחִישׁוֹ, נַעֲלֶה מִכָּל סָפֵק

undenominational /ˌʌndɪnɒmɪˈneɪʃən(ə)l/ adj. שֶׁאֵינוֹ שַׁיָּךְ לְזֶרֶם דָּתִי כָּלְשֶׁהוּ (בֵּית־סֵפֶר וְכַד׳)

under /ˈʌndə(r)/ prep.

1 (in or to a position lower than) תַּחַת (לְ...), מִתַּחַת (לְ...), לְמַטָּה (מִ...)

down under (*colloq.*) אוֹסְטְרַלְיָה; בְּאוֹסְטְרַלְיָה

under one roof תַּחַת קוֹרַת־גַּג אַחַת
- *the village nestles under the hill* הַכְּפָר שׁוֹכֵן לְמַרְגְּלוֹת הַגִּבְעָה
- *she feels a bit under the weather* (*colloq.*) הִיא לֹא מַרְגִּישָׁה מֵאָה אָחוּז
- *it comes under the heading of "sundries"* זֶה מוֹפִיעַ תַּחַת הַכּוֹתֶרֶת ״שׁוֹנוֹת״

2 (subject or liable to, controlled by) נָתוּן לְשִׁלְטוֹן שֶׁל

under oppression תַּחַת כִּבּוּשׁ, מְדֻכָּא
- *the chapter was headed "England under the Romans"* שֵׁם הַפֶּרֶק הָיָה ״אַנְגְלִיָּה תַּחַת הַשִּׁלְטוֹן הָרוֹמִי״
- *I studied under Dr. West* לָמַדְתִּי אֵצֶל ד״ר וֶסְט

3 (less than) לְמַטָּה מִ..., פָּחוֹת מִ..., מִתַּחַת לְ...

under age מִתַּחַת לַגִּיל הַחֻקִּי

the under fives גִּילָאֵי חָמֵשׁ וָמַטָּה

under par (*colloq.*) לֹא טוֹב כְּתָמִיד
- *I shall be with you in under an hour* אַגִּיעַ אֵלֶיךָ תּוֹךְ לְמַטָּה מִשָּׁעָה

4 (in specific phrases)

under my breath בְּלַחַשׁ

under the circumstances בְּנְסִבּוֹת הַנּוֹכְחִיּוֹת, בְּהִתְחַשֵּׁב בַּנְּסִבּוֹת

fields under cultivation שְׂדוֹת מְעֻבָּדִים, שְׁטָחִים חַקְלָאִיִּים
under discussion (or **consideration**) בְּדִיּוּן/בְּעִיּוּן
under an assumed name בְּשֵׁם בָּדוּי
under oath בִּשְׁבוּעָה
under repair בְּתִקּוּן
under sail (סְפִינָה) נָעָה בְּכֹחַ מִפְרָשִׂים
under sentence of death נִדּוֹן לַמָּוֶת
under way בַּדֶּרֶךְ, שֶׁיָּצָא לַדֶּרֶךְ; בְּשָׁלַבֵּי בִּצּוּעַ

—adv.
1 (in lower position) לְמַטָּה
2 (in state of unconsciousness) בְּהַרְדָּמָה (רְפוּאִית)
□ *put him under for the operation* תַּרְדִּים אוֹתוֹ לִקְרַאת הַנִּתּוּחַ

—adj. תַּחְתּוֹן
□ *the under layers give added warmth* הַשְּׁכָבוֹת הַתַּחְתּוֹנוֹת מַעֲנִיקוֹת חֹם נוֹסָף

under- /ˌʌndə(r)-/ pref.
1 (lower) תַּת־, ־מִשְׁנֶה, ־תַּחְתּוֹן
2 (too little) לֹא מַסְפִּיק

underachieve /ˌʌndərəˈtʃiːv/ v.i. הִשִּׂיג הֶשֵּׂגִים יְרוּדִים (בְּבֵית־סֵפֶר וְכַד׳)

underact /ˌʌndərˈækt/ v.i. שִׂחֵק (תַּפְקִיד בְּמַחֲזֶה וְכַד׳) בְּאֹפֶן חַלָּשׁ

underarm /ˈʌndərɑːm/ adj. & adv. שֶׁל בֵּית הַשֶּׁחִי; בְּיָד בִּלְתִּי מוּרֶמֶת
—n. בֵּית־הַשֶּׁחִי

under-belly /ˈʌndə-ˌbelɪ/ n. הַבֶּטֶן הָרַכָּה, נְקֻדַּת הַתּוֹרְפָּה

underbid /ˌʌndə-ˈbɪd/ v.t.
1 (offer less than) הִצִּיעַ פָּחוֹת מִ... (בִּמְכִירָה פֻּמְבִּית וְכַד׳)
2 (at cards) הִצִּיעַ פָּחוֹת מֵעֶרֶךְ הַקְּלָפִים

undercarriage /ˈʌndəˌkærɪdʒ/ n. כַּן הַנְּחִיתָה (שֶׁל מָטוֹס)

undercharge /ˌʌndəˈtʃɑːdʒ/ v.t. & i. לָקַח (מִפְּלוֹנִי) פָּחוֹת מִן הַמְּחִיר

underclothes /ˈʌndəkləʊðz/ n. *pl.* בְּגָדִים תַּחְתּוֹנִים, תַּחְתּוֹנִים וְגוּפִיָּה

underclothing /ˈʌndəkləʊðɪŋ/ n. בְּגָדִים תַּחְתּוֹנִים, תַּחְתּוֹנִים וְגוּפִיָּה

undercoat /ˈʌndəkəʊt/ n. שִׁכְבַת יְסוֹד (שֶׁל צֶבַע)
—v.t. מָרַח שִׁכְבַת יְסוֹד

undercover /ˌʌndəˈkʌvə(r)/ adj. חֲשָׁאִי, סוֹדִי
undercover agent סוֹכֵן חֲשָׁאִי

undercurrent /ˈʌndəkʌrənt/ n. זֶרֶם תַּחְתִּי; מְגַמָּה נִסְתֶּרֶת, תְּחוּשָׁה נִסְתֶּרֶת
□ *there was an undercurrent of opposition to the proposal* הָיְתָה מְגַמָּה עֲמוּמָה שֶׁל הִתְנַגְּדוּת לַהַצָּעָה

undercut /ˌʌndəˈkʌt/ v.t. מָכַר (סְחוֹרָה) בִּמְחִיר זוֹל מִן הַמִּתְחָרִים

underdeveloped /ˌʌndədɪˈveləpt/ adj. לֹא מְפֻתָּח דַּיּוֹ, נֶחֱשָׁל
the underdeveloped countries הָאֲרָצוֹת הַלֹּא־מְפֻתָּחוֹת

underdog /ˈʌndədɒg/ n. הַצַּד הַחַלָּשׁ, הַמִּתְחָרֶה הַחַלָּשׁ

underdone /ˌʌndəˈdʌn/ adj. (בָּשָׂר וְכַד׳) לֹא מְבֻשָּׁל דַּיּוֹ

underestimate /ˌʌndərestɪmeɪt/ v.t. נָתַן הַעֲרָכָה נְמוּכָה מִדַּי שֶׁל; מִעֵט בְּעֶרְכּוֹ שֶׁל

underexpose /ˌʌndərɪkˈspəʊz/ v.t. (*Photog.*) חָשַׂף (סֶרֶט צִלּוּם) פָּחוֹת מִדַּי

underfed /ˌʌndəˈfed/ adj. סוֹבֵל מִתַּת־תְּזוּנָה

underfloor /ˌʌndəˈflɔː(r)/ adj. (מֻנָּח) מִתַּחַת לָרִצְפָּה
underfloor heating חִמּוּם מִתַּחַת לָרִצְפָּה

underfoot /ˌʌndəˈfʊt/ adv. תַּחַת כַּפּוֹת הָרַגְלַיִם, עַל הַקַּרְקַע; תַּחַת סֻלְיוֹת נְעָלָיו
□ *they were trodden underfoot by the stampeding cattle* הֵם נִרְמְסוּ בְּרַגְלֵי הַבָּקָר הַשּׁוֹעֵט

undergarment /ˈʌndəgɑːmənt/ n. (*formal*) בֶּגֶד תַּחְתּוֹן

undergo /ˌʌndəˈgəʊ/ (past **underwent** /ˌʌndəˈwent/, past ppl. **undergone** /ˌʌndəˈgɒn/) v.t. עָבַר (נִתּוּחַ, חֲוָיָה קָשָׁה וְכַד׳), הִתְנַסָּה בְּ...
□ *the bridge is undergoing repairs* הַגֶּשֶׁר נִמְצָא בְּתִקּוּן

undergraduate /ˌʌndəˈgrædʒʊət/ n. סְטוּדֶנְט לְתֹאַר רִאשׁוֹן

underground /ˌʌndəˈgraʊnd/ adv.
1 (beneath the earth) מִתַּחַת לִפְנֵי הַקַּרְקַע
□ *they laid the cables underground* הֵם הִנִּיחוּ אֶת הַכְּבָלִים מִתַּחַת לָאֲדָמָה
2 (in secrecy) בַּמַּחְתֶּרֶת, לַמַּחְתֶּרֶת
□ *he was forced to go underground to avoid the police* הוּא נֶאֱלַץ לָרֶדֶת לַמַּחְתֶּרֶת כְּדֵי לְהִתְחַמֵּק מִן הַמִּשְׁטָרָה

—adj. /ˈʌndəgraʊnd/
1 (situated under the ground) תַּת־קַרְקָעִי, מִתַּחַת לַקַּרְקַע
underground caves מְעָרוֹת תַּת־קַרְקָעִיּוֹת
2 (secret) חֲשָׁאִי, מַחְתַּרְתִּי
3 (unconventional) מַחְתַּרְתִּי
underground press עִתּוֹנוּת מַחְתֶּרֶת

—n. /ˈʌndəgraʊnd/
1 (underground railway, *UK*) רַכֶּבֶת תַּחְתִּית
London Underground הָרַכֶּבֶת הַתַּחְתִּית בְּלוֹנְדוֹן, הָ״אַנְדֶּרְגְרָאוּנְד״
2 (a secret group or activity) מַחְתֶּרֶת
underground activity פְּעִילוּת מַחְתֶּרֶת
underground movement תְּנוּעַת מַחְתֶּרֶת

undergrowth /ˈʌndəgrəʊθ/ n. סְבַךְ

underhand /ˌʌndəˈhænd/ adj. & adv. (*derog.*) עַרְמוּמִי; בְּיָד בִּלְתִּי מוּרֶמֶת

□ *he was using underhand methods to get his way* הוּא הִשְׁתַּמֵּשׁ בְּשִׁיטוֹת לֹא כְּשֵׁרוֹת כְּדֵי לְהַשִּׂיג אֶת שֶׁלּוֹ

underhung /ˌʌndəˈhʌŋ/ adj. (לֶסֶת תַּחְתּוֹנָה) בּוֹלֶטֶת

underlay /ˈʌndəleɪ/ n. שִׁכְבָה תַּחְתּוֹנָה (מִתַּחַת לַשָּׁטִיחַ וְכַד׳)

underlie /ˌʌndəˈlaɪ/ (past **underlay** /ˌʌndəˈleɪ/, past ppl. **underlain** /ˌʌndəˈleɪn/) v.t. הָיָה מֻנָּח בִּיסוֹדוֹ שֶׁל, הָיָה הַגּוֹרֵם הַנִּסְתָּר לְ...

underline /ˌʌndəˈlaɪn/ v.t. מָתַח קַו מִתַּחַת לְ...; הִדְגִּישׁ

underling /ˈʌndəlɪŋ/ n. (*derog.*) פָּקִיד, אָדָם הַנָּתוּן לְמָרוּת (שֶׁל פְּלוֹנִי)

underlying /ˈʌndəlaɪɪŋ/ adj. מֻנָּח בִּיסוֹדוֹ שֶׁל (דְּבַר מָה), (גּוֹרֵם) נִסְתָּר

undermanned /ˌʌndəˈmænd/ adj. בְּמַצָּב שֶׁל מַחְסוֹר בְּכֹחַ אָדָם

undermentioned /ˌʌndəˈmenʃ(ə)nd/ adj. (*formal*) הַנִּזְכָּר לְמַטָּה

undermine /ˌʌndəˈmaɪn/ v.t. חָתַר תַּחַת, עִרְעֵר אֶת יְסוֹדוֹתָיו שֶׁל

underneath /ˌʌndəˈniːθ/ prep. & adv. מִתַּחַת לְ...; לְמַטָּה

undernourished /ˌʌndəˈnʌrɪʃt/ adj. סוֹבֵל מִתַּת-תְּזוּנָה

underpaid /ˌʌndəˈpeɪd/ adj. מְקַבֵּל שָׂכָר נָמוּךְ מִן הַמַּגִּיעַ לוֹ

underpants /ˈʌndəpænts/ n. *pl.* תַּחְתּוֹנִים (שֶׁל גֶּבֶר)

underpass /ˈʌndəpɑːs/ n. מַעֲבָר תַּחְתִּי (מִתַּחַת לִכְבִישׁ אוֹ מְסִלַּת בַּרְזֶל)

underpay /ˌʌndəˈpeɪ/ (past & past ppl. **underpaid** /ˌʌndəˈpeɪd/) v.t. שִׁלֵּם שָׂכָר נָמוּךְ מִדַּי

□ *she is overworked and underpaid* מַעֲבִידִים אוֹתָהּ קָשֶׁה מִדַּי וּמְשַׁלְּמִים לָהּ פָּחוֹת מִדַּי

underpin /ˌʌndəˈpɪn/ v.t. תָּמַךְ מִלְּמַטָּה בְּ... (קִיר וְכַד׳); חִזֵּק (טִעוּן וְכַד׳)

underplay /ˌʌndəˈpleɪ/ v.t. הִצִּיג (דְּבַר מָה) כְּבַעַל חֲשִׁיבוּת פְּחוּתָה (מִכְּפִי שֶׁהוּא בֶּאֱמֶת)

he underplayed his hand הוּא לֹא הִסְגִּיר הַרְבֵּה מִתָּכְנִיּוֹתָיו (בְּמִשְׂחַק קְלָפִים, אַךְ גַּם בְּהַשְׁאָלָה)

underpopulated /ˌʌndəˈpɒpjʊleɪtɪd/ adj. דַּל-אֻכְלוּסִין

underprivileged /ˌʌndəˈprɪvɪlɪdʒd/ adj. מְקֻפָּח

underproduction /ˌʌndəprəˈdʌkʃ(ə)n/ n. תַּת-יִצּוּר

underquote /ˌʌndəˈkwəʊt/ v.t. הִצִּיעַ מְחִיר נָמוּךְ יוֹתֵר מִן הַמִּתְחָרִים

underrate /ˌʌndəˈreɪt/ v.t. הִמְעִיט בְּעֶרְכּוֹ שֶׁל, זִלְזֵל בְּ...., הֵקֵל רֹאשׁ בְּ...

underscore /ˌʌndəˈskɔː(r)/ v.t. מָתַח קַו מִתַּחַת לְ...; הִדְגִּישׁ

undersea /ˈʌndəsiː/ adj. תַּחַת פְּנֵי-הַיָּם, תַּת-מֵימִי

underseal /ˈʌndəsiːl/ n. שִׁכְבָה תַּחְתִּית אֲטוּמָה (בִּמְכוֹנִית)

under-secretary /ˌʌndə-ˈsekrət(ə)rɪ/ n. תַּת-מַזְכִּיר, תַּת-שַׂר (בַּשֵּׁרוּת הַצִּבּוּרִי)

parliamentary under-secretary תַּת-מַזְכִּיר פַּרְלָמֶנְטָרִי (מֵעֵין מַנְכַּ״ל מִשְׂרָד מֶמְשַׁלְתִּי בִּבְרִיטַנְיָה)

undersell /ˌʌndəˈsel/ v.t. לֹא הִדְגִּישׁ מַסְפִּיק (אֶת תְּכוּנוֹתָיו הַטּוֹבוֹת וְכַד׳); מָכַר בִּמְחִיר נָמוּךְ מִן הַמִּתְחָרִים

undersexed /ˌʌndəˈsekst/ adj. בַּעַל יֵצֶר מִינִי חַלָּשׁ

undershirt /ˈʌndəʃɜːt/ n. (*US*) גּוּפִיָּה

underside /ˈʌndəsaɪd/ n. צַד תַּחְתּוֹן, תַּחְתִּית

undersigned /ˌʌndəˈsaɪnd/ adj. (*formal*) הֶחָתוּם מַטָּה, הח״מ

we the undersigned אָנוּ הַחֲתוּמִים מַטָּה, הח״מ

undersized /ˌʌndəˈsaɪzd/ adj. קָטָן מִן הָרָגִיל

underskirt /ˈʌndəskɜːt/ n. שִׂמְלָה תַּחְתּוֹנָה, תַּחְתּוֹנִית

underslung /ˌʌndəˈslʌŋ/ adj. (מִסְגֶּרֶת) תַּת-סַרְנִית (בִּמְכוֹנִית)

understaffed /ˌʌndəˈstɑːft/ adj. (עֵסֶק, מוֹסָד) שֶׁחֲסֵרִים בּוֹ עוֹבְדִים, שֶׁאֵינוֹ מְאֻיָּשׁ דַּיּוֹ

understand /ˌʌndəˈstænd/ (past & past ppl. **understood** /ˌʌndəˈstʊd/) v.t.

1 (comprehend) הֵבִין

2 (accept, presume, *formal*) הֵבִין, קִבֵּל (כִּמְסֻכָּם), הִנִּיחַ

□ *we were given to understand that lunch would be provided* נִתַּן לָנוּ לְהָבִין שֶׁיַּגִּישׁוּ אֲרוּחַת-צָהֳרַיִם

□ *it is understood that we are to share everything* מְקֻבָּל עָלֵינוּ כִּי נִתְחַלֵּק בַּכֹּל

understanding /ˌʌndəˈstændɪŋ/ n.

1 (power of comprehension) הֲבָנָה

2 (agreement) הֲבָנָה, הַסְכָּמָה (בְּעַל-פֶּה)

□ *we came to an understanding* הִגַּעְנוּ לִידֵי הֲבָנָה

□ *on the understanding (that) this is a temporary arrangement* מִתּוֹךְ הֲבָנָה שֶׁזֶּהוּ סִדּוּר זְמַנִּי

understatement /ˈʌndəsteɪtmənt/ n. לְשׁוֹן הַמְעָטָה

understood /ˌʌndəˈstʊd/ past & past ppl. of **understand**

understudy /ˈʌndəstʌdɪ/ n. מְמַלֵּא-מָקוֹם, מַחֲלִיף (שֶׁל שַׂחְקָן)

—v.t. לָמַד אֶת תַּפְקִידוֹ שֶׁל שַׂחְקָן אַחֵר (כְּדֵי לְהַחֲלִיפוֹ)

undertake /ˌʌndəˈteɪk/ past **undertook** /ˌʌndəˈtʊk/, past ppl. **undertaken** /ˌʌndəˈteɪk(ə)n/) v.t. (*formal*)

1 (start a piece of work) לָקַח עַל עַצְמוֹ (לְבַצֵּעַ דְּבַר-מָה); נִכְנַס לְ (עִנְיָן, לַעֲבוֹדָה מְסֻיֶּמֶת וְכַד׳)

2 (accept responsibility for, guarantee) הִתְחַיֵּב לְ, עָרַב לְ...

undertaker /ˈʌndəteɪkə(r)/ n. קַבְּרָן (בְּיִשְׂרָאֵל) אִישׁ חֶבְרָא-קַדִּישָׁא

undertaking /ˈʌndəteɪkɪŋ/ n.

1 (enterprise) מְשִׂימָה, מִפְעָל

2 (guarantee, *formal*) הִתְחַיְּבוּת, עַרְבוּת, הַבְטָחָה

undertone /ˈʌndətəʊn/ n. קוֹל נָמוּךְ; נִימָה

□ *there is an undertone of criticism in his remarks* יֵשׁ נִימָה שֶׁל בִּקֹּרֶת בְּהֶעָרוֹת שֶׁלּוֹ

undertook /ˌʌndəˈtʊk/ past of **undertake**

undertow /ˈʌndətəʊ/ n. סְחִיפָה (שֶׁל הַגַּלִּים, לְעֵבֶר הַיָּם הַפָּתוּחַ)

undervalue /ˌʌndəˈvæljuː/ v.t. הֶעֱרִיךְ פָּחוֹת מִדַּי, לֹא הֶעֱרִיךְ בְּמִדָּה מַסְפֶּקֶת

underwater /ˈʌndəwɔːtə(r)/ adj. & /ˌʌndəˈwɔːtə(r)/ adv. תַּת־מֵימִי; מִתַּחַת לַמַּיִם

underwear /ˈʌndəweə(r)/ n. (בְּגָדִים) תַּחְתּוֹנִים, לְבָנִים

underwent /ˌʌndəˈwent/ past of **undergo**

underworld /ˈʌndəwɜːld/ n.

1 (world of the dead) שְׁאוֹל, עוֹלַם הַמֵּתִים

2 (society of criminals) הָעוֹלָם הַתַּחְתּוֹן

underwrite /ˌʌndəˈraɪt/ v.t. (*formal*) חִתֵּם, שִׁמֵּשׁ חַתָּם לְ...

underwriter /ˈʌndəraɪtə(r)/ n. חַתָּם (חוֹתֵם וְנוֹתֵן פּוֹלִיסוֹת בִּטּוּחַ); נוֹתֵן גִּבּוּי כַּסְפִּי

undeserved /ˌʌndɪˈzɜːvd/ adj. (דָּבָר) בִּלְתִּי רָאוּי

undeserving /ˌʌndɪˈzɜːvɪŋ/ adj. (אָדָם) בִּלְתִּי רָאוּי

undesigning /ˌʌndɪˈzaɪnɪŋ/ adj. בְּלִי כַּוָּנַת זָדוֹן, לֹא מְכֻוָּן

undesirable /ˌʌndɪˈzaɪərəb(ə)l/ adj. (*formal*) בִּלְתִּי־רָצוּי

undeterred /ˌʌndɪˈtɜːd/ adj. שֶׁאֵינוֹ נִרְתָּע

undeveloped /ˌʌndɪˈveləpt/ adj. בִּלְתִּי־מְפֻתָּח

undid /ʌnˈdɪd/ past of **undo**

undies /ˈʌndɪz/ n. *pl.* (*colloq.*) תַּחְתּוֹנֵי נָשִׁים, לְבָנֵי נָשִׁים

undignified /ʌnˈdɪgnɪfaɪd/ adj. בִּלְתִּי־מְכֻבָּד, בִּלְתִּי־הוֹלֵם, מֵבִישׁ

undiluted /ˌʌndaɪˈluːtɪd/ adj. בִּלְתִּי־מָהוּל, טָהוֹר

undiluted pleasure תַּעֲנוּג לֹא מָהוּל, תַּעֲנוּג מֻשְׁלָם

undiluted rubbish שְׁטוּת גְּמוּרָה

undiplomatic /ˌʌndɪpləˈmætɪk/ adj. לֹא דִּיפְּלוֹמָטִי, מְחֻסַּר טַקְט

undischarged /ˌʌndɪsˈtʃɑːdʒd/ adj. (*formal*) שֶׁלֹּא נִפְרַע (חוֹב)

undischarged bankrupt פּוֹשֵׁט־רֶגֶל שֶׁעֲדַיִן לֹא שֻׁחְרַר מֵהִתְחַיְּבֻיּוֹתָיו לַנּוֹשִׁים

undisciplined /ʌnˈdɪsɪplɪnd/ adj. חֲסַר מִשְׁמַעַת, לֹא מְמֻשְׁמָע

undisclosed /ˌʌndɪsˈkləʊzd/ adj. שֶׁלֹּא נָקְבוּ בִּשְׁמוֹ, שֶׁלֹּא נָקְבוּ בְּגָדְלוֹ, לֹא גָּלוּי, לֹא יָדוּעַ

an undisclosed source מָקוֹר בִּלְתִּי מְזֹהֶה

undiscriminating /ˌʌndɪsˈkrɪmɪneɪtɪŋ/ adj. חֲסַר אַבְחָנָה, לְלֹא אַבְחָנָה

undisguised /ˌʌndɪsˈgaɪzd/ adj. גָּלוּי

undismayed /ˌʌndɪsˈmeɪd/ adj. (*formal*) שֶׁאֵינוֹ נִרְתָּע

undisputed /ˌʌndɪˈspjuːtɪd/ adj. בִּלְתִּי מְעֻרְעָר, שֶׁאֵין מִתְוַכְּחִים עָלָיו

undistinguished /ˌʌndɪˈstɪŋgwɪʃt/ adj. (*derog.*) לֹא מִתְבַּלֵּט, חֲסַר יִחוּד

undisturbed /ˌʌndɪˈstɜːbd/ adj. בִּלְתִּי־מֻפְרָע

undivided /ˌʌndɪˈvaɪdɪd/ adj. שָׁלֵם; מְאֻחָד, לֹא מְפֻלָּג

□ *he gave me his undivided attention* הוּא הֶעֱנִיק לִי אֶת מְלוֹא תְּשׂוּמַת לִבּוֹ

undo /ʌnˈduː/ (past **undid** /ʌnˈdɪd/, past ppl. **undone** /ʌnˈdʌn/) v.t.

1 (unfasten) הִתִּיר, שִׁחְרֵר, פָּתַח

□ *the knot was loose and it came undone easily* הַקֶּשֶׁר הָיָה רוֹפֵף וְהִשְׁתַּחְרֵר בְּקַלּוּת

2 (reverse) בִּטֵּל, הֶחֱזִיר לְקַדְמוּתוֹ; תִּקֵּן (אֶת הַמְעֻוָּת)

undoing /ʌnˈduːɪŋ/ n. אָבְדָן, הֶרֶס; אָסוֹן

□ *drink was his undoing* הַשְּׁתִיָּה הָרְסָה אוֹתוֹ, הַשְּׁתִיָּה הָיְתָה אֲסוֹנוֹ

undone /ʌnˈdʌn/ past ppl. of **undo**

undoubted /ʌnˈdaʊtɪd/ adj. שֶׁאֵינוֹ מֻטָּל בְּסָפֵק, שֶׁאֵין עָלָיו עוֹרְרִים, בָּטוּחַ

undoubtedly /ʌnˈdaʊtɪdlɪ/ adv. לְלֹא סָפֵק, בְּוַדַּאי

undreamed-of /ʌnˈdriːmd-ɒv/ adj. (also **undreamt-of** /ʌnˈdremt-əv/) שֶׁלֹּא חָלְמוּ עָלָיו, שֶׁלֹּא יְשֹׁעַר, שֶׁלֹּא יְאֻמַּן

undress /ʌnˈdres/ v.t. הִפְשִׁיט, הֵסִיר אֶת הַבְּגָדִים מִ...

—v.i. הִתְפַּשֵּׁט, הֵסִיר אֶת בְּגָדָיו

—n. (*formal*) (מַצָּב שֶׁל) עֵירֹם; (בַּצָּבָא) הוֹפָעָה לֹא רִשְׁמִית

undue /ʌnˈdjuː/ adj. (*formal*) מֻפְרָז; לֹא יָאֶה

undulate /ˈʌndjʊleɪt/ v.i. (*formal*) עָלָה וְיָרַד כְּמוֹ גַּל

unduly /ʌnˈdjuːlɪ/ adv. (*formal*) בְּאֹפֶן מֻפְרָז; בְּאֹפֶן לֹא יָאֶה

undying /ˌʌnˈdaɪɪŋ/ adj. נִצְחִי, שֶׁאֵינוֹ נָגוֹז לְעוֹלָם

unearned /ʌnˈɜːnd/ adj. שֶׁלֹּא הֻשַּׂג בַּעֲבוֹדָה; (דָּבָר) לֹא רָאוּי

unearned income הַכְנָסָה שֶׁלֹּא מֵעֲבוֹדָה (דְּמֵי מְזוֹנוֹת וְכַד׳)

unearth /ʌnˈɜːθ/ v.t. חָפַר וְגִלָּה, חָשַׂף (גַּם בְּהַשְׁאָלָה)

unearthly /ʌnˈɜːθlɪ/ adj. מַפְחִיד וּמִסְתּוֹרִי; עַל־טִבְעִי; "לֹא אֱנוֹשִׁי"

□ *why call me at this unearthly hour?* (*colloq.*) מָה אַתָּה מִתְקַשֵּׁר אֵלַי בְּשָׁעָה כָּזֹאת?

unease /ʌnˈiːz/ n. (*formal*) (מַצָּב שֶׁל) דְּאָגָה, חֲרָדָה; חִכּוּךְ

uneasiness /ʌnˈiːzɪnɪs/ n. אִי־שֶׁקֶט, עַצְבָּנוּת; אִי־נוֹחוּת

uneasy /ʌnˈiːzɪ/ adj. מֻדְאָג, עַצְבָּנִי; לֹא נוֹחַ

uneaten /ʌnˈiːt(ə)n/ adj. (מָזוֹן) שֶׁלֹּא־נֶאֱכַל

uneconomic /ˌʌniːkəˈnɒmɪk/ adj. בִּלְתִּי מִשְׁתַּלֵּם, לֹא כְּדָאִי, לֹא כַּלְכָּלִי

uneducated /ʌnˈedʒʊkeɪtɪd/ adj. חֲסַר הַשְׂכָּלָה, חֲסַר חִנּוּךְ

unemotional /ˌʌnɪˈməʊʃən(ə)l/ adj. לְלֹא רֶגֶשׁ, לֹא מִתְרַגֵּשׁ בְּקַלּוּת, קַר־מֶזֶג

unemployed /ʌnɪmˈplɔɪd/ adj. & n. מְחֻסַּר עֲבוֹדָה, מְבֻטָּל; לֹא מְנֻצָּל; מְבֻטָל
unemployment /ˌʌnɪmˈplɔɪmənt/ n. אַבְטָלָה
unemployment benefit דְּמֵי־אַבְטָלָה
unending /ʌnˈendɪŋ/ adj. לְלֹא סוֹף, לֹא מִסְתַּיֵּם
unendurable /ˌʌnɪnˈdjʊərəb(ə)l/ adj. בִּלְתִּי נִסְבָּל
un-English /ʌn-ˈɪŋglɪʃ/ adj. לֹא מְקֻבָּל אֵצֶל הָאַנְגְּלִים, שֶׁאֵינוֹ מַתְאִים לָאֶתוֹס הָאַנְגְּלִי (הַבְּרִיטִי)
unenlightened /ˌʌnɪnˈlaɪt(ə)nd/ adj. לֹא נָאוֹר; חֲסַר הֲבָנָה
unenterprising /ʌnˈentəpraɪzɪŋ/ adj. חֲסַר יָזְמָה
unenthusiastic /ˌʌnɪnθjuːzɪˈæstɪk/ adj. חֲסַר הִתְלַהֲבוּת
unenviable /ʌnˈenvɪəb(ə)l/ adj. שֶׁאֵין לְקַנֵּא בּוֹ (בִּגְלַל טִיבוֹ/מַצָּבוֹ הַגָּרוּעַ)
unequal /ʌnˈiːkwəl/ adj. לֹא שָׁוֶה; לֹא אָחִיד; לֹא מְאֻזָּן; לֹא־הוֹגֵן; לֹא מְסֻגָּל (לְמִלּוּי תַּפְקִיד וְכַד')
an unequal contest תַּחֲרוּת לֹא שָׁוָה
□ *I feel unequal to the task* אֲנִי מַרְגִּישׁ שֶׁאֵינֶנִּי מְסֻגָּל לְמַלֵּא אֶת הַתַּפְקִיד
unequalled /ʌnˈiːkwəld/ adj. (*formal*) שֶׁאֵין שָׁוֶה לוֹ, שֶׁאֵין כָּמוֹהוּ, לְלֹא מִתְחָרִים
unequivocal /ˌʌnɪˈkwɪvək(ə)l/ adj. (*formal*) חַד־מַשְׁמָעִי, שֶׁאֵינוֹ מִשְׁתַּמֵּעַ לִשְׁתֵּי פָּנִים
unerring /ʌnˈɜːrɪŋ/ adj. לֹא טוֹעֶה, מְדֻיָּק בְּיוֹתֵר
unethical /ʌnˈeθɪk(ə)l/ adj. לֹא אֶתִי, בִּלְתִּי מוּסָרִי
uneven /ʌnˈiːv(ə)n/ adj. לֹא אָחִיד; (מִסְפָּר) בִּלְתִּי־זוּגִי; לֹא מְאֻזָּן; לֹא חָלָק
uneventful /ˌʌnɪˈventf(ə)l/ adj. חֲסַר־אֵרוּעִים, שִׁגְרָתִי; מְשַׁעֲמֵם
unexampled /ˌʌnɪgˈzɑːmp(ə)ld/ adj. (*formal*) שֶׁאֵין דּוֹמֶה לוֹ, שֶׁאֵין לוֹ דֻּגְמָה; חֲסַר־תַּקְדִּים
unexceptionable /ˌʌnɪkˈsepʃənəb(ə)l/ adj. (*formal*) מֵעַל לְכָל בִּקֹּרֶת, לְלֹא דֹּפִי
unexceptional /ˌʌnɪkˈsepʃən(ə)l/ adj. (*formal*) רָגִיל
unexpected /ˌʌnɪkˈspektɪd/ adj. בִּלְתִּי־צָפוּי, מַפְתִּיעַ
unexplored /ˌʌnɪkˈsplɔːd/ adj. שֶׁלֹּא נֶחְקַר, לֹא נוֹדָע
unexpurgated /ʌnˈekspəgeɪtɪd/ adj. (טֶכְּסְט) לְלֹא הַשְׁמָטוֹת (שֶׁל קְטָעִים בְּנוֹשְׂאִים "אֲסוּרִים")
unfailing /ʌnˈfeɪlɪŋ/ adj. (*formal*) מַתְמִיד, נֶאֱמָן, אֵיתָן
unfailingly /ʌnˈfeɪlɪŋlɪ/ adv. (*formal*) תָּמִיד, בִּתְמִידוּת, בְּנֶאֱמָנוּת
unfair /ʌnˈfeə(r)/ adj. לֹא הוֹגֵן, לֹא צוֹדֵק, לֹא־פֵר
unfaithful /ʌnˈfeɪθf(ə)l/ adj. נוֹאֵף, לֹא־נֶאֱמָן, בּוֹגֵד
unfaltering /ʌnˈfɔːltərɪŋ/ adj. (*formal*) לְלֹא הִסּוּס, לֹא מְהַסֵּס
unfamiliar /ˌʌnfəˈmɪljə(r)/ adj. לֹא מֻכָּר, לֹא יָדוּעַ, זָר; לֹא בָּקִי, לֹא מִתְמַצֵּא
□ *I am unfamiliar with this subject* אֲנִי לֹא בָּקִי בְּנוֹשֵׂא זֶה

unfashionable /ʌnˈfæʃənəb(ə)l/ adj. שֶׁיָּצָא מִן הָאָפְנָה, לֹא אָפְנָתִי
unfasten /ʌnˈfɑːs(ə)n/ v.t. הִתִּיר, פָּתַח (קֶשֶׁר)
unfathomable /ʌnˈfæðəməb(ə)l/ adj. (*formal*) (רַעְיוֹן) שֶׁקָּשֶׁה לָרֶדֶת לְעָמְקוֹ, סָתוּם
unfavourable /ʌnˈfeɪvərəb(ə)l/ adj. (מַצָּב וְכַד') שְׁלִילִי, לֹא חִיּוּבִי; (מֶזֶג אֲוִיר וְכַד') לֹא נוֹחַ, לֹא טוֹב
unfeeling /ʌnˈfiːlɪŋ/ adj. חֲסַר רֶגֶשׁ, חֲסַר־לֵב
unfeigned /ʌnˈfeɪnd/ adj. (*formal*) (רֶגֶשׁ וְכַד') גָּלוּי, כֵּן
unfelt /ʌnˈfelt/ adj. בִּלְתִּי־מֻרְגָּשׁ
unfettered /ʌnˈfetəd/ adj. (*formal*) לֹא כָּבוּל, חָפְשִׁי
unfit /ʌnˈfɪt/ adj.
1 (not competent to do something) לֹא מֻכְשָׁר, לֹא מְסֻגָּל, לֹא מַתְאִים
□ *he was unfit for such a senior position* הוּא לֹא הָיָה מַתְאִים לְמִשְׂרָה בְּכִירָה כָּל־כָּךְ
2 (not suitable for) לֹא מַתְאִים, לֹא רָאוּי
unfit for human consumption לֹא רָאוּי לְמַאֲכַל אֱנוֹשׁ
3 (unhealthy) לֹא בְּכֹשֶׁר
unflagging /ʌnˈflægɪŋ/ adj. בִּלְתִּי־נִלְאֶה
unflappable /ʌnˈflæpəb(ə)l/ adj. (*colloq.*) לֹא מִתְבַּלְבֵּל, לֹא מִתְרַגֵּשׁ, קַר־רוּחַ
unflattering /ʌnˈflætərɪŋ/ adj. בִּלְתִּי־מַחֲמִיא
unflinching /ʌnˈflɪntʃɪŋ/ adj. (*formal*) לֹא נִרְתָּע; אֵיתָן, תַּקִּיף
unfold /ʌnˈfəʊld/ v.t. פָּתַח, פָּרַשׂ (דָּבָר מָה מְקֻפָּל); גּוֹלֵל (סִפּוּר וְכַד')
□ *he unfolded the map* הוּא פָּרַשׂ אֶת הַמַּפָּה
—v.i. נִפְתַּח, נִפְרַשׂ; נִגְלַל
□ *the countryside unfolded before them* הַנּוֹף הַכַּפְרִי נִפְרַשׂ לְמוּלָם
□ *the flower unfolded in the sunshine* הַפֶּרַח נִפְתַּח בְּאוֹר הַשֶּׁמֶשׁ
unforeseeable /ˌʌnfɔːˈsiːəb(ə)l/ adj. שֶׁאֵין לַחֲזוֹתוֹ מֵרֹאשׁ, בִּלְתִּי נִתָּן לִצְפִיָּה; לֹא צָפוּי
unforeseen /ˌʌnfɔːˈsiːn/ adj. בִּלְתִּי צָפוּי
unforgettable /ˌʌnfəˈgetəb(ə)l/ adj. בִּלְתִּי נִשְׁכָּח
unfortunate /ʌnˈfɔːtʃənət/ adj.
1 (unlucky) חֲסַר־מַזָּל, אֻמְלָל, מִסְכֵּן
2 (regrettable) מְצַעֵר, מַעֲצִיב
unfortunately /ʌnˈfɔːtʃənətlɪ/ adv. לְמַרְבֶּה הַצַּעַר, לְרֹעַ הַמַּזָּל
unfounded /ʌnˈfaʊndɪd/ adj. בִּלְתִּי־מְבֻסָּס, חֲסַר־שַׁחַר
unfrequented /ˌʌnfrɪˈkwentɪd/ adj. (*formal*) (מָקוֹם) שֶׁאֵין פּוֹקְדִים אוֹתוֹ לְעִתִּים קְרוֹבוֹת, שֶׁמְּבַקְּרִים בּוֹ לְעִתִּים רְחוֹקוֹת בִּלְבַד
unfriendly /ʌnˈfrendlɪ/ adj. לֹא־יְדִידוּתִי, לֹא אוֹהֵד; עוֹיֵן
unfrock /ʌnˈfrɒk/ v.t. (*Relig.*) הֵדִיחַ כֹּמֶר מִכְּהֻנָּתוֹ
unfruitful /ʌnˈfruːtf(ə)l/ adj. (*formal*) עָקָר (לָרֹב בְּהַשְׁאָלָה)

unfulfilled /ˌʌnfʊlˈfild/ adj. שֶׁלֹּא בָּא עַל סִפּוּקוֹ; שֶׁלֹּא הִתְגַּשֵּׁם

unfurl /ʌnˈfɜːl/ v.t.& i. גָּלַל, פָּתַח (קִפְלֵי דֶּגֶל אוֹ מִפְרָשׂ), פֵּרַשׂ; נִפְרַשׂ, נִפְתַּח

unfurnished /ʌnˈfɜːnɪʃt/ adj. לֹא מְרֹהָט

ungainly /ʌnˈgeɪnlɪ/ adj. (*derog.*) מְגֻשָּׁם, מְסֻרְבָּל

ungenerous /ʌnˈdʒenərəs/ adj. לֹא נָדִיב, קַמְצָנִי, מְקַמֵּץ; לֹא אָדִיב

ungentlemanly /ʌnˈdʒent(ə)lmənlɪ/ adj. לֹא גֶ'נְטֶלְמֶנִי, חֲסַר תְּכוּנוֹת שֶׁל גֶ'נְטֶלְמֶן

unget-at-able /ˌʌnget-ˈæt-əb(ə)l/ adj. (*colloq.*) שֶׁאִי אֶפְשָׁר לְהַשִּׂיג אוֹתוֹ, שֶׁאִי אֶפְשָׁר לְהַגִּיעַ אֵלָיו

ungifted /ʌnˈgɪftɪd/ adj. חֲסַר־כִּשָּׁרוֹן, חֲסַר־כִּשְׁרוֹנוֹת

ungodly /ʌnˈgɒdlɪ/ adj. לֹא יְרֵא־אֱלֹהִים, חוֹטֵא, רָשָׁע; (בְּהַשְׁאָלָה) "לֹא אֱנוֹשִׁי"

ungovernable /ʌnˈgʌvənəb(ə)l/ adj. (*formal*) שֶׁאֵין עָלָיו שְׁלִיטָה, בִּלְתִּי נִתָּן לְרִסּוּן

ungrateful /ʌnˈgreɪtf(ə)l/ adj.
 1 (unthankful) כְּפוּי טוֹבָה
 2 (unrewarding, *formal*) לֹא מִשְׁתַּלֵּם

ungrounded /ʌnˈgraʊndɪd/ adj. לֹא מְבֻסָּס, חֲסַר יְסוֹד, שֶׁאֵין לוֹ שַׁחַר

unguarded /ʌnˈgɑːdɪd/ adj. (רֶגַע וְכַד') שֶׁל הֶסַּח הַדַּעַת; (מָקוֹם) לְלֹא שְׁמִירָה

unguent /ˈʌŋgwənt/ n. (*poet.*) מִשְׁחָה

unhallowed /ʌnˈhæləʊd/ adj. (*formal*) לֹא מְקֻדָּשׁ, טָמֵא; מְרֻשָּׁע

unhand /ʌnˈhænd/ v.t. (*arch.* or *joc.*) סִלֵּק יָדָיו מִ..., הִרְפָּה מִ...

unhappy /ʌnˈhæpɪ/ adj.
 1 (not happy) לֹא מְאֻשָּׁר, עָצוּב, אֻמְלָל
 2 (regrettable, *formal*) (בִּטּוּי וְכַד') מְצַעֵר, שֶׁלֹּא בִּמְקוֹמוֹ

unhealthy /ʌnˈhelθɪ/ adj.
 1 (unwell) לֹא בָּרִיא, לֹא בְּקַו הַבְּרִיאוּת
 2 (harmful to health) לֹא בָּרִיא, מַזִּיק לַבְּרִיאוּת
 3 (dangerous, *colloq.* or *joc.*) מְסֻכָּן
 □ *it's going to be very unhealthy round here when he gets out of prison* יִהְיֶה מְאֹד לֹא בָּטוּחַ כָּאן כְּשֶׁהוּא יֵצֵא מֵהַכֶּלֶא

unheard /ʌnˈhɜːd/ adj. מִבְּלִי שֶׁנִּשְׁמַע
 □ *her plea for help went unheard* קְרִיאָתָהּ לְעֶזְרָה לֹא מָצְאָה אֹזֶן קַשֶּׁבֶת

unheard-of /ʌnˈhɜːd-ɒv/ adj. שֶׁלֹּא נִשְׁמַע כָּמוֹהוּ, חֲסַר תַּקְדִּים

unhinge /ʌnˈhɪndʒ/ v.t.
 1 (remove from hinges) הֵסִיר מִצִּירִים (דֶּלֶת וְכַד')
 2 (derange) שִׁבֵּשׁ אֶת דַּעְתּוֹ, הוֹצִיא מִדַּעְתּוֹ
 □ *his mind is unhinged since his accident* מַשֶּׁהוּ הִשְׁתַּבֵּשׁ אֶצְלוֹ מֵאָז הַתְּאוּנָה

unholy /ʌnˈhəʊlɪ/ adj. לֹא קָדוֹשׁ; מְרֻשָּׁע; "נוֹרָא"
 □ *the children were making an unholy row* (*colloq.*) הַיְלָדִים הֵקִימוּ מְהוּמָה נוֹרָאָה

unhook /ʌnˈhʊk/ v.t.
 1 (unfasten) פָּתַח, הִתִּיר, שִׁחְרֵר (וָו, קֶרֶס וְכַד')
 2 (remove from hook) הֵסִיר מִן הַוָּו (מְעִיל וְכַד'), שִׁחְרֵר

unhoped-for /ʌnˈhəʊpt-fɔː(r)/ adj. שֶׁלֹּא קִוּוּ לוֹ, שֶׁלֹּא צִפּוּ לוֹ

unhorse /ʌnˈhɔːs/ v.t. (*poet.*) הִפִּיל מֵעַל הַסּוּס

unhurried /ʌnˈhʌrɪd/ adj. נִנּוֹחַ, מָתוּן

uni- /ˈjuːnɪ-/ pref. אוּנִי־, (תְּחִלִּית שֶׁפֵּרוּשָׁהּ) חַד־, אֶחָד

unicorn /ˈjuːnɪkɔːn/ n. חַד־קֶרֶן (חַיָּה אַגָּדִית)

unidentified /ˌʌnaɪˈdentɪfaɪd/ adj. לֹא מְזֹהֶה
 unidentified flying object עַבַּ"ם, עֶצֶם מְעוֹפֵף בִּלְתִּי מְזֹהֶה

unification /ˌjuːnɪfɪˈkeɪʃ(ə)n/ n. אִחוּד

uniform /ˈjuːnɪfɔːm/ adj. אָחִיד
 —n. מַדִּים; תִּלְבֹּשֶׁת אֲחִידָה (בְּבֵית־סֵפֶר וְכַד')

uniformed /ˈjuːnɪfɔːmd/ adj. בְּמַדִּים, לוֹבֵשׁ מַדִּים

uniformity /ˌjuːnɪˈfɔːmɪtɪ/ n. אֲחִידוּת

unify /ˈjuːnɪfaɪ/ v.t. אִחֵד; הֶאֱחִיד

unilateral /ˌjuːnɪˈlæt(ə)rəl/ adj. אוּנִילָטֶרָלִי, חַד־צְדָדִי
 unilateral declaration of independence הַכְרָזַת עַצְמָאוּת חַד־צְדָדִית (כְּגוֹן זוֹ שֶׁל לִיטָא בְּנִיָּה בְּ־1990)
 unilateral disarmament פֵּרוּק־נֶשֶׁק חַד־צְדָדִי

unimaginable /ˌʌnɪˈmædʒɪnəb(ə)l/ adj. שֶׁאֵין לְהַעֲלוֹתוֹ עַל הַדַּעַת, שֶׁלֹּא יְתֹאַר בְּדִמְיוֹן

unimaginative /ˌʌnɪˈmædʒɪnətɪv/ adj. חֲסַר־דִּמְיוֹן, חֲסַר מָעוֹף

unimpaired /ˌʌnɪmˈpeəd/ adj. לְלֹא נֶזֶק, לְלֹא־פְּגִיעָה; בְּמַצָּב תַּקִּין

unimpeachable /ˌʌnɪmˈpiːtʃəb(ə)l/ adj. (*formal*) לְלֹא אַשְׁמָה, לְלֹא דֹּפִי, שֶׁאֵין לְפַקְפֵּק בּוֹ

uninformed /ˌʌnɪnˈfɔːmd/ adj. חֲסַר־מֵידָע, לְלֹא יְדִיעָה מַסְפֶּקֶת

uninhibited /ˌʌnɪnˈhɪbɪtɪd/ adj. חֲסַר־מַעֲצוֹרִים, חָפְשִׁי בְּהִתְנַהֲגוּתוֹ

uninspired /ˌʌnɪnˈspaɪəd/ adj. (*derog.*) בְּלִי הַשְׁרָאָה; (נְאוּם, הַצָּגָה) לֹא מַלְהִיב, חֲסַר בָּרָק

unintelligible /ˌʌnɪnˈtelɪdʒɪb(ə)l/ adj. לֹא נִתָּן לַהֲבָנָה, מְבֻלְבָּל

uninterested /ʌnˈɪnt(ə)rəstɪd/ adj. לֹא מְעֻנְיָן

uninteresting /ʌnˈɪnt(ə)rəstɪŋ/ adj. לֹא מְעַנְיֵן, מְשַׁעֲמֵם

uninviting /ˌʌnɪnˈvaɪtɪŋ/ adj. דּוֹחֶה, לֹא מוֹשֵׁךְ

union /ˈjuːnɪən/ n.
 1 (joining or uniting) אִחוּד, אִגּוּד; הִתְאַחֲדוּת, הִתְאַגְּדוּת
 sexual union הִזְדַּוְּגוּת
 2 (whole formed by uniting parts, esp. *Polit.*) אִגּוּד

the Union of Soviet Socialist Republics בְּרִית־הַמּוֹעָצוֹת, (בּרה"מ)
the Union Jack הַדֶּגֶל הַבְּרִיטִי
3 (trade union) אִגּוּד מִקְצוֹעִי
4 (association or club) הִתְאַחֲדוּת, אִגּוּד, חֶבְרָה
Students' Union הִתְאַחֲדוּת הַסְּטוּדֶנְטִים
5 (marriage) קֶשֶׁר/בְּרִית נִשּׂוּאִין
6 (rod or pipe-joint) מַחְבֵּר (צִנּוֹרוֹת)

unionist /ˈjuːnɪənɪst/ n.
1 (member of a trade union) חָבֵר בְּאִגּוּד מִקְצוֹעִי, עַסְקָן אִגּוּד מִקְצוֹעִי
2 (Irish conservative) יוּנְיוֹנִיסְט, חָבֵר בַּמִּפְלָגָה הַיּוּנְיוֹנִיסְטִית

unique /juːˈniːk/ adj. מְיֻחָד בְּמִינוֹ, יָחִיד וּמְיֻחָד

unisex /ˈjuːnɪseks/ adj. יוּנִיסֶקְס, אוּנִיסֶקְס (לְבוּשׁ וְכַד')
unisex fashion אָפְנַת יוּנִיסֶקְס (הַמַּתְאִימָה לִשְׁנֵי הַמִּינִים)

unison /ˈjuːnɪs(ə)n/ n.
in unison פֶּה אֶחָד, בְּאֹפֶן מְאֻחָד, בְּיַחַד; (בְּמוּזִיקָה) בְּאַחְדוּת קוֹלוֹת

unit /ˈjuːnɪt/ n.
1 (basic measurement) יְחִידָה
hundreds, tens, and units מֵאוֹת, עֲשָׂרוֹת וִיחִידוֹת (בְּמִסְפָּר)
monetary unit יְחִידַת־מַטְבֵּעַ
this factory produces 15,000 units a month מִפְעָל זֶה מְיַצֵּר 15,000 יְחִידוֹת בְּחֹדֶשׁ
2 (part of larger whole) יְחִידָה
kitchen unit יְחִידַת מִטְבָּח (בְּמִטְבָּח מוֹדוּלָרִי וְכַד')
unit trust קֶרֶן הַשְׁקָעוֹת (הַמַּצִּיעָה סַל מְנָיוֹת מְגֻוָּן)
3 (*Mil.*) יְחִידָה (צְבָאִית)
□ *the soldier must return to his unit* עַל הַחַיָּל לַחֲזֹר לִיחִידָתוֹ (בִּגְלַל הַכְרָזַת מַצַּב כּוֹנְנוּת וְכַד')

Unitarian /ˌjuːnɪˈteərɪən/ adj. & n. (*Relig.*) (הַכְּנֵסִיָּה) הָאוּנִיטָרִית; חָבֵר בַּכְּנֵסִיָּה כַּנַּ"ל

unitary /ˈjuːnɪtərɪ/ adj. שֶׁל יְחִידָה

unite /juːˈnaɪt/ v.t. & i.
1 (make or become one thing) אִחֵד; הִתְאַחֵד
2 (bring or work together for specific purpose) אִחֵד, לִכֵּד; הִתְאַחֵד, הִתְלַכֵּד
□ *let us unite in the fight against poverty* הָבָה נִתְאַחֵד בְּמִלְחַמְתֵּנוּ בָּעֹנִי, הָבָה נִפְעַל יַחַד לְהִלָּחֵם בָּעֹנִי

united /juːˈnaɪtɪd/ adj.
1 (cohesive) מְלֻכָּד, מְאֻחָד; הָדוּק, קָרוֹב
2 (joined politically) מְאֻחָד, מְאֻגָּד
the United Kingdom הַמַּמְלָכָה הַמְאֻחֶדֶת, בְּרִיטַנְיָה הַגְּדוֹלָה
the United Nations הָאֻמּוֹת־הַמְאֻחָדוֹת (או"ם)
the United States (of America) אַרְצוֹת־הַבְּרִית שֶׁל אֲמֶרִיקָה (אַרְה"ב)

unity /ˈjuːnɪtɪ/ n. אַחְדוּת; אֲחִידוּת

universal /juːnɪˈvɜːs(ə)l/ adj. אוּנִיבֶרְסָלִי; עוֹלָמִי, כְּלַל־אֱנוֹשִׁי
universal joint מִפְרָק אוּנִיבֶרְסָלִי (הַמְאַפְשֵׁר לְחֶלְקֵי מְכוֹנָה לָנוּעַ לְכָל כִּווּן)
universal suffrage זְכוּת בְּחִירָה כְּלָלִית (גַּם לְנָשִׁים, לִמְעוּטֵי אֶמְצָעִים וְכַד')
universal time זְמַן גְּרִינִיץ', שְׁעוֹן גְּרִינִיץ'
—n. אוּנִיבֶרְסָל (עִקָּרוֹן אוֹ מֻשָּׂג כּוֹלֵל)

universality /ˌjuːnɪvɜːˈsælɪtɪ/ n. (*formal*) אוּנִיבֶרְסָלִיּוּת; עוֹלָמִיּוּת

universe /ˈjuːnɪvɜːs/ n. יְקוּם, תֵּבֵל

university /ˌjuːnɪˈvɜːsɪtɪ/ n. אוּנִיבֶרְסִיטָה

unjust /ʌnˈdʒʌst/ adj. בִּלְתִּי־צוֹדֵק, לֹא־צוֹדֵק

unjustifiable /ʌnˈdʒʌstɪfaɪəb(ə)l/ adj. לֹא מֻצְדָּק, לְלֹא הַצְדָּקָה, שֶׁאִי־אֶפְשָׁר לְהַצְדִּיקוֹ

unkempt /ʌnˈkempt/ adj. מֻזְנָח, לֹא מְסֻדָּר, לֹא מְטֻפָּח (בְּהוֹפָעָה אִישִׁית)

unkind /ʌnˈkaɪnd/ adj. לֹא אָדִיב; אַכְזָר

unkindly /ʌnˈkaɪndlɪ/ adv. בְּחֹסֶר אֲדִיבוּת; בְּאַכְזָרִיּוּת

unknowing /ʌnˈnəʊɪŋ/ adj. (*formal*) לְלֹא יְדִיעָתוֹ, בְּלִי שֶׁעָמַד עַל־כָּךְ

unknown /ʌnˈnəʊn/ adj. בִּלְתִּי יָדוּעַ, אַלְמוֹנִי
an unknown quantity (*colloq.*) הוּא (אָפְיוֹ, עֶמְדָּתוֹ וְכַד') בְּגֶדֶר נֶעְלָם
the tomb of the Unknown Soldier קֶבֶר הַחַיָּל הָאַלְמוֹנִי, מַצֶּבֶת הַחַיָּל הָאַלְמוֹנִי
—n. בִּלְתִּי יָדוּעַ, נֶעְלָם, אַלְמוֹנִי
□ *there are three unknowns in this equation* בְּמִשְׁוָאָה זוֹ יֵשׁ שְׁלֹשָׁה נֶעְלָמִים
□ *he went off into the unknown* הוּא הִפְלִיג אֶל הַבִּלְתִּי־נוֹדָע

unlace /ʌnˈleɪs/ v.t. הִתִּיר שָׂרוֹךְ

unladylike /ʌnˈleɪdɪlaɪk/ adj. הִתְנַהֲגוּת שֶׁאֵינָהּ הוֹלֶמֶת גְּבֶרֶת

unlatch /ʌnˈlætʃ/ v.t. פָּתַח בְּרִיחַ (שֶׁל שַׁעַר וְכַד')

unlawful /ʌnˈlɔːf(ə)l/ adj. (*Law*) לֹא חֻקִּי, שֶׁלֹּא כַּדִּין
unlawful assembly הִתְכַּנְּסוּת לֹא חֻקִּית

unlearn /ʌnˈlɜːn/ v.t. נִסָּה לִשְׁכֹּחַ דְּבַר מָה (שֶׁלָּמַד); נִסָּה לְהִפָּטֵר (מֵהֶרְגֵּל שֶׁלָּמַד וְכַד')

unleash /ʌnˈliːʃ/ v.t. (*formal*) שִׁחְרֵר מֵרְצוּעָה, הִתִּיר רְצוּעָה (שֶׁל כֶּלֶב, בְּהַשְׁאָלָה גַּם לְגַבֵּי רְגָשׁוֹת וְכַד')

unleavened /ʌnˈlev(ə)nd/ adj. אָפוּי לְלֹא שְׁמָרִים, שֶׁאֵינוֹ חָמֵץ
unleavened bread מַצָּה

unless /ʌnˈles/ conj. אִם לֹא; אֶלָּא אִם כֵּן

unlettered /ʌnˈletəd/ adj. (*formal*) אַנַאלְפַבֵּיתִי; חֲסַר הַשְׂכָּלָה וְחִנּוּךְ

unlicensed /ʌnˈlaɪs(ə)nst/ adj. לְלֹא רִשְׁיוֹן, לֹא מֻרְשֶׁה

unlike /ʌnˈlaɪk/ adj. שׁוֹנֶה, לֹא דּוֹמֶה
—adv. שֶׁלֹּא בְּדוֹמֶה לְ..., שֶׁלֹּא כְּמוֹ

□ *it is unlike him to be late* זֶה לֹא מִטִּבְעוֹ לְאַחֵר, זֶה לֹא אָפְיָנִי לוֹ לְאַחֵר

□ *unlike earlier times, the service was poor* בְּנִגּוּד לִפְעָמִים קוֹדְמוֹת, הַשֵּׁרוּת הָיָה גָּרוּעַ

unlikely /ʌnˈlaɪklɪ/ adj. לֹא סָבִיר, לֹא מִתְקַבֵּל עַל הַדַּעַת; לֹא עָלוּל, לֹא צָפוּי

□ *it's an unlikely place for mushrooms to grow* זֶה מָקוֹם לֹא סָבִיר לִצְמִיחַת פִּטְרִיּוֹת

unlikelihood /ʌnˈlaɪklɪhʊd/ n. אִי־סְבִירוּת

unlimited /ʌnˈlɪmɪtɪd/ adj. בְּלִי הַגְבָּלָה, בְּלִי גְּבוּל, לֹא מֻגְבָּל

unlined /ʌnˈlaɪnd/ adj. (בֶּגֶד) חֲסַר בִּטְנָה; (פָּנִים) בְּלִי קַוִּים, בְּלִי קְמָטִים; (נְיָר) בְּלִי שׁוּרוֹת

unlisted /ʌnˈlɪstɪd/ adj. לֹא רָשׁוּם (כְּגוֹן מִסְפָּר בְּסֵפֶר טֶלֶפוֹנִים, מְנָיָה בַּבּוּרְסָה)

□ *their telephone number is unlisted* (*US*) מִסְפַּר הַטֶּלֶפוֹן שֶׁלָּהֶם חָסוּי/לֹא מוֹפִיעַ בְּסֵפֶר הַטֶּלֶפוֹנִים

unload /ʌnˈləʊd/ v.t.

1 (empty) פָּרַק (מִטְעָן וְכַד׳)

□ *they unloaded the cargo from the ship* הֵם פָּרְקוּ אֶת הַמִּטְעָן מִן הַסְּפִינָה

□ *he unloaded his gun* הוּא פָּרַק אֶת נִשְׁקוֹ (הוֹצִיא אֶת הַתַּחְמֹשֶׁת)

2 (get rid of, *colloq.*) נִפְטַר (מִסְּחוֹרָה לֹא רְצוּיָה וְכַד׳)

□ *he unloaded his shares onto unsuspecting buyers* הוּא הִצְלִיחַ לְהַלְבִּישׁ אֶת הַמְּנָיוֹת שֶׁלּוֹ עַל קוֹנִים שֶׁלֹּא חָשְׁדוּ בִּמְאוּם

—v.i. פָּרַק מִטְעָן

unlock /ʌnˈlɒk/ v.t. פָּתַח (מַנְעוּל); חָשַׂף אֶת הַסּוֹדוֹת (שֶׁל נוֹשֵׂא מְסֻיָּם)

unlooked-for /ʌnˈlʊkt-fɔː(r)/ adj. (*poet.*) בִּלְתִּי צָפוּי, שֶׁלֹּא פִּלְּלוּ לוֹ

unloose /ʌnˈluːs/ v.t. שִׁחְרֵר, שִׁלַּח לַחָפְשִׁי

unloosen /ʌnˈluːs(ə)n/ v.t. הִתִּיר, שִׁחְרֵר

unlovely /ʌnˈlʌvlɪ/ adj. (*euphem.*) לֹא אָהוּב, לֹא נֶחְמָד, דּוֹחֶה

unlucky /ʌnˈlʌkɪ/ adj. חֲסַר מַזָּל; בִּישׁ־מַזָּל

unmade /ʌnˈmeɪd/ adj. (מִטָּה) לֹא מְסֻדֶּרֶת; (כְּבִישׁ) לֹא סָלוּל

unmanageable /ʌnˈmænɪdʒəb(ə)l/ adj. שֶׁאִי אֶפְשָׁר לִשְׁלֹט בּוֹ; (שֵׂעָר) קָשֶׁה לְסִדּוּר

unmanly /ʌnˈmælɪ/ adj. (*formal*) לֹא גַּבְרִי; פַּחְדָנִי, חָלוּשׁ

unmanned /ʌnˈmænd/ adj. לֹא־מְאֻיָּשׁ

unmannerly /ʌnˈmænəlɪ/ adj. (*formal*) לֹא מְנֻמָּס, חֲסַר נִימוּסִים, גַּס

unmarked /ʌnˈmɑːkt/ adj. (קֶבֶר, כְּבִישׁ) לֹא מְסֻמָּן; נְקִי מִסִּימָנִים (שֶׁל הַזְּמַן הַחוֹלֵף וְכַד׳)

unmarried /ʌnˈmærɪd/ adj. לֹא נָשׂוּי/נְשׂוּאָה, רַוָּק/רַוָּקָה

unmask /ʌnˈmɑːsk/ v.t. חָשַׂף אֶת פַּרְצוּפוֹ הָאֲמִתִּי שֶׁל (תָּמִיד בְּהַשְׁאָלָה)

unmatched /ʌnˈmætʃt/ adj. שֶׁאֵין לוֹ מִתְחָרֶה, שֶׁאֵין כָּמוֹהוּ

unmentionable /ʌnˈmenʃənəb(ə)l/ adj. (מָאוּס עַד) שֶׁאֵין לְהַזְכִּירוֹ, שֶׁאֵין לְהַעֲלוֹתוֹ עַל הַשְּׂפָתַיִם

unmentionables (*arch. euphem* or *joc.*) תַּחְתּוֹנֵי גְּבָרִים

unmindful /ʌnˈmaɪndf(ə)l/ adj. (*formal*) לְלֹא שִׂים לֵב (לַתּוֹצָאוֹת וְכַד׳)

□ *he was unmindful of the need to hurry* הוּא לֹא הָיָה מוּדָע לַצֹּרֶךְ לְהִזְדָּרֵז

unmistakable /ˌʌnmɪˈsteɪkəb(ə)l/ adj. שֶׁאֵין לִטְעוֹת בּוֹ, בְּלִי שׁוּם סָפֵק, בָּרוּר

unmitigated /ʌnˈmɪtɪgeɪtɪd/ adj. (*formal*) מֻחְלָט, גָּמוּר, מֻשְׁבָּע

unmourned /ʌnˈmɔːnd/ adj. שֶׁלֹּא הִתְאַבְּלוּ עָלָיו

unmoved /ʌnˈmuːvd/ adj. (אָדָם) חֲסַר רַחֲמִים; (אָדָם) חֲסַר דְּאָגָה

unnatural /ˌʌnˈnætʃ(ə)rəl/ adj. לֹא־טִבְעִי; מְעֻוָּת; שֶׁלֹּא כְּדֶרֶךְ הַטֶּבַע; מְעֻשֶּׂה

unnaturally /ˌʌnˈnætʃ(ə)rəlɪ/ adv. שֶׁלֹּא כְּטִבְעוֹ; שֶׁלֹּא כְּדֶרֶךְ הַטֶּבַע

□ *it was unnaturally silent in the school playground* שֶׁקֶט מוּזָר שָׂרַר בֶּחָצֵר בֵּית־הַסֵּפֶר

□ *he expected, not unnaturally, that his father would help him* הוּא צִפָּה, וְלֹא בְּלִי סִבָּה, שֶׁאָבִיו יַעֲזֹר

unnavigable /ˌʌnˈnævɪgəb(ə)l/ adj. (נָהָר, אֲגַם וְכַד׳) בִּלְתִּי עָבִיר (לִכְלֵי שַׁיִט)

unnecessarily /ˌʌnˈnesəsərəlɪ/ adv. לְלֹא צֹרֶךְ

unnecessary /ˌʌnˈnesəsərɪ/ adj. מְיֻתָּר, לֹא נָחוּץ, שֶׁאֵינוֹ לְצֹרֶךְ

unneighbourly /ˌʌnˈneɪbəlɪ/ adj. בְּנִגּוּד לְיַחֲסֵי שְׁכֵנוּת טוֹבָה

unnerve /ʌnˈnɜːv/ v.t. הִפְחִיד, עִרְעֵר אֶת בִּטְחוֹנוֹ שֶׁל

unnerved /ʌnˈnɜːvd/ adj. מְעֻרְעָר (בְּרוּחוֹ), מְבֹהָל, עַצְבָּנִי (מִפַּחַד)

unnoticed /ˌʌnˈnəʊtɪst/ adj. מִבְּלִי שֶׁחָשׁוּ בּוֹ, מִבְּלִי שֶׁשָּׂמוּ אֵלָיו לֵב

□ *his warning went* (or *passed*) *unnoticed by everyone* אַף אֶחָד לֹא שָׂם לֵב לָאַזְהָרָה שֶׁלּוֹ

unnumbered /ˌʌnˈnʌmbəd/ adj.

1 (countless, *formal*) לְלֹא סְפוֹר, לְאֵין מִסְפָּר

2 (not marked numerically) לֹא־מְמֻסְפָּר

unnumbered tickets כַּרְטִיסִים לֹא מְמֻסְפָּרִים, כַּרְטִיסִים לְלֹא מִסְפְּרֵי־כִּסְאוֹת

unobjectionable /ˌʌnəbˈdʒekʃənəb(ə)l/ adj. שֶׁאִי־אֶפְשָׁר לְהִתְנַגֵּד לוֹ

unobliging /ˌʌnəˈblaɪdʒɪŋ/ adj. שֶׁאֵינוֹ מְגַלֶּה רָצוֹן טוֹב

unobservant /ˌʌnəbˈzɜːvənt/ adj. חֲסַר תְּשׂוּמֶת־לֵב, לֹא מַבְחִין

unobserved /ˌʌnəbˈzɜːvd/ adj. שֶׁלֹּא הִבְחִינוּ בּוֹ

unobstructed /ˌʌnəbˈstrʌktɪd/ adj. פָּתוּחַ, לְלֹא מַחְסוֹמִים, לְלֹא מִכְשׁוֹל (גַּם בְּהַשְׁאָלָה)

unobtrusive /ˌʌnəbˈtruːsɪv/ adj. לֹא בּוֹלֵט, לֹא מִתְבַּלֵּט

unoccupied /ʌnˈɒkjuːpaɪd/ adj. לֹא תָּפוּס, פָּנוּי, שֶׁלֹּא גָּרִים בּוֹ

unofficial /ˌʌnəˈfɪʃ(ə)l/ adj. לֹא־רִשְׁמִי

unopposed /ˌʌnəˈpəʊzd/ adj. לְלֹא הִתְנַגְּדוּת

unoriginal /ˌʌnəˈrɪdʒɪn(ə)l/ adj. לֹא מְקוֹרִי

unorthodox /ʌnˈɔːθədɒks/ adj. לֹא אוֹרְתּוֹדוֹקְסִי, לֹא אָדוּק; לֹא מְקֻבָּל, לֹא קוֹנְוֶנְצְיוֹנָלִי

unpack /ʌnˈpæk/ v.t. הוֹצִיא מִן הָאֲרִיזָה, הוֹצִיא מִן הַמִּזְוָדָה
- *he unpacked his clothes* הוּא הוֹצִיא אֶת בְּגָדָיו מִן הַמִּזְוָדָה
- *he unpacked his bags* הוּא הוֹצִיא אֶת הַבְּגָדִים מִן הַמִּזְוָדוֹת שֶׁלּוֹ

—v.i. הוֹצִיא אֶת הַבְּגָדִים מִן הַמִּזְוָדוֹת, פֵּרַק אֶת הַמִּזְוָדוֹת

unpalatable /ʌnˈpælətəb(ə)l/ adj. (*formal*) לֹא נָעִים; לֹא טָעִים
- *the truth is sometimes unpalatable* הָאֱמֶת הִיא לִפְעָמִים קָשָׁה לְעִכּוּל

unparalleled /ʌnˈpærəleld/ adj. (*formal*) שֶׁאֵין לוֹ הַקְבָּלָה, שֶׁאֵין לוֹ אָח וָרֵעַ

unpardonable /ʌnˈpɑːd(ə)nəb(ə)l/ adj. (*formal*) בִּלְתִּי־נִסְלָח

unparliamentary /ˌʌnpɑːləˈment(ə)rɪ/ adj. בִּלְתִּי־פַּרְלָמֶנְטָרִי
- **unparliamentary language** לָשׁוֹן בּוֹטָה, גִּדּוּפִים וְעֶלְבּוֹנוֹת

unperturbed /ˌʌnpəˈtɜːbd/ adj. (*formal*) לְלֹא הַפְרָעוֹת; לְלֹא הִתְרַגְּשׁוּת

unpick /ʌnˈpɪk/ v.t. פָּרַם, הוֹצִיא תְּפָרִים מ...

unplaced /ʌnˈpleɪst/ adj. (סוּס וְכַד׳) לֹא בֵּין הַזּוֹכִים בְּתַחֲרוּת

unplanned /ʌnˈplænd/ adj. לֹא מְתֻכְנָן

unplayable /ʌnˈpleɪəb(ə)l/ adj.
1. (of music) בִּלְתִּי אֶפְשָׁרִי לִנְגִינָה
2. (*Sport*) (מִגְרָשׁ) שֶׁאִי־אֶפְשָׁר לְשַׂחֵק עָלָיו; (כַּדּוּר) שֶׁאִי־אֶפְשָׁר לַעֲנוֹת עָלָיו

unpleasant /ʌnˈplez(ə)nt/ adj. לֹא־נָעִים, דּוֹחֶה

unplug /ʌnˈplʌg/ v.t. נִתֵּק, הוֹצִיא (מַכְשִׁיר חַשְׁמַלִּי) מִן הַשֶּׁקַע; פָּתַח סְתִימָה (בְּבִיּוּר וְכַד׳)

unpopular /ʌnˌpɒpjʊˈlə(r)/ adj. לֹא פּוֹפּוּלָרִי, לֹא מְקֻבָּל (עַל הַצִּבּוּר)

unpopularity /ʌnˌpɒpjʊˈlærɪtɪ/ n. חֹסֶר פּוֹפּוּלָרִיּוּת

unpractised /ʌnˈpræktɪst/ adj. לֹא מְתֻרְגָּל, לֹא מְאֻמָּן

unprecedented /ʌnˈpresɪdentɪd/ adj. לְלֹא תַּקְדִּים

unpredictable /ˌʌnprɪˈdɪktəb(ə)l/ adj. (דָּבָר) שֶׁתּוֹצְאוֹתָיו אֵינָן נִתָּנוֹת לְחִזּוּי; (אָדָם) לֹא עִקְבִי, הֲפַכְפַּךְ

unprejudiced /ʌnˈpredʒʊdɪst/ adj. לְלֹא דֵּעָה קְדוּמָה, לֹא מְשֻׁחָד

unpremeditated /ˌʌnpriːˈmedɪteɪtɪd/ adj. (*formal*) בְּלִי כַּוָּנָה תְּחִלָּה

unprepared /ˌʌnprɪˈpeəd/ adj. בְּלִי הֲכָנָה מֵרֹאשׁ, לֹא מוּכָן

unpretentious /ˌʌnprɪˈtenʃəs/ adj. לֹא יָמְרָנִי, צָנוּעַ

unprincipled /ʌnˈprɪnsɪp(ə)ld/ adj. (*formal*) חֲסַר עֶקְרוֹנוֹת, לֹא מוּסָרִי

unprintable /ʌnˈprɪntəb(ə)l/ adj. שֶׁאֵין לְהַעֲלוֹתוֹ עַל הַנְּיָר (גַּס מְאֹד)

unprofessional /ˌʌnprəˈfeʃən(ə)l/ adj. (*derog.*) לֹא מִקְצוֹעִי

unprompted /ʌnˈprɒmptɪd/ adj. (*formal*) סְפּוֹנְטָנִי, מִבְּלִי שֶׁנִּתְבַּקֵּשׁ

unpronounceable /ˌʌnprəˈnaʊnsəb(ə)l/ adj. שֶׁקָּשֶׁה לְבַטְּאוֹ, בִּלְתִּי נִתָּן לְהִגּוּי

unprovoked /ˌʌnprəˈvəʊkt/ adj. לְלֹא (כָּל) פְּרוֹבוֹקַצְיָה, לְלֹא הִתְגָּרוּת
- **unprovoked aggression** תּוֹקְפָנוּת לְלֹא כָּל פְּרוֹבוֹקַצְיָה

unqualified /ʌnˈkwɒlɪfaɪd/ adj.
1. (not competent) לֹא מֻסְמָךְ, חֲסַר הַכְשָׁרָה
   - *he is unqualified to teach the subject* הוּא לֹא מֻכְשָׁר לְלַמֵּד אֶת הַנּוֹשֵׂא הַזֶּה
2. (absolute) בְּלִי הִסְתַּיְּגוּת, מֻחְלָט
   - *he's an unqualified idiot* הוּא אִידְיוֹט גָּמוּר

unquestionable /ʌnˈkwestʃənəb(ə)l/ adj. לְלֹא עוֹרְרִין, מֵעַל לְכָל סָפֵק

unquestioning /ʌnˈkwestʃənɪŋ/ adj. (צִיּוּת, אֵמוּן וְכַד׳) לְלֹא שְׁאִילַת שְׁאֵלוֹת, "עִוֵּר"

unquiet /ʌnˈkwaɪət/ adj. (*formal*) חֲסַר מְנוּחָה

unquote /ʌnˈkwəʊt/ adv. סְגוֹר מֵרְכָאוֹת, סוֹף צִטּוּט

unravel /ʌnˈræv(ə)l/ v.t.
1. (unpick) הִתִּיר, פָּרַם
2. (solve) הִתִּיר, פָּתַר (חִידָה וְכַד׳)

—v.i. נִפְרַם (סְרִיג וְכַד׳); נִגְלָה, נֶחְשַׂף (סִפּוּר וְכַד׳)

unread /ʌnˈred/ adj.
1. (not read) שֶׁלֹּא נִקְרָא, שֶׁלֹּא קְרָאוּ בּוֹ
2. (uneducated, *formal*) לֹא מְלֻמָּד, לֹא מַשְׂכִּיל

unreadable /ʌnˈriːdəb(ə)l/ adj. בִּלְתִּי נִתָּן לִקְרִיאָה, לֹא קָרִיא (בִּשְׁבִיל תָּכְנוֹ אוֹ בִּשְׁבִיל מַצָּבוֹ הַגָּרוּעַ)

unready /ʌnˈredɪ/ adj. (*formal*) לֹא מוּכָן, לֹא מְלֻבָּשׁ

unreal /ʌnˈrɪəl/ adj. דִּמְיוֹנִי, לֹא מְצִיאוּתִי, לֹא מַמָּשִׁי

unrealistic /ˌʌnrɪəˈlɪstɪk/ adj. לֹא מְצִיאוּתִי, דִּמְיוֹנִי

unrealized /ʌnˈrɪəlaɪzd/ adj. שֶׁלֹּא הִתְגַּשֵּׁם, שֶׁלֹּא הִתְמַלֵּא, שֶׁלֹּא מֻמָּשׁ

unreasonable /ʌnˈriːz(ə)nəb(ə)l/ adj. בִּלְתִּי סָבִיר, שֶׁאֵינוֹ מִתְקַבֵּל עַל הַדַּעַת; מֻפְרָז

unreasoning /ʌnˈriːzənɪŋ/ adj. (*formal*) לְלֹא מַחֲשָׁבָה, חֲסַר־מַחֲשָׁבָה

unrecognizable /ʌnˈrekəgnaɪzəb(ə)l/ adj. שֶׁאִי־אֶפְשָׁר לְהַכִּירוֹ, שֶׁאִי־אֶפְשָׁר לְזַהוֹתוֹ

unreconciled /ʌnˈrekənsaɪld/ adj. שֶׁלֹּא הִשְׁלִים עִם (דְּבַר מָה); לְלֹא פְּשָׁרָה

unrecorded /ˌʌnrɪˈkɔːdɪd/ adj. לֹא רָשׁוּם, לֹא הֻכְנַס לָרְשׁוּמוֹת; לֹא מֻקְלָט

unredeemed /ˌʌnrɪˈdiːmd/ adj. שֶׁלֹּא נִפְדָּה, לֹא פָּדוּי

unreel /ˌʌnˈriːl/ v.t. & i. שִׁחְרֵר (חוּט, סֶרֶט וְכַד') מִגַּלְגַּל; הִשְׁתַּחְרֵר מִגַּלְגַּל

unrefined /ˌʌnrɪˈfaɪnd/ adj. לֹא מְזֻקָּק; לֹא מְעֻדָּן; לֹא מְחֻנָּךְ

unreformed /ˌʌnrɪˈfɔːmd/ adj. לֹא מְתֻקָּן

unregenerate /ˌʌnrɪˈdʒenərət/ adj. (*formal*) שֶׁאֵינוֹ מִתְחָרֵט עַל חֲטָאָיו

unrehearsed /ˌʌnrɪˈhɜːst/ adj. סְפּוֹנְטָנִי, לְלֹא הֲכָנָה מֵרֹאשׁ

unrelated /ˌʌnrɪˈleɪtɪd/ adj. לֹא קָשׁוּר (לְעִנְיָן מְסֻיָּם); לֹא קָרוֹב מִשְׁפָּחָה, לְלֹא קִרְבָה מִשְׁפַּחְתִּית

unrelenting /ˌʌnrɪˈlentɪŋ/ adj. לְלֹא הֶרֶף, עַקְשָׁנִי

unreliable /ˌʌnrɪˈlaɪəb(ə)l/ adj. שֶׁאֵין לִסְמֹךְ עָלָיו, בִּלְתִּי־מְהֵימָן, לֹא אָמִין

unrelieved /ˌʌnrɪˈliːvd/ adj. בִּלְתִּי־פּוֹסֵק
 unrelieved boredom שִׁעֲמוּם בִּלְתִּי פּוֹסֵק

unremitting /ˌʌnrɪˈmɪtɪŋ/ adj. (*formal*) בִּלְתִּי פּוֹסֵק, מַתְמִיד

unrepeatable /ˌʌnrɪˈpiːtəb(ə)l/ adj. בִּלְתִּי־חוֹזֵר, שֶׁלֹּא יַחֲזֹר; שֶׁאֵין לַחֲזֹר עָלָיו
 unrepeatable offer הַצָּעָה בִּלְתִּי־חוֹזֶרֶת

unreported /ˌʌnrɪˈpɔːtɪd/ adj. שֶׁלֹּא דֻּוַּח עָלָיו, לֹא מְדֻוָּח

unrepresentative /ˌʌnreprɪˈzentətɪv/ adj. בִּלְתִּי־יַצִּיג, לֹא טִיפּוּסִי, לֹא מְיַצֵּג

unrequited /ˌʌnrɪˈkwaɪtɪd/ adj. (*formal*) שֶׁלֹּא הֻחְזַר, שֶׁלֹּא הוּשַׁב
 unrequited love אַהֲבָה שֶׁלֹּא הוּשְׁבָה, אַהֲבָה חַד־צְדָדִית

unreserved /ˌʌnrɪˈzɜːvd/ adj.
 1 (not booked) (מָקוֹם) לֹא־שָׁמוּר
 2 (whole-hearted, *formal*) לֹא מְסֻיָּג, שֶׁמִּכָּל הַלֵּב

unreservedly /ˌʌnrɪˈzɜːvɪdlɪ/ adv. (*formal*) לְלֹא הִסְתַּיְּגוּת, בְּלִי סִיָּג, מִכָּל הַלֵּב

unresolved /ˌʌnrɪˈzɒlvd/ adj. לֹא פָּתוּר, שֶׁלֹּא נִמְצָא לוֹ פִּתְרוֹן

unresponsive /ˌʌnrɪˈspɒnsɪv/ adj. לֹא נַעֲנֶה, לֹא מֵגִיב, אָדִישׁ

unrest /ʌnˈrest/ n. אִי־שֶׁקֶט, תְּסִיסָה

unrestrained /ˌʌnrɪˈstreɪnd/ adj. לֹא מְרֻסָּן, לֹא מְאֻפָּק

unrestricted /ˌʌnrɪˈstrɪktɪd/ adj. בִּלְתִּי־מֻגְבָּל, לֹא מֻגְבָּל

unrewarding /ˌʌnrɪˈwɔːdɪŋ/ adj. לֹא מִשְׁתַּלֵּם, לֹא כְּדָאִי

unrighteous /ʌnˈraɪtʃəs/ adj. (*formal*) רָשָׁע, חוֹטֵא

unripe /ʌnˈraɪp/ adj. לֹא בָּשֵׁל, בֹּסֶר

unrivalled /ʌnˈraɪv(ə)ld/ adj. (*formal*) שֶׁאֵין לוֹ מִתְחָרֶה, שֶׁאֵין דּוֹמֶה לוֹ

unroadworthy /ʌnˈrəʊdˌwɜːðɪ/ adj. (כְּלִי־רֶכֶב) לֹא כָּשִׁיר לִנְסִיעָה

unrobe /ʌnˈrəʊb/ v.t. & i. (*formal*) הִפְשִׁיט; פָּשַׁט אֶת בְּגָדָיו

unroll /ʌnˈrəʊl/ v.t. & i. גָּלַל (מְגִלָּה וְכַד'), פָּרַשׂ; נִגְלַל, נִפְרַשׂ

unromantic /ˌʌnrəˈmæntɪk/ adj. לֹא רוֹמַנְטִי

unruffled /ʌnˈrʌf(ə)ld/ adj. לֹא מִתְרַגֵּשׁ, שָׁקֵט, שָׁלֵו; (שֵׂעָר וְכַד') לֹא פָּרוּעַ

unruled /ʌnˈruːld/ adj. (נְיָר) בְּלִי שׁוּרוֹת, חָלָק

unruly /ʌnˈruːlɪ/ adj. לֹא נִכְנָע לִכְלָלִים, לֹא מְמֻשְׁמָע, פָּרוּעַ

unsaddle /ʌnˈsæd(ə)l/ v.t. הֵסִיר אֻכָּף; הִפִּיל מֵעַל סוּס

unsafe /ʌnˈseɪf/ adj. לֹא בָּטוּחַ, מְסֻכָּן

unsaid /ʌnˈsed/ adj. שֶׁלֹּא נֶאֱמַר, שֶׁלֹּא נֶאֱמַר בְּקוֹל
 □ *some things are better left unsaid* יֵשׁ דְּבָרִים שֶׁמּוּטָב שֶׁלֹּא יֵאָמְרוּ

unsaleable /ʌnˈseɪləb(ə)l/ adj. שֶׁאִי־אֶפְשָׁר לְמָכְרוֹ, לֹא נִתָּן לִמְכִירָה

unsatisfactory /ˌʌnsætɪsˈfækt(ə)rɪ/ adj. לֹא מַשְׂבִּיעַ רָצוֹן

unsatisfied /ʌnˈsætɪsfaɪd/ adj. לֹא מְרֻצֶּה; לֹא שָׂבֵעַ; שֶׁלֹּא בָּא עַל סִפּוּקוֹ

unsavoury /ʌnˈseɪvərɪ/ adj. (*US* **unsavory**) (*derog.*) לֹא נָעִים
 an unsavoury character טִיפּוּס לֹא נָעִים

unsay /ʌnˈseɪ/ (past & past ppl. **unsaid** /ʌnˈsed/) v.t. חָזַר בּוֹ מִדְּבָרָיו

unscathed /ʌnˈskeɪðd/ adj. שָׁלֵם בְּגוּפוֹ; שָׁלֵם בְּנַפְשׁוֹ (לְאַחַר חֲוָיָה קָשָׁה, תְּאוּנָה וְכַד')

unschooled /ʌnˈskuːld/ adj. לֹא מְאֻמָּן, לֹא מְנֻסֶּה
 □ *the new staff were unschooled in the tricks of the trade* הָעוֹבְדִים הַחֲדָשִׁים הָיוּ חַסְרֵי נִסָּיוֹן בְּרָזֵי הַמִּקְצוֹעַ

unscrew /ʌnˈskruː/ v.t. & i. פָּתַח (מִכְסֶה בַּעַל תַּבְרֹגֶת וְכַד'); הוֹצִיא אֶת הַבְּרָגִים שֶׁל; שִׁחְרֵר בֹּרֶג

unscripted /ʌnˈskrɪptɪd/ adj. שֶׁלֹּא עַל־פִּי טֶקְסְט כָּתוּב, שֶׁלֹּא מִן הַכְּתָב

unscrupulous /ʌnˈskruːpjʊləs/ adj. חֲסַר מַצְפּוּן, שֶׁאֵין לוֹ נְקִיפוֹת מַצְפּוּן

unseasonable /ʌnˈsiːz(ə)nəb(ə)l/ adj. שֶׁלֹּא בְּעִתּוֹ, שֶׁלֹּא בְּעוֹנָתוֹ

unseasonable weather (תְּנָאֵי) מֶזֶג־אֲוִיר שֶׁלֹּא לְפִי הָעוֹנָה

unseasoned /ʌnˈsiːz(ə)nd/ adj.

1 (of timber) (עֵץ מְעֻבָּד) שֶׁלֹּא יָבֵשׁ כַּהֲלָכָה

2 (of food) לֹא מְתֻבָּל

unseat /ʌnˈsiːt/ v.t. סִלֵּק מִמְּקוֹמוֹ (לְמָשָׁל בְּבֵית־הַנִּבְחָרִים), הֵדִיחַ מִכִּסְאוֹ; הִפִּיל מִסּוּס

□ *she was unseated at the last fence* הִיא נָפְלָה מִן הַסּוּס בַּמִּכְשׁוֹל הָאַחֲרוֹן

unseaworthy /ʌnˈsiːwɜːðɪ/ adj. (סְפִינָה) בִּלְתִּי־רְאוּיָה לְהַפְלָגָה, לֹא כְּשִׁירָה לְשַׁיִט

unseemly /ʌnˈsiːmlɪ/ adj. (*formal*) לֹא יָאֶה, לֹא הוֹלֵם, לֹא נָאוֹת

unseen /ʌnˈsiːn/ adj. לֹא־נִרְאֶה, נֶעְלָם מִן הָעַיִן

—n.

1 (passage for unprepared translation, *UK*) קֶטַע לְתִרְגּוּם לְלֹא מִלּוֹן

2 (the spiritual world) עוֹלַם הָרוּחוֹת

unselfish /ʌnˈselfɪʃ/ adj. לֹא אָנוֹכִי, דּוֹאֵג לַזּוּלַת

unselfconscious /ˌʌnselfˈkɒnʃəs/ adj. לֹא בַּיְשָׁן, לֹא נָבוֹךְ (בְּחֶבְרָה); לְלֹא תְּחוּשַׁת מוּדָעוּת עַצְמִית

unserviceable /ʌnˈsɜːvɪsəb(ə)l/ adj. שֶׁיָּצָא מִכְּלַל שִׁמּוּשׁ, בִּלְתִּי שָׁמִישׁ

unsettle /ʌnˈset(ə)l/ v.t. עִרְעֵר (בִּטָּחוֹן, שַׁלְוָה וְכַד׳)

unsettled /ʌnˈset(ə)ld/ adj.

1 (changeable) שֶׁעֲדַיִן לֹא הֻכְרַע

□ *our plans remain unsettled* הַתָּכְנִיּוֹת שֶׁלָּנוּ עֲדַיִן לֹא בְּרוּרוֹת

2 (restless, distributed) לֹא שָׁקֵט, חֲסַר מְנוּחָה

unsettled stomach קָשְׁיֵי עִכּוּל (לְעִתִּים גַּם בְּשֶׁל עַצְבָּנוּת)

3 (not resolved) שֶׁלֹּא יֻשַּׁב

an unsettled argument חִלּוּקֵי דֵּעוֹת שֶׁלֹּא יֻשְּׁבוּ

4 (unpaid) שֶׁלֹּא נִפְרַע, לֹא מְשֻׁלָּם

an unsettled bill חֶשְׁבּוֹן שֶׁלֹּא נִפְרַע

unsettling /ʌnˈsetlɪŋ/ adj. מְעוֹרֵר אִי־שֶׁקֶט; מְזַעְזֵעַ

unshakeable /ʌnˈʃeɪkəb(ə)l/ adj. שֶׁאִי אֶפְשָׁר לְעַרְעֵר אוֹתוֹ, אֵיתָן, נֶחֱרָץ

unshaken /ʌnˈʃeɪk(ə)n/ adj. שֶׁלֹּא זָז מֵעֶמְדָּתוֹ (מִדַּעְתּוֹ), אֵיתָן בְּדַעְתּוֹ

unshaven /ʌnˈʃeɪv(ə)n/ adj. לֹא מְגֻלָּח

unsheathe /ʌnˈʃiːð/ v.t. שָׁלַף (חֶרֶב) מִן הַנָּדָן

unshod /ʌnˈʃɒd/ adj. (*arch.*) (אָדָם) יָחֵף; (סוּס) לֹא מְפֻרְזָל

unsightly /ʌnˈsaɪtlɪ/ adj. מְכֹעָר

unskilled /ʌnˈskɪld/ adj. לֹא מְיֻמָּן, לֹא מֻמְחֶה, לֹא מִקְצוֹעִי, לֹא מְנֻסֶּה

unskilled workers (or **labour**) פּוֹעֲלִים פְּשׁוּטִים

unsociable /ʌnˈsəʊʃəb(ə)l/ adj. לֹא חֶבְרוּתִי; מִתְרַחֵק מֵחֶבְרַת אֲנָשִׁים

□ *I am feeling unsociable today* הַיּוֹם אֵין לִי חֵשֶׁק לִפְגֹּשׁ אֲנָשִׁים, הַיּוֹם אֵין לִי חֵשֶׁק לְבַלּוֹת בְּחֶבְרָה

unsocial /ʌnˈsəʊʃ(ə)l/ adj. לֹא מְקֻבָּל, לֹא סָבִיר

unsocial hours שָׁעוֹת לֹא מְקֻבָּלוֹת

unsolicited /ˌʌnsəˈlɪsɪtɪd/ adj. לֹא רָצוּי, לֹא מְבֻקָּשׁ; בְּלִי שֶׁהִתְבַּקֵּשׁ לְכָךְ

unsophisticated /ˌʌnsəˈfɪstɪkeɪtɪd/ adj. לֹא מְתֻחְכָּם; תָּמִים, נָאִיבִי

unsound /ʌnˈsaʊnd/ adj.

1 (not healthy or strong) לֹא בָּרִיא, לֹא יַצִּיב

of unsound mind (*Law*) לֹא שָׁפוּי בְּדַעְתּוֹ, לֹא יַצִּיב בְּדַעְתּוֹ

□ *the floor boards were structurally unsound* מִבְנֶה קוֹרוֹת הָרִצְפָּה הָיָה לֹא יַצִּיב

2 (incorrect or unreliable) לֹא קָבִיל, חֲסַר בָּסִיס, לֹא אָמִין

unsound advice עֵצָה לֹא טוֹבָה, עֵצָה מְסֻכֶּנֶת

unsound argument טִעוּן חֲסַר בָּסִיס, טִעוּן לֹא תָּקֵף

unsparing /ʌnˈspeərɪŋ/ adj. לֹא מְקַמֵּץ, לֹא חַסְכָנִי, מְפַזֵּר

unspeakable /ʌnˈspiːkəb(ə)l/ adj. שֶׁאֵין לְבַטְּאוֹ בְּמִלִּים, שֶׁאֵין לְתָאֲרוֹ בְּמִלִּים

□ *his behaviour was unspeakable* אֵין לְתָאֵר בְּמִלִּים אֶת הִתְנַהֲגוּתוֹ, הִתְנַהֲגוּתוֹ לֹא תְּתֹאַר בְּמִלִּים

unspoken /ʌnˈspəʊkən/ adj. שֶׁלֹּא נֶאֱמַר; שֶׁאֵינֶנּוּ מְבֻטָּא

unspoken consent הַסְכָּמָה בִּשְׁתִיקָה

unsporting /ʌnˈspɔːtɪŋ/ adj. לֹא סְפּוֹרְטִיבִי, לֹא הוֹגֵן

unsportsmanlike /ʌnˈspɔːtsmənˌlaɪk/ adj. לֹא סְפּוֹרְטִיבִי, לֹא הוֹגֵן

unspotted /ʌnˈspɒtɪd/ adj. לְלֹא רְבָב, לְלֹא דֹּפִי

unstable /ʌnˈsteɪb(ə)l/ adj. לֹא יַצִּיב, רוֹפֵף

unstatesmanlike /ʌnˈsteɪtsmənˌlaɪk/ adj. חֲסַר תְּבוּנָה מְדִינִית

unsteady /ʌnˈstedɪ/ adj. לֹא יַצִּיב, נוֹטֶה לִנְפֹּל

unstinting /ʌnˈstɪntɪŋ/ adj. (*formal*) בִּלְתִּי־נִדְלֶה, לְלֹא גְּבוּל

□ *she was unstinting in her efforts* הִיא לֹא חָסְכָה כָּל מַאֲמָץ

unstop /ʌnˈstɔp/ v.t. הוֹצִיא אֶת הַפְּקָק מִ...

unstoppable /ʌnˈstɒpəb(ə)l/ adj. שֶׁאֵין לְעָצְרוֹ

unstrap /ʌnˈstræp/ v.t. & i. שִׁחְרֵר אֶת הָרְצוּעוֹת שֶׁל, שִׁחְרֵר (דָּבָר מָה/פְּלוֹנִי) מִן הָרְצוּעוֹת שֶׁלּוֹ; הִשְׁתַּחְרֵר מִן הָרְצוּעוֹת

unstressed /ʌnˈstrest/ adj. לֹא מֻטְעָם (הֲבָרָה וְכַד׳)

unstrung /ʌnˈstrʌŋ/ adj. רוֹפֵף, רָפוּי (מֵיתָר); (חֲרוּזִים) שֶׁלֹּא עַל חוּט; שֶׁעֲצַבָּיו מְרוּטִים

unstuck /ʌnˈstʌk/ adj. לֹא דָּבוּק, חָפְשִׁי

□ *the envelope's flap came unstuck* דַּשׁ הַמַּעֲטָפָה הִגִּיעַ פָּתוּחַ (לֹא דָּבוּק)

□ *the deal came (badly) unstuck (colloq.)* הָעִסְקָה נִכְשְׁלָה, הָעִסְקָה לֹא הָלְכָה

unstudied /ʌnˈstʌdɪd/ adj. (*formal*) טִבְעִי, לֹא מְעֻשֶּׂה
unsubstantiated /ˌʌnsəbsˈtænʃɪeɪtɪd/ adj. (*formal*) לֹא מוּכָח, לֹא מְבֻסָּס
unsuccessful /ˌʌnsəkˈsesf(ə)l/ adj. לֹא מַצְלִיחַ; שֶׁנִּכְשַׁל
unsuitable /ʌnˈsu:təb(ə)l/ adj. לֹא מַתְאִים, לֹא הוֹלֵם
unsuited /ʌnˈsu:tɪd/ adj. לֹא מַתְאִים (לְמַטָּרָה)
unsullied /ʌnˈsʌlɪd/ adj. (*formal*) לֹא מֻכְתָּם, נָקִי
unsung /ʌnˈsʌŋ/ adj. (*poet.* or *joc.*) שֶׁלֹּא זָכָה לִתְהִלָּה
unsupported /ˌʌnsəˈpɔ:tɪd/ adj. שֶׁאֵינוֹ נִתְמָךְ; לְלֹא סָמָךְ (שֶׁל הוֹכָחָה וְכַד׳)
unsure /ʌnˈʃɔ:(r)/ adj. לֹא בָּטוּחַ, חֲסַר־בִּטָּחוֹן
unsure of oneself חֲסַר בִּטָּחוֹן עַצְמִי
□ *we were unsure about the weather* לֹא הָיִינוּ בְּטוּחִים לְגַבֵּי מֶזֶג הָאֲוִיר
unsurpassed /ˌʌnsəˈpɑ:st/ adj. (*formal*) שֶׁאֵין דּוֹמֶה לוֹ
unsweetened /ˌʌnˈswi:t(ə)nd/ adj. לֹא מָתוֹק, לְלֹא סֻכָּר, לְלֹא הַמְתָּקָה
unswerving /ʌnˈswɜ:vɪŋ/ adj. אֵיתָן וְיַצִּיב
unswerving devotion מְסִירוּת נֶאֱמָנָה
unsympathetic /ˌʌnsɪmpəˈθetɪk/ adj. בִּלְתִּי אוֹהֵד, לֹא מְסַיֵּעַ, שֶׁאֵינוֹ מְגַלֶּה אַהֲדָה
untangle /ʌnˈtæŋg(ə)l/ v.t. הִתִּיר (קֶשֶׁר, סְבַךְ וְכַד׳)
untanned /ʌnˈtænd/ adj. (עוֹר) לֹא מְעֻבָּד; לֹא שָׁזוּף
untarnished /ʌnˈtɑ:nɪʃt/ adj. שֶׁלֹּא נִפְגַּם; שֶׁלֹּא הוּעַם
□ *his reputation is untarnished* הַמּוֹנִיטִין שֶׁלּוֹ הוּא לְלֹא פְּגָם
untenable /ʌnˈtenəb(ə)l/ adj. (תֵּאוֹרְיָה וְכַד׳) שֶׁאִי־אֶפְשָׁר לְהַחֲזִיק בָּהּ אוֹ לְהָגֵן עָלֶיהָ (מֵחֹסֶר רְאָיוֹת)
unthankful /ˌʌnˈθæŋkf(ə)l/ adj. כְּפוּי תּוֹדָה
unthinkable /ʌnˈθɪŋkəb(ə)l/ adj. שֶׁאֵין לְהַעֲלוֹתוֹ עַל הַדַּעַת
unthinking /ʌnˈθɪŋkɪŋ/ adj. (שֶׁנַּעֲשָׂה) בְּלִי מַחֲשָׁבָה תְּחִלָּה, חֲסַר־מַחֲשָׁבָה, לֹא־זָהִיר
unthoughtful /ʌnˈθɔ:tf(ə)l/ adj. שֶׁאֵינוֹ מִתְחַשֵּׁב בַּזּוּלַת
unthought-of /ʌnˈθɔ:t-ɒv/ adj. שֶׁאִישׁ לֹא חָשַׁב עָלָיו, לֹא צָפוּי
untidy /ʌnˈtaɪdɪ/ adj. לֹא מְסֻדָּר; לֹא נָקִי
untie /ʌnˈtaɪ/ v.t. הִתִּיר (קֶשֶׁר)
until /ʌnˈtɪl/ conj. & prep. עַד שֶׁ...; עַד, עַד לְ...
□ *I heard nothing of it until five minutes ago* לֹא שָׁמַעְתִּי עַל כָּךְ דָּבָר עַד לִפְנֵי חָמֵשׁ דַּקּוֹת
untimely /ʌnˈtaɪmlɪ/ adj. (*formal*) שֶׁלֹּא בְּעִתּוֹ, בְּטֶרֶם זְמַנּוֹ
□ *he came to an untimely end* הוּא מֵת טֶרֶם זְמַנּוֹ
untiring /ʌnˈtaɪərɪŋ/ adj. בִּלְתִּי נִלְאֶה
unto /ˈʌntʊ/ prep. (*arch.*) אֱלֵי...
untold /ʌnˈtəʊld/ adj.
1 (not narrated) שֶׁלֹּא סֻפַּר
2 (countless) לְלֹא סְפוֹר, לְאֵין מִסְפָּר
untouchable /ʌnˈtʌtʃəb(ə)l/ adj. שֶׁאֵין לָגַעַת בּוֹ; שֶׁאָסוּר בְּמַגָּע
—n. בֶּן כַּת־הַמְּנֻדִּים בְּהֹדּוּ, בֶּן קַסְטַת־הַפַּרְיָה בְּהֹדּוּ
untouched /ʌnˈtʌtʃt/ adj.
1 (not touched) שֶׁלֹּא נָגְעוּ בּוֹ
untouched by human hand שֶׁלֹּא נָגְעָה בּוֹ יַד אָדָם
□ *he left his meal untouched* הוּא לֹא טָעַם כְּלָל מִן הָאֲרוּחָה
2 (not affected) אָדִישׁ
□ *the news of the tragedy left him untouched* הַיְדִיעוֹת עַל הַטְּרַגֶּדְיָה לֹא נָגְעוּ לְלִבּוֹ
untoward /ˌʌntəˈwɔ:d/ adj. (*formal*) בִּלְתִּי צָפוּי (וְלֹא נָעִים)
untravelled /ʌnˈtræv(ə)ld/ adj. (מָקוֹם) שֶׁלֹּא בִּקְּרוּ בּוֹ; (אָדָם) שֶׁלֹּא נָסַע (הַרְבֵּה)
untried /ʌnˈtraɪd/ adj.
1 (not tested) לֹא בָּדוּק, שֶׁלֹּא נֻסָּה
2 (not tried in court of law) שֶׁלֹּא הָעֳמַד לְמִשְׁפָּט
untrodden /ʌnˈtrɒd(ə)n/ adj. (*formal*) (מִשְׁעוֹל) שֶׁלֹּא דָּרְכוּ בּוֹ
untroubled /ʌnˈtrʌb(ə)ld/ adj. לֹא מֻטְרָד, רָגוּעַ, נִנּוֹחַ
untrue /ʌnˈtru:/ adj.
1 (false) לֹא נָכוֹן, לֹא אֲמִתִּי, כּוֹזֵב
2 (unfaithful) לֹא נֶאֱמָן
untruth /ʌnˈtru:θ/ n. (*formal euphem.*) שֶׁקֶר
untutored /ʌnˈtju:təd/ adj. (*formal*) שֶׁלֹּא לָמַד, חֲסַר הַשְׂכָּלָה
□ *to my untutored ear, you have a perfect French accent* לְפִי דַּעְתִּי הַלֹּא־מִקְצוֹעִית, יֵשׁ לְךָ מִבְטָא צָרְפָתִי מֻשְׁלָם
unused[1] /ʌnˈju:zd/ adj. שֶׁאֵינוֹ בְּשִׁמּוּשׁ; לֹא מְשֻׁמָּשׁ
unused[2] /ʌnˈju:st/ adj. לֹא רָגִיל, לֹא מֻרְגָּל (בְּדָבָר מָה)
□ *the children are unused to city life* הַיְלָדִים לֹא רְגִילִים לְחַיֵּי עִיר
unusual /ʌnˈju:ʒəl/ adj. לֹא רָגִיל, לֹא שָׁכִיחַ, יוֹצֵא דֹּפֶן
unutterable /ʌnˈʌtərəb(ə)l/ adj. (*formal*) שֶׁאִי־אֶפְשָׁר לְהַבִּיעוֹ בְּמִלִּים, בַּל־יְתֹאַר
unvarnished /ʌnˈvɑ:nɪʃt/ adj. לֹא מְצֻפֶּה בְּלַכָּה; לֹא מְקֻשָּׁט
□ *this is the unvarnished truth* זוֹ הָאֱמֶת בְּלִי כָּחָל וְשָׂרָק
unveil /ʌnˈveɪl/ v.t.
1 (remove veil from) הֵסִיר צָעִיף (מֵעַל פָּנָיו)
2 (open to public view) חָשַׂף לַצִּבּוּר, הֵסִיר אֶת הַלּוֹט מֵעַל (מַצֵּבָה וְכַד׳)
unversed /ʌnˈvɜ:st/ adj. (*formal*) לֹא בָּקִי, לֹא מֻמְחֶה
□ *he is unversed in politics* הוּא לֹא בָּקִי בְּפּוֹלִיטִיקָה
unvoiced /ʌnˈvɔɪst/ adj.
1 (not expressed) שֶׁאֵינוֹ בָּא לִידֵי בִּטּוּי, שֶׁלֹּא בָּא לִידֵי בִּטּוּי

2 (*Phonet.*) (הֶגֶה) אָטוּם, לֹא צְלִילִי, לֹא קוֹלִי

unwaged /ʌnˈweɪdʒd/ adj. (*euphem.*) (אָדָם) מְבֻטָּל

unwanted /ʌnˈwɒntɪd/ adj. לֹא רָצוּי

unwanted pregnancy הֵרָיוֹן לֹא רָצוּי

unwarranted /ʌnˈwɒrəntɪd/ adj. לֹא מְצֻדָּק, לְלֹא כָּל הַצְדָּקָה

unwary /ʌnˈweərɪ/ adj. לֹא זָהִיר, לֹא נִזְהָר

unwashed /ʌnˈwɒʃt/ adj. לֹא רָחוּץ, לֹא נָקִי

the great unwashed (*colloq.*) הָאֲסַפְסוּף, הֲמוֹן הָעָם

unwavering /ʌnˈweɪvərɪŋ/ adj. לֹא מְהַסֵּס, הֶחְלֵטִי

unwearying /ʌnˈwɪərɪɪŋ/ adj. בִּלְתִּי־נִלְאֶה, מַתְמִיד

unwelcome /ʌnˈwelkəm/ adj. לֹא רָצוּי

□ *the money was not unwelcome* הַכֶּסֶף הִגִּיעַ בְּעִתּוֹ (כְּלוֹמַר: בְּשָׁעָה שֶׁנִּזְקַקְוּ לוֹ)

unwell /ʌnˈwel/ adj. לֹא בָּרִיא, לֹא בְּקַו הַבְּרִיאוּת

unwholesome /ʌnˈhəʊlsəm/ adj. לֹא טוֹב לַבְּרִיאוּת (מָזוֹן); לֹא בָּרִיא (עֶמְדָּה, גִּישָׁה וְכַד׳)

unwieldy /ʌnˈwiːldɪ/ adj. (*derog.*) שֶׁקָּשֶׁה לַהֲזִיזוֹ; מְסֻרְבָּל, מְגֻשָּׁם, גַּמְלוֹנִי

unwilling /ʌnˈwɪlɪŋ/ adj. לֹא רוֹצֶה, מְסָרֵב; לֹא נוֹטֶה

□ *he was an unwilling accomplice* הוּא הָיָה שֻׁתָּף בְּעַל כָּרְחוֹ לִדְבַר־עֲבֵרָה

unwind /ʌnˈwaɪnd/ v.t. & i

1 (wind off) פָּתַח, גִּלְגֵּל (חוּט מֵעַל סְלִיל וְכַד׳); נִפְתַּח, הִתְגַּלְגֵּל (כַּנַּ״ל)

2 (relax, *colloq.*) נִרְגַּע, ״הִתְפָּרֵק״

unwise /ʌnˈwaɪz/ adj. לֹא חָכָם, לֹא נָבוֹן; שֶׁאֵין בּוֹ מִן הַחָכְמָה

unwitting /ʌnˈwɪtɪŋ/ adj. (*formal*) לֹא בְּמִתְכַּוֵּן, בְּלֹא יוֹדְעִין, בְּשׁוֹגֵג

unwonted /ʌnˈwəʊntɪd/ adj. (*formal*) לֹא נָהוּג, בִּלְתִּי רָגִיל

unworkable /ʌnˈwɜːkəb(ə)l/ adj. לֹא נִתָּן לְבִצּוּעַ, לֹא רֵיאָלִי

unworldly /ʌnˈwɜːldlɪ/ adj. לֹא גַּשְׁמִי, רוּחָנִי

unworthy /ʌnˈwɜːðɪ/ adj.

unworthy of

(not deserving of) לֹא רָאוּי לְ...

(not to the credit of) לֹא הוֹלֵם אוֹתוֹ, שֶׁלֹּא לְפִי כְּבוֹדוֹ שֶׁל

□ *that action was unworthy of a gentleman* מַעֲשֶׂה זֶה לֹא הָיָה לְפִי כְּבוֹדוֹ שֶׁל גֶ׳נְטֶלְמֶן

unwrap /ʌnˈræp/ n. הֵסִיר אֶת הָעֲטִיפָה מִ..., פָּתַח (חֲבִילָה וְכַד׳)

unwritten /ʌnˈrɪt(ə)n/ adj. לֹא כָּתוּב

unwritten rules חֻקִּים לֹא כְּתוּבִים

unyielding /ʌnˈjiːldɪŋ/ adj. (*formal*) לֹא נִכְנָע, לֹא מְוַתֵּר, נֻקְשֶׁה

unzip /ʌnˈzɪp/ v.t. פָּתַח רוֹכְסָן שֶׁל

up- /ʌp-/ pref. (תְּחִלִּית שֶׁפֵּרוּשָׁהּ) לְמַעְלָה, כְּלַפֵּי מַעְלָה

up /ʌp/ adv.

1 (in or to a higher, bigger or more northerly place) לְמַעְלָה, אֶל מָקוֹם גָּבוֹהַּ/גָּדוֹל יוֹתֵר, צְפוֹנָה

pull your socks up! (*colloq.*) קַח אֶת עַצְמְךָ בַּיָּדַיִם!

up the workers! (*colloq.*) יְחִי הַפּוֹעֲלִ!

□ *he is up at Oxford* (*UK*) הוּא (סְטוּדֶנְט) בְּאוֹקְסְפוֹרְד

□ *he is* (or *comes*) *up before the judge tomorrow* (*colloq.*) הוּא צָרִיךְ לְהוֹפִיעַ מָחָר לִפְנֵי הַשּׁוֹפֵט

□ *he is up from the country* הוּא בָּא (הֵנָּה) לְבִקּוּר מִן הַכְּפָר

□ *he's well up in his own subject* הוּא בָּקִי מְאֹד בַּנּוֹשֵׂא שֶׁלּוֹ

□ *speak up, please!* תָּרִים אֶת הַקּוֹל בְּבַקָּשָׁה!

2 (to or in erect or vertical position)

sit up יָשַׁב יָשָׁר, יָשַׁב זָקוּף

□ *she was up all night* הִיא הָיְתָה עֵרָה כָּל הַלַּיְלָה, הִיא לֹא יָשְׁנָה כָּל הַלַּיְלָה

□ *he is up and about* (*colloq.*) הוּא בָּרִיא וּמִסְתּוֹבֵב, הוּא עַל הָרַגְלַיִם

3 (denoting approach or contact)

move up זָז (קָדִימָה/לְמַעְלָה)

□ *he came up to me and said hallo* הוּא נִגַּשׁ אֵלַי וְאָמַר שָׁלוֹם

□ *she found herself up against it* (*colloq.*) הִיא מָצְאָה אֶת עַצְמָהּ בִּפְנֵי קְשָׁיִים

□ *I chained the door up* נָעַלְתִּי אֶת הַדֶּלֶת בְּשַׁרְשֶׁרֶת

4 (denoting completion or expiry) לְגַמְרֵי, לַחֲלוּטִין

burn up עָלָה בָּאֵשׁ, נִשְׂרַף

eat it up! תִּגְמֹר אֶת הַכֹּל! (כָּל מַה שֶּׁבַּצַּלַּחַת)

your time is up זְמַנְּךָ עָבַר

□ *the stream dried up* הַנַּחַל יָבַשׁ לְגַמְרֵי

5 (amiss, *colloq.*)

what's up? מָה הָעִנְיָנִים? מָה קוֹרֶה?

□ *I knew that something was up* יָדַעְתִּי שֶׁמַּשֶּׁהוּ כָּאן לֹא בְּסֵדֶר (לֹא כַּשּׁוּרָה, כְּלוֹמַר שֶׁזּוֹמְמִים ׳לְסַדֵּר׳ אוֹתִי)

6 up to

(until) עַד, עַד לְ...

□ *up to the present we have had no trouble* עַד עַתָּה לֹא הָיוּ לָנוּ בְּעָיוֹת

(not more than) עַד לְ...

□ *we have room for up to fifteen people* יֵשׁ לָנוּ מָקוֹם עֲבוּר עַד חֲמִשָּׁה עָשָׂר אִישׁ

(be left to decide) תָּלוּי בְּ...

□ *it's up to him* זֶה תָּלוּי בּוֹ, זֶה נָתוּן בְּיָדָיו

(capable of) מְסֻגָּל לְבַצֵּעַ

□ *do you feel up to the job?* הַאִם אַתָּה מַרְגִּישׁ שֶׁאַתָּה מְסֻגָּל לְבַצֵּעַ אֶת הָעֲבוֹדָה?

(occupied, busy with)

□ *what are you up to?* מָה אַתָּה עוֹשֶׂה? מָה אַתָּה זוֹמֵם?

□ *he's up to no good* — יֵשׁ לוֹ כָּל מִינֵי תָּכְנִיּוֹת מְפֻקְפָּקוֹת בָּרֹאשׁ

up to the mark (*fig.*) — בְּקַו הַבְּרִיאוּת

up to the minute — עַדְכָּנִי, שֶׁל הָרֶגַע הָאַחֲרוֹן

not up to much — לֹא שָׁוֶה הַרְבֵּה

up to my neck (*colloq.*) — (שָׁקוּעַ בַּעֲבוֹדָה וְכַד׳) עַד לְמַעְלָה מִן הָאָזְנַיִם

—prep.

up yours! (*vulg.*) — קְפֹץ לִי! שַׁק בַּתַּחַת!

□ *up and down the country* — בְּכָל רַחֲבֵי הַמְּדִינָה

□ *he lives up the road* — הוּא גָּר בְּהֶמְשֵׁךְ הָרְחוֹב

—adj.

□ *the road has been up for weeks* — הַכְּבִישׁ נִמְצָא בְּתִקּוּן כְּבָר שָׁבוּעוֹת

□ *the up train departs at 8:03* — הָרַכֶּבֶת הָעִירָה יוֹצֵאת בְּ־8:03

□ *she was very up last night* (*colloq.*) — הִיא הָיְתָה בְּמַצַּב רוּחַ מְרוֹמָם אֶתְמוֹל בַּמְּסִבָּה

—n.

ups and downs — עֲלִיּוֹת וִירִידוֹת (בְּמַצַּב רוּחַ, בְּמַצָּב כַּלְכָּלִי וְכַד׳)

on the up and up (*UK colloq.*) — בְּמַצָּב הוֹלֵךְ וּמִשְׁתַּפֵּר, בְּקַו עֲלִיָּה, בְּסִימַן הַצְלָחָה

—v.t. (*colloq.*) — הֵרִים; הִגְדִּיל, הִגְבִּיר

□ *I asked him to up his offer by £5* — בִּקַּשְׁתִּי מִמֶּנּוּ לְהוֹסִיף 5 לי״ש לְהַצָּעַת הַמְּחִיר שֶׁלּוֹ

—v.i. (*colloq.*) — קָם (וְעָשָׂה דְּבַר מָה); הִתְחִיל לְפֶתַע

□ *he upped and told a joke* — הוּא קָם עַל רַגְלָיו וְסִפֵּר בְּדִיחָה

up-and-coming /ˌʌp-ənd-ˈkʌmɪŋ/ adj. — בְּמַצָּב שֶׁל עֲלִיָּה, עוֹלֶה, מַבְטִיחַ

upbeat /ˈʌpbiːt/ adj. (*colloq.*) — אוֹפְּטִימִי, חִיּוּבִי

upbraid /ʌpˈbreɪd/ v.t. (*formal*) — נָזַף בְּ..., גָּעַר בְּ...

upbringing /ˈʌpbrɪŋɪŋ/ n. — חִנּוּךְ (שֶׁל הַפְּרָט, עַל יְדֵי הוֹרִים וְכַד׳)

upcountry /ˌʌpˈkʌntrɪ/ adj. & adv. — שֶׁבִּפְנִים הָאָרֶץ (הָרָחֵק מֵהַחוֹף); לְעֵבֶר פְּנִים הָאָרֶץ

update /ʌpˈdeɪt/ v.t. — עִדְכֵּן

up-end /ʌp-ˈend/ v.t. — הָפַךְ (חֵפֶץ)

upfront /ʌpˈfrʌnt/ adj. (*colloq.*) — גָּלוּי, פָּתוּחַ, יָשִׁיר (בְּאָפְיוֹ וְכַד׳)

upgrade /ʌpˈgreɪd/ v.t. — הֶעֱלָה בְּדַרְגָּה; שִׁפֵּר; הֶחֱלִיף בְּדֶגֶם מְשֻׁכְלָל יוֹתֵר

—n. /ˈʌpgreɪd/ — הַעֲלָאָה בְּדַרְגָּה

upheaval /ʌpˈhiːv(ə)l/ n. — תַּהְפּוּכָה, מַהְפָּךְ

upheld /ʌpˈheld/ past & past ppl. *of* **uphold**

uphill adj. /ˈʌphɪl/ & adv. /ʌpˈhɪl/ — בְּמַעֲלֵה הַמִּדְרוֹן

an uphill task — מְשִׂימָה קָשָׁה

uphold /ʌpˈhəʊld/ (past & past ppl. **upheld** /ʌpˈheld/)

—v.t. — תָּמַךְ בְּ...; אִשֵּׁר; קִיֵּם

□ *the court upheld the earlier decision* — בֵּית־הַמִּשְׁפָּט אִשֵּׁר אֶת פְּסַק־הַדִּין הַקּוֹדֵם

upholster /ʌpˈhəʊlstə(r)/ v.t. — הִתְקִין רִפּוּד בְּ...

well upholstered (*joc.*) — שְׁמַנְמַן, ״מָלֵא״, ״מְרֻפָּד״

upholsterer /ʌpˈhəʊlstərə(r)/ n. — רַפָּד

upholstery /ʌpˈheʊlst(ə)rɪ/ n. — רִפּוּד; חָמְרֵי רִפּוּד; רַפָּדוּת

upkeep /ˈʌpkiːp/ n. — אַחְזָקָה, תַּחְזוּקָה; הוֹצָאוֹת תַּחְזוּקָה

upland /ˈʌplənd/ n. (usu. in *pl.*) — רָמָה; חֶבֶל אֶרֶץ הֲרָרִי

uplift v.t. /ʌpˈlɪft/ — רוֹמֵם, הֵרִים; גָּרַם לְהִתְרוֹמְמוּת רוּחַ

—n. /ˈʌplɪft/ — הִתְרוֹמְמוּת הָרוּחַ; תְּמִיכָה מִלְּמַטָּה

upmarket /ʌpˈmɑːkɪt/ adj. — יֻקְרָתִי

upmost /ˈʌpməʊst/ see **UPPERMOST** — הָעֶלְיוֹן; רֹאשׁ וְרִאשׁוֹן

upon /əˈpɒn/ prep. (*formal*) — עַל, עַל גַּבֵּי; בְּעֵת, מִיָּד עִם

once upon a time — הָיֹה הָיָה פַּעַם

row upon row — שׁוּרָה אַחַר שׁוּרָה

upon my word (*arch.*) — עַל־דִּבְרָתִי

upper[1] /ˈʌpə(r)/ adj. — עֶלְיוֹן; עִלִּי

the upper class — הַמַּעֲמָד הָעֶלְיוֹן, הַמַּעֲמָד הַגָּבוֹהַּ

the upper crust (*colloq.*) — ״סָלְתָּהּ וְשַׁמְנָהּ״ (שֶׁל הַחֶבְרָה), הָעִלִּית הַחֶבְרָתִית

the Upper House — הַבַּיִת הָעֶלְיוֹן, בֵּית הַלּוֹרְדִים

□ *he had the upper hand* — יָדוֹ הָיְתָה עַל הָעֶלְיוֹנָה

—n. — עוֹר עֶלְיוֹן (שֶׁל נַעַל)

□ *he's (down) on his uppers* (*colloq.*) — אֵין לוֹ פְּרוּטָה עַל הַנְּשָׁמָה

upper[2] /ˈʌpə(r)/ n. (*sl.*) — כַּדּוּר מֶרֶץ, ״וָרֹד״ (בִּלְשׁוֹן הַמִּשְׁתַּמְּשִׁים בְּסַמִּים)

uppermost /ˈʌpəməʊst/ adj. — עֶלְיוֹן; רֹאשׁ וְרִאשׁוֹן

□ *the holiday was uppermost in his mind* — הַחֻפְשָׁה הָיְתָה בְּרֹאשׁ מַעְיָנָיו

uppish /ˈʌpɪʃ/ adj. (*colloq. derog.*) — שַׁחֲצָן, ״עִם הָאַף לְמַעְלָה״

uppity /ˈʌpɪtɪ/ adj. (*colloq. derog.*) — שַׁחֲצָן, מִתְנַהֵג כְּאִלּוּ הוּא מִי־יוֹדֵעַ־מָה

upright /ˈʌpraɪt/ adj.

1 (erect) — זָקוּף, נִצָּב, מְאֻנָּךְ

upright piano — פְּסַנְתֵּר עוֹמֵד

2 (honest) — יָשָׁר

—n. — עַמּוּד, תּוֹמֵךְ אֲנָכִי

uprising /ˈʌpraɪzɪŋ/ n. — הִתְקוֹמְמוּת (שֶׁל אֶזְרָחִים)

uproar /ˈʌprɔː(r)/ n. — מְהוּמָה, סַעֲרַת רוּחוֹת

□ *the Chamber was in an uproar* — הַבַּיִת סָעַר כֻּלּוֹ, הַפַּרְלָמֶנְט סָעַר כֻּלּוֹ

uproarious /ʌpˈrɔːrɪəs/ adj. — רוֹעֵשׁ, רוֹעֵם; מַצְחִיק עַד מָוֶת

□ *uproarious laughter* — צְחוֹק קוֹלָנִי, צְחוֹק פָּרוּעַ

uproot /ʌpˈruːt/ v.t. — עָקַר מִשֹּׁרֶשׁ, שֵׁרֵשׁ

upset /ʌpˈset/ (past & past ppl. **upset** /ʌpˈset/) v.t.

1 (disturb) — קִלְקֵל, שִׁבֵּשׁ; זִעְזַע, הִמֵּם; צִעֵר, הִדְאִיג

□ *the news upset him* — הַחֲדָשׁוֹת גָּרְמוּ לוֹ דְּאָגָה

□ *your arrival quite upset my plans* בּוֹאֲךָ שִׁבֵּשׁ אֶת תָּכְנִיּוֹתַי
2 (tip over) הָפַךְ (עַל פָּנָיו)
□ *that upset the applecart!* (*colloq.*) דָּבָר זֶה הָפַךְ אֶת הַקְּעָרָה עַל פִּיהָ!
—adj. /ʌpset/ עָצוּב וּמְאֻכְזָב; מֻדְאָג וְעַצְבָּנִי
an upset stomach קִלְקוּל־קֵבָה, קֵבָה־מְקֻלְקֶלֶת
—n. /ˈʌpset/ שִׁבּוּשׁ, קִלְקוּל; זַעֲזוּעַ; תּוֹצָאָה מַפְתִּיעָה (בְּתַחֲרוּת סְפּוֹרְט)
a stomach upset קִלְקוּל־קֵבָה

upshot /ˈʌpʃɒt/ n. תּוֹצָאָה סוֹפִית
□ *the upshot of it all was a bonus for everyone* הַסּוֹף הָיָה שֶׁכֻּלָּם קִבְּלוּ בּוֹנוּס

upside-down /ˌʌpsaɪd-ˈdaʊn/ adv. הָפוּךְ עַל פָּנָיו; הָפוּךְ וּמְבֻלְבָּל
□ *the house was turned upside-down by the burglars* הַשּׁוֹדְדִים הָפְכוּ אֶת כָּל הַבַּיִת

upstage /ʌpˈsteɪdʒ/ adv. אֶל יַרְכְּתֵי הַבָּמָה
—v.t. (*colloq.*) הֵסִיט אֶת תְּשׂוּמַת הַלֵּב מ... (אֶל עַצְמוֹ)

upstairs /ʌpˈsteəz/ adv. לְמַעְלָה (כְּלוֹמַר בַּקּוֹמָה הַנִּמְצֵאת לְמַעְלָה)
□ *go upstairs!* תַּעֲלֶה לְמַעְלָה!
□ *he was kicked upstairs* (*colloq.*) "בָּעֲטוּ אוֹתוֹ לְמַעְלָה", נִפְטְרוּ מִמֶּנּוּ ע"י הַעֲלָאָתוֹ בְּדַרְגָּה
□ *he hasn't got much upstairs* (*colloq.*) הוּא לֹא חָכָם גָּדוֹל, הוּא לֹא בְּדִיּוּק גָּאוֹן
—adj. לְמַעְלָה (כַּנַּ"ל)
upstairs window חַלּוֹן בְּאַחַת הַקּוֹמוֹת (אַךְ לֹא בְּקוֹמַת הַקַּרְקַע)
—n. הַקּוֹמָה הָעֶלְיוֹנָה
□ *the upstairs of the house has three rooms* בַּקּוֹמָה הָעֶלְיוֹנָה שֶׁל הַבַּיִת יֵשׁ שְׁלֹשָׁה חֲדָרִים

upstanding /ˌʌpˈstændɪŋ/ adj. (*formal*) יָשָׁר וְאַחֲרַאי; זְקוּף קוֹמָה
□ *let us be upstanding and drink the toast* הָבָה נָקוּם וְנָרִים כּוֹסוֹת

upstart /ˈʌpstɑːt/ n. (*derog.*) "עֶבֶד־כִּי־יִמְלֹךְ"

upstream /ʌpˈstriːm/ adv. בְּמַעֲלֵה הַנַּחַל, נֶגֶד הַזֶּרֶם

upsurge /ˈʌpsɜːdʒ/ n. הִתְפָּרְצוּת

uptake /ˈʌpteɪk/ n. קֶצֶב קְלִיטָה
□ *he's very quick* (or *slow*) *on the uptake* (*colloq.*) הוּא מָהִיר/קְשֵׁה תְּפִיסָה

uptight /ʌpˈtaɪt/ adj. לֹא־מְשֻׁחְרָר (מָתוּחַ וַחֲמוּר־סֵבֶר)

up-to-date /ˌʌp-tə-ˈdeɪt/ adj. מְעֻדְכָּן, עַדְכָּנִי; חַדְשָׁנִי; שֶׁלְּפִי הָאָפְנָה הָאַחֲרוֹנָה

up-to-the-minute /ˌʌp-tə-ðə-ˈmɪnɪt/ adj. (*colloq.*) (מְעֻדְכָּן) עַד הָרֶגַע הָאַחֲרוֹן

uptown /ʌpˈtaʊn/ adj. & adv. (*US*) שֶׁל הַשְּׁכוּנוֹת הַטּוֹבוֹת; לְכִוּוּן הַשְּׁכוּנוֹת הַטּוֹבוֹת

upturn /ˈʌptɜːn/ n. מְגַמַּת־עֲלִיָּה, מִפְנֶה לְטוֹבָה

upturned /ˌʌpˈtɜːnd/ adj. מֻפְנֶה כְּלַפֵּי מַעְלָה; הָפוּךְ
an upturned nose אַף סוֹלֵד

upward /ˈʌpwəd/ adj. עוֹלֶה
upwardly mobile (אָדָם) הָעוֹלֶה בַּסֻּלָּם הַמִּקְצוֹעִי, בַּעַל מוֹבִּילִיּוּת כְּלַפֵּי מַעְלָה ("יָאפִּיז" וְכַד')
—adv. כְּלַפֵּי מַעְלָה, לְמַעְלָה
□ *the bird rose upward in the sky* הַצִּפּוֹר הִתְרוֹמְמָה אֶל עָל

upwards /ˈʌpwədz/ adv. כְּלַפֵּי מַעְלָה, לְמַעְלָה, אֶל עָל
□ *upwards of twenty places are left* (*colloq.*) נוֹתְרוּ לְמַעְלָה מֵעֶשְׂרִים מְקוֹמוֹת

uranium /jʊˈreɪnɪəm/ n. (*Chem.*) אוּרַנְיוּם (יְסוֹד רַדְיוֹ־אַקְטִיבִי)

Uranus /ˈjʊərənəs, jʊˈreɪnəs/ n.
1 (planet) אוּרָנוּס
2 (god) אוּרָנוּס (בַּמִּיתוֹלוֹגְיָה הַיְּוָנִית)

urban /ˈɜːbən/ adj. עִירוֹנִי, אוּרְבָּנִי
urban sprawl הִתְפַּשְּׁטוּת בִּלְתִּי מְבֻקֶּרֶת שֶׁל בְּנִיָּה עִירוֹנִית

urbane /ɜːˈbeɪn/ adj. מְעֻדָּן, בַּעַל־נִימוּסִים יָפִים, בַּעַל הֲלִיכוֹת נָאוֹת

urbanity /ɜːˈbænɪtɪ/ n. עִדּוּן, נֹעַם הֲלִיכוֹת

urbanization /ˌɜːbənaɪˈzeɪʃ(ə)n/ n. עִיּוּר, אוּרְבָּנִיזַצְיָה

urchin /ˈɜːtʃɪn/ n. שׁוֹבָב, פִּרְחָח, "מַזִּיק"
sea urchin קִפּוֹד־יָם
street urchin (*arch.*) יֶלֶד רְחוֹב

urge /ɜːdʒ/ v.t.
1 (impel) הֵאִיץ בְּ..., דָּחַק בְּ...; הִמְרִיץ, זֵרֵז
2 (entreat) הִפְצִיר בְּ...
3 (advocate) הִטִּיף לְ...
□ *he urged on his pupils the importance of work* הוּא הִטְעִים בִּפְנֵי תַּלְמִידָיו אֶת חֲשִׁיבוּת הָעֲבוֹדָה
—n. דַּחַף (נַפְשִׁי)

urgency /ˈɜːdʒənsɪ/ n. דְּחִיפוּת, בְּהִילוּת

urgent /ˈɜːdʒənt/ n. דָּחוּף, בָּהוּל, דּוֹחֵק

uric /ˈjʊərɪk/ adj. (*Chem.*) שֶׁל שֶׁתֶן, שִׁתְנִי

urinal /jʊəˈraɪn(ə)l/ n. מִשְׁתָּנָה, מַשְׁתֵּנָה

urinary /ˈjʊərɪn(ə)rɪ/ adj. (*Med.*) שֶׁל (דַּרְכֵי) הַשֶּׁתֶן

urinate /ˈjʊərɪneɪt/ v.i. הִשְׁתִּין

urine /ˈjʊərɪn/ n. שֶׁתֶן

urn /ɜːn/ n. כַּד; מֵחַם
funeral urn כַּד לְאֵפֶר הַמֵּת
tea urn מֵחַם לְתֵה

US /jʊ ˈes/ abbrev. אַרְהַ"ב, אַרְצוֹת הַבְּרִית

us /ʌs, əs/ pers. pron. אוֹתָנוּ, לָנוּ
□ *both of us* שְׁנֵינוּ
□ *he is one of us* הוּא אֶחָד מִשֶּׁלָּנוּ

usable /ˈjuːzəb(ə)l/ adj. שָׁמִישׁ, בַּר־שִׁמּוּשׁ

usage /ˈjuːsɪdʒ/ n.
1 (customary use) שִׁמּוּשׁ לָשׁוֹן
current usage הַלָּשׁוֹן הַשְּׁגוּרָה, הַשָּׂפָה כְּפִי שֶׁהִיא בְּשִׁמּוּשׁ

2 (manner of treatment) שִׁמּוּשׁ

use /juːs/ n.

1 (act or way of using) שִׁמּוּשׁ, נִצּוּל; הַפְעָלָה

in (or **out of**) **use** בְּשִׁמּוּשׁ/לֹא בְּשִׁמּוּשׁ

□ *he lost the use of his legs* הוּא אִבֵּד אֶת יְכֹלֶת הַשִּׁמּוּשׁ בְּרַגְלָיו

□ *she made good use of the time available* הִיא נִצְּלָה הֵיטֵב אֶת הַזְּמַן שֶׁעָמַד לִרְשׁוּתָהּ

□ *he is making use of me* הוּא מְנַצֵּל אוֹתִי

2 (point, purpose) טַעַם, תַּכְלִית

it's no use זֶה לֹא יַעֲזֹר; זֶה לֹא שָׁוֶה כְּלוּם

□ *she put the money to good use* הִיא נָהֲגָה בְּכַסְפָּהּ בִּתְבוּנָה

□ *what's the use of* (or *in*) *talking to him?* מָה הַטַּעַם לְדַבֵּר אִתּוֹ?

—v.t. /juːz/

1 (employ for a purpose) הִשְׁתַּמֵּשׁ בְּ...

□ *I feel I've been used* נִדְמֶה לִי שֶׁנִּצְּלוּ אוֹתִי

□ *I could use a drink* (*colloq.*) אֲנִי צָרִיךְ מַשֶּׁהוּ לִשְׁתּוֹת

□ *this door could use a bit of paint* (*colloq.*) טִפַּת צֶבַע לֹא תַּזִּיק לַדֶּלֶת הַזֹּאת

2 (treat, *formal*) נָהַג בְּ..., הִתְנַהֵג עִם, הִתְיַחֵס לְ...

□ *he uses his employees harshly* הוּא נוֹהֵג בְּפוֹעֲלָיו בְּיָד קָשָׁה

3 (consume) צָרַךְ (עַד תֹּם), כִּלָּה

□ *the toothpaste is used up* מִשְׁחַת הַשִּׁנַּיִם נִגְמְרָה

used[1] /juːst/ adj.

1 (accustomed) רָגִיל לְ..., מֻרְגָּל בְּ...

□ *I'm used to hard work* אֲנִי רָגִיל לַעֲבוֹדָה קָשָׁה

2 (with to and infin., did or had in past as practice or state) נָהַג (לַעֲשׂוֹת דְּבַר מָה)

□ *he used to visit me every week* הוּא נָהַג לְבַקֵּר אוֹתִי כָּל שָׁבוּעַ

□ *they used to live here* הֵם גָּרוּ פֹּה פַּעַם

□ *things ain't what they used to be* (*colloq.*) זֶה לֹא מָה שֶׁזֶּה הָיָה פַּעַם

used[2] /juːzd/ adj. (חֵפֶץ) מְשֻׁמָּשׁ

useful /juːsf(ə)l/ adj. שִׁמּוּשִׁי, מוֹעִיל

□ *he is useful with a gun* (*colloq.*) הוּא יָכוֹל לְהָבִיא תּוֹעֶלֶת כְּשֶׁיֵּשׁ לוֹ רוֹבֶה בַּיָּד

useless /juːslɪs/ adj. חֲסַר-תּוֹעֶלֶת, לֹא שִׁמּוּשִׁי; חֲסַר-טַעַם; חֲסַר-תַּקָּנָה

□ *it is useless to go on asking* אֵין טַעַם לַחֲזֹר וְלִשְׁאֹל

user /juːzə(r)/ n. מִשְׁתַּמֵּשׁ, צוֹרֵךְ

user-friendly (מַחְשֵׁב וְכַד') מֻתְאָם לְצָרְכֵי הַמִּשְׁתַּמֵּשׁ קַל לְהַפְעָלָה

usher /ʌʃə(r)/ v.t. (*formal*) הִכְנִיס פְּנִימָה, הוֹבִיל (לִמְקוֹם הַיְשִׁיבָה בְּתֵיאַטְרוֹן וְכַד'); (בְּהַשְׁאָלָה) בִּשֵּׂר

□ *these events ushered in a new era* אֵרוּעִים אֵלֶּה בִּשְּׂרוּ עִדָּן חָדָשׁ

—n. סַדְרָן (בְּתֵיאַטְרוֹן וְכַד'); שׁוֹמֵר-סַף (בְּבֵית-דִּין)

usherette /ʌʃəret/ n. סַדְרָנִית (לָרֹב בְּבֵית-קוֹלְנוֹעַ)

usual /juːʒ(ə)l/ adj. רָגִיל, נָהוּג, מְקֻבָּל; שִׁגְרָתִי

□ *I'll have my usual* (*UK colloq.*) תֵּן לִי אֶת הַמַּשְׁקֶה הַקָּבוּעַ שֶׁלִּי

usually /juːʒəlɪ/ adv. כָּרָגִיל, בְּדֶרֶךְ-כְּלָל; עַל-פִּי-רֹב

usurer /juːʒərə(r)/ n. (*formal*) מַלְוֶה בְּרִבִּית קְצוּצָה; נוֹשֵׁךְ נֶשֶׁךְ

usurp /juːzɜːp/ v.t. (*formal*) תָּפַס בְּכֹחַ (מַלְכוּת, כֶּתֶר, סַמְכוּת וְכַד')

usurper /juːzɜːpə(r)/ n. (*formal*) תּוֹפֵס שִׁלְטוֹן בְּכֹחַ הַזְּרוֹעַ

usury /juːʒərɪ/ n. (*formal*) מַתַּן הַלְוָאוֹת בְּרִבִּית קְצוּצָה; נֶשֶׁךְ

utensil /juːtens(ə)l/ n. (*formal*) כְּלִי (בֵּיתִי), מַכְשִׁיר

cooking utensils כְּלֵי-בִּשּׁוּל

uterine /juːtəraɪn/ adj. (*Med.*) רַחְמִי, שֶׁל רֶחֶם

uterus /juːtərəs/ n. (*Med.*) רֶחֶם

utilitarian /ˌjuːtɪlɪteərɪən/ adj. & n. (*formal*) תּוֹעַלְתָּנִי; יוּטִילִיטָרִי (בְּפִילוֹסוֹפְיָה); תּוֹעַלְתָּן

utility /juːtɪlɪtɪ/ n. שִׁמּוּשִׁיּוּת, תּוֹעַלְתִּיּוּת

public utility שֵׁרוּת צִבּוּרִי, שֵׁרוּת עִירוֹנִי (מַיִם, חַשְׁמַל, גָּז וְכַד')

utility room חֶדֶר לִכְבִיסָה/גִּהוּץ/אִחְסוּן מָזוֹן וְכַד'

utilization /ˌjuːtɪlaɪzeɪʃ(ə)n/ n. (*formal*) נִצּוּל

utilize /juːtɪlaɪz/ v.t. (*formal*) הֵפִיק תּוֹעֶלֶת מִן, עָשָׂה שִׁמּוּשׁ בְּ..., נִצֵּל

utmost /ʌtməʊst/ adj. (*formal*) הָרָחוֹק בְּיוֹתֵר, הַקִּיצוֹנִי; הַגָּדוֹל בְּיוֹתֵר, הַמְּרַבִּי

—n. כָּל הָאֶפְשָׁר, מְלוֹא הַיְכֹלֶת, קְצֵה גְּבוּל הַיְכֹלֶת

□ *he did his utmost* הוּא עָשָׂה כְּכָל יְכָלְתּוֹ

Utopia /juːtəʊpɪə/ n. אוּטוֹפְּיָה (חֲזוֹן הַחֶבְרָה הָאִידֵיאָלִית); חֲלוֹם בְּהָקִיץ

utopian /juːtəʊpɪən/ adj. אוּטוֹפִּי (שֶׁל חֲזוֹן כַּנַּ"ל); לֹא מְצִיאוּתִי

utter[1] /ʌtə(r)/ adj. מֻחְלָט, גָּמוּר

utter nonsense שְׁטוּת גְּמוּרָה, הֲבֵל הֲבָלִים

utter[2] /ʌtə(r)/ v.t. (*formal*) בִּטֵּא, הִבִּיעַ

utterance /ʌtərəns/ n. (*formal*) בִּטּוּי, אֹפֶן בִּטּוּי; הַבָּעָה, מִבָּע

utterly /ʌtəlɪ/ adv. לַגַּמְרֵי, לַחֲלוּטִין, כָּלִיל

uttermost /ʌtəməʊst/ adj. (*formal*) הָרָחוֹק בְּיוֹתֵר, הַקִּיצוֹנִי; הַגָּדוֹל בְּיוֹתֵר, הַמְּרַבִּי

U-turn /juː-tɜːn/ n. סִבּוּב פַּרְסָה

UV /jʊˈvi/ abbrev. אוּלְטְרָה סָגֹל

uvula /juːvjʊlə/ n. (*Anat.*) עִנְבָּל, לְהָאָה (בְּחֶלְקוֹ הָאֲחוֹרִי שֶׁל בֵּית הַבְּלִיעָה)

uvular /juːvjʊlə(r)/ adj. (*Phonet.*) (הֶגֶה) עִנְבָּלִי

uxorious /ʌkˈsɔːrɪəs/ adj. (*formal*) כָּרוּךְ אַחֲרֵי אִשְׁתּוֹ (וְלָרֹב גַּם קַנַּאי); נִכְנָע לִרְצוֹן אִשְׁתּוֹ

V v

V, v /viː/ n.
1 (letter) "וִי", (הָאוֹת הַ־22 בָּאָלֶפְבֵּית הָאַנְגְּלִי)
2 (v-shaped thing) דִּמּוּי הָאוֹת V, "וִי"
v-necked dress שִׂמְלָה בַּעֲלַת צַוָּארוֹן "וִי"
V sign
(victory sign) סִימַן הַנִּצָּחוֹן, סִימַן "וִי"
(obscene gesture) תְּנוּעָה מְגֻנָּה (מֵעֵין "אֶצְבַּע מְשֻׁלֶּשֶׁת" בְּרִיטִית)
3 (Roman numeral, = 5) 5 (בִּסְפָרוֹת רוֹמִיּוֹת)
4 (versus) נֶגֶד
Arsenal v. Liverpool אַרְסֶנָל (קְבוּצַת כַּדּוּרֶגֶל) נֶגֶד לִיוֶרְפּוּל
vac /væk/ n. (*UK colloq.*) חֻפְשָׁה, פַּגְרָה
vacancy /ˈveɪkənsɪ/ n.
1 (unoccupied post; available room) מִשְׂרָה פְּנוּיָה; חֶדֶר פָּנוּי (בְּמָלוֹן וְכַד׳)
no vacancies כָּל הַחֲדָרִים מְלֵאִים (שֶׁלֶט בְּבֵית־מָלוֹן וְכַד׳)
2 (emptiness of mind, *derog.*) רֵיקָנוּת (נַפְשִׁית)
vacant /ˈveɪkənt/ adj. פָּנוּי; רֵיק, חָלוּל, נָבוּב
□ *he looked at us with a vacant expression* הוּא הִסְתַּכֵּל עָלֵינוּ בְּמַבָּט בּוֹהֶה
□ *a house with vacant possession* (*UK*) בַּיִת לִכְנִיסָה מִיָּדִית
vacate /vəˈkeɪt/ v.t. (*formal*) פִּנָּה (דִּירָה, מוֹשָׁב וְכַד׳)
vacation /vəˈkeɪʃ(ə)n/ n.
1 (holiday period, *US*) חֻפְשָׁה
on vacation בְּחֻפְשָׁה
vacation course קוּרְס קַיִץ
2 (act of vacating, *formal*) פִּנּוּי
3 (period of closure of courts, etc., *UK*) פַּגְרָה
vaccinate /ˈvæksɪneɪt/ v.t. חִסֵּן, הִרְכִּיב
vaccination /ˌvæksɪˈneɪʃ(ə)n/ n. חִסּוּן, הַרְכָּבָה
vaccine /ˈvæksiːn/ n. תַּרְכִּיב חִסּוּן
vacillate /ˈvæsɪleɪt/ v.i. (*formal*) הִסֵּס, פָּסַח עַל שְׁתֵּי הַסְּעִפִּים
vacillation /ˌvæsɪˈleɪʃ(ə)n/ n. (*formal*) הִסּוּס, פְּסִיחָה עַל שְׁתֵּי הַסְּעִפִּים
vacuity /vəˈkjuːɪtɪ/ n. (*formal*) רֵיקוּת פְּנִימִית, נְבִיבוּת; אֱוִילוּת
vacuous /ˈvækjʊəs/ adj. (*formal*) רֵיק, חֲסַר־תֹּכֶן, נָבוּב; אֱוִילִי
vacuum /ˈvækjʊəm/ n. וָקוּם, חָלָל רֵיק, רִיק; (בְּהַשְׁאָלָה) חָלָל
vacuum brake בַּלָּם־רִיק (מַעֲרֶכֶת בְּלִימָה, בְּעִקָּר בְּרַכָּבוֹת, הַפּוֹעֶלֶת עַל עִקְרוֹן הַוָּקוּם)
vacuum cleaner שׁוֹאֵב־אָבָק
vacuum flask תֶּרְמוֹס
vacuum pump מַשְׁאֵבַת רִיק, מַשְׁאֵבַת וָקוּם
vacuum tube שְׁפוֹפֶרֶת רַדְיוֹ (מֵעֵין טְרַנְזִיסְטוֹר מֻקְדָּם)
—v.t. (*colloq.*) נִקָּה בְּשׁוֹאֵב אָבָק
vacuum-packed /ˌvækjʊəm-ˈpækt/ adj. (אָרוּז) בַּאֲרִיזַת וָקוּם
vagabond /ˈvægəbɒnd/ n. (*poet.*) נַוָּד
vagary /ˈveɪgərɪ/ n. (*formal*) גַּחֲמָה, קַפְרִיזָה, "שִׁגָּעוֹן"
□ *he follows the vagaries of fashion* הוּא רָץ אַחֲרֵי כָּל תַּהְפּוּכוֹת הָאָפְנָה
vagina /vəˈdʒaɪnə/ n. (*Anat.*) נַרְתִּיק הָרֶחֶם, לֶדֶן, וָגִינָה
vaginal /vəˈdʒaɪn(ə)l/ adj. (*Med.*) שֶׁל נַרְתִּיק הָרֶחֶם, שֶׁל הַלֶּדֶן, וָגִינָלִי
vaginismus /vædʒɪˈnɪzməs/ n. (*Med.*) וָגִינִיזְם, עֲוִית הַלֶּדֶן
vagrancy /ˈveɪgrənsɪ/ n. (*Law*) שׁוֹטְטוּת
vagrant /ˈveɪgrənt/ n. & adj. (*formal* or *law*) נַוָּד, נָע־וָנָד
vague /veɪg/ adj.
1 (uncertain, ill-defined) מְעֻרְפָּל, מְטֻשְׁטָשׁ, לֹא בָּרוּר, קָלוּשׁ
□ *I haven't the vaguest idea* אֵין לִי שֶׁמֶץ שֶׁל מֻשָּׂג
2 (not thinking clearly, etc.) מְעֻרְפָּל, לֹא בָּרוּר
vaguely /ˈveɪglɪ/ adv. בִּמְעֻרְפָּל, בְּקֹשִׁי; בְּהֶסַּח הַדַּעַת
vagueness /ˈveɪgnɪs/ n. עִרְפּוּל, טִשְׁטוּשׁ, חֹסֶר בְּהִירוּת
vagus /ˈveɪgəs/ n. (*Anat.*) עֲצַב הַוָּגוּס
vain /veɪn/ adj. שָׁוְא, סְרָק
1 (conceited) שַׁחְצָן, יָהִיר, גַּאַוְתָן
2 (empty, trivial, *formal*) רֵיק, מְתֻכָּן, סְרָק
3 (unsuccessful) שָׁוְא, סְרָק
□ *his efforts were in vain* מַאֲמַצָּיו עָלוּ בַּתֹּהוּ
vainglorious /ˌveɪnˈglɔːrɪəs/ adj. (*formal*) יָהִיר, גְּבַה־לֵב, רַבְרְבָן
vainglory /ˌveɪnˈglɔːrɪ/ n. (*formal*) יְהִירוּת, גַּבְהוּת־לֵב, הִתְרַבְרְבוּת
valance /ˈvæləns/ n. (also **valence**) סְדִין קִשּׁוּט לְשׁוּלֵי מִטָּה
vale /veɪl/ n. (*arch.*) עֵמֶק, בִּקְעָה
vale of tears (*poet.*) עֵמֶק הַבָּכָא
valediction /ˌvælɪˈdɪkʃ(ə)n/ n. (*formal*) נְאוּם פְּרֵדָה, בִּרְכַּת פְּרֵדָה (בִּמְיֻחָד בְּאֵרוּעַ רִשְׁמִי)

valedictory /ˌvælɪˈdɪktərɪ/ adj. (*formal*) שֶׁל פְּרֵדָה

valency /ˈveɪlənsɪ/ n. (also (*US*) **valence** /ˈveɪləns/) (*Chem.*) עֶרְכִּיּוּת, וָלֶנְטִיּוּת

valentine /ˈvæləntaɪn/ n.
1 (card, etc. sent anonymously) גְּלוּיַת-אַהֲבָה הַנִּשְׁלַחַת בְּיוֹם וָלֶנְטִין הַקָּדוֹשׁ, בְּ-14 בְּפֶבְּרוּאָר (לְלֹא חֲתִימַת הַשּׁוֹלֵחַ)
2 (sweetheart) אָהוּב/אֲהוּבָה (מְקַבֵּל/ת גְּלוּיָה כַּנַּ"ל)

valerian /vəˈlɪərɪən/ n. וָלֶרְיָאן (סַם הַרְגָּעָה)

valet /ˈvælɪt, ˈvæleɪ/ n. מְשָׁרֵת אִישִׁי; (בְּבֵית מָלוֹן) אָדָם הַדּוֹאֵג לְנִקּוּי בִּגְדֵי הָאוֹרְחִים וְגִהוּצָם
—v.i. & t. עָבַד כִּמְשָׁרֵת אִישִׁי; נִקָּה (כַּנַּ"ל)

valetudinarian /ˌvælɪtju:dɪˈneərɪən/ n. (*formal*) אָדָם בַּעַל בְּרִיאוּת רוֹפֶפֶת, הַטָּרוּד כָּל הַזְּמַן בְּמַצַּב בְּרִיאוּתוֹ

valiant /ˈvælɪənt/ adj. (*formal*) אַמִּיץ, לְלֹא-חָת; כַּבִּיר
□ *he made a valiant effort to smile through his tears* הוּא עָשָׂה מַאֲמָץ כַּבִּיר לְחַיֵּךְ מִבַּעַד לְדִמְעוֹתָיו

valiantly /ˈvælɪəntlɪ/ adv. (*formal*) לְלֹא חַת, בְּאֹמֶץ

valid /ˈvælɪd/ adj.
1 (sound, well-grounded) מְבֻסָּס, הֶגְיוֹנִי, תָּקֵף
□ *his reasoning is perfectly valid* טִעוּנָיו תְּקֵפִים בְּהֶחְלֵט
2 (legally acceptable) בַּר-תֹּקֶף, תָּקֵף
□ *this ticket is valid for one month* כַּרְטִיס זֶה תָּקֵף לְמֶשֶׁךְ חֹדֶשׁ

validate /ˈvælɪdeɪt/ v.t. (*formal*) נָתַן תֹּקֶף (חֻקִּי) לְ..., נָתַן גֻּשְׁפַּנְקָה לְ...

validity /vəˈlɪdɪtɪ/ n. תֹּקֶף, תְּקֵפוּת

valise /vəˈli:z/ n. מִזְוָדָה קְטַנָּה

Valium /ˈvælɪəm/ n. (*Prop.*) וַלְיוּם (תְּרוּפַת אַרְגָּעָה)

valley /ˈvælɪ/ n. עֵמֶק, בִּקְעָה

valor /ˈvælə(r)/ see **VALOUR** אֹמֶץ, גְּבוּרָה

valour /ˈvælə(r)/ n. (*US* **valor**, *formal*) אֹמֶץ, גְּבוּרָה

valuable /ˈvæljʊəb(ə)l/ adj. בַּעַל-עֵרֶךְ, יָקָר, יְקַר-עֵרֶךְ

valuables /ˈvæljʊəb(ə)lz/ n. *pl.* חֲפָצֵי-עֵרֶךְ

valuation /ˌvæljʊˈeɪʃ(ə)n/ n. הַעֲרָכָה, אֻמְדָּן

value /ˈvælju:/ n.
1 (equivalent in money, etc.) עֵרֶךְ, שׁוֹוִי
value added tax מַס עֵרֶךְ מוּסָף, מַע"מ
market value מְחִיר הַשּׁוּק, עֵרֶךְ בַּשּׁוּק
□ *the face value of the coins is $2* הָעֵרֶךְ הַנָּקוּב שֶׁל הַמַּטְבְּעוֹת הוּא שְׁנֵי דוֹלָר
□ *don't take what he says at (its) face value* אַל תְּקַבֵּל אֶת דְּבָרָיו כִּפְשׁוּטָם
□ *she sets a high value on punctuality* הִיא מְיַחֶסֶת חֲשִׁיבוּת רַבָּה לְדַיְקָנוּת
□ *he always gets good value for (his) money* הוּא תָּמִיד מַשִּׂיג תְּמוּרָה נָאָה בְּעַד כַּסְפּוֹ
2 (worth, desirability, utility) עֵרֶךְ, חֲשִׁיבוּת, טַעַם
value judgement שִׁפּוּט-עֶרְכִּי
□ *what is the value of an argument with no facts to support it?* מָה הָעֵרֶךְ שֶׁל טִעוּן לְלֹא עֻבְדּוֹת שֶׁתּוֹמְכוֹת בּוֹ
3 (in *pl.*, personal principles) עֲרָכִים
moral values עַרְכֵי-מוּסָר
—v.t.
1 (estimate the worth of) הֶעֱרִיךְ; אָמַד
□ *have you had your jewellery valued?* הַאִם יֵשׁ לְךָ הַעֲרָכָה שֶׁל שְׁוִי הַתַּכְשִׁיטִים שֶׁלְּךָ?
2 (consider valuable) הוֹקִיר, הֶעֱרִיךְ
□ *he is a valued friend* הוּא חָבֵר יָקָר

valueless /ˈvælju:lɪs/ adj. חֲסַר-עֵרֶךְ

valuer /ˈvælju:ə(r)/ n. שַׁמַּאי, מַעֲרִיךְ

valve /vælv/ n.
1 (device controlling flow) שַׁסְתּוֹם
□ *she had a valve replaced by heart surgery* הֶחְלִיפוּ לָהּ שַׁסְתּוֹם בְּנִתּוּחַ לֵב
2 (part of brass instrument, *Mus.*) שַׁסְתּוֹם, כַּפְתּוֹר (בִּכְלֵי-נְשִׁיפָה מִמַּתֶּכֶת)
3 (*UK Electr.*) שְׁפוֹפֶרֶת רַדְיוֹ
4 (each of shells of oyster, etc.) קוֹנְכִיָּה (שֶׁל צִדְפָּה)

vamoose /vəˈmu:s/ v.i. (*US sl.*) "עָף", "הִתְנַדֵּף"

vamp[1] /væmp/ n.
1 (part of shoe) חַרְטוֹם-נַעַל
2 (improvised musical accompaniment) לִוּוּי מוּזִיקָלִי מְאֻלְתָּר
—v.t.
1 (repair, patch up)
vamp up שִׁפֵּץ, תִּקֵּן, שִׁפֵּר
2 (improvise) אִלְתֵּר

vamp[2] /væmp/ n. (*sl.*) "פַּם-פָטָל"

vampire /ˈvæmpaɪə(r)/ n. עַרְפָּד
vampire bat עֲטַלֵּף-עַרְפָּד

van[1] /væn/ n. מַשָּׂאִית (קַלָּה וּסְגוּרָה), טֶנְדֶּר
guard's van (*UK*) קְרוֹן הַשּׁוֹמֵר (בְּרַכֶּבֶת)
luggage van קְרוֹן-מַשָּׂא, קְרוֹן מִטְעָן

van[2] /væn/ n. (*Mil.*) חֵיל-חָלוּץ
in the van (*fig.*) בְּחֵיל-הֶחָלוּץ, בֵּין הַצּוֹעֲדִים בָּרֹאשׁ, בְּחֹד-הַחֲנִית

vanadium /vəˈneɪdɪəm/ n. (*Chem.*) וָנַדְיוּם, (יְסוֹד כִּימִי, מַתֶּכֶת לְבָנָה הַמְשַׁמֶּשֶׁת לְיִצּוּר פְּלָדָה)

vandal /ˈvænd(ə)l/ n. (*derog.*) וַנְדָּלִיסְט, חוּלִיגָן

vandalism /ˈvændəlɪzəm/ n. (*derog.*) וַנְדָּלִיזְם (הַשְׁחָתָה שֶׁל יְצִירוֹת תַּרְבּוּת אוֹ רְכוּשׁ-הַצִּבּוּר), הַשְׁחָתָה לְשֵׁמָהּ

vandalize /ˈvændəlaɪz/ v.t. (*derog.*) הִשְׁחִית, חִבֵּל בְּ...

vane /veɪn/ n.
1 (weathercock) שַׁבְשֶׁבֶת
2 (blade of windmill or pump) לַהַב שֶׁל מַדְחֵף (בְּטַחֲנוֹת-רוּחַ, מָנוֹעַ שֶׁל מְטוֹס-סִילוֹן)

vanguard /ˈvænɡɑːd/ n. חֵיל־הֶחָלוּץ; חָלוּץ

vanilla /vəˈnɪlə/ n. וָנִיל, שֶׁנֶף

vanish /ˈvænɪʃ/ v.i. נֶעְלַם, נָמוֹג

vanishing cream מִשְׁחַת־עוֹר נִסְפֶּגֶת

vanishing point (בְּפֶּרְסְפֶּקְטִיבָה) נְקֻדַּת־הֵעָלְמוּת, הַנְּקֻדָּה שֶׁבָּהּ קַוִּים מַקְבִּילִים נְסוֹגִים נִרְאִים כְּאִלּוּ הֵם מִתְלַכְּדִים

□ *he vanished into thin air* הוּא נֶעְלַם כְּלֹא הָיָה

vanity /ˈvænɪtɪ/ n.

1 (conceit, desire for admiration) גַּאַוְתָנוּת רֵיקָה, יְהִירוּת

2 (futility, *formal*) הֶבֶל

□ *she realized the vanity of worldly wealth* הִיא הֵבִינָה הֶבֶל הָעשֶׁר מַהוּ

3 (dressing – table, *US*) שֻׁלְחַן אִפּוּר

vanity bag (or **case**) תִּיק אִפּוּר (בְּסֶט מְזָוָדוֹת)

vanquish /ˈvæŋkwɪʃ/ v.t. (*formal*) הֵבִיס, מָחַץ

vantage-point /ˈvɑːntɪdʒ-pɔɪnt/ n. נְקֻדַּת תַּצְפִּית

vapid /ˈvæpɪd/ adj. (*formal*) תָּפֵל, "אָפֹר" (אָדָם, סִגְנוֹן וְכַד')

vapor /ˈveɪpə(r)/ see **VAPOUR**

vaporize /ˈveɪpəraɪz/ v.t. & i. אִדָּה; הִתְאַדָּה

vaporous /ˈveɪpərəs/ adj. בְּמַצָּב (צְבִירָה) שֶׁל אֵדִים

vapour /ˈveɪpə(r)/ n. (*US* **vapor**) אֵד, קִיטוֹר, הֶבֶל

the vapours (*arch.*) הֶתְקֵף שֶׁל דִּכְדּוּךְ, הֶתְקֵף חֻלְשָׁה, הֶתְקֵף־עִלָּפוֹן

vapour trail שֹׁבֶל אֵדִים (שֶׁל מָטוֹס סִילוֹן)

variability /ˌveərɪəˈbɪlɪtɪ/ n. (*formal*) טְוָח הִשְׁתַּנּוּת, סְגֻלַּת הַהִשְׁתַּנּוּת

variable /ˈveərɪəb(ə)l/ adj.

1 (that can be varied) מִשְׁתַּנֶּה

2 (unsteady, not constant) לֹא יַצִּיב, לֹא קָבוּעַ

–n.

1 (*Math.*) מִשְׁתַּנֶּה

2 (*Astron.*) כּוֹכָב בַּעַל בְּהִירוּת מִשְׁתַּנָּה

variance /ˈveərɪəns/ n.

1 (disagreement, *formal*) מַחֲלֹקֶת, חִלּוּקֵי דֵעוֹת, נִגּוּד, סְתִירָה

□ *this statement is at variance with the facts* הַהַצְהָרָה הַזֹּאת עוֹמֶדֶת בְּנִגּוּד גָּמוּר לָעֻבְדּוֹת

□ *the two sisters have been at variance for years* שְׁתֵּי הָאֲחָיוֹת הָיוּ מְסֻכְסָכוֹת בֵּינֵיהֶן בְּמֶשֶׁךְ שָׁנִים

2 (*Statistics*) מְקַדֵּם הַהִשְׁתַּנּוּת (הַסְּטִיָּה הַמְּמֻצַּעַת בְּרִבּוּעַ)

variant /ˈveərɪənt/ adj. & n. שׁוֹנֶה, אַחֵר, חִלּוּפִי; וָרְיַאנְט, שִׁנּוּי־נֹסַח

variation /ˌveərɪˈeɪʃ(ə)n/ n.

1 (changing, alteration) וַרְיַאצְיָה, שִׁנּוּי, שֹׁנִי, סְטִיָּה

2 (changed version) וַרְיַאצְיָה

variations on a theme (*Mus.*) וַרְיַאצְיוֹת עַל נוֹשֵׂא

varicoloured /ˈveərɪˌkʌləd/ adj. (*formal*) סַסְגּוֹנִי, רַבְגּוֹנִי, בַּעַל שָׁלָל צְבָעִים

varicose /ˈværɪkəʊs/ adj. (*Med.*) נָפוּחַ/מֻרְחָב בְּמִדָּה חוֹלָנִית

varicose veins דַּלִּיּוֹת (הִתְרַחֲבוּת חוֹלָנִית שֶׁל הַוְּרִידִים בָּרַגְלַיִם), "וְרִידִים"

varied /ˈveərɪd/ adj. מְגֻוָּן, מְסוּגִים שׁוֹנִים

□ *her songs are many and varied* שִׁירֶיהָ רַבִּים וּמְגֻוָּנִים

variegated /ˈveərɪgeɪtɪd/ adj. בַּעַל גְּוָנִים רַבִּים (לָרֹב שֶׁל צֶבַע אֶחָד)

variety /vəˈraɪətɪ/ n.

1 (diversity) גִּוּוּן, רַבְגּוֹנִיּוּת, מִבְחָר

variety store (*US*) כָּל־בּוֹ עֲמָמִי

2 (in *sing.*, collection) מִגְוָן

□ *he refused for a variety of reasons* הוּא סֵרֵב מִסִּבּוֹת שׁוֹנוֹת

3 (type) זַן, סוּג

□ *what variety of grape is this?* אֵיזֶה זַן שֶׁל עֲנָבִים זֶה?

4 (entertainment) תָּכְנִית "וַרְיֶיטֶי" תָּכְנִית בִּדּוּר קַלִּילָה (שֶׁכּוֹלֶלֶת קְטָעֵי מַעַרְכוֹנִים, רִקּוּד לוּלְיָנוּת, שִׁירָה וְכַד')

variety theatre תֵּיאַטְרוֹן "וַרְיֶיטֶי"

variform /ˈveərɪfɔːm/ adj. (*formal*) בַּעַל צוּרוֹת שׁוֹנוֹת, מְגֻוָּן

various /ˈveərɪəs/ adj.

1 (diverse) שׁוֹנֶה, מְגֻוָּן

□ *his interests are various* יֵשׁ לוֹ תְּחוּמֵי הִתְעַנְיְנוּת מְגֻוָּנִים

2 (several) שׁוֹנִים, אֲחָדִים, מִסְפָּר

□ *various people have suggested this* מִסְפַּר אֲנָשִׁים הִצִּיעוּ זֹאת

variously /ˈveərɪəslɪ/ adv. (*formal*) בִּדְרָכִים שׁוֹנוֹת, בְּאוֹפַנִּים שׁוֹנִים

varlet /ˈvɑːlɪt/ n. (*arch.*) בֶּן־בְּלִיַּעַל

varmint /ˈvɑːmɪnt/ n. (*US*) שׁוֹבָב (אָדָם, חַיָּה וְכַד')

varnish /ˈvɑːnɪʃ/ n. לַכָּה (לָרֹב לְעֵץ)

nail varnish לַכָּה לְצִפָּרְנַיִם

–v.t. צִפָּה בְּלַכָּה, מָרַח בְּלַכָּה (רָהִיט וְכַד'); שָׂם לַכָּה עַל (הַצִּפָּרְנַיִם וְכַד')

varsity /ˈvɑːsɪtɪ/ n.

1 (*UK colloq.*) "אוֹכְּסְבְּרִיג'"

2 (*US*) קְבוּצַת סְפּוֹרְט אוּנִיבֶרְסִיטָאִית יִצּוּגִית

vary /ˈveərɪ/ v.i. הָיָה שׁוֹנֶה; הִשְׁתַּנָּה

–v.t. שִׁנָּה, גִּוֵּן

□ *you should vary your diet* עָלֶיךָ לְגַוֵּן אֶת הַתַּפְרִיט שֶׁלְּךָ

vascular /ˈvæskjʊlə(r)/ adj. (*Med.*) שֶׁל כְּלֵי הַדָּם

vase /vɑːz/ n. אֲגַרְטָל

vasectomy /vəˈsektəmɪ/ n. נִתּוּחַ קְטִיעַת צִנּוֹר הַזֶּרַע (לְעִקּוּר הַגֶּבֶר)

Vaseline /ˈvæsəliːn/ n. (*Prop.*) וָזֶלִין, (מִשְׁחָה רְפוּאִית לְשִׁמּוּן אוֹ לְסִיכָה)

vassal /væs(ə)l/ n. (*Hist.*) וָסָל/אָרִיס פֵּיאוֹדָלִי (בִּימֵי הַבֵּינַיִם, אָדָם שֶׁקִּבֵּל אֲדָמָה לְעִבּוּד תְּמוּרַת נֶאֱמָנוּת וְשֵׁרוּת צְבָאִי לְבַעֲלֶיהָ הַפֵּיאוֹדָלִי)

vast /vɑːst/ adj. עָצוּם, נִרְחָב

vastly /ˈvɑːstlɪ/ adv. בְּמִדָּה רַבָּה; מְאֹד־מְאֹד
- □ *he was vastly amused* הוּא הָיָה מְאֹד־מְאֹד מְשֻׁעֲשָׁע

VAT /ˌviː eɪ ˈtiː/ abbrev. (*colloq.*) מַס עֵרֶךְ מוּסָף, מַעַ״מ

vat /væt/ n. חָבִית, גִּיגִית גְּדוֹלָה, מְכָל (לְהַחְנָקַת נוֹזְלִים)

Vatican /ˈvætɪkən/ n. & adj. וָתִיקָן; שֶׁל הַוָּתִיקָן

vaudeville /ˈvɔːdəvɪl/ n. ״ווֹדְבִיל״, (סִגְנוֹן בִּדּוּר קַל, מֵעֵין ״וָרַיֶיטִי״)

vault /vɔːlt/ n.
- **1** (arched roof) כִּפָּה, תִּקְרָה מְקֻמֶּרֶת
  - **the vault of heaven** (*poet.*) כִּפַּת הַשָּׁמַיִם
- **2** (underground chamber) מַרְתֵּף קְבוּרָה; מַרְתֵּף; כַּסֶּפֶת תַּת־קַרְקָעִית
  - **bank vault** חֲדַר הַכַּסָּפוֹת שֶׁל הַבַּנְק
  - **family vault** אֲחֻזַּת קֶבֶר מִשְׁפַּחְתִּית (תַּת־קַרְקָעִית)
  - **wine vault** מַרְתֵּף יֵינוֹת
- **3** (leap) קְפִיצָה (תּוֹךְ הִסְתַּיְּעוּת בִּזְרוֹעוֹת אוֹ בְּמוֹט)
  - **pole vault** קְפִיצַת־מוֹט

—v.t. & i. קָפַץ (תּוֹךְ הִסְתַּיְּעוּת בִּזְרוֹעוֹת אוֹ בְּמוֹט) מֵעַל; קָפַץ (כַּנַּ״ל)
- □ *the cowboy vaulted into the saddle* הַקָּאוּבּוֹי זִנֵּק אֶל תּוֹךְ הָאֻכָּף
- □ *he vaulted (over) the fence* הוּא קָפַץ מֵעַל לַגָּדֵר

vaulted /ˈvɔːltɪd/ adj. מְקֻמָּר, מְקֻשָּׁת

vaulting /ˈvɔːltɪŋ/ n. (*Archit.*) קַשְׁתּוֹת הַגַּג

vaulting-horse /ˈvɔːltɪŋ-hɔːs/ n. חֲמוֹר (מַכְשִׁיר הִתְעַמְּלוּת)

vaunt /vɔːnt/ v.i. & t. (*formal*) הִתְהַלֵּל, הִתְפָּאֵר
- □ *his much-vaunted claim to the money is unfounded* טַעֲנוֹתָיו הָרַאַוְתָנִיּוֹת לִזְכוּת עַל הַכֶּסֶף מְחֻסְּרוֹת בָּסִיס

VCR (viːsiːɑː/ abbrev. מַכְשִׁיר וִידֵיאוֹ

VD /viːˈdiː/ abbrev. עַגֶּבֶת

veal /viːl/ n. בְּשַׂר עֵגֶל

vector /ˈvektə(r)/ n.
- **1** (*Math.*) וֶקְטוֹר
- **2** (carrier of disease) (חֶרֶק וְכַד׳) נוֹשֵׂא מַחֲלָה

veer /vɪə(r)/ v.i. (רוּחַ, מְכוֹנִית וְכַד׳) שִׁנָּה כִּוּוּן; שִׁנָּה, הֶחֱלִיף (דֵּעָה, הַשְׁקָפָה, צוּרַת הִתְנַהֲגוּת וְכַד׳)

veg /vedʒ/ n. (*colloq.*) יְרָקוֹת
- □ *meat and two veg* (מָנָה שֶׁל) בָּשָׂר וּשְׁנֵי סוּגֵי יְרָקוֹת

vegan /ˈviːgən/ n. אָדָם שֶׁאֵינוֹ אוֹכֵל אוֹ לוֹבֵשׁ דְּבָרִים שֶׁמְּקוֹרָם בְּחַי

vegetable /ˈvedʒ(ə)təb(ə)l/ adj. צִמְחִי, שֶׁל הַצּוֹמֵחַ
- **vegetable marrow** קִשּׁוּא עֲנָק

—n. יָרָק; צֶמַח
- **vegetable knife** סַכִּין יְרָקוֹת (קְטַנָּה וְחַדָּה)
- □ *he will be a vegetable for the rest of his life* (*colloq.*) הוּא יִשָּׁאֵר ״צֶמַח״ עַד סוֹף חַיָּיו

vegetarian /vedʒɪˈteərɪən/ n. & adj. אָדָם צִמְחוֹנִי; צִמְחוֹנִי

vegetarianism /ˌvedʒɪˈteərɪənɪzəm/ n. צִמְחוֹנוּת

vegetate /ˈvedʒɪteɪt/ v.i. (*derog.*) חַי, בְּחֹסֶר־מַעַשׂ

vegetation /ˌvedʒɪˈteɪʃ(ə)n/ n. צִמְחִיָּה

vegie /ˈvedʒɪ/ n. (*colloq.*) אָדָם צִמְחוֹנִי

vehemence /ˈviːəməns/ n. סַעֲרַת־רְגָשׁוֹת, עֹז, נִלְהָבוּת, שִׁלְהוּב

vehement /ˈviːəmənt/ adj. עַז, נִסְעָר, מְשֻׁלְהָב

vehicle /ˈvɪək(ə)l/ n.
- **1** (device for transport) כְּלִי־רֶכֶב
- **2** (medium for expression, etc.) אֶמְצָעִי, ״כְּלִי״

vehicular /vɪˈhɪkjʊlə(r)/ adj. (*formal*) שֶׁל כְּלִי רֶכֶב, שֶׁל תְּנוּעַת כְּלֵי רֶכֶב

veil /veɪl/ n.
- **1** (covering of fine net) צָעִיף; רְעָלָה; הִנּוּמָה
  - □ *she took the veil* (*formal*) הִיא הָיְתָה לִנְזִירָה, הִיא נִכְנְסָה לְמִנְזָר
- **2** (disguise, cover) מַעֲטֶה, מַסְוֶה
  - □ *I draw a veil over what followed* (*formal*) אֲנִי לֹא אֲדַבֵּר עַל מָה שֶּׁקָּרָה אַחַר־כָּךְ
  - □ *under the veil of patriotism he urged xenophobia* בְּמַסְוֵה הַפַּטְרִיּוֹטִיזְם הוּא הִטִּיף לִקְסֶנוֹפוֹבְּיָה

—v.t.
- **1** (cover with a veil) כִּסָּה בְּצָעִיף (לְעִתִּים בְּהַשְׁאָלָה)
  - □ *clouds veiled the moon* צָעִיף שֶׁל עֲנָנִים כִּסָּה אֶת הַיָּרֵחַ
- **2** (disguise) הִסְוָה
  - **veiled threats** אִיּוּמִים מֻסְוִים
  - □ *he made a veiled reference to her past* הוּא זָרַק רֶמֶז מֻסְוֶה בְּקֶשֶׁר לֶעָבָר שֶׁלָּהּ

vein /veɪn/ n.
- **1** (*Anat.*) וְרִיד
  - □ *she has music in her veins* (*fig.*) הַמּוּזִיקָה אֶצְלָהּ בַּדָּם, הַמּוּזִיקָה זוֹרֶמֶת לָהּ בָּעוֹרְקִים
- **2** (*Bot.*) עוֹרֵק (בְּעָלֶה)
- **3** (streak of different colour) סִלְסוּל, ״עוֹרֵק״ (שֶׁל צֶבַע, בְּשַׁיִשׁ וְכַד׳)
- **4** (seam of ore, etc. in rock, *Geol.*) מִרְבָּץ, עוֹרֵק
  - □ *there is a rich vein of satire in religion* נִתָּן לִמְצֹא אוֹצָרוֹת סָטִירִיִּים בַּדָּת
- **5** (mood, *formal*) מַצַּב־רוּחַ, טוֹן (בְּדִבּוּר וְכַד׳)
  - □ *she spoke in a lighter vein* הִיא דִּבְּרָה בְּטוֹן מְבֻדָּח יוֹתֵר

veined /veɪnd/ adj. בַּעַל וְרִידִים, בַּעַל פַּסֵּי־צֶבַע; מְגֻיָּד

velar /ˈviːlə(r)/ adj. (*Gram.*) שֶׁל אֲחוֹרֵי־הַלָּשׁוֹן, שֶׁל וִילוֹן הַחֵךְ

Velcro /ˈvelkrəʊ/ n. (*Prop.*) פַּס הַצְמָדָה (פַּס פְּלַסְטִי שָׂעִיר הַנִּדְבָּק לְפַס מַקְבִּיל וּמְשַׁמֵּשׁ לִרְכִיסַת בְּגָדִים וְכַד׳)

veld /felt, velt/ n. (also **veldt**) עַרְבוֹת הָרָמָה בְּאַפְרִיקָה הַדְּרוֹמִית

vellum /ˈveləm/ n. קְלָף (עוֹר עֲגָלִים וּטְלָאִים מְשֻׁבָּח כְּחֹמֶר כְּתִיבָה)

velocity /vɪˈlɒsɪtɪ/ n. (*formal*) מְהִירוּת

escape velocity הַמְּהִירוּת הַנִּדְרֶשֶׁת לְעֶצֶם כְּדֵי לְהִשְׁתַּחְרֵר מִכֹּחַ הַמְּשִׁיכָה

velour /vəlʊə(r)/ n. אָרִיג קְטִיפָתִי; לֶבֶד קְטִיפָתִי

velvet /ˈvelvɪt/ n. קְטִיפָה

□ *an iron hand in a velvet glove* (*fig.*) יַד בַּרְזֶל בְּכַפְפַת מֶשִׁי, זְאֵב בְּעוֹר כֶּבֶשׂ

velveteen /ˌvelvɪˈtiːn/ n. בַּד כֻּתְנָה אָרוּג כִּקְטִיפָה

velvety /ˈvelvɪtɪ/ adj. חָלָק וְרַךְ כִּקְטִיפָה, קְטִיפָתִי

venal /viːn(ə)l/ adj. (*formal*) מֻשְׁחָת

vend /vend/ v.t. (*formal*) מָכַר

vendetta /venˈdetə/ n. "וֶנְדֶּטָה", גְּאֻלַּת־דָּם, נְקָמָה

vending-machine /ˈvendɪŋ-məʃiːn/ n. אוֹטוֹמָט (לִמְכִירַת סִיגַרְיוֹת, מַמְתַּקִּים, מַשְׁקָאוֹת קַלִּים וְכַד׳)

vendor /ˈvendə(r)/ n.

1 (person who sells) מוֹכֵר; רוֹכֵל

2 (vending-machine) אוֹטוֹמָט (לִמְכִירַת סִיגַרְיוֹת, מַמְתַּקִּים, מַשְׁקָאוֹת קַלִּים וְכַד׳)

veneer /vəˈnɪə(r)/ n.

1 (thin layer of fine wood) פּוּרְנִיר

2 (deceptive outward appearance) מַעֲטֶה חִיצוֹנִי, חֲזוּת

—v.t. צִפָּה בְּפוּרְנִיר

venerable /ˈvenərəb(ə)l/ adj.

1 (respected because of old age, *formal*) נִכְבָּד, רָאוּי לְכָבוֹד וְהוֹקָרָה

2 (in titles, *Relig.*) הוֹד מַעֲלָתוֹ (בַּכְּנֵסִיָּה הָאַנְגְּלִיקָנִית, תֹּאַר לְאִישׁ כְּמוּרָה בָּכִיר. בַּכְּנֵסִיָּה הַקָּתוֹלִית, תֹּאַר לְאָדָם קָדוֹשׁ לִפְנֵי שֶׁהֻכְרַז עָלָיו כְּקָדוֹשׁ רִשְׁמִי)

venerate /ˈvenəreɪt/ v.t. (*formal*) כִּבֵּד, הוֹקִיר, הֶעֱרִיץ

venereal /vəˈnɪərɪəl/ adj. (*Med.*) שֶׁל מִין (לָרֹב בְּהֶקְשֵׁר שֶׁל מַחֲלָה)

venereal disease מַחֲלַת מִין

Venetian /vəˈniːʃ(ə)n/ adj. & n. שֶׁל וֶנֶצְיָה, וֶנֶצְיָאנִי; תּוֹשַׁב וֶנֶצְיָה

venetian blind תְּרִיס וֶנֶצְיָאנִי, תְּרִיס רְפָפוֹת

vengeance /ˈvendʒəns/ n. נְקָמָה, נָקָם

□ *he took terrible vengeance on his father* הוּא נָקַם בְּאָבִיו נְקָמָה נוֹרָאָה

□ *the rain came down with a vengeance* (*colloq.*) הַגֶּשֶׁם נִתַּךְ לְלֹא רַחֵם

vengeful /ˈvendʒf(ə)l/ adj. (*formal*) נוֹקֵם וְנוֹטֵר, נַקְמָנִי, שׁוֹאֵף־נָקָם

venial /ˈviːnɪəl/ adj. (*formal*) שֶׁאֶפְשָׁר לִסְלֹחַ לוֹ, שֶׁאֶפְשָׁר לִמְחֹל עָלָיו, לֹא חָמוּר בִּמְיֻחָד

venial sin מְעִידָה קַלָּה, חֵטְא פָּעוּט (לָרֹב בַּדָּת הַקָּתוֹלִית)

venison /ˈvenɪs(ə)n, ˈvenɪz(ə)n/ n. בְּשַׂר צְבִי

Venn diagram /ˌven ˈdaɪəgræm/ n. (*Math.*) דִּיאַגְרַמַּת "וֶן" (לְתֵאוּר יְחָסִים לוֹגִיִּים, בְּתוֹרַת הַקְּבוּצוֹת וְכַד׳)

venom /ˈvenəm/ n. אֶרֶס, רַעַל (גַּם בְּהַשְׁאָלָה)

venomous /ˈvenəməs/ adj. אַרְסִי (גַּם בְּהַשְׁאָלָה)

venous /ˈviːnəs/ adj. (*Med.*) וְרִידִי, שֶׁל הַוְּרִידִים

vent /vent/ n.

1 (opening) פֶּתַח

air vent פֶּתַח־אִוְרוּר

□ *this jacket has two vents* לְזָ׳קֶט זֶה יֵשׁ שְׁנֵי חֲתָכִים מֵאָחוֹר (סוּג שֶׁל גְּזָרָה)

2 (*Zool.*) שָׁפְכָה

3 (in *sing.*, outlet for emotions) פֻּרְקָן, מוֹצָא, פֶּתַח

□ *he gave vent to his feelings* הוּא קָרָא דְּרוֹר לִרְגָשׁוֹתָיו, הוּא נָתַן פֻּרְקָן לִרְגָשׁוֹתָיו

—v.t. הִתְקִין פֶּתַח; נָתַן פֻּרְקָן לְ..., נָתַן בִּטּוּי לְ...

□ *he vented his anger* (or (*formal*) *spleen*) *on his friend* הוּא הוֹצִיא אֶת כַּעֲסוֹ עַל חֲבֵרוֹ, הוּא שָׁפַךְ אֶת חֲמָתוֹ עַל חֲבֵרוֹ

ventilate /ˈventɪleɪt/ v.t.

1 (allow air into) אִוְרֵר

2 (submit for discussion, *formal*) הֶעֱלָה לְדִיּוּן בְּפֻמְבֵּי

ventilation /ˌventɪˈleɪʃ(ə)n/ n. אִוְרוּר

ventilator /ˈventɪleɪtə(r)/ n. מְאַוְרֵר, וֶנְטִילָטוֹר; מַכְשִׁיר הַנְשָׁמָה

ventricle /ˈventrɪk(ə)l/ n. (*Anat.*) חֲדַר הַלֵּב; אֶחָד מֵאַרְבַּעַת הַחֲדָרִים הָעִקָּרִיִּים בַּמֹּחַ

ventriloquism /venˈtrɪləkwɪzəm/ n. וֶנְטְרִילוֹקְוִיזְם, (דִּבּוּר מֵהַבֶּטֶן)

ventriloquist /venˈtrɪləkwɪst/ n. וֶנְטְרִילוֹקְוִיסְט, פִּיתוֹם (אָדָם שֶׁמְּדַבֵּר מֵהַבֶּטֶן)

venture /ˈventʃə(r)/ n. מִפְעָל, יָזְמָה (שֶׁיֵּשׁ בָּהֶם מִשּׁוּם סִכּוּן אוֹ הֶעָזָה)

venture capital (*Commerc.*) הוֹן לְפִתּוּחַ יָזְמָה, הוֹן לְיַזָּמוּת

Venture Scout (*UK*) חָבֵר בּוֹגֵר בִּתְנוּעַת הַצּוֹפִים (בֶּן 16 עַד 20)

—v.i. (*formal*) הֵעֵז, הִסְתַּכֵּן

□ *I venture to disagree* יַרְשֶׁה לִי לַחֲלֹק (עַל), אֲנִי אֶסְתַּכֵּן וְאֶחֱלֹק (עַל)

□ *this is the first time I have ventured out since being ill* זוֹ הַפַּעַם הָרִאשׁוֹנָה שֶׁאֲנִי מֵעֵז לָצֵאת הַחוּצָה מֵאָז שֶׁחָלִיתִי

□ *they ventured on a new way of life* הֵם נִסּוּ לִפְתֹּחַ בְּדֶרֶךְ חַיִּים חֲדָשָׁה

—v.t. (*formal*)

1 (set at risk) סִכֵּן

□ *nothing ventured, nothing gained* (*Prov.*) אֵין רֶוַח בְּלִי סִכּוּן

□ *he ventured his reputation on the new project* הוּא סִכֵּן אֶת הַמּוֹנִיטִין שֶׁלּוֹ בַּפְּרוֹיֶקְט הֶחָדָשׁ
2 (dare to propose, presume) הֵעֵז, מָצָא עֹז בְּלִבּוֹ, הִרְהִיב עֹז (לַעֲשׂוֹת דְּבַר מָה)
□ *he ventured a suggestion* הוּא הֵעֵז לְהַעֲלוֹת הַצָּעָה
venturesome /ˈventʃəsəm/ adj. (*formal*) נוֹעָז, מוּכָן לְהִסְתַּכֵּן; מְסֻכָּן
venue /ˈvenjuː/ n. מְקוֹם מִפְגָּשׁ, מְקוֹם הִתְרַחֲשׁוּת, אֲתָר (לְאֵרוּעַ וְכַד')
Venus /viːnəs/ n.
1 (planet) נֹגַהּ
2 (goddess) וֶנוּס, (אֵלַת הָאַהֲבָה בַּמִּיתוֹלוֹגְיָה הָרוֹמִית)
Venus fly-trap דִּיוֹנֵיאָה (סוּג שֶׁל צֶמַח טוֹרֵף חֲרָקִים)
veracious /vəˈreɪʃəs/ adj. (*formal*) דּוֹבֵר אֱמֶת, אֲמִתִּי
veracity /vəˈræsɪtɪ/ n. (*formal*) כֵּנוּת, אֲמִתּוּת
veranda /vəˈrændə/ n. (also **verandah**) מִרְפֶּסֶת מְקֹרָה
verb /vɜːb/ n. (*Gram.*) פֹּעַל
verbal /vɜːb(ə)l/ adj.
1 (of words) שֶׁל מִלִּים, מִלּוּלִי
2 (oral) בְּעַל-פֶּה
verbal undertaking הֶסְכֵּם שֶׁבְּעַל-פֶּה
3 (literal) מִלּוּלִי, וֶרְבָּלִי
4 (of verbs, *Gram.*) שֶׁל פֹּעַל, פָּעֳלִי
verbal noun שֵׁם פְּעֻלָּה
verbalize /ˈvɜːbəlaɪz/ v.t. & i. נִסֵּחַ בְּמִלִּים, הִבִּיעַ בְּמִלִּים
verbatim /vɜːˈbeɪtɪm/ adv. & adj. מִלָּה בְּמִלָּה, כִּכְתָבוֹ וְכִלְשׁוֹנוֹ
verbena /vɜːˈbiːnə/ n. וֶרְבֶּנָה (צֶמַח גִּנָּה)
verbiage /ˈvɜːbɪədʒ/ n. (*derog.*) מֶלֶל, לַהַג, גִּבּוּב מִלִּים
verbose /vɜːˈbəʊs/ adj. (*derog.*) לַהֲגָנִי, מְגַבֵּב מִלִּים בְּעַלְמָא
verdant /ˈvɜːd(ə)nt/ adj. (*poet.*) מוֹרִיק (שָׂדֶה וְכַד')
verdict /ˈvɜːdɪkt/ n. פְּסַק-דִּין; חַוַּת-דַּעַת, הַחְלָטָה
open verdict (*Law*) פְּסַק-דִּין לְלֹא הַכְרָעָה (אִשּׁוּר שֶׁאָכֵן בֻּצַּע פֶּשַׁע, אַךְ מִבְּלִי לְהַכְרִיעַ מִי הָאָשֵׁם אוֹ מַהִי סִבַּת הַפֶּשַׁע)
□ *the jury returned a verdict of not guilty* חֶבֶר הַמֻּשְׁבָּעִים פָּסַק: "לֹא אָשֵׁם"
verdigris /ˈvɜːdɪgrɪs/ n. יֶרֹקֶת (עַל נְחֹשֶׁת אוֹ פְּלִיז)
verdure /ˈvɜːdjə(r)/ n. (*poet.*) שִׁפְעַת יֶרֶק – (בִּטּוּי פִּיּוּטִי לְצִיּוּן הַצֶּבַע הַיָּרֹק שֶׁל נוֹף וְכַד')
verge[1] /vɜːdʒ/ n.
1 (edge, limit) קָצֶה, שׁוּלַיִם
□ *he was on the verge of suicide* הוּא הָיָה עַל סַף הִתְאַבְּדוּת
2 (grass edge of road, *UK*) עֵשֶׂב בְּשׁוּלֵי הַדֶּרֶךְ
verge[2] /vɜːdʒ/ v.i. גָּבַל בְּ...
□ *he is verging on bankruptcy* הוּא עַל סַף פְּשִׁיטַת רֶגֶל

verger /ˈvɜːdʒə(r)/ n. שַׁמָּשׁ (בַּכְּנֵסִיָּה הָאַנְגְּלִיקָנִית)
verifiable /ˈverɪfaɪəb(ə)l/ adj. (*formal*) שֶׁנִּתָּן לְאַמְּתוֹ, בַּר-אִמּוּת
verification /ˌverɪfɪˈkeɪʃ(ə)n/ n. (*formal*) אִמּוּת, אִשּׁוּר, הוֹכָחַת דָּבָר לַאֲשׁוּרוֹ
verify /ˈverɪfaɪ/ v.t. (*formal*)
1 (test, prove the truth of) בָּדַק, אִמֵּת
2 (attest the truth of, fulfil) וִדֵּא, אִמֵּת
verily /ˈverɪlɪ/ adv. (*arch.*) אָכֵן
verisimilitude /ˌverɪsɪˈmɪlɪtjuːd/ n. (*formal*) הִדָּמוּת לָאֱמֶת
veritable /ˈverɪtəb(ə)l/ adj. (*formal*) אֲמִתִּי, שֶׁל מַמָּשׁ; לַאֲשׁוּרוֹ
□ *we received a veritable flood of presents* הוּא זָכָה בְּשֶׁטֶף מַתָּנוֹת לֹא פָּחוֹת וְלֹא יוֹתֵר
verity /ˈverɪtɪ/ n. (*formal*) אֲמִתָּה, דְּבַר-אֱמֶת
vermicelli /ˌvɜːmɪˈtʃelɪ/ n.
1 (pasta) "וֶרְמִיצֶ'לִי" (אִטְרִיּוֹת דַּקִּיקוֹת)
2 (shreds of chocolate) פֵּרוּרֵי שׁוֹקוֹלָד
vermiform /ˈvɜːmɪfɔːm/ adj. דְּמוּי תּוֹלַעַת
vermiform appendix (*Med.*) תּוֹסֶפְתָּן
vermilion /vəˈmɪlɪən/ n. & adj. צֶבַע אָדֹם-כָּתֹם עַז; בְּצֶבַע אָדֹם-כָּתֹם עַז
vermin /ˈvɜːmɪn/ n. *pl.* בַּעֲלֵי-חַיִּים קְטַנִּים מַזִּיקִים; חֲרָקִים טַפִּילִיִּים (פַּרְעוֹשִׁים, כִּנִּים וְכַד'); (בְּהַשְׁאָלָה) חֶלְאַת-אָדָם, "שֶׁרֶץ"
verminous /ˈvɜːmɪnəs/ adj. (*formal*) שׁוֹרֵץ כִּנִּים, פַּרְעוֹשִׁים וְכַד'; (עַל אָדָם) מְתֹעָב, מָאוּס
vermouth /ˈvɜːməθ/ n. וֶרְמוּט (מִין יַיִן לָבָן מְתֻבָּל בַּעֲשָׂבִים מָרִים)
vernacular /vəˈnækjʊlə(r)/ n.
1 (language of the people) שְׂפַת הַדִּבּוּר, עָגָה מְקוֹמִית, שְׂפַת הָעָם
2 (specialist language) עָגָה מִקְצוֹעִית, שָׂפָה מִקְצוֹעִית
vernal /ˈvɜːn(ə)l/ adj. (*formal*) שֶׁל הָאָבִיב, אֲבִיבִי
vernal equinox מוֹעֵד שִׁוְיוֹן אֹרֶךְ הַיּוֹם וְהַלַּיְלָה בָּאָבִיב
veronal /ˈverən(ə)l/ n. (*Prop.*) "וֶרוֹנָל", (סַם מַרְדִּים)
verruca /vəˈruːkə/ n. (*pl.* **verrucae** or **verrucas**) יַבֶּלֶת (שֶׁמְּקוֹרָהּ בְּנָגִיף)
versatile /ˈvɜːsətaɪl/ adj. רַב-צְדָדִי, בַּעַל כֹּשֶׁר הִסְתַּגְּלוּת, גָּמִישׁ, רַב-שִׁמּוּשִׁי
versatility /ˌvɜːsəˈtɪlɪtɪ/ n. רַב-צְדָדִיּוּת, כֹּשֶׁר הִסְתַּגְּלוּת, גְּמִישׁוּת
verse /vɜːs/ n.
1 (poetic composition) שִׁיר, שִׁירָה, חֲרוּזֵי-שִׁירָה; שׁוּרָה (שֶׁל שִׁיר בְּמִשְׁקָל קָבוּעַ)
free verse חָרוּז חָפְשִׁי (לְלֹא מִשְׁקָל קָבוּעַ)
light verse שִׁירָה קַלָּה
2 (stanza) בַּיִת (שֶׁל שִׁיר)
3 (division of Biblical chapter) פָּסוּק

□ *can you give chapter and verse for that? (fig.)* הַאִם תּוּכַל לְהָבִיא אַסְמַכְתָּא מְדֻיֶּקֶת לִדְבָרֶיךָ?

versed /vɜːst/ adj. (*formal*) בָּקִי בְּ..., מְנֻסֶּה

□ *she is well versed in folklore* הִיא מְאֹד בְּקִיאָה בְּפוֹלְקְלוֹר

versification /ˌvɜːsɪfɪˈkeɪʃ(ə)n/ n. מִבְנֶה מִשְׁקָלִי, מִבְנֶה הַחֲרִיזָה (שֶׁל שִׁיר)

versify /ˈvɜːsɪfaɪ/ v.t. & i. הָפַךְ פְּרוֹזָה לְשִׁירָה, בִּטֵּא בַּחֲרוּזִים; חָרַז, חִבֵּר חֲרוּזִים

version /ˈvɜːʃ(ə)n/ n.

1 (account) גִּרְסָה, נֹסַח, וֶרְסְיָה

2 (translation, edition) נֹסַח

□ *which version of the text are you using?* בְּאֵיזֶה נֹסַח אַתָּה מִשְׁתַּמֵּשׁ

verso /ˈvɜːsəʊ/ n. (*pl.* **versos**) צִדּוֹ הַשְּׂמָאלִי שֶׁל הַדַּף

versus /ˈvɜːsəs/ prep. נֶגֶד (בִּסְפּוֹרְט אוֹ בְּמִשְׁפָּט); לְעֻמַּת

vertebra /ˈvɜːtɪbrə/ n. (*pl.* **vertebrae**) (*Anat.*) חֻלְיָה (בְּעַמּוּד הַשִּׁדְרָה וְכַד׳)

vertebral /ˈvɜːtɪbrəl/ adj. (*Anat.*) שֶׁל חֻלְיוֹת עַמּוּד הַשִּׁדְרָה

vertebral column עַמּוּד הַשִּׁדְרָה

vertebrate /ˈvɜːtɪbreɪt/ n. & adj. (*Zool.*) בַּעַל־חֻלְיוֹת; שֶׁל בַּעַל חֻלְיוֹת

vertex /ˈvɜːteks/ n. (*pl.* **vertices**)

1 (highest point) פִּסְגָּה

2 (*Geom.*) קָדְקֹד (שֶׁל מְשֻׁלָּשׁ)

vertical /ˈvɜːtɪk(ə)l/ adj. מְאֻנָּךְ, אֲנָכִי

vertical takeoff הַמְרָאָה אֲנָכִית (שֶׁל מָטוֹס)

—n. קַו אֲנָכִי, אֲנָךְ

vertically /ˈvɜːtɪk(ə)lɪ/ adv. בְּקַו אֲנָכִי

vertices /ˈvɜːtɪsiːz/ *pl.* of **vertex**

vertiginous /vɜːˈtɪdʒɪnəs/ adj. (*formal*) שֶׁל סְחַרְחֹרֶת; גּוֹרֵם סְחַרְחֹרֶת

vertigo /ˈvɜːtɪgəʊ/ n. סְחַרְחֹרֶת־גְּבָהִים

verve /vɜːv/ n. חִיּוּנִיּוּת, חִיּוּת

very /ˈverɪ/ adv. מְאֹד; הֲכִי

very good (or **well**) (int.) טוֹב מְאֹד, יָפֶה מְאֹד (לְהַבָּעַת הַסְכָּמָה)

□ *this is my very lowest price* זֶה הַמְּחִיר הַנָּמוּךְ בְּיוֹתֵר שֶׁאֲנִי מוּכָן לְהַצִּיעַ

□ *on the very same day she died* הִיא מֵתָה בְּאוֹתוֹ יוֹם עַצְמוֹ

□ *Is it raining? – Not very much* יוֹרֵד גֶּשֶׁם? לֹא הַרְבֵּה/רַק קְצָת

□ *I'm not very fond of music* אֲנִי לֹא חוֹבֵב גָּדוֹל שֶׁל מוּזִיקָה

□ *it's my very own house* זֶה הַבַּיִת שֶׁלִּי עַצְמִי

□ *I take very little milk* אֲנִי שׁוֹתֶה (קָפֶה, תֵּה וְכַד׳) עִם מְעַט מְאֹד חָלָב

□ *we're the very best of friends* אֲנַחְנוּ הַחֲבֵרִים הֲכִי טוֹבִים

—adj. מַמָּשִׁי, בְּדִיּוּק; הוּא עַצְמוֹ, עֶצֶם הַדָּבָר

□ *at the very end* מַמָּשׁ בַּסּוֹף

□ *it happened in this very room* זֶה קָרָה בַּחֶדֶר הַזֶּה מַמָּשׁ

□ *this is the very thing for the job* זֶה בְּדִיּוּק מַה שֶּׁדָּרוּשׁ לְבִצּוּעַ הַדָּבָר

□ *the very thought of going there upsets me* עֶצֶם הָרַעְיוֹן לָלֶכֶת לְשָׁם מַדְאִיג אוֹתִי

vesicle /ˈvesɪk(ə)l/ n. (*Med.*) בּוּעָה, שַׁלְפּוּחִית קְטַנָּה, צִיסְטָה

vesicular /vəsɪkjʊlə(r)/ adj. (*Med.*) מְשֻׁלְחָף, מְשֻׁלְבָּק, שֶׁיֵּשׁ בּוֹ שַׁלְפּוּחִיּוֹת

vespers /ˈvespəz/ n. *pl.* (*Relig.*) תְּפִלַּת עַרְבִית (בַּנַּצְרוּת)

vessel /ˈves(ə)l/ n.

1 (receptacle) כְּלִי, כְּלִי קִבּוּל

2 (ship) כְּלִי־שַׁיִט

3 (*Anat.*) כְּלִי־דָּם, צִנּוֹר לִימְפָה

blood vessel כְּלִי־דָּם

vest /vest/ n.

1 (undergarment, *formal*) גּוּפִיָּה

2 (waistcoat, *US & Austral.*) חֲזִיָּה (לְגֶבֶר)

—v.t. & i. (*formal*) הֶעֱנִיק, הִקְנָה (סַמְכוּת, רְכוּשׁ); הָיָה מֻפְקָד בִּרְשׁוּתוֹ שֶׁל

vested interest אִינְטֶרֶס מֻבְהָק

□ *by the authority vested in me I appoint you president* עַל־פִּי הַסַּמְכוּת שֶׁהֻקְנְתָה לִי, אֲנִי מְמַנֶּה אוֹתְךָ לְנָשִׂיא

□ *how much power vests in the Crown?* מָה הֶקֵּף הַסַּמְכֻיּוֹת הַמֻּפְקָד בִּרְשׁוּת הַמְּלוּכָה?

vestibule /ˈvestɪbjuːl/ n.

1 (entrance, lobby, *formal*) אוּלַם כְּנִיסָה (לָרֹב שֶׁל בִּנְיָן צִבּוּרִי)

2 (part of railway carriage, *US*) מַעֲבָר (סָגוּר) בֵּין קְרוֹנוֹת

vestige /ˈvestɪdʒ/ n. (*formal*) סִימָן, עֵקֶב, שֶׁמֶץ, שָׂרִיד

vestigial /veˈstɪdʒɪəl/ adj. (*formal*) (שָׂרִיד) מִזְעָרִי; (אֵבֶר בַּגּוּף וְכַד׳) שֶׁהוּא שָׂרִיד מְנֻוָּן

vestment /ˈvestmənt/ n. (*formal*) גְּלִימָה, לְבוּשׁ טִקְסִי (לָרֹב שֶׁל כֹּמֶר)

vestry /ˈvestrɪ/ n. חֶדֶר אוֹ בִּנְיָן צְמוּדִים לַכְּנֵסִיָּה הַמְשַׁמְּשִׁים מִשְׂרָד אוֹ לִשְׁכַּת תַּשְׁמִישֵׁי וּבִגְדֵי קֹדֶשׁ

vesture /ˈvestʃə(r)/ n. (*poet.*) מַלְבּוּשִׁים

vet[1] /vet/ n. (*colloq.*) וֶטֶרִינָר

—v.t. בָּדַק הֵיטֵב

positive vetting (*formal*) בְּדִיקָה בִּטְחוֹנִית (שֶׁל עוֹבֵד שֶׁבְּיָדָיו מֻפְקָדִים סוֹדוֹת וְכַד׳)

security vetting בְּדִיקָה בִּטְחוֹנִית

vet[2] /vet/ n. (*US colloq.*) חַיָּל מְשֻׁחְרָר

vetch /vetʃ/ n. בִּקְיָה (קִטְנִיָּה הַמְּשַׁמֶּשֶׁת לְמִסְפּוֹא וּלְטִיּוּב הַקַּרְקַע)

veteran /ˈvetərən/ n. וָתִיק; וְתִיק־מִלְחָמָה; (אַרְהַ"ב) חַיָּל מְשֻׁחְרָר

veteran car מְכוֹנִית עַנְתִּיקָה (שְׁנַת יִצּוּר לִפְנֵי 1905)

□ *she's a veteran athlete* הִיא אַתְלֵטִית בַּעֲלַת נִסָּיוֹן רַב

veterinarian /ˌvetərɪˈneərɪən/ n. (*US*) וֶטֶרִינָר

veterinary /ˈvet(ə)rɪn(ə)rɪ/ adj. וֶטֶרִינָרִי, שֶׁל רְפוּאַת בַּעֲלֵי־חַיִּים

veterinary surgeon (*UK*) וֶטֶרִינָר

—n. וֶטֶרִינָר

veto /ˈviːtəʊ/ n. (*pl.* **vetoes**) וֶטוֹ

□ *he exercised his veto* הוּא הִפְעִיל אֶת זְכוּת הַוֶּטוֹ שֶׁלּוֹ

—v.t. הֵטִיל וֶטוֹ עַל...

vex /veks/ v.t. (*arch.*) טָרַד, הֵצִיק לְ...

vexation /vekˈseɪʃ(ə)n/ n. (*formal*)

1 (state of being vexed) תַּרְעֹמֶת, רֹגֶז

2 (thing that vexes) טִרְדָּה, מִטְרָד

vexatious /vekˈseɪʃəs/ adj. (*formal*) מַטְרִיד, מְעוֹרֵר תַּרְעֹמֶת

vexed /vekst/ adj.

1 (irritated, *arch.*) מֻטְרָד, נִרְגָּז

2 (problematic) סָבוּךְ

via /ˈvaɪə/ prep. דֶּרֶךְ; בְּאֶמְצָעוּת

□ *we went from Tokyo to Paris via Moscow* נָסַעְנוּ מִטּוֹקְיוֹ לְפָרִיז דֶּרֶךְ מוֹסְקְוָה

viability /ˌvaɪəˈbɪlɪtɪ/ n. סִכּוּיֵי הַצְלָחָה

viable /ˈvaɪəb(ə)l/ adj.

1 (practicable, worthwhile) מַעֲשִׂי, בַּר־בִּצּוּעַ, אֶפְשָׁרִי

2 (capable of survival, *Med.*) בַּעַל סִכּוּיֵי הִשָּׂרְדוּת, בַּעַל סִכּוּיֵי קִיּוּם

viaduct /ˈvaɪədʌkt/ n. "וְיָאדוּקְט" (גֶּשֶׁר בַּעַל קְשָׁתוֹת, מֵעַל עֵמֶק, לְמַעֲבַר כְּלֵי רֶכֶב)

vial /ˈvaɪəl/ n. צְלוֹחִית, בַּקְבּוּקוֹן (בְּעִקָּר לִתְרוּפוֹת)

vibes /vaɪbz/ n. *pl.* (*colloq.*)

1 (feelings) הַרְגָּשָׁה

2 (vibraphone) וִיבְּרָפוֹן (כְּלִי הַקָּשָׁה לְגֶ'ז וְכַד')

vibrancy /ˈvaɪbrənsɪ/ n. חַיּוּת, חִיּוּת, תְּסִיסָה

vibrant /ˈvaɪbrənt/ adj. תּוֹסֵס, מָלֵא חִיּוּת

□ *he is vibrant with health* הוּא שׁוֹפֵעַ בְּרִיאוּת

vibraphone /ˈvaɪbrəfəʊn/ n. וִיבְּרָפוֹן (כְּלִי הַקָּשָׁה לְגֶ'ז וְכַד')

vibrate /vaɪˈbreɪt/ v.t. & i. הִרְטִיט, הִרְעִיד; רָטַט, רָעַד

vibration /vaɪˈbreɪʃ(ə)n/ n. וִיבְּרַצְיָה, תְּנוּדָה, רֶטֶט

□ *this place gives me good vibrations* (*colloq.*) הַמָּקוֹם הַזֶּה עוֹשֶׂה לִי וִיבְּרַצְיוֹת טוֹבוֹת, יֵשׁ לִי הַרְגָּשָׁה טוֹבָה בַּמָּקוֹם הַזֶּה

vibrato /vɪˈbrɑːtəʊ/ n. (*Mus.*) וִיבְּרָטוֹ

vibrator /vaɪˈbreɪtə(r)/ n. וִיבְּרָטוֹר, רַטָּט

vicar /ˈvɪkə(r)/ n. כֹּמֶר (הָאַחֲרָאִי לְאֵזוֹר מְסֻיָּם, בַּכְּנֵסִיָּה הָאַנְגְּלִיקָנִית); נָצִיג (בַּכְּנֵסִיָּה הַקָּתוֹלִית)

vicarage /ˈvɪkərɪdʒ/ n. מְעוֹנוֹ שֶׁל כֹּמֶר (כַּנַּ"ל)

vicarious /vɪˈkeərɪəs/ adj. (חֲוָיָה) מִיַּד־שְׁנִיָּה; שֶׁנַּעֲשָׂה לְמַעַן הַזּוּלַת

□ *I felt a vicarious pleasure as I read of her success* חָשְׁתִּי עֹנֶג בַּעֲקִיפִין כַּאֲשֶׁר קָרָאתִי עַל הַשָּׂגֶיהָ

vice[1] /vaɪs/ n. (*US* **vise**) מֶלְחָצַיִם

vice[2] /vaɪs/ n.

1 (evil or immoral behaviour) פְּרִיצוּת, רִשְׁעוּת, מַעֲשֵׂי עָוֶל

vice ring רֶשֶׁת פֶּשַׁע

vice squad מַחְלֶקֶת הַמּוּסָר (בַּמִּשְׁטָרָה)

2 (bad habit, defect) תְּכוּנָה רָעָה, מִדָּה רָעָה, פְּגָם מוּסָרִי, חֻלְשָׁה (מוּסָרִית)

□ *gossiping is not one of his vices* רַכְלָנוּת אֵינָהּ אַחַת מִתְּכוּנוֹתָיו הָרָעוֹת

vice- /vaɪs-/ pref. סְגַן־, ־מִשְׁנֶה

vice-chancellor /ˌvaɪs-ˈtʃɑːnsələ(r)/ n. סְגַן־נְשִׂיא הָאוּנִיבֶרְסִיטָה (הַמְּנַהֵל בְּפֹעַל שֶׁל אוּנִיבֶרְסִיטָה בְּרִיטִית)

vicelike /ˈvaɪslaɪk/ adj. דְּמוּי מֶלְחָצַיִם, כְּמוֹ מֶלְחָצַיִם

vice-president /ˌvaɪsˈprezɪdənt/ n. סְגַן־נָשִׂיא

viceregal /ˌvaɪsˈriːg(ə)l/ adj. שֶׁל הַמִּשְׁנֶה לַמֶּלֶךְ

viceroy /ˈvaɪsrɔɪ/ n. הַמִּשְׁנֶה לַמֶּלֶךְ, נְצִיגָם שֶׁל הַמֶּלֶךְ אוֹ הַמַּלְכָּה, הַמּוֹשֵׁל בִּשְׁמָם בִּמְדִינָה אַחֶרֶת

vice versa /ˌvaɪsɪ ˈvɜːsə/ adv. לְהֵפֶךְ

□ *the servants despise their employers and vice versa* הַמְּשָׁרְתִים בָּזִים לְמַעֲבִידֵיהֶם וּלְהֵפֶךְ

vicinity /ˈvɪsɪnɪtɪ/ n.

1 (neighbourhood) אֵזוֹר, סְבִיבָה

□ *it cost in the vicinity of $100* (*formal*) זֶה עָלָה בִּסְבִיבוֹת $100

2 (nearness, *formal*) קִרְבָה

vicious /ˈvɪʃəs/ adj.

1 (cruel) אַכְזָרִי, רַע

□ *she is a vicious killer* הִיא רוֹצַחַת חַסְרַת רַחֲמִים

2 (dangerous) מְסֻכָּן, מַרְשִׁיעַ, עַז

□ *vicious storms destroyed the building* סוּפוֹת עַזּוֹת הָרְסוּ אֶת הַבִּנְיָן

□ *he has a vicious tongue* יֵשׁ לוֹ לָשׁוֹן מַרְשַׁעַת

vicious circle /ˌvɪʃəs ˈsɜːk(ə)l/ n. מַעְגַּל קְסָמִים, מַלְכּוֹד

vicissitude /vɪˈsɪsɪtjuːd/ n. (*formal*) תַּהְפּוּכוֹת, תְּמוּרוֹת (בִּמְיֻחָד מִטּוֹב לְרַע, בְּאֹפִי, בְּנִסְבּוֹת הַחַיִּים וְכַד')

victim /ˈvɪktɪm/ n. קָרְבָּן

□ *flood victims were looked after by the Red Cross* הַצְּלָב הָאָדֹם טִפֵּל בְּקָרְבְּנוֹת הַשִּׁטָּפוֹן

□ *he is a victim of circumstance* הוּא קָרְבַּן הַנְּסִבּוֹת

□ *he fell victim to fraud* הוּא נָפַל קָרְבָּן לְמַעֲשֵׂה תַּרְמִית

victimization /ˌvɪktɪmaɪˈzeɪʃ(ə)n/ n. הַטְפָּלוּת, אַפְלָיָה לְרָעָה בְּמִתְכַּוֵּן

victimize /ˈvɪktɪmaɪz/ v.t. עָשָׂה עָוֶל בְּמִתְכַּוֵּן לְ...

victor /ˈvɪktə(r)/ n. מְנַצֵּחַ

Victoria Cross /vɪkˌtɔːrɪə ˈkrɒs/ n. צְלַב־וִיקְטוֹרְיָה (עִטּוּר הַגְּבוּרָה הַגָּבוֹהַּ בְּיוֹתֵר בַּצָּבָא הַבְּרִיטִי)

Victorian /vɪkˈtɔːrɪən/ adj.

1 (of period of Queen Victoria, also n.) וִיקְטוֹרְיָאנִי (1837-1901); בֶּן הַתְּקוּפָה הַוִּיקְטוֹרְיָאנִית

2 (being or pretending to be respectable, etc.) בַּעַל עֶרְכֵי מוּסָר וִיקְטוֹרְיָאנִיִּים (שַׁמְרָן וּלְעִתִּים מִתְחַסֵּד)

Victoriana /vɪkˌtɔːrɪˈɑːnə/ n. *pl.* חֲפָצֵי עַתִּיקוֹת מִתְּקוּפַת וִיקְטוֹרְיָה

victorious /vɪkˈtɔːrɪəs/ adj. מְנַצֵּחַ; שֶׁל נִצָּחוֹן

victory /ˈvɪktərɪ/ n. נִצָּחוֹן

victual /ˈvɪt(ə)l/ n. (usu. in *pl.*) צֵידָה, מָזוֹן, מִצְרְכֵי מַאֲכָל וּמַשְׁקֶה

—v.t. & i. סִפֵּק מָזוֹן (בְּדֶרֶךְ כְּלָל לִקְבוּצָה גְּדוֹלָה שֶׁל אֲנָשִׁים); הִצְטַיֵּד בְּאַסְפָּקַת מִצְרְכֵי מַאֲכָל וּמַשְׁקֶה

□ *the ship victualled at Colombo* הַסְּפִינָה הִצְטַיְּדָה בְּמָזוֹן בְּנָמֵל קוֹלוֹמְבּוֹ

victualler /ˈvɪtlə(r)/ n.

licensed victualler (*UK*) בַּעַל בֵּית־מַרְזֵחַ (שֶׁיֵּשׁ לוֹ רִשְׁיוֹן לִמְכֹּר מַשְׁקָאוֹת אַלְכּוֹהוֹלִיִּים בַּמָּקוֹם)

vicuña /vɪˈkjuːnə/ n. בַּעַל חַיִּים דְּרוֹם־אֲמֶרִיקָאִי דּוֹמֶה לְלָמָה

vide /ˈvɪdeɪ/ v.t. (in imper., *formal*) רְאֵה, עַיֵּן (בְּהַפְנָיָה)

videlicet /vɪˈdelɪset/ adv. (*formal*) כְּלוֹמַר, דְּהַיְנוּ

video /ˈvɪdɪəʊ/ adj. וִידֵאוֹ

video cassette קַלֶּטֶת/קַסֶּטַת וִידֵאוֹ

video game מִשְׂחַק וִידֵאוֹ

video nasty (*colloq.*) סֶרֶט וִידֵאוֹ אַלִּים (בְּאֹפֶן הַחוֹרֵג מִן הַמְּקֻבָּל)

video (cassette) recorder מַכְשִׁיר וִידֵאוֹ

—n. (*pl.* **videos**)

1 (process of recording vision on tape) וִידֵאוֹ

2 (video recorder, *colloq.*) מַכְשִׁיר וִידֵאוֹ, וִידֵאוֹ

3 (film recorded on tape) וִידֵאוֹ

pop video "קְלִיפּ" וִידֵאוֹ, סִרְטוֹן וִידֵאוֹ (שֶׁבּוֹ שָׁר זַמַּר פּוֹפּ אֶת אֶחָד מִשִּׁירָיו)

—v.t. הִקְלִיט בְּוִידֵאוֹ

videodisc /ˈvɪdɪəʊˌdɪsk/ n. תַּקְלִיטוֹן וִידֵאוֹ

videotape /ˈvɪdɪəʊˌteɪp/ n. & v.t. קַלֶּטֶת/סֶרֶט וִידֵאוֹ; הִקְלִיט בְּוִידֵאוֹ

vie /vaɪ/ v.i. (pres. **vying**) הִתְחָרָה בְּ..., הִתְמוֹדֵד עִם

□ *the sisters vied with each other for their brother's attention* הָאֲחָיוֹת הִתְחָרוּ זוֹ בְּזוֹ כְּדֵי לִזְכּוֹת בִּתְשׂוּמַת לִבּוֹ שֶׁל אֲחִיהֶן

Viennese /vɪəˌniːz/ adj. & n. וִינָאִי; אָדָם וִינָאִי

Vietnamese /ˌvɪetnəˈmiːz/ adj. & n. וְיֶטְנָמִי; אָדָם וְיֶטְנָמִי

view /vjuː/ n.

1 (range of vision) מַרְאֶה, רְאִיָּה

in full view גָּלוּי וְנִרְאֶה

□ *the castle came into view* הַמִּבְצָר נִגְלָה לְעֵינֵינוּ

2 (prospect, scenery; picture showing this) מַרְאֶה, נוֹף

□ *the view from the kitchen is picturesque* הַמַּרְאֶה מִן הַמִּטְבָּח הוּא צִיּוּרִי

3 (opinion; purpose) הַשְׁקָפָה, דֵּעָה; מַטָּרָה

□ *his views were not helpful* דֵּעוֹתָיו לֹא הָיוּ מוֹעִילוֹת

□ *I take a dim view of the whole business* אֵינֶנִּי רוֹאֶה אֶת הָעִנְיָן בְּאוֹר חִיּוּבִי

□ *he bought the house with a view to converting it into flats (formal)* הוּא קָנָה אֶת הַבַּיִת מִתּוֹךְ כַּוָּנָה לַהֲפֹךְ לְבֵית דִּירוֹת

4 (visual inspection)

in view of בְּהִתְחַשֵּׁב בְּ...

on view מֻצָּג לְרַאֲוָה

□ *he was invited to the private view of the exhibition* הוּא בָּא לִתְצוּגָה לַמְּזֻמָּנִים שֶׁל הַתַּעֲרוּכָה

—v.t. & i. בָּחַן, רָאָה; צָפָה בְּ..., הִסְתַּכֵּל עַל; צָפָה (בְּטֶלֶוִיזְיָה)

□ *he viewed the matter from a different angle* הוּא רָאָה אֶת הַנּוֹשֵׂא מִזָּוִית שׁוֹנָה

□ *viewing figures have risen* שִׁעוּרֵי הַצְּפִיָּה (בְּטֶלֶוִיזְיָה) עָלוּ

viewdata /ˈvjuːdeɪtə/ n. סוּג שֶׁל "טֶלֶטֶקְס"

viewer /ˈvjuːə(r)/ n.

1 (person who views television, etc.) צוֹפֶה (בְּטֶלֶוִיזְיָה); מְבַקֵּר (שֶׁבָּא לִבְחֹן דְּבַר מָה)

2 (device for looking at slides, etc.) מַכְשִׁיר לִצְפִיָּה בִּשְׁקוּפִיּוֹת

viewfinder /ˈvjuːfaɪndə(r)/ n. "חַלּוֹן" (בְּמַצְלֵמָה)

viewpoint /ˈvjuːpɔɪnt/ n. נְקֻדַּת מַבָּט, נְקֻדַּת רְאוּת, נְקֻדַּת הַשְׁקָפָה

vigil /ˈvɪdʒɪl/ n. לֵיל שִׁמּוּרִים; שְׁמִירָה

□ *she kept vigil over her sick child* הִיא הִשְׁגִּיחָה עַל יַלְדָּהּ הַחוֹלֶה מִבְּלִי לַעֲצֹם עַיִן כָּל הַלַּיְלָה

vigilance /ˈvɪdʒɪləns/ n. (*formal*) עֵרָנוּת, דְּרִיכוּת, עֲמִידָה עַל הַמִּשְׁמָר, כּוֹנְנוּת

vigilance committee (*US*) מִשְׁמַר אֶזְרָחִי לֹא רִשְׁמִי

□ *we must exercise vigilance* עָלֵינוּ לִשְׁמֹר עַל עֵרָנוּת

vigilant /ˈvɪdʒɪlənt/ adj. (*formal*) עוֹמֵד עַל הַמִּשְׁמָר, עֵרָנִי

vigilante /ˌvɪdʒɪˈlæntɪ/ n. "וִיגִ'ילַנְטֶה" (חָבֵר בְּמִשְׁמָר אֶזְרָחִי לֹא רִשְׁמִי)

vignette /viːˈnjet/ n.

1 (sketch in words) תֵּאוּר־דְּיוֹקָן, תֵּאוּר אֹפִי קָצָר, וִינְיֶטָה

2 (design in book) וִינְיֶטָה, עִטּוּר (בְּשַׁעַר הַסֵּפֶר, בְּרֹאשׁ פֶּרֶק אוֹ בְּסוֹפוֹ)

3 (photograph of head & shoulders) צִלּוּם דְּיוֹקָן

vigor /ˈvɪgə(r)/ (*US*) see **VIGOUR**

vigorous /ˈvɪgərəs/ adj.

1 (robust, strong) חָזָק, חָסֹן

2 (energetic, active) נִמְרָץ

vigour /ˈvɪgə(r)/ n. (*US* **vigor**) מֶרֶץ; כֹּחַ

Viking /ˈvaɪkɪŋ/ n. & adj. (*Hist.*) וִיקִינְג; וִיקִינְגִי

vile /vaɪl/ adj.

1 (disgusting, wicked, *formal*) שָׁפָל, מְתֹעָב, דּוֹחֶה, מָאוּס

□ *what is that vile smell?* מָה הָרֵיחַ הַמָּאוּס הַזֶּה?

□ *the accusation is vile slander* הַהַאֲשָׁמָה הִיא הַשְׁמָצָה נִתְעֶבֶת

2 (very bad, *colloq.*) מְזֻפָּת, נוֹרָא וְאָיֹם, מַזְוִיעַ

□ *what vile trousers!* אֵיזֶה מִכְנָסַיִם מַזְוִיעִים!

vilification /ˌvɪlɪfɪˈkeɪʃ(ə)n/ n. (*formal*) הַכְפָּשָׁה

vilify /ˈvɪlɪfaɪ/ v.t. (*formal*) הִכְפִּישׁ

villa /ˈvɪlə/ n.

1 (residence in the country or abroad) מָעוֹן כַּפְרִי, מְעוֹן נֹפֶשׁ

2 (detached house, *UK*) וִילָה

village /ˈvɪlɪdʒ/ n. כְּפָר

village green כִּכַּר הַדֶּשֶׁא הַצִּבּוּרִית (שֶׁל כְּפָר)

villager /ˈvɪlɪdʒə(r)/ n. בֶּן־כְּפָר

villain /ˈvɪlən/ n. נָבָל, מְנֻוָּל, בֶּן־בְּלִיַּעַל, פּוֹשֵׁעַ; (בְּנִימַת חִבָּה) שׁוֹבָב, "מְנֻוָּל קָטָן"

the villain of the piece (*colloq.*) (דְּמוּת) הַנָּבָל בְּמַחֲזֶה, הָרָשָׁע בְּסִפּוּר

□ *the villain was easily identified* (*UK colloq.*) הַפּוֹשֵׁעַ זֻהָה בְּקַלּוּת

villainous /ˈvɪlənəs/ adj. (*formal*) מְרֻשָּׁע, נִבְזֶה, מְתֹעָב

villainy /ˈvɪlənɪ/ n. (*formal*) נִבְזוּת, נְבָלָה

villanelle /ˌvɪləˈnel/ n. וִילָנֶלָה (מִבְנֶה שִׁירִי)

villein /ˈvɪleɪn/ n. (*Hist.*) צְמִית, אָרִיס

vim /vɪm/ n. (*arch. colloq.*) מֶרֶץ, "מִיץ", "פִּלְפֵּל"

vinaigrette /ˌvɪnɪˈgret/ n. רֹטֶב וִינֶיגְרֶט (חֹמֶץ, שֶׁמֶן וְתַבְלִינִים)

vindicate /ˈvɪndɪkeɪt/ v.t. (*formal*)

1 (clear from blame or suspicion) זִכָּה מֵאַשְׁמָה/חֲשַׁד

2 (demonstrate, justify) הִצְדִּיק, הוֹכִיחַ, חִזֵּק (טִעוּן וְכַד')

□ *he vindicated his claim* הוּא הוֹכִיחַ אֶת צִדְקַת טַעֲנָתוֹ

□ *events vindicated his actions* הַמְּאֹרָעוֹת הִצְדִּיקוּ אֶת מַעֲשָׂיו

vindication /ˌvɪndɪˈkeɪʃ(ə)n/ n. (*formal*) הַצְדָּקָה, הוֹכָחָה, חִזּוּק

vindictive /vɪnˈdɪktɪv/ adj. נוֹקֵם, נַקְמָנִי, נוֹקֵם וְנוֹטֵר

vindictiveness /vɪnˈdɪktɪvnɪs/ n. שְׁאִיפַת נָקָם

vine /vaɪn/ n.

1 (grape plant) גֶּפֶן

2 (any slender climbing stem) צֶמַח מְטַפֵּס

vinegar /ˈvɪnɪgə(r)/ n. חֹמֶץ

vinegary /ˈvɪnɪgərɪ/ adj. כְּמוֹ חֹמֶץ, מַזְכִּיר חֹמֶץ (בְּטַעְמוֹ); (אֹפִי) חָמוּץ

□ *he's a vinegary old grumbler* (*colloq.*) הוּא רַטְנָן זָקֵן וְחָמוּץ

vineyard /ˈvɪnjɑːd/ n. כֶּרֶם

vino /ˈviːnəʊ/ n. (*colloq.*) יַיִן, "מַשְׁקֶה"

vinous /ˈvaɪnəs/ adj. (*formal*) יֵינִי, בְּצֶבַע יַיִן, בְּטַעַם יַיִן; שֶׁל שִׁכּוֹרִים (צְחוֹק וְכַד')

vintage /ˈvɪntɪdʒ/ n.

1 (grape-harvest; wine made from this) עוֹנַת בָּצִיר

2 (year when wine was made; wine from a good year) בָּצִיר

—adj. מְשֻׁבָּח, מֻבְחָר, קְלָסִי

vintage car (*UK*) מְכוֹנִית מִשְּׁנַת יִצּוּר 1930-1919

□ *they played some vintage Beethoven* הֵם נִגְּנוּ קְטָעִים יְדוּעִים וַאֲהוּבִים שֶׁל בֶּטְהוֹבֶן

vintner /ˈvɪntnə(r)/ n. יֵינָן, סוֹחֵר יֵינוֹת

vinyl /ˈvaɪnɪl/ n. וִינִיל (חֹמֶר פְּלַסְטִי הַמְשַׁמֵּשׁ לַעֲשִׂיַּת רָהִיטִים, כִּסּוּי רְצָפוֹת וְכַד'); פְּלַסְטִיק דְּמוּי־עוֹר

viol /ˈvaɪəl/ n. (*Mus. Hist.*) וִיּוֹל (כְּלִי מֵיתָרִים מִימֵי הַבֵּינַיִם, מֵעֵין כִּנּוֹר מֻקְדָּם)

viola[1] /vɪˈəʊlə/ n. (*Mus.*) וִיּוֹלָה

viola da gamba (*Hist.*) וִיּוֹלָה דָּה־גַּמְבָּה (מֵעֵין צֶ'לוֹ מֻקְדָּם)

viola[2] /ˈvaɪələ/ n. (*Bot.*) סִיגָל (פֶּרַח נוֹי)

violate /ˈvaɪəleɪt/ v.t.

1 (disregard) הֵפֵר, עָבַר עַל

□ *he has violated his oath* הוּא הֵפֵר אֶת נִדְרוֹ

2 (break open, disturb, *formal*) חִלֵּל, פָּגַע בְּ...

□ *the press violated her privacy* הָעִתּוֹנוּת פָּגְעָה בִּפְרָטִיּוּתָהּ

3 (rape, *euphem.*) אָנַס

violation /ˌvaɪəˈleɪʃ(ə)n/ n. הֲפָרָה, עֲבֵרָה, חִלּוּל, פְּגִיעָה

human rights violations הֲפָרוֹת שֶׁל זְכֻיּוֹת הָאָדָם

violence /ˈvaɪələns/ n. אַלִּימוּת; כֹּחַ, עָצְמָה

do violence to (*formal*) פָּגַע בְּ...

violent /ˈvaɪələnt/ adj.

1 (involving great force) אַלִּים; חָזָק, עַז, חָרִיף

violent death מָוֶת אַלִּים

2 (passionate, intense) עַז, רַב־עָצְמָה

□ *she took a violent dislike to him* הִיא פִּתְּחָה כְּלַפָּיו תִּעוּב עַז

violently /ˈvaɪələntlɪ/ adv. בְּאַלִּימוּת; בְּעֹז, בְּעָצְמָה

violet /ˈvaɪələt/ n.

1 (flower) סִיגָלִית

2 (colour) סָגֹל

—adj. סָגֹל

violin /ˌvaɪəˈlɪn/ n. כִּנּוֹר

□ *he played first violin* הוּא נִגֵּן כִּנּוֹר רִאשׁוֹן בַּתִּזְמֹרֶת

violinist /ˌvaɪəˈlɪnɪst/ n. כַּנָּר

violoncello /vaɪələnˈtʃeləʊ/ n. (*pl.* **violoncellos**, *formal*) צֶ'לוֹ

VIP /viːaɪˈpiː/ abbrev. אֲחַ"ם (אִישִׁיּוּת חֲשׁוּבָה מְאֹד)

viper /ˈvaɪpə(r)/ n.

1 (snake) צֶפַע (נָחָשׁ אַרְסִי)

2 (treacherous person, *poet.*) "צִפְעוֹנִי"

virago /vɪˈrɑːgəʊ/ n. (*pl.* **viragos**, *formal derog.*) אֵשֶׁת-מְדָנִים; אֵשֶׁת-חַיִל

viral /ˈvaɪərəl/ adj. שֶׁל נָגִיף, שֶׁל וִירוּס, וִירָלִי

virgin /ˈvɜːdʒɪn/ n. בְּתוּלָה, בָּתוּל

the (Blessed) Virgin (Mary) הַבְּתוּלָה הַקְּדוֹשָׁה (מִרְיָם אֵם יֵשׁוּ)

—adj. בָּתוּל

virgin forest יַעַר בְּרֵאשִׁית, יַעַר עַד

virgin snow שֶׁלֶג נָקִי (שֶׁלֹּא דָּרְכוּ עָלָיו אוֹ פָּגְמוּ בּוֹ)

virginal /ˈvɜːdʒɪn(ə)l/ adj. בְּתוּלִי, צָנוּעַ, טָהוֹר

virginals /ˈvɜːdʒɪn(ə)lz/ n. pl. (*Mus.*) וִירְג'ינָל (מֵעֵין פְּסַנְתֵּר קָדוּם)

Virginia /vəˈdʒɪnɪə/ n. טַבָּק וִירְג'ינְיָה

virginity /vəˈdʒɪnɪtɪ/ n. בְּתוּלִין

Virgo /ˈvɜːgəʊ/ n. מַזַּל בְּתוּלָה; בֶּן/בַּת מַזַּל בְּתוּלָה

viridian /vɪˈrɪdɪən/ n. & adj. צֶבַע יָרֹק עַז; יָרֹק/עַז

virile /ˈvɪraɪl/ adj. (*formal*) גַּבְרִי, חָזָק, חָסֹן; בַּעַל כֹּחַ גַּבְרָא

virility /vɪˈrɪlɪtɪ/ n. (*formal*) כֹּחַ-גַּבְרָא, אוֹן; גַּבְרִיּוּת

virology /vaɪəˈrɒlədʒɪ/ n. וִירוֹלוֹגְיָה, חֵקֶר הַוִּירוּסִים

virtual /ˈvɜːtʃʊəl/ adj. לְמַעֲשֶׂה, בְּעֶצֶם

virtual reality מְצִיאוּת מְדֻמָּה (סִימוּלַצְיָה בְּמַחְשֵׁב וְכַד')

□ *his reply is a virtual insult* תְּשׁוּבָתוֹ כְּמוֹהָ כְּעֶלְבּוֹן

virtually /ˈvɜːtʃʊəlɪ/ adv. לְמַעֲשֶׂה, בְּעֶצֶם, כִּמְעַט

□ *it's virtually certain to rain* כִּמְעַט בָּטוּחַ שֶׁיֵּרֵד גֶּשֶׁם

virtue /ˈvɜːtʃuː/ n.

1 (moral excellence; particular kind of this) מִדָּה טוֹבָה, מַעֲלָה

□ *virtue is its own reward* (*Prov.*) שְׂכַר מִצְוָה – מִצְוָה

□ *patience is a virtue* הַסַּבְלָנוּת הִיא מַעֲלָה

□ *he made a virtue of necessity* הוּא הָפַךְ אֶת הַמָּצוּי לָרָצוּי

2 (chastity, *arch.*) צְנִיעוּת, חֲסִידוּת, טֹהַר-מִדּוֹת

a woman of easy virtue (*euphem.*) אִשָּׁה קַלַּת-דַּעַת, אִשָּׁה חַסְרַת צְנִיעוּת

3 (advantage) מַעֲלָה, יִתְרוֹן, סְגֻלָּה

□ *he succeeded by virtue of his determination* (*formal*) הוּא הִצְלִיחַ בִּזְכוּת הַחְלָטָתוֹ הַנְּחוּשָׁה

□ *this camera has the virtue of being lightweight* לְמַצְלֵמָה זוֹ יֵשׁ הַיִּתְרוֹן שֶׁהִיא קַלָּה

virtuosity /ˌvɜːtʃʊˈɒsɪtɪ/ n. וִירְטוּאוֹזִיּוּת

virtuoso /ˌvɜːtʃʊˈəʊzəʊ/ n. (*pl.* **virtuosi**) & adj. וִירְטוּאוֹז, אָמָּן הַבִּצּוּעַ; וִירְטוּאוֹזִי

virtuous /ˈvɜːtʃʊəs/ adj. חָסִיד, צַדִּיק, חָסוּד; מִתְחַסֵּד

virulence /ˈvɪrjʊləns/ n. (*formal*) שִׂנְאָה עַזָּה; אַרְסִיּוּת (גַּם בְּהַשְׁאָלָה)

virulent /ˈvɪrjʊlənt/ adj. (חֹמֶר) אַרְסִי (חֹלִי) מַמְאִיר, קַטְלָנִי; (בְּהַשְׁאָלָה) "אַרְסִי"

□ *she displayed a virulent animosity towards foreigners* (*formal*) הִיא גִּלְּתָה שִׂנְאָה אַרְסִית כְּלַפֵּי זָרִים

virus /ˈvaɪərəs/ n. נָגִיף, וִירוּס

computer virus נְגִיף מַחְשְׁבִים

visa /ˈviːzə/ n. וִיזָה, אַשְׁרָה

—v.t. סִפֵּק אַשְׁרַת כְּנִיסָה, הֶחְתִּים (בְּדַרְכּוֹן) אַשְׁרַת כְּנִיסָה

□ *he got his passport visaed* הֶחְתִּימוּ בְּדַרְכּוֹן שֶׁלּוֹ אַשְׁרַת כְּנִיסָה

visage /ˈvɪzɪdʒ/ n. (*formal*) חֲזוּת-פָּנִים

vis-à-vis /ˌviːz-ɑː-ˈviː/ prep. & adv. (*formal*) בְּהִתְיַחֵס לְ..., בְּהַשְׁוָאָה לְ..., בְּמַקְבִּיל לְ...

viscera /ˈvɪsərə/ n. pl. (*Med.*) קְרָבַיִם, אֵבָרִים פְּנִימִיִּים

visceral /ˈvɪsərəl/ adj. (*formal*) שֶׁל הַקְּרָבַיִם; אִינְסְטִינְקְטִיבִי

viscose /ˈvɪskəʊz/ n. בַּד וִיסְקוֹזָה (בַּד סִינְתֶטִי נָפוֹץ)

viscosity /vɪsˈkɒsɪtɪ/ n. צְמִיגוּת (שֶׁל נוֹזֵל)

viscount /ˈvaɪkaʊnt/ n. וִיקוֹנְט (תֹּאַר אֲצֻלָּה)

viscountess /ˈvaɪkaʊntɪs/ n. וִיקוֹנְטִית (כַּנַּ"ל)

viscous /ˈvɪskəs/ adj. (נוֹזֵל) צָמִיג

vise /vaɪs/ (*US*) see **vice**[1] מַלְחֲצַיִם

visibility /ˌvɪzɪˈbɪlɪtɪ/ n. רְאוּת (דַּרְגַּת הַשְּׁקִיפוּת בָּאַטְמוֹסְפֵירָה)

□ *in the fog visibility was only a few metres* בָּעֲרָפֶל הָרְאוּת הָיְתָה כַּמָּה מֶטְרִים בִּלְבַד

visible /ˈvɪzɪb(ə)l/ adj. נִרְאֶה לָעַיִן, בָּרוּר, גָּלוּי

□ *he had no visible means of support* לֹא הָיוּ לוֹ אֶמְצָעֵי מִחְיָה בְּרוּרִים

□ *visible trade showed a deficit* (*Comm.*) נִכַּר דֵּפִיצִיט בְּסַחַר בְּמוּצָרִים (לְהַבְדִּיל מִשֵּׁרוּתִים)

visibly /ˈvɪzɪblɪ/ adv. בְּאֹפֶן בָּרוּר, בְּאֹפֶן גָּלוּי, בְּאֹפֶן נִכָּר

□ *she was visibly moved* הָיָה נִכָּר בָּהּ שֶׁהִתְרַגְּשָׁה

vision /ˈvɪʒ(ə)n/ n.

1 (power of seeing) רְאִיָּה

field of vision שְׂדֵה-רְאִיָּה

2 (view seen in dream, etc., revelation) חָזוֹן

□ *he saw a vision of the future* הֶעָתִיד נִגְלָה לוֹ בְּחָזוֹן

□ *she is a vision of loveliness* (*poet.*) הִיא הַחֵן בְּהִתְגַּלְּמוּתוֹ

□ *she is a woman of vision* הִיא אִשָּׁה בַּעֲלַת חָזוֹן, הִיא אֵשֶׁת-חָזוֹן

3 (quality of TV picture) אֵיכוּת תְּמוּנָה
□ *the vision on this set is defective* אֵיכוּת הַתְּמוּנָה בְּמַכְשִׁיר הַטֶּלֶוִיזְיָה הַזֶּה לְקוּיָה

visionary /ˈvɪʒən(ə)rɪ/ adj.
1 (given to seeing visions) בַּעַל חֲלוֹמוֹת, הוֹזֶה בְּהָקִיץ, הוֹזֶה
2 (fanciful, existing only in imagination) דִּמְיוֹנִי, הֲזָיָתִי
—n. חוֹזֶה, אָדָם בַּעַל חָזוֹן

visit /ˈvɪzɪt/ v.t. & i.
1 (call at or on) בִּקֵּר, הִתְאָרֵחַ אֵצֶל, סָר אֶל
visit with (*US*) בִּקֵּר אֵצֶל
2 (examine officially) בָּדַק, פִּקֵּחַ עַל
3 (punish, *Bibl., formal*) פָּקַד (עָווֹן)
□ *the sins of the fathers shall be visited on the children* פָּקַד עֲוֹן אָבוֹת עַל בָּנִים
—n. בִּקּוּר
□ *a visit to the doctor was required* הָיָה צָרִיךְ בְּבִקּוּר אֵצֶל הָרוֹפֵא

visitation /vɪzɪˈteɪʃ(ə)n/ n. (*formal*) בִּקּוּר (בִּמְיֻחָד בִּקּוּר רִשְׁמִי לְמַטְּרוֹת בְּדִיקָה אוֹ פִּקּוּחַ); עֹנֶשׁ/גְּמוּל מִשָּׁמַיִם

visiting /ˈvɪzɪtɪŋ/ n.
visiting hours שְׁעוֹת־הַבִּקּוּר (בְּבֵית חוֹלִים וְכַד')
visiting professor פְּרוֹפֶסוֹר אוֹרֵחַ

visiting-card /ˈvɪzɪtɪŋ-kɑːd/ n. כַּרְטִיס בִּקּוּר

visitor /ˈvɪzɪtə(r)/ n.
1 (person who calls, etc.) מְבַקֵּר, אוֹרֵחַ
visitors' book סֵפֶר הָאוֹרְחִים (בְּמָלוֹן וְכַד')
2 (official, *UK*) מְפַקֵּחַ, מְבַקֵּר

visor /ˈvaɪzə(r)/ n. (also **visor**)
1 (part of helmet) (*Hist.*) מִצְחָה (בְּקַסְדַּת הַשִּׁרְיוֹן שֶׁל אַבִּיר בִּימֵי הַבֵּינַיִם)
2 (peak of cap) מִצְחִיָּה, מִצְחַת־כּוֹבַע
3 (sunshield in car, helmet, etc.) מְגֵן־שֶׁמֶשׁ, סוֹכֵךְ־שֶׁמֶשׁ

vista /ˈvɪstə/ n. מַרְאֶה, מַחֲזֶה, נוֹף

visual /ˈvɪʒʊəl/ adj. חֲזוּתִי, וִיזוּאָלִי
visual aid עֶזְרֵי־לִמּוּד חֲזוּתִיִּים (כְּגוֹן מַפּוֹת, תְּמוּנוֹת וְכַד')
visual display unit (*Comput.*) מָסָךְ, צַג אֶלֶקְטְרוֹנִי (שֶׁל מַחְשֵׁב)

visualize /ˈvɪʒʊəlaɪz/ v.t. דִּמְיֵן, רָאָה בְּדִמְיוֹן, רָאָה בְּעֵינֵי רוּחוֹ

vital /ˈvaɪt(ə)l/ adj.
1 (of life) חִיּוּנִי, מָלֵא רוּחַ־חַיִּים, שׁוֹפֵעַ חִיּוּת
vital signs (*Med.*) סִימָנֵי חַיִּים (הַנְּתוּנִים לִמְדִידָה; דֹּפֶק, חֹם וְכַד')
vital statistics
(numbers of births, deaths, etc.) סְטָטִיסְטִיקָה עַל לֵדוֹת, נִשּׂוּאִים וּמִיתוֹת
(woman's measurements, *UK colloq.*) מִדּוֹת הַגּוּף שֶׁל אִשָּׁה (הֶקֵּף הַמָּתְנַיִם, הַיְּרֵכַיִם וְהֶחָזֶה)
□ *she is a very vital woman* (*formal*) הִיא אִשָּׁה שׁוֹפַעַת מֶרֶץ וְחִיּוּנִיּוּת
2 (indispensable, crucial; important) חִיּוּנִי, הֶכְרֵחִי
□ *it is vital that we move fast* מִן הַהֶכְרֵחַ שֶׁנִּפְעַל בִּמְהִירוּת

vitality /vaɪˈtælɪtɪ/ n. חִיּוּת, חִיּוּנִיּוּת, מֶרֶץ

vitalize /ˈvaɪtəlaɪz/ v.t. הֵפִיחַ חַיִּים בְּ... (בְּהַשְׁאָלָה בִּלְבַד)

vitally /ˈvaɪtəlɪ/ adv. מְאֹד, בְּיוֹתֵר
□ *this is vitally important* זֶה חָשׁוּב בְּיוֹתֵר, זֶה בַּעַל חֲשִׁיבוּת עִלָּאִית

vitals /ˈvaɪt(ə)lz/ n. pl. (*arch.*) אֶבְרֵי הַגּוּף הַחִיּוּנִיִּים (כְּגוֹן לֵב, רֵאוֹת, כָּבֵד וּמֹחַ)

vitamin /ˈvɪtəmɪn/ n. וִיטָמִין

vitiate /ˈvɪʃɪeɪt/ v.t. (*formal*) הֶחֱלִישׁ, פָּגַם, קִלְקֵל

viticulture /ˈvɪtɪkʌltʃə(r)/ n. (*formal*) גִּדּוּל גְּפָנִים

vitreous /ˈvɪtrɪəs/ adj. (*formal*) זְגוּגִי; שֶׁל זְכוּכִית; דְּמוּי זְכוּכִית

vitrify /ˈvɪtrɪʃaɪ/ v.t. & i. (*formal*) הָפַךְ לִזְכוּכִית/לְחֹמֶר זְגוּגִי, זִגֵּג; הָפַךְ לִזְכוּכִית/לְחֹמֶר זְגוּגִי

vitriol /ˈvɪtrɪəl/ n.
1 (sulphuric acid, *Chem.*) חֻמְצָה גָּפְרִיתִית
2 (hurtful words, spite, *formal*) "אֶרֶס"

vitriolic /ˌvɪtrɪˈɒlɪk/ adj. (*formal*) נוֹקֵב, צוֹרֵב, אַרְסִי

vituperate /vɪˈtjuːpəreɪt/ v.t. (*formal*) נִאֵץ, הִשְׁמִיץ, גִּדֵּף

vituperation /vɪˌtjuːpəˈreɪʃ(ə)n/ n. (*formal*) נְאָצָה, הַשְׁמָצָה, גִּדּוּף

vituperative /vɪˈtjuːpərətɪv/ adj. (*formal*) מָלֵא־אֶרֶס, מָלֵא נְאָצָה

viva /ˈvaɪvə/ n. (contr. of **viva voce**) (*UK colloq.*) בְּחִינָה בְּעַל־פֶּה (בָּאוּנִיבֶרְסִיטָה)

vivace /vɪˈvɑːtʃɪ/ adv. (*Mus.*) "וִיוָאצֶ'ה", בְּעֵרָנוּת

vivacious /vɪˈveɪʃəs/ adj. עַלִּיז, שׁוֹפֵעַ עֵרָנוּת, שׁוֹפֵעַ חֶדְוַת־חַיִּים

vivacity /vɪˈvæsɪtɪ/ n. (*formal*) עַלִּיזוּת, חֶדְוַת־חַיִּים, עֵרָנוּת

vivid /ˈvɪvɪd/ adj. עַז, נִמְרָץ, חַי, עָשִׁיר
□ *you have a vivid imagination* יֵשׁ לְךָ דִּמְיוֹן עָשִׁיר
□ *she wore a vivid red dress* הִיא לָבְשָׁה שִׂמְלָה בְּצֶבַע אָדֹם עַז

vividly /ˈvɪvɪdlɪ/ adv. (תֵּאֵר דְּבַר מָה) בִּבְהִירוּת, "בִּצְבָעִים עַזִּים"

vivisect /ˈvɪvɪsekt/ v.t. עָרַךְ נִסּוּיִים בְּבַעֲלֵי חַיִּים

vivisection /ˌvɪvɪˈsekʃ(ə)n/ n. עֲרִיכַת נִסּוּיִים בְּבַעֲלֵי־חַיִּים

vixen /ˈvɪks(ə)n/ n. שׁוּעָלָה, נְקֵבַת הַשּׁוּעָל; (אִשָּׁה) "מְכַשֵּׁפָה", "כַּלְבְּתָא", מִרְשַׁעַת

viz /vɪz/ adv. כְּלוֹמַר, זֹאת אוֹמֶרֶת

vizier /vɪˈzɪə(r)/ n. (*Hist.*) וָזִיר

vizor /ˈvaɪzə(r)/ see **VISOR**

vocabulary /vəˈkæbjʊlərɪ/ n.
1 (words of a language) אוֹצַר מִלִּים
□ *the vocabulary of English is enormous* אוֹצַר הַמִּלִּים בְּאַנְגְּלִית הוּא עָצוּם
□ *my vocabulary is limited* יֵשׁ לִי אוֹצַר מִלִּים מֻגְבָּל/מְצֻמְצָם
2 (word-list) רְשִׁימַת מִלִּים (בְּסוֹף סֵפֶר לִמּוּד וְכַד׳)

vocal /ˈvəʊk(ə)l/ adj.
1 (of the voice) שֶׁל הַקּוֹל, קוֹלִי, ווֹקָלִי
vocal cords מֵיתְרֵי הַקּוֹל
vocal music מוּזִיקָה ווֹקָלִית
2 (loud, *colloq.*) קוֹלָנִי
□ *he was very vocal about his rights* הוּא הֵקִים הַרְבֵּה רַעַשׁ בְּכָל הַנּוֹגֵעַ לִזְכֻיּוֹת שֶׁלּוֹ
—n. *pl.* (*colloq.*) שִׁירָה (בְּמוּזִיקַת פּוֹפּ)

vocalic /vəʊˈkælɪk/ adj. (*formal*) ווֹקָלִי, קוֹלִי

vocalist /ˈvəʊkəlɪst/ n. זַמָּר

vocalize /ˈvəʊkəlaɪz/ v.t.
1 (utter, *formal*) בִּטֵּא, נָתַן בִּטּוּי לְ...
2 (add vowels to) הִגָּה, הָגָה (עִצּוּרִים)

vocation /vəʊˈkeɪʃ(ə)n/ n.
1 (feeling of aptitude; calling) יִעוּד, תְּחוּשַׁת שְׁלִיחוּת
□ *a nurse needs a sense of vocation* אָחוֹת רַחֲמָנִיָּה זְקוּקָה לִתְחוּשָׁה שֶׁל שְׁלִיחוּת
□ *he has little vocation for teaching* אֵין לוֹ שׁוּם תְּחוּשָׁה שֶׁהַהוֹרָאָה הִיא יִעוּד (בִּשְׁבִילוֹ)
2 (occupation) מִשְׁלַח־יָד, מִקְצוֹעַ

vocational /vəʊˈkeɪʃən(ə)l/ adj. מִקְצוֹעִי, שֶׁל עֲבוֹדָה
vocational training הַכְשָׁרָה מִקְצוֹעִית

vocative /ˈvɒkətɪv/ adj. & n. (*Gram.*) ווֹקָטִיבִי; ווֹקָטִיב, יַחֲסַת הַפְּנִיָּה; שֵׁם בְּיַחֲסַת הַפְּנִיָּה

vociferate /vəˈsɪfəreɪt/ v.t. & i. (*formal*) הִבִּיעַ (מְחָאָה וְכַד׳) בִּצְעָקוֹת

vociferous /vəˈsɪfərəs/ adj. (*formal*) קוֹלָנִי, מַבִּיעַ בִּצְעָקוֹת

vodka /ˈvɒdkə/ n. ווֹדְקָה

vogue /vəʊg/ n. אָפְנָה (חוֹלֶפֶת, בְּכָל הַתְּחוּמִים)
in vogue בָּאָפְנָה
□ *his novels enjoyed* (or *had*) *a great vogue ten years ago* הָרוֹמָנִים שֶׁלּוֹ הָיוּ מְאֹד פּוֹפּוּלָרִיִּים לִפְנֵי עֶשֶׂר שָׁנִים

voice /vɔɪs/ n.
1 (sound from mouth) קוֹל
give voice to (*formal*) הִבִּיעַ, נָתַן בִּטּוּי לְ...
□ *she shouted at the top of her voice* הִיא צָעֲקָה בִּמְלוֹא גְּרוֹנָהּ
□ *they answered with one voice* (*poet.*) הֵם עָנוּ פֶּה אֶחָד (בְּיַחַד)
2 (capacity to talk, etc.) קוֹל, כֹּשֶׁר הַדִּבּוּר
□ *I've lost my voice* אִבַּדְתִּי אֶת הַקּוֹל שֶׁלִּי, אִבַּדְתִּי אֶת כֹּשֶׁר הַדִּבּוּר
□ *the tenor is in fine voice* הַטֶּנוֹר שָׁר (הָעֶרֶב וְכַד׳) הֵיטֵב
3 (*Gram.*) צוּרָה (שֶׁל הַפָּעִיל/הַסָּבִיל)
active voice צוּרַת הַפָּעִיל
passive voice צוּרַת הַסָּבִיל
4 (*Mus.*) קוֹל (תַּפְקִיד בִּיצִירָה מוּזִיקָלִית)
5 (*Phonet.*) שִׁמּוּשׁ בְּמֵיתְרֵי הַקּוֹל בְּעֵת הֲגִיַּת עִצּוּר
—v.t.
1 (express) נָתַן בִּטּוּי לְ...
□ *they voiced their complaints* הֵם נָתְנוּ בִּטּוּי לִתְלוּנוֹתֵיהֶם
2 (*Phonet.*) הָגָה תּוֹךְ שִׁמּוּשׁ בְּמֵיתְרֵי הַקּוֹל

voiceless /ˈvɔɪslɪs/ adj.
1 (mute, speechless) אִלֵּם
2 (*Phonet.*) לֹא קוֹלִי

voice-over /ˈvɔɪs-ˌəʊvə(r)/ n. קְרִיָנוּת בְּסֶרֶט

void /vɔɪd/ adj.
1 (empty, *formal*) רֵיק, נְטוּל־
□ *the poem is void of meaning* הַשִּׁיר הַזֶּה נְטוּל־מַשְׁמָעוּת
2 (not valid, *Law*) חֲסַר־תֹּקֶף, מְבֻטָּל
null and void בָּטֵל וּמְבֻטָּל (חוֹזֶה וְכַד׳)
3 (*Cards*) שֶׁאֵין בּוֹ קְלָפִים מִצּוּרָה מְסֻיֶּמֶת
—n. (*formal*) חָלָל, רִיק, רֵיק
□ *her death left a gaping void in his life* מוֹתָהּ הוֹתִיר חָלָל רֵיק בְּחַיָּיו
—v.t.
1 (invalidate, *Law*) בִּטֵּל תֹּקֶף שֶׁל
2 (emit body waste, *formal*) עָשָׂה צְרָכָיו

volatile /ˈvɒlətaɪl/ adj.
1 (easily dissipated) מִתְאַדֶּה בְּקַלּוּת, נָדִיף
2 (lively, changeable) הֲפַכְפַּךְ (אָדָם, מַצָּב וְכַד׳)
□ *she has a volatile temperament* יֵשׁ לָהּ מֶזֶג הֲפַכְפַּךְ
□ *this is a volatile political situation* זֶה מַצָּב מְדִינִי טָעוּן חֹמֶר־נֶפֶץ

volatility /ˌvɒləˈtɪlɪtɪ/ n. (*formal*) נְדִיפוּת; הֲפַכְפְּכוּת

vol-au-vent /ˈvɒl-əʊ-vɑ̃/ n. מֵעֵין חָטִיף בְּבָצֵק־עָלִים מְמֻלָּא בָּשָׂר וְכַד׳

volcanic /vɒlˈkænɪk/ adj. ווּלְקָנִי, שֶׁל הַר־גַּעַשׁ

volcano /vɒlˈkeɪnəʊ/ n. (*pl.* **volcanoes**) הַר־גַּעַשׁ

vole /vəʊl/ n. נַבְרָן (מְכַרְסֵם קָטָן דְּמוּי חֻלְדָּה)

volition /vəˈlɪʃ(ə)n/ n. (*formal*) רְצִיָּה, רָצוֹן, בְּחִירָה
□ *he did it of his own volition* הוּא עָשָׂה זֹאת מֵרְצוֹנוֹ הַחָפְשִׁי

volley /ˈvɒlɪ/ n.
1 (discharge of missiles) מַטָּח, צְרוֹר־יְרִיּוֹת, מָטָר
□ *he was subjected to a volley of questions* מְטַר שְׁאֵלוֹת נִתַּךְ עָלָיו
2 (*Tennis*) מַכַּת־יָעָף, "ווֹלֶה" (חֲבָטָה בְּכַדּוּר בְּעוֹדוֹ בָּאֲוִיר)

□ *he hit the ball on the half volley* הוּא חָבַט בַּכַּדּוּר חֲבָטַת חֲצִי־יְעָף (מִיָּד לְאַחַר הַקְּפִיצָה)

—v.t. & i.

1 (discharge missiles in a volley) שִׁגֵּר מַטָּח שֶׁל; יָרָה בְּמַטָּח

2 (*Tennis*) חָבַט מַכַּת־יְעָף

volleyball /ˈvɒlɪbɔːl/ n. כַּדּוּרְעָף

volt /vəʊlt/ n. ווֹלְט (יְחִידַת מֶתַח חַשְׁמַלִּי)

voltage /ˈvəʊltɪdʒ/ n. ווֹלְטָז׳ (כַּמּוּת הַווֹלְטִים כַּנַּ״ל)

volte-face /vɒlt-ˈfɑːs/ n. (*formal*) תַּפְנִית שֶׁל 180 מַעֲלוֹת (בְּגִישָׁה, בִּמְדִינִיּוּת וְכַד׳)

□ *their policy underwent a complete volte-face* הַמְּדִינִיּוּת שֶׁלָּהֶם עָבְרָה מַהְפָּךְ גָּמוּר

volubility /ˌvɒljʊˈbɪlɪtɪ/ n. (*formal*) דַּבְּרָנוּת (שֶׁלֹּא לְצֹרֶךְ)

voluble /ˈvɒljʊb(ə)l/ adj. (*formal*) מַרְבֶּה לַהַג

volume /ˈvɒljuːm/ n.

1 (bound section of book) כֶּרֶךְ, סֵפֶר (אֶחָד מִסִּדְרַת סְפָרִים)

□ *this speaks volumes for his generosity* (*colloq.*) דָּבָר זֶה מֵעִיד כְּמֵאָה עֵדִים עַל נְדִיבוּתוֹ

2 (solid content) נֶפַח

3 (quantity of business, etc.) כַּמּוּת, נֶפַח, הֶקֵּף (עֲסָקִים, סַחַר וְכַד׳)

4 (quantity of sound) עָצְמַת־קוֹל, ״ווֹלְיוּם״

voluminous /vəˈluːmɪnəs/ adj. (*formal*)

1 (bulky; loose) שׁוֹפֵעַ

2 (containing much writing) עַב־כֶּרֶס (סֵפֶר, דּוּ״חַ וְכַד׳)

voluntarily /ˈvɒlənt(ə)rɪlɪ/ adv. בְּהִתְנַדְּבוּת, לְלֹא שָׂכָר; מֵרָצוֹן

voluntary /ˈvɒlənt(ə)rɪ/ adj.

1 (of one's free will; done in charity) ווֹלוּנְטָרִי, רְצוֹנִי, חָפְשִׁי; שֶׁנַּעֲשָׂה בְּהִתְנַדְּבוּת, לְלֹא שָׂכָר

2 (*Physiol.*) רְצוֹנִי

—n. (*Mus.*) קֶטַע סוֹלוֹ לְעוּגָב (שֶׁמְּנַגְּנִים בִּכְנֵסִיָּה)

volunteer /ˌvɒlʌnˈtɪə(r)/ n. מִתְנַדֵּב

—v.t. & i. נִדֵּב; הִתְנַדֵּב

□ *he kindly volunteered his services* הוּא הִצִּיעַ אֶת שֵׁרוּתָיו הַטּוֹבִים

□ *I volunteered* (*for military service*) הִתְנַדַּבְתִּי (לְשֵׁרוּת צְבָאִי)

voluptuary /vəˈlʌptʃʊərɪ/ n. (*formal*) רוֹדֵף תַּעֲנוּגוֹת, תַּאַוְתָן

voluptuous /vəˈlʌptʃʊəs/ adj. חוּשָׁנִי, מְעוֹרֵר תַּאֲוָה; רוֹדֵף תַּעֲנוּגוֹת

vomit /ˈvɒmɪt/ v.t. & i. הֵקִיא

□ *the chimney vomited forth black smoke* (*formal*) הָאֲרֻבָּה הֵקִיאָה עַנְנֵי עָשָׁן שָׁחוֹר

—n. קִיא

voodoo /ˈvuːduː/ n. ווּדוּ (פֻּלְחַן כְּשָׁפִים שֶׁמְּקוֹרוֹ בְּהָאִיטִי)

voracious /vəˈreɪʃ(ə)s/ adj. (*formal*) אָחוּז בּוּלְמוּס, זַלְלָן שֶׁאֵינוֹ יוֹדֵעַ שָׂבְעָה

□ *he was a voracious reader* הוּא בָּלַע סְפָרִים בְּלֹא לֵאוּת

-vore /-vɔː(r)/ suff. (סוֹפִית שֶׁפֵּרוּשָׁהּ) נִזּוֹן מִ... (לְתֵאוּר סוּגֵי בַּעֲלֵי חַיִּים, לְמָשָׁל ״טוֹרֵף״ אוֹ ״אוֹכֵל עֵשֶׂב״)

-vorous /-vərəs/ suff. (סוֹפִית שֶׁפֵּרוּשָׁהּ) נִזּוֹן מִ... (כַּנַּ״ל)

vortex /ˈvɔːteks/ n. (*pl.* **vortices**) מְעַרְבֹּלֶת; קַלַּחַת

votary /ˈvəʊtərɪ/ n. (*formal*) חָסִיד נִלְהָב, מַעֲרִיץ, סוֹגֵד

vote /vəʊt/ n.

1 (expression of opinion) הַצְבָּעָה

vote of no confidence (or **of censure**) הַצְבָּעַת אִי־אֵמוּן

vote of thanks הַבָּעַת תּוֹדָה רִשְׁמִית (בְּסוֹף אֵרוּעַ וְכַד׳)

□ *they put the motion to a vote* הֵם הֶחְלִיטוּ לְהַצְבִּיעַ עַל הַהַצָּעָה

□ *the pianist certainly gets my vote* (*colloq.*) אֲנִי בְּהֶחְלֵט בְּעַד הַפְּסַנְתְּרָן הַזֶּה

2 **the vote** (*Polit.*) זְכוּת הַצְבָּעָה

3 (body of opinion) קְהַל הַמַּצְבִּיעִים

□ *her speech angered the Scottish vote* הַנְּאוּם שֶׁלָּהּ הִרְגִּיז אֶת דַּעַת הַקָּהָל הַסְּקוֹטִית

—v.i. הִצְבִּיעַ, בָּחַר

□ *would you vote for or against him?* הַאִם תַּצְבִּיעַ בַּעֲדוֹ אוֹ נֶגְדּוֹ

□ *the customers voted with their feet* (*colloq.*) קְהַל הַקּוֹנִים ״הִצְבִּיעַ בְּרַגְלָיו״

—v.t.

1 (resolve or determine by election) בָּחַר (בְּ...); הֶעֱנִיק בְּאֶמְצָעוּת הַצְבָּעָה

vote down הֵבִיס בְּאֶמְצָעוּת הַצְבָּעָה

vote in בָּחַר בְּאֶמְצָעוּת הַצְבָּעָה

□ *she was voted off the committee* הִיא סֻלְּקָה מִן הַוַּעֲדָה בְּהַצְבָּעָה

2 (declare; propose, *colloq.*) הִכְרִיז עַל...

□ *the meal was voted excellent* הָיְתָה ״הַחְלָטָה רִשְׁמִית״ שֶׁהָאֲרוּחָה מְצֻיֶּנֶת

□ *I vote (that) we start earlier in future* אוּלַי תַּרְשׁוּ לִי לְהַצִּיעַ שֶׁנַּתְחִיל מֻקְדָּם יוֹתֵר בֶּעָתִיד

voter /ˈvəʊtə(r)/ n. מַצְבִּיעַ, בּוֹחֵר; בַּעַל זְכוּת הַצְבָּעָה

floating voter קוֹל ״צָף״ (בּוֹחֵר שֶׁעֲדַיִן לֹא הֶחְלִיט לְמַעַן מִי יַצְבִּיעַ)

voting /ˈvəʊtɪŋ/ n. הַצְבָּעָה

voting booth תָּא־הַצְבָּעָה (בְּתַחֲנַת הַקַּלְפִּי)

voting machine מְכוֹנַת הַצְבָּעָה (מִתְקָן לְרִשּׁוּם אוֹטוֹמָטִי שֶׁל מִנְיַן קוֹלוֹת הַבּוֹחֲרִים)

voting paper פֶּתֶק הַצְבָּעָה

votive /ˈvəʊtɪv/ adj. (*Relig.*) מֻקְדָּשׁ, שֶׁל נֶדֶר

votive mass מִיסָה לְמִלּוּי נֶדֶר

votive offering תַּשְׁלוּם־נֶדֶר

vouch /vaʊtʃ/ v.i.

vouch for עָרֵב לְ..., הֵעִיד עַל

□ *I can vouch for his honesty* אֲנִי יְכוֹלָה לַעֲרֹב לְיָשְׁרוֹ

voucher /ˈvaʊtʃə(r)/ n. שׁוֹבֵר, תְּלוּשׁ

gift voucher תְּלוּשֵׁי־שַׁי

luncheon voucher תְּלוּשׁ־אֹכֶל

vouchsafe /vaʊtʃˈseɪf/ v.t. (*formal*) הוֹאִיל לָתֵת, הֶעֱנִיק בְּרֹב חַסְדּוֹ

□ *he vouchsafed me no reply* הוּא לֹא הוֹאִיל לְזַכּוֹת אוֹתִי בִּתְשׁוּבָה

vow /vaʊ/ n. נֶדֶר, הַבְטָחָה חֲגִיגִית

marriage vows נִדְרֵי הַנִּשּׂוּאִין

vow of silence נֶדֶר שְׁתִיקָה

□ *he took his vows* (*Relig.*) הוּא הִצְטָרֵף לְמִסְדַּר נְזִירִים

□ *I am under a vow not to drink* נָדַרְתִּי נֶדֶר לֹא לִשְׁתּוֹת (אַלְכּוֹהוֹל), הִבְטַחְתִּי לְעַצְמִי לֹא לִשְׁתּוֹת

—v.t. הִתְחַיֵּב, נִשְׁבַּע (לַעֲשׂוֹת דְּבַר מָה)

□ *he vowed obedience to his king* (*formal*) הוּא נִשְׁבַּע אֱמוּנִים לְמַלְכּוֹ

—v.i. נָדַר נֶדֶר, נִשְׁבַּע

□ *she vowed to avenge his death* הִיא נִשְׁבְּעָה לִנְקֹם אֶת מוֹתוֹ

vowel /ˈvaʊəl/ n. תְּנוּעָה

vox pop /vɒks ˈpɒp/ n. (*colloq.*) מִשְׁאַל דַּעַת־הַקָּהָל (עַל יְדֵי עִתּוֹנַאי אוֹ כַּתַּב רַדְיוֹ אוֹ טֶלֶוִיזְיָה)

vox populi /ˌvɒks ˈpɒpjʊliː/ n. דַּעַת הַקָּהָל, דַּעַת הַצִּבּוּר

voyage /ˈvɔɪɪdʒ/ n. הַפְלָגָה, מַסָּע (בְּדֶרֶךְ כְּלָל בַּיָּם)

—v.i. (*formal*) עָרַךְ מַסָּע (לָרֹב בַּיָּם)

voyager /ˈvɔɪɪdʒə(r)/ n. נוֹסֵעַ (לָרֹב בַּיָּם, בִּתְנָאִים מְסֻכָּנִים וְכַד')

voyeur /vɔɪˈɜː(r)/ n. מְצִיצָן (בְּעִקָּר בִּפְעִילוּת מִינִית שֶׁל אֲחֵרִים)

vulcanize /ˈvʌlkənaɪz/ v.t. גִּפֵּר, עִבֵּד בְּגָפְרִית (גּוּמִי וְכַד')

vulgar /ˈvʌlgə(r)/ adj.

1 (crude; coarse) גַּס, הֲמוֹנִיווּלְגָרִי

2 (in common use, general) שֶׁל יוֹם יוֹם (שָׂפָה וְכַד'); פָּשׁוּט

vulgar fraction (*Math.*) שֶׁבֶר פָּשׁוּט

the vulgar tongue (*formal*) שְׂפַת דִּבּוּר עֲמָמִית

vulgarism /ˈvʌlgərɪzəm/ n. אָדָם הֲמוֹנִי, גַּס, בִּטּוּי ווּלְגָרִי, דָּבָר גַּס וַהֲמוֹנִי

vulgarity /ˌvʌlˈgærɪtɪ/ n. ווּלְגָרִיּוּת, הֲמוֹנִיּוּת

vulgarize /ˈvʌlgəraɪz/ v.t. הָפַךְ (דְּבַר מָה) לְזוֹל וַהֲמוֹנִי

Vulgate /ˈvʌlgeɪt/ n. (*Bibl.*) הַווּלְגָטָה (הַתַּרְגּוּם הַלָּטִינִי שֶׁל הַתַּנַ"ךְ מֵהַמֵּאָה הָרְבִיעִית לַסְּפִירָה)

vulnerability /ˌvʌlnərəˈbɪlɪtɪ/ n. פְּגִיעוּת

vulnerable /ˈvʌlnərəb(ə)l/ adj. פָּגִיעַ, חַלָּשׁ, לֹא מוּגָן

□ *your argument is vulnerable to charges of sexism* הַטִּעוּן שֶׁלְּךָ חָשׂוּף לְהַאֲשָׁמוֹת שֶׁל אַפְלָיָה מִינִית

vulpine /ˈvʌlpaɪn/ adj. (*formal*) שׁוּעָלִי, עַרְמוּמִי

vulture /ˈvʌltʃə(r)/ n. עַיִט, נֶשֶׁר, פֶּרֶס (קַיָּם עֵרוּב מֻנָּחִים נִכָּר בְּשִׁמּוּשׁ)

vulva /ˈvʌlvə/ n. (*Anat.*) פּוֹת (חֶלְקוֹ הַחִיצוֹנִי שֶׁל אֵבֶר הַמִּין הַנָּשִׁי)

vying /ˈvaɪɪŋ/ see **VIE**

W w

W, w /ˈdʌb(ə)lju:/ n. "דַּבְּלְיוּ" (הָאוֹת הָעֶשְׂרִים וְשָׁלֹשׁ בָּאָלֶפְבֵּית הָאַנְגְּלִי)

wacky /ˈwækɪ/ adj. (*colloq.*) "מְשֻׁגָּע", "מְטֹרָף"

wad /wɒd/ n.

1 (small lump of soft material) גּוּשׁ, כַּדּוּר (שֶׁל צֶמֶר־גֶּפֶן וְכַד')

2 (mass of papers or banknotes) חֲבִילָה (שֶׁל שְׁטָרוֹת)

—v.t. רִפֵּד (בְּצֶמֶר גֶּפֶן וְכַד')

wadding /ˈwɒdɪŋ/ n. חֹמֶר רִפּוּד (לַאֲרִיזוֹת וְכַד')

waddle /ˈwɒd(ə)l/ v.i. הִתְנַדְנֵד מִצַּד לְצַד, הָלַךְ בְּצַעֲדֵי־בַּרְוָז

—n. הֲלִיכַת בַּרְוָז

wade /weɪd/ v.t. & i. חָצָה בָּרֶגֶל (נָהָר רָדוּד וְכַד'); בּוֹסֵס (בְּבֹץ וְכַד')

□ *can we wade this river?* הַאִם אֲנַחְנוּ יְכוֹלִים לַחֲצוֹת בָּרֶגֶל אֶת הַנָּהָר הַזֶּה?

□ *he waded in with his views* (*colloq.*) הוּא הִתְעַקֵּשׁ לִקְפֹּץ וּלְהַשְׁמִיעַ אֶת דֵּעוֹתָיו

□ *he waded into the meal* (*colloq.*) הוּא הִתְנַפֵּל עַל הָאֲרוּחָה

□ *I managed to wade through the book* (*colloq.*) בְּקֹשִׁי רַב הִצְלַחְתִּי לְהַגִּיעַ לְסוֹף הַסֵּפֶר

□ *he waded through the long grass* הוּא פִּלֵּס לוֹ דֶּרֶךְ בָּעֵשֶׂב הַגָּבוֹהַּ

wader /ˈweɪdə(r)/ n.

1 (bird) סוּג שֶׁל עוֹפוֹת מַיִם (חוֹפְמִי, עָגוּר וְכַד')

2 (in *pl.*, waterproof boots) מַגָּפֵי גּוּמִי לְדַיָּג (הַמַּגִּיעִים עַד הַמִּפְשָׂעָה)

wadi /ˈwɒdɪ/ n. וָאדִי; נַחַל אַכְזָב

wafer /ˈweɪfə(r)/ n.

1 (biscuit eaten with ice cream) וָפֶל, אֲפִיפִית

2 (*Relig.*) לֶחֶם הַפָּנִים

wafer-thin /ˌweɪfəˈθɪn/ adj. דַּק כִּנְיָר, דַּקִּיק

waffle[1] /ˈwɒf(ə)l/ n. "גּוֹפְרָה", וָפֶל־בֶּלְגִּי

waffle[2] /ˈwɒf(ə)l/ (*colloq.*) v.i. קִשְׁקֵשׁ, "בִּלְבֵּל אֶת הַמֹּחַ"

—n. קִשְׁקוּשׁ, פִּטְפּוּט

waffle-iron /ˈwɒf(ə)l-ˌaɪən/ n. תַּבְנִית "גּוֹפְרָה"

waft /wɒft/ (*formal*) v.t. & i. נָשָׂא (נִיחוֹחַ וְכַד' בָּאֲוִיר); נִשָּׂא (בָּרוּחַ)

□ *the scent of the flowers was wafted* (or *wafted along*) *by the breeze* רֵיחַ הַפְּרָחִים נִשָּׂא עַל כַּנְפֵי הָרוּחַ

—n. מַשָּׁב; נִיחוֹחַ

wag[1] /wæg/ v.t. & i. כִּשְׁכֵּשׁ (בְּזָנָב), טִלְטֵל מִצַּד לְצַד

□ *he wagged his finger at me* הוּא עָשָׂה לִי "נוּ, נוּ, נוּ" בְּאֶצְבָּעוֹ

□ *the news set tongues wagging* הַחֲדָשׁוֹת גָּרְמוּ לְהִתְפַּשְּׁטוּת שְׁמוּעוֹת

□ *it's a case of the tail wagging the dog* (*colloq.*) זֶה מִקְרֶה שֶׁל "עֶבֶד כִּי יִמְלֹךְ"; זֶה מִקְרֶה שֶׁל הִגָּיוֹן חֲלַמָּאִי

wag[2] /wæg/ n. (*colloq.*) דּוֹבֵר מְשַׁעֲשֵׁעַ וּמְחֻכָּם

wage[1] /weɪdʒ/ n. (usu. in *pl.*) שָׂכָר, מַשְׂכֹּרֶת

a living wage מַשְׂכֹּרֶת קִיּוּם

wage freeze הַקְפָּאַת שָׂכָר

wage packet מַעֲטָפָה וּבָהּ הַשָּׂכָר בִּמְזֻמָּן

wage slip תְּלוּשׁ מַשְׂכֹּרֶת, "לוּקְשׁ"

□ *he gets a good wage* הוּא מְקַבֵּל מַשְׂכֹּרֶת יָפָה

□ *he lost a week's wages* הוּא הִפְסִיד מַשְׂכֹּרֶת שֶׁל שָׁבוּעַ

□ *the wages of sin is death* (*Bibl.*) שְׂכַר הַחֵטְא הוּא הַמָּוֶת

wage[2] /weɪdʒ/ v.t. עָרַךְ (מִלְחָמָה וְכַד')

□ *they waged war on their neighbours over noise* (*fig.*) הֵם עָרְכוּ מִלְחָמָה עַל הַשְּׁכֵנִים בִּגְלַל הָרַעַשׁ

wage-earner /ˈweɪdʒ-ɜ:nə(r)/ n. שָׂכִיר

wager /ˈweɪdʒə(r)/ (*formal*) v.t. & i. הִתְעָרֵב עַל (סְכוּם כֶּסֶף, שֶׁ...); הִתְעָרֵב

—n. הִתְעָרְבוּת

wage-slave /ˈweɪdʒ-sleɪv/ n. (*derog.*) "עֶבֶד" לַמַּשְׂכֹּרֶת

waggish /ˈwægɪʃ/ adj. (*colloq.*) מְשַׁעֲשֵׁעַ וּמְחֻכָּם

waggle /ˈwæg(ə)l/ v.t. & i. (*colloq.*) כִּשְׁכֵּשׁ (בְּזָנָב); נִעֲנַע מִצַּד לְצַד

□ *she waggled her hips* הִיא נִעַנְעָה אֶת יְרֵכֶיהָ מִצַּד לְצַד

wag(g)on /ˈwæg(ə)n/ n.

1 (four-wheeled vehicle) עֲגָלָה, קְרוֹן־סוּסִים

□ *he's on the wagon* (or *water-wagon*) (*colloq.*) הוּא הִפְסִיק לִשְׁתּוֹת (מַשְׁקָאוֹת חֲרִיפִים)

□ *he got onto the bandwagon* (*colloq.*) הוּא קָפַץ עַל הָעֲגָלָה

2 (open railway carriage) קְרוֹן־מִטְעָן פָּתוּחַ

wagon-lit /ˈvægɒn-ˈli:/ n. קְרוֹן־שֵׁנָה

wagtail /ˈwægteɪl/ n. נַחֲלִיאֵלִי (צִפּוֹר בָּר קְטַנָּה)

waif /weɪf/ n. (*poet.*) יֶלֶד עָזוּב וַחֲסַר־בַּיִת; חַיָּה עֲזוּבָה

waifs and strays יְלָדִים עֲזוּבִים וַחֲסְרֵי־בַּיִת

wail /weɪl/ v.i. יִלֵּל, יִבֵּב

the Wailing Wall הַכֹּתֶל הַמַּעֲרָבִי
□ *the wind wailed round the house* הָרוּחַ יִלְּלָה סְבִיב הַבַּיִת
—n. יְלָלָה, יְבָבָה

wainscot /ˈweɪnskət/ n. (also **wainscotting** /ˈweɪnskətɪŋ/) פָּנֵל (צִפּוּי לוּחוֹת־עֵץ בְּתַחְתִּית קִיר)

waist /weɪst/ n. מָתְנַיִם
stripped to the waist עֵירֹם עַד לַמָּתְנַיִם
□ *he put his arms round her waist* הוּא חִבֵּק אֶת מָתְנֶיהָ בִּזְרוֹעוֹתָיו

waist-band /ˈweɪst-bænd/ n. רְצוּעַת־מָתְנַיִם (בְּבֶגֶד)

waistcoat /ˈweɪskəʊt/, /ˈweskət/ n. חֲזִיָּה לְגֶבֶר

waist-deep /weɪst-ˈdiːp/ adj. (שָׁקוּעַ) עַד גֹּבַהּ הַמָּתְנַיִם

waist-high /weɪst-ˈhaɪ/ adj. בְּגֹבַהּ הַמָּתְנַיִם

waist-line /ˈweɪst-laɪn/ n. קַו הַמָּתְנַיִם, הֶקֵּף הַמָּתְנַיִם
□ *I've got to think of my waist-line* עָלַי לִדְאֹג לַגִּזְרָה שֶׁלִּי

wait /weɪt/ v.i.
1 (delay action) חִכָּה, הִמְתִּין
a waiting game מִשְׂחָק שֶׁל הַמְתָּנָה
wait for it! (*colloq.*) רֶגַע! עוֹד לֹא!
no waiting אֵין הַמְתָּנָה, הַהַמְתָּנָה אֲסוּרָה (אִסּוּר הַמּוֹפִיעַ עַל שֶׁלֶט תְּנוּעָה)
□ *I'm sorry to have kept you waiting* אֲנִי מִצְטַעֵר שֶׁנֶּאֱלַצְתָּ לְהַמְתִּין לִי
□ *everything comes to him who waits* (*Prov.*) הַסַּבְלָנוּת מִשְׁתַּלֶּמֶת
□ *I've been waiting for twenty minutes* חִכִּיתִי בְּמֶשֶׁךְ עֶשְׂרִים דַּקּוֹת
□ *I was just waiting for that to happen* (*colloq.*) חִכִּיתִי שֶׁזֶּה יִקְרֶה
□ *what are you waiting for, then?* (*colloq. iron.*) לָמָּה אַתָּה מְחַכֶּה?
□ *what's for dinner? – Wait and see!* מַה יֵּשׁ לַאֲרוּחַת הָעֶרֶב? חַכֵּה וְתִרְאֶה!
□ *just wait until your father finds out!* חַכֵּה, חַכֵּה, נִרְאֶה מַה יִּקְרֶה כְּשֶׁאַבָּא שֶׁלְּךָ יִשְׁמַע עַל זֶה!
□ *he didn't wait to be told twice* הוּא לֹא חִכָּה שֶׁיַּגִּידוּ לוֹ פַּעֲמַיִם
□ *don't make them wait about* (or *around*) אַל תִּתֵּן לָהֶם לְחַכּוֹת
□ *Sam had to wait behind to see the teacher* סָם נֶאֱלַץ לְחַכּוֹת לַמּוֹרָה אַחֲרֵי הַשִּׁעוּר
□ *I waited in all day, but the meter-reader never turned up* חִכִּיתִי בַּבַּיִת כָּל הַיּוֹם, אֲבָל אַף אֶחָד לֹא בָּא לִקְרֹא אֶת הַמּוֹנֶה
□ *I waited up for her till midnight* (*colloq.*) חִכִּיתִי לָהּ עֵר עַד חֲצוֹת
□ *I'll be back home very late, so don't wait up* אֲנִי אֶחֱזֹר מְאֻחָר, אַל תְּחַכֶּה לִי
2 (be postponed) חִכָּה, הִמְתִּין
□ *the matter can wait until the next meeting* הַנּוֹשֵׂא יָכוֹל לְחַכּוֹת עַד הַפְּגִישָׁה הַבָּאָה
3 (be ready) חִכָּה, הִמְתִּין
□ *your dinner's waiting* (or *waiting for you*) אֲרוּחַת הָעֶרֶב שֶׁלְּךָ מְחַכָּה לְךָ
4 (act as attendant or servant) עָבַד כִּמֶלְצַר; עָבַד כִּמְשָׁרֵת
□ *he was engaged to wait at table* (or (*US*) *to wait on table*) הֶעֱסִיקוּ אוֹתוֹ בְּתוֹר מֶלְצַר
□ *she waits on her husband hand and foot* הִיא מְשָׁרֶתֶת אֶת בַּעְלָהּ כְּמוֹ שִׁפְחָה
—v.t. הִמְתִּין לְ..., צִפָּה לְ...
□ *he waited his opportunity* הוּא צִפָּה לִשְׁעַת הַכֹּשֶׁר
□ *you'll have to wait your turn* יִהְיֶה עָלֶיךָ לְהַמְתִּין לְתוֹרְךָ
□ *wait a minute – you haven't given me enough change!* רֶגַע, לֹא נָתַתָּ לִי אֶת הָעֹדֶף הַנָּכוֹן
□ *we'll wait lunch for you* (*US colloq.*) נְחַכֶּה עִם אֲרוּחַת הַצָּהֳרַיִם עַד שֶׁתַּגִּיעַ
—n. הַמְתָּנָה
□ *we lay in wait for them* אָרַבְנוּ לָהֶם

waiter /ˈweɪtə(r)/ n. מֶלְצַר

waiting-list /ˈweɪtɪŋ-lɪst/ n. רְשִׁימַת־מַמְתִּינִים (שֶׁל מֻעֲמָדִים שֶׁיִּתְקַבְּלוּ רַק אִם יִתְפַּנֶּה מָקוֹם וְכַד')

waiting-room /ˈweɪtɪŋ-ruːm/ n. חֲדַר־הַמְתָּנָה (אֵצֶל רוֹפֵא, בְּתַחֲנַת רַכֶּבֶת וְכַד')

waitress /ˈweɪtrɪs/ n. מֶלְצָרִית

waive /weɪv/ v.t. (*formal*) וִתֵּר עַל (זְכוּת, תְּבִיעָה וְכַד')

waiver /ˈweɪvə(r)/ n. (*Law*) וִתּוּר, כְּתַב וִתּוּר, הוֹצָאָה מִן הַכְּלָל, בִּטּוּל

wake[1] /weɪk/ (past **waked** /weɪkt/ or **woke** /wəʊk/, past ppl. **woken** /wəʊkən/) v.t. & i. עוֹרֵר, הֵעִיר; הִתְעוֹרֵר, הֵקִיץ
□ *he woke* (or *woke up*) *with a start* הוּא הִתְעוֹרֵר בְּבֶהָלָה
□ *he woke up to the danger he was in* (*fig.*) הוּא נַעֲשָׂה עֵר לַסַּכָּנָה שֶׁבָּהּ נִמְצָא
□ *seeing her woke memories of my youth* כְּשֶׁרָאִיתִי אוֹתָהּ נִזְכַּרְתִּי בִּימֵי נְעוּרַי

wake[2] /weɪk/ n.
1 (trace left behind a ship) שֹׁבֶל (שֶׁל גַּלִּים, שֶׁמּוֹתִירָה סְפִינָה)
□ *the floods left famine in their wake* (*fig.*) בְּעִקְבוֹת הַשִּׁטָּפוֹן בָּא הָרָעָב
2 (vigil over corpse) לֵיל שִׁמּוּרִים (לְצַד גּוּפַת הַנִּפְטָר)

wakeful /ˈweɪkf(ə)l/ adj. עֵר, שֶׁשְּׁנָתוֹ נוֹדֶדֶת
□ *he had spent a wakeful night* עָבַר עָלָיו לַיְלָה נְטוּל שֵׁנָה

waken /ˈweɪkən/ v.t. & i. (*formal*) עוֹרֵר, הֵעִיר; הִתְעוֹרֵר, הֵקִיץ

waking /ˈweɪkɪŋ/ adj. (זְמַן) שֶׁבּוֹ אָדָם עֵר

□ *he devoted all his waking hours to reading* הוּא הִקְדִּישׁ אֶת כָּל הַשָּׁעוֹת שֶׁבָּהֶן הָיָה עֵר לִקְרִיאָה

walk /wɔːk// v.t.

1 (pass through, over, etc. on foot)

walk the boards (*fig.*) הוֹפִיעַ עַל קַרְשֵׁי הַבָּמָה, עָסַק בְּמִשְׂחָק (בַּתֵּיאַטְרוֹן)

walk the plank (*Hist.*) אֻלַּץ לִצְעֹד אֶל מֵעֵבֶר לַסִּפּוּן וְלִקְפֹּץ לַיָּם (עֹנֶשׁ בְּקֶרֶב שׁוֹדְדֵי הַיָּם)

walk the streets (*euphem.*) "יָרַד לָרְחוֹב", עָסַק בִּזְנוּת

2 (cause to walk) הוֹצִיא לְטִיּוּל

□ *she walked the dogs* הִיא הוֹצִיאָה אֶת הַכְּלָבִים לְטִיּוּל

□ *he walked me off my feet* (or *legs*) (*colloq.*) הוּא סָחַב אוֹתִי אִתּוֹ קִילוֹמֶטְרִים

—v.i. הָלַךְ

walk on air (*colloq.*) הָלַךְ עִם הָרֹאשׁ בָּעֲנָנִים (מִשִּׂמְחָה)

walk tall (*colloq.*) צָעַד בְּרֹאשׁ זָקוּף

□ *I walked into a lamp-post* נִתְקַעְתִּי בְּפַנַּס רְחוֹב

—in set phrases

walk away הִסְתַּלֵּק לוֹ

□ *he walked away with the match* (*colloq.*) הוּא נִצַּח בְּמִשְׂחָק חַד וְחָלָק

walk into נִכְנַס בְּ.../לְ...

□ *he walked right into their trap* הוּא נִכְנַס יָשָׁר לַמַּלְכֹּדֶת שֶׁלָּהֶם

□ *she walked into her first job* (*colloq.*) הִיא פָּשׁוּט נִכְנְסָה וְקִבְּלָה אֶת הַמִּשְׂרָה הָרִאשׁוֹנָה שֶׁלָּהּ

walk off קָם וְהָלַךְ

□ *he walked off his bad temper* הוּא הֵפִיג אֶת הַכַּעַס שֶׁלּוֹ בַּהֲלִיכָה

□ *she walked off with all the prizes* (*fig.*) הִיא נָטְלָה אֶת כָּל הַפְּרָסִים

walk out עָזַב, נָטַשׁ; פָּתַח בִּשְׁבִיתָה

□ *he walked out on her after twenty years* (*colloq.*) הוּא עָזַב אוֹתָהּ אַחֲרֵי עֶשְׂרִים שָׁנָה

walk over (*colloq.*) "דָּרַךְ" עַל, "רָמַס" (נָהַג בְּגַסּוּת בִּפְלוֹנִי וְכַד')

walk up נִגַּשׁ

walk up! Walk up! (*colloq.*) נָא לָגֶשֶׁת!

—n.

1 (journey or exercise on foot) טִיּוּל בָּרֶגֶל

□ *let's go for* (or *take*) *a walk!* בּוֹא נֵצֵא לְטִיּוּל! בּוֹא נֵרֵד לְסִבּוּב!

2 (gait) הִלּוּךְ, אֹפֶן הִלּוּךְ

3 (path or route for walking) דֶּרֶךְ, שְׁבִיל, מִשְׁעוֹל (לַהֲלִיכָה בָּרֶגֶל)

4 *people in* (or *from*) *all walks of life* אֲנָשִׁים מִכָּל תְּחוּמֵי הַחַיִּים

walkabout /ˈwɔːkəbaʊt/ n.

1 (of Aborigine) מַסָּע (שֶׁל בֶּן שֵׁבֶט אַבּוֹרִיגִ'ינִי, בְּאוֹסְטְרַלְיָה)

2 (of important person, *colloq.*) סִיּוּר (שֶׁל אָח"מ) בְּקֶרֶב קָהָל

walker /ˈwɔːkə(r)/ n. הוֹלֵךְ בָּרֶגֶל, מְטַיֵּל; הֲלִיכוֹן (לְתִינוֹק)

walkie-talkie /ˌwɔːkɪ-ˈtɔːkɪ/ n. "ווֹקִי־טוֹקִי", מַכְשִׁיר־קֶשֶׁר (נַיָּד)

walking /ˈwɔːkɪŋ/ n. הֲלִיכָה

walking pace קֶצֶב־הֲלִיכָה

walking shoes נַעֲלֵי־הֲלִיכָה

walking stick מַקֵּל־הֲלִיכָה

walking tour טִיּוּל בָּרֶגֶל

the walking wounded (*Mil.*) פְּצוּעִים הַמְסֻגָּלִים לָלֶכֶת בְּכֹחוֹת עַצְמָם

□ *he's one of the walking wounded* הוּא בְּמַצָּב נַפְשִׁי סָבוּךְ

□ *he lives within walking distance* הוּא חַי בִּטְוַח־הֲלִיכָה

□ *he is a walking encyclopaedia* (*colloq.*) הוּא אֶנְצִיקְלוֹפֶּדְיָה מְהַלֶּכֶת עַל שְׁתַּיִם

Walkman /ˈwɔːkmən/ n. (*Prop.*) ווֹקְמֶן (טֵיפּ־קָסֶטוֹת אִישִׁי קָטָן)

walk-on /ˈwɔːk-ɒn/ n. (בַּתֵּיאַטְרוֹן) נִצָּב, סָטָטִיסְט

□ *he had a walk-on part in the play* הָיָה לוֹ תַּפְקִיד שֶׁל נִצָּב בַּהַצָּגָה

walk-out /ˈwɔːk-aʊt/ n. שְׁבִיתָה פִּתְאֹמִית; הִסְתַּלְּקוּת פִּתְאֹמִית

□ *the workers staged a walk-out* הַפּוֹעֲלִים קָמוּ וְנָטְשׁוּ אֶת הָעֲבוֹדָה

walk-over /ˈwɔːk-əʊvə(r)/ n.

1 (easy victory, *colloq.*) "מִשְׂחַק יְלָדִים"

2 (*Sport*) נִצָּחוֹן טֶכְנִי (בְּשֶׁל מַחֲלָה וְכַד')

walk-up /ˈwɔːk-ʌp/ n. (*US colloq.*) בִּנְיָן גָּבוֹהַּ שֶׁאֵין בּוֹ מַעֲלִית

wall /wɔːl/ n. קִיר, כֹּתֶל; דֹּפֶן (שֶׁל כְּלֵי דָּם וְכַד'); חוֹמָה

walls have ears (*Prov.*) אָזְנַיִם לַכֹּתֶל

the weakest goes to the wall (*Prov.*) הַחַלָּשִׁים הֵם תָּמִיד הַנִּפְגָּעִים

□ *they had their backs to the wall* (*fig.*) הֵם עָמְדוּ עִם הַגַּב אֶל הַקִּיר, הֵם נִלְחֲצוּ אֶל הַקִּיר

□ *she drives me up the wall* (*colloq.*) הִיא מוֹצִיאָה אוֹתִי מִן הַכֵּלִים

□ *you're running your head against a brick wall* (*fig.*) אַתָּה מֵטִיחַ אֶת רֹאשְׁךָ בַּכֹּתֶל, אַתָּה דּוֹפֵק אֶת הָרֹאשׁ בַּקִּיר

—v.t. הִקִּיף בְּחוֹמָה

walled cities עָרֵי־חוֹמָה, עָרִים בְּצוּרוֹת

□ *he walled up the window* הוּא סָתַם אֶת הַחַלּוֹן בִּלְבֵנִים

□ *the garden was walled off* הַגַּן הָיָה מֻקָּף חוֹמָה

wallaby /ˈwɒləbɪ/ n. וָלַבִּי־הַסְּלָעִים (מִין קֶנְגֶּרוּ קָטָן)

wallet /ˈwɒlɪt/ n. אַרְנַק־כִּיס (לִתְעוּדוֹת וּלְשִׁטְרֵי־כֶּסֶף)

wall-eyed /wɔ:l-ˈaɪd/ adj. (אָדָם) בַּעַל קַשְׁתִּית לְבָנָה (לָרֹב בְּשֶׁל עִוָּרוֹן)

wallflower /ˈwɔ:lflaʊə(r)/ n.
1 (flower) מַנְתּוּר (פֶּרַח גִּנָּה צָהֹב כָּתֹם וְרֵיחָנִי)
2 (woman not invited to dance, *colloq.*) "פֶּרַח קִיר"

wallop /ˈwɒləp/ v.t. & n. (*colloq.*) נָתַן "זַפְטָה" לְ...; "זַפְטָה"
□ *I gave him a good wallop(ing)* הִרְבַּצְתִּי בּוֹ כַּהֹגֶן, הֶחְטַפְתִּי לוֹ מַכּוֹת
□ *he tells walloping lies* הוּא מְסַפֵּר שְׁקָרִים מְפוּצָצִים

wallow /ˈwɒləʊ/ v.i. & n. הִתְפַּלֵּשׁ, הִתְבּוֹסֵס; הִתְפַּלְּשׁוּת, הִתְבּוֹסְסוּת; מִקְוֵה בֹּץ לְהִתְבּוֹסְסוּת (שֶׁל בַּעֲלֵי חַיִּים)
□ *he was wallowing in self-pity* הוּא הָיָה שָׁקוּעַ בְּרַחֲמִים עַצְמִיִּים
□ *I like to wallow in a hot bath* אֲנִי אוֹהֵב לִרְבֹּץ בְּאַמְבָּט חַם
□ *he's wallowing in money* הוּא טוֹבֵעַ בְּכֶסֶף

wall-painting /ˈwɔ:l-peɪntɪŋ/ n. צִיּוּר־קִיר, פְרֶסְקוֹ

wallpaper /ˈwɔ:lˌpeɪpə(r)/ n. טַפֵּט, טַפֵּטִים
□ *I'll need ten rolls of wallpaper* אֲנִי אֶצְטָרֵךְ עֲשָׂרָה גְּלִילִים שֶׁל טַפֵּטִים
—v.t. כִּסָּה בְּטַפֵּטִים

wall-to-wall /ˌwɔ:l-tə-ˈwɔ:l/ adj. מִקִּיר־לְקִיר
wall-to-wall carpet שְׁטִיחַ מִקִּיר לְקִיר

walnut /ˈwɔ:lnʌt/ n. אֱגוֹז הַמֶּלֶךְ

walrus /ˈwɔ:lrəs/ n. סוּס־יָם
walrus moustache שָׂפָם עָבֹת שֶׁקְּצוֹתָיו מִשְׁתַּלְשְׁלִים לְמַטָּה

waltz /wɔ:ls/ v.t. & i. הוֹבִיל (אֶת פְּלוֹנִי) בְּרִקּוּד וַלְס; רָקַד וַלְס
□ *she waltzed in without knocking* (*colloq.*) הִיא נִכְנְסָה לָהּ לַחֶדֶר בְּלִי לִדְפֹּק
□ *he's waltzed off with my book* (*colloq.*) הוּא נֶעֱלַם לוֹ עִם הַסֵּפֶר שֶׁלִּי
—n. וַלְס

wan /wɒn/ adj. (*poet.*) חִוֵּר וְתָשׁ, רְפֵה־כֹּחַ

wand /wɒnd/ n. מַטֵּה קְסָמִים; מַטֶּה

wander /ˈwɒndə(r)/ v.i.
1 (rove aimlessly) נָדַד, שׁוֹטֵט
the Wandering Jew הַיְּהוּדִי הַנּוֹדֵד
□ *his mind was wandering* מַחְשְׁבוֹתָיו נָדְדוּ
□ *let's wander down to the café* בּוֹא נַעֲשֶׂה טִיּוּל קָצָר לְבֵית הַקָּפֶה
2 (stray from right path) תָּעָה, סָטָה
□ *he wandered in* הוּא נִכְנַס בְּאַקְרַאי
□ *he wandered off* הוּא הָלַךְ לוֹ, הוּא פָּנָה וְהָלַךְ
□ *you're wandering from (or off) the point* אַתָּה סוֹטֶה מֵהָעִנְיָן

wanderer /ˈwɒndərə(r)/ n. נוֹדֵד, נָוָד

wanderings /ˈwɒndərɪŋz/ n. *pl.*
1 (journeyings) נְדוּדִים, מַסָּעוֹת
2 (confused talk) דִּבּוּר מְבֻלְבָּל

wanderlust /ˈwɒndəlʌst/ n. תַּאֲוַת נְדוּדִים

wane /weɪn/ v.i. הָלַךְ וּפָחַת, הִתְמַעֵט
—n.
on the wane (יָרֵחַ) הוֹלֵךְ וְקָטֵן; (בְּהַשְׁאָלָה) בִּנְסִיגָה

wangle /ˈwæŋg(ə)l/ v.t. (*colloq.*) "סִדֵּר", "סִבֵּן"
□ *he wangled his way out of trouble* הוּא הִצְלִיחַ לְהִשְׁתַּחֵל מִן הַבֹּץ
□ *he wangled a fiver out of his father* הוּא הִצְלִיחַ לִסְחֹט חֲמֵשׁ לִישׁ"ט מֵאָבִיו
□ *he wangled his way to the party* הוּא הִשְׁתַּחֵל לַמְּסִבָּה
□ *he wangled the accounts* הוּא הִצְלִיחַ לְפַבְרֵק אֶת הַחֶשְׁבּוֹנוֹת
—n. "סִבּוּן", "סִדּוּר", "פִּבְרוּק"

wank /wæŋk/ v.i. (*vulg.*) "עָשָׂה בַּיָּד"

wanker /ˈwæŋkə(r)/ n. (*vulg.*) "אֶפֶס", "חֲתִיכַת אֶפֶס"

want /wɒnt/ n.
1 (lack or need) חֹסֶר, מַחְסוֹר
□ *he failed, but not for want of trying* הוּא נִכְשַׁל לַמְרוֹת מַאֲמַצָּיו הָרַבִּים
□ *for want of money he did not go to Paris* בְּשֶׁל מַחְסוֹר בְּכֶסֶף לֹא נָסַע לְפָּרִיז
□ *the roof is in want of repair* (*formal*) הַגַּג טָעוּן תִּקּוּן
2 (poverty, *formal*) מַחְסוֹר, דַּלּוּת
□ *he lives in want* הוּא חַי בְּמַחְסוֹר, הוּא שָׁרוּי בְּדַחֲקוּת
3 (thing desired) צֹרֶךְ
□ *his wants are few* צְרָכָיו מֻעָטִים
□ *this meets a long-felt want* זֶה מְסַפֵּק צֹרֶךְ שֶׁהֻרְגַּשׁ מִכְּבָר
—v.t.
1 (desire) רָצָה, בִּקֵּשׁ
□ *what does he want with three houses?* (בִּשְׁבִיל) מָה הוּא צָרִיךְ שְׁלֹשָׁה בָּתִּים?
□ *do you want to be spanked?* אַתָּה רוֹצֶה מַכּוֹת עַל הַטּוּסִיק?
□ *he wants out* (*US colloq.*) הוּא רוֹצֶה לְהִסְתַּלֵּק מֵהָעִנְיָן, הוּא רוֹצֶה לָצֵאת מִן הָעֵסֶק
□ *you've got him where you want him* הוּא אֶצְלְךָ בַּכִּיס
2 (require, need) הִצְטָרֵךְ, הָיָה צָרִיךְ, נִזְקַק לְ...
□ *you don't want much!* אַתָּה רוֹצֶה עוֹד מַשֶּׁהוּ?! (בִּתְשׁוּבָה לִדְרִישָׁה מֻגְזֶמֶת)
□ *you're wanted on the phone* רוֹצִים אוֹתְךָ בַּטֶּלֶפוֹן, קוֹרְאִים לְךָ בַּטֶּלֶפוֹן
□ *you want to watch out* (*colloq.*) כְּדַאי לְךָ לְהִזָּהֵר
□ *will I be wanted today?* הַאִם יִזְדַּקְּקוּ לִי הַיּוֹם?
□ *your hair wants cutting* (*colloq.*) הִגִּיעַ הַזְּמַן שֶׁתִּסְתַּפֵּר
3 (lack, *formal*) נִזְקַק לְ...

□ *he wants tact* חָסֵר לוֹ טַקְט

—v.i. (*formal*) נִזְקָק לְ...

□ *she wants for nothing* יֵשׁ לָהּ הַכֹּל

want-ad /ˈwɒnt-æd/ n. (*colloq.*) מוֹדָעַת-״דְּרוּשִׁים״

wanted /ˈwɒntɪd/ past ppl. & adj. מְבֻקָּשׁ

a wanted man אָדָם מְבֻקָּשׁ ע״י הַמִּשְׁטָרָה

wanting /ˈwɒntɪŋ/ adj. (*formal*) חָסֵר

□ *we found him wanting in tact* לְדַעְתֵּנוּ הוּא חָסֵר טַקְט

□ *he was tried and found wanting* (*fig.*) בְּחָנוּ אוֹתוֹ, וְנִמְצָא שֶׁלֹּא עָמַד בַּדְּרִישׁוֹת

□ *he's a little wanting* (*euphem.*) הוּא רָפֶה מְעַט בְּשִׂכְלוֹ

wanton /ˈwɒntən/ adj.

1 (having no good reason) (הֶרֶס וְכַד׳) לְשָׁוְא, נְטוּל-סִבָּה

wanton destruction הַשְׁמָדָה זְדוֹנִית, הַשְׁמָדָה פִּרְאִית

2 (promiscuous, *formal*) מֻפְקָר, פְּרוּץ מִדּוֹת (לָרֹב לְגַבֵּי אִשָּׁה)

3 (uncontrolled, *formal*) פֶּרֶא, פָּרוּעַ, שֶׁאֵינוֹ יוֹדֵעַ גְּבוּלוֹת

□ *the roses grew in wanton profusion* הַשּׁוֹשַׁנִּים גָּדְלוּ פֶּרֶא

—n. (*arch.*) אָדָם מֻפְקָר; נַפְקָנִית

war /wɔː(r)/ n. מִלְחָמָה

a war of nerves מִלְחֶמֶת-עֲצַבִּים

□ *you've been in the wars again* (*colloq.*) שׁוּב נִפְצַעְתָּ

□ *the country is on a war footing* הַמְּדִינָה בְּמַצָּב כּוֹנְנוּת לְמִלְחָמָה

□ *the two countries were at war (with each other)* שְׁתֵּי הַמְּדִינוֹת הָיוּ בְּמַצַּב מִלְחָמָה (זוֹ עִם זוֹ)

war-baby /ˈwɔː-beɪbɪ/ n. תִּינוֹק שֶׁנּוֹלַד בְּעִתּוֹת-מִלְחָמָה (לָרֹב שֶׁלֹּא מִנִּשּׂוּאִין)

warble /ˈwɔːb(ə)l/ v.t. & i. צִיֵּץ, סִלְסֵל בְּקוֹל (צִפּוֹר וְכַד׳)

—n. צִיּוּץ, סִלְסוּל (שֶׁל צִפּוֹר)

warbler /ˈwɔːblə(r)/ n. סִבְכִּי (צִפּוֹר-שִׁיר)

war-bride /ˈwɔː-braɪd/ n. אִשָּׁה שֶׁנִּשְּׂאָה לְחַיָּל לְאַחַר פְּגִישָׁה בִּימֵי מִלְחָמָה

war-cloud /ˈwɔː-klaʊd/ n. עֲנַן מִלְחָמָה

□ *the war-clouds were gathering* עַנְנֵי מִלְחָמָה כִּסּוּ אֶת הַשָּׁמַיִם

war-cry /ˈwɔː-kraɪ/ n. זַעֲקַת-קְרָב, קְרִיאַת-קְרָב; (בְּהַשְׁאָלָה) סִיסְמָה

ward /wɔːd/ n.

1 (division of hospital) מַחְלָקָה

2 (electoral division, *UK*) אֵזוֹר-בְּחִירוֹת לִרְשׁוּת עִירוֹנִית

3 (person under guardianship, *Law*) נָתוּן לְאַפּוֹטְרוֹפְּסוּת, בֶּן-חָסוּת

□ *she was made a ward of court* הִיא נִמְסְרָה לְאַפּוֹטְרוֹפְּסוּת בֵּית-הַמִּשְׁפָּט

4 (guardianship, *Law*) אַפּוֹטְרוֹפְּסוּת, חָסוּת

—v.t.

ward off הָדַף

□ *they made attempts to ward off disaster* הֵם נִסּוּ לַהֲדֹף אֶת הָאָסוֹן

war-dance /ˈwɔː-dɑːns/ n. מְחוֹל-מִלְחָמָה

warden /ˈwɔːd(ə)n/ n.

1 (person in authority) פָּקַח; מְנַהֵל (שֶׁל מוֹסָד)

traffic warden פַּקַּח-תְּנוּעָה

2 (prison governor, *US*) סוֹהֵר

warder /ˈwɔːdə(r)/ n. (*UK*) סוֹהֵר

wardress /ˈwɔːdrɪs/ n. (*UK*) סוֹהֶרֶת

wardrobe /ˈwɔːdrəʊb/ n.

1 (place for hanging clothes) אֲרוֹן בְּגָדִים

2 (stock of clothing) מֶלְתָּחָה

□ *she is constantly adding to her wardrobe* הִיא לֹא מַפְסִיקָה לְהַגְדִּיל אֶת הַמֶּלְתָּחָה שֶׁלָּהּ

3 (*Theatr.*) מַחְלֶקֶת תִּלְבּוֹשׁוֹת

wardroom /ˈwɔːdruːm/ n. (*Naut.*) אֲגַף קְצִינִים (בִּסְפִינַת מִלְחָמָה)

ware /weə(r)/ n.

1 (in *pl.*, goods for sale, *formal*) סְחוֹרָה (לִמְכִירָה)

2 (manufactured goods) כֵּלִים

earthenware כְּלֵי-חֶרֶס

silver ware כְּלֵי-כֶּסֶף

warehouse /ˈweəhaʊs/ n. מַחְסַן-סְחוֹרָה

warfare /ˈwɔːfeə(r)/ n. לוֹחֲמָה, לְחִימָה, נִהוּל מִלְחָמָה

war-game /ˈwɔː-geɪm/ n. מִשְׂחַק-מִלְחָמָה

warhead /ˈwɔːhed/ n. רֹאשׁ-חֵץ (שֶׁל טִיל)

war-horse ˈwɔː-hɔːs/ n. סוּס מִלְחָמָה; (בְּהַשְׁאָלָה, לְגַבֵּי אָדָם) ״סוּס מִלְחָמָה וָתִיק״

□ *they played that old war-horse 'the Great Gate of Kiev'* (*fig. joc.*) הֵם נִגְּנוּ אֶת אוֹתוֹ קֶטַע יָשָׁן וְטוֹב ״שַׁעַר קִיֶּב הַגָּדוֹל״

warily /ˈweərɪlɪ/ adv. בִּזְהִירוּת

warlike /ˈwɔːlaɪk/ adj. מִלְחַמְתִּי, שׁוֹחֵר-מִלְחָמָה

warlock /ˈwɔːlɒk/ n. מְכַשֵּׁף

war-lord /ˈwɔː-lɔːd/ n. (*poet.*) מְפַקֵּד צְבָאִי (בְּיִחוּד בְּסִין)

warm /wɔːm/ adj.

1 (moderately hot) חַם, חָמִים

warm clothes בְּגָדִים חַמִּים

warm colours צְבָעִים חַמִּים (כְּגוֹן אָדֹם)

2 (affectionate) חַם, לְבָבִי

with warmest wishes בִּבְרָכָה לְבָבִית

□ *they gave the new teacher a warm welcome* הֵם הֶעֱנִיקוּ לַמּוֹרֶה הֶחָדָשׁ קַבָּלַת פָּנִים חַמָּה

3 (of trail, fresh) (עֲקֵבוֹת) טְרִיִּים, בּוֹלְטִים

□ *you're getting warm!* (*colloq.*) אַתָּה מִתְקָרֵב (לַפִּתְרוֹן), מִתְחַמֵּם...!

—v.t. חִמֵּם
□ *she warmed (up) the milk* הִיא חִמְּמָה אֶת הֶחָלָב
—v.i.
□ *I found it easy to warm to him* הָיָה לִי קַל לְחַבֵּב אוֹתוֹ
□ *the lecturer warmed to his subject* הַמַּרְצֶה נִכְנַס לְקֶצֶב בְּמַהֲלַךְ הַרְצָאָתוֹ
□ *they're warming up for the race* הֵם עוֹשִׂים חִמּוּם לִקְרַאת הַמֵּרוֹץ
□ *the party began to warm up at midnight (fig.)* הַמְּסִבָּה הִתְחִילָה לְהִתְחַמֵּם בַּחֲצוֹת
—n. חֹם (מָקוֹם/מַצָּב חַם)
□ *come into the warm – it's cold outside* בּוֹא תִּכָּנֵס אֶל הַחֹם - קַר בַּחוּץ

warm-blooded /ˌwɔːm-ˈblʌdɪd/ adj. (יְצוּר חַי) בַּעַל דָּם חַם

war memorial /wɔː məˌmɔːrɪəl/ n. אַנְדַּרְטַת מִלְחָמָה

warm-hearted /ˌwɔːm-ˈhɑːtɪd/ adj. טוֹב־לֵב, חַם, לְבָבִי

warmish /ˈwɔːmɪʃ/ adj. חֲמִים

warmonger /ˈwɔːmʌŋgə(r)/ n. (*derog.*) מְחַרְחֵר־מִלְחָמָה

warmth /wɔːmθ/ n. חֹם, חֲמִימוּת, לְבָבִיּוּת

warn /wɔːn/ v.t. הִזְהִיר (אֶת פְּלוֹנִי מִפְּנֵי סַכָּנָה); נָתַן אַתְרָעָה (עַל מְאֹרָע בֶּעָתִיד) לְ...
□ *if you warn me in advance, I will have your order ready for you* אִם תִּתֵּן לִי אַתְרָעָה מֻקְדֶּמֶת, אָכִין לְמַעַנְךָ אֶת הַהַזְמָנָה
□ *they warned us about (or against) bandits* הֵם הִזְהִירוּ אוֹתָנוּ מִשּׁוֹדְדִים
□ *the doctor warned us against tiring the patient* הָרוֹפֵא הִזְהִיר אוֹתָנוּ שֶׁלֹּא נְעַיֵּף אֶת הַחוֹלֶה
□ *he was warned off the premises* הִתְרוּ בּוֹ שֶׁלֹּא לְהִכָּנֵס לַשֶּׁטַח
—v.i. הִזְהִיר, נָתַן אַזְהָרָה
□ *Cassandra warned of great danger* קַסַנְדְּרָה הִזְהִירָה מִפְּנֵי סַכָּנָה גְּדוֹלָה

warning /ˈwɔːnɪŋ/ n. אַזְהָרָה, הַתְרָאָה
□ *he left his job without warning* הוּא עָזַב אֶת הָעֲבוֹדָה לְלֹא הַתְרָאָה מֻקְדֶּמֶת
□ *you should take warning from what happened to me* כְּדַאי לְךָ לִלְמֹד לֶקַח מִמַּה שֶּׁקָּרָה לִי
□ *they arrived without warning* הֵם הִגִּיעוּ לְלֹא הוֹדָעָה מֻקְדֶּמֶת

warp[1] /wɔːp/ v.t. & i. עִקֵּם, עִוֵּת; הִתְעַוֵּת
a warped mind (*fig.*) מֹחַ מְעֻוָּת
□ *unseasoned oak warps easily* עֵץ אַלּוֹן שֶׁלֹּא עֻבַּד כַּהֲלָכָה מִתְעַקֵּם בְּקַלּוּת
□ *his judgement is warped (fig.)* שִׁפּוּטוֹ מְעֻוָּת, כֹּשֶׁר שִׁפּוּטוֹ נִפְגַּם
—n. עִקּוּם, עִוּוּת, פִּתּוּל

warp[2] /wɔːp/ n. (בַּאֲרִיג) שְׁתִי, חוּטֵי הָאֹרֶךְ
warp and weft שְׁתִי וָעֵרֶב

war-paint /ˈwɔː-peɪnt/ n. צִבְעֵי־מִלְחָמָה (כְּמִנְהַג הָאִינְדִיאָנִים); (בְּהַשְׁאָלָה) אִפּוּר
□ *she spent an hour putting on her war-paint (joc.)* לָקַח לָהּ שָׁעָה שְׁלֵמָה לָשִׂים עַל עַצְמָהּ אִפּוּר

war-path /ˈwɔː-pɑːθ/ n.
on the war-path (*colloq.*) רוֹתֵחַ מִכַּעַס

warrant /ˈwɒrənt/ n.
1 (official document of authorization) צַו
search warrant צַו־חִפּוּשׂ
2 (justification, authority, *formal*) הַצְדָּקָה
□ *he has no warrant to say so* אֵין לוֹ שׁוּם זְכוּת לוֹמַר כָּךְ
—v.t.
1 (justify) הִצְדִּיק
□ *the facts do not warrant it* הָעֻבְדּוֹת אֵינָן מַצְדִּיקוֹת זֹאת
2 (guarantee, *formal*) עָרַב לְ..., נָתַן עֲרֻבָּה לְ...
□ *this material is warranted to be pure silk* בַּד זֶה הוּא מֶשִׁי בְּאַחֲרָיוּת
□ *he'll be back, I'll warrant (you) (colloq.)* אֲנִי מוּכָן לְהִתְעָרֵב שֶׁהוּא עוֹד יַחֲזֹר

warrant-officer /ˈwɒrənt-ˌɒfɪsə(r)/ n. (*Mil.*) נַגָּד בָּכִיר, רַב סַמָּל בָּכִיר

warranty /ˈwɒrəntɪ/ n. תְּעוּדַת־אַחֲרָיוּת

warren /ˈwɒrən/ n. מַעֲרֶכֶת מְחִלּוֹת (שֶׁל אַרְנָבוֹת/שְׁפַנִּים)
□ *the old part of town was a warren of narrow streets* הָרֹבַע הָעַתִּיק שֶׁל הָעִיר הָיָה מָבוֹךְ שֶׁל סִמְטָאוֹת צָרוֹת

warring /ˈwɔːrɪŋ/ adj. שְׁרוּיִים בְּמַצַּב מִלְחָמָה, יְרִיבִים
□ *there were several warring factions within the club* הָיָה מַאֲבָק בֵּין מִסְפַּר סִיעוֹת בַּמּוֹעֲדוֹן

warrior /ˈwɒrɪə(r)/ n. (*formal*) לוֹחֵם

warship /ˈwɔːʃɪp/ n. אֳנִיַּת־מִלְחָמָה

wart /wɔːt/ n. יַבֶּלֶת
warts and all (*colloq.*) (תֵּאוּר וְכַד') שֶׁאֵינוֹ מַסְתִּיר דָּבָר

wart-hog /ˈwɔːt-hɒg/ n. חֲזִיר־יַבָּלוֹת

wartime /ˈwɔːtaɪm/ n. יְמֵי מִלְחָמָה

war-torn /ˈwɔː-tɔːn/ adj. (אֶרֶץ) שְׁסוּעַת מִלְחָמָה

war-weary /ˈwɔː-wɪərɪ/ adj. עָיֵף מִמִּלְחָמוֹת (לָרֹב לְתֵאוּר עַם)

war-widow /ˈwɔː-wɪdəʊ/ n. אַלְמְנַת־מִלְחָמָה

wary /ˈweərɪ/ adj. חַשְׁדָנִי, זָהִיר, דָּרוּךְ
□ *I'm very wary of strangers* זָרִים חֲשׁוּדִים עָלַי מְאֹד
□ *he kept a wary eye on the new worker* הוּא פָּקַח עַיִן חַשְׁדָנִית עַל הָעוֹבֵד הֶחָדָשׁ

was /wəz, strong form wɒz/ 1st & 3rd pers. sing. past of **be**

wash /wɒʃ/ v.t.
1 (cleanse with liquid) רָחַץ, שָׁטַף; כִּבֵּס

□ *don't wash your dirty linen in public* (*fig.*) אַל תִּשְׁטֹף אֶת הַכְּבִיסָה הַמְלֻכְלֶכֶת בַּצִּבּוּר

□ *I wash my hands of the whole business* (*colloq.*) אֲנִי מְנַעֵר אֶת חָצְנִי מִן הָעִנְיָן כֻּלּוֹ, אֲנִי מוֹשֵׁךְ אֶת יָדַי מִן הָעִנְיָן כֻּלּוֹ

□ *he washed his shirt out* הוּא נָתַן לַחֻלְצָה שֶׁלּוֹ שְׁטִיפָה

□ *the game was washed out* (*colloq.*) הַגֶּשֶׁם חִסֵּל אֶת הַמִּשְׂחָק

□ *she looks washed out* הִיא נִרְאֵית הֲרוּסָה

□ *he washed up the dishes* הוּא עָשָׂה אֶת הַכֵּלִים

2 (flow past or against) שָׁטַף עַל פְּנֵי

□ *the Mediterranean washes the shores of Israel* הַיָּם הַתִּיכוֹן שׁוֹטֵף אֶת חוֹפֵי אֶרֶץ־יִשְׂרָאֵל

3 (carry somewhere) שָׁטַף, סָחַף, גָּרַף

□ *the sea washed away their footprints* גַּלֵּי הַיָּם שָׁטְפוּ וּמָחוּ אֶת עִקְּבוֹתֵיהֶם

□ *we washed the meal down with a beer* שָׁטַפְנוּ אֶת הָאֲרוּחָה בְּכוֹס בִּירָה

□ *he was washed overboard* הוּא נִסְחַף מֵעֵבֶר לַסִּפּוּן

□ *the wreckage was washed up* שִׁבְרֵי־הָאֳנִיָּה נִגְרְפוּ אֶל הַחוֹף

□ *their relationship was all washed up* (*colloq.*) יַחֲסֵיהֶם עָלוּ עַל שִׂרְטוֹן

—v.i.

1 (be cleaned with liquid)

□ *don't worry – the marks will wash off* אַל תִּדְאַג, הַכְּתָמִים יֵרְדוּ בַּכְּבִיסָה

2 (be able to be washed without harm) עָמַד בַּכְּבִיסָה (הֵיטֵב)

□ *cotton washes well* כֻּתְנָה קַל לְכַבֵּס

□ *that explanation won't wash* (*colloq.*) הַהֶסְבֵּר הַזֶּה לֹא יַעֲבֹד

3 (cleanse oneself) הִתְרַחֵץ

—n.

1 (act of washing) רְחִיצָה; כְּבִיסָה

wash and brush up שְׁטִיפַת פָּנִים, הִתְרַעֲנְנוּת קַלָּה

□ *she does her weekly wash on Tuesdays* הִיא עוֹשָׂה אֶת הַכְּבִיסָה הַשְּׁבוּעִית שֶׁלָּהּ בִּימֵי שְׁלִישִׁי

□ *it'll all come out in the wash* (*colloq.*) בְּסוֹף הַכֹּל יֵחָשֵׂף (כָּל הָאֱמֶת הַמְכֹעֶרֶת תִּתְגַּלֶּה); בְּסוֹף הַכֹּל יִסְתַּדֵּר, יִהְיֶה טוֹב

2 (clothes to be washed) כְּבִיסָה

3 (wave) שֹׁבֶל; הֶמְיַת הַגַּלִּים

4 (thin coating of paint, etc.) שִׁכְבַת צֶבַע דַּקָּה

washable /ˈwɒʃəb(ə)l/ adj. כָּבִיס, עָמִיד בִּכְבִיסָה

wash-basin /ˈwɒʃ-beɪs(ə)n/ n. כִּיּוֹר־רַחְצָה

wash-day /ˈwɒʃ-deɪ/ n. יוֹם־כְּבִיסָה

washer /ˈwɒʃə(r)/ n.

1 (small flat ring) "שַׁיְבָּה" (עַל בֹּרֶג וְכַד')

2 (someone or something that washes) (אָדָם) שׁוֹטֵף כֵּלִים; מְכוֹנַת כְּבִיסָה

washerwoman /ˈwɒʃəˌwʊmən/ n. (*Hist.*) כּוֹבֶסֶת

washing /ˈwɒʃɪŋ/ n.

1 (act of cleansing clothes with liquid) כִּבּוּס

2 (clothes to be washed) כְּבִיסָה

washing-machine /ˈwɒʃɪŋ-məʃiːn/ n. מְכוֹנַת־כְּבִיסָה

washing-up /ˌwɒʃɪŋ-ˈʌp/ n. רְחִיצַת־כֵּלִים, שְׁטִיפַת כֵּלִים; כֵּלִים לִשְׁטִיפָה

washing-up liquid סַבּוֹן כֵּלִים (נוֹזְלִי)

wash-leather /ˈwɒʃ-leðə(r)/ n. מַטְלִית עוֹר־צְבִי (מַטְלִית רַכָּה בִּמְיֻחָד, לְנִקּוּי וְכַד')

wash-out /ˈwɒʃ-aʊt/ n. (*colloq.*) "פְלוֹפ", "קַטַסְטְרוֹפָה"

□ *his invention was a wash-out* הַהַמְצָאָה שֶׁלּוֹ הָיְתָה כִּשָּׁלוֹן מֻחְלָט

wash-room /ˈwɒʃ-ruːm/ n. חַדְרֵי־שֵׁרוּתִים, נוֹחִיּוּת

wash-stand /ˈwɒʃ-stænd/ n. שֻׁלְחַן־רַחְצָה (שֶׁעָלָיו קְעָרָה וְכַד מַיִם)

wasn't /ˈwɒz(ə)nt/ contr. of **was not** (*colloq.*)

WASP /wɒsp/ n. (*US derog.*) "וַסְפּ" (פְּרוֹטֶסְטַנְטִי אַנְגְּלוֹסַקְסִי לָבָן)

wasp /wɒsp/ n. צִרְעָה

waspish /ˈwɒspɪʃ/ adj. (*derog.*) עוֹקְצָנִי

wasp-waisted /ˌwɒsp-ˈweɪstɪd/ adj. (אִשָּׁה) בַּעֲלַת מָתְנֵי־צִרְעָה

wastage /ˈweɪstɪdʒ/ n. בִּזְבּוּז (שֶׁל מַשְׁאַבִּים וְכַד'); אָבְדָן מַשְׁאַבֵּי אֱנוֹשׁ

natural wastage אָבְדַן מַשְׁאַבֵּי אֱנוֹשׁ (בְּשֶׁל מָוֶת, שִׁנּוּיִים בְּמַצָּב אִישִׁי וְכַד')

waste /weɪst/ v.t. & i.

1 (make no use of, squander) בִּזְבֵּז, פִּזֵּר, הוֹצִיא לְבַטָּלָה

waste not, want not! (*Prov.*) אִם לֹא תְּבַזְבֵּז לֹא תֶּחְסַר

□ *she's wasted in that job* (*fig.*) הִיא מִתְבַּזְבֶּזֶת בָּעֲבוֹדָה הַהִיא

□ *you're wasting your breath!* חֲבָל עַל הַמִּלִּים שֶׁלְּךָ!

2 (make or become weaker) הֶחֱלִישׁ; נֶחֱלַשׁ

□ *you're not exactly wasting away!* (*joc.*) אַתָּה לֹא בְּדִיּוּק נִרְאֶה לִי גּוֹסֵס!

□ *his limbs were wasted by disease* גּוּפוֹ נִצְטַמֵּק בְּשֶׁל מַחֲלָה

—n.

1 (unprofitable use) בִּזְבּוּז

□ *her talents went to waste* כִּשְׁרוֹנוֹתֶיהָ הָלְכוּ לְאִבּוּד

2 (rubbish) פְּסֹלֶת

nuclear waste פְּסֹלֶת גַּרְעִינִית, פְּסֹלֶת רַדְיוֹ־אַקְטִיבִית

waste disposal unit מִתְקָן בְּתַחְתִּית הַכִּיּוֹר לִגְרִיסַת אַשְׁפָּה

3 (in *pl.*, unusable land) אֲרָצוֹת שְׁמָמָה, מֶרְחֲבֵי שְׁמָמָה

—adj.

1 (useless, thrown away) פְּסֹלֶת

waste products חָמְרֵי פְּסֹלֶת

2 (uncultivated or barren) בּוּר; אֶרֶץ שְׁמָמָה

□ *they laid the countryside waste* הֵם הֶחֱרִיבוּ אֶת שְׂדוֹת הָאָרֶץ

wasteful /ˈweɪstf(ə)l/ adj. בַּזְבְּזָנִי

wasteland /ˈweɪstlənd/ n. אֶרֶץ־יְשִׁימוֹן

an industrial wasteland אֵזוֹר תַּעֲשִׂיָּתִי מֻזְנָח וּמְכֹעָר

waste-paper /ˌweɪst-ˈpeɪpə(r)/ n. פְּסֹלֶת־נְיָר

waste-paper basket סַל־נְיָרוֹת

waste-pipe /ˈweɪst-paɪp/ n. צִנּוֹר בִּיּוּב (בְּבַיִת וְכַד')

waster /ˈweɪstə(r)/ n. בַּזְבְּזָן

wastrel /ˈweɪstrəl/ n. (*poet.*) פַּזְרָן

watch[1] /wɒtʃ/ v.t. & i. צָפָה בְּ...; שָׁמַר עַל, פָּקַח עַיִן עַל; הִתְבּוֹנֵן

□ *watch it!* (*colloq.*) שִׂים לֵב! תִּזָּהֵר! (בְּטוֹן מְאַיֵּם)

□ *watch out!* זְהִירוּת! הִזָּהֵר! (אַזְהָרָה שֶׁמַּטְּרָתָהּ לְהוֹעִיל)

□ *she just sits and watches the clock all day* (*colloq.*) הִיא מְחַכָּה כָּל הַזְּמַן לָרֶגַע שֶׁבּוֹ תּוּכַל לָלֶכֶת

□ *he watched his chance and slipped out* הוּא חִכָּה לִשְׁעַת־הַכֹּשֶׁר וְהִסְתַּלֵּק

□ *she was watching over her child* הִיא הִשְׁגִּיחָה עַל הַיֶּלֶד שֶׁלָּהּ

□ *I must watch my weight* אֲנִי צָרִיךְ לִשְׁמֹר עַל מִשְׁקָל

□ *watch your step! He's a tricky man to deal with* (*colloq.*) שִׂים לֵב! הוּא אָדָם עַרְמוּמִי

□ *watch this space* (*colloq.*) תְּחַכֶּה לְהוֹדָעוֹת נוֹסָפוֹת

—n. מִשְׁמָר; מִשְׁמֶרֶת

□ *you must be on the watch for pickpockets* עָלֶיךָ לְהִזָּהֵר מִכַּיָּסִים

□ *he kept watch all night* הוּא עָמַד עַל הַמִּשְׁמָר בְּמֶשֶׁךְ כָּל הַלַּיְלָה

watch[2] /wɒtʃ/ n. שְׁעוֹן־יָד, שְׁעוֹן־כִּיס, שָׁעוֹן

digital watch שְׁעוֹן־יָד דִּיגִיטָלִי

watch-dog /ˈwɒtʃ-dɒg/ n. כֶּלֶב־שְׁמִירָה (גַּם בְּהַשְׁאָלָה)

consumer watch-dog אִרְגּוּן/קְבוּצָה הַשּׁוֹמֶרֶת עַל זְכֻיּוֹת הַצַּרְכָן

watchful /ˈwɒtʃf(ə)l/ adj. עֵרָנִי

watchmaker /ˈwɒtʃmeɪkə(r)/ n. שָׁעָן

watchman /ˈwɒtʃmən/ n. שׁוֹמֵר; שׁוֹמֵר לַיְלָה

watch-tower /ˈwɒtʃ-taʊə(r)/ n. מִגְדַּל־שְׁמִירָה

watchword /ˈwɒtʃwɜːd/ n. סִיסְמָה (פּוֹלִיטִית וְכַד')

water[1] /ˈwɔːtə(r)/ n.

1 (H_2O in liquid state) מַיִם

under water

(beneath the surface) מִתַּחַת לַמַּיִם, תַּת־מֵימִי

(flooded) מוּצָף, מְכֻסֶּה מַיִם

□ *we spent an afternoon on the water* בִּלִּינוּ אַחַר־צָהֳרַיִם בְּסִירָה (עַל הַנָּהָר)

□ *the goods were transported by water* הַסְּחוֹרוֹת הוּבְלוּ בָּאֳנִיָּה

□ *we've just about managed to keep our heads above water* (*colloq.*) הִצְלַחְנוּ פָּחוֹת אוֹ יוֹתֵר לְהַחֲזִיק מַעֲמָד

□ *trust him to pour cold water on my idea!* (*colloq.*) הָיָה בָּרוּר שֶׁהוּא יְזַלְזֵל בְּרַעְיוֹן שֶׁלִּי וְיִדְחֶה אוֹתוֹ

□ *he's in deep water* (*colloq.*) הוּא שָׁקוּעַ בְּנוֹשֵׂא מְסֻבָּךְ

□ *she's always getting into hot water* (*colloq.*) הִיא תָּמִיד נִכְנֶסֶת לְצָרוֹת

□ *criticism doesn't bother him, it's like water off a duck's back* (*colloq.*) הַבִּקֹּרֶת לֹא מַפְרִיעָה לוֹ, יֵשׁ לוֹ עוֹר שֶׁל פִּיל

□ *I've been bankrupt, but that's all water under the bridge now* (*colloq.*) פָּשַׁטְתִּי אֶת הָרֶגֶל, אֲבָל זֶה כְּבָר סִפּוּר יָשָׁן

□ *he spends money like water* (*colloq.*) הוּא מְפַזֵּר כֶּסֶף כְּמוֹ זֶבֶל

□ *that argument just won't hold water* (*colloq.*) הַטִּעוּן הַזֶּה חוֹרֵק

□ *he has gone to Harrogate to take the waters* (*formal*) הוּא נָסַע לְחַמֵּי הַמַּרְפֵּא בְּהָרוֹגֵיט

2 (urine, *formal*) שֶׁתֶן, מֵי־רַגְלַיִם

□ *he made* (or *passed*) *water* הוּא הִשְׁתִּין, הוּא הֵטִיל שֶׁתֶן

3 (lymph) לִימְפָה

water on the brain הִצְטַבְּרוּת נוֹזְלִים בַּחֲלַל הַגֻּלְגֹּלֶת

water on the knee מַיִם בַּבֶּרֶךְ (הִצְטַבְּרוּת נוֹזְלִים בְּמִפְרַק הַבֶּרֶךְ)

4 (state of the tide) גֹּבַהּ הַמַּיִם (בְּהֶתְאֵם לִתְנוּדוֹת הַגֵּאוּת)

high water שִׂיא הַגֵּאוּת

high water mark קַו הַגֵּאוּת (מִפְלַס הַגֵּאוּת הַגָּבוֹהַּ בְּיוֹתֵר)

low water שִׂיא הַשֵּׁפֶל

□ *this was the high water mark of his career* זֶה הָיָה שִׂיא הַקַּרְיֶרָה שֶׁלּוֹ

5 (in *pl.*, particular body of water) מַיִם; תְּחוּם מַיִם

□ *we shall extend our territorial waters to 50 miles* אֲנַחְנוּ נַרְחִיב אֶת תְּחוּם הַמַּיִם הַטֶּרִיטוֹרְיָלִיִּים שֶׁלָּנוּ לְ־50 מַיִל

6 (in *pl.*, fluid in womb) מֵי־שָׁפִיר

—v.t.

1 (give water to) הִשְׁקָה, נָתַן מַיִם לְ...

□ *my plants are watered every day* הַצְּמָחִים שֶׁלִּי מְקַבְּלִים מַיִם כָּל יוֹם
□ *I watered the horses* נָתַתִּי מַיִם לַסּוּסִים
2 (dilute) דִּלֵּל, מָהַל בְּמַיִם
□ *he presented a watered-down version of his original proposals* (*derog.*) הוּא הִצִּיג גִּרְסָה מְתוּנָה שֶׁל הַצָּעוֹתָיו הָרִאשׁוֹנוֹת
—v.i. דָּמַע; הֶעֱלָה רִיר
□ *peeling onions makes your eyes water* קִלּוּף בָּצָל גּוֹרֵם לְדִמְעוֹת, קִלּוּף בָּצָל עוֹשֶׂה דְּמָעוֹת בָּעֵינַיִם
□ *the thought of food makes my mouth water* כְּשֶׁמַּזְכִּירִים אֹכֶל מִיָּד הָרִיר נוֹזֵל לִי מֵהַפֶּה

water² /ˈwɔːtə(r)/ n. דַּרְגַּת הַבְּהִירוּת (שֶׁל אֶבֶן יְקָרָה)
□ *he was an idiot of the first water* (*colloq.*) הוּא הָיָה אִידְיוֹט מִמַּדְרֵגָה רִאשׁוֹנָה

water-bed /ˈwɔːtə-bed/ n. מִטַּת־מַיִם
water-bird /ˈwɔːtə-bɜːd/ n. עוֹף־מַיִם
water-biscuit /ˈwɔːtə-ˌbɪskɪt/ n. קְרָקֶר
water-blister /ˈwɔːtə-ˌblɪstə(r)/ n. "בּוּעָה" (בּוּעַת־מַיִם עַל הָעוֹר)
water-boatman /ˈwɔːtə-ˌbəʊtmən/ n. שַׁטְגָּב (סוּג שֶׁל פִּשְׁפֵּשׁ־מַיִם)
waterborne /ˈwɔːtəbɔːn/ adj. מוּבָל בִּסְפִינָה; נִשָּׂא בְּמַיִם
waterborne diseases מַחֲלוֹת נִשָּׂאוֹת בְּמַיִם
water-bottle /ˈwɔːtə-ˌbɒt(ə)l/ n. מֵימִיָּה, בַּקְבּוּק מַיִם, נֹאד־מַיִם
water-buffalo /ˈwɔːtə-ˌbʌfələʊ/ n. תְּאוֹ־הַמַּיִם
water-butt /ˈwɔːtə-bʌt/ n. מְכַל לֶאֱסוֹף מֵי־גְּשָׁמִים
water-cannon /ˈwɔːtə-ˌkænən/ n. תּוֹתַח־מַיִם (לְפִזּוּר מַפְגִּינִים וְכַד׳)
Water-Carrier /ˈwɔːtə-ˌkærɪə(r)/ n. מַזַּל־דְּלִי
water-cart /ˈwɔːtə-kɑːt/ n. עוֹקֵב (מְכַל מַיִם עַל גַּלְגַּלִּים)
water-closet /ˈwɔːtə-ˌklɒzɪt/ n. בֵּית־שִׁמּוּשׁ, שֵׁרוּתִים
water-colour /ˈwɔːtə-ˌkʌlə(r)/ n.
1 (type of paint) צֶבַע מַיִם
2 (picture) צִיּוּר בְּצִבְעֵי־מַיִם, אַקְוָרֶל
water-cooled /ˈwɔːtə-kuːld/ adj. (מָנוֹעַ) מְקֹרָר בְּמַיִם
water-course /ˈwɔːtə-kɔːs/ n. אָפִיק (שֶׁל נַחַל)
watercress /ˈwɔːtəkres/ n. גַּרְגַּר הַנְּחָלִים (יָרָק שֶׁעָלָיו הַחֲרִיפִים מְשַׁמְּשִׁים בְּסָלָט)
water-diviner /ˈwɔːtə-dɪˌvaɪnə(r)/ n. אָדָם הַמְנַסֶּה לְגַלּוֹת מֵי־תְהוֹם בְּאֶמְצָעוּת מַקֵּל בְּצוּרַת "Y"
waterfall /ˈwɔːtəfɔːl/ n. מַפַּל־מַיִם, אֶשֶׁד
waterfowl /ˈwɔːtəfaʊl/ n. עוֹפוֹת־מַיִם (בִּמְיֻחָד בַּרְוָזִים וְאַוָּזֵי־בַּר הַמְשַׁמְּשִׁים לְצַיִד)
waterfront /ˈwɔːtəfrʌnt/ n. אֵזוֹר מוּל הַחוֹף (לְרֹב שֶׁטַח בָּנוּי כְּגוֹן שֶׁטַח הַנָּמָל)
waterhen /ˈwɔːtəhen/ n. סוּפִית (עוֹף־מַיִם קָטָן)
water-hole /ˈwɔːtə-həʊl/ n. מִקְוֵה־מַיִם (לְרֹב בְּמִדְבָּר, שֶׁבַּעֲלֵי־חַיִּים נֶאֱסָפִים סְבִיבוֹ לִשְׁתּוֹת)

water-ice /ˈwɔːtər-aɪs/ n. שֶׁרְבֵּט, סוֹרְבֶּה, גְּלִידַת־קֶרַח (לְלֹא חָלָב)
watering-can /ˈwɔːtərɪŋ-ˌkæn/ n. מַזְלֵף, מַשְׁפֵּךְ (שֶׁל גַּנָּן)
watering-hole /ˈwɔːtərɪŋ-ˌhəʊl/ n.
1 (for animals) מִקְוֵה מַיִם (לְרֹב בְּמִדְבָּר, שֶׁבַּעֲלֵי חַיִּים נֶאֱסָפִים סְבִיבוֹ לִשְׁתּוֹת)
2 (bar etc., *joc.*) מְקוֹם מִפְגָּשׁ קָבוּעַ (לַ"חֲבֵרָה"; פָּאבּ וְכַד׳)
water-jump /ˈwɔːtə-dʒʌmp/ n. מְשׂוּכָה וּמִכְשׁוֹל־מַיִם (בְּמֵרוֹץ)
water-level /ˈwɔːtə-lev(ə)l/ n. מִפְלַס־מַיִם
water-lily /ˈwɔːtə-lɪlɪ/ n. שׁוֹשַׁנַּת־מַיִם, נוּפָר
water-line /ˈwɔːtə-laɪn/ n. קַו־הַמַּיִם
water-logged /ˈwɔːtə-lɒgd/ adj. מוּצָף, סָפוּג־מַיִם
Waterloo /ˌwɔːtəluː/ n. תְּבוּסָה (צוֹרֶבֶת) לְאַחַר נִצָּחוֹן
□ *she met her Waterloo* הִיא נָחֲלָה מַפָּלָה נִצַּחַת (סוֹף סוֹף)
water-main /ˈwɔːtə-meɪn/ n. צִנּוֹר־מַיִם רָאשִׁי
watermark /ˈwɔːtəmɑːk/ n. סִימַן־מַיִם (בִּנְיָר); קַו־הַמַּיִם
water-meadow /ˈwɔːtə-ˌmedəʊ/ n. שָׂדֶה (בְּסָמוּךְ לְנָהָר) הַמּוּצָף בְּעֵת הַגְּשָׁמִים
watermelon /ˈwɔːtəmelən/ n. אֲבַטִּיחַ
water-meter /ˈwɔːtə-miːtə(r)/ n. מַד־מַיִם
watermill /ˈwɔːtəmɪl/ n. טַחֲנַת־מַיִם
water-polo /ˈwɔːtə-ˌpəʊləʊ/ n. פּוֹלוֹ־מַיִם
water-power /ˈwɔːtə-ˌpaʊə(r)/ n. כֹּחַ־מַיִם, כֹּחַ הִידְרוֹ־חַשְׁמַלִּי
waterproof /ˈwɔːtəpruːf/ adj. אָטִים לְמַיִם, חֲסִין־מַיִם
—n. מְעִיל־גֶּשֶׁם
—v.t. אָטַם לְמַיִם
water-rat /ˈwɔːtə-ræt/ n. נַבְרַן־הַמַּיִם
water-rate /ˈwɔːtə-reɪt/ n. (*UK*) אַגְרַת־הַמַּיִם, חֶשְׁבּוֹן־מַיִם
water-repellent /ˌwɔːtə-rɪˈpelənt/ adj. דּוֹחֶה מַיִם (בַּד וְכַד׳)
watershed /ˈwɔːtəʃed/ n. קַו פָּרָשַׁת־הַמַּיִם; (בְּהַשְׁאָלָה) פָּרָשַׁת דְּרָכִים
□ *they reached a watershed in their business* (*fig.*) הָעֵסֶק שֶׁלָּהֶם הִגִּיעַ לְפָרָשַׁת־דְּרָכִים
waterside /ˈwɔːtəsaɪd/ n. שְׂפַת הַמַּיִם
water-skiing /ˈwɔːtə-skiːɪŋ/ n. סְקִי־מַיִם
water-softener /ˈwɔːtə-sɒf(ə)nə(r)/ n. מְרַכֵּךְ־מַיִם
water-spout /ˈwɔːtə-spaʊt/ n. עַלְעוֹל־מַיִם (עַמּוּד הַמַּיִם שֶׁיּוֹצֵר טוֹרְנָדוֹ וְכַד׳)
water-supply /ˈwɔːtə-səˌplaɪ/ n. מַעֲרֶכֶת־הַמַּיִם
water-table /ˈwɔːtə-teɪb(ə)l/ n. פְּנֵי מֵי־הַתְּהוֹם
water-tank /ˈwɔːtə-tæŋk/ n. מְכַל־מַיִם
watertight /ˈwɔːtətaɪt/ adj. אָטוּם לְמַיִם, לֹא חָדִיר לְמַיִם

a watertight argument (*fig.*) טִעוּן מֻשְׁלָם, טִעוּן הֶרְמֶטִי

water-tower /ˈwɔːtə-ˌtaʊə(r)/ n. מִגְדַּל־מַיִם

waterway /ˈwɔːtəweɪ/ n. נְתִיב־מַיִם

water-wheel /ˈwɔːtə-wiːl/ n. גַּלְגַּל־מַיִם

water-wings /ˈwɔːtə-wɪŋz/ n. *pl.* מְצוֹפִים לַזְּרוֹעוֹת (לִילָדִים)

waterworks /ˈwɔːtəwɜːks/ n. *pl.* מִפְעַל־הַמַּיִם, שֵׁרוּתֵי הַמַּיִם הַצִּבּוּרִיִּים

□ *she knows when to turn on the waterworks* (*colloq.*) הִיא תָּמִיד יוֹדַעַת מָתַי לְהַזִּיל דְּמָעוֹת

□ *he has something wrong with his waterworks* (*euphem.*) יֵשׁ לוֹ בְּעָיוֹת בִּפְעֻלַּת שַׁלְפּוּחִית הַשֶּׁתֶן

watery /ˈwɔːtərɪ/ adj. מֵימִי

watery eyes עֵינַיִם דּוֹמְעוֹת

a watery sky שְׁמֵי־מָטָר, שָׁמַיִם מְבַשְּׂרֵי־גֶּשֶׁם

a watery smile חִיּוּךְ רָפֶה, חִיּוּךְ דַּל (לְאַחַר בְּכִי)

□ *he's gone to a watery grave* (*poet.*) הוּא טָבַע בַּמְּצוּלוֹת

watt /wɒt/ n. וָט (יְחִידַת הַסֶּפֶק חַשְׁמַלִּי)

wattage /ˈwɒtɪdʒ/ n. הֶסְפֵּק (חַשְׁמַלִּי)

wattle /ˈwɒt(ə)l/ n.

1 (structure of woven sticks) סְבָכָה, מִקְלַעַת־זְרָדִים, מִקְלַעַת־נְצָרִים

wattle and daub (קִיר) עָשׂוּי סְבָכַת זְרָדִים וָטִיט

2 (plant) עֵץ שִׁטָּה אוֹסְטְרָלִי

3 (fleshy part of bird's throat) דִּלְדּוּל (קֶפֶל עוֹר תָּלוּי לְצַוָּאר תַּרְנְגוֹל הֹדּוּ וְכַד׳)

wave /weɪv/ v.t. & i.

1 (move up and down or from side to side) נוֹפֵף, נִפְנֵף; הִתְנוֹפֵף, הִתְנַפְנֵף

□ *we waved them goodbye* נִפְנַפְנוּ לָהֶם לְשָׁלוֹם

□ *he waved my objections aside* הוּא דָּחָה אֶת הַשָּׂגוֹתַי

□ *the policeman waved us down* הַשּׁוֹטֵר נוֹפֵף לָנוּ בְּיָדוֹ לַעֲצֹר

□ *the policeman waved us on* הַשּׁוֹטֵר נוֹפֵף לָנוּ בְּיָדוֹ לְהַמְשִׁיךְ בִּנְסִיעָה

2 (make or be wavy) נָתַן צוּרָה גַּלִּית לְ...; הָיָה עָשׂוּי בְּתַלְתַּלִּים/בִּגְלִים

□ *she had her hair waved* הִיא עָשְׂתָה תַּלְתַּלִּים בַּשֵּׂעָר (אֵצֶל הַסַּפָּר)

—n.

1 (long ridge of water) גַּל

□ *don't make waves!* (*colloq.*) אַל תַּעֲשֶׂה בְּעָיוֹת! אַל תַּעֲשֶׂה גַּלִּים!

□ *the infantry attacked in waves* (*fig.*) חֵיל הָרַגְלִים הִסְתָּעֵר גַּלִּים־גַּלִּים

2 (waving movement) נִפְנוּף

□ *he gave me a cheerful wave* הוּא נִפְנֵף לִי בַּעֲלִיזוּת

3 (sudden increase) גַּל

crime wave גַּל פֶּשַׁע, גַּל פְּשִׁיעָה

heat wave גַּל חֹם

□ *a wave of enthusiasm swept through the audience* גַּל הִתְלַהֲבוּת עָבַר בַּקָּהָל

4 (curved surface) גַּל

permanent wave סִלְסוּל תְּמִידִי, "פֶּרְמָנֶנְט"

□ *her hair has a natural wave* הַשֵּׂעָר שֶׁלָּהּ גַּלִּי בְּאֹפֶן טִבְעִי

5 (*Phys.*) גַּל

wavelength /ˈweɪvleŋθ/ n. אֹרֶךְ־גַּל; תֶּדֶר (בָּרַדְיוֹ)

□ *we're just not on the same wavelength* (*fig.*) אֲנַחְנוּ פָּשׁוּט לֹא מְשַׁדְּרִים עַל אוֹתוֹ גַּל

waver /ˈweɪvə(r)/ v.i. הִסֵּס; הִבְהֵב (לֶהָבָה וְכַד׳), הִתְנוֹדֵד (קוֹל וְכַד׳)

□ *his courage wavered* יָדָיו רָפוּ, בִּרְכָּיו פָּקוּ

□ *he wavered for a moment before accepting* הוּא הִסֵּס רֶגַע לִפְנֵי שֶׁהִסְכִּים

wavy /ˈweɪvɪ/ adj. גַּלִּי (שֵׂעָר, קַו וְכַד׳)

wax[1] /wæks/ n. שַׁעֲוָה, דּוֹנַג; "וַקְס" (לְהַבְרָקָה)

—v.t. עָשָׂה "וַקְס" לְ..

□ *she had her legs waxed* הִיא הוֹרִידָה שְׂעָרוֹת מִן הָרַגְלַיִם בְּשַׁעֲוָה

wax[2] /wæks/ v.i.

1 (show larger area) (הַיָּרֵחַ) נַעֲשָׂה מָלֵא; גָּאָה

□ *our fortunes waxed and waned over the years* (*fig.*) בְּמֶשֶׁךְ הַשָּׁנִים הַמַּזָּל שִׂחֵק לָנוּ וּבָגַד בָּנוּ

2 (become, *arch.*) נַעֲשָׂה, נִהְיָה

□ *he waxed poetic over the dessert* (*joc.*) הוּא פָּצַח בְּשִׁיר־הַלֵּל לַלִּפְתָּן

waxen /ˈwæks(ə)n/ adj. (*formal*) חִוֵּר וְעָנֹג כְּדוֹנַג; עָשׂוּי דּוֹנַג

□ *she had a waxen complexion* הָיוּ לָהּ פָּנִים חִוְּרִים וַעֲנֻגִּים

wax-paper /ˈwæks-ˌpeɪpə(r)/ n. (*US*) נְיַר־שַׁעֲוָה

waxwork /ˈwækswɜːk/ n. בֻּבַּת־שַׁעֲוָה (בְּמוּזֵיאוֹן שַׁעֲוָה)

waxy /ˈwæksɪ/ adj. דְּמוּי־שַׁעֲוָה

way /weɪ/ n.

1 (road, street, path, route) דֶּרֶךְ, כְּבִישׁ, רְחוֹב, שְׁבִיל, נָתִיב, מַסְלוּל

way in כְּנִיסָה

way out יְצִיאָה

permanent way מְסִלַּת־בַּרְזֶל

right of way זְכוּת קְדִימָה; זְכוּת־מַעֲבָר

the way of all flesh (*formal*) דֶּרֶךְ כָּל בָּשָׂר (הַמָּוֶת)

□ *stop and ask him the way* עֲצֹר וּבַקֵּשׁ מִמֶּנּוּ לְהַרְאוֹת לָנוּ אֶת הַדֶּרֶךְ

□ *we travelled to India by way of Egypt* נָסַעְנוּ לְהֹדּוּ דֶּרֶךְ מִצְרַיִם

□ *make way!* פַּנּוּ דֶּרֶךְ!

□ *he knows his way around* הוּא מִתְמַצֵּא, הוּא יוֹדֵעַ לְהִסְתַּדֵּר

□ *big changes are on the way* שִׁנּוּיִים גְּדוֹלִים צְפוּיִים

□ *she has a baby on the way* (*fig.*) הִיא מְצַפָּה לְתִינוֹק

□ *big cars are on the way out* (*fig.*) מְכוֹנִיּוֹת גְּדוֹלוֹת עוֹמְדוֹת לָצֵאת מִן הָאָפְנָה, מְכוֹנִיּוֹת גְּדוֹלוֹת בַּדֶּרֶךְ הַחוּצָה

□ *get out of my way!* זוּז הַצִּדָּה!

□ *I lost my way* תָּעִיתִי בַּדֶּרֶךְ, אִבַּדְתִּי אֶת דַּרְכִּי

□ *he went out of his way to help me* הוּא עָשָׂה מַאֲמַצִּים גְּדוֹלִים לַעֲזֹר לִי

□ *can you pay your way?* הַאִם תּוּכַל לְהִמָּנַע מֵחוֹבוֹת? הַאִם תּוּכַל לְהִתְקַיֵּם בָּאֶמְצָעִים הָעוֹמְדִים לִרְשׁוּתְךָ?

□ *we came to the parting of the ways* (*fig.*) הִגַּעְנוּ לְפָרָשַׁת־דְּרָכִים

□ *I live just over* (or *across*) *the way* אֲנִי גָּר מוּל הַבַּיִת שֶׁלְּךָ

□ *we put him out of the way* (*colloq.*) "טִפַּלְנוּ" בּוֹ

□ *he kept out of the way* הוּא הִשְׁתַּדֵּל שֶׁלֹּא לִבְלֹט בַּשֶּׁטַח

□ *you came the long way round* בָּאתָ בַּדֶּרֶךְ הָאֲרֻכָּה

2 (direction) כִּוּוּן

the way out הַפִּתְרוֹן, הַמּוֹצָא

that way lies despair הַדֶּרֶךְ הַזֹּאת סוֹפָהּ יֵאוּשׁ

□ *which way did he go?* לְאֵיזֶה כִּוּוּן הוּא הָלַךְ?, לְאָן הוּא הָלַךְ?

□ *he led the way* הוּא הָלַךְ בָּרֹאשׁ

□ *the decision went his way* הַהַחְלָטָה הָיְתָה לְטוֹבָתוֹ

□ *you've got it the wrong way round* הָפַכְתָּ אֶת הַיּוֹצְרוֹת

□ *a legacy came my way* נָפְלָה בְּחֶלְקִי יְרֻשָּׁה

3 (distance) מֶרְחָק

a long way off בְּמֶרְחָק נִכָּר

□ *a little kindness goes a long way* גַּם חֶסֶד קָטָן מְעוֹדֵד

□ *he makes a little go a long way* הוּא יוֹדֵעַ אֵיךְ לְהִסְתַּדֵּר בִּמְעַט

□ *this is the best radio by a long way* הָרַדְיוֹ הַזֶּה טוֹב בְּהַרְבֵּה מֵאֲחֵרִים

4 (method) שִׁיטָה, אֹפֶן, דֶּרֶךְ

ways and means שִׁיטוֹת וְאֶמְצָעִים

□ *he has a way with children* הוּא יוֹדֵעַ אֵיךְ לְהִתְחַבֵּב עַל יְלָדִים

□ *we shall succeed one way or another* נַצְלִיחַ וִיהִי מָה; בְּדֶרֶךְ זוֹ אַחֶרֶת נַצְלִיחַ

□ *where there's a will there's a way* (*Prov.*) אֵין לְךָ דָּבָר הָעוֹמֵד בִּפְנֵי הָרָצוֹן

5 (manner) אֹפֶן, אֹרַח, דֶּרֶךְ

□ *that's no way to speak to your parents!* כָּךְ לֹא מְדַבְּרִים עִם הַהוֹרִים שֶׁלְּךָ!

□ *in his own small way he's a genius* הוּא גָּאוֹן בְּדַרְכּוֹ הַצְּנוּעָה

□ *he lives in a small way* הוּא חַי בְּצִמְצוּם

□ *I feel the way you do* אֲנִי מַרְגִּישׁ כָּמוֹךָ

6 (custom, habit) מִנְהָג, נֹהַג, דֶּרֶךְ

to my way of thinking... לְפִי דַּעְתִּי, אִם אַתָּה שׁוֹאֵל אוֹתִי

□ *the judge told him to mend his ways* הַשּׁוֹפֵט צִוָּה עָלָיו לְהֵיטִיב אֶת דְּרָכָיו

□ *the American way of life attracted him* אֹרַח־הַחַיִּים הָאֲמֶרִיקָאִי קָסַם לוֹ

□ *he has a way of losing things* הוּא נוֹטֶה לְאַבֵּד דְּבָרִים

□ *he has an abrupt way with him* יֵשׁ לוֹ גִּנּוּנִים מְחֻסְפָּסִים

□ *that's the way of the world* כָּךְ מִנְהָגוֹ שֶׁל עוֹלָם, זוֹ דַּרְכּוֹ שֶׁל עוֹלָם

7 (respect) בְּחִינָה, מוּבָן

□ *in a way, I like her* בְּמוּבָן מְסֻיָּם אֲנִי מְחַבֵּב אוֹתָהּ

□ *we haven't much in the way of news* לֹא שָׁמַעְנוּ חֲדָשׁוֹת מְיֻחָדוֹת

8 (with verbs showing progress) הִתְקַדְּמוּת

□ *he pushed* (or *elbowed*) *his way out* הוּא פִּלֵּס אֶת דַּרְכּוֹ הַחוּצָה (בְּמַרְפְּקִים)

□ *the ship lost way* הַסְּפִינָה אִבְּדָה מְהִירוּת

□ *he made his way in life* הוּא הִצְלִיחַ בַּחַיִּים, הוּא עָשָׂה חַיִל

□ *I picked my way through the debris* פִּלַּסְתִּי אֶת דַּרְכִּי בֵּין הַהֲרִיסוֹת

□ *he worked his way up* הוּא פִּלֵּס דַּרְכּוֹ לַצַּמֶּרֶת בְּכֹחוֹת עַצְמוֹ

□ *changes are already well under way* הַשִּׁנּוּיִים כְּבָר בְּעִצּוּמָם

9 (in specific phrases)

give way פִּנָּה מְקוֹמוֹ לְ...; נָתַן זְכוּת קְדִימָה לְ...; וִתֵּר, נִכְנַע; נִשְׁבַּר, קָרַס

if I had my way אִלּוּ זֶה הָיָה תָּלוּי בִּי

no way! (*colloq.*) בְּשׁוּם פָּנִים וָאֹפֶן! בְּשׁוּם אֹפֶן לֹא! הָיִיתָ מֵת!

by the way,... דֶּרֶךְ אַגַּב, אַגַּב

in the way מַפְרִיעַ

□ *he said it by way of apology* הוּא אָמַר זֹאת בְּתוֹר הִתְנַצְּלוּת

□ *you can't have it both* (or *all*) *ways* אַתָּה לֹא יָכוֹל לְהַחֲזִיק אֶת הַחֶבֶל בִּשְׁנֵי קְצוֹתָיו, (עָלֶיךָ לִבְחֹר אַחַת מִן הַשְּׁתַּיִם)

□ *he always wants (to have) his own way* הוּא תָּמִיד מִתְעַקֵּשׁ לַעֲשׂוֹת דְּבָרִים בַּדֶּרֶךְ שֶׁלּוֹ

□ *she's in the family way* (*colloq.*) הִיא בְּהֵרָיוֹן

□ *he's in a bad* (or *poor*) *way* הוּא לֹא בְּמַצָּב טוֹב, הוּא בְּמַצָּב לֹא טוֹב

□ *there are (or there's) no two ways about it* (*colloq.*) זֶה חַד־מַשְׁמָעִי לְגַמְרֵי
□ *could you see your way to lending me a few pounds?* (*colloq.*) יֵשׁ לְךָ אֶפְשָׁרוּת לְהַלְווֹת לִי כַּמָּה לִירוֹת?
□ *mark my words, he'll go a long way* (*fig.*) תִּזְכֹּר מַה שֶּׁאֲנִי אוֹמֵר, הוּא יַגִּיעַ רָחוֹק!
□ *he rubs me up the wrong way* (*colloq.*) הוּא עוֹלֶה לִי עַל הָעֲצַבִּים
□ *that's the way it goes!* (*colloq.*) כָּכָה זֶה! כָּאֵלֶּה הַחַיִּים!
—adv. בְּהַרְבֵּה; בְּקִרְבַת
□ *she was way ahead of her time* הִיא הִקְדִּימָה בְּהַרְבֵּה אֶת זְמַנָּהּ
□ *I know him from way back* אֲנִי מַכִּיר אוֹתוֹ מִזֶּה שָׁנִים
□ *she was way out in her calculations* הִיא טָעֲתָה בְּהַרְבֵּה בְּחִשּׁוּב שֶׁלָּהּ
□ *they live down Lambeth way* הֵם גָּרִים בְּקִרְבַת לַמְבֶּת'

waybill /ˈweɪbɪl/ n. רְשִׁימַת־מִטְעָן; רְשִׁימַת־נוֹסְעִים
wayfarer /ˈweɪfeərə(r)/ n. (*formal*) הֵלֵךְ, עוֹבֵר־אֹרַח
wayfaring /ˈweɪfeərɪŋ/ adj. (*formal*) נוֹדֵד
waylay /weɪˈleɪ/ (past & past ppl. **waylaid** /weɪˈleɪd/) v.t. אָרַב לְ..., עָצַר (אֶת פְּלוֹנִי) בְּדַרְכּוֹ
□ *she waylaid me and asked if I would buy some raffle tickets* (*fig.*) הִיא עָצְרָה אוֹתִי וְשָׁאֲלָה אִם אֲנִי מוּכָן לִקְנוֹת כַּרְטִיסֵי הַגְרָלָה
way-out /weɪ-ˈaʊt/ adj. (*colloq.*) מַמָּשׁ מוּזָר
wayside /ˈweɪsaɪd/ n. שׁוּלֵי כְּבִישׁ, אֵם־הַדֶּרֶךְ
□ *he tried to lose weight, but fell by the wayside* (*joc.*) הוּא נִסָּה לִרְזוֹת אַךְ עַד מְהֵרָה אָמַר נוֹאָשׁ
wayward /ˈweɪwəd/ adj. (*derog.*) סוֹרֵר, קַפְרִיזִי
waywardness /ˈweɪwədnɪs/ n. (*derog.*) פְּרִיקַת־עֹל, מְשׁוּבָה
WC /ˌdʌb(ə)ju: ˈsi:/ abbrev. (*colloq.*) בֵּית־שִׁמּוּשׁ
we /wi:/ pron.
1 (1st pers. pl.) אֲנַחְנוּ, אָנוּ
2 (1st pers. sing., used by royalty, judge, etc., in proclamations) אֲנַחְנוּ, אָנוּ
weak /wi:k/ adj.
1 (lacking in strength or effectiveness) חַלָּשׁ, חָלוּשׁ, רָפֶה
the weaker sex (*formal*) הַמִּין הֶחָלָשׁ (בִּטּוּי זֶה נֶחְשָׁב לָרֹב לְמַעֲלִיב)
□ *I dislike weak tea* אֲנִי לֹא אוֹהֵב תֵּה קָלוּשׁ/חַלָּשׁ
□ *his German is rather weak* הַגֶּרְמָנִית שֶׁלּוֹ חַלָּשָׁה לְמַדַּי
2 (*Gram.*) (בְּדִקְדּוּק אַנְגְּלִי) פֹּעַל רָגִיל (לְהַבְדִּיל מִפֹּעַל בַּעַל נְטִיָּה יוֹצֵאת דֹּפֶן)
weaken /ˈwi:kən/ v.t. & i. הֶחֱלִישׁ; נֶחֱלַשׁ
weak-kneed /wi:k-ˈni:d/ adj. (*colloq. derog.*) פַּחְדָן
weakling /ˈwi:klɪŋ/ n. (*derog.*) חַלַּשְׁלוּשׁ
weakly /ˈwi:klɪ/ adv. בְּחֻלְשָׁה, בִּתְשִׁישׁוּת
weak-minded /ˌwi:k-ˈmaɪndɪd/ adj. רְפֵה־שֵׂכֶל
weakness /ˈwi:knɪs/ n. חֻלְשָׁה, רִפְיוֹן, תְּשִׁישׁוּת
□ *he has a weakness for sugar* יֵשׁ לוֹ חֻלְשָׁה לְסֻכָּר
weak-willed /wi:k-ˈwɪld/ adj. חֲסַר כֹּחַ־רָצוֹן, חֲסַר־נְחִישׁוּת
weal /wi:l/ n.
1 (mark from whip or stick) סִימָן אָדֹם (כְּתוֹצָאָה מֵהַצְלָפָה וְכַד')
2 (well-being, *formal*) תּוֹעֶלֶת, טוֹבָה
in weal and woe בְּטוֹב וּבְרַע, בְּשִׂמְחָה וּבְצַעַר
the common (or **general**) **weal** תּוֹעֶלֶת־הַכְּלָל, טוֹבַת־הַכְּלָל
wealth /welθ/ n. עֹשֶׁר; שֶׁפַע
□ *this book contains a wealth of useful diagrams* יֵשׁ בְּסֵפֶר זֶה שֶׁפַע דִּיאַגְרָמוֹת מוֹעִילוֹת
wealthy /ˈwelθɪ/ adj. עָשִׁיר, אָמִיד
—n.
the wealthy הָעֲשִׁירִים, בַּעֲלֵי־הַהוֹן
wean /wi:n/ v.t. גָּמַל
□ *the baby was weaned at three months* הַתִּינוֹק נִגְמַל כְּשֶׁהָיָה בֶּן שְׁלֹשָׁה חֳדָשִׁים
□ *his parents tried to wean him from (or away from) gambling* הוֹרָיו נִסּוּ לִגְמֹל אוֹתוֹ מֵהִמּוּרִים
weapon /ˈwepən/ n. נֶשֶׁק, כְּלִי־נֶשֶׁק
weaponry /ˈwepənrɪ/ n. נֶשֶׁק
wear /weə(r)/ (past **wore** /wɔ:(r)/, past ppl. **worn** /wɔ:n/) v.t.
1 (have on the body) לָבַשׁ, נָשָׂא
□ *he wore a beard* הָיָה לוֹ זָקָן
□ *she wore a look of despair* פָּנֶיהָ לָבְשׁוּ אַרֶשֶׁת־יֵאוּשׁ
□ *will he wear it?* (*colloq.*) אַתָּה חוֹשֵׁב שֶׁהוּא "יֹאכַל" אֶת זֶה?
□ *he wore his heart on his sleeve* (*colloq.*) הוּא לֹא הִסְתִּיר אֶת רִגְשׁוֹתָיו
□ *she wears the trousers in that household* (*colloq.*) הִיא לוֹבֶשֶׁת אֶת הַמִּכְנָסַיִם בַּבַּיִת הַזֶּה
2 (damage, weaken, or reduce by rubbing, etc.) שָׁחַק, בִּלָּה
□ *she was worn by anxiety* הַדְּאָגָה נָתְנָה בָּהּ אֶת אוֹתוֹתֶיהָ
□ *his excuses are wearing thin* הַתֵּרוּצִים שֶׁלּוֹ נַעֲשִׂים פָּחוֹת וּפָחוֹת מְשַׁכְנְעִים
2 (endure continued use) נִשְׁתַּמֵּר
□ *this carpet has worn well* הַשָּׁטִיחַ הַזֶּה מַחֲזִיק מַעֲמָד יָפֶה
□ *she has worn well* (*fig.*) הִיא הִשְׁתַּמְּרָה יָפֶה
□ *the stones had been worn smooth by the flowing water* הָאֲבָנִים נִשְׁחֲקוּ וְהֶחְלִקוּ עַל יְדֵי זֶרֶם הַמַּיִם
3 (produce by rubbing, etc.)

□ *I've worn a hole in my sock* יֵשׁ לִי חוֹר בַּגֶּרֶב מֵרֹב שִׁפְשׁוּף
□ *a path was worn across the field* שְׁבִיל שֶׁנִּרְמַס עַל יְדֵי הַהוֹלְכִים חָצָה אֶת הַשָּׂדֶה

—v.i.

1 (be damaged, weakened, or reduced by rubbing, etc.) הִשְׁתַּפְשֵׁף, נִשְׁחַק, הִתְבַּלָּה
□ *the carpets are starting to wear* הַשְּׁטִיחִים מַתְחִילִים לְהִתְבַּלּוֹת

—in set phrases

wear away שָׁחַק; נִשְׁחַק
wear down שָׁחַק; נִשְׁחַק
□ *they gradually wore him down* הֵם הֶחֱלִישׁוּ אֶת הִתְנַגְּדוּתוֹ בְּהַדְרָגָה
wear off פָּג, נֶעֱלַם
□ *the novelty will soon wear off* הַחִדּוּשׁ שֶׁבַּדָּבָר יֵעָלֵם מַהֵר מְאֹד
wear on (זְמַן) הִתְקַדֵּם לְאִטּוֹ
□ *winter wore on* הַחֹרֶף נִמְשַׁךְ וְנִמְשַׁךְ
wear out
(reduce or be reduced by use) שָׁחַק, בִּלָּה; הִתְבַּלָּה
(exhaust, tire) שָׁחַק; נִשְׁחַק

—n.

1 (garments, act of wearing them) בֶּגֶד, לְבוּשׁ; לְבִישָׁה
□ *it is compulsory wear for officers* זֶה לְבוּשׁ חוֹבָה לִקְצִינִים
□ *this shirt is for everyday wear* חֻלְצָה זוֹ הִיא לְבוּשׁ לְיוֹם יוֹם

2 (damage caused by use) בְּלַאי, שְׁחִיקָה
□ *the damage is due to fair wear and tear* (*Law*) הַנֶּזֶק נִגְרַם עֵקֶב בְּלַאי סָבִיר
□ *he looks the worse for wear* (*colloq.*) הוּא נִרְאֶה "מוּבָס"

3 (capacity to endure)
□ *there's not much wear left in these shoes* הַנַּעֲלַיִם הָאֵלֶּה לֹא יַחֲזִיקוּ מַעֲמָד עוֹד זְמַן רַב

wearily /ˈwɪərɪlɪ/ adv. בְּלֵאוּת, בַּעֲיֵפוּת

weariness /ˈwɪərɪnɪs/ n. לֵאוּת, עֲיֵפוּת

wearing /ˈweərɪŋ/ adj. מְיַגֵּעַ
□ *I've had a very wearing day* הָיָה לִי יוֹם מְאֹד מְעַיֵּף

wearisome /ˈwɪərɪsəm/ adj. (*formal*) מְיַגֵּעַ, מְשַׁעֲמֵם

weary /ˈwɪərɪ/ adj. יָגֵעַ, לָאֶה, עָיֵף
□ *we walked ten weary miles* עָבַרְנוּ מַהֲלָךְ מְיַגֵּעַ שֶׁל עֲשָׂרָה מִיל

—v.t. (*formal*) יִגֵּעַ, הוֹגִיעַ
□ *she was wearied by the constant noise* הָרַעַשׁ הַבִּלְתִּי־פּוֹסֵק יִגֵּעַ אוֹתָהּ
□ *he wearied us all with his boring recollections* הוּא הוֹגִיעַ אֶת כֻּלָּנוּ בְּזִכְרוֹנוֹתָיו הַמְשַׁעַמְמִים

—v.i. (*formal*) יָגַע, עָיַף
□ *all but the strongest walkers had wearied* הַכֹּל, פְּרָט לַצּוֹעֲדִים הַחֲסֹנִים בְּיוֹתֵר, הִתְעַיְּפוּ
□ *she began to weary of her companions* הִיא הִתְחִילָה לְהִתְעַיֵּף מִן הַיְּדִידִים שֶׁלָּהּ

weasel /ˈwiːz(ə)l/ n. סַמּוּר

weather /ˈweðə(r)/ n. מֶזֶג־הָאֲוִיר
weather forecast תַּחֲזִית־מֶזֶג־אֲוִיר
□ *he's making rather heavy weather of it* (*colloq.*) הוּא מַגְזִים בַּקְּשָׁיִים, הוּא עוֹשֶׂה מִזֶּה סִפּוּר שָׁלֵם
□ *he kept a weather eye open* הוּא שָׁמַר עַל עֵרָנוּת
□ *I'm feeling a bit under the weather* (*colloq.*) אֲנִי מַרְגִּישׁ קְצָת לֹא טוֹב

—v.t.

1 עָבַר בְּהַצְלָחָה, הֶחֱזִיק מַעֲמָד בְּ...
□ *the ship weathered the storm* הַסְּפִינָה עָבְרָה בְּשָׁלוֹם אֶת הַסְּעָרָה
□ *we shall have to work hard to weather the storm* (*fig.*) נִצְטָרֵךְ לְהִתְאַמֵּץ כְּדֵי לַעֲמֹד בִּפְנֵי הַקְּשָׁיִים

2 (affect) (מֶזֶג אֲוִיר וְכַד׳) הִשְׁפִּיעַ עַל הַמַּרְאֶה שֶׁל
□ *the rocks were weathered by rain and wind* עִקְּבוֹת הַגֶּשֶׁם וְהָרוּחַ נִכְּרוּ בַּסְּלָעִים

—v.i. הֻשְׁפַּע עַל יְדֵי מֶזֶג הָאֲוִיר

weather-beaten /ˈweðə-ˌbiːt(ə)n/ adj. צָרוּב בַּשֶּׁמֶשׁ, מֻכֵּה רוּחוֹת (פָּנִים, צְרִיף, וְכַד׳)

weather-bound /ˈweðə-baʊnd/ adj. שֶׁנִּדְחָה/שֶׁבֻּטַּל בִּגְלַל תְּנָאֵי מֶזֶג־הָאֲוִיר

weather-bureau /ˈweðə-ˌbjʊərəʊ/ n. (*US*) הַשֵּׁרוּת הַמֶּטֶאוֹרוֹלוֹגִי

weather-chart /ˈweðə-tʃɑːt/ n. מַפַּת מֶזֶג־הָאֲוִיר

weathercock /ˈweðəkɒk/ n. שַׁבְשֶׁבֶת (לָרֹב בְּצוּרַת תַּרְנְגוֹל)

weather-man /ˈweðə-mæn/ n. חַזַּאי (מֶזֶג הָאֲוִיר)

weather-proof /ˈweðə-pruːf/ adj. עָמִיד בִּפְנֵי גֶּשֶׁם וָרוּחַ (מְעִיל וְכַד׳)

weather-ship /ˈweðə-ʃɪp/ n. סְפִינָה הַמְשַׁמֶּשֶׁת תַּחֲנָה מֶטֶאוֹרוֹלוֹגִית

weather-station /ˈweðə-ˌsteɪʃ(ə)n/ n. תַּחֲנָה מֶטֶאוֹרוֹלוֹגִית

weather-vane /ˈweðə-veɪn/ n. שַׁבְשֶׁבֶת

weave /wiːv/ (past **wove** /wəʊv/, past ppl. **woven** /ˈwəʊv(ə)n/) v.t. & i. אָרַג, שָׁזַר; הִשְׁתַּחֵל; הִתְנַדְנֵד מִצַּד אֶל צַד
□ *the cyclist wove in and out of the traffic* רוֹכֵב הָאוֹפַנַּיִם הִשְׁתַּלְשֵׁל בִּזְרִיזוּת בֵּין הַמְּכוֹנִיּוֹת
□ *let's get weaving!* (*UK colloq.*) בּוֹא נַתְחִיל לְהָזִיז אֶת הָעֵסֶק!

—n. אֹפֶן/סִגְנוֹן אֲרִיגָה

web /web/ n. רֶשֶׁת קוּרִים; קְרוּם שְׂחִיָּה (שֶׁבֵּין הָאֶצְבָּעוֹת שֶׁל חַיּוֹת־מַיִם)
spider's web (רֶשֶׁת) קוּרֵי־עַכָּבִישׁ

web of lies מַסֶּכֶת-שְׁקָרִים, סְבַךְ-שְׁקָרִים

webbed /webd/ adj. עִם קְרוּם שְׂחִיָּה (רֶגֶל שֶׁל עוֹף מַיִם וְכַד׳)

webbing /ˈwebɪŋ/ n. רְצוּעַת אָרִיג חָזָק בִּמְיֻחָד (מְשַׁמֶּשֶׁת בְּעִקָּר לְרִפּוּד וְלַחֲגוֹר)

web-footed /ˌweb-ˈfʊtɪd/ adj. (עוֹף מַיִם וְכַד׳) בַּעַל קְרוּם-שְׂחִיָּה בֵּין הָאֶצְבָּעוֹת

wed /wed/ (past & past ppl. **wed** /wed/ or **wedded** /ˈwedɪd/) v.t. & i. (*formal*) נָשָׂא לְ..., בָּא בִּבְרִית הַנִּשּׂוּאִין

□ *it is vital to wed efficiency to economy* חִיּוּנִי לְשַׁלֵּב יְעִילוּת בְּחִסָּכוֹן

□ *he is firmly wedded to this idea* הוּא דָּבֵק בְּנַחִישׁוּת בְּרַעְיוֹן הַזֶּה

we'd /wiːd/ contr. of **we had, we would** (*colloq.*)

wedding /ˈwedɪŋ/ n. חֲתֻנָּה, טֶקֶס חֲתֻנָּה (לָרֹב כּוֹלֵל אֲרוּחָה, קַבָּלַת פָּנִים וְכַד׳)

wedding breakfast אֲרוּחַת בֹּקֶר לַמְּזֻמָּנִים לְאַחַר הַחֲתֻנָּה

wedding-cake עוּגַת-כְּלוּלוֹת, עוּגַת-חֲתֻנָּה

wedding-ring טַבַּעַת-נִשּׂוּאִין

wedge /wedʒ/ n.

1 (V-shaped tool) טְרִיז (לָרֹב מֵעֵץ)

□ *this is the thin end of the wedge* (*fig.*) זוֹ רַק הַהַתְחָלָה (נֶאֱמַר לִשְׁלִילָה)

□ *he tried to drive a wedge between them* (*fig.*) הוּא נִסָּה לִתְקֹעַ טְרִיז בֵּינֵיהֶם (לְסַכְסֵךְ בֵּינֵיהֶם)

2 (anything wedge-shaped) פְּרוּסָה (שֶׁל עוּגָה וְכַד׳), חָרִיץ (שֶׁל גְּבִינָה)

—v.t. תָּקַע טְרִיז בְּ...; תָּקַע (דָּבָר מָה כִּטְרִיז)

□ *he wedged the door open* הוּא תָּקַע טְרִיז מִתַּחַת לַדֶּלֶת כְּדֵי שֶׁלֹּא תִּסָּגֵר

□ *he managed to wedge another book in* הוּא הִצְלִיחַ לִתְחֹב עוֹד סֵפֶר בֵּין הַסְּפָרִים

wedlock /ˈwedlɒk/ n. (*formal*) בְּרִית-נִשּׂוּאִין

born in wedlock שֶׁנּוֹלַד מִנִּשּׂוּאִין

born out of wedlock שֶׁנּוֹלַד מִחוּץ לְנִשּׂוּאִין

Wednesday /ˈwenzdɪ/ n. יוֹם רְבִיעִי

wee[1] /wiː/ adj. (*colloq.*) קְטַנְטַן, ״פִּיצִי״

in the wee small hours (*US*) בְּשָׁעוֹת הַקְּטַנּוֹת

□ *she's a wee bit jealous* הִיא קְצָת מְקַנֵּאת, הִיא ״טִפָּה״ מְקַנֵּאת

wee[2] /wiː/ n. & v.i. (also **wee-wee** /ˈwiː wiː/) (*colloq.*) פִּיפִּי (שֶׁתֶן בִּלְשׁוֹן-יְלָדִים); עָשָׂה פִּיפִּי

weed /wiːd/ n.

1 (wild, unwanted plant) עֵשֶׂב שׁוֹטֶה

the weed (*arch.*) סִיגַרְיוֹת, טַבָּק; מָרִיחוּאָנָה

2 (weak person, *UK colloq.*) חַלַּשְׁלוּשׁ; חַלָּשׁ אֹפִי

□ *he's a bit of a weed* (*derog.*) הוּא חַלַּשְׁלוּשׁ

—v.t. & i. נִכֵּשׁ עֲשָׂבִים בְּ...; נִכֵּשׁ עֲשָׂבִים, עִשֵּׂב

weed out נִפָּה, עָקַר

□ *natural selection weeds out the unfit* חֹק הַבְּרֵרָה הַטִּבְעִית מְנַפָּה אֶת הַחַלָּשִׁים

□ *I'm weeding out my stamp collection* (*fig.*) אֲנִי מְנַפֶּה אֶת הַבּוּלִים הַמְּיֻתָּרִים מִן הָאֹסֶף שֶׁלִּי

weed-killer /ˈwiːd-ˌkɪlə(r)/ n. קוֹטֵל-עֲשָׂבִים

weeds /wiːdz/ n. *pl.* (*arch.*) בִּגְדֵי אֲבֵלוּת, בִּגְדֵי שְׁחוֹרִים (שֶׁל אַלְמָנָה)

widow's weeds בִּגְדֵי-אַלְמָנָה (שְׁחוֹרִים)

weedy /ˈwiːdɪ/ adj.

1 (covered in weeds) מְכֻסֶּה עֲשָׂבִים שׁוֹטִים

2 (physically weak, weak in character, *colloq.*) חַלַּשְׁלוּשׁ; חַלַּשׁ אֹפִי

week /wiːk/ n. שָׁבוּעַ; שְׁבוּעַ עֲבוֹדָה (לָרֹב שֶׁל חֲמִשָּׁה אוֹ שִׁשָּׁה יָמִים); הַשָּׁבוּעַ (לְהַבְדִּיל מִסּוֹף הַשָּׁבוּעַ)

a week tomorrow מָחָר בְּעוֹד שָׁבוּעַ

Monday week בַּשָּׁבוּעַ הַבָּא בְּיוֹם שֵׁנִי

week in, week out כָּל שָׁבוּעַ, מִדֵּי שָׁבוּעַ בְּשָׁבוּעַ

the week after next הַשָּׁבוּעַ שֶׁלְּאַחַר הַשָּׁבוּעַ הַבָּא

the week before last הַשָּׁבוּעַ שֶׁלִּפְנֵי הַשָּׁבוּעַ שֶׁעָבַר

□ *I'm always tired during the week* אֲנִי תָּמִיד עָיֵף בְּמֶשֶׁךְ הַשָּׁבוּעַ (לְהַבְדִּיל מִסּוֹף הַשָּׁבוּעַ)

□ *he is paid by the week* הוּא מְקַבֵּל מַשְׂכֹּרֶת שְׁבוּעִית

□ *what day of the week are we?* אֵיזֶה יוֹם הַיּוֹם (בַּשָּׁבוּעַ)

□ *she works a 35-hour week* הִיא עוֹבֶדֶת שָׁבוּעַ שֶׁל 35 שָׁעוֹת

□ *he was away for weeks* הוּא נֶעְדַּר בְּמֶשֶׁךְ שָׁבוּעוֹת

weekday /ˈwiːkdeɪ/ n. יוֹם-חֹל (כָּל יוֹם בַּשָּׁבוּעַ פְּרָט לְיוֹם רִאשׁוֹן וּלְעִתִּים שַׁבָּת)

weekend /wiːkˈend/ n. סוֹפְשָׁבוּעַ (שַׁבָּת וְיוֹם רִאשׁוֹן)

weekend cottage בַּיִת כַּפְרִי (לְבִלּוּי סוֹפֵי שָׁבוּעַ וְכַד׳)

a long weekend סוֹפְשָׁבוּעַ אָרֹךְ

—v.i. בִּלָּה סוֹפְשָׁבוּעַ

weekly /ˈwiːklɪ/ adj. & adv. שְׁבוּעִי; לְפִי שָׁבוּעַ, פַּעַם בְּשָׁבוּעַ, מִדֵּי שָׁבוּעַ בְּשָׁבוּעַ

—n. שְׁבוּעוֹן

weeny /ˈwiːnɪ/ adj. (also **teeny-weeny** /tiːnɪ-wiːn/) (*colloq.*) קְטַנְצִ׳יק ״פִּיצִי״

weep /wiːp/ (past & past ppl. **wept** /wept/) v.t. & i. (*formal*) הִזִּיל (דְּמָעוֹת); בָּכָה, שָׁפַךְ דְּמָעוֹת; (פֶּצַע) מְדַמֵּם, מַפְרִישׁ מֻגְלָה

□ *she wept her eyes out* (*colloq.*) הִיא בָּכְתָה בְּלִי סוֹף

□ *he wept buckets* (*colloq.*) הוּא שָׁפַךְ דְּמָעוֹת כַּמַּיִם

□ *he wept to see such waste* הוּא בָּכָה כְּשֶׁרָאָה בִּזְבּוּז שֶׁכָּזֶה

□ *she wept over her father's death* הִיא בָּכְתָה עַל מוֹת אָבִיהָ, הִיא בִּכְּתָה אֶת אָבִיהָ שֶׁמֵּת

□ *this wall is weeping* (*fig.*) הַקִּיר הַזֶּה נוֹטֵף מַיִם

□ *although it is weeping, the wound will heal* (*fig.*) לַמְרוֹת שֶׁהַפְּצִיעָה מְדַמֶּמֶת, הִיא תִּתְרַפֵּא

—n. (*colloq.*) בְּכִיָּה

□ *you'll feel better if you have a good weep* תִּבְכֶּה קְצָת – זֶה יַעֲזֹר לְךָ לְהַרְגִּישׁ יוֹתֵר טוֹב

weeping willow /ˌwi:pɪŋ ˈwɪləʊ/ n. עֲרָבָה בּוֹכִיָּה

weepy /ˈwi:pɪ/ (*colloq.*) adj. (אָדָם) בַּכְיָן; (סֶרֶט וְכַד׳) סוֹחֵט דְּמָעוֹת

—n. סֶרֶט סוֹחֵט דְּמָעוֹת

weevil /ˈwi:v(ə)l/ n. חִדְקוּנִית (מִין חִפּוּשִׁית)

weft /weft/ n. חוּטֵי־הָרֹחַב בַּאֲרִיגָה, עֵרֶב

weigh /weɪ/ v.t.

1 (find heaviness of) שָׁקַל (אֶת הַמִּזְוָדָה, אֶת הַמָּזוֹן וְכַד׳)

□ *the shop assistant weighed out a pound of olives and gave them to me* הַמּוֹכֵר שָׁקַל 400 גר׳ זֵיתִים וְנָתַן לִי אוֹתָם

2 (have a weight of) שָׁקַל (מִשְׁקָל מְסֻיָּם), הָיָה בַּעַל מִשְׁקָל שֶׁל

□ *what does it weigh?* כַּמָּה זֶה שׁוֹקֵל?

□ *this suitcase weighs 20 kg* הַמִּזְוָדָה הַזּוֹ שׁוֹקֶלֶת 20 ק״ג

3 (judge value or importance of) הֶעֱרִיךְ, שָׁקַל

□ *she weighed her words carefully* הִיא שָׁקְלָה אֶת דְּבָרֶיהָ בִּזְהִירוּת

□ *he weighed up the pros and cons of the matter* הוּא שָׁקַל אֶת הָעִנְיָן מִצְּדָדֵי הַחִיּוּב וְהַשְּׁלִילָה שֶׁבּוֹ, הוּא שָׁקַל אֶת הַבְּעַד וְהַנֶּגֶד

4 (bear down, press heavily on) הִכְבִּיד (עַל)

□ *the branches were weighed down with fruit* הָעֲנָפִים כָּרְעוּ תַּחַת נֵטֶל הַפְּרִי

5 (*Naut.*) הֵרִים (עֹגֶן)

□ *the ship weighed anchor* הַסְּפִינָה הֵרִימָה עֹגֶן

—v.i.

1 (be checked for weight) שָׁקַל

□ *the boxer weighed in at 60 kg.* הַמִּתְאַגְרֵף שָׁקַל 60 ק״ג בִּשְׁקִילָה שֶׁלִּפְנֵי הַקְּרָב

□ *he weighed in with a telling argument* (*colloq.*) הוּא הֶעֱלָה טִעוּן מַכְרִיעַ בַּוִּכּוּחַ

2 (have importance) הִשְׁפִּיעַ, הָיָה בַּעַל מִשְׁקָל

□ *his criminal record weighed against him* הֶעָבָר הַפְּלִילִי שֶׁלּוֹ הִשְׁפִּיעַ נֶגְדּוֹ (בְּעֵת הַדִּיּוּן בְּבֵית הַמִּשְׁפָּט וְכַד׳)

□ *these considerations weigh heavily with the public* לַשִּׁקּוּלִים אֵלֶּה יֵשׁ מִשְׁקָל רַב בַּצִּבּוּר

□ *her past achievements weighed in her favour as a candidate* הַהֶשֵּׂגִים שֶׁלָּהּ בֶּעָבָר הִשְׁפִּיעוּ לְטוֹבָתָהּ כִּמְעֻמֶּדֶת

3 (cause difficulty and worry) רָבַץ עַל, הִכְבִּיד עַל

□ *it's been weighing heavily on my conscience* זֶה מַכְבִּיד מְאֹד עַל מַצְפּוּנִי

weighbridge /ˈweɪbrɪdʒ/ n. מֹאזְנֵי־רֶכֶב

weight /weɪt/ n.

1 (heaviness) מִשְׁקָל

□ *the child is under* (or *over*) *weight* הַיֶּלֶד שׁוֹקֵל פָּחוֹת/יוֹתֵר מִדַּי

□ *I have put on* (or *lost*) *weight recently* אִבַּדְתִּי מִשְׁקָל לָאַחֲרוֹנָה – עָלִיתִי בְּמִשְׁקָל לָאַחֲרוֹנָה

□ *he doesn't pull his weight* (*fig.*) הוּא לֹא תּוֹרֵם אֶת חֶלְקוֹ בָּעֲבוֹדָה

□ *Tom likes throwing his weight about* (*fig.*) טוֹם לֹא מַפְסִיק לְהַזְכִּיר לָנוּ שֶׁהוּא הַבּוֹס

2 (heavy object; standard measure of heaviness) דָּבָר כָּבֵד; מִשְׁקֹלֶת

□ *the doctor said I must not lift any weights* הָרוֹפֵא אָמַר שֶׁאָסוּר לִי לְהָרִים דְּבָרִים כְּבֵדִים

□ *this is a one-pound weight* זוֹ מִשְׁקֹלֶת בַּת לִיטְרָה אַחַת

3 (value, importance) מִשְׁקָל, עֵרֶךְ

□ *his views don't carry much weight* אֵין לְדֵעוֹתָיו מִשְׁקָל רַב

□ *I don't attach any weight to his views* אֲנִי לֹא מְיַחֵס עֵרֶךְ רַב לְדֵעוֹתָיו

4 (source of difficulty and worry) מַעֲמָסָה, נֵטֶל

□ *that took a weight off my mind* זֶה הֵסִיר מַעֲמָסָה (כְּבֵדָה) מֵעַל שִׁכְמִי

—v.t. הוֹסִיף מִשְׁקֹלֶת לְ...; הִכְבִּיד עַל

□ *I was weighted down with luggage* הָיִיתִי עָמוּס לַעֲיֵפָה בְּמִזְוָדוֹת

□ *circumstances are weighted in his favour* הַנְּסִבּוֹת פּוֹעֲלוֹת לְטוֹבָתוֹ

weighting /ˈweɪtɪŋ/ n. (*UK*) תּוֹסֶפֶת יְחוּדִית (לַמַּשְׂכֹּרֶת וְכַד׳)

London weighting תּוֹסֶפֶת מְיֻחֶדֶת לְאָדָם הָעוֹבֵד בְּלוֹנְדּוֹן (בְּשֶׁל יֹקֶר הַמִּחְיָה)

weightless /ˈweɪtlɪs/ adj. חֲסַר־מִשְׁקָל, נְטוּל־מִשְׁקָל

weightlessness /ˈweɪtlɪsnɪs/ n. חֹסֶר מִשְׁקָל, מַצָּב שֶׁל כְּבִידַת־אֶפֶס

weight-lifter /ˈweɪt-lɪftə(r)/ n. מֵרִים־מִשְׁקָלוֹת

weight-lifting /ˈweɪt-lɪftɪŋ/ n. הֲרָמַת־מִשְׁקָלוֹת

weighty /ˈweɪtɪ/ adj. כָּבֵד, בַּעַל־מִשְׁקָל (לְעִתִּים קְרוֹבוֹת בְּהַשְׁאָלָה)

□ *that is a weighty argument* (*formal*) זֶה טִעוּן נִכְבָּד/בַּעַל מִשְׁקָל

weir /wɪə(r)/ n. סֶכֶר (לְרֹחַב נַחַל וְכַד׳); מַחְסוֹם־דַּיִג

weird /wɪəd/ adj. מוּזָר, מִסְתּוֹרִי, לֹא־טִבְעִי

□ *he is weird!* (*colloq.*) מַשֶּׁהוּ לֹא בְּסֵדֶר אִתּוֹ (הוּא אָדָם מוּזָר)

weirdo /ˈwɪədəʊ/ n. (*colloq.*) "מְג'וּנוּן", "מְסֻטּוֹל" (אָדָם מוּזָר מְאֹד)

welcome /ˈwelkəm/ int. בָּרוּךְ הַבָּא, בְּרוּכִים הַבָּאִים!

—adj. מִתְקַבֵּל בְּשִׂמְחָה, מְבֹרָךְ, רָצוּי

□ *this weather is* (or *makes*) *a welcome change* זֶהוּ שִׁנּוּי מְבֹרָךְ בְּמֶזֶג הָאֲוִיר

□ *they made us welcome* הֵם קִבְּלוּ אוֹתָנוּ בְּסֵבֶר פָּנִים יָפוֹת
□ *I didn't feel very welcome* לֹא הִרְגַּשְׁתִּי רָצוּי בִּמְיֻחָד
□ *you're welcome to my share* אַתָּה מְזֻמָּן לָקַחַת אֶת הַחֵלֶק/הַמָּנָה שֶׁלִּי; אַתָּה יָכוֹל לְקַבֵּל אֶת הַחֵלֶק/הַמָּנָה שֶׁלִּי
□ *you're welcome to try it* בְּבַקָּשָׁה תְּנַסֶּה! אַתָּה יָכוֹל לְנַסּוֹת
□ *thank you so much – You're welcome!* אֵין בְּעַד מָה! בְּבַקָּשָׁה!
—n. קַבָּלַת־פָּנִים; בִּרְכַּת בָּרוּךְ הַבָּא
—v.t. קִבֵּל אֶת פְּנֵי..., קִדֵּם בִּבְרָכָה אֶת... קִבֵּל בְּסֵבֶר פָּנִים יָפוֹת; נַעֲנָה בְּרָצוֹן לְ...

welch /welʃ/ see **WELSH**

weld /weld/ v.t. & i. רִתֵּךְ; חִבֵּר הֵיטֵב; נִתַּן לְרִתּוּךְ
□ *she welded the hockey-players into a first-class team* (*fig.*) הִיא לִכְּדָה אֶת שַׂחְקָנֵי הַהוֹקִי וְהָפְכָה אוֹתָם לִקְבוּצָה מְעֻלָּה
—n. רִתּוּךְ, נְקֻדָּה שֶׁחֻבְּרָה בְּרִתּוּךְ

welder /ˈweldə(r)/ n. רַתָּךְ

welfare /ˈwelfeə(r)/ n. רְוָחָה, בְּרִיאוּת (שֶׁל פְּרָט, שֶׁל אִרְגּוּן); רְוָחָה, סַעַד (בִּמְדִינָה)
welfare officer עוֹבֵד־סַעַד; עוֹבֵד־סוֹצְיָאלִי
welfare state מְדִינַת־סַעַד, מְדִינַת־רְוָחָה
welfare work עֲבוֹדָה לְמַעַן הַשְּׁכָבוֹת הַנֶּחְשָׁלוֹת
□ *they are on welfare* (*US*) הֵם חַיִּים עַל קִצְבַּת סַעַד

well[1] /wel/ n.
1 (hole dug in ground to find water or oil) בְּאֵר, חָפַר בְּאֵר
sink a well חָפַר בְּאֵר
2 (deep enclosed space in building) פִּיר, חָלָל אֲנָכִי (בְּלֵב בִּנְיָן)
stair well חֲלַל הַמַּדְרֵגוֹת בְּתוֹךְ בִּנְיָן
—v.i. נָבַע, פִּכָּה
□ *blood welled out of the wound* הַדָּם נָבַע בְּאִטִּיּוּת מִן הַפֶּצַע
□ *I felt anger welling up inside me* הִרְגַּשְׁתִּי אֶת הַזַּעַם מְפַעְפֵּעַ בִּי/גוֹאֶה בְּקִרְבִּי

well[2] /wel/ adj.
1 (in good health) בָּרִיא
get well card כַּרְטִיס אִחוּלֵי הַחְלָמָה
□ *get well soon!* רְפוּאָה שְׁלֵמָה!
2 (in satisfactory state) טוֹב, בְּסֵדֶר
□ *all's well that ends well* (*Prov.*) סוֹף טוֹב הַכֹּל טוֹב
□ *that's all well and good, but...* הַכֹּל טוֹב וְיָפֶה אֲבָל...
3 (advisable) טוֹב, רָצוּי
□ *it would be as well to ask your employer's permission* מוּטָב לְךָ לְבַקֵּשׁ אֶת רְשׁוּת הַמַּעֲבִיד שֶׁלְּךָ
—adv. (comp. **better** /ˈbetə(r)/, superl. **best** /best/)
1 (so as to be in a satisfactory state)
well done! יָפֶה! כָּל הַכָּבוֹד!
□ *he's doing well after his operation* הוּא הִתְאוֹשֵׁשׁ אַחֲרֵי הַנִּתּוּחַ
□ *you're well out of that* טוֹב שֶׁיָּצָאתָ מִזֶּה
2 (to a considerable degree, fully) הֵיטֵב, כַּהֹגֶן
□ *shake well before use!* נַעֵר הֵיטֵב לִפְנֵי הַשִּׁמּוּשׁ!
□ *he can well afford it* הוּא בְּהֶחְלֵט יָכוֹל לְהַרְשׁוֹת זֹאת לְעַצְמוֹ
□ *the team was well and truly beaten* (*colloq.*) הַקְּבוּצָה הֻכְּתָה שׁוֹק עַל יָרֵךְ
□ *leave* (or *let*) *well enough alone* אַל תִּגַּע בָּזֶה, מַסְפִּיק
□ *I am well aware of your attitude* אֲנִי מוּדָע הֵיטֵב לְגִישָׁתְךָ
□ *he was well away after only 2 pints of beer* (*colloq.*) אַחֲרֵי שְׁתֵּי בִּירוֹת גְּדוֹלוֹת הוּא יָצָא שִׁכּוֹר לְגַמְרֵי
□ *I like my steak well done* אֲנִי אוֹהֵב אֶת הַסְּטֵיק שֶׁלִּי עָשׂוּי־הֵיטֵב/"וֶל־דַּן"
□ *he's well over fifty* הוּא עָבַר מִזְּמַן אֶת גִּיל הַחֲמִשִּׁים
□ *I'm not very well up on current affairs* אֲנִי לֹא מְעֻדְכָּן לַחֲלוּטִין בְּעִנְיְנֵי־הַיּוֹם
3 (with reason, indeed, with advantage)
□ *we may as well try* אֵין סִבָּה שֶׁלֹּא נְנַסֶּה, אֵין לָנוּ מָה לְהַפְסִיד מִלְּנַסּוֹת
□ *we might as well do it as not* אֵין הֶבְדֵּל אִם נְנַסֶּה אוֹ לֹא
□ *you might as well say that black is white* בְּאוֹתָהּ מִדָּה תּוּכַל לוֹמַר שֶׁהַשָּׁחוֹר הוּא לָבָן
□ *that may well be* זֶה יָכוֹל מְאֹד לִהְיוֹת
4 (in addition (to)) נוֹסָף עַל, בְּנוֹסָף לְ...
□ *she passed in maths as well as physics* הִיא עָבְרָה לֹא רַק אֶת הַבְּחִינָה בְּמָתֵמָטִיקָה אֶלָּא גַּם בְּפִיזִיקָה
—int.
□ *well, I never!* (*colloq.*) לֹא יְאֻמַּן! לֹא יִתָּכֵן! לֹא הָיִיתִי מַאֲמִין
□ *well, it can't be helped* נוּ, אֵין מָה לַעֲשׂוֹת!, אֵין בְּרֵרָה! זֶה מָה שֶׁיֵּשׁ!
□ *well then?* וּבְכֵן?, נוּ?
□ *very well then, if you insist* (*formal*) נוּ טוֹב, אִם אַתָּה עוֹמֵד עַל כָּךְ
□ *well, what of it?* אָז מָה?
□ *well, well...* תִּרְאוּ, תִּרְאוּ...

we'll /wi:l/ contr. of **we will, we shall** (*colloq.*)

well-advised /wel-ədˈvaɪzd/ adj. שָׁקוּל, נָבוֹן
□ *you would be well-advised to come* אַתָּה תַּעֲשֶׂה בְּחָכְמָה אִם תָּבוֹא

well-appointed /ˌwel-əˈpɔɪntɪd/ adj. (דִּירָה) מְצֻיֶּדֶת כַּהֲלָכָה

well-balanced /ˌwel-ˈbælənst/ adj. מְאֻזָּן; שָׁקוּל (בְּדַעְתּוֹ)
□ *you should eat a well-balanced diet* עָלֶיךָ לֶאֱכֹל מָזוֹן מְאֻזָּן מִבְּחִינָה דִּיאֶטֶטִית

well-behaved /ˌwel-bɪˈheɪvd/ adj. מִתְנַהֵג יָפֶה, מְמֻשְׁמָע

well-being /ˈwel-biːɪŋ/ n. רְוָחָה; בְּרִיאוּת וְאֹשֶׁר

well-born /wel-ˈbɔːn/ adj. (*arch.*) מְיֻחָס, בֶּן־טוֹבִים

well-bred /wel-ˈbred/ adj. (*arch.*) (אָדָם) בַּעַל נִימוּסִים טוֹבִים, מְחֻנָּךְ

well-built /wel-ˈbɪlt/ adj. (*colloq.*) בַּעַל־גּוּף, חָסֹן, "בָּרִיא"

well-connected /ˌwel-kəˈnektɪd/ adj. בַּעַל־קְשָׁרִים; מִמִּשְׁפָּחָה טוֹבָה

well-disposed /ˌwel-dɪˈspəʊzd/ adj. (*formal*) בַּעַל גִּישָׁה חִיּוּבִית, אוֹהֵד
□ *the minister is quite well-disposed towards the idea* הַשַּׂר בְּהֶחְלֵט רוֹאֶה בְּחִיּוּב אֶת הַהַצָּעָה

well-earned /wel-ˈɜːnd/ adj. (שָׂכָר, פְּרָס) רָאוּי, מַגִּיעַ, שֶׁהֻשַּׂג בְּעָמָל

well-favoured /ˌwel-ˈfeɪvəd/ adj. (*arch.*) יְפֵה־תֹּאַר (לְתֵאוּר גֶּבֶר אוֹ אִשָּׁה)

well-founded /ˌwel-ˈfaʊndɪd/ adj. מְבֻסָּס, בַּעַל יְסוֹד בָּרוּר
□ *her suspicions were well-founded* לַחֲשָׁדוֹתֶיהָ הָיוּ יְסוֹדוֹת בְּרוּרִים

well-groomed /wel-ˈgruːmd/ adj. (אָדָם) לָבוּשׁ הֵיטֵב, בַּעַל הוֹפָעָה נָאָה; (דֶּשֶׁא) מְטֻפָּח

well-grounded /ˌwel-ˈgraʊndɪd/ adj. בַּעַל בָּסִיס מוּצָק (שֶׁל יֶדַע, בְּנוֹשֵׂא מְסֻיָּם); בַּעַל יְסוֹד בָּרוּר (בְּעֻבְדּוֹת)

well-heeled /wel-ˈhiːld/ adj. (*colloq.*) "מְרֻפָּד", "מְסֻדָּר בַּחַיִּים" (עָשִׁיר)

well-hung /wel-ˈhʌŋ/ adj. (*vulg.*) (גֶּבֶר) "מְצֻיָּד כְּמוֹ שֶׁצָּרִיךְ" (בַּעַל אֵבֶר מִין גָּדוֹל)

well-informed /ˌwel-ɪnˈfɔːmd/ adj. יוֹדֵעַ דָּבָר, בָּקִי, מְעֻדְכָּן
□ *he made a well-informed guess* הוּא נִחֵשׁ נִחוּשׁ מְבֻסָּס, הוּא נִחֵשׁ נִחוּשׁ אִינְטֶלִיגֶנְטִי

wellington /ˈwelɪŋtən/ n., usu. in *pl.* (*also* **welling boot** /ˌwelɪŋtən ˈbuːt/) מַגַּף־גּוּמִי גָּבֹהַּ

well-intentioned /ˌwel-ɪnˈtenʃənd/ adj. בַּעַל כַּוָּנוֹת טוֹבוֹת (אַף תּוֹצָאוֹת הֲפוּכוֹת)

well-known /wel-ˈnəʊn/ adj. יָדוּעַ, מְפֻרְסָם, נוֹדָע

well-lined /wel-ˈlaɪnd/ adj. (*colloq.*) (אַרְנָק) "מְרֻפָּד" בְּכֶסֶף; (בֶּטֶן) מְלֵאָה
□ *he has a well-lined purse* (*fig.*) הוּא "מָלֵא" בְּכֶסֶף

well-marked /wel-ˈmɑːkt/ adj. מֻגְדָּר, בּוֹלֵט, בָּרוּר מְאֹד

well-meaning /ˌwel-ˈmiːnɪŋ/ adj. בַּעַל כַּוָּנוֹת טוֹבוֹת (אַף תּוֹצָאוֹת הֲפוּכוֹת)

well-meant /wel-ˈment/ adj. מִתּוֹךְ כַּוָּנָה טוֹבָה (אַף בַּעַל תּוֹצָאָה הֲפוּכָה)

wellnigh /ˈwelnaɪ/ adv. (*formal*) כִּמְעַט, קָרוֹב מְאֹד לְ...
□ *this task is wellnigh impossible* הַמְּשִׂימָה הַזֹּאת כִּמְעַט בִּלְתִּי אֶפְשָׁרִית

well-off /wel ˈɒf/ adj. מְבֻסָּס, אָמִיד, עָשִׁיר

well-oiled /wel-ˈɔɪld/ adj. (*sl.*) "מַסְטוּל" (כְּתוֹצָאָה מִשְּׁתִיַּת אַלְכּוֹהוֹל)

well-preserved /ˌwel-prɪˈzɜːvd/ adj. (אָדָם) "שָׁמוּר־הֵיטֵב" (בְּמַצָּב גּוּפָנִי טוֹב בְּיַחַס לַגִּיל)

well-read /wel-ˈred/ adj. (אָדָם) שֶׁקָּרָא הַרְבֵּה

well-rounded /ˌwel-ˈraʊndɪd/ adj. (אֹפִי, נִסָּיוֹן) בָּשֵׁל וּמַקִּיף; (אָדָם) בַּעַל גִּזְרָה נָאָה וּבְרִיאָה
□ *he had a well-rounded education* הוּא הָיָה בַּעַל חִנּוּךְ מְגֻוָּן וְשָׁלֵם

well-spoken /ˌwel-ˈspəʊkən/ adj. נְעִים־דְּבָרִים, מְנֻמָּס (בְּדִבּוּר)

well-thought-of /ˌwel-ˈθɔːt-ɒv/ adj. (אָדָם) מְכֻבָּד, הַזּוֹכֶה לְכָבוֹד וּלְהַעֲרָכָה

well-timed /wel-ˈtaɪmd/ adj. בְּעִתּוֹ, בְּעִתּוּי הַנָּכוֹן, בָּרֶגַע הַנָּכוֹן

well-to-do /ˌwel-tə-ˈduː/ adj. (*colloq.*) בַּעַל אֶמְצָעִים, אָמִיד, עָשִׁיר

well-tried /wel-ˈtraɪd/ adj. (אֶמְצָעִי) בָּדוּק וְיָדוּעַ, שֶׁהוּכַח כְּיָעִיל

well-turned /wel-ˈtɜːnd/ adj. (*formal*) (בִּטּוּי) מְנֻסָּח כַּהֲלָכָה
□ *he's a master of the well-turned phrase* הוּא אָמָן הַנִּסּוּחַ

well-versed /wel-ˈvɜːst/ adj. (*formal*) בָּקִי, מֻמְחֶה, יַדְעָן

well-wisher /ˈwel-wɪʃə(r)/ n. דּוֹרֵשׁ שְׁלוֹמוֹ שֶׁל..., אוֹהֵד, רוֹצֶה בְּטוֹבָתוֹ שֶׁל...

well-worn /wel-ˈwɔːn/ adj. בָּלוּי, מְשֻׁמָּשׁ; (תֵּרוּץ) נָדוֹשׁ, שָׁחוּק; (בֶּגֶד) בָּלוּי, מְרֻפָּט

Welsh /welʃ/ adj. & n. וֶלְשִׁי; הַשָּׂפָה הַוֶּלְשִׁית; הָעָם הַוֶּלְשִׁי

Welsh rabbit (or **rarebit**) מֵעֵין טוֹסְט־גְּבִינָה

welsh (also **welch**) /welʃ/ v.i. (*derog.*) הִשְׁתַּמֵּט מִתַּשְׁלוּם חוֹב; (סוֹכֵן הַמּוֹרִים) לֹא עָמַד בְּהִתְחַיְּבוּתוֹ

Welshman /ˈwelʃmən/ n. וֶלְשִׁי, בֶּן וֶלְס

welt /welt/ n.
1 (mark from whip or stick) צַלֶּקֶת, חַבּוּרָה (סִימָן אָדֹם עַל הָעוֹר, כְּתוֹצָאָה מֵהַצְלָפָה וְכַד')
2 (part of shoe) אִמְרָה (רְצוּעָה שֶׁאֵלֶיהָ נִתְפֶּרֶת סֻלְיַת הַנַּעַל)

welter /ˈweltə(r)/ n. עִרְבּוּבְיָה, מְהוּמָה
□ *a welter of meaningless words* בְּלִיל שֶׁל מִלִּים חַסְרוֹת מַשְׁמָעוּת

welterweight /ˈweltəweɪt/ n. מִתְאַגְרֵף בְּמִשְׁקָל חֲצִי־כָּבֵד

wench /wentʃ/ n. (*arch.* or *joc.*) רִיבָה, נַעֲרָה

—v.i. הִתְרוֹעֵעַ עִם נָשִׁים קַלּוֹת-דַּעַת

□ *he went wenching* הוּא יָצָא לִרְדֹּף שִׂמְלוֹת

wend /wend/ v.t. (*arch.*) עָשָׂה דַּרְכּוֹ לְ..., שָׂם פְּעָמָיו אֶל

□ *we wended our way home* שַׂמְנוּ פְּעָמֵינוּ הַבַּיְתָה

went /went/ past of **go**

wept /wept/ past ppl. of **weep**

were /wə(r), strong form wɜː(r)/ past of **be**

we're /wɪə(r)/ contr. of **we are** (*colloq.*)

weren't /wɜːnt/ contr. of **were not** (*colloq.*)

werewolf /ˈwɪəwʊlf/ n. אָדָם-זְאֵב (בְּאַגָּדוֹת עַם, אָדָם הַנֶּהְפָּךְ לִזְאֵב)

west /west/ n. & adj. מַעֲרָב; מַעֲרָבִי

the West

(*Geog.*) מַעֲרַב אַרְצוֹת-הַבְּרִית

(*Polit.*) הַגּוּשׁ הַמַּעֲרָבִי, הַמַּעֲרָב

the West Country דְּרוֹם מַעֲרַב אַנְגְּלִיָּה

the West End (*UK*) הַ"וֶסְט-אֶנְד" (רֹבַע הַתֵּיאַטְרוֹנִים, הַמִּסְעָדוֹת וְהַחֲנֻיּוֹת הַגְּדוֹלוֹת בְּלוֹנְדוֹן)

the West Indies אִיֵּי הֹדּוּ הַמַּעֲרָבִית (קְבוּצַת הָאִיִּים שֶׁבֵּין פְלוֹרִידָה וּוֶנֶצוּאֶלָה)

the Wild West הַמַּעֲרָב הַפָּרוּעַ

—adv. מַעֲרָבָה

□ *he's gone west* (*sl.*) הוּא "הָלַךְ" (מֵת)

□ *the fuse has gone west* (*sl.*) הַפְּיוּז "הָלַךְ"

westerly /ˈwestəlɪ/ adj. מַעֲרָבִי

—n. רוּחַ מַעֲרָבִית

western /ˈwestən/ adj. מַעֲרָבִי

□ *La Rochelle is in western France* לָה-רוֹשֵׁל נִמְצֵאת בְּמַעֲרַב צָרְפַת

—n. מַעֲרָבוֹן (סֶרֶט-קוֹלְנוֹעַ)

westerner /ˈwestənə(r)/ n. בֶּן-הַמַּעֲרָב (מִן הַגּוּשׁ הַמַּעֲרָבִי/מִמַּעֲרַב אַרְה"ב)

westernize /ˈwestənaɪz/ v.t. הֶחְדִּיר עֲרָכִים וּמִנְהָגִים שֶׁל הַמַּעֲרָב

westernmost /ˈwestənməʊst/ adj. הַמַּעֲרָבִי בְּיוֹתֵר

westward /ˈwestwəd/ adj. & adv. (also **westwards** /ˈwestwədz/) מַעֲרָבָה, לְכִוּוּן מַעֲרָב

wet /wet/ adj.

1 (covered or soaked with water) רָטֹב

wet dream (*colloq.*) "חֲלוֹם-רָטֹב", "מִקְרֵה לַיְלָה", קֶרִי

wet suit חֲלִיפַת-צְלִילָה, בִּגְדֵי-צְלִילָה

□ *he was wet through* הוּא נִרְטַב לְגַמְרֵי

□ *he's a wet blanket* (*colloq.*) הוּא מְקַלְקֵל אֶת הַשִּׂמְחָה, הוּא מוֹצִיא אֶת כָּל הַכֵּיף (מִפְּעִילוּת וְכַד')

□ *he is wet behind the ears* (*colloq. derog.*) הוּא "יֶלֶד"

2 (not dry) רָטֹב, טָרִי

wet paint! צֶבַע טָרִי!

3 (rainy) גָּשׁוּם

4 (feeble, *colloq.*) חָלוּשׁ, "סַבּוֹן"

—n.

1 (rain) גֶּשֶׁם

□ *come in out of the wet!* גֶּשֶׁם יוֹרֵד, בּוֹא הַבַּיְתָה

2 (moderate politician, *UK*) פּוֹלִיטִיקַאי הַדּוֹגֵל בִּמְדִינִיּוּת מְתוּנָה

□ *he's one of the Tory wets* הוּא חָבֵר מְאֹד לֹא-קִיצוֹנִי בַּמִּפְלָגָה הַשַּׁמְרָנִית

—v.t. (past ppl. **wet** /wet/ or **wetted** /ˈwetəd/) הִרְטִיב

□ *he wet himself* הוּא "הִרְטִיב" (תִּינוֹק, יֶלֶד); "עָשָׂה בַּמִּכְנָסַיִם" (תִּינוֹק, אָדָם מְבֻגָּר)

□ *the child wetted his bed* הַתִּינוֹק הִרְטִיב בַּמִּטָּה

□ *he wet his whistle* (*colloq.*) הוּא שָׁתָה כּוֹסִית

wether /ˈweðə(r)/ n. אַיִל מְסֹרָס

wet-nurse /ˈwet-nɜːs/ n. מֵינֶקֶת

wetting /ˈwetɪŋ/ n.

□ *he got a wetting* (*colloq.*) הוּא נִרְטַב כַּהֹגֶן

we've /wiːv/ contr. of **we have** (*colloq.*)

whack /wæk/ (*colloq.*) v.t. הִצְלִיף, חָבַט, נָתַן "זַפְטָה" לְ...; (בִּסְפּוֹרְט) "חִסֵּל"

□ *I'm whacked!* (*fig.*) אֲנִי "גָּמוּר", אֲנִי "מְחֻסָּל לְגַמְרֵי" (מֵעֲיֵפוּת)

—v.i.

whack off (*US vulg.*) "עָשָׂה בַּיָּד"

—n.

1 (sharp blow) מַכָּה עַזָּה, "זַפְטָה"

□ *he took a whack at the ball* הוּא נָתַן מַכָּה חֲזָקָה בַּכַּדּוּר

2 (share) חֵלֶק

□ *he never pays his whack* הוּא לְעוֹלָם לֹא תּוֹרֵם אֶת הַחֵלֶק שֶׁלּוֹ

□ *did you get a fair whack?* הַאִם קִבַּלְתָּ אֶת הַחֵלֶק שֶׁלְּךָ, הַאִם נָתְנוּ לְךָ הִזְדַּמְּנוּת

whacking /ˈwækɪŋ/ (*colloq.*) n. הַצְלָפָה, "מַכּוֹת"

—adj. & adv. נוֹרָא גָּדוֹל, מְפוֹצָץ

□ *he told a whacking great* (or *big*) *lie* הוּא סִפֵּר שֶׁקֶר מְפוֹצָץ

whale /weɪl/ n. לִוְיָתָן

whale oil שֶׁמֶן-לִוְיָתָנִים (מְשַׁמֵּשׁ בְּעִקָּר בְּתַעֲשִׂיַּת הַתַּמְרוּקִים)

□ *we had a whale of a time* (*colloq.*) עָשִׂינוּ חַיִּים מְשֻׁגָּעִים

—v.i. צָד לִוְיָתָנִים

whale-bone /ˈweɪl-bəʊn/ n. עֶצֶם-לִוְיָתָן (חֹמֶר קַרְנִי גָּמִישׁ מִלֶּסֶת הַלִּוְיָתָן, שִׁמֵּשׁ בֶּעָבָר לִתְמִיכָה בְּמַחוֹכִים וְכַד')

whaler /ˈweɪlə(r)/ n.

1 (person) צַיַּד-לִוְיָתָנִים; אָדָם הָעוֹסֵק בְּצֵיד-לִוְיָתָנִים

2 (ship) סְפִינַת-לִוְיָתָנִים

whaling /ˈweɪlɪŋ/ n. צֵיד-לִוְיָתָנִים

wham /wæm/ n. & v.t. (*colloq.*) קוֹל-חֲבָטָה, "טְרַח"!; חָבַט בְּ...

wharf /wɔːf/ n. רָצִיף (לִפְרִיקָה וְלִטְעִינָה שֶׁל סְפִינוֹת)

what /wɒt/ adj.

1 (*interrog.*) מַה

□ *what time is it?* מַה הַשָּׁעָה?

2 (exclamatory) מָה, אֵיזֶה

□ *what a man!* אֵיזֶה גֶּבֶר! אֵיזֶה אִישׁ! (נֶאֱמַר בְּהַעֲרָצָה אוֹ בְּאִירוֹנְיָה)

□ *what a pity!* חֲבָל! כַּמָּה חֲבָל!

□ *what a terrible thing to happen!* אֵיזֶה דָּבָר נוֹרָא!

□ *what the hell?* (*sl.*) מַה לַעֲזָזֵל קוֹרֶה כָּאן?!

□ *oh, what the hell* (*sl.*) נוּ טוֹב, מָה אִכְפַּת לִי! (קְרִיאַת הַסְכָּמָה תּוֹךְ הַבָּעַת רֹגֶז)

3 (as much or many as)

□ *give me what books you have on the subject* תֵּן לִי כָּל סֵפֶר שֶׁיֵּשׁ לְךָ עַל הַנּוֹשֵׂא

□ *we must save what little money we have* עָלֵינוּ לַחְסֹךְ אֶת מְעַט הַכֶּסֶף שֶׁיֵּשׁ לָנוּ

—pron. מַה

a what's-its-name (*colloq.*) מַשֶּׁהוּ, "מַה-שְּׁמוֹ"

□ *what's the French for "pen"?* מָה הַמִּלָּה לְ"עֵט" בְּצָרְפָתִית?

□ *what ho!* (*arch. colloq.*) שָׁלוֹם, אֵיךְ הַמַּצָּב?

□ *what is he?* מַה הוּא? (מַה הַמִּקְצוֹעַ שֶׁלּוֹ? לְאֵיזֶה מַחֲנֶה הוּא שַׁיָּךְ וְכַד')

□ *and what's more...* וּבְנוֹסָף לָזֶה, וְחוּץ מִזֶּה

□ *what's the weather like today?* אֵיךְ מֶזֶג הָאֲוִיר הַיּוֹם?

□ *could you pass me the what-do-you-call-it?* (*colloq.*) תֵּן לִי בְּבַקָּשָׁה אֶת הַמַּה-שְּׁמוֹ

□ *what did you do that for?* (*colloq.*) לָמָּה עָשִׂיתָ אֶת זֶה? בִּשְׁבִיל מָה עָשִׂיתָ אֶת זֶה?

□ *she's got what it takes to become a doctor* יֵשׁ לָהּ אֶת כָּל הַתְּכוּנוֹת הַדְּרוּשׁוֹת כְּדֵי לִהְיוֹת רוֹפְאָה

□ *I'll give you what for!* (*colloq.*) אַתָּה עוֹד תְּקַבֵּל מִמֶּנִּי!

□ *he knows what's what* (*colloq.*) הוּא בְּעִנְיָנִים, הוּא מֵבִין עִנְיָן

□ *... or what have you* (*colloq.*) אוֹ מַשֶּׁהוּ כָּזֶה

□ *what does it matter if...* מַה זֶּה מְשַׁנֶּה אִם..., מָה אִכְפַּת אִם...

□ *what if he hasn't arrived before you leave?* מָה אִם הוּא לֹא יַגִּיעַ לִפְנֵי שֶׁתֵּצֵא?

□ *even if he objects, what of it?* גַּם אִם הוּא מִתְנַגֵּד, אָז מָה

□ *so what?* (*colloq.*) אָז מָה?, (בְּדִבּוּר בִּלְבַד) "סוֹ-ווֹט"

□ *guess (or do you know) what?...* (*colloq.*) לֹא תַּאֲמִין אֲבָל (נֶאֱמַר לְעִתִּים בְּאִירוֹנְיָה), אִם לֹא יָדַעְתָּ אָז

□ *I'll tell you what – let's go to Italy!* (*colloq.*) אַתָּה יוֹדֵעַ מָה? בּוֹא נִסַּע לְאִיטַלְיָה!

□ *is this a joke or what?* (*colloq. iron.*) זֶה בְּדִיחָה אוֹ מָה?

—rel. pron. מַה שֶׁ...

□ *do what you think is right!* תַּעֲשֶׂה מַה שֶּׁנִּרְאֶה בְּעֵינֶיךָ נָכוֹן!

□ *what with one thing and another...* בִּגְלַל כָּל מִינֵי דְּבָרִים..., אֵיךְ שֶׁלֹּא יִהְיֶה...

□ *what the garden needs is a good shower of rain* מַה שֶּׁהַגִּנָּה צְרִיכָה זֶה כַּמּוּת הֲגוּנָה שֶׁל גֶּשֶׁם

—int. (*colloq.*)

1 (asking somebody to repeat words just said) מַה

□ *what? Could you say that again?* מָה? אַתָּה יָכוֹל לְהַגִּיד אֶת זֶה שׁוּב?

2 (expressing surprise) מַה

□ *the repairs to the car will cost £500. – What?* הַתִּקּוּנִים בִּמְכוֹנִית עָלוּ 500 לִישְׁ"ט. מָה?!

whatever /wɒtˈevə(r)/ adj.

1 (of any sort or degree) כָּל

□ *take whatever measures you consider necessary* תִּנְקֹט כָּל אֶמְצָעִי שֶׁנִּרְאֶה לְךָ הֶכְרֵחִי

2 (at all, after n.) כְּלָל

□ *there can be no doubt whatever* אֵין אַף שֶׁמֶץ שֶׁל סָפֵק

—pron.

1 (no matter what) כָּל

□ *we shall do whatever seems necessary* נַעֲשֶׂה כָּל מַה שֶּׁנִּרְאֶה לָנוּ נָחוּץ

□ *I'll pay whatever it costs* אֲנִי אֲשַׁלֵּם כָּל מְחִיר

□ *whatever you may say, I cannot agree* כָּל מַה שֶּׁלֹּא תֹּאמַר – אֲנִי לֹא יָכוֹל לְהַסְכִּים

2 (emphatic form of **what**)

□ *whatever can he mean?* אֵין לִי מֻשָּׂג לְמָה הוּא מִתְכַּוֵּן

3 (anything at all, *colloq.*) כָּל דָּבָר שֶׁהוּא

□ *he'll get your shopping, bread, fruit, whatever* הוּא יַעֲשֶׂה לְךָ אֶת הַקְּנִיּוֹת – לֶחֶם, פֵּרוֹת וְכָל מַה שֶּׁלֹּא יִהְיֶה

whatnot /ˈwɒtnɒt/ n.

1 (unspecified thing, *colloq.*) מַה שֶּׁלֹּא יִהְיֶה

□ *they brought cakes, jellies, and whatnot* הֵם הֵבִיאוּ עוּגוֹת, ג'לִי וּמַה לֹּא

2 (piece of furniture) כּוֹנָנִית נוֹי לַחֲפָצִים קְטַנִּים

whatsoever /ˌwɒtsəʊˈevə(r)/ adj. (*formal*) כְּלָל, לַחֲלוּטִין

□ *there can be no doubt whatsoever* אֵין שׁוּם מָקוֹם לְסָפֵק

wheat /wiːt/ n. חִטָּה

wheat germ נֶבֶט-חִטָּה (עָשִׁיר בְּוִיטָמִינִים)

wheatsheaf /ˈwiːtʃiːf/ n. אֲלֻמַּת-חִטִּים

wheedle /ˈwiːd(ə)l/ v.t. שִׁדֵּל בִּלְשׁוֹן חֲלָקוֹת, הִתְחַנְחֵן אֶל, פִּתָּה

□ *she wheedled her father into buying her new shoes* הִיא סָחֲטָה מֵאָבִיהָ נַעֲלַיִם חֲדָשׁוֹת בְּשִׁדּוּלִים וְהִתְחַנְחֲנוּת

wheel /wi:l/ n. גַּלְגַּל, אוֹפָן; גַּלְגַּל־הַהֶגֶה
the big wheel גַּלְגַּל־עֲנָק בִּירִיד שַׁעֲשׁוּעִים
a potter's wheel אָבְנַיִם (שֶׁל קַדָּר)
□ *the wheel has come full circle* (*fig.*) הַמַּצָּב חָזַר לְקַדְמוּתוֹ
□ *there are wheels within wheels* (*fig.*) הַרְבֵּה דְּבָרִים מִתְרַחֲשִׁים מֵאֲחוֹרֵי הַקְּלָעִים
□ *the man at the wheel is a good driver* הָאָדָם הָאוֹחֵז בַּהֶגֶה הוּא נֶהָג טוֹב
□ *he put his shoulder to the wheel* (*fig.*) הוּא הִטָּה שְׁכֶם, הוּא עָשָׂה מַאֲמָץ
□ *I haven't got wheels at the moment* (*colloq.*) אֵין לִי רֶכֶב כָּרֶגַע
□ *the soldiers did a right wheel* (*Mil.*) הַחַיָּלִים עָשׂוּ "יָמִינָה פְּנֵה"
—v.t. & i. הִסִּיעַ, דָּחַף (עֲגָלָה, כִּסֵּא גַּלְגַּלִּים וְכַד'); חָג בְּמַעְגָּל
left wheel! (*Mil.*) שְׂמֹאלָה פְּנֵה!
□ *he did a lot of wheeling and dealing* (*colloq.*) הוּא עָשָׂה עֲסָקִים בְּקֶצֶב מָהִיר
□ *the birds wheeled slowly above us* הַצִּפּוֹרִים חָגוּ בְּאִטִּיּוּת מֵעַל רָאשֵׁינוּ

wheelbarrow /ˈwi:lbærəʊ/ n. מְרִיצָה
wheelbarrow race תַּחֲרוּת "מְרִיצוֹת" (בְּזוּגוֹת, כַּאֲשֶׁר אָדָם אֶחָד הוֹלֵךְ עַל יָדָיו וְהָאַחֵר מַחֲזִיק אֶת רַגְלֵי הַ"מְּרִיצָה")

wheelbase /ˈwi:lbeɪs/ n. (בִּמְכוֹנִית) הַמֶּרְחָק בֵּין הַסְּרָנִים, בְּסִיס־הַגַּלְגַּלִּים

wheelchair /ˈwi:ltʃeə(r)/ n. כִּסֵּא־גַּלְגַּלִּים

wheel clamp /ˈwi:l klæmp/ n. "סַנְדָּל", "סַנְדַּל־דֶּנְוֶר"

wheelhouse /ˈwi:lhaʊs/ n. תָּא־הַהֶגֶה בִּסְפִינָה

wheelwright /ˈwi:lraɪt/ n. עוֹשֶׂה וּמְתַקֵּן גַּלְגַּלֵּי־עֲגָלָה

wheeze /wi:z/ v.i. נָשַׁם נְשִׁימָה שׁוֹרֶקֶת, הִתְנַשֵּׁף בְּקוֹל
—n. (*colloq.*) רַעְיוֹן נָאֶה
□ *that's a good wheeze!* זֶה רַעְיוֹן נָאֶה!

wheezy /ˈwi:zɪ/ adj. (קוֹל) שׁוֹרֵק וּמִתְנַשֵּׁף

whelk /welk/ n. שַׁבְּלוּל־יָם (מְשַׁמֵּשׁ לְמַאֲכָל)

whelp /welp/ n. גּוּר (בְּעִקָּר כְּלָבִים, זְאֵבִים וְכַד')
—v.i. הִמְלִיטָה (כַּלְבָּה, זְאֵבָה וְכַד')

when /wen/ interrog. adv. & conj. מָתַי
□ *when can you come?* מָתַי תּוּכַל לָבוֹא?
□ *since when do you give the orders round here?* מִמָּתַי אַתָּה נוֹתֵן כָּאן אֶת הַפְּקֻדּוֹת?
□ *since when has he had a car?* מִמָּתַי יֵשׁ לוֹ מְכוֹנִית?
□ *I'm not sure when I'll be free* אֲנִי לֹא בָּטוּחַ מָתַי יִהְיֶה לִי זְמַן
□ *say when!* (*colloq.*) תַּגִּיד כַּמָּה, תַּגִּיד מָתַי לְהַפְסִיק (בִּשְׁעַת מְזִיגַת מַשְׁקֶה לְאוֹרֵחַ וְכַד')
—rel. adv. & conj. מָתַי, כְּשֶׁ...
□ *take your shoes off when you come into the house!* תּוֹרִיד אֶת הַנַּעֲלַיִם כְּשֶׁאַתָּה נִכְנָס הַבַּיְתָה!
□ *will you still love me when I'm sixty-four?* הַאִם תִּשְׁמְרִי לִי אֱמוּנִים כְּשֶׁאֶהְיֶה זָקֵן (עַל־פִּי שִׁירָהּ שֶׁל לַהֲקַת הַחִפּוּשִׁיּוֹת)
□ *I'll leave when I've eaten* אֲנִי אֵצֵא אַחֲרֵי הָאֹכֶל
□ *he walks when he might take a taxi* הוּא הוֹלֵךְ בָּרֶגֶל לַמְרוֹת שֶׁהוּא יָכוֹל לָקַחַת מוֹנִית
□ *how can I help them when they won't listen to me?* אֵיךְ אוּכַל לַעֲזֹר לָהֶם אִם הֵם לֹא מַקְשִׁיבִים לִי?
□ *there are days when I wish I had not started* יֶשְׁנָם יָמִים שֶׁבָּהֶם אֲנִי מִצְטַעֵר שֶׁבִּכְלָל הִתְחַלְתִּי

whence /wens/ adv. (*formal*) מֵאַיִן, מֵהֵיכָן, מִנַּיִן

whenever /wenˈevə(r)/ adv.
1 (every time that) בְּכָל פַּעַם שֶׁ...
□ *whenever I see him, I expect an argument* בְּכָל פַּעַם שֶׁאֲנִי פּוֹגֵשׁ אוֹתוֹ אֲנִי מְצַפֶּה לְוִכּוּחַ
2 (at any time) בִּזְמַן כָּל שֶׁהוּא
□ *whenever did you do that?* מָתַי מָצָאתָ זְמַן לַעֲשׂוֹת אֶת זֶה?
□ *he might come on Tuesday or whenever* (*colloq.*) הוּא יָבוֹא בְּיוֹם שְׁלִישִׁי אוֹ מַשֶּׁהוּ כָּזֶה

where /weə(r)/ interrog. adv. אֵיפֹה, הֵיכָן
□ *where do I come in?* אֵיפֹה אֲנִי נִכְנָס לַתְּמוּנָה? וּמָה אִתִּי?
□ *where does this leave me?* בְּאֵיזֶה מַצָּב זֶה מַשְׁאִיר אוֹתִי?
□ *where does she live?* אֵיפֹה הִיא גָּרָה?
—rel. adv. שֶׁבּוֹ
□ *I'd like to live in a town where there was some night life* הָיִיתִי רוֹצֶה לָגוּר בְּעִיר שֶׁיֵּשׁ בָּהּ קְצָת חַיֵּי־לַיְלָה
□ *that's where things started to go wrong* מִשָּׁם הִתְחִילוּ הָעִנְיָנִים לְהִדַּרְדֵּר
□ *that's where you're mistaken!* כָּאן בְּדִיּוּק אַתָּה טוֹעֶה!

whereabouts adv. /ˈweərəbaʊts/ אֵיפֹה, הֵיכָן
□ *whereabouts could you have lost the key?* הֵיכָן בְּעֶרֶךְ אַתָּה חוֹשֵׁב שֶׁאִבַּדְתָּ אֶת הַמַּפְתֵּחַ? אֵיפֹה יָכֹלְתָּ לְאַבֵּד אֶת הַמַּפְתֵּחַ?
—n. מְקוֹם הִמָּצְאוֹ (שֶׁל פְּלוֹנִי)
□ *do you know his whereabouts?* הַאִם יָדוּעַ לְךָ מְקוֹם הִמָּצְאוֹ?

whereas /weərˈæz/ conj.
1 (but in contrast, *formal*) בְּעוֹד שֶׁ..., וְאִלּוּ
2 (since, considering that, *Law*) הוֹאִיל וְ.../שֶׁ...

whereat /weərˈæt/ adv. (*arch.*) אִי־לְכָךְ

whereby /weəˈbaɪ/ adv. (*formal*) שֶׁבְּאֶמְצָעוּתוֹ, שֶׁבְּעֶזְרָתוֹ

wherefore /ˈweəfɔː(r)/ adv. (*arch.*) לְשֵׁם מָה?, מַה טַּעַם?; לְפִיכָךְ, וּמִטַּעַם זֶה

—n. *pl.* (*formal*) סִבָּה

the whys and wherefores of it סִבּוֹת הַדָּבָר

wherein /weərˈɪn/ adv. & conj. (*formal*) אֲשֶׁר בּוֹ

□ *indicate the paragraph wherein it is stated* הַסְּעִיף שֶׁבּוֹ נֶאֱמַר, הַסְּעִיף שָׁם נֶאֱמַר

whereof /weərˈɒv/ adv. & conj. (*formal*) שֶׁמִּמֶּנּוּ, אֲשֶׁר בּוֹ

whereon /weərˈɒn/ adv. (*formal*) אֲשֶׁר עָלָיו

wheresoever /ˌweəsəʊˈevə(r)/ adv. (*poet.*) בַּאֲשֶׁר

whereto /weəˈtuː/ adv. & conj. (*formal*) מִטַּעַם מָה?; אֲשֶׁר לְשֵׁם כָּךְ

whereupon /ˌweərəˈpɒn/ conj. מִיָּד לְאַחַר־מִכֵּן, וְאָז מִיָּד...

wherever /ˌweərˈevə(r)/ adv. & conj. אֵיפֹה, בְּכָל מָקוֹם שֶׁ..., אֵיפֹה שֶׁ..., לְאָן שֶׁ...

□ *I shall meet you at the cafe or wherever* אֶפְגֹּשׁ אוֹתְךָ בַּקָּפֶה אוֹ לֹא חָשׁוּב אֵיפֹה

□ *wherever did you get that hat?* (*colloq.*) אֵיפֹה הִגְרַלְתָּ אֶת הַכּוֹבַע הַזֶּה?

wherewithal /ˈweəwɪðɔːl/ n. (*colloq.*)

the wherewithal הַכֶּסֶף הַדָּרוּשׁ

□ *he wants a new car but he hasn't got the wherewithal* הוּא רוֹצֶה לִקְנוֹת מְכוֹנִית חֲדָשָׁה אֲבָל אֵין לוֹ תַּקְצִיב

whet /wet/ v.t. (*formal*) גֵּרָה, עוֹרֵר (תֵּאָבוֹן); הִשְׁחִיז (סַכִּין וְכַד׳)

□ *I need something to whet my appetite* אֲנִי צָרִיךְ מַשֶּׁהוּ לְעוֹרֵר אֶת הַתֵּאָבוֹן

whether /ˈweðə(r)/ conj. הַאִם, אִם

□ *I don't know whether to go* אֲנִי לֹא יוֹדֵעַ אִם לָלֶכֶת

□ *ask him whether or not he can come!* שְׁאַל אוֹתוֹ אִם יוּכַל לָבוֹא אוֹ לֹא!

□ *I'll do it, whether with or without assistance* אֲנִי אֶעֱשֶׂה אֶת זֶה, עִם אוֹ בְּלִי סִיּוּעַ

□ *whether you like it or not, you'll have to do it* יִהְיֶה עָלֶיךָ לַעֲשׂוֹת אֶת זֶה בֵּין שֶׁזֶּה מוֹצֵא חֵן בְּעֵינֶיךָ וּבֵין שֶׁלֹּא

□ *whether by accident or design, he succeeded* בֵּין שֶׁבְּמִקְרֶה וּבֵין שֶׁלֹּא־בְּמִקְרֶה הוּא הִצְלִיחַ

whetstone /ˈwetstəʊn/ n. אֶבֶן מַשְׁחֶזֶת

whew /hwjuː/ int. אוּף! פוּי! (קְרִיאַת הַפְתָּעָה אוֹ תַּדְהֵמָה, אַכְזָבָה עֲיֵפוּת אוֹ הֲקָלָה)

whey /weɪ/ n. מֵי־חָלָב, מֵי־גְּבִינָה

which /wɪtʃ/ pron.

1 (interrog.) מִי, אֵיזֶה

□ *which shall I take?* אֵיזֶה מֵאֵלֶּה אֶקַּח?

□ *which of them is taller?* מִי מֵהֶם יוֹתֵר גָּבוֹהַּ?

□ *I never know which is which* אֲנִי אַף פַּעַם לֹא יוֹדֵעַ מִי הוּא מִי

2 (rel.) שֶׁ..., אֲשֶׁר, הַ...

□ *the book which I'm reading is interesting* הַסֵּפֶר שֶׁאֲנִי קוֹרֵא עַכְשָׁו מְעַנְיֵן

□ *the river which flows through Oxford is the Thames* הַנָּהָר הַזּוֹרֵם דֶּרֶךְ אוֹקְסְפוֹרְד הוּא הַתֶּמְזָה

□ *the hotel at which we stayed was very convenient* הַמָּלוֹן בּוֹ שֶׁהִינוּ הָיָה נוֹחַ מְאֹד

□ *it was raining, which kept us indoors* יָרַד גֶּשֶׁם, וְהַדָּבָר אִלֵּץ אוֹתָנוּ לְהִשָּׁאֵר בַּבַּיִת

—adj.

1 (interrog.) אֵיזֶה

□ *which way do you prefer?* אֵיזֶה דֶּרֶךְ אַתָּה מַעְדִּיף?

□ *tell me which ones you want!* תַּגִּיד לִי אֵיזֶה (מֵאֵלֶּה) אַתָּה רוֹצֶה!

2 (rel., *formal*)

□ *he insulted her, upon which she stormed out* הוּא הֶעֱלִיב אוֹתָהּ וּמִיָּד הִיא יָצְאָה מִן הַחֶדֶר בִּסְעָרָה

□ *he lost his temper, of which more later* הוּא יָצָא מִן הַכֵּלִים, וְעַל־כָּךְ נְסַפֵּר בְּהֶמְשֵׁךְ

whichever /wɪtʃˈevə(r)/ adj. & pron. אֵיזֶה יֵשׁ..., אֵיזוֹ שֶׁ...

□ *whichever of the two...* זֶה אוֹ הָאַחֵר, אֶחָד מִן הַשְּׁנַיִם, וְלֹא מְשַׁנֶּה אֵיזֶה

□ *whichever party is in power...* כָּל מִפְלָגָה שֶׁתִּהְיֶה בַּשִּׁלְטוֹן, כָּל מִפְלָגָה שֶׁלֹּא תִּהְיֶה בַּשִּׁלְטוֹן

whiff /wɪf/ n. נִיחוֹחַ קַל, רֵיחַ קָלוּשׁ; מַשַּׁב קָלוּשׁ; (בְּהַשְׁאָלָה) נִימָה

□ *she smelled a whiff of expensive perfume* הִיא הֵרִיחָה נִיחוֹחַ עָדִין שֶׁל בֹּשֶׂם יָקָר

Whig /wɪg/ n. (*UK Hist.*) קְבוּצָה פּוֹלִיטִית בַּמֵּאָה הַ־18/19 שֶׁהָפְכָה מְאֻחָר יוֹתֵר לַמִּפְלָגָה הַלִּיבֶּרָלִית בְּאַנְגְּלִיָּה

while /waɪl/ conj.

1 (during the time that) בִּזְמַן שֶׁ..., בְּעוֹד אֲשֶׁר...

□ *can you wait while I telephone?* הַאִם תּוּכַל לְחַכּוֹת בִּזְמַן שֶׁאֲטַלְפֵּן?

□ *shoes repaired while you wait* תִּקּוּן נַעֲלַיִם עַל־הַמָּקוֹם

□ *while there's life, there's hope* כָּל עוֹד שֶׁאָדָם בַּחַיִּים יֵשׁ לוֹ תִּקְוָה

2 (though) לַמְרוֹת שֶׁ..., אַף עַל פִּי שֶׁ...

□ *while I agree that he's a nice chap, I can't give him the job* לַמְרוֹת שֶׁאֲנִי מַסְכִּים שֶׁהוּא בָּחוּר נֶחְמָד, אֲנִי לֹא יָכוֹל לָתֵת לוֹ אֶת הַתַּפְקִיד

3 (whereas) בְּעוֹד שֶׁ...; הוֹאִיל וְ...

□ *Ruth wants tea, while Jane wants coffee* רוּת רוֹצָה תֵּה, בְּעוֹד שֶׁגֵ׳ין רוֹצָה קָפֶה

—n. זְמַן קָצָר

all the while כָּל הַזְּמַן, בְּלִי הֶרֶף

once in a while מִדֵּי פַּעַם

□ *stay a while!* תִּשָּׁאֵר עוֹד קְצָת! שְׁהֵה מְעַט!
□ *it'll be a while yet before it's ready* יִקַּח זְמַן לִפְנֵי שֶׁזֶּה יִהְיֶה מוּכָן
□ *and all the while he was plotting against me* וּבְמֶשֶׁךְ כָּל הַזְּמַן הוּא חָרַשׁ נֶגְדִּי מְזִמּוֹת
□ *the fruit takes a while to ripen* לוֹקֵחַ לַפְּרִי זְמַן לְהַבְשִׁיל
□ *I haven't seen him for a while* מִזְּמַן לֹא רָאִיתִי אוֹתוֹ
□ *he made it worth my while (colloq.)* הוּא גָּמַל לִי הֵיטֵב עַל מַאֲמַצַּי, הוּא דָּאַג שֶׁזֶּה יְשַׁתְלֵם לִי
—v.t. הֶעֱבִיר (זְמַן) בִּנְחִיתוּתָא, בִּלָּה בִּנְחִיתוּתָא
□ *we played cards to while away the time* שִׂחַקְנוּ קְלָפִים כְּדֵי לְהַעֲבִיר אֶת הַזְּמַן

whilst /waɪlst/ conj.
1 (during the time that) בִּזְמַן שֶׁ...
2 (although) לַמְרוֹת שֶׁ..., אַף־עַל־פִּי שֶׁ...
3 (whereas) בְּעוֹד שֶׁ...

whim /wɪm/ n. גַּחְמָה, קַפְּרִיזָה, (בְּרַבִּים) שִׁגְעוֹנוֹת
□ *her father gives in to (or indulges) her every whim* אָבִיהָ נִכְנָע לְכָל הַקַּפְּרִיזוֹת שֶׁלָּהּ, אָבִיהָ נַעֲנֶה לְכָל הַשִּׁגְעוֹנוֹת שֶׁלָּהּ

whimper /ˈwɪmpə(r)/ v.t. & i. יִבֵּב
—n. יְבָבָה, יְבָבָה חֲלוּשָׁה
□ *they gave in without a whimper (fig.)* הֵם נִכְנְעוּ לְלֹא תְּלוּנָה, הֵם וִתְּרוּ לְלֹא צִפְצוּף

whimsical /ˈwɪmzɪk(ə)l/ adj. "מְשֻׁגָּע", "מְטֹרָף", עַלִּיז, קַפְּרִיזִי; תִּמְהוֹנִי, מוּזָר

whimsy /ˈwɪmzɪ/ n. מַשּׁוּבַת־דַּעַת, שִׁגָּעוֹן שֶׁל הָרֶגַע

whine /waɪn/ v.t. & i. יִלֵּל, יִבֵּב; "בָּכָה", "יִלֵּל" (הִתְלוֹנֵן); הִשְׁמִיעַ שְׁרִיקָה/צִפְצוּף (מָנוֹעַ וְכַד')
—n. יְבָבָה, יְלָלָה

whinge /wɪndʒ/ v.i. (colloq.) "בָּכָה", "יִלֵּל" (הִתְלוֹנֵן)

whinny /ˈwɪnɪ/ v.i. צָהַל (סוּס)
—n. צָהֳלָה, צְנִיפָה (שֶׁל סוּס)

whip /wɪp/ v.t.
1 (beat with whip, strike) הִצְלִיף, הִלְקָה
□ *the driver whipped the horses* הָרַכָּב הִצְלִיף/דָּפַק בַּסּוּסִים
□ *the rain whipped his face* הַגֶּשֶׁם הִצְלִיף עַל פָּנָיו
2 (move or be moved suddenly) זִנֵּק, "טָס", "עָף"; שָׁלַף; הֵעִיף
□ *he whipped off his coat* הוּא זָרַק מֵעָלָיו/מֵעַל עַצְמוֹ אֶת הַמְּעִיל
□ *he whipped out a knife* הוּא שָׁלַף סַכִּין
□ *he whipped round to the shop for some eggs* הוּא קָפַץ לַחֲנוּת לְהָבִיא בֵּיצִים
3 (stir) הִקְצִיף
whipped cream קַצֶּפֶת, שַׁמֶּנֶת מְקֻצֶּפֶת
whip into shape (colloq.) נָתַן (לְרַעְיוֹן, לִקְבוּצָה וְכַד') "צוּרָה"
□ *she whipped up support for her plan* הִיא עוֹרְרָה בִּמְרָץ תְּמִיכָה בְּתָכְנִיתָהּ
□ *he whipped up a meal* הוּא הֵכִין בְּחָטָף אֲרוּחָה
□ *the speaker whipped the crowd up into a frenzy* הַדּוֹבֵר שִׁלְהֵב אֶת הַקָּהָל
4 (defeat, colloq.) "חִסֵּל", "כִּסַּח"
5 (steal, colloq.) "הֵרִים", "סָחַב"
□ *someone's whipped my bike* מִישֶׁהוּ "הֵרִים" אֶת הָאוֹפַנַּיִם שֶׁלִּי
—n.
1 (lash) שׁוֹט, מַגְלֵב
a fair crack of the whip (colloq.) הִזְדַּמְּנוּת שָׁוָה (לְהַפְגִּין יְכֹלֶת וְכַד')
□ *he has the whip hand over them* הוּא רוֹצֶה בָּהֶם בְּיָד רָמָה; יָדוֹ עַל הָעֶלְיוֹנָה
2 (Polit.) "מַצְלִיף" (בַּכְּנֶסֶת, בְּסִיעָה פּוֹלִיטִית)
three-line whip (UK) הַזְמָנָה דְּחוּפָה לְחַבְרֵי־הַפַּרְלָמֶנְט לְהִשְׁתַּתְּפוּת בְּהַצְבָּעָה, בְּדִיּוּן וְכַד'
3 (Hunting) הָאָדָם הַמְּפַקֵּד עַל הַכְּלָבִים בַּחֲבוּרַת־צַיִד
4 (Cookery) מִקְצֶפֶת

whip-cord /ˈwɪp-kɔːd/ n. חוּט עָבֶה וְחָזָק; אָרִיג עָשׂוּי חוּט כַּנַּ"ל

whiplash /ˈwɪplæʃ/ n. הַצְלָפָה; קְצֵה־הַשּׁוֹט (הַחֵלֶק הַמַּצְלִיף בִּקְצֵה־הַשּׁוֹט)
whiplash injury פְּגִיעָה כְּתוֹצָאָה מֵהַצְלָפָה שֶׁל חֻלְיוֹת־הַצַּוָּאר

whipper-in /ˌwɪpər-ˈɪn/ n. הָאָדָם הַמְּפַקֵּד עַל הַכְּלָבִים בַּחֲבוּרַת־צַיִד

whipper-snapper /ˈwɪpə-ˌsnæpə(r)/ n. (arch. colloq.) פִּרְחָח זַב־חֹטֶם, נַעַר חָצוּף וּבַעַל־יֻמְרָה

whippet /ˈwɪpɪt/ n. כֶּלֶב־רוּחַ (כֶּלֶב־מֵרוֹצִים קָטָן מִגֶּזַע הַגְּרֵיהָאוּנְד)

whipping /ˈwɪpɪŋ/ n. הַצְלָפָה, הַלְקָאָה

whipping-boy /ˈwɪpɪŋ-bɔɪ/ n. "שָׂעִיר לַעֲזָאזֵל" (בֶּעָבָר, נַעַר שֶׁגָּדַל יַחַד עִם בְּנוֹ שֶׁל הָאָצִיל וְסָפַג אֶת הַמַּלְקוֹת תַּחְתָּיו)

whipping cream /ˈwɪpɪŋ kriːm/ n. שַׁמֶּנֶת לְקַצֶּפֶת

whipping-top /ˈwɪpɪŋ-tɒp/ n. פּוֹרְפָּרָה (סְבִיבוֹן הַמֻּפְעָל בְּחוּט)

whip-poor-will /ˈwɪp-ə-ˌwɪl/ n. סוּג שֶׁל תַּחְמָס אֲמֶרִיקָאִי (עוֹף לַיְלָה קָטָן)

whip-round /ˈwɪp-raʊnd/ n. (colloq.) הַתְרָמַת־חֲבֵרִים, "מַגְבִּית"

whippy /ˈwɪpɪ/ adj. גָּמִישׁ, קְפִיצִי

whirl /wɜːl/ v.i. & t. הִסְתּוֹבֵב בִּמְהִירוּת סְחוֹר־סְחוֹר, הִסְתַּחְרֵר; סוֹבֵב בִּמְהִירוּת סְחוֹר־סְחוֹר, סִחְרֵר
□ *the guide whirled us round Oxford* מוֹרֵה־הַדֶּרֶךְ לָקַח אוֹתָנוּ לְסִבּוּב מָהִיר בְּאוֹקְסְפוֹרְד, מוֹרֵה־הַדֶּרֶךְ עָשָׂה לָנוּ סִבּוּב מָהִיר בְּאוֹקְסְפוֹרְד
□ *the train whirled us up to London* הָרַכֶּבֶת הֵבִיאָה אוֹתָנוּ לְלוֹנְדוֹן בִּמְהִירוּת

—n. סְחְרוּר, מְעַרְבֹּלֶת; (בְּהַשְׁאָלָה) "קַלַּחַת"
the social whirl קַלַּחַת אֵרוּעֵי־הַחֶבְרָה
□ *my head is in a whirl* (*fig.*) אֲנִי מְבֻלְבָּל לְגַמְרֵי, רֹאשִׁי "סְחַרְחַר" עָלַי
□ *let's give it a whirl!* (*colloq.*) בּוֹא נִתֵּן לָזֶה צַ'אנְס!

whirligig /ˈwɜːlɪgɪg/ n.
1 (spinning top) סְבִיבוֹן (מִסּוּגִים שׁוֹנִים)
2 (roundabout) סְחַרְחֶרֶת, קָרוּסֶלָה

whirlpool /ˈwɜːlpuːl/ n. מְעַרְבֹּלֶת (גַּם בְּהַשְׁאָלָה); (בְּאַרְהַ"ב) "גָ'קוּזִי"

whirlwind /ˈwɜːlwɪnd/ n. מְעַרְבֹּלֶת אֲוִיר, עַלְעוֹל
□ *they had a whirlwind romance* (*fig. colloq.*) הֵם נִהֲלוּ רוֹמָן סוֹעֵר

whirr /wɜː(r)/ v.i. & n. (מַכְשִׁיר) זִמְזֵם, הִשְׁמִיעַ קוֹל זִמְזוּם; זִמְזוּם, קוֹל זִמְזוּם (שֶׁל מְכוֹנָה)

whisk /wɪsk/ v.t.
1 (move quickly) סִלֵּק מַהֵר, הֵזִיז בִּמְהִירוּת
□ *she whisked away the books* הִיא סִלְּקָה אֶת הַסְּפָרִים בִּמְהִירוּת
2 (beat lightly) הִקְצִיף
—v.i. עָבַר בִּמְהִירוּת, חָלַף בִּמְהִירוּת
□ *we whisked through the town by motor cycle* חָלַפְנוּ בִּרְחוֹבוֹת הָעִיר עַל גַּבֵּי אוֹפַנּוֹעַ
□ *she whisked out of the room* הִיא יָצְאָה בִּמְהִירוּת מִן הַחֶדֶר
—n. מַקְצֵף; הַקְצָפָה; נִעֲנוּעַ, נִפְנוּף
fly whisk "מַקֵּל־זְבוּבִים", מַצְלֵף
□ *with a whisk of its tail, the horse galloped off* הַסּוּס נוֹפֵף בִּזְנָבוֹ, וְנֶעְלַם בִּדְהָרָה
□ *give the mixture a good whisk!* תַּקְצִיף אֶת הַתַּעֲרֹבֶת הֵיטֵב!

whisker /ˈwɪskə(r)/ n.
1 (in *pl.* (of man) זְקַן לְחָיַיִם, פֵּאוֹת (אַךְ לֹא פֵּאוֹת שֶׁל יְהוּדִי דָּתִי)
2 (of animal) זִיף, שַׂעֲרָה (בְּשָׂפָמוֹ שֶׁל חָתוּל, עַכְבָּר וְכַד')
□ *he won the race by a whisker* (*colloq.*) הוּא נִצַּח בַּמֵּרוֹץ בְּהֶפְרֵשׁ זָעִיר

whiskered /ˈwɪskəd/ adj. (אָדָם) בַּעַל זְקַן לְחָיַיִם; (בַּעַל־חַיִּים) מְשֻׂפָּם

whiskey /ˈwɪskɪ/ n. וִיסְקִי (אִירִי/אֲמֶרִיקָאִי)

whisky /ˈwɪskɪ/ n. וִיסְקִי (סְקוֹטִי)

whisper /ˈwɪspə(r)/ v.t. & i. לָחַשׁ, אָמַר בִּלְחִישָׁה
□ *he whispered a secret in her ear* הוּא לָחַשׁ סוֹד בְּאָזְנָהּ
—n. לְחִישָׁה, לַחַשׁ
□ *not a whisper about this to anyone!* (*fig.*) אַף מִלָּה לְאִישׁ!
□ *the whisper is going round that...* (*colloq.*) מִתְלַחֲשִׁים שֶׁ..., הַשְּׁמוּעָה מְהַלֶּכֶת שֶׁ...

whispering /ˈwɪsp(ə)rɪŋ/ n. "לְחִישׁוֹת", שְׁמוּעוֹת
a whispering campaign מַסַּע־הַשְׁמָצוֹת
□ *there was a lot of whispering about them* שְׁמוּעוֹת רַבּוֹת הָלְכוּ עַל אוֹדוֹתָם

whist /wɪst/ n. וִיסְט (מִשְׂחַק קְלָפִים)
whist drive מְסִבַּת מִשְׂחֲקֵי־וִיסְט

whistle /ˈwɪs(ə)l/ v.i. שָׁרַק
□ *he can whistle for it* (*colloq.*) הוּא יָכוֹל "לַחְלֹם" עַל זֶה
□ *we're whistling in the dark* (*fig.*) אֲנַחְנוּ שׁוֹמְרִים עַל חֲזוּת אַמִּיצָה; אֲנַחְנוּ מְנַסִּים לִשְׁמֹר עַל חֲזוּת שֶׁל מִי שֶׁיּוֹדְעִים מָה הֵם עוֹשִׂים
□ *bullets whistled past our heads* כַּדּוּרִים שָׁרְקוּ מֵעַל לְרָאשֵׁינוּ
—v.t. שָׁרַק; שָׁרַק לְ...
□ *she whistled a tune* הִיא שָׁרְקָה מַנְגִּינָה
□ *he whistled the dog back* הוּא שָׁרַק לַכֶּלֶב לַחֲזֹר
□ *can you whistle up an extra pair of blankets?* (*colloq.*) הַאִם אַתָּה יָכוֹל לְאַרְגֵּן עוֹד שְׁתֵּי שְׂמִיכוֹת
—n.
1 (sound) שְׁרִיקָה, קוֹל־שְׁרִיקָה
2 (instrument) מַשְׁרוֹקִית, צַפְצֵפָה
□ *he went out to wet his whistle* (*colloq.*) הוּא יָצָא לִשְׁתּוֹת מַשֶּׁהוּ

whistle-stop /ˈwɪs(ə)l-stɒp/ n. (usu. attrib.)
a whistle-stop tour מַסָּע הַכּוֹלֵל מִסְפָּר רַב שֶׁל בִּקּוּרִים חֲטוּפִים

whit /wɪt/ n. (*formal*) שֶׁמֶץ
□ *there was not a whit of truth in it* לֹא הָיָה בָּזֶה אֲפִלּוּ שֶׁמֶץ שֶׁל אֱמֶת

Whit /wɪt/ adj. & n., contr. of **Whitsun(tide)** יוֹם א' הַשְּׁבִיעִי שֶׁלְּאַחַר הַפַּסְחָא

white /waɪt/ adj.
1 (of the lightest colour, like snow, milk, etc.) לָבָן
white Christmas "חַג מוֹלָד לָבָן" (שֶׁבּוֹ יוֹרֵד שֶׁלֶג)
□ *four coffees please, two white, two black* אַרְבָּעָה קָפֶה בְּבַקָּשָׁה, שְׁנַיִם עִם חָלָב, שְׁנַיִם בְּלִי
□ *she was white with fury* הִיא הָיְתָה חִוֶּרֶת מֵרֹב זַעַם
□ *he looked as white as a sheet* (*colloq.*) הוּא נִרְאָה חִוֵּר כְּמֵת (בְּשֶׁל פַּחַד אוֹ בְּשֶׁל בְּרִיאוּת לְקוּיָה)
□ *this product was the company's great white hope* (*colloq.*) הַמּוּצָר הַזֶּה הָיָה הַתִּקְוָה הַגְּדוֹלָה שֶׁל הַחֶבְרָה
2 (having a light-coloured skin) לָבָן
white supremacy הָאֱמוּנָה בְּעֶלְיוֹנוּת הַגֶּזַע הַלָּבָן (תּוֹרָה גִּזְעָנִית)
□ *they lived in a white neighbourhood* הֵם גָּרוּ בִּשְׁכוּנָה שֶׁל לְבָנִים
—n.
1 (white-skinned person) (אָדָם) לָבָן
poor white (*US derog.*) (בִּדְרוֹם אַרְהַ"ב) לָבָן עָנִי (בְּעִקָּר בְּחֶבְרָה שֶׁל שְׁחוֹרִים)

2 (white part of something) הַ"לָּבָן"
□ *in cases of yellow-fever the whites of the eye turn yellow* בְּמִקְרִים שֶׁל צַהֶבֶת נַעֲשֶׂה הַלָּבָן בָּעֵינַיִם לְצָהֹב
□ *separate the whites from the yolks* הַפְרֵד אֶת הַחֶלְבּוֹן מִן הַחֶלְמוֹן, תַּפְרִיד אֶת הַלָּבָן מִן הַצָּהֹב
3 (textiles) כְּלֵי־מִטָּה וּמַפּוֹת, כְּלֵי־לָבָן
a white sale מְכִירָה שֶׁל כְּלֵי־מִטָּה וּמַפּוֹת

white ant /waɪt ˈænt/ n. טֶרְמִיט

whitebait /ˈwaɪtbeɪt/ n. דְּגִיגִים (בְּעִקָּר דְּגֵי מְלִיחַ וּשְׁפְּרוֹט צְעִירִים) מְטֻגָּנִים

white-collar /ˌwaɪt-ˈkɒlə(r)/ adj. (שֶׁל) צַוָּארוֹן לָבָן
white-collar workers עוֹבְדֵי הַצַּוָּארוֹן הַלָּבָן

whited sepulchre /ˌwaɪtɪd ˈsep(ə)lkə(r)/ n. (*formal*) רָשָׁע הַמַּעֲמִיד פְּנֵי צַדִּיק

white elephant /ˌwaɪt ˈelɪfənt/ n. (*fig.*) "פִּיל לָבָן"

white ensign /ˌwaɪt ˈensən/ n. (*Naut.*) דֶּגֶל הַצִּי הַמַּלְכוּתִי הַבְּרִיטִי

white flag /waɪt ˈflæg/ n. דֶּגֶל לָבָן (לְאוֹת כְּנִיעָה)

white goods /waɪt gʊdz/ n. *pl.* (*Commerc.*) מַכְשִׁירֵי חַשְׁמַל בֵּיתִיִּים גְּדוֹלִים (מְקָרֵר, מְכוֹנַת כְּבִיסָה וְכַד')

white-haired /ˌwaɪt-ˈheəd/ adj. בַּעַל שֵׂעָר שֵׂיבָה

Whitehall /ˈwaɪthɔːl/ n. (*UK*) "וַיְטְהוֹל" (מוֹשַׁב הַמֶּמְשָׁלָה הַבְּרִיטִית); מֶמְשֶׁלֶת בְּרִיטַנְיָה

white horses /waɪt ˈhɔːsɪz/ n. *pl.* (*poet.*) גַּלִּים שֶׁבְּשִׂיאָם קֶצֶף לָבָן

white-hot /waɪt ˈhɒt/ adj. מְלֻבָּן; (בְּהַשְׁאָלָה) "לוֹהֵט"

White House /ˈwaɪt haʊs/ n. (*US*) "הַבַּיִת הַלָּבָן" (מוֹשַׁב הַנָּשִׂיא בְּאַרְהַ"ב); נְשִׂיאוּת אַרְהַ"ב
□ *the White House has denied the allegations* הַבַּיִת הַלָּבָן דָּחָה אֶת הַטְּעָנוֹת

white lie /waɪt ˈlaɪ/ n. "שֶׁקֶר לָבָן" (שֶׁנֶּאֱמַר כְּדֵי שֶׁלֹּא לִפְגֹּעַ בָּרְגָשׁוֹת וְכַד')

white meat /ˈwaɪt miːt/ n. בְּשַׂר־לָבָן (בְּעִקָּר עוֹף, אַף גַּם חֲזִיר, אַךְ לֹא כְּשֵׁם חִלּוּפִי כּוֹלֵל לִבְשַׂר־חֲזִיר)

whiten /ˈwaɪt(ə)n/ v.t. & i. הִלְבִּין; צָבַע בְּלָבָן; נַעֲשָׂה לָבָן

whitening /ˈwaɪt(ə)nɪŋ/ n. חֹמֶר מַלְבִּין (לָרֹב לִכְבִיסָה)

White Paper /waɪt ˈpeɪpə(r)/ n. (*UK Polit.*) "סֵפֶר לָבָן" (דּוּ"חַ עַל מְדִינִיּוּת מֶמְשַׁלְתִּית)

white sauce /waɪt ˈsɔːs/ n. (*Cookery*) רֹטֶב לָבָן (חָלָב, קֶמַח וְחֶמְאָה)

white slave /waɪt ˈsleɪv/ n. (*colloq.*) אִשָּׁה לְבָנָה שֶׁנֶּחְטְפָה וְאֻלְּצָה לַעֲסֹק בִּזְנוּת בְּאֶרֶץ רְחוֹקָה

white spirit /waɪt ˈspɪrɪt/ n. מְדַלֵּל־צֶבַע (עַל בְּסִיס נֵפְט)

white tie /waɪt ˈtaɪ/ n. (לְבוּשׁ עֶרֶב רִשְׁמִי הַכּוֹלֵל) עֲנִיבַת־פַּרְפַּר לְבָנָה וּפְרָק

whitewash /ˈwaɪtwɒʃ/ v.t. סִיֵּד, צָבַע (קִיר) בְּלָבָן; (בְּהַשְׁאָלָה) "טִיֵּחַ" (נִסָּה לְכַסּוֹת עַל מִשְׁגֶּה וְכַד')
□ *the barrister tried to whitewash the affair (fig.)* עוֹרֵךְ הַדִּין נִסָּה לְטַיֵּחַ אֶת הַפָּרָשָׁה
—n. סִיד (טִבְעִי, לְסִיּוּד קִירוֹת)

white wedding /waɪt ˈwedɪŋ/ n. חֲתֻנָּה לְבָנָה (לְפִי כָּל כְּלָלֵי הַטֶּקֶס, כּוֹלֵל שִׂמְלַת כַּלָּה)

white wine /waɪt ˈwaɪn/ n. יַיִן לָבָן

whither /ˈwɪðə(r)/ adv. (*arch.*) אָנָה (לְאָן)

whiting /ˈwaɪtɪŋ/ n.
1 (fish) מַרְלַנְגּוּס מָצוּי (דַּג־יָם לְמַאֲכָל)
2 (powdered chalk) חֹמֶר הַלְבָּנָה, אַבְקַת גִּיר

whitlow /ˈwɪtləʊ/ n. דַּלֶּקֶת מֻגְלָתִית בְּאֵזוֹר הַצִּפָּרְנַיִם, מֻרְסָה

Whitsun(tide) /ˈwɪts(ə)n(ˌtaɪd)/ n. (*Relig.*) יוֹם רִאשׁוֹן הַשְּׁבִיעִי שֶׁלְּאַחַר הַפַּסְחָא

whittle /ˈwɪt(ə)l/ v.t. קִצֵּץ (בְּאוֹלָר)
□ *our civil liberties are being whittled away* מְקַצְּצִים בְּהַתְמָדָה בִּזְכֻיּוֹתֵינוּ הָאֶזְרָחִיּוֹת
□ *the committee whittled down our demands* הַוַּעֲדָה צִמְצְמָה בְּהַדְרָגָה אֶת דְּרִישׁוֹתֵינוּ

whiz, whizz /wɪz/ v.i. & n. (*colloq.*) חָלַף בִּשְׁרִיקָה; שְׁרִיקָה

whizz-kid /ˈwɪz-kɪd/ n. (*colloq.*) יֶלֶד־פֶּלֶא

who /huː/ pron.
1 (interrog.) מִי
Who's Who "מִי הוּא מִי" (מַדְרִיךְ שְׁנָתִי שֶׁל אִישִׁים מְפֻרְסָמִים)
□ *who did it?* מִי הָאָשֵׁם?
□ *for whom do you work?* בִּשְׁבִיל מִי אַתָּה עוֹבֵד?
□ *whose is it?* שֶׁל מִי זֶה?
□ *who do you think I saw today* נוּ, אֶת מִי אַתָּה חוֹשֵׁב שֶׁרָאִיתִי הַיּוֹם?
□ *who does he think he is?* מִי הוּא חוֹשֵׁב שֶׁהוּא? אֵיךְ הוּא מֵעֵז?
2 (rel.) שֶׁ...
□ *he is the man with whom I lunched* הוּא הָאִישׁ שֶׁאִתּוֹ אָכַלְתִּי צָהֳרַיִם

whoa /wəʊ/ int. "אוֹיסָה"! (קְרִיאַת עֲצִירָה לְסוּס); (בְּהַשְׁאָלָה, לְאָדָם) רֶגַע, רֶגַע!

who'd /huːd/ contr. of **who had, who would** (*colloq.*)

whodunit /ˌhuːˈdʌnɪt/ n. (*colloq.*) "בַּלָּשׁ" (סֵפֶר/סֶרֶט בַּלָּשִׁים)

whoever /ˌhuːˈevə(r)/ pron. מִי; כָּל מִי שֶׁ..., מִי שֶׁלֹּא יִהְיֶה
□ *whoever told you that!* מִי אָמַר לְךָ אֶת זֶה?
□ *whoever told you that is an idiot* מִי שֶׁאָמַר לְךָ אֶת זֶה הוּא אִידְיוֹט
□ *you can give it to whomever you wish* אַתָּה יָכוֹל לָתֵת אֶת זֶה לְמִי שֶׁאַתָּה רוֹצֶה

whole /həʊl/ adj.
1 (complete) שָׁלֵם, כָּל הַ...
whole milk חָלָב מָלֵא (לֹא דַּל־שֻׁמָּן)
a whole number (*Math.*) מִסְפָּר שָׁלֵם
whole wheat חִטָּה מְלֵאָה
□ *this bread is made from whole wheat* הַלֶּחֶם הַזֶּה עָשׂוּי חִטָּה מְלֵאָה

□ *whole villages were destroyed* כְּפָרִים שְׁלֵמִים נֶהֶרְסוּ

□ *you might as well go the whole hog* (*colloq.*) מוּטָב כְּבָר שֶׁתֵּלֵךְ עַד הַסּוֹף

2 (not broken or divided) שָׁלֵם, בִּשְׁלֵמוּתוֹ

□ *he swallowed the potato whole* הוּא בָּלַע אֶת תַּפּוּחַ־הָאֲדָמָה בִּשְׁלֵמוּתוֹ

□ *the lamb was roasted whole* צָלוּ אֶת הַטָּלֶה בִּשְׁלֵמוּתוֹ

3 (used to emphasize)

□ *the whole point is . . .* הַדָּבָר הָעִקָּרִי שֶׁרָצִיתִי לוֹמַר הוּא..., כָּל הָעִנְיָן הוּא בְּכָךְ שֶׁ...

□ *it's a whole lot better* (*colloq.*) זֶה הַרְבֵּה הַרְבֵּה יוֹתֵר טוֹב

□ *we have a whole lot of unwanted books* (*colloq.*) יֵשׁ לָנוּ הָמוֹן סְפָרִים לֹא נְחוּצִים

—n. הַשָּׁלֵם, הַכֹּל

on the whole בְּסַךְ הַכֹּל, בְּאֹפֶן כְּלָלִי

□ *four quarters make a whole* אַרְבָּעָה רְבָעִים הֵם שָׁלֵם

□ *she spent the whole of the year in hospital* הִיא בִּלְּתָה אֶת כָּל הַשָּׁנָה בְּבֵית־הַחוֹלִים

□ *the estate is to be sold as a whole* הָאֲחֻזָּה תִּמָּכֵר בִּשְׁלֵמוּתָהּ

wholehearted /həʊlˈhɑːtɪd/ adj. לְלֹא־סְיָג, לֹא־מְסֻיָּג

□ *he has my wholehearted support* תְּמִיכָתִי נְתוּנָה לוֹ לְלֹא סְיָג

wholemeal /ˈhəʊlmiːl/ n. & adj. קֶמַח מָלֵא; (לֶחֶם) עָשׂוּי קֶמַח מָלֵא

wholesale /ˈhəʊlseɪl/ adj. & adv.

1 (connected with bulk sale to retailer) סִיטוֹנִי; בְּסִיטוֹנוּת

2 (on a large scale, indiscriminate) הֲמוֹנִי

□ *war leads to wholesale slaughter* מִלְחָמָה גּוֹרֶרֶת טֶבַח הֲמוֹנִי

wholesaler /ˈhəʊlseɪlə(r)/ n. סִיטוֹנַאי

wholesome /ˈhəʊlsəm/ adj.

1 (healthy) בָּרִיא

2 (having a good moral effect) "בָּרִיא" נְקִי מֵעִוּוּתִים מוּסָרִיִּים

wholesome advice עֵצָה טוֹבָה, עֵצָה מוֹעִילָה

□ *these books convey wholesome messages to young children* הַסְּפָרִים הָאֵלֶּה מַעֲבִירִים מְסָרִים בְּרִיאִים וּמוּסָרִיִּים לִילָדִים קְטַנִּים

who'll /huːl/ contr. of **who will** (*colloq.*)

wholly /ˈhəʊllɪ/ adv. לְגַמְרֵי, בְּתַכְלִית, לַחֲלוּטִין

whom /huːm/ see **WHO**

whoop /huːp/ n. צְעָקָה, קְרִיאָה, תְּרוּעָה

□ *she jumped to her feet with a whoop of triumph* הִיא קָפְצָה עַל רַגְלֶיהָ בִּתְרוּעַת נִצָּחוֹן

□ *he gave a whoop of glee* הוּא קָרָא בְּשִׂמְחָה

—v.i. צָעַק, קָרָא, הֵרִיעַ

whoopee /wʊˈpiː/ int. "יוּ־וּ־וּ" (קְרִיאַת־חֶדְוָה)

—n. (*colloq.*) /ˈwʊpiː/ "חֲגִיגָה"

□ *he was making whoopee* הוּא עָשָׂה "חַיִּים"

whooping-cough /ˈhuːpɪŋ-kɒf/ n. שַׁעֶלֶת

whoops-a-daisy /ˌwʊps-ə-ˈdeɪzɪ/ int. (*UK colloq.*) "הוֹ־פֶּ־לָה!"

whop /wɒp/ v.t. (*colloq.*) "כִּסַּח" (הִרְבִּיץ מַכּוֹת; הֵבִיס)

whopper /ˈwɒpə(r)/ n. (*colloq.*) שֶׁקֶר מְפֻצָּץ; (דָּבָר) "לֹא נוֹרְמָלִי" (עֲנָק, מְצֻיָּן)

whopping /ˈwɒpɪŋ/ adj. & adv. (*colloq.*) "לֹא־נוֹרְמָלִי"

□ *she caught a whopping big fish* הִיא תָּפְסָה דָּג (גָּדוֹל) מַשֶּׁהוּ לֹא־נוֹרְמָלִי

whore /hɔː(r)/ n. (*derog.*) זוֹנָה, פְּרוּצָה; "זוֹנָה"

whorehouse /ˈhɔːhaʊs/ n. (*derog.*) בֵּית־זוֹנוֹת

whoremonger /ˈhɔːmʌŋgə(r)/ n. (*arch. derog.*) רוֹעֵה־זוֹנוֹת

whorl /wɜːl/ n.

1 (*Bot.*) דּוּר (קְבוּצַת עָלִים אוֹ פְּרָחִים הָעֲרוּכִים בְּמַעְגָּל סְבִיב הַגִּבְעוֹל)

2 (one of the turns in a spiral) מַעְגָּל אֶחָד בִּסְפִּירָלָה

□ *a whorl of whipped cream* סִלְסוּל קַצֶּפֶת (עַל עוּגָה, לְקִשּׁוּט)

whose /huːz/ see **WHO**

whosoever /ˌhuːsəʊˈevə(r)/ pron. (*arch.*) כָּל מִי שֶׁ..., מִי שֶׁלֹּא יִהְיֶה

why /waɪ/ adv.

1 (interrog.) לָמָּה, מַדּוּעַ

why not? לָמָּה לֹא?

□ *I wonder why . . .?* אֲנִי לֹא מֵבִין לָמָּה...?, מַה פִּתְאֹם...?

□ *that's why!* זֶה לָמָּה!

2 (rel.) שֶׁבִּגְלָלוֹ

□ *the reasons why he did this are obscure* הַסִּבּוֹת לְמַעֲשָׂיו לֹא בְּרוּרוֹת

—int.

□ *why, it's you!* מָה, זֶה אַתָּה!

□ *why, what's the matter?* מַה יֵּשׁ? מַה קָּרָה?

□ *why, it's quite easy* אַל תִּדְאַג, זֶה מַמָּשׁ קַל

—n.

□ *he went into the whys and wherefores* (*formal*) הוּא נִכְנַס לְפִרְטֵי הַסִּבּוֹת

whyever /waɪˈevə(r)/ int. לָמָּה בְּעֶצֶם...?, לָמָּה, לְכָל הָרוּחוֹת...?

wick /wɪk/ n. פְּתִילָה, פְּתִיל (שֶׁל נֵר)

□ *he gets on my wick* (*UK colloq.*) נִשְׁבַּר לִי מִמֶּנּוּ, הוּא עוֹלֶה לִי עַל הָעֲצַבִּים

wicked /ˈwɪkɪd/ adj.

1 (evil) מַרְשָׁע, זְדוֹנִי

□ *he had a wicked temper* הוּא הָיָה רַגְזָן וְחַם־מֶזֶג

□ *it's a wicked waste of talent* (*fig.*) זֶה בִּזְבּוּז מַחְפִּיר שֶׁל כִּשָּׁרוֹן

2 (mischievous, *colloq.*) שׁוֹבָב, זְדוֹנִי, מְרֻשָּׁע

□ *he gave a wicked grin* הוּא חִיֵּךְ חִיּוּךְ מְרֻשָּׁע

3 (excellent, *sl.*) "לֹא נוֹרְמָלִי" (מְצֻיָּן)

□ *he is a wicked goal-keeper* הוּא שׁוֹעֵר לֹא נוֹרְמָלִי

wicker /ˈwɪkə(r)/ adj. עָשׂוּי נְצָרִים

wicker chair כִּסֵּא נְצָרִים

wickerwork /ˈwɪkəwɜːk/ adj. & n. קָלוּעַ מִנְּצָרִים, עָשׂוּי נְצָרִים; חֲפָצִים עֲשׂוּיִים מִנְּצָרִים

a wickerwork basket סַל־נְצָרִים

wicket /ˈwɪkɪt/ n.

1 (set of three stumps, *Cricket*) מֵעֵין "שַׁעַר" בְּמִשְׂחַק קְרִיקֶט

□ *Surrey have lost four wickets* אַרְבָּעָה חוֹבְטִים בִּנְבַחֶרֶת סָארִי יָצְאוּ מִן הַמִּשְׂחָק לְאַחַר שֶׁהַכַּדּוּר פָּגַע בַּ"שַּׁעַר"

□ *we won by six wickets* נִצַּחְנוּ בְּהֶפְרֵשׁ שֶׁל שִׁשָּׁה "שְׁעָרִים" (חִשּׁוּב הַנְּקֻדּוֹת בְּקְרִיקֶט עַל־פִּי מִסְפַּר הַהַקָּפוֹת וּמִסְפַּר "הַשְּׁעָרִים")

2 (stretch of grass between batsmen, *Cricket*) אֵזוֹר הַ"שַּׁעַר" בְּמִשְׂחַק קְרִיקֶט

□ *you'll be* (*batting*) *on a sticky wicket if you do that* (*colloq.*) אִם תַּעֲשֶׂה אֶת זֶה תִּמְצָא אֶת עַצְמְךָ בְּצָרוֹת

3 (small gate or door) פִּשְׁפָּשׁ

wicket-keeper /ˈwɪkɪt-ˌkiːpə(r)/ n. (*Cricket*) תּוֹפֵס הַכַּדּוּר הָעוֹמֵד מֵאֲחוֹרֵי הַ"שַּׁעַר" בְּקְרִיקֶט

wide /waɪd/ adj. רָחָב, נִרְחָב; מַקִּיף

□ *the room is three metres wide* רֹחַב הַחֶדֶר שְׁלֹשָׁה מֶטְרִים

□ *in the widest sense of the word* בְּמַשְׁמָעוּת הָרְחָבָה בְּיוֹתֵר שֶׁל הַמִּלָּה

□ *he is a man of wide interests* אָדָם רְחַב־אֳפָקִים

□ *you'd better give him a wide berth for a while* (*colloq.*) מוּטָב לְהִתְרַחֵק מִמֶּנּוּ לִזְמַן מָה

□ *your answer is wide of the mark* הַתְּשׁוּבָה שֶׁלְּךָ מַחְטִיאָה לְגַמְרֵי אֶת הַמַּטָּרָה

□ *her eyes were wide with fear* עֵינֶיהָ הָיוּ קְרוּעוֹת לִרְוָחָה בַּחֲרָדָה

□ *their mouths were wide with astonishment* פִּיהֶם הָיָה פָּעוּר בְּתַדְהֵמָה

—adv. בְּרֶוַח גָּדוֹל; רָחָב, גָּדוֹל

□ *'Open wide, please', said the dentist* "נָא לִפְתֹּחַ אֶת הַפֶּה רָחָב", אָמַר רוֹפֵא הַשִּׁנַּיִם

□ *the houses were set wide apart* הַבָּתִּים עָמְדוּ בְּרֶוַח זֶה מִזֶּה

□ *he stood with his legs wide apart* הוּא עָמַד בְּרַגְלַיִם מְפֻשָּׂקוֹת

□ *the bullet went wide* הַכַּדּוּר (שֶׁל כְּלִי־יְרִיָּה) הִרְחִיק מִן הַמַּטָּרָה

wide-awake /ˌwaɪd-əˈweɪk/ adj. עֵר לְגַמְרֵי; עֵרָנִי

wide boy /ˈwaɪd bɔɪ/ n. (*arch. derog.*) נוֹכֵל (לָרֹב בַּעֲסָקִים)

wide-eyed /waɪd-ˈaɪd/ adj.

1 (with fully open eyes) בְּעֵינַיִם פְּקוּחוֹת לִרְוָחָה (מִתַּדְהֵמָה וְכַד')

2 (naïve) תָּמִים, נָאִיבִי

widely /ˈwaɪdlɪ/ adv. בְּאֹפֶן נִרְחָב

□ *she is widely travelled* הוּא הִרְבָּה לִנְסֹעַ בְּרַחֲבֵי תֵּבֵל

□ *he is widely read* הוּא קָרָא הַרְבֵּה מְאֹד; יֵשׁ לוֹ קְהַל קוֹרְאִים רָחָב

□ *his books are widely read* לִסְפָרִים שֶׁלּוֹ יֵשׁ קְהַל קוֹרְאִים רָחָב

□ *they are two widely different cultures* אֵלּוּ שְׁתֵּי תַּרְבֻּיּוֹת שׁוֹנוֹת בְּהַרְבֵּה

□ *it is widely believed that...* רַבִּים מַאֲמִינִים שֶׁ...

□ *the area has a few widely scattered villages* בָּאֵזוֹר יֶשְׁנָם כַּמָּה כְּפָרִים הַמְפֻזָּרִים בְּרִחוּק זֶה מִזֶּה

widen /ˈwaɪd(ə)n/ v.t. & i. הִרְחִיב; הִתְרַחֵב

□ *the river begins to widen here* כָּאן מַתְחִיל הַנָּהָר לְהִתְרַחֵב

wide-ranging /ˌwaɪd-ˈreɪndʒɪŋ/ adj. מַקִּיף, רְחַב־מְמַדִּים

□ *they wrote a wide-ranging report* הֵם כָּתְבוּ דּוּ"חַ מַקִּיף

□ *he has a wide-ranging mind* הוּא אִישׁ־אֶשְׁכּוֹלוֹת

widespread /ˈwaɪdspred/ adj. נָפוֹץ, רוֹוֵחַ

widgeon /ˈwɪdʒən/ n. בַּרְוָז צְהֹב־הַמֵּצַח (בַּרְוָז בַּר קָטָן טוֹב לְמַאֲכָל)

widow /ˈwɪdəʊ/ n. אַלְמָנָה

a golf widow (*joc.*) אִשָּׁה שֶׁבַּעְלָהּ מְבַלֶּה רֹב שְׁעוֹתָיו בְּמִשְׂחַק גּוֹלְף בִּמְקוֹם לְהַקְדִּישׁ לָהּ מִזְּמַנּוֹ

—v.t. גָּרַם לְ... לִהְיוֹת אַלְמָן/אַלְמָנָה

□ *she was widowed last summer* הִיא הִתְאַלְמְנָה/הוּא הִתְאַלְמֵן בַּקַּיִץ שֶׁעָבַר

□ *when was he widowed?* מָתַי הוּא הִתְאַלְמֵן?

widower /ˈwɪdəʊə(r)/ n. אַלְמָן

widowhood /ˈwɪdəʊhʊd/ n. אַלְמְנוּת

width /wɪdθ/ n. רֹחַב; מִדַּת הָרֹחַב

□ *the room is 12 feet in width* רֹחַב הַחֶדֶר 12 רֶגֶל

□ *we need 4 widths of material* אֲנַחְנוּ צְרִיכִים אַרְבָּעָה "רְחָבִים" שֶׁל בַּד

wield /wiːld/ v.t. הֶחֱזִיק בְּ...., אָחַז בְּ.... (וְהִשְׁתַּמֵּשׁ בְּ....)

□ *he wields the pen* (*formal*) הוּא מוֹשֵׁךְ בְּעֵט, הוּא מוֹשֵׁךְ בְּשֵׁבֶט סוֹפֵר

□ *the government wields authority* הַמֶּמְשָׁלָה שׁוֹלֶטֶת עַל הָעָם

wife /waɪf/ n. (*pl.* **wives**) אִשָּׁה (בַּת זוּגוֹ שֶׁל הַבַּעַל); רַעְיָה

an old wives' tale (*derog.*) "סִפּוּרֵי־סַבְתָּא" (מַעֲשִׂיּוֹת)

wifely /ˈwaɪflɪ/ adj. (*formal*) (הִתְנַהֲגוּת הַנֶּחְשֶׁבֶת) רְאוּיָה לְאֵשֶׁת־חַיִל

wig /wɪg/ n. פֵּאָה נָכְרִית (לִגְבָרִים וּלְנָשִׁים)

wigging /ˈwɪgɪŋ/ n. (*colloq.*) (קִבֵּל/נָתַן לִפְלוֹנִי) "עַל הָרֹאשׁ"
□ *she gave him a good wigging* הִיא נָתְנָה לוֹ טוֹב־טוֹב עַל הָרֹאשׁ

wiggle /ˈwɪg(ə)l/ (*colloq.*) v.t. & i. מִתְנוֹעֵעַ בִּזְרִיזוּת; נָע בִּזְרִיזוּת (מִצַּד אֶל צַד, לְמַעְלָה וּלְמַטָּה וְכַד'), הִתְפַּתֵּל
—n. הִתְפַּתְּלוּת; הִתְנוֹעֲעוּת (כַּנַ"ל); קַו מִתְפַּתֵּל

wiggly /ˈwɪglɪ/ adj. (*colloq.*) מִסְתַּלְסֵל, מִתְפַּתֵּל

wigwam /ˈwɪgwæm/ n. "וִיגְוָאם" (אֹהֶל אִנְדְיָאנִי)

wild /waɪld/ adj.
1 (not tame or domesticated) בַּר, פִּרְאִי, פֶּרֶא
wild flowers פִּרְחֵי בַּר
the Wild West הַמַּעֲרָב הַפָּרוּעַ (שֶׁל אַרְהַ"ב בַּמֵּאָה הַ־19)
wild and woolly (*colloq.*) (אָדָם) גַּס וּמְגֻשָּׁם
□ *he sowed his wild oats* (*fig.*) הוּא נָהַל חַיֵּי הוֹלְלוּת פְּרוּעִים לִפְנֵי שֶׁהִתְיַשֵּׁב בְּמָקוֹם אֶחָד
□ *Cornwall has many wild stretches of coastline* בְּקוֹרְנְוָל יֵשׁ הַרְבֵּה קִטְעֵי חוֹף פִּרְאִיִּים וְנִדָּחִים
2 (unrestrained, rough) סוֹעֵר, פִּרְאִי, פָּרוּעַ
□ *it was a wild night* זֶה הָיָה לַיְלָה שֶׁל מֶזֶג אֲוִיר סוֹעֵר; זֶה הָיָה לַיְלָה "סוֹעֵר" (לַיְלָה שֶׁל בִּלּוּיִים וְכַד')
□ *I'm not wild about the idea* (*colloq.*) אֲנִי לֹא מִשְׁתַּגֵּעַ עַל הָרַעְיוֹן
□ *not in his wildest dreams would he have expected this* גַּם בַּחֲלוֹמוֹתָיו הַפְּרוּעִים בְּיוֹתֵר לֹא צִפָּה לָזֶה
3 (rash and reckless) פָּזִיז, לֹא זָהִיר, פָּרוּעַ
□ *he made a wild guess* הוּא נִחֵשׁ נִחוּשׁ בְּעָלְמָא, הוּא זָרַק נִחוּשׁ
□ *do not make such wild promises!* אַל תַּבְטִיחַ הָרִים וּגְבָעוֹת
□ *it's another of his wild schemes* זֹאת עוֹד אַחַת מִן הַתָּכְנִיּוֹת הַמְטֹרָפוֹת שֶׁלּוֹ
—adv. בְּאֹפֶן פָּרוּעַ; פֶּרֶא
□ *the children are running wild* הַיְלָדִים מִשְׁתּוֹלְלִים
□ *olives grow wild here* זֵיתִים גְּדֵלִים כָּאן פֶּרֶא
—n.
1 (natural state) הַטֶּבַע
the call of the wild כֹּחַ הַמְּשִׁיכָה הַטָּמִיר שֶׁל הַטֶּבַע
□ *few of these animals are found in the wild now* רַק מְעַט מֵחַיּוֹת אֵלֶּה נִתָּן לִמְצֹא בְּיָמֵינוּ בַּטֶּבַע
2 (in *pl.*, remote area) אֵזוֹר נִדָּח
□ *he lives out in the wilds* הוּא חַי בְּמָקוֹם נִדָּח

wildcat /ˈwaɪldkæt/ n. חֲתוּל־בַּר
a wildcat strike שְׁבִיתָה פִּרְאִית (וְלֹא מְאֻרְגֶּנֶת)

wildebeest /ˈwɪldəbiːst/ n. גְּנוּ (מֵעֵין תְּאוֹ אַפְרִיקָאִי)

wilderness /ˈwɪldənɪs/ n. שְׁמָמָה
□ *the politician was in the wilderness for five years* (*fig.*) הַפּוֹלִיטִיקַאי הָיָה שָׁרוּי חָמֵשׁ שָׁנִים בִּשְׁמָמָה פּוֹלִיטִית

wildfire /ˈwaɪldfaɪə(r)/ n.
spread like wildfire הִתְפַּשֵּׁט כְּמוֹ אֵשׁ בִּשְׂדֵה־קוֹצִים

wildfowl /ˈwaɪldfaʊl/ n. עוֹפוֹת־בַּר (לָרֹב לְצַיִד: אַוָּזִים, בַּרְוָזֵי־בַּר וְכַד')

wild-goose chase /ˌwaɪld-ˈguːs tʃeɪs/ n. (*colloq.*) מַאֲמָץ שָׁוְא, מַאֲמָץ לְחִנָּם (שֶׁלֹּא יָנִיב תּוֹצָאוֹת)

wildlife /ˈwaɪldlaɪf/ n. חַיּוֹת־בַּר, עוֹלַם חַיּוֹת־הַבָּר

wile /waɪl/ n. (usu. in *pl.*) תַּחְבּוּלָה עַרְמוּמִית, תַּכְסִיס מְחֻכָּם
□ *the fox was a victim of his own wiles* הַשּׁוּעָל נָפַל קָרְבָּן לְתַעֲלוּלֵי עַצְמוֹ

wilful /ˈwɪlf(ə)l/ adj.
1 (self-willed, *derog.*) עַקְשָׁן (לְהַכְעִיס)
2 (deliberate) מְכֻוָּן, בְּמֵזִיד

wilfully /ˈwɪlfəlɪ/ adv. בְּכַוָּנָה; בְּמֵזִיד

wiliness /ˈwaɪlɪnɪs/ n. עַרְמוּמִיּוּת, עָרְמָה

will[1] /wɪl/ v. aux.
1 (used to form future tense)
□ *he will come* הוּא יָבוֹא
□ *you will speak to no-one!* אַף מִלָּה לְשׁוּם אָדָם!
2 (expressing a reasonable assumption)
□ *those of you who know me will not be surprised to hear I told the truth* אֵלֶּה מִכֶּם הַמַּכִּירִים אוֹתִי לֹא יִתְפַּלְאוּ לִשְׁמֹעַ שֶׁאָמַרְתִּי אֶת הָאֱמֶת
3 (expressing habit or nature or characteristics)
□ *he will sit for hours in front of the TV* הוּא מְסֻגָּל לָשֶׁבֶת שָׁעוֹת מוּל הַטֶּלֶוִיזְיָה
□ *accidents will happen* אֵין מָנוֹס מִתְּאוּנוֹת
4 (in requests)
□ *will you close the door please?* בְּבַקָּשָׁה סְגֹר אֶת הַדֶּלֶת
□ *won't you come in?* הִכָּנֵס בְּבַקָּשָׁה
5 (stressing inevitability or insistence)
□ *what will be will be* (*Prov.*) מַה שֶּׁיִּהְיֶה יִהְיֶה
□ *boys will be boys* יֶלֶד הוּא יֶלֶד (יְלָדִים מִתְנַהֲגִים בְּדֶרֶךְ יְדוּעָה, וְיֵשׁ לְקַבֵּל זֹאת בַּהֲבָנָה)
6 (expressing readiness)
□ *my car won't go* הַמְּכוֹנִית שֶׁלִּי לֹא זָזָה
□ *I will do it* זֹאת אֶעֱשֶׂה בְּהֶחְלֵט
—v.t. (*formal*)
1 (cause to happen by power of mind) רָצָה שֶׁ...
□ *it will be as God wills* כִּרְצוֹנוֹ יִתְבָּרַךְ, כֵּן יִהְיֶה
□ *God has so willed it* זֶה הָיָה רְצוֹן הָאֱלֹהִים
□ *can you will yourself to wake up at 6 o'clock?* הַאִם אַתָּה יָכוֹל לִגְרֹם לְעַצְמְךָ לְהִתְעוֹרֵר בְּשָׁעָה שֵׁשׁ בְּדִיּוּק?
2 (bequeath by document) הוֹרִישׁ, הִנְחִיל
—n.
1 (power to make decisions) כֹּחַ־רָצוֹן, רָצוֹן
□ *she has a will of her own* יֵשׁ לָהּ רָצוֹן מִשֶּׁלָּהּ, יֵשׁ לָהּ דֵּעוֹת מִשֶּׁלָּהּ
□ *some philosophers deny that freedom of the will*

exists יֵשׁ פִילוֹסוֹפִים הַמַּכְחִישִׁים אֶת קִיּוּמוֹ שֶׁל חֹפֶשׁ הָרָצוֹן
□ *he showed great strength of will by refusing to be tempted* הוּא הִפְגִּין נְחִישׁוּת רַבָּה כְּשֶׁסֵּרֵב לְהִתְפַּתּוֹת
□ *she has an iron will* יֵשׁ לָהּ רָצוֹן שֶׁל בַּרְזֶל
□ *you may choose to contribute or not, at will* (*formal*) בִּרְשׁוּתְךָ לִתְרֹם אוֹ שֶׁלֹּא לִתְרֹם, כִּרְצוֹנְךָ
□ *he acted of his own free will* הוּא פָּעַל מֵרְצוֹנוֹ הַחָפְשִׁי
2 (what is wished or intended) רָצוֹן
□ *God's will be done!* יֵעָשֶׂה רְצוֹן הָאֵל!
□ *he has a will to live* הוּא רוֹצֶה לִחְיוֹת (וְיַעֲשֶׂה מַאֲמָץ לְהַמְשִׁיךְ)
□ *I did it against my will* עָשִׂיתִי זֹאת כְּנֶגֶד רְצוֹנִי
3 (determination) נְחִישׁוּת, מֶרֶץ
□ *they went to work with a will* הֵם נִגְּשׁוּ לַמְּלָאכָה בְּמֶרֶץ
□ *where there's a will there's a way* (*Prov.*) אֵין דָּבָר הָעוֹמֵד בִּפְנֵי הָרָצוֹן
4 (feeling towards other people) רָצוֹן
good will רָצוֹן טוֹב, אַהֲדָה
ill will רָצוֹן לְהָרַע, מַשְׂטֵמָה, שִׂנְאָה
□ *with the best will in the world, I must refuse* עִם כָּל הָרָצוֹן הַטּוֹב, אֲנִי מֻכְרָח לְסָרֵב
5 (legal document) (מִסְמָךְ) צַוָּאָה
last will and testament צַוָּאָה (נֻסְחָה הַפּוֹתַחַת צַוָּאָה)

willies /ˈwɪlɪz/ n. *pl.*
□ *it gives me the willies* (*colloq.*) זֶה עוֹשֶׂה לִי צְמַרְמֹרֶת

willing /ˈwɪlɪŋ/ adj. מַסְכִּים, מוּכָן (לְבַצֵּעַ דְּבַר מָה וְכַד׳)
willing and able רוֹצֶה וְגַם יָכוֹל, מוּכָן וּמְזֻמָּן
God willing בְּעֶזְרַת הָאֵל, אִם יִרְצֶה הַשֵּׁם, בְּס״ד (בְּסִיַּעְתָּא דִּשְׁמַיָּא)

willingness /ˈwɪlɪŋnɪs/ n. נְכוֹנוּת, רָצוֹן

will-o'-the-wisp /ˌwɪl-ə-ðə-ˈwɪsp/ n. ״תַּעְתּוּעוֹן״ (דָּבָר הַמּוֹפִיעַ וְנֶעֱלָם חֲלִיפוֹת); (בְּמָקוֹר) זֹהַר־בִּצּוֹת

willow /ˈwɪləʊ/ n. & adj. (עֵץ) עֲרָבָה
willow basket סַל־נְצָרִים
willow pattern china כְּלֵי חַרְסִינָה מְעֻטָּרִים בְּכָחֹל (בְּסִגְנוֹן הַמִּזְרָח הָרָחוֹק, שֶׁבּוֹ מוֹפִיעַ מוֹטִיב עֵץ הָעֲרָבָה)
weeping willow עֲרָבָה בּוֹכִיָּה, עֲרָבַת הַבָּכוּת

willowy /ˈwɪləʊɪ/ adj. (אִשָּׁה) רָזָה וּגְמִישָׁה; גְּבוֹהָה וְרָזָה

will-power /ˈwɪl-paʊə(r)/ n. כֹּחַ־הָרָצוֹן

willy /ˈwɪlɪ/ n. (*colloq.*) פִּיפִי (אֵבֶר הַמִּין הַזְּכָרִי בִּלְשׁוֹן יְלָדִים)

willy-nilly /ˌwɪlɪ-ˈnɪlɪ/ adv. בְּרָצוֹן אוֹ שֶׁלֹּא בְּרָצוֹן, בְּעַל כָּרְחוֹ

wilt /wɪlt/ v.i. & t. דָּעַךְ, קָמַל, נָבַל; גָּרַם לְ... לִקְמֹל
□ *they wilted under the onslaught* (*fig.*) הַהַתְקָפָה שָׁבְרָה אוֹתָם

wily /ˈwaɪlɪ/ adj. עַרְמוּמִי, מָלֵא תַּחְבּוּלוֹת, מָלֵא מְזִמּוֹת, עָרוּם כְּנָחָשׁ

wimp /wɪmp/ n. (*colloq. derog.*) חַלַּשְׁלוּשׁ, ״שָׁפָן״, ״נְמוּשָׁה״

wimple /ˈwɪmp(ə)l/ n. כִּסּוּי רֹאשׁ לִנְזִירָה (שֶׁרַק הַפָּנִים גְּלוּיוֹת בּוֹ, בִּימֵי הַבֵּינַיִם שִׁמֵּשׁ לְנָשִׁים בִּכְלָל)

win /wɪn/ (past & past ppl. **won** /wʌn/) v.t. זָכָה בְּ..., נִצַּח בְּ...
□ *the home team won the match* הַקְּבוּצָה הַבֵּיתִית נִצְּחָה בַּמִּשְׂחָק
□ *she won everyone's heart* הִיא כָּבְשָׁה אֶת לֵב כֻּלָּם, הִיא שָׁבְתָה אֶת לֵב כֻּלָּם
□ *he won five pounds at cards* הוּא זָכָה בְּחָמֵשׁ לִירוֹת בִּקְלָפִים
□ *he won many friends at Oxford* הוּא רָכַשׁ חֲבֵרִים רַבִּים בִּימֵי לִמּוּדָיו בְּאוֹקְסְפוֹרְד
□ *he won his employer's confidence* הוּא זָכָה בְּאֵמוּן מַעֲבִידוֹ
□ *they won the day* יָדָם הָיְתָה עַל הָעֶלְיוֹנָה (בְּהִזְדַּמְּנוּת נְתוּנָה)
□ *eventually she won them over* בְּסוֹפוֹ שֶׁל דָּבָר הִיא הִצְלִיחָה לְשַׁכְנֵעַ אוֹתָם
—v.i. נִצַּח
□ *which team won?* אֵיזוֹ קְבוּצָה נִצְּחָה
□ *he won hands down* (*colloq.*) הוּא נִצַּח מֵעַל וּמֵעֵבֶר לְכָל סָפֵק
□ *'Morning Glory' won by a length* הַסּוּס ״תְּהִלַּת הַבֹּקֶר״ זָכָה בַּמֵּרוֹץ בְּהֶפְרֵשׁ אֹרֶךְ אֶחָד
□ *heads I win, tails you lose* (*joc.*) עֵץ – נִצַּחְתִּי, פָּלִי – הִפְסַדְתִּי (בְּעֵת הֲטָלַת מַטְבֵּעַ, כְּשֶׁבְּכָל מִקְרֶה הַדּוֹבֵר זוֹכֶה)
□ *she regularly won at cards* הִיא נִצְּחָה בִּקְלָפִים בִּקְבִיעוּת
□ *you just can't win!* (*colloq.*) אַתָּה מַפְסִיד בְּכָל מִקְרֶה, מָה שֶׁלֹּא יִהְיֶה, אַתָּה ״אוֹכֵל״ אוֹתָהּ
□ *he won through* (or *out*) *against all odds* (*colloq.*) הוּא הִצְלִיחַ לַמְרוֹת כָּל הַקְּשָׁיִים
—n. זְכִיָּה

wince /wɪns/ v.i. הִתְכַּוֵּץ מִכְּאֵב, הִתְעַוֵּת מִכְּאֵב, נִרְתַּע בִּכְאֵב
—n. עֲוִית־כְּאֵב, רְתִיעָה

winch /wɪntʃ/ v.t. מָשַׁךְ/הֵרִים בְּכַנֶּנֶת, מָשַׁךְ/הֵרִים בְּמָנוֹף
—n. כַּנֶּנֶת, מָנוֹף (מֵעֵין גַּלְגַּל שֶׁעָלָיו נִלְפָּף הַכֶּבֶל)

wind[1] /wɪnd/ n.
1 (air in motion) רוּחַ
high wind רוּחַ עַזָּה
the winds of change תְּמוּרוֹת הַזְּמַן, רוּחוֹת חֲדָשׁוֹת
to the four winds (*poet.*) אֶל אַרְבַּע רוּחוֹת הַשָּׁמַיִם, לְכָל עֵבֶר
□ *aren't you sailing rather close to the wind?* (*fig.*) הַאִם אַתָּה לֹא חוֹשֵׁב שֶׁאַתָּה דּוֹרֵךְ עַל הַקַּו הָאָדֹם?

□ *he got wind of our plans* (*colloq.*) הוּא שָׁמַע עַל הַתָּכְנִיּוֹת שֶׁלָּנוּ
□ *he got the wind up* (*colloq.*) הוּא נִבְהַל, הוּא שִׁקְשֵׁק מִפַּחַד
□ *he put the wind up his brother* (*colloq.*) הוּא הִפְחִיד אֶת אָחִיו
□ *we heard that something big was in the wind* שָׁמַעְנוּ שֶׁמִּתְבַּשֵּׁל מַשֶּׁהוּ רְצִינִי
□ *let's see which way the wind's blowing* (*fig.*) כְּדַאי לִבְדֹּק לְאָן נוֹשֶׁבֶת הָרוּחַ, לְאֵיזֶה כִּוּוּן מִתְפַּתְּחִים הָעִנְיָנִים
□ *he couldn't raise the wind for his holiday* (*colloq.*) הוּא לֹא הִצְלִיחַ לְגַיֵּס כֶּסֶף בִּשְׁבִיל הַחֻפְשָׁה שֶׁלּוֹ
□ *she threw caution to the winds* הִיא שָׁכְחָה אֶת כָּל כְּלָלֵי הַזְּהִירוּת
□ *that took the wind out of our sails* (*colloq.*) זֶה הוֹצִיא אֶת הָרוּחַ מִמִּפְרָשֵׂינוּ
2 (breath, ability to breathe) נְשִׁימָה
wind instrument כְּלִי־נְשִׁיפָה (מִמַּתֶּכֶת וּמֵעֵץ כְּאֶחָד)
□ *he got his second wind* כֹּחוֹתָיו שָׁבוּ אֵלָיו (לְאַחַר תְּקוּפָה שֶׁל עֲיֵפוּת, לְמָשָׁל מִתְחָרֶה בְּתַחֲרוּת); קִבֵּל תְּנוּפָה מְחֻדֶּשֶׁת (רַעְיוֹן, פְּרוֹיֶקְט וְכַד׳)
□ *he's sound in wind and limb* (*formal*) בְּרִיאוּתוֹ מְצֻיֶּנֶת
3 (gas in stomach or bowels) "גָּזִים"; פִּיחָה
break wind (*euphem.*) פָּלַט נְפִיחָה, נָפַח פִּיחָה
□ *the baby is troubled by wind* הַתִּינוֹק סוֹבֵל מִגָּזִים
4 (meaningless words, *colloq. derog.*) "רוּחַ"
□ *don't worry about what he says, he's all wind* אַל תִּדְאַג מִמַּה שֶּׁהוּא אוֹמֵר, הוּא רַק עוֹשֶׂה רוּחַ
5 (*Mus.*) כְּלֵי־הַנְּשִׁיפָה
the wind אֲגַף כְּלֵי־הַנְּשִׁיפָה (בְּתִזְמֹרֶת)
—v.t.
1 (cause to be out of breath) נָטַל מ... אֶת נְשִׁימָתוֹ
□ *the blow winded him* הַמַּכָּה נָטְלָה אֶת נְשִׁימָתוֹ
□ *he was winded by the steep climb* הַטִּפּוּס הַתָּלוּל גָּרַם לוֹ לְהִתְנַשֵּׁם בִּכְבֵדוּת
2 (detect by smelling, *Hunting*) גִּלָּה בְּאֶמְצָעוּת הָרֵיחַ
□ *the dogs winded the fox* הַכְּלָבִים אִתְּרוּ אֶת הַשּׁוּעָל לְפִי הָרֵיחַ

wind² /waɪnd/ (past & past ppl. **wound** /waʊnd/) v.t.
1 (move by turning) סוֹבֵב
□ *operate the winch by winding the handle* הִפְעִיל אֶת הַכַּנֶּנֶת עַל יְדֵי סִבּוּב הַיָּדִית
□ *the driver wound down the car window* הַנֶּהָג פָּתַח אֶת חַלּוֹן הַמְּכוֹנִית (עַל יְדֵי סִבּוּב הַיָּדִית)
□ *the angler wound in his fishing-line* הַדַּיָּג גִּלְגֵּל וְאָסַף אֶת הַחוּט (בְּאֶמְצָעוּת הַמִּתְקָן שֶׁעַל הַחַכָּה)
□ *wind the tape forward to the next track* תָּרִיץ אֶת הַסֶּרֶט קָדִימָה לַשִּׁיר הַבָּא
2 (coil or wrap closely round) לִפֵּף, כָּרַךְ
□ *wind a shawl round the baby* (or *the baby in a shawl*) תַּעֲטֹף אֶת הַתִּינוֹק בְּצָעִיף
□ *she wound him round her little finger* (*colloq.*) הִיא עָשְׂתָה בּוֹ כִּרְצוֹנָהּ, הִיא סוֹבְבָה אוֹתוֹ עַל הָאֶצְבַּע הַקְּטַנָּה שֶׁלָּהּ
3 (tighten spring of mechanism) מָתַח
□ *he wound* (or *wound up*) *his watch* הוּא מָתַח אֶת הַשָּׁעוֹן שֶׁלּוֹ, הוּא "מִלֵּא" אֶת הַשָּׁעוֹן שֶׁלּוֹ
4 (cause to follow a twisting course) הִתְפַּתֵּל, הָלַךְ בַּעֲקִיפִין
□ *the snake wound its way through the rocks* הַנָּחָשׁ הִתְפַּתֵּל בֵּין הַסְּלָעִים
5 (bring to an end)
□ *the company is winding down its factory in Cardiff* הַחֶבְרָה סוֹגֶרֶת אֶת הַמִּפְעָל שֶׁלָּהּ בְּקַרְדִּיף
□ *the chairman wound up the meeting* הַיּוֹשֵׁב־רֹאשׁ סָגַר אֶת הַיְשִׁיבָה
□ *the business has been wound up* הָעֵסֶק נִסְגַּר בְּצוּרָה מְסֻדֶּרֶת
6 (cause to become excited or agitated)
□ *are you being serious, or are you winding me up?* (*UK colloq.*) אַתָּה רְצִינִי אוֹ שֶׁאַתָּה רַק מוֹתֵחַ אוֹתִי?
□ *he gets so wound up when he's arguing* הוּא מִתְרַגֵּשׁ מְאֹד כְּשֶׁהוּא מִתְוַכֵּחַ
—v.i.
1 (follow a twisting course) הִתְפַּתֵּל
□ *the river wound through the hills* הַנָּהָר הִתְפַּתֵּל בֵּין הַגְּבָעוֹת
□ *the stair winds upwards around a central pillar* הַמַּדְרֵגוֹת עוֹלוֹת בְּמַסְלוּל לוּלְיָנִי סְבִיב עַמּוּד מֶרְכָּזִי
□ *the river gradually winds down to the sea* הַנָּהָר מִתְפַּתֵּל לְאִטּוֹ אֶל הַיָּם
2 wind down "הִתְפָּרֵק", נִרְגַּע
□ *we went on holiday to wind down after the examinations* יָצָאנוּ לְחֻפְשָׁה כְּדֵי לְהִתְפָּרֵק אַחֲרֵי הַבְּחִינוֹת
3 wind up (*colloq.*) מָצָא אֶת עַצְמוֹ (בְּסוֹפוֹ שֶׁל דָּבָר)
□ *we tried various places to stay, and wound up in a little hotel by the sea* נִסִּינוּ לִמְצֹא חֶדֶר בְּכַמָּה מְקוֹמוֹת, וּבְסוֹף מָצָאנוּ אֶת עַצְמֵנוּ בְּמָלוֹן קָטָן לְיַד הַיָּם
□ *if he keeps stealing things he'll wind up in gaol* אִם הוּא יַמְשִׁיךְ לִסְחֹב דְּבָרִים, הוּא יַגִּיעַ בְּסוֹפוֹ שֶׁל דָּבָר לְבֵית־הַסֹּהַר
□ *I wound up paying the bill myself* בְּסוֹפוֹ שֶׁל דָּבָר נֶאֱלַצְתִּי לְשַׁלֵּם אֶת הַחֶשְׁבּוֹן בְּעַצְמִי

windbag /ˈwɪndbæg/ n. (*colloq.*) פַּטְפְּטָן, קַשְׁקְשָׁן
windbreak /ˈwɪndbreɪk/ n. שׁוֹבֵר־רוּחַ (גָּדֵר, שׁוּרַת־עֵצִים וְכַד׳)
windcheater /ˈwɪndtʃiːtə(r)/ n. מְעִיל־רוּחַ
windfall /ˈwɪndfɔːl/ n. זְכִיָּה בִּלְתִּי־צְפוּיָה (לָרֹב שֶׁל סְכוּם כֶּסֶף); פְּרִי שֶׁנָּשַׁר (לָרֹב תַּפּוּחַ, בְּשֶׁל הָרוּחַ)

□ *the legacy was something of a windfall* הַיְרֻשָּׁה בָּאָה מְעַט בְּמַפְתִּיעַ

wind-gauge /ˈwɪnd-geɪdʒ/ n. מַד־רוּחַ

winding-sheet /ˈwaɪndɪŋ-ʃiːt/ n. תַּכְרִיךְ לַמֵּת

windjammer /ˈwɪnddʒæmə(r)/ n. סְפִינַת־מִפְרָשִׂים לְמִטְעָן

windlass /ˈwɪndləs/ n. כַּנֶּנֶת (מִתְקָן לְהַעֲלָאַת מַשָּׂאוֹת וְהוֹרָדָתָם)

windless /ˈwɪndlɪs/ adj. (מֶזֶג הָאֲוִיר) לְלֹא מַשְׁבֵי־רוּחַ

windmill /ˈwɪndmɪl/ n. טַחֲנַת־רוּחַ

window /ˈwɪndəʊ/ n. חַלּוֹן

window dresser מְעַצֵּב חַלּוֹנוֹת־רַאֲוָה, דֶּקוֹרָטוֹר שֶׁל חַלּוֹנוֹת־רַאֲוָה

window envelope מַעֲטָפָה עִם פֶּתַח שָׁקוּף לִכְתֹבֶת

window ledge אֶדֶן־הַחַלּוֹן

window-box /ˈwɪndəʊ-bɒks/ n. אַדְנִית (עָצִיץ מַלְבְּנִי לְאֶדֶן הַחַלּוֹן)

window-cleaner /ˈwɪndəʊ ˌkliːnə(r)/ n. מְנַקֵּה־חַלּוֹנוֹת

window-dressing /ˈwɪndəʊ-dresɪŋ/ n. סִדּוּר חַלּוֹן־רַאֲוָה; (בְּהַשְׁאָלָה) ״יִפּוּי״ עֻבְדּוֹת

□ *the statistics were only window-dressing* (*fig.*) הַנְּתוּנִים הַסְּטָטִיסְטִיִּים הֵם אַךְ וְרַק יִפּוּי הָעֻבְדּוֹת

window-pane /ˈwɪndəʊ-peɪn/ n. שִׁמְשַׁת־חַלּוֹן, שִׁמְשָׁה

window-shop /ˈwɪndəʊ-ʃɒp/ v.i. הִסְתַּכֵּל בְּחַלּוֹנוֹת־רַאֲוָה (בְּלִי לִקְנוֹת)

window-shopping /ˈwɪndəʊ-ʃɒpɪŋ/ n. הִתְבּוֹנְנוּת בְּחַלּוֹנוֹת־רַאֲוָה (בְּלִי לִקְנוֹת)

windpipe /ˈwɪndpaɪp/ n. קְנֵה־הַנְּשִׁימָה

wind power /ˈwɪnd paʊə(r)/ n. כֹּחַ הָרוּחַ

windscreen /ˈwɪndskriːn/ n. (*UK*) שִׁמְשָׁה קִדְמִית (שֶׁל מְכוֹנִית, מָטוֹס וְכַד׳)

windscreen-wiper /ˈwɪndskriːn-ˌwaɪpə(r)/ n. מַגֵּב (לַשִּׁמְשָׁה הַקִּדְמִית וְכַד׳)

windshield /ˈwɪndʃiːld/ n.

1 (*US*) שִׁמְשָׁה קִדְמִית (שֶׁל מְכוֹנִית, מָטוֹס וְכַד׳)

2 (*UK*) מָגֵן־רוּחַ (שֶׁל אוֹפַנּוֹעַ)

windsock /ˈwɪndsɒk/ n. שַׁרְווּל־רוּחַ (לְהוֹרוֹת עַל כִּוּוּן הָרוּחַ)

windswept /ˈwɪndswept/ adj. סְחוּף־רוּחַ, מֻכֵּה־רוּחוֹת

□ *her hair was windswept* שְׂעָרָהּ הִתְבַּדֵּר בָּרוּחַ

wind-tunnel /ˈwɪnd-tʌn(ə)l/ n. מִנְהֶרֶת־רוּחַ, נִקְבַּת־רוּחַ (לְנִסּוּיִים אֲוִירוֹדִינָמִיִּים)

wind turbine /ˈwɪnd ˌtɜːbaɪn/ n. טוּרְבִּינַת־רוּחַ (לְיִצּוּר חַשְׁמַל)

windward /ˈwɪndwəd/ adj. & adv. לְצַד הָרוּחַ, נֶגֶד כִּוּוּן הָרוּחַ

windy /ˈwɪndɪ/ adj. שְׁטוּף־רוּחוֹת, חָשׂוּף־לְרוּחוֹת; (נְאוּם) מְנֻפָּח; (אָדָם) מְשַׁקְשֵׁק

□ *he's windy* (*colloq.*) הוּא מֵת מִפַּחַד, הוּא מְשַׁקְשֵׁק

wine /waɪn/ n. יַיִן

wine list תַּפְרִיט־הַיֵּינוֹת (בְּמִסְעָדָה)

wine vinegar חֹמֶץ בֶּן־יַיִן

□ *he put new wine in old bottles* (*fig.*) בְּמִקְרֶה שֶׁלּוֹ זֶה ״אוֹתָהּ גְּבֶרֶת בְּשִׁנּוּי אַדֶּרֶת״

□ *good wine needs no bush* (*Prov.*) סְחוֹרָה טוֹבָה אֵינָהּ צְרִיכָה פִּרְסֹמֶת

□ *he's fond of wine, women, and song* (*fig.*) יַיִן, נָשִׁים וְזֶמֶר חֲבִיבִים עָלָיו

—v.t. & i.

wine and dine הֶאֱכִיל וְהִשְׁקָה; אָכַל וְשָׁתָה (בַּהֲנָאָה, בְּסִגְנוֹן פְּאֵר וְכַד׳)

wine-cellar /ˈwaɪn-selə(r)/ n. מַרְתֵּף־יַיִן, מַרְתֵּף־יֵינוֹת

wine-glass /ˈwaɪn-glɑːs/ n. כּוֹס לְיַיִן

wine-grower /ˈwaɪn-grəʊə(r)/ n. מְגַדֵּל־כְּרָמִים

wine-tasting /ˈwaɪn-teɪstɪŋ/ n. טְעִימַת־יַיִן (מִפְגָּשׁ לְצֹרֶךְ הַעֲרָכַת טִיבָם שֶׁל יֵינוֹת)

wing /wɪŋ/ n.

1 (organ of flight, part of aircraft) כָּנָף

wing flap דַּשׁ הַכָּנָף (בְּמָטוֹס)

□ *the bird took wing* הַצִּפּוֹר פָּרְחָה וְעָפָה

□ *he shot the bird on the wing* הוּא יָרָה בַּצִּפּוֹר בִּמְעוֹפָהּ

□ *he needs his wings clipped* (*fig.*) צָרִיךְ לְקַצֵּץ לוֹ אֶת הַכְּנָפַיִם

□ *she took the new employee under her wing* הִיא לָקְחָה אֶת הָעוֹבֵד הֶחָדָשׁ תַּחַת חָסוּתָהּ

□ *happiness lent wings to her work* (*formal*) הָאֹשֶׁר הֶעֱנִיק דְּחִיפָה לַעֲבוֹדָה שֶׁלָּהּ

□ *the young need to spread their wings away from home* (*fig.*) הַדּוֹר הַצָּעִיר צָרִיךְ לִפְרֹשׂ אֶת כְּנָפָיו וְלַעֲזֹב אֶת הַקֵּן

□ *he got* (or *won*) *his wings* הוּא קִבֵּל כַּנְפֵי־טַיָּס

2 (side extension to a building or object or army) אֲגַף

wing chair כֻּרְסָה בַּעֲלַת מִסְעָד גָּבוֹהַּ וּכְתֵפוֹת

wing collar צַוָּארוֹן מְכֻנָּף (צַוָּארוֹן מְעֻמְלָן שֶׁדַּשָּׁיו זְקוּרִים בְּחֻלְצָה שֶׁל חֲלִיפַת־עֶרֶב)

wing mirror מַרְאַת־צַד (בִּמְכוֹנִית)

□ *he's on the left wing of the party* הוּא בָּאֲגַף הַשְּׂמָאלִי שֶׁל הַמִּפְלָגָה

□ *the car's nearside wing was dented* הַכָּנָף בַּצַּד הַמִּדְרָכָה הִתְעַקְּמָה

3 (usu. in *pl.*, part of stage) צִדֵּי הַבִּימָה מֵאֲחוֹרֵי הַקְּלָעִים

□ *her successor is waiting in the wings to take over* (*fig.*) הַיּוֹרֶשֶׁת שֶׁלָּהּ מַמְתִּינָה מֵאֲחוֹרֵי־הַקְּלָעִים לִתְפֹּס אֶת מְקוֹמָהּ

—v.i. הִתְעוֹפֵף (עוֹף)

□ *the birds were winging across the sky* הַצִּפּוֹרִים חָלְפוּ בַּשָּׁמַיִם בִּיעָף

—v.t.
1 (travel on wings) עָבַר בְּמָעוֹף
□ *the birds are winging their way home* הַצִּפּוֹרִים עוֹשׂוֹת אֶת דַּרְכָּן הַבַּיְתָה בְּמָעוֹף
2 (injure) פָּגַע בְּכָנָף שֶׁל
□ *he only winged the bird* הוּא רַק פָּגַע בִּכְנַף הַצִּפּוֹר
wing-commander /ˈwɪŋ-kəmɑːndə(r)/ n. מְפַקֵּד־כָּנָף (בְּחֵיל הָאֲוִיר)
winger /ˈwɪŋə(r)/ n. קִיצוֹנִי (יְמָנִי/שְׂמָאלִי בְּכַדּוּרֶגֶל); אִישׁ אֲגַף (יְמָנִי/שְׂמָאלִי בְּמִפְלָגָה)
wing-nut /ˈwɪŋ-nʌt/ n. אוֹם־פַּרְפָּר, בֹּרֶג־פַּרְפָּר
wing-span /ˈwɪŋ-spæn/ n. מֻטַּת־כְּנָפַיִם
wink /wɪŋk/ v.i. קָרַץ, מִצְמֵץ
□ *he winked at me* הוּא קָרַץ לְעֶבְרִי, הוּא נָתַן לִי קְרִיצָה
□ *she winked at my mistakes* (*arch.*) הִיא הֶעֱלִימָה עַיִן מִן הַטָּעֻיּוֹת שֶׁלִּי
□ *it was as easy as winking* (*colloq.*) זֶה הָלַךְ בְּקַלֵּי־קַלּוֹת
—n. קְרִיצָה
□ *a nod is as good as a wink* (*colloq.*) דַּי לְחַכִּימָא בִּרְמִיזָא...
□ *I couldn't sleep a wink* (or *get a wink of sleep*) לֹא עָצַמְתִּי עַיִן
□ *he tipped me the wink* (*colloq.*) הוּא זָרַק לִי "טִיפּ", הוּא זָרַק לִי רֶמֶז
□ *I must have forty winks* (*colloq.*) אֲנִי מֻכְרָח לַעֲצֹם אֶת־הָעֵינַיִם לְכַמָּה דַּקּוֹת
—v.t.
□ *he winked back a tear* הוּא עָצַר בְּעַד דִּמְעוֹתָיו
winker /ˈwɪŋkə(r)/ n. (*colloq.*) אוֹר־אִתּוּת, "וִינְקֶר"
winkle /ˈwɪŋk(ə)l/ n. מִין שַׁבְּלוּל־יָם לְמַאֲכָל
—v.t. (*colloq.*) הוֹצִיא, שָׁלַף
□ *we'll soon winkle him out of there* אֲנַחְנוּ נִשְׁלֹף אוֹתוֹ מִשָּׁם מַהֵר מְאֹד
□ *he winkled the secret out of her* הוּא הוֹצִיא מִמֶּנָּה אֶת הַסּוֹד
winner /ˈwɪnə(r)/ n. מְנַצֵּחַ, זוֹכֶה; "הַצְלָחָה"
□ *his new novel is a winner* (*colloq.*) הָרוֹמָן הֶחָדָשׁ שֶׁלּוֹ הוּא הַצְלָחָה בְּטוּחָה
winning /ˈwɪnɪŋ/ adj.
1 (gaining victory) שֶׁל נִצָּחוֹן
□ *Jane scored the winning goal* ג'ֵין הִבְקִיעָה אֶת שַׁעַר הַנִּצָּחוֹן
□ *I'm on a winning streak* אֲנִי זוֹכֶה כָּל הַזְּמַן עַכְשָׁו (בְּהִמּוּרִים, בִּקְלָפִים וְכַד')
2 (persuasive, attractive) כּוֹבֵשׁ, מְצוֹדֵד
□ *she has winning ways* מִנְהָגֶיהָ שׁוֹבִים אֶת הַלֵּב
□ *he gave her a winning smile* הוּא חִיֵּךְ לְעֶבְרָהּ חִיּוּךְ מְצוֹדֵד
winning-post /ˈwɪnɪŋ-pəʊst/ n. קַו־הַגְּמָר
winnings /ˈwɪnɪŋz/ n. *pl.* סְכוּמֵי זְכִיָּה (בְּהִמּוּרִים), זְכִיּוֹת
□ *what will you do with your winnings?* מָה תַּעֲשֶׂה בַּכֶּסֶף שֶׁזָּכִיתָ בּוֹ?
winnow /ˈwɪnəʊ/ v.t. נִפָּה (דָּגָן)
□ *he can winnow the truth from falsehood* (*fig.*) הוּא יוֹדֵעַ אֵיךְ לְבָרֵר אֶת הָאֱמֶת מִן הַשֶּׁקֶר
wino /ˈwaɪnəʊ/ n. (*sl.*) שִׁכּוֹר (לָרֹב קַבְּצָן)
winsome /ˈwɪnsəm/ adj. (*formal*) שׁוֹבֵה־לֵב, מְצוֹדֵד
winter /ˈwɪntə(r)/ n. חֹרֶף
winter sleep שְׁנַת־חֹרֶף
winter sports סְפּוֹרְט חֹרֶף (סְקִי, הַחְלָקָה עַל קֶרַח וְכַד')
□ *he was in the winter of his life* (*formal*) הוּא הָיָה בְּעֶרֶב־יָמָיו
—v.i. חָרַף
wintertime /ˈwɪntətaɪm/ n. יְמוֹת־הַחֹרֶף
wintry /ˈwɪntrɪ/ adj. חָרְפִּי
□ *she gave him a wintry smile* הִיא חִיְּכָה חִיּוּךְ צוֹנֵן לְעֶבְרוֹ
wipe /waɪp/ v.t. נִגֵּב, מָחָה, קִנַּח
□ *he wiped his nose* הוּא קִנַּח אֶת חָטְמוֹ, הוּא נִגֵּב אֶת הָאַף
□ *I wiped the floor with him in the argument* (*colloq.*) עָשִׂיתִי מִמֶּנּוּ קְצִיצוֹת בַּוִּכּוּחַ
□ *let's wipe the slate clean!* (*fig.*) בּוֹא נִפְתַּח דַּף חָדָשׁ
□ *she wiped away his tears* הִיא מָחֲתָה אֶת דִּמְעוֹתָיו
□ *that'll wipe the smile off his face!* זֶה יִמְחֶה אֶת הַחִיּוּךְ מֵעַל פָּנָיו
□ *she wiped out the jug* הִיא נִגְּבָה אֶת הַכַּד מִבִּפְנִים
□ *the enemy was wiped out* הָאוֹיֵב חֻסַּל
□ *the apology wiped out the insult* הַהִתְנַצְּלוּת מָחֲתָה לַחֲלוּטִין אֶת הָעֶלְבּוֹן
□ *she wiped up the spilt milk* הִיא נִגְּבָה אֶת הֶחָלָב שֶׁנִּשְׁפַּךְ
□ *will you help with the wiping up?* הַאִם תַּעֲזֹר לִי לְנַגֵּב אֶת הַכֵּלִים
—n. נִגּוּב
surgical wipes פְּדִים רְפוּאִיִּים
□ *give the table a wipe over* תַּעֲבִיר מַטְלִית עַל הַשֻּׁלְחָן
wiper /ˈwaɪpə(r)/ n. מַגֵּב (בִּמְכוֹנִית)
wire /waɪə(r)/ n.
1 (metal drawn into thread) תַּיִל, חוּט־בַּרְזֶל (מִכָּל סוּג מַתֶּכֶת)
2 (for conducting electricity) חוּט־חַשְׁמַל
□ *he got his wires crossed* (*colloq.*) הוּא הִתְבַּלְבֵּל
3 (telegram, *US*) מִבְרָק, טֶלֶגְרָמָה
—v.t.
1 (fasten or join or provide with wire) חִבֵּר בְּחוּט־בַּרְזֶל; הִתְקִין קַוֵּי־חַשְׁמַל בְּ...

□ *as soon as the fan is wired up, you can use it* בְּרֶגַע שֶׁהַמְאַוְרֵר יִהְיֶה מְחֻבָּר לַחַשְׁמַל, תּוּכַל לְהִשְׁתַּמֵּשׁ בּוֹ

2 (telegraph, *US*) הִבְרִיק, שָׁלַח מִבְרָק לְ..., טִלְגְּרֵף; שָׁלַח (כֶּסֶף וְכַד׳) בְּמִבְרָק

□ *he wired me to tell me what he had found out* הוּא שָׁלַח לִי מִבְרָק כְּדֵי לְהוֹדִיעַ לִי מַה גִּלָּה

□ *he wired $400 to me* הוּא שָׁלַח לִי 400$ בְּמִבְרָק

—v.i. (*US*) שָׁלַח מִבְרָק לְ...

□ *she wired to her brother in Los Angeles* הִיא שָׁלְחָה מִבְרָק לְאָחִיהָ בְּלוֹס אַנְגֶ׳לֶס

□ *they will wire to let us know when they arrive* הֵם יִשְׁלְחוּ מִבְרָק לְהוֹדִיעַ לָנוּ מָתַי הֵם מַגִּיעִים

wire-cutters /ˈwaɪə-kʌtəz/ n. *pl.* מִגְזְרֵי־תַּיִל, מִסְפְּרֵי־תַּיִל

wire-haired /waɪə-ˈheəd/ adj. (כֶּלֶב) בַּעַל שֵׂעָר סָמוּר

wireless /ˈwaɪəlɪs/ n. (*arch.*) רַדְיוֹ; אַלְחוּט

wireless operator אַלְחוּטַאי, אַלְחוּטָן

wireless set מַכְשִׁיר רַדְיוֹ

wire-netting /ˌwaɪə-ˈnetɪŋ/ n. רֶשֶׁת־תַּיִל

wire wool /waɪə ˈwʊl/ n. צֶמֶר־פְּלָדָה

wireworm /ˈwaɪəwɜːm/ n. זַחֲלֵי־מַזִּיקִים הַפּוֹגְעִים בְּשָׁרָשֵׁי גִּדּוּלִים

wiring /ˈwaɪərɪŋ/ n. מַעֲרֶכֶת חוּטֵי־הַחַשְׁמַל (בַּבַּיִת וְכַד׳)

wiry /ˈwaɪərɪ/ adj. (אָדָם) צָנוּם וּשְׁרִירִי

wisdom /ˈwɪzdəm/ n. חָכְמָה, תְּבוּנָה, בִּינָה

wisdom tooth שֵׁן־בִּינָה

wise[1] /waɪz/ adj. חָכָם, נָבוֹן

the Three Wise Men (*Relig.*) שְׁלֹשֶׁת הָאַמְגּוּשִׁים, שְׁלֹשֶׁת מַלְכֵי־קֶדֶם (בַּבְּרִית הַחֲדָשָׁה)

wise woman רוֹפְאַת־אֱלִיל, מְכַשֵּׁפָה (שֶׁל שֵׁבֶט וְכַד׳)

□ *it is easy to be wise after the event* קַל לִהְיוֹת חָכָם לְאַחַר מַעֲשֶׂה

□ *I was none the wiser after his explanation* (*colloq.*) לֹא הֶחְכַּמְתִּי מֵהֶסְבֵּרָיו

□ *he put me wise to a lot of things* (*colloq.*) הוּא גִּלָּה לִי הָמוֹן דְּבָרִים

□ *he got wise to what was going on* (*colloq.*) הוּא ״תָּפַס עִנְיָן״

□ *O.K., wise guy, you try and fix it!* (*colloq. derog.*) אוֹ קֵי, אַתָּה חוֹשֵׁב שֶׁאַתָּה יוֹדֵעַ הַכֹּל, נִרְאֶה אוֹתְךָ מְתַקֵּן אֶת זֶה!

—v.t. & i.

wise up (*US colloq.*) הֶחְכִּים

□ *she wised him up to what was happening* הִיא הֶרְאֲתָה לוֹ מַה קּוֹרֶה

wise[2] /waɪz/ n. (*arch.*) דֶּרֶךְ, אֹפֶן

□ *this in no wise detracts from his achievements* דָּבָר זֶה אֵינוֹ גּוֹרֵעַ מֵהֶשֵּׂגָיו בְּשׁוּם פָּנִים וָאֹפֶן

-wise /-waɪz/ suff. (סוֹפִית שֶׁפֵּרוּשָׁהּ) בְּעִנְיְנֵי, מִבְּחִינַת; כְּדֶרֶךְ, כְּמוֹ

□ *the company is doing well profitwise* הַחֶבְרָה בְּמַצָּב טוֹב מִבְּחִינַת הָרְוָחִים

□ *he ignored the turn of events, ostrich-wise* הוּא הִתְעַלֵּם מִמַּהֲלַךְ הָאֵרוּעִים כְּדֶרֶךְ בַּת־הַיַּעֲנָה

wisecrack /ˈwaɪzkræk/ (*colloq.*) n. ״חָכְמָה״ (הֶעָרָה שְׁנוּנָה)

—v.i. זָרַק ״חָכְמוֹת״

wisely /ˈwaɪzlɪ/ adv. בְּחָכְמָה, בִּתְבוּנָה

wish /wɪʃ/ v.t.

1 (desire something which is impossible at the present time) רָצָה, קִוָּה לְ.../שֶׁ..., יִחֵל לְ.../שֶׁ...

□ *I wish it would rain* הַלְוַאי שֶׁיֵּרֵד גֶּשֶׁם

□ *she wished she were rich* הִיא רָצְתָה לִהְיוֹת עֲשִׁירָה

□ *I wish to heaven he hadn't done that* לוּ רַק לֹא הָיָה עוֹשֶׂה זֹאת

□ *I wish you wouldn't speak French all the time* תַּפְסִיק לְדַבֵּר צָרְפָתִית כָּל הַזְּמַן

□ *I only wish I could help* אִלּוּ רַק יָכֹלְתִּי לַעֲזֹר, אֲנִי מִצְטַעֵר שֶׁאֲנִי לֹא יָכוֹל לַעֲזֹר

□ *she began to wish the whole business finished* הִיא הִתְחִילָה לְקַוּוֹת שֶׁכָּל הָעִנְיָן יִסְתַּיֵּם

□ *he said he wished himself dead* הוּא אָמַר שֶׁהוּא רוֹצֶה לָמוּת

□ *these problems can't be wished away* לֹא מַסְפִּיק לִרְצוֹת שֶׁהַבְּעָיוֹת הָאֵלֶּה יִפָּתְרוּ

2 (want, *formal*) רָצָה, רְצוֹנוֹ הָיָה שֶׁ...

□ *I wish to leave my property to my children* בִּרְצוֹנִי לְהוֹרִישׁ אֶת רְכוּשִׁי לִילָדַי

□ *they will refund your money, if you so wish* הֵם יָשִׁיבוּ לְךָ אֶת כַּסְפְּךָ אִם זֶהוּ רְצוֹנְךָ

□ *we can meet at my house or yours, just as you wish* נוּכַל לְהִפָּגֵשׁ בְּבֵיתִי אוֹ בְּבֵיתְךָ, כִּרְצוֹנְךָ

□ *do you wish me to serve dinner now?* הַאִם רְצוֹנְךָ שֶׁאַגִּישׁ אֶת אֲרוּחַת הָעֶרֶב עַכְשָׁו?

□ *do you wish your steak rare or well done, madam?* גְּבִרְתִּי, הַאִם אַתְּ רוֹצָה אֶת הַסְּטֵיק ״רֵר״ אוֹ ״וֶל־דַן״? גְּבִרְתִּי הַאִם רְצוֹנֵךְ בְּאֻמְצָה מְטֻגֶּנֶת נָא אוֹ עֲשׂוּיָה הֵיטֵב?

3 (expressing a hope for someone) אִחֵל

□ *wish me luck!* תְּאַחֵל לִי בְּהַצְלָחָה! ״תַּחֲזִיק לִי אֶצְבָּעוֹת״!

□ *I wish you every happiness* אֲנִי מְאַחֵל לְךָ אֹשֶׁר רַב

□ *until I see you again, I wish you well* (*formal*) כָּל טוּב, עַד לִפְגִישָׁתֵנוּ הַבָּאָה

□ *she said she wished nobody ill* הִיא אָמְרָה שֶׁאֵין בִּרְצוֹנָהּ לִפְגֹּעַ בְּאִישׁ

□ *he wished her goodbye* הוּא אָמַר לָהּ שָׁלוֹם

□ *when you see him, wish him a happy birthday* כַּאֲשֶׁר תִּרְאֶה אוֹתוֹ, מְסֹר לוֹ ״יוֹם־הֻלֶּדֶת שָׂמֵחַ״

□ *there's your money back, and I wish you joy of it*

(*colloq. iron.*) הִנֵּה הַכֶּסֶף שֶׁלְּךָ בַּחֲזָרָה, וְשֶׁיִּהְיֶה לְךָ כָּל טוּב

4 (impose, *colloq.*) "הִלְבִּישׁ"

□ *the kitten was wished on us* הִלְבִּישׁוּ עָלֵינוּ אֶת הַחֲתַלְתּוּל

□ *I do hope that friend of yours won't wish himself on us again* אֲנִי מְקַוֶּה שֶׁהֶחָבֵר שֶׁלְּךָ לֹא יִתְלַבֵּשׁ עָלֵינוּ פַּעַם נוֹסֶפֶת

—v.i. הִבִּיעַ מִשְׁאָלָה

□ *do you wish when you see a shooting star* הַאִם אַתָּה מַבִּיעַ מִשְׁאָלָה כְּשֶׁאַתָּה רוֹאֶה כּוֹכָב נוֹפֵל?

□ *it's no use wishing for things you can't have* אֵין טַעַם לְהִתְפַּלֵּל לִדְבָרִים שֶׁאַתָּה לֹא יָכוֹל לְהַשִּׂיג

□ *what more could you wish for?* מָה עוֹד אֶפְשָׁר לְבַקֵּשׁ?

—n. רָצוֹן; מִשְׁאָלָה; בַּקָּשָׁה, חֵפֶץ, שְׁאִיפָה

with best wishes בִּבְרָכָה (בְּסִיּוּם מִכְתָּב עֲסָקִים יְדִידוּתִי)

□ *may all your wishes come true!* הַלְוַאי שֶׁיִּתְמַלְּאוּ כָּל מִשְׁאֲלוֹתֶיךָ!

□ *he made a wish* הוּא הִבִּיעַ מִשְׁאָלָה בְּלִבּוֹ

□ *the wish is father to the thought* (*Prov.*) קַל לְהַאֲמִין בְּדָבָר שֶׁרוֹצִים לְהַאֲמִין בּוֹ

□ *your wish is my command* (*formal*) רְצוֹנְךָ הוּא לִי לִפְקֻדָּה. אֲנִי כְּלִי לִפְקֻדָּתְךָ

wishbone /ˈwɪʃbəʊn/ n. עֶצֶם-הַבְּרִיחַ שֶׁל עוֹף שֶׁשְּׁנֵי סוֹעֲדִים שׁוֹבְרִים בְּצַוְתָּא, בַּעַל הַחֵלֶק הַגָּדוֹל רַשַּׁאי לְהַבִּיעַ מִשְׁאָלָה בַּלֵּב

wishful /ˈwɪʃf(ə)l/ adj. רוֹצֶה, מִשְׁתּוֹקֵק

wishful thinking הִרְהוּר-לֵב (מַחֲשָׁבוֹת שֶׁמְּקוֹרָן לֹא בַּמְּצִיאוּת כִּי אִם בַּתִּקְוָה)

wishy-washy /ˈwɪʃɪ-wɒʃɪ/ adj. (*derog.*) (אֹפִי) חַלַשְׁלוּשׁ; (מָרָק) דָּלִיל, מֵימִי; (סִגְנוֹן) לֹא-הֶחְלֵטִי, מְעֻרְפָּל

wisp /wɪsp/ n. שֶׁמֶץ

a wisp of a girl (*fig.*) קְטַנְטֹנֶת

a wisp of hair קְוֻצַּת-שֵׂעָר, צִיצַת-שֵׂעָר

a wisp of smoke פַּס שֶׁל עָשָׁן

wisteria /wɪsˈtɪərɪə/ n. וִיסְטֶרְיָה (שִׂיחַ-נוֹי מְטַפֵּס בַּעַל פְּרָחִים דְּמוּיֵי-אֶשְׁכּוֹל בְּכָחֹל, בְּאַרְגָּמָן אוֹ בְּלָבָן)

wistful /ˈwɪstf(ə)l/ adj. עַגְמוּמִי וּמָלֵא גַּעְגּוּעִים, מְלַנְכּוֹלִי וּמִתְגַּעְגֵּעַ

wit¹ /wɪt/ n.

1 (ability to express ideas with shrewd humour) שְׁנִינוּת, חֲרִיפוּת, חוּשׁ-הוּמוֹר

□ *she has a ready wit* יֵשׁ לָהּ מַעֲנֶה-לָשׁוֹן מָהִיר

□ *this flash of wit made them all laugh* הַבְרָקָה זוֹ שֶׁל שְׁנִינוּת עוֹרְרָה צְחוֹק בְּכֻלָּם

□ *he has a dry wit* הוּא בַּעַל חוּשׁ-הוּמוֹר יָבֵשׁ וְשָׁנוּן

2 (usu. in *pl.*, intelligence, intelligent alertness) תְּבוּנָה

□ *she was at her wits' end with worry* (*colloq.*) הִיא הָיְתָה אוֹבֶדֶת-עֵצוֹת מֵרֹב דְּאָגוֹת

□ *you have to have your wits about you* עָלֶיךָ לִשְׁמֹר עַל עֵרָנוּת וְקֹר רוּחַ, אַל תְּאַבֵּד אֶת עֶשְׁתּוֹנוֹתֶיךָ

□ *she was nearly out of her wits with fear* הִיא כִּמְעַט שֶׁיָּצְאָה מִדַּעְתָּהּ מֵרֹב פַּחַד

□ *he scared everyone out of their wits* הוּא הִפְחִיד אֶת כֻּלָּם עַד מָוֶת

□ *he lived by his wits* הוּא חַי עַל פַּרְנָסוֹת מְפֻקְפָּקוֹת

□ *no one had the wit to think of the obvious solution* לְאִישׁ לֹא הָיְתָה הַחָכְמָה לַחְשֹׁב עַל הַפִּתְרוֹן הַבָּרוּר

3 (someone noted for witty sayings) אָדָם שָׁנוּן/חָרִיף/בַּעַל לָשׁוֹן חַדָּה

wit² /wɪt/ v.i.

to wit (*Law*) הֱוֵה אוֹמֵר, (דְּ)הַיְנוּ, כְּלוֹמַר

witch /wɪtʃ/ n. (בֶּעָבָר) מְכַשֵּׁפָה; (בְּיָמֵינוּ) אָדָם (אִשָּׁה/גֶּבֶר) הַמַּאֲמִין בִּכְשָׁפִים וְעוֹסֵק בָּהֶם

witches' Sabbath הִלּוּלַת-מְכַשְּׁפוֹת

witchcraft /ˈwɪtʃkrɑːft/ n. כְּשָׁפִים, כִּשּׁוּף

witch-doctor /ˈwɪtʃ-dɒktə(r)/ n. רוֹפֵא-אֱלִיל

witchery /ˈwɪtʃərɪ/ n. (*formal*) כִּשּׁוּף; קֶסֶם

witch-hazel /ˈwɪtʃ-ˌheɪz(ə)l/ n. הַמָּמֶלִיס ("צֶמַח שֶׁתַּמְצִית מִקְּלִפָּתוֹ מְשַׁמֵּשׁ לְתַכְשִׁירֵי עֵינַיִם וְעוֹר)

witch-hunt /ˈwɪtʃhʌnt/ n. (*derog.*) "צַיד-מְכַשְּׁפוֹת" (רְדִיפָה לֹא-רַצְיוֹנָלִית שֶׁל אָדָם וְכַד')

witching /ˈwɪtʃɪŋ/ adj. (*formal*)

the witching hour הָרֶגַע הַקְּרִיטִי (בִּמְקוֹר שְׁעַת אַחַר-חֲצוֹת, שֶׁבָּהּ פְּעִילוּת כִּבְיָכוֹל הַמְכַשְּׁפוֹת)

with /wɪð/ prep.

1 (in the care or presence of) עִם..., יַחַד עִם... בְּחֶבְרַת (פְּלוֹנִי)

□ *he spent the day with me* הוּא בִּלָּה אֶת הַיּוֹם אִתִּי; הוּא הָיָה אִתִּי בְּמֶשֶׁךְ הַיּוֹם

□ *is there anyone with you?* הַאִם יֵשׁ אִתְּךָ מִישֶׁהוּ?; הַאִם מִישֶׁהוּ נִמְצָא אִתְּךָ?; הַאִם אַתָּה לְבַד?

□ *he rose with the sun* הוּא הִשְׁכִּים קוּם עִם הַזְּרִיחָה

□ *I will leave the child with you* אֲנִי אַשְׁאִיר אֶת הַיֶּלֶד תַּחַת הַשְׁגָּחָתְךָ, אֲנִי אַשְׁאִיר אֶת הַיֶּלֶד אֶצְלְךָ

□ *it rests with him to decide* הַהַחְלָטָה נְתוּנָה בְּיָדָיו

□ *she's got in with the wrong crowd* הִיא מִסְתּוֹבֶבֶת עִם הָאֲנָשִׁים הַלֹּא-נְכוֹנִים

2 (having) בְּ..., עִם

□ *who is the girl with red hair?* מִי זֹאת הַבַּחוּרָה עִם הַשֵּׂעָר הַגִּ'ינְגִ'י?

□ *with your permission, I will leave now* (*formal*) בִּרְשׁוּתְךָ, אֵלֵךְ עַכְשָׁו

□ *Eric is the man with the funny hat* אֶרִיק הוּא הָאִישׁ בַּכּוֹבַע הַמּוּזָר

□ *she's with child* (*formal*) הִיא בְּהֵרָיוֹן, הִיא הָרָה

□ *we could do with some help* אֲנַחְנוּ זְקוּקִים לִקְצָת עֶזְרָה; לֹא הָיָה מַזִּיק לָנוּ קְצָת עֶזְרָה

3 (by use of as instrument or means) בְּ..., עִם
□ *with my own eyes I saw it* בְּמוֹ עֵינַי רָאִיתִי זֹאת
□ *he cut the bread with a knife* הוּא חָתַךְ אֶת הַלֶּחֶם בְּסַכִּין
□ *she is good with her hands* יֵשׁ לָהּ יְדֵי־זָהָב, יֵשׁ לָהּ יָדַיִם טוֹבוֹת

4 (indicating material filling or covering something)
□ *fill the bucket with water* תְּמַלֵּא אֶת הַדְּלִי בְּמַיִם
□ *his face was covered with spots* פָּנָיו הָיוּ מְכֻסִּים פִּצְעוֹנִים

5 (in connection with, in regard to) בְּ...
□ *with that, he slammed the door* וּבְזֹאת הוּא טָרַק אֶת הַדֶּלֶת
□ *be careful with this!* תִּזָּהֵר עִם זֶה (זֶה שָׁבִיר וְכַד׳)!
□ *with no hope of a holiday, life's depressing* בְּאֵין תִּקְוָה לְחֻפְשָׁה הַחַיִּים מְדַכְּאִים
□ *he has great influence with the President* יֵשׁ לוֹ הַרְבֵּה הַשְׁפָּעָה אֵצֶל הַנָּשִׂיא
□ *with him, only money matters* אֶצְלוֹ רַק הַכֶּסֶף חָשׁוּב
□ *that has nothing to do with it* זֶה בִּכְלָל לֹא קָשׁוּר לָעִנְיָן
□ *he will have nothing to do with it* הוּא בְּשׁוּם אֹפֶן לֹא מַסְכִּים לְשַׁתֵּף פְּעֻלָּה, הוּא לֹא מוּכָן לִשְׁמֹעַ עַל זֶה
□ *she will have nothing to do with him* הִיא לֹא רוֹצָה שׁוּם קֶשֶׁר אִתּוֹ
□ *that excuse won't work with me* הַתֵּרוּץ הַזֶּה לֹא עוֹשֶׂה עָלַי שׁוּם רֹשֶׁם
□ *what's up* (or *wrong*) *with him?* מַה קָּרָה לוֹ?; מָה הַבְּעָיָה שֶׁלּוֹ?

6 (in agreement or harmony towards)
□ *the miners are with us* הַכּוֹרִים אִתָּנוּ, הַכּוֹרִים לְצִדֵּנוּ
□ *I sympathize with you* אֲנִי מֵבִין לְלִבְּךָ, אֲנִי מִזְדַּהֶה אִתְּךָ
□ *I'm not quite with you* (*colloq.*) אֲנִי לֹא לְגַמְרֵי מֵבִין, אֲנִי לֹא לְגַמְרֵי עוֹקֵב אַחֲרֶיךָ
□ *get with it!* (*arch. sl.*) תַּתְחִיל לָזוּז!; תִּפְתַּח אֶת הָעֵינַיִם!

7 (showing opposition, separation) (נִלְחַם) עִם..., נֶגֶד... בְּ...
□ *he struggled with the problem* הוּא נֶאֱבַק בַּבְּעָיָה
□ *we had to part with our piano* נֶאֱלַצְנוּ לְהִפָּרֵד מִן הַפְּסַנְתֵּר שֶׁלָּנוּ
□ *he had an argument with his brother* הוּא רָב עִם אָחִיו, הוּא הִתְוַכֵּחַ עִם אָחִיו

8 (because of) מִ..., עִם
□ *she's in bed with flu* הִיא בַּמִּטָּה חוֹלָה בְּשַׁפַּעַת
□ *he went down with measles* תָּקְפָה אוֹתוֹ מַחֲלַת הָאֲבַעְבּוּעוֹת
□ *she was green with envy* (*colloq.*) הִיא הוֹרִיקָה מִקִּנְאָה
□ *they were shivering with cold* הֵם רָעֲדוּ מִקֹּר
□ *good wine will improve with age* יַיִן טוֹב מִשְׁתַּפֵּר עִם הַשָּׁנִים

9 (in the same direction as) עִם, בְּכִוּוּן
□ *the boat drifted with the current* הַסִּירָה נִסְחֲפָה עִם הַזֶּרֶם

10 (at the same rate as) עִם
□ *the shadows lengthened with the approach of sunset* הַצְּלָלִים הִתְאָרְכוּ עִם בּוֹא הַשְּׁקִיעָה

11 (despite) לַמְרוֹת
□ *with all his wealth he lives simply* לַמְרוֹת כָּל עָשְׁרוֹ הוּא חַי בְּפַשְׁטוּת

12 (in specific phrases) בְּ..., עִם
handle with care! זְהִירוּת, שָׁבִיר!
□ *we will refund your money with pleasure* אֲנַחְנוּ נָשִׁיב לְךָ אֶת כַּסְפְּךָ בְּחֵפֶץ לֵב
□ *the hat does not go with the suit* הַכּוֹבַע לֹא הוֹלֵם אֶת הַחֲלִיפָה
□ *he slept with the window open* הוּא יָשַׁן עִם הַחַלּוֹן פָּתוּחַ
□ *off* (or *be off*) *with you!* (*formal*) לֵךְ כְּבָר!, הִסְתַּלֵּק!
□ *off with his head!* עֲרֹף אֶת רֹאשׁוֹ! הַתֵּז אֶת רֹאשׁוֹ!
□ *it was pouring with rain* יוֹרֵד גֶּשֶׁם שׁוֹטֵף
□ *down with traitors!* הַבּוּז לַבּוֹגְדִים! הָלְאָה הַבּוֹגְדִים!

withal /wɪˈðɔːl/ adv. (*arch.*) יָתֵר עַל כֵּן, נוֹסָף עַל כָּךְ, חוּץ מִזֶּה

withdraw /wɪðˈdrɔː/ (past **withdrew** /wɪðˈdruː/, past ppl. **withdrawn** /wɪðˈdrɔːn/) v.t. מָשַׁךְ, הוֹצִיא (חֵפֶץ, כֶּסֶף מֵחֶשְׁבּוֹן וְכַד׳), לָקַח חֲזָרָה, חָזַר בּוֹ מִ...
□ *the parents withdrew their child from the school* הַהוֹרִים הוֹצִיאוּ אֶת הַיֶּלֶד שֶׁלָּהֶם מִבֵּית הַסֵּפֶר
□ *I would like to withdraw £100* הָיִיתִי רוֹצֶה לִמְשֹׁךְ 100 לִישׁ״ט
□ *he withdrew his resignation* (*formal*) הוּא חָזַר בּוֹ מֵהִתְפַּטְּרוּתוֹ

—v.i. נָסוֹג; פָּרַשׁ
□ *she refused to withdraw* (*formal*) הִיא סֵרְבָה לָסֶגֶת
□ *after dinner, the ladies used to withdraw* (*formal*) לְאַחַר הַסְּעֻדָּה נָהֲגוּ הַגְּבָרוֹת לִפְרֹשׁ לְחֶדֶר אַחֵר
□ *he withdrew into himself after the accident* הוּא הִתְכַּנֵּס בְּעַצְמוֹ אַחֲרֵי הַתְּאוּנָה

withdrawal /wɪðˈdrɔːəl/ n. מְשִׁיכָה, הוֹצָאָה (שֶׁל דְּבַר־מָה, שֶׁל כֶּסֶף מֵחֶשְׁבּוֹן וְכַד׳); נְסִיגָה; פְּרִישָׁה; גְּמִילָה (מִסַּמִּים)
withdrawal symptoms סִימְפְּטוֹמִים שֶׁל גְּמִילָה (מִסַּמִּים)
□ *I want to make a withdrawal from my account* אֲנִי מְבַקֵּשׁ לִמְשֹׁךְ כֶּסֶף מֵחֶשְׁבּוֹנִי

withdrawn /wɪð'drɔːn/ adj. & past ppl. of **withdrew** מְסֻגָּר, מְכֻנָּס בְּתוֹךְ עַצְמוֹ
□ *his manner was withdrawn* הוּא הָיָה אָדָם מְסֻגָּר

withdrew /wɪð'druː/ past of **withdraw**

wither /'wɪðə(r)/ v.t. גָּרַם לְ... לִקְמֹל
□ *they met with a withering hail of fire* הֵם נִתְקְלוּ בְּמַטַּח אֵשׁ קַטְלָנִי
□ *she gave him a withering look* (or *glance*) הִיא נָתְנָה בּוֹ מַבָּט מֵבִיךְ וּמְשַׁתֵּק
□ *she was a withered old woman of 95* הִיא הָיְתָה זְקֵנָה בָּלָה בַּת 95
—v.i. קָמַל; גָּוַע; נָמוֹג
□ *as winter came our hopes withered away* עִם בּוֹא הַחֹרֶף תִּקְווֹתֵינוּ נָמוֹגוּ

withers /'wɪðəz/ n. *pl.* מִפְרֶקֶת הַסּוּס

withhold /wɪð'həʊld/ (past & past ppl. **withheld** /wɪð'held/) v.t. & i. סֵרַב לָתֵת, מָנַע, עִכֵּב; נִמְנַע, הִתְעַכֵּב

within /wɪ'ðɪn/ prep. בְּתוֹךְ, בִּתְחוּמֵי...
□ *the fire brigade came within minutes of my call* מְכַבֵּי הָאֵשׁ הִגִּיעוּ תּוֹךְ דַּקּוֹת אֲחָדוֹת
□ *you have not acted within the terms of the contract* לֹא פָּעַלְתָּ בְּמִסְגֶּרֶת תְּנָאֵי הַחוֹזֶה
□ *I sat within easy rach of the telephone* יָשַׁבְתִּי כָּךְ שֶׁהַטֶּלֶפוֹן נִמְצָא בְּהֶשֵּׂג יָד
□ *we were within a mile of the town* הָיִינוּ בְּטְוָח שֶׁל מִיל מִן הָעִיר
□ *stay within call* תִּשָּׁאֵר בְּמֶרְחַק שְׁמִיעָה
□ *we will do anything within reason to help* נַעֲשֶׂה הַכֹּל בִּגְבוּלוֹת הַסָּבִיר כְּדֵי לַעֲזֹר
—adv. (*formal*) שֶׁמִּבַּיִת
the enemy within הָאוֹיֵב שֶׁמִּבַּיִת

with-it /'wɪð-ɪt/ adj. (*sl.*) "בָּעִנְיָנִים"

without /wɪ'ðaʊt/ prep.
1 (not having) בְּלִי, לְלֹא
□ *you will have to go without cheese* תִּצְטָרֵךְ לְהִסְתַּדֵּר בְּלִי גְּבִינָה
□ *the children were without shoes* הַיְלָדִים הִסְתּוֹבְבוּ בְּלִי נַעֲלַיִם
□ *it goes without saying that you can count on me* מוּבָן מֵאֵלָיו שֶׁתּוּכַל לִסְמֹךְ עָלַי
□ *come tomorrow without fail* (*formal*) בּוֹא מָחָר וִיהִי־מָה
□ *I've told you times without number* (*formal*) אָמַרְתִּי לְךָ אֵין־סוֹף פְּעָמִים
2 (outside, *arch.*) מִחוּץ לְ..., מִבַּחוּץ
without the city walls מִחוּץ לְחוֹמוֹת הָעִיר
—adv. בְּלִי

withstand /wɪð'stænd/ (past & past ppl. **withstood** /wɪð'stʊd/) v.t. עָמַד בִּפְנֵי... (לַחַץ, הַתְקָפָה)

witless /'wɪtlɪs/ adj. חֲסַר־תְּבוּנָה, טִפְּשִׁי

witness /'wɪtnɪs/ n.
1 (person present at event) עֵד
witness for the defence (*Law*) עֵד הַהֲגָנָה
witness for the prosecution (*Law*) עֵד הַתְּבִיעָה
2 (evidence, testimony, *formal*) עֵדוּת
in witness whereof... (*Law*) וּלְרְאָיָה...
□ *her clothes bore witness to her poverty* בְּגָדֶיהָ הֵעִידוּ עַל עָנְיָהּ
—v.t.
1 (be present at, see) נָכַח בְּ..., הָיָה עֵד לְ...
□ *I witnessed the accident* הָיִיתִי עֵד־רְאִיָּה לַתְּאוּנָה
2 (sign document as witness) חָתַם בְּתוֹר עֵד עַל
□ *she witnessed my signature* הִיא אִשְּׁרָה אֶת חֲתִימָתִי
3 (take note of) שָׂם לֵב לְ...
□ *he's very conscientious – witness his attention to detail!* הוּא מַצְפּוּנִי מְאֹד, וְתָעִיד עַל כָּךְ הַקְפָּדָתוֹ עַל הַפְּרָטִים
—v.i. (*Law* or *formal*) הֵעִיד
□ *she witnessed to having seen the crash* הִיא הֵעִידָה שֶׁרָאֲתָה אֶת הַהִתְנַגְּשׁוּת

witness-box /'wɪtnɪs-bɒks/ n. דּוּכַן־הָעֵדִים

witness-stand /'wɪtnɪs-stænd/ n. (*US*) דּוּכַן־הָעֵדִים

witticism /'wɪtɪsɪzəm/ n. חִדּוּד, הֶעָרָה שְׁנוּנָה

wittingly /'wɪtɪŋlɪ/ adv. (*formal*) בְּיוֹדְעִין, בְּכַוָּנָה תְּחִלָּה

witty /'wɪtɪ/ adj. שָׁנוּן

wives /waɪvz/ *pl.* of **wife**

wizard /'wɪzəd/ n. קוֹסֵם, אַשָּׁף (גַּם בְּהַשְׁאָלָה)
a financial wizard אַשָּׁף כַּלְכָּלִי
□ *he's a wizard at chess* (*colloq.*) הוּא אַשָּׁף בְּשַׁחְמָט

wizardry /'wɪzədrɪ/ n. מַעֲשֵׂה־כְּשָׁפִים, כִּשּׁוּף (גַּם בְּהַשְׁאָלָה)

wizened /'wɪzənd/ adj. (פָּנִים) מְקֻמְּטִים; (פְּרִי) יָבֵשׁ וּמְצֻמָּק

woad /wəʊd/ n. (*Hist.*) אִיסָטִיס (הַבְּרִיטִים הַקַּדְמוֹנִים מָרְחוּ אֶת גּוּפָם בְּצֶבַע כָּחֹל שֶׁהֵפִיקוּ מִצֶּמַח זֶה)

wobble /'wɒb(ə)l/ v.t. & i. נִעֲנַע, נִדְנֵד, טִלְטֵל; הִתְנַדְנֵד, הִתְנוֹדֵד, הָיָה רוֹפֵף
—n. הִתְנוֹדְדוּת, נִדְנוּד

wobbly /'wɒblɪ/ adj. לֹא־יַצִּיב, רוֹפֵף, מִתְנוֹדֵד מִצַּד לְצַד

wodge /wɒdʒ/ n. (*UK colloq.*) "כַּמּוּת" (כַּמּוּת גְּדוֹלָה, שֶׁל נְיָרוֹת, שֶׁל גְּלִידָה וְכַד')

woe /wəʊ/ n. (*formal* or *joc.*)
1 (deep affliction or grief) יָגוֹן, מַכְאוֹב
□ *woe betide him if he's late!* אוֹי לוֹ וַאֲבוֹי לוֹ אִם יְאַחֵר!
□ *woe is me!* אוֹיָה לִי!
2 (in *pl.*, misfortune) צָרוֹת, סְבָלוֹת

woebegone /ˈwəʊbɪgɒn/ adj. (*formal*) עָצוּב לְמַרְאֶה, מְדֻכְדָּךְ

woeful /ˈwəʊf(ə)l/ adj. (*formal*)
1 (full of woe) מְדֻכְדָּךְ, נוּגֶה
2 (regrettable) מַעֲצִיב, מְצַעֵר בְּיוֹתֵר

woefully /ˈwəʊfəlɪ/ adv. (*formal*) בְּמִדָּה מַעֲצִיבָה
□ *he is woefully lacking in common sense* הוּא לוֹקֶה בְּחִסָּרוֹן מַעֲצִיב שֶׁל שֵׂכֶל יָשָׁר

wog /wɒg/ n. (*racially derog.*) כִּנּוּי מְבַזֶּה לְאָדָם שֶׁצֶּבַע עוֹרוֹ לֹא-לָבָן

woke /wəʊk/ past of **wake**[1]

woken /wəʊkən/ past ppl. of **wake**[1]

wold /wəʊld/ n. (*UK*) אֵזוֹר גְּבָעוֹת לֹא-מְעֻבָּד בְּאַנְגְּלִיָּה

wolf /wʊlf/ n. (*pl.* **wolves**) זְאֵב
□ *he's a wolf in sheep's clothing* (*Prov.*) הוּא זְאֵב בְּעוֹר כֶּבֶשׂ
□ *that will keep the wolf from the door* (*fig.*) זֶה "יַחֲזִיק אוֹתְךָ בַּחַיִּים" לִזְמַן מָה
□ *he's always crying wolf* (*fig.*) הוּא תָּמִיד צוֹעֵק "זְאֵב! זְאֵב!"
—v.t. (*colloq.*) טָרַף, זָלַל, בָּלַע בְּרַעַבְתָנוּת
□ *don't wolf down your food!* אַל תֹּאכַל בִּזְלִילָה!

wolf-cub /ˈwʊlf-kʌb/ n. גּוּר זְאֵבִים

wolf-hound /ˈwʊlf-haʊnd/ n. סוּג כֶּלֶב-צַיִד גָּדוֹל (לְמָשָׁל כֶּלֶב "בּוֹרְזוֹי")

wolfish /ˈwʊlfɪʃ/ adj. כְּמוֹ זְאֵב; זוֹלֵל

wolf-whistle /ˈwʊlf-wɪs(ə)l/ n. "שְׁרִיקָה" (שְׁרִיקַת הִתְפַּעֲלוּת שֶׁל גֶּבֶר, לְאִשָּׁה צְעִירָה)

woman /ˈwʊmən/ n. (*pl.* **women** /ˈwɪmɪn/)
1 (adult female person) אִשָּׁה
woman doctor (*pl.* **women doctors**) רוֹפְאָה
woman driver (*pl.* **women drivers**) נַהֶגֶת
women's lib הַתְּנוּעָה לְשִׁחְרוּר הָאִשָּׁה
career woman אֵשֶׁת-קַרְיֶרָה (אִשָּׁה עַצְמָאִית בַּעֲלַת מִקְצוֹעַ חָפְשִׁי)
the little woman (*derog.*) "הַקְּטַנָּה שֶׁלִּי" (יֵשׁ הָרוֹאִים בְּבִטּוּי זֶה בִּטּוּי מַעֲלִיב)
□ *he's a bit of an old woman* (*derog.*) הוּא מְדַקְדֵּק בִּקְטַנּוֹת, הוּא מְשֻׁגָּע לְסֵדֶר
□ *for God's sake, woman, stop it!* (*derog.*) לְמַעַן הַשֵּׁם, אִשָּׁה, הַפְסִיקִי! (אֹפֶן הִתְבַּטְּאוּת מִתְנַשֵּׂא וּמַעֲלִיב)
□ *she's a woman of the world* הִיא אֵשֶׁת הָעוֹלָם הַגָּדוֹל, הִיא אִשָּׁה בְּקִיאָה בַּהֲוָיַת הָעוֹלָם
□ *she's her own woman* הִיא אִשָּׁה הַיּוֹדַעַת לַעֲמֹד עַל שֶׁלָּהּ
2 (women in general, the essential character of women) כְּלַל הַנָּשִׁים, "הָאִשָּׁה"
woman's suffrage זְכוּת-הַבְּחִירָה לְנָשִׁים

womanhood /ˈwʊmənhʊd/ n. הֱיוֹת אִשָּׁה, בַּגְרוּת שֶׁל אִשָּׁה; כְּלַל הַנָּשִׁים
□ *she reached womanhood early* הִיא הָפְכָה לְאִשָּׁה בְּגִיל מֻקְדָּם

womanish /ˈwʊmənɪʃ/ adj. (*derog.*) (גֶּבֶר) נָשִׁי

womanize /ˈwʊmənaɪz/ v.i. (*derog.*) נִאֵף, רָדַף שְׂמָלוֹת

womanizer /ˈwʊmənaɪzə(r)/ n. (*derog.*) רוֹדֵף-שְׂמָלוֹת, "דוֹן ז'וּאָן"

womankind /ˈwʊmənˌkaɪnd/ n. הַנָּשִׁים, הַמִּין הַנָּשִׁי

womanly /ˈwʊmənlɪ/ adj. יָאֶה לְאִשָּׁה, נָשִׁי, מַתְאִים לְאִשָּׁה (לְהַבְדִּיל מִלְּגֶבֶר אוֹ לְאִשָּׁה)

womb /wuːm/ n. רֶחֶם

wombat /ˈwɒmbæt/ n. ווֹמְבָּט (יוֹנֵק בַּעַל-כִּיס אוֹסְטְרָלִי)

womenfolk /ˈwɪmɪnfəʊk/ n. *pl.* (*colloq.*) הַנָּשִׁים, נְשׁוֹת-הַקְּהִלָּה (בְּעִקָּר בְּחֶבְרָה הַנִּשְׁלֶטֶת עַל יְדֵי גְּבָרִים)

won /wʌn/ past & past ppl. of **win**

wonder /ˈwʌndə(r)/ n.
1 (emotion aroused by something remarkable) פְּלִיאָה, תְּמִיהָה, הִשְׁתּוֹמְמוּת
□ *we felt a sense of wonder* חָשַׁנוּ תְּחוּשָׁה שֶׁל הִשְׁתּוֹמְמוּת
□ *she was lost in wonder* הִיא הָיְתָה אֲחוּזַת הִשְׁתָּאוּת
2 (something strange or remarkable) פֶּלֶא, נֵס
a nine days' wonder פֶּלֶא שֶׁנִּשְׁכָּח בִּמְהֵרָה, פֶּלֶא זְמַנִּי
a chinless wonder (*colloq.*) "בּוּק" מְיֻחָס (אָדָם חֲלַשׁ-אֹפִי, לָרֹב בֶּן הַמַּעֲמָד הַגָּבוֹהַּ)
□ *it's no small* (or *little*) *wonder* (*that*)... אֵין פֶּלֶא שֶׁ...
□ *the sea air works wonders for me* אֲוִיר-הַיָּם מְחוֹלֵל בִּי פְּלָאִים
□ *wonders never case!* (*joc.* or *iron.*) מִי הָיָה מַאֲמִין?! לֹא לְהַאֲמִין!
□ *he failed, and little wonder* הוּא נִכְשַׁל וְזֶה לֹא פֶּלֶא
—v.t.
1 (feel curious, be anxious to know) תָּמַהּ
□ *I was wondering what he said* תָּמַהְתִּי מַה הוּא אָמַר
□ *I wonder whether she'll come* אֲנִי תָּמֵהַּ אִם הִיא תָּבוֹא
2 (in polite requests)
□ *I wonder if* (or *whether*) *I could have another envelope?* הַאִם אוּכַל לְקַבֵּל מַעֲטָפָה נוֹסֶפֶת?; (בְּשָׂפָה גְּבוֹהָה וְסִפְרוּתִית בִּלְבַד) אֲנִי תָּמֵהַּ אִם אוּכַל לְקַבֵּל מַעֲטָפָה נוֹסֶפֶת
3 (be surprised, feel amazed, *formal*) הִתְפַּלֵּא, תָּמַהּ
□ *I wonder that you weren't killed in that accident* אֲנִי מִתְפַּלֵּא שֶׁלֹּא נֶהֱרַגְתָּ בַּתְּאוּנָה הַזּוֹ

4 (doubt) שָׁאַל אֶת עַצְמוֹ, תָּמַהּ
□ *he does such stupid things, I wonder whether* (or *if*) *he's got any sense at all!* הוּא עוֹשֶׂה שְׁטֻיּוֹת כָּאֵלֶּה, אֲנִי שׁוֹאֵל אֶת עַצְמִי אִם הוּא בִּכְלָל יוֹדֵעַ מַה הוּא עוֹשֶׂה

—v.i.
1 (feel curious, ask oneself questions) הִתְפַּלֵּא, שָׁאַל אֶת עַצְמוֹ
□ *there had been no news for a week, and she was beginning to wonder* כְּבָר שָׁבוּעַ שֶׁלֹּא הִגִּיעוּ יְדִיעוֹת, וְהִיא הִתְחִילָה לְהִתְפַּלֵּא
□ *do they recognize us? – I'm wondering* הַאִם הֵם מְזַהִים אוֹתָנוּ? – אֲנִי מְנַסֶּה לַחְשֹׁב
□ *I was just wondering about that myself* בְּדִיּוּק שָׁאַלְתִּי אֶת עַצְמִי אֶת אוֹתָהּ שְׁאֵלָה
2 (be surprised, feel amazed, *formal*) הִתְפַּלֵּא, הִשְׁתָּאָה
□ *he could do nothing but stand and wonder* הוּא לֹא הָיָה יָכוֹל לַעֲשׂוֹת כְּלוּם חוּץ מִלַּעֲמֹד וּלְהִשְׁתָּאוֹת
□ *we wondered at the speed with which her reply came* הִתְפַּלֵּאנוּ עַל הַמְּהִירוּת שֶׁבָּהּ הִגִּיעָה הַתְּשׁוּבָה שֶׁלָּהּ
3 (have doubts) הָיָה לֹא בָּטוּחַ, תָּמַהּ
□ *does she really mean that? – I wonder* הַאִם הִיא בֶּאֱמֶת מִתְכַּוֶּנֶת לָזֶה? אֲנִי לֹא בָּטוּחַ

wonderful /ˈwʌndəf(ə)l/ adj. נִפְלָא, מַפְלִיא, מֻפְלָא

wonderfully /ˈwʌndəf(ə)lɪ/ adv. לְהַפְלִיא, בְּצוּרָה נִפְלָאָה
□ *he looks wonderfully well* הוּא נִרְאֶה טוֹב לְהַפְלִיא

wonderland /ˈwʌndəlænd/ n. אֶרֶץ־הַפְּלָאוֹת
□ *I entered the shop and I found myself in a wonderland of toys* נִכְנַסְתִּי לַחֲנוּת וּמָצָאתִי אֶת עַצְמִי בְּאֶרֶץ פְּלָאוֹת שֶׁל צַעֲצוּעִים

wonderment /ˈwʌndəmənt/ n. (*poet.*) תִּמָּהוֹן, הִשְׁתּוֹמְמוּת, הִשְׁתָּאוּת

wondrous /ˈwʌndrəs/ adj. (*poet.*) מֻפְלָא

wonky /ˈwɒŋkɪ/ adj. (*UK colloq.*) רָעוּעַ, "צוֹלֵעַ", מָט לִנְפֹּל
□ *the chair is wonky* הַכִּסֵּא הַזֶּה צוֹלֵעַ
□ *I'm feeling wonky today* אֲנִי לֹא בְּכֹשֶׁר הַיּוֹם, אֲנִי מַרְגִּישׁ "צוֹלֵעַ" הַיּוֹם

wont /wəʊnt/ n. (*formal*) הֶרְגֵּל, נֹהַג
□ *he came home much later than was his wont* הוּא חָזַר הַבַּיְתָה מְאֻחָר בְּהַרְבֵּה מֵהֶרְגֵּלוֹ

won't /wəʊnt/ contr. of **will not** (*colloq.*)

wonted /ˈwəʊntɪd/ adj. (*formal*) נָהוּג, מְקֻבָּל, מֻרְגָּל
□ *he listened with his wonted courtesy* הוּא הִקְשִׁיב בְּנִימוּס כְּמִנְהָגוֹ

woo /wu:/ v.t. חִזֵּר אַחֲרֵי
□ *the politician wooed the electorate with promises of tax cuts* הַפּוֹלִיטִיקַאי חִזֵּר אַחַר קְהַל־הַבּוֹחֲרִים בְּהַבְטָחוֹת לְקִצּוּץ בְּמִסִּים

wood /wʊd/ n.
1 (group of trees) יַעַר, חֹרֶשׁ
□ *he's not out of the wood* (or *woods*) *yet* (*UK*) הוּא עֲדַיִן לֹא נִפְטַר מִכָּל הַצָּרוֹת שֶׁלּוֹ
□ *you can't see the wood for the trees* (*Prov.*) מֵרֹב עֵצִים אֵין רוֹאִים אֶת הַיַּעַר
2 (substance of a tree) עֵץ (חֹמֶר גֶּלֶם)
touch wood! (*UK*) בְּלִי־עַיִן־הָרַע! "טַץ'־ווּד"!
3 (cask in which liquor is stored) חָבִית עֵץ (לְמַשְׁקֶה חָרִיף)
□ *our beer is drawn from the wood* הַבִּירָה שֶׁלָּנוּ בָּאָה מֵחָבִיּוֹת עֵץ

wood-alcohol /ˌwʊd-ˈælkəhɒl/ n. כֹּהַל עֵץ, כֹּהַל מֶתִילִי

woodblock /ˈwʊdblɒk/ n. גְּלוּפַת־עֵץ (לְדְפוּס); לוּחַ עֵץ (לְרִצְפַּת־עֵץ)

woodchuck /ˈwʊdtʃʌk/ n. סוּג שֶׁל מַרְמִיטָה (מְכַרְסֵם צְפוֹן־אֲמֵרִיקָאִי אַדְמוֹנִי גָּדוֹל)

woodcock /ˈwʊdkɒk/ n. חַרְטוֹמַן־יְעָרוֹת (עוֹף הַנִּצּוֹד בִּיעָרוֹת)

woodcraft /ˈwʊdkrɑ:ft/ n. הִתְמַצְּאוּת בִּיעָרוֹת (בְּיִחוּד בְּכָל הַנּוֹגֵעַ לְצַיִד)

woodcut /ˈwʊdkʌt/ n. (הֶדְפֵּס) חִתּוּךְ־עֵץ

woodcutter /ˈwʊdkʌtə(r)/ n. חוֹטֵב־עֵצִים

wooded /ˈwʊdɪd/ adj. מְיֹעָר

wooden /ˈwʊd(ə)n/ adj.
1 (made of wood) עֲשׂוּי־עֵץ
the wooden spoon (*joc.*) הַפְּרָס לְבַעַל הַמָּקוֹם הָאַחֲרוֹן בְּתַחֲרוּת
2 (stiff, clumsy, awkward) חֲסַר־גְּמִישׁוּת טִבְעִית, מְגֻשָּׁם, כְּמוֹ בּוּל־עֵץ

woodenly /ˈwʊd(ə)nlɪ/ adv. (*derog.*) בְּחֹסֶר־גְּמִישׁוּת, כְּמוֹ בּוּל־עֵץ

woodland /ˈwʊdlənd/ n. אֵזוֹר יְעָרוֹת, שֶׁטַח מְיֹעָר

woodlouse /ˈwʊdlaʊs/ n. "כַּדְרוּר" (יְצוּר אָפֹר קָטָן דְּמוּי־חֶרֶק, הַמִּצְטַנֵּף לְכַדּוּר)

woodman /ˈwʊdmən/ n. (also **woodsman**) יַעֲרָן; חוֹטֵב עֵצִים

woodpecker /ˈwʊdpekə(r)/ n. נַקָּר (עוֹף בַּעַל מַקּוֹר אָרֹךְ הַמְנַקֵּב חוֹרִים בְּעֵצִים)

wood-pigeon /ˈwʊd-pɪdʒən/ n. יוֹנַת־בָּר

wood-pulp /ˈwʊd-pʌlp/ n. עִסַּת־עֵץ (לְיִצּוּר נְיָר)

wood-shed /ˈwʊd-ʃed/ n. מַחְסָן לַעֲצֵי־הַסָּקָה

woodwind /ˈwʊdwɪnd/ n. (*Mus.*) כְּלֵי־נְשִׁיפָה (בְּתִזְמֹרֶת; מֵעֵץ אוֹ מִמַּתֶּכֶת, כְּגוֹן אַבּוּב, קְלַרִינֶט אוֹ חָלִיל, אַךְ לֹא טְרוֹמְבּוֹן אוֹ חֲצוֹצְרָה)

woodwork /ˈwʊdwɜ:k/ n. נַגָּרוּת; מְלֶאכֶת־נַגָּרוּת, חֶלְקֵי־הָעֵץ (בְּבַיִת וְכַד')
□ *loads of people came out of the woodwork* (*colloq. derog.*) הָמוֹן אֲנָשִׁים צָצוּ לְפֶתַע פִּתְאֹם

woodworm /ˈwʊdwɜːm/ n. תּוֹלַעַת־הָעֵץ

woody /ˈwʊdɪ/ adj.

1 (abounding in woods) מִיֹּעָר, מְכֻסֶּה יְעָרוֹת

2 (similar to wood) כְּמוֹ עֵץ, כְּמוֹ מֵעֵץ

woof¹ /wuːf/ n. עֵרֶב (בַּאֲרִיגָה)

woof² /wʊf/ n. "הַב" (נְבִיחָה שְׁקֵטָה שֶׁל כֶּלֶב)

woofer /ˈwʊfə(r)/ n. "וּופֶר" (רַמְקוֹל הַמֵּפִיק צְלִילֵי בָּס)

wool /wʊl/ n. צֶמֶר

□ *it's difficult to pull the wool over his eyes* (*colloq.*) קָשֶׁה לְסַדֵּר אוֹתוֹ

□ *he's a dyed-in-the-wool Conservative* הוּא תּוֹמֵךְ בַּמִּפְלָגָה הַשַּׁמְרָנִית עַד לְשַׁד עַצְמוֹתָיו

wool-gathering /ˈwʊl-gæð(ə)rɪŋ/ n. & adj. (*colloq.*) חֲלוֹמוֹת בְּהָקִיץ; שָׁקוּעַ בַּהֲזָיוֹת

woollen /ˈwʊlən/ adj. עָשׂוּי צֶמֶר

—n. *pl.* בִּגְדֵי־צֶמֶר, מוּצְרֵי־צֶמֶר, סְרִיגֵי־צֶמֶר

woolly /ˈwʊlɪ/ adj.

1 (of or like wool) צַמְרִי, דְּמוּי־צֶמֶר, צַמְרִירִי

2 (confused, muddled) מְבֻלְבָּל, חֲסַר־בְּהִירוּת

—n. (*colloq.*) בֶּגֶד־צֶמֶר

Woolsack /ˈwʊlsæk/ n. (*UK*) כַּר מְרֻפָּד צֶמֶר וּמְכֻסֶּה בַּד אָדֹם הַמְשַׁמֵּשׁ כִּסֵּא יוֹשֵׁב־רֹאשׁ בֵּית־הַלּוֹרְדִים

woozy /ˈwuːzɪ/ adj. (*colloq.*) מְטֻשְׁטָשׁ, מְבֻלְבָּל

word /wɜːd/ n.

1 (unit of language) מִלָּה

in a word,... בְּמִלָּה אַחַת, בְּקִצּוּר

□ *laziness is not the word for it* (*colloq.*) עַצְלוּת זֶה לֹא בְּדִיּוּק הַמִּלָּה

□ *I have no words to express my disgust* אֵין מִלִּים בְּפִי לְתָאֵר אֶת סְלִידָתִי

□ *can you put your feelings into words?* הַאִם אַתָּה יָכוֹל לְבַטֵּא בְּמִלִּים אֶת רְגָשׁוֹתֶיךָ?

□ *words fail me* אֵין מִלִּים בְּפִי

□ *did he say so in so many words?* הַאִם הוּא אָמַר כָּךְ בִּמְפֹרָשׁ?

□ *he repeated what I'd said word for word* הוּא חָזַר עַל דְּבָרַי מִלָּה בְּמִלָּה

□ *he explained it in words of one syllable* (*joc.*) הוּא הִסְבִּיר אֶת זֶה לְאַט לְאַט

2 (often in *pl.*, speech, remark) דְּבָרִים, מִלִּים

□ *I'd like a word in your ear* אֲנִי רוֹצֶה לְדַבֵּר אִתְּךָ בִּיחִידוּת

□ *I couldn't get a word in edgeways* (*colloq.*) לֹא יָכֹלְתִּי לְהוֹצִיא מִלָּה מִן הַפֶּה

□ *his comment was a word in season* הַהֶעָרָה שֶׁלּוֹ בָּאָה בַּזְּמַן הַנָּכוֹן

□ *many a true word is spoken in jest* הַרְבֵּה דִּבְרֵי אֱמֶת נֶאֱמָרִים כַּהֲלָצָה

□ *I didn't breathe a word of it* לֹא הוֹצֵאתִי מִלָּה מִפִּי, לֹא פָּצִיתִי פֶּה

□ *we were told by word of mouth* שָׁמַעְנוּ אֶת זֶה מִפֶּה לָאֹזֶן

□ *I can't get a word out of him* אֲנִי לֹא יָכוֹל לְהַצִּיל מִלָּה מִפִּיו

□ *he hangs on her every word* הוּא מַקְשִׁיב בְּהַעֲרָצָה לְכָל מִלָּה הַיּוֹצֵאת מִן הַפֶּה שֶׁלָּהּ

□ *I had a word with him* הֶחֱלַפְתִּי אִתּוֹ כַּמָּה מִלִּים (עַל הָעִנְיָן)

□ *I had words with him about his laziness* (*euphem.*) הָיָה לִי וִכּוּחַ אִתּוֹ בְּקֶשֶׁר לְעַצְלוּת שֶׁלּוֹ

□ *this chair is the last word in comfort* הַכִּסֵּא הַזֶּה הוּא הַמִּלָּה הָאַחֲרוֹנָה בְּנוֹחוּת

□ *he is a man of few words* הוּא מְמַעֵט בִּדְבָרִים, הוּא לֹא מְדַבֵּר הַרְבֵּה

□ *would you put in a good word for me?* תַּגִּיד לוֹ מִלָּה טוֹבָה עָלַי בְּבַקָּשָׁה

□ *you put the words into my mouth* אַתָּה מְיַחֵס לִי דְּבָרִים שֶׁלֹּא אָמַרְתִּי

□ *you take the words out of my mouth* הוֹצֵאתָ אֶת הַמִּלִּים מִפִּי

3 (rumour) שְׁמוּעָה

□ *word has it that...* עַל פִּי הַשְּׁמוּעָה, הַשְּׁמוּעָה אוֹמֶרֶת שֶׁ...

4 (news, information) חֲדָשׁוֹת, מֵידָע, יְדִיעוֹת

□ *he sent them word of the ship's arrival* הוּא הוֹדִיעַ לָהֶם שֶׁהַסְּפִינָה הִגִּיעָה, הוּא שָׁלַח לָהֶם הוֹדָעָה עַל בּוֹא הַסְּפִינָה

5 (promise, assurance) הַבְטָחָה, "מִלָּה"

word of honour! (*arch.*) בְּהֵן־צֶדֶק! עַל דִּבְרָתִי!

upon my word! (*arch.*) (קְרִיאַת הַפְתָּעָה) הַאֻמְנָם!?, לֹא יִתָּכֵן!

□ *I'll give you my word* אֲנִי מַבְטִיחַ לְךָ, עַל דִּבְרָתִי

□ *she was as good as her word* הִיא עָמְדָה בְּהַבְטָחוֹתֶיהָ

□ *he's a man of his word* (*formal*) הוּא אָדָם הָעוֹמֵד בְּדִבּוּרוֹ

□ *I'll take your word for it* אֲנִי מוּכָן לְהַאֲמִין לְךָ

□ *he took me at my word* הוּא קִבֵּל אֶת דְּבָרַי כִּפְשׁוּטָם, הוּא הִתְיַחֵס לִדְבָרַי בִּמְלוֹא הָרְצִינוּת

6 (command) פְּקֻדָּה

□ *give the word and I'll do it* רַק תַּגִּיד לִי וַאֲנִי אֶעֱשֶׂה אֶת זֶה

□ *he will have to eat his words* הוּא יִצְטָרֵךְ לָקַחַת בַּחֲזָרָה אֶת דְּבָרָיו

□ *she was a nuisance right from the word go* (*colloq.*) הִיא הָיְתָה מְטָרֶדֶת מֵהָרֶגַע הָרִאשׁוֹן

—v.t. נִסַּח

□ *they issued a strongly worded statement* הֵם פִּרְסְמוּ הַצְהָרָה מְנֻסַּחַת בַּחֲרִיפוּת

word-blind /ˈwɜːd-blaɪnd/ adj. לוֹקֶה בְּדִיסְלֶקְסְיָה (לִקּוּי הַפּוֹגֵם בְּכֹשֶׁר הַקְּרִיאָה וְכַד')

wordbook /ˈwɜːdbʊk/ n. מִלּוֹן עֵזֶר (לִילָדִים, אוֹ כְּנִסְפָּח לְסֵפֶר טֶכְנִי וְכַד')

wordiness /ˈwɜ:dɪnɪs/ n. (*derog.*) גִּבּוּב דְּבָרִים, מֶלֶל (מְיֻתָּר)

wording /ˈwɜ:dɪŋ/ n. נֻסָּח, סִגְנוֹן

□ *the wording was obscure* הַנֻּסָּח הָיָה מְעֻרְפָּל

wordless /ˈwɜ:dlɪs/ adj. שׁוֹתֵק, מַחֲרִישׁ, דּוֹמֵם

word-perfect /ˌwɜ:d-ˈpɜ:fɪkt/ adj. (יוֹדֵעַ דְּבַר־מָה) עַל־בֻּרְיוֹ

word-processor /ˈwɜ:d-prəʊsesə(r)/ n. מְעַבֵּד־תַּמְלִילִים, "וורד־פְּרוֹסֶסוֹר" (אֶמְצָעִי מְמֻחְשָׁב לִכְתִיבַת טֶקְסְטִים וַעֲרִיכָתָם)

wordy /ˈwɜ:dɪ/ adj. (*derog.*) מַאֲרִיךְ בִּדְבָרִים, רַב־מֶלֶל

wore /wɔ:(r)/ past of **wear**

work /wɜ:k/ n.

1 (the usage of energy) עֲבוֹדָה

□ *there are sinister forces at work here* כֹּחוֹת אֲפֵלִים פּוֹעֲלִים כָּאן

□ *he got down to work* הוּא נִגַּשׁ לַעֲבוֹדָה (בִּרְצִינוּת)

□ *he set to work* הוּא נִגַּשׁ לַעֲבוֹדָה

□ *he has his work cut out to control that class* (*colloq.*) הוּא צָרִיךְ לְהִשְׁתַּלֵּט עַל הַכִּתָּה הַזּוֹ, וְזוֹ מְלָאכָה לֹא קַלָּה

□ *that kind of thing is all in the day's work* (*colloq.*) זֶה בְּסַךְ הַכֹּל חֵלֶק מִן הַשִּׁגְרָה

□ *there's been some dirty work here* (*fig.*) יֵשׁ כָּאן מַשֶּׁהוּ "מְלֻכְלָךְ"

□ *he expects me to do the dirty work* (*fig.*) הוּא רוֹצֶה שֶׁאֲנִי אֶעֱשֶׂה אֶת הָעֲבוֹדָה הַשְּׁחוֹרָה

2 (employment) עֲבוֹדָה, תַּעֲסוּקָה, עִסּוּק

□ *I'm out of work* אֲנִי מֻבְטָל

□ *she's off work today* הִיא לֹא עוֹבֶדֶת הַיּוֹם, הַיּוֹם יֵשׁ לָהּ יוֹם חָפְשִׁי

□ *he got a day off work* הוּא קִבֵּל יוֹם חֻפְשָׁה

□ *they made short work of it* (*colloq.*) הֵם סִיְּמוּ אֶת זֶה מַהֵר מְאֹד (וּבְלִי בְּעָיוֹת מְיֻתָּרוֹת); הֵם נִפְטְרוּ מִזֶּה בְּלִי בְּעָיוֹת מְיֻתָּרוֹת

□ *many hands make light work* (*Prov.*) כְּשֶׁיֵּשׁ הַרְבֵּה עֶזְרָה הַמְּלָאכָה מִסְתַּיֶּמֶת מַהֵר

□ *I got to work late today* אֵחַרְתִּי הַיּוֹם לָעֲבוֹדָה

3 (that which is produced) עֲבוֹדָה, תּוֹצֶרֶת

a work of art יְצִירַת־אָמָּנוּת

□ *I read the collected works of Shakespeare* קָרָאתִי אֶת כָּל כִּתְבֵי שֵׁיקְסְפִּיר

□ *she wrote a work on Dante* הִיא כָּתְבָה עֲבוֹדַת־מֶחְקָר עַל דַּנְטֶה

□ *she's full of good works* (*formal*) הִיא עוֹשָׂה הַרְבֵּה דְּבָרִים לְמַעַן הַזּוּלַת

4 (in *pl.*, factory) בֵּית־חֲרֹשֶׁת, מִפְעָל

works council (or **committee**) וַעֲדַת הַתֵּאוּם בֵּין עוֹבְדִים וּמַעֲסִיקִים

5 (in *pl.*, active part of machine) מַנְגָּנוֹן

□ *the works are all gummed up* הַמַּנְגָּנוֹן נִתְקַע/תָּקוּעַ

□ *he put a spanner in the works* (*fig. colloq.*) הוּא תָּקַע לָהֶם טְרִיז בַּגַּלְגַּלִּים, הוּא שָׂם לָהֶם רֶגֶל; הוּא חִבֵּל בַּמְּלָאכָה

6 (operations in building) תִּקּוּנִים, שִׁפּוּצִים (לָרֹב צִבּוּרִיִּים אוֹ בְּקָנֶה מִדָּה גָּדוֹל)

public works עֲבוֹדוֹת צִבּוּרִיּוֹת (כְּבִישִׁים, בִּיּוּב וְכַד')

road works תִּקּוּנֵי־כְּבִישׁ

□ *they really give you the works in that restaurant* (*colloq.*) בַּמִּסְעָדָה הַזֹּאת מַאֲכִילִים אוֹתְךָ כְּמוֹ מֶלֶךְ

□ *that house is getting the works* (*colloq.*) הַבַּיִת הַזֶּה עוֹבֵר שִׁפּוּצִים, בַּבַּיִת הַזֶּה עוֹשִׂים "רֶמוֹנְט" רְצִינִי

—v.t.

1 (engage in activity) עָבַד

□ *he worked his passage to America* הוּא עָבַד בָּאֳנִיָּה כְּדֵי לְשַׁלֵּם אֶת דְּמֵי הַמַּסָּע לַאֲמֶרִיקָה

□ *I'm being worked to death* מַעֲבִידִים אוֹתִי עַד מָוֶת

□ *he worked his way through college* הוּא עָבַד לְפַרְנָסָתוֹ תּוֹךְ כְּדֵי תְּקוּפַת לִמּוּדָיו בַּקּוֹלֶג'

□ *he works the eastern region* הוּא עוֹבֵד בָּאֵזוֹר הַמַּעֲרָבִי

2 (operate) הִפְעִיל

□ *can you work a sewing-machine?* הַאִם אַתָּה יוֹדֵעַ אֵיךְ לְהִשְׁתַּמֵּשׁ בִּמְכוֹנַת־תְּפִירָה?

□ *the machinery is worked by electricity* הַמְּכוֹנָה מֻפְעֶלֶת בְּחַשְׁמַל

3 (effect) הִפְעִיל, הִצְלִיחַ לְהַפְעִיל

□ *I'll see if I can work it* (*colloq.*) אֲנִי אֲנַסֶּה לְסַדֵּר אֶת זֶה; נִרְאֶה אִם אֲנִי יָכוֹל לְהַפְעִיל אֶת זֶה

4 (move slowly or with difficulty)

□ *he worked his way through the crowd* הוּא פִּלֵּס לוֹ דֶּרֶךְ בֶּהָמוֹן

5 (knead, shape) לָשׁ (בָּצֵק); עִצֵּב, שִׁוָּה צוּרָה לְ...

—v.i.

1 (engage in an activity) עָבַד, פָּעַל

□ *I am working at (or on) it now* אֲנִי עוֹבֵד עַל זֶה עַכְשָׁו

□ *we'd better work on the assumption that...* כְּדַאי לָנוּ לִפְעֹל עַל פִּי הַהַנָּחָה שֶׁ...

□ *they decided to work to rule* הֵם הֶחְלִיטוּ "לַעֲבֹד לְפִי הַסֵּפֶר" (וְלִגְרֹם בְּכָךְ לָרֹב לְעִכּוּבִים – לָרֹב בִּמְחָאָה)

2 (operate) פָּעַל, עָבַד

□ *the lift isn't working* הַמַּעֲלִית לֹא עוֹבֶדֶת

□ *my watch isn't working* הַשָּׁעוֹן שֶׁלִּי לֹא פּוֹעֵל

3 (succeed, be effective) עָבַד, הִצְלִיחַ, פָּעַל

□ *the arrangement works both ways, whether we win or lose* הַהֶסְדֵּר עוֹבֵד לִשְׁנֵי הַכִּוּוּנִים, בֵּין שֶׁנְּנַצֵּחַ וּבֵין שֶׁנַּפְסִיד

□ *that idea just won't work!* הָרַעְיוֹן הַזֶּה לֹא יַעֲבֹד/עוֹבֵד!

□ *it worked like a charm* (*colloq.*) זֶה עָבַד יָפֶה!

4 (move slowly)
□ *the screw worked loose* הַבֹּרֶג הִשְׁתַּחְרֵר
5 (ferment, have influence or effect) עָבַד, פָּעַל, הִשְׁפִּיעַ
□ *the yeast is beginning to work* הַשְּׁמָרִים מַתְחִילִים לַעֲבֹד

—in set phrases

work in כָּלַל, שִׁלֵּב, מָצָא מָקוֹם ל...
□ *can't you work a few jokes in?* אַתָּה לֹא יָכוֹל לְהַכְנִיס כַּמָּה בְּדִיחוֹת (לְהַרְצָאָה)?
□ *I'll try to work my holiday in with yours* אֲנִי אֶשְׁתַּדֵּל לְתָאֵם בֵּין מוֹעֲדֵי הַחֻפְשׁוֹת שֶׁלָּנוּ

work off הוֹצִיא (כַּעַס וְכַד'); נִפְטַר מ...
□ *he worked off his anger by rowing on the lake* הוּא הוֹצִיא אֶת הַכַּעַס שֶׁלּוֹ בַּחֲתִירָה בָּאֲגַם

work out
(solve, find out) פָּתַר (בְּעָיָה, בְּעָיָה מָתֵמָטִית), חִשֵּׁב, מָצָא פִּתְרוֹן ל...
□ *I can't work this sum out* אֲנִי לֹא מַצְלִיחַ לְחַשֵּׁב אֶת הַסְּכוּם הַזֶּה
□ *I can't work out how you got here* אֲנִי לֹא מַצְלִיחַ לְהָבִין אֵיךְ הִגַּעְתָּ לְכָאן
□ *he must work out his own salvation* הוּא חַיָּב לִמְצֹא לוֹ מוֹצָא בְּכֹחוֹת עַצְמוֹ
□ *she worked out a new method of making glass* הִיא פִּתְּחָה שִׁיטָה חֲדָשָׁה לְיִצּוּר זְכוּכִית
(be calculated as) הִסְתַּכֵּם בְּ...
□ *my expenses work out at £5* הַהוֹצָאוֹת שֶׁלִּי הִסְתַּכְּמוּ בְּ־5 לִישׁ"ט
(do exercises, *colloq.*) הִתְאַמֵּן, עָשָׂה תַּרְגִּילֵי הִתְעַמְּלוּת, עָשָׂה סְפּוֹרְט
□ *the champion is working out in the gym* הָאַלּוּף מִתְאַמֵּן בְּמָכוֹן הַכֹּשֶׁר/בְּאוּלַם הַהִתְעַמְּלוּת
(succeed) הִצְלִיחַ, עָלָה יָפֶה
□ *I hope your plans work out* אֲנִי מְקַוֶּה שֶׁהַתָּכְנִיּוֹת שֶׁלְּךָ יַצְלִיחוּ
(empty out, use completely) נֻצַּל עַד תֹּם
□ *this mine is worked out* הַמִּכְרֶה הַזֶּה נֻצַּל עַד תֹּם

work over
(beat up, *colloq.*) תָּקַע מַכּוֹת ל...
□ *the thugs worked him over* הַבִּרְיוֹנִים הִרְבִּיצוּ בּוֹ מַכּוֹת־רֶצַח
(revise) עָרַךְ מֵחָדָשׁ
□ *the author has worked over his first chapter afresh* הַמְחַבֵּר תִּקֵּן אֶת הַפֶּרֶק הָרִאשׁוֹן בְּסִפְרוֹ

work up פִּתַּח, עוֹרֵר
□ *he worked himself up into a frenzy* הוּא נִגְרַר לְמַצָּב שֶׁל טֵרוּף, הוּא הִכְנִיס אֶת עַצְמוֹ לְמַצָּב שֶׁל טֵרוּף
□ *don't get all worked up about it!* אַל תִּשְׁתּוֹלֵל בִּגְלַל זֶה! אַל תִּתְרַגֵּשׁ!
□ *the salesman worked up a good relationship with his client* הַסּוֹכֵן פִּתֵּחַ קְשָׁרִים טוֹבִים עִם הַלָּקוֹחַ שֶׁלּוֹ

workable /ˈwɜːkəb(ə)l/ adj. מַעֲשִׂי, בַּר־בִּצּוּעַ

workaday /ˈwɜːkədeɪ/ adj. שֶׁל יְמֵי חֹל, שִׁגְרָתִי, אַפְרוּרִי, שֶׁל יוֹם־יוֹם

workaholic /ˌwɜːkəˈhɒlɪk/ n. (*colloq.*) מָכוּר לַעֲבוֹדָה, מְשֻׁגָּע לַעֲבוֹדָה

workbag /ˈwɜːkbæg/ n. תִּיק לִכְלֵי תְּפִירָה

work-basket /ˈwɜːk-bɑːskɪt/ n. סַל־תְּפִירָה

workbench /ˈwɜːkbentʃ/ n. מִשְׁטַח־עֲבוֹדָה, שֻׁלְחַן־נַגָּרִים, שֻׁלְחַן עֲבוֹדָה (לְנַגָּר, לְסַנְדְּלָר וְכַד')

workday /ˈwɜːkdeɪ/ n. יוֹם עֲבוֹדָה, יוֹם חֹל

worker /ˈwɜːkə(r)/ n. עוֹבֵד, פּוֹעֵל

work-force /ˈwɜːk-fɔːs/ n. כֹּחַ־עֲבוֹדָה, הָעוֹבְדִים; מֶשֶׁק־הָעוֹבְדִים

work-horse /ˈwɜːk-hɔːs/ n. סוּס־עֲבוֹדָה; (בְּהַשְׁאָלָה) "סוּס עֲבוֹדָה"

workhouse /ˈwɜːkhaʊs/ n. (*Hist.*) בֵּית־מַחֲסֶה לָעֲנִיִּים (בְּעִקָּר בְּאַנְגְּלִיָּה בַּמֵּאָה הַ־19)

working /ˈwɜːkɪŋ/ adj.
1 (that does work) עוֹבֵד, פּוֹעֵל
working man אָדָם־עוֹבֵד
working model דֶּגֶם פּוֹעֵל (בַּעַל חֲלָקִים נָעִים וְכַד')
working party צֶוֶת־עֲבוֹדָה (לָרֹב זְמַנִּי לִבְדִיקַת נוֹשֵׂא מְסֻיָּם)
2 (for or involving work) שֶׁל עֲבוֹדָה
working breakfast פְּגִישַׁת־עֲסָקִים בַּאֲרוּחַת־בֹּקֶר, אֲרוּחַת־בֹּקֶר עִסְקִית
working capital הוֹן חוֹזֵר
working day יוֹם עֲבוֹדָה
working hypothesis הַנָּחַת עֲבוֹדָה, הַנָּחָה לְצֹרֶךְ הָעֲבוֹדָה
a working knowledge יְדִיעָה מֻגְבֶּלֶת לְצֹרֶךְ מְסֻיָּם
□ *the party has a working majority in the House* לַמִּפְלָגָה יֵשׁ רֹב הַמְּאַפְשֵׁר קַבָּלַת־הַחְלָטוֹת בַּפַּרְלָמֶנְט
□ *is the lift in working order?* הַאִם הַמַּעֲלִית תַּקִּינָה/פּוֹעֶלֶת?

—n.
1 (how something works) אֹפֶן הַפְּעֻלָּה
□ *I don't understand the workings of his mind* אֲנִי לֹא יוֹרֵד לְסוֹף דַּעְתּוֹ, אֵינֶנִּי מֵבִין אֶת הַהִגָּיוֹן שֶׁלּוֹ
2 (usu. in *pl.*, mine or quarry) מִכְרֶה; מַחְצָבָה

working-class /ˌwɜːkɪŋ-ˈklɑːs/ n. & adj. מַעֲמַד־הַפּוֹעֲלִים; שֶׁל מַעֲמַד הַפּוֹעֲלִים

work-load /ˈwɜːkləʊd/ n. עֹמֶס־עֲבוֹדָה

workman /ˈwɜːkmən/ n. פּוֹעֵל; בַּעַל־מְלָאכָה
□ *a bad workman blames his tools* (*Prov.*) כְּשֶׁהָרַקְדָנִית נוֹפֶלֶת, הַמַּחְצֶלֶת אֲשֵׁמָה

workmanlike /ˈwɜːkmənlaɪk/ adj. (חֵפֶץ) עָשׂוּי־כַּהֲלָכָה; (אֹפֶן פְּעֻלָּה) מִקְצוֹעִי

workmanship /ˈwɜːkmənʃɪp/ n. טִיב־הָעֲבוֹדָה, אֵיכוּת־עֲבוֹדָה

□ *it's a superb piece of workmanship* זוֹ מְלָאכָה יָפָה לְהַפְלִיא, זֶה מוּצָר מֵאֵיכוּת מְעֻלָּה

work-out /ˈwɜːk-aʊt/ n. (*colloq.*) אִמּוּן גּוּפָנִי, אִמּוּן כֹּשֶׁר, אִמּוּן

workpeople /ˈwɜːkpiːp(ə)l/ n. *pl.* פּוֹעֲלִים, עוֹבְדִים, צֶוֶת הָעוֹבְדִים (בְּנִגּוּד לְהַנְהָלָה)

workshop /ˈwɜːkʃɒp/ n. סַדְנָה, בֵּית־מְלָאכָה (מָקוֹם); סַדְנָה (אֵרוּעַ לִמּוּדִי)

work-shy /ˈwɜːk-ʃaɪ/ adj. (*derog.*) בַּטְלָן, עָצֵל, מִשְׁתַּמֵּט

work-station /ˈwɜːk-ˌsteɪʃ(ə)n/ n. עֶמְדַּת־עֲבוֹדָה, עֶמְדַּת־פְּעִילוּת; תַּחֲנַת־עֲבוֹדָה (סוּג שֶׁל מָסוֹף־מַחְשֵׁב)

work-study /ˈwɜːk-stʌdɪ/ n.

work-top /ˈwɜːk-tɒp/ n. מִשְׁטַח־עֲבוֹדָה (בַּמַּעְבָּדָה, בַּמִּטְבָּח וְכַד')

world /wɜːld/ n.

1 (time or state or scene of existence, milieu) עוֹלָם

this world and the next (*formal*) הָעוֹלָם הַזֶּה וְהָעוֹלָם הַבָּא

out of this world (*colloq.*) עָצוּם, כַּבִּיר, יוֹצֵא מִן הַכְּלָל, "לֹא נוֹרְמָלִי"

□ *we live in different worlds* אֵין לָנוּ לָשׁוֹן מְשֻׁתֶּפֶת, אֲנַחְנוּ חַיִּים בִּשְׁנֵי עוֹלָמוֹת נִפְרָדִים

□ *he wants the best of both worlds* הוּא רוֹצֶה לֵיהָנוֹת מִשְּׁנֵי הָעוֹלָמוֹת, הוּא רוֹצֶה לִרְקֹד עַל שְׁתֵּי חֲתֻנּוֹת

□ *I'm feeling on top of the world* אֲנִי בָּרָקִיעַ הַשְּׁבִיעִי, אֲנִי מְאֻשָּׁר עַד הַגַּג

2 (the earth) הָעוֹלָם

World War One מִלְחֶמֶת הָעוֹלָם הָרִאשׁוֹנָה

World War Two מִלְחֶמֶת הָעוֹלָם הַשְּׁנִיָּה

□ *she is known the world over* הִיא מֻכֶּרֶת בָּעוֹלָם כֻּלּוֹ, הִיא מֻכֶּרֶת בְּכָל רַחֲבֵי־תֵּבֵל

□ *the USA is a world power* אַרְהַ"ב הִיא מַעֲצָמָה עוֹלָמִית

□ *tonight is the world première of his play* הַלַּיְלָה נֶעֱרֶכֶת הַבְּכוֹרָה הָעוֹלָמִית שֶׁל הַמַּחֲזֶה שֶׁלּוֹ

□ *his inventions won't set the world on fire* (*colloq.*) הַמְּצָאוֹתָיו לֹא יַהַפְכוּ אֶת הָעוֹלָם

□ *the world is her oyster* הָעוֹלָם פָּרוּשׂ לְרַגְלֶיהָ

□ *her son is* (or *means*) *all the world to her* בְּנָהּ הוּא הַדָּבָר הַיָּקָר לָהּ בָּעוֹלָם

□ *he's for all the world like my brother* הוּא וְאָחִי דּוֹמִים זֶה לָזֶה כְּמוֹ שְׁתֵּי טִפּוֹת מַיִם

□ *what in the world are you doing that for?* לָמָּה, לְכָל הָרוּחוֹת, אַתָּה עוֹשֶׂה אֶת זֶה?

3 (human life and affairs) הֲוָיוֹת הָעוֹלָם

the world, the flesh and the Devil (*formal*) חַיֵּי הָעוֹלָם הַזֶּה, פִּתּוּיֵי הַבָּשָׂר וְיֵצֶר־הָרָע

□ *he has come up in the world* הוּא עָלָה לִגְדֻלָּה

□ *they have gone down in the world* הֵם יָרְדוּ מִגְּדֻלָּתָם

□ *she's dead to the world* הִיא יְשֵׁנָה כְּמוֹ בּוּל־עֵץ

□ *he has forsaken the world* (*formal*) הוּא פָּרַשׁ/נִתַּק אֶת עַצְמוֹ מֵהַבְלֵי הָעוֹלָם הַזֶּה

□ *he is a man* (or *she is a woman*) *of the world* הוּא אִישׁ/הִיא אֵשֶׁת הָעוֹלָם הַגָּדוֹל

4 (limited part of the earth) עוֹלָם

the animal world עוֹלַם הַחַיּוֹת

the New World (*Hist.*) הָעוֹלָם הֶחָדָשׁ (אֲמֶרִיקָה)

the Third World הָעוֹלָם הַשְּׁלִישִׁי, הָאֲרָצוֹת הַמִּתְפַּתְּחוֹת

5 (people) "הָעוֹלָם"

all the world and his wife (*joc.*) "כָּל הָעוֹלָם"

□ *the world eagerly awaited the royal wedding* הָעוֹלָם כֻּלּוֹ הִמְתִּין בְּהִתְרַגְּשׁוּת לַחֲתֻנָּה הַמַּלְכוּתִית

6 (an enormous amount or distance)

world without end (*Relig.*) לְעוֹלָם וָעֶד (מִתּוֹךְ תְּפִלָּה נוֹצְרִית)

□ *our ideas are worlds apart* עוֹלָמוֹת מַפְרִידִים בֵּין דֵּעוֹתֵינוּ

□ *it will do you a world of good* זֶה טוֹב מְאֹד בִּשְׁבִילְךָ, זֶה לֹא יַזִּיק לְךָ

□ *there is a world of difference between them* כָּל הַהֶבְדֵּל שֶׁבָּעוֹלָם מַפְרִיד בֵּינָם

□ *I'd give the world to see her again* הָיִיתִי נוֹתֵן הַכֹּל כְּדֵי לִרְאוֹת אוֹתָהּ שׁוּב

□ *I wouldn't be without him for the world* בְּעַד כָּל הוֹן שֶׁבָּעוֹלָם לֹא אֶפָּרֵד מִמֶּנּוּ

□ *he thinks the world of her* הוּא מַעֲרִיץ אוֹתָהּ בְּלִי גְּבוּל

World Bank /wɜːld ˈbæŋk/ n. הַבַּנְק הָעוֹלָמִי

world-beater /ˈwɜːld-biːtə(r)/ n. אָדָם/דָּבָר בְּקְנֵה־מִדָּה עוֹלָמִי

world-class /wɜːld-ˈklɑːs/ adj. בְּקְנֵה־מִדָּה עוֹלָמִי, בְּדַרְגָּה עוֹלָמִית, עוֹלָמִי

worldly /ˈwɜːldlɪ/ adj. גַּשְׁמִי, חָמְרִי; בָּקִיא בַּהֲוָיוֹת הָעוֹלָם

worldly goods רְכוּשׁ וְקִנְיָן

worldly matters עִנְיְנֵי הָעוֹלָם הַזֶּה

worldly wisdom הִתְמַצְּאוּת בַּהֲוָיַת־הָעוֹלָם, תְּבוּנָה מַעֲשִׂית

world-weary /wɜːld-wɪərɪ/ adj. עָיֵף מִן הַחַיִּים

world-wide /wɜːld-ˈwaɪd/ adj. & adv. בְּרַחֲבֵי הָעוֹלָם, בְּכָל קַצְווֹת־תֵּבֵל

worm /wɜːm/ n. תּוֹלַעַת; (בְּהַשְׁאָלָה) "תּוֹלַעַת" (אָדָם חֲלַשׁ־אֹפִי וּבָזוּי)

can of worms (*fig.*) "קֻפַּת שְׁרָצִים"

worm's eye view מַבָּט מִקָּרוֹב, מַבָּט מִלְּמַטָּה; מִנְקֻדַּת מַבָּט צָרָה וּמֻגְבֶּלֶת

□ *even a worm will turn* (*Prov.*) יֵשׁ גְּבוּל לְכָל תַּעֲלוּל (יֵשׁ גְּבוּל גַּם לְסַבְלָנוּתוֹ שֶׁל אָדָם לֹא־תַּקִּיף)

□ *you worm!* (*derog.*) תּוֹלַעַת שֶׁכְּמוֹתְךָ! יָא חֲתִיכַת תּוֹלַעַת!

—v.t.
1 (make one's way by moving like a worm) זָחַל, הִתְפַּתֵּל, הִשְׁתַּחֵל
□ *he wormed his way through the narrow window* הוּא הִשְׁתַּחֵל דֶּרֶךְ הַחַלּוֹן הַצַּר
□ *he wormed himself into her confidence* (*derog.*) לְאַט לְאַט וּבְעָרְמָה הוּא רָכַשׁ אֶת אֱמוּנָהּ
2 worm out שָׁלַף לְאַט לְאַט, הוֹצִיא
□ *she wormed the secret out of him* לְאַט לְאַט הִיא הוֹצִיאָה מִמֶּנּוּ אֶת הַסּוֹד
3 (rid of worms) הֶעֱנִיק (לְחַיָּה) טִפּוּל נֶגֶד־תּוֹלָעִים

worm-cast /ˈwɜːm-kɑːst/ n. תְּלוּלִית־עָפָר שֶׁמּוֹתִירָה תּוֹלַעַת בִּנְתִיבָהּ

wormeaten /ˈwɜːmiːt(ə)n/ adj. אֲכוּל תּוֹלָעִים

worm-gear /ˈwɜːm-gɪə(r)/ n. תִּשְׁלֹבֶת חִלָּזוֹנִית (סוּג שֶׁל גַּלְגַּל־שִׁנַּיִם)

worm-hole /ˈwɜːm-həʊl/ n. חוֹר שֶׁל תּוֹלַעַת בְּרָהִיט וּבְאִילָן

wormwood /ˈwɜːmwʊd/ n. לַעֲנָה
□ *the news was wormwood to her* (*formal*) הַיְדִיעוֹת הָיוּ עֲבוּרָהּ מָרוֹת כַּלַּעֲנָה

wormy /ˈwɜːmɪ/ adj. מְתֻלָּע; דְּמוּי־תּוֹלַעַת

worn /wɔːn/ past ppl. of **wear**

worn-out /wɔːn-ˈaʊt/ adj. (אָדָם) מְתָשׁ; (רוֹפֵף) מְרֻפָּט, בָּלֶה
□ *you look worn-out* אַתָּה נִרְאֶה מְתָשׁ

worried /ˈwʌrɪd/ adj. מֻדְאָג, מְטֹרָד
□ *I'm worried sick* (or *to death*) אֲנִי מֻדְאָג מְאֹד, אֲנִי יוֹצֵא מִדַּעְתִּי מֵרֹב דְּאָגָה

worrier /ˈwʌrɪə(r)/ n. דַּאֲגָן
□ *he's a dreadful worrier* הוּא דַּאֲגָן אָיֹם וְנוֹרָא

worrisome /ˈwʌrɪsəm/ adj. מַדְאִיג, מַטְרִיד

worry /ˈwʌrɪ/ v.t.
1 (annoy, trouble) הִטְרִיד, הִדְאִיג, גָּרַם דְּאָגָה/טִרְדָּה לְ...
□ *don't worry me now!* אַל תַּפְרִיעַ לִי עַכְשָׁו! אַל תַּטְרִיד אוֹתִי עַכְשָׁו!
□ *what's worrying you?* מַה מַּטְרִיד אוֹתְךָ?; מַה הַבְּעָיָה שֶׁלְּךָ?
□ *his debts worried him to death* חוֹבוֹתָיו־הַכַּסְפִּיִּים גָּרְמוּ לוֹ דְּאָגוֹת חֲמוּרוֹת
2 (seize and shake with the teeth) חָטַף וְטִלְטֵל בְּשִׁנָּיו
□ *the dog was worrying the sheep* הַכֶּלֶב רָדַף אַחֲרֵי הַכְּבָשִׂים
□ *he worried out his problem* (*fig.*) הוּא "יָשַׁב" עַל הַבְּעָיָה וּפָתַר אוֹתָהּ
—v.i. דָּאַג
not to worry! (*colloq.*) אֵין מַה לִּדְאֹג! הַכֹּל בְּסֵדֶר!
□ *don't worry about me!* אַל תִּדְאַג לִי!; אֲנִי יוֹדֵעַ לִדְאֹג לְעַצְמִי!
□ *she worries about her health* הִיא תָּמִיד מֻדְאֶגֶת בְּקֶשֶׁר לִבְרִיאוּתָהּ
—n. דְּאָגָה, טִרְחָה
□ *that's the least of my worries* זוֹ הַקְּטַנָּה שֶׁבִּדְאָגוֹתַי, יֵשׁ לִי דְּאָגוֹת חֲמוּרוֹת יוֹתֵר
□ *what a worry it all is!* אֵיזֶה צָרוֹת! צָרָה צְרוּרָה!

worrying /ˈwʌrɪɪŋ/ adj. מַדְאִיג מְאֹד, מַטְרִיד
□ *he had a worrying time* עָבְרוּ עָלָיו כַּמָּה שָׁעוֹת/יָמִים שֶׁל דְּאָגָה

worse /wɜːs/ adj. (compar. of **bad, ill**) גָּרוּעַ יוֹתֵר, פָּחוֹת טוֹב
worse luck (*colloq.*) מַה לַּעֲשׂוֹת, לְמַרְבֵּה הַצַּעַר
□ *she is none the worse for her mishap* הַמִּקְרֶה לֹא הִזִּיק לָהּ כְּלָל
□ *worse things happen at sea* (*joc.*) אַל תִּתְרַגֵּשׁ, יֵשׁ צָרוֹת גְּדוֹלוֹת יוֹתֵר
□ *he's the worse for wear* (*colloq.*) הוּא עָיֵף מְאֹד, מְתָשׁ; הוּא שִׁכּוֹר לְגַמְרֵי
□ *that sofa's the worse for wear* (*colloq.*) הַסַּפָּה הַזֹּאת בְּמַצָּב רַע
—adv. רַע יוֹתֵר
□ *you could do worse* יָכוֹל הָיָה לִהְיוֹת יוֹתֵר גָּרוּעַ
□ *she is worse off than ever* הִיא בְּמַצָּב רַע מִתָּמִיד
□ *I shall like you none the worse if you speak frankly* (*formal*) אֲנִי רַק אַעֲרִיךְ אוֹתְךָ אִם תְּדַבֵּר בְּגִלּוּי לֵב
—n. רַע מִזֶּה
□ *worse was yet to come* רַע מִזֶּה עוֹד הִמְתִּין לָנוּ
□ *a change for the worse* שִׁנּוּי לְרָעָה
□ *I have worse to tell you* יֵשׁ לִי יְדִיעוֹת גְּרוּעוֹת יוֹתֵר לְסַפֵּר לְךָ
□ *things went from bad to worse* הָעִנְיָנִים הִדַּרְדְּרוּ מִדֶּחִי אֶל דֶּחִי

worsen /ˈwɜːs(ə)n/ v.t. & i. הֶחְמִיר (אֶת הַמַּצָּב וְכַד'); הִדַּרְדֵּר הֶחְמִיר

worship /ˈwɜːʃɪp/ n.
1 (reverence paid to a god) עֲבוֹדַת־אֱלֹהִים, תְּפִלָּה, פֻּלְחָן
2 (adoration given to anything) הַעֲרָצָה, סְגִידָה, פֻּלְחָן
3 (title of respect used for or to magistrate or mayor) הוֹד־מַעֲלָתוֹ, כְּבוֹדוֹ
Your Worship הוֹד־מַעֲלָתְךָ
His Worship the Mayor כְּבוֹד רֹאשׁ־הָעִיר
—v.t. & i. הֶעֱרִיץ, סָגַד לְ...; קִיֵּם פֻּלְחָן (דָּתִי)

worshipful /ˈwɜːʃɪpf(ə)l/ adj. הַנִּכְבָּד (כְּתֹאַר כָּבוֹד); רוֹחֵשׁ־כָּבוֹד

worshipper /ˈwɜːʃɪpə(r)/ n. מִתְפַּלֵּל (בִּתְפִלָּה בְּצִבּוּר), מַאֲמִין; מַעֲרִיץ

worst /wɜːst/ adj. & adv. (superl. of **bad, ill, badly**) גָּרוּעַ בְּיוֹתֵר, רַע בְּיוֹתֵר; בְּאֹפֶן הָרַע בְּיוֹתֵר
—n. הַדָּבָר הַגָּרוּעַ בְּיוֹתֵר

□ *at worst, I can only be fired* בְּמִקְרֶה הֲכִי גָּרוּעַ יְפַטְּרוּ אוֹתִי
□ *he got the worst of the argument* הוּא יָצָא מִן הַוִּכּוּחַ וְיָדוֹ עַל הַתַּחְתּוֹנָה
□ *if the worst comes to the worst* בְּמִקְרֶה הַגָּרוּעַ בְּיוֹתֵר, אִם יִכְלוּ כָּל הַקִּצִּין
□ *let her do her worst!* אַדְּרַבָּה, שֶׁתְּנַסֶּה! אֲנִי לֹא חוֹשֵׁשׁ מִפָּנֶיהָ!
□ *he brings out the worst in me* הוּא מְעוֹרֵר אֶת הָרַע שֶׁבְּתוֹכִי
—v.t. (*arch.*) הֵבִיס, נִצַּח

worsted /ˈwʊstɪd/ n. אֲרִיג צֶמֶר סָרוּק (אֲרִיג חָלָק וְעָבֶה)

worth /wɜːθ/ adj.
1 (having a certain merit) שָׁוֶה
□ *it's worth every penny we paid for it* זֶה שָׁוֶה כָּל פְּרוּטָה שֶׁשִּׁלַּמְנוּ בַּעֲדוֹ
□ *this is my opinion, for what it's worth* אֲנִי לֹא יוֹדֵעַ אִם זֶה יַעֲזֹר, אַךְ זוֹ דַּעְתִּי
□ *he shouted for all he was worth* הוּא צָעַק מְלוֹא גְּרוֹנוֹ
□ *what's it worth to you?* כַּמָּה אַתָּה מוּכָן לְשַׁלֵּם בְּעַד זֶה?
2 (deserving of) שָׁוֶה, רָאוּי
□ *that film is very worth seeing* כְּדַאי מְאֹד לִרְאוֹת אֶת הַסֶּרֶט הַזֶּה
□ *it's not worth my while* לֹא כְּדַאי לִי, זֶה בִּזְבּוּז זְמַן בִּשְׁבִילִי
□ *I'll make it worth your while* (*colloq.*) אֲנִי אֶדְאַג שֶׁזֶּה יִשְׁתַּלֵּם לְךָ
□ *is it worth it?* הַאִם זֶה כְּדַאי?
3 (possessing property to value of) "שָׁוֶה"
□ *she's worth a million and a half dollars* יֵשׁ לָהּ רְכוּשׁ בְּשׁוֹוִי שֶׁל מִילְיוֹן וַחֲצִי דּוֹלָר
—n.
1 (value; merit) עֵרֶךְ, חֲשִׁיבוּת, מַשְׁמָעוּת
of little worth קַל עֵרֶךְ, חֲסַר חֲשִׁיבוּת
2 (value expressed in money) עֵרֶךְ, שׁוֹוִי
□ *we got our money's worth* קִבַּלְנוּ תְּמוּרָה מְלֵאָה לְכַסְפֵּנוּ (גַּם בְּהַשְׁאָלָה)
□ *we bought twenty pounds' worth of caviar* קָנִינוּ קַוְיָר בְּשׁוֹוִי עֶשְׂרִים לִישׁ"ט

worthless /ˈwɜːθlɪs/ adj. חֲסַר־עֵרֶךְ; חֲסַר כָּל חֲשִׁיבוּת

worthwhile /wɜːθˈwaɪl/ adj. בַּעַל־חֲשִׁיבוּת; מִשְׁתַּלֵּם, כְּדָאִי
□ *it is a worthwhile cause* זוֹ מַטָּרָה בַּעֲלַת־עֵרֶךְ

worthy /ˈwɜːðɪ/ adj.
1 (deserving) רָאוּי
□ *their efforts are worthy of your support* הַמַּאֲמַצִּים שֶׁלָּהֶם רְאוּיִים לִתְמִיכָתְךָ
2 (deserving respect) רָאוּי, שֶׁאֵין לְזַלְזֵל בּוֹ
□ *he found a worthy opponent* הוּא מָצָא לוֹ יָרִיב כְּעֶרְכּוֹ
□ *who's that worthy gentleman on your right?* (*joc.*) מִי הוּא הָאָדוֹן הַנִּכְבָּד הַיּוֹשֵׁב מִימִינְךָ?
—n. (*formal* or *joc.*) אָדוֹן נִכְבָּד
□ *he was a Victorian worthy* הוּא הָיָה "גְּבִיר" וִיקְטוֹרְיָנִי

wotcher /ˈwɒtʃə(r)/ int. (*UK sl.*) מָה הָעִנְיָנִים?!

would /wʊd/ past & condit. of **will**
would to God (that)... (*formal*) הַלְוַאי שֶׁ..., מִי יִתֵּן שֶׁ...
□ *would you please leave!* תּוֹאִיל בְּבַקָּשָׁה לָצֵאת מִכָּאן!
□ *he would be about fifty, but he doesn't look it* הוּא צָרִיךְ לִהְיוֹת בְּעֵרֶךְ בֶּן חֲמִשִּׁים אֲבָל הוּא נִרְאֶה יוֹתֵר צָעִיר
□ *that's just what he would say* זֶה בְּדִיּוּק מַה שֶּׁצִּפִּיתִי מִמֶּנּוּ שֶׁיַּגִּיד
□ *so it would seem* כָּךְ זֶה אָמְנָם נִרְאֶה
□ *it would have been about eight o'clock when she left* אֶפְשָׁר לְהַנִּיחַ שֶׁהַשָּׁעָה הָיְתָה בְּעֵרֶךְ שְׁמוֹנֶה כְּשֶׁהִיא הָלְכָה
□ *would you be so kind as to pass me the gravy?* תַּעֲבִיר לִי אֶת הָרֹטֶב בְּבַקָּשָׁה; הַאִם אַתָּה יָכוֹל בְּבַקָּשָׁה לְהַעֲבִיר לִי אֶת הָרֹטֶב?
□ *she would always read the paper at breakfast* הִיא תָּמִיד נָהֲגָה לִקְרֹא עִתּוֹן בַּאֲרוּחַת הַבֹּקֶר

would-be /ˈwʊd-biː/ adj. שׁוֹאֵף לִהְיוֹת, מִתְיַמֵּר לִהְיוֹת
□ *he is a would-be writer* יֵשׁ לוֹ שְׁאִיפוֹת לִהְיוֹת סוֹפֵר

wouldn't /ˈwʊd(ə)nt/ contr. of **would not** (*colloq.*)

wound[1] /wuːnd/ n. פֶּצַע; פְּגִיעָה, מַכָּה
□ *the enemy retired to lick its wounds* (*fig.*) הָאוֹיֵב נָסוֹג לְלַקֵּק אֶת פְּצָעָיו
□ *the remark opened old wounds* (*fig.*) הַהֶעָרָה פָּתְחָה פְּצָעִים נוֹשָׁנִים
—v.t. פָּצַע; פָּגַע בְּ...
the wounded הַפְּצוּעִים
□ *my pride was wounded by what she said* נִפְגַּעְתִּי מְאֹד מִן הַדְּבָרִים שֶׁאָמְרָה

wound[2] /waʊnd/ past ppl. of **wind**[2]

wove /wəʊv/ past of **weave**

woven /ˈwəʊvən/ past ppl. of **weave**

wow /waʊ/ int. (*colloq.*) "וָאוּ!" (קְרִיאַת תַּדְהֵמָה וְשִׂמְחָה) יָא אַלְלָה!
—n.
1 (variation in sound) עִוּוּתֵי־צְלִיל, "וָאוּ" (בְּסֶרֶט הַקְלָטָה וְכַד')
2 (great success, *sl.*) הַצְלָחָה לֹא נוֹרְמָלִית

wrack /ræk/ n. סוּג שֶׁל אַצָּה

wraith /reɪθ/ n. (*poet.*) אוֹב, רוּחַ־רְפָאִים

wrangle /ˈræŋg(ə)l/ v.i. הִתְנַצֵּחַ, הִתְוַכֵּחַ בְּלַהַט
□ *the children were wrangling with each other* הַיְלָדִים הִתְקוֹטְטוּ זֶה עִם זֶה

—n. הִתְנַצְּחוּת, קְטָטָה מִלּוּלִית

wrangler /ˈræŋglə(r)/ n. (*US*) בּוֹקֵר, קָאוּבּוֹי

wrap /ræp/ v.t. עָטַף, כָּרַךְ

□ *the affair is wrapped in mystery* הַפָּרָשָׁה אֲפוּפָה מִסְתּוֹרִין

□ *she wrapped the parcel up* הִיא עָטְפָה אֶת הַחֲבִילָה

□ *he thought he had it all wrapped up* (*colloq.*) הוּא הָיָה בָּטוּחַ שֶׁהַכֹּל סָגוּר (אֲבָל...)

□ *we've wrapped up the contract* (*colloq.*) סָגַרְנוּ אֶת הַחוֹזֶה

□ *he's wrapped up in his work* (*fig.*) הוּא שָׁקוּעַ לַחֲלוּטִין בַּעֲבוֹדָתוֹ

—v.i.

wrap up לָבַשׁ בְּגָדִים חַמִּים, הִתְעַטֵּף

□ *wrap up!* (*colloq.*) תְּקַצֵּר, תְּקַצֵּר!, תִּגְמֹר כְּבָר (לְדַבֵּר)!

—n. כִּסּוּי עֶלְיוֹן; מֵעֵין שָׁל גָּדוֹל (לְאִשָּׁה)

□ *the prototype is still under wraps* (*colloq.*) הָאַבְטִיפּוּס עֲדַיִן חָסוּי

wrapper /ˈræpə(r)/ n. עֲטִיפָה (שֶׁל חֲבִילָה, שֶׁל סֵפֶר וְכַד׳)

wrapping /ˈræpɪŋ/ n. עֲטִיפָה; חֹמֶר אֲרִיזָה, עֲטִיפָה

wrath /rɒθ, *US* ræθ/ n. (*formal*) זַעַם, חֵמָה, חֲרוֹן־אַף

wrathful /ˈrɒθf(ə)l/ adj. (*formal*) זוֹעֵם, מָלֵא־חֵמָה

wreak /riːk/ (past & past ppl. **wreaked** /riːkt/ or **wrought** /rɔːt/) v.t. (*formal*)

□ *he wreaked* (or *wrought*) *his anger on the masses* הוּא שָׁפַךְ אֶת חֲמָתוֹ עַל הֲהָמוֹנִים

□ *she wreaked* (or *wrought*) *vengeance on* (or *upon*) *the villains* הִיא נָקְמָה אֶת נִקְמָתָהּ בָּרְשָׁעִים

□ *the floods wrought havoc everywhere* הַשִּׁטְפוֹנוֹת עָשׂוּ שַׁמּוֹת בְּכָל מָקוֹם

wreath /riːθ/ n. זֵר

□ *a wreath of smoke* תִּימְרַת־עָשָׁן

wreathe /riːð/ v.t. אָפַף; קָלַע (פְּרָחִים וְכַד׳) לְזֵר

□ *her face was wreathed in smiles* (*fig.*) פָּנֶיהָ קָרְנוּ מֵאֹשֶׁר

□ *the valley was wreathed in mist* הָעֵמֶק הָיָה אָפוּף עֲרָפֶל

□ *the snake wreathed itself round the branch* הַנָּחָשׁ כָּרַךְ עַצְמוֹ סְבִיב הֶעָנָף

—v.i. (*formal*) הִתְאַבֵּךְ

□ *the smoke wreathed upwards* הֶעָשָׁן הִתְאַבֵּךְ מַעְלָה

wreck /rek/ n. גְּרוּטָאָה, שֶׁבֶר־כְּלִי; סְפִינָה טְרוּפָה

□ *at last they found the wreck of the liner* לְבַסּוֹף גִּלּוּ אֶת הַסְּפִינָה הַטְּרוּפָה

□ *the car was a complete wreck* הַמְּכוֹנִית הָיְתָה גְּרוּטָאָה לְלֹא־תַּקָּנָה

□ *he's a nervous wreck* הוּא פְּקַעַת שֶׁל עֲצַבִּים; הוּא בְּמַצָּב נַפְשִׁי קָשֶׁה (בִּגְלַל חֲרָדָה)

□ *he looks a nervous wreck* הוּא נִרְאֶה קַטַסְטְרוֹפָה, הוּא נִרְאֶה כְּשֶׁבֶר־כְּלִי

—v.t. הָרַס, רִסֵּק; טָרַף (סְפִינָה)

□ *this wrecked their chances of success* זֶה חִסֵּל אֶת סִכּוּיֵי הַצְלָחָתָם

□ *the ship was wrecked* הַסְּפִינָה נִטְרְפָה בַּיָּם

wreckage /ˈrekɪdʒ/ n. שְׁבָרִים, גְּרוּטָאוֹת; שְׂרִידֵי סְפִינָה טְרוּפָה

wrecker /ˈrekə(r)/ n.

1 (person who causes ships to be wrecked) אָדָם עַל הַחוֹף הַמַּנְחֶה בְּזָדוֹן סְפִינוֹת אֶל שִׂרְטוֹן, בְּמַטָּרָה לִשְׁדֹּד אֶת מִטְעָנָן

2 (person employed to recover a wrecked ship or its contents) אָדָם שֶׁמִּקְצוֹעוֹ חִלּוּץ מִטְעָנָן שֶׁל סְפִינוֹת שֶׁנִּטְרְפוּ בַּיָּם

3 (vehicle for removing cars after breakdown, etc., *US*) רֶכֶב־גְּרִירָה, מוֹבִיל (לְחִלּוּץ שִׁבְרֵי תְּאוּנָה וְכַד׳)

Wren /ren/ n. (*Navy sl.*) חַיֶּלֶת בַּצִּי הַבְּרִיטִי

wren /ren/ n. גִּדְרוֹן (צִפּוֹר שִׁיר קְטַנָּה)

wrench /rentʃ/ n.

1 (sudden twist or pull) עִקּוּם, מְשִׁיכָה פִּתְאֹמִית

2 (pain caused by separation) שִׁבְרוֹן־לֵב; צַעַר פְּרֵדָה

3 (spanner) מַפְתֵּחַ־בְּרָגִים; מַפְתֵּחַ־צִנּוֹרוֹת, מַפְתֵּחַ־שְׁוֶדִי, מַפְתֵּחַ מִתְכַּוְנֵן

—v.t.

1 (twist or pull violently) עִקֵּם/מָשַׁךְ בְּפִתְאֹמִיּוּת וּבְחָזְקָה

□ *he wrenched himself free* הוּא מָשַׁךְ בְּחָזְקָה וְחִלֵּץ אֶת עַצְמוֹ

□ *she wrenched the box open* הִיא פָּרְצָה אֶת הָאַרְגָּז בִּמְשִׁיכָה חֲזָקָה

2 (injure by twisting or pulling) נָקַע

□ *he wrenched his ankle* הוּא נָקַע אֶת קַרְסֻלּוֹ, הוּא עִקֵּם אֶת הָרֶגֶל

wrest /rest/ v.t. (*formal*) לָקַח בְּכֹחַ, הוֹצִיא בְּכֹחַ; עִוֵּת, סִלֵּף

□ *he wrested a living out of the poor soil* הוּא הוֹצִיא אֶת לַחְמוֹ מִן הַקַּרְקַע הַדַּלָּה בְּזֵעַת אַפָּיו

□ *she wrested a confession from him* הִיא הוֹצִיאָה מִמֶּנּוּ הוֹדָאָה; הִיא סָחֲטָה מִמֶּנּוּ וִדּוּי

wrestle /ˈres(ə)l/ v.i הִתְאַבֵּק, נֶאֱבַק

□ *she wrestled with the problem* הִיא הִתְחַבְּטָה בַּבְּעָיָה

wrestler /ˈreslə(r)/ n. מִתְאַבֵּק, מִתְגּוֹשֵׁשׁ

wrestling /ˈreslɪŋ/ n. הֵאָבְקוּת, הִתְגּוֹשְׁשׁוּת

wretch /retʃ/ n.

1 (unfortunate or miserable person) אֻמְלָל, עָלוּב, מִסְכֵּן, מֻכֵּה־גּוֹרָל

2 (contemptible or vile person) מְנֻוָּל

□ *he's a filthy wretch!* הוּא מְנֻוָּל!

3 (rogue, *joc.*) "מַמְזֵר"

□ *cheeky little wretch!* שׁוֹבָב! פֶּרֶא אָדָם שֶׁכָּמוֹךָ!

wretched /ˈretʃɪd/ adj.
1 (very unhappy) אֻמְלָל, מִסְכֵּן, עָלוּב
□ *he felt wretched about his failure* הוּא הִרְגִּישׁ מְדֻכְדָּךְ מְאֹד בִּגְלַל כִּשְׁלוֹנוֹ
□ *she felt wretched with the 'flu* הִיא הִרְגִּישָׁה חוֹלָה בְּשַׁפַּעַת וְאֻמְלָלָה
2 (very bad) מְזֻפָּת, נוֹרָא
□ *what wretched weather!* אֵיזֶה מֶזֶג־אֲוִיר נוֹרָא!
□ *that was a wretched thing to do!* זֶה הָיָה מַעֲשֶׂה מְכֹעָר מְאֹד!
3 (expressing annoyance, *colloq.*) אָרוּר, מְזֻפָּת
□ *that wretched dog keeps on barking!* הַכֶּלֶב הָאָרוּר הַהוּא לֹא מַפְסִיק לִנְבֹּחַ

wretchedly /ˈretʃɪdlɪ/ adv. עַד כְּדֵי גִּחוּךְ; בְּאֹפֶן מַחְפִּיר
□ *his wage is wretchedly small* מַשְׂכֻּרְתּוֹ נְמוּכָה עַד כְּדֵי גִּחוּךְ, מַשְׂכֻּרְתּוֹ נְמוּכָה בְּצוּרָה מַחְפִּירָה

wrick /rɪk/ v.t. (also **rick**) מָתַח (שְׁרִיר, גִּיד), נָקַע
□ *he wricked his back* הוּא מָתַח שְׁרִיר בַּגַּב

wriggle /ˈrɪg(ə)l/ v.t. נִעְנַע, טִלְטֵל
□ *he wriggled his toes in the water* הוּא שִׁכְשֵׁךְ אֶת בְּהוֹנוֹת־רַגְלָיו בַּמַּיִם
—v.i הִתְנַעְנַע, פִּרְפֵּר
□ *the fish wriggled out of my hands* הַדָּג פִּרְפֵּר וְהֶחֱלִיק מִתּוֹךְ יָדַי
□ *she'll manage to wriggle out of it somehow* (*colloq.*) הִיא תִּמְצָא דֶּרֶךְ לְהֵחָלֵץ מִזֶּה אֵיכְשֶׁהוּ
—n. הִתְפַּתְּלוּת, פִּרְפּוּר
□ *with a wriggle he freed himself* הוּא הִשְׁתַּחְרֵר (מִכְּבָלָיו) בְּהִתְפַּתְּלוּת

wring /rɪŋ/ (past & past ppl. **wrung** /rʌŋ/) v.t. סָחַט; לָפַת, פִּתֵּל
□ *she wrung her hands in despair* הִיא פָּכְרָה אֶת יָדֶיהָ בְּיֵאוּשׁ
□ *he wrung my hand* (*fig.*) הוּא לָחַץ אֶת יָדִי בַּחֲמִימוּת
□ *she wrung (out) the clothes* הִיא סָחֲטָה אֶת הַכְּבָסִים
□ *her sad tale wrung my heart* סִפּוּרָהּ הֶעָצוּב שָׁבַר אֶת לִבִּי
□ *they wrung a confession from the prisoner* הֵם סָחֲטוּ הוֹדָאָה מִפִּי הֶעָצִיר
□ *if I ever catch him I'll wring his neck* (*fig.*) אִם אֲנִי אֶתְפֹּס אוֹתוֹ אֲנִי אֶחֱנֹק אוֹתוֹ
—n. סְחִיטָה
□ *give the clothes another wring!* תֵּן לַבְּגָדִים עוֹד סְחִיטָה!

wringer /ˈrɪŋə(r)/ n. מַעֲגִילָה (מַכְשִׁיר לִסְחִיטַת כְּבָסִים)

wringing /ˈrɪŋɪŋ/ adj. רָטֹב לְגַמְרֵי
□ *their clothes were wringing* בִּגְדֵיהֶם הָיוּ סְפוּגֵי־מַיִם, בִּגְדֵיהֶם נָטְפוּ מַיִם
□ *the children came back home wringing wet* הַיְלָדִים חָזְרוּ הַבַּיְתָה רְטֻבִּים עַד לְשַׁד עַצְמוֹתֵיהֶם

wrinkle /ˈrɪŋk(ə)l/ n.
1 (crease, furrow) קֶמֶט (בְּעוֹר); קֶפֶל (בְּאָרִיג)
2 (useful tip, *colloq.*) רֶמֶז מוֹעִיל, עֵצָה טוֹבָה, "סוֹד"
—v.t. & i. קִמֵּט; הִתְקַמֵּט
□ *your sweater is wrinkled up, pull it down!* הַסְּוֶדֶר שֶׁלְּךָ הִתְקַפֵּל לְמַעְלָה, תִּמְשֹׁךְ אוֹתוֹ לְמַטָּה
□ *he's a wrinkled old man of 90* הוּא זָקֵן קְמוּט־פָּנִים בֶּן 90

wrist /rɪst/ n. פֶּרֶק כַּף־הַיָּד, רְצוּעָה (שֶׁל שָׁעוֹן)

wrist-band /ˈrɪst-bænd/ n. חֵפֶת הַשַּׁרְווּל; רְצוּעָה (שֶׁל שָׁעוֹן)

wristlet /ˈrɪstlɪt/ n. רְצוּעַת מַתֶּכֶת (לְשָׁעוֹן); רְצוּעָה (לְהִדּוּק כְּפָפָה לְפֶרֶק־הַיָּד)

wrist-watch /ˈrɪst-wɒtʃ/ n. שְׁעוֹן־יָד

writ[1] /rɪt/ n.
1 (written command issued in the name of an authority, *Law*) כְּתַב פְּקֻדָּה, צַו כָּתוּב
□ *he took out a writ against them* הוּא הוֹצִיא נֶגְדָּם צַו (שֶׁל בֵּית־דִּין)
□ *she served a writ of subpoena on him* הִיא הוֹצִיאָה עָלָיו צַו־זִמּוּן לְבֵית הַמִּשְׁפָּט
2 (something written, *arch.*) כְּתָב, תְּעוּדָה
Holy Writ כִּתְבֵי־הַקֹּדֶשׁ (הַתַּנַ"ךְ וְהַבְּרִית הַחֲדָשָׁה)

write /raɪt/ (past **wrote** /rəʊt/, past ppl. **written** /ˈrɪt(ə)n/) v.t. כָּתַב, רָשַׁם
□ *disappointment was written large on her face* (*fig.*) הָאַכְזָבָה נֶחְרְטָה הֵיטֵב עַל פָּנֶיהָ
□ *he wrote down my address* הוּא רָשַׁם אֶת הַכְּתֹבֶת שֶׁלִּי
□ *I wrote him down as a fool* (*fig.*) הֶחְלַטְתִּי שֶׁהוּא שׁוֹטֶה
□ *the shares were written down to nil* הַמְּנָיוֹת אִבְּדוּ אֶת עֶרְכָּן לַחֲלוּטִין
□ *the company wrote off the operation as a total loss* הַחֶבְרָה רָשְׁמָה אֶת הַמִּבְצָע כְּהֶפְסֵד גָּמוּר
□ *the boat was completely written off* הַסְּפִינָה הָעֳרְכָה כַּאֲבוּדָה לַחֲלוּטִין
□ *he wrote out a cheque for me* הוּא רָשַׁם לְמַעֲנִי שֵׁק
□ *write your name out in full* רְשֹׁם אֶת שִׁמְךָ בִּמְלוֹאוֹ
□ *I write up my diary every night* כָּל עֶרֶב אֲנִי רוֹשֵׁם בְּיוֹמָן שֶׁלִּי אֶת אֵרוּעֵי־הַיּוֹם
□ *the critics wrote up the new play* הַמְּבַקְּרִים כָּתְבוּ עַל הַמַּחֲזֶה הֶחָדָשׁ
—v.i. כָּתַב
□ *he can read and write* הוּא יוֹדֵעַ קְרֹא וּכְתֹב
□ *she writes for a living* הִיא חָיָה מִכְּתִיבָה, הִיא מִתְפַּרְנֶסֶת מִכְּתִיבָה
□ *he writes home every week* הוּא כּוֹתֵב הַבַּיְתָה כָּל שָׁבוּעַ

□ *my room is nothing to write home about* (*colloq.*) הַחֶדֶר שֶׁלִּי הוּא לֹא מַשֶּׁהוּ מְיֻחָד, הַחֶדֶר שֶׁלִּי הוּא לֹא מִי־יוֹדֵעַ־מָה

□ *she wrote in* (or *off*) *for a catalogue* הִיא שָׁלְחָה בַּקָּשָׁה לְקַבֵּל קָטָלוֹג

write-off /ˈraɪt-ɒf/ n. אָבְדָן מֻחְלָט (בְּבִטּוּחַ)

□ *his car was a write-off after the accident* אַחֲרֵי הַתְּאוּנָה נִרְשְׁמָה הַמְּכוֹנִית שֶׁלּוֹ כְּאָבְדָן גָּמוּר

writer /ˈraɪtə(r)/ n. סוֹפֵר, מְחַבֵּר

writer's cramp עֲוִית סוֹפְרִים (הִתְכַּוְּצוּת שְׁרִירֵי כַּף הַיָּד מֵרֹב כְּתִיבָה)

write-up /ˈraɪt-ʌp/ n. (*colloq.*) רְשִׁימַת־בִּקֹּרֶת

writhe /raɪð/ v.i. הִתְפַּתֵּל (מִכְּאֵב וְכַד׳)

□ *he writhed under the insult* (*formal*) הוּא נִפְגַּע עֲמֻקּוֹת מִן הָעֶלְבּוֹן

writing /ˈraɪtɪŋ/ n. כְּתִיבָה; כְּתָב

the writing on the wall (*fig.*) הַכְּתֹבֶת עַל הַקִּיר (הַסִּימָן הַמְּעִיד עַל הֶעָתִיד)

□ *he enjoys reading and writing* הוּא נֶהֱנֶה לִקְרֹא וְלִכְתֹּב

□ *his writing is appalling* יֵשׁ לוֹ כְּתַב־יָד אָיֹם וְנוֹרָא (בִּלְתִּי־קָרִיא); אִי אֶפְשָׁר לִקְרֹא אֶת מָה שֶׁהוּא כּוֹתֵב (בִּגְלַל הַסִּגְנוֹן, הַתֹּכֶן וְכַד׳)

□ *please may I have that in writing?* הַאִם אֲנִי יָכוֹל בְּבַקָּשָׁה לְקַבֵּל זֹאת בִּכְתָב?

□ *we need evidence in writing* אֲנַחְנוּ זְקוּקִים לְעֵדוּת בִּכְתָב

□ *not all his writings are inspired* לֹא כָּל חִבּוּרָיו נִכְתְּבוּ מִתּוֹךְ הַשְׁרָאָה

writing-desk /ˈraɪtɪŋ-desk/ n. שֻׁלְחַן־כְּתִיבָה (עִם מְגֵרוֹת)

writing-pad /ˈraɪtɪŋ-pæd/ n. בְּלוֹק לְמִכְתָּבִים, דַּפְדֶּפֶת

writing-paper /ˈraɪtɪŋ-peɪpə(r)/ n. נְיַר־כְּתִיבָה

written /ˈrɪt(ə)n/ past ppl. *of* **write**

wrong /rɒŋ/ adj.

1 (mistaken, not true or correct) לֹא נָכוֹן, מֻטְעֶה, שָׁגוּי

□ *you're barking up the wrong tree* (*colloq.*) "טָעִיתָ בַּכְּתֹבֶת"

□ *you've got hold of the wrong end of the stick* (*colloq.*) לֹא הֵבַנְתָּ לְגַמְרֵי, הֶחְמַצְתָּ לְגַמְרֵי אֶת הַכַּוָּנָה, הָפַכְתָּ אֶת הַיּוֹצְרוֹת

□ *how wrong can you get* (or *be*)! כַּמָּה שֶׁאֶפְשָׁר לִטְעוֹת!

□ *sorry, wrong number!* סְלִיחָה, טָעוּת בְּמִסְפָּר! (בַּטֶּלֶפוֹן)

2 (not morally right) לֹא־צוֹדֵק, לֹא־נָכוֹן (מוּסָרִית)

□ *he's a wrong'un* (*sl.*) הוּא רַמַּאי

3 (not appropriate) לֹא מַתְאִים

□ *I'm the wrong side of 40* גִּיל אַרְבָּעִים כְּבָר מֵאֲחוֹרַי

□ *you've got the wrong kind of plug* הַתֶּקַע שֶׁלְּךָ לֹא מַתְאִים

□ *some crumbs went down the wrong way* (*colloq.*) פֵּסַת לֶחֶם נִתְקְעָה בַּגָּרוֹן

□ *what's wrong?* מָה הַבְּעָיָה? מָה קָרָה? מָה לֹא־בְּסֵדֶר?

□ *there's something wrong with my watch* מַשֶּׁהוּ לֹא בְּסֵדֶר בַּשָּׁעוֹן שֶׁלִּי

□ *he must be wrong in the head to suggest that* (*colloq.*) יֵשׁ לוֹ מַשֶּׁהוּ לֹא בְּסֵדֶר בָּרֹאשׁ אִם זֶה מָה שֶׁהוּא מַצִּיעַ

□ *he was born on the wrong side of the blanket* (*euphem.*) הוּא נוֹלַד מִחוּץ לַנִּשּׂוּאִין

□ *he got off on the wrong foot* (*fig.*) הוּא הִתְחִיל בְּרֶגֶל שְׂמֹאל

—adv. לֹא נָכוֹן; לֹא בְּסֵדֶר

□ *you guessed wrong* לֹא נִחַשְׁתָּ, נִחַשְׁתָּ לֹא נָכוֹן

□ *you did wrong to refuse* טָעִיתָ כְּשֶׁסֵּרַבְתָּ

□ *you've got it all wrong* בִּלְבַּלְתָּ הַכֹּל, הִתְבַּלְבַּלְתָּ לְגַמְרֵי, לֹא הֵבַנְתָּ שׁוּם דָּבָר

□ *don't get me wrong!* (*colloq.*) אַל תָּבִין אוֹתִי לֹא נָכוֹן!

□ *you can't go wrong with these books* עִם הַסְּפָרִים הָאֵלֶּה אַתָּה לֹא יָכוֹל לִטְעוֹת

□ *everything went wrong yesterday* שׁוּם דָּבָר לֹא הָלַךְ אֶתְמוֹל

□ *you've spelt my name wrong* כָּתַבְתָּ אֶת שְׁמִי לֹא נָכוֹן

—n. אִי־צֶדֶק, עָוֶל

□ *two wrongs don't make a right* (*Prov.*) אֵין מְתַקְּנִים עָוֶל בְּעָוֶל

□ *he did us a great wrong* (*formal*) הוּא עָשָׂה לָנוּ עָוֶל גָּדוֹל

□ *she can do no wrong in his eyes* בְּעֵינָיו הִיא טַלִּית שֶׁכֻּלָּהּ תְּכֵלֶת

□ *he won't admit he's in the wrong* הוּא לֹא יוֹדֶה שֶׁטָּעָה

□ *he never fails to right a wrong* (*formal*) הוּא תָּמִיד מַקְפִּיד לְתַקֵּן אֶת הָעָוֶל

—v.t. עָשָׂה עָוֶל לְ..., נָהַג לֹא בְּצֶדֶק עִם

wrongdoer /ˈrɒŋduːə(r)/ n. עוֹשֵׂה עָוֶל

wrongdoing /ˈrɒŋduːɪŋ/ n. מַעֲשֵׂה עָוֶל, עֲשִׂיַּת עָוֶל, עַוְלָה

wrongful /ˈrɒŋf(ə)l/ adj. לֹא־צוֹדֵק; (מַאֲסָר) עַל לֹא עָוֶל

wrongful dismissal פִּטּוּרִים לֹא־צוֹדְקִים

wrong-headed /ˌrɒŋ-ˈhedɪd/ adj. קְשֵׁה־עֹרֶף, סַרְבָן, עַקְשָׁן

wrongly /ˈrɒŋlɪ/ adv. בְּאֹפֶן לֹא־נָכוֹן, לֹא־בְּצֶדֶק

□ *you were wrongly informed* הַיְּדִיעוֹת שֶׁנִּמְסְרוּ לְךָ אֵינָן נְכוֹנוֹת

wrote /rəʊt/ past of **write**

wrought /rɔ:t/ past & past ppl. of **wreak**
□ *great destruction was wrought by the floods* הַשִּׁטְפוֹנוֹת הֵמִיטוּ חֻרְבָּן גָּדוֹל

wrought iron /ˌrɔ:t ˈaɪən/ n. בַּרְזֶל מְחֻשָּׁל

wrung /rʌŋ/ past & past ppl. of **wring**

wry /raɪ/ adj. (חִיּוּךְ וְכַד') מָרִיר, מְעֻקָּם מְעֻוָּת
□ *he pulled a wry face* הַבָּעָה מְרִירָה עָלְתָה עַל פָּנָיו; הוּא עִוָּה אֶת פָּנָיו
□ *she managed a wry smile* הִיא הִצְלִיחָה לְהַעֲלוֹת חִיּוּךְ רָפֶה וּמַר
□ *she gave a wry shrug of her shoulders* הִיא מָשְׁכָה בִּכְתֵפֶיהָ בִּמְרִירוּת

wryly /ˈraɪlɪ/ adv. בְּאִירוֹנְיָה (מְרִירָה)

X x

X, x /eks/ n. (*pl.* **X's**, **x's** /ˈeksɪz/)
1 (letter) "אִיקְס", (הָאוֹת הָעֶשְׂרִים וְאַרְבַּע בָּאָלֶפְבֵּית הָאַנְגְּלִי)
2 (sign) סִימָן "אִיקְס"
□ *people who cannot write sign with an "X"* אֲנָשִׁים שֶׁאֵינָם יוֹדְעִים לִכְתֹּב חוֹתְמִים בְּסִימָן "X"
3 (Roman numeral, =10) X (הַסִּפְרָה הָרוֹמִית עֶשֶׂר)
4 (*Math.*) *x*, "אִיקְס" (הַנֶּעְלָם בְּמִשְׁוָאָה מָתֵמָטִית)
5 (unknown person) פְּלוֹנִי, אַלְמוֹנִי, מַר־x
6 (sign for kisses at end of letter) סִימָן בְּסוֹף מִכְתָּב לִנְשִׁיקוֹת (xxx)

xenophobia /ˈzenəfəʊbɪə/ n. קְסֶנוֹפוֹבְּיָה, שִׂנְאַת־זָרִים

xenophobic /ˌzenəˈfəʊbɪc/ adj. קְסֶנוֹפוֹבִּי, שׂוֹנֵא־זָרִים, שֶׁל שִׂנְאַת זָרִים

Xerox /ˈzɪərɒks/ n. (*Prop.*)
1 (photocopy) "זִירוֹקְס", הֶעְתֵּק מְצֻלָּם, צִלּוּם
2 (photocopying machine) מְכוֹנַת־צִלּוּם, מְכוֹנַת "זִירוֹקְס"
—v.t. צִלֵּם בִּמְכוֹנַת "זִירוֹקְס", צִלֵּם (מִסְמָךְ)

Xmas /ˈkrɪsməs, eksmas/ n. (*colloq.*) קְרִיסְמַס, חַג־הַמּוֹלָד

x-ray /ˈeks-reɪ/ n. & v.t. קַרְנֵי־רֶנְטְגֶן; צִלֵּם/טִפֵּל בְּקַרְנֵי רֶנְטְגֶן

xylophone /ˈzaɪləfəʊn/ n. קְסִילוֹפוֹן

Y y

Y, y /waɪ/ n. (*pl.* **Y's, y's** /waɪz/)
1 (letter) "וָוִי", (הָאוֹת הָעֶשְׂרִים וְחָמֵשׁ בָּאָלֶפְבֵּית הָאַנְגְּלִי)
2 (*Math.*) Y (הַנֶּעְלָם הַשֵּׁנִי בְּמִשְׁוָאָה מָתֶמָטִית)

yacht /jɒt/ n. יַכְטָה, סְפִינַת־טִיּוּלִים
—v.i. שָׁט בְּיַכְטָה

yachting /jɒtɪŋ/ n. שַׁיִט בְּיַכְטוֹת
□ *she is famous in yachting circles* הִיא מְפֻרְסֶמֶת בְּחוּגִים שֶׁל שַׁיָּטֵי יַכְטוֹת
□ *it is not a yachting coast* זֶה לֹא חוֹף מַתְאִים לְשַׁיִט בְּיַכְטוֹת

yachtsman /jɒtsmən/ n. שַׁיָּט בְּיַכְטָה

yack /jæk/ v.i. (*colloq. derog.*) "קִשְׁקֵשׁ", בִּרְבֵּר

yahoo /jɑːhuː/ n. (*derog.*) חוּלִיגָן

yak /jæk/ n. יָק (מֵעֵין תְּאוֹ טִיבֶּטִי)

yam /jæm/ n. בָּטָטָה (מֵעֵין תַּפּוּחַ־אֲדָמָה); טָמוּס (צֶמַח טְרוֹפִּי מְטַפֵּס וּבַעַל פְּקָעוֹת הַמְּשַׁמְּשׁוֹת לְמַאֲכָל)

yammer /jæmə(r)/ v.i. (*colloq. derog.*) "קִטֵּר", "בָּכָה"; צָרַח, יִלֵּל

yang /jæŋ/ n. יַנְג (הָעִקָּרוֹן הַגַּבְרִי הַקּוֹסְמִי בְּפִילוֹסוֹפְיָה סִינִית)

Yank /jæŋk/ n. (*UK colloq.*) יֶנְקִי (אָדָם אֲמֵרִיקָאִי)

yank /jæŋk/ v.t. & i. (*colloq.*) מָשַׁךְ, נָתַן מְשִׁיכָה בְּ.../לְ...
—n. מְשִׁיכָה פִּתְאוֹמִית

Yankee /jæŋkɪ/ n. (*colloq.*) יֶנְקִי (אָדָם אֲמֵרִיקָאִי)

yap /jæp/ n. & v.i. נְבִיחָה קְטַנָּה וְצוֹרֶמֶת (שֶׁל כֶּלֶב קָטָן, לְמָשָׁל פְּקִינֶזִי), יְבָבָה; (בְּהַשְׁאָלָה) "קִשְׁקֵשׁ", "נִדְנֵד"

yard¹ /jɑːd/ n. חָצֵר
back yard חָצֵר אֲחוֹרִית
goods yard חָצֵר לְאִחְסוּן סְחוֹרוֹת (שֶׁל בֵּית מִסְחָר גָּדוֹל)
Scotland Yard (or **the Yard** (*colloq.*)) סְקוֹטְלַנְד יַרְד (מַטֵּה הַמִּשְׁטָרָה הַבְּרִיטִית בְּלוֹנְדוֹן)
timber yard מַחְסַן עֵצִים (פָּתוּחַ אוֹ מְקֹרֶה, לִמְכִירַת קְרָשִׁים וְכַד׳)

yard² /jɑːd/ n.
1 (measure) יַרְד
2 (*Naut.*) אִסְקַרְיָה (מוֹט אָפְקִי שֶׁמִּמֶּנּוּ תּוֹלִים מִפְרָשׂ מְרֻבָּע)

yardage /jɑːdɪdʒ/ n. גֹּדֶל בְּיַרְדִּים (אֹרֶךְ, רֹחַב, שֶׁטַח)

yardstick /jɑːdstɪk/ n. קְרִיטֶרְיוֹן, אַמַּת מִדָּה
□ *wealth is not the only yardstick of success* הָעשֶׁר אֵינוֹ הַקְּרִיטֶרְיוֹן הַיָּחִיד לְהַצְלָחָה

yarn /jɑːn/ n.
1 (spun thread) חוּט־צֶמֶר
2 (story, gossip, *colloq.*) "סִפּוּר" (מַעֲשִׂיָּה)
□ *he spins a good yarn* הוּא מְסַפֵּר סִפּוּרִים לֹא רָעִים
—v.i. (*colloq.*) סִפֵּר סִפּוּרִים

yashmak /jæʃmæk/ n. רְעָלָה, כִּסּוּי־פָּנִים (לְאִשָּׁה מֻסְלְמִית)

yaw /jɔː/ n. & v.i. סְטִיָּה, פְּנִיָּה (לִשְׂמֹאל אוֹ לְיָמִין, עַל צִיר הָאֹרֶךְ שֶׁל מָטוֹס וְכַד׳); סָטָה, פָּנָה (כַּנַּ"ל)

yawl /jɔːl/ n. סִירַת מִפְרָשׂ בַּעֲלַת שְׁנֵי מִפְרָשִׂים אוֹ יוֹתֵר

yawn /jɔːn/ v.i. פִּהֵק
□ *a yawning chasm lay before us* תְּהוֹם פְּעוּרָה רָבְצָה לְמוּלֵנוּ
—v.t. פִּהֵק
□ *she yawned her head off* הִיא פִּהֲקָה בְּלִי סוֹף; הִיא פִּהֲקָה פִּהוּק עֲנָק
—n. פִּהוּק
□ *he stifled a yawn* הוּא נִסָּה לְהַסְתִּיר פִּהוּק
□ *his lectures are one big yawn* (*colloq.*) הַהַרְצָאוֹת שֶׁלּוֹ זֶה שִׁעֲמוּם אֶחָד גָּדוֹל

ye /jiː/ pron. (*arch.*) אַתֶּם
□ *ye gods!* חֲזִיז וָרַעַם! שֹׁד וָשֶׁבֶר! ("הוֹי אַתֶּם הָאֵלִים!")

yea /jeɪ/ int. (*arch.*) אָכֵן, אָמְנָם כָּךְ
—n. "כֵּן" (בְּהַצְבָּעָה)
□ *he would say neither yea nor nay* (*arch.* or *joc.*) הוּא סֵרֵב לְהַבִּיעַ הַסְכָּמָה אוֹ הִתְנַגְּדוּת, הוּא לֹא אָמַר דָּבָר

yeah /jeə/ int. (*colloq.*) כֵּן

year /jɪə(r)/ n.
1 (period of earth's revolution round the sun) שָׁנָה
donkey's years (*colloq.*) "שָׁנִים", "עִדָּנִים"
Happy New Year! שָׁנָה טוֹבָה!
□ *year in, year out* שָׁנָה אַחֲרֵי שָׁנָה (לְלֹא הַפְסָקָה)
□ *they have snow all* (or *all the*) *year round* יֵשׁ לָהֶם שֶׁלֶג כָּל הַשָּׁנָה
□ *we don't see them from one year's end to another* אֲנַחְנוּ רוֹאִים אוֹתָם רַק לְעִתִּים רְחוֹקוֹת מְאֹד
□ *I've been waiting for you for years* (*fig.*) אֲנִי מְחַכֶּה לְךָ כְּבָר "שָׁנִים"
□ *in the year of grace* (or *of our Lord*) *1801* (*formal*) בִּשְׁנַת 1801 לְסְפִירַת הַנּוֹצְרִים
□ *we've done it this way from the year dot* (*UK colloq.*) כָּכָה אֲנַחְנוּ עוֹשִׂים אֶת זֶה מִימֵי מְתוּשֶׁלַח

□ *it may have taken five years off her, but it's put ten years on him* אוּלַי זֶה הוֹסִיף לָהּ חָמֵשׁ שְׁנוֹת-חַיִּים אֲבָל קִצֵּר אֶת חַיָּיו בְּעֶשֶׂר

□ *she worked at her book for years together* הִיא עָבְדָה עַל הַסֵּפֶר שֶׁלָּהּ שָׁנִים עַל שָׁנִים

□ *we will have been married a year come next March* בְּמֶרֶס הַבָּא תִּמָּלֵא שָׁנָה לַחֲתֻנָּה שֶׁלָּנוּ

2 (period of activity within 12 months) שָׁנָה

the academic year הַשָּׁנָה הָאֲקָדֶמִית (לָרֹב כ״ט חֳדָשִׁים)

the financial year שְׁנַת-הַכְּסָפִים

3 (age of things or people) שָׁנָה

□ *she is five years old* הִיא בַּת חָמֵשׁ

□ *he looks old for his years* הוּא נִרְאֶה מְבֻגָּר לְגִילוֹ

□ *he's well on in years* הוּא כְּבָר בְּגִיל מִתְקַדֵּם לְמַדַּי

4 (group of pupils or students) מַחֲזוֹר (שֶׁל תַּלְמִידִים בְּמוֹסָד חִנּוּכִי וְכַד׳)

□ *she was in my year at school* הִיא הָיְתָה בַּמַּחֲזוֹר שֶׁלִּי בְּבֵית-הַסֵּפֶר

year-book /ˈjɪə-bʊk/ n. סֵפֶר-שָׁנָה; שְׁנָתוֹן (דּוּ״חַ שְׁנָתִי)

yearling /ˈjɪəlɪŋ/ n. סוּס בֶּן-שָׁנָה (לִמְרוֹצִים)

year-long /ˈjɪə-lɒŋ/ adj. שֶׁאָרְכּוֹ שָׁנָה; לְכָל אֹרֶךְ הַשָּׁנָה

yearly /ˈjɪəlɪ/ adj. & adv. שְׁנָתִי; פַּעַם בְּשָׁנָה

yearn /jɜːn/ v.i. (*formal*) כָּמַהּ לְ..., עָרַג לְ..., נִכְסַף לְ...

□ *he yearned for his home* הוּא כָּמַהּ לָשׁוּב לְבֵיתוֹ

□ *they yearned to travel* הֵם כָּמְהוּ לָצֵאת לְמַסָּעוֹת

yearning /ˈjɜːnɪŋ/ n. גַּעֲגוּעִים, עֶרְגָּה, כִּסּוּפִים

yeast /jiːst/ n. שְׁמָרִים

yeasty /ˈjiːstɪ/ adj. בַּעַל טַעַם/רֵיחַ שֶׁל שְׁמָרִים

yell /jel/ v.i. צָרַח, צָעַק

□ *don't yell – I can hear you!* אַל תִּצְרַח, אֲנִי שׁוֹמֵעַ אוֹתְךָ (טוֹב מְאֹד)!

□ *he yelled out with pain* הוּא צָרַח בִּכְאֵב

—v.t. צָרַח, צָעַק

□ *he yelled out the orders* הוּא צָרַח אֶת הַפְּקֻדּוֹת

□ *'Stop!', she yelled* ״עֲצֹר״, הִיא צָרְחָה

—n. צְרָחָה, צְעָקָה

yellow /ˈjeləʊ/ n. & adj. צֶבַע צָהֹב; צָהֹב

□ *there's a yellow streak in him* (*sl. derog.*) הוּא נוֹטֶה לְפַחְדָנוּת

—v.t. & i. הִצְהִיב (נְיָר וְכַד׳)

yellow-bellied /ˈjeləʊ-belɪd/ adj. (*sl. derog.*) ״שָׁפָן״, פַּחְדָן

yellow fever /ˌjeləʊ ˈfiːvə(r)/ n. צַהֶבֶת

yellowish /ˈjeləʊɪʃ/ adj. צְהַבְהַב

Yellow Pages /ˌjeləʊ ˈpeɪdʒɪz/ n. pl. (*Prop.*) דַּפֵּי-זָהָב (מַדְרִיךְ טֶלֶפוֹן עִסְקִי)

yelp /jelp/ v.i. & n. הִשְׁמִיעַ יְבָבָה (שֶׁל כְּאֵב אוֹ הִתְרַגְּשׁוּת); יְבָבָה (כַּנַּ״ל)

yen[1] /jen/ n. יֶן

yen[2] /jen/ n. (*colloq.*) חֵשֶׁק (לְדָבָר מָה)

□ *I have a yen for an ice-cream* מִתְחַשֵּׁק לִי גְּלִידָה

yeoman /ˈjəʊmən/ n. עוֹבֵד-אֲדָמָה

yeomanry /ˈjəʊmənrɪ/ n. מַעֲמַד הָאִכָּרִים וְעוֹבְדֵי-הָאֲדָמָה

yes /jes/ particle כֵּן

□ *yes, indeed!* כֵּן בְּהֶחְלֵט!

□ *yes, yes, I do know* כֵּן, כֵּן, אֲנִי יוֹדֵעַ (לְהַבָּעַת חֹסֶר סַבְלָנוּת)

□ *oh yes, I do know* כֵּן, כֵּן, אֲנִי יוֹדֵעַ (לְהַבָּעַת וַדָּאוּת)

□ *do you agree? – Well, yes and no* אַתָּה מַסְכִּים? ...כֵּן וָלֹא

—n. כֵּן, תְּשׁוּבַת ״כֵּן״, תְּשׁוּבָה חִיּוּבִית

□ *give me a plain yes or no!* תַּעֲנֶה לִי פָּשׁוּט, כֵּן אוֹ לֹא

yes-man /ˈjes-mæn/ n. (*derog.*) אוֹמֵר-הֵן (אָדָם הַמַּסְכִּים תָּמִיד, ״לַקְקָן״)

yesterday /ˈjestədɪ/ n. & adv. אֶתְמוֹל

□ *I saw her the day before yesterday* רָאִיתִי אוֹתָהּ לִפְנֵי יוֹמַיִם

□ *yesterday's newspaper* הָעִתּוֹן שֶׁל אֶתְמוֹל

□ *he came yesterday evening* הוּא בָּא אֶתְמוֹל בָּעֶרֶב

□ *she left yesterday week* הִיא עָזְבָה אֶתְמוֹל לִפְנֵי שָׁבוּעַ

□ *I should have had it yesterday* (*fig.*) זֶה כְּבָר הָיָה צָרִיךְ לִהְיוֹת אֶצְלִי אֶתְמוֹל (לְהַבָּעַת דְּחִיפוּת רַבָּה)

□ *school dinners are part of all our yesterdays* אֲרוּחוֹת בְּבֵית-הַסֵּפֶר הֵם חֵלֶק מִן הַזִּכְרוֹנוֹת שֶׁל כֻּלָּנוּ

□ *he thinks I was born yesterday* הוּא חוֹשֵׁב שֶׁנּוֹלַדְתִּי אֶתְמוֹל, הוּא חוֹשֵׁב שֶׁעָשׂוּ אוֹתִי בְּאֶצְבַּע

yesteryear /ˈjestəjɪə(r)/ n. (*poet.*) אֶשְׁתָּקַד, בַּשָּׁנָה שֶׁחָלְפָה

□ *where are the snows of yesteryear?* אֵיפֹה הַיָּמִים הָהֵם? (נֶאֱמַר בְּנוֹסְטַלְגִּיָּה)

yet /jet/ adv.

1 (up to now, up to then, often with *neg.*) עַד עַכְשָׁו, עַד כֹּה, עֲדַיִן

□ *we haven't done it yet* עֲדַיִן לֹא עָשִׂינוּ אֶת זֶה

□ *they haven't returned as yet* הֵם עֲדַיִן לֹא שָׁבוּ

□ *this is your best effort yet* זֶה הַנִּסָּיוֹן הַטּוֹב בְּיוֹתֵר שֶׁלְּךָ עַד כֹּה

2 (until later, up to that time, with *neg.*) עֲדַיִן

□ *I can't come just yet* אֲנִי לֹא יָכוֹל לָבוֹא בְּרֶגַע זֶה, אֲנִי עֲדַיִן לֹא יָכוֹל לָבוֹא

□ *I needn't go just yet* אֲנִי עוֹד יָכוֹל לְהִשָּׁאֵר קְצָת, אֲנִי עֲדַיִן לֹא מֻכְרָח לָלֶכֶת

3 (even now, still, in addition) עוֹד

yet once more פַּעַם נוֹסֶפֶת

□ *we must act while there is yet time* עָלֵינוּ לִפְעֹל כָּל עוֹד יֵשׁ זְמַן

□ *another arrived and yet another* עוֹד אֶחָד הוֹפִיעַ, וְאַחֲרָיו עוֹד אֶחָד
□ *the best is yet to come* זֶה עוֹד לֹא הַסּוֹף, הַטּוֹב בְּיוֹתֵר עוֹד מְחַכֶּה לָנוּ
□ *I have yet to meet the man who...* עוֹד לֹא פָּגַשְׁתִּי אֶת הָאִישׁ שֶׁ...
□ *I'll be a while yet* זֶה יִקַּח לִי עוֹד קְצָת זְמַן
4 (some day) עוֹד
□ *I'll beat you yet* אֲנִי עוֹד אֲנַצֵּחַ אוֹתְךָ
5 (either, *formal*)
□ *we shall not employ him, nor yet his brother* לֹא נַעֲסִיק אוֹתוֹ וְאַף לֹא אֶת אָחִיו
6 (still, *formal*) עוֹד יוֹתֵר
□ *you must work harder yet* (or *yet harder*) עָלֶיךָ לְהַגְבִּיר אֶת מַאֲמַצֶּיךָ, עָלֶיךָ לַעֲבֹד קָשֶׁה עוֹד יוֹתֵר
—conj. אַךְ, וְאוּלָם
□ *it is strange yet true* זֶה מוּזָר, אַךְ נָכוֹן
□ *he is bad-tempered and yet people like him* הוּא רַגְזָן, אֲבָל בְּכָל זֹאת אֲנָשִׁים מְחַבְּבִים אוֹתוֹ

yeti /jetɪ/ n. "יֶטִי", "אִישׁ־הַשֶּׁלֶג" (מִפְלֶצֶת שֶׁלֶג אַגָּדִית בְּטִיבֶּט)

yew /juː/ n. עֵץ טַקְסוּס

Yid /jɪd/ n. (*racially derog.*) "יְהוּדוֹן"

Yiddish /jɪdɪʃ/ n. & adj. אִידִישׁ; שֶׁל אִידִישׁ

yield /jiːld/ v.t.
1 (produce, furnish) הֵנִיב, הֵבִיא לְ...
□ *such a policy will yield dividends* מְדִינִיּוּת כָּזוֹ תָּנִיב פֵּרוֹת
2 (give up, concede, *formal*) וִתֵּר עַל..., נָסוֹג מִ...
□ *the enemy yielded ground* הָאוֹיֵב נָסוֹג לְאָחוֹר
□ *he yielded up all his secrets* הוּא הִסְגִּיר אֶת כָּל הַסּוֹדוֹת שֶׁלּוֹ
—v.i.
1 (give way, *formal*) וִתֵּר, נָסוֹג, נִכְנַע
□ *he yielded to temptation* הוּא נִכְנַע לַפִּתּוּי
□ *the disease yielded to treatment* הַמַּחֲלָה נָסוֹגָה בְּעִקְבוֹת הַטִּפּוּל
□ *he yielded to nobody in courage* הוּא לֹא נָפַל בְּאֹמֶץ לִבּוֹ מֵאִישׁ
2 (bend, break) נִכְנַע, הִתְכּוֹפֵף, נִשְׁבַּר
□ *they battered at the door until it yielded* הֵם הָלְמוּ בַּדֶּלֶת עַד שֶׁזּוֹ נִפְתְּחָה
3 (give way to traffic, *US*) נָתַן זְכוּת־קְדִימָה (בַּכְּבִישׁ)
—n. תְּנוּבָה, תְּפוּקָה, "פֵּרוֹת" (שֶׁל מַאֲמָץ, עָמָל וְכַד')

yielding /jiːldɪŋ/ adj. גָּמִישׁ (גַּם בְּהַשְׁאָלָה)

yin /jɪn/ n. יִין (הָעִקָּרוֹן הַנָּשִׁי הַקּוֹסְמִי בַּפִילוֹסוֹפְיָה הַסִּינִית)

yob /jɒb/, **yobbo** /jɒbəʊ/ n. (*UK sl. derog.*) חוּלִיגָן שִׁכּוֹר; טִיפּוּס גַּס וְרוֹעֵשׁ

yodel /jəʊdəl/ v.t. & i. שָׁר (מַנְגִּינָה וְכַד') בְּ"יוֹדֶל" (סִגְנוֹן שִׁירָה שְׁוֵיצָרִי עֲמָמִי)
—n. "יוֹדֶל" (סִגְנוֹן שִׁירָה כַּנַּ"ל)

yoga /jəʊgə/ n. יוֹגָה (תּוֹרָה וְתִרְגּוּל־גּוּפָנִי שֶׁמְּקוֹרָם בְּהֹדּוּ)

yoghourt /jɒgət/ n. (also **yoghurt**, **yogurt**) יוֹגוּרְט

yogi /jəʊgɪ/ n. יוֹגִי (קְדוֹשׁ הֹדִּי, מוֹרֶה נַעֲרָץ לְיוֹגָה)

yoke /jəʊk/ n.
1 (for oxen) עֹל (לְצֶמֶד שְׁוָרִים, וְגַם בְּהַשְׁאָלָה)
□ *the people finally threw off the yoke of oppression* (*fig.*) הָעָם הִשְׁלִיךְ מֵעָלָיו לְבַסּוֹף אֶת עֹל הַדִּכּוּי
2 (pair of oxen) צֶמֶד־שְׁוָרִים
3 (for pails) אֵסֶל (מִתְקָן לִנְשִׂיאַת שְׁנֵי דְּלָיִים עַל הַכָּתֵף)
yoke and pails אֵסֶל וּדְלָיִים
4 (of garment) אֻכָּפִית
—v.t. רָתַם (שְׁוָרִים לְעֹל); (בְּהַשְׁאָלָה) כָּבַל
□ *he yoked the oxen to the plough* הוּא רָתַם אֶת הַשְּׁוָרִים לַמַּחֲרֵשָׁה
□ *she is yoked to an unwilling partner* (*fig.*) הִיא כְּבוּלָה לְבֶן זוּג שֶׁלֹּא בִּרְצוֹנוֹ

yokel /jəʊk(ə)l/ n. (*derog.*) "טֶמְבֶּל", "בֶּן־כְּפָר"

yolk /jəʊk/ n. חֶלְמוֹן

yon /jɒn/ adj. & adv. (*arch.*) הַזֶּה, אֲשֶׁר שָׁם

yonder /jɒndə(r)/ adj. & adv. (*arch.*) שָׁמָּה
□ *from yonder house* מִן הַבַּיִת אֲשֶׁר שָׁמָּה
□ *over yonder* שָׁמָּה

yonks /jɒnks/ n. (*UK colloq.*) "שָׁנִים" (זְמַן רַב מְאֹד)
□ *I haven't seen her for yonks!* לֹא רָאִיתִי אוֹתָהּ כְּבָר שָׁנִים

yore /jɔː(r)/ n. (*poet.*) עָבָר, מִשְּׁכְּבָר
in days of yore בְּיָמִים עָבָרוּ

you /juː/ pron.
1 (the person addressed) אַתָּה
2 (anyone) אַתָּה
□ *you never can tell* אִי אֶפְשָׁר לָדַעַת, אַתָּה אַף פַּעַם לֹא יוֹדֵעַ
□ *fresh air does you good* אֲוִיר צַח מוֹעִיל לַבְּרִיאוּת
3 (as exclamation) שֶׁכְּמוֹתְךָ
□ *you idiot!* חֲתִיכַת אִידְיוֹט! אִידְיוֹט שֶׁכְּמוֹתְךָ! יָא אִידְיוֹט!

you'd /juːd/ contr. of **you had**, **you would** (*colloq.*)

you'll /juːl/ contr. of **you shall**, **you will** (*colloq.*)

young /jʌŋ/ adj.
1 (not far advanced in life or development) צָעִיר
young at heart צָעִיר בְּרוּחוֹ
□ *Zimbabwe is a young nation* זִימְבַּבְּוֶה הִיא מְדִינָה צְעִירָה
□ *none of us are getting any younger* אַף אֶחָד מֵאִתָּנוּ לֹא נַעֲשֶׂה צָעִיר יוֹתֵר
□ *he's not as young as he used to be* הוּא לֹא צָעִיר כְּמוֹ פַּעַם
□ *you're only young once* תְּנַצֵּל אֶת הַנְּעוּרִים מַהֵר (לִפְנֵי שֶׁיַּחְלְפוּ)

□ *she's gone to see her young man* (*colloq.*) הִיא יָצְאָה לִפְגֹּשׁ אֶת הֶחָבֵר שֶׁלָּהּ (נֶאֱמָר עַל נַעֲרָה צְעִירָה)
2 (not far advanced in time) "צָעִיר"
□ *the night is young* הַלַּיְלָה עוֹד אָרֹךְ, הַלַּיְלָה עוֹד צָעִיר
3 (as a familiar or condescending form of address) צָעִיר
□ *now look here, my young lady!* רֶגַע אֶחָד, גְּבִרְתִּי הַצְּעִירָה! (נֶאֱמָר בְּכַעַס וּבְטוֹן מְאַיֵּם מְעַט)
□ *I was in front of you, young man* אֲנִי הָיִיתִי לְפָנֶיךָ, אֲדוֹנִי הַצָּעִיר
□ *you young ragamuffin!* נוֹכֵל קָטָן שֶׁכְּמוֹתְךָ! (לְיֶלֶד)
4 (used to distinguish a person from an older member of the same family, *formal*) הַצָּעִיר
the younger Pitt (or **Pitt the younger**) פִּיט הַצָּעִיר (לְהַבְדִּיל מֵאָבִיו)
□ *young Jones looks just like his father* ג'וֹנְס הַצָּעִיר נִרְאֶה בְּדִיּוּק כְּמוֹ אָבִיו
5 (for or relating to young people) צָעִיר
□ *in my younger days I never stayed out all night* בִּימֵי נְעוּרַי אַף פַּעַם לֹא נִשְׁאַרְתִּי כָּל הַלַּיְלָה מִחוּץ לַבַּיִת
□ *those clothes really are too young for her* הִיא מְבֻגֶּרֶת מִכְּדֵי לִלְבֹּשׁ אֶת הַבְּגָדִים הָאֵלֶּה (שֶׁהֵם אָפְנָה לִצְעִירִים בִּלְבַד)
—n. (collect.) הַצְּעִירִים, הַדּוֹר הַצָּעִיר (בְּנֵי־אָדָם); צֶאֱצָאִים, (שֶׁל בַּעַל־חַיִּים)
□ *all animals protect their young* כָּל בַּעֲלֵי־הַחַיִּים מְגוֹנְנִים עַל הַצֶּאֱצָאִים שֶׁלָּהֶם
□ *the fair is popular with young and old alike* צְעִירִים וּזְקֵנִים כְּאֶחָד אוֹהֲבִים אֶת הַיְּרִיד
□ *that antelope is with young* לָאַנְטִילוֹפָּה הַזּוֹ יֵשׁ עֳפָרִים

youngish /jʌŋɪʃ/ adj. דֵּי צָעִיר

youngster /jʌŋstə(r)/ n. צָעִיר

your /jɔː(r)/ poss. adj שֶׁלְּךָ/שֶׁלָּךְ
your good self (*joc.*) אַתָּה עַצְמְךָ
□ *so this is your famous English beer!* אִם כֵּן, זוֹ הַבִּירָה הָאַנְגְּלִית הַמְפֻרְסֶמֶת שֶׁלָּכֶם
□ *this is not your average biscuit* (*colloq.*) זֶה לֹא סְתָם בִּיסְקְוִיט (זֶה בִּיסְקְוִיט מְיֻחָד)

you're /jɔː(r)/ contr. of **you are** (*colloq.*)

yours /jɔːz/ pron. & pred. adj.
1 (of you)
you and yours אַתָּה וּמִשְׁפַּחְתְּךָ
□ *it's no fault of yours* זֶה לֹא אַשְׁמָתְךָ, זֶה לֹא בְּאַשְׁמָתְךָ
□ *that dog of yours barked all night* הַכֶּלֶב (הָאָרוּר) שֶׁלְּךָ נָבַח כָּל הַלַּיְלָה
□ *I have a red car; what's yours?* (*colloq.*) הַמְּכוֹנִית שֶׁלִּי אֲדֻמָּה, מַה שֶּׁלְּךָ?
2 (in letters)
yours שֶׁלְּךָ (בְּסוֹף מִכְתָּב יְדִידוּתִי)
yours faithfully שֶׁלְּךָ בְּנֶאֱמָנוּת (בְּסוֹף מִכְתָּב רִשְׁמִי לְמַעַן שֶׁאֵין מְצַיְּנִים אֶת שְׁמוֹ, לְמָשָׁל "אָדוֹן נִכְבָּד")
yours sincerely בְּכָבוֹד רַב, בִּבְרָכָה (בְּסִיּוּם מִכְתָּב רִשְׁמִי)
yours truly
(yours sincerely, *US*) בְּכָבוֹד רַב
(I myself, *colloq.*) וּמִי אִם לֹא אֲנִי
□ *and who had to pay? Yours truly!* (*colloq.*) וּמִי שִׁלֵּם? אֲנִי כַּמּוּבָן!

yourself /jɔːˈself/ pron. (*pl.* **yourselves** /jɔːˈselvz/) אַתָּה בְּעַצְמְךָ, אוֹתְךָ בְּעַצְמְךָ
do it yourself "עֲשֵׂה־זֹאת־בְּעַצְמְךָ"
□ *just be yourself!* פָּשׁוּט תִּתְנַהֵג בְּאֹפֶן טִבְעִי!
□ *are you yourself again now?* (*colloq.*) אַתָּה מַרְגִּישׁ בְּסֵדֶר עַכְשָׁו?
□ *you will see for yourself* אַתָּה תִּרְאֶה בְּעַצְמְךָ
□ *did you do it all by yourself?* הַאִם עָשִׂיתָ אֶת זֶה בְּעַצְמְךָ?
□ *do you live by yourself?* הַאִם אַתָּה גָּר לְבַד? אַתָּה גָּר לְבַד?
□ *come along or stay here – please yourself!* בּוֹא אִתָּנוּ אוֹ תִּשָּׁאֵר כָּאן – אֵיךְ שֶׁאַתָּה רוֹצֶה
□ *she was muttering something to herself* הִיא מְלַמְלְמָה מַשֶּׁהוּ לְעַצְמָהּ

youth /juːθ/ n.
1 (period of being young) נְעוּרִים
□ *in my youth I often went there* בִּנְעוּרַי בִּקַּרְתִּי שָׁם לְעִתִּים תְּכוּפוֹת
□ *he learnt little in his misspent youth* הוּא לֹא לָמַד הַרְבֵּה בִּימֵי נְעוּרָיו שֶׁבֻּזְבְּזוּ
□ *the movement is still in its youth* (*fig.*) הַתְּנוּעָה עֲדַיִן צְעִירָה
2 (young esp. male person) צָעִיר
□ *gangs of youths roamed the streets* (*derog.*) כְּנֻפְיוֹת שֶׁל צְעִירִים שׁוֹטְטוּ בָּרְחוֹבוֹת
□ *as a youth he showed little promise* בִּנְעוּרָיו הוּא לֹא הִפְגִּין כִּשּׁוּרִים מְיֻחָדִים
3 (young people collectively) הַצְּעִירִים, הַנֹּעַר
youth club מוֹעֲדוֹן־נֹעַר
youth hostel אַכְסַנְיַת־נֹעַר
□ *the youth of today have* (or *has*) *better opportunities* לַנֹּעַר בְּיָמֵינוּ יֵשׁ הִזְדַּמְּנֻיּוֹת טוֹבוֹת יוֹתֵר
4 (state of being young, *formal*) נְעוּרִים
□ *he has youth on his side* הַנְּעוּרִים שֶׁלּוֹ לְטוֹבָתוֹ, הָעֻבְדָּה שֶׁהוּא צָעִיר פּוֹעֶלֶת לְטוֹבָתוֹ, יֵשׁ לוֹ עוֹד הַרְבֵּה זְמַן
□ *her youth gives her an advantage* הַנְּעוּרִים מַעֲנִיקִים לָהּ יִתְרוֹן
□ *youth will have its fling* זֶה טֶבַע הַנְּעוּרִים (שֶׁמִּשְׁתּוֹלְלִים מְעַט בִּתְקוּפָה זוֹ)

youthful /juːθf(ə)l/ adj. מָלֵא נְעוּרִים, צָעִיר

you've /juːv/ contr. of **you have**

yowl /jaʊl/ n. & v.i. יְבָבָה, יְלָלָה (שֶׁל חָתוּל, שֶׁל כֶּלֶב, בְּשֶׁל כְּאֵב אוֹ עַצְבוּת); יִלֵּל יִבֵּב (כִּנַּ"ל)

yo-yo /ˈjəʊ-jəʊ/ n. יוֹ־יוֹ

yucca /ˈjʌkə/ n. יוּקָה (צֶמַח נוֹי צְפוֹן אֲמֶרִיקָאִי)

yucky /ˈjʌkɪ/ adj. (*colloq. derog.*) "אִיכְס", "פוּי"

yule /juːl/ n. (*arch.*) חַג־הַמּוֹלָד

yule-log /ˈjuːl-lɒg/ n. גֶּזַע־עֵץ גָּדוֹל שֶׁשּׂוֹרְפִים בָּאָח בְּחַג־הַמּוֹלָד; עוּגַת חַג־הַמּוֹלָד בְּצוּרַת גֶּזַע עֵץ

yule-tide /ˈjuːl-taɪd/ n. (*arch.*) עֵת חַג־הַמּוֹלָד

yummy /ˈjʌmɪ/ int. & adj. (*colloq.*) "יַם־יַם", "הָם" (טָעִים מְאֹד)

yuppie /ˈjʌpɪ/ n. (*colloq.*) יַאפִּי (צָעִיר בַּעַל־מִקְצוֹעַ, הַכְנָסָה גְּבוֹהָה וְאוֹרַח חַיִּים רַאַוְתָנִי)

Z z

Z, z /zed/ n.

1 (letter) "זֶד" (הָאוֹת הָעֶשְׂרִים וָשֵׁשׁ וְהָאַחֲרוֹנָה בָּאָלֶפְבֵּית הָאַנְגְּלִי)

2 (*Math.*) y, (סֵמֶל לְ"נֶעְלָם" שְׁלִישִׁי אַחֲרֵי x ו־y בְּמִשְׁוָאָה רִבּוּעִית וְכַד')

zany /ˈzeɪnɪ/ adj. "מְטֹרָף", לֵיצָנִי, מַצְחִיק עַד דְּמָעוֹת

zap /zæp/ v.t. (*colloq.*) "חִסֵּל"

zeal /ziːl/ n. (*formal*) מְסִירוּת, הִתְלַהֲבוּת, לַהַט; קַנָּאוּת, פָּנָטִיּוּת

zealot /ˈzelət/ n. (*derog.*) קַנַּאי, אוֹהֵד פָּנָטִי

zealous /ˈzeləs/ adj. (*formal*) נִלְהָב, מָסוּר (בְּלֵב וּבְנֶפֶשׁ); קַנַּאי

zebra /ˈzebrə, ˈziːbrə/ n. זֶבְּרָה

zebra crossing מַעֲבַר־חֲצִיָּה (מְסֻמָּן בְּפַסִּים לְבָנִים וּשְׁחוֹרִים, לְצַיֵּן עֲדִיפוּת מַעֲבָר לְהוֹלְכֵי־רֶגֶל)

zeitgeist /ˈzaɪtgaɪst/ n. רוּחַ־הַזְּמַן, "צַיְטְגַיְסְט"

Zen /zen/ n. תּוֹרַת הַזֶּן

zenith /ˈzenɪθ/ n. זֶנִית; (בְּהַשְׁאָלָה) נְקֻדַּת הַשִּׂיא

□ *he was at the zenith of his power* הוּא הָיָה בְּשִׂיא כֹּחוֹתָיו, הוּא הָיָה בְּפִסְגַּת יְכָלְתּוֹ

zephyr /ˈzefə(r)/ n. (*poet.*) מַשָּׁב (לָרֹב מַעֲרָבִי) קַלִּיל, זֶפִיר, צַפְרִיר

zeppelin /ˈzepəlɪn/ n. (*Hist.*) צֶפֶּלִין (סְפִינַת־אֲוִיר גְּדוֹלָה)

zero /ˈzɪərəʊ/ n. אֶפֶס

absolute zero הָאֶפֶס הַמֻּחְלָט

zero hour שְׁעַת־הָאֶפֶס

□ *it must be below zero in here* הַקֹּר כָּאן וַדַּאי מִתַּחַת לְאֶפֶס

—v.i.

zero in on הִתְבַּיֵּת עַל..., רִכֵּז אֵשׁ, הִתְרַכֵּז בְּ...

□ *the artillery zeroed in on their target* הָאַרְטִילֶרְיָה רִכְּזָה אֶת הָאֵשׁ בַּמַּטָּרָה

zest /zest/ n.

1 (enthusiasm, gusto) הֲנָאָה, עִנְיָן; "טַעַם"

□ *she has a great zest for life* יֵשׁ לָהּ תַּאֲוָה גְּדוֹלָה לַחַיִּים

□ *he argued with zest* הוּא הִתְוַכֵּחַ בְּלַהַט

□ *the possibility of danger gave zest to the adventure* הָאֶפְשָׁרוּת שֶׁל סִכּוּן הוֹסִיפָה טַעַם לַהַרְפַּתְקָה

2 (orange or lemon peel) קְלִפַּת לִימוֹן/תַּפּוּז מְגֹרֶרֶת

zigzag /ˈzɪgzæg/ adj. & n. זִיגְזַג

—v.i. נָע בְּזִיגְזַג

zilch /zɪltʃ/ n. (*sl.*) "אֶפֶס", "אֶפֶס בְּרִבּוּעַ"

zillion /ˈzɪlɪən/ n. (*colloq.*) "מִילְיוֹנֵי־מִילְיוֹנִים" (מִסְפָּר עָצוּם לְלֹא שִׁעוּר)

zinc /zɪŋk/ n. אָבָץ (יְסוֹד מַתַּכְתִּי לְבַנְבַּן)

zing /zɪŋ/ n. (*colloq.*) "פִּלְפֵּל", "טַעַם"

zinnia /ˈzɪnɪə/ n. צִינְיָה (פֶּרַח צִבְעוֹנִי קָטָן)

Zion /ˈzaɪən/ n. צִיּוֹן; הַר־צִיּוֹן; יְרוּשָׁלַיִם־שֶׁל־מַעְלָה

Zionism /ˈzaɪənɪzəm/ n. צִיּוֹנוּת

Zionist /ˈzaɪənɪst/ n. & adj. צִיּוֹנִי

zip /zɪp/ n.

1 (fastener, *UK*) רוֹכְסָן, רִיץ'־רָץ'

2 (speed, energy, *colloq.*) מֶרֶץ, תְּנוּפָה

□ *he hasn't much zip these days* אֵין לוֹ הַרְבֵּה מֶרֶץ כָּעֵת

—v.t. & i.

1 (fasten with zip) פָּתַח/סָגַר בְּרוֹכְסָן

□ *zip up your flies!* תִּסְגֹּר אֶת הַ"חֲנוּת" שֶׁלְּךָ!

2 (act with speed) "רָץ", "טָס"

□ *we can zip through this in a couple of minutes* אֲנַחְנוּ יְכוֹלִים לִגְמֹר עִם כָּל זֶה תּוֹךְ כַּמָּה דַּקּוֹת

zip code /ˈzɪp kəʊd/ n. (*US*) מִקּוּד

zip-fastener /ˌzɪp-ˈfɑːs(ə)nə(r)/ n. (*UK*) רוֹכְסָן, רִיץ'־רָץ'

zipper /ˈzɪpə(r)/ n. (*US*) רוֹכְסָן, רִיץ'־רָץ'

zither /ˈzɪðə(r)/ n. סוּג שֶׁל כְּלִי־מֵיתָר

zodiac /ˈzəʊdɪæk/ n. גַּלְגַּל־הַמַּזָּלוֹת

signs of the zodiac הַמַּזָּלוֹת (שֶׁבְּגַלְגַּל־הַמַּזָּלוֹת)

zombie /ˈzɒmbɪ/ n. (*colloq.*) "סַהֲרוּרִי", "רוֹבּוֹט" (אָדָם עָיֵף וּמְטֻשְׁטָשׁ); מֵת־חַי

zonal /ˈzəʊn(ə)l/ adj. אֲזוֹרִי, הַמְחֻלָּק לַאֲזוֹרִים

zone /zəʊn/ n.

1 (area of special purpose) אֵזוֹר, שֶׁטַח

danger zone אֵזוֹר־סַכָּנָה

demilitarized zone אֵזוֹר־מְפֹרָז

no-parking zone אֵזוֹר לְלֹא־חֲנִיָּה

smokeless zone אֵזוֹר שֶׁבּוֹ הַהַסָּקָה בְּפֶחָם/בִּבוּלֵי־עֵץ אֲסוּרָה

2 (band of different colour, texture, etc.) אֵזוֹר

3 (*Geog.*) אֵזוֹר, (אֶחָד מֵחֲמֵשֶׁת אֲזוֹרֵי מֶזֶג הָאֲוִיר עַל כַּדּוּר־הָאָרֶץ)

temperate zone הָאֵזוֹר הַמְּמֻזָּג

—v.t. תָּחַם, חִלֵּק לַאֲזוֹרִים (לְמַטָּרָה מְסֻיֶּמֶת)

□ *this area is zoned for development* אֵזוֹר זֶה תֻּחַם כַּאֲתַר־פִּתּוּחַ

zoo /zuː/ n. (also **zoological gardens**) גַּן־חַיּוֹת

zoological /ˌzəʊəˈlɒdʒɪk(ə)l/ adj. זוֹאוֹלוֹגִי

zoologist /zəʊˈɒlədʒɪst/ n. זוֹאוֹלוֹג

zoology /zəʊˈɒlədʒɪ/ n. זוֹאוֹלוֹגְיָה

zoom /zuːm/ n. זִמְזוּם (מֵכָנִי)

—v.i.

1 (move quickly, *colloq.*) "טָס"

□ *we went zooming off in the wrong direction* יָצָאנוּ בְּ"טִיסָה" בַּכִּוּוּן הַלֹּא־נָכוֹן

2 (increase suddenly, *colloq.*) עָלָה בִּמְהִירוּת מְסַחְרֶרֶת

□ *prices zoomed* הַמְּחִירִים קָפְצוּ, הַמְּחִירִים עָלוּ בִּמְהִירוּת מְסַחְרֶרֶת

3 (*Photog.*) עָשָׂה "זוּם" (הִשְׁתַּמֵּשׁ בַּעֲדֶשֶׁת "זוּם"

zoom in עָשָׂה "זוּם־אִין" (הִתְקָרֵב בְּאֶמְצָעוּת שִׁנּוּי מוֹקֵד הָעֲדָשָׁה)

zoom out עָשָׂה "זוּם־אָאוּט" (הִתְרַחֵק כַּנַּ"ל)

□ *the camera zoomed in on the athlete* הַמַּצְלֵמוֹת הִתְמַקְּדוּ בָּאַתְלֵט

zoom lens /zuːm lenz/ n. עֲדֶשֶׁת "זוּם" (בַּעֲלַת מוֹקֵד מִשְׁתַּנֶּה)

zucchini /zʊˈkiːnɪ/ n. (*US*) קִשּׁוּא

Zulu /ˈzuːluː/ n. & adj. בֶּן שֵׁבֶט זוּלוּ; שְׂפַת זוּלוּ; שֶׁל שֵׁבֶט זוּלוּ